Business Rankings Annual

Cumulative Index
1989–2016

ISSN 1043-7908

Business Rankings Annual

**Includes References to All Listings
in Twenty-Eight Editions of
Business Rankings Annual**

Part 3: P-Z

GALE
CENGAGE Learning

Farmington Hills, Mich • San Francisco • New York • Waterville, Maine
Meriden, Conn • Mason, Ohio • Chicago

GALE
CENGAGE Learning™

Business Rankings Annual, Cumulative Index 1989-2016

Deborah J. Draper

Project Editor: Hillary Hentschel

Editorial Support Services: Wayne D. Fong

Composition and Electronic Prepress: Gary W. Leach

Manufacturing: Rita Wimberley

For product information and technology assistance, contact us at **Gale Customer Support, 1-800-877-4253.**
For permission to use material from this text or product, submit all requests online at **www.cengage.com/permissions.**
Further permissions questions can be emailed to **permissionrequest@cengage.com**

Gale
27500 Drake Rd.
Farmington Hills, MI, 48331-3535

ISBN-13: 978-1-4103-1112-2 (Cumulative Index, 3 part set)
ISBN-13: 978-1-4103-1113-9 (Cumulative Index, part 1)
ISBN-13: 978-1-4103-1114-6 (Cumulative Index, part 2)
ISBN-13: 978-1-4103-1115-3 (Cumulative Index, part 3)

ISSN 1043-7908

Printed in the United States of America
1 2 3 4 5   19 18 17 16 15

Contents

User's Guide vii

Index Listings

    A-F 1

    G-O 713

    P-Z 1351

User's Guide

This index includes references to all listings in twenty-eight editions of Business Rankings Annual *as compiled by Gale.*

Sample Index Entry

∎1∎ **Aetna**

∎2∎ 1989 Ed. ∎3∎ (3067, 3068, 3069)
1990 Ed. (1129, 1130, 1134, 1135)
1991 Ed. (2444,1448, 1456, 2517)
1992 Ed. (2070, 2087, 2376)
1993 Ed. (2090,2268,2287,2366
1997 Ed. (2298,3017)
1998 Ed. (2011, 2258, 2287, 2366, 2974, 2976, 2977)
2000 Ed. (2370, 2643, 2655, 2671, 2710, 3549)
2005 Ed. (2085, 2147)
2012 Ed. (2969, 2970)
2013 Ed. (1679,1681, 1686, 2127, 2130, 2132, 2133, 2134, 2137)

Description of Numbered Elements

∎1∎ Name listing.

∎2∎ Editions of *Business Rankings Annual* in which listings appear.

∎3∎ Entry numbers within each edition.

P

P. A. Bergner
1995 Ed. (1554)
P. A. Bergner & Co.
1991 Ed. (1141)
P. A. M. Transport
2003 Ed. (4803)
2004 Ed. (4790)
P. A. M. Transportation Services Inc.
2005 Ed. (2689, 4762, 4763)
P. A. Ormond
2005 Ed. (2504)
P. A. Rentrop, Hubbert & Wagner
Fahrzeugausstattungen GmbH &
Co. KG
1996 Ed. (1991)
1997 Ed. (2106)
P. A. Ridder
2003 Ed. (2399)
2004 Ed. (2518)
2005 Ed. (2502)
P. Agnes
2011 Ed. (1263)
P. Alex Publishing
2014 Ed. (3718)
P. Anthony Ridder
2000 Ed. (1879)
P. B. Fireman
2004 Ed. (2523)
P. B. I./McCann-Erickson Sofia
2002 Ed. (88)
2003 Ed. (55)
P & C Construction
2012 Ed. (3699, 4049)
P. C. Richard & Son
1991 Ed. (248, 964, 966)
2000 Ed. (1105)
2001 Ed. (2748)
2002 Ed. (2696)
2003 Ed. (2866)
2009 Ed. (4504)
2010 Ed. (4545)
2014 Ed. (2445)
2015 Ed. (2517)
P. C. Richard & Son LLC
2014 Ed. (4362, 4363)
2015 Ed. (4371, 4372)
2016 Ed. (3024)
P. C. Richards & Son
2004 Ed. (2954)
2005 Ed. (2954)
2006 Ed. (2949)
2007 Ed. (2967)
2008 Ed. (3090)
2009 Ed. (3179)
P & C Stadium
2002 Ed. (4348)
2005 Ed. (4443)
P. Cartwright
2001 Ed. (2344)
P. D. Addis
2002 Ed. (2211)
P. D. Levy
2003 Ed. (2394)
P. David Lopez
2013 Ed. (2963)
P. Douglas
2006 Ed. (348)
P & F Brother Ind. Corp.
1992 Ed. (2956)
P & F Brother Industrial Corp.
1994 Ed. (2425)

P. F. Chang's
2001 Ed. (4060, 4061)
P. F. Chang's China Bistro
2002 Ed. (4008, 4017)
2003 Ed. (2531, 2643, 4094)
2004 Ed. (1583, 4122, 4125)
2005 Ed. (2660, 4060, 4061, 4063,
4082, 4084, 4085)
2006 Ed. (2650, 4109, 4113, 4127,
4129, 4130)
2007 Ed. (4126, 4140)
2008 Ed. (4157, 4166, 4178)
2009 Ed. (4265, 4282)
2010 Ed. (3084, 3442, 4192, 4205,
4211, 4219, 4220, 4221, 4256)
2011 Ed. (4211, 4217, 4223, 4242,
4251, 4252, 4256)
2012 Ed. (4269, 4270, 4271, 4297)
2013 Ed. (4236, 4237, 4238, 4263)
2014 Ed. (4267, 4276, 4289, 4320)
2015 Ed. (4248, 4257, 4278, 4299)
2016 Ed. (4158, 4182, 4204)
P. F. Chang's Home Menu
2013 Ed. (3831)
2014 Ed. (2768)
2015 Ed. (2819)
2016 Ed. (2752)
P. F. Karches
2002 Ed. (2200)
P. F. Russo
2003 Ed. (2374)
2004 Ed. (2522)
2005 Ed. (2506)
P & G
2003 Ed. (750)
2015 Ed. (3855)
P. G. Corbin
1998 Ed. (2290)
P. G. Corbin Asset
1995 Ed. (2357, 2365)
P. G. Corbin & Co.
1991 Ed. (2164, 2171, 2173, 2175)
1993 Ed. (2261, 2262, 2267, 2268,
2271)
1995 Ed. (2330, 2331, 2334, 2338)
1996 Ed. (2349, 2350, 2353, 2359)
1997 Ed. (2478, 2481, 2482, 2483,
2486)
1998 Ed. (2226, 2233, 2234, 2235)
1999 Ed. (3010, 3014, 3015, 3017,
3018, 3019)
2001 Ed. (734, 735, 736, 740, 741,
742, 782, 839, 859, 871, 891, 903,
911, 935, 943, 951)
P. G. Satre
2002 Ed. (2196)
2003 Ed. (2374)
P. H. Glatfelter Co.
1990 Ed. (2761)
1991 Ed. (2668, 2670)
1992 Ed. (3329, 3330, 3332)
1993 Ed. (221, 2765)
1994 Ed. (2725, 2726)
1995 Ed. (2828)
1996 Ed. (2902)
1999 Ed. (3701)
2005 Ed. (3892)
2013 Ed. (2002)
P. H. Knight
2002 Ed. (2209)
2003 Ed. (2403)
2004 Ed. (2523)
2005 Ed. (2507)
P & H Ltd.

1991 Ed. (961)
P. H. Nursing Home Inc.
2014 Ed. (1819)
2015 Ed. (1859)
2016 Ed. (1818)
P. Hazen
2001 Ed. (2320)
P. Hendel Products Partnership
2011 Ed. (4205)
P. I. Bijur
2001 Ed. (2333)
P-I-E Nationwide
1990 Ed. (1029, 1030)
1991 Ed. (955, 3434)
1992 Ed. (4357, 4359)
P. I. Works
2013 Ed. (2912)
P. J. Bilek
2003 Ed. (2384)
P. J. Carroll
1989 Ed. (37)
P. J. Clemens III
2001 Ed. (2322)
P. J. Curlander
2004 Ed. (2513)
2005 Ed. (2497)
P. J. Dick
2012 Ed. (4100)
2013 Ed. (2001)
P. J. Dick-Trumbull
2003 Ed. (1255)
P. J. Dick-Trumbull-Lindy
2004 Ed. (1257)
P. J. Liska
2003 Ed. (2376)
P. J. Purcell
2001 Ed. (2334)
2002 Ed. (2200)
2003 Ed. (2387)
2004 Ed. (2506)
2005 Ed. (2490)
P. J. Spillane Co.
2005 Ed. (1284)
2006 Ed. (1254)
P & L Coal Holdings Corp.
2001 Ed. (1291, 1292)
2003 Ed. (1027)
P & L Holdings Corp.
2003 Ed. (1028)
P. M. Anderson
2005 Ed. (2509)
P. M. Condit
2001 Ed. (2317)
2002 Ed. (2184)
2003 Ed. (2378)
2004 Ed. (2498)
2005 Ed. (2482)
P. M. Neal
2002 Ed. (2197)
2003 Ed. (2375)
2004 Ed. (2496)
2005 Ed. (2480)
P. M. Place
1999 Ed. (4701)
P. Murphy & Associates Inc.
1995 Ed. (854)
1996 Ed. (836)
1997 Ed. (847)
1998 Ed. (546, 1505)
1999 Ed. (2072)
P. N. C. Menon
2015 Ed. (4948)
2016 Ed. (4863)

P. Needleman
2001 Ed. (2323)
P & O
1997 Ed. (1147)
1998 Ed. (931)
2003 Ed. (1616)
2004 Ed. (1655)
2005 Ed. (4773)
2007 Ed. (4837)
P & O Alfin SA
2002 Ed. (1614)
2004 Ed. (1673)
P & O Cold Logistics
2006 Ed. (4888)
2007 Ed. (4880)
P & O Cold Storage
1999 Ed. (1220)
P & O Cruises Ltd.
2002 Ed. (54)
P & O European Ferries
1993 Ed. (1539)
1996 Ed. (1598)
P & O Ferries
2011 Ed. (585)
P & O Nedlloyd
2003 Ed. (1227, 1228, 2425, 2426)
2004 Ed. (1231, 2557, 2558, 2559,
2560)
P & O Nedlloyd Container Line Ltd.
2002 Ed. (4673)
P-O-P displays
2001 Ed. (3921)
P & O Princess Cruises plc
2004 Ed. (1451)
2005 Ed. (1468, 1537, 1552, 4675)
P-O-S systems
1993 Ed. (1456)
P & O Steam Navigation Co.
1992 Ed. (4343)
P & O Stena Line
2001 Ed. (2414)
P & O Stena Line Ferries Ltd.
2002 Ed. (54)
P & OCL
1992 Ed. (3947, 3948)
P & P Contractors Inc.
1991 Ed. (1080)
1992 Ed. (1413)
2001 Ed. (1473)
P & P Link Saatchi & Saatchi
2001 Ed. (169)
2002 Ed. (141)
2003 Ed. (107)
P & P Optica Inc.
2015 Ed. (4221)
P & P Optics
2014 Ed. (4231)
P. Periquito
2001 Ed. (2318)
2003 Ed. (2380)
P. R. Bean Co.
2012 Ed. (4993)
P. R. Charron
2003 Ed. (2403)
P. R. Dolan
2005 Ed. (2501)
P & R Environmental Industries Inc.
2001 Ed. (3819)
P. R. Goodwin
2003 Ed. (2400)
P. R. Kann
2003 Ed. (2399)
2005 Ed. (2502)

P. Roy Vagelos
1990 Ed. (975, 1724)
1991 Ed. (928, 1630)
1992 Ed. (1142, 2050, 2061)
1993 Ed. (940, 1705)
1994 Ed. (950)
P. Roy Vagelos, MD
1996 Ed. (962)
P. S. Hellman
2001 Ed. (2324)
P. S. Pressler
2004 Ed. (2497)
2005 Ed. (2481)
P & S Transportation Inc.
2016 Ed. (4746)
P. T. Bank Central Asia
2004 Ed. (507)
P. T. Bates Mulia Indonesia
1991 Ed. (109)
P. T. Citra:Lintas
1991 Ed. (109)
P. T. Forum Cahayabuana
1991 Ed. (109)
P. T. Indo Ad
1991 Ed. (109)
P. T. Indonesian Satellite Corp.
2003 Ed. (4589)
P. T. Rama Perwira
1991 Ed. (109)
P. T. Stokes
2001 Ed. (2321)
2002 Ed. (2186)
2003 Ed. (2382)
2004 Ed. (2501)
2005 Ed. (2485)
P. T. Telekommunikasi Indonesia
2003 Ed. (4589)
P to P IT Consulting
2008 Ed. (2092)
P W A Corp.
1991 Ed. (3417)
P. W. Allender
2001 Ed. (2332)
P. W. Chellgren
2002 Ed. (2198)
2003 Ed. (2393)
P. W. Stephens Contractors Inc.
1997 Ed. (1782)
1998 Ed. (1492)
P1 Group
2006 Ed. (1240)
2008 Ed. (1225)
2009 Ed. (1223)
2011 Ed. (1171, 1274)
2013 Ed. (4056, 4058)
2015 Ed. (4045)
2016 Ed. (3955)
P1 Group Inc.
2016 Ed. (1169)
P2P Health Systems Inc.
2008 Ed. (1658)
P2S Engineering
2012 Ed. (1662)
P2S Seco
2008 Ed. (1311)
2009 Ed. (1296)
P3 the Social Inclusion Charity
2006 Ed. (2052)
2009 Ed. (2108)
P3I
2013 Ed. (3749)
P3I Inc.
2008 Ed. (3714)
P3S
2011 Ed. (1317, 4026, 4971)
2012 Ed. (2857, 4050, 4054)
P3S Corp.
2013 Ed. (2925)
P4
2010 Ed. (91)
PA Communications Strategy
1995 Ed. (3022)
1996 Ed. (3124, 3125)
PA Consulting
1992 Ed. (995)
2010 Ed. (1189)
PA Consulting Group
1992 Ed. (994)
P.A. Equipment
1992 Ed. (3145)
PA Healthcare Credit Union
2010 Ed. (2128)
PA Holdings Ltd.
1990 Ed. (1267)
1992 Ed. (1195)
1993 Ed. (969, 973)
1994 Ed. (995)
1995 Ed. (1008)
PAA Laboratories GmbH
2009 Ed. (1506)

PAA Natural Gas Storage LLC
2012 Ed. (4436)
Paal Kibsgaard
2015 Ed. (969)
Paasschen; Frits D. van
2011 Ed. (835)
Paasschen; Frits Van
2009 Ed. (947)
Pablo G. Molina
2012 Ed. (2883)
Pablo Riveroll
1996 Ed. (1905)
1999 Ed. (2409, 2417)
Pabrik Kertas Tijwi Kimia
2000 Ed. (1465)
Pabrik Kertas Tjiwi Kimia
1992 Ed. (1637)
Pabst
1989 Ed. (761, 762, 763, 765, 766, 768, 775)
1990 Ed. (750, 753, 770, 771, 772, 776, 777)
Pabst Blue Ribbon
1995 Ed. (699)
2007 Ed. (597)
2008 Ed. (542)
2012 Ed. (439)
2015 Ed. (634)
2016 Ed. (584)
Pabst Brewing Co.
1989 Ed. (759)
1990 Ed. (757)
1991 Ed. (742)
1992 Ed. (929, 931, 934)
1993 Ed. (748)
1994 Ed. (751)
1995 Ed. (705)
1996 Ed. (784)
1997 Ed. (716, 718, 722)
1998 Ed. (499, 501, 502, 503)
1999 Ed. (809, 810, 811, 812, 814, 816, 1923, 4513)
2000 Ed. (814, 815, 816, 817, 818)
2001 Ed. (1025, 1026)
2002 Ed. (787)
2003 Ed. (662, 764)
2005 Ed. (652)
2006 Ed. (552)
2008 Ed. (537)
2009 Ed. (571)
2010 Ed. (553)
2011 Ed. (480)
2012 Ed. (443)
2013 Ed. (550)
2014 Ed. (564, 719)
2015 Ed. (628, 767)
2016 Ed. (577, 689)
Pabst NA
1992 Ed. (879, 880)
1993 Ed. (677)
1994 Ed. (679)
1995 Ed. (643)
1996 Ed. (717)
2001 Ed. (684)
Pabst products
1990 Ed. (765)
Pac Fid "VA" Inc. PLS: HI
1994 Ed. (3616)
PAC Fid "VA" Inc. PLS: Ovr
1994 Ed. (3618)
Pac Gateway
1996 Ed. (208)
A Pac Holdings Inc.
2007 Ed. (1295)
Pac Tel
1991 Ed. (873)
Pac-Van
2000 Ed. (1099, 2398)
PacAm MoneyCenter
2000 Ed. (3392)
Pacarro; Gwen
2007 Ed. (2549)
PAC/BBDO
1992 Ed. (198)
1993 Ed. (128)
1994 Ed. (109)
PAC/BBDO Worldwide
1990 Ed. (143)
1991 Ed. (143)
PacBlue Printing
2013 Ed. (4092)
PACCAR
2015 Ed. (2147, 3208)
Paccar
2016 Ed. (264, 1297, 3084, 4730)
Paccar Automotive
2001 Ed. (540)
PACCAR Financial Corp.
2003 Ed. (3634)
PACCAR Inc.

2013 Ed. (3172, 3173)
2014 Ed. (3184, 3538)
2015 Ed. (3246)
Paccar Inc.
1989 Ed. (311, 312, 2014)
1990 Ed. (350, 352, 357, 379, 2625, 2626, 3654)
1991 Ed. (314, 315, 316, 330, 357, 2491, 2492, 3424)
1992 Ed. (423, 424, 430, 3115, 3116)
1993 Ed. (309, 312, 337, 1414, 2605, 2606)
1994 Ed. (294, 295, 299, 317, 336, 1468, 2185, 2566, 2567)
1995 Ed. (298, 300, 336, 1505, 2621, 2622, 3667)
1996 Ed. (304, 305, 1460, 2698, 2699, 3747)
1997 Ed. (295, 298, 1529, 2823)
1998 Ed. (214, 215, 216, 1192)
1999 Ed. (322, 324, 1480, 1750, 3457)
2000 Ed. (341, 1582, 3171)
2001 Ed. (475, 497, 503, 504, 1897, 3395)
2002 Ed. (1429, 1796, 3400, 3401, 4362, 4791)
2003 Ed. (312, 314, 316, 1848, 1849, 3457)
2004 Ed. (281, 340, 341, 1883, 1884, 3324, 3329, 3520)
2005 Ed. (285, 289, 339, 340, 868, 1789, 1941, 1999, 2000, 2001, 3349, 3354, 3355, 3521, 4462)
2006 Ed. (305, 310, 777, 2072, 2076, 2077, 2078, 2082, 2086, 2100, 2101, 2995, 3342, 3343, 3344, 3579)
2007 Ed. (307, 2043, 2044, 2056, 2057, 2972, 3030, 3031)
2008 Ed. (1217, 2136, 2138, 2141, 2142, 2145, 2146, 2165, 2166, 3097, 3183, 3530, 4496, 4525, 4754)
2009 Ed. (313, 315, 2124, 2130, 2146, 2148, 3242, 4782)
2010 Ed. (295, 297, 2058, 2062, 2067, 2068, 2069, 2086, 2088, 3173, 4798)
2011 Ed. (216, 219, 2113, 2117, 2122, 2123, 2124, 2143, 2145, 3128, 3138, 4746)
2012 Ed. (227, 230, 1961, 1962, 1966, 1967, 1988, 1991, 1993, 3062, 3064, 3070, 3092)
2013 Ed. (222, 227, 2162, 2171, 2172, 2173, 2174, 2178, 2179, 2180, 2183, 3151, 3153, 3158)
2014 Ed. (225, 229, 2094, 2100, 2101, 2103, 2105, 2108, 2109, 2110, 2113, 3154, 3157, 3164, 4783)
2015 Ed. (260, 264, 2149, 2155, 2157, 2162, 2164, 2167, 3214, 3217, 3223, 4815)
2016 Ed. (253, 258, 2123, 2129, 2130, 2131, 2134, 2135, 2137, 3069, 3074, 3079, 4717)
Paccar of Canada
1992 Ed. (447)
1996 Ed. (318)
Paccess
2008 Ed. (3546)
Pace
1989 Ed. (1254, 1255, 2901)
1990 Ed. (1516, 2117)
1994 Ed. (1545, 2141, 3136, 3645, 3646)
1995 Ed. (3722)
1996 Ed. (3283)
1998 Ed. (3126)
Pace Communications
2016 Ed. (4979)
Pace Concerts
1990 Ed. (2908)
1994 Ed. (2942)
1995 Ed. (3000)
1996 Ed. (3101)
1997 Ed. (3179)
1998 Ed. (2931)
1999 Ed. (3905)
Pace Concerts/Pace Entertainment/ Pace Touring
2000 Ed. (3621)
Pace Construction
2003 Ed. (1170)
Pace Express Pty. Ltd.
1997 Ed. (191)
Pace Harmon
2014 Ed. (3784)
PACE Industries Inc.

1990 Ed. (1226, 1227)
PACE Membership
1990 Ed. (3680)
Pace Membership Club
1990 Ed. (3679)
Pace Membership Warehouse
1990 Ed. (1099)
1991 Ed. (3468, 3469, 3470)
1992 Ed. (490, 1823, 2534, 4416, 4417, 4418, 4419)
1993 Ed. (1498, 3684)
Pace; Norma
1995 Ed. (1256)
Pace Pacific Corp.
2009 Ed. (1203)
Pace; Phillip
1995 Ed. (1835)
1996 Ed. (1814)
Pace Securities
1993 Ed. (1491)
Pace; Stanley
1992 Ed. (2058)
Pace Suburban Bus
2008 Ed. (756)
2009 Ed. (751)
2010 Ed. (696)
2011 Ed. (624)
2012 Ed. (594)
2013 Ed. (729)
2014 Ed. (751)
2015 Ed. (789)
2016 Ed. (709)
Pace University
1993 Ed. (795)
1995 Ed. (2424)
1996 Ed. (2459)
1997 Ed. (2604)
1998 Ed. (2336)
1999 Ed. (3161)
2000 Ed. (2905)
2001 Ed. (3062)
2010 Ed. (997)
Pace University, Lubin School of Business
1989 Ed. (839)
Pace; Wayne
2006 Ed. (960)
2007 Ed. (1056)
Pacer Corp.
2011 Ed. (2929)
Pacer Global Logistics
2007 Ed. (2647)
2009 Ed. (2836)
Pacer Health Corp.
2008 Ed. (2955)
Pacer International Inc.
2004 Ed. (4216, 4779, 4786)
2005 Ed. (197, 2687, 4752, 4755, 4757)
2006 Ed. (209, 210, 211, 2994, 4801, 4804, 4810)
2007 Ed. (219, 4808, 4818, 4820, 4822)
2008 Ed. (205, 4745)
2010 Ed. (4794)
2011 Ed. (4740, 4773)
2012 Ed. (4755, 4789)
2013 Ed. (4750)
2014 Ed. (4800)
2015 Ed. (4835)
2016 Ed. (4738)
Pacer International Trucking Operations
2010 Ed. (4822)
2011 Ed. (4782)
2012 Ed. (4799)
2013 Ed. (4760)
2014 Ed. (4811)
2015 Ed. (4846)
Pacers; Indiana
2005 Ed. (646)
Pacesetter Capital Group
2006 Ed. (3619)
Pacesetter Directional & Performance Drilling Ltd.
2009 Ed. (1478)
2010 Ed. (2859)
Paceshave Corp.
2016 Ed. (4082)
Pachiney Plastic Packaging Inc.
2001 Ed. (3817)
PacifCare Health Systems
2007 Ed. (2899)
Pacific
1989 Ed. (2032, 2642)
1990 Ed. (2654)
1991 Ed. (1166)
1992 Ed. (3014)
2000 Ed. (4040, 4161)
2001 Ed. (51)
Pacific Access Technology Holding

1996 Ed. (2067, 2106, 2113, 3400)
Pacific Access Technology Holdings Inc.
1997 Ed. (2213, 2215, 2221, 3495)
1998 Ed. (1927, 1938, 1941, 3289)
1999 Ed. (2665, 2680)
2000 Ed. (2449, 2468)
Pacific Administrators Inc.
2011 Ed. (1675)
2012 Ed. (1526, 1540)
2013 Ed. (1687, 1689)
Pacific Advisors Small Cap
2008 Ed. (2622)
Pacific Air Cargo
2016 Ed. (4958)
Pacific Alliance Capital Management
1999 Ed. (3108)
Pacific Alliance Medical Center
2009 Ed. (3145)
Pacific Architects & Engineers Inc.
2008 Ed. (1399)
Pacific Asset Management
2002 Ed. (4833)
2005 Ed. (1087)
Pacific Bank NA
1991 Ed. (2813)
1994 Ed. (3010)
1999 Ed. (587)
Pacific Bay Credit Union
2003 Ed. (1893)
2005 Ed. (2071)
Pacific Bay Homes
1999 Ed. (3997)
2000 Ed. (1220)
2001 Ed. (1388, 1389)
2002 Ed. (1197, 2658, 2659, 3924)
Pacific Bell
1990 Ed. (2491, 3092)
1992 Ed. (1339)
1999 Ed. (3717)
2003 Ed. (1745)
Pacific Bell Video Services
1999 Ed. (999)
Pacific Benefit Consultants
2005 Ed. (1932)
Pacific Biosciences
2012 Ed. (490)
Pacific Blue Cross
2016 Ed. (2648)
Pacific BMW
1990 Ed. (336)
1991 Ed. (303)
1992 Ed. (408)
1993 Ed. (293)
1994 Ed. (262)
1995 Ed. (264)
1996 Ed. (265)
Pacific Brewing
1990 Ed. (748)
1991 Ed. (2452)
Pacific Brokerage
1993 Ed. (1491)
Pacific Building Management Inc.
1990 Ed. (2972)
Pacific Capital Bancorp
2002 Ed. (2003)
2004 Ed. (646, 647)
2005 Ed. (635, 636, 2225, 2230)
2013 Ed. (541)
Pacific Capital Bank NA
2012 Ed. (127)
Pacific Capital Divers Fixed
2000 Ed. (626)
Pacific Capital Growth & Income 1
1999 Ed. (3546)
Pacific Capital New Asia Growth
2001 Ed. (3445)
Pacific Capital Tax-Free Short-Interim
Income
2001 Ed. (726)
Pacific Care Dental & Vision
1999 Ed. (1832)
Pacific Century
2002 Ed. (4468)
Pacific Century Advisers
1992 Ed. (2771)
Pacific Century CyberWorks Ltd.
2002 Ed. (1403, 1665, 4421, 4422)
2003 Ed. (4587)
2004 Ed. (49)
2005 Ed. (43)
Pacific Century Financial Corp.
1999 Ed. (394, 656)
2001 Ed. (657, 658, 1721)
2003 Ed. (422, 425, 633, 634, 1688)
Pacific Century Group
2010 Ed. (62)
Pacific Century Group Holdings
2007 Ed. (41)
2008 Ed. (45)
Pacific Century Homes

2002 Ed. (2673)
2003 Ed. (1195, 1196, 1206)
2004 Ed. (1140)
2005 Ed. (1237)
Pacific Chemical
1989 Ed. (40)
1991 Ed. (33)
1992 Ed. (62)
1993 Ed. (40)
1994 Ed. (30)
2007 Ed. (79)
Pacific City Financial
2016 Ed. (506)
Pacific Coast
1991 Ed. (1054)
Pacific Coast Building Products
1994 Ed. (798)
2009 Ed. (742)
Pacific Coast Development Co.
1990 Ed. (1164)
Pacific Coast Farm Credit Services
2000 Ed. (222)
Pacific Coast Feather
2004 Ed. (2867)
2005 Ed. (2881)
2006 Ed. (2950)
2007 Ed. (586, 3438, 3959)
2009 Ed. (1071, 3182, 3672, 4057)
2010 Ed. (1038, 3114, 3588, 3973)
Pacific Coast Producers
2011 Ed. (3143, 3527)
Pacific Coast Savings
2002 Ed. (1851)
Pacific Coast Savings Credit Union
1990 Ed. (1459)
1992 Ed. (1755)
1993 Ed. (1451)
1995 Ed. (1537)
1996 Ed. (1513)
1997 Ed. (1571)
1999 Ed. (1804)
2001 Ed. (1498)
Pacific Coast Steel
2004 Ed. (1317)
2005 Ed. (1322)
2010 Ed. (1154)
2011 Ed. (1252)
2012 Ed. (1182)
2013 Ed. (1264)
Pacific Coast Valuations
1996 Ed. (228)
Pacific Coliseum
1994 Ed. (3373)
Pacific Columns
2008 Ed. (1165)
Pacific Commercial Bank Ltd.
1991 Ed. (692)
1992 Ed. (866)
1993 Ed. (665)
1994 Ed. (666)
1995 Ed. (635)
1996 Ed. (711)
1997 Ed. (646)
1999 Ed. (680)
2000 Ed. (697)
Pacific Communications
2005 Ed. (108)
2006 Ed. (118)
2007 Ed. (107)
2008 Ed. (115)
Pacific Concord
1993 Ed. (2056)
Pacific Construction Co. Ltd.
1990 Ed. (2963)
1992 Ed. (3625)
1994 Ed. (3008, 3473)
Pacific Construction Systems Inc.
2010 Ed. (1316, 1329)
Pacific Consultants International
1991 Ed. (1556)
1992 Ed. (1962)
1993 Ed. (1614)
1994 Ed. (1646)
1995 Ed. (1685, 1697)
1996 Ed. (1667, 1679)
1997 Ed. (1747, 1750, 1760)
Pacific Consultants International Group
2000 Ed. (1821)
2006 Ed. (2463, 2467)
2007 Ed. (2432)
Pacific Continental
2005 Ed. (364)
2009 Ed. (2125)
2016 Ed. (366)
Pacific Continental Bank
1996 Ed. (538)
1998 Ed. (333)
2005 Ed. (1934, 1938)
2008 Ed. (2013, 2019)
2009 Ed. (1978)

2014 Ed. (2090)
Pacific Corinthian Life
1995 Ed. (2304)
1998 Ed. (2173)
Pacific Corinthian VIP Bond & Income
Fund
1997 Ed. (3820)
Pacific Crest Securities
2007 Ed. (3265)
2008 Ed. (3388)
Pacific Cycle LLC
2006 Ed. (1427)
Pacific Data Forms Inc.
2016 Ed. (3972)
Pacific Design & Manufacturing
2005 Ed. (4730, 4732)
Pacific Dining Car
2002 Ed. (4035)
Pacific Dunlop Ltd.
1991 Ed. (1253, 1283)
1992 Ed. (1573, 1679, 4147)
1993 Ed. (261, 1278, 1279, 1280)
1994 Ed. (247, 248, 1323, 1324)
1995 Ed. (1353, 1354, 1355)
1996 Ed. (253, 255, 1293, 1294)
1999 Ed. (1584)
2002 Ed. (1586, 4897)
Pacific Dunlop Olympic
1997 Ed. (283, 1361)
Pacific Edge Software, Inc.
2002 Ed. (2536)
Pacific Electric Wire & Cable
1990 Ed. (1223)
1992 Ed. (1701, 1702, 1704, 4188)
Pacific Enterprises
1989 Ed. (1494, 2034)
1990 Ed. (1550, 1876, 2669, 2672,
3262)
1991 Ed. (1463, 1786, 2574, 2576,
3098)
1992 Ed. (1860, 2259, 2941, 3213,
3215, 3938)
1993 Ed. (1918, 2703)
1994 Ed. (1251, 1941, 2413, 2652,
2654)
1995 Ed. (2753, 2756)
1996 Ed. (2820, 2823)
1997 Ed. (2924, 2927)
1998 Ed. (2662, 2665)
1999 Ed. (2573, 2574, 3594)
2001 Ed. (1553)
Pacific Ethanol Inc.
2016 Ed. (1437)
Pacific European Growth
1996 Ed. (2804)
Pacific Financial Asset Management
1993 Ed. (2337)
Pacific Financial Co.
1990 Ed. (2329)
1991 Ed. (951, 2206, 2214)
Pacific Financial Cos.
1989 Ed. (922)
1990 Ed. (1023)
Pacific Financial (Hyr.), CA
1989 Ed. (2156)
Pacific Finanicial
1990 Ed. (2323)
Pacific First Bank
1994 Ed. (3530)
Pacific First Bank, A FSB
1992 Ed. (3788, 3789)
1993 Ed. (3087, 3088)
Pacific First Federal Savings
1990 Ed. (2434)
Pacific First Financial
1994 Ed. (340)
Pacific Foods of Oregon
2014 Ed. (4504)
2015 Ed. (4504)
2016 Ed. (4441)
Pacific Forest Resources
1997 Ed. (1810)
2000 Ed. (1894)
Pacific Fruit Inc.
2003 Ed. (2513)
Pacific Gas & Electric
2014 Ed. (1429)
2015 Ed. (1491)
Pacific Gas & Electric Co.
1989 Ed. (1291, 1305, 2260, 2261)
1990 Ed. (1598, 1608, 1609, 2680,
2686, 2687, 2923, 2924, 3093,
3262)
1991 Ed. (1204, 1493, 1505, 1802,
1803, 1804, 1805, 1806, 2593,
2776, 2777, 2909, 3086)
1992 Ed. (1559, 1562, 1892, 1906,
1907, 2271, 2272, 2273, 2274,
3467, 3582, 3583, 3763)
1993 Ed. (1268, 1553, 1561, 1933,

1934, 1935, 1936, 1937, 2934,
2935, 3066, 3246)
1994 Ed. (1312, 1590, 1603, 1604,
1959, 1960, 1961, 1962, 1963,
2973, 2974, 3129, 3240)
1995 Ed. (1335, 1632, 1645, 1646,
1984, 1985, 1986, 1987, 1988,
3033, 3178, 3320)
1996 Ed. (1289, 1307, 1609, 1622,
1623, 2007, 2008, 2009, 2010,
2011, 2837, 3136)
1997 Ed. (1691, 1701, 1702, 2127,
2129, 2130, 2131, 3213, 3214)
1998 Ed. (1384, 1395, 1813, 1817,
1818, 1819, 1820, 1821)
1999 Ed. (2573, 2577, 2578, 2579,
2580, 2581, 3963)
2001 Ed. (2145, 2154, 4195, 4661,
4662)
2003 Ed. (2135)
2005 Ed. (420, 2716, 2717, 2718,
2719, 2721, 2723, 2724, 2725)
2006 Ed. (2241)
2007 Ed. (364)
2008 Ed. (352)
2009 Ed. (3251, 4185)
2010 Ed. (348, 351, 2333, 2338,
2339, 2805, 3182, 4120)
2011 Ed. (270, 273, 2328, 2331,
2332, 2789, 3146, 4085)
2012 Ed. (293, 296, 1919, 2160,
2165, 2236, 2239, 2244, 2246,
2247, 2252, 2466, 2887, 2932,
3687, 3702, 4119)
2013 Ed. (298, 2366, 2412, 2413,
2415, 2424, 2803, 2813, 2964,
4112, 4821)
2014 Ed. (1436, 2298, 2351, 2353,
2354, 2360, 2555, 2841, 2851,
4836)
2015 Ed. (350, 2416, 2420, 2426,
2891, 3253, 4117, 4429)
2016 Ed. (345, 2360, 2363, 2372,
4031)
Pacific Gas Transmission Co.
1991 Ed. (1794)
1994 Ed. (1947)
1995 Ed. (1974, 1978)
1996 Ed. (2001)
Pacific Gas Transmission System
1990 Ed. (1880)
Pacific Gateway Exchange Inc.
2001 Ed. (4474)
Pacific Gloves & Service LLC
2006 Ed. (3509, 4348)
Pacific Guardian Life Insurance Co.,
Ltd.
2007 Ed. (1759)
2008 Ed. (1786)
2009 Ed. (1728)
2010 Ed. (1676)
2011 Ed. (1685)
2012 Ed. (1536)
2013 Ed. (1683)
2014 Ed. (1635)
Pacific Gulf Marine
2004 Ed. (1360)
Pacific Health Alliance
1993 Ed. (2906)
Pacific Health Care Organization Inc.
2014 Ed. (1424)
2015 Ed. (1486)
2016 Ed. (1416)
Pacific Health Resources
1990 Ed. (2050)
Pacific Heritage Bank
1991 Ed. (544)
Pacific Hide & Fur Depot Corp.
2007 Ed. (1895)
2008 Ed. (1959)
2009 Ed. (1912)
2010 Ed. (1845)
2011 Ed. (1876)
2012 Ed. (1733)
2013 Ed. (1897)
2014 Ed. (1830)
2015 Ed. (1869)
Pacific Homes
1998 Ed. (874, 908)
Pacific Honda
1991 Ed. (279)
Pacific Horizon
1993 Ed. (2694)
Pacific Horizon Agg. Growth
1993 Ed. (580)
Pacific Horizon Asset Allocation
1998 Ed. (410)
2000 Ed. (3242)
Pacific Horizon Capital Income
1994 Ed. (583, 585, 2640)

1995 Ed. (2680, 2707, 2740)
Pacific Horizon Corporate Bond
1998 Ed. (403)
Pacific Horizon Prime/Hrzn Shares
1996 Ed. (2666, 2670)
Pacific Horizon: Tax-Exempt Money
Market
1993 Ed. (2686)
Pacific Horizon: U.S. Government
1993 Ed. (2685)
Pacific Hospital Supply
2011 Ed. (2072)
Pacific Income Advisors
1999 Ed. (3069, 3072)
Pacific Insight Electronics
2006 Ed. (1576)
Pacific Institute for Natural Sciences
1995 Ed. (1932)
Pacific Insurance Co., Ltd.
1995 Ed. (2326)
2001 Ed. (2927, 2928)
2006 Ed. (3100)
Pacific Insurance Co. Management Ltd.
1999 Ed. (2926)
Pacific International Auto Show
2004 Ed. (4757)
2005 Ed. (4737)
Pacific Internet Ltd.
2001 Ed. (4189)
Pacific Investment
1989 Ed. (2128)
1995 Ed. (2354, 2358, 2362, 2370)
1996 Ed. (2375, 2383, 2386, 2390, 2398)
1999 Ed. (3048, 3051, 3052)
Pacific Investment Management Co.
1990 Ed. (2334, 2349)
1991 Ed. (2225, 2229, 2233, 2241, 2242)
1992 Ed. (2739, 2744, 2756, 2764, 2769, 2772)
1993 Ed. (2290, 2292, 2316, 2324, 2329)
1994 Ed. (2297, 2304, 2316, 2324)
1997 Ed. (2508, 2516, 2520, 2528, 2536)
1998 Ed. (2254, 2260, 2263, 2267, 2281, 2284)
1999 Ed. (3060, 3081, 3084, 3085)
2000 Ed. (2802, 2831)
2001 Ed. (3002, 3003, 3688, 3689)
Pacific Investment Management Co.,
Fixed Income—Low Duration
2003 Ed. (3133)
Pacific Investment Management Co.
LLC
2008 Ed. (2292, 2294, 2316, 2318)
2009 Ed. (2282, 2285)
Pacific Investment Management Co.
(PIMCO)
2003 Ed. (3068, 3072, 3073, 3076, 3078, 3079)
2004 Ed. (2035, 2037, 2044, 2045)
Pacific Investment Mgmt.
1990 Ed. (2341)
Pacific Investments Management
2000 Ed. (2810)
Pacific Investments Mgmt.
2000 Ed. (2779, 2813)
Pacific Islands
1997 Ed. (2147)
Pacific Life
1999 Ed. (2945, 3047, 3048, 3058)
2000 Ed. (2695, 2799, 2832)
2002 Ed. (2904)
Pacific Life Group
2002 Ed. (2835)
Pacific Life Insurance Co.
2000 Ed. (2781, 2843, 3882, 3900)
2001 Ed. (2935, 2936, 2938, 4668)
2002 Ed. (2921, 2929, 2932, 2938)
2004 Ed. (3077)
2005 Ed. (128, 3084, 3116)
2006 Ed. (3121)
2007 Ed. (3141, 3149)
2008 Ed. (3299)
2009 Ed. (3351, 3359)
2010 Ed. (3297, 3304)
2011 Ed. (3013, 3254, 3261)
2012 Ed. (3227)
2013 Ed. (3306)
2014 Ed. (3329)
2015 Ed. (3370)
2016 Ed. (3232)
Pacific Life Insurance Consolidated
2009 Ed. (278)
Pacific Lifecorp
2003 Ed. (2995)
2004 Ed. (3113)
Pacific Lifestyle Homes

2002 Ed. (1206)
2003 Ed. (1193)
Pacific Lighting
1989 Ed. (1264, 2037)
Pacific Linen Inc.
1994 Ed. (2139)
1997 Ed. (2323)
Pacific Lutheran University
1992 Ed. (1272)
1993 Ed. (1020)
1994 Ed. (1047)
1995 Ed. (1055)
1998 Ed. (803)
1999 Ed. (1232)
2001 Ed. (1327)
Pacific Marine Credit Union
2004 Ed. (1939)
2005 Ed. (2080)
Pacific Marketing Group
1992 Ed. (3756)
Pacific Mechanical Co., Inc.
2008 Ed. (4381)
Pacific Medical
2002 Ed. (912)
Pacific Medical Buildings
1992 Ed. (352)
1993 Ed. (242)
1996 Ed. (230)
2006 Ed. (2794)
2008 Ed. (2916)
2009 Ed. (2972)
2010 Ed. (2912)
Pacific Medical Centers
2013 Ed. (2158)
Pacific Mercantile Bancorp
2014 Ed. (1424)
Pacific Metals
2004 Ed. (3693)
2008 Ed. (1866)
Pacific Mezzanine Investors
2000 Ed. (4341)
Pacific Mortgage Group Inc.
2013 Ed. (2838)
Pacific Motor Trucking
2003 Ed. (4787, 4802, 4803)
2005 Ed. (4783)
2006 Ed. (4808)
2011 Ed. (4778)
Pacific Mutual
1989 Ed. (2134)
1992 Ed. (2159, 2728, 2736)
1993 Ed. (2287)
2005 Ed. (4163)
Pacific Mutual, Calif.
1989 Ed. (2153, 2157)
Pacific Mutual Holding Co.
2011 Ed. (4065)
2012 Ed. (4099)
2013 Ed. (1469)
2014 Ed. (1432)
2016 Ed. (206, 1427)
Pacific Mutual Life
1994 Ed. (2298, 2303)
1995 Ed. (2297, 2298, 2299, 2355, 2359, 2384, 2385, 2386)
1997 Ed. (2439, 2440, 2441, 2529)
1998 Ed. (2166, 2167, 2169, 2171, 2254)
1999 Ed. (2939, 2940, 2941, 2942, 4173)
Pacific Mutual Life Insurance Co.
1997 Ed. (3412)
Pacific Mutual - Pacific Select (SPVL)
1991 Ed. (2153)
Pacific Mutual/PM Group Life Insurance
Co.
1990 Ed. (2895)
Pacific National Exhibition
1990 Ed. (1727)
Pacific National Exhibition, Vancouver,
BC
1991 Ed. (1635)
Pacific Natural Foods
2016 Ed. (4437)
Pacific Network Supply
2002 Ed. (710, 716)
2003 Ed. (217)
Pacific Northern Gas Ltd.
1990 Ed. (1888)
1992 Ed. (2276)
1996 Ed. (2012)
1997 Ed. (2132)
2002 Ed. (3689)
Pacific Northwest Bancorp
2005 Ed. (355, 356)
Pacific Northwest Development Corp.
2004 Ed. (4585)
Pacific Northwest LNG
2016 Ed. (766)
Pacific Northwest National Laboratory

2009 Ed. (3247)
2010 Ed. (2824)
2011 Ed. (2810, 4184, 4190)
2012 Ed. (4234, 4245, 4248, 4249)
2014 Ed. (4242, 4249)
2015 Ed. (4221)
2016 Ed. (4135, 4140, 4142)
Pacific Ocean Post
1999 Ed. (2053)
Pacific Online Systems
2012 Ed. (1856)
2013 Ed. (2016)
Pacific Piano
1997 Ed. (2862)
Pacific Pioneer Insurance Group
1999 Ed. (4814)
2000 Ed. (4435)
Pacific Pools & Spas
2006 Ed. (4649)
2007 Ed. (4646, 4648, 4649)
2008 Ed. (4580)
Pacific Portfolio Consulting
2015 Ed. (3423)
Pacific Power & Light Co.
1991 Ed. (1489)
1992 Ed. (1888)
Pacific Premier Bancorp
2007 Ed. (463)
2014 Ed. (341)
Pacific Premier Bancorp Inc.
2014 Ed. (1424)
Pacific Presbyterian Medical Center
1992 Ed. (1095)
Pacific Properties
1994 Ed. (1114)
Pacific Property Assets
2006 Ed. (4039)
2007 Ed. (4081)
Pacific Quorum Properties Inc.
2015 Ed. (4459)
Pacific Realty Corp.
1990 Ed. (1172)
Pacific Regeneration Technologies
2005 Ed. (1670)
Pacific Region
1996 Ed. (1466)
Pacific Residential Mortgage LLC
2014 Ed. (1924)
Pacific Resources
1989 Ed. (1055)
1990 Ed. (1298)
Pacific Ridge Homes
2005 Ed. (1243)
Pacific Rim
1996 Ed. (936)
1997 Ed. (1682)
1998 Ed. (1805)
2006 Ed. (1485)
2007 Ed. (1515)
2008 Ed. (1497)
2009 Ed. (1430)
Pacific Rim Capital Inc.
2013 Ed. (3755)
2014 Ed. (3688)
Pacific Rim Mechanical Contractors Inc.
2016 Ed. (1140)
Pacific Rim Mining
2006 Ed. (1571)
Pacific Rim Packaging
1992 Ed. (1386)
Pacific Rubiales
2014 Ed. (1515, 1739)
Pacific Rubiales Energy
2015 Ed. (3940)
Pacific Rubiales Energy Corp.
2009 Ed. (1582, 4562)
2010 Ed. (1563)
2011 Ed. (1551, 1566)
2012 Ed. (1396)
2013 Ed. (1499, 3954)
2014 Ed. (3899)
2015 Ed. (2532, 2545, 3925)
2016 Ed. (3841, 3842, 3843)
Pacific Safety Products
2005 Ed. (1665)
2006 Ed. (1571)
Pacific Sales
2014 Ed. (2445)
2015 Ed. (2517)
2016 Ed. (2451)
Pacific Sales Kitchen & Bath Center
2014 Ed. (4362)
2015 Ed. (4371)
Pacific Sales & Service Inc.
2008 Ed. (4423)
Pacific Scene
1992 Ed. (1360)
Pacific Scientific Co.
1990 Ed. (409)
Pacific Seafood Group

2006 Ed. (4250)
2007 Ed. (4265)
2008 Ed. (4284)
Pacific Select Exec. (VUL)
1991 Ed. (2119)
Pacific Select: High Yield Bond
1992 Ed. (4375)
Pacific Select: International
1992 Ed. (4378)
Pacific Select (SPVL)
1991 Ed. (2120)
Pacific Service Credit Union
2002 Ed. (1838)
2003 Ed. (1899)
2007 Ed. (4393)
2008 Ed. (4346)
Pacific Service & Development
2014 Ed. (1631)
2015 Ed. (1680)
2016 Ed. (1625)
Pacific Service Federal Credit Union
1997 Ed. (1565)
Pacific Sogo Department Store
2013 Ed. (4295)
Pacific Sogo Department Store Co., Ltd.
1992 Ed. (1798)
Pacific Southwest Airlines
1989 Ed. (237)
Pacific Southwest Bank
1998 Ed. (3567)
Pacific Southwest Bank, FSB
1998 Ed. (3129)
2002 Ed. (4127)
Pacific Southwest Container
2008 Ed. (3838)
Pacific Specialty Insurance Co.
2009 Ed. (3388)
Pacific Sportswear
2012 Ed. (823)
Pacific Star Communications
2005 Ed. (4808)
Pacific State Bancorp
2004 Ed. (402)
2008 Ed. (429)
2009 Ed. (393)
Pacific State Bank
2003 Ed. (507)
Pacific Stock Exchange
1994 Ed. (3437)
1996 Ed. (1058)
1999 Ed. (1248)
2005 Ed. (4479)
2006 Ed. (4481)
2007 Ed. (4537)
2008 Ed. (4500)
2009 Ed. (4531)
Pacific Sunwear
2001 Ed. (4325)
Pacific Sunwear of California Inc.
2003 Ed. (1020, 1022, 1024)
2004 Ed. (1023)
2005 Ed. (1030)
2006 Ed. (1027, 1041, 4447)
2007 Ed. (912, 1116, 1123, 1129, 4563)
2008 Ed. (993, 997, 1003, 1004, 1006, 1011)
2009 Ed. (893, 989, 995)
2010 Ed. (954, 959, 4554)
2011 Ed. (885, 4509)
2012 Ed. (4516)
Pacific Suzuki
1992 Ed. (413)
Pacific Telecom Inc.
1992 Ed. (4212)
1993 Ed. (1177)
Pacific Telesis
1989 Ed. (2789, 2790)
1990 Ed. (918, 2192, 3093, 3443, 3509)
1992 Ed. (1030, 3260, 3582, 3583, 3763, 4063, 4198, 4199, 4208, 4209, 4210)
1993 Ed. (826, 1175, 1176, 2934, 2935, 3066, 3246, 3383, 3463, 3514, 3515, 3516)
Pacific Telesis Group
1989 Ed. (850, 1087, 2161, 2260, 2261, 2796)
1990 Ed. (887, 888, 1329, 2923, 2924, 3262, 3517, 3518)
1991 Ed. (845, 2776, 2777, 2909, 3276, 3284)
1994 Ed. (680, 2973, 2974, 3129, 3240, 3481, 3488, 3489)
1995 Ed. (1273, 3033, 3178, 3214, 3297, 3320, 3439, 3550, 3558)
1996 Ed. (2547, 2937, 3501, 3637, 3638)
1997 Ed. (1306, 1318)

1998 Ed. (1013, 1026, 2769, 3364, 3476, 3487)
1999 Ed. (1459, 1460)
2004 Ed. (1087, 1869)
2014 Ed. (1019)
Pacific Telesis PacTel Paging
1992 Ed. (3603)
Pacific Theaters Winnetka 20
2000 Ed. (3167)
Pacific Tomato Growers Ltd.
2011 Ed. (2234)
2012 Ed. (2096)
2013 Ed. (2282)
Pacific Total Return
2001 Ed. (3486, 3487)
Pacific Trail
1990 Ed. (3333)
1991 Ed. (3171)
1992 Ed. (4052)
Pacific Transportation Credit Union
2005 Ed. (2072)
Pacific Union College
1996 Ed. (1044)
1997 Ed. (1060)
1998 Ed. (797)
1999 Ed. (1226)
2001 Ed. (1323)
2012 Ed. (1377)
2013 Ed. (1472)
2015 Ed. (1496)
2016 Ed. (1430)
Pacific United States
2002 Ed. (680, 756, 2373, 3141, 4318, 4341, 4553, 4936)
Pacific University
1993 Ed. (1024)
1994 Ed. (1051)
1995 Ed. (1059)
Pacific; University of the
1992 Ed. (1272, 1276)
Pacific U.S.
2008 Ed. (3483)
Pacific Venture Finance
1993 Ed. (3662)
Pacific WebWorks Inc.
2016 Ed. (1014)
Pacific West Cable TV
1995 Ed. (3777)
Pacific West Cancer Fund
1996 Ed. (918)
Pacific West Cos.
2008 Ed. (1199)
2009 Ed. (1176)
2010 Ed. (1165)
Pacific West Credit Union
1998 Ed. (1218)
Pacific Western Bancshares Inc.
1995 Ed. (1241)
Pacific Western Bank
2014 Ed. (321)
Pacific Western Group of Companies
2013 Ed. (728)
Pacific Western Group of Cos.
2015 Ed. (788)
2016 Ed. (708)
Pacific Western Technologies Ltd.
2002 Ed. (3374)
2004 Ed. (3494, 4988)
2005 Ed. (3494, 3495, 4993)
2006 Ed. (3502, 3504, 4991, 4992)
2007 Ed. (3539, 3541, 4987, 4988)
2008 Ed. (3698, 3700)
2009 Ed. (3759)
2012 Ed. (3706)
2013 Ed. (3758)
Pacific Western Transportation Ltd.
2000 Ed. (989)
2002 Ed. (863)
2006 Ed. (686)
2007 Ed. (783)
2008 Ed. (755)
2009 Ed. (750)
2010 Ed. (695)
2011 Ed. (623)
2012 Ed. (593)
Pacific Wildfire LLC
2007 Ed. (2639)
Pacifica Asset Preservation
1996 Ed. (621)
Pacifica Group
2004 Ed. (1650)
Pacifica Holding Co.
1999 Ed. (1461)
Pacifica Papers Ltd.
2000 Ed. (3410)
Pacifica Services Inc.
1989 Ed. (1590)
1990 Ed. (2003, 2013, 2014)
1991 Ed. (1902, 1908)
1992 Ed. (2402, 2404)

1993 Ed. (2034, 2041, 2583)
1995 Ed. (2590)
1996 Ed. (2660, 3400)
Pacifica Short-Term CA Tax Free
1996 Ed. (622)
Pacificard
2014 Ed. (1558)
Pacificard SA
2015 Ed. (1607)
Pacificare
1995 Ed. (2081, 2082, 2083, 2090, 2092, 3515)
1998 Ed. (1340)
2009 Ed. (2976, 4091)
2010 Ed. (4003)
PacifiCare Health
1991 Ed. (1893, 2652)
PacifiCare Health Systems, Cypress, CA
2000 Ed. (2429)
PacifiCare Health Systems Inc.
1992 Ed. (2384, 2386)
1993 Ed. (827, 828, 2018, 2019, 2020, 2021, 3462)
1994 Ed. (2030, 2031, 2033, 3442, 3443)
1996 Ed. (1245, 2077, 2078, 2079, 2081, 2085, 2086, 2087)
1997 Ed. (1334, 2180, 2181, 2182, 2188, 2700)
1998 Ed. (1052, 1061, 1901, 1903, 1904, 1905, 1915)
1999 Ed. (1494, 1500, 2639, 2641)
2000 Ed. (1331, 2419, 2422, 2426, 2427, 2428)
2001 Ed. (1646, 2673, 2675, 2678, 2679)
2002 Ed. (2448, 2450, 2453)
2003 Ed. (2685, 2689, 2694, 2975, 3277, 3278)
2004 Ed. (1608, 2802, 2815, 3017, 3076, 3340)
2005 Ed. (2800, 3365, 3368, 4354)
2006 Ed. (2762, 2767, 2770, 3105, 3106, 3107, 4584)
2007 Ed. (2775, 3120)
PacifiCare Health Sytems
1999 Ed. (1497)
Pacificare Life Assurance Co.
2009 Ed. (2975)
2010 Ed. (2915)
2012 Ed. (2821)
Pacificare Life & Health Insurance Co.
2009 Ed. (3330, 3331, 3333)
PacifiCare of California Inc.
1993 Ed. (2023)
1995 Ed. (2091)
1996 Ed. (2092, 2095)
1997 Ed. (2190, 2194, 2197)
1998 Ed. (1914, 1918)
2000 Ed. (2431, 2436)
2002 Ed. (2463)
2005 Ed. (3366)
Pacificare of Colorado Inc.
2002 Ed. (2461)
2003 Ed. (2700)
2007 Ed. (2792)
2008 Ed. (2920)
Pacific/Asia
2003 Ed. (3500)
2004 Ed. (2449)
Pacific/Asia, diversified
2004 Ed. (2449)
PacificCare Health Systems
1999 Ed. (2640)
PacificCare of California
1990 Ed. (1997)
1999 Ed. (2656)
PacifiCenter Santa Ana
1994 Ed. (2188)
PacificNet
1999 Ed. (3000)
Pacifico
2000 Ed. (514, 517)
2001 Ed. (683)
2006 Ed. (558)
2007 Ed. (600)
2016 Ed. (579, 587)
Pacifico Dealer Group
2001 Ed. (441, 442)
Pacifico Ford Inc.
1990 Ed. (342)
1991 Ed. (278)
1992 Ed. (383)
1993 Ed. (269)
Pacifico Lincoln-Mercury
1992 Ed. (389)
PacifiCorp
1989 Ed. (947, 1304, 1305, 2790)

1990 Ed. (1073, 1598, 1608, 1609, 3510)
1991 Ed. (1165, 1493, 1505)
1992 Ed. (1892, 1906, 1907)
1994 Ed. (1312, 1603, 1604, 3278)
1995 Ed. (1257, 1258, 1633, 1645, 1646, 3359)
1996 Ed. (1434, 1622, 1623)
1997 Ed. (1496, 1701, 1702)
1998 Ed. (1185, 1374, 1385, 1394, 1395)
1999 Ed. (1469, 1481, 1722, 1953)
2000 Ed. (1129, 1533, 3672, 3673)
2001 Ed. (1554, 1832, 2145, 2148, 3868)
2003 Ed. (1807, 2138)
2004 Ed. (1840, 2313)
2005 Ed. (1940, 2394)
2006 Ed. (1975)
2007 Ed. (1946, 2913)
2008 Ed. (1431, 2028, 3035)
2009 Ed. (1992, 3103)
2010 Ed. (3036, 3182)
2011 Ed. (1987)
2012 Ed. (1833)
2013 Ed. (1989)
PacifiCorp Holdings Inc.
2006 Ed. (1975)
2007 Ed. (1946)
2008 Ed. (2028)
2009 Ed. (1992)
2010 Ed. (1932)
PacifiCorp.
1993 Ed. (1268, 1561, 2936, 3287)
Pacific's Lakewood Center
2000 Ed. (3167)
Pacific's Lakewood Theatres
1997 Ed. (2820)
Pacific/Southeast Asia
2000 Ed. (3094)
Pacific/West Comms. Group
1998 Ed. (2943)
Pacific/West Communications Group
1992 Ed. (3562, 3570)
1994 Ed. (2949, 2952)
1995 Ed. (3004, 3024, 3025)
1996 Ed. (3111)
1997 Ed. (3186, 3190, 3205)
1998 Ed. (1474, 2951)
Pacifiers/teethers
2002 Ed. (422)
Pacira Pharmaceuticals Inc.
2012 Ed. (4429)
Paciugo Italian Gelato
2009 Ed. (3212)
2011 Ed. (3110)
Pack Expo
1996 Ed. (3728)
2001 Ed. (4610)
Pack Expo International
2003 Ed. (4774)
2005 Ed. (4733)
2012 Ed. (4744)
2016 Ed. (4678)
Pack 'N' Mail Mailing Center
1993 Ed. (1900)
Package and article carriers
1990 Ed. (2776)
Package Delivery
1998 Ed. (572)
2000 Ed. (938)
Packaged bacon
1991 Ed. (1867)
Packaged bread
1989 Ed. (1461)
Packaged candy covered chocolate
1991 Ed. (1457)
Packaged diet candies
1990 Ed. (1952)
Packaged foods
1993 Ed. (2917)
1997 Ed. (3165)
Packaged goods
2004 Ed. (1572)
2005 Ed. (1602)
Packaged Ham & Picnics
1990 Ed. (1962)
Packaged Ice Inc.
2004 Ed. (4913)
2005 Ed. (3936)
Packaged luncheon meats
1989 Ed. (1461)
Packaged Unpopped Popcorn
1990 Ed. (1959)
Package/liquor stores
2001 Ed. (681)
Packages
2009 Ed. (1996, 3912)
Packaging
1991 Ed. (2827)

1992 Ed. (3338)
1993 Ed. (2867)
1994 Ed. (2889)
1995 Ed. (16)
1998 Ed. (150)
1999 Ed. (964)
2000 Ed. (3556)
2001 Ed. (3811, 3844)
2006 Ed. (257, 2749, 3007)
2007 Ed. (264, 2755)
2008 Ed. (3152)
Packaging and containers
1993 Ed. (1214)
1997 Ed. (1266)
1999 Ed. (1473)
2000 Ed. (1327)
2003 Ed. (2907)
2004 Ed. (3013)
Packaging, carton
1998 Ed. (2733)
Packaging compounds
2001 Ed. (1207)
Packaging Corp. of America
2007 Ed. (3772)
2016 Ed. (1122, 1300, 3728)
Packaging Corporation of America
2002 Ed. (3581)
2003 Ed. (3712, 3713)
2004 Ed. (1229, 1232, 1233)
2005 Ed. (1264, 1268, 1269)
2006 Ed. (1223, 1224)
2007 Ed. (1331)
2008 Ed. (1219)
2009 Ed. (3911)
Packaging Digest
2009 Ed. (4759)
2011 Ed. (4721)
2012 Ed. (4742)
Packaging, glass
1998 Ed. (2733)
Packaging, metal
1998 Ed. (2733)
Packaging, modified atmosphere
1998 Ed. (2666)
Packaging, plastic
1998 Ed. (2733)
Packaging Resources
2006 Ed. (2621)
Packaging Service Co.
2014 Ed. (2960)
2015 Ed. (3028)
2016 Ed. (3593)
Packaging Specialties Inc.
2014 Ed. (1370)
The Packaging Store Inc.
2002 Ed. (2363)
Packaging (users)
1990 Ed. (167)
Packaging West Inc.
1999 Ed. (4811)
2000 Ed. (4430)
2002 Ed. (4986)
2004 Ed. (4989)
Packard
1999 Ed. (2500)
Packard Bell
1992 Ed. (3065, 3489)
1993 Ed. (2561)
1994 Ed. (1086, 2512, 2517)
1995 Ed. (2257, 2573)
1996 Ed. (1067, 2632, 2633, 2635, 2637)
1997 Ed. (1827, 2780, 2781, 2782, 2783, 2785)
1998 Ed. (824, 825, 841, 1539, 2492, 2493, 2494, 2555, 2556)
1999 Ed. (1256, 1257, 1278, 3404)
2000 Ed. (1156)
2001 Ed. (3296)
2007 Ed. (715, 736)
Packard Bell Electronics
1996 Ed. (997, 1736, 1742, 1743)
Packard Bell NEC
1999 Ed. (2874, 3405)
2000 Ed. (932, 3129)
Packard Children's Hospital at Stanford; Lucile
2007 Ed. (2926)
Packard Children's Hospital at Stanford; Lucile Salter
1995 Ed. (1926)
Packard Children's Hospital; Lucile
2012 Ed. (2959, 2960, 2964)
2013 Ed. (3047)
Packard; David
1989 Ed. (1986, 2751, 2905)
1990 Ed. (3687)
2005 Ed. (974)
Packard; David & Lucille
2008 Ed. (895)

Packard Foundation; David & Lucile
  1995 Ed. (1926, 1931)
  2005 Ed. (2677, 2678)
  2012 Ed. (2690)
Packard Foundation; David & Lucille
  2008 Ed. (2766)
  2010 Ed. (2770, 2772)
  2011 Ed. (2756, 2758)
Packard Humanities Institute
  2002 Ed. (2348)
packardbell.com
  2001 Ed. (4779)
Packer; James
  2008 Ed. (4842)
  2009 Ed. (4860, 4876)
  2010 Ed. (4862, 4878)
  2011 Ed. (4867, 4868)
  2012 Ed. (4873, 4874)
  2013 Ed. (4855, 4856)
  2014 Ed. (4869, 4870)
  2015 Ed. (4907, 4908)
  2016 Ed. (4823, 4824)
Packer Thomas
  2009 Ed. (1965)
  2011 Ed. (1933)
Packerland Packing Co., Inc.
  1992 Ed. (2995)
  1993 Ed. (2520)
  1994 Ed. (2457)
  1995 Ed. (2520, 2521, 2525, 2960, 2961)
  1996 Ed. (2589)
  1997 Ed. (2733, 2735, 3142)
  1998 Ed. (2453)
  1999 Ed. (3321, 3322, 3865, 3866)
  2002 Ed. (3275)
Packers
  2009 Ed. (3856)
Packers; Green Bay
  2013 Ed. (2767)
  2014 Ed. (2749)
Packers Provision Co. of Puerto Rico
  Inc.
  2004 Ed. (4924)
  2005 Ed. (4907)
  2006 Ed. (4939)
  2007 Ed. (4946)
Packet foods
  1995 Ed. (2998)
Packet360
  2009 Ed. (3241)
PacketFront
  2009 Ed. (4675)
  2010 Ed. (664)
PacketFront Sweden
  2009 Ed. (3021)
PacketFront Sweden AB
  2007 Ed. (1999)
PacketVideo Corp.
  2002 Ed. (4976)
Packit
  2016 Ed. (1116)
Packquisition Corp. t/a Packard Press
  2000 Ed. (3615)
Packrite
  2014 Ed. (3539)
Packwood; Bob
  1994 Ed. (2890)
Packy the Hipper, Pack 'N Ship
  1991 Ed. (1772)
Packy the Shipper
  1990 Ed. (1852)
  1992 Ed. (2222)
Paco Energy Co.
  2000 Ed. (1653)
Paco Rabanne
  1990 Ed. (1579)
  1992 Ed. (3366)
  1994 Ed. (2779)
  1996 Ed. (2954)
  1999 Ed. (3740)
Pacquiao; Manny
  2010 Ed. (276)
  2011 Ed. (200)
  2012 Ed. (216)
  2014 Ed. (192)
PacSun
  2007 Ed. (4596)
PacSun.com
  2013 Ed. (2470)
Pact
  2004 Ed. (933)
Pact Group Holdings
  2015 Ed. (3576)
PacTel Cable
  1993 Ed. (821)
  1997 Ed. (3913)
PacTel Cellular
  1989 Ed. (863)
  1991 Ed. (871)

  1992 Ed. (1067)
  1994 Ed. (877)
PacTel Corp.
  1991 Ed. (872)
  1995 Ed. (3203)
  1996 Ed. (1191, 1234)
  1997 Ed. (3401)
Pactera
  2015 Ed. (3805)
Pactiv Corp.
  2001 Ed. (4519, 4520)
  2002 Ed. (4066, 4067)
  2003 Ed. (1223, 1224, 2538, 3712, 3713, 3890, 4734)
  2004 Ed. (1227, 1228, 1229, 1230, 2675, 3398, 3907, 3909, 3910, 4718)
  2005 Ed. (1261, 1262, 1263, 1264, 1266, 3853, 3855, 3856, 4688)
  2006 Ed. (1221, 1222, 1223, 1224, 1225, 1226, 3918, 4733)
  2007 Ed. (1329, 1332, 1333, 3972, 4749)
  2008 Ed. (1218, 1219, 4673)
  2009 Ed. (1197, 4070, 4713)
  2010 Ed. (1203, 3988, 3989, 4727)
  2011 Ed. (3993, 3994, 4686)
  2012 Ed. (1087, 3986, 3987, 4700)
Pactiv Foodservice
  2013 Ed. (4661)
Pactiv LLC
  2014 Ed. (4713)
  2015 Ed. (4725)
  2016 Ed. (4627)
Pactual
  2004 Ed. (3204)
Pactual Fixed Income Real Shares
  2004 Ed. (3653)
Pactual Simmetry Fund
  2004 Ed. (3653)
PacWest Bancorp
  2011 Ed. (2825)
PacWest Development
  1994 Ed. (1118)
Padaeng Industry Co. Ltd.
  1990 Ed. (1428)
  1991 Ed. (1359, 2941, 2942)
  1992 Ed. (1706, 3824)
Padbury Advertising
  1997 Ed. (104)
Paddington
  1990 Ed. (2459)
  1991 Ed. (2325)
  1997 Ed. (2640)
  1998 Ed. (2368, 3107)
  1999 Ed. (3198, 4123)
Paddock Pool Construction Co.
  2007 Ed. (4648, 4649)
  2008 Ed. (4580)
Paddock Pools
  1998 Ed. (1793)
  1999 Ed. (2559)
  2000 Ed. (2298)
  2006 Ed. (4649)
Paddock Pools & Patio
  2002 Ed. (2385)
Paddock Pools, Patios, & Spas
  2003 Ed. (2594)
Paddock Pools & Spas
  2012 Ed. (4612)
  2013 Ed. (4560)
Paddy
  1990 Ed. (2464)
Paddy McNally
  2010 Ed. (4924)
  2012 Ed. (4902)
  2013 Ed. (4879)
Paddy Power
  2007 Ed. (731)
  2013 Ed. (2111, 2112, 2114, 2115, 2117, 2118, 2125, 2796)
  2014 Ed. (1712, 2048, 2050, 2054, 2060, 2832)
  2015 Ed. (1754, 2099, 2100, 2102, 2106, 2107, 2110, 2872)
  2016 Ed. (2077, 2078, 2080, 2083, 2084, 2087, 2805)
Padgett Business Services
  2000 Ed. (2269)
  2002 Ed. (2, 22)
  2003 Ed. (2)
  2004 Ed. (3)
  2005 Ed. (2)
  2011 Ed. (19, 2680)
  2012 Ed. (2610)
  2013 Ed. (2706)
  2014 Ed. (2689)
  2015 Ed. (2735)
  2016 Ed. (2658)
Padgett Business Services USA Inc.

  1996 Ed. (1967)
  2002 Ed. (28)
  2003 Ed. (2480)
  2004 Ed. (2613)
  2005 Ed. (2599)
  2006 Ed. (3, 2599)
  2007 Ed. (2, 2568)
  2008 Ed. (2705)
  2009 Ed. (2764)
Padgett, Stratemann & Co.
  1998 Ed. (19)
  1999 Ed. (24)
  2000 Ed. (20)
  2011 Ed. (21)
  2012 Ed. (26)
  2013 Ed. (23)
  2014 Ed. (19)
  2015 Ed. (20)
  2016 Ed. (19)
Padgett, Stratemann & Co. LLP
  2002 Ed. (24)
  2003 Ed. (9)
  2004 Ed. (15)
  2005 Ed. (11)
  2006 Ed. (16)
  2007 Ed. (12)
  2008 Ed. (10)
  2009 Ed. (13)
  2010 Ed. (24)
Padila Speer Beardsley
  1994 Ed. (2948)
Padilla Speer Beardsley
  1992 Ed. (3561, 3571)
  1995 Ed. (3026)
  1996 Ed. (3130)
  1997 Ed. (3206)
  1998 Ed. (2937, 2952)
  1999 Ed. (3946)
  2000 Ed. (3660)
  2002 Ed. (3835, 3840)
  2003 Ed. (3987, 4009)
  2004 Ed. (4018)
  2005 Ed. (3968)
  2012 Ed. (4138, 4153)
  2013 Ed. (4126, 4139)
  2014 Ed. (4143, 4156, 4163)
Padilla/CRT
  2015 Ed. (2128)
  2016 Ed. (2108)
PadillaCRT
  2015 Ed. (4125, 4130, 4134, 4136, 4138, 4143, 4144)
  2016 Ed. (126, 129, 130, 131, 4039, 4048, 4050, 4052, 4057)
Padini
  2009 Ed. (978)
Padini Holdings
  2008 Ed. (1898)
  2009 Ed. (1861)
  2015 Ed. (1800)
Padma Oil Co. Ltd.
  2000 Ed. (1665)
Padma Textile Mills
  1997 Ed. (1602, 1603)
Padova e Rovigo
  1994 Ed. (540)
Padova & Rovigo
  1992 Ed. (739)
  1993 Ed. (538)
Padres; San Diego
  2013 Ed. (4480)
Padrinos
  1995 Ed. (3396)
  1997 Ed. (3532)
  1998 Ed. (3320)
  2000 Ed. (4267)
  2001 Ed. (4579)
  2002 Ed. (4640)
Paducah Credit Union
  2002 Ed. (1867)
  2003 Ed. (1921)
  2004 Ed. (1961)
  2005 Ed. (2103)
  2006 Ed. (2198)
  2007 Ed. (2119)
  2008 Ed. (2234)
  2009 Ed. (2219)
  2010 Ed. (2173)
  2011 Ed. (2191)
  2012 Ed. (2051)
  2013 Ed. (2233)
  2014 Ed. (2165)
Paducah, KY
  2006 Ed. (3322)
PAE Group
  2015 Ed. (1309, 1310)
  2016 Ed. (1224, 1225)
PAECO Inc.
  1997 Ed. (2226)
Paegas

  2001 Ed. (28)
PAETEC
  2003 Ed. (2706)
  2011 Ed. (1904)
PAETEC Communications Inc.
  2005 Ed. (1907)
  2006 Ed. (1935)
  2008 Ed. (1982, 2953)
The Pagan Stone
  2010 Ed. (564)
Page America
  1992 Ed. (3603)
  1996 Ed. (3150)
  1997 Ed. (227)
Page; Bettie
  2014 Ed. (853)
  2015 Ed. (889)
  2016 Ed. (774)
Page Computer
  1997 Ed. (1111)
  1998 Ed. (862)
Page; Ellen
  2010 Ed. (2521)
Page Engineering Services Ltd.; H.
  1991 Ed. (959)
Page; Jimmy
  1997 Ed. (1114)
Page; John D.
  1992 Ed. (534)
Page; Larry
  2005 Ed. (787, 4859)
  2006 Ed. (4896, 4912)
  2007 Ed. (4905)
  2008 Ed. (4834, 4839)
  2009 Ed. (759, 4855, 4858)
  2010 Ed. (4859)
  2011 Ed. (629, 4845)
  2012 Ed. (599, 4847)
  2013 Ed. (740, 4850)
  2014 Ed. (761, 762, 4866)
  2015 Ed. (798, 4903)
  2016 Ed. (721, 3336)
Page & Moy
  2000 Ed. (35, 3396)
Page One Printing
  2002 Ed. (3763)
  2003 Ed. (3928)
Page One Public Relations
  2011 Ed. (4131)
Page Southerland Page Architects/Eng.
  1990 Ed. (277)
Pageantry Cos.
  2005 Ed. (1163, 1243)
  2007 Ed. (1297, 1298)
Pagemaker
  1992 Ed. (1334)
  1993 Ed. (1071)
  1994 Ed. (1094)
  1997 Ed. (1104)
  1998 Ed. (854)
  1999 Ed. (1279)
PageMaker Upgrade
  1997 Ed. (1096)
PageMart
  1998 Ed. (2984)
Pages
  1999 Ed. (2453)
  2012 Ed. (3710)
  2013 Ed. (3760)
Pages/BBDO
  2002 Ed. (100)
  2003 Ed. (67)
Pagesdor.be
  2014 Ed. (1398)
PagesJaunes Groupe SA
  2008 Ed. (1425, 3445)
PageSoutherlandPage
  2005 Ed. (3166)
  2006 Ed. (3165, 3167, 3172)
  2007 Ed. (3199, 3201, 3206)
  2008 Ed. (3341, 3342, 3343)
  2009 Ed. (3414, 3416)
  2010 Ed. (2458, 3353, 3354)
  2011 Ed. (2467, 3310, 3311)
  2012 Ed. (1046, 3294)
  2013 Ed. (3367, 3368)
  2014 Ed. (3377, 3378)
  2015 Ed. (3413)
Paget L. Alves
  2010 Ed. (180)
Paging Network
  1992 Ed. (3603)
  1996 Ed. (3150)
  1998 Ed. (2984)
Pagliuca; Stephen
  2014 Ed. (3392)
Pagnato Karp
  2016 Ed. (2110)
Pahor Mechanical Contractors Inc.
  2012 Ed. (1744)

PAHO/WHO Credit Union
  2002 Ed. (1840, 1857)
  2003 Ed. (1900, 1954)
  2004 Ed. (1940, 1994)
  2005 Ed. (2136)
  2006 Ed. (2231)
  2007 Ed. (2152)
  2008 Ed. (2267)
  2009 Ed. (2254)
  2010 Ed. (2207)
  2011 Ed. (2225)
  2012 Ed. (2087)
  2013 Ed. (2222)
  2014 Ed. (2154)
  2015 Ed. (2218)
  2016 Ed. (2189)
PAI
  1995 Ed. (2097)
Paid holidays
  2005 Ed. (2371)
Paid parking
  1989 Ed. (2183)
Paid vacation
  2005 Ed. (2371)
The Paideia School
  2015 Ed. (1656)
Paige Davis
  2010 Ed. (3005)
Paige Mechancal Group
  2013 Ed. (3750)
Paige Mechanical Group
  2013 Ed. (4981)
Paige; Norma
  1993 Ed. (3731)
Paige Personnel Services
  2002 Ed. (4349)
  2007 Ed. (3552)
Paige Temporary Inc.
  1998 Ed. (3505)
PAIL Vermont Insurance Co.
  1996 Ed. (881)
Pain management
  2001 Ed. (3598)
Pain Patch
  2003 Ed. (280)
Pain relief
  2001 Ed. (2105)
Pain relief. oral
  2004 Ed. (4746)
Pain Relievers
  1992 Ed. (1871)
Pain remedies
  1999 Ed. (4565)
  2000 Ed. (4212)
  2001 Ed. (2084, 4485)
  2003 Ed. (3945, 3946)
  2004 Ed. (2127)
Pain Therapeutics Inc.
  2011 Ed. (2832)
Paine & Associates
  2002 Ed. (3812)
Paine Public Relations
  2003 Ed. (3984)
Paine Webber
  1991 Ed. (2946)
  1998 Ed. (514)
  1999 Ed. (834, 836, 864)
  2000 Ed. (1921, 3981, 3983)
Paine Webber Asset Management
  1991 Ed. (2224)
Paine Webber Group Inc.
  1991 Ed. (769, 770, 771, 772, 773, 774, 1725)
  2001 Ed. (4197, 4382)
  2005 Ed. (1500)
PainePR
  2004 Ed. (3976, 3982, 4015)
  2005 Ed. (3950, 3966)
PaineWebber ADV GI Gr
  1990 Ed. (3664)
PaineWebber Atlas
  1990 Ed. (2393)
PaineWebber Capital
  2001 Ed. (880)
PaineWebber Class World
  1992 Ed. (3161)
PaineWebber Com. Part. 1
  1996 Ed. (1059)
PaineWebber Fixed High Income A
  1993 Ed. (2677)
PaineWebber Global B
  1993 Ed. (2699)
PaineWebber Global Growth & Income A
  1994 Ed. (2646)
PaineWebber Global Income A
  1999 Ed. (3579)
PaineWebber Global Income B
  1995 Ed. (2742)
PaineWebber Group

1989 Ed. (809, 1047)
  1990 Ed. (782, 783, 784, 785, 786, 787, 788, 789, 809)
  1992 Ed. (950, 951, 952, 953, 954, 957, 2148)
  1997 Ed. (732, 733, 734, 736, 738, 739, 740, 741)
  2000 Ed. (827, 828, 830, 831, 832, 835, 864, 1331)
  2001 Ed. (746, 748, 749, 751, 752, 753, 754, 755, 756, 757, 770, 771, 775, 779, 795, 799, 802, 810, 811, 818, 819, 823, 832, 840, 848, 852, 860, 864, 872, 876, 892, 900, 904, 908, 912, 924, 932, 936, 940, 944, 948, 952, 2423, 2424, 2425, 3009, 3211, 4177, 4178)
  2002 Ed. (822, 838, 2165, 4190, 4649, 4655, 4656, 4663)
  2003 Ed. (915)
PaineWebber High Income A
  1994 Ed. (2621)
  1995 Ed. (2688, 2700, 2710)
  1998 Ed. (2621)
PaineWebber High-Yield Municipals
  1990 Ed. (2378)
PaineWebber Income B
  1993 Ed. (2675)
PaineWebber Inc.
  1989 Ed. (806, 1137, 1413, 1414, 1415, 1754, 1757, 1758, 1759, 1760, 1901, 2293, 2371, 2372, 2373, 2374, 2375, 2378, 2379, 2380, 2381, 2382, 2383, 2384, 2385, 2386, 2389, 2403, 2406, 2418, 2419, 2420, 2422, 2423, 2431, 2437, 2438, 2440, 2441)
  1990 Ed. (792, 793, 804, 1221, 1765, 1770, 2291, 2301, 2304, 2309, 2311, 2312, 2643, 2647, 2982, 3142, 3143, 3147, 3148, 3149, 3151, 3152, 3153, 3154, 3158, 3159, 3160, 3161, 3163, 3164, 3170, 3173, 3175, 3187, 3188, 3189, 3200, 3204)
  1991 Ed. (999, 1117, 1668, 1669, 1670, 1672, 1673, 1674, 1675, 1679, 1684, 1686, 1697, 1698, 1703, 1704, 1705, 1706, 1707, 1708, 1709, 1710, 2167, 2174, 2176, 2179, 2182, 2183, 2184, 2185, 2186, 2187, 2188, 2189, 2192, 2195, 2196, 2202, 2513, 2515, 2516, 2517, 2520, 2822, 2831, 2832, 2944, 2945, 2947, 2950, 2957, 2958, 2960, 2970, 2972, 2973, 2974, 2975, 2976, 2978, 2980, 2982, 2983, 2984, 2985, 2986, 2988, 2989, 2990, 2991, 2992, 2993, 2994, 2996, 3000, 3001, 3002, 3004, 3013, 3014, 3015, 3016, 3020, 3026, 3030, 3031, 3033, 3036, 3038, 3039, 3040, 3041, 3042, 3043, 3047, 3049, 3050, 3051, 3052, 3056, 3057, 3058, 3059, 3060, 3061, 3063, 3064)
  1992 Ed. (955, 956, 959, 1052, 1053, 1290, 2132, 2133, 2134, 2159, 2632, 2718, 2721, 2725, 2726, 3550, 3832, 3834, 3835, 3836, 3849, 3851, 3852, 3854, 3856, 3857, 3858, 3859, 3860, 3861, 3862, 3864, 3865, 3866, 3868, 3878, 3882, 3886, 3888, 3892, 3900)
  1993 Ed. (755, 756, 757, 758, 759, 760, 761, 763, 764, 765, 766, 768, 841, 842, 1170, 1768, 1769, 1770, 2264, 2267, 2272, 2274, 2278, 3116, 3118, 3119, 3120, 3121, 3122, 3124, 3126, 3131, 3133, 3134, 3135, 3138, 3139, 3140, 3141, 3142, 3143, 3146, 3149, 3150, 3157, 3159, 3160, 3161, 3165, 3167, 3168, 3170, 3172, 3173, 3174, 3175, 3176, 3179, 3180, 3181, 3184, 3185, 3186, 3187, 3188, 3189, 3190, 3191, 3192, 3196, 3197, 3200)
  1994 Ed. (763, 764, 765, 766, 767, 769, 770, 771, 772, 775, 777, 778, 779, 780, 1757, 1758, 1829, 1830, 1835, 2287, 2289, 2580, 2581, 2582, 3159, 3162, 3164, 3166, 3167, 3170, 3171, 3175, 3177, 3178, 3179, 3180, 3182, 3183, 3184)
  1995 Ed. (232, 721, 723, 724, 725, 726, 727, 731, 736, 739, 746, 750, 751, 753, 754, 755, 756, 757, 759,

760, 761, 762, 800, 1218, 1308, 1793, 1794, 1799, 2333, 2633, 2634, 2635, 2636, 2639, 2640, 2642, 3215, 3217, 3227, 3230, 3232, 3233, 3236, 3242, 3244, 3245, 3247, 3248, 3250, 3254, 3255, 3257, 3258, 3259, 3260, 3261, 3262, 3264, 3265, 3266, 3270)
  1996 Ed. (794, 795, 796, 798, 799, 800, 802, 803, 804, 805, 809, 810, 1184, 1186, 1705, 1768, 1769, 1774, 2360, 2362, 2366, 2368, 2373, 2712, 2713, 2714, 2715, 2716, 2717, 2718, 2719, 2720, 2721, 2841, 3311, 3313, 3314, 3315, 3316, 3317, 3319, 3321, 3324, 3325, 3326, 3327, 3328, 3329, 3330, 3333, 3334, 3335, 3337, 3338, 3339, 3340, 3341, 3342, 3343, 3344, 3345, 3346, 3348, 3349, 3350, 3351, 3353, 3355, 3356, 3357, 3358, 3359, 3360, 3361, 3362, 3363, 3364, 3365, 3366, 3367, 3368, 3369, 3371, 3372, 3373, 3374, 3380, 3381, 3382)
  1997 Ed. (782, 1848, 1849, 1850, 2832, 2833, 2834, 2835, 2836, 2837, 2838, 3418, 3425, 3435, 3437, 3443, 3445, 3449, 3450, 3451, 3452, 3453, 3454, 3455, 3456, 3458, 3459, 3460, 3461, 3462, 3463, 3464, 3465, 3466, 3467, 3468, 3469, 3470, 3481)
  1998 Ed. (515, 516, 517, 519, 520, 521, 522, 523, 525, 526, 529, 1559, 1560, 1562, 2228, 2566, 2567, 2568, 2569, 2570, 2571, 2578, 2711, 3207, 3208, 3230, 3231, 3232, 3233, 3234, 3235, 3236, 3237, 3238, 3239, 3240, 3241, 3250, 3251, 3253, 3254, 3256, 3257, 3258, 3259, 3261, 3266, 3270)
  1999 Ed. (826, 827, 828, 830, 832, 833, 837, 838, 840, 904, 2150, 2151, 2152, 3013, 3477, 3478, 3479, 3480, 3481, 3482, 4209, 4213, 4221, 4227, 4229, 4230, 4231, 4232, 4233, 4234, 4235, 4236, 4237, 4238, 4240, 4242, 4243, 4244, 4245, 4246, 4247, 4248, 4249, 4250, 4251, 4256, 4264)
  2000 Ed. (836, 885, 1920, 1922, 3190, 3191, 3192, 3193, 3194, 3195, 3312, 3911, 3914, 3933, 3944, 3950, 3956, 3958, 3959, 3964, 3965, 3966, 3967, 3968, 3969, 3970, 3971, 3972, 3973, 3974, 3975, 3976, 3977, 3978, 3979, 3980, 3982)
  2001 Ed. (747, 758, 760, 831, 1511, 3513)
PaineWebber Investment Grade Income A
  1999 Ed. (743, 3550)
PaineWebber Life Insurance Co.
  2002 Ed. (2918)
PaineWebber Master Global
  1992 Ed. (3153, 3163, 3170, 3201)
PaineWebber Master Global Fund
  1992 Ed. (3180)
PaineWebber Master Global Income
  1992 Ed. (3185, 3186)
PaineWebber Municipal High Income A
  1998 Ed. (2602, 2644)
  1999 Ed. (755)
PaineWebber Pace Global Fixed
  2000 Ed. (761)
PaineWebber Pace Global Fixed Income
  2000 Ed. (760)
PaineWebber Pace Government Securities
  2003 Ed. (691)
PaineWebber Pace Government Securities Fixed-Income
  2003 Ed. (3527)
PaineWebber Regional Finance
  1994 Ed. (2624)
PaineWebber Regional Finance A
  1994 Ed. (2613)
PaineWebber Regional Finance B
  1994 Ed. (2625)
PaineWebber Regional Financial A
  1995 Ed. (2731)
PaineWebber Tactical Allocation
  2000 Ed. (3242, 3243)

PaineWebber Tactical Allocation A
  1999 Ed. (3525, 3526)
PaineWebber Tactical Allocation C
  1997 Ed. (2899)
  1999 Ed. (3531)
PaineWebber TR: Global Growth
  1992 Ed. (4379)
PaineWebber U.S. Government Income A
  2000 Ed. (762)
Paint
  1991 Ed. (805)
  1992 Ed. (986)
  1993 Ed. (779)
  1998 Ed. (2318)
  1999 Ed. (3119)
  2000 Ed. (4255)
  2001 Ed. (2812, 4314)
  2005 Ed. (2781)
  2008 Ed. (4809)
Paint, art/hobby
  2003 Ed. (3675)
Paint, Body & Equipment
  1989 Ed. (329)
Paint, Body & Equipment (all)
  1990 Ed. (398)
Paint, paper hanging and decorating
  1996 Ed. (3452)
Paint supplies
  1998 Ed. (122)
Paint, Thinner, Solvents
  1989 Ed. (328)
  1990 Ed. (397)
The Paint Works Corporate Center
  1998 Ed. (2696)
A Painted House
  2003 Ed. (716, 718, 720)
  2004 Ed. (746)
Painted Pony Petroleum
  2011 Ed. (1552)
Painted Pony Petroleum Ltd.
  2016 Ed. (3834)
Painters
  2005 Ed. (3632)
  2007 Ed. (2461)
  2009 Ed. (2622)
Painting, coating, finishing
  1989 Ed. (2346)
Painting with a Twist
  2015 Ed. (3810)
  2016 Ed. (3723)
Paintings, old masters
  1993 Ed. (2364)
Paints
  2001 Ed. (1296)
Paints & coatings
  1996 Ed. (930)
  2001 Ed. (1186, 1205, 3797)
Paint/sundries
  1990 Ed. (842)
Pair Gain Technologies
  1995 Ed. (2066, 3205, 3693)
  1997 Ed. (2208, 3646)
Pairgain Technologies
  1995 Ed. (3388)
  1996 Ed. (2061, 2062, 3451)
  2000 Ed. (2397)
Paisan; Michael
  2011 Ed. (3365)
Paisley Kelly/Bozell
  1990 Ed. (120)
Pajarito Mountain
  2016 Ed. (4371)
Pak Mail
  2000 Ed. (2268)
  2001 Ed. (2530)
  2002 Ed. (2363, 3732)
Pak Mail Centers of America Inc.
  2003 Ed. (895, 3917)
  2004 Ed. (914, 3930)
  2005 Ed. (905, 3880)
  2006 Ed. (820, 3940)
  2007 Ed. (907, 3998)
  2008 Ed. (882, 4017)
  2009 Ed. (892, 4088)
  2010 Ed. (842, 4000)
  2011 Ed. (768, 4008)
  2012 Ed. (706, 4005)
  2013 Ed. (910, 4067)
  2014 Ed. (857, 4075)
  2015 Ed. (4059)
  2016 Ed. (3965)
Pak Tobacco Co.
  1992 Ed. (69)
Pakedge
  2013 Ed. (698)
  2015 Ed. (1089)
  2016 Ed. (998)
Paker Hannifin
  1991 Ed. (2019)

Pakhoed Distribution Corp.
  2001 Ed. (1897)
Pakhta Bank
  2003 Ed. (635)
Pakhtabank
  2002 Ed. (4498)
Pakistan
  1989 Ed. (1869)
  1990 Ed. (1581)
  1991 Ed. (259, 2754)
  1992 Ed. (305)
  1993 Ed. (1960, 1966, 1973, 1980, 1986, 3558, 3692)
  1994 Ed. (2359, 3656)
  1995 Ed. (3, 1544, 2009, 2016, 2022, 2028, 2035, 2039)
  1996 Ed. (2470, 2471, 3821)
  1998 Ed. (1848)
  1999 Ed. (4480)
  2000 Ed. (1890, 2350, 2364, 2366, 2367, 2376, 3571, 4237)
  2001 Ed. (521, 522, 1129, 1133, 1936, 1938, 3987, 4121, 4388, 4567, 4785, 4936)
  2003 Ed. (868, 1875, 1877, 4192, 4757, 4898)
  2004 Ed. (890, 1905, 1906, 1908, 4218, 4461, 4602, 4739, 4888, 4991)
  2005 Ed. (876, 2037, 2038, 2040, 3999, 4146, 4406, 4536, 4901, 4997)
  2006 Ed. (798, 1028, 2133, 2134, 2136, 2148, 2328, 2329, 2640, 3770, 4194, 4423, 4617, 4771, 4934, 4995)
  2007 Ed. (887, 2081, 2082, 2084, 2092, 2257, 2259, 3767, 4070, 4210, 4483, 4602, 4604, 4671, 4777, 4996)
  2008 Ed. (864, 2190, 2191, 2202, 2822, 3847, 4103, 4246, 4551, 4584, 4624, 4694, 4795, 4995)
  2009 Ed. (870, 2166, 2167, 2725, 2880, 3238, 3903, 4214, 4345, 4583, 4627, 4660, 4736, 4996)
  2010 Ed. (816, 1387, 2108, 2109, 2111, 2580, 2581, 3813, 4149, 4375, 4617, 4656, 4721, 4742, 4933, 5000)
  2011 Ed. (744, 2161, 2162, 2562, 2563, 3809, 4311, 4573, 4603, 4679, 4704, 4918, 4998)
  2012 Ed. (2510, 2512, 3087, 4693, 4963)
  2013 Ed. (2278, 2642, 3168, 4655, 4970)
  2014 Ed. (2212, 2597, 2600, 4707, 4979)
  2015 Ed. (2275, 2276, 2640, 2643, 4719, 5012)
  2016 Ed. (2247, 2565, 4621, 4931)
Pakistan 100
  2006 Ed. (4592)
Pakistan & Afghanistan
  1990 Ed. (1910, 1917, 1924, 1934)
  1991 Ed. (1827, 1833, 1840, 1849)
  1992 Ed. (2303, 2309, 2316, 2326, 2332)
Pakistan Internationa Airlines
  2013 Ed. (131)
Pakistan Mobile Communications
  2009 Ed. (77)
Pakistan Oilfields
  2014 Ed. (1931)
Pakistan Oilfields Ltd.
  2006 Ed. (4527)
Pakistan Petroleum
  2007 Ed. (3861)
  2009 Ed. (1495)
Pakistan PTA Ltd.
  2006 Ed. (4527)
Pakistan Reinsurance
  2015 Ed. (1977)
Pakistan rupee
  2007 Ed. (2158)
  2009 Ed. (2260)
Pakistan State Oil Co., Ltd.
  1997 Ed. (2588)
  1999 Ed. (3132)
  2002 Ed. (3044, 3045, 4453, 4454)
  2006 Ed. (4527)
  2012 Ed. (1837, 3917)
  2015 Ed. (1978, 3942)
Pakistan State Oil Company Limited
  2000 Ed. (2879)
Pakistan Synthetic
  1997 Ed. (2589)
Pakistan Telecom
  2006 Ed. (1977)

  2007 Ed. (1949)
Pakistan Telecommunication Co
  2000 Ed. (2878)
Pakistan Telecommunication Co.
  2002 Ed. (3044, 3045, 4453, 4454)
  2006 Ed. (4527)
  2008 Ed. (68)
  2009 Ed. (77)
  2010 Ed. (87)
Pakistan Telecommunications
  1999 Ed. (3132, 3133)
Pakuwon Jati
  2016 Ed. (1669)
Pal
  1996 Ed. (3000)
  1999 Ed. (3791)
  2002 Ed. (3658)
Pal canned dog food
  1992 Ed. (3417)
Pal Dog Food
  1994 Ed. (2838)
Pal Environmental Services
  2013 Ed. (1267)
  2014 Ed. (1200)
  2015 Ed. (1257)
Pal; Ranjan
  1997 Ed. (1958)
Pala-Interstate LLC
  2006 Ed. (3541, 4380)
Palabors Mining Co.
  1993 Ed. (2579)
Palace Construction
  2012 Ed. (1141)
  2013 Ed. (1227)
Palace Entertainment
  2005 Ed. (251)
  2006 Ed. (270)
  2007 Ed. (274)
Palace of Auburn Hills
  2001 Ed. (4351)
  2002 Ed. (4343)
  2003 Ed. (4527)
  2011 Ed. (1071)
Palace of Auburn Hills, MI
  1999 Ed. (1298)
Palacio de Hierro
  1994 Ed. (3114)
Palacio de Hierro, SA de CV; Grupo
  2005 Ed. (4137)
Palacio de Los Deportes
  2001 Ed. (2353)
  2003 Ed. (2416)
  2005 Ed. (2522)
Palacio Duhau - Park Hyatt
  2014 Ed. (3102)
Paladin Energy
  2015 Ed. (1402)
Paladin Industries Inc.
  2015 Ed. (5043)
Paladin Labs
  2010 Ed. (4594)
  2011 Ed. (3948)
  2015 Ed. (3994)
Paladin Labs Inc.
  2013 Ed. (2875)
  2014 Ed. (2907, 4571)
  2015 Ed. (3987)
Paladin Resources
  2006 Ed. (3856)
Palais des Congres de Montreal
  2005 Ed. (2520)
Palais Omnisports de Paris Bercy
  2012 Ed. (997)
Palama Holdings
  2008 Ed. (1779)
Palamin
  1991 Ed. (2469)
  1995 Ed. (2586)
Palanker Chevrolet
  2000 Ed. (3148)
  2002 Ed. (708)
  2003 Ed. (211, 212)
  2004 Ed. (168)
Palantir Technologies
  2013 Ed. (1090)
Palas Magazin
  2004 Ed. (29)
Palatin Technologies Inc.
  2009 Ed. (3012)
The Palazzo
  2016 Ed. (1845)
Palco Telecom
  2008 Ed. (3692, 4365, 4951)
Palestine
  2002 Ed. (328)
Palestine Development & Investment Ltd.
  2002 Ed. (4455)
  2006 Ed. (4528)
  2009 Ed. (4536)

Palestine Electric
  2009 Ed. (4538)
Palestine Industrial Investment
  2009 Ed. (4537)
Palestine International Bank
  2006 Ed. (4528)
Palestine Investment Bank
  2002 Ed. (4455)
  2009 Ed. (4534)
Palestine Investment & Development
  2009 Ed. (4536)
Palestine Islamic Bank
  2009 Ed. (2754)
  2010 Ed. (2678)
  2011 Ed. (2667)
  2012 Ed. (2595)
  2014 Ed. (2659)
Palestine Plastic Industry
  2009 Ed. (4537)
Palestine Poultry
  2009 Ed. (4537)
Palestine Real Estate Investment
  2002 Ed. (4455)
  2006 Ed. (4528)
  2009 Ed. (4538)
Palestine Telecommunication
  2009 Ed. (4538)
Palestine Telecommunications Co.
  2002 Ed. (4455)
  2006 Ed. (4528)
Palestine, TX
  1990 Ed. (998)
The Palestinian Company for Distribu-tion & Logistics Services
  2009 Ed. (4538)
Paletten Logistik Winter GmbH
  2016 Ed. (1387)
Paley, Rothman, Goldstein, Rosenberg & Cooper
  2003 Ed. (3185)
Paley, Rothman, Goldstein, Rosenberg, Elg & Cooper
  2007 Ed. (3319)
Paley; William
  1992 Ed. (1096)
Palfinger AG
  2006 Ed. (1561)
  2007 Ed. (1596)
  2008 Ed. (300, 1574)
  2009 Ed. (1506)
Palfinger; Hubert
  2015 Ed. (4909)
Pali Capital
  2008 Ed. (3395)
Palink
  2006 Ed. (65)
  2009 Ed. (66)
Palink UAB
  2012 Ed. (1660)
  2013 Ed. (1814)
Palio
  2002 Ed. (382, 385)
Palio Communications
  2005 Ed. (108)
  2006 Ed. (118)
  2007 Ed. (107)
  2008 Ed. (115)
Palio; Fiat
  2005 Ed. (296)
Palio Weekend
  2002 Ed. (385)
Palio Weekend; Ford
  2005 Ed. (296)
Palisade Capital
  2003 Ed. (3081)
Palisades Capital
  2000 Ed. (2834)
Palisades Medical Center
  2015 Ed. (2936)
Palkovic; Michael
  2007 Ed. (1049)
Pall Corp.
  1989 Ed. (1651, 1916)
  1990 Ed. (186, 190, 2536)
  1991 Ed. (182)
  1992 Ed. (1834, 2940)
  1993 Ed. (218, 1503, 1704, 2472)
  1994 Ed. (1550, 2468, 2469)
  1995 Ed. (2536, 2537)
  1996 Ed. (2600, 2601)
  1997 Ed. (3132)
  1998 Ed. (1319, 1477, 2457, 2458)
  1999 Ed. (1886, 3264)
  2000 Ed. (1693, 1859)
  2001 Ed. (2039, 2040, 3834)
  2002 Ed. (4880)
  2003 Ed. (2087, 2088)
  2004 Ed. (3921, 3922)
  2005 Ed. (3355, 3869, 3870)
  2006 Ed. (2386)

  2013 Ed. (3680, 3683)
  2014 Ed. (2545, 3615, 3618)
  2015 Ed. (3627, 3630)
  2016 Ed. (3511, 3514)
Pall Mall
  1989 Ed. (907)
  2008 Ed. (976)
  2013 Ed. (4693)
  2014 Ed. (4739)
  2015 Ed. (986)
  2016 Ed. (887)
Palladium Equity Partners
  2005 Ed. (2838)
  2006 Ed. (3619)
  2009 Ed. (3761)
  2010 Ed. (3696)
  2012 Ed. (3708)
  2013 Ed. (3756)
  2014 Ed. (3689)
  2015 Ed. (3703)
Pallburg International Holdings
  1994 Ed. (2109)
Pallet Central Enterprises
  2011 Ed. (3530)
Pallet Direct Inc.
  2007 Ed. (3554)
  2008 Ed. (4961)
Pallet Pallet Inc.
  2001 Ed. (1656)
Palletizing & unitizing
  2001 Ed. (3605)
Palley-Needelman
  1993 Ed. (2314)
Palley-Needelman Asset Mgmt.
  1990 Ed. (2338)
Palliser Furniture
  1997 Ed. (2105)
  1999 Ed. (2551)
  2008 Ed. (1215)
Pallonji Mistry
  2006 Ed. (4926)
  2007 Ed. (4914)
  2008 Ed. (4879)
  2009 Ed. (4890)
  2010 Ed. (4890)
  2011 Ed. (4879)
  2012 Ed. (4888)
  2013 Ed. (4875, 4880)
  2014 Ed. (4889, 4893)
  2015 Ed. (4928, 4932)
  2016 Ed. (4844, 4848)
Palm Bay, FL
  1992 Ed. (3036)
Palm Bay Imports
  2005 Ed. (4976)
  2006 Ed. (4967)
Palm Bay-Melbourne, FL
  2007 Ed. (3361)
Palm Bay-Melbourne-Titusville, FL
  2007 Ed. (2374, 3375)
  2008 Ed. (3476)
Palm Beach
  1990 Ed. (1063, 1805)
Palm Beach Community College
  2002 Ed. (1105)
Palm Beach Community Foundation
  1994 Ed. (901)
Palm Beach County, FL
  1991 Ed. (2523, 3422)
  1992 Ed. (1719)
  1998 Ed. (1201, 1701)
Palm Beach County (Fla.) Schools
  1990 Ed. (3106)
Palm Beach County Solid Waste Au-thority
  1996 Ed. (2730)
  2000 Ed. (3201)
Palm Beach Daily News
  1990 Ed. (2708)
Palm Beach, FL
  1989 Ed. (1176)
  1991 Ed. (1373)
  1992 Ed. (2578)
  1993 Ed. (2143)
  1994 Ed. (2165)
  1995 Ed. (874, 2216)
  1996 Ed. (2225)
  1997 Ed. (2353)
  1999 Ed. (1152, 2829)
  2000 Ed. (1066, 2610)
  2002 Ed. (1060)
  2003 Ed. (974)
  2004 Ed. (2986)
  2015 Ed. (4052)
Palm Beach International Airport
  1998 Ed. (145)
  1999 Ed. (248)
  2000 Ed. (273)
  2002 Ed. (275)
Palm Beach Lincoln Mercury

2004 Ed. (319)
Palm Beach Mall
  1998 Ed. (3299)
Palm Beach Motor Cars
  1992 Ed. (387)
  1994 Ed. (272)
  1995 Ed. (276)
  1996 Ed. (275)
Palm Beach Post
  1990 Ed. (2708)
  1998 Ed. (2681)
  1999 Ed. (3618)
  2000 Ed. (3337)
  2002 Ed. (3508)
Palm Beach Tan
  2006 Ed. (4144, 4658)
  2007 Ed. (4678)
  2008 Ed. (4589)
  2009 Ed. (4633)
  2010 Ed. (4660)
  2011 Ed. (4608)
  2012 Ed. (4616)
  2013 Ed. (3910)
  2014 Ed. (3843)
  2015 Ed. (3868)
  2016 Ed. (4536)
Palm Coast, FL
  2011 Ed. (2412)
  2016 Ed. (3372)
Palm Computing Inc.
  2002 Ed. (3729)
Palm Drive Hospital
  1997 Ed. (2264)
Palm Harbor Group
  1990 Ed. (1173)
  1991 Ed. (1060)
Palm Harbor Homes Inc.
  1990 Ed. (2892, 2893)
  1991 Ed. (2757)
  1992 Ed. (1368, 3515, 3518, 3521, 3522)
  1993 Ed. (1091, 2899, 2904, 2905)
  1994 Ed. (1115, 2914, 2915, 2918, 2919)
  1995 Ed. (1131, 2970, 2971, 2973, 2976)
  1996 Ed. (1104, 3068, 3070, 3073, 3074)
  1997 Ed. (3149, 3152, 3153, 3158)
  1998 Ed. (2902, 2903, 2904, 2907)
  1999 Ed. (3873, 3874, 3875, 3876, 3878)
  2000 Ed. (1195, 3588, 3589, 3590, 3591, 3594, 3595)
  2002 Ed. (3739, 3740)
  2003 Ed. (3283)
  2004 Ed. (3346)
  2006 Ed. (3355, 3356, 3555)
  2007 Ed. (3409, 3625)
  2008 Ed. (3538)
  2009 Ed. (3604)
  2010 Ed. (3522)
Palm Import Motors
  1992 Ed. (397)
Palm Inc.
  1999 Ed. (4088)
  2002 Ed. (1134, 1547, 2470)
  2003 Ed. (3797, 4544)
  2005 Ed. (2771)
  2007 Ed. (2720, 3692)
Palm Infiniti
  1995 Ed. (271)
  1996 Ed. (295)
Palm kernel oil
  1992 Ed. (3299)
Palm oil
  1992 Ed. (3299)
PALM Publicite Marketing
  1993 Ed. (132)
Palm Reach Motor Cars
  1993 Ed. (273)
Palm Restaurants
  2002 Ed. (4018, 4021)
Palm; Richard
  1993 Ed. (1817)
  1994 Ed. (1800)
  1995 Ed. (1838)
Palm Springs
  2005 Ed. (4509)
Palm Springs, CA
  1990 Ed. (874)
  1991 Ed. (830, 1103)
  1992 Ed. (1016)
  1993 Ed. (815)
  1996 Ed. (977)
  1998 Ed. (591)
  2002 Ed. (922)
  2003 Ed. (845)
  2004 Ed. (872)
  2005 Ed. (846)

2006 Ed. (771)
2007 Ed. (868)
2008 Ed. (829)
2009 Ed. (851)
2010 Ed. (797)
2011 Ed. (724)
2014 Ed. (2627)
Palm Springs, FL
  1994 Ed. (3067)
Palmali Holding Co., Ltd.
  2012 Ed. (1679)
  2013 Ed. (1830)
Palmarejo Silver & Gold Corp.
  2007 Ed. (1650)
Palmas Inc. & Affiliates
  2002 Ed. (2560)
  2003 Ed. (2748)
Palm.com
  2008 Ed. (2443)
  2009 Ed. (2448)
Palmdale, CA
  1999 Ed. (1174, 3851)
Palmer
  1990 Ed. (3673)
  1996 Ed. (968)
Palmer; Arnold
  1996 Ed. (250)
  2008 Ed. (2827)
Palmer Atlantic Insurance & Risk Services
  2016 Ed. (1452)
Palmer Avenue Carpet
  1999 Ed. (4338)
Palmer Cadillac; Arnold
  1995 Ed. (266)
Palmer-Christiansen Co.
  2011 Ed. (1307)
Palmer & Dodge
  1990 Ed. (2415)
  1991 Ed. (2281, 2535, 2536)
  1992 Ed. (2830)
  1993 Ed. (2393, 2617, 2626, 3101, 3622)
  1995 Ed. (2649, 2652)
  1996 Ed. (2728, 2731)
  1997 Ed. (3795)
  1998 Ed. (2576)
  2001 Ed. (837, 869, 889, 933)
Palmer; Estate of Winthrop Bushnell
  1991 Ed. (888)
Palmer Financial Corp.
  1991 Ed. (3332)
Palmer Ford Lincoln-Mercury; Arnold
  1990 Ed. (306, 308, 331, 342)
Palmer Ford, Lincoln-Mercury;Arnold
  1991 Ed. (284)
Palmer G. E. Employees Credit Union
  2002 Ed. (1889)
  2003 Ed. (1943)
Palmer & Harvey
  2015 Ed. (2094)
  2016 Ed. (2072)
Palmer & Harvey (Holdings) Ltd.
  1992 Ed. (1201)
  1993 Ed. (970, 972, 976)
  1994 Ed. (991, 999, 1001)
  1995 Ed. (1004, 1014)
Palmer House Hilton
  1997 Ed. (2301)
  1999 Ed. (2787)
Palmer Jarvis Communications DDB
  1999 Ed. (70)
Palmer Jarvis DDB
  2000 Ed. (76)
  2003 Ed. (57)
Palmer; Jeffrey O.
  2013 Ed. (4051)
Palmer, Lombardi & Donohue LLP
  2013 Ed. (1454)
  2014 Ed. (1415)
Palmer Motors; Arnold
  1990 Ed. (314)
Palmer; R. M.
  1993 Ed. (830)
Palmer Ranch, FL
  1998 Ed. (2871)
Palmer Skin's Success Bar
  1999 Ed. (4318)
Palmer Video
  1990 Ed. (3671, 3672)
  1991 Ed. (3446)
  1992 Ed. (4391)
  1993 Ed. (3664)
  1994 Ed. (3625)
  1995 Ed. (3697)
  1996 Ed. (3785, 3788, 3789)
  1997 Ed. (3839, 3840)
Palmer Wireless
  1998 Ed. (655)
PalmerHouse Properties

2013 Ed. (4177)
2014 Ed. (4194)
Palmer's
  2016 Ed. (3762)
Palmers Cocoa Butter
  2001 Ed. (3168)
Palmer's Skin Success
  1994 Ed. (3314)
Palmer's Skin Success Bar
  1999 Ed. (4353)
Palmetto Bancshares
  2015 Ed. (381)
Palmetto Bank
  1996 Ed. (544)
  1997 Ed. (503)
  1998 Ed. (373, 3565)
The Palmetto Bank
  2013 Ed. (303)
Palmetto Citizens Credit Union
  2003 Ed. (1945)
  2004 Ed. (1985)
  2005 Ed. (2127)
  2006 Ed. (2222)
  2007 Ed. (2143)
  2008 Ed. (2258)
  2009 Ed. (2244)
  2010 Ed. (2198)
  2011 Ed. (2216)
  2012 Ed. (2077)
  2013 Ed. (2263)
  2014 Ed. (2196)
  2015 Ed. (2260)
  2016 Ed. (2231)
Palmetto GBA LLC
  2015 Ed. (3249)
Palmetto Health
  2011 Ed. (2037)
  2012 Ed. (1886, 1890, 2794)
  2013 Ed. (2047)
  2014 Ed. (1981, 1982)
Palmetto Health Alliance Inc.
  2007 Ed. (1977)
  2008 Ed. (2075)
  2009 Ed. (2046)
  2010 Ed. (1978)
  2011 Ed. (2040)
  2014 Ed. (1980)
  2015 Ed. (2029)
  2016 Ed. (1998)
Palmetto Health Credit Union
  2005 Ed. (2067, 2068)
  2013 Ed. (2256)
  2014 Ed. (2188)
  2015 Ed. (2252)
Palmetto Lakes Industrial Park
  2002 Ed. (2765)
Palmetto-Richland Memorial Hospital
  2012 Ed. (1889)
  2013 Ed. (2046)
  2014 Ed. (1980)
  2015 Ed. (2029)
  2016 Ed. (1998)
PalmGear.com
  2002 Ed. (4805)
  2003 Ed. (3048)
  2004 Ed. (3157)
Palmisano; S. J.
  2005 Ed. (2497)
Palmisano; Sam
  2005 Ed. (2318)
Palmisano; Samuel
  2006 Ed. (689, 896)
  2013 Ed. (741)
Palmisano; Samuel J.
  2007 Ed. (1032, 2502)
  2008 Ed. (954)
  2009 Ed. (953)
  2010 Ed. (905)
  2011 Ed. (821, 843)
  2012 Ed. (796)
Palmolive
  1992 Ed. (83)
  1999 Ed. (4354)
  2001 Ed. (2034, 2640, 2646)
  2002 Ed. (1989)
  2003 Ed. (2077, 2078)
  2008 Ed. (2347)
  2016 Ed. (2303)
Palmolive Colgate
  1992 Ed. (69)
Palmolive Soft Touch
  2016 Ed. (2303)
Palmolive Spring Sensations
  2003 Ed. (2079)
palmOne Inc.
  2005 Ed. (1684)
  2006 Ed. (1104, 2730)
PalmSource Inc.
  2005 Ed. (1148)
  2006 Ed. (1136, 1137)

Palo Alto
  1993 Ed. (1042)
Palo Alto, CA
  1990 Ed. (2159)
  1991 Ed. (938, 2004)
  1992 Ed. (2578)
  1993 Ed. (2143)
  1994 Ed. (2165)
  1995 Ed. (2216)
  2000 Ed. (1066, 2610)
  2002 Ed. (1057)
  2004 Ed. (2986)
  2012 Ed. (2742)
Palo Alto Investors, Micro-Cap Composite
  2003 Ed. (3135)
Palo Alto Networks
  2014 Ed. (1442, 2927, 4437)
  2016 Ed. (1442)
Palo Alto Networks Inc.
  2016 Ed. (1015, 1019)
Palo Viejo
  1990 Ed. (3067)
  1991 Ed. (2906)
  1992 Ed. (3749)
  1994 Ed. (3122, 3124)
  1995 Ed. (2473, 3170, 3175)
  1996 Ed. (3267, 3271, 3272)
  1997 Ed. (3366)
  1998 Ed. (3108)
  1999 Ed. (4124)
Paloma Industries Ltd.
  1990 Ed. (1226, 1227)
Paloma Securities LLC
  1998 Ed. (524)
Paloma Systems Inc.
  2006 Ed. (1353, 3031)
Palomar Hospital
  2008 Ed. (2917)
Palomar Medical Technologies Inc.
  1997 Ed. (2164, 3521)
  2006 Ed. (1870, 1875, 2742, 2745)
  2007 Ed. (2732, 2735, 4697)
  2008 Ed. (1905, 1906, 1918, 1920, 1924, 2852, 3646, 4347, 4359, 4364, 4402, 4608)
  2009 Ed. (2925, 4450, 4473)
  2010 Ed. (4498, 4523)
Palomino
  2012 Ed. (2822)
Palomino Euro Bistro
  2004 Ed. (4131)
Palomino Fund Ltd.
  1998 Ed. (1923)
  2003 Ed. (3150, 3153)
Palomino Ltd.
  2013 Ed. (2892)
Palomino; Miguel
  1996 Ed. (1909)
Palomino/G Chasselas
  2001 Ed. (4872)
  2002 Ed. (4970)
Palos Community Hospital
  1997 Ed. (2261)
Paltemaa Huttunen Santala TBWA
  1999 Ed. (88)
  2000 Ed. (94)
  2001 Ed. (135)
  2002 Ed. (107)
Palter; Gilbert
  2005 Ed. (2473)
Paltrow; Gwyneth
  2015 Ed. (2600)
  2016 Ed. (2525)
PAM
  2014 Ed. (3770)
  2015 Ed. (3789)
Pam
  2003 Ed. (3684, 3686)
  2016 Ed. (3703)
Pam Thomas
  2004 Ed. (410)
Pam Tillis
  1994 Ed. (1100)
P.A.M. Transport
  2002 Ed. (4691, 4692)
Pamassus Investments
  1999 Ed. (3077)
Pamela Anderson
  2000 Ed. (2743)
  2008 Ed. (2590)
  2010 Ed. (2521)
Pamela Bonnie
  1997 Ed. (1963)
Pamela Culpepper
  2012 Ed. (2158)
Pamela H. Patsley
  2007 Ed. (2510)
Pamela Joseph
  2008 Ed. (4945)

2009 Ed. (4967)
2010 Ed. (4975, 4976)
2011 Ed. (4973)
2012 Ed. (4970)
2013 Ed. (4961)
2014 Ed. (4970)
2015 Ed. (5016)
2016 Ed. (4928, 4934)
Pamela Knous
2010 Ed. (2569)
Pamela Patsley
2012 Ed. (4959)
Pamela Pure
2011 Ed. (4968)
Pamela S. Jue
1993 Ed. (2117)
1995 Ed. (2653)
1996 Ed. (2732)
1997 Ed. (2341)
1998 Ed. (2061, 2968)
1999 Ed. (2817, 3476, 4659)
2000 Ed. (2593)
Pamela Temples Interiors
2002 Ed. (2646)
Pamela's Products
2015 Ed. (5036)
2016 Ed. (4990)
Pamida
2014 Ed. (2437)
Pamida Holdings
1993 Ed. (1520)
1994 Ed. (1565)
1995 Ed. (1571, 1606)
1999 Ed. (1868, 1869, 1871)
Pamida Inc.
1990 Ed. (1520)
1997 Ed. (1623, 1624)
1998 Ed. (1294)
2000 Ed. (1683, 1685, 1688)
2004 Ed. (2106)
2005 Ed. (2209)
2006 Ed. (2272)
2007 Ed. (2208)
PAML
2012 Ed. (2794)
2013 Ed. (2155)
Pamolsa
2013 Ed. (2013)
2014 Ed. (1945)
2015 Ed. (1991)
Pamour
1992 Ed. (1594)
Pampered Chef
2000 Ed. (4431)
2009 Ed. (2263)
2011 Ed. (2239, 3392)
The Pampered Chef
2013 Ed. (2337)
Pampering Plus Inc.
2016 Ed. (3600)
Pampero Rum
2001 Ed. (4146, 4147)
Pampers
1991 Ed. (1416, 1418)
1992 Ed. (75, 1803)
1993 Ed. (1483)
1994 Ed. (1011, 1531, 2198)
1995 Ed. (1562)
1996 Ed. (776, 1546, 2258)
1998 Ed. (1270)
1999 Ed. (789, 1191, 1843)
2000 Ed. (1112, 1666, 1667, 3319)
2001 Ed. (1011, 2007)
2002 Ed. (767, 1973, 2803)
2003 Ed. (2054, 2055, 2056, 3719)
2005 Ed. (2201)
2006 Ed. (2263)
2007 Ed. (2201)
2008 Ed. (2335, 2336)
2009 Ed. (2322)
2010 Ed. (2252)
2011 Ed. (573)
2012 Ed. (550)
2014 Ed. (1160)
2015 Ed. (761, 2195, 3855)
2016 Ed. (2164, 3094, 3766)
Pampers Baby Dry
2001 Ed. (543, 2006)
Pampers Baby Dry Stretch
2001 Ed. (2006)
Pampers Baby Fresh
2000 Ed. (367)
2001 Ed. (3342)
2002 Ed. (3379)
2003 Ed. (2921, 2922)
2016 Ed. (3094)
Pampers Baby Fresh One Ups
2002 Ed. (3379)
2003 Ed. (2922)
Pampers Baby Fresh Wipes

1999 Ed. (3597)
Pampers Baby Wipes
2002 Ed. (2803)
Pampers Disposable Nappies
1992 Ed. (2630)
Pampers Easy Ups
2008 Ed. (2335)
Pampers Nappies
1994 Ed. (748)
1999 Ed. (2872)
Pampers Natural Clean
2016 Ed. (3094)
Pampers One Ups
2003 Ed. (2922)
Pampers Premium
1998 Ed. (2669)
2001 Ed. (2006)
2003 Ed. (2921)
Pampers Premium Extra Comfort
2001 Ed. (543)
Pampers Rash Care
2001 Ed. (3342)
2003 Ed. (2921)
Pampers Rash Care One Ups
2003 Ed. (2922)
Pampers Sensitive
2016 Ed. (3094)
Pampers Soft Care
2016 Ed. (3094)
Pampers Tidy Tykes
2003 Ed. (3430)
Pampers Trainers
1996 Ed. (1546)
Pampers Ultra Plus large 32
1991 Ed. (1452)
Pampers Wipes
1999 Ed. (2872)
Pamplin School of Business; University
of Portland
2010 Ed. (733)
Pamukbank
1995 Ed. (624, 625)
2000 Ed. (684)
2002 Ed. (585, 657)
2003 Ed. (623)
2004 Ed. (632)
2005 Ed. (620)
Pamukbank TAS
1992 Ed. (856)
1994 Ed. (657)
1996 Ed. (700, 701)
1997 Ed. (634)
1999 Ed. (674)
2000 Ed. (737)
Pan African Bank
1991 Ed. (582)
1993 Ed. (546)
1994 Ed. (547)
1995 Ed. (522)
Pan African Insurance Ltd.
2002 Ed. (3483)
Pan Am
1989 Ed. (231, 232, 233, 234, 235,
238, 240, 243)
1990 Ed. (206, 208, 209, 212, 213,
214, 217, 226, 227, 229, 230, 242)
1991 Ed. (196, 197, 198, 199, 200,
201, 210, 211, 1156, 2683, 2684,
3318)
1992 Ed. (262, 266, 276, 278, 279,
281, 284, 295, 301, 302, 303, 3444,
3934, 4060)
1993 Ed. (169, 177, 193, 202, 367,
368, 369, 718, 1106, 2785, 3380)
1994 Ed. (185)
Pan Am Express Inc.
1990 Ed. (238)
Pan Am Pacific Routes; UAL/
1991 Ed. (1145)
Pan American
1989 Ed. (241)
2014 Ed. (1357)
Pan American Airlines
1990 Ed. (201, 216, 232, 233, 234,
235, 236, 237, 3541)
2005 Ed. (3703)
Pan American Energy
2006 Ed. (2541)
2012 Ed. (1233)
Pan American Express Inc.
1997 Ed. (3787)
1999 Ed. (4651)
2000 Ed. (4291)
2001 Ed. (2715)
2002 Ed. (2542, 2563)
2006 Ed. (2846)
2008 Ed. (2967)
2009 Ed. (3047)
2010 Ed. (2971)
2011 Ed. (2934)

2012 Ed. (2867)
2013 Ed. (2939)
2014 Ed. (2959)
2015 Ed. (3027)
Pan American Hospital
1995 Ed. (3287)
1998 Ed. (2514)
1999 Ed. (3422)
2000 Ed. (4005)
2001 Ed. (2704, 2714)
2002 Ed. (2538, 2544, 2561, 3375)
Pan American Hospital/Pan American
Medical Centers
2003 Ed. (2746)
Pan-American Life Group
2002 Ed. (2917)
Pan-American Life Insurance Co.
1995 Ed. (2308, 2310)
2008 Ed. (2962)
2009 Ed. (3042)
2010 Ed. (2966)
2011 Ed. (2928)
2012 Ed. (2859, 2862)
2013 Ed. (2931)
2014 Ed. (2948)
2015 Ed. (2996)
Pan-American Life Insurance Group
2014 Ed. (2940)
2015 Ed. (2991, 3008)
2016 Ed. (1744)
Pan American Silver
2013 Ed. (2825)
2014 Ed. (1593, 2864, 3659)
2015 Ed. (3673)
Pan American Silver Corp.
1997 Ed. (1374, 1376)
2001 Ed. (1656)
2005 Ed. (1669, 4510)
2009 Ed. (2883)
2010 Ed. (2820, 3682)
2011 Ed. (3666)
2012 Ed. (1355, 2739, 3672)
2013 Ed. (3729, 4511)
2014 Ed. (1488, 1500, 3664)
2015 Ed. (3682)
Pan American World Airways
1992 Ed. (904)
1997 Ed. (3009)
Pan Am/National Airlines
1991 Ed. (1146)
Pan Asia
1999 Ed. (1797)
PAN Communications
2003 Ed. (3997)
2004 Ed. (4016)
2005 Ed. (3967)
2012 Ed. (4147)
Pan Communications
2015 Ed. (4127)
2016 Ed. (4041)
Pan Global Partners
2001 Ed. (1721)
Pan-Holding
1994 Ed. (2418)
Pan-Holding SA
2009 Ed. (1855)
Pan Indonesia Bank
1995 Ed. (498)
Pan-Ledi
2016 Ed. (1554)
Pan Malaysian Industries Bhd
2002 Ed. (3052)
Pan-O-Gold Holsum Baking Co.
1992 Ed. (492)
Pan-Ocean Energy Corp., Ltd.
2005 Ed. (4512)
Pan Orient Energy Corp.
2009 Ed. (1560)
2010 Ed. (1563)
2011 Ed. (1551)
2016 Ed. (3835)
Pan Pacific
2015 Ed. (2123)
Pan Pacific Fisheries Inc.
1994 Ed. (2428)
Pan Pacific Hotels & Resorts
2000 Ed. (2557)
Pan Pacific Industrial Investments
1999 Ed. (761, 1578)
Pan-Pacific Plumbing Co.
2015 Ed. (1246, 4048)
2016 Ed. (1157, 3957)
Pan-Pacific Plumbing & Mechanical
2012 Ed. (3995)
2013 Ed. (4060)
Pan Pacific Retail Properties Inc.
2005 Ed. (4380)
2006 Ed. (4045)
Pan Pepin Inc.
2004 Ed. (3357)

2006 Ed. (3376)
Pan Sutong
2016 Ed. (4843)
Pan Tadeusz
2001 Ed. (3378)
PANACO Inc.
2004 Ed. (3832)
Panadol
1992 Ed. (23, 1875)
Panafax
1991 Ed. (1643)
1992 Ed. (1935, 2097)
1993 Ed. (1733)
Panafon SA
2002 Ed. (341)
2005 Ed. (1782)
Panagopoulos Pizza
1996 Ed. (1968, 3049)
PanAgora
1993 Ed. (2282, 2283, 2293, 2348,
3392)
1994 Ed. (2295, 2296)
2000 Ed. (2789, 2791)
PanAgora Asset
1991 Ed. (2209)
1995 Ed. (2362, 2366, 2370)
1996 Ed. (2380, 2388, 2389, 2426)
1997 Ed. (2514, 2518)
1998 Ed. (2256, 2261)
1999 Ed. (3053)
PanAgora Asset Management
1992 Ed. (2731, 2787, 4073)
Panaldine
1992 Ed. (1841)
Panalpina
1997 Ed. (1811)
2007 Ed. (1334)
2008 Ed. (3525)
2009 Ed. (3584)
2011 Ed. (1151)
2012 Ed. (2696)
2016 Ed. (1128)
Panalpina AG
1997 Ed. (2077)
Panalpina Group
2009 Ed. (2834)
2015 Ed. (2815)
Panalpina Inc.
2016 Ed. (2748)
Panalpina World Transport (Holding)
Ltd.
2012 Ed. (1090)
2013 Ed. (1226, 2777, 2778)
2014 Ed. (1166, 2761, 2762)
2015 Ed. (2813)
2016 Ed. (2746)
Panama
1989 Ed. (1180)
1990 Ed. (413, 1728, 1747, 3503)
1992 Ed. (1739, 3973, 4240, 4319)
1995 Ed. (1740)
1997 Ed. (2570)
1999 Ed. (1785)
2000 Ed. (1614)
2001 Ed. (512, 1951, 4316, 4587,
4588)
2002 Ed. (537, 1820)
2003 Ed. (2215)
2004 Ed. (1922, 2766, 3395, 4461)
2005 Ed. (2057, 4406, 4798)
2006 Ed. (2151, 2333, 3411, 4423)
2007 Ed. (2095, 2264, 3429, 4483)
2008 Ed. (2205, 2397, 3593, 4386)
2009 Ed. (3663, 4343)
2010 Ed. (2307, 4374)
2011 Ed. (4309, 4453, 4487)
2012 Ed. (365, 2617, 2620, 4376)
2013 Ed. (488, 1625, 2687, 2690)
2014 Ed. (499, 1591, 2672, 2675)
2015 Ed. (563, 799, 2682, 2716,
2719)
2016 Ed. (2599)
Panama City, FL
1994 Ed. (3060, 3062)
1995 Ed. (3106, 3108)
1996 Ed. (977, 3201, 3203)
1997 Ed. (3309)
1998 Ed. (3052, 3053)
1999 Ed. (2089, 3369, 4052, 4053)
2000 Ed. (3767, 3768)
2001 Ed. (4048, 4055)
2002 Ed. (3995, 3996)
2003 Ed. (4088, 4089)
2004 Ed. (4114, 4115)
2005 Ed. (1190)
2006 Ed. (1180)
2007 Ed. (4097)
2010 Ed. (2410)
Panama City-Lynn Harven, FL
2010 Ed. (4193)

Panama City-Lynn Haven, FL
  2007 Ed. (2375)
  2012 Ed. (4254)
Panama City, Panama
  2008 Ed. (4244)
Panama City Tocumen
  2001 Ed. (350)
Panama Jack
  2003 Ed. (4622, 4626, 4627)
PANAMACO
  1999 Ed. (2471)
Panamax
  2012 Ed. (1366)
  2013 Ed. (2977, 2979)
  2014 Ed. (2989)
  2015 Ed. (3059)
  2016 Ed. (2949)
Panamco
  2000 Ed. (2229)
  2003 Ed. (1742, 1743)
Panamer/Graficoncepto
  2002 Ed. (149)
  2003 Ed. (121)
Panamer/Graficoncepto (O & M)
  2000 Ed. (141)
Panamerican Beverages Inc.
  1999 Ed. (715, 717, 721, 725, 3469)
  2000 Ed. (723, 726, 730, 732, 733)
  2001 Ed. (698)
  2003 Ed. (4599)
  2004 Ed. (677)
  2005 Ed. (1465, 1498, 1549, 1558, 1564)
PanAmerican Institute for High Business Direction
  2011 Ed. (682)
Panamerican Securities
  2003 Ed. (4375)
Panamericana del Ecuador
  2007 Ed. (3112)
  2008 Ed. (3257)
  2010 Ed. (3247)
Panamericana Ogilvy & Mather
  1990 Ed. (127)
  1991 Ed. (126)
  1993 Ed. (119)
  1994 Ed. (101)
  1995 Ed. (98)
  1996 Ed. (114)
Panamericana/Graficoncepto
  1997 Ed. (117)
  1999 Ed. (123)
Panamotor
  2008 Ed. (69)
Panamsat Corp.
  1997 Ed. (1322, 3688)
  1998 Ed. (3474)
  2001 Ed. (1039, 1041)
  2002 Ed. (1124)
  2003 Ed. (1076)
  2005 Ed. (1098)
  2006 Ed. (1092, 1453, 3276, 4010)
PanAmSat Holding Corp.
  2007 Ed. (4281)
  2008 Ed. (1400, 4616)
Panarctic Oils Ltd.
  1993 Ed. (2704)
Panasonic
  2013 Ed. (197, 198, 643, 654, 2980, 2990, 2991, 4409, 4647)
  2014 Ed. (206, 657, 672, 709, 1297, 1428, 2430, 2991, 2998, 4440, 4696)
  2015 Ed. (718, 1490, 3062, 4435, 4637, 4707, 4716)
  2016 Ed. (657, 667, 2952, 4328, 4554, 4611, 4619)
Panasonic Automotive Electronics Co.
  2003 Ed. (342)
Panasonic Automotive Systems Co. of America
  2008 Ed. (291, 4737)
Panasonic AVC Networks Czech sro
  2012 Ed. (1449)
  2013 Ed. (1584)
Panasonic Avionics Corp.
  2016 Ed. (1424)
Panasonic Broadcast & Television Systems Co.
  2002 Ed. (4594)
Panasonic C & S
  1994 Ed. (1090)
Panasonic Consumer Electronics Co.
  2001 Ed. (1103)
Panasonic Corp.
  1990 Ed. (919, 2027, 2040, 2041, 2042, 2043, 2044, 2746)
  1991 Ed. (1109, 1917, 2457)
  1992 Ed. (1285, 1447, 2096, 2420, 2421, 2429, 3071, 3460)

  1993 Ed. (1066, 2049, 2050, 2569, 2853)
  1994 Ed. (1735, 2069, 2070, 2873)
  1995 Ed. (1096, 2118)
  1996 Ed. (749, 2125, 2126, 2127, 2644, 3034, 3783)
  1997 Ed. (680, 1688, 1689, 2234, 2235, 2236, 3235)
  1998 Ed. (475, 610, 1949, 1950, 1954, 2848)
  1999 Ed. (735, 2690, 2691, 2695, 3774)
  2000 Ed. (964, 2478, 2480, 3507, 4202, 4223)
  2001 Ed. (2731, 3304)
  2002 Ed. (672, 2577)
  2003 Ed. (653, 2766, 2865, 3790, 4823)
  2004 Ed. (2856)
  2005 Ed. (2862, 2863, 3707, 4667)
  2006 Ed. (2869, 2870, 3902)
  2007 Ed. (694, 727, 2861, 2862, 2965, 2975, 3807, 4869)
  2008 Ed. (274, 275, 660, 699, 832, 833, 2385, 2979, 2981, 3668, 3982, 4649, 4796, 4807)
  2009 Ed. (3176, 3936, 4821)
  2010 Ed. (69, 637, 1076, 1383, 1762, 1764, 2388, 3557, 3828, 4681)
  2011 Ed. (574, 580, 1015, 1482, 1777, 1778, 2388, 2390, 3444, 3560, 3829, 3834, 3852, 4187)
  2012 Ed. (37, 556, 940, 1079, 1291, 1328, 1630, 1631, 1632, 2320, 2895, 2901, 2903, 3461, 3510, 3553, 3814)
  2013 Ed. (839, 1086, 1427, 1788, 1789, 2292, 2494, 2497, 2974, 2986, 3508, 3592, 3876, 4218)
  2014 Ed. (1049, 1157, 1718, 2985, 2996, 3482, 3550, 3812)
  2015 Ed. (1084, 1359, 1761, 3053, 3068, 3573, 3835)
  2016 Ed. (574, 994, 1713, 2943, 2959, 3347, 3351, 3741)
Panasonic Corp. of North America
  2011 Ed. (3527)
Panasonic Electric Works Co., Ltd.
  2010 Ed. (2386)
  2011 Ed. (2389)
  2012 Ed. (2230)
  2013 Ed. (2407)
Panasonic Plus
  2016 Ed. (573)
Panasonic Super-VHS VCR
  1989 Ed. (2344)
Panasonic USA
  2003 Ed. (1216)
  2005 Ed. (2337)
  2006 Ed. (2392)
Panattoni Construction
  2004 Ed. (1262)
  2007 Ed. (1282)
Panattoni Development Co.
  2001 Ed. (4001)
  2003 Ed. (2888, 4063)
  2004 Ed. (2997, 4089)
  2005 Ed. (2995, 4023)
  2006 Ed. (2990)
  2007 Ed. (3021)
  2008 Ed. (3139)
  2009 Ed. (3223, 3870)
  2012 Ed. (3081)
  2013 Ed. (3164)
  2014 Ed. (3169)
  2015 Ed. (3229)
Panattroni & Van Valkenburgh
  1998 Ed. (1534)
Panavia Aircraft GmbH
  2004 Ed. (3447)
Panavision
  1999 Ed. (4331)
Pancake
  2002 Ed. (430)
Pancakes
  2003 Ed. (375)
PanCanadian Energy Corp.
  2004 Ed. (1467, 1547)
PanCanadian Petroleum International Ltd.
  2002 Ed. (3676)
PanCanadian Petroleum Ltd.
  1989 Ed. (2038)
  1990 Ed. (3485)
  1991 Ed. (2729)
  1992 Ed. (3436, 4160)
  1993 Ed. (1930, 2704, 2841, 2842, 2843)
  1994 Ed. (2853)
  1996 Ed. (3014)

  1997 Ed. (3095, 3096)
  1999 Ed. (1736)
  2002 Ed. (3675)
  2003 Ed. (3822, 3823)
  2004 Ed. (3852)
Panchero's Mexican Grill
  2015 Ed. (2666)
  2016 Ed. (2589)
Pancho Villa
  1991 Ed. (3336)
  1992 Ed. (4262)
Pancho's Mexican Buffet
  1993 Ed. (2558)
  1994 Ed. (2506)
  1997 Ed. (2777, 3329, 3651)
  2002 Ed. (4010)
Panchos Tropicale
  2001 Ed. (2017)
PanCom
  2003 Ed. (32)
  2004 Ed. (108)
  2005 Ed. (104)
  2006 Ed. (113)
PanCom International
  2007 Ed. (102)
  2008 Ed. (112)
  2009 Ed. (122)
  2010 Ed. (123)
  2011 Ed. (41)
  2012 Ed. (47)
Pancreas
  1999 Ed. (4650)
Pancreatic cancer
  1995 Ed. (887, 888)
Panda Bear, Panda Bear, What Do You See?
  2008 Ed. (549)
Panda Electronics
  2009 Ed. (2464)
Panda Express
  1997 Ed. (3338)
  1999 Ed. (4060)
  2000 Ed. (3776)
  2002 Ed. (4008)
  2003 Ed. (4131, 4132, 4133, 4135)
  2004 Ed. (4125)
  2005 Ed. (2548, 2549, 2552, 4082, 4084)
  2006 Ed. (2554, 2555, 2556, 2559, 4113)
  2007 Ed. (2531, 2532, 2533, 4140)
  2008 Ed. (2664, 2679, 4155, 4166, 4191)
  2009 Ed. (2703, 4263)
  2010 Ed. (2604, 2607, 4203, 4253, 4254)
  2011 Ed. (2586, 2589, 2605, 4209, 4252, 4254)
  2012 Ed. (2531, 4267, 4290, 4291, 4294)
  2013 Ed. (4258)
  2014 Ed. (2625, 4270, 4314)
  2015 Ed. (1673, 2669, 4251, 4295)
  2016 Ed. (4200)
Panda Management Co. Inc.
  1997 Ed. (2801)
  1998 Ed. (2515)
  1999 Ed. (3423)
  2000 Ed. (3149)
  2002 Ed. (3376)
Panda Motor Corp.
  1992 Ed. (2103)
Panda Property Development Co. Ltd.
  2003 Ed. (1708)
Panda Restaurant Group
  2003 Ed. (3427)
  2006 Ed. (2650)
  2009 Ed. (1528, 4991)
  2011 Ed. (4995)
  2012 Ed. (3707, 4990)
  2013 Ed. (4229)
  2014 Ed. (3686, 4277, 4987)
  2015 Ed. (4258)
  2016 Ed. (4161)
Panda Software
  2006 Ed. (2022)
  2007 Ed. (1992)
  2008 Ed. (2087)
Pandell Technology Corp.
  2010 Ed. (1463)
Pandigital
  2010 Ed. (1195)
Pandit; Vikram
  2011 Ed. (819, 850)
Pandit; Vikram S.
  2010 Ed. (900, 907)
Pandolfi, Topolski, Weiss & Co.
  1998 Ed. (2233)
Pandora
  2012 Ed. (3597)

  2016 Ed. (1532)
Pandora Media
  2014 Ed. (2402)
Pandora Radio
  2011 Ed. (4959)
  2012 Ed. (3709)
Panduit Corp.
  2011 Ed. (3829)
  2015 Ed. (3260)
Panela S. Jue
  1996 Ed. (2212)
PanEnergy Corp.
  1997 Ed. (3118)
  1998 Ed. (1809, 2663, 2856, 2861, 2964)
  1999 Ed. (3832)
  2005 Ed. (1508)
Panera
  2014 Ed. (2610)
  2015 Ed. (761, 2656)
Panera Bread
  2001 Ed. (4061)
  2002 Ed. (2252, 4017)
  2003 Ed. (4094, 4120, 4131, 4133, 4135, 4218, 4550)
  2004 Ed. (4118, 4121, 4122, 4123, 4124, 4242)
  2005 Ed. (1882, 1886, 1889, 2547, 2548, 2549, 2553, 2660, 4050, 4051, 4081, 4082, 4084, 4168)
  2006 Ed. (1903, 1911, 2555, 2556, 2560, 2650, 4109, 4126, 4127, 4129, 4222, 4225)
  2007 Ed. (1892, 2532, 2533, 2534, 4133, 4138, 4240)
  2008 Ed. (1946, 1951, 2664, 2667, 2671, 4271, 4274, 4275)
  2009 Ed. (2696, 4375, 4379)
  2010 Ed. (2604, 3084, 3442, 4192, 4211, 4253, 4254, 4403, 4404, 4405, 4409)
  2011 Ed. (2586, 4241, 4253, 4254, 4348, 4349, 4353, 4357)
  2012 Ed. (2534, 2778, 4263, 4308, 4389)
  2013 Ed. (4260, 4358)
  2014 Ed. (295, 296, 297, 298, 299, 300, 1827, 2747, 4304, 4315, 4411, 4417)
  2015 Ed. (330, 331, 332, 333, 334, 335, 336, 2798, 4254, 4397)
  2016 Ed. (326, 327, 328, 329, 330, 331, 2592, 2704, 2728, 4290)
Panera Bread Co.
  2013 Ed. (908)
  2016 Ed. (1831)
Panera Bread/Saint Louis Bread Co.
  2005 Ed. (353)
  2006 Ed. (368)
Panera/St. Louis Bread
  2003 Ed. (2459)
  2004 Ed. (2590)
  2005 Ed. (2568)
Panero; Hugh
  2007 Ed. (1004)
Panettiere; Hayden
  2009 Ed. (2610)
Panevezio Keliai; AB
  2011 Ed. (1802)
Panevezio Pienas
  2002 Ed. (4441)
Pang Da Automobile Trade
  2013 Ed. (4405)
  2015 Ed. (4512)
  2016 Ed. (4447)
Pang; Nichols
  1997 Ed. (1962)
Pangborn Imports
  1993 Ed. (302)
Pangea Group
  2003 Ed. (2747, 2748)
  2004 Ed. (2829)
Pangea Properties
  2015 Ed. (4174)
Pangea3
  2011 Ed. (701, 3683, 4025)
Pangilinan; Manuel V.
  2010 Ed. (3967)
Pangolim Publicidade
  2000 Ed. (144)
  2001 Ed. (181)
  2002 Ed. (153)
  2003 Ed. (123)
Pangulf Publicity
  1999 Ed. (166)
Panhandle Automotive Inc.
  2004 Ed. (167)
  2006 Ed. (183)
  2007 Ed. (190)
  2008 Ed. (167)

2009 Ed. (192)
Panhandle Bancorp
  2002 Ed. (3555, 3556)
Panhandle Coop
  2014 Ed. (4450)
Panhandle Eastern
  1989 Ed. (1040, 1494, 1635, 2035)
  1990 Ed. (1876, 2670)
  1991 Ed. (1201, 1786, 2573)
  1992 Ed. (1562, 2259, 2262, 3212)
  1995 Ed. (2906)
Panhandle Eastern Pipe Line Co.
  1989 Ed. (1497, 1499)
  1990 Ed. (1879, 1881)
  1991 Ed. (1792, 1796)
  1992 Ed. (2267)
  1993 Ed. (1918, 1922, 1926, 1927)
  1994 Ed. (1941, 1945, 1946, 1954, 2651)
  1995 Ed. (1972, 1973, 1976, 1981, 2752, 2940)
  1996 Ed. (2002, 2003, 2004)
  1997 Ed. (2119, 2121, 2124, 2925, 3119)
  1998 Ed. (1811, 1812)
  1999 Ed. (2574)
Panhandle Eastern Pipeline Co.
  1996 Ed. (1239, 1268, 1999, 2819, 3037, 3038)
Panhandle Oil & Gas Inc.
  2009 Ed. (4480)
  2011 Ed. (3893)
Panhandle Royalty Co.
  2004 Ed. (4432)
  2008 Ed. (4363)
Panholzer Advisory Corp.
  1993 Ed. (1037)
Panic: The Story of Modern Financial Insanity
  2010 Ed. (601)
Paniflex D.O.O.
  2016 Ed. (1534)
Panin Bank
  1991 Ed. (2012, 2013)
  2002 Ed. (571, 4480, 4481)
  2003 Ed. (529, 530)
  2004 Ed. (545)
  2005 Ed. (526)
  2006 Ed. (456)
  2007 Ed. (468)
  2008 Ed. (433)
  2009 Ed. (457)
  2010 Ed. (437)
  2011 Ed. (362)
  2013 Ed. (385)
  2014 Ed. (396)
  2015 Ed. (452)
Panin Insurance
  2002 Ed. (4480, 4481)
Panin Life
  2007 Ed. (1778)
Panin Sekuritas
  2013 Ed. (1732)
Panitz Homes
  2002 Ed. (2678)
Panjo
  2016 Ed. (2836)
Pankl Racing Systems AG
  2006 Ed. (1561)
  2007 Ed. (1596)
  2008 Ed. (300, 1574)
Pankow Builders Ltd.; Charles
  1990 Ed. (1168)
  1992 Ed. (1365)
  1993 Ed. (1093, 1151)
  1994 Ed. (1174)
  1995 Ed. (1193)
  1996 Ed. (1167)
  1997 Ed. (1197)
Panneaux Maski Inc.
  2007 Ed. (1965)
Pannell Ken Forster
  2002 Ed. (25)
Pannell Kerr Forster
  1992 Ed. (4, 5, 6, 11, 12, 13)
  1993 Ed. (5, 13, 3728)
  1994 Ed. (3)
  1995 Ed. (10)
  1996 Ed. (13)
  1997 Ed. (8, 9)
  1999 Ed. (3)
  2000 Ed. (5)
  2001 Ed. (4179)
  2002 Ed. (5)
Pannell Kerr Forster of Texas, PC
  2003 Ed. (9)
  2004 Ed. (15)
  2005 Ed. (11)
  2006 Ed. (16)
  2007 Ed. (12)

2008 Ed. (10)
2009 Ed. (13)
2010 Ed. (24)
Pannill
  1990 Ed. (3331)
  1991 Ed. (3171)
  1992 Ed. (4052)
Pannill Knitting
  1990 Ed. (1064)
Pannon
  2000 Ed. (1320)
Pannon GSM
  2001 Ed. (40)
Pannone Lopes Devereaux & West LLC
  2011 Ed. (2019)
  2012 Ed. (1867)
Pannone & Partners
  2005 Ed. (1980)
  2006 Ed. (2053)
  2007 Ed. (2023)
  2009 Ed. (2109)
Pannonia
  2000 Ed. (1623)
Pannonia Credit Union
  2002 Ed. (1827)
  2003 Ed. (1888)
  2004 Ed. (1932)
Pannonplast
  1997 Ed. (826)
  1999 Ed. (947)
Panola Construction Co.
  2009 Ed. (1297)
Panonska Banka
  2006 Ed. (519)
Panoramic Universal Ltd.
  2014 Ed. (1067)
Panrusgaz Magyar-Orosz Gazipari Rt
  2009 Ed. (1733)
Pansophic
  1993 Ed. (1072)
Pansophic Systems, Inc.
  1992 Ed. (1297)
Pansy Ho
  2015 Ed. (4926, 4927)
Pantaloon Retail
  2009 Ed. (4317)
Pantaloon Retail India
  2012 Ed. (4346)
  2013 Ed. (4283)
Pantellos
  2003 Ed. (2166)
Pantellos Group
  2004 Ed. (2218)
Panten Pro-V
  2001 Ed. (2653)
Pantene
  1996 Ed. (2071, 2988, 3416)
  1997 Ed. (3059, 3061)
  1998 Ed. (1893, 2803, 2804, 3291)
  1999 Ed. (2628, 2629, 3772, 3773, 3779, 4290, 4291, 4292)
  2000 Ed. (3506, 4009)
  2001 Ed. (2640, 2641, 2643, 2644, 2645, 2646, 2648, 2649, 2650)
  2003 Ed. (2648, 2649, 2657, 2659, 2660, 2669)
  2004 Ed. (2786)
  2005 Ed. (2778)
  2006 Ed. (2750, 3800)
  2007 Ed. (2756, 3811)
  2008 Ed. (711, 2869, 2870, 2872, 2873, 3877, 3878)
  2009 Ed. (3940)
  2010 Ed. (3853)
  2011 Ed. (3858)
  2012 Ed. (3831)
  2013 Ed. (3897)
  2014 Ed. (3830, 3837)
  2015 Ed. (2193, 2194, 2195, 3855)
  2016 Ed. (2164, 3766, 3772)
Pantene Classically Clean
  2003 Ed. (2658)
  2004 Ed. (2785)
Pantene Constant Care
  2003 Ed. (2650)
Pantene Hydrating Curls
  2003 Ed. (2650)
Pantene Pro V
  1998 Ed. (1895)
  2001 Ed. (2632, 2633, 4225, 4226)
  2002 Ed. (2433, 2434, 2435, 2437, 2438)
  2003 Ed. (2653, 2654, 2658)
Pantene Pro-V Daily Moisture Renewal
  2016 Ed. (2843, 2844)
Pantene Pro V Elastesse
  2002 Ed. (2436)
  2003 Ed. (2653)
Pantene Pro-Vitamin
  1996 Ed. (2981)

1997 Ed. (3503)
Pantene Sheer Volume
  2003 Ed. (2650, 2658)
  2004 Ed. (2783)
Pantene Smooth & Sleek
  2003 Ed. (2650, 2658)
  2004 Ed. (2785)
Panter Senoritas Red
  2001 Ed. (2116)
Pantera's Corp.
  1990 Ed. (2872)
  1991 Ed. (2751)
Pantheon Enterprises
  2013 Ed. (965)
Pantheon International
  2007 Ed. (3290)
Pantheon International Participations
  2016 Ed. (3284)
Pantheon Ventures
  2012 Ed. (1231)
Panther Expedited Services
  2011 Ed. (137)
  2012 Ed. (139)
  2013 Ed. (115)
  2014 Ed. (123)
  2015 Ed. (139)
  2016 Ed. (144)
Panther Solutions
  2016 Ed. (2835)
Panther Technologies
  2006 Ed. (2501)
Panthers; Carolina
  2005 Ed. (2667)
  2007 Ed. (2632)
Pantin Partnership
  1995 Ed. (2480)
  1999 Ed. (3932)
Pantin Partnership-Miami
  1998 Ed. (2948)
Pantin/JGR Public Relations
  2003 Ed. (4002)
Pantoprazole
  2010 Ed. (2282)
Pantorama Industries
  1990 Ed. (1056, 1057)
  1994 Ed. (1020)
  1996 Ed. (1013)
  1997 Ed. (1033)
The Pantry
  2015 Ed. (1319)
  2016 Ed. (1234)
The Pantry Co.
  2016 Ed. (1320)
Pantry Inc.
  2013 Ed. (213)
  2014 Ed. (220)
  2015 Ed. (255)
  2016 Ed. (248)
The Pantry Inc.
  2001 Ed. (1489, 1490)
  2003 Ed. (308, 4390)
  2004 Ed. (1376, 2104)
  2005 Ed. (2207, 2208, 4129, 4551)
  2006 Ed. (1381)
  2007 Ed. (1419, 4494)
  2008 Ed. (886, 1377, 1530, 2838)
  2009 Ed. (897, 1376, 1380, 2928)
  2010 Ed. (286, 1362, 1364, 1366, 1887, 1892, 4215)
  2011 Ed. (209, 770, 1351, 1355, 1919)
  2012 Ed. (1215, 1780)
  2013 Ed. (1329, 1952)
  2014 Ed. (1888, 1893)
  2015 Ed. (1318, 1322, 1934, 1938)
Pantry Pride Inc.
  2002 Ed. (1468)
  2003 Ed. (1489)
  2004 Ed. (1519)
  2005 Ed. (1535)
Pantyhose
  2004 Ed. (4190)
Pantyhose/nylons
  2001 Ed. (2085)
Panzhihua
  1992 Ed. (4138)
Panzhihua New Steel & Vanadium Co., Ltd.
  2012 Ed. (1327, 3351, 4539)
  2013 Ed. (3421, 4494)
Pao de Acucar
  1989 Ed. (1096, 1135)
  1991 Ed. (19)
  2013 Ed. (644, 2726)
  2014 Ed. (658, 678)
  2015 Ed. (2471)
Pao de Acucar; Grupo
  2014 Ed. (1402)
  2015 Ed. (1464)
Pao-Ku Co., Ltd.

1990 Ed. (2963)
Pao Shiang Construction
  1992 Ed. (1701, 1703, 3625)
Pao Sin Knitting Works Co., Ltd.
  1990 Ed. (1068)
Paolin & Sweeney Inc.
  1991 Ed. (131, 142)
  1992 Ed. (185, 197)
  1995 Ed. (113)
Paolo Fresco
  1997 Ed. (1797)
  1999 Ed. (2081)
Paolo Rocca
  2013 Ed. (4882)
  2014 Ed. (935, 4895)
  2015 Ed. (4934)
  2016 Ed. (4850)
Paolo Zaniboni
  1999 Ed. (2354)
Paoloni
  2006 Ed. (1030)
Pap America-Pacific Rim Fund
  2003 Ed. (3533)
PAP Security Printing Inc.
  2007 Ed. (3594)
Pap test
  1990 Ed. (1501)
Papa Gino's
  1989 Ed. (2234)
  1997 Ed. (3337)
  1999 Ed. (4068)
  2000 Ed. (3787)
  2002 Ed. (4020, 4022)
  2004 Ed. (4138)
  2006 Ed. (4122)
  2007 Ed. (3969, 4149)
  2008 Ed. (3995)
  2009 Ed. (4285)
Papa Gino's & D'Angelo Sandwich Shops
  2008 Ed. (4218)
Papa Gino's Pizzeria
  2010 Ed. (3985)
  2011 Ed. (3991)
Papa Joe's
  1994 Ed. (2884)
Papa John's
  1998 Ed. (3047)
  2000 Ed. (3551, 3552, 3789)
  2001 Ed. (2409, 3806)
  2002 Ed. (3714, 4004, 4020)
  2003 Ed. (3889)
  2006 Ed. (3917, 4125)
  2007 Ed. (3966, 4153)
  2008 Ed. (3991, 3994, 4188, 4189)
  2009 Ed. (4062, 4065, 4287)
  2011 Ed. (4247)
Papa John's International
  2013 Ed. (1803)
  2014 Ed. (1730)
  2015 Ed. (1775, 4866)
  2016 Ed. (1729)
Papa John's International Inc.
  2013 Ed. (4045, 4048)
  2014 Ed. (3983, 3987, 4323)
  2015 Ed. (4028, 4037)
  2016 Ed. (3940, 3948)
Papa Johns International Inc.
  1995 Ed. (2059, 2952, 3135, 3380)
  1996 Ed. (2882, 3047, 3048, 3454)
  1997 Ed. (2165, 3127, 3128, 3129, 3311, 3312, 3328, 3331, 3522)
  1998 Ed. (1882, 3061, 3072, 3420)
  2000 Ed. (3553, 3796)
  2001 Ed. (2726)
  2002 Ed. (3715, 3716, 4026)
  2003 Ed. (2761)
  2004 Ed. (2587, 3906, 4108)
  2005 Ed. (2557, 2567, 3845, 3846, 3852)
  2006 Ed. (3916)
  2007 Ed. (1849, 2544, 3967)
  2008 Ed. (874, 2685, 3993)
  2009 Ed. (2708)
  2010 Ed. (835, 1779, 2628, 3084, 3442, 3982, 4192)
  2011 Ed. (1792, 2610, 3986)
  2012 Ed. (1648, 2553, 3982)
Papa John's Pizza
  1998 Ed. (1879, 2867, 2868, 3059)
  1999 Ed. (2514, 2518, 3836, 3838, 3839)
  2000 Ed. (3795)
  2003 Ed. (2440, 3883, 3884, 3885, 3886, 3887, 3888)
  2005 Ed. (3847, 3848, 3849, 3850, 3851)
  2006 Ed. (2564)
  2008 Ed. (2670)
  2009 Ed. (2695, 4064)

2010 Ed. (2612, 3980, 3983, 4245, 4246, 4247, 4248, 4249)
2011 Ed. (2594, 3984, 3987, 3988, 3989, 4246, 4248, 4249)
2012 Ed. (2537, 3983, 3984, 4285, 4286, 4287, 4288, 4289)
2013 Ed. (2665, 4046, 4047, 4253, 4254, 4255, 4256, 4257)
2014 Ed. (2615, 3981, 3984, 3985, 3986, 4309, 4310, 4311, 4312, 4313)
2015 Ed. (2661, 4026, 4029, 4030, 4031, 4032, 4033, 4034, 4035, 4036)
2016 Ed. (2584, 3941, 3942, 3943, 3944, 3945, 3946, 3947)
Papa Johns Support Services
2006 Ed. (3952, 3953, 3954, 3958)
Papa John's USA Inc.
2001 Ed. (1772)
Papa; M. G.
2005 Ed. (2496)
Papa; Mark
2006 Ed. (909)
2007 Ed. (999)
2008 Ed. (936)
Papa; Mark G.
2010 Ed. (909)
Papa Murphy
2010 Ed. (3982)
Papa Murphy Take 'N Bake Pizza
2010 Ed. (4245, 4246, 4247, 4248, 4249)
2011 Ed. (4246, 4248, 4249)
2012 Ed. (4285, 4286, 4287, 4288, 4289)
2013 Ed. (4253, 4254, 4255, 4256, 4257)
2014 Ed. (3981, 4273, 4309, 4310, 4311, 4312, 4313)
2015 Ed. (4026, 4031, 4032, 4033, 4034, 4035, 4036)
2016 Ed. (3942, 3943, 3944, 3945, 3946, 3947)
Papa Murphy's
2002 Ed. (2361, 3718)
2003 Ed. (2460)
2004 Ed. (2588)
2005 Ed. (2567)
2006 Ed. (2575)
2008 Ed. (2687)
2009 Ed. (2711)
2010 Ed. (2630)
2013 Ed. (4049)
2014 Ed. (3988)
2015 Ed. (4037)
2016 Ed. (3948)
Papa Murphy's International
2014 Ed. (3983)
2015 Ed. (4028)
2016 Ed. (3940)
Papa Murphy's International Inc.
2009 Ed. (4064)
2011 Ed. (2613, 3986)
Papa Murphy's Pizza
2009 Ed. (2695)
2010 Ed. (2612)
2011 Ed. (2586, 2594)
2012 Ed. (2529, 2537)
2013 Ed. (2665)
2014 Ed. (2615)
2015 Ed. (2661)
2016 Ed. (2584)
Papa Murphy's Take 'N' Bake Pizza
2000 Ed. (3553)
2002 Ed. (3714, 4026)
2004 Ed. (2587)
2005 Ed. (3846)
2006 Ed. (3917, 4125)
2007 Ed. (2532, 2546, 3967, 3968, 4153)
2008 Ed. (2670, 3991, 3993, 3994, 4188, 4189)
2009 Ed. (4062, 4065, 4287)
2010 Ed. (3980, 3983, 4211)
2011 Ed. (3984, 3987, 3988, 4217, 4247, 4253, 4254)
2012 Ed. (2530, 3982, 3983, 3984, 4290, 4293)
2013 Ed. (4045, 4046, 4047)
2014 Ed. (3984, 3985)
2015 Ed. (4029, 4030)
2016 Ed. (3941)
Papa Murphy's Take 'n' Bake Pizza
2016 Ed. (4160)
Papa Romano's Inc.
1998 Ed. (3076)
1999 Ed. (4087)
2000 Ed. (3775)
Papa's Pizza To-Go Inc.

2003 Ed. (2454)
2006 Ed. (2573)
Papastratos
1997 Ed. (992)
Papastratos AVES
2014 Ed. (1619)
2015 Ed. (1669)
Papastratos Cigarette Co. SA
1999 Ed. (303, 1137)
Pape-Dawson Engineers Inc.
2010 Ed. (2458)
Papel Simao
1991 Ed. (2914)
1992 Ed. (3768)
Papeleria Mercedes SA
2006 Ed. (4547)
Papeles y Cartones
1989 Ed. (1100)
Paper
1991 Ed. (1151, 1179, 1180, 2057)
1992 Ed. (2629, 3476, 3653)
1993 Ed. (1214)
1995 Ed. (1786)
1996 Ed. (1216, 1225, 1232, 2489)
1997 Ed. (1243, 1274)
1998 Ed. (1040, 2318)
1999 Ed. (1473)
2000 Ed. (1895, 4255)
2001 Ed. (2844)
Paper & allied product manufacturers
2001 Ed. (1699, 1804)
Paper & allied products
1999 Ed. (1941, 2846, 2866)
Paper and office products
2001 Ed. (2178)
Paper and packaging
1991 Ed. (1139, 1637)
Paper & Chemical Supply Co.
2006 Ed. (3494)
2008 Ed. (4365, 4951)
Paper containers
1991 Ed. (2057)
1992 Ed. (2627, 2629)
Paper Converting
2002 Ed. (3789)
The Paper Cutter
1994 Ed. (2690)
1995 Ed. (2804)
1996 Ed. (2860)
1997 Ed. (2955)
1998 Ed. (2698)
Paper Express Inc.
2010 Ed. (4033)
2012 Ed. (4016, 4036)
Paper fasteners/punches
2002 Ed. (3536)
Paper Flow
2013 Ed. (618)
Paper for copiers/printers
1995 Ed. (3079)
Paper goods
1995 Ed. (2998)
2005 Ed. (2961)
Paper, high-grade
1992 Ed. (3645)
Paper Industries
1992 Ed. (1683)
Paper Industries Corp of the Philippines
1989 Ed. (1152)
Paper Industries Corp. of The Philip-pines
1991 Ed. (1336)
1992 Ed. (1684, 2965)
1993 Ed. (1386)
1994 Ed. (1440)
1995 Ed. (1474, 1475)
Paper Industries Corporation of the Phil-ippines
1990 Ed. (1409)
Paper Mate
2000 Ed. (4116)
Paper mills
1994 Ed. (2434)
1995 Ed. (2502)
Paper, mixed
1992 Ed. (3645)
Paper packaging
1989 Ed. (2646)
Paper & paper product manufacturing
2002 Ed. (2222)
Paper & paper products
1997 Ed. (2631)
2002 Ed. (1414)
2003 Ed. (1436)
Paper & paperboard
1990 Ed. (1733)
1992 Ed. (3646)
1998 Ed. (3699)
2002 Ed. (2216)
2008 Ed. (2647)

2009 Ed. (2675)
Paper & paperboard mills industry
1998 Ed. (2433)
Paper, paperboard packaging
1993 Ed. (2989)
Paper Partners
2016 Ed. (3096)
Paper Plates, 9-in., 80-Count
1990 Ed. (2129, 2130, 3041)
Paper Plates, 9 in., 80-ct.
1989 Ed. (1630, 1631)
Paper products
1995 Ed. (2049, 3721)
1996 Ed. (2253, 2491, 3091, 3092, 3093)
2001 Ed. (2084)
2002 Ed. (764)
2003 Ed. (3947, 3948)
2004 Ed. (2543, 2544, 2545, 2546, 2547, 2548, 2549, 2550)
2005 Ed. (3017, 3019)
2006 Ed. (3012, 3013)
Paper towels
1995 Ed. (3528)
2002 Ed. (4092)
2004 Ed. (2129)
Paper towels and bags
1995 Ed. (3079)
Paper Warehouse Franchising Inc.
2002 Ed. (3587)
2003 Ed. (3737)
2004 Ed. (3771)
Paper2Print.com
2003 Ed. (2178)
Paperback, adult
2002 Ed. (748)
Paperback, mass-market
2002 Ed. (748)
Paperback Software (VP-Planner)
1990 Ed. (3343)
Paperboard
1998 Ed. (21)
2001 Ed. (1457)
Paperboard Industries
1994 Ed. (2718)
Paperdirect/Business Address
1998 Ed. (1274)
PaperExchange.com
2001 Ed. (4762)
Paper/forms
2002 Ed. (3536)
Paperless AS
2009 Ed. (3016)
Paperlinx Ltd.
2004 Ed. (3767)
2006 Ed. (3370)
2008 Ed. (3547)
2009 Ed. (3612)
2010 Ed. (3536)
2011 Ed. (3535)
2012 Ed. (3527)
2013 Ed. (3573)
Paperloop.com
2003 Ed. (2178)
Papermate
1989 Ed. (2634)
1990 Ed. (3432)
1991 Ed. (3215)
1992 Ed. (4131, 4132)
1993 Ed. (3446, 3447)
1994 Ed. (3428, 3429)
1995 Ed. (3507)
1996 Ed. (3583, 3584)
1997 Ed. (3625, 3626)
1998 Ed. (3399, 3400)
1999 Ed. (4469, 4470)
2000 Ed. (3426)
Paperny Entertainment
2016 Ed. (4615)
Papers, mixed
1995 Ed. (3724)
Papillon
1990 Ed. (3696)
Papillon; Le
1989 Ed. (2946)
Pappadeaux Seafood
2006 Ed. (4135)
Pappadeaux Seafood Kitchen
2004 Ed. (4146)
2007 Ed. (4155)
2008 Ed. (4195, 4196)
2009 Ed. (4294)
2010 Ed. (4261)
2011 Ed. (4260)
Pappas Bar-B-Que
2009 Ed. (4273)
Pappas; James
1996 Ed. (2409)
Paprika
1998 Ed. (3348)

Papua New Guinea
1990 Ed. (1937)
1991 Ed. (1851)
1992 Ed. (2336)
1993 Ed. (1988)
1994 Ed. (1980)
1995 Ed. (2040)
1996 Ed. (170, 3435)
2001 Ed. (2614, 2615)
2002 Ed. (1815, 2415)
2003 Ed. (2627)
2004 Ed. (1040, 2741, 2745)
2005 Ed. (1041, 2742)
2006 Ed. (1050, 2704, 3769, 3771)
2007 Ed. (1139, 2699, 3766, 3768, 4692)
2008 Ed. (1019, 2202, 2826, 3846, 3848)
2009 Ed. (1004, 2168, 2884, 3902, 3904)
2010 Ed. (969, 1375, 2821, 3812, 3814, 4519)
2011 Ed. (895, 1368, 2807, 3808, 3810, 4629)
Papua New Guinea Banking Corp
1999 Ed. (620)
Papua New Guinea Banking Corp.
1989 Ed. (651)
1990 Ed. (665)
1991 Ed. (644)
1992 Ed. (816)
1993 Ed. (610)
1994 Ed. (613)
1995 Ed. (583)
1996 Ed. (652)
1997 Ed. (591)
2000 Ed. (639)
Papyrus
1999 Ed. (2517)
2003 Ed. (2635)
2004 Ed. (3732)
PAQ
2014 Ed. (4607)
PAQ Inc.
2009 Ed. (4599)
Paquete Desintoxicador
2008 Ed. (2971)
Paquin; Madeleine
2005 Ed. (4992)
2006 Ed. (4988)
2007 Ed. (4985)
2008 Ed. (4991)
2009 Ed. (4985)
2010 Ed. (4992)
2013 Ed. (4987)
Par Electrical Contractors
2007 Ed. (4036)
2009 Ed. (4180)
The PAR Group
2015 Ed. (1243)
The Par Group
2012 Ed. (1096, 1176)
Par Mellstrom
1999 Ed. (2424)
2000 Ed. (2184)
Par Pharmaceutical
2006 Ed. (2729)
Par Pharmaceutical Co.
2015 Ed. (2809)
Par Pharmaceutical Cos.
2012 Ed. (1770)
2014 Ed. (2758)
Par Plumbing Co.
2013 Ed. (1239, 1251)
Par Six L.L.C.
2001 Ed. (4284)
PAR Technology Corp.
2003 Ed. (1113)
2004 Ed. (3681)
Para International Fund Ltd.
2003 Ed. (3146)
Para Pharmaceuticals
2004 Ed. (51)
Para Space Landscaping Inc.
2013 Ed. (1486)
2014 Ed. (1454)
Parable
2016 Ed. (801)
Paracelsus Healthcare Corp.
1990 Ed. (2633, 2637)
1991 Ed. (2503, 2505, 2507)
1992 Ed. (3128, 3130, 3132)
1997 Ed. (2825)
1998 Ed. (2549)
1999 Ed. (3461)
Parade
1989 Ed. (181, 185, 2172, 2176)
1990 Ed. (2798, 2800)
1991 Ed. (2701, 2705, 2707)
1992 Ed. (3377, 3391)

1993 Ed. (2789, 2792, 2797, 2804)
1994 Ed. (2782, 2798)
1995 Ed. (2882, 2885, 2886)
1996 Ed. (2957, 2965, 2971, 2972)
1997 Ed. (3035, 3038, 3045, 3049)
1998 Ed. (1343, 2783, 2784, 2787, 2798)
1999 Ed. (3753, 3764, 3770)
2000 Ed. (3461, 3475, 3476, 3493)
2001 Ed. (257, 3194, 3710)
2002 Ed. (221)
2003 Ed. (191)
2004 Ed. (148, 3336)
2005 Ed. (136, 146, 3361)
2006 Ed. (149, 150, 151, 152, 153, 155, 159, 3347)
2007 Ed. (141, 142, 143, 145, 147, 148, 151, 170, 3403)
2008 Ed. (153, 3533)
2009 Ed. (174, 3600)
2010 Ed. (3518)
Parade Publications Inc.
1994 Ed. (2980)
1995 Ed. (2878, 3041, 3044)
1996 Ed. (2956, 3143)
1997 Ed. (3034)
1998 Ed. (2781)
1999 Ed. (3744)
2000 Ed. (3459)
2001 Ed. (3954)
Parade Telemarketing
1996 Ed. (3646)
The Paradies Shops
2013 Ed. (1448)
The Paradies Shops Inc.
1995 Ed. (3420)
2012 Ed. (4332)
Paradigm
2011 Ed. (4606)
2013 Ed. (199)
2014 Ed. (101, 201, 207)
2015 Ed. (228, 234, 244)
2016 Ed. (223, 229)
Paradigm Asset
1997 Ed. (2526)
Paradigm Asset Management Co.
2000 Ed. (2805)
2003 Ed. (216)
Paradigm Asset Management Co. LLC
2002 Ed. (712)
Paradigm Communications
1998 Ed. (55)
2000 Ed. (95)
Paradigm Group Inc.
2010 Ed. (1420)
2011 Ed. (1423)
2012 Ed. (4036)
Paradigm Management Services LLC
2010 Ed. (2398)
2012 Ed. (3130, 3131)
Paradigm Mechanical
2016 Ed. (1062)
Paradigm Partners
1991 Ed. (2228)
Paradigm Public Relations Inc.
2012 Ed. (2771)
2015 Ed. (1528, 3582)
Paradigm Sensors LLC
2010 Ed. (4186)
Paradigm Solutions Corp.
2004 Ed. (170)
2005 Ed. (1356, 3023)
2006 Ed. (1370, 3518, 4357)
2007 Ed. (1408, 3563, 4425)
Paradigm Technology
1993 Ed. (2033)
Paradign Solutions Corp.
2005 Ed. (1357)
Paradise
2000 Ed. (707)
Paradise Energy Solutions
2016 Ed. (4427)
Paradise Point Resort & Spa
2009 Ed. (3164)
2011 Ed. (3064)
Paradise Timeshare U.K. Ltd.
2002 Ed. (51)
Paradise Valley Estates
2014 Ed. (1435)
Paradise Valley Securities Inc.
1995 Ed. (2497)
ParadisePen.com
2013 Ed. (2476)
Paradiset DDB
2000 Ed. (176)
2002 Ed. (188)
2003 Ed. (152)
Paradiset DDB Needham
1996 Ed. (143)
1997 Ed. (149)

1999 Ed. (158)
Paradiset DDB/Sweden
2001 Ed. (215)
Paradiso Painting Co.
2007 Ed. (3530)
The Paradox of Choice
2006 Ed. (634)
Paradyne
1989 Ed. (2309)
1990 Ed. (1105, 2596, 2683)
Parago
2012 Ed. (4468)
2014 Ed. (3566)
paragon AG
2008 Ed. (300)
Paragon Cable
1994 Ed. (838, 839)
1995 Ed. (882)
1997 Ed. (879)
Paragon Cable Manhattan
1996 Ed. (866)
Paragon Capital Management
2009 Ed. (1075)
2010 Ed. (3397)
Paragon Commercial Interiors Inc.
2006 Ed. (3513, 4352)
Paragon Communications Inc.
2007 Ed. (4426)
Paragon Credit Union
2002 Ed. (1880)
2003 Ed. (1934)
2004 Ed. (1974)
2005 Ed. (2116)
2006 Ed. (2211)
2007 Ed. (2132)
2008 Ed. (2247)
2009 Ed. (2233)
2010 Ed. (2187)
2011 Ed. (2205)
2012 Ed. (2066)
2013 Ed. (2248)
Paragon Electronics
2015 Ed. (2096)
Paragon Engineering Services Inc.
2004 Ed. (2360)
Paragon Films
1996 Ed. (3051)
Paragon Films Inc.
2016 Ed. (1930)
Paragon Group
1990 Ed. (1170, 1172)
1991 Ed. (1051)
1992 Ed. (1360, 1362)
Paragon Group of Cos.
2009 Ed. (4567)
Paragon Gulf South Fund
1994 Ed. (583, 585)
Paragon Health Network
1999 Ed. (3636)
Paragon Holdings
1996 Ed. (2139, 2142)
Paragon Homes Inc.
1995 Ed. (3065)
Paragon Management Co.
2009 Ed. (3042)
Paragon Marketing Promotion
1992 Ed. (3757)
Paragon Micro Inc.
2016 Ed. (1211)
Paragon Municipal
2001 Ed. (927)
Paragon Networks
2004 Ed. (2826)
Paragon Petroleum
1997 Ed. (1375)
Paragon Press
2015 Ed. (4080)
2016 Ed. (3991)
Paragon Print Systems Inc.
2012 Ed. (4044)
Paragon Properties/Crossmann Communities
2000 Ed. (1221)
Paragon Restaurant Group
1990 Ed. (3116)
Paragon Risk Engineering
2011 Ed. (636)
2012 Ed. (603, 604, 605)
2014 Ed. (766)
2015 Ed. (802)
Paragon Solutions Group Inc.
2007 Ed. (4026)
2008 Ed. (4053, 4607)
Paragon Specialty Restaurants
1991 Ed. (2939)
Paragon Trade Brands
2003 Ed. (2057)
Paragon Value Growth
1996 Ed. (612)
Paragon Value Growth Fund

1994 Ed. (583, 585)
Paraguana Refining Center
1999 Ed. (3813)
2002 Ed. (3694)
2003 Ed. (3856)
Paraguay
1989 Ed. (1180)
1990 Ed. (1451)
1991 Ed. (1384)
1992 Ed. (1738, 1739)
1994 Ed. (1490)
1995 Ed. (3421)
1996 Ed. (1481)
1997 Ed. (1546)
1999 Ed. (4477)
2000 Ed. (823)
2001 Ed. (1102, 1133, 4317, 4319, 4471, 4591, 4647)
2003 Ed. (868, 2214, 4495, 4497)
2004 Ed. (889, 890, 4458, 4463, 4813)
2005 Ed. (876, 2043, 2539, 4403, 4408, 4787)
2006 Ed. (798, 2328, 4420, 4425, 4858)
2007 Ed. (887, 4484, 4486, 4861)
2008 Ed. (864, 4466, 4468)
2009 Ed. (870, 4499, 4501)
2010 Ed. (282, 701, 769, 816, 1063, 2402, 3838, 4188, 4541, 4543, 4685, 4842)
2011 Ed. (205, 627, 686, 744, 1001, 1005, 1376, 2402, 3841, 4200, 4488, 4490, 4635, 4790, 4801)
2012 Ed. (597, 627, 923, 1235, 3822)
2013 Ed. (734, 3874)
2014 Ed. (3810)
2015 Ed. (795, 3833)
2016 Ed. (717, 3740)
Paraguay; Government of
2006 Ed. (74)
2007 Ed. (65)
2008 Ed. (70)
Paralegal
2008 Ed. (3812)
Paralegal (legal assistant)
1989 Ed. (2088, 2089, 2093, 2094)
Paralegals
1989 Ed. (2076)
1992 Ed. (3282)
1997 Ed. (1721)
2007 Ed. (3725)
2009 Ed. (3860)
Paralegals and legal assistants
2001 Ed. (3564)
Parallan Computer
1995 Ed. (2066, 3388)
Parallel Energy
2014 Ed. (1446)
Parallel Internet
2002 Ed. (2496)
Parallel Petroleum
2005 Ed. (3739, 3753, 3754, 3755)
2008 Ed. (4360, 4363, 4429)
2010 Ed. (4495, 4506, 4530)
Parallon Business Solutions
2014 Ed. (2318)
Parallon Workforce Management Solutions
2015 Ed. (3781)
2016 Ed. (3694)
Paralyzed Vets of America/Eastern PVA
1998 Ed. (1280)
Paramaribo, Surinam
1993 Ed. (1425)
Paramedics
2005 Ed. (3623)
Parametric Portfolio
1993 Ed. (2306)
1995 Ed. (2359)
Parametric Portfolio Associates
1990 Ed. (2345, 2350)
1991 Ed. (2219)
Parametric Tech
1995 Ed. (1097)
1996 Ed. (1073)
Parametric Technology Corp.
1993 Ed. (2001, 2006, 2007, 3330, 3331, 3334)
1994 Ed. (2011, 2012, 3320, 3322)
1997 Ed. (1086, 1234, 2166, 2206)
1998 Ed. (843, 1881)
1999 Ed. (1264, 1282, 1478, 1958, 1962, 3644)
2000 Ed. (1740)
2002 Ed. (4362)
2003 Ed. (2157)
2004 Ed. (4497)
2005 Ed. (924, 2835, 4468)
2006 Ed. (832, 1870, 2826)

2007 Ed. (915)
2008 Ed. (1912)
2012 Ed. (954)
2013 Ed. (1099, 1848)
Parametrix
2005 Ed. (1925, 1927, 1928, 1931)
2006 Ed. (2455, 2457)
2009 Ed. (2536, 2543, 2546)
2010 Ed. (2454, 2459, 2462)
2012 Ed. (209, 212, 2372)
Paramins
1995 Ed. (2491)
Paramo Works
1994 Ed. (925)
Paramount
1990 Ed. (3552)
1992 Ed. (3110)
1995 Ed. (2615, 3043, 3580)
1996 Ed. (2689, 2690, 2691)
1997 Ed. (2284, 3719)
1998 Ed. (2534)
1999 Ed. (3445, 4715)
2000 Ed. (3165)
2001 Ed. (3358)
2004 Ed. (3512)
2005 Ed. (3517)
2006 Ed. (3574, 3575)
2007 Ed. (3639)
2008 Ed. (3752, 3753)
2009 Ed. (2363, 2364, 2365, 3776, 3778, 4832, 4833, 4834)
2010 Ed. (3707)
2011 Ed. (583)
Paramount Auto Group
2008 Ed. (2960)
2009 Ed. (3039)
Paramount Building Solutions LLC
2012 Ed. (1311)
2013 Ed. (1411)
2014 Ed. (1362)
2015 Ed. (1437)
Paramount Business Jets
2015 Ed. (4823)
Paramount Canada's Wonderland
1995 Ed. (3164)
Paramount Care
1995 Ed. (2086, 2088)
1999 Ed. (2651)
Paramount Communications Acquisition Corp.
2003 Ed. (1789)
2004 Ed. (1823)
2005 Ed. (1908)
2006 Ed. (1936)
2007 Ed. (1919)
2008 Ed. (1986)
2009 Ed. (1939)
2010 Ed. (1876)
2011 Ed. (1906)
2012 Ed. (1763)
2013 Ed. (1937)
2014 Ed. (1875)
2015 Ed. (1910)
2016 Ed. (1874)
Paramount Communications Inc.
1991 Ed. (1140, 1143, 1156, 1162, 1185, 1192, 2377, 2487, 3330, 3334)
1992 Ed. (43, 1474, 1521, 1983, 1985, 2979, 3108, 3109, 3920, 3940)
1993 Ed. (26, 1181, 1215, 1635, 2507, 2598, 3533)
1994 Ed. (18, 758, 1221, 1241, 1288, 1669, 1671, 2561, 3503)
1995 Ed. (716, 1228, 1229, 1237, 1261, 1716, 2613, 3589)
1996 Ed. (1193)
1997 Ed. (1248)
1998 Ed. (1008)
2005 Ed. (1520)
Paramount Communications (U.S.)
1991 Ed. (723)
Paramount Dental Plan Inc.
1998 Ed. (1255)
1999 Ed. (1831)
2002 Ed. (1915)
Paramount Development
1990 Ed. (2047)
1992 Ed. (2443)
Paramount Distillers, Inc.
1990 Ed. (2457)
1991 Ed. (2323)
Paramount Domestic Distribution
2002 Ed. (3393)
2012 Ed. (3718)
2013 Ed. (3765)
Paramount Energy Trust
2005 Ed. (1707, 1711)
2010 Ed. (4832)

Paramount Farming Co.
1998 Ed. (1773, 1775)
Paramount Farms
2014 Ed. (3762)
2015 Ed. (3786)
2016 Ed. (3700)
Paramount Group Inc.
2016 Ed. (4310)
Paramount Health Care
1994 Ed. (2035, 2037)
1997 Ed. (2185, 2193)
1998 Ed. (1910, 1911)
1999 Ed. (2646, 2647)
Paramount Home Entertainment
2001 Ed. (2122, 4691, 4692)
Paramount Home Video
2001 Ed. (4697)
Paramount Lodging Advisors
2016 Ed. (4090)
Paramount Parks
1997 Ed. (246)
2001 Ed. (378)
2002 Ed. (309)
2003 Ed. (274)
2005 Ed. (251)
2006 Ed. (270)
2007 Ed. (274)
Paramount Pictures
1992 Ed. (3111)
1993 Ed. (2596, 2597, 3524)
1994 Ed. (2562)
1997 Ed. (2816, 2819)
1998 Ed. (2532)
1999 Ed. (3442)
2000 Ed. (33, 793, 3164)
2001 Ed. (3359, 3360, 3377, 4497, 4702)
2002 Ed. (3394, 3395, 3396)
2003 Ed. (3450, 3451, 3452)
2004 Ed. (3511, 4141)
2005 Ed. (3516)
2007 Ed. (3214)
Paramount Residential Mortgage Group Inc.
2016 Ed. (3623)
Paramount Resources Ltd.
2006 Ed. (1611)
2007 Ed. (1622, 1649)
2010 Ed. (1549)
2012 Ed. (1409)
Paramount Stations
1999 Ed. (823)
Paramount Stations Group
2001 Ed. (4492)
Paramount's Great America
1999 Ed. (268)
Paramount's Kings Island
1994 Ed. (218)
1995 Ed. (3164)
Paramus Honda
1996 Ed. (272)
Paranapanema
1991 Ed. (2914)
1992 Ed. (3768)
1994 Ed. (3133)
Paranapanema PN
1994 Ed. (3135)
1995 Ed. (3181)
Parapectolin
1992 Ed. (1872)
1993 Ed. (1532)
Paraquat
1999 Ed. (2663)
Paraquay
1995 Ed. (1522)
Paras Pharmaceuticals
2005 Ed. (45)
2006 Ed. (52)
2007 Ed. (43)
2008 Ed. (47)
2009 Ed. (54)
2010 Ed. (64)
Parasites
1995 Ed. (1908)
Parasiticides
1999 Ed. (4710)
Parasoft
2013 Ed. (1121)
2014 Ed. (1084)
2015 Ed. (1122)
2016 Ed. (1034)
Parasoft Corp.
2005 Ed. (1151)
2008 Ed. (1152)
2009 Ed. (1131)
2010 Ed. (1110)
2011 Ed. (1049)
Parasol; Ruth
2007 Ed. (4899, 4924, 4933)
2008 Ed. (4897, 4907)

2009 Ed. (4920)
2010 Ed. (4922, 4924)
Parasuco
2009 Ed. (4577)
2010 Ed. (4612)
Parati
2002 Ed. (385)
Paratox
1992 Ed. (3349)
Parature Inc.
2010 Ed. (1122)
2011 Ed. (1033)
Paravant, Inc.
2002 Ed. (2489)
2003 Ed. (2714)
Parball Corp.
2004 Ed. (1813)
2005 Ed. (1896)
Parc Corp.
2010 Ed. (4172)
Parcel
2001 Ed. (4234)
Parcel Distribution Logistics Inc.
1998 Ed. (2465)
1999 Ed. (3343)
Parcel Plus
1996 Ed. (1967)
2002 Ed. (3732)
2003 Ed. (3917)
2004 Ed. (3930)
2005 Ed. (3880)
2006 Ed. (3940)
2007 Ed. (3998)
Parcelforce Worldwide
2013 Ed. (4438)
Parda Credit Union
2002 Ed. (1833)
Pardee Construction Co.
1994 Ed. (3007)
1995 Ed. (3065)
1997 Ed. (3259)
1998 Ed. (908, 920, 3007)
1999 Ed. (3997)
2002 Ed. (1196, 1197, 1210)
Pardee Construction/Weyerhaeuser
Real Estate Co.
2000 Ed. (1218, 1235)
Pardee Homes
1999 Ed. (1334)
2003 Ed. (1177, 1178, 1211)
2004 Ed. (1184, 1218)
2005 Ed. (1210, 1242)
Pardo Capital Ltd.
2009 Ed. (1074)
Pardot
2013 Ed. (1649)
2014 Ed. (1607)
Parducci
1998 Ed. (3743)
Parent & Child
2011 Ed. (3521)
Parente Randolph
2003 Ed. (7)
2004 Ed. (13)
2005 Ed. (9)
2006 Ed. (14)
2010 Ed. (21)
Parente, Randolph, Orlando & Assoc.
2000 Ed. (17)
Parente, Randolph, Orlando, Carey & Associates
1998 Ed. (16)
1999 Ed. (20)
Parente Randolph, PC
2002 Ed. (20, 21)
Parenteau
2006 Ed. (3190)
ParenteBeard
2011 Ed. (18)
2012 Ed. (23)
2013 Ed. (18)
2014 Ed. (14)
2015 Ed. (15)
Parenting
1992 Ed. (3376)
1993 Ed. (2792, 2805)
1994 Ed. (2785)
2006 Ed. (133)
2012 Ed. (3515)
Parents
1999 Ed. (1857)
Parents & Children Together
2014 Ed. (1637)
2016 Ed. (1631)
Parents Choice
2002 Ed. (2802)
Parents Magazine
1997 Ed. (3040)
Parents, middle-aged
1999 Ed. (2543)

Parents, older
1999 Ed. (2543)
Parents, young
1999 Ed. (2543)
Pareto Corp.
2011 Ed. (1561)
Pareto Law
2006 Ed. (2052)
Pareto Partners
1994 Ed. (2296, 2332)
1996 Ed. (2389, 2391, 2428)
1997 Ed. (2519, 2520, 2551)
1998 Ed. (2300, 2302)
1999 Ed. (3046, 3061)
2000 Ed. (2778, 2797, 2854)
2002 Ed. (3020)
2003 Ed. (3089)
ParetoLogic
2010 Ed. (2936)
2011 Ed. (2901)
2014 Ed. (2936)
ParetoLogict
2012 Ed. (2836)
Parex Bank
1997 Ed. (537, 538)
1999 Ed. (574)
2000 Ed. (591)
2002 Ed. (527, 607)
2003 Ed. (568)
2004 Ed. (580)
2005 Ed. (569)
2006 Ed. (490)
2008 Ed. (468)
2009 Ed. (490, 491)
2010 Ed. (472, 473)
2011 Ed. (399)
Parex bankas
2009 Ed. (494)
2010 Ed. (476)
2011 Ed. (403)
Parex Resources
2014 Ed. (1446)
Parexel International Corp.
2000 Ed. (2399, 2450)
2001 Ed. (1461)
2005 Ed. (4360)
2006 Ed. (4301)
2008 Ed. (1911)
2009 Ed. (1872)
2010 Ed. (1799, 1814)
2014 Ed. (1778)
Parfums Lagerfeld
1990 Ed. (1579)
Pargesa
2011 Ed. (2688)
2012 Ed. (2616)
2013 Ed. (2691)
Pargon Technology Group Inc.
2013 Ed. (1316)
Pari L.L.C.
2001 Ed. (4283)
Pari Mutuel Urbain
1994 Ed. (3247)
2012 Ed. (3460)
2013 Ed. (3503)
Pari-mutuels
2003 Ed. (2602)
Paribas
1989 Ed. (535)
1990 Ed. (577, 1369, 3460)
1991 Ed. (503, 521, 691, 776, 1292, 1604, 3068)
1992 Ed. (915, 916, 1621, 3899)
1993 Ed. (524, 731, 732, 1315, 1316, 1648, 1680, 1682, 3203, 3204, 3205)
1995 Ed. (502)
1996 Ed. (553)
1999 Ed. (2063, 2064, 2066, 2601)
2000 Ed. (1025, 2344, 3418, 3420, 3421, 3880, 3986)
2001 Ed. (962, 963, 968, 970, 972, 974, 975, 3155)
Paribas Asia
1991 Ed. (2411, 2412)
1992 Ed. (3020, 3021)
1999 Ed. (887, 888, 889, 891, 921, 922, 923, 924, 941, 943, 944, 945)
Paribas Bank
2001 Ed. (626)
Paribas Capital Markets
1994 Ed. (521, 1702)
Paribas Capital Markets Group
1991 Ed. (1586, 1588, 1589, 1596, 1598)
Paribas Group
1991 Ed. (1291)
1992 Ed. (1620)
Paribas SA
2001 Ed. (579, 1197, 4208)

Paric Corp.
2008 Ed. (1314)
2009 Ed. (1315)
2010 Ed. (1292)
2011 Ed. (1248)
Paridoc
1990 Ed. (1366, 3635)
1993 Ed. (3609)
1994 Ed. (3565)
1995 Ed. (3650)
Parimutuels
1992 Ed. (2256)
Paris
1992 Ed. (675, 1166, 2717, 3367)
1994 Ed. (2780)
1995 Ed. (2875)
1996 Ed. (2955)
1997 Ed. (193, 1004, 2684, 2961)
2000 Ed. (107, 3374, 3375, 3377)
Paris Baguette
2015 Ed. (4304)
2016 Ed. (4168)
Paris Bank
1993 Ed. (486)
Paris BF
1994 Ed. (805)
Paris Business Forms
1991 Ed. (809)
1992 Ed. (991)
1993 Ed. (788)
1995 Ed. (856)
Paris Business Products
1999 Ed. (3895)
2006 Ed. (3966, 3971)
2009 Ed. (4097, 4100, 4102, 4104)
2010 Ed. (4019, 4024)
2012 Ed. (4019, 4023, 4027, 4037, 4040)
Paris Charles de Gaulle Airport
1997 Ed. (1679)
2001 Ed. (2121)
Paris de Gaulle, France
2009 Ed. (256)
2010 Ed. (248, 250)
2011 Ed. (169)
Paris FF Brand
1999 Ed. (3741)
Paris, France
1990 Ed. (865, 866, 1011, 1439, 1870)
1991 Ed. (3249)
1993 Ed. (2468, 2531)
1995 Ed. (1869)
1996 Ed. (978, 979, 2541, 2865)
1999 Ed. (1177)
2001 Ed. (136)
2002 Ed. (109, 2750)
2003 Ed. (187, 255, 257, 258)
2004 Ed. (223, 224, 225, 3305)
2005 Ed. (232, 233, 3313)
2006 Ed. (250, 251, 4182)
2007 Ed. (256, 257, 258, 259, 260)
2008 Ed. (238, 766, 1819)
2009 Ed. (262, 263, 1767, 3205, 4233)
2010 Ed. (1714, 3486, 3499, 3500)
2011 Ed. (170, 171, 1729, 2622, 2629, 2630, 3786)
2012 Ed. (182, 183, 184, 3490)
2013 Ed. (160, 161, 163, 167)
2014 Ed. (164, 165, 167, 171, 626, 2643, 2644)
2015 Ed. (191, 192, 194, 197, 2685)
2016 Ed. (186, 187, 189, 2602, 2603)
Paris Hilton
2008 Ed. (2584)
Paris Hotel Casino Resort
2004 Ed. (1813)
2005 Ed. (1896)
2006 Ed. (1923)
2007 Ed. (1907)
2008 Ed. (1968)
2009 Ed. (1923)
2010 Ed. (1858)
2011 Ed. (1889)
2012 Ed. (1745)
2013 Ed. (1910)
2014 Ed. (1844)
Paris Las Vegas Hotel
2015 Ed. (1881)
2016 Ed. (1843)
Paris Plantations Bhd
1995 Ed. (1453)
Paris Saint-Germain
2016 Ed. (4404)
Paris Stock Exchange
1993 Ed. (3457)
1997 Ed. (3631, 3632)
2001 Ed. (4379)
The Paris Wife

2013 Ed. (556)
Parisco Int'l
 1990 Ed. (2046)
Parise; Zach
 2014 Ed. (196)
 2015 Ed. (223)
Parish Capital Advisors LLC
 2007 Ed. (195)
Parisi Speed School
 2010 Ed. (2908)
Parisian Bank
 2009 Ed. (2723, 2736)
 2011 Ed. (2635)
Parisienne
 1993 Ed. (349)
Parisot Meubles
 1993 Ed. (1912)
Parity Group plc
 2002 Ed. (1792)
Pariveda
 2011 Ed. (1128, 1129)
Pariveda Solutions
 2012 Ed. (1930)
 2014 Ed. (1648)
 2015 Ed. (1691, 2142)
 2016 Ed. (1397)
Pariveda Solutions Inc.
 2013 Ed. (2091)
Park Acquisitions Inc.
 1998 Ed. (1042)
Park Avenue
 2001 Ed. (489, 505)
Park Avenue at Morris County, Parisp-parny
 1990 Ed. (1178)
Park Avenue Motor Corp.
 1994 Ed. (262)
Park Bank
 1997 Ed. (500)
 1998 Ed. (370)
Park Cities News
 2002 Ed. (3503)
Park City Group Inc.
 2012 Ed. (966)
 2013 Ed. (1109)
Park City Mountain Resort
 2016 Ed. (4372)
Park City, UT
 1990 Ed. (3293)
 1993 Ed. (3324)
Park, CO
 2000 Ed. (1593)
Park Communications
 1989 Ed. (1933)
 1990 Ed. (2522, 2938, 3525)
 1991 Ed. (2388, 3327)
 1992 Ed. (2978, 4241)
 1996 Ed. (2576)
Park Community Credit Union
 2007 Ed. (2119)
 2008 Ed. (2234)
 2009 Ed. (2219)
 2010 Ed. (2173)
 2011 Ed. (2191)
 2012 Ed. (2051)
 2013 Ed. (2233)
 2014 Ed. (2165)
 2015 Ed. (2229)
 2016 Ed. (1727, 2200)
Park Community Federal Credit Union
 2014 Ed. (1729)
Park County, CO
 1999 Ed. (1765)
Park Credit Union
 2002 Ed. (1867)
 2003 Ed. (1921)
 2004 Ed. (1961)
Park ElectroChemical/Nelco
 2002 Ed. (3720)
Park Federal Credit Union
 2005 Ed. (2103)
 2006 Ed. (2198)
Park Hyatt
 1990 Ed. (2102)
 1998 Ed. (577, 2002)
 2011 Ed. (3073)
Park Inns
 1998 Ed. (2025)
Park Lane
 2000 Ed. (2338)
Park Management Group
 2010 Ed. (3097)
Park-Mark Inc.
 2009 Ed. (1299)
Park Medya
 2004 Ed. (94)
Park Mountaineer Inc.
 2006 Ed. (2116)
 2007 Ed. (2065)
 2012 Ed. (2000)

2015 Ed. (2175)
2016 Ed. (2150)
Park 'n Shop
 2001 Ed. (39)
Park National Bank
 2000 Ed. (434)
 2008 Ed. (394, 395)
 2009 Ed. (418)
 2011 Ed. (318)
Park National Bank and Trust Co. of Chicago
 2007 Ed. (417)
 2008 Ed. (395)
Park National Corp.
 1999 Ed. (444)
 2000 Ed. (437)
 2002 Ed. (484)
Park Nicolett Methodist Hospital
 2013 Ed. (3078)
Park Nicollet Health Services
 2006 Ed. (3720, 3722)
Park North-Oxford Associates, a Mary-land LP
 2014 Ed. (1762)
 2015 Ed. (1805)
 2016 Ed. (1765)
Park Place Entertainment Corp.
 2001 Ed. (2272, 2273, 2786)
 2002 Ed. (1738, 1739, 2630, 2638)
 2003 Ed. (1779, 1780, 1785, 2337, 2340, 2840, 2841, 2844, 2846)
 2004 Ed. (1814, 1815, 2717, 2931, 2932, 2936, 2937, 3252)
Park Place Lexus
 1996 Ed. (294)
Park Place Motorcars
 1990 Ed. (333)
 1991 Ed. (286)
 1992 Ed. (391)
 1993 Ed. (277)
 1994 Ed. (276)
 1995 Ed. (279)
 1996 Ed. (279)
Park Place Printing
 2015 Ed. (4080)
Park Ridge Corp.
 1995 Ed. (1017)
Park Ridge Estates
 2000 Ed. (1219)
Park Seed
 2013 Ed. (900)
Park Side Credit Union
 2008 Ed. (2243)
 2009 Ed. (2229)
 2010 Ed. (2183)
 2011 Ed. (2201)
 2012 Ed. (2062)
 2013 Ed. (2244)
 2014 Ed. (2176)
 2015 Ed. (2240)
Park Side Financial Credit Union
 2016 Ed. (2211)
Park Square
 2000 Ed. (1625)
Park Square Credit Union
 2002 Ed. (1890)
Park Square Homes
 2003 Ed. (1190)
 2004 Ed. (1195)
 2006 Ed. (1189, 1190)
Park Suites
 1990 Ed. (2078)
 1991 Ed. (1944)
 1992 Ed. (2477)
Park T. Adikes
 1994 Ed. (1720)
Park Tower Group
 1997 Ed. (3257)
Park View Credit Union
 2003 Ed. (1891)
Park Young-Ju
 2010 Ed. (3964)
Parkay
 1994 Ed. (2441)
 1995 Ed. (2507)
 2000 Ed. (3039, 3040, 4156)
 2001 Ed. (3222)
 2003 Ed. (3311, 3684, 3685)
 2008 Ed. (3589)
 2014 Ed. (3557)
 2015 Ed. (3580)
 2016 Ed. (3460)
Parkbridge Lifestyle Communities Inc.
 2011 Ed. (4157)
Parkdale Mills Inc.
 1990 Ed. (1042)
 1991 Ed. (970)
 1993 Ed. (980)
 1994 Ed. (1006)
 1995 Ed. (1018)

1997 Ed. (1016)
1998 Ed. (757)
2004 Ed. (4710)
2005 Ed. (3919)
2006 Ed. (3993)
2009 Ed. (4159)
2010 Ed. (4092)
2011 Ed. (4062)
2012 Ed. (4095)
Parke-Davis
 1990 Ed. (2529)
 1991 Ed. (1472, 2399)
 1994 Ed. (1559, 2461)
Parke Davis Consumer
 1990 Ed. (1565)
Parkell
 1990 Ed. (1488)
 1992 Ed. (1778)
Parkell Products
 1990 Ed. (1489)
 1991 Ed. (1409, 1410)
Parkell Today
 1995 Ed. (1547)
 1996 Ed. (1523)
 1997 Ed. (1586)
 1999 Ed. (1825)
Parken Stadion
 2015 Ed. (4532)
Parken Stadium
 1999 Ed. (1300)
Parker
 1989 Ed. (2634)
 1992 Ed. (4131)
 1993 Ed. (3447)
 1994 Ed. (3428, 3429)
 1996 Ed. (3583)
 1997 Ed. (3626)
 1999 Ed. (4469, 4470)
 2000 Ed. (4116)
Parker; Alan
 2009 Ed. (4920)
 2010 Ed. (4924)
Parker; Brian
 1996 Ed. (1864)
 1997 Ed. (1972)
Parker Bros.
 1999 Ed. (4628)
 2000 Ed. (4277)
Parker Brothers
 1992 Ed. (4327)
 1993 Ed. (3602)
 1994 Ed. (3560)
 1996 Ed. (3722)
 1997 Ed. (3776)
 1998 Ed. (3596)
Parker Brown Inc.
 2010 Ed. (1524)
 2011 Ed. (1519)
Parker Buick Co.; Al
 1993 Ed. (294)
Parker & Co. Interocean Ltd.
 1990 Ed. (903)
Parker; David R.
 1990 Ed. (1722)
Parker Duofold
 2000 Ed. (3425)
Parker; Eva Longoria
 2010 Ed. (2514)
 2011 Ed. (2516)
 2012 Ed. (2442)
Parker Group Communications Inc.
 1989 Ed. (92)
Parker Hannifin
 2015 Ed. (3225)
 2016 Ed. (3081)
Parker-Hannifin
 2014 Ed. (1909)
 2015 Ed. (1953)
 2016 Ed. (1926)
Parker Hannifin Corp.
 1989 Ed. (1651, 1654, 1928)
 1990 Ed. (184, 188, 2171, 2172, 2174)
 1991 Ed. (2020, 2021, 2381)
 1992 Ed. (2593, 2594, 2967)
 1993 Ed. (2163, 2164, 2495)
 1994 Ed. (2181, 2182, 2183, 2433)
 1995 Ed. (2235, 2236, 2237)
 1996 Ed. (2241, 2243)
 1997 Ed. (2366, 2369)
 1998 Ed. (2087, 2091, 2092)
 1999 Ed. (2849, 2852, 3297)
 2000 Ed. (2623, 3034)
 2001 Ed. (268, 1672, 2843, 3215, 3218, 3220, 3221)
 2002 Ed. (2726, 2727)
 2003 Ed. (2896, 2897, 3287, 3289, 3292, 3372, 4204, 4205)
 2004 Ed. (2230, 2231, 3000, 3002, 3004, 3324, 3329)

2005 Ed. (2330, 2331, 2997, 2999, 3000, 3349, 3354, 3382)
2006 Ed. (2279, 2281, 2991, 2993, 2996, 3342, 3343, 3344, 4218)
2007 Ed. (212, 2224, 3030, 3032, 3525, 4234, 4440)
2008 Ed. (845, 2076, 2364, 3143, 3199, 4268)
2009 Ed. (219, 857, 2047, 3228, 3231, 3258, 3589, 4550)
2010 Ed. (3161, 3163, 3508)
2011 Ed. (1935, 1936, 3126, 3128, 3129, 3132, 3511)
2012 Ed. (1794, 1795, 1797, 3060, 3063, 3064, 3065, 3066, 3071, 3072, 3509)
2013 Ed. (1967, 1968, 3149, 3152, 3153, 3154, 3157, 3159, 3160, 3549)
2014 Ed. (1905, 1907, 3155, 3157, 3158, 3162, 3165, 3166)
2015 Ed. (3215, 3217, 3221, 3224)
2016 Ed. (3070, 3074, 3078, 3080, 3391)
Parker-Hannifin Corp.
 2015 Ed. (6, 2596)
Parker-Hannifin International Corp.
 2016 Ed. (2519)
Parker Hannifin International Inc.
 2014 Ed. (6, 2522)
Parker Interior Plantscape
 2013 Ed. (3456)
Parker; Jack
 1990 Ed. (2577)
Parker; James
 2005 Ed. (967)
 2008 Ed. (2691)
Parker Jewish Institute for Health Care & Rehabilitation
 2000 Ed. (3362)
Parker-Lancaster
 1998 Ed. (917)
 2000 Ed. (1232)
 2002 Ed. (1207)
Parker Lancaster & Orleans Homes
 2003 Ed. (1205)
Parker Law Office; Larry H.
 1989 Ed. (1889)
Parker; Mark
 2010 Ed. (885)
Parker; Mark G.
 2014 Ed. (943)
 2015 Ed. (964)
Parker, McCay & Criscuolo
 1993 Ed. (2626)
Parker, McCay & Crisuolo
 1997 Ed. (2840)
Parker & Orleans Homebuilding
 2005 Ed. (1236)
Parker& Orleans Homebuilding
 2004 Ed. (1212)
Parker & Parsley Petroleum
 1998 Ed. (2829)
 1999 Ed. (3803)
Parker Poe Adams & Bernstein
 2001 Ed. (881, 913)
Parker Poe Adams & Bernstein LLP
 2007 Ed. (1505)
 2013 Ed. (3440)
Parker Ranch Foundation Trust
 2012 Ed. (1527, 1532)
Parker Risk Management (Bermuda) Ltd.
 1991 Ed. (853)
 1992 Ed. (1058)
 1993 Ed. (846)
Parker Risk Management (Cayman) Ltd.
 1993 Ed. (849)
Parker Risk Management (Colorado) Ltd.
 1991 Ed. (855)
 1992 Ed. (1060)
 1993 Ed. (850)
Parker; Roger A.
 2009 Ed. (956)
Parker S. Kennedy
 2004 Ed. (968)
Parker; Sarah Jessica
 2010 Ed. (2509)
 2011 Ed. (2511)
 2012 Ed. (2432)
 2013 Ed. (2598)
 2014 Ed. (2452)
Parker Tanner Woodham
 2002 Ed. (3257)
Parker; Tom
 1997 Ed. (1935)
Parker; W. Douglas
 2016 Ed. (867)
Parkersburg-Marietta, WV-OH

2002 Ed. (2713)
2006 Ed. (2971)
2007 Ed. (2999)
2008 Ed. (3511)
Parkersburg, WV
1998 Ed. (3648)
Parking
1995 Ed. (1533)
Parking Authority
2001 Ed. (905)
Parkinson Jr.; Robert
2010 Ed. (887)
Parkinson Jr.; Robert L.
2008 Ed. (950)
2009 Ed. (949, 959)
2010 Ed. (901)
Parkinson, Jr.; Robert L.
2015 Ed. (967)
Parkinson's Disease Foundation
1996 Ed. (917)
Parkland Fuel
2013 Ed. (4301)
2014 Ed. (4342)
2015 Ed. (4331)
Parkland Health & Hospital System
2013 Ed. (2096)
Parkland Income Fund
2005 Ed. (1693, 1694, 1695, 1696)
2007 Ed. (1636)
2008 Ed. (1625)
2009 Ed. (1558, 1559, 2506)
2010 Ed. (4833)
2011 Ed. (4291)
Parkland Industries Ltd.
2002 Ed. (2122)
Parkland Memorial Hospital
1997 Ed. (2261)
1999 Ed. (2731, 2734)
2002 Ed. (2603)
2003 Ed. (2807, 2813)
2004 Ed. (2910)
2005 Ed. (2896)
Parklane
2000 Ed. (2342)
ParkLane Homes Ltd.
2006 Ed. (1596)
2007 Ed. (1614)
Parks Construction Co.; T. U.
1996 Ed. (1131)
Parks & gardens
2002 Ed. (2783)
Parks Jr. Inc.; Lyle
1994 Ed. (3298)
Parks Palmer Turner & Yemenidjian
1994 Ed. (4)
Parks; Stephen
2007 Ed. (1073)
Parks; Tom
2011 Ed. (3378)
Parkside Behavioral Health Services
1996 Ed. (2147)
1997 Ed. (2255)
Parkside Homes
2005 Ed. (1206)
Parkside Medical Services
1992 Ed. (2449, 2450)
1993 Ed. (2065, 2066)
1994 Ed. (2086)
1995 Ed. (2135)
Parksite
2005 Ed. (3904)
Parkson
2014 Ed. (693)
Parkson Corp.
2010 Ed. (625)
2012 Ed. (4357)
2013 Ed. (4286)
Parks/Preserves
1992 Ed. (332, 333)
Parkstadt Am Rhein
1997 Ed. (2374)
Parkstone Bond Fund
1994 Ed. (584, 587)
Parkstone Bond Institutional
1996 Ed. (615)
Parkstone Equity Fund
1994 Ed. (584, 587)
Parkstone High-Income Equity
1992 Ed. (3177)
1994 Ed. (587, 2636)
Parkstone International Discovery Fund A
1995 Ed. (556)
Parkstone International Discovery Fund C
1995 Ed. (556, 2717)
Parkstone Small Cap Investments
2000 Ed. (3294)
Parkstone Small Cap Value
1993 Ed. (580)

Parkstone Small Capital A
1998 Ed. (401)
Parkstone Small Capital Institutional
1998 Ed. (401)
Parkstone Small Capital Investment
1998 Ed. (2619)
Parkstone: Tax-Free Fund
1993 Ed. (2686)
Parkstone U.S. Government Obligations
1994 Ed. (2537)
Parkton Re Ltd.
2012 Ed. (3213)
Parkvale Financial
2013 Ed. (4520)
Parkvale Financial Corp.
2003 Ed. (513)
Parkview Acres Care & Rehabilitation Center
2014 Ed. (1830)
2015 Ed. (1869)
Parkview Health System Inc.
2005 Ed. (1794)
2011 Ed. (1711)
2012 Ed. (1570)
Parkview Homes
2002 Ed. (2688)
Parkview Hospital Inc.
2001 Ed. (1736)
2003 Ed. (1697)
2004 Ed. (1734)
2005 Ed. (1794)
2006 Ed. (1767)
2008 Ed. (1806)
2009 Ed. (1753)
2010 Ed. (1700)
2011 Ed. (1711)
2012 Ed. (1570)
2013 Ed. (1725)
2014 Ed. (1668)
2015 Ed. (1714)
2016 Ed. (1663)
Parkview Huntington Hospital
2011 Ed. (3049)
2012 Ed. (2986)
Parkway Bank & Trust Co.
2001 Ed. (609)
Parkway Co. Inc.
1996 Ed. (1213)
Parkway Financial
1995 Ed. (492)
Parkway Holdings Ltd.
1994 Ed. (3311)
Parkway Properties Inc.
2005 Ed. (4006)
Parkway Regional Medical Center
1998 Ed. (1989)
1999 Ed. (2747)
Parkway USA
1991 Ed. (3163)
1992 Ed. (4033)
Parkwood Builders
2005 Ed. (1206)
Parla; Steven
1993 Ed. (1811)
1995 Ed. (1796, 1832)
1996 Ed. (1810)
1997 Ed. (1884)
Parle Products
1992 Ed. (56)
1993 Ed. (33)
Parliament
1997 Ed. (995)
2015 Ed. (988)
2016 Ed. (889)
Parliament 100
1997 Ed. (998)
Parliament 100 Box
1999 Ed. (1138)
2000 Ed. (1063)
Parlux Fragrance
2006 Ed. (4333)
Parlux Fragrances Inc.
1996 Ed. (1926)
2004 Ed. (4546)
2008 Ed. (4364, 4377)
2009 Ed. (4461)
Parmalat
2000 Ed. (2228)
2001 Ed. (1970)
2011 Ed. (2715)
2012 Ed. (2648)
2013 Ed. (2728)
2016 Ed. (2691)
Parmalat Australia
2002 Ed. (1589)
Parmalat Brasil
2000 Ed. (2229)
Parmalat Brasil Ltda.
2001 Ed. (1972)
Parmalat Canada

2000 Ed. (1641)
2001 Ed. (1973)
2002 Ed. (1910)
2003 Ed. (1961)
2004 Ed. (2005)
2005 Ed. (2142)
2006 Ed. (2240)
2007 Ed. (2160)
2008 Ed. (2745)
2009 Ed. (2799)
2010 Ed. (2731)
2012 Ed. (2646)
Parmalat Canada Inc.
2016 Ed. (2690)
Parmalat Finanziaria SpA
2002 Ed. (1908)
2005 Ed. (2647)
Parmalat USA
2003 Ed. (3412)
Parmatown Mall
2001 Ed. (4251)
Parnassos Enterprises
1999 Ed. (304)
Parnassus
1990 Ed. (2371)
1996 Ed. (2800, 2813)
2006 Ed. (4404)
Parnassus CA Tax-Exempt
2006 Ed. (4401)
Parnassus Equity Income
2003 Ed. (3492)
2004 Ed. (3551, 3554, 3577)
2005 Ed. (3550)
2006 Ed. (3621, 3622, 3623, 4403)
2011 Ed. (3724)
Parnassus Equity Income Fund
2003 Ed. (3534)
Parnassus Equity Income-Investment
2010 Ed. (4579)
Parnassus Fixed Income
2006 Ed. (4402)
Parnassus Fund
1994 Ed. (2615, 2624)
1995 Ed. (2730, 2734)
1996 Ed. (2788)
2003 Ed. (3497, 3533)
2004 Ed. (4443)
Parnassus Income-CA Tax Free
2007 Ed. (4467)
Parnassus Income Equity
2003 Ed. (3488)
Parnassus Income Equity Income
2004 Ed. (2452, 4443)
2007 Ed. (2484)
Parnassus Income-Fixed Income
2007 Ed. (4467)
Parnassus Mid Cap
2016 Ed. (4489)
Parnassus Small-Cap
2012 Ed. (4549)
Parnell; Lee Roy
1995 Ed. (1120)
Parners & Simons
2000 Ed. (41)
Paroxetine
2006 Ed. (2310)
2007 Ed. (2244)
Parque da Monica
1995 Ed. (219)
1996 Ed. (218)
1997 Ed. (250)
1999 Ed. (271)
2001 Ed. (380)
2002 Ed. (311)
2003 Ed. (276)
2005 Ed. (252)
2006 Ed. (271)
2007 Ed. (276)
Parque de la Costa
1999 Ed. (271)
2000 Ed. (299)
2001 Ed. (380)
2002 Ed. (311)
2003 Ed. (276)
2006 Ed. (271)
Parque de la Costs
2005 Ed. (252)
Parque de la Monica
2000 Ed. (299)
Parque do Gugu
1999 Ed. (271)
2001 Ed. (380)
2003 Ed. (276)
Parque du Gugu
2000 Ed. (299)
Parque Espana
1997 Ed. (252)
Parr Lumber
1996 Ed. (814)
Parr Waddoups Brown Gee & Loveless

2006 Ed. (3252)
Parra Autoplex; Frank
1994 Ed. (2050)
1995 Ed. (2106, 2110)
Parra Chevrolet Inc.; Frank
1990 Ed. (2007)
1991 Ed. (271, 1905)
1992 Ed. (2408)
Parra; Frank
1990 Ed. (2015)
Parra Mitsubishi; Frank
1991 Ed. (287)
1992 Ed. (392)
1993 Ed. (278)
1994 Ed. (277)
1995 Ed. (280)
1996 Ed. (280)
Parrish; J. T.
1990 Ed. (3466)
Parrish; Larry
1990 Ed. (2478)
1991 Ed. (2342)
Parrot
2008 Ed. (3207)
2010 Ed. (2942)
Parrot Bay
2015 Ed. (198)
Parrot Trading Partners
2009 Ed. (1074)
Parrott Creek Child & Family Services
2011 Ed. (1915, 1971)
Parry-Okeden; Blair
2009 Ed. (4848)
Parry-Okedon; Blair
2010 Ed. (4855)
2011 Ed. (4833)
2012 Ed. (4845)
2013 Ed. (4844)
2014 Ed. (4860)
2015 Ed. (4897)
2016 Ed. (4815)
Pars
1989 Ed. (2315)
1990 Ed. (239)
Pars Electric
2002 Ed. (4428)
Pars McCann-Erickson
1990 Ed. (159)
1993 Ed. (143)
1994 Ed. (124)
1995 Ed. (134)
1996 Ed. (148)
1997 Ed. (154)
1999 Ed. (164)
Parseghian; Greg
1993 Ed. (1843, 1845)
Parseghian; Gregory J.
2006 Ed. (2532)
Parsian Bank
2007 Ed. (484)
2008 Ed. (449)
2009 Ed. (476)
2010 Ed. (458, 2645, 2659)
2011 Ed. (385, 2647)
2012 Ed. (2562, 2574)
2013 Ed. (522)
2014 Ed. (512, 538, 2647, 2652)
2015 Ed. (604, 2694, 2710)
2016 Ed. (550, 2616, 2635)
Parsian Insurance Co.
2010 Ed. (3251)
2015 Ed. (3336)
2016 Ed. (3195)
Parsian Oil & Gas Development
2016 Ed. (830)
Parsippany Hilton
1990 Ed. (2097)
1998 Ed. (2036)
Parsippany Hilton Hotel
1997 Ed. (2308)
1999 Ed. (2797)
Parsippany, NJ
2000 Ed. (1066, 2610)
2002 Ed. (1060)
2004 Ed. (2986)
Parsippany, NY
1997 Ed. (2353)
Pars/McCann-Erickson Group
2000 Ed. (183)
2001 Ed. (227)
Parsoli Corp.
2010 Ed. (2657)
2011 Ed. (2645)
2012 Ed. (2572)
Parson Infrastructure & Technology Group
2000 Ed. (1854)
Parsons
2014 Ed. (1431, 1626)
2016 Ed. (2459)

Parsons Behle & Latimer
2006 Ed. (3252)
Parsons; Bill
1990 Ed. (2480)
Parsons Brinckerhoff
2013 Ed. (1152)
2014 Ed. (1114, 2494, 2504, 2514, 2516)
2015 Ed. (1152)
2016 Ed. (2475)
Parsons Brinckerhoff Inc.
1992 Ed. (1952)
1993 Ed. (1607)
1994 Ed. (1636, 1639, 1641)
1995 Ed. (1678, 1680, 1697)
1996 Ed. (1113, 1655, 1661, 1662, 1663, 1679)
1997 Ed. (1139, 1733, 1736, 1739, 1740, 1741)
1998 Ed. (1440, 1442, 1443, 1455)
1999 Ed. (1339, 2026, 2029)
2000 Ed. (1237, 1796, 1801, 1803, 1806, 1815)
2001 Ed. (2242, 2243, 2244, 2245)
2002 Ed. (1176, 1214, 2134, 2136, 2137, 2139)
2003 Ed. (1293, 2291, 2293, 2296, 2299, 2301, 2302, 2304, 2313, 2318, 2321)
2004 Ed. (1297, 2327, 2330, 2334, 2337, 2344, 2349, 2351, 2355, 2356, 2367, 2368, 2378, 2380, 2381, 2386, 2399, 2402)
2005 Ed. (1173, 1174, 1250, 2420, 2423, 2431, 2434, 2438)
2006 Ed. (1169, 1170, 1209, 2467, 2471, 2474, 2478)
2007 Ed. (1316, 2408, 2413, 2422, 2423, 2436, 2439, 2442, 2444)
2008 Ed. (2511, 2523, 2536, 2540, 2550, 2555, 2563, 2566, 2569, 2571)
2009 Ed. (1183, 2521, 2553, 2557, 2559, 2567, 2571, 2574, 2579, 2627)
2010 Ed. (1144, 1175, 1177, 1178, 2438, 2443, 2444, 2445, 2446, 2452, 2455, 2458, 2460, 2473, 2483, 2487, 2490, 2493, 2495)
2011 Ed. (1123, 1125, 1126, 2444, 2449, 2450, 2451, 2452, 2454, 2459, 2461, 2464, 2467, 2468, 2471, 2473, 2474, 2478, 2479, 2487, 2495, 2498, 2501, 2502)
2012 Ed. (210, 1022, 1044, 1059, 1060, 2367, 2368, 2371, 2373, 2375, 2378, 2381, 2382, 2383, 2384, 2388, 2396, 2397, 2406, 2414, 2417, 2420, 2423, 2477, 2479)
2013 Ed. (1147, 1196, 1197, 2553, 2554, 2555, 2556, 2557, 2559, 2560, 2564, 2567, 2568, 2589, 2592, 2619)
2014 Ed. (1167, 2484, 2485, 2486, 2487, 2488, 2489, 2493, 2496, 2497, 2518, 2523, 2578)
2015 Ed. (1198, 1200, 1201, 1202, 1221, 2559, 2560, 2561, 2562, 2563, 2570, 2578, 2581, 2588, 2590, 2592, 2597)
2016 Ed. (1106, 1108, 1109, 1110, 2474, 2476, 2477, 2478, 2480, 2481, 2483, 2492, 2500, 2512, 2520)
Parsons Brinckerhoff International Inc.
2011 Ed. (2148)
2012 Ed. (1995)
Parsons Brinckerhoff Quade & Douglas Inc.
2000 Ed. (1807)
2006 Ed. (2456)
2007 Ed. (2404, 2407)
2008 Ed. (2513, 2520, 2522, 2529)
Parsons Co.; Ralph M.
1990 Ed. (1664)
Parsons cORP.
1998 Ed. (1438)
Parsons Corp.
1989 Ed. (1343)
1990 Ed. (1182, 1195, 1198, 1209)
1991 Ed. (1546)
1992 Ed. (1375, 1401, 1403, 1404, 1405, 1406, 1407, 1408, 1427, 1431, 1437)
1993 Ed. (978, 1100, 1101, 1114, 1116, 1117, 1118, 1119, 1120, 1121, 1146, 1148)
1994 Ed. (1123, 1124, 1130, 1132, 1133, 1134, 1135, 1136, 1137, 1159, 1165, 1171, 1172, 1173,

1633, 1634, 1637, 1639, 1640)
1995 Ed. (1138, 1139, 1141, 1148, 1150, 1151, 1152, 1153, 1154, 1155, 1157, 1178, 1180, 1182, 1184, 1185, 1189, 1190, 1191, 1664, 1673, 1674, 1676, 1678, 1679, 1689, 1696)
1996 Ed. (997, 1111, 1112, 1125, 1156, 1158, 1160, 1162, 1163, 1164, 1166, 1655, 1657, 1659, 1661, 1671, 1679)
1997 Ed. (1138, 1152, 1154, 1155, 1733, 1735, 1737, 1738, 1739, 1751, 1760, 1782)
1998 Ed. (755, 970, 1436, 1440, 1441, 1442, 1447, 1451, 1452, 1453, 1455)
1999 Ed. (1340, 1342, 1403, 2019, 2021, 2023, 2024, 2026, 2027, 2060)
2000 Ed. (1107, 1240, 1248, 1252, 1796, 1797, 1799, 1801, 1802, 1803, 1813, 1861)
2001 Ed. (1239, 1407, 1408, 1466, 2224, 2237, 2238, 2241, 2242, 2244, 2245, 2291, 2301)
2002 Ed. (331, 1067, 1078, 1176, 1214, 1238, 1248, 1251, 1256, 1263, 1267, 1268, 1269, 1308, 2115, 2131, 2134, 2135, 2136, 2137, 2139, 2152)
2003 Ed. (1142, 1251, 1253, 1262, 1263, 1271, 1275, 1276, 1280, 1281, 1284, 1290, 2268, 2291, 2292, 2293, 2294, 2308, 2314, 2320, 3966)
2004 Ed. (1145, 1248, 1255, 1259, 1265, 1266, 1273, 1278, 1287, 1293, 1329, 2327, 2330, 2331, 2333, 2336, 2337, 2342, 2346, 2347, 2349, 2356, 2357, 2358, 2359, 2368, 2370, 2378, 2381, 2382, 2386, 2389, 2401, 2434, 2435, 2436, 2438, 2439, 2440, 2441, 2444)
2005 Ed. (1168, 1173, 1174, 1334, 2419, 2420)
2006 Ed. (1169, 1170, 1247, 1270, 1362, 1372, 2459, 2461, 2465, 2468, 2473, 2476, 2502, 2503, 2506, 2507)
2007 Ed. (1342, 1345, 2415, 2416, 2421, 2422, 2423, 2438, 2469, 2471, 2472, 2473)
2008 Ed. (207, 1232, 1288, 1299, 1357, 2542, 2543, 2545, 2548, 2549, 2550, 2565, 2598, 2599, 2600, 2601, 2602, 2604, 2605, 3187)
2009 Ed. (1141, 1284, 1720, 2537, 2544, 2549, 2550, 2555, 2556, 2557, 2573, 2626, 2627, 2628, 2630, 2632, 2633, 2635, 2636, 2944, 2971, 3246, 4146)
2010 Ed. (1134, 1177, 1178, 1179, 1277, 2466, 2471, 2473, 2475, 2489, 2531, 2535, 2538, 2539, 2540, 2541, 2911, 3177)
2011 Ed. (1079, 1125, 1126, 1127, 1164, 2482, 2532, 2534, 2537, 3141)
2012 Ed. (1002, 1059, 1060, 1101, 2366, 2390, 2395, 2397, 2468, 2470, 2472, 2473, 2474, 2476, 2477, 2478, 2479, 2480, 2481, 3096, 4083)
2013 Ed. (1196, 1242, 2561, 2566, 2567, 2590, 2616, 2620, 2623, 2629, 3177)
2014 Ed. (1134, 1180, 2490, 2495, 2496, 2575, 3188)
2015 Ed. (1182, 1200, 1201, 1202, 1234, 2564, 2569, 2570, 2582, 2593, 2614, 2621, 2624)
2016 Ed. (736, 1094, 1108, 1109, 1110, 1145, 1225, 2485, 2486, 2491, 2492, 2493, 2504, 2508, 2511, 2515, 2538, 2548)
Parsons De Leuw Inc.
1993 Ed. (1607)
Parsons Environmental Services Inc.
1994 Ed. (2892)
1995 Ed. (1718)
Parsons Foundation; Ralph M.
1990 Ed. (1848)
The Parsons Group
1995 Ed. (1672)
1996 Ed. (1656)
Parsons Infrastructure & Technology Group
1998 Ed. (1492)

2000 Ed. (1847)
Parsons Main
1991 Ed. (1550)
1992 Ed. (1948, 1950, 1952, 1953, 1958, 1962, 1966)
1993 Ed. (1601, 1605, 1607, 1608, 1618)
1994 Ed. (1643, 1648, 1650)
Parsons Music Ltd.
2013 Ed. (3796, 3813)
2014 Ed. (3739)
2015 Ed. (3740, 3761)
2016 Ed. (3648, 3669)
Parsons; R. D.
2005 Ed. (2479)
Parsons; Richard
2006 Ed. (887)
2007 Ed. (977)
2012 Ed. (110)
Parsons; Richard D.
2008 Ed. (183)
2011 Ed. (103)
Parsons Trucking Ltd.
2015 Ed. (4786)
Parsons & Whittemore
1994 Ed. (2727)
1995 Ed. (2836)
1997 Ed. (2992)
2000 Ed. (3411)
Parsons; William
1992 Ed. (2906)
1993 Ed. (2464)
Parsons; William L.
1991 Ed. (2344)
Part-time employment
1997 Ed. (2014)
Partager
1990 Ed. (3696)
Partec
1990 Ed. (3458)
Partek Corp.
1991 Ed. (1276, 1279, 1901)
1992 Ed. (2395)
Partena Ziekenfonds & Partners
2011 Ed. (1496)
2012 Ed. (1344)
2013 Ed. (1436)
Partenaires Grey
1993 Ed. (132)
Partener Coffee Services SRL
2016 Ed. (1987)
Participant Productions
2010 Ed. (2635, 4713)
Participations du Cea (Societe des)
1995 Ed. (2583)
Particle Systems
2010 Ed. (2952)
Parting the Waters: America in the King Years 1954-63
2006 Ed. (581)
PartMiner
2001 Ed. (4196, 4751)
2003 Ed. (2167)
Partner
1989 Ed. (87)
1999 Ed. (692)
2000 Ed. (709)
2006 Ed. (4684)
Partner Colorado Credit Union
2014 Ed. (1517)
Partner Communications
2007 Ed. (47)
Partner Credit Union
2013 Ed. (1550)
Partner-J. Walter Thompson Co.
1990 Ed. (81)
Partner Logistics
2016 Ed. (4792)
Partner Re Ltd.
2015 Ed. (3392)
Partner Reinsurance Co. of the U.S.
2003 Ed. (2971, 3015)
2005 Ed. (3067)
Partner Reinsurance Co. of United States
2002 Ed. (3951)
Partner Reinsurance Group
2009 Ed. (3405)
Partner Seafood Inc.
2014 Ed. (1471)
2015 Ed. (1526, 2760)
Partnering
2001 Ed. (707)
PartnerPrinting.com
2012 Ed. (4029)
PartnerRe
2014 Ed. (3304)
2016 Ed. (3177)
Partnerre
2013 Ed. (1627)

PartnerRe Group
2006 Ed. (3154)
2009 Ed. (3407)
PartnerRe Holdings
1995 Ed. (3203)
PartnerRe Ltd.
2003 Ed. (4573)
2005 Ed. (3153)
2006 Ed. (1567, 3148, 3151)
2007 Ed. (1712, 3185, 3187, 3188)
2009 Ed. (3310)
2010 Ed. (3342)
2011 Ed. (1500, 3297, 3301)
2012 Ed. (1348, 3279, 3280, 3284)
2013 Ed. (1533, 3353, 3354, 3358)
2014 Ed. (1503, 3352, 3369, 3371)
2015 Ed. (1561, 3402, 3404)
2016 Ed. (1496, 3255, 3275, 3277, 3279)
PartnerRe U.S.
2001 Ed. (4034)
2009 Ed. (3402)
The Partners
1997 Ed. (1794)
1999 Ed. (2072, 2836)
2002 Ed. (1953)
Partners (Aetna/VHA)
1990 Ed. (1994)
Partners Andrews Aldridge
2002 Ed. (1980)
Partners Community Healthcare
2009 Ed. (2949)
Partners Construction Inc.
1990 Ed. (1200)
Partners Federal Credit Union
2012 Ed. (2052)
2014 Ed. (2137)
2015 Ed. (2201)
Partners Group
2016 Ed. (4010)
Partners Health Plan
1997 Ed. (2185, 2186, 2187, 2193)
Partners HealthCare
2008 Ed. (2884)
Partners HealthCare System
2004 Ed. (1792)
2008 Ed. (3168)
2010 Ed. (1801, 2507)
2011 Ed. (1829, 2509, 3634)
2012 Ed. (2756)
2013 Ed. (2836)
Partners Human Resources
2006 Ed. (2409)
Partners in Credit Inc.
2015 Ed. (2715)
Partners International Canada
2010 Ed. (4180)
The Partners LLC
1998 Ed. (1505)
Partners + Napier
2009 Ed. (4428)
Partners National Health Plans of Indiana
1997 Ed. (2187)
Partners National Health Plans of NC
2000 Ed. (2430)
Partners National Health Plans of North Carolina
1998 Ed. (1910, 1911, 1912, 1913)
1999 Ed. (2646, 2647, 2649, 2650)
Partners REIT
2015 Ed. (1545, 1557, 1558)
Partners & Shevack
1991 Ed. (69, 135)
Partners & Simons
2000 Ed. (3474)
2002 Ed. (156)
2003 Ed. (169)
Partners Specialty Group LLC
2009 Ed. (3303, 3304)
2011 Ed. (3194, 3195)
2012 Ed. (3151, 3152)
2013 Ed. (3229, 3337)
2014 Ed. (3355)
2015 Ed. (3387)
2016 Ed. (3156, 3259)
Partners Trust Bank
2006 Ed. (1075)
Partners Trust Real Estate
2015 Ed. (1471)
A Partnership
2003 Ed. (32, 4442, 4443, 4444)
2004 Ed. (108)
2005 Ed. (104)
2006 Ed. (113)
2007 Ed. (102)
2008 Ed. (112)
2009 Ed. (122)
Partnership 2010
2005 Ed. (3320)

Partnership Assurance
2016 Ed. (3227)
The Partnership Credit Union
2011 Ed. (2169)
Partnership for a Drug Free America
1993 Ed. (895)
Partnership in Advertising
1989 Ed. (157)
1990 Ed. (148)
1991 Ed. (148)
Partnership In Building
2002 Ed. (1170, 2654)
Partnership Plus
1996 Ed. (3127)
1997 Ed. (3202)
The Partnership: The Making of Goldman Sachs
2010 Ed. (599, 607)
PartnerSource Inc.
2010 Ed. (2030)
Parton; Dolly
1992 Ed. (1351)
2006 Ed. (4977)
Parton; Kenny Rogers/Dolly
1991 Ed. (1040)
Partouche
2000 Ed. (992)
Partridge Meats
1999 Ed. (2527)
Partridge Snow
2001 Ed. (909)
Partridge Snow & Hahn LLP
2012 Ed. (1866)
2013 Ed. (2025)
2015 Ed. (2007)
2016 Ed. (1978)
Partron
2015 Ed. (1448)
Parts Distributors LLC
2007 Ed. (4435, 4992)
Parts for office and ADP machines
1989 Ed. (1387)
Parts of road vehicles
1989 Ed. (1387)
Parts & People
2011 Ed. (4715)
PartsBase.com
2001 Ed. (4748)
Partstripe Ltd.
2012 Ed. (1946)
2013 Ed. (2121)
Party America Franchising Inc.
2006 Ed. (817)
2007 Ed. (904)
2008 Ed. (879)
Party City Corp.
1998 Ed. (1299, 1301)
1999 Ed. (1874, 1875)
2005 Ed. (2207)
2008 Ed. (884)
Party Creations
2016 Ed. (3734)
Party Gaming
2007 Ed. (4922)
Party Girl
1998 Ed. (3676, 3677)
Party goods
2005 Ed. (4473)
Party in the Tub
2015 Ed. (2335)
Party Land Inc.
2003 Ed. (3737)
2004 Ed. (3771)
Party Mix
1993 Ed. (3338)
2000 Ed. (4066)
Party Poker
2007 Ed. (710)
Party Rock Music
2014 Ed. (3723)
Party snacks, refrigerated
1994 Ed. (3462)
Party Snacks/Lunches
2000 Ed. (4140)
Party supplies
2001 Ed. (2089)
Party supply stores
1999 Ed. (3710)
PartyGaming
2007 Ed. (3230, 3346, 3349)
PartyLite
2013 Ed. (2337)
Parvest Obli-Euro
2002 Ed. (3222)
Parvizian
1990 Ed. (910)
PAS a PAS
2014 Ed. (1601)
2015 Ed. (1652)

PAS Management
2006 Ed. (1081)
Pasadena Balanced Return
1994 Ed. (2639)
Pasadena, CA
1990 Ed. (1485)
1994 Ed. (2244)
Pasadena (CA) Star-News
1990 Ed. (2690)
Pasadena Center
2000 Ed. (1185)
Pasadena Chrysler-Plymouth Inc.
1993 Ed. (297)
1994 Ed. (266)
Pasadena City College
1998 Ed. (807)
1999 Ed. (1235)
2000 Ed. (1144)
Pasadena Conference Center
2002 Ed. (1168)
Pasadena Credit Union
2010 Ed. (2122)
Pasadena Fundamental Value
1990 Ed. (2379)
1992 Ed. (3190)
Pasadena Growth
1990 Ed. (2370)
1992 Ed. (3190)
1993 Ed. (2659, 2670, 2688)
1994 Ed. (2631)
Pasadena Independent School District
2002 Ed. (2062)
Pasadena Investment: Growth
1995 Ed. (2719)
Pasadena Nifty Fifty
1993 Ed. (2670)
Pasadena Service Credit Union
2012 Ed. (2028)
Pasadena Small & Medium Capital
Growth A
1998 Ed. (2603)
Pasadena Star-News
2000 Ed. (3338)
2002 Ed. (3512)
Pasadena, TX
2002 Ed. (2880)
2005 Ed. (2202)
Pasargad Bank
2010 Ed. (2659)
2011 Ed. (2634, 2647)
2012 Ed. (2574)
2014 Ed. (2652)
2015 Ed. (2694, 2710)
2016 Ed. (2616, 2635)
PASB WHO
2000 Ed. (1626)
PASB WHO Credit Union
1996 Ed. (1506)
1998 Ed. (1219)
Pascack Valley Hospital
1995 Ed. (933)
Pascagoula; City of
2005 Ed. (2719)
Pascagoula-Moss Point, MS
2000 Ed. (3573)
Pascagoula, MS
2008 Ed. (3476)
2012 Ed. (4375)
Pascal DiFronzo
2014 Ed. (2594)
Pascale; Frank J.
1992 Ed. (534)
Pascall; Philip
2012 Ed. (804)
Paschall Truck Lines
2002 Ed. (4692)
Paschen Contractors Inc.
1990 Ed. (1176, 1210)
Paschen; F. H.
2009 Ed. (1278)
2010 Ed. (1273, 1309)
2011 Ed. (1224, 1272)
Pasco County, FL
1991 Ed. (2529)
Pascual
1993 Ed. (51)
Pascual Hermanos SA
2005 Ed. (1553)
Pasha Bank
2015 Ed. (514)
Pasha Eau de Toilette; Cartier
2008 Ed. (2768)
Pasha Fraicheur Mint; Cartier
2008 Ed. (2768)
Pasminco
2002 Ed. (3368)
Pason Systems
2011 Ed. (3907)
2012 Ed. (2830)

2013 Ed. (2916)
2014 Ed. (2930)
2015 Ed. (2980)
2016 Ed. (2915)
Pasquinelli Construction Co.
1996 Ed. (1099)
1998 Ed. (897)
1999 Ed. (1310, 1327)
2000 Ed. (1192)
2001 Ed. (1393)
2002 Ed. (2660, 2666)
2004 Ed. (1158, 1203)
2005 Ed. (1185, 1186, 1203, 1228)
2006 Ed. (1194, 1195)
2007 Ed. (1297, 1300, 1301)
2008 Ed. (1198)
2009 Ed. (1175)
Pass J Holdings
2015 Ed. (4801)
2016 Ed. (4705)
Pass & Seymour/Legrand
1992 Ed. (2973)
Pass & Weisz Inc.
1993 Ed. (292)
1994 Ed. (261)
1995 Ed. (260)
Passage Fitness NV
2007 Ed. (1601)
2008 Ed. (1579, 3442, 4203)
Passat
2001 Ed. (534)
Passbook Savings
1989 Ed. (1863)
Passenger car
1991 Ed. (734)
Passenger cars, domestic
1991 Ed. (739)
Passenger cars, imported
1991 Ed. (739)
Passenger motor vehicles
1989 Ed. (1387)
Passenger Transport Board
2003 Ed. (1621)
Passenger transports
1992 Ed. (2071)
Passenger vehicles, 4 cylinder
1992 Ed. (2073)
Passenger vehicles, 6 cylinder
1992 Ed. (2073)
PassGo Technologies Ltd.
2005 Ed. (1140)
Passion
1996 Ed. (2950)
The Passion of the Christ
2006 Ed. (3576)
Passive components
2003 Ed. (2230, 2231)
Passmore Marketing Services
1993 Ed. (3513)
Passoni; Susan
1996 Ed. (1798)
1997 Ed. (1871)
Passport
1990 Ed. (3111)
1991 Ed. (2932)
1992 Ed. (3808)
1993 Ed. (3104)
1994 Ed. (3148)
1995 Ed. (3193)
1996 Ed. (3290, 3297)
1997 Ed. (3387)
2001 Ed. (4163)
2002 Ed. (4173)
2003 Ed. (4306)
2004 Ed. (4316)
Passport Health
2013 Ed. (2879)
Passport Health Communications
2006 Ed. (2758)
Passport Health Inc.
2003 Ed. (891)
2004 Ed. (910)
2005 Ed. (901)
2006 Ed. (816)
2007 Ed. (899)
2008 Ed. (2900)
2009 Ed. (2960)
2010 Ed. (2899)
2011 Ed. (2872)
Passport Health Plan
2010 Ed. (3611)
Passport II Global
2009 Ed. (2978)
Passport Inn
1998 Ed. (2021)
Pasta
1992 Ed. (2198, 3016, 3017, 3018)
2000 Ed. (4141)
2002 Ed. (3491)
2008 Ed. (2732)

Pasta-based dishes
1998 Ed. (1709)
Pasta del Capitano
2001 Ed. (4577)
Pasta dinners
2002 Ed. (3745)
2003 Ed. (3924, 3925)
Pasta dishes
1990 Ed. (897)
Pasta, frozen
1995 Ed. (2992, 2993, 2995, 2996)
The Pasta House Co.
1997 Ed. (3337)
Pasta, refrigerated
1995 Ed. (2992, 2993)
Pasta Roni
2014 Ed. (2310)
Pasta-Roni
2003 Ed. (3323)
2008 Ed. (2730)
Pasta sauces and pasta varieties
1992 Ed. (3218)
Pastamakers
1996 Ed. (2192)
PastaZara
2009 Ed. (70)
Paste floor wax
1991 Ed. (1865)
Pastora San Juan Cafferty
2007 Ed. (1444)
2008 Ed. (1428)
2010 Ed. (1388)
Pastries
1998 Ed. (257)
2002 Ed. (4721)
2003 Ed. (4830)
Pastries, flaky
1997 Ed. (327)
Pastries, French
1997 Ed. (327)
Pastries, toaster & bar
1998 Ed. (3433, 3434)
Pastry
1989 Ed. (2883)
1990 Ed. (3665)
Pastry, Danish
1997 Ed. (327)
Pastry/croissant
1997 Ed. (2033)
Pat Dougan
1997 Ed. (2705)
Pat Lobb Toyota
2014 Ed. (221)
Pat Moran
1994 Ed. (3667)
Pat Moran Oldsmobile
1995 Ed. (282)
1996 Ed. (282)
Pat Russo
2005 Ed. (2513)
Pat Salmon & Sons Inc.
2016 Ed. (3966, 4740)
Pat Stryker
2005 Ed. (4857)
2007 Ed. (2497, 4900)
2009 Ed. (4850, 4857)
2010 Ed. (4856)
2011 Ed. (4829)
2013 Ed. (4841)
2014 Ed. (4857)
2015 Ed. (4894)
Pat the Bunny
1990 Ed. (978)
2001 Ed. (982)
Pat Woertz
2003 Ed. (4983)
2004 Ed. (4983)
2005 Ed. (4990)
2006 Ed. (4983)
2007 Ed. (4981)
Patagon.com
2002 Ed. (4826)
Patagonia Inc.
1990 Ed. (3333)
1997 Ed. (1350, 2815)
1998 Ed. (2531)
2010 Ed. (944)
2011 Ed. (876, 4526)
2012 Ed. (832)
2013 Ed. (1009)
2014 Ed. (47)
2015 Ed. (50)
2016 Ed. (49)
Patagonia.com
2012 Ed. (2297)
Patak's
1996 Ed. (1948)
Patak's Indian Food
1999 Ed. (2474)
Pataks Indian Foods

2002 Ed. (2312)
PATCH
2011 Ed. (1689)
Patch Adams
2001 Ed. (4700)
PatchLink Corp.
2006 Ed. (1130, 1131)
2007 Ed. (1240)
2008 Ed. (1136, 4295)
Patco Assurance
1996 Ed. (2341)
PATCO Lloyds
1994 Ed. (2275)
Pate Insurance Agency Inc.
2005 Ed. (359)
Pate; James
1996 Ed. (1714)
Patel; Amit
2016 Ed. (2533)
Patel; Himanshu
2011 Ed. (3338)
Patel; Kiran
2006 Ed. (959)
Patel; Mayank
2007 Ed. (2465)
Patel; Meeta
2016 Ed. (2533)
Patel; Vijay & Bikhu
2007 Ed. (2464)
Patelco Credit Union
1993 Ed. (1450)
1994 Ed. (1503)
1996 Ed. (1498, 1499, 1502)
1997 Ed. (1566, 1568)
1998 Ed. (1224, 1229)
2002 Ed. (1850)
2003 Ed. (1908)
2004 Ed. (1948)
2005 Ed. (2061, 2081, 2084, 2089)
2006 Ed. (2171, 2175, 2184)
2007 Ed. (2105)
2008 Ed. (2214, 2220)
2009 Ed. (2189, 2203, 3918)
2010 Ed. (2157)
2011 Ed. (2178)
2012 Ed. (2015, 2038)
2013 Ed. (2216)
2014 Ed. (2147)
2015 Ed. (2211)
2016 Ed. (2182)
Patelco CU
1999 Ed. (1799, 1802)
The Patent & License Exchange
2001 Ed. (4771)
Patent Office; U.S.
2013 Ed. (4976)
Patent owners & lessors
2010 Ed. (2638, 2639, 3209, 3210, 4155, 4156)
2011 Ed. (2619, 2620, 3173, 3174, 4153, 4154)
Patent & Trademark Office; U.S.
2012 Ed. (2161)
2014 Ed. (2883)
Patentlean
2004 Ed. (2097, 2098, 2128)
Patent/trademark/copyright law
1997 Ed. (2613)
Paterson Global Foods
2009 Ed. (1864)
Paterson, Superblock
1990 Ed. (1178)
Patersons Stadium
2012 Ed. (4526)
2013 Ed. (4487)
PATH
2008 Ed. (3792)
2010 Ed. (3760)
2012 Ed. (3766)
PATH Car Maintenance Facility, Harrison
1990 Ed. (1178)
Pathe Communications Corp.
1992 Ed. (1986)
Pathe SA
2001 Ed. (3389)
Patheon Inc.
2007 Ed. (3915)
2008 Ed. (3951)
2009 Ed. (2963, 4024)
2010 Ed. (3928)
2011 Ed. (3948)
2016 Ed. (2873)
Pathfinder
1997 Ed. (3926)
1998 Ed. (3778, 3779)
2001 Ed. (478)
pathfinder.com
2001 Ed. (4774)
Pathmark

1990 Ed. (2489)
1991 Ed. (2358, 3259)
1992 Ed. (2939)
1993 Ed. (2471)
1994 Ed. (1539, 3464, 3467)
Pathmark Stores Inc.
1995 Ed. (1017, 1569, 2757, 3531)
1996 Ed. (998, 1556, 2824, 3619, 3622)
1997 Ed. (1015, 2928, 3678)
1998 Ed. (756, 2667)
1999 Ed. (1188, 3596, 4523)
2000 Ed. (3318, 4170)
2002 Ed. (1739, 4526, 4529, 4536)
2003 Ed. (1785, 4633, 4648, 4659, 4664)
2004 Ed. (4622, 4630, 4631, 4635, 4637, 4638, 4644)
2005 Ed. (4551, 4552, 4558, 4559, 4563, 4565)
2006 Ed. (4175, 4631, 4639)
2007 Ed. (4615, 4628, 4639)
2008 Ed. (3193, 4572)
2009 Ed. (4604)
Pathmark Supermarkets
1995 Ed. (3535)
Pathway Capital
1998 Ed. (2259, 2264)
1999 Ed. (3057)
2003 Ed. (4844)
Pathway Financial F.A.
1989 Ed. (2356)
1990 Ed. (3101, 3586)
Pathways to Leadership Inc.
2008 Ed. (1709)
2010 Ed. (1610)
2012 Ed. (1462)
Pathwayz Communications
2006 Ed. (4705)
Patient Care
1990 Ed. (2538)
1991 Ed. (2410)
1992 Ed. (3012)
1994 Ed. (2470)
1995 Ed. (2538)
1996 Ed. (2602)
Patient Conversation Media
2015 Ed. (2944)
Patient Home Monitoring Corp.
2016 Ed. (1494)
Patient News Publishing Inc.
2007 Ed. (1197, 4364)
Patient Safety Technologies Inc.
2013 Ed. (1462)
Patient satisfaction measurement
2001 Ed. (2760)
PatientImpact
2010 Ed. (2896)
PatientsLikeMe
2013 Ed. (606)
Patina Group
2007 Ed. (4132)
2008 Ed. (4150, 4151)
2009 Ed. (4262)
Patina Oil & Gas Corp.
2002 Ed. (2123, 3677)
2003 Ed. (1646)
2004 Ed. (1583, 3831, 3832)
2005 Ed. (3739, 3740, 3755)
2006 Ed. (3829, 3837, 4581)
2007 Ed. (3854, 3866)
Patina Solutions
2015 Ed. (3187)
Patio Enclosures
2016 Ed. (3031)
Patio Enclosures Inc.
2006 Ed. (2955)
2007 Ed. (2971)
2008 Ed. (3003, 3096)
2009 Ed. (3089, 3188)
2010 Ed. (3021, 3118)
Patni Computer Systems
2000 Ed. (1177)
2007 Ed. (876)
2008 Ed. (4800)
2010 Ed. (2691)
Patokh Chodiev
2008 Ed. (4861)
2009 Ed. (4879)
2010 Ed. (4880)
2011 Ed. (4849)
2012 Ed. (4876)
2013 Ed. (4858)
2014 Ed. (4872)
2015 Ed. (4910)
2016 Ed. (4826)
Patria
2009 Ed. (70, 1666)
2010 Ed. (80)
Patria Life

1990 Ed. (2245)
1991 Ed. (2114)
Patria Lukoil
2009 Ed. (70)
Patriarch Partners LLC
2013 Ed. (1937)
2014 Ed. (1875)
2015 Ed. (1910)
2016 Ed. (1874)
Patricia A. Larson
1995 Ed. (2484)
Patrice Gervais
2005 Ed. (2473)
Patrice Motsepe
2009 Ed. (4915)
2010 Ed. (4919)
2011 Ed. (4909)
2012 Ed. (4919)
2013 Ed. (4908)
2014 Ed. (4918)
2015 Ed. (4958)
2016 Ed. (4874)
Patrice Tanaka & Co.
1998 Ed. (1545, 1961)
2002 Ed. (3833)
2003 Ed. (3984, 3988, 3991, 3993)
2004 Ed. (3976, 3986, 3990, 3997)
2005 Ed. (3953, 3956, 3958)
Patricia
1992 Ed. (1482)
1993 Ed. (1197)
Patricia A. David
2012 Ed. (2158)
Patricia A. Woertz
2010 Ed. (911)
2011 Ed. (856)
Patricia Barbizet
2003 Ed. (4984)
2016 Ed. (4940)
Patricia DeRosa
1996 Ed. (3875)
Patricia Diaz-Dennis
2009 Ed. (3054)
Patricia Elizondo
2011 Ed. (2544)
Patricia F. Russo
2007 Ed. (1032)
Patricia Gandara
2013 Ed. (2960)
Patricia Hewitt
2006 Ed. (4978)
Patricia J. Crawford
2012 Ed. (2157)
Patricia Kluge
2008 Ed. (4909)
Patricia Matte
2011 Ed. (4872, 4899)
2012 Ed. (4880)
2013 Ed. (4862)
2014 Ed. (4876)
2015 Ed. (4914)
2016 Ed. (4830)
Patricia McConnell
1992 Ed. (2138)
1993 Ed. (1772, 1774, 1833)
1994 Ed. (1836)
1995 Ed. (1854)
1996 Ed. (1832)
1997 Ed. (1905)
1998 Ed. (1600)
1999 Ed. (2186)
2000 Ed. (1963)
Patricia Moss
2006 Ed. (4980)
2007 Ed. (384)
Patricia Russo
2006 Ed. (4975)
2007 Ed. (2506)
2008 Ed. (2636, 4949)
2009 Ed. (4972, 4981, 4983)
Patricia Woertz
2008 Ed. (4948, 4950)
2009 Ed. (4971, 4981, 4983)
2010 Ed. (4980, 4990)
2011 Ed. (4966, 4969, 4979)
2012 Ed. (4968, 4976)
2013 Ed. (4966)
2014 Ed. (4976)
2015 Ed. (5024, 5026, 5027)
2016 Ed. (4941)
Patriciu; Dinu
2009 Ed. (4896)
2011 Ed. (4906)
2012 Ed. (4917)
Patrick Allender
2005 Ed. (987)
2006 Ed. (958)
Patrick Apodaca
2013 Ed. (2958)
Patrick Archambault

2011 Ed. (3338)
Patrick BMW-Saab
1990 Ed. (318)
Patrick Burton
2000 Ed. (1996)
Patrick Chalhoub
2013 Ed. (3488, 4298)
Patrick Corcoran
2000 Ed. (1970)
Patrick Corp.
2006 Ed. (2656)
Patrick Cos., Inc.
2011 Ed. (2454, 2468)
Patrick; Danica
2007 Ed. (3430)
2009 Ed. (293)
2013 Ed. (267)
2014 Ed. (269)
2015 Ed. (226, 309)
2016 Ed. (217)
Patrick Daniel
2011 Ed. (855)
Patrick Dealer Group
1991 Ed. (308)
Patrick Drahi
2016 Ed. (4839)
Patrick Earle
1999 Ed. (2318, 2348)
2000 Ed. (2097, 2106, 2136)
Patrick Engineering Inc.
2009 Ed. (2529, 2541)
Patrick Erlandson
2007 Ed. (1070)
Patrick Ewing
1998 Ed. (199)
2000 Ed. (322)
2001 Ed. (420)
2003 Ed. (296)
Patrick G. Halpin
1991 Ed. (2343)
1992 Ed. (2904)
1993 Ed. (2462)
Patrick G. Ryan
1989 Ed. (1741)
1990 Ed. (2271)
Patrick George Ryan
2011 Ed. (4829)
Patrick Group
1990 Ed. (345)
Patrick H. Brady
2012 Ed. (2885)
Patrick Henry Creative Promotions
2013 Ed. (2093)
Patrick Henry Creative Promotions Inc.
2008 Ed. (2107)
2010 Ed. (2030)
2011 Ed. (2087)
2015 Ed. (2070)
Patrick Honohan
2012 Ed. (292)
Patrick Industries
2014 Ed. (4579)
2016 Ed. (2837)
Patrick Industries Inc.
2004 Ed. (789)
2005 Ed. (774, 775)
2013 Ed. (1731)
Patrick J. Bulgaro
1995 Ed. (3504)
Patrick J. Falci Management
1998 Ed. (3018)
Patrick J. Falvey
1991 Ed. (3423)
Patrick J. Kelly
2002 Ed. (3263)
Patrick J. Martin
2006 Ed. (1097, 1098)
Patrick Legland
2000 Ed. (2112)
Patrick McGovern
2009 Ed. (4848)
2010 Ed. (4855)
2015 Ed. (4897)
Patrick McKenna
2006 Ed. (2500)
2007 Ed. (2462)
Patrick Mohr
1999 Ed. (2371)
2000 Ed. (2151)
Patrick Moore
2006 Ed. (912)
Patrick Motors
1990 Ed. (318)
Patrick O'Connell
1990 Ed. (2481)
1991 Ed. (2344)
1992 Ed. (2905)
1993 Ed. (2463)
1995 Ed. (2486)
Patrick Pontiac

1992 Ed. (396)
Patrick Pontiac-GMC
1991 Ed. (291)
Patrick Ryan
2000 Ed. (1883)
2002 Ed. (3354)
2014 Ed. (4854)
2015 Ed. (4891)
2016 Ed. (4809)
Patrick Soon-Shiong
2007 Ed. (4892)
2008 Ed. (4829)
2009 Ed. (4850)
2010 Ed. (4856)
2011 Ed. (4835)
2012 Ed. (4842)
2013 Ed. (4841)
2014 Ed. (4857)
2015 Ed. (4894)
2016 Ed. (4812)
Patrick; Stephen
2006 Ed. (956)
2007 Ed. (1052)
Patrick Stokes
2006 Ed. (875)
Patrick Subaru
1990 Ed. (320)
Patrick Tay Kim Chuan
1996 Ed. (23)
1997 Ed. (25)
Patrick W. Thomas
2007 Ed. (2498, 2500)
Patrick Wellington
2000 Ed. (2128)
Patricof & Co. Ventures Inc.
1994 Ed. (3622)
1996 Ed. (3781)
1999 Ed. (4707, 4708)
2000 Ed. (1526, 1535)
Patrimonio
2000 Ed. (474)
Patrinely Group LLC
2012 Ed. (3779)
Patrio Scientific Corp.
2009 Ed. (2986)
Patriot Amer
1999 Ed. (4003)
Patriot American
2000 Ed. (2535)
Patriot American Hospitality
1997 Ed. (3405)
1998 Ed. (1023)
1999 Ed. (2770, 4001)
2000 Ed. (2540, 2561)
Patriot Capital Funding Inc.
2009 Ed. (2906, 2911)
2010 Ed. (2850, 2855)
Patriot Center
1999 Ed. (1297)
Patriot Coal Corp.
2012 Ed. (844, 2355)
2014 Ed. (311, 313, 990, 991)
2015 Ed. (1024, 1025)
2016 Ed. (930)
Patriot Contractors
2014 Ed. (1109)
Patriot Games
1989 Ed. (744)
Patriot Group International
2016 Ed. (1210)
Patriot Homes
1990 Ed. (2594)
1992 Ed. (1369)
2000 Ed. (1205, 3589)
2002 Ed. (1180, 3740)
2003 Ed. (3283)
2004 Ed. (3346)
2006 Ed. (3355, 3356)
2007 Ed. (3409)
Patriot III
1995 Ed. (1081)
Patriot Subaru
2015 Ed. (1797)
2016 Ed. (1750)
Patriot Towers Inc.
2009 Ed. (1167)
2016 Ed. (1886)
Patriot Transportation Holding Inc.
2004 Ed. (4807)
2010 Ed. (1626)
Patriots; New England
2005 Ed. (2667, 4437)
2006 Ed. (2653)
2007 Ed. (2632)
2008 Ed. (2761)
2009 Ed. (2817)
2010 Ed. (2758)
2011 Ed. (2744)
2012 Ed. (2681, 4521)
2013 Ed. (2767, 4480, 4481)

2014 Ed. (2749)
2015 Ed. (2802)
2016 Ed. (2732)
Patrizio Bertelli
2007 Ed. (1102)
2009 Ed. (969)
2010 Ed. (932)
2013 Ed. (4882)
2014 Ed. (4895)
2015 Ed. (4934)
2016 Ed. (4850)
Patroit American Hospitality
1999 Ed. (2770)
Patron
1998 Ed. (3514, 3516)
1999 Ed. (4585, 4588)
2002 Ed. (4604, 4610, 4612)
2003 Ed. (4721, 4726)
2004 Ed. (4699, 4704)
Patron Tequila
2005 Ed. (4676)
Patrons Oxford Insurance Co.
2010 Ed. (1790)
Patruno; Gregg
1997 Ed. (1954)
Patsley; Pamela
2012 Ed. (4959)
Patsley; Pamela H.
2007 Ed. (2510)
Pattern Probability System
1995 Ed. (2999)
Patterson Belknap
2003 Ed. (3179)
2011 Ed. (3401)
Patterson Belknap Webb & Tyler
2012 Ed. (3364)
Patterson Belknap Webb & Tyler LLP
2014 Ed. (3449)
Patterson, Belknap, Webb & Tyler LLP
2006 Ed. (3242)
2007 Ed. (3299)
2009 Ed. (3482)
2010 Ed. (3413)
Patterson Capital
1993 Ed. (2325)
Patterson Capital Corp., Enhanced
    Short Maturity
2003 Ed. (3133)
Patterson & Co.; J. O.
1994 Ed. (2308)
Patterson Construction
2002 Ed. (1209)
2004 Ed. (1216)
Patterson Cos.
2013 Ed. (897)
Patterson Cos., Inc.
2006 Ed. (3447, 4950)
2007 Ed. (3466, 4956, 4957)
Patterson Dental Co.
1995 Ed. (2818, 3162)
1996 Ed. (2882)
1997 Ed. (651)
1998 Ed. (2458)
1999 Ed. (3340)
2002 Ed. (2449)
2003 Ed. (2890)
2004 Ed. (4936)
2005 Ed. (1464, 4917, 4918)
2006 Ed. (4949)
Patterson Energy Inc.
2002 Ed. (2123)
2003 Ed. (3835)
Patterson; Grady L.
1991 Ed. (3210)
1995 Ed. (3505)
Patterson; James
2008 Ed. (280)
2012 Ed. (220)
2013 Ed. (211, 2607)
2014 Ed. (217)
2015 Ed. (252, 2607)
2016 Ed. (245)
Patterson; John
2010 Ed. (895)
Patterson Jr.; Grady L.
1993 Ed. (3443)
Patterson; Neal
2013 Ed. (983)
Patterson; Neal L.
2005 Ed. (976)
2008 Ed. (958)
2009 Ed. (960)
2010 Ed. (913)
2011 Ed. (816, 858)
2012 Ed. (808)
2013 Ed. (988)
2014 Ed. (946)
2015 Ed. (973)
Patterson; Peyton
2006 Ed. (4979, 4980)

2007 Ed. (384, 4978)
2011 Ed. (4973)
2012 Ed. (4970)
Patterson Pty.; George
1989 Ed. (83)
1990 Ed. (77)
1991 Ed. (74)
1992 Ed. (121)
1993 Ed. (81)
1994 Ed. (70)
1995 Ed. (46)
1996 Ed. (62)
Patterson-Schwartz Real Estate
2004 Ed. (4068, 4070)
2008 Ed. (4106, 4107)
Patterson-UTI Energy
2015 Ed. (2071)
Patterson-UTI Energy Inc.
2004 Ed. (3831, 3832)
2005 Ed. (2396, 3740)
2006 Ed. (3822)
2007 Ed. (3837)
2008 Ed. (3896)
Patterson Ventilation
2005 Ed. (3377)
Patti Co. Inc.; J. P.
1990 Ed. (1205)
1991 Ed. (1084)
1992 Ed. (1417)
1993 Ed. (1130)
1994 Ed. (1148)
1995 Ed. (1164)
1996 Ed. (1138)
1997 Ed. (1168)
Patti Dodge
2007 Ed. (1072)
Patti Satterhwaite
1999 Ed. (3589)
Pattillo Cos.
2000 Ed. (3719)
Pattinson; Robert
2012 Ed. (2431, 2444)
2013 Ed. (2597)
Pattison Group; Jim
1990 Ed. (1337, 1531)
1991 Ed. (748)
1992 Ed. (1835)
1993 Ed. (1504)
1994 Ed. (2064)
1995 Ed. (1578)
1996 Ed. (2123)
1997 Ed. (1641)
Pattison; James
1991 Ed. (1617)
2005 Ed. (4863, 4875, 4876)
2006 Ed. (4923)
2007 Ed. (4910)
2008 Ed. (4855)
2009 Ed. (4881)
2010 Ed. (4882)
2011 Ed. (4870)
2012 Ed. (4878)
2013 Ed. (4860)
2014 Ed. (4874)
2015 Ed. (4912)
2016 Ed. (4828)
Pattison; James A.
1997 Ed. (3871)
Pattison; Jim
2005 Ed. (4881)
2006 Ed. (4925)
2008 Ed. (4856)
2009 Ed. (4882)
2010 Ed. (4883)
2011 Ed. (4871)
2012 Ed. (4879)
2013 Ed. (4861)
2014 Ed. (4875)
2015 Ed. (4913)
2016 Ed. (4829)
Patton
1994 Ed. (2152)
Patton Boggs
2003 Ed. (3193)
2007 Ed. (3326)
2009 Ed. (3503, 3531)
Patton Boggs LLP
2006 Ed. (3295)
2009 Ed. (1929)
2011 Ed. (1896)
2012 Ed. (1751, 3422, 3429, 3470)
2013 Ed. (1916, 3434, 3500)
2014 Ed. (1517, 1855, 3490)
2015 Ed. (3508)
Patton State Hospital
2012 Ed. (2992)
2014 Ed. (3081)
Patty Loveless
1992 Ed. (1351)
1997 Ed. (1113)

Patwil Homes Inc.
1997 Ed. (2702)
Pau Gasol
2014 Ed. (194)
Pauffley/IDH Group
2002 Ed. (1954)
Paul A. Bonenfant
2011 Ed. (3375)
Paul A. Brunner
2007 Ed. (1444)
2008 Ed. (1428)
2009 Ed. (1397)
Paul A. DeJesse Inc. Advertising
1989 Ed. (60)
Paul A. Maritz
2001 Ed. (2316)
Paul A. Motenko
2004 Ed. (2488)
Paul, Albert, and Ralph Reichmann
1990 Ed. (730)
1991 Ed. (709)
1993 Ed. (698)
Paul Allen
1999 Ed. (2082, 2664, 4746)
2000 Ed. (734, 1881, 2448, 4375)
2004 Ed. (2487, 3890, 4872, 4874)
2005 Ed. (4882)
2006 Ed. (3898)
2009 Ed. (4854)
2010 Ed. (4859)
2011 Ed. (4840)
2012 Ed. (2680, 4847)
2013 Ed. (547, 2768, 4850)
2014 Ed. (4866)
2015 Ed. (4903)
Paul Arpin Van
1998 Ed. (3636)
Paul Arpin Van Lines Inc.
1993 Ed. (3643)
1994 Ed. (3603)
1995 Ed. (3681)
1996 Ed. (3760)
1997 Ed. (3810)
2007 Ed. (4846)
2008 Ed. (4768)
2009 Ed. (4800)
Paul B. Fireman
1990 Ed. (972)
1991 Ed. (924, 925)
1992 Ed. (1141, 1142, 2050, 2053)
Paul Barry-Walsh
2005 Ed. (927)
Paul Bassat
2009 Ed. (4877)
Paul Bernardo
2010 Ed. (4391)
Paul Beuscher
2015 Ed. (3742)
2016 Ed. (3650)
Paul Bilzerian
1990 Ed. (1773)
Paul Brainerd
1989 Ed. (2341)
Paul Brest
2008 Ed. (3789)
2009 Ed. (3832)
2010 Ed. (3757)
2011 Ed. (3761)
Paul Brooke
1992 Ed. (2135, 2137)
1993 Ed. (1771, 1791)
1997 Ed. (1864)
1998 Ed. (1663)
1999 Ed. (2253)
2000 Ed. (2017)
Paul C. Ely, Jr.
1992 Ed. (2057)
Paul C. Saville
2005 Ed. (2517)
2006 Ed. (2532)
Paul Campbell
2012 Ed. (2166)
Paul Chamberlain
2005 Ed. (4817)
Paul Charron
2005 Ed. (967)
2006 Ed. (873)
2007 Ed. (964)
Paul Cheneau
1989 Ed. (872)
1991 Ed. (885)
1992 Ed. (1085)
1993 Ed. (883)
1998 Ed. (682)
1999 Ed. (1068)
2003 Ed. (900)
2005 Ed. (918)
Paul Cheng
2006 Ed. (2578)
Paul Chertkow

1998 Ed. (1688)
1999 Ed. (2357)
Paul Chisholm
2014 Ed. (933)
Paul; Chris
2013 Ed. (188)
2014 Ed. (194)
2015 Ed. (221)
2016 Ed. (218)
Paul Coghlan
2006 Ed. (989)
2007 Ed. (1082)
2008 Ed. (968)
Paul Compton
1999 Ed. (2337)
2000 Ed. (2124)
Paul Curlander
2005 Ed. (971)
2006 Ed. (895, 2531)
2007 Ed. (985)
2008 Ed. (2640)
2009 Ed. (2666)
2012 Ed. (2494)
Paul D. Sobey
2004 Ed. (971, 1667)
Paul Dakenfold
2011 Ed. (1068)
Paul; David L.
1989 Ed. (1382)
1990 Ed. (1712, 1721)
Paul Davis Emergency Services
2014 Ed. (3112)
2015 Ed. (899, 3175)
2016 Ed. (3029)
Paul Davis Inc.
2004 Ed. (1782)
Paul Davis Restoration Inc.
2002 Ed. (2885)
2003 Ed. (782)
2004 Ed. (2165)
2005 Ed. (2264, 2960)
2006 Ed. (2956)
2008 Ed. (2389)
2012 Ed. (2188)
2013 Ed. (3113)
2014 Ed. (3112)
2015 Ed. (3175)
2016 Ed. (3029)
Paul DePodesta
2005 Ed. (786)
Paul Desmarais
1991 Ed. (1617)
1997 Ed. (3871)
2009 Ed. (4882)
2010 Ed. (4883)
2011 Ed. (4871)
2012 Ed. (4879)
2013 Ed. (4861)
2014 Ed. (4875)
Paul Desmarais Jr.
2009 Ed. (2662)
2010 Ed. (704)
2011 Ed. (633)
Paul Desmarais Sr.
2005 Ed. (4865, 4875, 4876)
2006 Ed. (4923)
2007 Ed. (4910)
2008 Ed. (4855, 4856)
2009 Ed. (4881)
2010 Ed. (4882)
2011 Ed. (4870)
2012 Ed. (4878)
2013 Ed. (4860)
2014 Ed. (4874)
2015 Ed. (4912)
Paul Diaz
2006 Ed. (2531)
2007 Ed. (2512)
2008 Ed. (2640)
2009 Ed. (2666, 3707)
2010 Ed. (3625)
2012 Ed. (2494)
2013 Ed. (2637)
2014 Ed. (2975)
2015 Ed. (2634)
Paul E. Adornato
2011 Ed. (3369)
Paul E. Freiman
1993 Ed. (1699)
Paul E. Jacobs
2007 Ed. (2502)
2008 Ed. (954)
2009 Ed. (953)
2010 Ed. (905)
2011 Ed. (844)
2015 Ed. (970)
Paul E. Tsongas Arena
2002 Ed. (4344)
2003 Ed. (4528)
Paul Eakin

2012 Ed. (2450)
Paul Eubert, M.D.
1991 Ed. (2406)
Paul Evanson
2011 Ed. (851)
Paul Fabara
2014 Ed. (2975)
Paul Filek
2006 Ed. (4140)
Paul Fireman
1989 Ed. (1376)
1990 Ed. (1713, 1716)
1991 Ed. (1619, 1623)
1999 Ed. (1122, 4302)
2005 Ed. (4846)
2008 Ed. (4826)
Paul Fisher
2006 Ed. (1001)
Paul Forward
2011 Ed. (3364)
Paul Fox
2000 Ed. (2004)
Paul G. Allen
1991 Ed. (891)
1998 Ed. (464)
2003 Ed. (4894)
2004 Ed. (4882)
2005 Ed. (4860, 4883)
2006 Ed. (4915, 4927)
2007 Ed. (4908, 4916)
2008 Ed. (4839)
Paul G. Hulme
2008 Ed. (2630, 2632)
Paul G. Stern
1989 Ed. (1377)
1990 Ed. (1725)
Paul G. Tashima
2012 Ed. (3319)
Paul Garcia
2006 Ed. (882)
2007 Ed. (973)
Paul Gardner Allen
1999 Ed. (726)
2001 Ed. (705, 4745)
2002 Ed. (706, 2806, 3361)
2003 Ed. (4887, 4889)
2005 Ed. (4858)
2006 Ed. (4911)
2007 Ed. (4906)
2008 Ed. (4835)
Paul Gauguin Cruises
2014 Ed. (2220)
2015 Ed. (2284)
2016 Ed. (2256)
Paul; Gerry
1995 Ed. (1803)
1996 Ed. (1770, 1777)
1997 Ed. (1852)
Paul Getman
1989 Ed. (1753)
Paul Gower
2007 Ed. (4925)
Paul Greenberg
1997 Ed. (1935, 1943)
1998 Ed. (1592)
1999 Ed. (2176, 2181)
2000 Ed. (1947, 1952)
Paul H. Schwendener Inc.
1994 Ed. (1138)
1995 Ed. (1136, 1146, 1175)
1996 Ed. (1131)
1997 Ed. (1160)
1999 Ed. (1326, 1383)
Paul H. Stebbing
2011 Ed. (816)
Paul H. Stebbins
2011 Ed. (825)
2012 Ed. (789)
Paul Hanrahan
2009 Ed. (955)
2010 Ed. (908)
Paul Harless
2004 Ed. (410)
Paul Harrison
2007 Ed. (2465)
Paul Harvey
2002 Ed. (4546)
2003 Ed. (2335)
2004 Ed. (2415)
2006 Ed. (2487)
2007 Ed. (4061)
Paul Hastings
2005 Ed. (2514)
Paul, Hastings, Janofsky & Walker
1990 Ed. (2421)
1992 Ed. (2840, 2841)
1993 Ed. (2399)
1995 Ed. (2418)
1996 Ed. (2454)
1997 Ed. (2598)

1998 Ed. (2330)
1999 Ed. (3153)
2004 Ed. (3232)
2006 Ed. (3244)
Paul, Hastings, Janofsky & Walker LLB
2007 Ed. (3083, 3300, 4080)
Paul Hastings Janofsky & Walker LLP
2000 Ed. (2899)
2002 Ed. (3059)
2003 Ed. (3190)
2004 Ed. (3238)
2007 Ed. (3318)
2011 Ed. (3410, 3439)
2012 Ed. (3378, 3383, 3402, 3409, 3415, 3419, 3427, 3456)
2013 Ed. (3433, 3446, 3449)
2014 Ed. (3435, 3449)
Paul Hastings LLP
2013 Ed. (3438)
Paul Hazen
1998 Ed. (289)
2001 Ed. (2314)
Paul Huck
2007 Ed. (1084)
Paul Hyde Homes
2007 Ed. (1271)
Paul Ivanier
1999 Ed. (1123)
Paul J. Curlander
2006 Ed. (932)
2007 Ed. (1023)
Paul J. Diaz
2009 Ed. (3054)
2010 Ed. (2988)
Paul J. Evanson
2010 Ed. (909)
Paul Jablansky
1997 Ed. (1950)
1999 Ed. (2185)
2000 Ed. (1956. 1964)
Paul Jablnasky
1998 Ed. (1599)
Paul Jacobs
2010 Ed. (890)
Paul Johnson
2000 Ed. (1998)
Paul Jones
2015 Ed. (2635)
Paul Kariya
2003 Ed. (298)
Paul Karos
1993 Ed. (1777)
1994 Ed. (1765)
1995 Ed. (1802)
1996 Ed. (1781)
1997 Ed. (1856)
Paul Kazarian
1996 Ed. (1914)
Paul Kelly
2002 Ed. (2258)
Paul Krajewski
2005 Ed. (786)
Paul L. Woodard
1992 Ed. (3139)
Paul & Lady Smith; Sir
2005 Ed. (4889)
Paul Leibman
1991 Ed. (1708)
Paul Lejuez
2011 Ed. (3342)
Paul Levy
2015 Ed. (3485)
Paul; Lord
2008 Ed. (4896, 4906)
Paul M. Anderson
2006 Ed. (940, 1099)
Paul Madera
2013 Ed. (4783)
2015 Ed. (4864)
2016 Ed. (4771)
Paul Marciano
2009 Ed. (2660)
Paul Maritz
2001 Ed. (2345)
Paul Marsch
2000 Ed. (2136)
Paul Marshall
2008 Ed. (4902)
Paul Martin
2005 Ed. (4879)
Paul Martin's American Grill
2016 Ed. (1409)
Paul Masson
1989 Ed. (755, 2943)
1990 Ed. (3693)
1995 Ed. (3738)
1996 Ed. (778, 3835, 3855)
1997 Ed. (3901, 3905, 3907)
1998 Ed. (493, 3744, 3748)
1999 Ed. (796)

Paul Masson Brandy
1999 Ed. (800, 801)
2000 Ed. (801, 805, 807)
2001 Ed. (1012, 1016, 1017, 1018)
2002 Ed. (287, 769, 775, 777, 779)
2003 Ed. (755, 760)
2004 Ed. (765, 770)
Paul Masson Wines
1991 Ed. (741, 3496, 3500, 3501, 3502)
Paul Masson/Taylor California Cellars
1989 Ed. (868)
Paul Mastroddi
1997 Ed. (1956)
Paul McCartney
1992 Ed. (1348, 1350)
1995 Ed. (1117, 1118)
1996 Ed. (1093)
2005 Ed. (2443, 2444)
2007 Ed. (1267)
2008 Ed. (2583)
2009 Ed. (708)
2012 Ed. (994)
2013 Ed. (2603)
2014 Ed. (3728)
2016 Ed. (1047, 1048)
Paul McCartney; Sir
2005 Ed. (4894)
Paul McCulley
1998 Ed. (1565, 1607, 1611)
1999 Ed. (2192, 2195)
2000 Ed. (1966)
Paul McKenzie
1997 Ed. (1973)
Paul Mellon
1990 Ed. (457, 3686)
1994 Ed. (1055)
1995 Ed. (932, 1068)
Paul Miller Inc.
1990 Ed. (316)
1991 Ed. (293, 302)
1992 Ed. (407)
1993 Ed. (292)
1994 Ed. (261, 281)
1995 Ed. (260, 278)
1996 Ed. (264, 285)
Paul Milstein
1992 Ed. (1093, 1095)
2008 Ed. (4830)
2009 Ed. (4851)
2010 Ed. (4857)
2011 Ed. (4836)
Paul Milstein Family
2005 Ed. (1464)
Paul Mitchell
1991 Ed. (1879, 1880, 1881)
Paul Mlotok
1995 Ed. (1836)
Paul Morland
1999 Ed. (2347)
2000 Ed. (2135)
Paul Newman
2006 Ed. (2499)
Paul Oakenfold
2011 Ed. (1068)
Paul Ormond
2009 Ed. (3707)
Paul Otellini
2007 Ed. (1007)
Paul Periquito
2004 Ed. (2527)
Paul, Phelan & Perry Ltd.
1989 Ed. (92)
Paul Podlucky
2007 Ed. (2758)
Paul Pressler
2006 Ed. (929)
Paul R. Charron
2009 Ed. (2659)
Paul R. Duncan
1997 Ed. (979)
Paul R. Ray
1990 Ed. (1710)
Paul R. Ray & Co. Inc.
1994 Ed. (1710)
Paul Ramsay
2014 Ed. (4869. 4870)
2015 Ed. (4907, 4908)
Paul Ramsay Holdings
2002 Ed. (3776)
2004 Ed. (3955)
2009 Ed. (4122)
Paul Ray
1993 Ed. (1691)
Paul Ray Berndtson
1996 Ed. (1707, 1708)
1997 Ed. (1792, 1793, 1795)
1998 Ed. (1504, 1506. 1507)
1999 Ed. (2073)
Paul Ray & Carre Orban International

1994 Ed. (1711)
Paul Raymond Organisation Ltd.
  1993 Ed. (967)
  1994 Ed. (993)
  1995 Ed. (1006)
Paul Raymond Organization Ltd.
  1992 Ed. (1193)
Paul Reichmann
  1989 Ed. (732)
  1990 Ed. (731)
  1992 Ed. (890)
  1993 Ed. (699)
Paul Revere
  1996 Ed. (2291)
Paul Revere Life
  1991 Ed. (2086)
  1993 Ed. (2196)
  1996 Ed. (2298)
  1997 Ed. (2427)
  1998 Ed. (1028, 2143, 2149, 2150)
  1999 Ed. (2931, 2932)
Paul Revere Life Insurance Co.
  2000 Ed. (2674, 2678)
  2001 Ed. (2930, 2945)
  2002 Ed. (2890, 2891)
  2007 Ed. (3125)
  2008 Ed. (3275)
  2009 Ed. (3332)
Paul Revere Protective
  1993 Ed. (2196)
Paul Revere Protective Life
  1996 Ed. (2298)
  1998 Ed. (2143, 2149)
Paul Rice
  2006 Ed. (2527)
Paul Ridzon
  2011 Ed. (3377)
Paul; Robert
  2014 Ed. (940)
Paul Rooke
  2013 Ed. (2637)
Paul Roye
  2005 Ed. (3204)
Paul Ruddle
  1999 Ed. (2306, 2337)
  2000 Ed. (2124)
Paul Ruddock
  2008 Ed. (4902)
Paul Rushforth Real Estate
  2014 Ed. (1490)
Paul Rushforth Real Estate Inc.
  2015 Ed. (1547, 4459)
  2016 Ed. (1485, 4354)
Paul S. Otellini
  2007 Ed. (1032)
  2011 Ed. (842)
Paul S. Pressler
  2007 Ed. (2505)
Paul Sacher
  1997 Ed. (673)
  1998 Ed. (464)
Paul Saleh
  2005 Ed. (993)
  2006 Ed. (995)
  2007 Ed. (1087)
  2008 Ed. (969)
Paul Sarbanes
  2005 Ed. (1153)
Paul Schlesinger
  1993 Ed. (1831)
  1994 Ed. (1814)
  1995 Ed. (1852)
  1996 Ed. (1830)
  1997 Ed. (1903)
  1998 Ed. (1676)
  1999 Ed. (2269)
  2000 Ed. (1981, 2054)
Paul Schulte
  2000 Ed. (2062)
Paul Schultz
  2008 Ed. (1880)
Paul & Sean McMahon
  2005 Ed. (4885)
Paul Severin
  1999 Ed. (2290)
Paul Simon
  1993 Ed. (1076, 1077)
  1994 Ed. (1100)
  1995 Ed. (1119)
Paul Singer
  1993 Ed. (1867)
Paul Singer Floor Covering
  1994 Ed. (1852)
Paul Singer Floor Coverings
  1990 Ed. (1802)
  1992 Ed. (2165)
Paul Sinsheimer
  2011 Ed. (4441)
Paul Slattery
  1999 Ed. (2340)

Paul Smith
  1997 Ed. (1993)
  1999 Ed. (2392)
  2000 Ed. (2161, 2177)
  2002 Ed. (4870)
  2005 Ed. (4884)
Paul Spruell Alfa Inc.
  1991 Ed. (301)
  1992 Ed. (406)
  1994 Ed. (260)
  1995 Ed. (259)
Paul Spruell Alfa Romeo
  1996 Ed. (263)
Paul Stecko
  2006 Ed. (912)
  2007 Ed. (1002)
Paul Stuart Inc.
  2001 Ed. (737)
Paul Sweeney
  2000 Ed. (1988)
Paul Sykes
  2001 Ed. (3319)
  2007 Ed. (4933)
  2008 Ed. (4907)
Paul T. and Barbara Hirschi Neely
  1993 Ed. (893)
Paul Tashima
  2015 Ed. (3426)
Paul Tellier
  2005 Ed. (2514)
Paul Theofanous
  2003 Ed. (224, 228)
Paul Tice
  1998 Ed. (1574)
  1999 Ed. (2161)
  2000 Ed. (1931)
Paul Ting
  1999 Ed. (2222)
  2000 Ed. (1999, 2019)
Paul Tramontano
  2012 Ed. (3316)
Paul Tudor Jones II
  1991 Ed. (2265)
  1992 Ed. (2143)
  1994 Ed. (1840)
  1995 Ed. (1870)
  1997 Ed. (2004)
  2006 Ed. (2798)
  2011 Ed. (775)
  2012 Ed. (719)
Paul Turnbull
  2000 Ed. (2114)
Paul Varga
  2007 Ed. (2512)
  2008 Ed. (2640)
  2009 Ed. (2666)
  2012 Ed. (2494)
  2013 Ed. (2637)
  2014 Ed. (2592)
  2015 Ed. (2634)
Paul; Vivek
  2005 Ed. (2469)
Paul Volcker
  2004 Ed. (3169)
  2012 Ed. (598)
Paul W. Davis Systems
  1999 Ed. (2516)
Paul W. Oliver-Hoffmann
  1994 Ed. (892)
Paul W. Timmreck
  1995 Ed. (3504)
Paul Weinstein
  1996 Ed. (1800)
  1998 Ed. (1603)
  1999 Ed. (2189)
  2000 Ed. (1998)
Paul Weiss
  2004 Ed. (3230)
Paul, Weiss, Rifkind, Wharton & Garrison
  1990 Ed. (2424)
  1991 Ed. (2290)
  1992 Ed. (2826, 2844)
  1993 Ed. (2402)
  1994 Ed. (2352, 2355)
  1995 Ed. (14, 2420, 2430)
  1996 Ed. (2455)
  1997 Ed. (2600)
  1998 Ed. (2332)
  1999 Ed. (3156)
  2000 Ed. (2901)
  2001 Ed. (3058)
  2002 Ed. (1373)
  2003 Ed. (1401, 3177, 3179, 3186,
    3188)
  2004 Ed. (1427, 1428, 3236)
  2005 Ed. (1445, 3275)
  2006 Ed. (3242)
  2007 Ed. (3299, 3302, 3304, 3306)
  2008 Ed. (3425, 3426, 3427)

  2009 Ed. (3482, 3494)
  2010 Ed. (3425)
Paul, Weiss, Rifkind, Wharton & Garrison LLP
  2008 Ed. (3419)
  2010 Ed. (3441)
  2011 Ed. (3408, 3439)
  2012 Ed. (3402, 3416, 3417, 3425,
    3428, 3456)
  2013 Ed. (3433, 3442, 3451)
  2014 Ed. (3442, 3452)
  2015 Ed. (3473)
Paul Werth Associates
  2002 Ed. (3846)
  2016 Ed. (4052)
Paul Westra
  1998 Ed. (1667)
Paul Y. Holdings
  1992 Ed. (2441)
Paul Y. - ITC Construction Holdings Ltd.
  2003 Ed. (1321)
Paul York Mitsubishi
  1991 Ed. (287)
Paul Young Chevrolet Inc.
  2002 Ed. (2562)
Paul Young Co.
  1997 Ed. (289)
  1998 Ed. (204)
  2000 Ed. (330)
  2001 Ed. (2708)
  2009 Ed. (3039)
  2010 Ed. (2964)
  2011 Ed. (210, 2925)
  2013 Ed. (2927)
  2014 Ed. (2944)
  2015 Ed. (2992)
Paul Zatko
  2012 Ed. (3448)
Paula Cooper
  2013 Ed. (180)
Paula Deen
  2009 Ed. (912)
  2010 Ed. (856, 3005)
  2011 Ed. (2971)
  2014 Ed. (876)
Paula Dominick
  1997 Ed. (1926)
Paula E. Boggs
  2011 Ed. (1374)
Paula G. Rosput
  2002 Ed. (4979)
Paula Insurance Co., California
  2000 Ed. (2716)
Paula J. Poskon
  2011 Ed. (3369)
Paulding County, CO
  1999 Ed. (1765)
Paulding, GA
  2000 Ed. (1593)
Paulette Cole
  2008 Ed. (2990)
  2009 Ed. (3073, 3074)
  2010 Ed. (3006)
  2011 Ed. (2975)
Paulette Goddard
  1993 Ed. (893)
Pauline Hyde & Associates Ltd.
  1993 Ed. (2747)
Pauline MacMillan Keinath
  2010 Ed. (4854)
  2012 Ed. (4841)
  2013 Ed. (4839)
  2014 Ed. (4855)
  2015 Ed. (4892)
  2016 Ed. (4810)
Paull; Matthew
  2006 Ed. (987)
  2007 Ed. (1080)
  2008 Ed. (964)
Paulmann; Horst
  2011 Ed. (4872)
  2012 Ed. (4854, 4880)
  2013 Ed. (4862)
  2014 Ed. (4876)
  2015 Ed. (4914)
  2016 Ed. (4830)
Paulo de Araujo
  1999 Ed. (2423)
Paulo Leme
  1996 Ed. (1893, 1895)
  1999 Ed. (2400, 2405)
  2000 Ed. (1957)
Paulo Vasconcellos
  1996 Ed. (1855)
Paul's Hauling Group
  2006 Ed. (4853)
  2007 Ed. (4856)
  2008 Ed. (4779)
Paul's TV
  2014 Ed. (2445)

  2015 Ed. (2517)
  2016 Ed. (2451)
Paul's TV & Video
  2004 Ed. (3920)
Paulsboro, NJ
  1990 Ed. (2885)
  1992 Ed. (3499)
Paulsen; Frederik
  2015 Ed. (4961)
  2016 Ed. (4877)
Paulsen; John
  1997 Ed. (1932)
Paulsen Marketing Communications
  2009 Ed. (216)
  2010 Ed. (196)
  2011 Ed. (118)
  2012 Ed. (125)
  2013 Ed. (103)
  2014 Ed. (110)
  2015 Ed. (125)
  2016 Ed. (131)
Paulson Advantage
  2011 Ed. (2882)
Paulson Advantage Plus
  2010 Ed. (2917)
Paulson Capital
  2006 Ed. (2086)
  2009 Ed. (2129)
Paulson & Co.
  2009 Ed. (2977, 2979)
  2010 Ed. (2918, 2919)
Paulson Credit Opportunities
  2011 Ed. (2882)
Paulson Enhanced
  2009 Ed. (2978)
  2010 Ed. (2917)
Paulson Investment
  1995 Ed. (3222)
Paulson; John
  2009 Ed. (2715)
  2010 Ed. (2640)
  2011 Ed. (4818)
  2012 Ed. (4838)
  2013 Ed. (4832)
  2014 Ed. (4847)
  2015 Ed. (2968, 4884)
Paulson Jr.; H. M.
  2005 Ed. (2490)
Paulson Jr.; Henry
  2006 Ed. (878)
  2007 Ed. (969)
Paulson Jr.; Henry M.
  2005 Ed. (2475)
  2007 Ed. (1027)
Paulson Rolls-Royce
  1996 Ed. (286)
Paulus, Sakolowski & Sartor
  2008 Ed. (2539)
Paulus, Sokolowski & Sartor
  2002 Ed. (2153)
  2007 Ed. (2411)
  2008 Ed. (2521)
  2010 Ed. (2450)
  2011 Ed. (2459)
Paulus, Sokolowski & Sartor LLC
  2004 Ed. (2365)
  2006 Ed. (2477)
Paulus Tumewu
  2006 Ed. (4916)
Paumanock Insurance Co. Ltd.
  1993 Ed. (847)
Pauze U.S. Government Total Return
  1999 Ed. (749)
Pauze US Government Total Return No
  Load
  1999 Ed. (3552)
Pavafibres SA
  1996 Ed. (2555)
Pavatex AG
  1996 Ed. (2555)
Pavel Bure
  2003 Ed. (298)
Pavel Molchanov
  2011 Ed. (3337)
Pavel Tykac
  2015 Ed. (4919)
  2016 Ed. (4835)
Pavelcomm Inc.
  2008 Ed. (4423)
PaviaHealth Inc.
  2004 Ed. (2812)
Pavichevich Brewing Co.
  1992 Ed. (3064)
  1993 Ed. (933)
Pavilion
  1990 Ed. (1145)
  1991 Ed. (1043)
Pavilion International
  1990 Ed. (3466)
Pavilion Lincoln-Mercury Inc.

1992 Ed. (376, 389, 416, 894)
1993 Ed. (275, 705)
1994 Ed. (274, 713)
1995 Ed. (669)
Pavilions
2004 Ed. (2144, 4642)
Pavimental
1992 Ed. (1436)
Pavion
1999 Ed. (3191)
Pavion's Black Radiance
1994 Ed. (1470)
Pavlides
1991 Ed. (261)
Pavlik Design Team
1996 Ed. (231)
1997 Ed. (262)
1998 Ed. (184)
1999 Ed. (287)
2002 Ed. (2986)
2005 Ed. (3160, 3169, 4118)
2006 Ed. (3171)
2007 Ed. (3205, 4190)
2008 Ed. (3340, 3347, 4227)
2009 Ed. (3413, 3420, 4321)
2010 Ed. (3351, 3358)
Pavorotti; Luciano
1993 Ed. (1080)
Pawn shops
1998 Ed. (2317)
Pawszechna Kasa Oszczednosci BP
1999 Ed. (624)
Pawtucket Credit Union
2002 Ed. (1890)
2003 Ed. (1944)
2004 Ed. (1984)
2005 Ed. (2126)
2006 Ed. (2221)
2007 Ed. (2142)
2008 Ed. (2257)
2009 Ed. (2243)
2010 Ed. (2197)
2011 Ed. (2215)
2012 Ed. (1865, 2076)
2013 Ed. (2024, 2261)
2014 Ed. (1959, 2194)
2015 Ed. (2006, 2258)
2016 Ed. (1977, 2229)
PAX Life
1990 Ed. (2245)
1991 Ed. (2114)
Pax World
1992 Ed. (3162, 3195)
1993 Ed. (2693)
1994 Ed. (2639)
1996 Ed. (2791, 2813)
2000 Ed. (3226, 3251)
Pax World Balanced
2006 Ed. (4399)
2007 Ed. (4466)
Pax World Balanced Fund
2004 Ed. (3540)
Pax World Fund
1999 Ed. (3532)
2000 Ed. (3252)
Pax World Growth
2007 Ed. (4469)
Pax World High-Yield
2006 Ed. (4401)
2007 Ed. (4467)
Paxar Corp.
2004 Ed. (3934, 3935)
2005 Ed. (3892, 3893)
2010 Ed. (4724)
2014 Ed. (4710)
2015 Ed. (4722)
Paxil
1995 Ed. (2530)
1996 Ed. (1571)
1999 Ed. (1891, 1892, 1908)
2000 Ed. (1704, 1708)
2001 Ed. (2098)
2002 Ed. (2019, 2047, 3755)
2003 Ed. (2111, 2112, 2115, 2116)
2004 Ed. (2154, 2155)
2005 Ed. (2248, 2253)
Paxson Communications Corp.
1998 Ed. (1023, 3501)
1999 Ed. (1472, 4570)
2000 Ed. (2208, 4214)
2001 Ed. (4492)
2002 Ed. (4582)
2004 Ed. (4690)
2005 Ed. (4661, 4662)
2006 Ed. (4717, 4718)
2007 Ed. (4741)
2008 Ed. (4662)
Paxson; Lowell
1989 Ed. (1984)
PaxWorld Growth

2006 Ed. (4407)
Pay Day
1993 Ed. (834)
1994 Ed. (847, 851)
1995 Ed. (891, 896)
Pay Day Bar
1997 Ed. (894)
Pay Less
1989 Ed. (1253, 1257)
1990 Ed. (1526)
Pay Less Drug Stores
1992 Ed. (1854, 1857)
Pay Less Northwest
1994 Ed. (1571)
Pay Less NW
1989 Ed. (1268)
1990 Ed. (1517, 1525, 1552, 1555)
1991 Ed. (1459)
1992 Ed. (1852)
Pay N' Pak
1993 Ed. (2424)
Pay 'n Save
1990 Ed. (1556)
Pay-per-View movies, in-room
1994 Ed. (2101)
Pay phone
1991 Ed. (2356)
Pay-Tel Phone Systems
1992 Ed. (4207)
1993 Ed. (2775)
1995 Ed. (3560)
Pay TV
1999 Ed. (4341)
Payback
2001 Ed. (4700)
Payce Consolidated
2005 Ed. (4509)
Paychex Inc.
1997 Ed. (3497)
1998 Ed. (1429, 3288)
2000 Ed. (4004)
2001 Ed. (4222)
2002 Ed. (1520, 1521, 1522, 2003, 2114)
2003 Ed. (4393, 4394)
2004 Ed. (847, 1079, 2117, 3781, 3782)
2005 Ed. (2220, 2222, 2826, 3027, 3663)
2006 Ed. (2284, 2658, 3035)
2007 Ed. (1207, 2215, 2227, 2641, 2800, 3784, 4358)
2008 Ed. (803, 2355, 2367, 2714, 2767, 3169, 3177)
2009 Ed. (833, 1942, 2767, 2825)
2010 Ed. (772, 779, 1776, 1879, 2773)
2011 Ed. (1909, 2687, 4400)
2012 Ed. (640, 641, 2615, 3850, 3851, 4469)
2013 Ed. (780, 782, 788, 2710, 4433)
2014 Ed. (802, 803, 2693, 4467)
2015 Ed. (846, 848, 854, 2739, 4461)
2016 Ed. (2662, 4358, 4360, 4362, 4473)
Paychex Insurance Agency Inc.
2015 Ed. (3309)
Payco American Corp.
1997 Ed. (1044, 1045, 1046, 1047, 1048)
Payco Teleservicing Inc.
1994 Ed. (3485)
Paycom
2008 Ed. (2480)
Payday
2000 Ed. (969)
Payden Core Bond
2007 Ed. (639)
Payden Emerging Markets Bond
2009 Ed. (3469)
Payden Global Fixed Income
2004 Ed. (697)
Payden GNMA
2006 Ed. (613)
2007 Ed. (637)
2008 Ed. (600)
Payden GNMA Fund
2008 Ed. (587)
2009 Ed. (614)
Payden & Rygel
1992 Ed. (2745, 2765, 2787)
1993 Ed. (2348, 2350)
1994 Ed. (2328, 2330, 2332)
1995 Ed. (2354, 2362, 2370, 2392)
1996 Ed. (2418, 2429, 2656, 3877)
1997 Ed. (2528, 2553)
1998 Ed. (2284, 2309)
1999 Ed. (3108)
2000 Ed. (2859, 3255)
2003 Ed. (3556)

2009 Ed. (3445)
Payden & Rygel Global
2000 Ed. (3292)
Payden & Rygel Global Fixed-Income A
1999 Ed. (3579)
Payden & Rygel Global Fixed R
2000 Ed. (760)
Payden & Rygel High Income
2000 Ed. (3254)
Payden & Rygel High Income R
2000 Ed. (767)
Payden & Rygel Payden Emerging Markets Bond
2008 Ed. (594)
Payden & Rygel Short Duration Tax Exempt
2001 Ed. (3443)
Payden & Rygel Total Return
2000 Ed. (3266)
Payden & Rygel US Government
2001 Ed. (3450)
Payden Short Bond
2004 Ed. (715)
Payden Short Bond Fund
2003 Ed. (3539)
Payden U.S. Government
2004 Ed. (695)
Payden Value Leaders
2013 Ed. (4506)
PaydenFunds Emerging Markets
2003 Ed. (3618)
Payette
2014 Ed. (188)
2015 Ed. (212)
2016 Ed. (210)
PayLease
2012 Ed. (4187)
2013 Ed. (4177)
Payless
1993 Ed. (338)
1994 Ed. (323, 324, 1569, 1570)
1995 Ed. (322)
1996 Ed. (333, 334, 335)
1997 Ed. (313)
1998 Ed. (235, 236)
1999 Ed. (346)
Payless Building Supply
1997 Ed. (834)
Payless Car Rental System Inc.
2002 Ed. (363)
2003 Ed. (334)
2004 Ed. (309)
Payless Cashways Inc.
1989 Ed. (2321)
1990 Ed. (838, 840)
1991 Ed. (801, 802, 803)
1992 Ed. (982, 983, 984, 2419)
1993 Ed. (775, 776, 777, 2047)
1994 Ed. (793, 794, 795, 796, 2076)
1995 Ed. (845, 846, 847, 848, 2125)
1996 Ed. (815, 817, 818, 819, 821, 827, 1422, 2133, 2134, 2493)
1997 Ed. (830, 831, 832, 1482, 2243, 2244, 2245, 2246)
1998 Ed. (1969, 1970, 1971, 1972, 1974)
1999 Ed. (760, 2709, 2711, 3611)
2000 Ed. (387, 388, 389, 2492)
2001 Ed. (2754)
2002 Ed. (1626)
2003 Ed. (2762, 2790)
Payless Drug Stores
1995 Ed. (1611, 1613, 1614, 1616)
1997 Ed. (2628)
Payless Holdings
2014 Ed. (1722)
2015 Ed. (1767)
2016 Ed. (1718)
Payless Shoe Source
1996 Ed. (3238)
Payless ShoeSource Financial Inc.
2003 Ed. (1010)
2004 Ed. (1013)
Payless ShoeSource Inc.
1997 Ed. (1811, 3551, 3552)
1998 Ed. (3347)
2001 Ed. (1272, 1771, 4323, 4325)
2002 Ed. (4273, 4274, 4599)
2003 Ed. (1010, 1020, 1021, 1022, 1730, 2428, 4173, 4185, 4405, 4406)
2004 Ed. (1013, 1014, 1767, 2050, 2051, 2562)
2005 Ed. (1023, 1024, 1833, 2165, 2166)
2006 Ed. (1031, 1032, 1835, 1836, 1838)
2007 Ed. (1118, 1119, 1840, 1841, 1843, 1844, 4494)

2008 Ed. (1000, 1871, 1874, 1875, 1878, 4547)
2009 Ed. (986)
2011 Ed. (201)
Payless ShoeSource Inc. (MO)
2005 Ed. (1833)
PayLess Super Markets
1992 Ed. (4174)
Paylogic
2013 Ed. (2910)
Paymaster Technology Corp.
2008 Ed. (2272)
2009 Ed. (2259)
Paymentech Inc.
2000 Ed. (379)
Paymentech LLC
2005 Ed. (2604)
PaymentMax
2013 Ed. (2693)
Pay'n Save
1989 Ed. (1264)
Payne & Co. Ltd.; David
1992 Ed. (1193, 1194)
Payne; David
2008 Ed. (369)
2009 Ed. (385)
2012 Ed. (2495)
Payne Hicks Beach
2010 Ed. (3430)
Payne; Lisa
2014 Ed. (2596)
Payne; Neil
1996 Ed. (1911)
1997 Ed. (2001)
Payne Stracey
1997 Ed. (1615)
PayneCrest Electric Inc.
2011 Ed. (1249)
PayneWest Insurance
2014 Ed. (1925)
Paypal
2013 Ed. (3376, 3380)
2014 Ed. (3384)
PayPal Inc.
2002 Ed. (2473)
2004 Ed. (4337)
2007 Ed. (3380)
2012 Ed. (3493)
PayPal India Pvt. Ltd.
2012 Ed. (1560)
PayReel
2013 Ed. (4982)
2016 Ed. (4946)
Payroll processing
1990 Ed. (532)
Payroll services
1999 Ed. (3665, 4330)
Payroll tax
1999 Ed. (4320)
Payroll Transfers
1996 Ed. (991)
1998 Ed. (1429)
Pays de la Loire
1996 Ed. (513)
Pays de Loire
1994 Ed. (488)
Paysaver
1989 Ed. (1191)
1990 Ed. (1460)
Payscape Advisors
2011 Ed. (2676)
PaySimple
2010 Ed. (1609)
2011 Ed. (1613)
Payson Regional Medical Center
2011 Ed. (3049)
2012 Ed. (2986)
2013 Ed. (3076)
Payson Total Return
2011 Ed. (3724)
PaySource
2006 Ed. (2409)
2007 Ed. (2357)
Paytas Homes
2004 Ed. (1168)
2005 Ed. (1196)
Paytru$t, Inc.
2003 Ed. (3033)
Paz Energy LLC
2010 Ed. (2962)
2011 Ed. (2927)
2012 Ed. (2861)
Paz; George
2010 Ed. (2570)
2011 Ed. (834)
2012 Ed. (799)
2013 Ed. (989)
PAZ Resources LLC
2013 Ed. (2930)
Pazo

1993 Ed. (2031)
PB
  1998 Ed. (1932)
  2009 Ed. (287, 1150, 2526, 2527,
    2528, 2529, 2537, 2540, 2541,
    2542, 2544)
PB Agrobanka
  2010 Ed. (347, 438, 442, 447, 513)
PB Americas Inc.
  2009 Ed. (2524, 2534, 2545)
  2010 Ed. (2441, 2461)
PB Capital Return II
  2000 Ed. (1153)
PB Capital Return III
  2000 Ed. (1153)
PB International Futures Fund
  2005 Ed. (1085)
PB International Futures Fund F
  2000 Ed. (1152)
PBA Direct
  1991 Ed. (3283)
PBA/PAL Laboratories
  2002 Ed. (2815)
PBC Construction
  2009 Ed. (1203)
PBC Cos.
  2010 Ed. (1207)
PBD Worldwide
  2013 Ed. (1648)
PBF Energy
  2014 Ed. (1333, 1334, 1867)
  2015 Ed. (1372, 1397)
  2016 Ed. (1327)
PBF Energy Inc.
  2014 Ed. (3930)
  2015 Ed. (1896, 1903, 3965, 3966)
  2016 Ed. (1860, 1866, 3879, 3880)
PBGH Large Cap
  2001 Ed. (3438)
PBHG Advison
  2000 Ed. (3261)
PBHG Advisor Enhanced Equity
  2000 Ed. (3270, 3272)
PBHG Clipper Focus
  2003 Ed. (3492)
PBHG Clipper Focus PBHG
  2003 Ed. (3526)
  2004 Ed. (3554)
PBHG Clipper Focused
  2006 Ed. (3632)
PBHG Core Growth
  1998 Ed. (2601)
PBHG Emerging Growth
  1996 Ed. (2787, 2797)
  2004 Ed. (3607)
PBHG Focused
  2006 Ed. (3632)
PBHG Growth
  1995 Ed. (2703, 2737)
  1996 Ed. (2803)
  1997 Ed. (2872)
  1998 Ed. (2624)
  1999 Ed. (3561)
  2002 Ed. (2156)
PBHG Large Cap
  2005 Ed. (4480)
PBHG Large Cap 20
  2000 Ed. (3268, 3273)
PBHG Large Cap 20 PBHG
  1999 Ed. (3560)
PBHG Large Cap Value
  2000 Ed. (3235)
  2003 Ed. (3493)
  2004 Ed. (2452, 3551)
PBHG Mid-Cap
  2005 Ed. (4491)
PBHG Mid Cap Value
  2003 Ed. (3497)
  2004 Ed. (2454, 3556)
PBHG REIT
  2003 Ed. (3545)
PBHG Technology & Communication
  1998 Ed. (2593, 2603)
PBHG Technology & Communications
  2001 Ed. (3448)
  2002 Ed. (4503)
P.B.I.
  2000 Ed. (72)
P.B.I. Advertising (McCann)
  1997 Ed. (68)
  1999 Ed. (68)
PBI Bank
  2012 Ed. (382)
  2013 Ed. (307)
P.B.I./McCann-Erickson Sofia
  2001 Ed. (116)
PBK
  2000 Ed. (4370)
  2002 Ed. (4780)
  2012 Ed. (1044, 2382)

PBM Graphics
  2007 Ed. (4010)
PBM Maintenance Corp.
  2005 Ed. (760)
PBMares
  2015 Ed. (12)
  2016 Ed. (11)
PBOC Holdings, Inc.
  2001 Ed. (1650)
PBR Automotive USA
  1999 Ed. (2117)
PBS
  2015 Ed. (3036)
PBS Building Systems
  1989 Ed. (265)
The PBS & J Corp.
  2000 Ed. (1807)
  2002 Ed. (2129, 2137, 2138)
  2003 Ed. (2306)
  2004 Ed. (2341, 2349, 2373, 2384,
    2388)
  2006 Ed. (2452)
  2007 Ed. (2405, 2414, 2423)
  2008 Ed. (2516, 2517, 2520, 2524,
    2528, 2541, 2550)
  2009 Ed. (2527, 2528, 2533, 2535,
    2540, 2544, 2547, 2557)
  2010 Ed. (2445, 2446, 2453, 2460,
    2473)
  2011 Ed. (2452, 2453, 2462, 2467,
    2471, 2479)
  2012 Ed. (204, 1022, 1044, 2373,
    2387, 2422)
The PBSJ Corp.
  1997 Ed. (1739)
  1998 Ed. (1442)
  1999 Ed. (2026)
PBX, inc.
  2002 Ed. (3944, 4690, 4691, 4692)
PBX Inc.
  2003 Ed. (4789, 4802, 4804)
  2005 Ed. (4034)
PC Advisor
  2002 Ed. (3634)
PC Cam Pacific Acc.
  1996 Ed. (2815)
PC Club
  1998 Ed. (862)
PC Computing
  1991 Ed. (2703, 2708)
  1992 Ed. (3382)
  1993 Ed. (2798, 2800)
  1994 Ed. (2796, 2800)
  1995 Ed. (2892)
  1996 Ed. (2969)
  1997 Ed. (3047)
  1998 Ed. (1276, 2792)
  1999 Ed. (1851, 3749, 3760, 3761)
  2000 Ed. (3468, 3469, 3489)
  2001 Ed. (3191)
PC Connection
  2013 Ed. (891)
PC Connection Inc.
  1989 Ed. (2502)
  1992 Ed. (234)
  2001 Ed. (1374, 2871)
  2002 Ed. (4036)
  2003 Ed. (1782)
  2004 Ed. (891, 892, 1817)
  2005 Ed. (877, 878, 1392, 1901)
  2006 Ed. (1927)
  2007 Ed. (1912, 4700)
  2008 Ed. (1972, 4800)
  2009 Ed. (1927, 3261, 4301)
  2010 Ed. (1862, 3192, 3194)
  2011 Ed. (1894)
  2012 Ed. (1750)
  2013 Ed. (1915)
  2014 Ed. (1850, 1854)
  2015 Ed. (1886, 1890)
  2016 Ed. (1848, 1850, 1854)
PC Connection Sales Corp.
  2003 Ed. (1782)
PC Connections Inc.
  2012 Ed. (3111)
PC Direct
  2002 Ed. (3634)
PC DOCS
  1998 Ed. (839, 1323)
PC-FILE 6.0
  1993 Ed. (1068)
PC Financial
  1999 Ed. (1867)
PC Gamer
  1999 Ed. (3759, 3762)
  2000 Ed. (3468, 3488)
PC Magazine
  1989 Ed. (985)
  1990 Ed. (3625)
  1992 Ed. (3388)

  1993 Ed. (2789, 2797, 2799)
  1994 Ed. (2795, 2798)
  1995 Ed. (2882, 2883, 2892, 2893)
  1996 Ed. (2957, 2962, 2968, 2969)
  1997 Ed. (3035, 3038, 3043, 3047,
    3049)
  1998 Ed. (70, 1276, 2783, 2784,
    2787, 2792, 2795)
  1999 Ed. (1851, 3749, 3753, 3760,
    3761, 3769, 3770)
  2000 Ed. (203, 3461, 3469, 3470,
    3475, 3476, 3487, 3489)
  2001 Ed. (253, 256, 3193)
  2002 Ed. (3634)
  2003 Ed. (3048)
  2004 Ed. (145, 146, 852, 3157)
  2005 Ed. (141, 142, 143, 144)
  2006 Ed. (149, 156, 4783)
  2007 Ed. (141, 148, 162, 163, 164,
    165, 1218, 4799)
  2008 Ed. (147, 149, 1122, 4718)
  2009 Ed. (167, 168, 170)
  2010 Ed. (155, 4766)
  2011 Ed. (4719)
PC Mall
  2013 Ed. (891)
PC Mall Inc.
  2004 Ed. (2225, 2226, 4550)
  2006 Ed. (2738)
  2008 Ed. (4803)
  2011 Ed. (2980)
  2012 Ed. (2910)
  2013 Ed. (2997)
  2014 Ed. (3004)
PC & More
  1996 Ed. (3455)
PC Net Inc.
  2002 Ed. (2546)
PC Plus
  1995 Ed. (2893)
PC Quote
  1991 Ed. (1993)
  1992 Ed. (2565)
  1998 Ed. (165)
P.C. Richard
  1989 Ed. (264)
P.C. Richard & Son
  1990 Ed. (1035)
  2000 Ed. (2581, 3808)
  2016 Ed. (2449)
PC Sources
  1993 Ed. (2798, 2799, 2800)
  1995 Ed. (2883)
PC Specialists Inc.
  2007 Ed. (290, 291, 3535)
  2008 Ed. (269, 270, 3696)
PC-TEL, Inc.
  2000 Ed. (1742)
  2002 Ed. (2483, 2528)
PC-WARE Danmark
  2011 Ed. (1608)
PC Week
  1989 Ed. (985)
  1990 Ed. (3625)
  1993 Ed. (2799)
  1994 Ed. (2795)
  1995 Ed. (2883, 2892)
  1996 Ed. (2968, 2969)
  1997 Ed. (3043, 3047)
  1998 Ed. (2792, 2794, 2795)
  1999 Ed. (1850, 3759, 3760, 3761,
    3762)
  2000 Ed. (3470, 3487, 3489)
PC World
  1989 Ed. (985)
  1990 Ed. (3625)
  1992 Ed. (3374)
  1995 Ed. (2892)
  1996 Ed. (2969)
  1997 Ed. (3047)
  1998 Ed. (1276, 2792)
  1999 Ed. (1851, 3749, 3760, 3761)
  2000 Ed. (3468, 3469, 3487, 3488,
    3489)
  2001 Ed. (253, 3193)
  2002 Ed. (766)
  2003 Ed. (810)
  2004 Ed. (146)
  2005 Ed. (141, 142, 144)
  2006 Ed. (4783)
  2007 Ed. (162, 164, 165, 1218, 4799)
  2008 Ed. (146, 148, 149, 1122, 4718)
  2009 Ed. (167, 168, 169, 170, 3599)
  2010 Ed. (155, 3517, 4766)
  2011 Ed. (4719)
  2012 Ed. (4740)
PC World Computer Superstore
  2002 Ed. (37)
PC World Group Ltd.
  2001 Ed. (2220)

PC World Superstore
  2002 Ed. (230)
PC World Weekly Brief
  2005 Ed. (824)
PCA
  1992 Ed. (1385)
PCA-Austin
  1999 Ed. (2648)
PCA Family Health Plan
  1998 Ed. (1917)
PCA International Inc.
  1993 Ed. (1417, 2004, 3328)
  1994 Ed. (2017)
  2003 Ed. (3799)
PCA-Jacksonville
  1999 Ed. (2648)
PCA-Miami
  1999 Ed. (2648)
PCA Property & Casualty
  1999 Ed. (2964)
PCA Slovakia SRO
  2012 Ed. (1883)
  2013 Ed. (2042)
PCA-Tampa
  1999 Ed. (2648)
PCC
  2000 Ed. (2934)
PCC Structurals Inc.
  2001 Ed. (1831)
  2003 Ed. (1806)
  2004 Ed. (1839)
  2005 Ed. (1939)
  2006 Ed. (1974)
  2010 Ed. (1931)
  2011 Ed. (1986)
  2012 Ed. (1832)
  2013 Ed. (1988)
  2014 Ed. (1927)
  2015 Ed. (1973)
  2016 Ed. (1940)
PCConnection.com
  2009 Ed. (2448)
  2012 Ed. (2293)
PCCW
  2016 Ed. (4591)
PCCW Contact Center Business
  2005 Ed. (4649)
PCCW Teleservices (U.S.) Inc.
  2015 Ed. (4702, 4703, 4704, 4705)
PCD Partners
  2000 Ed. (1868)
PCextreme
  2011 Ed. (2913)
PCG Campbell
  2009 Ed. (1639)
PCG Trading LLC
  2006 Ed. (190, 3519, 4358)
  2007 Ed. (196, 3565)
PCH.com
  2007 Ed. (3230)
  2008 Ed. (3360)
PCI Bank
  1996 Ed. (1436)
  1997 Ed. (1499)
  1999 Ed. (1725)
PCI Capital
  1989 Ed. (1782)
  1994 Ed. (3194)
  1995 Ed. (3281)
  1997 Ed. (3487)
PCI Capital Corp
  1996 Ed. (3392)
PCI International Inc.
  1994 Ed. (2055)
  1995 Ed. (2107, 2109)
  1996 Ed. (2066)
PCI Leasing & Finance
  1999 Ed. (4167)
PCI Live Design
  2002 Ed. (1955)
PCI Strategic Management
  2014 Ed. (1237)
PCI Strategic Management LLC
  2015 Ed. (1296)
PCL Civil Constructors
  2013 Ed. (1612)
  2014 Ed. (1579)
  2015 Ed. (1629)
PCL Civil Constructors Inc.
  2014 Ed. (2076)
PCL Construction
  2012 Ed. (1141)
  2013 Ed. (1231, 1360, 2512)
  2014 Ed. (1169)
PCL Construction Enterprises
  2014 Ed. (1113, 1174)
  2015 Ed. (1227)
  2016 Ed. (1137)
PCL Construction Enterprises Inc.

2002 Ed. (1073, 1241, 1255, 1265, 1280, 2396)
2003 Ed. (765, 1247, 1259, 1270, 1274, 1278, 1284, 1286, 1316, 1322, 3964)
2004 Ed. (1250, 1262, 1263, 1268, 1277, 1287, 1290, 1298, 1322, 1328, 1717, 3971)
2005 Ed. (1328, 1775, 3915)
2006 Ed. (1244, 1245, 1276, 1301, 1354, 3989)
2007 Ed. (1337, 1339, 1342, 1343, 1344, 1349, 1350, 1355, 1729, 4025, 4027)
2008 Ed. (1222, 1224, 1229, 1230, 1231, 1236, 1237, 1240, 1241, 1247, 1252, 1282, 1319, 1708, 1758, 4052, 4054)
2009 Ed. (906, 1206, 1211, 1213, 1214, 1265, 1283, 1303, 1594, 1595, 1605, 1637, 1684, 4130, 4134)
2010 Ed. (1210, 1214, 1215, 1216, 1221, 1269, 1277, 1583, 1640, 1668, 2531, 2542, 2546, 2549, 4062, 4065)
2011 Ed. (991, 1158, 1161, 1163, 1182, 1219, 1230, 1420, 1650, 2400, 4041)
2012 Ed. (718, 1098, 1099, 1100, 1103, 1129, 1155, 1159, 1425, 1427, 1460, 1499, 4073, 4074)
2013 Ed. (1227, 1241, 1244, 1245, 1248, 1275, 1290, 1296, 1549, 1550, 1562, 1565, 1633)
2014 Ed. (1105, 1149, 1179, 1182, 1183, 1186, 1208, 1219, 1228, 1518, 1524, 1532, 1537)
2015 Ed. (1146, 1157, 1222, 1233, 1236, 1240, 1266, 1277, 1286, 1289, 1573, 1583, 1589)
2016 Ed. (1057, 1069, 1107, 1131, 1135, 1144, 1147, 1148, 1151, 1181, 1192, 1201, 1203, 1511, 1516, 2484)
PCL Construction Group
1991 Ed. (1097)
2005 Ed. (1689, 1698, 2472)
2006 Ed. (1591)
2007 Ed. (1284)
2008 Ed. (1184, 4050)
2009 Ed. (1160, 1251)
2010 Ed. (1156, 1248, 4059)
2011 Ed. (1198)
PCL Construction Holdings Ltd.
2012 Ed. (4070)
2016 Ed. (1075)
PCL Construction Services
2013 Ed. (1612)
2014 Ed. (1579)
2015 Ed. (1629)
PCL Construction Services Inc.
1994 Ed. (988)
1995 Ed. (1001)
2000 Ed. (1102)
2002 Ed. (1326)
2008 Ed. (1777, 1778)
2009 Ed. (1247, 1473, 1529, 1716, 1717, 1727)
2010 Ed. (1245, 1459, 1675)
2011 Ed. (1096, 1194, 1199, 1287, 1288, 1310, 1460, 1804)
2012 Ed. (1662)
2013 Ed. (1259, 1447)
2014 Ed. (1170, 1408)
2015 Ed. (1223)
PCL Constructors Inc.
1994 Ed. (1164)
1998 Ed. (962)
2000 Ed. (1281)
2006 Ed. (1592)
2008 Ed. (1611)
2011 Ed. (1099, 4037)
2012 Ed. (1406)
PCL Courier Holdings Inc.
1999 Ed. (4654)
PCL Enterprises Inc.
1990 Ed. (1026)
1992 Ed. (1188)
1993 Ed. (1120)
1995 Ed. (1179, 1186)
1996 Ed. (1153)
1997 Ed. (1158, 1182)
1998 Ed. (942)
2000 Ed. (1248, 1849, 1850)
2001 Ed. (1468)
2002 Ed. (1306)
PCL Industrial Services Inc.
2011 Ed. (1096)
PCL Industries
1992 Ed. (2434)

PCL Transport 24/7
2016 Ed. (4696, 4708)
PCM International
1992 Ed. (2746, 2758, 2770)
1993 Ed. (2306)
1995 Ed. (3272)
1997 Ed. (2542)
PCNA Annual Symposium
2005 Ed. (4730)
PCNet Inc.
2004 Ed. (2830)
2007 Ed. (3542, 4404)
2008 Ed. (3701, 4375)
PCOrder.com
2001 Ed. (4751)
PCPC Direct
2007 Ed. (1203)
PCS
1989 Ed. (2503)
1990 Ed. (1294, 3305)
1995 Ed. (1094)
1997 Ed. (1106)
PCS Business Systems Ltd.
2009 Ed. (3030)
PCS Health
1997 Ed. (1261)
PCS Health Systems-McKesson
1996 Ed. (1191, 1192)
PCS Nitrogen
2000 Ed. (3563)
PCS Phosphate Co., Inc.
1999 Ed. (3847)
2004 Ed. (3484)
PCS Structural Solutions
2009 Ed. (2518)
2010 Ed. (2435)
PCU
2006 Ed. (3283)
PCUniverse.com
2009 Ed. (2448)
PCV/MURCOR
1997 Ed. (259)
1998 Ed. (181)
1999 Ed. (281)
PD & MS Energy
2016 Ed. (2073)
PD Systems Inc.
2016 Ed. (2115)
PDA
2001 Ed. (2720)
PDA Engineering Inc.
1996 Ed. (1210)
PDAC International Convention, Trade Show & Investors Exchange
2010 Ed. (4776)
2011 Ed. (4727)
PDF Solutions Inc.
2003 Ed. (4320)
2007 Ed. (1239)
2011 Ed. (1061)
2012 Ed. (988)
PDFCI
1993 Ed. (2156)
PDFM & UBSII
1996 Ed. (2943)
PDFM/UBS
1996 Ed. (2945)
PDG Environmental Inc.
1994 Ed. (1150)
1995 Ed. (1170)
1996 Ed. (1145)
1997 Ed. (1174)
1998 Ed. (943)
1999 Ed. (1365)
2000 Ed. (1257)
2001 Ed. (1471)
2002 Ed. (1231)
2003 Ed. (1242)
2004 Ed. (1245)
2005 Ed. (1296)
2006 Ed. (1265)
2007 Ed. (1356)
2008 Ed. (1254)
2009 Ed. (1229)
PDL BioPharma
2016 Ed. (627)
PDL BioPharma Inc.
2007 Ed. (4532)
2008 Ed. (1607)
2009 Ed. (3019)
PDL Foods Inc.
1994 Ed. (2907)
PDM Molding Inc.
2001 Ed. (4125)
PDP
2002 Ed. (4085)
PDP Systems Inc.
2004 Ed. (2238)
PDQ
2016 Ed. (4165)

PDSA
2007 Ed. (702, 723)
2008 Ed. (694)
2009 Ed. (702)
PDV
1992 Ed. (3447, 3448)
PDV America Inc.
2004 Ed. (1837, 3864)
2005 Ed. (1770, 1923, 3778, 3780, 3782, 3908)
2006 Ed. (1716, 1958, 3859, 3981)
2007 Ed. (1940, 3887, 3890)
PDVSA
1995 Ed. (1424)
1996 Ed. (1386)
1998 Ed. (1802)
1999 Ed. (1671, 1675)
2000 Ed. (1482, 3536)
2006 Ed. (1484, 1794, 1796, 1798, 3847, 3852, 3866)
2007 Ed. (1853, 3870, 3879, 3896)
2008 Ed. (1836, 1838, 1839, 1840, 1842, 1843, 1886, 3919, 3928, 3935, 3939)
2009 Ed. (1844, 3989, 4000, 4014)
2010 Ed. (1784, 3895, 3907, 3920)
2011 Ed. (1739, 1741, 1742, 1743, 1744, 1745, 1747, 1798, 1799, 3913, 3926, 3935, 3939)
2012 Ed. (1656, 3898, 3912, 3936)
2013 Ed. (3963, 3965, 3990)
2014 Ed. (1740, 3906, 3908, 3933)
2015 Ed. (1784, 3934, 3936, 3969)
2016 Ed. (1738, 3853, 3855, 3883)
PDVSA (CITGO Petroleum Corp.)
2001 Ed. (3773)
PE Biosystems Group
2001 Ed. (2192, 2893, 2894)
Peabody
1989 Ed. (948)
1992 Ed. (1486)
Peabody; Charles
1993 Ed. (1779)
Peabody Coal
1993 Ed. (1002)
2004 Ed. (3307)
Peabody Coal Company
1989 Ed. (952)
Peabody Coal Co., Federal No. 2 mine
1990 Ed. (1072)
Peabody Coal Co., Lynville mine
1990 Ed. (1072)
Peabody College; Vanderbilt University
2008 Ed. (1089)
2009 Ed. (1066)
Peabody Energy
2013 Ed. (2612, 3191)
2014 Ed. (2557)
Peabody Energy Corp.
2003 Ed. (4319)
2004 Ed. (1024, 1025, 1030, 1031, 3434, 3437, 3838)
2005 Ed. (1032, 1033, 1037, 1038, 1878, 1879, 1889, 3449, 3452, 3743, 3745)
2006 Ed. (1046, 1047, 1899, 1902, 1904, 1906, 1908, 1909, 3458, 3461, 3463, 3825, 3827)
2007 Ed. (1130, 1134, 1135, 1136, 1549, 1891, 1892, 1893, 3022, 3482, 3513, 3514, 3840, 3844, 3848, 4532, 4589)
2008 Ed. (1014, 1015, 1016, 1947, 1948, 1949, 1954, 1956, 1957, 3141, 3676, 3899, 4527)
2009 Ed. (999, 1000, 1001, 1907, 1908, 1910, 3742, 3743, 3967, 3968)
2010 Ed. (963, 965, 966, 1423, 1425, 1843, 3158, 3681, 3876)
2011 Ed. (888, 891, 892, 1871, 1874, 3664, 3665, 3888)
2012 Ed. (844, 846, 847, 1727, 1729, 1731, 3637, 3664, 3665, 3666, 3869)
2013 Ed. (1024, 1026, 1027, 1890, 1892, 1895, 2527, 3696, 3731, 3735, 3935)
2014 Ed. (989, 990, 991, 1823, 1825, 1828, 3630, 3667)
2015 Ed. (1024, 1025, 1863, 1865, 1867, 3643)
2016 Ed. (929, 930, 1824, 1830, 3530)
Peabody Group
1989 Ed. (949)
1999 Ed. (1208, 1210)
2000 Ed. (1127)
2001 Ed. (3992)
2002 Ed. (1069)

Peabody Holding Co.
1990 Ed. (1069, 1659)
1992 Ed. (1233)
1998 Ed. (782)
2000 Ed. (1129)
2001 Ed. (1291, 1292)
2003 Ed. (1027, 1028)
2004 Ed. (1030, 1031)
2005 Ed. (1037, 1038)
2006 Ed. (1046, 1047)
2007 Ed. (1135, 1136)
2008 Ed. (1015)
2009 Ed. (1000)
2010 Ed. (965)
2011 Ed. (891)
2012 Ed. (846)
2013 Ed. (1026)
2014 Ed. (990)
2015 Ed. (1024)
2016 Ed. (929)
Peabody Hotels
1998 Ed. (2020)
2000 Ed. (2557)
Peabody Investments Corp.
2016 Ed. (1823)
Peabody, MA
2009 Ed. (3539)
2010 Ed. (3463)
Peabody Orlando
1992 Ed. (2483)
Peace Arch Entertainment Group
2011 Ed. (2522)
Peace Bank of Korea
2002 Ed. (4435)
Peace Corps
2008 Ed. (1054)
2009 Ed. (1027, 1029)
2011 Ed. (928, 933)
2012 Ed. (854, 856)
Peace Hills General Insurance Co.
2011 Ed. (2684)
Peace Tea
2015 Ed. (4629, 4630)
2016 Ed. (4548)
Peace Tea Beverage Co.
2016 Ed. (4550)
PeaceHealth Oregon Region
2005 Ed. (1931)
PeaceHealth St. Joseph Medical Center
2013 Ed. (2165)
Peach
1992 Ed. (2239)
2012 Ed. (4629)
Peach Bowl
1990 Ed. (1841)
Peach Schnapps
2001 Ed. (3101)
2002 Ed. (3087)
Peach State Credit Union
2016 Ed. (2192)
Peaches
1999 Ed. (2534)
2001 Ed. (2549)
2002 Ed. (2371)
2003 Ed. (2575)
2004 Ed. (2695)
2005 Ed. (2694, 2695)
2006 Ed. (2669, 2670)
2007 Ed. (2652, 2653)
2008 Ed. (2792)
2009 Ed. (2845)
2010 Ed. (2786)
2011 Ed. (2774)
Peaches, cling
2003 Ed. (2576)
Peaches 'n' Clean of Montgomery
2008 Ed. (861, 862)
2009 Ed. (866, 867)
Peaches 'n' Clean Powerful Carpet Cleaning
2007 Ed. (883, 884)
Peaches/nectarines
1996 Ed. (1978)
Peachtree Asset Management
1998 Ed. (2277)
Peachtree City, GA
2009 Ed. (4344)
The Peachtree Cos., Inc.
2006 Ed. (4956)
2008 Ed. (4934)
Peachtree Industrial Plaza
1991 Ed. (1044)
Peachtree Planning Corp.
2013 Ed. (1649)
2014 Ed. (1607)
2016 Ed. (1599)
Peacock; Dave
2011 Ed. (26)
Peacock Hislop
2001 Ed. (774, 775)

Peak
2001 Ed. (389)
2015 Ed. (209, 4857)
2016 Ed. (209, 313)
Peak 10
2016 Ed. (1557)
Peak 10 Inc.
2007 Ed. (3064)
2012 Ed. (1484)
Peak Alarm
2016 Ed. (2953, 4330)
Peak Audio & Video
2014 Ed. (2986)
2016 Ed. (2953, 4330)
Peak Banks of Colorado
2006 Ed. (454)
2007 Ed. (465)
Peak Blue
2016 Ed. (312)
Peak Campus Management
2015 Ed. (1657)
Peak Creative Media
2007 Ed. (111)
2009 Ed. (132)
2010 Ed. (133)
Peak Designs Ltd.
1990 Ed. (1034)
Peak Energy Services Trust
2009 Ed. (1576)
Peak Final Charge Global
2016 Ed. (209)
Peak Laboratories Inc.
2006 Ed. (4388)
2007 Ed. (4456)
Peak National Bank
2005 Ed. (521)
Peak Oilfield Service Co.
2003 Ed. (1604, 3422)
Peak Resources Inc.
2002 Ed. (1142)
Peak Software Solutions
2002 Ed. (1152)
Peak Sun Silicon
2010 Ed. (1074, 2384)
Peak Technologies Group
1995 Ed. (2070)
Peak Technology GmbH
2016 Ed. (1387)
Peak5
2010 Ed. (985)
Peaks Bank of Colorado
2005 Ed. (524)
Peanut butter
2001 Ed. (3655, 3656, 3657, 3658)
2002 Ed. (3036)
2003 Ed. (3160, 3161, 3757)
2006 Ed. (3787, 3788, 3789)
2007 Ed. (3785, 3786, 3787)
Peanut Butter Eggs
1989 Ed. (856)
Peanut oil
1992 Ed. (3299)
Peanut Panic
1997 Ed. (3771)
Peanuts
1990 Ed. (2727)
1992 Ed. (3281)
1993 Ed. (2736)
1994 Ed. (2687)
1996 Ed. (1516)
1999 Ed. (1807)
Peanuts, crushed
2003 Ed. (3757)
Peanuts, dry-roasted
1994 Ed. (2688)
Peanuts, flavored
1994 Ed. (2688)
Peanuts, honey roasted
1994 Ed. (2688)
1996 Ed. (2858)
Peanuts, hot & spicy
1996 Ed. (2858)
Peanuts, in-shell
1994 Ed. (2688)
Peanuts, plain
1994 Ed. (2688)
Peanuts, roasted in-shell
1996 Ed. (2858)
Peanuts, Spanish
1994 Ed. (2688)
Peapod Inc.
1999 Ed. (1118, 2622)
2001 Ed. (1666)
Peapod.com
2001 Ed. (4779)
2006 Ed. (2378)
2007 Ed. (2316)
2012 Ed. (2289)
Pear

1992 Ed. (2239)
Pear Tree Quality Ordinary
2013 Ed. (4506)
Pearce Beverage Co.
2004 Ed. (666)
Pearce; Harry J.
1996 Ed. (1228)
Pearce; M. Lee
1991 Ed. (2265, 3333)
1992 Ed. (2143)
Pearce, Urstadt, Mayer & Greer Realty
1990 Ed. (2950)
Pearl Aggressive Growth
2008 Ed. (2623)
Pearl Assurance
1991 Ed. (1168)
Pearl Brewing Co.
1998 Ed. (501, 503)
1999 Ed. (812)
2000 Ed. (816, 817, 818)
Pearl Exploration & Production Ltd.
2010 Ed. (1547, 4057)
Pearl Harbor
2003 Ed. (3453)
Pearl Harbor Credit Union
2002 Ed. (1861)
2003 Ed. (1915)
2004 Ed. (1955)
2005 Ed. (2097)
2006 Ed. (2192)
2007 Ed. (2113)
2008 Ed. (2228)
2009 Ed. (2212)
2010 Ed. (2166)
2011 Ed. (2185)
2012 Ed. (2045)
2013 Ed. (2227)
2014 Ed. (2159)
2015 Ed. (2223)
2016 Ed. (2194)
Pearl Harbor, HI
1992 Ed. (4041)
Pearl Harbor Naval Base
1993 Ed. (2884)
Pearl Izumi
1990 Ed. (3340)
Pearl of Kuwait Real Estate
2002 Ed. (4437)
The Pearl Qatar
2010 Ed. (93)
Pearl Total Return
2006 Ed. (3672, 4552)
2007 Ed. (4543)
Pearle Inc.
1991 Ed. (2644)
Pearle Vision Inc.
2002 Ed. (2452)
2003 Ed. (891)
2006 Ed. (816)
2007 Ed. (899)
2008 Ed. (2900)
2009 Ed. (2960)
2011 Ed. (3857)
2012 Ed. (3832)
2013 Ed. (3896)
2014 Ed. (3829)
2015 Ed. (3854)
2016 Ed. (3765)
Pearlite Display Products Ltd.
2004 Ed. (2780)
Pears
1996 Ed. (1978)
1999 Ed. (2534)
2001 Ed. (2548, 2549)
2002 Ed. (2371)
2003 Ed. (2575, 2576)
2004 Ed. (2694, 2695)
2005 Ed. (2694, 2695)
2006 Ed. (2669, 2670)
2007 Ed. (2652, 2653)
2008 Ed. (2792)
2009 Ed. (2845)
2010 Ed. (2786)
2011 Ed. (2774)
Pearse Lyons
2012 Ed. (4902)
2013 Ed. (4879)
Pearson
2013 Ed. (3665)
Pearson Airport
1993 Ed. (208)
1996 Ed. (198)
Pearson (Britain)
1991 Ed. (723)
Pearson Education
2009 Ed. (628)
Pearson Government Solutions Inc.
2005 Ed. (1382)
2007 Ed. (1409)
Pearson Inc.

1992 Ed. (311)
1996 Ed. (1361)
1997 Ed. (2725, 2726)
2000 Ed. (1471)
2009 Ed. (628)
2011 Ed. (3020)
2012 Ed. (2947)
2013 Ed. (3036)
2014 Ed. (3050)
2015 Ed. (3116)
Pearson International
1995 Ed. (196)
Pearson; J. Michael
2016 Ed. (865)
Pearson Music Co.
1993 Ed. (2645)
1994 Ed. (2595)
Pearson Nips
1997 Ed. (888)
2006 Ed. (1006)
2008 Ed. (836, 839)
Pearson plc
1994 Ed. (2933)
1995 Ed. (2987)
1996 Ed. (1212, 3088)
1999 Ed. (3896)
2000 Ed. (3610)
2001 Ed. (1888, 3900)
2002 Ed. (1462, 1791, 3249, 3762, 3885)
2003 Ed. (1483, 3210)
2004 Ed. (1513, 3413)
2005 Ed. (1376, 1529, 3431)
2006 Ed. (3441, 3442)
2007 Ed. (3454, 3455, 3458)
2008 Ed. (3631)
2009 Ed. (133, 3695)
2010 Ed. (2526, 3608, 3610, 4138)
2011 Ed. (49, 3609, 3610, 3613, 4138)
2012 Ed. (54, 3605, 3606, 3608, 4170, 4171, 4173)
2013 Ed. (55, 3655, 3656, 3658, 4159, 4160)
2014 Ed. (3593, 3594, 4176, 4177, 4178)
2015 Ed. (698, 3606, 3607, 4157, 4158, 4159)
2016 Ed. (641, 3489, 3493, 4071, 4072, 4073)
Pearson Software Recruiting Specialists
2007 Ed. (2739)
Pearson's Candy Mints
1990 Ed. (896)
Peas
2002 Ed. (4715, 4716)
2003 Ed. (2573, 4827, 4828)
2008 Ed. (2791)
Pease; Nichola
2008 Ed. (4897, 4902)
Peat Marwick
1989 Ed. (5, 6, 11, 1007)
1990 Ed. (4, 5, 10, 1710)
1992 Ed. (3224)
Peat Marwick Main
1989 Ed. (8, 10)
1990 Ed. (3, 851)
Peat, Marwick, Main & Co.
1990 Ed. (6, 11, 855, 1650, 2255, 3703)
1993 Ed. (15)
Peat Marwick McLintock
1989 Ed. (9)
1990 Ed. (7, 9)
1991 Ed. (4)
1992 Ed. (11, 12, 13)
Peat Marwick Mitchell
1989 Ed. (12)
Peat Marwick Thorne
1991 Ed. (2)
1992 Ed. (7, 8, 9)
1993 Ed. (3)
Peavey Co.
1990 Ed. (1947)
1991 Ed. (1858)
Peavey Electronics
1992 Ed. (3142, 3143, 3144)
1994 Ed. (2588, 2589, 2590)
1995 Ed. (2671, 2672)
1996 Ed. (2749, 2750)
1998 Ed. (2589)
2000 Ed. (3176, 3221)
2001 Ed. (3409, 3411)
Peavey Electronics Corp.
2013 Ed. (3777)
Peavey Fund I
1993 Ed. (1042)
Peavey Fund III
1995 Ed. (1081)
1996 Ed. (1060)

PEBB
2007 Ed. (754)
Pebble Beach Golf Links
2000 Ed. (2381)
Pebbles
2003 Ed. (876)
Pebercan Inc.
2005 Ed. (1707)
2006 Ed. (1607, 1633)
2007 Ed. (4574)
PEC
2013 Ed. (2038)
PEC Israel Economic
1994 Ed. (215)
PEC Solutions Inc.
2003 Ed. (1357, 2646)
2006 Ed. (2106, 4336)
Pecan Valley Nut Co.
1998 Ed. (1775)
Pecans
1990 Ed. (2727)
1992 Ed. (3281)
1993 Ed. (2736)
1994 Ed. (2687)
Pech Optical Co.
2006 Ed. (3751, 3752)
2007 Ed. (3750, 3751, 3752, 3753)
Pechinery SA
2002 Ed. (1458)
2003 Ed. (1479)
2004 Ed. (1509)
Pechiney
1989 Ed. (2071)
1990 Ed. (2717)
1991 Ed. (1290, 2264)
1992 Ed. (1617, 1619)
1993 Ed. (1314, 1317, 1739)
1994 Ed. (1372, 2065, 2476, 2484)
1995 Ed. (2117, 2544, 2550)
1996 Ed. (2613)
1997 Ed. (1407, 2750, 2755)
1999 Ed. (1612, 3350, 3351)
2000 Ed. (3087)
2001 Ed. (369)
Pechiney Aluminum
2005 Ed. (871, 872)
Pechiney Pacific
2002 Ed. (3306)
2004 Ed. (3439)
Pechiney Plastic Packaging Inc.
2003 Ed. (3890)
2004 Ed. (3907)
2005 Ed. (3853)
Pechiney Rolled Products LLC
2003 Ed. (1852, 1853)
Pechiney SA
1991 Ed. (1169)
2002 Ed. (3309, 3318, 4506)
2003 Ed. (3423, 4584)
2005 Ed. (1483)
Peck; Drew
1995 Ed. (1817)
Peck, Shaffer & Williams
1991 Ed. (1987, 2536)
1993 Ed. (2117, 2620)
1995 Ed. (2193)
1999 Ed. (2817, 3487)
2000 Ed. (2593, 3196)
2001 Ed. (820, 845, 893, 925)
Peck/Jones Construction
1992 Ed. (1437)
1993 Ed. (1151)
1994 Ed. (1174)
1995 Ed. (1193)
1996 Ed. (1167)
1997 Ed. (1197)
1999 Ed. (1409)
2002 Ed. (1326)
Peco
1996 Ed. (3413)
PECO Energy Co.
1995 Ed. (1640, 3360)
1996 Ed. (1609, 1616)
1997 Ed. (1695, 3214)
1998 Ed. (717, 1385, 1388, 1389, 2845)
1999 Ed. (1486, 1501)
2000 Ed. (3540, 3674)
2001 Ed. (1550, 2145, 3948)
2002 Ed. (1394, 1442, 3878, 3879, 4710)
2003 Ed. (1462, 1508)
2004 Ed. (1492, 1536)
2005 Ed. (1508)
2006 Ed. (2361, 2362, 2693, 2694)
2007 Ed. (2297)
2008 Ed. (2427)
PECO Energy Service Annuity Fund
1997 Ed. (3029)
Peco Foods Inc.

1998 Ed. (2449, 2450, 2891, 2892)
1999 Ed. (3322, 3866)
2001 Ed. (3152)
2003 Ed. (3233)
2004 Ed. (3288)
2005 Ed. (3296)
2006 Ed. (3288)
2007 Ed. (3355)
2008 Ed. (3452)
2009 Ed. (3525, 3686)
2010 Ed. (3454)
2011 Ed. (3456)
2012 Ed. (3468)
2013 Ed. (3514)
2014 Ed. (3488, 3489)
2015 Ed. (3506, 3507)
2016 Ed. (3365, 3366)
Peco Foods LLC
2009 Ed. (3677)
2010 Ed. (3592, 3599)
Pecom (Perez Companc)
2003 Ed. (753)
Peconic Landing
2016 Ed. (1871)
Peconic Landing at Southold Inc.
2014 Ed. (1873)
Pedcor Bancorp
2007 Ed. (462)
Pedersen; George
2006 Ed. (3931)
Pedia Sure
1999 Ed. (1844)
2002 Ed. (4891)
Pedia Sure Weight
2000 Ed. (1668)
Pediacare
1992 Ed. (1245, 1247, 1264)
1993 Ed. (1009, 1011)
1994 Ed. (196)
1996 Ed. (1026, 1028)
2002 Ed. (318, 1098)
2003 Ed. (1052)
Pediacare Fever
2002 Ed. (317, 318)
2003 Ed. (281)
Pedialyte
2001 Ed. (2847)
2002 Ed. (2800)
2003 Ed. (283)
PediaSure
1996 Ed. (1548)
2003 Ed. (2060, 2914)
2008 Ed. (3161)
Pediatric medicine
1995 Ed. (2935)
Pediatric Services of America
1999 Ed. (2704)
2000 Ed. (2490)
2003 Ed. (2786)
Pediatrics
2004 Ed. (3900)
2006 Ed. (3907)
2008 Ed. (3985)
Pediatrix Medical Group
2016 Ed. (2834)
Pediatrix Medical Group Inc.
1997 Ed. (2183, 3402, 3406)
2007 Ed. (2777)
2008 Ed. (1731, 2771)
2009 Ed. (1670)
Pedifix
2001 Ed. (2493)
Pedigree
1994 Ed. (2821)
2008 Ed. (719, 3890)
2009 Ed. (729)
2010 Ed. (652)
2014 Ed. (3848, 3850)
2015 Ed. (3873, 3875)
2016 Ed. (3784, 3786)
Pedigree Choice
2002 Ed. (3648)
Pedigree Choice Cuts
1993 Ed. (2818)
1994 Ed. (2821, 2830)
1996 Ed. (2992)
1997 Ed. (3071)
1999 Ed. (3781)
2014 Ed. (3850)
2015 Ed. (3875)
2016 Ed. (3786)
Pedigree Chum
1996 Ed. (3000)
Pedigree Dentastix
2014 Ed. (3846)
2015 Ed. (3871)
2016 Ed. (3782)
Pedigree Jumbones
2015 Ed. (3871)
Pedigree Little Champions

2014 Ed. (3850)
2015 Ed. (3875)
2016 Ed. (3786)
Pedigree Masterfoods
2002 Ed. (44)
Pedigree Mealtime
1994 Ed. (2822)
2004 Ed. (3815)
Pedigree Petfoods
1990 Ed. (31)
Pedigree Select Dinners
1992 Ed. (3411)
1993 Ed. (2818)
1994 Ed. (2821, 2830)
1996 Ed. (2992)
1997 Ed. (3071)
1999 Ed. (3781)
Pedley Ross
2001 Ed. (820)
Pedro Baptista
1999 Ed. (2423)
Pedro Celis
2011 Ed. (2952)
Pedro Domecq
1989 Ed. (42)
Pedro Fabregas
2014 Ed. (2975)
Pedro Fonseca
1999 Ed. (2423)
Pedro Martinez
2003 Ed. (295)
2006 Ed. (291)
Pedro P. Granadillo
2006 Ed. (2525)
Pedus Security Service
1997 Ed. (3413)
Pedus Security Services
1992 Ed. (3825)
1993 Ed. (3114)
1994 Ed. (3161)
1995 Ed. (3211)
Pedus Service
1990 Ed. (2051)
Pedus Services
1998 Ed. (3185)
Pee Dee Credit Union
2011 Ed. (2171)
Pee Dee Electric Cooperative
2009 Ed. (2045)
Pee Wee Herman Talking Doll
1990 Ed. (3620)
Peebles Atlantic Development Corp.
2005 Ed. (173)
2006 Ed. (186)
The Peebles Corp.
2007 Ed. (192, 194)
2016 Ed. (111)
Peec.com
2000 Ed. (4383)
Peek & Cloppenburg
1991 Ed. (986)
Peek; Jeffrey
2007 Ed. (1010)
Peel; Charles
2005 Ed. (3868)
Peel District School Board
2009 Ed. (2403, 3827)
Peel Holdings
1993 Ed. (1324)
1994 Ed. (1379)
Peel Hunt
2001 Ed. (1036, 4204)
Peel Hunt plc
2002 Ed. (1793)
Peelbrooke Capital Inc.
2002 Ed. (4392, 4393)
Peeler & Co.; J. Lee
1993 Ed. (78)
Peeq Media
2014 Ed. (4101)
Peer 1 Hosting
2012 Ed. (2838)
Peer 1 Network Enterprises Inc.
2007 Ed. (2738)
2008 Ed. (2866, 2942)
2010 Ed. (2938)
2011 Ed. (2903)
2012 Ed. (2829)
2013 Ed. (603, 2914)
2014 Ed. (618, 2928)
2015 Ed. (2976)
Peer Foods Group
2009 Ed. (3684)
2010 Ed. (3598)
2011 Ed. (3600)
2012 Ed. (3581, 3586, 3587, 3589, 3594, 3595)
2013 Ed. (3640, 3643, 3648, 3649)
2014 Ed. (3583, 3584)
2015 Ed. (3599)

Peer Foods Inc.
2002 Ed. (3276)
Peer Review Analysis CORE Management
1996 Ed. (3767)
Peer Review Analysis Inc.
1993 Ed. (3647)
1994 Ed. (3608)
Peer Review Analysis Inc./CORE Management Inc.
1995 Ed. (3683)
Peerless
1993 Ed. (3056)
2013 Ed. (2975, 4069, 4090)
2014 Ed. (2987)
2015 Ed. (3055)
2016 Ed. (2945)
Peerless Carpet
1990 Ed. (2039)
1992 Ed. (2434)
1994 Ed. (1066)
1996 Ed. (1054)
The Peerless Group
1998 Ed. (2918)
Peerless Insurance Co.
2005 Ed. (3066, 3140, 3141)
Peerless Network
2014 Ed. (4657)
Peerless Network Inc.
2016 Ed. (1645)
Peerless-Premier
1990 Ed. (3482)
1992 Ed. (4156)
1993 Ed. (3478)
1994 Ed. (3455)
1997 Ed. (3656)
Peerless Systems Corp.
1999 Ed. (2624, 3265)
2002 Ed. (1154)
2013 Ed. (1126)
2014 Ed. (1070, 1087)
2015 Ed. (1127)
2016 Ed. (1014, 1039)
Peerless Technologies Corp.
2016 Ed. (1917, 3591)
Peerless Tyre Co.
2001 Ed. (4541)
2008 Ed. (4682)
PeerMusic
2014 Ed. (3721, 3723)
2015 Ed. (3727)
Peet's Coffee
2013 Ed. (1029)
2014 Ed. (998)
2015 Ed. (1028)
2016 Ed. (933)
Peets Coffee
2014 Ed. (993)
2015 Ed. (1027)
2016 Ed. (932)
Peet's Coffee & Tea
2008 Ed. (1029, 1031)
2009 Ed. (1014, 3211)
2010 Ed. (980, 3143)
2011 Ed. (907, 3109)
2015 Ed. (1036)
Peetz; Karen
2010 Ed. (4976)
2011 Ed. (4973)
2012 Ed. (4970)
2013 Ed. (4961)
2014 Ed. (4970)
2016 Ed. (4934)
PEF Credit Union
2013 Ed. (2219)
Peg Bandwidth
2016 Ed. (4566)
Peg Wynn
2009 Ed. (2661)
Peg Yorkin
1994 Ed. (893)
Pegaso PCS
2004 Ed. (1548)
Pegasus
2003 Ed. (2171)
Pegasus Bond I
1998 Ed. (2641)
Pegasus Capital
2001 Ed. (345)
Pegasus Communications Corp.
2004 Ed. (778)
Pegasus Corp. of America
2004 Ed. (3330)
Pegasus Gold
1992 Ed. (2335)
1994 Ed. (1982)
1996 Ed. (2033)
1997 Ed. (2152)
1999 Ed. (262)
Pegasus Group Plc

1990 Ed. (1034)
Pegasus Growth Fund
2000 Ed. (3235)
Pegasus Hotels
2000 Ed. (2875)
Pegasus Intermediate Bond I
1998 Ed. (412)
Pegasus International Bond I
1998 Ed. (408)
Pegasus Solutions Inc.
2004 Ed. (2933)
2005 Ed. (2924)
2006 Ed. (2929, 2936)
2012 Ed. (2952)
Pegasus Steel
2012 Ed. (1888)
Pegasus Steel LLC
2013 Ed. (2045)
Pegasystems
2015 Ed. (1092, 1811)
Pegasystems Inc.
2010 Ed. (1799, 1803)
2011 Ed. (1827, 1842, 2846)
2012 Ed. (2759, 2776, 4634)
Pegatron
2012 Ed. (2325)
2013 Ed. (2493)
2014 Ed. (2424)
2015 Ed. (2058, 2060, 2497)
2016 Ed. (2018, 2432, 2434)
Peggy White
2007 Ed. (3223)
Pegmont Mines
2006 Ed. (4482)
P.E.G./Park Architects
1999 Ed. (287)
Pegram Walters Group
2000 Ed. (3048)
Peguform Gmb & Co., KG
2004 Ed. (4224)
Pehong Chen
2002 Ed. (3346, 3351)
2004 Ed. (3891)
Pehuenche
2004 Ed. (1775)
PEI
2015 Ed. (1750)
Pei Cobb Freed & Partners
1991 Ed. (253)
1992 Ed. (353)
1994 Ed. (233)
1996 Ed. (236)
1997 Ed. (268)
1998 Ed. (188)
Pei Cobb Freed & Partners Architects
2014 Ed. (188)
2015 Ed. (212)
Pei Cobb Freed & Partners Architects LLP
2012 Ed. (1031)
PEI-Genesis
1996 Ed. (1636)
2001 Ed. (2207)
2002 Ed. (2090)
2004 Ed. (2245, 2250)
2005 Ed. (2350)
2008 Ed. (2468)
2009 Ed. (2466, 2471)
Pei & Partners; I. M.
1989 Ed. (268)
Pei & Partners; I.M.
1990 Ed. (278, 284)
Pei Wei
2005 Ed. (2552)
2006 Ed. (2559, 4111, 4112, 4113)
2007 Ed. (4140)
Pei Wei Asian Diner
2007 Ed. (4136, 4137, 4139)
2008 Ed. (2679, 4166)
2009 Ed. (2703, 2710, 4274)
2011 Ed. (2605)
2014 Ed. (4270, 4273)
2015 Ed. (4251)
Peico Electronics & Electricals
1989 Ed. (34)
Peidmont Graphics Inc.
2012 Ed. (4017)
Peiffer, Jack O.
1994 Ed. (1712)
Peine Salzgitter
1994 Ed. (3435)
Peirce-Phelps Inc.
2000 Ed. (4436)
Peiuf Enterprises
1989 Ed. (54)
Peizer, Terran S.
1993 Ed. (1194)
Pejo Trading
2001 Ed. (78)
2007 Ed. (77)

Peka Solar & Renewable Energy
2016 Ed. (4408)
PEKAO
2001 Ed. (1694)
2002 Ed. (4780)
2006 Ed. (4889)
Pekao; Bank
2005 Ed. (598)
2006 Ed. (440, 514, 1994)
2007 Ed. (444, 542)
2008 Ed. (413, 493)
Pekin Energy
1994 Ed. (195)
Peking, China
1989 Ed. (2245)
Peking University
2010 Ed. (1036)
2014 Ed. (782)
2015 Ed. (824)
Peking University, Guanghua School of
Business
2013 Ed. (759)
Pel Cobb Freed & Partners
1995 Ed. (235)
Pel Hughes Companies
2016 Ed. (4987)
Peladeau; Pierre Karl
2012 Ed. (802)
Pelangio Mines Inc.
2009 Ed. (1583)
Pelawatte Sugar Industries
1997 Ed. (1071)
Pele-Phone
2001 Ed. (45)
Pelee Island Winery & Vineyards
2014 Ed. (4952)
Pelee Island Winery & Vineyards Inc.
2015 Ed. (4991)
2016 Ed. (4908)
Pelephone
2004 Ed. (54)
2005 Ed. (49)
2006 Ed. (56)
Pelham Bank & Trust Co.
1990 Ed. (649)
1993 Ed. (590)
1994 Ed. (597)
Pelican
2000 Ed. (3293)
2003 Ed. (3526)
The Pelican Brief
1996 Ed. (3790, 3791)
Pelican Cos.
1997 Ed. (835)
Pelican Credit Union
2010 Ed. (2175)
Pelican Financial
2005 Ed. (374)
2006 Ed. (452)
2007 Ed. (463)
Pelican Homestead
1992 Ed. (4287)
Pelican Homestead & Savings Association
1991 Ed. (3372, 3373)
1993 Ed. (3071, 3571)
Pelican Importing
2007 Ed. (2840, 3603, 4448)
Pelican Products Inc.
2012 Ed. (3989)
2013 Ed. (4054)
2014 Ed. (3993)
2015 Ed. (4041)
2016 Ed. (3953)
Pelican Savings
1991 Ed. (3369)
Pelican State Credit Union
2007 Ed. (2120)
Pelikan Holding AG
1992 Ed. (2249)
1993 Ed. (1912)
Pelkie-Copper Community CU
2000 Ed. (1622)
Pella Acquisition Corp.
2007 Ed. (1818)
2008 Ed. (1855, 3527, 3528)
2009 Ed. (1805, 3586, 3587)
2010 Ed. (3505)
Pella Corp.
2001 Ed. (1752)
2004 Ed. (1759)
2005 Ed. (1826)
2006 Ed. (1810, 1811, 4956)
2007 Ed. (136, 4965)
2008 Ed. (4934)
2009 Ed. (742, 4143, 4955)
2010 Ed. (688, 4075, 4964)
2011 Ed. (3504, 4948)
2012 Ed. (3506, 4947)
2013 Ed. (4940, 4989)

2014 Ed. (4950, 4994, 4995)
2015 Ed. (4989, 5040, 5041)
2016 Ed. (4906, 4993)
Pelled Advertising
1991 Ed. (115)
1992 Ed. (167)
1993 Ed. (113)
Pelled Ltd.
1989 Ed. (123)
1990 Ed. (117)
Pellegrini; John
2016 Ed. (3335)
Pelli & Associates; Cesar
2005 Ed. (262)
2006 Ed. (285)
Pelliconi Florida LLC
2016 Ed. (3429)
Pelmad Industrial Park
2000 Ed. (2625)
2002 Ed. (2765)
Pelosi; Nancy
2012 Ed. (4958)
Pelosky; Robert (Jay)
1996 Ed. (1906)
Pels; Donald A.
1991 Ed. (925, 928, 1619)
Peluso; Michelle
2006 Ed. (4975)
Pelwalte Sugar Industries
1996 Ed. (1053)
Pelwatte Sugar Industries Ltd.
1994 Ed. (1062)
Pembina, ND
1995 Ed. (2958)
2005 Ed. (3877)
2012 Ed. (4002)
Pembina Pipeline
2015 Ed. (3925)
2016 Ed. (3840)
Pembina Pipeline Corp.
2013 Ed. (1529)
2014 Ed. (4066)
2015 Ed. (1555, 2532, 2545, 4022)
Pembina Pipeline Income Fund
2003 Ed. (3846)
2007 Ed. (3885)
2010 Ed. (1564, 3976)
2011 Ed. (3978, 3981)
Pembridge
1991 Ed. (1168)
Pembroke; Earl of
2007 Ed. (4925)
Pembroke Lakes Mall
2000 Ed. (4029)
Pembroke Pines, FL
1999 Ed. (1174, 3851)
PEMCO Ltd.
2010 Ed. (1668)
2013 Ed. (1674)
PEMEX
1991 Ed. (1285)
1992 Ed. (1645, 3447, 3448)
1993 Ed. (1337, 1344)
1996 Ed. (1386, 3021)
1997 Ed. (1478, 3102)
1998 Ed. (2510, 2835)
1999 Ed. (3417, 3807)
2000 Ed. (3140, 3535)
2005 Ed. (3765, 3783, 3799)
2006 Ed. (1771, 2547, 2548, 3847,
3849, 3850, 3852, 3866)
2007 Ed. (1853, 1876, 1878, 3870,
3875, 3879)
2008 Ed. (1811, 1836, 1886, 1925,
3919, 3928)
2009 Ed. (1783, 1784, 1785, 1786,
1787, 1788, 1790, 1791, 1844,
1884, 3989, 4000, 4010)
2010 Ed. (1726, 1784, 1818, 3895,
3900, 3907)
2011 Ed. (733, 807, 1798, 1799,
1849, 3913, 3918, 3926)
2012 Ed. (772, 1656, 1701, 3898,
3912)
2013 Ed. (957, 1852, 3963, 3965)
2014 Ed. (1740, 1782, 1783, 3906,
3908)
2015 Ed. (1784, 1825, 3934, 3936)
2016 Ed. (1738, 1785, 3853, 3855)
Pemex Exploracion y Produccion
2007 Ed. (1853)
2011 Ed. (1798)
Pemex Gas 7 Petroquimica Basica
2011 Ed. (1798)
Pemex Gas y Petroquimica
2007 Ed. (1853)
Pemex (Petroleos Mexicanos)
1990 Ed. (2849)
1994 Ed. (1394, 2866, 2869, 2870)
1995 Ed. (1424)

Pemex Petroquimica
2013 Ed. (949)
2014 Ed. (902)
2015 Ed. (928)
2016 Ed. (833)
Pemex Refinacion
2007 Ed. (1853)
2008 Ed. (1886)
2009 Ed. (1844)
2011 Ed. (1798)
Pemigewasset National Bank
1993 Ed. (592)
Pemmican
1996 Ed. (3465)
1998 Ed. (3324)
2001 Ed. (3234)
2002 Ed. (2009, 2010)
2013 Ed. (4453)
Pemmican Jerky
2009 Ed. (2343)
Pemstar Inc.
2002 Ed. (2516)
2003 Ed. (2721)
2004 Ed. (2232, 2240, 3003, 3419)
2005 Ed. (1271, 1272, 1274, 1275)
2006 Ed. (1233)
Pen Air Credit Union
2010 Ed. (2138)
Pen & Oriental Ste
1989 Ed. (2874)
Pena Investment Advisors
1995 Ed. (2357, 2361)
Penaflor
1992 Ed. (39)
2011 Ed. (4956)
PenAir
2003 Ed. (241)
2014 Ed. (1350)
2015 Ed. (1427)
2016 Ed. (1350)
Penajans DMB & B
1994 Ed. (124)
1999 Ed. (164)
2000 Ed. (183)
Penajans DMB & B Ticaret
2001 Ed. (227)
Penang, Malaysia
2011 Ed. (3482)
Penanjans D'Arcy Masues Benton &
Bowles
1996 Ed. (148)
Penarroya
1990 Ed. (3469)
Penauille Servisair LLC
2010 Ed. (214, 215, 1636, 4049)
Pence; Lalia
2015 Ed. (3425)
2016 Ed. (3285)
Pencil Foundaiton
2011 Ed. (3758)
Pencil Foundation
2012 Ed. (3761)
Penda Corp.
2001 Ed. (4519)
Penda Form Co.
2015 Ed. (4725)
2016 Ed. (4627)
Pender; Peter A.
1995 Ed. (938)
Pendimethalin
1999 Ed. (2663)
Pendleton Woolen Mills
2007 Ed. (584)
2009 Ed. (3181)
2010 Ed. (3113)
Pendo Management Group
2016 Ed. (1716, 4090)
Pendragon
2006 Ed. (324)
Penfolds
2001 Ed. (4911)
2002 Ed. (4975)
2005 Ed. (4954, 4964)
Penford Corp.
2005 Ed. (936)
2010 Ed. (1584)
Peng Liyuan
2015 Ed. (5003)
2016 Ed. (4920)
Peng; Liyuan
2014 Ed. (4962)
Peng; Lucy
2015 Ed. (5003)
2016 Ed. (4920)
Peng; Xiaofeng
2009 Ed. (4861)
Pengea
2005 Ed. (1164)
Penghua Management Co.
2009 Ed. (3460)

Pengrowth Energy Trust
2006 Ed. (4857)
2007 Ed. (4576)
2009 Ed. (2506)
Pengrowth Saddledome
2005 Ed. (4438)
Penguin
2003 Ed. (730)
2005 Ed. (733)
2006 Ed. (645)
2007 Ed. (670)
2008 Ed. (629)
2009 Ed. (649)
2010 Ed. (617)
2011 Ed. (549)
2012 Ed. (529)
2016 Ed. (647)
Penguin Press
2013 Ed. (630)
Penguin Putnam Inc.
2001 Ed. (3955)
2003 Ed. (727, 729)
2004 Ed. (749, 751, 4044)
Penguin Random House
2016 Ed. (644, 646)
Penguin USA
1989 Ed. (743)
1995 Ed. (3043)
1997 Ed. (3224)
1999 Ed. (3970)
2005 Ed. (730, 732)
2006 Ed. (642, 644)
2007 Ed. (667, 669)
2008 Ed. (626, 628)
2009 Ed. (646, 648)
2010 Ed. (614, 616)
2011 Ed. (546, 548)
2012 Ed. (526, 528)
2013 Ed. (627, 629)
Penguin Windows
2009 Ed. (3089)
2010 Ed. (3021, 3118)
2011 Ed. (2990, 3085)
2012 Ed. (2916, 3025)
Penguins; Pittsburgh
2012 Ed. (2888)
2013 Ed. (2965)
2014 Ed. (2978)
2015 Ed. (3046)
2016 Ed. (2938)
Penhall Co.
2001 Ed. (1473)
2002 Ed. (1288)
2003 Ed. (1300)
2004 Ed. (1303)
2005 Ed. (1310)
2006 Ed. (1280)
2007 Ed. (1359)
2008 Ed. (1256)
2009 Ed. (1231)
2010 Ed. (1230)
2011 Ed. (1177)
2012 Ed. (1125)
2013 Ed. (1271)
2014 Ed. (1204)
2015 Ed. (1262)
2016 Ed. (1177)
Penhall International Inc.
1990 Ed. (1203)
1991 Ed. (1088)
1992 Ed. (1421)
1993 Ed. (1134)
1994 Ed. (1151)
1995 Ed. (1171)
1996 Ed. (1146)
1997 Ed. (1175)
1998 Ed. (945)
1999 Ed. (1367)
2000 Ed. (1259)
Penicillin VK
1993 Ed. (1939)
1994 Ed. (1966)
Penicillins
1994 Ed. (228)
The Peninsula
1990 Ed. (2071, 2096)
1991 Ed. (1956)
1992 Ed. (2509, 2510)
1993 Ed. (2102)
1994 Ed. (2108)
1995 Ed. (2174)
1996 Ed. (2174, 2188)
1997 Ed. (2289, 2307)
1998 Ed. (2032)
1999 Ed. (2771, 2775, 2793)
2000 Ed. (2546, 2570)
2005 Ed. (4042)
2016 Ed. (3018)
Peninsula Airways Inc.
2003 Ed. (1605)

2004 Ed. (1620)
2005 Ed. (1646)
2006 Ed. (1537)
Peninsula Asset Management
1993 Ed. (2353, 2354, 2355)
Peninsula Bank of Commerce
1993 Ed. (513)
Peninsula Beverly Hills
2002 Ed. (2631)
2006 Ed. (2931)
2007 Ed. (2942)
Peninsula Community Foundation
2002 Ed. (1128)
2005 Ed. (2674)
Peninsula Group
2000 Ed. (2548, 2552)
The Peninsula New York
1993 Ed. (2089)
Peninsula Packaging Co.
2014 Ed. (4713)
Peninsula Pontiac-Oldsmobile Inc.
1992 Ed. (894)
1993 Ed. (281, 705, 2583)
1994 Ed. (279, 280, 713)
1995 Ed. (669, 2590)
1996 Ed. (743, 2660)
Peninsula Postal Credit Union Ltd.
2002 Ed. (1844)
Peninsular Machinery Co.
2001 Ed. (1683)
Peninsular & Oriental
1998 Ed. (3294)
Peninsular & Oriental Steam
1991 Ed. (3111)
Peninsular & Oriental Steam Navigation
1990 Ed. (3266)
1992 Ed. (3941)
1993 Ed. (3618, 3620)
1994 Ed. (3577)
1995 Ed. (3661)
1996 Ed. (1110)
1997 Ed. (1133, 3510, 3792, 3793)
1999 Ed. (4657)
2000 Ed. (4296)
2001 Ed. (1634, 4620, 4624)
2002 Ed. (4272)
2006 Ed. (4823)
The Peninsular & Oriental Steam Navigation Co. (P & O)
2002 Ed. (4419, 4674)
Penloyd
2008 Ed. (4546)
Penmac
2014 Ed. (2455)
2015 Ed. (2524)
2016 Ed. (2459)
Penmac Personnel Services Inc.
2006 Ed. (3523, 4362)
2007 Ed. (3572, 3573, 4430)
2008 Ed. (3718, 4409, 4969)
Penmar Industries Inc.
2010 Ed. (4042)
Penn
1992 Ed. (4042)
1994 Ed. (3370)
Penn-America Insurance Co.
2013 Ed. (3263)
2014 Ed. (3290)
2016 Ed. (3199)
Penn-American Group Inc.
2012 Ed. (3193)
Penn Annual Conference
2005 Ed. (4730)
Penn Bancshares Inc.
2012 Ed. (357)
Penn Central
1989 Ed. (418, 1040, 1058, 1329,
1333, 1944, 1948, 2791)
1990 Ed. (1529, 2544, 3511)
1991 Ed. (1021, 1225)
1992 Ed. (535, 2970, 3026)
1993 Ed. (366, 2538)
1996 Ed. (383)
1997 Ed. (354)
1999 Ed. (390)
2000 Ed. (390)
Penn Dairies Inc.
1992 Ed. (1476)
Penn Engineering & Manufacturing
Corp.
1998 Ed. (531)
2000 Ed. (894)
Penn Fed Financial Service
2000 Ed. (3856)
Penn Federal Savings Bank
1998 Ed. (3556)
2002 Ed. (627)
Penn Foundation; William
1990 Ed. (1849)
1991 Ed. (1768)

1992 Ed. (2217)
1994 Ed. (1904)
Penn Industries
2008 Ed. (4025)
Penn Life; William
1995 Ed. (2297)
Penn Lyon Homes, Inc.
1990 Ed. (2597)
1991 Ed. (2758, 2759)
1992 Ed. (3516, 3517)
Penn Maid
1995 Ed. (338)
Penn Mutual Life - Diversifier II (VA)
1991 Ed. (2150, 2154)
Penn Mutual Life - Emancipator Life I
(VL)
1991 Ed. (2150)
The Penn Mutual Life Insurance Co.
1990 Ed. (2281)
Penn Mutual Life - Momentum Builders
(SPVL)
1991 Ed. (2150, 2154)
Penn Mutual MB Eq Inc
1990 Ed. (3664)
Penn Mutual MB Hi Yld Bd
1990 Ed. (3663)
Penn Mutual Towers
2000 Ed. (3365)
Penn Mutual-VA3-Hi Yld
1990 Ed. (3663)
Penn National Gaming Inc.
2004 Ed. (240, 241)
2005 Ed. (243, 244)
2006 Ed. (263, 2495, 2685, 4579,
4581, 4582, 4583)
2007 Ed. (269, 270, 2675, 2752,
2937, 2943, 3339, 4119, 4556,
4561, 4563)
2008 Ed. (253, 3066, 3439, 4142)
2009 Ed. (274, 275, 2931)
2010 Ed. (262, 263)
2011 Ed. (182, 183, 184, 1740, 1741,
1745)
2012 Ed. (191, 192)
2013 Ed. (172, 173, 2002)
2014 Ed. (177, 178)
2015 Ed. (206, 207)
Penn National Insurance
2004 Ed. (3040)
Penn National Insurance Cos.
1999 Ed. (2967)
Penn Option Flex
1995 Ed. (2316)
Penn Patriot Insurance Co.
2015 Ed. (3338)
2016 Ed. (3199)
Penn Pontiac
1990 Ed. (314)
Penn Power
2002 Ed. (3878, 3879)
Penn Presbyterian
2016 Ed. (2988, 2990, 2991, 2992,
2994, 2997, 2998, 3001, 3002)
Penn Security
1990 Ed. (666)
Penn-Star Insurance Co.
2014 Ed. (3290)
2016 Ed. (3199)
Penn State
2000 Ed. (1140)
Penn State Federal Credit Union
2013 Ed. (1997)
Penn State University at University Park
1996 Ed. (1691)
Penn State University-University Park
2001 Ed. (2248, 2255, 2256, 2258,
2259)
Penn Station East Coast Subs
2002 Ed. (4089)
2003 Ed. (4227)
2004 Ed. (4243)
2005 Ed. (4176)
2006 Ed. (4226)
2007 Ed. (4241)
2008 Ed. (4276)
2010 Ed. (4407)
2011 Ed. (4351)
2012 Ed. (4391)
2013 Ed. (4360)
2014 Ed. (4410, 4413)
2015 Ed. (4399)
2016 Ed. (4160, 4292)
Penn Street Advanced Sector Rotational
2007 Ed. (2485)
Penn Street Advanced Sector Rotational
Portfolio
2008 Ed. (2614)
Penn & Teller
1992 Ed. (1349)
2010 Ed. (2511)

2011 Ed. (2513)
Penn Tower Hotel
1992 Ed. (312)
The Penn Traffic Co.
1991 Ed. (1201)
1992 Ed. (324, 2351)
1993 Ed. (220, 1998)
1994 Ed. (207, 1991, 1998, 2000,
3658)
1995 Ed. (209, 2056)
1996 Ed. (2046, 2047, 2048, 2050,
2052, 3822)
1997 Ed. (3876)
1998 Ed. (1869, 1873, 1874, 3710)
1999 Ed. (760, 1495, 4755)
2000 Ed. (774, 2385, 2388, 2389)
2003 Ed. (4633, 4645, 4654)
2004 Ed. (4932)
Penn Trafic Co.
1998 Ed. (2678)
Penn Treaty
2000 Ed. (2714)
Penn Treaty American Corp.
1998 Ed. (1012)
2005 Ed. (4163)
2006 Ed. (4217)
2007 Ed. (4233)
2008 Ed. (4265)
2009 Ed. (4369)
2010 Ed. (4396)
2011 Ed. (4341)
Penn Treaty Network America Insurance
Co.
2009 Ed. (3383)
2010 Ed. (3319)
Penn Virginia Corp.
2003 Ed. (3836)
2004 Ed. (3831, 3832)
2005 Ed. (3739, 3740)
2007 Ed. (2752)
Penn Virginia Resource Partners LP
2005 Ed. (1032, 1033)
2008 Ed. (2864)
2009 Ed. (4553)
Penn Warner Industrial Park
1995 Ed. (2242)
1996 Ed. (2251)
2000 Ed. (2626)
Penn Warner Park
1990 Ed. (2181)
1991 Ed. (2024)
1992 Ed. (2598)
1994 Ed. (2190)
Penn West Energy Trust
2008 Ed. (4783)
2009 Ed. (2506, 3982, 4815)
2010 Ed. (3891, 4833)
2011 Ed. (1565, 2432, 3903, 3908)
2012 Ed. (3888)
Penn West Exploration
2013 Ed. (3953)
2014 Ed. (3898)
2015 Ed. (3924)
2016 Ed. (3838)
Penn West Petroleum
2005 Ed. (3763)
2007 Ed. (3864, 4573)
2013 Ed. (1629)
2015 Ed. (3940)
Penn West Petroleum Ltd.
2013 Ed. (3954)
2014 Ed. (4572)
2015 Ed. (4566)
2016 Ed. (3842)
The Penna Group
2012 Ed. (1185, 2857, 4050)
Penna Powers Brian Haynes
2006 Ed. (128)
Pennbancorp
1989 Ed. (368)
Penncorp Financial
1995 Ed. (3162)
1998 Ed. (2131, 2175)
2000 Ed. (3330)
PennCorp Financial Group
1998 Ed. (1021)
Penney Business Services Inc.; J. C.
1991 Ed. (1393)
1994 Ed. (1497)
1995 Ed. (1649)
1996 Ed. (1492)
1997 Ed. (1554)
Penney Catalog; J. C.
2005 Ed. (879)
Penney Co., Inc.; J. C.
1989 Ed. (271)
1990 Ed. (2508)
1991 Ed. (43, 170, 171, 869, 879,
886, 1052, 1411, 1412, 1427, 1546,
1968, 1971, 2887, 2888, 2889,

2895, 2896, 3240)
1992 Ed. (236, 1076, 1089, 1091,
1784, 1785, 1786, 1788, 1790,
1791, 1792, 1794, 1795, 1796,
1816, 1837, 2525, 2527, 2528,
2529, 2959, 3726, 3729, 3730,
3732, 3739, 3741)
1993 Ed. (676, 866, 1265, 1442,
1444, 1475, 1476, 1477, 1497,
2111, 2424, 2489, 2490, 3038,
3040, 3041, 3042, 3048, 3050,
3230, 3292, 3368)
1994 Ed. (131, 132, 677, 741, 873,
885, 886, 888, 1009, 1307, 1520,
1521, 1522, 1544, 1927, 2132,
2135, 2136, 2426, 2427, 2761,
3093, 3095, 3096, 3097, 3098,
3101, 3102, 3221, 3230, 3284)
1995 Ed. (690, 911, 916, 931, 1021,
1550, 1551, 1553, 1554, 1958,
1967, 2517, 3143, 3144, 3146,
3147, 3154, 3309, 3337, 3363,
3644)
1996 Ed. (155, 162, 775, 885, 886,
893, 910, 1000, 1456, 1531, 1532,
1533, 1534, 1535, 1990, 3053,
3235, 3236, 3237, 3238, 3240,
3241, 3245, 3247, 3251, 3253,
3415, 3725)
1997 Ed. (162, 167, 350, 913, 914,
922, 924, 943, 1524, 1590, 1591,
1592, 1593, 2104, 2241, 2318,
2320, 2697, 2698, 2699, 3341,
3342, 3343, 3344, 3348, 3354,
3780)
2005 Ed. (908, 1569, 1971, 1973,
1978, 2168, 3244, 3990, 4093,
4094, 4097, 4099, 4101, 4102,
4104, 4106, 4114, 4116, 4126,
4134)
2006 Ed. (161, 1445, 2041, 2047,
2253, 2890, 2952, 3282, 4145,
4146, 4149, 4153, 4155, 4159,
4160, 4161, 4162, 4163, 4169,
4180, 4181, 4448, 4471, 4654,
4886)
2007 Ed. (153, 1126, 1497, 2012,
2195, 2886, 2969, 2983, 3350,
4163, 4168, 4169, 4172, 4177,
4178, 4181, 4182, 4183, 4185,
4201, 4529, 4878, 4942)
2008 Ed. (886, 1008, 1491, 1510,
2114, 2116, 2328, 2848, 2991,
2995, 3000, 3092, 3093, 3103,
3446, 4209, 4210, 4213, 4215,
4217, 4220, 4225, 4236, 4483)
2009 Ed. (155, 899, 992, 2099, 2102,
2316, 3084, 3094, 3184, 3185,
3198, 3522, 4304, 4305, 4309,
4310, 4312, 4314, 4316, 4332,
4335)
2010 Ed. (146, 2040, 2041, 2245,
2246, 2261, 3016, 3027, 3116,
3451, 4282, 4283, 4287, 4289,
4290, 4294, 4303, 4348, 4352)
2011 Ed. (70, 2096, 2098, 2255,
2256, 2958, 2985, 3083, 3147,
3157, 4274, 4275, 4279, 4281,
4286, 4301, 4499, 4500, 4507,
4972)
2012 Ed. (72, 1935, 1936, 2119,
2120, 2121, 2122, 2123, 2124,
2463, 2887, 2911, 2948, 3102,
4309, 4310, 4315, 4321, 4322,
4352)
2013 Ed. (67, 894, 1020, 2099, 2317,
2320, 2321, 2964, 3183, 4280,
4281, 4302, 4315)
2014 Ed. (2249, 2251, 2252, 4343,
4354)
Penney Funding; J. C.
1990 Ed. (1762)
1991 Ed. (1666)
1993 Ed. (1766)
Penney Life Insurance Co.; J. C.
1997 Ed. (2457)
Penney Shopping Channel; J. C.
1991 Ed. (3289, 3290)
1992 Ed. (4214)
Penney, Ward; Sears.
1991 Ed. (2061)
Penney's
1992 Ed. (3725)
Penneys Pty. Ltd.
2002 Ed. (1594)
2004 Ed. (1634)
Pennhill Farms Inc.
2011 Ed. (2752)
2012 Ed. (2687)
2013 Ed. (2773)
Pennichuck Corp.

2005 Ed. (4838)
2011 Ed. (4430)
Pennington; Ty
2008 Ed. (2584)
Pennington's Stores
1990 Ed. (1056, 1057)
1992 Ed. (1218)
Pennisula Pontiac-Oldsmobile Inc.
1992 Ed. (396)
Pennon
2006 Ed. (2697)
2007 Ed. (2691)
Pennon Group
2013 Ed. (2430)
2014 Ed. (2366)
2016 Ed. (2079, 2378, 2813)
Pennoni Associates
2016 Ed. (2481)
Pennoni Associates Inc.
1991 Ed. (1564)
1995 Ed. (1700)
1996 Ed. (1682)
1997 Ed. (1763)
1998 Ed. (1456)
1999 Ed. (2034)
2008 Ed. (2033)
PennRock Financial Services Corp.
2002 Ed. (3556)
2007 Ed. (2229)
Penns Woods Bancorp Inc.
1999 Ed. (540)
2000 Ed. (552)
Pennswood Village
1990 Ed. (3061)
Pennsylvania
1989 Ed. (201, 310, 318, 741, 746,
869, 1190. 1507, 1649, 1650, 1668,
1736, 1887, 1908, 1909, 1910,
2242, 2529, 2531, 2532, 2557,
2612, 2614, 2621, 2846, 2847,
2895, 2930)
1990 Ed. (354, 356, 744, 826, 828,
830, 832, 833, 834, 1237, 2147,
2219, 2223, 2409, 2448, 2450,
2492, 2493, 2494, 2495, 2496,
2512, 2575, 3068, 3110, 3279,
3280, 3281, 3282, 3344, 3345,
3346, 3361, 3367, 3372, 3377,
3378, 3379, 3380, 3386, 3390,
3391, 3392, 3393, 3395, 3398,
3399, 3400, 3401, 3402, 3406,
3407, 3408, 3411, 3417, 3506,
3606, 3649)
1991 Ed. (1, 320, 726, 787, 788, 790,
791, 792, 795, 796, 797, 881, 1155,
1157, 1651, 1811, 2084, 2163,
2314, 2360, 2361, 2362, 2363,
2364, 2365, 2396, 2397, 2475,
2476, 2485, 2511, 2512, 2514,
2768, 3177, 3183, 3187, 3188,
3190, 3191, 3346, 3460)
1992 Ed. (1, 439, 441, 908, 933, 967,
968, 969, 970, 971, 972, 973, 974,
975, 976, 977, 978, 1079, 1468,
1481, 2279, 2286, 2339, 2340,
2559, 2560, 2561, 2562, 2849,
2862, 2866, 2875, 2878, 2920,
2942, 2943, 2944, 2945, 2946,
2947, 3106, 3118, 3359, 3484,
3750, 3812, 4014, 4075, 4086,
4088, 4091, 4092, 4093, 4094,
4099, 4100, 4101, 4102, 4108,
4116, 4118, 4121, 4122, 4123,
4124, 4125, 4126, 4130, 4344,
4386, 4406, 4448, 4451, 4454,
4481)
1993 Ed. (724, 744, 870, 1190, 1195,
1220, 1501, 1946, 2125, 2126,
2127, 2128, 2426, 2437, 2440,
2460, 2585, 2586, 2608, 3058,
3108, 3222, 3353, 3396, 3397,
3400, 3401, 3402, 3408, 3409,
3410, 3416, 3424, 3429, 3430,
3431, 3432, 3433, 3434, 3435,
3436, 3437, 3439, 3440, 3441,
3505, 3661, 3678, 3709, 3712,
3715)
1994 Ed. (749, 1214, 1216, 1258,
1968, 2155, 2156, 2157, 2158,
2370, 2377, 2387, 2401, 2405,
2556, 2568, 3028, 3119, 3149,
3217, 3375, 3378, 3379, 3380,
3381, 3382, 3383, 3384, 3385,
3386, 3387, 3388, 3393, 3394,
3397, 3398, 3399, 3400, 3406,
3411, 3415, 3416, 3421, 3422,
3423, 3424, 3425, 3426, 3427,
3638)
1995 Ed. (918, 947, 1230, 1231,
1281, 1993, 2199, 2200, 2201,
2204, 2269, 2449, 2458, 2468,

2479, 2481, 2623, 3171, 3192,
3299, 3448, 3451, 3452, 3453,
3454, 3455, 3456, 3457, 3458,
3459, 3460, 3465, 3468, 3469,
3470, 3471, 3477, 3482, 3486,
3487, 3493, 3494, 3495, 3498,
3501, 3502, 3665, 3712, 3741,
3743, 3748, 3751)
1996 Ed. (898, 1201, 1203, 1237,
1644, 1720, 1721, 2015, 2090,
2216, 2217, 2218, 2219, 2220,
2495, 2506, 2516, 2536, 2701,
2729, 3254, 3264, 3292, 3511,
3521, 3522, 3523, 3524, 3527,
3530, 3531, 3532, 3533, 3534,
3535, 3536, 3537, 3538, 3539,
3540, 3541, 3545, 3546, 3547,
3549, 3550, 3551, 3552, 3558,
3563, 3567, 3568, 3573, 3574,
3575, 3576, 3577, 3743, 3798,
3840, 3843, 3847, 3850)
1997 Ed. (929, 1247, 1249, 1283,
2137, 2351, 2637, 2648, 2655,
2681, 3131, 3363, 3389, 3563,
3565, 3572, 3573, 3575, 3576,
3577, 3578, 3579, 3580, 3581,
3585, 3586, 3587, 3589, 3590,
3591, 3592, 3598, 3607, 3613,
3614, 3615, 3616, 3617, 3618,
3619, 3620, 3624, 3850, 3888,
3892, 3895, 3898, 3915)
1998 Ed. (179, 210, 481, 671, 725,
732, 1024, 1025, 1109, 1322, 1536,
1702, 1830, 1928, 2069, 2112,
2113, 2366, 2384, 2401, 2404,
2415, 2416, 2417, 2418, 2438,
2452, 2459, 2883, 2901, 3105,
3168, 3373, 3378, 3379, 3380,
3389, 3393, 3394, 3396, 3397,
3398, 3620, 3683, 3727, 3728,
3729, 3732, 3759)
1999 Ed. (738, 981, 983, 984, 1058,
1145, 1209, 1211, 1457, 1458,
1535, 1859, 2587, 2911, 3196,
3217, 3221, 3223, 3224, 3258,
3267, 3268, 3269, 3270, 3271,
3892, 4121, 4152, 4411, 4413,
4414, 4415, 4416, 4417, 4419,
4421, 4423, 4426, 4427, 4428,
4431, 4434, 4435, 4436, 4437,
4438, 4443, 4446, 4455, 4456,
4457, 4458, 4459, 4461, 4462,
4463, 4464, 4465, 4467, 4468,
4664, 4726, 4775, 4776, 4777)
2000 Ed. (276, 1005, 1128, 1317,
1318, 1378, 1906, 2454, 2645,
2658, 2659, 2939, 2956, 2960,
2962, 2963, 3005, 3006, 3008,
3009, 3557, 3558, 3831, 3867,
4015, 4016, 4024, 4025, 4102,
4106, 4107, 4108, 4109, 4112,
4114, 4115, 4269, 4289, 4299,
4355, 4398, 4399, 4400, 4401)
2001 Ed. (1, 2, 9, 10, 274, 277, 284,
285, 341, 370, 371, 396, 397, 401,
402, 411, 547, 548, 549, 550, 660,
661, 666, 667, 703, 977, 978, 992,
993, 997, 998, 1006, 1007, 1028,
1029, 1030, 1031, 1050, 1051,
1084, 1086, 1087, 1106, 1107,
1109, 1110, 1123, 1124, 1126, 1127,
1158, 1201, 1202, 1245, 1262,
1263, 1266, 1267, 1268, 1269,
1284, 1287, 1288, 1289, 1290,
1293, 1294, 1295, 1345, 1346,
1361, 1373, 1375, 1376, 1378,
1396, 1397, 1400, 1411, 1415,
1416, 1418, 1419, 1422, 1424,
1425, 1426, 1428, 1429, 1430,
1431, 1433, 1434, 1435, 1436,
1437, 1438, 1439, 1441, 1491,
1492, 1941, 1942, 1965, 1966,
1967, 1968, 1976, 1979, 1980,
2048, 2049, 2050, 2051, 2055,
2056, 2111, 2112, 2129, 2130,
2131, 2132, 2149, 2150, 2151,
2235, 2260, 2261, 2265, 2286,
2287, 2356, 2357, 2368, 2380,
2381, 2385, 2386, 2387, 2389,
2390, 2391, 2392, 2393, 2394,
2396, 2397, 2398, 2399, 2417,
2452, 2453, 2459, 2460, 2466,
2467, 2472, 2520, 2521, 2522,
2523, 2537, 2538, 2542, 2563,
2564, 2566, 2567, 2572, 2573,
2577, 2580, 2581, 2592, 2593,
2594, 2597, 2604, 2607, 2617,
2618, 2619, 2620, 2623, 2624,
2625, 2626, 2659, 2660, 2663,
2682, 2683, 2684, 2685, 2689,
2690, 2692, 2738, 2739, 2758,

2823, 2828, 2829, 2963, 2964,
2997, 2998, 2999, 3000, 3026,
3027, 3028, 3029, 3032, 3033,
3034, 3035, 3042, 3043, 3046,
3047, 3049, 3069, 3070, 3071,
3072, 3078, 3079, 3082, 3083,
3090, 3091, 3092, 3093, 3094,
3095, 3096, 3097, 3098, 3099,
3103, 3122, 3169, 3170, 3175,
3204, 3205, 3213, 3214, 3225,
3226, 3235, 3236, 3262, 3263,
3287, 3288, 3306, 3307, 3308,
3314, 3327, 3328, 3339, 3354,
3355, 3356, 3357, 3383, 3384,
3385, 3386, 3396, 3397, 3401,
3413, 3414, 3416, 3417, 3418,
3419, 3523, 3525, 3536, 3537,
3538, 3539, 3557, 3567, 3568,
3570, 3571, 3574, 3583, 3584,
3589, 3590, 3606, 3607, 3615,
3616, 3618, 3619, 3632, 3633,
3636, 3637, 3640, 3642, 3643,
3652, 3653, 3660, 3661, 3662,
3663, 3707, 3717, 3732, 3733,
3736, 3737, 3738, 3770, 3771,
3782, 3785, 3787, 3788, 3789,
3790, 3792, 3795, 3796, 3804,
3805, 3807, 3808, 3809, 3810,
3815, 3816, 3827, 3828, 3840,
3841, 3872, 3878, 3879, 3880,
3881, 3883, 3888, 3889, 3892,
3893, 3896, 3897, 3898, 3899,
3903, 3904, 3906, 3907, 3913,
3915, 3916, 3963, 3964, 3966,
3968, 3969, 3993, 3994, 4000,
4011, 4019, 4141, 4144, 4150,
4158, 4165, 4176, 4198, 4199,
4211, 4212, 4224, 4230, 4238,
4239, 4241, 4242, 4247, 4248,
4253, 4254, 4273, 4274, 4286,
4287, 4294, 4295, 4304, 4305,
4327, 4328, 4331, 4332, 4335,
4336, 4360, 4361, 4362, 4363,
4407, 4408, 4415, 4429, 4430,
4431, 4442, 4443, 4445, 4448,
4481, 4482, 4488, 4489, 4515,
4516, 4517, 4518, 4532, 4552,
4570, 4571, 4582, 4583, 4584,
4595, 4599, 4600, 4633, 4634,
4637, 4642, 4643, 4646, 4653,
4654, 4658, 4659, 4660, 4683,
4709, 4726, 4727, 4728, 4729,
4735, 4737, 4738, 4739, 4794,
4798, 4808, 4809, 4810, 4811,
4812, 4813, 4814, 4815, 4820,
4821, 4822, 4823, 4824, 4825,
4826, 4827, 4832, 4833, 4863,
4868, 4912, 4913, 4917, 4918,
4928, 4930, 4932, 4935, 4937,
4938)
2002 Ed. (273, 367, 368, 378, 451,
453, 457, 458, 459, 460, 473, 474,
494, 497, 864, 948, 950, 960, 1102,
1113, 1116, 1117, 1401, 1402,
1824, 1825, 2063, 2064, 2068,
2120, 2121, 2351, 2352, 2353,
2401, 2737, 2738, 2740, 2741,
2746, 2843, 2844, 2845, 2846,
2847, 2851, 2865, 2868, 2874,
2877, 2881, 2897, 2899, 2902,
2903, 2944, 2946, 2947, 2953,
2961, 2971, 2977, 2978, 2979,
2980, 2981, 3053, 3089, 3091,
3115, 3117, 3118, 3119, 3127,
3197, 3212, 3235, 3236, 3239,
3240, 3252, 3300, 3327, 3341,
3344, 3524, 3528, 3708, 3901,
4072, 4101, 4106, 4107, 4108,
4111, 4112, 4113, 4147, 4148,
4149, 4150, 4155, 4156, 4177,
4196, 4286, 4308, 4366, 4368,
4370, 4373, 4374, 4375, 4377,
4538, 4554, 4627, 4681, 4740,
4763, 4765, 4916, 4918, 4992)
2003 Ed. (381, 398, 404, 415, 419,
441, 904, 1025, 1032, 1059, 1060,
1061, 2270, 2606, 2612, 2828,
2960, 2961, 2962, 2963, 2964,
2982, 2984, 2988, 3221, 3243,
3252, 3293, 3294, 3355, 3360,
3420, 3459, 3652, 3657, 3874,
3897, 3898, 4209, 4213, 4238,
4239, 4240, 4241, 4242, 4245,
4252, 4257, 4287, 4291, 4295,
4298, 4300, 4308, 4408, 4412,
4413, 4467, 4551, 4646, 4680,
4755, 4852, 4867, 4908, 4910,
4944, 4954, 4955, 4992)
2004 Ed. (360, 373, 376, 378, 381,
384, 398, 415, 435, 776, 805, 896,
921, 1027, 1028, 1037, 1068, 1069,

1072, 1073, 1903, 2023, 2177,
2188, 2293, 2294, 2298, 2299,
2300, 2301, 2302, 2303, 2304,
2305, 2309, 2316, 2536, 2574,
2727, 2728, 2732, 2973, 2980,
2989, 2990, 2991, 2992, 2993,
2994, 3041, 3042, 3043, 3044,
3045, 3046, 3047, 3048, 3049,
3058, 3069, 3070, 3087, 3090,
3091, 3094, 3096, 3098, 3099,
3118, 3121, 3145, 3263, 3275,
3281, 3301, 3311, 3312, 3313,
3355, 3356, 3418, 3425, 3478,
3489, 3525, 3671, 3674, 3700,
3702, 3898, 3899, 3925, 3926,
4232, 4236, 4257, 4258, 4259,
4260, 4261, 4277, 4295, 4299,
4303, 4306, 4309, 4318, 4419,
4446, 4501, 4507, 4508, 4511,
4516, 4519, 4520, 4521, 4522,
4524, 4525, 4526, 4527, 4531,
4658, 4735, 4818, 4837, 4847,
4898, 4900, 4948, 4957, 4958,
4981, 4994, 4995, 4996)
2005 Ed. (371, 396, 397, 411, 413,
418, 422, 441, 912, 1034, 1072,
1073, 1074, 2382, 2526, 2786,
2916, 2937, 3122, 3319, 3335,
3383, 3384, 3432, 3441, 3524,
3611, 3613, 3690, 3837, 3838,
3873, 3874, 3945, 4159, 4190,
4191, 4192, 4193, 4194, 4195,
4210, 4228, 4232, 4234, 4237,
4239, 4242, 4392, 4472, 4598,
4599, 4600, 4608, 4712, 4722,
4828, 4928, 4929, 4939, 4940,
4941)
2006 Ed. (373, 383, 1043, 2428,
2707, 2790, 3070, 3080, 3084,
3097, 3098, 3103, 3112, 3115,
3117, 3130, 3132, 3137, 3155,
3156, 3301, 3307, 3323, 3367,
3368, 3443, 3450, 3483, 3584,
3726, 3730, 3783, 3904, 3905,
3906, 3936, 3937, 3983, 4158,
4213, 4334, 4410, 4475, 4663,
4666, 4673)
2007 Ed. (341, 356, 366, 1131, 1199,
2274, 2372, 2448, 2702, 3371,
3385, 3419, 3420, 3459, 3474,
3647, 3648, 3709, 3713, 3781,
3954, 3994, 3995, 4472, 4534,
4683, 4694, 4770)
2008 Ed. (327, 343, 354, 1012, 1105,
1757, 2405, 2406, 2407, 2492,
2648, 2832, 2896, 2906, 2918,
3129, 3130, 3266, 3471, 3545,
3633, 3648, 3759, 3760, 3806,
3984, 4011, 4012, 4361, 4455,
4497, 4593, 4661, 4690, 4838,
4940)
2009 Ed. (997, 1083, 2415, 2498,
2499, 2676, 2888, 3214, 3551,
3554, 3579, 3697, 3712, 3782,
3850, 4066, 4083, 4084, 4119,
4494, 4527, 4637, 4651, 4703,
4732, 4961)
2010 Ed. (961, 1056, 2327, 2357,
2412, 2413, 2827, 3271, 3465,
3472, 3496, 3497, 3613, 3630,
3710, 3769, 3984, 3995, 4537,
4567, 4568, 4717, 4740, 4969)
2011 Ed. (887, 994, 2323, 2326,
2353, 2415, 2416, 2811, 3240,
3468, 3496, 3502, 3616, 3631,
3707, 3773, 3990, 4003, 4475,
4531, 4614, 4675, 4700, 4950,
4951, 4958)
2012 Ed. (918, 2336, 2337, 2735,
2743, 3135, 3204, 3208, 3209,
3476, 3479, 3481, 3483, 3500,
3526, 3610, 3631, 3728, 4061,
4164, 4490, 4533, 4611, 4690,
4952)
2013 Ed. (737, 739, 1158, 1387,
2396, 2518, 2519, 2523, 3044,
3130, 3133, 3136, 3271, 3525,
3528, 3537, 3545, 3830, 3839,
4039, 4153, 4490, 4569, 4573,
4773, 4974, 4995, 4996)
2014 Ed. (95, 620, 622, 2316, 3133,
3229, 3502, 3513, 3521, 3765,
4498, 4626, 4630, 4632, 4633,
4761)
2015 Ed. (101, 691, 692, 2393, 3196,
3528, 3536, 3767, 3779, 4101,
4624)
2016 Ed. (631, 1954, 2338, 2568,
3053, 3387, 3682, 4542)
Pennsylvania Academy of the Fine Arts
1998 Ed. (2688)

Pennsylvania Aviation Inc.
  1990 Ed. (238)
Pennsylvania Brewing
  1992 Ed. (927)
  1996 Ed. (2631)
Pennsylvania Business Campus
  1994 Ed. (2190)
  1995 Ed. (2242)
  1996 Ed. (2251)
Pennsylvania Capital Advisors
  2001 Ed. (903)
Pennsylvania Convention Center
  1999 Ed. (1419)
Pennsylvania Convention Center Authority
  1991 Ed. (2527)
  1997 Ed. (2844)
Pennsylvania Cyber Charter School
  2008 Ed. (2035)
Pennsylvania Department of Corrections
  1994 Ed. (1889)
  1995 Ed. (1917)
  1996 Ed. (1953)
  1997 Ed. (2056)
  2001 Ed. (2486)
Pennsylvania Dept. of Corrections
  1992 Ed. (3703)
  2000 Ed. (3617)
Pennsylvania Dutch
  2014 Ed. (3805)
  2015 Ed. (3828)
Pennsylvania Dutch Candy
  1992 Ed. (1044)
Pennsylvania Employees
  2000 Ed. (3440, 3444)
  2001 Ed. (3669, 3678)
  2002 Ed. (3613)
  2003 Ed. (1980, 1984)
  2007 Ed. (2175, 2180, 2181, 2182, 2190)
  2008 Ed. (2295, 2302, 2303, 2304, 2306, 2307, 2312)
  2010 Ed. (2232, 2234, 2235)
Pennsylvania Engineering & Manufacturing
  1997 Ed. (229)
  1999 Ed. (948)
Pennsylvania Health System; University of
  2016 Ed. (3106)
Pennsylvania Higher Education Facilities Agency
  2001 Ed. (902)
Pennsylvania Higher Education Facilities Auth.
  1999 Ed. (3483)
Pennsylvania Higher Education Facilities Authority
  1989 Ed. (739)
  1993 Ed. (3100)
  1998 Ed. (3159)
Pennsylvania Hospital
  1990 Ed. (2059)
  1991 Ed. (1936)
  1992 Ed. (2463)
Pennsylvania; Hospital of the University of
  2005 Ed. (2896, 2898, 2905, 2907)
  2006 Ed. (2902)
  2009 Ed. (3128, 3141)
  2010 Ed. (3060, 3069, 3070, 3071, 3072)
  2011 Ed. (3031, 3034, 3041, 3043, 3044)
  2012 Ed. (2969, 2972, 2976, 2980, 2982)
  2013 Ed. (3058, 3060, 3067, 3068, 3071)
  2014 Ed. (3073)
  2015 Ed. (3138)
Pennsylvania Housing Finance Agency
  1995 Ed. (2192)
  1996 Ed. (2211)
  1999 Ed. (2818)
  2000 Ed. (2592)
  2001 Ed. (902)
Pennsylvania Industrial Development Authority
  1993 Ed. (1544)
  1997 Ed. (2363)
  1999 Ed. (2844)
Pennsylvania Intergovernment Cooperative
  2001 Ed. (902)
Pennsylvania Life Insurance Co.
  2011 Ed. (3232)
Pennsylvania Manufacturer's Association Insurance Inc.
  1992 Ed. (2696)
Pennsylvania Merchant Group Ltd.

  1998 Ed. (530)
Pennsylvania Mutual
  1990 Ed. (2390)
  2003 Ed. (3516)
Pennsylvania Mutual Investment
  2004 Ed. (3571)
  2005 Ed. (3550)
  2006 Ed. (3603, 4554)
  2007 Ed. (4545)
  2008 Ed. (4512)
  2009 Ed. (3801, 4539)
Pennsylvania P & L
  1989 Ed. (1298)
Pennsylvania Power & Light Co.
  1989 Ed. (1141)
  1990 Ed. (1602)
  1991 Ed. (1499)
  1992 Ed. (1900, 1901)
  1993 Ed. (1558, 3288)
  1994 Ed. (1597, 1598, 3279)
  1995 Ed. (1639, 1640, 3360)
  1996 Ed. (1617)
  1998 Ed. (1385)
Pennsylvania Public School
  1996 Ed. (2931, 2932, 2933)
  1997 Ed. (3019, 3021, 3023)
  2000 Ed. (3443)
Pennsylvania Public School Employees
  2009 Ed. (2286, 2290, 2292, 2293, 2295, 2296, 2302)
Pennsylvania Public School Employees Retirement System
  1991 Ed. (2690, 2694)
  2004 Ed. (2025)
Pennsylvania Real Estate Investment Trust
  2000 Ed. (3730)
Pennsylvania Recreation Vehicle & Camping Show; Annual
  2007 Ed. (4800)
Pennsylvania RV & Camping Show
  2008 Ed. (4720)
  2010 Ed. (4772)
  2011 Ed. (4723)
Pennsylvania School
  1994 Ed. (2760, 2762)
Pennsylvania School Employees
  1995 Ed. (2854)
  2001 Ed. (3676, 3678)
  2002 Ed. (3613)
  2003 Ed. (1984)
  2007 Ed. (2177, 2178, 2179, 2180, 2189)
  2008 Ed. (2299, 2301, 2303, 2304, 2306)
  2009 Ed. (2294)
  2010 Ed. (2232, 2235, 2237, 2238)
Pennsylvania, School of Medicine; University of
  2007 Ed. (3953)
Pennsylvania Securities Commission
  2002 Ed. (4844)
Pennsylvania State
  1989 Ed. (958)
Pennsylvania State Employees
  1996 Ed. (1503)
  2000 Ed. (1628)
  2009 Ed. (2286, 2287, 2293, 2294, 2295, 2296, 2299, 2303)
Pennsylvania State Employees Credit Union
  1996 Ed. (1502)
  1997 Ed. (1566, 1567)
  1998 Ed. (1222, 1224, 1228)
  2001 Ed. (1961)
  2002 Ed. (1843, 1888)
  2003 Ed. (1887, 1902, 1942)
  2004 Ed. (1926, 1982)
  2005 Ed. (2047, 2065, 2124)
  2006 Ed. (2219)
  2007 Ed. (2098, 2140)
  2008 Ed. (2210, 2255)
  2009 Ed. (2178, 2241)
  2010 Ed. (2195)
  2011 Ed. (2213)
  2012 Ed. (2074)
  2013 Ed. (2258)
  2014 Ed. (2190)
  2015 Ed. (2234, 2254)
  2016 Ed. (2205, 2225)
Pennsylvania State Employees CU
  1999 Ed. (1799, 1801)
Pennsylvania State Employees Retirement System
  1991 Ed. (2691)
  2004 Ed. (2028, 2033)
Pennsylvania State Farm Show
  2010 Ed. (4772)
  2011 Ed. (4723)
Pennsylvania State Nittany Lions

  2011 Ed. (2743)
Pennsylvania State University
  1990 Ed. (2053)
  1991 Ed. (2928)
  1992 Ed. (1094, 3663, 3803)
  1994 Ed. (1060, 3046)
  1995 Ed. (969, 1071, 1709, 3187, 3189)
  1996 Ed. (946, 1050, 3288)
  1997 Ed. (968, 1068)
  1998 Ed. (712, 811, 3161)
  1999 Ed. (1107, 1237, 1238, 4046)
  2000 Ed. (931, 1035, 1147, 1834, 1836, 1837)
  2001 Ed. (1330, 2488)
  2002 Ed. (901, 1030, 1031, 1033, 1034, 3980, 3981)
  2004 Ed. (830, 2669)
  2005 Ed. (797)
  2006 Ed. (704, 3957)
  2007 Ed. (4597)
  2009 Ed. (795, 797)
  2012 Ed. (865, 870, 871, 3771)
  2016 Ed. (3974)
Pennsylvania State University at University Park
  1997 Ed. (1773)
  1998 Ed. (1466)
  1999 Ed. (2043, 2044, 2046)
Pennsylvania State University, Smeal
  1994 Ed. (816)
Pennsylvania State University, Smeal College of Business Administration
  2010 Ed. (734, 736)
Pennsylvania State University, Smeal School of Business
  2006 Ed. (727)
  2007 Ed. (827)
  2008 Ed. (182, 799)
  2009 Ed. (816)
  2010 Ed. (753, 765)
  2011 Ed. (664, 676)
Pennsylvania Transformer Technology Inc.
  2016 Ed. (3602)
Pennsylvania Turnpike Commission
  1991 Ed. (3421)
  1993 Ed. (3623)
Pennsylvania University
  2002 Ed. (898)
  2003 Ed. (793)
Pennsylvania; University of
  1991 Ed. (816, 819, 820, 821, 823, 824, 1569, 1936, 2295, 2402)
  1992 Ed. (998, 999, 1001, 1002, 1003, 1005, 1006, 1007, 1008, 1093, 1280, 2463, 2848, 3257, 3803)
  1993 Ed. (924, 1031, 2407)
  1994 Ed. (938, 1713)
  1995 Ed. (969, 970, 1063, 1066, 1071, 1072, 2422)
  1996 Ed. (837, 947, 1051)
  1997 Ed. (850, 851, 852, 855, 857, 861, 862, 969, 1063, 1069, 2602)
  2005 Ed. (801, 1063, 3266, 3440)
  2006 Ed. (721, 730, 732, 734, 736, 739, 2337, 3019)
  2007 Ed. (806, 1181, 2848, 3052, 3330, 3468)
  2008 Ed. (181, 776, 783, 785, 1059, 1064, 3166, 3169, 3176, 3181, 3431, 3640)
  2009 Ed. (778, 791, 798, 1035, 1041, 1058, 1066, 2403, 3505, 3708, 3709, 3827)
  2010 Ed. (1001, 3435, 3627, 3768)
  2011 Ed. (648, 945, 946, 3420, 3627, 3628, 3772)
  2012 Ed. (614, 860, 862, 879, 2211, 3089)
  2013 Ed. (3170)
  2014 Ed. (768, 778, 794, 795, 3211, 4115, 4117)
  2015 Ed. (806, 807, 810, 820, 821, 837, 838)
  2016 Ed. (725, 732, 733, 4011, 4012, 4319)
Pennsylvania University, Wharton School of Business
  2004 Ed. (808, 813, 814, 815, 816, 817, 818)
Pennsylvania, Wharton School of Business; University of
  2005 Ed. (798, 803, 804, 805, 806, 807, 809, 815)
  2006 Ed. (693, 702, 707, 708, 709, 710, 711, 712, 718, 728)
  2007 Ed. (797, 798, 810, 814, 818, 820, 822, 825, 828, 830, 834)

  2008 Ed. (770, 772, 773, 780, 788, 789, 790, 791, 792, 793, 794, 795, 797, 798, 800)
  2009 Ed. (788, 789, 805, 806, 807, 808, 809, 810, 811, 812, 814, 815, 817, 818, 823, 824)
  2010 Ed. (721, 723, 725, 726, 728, 737, 743, 744, 745, 746, 747, 748, 749, 750, 751, 752, 753, 754, 755, 756, 757, 758, 759, 760, 761, 762, 763, 764, 766)
  2011 Ed. (647, 654, 655, 656, 657, 658, 659, 660, 661, 662, 663, 664, 665, 666, 667, 668, 669, 670, 671, 672, 674, 675, 677, 678, 687, 688, 689, 690, 695, 696, 698)
  2012 Ed. (606, 607, 608, 609, 610, 613, 628, 630)
  2013 Ed. (756, 769, 770)
Pennsylvania, Wharton School; University of
  2013 Ed. (747, 748, 749)
Pennsylvania, Wharton; University of
  1991 Ed. (814)
  1992 Ed. (997, 1009)
  1993 Ed. (796, 797, 798, 800, 802, 804, 805, 806)
  1994 Ed. (806, 807, 808, 809, 811, 813, 814, 815, 817, 818)
  1996 Ed. (838, 839, 841, 842, 844, 845, 846, 847, 848, 849)
Pennsylvania/New Jersey/New York/Ohio
  1996 Ed. (365)
Pennwalt Corp.
  1990 Ed. (942, 948)
  1991 Ed. (1169)
Penny Streeter
  2007 Ed. (2465)
Penny Tattersall
  2000 Ed. (2089)
PennyMac Mortgage Investment Trust
  2016 Ed. (3041)
Penny/Ohlmann/Neiman
  1989 Ed. (62)
Pennzoil
  1989 Ed. (338, 339, 2209, 2644)
  1990 Ed. (388, 1297)
  1991 Ed. (338)
  1992 Ed. (469, 470)
  1993 Ed. (342, 343)
  1994 Ed. (329, 330)
  1995 Ed. (326, 2754)
  1996 Ed. (340, 341)
  1997 Ed. (317, 318)
  1998 Ed. (239, 242)
  1999 Ed. (347, 348, 1489, 3277, 4693)
  2000 Ed. (3015)
  2001 Ed. (3392)
  2015 Ed. (3719)
  2016 Ed. (3631)
Pennzoil 10-Minute Oil Change
  2002 Ed. (418)
  2006 Ed. (350)
  2007 Ed. (335)
  2008 Ed. (322)
  2009 Ed. (343)
Pennzoil 10W-40 Motor Oil
  1989 Ed. (2324)
Pennzoil Fix a Flat
  2016 Ed. (313)
Pennzoil Motor Oil
  1989 Ed. (2326)
  1990 Ed. (3037)
Pennzoil-Quaker State Co.
  2002 Ed. (4894)
  2003 Ed. (3847, 4923, 4924)
  2004 Ed. (1534, 3828, 3829, 4916)
Pennzoil Ten Minute
  2001 Ed. (531)
  2003 Ed. (364)
  2005 Ed. (349)
  2006 Ed. (361)
  2007 Ed. (346)
  2008 Ed. (333)
Penobscot Cleaning Service Inc.
  2007 Ed. (767)
Penobscot Cleaning Services Inc.
  2008 Ed. (861, 862, 4788)
Penoles
  1998 Ed. (3305)
Penril Corp.
  1992 Ed. (317)
Penrith Rugby League Club
  2004 Ed. (3949)
Penrock Financial Services Corp.
  2002 Ed. (3551, 3557)
Penrose
  2016 Ed. (4393)

Penrose-St. Francis Health Services
2006 Ed. (2899)
Pens
2003 Ed. (3675)
Pens & pencils
2002 Ed. (3536)
Pensa Libre
2009 Ed. (51)
Pensacola, FL
2001 Ed. (2281)
2007 Ed. (3001)
Pensacola NADEP
1996 Ed. (2643)
Pensacola Regional Airport
1998 Ed. (145)
1999 Ed. (248)
2000 Ed. (273)
2002 Ed. (275)
Pensacola Suzuki
1994 Ed. (285)
Pensacola Training Center
1996 Ed. (2643)
Pensare
2002 Ed. (2474)
Pension Consulting
2008 Ed. (2290)
2009 Ed. (2280)
Pension Consulting Alliance
2008 Ed. (2710, 2711)
Pension Fund Association
2007 Ed. (3796)
2008 Ed. (3870)
The Pension Fund Society
2009 Ed. (3928)
Pension Funds
1991 Ed. (2818)
2000 Ed. (772, 2646)
Pension Management Co. Fixed Income
2003 Ed. (3123)
Pension Plan
1992 Ed. (2234, 2235)
2000 Ed. (1781)
Pension Plus
2006 Ed. (3110)
Pension Portfolio Advisors
1995 Ed. (2389)
Pension Trust Fund
1999 Ed. (2891)
Pension Welfare Service
1993 Ed. (2786)
PensionDanmark A/S
2008 Ed. (1704)
2009 Ed. (1631)
2011 Ed. (1610)
Pension/retirement annuity plan
1994 Ed. (338)
Pensions
1993 Ed. (2365, 3051)
2002 Ed. (2266)
Pensions Administrator
2012 Ed. (1307)
Pensions & Investments
2007 Ed. (158, 160)
2009 Ed. (163, 165)
Penske Auto Center
1990 Ed. (347)
Penske Auto Centers
2001 Ed. (4539, 4541, 4543)
Penske Automotive Group
2014 Ed. (218)
2015 Ed. (253)
2016 Ed. (246)
Penske Automotive Group Inc.
1998 Ed. (205)
2000 Ed. (329)
2001 Ed. (443)
2002 Ed. (350)
2006 Ed. (333, 348)
2009 Ed. (305, 306, 309, 1889, 1890)
2010 Ed. (286, 287, 289, 291, 1822, 1824, 1825, 4390)
2011 Ed. (209, 211, 213, 1852, 1855, 4335)
2012 Ed. (222, 223, 224, 1704, 1708, 4497)
2013 Ed. (213, 214, 226, 1857, 1860, 1866)
2014 Ed. (220, 223, 228, 1798)
2015 Ed. (255, 258, 263, 1831, 1838)
2016 Ed. (248, 251, 257, 1792, 1800)
Penske Cadillac
1991 Ed. (305)
1993 Ed. (295)
1994 Ed. (264)
Penske Cadillac, Roger
1990 Ed. (338)
1992 Ed. (410)
Penske Cadillac Sterling
1990 Ed. (319)
Penske Championship Racing

2010 Ed. (316)
Penske Chevrolet; David
1992 Ed. (411)
1993 Ed. (296)
Penske Corp.
1990 Ed. (1039)
1991 Ed. (968)
1995 Ed. (1002)
1996 Ed. (989)
1997 Ed. (1013)
1998 Ed. (752)
1999 Ed. (1187)
2000 Ed. (1103)
2001 Ed. (1256)
2004 Ed. (3972)
2005 Ed. (3916)
2010 Ed. (4068)
2013 Ed. (1856)
2016 Ed. (1789, 2578)
Penske Dedicated Logistics
1998 Ed. (3633)
Penske Honda
1990 Ed. (326)
1991 Ed. (279)
1996 Ed. (272)
Penske Honda-Downey
1992 Ed. (384)
Penske Honda Westminster
1992 Ed. (384)
Penske Logistics
2013 Ed. (4754)
2014 Ed. (4797)
2015 Ed. (4832)
2016 Ed. (2264)
Penske Logistics Inc.
1999 Ed. (1351, 4674)
2000 Ed. (4311, 4318)
2002 Ed. (1225, 4687)
2003 Ed. (4782, 4802, 4803, 4804)
2004 Ed. (4767, 4791)
2005 Ed. (3340, 4744, 4761, 4762, 4783)
2006 Ed. (4795, 4834)
2007 Ed. (1335, 3389, 4812)
2008 Ed. (4739)
2009 Ed. (2269, 3572, 3585)
2010 Ed. (4823)
2011 Ed. (4765, 4783)
2012 Ed. (4804)
Penske Logistics LLC
2011 Ed. (4781)
2012 Ed. (4795)
2013 Ed. (4756)
2014 Ed. (4806)
2015 Ed. (4841)
2016 Ed. (4745)
Penske Motorcars
2002 Ed. (370)
2008 Ed. (320)
Penske Racing
2009 Ed. (336)
2011 Ed. (240)
2012 Ed. (261)
2013 Ed. (268)
2014 Ed. (271)
Penske Racing South
2007 Ed. (327)
Penske; Roger
2008 Ed. (952)
2011 Ed. (854)
2012 Ed. (4848)
2015 Ed. (4886)
Penske; Roger S.
1991 Ed. (2462)
2006 Ed. (4905)
Penske; S. Roger
2011 Ed. (4839)
Penske Transportation Services Inc.
2000 Ed. (4318)
2002 Ed. (4687)
Penske Truck Leasing
2016 Ed. (291)
Penske Truck Leasing Co.
2015 Ed. (3259, 3263)
Penske Truck Leasing Co. LP
2001 Ed. (500, 501)
Penske Truck Leasing Corp.
1990 Ed. (2618)
1995 Ed. (2620)
1996 Ed. (3750, 3753)
1997 Ed. (3800, 3803)
1999 Ed. (4678)
2000 Ed. (4314)
2003 Ed. (346, 4791)
2004 Ed. (4777)
2005 Ed. (330, 4750, 4754)
2006 Ed. (4799, 4805)
2007 Ed. (329, 4816)
2008 Ed. (316, 3198, 4743)
2009 Ed. (338, 3257, 4774)

2010 Ed. (318, 4792)
2011 Ed. (242, 4771)
2012 Ed. (4793)
Penson Worldwide Inc.
2015 Ed. (348)
Pens/pencils
1992 Ed. (2283)
1993 Ed. (1941)
1994 Ed. (1967)
Pensylvania
1991 Ed. (322)
Penta
1996 Ed. (933)
1999 Ed. (1092, 1093)
2010 Ed. (674)
The PENTA Building Group
2015 Ed. (1471)
2016 Ed. (1176)
The PENTA Building Group Inc.
2006 Ed. (1327)
2007 Ed. (1380)
2008 Ed. (1315)
2009 Ed. (1300, 1338)
2010 Ed. (1293, 1321)
2011 Ed. (1251)
Penta Chemicals
2002 Ed. (1004, 1005)
Penta ex-AGF Allianz
2007 Ed. (3110)
Penta-Ocean Construction Co. Ltd.
1997 Ed. (1193)
2000 Ed. (1291)
Penta-Ocean Construction Co., Ltd.
2014 Ed. (1234)
Penta-Security
2010 Ed. (3244)
Pentadyne
2010 Ed. (2417)
Pentadyne Power Corp.
2010 Ed. (4078)
Pentafour Software
2002 Ed. (4426)
Pentafour Software & Exports
1997 Ed. (1106)
Pentafour Software &Exports
2000 Ed. (1177)
Pentagon
1990 Ed. (1458)
2000 Ed. (1627, 1628)
Pentagon Credit Union
2002 Ed. (1841, 1843, 1898)
2003 Ed. (1901, 1902, 1952)
2004 Ed. (1941, 1942, 1992)
2005 Ed. (2066, 2077, 2081, 2082, 2134)
2006 Ed. (2171, 2175, 2176, 2229)
2007 Ed. (2099, 2100, 2150)
2008 Ed. (2214, 2215, 2265)
2009 Ed. (2189, 2190, 2195, 2198, 2252, 3772)
2010 Ed. (2123, 2131, 2134, 2149, 2150, 2152, 2205)
2011 Ed. (2172, 2173, 2223)
2012 Ed. (2013, 2014, 2025, 2026, 2032, 2033, 2084)
2013 Ed. (2220, 2223, 2238, 2267, 2268, 2272)
2014 Ed. (2152, 2155, 2170, 2201, 2202, 2206)
2015 Ed. (2219, 2234, 2265, 2266, 2270)
2016 Ed. (2190, 2205, 2236, 2237, 2241)
Pentagon education loans and overpayments
1989 Ed. (1220)
Pentagon FCU
1999 Ed. (1799, 1801, 1802, 1803)
Pentagon Federal Credit Union
1991 Ed. (1394)
1992 Ed. (1754, 3262)
1993 Ed. (1447, 1450)
1994 Ed. (1502)
1995 Ed. (1534, 1536)
1996 Ed. (1497, 1498, 1499, 1500, 1501, 1502, 1503, 1509, 1512)
1997 Ed. (1558, 1560, 1562, 1564, 1566, 1567, 1568)
1998 Ed. (1220, 1221, 1222, 1223, 1224, 1225, 1228, 1229, 1230)
2001 Ed. (1960, 1961)
2002 Ed. (1842)
2005 Ed. (2047, 2060, 2061)
2006 Ed. (1961)
2009 Ed. (2251)
2011 Ed. (1914)
2012 Ed. (2086)
2014 Ed. (2136)
2015 Ed. (1338, 2200)
2016 Ed. (2172)

Pentagram
1990 Ed. (1670, 2170)
1991 Ed. (2014)
1992 Ed. (2588, 2589)
1994 Ed. (2175)
1995 Ed. (2225, 2226, 2227, 2228, 2229)
Pentagram Design
1993 Ed. (2158)
Pentagroup Financial LLC
2011 Ed. (913)
2012 Ed. (850)
Pentaho
2015 Ed. (1117)
2016 Ed. (1029)
Pentair
2015 Ed. (3217, 3224)
2016 Ed. (3074)
Pentair Inc.
1989 Ed. (1654, 2114)
1990 Ed. (2174, 2762)
1991 Ed. (2470, 2670)
1992 Ed. (1236)
1993 Ed. (1369)
1994 Ed. (1422)
1995 Ed. (1285, 1459)
1997 Ed. (1272)
2002 Ed. (2082)
2003 Ed. (3269, 3270)
2004 Ed. (3322, 3323)
2005 Ed. (3347, 3348)
2006 Ed. (1885, 2289, 2961, 3344)
2007 Ed. (2978)
Pentair Ltd.
2014 Ed. (3161)
2015 Ed. (3220)
2016 Ed. (3077)
Pentair plc
2016 Ed. (1803)
Pentalver Transport
2015 Ed. (4792)
2016 Ed. (4696)
PentaMark
2003 Ed. (168)
PentaSafe
2004 Ed. (4829)
Pentasena Arthasentosa
1996 Ed. (3377)
PentaStar Communications Inc.
2004 Ed. (3664)
Pentasys
2010 Ed. (1614, 1655)
Pentax Corp.
1991 Ed. (846)
1994 Ed. (2873, 2874)
1995 Ed. (2937)
1996 Ed. (868, 3035)
1998 Ed. (611)
1999 Ed. (1012, 1013)
2000 Ed. (966)
2003 Ed. (1680)
Pente Hills Mitsubishi
1992 Ed. (392)
Pentec Health
2013 Ed. (1997)
Pentec Health Inc.
2014 Ed. (1935)
Pentech
2000 Ed. (3426)
Pentech International
1989 Ed. (1569, 1570, 2496, 2497)
1990 Ed. (1974, 1975, 3303)
Pentel
1992 Ed. (4131, 4132)
1994 Ed. (3429)
1995 Ed. (3507)
1996 Ed. (3583, 3584)
1997 Ed. (3625, 3626)
1998 Ed. (3399)
1999 Ed. (4469, 4470)
2000 Ed. (3426, 4116)
Penthouse
1992 Ed. (3383)
1993 Ed. (2791, 2792, 2805)
1994 Ed. (2784)
1998 Ed. (72)
2001 Ed. (3195, 3198)
2003 Ed. (3275)
Pentland Brands
2015 Ed. (2091)
Pentland Group
1996 Ed. (1356, 1365)
Pentland Group plc
2002 Ed. (36)
2014 Ed. (1576)
Pento
2001 Ed. (2642, 2644)
Penton Media, Inc.
2001 Ed. (247, 4612)
2002 Ed. (4645)

2003 Ed. (1424, 3350, 4777)
2004 Ed. (4754)
Penton Press
2001 Ed. (3890)
Penwalt Pharmaceuticals
1990 Ed. (948)
Penzoil
1991 Ed. (2723)
2000 Ed. (355)
Peon; Ricardo
1996 Ed. (1904)
People
1989 Ed. (2180, 2181, 2182)
1990 Ed. (2801)
1991 Ed. (2701, 2702, 2707, 2710)
1992 Ed. (3370, 3371, 3375, 3379, 3388)
1993 Ed. (2789, 2790, 2791, 2796, 2797, 2802, 2804, 2807)
1994 Ed. (2782, 2783, 2784, 2793, 2794, 2797, 2798, 2803)
1995 Ed. (2890)
1996 Ed. (2957, 2958, 2959, 2962, 2964, 2965)
1997 Ed. (3035, 3038, 3039, 3041, 3045, 3048, 3049)
1998 Ed. (70, 72, 1343, 2782, 2783, 2784, 2787, 2797, 2798)
1999 Ed. (3751, 3752, 3753, 3764, 3766, 3769, 3770)
2000 Ed. (203, 3472, 3476, 3481, 3491, 3493)
2001 Ed. (257, 260, 1231, 3192, 3194, 3195, 3196)
2004 Ed. (147, 148, 3336)
2005 Ed. (136, 145, 146, 3361)
2006 Ed. (146, 148, 150, 152, 154, 157, 159, 3347)
2007 Ed. (127, 138, 140, 142, 144, 146, 149, 151, 168, 170, 3403)
2008 Ed. (151, 153, 3532, 3533)
2009 Ed. (172, 174, 3600)
2010 Ed. (156, 3518)
2011 Ed. (78, 3521)
2013 Ed. (3555)
2014 Ed. (3531)
2015 Ed. (97, 3547, 3551, 3552)
2016 Ed. (3402, 3403)
People Corp.
2015 Ed. (3186)
2016 Ed. (3043)
People en Espanol
2000 Ed. (4086)
2002 Ed. (3227)
2005 Ed. (131, 3360)
2006 Ed. (134)
2007 Ed. (128)
2009 Ed. (3597)
2010 Ed. (2979)
2011 Ed. (2941)
2012 Ed. (2872)
2013 Ed. (2948)
2014 Ed. (2966)
2015 Ed. (3035)
2016 Ed. (2931)
People en Espanol
2015 Ed. (3042)
People Express
1989 Ed. (237)
People & Grey
1990 Ed. (109)
1991 Ed. (107)
People Management
2002 Ed. (3634)
People Meters
1989 Ed. (2043)
People Plus Inc.
2014 Ed. (1729)
People Soft
1997 Ed. (1086)
2000 Ed. (2504)
People Soft Software
2000 Ed. (2505)
People Store Staffing Solutions Inc.
2015 Ed. (3186)
2016 Ed. (3043)
People StyleWatch
2010 Ed. (3515)
2011 Ed. (3520)
2012 Ed. (3515)
People Telecom
2006 Ed. (1555)
People to People Ambassador Programs
2010 Ed. (4005)
People Weekly
1989 Ed. (180, 185, 2172, 2175)
1990 Ed. (2798, 2800)
1991 Ed. (3246)
1992 Ed. (3383, 3391, 3392, 3393)

1994 Ed. (2790, 2801, 2804, 2805)
1995 Ed. (2882, 2886)
1996 Ed. (2971)
2000 Ed. (3461, 3475)
2001 Ed. (248, 3198, 3710, 4887)
2002 Ed. (221)
2003 Ed. (191, 3275)
2004 Ed. (3337)
2011 Ed. (3519)
Peoplease Corp.
2003 Ed. (1820)
2004 Ed. (1856)
Peopleclick Inc.
2006 Ed. (3976)
2010 Ed. (1093, 1099)
PeopleCube
2014 Ed. (1070)
Peoplefeeders
1989 Ed. (2234)
PeopleFirm
2013 Ed. (1210)
2014 Ed. (1151)
2016 Ed. (1112)
Peoplelink
2007 Ed. (2357)
PeoplePC Inc.
2005 Ed. (1553)
Peoples
1989 Ed. (1266, 1267, 1268)
1990 Ed. (1555)
1991 Ed. (1460)
Peoples Bancorp Inc.
2007 Ed. (2229)
Peoples Bancorp of Worcester
1995 Ed. (3612)
People's Bancshares
2002 Ed. (485, 486)
2003 Ed. (516, 517)
People's Bank
1989 Ed. (210, 509, 680, 2831)
1990 Ed. (420, 524, 545, 689)
1991 Ed. (363, 665)
1992 Ed. (506, 838)
1994 Ed. (637, 3225)
1995 Ed. (610, 3303)
1996 Ed. (684)
1997 Ed. (618)
1998 Ed. (335, 3526, 3539)
1999 Ed. (442, 640)
2000 Ed. (666)
2001 Ed. (437)
2003 Ed. (478, 613)
2004 Ed. (473, 640, 641)
2005 Ed. (481, 630)
2006 Ed. (428, 2284, 2289)
2007 Ed. (383, 424, 2218, 2222)
2008 Ed. (1693)
2009 Ed. (456)
2010 Ed. (434)
2011 Ed. (359)
2013 Ed. (399)
2015 Ed. (756)
People's Bank of California
1999 Ed. (4142)
Peoples Bank of Zanzibar Ltd.
1991 Ed. (674)
People's Bank & Trust Co.
2005 Ed. (523)
People's Choice Credit Union
2010 Ed. (2184)
2016 Ed. (1382)
Peoples Choice Credit Union
2014 Ed. (1752)
People's Choice TV
1995 Ed. (3201, 3777)
1997 Ed. (872, 3913, 3914)
1999 Ed. (999)
People's Community Capital Corp.
2002 Ed. (3548, 3550)
Peoples Community Credit Union
2002 Ed. (1826)
People's Construction Bank of China
1993 Ed. (353, 426, 452, 634)
1994 Ed. (426, 453)
1995 Ed. (422, 445)
1996 Ed. (446, 474)
1997 Ed. (411, 438, 2392)
1999 Ed. (517)
People's Credit Union
2013 Ed. (2274)
2014 Ed. (2208)
2015 Ed. (2007, 2272)
2016 Ed. (2243)
The Peoples Credit Union
2002 Ed. (1890, 1900)
2003 Ed. (1944, 1955)
2004 Ed. (1984, 1995)
2005 Ed. (2126, 2137)
2006 Ed. (2221, 2232)
2007 Ed. (2142, 2153)

2008 Ed. (2257, 2268)
2009 Ed. (2243, 2255)
2010 Ed. (2197, 2208)
2011 Ed. (2215, 2226)
2012 Ed. (2076, 2088)
2013 Ed. (2261)
2014 Ed. (2194)
2015 Ed. (2258)
2016 Ed. (2229)
Peoples Energy Corp.
1989 Ed. (2036)
1990 Ed. (2668, 2671)
1991 Ed. (2572, 2575)
1992 Ed. (3214)
1993 Ed. (1918. 2702, 3463)
1994 Ed. (2653)
1995 Ed. (2755)
1996 Ed. (2822)
1997 Ed. (2926)
1998 Ed. (2664)
1999 Ed. (3593)
2001 Ed. (3946)
2003 Ed. (3811, 3814)
2004 Ed. (2723, 2724, 3669, 3670)
2005 Ed. (2394, 2711, 2714, 2726, 2728, 3587, 3588, 3769)
2006 Ed. (2688, 2689, 2692)
2008 Ed. (2812)
Peoples First
1990 Ed. (666)
Peoples First Choice Credit Union
2009 Ed. (2184, 3527)
Peoples First Community Bank
1998 Ed. (3138, 3540)
1999 Ed. (4599)
2000 Ed. (4249)
2002 Ed. (4126, 4622)
2003 Ed. (4270)
2004 Ed. (4245)
2005 Ed. (4178)
2006 Ed. (4230)
2007 Ed. (4244)
2010 Ed. (4417)
People's Friend
2000 Ed. (3503)
Peoples Gas, Light & Coke Co.
1990 Ed. (1887)
1991 Ed. (1802, 1805)
1992 Ed. (2271, 2272, 3467)
1993 Ed. (1933)
2005 Ed. (2724)
Peoples Gas System
1998 Ed. (1822, 2966)
1999 Ed. (2582)
2000 Ed. (2318)
Peoples Heritage Bank
2001 Ed. (830)
Peoples Heritage Finance
1993 Ed. (3276)
Peoples Heritage Finance Group
1994 Ed. (3225, 3266)
Peoples Heritage Financial Group, Inc.
1995 Ed. (3347)
2001 Ed. (437, 622, 4523)
Peoples Heritage Savings Bank
1998 Ed. (3533, 3548)
People's Insurance Co.
2014 Ed. (3365)
2015 Ed. (3398)
2016 Ed. (3271)
People's Insurance Co. of China
1997 Ed. (2392)
1999 Ed. (2885)
2013 Ed. (3351)
2014 Ed. (3367)
Peoples Jewellers
1992 Ed. (4036)
1994 Ed. (3366)
Peoples Mutual
1995 Ed. (566)
2000 Ed. (2486)
People's Mutual Holdings
2005 Ed. (2046)
2006 Ed. (403)
Peoples National Bank
1989 Ed. (216)
2005 Ed. (520, 521, 522)
2006 Ed. (453)
People's National-Littleton
1993 Ed. (592)
People's Republic of China
1990 Ed. (1965)
Peoples Savings Association FA
1990 Ed. (3587)
Peoples Savings & Loan Association
1990 Ed. (3592)
People's State Bank
2015 Ed. (561)
Peoples State Bank
1989 Ed. (557)

1993 Ed. (506)
1994 Ed. (511)
1998 Ed. (347)
1999 Ed. (502)
2001 Ed. (620)
2002 Ed. (551)
Peoples Telephone Company
1992 Ed. (4207)
Peoples Telephone Co. Inc.
1993 Ed. (2775)
1994 Ed. (3493)
1995 Ed. (3560)
1996 Ed. (2918)
2001 Ed. (3333)
Peoples Trust Co.
2016 Ed. (4763)
People's United Bank
2010 Ed. (1039, 1040, 3000, 3704, 4416, 4427, 4429, 4432, 4434)
2011 Ed. (966, 967, 2967, 3699, 4361, 4362, 4367, 4368, 4372, 4374, 4375, 4377, 4379, 4381)
2012 Ed. (880, 881, 2904, 3715, 3717, 4401, 4403, 4407, 4408, 4412, 4415, 4417, 4419, 4421)
2013 Ed. (1039, 1040, 2988, 3762, 3764, 4370, 4371, 4372, 4376, 4378, 4379, 4380, 4381, 4383, 4385, 4386, 4388, 4390)
People's United Financial
2012 Ed. (2764, 3712, 3713, 4701, 4702)
People's United Financial Inc.
2013 Ed. (4662, 4664)
2014 Ed. (3693, 4714, 4716)
2015 Ed. (3712, 4726, 4728)
2016 Ed. (4628, 4630)
People's Utah Bancorp
2016 Ed. (2096)
People's Weekly World
2002 Ed. (3503)
Peoples Westch., SB
1992 Ed. (4291)
Peoples Westchester Savings Bank
1995 Ed. (1232, 1240)
PeoplesChoice Credit Union
2008 Ed. (2236)
2009 Ed. (2222)
PeopleSoft Global Services
2005 Ed. (4810)
PeopleSoft Inc.
1994 Ed. (2016, 3324)
1996 Ed. (1089, 1277)
1997 Ed. (1108, 2212, 2212)
1998 Ed. (843, 3409)
1999 Ed. (1956, 2048, 4486, 4525)
2000 Ed. (1175, 1178, 1346, 1735, 2394, 4128)
2001 Ed. (1359, 1363, 1369)
2002 Ed. (1146, 1147, 1150, 2078, 2098, 2811)
2003 Ed. (1105, 1107, 1108, 1109, 1112, 1113, 1118, 1714, 2165, 2172, 2243, 4569)
2004 Ed. (1122, 1123, 1124, 1125, 1126, 1128, 1130, 2207, 2212, 3016)
2005 Ed. (1130, 1131, 1133, 1135, 1136, 2343)
2006 Ed. (1120, 1125, 1127, 4793)
PEOPLEsource Staffing Solutions Inc.
2010 Ed. (1538, 2858)
2011 Ed. (2840)
Peoplestel
2004 Ed. (39)
2005 Ed. (32)
2006 Ed. (39)
2007 Ed. (30)
2009 Ed. (40)
PeopleSupport
2007 Ed. (2731)
2008 Ed. (2861)
2010 Ed. (4493, 4506, 4507, 4509)
Peoria, IL
1989 Ed. (1904)
1990 Ed. (1004)
1991 Ed. (2429)
1992 Ed. (2541, 3034)
1993 Ed. (2542)
2003 Ed. (1871)
2005 Ed. (2026, 2379)
2006 Ed. (2129)
2008 Ed. (2189)
Peoria Journal-Star
1989 Ed. (2055)
1990 Ed. (2701)
1991 Ed. (2601)
Peoria-Pekin, IL
1998 Ed. (176, 733)
PEP Botswana Holdings Ltd.

2002 Ed. (4388)
Pep Boys
1989 Ed. (351, 2328)
1990 Ed. (407)
1991 Ed. (357)
1992 Ed. (486)
1994 Ed. (336)
1995 Ed. (336)
1996 Ed. (354, 3484, 3486)
1997 Ed. (325, 1635, 3550)
1998 Ed. (247, 1301, 3345, 3346, 3347)
1999 Ed. (362, 1875)
Pep Boys - Manny Moe & Jack
2016 Ed. (247)
The Pep Boys—Manny, Moe & Jack Inc.
1990 Ed. (399)
1991 Ed. (336)
2001 Ed. (496, 497, 532, 540, 4099)
2002 Ed. (421)
2003 Ed. (307, 887)
2004 Ed. (266, 315, 316)
2005 Ed. (273, 311, 314, 315, 336)
2006 Ed. (329, 352, 354)
2007 Ed. (320, 338, 339, 340, 4186)
2008 Ed. (324, 325, 326)
2009 Ed. (346, 348)
2010 Ed. (324)
2011 Ed. (208, 251)
Pepcid
1992 Ed. (339)
2001 Ed. (388, 2109, 2110)
2002 Ed. (322)
2003 Ed. (3781)
2004 Ed. (250)
2005 Ed. (255)
Pepcid AC
1998 Ed. (173, 174, 175, 1350, 2669)
1999 Ed. (279, 1905)
2000 Ed. (304, 1703)
2001 Ed. (387)
2003 Ed. (283)
2004 Ed. (251)
2006 Ed. (274)
2007 Ed. (279)
2008 Ed. (256)
2009 Ed. (279)
2010 Ed. (266)
2016 Ed. (207)
Pepcid Antacid
2008 Ed. (2380)
Pepcid Complete
2004 Ed. (249, 251)
2008 Ed. (2380)
2009 Ed. (279)
2010 Ed. (266)
2016 Ed. (207)
Pepcid Tabs & Susp
1991 Ed. (1473)
Pepco
2006 Ed. (2104)
2007 Ed. (2059)
Pepco Community Development Inc.
2004 Ed. (1885)
Pepco Credit Union
2015 Ed. (2214)
2016 Ed. (2185)
Pepco Holdings
2013 Ed. (1364)
2014 Ed. (2119)
2016 Ed. (2149)
Pepco Holdings Inc.
2004 Ed. (1886, 1887)
2005 Ed. (171, 1612, 2003, 2005, 2009, 2011, 2013, 2309, 2310, 2414)
2006 Ed. (2104, 2108, 2112, 2115, 2447)
2007 Ed. (2059, 2061, 2064, 2398)
2008 Ed. (2168, 2170, 2172, 2509, 3685)
2009 Ed. (2151, 2154)
2010 Ed. (2091, 2095, 2345)
2011 Ed. (2148, 2149)
2012 Ed. (1260, 1995, 1998, 1999, 2160, 2466)
2013 Ed. (2185, 2187, 2188)
2014 Ed. (2115, 2120, 2121)
2015 Ed. (2170)
2016 Ed. (2141)
Pepe
1990 Ed. (2406)
1999 Ed. (791, 3128)
Pepe Group PLC
1995 Ed. (1013)
Pepe Lopez
1991 Ed. (3336)
1992 Ed. (4262)
1993 Ed. (3546)

1994 Ed. (3505)
1995 Ed. (3590, 3594)
1996 Ed. (3670)
1997 Ed. (3729)
1998 Ed. (3508, 3509)
1999 Ed. (4579)
2000 Ed. (4233)
2001 Ed. (4503)
2002 Ed. (4604)
2003 Ed. (4721)
2004 Ed. (4699)
Peperami
2008 Ed. (713)
2009 Ed. (723)
2010 Ed. (647)
Pepe's Mexican Restaurants
2002 Ed. (4024)
2003 Ed. (4129)
2004 Ed. (4140)
2005 Ed. (4079)
2008 Ed. (4187)
2012 Ed. (4284)
Pepito
1999 Ed. (4620)
2014 Ed. (4748)
2015 Ed. (4768)
2016 Ed. (4672)
Pepper
1991 Ed. (3123)
1994 Ed. (3358)
2002 Ed. (4337)
2003 Ed. (4507)
Pepper Construction
1989 Ed. (1010)
1995 Ed. (3375, 3376)
1996 Ed. (3429)
2001 Ed. (2671)
2002 Ed. (1230)
2008 Ed. (1244)
Pepper Construction Group
2002 Ed. (1182)
2006 Ed. (1308, 1310, 1337)
2007 Ed. (1386)
2008 Ed. (1295, 1329)
2009 Ed. (1278, 1280, 1316, 2644, 2645)
2010 Ed. (1273, 1274, 1309)
2011 Ed. (1102, 1224, 1226, 1272)
2013 Ed. (1232)
2014 Ed. (1171)
2015 Ed. (1224)
2016 Ed. (1133)
Pepper Cos.
1990 Ed. (1176, 1210)
1991 Ed. (3121)
1992 Ed. (1371, 1434)
1993 Ed. (1098, 1122, 1149, 3309)
1994 Ed. (1138, 1156)
1995 Ed. (1136, 1146, 1175)
1996 Ed. (1131)
1997 Ed. (1160, 3516)
1998 Ed. (959)
1999 Ed. (1326, 1380, 1383)
2000 Ed. (2417)
Pepper Hamilton
2000 Ed. (2902)
Pepper Hamilton LLP
2007 Ed. (3322)
Pepper, Hamilton & Scheetz
1993 Ed. (2403)
1994 Ed. (2356)
1995 Ed. (2421)
1996 Ed. (2456)
1997 Ed. (2601)
1998 Ed. (2333)
1999 Ed. (3157)
Pepper, Hamilton & Sheetz
1989 Ed. (1885)
1990 Ed. (2425)
1991 Ed. (2291)
Pepper; J. W.
1994 Ed. (2592)
1995 Ed. (2673)
1996 Ed. (2746)
1997 Ed. (2861)
Peppercom
2003 Ed. (3987)
2004 Ed. (3985)
2005 Ed. (3952, 3956)
2012 Ed. (4136, 4155)
Peppercom Inc.
2014 Ed. (1870)
Peppercomm
2015 Ed. (4125, 4132, 4136, 4141)
2016 Ed. (4039, 4044, 4046)
Pepperdine University
1989 Ed. (841)
1993 Ed. (795)
1999 Ed. (3160)
2000 Ed. (929, 2904)

2001 Ed. (3061)
2003 Ed. (795, 799)
2004 Ed. (821)
2006 Ed. (715)
2007 Ed. (801)
2008 Ed. (781)
2016 Ed. (727)
Pepperdine University. Graziadio School
2003 Ed. (800)
Pepperdine University. Graziadio School of Business & Management
2009 Ed. (825)
2010 Ed. (770)
2011 Ed. (699)
2012 Ed. (631)
2013 Ed. (752)
Pepperdine's Graziadio School
2000 Ed. (930)
Pepperel
2006 Ed. (2951)
2007 Ed. (2968)
Pepperell/Lady Pepperell/West Point
1998 Ed. (2048, 2049)
Pepperell/Lady Pepperell/Westpoint
1994 Ed. (2131)
1995 Ed. (2182)
1996 Ed. (2196, 2197)
1999 Ed. (2805, 2806)
Pepperidge Farm
2014 Ed. (290, 291, 718, 1268)
2015 Ed. (323, 324, 326, 764, 765, 766, 1330)
2016 Ed. (321, 323, 686, 687)
Pepperidge Farm Classics
2001 Ed. (1494)
Pepperidge Farm Deli Flats
2014 Ed. (291)
Pepperidge Farm Distinctive
1997 Ed. (1215)
1998 Ed. (989)
1999 Ed. (1420)
2001 Ed. (1494)
2002 Ed. (1337)
2004 Ed. (1378)
2005 Ed. (1397, 1398)
2006 Ed. (1386)
2007 Ed. (1423)
Pepperidge Farm Distinctive Milano
2008 Ed. (1379)
Pepperidge Farm Farmhouse
2016 Ed. (686, 687)
Pepperidge Farm Flavor-Blasted Gold-fish
2013 Ed. (1341)
Pepperidge Farm Goldfish
1995 Ed. (1207)
2002 Ed. (1339)
2004 Ed. (1380)
2005 Ed. (1400)
2006 Ed. (1387)
2007 Ed. (1424)
2008 Ed. (1381)
2009 Ed. (1383)
2010 Ed. (1369)
2013 Ed. (1341)
2014 Ed. (1270, 1271)
2015 Ed. (1331, 1332)
2016 Ed. (1250, 1251)
Pepperidge Farm Goldfish Party Mix
2001 Ed. (4291)
Pepperidge Farm Inc.
1989 Ed. (355)
1992 Ed. (491, 494)
1994 Ed. (1191)
1995 Ed. (342)
1996 Ed. (779)
1997 Ed. (328, 330, 1212, 1213)
1998 Ed. (265, 494, 990)
1999 Ed. (369)
2000 Ed. (373)
2003 Ed. (1368)
2008 Ed. (725, 726)
2009 Ed. (1617)
2014 Ed. (1274, 1275, 2766)
2015 Ed. (1334, 2817)
2016 Ed. (1255)
Pepperidge Farm Milano
2014 Ed. (1269)
Pepperidge Farm Mini
2014 Ed. (290)
2015 Ed. (323, 324)
2016 Ed. (321)
Pepperidge Farm Swirl
2015 Ed. (764, 765)
2016 Ed. (686, 687)
Pepperidge Farms
2004 Ed. (2663)
2015 Ed. (325)
2016 Ed. (322)
Pepperjam

2010 Ed. (121)
Peppermint Schnapps
2001 Ed. (3101, 3111)
2002 Ed. (3087, 3098)
Pepperoni
1999 Ed. (3837)
Peppers
1993 Ed. (1749)
1999 Ed. (4702)
2001 Ed. (2555)
2002 Ed. (3709)
2006 Ed. (4877)
2007 Ed. (4873)
Peppers; Julius
2016 Ed. (219)
Peppertree Resorts, Ltd.
1991 Ed. (3389)
Pepsi
1989 Ed. (14)
1995 Ed. (19, 648, 694, 696, 697, 3569)
1998 Ed. (22, 449, 450, 451, 490, 3334, 3337)
1999 Ed. (703, 704, 778, 789, 4356, 4361, 4362, 4365, 4366, 4367, 4564)
2000 Ed. (715)
2001 Ed. (4310)
2002 Ed. (767, 4311, 4312, 4313, 4314, 4315, 4316, 4320, 4327)
2003 Ed. (4473)
2004 Ed. (681, 887, 2842)
2005 Ed. (674, 874)
2006 Ed. (572)
2007 Ed. (618, 679, 4462)
2008 Ed. (567, 568, 722, 4448)
2009 Ed. (597, 598, 732, 4496)
2010 Ed. (582, 655)
2011 Ed. (510, 586, 2521, 4482)
2012 Ed. (478, 479, 480, 481, 482, 4495)
2013 Ed. (594, 596, 597, 598, 4461)
2014 Ed. (607, 609, 610, 611, 612, 4496, 4497)
2015 Ed. (664, 679, 681, 682, 4496, 4497)
2016 Ed. (606, 620, 622, 623, 624)
Pepsi Americas
2002 Ed. (696)
Pepsi Arena
2005 Ed. (4440, 4441)
Pepsi Beverages Co.
2012 Ed. (1527)
2013 Ed. (634)
Pepsi Bottle, 2-Liter
1990 Ed. (3315, 3316)
The Pepsi Bottling Group Inc.
2001 Ed. (695, 696, 1003, 4188, 4306)
2002 Ed. (696)
2003 Ed. (665, 666, 667, 668, 4474)
2004 Ed. (670, 671, 672, 673, 679, 2647, 4447, 4448, 4449)
2005 Ed. (657, 658, 659, 660, 661, 668, 669, 672, 2626, 2637, 4394, 4395)
2006 Ed. (560, 561, 562, 563, 564, 566, 567, 568, 570, 647, 2622, 4411)
2007 Ed. (603, 604, 605, 606, 607, 614, 616, 676, 2599, 4476)
2008 Ed. (558, 559, 565, 566, 635, 2731, 2734, 2735, 4069, 4071)
2009 Ed. (586, 587, 588, 594, 596, 653, 2788, 2789, 4174, 4175, 4176, 4179, 4181)
2010 Ed. (573, 574, 578, 580, 620, 2722, 2723, 3039, 4109, 4110, 4111, 4114, 4116, 4118)
2011 Ed. (498, 500, 506, 508, 555, 1427, 2704, 2705, 2958, 3008, 4077, 4082, 4084)
2012 Ed. (459, 533, 534, 2632)
Pepsi Bottling Ventures LLC
2003 Ed. (4474)
2004 Ed. (4449)
2006 Ed. (647)
2007 Ed. (676)
2008 Ed. (635)
2009 Ed. (653)
2010 Ed. (620)
2011 Ed. (555)
2012 Ed. (533, 534)
2013 Ed. (634)
Pepsi Cans, 6-Pack, 12-Oz.
1990 Ed. (3315)
Pepsi Cans, 12-Pack, 12-Oz.
1990 Ed. (3315)
Pepsi Case, 12-Pack, 12-Oz.
1990 Ed. (3316)

Pepsi Center
 2001 Ed. (4355)
 2003 Ed. (4527)
Pepsi-Cola
 1989 Ed. (13, 2511, 2515)
 1990 Ed. (13, 52, 56, 3317, 3318, 3539, 3543, 3630)
 1991 Ed. (8, 54, 57, 3152, 3153, 3316, 3320)
 1992 Ed. (224, 923, 924, 4013, 4015, 4016, 4017, 4019, 4020, 4228, 4230)
 1993 Ed. (3352, 3354, 3355, 3356, 3530)
 1994 Ed. (3357, 3359, 3360, 3499)
 1995 Ed. (3415, 3417)
 1996 Ed. (726, 776, 3473, 3477, 3479, 3480, 3654)
 1997 Ed. (2554, 3541, 3544, 3711)
 2000 Ed. (1242, 4077, 4078, 4079, 4080, 4081)
 2001 Ed. (4302, 4307, 4308)
 2002 Ed. (753, 4319, 4325)
 2003 Ed. (678, 866, 4469, 4475, 4476)
 2005 Ed. (4396, 4397)
 2006 Ed. (574, 793, 4413)
 2007 Ed. (620, 882, 4475, 4478)
 2008 Ed. (570, 860, 4458, 4459, 4462, 4481)
 2009 Ed. (600, 865)
 2010 Ed. (584, 813)
 2011 Ed. (4479)
 2012 Ed. (483, 4493)
 2013 Ed. (4460)
 2015 Ed. (4495)
 2016 Ed. (651)
Pepsi-Cola Bottling Co.
 1999 Ed. (769, 4369)
 2000 Ed. (786)
Pepsi-Cola Bottling Company
 2000 Ed. (4082)
The Pepsi-Cola Bottling Group
 2004 Ed. (677)
 2005 Ed. (666)
Pepsi-Cola Canada Ltd.
 1992 Ed. (1185)
Pepsi-Cola General Bottlers
 1999 Ed. (769)
 2000 Ed. (786, 4082)
Pepsi Cola Interamericana
 1989 Ed. (1169)
Pepsi-Cola Metropolitan Bottling Co.
 2013 Ed. (2718)
 2014 Ed. (2703)
 2015 Ed. (2749)
 2016 Ed. (1875, 2679)
Pepsi-Cola Metropolitan Bottling Co., Inc.
 2014 Ed. (2704)
 2015 Ed. (2750)
 2016 Ed. (2680)
Pepsi-Cola North America
 2005 Ed. (667)
Pepsi-Gemex
 2003 Ed. (672)
 2004 Ed. (1548)
Pepsi Lipton Tea Partnership
 2016 Ed. (4550)
Pepsi-Lipton Tea Partnership
 2003 Ed. (4472, 4677)
Pepsi Max
 2010 Ed. (3750)
Pepsi Next
 2015 Ed. (1326, 3775)
 2016 Ed. (3689, 3690)
Pepsi One
 2003 Ed. (4473)
Pepsi Stuff
 2010 Ed. (3369)
Pepsi Vanilla
 2005 Ed. (4393)
PepsiAmericas Inc.
 2003 Ed. (666, 668, 2086, 2087, 4474)
 2004 Ed. (670, 671, 672, 673, 677, 1577, 1579, 2109, 2110, 4449)
 2005 Ed. (657, 658, 659, 660, 661, 666, 2213, 2214)
 2006 Ed. (560, 561, 562, 563, 564, 568, 647, 4411)
 2007 Ed. (603, 606, 607, 676, 2596, 4476)
 2008 Ed. (558, 559, 635)
 2009 Ed. (587, 653, 1899, 2786)
 2010 Ed. (573, 574, 620, 2720, 4118)
 2011 Ed. (498, 500, 555)
 2012 Ed. (459, 533, 534)
PepsiCo
 2013 Ed. (4224)

PepsiCo Asia, Middle East & Africa
 2012 Ed. (1944)
 2014 Ed. (2040)
PepsiCo Beverages & Foods North America
 2008 Ed. (4481)
PepsiCo BV
 2014 Ed. (1838)
PepsiCo (Canada)
 2016 Ed. (2690)
PepsiCo Foodservice Division
 1990 Ed. (1836)
PepsiCo France
 2011 Ed. (1652)
 2012 Ed. (1502)
 2013 Ed. (1641)
 2014 Ed. (1600)
 2015 Ed. (1651)
PepsiCo Inc.
 1989 Ed. (16, 17, 20, 42, 726, 1099, 1453, 2277, 2510, 2514)
 1990 Ed. (14, 17, 20, 39, 43, 45, 46, 1279, 1281, 1567, 2811, 2936, 3321, 3322, 3451)
 1991 Ed. (10, 11, 15, 36, 43, 44, 45, 46, 242, 704, 705, 706, 707, 735, 1170, 1185, 1236, 1739, 1740, 1742, 2662, 2664, 2665, 2793, 3226, 3301, 3312, 3315)
 1992 Ed. (31, 33, 35, 40, 70, 881, 882, 883, 884, 885, 918, 1028, 1439, 1548, 1564, 2182, 2183, 2184, 2185, 2187, 2188, 2200, 2817, 3222, 3322, 3596, 4012, 4049, 4144, 4223, 4225)
 1993 Ed. (19, 20, 21, 22, 42, 47, 49, 678, 679, 682, 683, 684, 686, 687, 697, 736, 1231, 1253, 1338, 1342, 1377, 1515, 1879, 2711, 2760, 3381, 3464, 3526, 3527, 3529)
 1994 Ed. (9, 12, 33, 39, 42, 681, 683, 684, 685, 686, 689, 690, 694, 695, 696, 697, 699, 700, 703, 704, 705, 706, 742, 1207, 1246, 1268, 1270, 1284, 1311, 1395, 1430, 1561, 1861, 1867, 1870, 2060, 2661, 2717, 2985, 3085, 3355, 3441, 3500, 3501)
 1995 Ed. (18, 22, 23, 141, 153, 645, 646, 647, 650, 651, 652, 653, 654, 655, 656, 659, 660, 662, 691, 1223, 1224, 1265, 1294, 1341, 1420, 1466, 1567, 1891, 1895, 1896, 1900, 1904, 2763, 2824, 3047, 3131, 3151, 3414, 3416, 3519, 3570, 3571, 3572, 3574)
 1996 Ed. (28, 31, 720, 722, 727, 728, 729, 730, 731, 732, 733, 736, 737, 738, 769, 1176, 1250, 1288, 1387, 1390, 1393, 1428, 1935, 1937, 1938, 1940, 1951, 1979, 2827, 2842, 3146, 3228, 3472, 3475, 3591, 3593, 3656, 3657, 3659, 3660)
 1997 Ed. (29, 31, 32, 657, 661, 662, 663, 665, 666, 670, 706, 875, 1296, 1449, 1489, 2034, 2035, 2051, 2062, 2932, 3327, 3540, 3637, 3713, 3714)
 1998 Ed. (28, 448, 452, 453, 456, 457, 460, 461, 486, 1112, 1169, 1181, 1721, 1722, 1729, 1736, 1742, 2671, 3067, 3338, 3415, 3490, 3491)
 1999 Ed. (28, 708, 709, 713, 715, 716, 720, 721, 724, 725, 1472, 1474, 1505, 1551, 1561, 1670, 1817, 2460, 2463, 2473, 2478, 2480, 2483, 2484, 3112, 3637, 4359, 4363, 4489, 4566, 4567, 4694)
 2000 Ed. (23, 714, 718, 719, 721, 723, 726, 728, 730, 732, 2220, 2231, 2266, 4126)
 2001 Ed. (17, 30, 41, 48, 53, 55, 59, 60, 64, 68, 73, 87, 92, 689, 695, 696, 698, 699, 996, 1042, 1817, 2461, 2464, 2465, 2470, 4303)
 2002 Ed. (60, 691, 696, 704, 705, 1432, 2299, 2310, 2311, 4321, 4322, 4326)
 2003 Ed. (16, 665, 666, 667, 668, 670, 671, 673, 732, 737, 740, 867, 877, 1217, 1423, 1452, 1467, 1790, 2503, 2504, 2511, 2515, 2517, 2522, 2637, 4468, 4472, 4477, 4481, 4521, 4559, 4710, 4720)
 2004 Ed. (39, 42, 51, 57, 66, 78, 670, 671, 672, 674, 675, 676, 679, 1482, 1497, 1563, 1574, 1824, 2635, 2636, 2644, 2647, 2655, 2840,

2845, 3153, 4447, 4448, 4451, 4452, 4554, 4582, 4680, 4682)
 2005 Ed. (14, 36, 45, 52, 57, 61, 65, 70, 73, 171, 657, 659, 660, 665, 669, 670, 672, 735, 740, 1513, 1577, 1605, 1801, 1806, 1909, 2626, 2627, 2629, 2633, 2635, 2637, 2646, 2657, 2846, 2847, 2848, 2849, 3371, 3492, 3925, 3928, 4164, 4394, 4395, 4398, 4656, 4659)
 2006 Ed. (43, 52, 54, 79, 82, 103, 142, 193, 560, 562, 563, 569, 570, 1215, 1488, 1775, 1783, 1785, 1790, 1850, 1937, 2622, 2623, 2625, 2630, 2633, 2635, 2641, 2648, 2847, 2851, 2852, 3357, 3999, 4218, 4411, 4412, 4414, 4576, 4577, 4647, 4708)
 2007 Ed. (34, 43, 50, 55, 59, 72, 97, 135, 199, 604, 605, 606, 612, 613, 616, 1471, 1518, 1784, 1790, 1795, 1920, 2599, 2600, 2602, 2607, 2610, 2618, 2619, 2621, 2628, 2842, 2844, 2846, 2897, 2914, 4034, 4234, 4474, 4476, 4553, 4778)
 2008 Ed. (38, 47, 53, 57, 61, 68, 90, 95, 107, 186, 556, 559, 562, 564, 566, 1213, 1465, 1500, 1714, 1851, 1854, 1987, 2734, 2735, 2736, 2739, 2748, 2749, 2751, 2753, 2754, 2755, 2756, 2969, 2970, 3019, 3036, 3682, 3684, 3686, 4060, 4061, 4062, 4065, 4066, 4067, 4069, 4071, 4266, 4268, 4457, 4460, 4542, 4651, 4656, 4695)
 2009 Ed. (29, 43, 54, 60, 65, 67, 74, 77, 99, 104, 203, 585, 586, 591, 595, 596, 755, 1194, 1433, 1763, 1940, 2786, 2788, 2789, 2791, 2793, 2794, 2801, 2802, 2806, 2809, 2811, 2812, 3049, 3106, 3121, 3754, 4174, 4175, 4176, 4179, 4180, 4181, 4370, 4372, 4557, 4560, 4693)
 2010 Ed. (35, 39, 40, 53, 61, 64, 75, 87, 107, 112, 118, 569, 572, 573, 576, 578, 581, 703, 1198, 1416, 1641, 1877, 1880, 2722, 2723, 2725, 2726, 2732, 2733, 2738, 2740, 2746, 2750, 2989, 3039, 3687, 4109, 4110, 4111, 4114, 4115, 4118, 4397, 4399, 4538)
 2011 Ed. (497, 498, 499, 504, 506, 509, 1147, 1387, 1388, 1389, 1618, 1907, 1910, 2704, 2705, 2708, 2709, 2717, 2718, 2723, 2725, 2727, 2729, 2731, 2732, 3008, 3679, 4077, 4078, 4082, 4083, 4342, 4344, 4476, 4477, 4480)
 2012 Ed. (34, 457, 458, 459, 460, 462, 468, 469, 470, 472, 473, 474, 1081, 1233, 1284, 1608, 1764, 1767, 1768, 2456, 2632, 2633, 2637, 2640, 2652, 2656, 2658, 2660, 2667, 2669, 2670, 3519, 3694, 4108, 4109, 4110, 4113, 4114, 4115, 4117, 4491, 4492, 4494, 4555)
 2013 Ed. (42, 577, 578, 580, 581, 584, 585, 586, 588, 589, 590, 591, 592, 1218, 1392, 1938, 1944, 1946, 2718, 2719, 2722, 2734, 2737, 2739, 2742, 2743, 2749, 2757, 3492, 3494, 3560, 3741, 4104, 4105, 4106, 4109, 4110, 4111, 4459, 4515, 4559)
 2014 Ed. (55, 581, 587, 588, 591, 592, 595, 596, 597, 598, 600, 601, 602, 603, 604, 1158, 1292, 1315, 1619, 1876, 1881, 1883, 1885, 2542, 2703, 2704, 2707, 2710, 2715, 2718, 2722, 2723, 2729, 2736, 3035, 4120, 4121, 4122, 4125, 4126, 4127, 4495, 4576)
 2015 Ed. (93, 649, 655, 656, 660, 661, 665, 666, 667, 668, 670, 671, 672, 673, 674, 865, 1212, 1354, 1378, 1669, 1911, 1918, 1920, 1922, 2749, 2750, 2753, 2769, 2772, 2774, 2777, 2778, 2784, 2791, 4104, 4105, 4106, 4109, 4110, 4111, 4420, 4493, 4570)
 2016 Ed. (55, 589, 596, 597, 602, 603, 607, 608, 609, 611, 612, 613, 614, 615, 753, 1118, 1285, 1875, 1883, 1885, 2679, 2680, 2683, 2699, 2701, 2703, 2707, 2708, 2714, 2721, 4016, 4017, 4018,

4021, 4024, 4025, 4314, 4468)
PepsiCo, Inc.
 2014 Ed. (651)
PepsiCo Ireland
 2011 Ed. (1764)
 2012 Ed. (1615)
 2013 Ed. (1772)
 2014 Ed. (1706)
 2015 Ed. (1748)
PepsiCo Italia
 2012 Ed. (1621)
 2013 Ed. (1780)
PepsiCo Restaurants International
 1998 Ed. (1737)
PepsiCo WorldWide Flavours
 2012 Ed. (1969)
PepsiCo Worldwide Flavours
 2014 Ed. (1780)
 2015 Ed. (1824)
Pepsi/Diet Pepsi
 1989 Ed. (2801)
 1991 Ed. (3317)
 1992 Ed. (93)
Pepsodent
 1995 Ed. (3628, 3630)
 2003 Ed. (4770)
PeptiDream Inc.
 2015 Ed. (4415)
Pepto Bismol
 1992 Ed. (341, 342, 346, 1872)
 1993 Ed. (236, 1532)
 1994 Ed. (225, 226)
 1995 Ed. (224, 2898)
 1996 Ed. (225, 1593)
 1997 Ed. (257)
 1998 Ed. (173, 174, 175, 1350)
 1999 Ed. (279)
 2003 Ed. (283, 3776, 3781, 3782)
 2004 Ed. (250)
Pepto-Bismol liquid antacid 8 oz.
 1990 Ed. (1575)
Pequot General Partners
 1994 Ed. (2308)
Pequot International
 1994 Ed. (2598)
Per Aarsleff A/S
 2004 Ed. (1333)
Per Diem
 1994 Ed. (2360)
Per. Listrik Negara (PLN)
 2001 Ed. (1738)
Per Mar Security Services
 1998 Ed. (3201)
 1999 Ed. (4200)
 2000 Ed. (3918)
 2005 Ed. (4291)
 2006 Ed. (4270, 4271)
 2007 Ed. (4295)
 2008 Ed. (4297)
 2009 Ed. (4404)
 2013 Ed. (4412)
 2014 Ed. (4443)
 2015 Ed. (4438)
 2016 Ed. (4331)
Per Se
 2007 Ed. (4129)
Per-Se Technologies
 2008 Ed. (2905)
Peramaa; Hourieh
 2009 Ed. (4918)
Peramina Pension Fund
 1999 Ed. (2888)
Perata; Don
 1991 Ed. (2346)
Perbadanan Tabung Amanah Islam Brunei
 2010 Ed. (2654)
 2011 Ed. (2641)
 2012 Ed. (2568)
Perbio Science AB
 2005 Ed. (4675)
Perceive for Women
 2003 Ed. (2545)
Percepta Progressive
 1999 Ed. (3658)
Perception
 1992 Ed. (4039)
Perception Technology Corp.
 1995 Ed. (1239)
Perceptron Inc.
 1998 Ed. (1931)
 1999 Ed. (2669)
 2000 Ed. (2459)
 2001 Ed. (2698)
 2002 Ed. (2514)
Perceptronics Inc.
 1990 Ed. (412)
Percogesic

1993 Ed. (14)
Percolate
  2016 Ed. (59)
Percon Projects Inc.
  2009 Ed. (1154)
Percussion Software Inc.
  2006 Ed. (3024)
  2007 Ed. (3057)
Percy Jackson & the Olympians: Book Five: The Last Olympian
  2011 Ed. (490)
  2012 Ed. (448)
Percy Jackson & the Olympians: Book Four: The Battle of the Labyrinth
  2010 Ed. (560)
  2011 Ed. (492)
  2012 Ed. (450)
Percy Jackson & the Olympians: Book One: The Lightning Thief
  2010 Ed. (561)
  2011 Ed. (491)
  2012 Ed. (447, 450)
  2013 Ed. (563)
  2014 Ed. (574)
  2015 Ed. (642)
Percy Jackson & the Olympians: Book Three: The Titan's Curse
  2012 Ed. (450)
Percy Jackson & the Olympians: Book Two: The Sea of Monsters
  2011 Ed. (491)
  2012 Ed. (447, 450)
Percy Jackson & the Olympians No. 5: The Last Olympian
  2013 Ed. (564)
Percy Medicine
  2003 Ed. (3776)
Percy Sutton
  2012 Ed. (110)
Percy Thomas Partnership
  1990 Ed. (1276)
PerDatum Inc.
  2006 Ed. (4202)
Perdiem
  2001 Ed. (3073)
  2003 Ed. (3197)
Perdiem Fiber
  2003 Ed. (3197)
Perdigao
  2004 Ed. (1773)
  2006 Ed. (1846)
Perdigao Agroindustrial, SA
  1995 Ed. (1906)
Perdigao SA
  2009 Ed. (3616)
  2010 Ed. (3540)
  2011 Ed. (3539)
Perdipine
  1992 Ed. (1841)
Perdomo BSB Publicidad
  1995 Ed. (112)
Perdomo-Ted Bates
  1992 Ed. (196)
Perdomo-Ted Bates/Public
  1991 Ed. (141)
Perdomo/Ted Bates Publicidad
  1989 Ed. (150)
  1990 Ed. (141)
Perdue Done It
  2002 Ed. (1330)
  2004 Ed. (1371)
Perdue Farms
  2013 Ed. (3636, 3641)
  2016 Ed. (4314)
Perdue Farms Inc.
  1990 Ed. (2890, 2891)
  1992 Ed. (2990, 2994, 2997, 3507, 3509, 3511, 3512)
  1993 Ed. (2518, 2519, 2522, 2523, 2889, 2891, 2892, 2896)
  1994 Ed. (1858, 1882, 2456, 2459, 2906, 2908, 2909)
  1995 Ed. (2524, 2526, 2959, 2962, 2965, 2967)
  1996 Ed. (1949, 2583, 2588, 2591, 3058, 3061, 3063, 3064)
  1997 Ed. (2048, 2732, 2737, 3140, 3143, 3144, 3145)
  1998 Ed. (1733, 2449, 2450, 2451, 2889, 2891, 2892, 2895, 2896)
  1999 Ed. (2472, 2475, 3321, 3323, 3864, 3865)
  2000 Ed. (2230, 2232, 3580)
  2001 Ed. (2479)
  2002 Ed. (2290, 3277)
  2003 Ed. (2520, 3324, 3328, 3340, 3341, 3342)
  2004 Ed. (3408)
  2005 Ed. (3420)
  2007 Ed. (2627)

2008 Ed. (2779, 2784, 3610, 3616, 3618)
  2009 Ed. (2842, 3675, 3677, 3684, 3686, 4147)
  2010 Ed. (2783, 3590, 3592, 3598, 4079)
  2011 Ed. (2772, 3592, 4052)
  2012 Ed. (2701, 3579, 4084)
  2013 Ed. (1836)
  2014 Ed. (1766)
  2015 Ed. (1809)
  2016 Ed. (1768, 3477)
Perdue Inc
  1990 Ed. (1037)
Perdue Inc.
  1998 Ed. (2706)
  2006 Ed. (1862)
  2010 Ed. (1796, 3594)
  2011 Ed. (3594, 3596, 3600)
  2016 Ed. (3481)
Perdue Short Cuts
  2002 Ed. (1330)
  2004 Ed. (1371)
Peregrine Brokerage
  1998 Ed. (3268)
Peregrine Capital
  1994 Ed. (781, 3185, 3186)
  1995 Ed. (3267, 3281)
  1996 Ed. (1700, 3376)
  2004 Ed. (3195)
Peregrine Capital Management
  1993 Ed. (1639, 1644, 2332, 2335)
  2000 Ed. (2858)
  2005 Ed. (3583)
Peregrine Capital Philippines Inc.
  1996 Ed. (3392)
  1997 Ed. (3487)
Peregrine Corp.
  2016 Ed. (1382)
Peregrine Holdings Ltd.
  2015 Ed. (2027)
Peregrine Inc.
  1995 Ed. (421, 772, 773, 774, 775, 776, 777, 778, 779, 785, 787, 788, 789, 797, 801, 802, 805, 817, 818, 819, 820, 821, 837, 838, 839, 840, 841)
  1997 Ed. (750, 751, 752, 753, 754, 755, 757, 758, 759, 760, 761, 762, 764, 765, 768, 778, 779, 798, 799, 800, 801, 802, 813, 814, 815, 816, 817, 820, 821)
  1999 Ed. (866, 872, 873, 874, 875, 876, 877, 878, 879, 880, 881, 882, 883, 884, 885, 886, 887, 889, 890, 899, 900, 901, 902, 903, 908, 923, 925, 938, 944, 1187)
  2000 Ed. (1103)
  2001 Ed. (1256)
Peregrine Invest Partner
  1997 Ed. (2202)
Peregrine Investments
  1995 Ed. (2129, 3514)
  1999 Ed. (892, 1669)
Peregrine Investments Holdings Ltd.
  1997 Ed. (1423)
Peregrine Leadership Institute LLC
  2007 Ed. (4456)
Peregrine Pharmaceuticals Inc.
  2012 Ed. (1370)
  2015 Ed. (1486)
  2016 Ed. (1416)
Peregrine Securities International
  1996 Ed. (1851)
Peregrine Systems Inc.
  2002 Ed. (2808)
  2004 Ed. (1453)
Pereira & O'Dell
  2014 Ed. (58)
Perella Wasserstein
  1992 Ed. (1495)
  1993 Ed. (1208)
Perelli Group
  1997 Ed. (1459)
Perelman; Ronald
  2005 Ed. (4847)
  2006 Ed. (4898)
  2007 Ed. (4893)
  2008 Ed. (4823)
  2009 Ed. (4846)
  2010 Ed. (4851)
  2011 Ed. (4818)
  2012 Ed. (4838)
  2013 Ed. (4832)
  2014 Ed. (4847)
  2015 Ed. (4884)
  2016 Ed. (4802)
Perelman; Ronald Owen
  1991 Ed. (2461)
Peremel & Co.

2005 Ed. (363)
Perenchio Television Inc.
  1995 Ed. (2443)
Perennial
  2004 Ed. (752)
  2005 Ed. (733)
Perennial Building Group
  2004 Ed. (1186)
Perex Companc
  1999 Ed. (950)
Perez; Antonio
  2011 Ed. (851)
Perez Companc
  1991 Ed. (784, 785)
  1992 Ed. (965, 966, 1566)
  1993 Ed. (769, 770)
  1994 Ed. (787, 788)
  1996 Ed. (811, 812)
  1997 Ed. (827, 828)
  1999 Ed. (949)
  2000 Ed. (895, 896)
  2002 Ed. (855)
  2003 Ed. (3301)
Perez Companc SA
  2003 Ed. (3843, 4570)
  2004 Ed. (3860)
Perez Cove Marine
  1991 Ed. (718)
Perez de la Mesa; Manuel
  2015 Ed. (974)
Perez; Florentino
  2009 Ed. (4897)
  2010 Ed. (4896)
  2011 Ed. (4883)
  2012 Ed. (4892)
  2013 Ed. (4910)
Perez Hilton
  2010 Ed. (829)
  2011 Ed. (756)
Perez Interboro Asphalt Co.
  1990 Ed. (2593)
  1991 Ed. (2474)
  1992 Ed. (3092)
Perez; Jorge M.
  2011 Ed. (2924)
Perez; Katherine Aguilar
  2011 Ed. (2954)
Perez; Peter M.
  2011 Ed. (3107)
Perez; William
  2007 Ed. (964)
Perfect Commerce
  2005 Ed. (1560)
  2006 Ed. (1830)
  2007 Ed. (1839)
Perfect Fit
  2007 Ed. (3438)
  2009 Ed. (3672)
  2010 Ed. (3588)
Perfect Fit Industries
  2009 Ed. (4057)
  2010 Ed. (3973)
Perfect Fitness
  2011 Ed. (1143, 4020)
Perfect Gentlemen
  1993 Ed. (1078)
Perfect Office
  1997 Ed. (1104)
Perfect Order
  2005 Ed. (4810)
Perfect Output LLC
  2016 Ed. (3594)
Perfect Output of Kansas City
  2005 Ed. (1831)
Perfect Output of Kansas City LLC
  2007 Ed. (3556, 4421)
Perfect Path
  2013 Ed. (4950)
  2015 Ed. (3056)
  2016 Ed. (2946)
Perfect Smile
  1997 Ed. (2389)
The Perfect Store: Inside eBay
  2005 Ed. (709)
The Perfect Storm
  1999 Ed. (693)
  2000 Ed. (709)
  2002 Ed. (3397)
The Perfect Wedding Guide Inc.
  2002 Ed. (215)
  2003 Ed. (186)
  2004 Ed. (137, 913)
  2005 Ed. (127)
Perfecter Fusion Styler
  2015 Ed. (2329)
Perfection
  1990 Ed. (3339)
  1992 Ed. (2257)
Perfection Bakers Inc.
  2008 Ed. (726)

Perfecto Mobile
  2016 Ed. (1034)
Perfetti
  1992 Ed. (59)
Perfetti; Augusto
  2014 Ed. (4895)
  2015 Ed. (4934)
  2016 Ed. (4850)
Perfetti; Giorgio
  2014 Ed. (4895)
  2015 Ed. (4934)
  2016 Ed. (4850)
Perfetti SpA
  1993 Ed. (37)
  1994 Ed. (28)
Perfetti Van Melle SpA
  2005 Ed. (865, 866)
  2006 Ed. (776)
  2008 Ed. (843)
  2009 Ed. (855)
  2010 Ed. (802)
  2011 Ed. (730)
  2012 Ed. (669)
  2013 Ed. (808)
  2015 Ed. (876)
  2016 Ed. (764)
Perficient
  2016 Ed. (4353)
Perficient Inc.
  2006 Ed. (4871)
  2008 Ed. (2109, 3643, 4608)
  2009 Ed. (1114, 2933, 4450, 4454, 4456)
Perficut Lawn, Landscape & Erosion Services
  2011 Ed. (3421)
Perfiles Especiales Selak SL
  2003 Ed. (1825)
Perforce
  2007 Ed. (1253)
  2008 Ed. (1144)
  2009 Ed. (1123)
  2010 Ed. (1106)
  2011 Ed. (1045)
  2012 Ed. (975)
  2014 Ed. (1077)
  2015 Ed. (1120)
Perforce Software Inc.
  2005 Ed. (1144)
  2006 Ed. (1133)
Perform Group
  2014 Ed. (3593)
Performance Bonus
  2000 Ed. (1781)
Performance Contracting Group Inc.
  1993 Ed. (1123, 1126, 1136)
  1994 Ed. (1139, 1143, 1150)
  1995 Ed. (1158, 1160, 1169, 1170)
  1996 Ed. (1133, 1135, 1136, 1145)
  1997 Ed. (1161, 1173, 1174)
  1998 Ed. (955, 958)
  1999 Ed. (1365, 1376, 1379)
  2000 Ed. (1257, 1268)
  2001 Ed. (1409, 1471, 1484)
  2002 Ed. (1231, 1301)
  2003 Ed. (1242, 1319)
  2004 Ed. (1245, 1319)
  2005 Ed. (1296, 1324)
  2006 Ed. (1265, 1293, 1297, 1334, 1348, 1351)
  2007 Ed. (1356, 1369, 1372)
  2008 Ed. (1183, 1254, 1265, 1268)
  2009 Ed. (1229, 1241, 1244)
  2010 Ed. (1228, 1240, 1243)
  2011 Ed. (1175, 1188, 1191)
  2012 Ed. (1123, 1134, 1137)
  2013 Ed. (1267, 1283)
  2014 Ed. (1200, 1216)
  2015 Ed. (1250, 1257, 1274)
  2016 Ed. (1161, 1171, 1189)
Performance Contracting Inc.
  2006 Ed. (1330)
  2008 Ed. (1316)
  2010 Ed. (1771)
  2011 Ed. (1783)
  2012 Ed. (1139, 1173, 1178, 1183, 1639)
  2013 Ed. (1796)
  2014 Ed. (1723)
  2015 Ed. (1768)
  2016 Ed. (1719)
Performance Contractors
  2014 Ed. (1173)
  2015 Ed. (4099)
  2016 Ed. (4013)
Performance Contractors Inc.
  2003 Ed. (1291)
  2004 Ed. (1279)
  2006 Ed. (1324, 1325)
  2007 Ed. (1376, 1377, 1389)

2008 Ed. (1310, 1335)
2009 Ed. (1295, 1297, 1332)
2010 Ed. (1317)
2011 Ed. (1192, 1242, 1246, 1292)
Performance Food
2002 Ed. (2294, 4901)
Performance Food Group
2013 Ed. (2153)
2014 Ed. (2087)
2015 Ed. (2140)
2016 Ed. (2118)
Performance Food Group Co.
1999 Ed. (2481, 4758)
2000 Ed. (2217, 2240)
2001 Ed. (2456, 2457)
2003 Ed. (2497, 2498, 2499, 4558, 4929, 4930)
2004 Ed. (4621, 4931, 4932, 4933, 4934)
2005 Ed. (2238, 2622, 4550, 4913, 4914, 4915, 4916)
2006 Ed. (2109, 2618, 4947, 4948)
2007 Ed. (1528, 1558, 2062, 2709, 4953, 4954)
2008 Ed. (1539, 2171, 4926)
2009 Ed. (1467, 2142, 4946, 4947)
2010 Ed. (2718, 4106, 4952)
2011 Ed. (4075, 4936)
2012 Ed. (4106, 4938)
2013 Ed. (2152, 2715)
2014 Ed. (2086, 2701)
2015 Ed. (2139, 2747)
2016 Ed. (2117, 2677)
Performance Fund LP
1993 Ed. (1044)
Performance Group Inc.
2010 Ed. (4011, 4013)
2014 Ed. (4079)
Performance Health Technology
2006 Ed. (1972)
2007 Ed. (1944)
2008 Ed. (2020, 2026)
2009 Ed. (1990)
2010 Ed. (1917, 1923)
2011 Ed. (1963)
Performance Imaging
2005 Ed. (2859)
2008 Ed. (2983, 2984)
2010 Ed. (2998)
2011 Ed. (2966)
2012 Ed. (2898)
2013 Ed. (2985)
2014 Ed. (2995)
Performance Indicator
2014 Ed. (2520)
Performance Mechanical
2012 Ed. (1114, 1181)
Performance Nissan
1990 Ed. (311)
Performance Physical Therapy
2016 Ed. (1978)
Performance Pipe
2005 Ed. (3843)
2006 Ed. (3914)
2007 Ed. (3964)
2008 Ed. (3990)
2009 Ed. (4061)
2010 Ed. (3979)
2011 Ed. (3983)
2012 Ed. (3980)
2013 Ed. (4043)
2014 Ed. (3979)
2015 Ed. (4024)
2016 Ed. (3938)
Performance Plus Employment Services
2006 Ed. (2430)
Performance Services Inc.
2010 Ed. (1699)
Performance Site Management
2002 Ed. (1300)
Performance Software
2005 Ed. (1129)
Performance Sports Group Ltd.
2016 Ed. (1850)
Performance Staffing Solutions Inc.
2016 Ed. (4953)
Performance Technologies Inc.
2008 Ed. (4417)
Performance Transportation Services
2006 Ed. (4797)
2007 Ed. (4814)
2008 Ed. (4741, 4770)
2009 Ed. (4802)
Performance World Custom Car Show
2003 Ed. (4778)
2004 Ed. (4757)
PerformanceBike.com
2011 Ed. (2371)
Performark Inc.
1997 Ed. (3701)

Performed Line Products
2013 Ed. (1964)
Performics
2010 Ed. (2377)
2011 Ed. (2376)
2012 Ed. (2303)
2014 Ed. (2411)
2015 Ed. (2486)
2016 Ed. (2417)
Performing arts
2001 Ed. (3794)
2003 Ed. (2341, 2342)
Perfume
2004 Ed. (2685)
Perfumeland Megastore
2016 Ed. (3588)
Perfumes
1992 Ed. (2951)
Perfumes & cosmetics
2001 Ed. (1186)
Perfumes/colognes
2005 Ed. (3708)
Pergament
1990 Ed. (3057)
1996 Ed. (2493)
1998 Ed. (1967, 1973)
Pergament Home Centers
1990 Ed. (1035)
1991 Ed. (964, 966)
Pergamon Journals Inc.
1995 Ed. (1246)
Pergamon/AGB
1990 Ed. (3000, 3001)
Peri-Colace
1993 Ed. (2408)
Peri-colase
1992 Ed. (2850)
Peribere; Jerome A.
2016 Ed. (3950)
Pericom Semiconductor Corp.
2009 Ed. (1525)
2010 Ed. (4502, 4505, 4509)
2011 Ed. (4446)
Peridex
1990 Ed. (1489)
1992 Ed. (1779)
Peridex Oral Rinse
1995 Ed. (1548)
Perie Systems Ltd.
2002 Ed. (2503)
Perifericos
1992 Ed. (44)
Perigee Canadian Value Equity
2001 Ed. (3469, 3470, 3471)
Perigee Index Plus Bond
2003 Ed. (3563)
2004 Ed. (727)
Perigee Investment Counsel, Inc.
2000 Ed. (2844)
Perigee Symmetry Balanced
2001 Ed. (3457)
Perimeter Institute
2012 Ed. (720)
Perimeter Institute for Theoretical Physics
2013 Ed. (1526)
Perimeter Internetworking
2006 Ed. (2822)
2007 Ed. (2824)
Perini Building Co.
1997 Ed. (1160)
1998 Ed. (961, 974)
1999 Ed. (1385)
2006 Ed. (1327, 1346)
2007 Ed. (1380, 1391)
2008 Ed. (1315, 1340)
2009 Ed. (1300, 1338)
2010 Ed. (1293, 1321)
2011 Ed. (1251, 1299)
2013 Ed. (1270)
Perini Building Co. Central U.S. Division
1995 Ed. (1176)
1996 Ed. (1150)
1997 Ed. (1179)
Perini Corp.
1990 Ed. (1197, 1199)
1991 Ed. (1074)
1992 Ed. (1359, 1402, 1963)
1993 Ed. (1087, 1138, 1152, 1615)
1994 Ed. (1110, 1175, 1647)
1995 Ed. (1149, 1179, 1194)
1996 Ed. (1108, 1122, 1148, 1168)
1997 Ed. (1129, 1177, 1198)
1998 Ed. (884, 936, 938, 941)
1999 Ed. (1315, 1357, 1360, 1364)
2002 Ed. (1242, 1247, 1255, 1261, 1272)
2003 Ed. (1140, 1146, 1265, 1271, 1281, 2289, 2290)

2004 Ed. (1148, 1268, 1274, 1284, 1359, 4075)
2005 Ed. (1864, 4007, 4360)
2006 Ed. (1167, 1354, 1493, 2450, 2458, 4301)
2007 Ed. (1337, 1343, 2412)
2008 Ed. (1178, 1222, 1228, 1237, 1274, 1911, 1924)
2009 Ed. (1210, 1213, 1258, 1445, 1876, 1877, 1883, 2519)
2010 Ed. (1136, 1176, 1213, 1215, 1216, 1252, 1809, 2436, 2862, 4588)
2011 Ed. (1084, 1124, 1182)
2012 Ed. (1005)
Periochip
2001 Ed. (1988)
Periodicals
1996 Ed. (3085)
Periostat Capsules
2001 Ed. (1988)
Peripheral Vision Infosystems, Inc.
2002 Ed. (2511)
Peripherals
1990 Ed. (1613)
1991 Ed. (1515)
1995 Ed. (1653)
Periphonics
1992 Ed. (4039)
Periscope
2004 Ed. (125)
2010 Ed. (3584)
Periscopix
2012 Ed. (2855)
Perisom
2008 Ed. (1595)
Peritus Public Relations
2011 Ed. (4107, 4130)
2012 Ed. (4137, 4159)
Perkin-Elmer
1989 Ed. (1316, 1326, 1333, 1667, 2304, 2362)
1990 Ed. (1622, 2216, 2217, 2989, 3108, 3237)
1991 Ed. (2079, 2080, 2843, 2930)
1992 Ed. (1313, 1315, 2641, 2642, 3677)
1993 Ed. (2181)
1994 Ed. (2212)
1998 Ed. (2457)
1999 Ed. (1960, 1974, 1975, 3340)
2000 Ed. (1736, 1746, 1750, 3862)
PerkinElmer Inc.
2001 Ed. (2039, 2892)
2002 Ed. (4172)
2003 Ed. (2131, 2133, 2957, 4302)
2004 Ed. (3031, 4312)
2005 Ed. (2339, 3046, 3047, 4244)
2006 Ed. (2386, 2769, 3049, 4249)
2007 Ed. (2330, 2774, 4263)
2008 Ed. (2904)
Perkins
1990 Ed. (3005)
1992 Ed. (3710)
1999 Ed. (4067)
2000 Ed. (3785)
2001 Ed. (4065)
2002 Ed. (4002)
2003 Ed. (4098)
Perkins; Brian
2009 Ed. (21)
2010 Ed. (30)
2011 Ed. (26)
Perkins Capital
1993 Ed. (2315)
Perkins Coie
1998 Ed. (1376)
2001 Ed. (941)
Perkins Coie LLP
2006 Ed. (1966, 2098, 3108)
2007 Ed. (1508, 1511)
2015 Ed. (1970, 2152)
2016 Ed. (1397, 1936)
Perkins Cole
2009 Ed. (2149)
2010 Ed. (1683, 2089)
2011 Ed. (992, 2146)
2013 Ed. (4646)
Perkins Cole LLP
2011 Ed. (1951, 1956, 4728)
2012 Ed. (916, 1814, 1992, 2330, 3368, 3401, 3413)
2013 Ed. (1063, 1985, 2182, 2508, 3444, 3447)
2014 Ed. (1924, 2112, 4462)
2015 Ed. (2166, 4456)
Perkins; Dame Mary
2012 Ed. (4922)
2013 Ed. (4902)
Perkins Discovery

2006 Ed. (3647, 3648, 3649)
Perkins; Douglas & Dame Mary
2010 Ed. (4922)
Perkins; Douglas & Mary
2008 Ed. (4897)
Perkins & Eastman
2011 Ed. (3313)
Perkins Eastman
2006 Ed. (3165, 3167)
2007 Ed. (2410, 3201)
2008 Ed. (2515, 3343)
2009 Ed. (2542, 3416)
2010 Ed. (2438, 2444, 3354)
2011 Ed. (2444, 2450, 2461, 3311)
2012 Ed. (1031, 3294, 3297)
2013 Ed. (3368, 3370)
2014 Ed. (3376, 3378)
2015 Ed. (3414, 3416)
Perkins Eastman Architects
1996 Ed. (236)
1997 Ed. (268)
1998 Ed. (188)
2005 Ed. (260)
2006 Ed. (283)
2007 Ed. (286)
2008 Ed. (262)
2009 Ed. (285)
2010 Ed. (270)
2011 Ed. (190)
2012 Ed. (196)
2013 Ed. (176)
2014 Ed. (183)
2015 Ed. (213)
2016 Ed. (211)
Perkins Family Restaurant
1994 Ed. (3072, 3090)
2001 Ed. (4079)
2003 Ed. (4118)
2004 Ed. (4133)
Perkins Family Restaurants
1990 Ed. (3022)
1996 Ed. (3213, 3232)
1997 Ed. (3314, 3335)
1998 Ed. (3064)
1999 Ed. (4066, 4069)
2000 Ed. (3784)
2002 Ed. (4014)
Perkins Family Restaurants L.P.
1991 Ed. (2870, 2881)
1992 Ed. (3719)
Perkins & Marie Callenders
2008 Ed. (2104)
2009 Ed. (2079)
Perkins Opportunity Fund
1997 Ed. (2896, 2905)
Perkins Papers
1990 Ed. (2765)
1992 Ed. (3335)
1994 Ed. (2729)
1996 Ed. (2904)
1999 Ed. (3702)
Perkins Restaurant & Bakery
2002 Ed. (4015)
2003 Ed. (4112, 4113, 4114, 4115, 4116, 4117)
2004 Ed. (4132, 4134)
2005 Ed. (4065, 4066, 4067, 4068, 4069, 4070)
2006 Ed. (1935, 4117)
2007 Ed. (4144)
2008 Ed. (4159, 4175, 4176)
2009 Ed. (4267, 4280)
2010 Ed. (4207, 4230, 4231, 4232, 4233, 4234, 4235, 4236)
2011 Ed. (4213, 4235, 4236, 4237, 4238)
2012 Ed. (4278, 4279, 4280, 4281, 4282)
2013 Ed. (4246, 4247, 4248, 4249, 4250)
2014 Ed. (4268, 4297, 4298, 4299, 4300, 4301)
2015 Ed. (4249, 4287, 4288, 4289, 4290, 4291, 4292)
2016 Ed. (4191, 4192, 4193, 4194, 4195, 4196)
Perkins Restaurants
1993 Ed. (3018, 3033)
1995 Ed. (3117, 3140)
Perkins School for the Blind
1993 Ed. (1897)
Perkins + Will
2007 Ed. (286)
2010 Ed. (4781)
2014 Ed. (183, 185)
2015 Ed. (213)
2016 Ed. (211)
The Perkins & Will Group Ltd.
2010 Ed. (3037)
Perkins & Will Inc.

1990 Ed. (281)
1991 Ed. (253)
1992 Ed. (351, 354, 356, 359, 1954)
1993 Ed. (241)
1994 Ed. (231, 237)
1995 Ed. (240)
1996 Ed. (229)
1997 Ed. (260, 268)
1998 Ed. (182, 188)
1999 Ed. (285)
2000 Ed. (309, 311)
2001 Ed. (403, 407)
2002 Ed. (330, 334)
2004 Ed. (2339, 2348)
2005 Ed. (260, 3160, 3161, 3163, 3166, 3168)
2006 Ed. (283, 2791, 3162, 3163, 3167, 3173)
2007 Ed. (2409, 2415, 2895, 3194, 3195, 3197, 3198, 3199, 3201, 3204)
2008 Ed. (261, 262, 2517, 2524, 2532, 2537, 2542, 3017, 3337, 3339, 3341, 3342, 3343, 3346)
2009 Ed. (284, 285, 2542, 2549, 3104, 3411, 3412, 3414, 3415, 3416)
2010 Ed. (270, 2446, 2453, 2460, 2465, 3348, 3350, 3352, 3354)
2011 Ed. (190, 192, 193, 195, 196, 2462, 2477, 2483, 3006, 3304, 3305, 3307, 3309, 3310, 3311)
2012 Ed. (196, 198, 199, 204, 208, 1046, 2373, 2379, 2380, 2382, 2384, 2387, 2389, 2400, 2933, 3288, 3290, 3291, 3292, 3294)
2013 Ed. (176, 179, 2555, 2558, 2560, 2570, 3022, 3362, 3363, 3364, 3365, 3367, 3368, 3372)
Perkins + Will Inc.
2014 Ed. (187, 2489, 2499, 3033, 3373, 3374, 3376, 3378)
2015 Ed. (215, 2563, 2573, 3099, 3407, 3409, 3411, 3414)
2016 Ed. (213, 2485, 2495)
Perkinson Reprographics Inc.
2009 Ed. (4110)
2010 Ed. (4043)
Perkowitz + Ruth Architects
2002 Ed. (334)
2012 Ed. (2386)
2014 Ed. (186)
The Perks of Being a Wallflower
2014 Ed. (580)
Perle Systems Ltd.
2003 Ed. (2931)
Perlegen Sciences
2006 Ed. (592)
Perlette
2001 Ed. (4871)
2002 Ed. (4967)
Perley-Robertson, Hill & McDougall LLP
2015 Ed. (3475)
2016 Ed. (3320)
Perlin; Gary
2008 Ed. (970)
2010 Ed. (922)
Perlis Plantations
1995 Ed. (164, 1452)
1996 Ed. (2446)
1999 Ed. (1700)
2000 Ed. (1694)
2001 Ed. (1784)
Perlis Plantations Bhd
1991 Ed. (1323, 1324)
1992 Ed. (256, 1668, 1669)
1993 Ed. (162, 1365, 2385)
1994 Ed. (146, 1417)
1997 Ed. (182, 1474)
1999 Ed. (200)
2000 Ed. (223, 1510)
Perlman; Lawrence
1995 Ed. (979)
Perlmooser
1994 Ed. (3632)
Perlmooser Zementwerke
1992 Ed. (4401)
Perlmuter Printing Co.
2001 Ed. (3890)
Perlmutter; Isaac
2011 Ed. (4826)
Perlos
2009 Ed. (2920)
Perlos Oyj
2009 Ed. (1660, 1667)
Perlstein, Pacifico, Brown
1990 Ed. (1840)
1991 Ed. (1759)
Perlstein, Pacifico, Brown Associates
1992 Ed. (2207)

Perma-Fix Environmental Services Inc.
2012 Ed. (2481)
2015 Ed. (2624)
2016 Ed. (2548)
Perma-Glaze
2002 Ed. (2288)
Perma Soft
1991 Ed. (1879)
Permacold Engineering Inc.
2010 Ed. (1246)
2011 Ed. (1195)
2012 Ed. (1139)
Permal Asset Management
2004 Ed. (2819)
2005 Ed. (2819)
2006 Ed. (2799)
2007 Ed. (2793)
2008 Ed. (2923)
Permal-Drakkar Growth
1993 Ed. (2657)
Permal Emerging Market Holdings
2004 Ed. (2820)
Permal FX, Financial & Futures
2004 Ed. (2820)
Permal Global High Yield Holdings
2004 Ed. (2820)
Permal Media & Communication
1997 Ed. (2201)
Permal/Haussmann
2004 Ed. (2818)
Permanent Aggressive Growth
1995 Ed. (2733)
1996 Ed. (2799)
Permanent Group Holdings
2015 Ed. (509)
2016 Ed. (463)
Permanent Port Aggressive Growth
2007 Ed. (3671, 4547)
Permanent Portfolio
2007 Ed. (2482)
2008 Ed. (2612)
Permanent Portfolio Aggress Gr
1999 Ed. (3529)
Permanent Portfolio Aggressive Growth
2003 Ed. (3489)
2004 Ed. (3558)
Permanent Portfolio-Treasury Bill
1990 Ed. (2375)
Permanent Treasury Bill
1996 Ed. (2794)
Permanent TSB
2015 Ed. (1752)
2016 Ed. (1702)
Permanente Medical Group
2005 Ed. (3835)
2006 Ed. (3903)
2011 Ed. (3975)
2012 Ed. (2756)
2013 Ed. (2836)
2015 Ed. (2913)
2016 Ed. (2834)
Permanent/relaxer kits
2004 Ed. (2787)
Permasteelisa Cladding Technologies Ltd.
2008 Ed. (2821)
2009 Ed. (2879)
2010 Ed. (2818)
2011 Ed. (2804)
Permasteelisa North America
2012 Ed. (2737)
2013 Ed. (2823)
Permasteelisa North America Corp.
2014 Ed. (2862)
2015 Ed. (2903)
2016 Ed. (2823)
Permata
1994 Ed. (3193)
Permata; Bank
2006 Ed. (456)
Permata Chartered Merchant Bank
1989 Ed. (1781)
Permata Merchant Bank
1996 Ed. (3391)
1997 Ed. (3485)
Permatheme 12
1996 Ed. (1547)
Permathene 12
1998 Ed. (1271, 1351)
Permathene 16
1998 Ed. (1271, 1351)
2001 Ed. (2010)
Permian Basin Royalty Trust
2004 Ed. (2776, 2777)
Permian Partners
1990 Ed. (3244, 3251)
1991 Ed. (3094)
Permira
2003 Ed. (944)
2008 Ed. (4293)

Permira Europe
2009 Ed. (2648)
Permodalan Nasional
2001 Ed. (2887)
Permodalan Nasional Berhad
2002 Ed. (2825)
2005 Ed. (3229)
Permodolan Nasional
1997 Ed. (2398)
Pernod Liqueur
2002 Ed. (3097)
Pernod Ricard
1997 Ed. (2670)
1998 Ed. (2398)
2001 Ed. (2118, 2120)
2004 Ed. (679, 1039, 2734, 4320)
2005 Ed. (672)
2014 Ed. (173)
2015 Ed. (203, 669)
Pernod-Ricard
2015 Ed. (649)
Pernod Ricard SA
2002 Ed. (3184)
2003 Ed. (671)
2007 Ed. (610)
2008 Ed. (562)
2009 Ed. (585, 595)
2010 Ed. (581)
2011 Ed. (497, 502, 509, 3455, 4956)
2012 Ed. (457, 465, 468, 472, 474, 1588, 1590)
2013 Ed. (572, 585, 588, 591)
2014 Ed. (584, 595, 600, 603)
2015 Ed. (652, 665, 670, 673)
2016 Ed. (592, 607, 611, 614)
Pernod Ricard USA
2004 Ed. (3286)
Pernod Richard USA
2005 Ed. (4975)
Perot Foundation
1991 Ed. (1003, 1767)
Perot; H. Ross
2005 Ed. (4847)
2006 Ed. (4898)
2007 Ed. (4893)
2008 Ed. (4823)
Perot; Henry Ross
1989 Ed. (1986)
1990 Ed. (2576)
1991 Ed. (2461)
Perot Jr.; Ross
2006 Ed. (3931)
Perot Systems Corp.
1993 Ed. (459)
2001 Ed. (4181, 4182)
2002 Ed. (1147)
2003 Ed. (2926)
2004 Ed. (1122)
2005 Ed. (2802, 2826, 3025)
2006 Ed. (1150, 2777, 2808, 2893)
2007 Ed. (1223, 2778, 2891, 2915, 3065, 3066, 3068)
2008 Ed. (2109, 2885, 2903, 2926, 3013, 3188, 3204)
2009 Ed. (2961, 3240, 3247, 3264)
2010 Ed. (1087, 2895, 2900, 3032)
2011 Ed. (1136, 2873, 3001)
2012 Ed. (2928)
Perote
2002 Ed. (3728)
Peroutka & Peroutka PA
2009 Ed. (1020)
Peroxyl
1999 Ed. (1828, 3458)
2003 Ed. (3461)
2008 Ed. (3761)
Perpetual European
2000 Ed. (3295, 3296)
Perpetual Global Bond
1994 Ed. (726)
Perpetual Japanese
1999 Ed. (3585)
Perpetual Latin America
2000 Ed. (3310)
Perpetual Savings Bank
1993 Ed. (3072, 3081, 3569)
Perpetual Savings Bank, FSB
1989 Ed. (2824)
1992 Ed. (3779, 3781, 3790)
Perpich; Rudy G.
1991 Ed. (1857)
Perrier
1989 Ed. (747)
1990 Ed. (745)
1991 Ed. (725)
1992 Ed. (910)
1993 Ed. (685)
1994 Ed. (734)
1995 Ed. (685, 686, 687)
1996 Ed. (760, 3616)

1998 Ed. (482)
1999 Ed. (767)
2001 Ed. (999)
2002 Ed. (754)
2003 Ed. (734, 735)
2005 Ed. (737)
2007 Ed. (675)
2008 Ed. (634)
2009 Ed. (652)
2011 Ed. (551, 554)
2013 Ed. (632)
2014 Ed. (649)
2015 Ed. (709, 712)
2016 Ed. (648, 652, 654)
The Perrier Group
1993 Ed. (679, 687, 726)
1994 Ed. (689, 690, 691)
2002 Ed. (753)
2003 Ed. (732)
2004 Ed. (2663)
Perrier Group-Arrowhead
1996 Ed. (759)
The Perrier Group of America
2001 Ed. (996)
Perrier-Jouet
1992 Ed. (1083, 4460)
1993 Ed. (876, 882)
1995 Ed. (921, 926, 930, 3766)
1996 Ed. (896, 903, 909, 3865)
1997 Ed. (933, 934, 938, 942)
1998 Ed. (677, 681, 682, 3753)
1999 Ed. (1062, 1068)
2000 Ed. (1009, 4422)
2001 Ed. (1151, 1160, 1162, 1163, 4889, 4892)
2002 Ed. (963, 968, 971, 974, 4956, 4959)
2003 Ed. (900, 908)
2004 Ed. (924, 925)
2005 Ed. (915, 916, 919)
2006 Ed. (829)
Perrier-Jouet Champagne
1991 Ed. (3499)
Perrier-owned brands
1991 Ed. (725)
Perrigo
2015 Ed. (3990)
2016 Ed. (3905)
Perrigo Co.
1995 Ed. (1585)
1996 Ed. (1574)
1997 Ed. (1652)
2001 Ed. (2015, 2103)
2009 Ed. (4017)
2010 Ed. (3923)
2012 Ed. (2777)
2013 Ed. (1858)
2016 Ed. (1703)
Perrigo North America
2016 Ed. (1799)
Perrin; Matthew
2006 Ed. (4922)
Perrin; Matthew & Nicole
2005 Ed. (4862)
Perrin; Nicole
2006 Ed. (4922)
Perritt Micro Cap Opportunities
2007 Ed. (2491)
2008 Ed. (2621)
2009 Ed. (3801)
Perritt Micro Cap Opportunity
2006 Ed. (3647, 3648, 3649)
Perrodo; Carrie
2015 Ed. (4923)
2016 Ed. (4839)
Perron Group
2002 Ed. (3774)
2004 Ed. (3952)
Perron; Stanley
2008 Ed. (4842)
2009 Ed. (4860, 4876)
Perry
1998 Ed. (905)
Perry (A.L. Price)
1990 Ed. (1554)
Perry; Andrew
2010 Ed. (3385)
Perry; B. W.
2005 Ed. (2495)
Perry; Barry W.
2006 Ed. (2520, 2522)
Perry Bass
2002 Ed. (3359)
2003 Ed. (4878)
Perry Brothers
1997 Ed. (3831)
1999 Ed. (4701)
Perry & Butler Realty Inc.
2002 Ed. (3910)
Perry Capital

2005 Ed. (3867)
Perry Communications Group
2005 Ed. (3972)
Perry County, KY
1998 Ed. (783, 2319)
Perry D. Smith
1991 Ed. (2549)
Perry Drug Stores
1989 Ed. (1264)
1990 Ed. (1550)
Perry Ellis International Inc.
2004 Ed. (2834, 2836)
2005 Ed. (1007, 2844)
2008 Ed. (987)
2014 Ed. (4332)
Perry Homes
1998 Ed. (919)
1999 Ed. (1333)
2000 Ed. (1216, 1234)
2002 Ed. (1192, 1209, 2693)
2003 Ed. (1171, 1209)
2004 Ed. (1179, 1216, 1217)
2005 Ed. (1206, 1240, 1241)
Perry Homes, A Joint Venture
2004 Ed. (1220)
Perry & Hylton, Inc.
1989 Ed. (1997)
Perry; James
2010 Ed. (4844)
Perry; Katy
2010 Ed. (3715)
2011 Ed. (3713)
2012 Ed. (3734)
2013 Ed. (2603, 3782, 3783)
2014 Ed. (2528, 3728, 3729, 3731)
2015 Ed. (3730, 3731)
2016 Ed. (1047, 2526, 3639, 3640)
Perry; Matthew
2008 Ed. (2590)
Perry; Michael
2007 Ed. (384)
Perry; Michael W.
2009 Ed. (944)
Perry Partners International
2003 Ed. (3151)
Perry Partners LP
2003 Ed. (3114)
Perry Printing
1992 Ed. (3530)
Perry R. and Nancy Lee Bass
1994 Ed. (890, 891, 894)
Perry R. Bass
1994 Ed. (889, 1056)
Perry; Tyler
2008 Ed. (183)
2010 Ed. (2512, 2515, 2520)
2011 Ed. (2514, 2517)
2012 Ed. (2435, 2443)
2013 Ed. (2601, 2607)
2014 Ed. (2530)
2015 Ed. (2603)
2016 Ed. (2527)
Perry; Wayne M.
1991 Ed. (1620)
Perry/Judd's
1999 Ed. (1045, 3889)
Perry's
2001 Ed. (2833)
Perse Technologies Inc.
2003 Ed. (1683)
Perseco
1998 Ed. (2708)
PerSeptive Biosystems
1996 Ed. (2061, 3451)
1997 Ed. (2164, 3521)
Perseus
2006 Ed. (4010)
Perseus Partners
2004 Ed. (2820)
Perseus Telecom
2016 Ed. (4566)
Pershimco Resources Inc.
2013 Ed. (1532)
Pershing
2000 Ed. (1097)
2005 Ed. (3594)
Pershing Auto Leasing
1990 Ed. (385)
Pershing LLC
2007 Ed. (2563)
2012 Ed. (2603)
Persian Gulf
2001 Ed. (3531)
2003 Ed. (3630)
2004 Ed. (3677)
2005 Ed. (3592)
2006 Ed. (3692)
2007 Ed. (3687)
2008 Ed. (3781)
2009 Ed. (3816)

2010 Ed. (3744)
2011 Ed. (3744)
Persian Gulf Petrochemical Industry
2016 Ed. (830)
Persil
1992 Ed. (925, 1799, 2356)
1996 Ed. (776, 1541)
1999 Ed. (789, 1183, 1839)
2001 Ed. (1011)
2002 Ed. (767, 2227, 2709)
2007 Ed. (721)
2008 Ed. (692, 717)
2009 Ed. (727)
2010 Ed. (651)
Persil Washing-Up Liquids
1994 Ed. (748, 983, 1525, 2004)
1996 Ed. (983)
Persimmon
2005 Ed. (1245)
2006 Ed. (1204, 1205)
2007 Ed. (1312)
2014 Ed. (2050)
2015 Ed. (3181)
2016 Ed. (1087, 2085, 3035, 3038)
Persimmon plc
2007 Ed. (2985, 2994)
2008 Ed. (1204, 1460)
2009 Ed. (1182, 1426)
2010 Ed. (1173)
2011 Ed. (1121)
2012 Ed. (1048)
2013 Ed. (1162)
2014 Ed. (1120)
2015 Ed. (1159)
Persis Corp.
2010 Ed. (1668)
Persnickety Prints
2016 Ed. (2093)
Personal accident insurance
2001 Ed. (2223)
Personal Assistance Services of Colorado
2009 Ed. (4987)
2010 Ed. (4994)
2011 Ed. (4991, 4992)
Personal auto liability
1995 Ed. (2323)
Personal auto PD
1995 Ed. (2323)
Personal bank loans
1996 Ed. (3457)
Personal business
2007 Ed. (1322)
Personal car
1998 Ed. (582)
Personal care
1989 Ed. (1659)
1991 Ed. (3223)
1992 Ed. (2626)
1994 Ed. (743)
1995 Ed. (692)
1996 Ed. (770)
2000 Ed. (38)
2001 Ed. (2014)
2003 Ed. (24, 2917, 2918)
2005 Ed. (95)
2006 Ed. (104)
2007 Ed. (98)
2008 Ed. (109)
2009 Ed. (119)
2010 Ed. (120)
2011 Ed. (33, 2361)
2012 Ed. (42, 2285)
Personal care accessories
2002 Ed. (2702)
Personal care and home health aides
2001 Ed. (3563, 3564)
Personal care appliances
2001 Ed. (2812)
Personal care, drugs & cosmetics
1998 Ed. (23, 487)
Personal Care Group Inc.
2003 Ed. (2923)
Personal care products
1998 Ed. (122)
Personal Care Products Inc.
2016 Ed. (4403)
Personal care & remedies
1997 Ed. (707)
Personal coach
2008 Ed. (4243)
Personal Communications Devices
2010 Ed. (1043)
Personal Computer Centre
1992 Ed. (1336)
1993 Ed. (2583)
Personal Computer Magazine
1995 Ed. (2893)
Personal Computer World
1995 Ed. (2893)

Personal computers
1994 Ed. (2101)
2001 Ed. (2732)
2003 Ed. (2763)
Personal contract plan
2001 Ed. (2223)
Personal data
1997 Ed. (1076)
Personal finance adviser
2006 Ed. (3737)
Personal Fund
2002 Ed. (4817)
Personal Fund.com
2003 Ed. (3027)
Personal growth
2007 Ed. (2311)
Personal health care
1994 Ed. (2028)
Personal History
1999 Ed. (690)
2006 Ed. (581)
Personal & home care aides
2000 Ed. (3363)
2004 Ed. (2291)
2007 Ed. (3724, 3729)
2009 Ed. (3858, 3859, 3864)
2010 Ed. (3787)
Personal Home Care Services Inc.
1999 Ed. (2707)
2000 Ed. (2491)
2002 Ed. (2589)
Personal, home services
1992 Ed. (2229)
Personal hygiene & health
2002 Ed. (4584, 4586)
Personal income tax
1999 Ed. (4320)
Personal insect repellants
1992 Ed. (2353)
Personal items
1993 Ed. (1941)
1998 Ed. (1828)
Personal leave
1995 Ed. (3389)
Personal Loan Express
2008 Ed. (132, 136)
2009 Ed. (148, 150)
Personal loans
1996 Ed. (3457)
Personal planners
1999 Ed. (2713)
2003 Ed. (3675)
Personal Products Co.
1992 Ed. (2125)
2003 Ed. (2465, 3720, 3785)
Personal Protective Equipment
2000 Ed. (4324)
Personal & repair services
1997 Ed. (1579)
Personal self-help, relationships
1995 Ed. (2981)
Personal services
1993 Ed. (2152)
1999 Ed. (2865, 2933)
Personal Support Computers
1995 Ed. (1115)
1996 Ed. (1091)
1997 Ed. (1111)
The Personal Touch Inc.
1999 Ed. (3990, 3991)
2006 Ed. (3525)
2007 Ed. (3575, 3576, 4432)
Personal Training Institute Franchise LLC
2010 Ed. (2909)
2011 Ed. (2879)
2012 Ed. (2819)
PersonalCare
1997 Ed. (2198)
PersonalCreations.com
2007 Ed. (2318)
Personal/home care aide
2005 Ed. (2384)
Personalities
2005 Ed. (1603)
Personal/pocket-purse products
1999 Ed. (4132)
Personals
2007 Ed. (2311)
Personify Inc.
2001 Ed. (1869, 2849)
Personnel
2000 Ed. (962)
Personnel and labor relations managers
1991 Ed. (2629, 2630)
Personnel Contractors Inc.
1992 Ed. (2401)
The Personnel Department
2007 Ed. (1606, 1943)

2008 Ed. (2014, 2016)
2009 Ed. (1517, 1979, 1980, 1981, 1983)
2010 Ed. (1513)
Personnel Management Corp.
2006 Ed. (4012)
Personnel One
1998 Ed. (3506)
Personnel Pool of America
1993 Ed. (1900)
Personnel Supply Services
1990 Ed. (1658)
Perspectives Corp.
2000 Ed. (1678, 3844)
2002 Ed. (2852)
2008 Ed. (2059)
2009 Ed. (2024)
2011 Ed. (2017)
Perspectives Ltd.
2015 Ed. (1693)
Persson; Karl-Johan
2005 Ed. (4890)
2007 Ed. (4927)
2008 Ed. (4903)
Persson; Liselott
2008 Ed. (4873)
2009 Ed. (4898)
2010 Ed. (4897)
2011 Ed. (4884)
2012 Ed. (4893)
2013 Ed. (4911)
2014 Ed. (4921)
2015 Ed. (4961)
Persson; Stefan
2006 Ed. (4924)
2007 Ed. (4912)
2008 Ed. (4865, 4873)
2009 Ed. (4898)
2010 Ed. (4897, 4899)
2011 Ed. (4884, 4886)
2012 Ed. (4893, 4895)
2013 Ed. (4911, 4917, 4924)
2014 Ed. (4921)
2015 Ed. (4961)
2016 Ed. (4877)
Persson; Stefan & Liselott
2008 Ed. (4864)
2010 Ed. (4895)
Perstim
1999 Ed. (3138)
Perstorp
1999 Ed. (2552)
Perstorp AB
2001 Ed. (2504, 2507)
Pert
1996 Ed. (2983)
2002 Ed. (2438)
2003 Ed. (2658, 2669)
2008 Ed. (2872)
Pert Plus
1990 Ed. (3269)
1991 Ed. (3114)
1992 Ed. (3946, 4236)
1993 Ed. (3297)
1995 Ed. (3526)
1996 Ed. (2981, 3416)
1997 Ed. (3503)
1998 Ed. (3291)
1999 Ed. (4290, 4291, 4292)
2000 Ed. (4009)
2001 Ed. (4225, 4226)
2002 Ed. (2437)
2003 Ed. (2658, 2660)
2004 Ed. (2785)
Pert Plus Dry
1990 Ed. (3269)
Pert Plus Extra Body Fine
1990 Ed. (3269)
Pertama Holdings
2012 Ed. (4361)
2013 Ed. (4293)
Pertamina
1992 Ed. (3420)
1993 Ed. (2825, 2826)
1994 Ed. (2869)
1995 Ed. (2932)
1998 Ed. (1802, 2838)
1999 Ed. (3817)
2001 Ed. (1738)
2002 Ed. (3695)
2016 Ed. (1671, 3830)
Pertamina Pension Fund
1997 Ed. (2395)
2001 Ed. (2884)
Perth Arena
2015 Ed. (1139)
2016 Ed. (1051)
Pertnoy, Solowsky, Allen & Haber
2004 Ed. (3227)
Pertonas Dagangan

1996 Ed. (2446)
Pertree Constructors Inc.
2007 Ed. (4214)
Peru
1990 Ed. (241, 1475, 1908, 1915, 1922, 1932)
1991 Ed. (1831, 1838, 1844, 1847)
1992 Ed. (1446, 2095, 2307, 2314, 2320, 2324)
1993 Ed. (1964, 1971, 1978, 2367, 2373, 3321)
1995 Ed. (2007, 2014, 2026, 2033, 3578)
1996 Ed. (2647, 3434)
1997 Ed. (3633)
1998 Ed. (3304)
1999 Ed. (385, 1763, 2606)
2000 Ed. (1614, 2361, 2368, 2369, 2379, 4033)
2001 Ed. (392, 511, 512, 710, 711, 1182, 1307, 1502, 1951, 2448, 2449, 2873, 3024, 3299, 3343, 3846, 4120, 4269, 4316, 4534, 4591, 4592, 4650)
2002 Ed. (679, 744, 1345, 1346, 2415, 3074, 4283, 4624, 4705)
2003 Ed. (285, 562, 1045, 1382, 1880, 2214, 2215, 2488, 2489, 3154, 3431, 4191, 4425, 4736, 4920)
2004 Ed. (253, 687, 688, 689, 1051, 1395, 1396, 2620, 2621, 2741, 3214, 3395, 3499, 4427, 4461, 4721, 4909)
2005 Ed. (256, 563, 684, 685, 1052, 1418, 2057, 2539, 2609, 2610, 3242, 3402, 3499, 4376, 4406, 4692, 4902)
2006 Ed. (276, 484, 597, 598, 599, 1063, 1403, 2151, 2608, 2609, 2701, 2825, 3227, 3411, 3556, 4322, 4325, 4423, 4508, 4740, 4935)
2007 Ed. (281, 500, 626, 627, 628, 1152, 1435, 1854, 2583, 2584, 2829, 3291, 3429, 3626, 4209, 4387, 4390, 4483, 4754, 4941)
2008 Ed. (257, 460, 576, 577, 1033, 1386, 2205, 2720, 2721, 3160, 3593, 3747, 4341, 4677, 4918)
2009 Ed. (280, 488, 605, 606, 1016, 1389, 2775, 2776, 3663, 3768, 4446, 4717, 4929)
2010 Ed. (267, 588, 589, 981, 982, 1374, 2301, 2581, 2707, 2708, 3701, 4489, 4731, 4934)
2011 Ed. (186, 513, 514, 908, 909, 1367, 2303, 2693, 2694, 3696, 4310, 4421, 4424, 4487, 4690, 4919)
2012 Ed. (2200, 2510)
2013 Ed. (2387)
2014 Ed. (2324)
2016 Ed. (2247)
Peru Copper
2007 Ed. (1624)
Peru; Government of
2006 Ed. (75)
2007 Ed. (66)
Peru LNG
2010 Ed. (2305)
Peru; Presidency of
2007 Ed. (66)
2008 Ed. (71)
Perusahaan Gas Negara
2014 Ed. (2844, 4067, 4842)
2015 Ed. (2885, 4879)
2016 Ed. (2811)
Perusahaan Listrik Negara
2016 Ed. (1671)
Perusahaan Otomobil Nasional
1999 Ed. (1700)
Perusahaan Otomobil Nasional Bhd
1997 Ed. (1474)
2000 Ed. (1510)
Perusahaan Perseroan P.T. Telekomunikasi Indonesia Tbk.
2004 Ed. (3021, 3024)
2008 Ed. (4539)
Perusahaan Pertambangan Minyak Dan
Gas Bumi Negara (Pertamina)
2003 Ed. (3852)
Peruvian Connection
2016 Ed. (4961)
Pervasive Software Inc.
2005 Ed. (1146)
2006 Ed. (1138)
Pervez; Sir Anwar
2008 Ed. (4896)
Perwanal D'Arcy

2002 Ed. (118)
Perwanala/D'Arcy Masius Benton &
Bowles
1993 Ed. (108)
Perwanal/D'Arcy Masius Benton &
Bowles
1995 Ed. (84)
Perwanal/D'Arey Masius Benton &
Bowles
1997 Ed. (100)
Perwanal/DMB & B
1990 Ed. (111)
1991 Ed. (109)
1994 Ed. (95)
1996 Ed. (98)
1999 Ed. (101)
2001 Ed. (145)
Perwanal/DMB&B
1992 Ed. (160)
Perwira Affin Bank
1997 Ed. (551)
1999 Ed. (587)
2000 Ed. (603)
2002 Ed. (617)
Perwira Habib Bank
1991 Ed. (601)
Perwira Habib Bank Malaysia
1989 Ed. (613)
1992 Ed. (769, 770)
PESA Chyron
1993 Ed. (1564)
Peshtigo, WI
2005 Ed. (2204)
peso; Chilean
2008 Ed. (2274)
2009 Ed. (2260)
peso; Mexican
2008 Ed. (2274)
2009 Ed. (2260)
peso; Philippine
2008 Ed. (2274)
Pesolo SRL
2015 Ed. (3746)
2016 Ed. (3654)
Pesquera Itata
2004 Ed. (1775)
Pessina; Stefano
2009 Ed. (4891)
2010 Ed. (4891)
2014 Ed. (4895)
2015 Ed. (4934)
2016 Ed. (4850)
The Pest
1999 Ed. (4720, 4721)
Pest control
2001 Ed. (2760)
Pesticides
1991 Ed. (1865)
2003 Ed. (2954)
Pestmaster Services Inc.
2009 Ed. (3953)
2011 Ed. (3872)
Pet
1994 Ed. (1423)
1995 Ed. (1897, 1898)
2008 Ed. (3670)
Pet accessories
2002 Ed. (3661)
2005 Ed. (3724)
Pet & animal feeds
2004 Ed. (2544)
Pet Butler
2009 Ed. (739)
2010 Ed. (686)
2011 Ed. (3875)
Pet care products
2003 Ed. (3947, 3948)
Pet Care Superstore Inc.
1996 Ed. (3001)
1999 Ed. (3792)
Pet Doctor Barbie Doll
1998 Ed. (3600)
Pet food
1991 Ed. (3304)
1993 Ed. (3484)
1995 Ed. (2049, 2998)
1996 Ed. (1484)
1999 Ed. (1789)
2001 Ed. (4288)
Pet Food Experts
2012 Ed. (1866)
2014 Ed. (1960)
2016 Ed. (1977)
Pet Food Warehouse
1996 Ed. (3001)
1998 Ed. (1300)
1999 Ed. (3792)
Pet foods
1990 Ed. (3534)
1994 Ed. (1493)

2000 Ed. (4141)
Pet. Ipiranga
2014 Ed. (1403)
Pet specialty stores
2002 Ed. (3657)
Pet store
1992 Ed. (3406, 3407)
Pet Supermarket
1996 Ed. (3001)
2015 Ed. (3883)
Pet supplies
1996 Ed. (2042)
2001 Ed. (2088)
2002 Ed. (3768, 4038)
Pet Supplies "Plus"
2015 Ed. (3883)
Pet Supplies Plus
1996 Ed. (3001)
1999 Ed. (3792)
2005 Ed. (3725)
2006 Ed. (3814)
2007 Ed. (3829)
2011 Ed. (3874)
2014 Ed. (3857)
2015 Ed. (3882)
2016 Ed. (3793)
Pet toys
2005 Ed. (3724)
Pet treatments
2002 Ed. (3661)
Pet Valu
2015 Ed. (3883)
Petach; Ann Marie
2014 Ed. (4975)
Petaluma Health Center
2013 Ed. (1449)
2014 Ed. (1410)
2015 Ed. (1470)
Petaluma Poultry Processors
2009 Ed. (2828)
Petan; Diane
1997 Ed. (1932)
Petas; Peter
1997 Ed. (1932)
Petchey; Jack
2007 Ed. (4928)
Petco
2013 Ed. (4474)
2015 Ed. (3883, 4360)
PETCO Animal Supplies Inc.
1996 Ed. (3001)
1999 Ed. (1873, 3792)
2001 Ed. (3734)
2009 Ed. (4504)
2010 Ed. (4545)
2011 Ed. (4494)
2012 Ed. (4496)
Petco Animal Supplies Inc.
2015 Ed. (4521)
2016 Ed. (4250)
PETCO Animal Supplies Stores Inc.
2006 Ed. (3817, 4440, 4441)
2007 Ed. (4497, 4498)
2008 Ed. (4221, 4474, 4475)
Petco.com
2008 Ed. (2448)
Pete Cashmore
2010 Ed. (829)
2011 Ed. (756)
Pete Delgado
2011 Ed. (2951)
Pete Dye
1999 Ed. (2607)
Pete Ellis Dodge, Inc.
1991 Ed. (283)
Pete Ellis Motors
1989 Ed. (285)
1992 Ed. (375)
Pete Sampras
1998 Ed. (197)
Pete the Cat: Pete at the Beach
2015 Ed. (643)
Pete the Cat: Pete's Big Lunch
2015 Ed. (643)
Pete the Cat: Play Ball!
2015 Ed. (643)
Pete V. Domenici
1999 Ed. (3844, 3960)
Pete' Wicked Seasonal Ale
1998 Ed. (495)
Pete Wilson
1992 Ed. (1038)
1993 Ed. (1994)
1995 Ed. (2043)
PetEdge
2013 Ed. (899)
Peter A. Darbee
2011 Ed. (847)
Peter A. Guglielmi
1997 Ed. (1804)

Peter A. Mayer Advertising
2003 Ed. (173)
Peter A. Pender
1995 Ed. (938)
Peter Ackerman
1991 Ed. (2265)
1992 Ed. (2143)
Peter Allen
1989 Ed. (990)
Peter Anderson
2010 Ed. (913)
Peter Anker
1993 Ed. (1812)
Peter Appert
2000 Ed. (2000)
Peter Arment
2011 Ed. (3335)
Peter Aseritis
1991 Ed. (1671, 1702)
1993 Ed. (1790)
1994 Ed. (1760, 1773)
1995 Ed. (1801, 1814)
1996 Ed. (1776, 1788)
1997 Ed. (1851, 1863)
1998 Ed. (1624)
2000 Ed. (1980)
Peter Atkins
2002 Ed. (3068)
Peter B. Lewis
2004 Ed. (4863)
Peter Bahnsuk Kim
2012 Ed. (765)
Peter Balnaves
2011 Ed. (859)
Peter Barris
2012 Ed. (4820)
Peter Beck
1999 Ed. (2326)
Peter Bernstein
1990 Ed. (2285)
1991 Ed. (2160)
Peter Bijur
2000 Ed. (796, 1044)
Peter Brabeck-Letmathe
2006 Ed. (691)
Peter Bronfman
1991 Ed. (1617)
Peter Buck
2013 Ed. (4839)
2014 Ed. (4855)
Peter Burg
2005 Ed. (2470)
Peter Butler
1991 Ed. (1700)
1992 Ed. (2135)
1993 Ed. (1786)
Peter Bye
2011 Ed. (3363)
Peter C. Brown
2005 Ed. (2516)
Peter Cameron
2011 Ed. (2973)
Peter Cartwright
2006 Ed. (934)
Peter Caruso
1998 Ed. (1669)
1999 Ed. (2230)
2000 Ed. (2042)
Peter Chambers
1998 Ed. (1686)
Peter Chase
2011 Ed. (4441)
Peter Cheese
2009 Ed. (1187)
2010 Ed. (1194)
Peter Churchouse
1997 Ed. (1959, 1962)
1999 Ed. (2285)
2000 Ed. (2062, 2066)
Peter Cittadini
2011 Ed. (4441)
Peter Clapman
2005 Ed. (3200)
Peter Clark
1999 Ed. (2334)
2000 Ed. (2120)
Peter Cohen
1989 Ed. (2340)
Peter Cruddas
2005 Ed. (2463)
2007 Ed. (2462, 4933)
2008 Ed. (2595, 4907)
2009 Ed. (4920)
2010 Ed. (4924)
Peter Cullum
2009 Ed. (2623)
Peter D'Amico Alfa Romeo
1996 Ed. (263)
Peter Dell'Orto

2000 Ed. (1951)
Peter & Denise Coates
 2008 Ed. (2595)
 2012 Ed. (2450)
Peter DiMartino
 2000 Ed. (1971, 1972)
Peter Dolan
 2004 Ed. (2487)
Peter Dye
 2008 Ed. (2827)
Peter Enderlin
 1993 Ed. (1819)
 1994 Ed. (1802)
 1995 Ed. (1840)
 1996 Ed. (1818)
 1999 Ed. (2254)
Peter F. Drucker Graduate School of
  Management
 2000 Ed. (930)
Peter Falco
 1990 Ed. (1768)
 1991 Ed. (1689)
 1993 Ed. (1783, 1821)
 1994 Ed. (1767, 1804)
 1995 Ed. (1808)
Peter Fenton
 2012 Ed. (4820)
 2013 Ed. (4783)
 2014 Ed. (4829)
 2015 Ed. (4864)
 2016 Ed. (4771)
Peter Fitzgerald
 2001 Ed. (3318)
Peter Fugiel
 1998 Ed. (1593, 1594)
 1999 Ed. (2182)
Peter Gabriel
 2015 Ed. (1136)
Peter Gilbert Advertising
 1991 Ed. (162)
 1992 Ed. (222)
 1995 Ed. (139)
 1997 Ed. (160)
Peter Gilbert Advertising (Saatchi)
 1996 Ed. (153)
Peter Gisondi & Co.
 2008 Ed. (1275)
 2010 Ed. (1253)
Peter Godsoe
 1999 Ed. (1123)
Peter Gyllenbaga
 1999 Ed. (2320)
Peter Halmos
 1992 Ed. (2060)
 1993 Ed. (1703)
Peter Hambro Mining
 2006 Ed. (3489)
 2007 Ed. (3521)
Peter Hargreaves
 2011 Ed. (2527)
Peter Hill
 2005 Ed. (4862)
 2006 Ed. (4922)
Peter Ho
 2014 Ed. (2593)
Peter Hosking
 2009 Ed. (4877)
Peter Houghton
 1999 Ed. (2305)
 2000 Ed. (2081, 2089)
Peter Huntsman
 2012 Ed. (2491)
Peter Hurley
 2012 Ed. (4386)
Peter Hyde
 2000 Ed. (2137)
Peter Island Resort
 1997 Ed. (2285)
Peter J. Baxter
 1992 Ed. (534)
Peter J. McBreen & Associates Inc.
 2015 Ed. (3314)
Peter J. Rose
 2011 Ed. (846)
Peter J. Solomon Co. Ltd.
 2000 Ed. (2455)
Peter J. Tobin
 1999 Ed. (1127)
Peter Jackson
 2008 Ed. (2582)
 2015 Ed. (2603)
 2016 Ed. (2527)
Peter Jones
 2006 Ed. (2500)
 2008 Ed. (4908)
Peter Kane & Co.
 1999 Ed. (2842)
Peter Kann
 1999 Ed. (2077)
Peter Karmanos

2001 Ed. (1220)
2002 Ed. (2178)
Peter Karmanos Jr.
 1995 Ed. (981)
 1999 Ed. (1125)
 2000 Ed. (1882)
 2001 Ed. (1218)
 2003 Ed. (960)
 2004 Ed. (975)
 2005 Ed. (984)
Peter Keenan
 1996 Ed. (1907)
Peter Kellogg
 2010 Ed. (918)
Peter Kelly
 2016 Ed. (2533)
Peter Kennan
 1997 Ed. (1998)
Peter Kiewit Foundation
 1989 Ed. (1478)
Peter Kiewit Sons'
 2013 Ed. (1902)
 2014 Ed. (1834)
Peter Kiewit Sons Inc.
 2013 Ed. (1183)
 2014 Ed. (1135)
Peter Kiewit Sons' Inc.
 1990 Ed. (1019)
 1992 Ed. (1469, 3027)
 1993 Ed. (2537, 3282)
 1996 Ed. (1423, 1654)
 1997 Ed. (1127, 1483, 1732)
 1998 Ed. (881, 1179, 1435, 3123)
 1999 Ed. (1313, 1709, 2028)
 2000 Ed. (1247, 1251, 1253, 1255,
  1520, 1805, 3847)
 2001 Ed. (1395, 1402, 1407, 1462,
  1467, 1470, 1803)
 2002 Ed. (331, 1171, 1174, 1175,
  1228, 1234, 1237, 1243, 1250,
  1254, 1256, 1258, 1261, 1265,
  1273, 1277, 1279, 1282, 1283,
  1284, 1286, 1287, 1733, 4088)
 2003 Ed. (765, 1145, 1186, 1187,
  1244, 1247, 1250, 1256, 1259,
  1260, 1266, 1268, 1271, 1282,
  1293, 1294, 1295, 1296, 1297,
  1298, 1299, 1322, 1773, 1775,
  2289, 2292, 2294, 2745, 4217)
 2004 Ed. (774, 1148, 1191, 1192,
  1247, 1249, 1250, 1258, 1269,
  1273, 1274, 1283, 1285, 1290,
  1292, 1295, 1297, 1298, 1299,
  1301, 1302, 1322, 1810, 1811,
  2325, 2435, 2437, 2443, 2828,
  4239)
 2005 Ed. (1169, 1217, 1218, 1298,
  1299, 1300, 1304, 1306, 1307,
  1308, 1309, 1328, 1893, 1894,
  2417, 2419)
 2006 Ed. (1165, 1187, 1188, 1267,
  1269, 1273, 1275, 1276, 1277,
  1278, 1301, 1915, 2450, 2507,
  4001)
 2007 Ed. (1275, 1295, 1296, 1897,
  1898, 2399, 4036, 4890)
 2008 Ed. (1177, 1184, 1193, 1194,
  1282, 1541, 1961, 1962, 4064,
  4068, 4070)
 2009 Ed. (1141, 1152, 1160, 1168,
  1169, 1251, 1265, 1915, 1916,
  1917, 2519, 4154)
 2010 Ed. (1134, 1156, 1161, 1162,
  1848, 1850, 2436, 4085, 4113)
 2011 Ed. (1110, 1111, 1879, 1881,
  2440, 4081)
 2012 Ed. (1011, 1032, 1739, 2365,
  4112)
 2013 Ed. (1178, 1182, 1901, 1905,
  2551, 4106, 4108)
 2014 Ed. (1131, 1134, 1833, 1837,
  2482, 3033, 4124)
 2015 Ed. (1178, 1182, 1183, 1872,
  1875, 2557, 3099)
 2016 Ed. (1090, 1094, 1095, 1836,
  1839, 2473)
Peter Knight
 2003 Ed. (2150)
 2005 Ed. (3183)
 2006 Ed. (3185)
 2007 Ed. (3223)
Peter Kurz
 1997 Ed. (2002)
 1999 Ed. (2430)
 2000 Ed. (2190)
Peter L. Lynch
 2007 Ed. (959)
 2009 Ed. (2664, 2665)
 2010 Ed. (2565, 2566)
Peter Lewis

2006 Ed. (4904)
2007 Ed. (4892)
2012 Ed. (4843)
2013 Ed. (4842)
2014 Ed. (4858)
Peter Lim
 2009 Ed. (4871, 4872)
 2010 Ed. (4872)
 2011 Ed. (4860, 4861)
 2012 Ed. (4866, 4867)
 2013 Ed. (4906, 4907)
 2014 Ed. (4916, 4917)
 2015 Ed. (4956, 4957)
 2016 Ed. (4872)
Peter Loscher
 2010 Ed. (2559)
Peter M. Grant
 2003 Ed. (3061)
Peter M. Leddy
 2011 Ed. (2546)
Peter M. Nicholas
 2004 Ed. (4863)
 2005 Ed. (4849)
 2006 Ed. (4904)
Peter M. Perez
 2011 Ed. (3107)
Peter Mallouk
 2013 Ed. (3388)
 2014 Ed. (3390)
 2015 Ed. (3422)
 2016 Ed. (3283)
Peter Marcus
 1995 Ed. (1798, 1847)
 1996 Ed. (1825)
 1997 Ed. (1899)
Peter Marino Architect
 2009 Ed. (3420)
 2010 Ed. (3357, 3358)
 2011 Ed. (3304, 3308, 3313, 3314)
 2012 Ed. (3297, 3298)
 2013 Ed. (3366, 3370, 3371)
 2014 Ed. (3372, 3380, 3381)
 2015 Ed. (3416, 3417)
Peter Marino & Associates, Architects
 2006 Ed. (3170, 3171)
 2007 Ed. (3204)
 2008 Ed. (3346)
 2009 Ed. (3419)
Peter Marrone
 2012 Ed. (803)
Peter Martin Associates
 2002 Ed. (3814)
 2005 Ed. (3958, 3962)
Peter McCausland
 2008 Ed. (2633)
 2011 Ed. (827)
Peter Metzger
 1999 Ed. (2306)
Peter Morris
 2004 Ed. (4828)
Peter Munk
 1996 Ed. (960)
 1999 Ed. (1123)
 2001 Ed. (1219)
Peter N. Larson
 1997 Ed. (1803)
Peter Nicholas
 2002 Ed. (3354)
 2007 Ed. (4892)
 2008 Ed. (4829)
Peter Niculescu
 1997 Ed. (1953)
 1999 Ed. (2196, 2200)
 2000 Ed. (1961)
Peter Nygard
 2005 Ed. (4869)
Peter Oakes
 1995 Ed. (1792)
 1996 Ed. (1808)
 1997 Ed. (1882)
 1998 Ed. (1667)
 2000 Ed. (2038)
Peter Oppenheimer
 2007 Ed. (1064)
 2010 Ed. (920)
Peter & Owens
 1989 Ed. (122)
Peter Owens Advertising & Marketing
  DDB
 2000 Ed. (111)
Peter Owens Ltd.
 1990 Ed. (116)
 1992 Ed. (166)
 1995 Ed. (87)
 1996 Ed. (102)
 1997 Ed. (104)
 1999 Ed. (106)
Peter Pan
 1992 Ed. (4397, 4398)
 1994 Ed. (2748, 3630)

1996 Ed. (1950)
2003 Ed. (3157)
2015 Ed. (3837)
2016 Ed. (3743)
Peter Pan Bus Lines Inc.
 2006 Ed. (686)
 2007 Ed. (783)
 2008 Ed. (755)
 2009 Ed. (750)
 2010 Ed. (695)
 2011 Ed. (623)
 2012 Ed. (593)
 2013 Ed. (728)
 2014 Ed. (750)
 2015 Ed. (788)
 2016 Ed. (708)
Peter Pan Motors Inc.
 1993 Ed. (293)
Peter Pan Seafoods
 2003 Ed. (2523)
Peter Paul Almond Joy
 2000 Ed. (1055, 1058)
 2001 Ed. (1113)
 2002 Ed. (1048, 1049)
 2014 Ed. (949)
 2015 Ed. (979)
Peter Petas
 1997 Ed. (1932)
 1998 Ed. (1571)
 1999 Ed. (2154, 2283)
 2000 Ed. (1928)
Peter Peterson
 1990 Ed. (1773)
 2010 Ed. (3955)
Peter Piper Pizza
 2007 Ed. (3969)
 2008 Ed. (3995)
 2009 Ed. (4067)
 2010 Ed. (3985)
 2011 Ed. (3991)
Peter Plant
 1999 Ed. (2154)
Peter Plaut
 1997 Ed. (1932)
Peter R. Dolan
 2007 Ed. (1028)
Peter R. Haje
 1996 Ed. (1228)
Peter R. Huntsman
 2008 Ed. (2630)
 2009 Ed. (2657)
 2011 Ed. (827)
 2015 Ed. (2633)
 2016 Ed. (2559)
Peter R. Kellogg
 2004 Ed. (4861)
Peter Rice
 1996 Ed. (1864)
Peter Rigby
 1996 Ed. (1717)
Peter Rogan
 2008 Ed. (2771)
Peter Rose
 2006 Ed. (871)
 2010 Ed. (884)
Peter Rubinstein
 1999 Ed. (2199)
Peter Ruschmeier
 2000 Ed. (2032)
 2006 Ed. (2578)
Peter S. Kalikow
 1991 Ed. (891, 893)
Peter Simon
 2005 Ed. (4890)
 2007 Ed. (4927)
 2008 Ed. (4903)
Peter Sondakh
 2009 Ed. (4865)
 2010 Ed. (4866, 4867)
 2011 Ed. (4854, 4855)
 2012 Ed. (4861, 4862)
 2013 Ed. (4877, 4878)
 2014 Ed. (4891, 4892)
 2015 Ed. (4930, 4931)
 2016 Ed. (4846, 4847)
Peter Sperling
 2007 Ed. (4891)
 2011 Ed. (4822)
 2012 Ed. (2490)
Peter Stokkebye
 2003 Ed. (982, 4750)
Peter Stokkebye International
 2003 Ed. (4753)
Peter Stuyvesant
 1990 Ed. (38)
 1991 Ed. (35)
 1994 Ed. (958, 959)
 1997 Ed. (990)
Peter Sutherland
 2009 Ed. (4905)

2010 Ed. (4906)
Peter Sutton
1996 Ed. (1866)
1999 Ed. (2356)
2000 Ed. (2142)
Peter Swartz
2000 Ed. (1998)
Peter Swinburn
2011 Ed. (857)
2012 Ed. (807)
Peter T. Buchanan
1989 Ed. (1379)
Peter T. King
1990 Ed. (2481)
1991 Ed. (2344)
1992 Ed. (2905)
1993 Ed. (2463)
Peter T. Pruitt
1989 Ed. (1741)
1990 Ed. (2271)
Peter Tasker
1996 Ed. (1867)
1997 Ed. (1995)
Peter Thiel
2012 Ed. (4820)
2013 Ed. (4783)
2014 Ed. (4829)
2015 Ed. (4864)
Peter Thomas
2007 Ed. (4935)
Peter Treadway
1991 Ed. (1692)
1993 Ed. (1825)
1994 Ed. (1808, 1821)
1995 Ed. (1846, 1863)
1996 Ed. (1844)
Peter Tsao
1999 Ed. (2430)
Peter V. Berns
2007 Ed. (3704)
Peter Vardy; Sir
2005 Ed. (927)
Peter Vella
2006 Ed. (4961)
Peter & Vicki Kazacos
2002 Ed. (2477)
Peter W. Boucher
2010 Ed. (2563)
Peter Warren Group
2004 Ed. (3957)
Peter Webb Public Relations Inc.
2006 Ed. (1681)
2007 Ed. (1684)
2008 Ed. (1709)
Peter Wilkinson
2007 Ed. (4933)
2008 Ed. (4907)
Peter Wolff
1999 Ed. (2287)
2000 Ed. (2068)
Peter Woo
2009 Ed. (4863, 4864)
2010 Ed. (4865)
2011 Ed. (4852, 4853)
2012 Ed. (4859, 4860)
2013 Ed. (4874)
2014 Ed. (4887, 4888)
2015 Ed. (4926, 4927)
2016 Ed. (4842, 4843)
Peter Wood
2000 Ed. (1052)
Peterbilt
1992 Ed. (4350)
1993 Ed. (3627, 3628)
1994 Ed. (3582, 3583)
1998 Ed. (3625, 3646)
2000 Ed. (4304)
Peterborough-Smith-Ennismore-
    Lakefield, Ontario
2006 Ed. (3316)
Petercam Securities
2001 Ed. (1523)
Peters & Brownes
2002 Ed. (3775)
2003 Ed. (3960)
Peters Group; Michael
1990 Ed. (2170)
1991 Ed. (2014)
1992 Ed. (2588)
Peters; Jon
2013 Ed. (3468)
Peters; Michael
1995 Ed. (2226)
1996 Ed. (2236)
Peters; Thomas J.
1995 Ed. (936)
Peters; Vicki
2005 Ed. (4992)
2006 Ed. (4988)
Petersdorf, M.D.; Robert

1991 Ed. (2406)
Petersen
1999 Ed. (3742)
Petersen Aluminum
2015 Ed. (3661)
2016 Ed. (3548)
Petersen & Associates
2006 Ed. (4)
2008 Ed. (2)
2009 Ed. (2)
2012 Ed. (7)
2013 Ed. (14)
2014 Ed. (10)
2015 Ed. (11)
2016 Ed. (10)
The Petersen Companies
2001 Ed. (1541)
Petersen-Dean Inc.
2009 Ed. (1159, 4352)
2010 Ed. (1154)
2011 Ed. (1098)
Petersen Dean Roofing
2008 Ed. (1183)
Petersen; Don
1990 Ed. (971)
Petersen; Donald
1991 Ed. (927)
1992 Ed. (1144)
Petersen International Underwriters
2000 Ed. (2665)
2002 Ed. (2864)
Petersen's 4Wheel & Off-Road
2008 Ed. (152)
Petersen's Enhanced Lifestyle Master-
    file
1999 Ed. (1858)
Peterson Brothers Construction
2006 Ed. (1279, 1290)
2007 Ed. (1358)
Peterson; Clementine Lockwood
1995 Ed. (937, 1069)
Peterson; Coleman
1996 Ed. (2989)
Peterson; Coleman H.
1997 Ed. (3068)
Peterson; Donald
1990 Ed. (974)
Peterson Farms Inc.
1998 Ed. (2447, 2448, 2893, 2894)
1999 Ed. (3322, 3866)
Peterson; Peter
1990 Ed. (1773)
2010 Ed. (3955)
Peterson; Tor
2014 Ed. (4861)
2015 Ed. (4898)
Peterson; Tycho
2011 Ed. (3363)
Petery; Andras
1994 Ed. (1805, 1814)
1996 Ed. (1821)
1997 Ed. (1895)
Pete's Brewing Co.
1992 Ed. (927)
1996 Ed. (2631)
1998 Ed. (2487)
1999 Ed. (3399, 3402)
2000 Ed. (3128)
Pete's Wicked Ale
1997 Ed. (719)
1998 Ed. (495, 3436)
Pete's Wicked Seasonal Ale
1998 Ed. (3436)
Petflow.com
2015 Ed. (2475)
Petfood warehouse
1992 Ed. (3406, 3407)
Petfood/treats
2005 Ed. (3724)
Pethealth Inc.
2004 Ed. (2781, 2782)
2006 Ed. (2746)
Petit Bateau
2001 Ed. (1261)
Petit Press
2007 Ed. (76)
Petit Verdot
1996 Ed. (3838)
Petite Fleur Nursing Home
2000 Ed. (4434)
Petite Liqueur
1991 Ed. (2330)
Petites
2001 Ed. (3514, 3515)
Petitti Garden Centers
2013 Ed. (2797)
2014 Ed. (2833)
2015 Ed. (2873)
PetKim
1993 Ed. (2369)

1996 Ed. (2433)
1997 Ed. (2576, 2577)
1999 Ed. (3120)
2000 Ed. (2868)
2002 Ed. (3030)
2012 Ed. (671, 738)
Petkim Petrokimya Holding
2011 Ed. (794)
2012 Ed. (752)
Petland
1992 Ed. (2226)
1996 Ed. (3001)
1999 Ed. (3792)
2001 Ed. (3734)
2003 Ed. (3807)
2004 Ed. (3817)
2006 Ed. (3814)
2007 Ed. (3829)
2008 Ed. (3891)
2009 Ed. (3954)
2010 Ed. (3865)
2011 Ed. (3874)
2012 Ed. (3857)
2013 Ed. (3912)
2014 Ed. (3857)
2015 Ed. (3882, 3883)
2016 Ed. (3793)
Petland Discounts
2015 Ed. (3883)
Petmatrix LLC
2015 Ed. (3877)
PetMed Express
2013 Ed. (899)
2015 Ed. (4360)
PetMed Express Inc.
2005 Ed. (2773, 2774, 2775)
2008 Ed. (4352)
2009 Ed. (4451)
2010 Ed. (4503)
Petoleos de Venezuela SA
1992 Ed. (3421)
petopia.com
2001 Ed. (4672)
PetPlace.com
2012 Ed. (3597)
Petplan
2013 Ed. (3239, 4977)
Petr Kellner
2011 Ed. (4874)
2012 Ed. (4883)
2013 Ed. (4867)
2014 Ed. (4881)
2015 Ed. (4919)
2016 Ed. (4835)
Petra Bank
1990 Ed. (481)
1991 Ed. (432, 578)
Petra Fashions
2005 Ed. (4162)
2006 Ed. (4216)
Petra Inc.
2008 Ed. (1294)
2009 Ed. (1277)
2010 Ed. (1272)
2011 Ed. (1223)
PetRays
2012 Ed. (2800)
2013 Ed. (2868, 4977)
Petre; Daniel
2010 Ed. (3956)
Petrell AS
2010 Ed. (2953)
Petrex (London) Ltd.
1992 Ed. (1194)
1994 Ed. (998)
Petrie
1990 Ed. (1048, 1051)
Petrie Parkman
1991 Ed. (1708)
Petrie Stores
1989 Ed. (934)
1990 Ed. (1050, 1052)
1991 Ed. (974, 975, 978)
1992 Ed. (1212, 1215, 1217, 3727,
    4038)
1994 Ed. (1019, 3094)
1995 Ed. (1029)
1997 Ed. (1030)
Petrie's
1993 Ed. (3039)
Petrik; Rod
2011 Ed. (3356)
Petrin Corp.
2010 Ed. (1288)
Petris Technology
2003 Ed. (2177)
Petro Amigos Supply Inc.
1999 Ed. (2674)
2013 Ed. (2930)
2014 Ed. (2940, 2947, 2955)

2015 Ed. (2989, 2995, 3021)
2016 Ed. (3593)
Petro Andina Resources Inc.
2010 Ed. (1462, 4057)
Petro-Canada
1989 Ed. (2038)
1990 Ed. (1661, 1942, 2844)
1992 Ed. (1590, 2341, 3437, 4160)
1993 Ed. (1288, 1930, 2704, 2841,
    2842, 2843)
1996 Ed. (1390, 3015)
1997 Ed. (3095, 3097, 3404)
1999 Ed. (1035)
2002 Ed. (3675)
2003 Ed. (3822, 3823)
2004 Ed. (3852)
2005 Ed. (1567, 1648, 1719, 1722,
    3763)
2006 Ed. (781, 849, 1451, 1542,
    1593, 1620, 1621, 3375, 3845)
2007 Ed. (1445, 1572, 1617, 1634,
    1637, 3862, 3863)
2008 Ed. (645, 646, 1551, 1552,
    1553, 1554, 1555, 3552, 3915,
    3916)
2009 Ed. (1480, 1572, 3619, 3982,
    3983, 3984)
2010 Ed. (1465, 1466, 1467, 1468,
    1469, 1542, 1544, 1551, 1558,
    3541, 3892, 3904)
2011 Ed. (1467, 1546, 1550, 1557,
    1559, 3540, 3903, 3904, 3906,
    3922)
2012 Ed. (1391)
Petro Canada C/V
2000 Ed. (4266)
Petro-Canada Resources (USA) Inc.
2009 Ed. (3965)
PETRO Heating Oil & Services
2005 Ed. (3931)
Petro Poroshenko
2013 Ed. (4920)
2014 Ed. (4927)
2015 Ed. (4967)
Petro Rabigh
2012 Ed. (779)
2013 Ed. (953)
2014 Ed. (899, 908)
2015 Ed. (926, 934)
2016 Ed. (830, 840)
Petro Star Inc.
2004 Ed. (1621)
2008 Ed. (1546)
2009 Ed. (1475)
2010 Ed. (1461)
2011 Ed. (1462)
2012 Ed. (1301)
2013 Ed. (1406)
Petroagroprombank
1995 Ed. (596)
Petrobank Energy & Resources
2014 Ed. (1446)
Petrobank Energy & Resources Ltd.
2008 Ed. (1659)
2009 Ed. (1582)
2010 Ed. (1547, 4057)
2011 Ed. (4557)
2012 Ed. (4564)
2016 Ed. (3838)
Petrobra-Petroleo Brasiliro SA
1990 Ed. (2849)
Petrobras
1989 Ed. (1096, 1135, 1553)
1990 Ed. (1395, 1396)
1991 Ed. (1261, 1322, 2913, 2914)
1992 Ed. (1580, 1586, 3448, 3767,
    3768)
1993 Ed. (909, 1285)
1994 Ed. (1336, 3133, 3134)
1995 Ed. (1362, 3181, 3182)
1996 Ed. (3281)
1997 Ed. (1368, 3378)
1998 Ed. (2558)
1999 Ed. (1665, 4137, 4138)
2000 Ed. (1472, 3851, 3852, 4128)
2004 Ed. (763)
2005 Ed. (1842, 1843, 1844, 2409,
    2410, 2412, 3785)
2006 Ed. (1568, 1569, 1570, 1712,
    1776, 1845, 1849, 1851, 2542,
    3374, 3852, 4489)
2007 Ed. (23, 1603, 1604, 1605,
    1853, 2389, 2394, 3876, 3877,
    3879)
2008 Ed. (1581, 1582, 1886, 2503,
    2508, 3551, 3922, 3928)
2009 Ed. (1514, 1515, 1677, 1794,
    1844, 2510, 2517, 3616, 3992,
    3998, 4000, 4555)
2010 Ed. (639, 1509, 1510, 1511,

1633, 1784, 2425, 3540, 3905,
  3907, 3917, 4586, 4600)
2011 Ed. (1502, 1503, 1723, 1749,
  1757, 1797, 1799, 2429, 2438,
  3539, 3916, 3919, 3923, 3924,
  3926, 3936, 4561)
2012 Ed. (543, 557, 845, 1349, 1350,
  1351, 1578, 1600, 1602, 1606,
  1607, 1609, 1656, 1657, 2352,
  2362, 3530, 3882, 3886, 3898,
  3901, 3903, 3905, 3907, 3908,
  3912, 3933, 4570)
2013 Ed. (644, 665, 1025, 1442,
  1443, 1444, 1638, 1639, 1640,
  1757, 1764, 1765, 2533, 2547,
  3577, 3951, 3963, 3965, 3978,
  3982, 3983, 3989)
2014 Ed. (658, 677, 689, 1402, 1403,
  1404, 1405, 1675, 1740, 2467,
  2479, 2560, 3908, 3917, 3921,
  3922, 3924, 3925, 3926, 3932,
  4233)
2015 Ed. (719, 1464, 1465, 1721,
  1784, 2538, 2553, 3936, 3951,
  3955, 3961)
2016 Ed. (658, 1393, 1394, 1738,
  2465, 3832, 3855, 3868)

Petrobras Argentina
2011 Ed. (807)
2012 Ed. (772)
2013 Ed. (949)

Petrobras Dist.
1990 Ed. (1396)

Petrobras Distr.
1989 Ed. (1135)

Petrobras Distribuidora
1989 Ed. (1096)
2002 Ed. (1719, 1720)
2003 Ed. (1741)
2004 Ed. (1778)
2005 Ed. (1844)
2008 Ed. (1886)
2009 Ed. (1844)
2011 Ed. (1798)

Petrobras Distribuidora SA
1990 Ed. (1336)
1992 Ed. (1585)
1994 Ed. (1335)
1996 Ed. (1306)
1997 Ed. (1472)

Petrobras Distributadora
1990 Ed. (1395)

Petrobras Energia
2014 Ed. (1357)

Petrobras Energia Participaciones
2006 Ed. (665)

Petrobras Global Finance BV
2015 Ed. (2294)

Petrobras International Finance
2013 Ed. (2292)
2014 Ed. (2230)

Petrobras-Petroleo Brasil
2000 Ed. (1395)

Petrobras; Petroleo Brasileiro SA--
1990 Ed. (1334, 1335, 1336)
1992 Ed. (1581, 1582, 1584, 1585)
1994 Ed. (1332, 1334, 1335, 2866)
1996 Ed. (1302, 1303, 1304, 1305,
  1306)
1999 Ed. (1590)
2005 Ed. (3786)

Petrobras Pn
1994 Ed. (3135)
1996 Ed. (3282)
1997 Ed. (3379)

Petrocard Systems Inc.
2007 Ed. (3610, 3611, 3683)
2008 Ed. (3738, 3778, 4989)

Petrochem
1994 Ed. (3291, 3292)

Petrochem Middle East
2013 Ed. (933, 935)
2014 Ed. (887, 889)
2015 Ed. (917)

Petrochemical Industries
2003 Ed. (1702)

Petrochemical Industries Co.
2015 Ed. (926)

Petrochemicals
1998 Ed. (2750)
2001 Ed. (2178)

PetroChina
2013 Ed. (660, 687, 3956, 3981,
  3982)
2014 Ed. (661, 3924)
2015 Ed. (722, 3927, 3959)
2016 Ed. (660, 766, 3845, 3875)

Petrochina
2014 Ed. (3925)
2015 Ed. (732, 3960)

PetroChina Co., Ltd.
2002 Ed. (305, 1615, 4194)
2003 Ed. (3821, 3825, 4578)
2004 Ed. (3851, 3854)
2005 Ed. (1733, 2409, 2412, 3762,
  3765)
2006 Ed. (1641, 1642, 1643, 3844,
  3847, 3851, 4089)
2007 Ed. (937, 1583, 1585, 1656,
  1658, 2386, 2394, 2397, 3861,
  3870, 3873, 3876, 3877)
2008 Ed. (913, 1665, 1666, 1845,
  1853, 2501, 2508, 2794, 3554,
  3914, 3919, 3922, 3926, 4524)
2009 Ed. (1588, 1794, 1802, 2508,
  2517, 2589, 2846, 3621, 3981,
  3989, 3992, 4555, 4568)
2010 Ed. (864, 964, 1577, 1578,
  1735, 1736, 1745, 1747, 2423,
  2427, 2434, 2501, 3543, 3890,
  3895, 3898, 3902, 3905, 4586)
2011 Ed. (560, 787, 788, 795, 890,
  1576, 1579, 1749, 1750, 1757,
  1759, 2427, 2438, 3542, 3902,
  3913, 3916, 3920, 3923, 3924)
2012 Ed. (740, 755, 845, 1324, 1416,
  1600, 1601, 1602, 1606, 1609,
  2350, 2362, 3535, 3884, 3892,
  3898, 3901, 3903, 3905, 3907,
  3908)
2013 Ed. (945, 957, 1025, 1541,
  1756, 1757, 1758, 1765, 2534,
  2547, 2549, 3580, 3617, 3944,
  3955, 3963, 3976, 3978, 3983)
2014 Ed. (1508, 1675, 1689, 1690,
  1691, 1692, 1700, 2468, 2479,
  2481, 3547, 3553, 3894, 3900,
  3906, 3917, 3919, 3921, 3922,
  3926, 4066, 4234)
2015 Ed. (1566, 1721, 1734, 1742,
  2539, 2553, 2555, 3570, 3578,
  3921, 3926, 3934, 3951, 3953,
  3955, 3956, 3961)
2016 Ed. (1499, 1672, 1683, 1684,
  1685, 1686, 1687, 2466, 2472,
  3458, 3830, 3844, 3853, 3868,
  3871, 3872, 3876)

Petrocommerce; Bank
2005 Ed. (493, 502)

PetroCorp Inc.
2005 Ed. (3733)

Petrodex
2003 Ed. (2177)

Petroecuador
2006 Ed. (2545)

Petrofac
2013 Ed. (3916, 3952)
2014 Ed. (2047, 2048, 2052, 2055,
  2060, 3861, 3897)
2015 Ed. (3888)
2016 Ed. (3798, 3801)

Petrofac Ltd.
2007 Ed. (3883)
2008 Ed. (1300)
2009 Ed. (1271, 1285)
2010 Ed. (1278)
2011 Ed. (1217, 1231, 3910)
2012 Ed. (1153, 1160, 3895, 3926)
2013 Ed. (1289, 1299, 2543, 3922)
2014 Ed. (1222, 1232, 2475, 2512,
  3867)
2015 Ed. (1290, 3894)
2016 Ed. (1204)

Petrofina
1989 Ed. (1344)
1990 Ed. (1333, 3456)
1991 Ed. (729, 730, 1258, 1260)
1992 Ed. (913, 914, 1578, 1579)
1993 Ed. (729, 730, 1283, 1284)
1994 Ed. (737, 738, 1328, 1329,
  1330, 3565)
1995 Ed. (1359, 1360, 1361, 2928,
  3650)
1997 Ed. (700, 701, 1366, 1367)
1999 Ed. (771, 772, 1587, 1588,
  1589)
2000 Ed. (788, 789, 1392, 1394)
2001 Ed. (1638)

PetroFina SA
1989 Ed. (1095)
1991 Ed. (1259)
1996 Ed. (763, 764, 1299, 1300,
  1301, 3023, 3730)
1997 Ed. (1365)
2000 Ed. (1393)
2001 Ed. (1641)
2002 Ed. (759, 760)
2003 Ed. (1624)
2005 Ed. (1663)
2006 Ed. (1564)
2007 Ed. (1599)

2008 Ed. (1576)
2009 Ed. (925, 1509, 4025)
2011 Ed. (1498)
2012 Ed. (1346, 1623, 4937)
2013 Ed. (1438, 1782, 4925)

PetroFina/Total
2000 Ed. (3533, 3534)

Petroflex
2001 Ed. (4138)

Petrogal
1993 Ed. (1341)
2005 Ed. (1953)
2006 Ed. (1995)
2007 Ed. (1958)
2008 Ed. (2053)
2009 Ed. (2018)
2011 Ed. (2011)
2012 Ed. (1861)
2013 Ed. (2020)

Petrogal EP
2002 Ed. (3692)

Petrogal-Petroleos de Portugal EP.
1994 Ed. (1392, 1441, 2865)
1995 Ed. (1477)
1996 Ed. (1437)
1997 Ed. (1500)
1999 Ed. (1726)

Petrogal-Petroleos de Portugal SA
2000 Ed. (1544)
2001 Ed. (1839)

Petrohawk Energy Corp.
2007 Ed. (3839)
2008 Ed. (1400)

PetroKazakhstan Inc.
2005 Ed. (1702, 1707, 1711)
2006 Ed. (1593, 1603, 1609, 1613)
2007 Ed. (1621, 1623, 3864, 4573)

Petrol
2000 Ed. (2986, 2987)
2002 Ed. (3187)
2006 Ed. (3290)

Petrol AD
2009 Ed. (1519)
2011 Ed. (1511)
2012 Ed. (1359)
2013 Ed. (1445)

Petrol AD-Sofia
2006 Ed. (4490)

Petrol Bank
2004 Ed. (469)

Petrol d.d.
2014 Ed. (1572, 1977)
2015 Ed. (1623, 1624, 2021)
2016 Ed. (1549, 1550, 1995)

Petrol d.o.o.
2016 Ed. (1542)

Petrol Holding Group AD
2002 Ed. (4391)

Petrol Industries Inc.
2007 Ed. (3852)

Petrol Ofisi
1996 Ed. (2433, 2434)
1997 Ed. (2576)
1999 Ed. (3120, 3121)
2000 Ed. (2868)
2002 Ed. (3030)
2006 Ed. (2050)

Petrol Ofisi AS
2005 Ed. (2410, 3780, 3781)
2007 Ed. (2393)
2009 Ed. (1814)

Petrol Slovenksa energetska druzba dd
2009 Ed. (2040)
2011 Ed. (2034)

Petrolane
1990 Ed. (2909)

Petroleo Brasileiro Petrobras
1997 Ed. (1471, 1472)

Petroleo Brasileiro SA
1999 Ed. (3814)
2005 Ed. (1842, 1843, 1844, 2409,
  2410, 2412, 3785)
2006 Ed. (1568, 1569, 1570, 1712,
  1776, 1845, 1849, 1851, 2542,
  3374, 3852, 4489)
2007 Ed. (23, 1603, 1604, 1605,
  1853, 2389, 2394, 3876, 3877,
  3879)
2008 Ed. (1581, 1582, 1886, 2503,
  2508, 3551, 3922, 3928)
2009 Ed. (1514, 1515, 1677, 1794,
  1844, 2510, 2517, 3616, 3992,
  3998, 4000, 4555)
2010 Ed. (1509, 1510, 1511, 1633,
  1784, 2425, 3540, 3905, 3907,
  3917, 4586, 4600)
2011 Ed. (1502, 1503, 1723, 1749,
  1757, 1797, 1799, 2429, 2438,
  3539, 3916, 3919, 3924, 3926,
  3936, 4561)

2012 Ed. (845, 1349, 1350, 1351,
  1578, 1600, 1602, 1606, 1607,
  1609, 1656, 1657, 2352, 2362,
  3530, 3882, 3886, 3898, 3901,
  3903, 3905, 3908, 3912, 3933,
  4570)
2013 Ed. (1025, 1442, 1443, 1444,
  1638, 1639, 1640, 1757, 1764,
  1765, 2533, 2547, 3577, 3951,
  3963, 3965, 3978, 3983, 3989)
2014 Ed. (1402, 1403, 1404, 1405,
  1675, 1740, 2467, 2479, 2560,
  3908, 3917, 3921, 3922, 3926,
  3932, 4233)
2015 Ed. (1464, 1465, 1721, 1784,
  2538, 2553, 3934, 3936, 3951,
  3955, 3961)
2016 Ed. (1393, 1394, 1738, 2465,
  3832, 3853, 3855, 3868)

Petroleo Brasileiro SA--Petrobras
1999 Ed. (1698)
2001 Ed. (1200, 1643, 1746, 1778,
  3772)
2002 Ed. (1600, 1601, 1683, 1716,
  1717, 1718, 1719, 1720, 3693,
  3696, 4096, 4097, 4194, 4389)
2003 Ed. (1517, 1625, 1703, 1739,
  1740, 1741, 3830, 3843, 3857,
  4574)
2004 Ed. (1657, 1776, 1777, 1778,
  3860)
2005 Ed. (3786)

Petroleos de Portugal Ep-Petrogal
1990 Ed. (1410)
1993 Ed. (1387)

Petroleos de Portugal EpPetrogal
1989 Ed. (1153)

Petroleos de Portugal SA
2000 Ed. (3538)
2005 Ed. (1953)
2006 Ed. (1995)
2007 Ed. (1958)
2008 Ed. (2053)
2009 Ed. (2018)
2011 Ed. (2011)
2012 Ed. (1861)
2013 Ed. (2020)

Petroleos de Portugal SA (Petrogal)
2003 Ed. (1812)

Petroleos De Venezuela
1991 Ed. (1322, 2735)
1992 Ed. (1641, 3420)

Petroleos de Venezuela Petrobras
1999 Ed. (3814)

Petroleos de Venezuela S/A
1999 Ed. (1698)

Petroleos de Venezuela SA
1989 Ed. (1867)
1990 Ed. (2404, 2849)
1991 Ed. (2717)
1993 Ed. (1335, 1339, 2825, 2826)
1994 Ed. (990, 1364, 2866, 2869,
  2870)
1995 Ed. (2929, 2932, 2933)
1996 Ed. (3027, 3028)
1997 Ed. (1471, 1472, 3110, 3111)
1998 Ed. (2838, 2839)
1999 Ed. (3116, 3366, 3817, 3818)
2000 Ed. (2864, 3531, 3532)
2001 Ed. (1200, 3772)
2002 Ed. (1794, 3679, 3680, 3691,
  3696)
2003 Ed. (3148, 3825, 3843, 3849,
  3855, 3857, 3858)
2004 Ed. (3854, 3860, 3871)
2005 Ed. (3765, 3786, 3799)
2006 Ed. (1484, 1794, 1796, 1798,
  3847, 3852, 3866)
2007 Ed. (1853, 3870, 3879, 3896)
2008 Ed. (1836, 1838, 1839, 1840,
  1842, 1843, 1886, 3919, 3928,
  3935, 3939)
2009 Ed. (1844, 3989, 4000, 4014)
2010 Ed. (1784, 3895, 3907, 3920)
2011 Ed. (1739, 1741, 1742, 1743,
  1744, 1745, 1747, 1799, 1844,
  3913, 3926, 3935, 3939)
2012 Ed. (1656, 3898, 3912, 3936)
2013 Ed. (3963, 3966, 3990)
2014 Ed. (1740, 3906, 3908, 3933)
2015 Ed. (1784, 3934, 3936, 3969)
2016 Ed. (1738, 3853, 3855, 3883)

Petroleos de Venezuela SA (PDVSA)
2002 Ed. (3683)
2004 Ed. (1708, 1876, 3212, 3868)

Petroleos del Ecuador
2003 Ed. (3843)
2004 Ed. (3860)
2005 Ed. (3786)
2006 Ed. (3852)
2007 Ed. (3879)

2008 Ed. (3928)
2009 Ed. (4000)
2010 Ed. (3907)
2011 Ed. (3926)
2012 Ed. (3912)
2013 Ed. (3965)
2014 Ed. (3908)
2015 Ed. (3936)
2016 Ed. (3855)
Petroleos del Peru
1989 Ed. (1149)
Petroleos Mexicanos
1989 Ed. (1135, 1140)
1990 Ed. (1395, 1396)
1991 Ed. (1322, 2717)
1992 Ed. (3420, 3421)
1993 Ed. (2825, 2826)
1995 Ed. (2929, 2932, 2933)
1996 Ed. (3027, 3028)
1997 Ed. (1472, 3110, 3111)
1998 Ed. (2838, 2839)
1999 Ed. (3814, 3817, 3818)
2000 Ed. (3531, 3532)
2001 Ed. (3772, 3773)
2002 Ed. (3679, 3680, 3696)
2003 Ed. (1701, 3825, 3829, 3843,
3858)
2005 Ed. (3765, 3783, 3786, 3799)
2006 Ed. (1771, 2547, 2548, 3847,
3849, 3850, 3852, 3866)
2007 Ed. (1853, 1876, 1878, 3870,
3875, 3879)
2008 Ed. (1811, 1836, 1886, 1925,
3919, 3928)
2009 Ed. (1783, 1784, 1785, 1786,
1787, 1788, 1790, 1791, 1844,
1884, 3989, 4000, 4010)
2010 Ed. (1726, 1784, 1818, 3895,
3900, 3907)
2011 Ed. (733, 807, 1798, 1799,
1849, 3913, 3918, 3926)
2012 Ed. (772, 1656, 1701, 3898,
3912)
2013 Ed. (957, 1852, 3963, 3965)
2014 Ed. (1740, 1782, 1783, 3906,
3908)
2015 Ed. (1784, 1825, 3934, 3936)
2016 Ed. (1738, 1785, 3853, 3855)
Petroleos Mexicanos (PEMEX)
2002 Ed. (3682)
2004 Ed. (3854, 3858, 3871)
Petroleum
1989 Ed. (1866)
1990 Ed. (2149, 2151)
1991 Ed. (1996, 1997, 3250)
1992 Ed. (1887, 1944, 2568, 2569,
3476)
1996 Ed. (3827)
1997 Ed. (1717)
2001 Ed. (2378, 3820)
2006 Ed. (834)
2007 Ed. (2309)
Petroleum and coal products
2001 Ed. (2844)
Petroleum Authority
1996 Ed. (1457)
2001 Ed. (1879)
Petroleum Authority of Thailand
1995 Ed. (1503)
1997 Ed. (1526)
1999 Ed. (1748)
2000 Ed. (1575, 1578)
Petroleum Co. of Trinidad & Tobago Ltd.
2003 Ed. (3843)
2004 Ed. (3860)
2005 Ed. (3786)
2006 Ed. (3852)
2007 Ed. (3879)
2008 Ed. (3928)
2009 Ed. (4000)
2010 Ed. (3907)
2011 Ed. (3926)
2012 Ed. (3912)
2013 Ed. (3965)
2014 Ed. (3908)
2015 Ed. (3936)
2016 Ed. (3855)
Petroleum Development
2002 Ed. (3662)
2004 Ed. (3831, 3832)
2005 Ed. (3739, 3740)
2009 Ed. (3964, 3965, 3972, 3973,
3974)
2011 Ed. (2151)
2012 Ed. (2758)
Petroleum Development Oman LLC
2003 Ed. (3844)
2004 Ed. (3861)
2005 Ed. (3788)
2006 Ed. (3854)
2007 Ed. (3880)

2008 Ed. (3929)
2009 Ed. (4001)
2010 Ed. (3908)
2011 Ed. (3927)
2012 Ed. (3914)
2013 Ed. (3966)
2014 Ed. (3909)
2015 Ed. (3937)
2016 Ed. (3856)
Petroleum distribution
1992 Ed. (3535)
1993 Ed. (2917)
Petroleum Equipment Assembly & Metal
Structure
2013 Ed. (2140)
Petroleum Geo-Services
1999 Ed. (3662, 3676, 3677)
2000 Ed. (3382, 3383)
Petroleum Geo-Services ASA
2002 Ed. (3542, 3544)
2003 Ed. (4598)
2004 Ed. (3682)
2005 Ed. (421)
Petroleum industry
1993 Ed. (2870)
Petroleum jellies
1996 Ed. (3094)
Petroleum & natural gas
2002 Ed. (3242)
Petroleum & oil
1990 Ed. (166)
Petroleum, oils, etc.
1993 Ed. (1715)
Petroleum preparations
2008 Ed. (2643, 2644, 2650)
2009 Ed. (2671, 2672, 2678)
2011 Ed. (2554, 2555)
2012 Ed. (2506, 2507)
Petroleum products
1990 Ed. (1733)
1993 Ed. (2133, 2134, 2137)
1994 Ed. (2925)
1995 Ed. (2208, 2210, 2980)
2007 Ed. (2515, 2516, 2522)
Petroleum products & coke
1992 Ed. (3610)
Petroleum Recycling Corp.
1995 Ed. (3080)
1996 Ed. (3176)
Petroleum refining
1989 Ed. (1927, 1929)
1990 Ed. (2514, 2515)
1991 Ed. (2029, 2031, 2033, 2034,
2037, 2038, 2041, 2044, 2046,
2047, 2048, 2049, 2050, 2051,
2382)
1992 Ed. (2601, 2603, 2606, 2608,
2611, 2612, 2614, 2616, 2617,
2618, 2619, 2620, 2621, 2622,
2969)
1993 Ed. (1218, 1233, 1235, 1238,
1239, 2496)
1994 Ed. (1275, 1277, 1278, 1282,
2435)
1995 Ed. (1279, 1296, 1297, 1299,
1300, 1304)
1996 Ed. (1252, 1261)
1997 Ed. (1301, 1442, 1443, 1445,
2382, 2383, 2384, 2385, 2386)
1998 Ed. (1071, 1072, 1078, 1153,
1156, 2097, 2098, 2099, 2100,
2101, 2433)
1999 Ed. (1513, 1676, 1677, 1678,
1679, 1680, 2867, 2868, 2869,
2870, 2871)
2000 Ed. (1356, 2631, 2633, 2634,
2635)
2001 Ed. (4389)
2002 Ed. (2766, 2767, 2768, 2771,
2773, 2774, 2776, 2778, 2784,
2787, 2788, 2789, 2790, 2792,
2793, 2794, 2795, 2796, 2797)
2003 Ed. (1710, 2903, 2905)
2004 Ed. (1746, 1747, 1749)
2005 Ed. (3004, 3005, 3006)
2006 Ed. (3000, 3001, 3002, 3003,
3005, 3007)
2007 Ed. (3039, 3040, 3041, 3042,
3044, 3045, 3046, 3047)
2008 Ed. (1820, 1821, 1822, 1824,
1825, 3151, 3154, 3156, 3157,
3159)
2009 Ed. (1768, 1770, 1772, 1773)
Petroleum refining & related industries
2001 Ed. (1781, 1825)
Petroleum services
1990 Ed. (2182, 2184)
1991 Ed. (2055, 3223)
1992 Ed. (2626)
Petroleum Traders Corp.

2011 Ed. (4047)
2013 Ed. (1728)
2014 Ed. (1670)
2015 Ed. (1717)
2016 Ed. (1666)
Petroli Ofisi
1997 Ed. (2577)
Petroliam Nasional
2001 Ed. (1626, 1784)
Petroliam Nasional Berhad
2006 Ed. (67, 1776, 3844)
2007 Ed. (58, 1785, 3861)
2008 Ed. (60, 1816, 3914)
2009 Ed. (68, 1764, 1811, 1812,
3981)
2010 Ed. (78, 1456, 1709, 1710,
1711, 1826, 3890)
2011 Ed. (3902)
2012 Ed. (3884)
2013 Ed. (958, 3949)
2014 Ed. (3894)
2015 Ed. (3921)
2016 Ed. (3830)
Petroliam Nasional Berhad--Petronas
2002 Ed. (1690)
2003 Ed. (1707)
2004 Ed. (65, 1743, 3851)
2005 Ed. (60, 3762)
Petroliam Nasional Bhd
1999 Ed. (761, 1578)
Petroliam Nasional Bhd. (Petronas)
2016 Ed. (766)
Petrolifera Petroleum
2008 Ed. (1625)
2009 Ed. (1562)
Petrolina (Holdings) Public Ltd.
2009 Ed. (1624)
2011 Ed. (1602)
Petrolite
1989 Ed. (899)
1990 Ed. (966)
PetroLogistics
2010 Ed. (3490)
PETROM
2015 Ed. (1612)
Petrom SA
2009 Ed. (2031)
2011 Ed. (2024)
Petrom SA; OMV
2013 Ed. (2548)
2015 Ed. (2554)
Petromaks Container Services OU
2016 Ed. (1533)
Petromax Refining Co.
2012 Ed. (1208)
Petromin Mobil Yanbu Refinery Co. Ltd.
1994 Ed. (3137, 3139)
Petrominerales Ltd.
2009 Ed. (1561)
2014 Ed. (4573)
Petrominerales ltd.
2009 Ed. (1582)
Petromont
1996 Ed. (931)
Petron Corp.
1997 Ed. (3113, 3114)
1999 Ed. (1574, 3820)
2000 Ed. (3541)
2001 Ed. (1835)
2008 Ed. (3575)
2009 Ed. (3645)
2010 Ed. (3563)
2011 Ed. (3566)
2012 Ed. (3559)
2013 Ed. (3609)
Petron Pacific
2007 Ed. (3412)
Petronas
1992 Ed. (1680, 1682)
1993 Ed. (1340)
1994 Ed. (1396, 1397)
1995 Ed. (1427, 1454)
1996 Ed. (1391, 1415)
1997 Ed. (1475)
1999 Ed. (1673, 1701, 1702)
2000 Ed. (1296, 1298, 1299, 1480)
2003 Ed. (3821)
2006 Ed. (67, 1776, 3844)
2007 Ed. (58, 1785, 3861)
2008 Ed. (60, 1816, 3914)
2009 Ed. (68, 1764, 1811, 1812,
3981)
2010 Ed. (78, 625, 1456, 1709, 1710,
1711, 1826, 3890)
2011 Ed. (788, 3902)
2012 Ed. (741, 3884)
2013 Ed. (656, 958, 3949)
2014 Ed. (673, 3894, 3924)
2015 Ed. (3921, 3959)
2016 Ed. (679, 3830, 3875)

Petronas Chemicals
2012 Ed. (1677, 4443)
2013 Ed. (1829)
2014 Ed. (905, 1758)
2015 Ed. (931, 1801)
2016 Ed. (836)
Petronas Chemicals Group
2013 Ed. (841)
Petronas Dagangan
2012 Ed. (3913)
Petronas Gas
2000 Ed. (1511)
2001 Ed. (1785)
2005 Ed. (2730, 3771)
2010 Ed. (1794)
2012 Ed. (1678, 3913)
2013 Ed. (2820)
Petronas Gas Bhd
2002 Ed. (3051)
2006 Ed. (4518)
Petronas; Petroliam Nasional Berhad--
2005 Ed. (60, 3762)
Petronas Tower 1
1997 Ed. (839)
Petronas Tower 2
1997 Ed. (839)
Petroperu
2006 Ed. (2546)
2014 Ed. (1947)
Petroplus Holding AG
2012 Ed. (3568)
2013 Ed. (3604)
Petroplus Holdings AG
2011 Ed. (1721, 2069)
Petroplus International NV
2006 Ed. (3393)
PetroQuest Energy
2004 Ed. (3828, 3829)
2010 Ed. (2861, 3874, 4503)
PetroQuest Energy Inc.
2013 Ed. (3941)
Petroquimica Uniao
1993 Ed. (909)
Petroquisa Petrobras Quim. S.A.
1992 Ed. (1582, 1583)
Petros
1997 Ed. (3026)
2002 Ed. (3631)
2007 Ed. (3797)
2008 Ed. (3871)
2010 Ed. (3847)
Petros Homes
2002 Ed. (2688)
Petroshimi Arak
2002 Ed. (4428)
Petroshimi Khark
2002 Ed. (4428, 4430)
2006 Ed. (4509)
Petrotel
2000 Ed. (1320)
Petrotel - Lukoil SA
2014 Ed. (1969)
2015 Ed. (2014)
2016 Ed. (1984)
Petrotel-Lukoil SA
2011 Ed. (2024)
Petroven
1989 Ed. (1135)
1990 Ed. (1395, 1396)
Petrovietnam Gas
2015 Ed. (2126)
PetroVietNam Low Pressure Gas Distribution
2013 Ed. (2140)
Petrovietnam Oil Corp.
2015 Ed. (2125)
Petrowest Energy Services Trust
2010 Ed. (4057)
Petrowest Inc.
2016 Ed. (1973, 4890)
Pets Are Inn
2002 Ed. (3660)
2004 Ed. (3817)
2010 Ed. (3866)
2011 Ed. (3873)
Pets at Home
2013 Ed. (4463)
Pets at Home Group
2016 Ed. (4446)
Petscape Pet Products Inc.
2001 Ed. (1786, 1787)
2003 Ed. (1751, 1752)
Petsche Co.; A. E.
2005 Ed. (2350)
2008 Ed. (2468)
2009 Ed. (2471)
Petsense
2015 Ed. (3883)
PetSmart
2015 Ed. (4360)

PETsMART Inc.
  1995 Ed. (3205, 3206, 3693, 3694)
  1996 Ed. (3001)
  1997 Ed. (1636, 3553)
  1999 Ed. (1878, 3792)
  2001 Ed. (279, 280, 1611, 3734, 4100, 4101)
  2003 Ed. (233, 234, 887)
  2004 Ed. (192, 193, 906, 1624)
  2005 Ed. (896, 1650, 4417)
  2006 Ed. (1545, 3817, 4174, 4437, 4439, 4440, 4441)
  2007 Ed. (1575, 4162, 4495, 4497, 4498, 4499)
  2008 Ed. (1558, 4221, 4474, 4475, 4476, 4527)
  2009 Ed. (1484, 1485, 4507, 4508, 4509)
  2010 Ed. (1474, 1476, 4268, 4547, 4548, 4549)
  2011 Ed. (1472, 1473, 4496, 4497, 4498)
  2012 Ed. (134, 135, 1282, 1309, 1312, 1314, 4500, 4501, 4502)
  2013 Ed. (110, 111, 1408, 1412, 1413, 3108, 4465, 4466)
  2014 Ed. (117, 118, 1358, 1363, 1365, 4514, 4515)
  2015 Ed. (131, 132, 1433, 1438, 1439, 4514)
  2016 Ed. (1361, 1364)
PetSmart Inc.
  2014 Ed. (1326)
  2015 Ed. (3883)
  2016 Ed. (1359, 4010)
Petstuff Inc.
  1996 Ed. (3001)
PetsUnited
  2009 Ed. (2453)
Petter Stordalen
  2013 Ed. (4895)
  2014 Ed. (4907)
  2015 Ed. (4947)
  2016 Ed. (4862)
Petters Group Worldwide
  2009 Ed. (4150, 4238)
Pettibone Corp.
  1991 Ed. (1167)
Pettigrew & Associates PA
  2014 Ed. (4989)
Pettit & Martin
  1990 Ed. (2426)
  1991 Ed. (2292)
  1992 Ed. (2845)
Pettus & Williams
  2013 Ed. (3441)
Petty Enterprises
  2007 Ed. (327)
Petty Motorsports; Richard
  2010 Ed. (316)
  2011 Ed. (240)
  2012 Ed. (261)
Petty; Richard
  1994 Ed. (1100)
Petty; Tom
  1997 Ed. (1114)
Petzetakis
  1992 Ed. (364)
  1993 Ed. (254)
Petzi America
  2014 Ed. (2453)
Peugeot
  1989 Ed. (309, 321)
  1990 Ed. (205, 369, 374, 377, 380, 381)
  1991 Ed. (328, 731, 732, 1290, 1292)
  1992 Ed. (49, 448, 458, 461, 915, 916, 1619, 1621)
  1993 Ed. (332)
  1997 Ed. (306, 309, 703, 1407, 3791)
  1999 Ed. (1633, 4656)
  2000 Ed. (3174)
  2001 Ed. (455)
  2013 Ed. (233, 247, 648)
  2014 Ed. (246)
  2015 Ed. (273)
  2016 Ed. (269)
Peugeot 106
  1996 Ed. (320)
Peugeot 205
  1992 Ed. (446, 459)
  1993 Ed. (323)
  1996 Ed. (320)
Peugeot 206
  2005 Ed. (295)
Peugeot 306
  1999 Ed. (175, 784)
Peugeot 309
  1993 Ed. (323)
Peugeot 405

  1991 Ed. (323)
  1992 Ed. (446)
  1993 Ed. (323)
Peugeot 405 series
  1994 Ed. (314)
Peugeot (Automobiles)
  1996 Ed. (3735)
Peugeot-Citroen
  1990 Ed. (2627)
  1991 Ed. (327, 2494)
  1992 Ed. (3117)
Peugeot Citroen Automobile SA
  2012 Ed. (238, 1505)
  2013 Ed. (239, 1644)
Peugeot Citroen Automobiles SA
  2003 Ed. (1672, 1682)
  2005 Ed. (1777, 3020)
  2006 Ed. (1724, 3378)
  2009 Ed. (320, 1686)
Peugeot Citroen Automoviles Espana SA
  2005 Ed. (1963)
Peugeot Citroen Mecanique de l'Est SNC
  2011 Ed. (225, 1654)
Peugeot-Citroen SA
  1993 Ed. (22, 29, 31, 35, 37, 43, 51, 53, 334, 335, 732, 741, 1303, 1314, 1315, 1317, 2607)
  1994 Ed. (16, 21, 23, 26, 28, 34, 44, 308, 310, 740, 1355, 1371, 1372, 3575)
Peugeot Citroen SA; PSA
  2005 Ed. (39, 41, 50, 78, 81, 83, 92, 298, 300, 301, 871, 3522)
  2006 Ed. (25, 46, 87, 90, 320, 3581, 3582, 4818)
  2007 Ed. (37, 80, 312, 314, 316, 1731, 1732, 1787, 3423, 3646, 4716)
  2008 Ed. (21, 41, 86, 89, 133, 301, 1760, 3558)
  2009 Ed. (24, 46, 58, 72, 98, 322, 2592, 3625, 4784)
  2010 Ed. (41, 56, 103, 106, 1403)
  2012 Ed. (32, 4764)
Peugeot Contract Hire
  1997 Ed. (2821)
  1999 Ed. (3455)
Peugeot Group
  1989 Ed. (326)
Peugeot Group SA
  1997 Ed. (1410)
Peugeot Groupe
  1994 Ed. (1369)
  1996 Ed. (1347)
  2000 Ed. (1436)
Peugeot Groupe SA
  1990 Ed. (368)
  1991 Ed. (1291)
  1992 Ed. (1620, 4149)
Peugeot Motor Co. plc
  2002 Ed. (48, 224, 237)
  2003 Ed. (3458)
  2004 Ed. (3524)
Peugeot Motors of America Inc.
  1993 Ed. (1729)
Peugeot of Union County
  1991 Ed. (290)
  1992 Ed. (395)
Peugeot of Westfield
  1990 Ed. (313)
Peugeot Partner Van
  2004 Ed. (301)
Peugeot (PSA); Automobiles
  1990 Ed. (1367)
Peugeot SA
  1989 Ed. (1118)
  1990 Ed. (373, 1366)
  1991 Ed. (22, 48, 332)
  1992 Ed. (460)
  1995 Ed. (314, 315, 317, 1379, 1396, 1398, 3659)
  1996 Ed. (319, 328, 1349)
  1998 Ed. (231)
  2000 Ed. (1435)
  2003 Ed. (3298)
  2004 Ed. (306, 3359)
  2005 Ed. (3390, 3523)
  2006 Ed. (1721, 1724, 1725, 3378, 3380)
  2007 Ed. (1733)
  2008 Ed. (1761)
  2009 Ed. (320, 1686, 1687)
  2010 Ed. (34, 302, 303, 1644, 1707, 3546)
  2011 Ed. (224, 225, 226, 227, 1654, 1655, 3546, 3705)
  2012 Ed. (237, 239, 1506, 1593, 3539)

  2013 Ed. (231, 232, 244, 1645, 3584)
  2014 Ed. (235, 236, 244, 1603, 3548)
  2015 Ed. (272, 1654, 3571)
  2016 Ed. (268, 1595)
Peugeot SpA
  1990 Ed. (27)
Peugeot Talbot
  1996 Ed. (324)
Peunte Hills Mazda
  1992 Ed. (390)
Pew Charitable Trust
  1991 Ed. (893, 894, 1765, 1768, 2689)
The Pew Charitable Trusts
  1989 Ed. (2165)
  1990 Ed. (1849, 2786)
  1992 Ed. (1099, 2214, 2215, 2217, 3358)
  1993 Ed. (1895, 1896, 2783)
  1994 Ed. (1897, 1898, 1906, 2772)
  1999 Ed. (2499, 2500, 2501, 2504)
  2000 Ed. (2259, 2260)
  2001 Ed. (2517, 2518, 3780)
  2002 Ed. (2324, 2325, 2326, 2327, 2329, 2330, 2333, 2335, 2337, 2340, 2342)
  2004 Ed. (2681)
  2005 Ed. (2677, 2678)
Pew Freedom Trust; J. Howard
  1992 Ed. (1097)
Pew Memorial Trust
  1989 Ed. (1469, 1470, 1471)
  1990 Ed. (1847)
Pewterschmidt; Carter
  2009 Ed. (657)
Peyber Hispania Empresa Constructora SL
  2008 Ed. (1187)
Peyber Hispania Empresa Constuctora SL
  2008 Ed. (2087)
Peyto Energy Trust
  2005 Ed. (1702, 1711)
  2006 Ed. (1603, 1613, 3668)
Peyto Exploration & Development
  2014 Ed. (1445, 1446)
Peyto Exploration & Development Corp.
  2003 Ed. (1632, 1633, 1638)
  2014 Ed. (1499)
  2016 Ed. (4492)
Peyton Center Alfa
  1993 Ed. (291)
Peyton Cramer Peugeot
  1992 Ed. (395)
Peyton Manning
  2003 Ed. (297)
  2006 Ed. (292)
  2009 Ed. (295, 296)
  2013 Ed. (189)
  2014 Ed. (192, 195)
  2015 Ed. (222)
  2016 Ed. (215, 219)
Peyton Patterson
  2006 Ed. (4979, 4980)
  2007 Ed. (384, 4978)
  2011 Ed. (4973)
  2012 Ed. (4970)
Pez
  1996 Ed. (870, 871)
  1997 Ed. (886)
  2001 Ed. (1120)
  2002 Ed. (936)
PF Chang's
  2010 Ed. (4217)
PF Pimco Inflation Managed
  2008 Ed. (607)
Pfaltzgraff
  1995 Ed. (2001)
  1996 Ed. (2026)
  1998 Ed. (3459)
  1999 Ed. (2599)
  2003 Ed. (4670)
  2005 Ed. (4588)
  2007 Ed. (4674)
  2009 Ed. (4629)
  2011 Ed. (4604)
Pfaltzgraff Ocean Breeze Pattern
  2000 Ed. (4173)
Pfaltzgraff Tea Rose Pattern
  2000 Ed. (4173)
PFAMCo Equity Income
  1994 Ed. (2618)
PFD Firefighters Credit Union
  2014 Ed. (2187)
PFD Food SerVICes
  2016 Ed. (1384)
PFD Food Services
  2004 Ed. (4923)
Pfeiffer
  1992 Ed. (1872)

Pfeiffer; Eckhard
  1996 Ed. (959, 1709)
Pfeiffer Vacuum Technology AG
  2007 Ed. (1714, 1715, 1724)
Pfeifier; Brian
  2007 Ed. (3249)
Pfeifer; Brian
  2006 Ed. (658, 3189)
  2007 Ed. (3248)
  2008 Ed. (3376)
  2009 Ed. (3441)
  2010 Ed. (3382)
  2011 Ed. (3331, 3378)
  2016 Ed. (3287)
Pfeifier; Brian C.
  2013 Ed. (3392)
  2014 Ed. (3394)
Pfennigwerth; Duane
  2011 Ed. (3336)
PFF Bancorp Inc.
  2010 Ed. (349)
PFF Bank & Trust
  1999 Ed. (4142)
  2004 Ed. (4244)
  2005 Ed. (4177)
  2006 Ed. (4229, 4230)
PFF Group
  2016 Ed. (1965)
Pfister Moebel
  1989 Ed. (53)
Pfizer
  2013 Ed. (4024)
  2014 Ed. (2054, 2898, 3962)
  2015 Ed. (4005)
  2016 Ed. (203, 208, 947, 3918, 4790)
Pfizer Canada Inc.
  2006 Ed. (1602)
  2007 Ed. (1614)
  2008 Ed. (1612)
Pfizer Century Holdings
  2007 Ed. (1823)
Pfizer Consumer Health Care
  2009 Ed. (4033)
Pfizer Consumer Healthcare
  2008 Ed. (1431)
Pfizer Enterprises SARL
  2012 Ed. (1670)
  2013 Ed. (1821)
The Pfizer Foundation Inc.
  2005 Ed. (2675)
  2010 Ed. (2769)
  2011 Ed. (2755)
  2012 Ed. (2689)
Pfizer Global Research & Development
  2003 Ed. (939, 1553, 1554)
Pfizer Global Supply
  2014 Ed. (1712)
  2015 Ed. (1754)
Pfizer Hellas
  2015 Ed. (1669)
Pfizer Honduras
  2013 Ed. (1691)
Pfizer In.
  2014 Ed. (2562)
Pfizer Inc.
  1989 Ed. (1271, 1272, 1273, 1276, 1277)
  1990 Ed. (1558, 1559, 1560, 1561, 1562, 1564, 1568, 1569, 1993, 2529, 2779, 3441, 3501)
  1991 Ed. (1464, 1465, 1466, 1468, 1469, 1470, 1471, 1472, 1474, 2399, 2581, 2682, 3226)
  1992 Ed. (1559, 1842, 1862, 1863, 1864, 1865, 1869, 3001, 3347, 3396)
  1993 Ed. (1264, 1509, 1510, 1511, 1515, 2491, 2771, 2774)
  1994 Ed. (1551, 1552, 1553, 1554, 1555, 1559, 1562, 1563, 2034, 2461, 2745, 2817)
  1995 Ed. (1466, 1579, 1581, 1584, 1592, 1595, 2084, 2529, 2812, 2844, 2934)
  1996 Ed. (1567, 1568, 1573, 1580, 1582, 2916)
  1997 Ed. (1646, 1649, 1650, 1651, 1659, 1661, 1662, 1663, 3006)
  1998 Ed. (1043, 1099, 1100, 1150, 1328, 1329, 1330, 1333, 1334, 1335, 1338, 1344, 1345, 1347, 1906, 2753)
  1999 Ed. (1073, 1536, 1538, 1546, 1672, 1673, 1897, 1900, 1901, 1902, 1903, 1906, 1911, 1912, 1914, 1915, 1916, 1917, 1918, 2642, 3715, 4043, 4044, 4488, 4498, 4711)
  2000 Ed. (1335, 1339, 1380, 1470, 1695, 1697, 1698, 1700, 1701,

1702, 1709, 1710, 2420, 2421,
3325, 3326, 3424, 3846, 4092,
4344)
2001 Ed. (1038, 1179, 1180, 1558,
2054, 2058, 2059, 2060, 2069,
2072, 2074, 2075, 2076, 2077,
2100, 2674, 4153, 4391, 4685)
2002 Ed. (60, 218, 219, 994, 1379,
1383, 1386, 1390, 1393, 1441,
1485, 1521, 1534, 1535, 1539,
1554, 1686, 1693, 2012, 2014,
2015, 2016, 2017, 2021, 2024,
2025, 2046, 2449, 3495, 3496,
3567, 3593, 3753, 3890, 3966,
3971, 4501, 4587)
2003 Ed. (16, 19, 188, 189, 282, 284,
833, 840, 844, 934, 935, 942, 1053,
1420, 1442, 1461, 1503, 1570,
1571, 1577, 1579, 1580, 1587,
1591, 1711, 1716, 1717, 1720,
1998, 2109, 2690, 2695, 3462,
3639, 3640, 3749, 3766, 3786,
3788, 3789, 3863, 3864, 3865,
3866, 3867, 3868, 3869, 3870,
3872, 4072, 4073, 4399, 4436,
4549, 4559, 4565, 4567, 4710,
4711)
2004 Ed. (21, 22, 23, 71, 75, 871,
942, 943, 953, 966, 1448, 1472,
1491, 1531, 1547, 1553, 1597,
1598, 1603, 1605, 1606, 1613,
1741, 1742, 1743, 1752, 1753,
1754, 1757, 1824, 1825, 2119,
2121, 2122, 2148, 2149, 3153,
3679, 3680, 3774, 3874, 3876,
3877, 3878, 3879, 3880, 3881,
3882, 3884, 3885, 3886, 3887,
3888, 4052, 4099, 4483, 4498,
4554, 4557, 4575, 4582, 4680,
4682, 4742)
2005 Ed. (15, 47, 70, 133, 135, 850,
851, 924, 932, 933, 944, 946, 1463,
1465, 1468, 1488, 1507, 1542,
1547, 1549, 1571, 1628, 1630,
1637, 1638, 1642, 1800, 1801,
1802, 1812, 1820, 1821, 1824,
1825, 1909, 1910, 2224, 2226,
2227, 2244, 2245, 2270, 3330,
3331, 3596, 3693, 3802, 3804,
3805, 3806, 3807, 3809, 3810,
3814, 3816, 3820, 3821, 3822,
3823, 3824, 3826, 3829, 3830,
3990, 4038, 4040, 4463, 4501,
4502, 4504, 4516, 4522, 4656,
4658, 4659, 4742)
2006 Ed. (21, 54, 79, 135, 140, 832,
833, 835, 841, 842, 847, 1173,
1501, 1515, 1516, 1518, 1519,
1526, 1527, 1531, 1778, 1800,
1806, 1807, 1808, 1809, 1934,
1937, 1938, 2051, 2282, 2285,
2287, 2849, 3698, 3699, 3702,
3869, 3871, 3873, 3874, 3877,
3878, 3879, 3883, 3884, 3885,
3888, 3889, 3890, 3891, 3892,
3895, 4026, 4459, 4576, 4577,
4589, 4602, 4607, 4708, 4710,
4714, 4726, 4792, 4869)
2007 Ed. (45, 68, 70, 133, 922, 923,
929, 1279, 1494, 1500, 1544, 1545,
1547, 1556, 1557, 1783, 1786,
1807, 1920, 2217, 2221,
2226, 2907, 3697, 3698, 3900,
3902, 3904, 3905, 3913, 3914,
3918, 3920, 3921, 3922, 3923,
3924, 3926, 3927, 3928, 3929,
3930, 3932, 3933, 3934, 3935,
3936, 3938, 3939, 3940, 3941,
3943, 3944, 3945, 3946, 4554,
4570, 4588, 4805)
2008 Ed. (75, 141, 906, 907, 910,
1048, 1179, 1405, 1431, 1451,
1488, 1525, 1527, 1529, 1537,
1538, 1818, 1853, 1987, 2357,
2366, 3030, 3185, 3842, 3944,
3945, 3946, 3948, 3950, 3952,
3953, 3954, 3957, 3958, 3959,
3960, 3963, 3965, 3969, 3970,
3971, 3973, 3974, 3977, 4140,
4267, 4521, 4526, 4542)
2009 Ed. (162, 603, 905, 914, 915,
918, 1155, 1458, 1762, 1764, 1940,
3116, 3898, 4019, 4021, 4026,
4027, 4030, 4031, 4032, 4035,
4037, 4038, 4039, 4041, 4042,
4044, 4046, 4048, 4049, 4050,
4051, 4249, 4252, 4371, 4552,
4695)
2010 Ed. (858, 859, 861, 1877, 1880,
3050, 3831, 3924, 3925, 3927,
3929, 3931, 3932, 3933, 3934,

3938, 3941, 3943, 3944, 3946,
3948, 3949, 3952, 3953, 4398,
4707)
2011 Ed. (780, 781, 784, 1452, 1907,
1910, 2865, 3019, 3942, 3943,
3944, 3947, 3951, 3953, 3954,
3955, 3956, 3960, 3963, 3964,
3966, 3967, 3969, 3970, 4343,
4662)
2012 Ed. (30, 31, 79, 732, 733, 1285,
1764, 1767, 1768, 2462, 2693,
2798, 2946, 3094, 3939, 3940,
3941, 3942, 3944, 3946, 3951,
3952, 3953, 3954, 3955, 3956,
3957, 3959, 3960, 3961, 3963,
3966, 3967, 3968, 3970, 4676)
2013 Ed. (35, 73, 926, 927, 1581,
1938, 1944, 1946, 3035, 3175,
3998, 3999, 4000, 4002, 4004,
4005, 4006, 4014, 4016, 4017,
4018, 4019, 4020, 4023, 4025,
4026, 4028, 4029, 4030, 4031,
4032, 4034, 4035, 4218, 4223,
4648)
2014 Ed. (51, 91, 879, 880, 1876,
1883, 1885, 2543, 2897, 3049,
3186, 3555, 3943, 3944, 3945,
3947, 3949, 3950, 3955, 3957,
3958, 3959, 3963, 3964, 3967,
3970, 3972, 4237, 4260, 4697,
4698)
2015 Ed. (96, 908, 909, 1385, 1387,
1911, 1920, 1922, 2809, 2940,
3115, 3248, 3266, 3979, 3980,
3981, 3983, 3985, 3986, 3998,
4001, 4002, 4003, 4006, 4007,
4008, 4009, 4012, 4014, 4016,
4708)
2016 Ed. (87, 810, 811, 1875, 1883,
1885, 3106, 3892, 3893, 3894,
3896, 3898, 3899, 3900, 3912,
3914, 3915, 3919, 3920, 3925,
3927, 3929, 4321, 4612)
Pfizer International Bank
1992 Ed. (711, 729)
1993 Ed. (520)
Pfizer Laboratories
1995 Ed. (1589)
1996 Ed. (1577, 2597)
1997 Ed. (1655, 2740)
1999 Ed. (1911, 3326)
2000 Ed. (1706, 3064)
2001 Ed. (2063, 2064)
Pfizer Labs
1992 Ed. (1867, 3277)
Pfizer New Zealand
2015 Ed. (933, 1924, 1927)
Pfizer Nutrition
2014 Ed. (1282)
Pfizer Republica Dominicana
2013 Ed. (1594)
Pfizer Service Co. Ireland
2012 Ed. (1618)
2013 Ed. (1776)
Pfizer/Plax
1991 Ed. (2495)
PFL Life Insurance
1998 Ed. (3653)
2001 Ed. (2949)
Pfleiderer Holzerkstoffe Gmbh & Co.
KG
1995 Ed. (2492)
Pfleiderer Verkherstechnik Gmbh & Co.
KG
1995 Ed. (2492)
Pfleuger Acura
1992 Ed. (405)
1993 Ed. (290)
Pflueger Acura
1991 Ed. (300)
1994 Ed. (259)
1995 Ed. (258)
Pflueger Honda
1990 Ed. (326)
PFPC Inc.
2001 Ed. (3421, 3422, 3423)
PFPC Trust Co.
2001 Ed. (3505, 3506, 3507, 3508,
3509, 3510, 3511)
PFS
1993 Ed. (1888)
1998 Ed. (1740)
PFSweb
2003 Ed. (2704, 2733)
2005 Ed. (4808)
PFTS
2006 Ed. (4502)
PFZW
2012 Ed. (3823)
2016 Ed. (3745)

P.G. Corbin & Co.
1998 Ed. (2230)
2000 Ed. (2761, 2762, 2763, 2764,
2766)
PG & E Corp.
1998 Ed. (1394, 2963)
1999 Ed. (1481, 1591, 1947, 1953,
3961, 3964)
2000 Ed. (961, 1731)
2001 Ed. (1046, 1685, 2148, 4661,
4662, 4663)
2002 Ed. (1602, 3875, 3877, 3880)
2003 Ed. (1628, 1701, 1719, 2135,
2136, 2139, 2143, 2607)
2004 Ed. (1659, 1756, 2193, 2200,
2201, 2725, 4496)
2005 Ed. (1673, 2289, 2292, 2295,
2300, 2314, 2715, 3487)
2006 Ed. (1445, 1496, 1513, 1578,
1589, 2351, 2355, 2360, 2443,
2690, 4458)
2007 Ed. (1484, 1786, 2287, 2291,
2293, 2301, 2385, 2389, 2686,
2913)
2008 Ed. (1479, 1496, 2421, 2500,
2815, 3035, 3685)
2009 Ed. (1401, 2420, 2425, 2427,
2428, 2870, 2873, 3103)
2010 Ed. (2332, 2338, 2339, 2344,
2347, 2348, 2804, 2811, 2813,
3036)
2011 Ed. (2331, 2333, 2338, 2341,
2342, 2794, 2798, 3005, 3673,
3675, 3680, 3685)
2012 Ed. (2236, 2241, 2248, 2722,
2725, 3701)
2013 Ed. (2361, 2413, 2417, 2423,
2449, 2803, 2810, 2811, 3021,
4821)
2014 Ed. (2291, 2293, 2353, 2356,
2359, 2383, 2841, 2848, 2849,
3032, 4836)
2015 Ed. (2374, 2376, 2419, 2422,
2425, 2451, 2881, 2888, 2889,
3098, 4873)
2016 Ed. (2320, 2362, 2366, 2370,
2396)
PG &E Corp.
2000 Ed. (3672)
PG & E Energy Trading Holdings LLC
2004 Ed. (1789)
PG & E Gas Transmission
2000 Ed. (2314)
PG & E Gas Transmission, Northwest
Corp.
2003 Ed. (3881)
PG Industries
1997 Ed. (3929)
PG Tips
1992 Ed. (887)
1994 Ed. (693, 2004)
1996 Ed. (725)
1999 Ed. (710)
2002 Ed. (703)
2009 Ed. (601)
2010 Ed. (585)
PG Tips Extra
1992 Ed. (925)
PG Tips Tea
1992 Ed. (2356)
PGA
2008 Ed. (809)
PGA Credit Union
2004 Ed. (1938)
P.G.A. National Resort & Spa
1995 Ed. (2158)
PGA Tour
2013 Ed. (801, 802)
2014 Ed. (818)
PGA Tour Inc.
1991 Ed. (3169)
1992 Ed. (4050)
2009 Ed. (834, 841)
2010 Ed. (784)
2011 Ed. (183, 711)
2012 Ed. (192, 656)
PGAL
2008 Ed. (3348)
2011 Ed. (195)
PGAL LLC
2010 Ed. (2449)
PGas
1999 Ed. (3137)
2000 Ed. (2884)
PGE
2015 Ed. (1612, 1613, 2535)
2016 Ed. (1538, 1539, 2464)
PG&E Corp.
2000 Ed. (1396, 3674, 3676, 3677)
PGE Park

2005 Ed. (4442, 4443)
PGE Polska Grupa
2011 Ed. (2009)
2012 Ed. (1859)
2013 Ed. (2019)
2014 Ed. (1953)
2015 Ed. (1997)
2016 Ed. (1966)
PGE Polska Grupa Energetyczna SA
2011 Ed. (2008)
PGeStore.com
2012 Ed. (2289)
PGI
1997 Ed. (2952)
2000 Ed. (3356)
2001 Ed. (3551)
2006 Ed. (2266)
PGI Nonwovens
1998 Ed. (2689)
1999 Ed. (3631)
2004 Ed. (3699)
2005 Ed. (3609)
2006 Ed. (3725)
2007 Ed. (3708)
2008 Ed. (3799)
PGM Inc.
1990 Ed. (3085)
PGN
2011 Ed. (1718)
2012 Ed. (1327, 1576)
2013 Ed. (1733)
2014 Ed. (1674)
2015 Ed. (1720)
2016 Ed. (1670)
PGNIG
2015 Ed. (1612, 2535)
2016 Ed. (1538, 1539, 2464)
Pgnig-Polskie Gornictwo Naftowe
2008 Ed. (2051)
2009 Ed. (2017)
2010 Ed. (1956)
2011 Ed. (2009)
PGNIG SA
2013 Ed. (3597)
PGNiG SA
2013 Ed. (2019, 3967)
2014 Ed. (1953, 3910)
2015 Ed. (1997, 3943)
2016 Ed. (1966, 3860)
PGNX Capital
2015 Ed. (1531)
PGT Inc.
2016 Ed. (3445)
PGT Trucking Inc.
2008 Ed. (4767)
2009 Ed. (4798)
2010 Ed. (4815)
2012 Ed. (4796)
2013 Ed. (4757)
2015 Ed. (4842)
P.H. Glatfelter
1990 Ed. (2762)
PH & N Balanced Pension Trust
2006 Ed. (3662)
PH & N Bond
2002 Ed. (3431, 3432, 3433)
2003 Ed. (3561, 3562, 3563)
2004 Ed. (725, 726, 727)
PH & N Bond Fund
2010 Ed. (3732)
PH & N Canadian Equity
2002 Ed. (3435)
2006 Ed. (3662)
PH & N Community Values Canadian
Equity
2009 Ed. (3805)
PH & N Dividend Income
2004 Ed. (3619)
2006 Ed. (3662)
Phacil Inc.
2015 Ed. (1107)
Pham; Quynh
2006 Ed. (2578, 2579)
Phamacia & Upjohn
2000 Ed. (1695)
Phantasialand
1995 Ed. (217)
1996 Ed. (216)
2000 Ed. (297)
Phantasmagoria
1997 Ed. (1097, 1103)
The Phantom of the Opera
2002 Ed. (1165)
2004 Ed. (4717)
Phar-Mor Inc.
1990 Ed. (1554)
1991 Ed. (1458, 1461)
1992 Ed. (1851, 1854, 1855, 1858)
1993 Ed. (864, 1526, 1527)

1994 Ed. (1568, 1569, 1571, 1572, 3624)
1995 Ed. (1610, 1611, 1615, 1616)
1996 Ed. (1585, 1588, 1589)
1997 Ed. (1678)
1998 Ed. (1304, 1361, 1363, 1366)
1999 Ed. (1926, 1929, 1930, 1931)
2000 Ed. (1716, 1718, 1720, 1721)
2001 Ed. (2082, 2090, 2091, 2092)
2002 Ed. (2033, 2034, 2035, 2036, 2037)
2003 Ed. (2097, 2098, 2101)
2004 Ed. (2136)
Pharma Expo
2016 Ed. (4678)
Pharma Plus
1995 Ed. (1617)
Pharma Plus Drugmarts
1994 Ed. (3366)
1996 Ed. (3483)
1997 Ed. (3547)
Pharma Services Co.
2005 Ed. (3284, 3936, 4673)
Pharmacare
2013 Ed. (181)
PharmaCare Services
2009 Ed. (4023)
Pharmaceutical
2001 Ed. (3604)
2008 Ed. (4216)
Pharmaceutical and medical
2001 Ed. (2178)
Pharmaceutical Basics Inc.
1990 Ed. (2592)
Pharmaceutical Executive
2003 Ed. (814)
Pharmaceutical Marketing Services Inc.
1997 Ed. (3296)
1998 Ed. (3041)
1999 Ed. (4041)
Pharmaceutical Oncology Initiative Partnership
2009 Ed. (2949)
Pharmaceutical preparations
1989 Ed. (1927)
1990 Ed. (2514)
1994 Ed. (2434, 2463, 2560)
2000 Ed. (39, 2628)
2001 Ed. (94)
2006 Ed. (2535, 2536)
2007 Ed. (2519, 2521, 2522)
2010 Ed. (3529, 3530)
2011 Ed. (3528, 3529)
Pharmaceutical Processing
2008 Ed. (4717)
Pharmaceutical Product Development Inc.
2001 Ed. (1461)
2004 Ed. (682, 683)
2005 Ed. (675, 676)
2006 Ed. (2775)
2008 Ed. (2883)
2009 Ed. (2948)
2012 Ed. (3094)
2013 Ed. (3175)
Pharmaceutical Product Development LLC
2016 Ed. (2871)
Pharmaceutical products
1997 Ed. (3716)
Pharmaceutical Research & Manufacturers of America
2006 Ed. (3291, 3292)
2011 Ed. (199)
Pharmaceutical Resources, Inc.
2003 Ed. (4568)
Pharmaceutical Technology
2005 Ed. (830)
2008 Ed. (4717)
Pharmaceuticals
1991 Ed. (2028, 2030, 2032, 2034, 2036, 2038, 2040, 2043, 2047, 2049, 2050)
1992 Ed. (2599, 2601, 2603, 2606, 2608, 2610, 2613, 2614, 2617, 2619, 2620, 2622, 2625, 3003)
1993 Ed. (1232, 1234, 1236, 1237, 1239, 1240, 1241, 1242, 2136)
1994 Ed. (1271, 1272, 1276, 1278, 1279, 1280, 1281, 1282)
1995 Ed. (1298, 1301, 1302, 1303, 1304, 1670, 2207, 2209, 2211, 2502)
1996 Ed. (25, 930, 1255, 1256, 1257, 1258, 1259, 1262)
1997 Ed. (1298, 1299, 1303, 1304, 1305, 1440, 1441, 1444, 2384)
1998 Ed. (1073, 1074, 1075, 1076, 1152, 1154, 1155, 1981, 2077, 2099, 2433, 3462)

1999 Ed. (1508, 1509, 1510, 1511, 1514, 1678, 2869, 4710)
2000 Ed. (938, 1350, 1352, 1353, 1354, 1355, 1357, 2633)
2001 Ed. (1186, 1194)
2002 Ed. (1014, 2769, 2770, 2771, 2772, 2773, 2777, 2789, 2790, 2791, 2797, 2798, 3242, 3254)
2003 Ed. (2902, 2903, 2904, 2905, 2906)
2004 Ed. (1744, 1745, 1747, 1748, 3009, 3010, 3011, 3014)
2005 Ed. (3006, 3007, 3008, 3009, 3015, 3019, 4815)
2006 Ed. (834, 3004, 3011, 3258, 3294)
2007 Ed. (3042, 3043, 3044)
2008 Ed. (1822, 1823, 2651, 3154, 3155, 3156)
2009 Ed. (1770, 1771)
Pharmaceuticals & medical equipment
2001 Ed. (1964, 2175, 2176)
Pharmacia AB
1996 Ed. (1449, 1450, 3589)
1997 Ed. (1236, 1246, 1252, 1259, 2178)
Pharmacia Corp.
1990 Ed. (2741)
1991 Ed. (3222)
1992 Ed. (1483, 4143)
1997 Ed. (1239, 1515, 1600, 3635, 3636)
2002 Ed. (994, 1020, 1740, 2012, 2014, 2015, 2016, 2018, 2021, 2027, 3593, 4875)
2003 Ed. (934, 935, 942, 1053, 1786, 3863, 3865, 3866, 3867, 3868, 3869, 3871, 3872, 4072, 4436)
2004 Ed. (943, 944, 945, 966, 1819, 1820, 2270, 3876, 3878, 3879, 3880, 3884, 3886, 3887)
2005 Ed. (1465, 1468, 1507, 1542, 1547, 1558, 3820, 3830)
Pharmacia Ophthalmics
1996 Ed. (2870)
Pharmacia & Upjohn Inc.
1997 Ed. (1285, 1380, 1646, 1649, 1657, 1661, 1662)
1998 Ed. (1176, 1328, 1330, 1333, 1342)
1999 Ed. (1536, 1897, 1902, 3656, 4483)
2000 Ed. (1697, 1698, 1700, 2239, 2249, 3380, 3424, 4124)
2001 Ed. (81, 1038, 1792, 1812, 2054, 2059, 2060, 2077, 3587, 4685)
2002 Ed. (50, 1392, 4484, 4485)
2003 Ed. (1783)
2004 Ed. (1818)
2005 Ed. (1507, 1551, 1902)
Pharmacia & Upjohn (Perth)
2002 Ed. (1589)
Pharmacies, chain
1995 Ed. (1588)
1999 Ed. (1894, 4102)
Pharmacies, independent
1995 Ed. (1588)
1999 Ed. (1894, 4102)
Pharmacies, mail order
1995 Ed. (1588)
1999 Ed. (1894, 4102)
Pharmacist
1989 Ed. (2091)
1990 Ed. (3701)
2007 Ed. (3731)
Pharmacists
1997 Ed. (3177)
2005 Ed. (3626)
2007 Ed. (3727)
2009 Ed. (3862)
Pharmaco hf.
2006 Ed. (4506)
Pharmacy
2000 Ed. (2503)
2001 Ed. (2766, 3598)
2002 Ed. (2598, 2599)
2003 Ed. (2691)
2004 Ed. (2279)
2005 Ed. (2890, 2891)
2006 Ed. (2897, 3006)
2007 Ed. (3045, 3046)
2008 Ed. (3151, 3154, 3159)
2009 Ed. (1773)
Pharmacy OneSource Inc.
2009 Ed. (3033)
Pharmacy Systems
1992 Ed. (2454)
1993 Ed. (2069)
1994 Ed. (2081)

1996 Ed. (2149)
1998 Ed. (1983)
2000 Ed. (2501)
2005 Ed. (3808)
2009 Ed. (4023)
Pharmacy Times
2009 Ed. (4760)
2010 Ed. (4770)
Pharmacy Today
2009 Ed. (4760)
2010 Ed. (4770)
Pharmacybrands
2013 Ed. (4290)
Pharmacyclics
2014 Ed. (1440, 1442, 4578)
2015 Ed. (1500, 1501)
2016 Ed. (1442)
PharmaGap Inc.
2010 Ed. (1566)
Pharmalink Consulting
2013 Ed. (1918)
2014 Ed. (1857)
Pharmaprix
2014 Ed. (708)
PHARMAQ
2010 Ed. (1896)
Pharmasave
1995 Ed. (1617)
2002 Ed. (2040)
2003 Ed. (2103)
2014 Ed. (2301, 2305)
2015 Ed. (2384, 2388)
Pharmasave Drugs (Pacific) Ltd.
2012 Ed. (1352, 1353, 4332)
2013 Ed. (4270)
PharmaSource Healthcare
1998 Ed. (1983)
1999 Ed. (2722)
2000 Ed. (2501)
Pharmasset
2013 Ed. (4518, 4520)
Pharmassure
2003 Ed. (4857)
Pharmathen
2013 Ed. (1665)
2014 Ed. (1619)
Pharmavit
1997 Ed. (825)
Pharmavite
2016 Ed. (4788, 4790)
Pharmavite Corp.
2003 Ed. (4861)
PharmChmLab
1996 Ed. (2884)
Pharmed Group Corp.
1993 Ed. (2039)
1994 Ed. (2057)
1995 Ed. (2103, 2108)
1996 Ed. (2112)
1997 Ed. (2218, 2223)
2000 Ed. (4386)
2001 Ed. (2716)
2002 Ed. (2564)
2003 Ed. (2420, 2421, 2749)
2004 Ed. (2540, 2834, 2835)
2005 Ed. (2529, 2844)
Pharmed Group Holdings
2005 Ed. (2838)
PharMerica
2016 Ed. (1729)
PharMerica Corp.
2016 Ed. (1735)
Pharmerica Corp.
2010 Ed. (1778)
2011 Ed. (1791)
2012 Ed. (1648)
2013 Ed. (1806)
Pharmexx
2007 Ed. (2742)
Pharmexx GmbH
2007 Ed. (1695, 1744)
2008 Ed. (1209, 1722, 1771, 2868)
2009 Ed. (1660, 1710, 2920)
Pharmexx Sales & Marketing Intelligence GmbH
2006 Ed. (1736)
Pharmhouse
1992 Ed. (1851)
1994 Ed. (1572)
1995 Ed. (1615)
Pharmion Corp.
2008 Ed. (1678, 1680)
2009 Ed. (2999)
2010 Ed. (2939)
Pharos Capital
2005 Ed. (176)
Pharos Capital Group LLC
2006 Ed. (189)
2007 Ed. (195)
2008 Ed. (178)

2009 Ed. (197)
2010 Ed. (176)
2011 Ed. (101)
2012 Ed. (108)
2013 Ed. (89)
2015 Ed. (112)
2016 Ed. (120)
Pharr Yarns Inc.
1994 Ed. (1006)
1995 Ed. (1018)
1997 Ed. (1016)
1998 Ed. (757)
Phase Forward Inc.
2006 Ed. (4257)
2010 Ed. (4523)
2011 Ed. (4437, 4462)
Phase Two Strategies
1998 Ed. (2959)
2004 Ed. (4027)
Phatra Leasing
2007 Ed. (2018)
Phatra Thanakit
1989 Ed. (1785)
1994 Ed. (3197)
1995 Ed. (3284)
1996 Ed. (3394)
1997 Ed. (3490)
1999 Ed. (941, 942, 944, 945)
2000 Ed. (3876)
Phazyme
2001 Ed. (387)
PHC Las Cruces Inc.
2008 Ed. (1979)
2009 Ed. (1934)
2010 Ed. (1870)
2011 Ed. (1902)
2012 Ed. (1759)
2013 Ed. (1929)
2014 Ed. (1868)
2015 Ed. (1904)
PHD
2001 Ed. (165, 175)
2003 Ed. (110, 112, 114, 117, 118, 119, 120)
2004 Ed. (121)
2006 Ed. (126)
2008 Ed. (130)
2009 Ed. (138, 144)
2010 Ed. (140)
2011 Ed. (63)
2012 Ed. (64)
2013 Ed. (3663)
2014 Ed. (81, 3599)
2015 Ed. (72)
2016 Ed. (73)
Pheasants Forever Inc.
2006 Ed. (3717)
Phebe N. Novakovic
2015 Ed. (968)
2016 Ed. (872)
Phebe Novakovic
2015 Ed. (5026)
Phelan family
2005 Ed. (4866)
Phelan; Joseph
1995 Ed. (2485)
Phelan; Richard J.
1995 Ed. (2484)
Phelps Dodge Corp.
1989 Ed. (271, 1054, 1944, 1946, 2068, 2069)
1990 Ed. (2539, 2543, 2544, 2715, 2716)
1991 Ed. (2418, 2420, 2422, 2611, 2612)
1992 Ed. (1527, 3026, 3028, 3031, 3252, 3253, 3254)
1993 Ed. (1272, 2009, 2534, 2536, 2538, 2726, 2727, 2874, 2946)
1994 Ed. (1317, 2475, 2480, 2485, 2672, 2673, 2674)
1995 Ed. (1211, 1338, 2504, 2543, 2551, 2774, 2775, 2776)
1996 Ed. (1291, 2605, 2614, 2850, 2851, 2852)
1997 Ed. (1293, 1354, 2749, 2756, 2946, 2947, 2948)
1998 Ed. (149, 1126, 2466, 2470, 2471, 2509, 2684, 2685)
1999 Ed. (1489, 1502, 1563, 3344, 3356, 3357, 3361, 3362, 3363, 3414, 3625, 4693)
2000 Ed. (1384, 3081, 3091, 3096, 3098, 3340)
2001 Ed. (1503, 1504, 1611, 3276, 3277, 3322, 3323)
2002 Ed. (1576, 3304, 3321, 3322)
2003 Ed. (1608, 1609, 3366, 3367, 3368, 3370, 3371, 3373)
2004 Ed. (1393, 1394, 1624, 1625,

3432, 3433, 3434, 3436, 3438)
2005 Ed. (1416, 1417, 1650, 1651, 3447, 3448, 3449, 3451, 3452, 3453, 3454)
2006 Ed. (1496, 1545, 1546, 3422, 3456, 3457, 3458, 3460, 3461, 3462, 3463, 3471, 3484, 4459, 4460)
2007 Ed. (1526, 1575, 1576, 3479, 3480, 3481, 3483, 3484, 3485, 3495, 3516, 4521, 4560)
2008 Ed. (1403, 1427, 1530, 1558, 1559, 3653, 3654, 3655, 3656)
2009 Ed. (1484, 3719, 3720)
2010 Ed. (3637, 3638)
Phelps Dodge Exploration Corp.
2003 Ed. (1608, 3367)
Phelps Dodge International Corp.
2008 Ed. (2578)
2009 Ed. (2604)
Phelps Dodge Morenci Inc.
2001 Ed. (1610)
2003 Ed. (1607)
2004 Ed. (1623)
2005 Ed. (3448)
Phelps Group
2004 Ed. (3975, 3997, 4015)
2005 Ed. (3949, 3958, 3966)
2009 Ed. (1529)
2012 Ed. (4152)
2013 Ed. (4138)
2014 Ed. (4154)
Phelps Inc.
1990 Ed. (1026)
Phelps Industries Inc.
2003 Ed. (2080)
2006 Ed. (4341)
Phelps Security Inc.
2016 Ed. (4963)
PhenCal 106
2000 Ed. (1669)
Phenergan
1999 Ed. (1899)
Phenix Salon Suites Franchising
2015 Ed. (2918)
2016 Ed. (2849)
Phenlic
2001 Ed. (3813)
Phenomenex Inc.
2010 Ed. (4186)
2011 Ed. (4184)
2012 Ed. (4234, 4245)
2014 Ed. (4246)
2015 Ed. (4234)
Phenomenon
1999 Ed. (4716)
PHH
2016 Ed. (290)
PHH Arval
2008 Ed. (4317)
2010 Ed. (3178)
2016 Ed. (291)
PHH Corp.
1990 Ed. (3447, 3640)
1991 Ed. (3101, 3104, 3414)
1992 Ed. (270, 274, 3936, 4335)
1993 Ed. (183, 184, 3277, 3611)
1994 Ed. (3232, 3233, 3267)
1995 Ed. (172, 3315, 3348)
1996 Ed. (2696, 2697, 3402)
1997 Ed. (3497)
1998 Ed. (3288)
1999 Ed. (2770)
2008 Ed. (3188)
PHH FleetAmerica
1993 Ed. (2602, 2604)
1994 Ed. (2565)
1995 Ed. (2620)
PHH FleetAmerica, including Avis
1990 Ed. (2617)
PHH Group
1989 Ed. (2101, 2461, 2480)
PHH Mortgage
2006 Ed. (3566)
2008 Ed. (2707)
PHH Mortgage Services
1997 Ed. (2811)
1998 Ed. (536, 2522)
1999 Ed. (955)
PHH US Mortgage
1996 Ed. (2682)
PHH Walker
1990 Ed. (2287)
PHI
2007 Ed. (587)
Phibro Energy
1992 Ed. (2817)
Phico Group
2002 Ed. (2943)
Phico Insurance Co.

1989 Ed. (1710)
1990 Ed. (2250)
1991 Ed. (2121)
1994 Ed. (2269)
1995 Ed. (2317)
1996 Ed. (2329)
1999 Ed. (2964)
2002 Ed. (3956)
Phil Batchelor
1993 Ed. (2461)
Phil Brandl
2011 Ed. (2972)
Phil Buchanan
2009 Ed. (3832)
2010 Ed. (3757)
Phil Collins
1992 Ed. (1348)
1996 Ed. (1093, 1095)
1999 Ed. (1292)
Phil Geier
2000 Ed. (1874)
Phil Gramm
1992 Ed. (1038)
1999 Ed. (3844, 3960)
2003 Ed. (3894)
Phil Knight
2009 Ed. (4519)
2010 Ed. (4558)
2012 Ed. (4840)
2013 Ed. (4838)
2014 Ed. (4853)
2015 Ed. (4890)
2016 Ed. (4808)
Phil Long Dealerships
1998 Ed. (751)
1999 Ed. (1186)
2001 Ed. (1255)
2002 Ed. (1073)
2005 Ed. (3915)
2006 Ed. (3989)
2007 Ed. (4025, 4027)
Phil. Long Distance Telephone Co.
1996 Ed. (3029)
Phil Long Ford Colorado Springs
2005 Ed. (4805)
Phil Long Ford Denver
2002 Ed. (1073)
Phil Long Ford of Denver
2004 Ed. (274)
Phil Long Group
1996 Ed. (988)
Phil Long Kia
1996 Ed. (293)
Phil Long Suzuki
1993 Ed. (302)
1994 Ed. (285)
1995 Ed. (286)
1996 Ed. (289)
Phil Mickelson
2008 Ed. (272)
2009 Ed. (294, 295, 296)
2010 Ed. (276)
2011 Ed. (200)
2012 Ed. (215, 216)
2013 Ed. (185, 186)
2014 Ed. (192, 198)
2015 Ed. (225)
2016 Ed. (221)
Phil Redmond
2016 Ed. (3335)
Phil Rosenthal
2001 Ed. (2026)
Phil Scott
2007 Ed. (3248, 3249)
2008 Ed. (3376)
2009 Ed. (3441)
Philadelphia
1992 Ed. (1011, 2864, 2870, 2877)
1993 Ed. (2434)
1996 Ed. (3790, 3791)
1997 Ed. (2653)
1998 Ed. (2373)
1999 Ed. (3204)
2000 Ed. (1086, 2586, 2944, 2950, 3726, 3771, 3819, 3835)
2001 Ed. (4786)
2002 Ed. (1909, 3102)
2003 Ed. (922, 4899)
2004 Ed. (4889)
2016 Ed. (804)
Philadelphia 76ers
2000 Ed. (704)
2001 Ed. (4345)
2004 Ed. (657)
2005 Ed. (646)
2006 Ed. (548)
Philadelphia ADI NN
1990 Ed. (2688)
1991 Ed. (2596)
Philadelphia Airport Marriott

1995 Ed. (198)
1998 Ed. (2038)
2000 Ed. (2576)
Philadelphia Auto Show
1998 Ed. (3608)
Philadelphia Blended Whiskey
1990 Ed. (2452)
1996 Ed. (2514)
Philadelphia Board of Trade
1994 Ed. (1071)
1998 Ed. (815)
2001 Ed. (1333)
2003 Ed. (2598)
Philadelphia Boat Show
1998 Ed. (3608)
Philadelphia Cable Advertising
1992 Ed. (1018)
1994 Ed. (830)
1996 Ed. (856, 861)
Philadelphia Cable Interconnect
1998 Ed. (587, 601)
Philadelphia-Camden-Wilmington, PA-NJ
2007 Ed. (3387)
2012 Ed. (4610)
Philadelphia-Camden-Wilmington, PA-NJ-DE
2011 Ed. (3492)
Philadelphia-Camden-Wilmington, PA-NJ-DE-MD
2006 Ed. (261, 676, 1019, 2620, 2673, 2698, 3321, 3473, 3474, 3476, 3477, 3478, 3578, 3796, 4098, 4141, 4142, 4143)
2007 Ed. (268, 772, 1105, 2597, 2658, 2692, 3376, 3498, 3499, 3501, 3502, 3503, 3643, 3802, 4063, 4120, 4165, 4166, 4809, 4877)
2008 Ed. (18, 3477, 4097)
2009 Ed. (228, 4208, 4777, 4842)
2011 Ed. (4270)
2013 Ed. (3541)
2014 Ed. (3517)
2015 Ed. (3532)
Philadelphia Cheese
1992 Ed. (1761)
1994 Ed. (1511)
Philadelphia Cheese Spread
1999 Ed. (1816)
Philadelphia; Children's Hospital of
2005 Ed. (2900)
2006 Ed. (2907, 2924)
2007 Ed. (2926)
2008 Ed. (3049)
2009 Ed. (3135, 3150)
2010 Ed. (3081)
2011 Ed. (3038)
2012 Ed. (2956, 2957, 2958, 2959, 2960, 2961, 2962, 2963, 2964, 2965, 2966)
2013 Ed. (3046, 3047, 3048, 3049, 3050, 3052, 3053, 3054, 3055, 3056)
Philadelphia Civic Center
1990 Ed. (1219)
The Philadelphia Coca-Cola Bottling Co.
1989 Ed. (734)
1990 Ed. (735, 736)
1991 Ed. (713)
1992 Ed. (895)
1993 Ed. (706)
1994 Ed. (714, 715, 2533)
1995 Ed. (671, 672, 2592)
1996 Ed. (745, 2662)
1997 Ed. (677)
1998 Ed. (470, 2517)
1999 Ed. (731, 3425)
2000 Ed. (743, 3143, 3151)
2001 Ed. (714)
2002 Ed. (716)
2003 Ed. (213, 217)
2004 Ed. (173, 4449)
2005 Ed. (172, 175)
2006 Ed. (188, 647)
2007 Ed. (194, 676)
2008 Ed. (177, 635)
2009 Ed. (196, 653)
2010 Ed. (620)
2011 Ed. (555)
2012 Ed. (533)
Philadelphia College of Textile and Science
2000 Ed. (931)
Philadelphia Consolidated Holding Corp.
2007 Ed. (3173)
2008 Ed. (3249)
2011 Ed. (1373)
Philadelphia County, PA
1993 Ed. (1434)

Philadelphia Cream Cheese
2001 Ed. (1167)
2002 Ed. (985)
Philadelphia Credit Union
2002 Ed. (1888)
2003 Ed. (1942)
2004 Ed. (1982)
2005 Ed. (2124)
Philadelphia Cultural Community Marketing Initiative
1991 Ed. (894)
Philadelphia Daily News
1990 Ed. (2712)
1992 Ed. (3246)
Philadelphia District Railway Postal Clerks Credit Union
2002 Ed. (1837)
Philadelphia Eagles
1998 Ed. (1749)
2003 Ed. (4522)
2005 Ed. (3281)
2006 Ed. (2653)
2007 Ed. (2632)
2008 Ed. (2761)
2009 Ed. (2817)
2010 Ed. (2758)
2011 Ed. (2744)
2012 Ed. (2681)
2013 Ed. (2767)
2014 Ed. (2749)
2015 Ed. (2802)
2016 Ed. (2732)
Philadelphia Electric Co.
1989 Ed. (1298)
1990 Ed. (2858, 2860)
1991 Ed. (3089)
1992 Ed. (1521, 1562, 3230, 3363, 3457)
1993 Ed. (2851, 3288)
1994 Ed. (1597, 3259, 3279)
1995 Ed. (3338)
Philadelphia Electric Co. Service Annuity Fund
1995 Ed. (2874)
Philadelphia Federal Credit Union
1990 Ed. (1462)
1991 Ed. (1396)
1993 Ed. (1454)
1994 Ed. (1507)
1996 Ed. (1515)
2006 Ed. (2219)
2007 Ed. (2140)
2008 Ed. (2255)
2009 Ed. (2241)
2010 Ed. (2195)
2011 Ed. (2213)
2012 Ed. (2016, 2074)
2013 Ed. (2258)
2014 Ed. (2190)
2015 Ed. (2254)
2016 Ed. (2225)
Philadelphia Flower Show
1998 Ed. (3608)
1999 Ed. (4642)
Philadelphia Flyers
1998 Ed. (1946)
2000 Ed. (2476)
2001 Ed. (4347)
2003 Ed. (4509)
2006 Ed. (2862)
2009 Ed. (3056)
2010 Ed. (2990)
2011 Ed. (2959)
2012 Ed. (2888)
2013 Ed. (2965)
2014 Ed. (2978)
2015 Ed. (3046)
2016 Ed. (2938)
The Philadelphia Foundation
1990 Ed. (1849)
1991 Ed. (1768)
1992 Ed. (2217)
1999 Ed. (2504)
Philadelphia Free
2001 Ed. (1945)
Philadelphia Gas Works
1998 Ed. (1808)
Philadelphia Gear Corp.
2012 Ed. (1840)
Philadelphia Home Show
1998 Ed. (3608)
1999 Ed. (4642)
Philadelphia Hospitals & Higher Education Authority
1996 Ed. (2727)
Philadelphia Industrial Development Agency of Pennsylvania
2001 Ed. (890)
Philadelphia Industrial Development Authority

1999 Ed. (2844)
2001 Ed. (765, 902)
Philadelphia Industrial Development Authority, PA
2000 Ed. (2621)
Philadelphia Inquirer
1990 Ed. (2693, 2712)
1998 Ed. (78, 83)
2002 Ed. (3504, 3509, 3510)
2003 Ed. (3647)
Philadelphia Inquirer-News
1990 Ed. (2692, 2697, 2703, 2705, 2706)
1991 Ed. (2603, 2604, 2605, 2606, 2609)
1992 Ed. (3241, 3243, 3246)
Philadelphia Insurance
2014 Ed. (3265)
Philadelphia Insurance Cos.
2004 Ed. (3093)
2009 Ed. (3388)
2013 Ed. (1995)
Philadelphia International
1994 Ed. (192)
Philadelphia International Airport
1999 Ed. (1336)
Philadelphia International Airport Runway 8-26
2000 Ed. (1227)
Philadelphia International Auto Show
1999 Ed. (4642)
Philadelphia Investment
1991 Ed. (2232, 2236)
Philadelphia Investment Management Group
1990 Ed. (2322)
Philadelphia Light Flavors
2001 Ed. (1945)
Philadelphia Lite
2001 Ed. (1945)
Philadelphia Marriott Hotel
1998 Ed. (2038)
2000 Ed. (2576)
Philadelphia Municipal Authority
1993 Ed. (2621)
Philadelphia Municipal Pension Fund
1991 Ed. (2695)
1992 Ed. (3363)
1995 Ed. (2874)
1996 Ed. (2949)
1997 Ed. (3029)
Philadelphia Municipal Retirement System
1991 Ed. (2697)
Philadelphia Museum of Art
1992 Ed. (1096)
1998 Ed. (2688)
2000 Ed. (317, 3217)
Philadelphia mutual fund
1994 Ed. (2614)
Philadelphia National
1989 Ed. (2145, 2149)
Philadelphia National Bank
1989 Ed. (512, 653)
1990 Ed. (529, 667)
1991 Ed. (486, 487, 646)
Philadelphia Naval Business Center
2000 Ed. (2626)
Philadelphia Newspapers Inc.
1997 Ed. (2709)
1999 Ed. (3303)
Philadelphia Orchestra Association
1995 Ed. (935)
1998 Ed. (2688)
Philadelphia Outdoor
2001 Ed. (1544)
Philadelphia, PA
1989 Ed. (2, 226, 276, 284, 727, 738, 843, 844, 845, 847, 910, 911, 1177, 1265, 1491, 1492, 1560, 1577, 1625, 1627, 1628, 1644, 1645, 1646, 1647, 1905, 1956, 1958, 1959, 2051, 2317, 2642, 2774)
1990 Ed. (301, 401, 404, 738, 875, 876, 1000, 1003, 1005, 1006, 1007, 1054, 1055, 1218, 1438, 1466, 1553, 1867, 1868, 1958, 1986, 2111, 2123, 2124, 2125, 2126, 2158, 2162, 2163, 2165, 2166, 2442, 2551, 2554, 2555, 2556, 2557, 2566, 2567, 2656, 2885, 3003, 3047, 3048, 3523, 3524, 3526, 3527, 3528, 3529, 3530, 3535, 3536, 3607, 3648)
1991 Ed. (275, 348, 715, 827, 831, 832, 936, 937, 976, 977, 1102, 1455, 1644, 1782, 1783, 1863, 1888, 1965, 1972, 1973, 1974, 1975, 1983, 2003, 2006, 2007, 2009, 2010, 2318, 2427, 2430,

2431, 2432, 2433, 2437, 2438, 2439, 2440, 2514, 2780, 2857, 2861, 2864, 2890, 2892, 3248, 3296, 3297, 3298, 3299, 3300)
1992 Ed. (237, 374, 482, 896, 897, 1010, 1017, 1025, 1026, 1081, 1086, 1160, 1161, 1164, 1213, 1214, 1440, 1797, 1850, 2254, 2255, 2287, 2352, 2377, 2387, 2521, 2535, 2536, 2543, 2544, 2548, 2551, 2575, 2577, 2580, 2581, 2583, 2584, 2907, 3038, 3040, 3041, 3043, 3044, 3045, 3046, 3049, 3050, 3051, 3056, 3057, 3058, 3059, 3135, 3236, 3399, 3491, 3493, 3495, 3499, 3692, 3693, 3694, 3695, 3696, 3702, 3734, 3736, 3752, 3809, 3953, 4040, 4159, 4190, 4217, 4218, 4219, 4220, 4221, 4222, 4403, 4446, 4449, 4450, 4456)
1993 Ed. (267, 347, 709, 808, 816, 818, 872, 884, 945, 949, 950, 989, 1158, 1424, 1478, 1525, 1852, 1913, 1943, 1999, 2015, 2071, 2106, 2107, 2108, 2142, 2145, 2146, 2148, 2149, 2439, 2444, 2527, 2540, 2543, 2544, 2546, 2550, 2551, 2552, 2553, 2812, 2938, 2953, 3012, 3043, 3045, 3060, 3105, 3299, 3481, 3518, 3519, 3520, 3521, 3522, 3523, 3675, 3710, 3711, 3717)
1994 Ed. (256, 332, 719, 820, 821, 822, 824, 826, 827, 951, 964, 965, 971, 1017, 1188, 1524, 1566, 1935, 1936, 1971, 1992, 2027, 2129, 2143, 2164, 2169, 2170, 2172, 2174, 2372, 2378, 2386, 2490, 2494, 2499, 2500, 2501, 2502, 2811, 3056, 3057, 3058, 3059, 3067, 3068, 3104, 3105, 3121, 3151, 3293, 3325, 3456, 3494, 3495, 3496, 3497, 3498)
1995 Ed. (257, 328, 330, 676, 928, 990, 1026, 1027, 1113, 1202, 1555, 1609, 1924, 1964, 1966, 1995, 2048, 2080, 2181, 2183, 2184, 2205, 2215, 2219, 2220, 2222, 2223, 2451, 2459, 2465, 2467, 2558, 2560, 2561, 2562, 2563, 2665, 2900, 3102, 3103, 3104, 3105, 3112, 3113, 3149, 3150, 3173, 3195, 3369, 3522, 3543, 3544, 3562, 3563, 3564, 3565, 3566, 3567, 3715, 3742, 3745, 3746, 3747, 3753, 3780, 3781, 3782, 3783, 3784)
1996 Ed. (37, 261, 302, 343, 747, 1011, 1012, 1170, 1238, 1517, 1537, 1587, 1993, 1994, 2018, 2040, 2076, 2194, 2198, 2199, 2222, 2224, 2228, 2229, 2231, 2281, 2497, 2510, 2518, 2539, 2571, 2572, 2573, 2574, 2575, 2620, 2622, 2623, 2624, 2982, 3197, 3198, 3199, 3200, 3209, 3249, 3250, 3266, 3293, 3425, 3604, 3653, 3802, 3842, 3845, 3846, 3852)
1997 Ed. (291, 322, 678, 679, 869, 940, 1031, 1032, 1211, 1284, 1596, 1669, 2073, 2110, 2111, 2140, 2162, 2176, 2303, 2315, 2326, 2327, 2335, 2354, 2356, 2357, 2358, 2360, 2361, 2362, 2639, 2649, 2657, 2712, 2720, 2721, 2722, 2723, 2728, 2759, 2760, 2762, 2766, 2768, 2769, 2771, 2773, 2774, 2775, 3066, 3306, 3307, 3313, 3350, 3351, 3365, 3390, 3512, 3657, 3710, 3853, 3894, 3900)
1998 Ed. (474, 580, 592, 684, 734, 735, 736, 793, 1055, 1547, 1746, 1832, 2003, 2004, 2028, 2359, 2365, 2379, 2405, 2476, 2478, 2479, 2480, 2538, 2983, 3051, 3055, 3058, 3109, 3166, 3296, 3489, 3587, 3612, 3685, 3725, 3731, 3733)
1999 Ed. (355, 733, 734, 1070, 1150, 1151, 1156, 1157, 1160, 1161, 1163, 1165, 1166, 1168, 1487, 1846, 2126, 2494, 2590, 2714, 2828, 2832, 3195, 3211, 3212, 3213, 3214, 3215, 3373, 3375, 3377, 3379, 3380, 3381, 3382, 3383, 3384, 3385, 3386, 3387, 3388, 3390, 3392, 3852, 3853, 3890, 4051, 4055, 4125, 4150,

4728, 4773, 4774, 4778, 4807)
2000 Ed. (331, 359, 747, 748, 1010, 1071, 1074, 1075, 1077, 1079, 1080, 1081, 1083, 1115, 1117, 1330, 1607, 1662, 1713, 1908, 2306, 2330, 2392, 2416, 2437, 2580, 2604, 2606, 2607, 2609, 2938, 2952, 2953, 2954, 3051, 3052, 3053, 3054, 3055, 3105, 3109, 3110, 3111, 3112, 3113, 3114, 3115, 3116, 3117, 3119, 3120, 3121, 3508, 3766, 3770, 3865, 4014, 4093, 4207, 4357, 4396, 4402)
2001 Ed. (715, 1155, 1234, 2080, 2596, 2819, 3102, 3120, 3121, 3291, 3292, 3646, 3718, 3727, 3877, 4024, 4049, 4089, 4143, 4164, 4679, 4680, 4708, 4790, 4792, 4848, 4849, 4851, 4852, 4853)
2002 Ed. (236, 408, 719, 921, 927, 966, 1055, 1056, 1059, 1084, 1223, 2028, 2043, 2220, 2221, 2296, 2379, 2404, 2634, 2744, 3092, 3135, 3137, 3138, 3139, 3238, 3326, 3589, 3590, 3893, 3997, 4047, 4050, 4052, 4075, 4180, 4317, 4528, 4593, 4744, 4745, 4766, 4927, 4928, 4931, 4932, 4933)
2003 Ed. (27, 231, 232, 260, 309, 351, 352, 353, 705, 776, 777, 784, 832, 903, 997, 998, 999, 1000, 1005, 1013, 1014, 1015, 1031, 1143, 1144, 2006, 2007, 2255, 2256, 2338, 2468, 2469, 2494, 2587, 2595, 2596, 2611, 2632, 2633, 2639, 2640, 2684, 2698, 2764, 2765, 2773, 2778, 2779, 2787, 2862, 2863, 3162, 3220, 3228, 3242, 3290, 3291, 3313, 3314, 3316, 3317, 3318, 3319, 3383, 3384, 3385, 3386, 3387, 3388, 3389, 3391, 3392, 3393, 3396, 3397, 3398, 3399, 3401, 3402, 3403, 3404, 3406, 3407, 3408, 3409, 3455, 3456, 3660, 3661, 3662, 3663, 3664, 3665, 3666, 3667, 3668, 3669, 3769, 3770, 3903, 3909, 3910, 4031, 4081, 4082, 4083, 4084, 4090, 4150, 4151, 4152, 4153, 4155, 4156, 4157, 4158, 4159, 4160, 4161, 4162, 4174, 4175, 4181, 4208, 4307, 4391, 4392, 4403, 4512, 4636, 4637, 4638, 4639, 4709, 4797, 4798, 4851, 4866, 4904, 4906, 4921, 4922, 4943, 4952, 4953)
2004 Ed. (188, 189, 190, 226, 227, 264, 265, 268, 269, 332, 333, 334, 336, 731, 732, 790, 791, 796, 803, 804, 848, 870, 872, 926, 984, 985, 988, 989, 990, 991, 994, 995, 996, 1001, 1007, 1011, 1012, 1015, 1016, 1017, 1018, 1036, 1138, 1139, 1146, 1147, 2048, 2049, 2052, 2053, 2228, 2263, 2264, 2265, 2418, 2419, 2598, 2599, 2601, 2602, 2627, 2649, 2696, 2710, 2731, 2749, 2750, 2751, 2752, 2760, 2761, 2762, 2763, 2795, 2801, 2811, 2850, 2851, 2854, 2855, 2865, 2866, 2872, 2880, 2887, 2898, 2899, 2900, 2901, 2947, 2948, 2951, 2952, 2985, 3216, 3219, 3262, 3280, 3298, 3314, 3347, 3348, 3353, 3354, 3367, 3368, 3369, 3370, 3371, 3372, 3373, 3374, 3375, 3376, 3379, 3380, 3381, 3383, 3384, 3385, 3386, 3387, 3389, 3390, 3391, 3392, 3449, 3450, 3451, 3452, 3453, 3454, 3455, 3457, 3458, 3459, 3462, 3463, 3464, 3466, 3467, 3468, 3469, 3470, 3472, 3473, 3474, 3475, 3476, 3518, 3519, 3704, 3705, 3706, 3707, 3708, 3709, 3710, 3711, 3712, 3713, 3714, 3715, 3716, 3717, 3718, 3719, 3720, 3721, 3722, 3723, 3724, 3725, 3795, 3796, 3799, 3800, 4050, 4102, 4103, 4104, 4109, 4110, 4111, 4112, 4113, 4116, 4150, 4152, 4153, 4154, 4155, 4156, 4164, 4165, 4166, 4167, 4170, 4171, 4172, 4173, 4174, 4176, 4177, 4178, 4191, 4199, 4200, 4201, 4202, 4208, 4209, 4210,

4211, 4231, 4317, 4406, 4407, 4408, 4409, 4415, 4418, 4478, 4479, 4611, 4612, 4616, 4617, 4618, 4619, 4679, 4765, 4766, 4782, 4783, 4835, 4836, 4846, 4894, 4896, 4910, 4911, 4914, 4915, 4947, 4953, 4954, 4956, 4972, 4973)
2005 Ed. (841, 846, 921, 2946, 2972, 3312, 3326, 3333, 3336, 4654, 4826, 4827, 4927, 4933, 4934, 4936, 4937, 4938, 4973, 4974, 4983)
2006 Ed. (767, 771, 2973, 3068, 3302, 4059, 4707, 4970)
2007 Ed. (271, 775, 868, 1109, 2276, 2601, 2664, 2860, 2996, 3365, 3504, 3505, 3507, 3508, 3509, 3644, 3805, 4014, 4094, 4095, 4125, 4174, 4175, 4176, 4731)
2008 Ed. (237, 829, 3111, 3407, 3463, 4040, 4650, 4731)
2009 Ed. (262, 851, 3299, 3467, 3538, 3539, 3874, 4114, 4692, 4965)
2010 Ed. (207, 208, 697, 793, 1137, 1138, 2334, 2335, 2517, 2636, 2637, 2705, 2706, 2715, 2765, 2766, 2806, 2807, 2825, 2826, 2886, 2921, 3133, 3226, 3238, 3239, 3405, 3462, 3463, 3526, 3527, 3528, 3655, 3656, 3657, 3658, 3659, 3660, 3663, 3664, 3665, 3666, 3667, 3668, 3669, 3670, 3671, 3672, 3775, 3776, 3777, 3778, 3779, 3780, 3781, 3782, 3783, 3784, 3785, 4046, 4143, 4153, 4154, 4195, 4270, 4273, 4274, 4275, 4276, 4277, 4278, 4296, 4297, 4298, 4299, 4300, 4301, 4302, 4304, 4305, 4306, 4309, 4310, 4311, 4312, 4313, 4317, 4318, 4319, 4320, 4321, 4324, 4325, 4326, 4327, 4328, 4329, 4330, 4331, 4332, 4333, 4334, 4335, 4337, 4338, 4339, 4340, 4341, 4342, 4355, 4357, 4358, 4359, 4362, 4363, 4364, 4365, 4366, 4367, 4368, 4464, 4465, 4704, 4787, 4788, 4937, 4938)
2011 Ed. (720, 724, 3189, 3658, 4659)
2012 Ed. (2548, 3148, 4060, 4814)
2013 Ed. (3225, 4101, 4786)
2014 Ed. (3244, 4118)
2015 Ed. (4100)
Philadelphia, PA-NJ
1989 Ed. (1952, 1960, 1961, 1962, 1963, 1964, 1965, 1966, 1967)
1990 Ed. (2154, 2548, 2549, 2558, 2559, 2560, 2561, 2562, 2563, 2564, 2565)
1991 Ed. (1982, 2000, 2424, 2425, 2435, 2436, 2441, 2442, 2443, 2444, 2445, 2446)
1993 Ed. (707, 710, 2139, 2545)
1994 Ed. (718, 2162, 2488, 2489, 2492)
1995 Ed. (2213, 2553, 2554, 2555, 2557)
1996 Ed. (2615, 2616, 2617, 2619)
2000 Ed. (2614)
2001 Ed. (2757)
2002 Ed. (376, 1086, 2045, 2301, 2382, 2395, 2444, 2458, 3325, 3328, 3331, 3998, 4053)
2004 Ed. (1006, 2646, 2706, 2719, 2809, 2983, 3522, 4185, 4186)
Philadelphia Park
1990 Ed. (1219)
Philadelphia Phillies
2006 Ed. (547)
2007 Ed. (578)
2008 Ed. (529)
2009 Ed. (564)
2010 Ed. (547)
2011 Ed. (475)
2012 Ed. (431)
2013 Ed. (544)
2014 Ed. (559)
2015 Ed. (622)
2016 Ed. (569)
Philadelphia Protestant Home
1990 Ed. (3061)
1991 Ed. (2898)
Philadelphia Ranger Corps
1994 Ed. (1904)
Philadelphia Resource Supply Co.
1990 Ed. (1985)
Philadelphia School District

1991 Ed. (2926)
1993 Ed. (3099, 3102)
1994 Ed. (3146)
1996 Ed. (3288)
1997 Ed. (3385)
1998 Ed. (3160)
2000 Ed. (3860)
2004 Ed. (4311)
Philadelphia, School District of
1990 Ed. (3106)
Philadelphia Stock Exchange
1994 Ed. (3437)
1996 Ed. (1058)
1999 Ed. (1248)
2005 Ed. (4479)
2006 Ed. (4481)
2007 Ed. (4537)
2008 Ed. (4500)
2009 Ed. (4531)
2011 Ed. (972)
Philadelphia Suburban Corp.
2004 Ed. (4854, 4855)
Philadelphia Telco Credit Union
1990 Ed. (1462)
1991 Ed. (1396)
1993 Ed. (1454)
1994 Ed. (1507)
1996 Ed. (1515)
2002 Ed. (1888)
2003 Ed. (1942)
2004 Ed. (1982)
2005 Ed. (2124)
The Philadelphia Tribune
1990 Ed. (2712)
1998 Ed. (2517)
1999 Ed. (3425)
2000 Ed. (3151)
Philadelphia Trust
2016 Ed. (508)
Philadelphia Trust Co.
2015 Ed. (560)
Philadelphia, utilities
1996 Ed. (2722)
Philadelphia Ventures Inc.
1990 Ed. (3669)
1991 Ed. (3444)
1992 Ed. (4388)
1993 Ed. (3663)
1998 Ed. (3667)
1999 Ed. (4708)
Philadelphia Whiskey
1994 Ed. (2384)
Philadelphia, Wilmington, Trenton
1989 Ed. (1510, 2894, 2932, 2933, 2936)
1990 Ed. (1895, 3070, 3112)
1991 Ed. (883, 1813, 2933, 3457, 3489)
1992 Ed. (2389)
The Philadelphian
1990 Ed. (1147)
1991 Ed. (1046)
1992 Ed. (1352)
1993 Ed. (1081)
Philbert: Rebecca
2010 Ed. (2835)
Philbin; Regis
2008 Ed. (2585)
Philco
1996 Ed. (2127)
Philco Allied
1997 Ed. (784)
Philcore Credit Union
2002 Ed. (1889)
2003 Ed. (1943)
2004 Ed. (1983)
2005 Ed. (2125)
2006 Ed. (2220)
2007 Ed. (2141)
2008 Ed. (2256)
2009 Ed. (2242)
2010 Ed. (2196)
2011 Ed. (2214)
2012 Ed. (2075)
2013 Ed. (2259)
2014 Ed. (2191)
2015 Ed. (2255)
2016 Ed. (2226)
Phildelphia, PA
1999 Ed. (3391)
Phildrew Ventures
1994 Ed. (2430)
1995 Ed. (2499, 2500)
Philex Mining
1989 Ed. (1152)
1990 Ed. (1409)
1992 Ed. (1683, 2965)
2010 Ed. (1481)
2014 Ed. (1949)
Philex Mining A

1991 Ed. (2378, 2379)
Philex Mining B
1991 Ed. (2378, 2379)
Philip Allen
1993 Ed. (2464)
Philip Anschutz
2002 Ed. (3358)
2003 Ed. (4886)
2005 Ed. (4845)
2006 Ed. (4900)
2007 Ed. (4893)
2008 Ed. (4823)
2011 Ed. (4818)
2012 Ed. (4838)
2013 Ed. (547, 2966, 4832)
2014 Ed. (4847)
2015 Ed. (4884)
2016 Ed. (4802)
Philip Beck
2002 Ed. (3068)
Philip Corboy
1997 Ed. (2612)
Philip Cornish
2002 Ed. (872, 2477)
Philip & Cristina Green
2008 Ed. (4910)
2009 Ed. (4921)
2010 Ed. (4925)
2011 Ed. (4911)
2012 Ed. (4924)
Philip & Donna Berber
2004 Ed. (3891)
Philip Doye
2016 Ed. (2533)
Philip E. Lippincott
1991 Ed. (1633)
1995 Ed. (1732)
Philip Eliasch
2008 Ed. (897)
Philip Environmental Service Group
2000 Ed. (1848)
Philip Environmental Services
1998 Ed. (943, 945)
2000 Ed. (1846)
Philip Environmental Services Group
2000 Ed. (1844, 1853, 1855, 1858)
Philip F. Anschutz
2000 Ed. (735)
2001 Ed. (705)
2002 Ed. (3361)
2004 Ed. (4866)
2007 Ed. (2497)
2009 Ed. (4857)
Philip Falcone
2009 Ed. (2715)
Philip Fischer
2000 Ed. (1962)
Philip Fricke
1998 Ed. (1626)
Philip Friedman
1991 Ed. (1702)
1993 Ed. (1776)
1994 Ed. (1773)
1995 Ed. (1801, 1814)
1996 Ed. (1776, 1788)
1997 Ed. (1851, 1863)
Philip G. Satre
1999 Ed. (2079)
2000 Ed. (1877)
Philip Green
2005 Ed. (4888, 4890, 4897)
2013 Ed. (4922)
2014 Ed. (4929)
2015 Ed. (4969)
2016 Ed. (4886)
Philip H. Corboy
2002 Ed. (3071)
Philip H. Geier
2003 Ed. (2410)
Philip H. Knight
1992 Ed. (2052, 2054)
1993 Ed. (1697, 1699)
2005 Ed. (4846)
2006 Ed. (4902)
2007 Ed. (4897)
2008 Ed. (4826)
Philip Hall
1997 Ed. (1986)
Philip Higson
1996 Ed. (1884)
Philip Holzmann AG
2000 Ed. (1815)
2001 Ed. (1412)
2002 Ed. (1190)
Philip J. Dion
1999 Ed. (1411)
Philip J. Purcell
2000 Ed. (1046)
2002 Ed. (2183)
2005 Ed. (2474)

Philip Knight
1989 Ed. (1984)
2002 Ed. (3348)
2003 Ed. (4881)
2004 Ed. (4860)
2006 Ed. (873)
Philip L. Smith
1990 Ed. (1714)
Philip M. Hampton
1989 Ed. (417)
Philip Medical System
2001 Ed. (3269)
Philip Middleton
1999 Ed. (2352)
Philip Miller
1999 Ed. (1122, 4302)
Philip Mok
1996 Ed. (1864)
Philip Morris (Australia)
2001 Ed. (1618)
Philip Morris Capital
1993 Ed. (845)
Philip Morris Companies Inc.
1989 Ed. (188)
1990 Ed. (14, 168, 172, 173, 176, 246, 252, 882, 995, 1215, 2713, 3553)
1992 Ed. (231)
2001 Ed. (18, 19, 21, 28, 37, 38, 40, 52, 53, 54, 55, 56, 60, 64, 68, 72, 77, 81, 88, 698, 699, 1041, 1092, 1148, 1165, 1453, 1572, 1581, 1583, 1584, 1588, 1592, 1593, 1594, 1596, 1742, 1817, 2174, 2461, 2470, 2718, 3403, 3684, 4551, 4560, 4561, 4562, 4563)
2002 Ed. (60, 218, 219, 222, 235, 751, 925, 980, 1039, 1447, 1540, 1543, 1552, 1557, 1559, 1560, 1564, 1572, 1688, 1741, 2295, 2302, 2303, 2310, 2311, 2568, 3233, 3496, 3620, 4354, 4587, 4588, 4589, 4628, 4630, 4632, 4789)
2003 Ed. (16, 19, 188, 189, 195, 673, 833, 844, 877, 968, 1217, 1467, 1518, 1533, 1562, 1564, 1568, 1571, 1572, 1573, 1574, 1579, 1580, 1712, 1717, 1790, 1791, 1980, 2259, 2512, 2513, 2517, 2522, 2757, 3288, 4549, 4557, 4710, 4711, 4745, 4746, 4747, 4748, 4749, 4752, 4754, 4758)
2004 Ed. (20, 22, 23, 33, 34, 40, 50, 58, 60, 61, 63, 72, 77, 96, 138, 679, 1497, 1556, 1557, 1570, 1574, 1741, 1754, 2119, 2122, 2123, 2270, 2271, 2838, 2840, 2845, 4728, 4729, 4740)
2005 Ed. (1498, 1513, 1570, 2846)
Philip Morris Cos., Inc.
1989 Ed. (14, 21, 26, 33, 46, 186, 191, 1453, 2525, 2838)
1990 Ed. (16, 17, 32, 33, 38, 50, 170, 174, 175, 177, 728, 878, 879, 923, 1161, 1235, 1236, 1239, 1240, 1244, 1283, 1291, 1296, 1820, 1858, 2679, 2936, 3537, 3538, 3598, 3599, 3601)
1992 Ed. (3597)
1995 Ed. (18, 22, 23, 141, 145, 146, 148, 152, 153, 651, 652, 654, 655, 656, 657, 658, 659, 660, 662, 691, 879, 984, 1221, 1222, 1223, 1228, 1233, 1234, 1238, 1255, 1266, 1269, 1280, 1284, 1292, 1293, 1294, 1306, 1309, 1310, 1311, 1313, 1314, 1320, 1336, 1422, 1431, 1466, 1567, 1886, 1888, 1891, 1894, 1895, 1898, 1900, 1904, 1905, 2760, 2762, 2763, 2765, 2771, 2772, 2812, 2889, 3047, 3433, 3437, 3570, 3571, 3572, 3573, 3574, 3575, 3618, 3622)
1996 Ed. (28, 31, 155, 158, 159, 164, 728, 729, 732, 733, 734, 735, 737, 769, 862, 970, 1199, 1204, 1205, 1209, 1224, 1240, 1248, 1264, 1265, 1266, 1267, 1276, 1279, 1280, 1282, 1287, 1288, 1384, 1389, 1395, 1428, 1565, 1723, 1928, 1932, 1935, 1937, 1946, 2644, 2827, 2829, 2838, 2839, 2842, 2843, 2974, 3146, 3498, 3593, 3656, 3657, 3659, 3660, 3661, 3696, 3698, 3701, 3702)
1997 Ed. (29, 31, 162, 166, 169, 240, 661, 662, 664, 665, 666, 668, 669, 670, 706, 875, 986, 1245, 1250, 1251, 1270, 1272, 1286, 1294,

1307, 1309, 1310, 1311, 1312, 1321, 1323, 1324, 1325, 1327, 1328, 1349, 1351, 1436, 1446, 1451, 1489, 1643, 1807, 1810, 2029, 2034, 2046, 2930, 2932, 2937, 2938, 2967, 3020, 3052, 3713, 3714, 3715, 3755, 3756, 3758)
1998 Ed. (2714, 3407)
2000 Ed. (727)
2005 Ed. (1558)
Philip Morris Credit Corp.
1991 Ed. (1664)
Philip Morris Czech Republic
2006 Ed. (3946)
Philip Morris Europe SA
2001 Ed. (1691, 1860)
Philip Morris Gesellschaft Mit Beschraenkter Haftung
1994 Ed. (3547)
2001 Ed. (4564)
Philip Morris GmbH
1996 Ed. (3703)
1997 Ed. (3759)
2002 Ed. (4631)
2004 Ed. (4737)
Philip Morris Holland BV
2004 Ed. (4737)
Philip Morris Inc.
1989 Ed. (16, 17, 20, 906, 909, 1023, 2277, 2657, 2803, 2837, 2839, 2842)
1990 Ed. (55, 994, 1228, 1229, 1278, 1301, 1305, 1308, 1315, 1317, 1533, 2685, 2756, 2791, 3442, 3444, 3531, 3533, 3600, 3602)
1991 Ed. (9, 10, 14, 17, 20, 27, 34, 35, 41, 44, 45, 53, 55, 166, 167, 171, 172, 173, 175, 235, 242, 704, 735, 842, 843, 933, 1053, 1153, 1158, 1159, 1163, 1194, 1197, 1198, 1199, 1200, 1209, 1226, 1228, 1229, 1230, 1233, 1234, 1236, 1238, 1243, 1244, 1245, 1248, 1733, 1739, 1740, 1742, 1749, 1913, 2271, 2583, 2584, 2590, 2592, 2661, 2662, 2663, 2664, 2665, 2696, 2793, 3239, 3301, 3303, 3305, 3307, 3309, 3311, 3312, 3313, 3314, 3315, 3393, 3395, 3396, 3397, 3399, 23411)
1992 Ed. (2185, 2187, 2188, 4049)
1993 Ed. (19, 20, 21, 22, 24, 30, 31, 32, 34, 35, 41, 56, 147, 148, 149, 152, 224, 823, 825, 942, 1178, 1182, 1188, 1196, 1208, 1217, 1223, 1229, 1230, 1231, 1243, 1244, 1247, 1270, 1333, 1335, 1347, 1349, 1377, 1490, 1506, 1738, 1873, 1876, 1879, 1882, 1883, 1898, 2124, 2382, 2572, 2611, 2709, 2711, 2712, 2716, 2717, 2719, 2720, 2760, 3377, 3381, 3464, 3470, 3475, 3526, 3527, 3528, 3529, 3581, 3583, 73674)
1994 Ed. (12, 15, 16, 18, 22, 23, 24, 26, 31, 40, 41, 48, 127, 129, 134, 212, 695, 696, 697, 699, 700, 701, 702, 704, 705, 706, 742, 833, 834, 954, 958, 1212, 1213, 1217, 1218, 1222, 1236, 1247, 1248, 1249, 1255, 1256, 1257, 1260, 1268, 1269, 1270, 1284, 1285, 1286, 1313, 1388, 1389, 1391, 1399, 1401, 1430, 1726, 1862, 1865, 1867, 1869, 1870, 1871, 1880, 2579, 2658, 2661, 2662, 2664, 2668, 2698, 2717, 2739, 2749, 2761, 2985, 3441, 3449, 3500, 3501, 3502, 3540, 3542, 3544)
1998 Ed. (22, 28, 68, 71, 90, 153, 456, 457, 459, 460, 461, 486, 595, 596, 687, 926, 1009, 1037, 1081, 1083, 1085, 1086, 1087, 1088, 1111, 1113, 1116, 1117, 1118, 1149, 1158, 1159, 1164, 1168, 1181, 1202, 1289, 1722, 1729, 2320, 2501, 2671, 2673, 2675, 2769, 2786, 3362, 3425, 3490, 3491, 3499, 3574, 3576, 3577, 3578, 3581)
1999 Ed. (28, 177, 181, 715, 716, 718, 719, 720, 721, 724, 725, 1000, 1001, 1134, 1474, 1488, 1516, 1517, 1539, 1540, 1543, 1545, 1547, 1548, 1549, 1554, 1661, 1663, 1666, 1671, 1681, 1714, 1864, 1885, 2463, 2473, 3598, 3601, 3605, 3608, 3609, 3729,

3768, 4389, 4391, 4496, 4566,
4567, 4568, 4606, 4607, 4610,
4612, 4613)
2000 Ed. (195, 199, 202, 211, 282,
723, 725, 726, 728, 730, 731, 732,
945, 956, 1342, 1344, 1360, 1373,
1382, 1478, 1525, 1692, 1894,
2220, 2231, 3132, 3321, 3325,
3326, 3327, 3328, 3381, 3446,
3458, 4257, 4260, 4261)
2001 Ed. (4561, 4562)
2003 Ed. (1790, 4745, 4747)
Philip Morris International
2013 Ed. (1379, 1397, 1735, 1736,
1738, 1739, 1740, 1743, 1942)
2014 Ed. (1321, 1881)
Philip Morris International Inc.
2001 Ed. (4561, 4562)
2003 Ed. (4745, 4747)
2004 Ed. (4727, 4731)
2005 Ed. (3239, 4704, 4708)
2006 Ed. (4758, 4760)
2007 Ed. (4764, 4765)
2008 Ed. (4688, 4689)
2009 Ed. (4728, 4729)
2010 Ed. (1385, 1390, 1440, 4739,
4746, 4748)
2011 Ed. (1147, 1441, 1724, 1725,
1730, 1731, 1733, 1736, 1738,
4696, 4697, 4698, 4699, 4706,
4707, 4708, 4709, 4710)
2012 Ed. (1081, 1276, 1764, 3519,
4716, 4717, 4718, 4719, 4720,
4722, 4725, 4726, 4727, 4728,
4729)
2013 Ed. (1218, 1381, 1938, 1941,
3560, 4513, 4680, 4681, 4682,
4683, 4684, 4686, 4689, 4690,
4691, 4692, 4694)
2014 Ed. (1158, 1876, 3053, 3537,
4726, 4727, 4728, 4729, 4731,
4733, 4735, 4736, 4737, 4738,
4740)
2015 Ed. (1212, 1911, 1917, 3119,
4745, 4746, 4747, 4748, 4750,
4754, 4757, 4758, 4759, 4761)
2016 Ed. (1875, 1882, 4647, 4648,
4650, 4651, 4653, 4660, 4662,
4663, 4664)
Philip Morris mbH
1995 Ed. (3625)
Philip Morris One King Size Box
1999 Ed. (1138)
Philip Morris One KS Box
2000 Ed. (1063)
Philip Morris PAC
1992 Ed. (3475)
Philip Morris Super Light 100 Box
2000 Ed. (1063)
Philip Morris Super Lights
1997 Ed. (988)
Philip Morris Super Lights 100 Box
1999 Ed. (1138)
Philip Morris Super Lights Box
1999 Ed. (1138)
2000 Ed. (1063)
Philip Morris USA Inc.
1989 Ed. (908, 2781)
2000 Ed. (2880)
2004 Ed. (4727, 4731)
2005 Ed. (2270, 4704, 4708)
2006 Ed. (4758, 4760)
2007 Ed. (4764, 4765)
2008 Ed. (2160, 3166, 3172, 4688,
4689)
2009 Ed. (2140, 4728, 4729)
2011 Ed. (4696)
2012 Ed. (4716)
2013 Ed. (4680)
2014 Ed. (4726, 4727)
2015 Ed. (4745, 4746)
2016 Ed. (4647, 4648)
Philip Morrisey
1999 Ed. (2303)
Philip Morris/Kraft Foods
1992 Ed. (51)
Philip Ng
2014 Ed. (4916)
2015 Ed. (4956, 4957)
2016 Ed. (4872, 4873)
Philip; Ng
2014 Ed. (4917)
Philip Niarchos
2011 Ed. (4890)
2012 Ed. (4898)
2013 Ed. (4872)
2014 Ed. (4886)
2015 Ed. (4925)
2016 Ed. (4841)
Philip Odeen

1999 Ed. (1120)
Philip Orsino
2006 Ed. (2528)
Philip Pascall
2012 Ed. (804)
Philip Poole
1999 Ed. (2358)
Philip Purcell
1999 Ed. (1121, 1126, 2078)
Philip R. Sherringham
2011 Ed. (824)
Philip Richards
2009 Ed. (2623)
Philip Rivers
2013 Ed. (189)
Philip Schoonover
2010 Ed. (2561)
Philip Services Corp.
1999 Ed. (1365, 1367, 1376)
2000 Ed. (1257, 1259, 1261, 1264,
1268, 1399, 3330)
2001 Ed. (1469, 1471, 1473, 1475,
1478, 1483)
2004 Ed. (3749)
2005 Ed. (3664)
Philip-Sorensen; Jorgen
2009 Ed. (4898)
Philip Suttle
1996 Ed. (1895)
Philip & Tina Green
2007 Ed. (4923, 4927)
Philip Wolstencroft
1999 Ed. (2329)
2000 Ed. (2115)
Philipp Holzmann AG
1990 Ed. (1209)
1991 Ed. (1097, 1098)
1992 Ed. (1372, 1426, 1432, 1649,
1967)
1993 Ed. (1143, 1144, 1147, 1148,
1619)
1994 Ed. (1161, 1164, 1165, 1651)
1995 Ed. (1137, 1183, 1185, 1690,
3335)
1996 Ed. (1110, 1157, 1158, 1159,
1160, 1161, 1162, 1164, 1165,
1166, 1672, 1675)
1997 Ed. (1132, 1133, 1183, 1186,
1187, 1189, 1191, 1194, 1195,
1196, 1752, 1756)
1998 Ed. (962, 964, 965, 966, 968,
970)
1999 Ed. (1331, 1389, 1392, 1394,
1397, 1398, 1399, 1401, 1403,
1405)
2000 Ed. (1214, 1281, 1284, 1285,
1286, 1288, 1292, 1816)
2001 Ed. (1487)
2002 Ed. (1310, 1312, 1314, 1316,
1320, 1322)
2003 Ed. (1326, 1328, 1329, 1330,
1333, 1334, 1336)
2004 Ed. (1355, 1359, 2013, 4737)
Philipp M. Hildebrand
2012 Ed. (292)
Philipp Rolzmann AG
1995 Ed. (1693)
Philippa Rose
2007 Ed. (2463)
Philippe Benacin
2006 Ed. (2527)
Philippe Dauman
1997 Ed. (2611)
2011 Ed. (822)
2015 Ed. (962)
Philippe Foriel-Destezet
2010 Ed. (4888)
2011 Ed. (4877)
Philippe P. Dauman
2011 Ed. (839)
2012 Ed. (798)
2013 Ed. (987)
2014 Ed. (942, 943, 944)
2015 Ed. (965)
Philippine
1990 Ed. (228)
Philippine Advertising Counselors
1989 Ed. (152)
Philippine Air Lines
1989 Ed. (1151)
Philippine Airlines
1993 Ed. (198)
1995 Ed. (1351)
1997 Ed. (1498)
1999 Ed. (1724)
2001 Ed. (310, 312)
Philippine Automotive Manufacturing
Corp.
1997 Ed. (1498)
Philippine Comm. International

1989 Ed. (655)
Philippine Commercial International
1990 Ed. (670)
1995 Ed. (588)
Philippine Commercial International
Bank
1991 Ed. (649, 2378)
1992 Ed. (821, 2965)
1993 Ed. (615, 2493)
1994 Ed. (618, 2431)
1996 Ed. (657, 2563, 3030)
1997 Ed. (595, 2400)
1999 Ed. (623)
2000 Ed. (648)
2001 Ed. (2888)
Philippine Funds
1990 Ed. (2396)
Philippine Geotheraml Inc.
1991 Ed. (1252)
Philippine Government Service Insurance System
2001 Ed. (2888)
2002 Ed. (2826)
Philippine Islands; Bank of the
2005 Ed. (597)
2006 Ed. (513)
2007 Ed. (541)
2008 Ed. (492)
2009 Ed. (520)
Philippine LDT
2009 Ed. (2015)
2010 Ed. (1955)
2011 Ed. (2007)
2012 Ed. (1857)
2013 Ed. (2017)
2014 Ed. (1950)
Philippine Long Distance Telephone Co.
1989 Ed. (1151)
1990 Ed. (1409)
1991 Ed. (1336, 2378, 2379)
1992 Ed. (1683, 1684, 2965, 2966)
1993 Ed. (46, 221, 1386, 2493, 2494)
1994 Ed. (38, 210, 1440, 2431, 2432)
1995 Ed. (207, 210, 212, 213, 1474)
1996 Ed. (212, 2563, 2564, 3030)
1997 Ed. (1498, 1499, 3113, 3114)
1999 Ed. (1724, 3820, 3821)
2000 Ed. (1540)
2002 Ed. (1754)
2003 Ed. (4582)
2004 Ed. (72, 1845)
2005 Ed. (68)
2006 Ed. (76, 1992)
2007 Ed. (67)
2008 Ed. (72)
2009 Ed. (81)
2010 Ed. (90)
2015 Ed. (1993, 4683)
2016 Ed. (1964)
Philippine National Bank
1989 Ed. (563, 655)
1990 Ed. (670)
1991 Ed. (649)
1992 Ed. (821, 2965, 2966)
1993 Ed. (615, 2493, 2494)
1994 Ed. (618, 2431, 2432)
1995 Ed. (588, 1476)
1996 Ed. (657, 2563, 2564, 3029,
3030, 3392)
1997 Ed. (595, 3113, 3114, 3487)
1999 Ed. (623, 2892, 3821)
2000 Ed. (648)
2001 Ed. (2888)
2002 Ed. (635)
2003 Ed. (599)
2004 Ed. (519, 556, 607)
2005 Ed. (597)
2006 Ed. (381, 513)
2007 Ed. (363, 541)
2008 Ed. (351, 492)
2009 Ed. (369, 520)
2013 Ed. (394)
2014 Ed. (407)
2015 Ed. (464)
2016 Ed. (397)
Philippine National Oil Co.
2004 Ed. (884)
Philippine Overseas Drilling A
1991 Ed. (2379)
Philippine Overseas Drilling & Oil Development Corp.
1992 Ed. (2966)
1993 Ed. (2494)
Philippine peso
2006 Ed. (2238)
2007 Ed. (2158)
2008 Ed. (2274)
Philippine Refining Corp.
1989 Ed. (46)
1990 Ed. (43)

1991 Ed. (42)
1993 Ed. (46)
1994 Ed. (38)
Philippine Seven Corp.
2012 Ed. (4360)
2013 Ed. (4291)
Philippine Stock Exchange
2014 Ed. (4549, 4551)
2016 Ed. (4484)
Philippine Strat Investment Holding
1997 Ed. (2907)
Philippine Telecommunications Investment Corp.
1992 Ed. (1570)
1993 Ed. (1275)
1994 Ed. (1321)
Philippine Telecommunications Investments Corp
1991 Ed. (1252)
Philippines
1990 Ed. (742, 1076, 1475, 1581,
1900, 1911, 1918, 1925, 1935,
1937, 2148, 3689)
1991 Ed. (164, 1834, 1841, 1850,
1851)
1992 Ed. (1446, 2095, 2250, 2251,
2296, 2310, 2317, 2327, 2333,
2336, 2360, 3742, 3973, 3974,
4240)
1993 Ed. (240, 844, 1967, 1974,
1981, 1987, 2366, 2367, 3301,
3692)
1994 Ed. (200, 2005, 3308, 3656)
1995 Ed. (1745, 1746, 1962, 2010,
2017, 2029, 2036)
1996 Ed. (170, 2470, 2471, 2948,
3821)
1997 Ed. (204, 305, 915, 1008, 1791,
2107, 2922)
1998 Ed. (1791, 2659, 2749)
1999 Ed. (821, 2553)
2000 Ed. (2295, 2349)
2001 Ed. (400, 509, 510, 1133, 1302,
1303, 1341, 1506, 1935, 1969,
2699, 2700, 2838, 2968, 4122,
4315)
2002 Ed. (683, 738, 739, 1815, 2509,
3723, 3724, 3725)
2003 Ed. (461, 868, 1037, 1038,
1097, 1383, 1876, 1880, 2210,
2211, 2222, 2226, 2229, 4194)
2004 Ed. (890, 1045, 1046, 1397,
1907, 4220, 4460, 4599)
2005 Ed. (459, 863, 864, 876, 1046,
1047, 1123, 1419, 2039, 2531,
2532, 2533, 2767, 3031, 3032,
3659, 3660, 3661, 4148, 4405,
4533)
2006 Ed. (412, 798, 1056, 1057,
1404, 2135, 2148, 2721, 3708,
4196, 4422, 4592, 4614)
2007 Ed. (397, 887, 1144, 1145,
1436, 2083, 2092, 3049, 3702,
4212, 4482, 4551, 4601, 4604,
4651)
2008 Ed. (379, 864, 1023, 1024,
1387, 2202, 3163, 4248, 4519,
4550, 4582, 4795)
2009 Ed. (401, 870, 1008, 1009,
1390, 4347, 4549, 4582, 4625)
2010 Ed. (816, 973, 974, 1375, 2107,
3601, 3748, 3754, 4377, 4616,
4653, 4721)
2011 Ed. (744, 901, 902, 1368, 2160,
3603, 3748, 3756, 4313, 4486,
4572, 4601, 4610, 4679)
2012 Ed. (597, 3753, 4551)
2013 Ed. (3825)
2014 Ed. (3748)
2015 Ed. (3772)
2016 Ed. (3687)
Philippines Associated Smelting & Refining Corp.
1990 Ed. (1409)
1991 Ed. (1336)
Philippines equities
1996 Ed. (2430)
Philippines Long Distance Telephone
2013 Ed. (848)
Philippines Long Distance Telephone
Co.
2000 Ed. (3541, 3542)
2001 Ed. (67)
2002 Ed. (3702, 3703)
2006 Ed. (3899)
Philippines National Bank
2000 Ed. (3542)
2002 Ed. (2826)
Philippines National Construction Corp.
1989 Ed. (1151)

Philippines Refining Co.
1992 Ed. (71)
Philipps Builders
2002 Ed. (1201)
Philipps Petroleum Co.
2004 Ed. (1508)
2005 Ed. (1524)
Philips
1989 Ed. (1111, 1338, 1626, 2123, 2458, 2794, 2806)
1990 Ed. (400, 919, 1028, 1347, 1354, 1638, 2113, 2537, 2777, 3238, 3473, 3631)
1991 Ed. (1271, 1272, 1273, 1325, 1535, 2728, 3232, 3280)
1992 Ed. (48, 49, 54, 65, 69, 329, 330, 1319, 1605, 1928, 1930, 2714, 2715, 3345, 3428, 3911, 3916, 3917, 3918, 4202)
1993 Ed. (226, 227, 344, 1297, 1372, 1562, 1581, 1584, 2530, 3007, 3214)
1995 Ed. (1374, 2241, 3097, 3553)
1996 Ed. (774, 2105)
1997 Ed. (916, 1386, 2787, 3492)
1998 Ed. (2817, 3277, 3281, 3283)
1999 Ed. (1606, 1992, 3406, 4274, 4278, 4280)
2000 Ed. (4001, 4002, 4003)
2001 Ed. (2731, 3910)
2002 Ed. (2577)
2003 Ed. (2766)
2004 Ed. (2856)
2005 Ed. (2862, 2863, 4667)
2006 Ed. (2870)
2007 Ed. (695, 2861)
2008 Ed. (274, 275, 662)
2011 Ed. (3451)
2013 Ed. (671, 2500)
2014 Ed. (696, 697, 1355, 2429, 2430)
2015 Ed. (742)
2016 Ed. (671, 1778)
Philips 66 Co.
1998 Ed. (1824)
Philips AG Schweiz
2011 Ed. (2067)
Philips Arena
2001 Ed. (4355)
2003 Ed. (4527)
2005 Ed. (4438, 4439)
2006 Ed. (1153)
2011 Ed. (1071)
Philips Austria GmbH
2010 Ed. (1496)
2012 Ed. (1337)
2014 Ed. (1393)
Philips Broadcast
2002 Ed. (4594)
Philips Builders
2000 Ed. (1224)
Philips Consumer Communications LP
2001 Ed. (1812)
Philips Contracting Co., Inc.
2007 Ed. (1379)
Philips Cordials
2000 Ed. (2937)
Philips Display Components
2000 Ed. (2459)
2001 Ed. (2698)
2002 Ed. (2514)
Philips Domestic Appliance & Personal Care International BV
1997 Ed. (1389, 2232)
1999 Ed. (1611, 2688)
Philips Electronic Building Elements Ind.
1990 Ed. (1643, 1737)
Philips Electronic Building Elements Industries
1994 Ed. (1620, 2439)
Philips Electronic Building Elements Industries (Taiwan)
1992 Ed. (1933, 2094)
Philips Electronics
1995 Ed. (1435, 1463, 1656, 1659, 2180)
1996 Ed. (214, 215, 1425, 1637, 2193, 3396, 3398)
1997 Ed. (243, 244, 1485, 1487, 1714, 2313, 2388)
1998 Ed. (1420, 2046)
2000 Ed. (295, 1521)
2014 Ed. (1293)
Philips Electronics Industries (Taiwan) Ltd.
1990 Ed. (1643, 2519)
1992 Ed. (1933, 2094)
1994 Ed. (1620)
Philips Electronics N. A.
2002 Ed. (2079)

2003 Ed. (2194)
2004 Ed. (2237)
Philips Electronics North America
2015 Ed. (2651)
Philips Electronics North America Corp.
2001 Ed. (2181, 2194)
2003 Ed. (2232, 4925, 4926)
2004 Ed. (4925)
2005 Ed. (2338, 4908, 4909)
2006 Ed. (2393, 4941, 4942)
2007 Ed. (1481, 2335, 4947, 4948)
2008 Ed. (1476)
2012 Ed. (3689)
2014 Ed. (4935)
2015 Ed. (4976)
Philips Electronics NV
1994 Ed. (17, 20, 21, 24, 25, 217, 252, 738, 1351, 1357, 1358, 1425, 1426, 1427, 1612, 1617, 1618, 1671, 2128, 2161, 2578, 3050, 3198, 3202, 3203, 3204, 3205)
1995 Ed. (1257, 1381, 1464, 2495)
1996 Ed. (1230, 1329, 1426, 2559)
1997 Ed. (1273, 1389, 1393, 1484, 2696)
1999 Ed. (266, 267, 1608, 1611, 1710, 1711, 1968, 1993, 1994, 2883, 3285, 4047)
2000 Ed. (1413, 1522)
Philips Electronics NV; Koninklijke
2005 Ed. (1347, 1895, 2329, 2344, 2353, 2354, 2865, 3396, 3696)
2006 Ed. (1918, 1919, 1920, 1921, 2398, 2399, 3393, 4287, 4288)
2007 Ed. (1899, 1900, 1903, 1904, 1905, 2213, 2342, 2343, 2345, 2346, 3422, 4354)
2008 Ed. (1963, 1964, 1965, 1966, 2472, 2474, 3572)
2009 Ed. (184, 768, 1142, 1679, 1918, 1919, 1920, 1921, 2461, 2474, 2477, 2479, 2591, 3517, 3631, 3632, 3642, 4563)
2010 Ed. (1635, 1853, 1854, 1856, 1857, 2385, 2388, 2389, 3444, 3561, 3828, 4600, 4683)
2011 Ed. (1885, 1886, 1888, 2388, 3444, 3564, 3625, 4561, 4633)
2012 Ed. (91, 1741, 1742, 1743, 2147, 2318, 2320, 3461, 3557, 3628, 3813)
2013 Ed. (76, 844, 1907, 1908, 2008, 2487, 2497, 2613, 3508, 3582, 3685)
2014 Ed. (1301, 1841, 2427, 2559, 2564, 3482, 4029)
2015 Ed. (1355, 1879, 2500, 3206, 3227)
2016 Ed. (1286, 1840, 2435, 3061, 3083)
Philips Electronics NV; Royal
2012 Ed. (91, 1741, 1742, 1743, 2147, 2318, 2320, 3461, 3557, 3813)
2013 Ed. (76, 844, 1907, 1908, 2008, 2487, 2497, 2613, 3508, 3582)
2014 Ed. (1301, 1841, 2427, 2559, 2564, 3482, 4029)
2015 Ed. (1355, 1879, 2500, 3206, 3227)
2016 Ed. (1286, 1840, 2435, 3061, 3083)
Philips Electronics U.K. Ltd.
2002 Ed. (43)
Philips France
2004 Ed. (2185)
Philips Gloeilampenfabrieken
1990 Ed. (1401)
1991 Ed. (1327, 2856)
1992 Ed. (1672)
2004 Ed. (1362)
2005 Ed. (1378)
Philips Gloeilampenfabrieken NV
1989 Ed. (1106, 1110, 1144)
1990 Ed. (1348, 1351, 1353, 1400)
1993 Ed. (1305, 1373, 1586)
Philips GmbH
2000 Ed. (4007)
2004 Ed. (4411)
Philips Group
1989 Ed. (1289)
1990 Ed. (1588)
1991 Ed. (1326)
1992 Ed. (1671)
1995 Ed. (1462)
1996 Ed. (1424)
1997 Ed. (1486)
1999 Ed. (1712)
2000 Ed. (1523)
Philips Healthcare

2010 Ed. (2900, 3621)
2011 Ed. (2873, 3623)
2012 Ed. (2808, 3625)
2013 Ed. (2880, 3682)
2014 Ed. (2912, 3617)
2015 Ed. (2958, 3629)
2016 Ed. (2890, 3513)
Philips Healthcare MR
2016 Ed. (3426)
Philips Holding USA Inc.
2006 Ed. (4941, 4942)
2010 Ed. (4946, 4947)
2013 Ed. (4928)
2014 Ed. (4935)
2015 Ed. (4976)
2016 Ed. (4893)
Philips Home Products 1592,
1990 Ed. (1593)
Philips Home Products (Schick)
1991 Ed. (490, 1491)
Philips Iberica
2011 Ed. (2051)
2013 Ed. (2059)
2014 Ed. (1993)
2015 Ed. (2041)
Philips Industrial Electronics International BV
1997 Ed. (1389)
1999 Ed. (1611)
Philips Industries
1989 Ed. (272)
1990 Ed. (1158)
1991 Ed. (256, 1220)
Philips Industries Magyarorszag
2012 Ed. (1548)
2013 Ed. (1694)
Philips International BV
1996 Ed. (3404)
1997 Ed. (1389, 3500)
1999 Ed. (1611)
Philips International Realty Corp.
2001 Ed. (4008)
Philips Kommunikations Industrie
1993 Ed. (3008)
Philips Lamps
1991 Ed. (237, 238)
Philips Lamps Holdings NV
1990 Ed. (1356)
Philips Light
2016 Ed. (3355)
Philips Lighting Holding BV
1997 Ed. (1389, 2696)
Philips Lighting Holdings BV
1996 Ed. (2559)
1999 Ed. (1611, 3285)
Philips Magyarorszag Kft
2009 Ed. (1733)
2011 Ed. (1695)
Philips Medical
1991 Ed. (2407)
Philips Medical Systems
2005 Ed. (2802)
2006 Ed. (2777)
2009 Ed. (3705)
2012 Ed. (1989)
2013 Ed. (2167)
2014 Ed. (2096)
2015 Ed. (2151)
Philips Medical Systems International BV
1997 Ed. (1389, 2405)
1999 Ed. (1611, 2897)
Philips N.A. Circuit Assy.
1995 Ed. (1145, 1654)
Philips NV
1990 Ed. (20, 24, 26, 40, 44, 1639, 2205)
1991 Ed. (19, 21, 30, 37)
1992 Ed. (1931)
1993 Ed. (21, 25, 29, 43, 52)
Philips NV; Koninklijke
2015 Ed. (1880, 2373)
2016 Ed. (1842, 2319)
Philips NV; Royal
2015 Ed. (1880, 2373)
2016 Ed. (1842, 2319)
Philips Petroleum Co.
1991 Ed. (1787)
1999 Ed. (2569, 2576)
Philips Pipe Line Co.
1990 Ed. (2869)
Philips Professional Luminaires
2011 Ed. (3551)
Philips Respironics
2011 Ed. (3551)
2016 Ed. (1955)
Philips S.A.
1989 Ed. (1095)
Philips Semiconductors
2001 Ed. (3300)

2003 Ed. (1708)
Philips Semiconductors Gratkorn GmbH
2001 Ed. (2213)
Philips (Singapore)
2001 Ed. (1619)
Philips TropArtic
2001 Ed. (531)
Philips USA
2002 Ed. (1109, 1131, 4754)
Philips w Polsce
2014 Ed. (1951)
Philips Whirlpool
1996 Ed. (1563)
Philips.com
2011 Ed. (2367)
Philips/Magnavox
2000 Ed. (964, 2480)
Philipson Bil AB
1991 Ed. (49)
Philipsons Bil
1992 Ed. (80)
Philips/Signetics
1990 Ed. (3236)
Phillies
1998 Ed. (731, 3438)
2003 Ed. (966)
2015 Ed. (984, 985)
2016 Ed. (885)
Phillies; Philadelphia
2006 Ed. (547)
2007 Ed. (578)
2008 Ed. (529)
2009 Ed. (564)
2010 Ed. (547)
2011 Ed. (475)
2012 Ed. (431)
2013 Ed. (544)
2014 Ed. (559)
2015 Ed. (622)
2016 Ed. (569)
Phillip Allen
1992 Ed. (2906)
Phillip B. Rooney
1989 Ed. (1376)
1994 Ed. (1721)
1998 Ed. (1516)
Phillip Bancroft
2010 Ed. (922)
Phillip C. Allen
1990 Ed. (2480)
1991 Ed. (2345)
1995 Ed. (2486)
Phillip Frost
2009 Ed. (4850)
2010 Ed. (4856)
2011 Ed. (4835)
2012 Ed. (4842)
2013 Ed. (4841)
2014 Ed. (4857)
2015 Ed. (4894)
2016 Ed. (4812)
Phillip Fund; J.
1997 Ed. (2201)
Phillip G. Satre
1998 Ed. (1513)
Phillip Holzmann AG
2000 Ed. (1814)
Phillip J. Hickey Jr.
2004 Ed. (2488)
Phillip Lay
2011 Ed. (4336)
Phillip Merrick
2002 Ed. (2477)
Phillip Morris Co.
1995 Ed. (2861)
2000 Ed. (946, 4208, 4256)
Phillip Morris Cos.
1999 Ed. (3606)
2000 Ed. (23, 31, 798, 4209, 4211)
Phillip Morris International
2002 Ed. (53)
Phillip Pace
1995 Ed. (1835)
1996 Ed. (1814)
1998 Ed. (1657)
1999 Ed. (2247)
2000 Ed. (2029)
Phillip Phillips
2015 Ed. (1136)
Phillip Ruffin
2005 Ed. (4844)
2007 Ed. (4899)
2011 Ed. (4843)
2013 Ed. (4836)
2014 Ed. (4851)
2015 Ed. (4888)
2016 Ed. (4806)
Phillipe Fragrances; Jean
1995 Ed. (2058)
Phillips

1990 Ed. (1456, 1660, 1892, 2673, 2674, 2836)
1991 Ed. (49, 347)
1995 Ed. (2788, 2920, 3607)
1996 Ed. (1327, 3428, 3429, 3682)
1997 Ed. (3494)
1999 Ed. (796, 4281)
2003 Ed. (3776, 3782, 3816)
Phillips 66
1994 Ed. (1965)
1995 Ed. (1991)
1996 Ed. (2013)
1997 Ed. (2133)
1998 Ed. (1823)
1999 Ed. (2584)
2000 Ed. (2320)
2003 Ed. (939, 3422)
2014 Ed. (1320, 2033, 2480, 3879, 4258)
2015 Ed. (2538, 2554, 3967, 3968)
2016 Ed. (2465, 3881, 3882)
Phillips 66 Co.
2014 Ed. (1334, 2035, 2230, 3875, 3930, 4032, 4066, 4069)
2015 Ed. (1323, 1377, 1379, 1381, 1383, 1397, 2078, 2082, 2084, 3566, 3886, 3900, 3901, 3902, 3904, 3956, 3966)
2016 Ed. (1304, 1306, 1308, 1311, 1312, 1327, 2042, 2044, 2047, 2061, 2063, 2065, 3422, 3795, 3810, 3811, 3812, 3814, 3872, 3880)
Phillips Alaska Inc.
2003 Ed. (1605, 1606)
Phillips Brandy
2000 Ed. (801)
2001 Ed. (1012)
2002 Ed. (769)
2003 Ed. (755)
2004 Ed. (765)
Phillips Builders
1998 Ed. (912)
2003 Ed. (1185)
2004 Ed. (1190)
Phillips Building Supply
1997 Ed. (834)
Phillips Cables
1992 Ed. (3030)
1994 Ed. (2482)
1996 Ed. (2611)
Phillips Coal Co.
1999 Ed. (1210)
Phillips & Cohen Associates Ltd.
2012 Ed. (851)
2013 Ed. (1033)
2014 Ed. (1004)
Phillips & Co.
2013 Ed. (4148)
2014 Ed. (4165)
Phillips Construction Co. Inc.
1992 Ed. (3962, 3964)
1993 Ed. (3306, 3307, 3308, 3309)
1994 Ed. (3298, 3299)
1995 Ed. (3374, 3375, 3376)
Phillips Contracting Co.
2008 Ed. (1312)
Phillips Cordials
1999 Ed. (3194)
2001 Ed. (3100)
2002 Ed. (3085)
2004 Ed. (3261)
Phillips Display Components
1998 Ed. (1931)
1999 Ed. (2669)
Phillips & Drew
1989 Ed. (815, 1421)
1990 Ed. (815)
1995 Ed. (2870, 2871)
2000 Ed. (2852, 3453)
2001 Ed. (3922)
Phillips & Drew Fund Management
1990 Ed. (2321)
1992 Ed. (3350)
1994 Ed. (2774)
Phillips Edison & Co.
2010 Ed. (4480)
Phillips Electronics N.V.
2000 Ed. (1772)
Phillips Fibers
1992 Ed. (3271)
1993 Ed. (2733)
Phillips Flagship
2001 Ed. (4052)
Phillips Fox
2002 Ed. (3055)
2003 Ed. (3180, 3181)
Phillips; H. Fraser
2011 Ed. (3364)
Phillips, Hager & North

1989 Ed. (2143)
1990 Ed. (2362)
1991 Ed. (2254)
1992 Ed. (2783)
1993 Ed. (2345)
1996 Ed. (2419)
2010 Ed. (1381)
Phillips, Hager & North, Investment Mgmt., Ltd.
2000 Ed. (2844)
Phillips, Hager & North Vintage
2001 Ed. (3463)
Phillips Harborplace
1990 Ed. (3002)
1991 Ed. (2858, 2860)
1992 Ed. (3687, 3689)
1993 Ed. (3010)
1994 Ed. (3053)
2009 Ed. (4258)
2010 Ed. (4198)
Phillips International Holding Corp.
1992 Ed. (3961)
Phillips; Joyce C.
2010 Ed. (4979)
Phillips Jr.; Charles
1997 Ed. (1879)
Phillips Ltd.; S. J.
1995 Ed. (1016)
Phillips Medical Systems
2008 Ed. (3840)
2009 Ed. (3896)
Phillips Medical Systems International BV
1996 Ed. (2264)
Phillips Milk of Magnesia
2001 Ed. (3073)
Phillips Mills Inc.
1995 Ed. (1954)
Phillips N.A. Circuit Assembly
1993 Ed. (1112)
Phillips NV
2001 Ed. (2605)
Phillips Petroleum Co.
1989 Ed. (1496, 1502, 2210)
1990 Ed. (959, 1292, 2833, 2835, 2843, 2855)
1991 Ed. (234, 1549, 1789, 1800, 1801, 1807, 2721, 2722, 2723, 2727, 2730, 2737)
1992 Ed. (2282)
1993 Ed. (1383, 1600, 1919, 1920, 1929, 1931, 2701, 2770, 2827, 2830, 2831, 2833, 2834, 2838, 2844, 2847, 2849, 2850)
1994 Ed. (926, 1437, 1628, 1629, 1942, 1943, 1956, 1957, 2842, 2843, 2845, 2850, 2851, 2852, 2854, 2858, 2862, 2863, 2868)
1995 Ed. (1471, 1970, 1971, 1982, 1983, 2908, 2909, 2910, 2918, 2919, 2924, 2927, 2931)
1996 Ed. (1433, 1646, 1997, 1998, 2005, 2006, 2821, 3004, 3011, 3012, 3013, 3018, 3022, 3024, 3026)
1997 Ed. (1495, 1727, 2116, 2118, 2125, 2126, 3083, 3084, 3085, 3086, 3089, 3092, 3094, 3106, 3109)
1998 Ed. (1184, 1434, 1801, 1806, 1815, 1816, 2818, 2819, 2820, 2823, 2824, 2831, 2836, 2837, 2840)
1999 Ed. (276, 1492, 1721, 2568, 2575, 3795, 3796, 3799, 3800, 3801, 3804, 3806, 3810, 3815, 3816)
2000 Ed. (1347, 1532, 2308, 2309, 2317, 3518, 3519, 3521, 3522, 3523, 3525, 3526, 3528, 3529, 3530, 3537)
2001 Ed. (1184, 1680, 1829, 1830, 2309, 2561, 2578, 2579, 2584, 3739, 3741, 3742, 3743, 3745, 3746, 3751, 3752, 3755, 3766, 3774, 3775)
2002 Ed. (1492, 1500, 1618, 1750, 2124, 2389, 2391, 3663, 3667, 3668, 3669, 3670, 3671, 3672, 3673, 3674, 3681, 3690, 3699)
2003 Ed. (1645, 1803, 1804, 1805, 2278, 2279, 2281, 2583, 2604, 2605, 3819, 3830, 3831, 3832, 3833, 3834, 3838, 3839, 3840, 3842, 3847, 3849, 3850, 3851, 3859, 3860, 3861, 3862)
2004 Ed. (1374, 1376, 1450, 1452, 1526, 2721, 2722, 3669, 3670, 3839, 3840, 3841, 3845, 3846, 3847, 3848, 3849, 3865, 3869,

3870, 3872, 3873)
2005 Ed. (1551)
2006 Ed. (1957, 1958, 3858, 3859)
2007 Ed. (296, 1939, 1940)
2010 Ed. (285, 286, 1905, 1906)
2011 Ed. (208, 209, 1432, 1941, 1942)
2012 Ed. (221, 222, 1269, 1804, 1805)
2014 Ed. (3858)
2015 Ed. (3885)
2016 Ed. (3794)
Phillips Petroleum Co. Norway
2003 Ed. (1798)
Phillips Petroleum International Investment Co.
2003 Ed. (1663)
Phillips; Phillip
2015 Ed. (1136)
Phillips Pipe Line Co.
1991 Ed. (2745, 2746, 2747)
1992 Ed. (3468)
1993 Ed. (2859, 2860)
1994 Ed. (2875, 2879, 2880, 2881)
1995 Ed. (2941, 2944, 2945, 2947, 2948)
1996 Ed. (3039, 3041)
1998 Ed. (2860)
Phillips Point
1990 Ed. (2731)
Phillips-Ramsey
1997 Ed. (138)
Phillips Seafood Restaurants
1992 Ed. (3817)
1993 Ed. (3112)
Phillips Service Industries Inc.
1998 Ed. (1931)
1999 Ed. (2669)
2000 Ed. (2459)
2001 Ed. (2698)
2002 Ed. (2514)
Phillips & Sons; Ed
1990 Ed. (2457)
Phillips Sumika Polypropylene Co.
1998 Ed. (2875)
Phillips Texas Pipeline Co.
2001 Ed. (3799)
Phillips; Thomas
1992 Ed. (2058)
Phillips TropArctic Fast Lube
2002 Ed. (418)
2003 Ed. (364)
Phillips TropArtic Fast Lube
2006 Ed. (350)
Phillips University
1993 Ed. (1024)
1995 Ed. (1059)
Phillips-Van Heusen Corp.
1989 Ed. (942, 944)
1990 Ed. (1059, 1060, 1061)
1991 Ed. (981, 983, 984, 1215, 1224)
1992 Ed. (1220, 1222, 1223, 1224, 1225, 1226, 1525)
1993 Ed. (990, 992, 993, 996, 997)
1994 Ed. (1023, 1024, 1025, 1028, 1029)
1995 Ed. (1033, 1036)
1996 Ed. (1003, 1014, 1015, 1018, 1020)
1997 Ed. (1022, 1034)
1998 Ed. (775, 776, 780)
2001 Ed. (1278, 1279, 1280, 1281)
2002 Ed. (1081, 1083)
2003 Ed. (1002, 1004, 1006, 1007, 1009)
2004 Ed. (986, 987, 998, 1002, 1005, 4711, 4712)
2005 Ed. (1007, 1008, 1013, 1016, 1018, 1019, 1464, 1467, 4683)
2006 Ed. (1018, 1021, 1022, 1025, 1026, 4729)
2007 Ed. (1107, 1114, 1115, 3801)
2008 Ed. (987, 989, 992)
2009 Ed. (971, 973)
2010 Ed. (934, 935, 943)
2011 Ed. (866, 867, 875)
2012 Ed. (819, 820, 822, 824, 831, 1264, 1765)
2013 Ed. (994, 995, 997, 1006, 3511)
Phillips/Magnavox
2000 Ed. (4223)
Phillipson Fletcher
2002 Ed. (4)
Philly Connection
2004 Ed. (4241)
2005 Ed. (4170)
2006 Ed. (4224)
2007 Ed. (4239)
Philly Pretzel Factory
2010 Ed. (337)

2013 Ed. (285)
2014 Ed. (301)
2015 Ed. (337)
2016 Ed. (332)
Philo; Eric
1991 Ed. (1689)
1993 Ed. (1821)
1994 Ed. (1804)
1995 Ed. (1796, 1797, 1842)
1996 Ed. (1820)
1997 Ed. (1894)
The Philodrill Corp.
1993 Ed. (1275)
1994 Ed. (1321)
Philtrust Bank
1993 Ed. (2493)
Philweb
2012 Ed. (1856)
2013 Ed. (2016)
2014 Ed. (1949)
Phineas & Ferb: Across the 2nd Dimension
2013 Ed. (564)
Phineas & Ferb: Agent P's Top-Secret Joke Book
2013 Ed. (564)
Phipps Dickson Integria
2009 Ed. (2023)
Phipps family
2002 Ed. (3363)
2006 Ed. (4897)
Phipps Graphiques
2009 Ed. (4108)
Phiroz P. Darukhanavala
2012 Ed. (810)
Phish
2002 Ed. (1162, 1164)
2005 Ed. (1161)
Phisoderm
1996 Ed. (3441)
Phison Electronics
2009 Ed. (1490)
Phizackerley; John
1993 Ed. (1799)
1994 Ed. (1782, 1832)
PHL Variable Insurance Co.
2001 Ed. (2935)
PHLCorp
1990 Ed. (2681, 2683)
PHM Corp.
1990 Ed. (1154, 1159, 1758)
1991 Ed. (1049)
1992 Ed. (1354, 1358, 1363, 1366, 2555)
1993 Ed. (1086, 1089, 1095, 2961)
1994 Ed. (1107, 1111)
1995 Ed. (1125, 1129, 1134)
PHM Corp. (Pulte)
1994 Ed. (1117, 1119, 1120, 3000)
PHM Cor.(Pulte Home Cor.)
1990 Ed. (1155)
PHN/HealthStar
2002 Ed. (3741)
Phnom Penh, Cambodia
2012 Ed. (2502)
PHNS
2008 Ed. (3165)
Pho Hoa
2008 Ed. (2679)
2011 Ed. (2605)
Phoenician Properties Realty
2009 Ed. (4220)
Phoenician Resort
1996 Ed. (2165, 2166, 2171)
Phoenix
1992 Ed. (98)
2000 Ed. (275, 4392)
Phoenix-Aberdeen New Asia
2003 Ed. (3557)
2004 Ed. (3647)
Phoenix Airport
1997 Ed. (222)
Phoenix American Life Insurance Co.
1995 Ed. (2307)
Phoenix, AZ
1989 Ed. (225, 1588, 1903, 1951)
1990 Ed. (871, 873, 1007, 1656, 2019, 2072, 2485, 2486, 2546, 2552, 2656)
1991 Ed. (56, 936, 1103, 1914, 1915, 2631, 3339, 3483)
1992 Ed. (1020, 1157, 1162, 1164, 1356, 1388, 2101, 2412, 2415, 2544, 2547, 2548, 2577, 2913, 3038, 3047, 3048, 4265, 4437)
1993 Ed. (946, 948, 1455, 1737, 2043, 2142, 2154, 2465, 3549, 3700, 3711)
1994 Ed. (831, 967, 972, 2062, 2164, 2536, 2585, 2944, 3508)

1995 Ed. (1668, 2215, 3166, 3593, 3735)
1996 Ed. (38, 302, 857, 973, 2207, 2208, 2224, 3768)
1997 Ed. (1002, 2233, 2354, 3728, 3853, 3883)
1998 Ed. (585, 734, 735, 743, 1746, 2004, 2379, 2380, 2405, 2473, 2476, 2480, 2538, 3296, 3472, 3513, 3586, 3587, 3685, 3718)
1999 Ed. (355, 1151, 1154, 1157, 1159, 1160, 1161, 1164, 1165, 1166, 1168, 1169, 2757, 2828, 3213, 3215, 3216, 3852, 4580, 4728, 4766)
2000 Ed. (1067, 1071, 1073, 1074, 1075, 1078, 1079, 1080, 1083, 1084, 1087, 1088, 2609, 2952, 2954, 2955, 3104, 3687, 4234, 4287, 4357)
2001 Ed. (1090, 2282, 2783, 4021)
2002 Ed. (373, 408, 1052, 1056, 1059, 2043, 2117, 2296, 2379, 2393, 2442, 2570, 3991, 4046, 4047, 4287)
2003 Ed. (255, 258)
2004 Ed. (223, 225, 797, 1101, 2649, 2707, 2720, 2811, 2839, 2861, 2985, 3373, 3523, 3733, 3734, 4192, 4193)
2005 Ed. (232, 2385, 4143)
2006 Ed. (250, 2848, 3975, 4059, 4100, 4189)
2007 Ed. (259, 2564, 2843, 2998, 3360, 3362, 3374, 3386, 4014)
2008 Ed. (237, 3517, 4040, 4259)
2009 Ed. (262, 2494, 3050, 3052, 3053, 3467, 4113, 4114)
2010 Ed. (207, 2705, 2715, 2765, 2974, 2978, 2980, 3666, 3670, 4046, 4271, 4273, 4305, 4306, 4309, 4313, 4317, 4318, 4320, 4321, 4327, 4332, 4333, 4334, 4337, 4340, 4341, 4355, 4357, 4363, 4364, 4368)
2011 Ed. (170, 2940, 2942, 4438)
2012 Ed. (2871)
2013 Ed. (2947)
2014 Ed. (753, 2965, 3546)
2015 Ed. (3034)
2016 Ed. (1362, 2930)
Phoenix, AZ (Times Mirror)
1991 Ed. (835)
Phoenix Balanced
1990 Ed. (2394)
1991 Ed. (2559, 2566)
1993 Ed. (2662, 2693)
1994 Ed. (2606, 2639)
1996 Ed. (2771)
Phoenix Balanced Series
1992 Ed. (3152, 3162, 3195)
Phoenix Big Edge Plus Growth
1994 Ed. (3611)
Phoenix Big Edge Plus Total Return
1994 Ed. (3612)
Phoenix Brands
2016 Ed. (2304)
Phoenix Canada Oil Co.
1991 Ed. (1166)
Phoenix Capital Appreciation
1992 Ed. (3159, 3169, 3173)
Phoenix Cement
2006 Ed. (1279)
Phoenix Children's Hospital
2012 Ed. (2990)
2015 Ed. (3145)
Phoenix Color
2001 Ed. (3956)
Phoenix Communications
2000 Ed. (120)
2001 Ed. (158)
2002 Ed. (131)
2003 Ed. (149)
The Phoenix Companies, Inc.
2003 Ed. (4321)
2008 Ed. (1693)
2009 Ed. (1617)
Phoenix Contact AG
2015 Ed. (2053)
Phoenix Continental Group
1990 Ed. (2256)
Phoenix Continental Insurance
1990 Ed. (2257)
Phoenix Convertible
1991 Ed. (2559)
1993 Ed. (2694)
Phoenix Convertible A
1999 Ed. (3563)
Phoenix Convertible Fund
1992 Ed. (3162, 3177, 3196)

Phoenix Cos.
2003 Ed. (1419)
2005 Ed. (365, 3085)
2008 Ed. (3252)
2012 Ed. (3218)
The Phoenix Cos., Inc.
2013 Ed. (32)
2014 Ed. (27, 45)
2015 Ed. (30, 48)
2016 Ed. (30, 47)
Phoenix Down
2007 Ed. (586, 589)
2009 Ed. (1071)
2010 Ed. (1038)
Phoenix Duff & Phelps
1998 Ed. (2653, 2654, 2657)
Phoenix Emerging Markets Bond A
1999 Ed. (3581)
Phoenix-Engemann
2000 Ed. (3251)
Phoenix-Engemann Aggressive Growth
2001 Ed. (3426)
2004 Ed. (3576)
Phoenix-Engemann Balanced Return
2000 Ed. (3248)
Phoenix-Engemann Sm & Mid Cap
2000 Ed. (3287)
Phoenix-Engermann Small & Mid Growth
2002 Ed. (3424)
Phoenix-Euclid Market Neutral
2004 Ed. (3546)
Phoenix Farmacija d.d.
2015 Ed. (3993)
Phoenix Fuel LLC
2010 Ed. (2105)
2011 Ed. (2158)
Phoenix Funds Mid Cap Value
2008 Ed. (4515)
Phoenix Group
1992 Ed. (3157)
Phoenix Group Holdings
2013 Ed. (3322)
2014 Ed. (2056, 3312)
2015 Ed. (3372)
2016 Ed. (3241)
Phoenix Growth
1990 Ed. (2391)
Phoenix Growth Fund SER
1992 Ed. (3177)
Phoenix Growth Series
1992 Ed. (3149, 3159)
Phoenix High Yield
1992 Ed. (3155, 3166)
Phoenix High Yield A
1998 Ed. (2621)
Phoenix Home Life
1994 Ed. (3018)
1995 Ed. (2304, 3074)
1996 Ed. (2316, 2317)
2000 Ed. (2698)
Phoenix Home Life Big Edge Plus: Growth
1995 Ed. (3689)
Phoenix Home Life Mutual Insurance
2002 Ed. (2933)
Phoenix International Life Sciences Inc.
2001 Ed. (1461)
Phoenix Investment
1993 Ed. (2321)
2003 Ed. (3555)
2005 Ed. (3574)
2009 Ed. (626)
Phoenix Investment Partners
2006 Ed. (3659)
2007 Ed. (2494, 3678)
2008 Ed. (3377)
Phoenix Land Development
2000 Ed. (3718)
Phoenix Laser
1995 Ed. (204)
Phoenix Market Neutral Fund
2008 Ed. (3773)
Phoenix Marketing Solutions
2015 Ed. (1894)
Phoenix Med
1992 Ed. (3311)
Phoenix-Mesa
2000 Ed. (2472, 2474, 2589)
Phoenix-Mesa, AZ
1995 Ed. (2115, 2191, 2571)
1996 Ed. (1170, 1739, 1740, 1993, 2120, 2194, 2513, 2634, 3669, 3802, 3834)
1997 Ed. (1820, 1821, 2265, 2652)
1998 Ed. (1547, 2056, 2482, 3051, 3055)
1999 Ed. (356, 1173, 2007, 2126, 3370, 3371, 3372, 3374, 4051, 4055, 4806)

2000 Ed. (1158, 1908, 2392, 2580, 3106, 3766, 3770, 3771)
2001 Ed. (2280, 2722, 3120, 3121, 3291, 4504, 4708, 4793, 4836)
2002 Ed. (407, 1062, 2573, 2743, 2761, 3137, 3139, 3140, 4528, 4608, 4766, 4912)
2003 Ed. (232, 260, 353, 1031, 1088, 1144, 1148, 2007, 2348, 2353, 2494, 2778, 2827, 3228, 3246, 3383, 3387, 3389, 3391, 3456, 3770, 4160, 4722, 4866, 4905, 4907, 4943)
2004 Ed. (190, 227, 268, 335, 337, 1036, 1109, 2425, 2630, 3280, 3303, 3449, 3453, 3519, 3522, 3800, 4176, 4700, 4846, 4895, 4897, 4947)
2005 Ed. (338, 2383, 2456, 2461, 3064, 3321, 3338, 4927)
2006 Ed. (3309, 3327)
2008 Ed. (3474, 4348, 4357, 4358)
2009 Ed. (2388)
Phoenix-Mesa, AZ-NM
2001 Ed. (3219)
Phoenix-Mesa-Glendale, AZ
2012 Ed. (2339)
Phoenix-Mesa-Scottsdale, AZ
1997 Ed. (3356)
2008 Ed. (3457, 3458)
2009 Ed. (351)
2010 Ed. (327)
2011 Ed. (4270)
2012 Ed. (3697)
Phoenix Multi-Sector Short Term A
1999 Ed. (746)
Phoenix Multi-Sector Short-Term Bond
2008 Ed. (604)
Phoenix Mutual
1989 Ed. (1702, 1703, 1704)
Phoenix Mutual, Conn.
1989 Ed. (2146, 2150)
Phoenix Mutual Life Insurance
1993 Ed. (2303)
Phoenix Natural Gas
2005 Ed. (1983)
2006 Ed. (2062)
2007 Ed. (2034)
2009 Ed. (2120)
Phoenix Network
1993 Ed. (2010, 3335)
1998 Ed. (1011)
1999 Ed. (262)
Phoenix Nifty Fifty
2008 Ed. (4517)
Phoenix Nursing Agency
2007 Ed. (1219)
Phoenix Online; University of
2005 Ed. (2773, 2774, 2775, 3035)
Phoenix Pharmahandel AG
2009 Ed. (4944)
2011 Ed. (4935)
Phoenix plc
2016 Ed. (3227)
Phoenix Real Estate Securities
2001 Ed. (3446)
2008 Ed. (3762)
Phoenix Realty Advisors
1996 Ed. (2921, 3168)
1997 Ed. (3270)
1999 Ed. (3095)
Phoenix Realty Group
1998 Ed. (2280, 3015)
Phoenix Relocation Services
2001 Ed. (1882)
Phoenix Resource Cos.
1996 Ed. (205)
Phoenix-Scottsdale, AZ
2007 Ed. (3001, 4230)
Phoenix Seminary
2008 Ed. (1056)
2010 Ed. (998)
2011 Ed. (943)
2012 Ed. (859)
Phoenix Seneca Bond
2000 Ed. (3254)
Phoenix-Seneca Real Estate
2003 Ed. (3117)
Phoenix Sky Harbor Airport
2009 Ed. (4960)
Phoenix Sky Harbor International
1989 Ed. (245)
2000 Ed. (271)
Phoenix Sky Harbor International Airport
2008 Ed. (236)
Phoenix Stock
1990 Ed. (2390)
Phoenix Suns
1998 Ed. (439)
2000 Ed. (704)

2001 Ed. (4345)
2004 Ed. (657)
2005 Ed. (646)
2006 Ed. (548)
2007 Ed. (579)
2008 Ed. (530)
2009 Ed. (565)
2010 Ed. (548)
2011 Ed. (476)
2012 Ed. (433)
2013 Ed. (546)
Phoenix Systems Inc.
2001 Ed. (3424)
Phoenix Tax-Exempt Bond
1994 Ed. (2622)
Phoenix Tech Income Fund
2009 Ed. (1477)
Phoenix Technologies Ltd.
1991 Ed. (2837, 2838)
1993 Ed. (2998)
1996 Ed. (2056, 3446)
2011 Ed. (1032)
2012 Ed. (988)
Phoenix Technologies LP
2001 Ed. (3819)
Phoenix Technology Income Fund
2007 Ed. (1569)
2011 Ed. (1463, 3907)
Phoenix Textile Corp.
2006 Ed. (3523, 4362)
2007 Ed. (3572, 3573, 4430)
2008 Ed. (1356, 3718, 4409, 4969)
Phoenix Total Return
1992 Ed. (3162)
1993 Ed. (2662)
Phoenix-Tucson, AZ
1990 Ed. (1950)
2002 Ed. (4317)
Phoenix UK Fund
2003 Ed. (3145)
Phoenix; University of
2009 Ed. (799, 804, 1063, 1064)
2010 Ed. (738, 1031, 1032, 3767)
2011 Ed. (650, 962, 963)
2012 Ed. (633, 1524, 1528, 1538)
2013 Ed. (1673, 1976)
Phoenix U.S. Government A
1997 Ed. (2880)
Phoenix Valley (AZ) Arizona Penny-saver
2003 Ed. (3646)
Phoenix Virginia Health Care System PLLC
2011 Ed. (1471)
2012 Ed. (1311)
2013 Ed. (1411)
Phoenix,AZ
2000 Ed. (4288)
Phonak Holding AG
2007 Ed. (2005)
2008 Ed. (574, 2097, 2908)
Phondy Enterprises Co., Ltd.
1992 Ed. (1703)
Phone Base Systems Inc.
1994 Ed. (3485)
Phone companies
1990 Ed. (2188)
Phone Marketing America, Inc.
1991 Ed. (3282)
Phone Power
2013 Ed. (4644)
Phone.com
2014 Ed. (4657)
Phone.com, Inc.
2001 Ed. (4191)
Phonemate
2000 Ed. (4202)
Phones 4U Arena
2015 Ed. (1138)
2016 Ed. (1050)
Phonetel Technologies
1995 Ed. (3560)
2000 Ed. (292)
Phonetime Inc.
2005 Ed. (2829, 2831)
2013 Ed. (4615)
Phonetime International Inc.
2004 Ed. (2780)
Phono records, audio tapes, & CDs
1998 Ed. (29)
PhosAgro
2014 Ed. (907)
Phosphate esters
2000 Ed. (3016)
Phosphate Research Partners
2001 Ed. (1208)
Phosphate Resource
2000 Ed. (1914)
Phosphate Resources
2002 Ed. (3780)

Phosphoric acid
1990 Ed. (944)
1991 Ed. (906)
1992 Ed. (1104)
1993 Ed. (899, 904)
1994 Ed. (913)
1995 Ed. (955)
1996 Ed. (924, 953)
1997 Ed. (956)
Photel Communications Inc.
2008 Ed. (1790)
2009 Ed. (1734)
Photo
1990 Ed. (721)
Photo Album, Adhesive, 100- Page
1990 Ed. (3040)
Photo albums
2001 Ed. (3569)
Photo, imaging ID
1998 Ed. (3205)
Photo Max Film Supplies Co.
1999 Ed. (3420)
Photo, Medical & Optical Instruments
1990 Ed. (1255, 1268, 1269)
Photobin
2016 Ed. (1116)
Photobucket
2010 Ed. (3368)
PhotoChannel Networks Inc.
2003 Ed. (1498)
2008 Ed. (2942)
Photochemicals
2001 Ed. (1186)
Photocircuits
1990 Ed. (2902)
1991 Ed. (2764)
2000 Ed. (2461)
Photocopiers
1993 Ed. (1725)
Photocoping
1990 Ed. (2775)
PhotoDisc
1999 Ed. (1184, 4321)
Photo/electronics stores
1993 Ed. (675)
Photo/film processing
2003 Ed. (4643)
Photofinishing
2005 Ed. (3833)
Photographic equipment
2008 Ed. (2646)
Photographic materials
2003 Ed. (4421)
2004 Ed. (4424)
2005 Ed. (4372)
2006 Ed. (4320)
2007 Ed. (4385)
Photographic process worker
1989 Ed. (2087)
Photographic & scientific equipment
manufacturing
2002 Ed. (2222, 2225)
Photography
1990 Ed. (2775)
1996 Ed. (2122)
1999 Ed. (4315)
2002 Ed. (4282)
Photography supplies
2004 Ed. (4190)
PhotoMedex Inc.
2009 Ed. (3017)
Photon Dynamics Inc.
2006 Ed. (1580)
Photon Machines
2013 Ed. (2594)
Photonic Integration Research Inc.
2005 Ed. (1532)
Photonics
2005 Ed. (4815)
Photonics Spectra
2009 Ed. (4754)
2010 Ed. (4762)
2011 Ed. (4716)
2012 Ed. (4737)
Photonworks Engineering
2016 Ed. (4421)
Photoplex
1992 Ed. (4161)
1993 Ed. (3482)
1996 Ed. (3605)
Photoreceptors
1992 Ed. (3287)
Photoresist adjunts
2001 Ed. (1207)
Photoresists
2001 Ed. (1207)
Photoresists and adjuncts
2001 Ed. (1206)
Photoship

1997 Ed. (1104)
Phototype Cincinnati
2009 Ed. (4108)
Photovoltech
2009 Ed. (1512, 2475)
Photowatt
2006 Ed. (4416)
PHP
1997 Ed. (2185, 2193, 2196)
PHP Healthcare
1997 Ed. (2934)
PHP Hither
2000 Ed. (3330)
PHS Health Plans
2002 Ed. (2464)
Phu Nhuan Jewelry
2012 Ed. (4365)
2013 Ed. (4297)
Phua Young
1993 Ed. (1837)
1994 Ed. (1817)
1995 Ed. (1859)
1996 Ed. (1836)
1998 Ed. (1653)
1999 Ed. (2242)
2000 Ed. (2024)
Phunware
2015 Ed. (1095)
2016 Ed. (1004, 2911)
PhyAmerica Physician Services
2003 Ed. (2797)
Phycor Inc.
1994 Ed. (2016, 2019, 3324)
1995 Ed. (2069)
2000 Ed. (3544)
2003 Ed. (1521)
Phyllis H. Arnold
1994 Ed. (3666)
Phyllis Klein & Associates
2003 Ed. (3984)
Phyllis M. Taylor
2007 Ed. (4907)
2008 Ed. (4836)
2009 Ed. (4856)
Phyllis Wattis
1999 Ed. (1072)
Phylogy
2012 Ed. (4673)
Physical
1992 Ed. (4488)
Physical agents
2005 Ed. (3619)
Physical & Corrective Therapy Assistants & Aides
1989 Ed. (2076)
2000 Ed. (3363)
Physical disabilities
1994 Ed. (3674)
Physical exams
1989 Ed. (2183)
Physical fitness exercise
1997 Ed. (2231)
Physical, occupational, & speech therapists
2007 Ed. (3718)
Physical sciences
2002 Ed. (3963, 3975, 3976, 3977)
Physical therapist
2011 Ed. (3781, 3783)
Physical therapist aides
2005 Ed. (3630)
Physical therapist assistant
2011 Ed. (3781)
Physical therapist assistants
2005 Ed. (3630)
2007 Ed. (3724)
Physical therapists
1989 Ed. (2076)
1992 Ed. (3282)
1997 Ed. (1721)
2005 Ed. (3626)
2007 Ed. (3727)
2009 Ed. (3862)
Physical therapy
2001 Ed. (2766, 3556, 3598)
2002 Ed. (3525)
2003 Ed. (2691)
Physical-therapy assistants
1997 Ed. (1721)
Physical Therapy Provider Network Inc.
1990 Ed. (2897)
Physical Therapy Services
1993 Ed. (2068, 2070)
Physical therapy/rehabilitation
2001 Ed. (2761)
Physician assistant
2007 Ed. (3731)
2011 Ed. (960, 3781, 3783)
Physician assistants

2001 Ed. (3564)
2005 Ed. (3630)
2007 Ed. (3724)
Physician Corp. America
1997 Ed. (2184)
Physician Corp. of America
1998 Ed. (1905)
Physician executive
1989 Ed. (2972)
Physician groups
1996 Ed. (2082)
Physician Micro Systems
2007 Ed. (2779)
Physician offices
1994 Ed. (3327, 3329)
Physician organizations
2003 Ed. (3472)
Physician Sales & Service
2000 Ed. (3846)
Physician Sales & Services
2001 Ed. (4153)
Physicians
1991 Ed. (1000, 2629, 2630)
1994 Ed. (2028, 2029)
2005 Ed. (3626)
2007 Ed. (3717)
2009 Ed. (3854, 3862)
Physicians and surgeons
2002 Ed. (4884)
2006 Ed. (3734)
2007 Ed. (3721, 3727)
Physicians, clinic-based
1994 Ed. (1041)
Physician's Computer Co.
1993 Ed. (3113)
2008 Ed. (2152)
Physicians Corp. of America
1999 Ed. (2454)
Physicians Formula
1997 Ed. (1531)
1999 Ed. (1759, 2114)
2000 Ed. (1589, 1903)
2001 Ed. (2384)
2008 Ed. (2180, 2181)
Physicians Health Plan Inc.
1999 Ed. (2649, 2650)
Physicians Health Plan of North Carolina
1994 Ed. (2035, 2037)
1995 Ed. (2086, 2087, 2088, 2089)
Physicians Health Services
2000 Ed. (2426, 2438)
2001 Ed. (2688)
Physicians Health Services of NJ Inc.
2000 Ed. (2432)
Physicians Healthcare Plans Inc.
1996 Ed. (1921)
1997 Ed. (2215, 3495)
1998 Ed. (2514, 3289)
1999 Ed. (2655, 3422, 4284)
2000 Ed. (3147, 4005)
2001 Ed. (2714)
2002 Ed. (2561, 3375)
2003 Ed. (2746)
2004 Ed. (2830)
Physician's Money Digest
2007 Ed. (4798)
Physicians Mutual
1993 Ed. (2197, 2198)
1996 Ed. (2300)
1998 Ed. (2151)
1999 Ed. (2930)
Physicians Mutual Insurance
2000 Ed. (2676, 2678)
2001 Ed. (2932)
2002 Ed. (2889)
2007 Ed. (3123)
2009 Ed. (3283)
Physicians' office
2009 Ed. (3820)
Physicians, office-based
1994 Ed. (1041)
Physicians' Pharmaceutical
2012 Ed. (2800)
Physicians Practice
2007 Ed. (4798)
Physicians Realty Trust
2016 Ed. (2161)
Physicians' Reciprocal Insurers
2004 Ed. (3135)
2005 Ed. (3143)
2009 Ed. (3384)
2010 Ed. (3320)
2011 Ed. (3278)
2013 Ed. (3327, 3328)
2014 Ed. (3343, 3345)
2015 Ed. (3377)
2016 Ed. (3246, 3247)
Physicians Resource Group Inc.
1997 Ed. (1240)

1998 Ed. (1023)
Physicians' services
1999 Ed. (3666)
Physicians' Travel & Meeting Guide
1990 Ed. (3626)
Physician/Supplier/Vision services
2001 Ed. (3271)
Physicist
1989 Ed. (2094)
Physicists and astronomers
1990 Ed. (2729)
Physics
2011 Ed. (960)
The Physio Co.
2014 Ed. (1388)
2015 Ed. (1452)
Phytopharm plc
2002 Ed. (2493)
PI Design Consultants
1995 Ed. (2228)
1996 Ed. (2233)
1999 Ed. (2841)
PIA Corporation
1992 Ed. (69)
PIA OCM Gold Fund
2006 Ed. (3660)
Piaggio; Rinaldo
1994 Ed. (188)
The Pianist
2005 Ed. (3518)
Piano Gallery
2013 Ed. (3802)
Piano Mart
1994 Ed. (2593)
Piano & Organ Distributors
2013 Ed. (3801)
Piano Superstore
2000 Ed. (3219)
Piano tuner
1989 Ed. (2086)
Pianos
1992 Ed. (3145)
Pianos, acoustic
1994 Ed. (2591)
Piano's Maene NV
2015 Ed. (3737)
Piasecki
1991 Ed. (1899)
Piave
2001 Ed. (4573)
Piazza; Mike
2005 Ed. (267)
PIBH
2009 Ed. (2000)
2011 Ed. (1991)
PIC
2003 Ed. (2952, 2953)
2012 Ed. (773)
2013 Ed. (946)
2014 Ed. (899)
Pic 9N' Save
1990 Ed. (1517, 1525, 1526)
PIC Improvement Co.
2003 Ed. (3233)
PIC Institute Small Capital
1997 Ed. (2864)
PIC International Group plc
2001 Ed. (283)
Pic 'n' Save
1992 Ed. (1078, 1845, 1851, 1858)
1994 Ed. (1568, 1572)
1995 Ed. (1610)
1996 Ed. (1588)
Pic 'N Save (National Merchandise)
1991 Ed. (1458)
PIC Small Capital Growth
1997 Ed. (2895)
Picadilly Cafeterias
2000 Ed. (3779)
Picador
2003 Ed. (730)
2004 Ed. (752)
2005 Ed. (733)
2009 Ed. (649)
Picaduros
1994 Ed. (961)
Picanol
2000 Ed. (3001, 3002, 3031)
Picard; Dennis
1995 Ed. (979)
1996 Ed. (963)
Picard; Irving
2013 Ed. (735)
Picard Surgeles SA
2006 Ed. (1430)
Picarro Inc.
2010 Ed. (4186)
Picasso's Pizza
1996 Ed. (3045)

Picasso's Pizza Express
1994 Ed. (2884)
1996 Ed. (3045)
Picatinny Credit Union
2002 Ed. (1880)
2003 Ed. (1934)
2004 Ed. (1974)
2005 Ed. (2116)
2006 Ed. (2211)
2007 Ed. (2132)
2008 Ed. (2247)
2011 Ed. (2205)
2012 Ed. (2066)
2013 Ed. (2248)
2014 Ed. (2180)
2015 Ed. (2244)
Picaval Pichincha
2007 Ed. (757)
2008 Ed. (736)
2010 Ed. (676)
PICC
2013 Ed. (3274)
2015 Ed. (3347)
2016 Ed. (3129)
PICC Property and Casualty Co., Ltd.
2013 Ed. (823)
PICC Property & Casualty
2006 Ed. (1643)
2007 Ed. (1658)
2014 Ed. (3280)
2015 Ed. (3330)
2016 Ed. (3185)
PICC Property & Casualty Co., Ltd.
2013 Ed. (3346)
Piccadilly
1990 Ed. (3017)
1999 Ed. (4062)
Piccadilly Cafeteria
2006 Ed. (4114)
2007 Ed. (4141)
2008 Ed. (4167, 4168)
2009 Ed. (4275)
2011 Ed. (4222)
Piccadilly Cafeterias
1990 Ed. (3005)
1991 Ed. (2871, 2880)
1992 Ed. (3711, 3716)
1993 Ed. (3019, 3032)
1994 Ed. (3073, 3091)
1995 Ed. (3118)
1996 Ed. (3214, 3233)
1997 Ed. (3315, 3326, 3336)
2001 Ed. (4062, 4070)
2002 Ed. (4000, 4010)
2003 Ed. (4095)
2004 Ed. (4126)
Piccadilly Circus
2002 Ed. (3714)
Piccadilly Circus Pizza
1997 Ed. (3128)
1998 Ed. (2867)
1999 Ed. (3836)
2000 Ed. (3551)
2004 Ed. (1377)
Piccadilly Radio
1990 Ed. (3464)
Picchi; Bernard
1989 Ed. (1416, 1417, 1418)
1991 Ed. (1697)
1995 Ed. (1836)
1996 Ed. (1813)
Picerne Investment Corp.
1997 Ed. (1122)
Picerne Properties
1991 Ed. (1054)
1993 Ed. (1090)
Picerne Real Estate Group
1999 Ed. (1312)
2000 Ed. (1194)
2002 Ed. (2655)
2003 Ed. (286)
2004 Ed. (254)
2006 Ed. (1198)
Pichincha
2000 Ed. (513, 514, 517)
2006 Ed. (4498)
Picholi
2013 Ed. (3809)
2015 Ed. (3757)
2016 Ed. (3665)
Picis Inc.
2006 Ed. (2757)
Pick 10
1996 Ed. (2554)
Pick 'n Pay
1991 Ed. (47)
1992 Ed. (77)
1993 Ed. (50)
1994 Ed. (43)
2001 Ed. (79)

2007 Ed. (1976)
2009 Ed. (4315)
2010 Ed. (4295)
Pick 'n Pay Holdings
2004 Ed. (84)
2005 Ed. (79)
2006 Ed. (88)
2007 Ed. (78)
2008 Ed. (84)
2009 Ed. (93)
2010 Ed. (101)
Pick N Pay Ltd
1990 Ed. (47)
Pick n Pay Stores Ltd.
2013 Ed. (4340)
2014 Ed. (4391)
2016 Ed. (4276)
Pick 'N Save Warehouse Foods Inc.
2003 Ed. (1854)
2004 Ed. (1890)
2005 Ed. (2016)
2006 Ed. (2119)
Pick N' Save/National Merchandise
1996 Ed. (994)
Pick & Pay
1989 Ed. (50)
Pick Szeged
1997 Ed. (825, 826)
1999 Ed. (947)
Pick Up Stix
2002 Ed. (4008)
2004 Ed. (4125)
2005 Ed. (4051)
2006 Ed. (4113)
2007 Ed. (4140)
2008 Ed. (2679, 4166)
2009 Ed. (2703)
2011 Ed. (2605)
Pickard Family Trusts
1994 Ed. (1058, 1900)
Pickens Foundation; T. Boone
2011 Ed. (2754)
Pickens, Jr.; T. Boone
1991 Ed. (925)
Pickens Roofing Inc.
2004 Ed. (1856)
Pickens; T. Boone
2009 Ed. (2715, 4847)
2011 Ed. (628, 4825)
Picker
1993 Ed. (2530)
Picker Imaging CT System
2001 Ed. (3270)
Picker International
1990 Ed. (2534)
1991 Ed. (2407)
1992 Ed. (3009)
1994 Ed. (2161, 2466)
2000 Ed. (3078)
2001 Ed. (3269)
Pickering Creek Industrial Park
1991 Ed. (2024)
1992 Ed. (2598)
1994 Ed. (2190)
Pickering Energy Partners
2008 Ed. (3384, 3391)
Pickering Firm Inc.
2012 Ed. (202, 207, 211)
Pickering Inc.
1990 Ed. (3334)
1991 Ed. (3169, 3172)
1992 Ed. (4053)
1993 Ed. (3373)
2008 Ed. (2527)
2009 Ed. (2539)
2010 Ed. (2448, 2457)
2011 Ed. (2457, 2466)
Pickerman's Soup & Sandwich Shop
2002 Ed. (4089)
2003 Ed. (4219)
2004 Ed. (4240)
Pickett Suite Hotels
1990 Ed. (2078)
1991 Ed. (1944)
Pickled Sausage
1998 Ed. (3323)
Pickles
2001 Ed. (1385)
Pickles, dill
2002 Ed. (3709)
2003 Ed. (3875)
Pickles, sweet
2002 Ed. (3709)
2003 Ed. (3875)
Pickup; Nissan
2005 Ed. (304)
2013 Ed. (4771)
Pickup; Ram
2013 Ed. (4770, 4771, 4772)
Pickup; Toyota

2010 Ed. (325)
Picnic
2008 Ed. (674)
Pic'N'Save
1993 Ed. (1520, 1526)
Pico Rivera Redevelopment Agency, CA
1991 Ed. (1478)
picoChip
2009 Ed. (4675)
2010 Ed. (2957)
Picone; John P.
1993 Ed. (1152)
picoSpin LLC
2014 Ed. (4231)
Picoult; Myron
1993 Ed. (1807)
1994 Ed. (1790)
1995 Ed. (1829)
Picower Institute for Medical Research
1994 Ed. (890)
Picower; Jeffry M. and Barbara
1994 Ed. (890)
PICS Telecom Corp.
2008 Ed. (4930)
PicScout
2011 Ed. (2911)
Picsel Technologies Ltd.
2009 Ed. (3025)
Pictet & Cie.
2001 Ed. (652)
2005 Ed. (3213)
Pictet Et Cie
1990 Ed. (820)
Pictet International
1996 Ed. (2404)
Pictet International Small Companies
2003 Ed. (3613)
2004 Ed. (3643)
Pictet International Small Companies
Fund
2003 Ed. (3529)
Pictet; Marion MacMillan
2010 Ed. (4854)
2011 Ed. (4819)
2012 Ed. (4841)
2013 Ed. (4839)
Pictionary
1990 Ed. (3620)
1991 Ed. (1784)
Pictometry International Corp.
2013 Ed. (1947)
Pictometry International Inc.
2008 Ed. (1981, 1983, 2953)
2009 Ed. (1938, 3013)
Pictorial Offset
1998 Ed. (2924)
2002 Ed. (3767)
Pictorial Offset Corp.
2014 Ed. (4988)
Pictorial Offset Corporation
2000 Ed. (3614)
Pictsweet
2015 Ed. (2836, 2837)
The Pictsweet Co.
2011 Ed. (2770)
2012 Ed. (2699)
2014 Ed. (2783)
2015 Ed. (2829)
Pictsweet Deluxe Steamables
2015 Ed. (2836)
Pictura Graphics
2010 Ed. (4043)
Picture frames
2005 Ed. (2961)
Picturedrome
2001 Ed. (3390)
Picturetel
1997 Ed. (2208, 3646)
2000 Ed. (1747)
PID Analyzers
2015 Ed. (4234)
Pie, apple
1995 Ed. (1557)
1998 Ed. (1266)
Pie, chocolate
1998 Ed. (1266)
Pie, cream
1998 Ed. (1266)
Pie crust
1990 Ed. (1954)
Pie, ice cream
1995 Ed. (1557)
PIE Mutual Insurance Co.
1994 Ed. (2269)
1995 Ed. (2317)
1996 Ed. (2329)
1998 Ed. (2196)
1999 Ed. (2963)
Pie & pastry filling

2002 Ed. (2371)
2003 Ed. (2576)
Pie & pastry shells
2002 Ed. (431)
Piece
2007 Ed. (3965)
Piecyk; Walter
2011 Ed. (3376)
Pied Piper Inc.
1994 Ed. (2595)
Pied Piper Music
1993 Ed. (2645)
Piedmont
1989 Ed. (240)
1990 Ed. (206, 207, 208, 209, 242)
Piedmont Airlines
1989 Ed. (234, 235, 236)
1990 Ed. (213, 223, 238, 3541)
1991 Ed. (3318)
1998 Ed. (817)
1999 Ed. (1252)
Piedmont Airlines Inc.
2016 Ed. (1951)
Piedmont Aviation Credit Union
2002 Ed. (1883)
2003 Ed. (1937)
2004 Ed. (1977)
2005 Ed. (2119)
2006 Ed. (2214)
2007 Ed. (2135)
Piedmont CAD/CAM
1998 Ed. (606)
Piedmont Capital
1996 Ed. (2401)
1997 Ed. (2531)
Piedmont Centre
1996 Ed. (2248)
Piedmont Fayette Hospital
2006 Ed. (2919)
2008 Ed. (3060)
2011 Ed. (3048)
2012 Ed. (2985)
Piedmont Federal Savings & Loan Association
1998 Ed. (3559)
Piedmont Graphics Inc.
2012 Ed. (4039)
2015 Ed. (4068)
Piedmont Hospital
2006 Ed. (2917)
Piedmont Investment Advisors LLC
2009 Ed. (199)
2010 Ed. (177)
2011 Ed. (102)
2012 Ed. (109)
2013 Ed. (82)
2015 Ed. (106)
2016 Ed. (113)
Piedmont Municipal Power Agency
1999 Ed. (1943)
Piedmont Municipal Power Agency, SC
1993 Ed. (1548)
2000 Ed. (1727)
Piedmont Natural Gas Co.
1991 Ed. (2575)
1992 Ed. (3214)
1993 Ed. (2702)
1994 Ed. (2653)
1995 Ed. (2755, 2795)
1996 Ed. (2822)
1997 Ed. (2926)
1998 Ed. (2664)
1999 Ed. (3593)
2005 Ed. (2728, 3587, 3769)
2006 Ed. (2691)
2007 Ed. (2681, 2682)
2008 Ed. (2419, 2809)
2010 Ed. (2332, 2804)
Piedmont Realty Advisors
1991 Ed. (2239)
Piedmont Triad Partnership
2007 Ed. (3373)
2008 Ed. (3472)
2009 Ed. (3555)
Piel de Otono
2007 Ed. (2847)
Piel; Susan
2014 Ed. (3467)
Piemonte Ford
1989 Ed. (285)
Piemonte Ford; Al
1990 Ed. (342)
Piemonte Ford Sales, Inc.; Al
1991 Ed. (278)
Pien; Howard
2006 Ed. (2517)
Pieper; Michael
2014 Ed. (4922)
2015 Ed. (4962)
Pier

1989 Ed. (39, 2518)
Pier 1 Imports
2015 Ed. (3075)
Pier 1 Imports Inc.
1990 Ed. (2038, 2104)
1991 Ed. (1959)
1992 Ed. (1477, 2253)
1994 Ed. (1937, 1938)
1995 Ed. (1963, 1967)
1996 Ed. (1992)
1997 Ed. (2109)
1998 Ed. (1781, 1784, 1796)
1999 Ed. (2555, 2561, 2564, 2702)
2000 Ed. (2296, 2297, 2301, 2302,
2303, 2304)
2001 Ed. (2736, 2743, 2744, 2751)
2002 Ed. (222, 2386)
2003 Ed. (2597, 2774, 4499, 4503,
4504, 4671)
2004 Ed. (2117, 2120, 2125, 2712,
2883, 2884, 4651)
2005 Ed. (2222, 2704, 2873, 2874,
4127, 4589)
2006 Ed. (2680, 2879, 2880, 2888,
2889, 4440, 4441, 4654)
2007 Ed. (2669, 2873, 2881, 2882,
2984, 4497, 4498, 4499, 4675)
2008 Ed. (2800, 2994, 3001, 3002,
3104, 4475, 4585)
2009 Ed. (3079, 3085, 3086, 3199,
4508, 4630)
2010 Ed. (3011, 3017, 3122, 4658)
2011 Ed. (2980, 2986)
2012 Ed. (2909, 2910)
2013 Ed. (2792, 2793, 2996, 2997)
2014 Ed. (2823, 2827, 2828, 3003,
3004)
2015 Ed. (2863, 2866, 2868, 2869,
3072, 3073)
2016 Ed. (2060, 2800, 2801, 2962)
Pier 1 Imports (U.S.) Inc.
2004 Ed. (2884)
2005 Ed. (2873, 2874)
2006 Ed. (2879, 2880)
2013 Ed. (2996)
2014 Ed. (3003)
2015 Ed. (3072)
2016 Ed. (2962)
Pier 1 Licensing Inc.
2006 Ed. (2879)
2012 Ed. (2909)
2013 Ed. (2996)
2014 Ed. (3003)
2015 Ed. (3072, 3073)
2016 Ed. (2962, 2963)
Pier 39
1990 Ed. (264, 3325)
1991 Ed. (3156)
1992 Ed. (4026)
Pier House
1990 Ed. (2064)
Pier One
1990 Ed. (1866)
Pierce
2008 Ed. (3595, 3598)
2013 Ed. (3624)
2016 Ed. (1751)
Pierce Associates
2009 Ed. (1224, 1335)
2010 Ed. (1290, 1314)
2011 Ed. (1245, 1313)
2012 Ed. (3993)
2013 Ed. (4058)
Pierce Atwood
2001 Ed. (828)
Pierce Atwood LLP
2010 Ed. (1790)
2014 Ed. (3440)
Pierce County, WA
2008 Ed. (2831, 3478)
Pierce Homes of Carolina
2003 Ed. (1168)
2004 Ed. (1176)
2005 Ed. (1203)
Pierce, Kennedy, Hearth Group Inc.
1992 Ed. (1673)
Pierce Law Center; Franklin
1997 Ed. (2606)
Pierce Manufacturing Inc.
2013 Ed. (2192)
2014 Ed. (2123)
Pierce National Life
1998 Ed. (2165)
2000 Ed. (2689)
Pierce-Phelps Inc.
1999 Ed. (4815)
Pierce Rolf Corp.
2002 Ed. (2686)
Pierce/Morgeson/Plattner
2003 Ed. (659)

Piercey Toyota
1993 Ed. (287, 298)
Piercing Pagoda, Inc.
2001 Ed. (4101)
Pierer; Heinrich von
2006 Ed. (691)
Pieris & Co. Ltd.; Richard
1996 Ed. (1052)
Piero Solari Donaggio
2014 Ed. (4876)
Pierpont Communications
1999 Ed. (3942)
2000 Ed. (3657)
2002 Ed. (3820)
2003 Ed. (3996, 4003)
2011 Ed. (4127)
2012 Ed. (4157)
2013 Ed. (4148)
2014 Ed. (4165)
2015 Ed. (4146)
2016 Ed. (4060)
Pierpont Equity
1996 Ed. (613)
Pierpont International Equity
1996 Ed. (616)
Pierpont International Fund
1996 Ed. (620)
Pierre
1990 Ed. (2098)
Pierre Beaudoin
2012 Ed. (801)
Pierre Bellon
2008 Ed. (4866)
2010 Ed. (4888)
2011 Ed. (4877)
2012 Ed. (4886)
2013 Ed. (4870)
2014 Ed. (4884)
Pierre Bergeron
1998 Ed. (1571)
1999 Ed. (2154)
Pierre Big AZ
2016 Ed. (2754)
Pierre Brondeau
2013 Ed. (2636)
Pierre Cardin
1991 Ed. (1653, 2298)
Pierre Castel
2015 Ed. (4923)
2016 Ed. (4839)
Pierre Chao
1998 Ed. (1624)
1999 Ed. (2208)
2000 Ed. (1980)
Pierre Choquette
2004 Ed. (971, 1667)
Pierre Foods Inc.
2008 Ed. (2776, 2783)
2009 Ed. (2841)
2010 Ed. (2782)
2011 Ed. (2771)
The Pierre Hotel
1992 Ed. (2481)
1999 Ed. (2761, 2798)
Pierre Karl Peladeau
2012 Ed. (802)
Pierre Landscape
2016 Ed. (3330)
Pierre M. Omidyar
2005 Ed. (4856, 4859)
2006 Ed. (4896, 4912)
Pierre Omidyar
2002 Ed. (3355, 4787)
2003 Ed. (4886, 4888)
2004 Ed. (3891, 4870, 4873)
2007 Ed. (4891)
2008 Ed. (4834)
2009 Ed. (4854)
2010 Ed. (4859)
2011 Ed. (4845)
Pierre & Pam Omidyar
2011 Ed. (775)
2012 Ed. (719)
Pierre Sprinkler & Landscape
2015 Ed. (3479)
Pierre-Yves Rochon
2009 Ed. (3421)
2010 Ed. (3359)
Pierson Grant
2012 Ed. (4150)
Pierson, Heldring & Pierson
1989 Ed. (818)
1990 Ed. (818)
1991 Ed. (782)
Pies
1998 Ed. (257)
2002 Ed. (425)
2003 Ed. (367, 369, 2557)
Pies and cakes
1992 Ed. (3548)

1994 Ed. (2937)
Pies (pkg.)
2000 Ed. (4143)
Pietrafesa Co. Inc.; Joseph J.
1992 Ed. (2973)
Pietrantoni Mendez
2001 Ed. (906)
Pietro's Corp.
1989 Ed. (2234)
1994 Ed. (2884)
Pietro's Pizza
1996 Ed. (3045)
1997 Ed. (3126)
Pifco
2007 Ed. (706)
2008 Ed. (678)
Pig Improvement Co.
2001 Ed. (3152)
Pig of cast iron scrap
1992 Ed. (2076)
Pigeon
2016 Ed. (3755)
Piggins and Rix Ltd.
1990 Ed. (1413)
Piggly Wiggly Alabama Distributing Co.
2006 Ed. (1535)
2011 Ed. (1459)
2012 Ed. (1299)
2013 Ed. (1404)
Piggly Wiggly Carolina
1991 Ed. (971)
1992 Ed. (1205)
1993 Ed. (3491)
1994 Ed. (2003)
1995 Ed. (2054)
1996 Ed. (2050, 2053)
1998 Ed. (1873)
2000 Ed. (2386, 2388)
Piggly Wiggly Holdings LLC
2012 Ed. (4103)
2014 Ed. (1984)
Pigments
2001 Ed. (391, 1296)
2006 Ed. (275)
2007 Ed. (280)
Pigott; M. C.
2005 Ed. (2484)
Pigott; Mark
2007 Ed. (991)
2011 Ed. (819)
Pigott; Mark C.
2005 Ed. (973)
2006 Ed. (901, 930)
2007 Ed. (1021)
2008 Ed. (942)
2011 Ed. (826)
Pigtails & Crewcuts
2010 Ed. (2874)
2011 Ed. (2854)
2012 Ed. (2785)
PiiComm Inc.
2015 Ed. (2915, 3244)
Pike Brewing Co.
1998 Ed. (2487)
The Pike Co.
2008 Ed. (1192, 1982)
Pike Corp.
2016 Ed. (1161)
The Pike Cos.
2016 Ed. (1886)
Pike County, KY
1998 Ed. (783, 2319)
Pike Electric Corp.
2005 Ed. (3927)
2006 Ed. (4001)
2007 Ed. (4036)
2008 Ed. (4064)
2009 Ed. (4183)
2010 Ed. (4117)
2011 Ed. (4081)
2012 Ed. (4116)
2013 Ed. (1273)
2014 Ed. (1206)
Pike Nurseries
2013 Ed. (2797)
2014 Ed. (2833)
2015 Ed. (2873)
Pikes Peak Community College
2002 Ed. (1104)
Pikeville Medical Center
2008 Ed. (1879)
2009 Ed. (1834)
2012 Ed. (2794)
2013 Ed. (2861)
2014 Ed. (2892)
2015 Ed. (2935)
Pikewerks
2012 Ed. (4446)
Pilani Soft Labs Pvt. Ltd.
2012 Ed. (2844)

2013 Ed. (2907)
Pilar Short-Term Investment A
1996 Ed. (2793)
Pilgrim America Bank & Thrift
2000 Ed. (3289)
Pilgrim America Bank & Thrift A
1999 Ed. (3578)
Pilgrim America High Yield A
1999 Ed. (753)
Pilgrim American Bank & Thrift A
1999 Ed. (3522)
Pilgrim Baxter & Associates
1999 Ed. (3110)
2000 Ed. (2860)
Pilgrim Capital
2001 Ed. (1577)
Pilgrim Convertible
2002 Ed. (725, 726)
2003 Ed. (690, 692)
Pilgrim Corp. Utilities
1995 Ed. (2719)
Pilgrim Films & Television
2011 Ed. (2618, 4671)
2012 Ed. (2559, 4685)
Pilgrim Financial Services
2003 Ed. (3522)
Pilgrim Global Communications
2003 Ed. (2360)
Pilgrim GNMA Income
2003 Ed. (691)
Pilgrim Health and Life
1989 Ed. (1690)
Pilgrim Health Care
1995 Ed. (2091)
Pilgrim Health & Life Insurance Co.
1990 Ed. (2275)
1991 Ed. (2106, 2144)
1992 Ed. (2707)
1993 Ed. (2224)
Pilgrim International Growth
2003 Ed. (3610)
Pilgrim International Small Cap Growth
2002 Ed. (3476)
2003 Ed. (3610)
Pilgrim International Value
2003 Ed. (3610)
Pilgrim Large Cap Growth
2001 Ed. (3438)
Pilgrim Life Insurance Co.
1995 Ed. (2308)
Pilgrim Management
1993 Ed. (2340, 2343)
Pilgrim Preferred
1991 Ed. (2570)
Pilgrim Prime Rate
2000 Ed. (759)
Pilgrim Russia
2003 Ed. (2359)
Pilgrim Software, Inc.
2002 Ed. (2491)
2003 Ed. (2732)
Pilgrims Fund Board
2005 Ed. (3229)
Pilgrim's Pride Corp.
1990 Ed. (1328, 2527, 2890, 2891)
1991 Ed. (1213)
1992 Ed. (2181, 2989, 2990, 2994,
3506, 3507, 3509, 3511)
1993 Ed. (2519, 2522, 2523, 2889,
2891, 2892)
1994 Ed. (2456, 2906, 2908)
1995 Ed. (1899, 2524, 2526, 2962,
2965, 2967)
1996 Ed. (2591, 3063, 3064)
1997 Ed. (3143)
1998 Ed. (2896)
1999 Ed. (3321, 3865)
2000 Ed. (3059, 3581)
2002 Ed. (2369)
2003 Ed. (2508, 3340, 3341)
2004 Ed. (2639, 2645, 3400, 3401,
3408)
2005 Ed. (2630, 2634, 2636, 3413,
3414)
2006 Ed. (1497, 2626, 2631, 2634,
3430, 3431)
2007 Ed. (2596, 2603, 2608, 2611,
4034)
2008 Ed. (2737, 2784, 3610, 3613,
3616, 3617, 3618)
2009 Ed. (2792, 2795, 2842, 3677,
3680, 3682, 3684, 3686)
2010 Ed. (2722, 2727, 2783, 3592,
3594, 3596, 3599)
2011 Ed. (1456, 1744, 2710, 3594,
3596, 3604)
2012 Ed. (2701, 3493, 3583)
2013 Ed. (1414, 1560, 1561, 3638)
2014 Ed. (1530, 1531, 2776, 2784,
3581)

2015 Ed. (1581, 1582, 1585)
2016 Ed. (1508, 1509, 1510)
Pilgrims Pride Corp.
2013 Ed. (2718)
2014 Ed. (2703)
Pilgrims Worldwide Growth
2000 Ed. (3291)
Piliero; Mark
1993 Ed. (1844)
1997 Ed. (1949)
Pilipinas Shell Petroleum
1989 Ed. (1151)
2001 Ed. (1835)
Pilipino Telephone Corp.
1999 Ed. (3821)
Pilkington
1989 Ed. (959)
1992 Ed. (480, 2972)
1993 Ed. (783, 2499)
1994 Ed. (799, 2437, 2476)
1999 Ed. (3300)
2000 Ed. (4132)
2001 Ed. (1146, 2605)
2004 Ed. (798)
2006 Ed. (684)
Pilkington Deutschland GMBH
2000 Ed. (3037)
Pilkington Holdings (Pilkington)
1995 Ed. (1246)
Pilkington North America Inc.
2003 Ed. (342, 343)
2005 Ed. (325)
2007 Ed. (3411)
2011 Ed. (4564)
2012 Ed. (4577)
2013 Ed. (4523)
Pilkington plc
1989 Ed. (825)
1995 Ed. (850, 2505, 2544)
1996 Ed. (829, 2567)
1997 Ed. (2707)
2000 Ed. (3037)
2001 Ed. (4381)
2002 Ed. (4512)
2006 Ed. (1205)
2007 Ed. (781, 1313, 1459)
2008 Ed. (753)
Pillar Fund Short Investment A
1996 Ed. (621)
Pillar Fund Short Investment B
1996 Ed. (621)
Pillar Hotels & Resorts
2013 Ed. (3085)
2015 Ed. (3149)
2016 Ed. (3005)
Pillar Point Capital Management
1998 Ed. (2290)
Pillar Point Equity Management LLC,
Mid Cap Equities
2003 Ed. (3129)
Pillar Property
2005 Ed. (3946)
2006 Ed. (4015, 4048)
2007 Ed. (4047)
Pillar To Post
2002 Ed. (2056)
2003 Ed. (2120)
2004 Ed. (2163)
2005 Ed. (2261)
2006 Ed. (2319)
2007 Ed. (2250)
Pillar To Post Home Inspectors
2016 Ed. (2979)
Pillar To Post Inspection Services
2008 Ed. (2388)
2009 Ed. (2368)
2010 Ed. (2292)
2011 Ed. (2290)
2012 Ed. (2184)
Pillar to Post Inspection Services
2013 Ed. (3007)
2014 Ed. (3016)
2015 Ed. (3083)
The Pillars of the Earth
2009 Ed. (584)
Pilling
1994 Ed. (3470)
Pillitteri Estates Winery
2014 Ed. (4952)
2015 Ed. (4991)
2016 Ed. (4908)
Pillowtex Corp.
2000 Ed. (1124, 2585)
2001 Ed. (1278, 1279)
2002 Ed. (4615, 4616)
2003 Ed. (1003, 1004, 4730)
2004 Ed. (998, 2868, 2878)
2005 Ed. (1013)
Pillsbury
1989 Ed. (1444, 1450)

1990 Ed. (1236, 1244, 1247, 1250,
1265, 1811, 1947, 2936, 3537)
1991 Ed. (1136, 1143, 1144, 1147,
1169, 2470, 3331)
1992 Ed. (1439, 1494, 3221)
1993 Ed. (1207)
1994 Ed. (1868)
1995 Ed. (696, 1254)
1996 Ed. (1936)
1997 Ed. (2031)
1998 Ed. (253, 256, 1534, 2928,
3325, 3435)
2000 Ed. (3131)
2001 Ed. (2475, 2477, 2478, 2480)
2003 Ed. (862, 863, 865, 2038, 2094,
2524, 2556, 2562, 2572, 2637,
2880, 4487, 4826)
2007 Ed. (679)
2014 Ed. (2781, 3770)
Pillsbury Best
2015 Ed. (2745)
2016 Ed. (2675)
Pillsbury Classic Cookbooks
1994 Ed. (2789)
2000 Ed. (3473)
Pillsbury Com.
1990 Ed. (252)
Pillsbury Co. Restaurant Group
1990 Ed. (1836)
Pillsbury Madison & Sutro
1990 Ed. (2412, 2426)
1991 Ed. (2277, 2292)
1992 Ed. (2838, 2845)
1993 Ed. (2390, 2399, 2404)
1994 Ed. (2351)
1995 Ed. (2418)
1996 Ed. (2450, 2454)
1997 Ed. (2598)
1998 Ed. (2330)
Pillsbury UK
2001 Ed. (2836)
Pillsbury USA
2012 Ed. (2702)
2014 Ed. (2764)
Pillsbury Winthrop
2004 Ed. (3232)
2005 Ed. (3261)
2006 Ed. (3248)
Pillsbury Winthrop LLP
2003 Ed. (3190, 3192)
Pillsbury Winthrop Shaw Pittman
2007 Ed. (3309, 3324, 3325)
2012 Ed. (3376)
Pillsbury Winthrop Shaw Pittman LLP
2007 Ed. (1502)
2008 Ed. (3025, 3429)
2009 Ed. (3502)
2012 Ed. (3405)
2016 Ed. (3344)
Pilot Corp.
2000 Ed. (3426)
2003 Ed. (308, 1833)
Pilot Flying J
2012 Ed. (2749, 4104)
2013 Ed. (269, 1326, 2088, 2759)
2014 Ed. (272, 1260, 2022)
2015 Ed. (1316, 2065, 4095)
2016 Ed. (1232, 2032, 2578, 4007)
Pilot Grove Savings Bank
1989 Ed. (209)
Pilot Insurance Co.
1991 Ed. (2131)
2009 Ed. (3295)
2010 Ed. (3222)
2011 Ed. (3185)
Pilot Kleinwort International Equity B
1996 Ed. (616)
Pilot Trader
1994 Ed. (2941)
Pilot Travel Centers LLC
2011 Ed. (2817, 4070, 4071)
Pilots
1991 Ed. (2630)
2003 Ed. (3659)
Pilots & navigators
2005 Ed. (3616)
The Pilot's Wife
2001 Ed. (988)
Pilsen Callao
2001 Ed. (66)
Pilsner Lager
2001 Ed. (87)
PIM Engineering Laboratory Inc.
2006 Ed. (3537)
Pima County
1991 Ed. (255)
Pima County, AZ
2008 Ed. (3478)
Pima County (AZ) Industrial Development Authority

1991 Ed. (2774)
Pima County Industrial Development
Auth., AZ
2000 Ed. (2621)
Pima County Industrial Development
Authority
2001 Ed. (773)
Pima Credit Union
2013 Ed. (2209)
2014 Ed. (2140)
2015 Ed. (2204)
2016 Ed. (2175)
Pima-Produtos Alimentares
1992 Ed. (72)
PIMCO
2000 Ed. (2783, 2785, 2786, 2787,
2795, 2798)
2008 Ed. (2292, 2294, 2316, 2318)
2009 Ed. (2282, 2285)
Pimco
2015 Ed. (3762)
2016 Ed. (2554, 3672)
Pimco Adv. Equity Income C
1998 Ed. (2595)
Pimco Adv. Short Intermediate A
1998 Ed. (2597)
Pimco Advisors
1996 Ed. (2377)
1997 Ed. (2510, 2894)
1998 Ed. (2298)
1999 Ed. (3043)
2003 Ed. (688, 689)
2004 Ed. (711, 3561)
2005 Ed. (3540, 3546, 3548)
2006 Ed. (631, 3594, 3600, 3601)
Pimco Advisors Holdings
2000 Ed. (2770, 2775)
PIMCO Advisors Holdings LP
2002 Ed. (728, 3018, 3019, 3387,
3621, 3622, 3624, 3627, 3629)
2003 Ed. (3065)
PIMCO Advisors LP
2000 Ed. (2830)
Pimco Advisors Opportunity C
1996 Ed. (2798)
Pimco Advisors/Allianz
2011 Ed. (2542, 3728)
PIMCO CA Intermediate Muni Bond Institutional
2003 Ed. (3139)
Pimco CommodityRealReturn Strategy
2011 Ed. (3733)
PIMCO Core Fixed Income Total Return
2007 Ed. (752)
PIMCO Core Plus Total Return Full Authority
2007 Ed. (752)
Pimco Developing Local Markets
2009 Ed. (620)
PIMCO Emerging Markets Bond
2005 Ed. (698, 699, 700)
2006 Ed. (624, 626)
2007 Ed. (642, 643, 644)
2008 Ed. (592)
PIMCO Emerging Markets Bond Inst.
2003 Ed. (3144, 3153, 3618)
Pimco Emerging Markets Bond Institutional
2004 Ed. (3655)
PIMCO Equity Advisors, Core Value
2003 Ed. (3131)
PIMCO Extended Duration Institutional
2010 Ed. (594)
2013 Ed. (615)
2016 Ed. (638)
PIMCO Foreign Bond
2003 Ed. (691)
PIMCO Foreign Bond Fund Inst.
2003 Ed. (3147)
Pimco Fundamental Indexplus
2014 Ed. (4567)
PIMCO Global Bond Fund II Inst.
2003 Ed. (3150)
PIMCO GNMA Inst.
2003 Ed. (3113)
PIMCO Growth & Income Fund Institutional
2003 Ed. (3532)
Pimco High Yield
1997 Ed. (2892, 2903)
1998 Ed. (2633)
PIMCO High Yield Fund
2000 Ed. (3254)
PIMCO High Yield Fund Institutional
2003 Ed. (3530)
PIMCO High Yield Inst.
1999 Ed. (3547, 3548)
2002 Ed. (3414)
PIMCO Income

2012 Ed. (500)
Pimco Income
2014 Ed. (633)
PIMCO Innovation
2001 Ed. (3448)
2002 Ed. (4503)
Pimco Institutional Long-Term U.S. Government
2004 Ed. (721)
Pimco Institutional Real Return
2004 Ed. (721)
Pimco Investment Grade Corporate
Bond Institutional
2008 Ed. (597)
Pimco Long-Term U.S. Government
1994 Ed. (2620)
1997 Ed. (2891, 2902)
2002 Ed. (724)
2004 Ed. (718, 719, 720)
PIMCo Long-Term U.S. Government A
1999 Ed. (3552)
PIMCO Long-Term U.S. Government
Institutional
2016 Ed. (638)
Pimco Low Duration
1995 Ed. (2682)
1996 Ed. (2782)
1997 Ed. (2886)
1998 Ed. (2641)
PIMCO Low Duration Fund Institutional
2003 Ed. (3539)
Pimco Low Duration II
1996 Ed. (2763, 2782)
1997 Ed. (2886)
Pimco Low Duration Institute
1996 Ed. (2767)
PIMCO Mid Cap Growth Fund Inst
1999 Ed. (3569)
PIMCO Municipal Bond Inst.
2003 Ed. (3132, 3139)
Pimco Municipal Income Fund
2005 Ed. (3215)
PIMCO NFJ A Small Cap Value
2004 Ed. (4541)
Pimco PEA Opportunity
2006 Ed. (3645)
Pimco PEA Value
2006 Ed. (3632, 3634)
Pimco RCM Biotechnology
2004 Ed. (3588)
2006 Ed. (3637)
Pimco RCM Global Healthcare
2004 Ed. (3544, 3565, 3588)
PIMCO RCM Global Small-Cap Fund
Institutional
2003 Ed. (3543)
Pimco RCM International Growth Equity
2004 Ed. (3650)
PIMCO Real Estate Real Return Strategy
2006 Ed. (2508)
Pimco Real Return
2005 Ed. (698)
2006 Ed. (624)
Pimco Real Return Bond
2004 Ed. (694, 718, 719, 720)
PIMCO Real Return Fund Inst.
2003 Ed. (3150)
Pimco Renaissance
2002 Ed. (3422)
2003 Ed. (3496, 3499)
2004 Ed. (3556, 3558, 3559)
PIMCo Renaissance Fund A
1999 Ed. (3545, 3546)
PIMCO Renaissance Fund C
1999 Ed. (3546)
PIMCO Small Cap StockPLUS TR Institutional
2012 Ed. (4549)
PIMCO StockPLUS Long Duration Institutional
2013 Ed. (4506)
Pimco Stocks Plus
1997 Ed. (2896)
Pimco Total Return
1994 Ed. (2608)
1995 Ed. (2683, 2692, 2716)
1996 Ed. (2784)
1997 Ed. (2888)
1998 Ed. (2637)
2000 Ed. (3267)
2002 Ed. (723, 3414, 3415)
2004 Ed. (717, 3582)
2006 Ed. (623, 3611)
2008 Ed. (584)
PIMCO Total Return Core
2007 Ed. (752)
PIMCO Total Return Fund Institutional
2003 Ed. (3531)

PIMCO Total Return II Fund Institutional
  2003 Ed. (3531)
Pimco Total Return III
  1996 Ed. (2813)
Pimco Total-Return III Admin.
  2004 Ed. (692)
Pimco Total Return Institute
  1997 Ed. (2869)
PIMCO Total Return Inst'l
  2000 Ed. (3266)
Pimco Total Return Mortgage
  2008 Ed. (605)
PIMCO Total Rtn Inst.
  1999 Ed. (3549)
PIMCO Value Fund Inst.
  2003 Ed. (3124, 3127, 3534)
Pimco/Allainz
  2008 Ed. (2624)
PIMCO/Allianz
  2007 Ed. (2480, 3661, 3662)
  2008 Ed. (3764)
  2009 Ed. (613, 3790, 3792)
  2010 Ed. (595, 3719, 3721)
  2012 Ed. (497, 3741, 3743)
  2013 Ed. (616)
Pimentos
  2002 Ed. (3709)
Pimo Group
  1997 Ed. (114)
  1999 Ed. (117)
Pimo Group (Ammirati)
  2000 Ed. (123)
PIN
  2013 Ed. (4992)
  2015 Ed. (5043)
Pin Oak Aggressive Stock
  2000 Ed. (3245, 3286)
  2004 Ed. (3603)
Pin X
  2003 Ed. (3212)
Pinacle West
  1996 Ed. (1622)
Pinal County, AZ
  2008 Ed. (3480)
Pinar Entegre Et Ve Yem Sanayii A.S.
  1995 Ed. (1902)
Pinata
  1996 Ed. (3713)
  1998 Ed. (3585)
  1999 Ed. (4620)
Pinault; Francois
  2008 Ed. (4865, 4866)
  2009 Ed. (4887)
  2010 Ed. (4888)
  2011 Ed. (4877)
  2012 Ed. (4886)
  2013 Ed. (4870)
  2014 Ed. (4884)
  2015 Ed. (4923)
  2016 Ed. (4839)
Pinault; Francois-Henri
  2007 Ed. (1102)
  2009 Ed. (969)
  2010 Ed. (932)
Pinault-Prientemps
  2000 Ed. (3823)
Pinault-Printemp
  1997 Ed. (1409, 3880)
Pinault-Printemps
  1998 Ed. (3096)
  1999 Ed. (4112)
  2002 Ed. (1642)
  2003 Ed. (4178)
Pinault-Printemps; Groupe
  2006 Ed. (1796, 4180)
Pinault-Printemps-Redoute
  1996 Ed. (3252)
  2002 Ed. (4059, 4061)
  2004 Ed. (4205)
Pinault-Printemps-Redoute SA
  2006 Ed. (1430)
  2007 Ed. (4201)
Pinault-Printemps-Redoute SA; Groupe
  2006 Ed. (4945)
Pinault SA
  1994 Ed. (1373, 3660)
Pinch
  1992 Ed. (3813)
  1997 Ed. (3393)
  1998 Ed. (3172, 3173)
  1999 Ed. (4156)
  2001 Ed. (4170)
  2002 Ed. (295)
Pinch A Penny
  2016 Ed. (792)
Pinch-A-Penny
  2000 Ed. (2272)
Pinchuk; Victor
  2008 Ed. (4877)
  2009 Ed. (4901)

  2010 Ed. (4901)
  2011 Ed. (4889)
  2012 Ed. (4897)
  2013 Ed. (4920)
  2014 Ed. (4927)
  2015 Ed. (4967)
  2016 Ed. (4884)
Pincus Brothers Inc.
  1990 Ed. (1043)
Pindrum Staffing Services
  2006 Ed. (3539, 4377)
Pine
  2001 Ed. (3179)
  2005 Ed. (3345)
  2006 Ed. (3338)
  2007 Ed. (3396)
Pine Agritech
  2009 Ed. (1490)
Pine Bluff, AR
  1999 Ed. (356, 3374)
  2002 Ed. (3330)
  2003 Ed. (4195)
  2005 Ed. (2976, 2977, 3475)
  2009 Ed. (4349)
Pine Bluff Cotton Belt Credit Union
  2002 Ed. (1848)
  2003 Ed. (1907)
  2004 Ed. (1947)
  2005 Ed. (2088)
  2006 Ed. (2183)
  2007 Ed. (2104)
  2008 Ed. (2219)
  2009 Ed. (2202)
  2010 Ed. (2156)
  2011 Ed. (2177)
  2012 Ed. (2037)
  2013 Ed. (2210)
  2014 Ed. (2141)
  2015 Ed. (2205)
  2016 Ed. (2176)
Pine Cliff Energy
  2016 Ed. (1447)
Pine Cliff Energy Ltd.
  2016 Ed. (3837)
Pine Creek Ski Resort
  2016 Ed. (4373)
Pine Knob Music Theatre
  1999 Ed. (1291)
  2001 Ed. (374)
  2002 Ed. (4342)
Pine Manor College
  2009 Ed. (1046)
Pine Mountain
  1998 Ed. (190)
  2016 Ed. (2668)
Pine Mountain 1st Alert Creosote Buster
  2016 Ed. (2668)
Pine Mountain Ultraflame
  2016 Ed. (2668)
Pine nuts
  1993 Ed. (2736)
  1994 Ed. (2687)
Pine Point Mines
  1992 Ed. (3086)
Pine River Valley Bank
  1996 Ed. (540)
Pine Sol
  1992 Ed. (1173, 1176)
  1993 Ed. (954)
  1994 Ed. (979, 982)
  1995 Ed. (996)
  1996 Ed. (981)
  1997 Ed. (1006)
  1998 Ed. (744, 745, 747)
  1999 Ed. (1178, 1179, 1182)
  2000 Ed. (1094, 1096)
  2001 Ed. (1237, 1240)
  2002 Ed. (1064)
  2003 Ed. (977, 981, 986)
  2004 Ed. (983)
  2005 Ed. (1001)
  2006 Ed. (1014)
  2007 Ed. (1099)
  2008 Ed. (981)
  2009 Ed. (968)
  2010 Ed. (931)
Pine State Tobacco & Candy Co.
  1995 Ed. (1198)
Pine State Trading Co.
  2014 Ed. (1262)
Pine Tree Community Credit Union
  2003 Ed. (1894)
Pine Valley Golf Course
  2000 Ed. (2381)
Pineapple
  2002 Ed. (2371)
  2003 Ed. (2576)
Pineapple juice
  2001 Ed. (2560)
  2002 Ed. (2374)

Pineapples
  2001 Ed. (2548)
  2004 Ed. (2694)
  2005 Ed. (2694)
  2006 Ed. (2669)
  2007 Ed. (2652)
Pinecraven Developments PLC
  1995 Ed. (1012)
Pinecrest School Northridge-Devonshire
  1999 Ed. (1128)
Pinecrest School of Van Nuys
  1999 Ed. (1128)
Pinecrest School of Woodland Hills
  1999 Ed. (1128)
Pinehurst Country Club
  2000 Ed. (2381)
Pinehurst Management Co. Ltd.
  1990 Ed. (903)
  1991 Ed. (853)
  1992 Ed. (1058)
  1993 Ed. (846)
  2000 Ed. (979)
Pinehurst Resort
  1999 Ed. (2768)
Pinel Inc., Realtors; Alain
  2005 Ed. (4001)
Pinelands Inc.
  1994 Ed. (1215)
Pinellas
  1990 Ed. (1805)
Pinellas County, FL
  1998 Ed. (1201, 1701)
Pinellas County Jail
  2006 Ed. (3241)
Pinellas (FL) Suncoast News
  2003 Ed. (3644)
Pinellas Suncoast News
  2002 Ed. (3502)
Pinera; Sebastian
  2008 Ed. (4857)
  2009 Ed. (4883)
  2010 Ed. (4884)
  2011 Ed. (4872)
  2012 Ed. (4880)
  2013 Ed. (4862)
  2015 Ed. (4914)
  2016 Ed. (4830)
Pines
  1994 Ed. (3566)
Pines Resort Hotel & Conference Center
  1999 Ed. (4048)
Pinetree Capital Ltd.
  2007 Ed. (1620, 1650)
  2008 Ed. (1621, 1625, 1659)
  2009 Ed. (1399, 1579, 3058)
  2011 Ed. (4556)
  2012 Ed. (4563)
Piney, Hardin, Kipp, & Szuch
  1992 Ed. (2843)
Ping
  1997 Ed. (2153)
  1998 Ed. (25, 1856)
Ping An
  2008 Ed. (647)
  2009 Ed. (660)
  2012 Ed. (3217)
  2013 Ed. (646, 3274, 3283, 3284)
  2014 Ed. (661, 3307, 3308)
  2015 Ed. (732, 3347, 3353, 3354)
  2016 Ed. (3129, 3137)
Ping An Bank
  2014 Ed. (391)
  2015 Ed. (446)
Ping An Insurance Co. of China
  1999 Ed. (2885)
Ping An Insurance Group
  2006 Ed. (1641)
  2007 Ed. (1656, 1658)
Ping An Insurance (Group) Company of
  China Ltd.
  2009 Ed. (1588, 3376, 4568)
  2010 Ed. (1577, 1578, 3312)
  2011 Ed. (1579, 1582, 3275)
  2012 Ed. (1416, 1597, 3178, 3249)
  2013 Ed. (1541, 3256, 3325)
  2014 Ed. (1508, 3284, 3318, 3341)
  2015 Ed. (1566, 3334, 3364, 3376)
  2016 Ed. (1499, 3191, 3226, 3245)
Ping An Securities
  2013 Ed. (4396, 4402)
Ping Communications
  2002 Ed. (1980)
Ping Identity
  2015 Ed. (3274)
Pingo Doce
  2015 Ed. (754)
Pingo Doce - Distribuio Alimentar SA
  2012 Ed. (1861)
  2013 Ed. (2020)

Pingree heirs
  2005 Ed. (4022)
Pinheads & Patriots
  2012 Ed. (454)
Pinheiro; Mitchell B.
  2011 Ed. (3351)
Pinheiro Neto-Advogados
  2004 Ed. (1446)
  2005 Ed. (1461)
Pini Associati
  2013 Ed. (2075)
Pini & Associati SA
  2010 Ed. (2006)
Pink
  2002 Ed. (3516)
  2011 Ed. (1066, 1068, 3713, 3715,
    3717)
  2012 Ed. (2438)
  2013 Ed. (3783)
  2015 Ed. (1135, 3731, 3733)
The Pink Companies
  1993 Ed. (1867)
  1994 Ed. (1852)
The Pink Cos.
  1995 Ed. (1880)
  1996 Ed. (1923)
  1997 Ed. (2016)
Pink Dog Publishing
  2014 Ed. (3716)
Pink Floyd
  1989 Ed. (989)
  1990 Ed. (1142, 1144)
  1991 Ed. (1578)
  1996 Ed. (1095)
  1997 Ed. (1777)
  2001 Ed. (1380)
Pink or Treat!
  2015 Ed. (643)
Pinkalicious: Pinkie Promise
  2013 Ed. (564)
Pinkalicious: The Princess of Pink
    Slumber Party
  2014 Ed. (575)
Pinkalicious & the Cupcake Calamity
  2015 Ed. (643)
Pinkard Construction Co.
  2005 Ed. (1325)
Pinkberry
  2014 Ed. (858)
Pinkberry Ventures
  2016 Ed. (2769)
Pinkerton
  1989 Ed. (2504)
Pinkerton Government Services Inc.
  2004 Ed. (1879)
Pinkerton Group Inc.
  2002 Ed. (53)
Pinkerton; John H.
  2010 Ed. (893)
Pinkerton & Laws Inc.
  1991 Ed. (3121, 3122, 3123)
  1992 Ed. (3962, 3963, 3964)
  1995 Ed. (3374)
  1996 Ed. (3428)
Pinkerton Security
  1992 Ed. (3825)
  1993 Ed. (3114)
  1995 Ed. (3211)
  1997 Ed. (3413)
Pinkerton Security & Investigation
  2000 Ed. (3905)
Pinkerton Security & Investigation Ser-
    vices
  1994 Ed. (3161)
Pinkerton Systems Integration Inc.
  1998 Ed. (1421)
  1999 Ed. (4204)
  2000 Ed. (3922)
  2002 Ed. (4541)
  2003 Ed. (4330)
  2004 Ed. (4351)
  2005 Ed. (4294)
Pinkerton Tobacco Co.
  1998 Ed. (3575)
Pinkerton's Inc.
  1991 Ed. (2943)
  1996 Ed. (3308)
  1998 Ed. (3185)
  1999 Ed. (4175)
  2000 Ed. (960, 3907)
  2003 Ed. (802, 1565)
Pinkus; Scott
  1993 Ed. (1843)
Pinn Brothers Construction
  2002 Ed. (2664)
Pinn Brothers Fine Homes
  2004 Ed. (1193)
Pinnacle
  2006 Ed. (228, 277, 278, 3496, 4340)
  2007 Ed. (282)

2008 Ed. (258)
2011 Ed. (187, 188)
2012 Ed. (194, 195)
2016 Ed. (645)
Pinnacle Actuarial Resources Inc.
2008 Ed. (17)
Pinnacle Agriculture Holdings
2016 Ed. (135, 4336)
Pinnacle Airlines Corp.
2005 Ed. (204, 205)
2006 Ed. (2741)
2007 Ed. (232)
2014 Ed. (311)
Pinnacle, an AMS Co.
2011 Ed. (1115)
Pinnacle Associates
1995 Ed. (2394)
1999 Ed. (3079)
Pinnacle Automation Inc.
2002 Ed. (1418)
Pinnacle Banc Group Inc.
1993 Ed. (379)
1998 Ed. (287)
Pinnacle Bancorp Inc.
2009 Ed. (388)
2010 Ed. (365)
2011 Ed. (287)
2012 Ed. (311)
Pinnacle Capital
2015 Ed. (2143)
Pinnacle Capital Mortgage Corp.
2016 Ed. (3621, 3622)
Pinnacle Data Systems Inc.
2004 Ed. (4546)
Pinnacle Energy Inc.
2003 Ed. (2747)
Pinnacle Entertainment Inc.
2006 Ed. (2495)
2008 Ed. (253, 1403)
2009 Ed. (274, 275)
2010 Ed. (262, 263)
2011 Ed. (183, 184)
2012 Ed. (192)
2013 Ed. (173)
2014 Ed. (178)
2015 Ed. (207)
2016 Ed. (198)
Pinnacle Estate Properties
1994 Ed. (2999)
1995 Ed. (3061)
Pinnacle Exteriors
2016 Ed. (4427)
Pinnacle Family of Companies
2013 Ed. (174)
2014 Ed. (181)
2015 Ed. (210)
Pinnacle Financial Corp.
2005 Ed. (362)
Pinnacle Financial Partners
2009 Ed. (2932)
2010 Ed. (2019)
2011 Ed. (2076, 2830)
2015 Ed. (1368)
2016 Ed. (1295)
Pinnacle Foods
2009 Ed. (2785)
Pinnacle Foods Group
2014 Ed. (2772, 2792)
2015 Ed. (2823, 2834)
Pinnacle Foods Group Inc.
2008 Ed. (2776, 2778, 2783)
2009 Ed. (2841)
2010 Ed. (2719, 2782)
Pinnacle Foods Group LLC
2011 Ed. (2770, 2771)
2012 Ed. (2699, 2700)
2014 Ed. (2774, 2783)
Pinnacle Foods Group LIC
2014 Ed. (2786)
Pinnacle Foods Inc.
2015 Ed. (2829)
2016 Ed. (2755, 2761)
Pinnacle Furnishings
2013 Ed. (4992)
Pinnacle Group
1995 Ed. (3003)
Pinnacle Group Worldwide
2008 Ed. (1207)
Pinnacle Human Resources LLC
2016 Ed. (1872)
Pinnacle Investment
1997 Ed. (2531)
Pinnacle Petroleum Inc.
2007 Ed. (3536, 4402)
2008 Ed. (4371, 4954)
2011 Ed. (4989)
2012 Ed. (4985)
Pinnacle Realty Management Co.
1998 Ed. (177)
2000 Ed. (305)

2002 Ed. (324, 325)
2003 Ed. (287, 288)
2004 Ed. (255)
2005 Ed. (257)
Pinnacle Risk Management Services
2010 Ed. (3232)
2011 Ed. (3204)
Pinnacle Risk Services Inc.
2012 Ed. (4378)
Pinnacle Solutions
2014 Ed. (1237)
Pinnacle Strategies
2015 Ed. (843)
Pinnacle Systems Inc.
2002 Ed. (4594)
2004 Ed. (3508, 3509)
2005 Ed. (1678, 1679, 3513, 3514)
Pinnacle Technical Resources
2007 Ed. (1318)
2008 Ed. (4042)
2009 Ed. (2097, 3036)
2010 Ed. (2970)
2011 Ed. (2933, 4397)
2012 Ed. (2866)
2013 Ed. (2938)
Pinnacle Technical Resources Inc.
2014 Ed. (2958)
2015 Ed. (3025)
2016 Ed. (4967)
Pinnacle Technological Resources
2007 Ed. (2835)
Pinnacle West
1989 Ed. (1304, 1305, 2469)
1990 Ed. (1285, 1608, 1609, 3660)
1991 Ed. (1205, 1506, 3085, 3087)
1993 Ed. (3244)
1994 Ed. (1603, 1604, 3238)
1995 Ed. (1645, 1646)
1996 Ed. (1623)
1997 Ed. (1701, 1702)
1998 Ed. (1394, 1395)
1999 Ed. (1953)
Pinnacle West Capital Corp.
1989 Ed. (2468)
1995 Ed. (3318)
2001 Ed. (1611)
2002 Ed. (1576)
2003 Ed. (1608, 1609, 2138)
2004 Ed. (1624, 2200, 2201, 2313)
2005 Ed. (1650, 2313, 2314, 2394,
 4507)
2006 Ed. (1545)
2007 Ed. (1525, 1575)
2008 Ed. (2354, 2370, 2426)
2010 Ed. (3182, 3194)
2011 Ed. (1472, 3146)
2012 Ed. (1309, 1312)
2013 Ed. (1408)
2014 Ed. (1358)
2015 Ed. (1433)
2016 Ed. (1354)
Pinnacle West Energy Corp.
2010 Ed. (3766)
2011 Ed. (3768)
Pinnacol Assurance
2006 Ed. (1679, 3056)
2007 Ed. (1682)
2010 Ed. (1608)
2011 Ed. (1612)
2012 Ed. (1424)
Pinnick; Jennifer
2008 Ed. (2692)
Pino; Rafael del
2009 Ed. (4897)
Pinocchio
1995 Ed. (3704)
Pinola; Joseph J.
1989 Ed. (1381)
1990 Ed. (1718)
Pinot blanc
1996 Ed. (3837)
Pinot Gris
1996 Ed. (3838)
2003 Ed. (4968, 4969)
Pinot Noir
1996 Ed. (3838)
2001 Ed. (4860, 4861)
2002 Ed. (4965, 4966)
2003 Ed. (4966, 4967)
Pinot's Palette
2015 Ed. (3810)
2016 Ed. (3723)
Pinpoint Color
2002 Ed. (3763)
Pintaras Jaya
2010 Ed. (1793)
2015 Ed. (1800)
Pinterest
2013 Ed. (2481, 3383, 3384)
2014 Ed. (2968, 3385)

2015 Ed. (3038, 3421)
2016 Ed. (4251)
Pinto; Michael
2005 Ed. (985)
2006 Ed. (1000)
Pinto & Sotto Mayor
1989 Ed. (657)
Pinturas Aurora
2013 Ed. (2014)
Pio Asti Spumante
1993 Ed. (874)
Pioneer
1990 Ed. (1109, 3675)
1992 Ed. (2420, 2429, 3908)
1993 Ed. (2962)
1994 Ed. (2069)
1995 Ed. (2773)
1998 Ed. (253, 1952, 3435)
1999 Ed. (2693)
2000 Ed. (2479, 3234, 4121)
2002 Ed. (1498)
2005 Ed. (4667)
2006 Ed. (3658, 4087)
2007 Ed. (1715, 3678)
2008 Ed. (274)
2012 Ed. (2895)
2014 Ed. (203)
2015 Ed. (230)
Pioneer A
1999 Ed. (3556)
Pioneer Aluminum Factory Ltd.
2002 Ed. (4418)
Pioneer Bank
1993 Ed. (509)
1996 Ed. (546)
2012 Ed. (355)
Pioneer Bank, IL
1989 Ed. (2148)
Pioneer Behavioral Health
2009 Ed. (4473)
2010 Ed. (4498, 4523)
Pioneer Capital Growth
1994 Ed. (2615)
1996 Ed. (2788)
Pioneer Capital Growth A
1996 Ed. (2773, 2800)
1997 Ed. (2881)
Pioneer Cement
1999 Ed. (3133)
Pioneer Centres
1992 Ed. (398)
1993 Ed. (283)
1995 Ed. (284)
1996 Ed. (284, 285)
Pioneer Chemicals
2001 Ed. (1221, 1223)
Pioneer Chicken
1993 Ed. (1758)
Pioneer Citizens Bank
1993 Ed. (513)
Pioneer Concrete
1989 Ed. (826)
1990 Ed. (1903)
Pioneer Concrete of America, Inc.
1998 Ed. (3123)
Pioneer Consolidated Corp.
2007 Ed. (4426)
2008 Ed. (4403)
Pioneer Credit Union
2002 Ed. (1862)
2003 Ed. (1916)
2004 Ed. (1956)
2005 Ed. (2098)
2006 Ed. (2193)
2009 Ed. (2173)
Pioneer Cullen Value
2008 Ed. (2616)
Pioneer Drilling Co.
2009 Ed. (2933)
Pioneer Electronic
1989 Ed. (1626)
1996 Ed. (2193)
1997 Ed. (2313)
1998 Ed. (2046)
Pioneer Electronics
1993 Ed. (2035, 3586)
Pioneer Elite
2014 Ed. (203)
Pioneer Emerging Markets A
1998 Ed. (2622)
Pioneer Emerging Markets B
1998 Ed. (2622)
Pioneer Engineering & Manufacturing
1989 Ed. (309)
1992 Ed. (422)
Pioneer Entertainment (USA) Inc.
2004 Ed. (3510, 3511)
Pioneer Equity Income
1994 Ed. (2618)
1995 Ed. (2736)

2000 Ed. (3228)
Pioneer Equity Income A
1996 Ed. (2802)
1999 Ed. (3511, 3545)
Pioneer Equity Income B
1999 Ed. (3546)
Pioneer Europe A
1998 Ed. (2612)
1999 Ed. (3512, 3567)
Pioneer Federal Credit Union
2007 Ed. (2114)
2008 Ed. (2229)
2009 Ed. (2213)
2010 Ed. (2167)
2011 Ed. (2186)
2012 Ed. (2046)
2013 Ed. (2228)
2014 Ed. (2160)
2015 Ed. (2224)
2016 Ed. (2195)
Pioneer Federal Savings Bank
1998 Ed. (3542)
Pioneer Feedyard LLC
2016 Ed. (2251)
Pioneer Financial A Cooperative
1990 Ed. (2472)
Pioneer Financial Equity
2007 Ed. (4549)
Pioneer Financial Services
1992 Ed. (1131)
1995 Ed. (2767)
1997 Ed. (1254)
1998 Ed. (2131)
2011 Ed. (914)
Pioneer Focused Equity
2007 Ed. (2484)
Pioneer Food Group Ltd.
2013 Ed. (854)
Pioneer Fund A
1999 Ed. (3557)
Pioneer Fund B
1999 Ed. (3557)
Pioneer Global High Yield
2008 Ed. (592, 602)
2009 Ed. (619)
2011 Ed. (523)
Pioneer Growth A
1999 Ed. (3515)
Pioneer Growth Gold
1993 Ed. (2681)
Pioneer Growth Shares A
1999 Ed. (3521, 3559)
Pioneer Hi-Bred
1999 Ed. (1088)
Pioneer Hi-Bred International Inc.
1989 Ed. (1446, 1452)
1990 Ed. (1813, 1819)
1991 Ed. (1732)
1992 Ed. (2174)
1993 Ed. (3273)
1994 Ed. (1196, 3262)
1995 Ed. (1885)
1996 Ed. (1931)
1997 Ed. (2028, 2030)
1998 Ed. (1718, 1720, 1724)
1999 Ed. (2455, 2459, 2464)
2001 Ed. (1753)
2003 Ed. (1723)
2005 Ed. (1493, 1827)
Pioneer High Income Trust
2005 Ed. (3214)
Pioneer High Yield
2003 Ed. (691, 692, 3524)
2005 Ed. (698, 699, 700, 703)
2006 Ed. (624, 630)
2007 Ed. (642)
2011 Ed. (523)
Pioneer Industries (Holdings) Ltd.
1992 Ed. (4337)
1994 Ed. (3570)
Pioneer Industries International
1992 Ed. (2440)
Pioneer International
1992 Ed. (1573)
1993 Ed. (1278, 1279)
1994 Ed. (1323)
2002 Ed. (861, 1652, 1653)
Pioneer Intl.
1991 Ed. (1253)
Pioneer Investment
2003 Ed. (689, 3503)
2005 Ed. (3562)
2006 Ed. (3600)
2009 Ed. (613)
Pioneer Investment Management
2004 Ed. (724)
2005 Ed. (692)
2010 Ed. (595)
2011 Ed. (520)
2012 Ed. (498, 3743)

1411

2016 Ed. (3677)
Pioneer Investment Management Inc.,
High Yield Bond
2003 Ed. (3119, 3122)
Pioneer Investments
2000 Ed. (2794)
Pioneer Life
2001 Ed. (2949)
Pioneer Life Insurance Co.
2002 Ed. (2889)
Pioneer Management Corp.
1989 Ed. (1801, 2140)
Pioneer Mill Credit Union
1996 Ed. (1509)
Pioneer Muslim Credit Union
2002 Ed. (1837)
2006 Ed. (2172)
Pioneer Muslim Credit Union of Houston
1998 Ed. (1217)
2002 Ed. (1834)
2004 Ed. (1938)
2010 Ed. (2144)
Pioneer Muslim Credit Union of Houston
Credit Union
1996 Ed. (1505)
Pioneer Natural Resources
2014 Ed. (2028, 2463)
2015 Ed. (2550)
2016 Ed. (2470)
Pioneer Natural Resources Co.
2000 Ed. (3527)
2001 Ed. (3744)
2002 Ed. (3537, 3698)
2004 Ed. (3870)
2005 Ed. (3736, 3737, 3798)
2006 Ed. (3829, 3865)
2007 Ed. (2753, 3895)
2008 Ed. (3896, 3906, 3907, 3911,
3938)
2009 Ed. (4013, 4016)
2010 Ed. (2802, 3919, 3922)
2011 Ed. (3938, 3941)
2012 Ed. (1932, 3922, 3935, 3938)
2013 Ed. (2095, 3934, 3992, 3994)
2014 Ed. (3891, 3935)
2015 Ed. (3916, 3971)
2016 Ed. (3818, 3826)
Pioneer Natural Resources USA Inc.
2009 Ed. (2864)
Pioneer Oil & Gas
2006 Ed. (3835)
2007 Ed. (3852)
2008 Ed. (3898, 3905)
2009 Ed. (3972)
2010 Ed. (3874, 3881, 3882, 3883)
2011 Ed. (3893)
Pioneer Pole Builders Inc.
2008 Ed. (4251, 4252)
Pioneer Press
1990 Ed. (2690)
Pioneer Savings
1991 Ed. (2653)
Pioneer Savings and Trust FA
1990 Ed. (2473)
Pioneer Savings Bank
1993 Ed. (3567)
Pioneer Savings Bank (Clearwater)
1991 Ed. (3380)
Pioneer Savings & Loan Association
1990 Ed. (2435, 2439)
Pioneer Small Cap Value
2003 Ed. (3506)
Pioneer Southwest Energy Partners
2012 Ed. (2767)
2013 Ed. (2846)
Pioneer-Standard
1989 Ed. (1336)
1990 Ed. (1634, 1635)
1991 Ed. (1534)
1993 Ed. (1577, 1580)
Pioneer-Standard Electric
1995 Ed. (1091)
Pioneer-Standard Electronic Inc.
1999 Ed. (1982)
Pioneer-Standard Electronics, Inc.
1989 Ed. (1321, 1334, 1335)
1990 Ed. (1636, 3234)
1992 Ed. (1927)
1996 Ed. (1630, 1632, 1634, 1635)
1997 Ed. (1708, 1710, 1711, 1712)
1998 Ed. (1403, 1404, 1405, 1406,
1408, 1409, 1410, 1412, 1413,
1414, 1416)
1999 Ed. (1983, 1984, 1986, 1987,
1991)
2000 Ed. (1734, 1761, 1762, 1763,
1768, 1769, 1771)
2001 Ed. (2182, 2183, 2202, 2203,
2204, 2206, 2208, 2210, 2211,
2212, 2842)

2002 Ed. (1131, 2077, 2085, 2086,
2087, 2089, 2091, 2095)
2003 Ed. (2085, 2152, 2188, 2206,
2889, 2890, 4928)
2004 Ed. (2108, 2235, 2244, 2252,
4402, 4927)
Pioneer State Mutual Insurance Co.
2015 Ed. (30, 48)
2016 Ed. (30, 47)
Pioneer Strategic Income
2006 Ed. (624)
2007 Ed. (642)
Pioneer Take Out Corp.
1991 Ed. (1656)
Pioneer Takeout Corp.
1990 Ed. (1751)
Pioneer Tele-Technologies, Inc.
1991 Ed. (3282)
Pioneer Telephone
2009 Ed. (1858)
Pioneer Three
1990 Ed. (2371)
Pioneer Trust Bank NA
1989 Ed. (557)
1993 Ed. (371)
1994 Ed. (507)
1996 Ed. (535)
2010 Ed. (431)
2011 Ed. (356)
Pioneer West Virginia Credit Union
2005 Ed. (2137)
2006 Ed. (2232)
2007 Ed. (2153)
2008 Ed. (2268)
2009 Ed. (2255)
2010 Ed. (2208)
2011 Ed. (2226)
2012 Ed. (2019, 2024, 2088)
2013 Ed. (2274)
2014 Ed. (2208)
2015 Ed. (2272)
2016 Ed. (2243)
The Pioneer Woman Cooks
2014 Ed. (578)
2015 Ed. (646)
Pioneering Management
1999 Ed. (3059)
Piow; Teh Hong
2006 Ed. (4917)
2008 Ed. (4847)
2009 Ed. (4868)
2010 Ed. (4870)
2011 Ed. (4858)
2012 Ed. (4864)
2013 Ed. (4887)
2014 Ed. (4900)
2015 Ed. (4940)
2016 Ed. (4855)
PIP Printing
1993 Ed. (1900)
2002 Ed. (3765)
2003 Ed. (3932)
2004 Ed. (3940)
2005 Ed. (3896)
2012 Ed. (4009, 4012, 4014)
2014 Ed. (4102, 4105)
2015 Ed. (4080)
PIP Printing & Document Services
2008 Ed. (4023)
2009 Ed. (4096)
PIP Printing & Marketing Services
2010 Ed. (4008)
2011 Ed. (4015)
2012 Ed. (4008)
2013 Ed. (4091)
2014 Ed. (4100)
2016 Ed. (3989)
PIP Printing of the Triad
2016 Ed. (3991)
Pipe and tubing
2001 Ed. (4366)
Pipefitters
2007 Ed. (3730)
Pipelife Finland Oy
2012 Ed. (1478)
Pipeline
2001 Ed. (4234)
Pipelines
1996 Ed. (1252, 1254, 1255)
1997 Ed. (1297, 1298, 1301)
1998 Ed. (1072, 1076, 1078, 1079)
1999 Ed. (1507, 1513)
2000 Ed. (1351, 1356)
2002 Ed. (2766, 2767, 2768, 2769,
2770, 2775, 2776, 2777)
2003 Ed. (2900, 2901, 2907, 2910)
2005 Ed. (3006, 3010)
2006 Ed. (3001, 3002, 3006)
2007 Ed. (3040, 3041, 3047)
2008 Ed. (3158, 3159)

Piper Capital
1993 Ed. (2314, 2326)
1998 Ed. (2606, 2653, 2655)
Piper Heidsieck
1993 Ed. (875)
1995 Ed. (926)
1996 Ed. (896)
1998 Ed. (682)
1999 Ed. (1062, 1068)
2000 Ed. (1009)
2001 Ed. (1151, 1163)
2002 Ed. (963, 968)
2005 Ed. (916)
Piper-Heidsieck Champagne
1991 Ed. (3499)
Piper-Heidsiek
1997 Ed. (927)
Piper II Adjustable-Rate Mortgage
1998 Ed. (2597)
Piper Indemnity of Hawaii Inc.
1997 Ed. (902)
Piper Jaffray
1995 Ed. (3217, 3248)
1996 Ed. (797, 3315, 3333, 3345)
1997 Ed. (3461)
1998 Ed. (3260)
1999 Ed. (826, 4229, 4240, 4250)
2000 Ed. (2766, 3984)
2002 Ed. (3407, 3408, 3409, 3412)
2008 Ed. (1404)
Piper Jaffray Cos.
2005 Ed. (3527, 3532)
2006 Ed. (3191)
Piper, Jaffray Emerging Growth
1995 Ed. (2737)
Piper, Jaffray & Hopwood
1991 Ed. (2185, 2193, 2522, 3032)
1992 Ed. (3836, 3871, 3893)
1993 Ed. (2264, 3120, 3137, 3146,
3161, 3169)
Piper Jaffray Inc.; U.S. Bancorp
2005 Ed. (3175)
Piper Jaffray Investment Government
Income
1993 Ed. (2676)
Piper, Jaffray National Tax-Exempt
1995 Ed. (2711)
Piper Jaffray Sector Performance
1994 Ed. (2633)
Piper & Marbury
1990 Ed. (2414)
1991 Ed. (2280)
1992 Ed. (2829)
1993 Ed. (2392)
1996 Ed. (2728, 2731)
2001 Ed. (833)
Piper Marbury Rudnick & Wolfe
2002 Ed. (3056)
2003 Ed. (3194)
Piper Rudnick LLP
2006 Ed. (3249, 3295)
Piper Sonoma
1993 Ed. (874)
1996 Ed. (905)
2001 Ed. (1163)
2002 Ed. (968)
2003 Ed. (899)
Piper Sonoma Sparkling
1997 Ed. (932)
Pipes
2001 Ed. (3074, 4553, 4555, 4556,
4557, 4558)
2003 Ed. (3199)
2006 Ed. (3260)
2007 Ed. (3333)
The Pipestone System
2004 Ed. (3927)
2005 Ed. (3875)
2006 Ed. (3938)
2007 Ed. (3996)
2008 Ed. (4013)
2009 Ed. (4085)
2010 Ed. (3997)
2011 Ed. (4005)
2012 Ed. (4000)
2013 Ed. (4064)
2014 Ed. (4071)
2015 Ed. (4051)
2016 Ed. (3960)
Pipex Communications
2006 Ed. (4703)
2007 Ed. (4723)
Pipex Communications plc
2009 Ed. (2121)
Piping
2003 Ed. (1305)
2004 Ed. (1308)
2005 Ed. (1315)
2006 Ed. (1285)
Piraeus

1992 Ed. (1398)
Piraeus Bank
2003 Ed. (500)
2004 Ed. (491, 535)
2005 Ed. (504, 514)
2006 Ed. (447, 1737)
2007 Ed. (454, 1745)
2008 Ed. (420, 1772)
2009 Ed. (50, 449, 1711)
2010 Ed. (60, 425, 426, 1664)
2011 Ed. (314, 351, 1671)
2012 Ed. (350, 1522)
2013 Ed. (415, 433, 1667)
2014 Ed. (432, 450, 1622)
2015 Ed. (506, 1672)
2016 Ed. (460, 1614)
Piraeus Bank Group
2013 Ed. (431)
2014 Ed. (448)
2015 Ed. (504)
2016 Ed. (459, 503)
Piraeus Bank SA
2011 Ed. (350)
Piraiki-Patraiki
1992 Ed. (363)
Piramal Healthcare
2013 Ed. (4008)
Piranha Interactive Publishing
1999 Ed. (4169)
Pirate Latitudes
2012 Ed. (455)
Pirateology
2008 Ed. (549)
Pirates
1991 Ed. (2490)
2008 Ed. (549)
Pirates Booty
2016 Ed. (4386)
Pirates of the Caribbean: At World's
End
2009 Ed. (580, 2367)
Pirates of the Caribbean: Dead Man's
Chest
2008 Ed. (551, 2387, 3756)
Pirates of the Caribbean: On Stranger
Tides
2013 Ed. (3770, 3771, 3772)
Pirates of the Caribbean: The Curse of
the Black Pearl
2005 Ed. (2259, 3519, 3520)
Pirates of the Mississippi
1993 Ed. (1079)
Pirates; Pittsburgh
2013 Ed. (4480)
Pirella Goettsche Lowe
1994 Ed. (97)
1995 Ed. (89)
1996 Ed. (104)
1997 Ed. (106)
Pirelli
1989 Ed. (1164)
1990 Ed. (400, 1424, 2176)
1991 Ed. (1355, 3392)
1993 Ed. (344, 346)
1996 Ed. (3693)
1997 Ed. (306, 3750, 3751, 3752)
1998 Ed. (1557)
1999 Ed. (4602)
2000 Ed. (4253)
2010 Ed. (636)
2015 Ed. (4742)
2016 Ed. (4644)
Pirelli Armstrong
1990 Ed. (3597)
1993 Ed. (3578)
Pirelli & C.
2013 Ed. (1630)
Pirelli & C. SpA
2006 Ed. (4749)
2007 Ed. (312, 4756)
2008 Ed. (850, 4678)
2009 Ed. (4721)
2012 Ed. (4712)
2013 Ed. (4675)
2014 Ed. (4723)
2015 Ed. (4741)
2016 Ed. (4643)
Pirelli Cable & Systems LLC
2003 Ed. (1821, 3365)
Pirelli Cables
2002 Ed. (1589)
Pirelli Canada
1994 Ed. (2482)
Pirelli & Cie SpA
2016 Ed. (4642)
Pirelli Group
1994 Ed. (1406)
1995 Ed. (1438, 3615)
1996 Ed. (1402)
Pirelli Sarca SpA

1993 Ed. (1355, 3254)
1994 Ed. (3248)
1995 Ed. (3327)
1996 Ed. (3405)
1997 Ed. (2579)
Pirelli SpA
1989 Ed. (1109)
1990 Ed. (1388)
1991 Ed. (1312)
1992 Ed. (1653, 3942, 4298, 4299)
1993 Ed. (1353)
2001 Ed. (4540, 4544)
2005 Ed. (1095, 1530, 1532)
2006 Ed. (3388)
2007 Ed. (3973)
2008 Ed. (3567)
2009 Ed. (3637)
2010 Ed. (3556)
2011 Ed. (3559)
2012 Ed. (3552)
2013 Ed. (3591)
2016 Ed. (959)
Pirelli Telecom Italia TIM
2007 Ed. (1827)
Pirelli Tire North America
2006 Ed. (4752)
2007 Ed. (4758)
2008 Ed. (4681)
2009 Ed. (4722)
Pirelli Tire & Rubber
1989 Ed. (2836)
Pirelli Tyre
1991 Ed. (1325)
Pirelli Tyre Holdings NV
1999 Ed. (4117)
Pirexim Kereskedelmi ES Szolgaltato
KFT
2016 Ed. (1638)
Pirma Banka
2004 Ed. (486)
Pirnie Inc.; Malcolm
1992 Ed. (1949)
1993 Ed. (1604, 2876)
1994 Ed. (1634)
1997 Ed. (1735)
Pirrung/Economos
2003 Ed. (659)
Pirtek
2005 Ed. (4358)
2006 Ed. (4299)
2007 Ed. (4366)
2008 Ed. (4322)
Pirtek USA
2002 Ed. (2446)
2003 Ed. (2677)
2004 Ed. (2792)
2010 Ed. (4470)
2011 Ed. (4405)
2014 Ed. (4469)
2016 Ed. (4364)
Pisa Brothers Travel Service
1992 Ed. (4345)
Piscines Ideales
2008 Ed. (1711, 1716)
2009 Ed. (1650, 1655)
2010 Ed. (1614, 1663)
Pisco Capel Liqueur
2001 Ed. (3108, 3109)
Pisenti & Brinker
2012 Ed. (11)
Pismo State Park
1999 Ed. (3704)
Pistachios
1990 Ed. (2727)
1992 Ed. (3281)
1993 Ed. (2736)
1994 Ed. (2687)
Pistachios, shelled
1996 Ed. (2858)
Piston Automotive
2009 Ed. (3607)
2010 Ed. (3531)
Piston Automotive LLC
2013 Ed. (85)
2016 Ed. (1788, 3582, 3605)
Piston Group
2006 Ed. (3976)
2007 Ed. (4015)
2009 Ed. (198)
Pistons; Detroit
2005 Ed. (646)
2006 Ed. (548)
2007 Ed. (579)
2008 Ed. (530)
2009 Ed. (565)
2010 Ed. (548)
2011 Ed. (476)
Pita; Orlando
2007 Ed. (2758)
Pita Pit

2013 Ed. (4359)
2015 Ed. (4398)
2016 Ed. (4291)
Pita Pit Inc.
2008 Ed. (4272)
2009 Ed. (4378)
2010 Ed. (4408)
2011 Ed. (4352)
2012 Ed. (4392)
2014 Ed. (4414)
Pitbull
2011 Ed. (3714)
2013 Ed. (3784)
Pitbull Audio
2015 Ed. (3749)
2016 Ed. (3657)
Pitch
2011 Ed. (65)
Pitcher Partners
2002 Ed. (6)
2006 Ed. (5)
2007 Ed. (3)
2009 Ed. (3)
Pitea Kommun Stadenheten
2014 Ed. (2002)
2015 Ed. (2048)
Pitfire Artisan Pizza
2015 Ed. (4027)
2016 Ed. (3939)
Pitfire Pizza
2013 Ed. (4044)
Pitkin, CO
1994 Ed. (339)
2001 Ed. (1940)
Pitkin County, CO
1998 Ed. (1200, 2080)
2002 Ed. (1805)
Pitman, NJ
1992 Ed. (2380)
Pitney Bowes
2013 Ed. (791, 1362)
2014 Ed. (1322, 2548)
Pitney Bowes Inc.
1989 Ed. (975, 1313, 1316, 2100,
2102, 2103)
1990 Ed. (1121, 1742, 2733, 2734,
2735, 2736, 2993)
1991 Ed. (1025, 1643, 2634, 2635,
2636, 2637, 2639)
1992 Ed. (1300, 1307, 3284, 3285,
3286, 3288)
1993 Ed. (845, 1047, 1291, 2740,
2741)
1994 Ed. (1080, 1343, 2428, 2691,
2692, 2693)
1995 Ed. (1087, 1368, 2805, 2806)
1996 Ed. (1063, 1390, 2861, 2862)
1997 Ed. (1079, 2956, 2957)
1998 Ed. (827, 2700, 2701, 2702,
2704)
1999 Ed. (3642, 3645)
2000 Ed. (1164, 1747, 3369, 4427)
2001 Ed. (1072, 3565, 3566)
2002 Ed. (913, 1135, 1629, 2100)
2003 Ed. (1092, 1361, 1578, 1662,
2245, 3671, 3672, 3674, 4562)
2004 Ed. (1078, 1079, 1110, 1114,
1366, 1689, 2122, 3728, 3729,
3731)
2005 Ed. (821, 1082, 1083, 1114,
1118, 1384, 2227, 3638, 3639)
2006 Ed. (745, 747, 1078, 1079,
1103, 1108, 2292, 3369, 3739)
2007 Ed. (841, 1206, 1210, 2220,
2227, 3008, 3739)
2008 Ed. (1699, 2360, 3014, 3687,
4262)
2009 Ed. (1092, 1443, 1623, 3114)
2010 Ed. (779, 1072, 1597, 1599,
4463)
2011 Ed. (706, 1011, 1441, 1456,
1599, 1601)
2012 Ed. (647, 649, 650, 934, 1445,
1447)
2013 Ed. (793, 794, 1083, 1577)
2014 Ed. (1046, 3152)
Pitney, Hardin, Kipp & Szuch
1989 Ed. (1884)
1990 Ed. (2423)
1991 Ed. (2289)
1993 Ed. (2401)
1994 Ed. (2354)
1995 Ed. (2419)
1997 Ed. (2599)
1998 Ed. (2331)
1999 Ed. (3155)
2000 Ed. (2900)
2001 Ed. (564)
2002 Ed. (3060)
Pitt; Brad

2008 Ed. (2579)
2009 Ed. (2605, 2607)
2010 Ed. (2508, 2510)
2011 Ed. (2510, 2512)
2012 Ed. (2431)
2013 Ed. (2597)
2014 Ed. (2526)
Pitt County Memorial Hospital Inc.
2001 Ed. (1821)
2007 Ed. (1924)
2008 Ed. (1990)
2009 Ed. (1950)
2010 Ed. (1886)
2011 Ed. (1918)
2012 Ed. (1779)
Pitt County, NC
2008 Ed. (2831)
Pitt-Des Moines Inc.
2000 Ed. (1286)
2002 Ed. (1286)
Pitt; Munro
1991 Ed. (1698)
Pitt Ohio
2015 Ed. (4784, 4830)
Pitt Ohio Express
1999 Ed. (4684, 4685)
2000 Ed. (4312, 4315)
2002 Ed. (4690, 4691)
2005 Ed. (4761)
2006 Ed. (4808, 4840)
2009 Ed. (312, 4772)
2012 Ed. (4752)
Pitt Street Mall
2006 Ed. (4182)
PITTCON
2005 Ed. (4732)
Pittler Maschinenfabrik
1992 Ed. (1613)
Pittman & Brooks
2016 Ed. (3)
Pittman & Brooks PC
2007 Ed. (1944)
2008 Ed. (2021, 2023, 2025, 2026)
2009 Ed. (1986, 1989, 1990)
2010 Ed. (1929, 1930)
2011 Ed. (3, 1976, 1977, 1978, 1979,
1980)
2012 Ed. (3, 1826)
Pittman Enterprise
2016 Ed. (114)
Pittman; Harold S.
1995 Ed. (2486)
Pittsburg Tank & Tower Co.
1996 Ed. (1140)
1997 Ed. (1164)
1998 Ed. (956)
2006 Ed. (1294)
2007 Ed. (1370)
Pittsburgh
1990 Ed. (243, 1077)
Pittsburgh Adi Newspaper N
1989 Ed. (2046)
Pittsburgh ADI NW N
1990 Ed. (2688)
Pittsburgh Airport
2001 Ed. (1339)
Pittsburgh Airport Marriott
1993 Ed. (207)
1994 Ed. (193)
Pittsburgh Ballet Theatre
2006 Ed. (3723)
Pittsburgh Brewing Co.
1989 Ed. (769)
1997 Ed. (713, 716)
1998 Ed. (2491)
2000 Ed. (3127)
2001 Ed. (674, 1023)
Pittsburgh; Children's Hospital of
2005 Ed. (2900)
2012 Ed. (2957, 2958, 2963, 2966)
2013 Ed. (3048, 3049, 3054)
Pittsburgh Civic Light Opera
2006 Ed. (3723)
Pittsburgh Cultural Trust
2006 Ed. (3723)
The Pittsburgh Foundation
2001 Ed. (2513)
2002 Ed. (1127)
2011 Ed. (2753)
Pittsburgh Glass Works
2010 Ed. (4096)
Pittsburgh Logistics Systems
2007 Ed. (2647)
Pittsburgh Medical Center; University of
2005 Ed. (2907)
2006 Ed. (2914, 3903, 4016)
2007 Ed. (2767, 2770, 2919, 2933,
4048)
2008 Ed. (3055, 3194, 3983)

2009 Ed. (3129, 3137, 3141, 3253,
4054)
2010 Ed. (3061, 3062, 3066, 3068,
3072, 3184, 4132)
2011 Ed. (2868, 3032, 3033, 3037,
3040, 3043, 3044, 3148, 3157,
3975, 4097)
2012 Ed. (2801, 2802, 2970, 2971,
2975, 2976, 2978, 2980, 3113,
4131)
2013 Ed. (1999, 2869, 2870, 3060,
3061, 3062, 3064, 3066, 3068,
3070, 3071, 4124)
2014 Ed. (3062, 3063, 3064, 3065,
3066, 3068, 3069, 3070, 3073,
4139)
2015 Ed. (3127, 3128, 3129, 3131,
3134, 3135, 3137, 3138, 4121)
2016 Ed. (2990, 2992, 2998, 3000,
3001, 4035)
Pittsburgh Mercy Health System
2006 Ed. (3724)
Pittsburgh National Bank
1989 Ed. (653)
1990 Ed. (667, 2436)
1991 Ed. (646)
1992 Ed. (546, 569, 818, 3104)
1993 Ed. (388, 390, 409, 612, 2590)
1994 Ed. (378, 380, 399, 403, 615,
1039, 2552, 2553)
Pittsburgh Opera
2006 Ed. (3723)
Pittsburgh, PA
1989 Ed. (766, 843, 846, 847, 2774)
1990 Ed. (875, 1003, 2125, 2486,
2564, 2566, 2608)
1991 Ed. (831, 1985, 2348, 2429,
2447)
1992 Ed. (1017, 1026, 2543, 2544,
2551, 3038, 3053, 3293)
1993 Ed. (948, 950, 1221, 1852,
2112, 2527)
1994 Ed. (1259)
1995 Ed. (1282, 3522, 3543, 3651)
1996 Ed. (38, 1238)
1997 Ed. (1284, 2233, 2775)
1998 Ed. (738, 1055, 2056, 2693)
1999 Ed. (1487)
2000 Ed. (1330)
2001 Ed. (1090, 4679)
2002 Ed. (1055, 3238, 4744)
2003 Ed. (3677, 3678, 3903, 3904)
2004 Ed. (872, 3298, 3304, 3373,
3455, 3481, 3487, 3735, 3737,
4835)
2005 Ed. (846, 3312, 4834)
2006 Ed. (3302, 3310)
2007 Ed. (2996, 3003, 4063)
2008 Ed. (3111, 3458, 3463, 4089,
4097, 4242)
2009 Ed. (3534, 4208, 4842)
2010 Ed. (3133, 3135, 3462, 3491)
2011 Ed. (3100, 3102, 3492)
2012 Ed. (2339, 2548, 3496, 4370,
4610)
2013 Ed. (3541)
2014 Ed. (753, 2314, 3517)
Pittsburgh (PA) PennySaver
2003 Ed. (3646)
Pittsburgh Penguins
1998 Ed. (1946)
2003 Ed. (4509)
2012 Ed. (2888)
2013 Ed. (2965)
2014 Ed. (2978)
2015 Ed. (3046)
2016 Ed. (2938)
Pittsburgh PennySaver
2002 Ed. (3505)
Pittsburgh Pirates
2013 Ed. (4480)
Pittsburgh Post Gazette
2002 Ed. (3510)
Pittsburgh Press, Post-Gazette
1990 Ed. (2705)
1991 Ed. (2605)
1992 Ed. (3242)
Pittsburgh Public Theater
2006 Ed. (3723)
Pittsburgh Regional Alliance
2003 Ed. (3245)
2009 Ed. (3555)
2010 Ed. (3473)
2011 Ed. (3478)
2013 Ed. (3530)
2014 Ed. (3507)
2015 Ed. (3522)
2016 Ed. (3378)
Pittsburgh Steelers
2004 Ed. (2674)

2012 Ed. (2679)
Pittsburgh Symphony Orchestra
2006 Ed. (3723)
Pittsburgh Tank & Tower Co. Inc.
1995 Ed. (1161)
2001 Ed. (1482)
2004 Ed. (1317)
Pittsburgh Teachers Credit Union
2005 Ed. (2072)
2006 Ed. (2166)
Pittsburgh Technical Institute
2008 Ed. (2035)
Pittsburgh; University of
1992 Ed. (2216)
1997 Ed. (862, 2632)
2006 Ed. (1072)
2007 Ed. (829)
2008 Ed. (2409)
2010 Ed. (3450)
2011 Ed. (949, 3450)
Pittsburgh vs. Dallas
1992 Ed. (4162)
Pittsburgh-Youngstown, PA
2004 Ed. (4537)
Pittsburgh Zoo & PPG Aquarium
2006 Ed. (3723)
Pittsfield Berkshire Eagle
1989 Ed. (2063)
1990 Ed. (2709)
Pittsfield, MA
1994 Ed. (2493, 3062)
2005 Ed. (2389, 3316)
2006 Ed. (3305)
2007 Ed. (3369)
2009 Ed. (3546)
2010 Ed. (2410, 3466)
2011 Ed. (3469)
Pittsfield, PA
1995 Ed. (3108)
Pittston Burlington
1998 Ed. (111)
1999 Ed. (206)
The Pittston Co. Inc.
1989 Ed. (223, 947)
1990 Ed. (198, 212, 1070, 1073)
1991 Ed. (188, 198, 987, 988, 3112)
1992 Ed. (263, 276, 1231, 1232, 3921)
1993 Ed. (167, 1001)
1994 Ed. (151, 1034, 3587)
1996 Ed. (2898)
1997 Ed. (2980)
1998 Ed. (2729)
1999 Ed. (3678, 3679, 4491)
2000 Ed. (3393, 3394)
2001 Ed. (4233, 4629, 4630)
2002 Ed. (3569, 3570)
2003 Ed. (2642, 3707, 3708, 4792, 4793, 4794, 4799)
2004 Ed. (1024, 1025, 3752, 4414, 4778, 4779)
Pittston Co. Minerals Group
1997 Ed. (3642)
Pittston Services
1995 Ed. (168)
1996 Ed. (171)
1997 Ed. (187)
Pittway
1989 Ed. (1009)
1990 Ed. (1801)
1991 Ed. (1164, 1727)
1992 Ed. (2163, 2520)
1993 Ed. (2105)
1994 Ed. (2128)
Pittway-Seaguist
1992 Ed. (1388)
Pitway
1993 Ed. (1862)
1994 Ed. (1851)
Pivot
2002 Ed. (3782)
2004 Ed. (3960)
Pivot Employment Platform
2015 Ed. (1763)
Pivot Employment Platforms
2015 Ed. (3187)
Pivot Global Value
2010 Ed. (2917)
2011 Ed. (2882)
Pivot Interiors Inc.
2015 Ed. (1471, 1472)
2016 Ed. (1398, 1399)
Pivot International
2016 Ed. (1717)
Pivotal
2002 Ed. (2485, 2528)
2003 Ed. (1114, 2707, 2935)
2005 Ed. (1664, 1669)
2006 Ed. (1571, 1575)
Pivovarna Lasko

2006 Ed. (3290)
Pivovarna Union
2006 Ed. (3290)
Pivovarni Ivana Taranova
2004 Ed. (29)
2005 Ed. (22)
Pixar
2001 Ed. (4450)
2004 Ed. (3508, 3509)
2006 Ed. (650)
Pixar Animation Studios Inc.
2003 Ed. (3349)
2004 Ed. (1589)
2005 Ed. (3513, 3514)
2006 Ed. (657, 1577, 2492, 2737, 2740)
2007 Ed. (749, 2455, 2727, 2730)
2008 Ed. (2857, 2860)
The Pixar Touch: The Making of a Company
2010 Ed. (607)
Pixel Technologies
2016 Ed. (3615)
PixelOptics Inc.
2014 Ed. (4238)
Pixelworks
2002 Ed. (2531)
2003 Ed. (2727)
2004 Ed. (2771)
2005 Ed. (1466)
2006 Ed. (4677)
2010 Ed. (2061)
2011 Ed. (2116)
Pixley Capital Management
2008 Ed. (1096)
2009 Ed. (1075)
PixStream Inc.
2002 Ed. (2484)
Piz Buin
2001 Ed. (4396, 4397)
Pizarro; Orlando
2012 Ed. (3448)
Pizza
1991 Ed. (2875, 2876)
1992 Ed. (1777, 2198, 3016, 3017, 3018, 4173, 4175)
1993 Ed. (3499)
1995 Ed. (3536, 3537)
1997 Ed. (2033, 2059, 2063, 2064, 3669, 3680)
1998 Ed. (1743, 1745, 1768, 2463)
1999 Ed. (1413, 2125, 3408)
2000 Ed. (4140, 4146, 4164)
2001 Ed. (3603)
2002 Ed. (4011)
2003 Ed. (2571, 3941, 3942)
2008 Ed. (2732)
Pizza 73
2008 Ed. (1547)
Pizza Cottage
2007 Ed. (3965)
2012 Ed. (3981)
2014 Ed. (3982)
2015 Ed. (4027)
2016 Ed. (3939)
Pizza crust
1998 Ed. (1709)
Pizza Delight
1990 Ed. (1854)
1996 Ed. (1968, 3049)
Pizza Experts
1996 Ed. (1968, 3049)
Pizza Express
2008 Ed. (713)
2009 Ed. (712, 723)
2010 Ed. (647)
Pizza Factory
2014 Ed. (3987)
Pizza Factory Inc.
2002 Ed. (3717)
2003 Ed. (2454)
2004 Ed. (2588)
2005 Ed. (2567)
2006 Ed. (2573)
2007 Ed. (2544)
2008 Ed. (2685)
2009 Ed. (2708)
2010 Ed. (2628)
Pizza franchises
1992 Ed. (2218)
Pizza, frozen
1994 Ed. (3347)
1999 Ed. (2532, 4508)
Pizza Hut
1989 Ed. (2235)
1990 Ed. (2872)
1991 Ed. (1655, 1658, 1659, 1756, 2749, 2750, 2751, 2867, 2879, 2886, 3319)
1992 Ed. (38, 922, 2124, 2203, 2205,

2224, 2228, 3470, 3471, 3472, 3705, 3720, 3721, 3722, 3723, 4229)
1993 Ed. (1757, 1886, 2862, 2863, 2864, 3013, 3030, 3037, 3530)
1994 Ed. (1748, 1884, 1885, 2885, 2887, 2888, 3069)
1995 Ed. (1781, 1911, 1914, 2950, 2952, 2953, 3114, 3128)
1996 Ed. (1759, 1968, 3046, 3047, 3048, 3049, 3210, 3229)
1997 Ed. (1832, 2052, 2058, 2083, 3127, 3128, 3129, 3310, 3711)
1998 Ed. (600, 1551, 2867, 2868, 3050, 3073, 3074, 3077, 3492)
1999 Ed. (775, 2129, 2134, 2477, 2507, 2519, 2522, 2523, 3836, 3838, 3839, 4050, 4083, 4084, 4085)
2000 Ed. (29, 1911, 1912, 2246, 3551, 3552, 3553, 3764, 3789, 3799, 3800)
2001 Ed. (2407, 2409, 2529, 3806, 4058, 4059, 4077, 4080, 4082, 4083)
2002 Ed. (2237, 3714, 3715, 3716, 4004, 4026, 4027, 4031, 4032, 4033, 4034)
2003 Ed. (2437, 2440, 2458, 3883, 3884, 3885, 3886, 3887, 3888, 3889, 4093, 4104, 4130, 4134, 4137, 4138, 4142, 4143)
2004 Ed. (2575, 2587, 2589, 3906, 4128, 4142, 4143, 4144, 4145)
2005 Ed. (1975, 2546, 2554, 2557, 2564, 3845, 3846, 3847, 3848, 3849, 3850, 3851, 3852, 4053, 4080, 4086, 4087)
2006 Ed. (943, 2553, 2561, 2564, 3916, 3917, 4125, 4131, 4132, 4133, 4134)
2007 Ed. (895, 1038, 2529, 2530, 2535, 2544, 3967, 3968, 3969, 4150, 4153, 4154)
2008 Ed. (961, 2657, 2658, 2668, 2670, 2681, 3991, 3993, 3994, 3995, 4152, 4153, 4185, 4188, 4189, 4192, 4193, 4194)
2009 Ed. (665, 712, 884, 2685, 2686, 2692, 2693, 2695, 2708, 4062, 4064, 4065, 4287, 4291, 4292)
2010 Ed. (835, 2598, 2607, 2608, 2609, 2610, 2612, 2628, 3980, 3982, 3983, 4245, 4246, 4247, 4248, 4249, 4255, 4257, 4258, 4259)
2011 Ed. (2580, 2581, 2589, 2590, 2591, 2592, 2594, 2610, 3984, 3986, 3987, 3988, 3989, 4204, 4228, 4246, 4247, 4248, 4249, 4255, 4257, 4258, 4259)
2012 Ed. (549, 696, 2527, 2528, 2535, 2537, 2553, 3982, 3983, 3984, 4255, 4257, 4258, 4259, 4285, 4286, 4287, 4288, 4289, 4295, 4296, 4298, 4299, 4300, 4303)
2013 Ed. (912, 2659, 2662, 2663, 2665, 4046, 4047, 4253, 4254, 4255, 4256, 4257, 4260, 4262, 4264, 4265)
2014 Ed. (859, 2610, 2613, 2615, 3981, 3984, 3985, 3986, 4309, 4310, 4311, 4312, 4313, 4318, 4319, 4321, 4326)
2015 Ed. (2656, 2659, 2661, 4029, 4030, 4031, 4032, 4033, 4034, 4035, 4036, 4298, 4300, 4310, 4311)
2016 Ed. (793, 2582, 2584, 2592, 3941, 3942, 3943, 3944, 3945, 3946, 3947, 4203, 4205, 4206)
Pizza Hut Cafe
1996 Ed. (3047)
1997 Ed. (3128)
Pizza Hut Express
1995 Ed. (2952)
1996 Ed. (3047)
1997 Ed. (3128)
Pizza Hut Holdings Inc.
2003 Ed. (4079, 4080)
Pizza Hut Inc.
2013 Ed. (4045, 4048, 4232)
2014 Ed. (3983, 3987, 4279, 4280)
2015 Ed. (895, 897, 4028, 4037, 4261, 4262)
2016 Ed. (791, 3940, 3948, 4166, 4167)
Pizza Hut of America Inc.
2001 Ed. (4058)
2003 Ed. (4079)

2004 Ed. (4105)
2005 Ed. (4043)
Pizza Hut of Arizona Inc.
1989 Ed. (271)
Pizza Hut Restaurant
2000 Ed. (198)
Pizza Hut Restaurants
1989 Ed. (753)
Pizza Hut USA
2010 Ed. (3369)
Pizza Inn
2014 Ed. (3981)
2015 Ed. (4026)
Pizza Inn Inc.
1989 Ed. (2235)
1990 Ed. (2870, 2871)
1991 Ed. (2749, 2750)
1993 Ed. (2862, 2863, 2864)
1994 Ed. (2885, 2887, 2888, 3086)
1995 Ed. (2950, 2952, 2953, 3128, 3134)
1997 Ed. (3128, 3129)
1998 Ed. (2867, 2868)
1999 Ed. (3836, 3838, 3839)
2000 Ed. (3551, 3553)
2002 Ed. (3714, 3717)
2003 Ed. (2454)
2004 Ed. (2588)
2005 Ed. (2567)
2006 Ed. (2573)
2008 Ed. (2685)
Pizza Inns
1992 Ed. (3470, 3471, 3472)
1996 Ed. (3047, 3048)
Pizza Man
2002 Ed. (2362)
2011 Ed. (769)
Pizza Man--He Delivers
2002 Ed. (3717)
Pizza Management Inc.
1990 Ed. (2008)
1991 Ed. (1905, 1906)
1992 Ed. (2400, 2401)
1993 Ed. (1899, 2037, 2038)
1994 Ed. (2053)
Pizza mix
1994 Ed. (3460)
Pizza My Heart
2005 Ed. (3844)
2006 Ed. (3915)
Pizza Patio
1996 Ed. (1968, 3049)
Pizza pie & crust mixes
2002 Ed. (3745)
Pizza Pizza
1990 Ed. (1854)
1992 Ed. (2227)
1996 Ed. (1968, 3049)
2011 Ed. (3988, 4265)
Pizza Pizza Ltd.
2014 Ed. (4285)
Pizza Pizza Royalty Income Fund
2011 Ed. (4404)
Pizza Plus
1997 Ed. (3126)
Pizza Pro
2012 Ed. (3984)
The Pizza Ranch
2002 Ed. (3717)
2005 Ed. (2567)
2007 Ed. (2544)
2010 Ed. (2628)
2011 Ed. (2610)
2012 Ed. (2553)
2013 Ed. (4048)
2014 Ed. (3987)
2015 Ed. (4037)
2016 Ed. (3948)
Pizza Shuttle Inc.
2007 Ed. (3965)
Pizza Strada
1996 Ed. (3045)
1997 Ed. (3126)
Pizza Street Buffet
2011 Ed. (3985)
Pizza Uno Chicago Bar & Grill
2003 Ed. (4108)
PizzaExpress plc
2001 Ed. (4279)
Pizzagalli Construction Co.
1994 Ed. (3623)
1996 Ed. (1131)
1997 Ed. (3835)
1999 Ed. (1380, 4709)
2000 Ed. (1849, 1850)
2002 Ed. (1278, 1285, 1287)
2003 Ed. (1288, 1297, 1843)
2004 Ed. (1291, 1300, 1302, 1878)
2005 Ed. (1309, 1993)
2006 Ed. (1277, 1278)

2008 Ed. (2155)
Pizzagelli Construction Co.
2001 Ed. (1893)
Pizzas
2002 Ed. (3491)
Pizzeria Uno
1993 Ed. (3014, 3015, 3036)
2000 Ed. (3552, 3789)
2002 Ed. (4001)
2004 Ed. (4120)
2006 Ed. (4126)
2015 Ed. (4257)
Pizzeria Uno Chicago Bar & Grill
1998 Ed. (3065)
2000 Ed. (3787)
2002 Ed. (4013)
2003 Ed. (4099, 4132)
2004 Ed. (4140)
2005 Ed. (4079)
Pizzeria Uno Restaurant & Bar
1995 Ed. (2953)
1997 Ed. (3337)
1999 Ed. (4068)
Pizzuti Commercial Real Estate
1998 Ed. (3002)
PJ America Inc.
1998 Ed. (1880)
2000 Ed. (3797)
PJ Dick
2016 Ed. (1138)
PJA Distribution
2016 Ed. (2076)
PJM Interconnection
2014 Ed. (37)
2015 Ed. (40)
2016 Ed. (39)
Pkagrupa Energetycna
2013 Ed. (826)
P/Kaufmann
1995 Ed. (3596)
1996 Ed. (3675)
2000 Ed. (4239)
PKbanken
1989 Ed. (575, 684, 685)
1990 Ed. (690)
1992 Ed. (842)
PKbanken Group
1991 Ed. (669, 1350)
PKC Group Oyj
2009 Ed. (1667)
PKF
2004 Ed. (5)
PKF Australia Ltd.
2005 Ed. (3)
2006 Ed. (5)
2007 Ed. (3)
PKF Chartered Accountants & Business
Advisers
2009 Ed. (3)
PKF Consulting
2008 Ed. (3084)
2009 Ed. (3173)
PKF Holdings Ltd.
2006 Ed. (6, 7, 8, 9, 10)
2007 Ed. (6)
2008 Ed. (4)
2009 Ed. (7)
2010 Ed. (14)
PKF Pacific Hawaii LLP
2012 Ed. (1525)
2013 Ed. (1671)
PKF Texas
2011 Ed. (21, 2086)
2012 Ed. (26)
2013 Ed. (23)
2014 Ed. (19)
2015 Ed. (20)
2016 Ed. (19)
PKF (UK) LLP
2011 Ed. (10, 11, 12, 13, 15)
2012 Ed. (12, 13, 14, 15, 16, 18)
2013 Ed. (25, 27, 29)
2014 Ed. (25)
PKK, Kurdistan Workers Party
2000 Ed. (4238)
PKN Orlen
2006 Ed. (1993)
2007 Ed. (1957)
2008 Ed. (2051)
2009 Ed. (2017)
2010 Ed. (1956)
2011 Ed. (794, 2009)
2013 Ed. (2019, 3967)
2014 Ed. (1953, 3910)
2015 Ed. (1613, 1997, 2535, 3943)
2016 Ed. (1539, 2464, 3860)
PKN Orlen Group
2011 Ed. (1721)
PKN ORLEN SA
2008 Ed. (3934)

2009 Ed. (4009)
2010 Ed. (3915)
PKN Orlen SA
2015 Ed. (3958)
2016 Ed. (3874)
PKNORLEN
2006 Ed. (4889)
PKO Bank Polski
2003 Ed. (489, 492, 600)
2004 Ed. (489, 490, 558, 608)
2005 Ed. (494, 498, 499, 503, 540,
598)
2006 Ed. (436, 440, 514, 1993)
2007 Ed. (443, 444, 445, 542, 1957)
2008 Ed. (413, 493, 2051)
2009 Ed. (437, 438, 522, 2017)
2010 Ed. (412, 413, 414, 415, 502,
1956)
2011 Ed. (338, 339, 382, 432, 2009)
2012 Ed. (1858, 1859)
2013 Ed. (451, 2018, 2019)
2014 Ed. (434, 467, 1953)
2015 Ed. (489, 513, 525, 1612, 1997)
2016 Ed. (443, 467, 479, 1538, 1966)
PKO BP
1997 Ed. (433)
PKR
2013 Ed. (2903, 2913)
Pla-Fit Franchise LLC
2015 Ed. (2964)
2016 Ed. (2898)
Place Bonaventure Exhbition Hall
2001 Ed. (2352)
Place Bonaventure Exhibition Hall
2003 Ed. (2414)
2005 Ed. (2520)
Place Properties
2010 Ed. (1168)
Place Trade
2013 Ed. (714)
2014 Ed. (733, 737, 741)
2015 Ed. (779)
Placemats
2001 Ed. (3039)
Placement specialists
2007 Ed. (3726)
Placer, CA
1991 Ed. (2002)
Placer County, CA
1995 Ed. (1512, 2218)
Placer Dome Inc.
1990 Ed. (1936, 2586, 2588)
1991 Ed. (748, 1846, 2467)
1992 Ed. (2335, 4313)
1993 Ed. (3593)
1994 Ed. (1982)
1996 Ed. (1310, 2033, 2034, 3509,
3712)
1997 Ed. (1371, 2152, 3766)
1998 Ed. (1855)
1999 Ed. (1556, 1558, 1560, 3360,
3365, 3415, 4619)
2000 Ed. (2380, 3092, 3138, 4266)
2002 Ed. (3314, 3324, 3738)
2003 Ed. (2626, 4575)
2005 Ed. (1668)
2006 Ed. (1429, 1574, 3485)
2007 Ed. (2698)
2012 Ed. (1232)
Placers
2000 Ed. (4229)
Placewares
1992 Ed. (4037)
Placido
2001 Ed. (4880, 4884)
2002 Ed. (4942)
Placido Domingo
1993 Ed. (1634)
1994 Ed. (1668)
1995 Ed. (1715)
Plack; Vernon
2008 Ed. (2691)
Placosa
1996 Ed. (1733)
Plaid Enterprises
2016 Ed. (27)
Plain vegetables
2000 Ed. (4146, 4164)
Plains
1990 Ed. (2169)
2000 Ed. (3134)
2001 Ed. (3312)
Plains All American Pipeline
2014 Ed. (2030)
2015 Ed. (2076, 4023)
2016 Ed. (2044)
Plains All American Pipeline LP
2003 Ed. (1588, 1589, 3845)
2004 Ed. (1614, 1615, 3862)

2005 Ed. (1639, 1640, 2395, 3779,
3791)
2006 Ed. (1528, 1529, 2047, 3857,
3910, 3911, 3912)
2007 Ed. (1558, 1559, 1782, 2017,
3884, 3960, 3961, 3962)
2008 Ed. (1540, 2115, 2506, 3923,
3987, 3988, 3989)
2009 Ed. (1468, 2092, 2516, 3993,
4003, 4058, 4059, 4060)
2010 Ed. (1453, 2034, 2035, 2043,
3899, 3910, 3974, 3975, 3977,
3978)
2011 Ed. (1455, 2091, 2094, 3917,
3929, 3979, 3980, 3982)
2012 Ed. (1288, 1935, 1939, 2358,
3902, 3927, 3978, 3979)
2013 Ed. (1396, 2097, 2103, 2539,
2545, 3977, 3984, 4041, 4042)
2014 Ed. (2029, 2035, 2473, 2477,
3920, 3927, 3977, 3978)
2015 Ed. (2078, 2551, 3954, 4020,
4021)
2016 Ed. (2047, 3870, 3933, 3934)
Plains All American Pipelines
2013 Ed. (1743)
Plains Capital Corp.
2010 Ed. (365)
Plains Exploration & Production Co.
2005 Ed. (3741)
2006 Ed. (3823)
2007 Ed. (3895)
2008 Ed. (1403, 3938)
2009 Ed. (2513, 3972, 3973, 3974,
3977, 4013, 4016)
2010 Ed. (3532, 3886, 3919)
2011 Ed. (3531)
2015 Ed. (2075)
Plains GP Holdings
2015 Ed. (1398, 3963)
2016 Ed. (1299, 3935)
Plains GP Holdings LP
2015 Ed. (2084, 4416)
2016 Ed. (2065)
Plains Holding Inc.
2004 Ed. (3904)
Plains Resources Inc.
2000 Ed. (3137)
2001 Ed. (3320)
2002 Ed. (1567, 1568, 1569, 3366,
3664)
2003 Ed. (3813)
2004 Ed. (3825, 3833, 3843)
2006 Ed. (4010)
Plaintree Systems Inc.
2001 Ed. (2864)
Plainwell Community Credit Union
2003 Ed. (1891)
Plaisio Computers SA
2006 Ed. (1740)
2007 Ed. (1748)
2008 Ed. (1774)
2009 Ed. (1713)
Plan Ahead Events
2012 Ed. (4472)
2013 Ed. (4436)
2014 Ed. (4469)
2015 Ed. (4463)
2016 Ed. (4364)
Plan B Burger Bar
2014 Ed. (2702)
Plan B Logistics
2015 Ed. (2973)
Plan B One Step
2013 Ed. (3894)
Plan Do See Inc.
2011 Ed. (1774)
2012 Ed. (1626)
2013 Ed. (1785)
PLAN International
1993 Ed. (251, 2728)
Planchon; Susan
1992 Ed. (2906)
Planchon; Susan S.
1991 Ed. (2345)
1993 Ed. (2464)
Plandome Manor, NY
2012 Ed. (3047)
Plandome, NY
2012 Ed. (3047)
The Planet
1995 Ed. (2287)
2008 Ed. (4607)
Planet Access Networks, Inc.
2000 Ed. (2746)
Planet Automotive
2000 Ed. (329)
2001 Ed. (444, 451, 452)
Planet Automotive Group Inc.
2002 Ed. (350, 364, 1075)

Planet Beach Franchising Corp.
2002 Ed. (4548)
2003 Ed. (4673)
2004 Ed. (1895)
2005 Ed. (4593)
2006 Ed. (4658)
2008 Ed. (4589)
2009 Ed. (3951)
2010 Ed. (3863)
2011 Ed. (4608)
Planet Earth
2009 Ed. (849)
Planet Fitness
2010 Ed. (2909)
2011 Ed. (2879)
2012 Ed. (2817, 2819)
2013 Ed. (2888, 4038)
2014 Ed. (3975)
2015 Ed. (2964)
2016 Ed. (783, 2898, 3931)
*Planet Google: One Company's Auda-
cious Plan to Organize Everything
We Know*
2010 Ed. (607)
Planet Hollywood
1993 Ed. (3594)
1997 Ed. (3331, 3332)
1998 Ed. (3048, 3060, 3062)
1999 Ed. (4064, 4065)
2000 Ed. (3763, 3782, 3794, 3798)
2001 Ed. (4066, 4076, 4084, 4086)
2002 Ed. (4007, 4032)
Planet Innovation Pty. Ltd.
2015 Ed. (1449)
Planet of the Apes
2003 Ed. (3453)
Planet Organic Health
2012 Ed. (2645)
Planet Recycling Inc.
1995 Ed. (3080)
Planet Shoes
2009 Ed. (4303)
Planet Smoothie
2002 Ed. (3041)
2003 Ed. (3164)
2010 Ed. (3406)
2011 Ed. (3391)
2012 Ed. (2539)
Planet Video
1998 Ed. (3668)
Planet Waves
2013 Ed. (4950)
Planeta Azul
2005 Ed. (252)
PlanetCAD
2003 Ed. (1653)
PlanetGov Inc.
2005 Ed. (1392)
PLANETGOV.COM
2002 Ed. (2535)
Planetrx.com
2001 Ed. (2079)
Plank; Roger
2006 Ed. (981)
2007 Ed. (1075)
Planmetrics Inc.
1990 Ed. (853)
1991 Ed. (811)
Planned Management Services
1991 Ed. (2477)
1992 Ed. (3093)
Planned Parenthood
1995 Ed. (942, 2781, 2784)
1996 Ed. (911)
1997 Ed. (2949)
Planned Parenthood Federation
1991 Ed. (2618)
Planned Parenthood Federation of
America
1989 Ed. (2074)
1998 Ed. (689)
2000 Ed. (3346)
2005 Ed. (3607)
Planned Systems International Inc.
2006 Ed. (3518)
2007 Ed. (3563)
Planners
2002 Ed. (3536)
Planning Research Corp.
1989 Ed. (981)
1992 Ed. (1343)
Planning Technologies Inc.
1998 Ed. (1939, 3289)
1999 Ed. (2665, 2680)
Plano Independent School District
2005 Ed. (2273)
Plano, TX
1992 Ed. (1154, 1156)
1999 Ed. (1129, 1147, 1174, 1176,
3851)

Plant
2015 Ed. (804)
2016 Ed. (722)
Plant Engineering
2009 Ed. (4759)
Plant; John
2007 Ed. (1030)
2008 Ed. (952)
2009 Ed. (951)
2010 Ed. (903)
2014 Ed. (940)
2015 Ed. (957)
Plant; John C.
2011 Ed. (829)
2015 Ed. (964)
Plant manager
2004 Ed. (2283)
Plant Offshore
2010 Ed. (1793)
Plant operations
1998 Ed. (1981)
2000 Ed. (2503)
2001 Ed. (3556)
2002 Ed. (2599)
Plant operations/equipment maintenance
2001 Ed. (2766)
Plant Performance Services LLC
2006 Ed. (1324)
2007 Ed. (1378)
2008 Ed. (1310)
Plant Reclamation
1998 Ed. (945)
Plant Reclamation/F. Scott Industries
1997 Ed. (1175)
Plant; Robert
1997 Ed. (1114)
Plant Services
2009 Ed. (4759)
2010 Ed. (4769)
Plantasjen ASA
2007 Ed. (1934)
2008 Ed. (2000, 4230)
2009 Ed. (1962)
Plantation
1997 Ed. (1214)
The Plantation at Leesburg
2008 Ed. (1195)
Plantation Brownie
1996 Ed. (3775)
1998 Ed. (3659)
Plantation Olde New England Brownie
1996 Ed. (3775)
1998 Ed. (3659)
Plantation Pipe Line Co.
1989 Ed. (2233)
1991 Ed. (2747)
1992 Ed. (3464, 3468)
1993 Ed. (2856, 2860)
1994 Ed. (2876, 2881)
1995 Ed. (2942, 2947)
1996 Ed. (3041)
1997 Ed. (3123)
1998 Ed. (2860, 2866)
1999 Ed. (3831)
2000 Ed. (2313)
2001 Ed. (3801)
Plantations des Terres Rouges
2006 Ed. (3340)
Plante & Moran
1989 Ed. (10)
1998 Ed. (8)
1999 Ed. (5)
2000 Ed. (2, 8)
2009 Ed. (1185)
Plante Moran
2015 Ed. (1367)
Plante Moran Financial Advisors
2009 Ed. (3443)
2010 Ed. (3384)
2011 Ed. (3333)
2015 Ed. (7)
2016 Ed. (3286)
Plante & Moran LLP
1997 Ed. (5)
2001 Ed. (3)
2002 Ed. (10, 12, 19, 1503)
2003 Ed. (6, 1549)
2004 Ed. (9, 12)
2005 Ed. (5, 8)
2006 Ed. (13, 1879)
2007 Ed. (9, 1522)
2008 Ed. (7)
2009 Ed. (10, 1888)
2010 Ed. (16, 19, 1823)
2011 Ed. (1853)
2012 Ed. (19, 1705, 2328)
2013 Ed. (16, 1862, 2509)
2014 Ed. (12)
2015 Ed. (13)

2016 Ed. (12)
Plante & Moran PLLC
2010 Ed. (284)
2014 Ed. (1794, 2451, 4462)
2015 Ed. (249, 1835, 4456)
2016 Ed. (4352)
Planter's
2013 Ed. (3842)
2014 Ed. (3761)
2015 Ed. (3785, 3837)
2016 Ed. (3698)
Planters
1989 Ed. (2505, 2506, 2507)
1993 Ed. (3345)
1996 Ed. (2858, 2859)
1998 Ed. (622)
1999 Ed. (1021, 1022)
2000 Ed. (971)
2003 Ed. (3654, 4453, 4455)
2004 Ed. (4437, 4439)
2006 Ed. (3728, 4389, 4394)
2007 Ed. (871, 3711, 4461, 4462)
2008 Ed. (835, 3802, 3803, 3805,
4446)
2009 Ed. (3848, 4490)
2012 Ed. (4486)
2014 Ed. (3760)
2015 Ed. (3784)
2016 Ed. (3697, 3699, 4396)
Planters Bank & Trust Co.
1993 Ed. (511)
Planters Cheez Mania
2006 Ed. (4390)
Planters LifeSavers Co.
1993 Ed. (929)
Planter's Nutrition
2013 Ed. (3842)
2014 Ed. (3761)
2015 Ed. (3785)
2016 Ed. (3698)
Planters Nutrition
2009 Ed. (3848)
2014 Ed. (3760)
2015 Ed. (3784)
2016 Ed. (3697)
Planters Select Mix
1996 Ed. (2859)
Planters Sweet Roast
2008 Ed. (3802)
Plantronics
2016 Ed. (954)
Plantronics Inc.
1996 Ed. (3256)
2000 Ed. (2403, 4047)
2004 Ed. (1080)
2005 Ed. (1089)
2006 Ed. (4685)
2008 Ed. (1594, 1595)
Plantronics Mexico
2011 Ed. (1845)
2013 Ed. (1850)
2014 Ed. (1780)
2015 Ed. (1824)
PlanVista Corp.
2005 Ed. (4165)
Plaquemine, LA
2002 Ed. (2745)
2004 Ed. (3310)
Plaquemines, LA
2003 Ed. (3904, 3913)
Plaques
1993 Ed. (2131)
Plasco Energy Group Inc.
2009 Ed. (4830)
Plasma Physics Lab
1990 Ed. (1097, 2998)
1991 Ed. (1005, 2834)
1992 Ed. (1284, 3670)
1993 Ed. (3001)
1994 Ed. (1059, 3047)
1996 Ed. (1049, 3193)
Plasma Physics Laboratory
1991 Ed. (915)
1995 Ed. (1074, 3096)
Plasma-Therm Inc.
1997 Ed. (2021)
Plasmart Inc.
2012 Ed. (2770)
Plastec USA Inc.
1992 Ed. (2405)
1993 Ed. (2040)
1994 Ed. (2055)
1995 Ed. (2103)
1996 Ed. (2112, 3234)
1997 Ed. (2218)
1998 Ed. (3081)
1999 Ed. (2678, 2683)
2000 Ed. (2467)
2003 Ed. (2421)
2004 Ed. (2540)

2005 Ed. (2529)
2008 Ed. (2645)
PLASTEC West Pavilion
2005 Ed. (4730, 4732)
Plastech Engineered Products
2001 Ed. (4924)
2002 Ed. (4988)
2004 Ed. (324, 3027, 3908, 4990)
2005 Ed. (3040, 4995)
2006 Ed. (341, 3043)
2007 Ed. (3076)
2008 Ed. (3217)
2009 Ed. (331, 3276)
Plastech Equipment Products Inc.
2003 Ed. (343)
Plastech Exterior Systems
2005 Ed. (3854)
Plaster Development Co.
1999 Ed. (1306, 1307)
2002 Ed. (2652, 2653)
Plastic
1992 Ed. (3653)
1998 Ed. (3699)
1999 Ed. (2102)
2001 Ed. (1457)
Plastic additives
2001 Ed. (1210)
2002 Ed. (1035)
Plastic bottles
2001 Ed. (3908)
Plastic cutlery
1994 Ed. (1993)
Plastic flatware
1990 Ed. (1955)
Plastic materials
2006 Ed. (2535)
2007 Ed. (2516, 2521)
Plastic materials and synthetic resins,
rubber, and fibers
1991 Ed. (1904)
Plastic materials/resins
1995 Ed. (2248)
Plastic Omnium
1997 Ed. (2804)
Plastic Omnium Industries Inc.
2001 Ed. (717)
Plastic Products Co.
2002 Ed. (2217)
2006 Ed. (3521, 4360)
2007 Ed. (3569, 3570)
2008 Ed. (3716, 4406, 4968)
Plastic products, miscellaneous
1992 Ed. (2969)
Plastic refuse bags
1990 Ed. (1955)
Plastic Resource Inc.
2009 Ed. (4097, 4107)
2010 Ed. (4036)
2012 Ed. (4040)
Plastic retardents
2006 Ed. (275)
Plastic Trash Bags, 20- to 30- Gal., 50-
Count
1990 Ed. (2129)
Plastic wrap
2000 Ed. (4155)
2002 Ed. (3719)
Plasticizers
1999 Ed. (1110, 4826)
Plasticom Telecommunications
2002 Ed. (2539, 2540)
Plasticomm
2007 Ed. (3539)
Plasticomm Industries Inc.
2003 Ed. (2747)
2006 Ed. (3504)
Plasticraft Corp.
2001 Ed. (4125)
Plastics
1992 Ed. (3476, 3646)
1996 Ed. (930)
1999 Ed. (3119)
2000 Ed. (1895, 4255)
2001 Ed. (391, 1205, 3797)
2002 Ed. (3242)
2006 Ed. (275)
2007 Ed. (280)
2008 Ed. (2649)
2009 Ed. (2677)
2011 Ed. (2554)
Plastics additives
1996 Ed. (952)
Plastics and artificial resins
1990 Ed. (1733)
The Plastics Group Inc.
2001 Ed. (4125)
2006 Ed. (4350)
Plastics Management Group
1999 Ed. (3840)
Plastics modification

1992 Ed. (3747)
Plastics products
1989 Ed. (1927)
1990 Ed. (2514)
1993 Ed. (2496)
1994 Ed. (2434, 2435, 3327)
1995 Ed. (2502)
2010 Ed. (3529, 3530)
2011 Ed. (3528, 3529)
Plastics & rubber
1990 Ed. (1261)
1993 Ed. (1214)
1995 Ed. (1248)
2002 Ed. (2798)
plasticsnet.com
2001 Ed. (4770)
Plastika
1999 Ed. (806)
Plastika Skopje
2002 Ed. (4442)
Plastipack
1992 Ed. (3473)
1993 Ed. (2865)
Plastipak Holdings
2014 Ed. (1796, 3573)
2015 Ed. (1837, 3587)
2016 Ed. (1798, 3470)
Plastipak Holdings Inc.
2009 Ed. (2680, 3892)
2010 Ed. (3805, 4068)
2011 Ed. (3802)
2012 Ed. (3792, 4086)
2013 Ed. (1856, 2651)
2015 Ed. (2653)
Plastipak Packaging Inc.
2001 Ed. (718)
2002 Ed. (3720)
2003 Ed. (687)
2004 Ed. (690, 3908)
2005 Ed. (686, 3854)
2006 Ed. (601)
2007 Ed. (630)
2008 Ed. (578)
2009 Ed. (607)
2010 Ed. (590)
2011 Ed. (515)
2012 Ed. (496)
2013 Ed. (611)
2014 Ed. (631)
2015 Ed. (626)
2016 Ed. (634)
Plastpro 2000
2004 Ed. (3908)
Plateau Systems
2005 Ed. (1994)
Plates
1997 Ed. (1049)
1999 Ed. (1222)
Plates & bowls
1998 Ed. (3434)
Plates, cuts and coils
2001 Ed. (4366)
Plates, disposable
2002 Ed. (4092)
PlateSpin
2008 Ed. (2867)
2009 Ed. (2919, 2989)
2010 Ed. (2928)
Platform Advertising
2012 Ed. (2303)
Platform Computing
2003 Ed. (1110)
2005 Ed. (1347)
2006 Ed. (1128)
2009 Ed. (1110)
2010 Ed. (1091)
2011 Ed. (1029)
2012 Ed. (959)
Platform Learning
2007 Ed. (2276)
Platina; Nissan
2005 Ed. (303)
2006 Ed. (322)
2008 Ed. (303)
Plating chemicals
2001 Ed. (1207)
Platini; Michel
2010 Ed. (4564)
Platinum
1992 Ed. (2092)
2008 Ed. (2644)
2009 Ed. (2672)
Platinum 600
2001 Ed. (3793)
Platinum Bank
2009 Ed. (74)
Platinum Capital Group
2000 Ed. (1106, 2406)
Platinum Credit Union
2009 Ed. (3527)

2010 Ed. (2133)
Platinum Entertainment Inc.
1999 Ed. (1118, 2622)
2000 Ed. (1043)
Platinum Equity
2002 Ed. (1077)
2003 Ed. (3965)
2006 Ed. (4010)
2009 Ed. (2336, 4123, 4146)
2010 Ed. (2267, 4056)
2016 Ed. (2308)
Platinum Equity Holdings
2001 Ed. (2726)
2004 Ed. (3255)
Platinum Equity LLC
2004 Ed. (2848)
2005 Ed. (2856)
2011 Ed. (2274, 4035)
2012 Ed. (2141, 2429, 4068, 4083)
2013 Ed. (9, 1459, 1468, 2347, 2595)
2014 Ed. (5, 1420, 1431, 2277, 2521)
2015 Ed. (1480, 2362, 3047)
2016 Ed. (1405, 4065, 4066)
The Platinum Fund Ltd.
2003 Ed. (3149)
Platinum-Habib Bank
2010 Ed. (84)
2011 Ed. (422)
Platinum Holdings
2007 Ed. (4081)
Platinum Pools
2012 Ed. (4612)
2013 Ed. (4560)
2016 Ed. (4534)
Platinum Realty
2012 Ed. (4187)
2013 Ed. (1791)
Platinum Software
1997 Ed. (2209, 3647)
Platinum Solutions
2008 Ed. (1126, 1346)
Platinum Technology Inc.
1993 Ed. (933, 1075, 2001, 2002, 2003, 2007, 2010, 3331, 3332, 3333, 3334, 3335)
1994 Ed. (2018, 2159, 3049)
1997 Ed. (1240, 2167, 2212, 3299, 3300)
1998 Ed. (1889, 2076)
1999 Ed. (1956, 1961, 1977)
2000 Ed. (1173)
Platinum Underwriters
2007 Ed. (3185)
Platinum Underwriters Holdings Ltd.
2004 Ed. (4338)
Plato Learning Inc.
2006 Ed. (1885)
Plato's
2016 Ed. (785)
Plato's Closet
2003 Ed. (1017)
2004 Ed. (911)
2005 Ed. (902, 904)
2006 Ed. (817)
2007 Ed. (904)
2008 Ed. (879)
2009 Ed. (889)
2010 Ed. (839)
2011 Ed. (765)
2012 Ed. (840)
2013 Ed. (1019)
2014 Ed. (984)
2015 Ed. (1020)
2016 Ed. (923)
Plats du Chef Inc.; Les
2007 Ed. (1965)
Platte River Networks
2014 Ed. (1519)
Platte Valley Federal
1990 Ed. (2472, 3120, 3129)
Platte Valley Financial Services Corp.
2005 Ed. (453)
PlattForm Advertising
2014 Ed. (2411)
2015 Ed. (2486)
Plattner; Hasso
2011 Ed. (4878)
2012 Ed. (4887)
2013 Ed. (4871)
2014 Ed. (4885)
2015 Ed. (4924)
2016 Ed. (4840)
Plattsburg, NY
2016 Ed. (3384)
Plattsburgh, KY
2006 Ed. (3322)
Plattsburgh, NY
2002 Ed. (2745)
2003 Ed. (3247)
2004 Ed. (3310)

2005 Ed. (3334)
2007 Ed. (3384)
Plaut; Peter
1997 Ed. (1932)
Plave Koch
2012 Ed. (3378)
Plavix
2006 Ed. (2313, 2315)
2007 Ed. (2242, 2243, 2246, 2247)
2008 Ed. (2379, 2382)
2009 Ed. (2353, 2354, 2358, 2359, 2360)
2010 Ed. (2280, 2281, 2285, 2286, 2287, 2288)
2011 Ed. (2284, 2285, 2287, 2288)
2012 Ed. (2178, 2179, 2181, 2182)
2013 Ed. (2376, 2377, 2378)
2014 Ed. (2308)
Plax
1992 Ed. (1782)
1993 Ed. (1470, 1471)
1994 Ed. (2570)
1995 Ed. (2625)
1996 Ed. (1524, 1527, 1529)
1999 Ed. (1828, 3458)
2001 Ed. (3402)
2002 Ed. (3404, 3405)
2003 Ed. (3460, 3461)
2008 Ed. (3761)
Plax dental rinse
1991 Ed. (1451)
Plax Dental Rinse 8 oz
1990 Ed. (2628)
Plax Dental Rinse 16 oz
1990 Ed. (2628)
Plax dental rinse mint 16 oz.
1990 Ed. (2628)
1991 Ed. (1452)
Plax dental rinse original 16 oz.
1991 Ed. (1452)
Play
2000 Ed. (3496)
Play-Doh
1995 Ed. (3647)
Play It Again Sports
1992 Ed. (2223)
1994 Ed. (1912)
2002 Ed. (4339)
2003 Ed. (4513)
2004 Ed. (4480)
2005 Ed. (4436)
2006 Ed. (4452)
2007 Ed. (4508)
2008 Ed. (4487)
2009 Ed. (4518)
2010 Ed. (4556)
2011 Ed. (4517)
2012 Ed. (4520)
2013 Ed. (4477)
2014 Ed. (4525)
2015 Ed. (4524)
2016 Ed. (4460)
Play It Agian Sports Franchise
1995 Ed. (998, 3392)
Play N Trade Franchise Inc.
2008 Ed. (879)
2009 Ed. (889, 891)
Playa del Rey
2015 Ed. (3503)
Playballs
1993 Ed. (3599)
Playboy
1991 Ed. (837)
1998 Ed. (594, 1278)
1999 Ed. (1855)
2001 Ed. (3192)
2003 Ed. (3275)
Playboy Enterprises
1990 Ed. (3705)
1991 Ed. (3513)
1992 Ed. (1027, 4484)
1993 Ed. (3734)
1994 Ed. (3669)
1995 Ed. (3793)
2003 Ed. (827)
Playboy: Hardbodies
1998 Ed. (3674)
Playcenter
1995 Ed. (219)
1996 Ed. (218)
1997 Ed. (250)
1999 Ed. (271)
2000 Ed. (299)
2001 Ed. (380)
2002 Ed. (311)
2003 Ed. (276)
2005 Ed. (252)
2006 Ed. (271)
2007 Ed. (276)
Player Petroleum Corp.

2003 Ed. (1637)
Players International Inc.
1992 Ed. (3994)
Players Lake Charles Inc.
2001 Ed. (1779)
Player's Light King Size
1999 Ed. (1136)
Player's Light Regular
1999 Ed. (1136)
Player's Regular
1999 Ed. (1136)
Playgirl
1992 Ed. (3373)
Playhouse Square Foundation
2001 Ed. (3549)
Playing for Pizza
2009 Ed. (581)
2010 Ed. (564)
Playmate Pajama Party
2001 Ed. (4689)
Playmates
1993 Ed. (3601)
1995 Ed. (3638, 3642, 3643)
1997 Ed. (3778)
Playmates Holdings
1992 Ed. (2440)
2016 Ed. (1498)
Playmates International
1993 Ed. (2056)
PlayNetwork
2005 Ed. (3276)
Playroom
1995 Ed. (1105)
Playskool
1989 Ed. (2858)
1990 Ed. (3623)
1991 Ed. (3410)
1992 Ed. (4326, 4327)
1993 Ed. (3602, 3603)
1994 Ed. (3560)
1995 Ed. (3639)
1996 Ed. (3722, 3723)
1997 Ed. (3775, 3776)
1998 Ed. (3596, 3599)
1999 Ed. (4628, 4629)
2000 Ed. (4277)
2007 Ed. (4789)
2016 Ed. (4677)
PlayStation
2013 Ed. (2990, 2991)
2014 Ed. (2998)
Playstation
1999 Ed. (4639)
2003 Ed. (745)
2004 Ed. (757)
2006 Ed. (1121, 4782)
2007 Ed. (1229, 2862)
2008 Ed. (1129, 2981)
2012 Ed. (956)
2015 Ed. (4637)
2016 Ed. (4554)
PlayStation 2
2011 Ed. (4808, 4810)
PlayStation 3
2011 Ed. (4808, 4810)
PlayStation Power
2000 Ed. (3496)
PlayStation Solutions (US)
2000 Ed. (3495)
PlayStation; Sony
2006 Ed. (4779)
2007 Ed. (4785)
2008 Ed. (4704)
2009 Ed. (4744)
2010 Ed. (4753)
Playstation System
1997 Ed. (3773)
Playtech
2016 Ed. (1010)
Playtech Audio Video e Musicais Ltd.
2013 Ed. (3788)
2015 Ed. (3738)
2016 Ed. (3646)
Playtex
1989 Ed. (929)
1990 Ed. (41)
1992 Ed. (2127)
1993 Ed. (987, 994, 1761)
1994 Ed. (1014, 1026, 1752)
1995 Ed. (1035, 3526)
1996 Ed. (1019, 3608)
1997 Ed. (1026, 1027, 3055, 3666)
1998 Ed. (765, 766)
1999 Ed. (1195)
2000 Ed. (1116, 3319)
2002 Ed. (2254)
2003 Ed. (2462, 2464)
2006 Ed. (3284)
2007 Ed. (3351)
2008 Ed. (2688, 3447)

2009 Ed. (974)
2010 Ed. (937)
2012 Ed. (3466)
2015 Ed. (2670)
Playtex Apparel Inc.
2015 Ed. (1597)
Playtex Baby Magic
2003 Ed. (2917, 2918, 2920, 2922)
Playtex Baby Magic Lite
2003 Ed. (2918)
Playtex Chubs Stackables
2003 Ed. (2922)
Playtex Diaper Genie Elite
2016 Ed. (3087)
Playtex Gentle Glide
2016 Ed. (2593)
Playtex Gentle Guide
2003 Ed. (2464)
Playtex Holdings Inc.
1990 Ed. (1227)
Playtex Portables
2003 Ed. (2464)
Playtex Products Inc.
1996 Ed. (3257)
2001 Ed. (4391)
2002 Ed. (2801)
2003 Ed. (763, 988, 2049, 2465, 2663, 2665, 2923, 2924, 3720, 3789)
2004 Ed. (1897, 1898)
2005 Ed. (2021, 2022)
Playtex Silk Guide
2003 Ed. (2464)
Playtex Slimfits
2003 Ed. (2464)
Plaza
2000 Ed. (690, 691)
Plaza 230
1990 Ed. (1145)
Plaza Associates
2006 Ed. (4369)
The Plaza at King of Prussia
1989 Ed. (2493)
1990 Ed. (3292)
1991 Ed. (3127)
1992 Ed. (3972)
The Plaza at West Covina
1994 Ed. (3300)
1995 Ed. (3377)
1999 Ed. (4310)
2000 Ed. (4030)
Plaza Athenee
1990 Ed. (2071, 2094, 2098)
1992 Ed. (2512)
1993 Ed. (2102)
1999 Ed. (2789)
Plaza Bank
1999 Ed. (494)
2002 Ed. (4293)
2007 Ed. (417)
Plaza Construction
2016 Ed. (1134, 1175)
Plaza Construction Corp.
2007 Ed. (1384)
2008 Ed. (1321, 1331)
2009 Ed. (1305, 1322)
2010 Ed. (1299, 1311)
2011 Ed. (1257, 1277)
2012 Ed. (1030)
Plaza de Sesamo
2007 Ed. (276)
Plaza de Toros
2002 Ed. (4348)
Plaza Funding
1994 Ed. (2548)
1995 Ed. (2597, 2598)
1996 Ed. (2679, 2680)
The Plaza Group
2014 Ed. (2940)
2016 Ed. (3593)
The Plaza Group Inc.
2000 Ed. (4005)
2002 Ed. (2538, 2545)
2003 Ed. (2420, 2421, 2746, 2748)
2004 Ed. (2540)
2007 Ed. (2517)
2008 Ed. (2645)
2009 Ed. (2673)
2010 Ed. (2962)
2011 Ed. (2927)
2012 Ed. (2501, 2861)
2013 Ed. (2924, 2930, 2941)
2014 Ed. (2947, 2955)
2015 Ed. (2995, 3021)
Plaza Honda
1990 Ed. (326)
1991 Ed. (279)
1992 Ed. (384)
1993 Ed. (270)
Plaza Hotel

1991 Ed. (32)
1996 Ed. (2170)
1998 Ed. (2013)
1999 Ed. (2798)
Plaza Indonesia Realty
1997 Ed. (2581)
Plaza International Bank NA
1998 Ed. (397)
Plaza Park State Bank
2010 Ed. (432)
2011 Ed. (357)
Plaza Pontiac-Isuzu
1992 Ed. (420)
Plaza Provision Co.
2016 Ed. (4890)
Plaza Provision Co., Inc.
2004 Ed. (4924)
2005 Ed. (4907)
2006 Ed. (4939)
2007 Ed. (1963, 4946)
Plaza Retail REIT
2016 Ed. (4491)
Plaza Savings
1990 Ed. (3123, 3132)
PLC Constructors Inc.
1999 Ed. (1392)
PLDT
1995 Ed. (1475)
2001 Ed. (1835, 1836)
Pleasant Co.
2002 Ed. (1469)
2003 Ed. (1490)
2004 Ed. (1520)
2005 Ed. (1536)
Pleasant Street Homes
2007 Ed. (3625)
Pleasant T. Rowland Foundation
2002 Ed. (2336, 2341)
Pleasant Travel Service Inc.
1998 Ed. (3624)
1999 Ed. (4667)
2000 Ed. (4302)
Pleasanton, CA
1991 Ed. (938, 2004)
Pleasantville, NJ
1992 Ed. (2380)
Pleasures
2001 Ed. (2528, 3705)
2003 Ed. (2545, 2552, 3783)
2008 Ed. (2769, 4586)
Pleasures for Men
2001 Ed. (2527)
The Pleasures & Sorrows of Work
2011 Ed. (529)
Plebicom
2010 Ed. (2942)
Pledge
1996 Ed. (983)
2003 Ed. (980, 984, 986)
2008 Ed. (980)
Pledge Grab It
2003 Ed. (976)
Plendil
1994 Ed. (2462)
2001 Ed. (2066)
Plenitude Eye Defense
1994 Ed. (3313)
Plenitude Future
2001 Ed. (3165, 3166)
Plentitude
1998 Ed. (3309)
Plenum Publishing
1994 Ed. (3448)
Plenus Co., Ltd.
2015 Ed. (4259, 4263)
Plessey Co.
1991 Ed. (1168)
1992 Ed. (3910, 3917)
Plessey Co. PLC
1995 Ed. (1246)
Plessey/Ferranti
1990 Ed. (3240)
Plettac AG
2004 Ed. (3447)
Plexus
2016 Ed. (3801)
Plexus Corp.
2001 Ed. (1460)
2004 Ed. (1084, 2232, 3003, 3419)
2005 Ed. (1271, 1274, 1275, 1278, 2356)
2006 Ed. (1229, 1230, 1233, 1234, 2401)
2008 Ed. (3222)
2009 Ed. (4553)
2010 Ed. (2387, 4681)
Plexus Cotton Ltd.
2009 Ed. (2121, 4325)
Plexus Systems Inc.
2009 Ed. (1644)

Plexus Worldwide
2016 Ed. (2875, 4005)
PLH Corp.
1992 Ed. (1369)
1993 Ed. (1092)
Pliagel Lens Solution .85 oz.
1990 Ed. (1546)
Pliant Corp.
2003 Ed. (3890)
2004 Ed. (3907)
2005 Ed. (3853)
2006 Ed. (3918)
2007 Ed. (3972)
2008 Ed. (353, 3996)
2009 Ed. (3892, 4068)
2010 Ed. (3805, 3986)
2011 Ed. (3992)
Pliego; Ricardo Salinas
2008 Ed. (4886)
2009 Ed. (4906)
2010 Ed. (4902, 4907)
2011 Ed. (4894, 4899)
2012 Ed. (4903)
2013 Ed. (4851, 4888)
2014 Ed. (4901)
2015 Ed. (4941)
2016 Ed. (4856)
Plight of farmers
1990 Ed. (276)
Pliva
1997 Ed. (3928)
2001 Ed. (26)
PLIVA dd
2008 Ed. (4668)
Pliva Hrvatska d.o.o.
2015 Ed. (1625, 3992)
Plixer International Inc.
2014 Ed. (1752)
2016 Ed. (1751)
Plizer
1992 Ed. (4179)
PLM Group
2007 Ed. (4055)
2008 Ed. (4088)
2009 Ed. (4095, 4203)
PLN Pension Fund
1999 Ed. (2888)
2001 Ed. (2884)
Plourde; Katharine
1993 Ed. (1787)
1994 Ed. (1770)
1995 Ed. (1811)
1996 Ed. (1786)
Plourde; Katherine
1997 Ed. (1862)
Plourde; Real
2006 Ed. (2518)
Pluck
2007 Ed. (3446)
Plug Power Inc.
2004 Ed. (4561)
2006 Ed. (3366)
Plugg
2001 Ed. (1264, 1265)
The Plugged in Manager
2013 Ed. (624)
Plum Creek MDF Inc.
2015 Ed. (1869, 5041)
2016 Ed. (1833, 4994)
Plum Creek Timber
2015 Ed. (2158)
2016 Ed. (2738)
Plum Creek Timber Co.
1995 Ed. (3518)
1997 Ed. (2068)
2003 Ed. (1147, 1488, 2874, 4060, 4533, 4537)
2004 Ed. (1518, 2676, 2677, 4076, 4078, 4080, 4485)
2005 Ed. (1534, 2668, 2669, 4008, 4010, 4012, 4013, 4461)
2006 Ed. (2076, 2079, 2083, 2655, 4041, 4043, 4046)
2007 Ed. (2635, 3771, 3773, 4087)
2008 Ed. (2141, 3851, 4122)
2009 Ed. (2147, 3909, 4993)
2010 Ed. (2062, 2087, 3825)
2011 Ed. (2117)
2012 Ed. (1922, 1952, 1953, 1959, 1960, 1961, 1963, 4992)
2013 Ed. (2170, 4991)
2014 Ed. (2104)
2015 Ed. (5042)
2016 Ed. (4995)
Plum Grove Printers
2015 Ed. (4080)
2016 Ed. (3991)
Plum Island
1999 Ed. (692)
Plum Lovin'

2009 Ed. (581)
Plum Lucky
2010 Ed. (563)
Plum Organics
2014 Ed. (2702)
2015 Ed. (2748)
Plumber
2011 Ed. (3778)
Plumbers
2005 Ed. (3627)
2007 Ed. (3730, 3737)
Plumbers, International Headquarters
1998 Ed. (2774, 3609)
Plumbers Local 55
2001 Ed. (3040)
Plumbers Local 98
1999 Ed. (3139)
2001 Ed. (3041)
Plumbers Local 120
2001 Ed. (3040)
Plumbers Local 653
2000 Ed. (2888)
Plumbers National
1994 Ed. (2757, 2769, 3564)
Plumbers, National Headquarters
1989 Ed. (2163, 2862)
1990 Ed. (2783, 3628)
1991 Ed. (2686, 3412)
1992 Ed. (3355, 4333)
1993 Ed. (2780, 3607)
1996 Ed. (2939, 3729)
PlumberSurplus.com
2009 Ed. (2453)
Plumbery Inc.
2004 Ed. (4926)
2010 Ed. (1637, 4050, 4947)
Plumbing
1990 Ed. (842)
1991 Ed. (805)
1992 Ed. (986)
2003 Ed. (1305)
2004 Ed. (1308)
2005 Ed. (1315)
2006 Ed. (1285)
Plumbing, heating, & air conditioning
2010 Ed. (1139, 1140)
2011 Ed. (1080, 1081)
Plumbing products
1993 Ed. (779)
Plumbline Consulting LLC
2014 Ed. (1902)
2016 Ed. (1916)
Plume
2003 Ed. (730)
2004 Ed. (752)
Plumer & Associates Inc.
2000 Ed. (3716)
Plumer-Levit-Smith & Parke
1991 Ed. (2807)
Plumeri; Joseph J.
2011 Ed. (3196)
Plummer Cobb; Jewel
1995 Ed. (1256)
Plummer; Roger L.
1989 Ed. (736)
Plumrose USA
1992 Ed. (2991, 2992, 3485, 3486)
1994 Ed. (2454, 2992)
1999 Ed. (3320, 3868)
Plums
2004 Ed. (2694)
2005 Ed. (2694, 2695)
2006 Ed. (2669, 2670)
2007 Ed. (2652, 2653)
2008 Ed. (2792)
2009 Ed. (2845)
2010 Ed. (2786)
2011 Ed. (2774)
Plumtree Software Inc.
2003 Ed. (1110)
2004 Ed. (1341, 4340)
2006 Ed. (3028)
Pluna
2013 Ed. (137)
Plunkett & Cooney
1989 Ed. (1879)
1990 Ed. (2419)
1991 Ed. (2285)
1992 Ed. (2834)
1993 Ed. (2397)
1994 Ed. (2353)
1995 Ed. (2417)
1996 Ed. (2453)
1998 Ed. (2328)
1999 Ed. (3149)
2001 Ed. (3056)
Plunkett & Cooney PC
2000 Ed. (2895)
2004 Ed. (3234)
2005 Ed. (3264)

2008 Ed. (3423)
2009 Ed. (3490)
Plunkett Raysich Architects
2009 Ed. (284)
Plus Advertising Ammirati Puris Lintas
1997 Ed. (136)
Plus Consulting
2008 Ed. (2037)
2011 Ed. (1128, 1129, 1133, 1141)
2012 Ed. (1076)
Plus Credit Union
2011 Ed. (2203)
2012 Ed. (2064)
2013 Ed. (2246)
Plus Expressway Bhd
2006 Ed. (4518)
PLUS Expressways
2012 Ed. (1233, 4774)
A Plus Group
1994 Ed. (2963)
1995 Ed. (3021)
1996 Ed. (3124, 3127)
1997 Ed. (3200, 3202)
Plus Uitzendkrachten
2012 Ed. (1345)
Plus Ultzendkrachten
2010 Ed. (1503)
Plus White
2004 Ed. (4744)
Plus White Ultra
2004 Ed. (4744)
Pluschem EEIG
2014 Ed. (887)
2015 Ed. (915)
Plush dolls
1997 Ed. (1049)
Plush Pippin Ultimate
2015 Ed. (4019)
2016 Ed. (3932)
Plush toys
1996 Ed. (2491)
2005 Ed. (4728)
Pluvalca Fund
1993 Ed. (2657)
PLX Technology, Inc.
2002 Ed. (4288)
Ply Gem
2013 Ed. (4940)
2014 Ed. (4950)
2015 Ed. (4989)
2016 Ed. (4906)
PLY Gem Holdings Inc.
2016 Ed. (4995)
Ply Gem Holdings Inc.
2016 Ed. (4994)
Ply Gem Industries Inc.
1993 Ed. (1088)
1994 Ed. (1112)
1995 Ed. (1128)
1996 Ed. (1109)
1997 Ed. (1130)
1998 Ed. (883)
2003 Ed. (3265)
2006 Ed. (4956)
2008 Ed. (3990, 4934)
2009 Ed. (4061, 4955)
2010 Ed. (3979, 4964)
2011 Ed. (3504, 3983)
2012 Ed. (3506, 3980)
2013 Ed. (4043)
2014 Ed. (3979)
2015 Ed. (4024)
2016 Ed. (3938)
Plymouth
1993 Ed. (316)
1996 Ed. (310, 3748)
1997 Ed. (292)
1998 Ed. (3645)
2001 Ed. (2599)
2002 Ed. (4703)
Plymouth High-Income Municipal
1992 Ed. (3156, 3167)
Plymouth High Yield
1992 Ed. (3155, 3166, 3197)
1993 Ed. (2666, 2695)
Plymouth Horizon
1991 Ed. (350)
1994 Ed. (334)
Plymouth I & G
1992 Ed. (3191)
Plymouth Management
1998 Ed. (3018)
Plymouth Reliant
1989 Ed. (342, 1671)
Plymouth Rubber Co., Inc.
2004 Ed. (4722, 4723)
2005 Ed. (4693, 4694)
Plymouth Savings Bank
2005 Ed. (3304)
Plymouth Sundance

1989 Ed. (342)
Plymouth Turismo
1991 Ed. (355)
Plymouth Voyager
1989 Ed. (342)
1992 Ed. (434, 3087)
1993 Ed. (2580)
1994 Ed. (2529)
1996 Ed. (2492)
1997 Ed. (2798)
Plymouth Voyager LE
1992 Ed. (4362)
Plymouth/Dodge Vista
1992 Ed. (2409)
Plywood
1989 Ed. (1931)
PM Group Life Insurance Co.
1991 Ed. (2105)
PM-International
2014 Ed. (2260)
PM North America Growth
1997 Ed. (2909)
PM Realty Advisors
1995 Ed. (2376)
PM Realty Group
1994 Ed. (3022)
1995 Ed. (3075)
1997 Ed. (2541, 3274)
1998 Ed. (3021, 3023)
2002 Ed. (3933)
2007 Ed. (1750)
2010 Ed. (1667)
PMA Capital Insurance Co.
2004 Ed. (3137)
2005 Ed. (3067, 3145, 3149)
2006 Ed. (3090)
PMA Capital Reinsurance Co.
2003 Ed. (3017)
2004 Ed. (3140)
PMA Consultants LLC
2000 Ed. (2469)
2004 Ed. (2833)
2005 Ed. (2843)
2009 Ed. (3041)
2013 Ed. (2933)
2015 Ed. (3011)
PMA Cos.
2012 Ed. (1483)
2015 Ed. (3314)
PMA Group
1990 Ed. (2281)
PMA Reinsurance Corp.
2002 Ed. (3953)
PMC Financial Corp.
2000 Ed. (279)
PMC Global Inc.
2000 Ed. (1107)
PMC Inc.
1993 Ed. (978)
1998 Ed. (755)
PMC-Sierra Inc.
2001 Ed. (1597, 4380)
2002 Ed. (1547, 2503, 2505, 2506)
2003 Ed. (2938, 2939, 2940, 2941, 4541, 4543, 4545)
2004 Ed. (4497)
2005 Ed. (2828, 4458)
2006 Ed. (4078, 4081, 4469, 4578, 4586)
2007 Ed. (2817)
2010 Ed. (2931)
2011 Ed. (2894)
2012 Ed. (2829)
2013 Ed. (603, 2914)
2014 Ed. (618, 2928)
2015 Ed. (2976)
2016 Ed. (2913)
PMFM Managed Portfolio
2010 Ed. (4579)
P.M.G. SIA
2016 Ed. (1739)
PMG Worldwide
2016 Ed. (62)
PMI
2010 Ed. (139)
PMI Group Inc.
1997 Ed. (3405)
1998 Ed. (2201)
2004 Ed. (3060, 3061)
2005 Ed. (3071, 3072, 4690)
2010 Ed. (3263, 3323)
2011 Ed. (3281)
2012 Ed. (3259)
2013 Ed. (3331)
2014 Ed. (3348)
2016 Ed. (3250)
The PMI Group Inc.
2013 Ed. (296)
PMI Mortgage Insurance
1989 Ed. (1711)

PMI Mortgage Insurance Australia (Holdings) Pty. Ltd.
2011 Ed. (1373)
PMP
2002 Ed. (4617)
2003 Ed. (1614)
2004 Ed. (3938)
PMR Companies LLC
2016 Ed. (4962)
PMR Construction Services Inc.
2004 Ed. (1822)
PMR Corp.
1998 Ed. (1984, 2725)
1999 Ed. (2723)
PMRealty
1993 Ed. (2310)
1999 Ed. (3074, 4015)
PMRealty Advisors
1991 Ed. (2239)
1992 Ed. (2750)
PMS
2000 Ed. (2446)
PMS & vW/Y & R
2000 Ed. (147)
2001 Ed. (184)
2002 Ed. (155)
PMS & vW/Young & Rubicam
1997 Ed. (122)
2003 Ed. (126)
PMSI Inc.
1995 Ed. (2496)
2010 Ed. (5001)
PMSI/Source Informatics
1998 Ed. (2436)
1999 Ed. (3305)
PMSvW/Y & R
1995 Ed. (102)
1996 Ed. (118)
1999 Ed. (129)
PMSvW/Young & Rubicam
1989 Ed. (138)
1990 Ed. (130)
1991 Ed. (129)
1992 Ed. (183)
1993 Ed. (120)
1994 Ed. (103)
PMT
2015 Ed. (3760)
PMT Services Inc.
2001 Ed. (569)
PMU
1990 Ed. (3264)
1992 Ed. (3943)
1997 Ed. (3502)
PMZ Real Estate
2008 Ed. (4104)
PN Hoffman
2010 Ed. (4157)
PN300; Nissan
2013 Ed. (4771)
PNA Group Inc.
2009 Ed. (3733)
PNB International Finance
1991 Ed. (2411)
PNB Trust Banking Group
1997 Ed. (2400)
PNBBJ
2005 Ed. (260)
PNC
2013 Ed. (326)
2014 Ed. (2882)
2016 Ed. (368)
PNC Asset Management Group
1998 Ed. (2310)
1999 Ed. (3110)
PNC Bank
1994 Ed. (362, 363, 604, 650, 654, 3032, 3279)
1995 Ed. (355, 357, 358, 364, 370, 553, 554, 587, 3084, 3360)
1996 Ed. (380, 390, 394, 399, 401, 413, 414, 418, 485, 555, 559, 576, 617, 619, 647, 654, 656, 2415, 2676)
1997 Ed. (286, 332, 334, 343, 566, 568, 2511, 2620)
1998 Ed. (202, 282, 288, 294, 295, 297, 300, 306, 307, 308, 311, 313, 314, 315, 318, 325, 326, 394, 404, 405, 424, 425, 1958, 2524, 2712, 3315)
1999 Ed. (313, 394, 398, 401, 404, 409, 411, 413, 416, 418, 419, 420, 421, 595, 596, 609, 622, 651, 652, 668, 3179, 3180, 3432, 3434, 4022, 4031, 4032, 4334, 4340)
2000 Ed. (327, 406, 409, 410, 411, 413, 415, 416, 417, 418, 419, 436, 618, 619, 620, 632, 647, 676, 677, 678, 682, 1534, 2484, 2923, 2927,

3157, 3378, 3737, 3741, 3742, 3743)
2001 Ed. (432, 433, 578, 621, 622, 638, 639, 4003, 4029, 4088)
2004 Ed. (430, 2996)
2005 Ed. (436)
2006 Ed. (394)
2007 Ed. (2561)
2012 Ed. (362, 2790)
PNC Bank Arts Center
1999 Ed. (1291)
2001 Ed. (374)
2003 Ed. (269)
2010 Ed. (260)
2011 Ed. (180)
2013 Ed. (171)
PNC Bank Delaware
1997 Ed. (449)
1998 Ed. (346)
PNC Bank Kentucky
1995 Ed. (521)
1997 Ed. (532)
1998 Ed. (387)
PNC Bank NA
1995 Ed. (360, 369, 371, 372, 374, 375, 390, 391, 394, 577, 585, 1047, 2604, 2605)
1997 Ed. (351, 373, 380, 381, 395, 593, 2807)
1998 Ed. (304)
2002 Ed. (507, 626, 643, 2725, 3391)
2003 Ed. (2887)
2007 Ed. (377, 1185)
2008 Ed. (365)
2009 Ed. (381)
2010 Ed. (362, 1042, 1940)
2011 Ed. (120, 265, 268, 269, 276, 278, 279, 280, 282, 283, 284, 968, 969, 1993, 2968, 3122)
2012 Ed. (286, 287, 288, 290, 291, 299, 300, 301, 302, 304, 305, 306, 382, 882, 883, 1841, 2905, 3057)
2013 Ed. (288, 289, 290, 292, 293, 294, 307, 309, 310, 311, 312, 314, 315, 1041, 1042, 1998, 2989, 3138)
2014 Ed. (305, 306, 308, 309, 310, 320, 323, 324, 325, 326, 328, 329, 1006, 1007, 1937, 2997)
2015 Ed. (341, 342, 344, 345, 346, 361, 363, 364, 365, 366, 368, 369, 1042, 1043, 1984, 3069)
2016 Ed. (336, 337, 339, 340, 341, 351, 352, 353, 354, 356, 357, 951, 952, 1951, 2961)
PNC Bank Ohio
1998 Ed. (421)
PNC Bank Ohio NA
1994 Ed. (607)
1997 Ed. (586)
PNC Brokerage Corp.
1999 Ed. (920)
PNC Capital Corp.
2001 Ed. (1959)
PNC Capital Markets, Inc.
2000 Ed. (3968)
2001 Ed. (892, 904)
PNC Equity Advisors
1998 Ed. (2287, 2289)
1999 Ed. (3087, 3089)
PNC Financial Corp.
1989 Ed. (376, 377, 422, 622)
1990 Ed. (637, 638, 659)
1991 Ed. (374, 396, 404, 407, 635)
1992 Ed. (808)
1993 Ed. (373, 412, 601, 614, 648, 653, 3288)
1994 Ed. (351, 352, 367, 402, 617, 2447)
1995 Ed. (396)
PNC Financial Corp. 415,439,
1990 Ed. (669, 701, 702, 707, 2359)
PNC Financial Services
2008 Ed. (372)
2016 Ed. (358)
PNC Financial Services Group
2013 Ed. (322)
2014 Ed. (336, 2294)
2015 Ed. (376, 2377)
2016 Ed. (2322, 2639)
PNC Financial Services Group Inc.
2002 Ed. (502, 1752, 3947)
2003 Ed. (437, 439, 452, 453, 454, 818)
2004 Ed. (431, 433, 636, 637)
2005 Ed. (355, 356, 437, 439, 440, 625, 626, 1946, 1948, 1950, 1951, 4165)
2006 Ed. (384, 397, 398, 399, 1983, 1987, 1989, 1990, 4219)

2007 Ed. (379, 386, 1473, 1955, 4235)
2008 Ed. (367, 371, 426, 1467, 2042, 2043, 2046, 2047, 2048, 2049, 3378, 4264, 4269)
2009 Ed. (371, 383, 451, 2004, 2005, 2009, 2010, 2011, 2762, 3445, 4368, 4373)
2010 Ed. (352, 455, 542, 1942, 1943, 1947, 1948, 1949, 3174, 3282, 4395, 4400)
2011 Ed. (277, 285, 286, 375, 423, 1428, 1992, 1996, 1997, 1998, 1999, 2001, 2002, 2003, 2675, 2860, 3139, 4162, 4163, 4340, 4345)
2012 Ed. (308, 309, 368, 370, 428, 1843, 1844, 1845, 1849, 1850, 1851, 1852, 1919, 2603, 4558, 4750, 4969)
2013 Ed. (317, 318, 325, 491, 493, 542, 2003, 2004, 2007, 2009, 2010)
2014 Ed. (317, 331, 332, 342, 505, 557, 1940, 1941, 1943, 2671)
2015 Ed. (358, 371, 372, 382, 569, 621, 1987, 1989, 3247)
2016 Ed. (349, 360, 367, 515, 567, 1960, 1962)
The PNC Financial Services Group Inc.
2014 Ed. (4762)
PNC Financials
1989 Ed. (374, 375)
PNC Foundation
2011 Ed. (2753)
PNC Fund Muni MMP Institution Cl
1996 Ed. (2668)
PNC Fund-Small Capital Growth Equity Institutional
1996 Ed. (620)
PNC Fund-Small Capital Growth Equity Serv Short
1996 Ed. (620)
PNC Funds
2012 Ed. (502)
2013 Ed. (2633)
PNC Institutional
1998 Ed. (2627)
PNC International
1996 Ed. (624)
PNC Managed Income Institutional
1996 Ed. (615)
PNC Mortgage
1995 Ed. (2609)
2002 Ed. (3381, 3382, 3389)
PNC Mortgage Bank NA
1995 Ed. (394, 585)
1996 Ed. (417, 654, 2682)
1997 Ed. (384, 593)
1998 Ed. (298, 424)
PNC Mortgage Bank National Association
2004 Ed. (1841, 1917)
2005 Ed. (1944, 2052)
PNC Mortgage Corp. of America
1999 Ed. (3436)
2001 Ed. (3347)
PNC Mortgage Securities
1999 Ed. (3438)
PNC National Bank
1995 Ed. (367, 2433, 2438)
1996 Ed. (361, 2479)
PNC Personal Special Equity
1994 Ed. (579, 580, 2311)
PNC Real Estate
2012 Ed. (4209, 4210)
2013 Ed. (4197)
2014 Ed. (182, 4214, 4215)
2015 Ed. (211, 4197, 4198)
PNC Real Estate Finance
2002 Ed. (4276)
2003 Ed. (448)
PNC Small Capital Growth
1996 Ed. (625)
PNC Tax Credit Capital
2012 Ed. (195)
2013 Ed. (175)
PNC Tele.Com plc
2003 Ed. (2736)
PNC Venture Corp.
1993 Ed. (3663)
PNC Wealth Management
2012 Ed. (298)
PND Engineers Inc.
2009 Ed. (2523)
Pneumonia
1992 Ed. (1764, 1769)
1995 Ed. (2595)
2000 Ed. (1642, 1644, 1645)
PNI Digital Media
2014 Ed. (3588)

2015 Ed. (3602)
PNI Digital Media Inc.
2010 Ed. (2858)
2011 Ed. (2840)
2012 Ed. (1355)
PNM Resources
2014 Ed. (2291)
PNM Resources Inc.
2003 Ed. (3424)
2004 Ed. (1822, 2200, 3492)
2005 Ed. (1906, 2313, 3487, 3492)
2006 Ed. (1933, 2360)
2007 Ed. (1917)
2008 Ed. (1980, 2500, 3681)
2009 Ed. (1935, 3752, 3754)
2010 Ed. (1871, 3686, 3690)
2011 Ed. (1903)
2012 Ed. (1760)
2013 Ed. (1930)
2014 Ed. (1869)
2015 Ed. (1905)
2016 Ed. (1868)
PNMD Communications
1992 Ed. (202)
PNMD/Publitel
1993 Ed. (132)
PNS Realty Partners
1999 Ed. (4006, 4306)
P&O Container
1992 Ed. (3949, 3950)
Po Sang Bank
1992 Ed. (696)
1993 Ed. (498)
1994 Ed. (500, 501)
1995 Ed. (484, 485)
1996 Ed. (528, 529)
1997 Ed. (487, 488)
1999 Ed. (535, 536)
2000 Ed. (548)
2002 Ed. (566)
2003 Ed. (501)
Poalim Investments
1996 Ed. (3635)
Pocahontas
1997 Ed. (2817)
1998 Ed. (3673)
Pocahontas Animated Storybook
1998 Ed. (848)
Pocatello, ID
2002 Ed. (2118)
2005 Ed. (2386)
2011 Ed. (3470)
2013 Ed. (3223)
Pocatello Railroad Credit Union
2002 Ed. (1862)
2003 Ed. (1916)
2004 Ed. (1956)
2005 Ed. (2098)
2006 Ed. (2193)
2009 Ed. (3528)
2011 Ed. (2169)
2012 Ed. (2023)
2013 Ed. (2219)
Poche; Greg
2010 Ed. (3956)
Pocket
2003 Ed. (730)
2016 Ed. (645)
Pocket Books
2003 Ed. (728)
2004 Ed. (750)
2005 Ed. (731)
2006 Ed. (643)
2007 Ed. (668)
2008 Ed. (627)
2009 Ed. (647)
2010 Ed. (615)
2011 Ed. (547)
2012 Ed. (527)
Pocket God
2011 Ed. (4960)
Pocket Guitar
2011 Ed. (4960)
Pocket Star
2006 Ed. (643)
2007 Ed. (668)
2008 Ed. (627)
2010 Ed. (615)
PocketPaks; Listerine
2008 Ed. (727)
Pod
2007 Ed. (1922)
Pod1
2014 Ed. (3683)
Poder Hispanic
2015 Ed. (3035, 3549)
Podesta Group
2012 Ed. (3470)
2014 Ed. (3490)
2015 Ed. (3508)

2016 Ed. (3367, 4062)
Podiatrists
1989 Ed. (2076)
Podiatry PAC
1995 Ed. (2954)
Podley Doan Inc.
2000 Ed. (3713)
Podlucky; Paul
2007 Ed. (2758)
Podmoskovye
1995 Ed. (2283)
Podravka
1997 Ed. (3928)
2010 Ed. (42, 49)
Podravska Banka
2005 Ed. (506)
"Podre Diabla"
1993 Ed. (3531)
PodShow
2007 Ed. (3446)
Poe & Associates
1989 Ed. (1739)
1992 Ed. (20, 3307)
1994 Ed. (2702)
Poe & Brown
1995 Ed. (2818)
1997 Ed. (2413)
1998 Ed. (2122)
1999 Ed. (2906, 2907)
2000 Ed. (1775, 2662, 2663)
Poe Financial Group
2004 Ed. (3093)
Poe; Haven
1991 Ed. (2346)
Poe; William F.
1989 Ed. (1741)
1990 Ed. (2271)
Poehler; Amy
2015 Ed. (2606)
PoFolks
1990 Ed. (3005)
1991 Ed. (2870)
1992 Ed. (3710)
1993 Ed. (3018, 3026)
1994 Ed. (3072)
1995 Ed. (3117)
1996 Ed. (3213)
Pogo
2010 Ed. (3368)
Pogo Producing Co.
2004 Ed. (3825, 3833)
2005 Ed. (3733, 3741, 3742)
2006 Ed. (1779, 1780)
2008 Ed. (3906, 3907)
Pohang
1990 Ed. (3438)
Pohang Iron & Steel Co., Ltd.
1991 Ed. (1320, 3220)
1992 Ed. (1662, 1664, 2821)
1993 Ed. (1362, 2383)
1994 Ed. (1415)
1995 Ed. (1342, 1346, 1347, 1448,
1449)
1996 Ed. (1411, 1412)
1997 Ed. (1468, 1469, 1470)
1999 Ed. (1566, 1567, 1568, 1569,
1571, 1572, 1573, 1576, 1577,
1696, 1697, 3135, 3346, 4472)
2000 Ed. (1503, 1506, 1507, 1508,
2882, 2883, 3083)
2001 Ed. (1774, 1775, 1776)
2005 Ed. (3181, 3398, 3456)
2006 Ed. (1551, 2015, 2016, 2017,
3237, 3400, 3464, 3465)
2007 Ed. (877, 1583, 1983, 1984,
1985, 1986, 2261, 3487, 3488,
3489)
2008 Ed. (2080, 2081, 2082, 3580,
3660, 3661, 3667)
2009 Ed. (2051, 2052, 2053, 3651,
3728, 3729, 3730)
2010 Ed. (1985, 1986, 1987, 3569,
3644, 3645, 3646, 3647, 3649)
2011 Ed. (1482, 2046, 2047, 2048,
3572, 3650, 3651, 3652, 3653)
2012 Ed. (1895, 1896, 1897, 1898,
2196, 3357, 3358, 3565, 3650,
3651, 3652, 4541, 4545)
2013 Ed. (855, 2054, 2055, 2056,
3427, 3428, 3601, 3712, 3713,
3715, 4500, 4501)
2014 Ed. (1988, 1989, 1990, 3424,
3426, 3645, 3646, 3647, 4543,
4545)
2015 Ed. (2038, 3457, 3458, 3655,
3656, 3657, 4542, 4543)
2016 Ed. (2006, 3543, 3544, 3546,
4481, 4482)
Pohang Iron & Steel Co., Ltd. (POSCO)
2001 Ed. (4375, 4376)

2002 Ed. (305, 1578, 1713, 3048,
3049, 3309, 3311)
2003 Ed. (1824, 3377, 4594)
2004 Ed. (3442, 4539)
Pohang Iron & Stell Co.
1990 Ed. (1394)
Pohjois-Karjala
1994 Ed. (475)
Pohjois-Karjalan
1992 Ed. (661)
Pohjois-Karjalan Saastopankki
1993 Ed. (473)
Pohjola
1990 Ed. (1361, 3458)
Pohjola Bank
2010 Ed. (1620)
2011 Ed. (1629)
2012 Ed. (1480)
2013 Ed. (1610)
2014 Ed. (1577)
2015 Ed. (1628)
Pohjola Insurance Co., A Free
1991 Ed. (1901)
The Pohjola Insurance Co. Ltd.
1991 Ed. (1278, 1900, 1901)
1992 Ed. (2395)
1993 Ed. (2029)
Pohjola Insurance Co. Ltd., B Free
1992 Ed. (2396)
Pohjola-yhtyma Vakuutus Oyj
2002 Ed. (2468, 2469)
Pohlad; Carl
2005 Ed. (4855)
2006 Ed. (4909)
2007 Ed. (4904)
2008 Ed. (4833)
2009 Ed. (4853)
2010 Ed. (4858)
Pohlad; Carl Ray
1990 Ed. (457, 3686)
Pohlmann; Andreas
2007 Ed. (2499)
2008 Ed. (2632)
2009 Ed. (2658)
Poinciana Development Co.
2003 Ed. (1182)
Poinsett Construction
2002 Ed. (2690)
2003 Ed. (1169)
2004 Ed. (1177)
2005 Ed. (1204)
Point
2009 Ed. (978)
2010 Ed. (1483)
Point Arguello Pipeline Co.
1994 Ed. (2877)
1995 Ed. (2943)
1998 Ed. (2863)
Point B
2010 Ed. (1182, 1183, 1184, 1185,
1190, 1192)
2012 Ed. (1064, 1065, 1066, 1067,
1068, 1073, 1075, 1462, 1663,
1826)
2013 Ed. (1199, 1200, 1201, 1202,
1203, 1207, 1209, 1447, 1987)
2014 Ed. (1926)
2015 Ed. (1203, 1971)
2016 Ed. (1111, 1937)
Point B Inc.
2013 Ed. (1550)
2014 Ed. (1409)
2015 Ed. (1468)
2016 Ed. (1398)
Point B Solutions Group LLP
2006 Ed. (1681)
2008 Ed. (1709, 2016, 2017, 2018,
2019)
2010 Ed. (1609)
Point Beach
1990 Ed. (2721)
Point Breeze Credit Union
2002 Ed. (1870)
2003 Ed. (1924)
2004 Ed. (1964)
2005 Ed. (2106)
2006 Ed. (2201)
2007 Ed. (2122)
2008 Ed. (2237)
2009 Ed. (2223)
2010 Ed. (2177)
2011 Ed. (2195)
2012 Ed. (2055)
2013 Ed. (2236)
2014 Ed. (2168)
2015 Ed. (2232)
2016 Ed. (2203)
Point Builders LLC
2010 Ed. (1148)
The Point Group

2003 Ed. (173)
Point Guard Insurance Agency Inc.
2016 Ed. (1971)
Point Imaging
2010 Ed. (4043)
2011 Ed. (4019)
2012 Ed. (4046)
Point Judith, RI
2000 Ed. (2200)
Point Loma Credit Union
2002 Ed. (1831)
2003 Ed. (1892)
2004 Ed. (1930)
2005 Ed. (2070)
2006 Ed. (2164)
Point Loma Nazarene University
2008 Ed. (1505)
2009 Ed. (804)
Point of Origin
2001 Ed. (986)
Point-of-purchase
1990 Ed. (3080, 3081)
Point-of-service
1999 Ed. (3291)
Point One Technologies
2012 Ed. (1078)
Point Park University
2006 Ed. (1072)
2011 Ed. (949)
Point Plus Credit Union
2005 Ed. (2071)
Point Resorts
1991 Ed. (1944)
Point Reyes National Seashore
1999 Ed. (3705)
Point Source Power
2015 Ed. (4230)
Point Theatre
2006 Ed. (1154)
Point Vedra Inn & Club
1992 Ed. (2482)
Point West Volvo
1991 Ed. (299)
1992 Ed. (404)
1993 Ed. (289)
1994 Ed. (288)
1995 Ed. (292)
1996 Ed. (292)
Point2
2001 Ed. (4752)
Point2 Technologies Inc.
2011 Ed. (2027)
2012 Ed. (1876)
Pointcarre
2008 Ed. (986)
pointcast.net
1999 Ed. (4751)
PointClickCare
2015 Ed. (1110)
2016 Ed. (1022, 1023, 3111)
PointClickCare.com
2011 Ed. (2900)
2012 Ed. (2835)
2014 Ed. (2934)
2015 Ed. (2984)
Point.com
2002 Ed. (4864)
Pointe-a-Pietre
1992 Ed. (1392)
Pointe Developers Inc.
2008 Ed. (2955)
2009 Ed. (3035)
Pointe of View Condominiums
2005 Ed. (1691, 1692, 1693)
Pointe Resorts
1992 Ed. (2477)
1993 Ed. (2086)
1994 Ed. (2116)
1996 Ed. (2175, 2179)
1997 Ed. (2293)
Pointe Vista Development
2013 Ed. (4177)
Pointer; Volkswagen
2005 Ed. (303)
2006 Ed. (322)
2008 Ed. (303)
Pointil Systems
2006 Ed. (3965)
2008 Ed. (4024, 4034)
Points International
2010 Ed. (1563)
Points International Ltd.
2016 Ed. (1023)
Points.com
2013 Ed. (1113)
2014 Ed. (1073)
2015 Ed. (1111)
PoirMol
1990 Ed. (2749)
PoirMor

1990 Ed. (2749)
Poise
2016 Ed. (3764)
Poison
1991 Ed. (1041)
1992 Ed. (3367)
1994 Ed. (2780)
1995 Ed. (2875)
1996 Ed. (2955)
Poisoning
2005 Ed. (3619)
The Poisonwood Bible
2003 Ed. (722)
Poju Zabludowicz
2007 Ed. (4930)
2008 Ed. (4906)
Pokeman 2
2001 Ed. (3376)
Pokeman Ruby
2005 Ed. (4831)
Pokeman Sapphire
2005 Ed. (4831)
Pokemon
2006 Ed. (649)
Pokémon Chapter Book #1: I Choose
You
2001 Ed. (983)
Pokémon Chapter Book #2: Island of
the Giant Pokémon
2001 Ed. (983)
Pokémon Chapter Book #3: Attack of
the Prehistoric Pokémon
2001 Ed. (983)
Pokémon Chapter Book #4: Night in the
Haunted Tower
2001 Ed. (983)
Pokemon Emerald
2007 Ed. (4876)
Pokémon Movie Tie-In Novelization:
Mewtwo Strikes Back
2001 Ed. (983)
pokemon.com
2001 Ed. (4775)
pokemonthemovie.com
2001 Ed. (4775)
pokemonvillage.com
2001 Ed. (4775)
The Poker Face of Wall Street
2008 Ed. (610)
PokerRoom.com
2007 Ed. (710)
PokerStars
2008 Ed. (3360)
Pokka Corp.
1992 Ed. (1241)
1997 Ed. (182)
1999 Ed. (200)
2000 Ed. (223)
Pokrzywinski; Jennifer
1997 Ed. (1865)
The Poky Little Puppy
2008 Ed. (548)
2009 Ed. (577)
Pola
2014 Ed. (2259, 2269)
2015 Ed. (2190)
Pola Orbis
2016 Ed. (3755)
Polam Credit Union
2014 Ed. (2192)
2015 Ed. (2256)
2016 Ed. (2227)
Poland
1989 Ed. (2900)
1990 Ed. (1449, 1476, 3689)
1991 Ed. (934, 1382, 1408, 1818)
1992 Ed. (910, 1734, 1776, 2357,
2359, 3543, 4320, 4412, 4413)
1993 Ed. (943, 1209, 1464, 1466,
1716, 1951, 3681)
1994 Ed. (1487, 3643)
1995 Ed. (1519, 2031, 3791)
1996 Ed. (1478, 2647, 3809)
1997 Ed. (1543, 2117, 3634, 3767,
3860)
1998 Ed. (3304, 3590, 3592, 3691)
1999 Ed. (1139, 1212, 1214, 1782,
2067, 4477, 4624, 4734)
2000 Ed. (1611, 2355, 2356, 4033,
4271, 4360)
2001 Ed. (291, 358, 373, 513, 514,
697, 989, 1021, 1081, 1082, 1088,
1097, 1171, 1274, 1285, 1286,
1341, 1502, 1944, 1948, 1983,
1985, 2002, 2036, 2043, 2135,
2139, 2395, 2442, 2444, 2454,
2469, 2562, 2724, 2752, 2799,
2800, 3045, 3181, 3316, 3369,
3558, 3823, 3824, 3850, 3863,
3987, 4028, 4112, 4113, 4151,

4155, 4246, 4249, 4269, 4387,
4390, 4590, 4670, 4671, 4715)
2002 Ed. (681, 1345, 1346, 1412,
1813, 2423, 2751, 2753, 2754,
3074, 4283, 4773)
2003 Ed. (268, 488, 824, 1026, 1382,
1432, 2212, 2213, 3167, 3415,
3658, 4043, 4214, 4216, 4425,
4618, 4667)
2004 Ed. (237, 863, 1029, 1395,
1396, 1462, 1920, 3223, 3321,
3479, 3703, 3917, 3919, 4063,
4237, 4238, 4427, 4601, 4603,
4650)
2005 Ed. (240, 497, 501, 837, 1036,
1418, 2055, 2534, 2535, 2621,
2765, 3252, 3346, 3478, 3614,
3863, 3865, 3999, 4160, 4166,
4376, 4535, 4537, 4570, 4603,
4798)
2006 Ed. (260, 439, 763, 1045, 1403,
2149, 2331, 2617, 2721, 2823,
3239, 3339, 3479, 3731, 3927,
3929, 4034, 4214, 4221, 4325,
4616, 4618, 4651, 4669)
2007 Ed. (267, 442, 862, 1133, 1435,
2093, 2592, 2826, 3298, 3379,
3397, 3510, 3714, 3982, 3984,
4070, 4390, 4603, 4605, 4651)
2008 Ed. (251, 412, 823, 1013, 1386,
2203, 3160, 3206, 3411, 4270,
4341, 4552, 4582, 4794)
2009 Ed. (272, 436, 845, 998, 1389,
3479, 3662, 4374, 4446, 4584,
4625, 4642, 4643, 4644)
2010 Ed. (259, 962, 1374, 3411,
4401, 4489, 4618, 4670, 4932)
2011 Ed. (179, 889, 1367, 3395,
3509, 4001, 4424, 4574, 4917)
Poland Spring
1989 Ed. (747)
1990 Ed. (745)
1993 Ed. (725)
1994 Ed. (734)
1995 Ed. (685, 686, 687)
1996 Ed. (759, 760, 3616)
1997 Ed. (695, 696, 3661)
1998 Ed. (480, 482, 483)
1999 Ed. (764, 765, 766, 767, 768,
4510)
2000 Ed. (781, 783, 784)
2001 Ed. (995, 1000, 1001)
2002 Ed. (702, 752, 754, 755)
2003 Ed. (731, 733, 734, 735, 736,
4520)
2004 Ed. (754, 4481)
2005 Ed. (734, 736, 737, 4448)
2006 Ed. (646, 4454)
2007 Ed. (671, 672, 673. 675)
2008 Ed. (567, 630, 632)
2009 Ed. (650, 651, 652, 4524)
2010 Ed. (619, 4562)
2011 Ed. (551, 552, 553, 554)
2012 Ed. (478, 480, 531)
2013 Ed. (594, 631, 632, 633)
2014 Ed. (607, 647, 648, 649, 650)
2015 Ed. (679, 709, 711, 712, 713)
2016 Ed. (620, 649, 650, 652, 653,
654)
Poland Springs
2008 Ed. (631)
Poland Stock Exchange
1995 Ed. (3512)
Polaner
1997 Ed. (2584)
2003 Ed. (3156, 3157)
2015 Ed. (3461)
2016 Ed. (3310)
Polaner All Fruit
2015 Ed. (3461)
2016 Ed. (3310)
Polar
1998 Ed. (482)
1999 Ed. (767)
2001 Ed. (2348)
2002 Ed. (754)
2003 Ed. (734, 735)
2015 Ed. (209)
2016 Ed. (209, 2563)
Polar Air Cargo
1998 Ed. (114)
2000 Ed. (229)
2001 Ed. (335, 3830)
2005 Ed. (213)
Polar Construction Corp.
1992 Ed. (2396)
The Polar Express
2006 Ed. (3576)
2007 Ed. (3641)
Polariod Corp.
1989 Ed. (44)

POLARIS
1989 Ed. (107)
1993 Ed. (204)
1995 Ed. (832, 833, 834, 835, 836)
1998 Ed. (3655)
Polaris 5
1997 Ed. (3815)
Polaris Capital
1997 Ed. (2523, 2535)
Polaris Consulting & Information
2000 Ed. (1109, 2408)
Polaris Direct LLC
2006 Ed. (3527)
2007 Ed. (3578, 3579, 4434)
2008 Ed. (3721, 4413, 4972)
Polaris Financial Services
2000 Ed. (851, 852, 853, 854, 855,
856, 857, 858, 859, 860, 861)
Polaris Global Value
2006 Ed. (3672, 4552)
2007 Ed. (4543)
2008 Ed. (4508)
2009 Ed. (4541)
Polaris Global Value Investor
2007 Ed. (2493)
2008 Ed. (2623)
Polaris Industries
2015 Ed. (1840, 4209, 4210)
2016 Ed. (3349, 4129, 4130, 4715)
Polaris Industries Inc.
1996 Ed. (3734)
1997 Ed. (3275, 3790)
1998 Ed. (3027, 3615)
1999 Ed. (4017, 4018, 4655)
2000 Ed. (4294)
2002 Ed. (1221, 4667)
2003 Ed. (3207, 3208, 4808)
2004 Ed. (242, 243, 4093, 4094,
4793)
2005 Ed. (245, 246, 3279, 4028,
4029, 4766)
2006 Ed. (264, 265, 1888, 1889,
3270, 4057, 4817)
2007 Ed. (2972, 3344, 4108, 4829)
2008 Ed. (2359, 2360, 3441)
2012 Ed. (4763)
2013 Ed. (3560, 4735)
2014 Ed. (3537)
2015 Ed. (3558, 4816)
2016 Ed. (3410, 4718)
Polaris Software
2014 Ed. (4245)
Polaris Software Lab Inc.
2013 Ed. (1130)
2014 Ed. (1091)
Polaris Venture Partners
2003 Ed. (4848)
2004 Ed. (4831)
2005 Ed. (4819)
POLARIS/POLARIS II
1999 Ed. (4699)
2000 Ed. (4338)
PolarMolec
1990 Ed. (2749)
Polaroid
1989 Ed. (1891, 2230, 2231, 2295,
2362)
1990 Ed. (41, 1904, 2193, 2518)
1991 Ed. (1140, 1215, 2080, 2299,
2740, 2741, 2930, 3239)
1992 Ed. (66, 1037, 1519, 1525,
1923, 2642, 2855, 3458, 3459,
3460, 3461, 3804)
1993 Ed. (1224, 1225, 1226, 1228,
1367, 2182, 2413, 2497, 2853,
2984, 3103)
1994 Ed. (1252, 1420, 1614, 2213,
2365, 2436, 2872, 2873, 2874,
3025, 3147)
1995 Ed. (679, 2937)
1996 Ed. (749, 750, 868, 2263, 3034,
3035, 3289)
1997 Ed. (680, 681, 2404, 3115,
3116, 3386)
1998 Ed. (475, 476, 610, 611, 2106,
2848, 2849, 3162)
1999 Ed. (735, 736, 1012, 1013,
1345, 2697, 2896, 3824, 3825,
3826, 4146)
2000 Ed. (749, 966, 2647, 3079,
3543, 3862)
2001 Ed. (1104, 2892)
2002 Ed. (1499, 2830, 4172)
2003 Ed. (1216, 1536, 1537, 1539,
1543, 2957, 3635)
2005 Ed. (1560)
2006 Ed. (3900, 3902)
2007 Ed. (870, 3952)
2008 Ed. (833, 3982)
2012 Ed. (666, 2938)

Polaroid 600 film
1991 Ed. (1453)
Polaroid 600 Film High Speed
1990 Ed. (1544, 1545)
Polaroid 600 High Spd film
1991 Ed. (1454)
Polaroid 600 High Spd film twin
1991 Ed. (1454)
Polaroid 600 High-Speed Instant Film
1989 Ed. (2325)
Polaroid 600 Plus
1993 Ed. (1523, 1524)
1996 Ed. (3033)
1999 Ed. (3826)
Polaroid 600 Plus 2 pack
1992 Ed. (1849)
Polaroid 600 Plus Film
1990 Ed. (3036)
Polaroid 600 Plus Film, 1- Pack
1990 Ed. (2865, 2866)
Polaroid 600 Plus Film, 2- Pack
1990 Ed. (2865, 3040)
Polaroid 600 Plus Single
1992 Ed. (1849)
Polaroid I-Zone
2002 Ed. (3705)
Polaroid Platinum 600
2002 Ed. (3705)
Polaroid Spectra
1999 Ed. (3826)
Polaroid Spectra Platinum
2002 Ed. (3705)
Polaroid SX 70 Time Zero
1991 Ed. (1454)
Polaroid SX-70 Time Zero Film
1990 Ed. (1545)
Polaroid T-120 SG 3 pack
1992 Ed. (1849)
Polaroid Time Zero Film, 2- Pack
1990 Ed. (2865, 2866)
PolarOnyx Inc.
2015 Ed. (4235)
Polartec LLC
2014 Ed. (4249)
Polder
2007 Ed. (3971)
Pole Quebec Chaudiere-Appalaches
2009 Ed. (3563)
2010 Ed. (3482)
2011 Ed. (3486)
2012 Ed. (3489)
Polegato; Mario Moretti
2008 Ed. (4869)
2009 Ed. (4891)
2010 Ed. (4891)
2011 Ed. (4880)
2012 Ed. (4889)
Polep Distribution Services; J.
1995 Ed. (1196)
The Polestar Group Ltd.
2004 Ed. (3941)
Polet; Robert
2007 Ed. (1102)
2009 Ed. (969)
2010 Ed. (932)
Poletowin Pitcrew Holdings
2015 Ed. (1759)
Polett-Scott Buick
1995 Ed. (265)
Polhill Communications
2002 Ed. (3862)
Poli-Grip
2008 Ed. (2324)
The Police
2005 Ed. (3622, 3627)
2010 Ed. (1126)
Police and Fire Federal Credit Union
1990 Ed. (1462)
1991 Ed. (1396)
1993 Ed. (1454)
1994 Ed. (1507)
1996 Ed. (1515)
Police Credit Union
2005 Ed. (2136)
2007 Ed. (2152)
2009 Ed. (2254)
2010 Ed. (2142)
Police & Fire Credit Union
2002 Ed. (1888)
2003 Ed. (1942)
2004 Ed. (1982)
2005 Ed. (2124)
2006 Ed. (2219)
2007 Ed. (2140)
2008 Ed. (2255)
2009 Ed. (2241)
2010 Ed. (2195)
2011 Ed. (2213)
2012 Ed. (2025, 2074)
2013 Ed. (2258)

2014 Ed. (2190)
2015 Ed. (2254)
2016 Ed. (2225)
Police Foundation
1993 Ed. (892)
Police Foundations Third Decade for
Improving Public Safety
1991 Ed. (895)
Police Foundation's Third Decade Fund
for Improving Public Safety
1991 Ed. (895)
Police HPDS
2011 Ed. (936)
Police & Nurses Credit Society Ltd.
2002 Ed. (1849)
Police officer
1989 Ed. (2092, 2096)
Police officers
1997 Ed. (3177)
2007 Ed. (3730)
2009 Ed. (3865)
Police protection
2001 Ed. (3559, 3560)
Police Quest IV
1995 Ed. (1102)
Policemen
1999 Ed. (3903)
Police/Taxi
1990 Ed. (2615)
Police/Taxi/Rental
1990 Ed. (2616)
Policia Bonaerense
1999 Ed. (1698)
Policolor Bucharest
2002 Ed. (4458)
Policy loans
1992 Ed. (2667)
1993 Ed. (2257)
Policy Management System
1996 Ed. (1087)
Policy Management Systems Corp.
1994 Ed. (1091, 1093)
2001 Ed. (1847)
2004 Ed. (1470)
Policy Resource Center Inc.
1995 Ed. (1931)
Policy Studies Inc.
2004 Ed. (3969)
2005 Ed. (3913)
Polident
1993 Ed. (1472)
1996 Ed. (1526)
2003 Ed. (1992, 1993)
2008 Ed. (2324)
Polident for Partials
2003 Ed. (1992, 1993)
Polident Overnight
2003 Ed. (1992, 1993)
Poliet
1992 Ed. (2972)
1994 Ed. (3256)
1995 Ed. (2505)
1997 Ed. (1132)
Polifarb Cieszyn
1997 Ed. (3864)
POLIFORUM LEON
2003 Ed. (2416)
Poliforum Leon Convention & Exhibition
Center
2005 Ed. (2522)
Polifrab
1996 Ed. (3817)
Poligrafica CA
2012 Ed. (1463)
Poligrip
2003 Ed. (1992)
Poligrip Free
2003 Ed. (1991)
Poligrip Ultra Fresh
2003 Ed. (1991)
Polimeks Insaat Taahhut Ve San Tic A/S
2013 Ed. (1285)
Polimeni Realty
1992 Ed. (3613)
Polimex-Mostostal
2015 Ed. (1168)
2016 Ed. (1082)
Poling; Harold
1993 Ed. (939)
1994 Ed. (948)
Poling; Harold A.
1989 Ed. (1376)
1995 Ed. (981)
1996 Ed. (965)
Polioles
1996 Ed. (1733)
Polipropileno
1991 Ed. (2914)
Polisa

2001 Ed. (2926)
Polisano SRL
2015 Ed. (3993)
Polish Information & Foreign Investment
Agency
2012 Ed. (3491)
Polish National Credit Union
2002 Ed. (1836)
2003 Ed. (1896)
2004 Ed. (1936)
2005 Ed. (2076)
2006 Ed. (2170)
2014 Ed. (2195)
Polish Ocean
1992 Ed. (3947, 3948)
Polish Ocean Line
1992 Ed. (3949, 3950)
Polish & Slavic
2000 Ed. (1625)
Polish & Slavic Credit Union
2002 Ed. (1836, 1882)
2003 Ed. (1896, 1936)
2004 Ed. (1936, 1976)
2005 Ed. (2076, 2118)
2006 Ed. (2170, 2213)
2007 Ed. (2132)
2008 Ed. (2249)
2009 Ed. (2233, 3529)
2010 Ed. (2187)
2011 Ed. (2207)
2012 Ed. (2068)
2015 Ed. (2244)
2016 Ed. (2215)
Polish Wedding
2001 Ed. (4698, 4701)
Polish zloty
2007 Ed. (2159)
2009 Ed. (2261)
Polishes
2005 Ed. (309)
Politecnico di Milano School of Management
2012 Ed. (618)
Political advertising
1990 Ed. (13, 52)
Political committees
2008 Ed. (1687)
Political memorabilia
1990 Ed. (1083)
Politician
2008 Ed. (4243)
Politics
2001 Ed. (3585)
Politics.com Inc.
2004 Ed. (1529)
Politis Communications
1998 Ed. (2962)
1999 Ed. (3957)
Poljoprivredni Kombinat Beograd
1991 Ed. (1361)
Polk & Co.; R. L.
1989 Ed. (928)
Polk County Industrial Development Authority, FL
1993 Ed. (2159)
Polk; Lyon
2010 Ed. (3382)
Polk Majestic Travel Group
2005 Ed. (4994)
2006 Ed. (4993)
2007 Ed. (4990)
2008 Ed. (4992, 4993)
2009 Ed. (4987, 4988, 4989)
2010 Ed. (4994, 4995, 4996)
2011 Ed. (4991, 4992, 4993)
2012 Ed. (4988)
Polk Majestic Travel Inc.
2005 Ed. (4993)
Polk; Michael B.
2014 Ed. (3990)
2016 Ed. (3950)
Polk Stanley Wilcox Architects
2012 Ed. (202)
Polkomtel
2004 Ed. (73)
2005 Ed. (69)
2006 Ed. (77)
2007 Ed. (68)
2008 Ed. (73)
2009 Ed. (82)
2010 Ed. (91)
2015 Ed. (2977)
2016 Ed. (2912)
Polkomtel S.A.
2001 Ed. (68)
Polkowitz Motors
1990 Ed. (306, 337, 338)
1991 Ed. (269, 274, 276, 304, 305)
1992 Ed. (410)
1993 Ed. (294, 295, 300)

1994 Ed. (263, 264, 291, 1004)
Pollack Architecture
2012 Ed. (3287)
Pollack Corp.; Sheldon L.
1992 Ed. (4486)
1993 Ed. (3736)
1994 Ed. (3671)
Pollak Hospital; B.S.
1990 Ed. (1739)
Pollard Banknote Ltd.
2009 Ed. (4094)
2010 Ed. (4006)
2011 Ed. (4013)
Pollenex
1990 Ed. (194)
1992 Ed. (257)
1993 Ed. (163)
1994 Ed. (147)
1995 Ed. (166)
Pollin; Abe and Irene
1994 Ed. (893)
Pollina; Lisa
2016 Ed. (4938)
Polling
1991 Ed. (2610)
1993 Ed. (900, 2725)
Polling services
1992 Ed. (3249)
Polling/Surveying
1992 Ed. (3251)
Pollitt Jr.; Byron
2006 Ed. (1002)
2007 Ed. (1094)
Pollo Campero
2008 Ed. (4165)
Pollo Tropical
1995 Ed. (3135)
1997 Ed. (3329, 3651)
2002 Ed. (2244)
2004 Ed. (4130)
2006 Ed. (4116)
2007 Ed. (4143)
2008 Ed. (4173, 4174)
2009 Ed. (4279)
2011 Ed. (4234)
Pollock
1991 Ed. (2938)
1998 Ed. (3175)
2001 Ed. (2440)
2003 Ed. (2490)
2004 Ed. (2622)
2005 Ed. (2611)
2006 Ed. (2610)
2007 Ed. (2585)
2008 Ed. (2722)
2009 Ed. (2777)
2010 Ed. (2709)
2011 Ed. (2695)
2015 Ed. (4801)
2016 Ed. (4705)
Pollock, Alaska
1994 Ed. (3155)
Pollock Begg Komar Glasser LLC
2008 Ed. (2037)
Pollock Research & Design Inc.
2006 Ed. (4375)
Pollock; Thomas P.
1991 Ed. (1620)
Pollution Abatement Services
1991 Ed. (1889)
Pollution control
1991 Ed. (3223)
1992 Ed. (4070)
Pollution control equipment
1995 Ed. (1754)
Polly O
2001 Ed. (1169)
2016 Ed. (805)
Polly O Natural
2003 Ed. (924)
Polly Pack
1992 Ed. (500, 501)
Polly Panda Preschool & Child Development Center Inc.
2009 Ed. (4990)
2010 Ed. (4997)
Polly Peck International PLC
1991 Ed. (1169)
Polly Pocket
1995 Ed. (3645)
1996 Ed. (3726)
Pollybottle Group Ltd.
1998 Ed. (2872)
Polmos
1998 Ed. (2398)
Pol'nobanka
1999 Ed. (636)
2001 Ed. (649)
Polo
1994 Ed. (2779)

2000 Ed. (1122)
2001 Ed. (1276, 2527, 3702)
2002 Ed. (382)
2004 Ed. (2683)
2006 Ed. (1016, 2951)
2008 Ed. (982)
Polo by Ralph Lauren
1993 Ed. (2787)
Polo Classic; Volkswagen
2005 Ed. (295)
Polo Cologne
1996 Ed. (2950)
Polo Ralph Lauren
2013 Ed. (998, 1002, 1011, 1014)
2014 Ed. (960, 966, 975)
2015 Ed. (996, 997, 1001, 1013)
2016 Ed. (901, 902, 908, 916)
Polo Ralph Lauren Corp.
2013 Ed. (994, 995, 1001, 1007,
3179, 3891, 4439)
2014 Ed. (965, 972, 4471)
2015 Ed. (1000, 1009, 4465)
Polo Sport
1997 Ed. (3031)
2001 Ed. (2527, 3703)
2003 Ed. (2551, 3778)
Polo.com
2008 Ed. (2446)
Polonia
2001 Ed. (2926)
Polo/Ralph Lauren
1996 Ed. (1015)
1997 Ed. (1015, 1022, 1034)
1998 Ed. (775)
1999 Ed. (1204, 4164, 4170)
2000 Ed. (1123)
2001 Ed. (1275, 1279, 1280, 1281,
2117)
2002 Ed. (1081, 1083)
2003 Ed. (1002, 1004, 1006, 1007,
1009)
2004 Ed. (986, 987, 997, 998, 1002,
1005, 2879, 4711, 4712)
2005 Ed. (1012, 1013, 1016, 1018,
1019, 4683, 4684)
2006 Ed. (1018, 1020, 1021, 1022,
1024, 1025, 1026, 1037, 2662,
4729, 4730)
2007 Ed. (153, 1103, 1106, 1107,
1110, 1113, 1114, 1115, 2968, 3801)
2008 Ed. (984, 987, 988, 989, 990,
992, 1005, 3092, 3106, 3872, 3881)
2009 Ed. (970, 971, 973, 977, 980,
990, 3931, 4437)
2010 Ed. (934, 935, 939, 942, 943,
955, 1721, 4479)
2011 Ed. (866, 867, 871, 874, 875,
881, 1734, 4414)
2012 Ed. (816, 819, 820, 821, 824,
825, 828, 830, 831, 835, 841, 1585,
1765, 3024, 3829, 4477)
Poloron Homes of Pa., Inc.
1992 Ed. (3517)
Poloron Homes of Pennsylvania, Inc.
1991 Ed. (2759)
Poloz; Stephen
2016 Ed. (719)
Polsinelli
2015 Ed. (3469)
2016 Ed. (3316)
Polsinelli Shughart
2011 Ed. (3398)
Polska Grupa Energetycnza
2016 Ed. (2391)
Polska Grupa Energetyczna
2011 Ed. (2346)
2012 Ed. (2256)
2013 Ed. (2434)
2014 Ed. (2369)
2015 Ed. (2435)
2016 Ed. (2382)
Polska Grupa Energetyczna SA
2014 Ed. (2379)
2015 Ed. (2447)
Polska Telefonia Cyfrowa
2004 Ed. (73)
2005 Ed. (69)
2006 Ed. (77)
2007 Ed. (68)
2008 Ed. (73)
Polski Bank Inwestycyjny SA
1997 Ed. (597)
Polski Koncern Naftowy
2001 Ed. (1694)
Polski Koncern Naftowy Orlen SA
2002 Ed. (4780)
2004 Ed. (956)
2006 Ed. (1694)
2007 Ed. (1690)
2008 Ed. (1720, 3576)

2009 Ed. (2016, 3646)
2010 Ed. (3564)
2011 Ed. (2008, 3567)
2012 Ed. (752, 1858, 1859, 3560, 3918, 3932)
2013 Ed. (2018, 2019, 3597, 3967, 3988)
2014 Ed. (1953, 3910)
2015 Ed. (1997, 3943)
2016 Ed. (1966, 3860)
Polski Koncern Naftowy Orlen Spolka Akcyjna
2015 Ed. (3967)
Polskie Gornictwo Naftowe I Ga-zownictwo
2002 Ed. (1755)
2004 Ed. (1846)
Polskie Gornictwo Naftowe i Ga-zownictwo SA
2008 Ed. (1720)
2009 Ed. (2016)
2011 Ed. (2008)
2012 Ed. (1858, 1859, 3918)
2013 Ed. (2018, 2019, 3967)
2014 Ed. (1953, 3910)
2015 Ed. (1997, 3943)
2016 Ed. (1966, 3860)
Polskie Koleje Panstwowe SA
2004 Ed. (4796)
2009 Ed. (2016)
Polskie Linie Lotnicze Lot SA
2004 Ed. (4796)
Polskie Sieci Elektroenergetyczne SA
2008 Ed. (1720)
2009 Ed. (2016)
Poly
2001 Ed. (2648)
Poly Chemical Engineering Co., Ltd.
1992 Ed. (1438)
Poly Kur
2001 Ed. (2649)
Poly-olefins
2000 Ed. (3016)
Poly-Pak Industries
2008 Ed. (4418)
Poly Placements Inc.
2011 Ed. (2841)
Poly Processing Co.
2001 Ed. (4126)
Poly Real Estate
2014 Ed. (4211)
2015 Ed. (4192)
2016 Ed. (4088, 4110, 4113)
Poly Real Estate Group
2012 Ed. (4194)
2013 Ed. (4175)
2014 Ed. (4192, 4204)
2015 Ed. (4172, 4184)
2016 Ed. (4087, 4102)
Poly VI Sol
2003 Ed. (4858)
Polyair Inter Pack
2004 Ed. (235)
2007 Ed. (3762, 3776)
2008 Ed. (3839, 3854)
Polyalkylene glycols
2000 Ed. (3016)
Polybutadiene
1994 Ed. (3116)
Polycarboxylic acids
1993 Ed. (1714)
Polychloroprene
1994 Ed. (3116)
Polycom Inc.
2002 Ed. (2431)
2006 Ed. (4685)
2010 Ed. (280, 4688)
2011 Ed. (203)
Polyester
2001 Ed. (2628)
Polyester, thermoplastic
2001 Ed. (3812)
Polyester, unsaturated
2001 Ed. (3813)
Polyethylene
1997 Ed. (3738)
1998 Ed. (2881)
Polyethylene, high density
2001 Ed. (3812)
Polyethylene, low density
2001 Ed. (3812)
Polyfelt
1995 Ed. (2789)
Polygon Homes Ltd.
2010 Ed. (1155, 4160)
2011 Ed. (1100, 4158)
2012 Ed. (1015, 4193)
2013 Ed. (1172, 4183)
2014 Ed. (1125, 4200)
2015 Ed. (1167, 4180)

2016 Ed. (4097)
Polygon Northwest
1998 Ed. (916, 921)
1999 Ed. (1338)
2001 Ed. (1390)
2002 Ed. (1206, 1211, 2658, 2659)
2003 Ed. (1212)
2004 Ed. (1198, 1219)
2005 Ed. (1224, 1243)
2012 Ed. (1040)
Polygram
1989 Ed. (2228)
1990 Ed. (2861)
1992 Ed. (329, 1672)
1993 Ed. (226, 1372)
1994 Ed. (216, 1403, 1426)
1995 Ed. (881, 1245, 1433, 1463)
1996 Ed. (214, 1425, 3032)
1997 Ed. (243, 1487)
Polygram Diversified
1996 Ed. (867)
Polygram Film International
2001 Ed. (4694)
Polygram Filmed Entertainment
1998 Ed. (2710)
Polygram Holding
1998 Ed. (2711)
Polygram International Holding BV
1997 Ed. (2696)
Polygram NV
1996 Ed. (2744)
1997 Ed. (2696)
Polyisoprene; Butyl
1994 Ed. (3116)
PolyMedica Corp.
2007 Ed. (1875)
2010 Ed. (2902)
Polymer Group Inc.
1999 Ed. (3708)
2009 Ed. (3845)
2010 Ed. (3765, 4725)
2011 Ed. (3767, 4683)
2012 Ed. (3770, 4697, 4698)
2013 Ed. (3834)
2014 Ed. (3755)
2015 Ed. (3778, 4722)
2016 Ed. (3692, 4624)
Polymer Resh. Corp.
1992 Ed. (3307)
Polymers
2001 Ed. (1206)
Polymers industry
1999 Ed. (1046)
Polymers, specialty
1999 Ed. (1110, 1111, 1112, 1114)
2002 Ed. (1035)
Polymet Mining Corp.
2009 Ed. (1560)
Polymetal International
2015 Ed. (3676)
2016 Ed. (3568)
Polymicro Technologies LLC
2013 Ed. (1412, 4523)
Polynesian Cultural Center Inc.
2003 Ed. (1688)
2004 Ed. (1725)
2005 Ed. (1783)
2006 Ed. (1743)
2007 Ed. (1752)
2008 Ed. (1780)
2009 Ed. (1721)
2010 Ed. (1669)
2011 Ed. (1678)
2012 Ed. (1529)
2013 Ed. (1676)
2014 Ed. (1628)
Polynesian Culture Center
2010 Ed. (1669)
2011 Ed. (1678)
2012 Ed. (1529)
2013 Ed. (1676)
Polyol esters
2000 Ed. (3016)
PolyOne Canada
2008 Ed. (915)
2009 Ed. (923)
2010 Ed. (865)
PolyOne Corp.
2002 Ed. (4066, 4067)
2003 Ed. (936)
2004 Ed. (950, 3910, 4223)
2005 Ed. (941, 945, 3856, 4151)
2006 Ed. (844, 848)
2009 Ed. (4070)
2010 Ed. (3988)
2011 Ed. (3993)
2012 Ed. (3986)
2013 Ed. (4052)
2014 Ed. (3991)
2015 Ed. (4039)

2016 Ed. (3951, 3952)
PolyOne Designed Structures & Solutions LLC
2015 Ed. (4038)
2016 Ed. (3949)
Polyphase
1995 Ed. (2497)
1998 Ed. (1877)
Polyphase Instrument Co. Inc.
1995 Ed. (2497)
Polyplex
2013 Ed. (1421, 2104)
Polypropylene
1997 Ed. (3738)
1998 Ed. (2881)
2001 Ed. (3812, 3814)
PolyQuest
2004 Ed. (3914)
Polys Haji-Ioannou
2015 Ed. (4918)
2016 Ed. (4834)
Polysar
1996 Ed. (931)
Polysar Energy
1991 Ed. (3403)
Polysciences Inc.
1993 Ed. (704)
1995 Ed. (668)
1996 Ed. (742)
Polysindo Eka Parkesa
1994 Ed. (2337)
Polysindo Eka Perkasa
1997 Ed. (1431)
2000 Ed. (1465)
Polysoft BV
2002 Ed. (1737)
2004 Ed. (1812)
Polysporin
2002 Ed. (2279, 2280)
2003 Ed. (2486)
Polystyrene
1997 Ed. (3738)
1998 Ed. (2881)
2001 Ed. (3812)
Polysytrene
2001 Ed. (3814)
Polytank-Cotex Industries
2001 Ed. (84)
Polytechnic Institute of New York University
2011 Ed. (2504)
Polytrin Oph Solution
1992 Ed. (3301)
Polyus Gold
2011 Ed. (3668)
2012 Ed. (3655, 3676, 3684)
2013 Ed. (850, 3703, 3722)
Polyus Gold International
2014 Ed. (3642)
2015 Ed. (3652)
Polyus Gold; OJSC
2013 Ed. (850)
Polyvinyl acetate
2001 Ed. (2628)
Polyvinyl chloride
1998 Ed. (2881)
2001 Ed. (3812)
PolyVision Corp.
2005 Ed. (4613)
Pomco Group
2012 Ed. (3160)
Pomegranate
2011 Ed. (4625)
2012 Ed. (4629)
Pomento; Alexander
1997 Ed. (2000)
Pomerantz & Co.; A.
1996 Ed. (2662)
Pomerantz; John J.
1992 Ed. (1145)
1993 Ed. (940)
Pomerantz Personnel
1992 Ed. (4487)
Pomerelle Mountain Resort
2013 Ed. (4442)
Pomerleau
1990 Ed. (1669)
1991 Ed. (1554)
2007 Ed. (1965)
2012 Ed. (1016)
Pomerleau; Groupe
2007 Ed. (1284)
2008 Ed. (1184)
2009 Ed. (1160, 1251)
2010 Ed. (1156, 1248)
2011 Ed. (1198)
Pomerleau Inc.
2016 Ed. (1075)
Pomeroy Computer Resources
2000 Ed. (1181)

Pomeroy Group
2007 Ed. (1569)
Pomeroy IT Solutions
2008 Ed. (1885)
Pommery
2005 Ed. (916)
Pomona, CA
1994 Ed. (2244)
2006 Ed. (2857)
Pomona College
1989 Ed. (955)
1990 Ed. (1089)
1991 Ed. (1002)
1992 Ed. (1268)
1993 Ed. (1016)
1994 Ed. (1043)
1995 Ed. (1051)
1996 Ed. (1036)
1997 Ed. (1052)
1998 Ed. (798)
1999 Ed. (1227)
2000 Ed. (1136)
2001 Ed. (1316, 1318, 1328)
2007 Ed. (2848)
2008 Ed. (1057, 1067, 1068, 2972)
2009 Ed. (1031, 1040, 1044, 1045)
2010 Ed. (999, 1006, 1010, 1011)
2011 Ed. (944)
2012 Ed. (861)
Pomona First Federal Savings & Loan
1995 Ed. (3186)
Pomona First Federal Savings & Loan Assoc.
1998 Ed. (3157)
Pomona First Federal Savings & Loan Association
1994 Ed. (3144)
1996 Ed. (3285)
1997 Ed. (3382)
Pomona Valley Hospital Medical Center
2012 Ed. (2989)
Pomorski Bank Kreditowy (Pomeranian Credit)
1994 Ed. (619)
Pomorski Bank Kredytowy
1993 Ed. (469)
1995 Ed. (589, 590)
Pomorski Bank Kredytowy SA
1996 Ed. (659)
Pompano Lincoln-Mercury
1990 Ed. (331)
1992 Ed. (389)
1993 Ed. (275)
Pompano Masonry Corp.
1993 Ed. (1137)
1994 Ed. (1144)
1995 Ed. (1162)
1996 Ed. (1147)
1997 Ed. (1166)
2001 Ed. (1477)
2007 Ed. (1363)
2008 Ed. (1260)
2009 Ed. (1236)
2010 Ed. (1235)
2012 Ed. (1130)
Pompano Square
2000 Ed. (4029)
Pompeian
1995 Ed. (2809)
1996 Ed. (2869)
2014 Ed. (3773, 3774)
2015 Ed. (3792, 3793)
2016 Ed. (3703, 3706, 3707)
Pompeian OlivExtra
2015 Ed. (3788)
2016 Ed. (3702)
Pompom Operas
2015 Ed. (984)
Pompons
1993 Ed. (1871)
Pomp's Tire Service
2005 Ed. (4696, 4699)
2006 Ed. (4746, 4754)
2007 Ed. (4755, 4760)
2008 Ed. (4683)
2009 Ed. (4723)
2010 Ed. (4732)
2011 Ed. (4691, 4693)
2012 Ed. (4715)
2013 Ed. (4668, 4676)
2014 Ed. (4724)
2015 Ed. (4730, 4743)
Pomp's Tire Service Inc.
2016 Ed. (4645)
PomX
2013 Ed. (1030)
Pon Pure Chem
2014 Ed. (887)
Ponce Federal Bank
1991 Ed. (412, 3384)

Ponce Federal Bank, FSB
 1992 Ed. (3782)
 1993 Ed. (3082)
Ponce; Julio
 2015 Ed. (4914)
 2016 Ed. (4830)
Ponder & Co.
 1991 Ed. (2166)
 1993 Ed. (2265)
 1995 Ed. (2332, 2334)
 1996 Ed. (2353)
 1997 Ed. (2486)
 1998 Ed. (2226, 2230)
 1999 Ed. (3010, 3015, 3018)
 2000 Ed. (2761, 2763, 2764)
 2001 Ed. (737, 742, 766, 794, 798,
  805, 809, 814, 843, 847, 915, 923,
  927)
Ponderosa
 1990 Ed. (3009, 3012, 3019, 3023)
 1991 Ed. (2883)
 1992 Ed. (3713, 3718)
 1993 Ed. (3021, 3035)
 1994 Ed. (3077, 3088)
 1995 Ed. (3122, 3138)
 1996 Ed. (3217, 3226, 3230)
 1997 Ed. (3318, 3333)
 1998 Ed. (1763, 3066)
 1999 Ed. (2513, 2515, 4079, 4080)
 2000 Ed. (3792, 3793)
 2001 Ed. (4075)
 2002 Ed. (4006)
 2003 Ed. (4102)
 2004 Ed. (4126)
 2005 Ed. (3344)
 2006 Ed. (3337, 4114)
 2007 Ed. (3395, 4141)
 2008 Ed. (4155, 4167, 4168)
 2009 Ed. (4263, 4275)
 2010 Ed. (4203)
 2011 Ed. (4209, 4222)
 2014 Ed. (4266)
 2015 Ed. (4247)
Ponderosa Steakhouse
 2002 Ed. (4030)
 2003 Ed. (4122, 4123, 4124, 4125,
  4126, 4127, 4140)
 2005 Ed. (4074, 4075, 4076, 4077,
  4078)
 2006 Ed. (4128)
 2010 Ed. (4239, 4240, 4241, 4242,
  4243)
Ponderosa/Bonanza
 2002 Ed. (4029)
Ponderosa/White pine
 2001 Ed. (3178)
Pond's
 1991 Ed. (3135)
 1994 Ed. (3313)
 1996 Ed. (3442)
 1998 Ed. (3307, 3308, 3309)
 2000 Ed. (4036, 4037)
 2001 Ed. (2400, 3165, 3166, 4292,
  4293)
 2003 Ed. (2431, 2432, 4427, 4428,
  4431, 4432)
 2004 Ed. (4430)
 2008 Ed. (2652)
 2015 Ed. (2192)
Ponds
 2015 Ed. (3852)
 2016 Ed. (3762)
Ponds Dramatic Results
 2002 Ed. (1951)
Poneman; David
 1995 Ed. (1844)
 1996 Ed. (1822)
 1997 Ed. (1896)
Ponsse Oyj
 2006 Ed. (1705)
 2009 Ed. (3591)
Pontarelli Builders
 1998 Ed. (897)
Pontchartrain Partners
 2016 Ed. (1210)
Ponte Vedra Inn & Club
 1993 Ed. (2090)
 1994 Ed. (2104)
 1995 Ed. (2158)
 1996 Ed. (2171)
 1997 Ed. (2285)
 1998 Ed. (2014)
 1999 Ed. (2768)
 2002 Ed. (3990)
 2005 Ed. (4042)
 2006 Ed. (4097)
 2008 Ed. (3076)
 2009 Ed. (3164)
Ponte Vedra Inn/Club
 2000 Ed. (2543)

Pontiac
 1989 Ed. (320, 327, 1595)
 1990 Ed. (344, 358)
 1991 Ed. (319)
 1992 Ed. (442, 2413)
 1993 Ed. (310, 316)
 1994 Ed. (301)
 1995 Ed. (302)
 1996 Ed. (306, 310, 315)
 1997 Ed. (300)
 1998 Ed. (218, 3645)
 1999 Ed. (323, 326, 360)
 2000 Ed. (344)
 2001 Ed. (458, 460, 461, 463, 464,
  465, 483, 535)
 2002 Ed. (413, 414)
 2003 Ed. (303, 359)
 2005 Ed. (341)
Pontiac 6000
 1990 Ed. (362)
Pontiac Bonneville
 1991 Ed. (350)
Pontiac Fiero
 1990 Ed. (403)
 1991 Ed. (355)
 1993 Ed. (350)
Pontiac Firebird
 1989 Ed. (341, 344, 1670)
 1990 Ed. (403)
 1991 Ed. (355)
 1992 Ed. (436)
 1993 Ed. (348, 350)
 1994 Ed. (334)
 1995 Ed. (3431)
Pontiac G6
 2009 Ed. (355)
 2010 Ed. (332)
Pontiac Grand Am
 1989 Ed. (315)
 1991 Ed. (321)
 1992 Ed. (440)
 1994 Ed. (300)
 1995 Ed. (301, 2111)
 1996 Ed. (314, 317)
 1997 Ed. (301, 304)
 1998 Ed. (213, 217)
 1999 Ed. (327)
 2000 Ed. (347)
 2003 Ed. (362)
 2004 Ed. (346, 350)
 2005 Ed. (348)
Pontiac Grand Prix
 1989 Ed. (344)
 1998 Ed. (213)
Pontiac LeMans
 1992 Ed. (485)
 1993 Ed. (324)
Pontiac Montana
 2004 Ed. (303)
 2008 Ed. (299)
Pontiac Safari
 1993 Ed. (349)
Pontiac Silverdome
 2001 Ed. (4356, 4358)
 2002 Ed. (4347)
Pontiac Sunbird
 1990 Ed. (362)
 1993 Ed. (322)
 1996 Ed. (316, 3765)
Pontiac Sunfire
 2006 Ed. (315)
Pontifical Catholic University of Puerto
 Rico
 2006 Ed. (4298)
 2016 Ed. (1974)
Pontiflex Inc.
 2012 Ed. (1769)
Pontikes; Kenneth N.
 1990 Ed. (1720)
 1991 Ed. (926)
 1992 Ed. (1143, 2059)
Pontillos Pizza
 1996 Ed. (3045)
Pontis
 2012 Ed. (2840, 2848, 2850)
 2013 Ed. (2909)
Pontofrio
 2014 Ed. (678)
Pontotoc Production Inc.
 2003 Ed. (3828, 3835)
Pony Ma Huateng
 2012 Ed. (599)
 2015 Ed. (798)
Poo; Murdaya
 2010 Ed. (4866)
Pool Corp.
 2008 Ed. (1890, 3441, 4205)
 2009 Ed. (1853)
 2015 Ed. (1789, 1791)
 2016 Ed. (1743, 1745)

The Pool People Inc.
 2007 Ed. (4649)
Pool Water Products
 2011 Ed. (4989)
 2012 Ed. (4985)
 2016 Ed. (4988)
Poole and Kent Org.
 2000 Ed. (1264, 1268)
The Poole and Kent Organization
 1990 Ed. (1208)
 2000 Ed. (1254)
The Poole & Kent Co.
 1990 Ed. (1200, 1201)
 1991 Ed. (1079)
 1992 Ed. (1410, 1412)
 1993 Ed. (1123, 1125, 1140)
 1994 Ed. (1139, 1141)
 1995 Ed. (1158, 1160)
 1996 Ed. (1133, 1135)
 1997 Ed. (1161, 1163, 1178)
 1998 Ed. (951, 955)
 1999 Ed. (1363, 1372, 1376)
 2001 Ed. (1478)
Pooled Fixed
 1994 Ed. (581)
Pooled Fixed Income
 1994 Ed. (581)
Pools by John Clarkson
 2007 Ed. (4646)
Poonawalla; Cyrus
 2016 Ed. (4845)
Poor Economics
 2013 Ed. (625)
Poor planning
 2005 Ed. (784)
Poore Brothers Inc.
 2004 Ed. (4546)
Poorly Made in China
 2011 Ed. (539)
Poorman-Douglas Corp.
 2006 Ed. (4374)
Pop
 2001 Ed. (3405)
Pop-A-Lock
 2012 Ed. (278)
Pop-A-Lock Franchise System
 2004 Ed. (4410)
 2005 Ed. (4358)
 2006 Ed. (4299)
 2008 Ed. (4322)
 2009 Ed. (4425)
 2012 Ed. (4472)
 2013 Ed. (4436)
 2014 Ed. (4469)
 2015 Ed. (4463)
 2016 Ed. (4364)
Pop Art LLC
 2003 Ed. (2727)
POP Displays
 2008 Ed. (4005)
 2009 Ed. (4079)
 2015 Ed. (3583)
 2016 Ed. (2305)
Pop Internationalism
 2006 Ed. (577)
Pop Music
 2013 Ed. (3807)
 2015 Ed. (3755)
 2016 Ed. (3663)
Pop Shots
 2001 Ed. (1105)
Pop Tarts
 1995 Ed. (3398)
Pop Tarts; Kellogg's
 2008 Ed. (338)
Popa Credit Union
 2003 Ed. (1890)
 2004 Ed. (1929)
 2005 Ed. (2066, 2068)
 2006 Ed. (2159, 2161)
 2008 Ed. (2211)
 2009 Ed. (2180)
 2010 Ed. (2129)
Popchips
 2013 Ed. (2837)
 2014 Ed. (2702, 2873)
Popcorn
 1990 Ed. (3306)
 1992 Ed. (4005, 4007)
 1994 Ed. (2893, 2894, 3347)
 1995 Ed. (3403)
 1998 Ed. (1709, 2497)
 2003 Ed. (4460)
 2006 Ed. (4395)
Popcorn, butter
 1993 Ed. (2877, 2878)
 1994 Ed. (2893, 2894)
Popcorn, buttered
 1995 Ed. (2955)
Popcorn, caramel

 1993 Ed. (2877, 2878)
 1994 Ed. (2893, 2894)
Popcorn, cheese
 1993 Ed. (2877, 2878)
 1994 Ed. (2893, 2894)
 1995 Ed. (2955)
Popcorn, cinnamon
 1994 Ed. (2893)
Popcorn Expressions
 2013 Ed. (4063)
Popcorn, Indiana
 2013 Ed. (4063)
 2014 Ed. (4070)
 2015 Ed. (4050)
 2016 Ed. (3959)
Popcorn, microwavable
 1995 Ed. (3406)
Popcorn, microwave
 1993 Ed. (3338)
 2002 Ed. (4721)
 2003 Ed. (4830)
Popcorn, microwaveable
 1994 Ed. (3333, 3334, 3346, 3348)
Popcorn, popped
 2002 Ed. (4298)
Popcorn, ready-to-eat
 1993 Ed. (3338)
 1994 Ed. (3333, 3334, 3346, 3348)
 1995 Ed. (3406)
 1997 Ed. (3531)
Popcorn, regular
 1993 Ed. (2877, 2878)
Popcorn, unpopped
 1994 Ed. (3333, 3346, 3348)
 2002 Ed. (4298)
 2003 Ed. (4461)
Popcorn, white cheddar
 1993 Ed. (2877)
 1994 Ed. (2893)
Popcorn/popcorn oil
 1997 Ed. (3171, 3173)
Popcuts.com
 2010 Ed. (2368)
Pope; C. Larry
 2015 Ed. (975)
Pope Chevrolet Inc.
 1990 Ed. (734)
Pope Francis
 2015 Ed. (3486)
 2016 Ed. (3336)
Pope Home; Lena
 1994 Ed. (891)
Pope; John C.
 1991 Ed. (1620)
 1992 Ed. (2051)
Pope Resources
 2006 Ed. (2079)
 2007 Ed. (2045)
 2008 Ed. (2137, 2144, 2145, 2147)
 2009 Ed. (2123)
 2014 Ed. (2102, 2103)
 2016 Ed. (2738, 2741)
Pope Resources Delaware LP
 2013 Ed. (2773)
Pope Resources LP
 2007 Ed. (2640)
 2008 Ed. (2765)
 2009 Ed. (2824)
 2010 Ed. (2057, 2065, 2066, 2067,
  2768)
 2011 Ed. (2112, 2120, 2121, 2122)
 2012 Ed. (1960, 1962)
 2013 Ed. (2175)
 2014 Ed. (2104)
Pope; Robert G.
 1996 Ed. (967)
Pope & Talbot Inc.
 1990 Ed. (2500)
 1991 Ed. (1877, 2670)
 1992 Ed. (3332)
 1993 Ed. (1738, 2765)
 1994 Ed. (2726)
 1995 Ed. (1472)
 1996 Ed. (2902)
 2004 Ed. (2676, 2677)
 2005 Ed. (2668, 2669)
 2008 Ed. (2145)
 2009 Ed. (370)
 2010 Ed. (2061, 2067)
 2011 Ed. (2116, 2122)
Popeye
 1992 Ed. (1064)
Popeyes
 1993 Ed. (1758, 3020)
 1995 Ed. (1782, 3119)
 2000 Ed. (3780)
 2001 Ed. (2404)
 2002 Ed. (2236, 2240, 2253)
 2003 Ed. (2442, 2443, 2444, 2445,
  2446, 2447, 2449, 4096)

2005 Ed. (2551)
2006 Ed. (4116)
2008 Ed. (2666)
2009 Ed. (2691)
2010 Ed. (2606)
2011 Ed. (2588)
2012 Ed. (2533)
2013 Ed. (2661)
Popeyes Chicken & Biscuits
2000 Ed. (1910)
2001 Ed. (2406)
2002 Ed. (2244, 2245)
2003 Ed. (2448)
2004 Ed. (2577, 2578, 4130)
2005 Ed. (2560, 4055, 4056, 4057, 4058, 4059)
2006 Ed. (2558, 2571)
2007 Ed. (2542, 4143)
2008 Ed. (4158, 4173, 4174)
2009 Ed. (2706, 4266, 4279)
2010 Ed. (4206)
2011 Ed. (4233)
Popeyes Chicken 'n Biscuits
2010 Ed. (2621, 4225, 4226, 4227, 4228)
2011 Ed. (2601, 4231, 4232)
Popeye's Famous Fried Chicken
1990 Ed. (1751, 3014)
1991 Ed. (1656, 1774, 2872)
1992 Ed. (2112, 2123, 3712)
1997 Ed. (1841, 3316)
1999 Ed. (2135, 4063)
Popeye's Famous Fried Chicken & Biscuits
1989 Ed. (1488)
1990 Ed. (1855)
1994 Ed. (1749, 3074)
1996 Ed. (1760, 3215)
1998 Ed. (1549)
Popeye's Louisiana Kitchen
2015 Ed. (4297)
Popeyes Louisiana Kitchen
2011 Ed. (4212)
2012 Ed. (2545, 2551, 4262, 4274, 4275, 4276, 4277)
2013 Ed. (4241, 4242, 4243, 4244, 4245)
2014 Ed. (2612, 4271, 4291, 4292, 4293, 4294, 4295, 4296)
2015 Ed. (2658, 4252, 4281, 4282, 4283, 4284, 4285, 4286)
2016 Ed. (790, 1600, 2581, 4156, 4185, 4186, 4187, 4188, 4189, 4190)
Popham, Haik, Schnobrich & Kaufman
1993 Ed. (2400)
Popham, Haik, Schnobrich, Kaufman & Doty
1990 Ed. (2422)
1991 Ed. (2288)
1992 Ed. (2842)
Popham, Haik, Schnobrick & Kaufman
1999 Ed. (3486)
Popiel Dehydrator
1997 Ed. (2389)
Popkin Software Inc.
2005 Ed. (1150)
2006 Ed. (1139)
Popov
1989 Ed. (1895, 2892)
1990 Ed. (2445, 2451, 3676)
1991 Ed. (2313, 2320, 3455, 3456)
1992 Ed. (2872, 4402)
1993 Ed. (2436, 3674)
1994 Ed. (2375, 3640)
1995 Ed. (2454, 2456, 3711, 3714)
1996 Ed. (2505, 3800)
1997 Ed. (2646, 2666, 3852)
1998 Ed. (2377, 3682)
1999 Ed. (3206, 4724)
2000 Ed. (2946, 4353, 4354)
2001 Ed. (4706)
2002 Ed. (4760, 4767)
2003 Ed. (4864)
2004 Ed. (4845)
2005 Ed. (4833)
Popov Vodka
2001 Ed. (3142)
2002 Ed. (299)
Popovich; Gregg
2013 Ed. (545)
Poppe Tyson
1989 Ed. (141)
1993 Ed. (121)
1998 Ed. (2953)
1999 Ed. (54, 102)
Poppe Tyson Advertising and Public Relations
1991 Ed. (131)
1992 Ed. (185)

Poppin
2014 Ed. (2406)
Popponesset Island, MA
2012 Ed. (3047)
Poppoya-Railroad Man
2001 Ed. (3376)
Poppy seed
1998 Ed. (3348)
Poppycock
2004 Ed. (4437)
2006 Ed. (3933)
2007 Ed. (3991)
2008 Ed. (4008)
2009 Ed. (4082)
Popsicle
1996 Ed. (1976)
1997 Ed. (2346)
1998 Ed. (2070, 2071)
1999 Ed. (2823)
2000 Ed. (2600, 2601, 4152)
2001 Ed. (2830)
2003 Ed. (2876, 2877)
2008 Ed. (3121)
Popsicle Fantastic Fruity
1997 Ed. (2349, 2931)
Popsicle Firecracker
1997 Ed. (2347)
Popsicle Juice Jets
1997 Ed. (2347)
Popsicle Lick-A-Color
1997 Ed. (2349, 2931)
Popsicle Sherbet Cyclone
1997 Ed. (2349, 2931)
Poptech Ltd.
2006 Ed. (2747)
Popular
1990 Ed. (523)
1999 Ed. (482)
2000 Ed. (497, 498, 499, 500, 501, 502, 514, 517, 752, 753)
2001 Ed. (616, 617, 618, 650, 651)
2003 Ed. (631)
2004 Ed. (75, 420, 421, 1671, 1672, 2606, 4436)
2005 Ed. (70, 448, 1731, 1954, 2230, 2586, 4386)
2006 Ed. (79, 401, 1999, 2589)
2007 Ed. (367, 1964, 2557)
2008 Ed. (75)
2011 Ed. (435)
2013 Ed. (321, 541)
2014 Ed. (534)
2015 Ed. (599)
2016 Ed. (545)
Popular beer
2001 Ed. (675)
Popular Club
1992 Ed. (2525, 2533)
1994 Ed. (2140)
1997 Ed. (2324)
1998 Ed. (648)
Popular Club Plan
1990 Ed. (2114)
Popular Espanol
1991 Ed. (664)
Popular Ford
1990 Ed. (2015)
Popular Ford Sales Inc.
1991 Ed. (2474)
1992 Ed. (2408)
1993 Ed. (2584)
1994 Ed. (2057)
1995 Ed. (2591)
1996 Ed. (260, 2661)
Popular Inc.
2015 Ed. (378)
Popular Mechanics
1994 Ed. (2026)
1995 Ed. (2079)
1996 Ed. (2075)
1997 Ed. (2174)
1998 Ed. (1899)
1999 Ed. (1855, 2634)
Popular or lower-priced beer
1991 Ed. (744)
Popular Photography & Imaging
2006 Ed. (149)
2007 Ed. (141)
Popular Science
1999 Ed. (1855)
2004 Ed. (140)
2005 Ed. (147)
Popular Securities
2001 Ed. (908)
Population Council
1991 Ed. (2617)
1993 Ed. (1701)
1996 Ed. (916)
2000 Ed. (3344)
Population Service International

2007 Ed. (52, 85)
2008 Ed. (54, 92)
2009 Ed. (62, 101)
2010 Ed. (72, 109)
Population Services International
2005 Ed. (54, 86)
2006 Ed. (61, 95)
2012 Ed. (1776)
Populis Ireland Ltd.
2013 Ed. (2903, 2908)
Populous
2013 Ed. (176)
2014 Ed. (183)
2015 Ed. (213)
2016 Ed. (211)
Populus
2015 Ed. (2534)
"Por Siempre Mi Amor"
2016 Ed. (2936)
Porat; Ruth
2013 Ed. (4965)
2014 Ed. (4975)
2015 Ed. (5023)
2016 Ed. (4938)
Porges; David
2005 Ed. (989)
2006 Ed. (979)
Porges; David L.
2015 Ed. (2637)
Pork
1989 Ed. (1663)
1990 Ed. (1961)
1992 Ed. (3016, 3018, 3019)
2001 Ed. (3237, 3238, 3239, 3242, 3243)
2003 Ed. (3327, 3334, 3335, 3343)
2004 Ed. (3404, 3405)
2005 Ed. (3417, 3418)
2006 Ed. (3427, 3428)
2007 Ed. (3442, 3443)
Pork, canned
2001 Ed. (3242, 3243)
Pork Farm
2008 Ed. (713)
2009 Ed. (723)
Pork Farms
2010 Ed. (647)
The Pork Group Inc.
2002 Ed. (3727)
2003 Ed. (3899)
Pork rinds
2006 Ed. (4395)
Pork shoulders
2005 Ed. (3417)
Porky Products
1996 Ed. (1950)
1997 Ed. (2049)
1998 Ed. (1734)
Pormade Portas
2010 Ed. (1507)
Poroshenko; Petro
2013 Ed. (4920)
2014 Ed. (4927)
2015 Ed. (4967)
Porous pens
1992 Ed. (4494)
1993 Ed. (3741)
Porous point pens
1990 Ed. (3712)
Porous Power Technologies
2015 Ed. (4230)
"Porque El Amor Manda"
2015 Ed. (3041)
Porsche
1989 Ed. (345)
1990 Ed. (3631, 3632)
1991 Ed. (16)
1992 Ed. (438)
1993 Ed. (308)
1994 Ed. (304)
1995 Ed. (306)
1997 Ed. (290)
1998 Ed. (225)
1999 Ed. (334, 360, 794)
2001 Ed. (1010)
2002 Ed. (417)
2003 Ed. (357)
2007 Ed. (315, 343, 686, 688)
2008 Ed. (302, 650, 652, 657, 658)
2009 Ed. (324, 354, 662, 663, 671, 672)
2010 Ed. (331, 629)
2011 Ed. (230, 579)
2012 Ed. (246)
2014 Ed. (249, 666)
2015 Ed. (275, 289, 725, 3584)
2016 Ed. (271)
Porsche 911 Cabriolet
2001 Ed. (493)
Porsche 911 Carrera

1991 Ed. (313)
1996 Ed. (2266)
Porsche 911 Carrera Coupe
2001 Ed. (493)
Porsche 928
1994 Ed. (297)
Porsche 928 GTS
1996 Ed. (2266)
Porsche 928 S4
1991 Ed. (354)
1992 Ed. (483)
Porsche 968
1994 Ed. (297)
1996 Ed. (2266)
Porsche AG
1993 Ed. (24, 1282)
2001 Ed. (520)
2005 Ed. (3523)
2006 Ed. (319)
2007 Ed. (312, 1740)
Porsche Austria GmbH
2001 Ed. (2727)
Porsche Automobil
2013 Ed. (4517)
Porsche Automobil Holding SE
2012 Ed. (240, 243, 3540)
2013 Ed. (234)
2014 Ed. (235, 237)
2015 Ed. (271, 274)
2016 Ed. (267, 270)
The Porsche Collection
1990 Ed. (315)
1994 Ed. (281)
1995 Ed. (284)
1996 Ed. (284)
Porsche Exchange
1991 Ed. (292)
Porsche GmbH
2001 Ed. (2727)
Porsche Holding Gesellschaft M.B.H.
2000 Ed. (2477)
Porsche Holding GmbH
2001 Ed. (1636)
2003 Ed. (1622)
2005 Ed. (1662)
2008 Ed. (1573)
2009 Ed. (765, 769, 771, 775, 1505, 1707, 1708, 1709, 2588, 2593, 2598)
2010 Ed. (711, 714, 1660, 1661, 2500)
2011 Ed. (224, 1492, 1726)
2012 Ed. (237, 1340)
2013 Ed. (231, 1434)
Porsche Holding OHG
1994 Ed. (1327)
1995 Ed. (1358)
1996 Ed. (1298)
1997 Ed. (1363)
1999 Ed. (1585)
2000 Ed. (1389)
Porsche Romania SRL
2012 Ed. (1873)
2013 Ed. (2034)
Port Adventura
2006 Ed. (268)
2007 Ed. (273)
Port Angeles-Strand of Juan de Fuca, WA
1989 Ed. (2336)
Port Arthur, TX
1992 Ed. (3491)
2000 Ed. (3575)
Port Authority of Allegheny County
1991 Ed. (1885)
Port Authority of Alleghney County
1991 Ed. (2755)
Port Authority of New York & New Jersey
1991 Ed. (2755, 3421)
1992 Ed. (3487, 4032)
1993 Ed. (2880, 3362, 3621, 3623)
1995 Ed. (3663)
1996 Ed. (3739)
1997 Ed. (3794)
1998 Ed. (3616)
1999 Ed. (1943, 3989, 4011, 4658)
2000 Ed. (4297)
2001 Ed. (352)
2007 Ed. (1485)
Port Authority of New York & New Jersey Airports
2000 Ed. (3189)
Port Authority of New York/New Jersey
1999 Ed. (3857)
2000 Ed. (3572)
Port Authority of NY & NJ
1990 Ed. (2876)
Port Authority Trans-Hudson Corp.
2010 Ed. (1054)

2011 Ed. (990)
Port Aventura
1997 Ed. (247)
1999 Ed. (269)
2000 Ed. (297)
2001 Ed. (377)
2002 Ed. (308)
2003 Ed. (273)
Port Canaveral, FL
1995 Ed. (1924)
1999 Ed. (1150, 2494)
Port City Electric Co.
2006 Ed. (1333)
2008 Ed. (1324, 1325)
2009 Ed. (1307, 1308)
Port City Java
2008 Ed. (1030)
2009 Ed. (1013)
Port Elizabeth
1992 Ed. (1394)
Port Everglades, FL
1997 Ed. (2073)
2012 Ed. (2503)
2015 Ed. (4053)
Port Hueneme-Oxnard Harbor, CA
2011 Ed. (2745)
Port Huron, MI
1995 Ed. (2958)
2005 Ed. (3877, 3879)
2011 Ed. (2559)
2012 Ed. (4002)
Port Judith, RI
1992 Ed. (2164)
Port Morris Tile & Marble Corp.
2010 Ed. (1253)
2011 Ed. (1258)
Port Mortuary
2012 Ed. (453)
Port of Brownsville
1994 Ed. (2189)
1996 Ed. (2249)
1997 Ed. (2375)
Port of Buffalo-Niagara Falls, N.Y.
2001 Ed. (2374)
Port of Detroit
2001 Ed. (2374)
Port of Everglades, FL
1999 Ed. (3857)
Port of Fujairah
2001 Ed. (3858)
Port of Houston, TX
1999 Ed. (3857)
Port of Huron, Michigan
2001 Ed. (2374)
Port of Laredo, Texas
2001 Ed. (2374)
Port of Long Beach, CA
1999 Ed. (3857)
Port of Long Beach, California
2001 Ed. (2374)
Port of Los Angeles
2000 Ed. (3572)
2001 Ed. (2374)
Port of Los Angeles, CA
1999 Ed. (3857)
Port of Miami, FL
1999 Ed. (3857)
Port of New Orleans, LA
1999 Ed. (3857)
Port of N.Y. and N.J.
2001 Ed. (2374)
Port of Oakland, CA
1991 Ed. (3422)
Port of Portland
1993 Ed. (2880, 3362, 3624)
Port of Portland, OR
1990 Ed. (1484)
1991 Ed. (2755)
1992 Ed. (3487, 4032)
Port of Seattle
1990 Ed. (1484)
1992 Ed. (3487, 4032)
1993 Ed. (2880, 3362)
Port of Seattle, WA
1999 Ed. (3857)
Port of Singapore Authority Group
1997 Ed. (2401)
2001 Ed. (1615)
Port of Subs
2002 Ed. (4091)
2003 Ed. (4227)
2004 Ed. (4243)
2005 Ed. (4176)
2006 Ed. (4226)
2007 Ed. (4241)
2009 Ed. (4380)
2010 Ed. (4415)
2011 Ed. (4358)
2012 Ed. (4398)
2013 Ed. (4366)

2014 Ed. (4421)
Port of Tacoma, WA
1999 Ed. (3857)
Port of Tauranga
2015 Ed. (4800)
Port Rashid
1992 Ed. (1393)
Port & Sabine Power I, Ltd.
2003 Ed. (939, 1553)
Port St. Lucie, FL
2007 Ed. (2367)
2008 Ed. (4242)
2009 Ed. (2494)
Port St. Lucie-Fort Pierce, FL
2007 Ed. (3359, 3363)
2008 Ed. (3116, 3461)
Port Townsend
1992 Ed. (3333)
Port Townsend Paper
1995 Ed. (2830)
1996 Ed. (2903)
Porta
1999 Ed. (72)
Porta Publicidad
1991 Ed. (86)
Porta Systems
1997 Ed. (227)
Portable Cassette Recorder
1990 Ed. (2803, 2804)
Portable Computer Systems Inc.
2006 Ed. (4993)
2009 Ed. (4989)
2010 Ed. (4996)
2014 Ed. (4993)
Portable Design
1999 Ed. (1858)
Portable Keyboards
1992 Ed. (3145)
Porta/D'Arcy Masius Benton & Bowles
1995 Ed. (57)
Porta/D'Arey Masius Benton & Bowles
1997 Ed. (71)
Porta/DMB & B
1996 Ed. (70)
Portage Environmental Inc.
2005 Ed. (1164)
2006 Ed. (2501, 3529, 4368)
2007 Ed. (3581, 4436)
Portage Inc.
2012 Ed. (2481)
2013 Ed. (2626)
Portal 2
2013 Ed. (4817)
The Portal Group
2013 Ed. (3171)
Portal, ND
2005 Ed. (3877)
Portal Service
2009 Ed. (2502)
Portales Partners
2006 Ed. (3202)
2007 Ed. (3270)
2008 Ed. (3392)
PortalPlayer
2007 Ed. (2332, 2729)
2008 Ed. (2859)
Portals
2007 Ed. (2329, 3218)
2008 Ed. (2454, 3352)
Porte Brown LLC
2009 Ed. (1742)
2010 Ed. (1687)
Porte de Versailles
1992 Ed. (1443)
Portec Inc.
1991 Ed. (1167)
Portec Rail Products Inc.
2011 Ed. (1996, 1998, 2004)
Portefeuille SA; Compagnie Nationale a
2012 Ed. (2616)
2013 Ed. (2691)
Portello Saatchi & Saatchi
2001 Ed. (219)
Porter Adventist Hospital
2002 Ed. (2617)
Porter; Chris
2011 Ed. (4336)
Porter County, IN
1998 Ed. (2083)
Porter & Hedges
2009 Ed. (3492)
2010 Ed. (3422)
2011 Ed. (3406)
Porter Industries
2006 Ed. (668)
Porter Keadle Moore LLP
2010 Ed. (2)
2011 Ed. (2)
2012 Ed. (2)

2013 Ed. (2)
2014 Ed. (2)
2015 Ed. (2)
2016 Ed. (2)
Porter McLeod Construction Services
1992 Ed. (3963, 3964)
1994 Ed. (3299)
Porter McLeod Inc.
1993 Ed. (3307, 3309)
Porter Novelli
1990 Ed. (2921)
1997 Ed. (3181, 3183, 3184, 3185,
3207, 3208)
1999 Ed. (3908, 3909, 3910, 3913,
3916, 3917, 3918, 3919, 3920,
3921, 3924, 3925, 3943, 3948,
3956)
2000 Ed. (3632, 3633, 3634, 3635,
3636, 3637, 3638, 3641, 3646,
3662, 3670)
2001 Ed. (3924, 3927, 3930, 3932,
3933, 3934, 3937, 3938, 3940,
3942)
2002 Ed. (3818)
2004 Ed. (3979, 3980, 3981, 3991,
3993, 3994, 3996, 3998, 4001,
4002, 4004, 4008, 4013, 4014,
4020, 4025, 4026, 4028, 4037)
2011 Ed. (4103, 4119)
2012 Ed. (4133)
Porter Novelli International
1998 Ed. (444, 1472, 1474, 1545,
1712, 1902, 1926, 2313, 2934,
2935, 2936, 2940, 2943, 2954,
2961, 3618)
2000 Ed. (3625, 3626, 3627, 3642)
2002 Ed. (3806, 3807, 3808, 3810,
3813, 3817, 3819, 3824, 3825,
3831, 3832, 3843, 3844, 3845,
3850, 3851)
2003 Ed. (3994, 3995, 3997, 3998,
3999, 4002, 4005, 4010, 4014,
4016, 4017, 4021)
Porter Novelli/PN Convergence
2001 Ed. (3931)
Porter Paint
1992 Ed. (3728)
Porter Paints
1996 Ed. (2132)
Porter White & Co.
2001 Ed. (766)
Porter, White & Yardley Inc.
1991 Ed. (3044)
1993 Ed. (2269)
Porter Wright Morris & Arthur
2001 Ed. (893)
Porter Wright Morris & Arthus LLP
2007 Ed. (1507)
Porterbrook Leasing Co., Ltd.
1997 Ed. (2704)
2004 Ed. (4796)
Porterfield Wilson Pontiac-GMC Truck-
Mazda Inc.
1990 Ed. (734, 737)
1991 Ed. (714)
Porter/Novelli of CI Group
1996 Ed. (3131, 3135)
1997 Ed. (3212)
Porter/Novelli of Omnicom
1992 Ed. (3578, 3581)
1993 Ed. (2933)
1994 Ed. (2972)
1995 Ed. (3028)
Portesi
2014 Ed. (2763)
Portfolio, 3-Ring, 2- Pocket
1990 Ed. (3037, 3041, 3430)
Portfolio, 3-ring, no-pocket
1990 Ed. (3430)
Portfolio 21
2006 Ed. (4400)
2007 Ed. (4470)
Portfolio, 8.5-In. x 11-In., 2- pocket
1990 Ed. (3430, 3431)
Portfolio Acquisition Corp.
1996 Ed. (3400)
1997 Ed. (2802, 3495)
1998 Ed. (2516, 3289)
1999 Ed. (2441, 3424)
Portfolio Acquisition Corp. (PAC)
1995 Ed. (1877)
Portfolio Communications
2002 Ed. (3854)
Portfolio Creative
2011 Ed. (2394)
Portfolio Director
1997 Ed. (3817, 3828, 3829)
1998 Ed. (3655)
1999 Ed. (4699)
2000 Ed. (4338)

Portfolio Director Tax-Deferred Annuity
1996 Ed. (2152)
Portfolio Fund of Funds
1997 Ed. (2914, 2915, 2916)
Portfolio Recovery Associates
2013 Ed. (774, 2143)
2014 Ed. (2077, 4463)
2015 Ed. (2129, 2131, 2721, 4457)
2016 Ed. (2109, 4353)
Portfolio Recovery Associates Inc.
2004 Ed. (4337)
2005 Ed. (2143, 2144)
2008 Ed. (4434)
2009 Ed. (2266, 4483)
Porthold
1997 Ed. (3929, 3930)
Portico
2001 Ed. (4885, 4893)
2002 Ed. (4946, 4960)
Portico Bond Index Return
1996 Ed. (615)
Portico Equity Index Return
1996 Ed. (613)
Portico Funds-Special Growth
1993 Ed. (580)
Portico Microcap Institutional
1998 Ed. (2603)
Portico Short-Term Bond Market
1996 Ed. (2782)
Portico Short-Term Bond Return
1997 Ed. (2886)
Portico Special Growth
1995 Ed. (2734)
Portico Special Growth Return
1996 Ed. (612)
Portico Systems
2012 Ed. (2853)
Portillo; Luis
2008 Ed. (4874)
Portland
1992 Ed. (347, 2547)
1999 Ed. (3402)
Portland Adventist Medical Center
2004 Ed. (1839)
2005 Ed. (1939)
2006 Ed. (1974)
2008 Ed. (2027)
2009 Ed. (1991)
2011 Ed. (1986)
2012 Ed. (1832)
2013 Ed. (1988)
2014 Ed. (1927)
2015 Ed. (1973)
2016 Ed. (1940)
Portland Area Community Employees
Credit Union
2003 Ed. (1941)
2004 Ed. (1981)
2005 Ed. (2123)
2006 Ed. (2218)
Portland-Auburn, ME
1996 Ed. (3202, 3204)
Portland-Beaverton, OR
2007 Ed. (2998)
2010 Ed. (3136)
Portland Brewing Co.
1998 Ed. (2488)
1999 Ed. (3403)
Portland City Grill
2007 Ed. (4128)
2008 Ed. (4146)
2009 Ed. (4260)
Portland CMSA, OR
1990 Ed. (1156)
Portland General
1989 Ed. (1304, 1305)
1990 Ed. (1608, 1609)
1992 Ed. (1906, 1907)
1993 Ed. (1561)
1994 Ed. (1603, 1604)
1995 Ed. (1645, 1646)
1996 Ed. (1622, 1623)
1997 Ed. (1701, 1702)
1998 Ed. (1395)
Portland General Electric
2016 Ed. (2371)
Portland General Electric Co.
1991 Ed. (1489, 1506)
1992 Ed. (1888)
2004 Ed. (1840)
2008 Ed. (2029, 2143)
2010 Ed. (2063)
2011 Ed. (1987, 2118)
2012 Ed. (1833, 1960, 2932)
2013 Ed. (1989, 3021)
2014 Ed. (2104, 3032)
2015 Ed. (3098)
2016 Ed. (1941)
Portland Holdings
1999 Ed. (4829)

2000 Ed. (4445)
Portland Local No. 8 Credit Union
  2010 Ed. (2147)
Portland Marriott Downtown Waterfront
  2011 Ed. (1955)
Portland, ME
  1990 Ed. (1466, 3046)
  1991 Ed. (2862, 2863, 2891)
  1992 Ed. (2164, 3690, 3691, 3735)
  1993 Ed. (3044)
  1994 Ed. (3060, 3062, 3103)
  1995 Ed. (2665, 3106, 3108, 3148, 3544)
  1996 Ed. (3201, 3203, 3248)
  2000 Ed. (2200, 4093)
  2001 Ed. (2802)
  2003 Ed. (4154)
  2004 Ed. (4169)
  2005 Ed. (3316, 4797)
  2006 Ed. (2973, 3305)
  2008 Ed. (978, 3115)
  2009 Ed. (2390)
  2010 Ed. (4373)
  2012 Ed. (3146)
  2013 Ed. (3223)
  2014 Ed. (3242)
Portland, OR
  1990 Ed. (1464, 2487, 2607, 2883)
  1991 Ed. (1397, 1982, 1985, 2348)
  1992 Ed. (1157, 1159, 1356, 2480, 2543, 2545, 2548, 2552, 3039, 3047, 3492, 3494, 3501)
  1993 Ed. (946, 1598, 2465)
  1994 Ed. (965, 967, 970, 972, 2584, 2585, 3325)
  1995 Ed. (331, 872, 989, 2187, 2667)
  1996 Ed. (1061, 2206, 2207)
  1997 Ed. (1003, 1075, 2072, 2233, 2333, 2336, 2763, 3217, 3523)
  1998 Ed. (2473, 3058, 3472)
  1999 Ed. (1024, 1148, 1153, 1170, 2099, 2815, 3257, 3371, 3378, 4514, 4806)
  2000 Ed. (3104)
  2001 Ed. (2795, 2834)
  2002 Ed. (1053, 2634, 2996)
  2003 Ed. (231, 232, 2875, 3908, 3911)
  2004 Ed. (187, 188, 189)
  2005 Ed. (3326)
  2006 Ed. (3741)
  2008 Ed. (3113, 3518, 4039)
  2009 Ed. (4113)
  2010 Ed. (208, 2706, 2766)
  2011 Ed. (3103, 4438)
  2012 Ed. (2548, 4369)
  2013 Ed. (2670)
Portland, OR & Vancouver, WA
  1996 Ed. (2089)
Portland, OR-Vancouver, WA
  1997 Ed. (2265)
  2001 Ed. (2285, 3219, 4922)
Portland Oregonian
  1989 Ed. (2055)
  1990 Ed. (2701)
  1991 Ed. (2601)
  1998 Ed. (76, 79, 81, 82)
Portland, Pamplin School of Business; University of
  2010 Ed. (733)
Portland-Poland Spring, ME
  1992 Ed. (3700, 3701)
  1994 Ed. (3061, 3063)
  1995 Ed. (3107, 3109)
Portland; Port of
  1993 Ed. (2880, 3362, 3624)
Portland Press Herald
  1989 Ed. (2065)
Portland Press-Herald Examiner
  1990 Ed. (2709, 2711)
Portland Press-Herald Express
  1989 Ed. (2063)
Portland Teachers Credit Union
  1997 Ed. (1559)
  1998 Ed. (1229)
  2002 Ed. (1887)
  2003 Ed. (1941)
  2004 Ed. (1981)
  2005 Ed. (1927, 1929, 1931, 2123)
  2006 Ed. (2218)
Portland This Week
  1989 Ed. (2053)
  1990 Ed. (2699, 2705)
  1992 Ed. (3239, 3242, 3245)
Portland This Week-Weekly
  1991 Ed. (2599, 2605)
Portland Trail Blazers
  1998 Ed. (439, 3357)
  2000 Ed. (704)
  2001 Ed. (4345)

Portland; University of
  1992 Ed. (1272)
  1997 Ed. (1056)
  2005 Ed. (799)
  2006 Ed. (706)
  2008 Ed. (1088)
  2009 Ed. (794, 1062)
  2010 Ed. (1030)
Portland-Vancouver-Beaverton, OR-WA
  2009 Ed. (4208)
  2012 Ed. (4610)
Portland-Vancouver-Hillsboro, OR-WA
  2012 Ed. (4814)
Portland-Vancouver, OR
  2000 Ed. (3106)
Portland-Vancouver, OR-WA
  1998 Ed. (2482)
  2002 Ed. (2743)
  2005 Ed. (3338, 3470)
  2006 Ed. (3327)
Portland Webworks Inc.
  2015 Ed. (1797)
Portland YouthBuilders
  2011 Ed. (1915, 1971, 1973)
  2012 Ed. (1774, 1823, 1825)
  2014 Ed. (1923)
Portlandcementwerk AG Olten
  1993 Ed. (3695)
Portland/Concord, ME-MA
  1990 Ed. (1077)
Portland/Vancouver
  1989 Ed. (2933)
  1992 Ed. (2388)
  2000 Ed. (2589)
Portman
  2000 Ed. (3855)
Portman; Jeff
  2011 Ed. (2972)
Portman; Natalie
  2013 Ed. (2598)
  2016 Ed. (2525)
Porto
  2013 Ed. (3282)
Porto Seguro
  2012 Ed. (3172)
Porto Seguro Cia. de Seguros Gerais
  2010 Ed. (3243)
Portofino Hotel & Yacht Club
  2007 Ed. (2951)
  2011 Ed. (3064)
Portola Valley, CA
  2015 Ed. (3185)
Porton International PLC
  1992 Ed. (1193, 1202)
Portr Keadle Moore LLP
  2008 Ed. (279)
Portrait America Inc.
  1992 Ed. (2223)
Portrait Homes
  2002 Ed. (2686)
  2003 Ed. (1152, 1168)
  2004 Ed. (1157, 1176)
  2005 Ed. (1185, 1186, 1203)
Portrait of a Killer
  2004 Ed. (740)
Portrait of a Young Girl Wearing a Gold-Trimmed Cloak, by Rembrandt
  1989 Ed. (2110)
Portrait of Adele Bloch Bauer I
  2008 Ed. (268)
Portrait of Dr. Gachet
  2008 Ed. (268)
Portrait of Johannes Uyttenbogaert
  1994 Ed. (2720)
Portraite de l'Artiste Sans Barbe
  2008 Ed. (268)
PortraitEFX Photography Franchise
  2012 Ed. (3976)
Ports Design
  2008 Ed. (1787)
Ports of Auckland
  2015 Ed. (1924)
Portsmouth Bank Shares Inc.
  1993 Ed. (591)
Portsmouth-Dover-Rochester, NH
  1991 Ed. (2891)
  1992 Ed. (3735)
  1993 Ed. (3044)
  1994 Ed. (3103)
Portsmouth, NH
  1990 Ed. (2485)
  1999 Ed. (3367)
  2002 Ed. (1903)
  2004 Ed. (4215)
  2014 Ed. (2459)
Portsmouth-Rochester, NH
  1996 Ed. (3248)
  2006 Ed. (2973)
Portsmouth-Rochester, NH-ME

2002 Ed. (1801)
Portsmouth-Rochester, NY
  2000 Ed. (2605)
  2003 Ed. (4154)
Portucel-Emp. de Celulose e Papel de Portugal Ep
  1989 Ed. (1153)
  1990 Ed. (1410)
  1993 Ed. (1387)
Portucel Empresa de Cellose e Papel de Portugal
  1999 Ed. (3251)
Portucel-Empresa de Cellose e Papi de Portugal
  1995 Ed. (1477)
Portucel-Empresa de Celulose e Papel de Portugal
  1994 Ed. (1441)
Portucel Soporcel
  2012 Ed. (670, 671, 2196)
Portugal
  1989 Ed. (2940, 2956, 2964, 2965)
  1990 Ed. (1581, 1906, 1913, 1920, 3694, 3699, 3700)
  1991 Ed. (1402, 1820, 1829, 3269, 3506, 3507, 3508)
  1992 Ed. (911, 1087, 1088, 1759, 2046, 2305, 2322, 4186, 4475, 4489)
  1993 Ed. (1962, 1969, 2366, 3722, 3724, 3725, 3726)
  1994 Ed. (311, 335, 735, 1515, 1533, 3436)
  1995 Ed. (344, 683, 688, 1038, 1743, 2005, 2012, 2024, 3773, 3774, 3775)
  1996 Ed. (761, 1495, 3433, 3436, 3714, 3763, 3870, 3871, 3881)
  1997 Ed. (287, 321, 941, 1557, 1687, 3912)
  1999 Ed. (4623, 4803)
  2000 Ed. (2355, 2356, 2360, 4425)
  2001 Ed. (390, 525, 526, 670, 1019, 1088, 1141, 1149, 1340, 2008, 2046, 2442, 2443, 2444, 2481, 2552, 2553, 2693, 2695, 3020, 3044, 3151, 3420, 3575, 3578, 3644, 3863, 3864, 4119, 4371, 4393, 4471, 4500, 4534, 4650, 4671, 4905, 4909, 4910, 4920, 4921)
  2002 Ed. (780, 2412, 2936, 3183, 4624, 4705, 4971, 4972, 4973, 4974)
  2003 Ed. (493, 2623, 3232, 3699, 4556, 4736, 4971, 4972)
  2004 Ed. (2170, 2822, 3287, 3742, 4721, 4751, 4815, 4820)
  2005 Ed. (505, 2822, 2823, 3650, 4497, 4692, 4789, 4969, 4970, 4971, 4977)
  2006 Ed. (441, 1435, 2803, 2804, 3748, 4740, 4860)
  2007 Ed. (446, 2795, 2796, 3050, 3747, 4418, 4754, 4863)
  2008 Ed. (414, 3164, 3828, 4392, 4519, 4784)
  2009 Ed. (439, 3239, 3882, 4464, 4470, 4816)
  2010 Ed. (2018, 2405, 3151, 3747, 3793, 4521, 4731, 4834)
  2011 Ed. (2406, 3136, 3747, 3790, 4458, 4690, 4792)
  2012 Ed. (3088)
  2013 Ed. (2291, 3775, 4565)
  2014 Ed. (2602, 3708, 3747, 4620)
  2015 Ed. (2645, 4619, 4720)
  2016 Ed. (2248, 2566, 3686, 4622)
Portugal Telecom
  1997 Ed. (3691)
  1998 Ed. (2217)
  1999 Ed. (1726, 3250, 3251)
  2000 Ed. (1543, 2984, 2985)
  2002 Ed. (1756, 3185, 3186)
  2004 Ed. (74)
  2007 Ed. (69)
  2013 Ed. (4637)
Portugal Telecom SA
  2000 Ed. (1544)
  2001 Ed. (69, 1839)
  2003 Ed. (1517, 1812, 4601)
  2005 Ed. (1953)
  2006 Ed. (1996, 1997)
  2007 Ed. (1959, 1960, 4714)
  2008 Ed. (74, 2054)
  2009 Ed. (83, 2019)
  2010 Ed. (1958)
  2011 Ed. (2013, 4645)
  2012 Ed. (1862, 4649)
  2013 Ed. (2021, 4602)

2014 Ed. (1955)
  2015 Ed. (2001)
Portugal Telecom SGPS SA
  2006 Ed. (1995)
  2007 Ed. (1958)
  2008 Ed. (2053)
  2009 Ed. (2018)
  2011 Ed. (2011)
  2012 Ed. (1861)
  2013 Ed. (2020)
Portuguese
  2000 Ed. (2890)
Portwell
  2009 Ed. (1112)
PortWise AB
  2007 Ed. (1999)
Porvair
  2011 Ed. (811)
POS World
  2006 Ed. (741)
POSB
  1992 Ed. (88)
POSCO
  1991 Ed. (2272)
  1992 Ed. (1665)
  1994 Ed. (2345)
  1996 Ed. (2444)
  1997 Ed. (2591, 2592)
  1998 Ed. (3405)
  1999 Ed. (1408, 4474)
  2005 Ed. (3181, 3398, 3456)
  2006 Ed. (1551, 2015, 2016, 2017, 3400, 3464, 3465)
  2007 Ed. (877, 1583, 1983, 1984, 1985, 2261, 3487, 3488, 3489)
  2008 Ed. (2080, 2081, 2082, 3580, 3660, 3661, 3667)
  2009 Ed. (2051, 2052, 2053, 3651, 3728, 3729, 3730)
  2010 Ed. (1985, 1986, 1987, 3569, 3644, 3645, 3646, 3647, 3649)
  2011 Ed. (1482, 2046, 2047, 2048, 3572, 3650, 3651, 3652, 3653)
  2012 Ed. (1895, 1896, 1897, 1898, 2196, 3357, 3358, 3655, 3650, 3651, 3652, 4541, 4545)
  2013 Ed. (855, 2054, 2055, 2056, 3427, 3428, 3429, 3601, 3712, 3713, 3715, 4500, 4501, 4502)
  2014 Ed. (1988, 1989, 1990, 3173, 3424, 3426, 3645, 3646, 3647, 4543, 4545)
  2015 Ed. (2038, 3457, 3458, 3655, 3656, 3657, 4542, 4543)
  2016 Ed. (2005, 2006, 3543, 3544, 3546, 4481, 4482)
POSCO Chemical
  2000 Ed. (1505)
POSCO Engineering & Construction Co., Ltd.
  2015 Ed. (1288)
  2016 Ed. (1202)
POSCO (South Korea)
  2000 Ed. (4119)
POSCOChemical
  2000 Ed. (1026)
Poseidon
  2008 Ed. (3754)
Poseidon Schiffahrtsgesellschaft mbH
  2001 Ed. (4624)
Poser
  2000 Ed. (912, 914)
Poser BF
  1999 Ed. (962)
Poses; F. M.
  2005 Ed. (2486)
Poses; Frederic M.
  2009 Ed. (957)
Posicor
  1999 Ed. (1890)
Positioning: The Battle for Your Mind
  2010 Ed. (600)
Positive Energy Solar
  2016 Ed. (4414)
Positive Thinking
  2000 Ed. (3845)
Poskon; Paula J.
  2011 Ed. (3369)
Poslethwaite & Netterville
  1999 Ed. (24)
Poslovni Sistem Mercator d.d.
  2014 Ed. (1977)
  2015 Ed. (1624, 2021)
  2016 Ed. (1550, 1995)
Poslovni sistem Mercator dd
  2009 Ed. (2040)
  2011 Ed. (2034)
Posner
  1999 Ed. (1756, 1757)
  2000 Ed. (1588)

2001 Ed. (1912)
Posner Cosmetics
1994 Ed. (1470)
Posner; Steve
1990 Ed. (1722)
Posner, Steven
1992 Ed. (2060)
Posner; Victor
1990 Ed. (1722)
1992 Ed. (2060)
1993 Ed. (1703)
1994 Ed. (1722)
1996 Ed. (1914)
PosResponse
1996 Ed. (2885)
Possible
2016 Ed. (77)
Possis Medical Inc.
2003 Ed. (2721)
2006 Ed. (1888)
Post
1993 Ed. (861)
1994 Ed. (880, 881, 882)
1998 Ed. (662)
2003 Ed. (874)
2006 Ed. (805)
2008 Ed. (2741)
2012 Ed. (694)
Post Alarm Systems
1992 Ed. (3827)
Post Banana Nut Crunch
1995 Ed. (2761)
1996 Ed. (2825)
Post, Buckley, Schuh & Jernigan Inc.
1996 Ed. (1661)
1998 Ed. (1444)
1999 Ed. (2031)
Post Community Credit Union
2010 Ed. (2137, 2140)
Post Danmark
2006 Ed. (1676)
Post Danmark IT
2011 Ed. (3161)
Post Falls School District
2016 Ed. (2124)
Post; Glen
2015 Ed. (974)
Post Group
1999 Ed. (2053)
Post Holdings
2014 Ed. (855)
2015 Ed. (894)
2016 Ed. (780)
Post Holdings Inc.
2016 Ed. (4392)
Post Honey Bunches of Oats
2002 Ed. (954)
2004 Ed. (2634)
Post III; G. F.
2005 Ed. (2506)
Post III; Glen F.
2015 Ed. (971)
Post III; Glen Fl.
2011 Ed. (845)
Post Isuzu; Buz
1996 Ed. (274)
Post Natural Raisin Bran
1992 Ed. (4232)
Post-Och Kreditbanken Group
1990 Ed. (596)
Post of Kosovo Sh.a.
2014 Ed. (1571)
2015 Ed. (1621)
2016 Ed. (1548)
Post Office
1990 Ed. (2788, 3263, 3266)
1991 Ed. (3107, 3111)
1992 Ed. (3942)
1993 Ed. (1301, 3254)
1995 Ed. (1533)
1996 Ed. (2944)
2001 Ed. (1695)
2002 Ed. (1787)
2004 Ed. (1873)
2007 Ed. (705)
2008 Ed. (101)
**Post Office Life Insurance Bureau/
Kampo**
1993 Ed. (2346)
Post Office Savings Bank
1990 Ed. (1790)
1991 Ed. (449, 451, 659)
1992 Ed. (2155)
Post Office Savings Bank of Singapore
1997 Ed. (2401)
Post Office Savings System
1990 Ed. (297)
Post Pontiac-GMC-Isuzu; Buz
1992 Ed. (386)
1993 Ed. (272)

1994 Ed. (257)
1995 Ed. (268, 272)
Post Properties Inc.
1999 Ed. (1312)
2000 Ed. (1194)
2002 Ed. (3927, 3928)
2003 Ed. (4059)
2009 Ed. (1693)
2013 Ed. (1648)
2014 Ed. (1606)
Post Publishing
1995 Ed. (3552)
1999 Ed. (4549)
2000 Ed. (4190)
Post Raisin Bran
1991 Ed. (3322)
Post Road Iron Works Inc.
2010 Ed. (1253)
2011 Ed. (1202)
Post & Savings Bank
2005 Ed. (518)
2006 Ed. (449)
Post und Telekom Austria AG
2001 Ed. (1636)
2003 Ed. (1622)
**Post und Telekombeteiligungsverwal-
tunggesellschaft**
2001 Ed. (2727)
Post University
2014 Ed. (770)
2015 Ed. (813)
Post Waffle Crisp cereal
1998 Ed. (1726, 2668)
Posta dhe Telekomi i Kosoves Sh.a.
2016 Ed. (1548)
**Posta dhe Telekomunikacioni i Kosoves
Sh.a.**
2014 Ed. (1571)
Postabank es Takarekpenzlar Rt.
1997 Ed. (489)
Postabank es Takarekpenztar
2002 Ed. (567)
2003 Ed. (502)
2005 Ed. (518)
2006 Ed. (449)
**Postabank es Takarekpenztar (Post &
Savings)**
1994 Ed. (502, 503)
Postabank es Takarekpenztar Rt.
1993 Ed. (499)
1995 Ed. (486)
1996 Ed. (531)
1997 Ed. (490)
Postabank & Takarekpenztar
1999 Ed. (537)
**Postabank & Takarekpenztar (Post &
Savings)**
1996 Ed. (530)
Postaer & Associates; Rubin
1995 Ed. (96, 138)
1996 Ed. (112, 152)
Postage stamps
1993 Ed. (2364)
Postal Annex+
2002 Ed. (3732)
2003 Ed. (3917)
2004 Ed. (3930)
2005 Ed. (3880)
2006 Ed. (3940)
2007 Ed. (3998)
2008 Ed. (4017)
2009 Ed. (4088)
2010 Ed. (4000)
2011 Ed. (4008)
2012 Ed. (4005)
2013 Ed. (4067)
2014 Ed. (4075)
2015 Ed. (4059)
2016 Ed. (3965)
Postal Community Credit Union
2004 Ed. (1935)
Postal Connections of America
2004 Ed. (3930)
2005 Ed. (3880)
2006 Ed. (3940)
2007 Ed. (3998)
2008 Ed. (4017)
Postal Credit Union
2012 Ed. (2058)
2013 Ed. (2204)
2014 Ed. (2135)
Postal Employees Credit Union
2004 Ed. (1967)
2005 Ed. (2109)
2006 Ed. (2204)
2007 Ed. (2125)
2008 Ed. (2240)
2009 Ed. (2226)
2010 Ed. (2180)
2011 Ed. (2198)

2012 Ed. (2059)
2013 Ed. (2241)
2014 Ed. (2173)
2015 Ed. (2237)
Postal life insurance and postal annuity
1992 Ed. (2640)
Postal Savings Fund
2004 Ed. (3791)
2007 Ed. (3796)
2011 Ed. (3848)
**Postal Service--Colorado/Wyoming Dis-
trict; U.S.**
2005 Ed. (2391)
Postal Service; U. S.
2005 Ed. (1817)
2006 Ed. (1775, 1804)
2007 Ed. (1811)
2008 Ed. (1850)
2009 Ed. (1799)
2010 Ed. (1741)
2011 Ed. (1754)
2012 Ed. (1604)
2013 Ed. (1760)
2014 Ed. (1693)
2015 Ed. (1736)
Postal Service; U.S.
1991 Ed. (257, 1056)
1992 Ed. (29)
1996 Ed. (1235)
2005 Ed. (1624, 2745, 3905, 3906,
4365)
2006 Ed. (1511, 1794, 1797, 2432,
2706, 2809, 3493, 3978, 3979,
4308, 4309)
2007 Ed. (1540, 1801, 2377, 2701,
3528, 4017, 4018, 4235, 4374,
4376)
2008 Ed. (1444, 1448, 1524, 2494,
2830, 3691, 4044, 4045, 4329,
4331)
2009 Ed. (1454, 2501, 2886, 3756,
4115, 4434)
2010 Ed. (1437, 2416, 2823, 3691,
4051, 4052, 4477)
2011 Ed. (1438, 2419, 2809, 3686,
4029, 4030, 4412)
2012 Ed. (2741, 2787, 3695, 4058,
4059)
2013 Ed. (1375, 3742, 3747, 4099,
4100)
2014 Ed. (3680)
2015 Ed. (3698)
Postal services
2001 Ed. (1855)
Postbank
1989 Ed. (633)
1990 Ed. (40, 645)
1991 Ed. (37, 619, 620)
1992 Ed. (65, 67, 1483)
1993 Ed. (43)
2001 Ed. (1958)
Postbank NV
1989 Ed. (43)
Postbanken
1999 Ed. (616)
2000 Ed. (637)
Postbanker
1997 Ed. (585)
Poste
1997 Ed. (1389)
1999 Ed. (1608, 1611)
2000 Ed. (1413)
Poste Italiane
2011 Ed. (1773, 3801)
2012 Ed. (1625, 3791)
2013 Ed. (1784, 3857)
2014 Ed. (1716, 3787)
2015 Ed. (3808)
Poste Italiane SpA
2001 Ed. (1695)
2002 Ed. (1700)
2004 Ed. (1764)
2008 Ed. (1841, 1862, 1863, 1864,
4329, 4331)
2009 Ed. (1789, 1817, 1818, 4434)
2010 Ed. (1759, 4477)
2011 Ed. (1771, 1772, 3443, 4412,
4751)
2012 Ed. (1624)
2013 Ed. (1783)
2014 Ed. (1715)
2015 Ed. (1758)
2016 Ed. (1709)
Poste (La)
1995 Ed. (1376)
Poste(La)
2000 Ed. (4006)
posterXXL AG
2011 Ed. (2905, 2912)
PostFinance

2012 Ed. (560)
Postgraduate Medicine
1990 Ed. (2538)
1991 Ed. (2410)
1992 Ed. (3012)
1994 Ed. (2470)
1995 Ed. (2538)
1996 Ed. (2602)
PostgreSQL
2012 Ed. (976)
2014 Ed. (1080)
2015 Ed. (1119)
Posthom Global
1990 Ed. (902)
Posthorn Global
1993 Ed. (2306)
Posthorn Global Asset Management
1989 Ed. (1803, 2139)
Posti-Ja Telelaitos
1995 Ed. (1385)
Posting requirements
1993 Ed. (2737)
Postipankki
1990 Ed. (544)
1991 Ed. (506)
1992 Ed. (662, 2007)
1993 Ed. (474)
1994 Ed. (476)
1995 Ed. (466)
1996 Ed. (498)
1999 Ed. (515)
2000 Ed. (525)
Post/KGF
1995 Ed. (913)
Postlehwaite & Netterville
1998 Ed. (19)
Postler & Jaeckle Corp.
2004 Ed. (1338)
Postlethwaite & Netterville
2000 Ed. (20)
2002 Ed. (24)
2003 Ed. (9)
2004 Ed. (15)
2005 Ed. (11)
2006 Ed. (16)
2007 Ed. (12)
2008 Ed. (10)
2009 Ed. (13)
2010 Ed. (24)
Postlewaithe & Netterville
2011 Ed. (20)
2012 Ed. (25)
2013 Ed. (17)
2014 Ed. (13)
2015 Ed. (14)
2016 Ed. (13)
Postmedia Network Canada
2015 Ed. (4154)
Postmedia Network Canada Corp.
2016 Ed. (3488)
Post/Nabisco
1997 Ed. (919)
PostNet
2009 Ed. (892)
2010 Ed. (842)
2011 Ed. (768)
2012 Ed. (706)
PostNet International Franchise Corp.
2013 Ed. (910)
2014 Ed. (857)
**PostNet Neighborhood Business Cen-
ters**
2011 Ed. (4008)
2012 Ed. (4005)
2013 Ed. (4067)
2014 Ed. (4075)
2015 Ed. (4059)
2016 Ed. (3965)
PostNet Postal & Business Services
1998 Ed. (1763)
2002 Ed. (3732)
2003 Ed. (3917)
2004 Ed. (3930)
2005 Ed. (3880)
2006 Ed. (3940)
2007 Ed. (3998)
2008 Ed. (4017)
2009 Ed. (4088)
2010 Ed. (4000)
PostNL NV
2014 Ed. (4773)
Postobon
1989 Ed. (28)
2001 Ed. (25)
2004 Ed. (37)
2005 Ed. (30)
2006 Ed. (37)
2007 Ed. (28)
2008 Ed. (33)
2009 Ed. (38)

2010 Ed. (48)
Postobon SA
2002 Ed. (4326)
Postova Banka
1996 Ed. (674)
1997 Ed. (610, 611)
1999 Ed. (636)
2001 Ed. (649)
2014 Ed. (433, 474)
2015 Ed. (533)
2016 Ed. (442, 486)
Postpankki
1989 Ed. (528, 529)
1997 Ed. (461)
Postsparebanken
1993 Ed. (603)
1994 Ed. (606)
1995 Ed. (576)
1996 Ed. (646)
Postsparkasse
1989 Ed. (483)
1990 Ed. (506)
Postverket
1996 Ed. (1431)
2002 Ed. (1774)
2004 Ed. (1862)
Pot Noodle
2007 Ed. (700)
2008 Ed. (669, 670, 671)
Pot snacks
1992 Ed. (4007)
Potamkin-Cadillac
1989 Ed. (283)
Potamkin Chevrolet Corp.
1989 Ed. (932)
Potamkin Chrysler-Plymouth
1996 Ed. (269)
Potamkin Chrysler-Plymouth-Dodge Inc.
1992 Ed. (421)
Potamkin Cos.
1990 Ed. (1031)
1998 Ed. (205)
1999 Ed. (317)
Potamkin Hyundai
1996 Ed. (273)
Potamkin Mitsubishi
1990 Ed. (310)
1996 Ed. (280)
Potamkin North Dade
1990 Ed. (385)
Potamkin of Broward
1990 Ed. (320)
Potamkin Toyota
1990 Ed. (347)
Potamkin Toyota Corp./Potamkin Volkswagen Inc.
1992 Ed. (421)
Potanin; Vladimir
2006 Ed. (4929)
2008 Ed. (4894)
2009 Ed. (4914)
2011 Ed. (4907, 4908)
2012 Ed. (4895, 4918)
2013 Ed. (4903)
2014 Ed. (4914)
2015 Ed. (4954)
2016 Ed. (4870)
Potash Corp.
2007 Ed. (1445)
2014 Ed. (919)
Potash Corp. of Saskatchewan
2013 Ed. (956, 1503)
2014 Ed. (910, 1474, 1486, 1492)
2015 Ed. (930, 1530, 1543, 3674, 4566)
2016 Ed. (4493)
Potash Corporation of Saskatchewan
2001 Ed. (1208)
Potash Corp. of Saskatchewan Inc.
1991 Ed. (2467)
1992 Ed. (3086)
1993 Ed. (1762)
1994 Ed. (1753, 2527)
1996 Ed. (931, 2650)
1997 Ed. (960, 1844)
1998 Ed. (1553)
2000 Ed. (1914)
2002 Ed. (992, 2786)
2003 Ed. (1634, 2892, 4575)
2006 Ed. (857, 1630, 3485)
2007 Ed. (936, 943, 3517)
2008 Ed. (915, 920, 1657)
2009 Ed. (923, 927, 928, 932, 1398, 1550, 1563, 1569, 1580, 4571)
2010 Ed. (865, 867, 868, 873, 877, 1545, 1546, 1550, 1554, 1558, 1561, 4594, 4600)
2011 Ed. (790, 795, 796, 804, 805, 813, 1547, 1553, 1556, 1559, 2838, 4561)

2012 Ed. (743, 755, 756, 762, 767, 1397, 1401, 1408, 3670, 3671, 3673, 4561)
2013 Ed. (957, 958, 967, 968, 972, 982, 1500, 1510, 1519, 3723, 3725, 3726, 3730, 4513)
2014 Ed. (918, 922, 931, 1294, 1467, 3574, 3660, 3661, 3665)
2015 Ed. (941, 944, 952, 1356, 3588, 3678, 3679, 3683)
2016 Ed. (824, 854, 862, 1287, 3561, 3562, 3566, 4490)
Potash Corporation of Saskatchewan Inc.
2016 Ed. (1488)
Potash Corporation of Saskatchewan (PCS)
2001 Ed. (372)
Potash Corp. Saskatchewan
1999 Ed. (1091)
2000 Ed. (1027)
Potash North Resource Corp.
2010 Ed. (1566)
Potash One Inc.
2009 Ed. (1581)
2011 Ed. (1551)
PotashCorp
2016 Ed. (842)
Potassium
1994 Ed. (3637)
Potato
1992 Ed. (4384)
1997 Ed. (3832)
Potato chips
1990 Ed. (3306, 3307, 3308)
1991 Ed. (3149)
1992 Ed. (3997, 4005)
1993 Ed. (3338)
1994 Ed. (2899, 2900, 3333, 3334, 3346, 3347, 3348)
1995 Ed. (3403, 3406)
1996 Ed. (2899)
1997 Ed. (3531)
2000 Ed. (4066)
2001 Ed. (4405)
2002 Ed. (2421, 2422, 4298)
2003 Ed. (4460, 4461)
2005 Ed. (2757, 2760)
2006 Ed. (4395)
Potato chips, barbecue
1994 Ed. (2900)
Potato chips, cajun
1994 Ed. (2900)
Potato chips, cheese
1994 Ed. (2900)
Potato chips, dill
1994 Ed. (2900)
Potato chips, fabricated
1994 Ed. (2899)
Potato chips, hot and spicy
1994 Ed. (2900)
Potato chips, jalapeno
1994 Ed. (2900)
Potato chips, kettle-style
1994 Ed. (2899)
Potato chips, onion
1994 Ed. (2900)
Potato chips, ranch
1994 Ed. (2900)
Potato chips, ridged
1994 Ed. (2899)
Potato chips, salt and vinegar
1994 Ed. (2900)
Potato chips, sour cream and onion
1994 Ed. (2900)
Potato products
2002 Ed. (3491)
Potato products, frozen
1993 Ed. (3485)
1994 Ed. (3460)
Potato sticks
1994 Ed. (2901)
Potatoes
1990 Ed. (1962)
1991 Ed. (1867)
1992 Ed. (2110, 2111, 2198)
1993 Ed. (1749)
1996 Ed. (3774)
1998 Ed. (1768, 3658)
1999 Ed. (4702)
2001 Ed. (2555, 4669)
2003 Ed. (2573, 3967, 3968)
2004 Ed. (2003)
2006 Ed. (4877)
2007 Ed. (4873)
Potatoes, baked
1998 Ed. (2497)
Potatoes, mashed
2003 Ed. (3924, 3925)
Potatoes, mashed dry

2002 Ed. (3745)
Potatoes, specialty
2003 Ed. (3924, 3925)
Potatoes, specialty dry
2002 Ed. (3745)
Potatoes/onion rings
2000 Ed. (4146, 4164)
Potatos
1999 Ed. (1807)
Potbelly Sandwich Works
2005 Ed. (3276)
2007 Ed. (4135, 4136, 4137)
2008 Ed. (2733)
2014 Ed. (4410)
2015 Ed. (4396)
Potelco United Credit Union
2009 Ed. (2187)
Potentia
2009 Ed. (3015)
Potential Industries
2015 Ed. (2650)
2016 Ed. (2569)
Potential Industries Inc.
1997 Ed. (3277)
1998 Ed. (3030)
2003 Ed. (2427, 2542, 3724)
Potholders/mitts
2001 Ed. (3039)
Pothos
2014 Ed. (4789)
Potlatch
2016 Ed. (2738)
Potlatch Corp.
1989 Ed. (1915, 2112)
1990 Ed. (2500, 2760, 2761, 2766)
1991 Ed. (2667, 2668)
1992 Ed. (1237, 3329)
1993 Ed. (2764, 2765)
1994 Ed. (2723, 2725, 2726, 2732)
1995 Ed. (2828, 2832)
1996 Ed. (2902, 2906)
1997 Ed. (2068, 2991, 2993)
1998 Ed. (1752, 2424, 2738, 2740)
1999 Ed. (1553, 2491, 3689)
2000 Ed. (2256, 3407)
2001 Ed. (1044, 3641)
2002 Ed. (3575)
2003 Ed. (2541, 2542, 3712, 3722, 3726)
2004 Ed. (2676, 2677, 2678, 3760, 3765, 3766)
2005 Ed. (2668, 2669, 2670, 3675, 3680, 3681, 3682)
2006 Ed. (2073, 2076, 2080, 2081, 2086, 2655, 3773, 3776, 3777, 3778, 3779)
2007 Ed. (2635, 2639, 2640, 3773, 3774)
2008 Ed. (2139, 2141, 2764, 2765, 4122)
2009 Ed. (2823, 2824)
2010 Ed. (1682, 2059, 2062, 2767, 2768)
2011 Ed. (2114, 2117, 2751, 2752)
2012 Ed. (1955, 1956, 1959, 1960, 1963, 1965, 2686, 2687)
2013 Ed. (2772, 2773)
2014 Ed. (2104, 2753, 2754)
2015 Ed. (2807, 2808)
2016 Ed. (2120, 2740, 2741)
Potlatch Credit Union
2002 Ed. (1848)
2003 Ed. (1907)
2004 Ed. (1947)
Potlatch Land & Lumber LLC
2011 Ed. (2751)
2012 Ed. (2686)
2013 Ed. (2772)
Potlatch No. 1 Credit Union
2002 Ed. (1862)
2003 Ed. (1916)
2004 Ed. (1956)
2005 Ed. (2098)
2006 Ed. (2193)
2007 Ed. (2114)
2008 Ed. (2229)
2009 Ed. (2213)
2010 Ed. (2140, 2167)
2011 Ed. (2186)
2012 Ed. (2016, 2046)
2013 Ed. (2228)
2014 Ed. (2160)
2015 Ed. (2224)
2016 Ed. (2195)
Potomac
1990 Ed. (2062)
Potomac Electric
1989 Ed. (1298, 1299)
1990 Ed. (1602, 1603)
1993 Ed. (1502, 1558, 3251, 3463)

1995 Ed. (1639, 1640, 3325)
1996 Ed. (1616, 1617)
1998 Ed. (1388)
2001 Ed. (3868)
Potomac Electric Power Co.
1990 Ed. (3683)
1991 Ed. (1444, 1489, 1499, 1500, 3472)
1992 Ed. (1900, 1901, 4422)
1994 Ed. (1312, 1597, 1598, 3245)
1997 Ed. (1696)
2001 Ed. (1687, 3869)
2003 Ed. (1851)
2004 Ed. (1886)
2005 Ed. (2003)
2008 Ed. (2168)
2009 Ed. (2151)
2010 Ed. (2091)
2011 Ed. (2148)
2012 Ed. (1995)
2013 Ed. (2185)
2014 Ed. (2115)
2015 Ed. (2170)
2016 Ed. (2141)
Potomac Electric Power Company
1989 Ed. (2902)
Potomac Graphic Industries
1996 Ed. (3482)
Potomac Management Group Inc.
2003 Ed. (2743, 2747, 2748)
Potomac OTC
2000 Ed. (3225)
Potomac OTC Plus
2000 Ed. (3274)
2004 Ed. (3603, 3604)
Potomac OTC Plus Fund
2000 Ed. (3268, 3273)
Potomac OTC Short
2000 Ed. (3294)
2004 Ed. (3552)
Potomac Research Group
2014 Ed. (799)
Potomac US Plus
2006 Ed. (3624)
Potomac US Short
2004 Ed. (3552, 3554)
Potpourri Group
2013 Ed. (895)
Pots and pans
1993 Ed. (2109)
Potter Anderson
2014 Ed. (3445)
Potter Anderson & Caroon
2001 Ed. (784)
Potter Anderson & Corroon
1999 Ed. (2843)
2000 Ed. (3199)
Potter Distillers
1990 Ed. (2459)
1991 Ed. (2325)
Potter Dodge Inc.; Luke
1991 Ed. (269, 274, 276, 277)
Potter Dodge Inc.; Luke
1990 Ed. (305, 306, 308)
1992 Ed. (377, 378, 379, 382, 415, 417, 418)
1993 Ed. (268)
Potter Group
2015 Ed. (4805)
2016 Ed. (4705)
Potter; Harry
2006 Ed. (649)
Potter; Michael
2005 Ed. (4874)
Potter Minton
2012 Ed. (3408)
Potter; Myrtle
2006 Ed. (2526)
2007 Ed. (2506)
Potter Warburg
1993 Ed. (1638, 2358)
1995 Ed. (765, 766, 767, 768, 769)
1997 Ed. (745, 746, 748)
Potter's Home Center
1997 Ed. (834)
Pottery Barn
2006 Ed. (2888)
2007 Ed. (2881)
2008 Ed. (3001)
2009 Ed. (3085)
PotteryBarnKids.com
2006 Ed. (2381)
Pottruck; David
1997 Ed. (1797)
Pottsville, PA
2011 Ed. (3493)
2013 Ed. (3542)
Potugal
1996 Ed. (1963)
Pou Chen Corp.

2009 Ed. (2078)
2010 Ed. (941)
2011 Ed. (873)
2012 Ed. (829)
2013 Ed. (1006)
2014 Ed. (971)
2015 Ed. (1008)
2016 Ed. (912)
Poudre Valley Health Care Inc.
2006 Ed. (1660)
2007 Ed. (1668)
Poudre Valley Health System
2009 Ed. (3253)
Poudre Valley Hospital
2006 Ed. (2921)
2008 Ed. (3062)
2009 Ed. (3147)
Poughkeepsie, NY
2007 Ed. (2996)
2010 Ed. (3133)
2012 Ed. (2549)
Poughkeepsie Savings Bank
1994 Ed. (3530)
Poulan/Weed Eater
1998 Ed. (2343, 2344)
Poulos Bros.
2002 Ed. (3770)
Poultry
1989 Ed. (1663)
1990 Ed. (1961)
1996 Ed. (2899)
1998 Ed. (1709, 1768)
2000 Ed. (4140, 4146, 4164)
2002 Ed. (2216)
2003 Ed. (2565)
2007 Ed. (2515)
2008 Ed. (2732)
Poultry, cured/cooked
2003 Ed. (3344)
Poultry farming
2002 Ed. (2223)
Poultry, frozen
1994 Ed. (3647)
1996 Ed. (3617)
Poultry, frozen unprepared
1998 Ed. (3433)
1999 Ed. (4507, 4508)
Poultry processing
2004 Ed. (2292)
Poultry products
2002 Ed. (3492)
Poultry, skinless/boneless
2003 Ed. (3344)
Poultry slaughtering & processing
1995 Ed. (2502)
Pounce
1989 Ed. (2201)
1990 Ed. (2817)
1992 Ed. (3416)
1993 Ed. (2823)
1994 Ed. (2837)
1996 Ed. (2999)
1997 Ed. (3078)
1999 Ed. (3782)
2002 Ed. (3649)
2014 Ed. (3845)
2015 Ed. (3870)
pound; British
2008 Ed. (2275)
pound; Cypriot
2009 Ed. (2261)
pound; Egyptian
2008 Ed. (2274)
Pound Foolish
2014 Ed. (640)
pound; U.K.
2008 Ed. (2273)
2009 Ed. (2261)
Poundland Holdings Ltd.
2012 Ed. (1476)
Pouw & Associates
2008 Ed. (3698)
POV
2000 Ed. (3479)
2001 Ed. (3197)
Povazska cementaren a.s.
2002 Ed. (4470)
Povazske strojarne
1999 Ed. (805, 806)
2000 Ed. (809)
Poverty
1990 Ed. (276)
Povey Chevrolet
1991 Ed. (306)
Povlsen; Anders Holch
2014 Ed. (4882)
2015 Ed. (4920)
2016 Ed. (4836)
Pow, Kasa Oszczednosci BP
2002 Ed. (553)

Powder, baby
2002 Ed. (422)
Powder Mountain
2016 Ed. (4372)
Powder River Coal Co.
2001 Ed. (1902, 1903)
2006 Ed. (1047)
Powder River Energy Corp.
2011 Ed. (2158)
2012 Ed. (2009)
2013 Ed. (2198)
2014 Ed. (2128)
2015 Ed. (2187)
2016 Ed. (2163)
Powdered drinks
1989 Ed. (731)
2000 Ed. (711, 712)
2001 Ed. (687, 688)
2002 Ed. (697, 698)
Powderject Pharmaceuticals
2000 Ed. (4131)
PowderJect Pharmaceuticals plc
2003 Ed. (683)
2005 Ed. (4675)
Powell, Adams & Rinehart of Ogilvy
Public Relations Group
1992 Ed. (3581)
Powell Capital Markets Inc.
1993 Ed. (3191)
1998 Ed. (471)
1999 Ed. (732)
2006 Ed. (192)
2015 Ed. (110)
2016 Ed. (118)
Powell-Christensen Inc.
2016 Ed. (3607)
Powell Cooper & Drew
1999 Ed. (3940)
Powell; Dennis
2005 Ed. (993)
2006 Ed. (957)
2007 Ed. (1053)
2008 Ed. (969)
Powell Duffryn plc
1999 Ed. (1645)
2001 Ed. (4624)
2002 Ed. (4673)
Powell Electronics Inc.
1996 Ed. (1636)
1998 Ed. (1411)
1999 Ed. (1985)
2000 Ed. (1766)
2001 Ed. (2207)
2002 Ed. (2090)
2004 Ed. (2250)
2005 Ed. (2350)
2008 Ed. (2468)
2009 Ed. (2471)
Powell, Goldstein, Frazer & Murphy
1990 Ed. (2413)
1991 Ed. (2279)
1992 Ed. (2828)
1993 Ed. (2391)
2001 Ed. (565)
2005 Ed. (1437)
Powell Goldstein Frazer & Murphy LLP
2007 Ed. (3307)
Powell Goldstein LLP
2008 Ed. (3025)
Powell Hospital District
2008 Ed. (2178)
2009 Ed. (2164)
Powell Industries
2015 Ed. (2075)
Powell; Kendall
2014 Ed. (941)
2016 Ed. (869)
Powell; Spuds
2015 Ed. (3422)
2016 Ed. (3283)
Powell Tate
1994 Ed. (2946, 2972)
1995 Ed. (3007, 3032)
1996 Ed. (3103, 3105, 3135)
1997 Ed. (3182, 3212)
1998 Ed. (2939, 2961)
1999 Ed. (3914, 3956)
2000 Ed. (3630, 3670)
Powells.com
2007 Ed. (2322)
2012 Ed. (2292)
Power
1992 Ed. (1877, 1878)
1993 Ed. (1533)
1996 Ed. (1918)
1998 Ed. (2750)
2007 Ed. (2853)
2008 Ed. (760, 761)
Power 1 Credit Union
2006 Ed. (2174)

Power Assets Holdings Ltd.
2012 Ed. (2259)
2013 Ed. (831, 2439)
2014 Ed. (2373)
2015 Ed. (2440)
2016 Ed. (2387)
Power Bar
2000 Ed. (2383, 4065)
2002 Ed. (1976)
2011 Ed. (4522)
Power Bar Recovery
2010 Ed. (4563)
The Power Broker: Robert Moses & the
Fall of New York
2006 Ed. (584)
Power City Electric Inc.
2006 Ed. (4384)
Power Company Industrial Development
Corp.
2001 Ed. (804)
Power Construction Co.
1998 Ed. (891)
2001 Ed. (1398)
2006 Ed. (1308, 1337)
2007 Ed. (1386)
2008 Ed. (1295, 1329)
2009 Ed. (1278, 1316, 2971)
2010 Ed. (1273, 1309, 2911)
2011 Ed. (1224, 1272)
2013 Ed. (1232)
2014 Ed. (1171)
2015 Ed. (1224)
Power Construction Co. LLC
2002 Ed. (1182, 1230)
Power Contracting & Engineering Co.
1992 Ed. (1371, 1434)
1993 Ed. (1098, 1149)
1994 Ed. (1156)
1995 Ed. (1136, 1175)
1999 Ed. (1321, 1326, 1383)
2000 Ed. (1200)
Power Corp. of Canada
1996 Ed. (1564)
1997 Ed. (1641)
1999 Ed. (1888)
2002 Ed. (1995)
2003 Ed. (1639, 2089)
2005 Ed. (1483, 1708)
2006 Ed. (1614, 1616, 1626, 1627)
2007 Ed. (1630, 1639, 1645, 1646,
1647)
2008 Ed. (1635, 1646, 1647, 1653)
2009 Ed. (1570, 1578)
2010 Ed. (1555, 1562)
2011 Ed. (1544, 1557, 2961, 3273)
2012 Ed. (1402, 2890, 3327, 3334,
4566)
2013 Ed. (1505, 1511, 2969, 4516)
2014 Ed. (1476, 1479, 2980)
2015 Ed. (1532, 1535, 3048)
2016 Ed. (1472, 1477)
Power Corporation of Canada
2001 Ed. (1660)
2006 Ed. (1598)
2007 Ed. (1617, 1626)
2008 Ed. (1623, 1626)
2009 Ed. (1551, 1564, 1566)
2010 Ed. (1543, 1544, 1551)
2011 Ed. (1545, 1546, 1554)
2012 Ed. (1390, 1391, 1398)
2013 Ed. (1493, 1501, 3286, 3323)
2014 Ed. (1461, 1468, 3311)
2015 Ed. (1517, 1523, 3357)
2016 Ed. (1458, 3218)
Power Correction Systems
2010 Ed. (1227)
Power Credit Union
2002 Ed. (1837)
Power Crunch
2016 Ed. (4384, 4395)
Power districts
2001 Ed. (2153)
Power Edge
2010 Ed. (4563)
Power Electronics Inc.
2009 Ed. (2466)
Power Electronics of Minebea Co., Ltd.
2002 Ed. (1783)
2004 Ed. (1871)
Power Engineers Inc.
2004 Ed. (1285, 2365, 2368, 2380)
2009 Ed. (2582, 2583)
2011 Ed. (2473)
2016 Ed. (2489)
Power Equipment Systems
2010 Ed. (1930)
2011 Ed. (1976, 1980)
Power E*Trade
2006 Ed. (662)
Power Financial

2013 Ed. (4516)
2014 Ed. (1476)
2015 Ed. (2728)
Power Financial Corp.
1992 Ed. (2153)
1995 Ed. (1875)
1996 Ed. (1918, 1919)
1997 Ed. (2009)
1999 Ed. (2437)
2002 Ed. (2268)
2003 Ed. (1639, 2482)
2005 Ed. (1712, 1722, 1723)
2006 Ed. (1614, 1616, 1621, 1622,
1626, 1627, 1628)
2007 Ed. (1626, 1627, 1639, 1640,
1641, 1644, 1645, 1646, 1647,
2574, 4573, 4575)
2008 Ed. (1626, 1647, 1649, 1652,
1653, 4531)
2009 Ed. (1394, 1564, 2059, 2719,
2720)
2010 Ed. (1551, 1998, 3312, 4598)
2011 Ed. (1554, 1565, 2059, 2686,
3275)
2012 Ed. (1398, 1905)
2013 Ed. (1501, 1507, 4508)
2014 Ed. (1468, 4569)
2015 Ed. (1523, 4563)
2016 Ed. (1474, 2605, 2606, 4490)
Power Financial Credit Union
2012 Ed. (2029)
Power Flux System
1992 Ed. (3551)
Power generating machines
2012 Ed. (2506)
Power-generation Equipment
2000 Ed. (1895)
Power Grid Corporation of India Ltd.
2013 Ed. (834)
2014 Ed. (4022)
Power Grid of India
2012 Ed. (2261)
2013 Ed. (2440)
2014 Ed. (2374)
2015 Ed. (2441)
2016 Ed. (2388)
The Power Group
2016 Ed. (4060)
Power Holdings LLC
2007 Ed. (931, 3381)
Power Home Remodeling Group
2013 Ed. (3005, 3115)
2014 Ed. (1607, 3114, 3116)
2015 Ed. (1891, 3177, 3178)
2016 Ed. (3031, 3032)
Power Home Technologies
2011 Ed. (4388)
Power House Gym
2000 Ed. (2424)
Power, Inc.
2014 Ed. (646)
Power Integration & Systems
2013 Ed. (2198)
Power Integration & Systems Testing
LLC
2014 Ed. (2128)
Power Integrations
2001 Ed. (2190)
2009 Ed. (1543)
2012 Ed. (2757)
2016 Ed. (1401, 4338)
Power Lift
1998 Ed. (754)
2000 Ed. (1098, 4043)
Power Line Constructors Inc.
1999 Ed. (4810)
Power Lunch
2010 Ed. (784, 785)
2011 Ed. (711, 712)
Power Makers Credit Union
2004 Ed. (1929)
Power Medical Interventions
2010 Ed. (4606)
Power & Motoryacht
1992 Ed. (3372)
2010 Ed. (156)
Power & Motoyacht
2008 Ed. (151)
Power New Zealand
1999 Ed. (3622)
Power NI Energy
2016 Ed. (2090)
Power Objects
2015 Ed. (1856)
The Power of 1
2006 Ed. (3543)
The Power of Now
2010 Ed. (566)
The Power of Now: A Guide to Spiritual
Enlightenment

2005 Ed. (726)
Power-One Inc.
2002 Ed. (2479, 2808, 4502)
2004 Ed. (4491)
2006 Ed. (4070, 4469)
2014 Ed. (1441)
Power Presses
2000 Ed. (4323)
Power Pressure Cooker
2016 Ed. (2291)
Power Pro-Tech Services
2009 Ed. (2502)
Power producers
2008 Ed. (1638)
Power Production Management
2016 Ed. (4420)
Power Rangers
1996 Ed. (3723)
1997 Ed. (3776)
1998 Ed. (3599)
2000 Ed. (4274, 4278, 4279)
2001 Ed. (4606)
2016 Ed. (4677)
Power Service
2015 Ed. (315)
2016 Ed. (312)
Power Set
1990 Ed. (3620)
Power & Sons Construction Co., Inc.
2009 Ed. (194)
Power Strip, 6-Outlet, 6-ft. Cord
1989 Ed. (2323)
1990 Ed. (3040)
Power Systems Inc.
2010 Ed. (2020)
Power Technology Solutions
2007 Ed. (2022)
2009 Ed. (2108)
Power to Change
2011 Ed. (776)
2012 Ed. (730)
Power to Change Ministries
2012 Ed. (728)
Power Toyota Cerritos
2008 Ed. (284)
2013 Ed. (217)
Power Wheels Extreme Machine
2000 Ed. (4276)
Power Windows & Siding Inc.
2011 Ed. (2990)
2012 Ed. (2916, 3025)
Powerade
1995 Ed. (3432)
1996 Ed. (3497)
2000 Ed. (4091)
2003 Ed. (4517, 4518, 4519, 4520)
2004 Ed. (4481)
2005 Ed. (4448)
2006 Ed. (4453, 4454, 4455)
2007 Ed. (4509, 4511, 4513)
2008 Ed. (4488, 4489, 4490, 4491, 4492, 4493)
2009 Ed. (4522, 4523, 4524)
2010 Ed. (4560, 4562, 4563)
2011 Ed. (4519, 4522, 4525)
2012 Ed. (4524)
2013 Ed. (4482, 4486)
2014 Ed. (4527)
2015 Ed. (4528)
2016 Ed. (4464, 4466, 4469)
Powerade Ion 4
2011 Ed. (4525)
2012 Ed. (3755, 4524)
2013 Ed. (4486)
2014 Ed. (4531)
2015 Ed. (4531)
2016 Ed. (4469)
Powerade Ion4
2013 Ed. (4482, 4483)
2014 Ed. (4527)
2015 Ed. (4526, 4528)
2016 Ed. (4464, 4466)
Powerade Zero
2011 Ed. (4519, 4525)
2012 Ed. (4524)
2013 Ed. (4482, 4486)
2014 Ed. (4527, 4531)
2015 Ed. (4526)
2016 Ed. (4464)
Powerade Zero Ion4
2014 Ed. (4527)
2015 Ed. (4526, 4528, 4531)
2016 Ed. (4466, 4469)
Powerball
2008 Ed. (3526)
Powerball.com
2007 Ed. (3230)
PowerBar
2003 Ed. (4456, 4459)
2008 Ed. (4444)

2016 Ed. (4384, 4395)
PowerBurst
1994 Ed. (687)
Powerchip
2008 Ed. (4310)
Powerchip Semi
2006 Ed. (3037)
Powerchip Semiconductor Corp.
2009 Ed. (3270, 4420)
Powerco Credit Union
2003 Ed. (1913)
2004 Ed. (1953)
2005 Ed. (2095)
2006 Ed. (2190)
2007 Ed. (2111)
2008 Ed. (2226)
2009 Ed. (2210)
2010 Ed. (2164)
Powercor
2002 Ed. (4708)
2004 Ed. (1630)
Powered by Search
2016 Ed. (2905)
PowerEquipmentDirect.com
2009 Ed. (2453)
Powerex
2005 Ed. (1965)
2006 Ed. (2023)
Powerex Corp.
2015 Ed. (1558)
Powerfin
1997 Ed. (1367)
PowerGen
1999 Ed. (1639)
2003 Ed. (1434)
Powergen U.K. plc
2001 Ed. (3949)
PowerGrid Corp. of India
2012 Ed. (2354)
Powerhouse
2001 Ed. (2220)
2005 Ed. (2811)
Powerhouse Gym
2006 Ed. (2787)
Powerhouse Technologies Inc.
2001 Ed. (1801)
Powerlan
2002 Ed. (1584, 1589, 1592)
PowerLight
2005 Ed. (2392)
2006 Ed. (2433)
Powermax USA
2016 Ed. (574)
PowerON Services
2011 Ed. (1009)
PowerOne Inc.
2014 Ed. (4079)
2015 Ed. (4064)
2016 Ed. (3971)
PowerOne Print & Marketing
2010 Ed. (4014, 4016)
PowerPact LLC
2005 Ed. (3405, 3408)
2006 Ed. (3414)
PowerPC
2001 Ed. (3303)
PowerPlus
2008 Ed. (2483)
PowerPoint
1996 Ed. (1075)
PowerPoint in Office Windows
1996 Ed. (1075)
Power/PowerPC
2001 Ed. (3302)
PowerQuest Corp.
2000 Ed. (2399)
PowerQuest Corporation
2000 Ed. (2450)
PowerRider
1997 Ed. (2390)
Powers
1990 Ed. (2464)
1994 Ed. (754)
Powers Gold Label
1997 Ed. (2645)
1998 Ed. (2375)
Powers; Larry
2006 Ed. (2531)
2007 Ed. (2512)
Powers; Lillian Rooney
1994 Ed. (896, 1057)
Powers & Sons Construction Co.
2016 Ed. (111)
Powers & Sons Construction Co., Inc.
2005 Ed. (173)
2006 Ed. (3512, 4351)
2007 Ed. (3553, 4411)
Powers Supermarket Ltd.
1990 Ed. (1387)

Powerscreen
2009 Ed. (2120)
PowerShars QQQ
2013 Ed. (4514)
Powershop NZ Ltd.
2013 Ed. (2898)
PowerSki International
2005 Ed. (3385)
Powersoft Corp.
1995 Ed. (3207)
1996 Ed. (1212)
PowerSouth Energy Cooperative
2012 Ed. (1299)
2014 Ed. (1338)
PowerSports Network
2008 Ed. (3620)
Powerstation
2000 Ed. (3496)
Powertech Technology
2009 Ed. (4417)
Powertek
1999 Ed. (1570)
PowerVision Corp.
2007 Ed. (1211)
Powervision-Digital Ultrasound
2001 Ed. (3270)
Powerwave Technologies Inc.
1998 Ed. (1880)
2007 Ed. (4532)
Powerwave Technology Inc.
2000 Ed. (3387)
2001 Ed. (2867)
Powerway
2004 Ed. (2204)
Powest Oy
2009 Ed. (1667)
Powszechna Bank Kredytowy SA w Warszawie
2002 Ed. (538, 636)
Powszechna Kasa Oszczednosci
1995 Ed. (441, 459, 589, 590)
1996 Ed. (470)
1997 Ed. (596, 597)
Powszechna Kasa Oszczednosci-Bank Panstowy
1994 Ed. (619, 620)
1996 Ed. (658, 659)
Powszechna Kasa Oszczednosci Bank Polski SA
2009 Ed. (521)
2010 Ed. (501)
2011 Ed. (431)
Powszechna Kasa Oszczednosci BP
2000 Ed. (649)
2002 Ed. (538)
Powszechna Kasa Oszczednosci BP-State Savings
2002 Ed. (636)
Powszechna Kasa Oszczedosci
2000 Ed. (484)
Powszechny Bank Godspodarczy
1997 Ed. (596)
Powszechny Bank Gospodarczy
1994 Ed. (619)
1996 Ed. (658)
Powszechny Bank Gospodarczy SA w Lodzi
1995 Ed. (590)
1996 Ed. (659)
1997 Ed. (597)
Powszechny Bank Kreditowy
1994 Ed. (619)
Powszechny Bank Kredytowy
1997 Ed. (596)
2000 Ed. (649)
2003 Ed. (492)
Powszechny Bank Kredytowy SA
1997 Ed. (597)
1999 Ed. (624)
Powszechny Bank Kredytowy SA w Warszawie
1995 Ed. (590)
1996 Ed. (658, 659)
Powszechny Zaklad Ubezpieczen Na Zycie SA
2012 Ed. (1858)
2013 Ed. (2018)
Powszechny Zaklad Ubezpieczen SA
2012 Ed. (1859, 3268)
2013 Ed. (2019)
2014 Ed. (1953)
2015 Ed. (1997)
2016 Ed. (1966)
Powter's Stop the Madness; Susan
1997 Ed. (2389)
Poyner & Spruill
2001 Ed. (881)
Poynt
2013 Ed. (1481)

Poynter Sheet Metal
2009 Ed. (1281)
2011 Ed. (1227)
2014 Ed. (1212)
2015 Ed. (1270)
2016 Ed. (1185)
Poyry
2010 Ed. (2502)
2012 Ed. (2408, 2414, 2415)
2013 Ed. (2577, 2580, 2585)
2014 Ed. (2506, 2509, 2510, 2514, 2515)
2015 Ed. (2583, 2584, 2588)
2016 Ed. (2505, 2510)
Poyry plc
2009 Ed. (1666)
POZEN Inc.
2011 Ed. (2823)
PP & L, Inc.
2001 Ed. (2145)
PP & L Resources
1997 Ed. (1695, 1696)
1998 Ed. (1388)
P&P Link Saatchi & Saatchi
2000 Ed. (129)
PPB Group
2009 Ed. (1862)
2012 Ed. (2662)
PPB Group Berhad
2008 Ed. (3570)
PPC
2006 Ed. (4999)
PPC Industries
1989 Ed. (337)
PPC Music Group
2013 Ed. (3795)
2015 Ed. (3743)
2016 Ed. (3651)
PPD
2015 Ed. (3248)
PPD Inc.
2011 Ed. (1917)
PPG
1990 Ed. (2758)
PPG Canada
1992 Ed. (1114)
1994 Ed. (924)
1996 Ed. (932)
1997 Ed. (960)
2000 Ed. (1027)
2001 Ed. (1223)
2007 Ed. (936)
2008 Ed. (915)
2009 Ed. (923)
2010 Ed. (865)
2013 Ed. (956)
2014 Ed. (910)
PPG Industries
2013 Ed. (950, 4220)
2014 Ed. (903, 916, 4257)
2015 Ed. (929, 938, 1370, 3273)
2016 Ed. (834, 847, 3114, 3411)
PPG Industries Inc.
1989 Ed. (334, 823, 883, 886, 1516)
1990 Ed. (386, 387, 837, 844, 932, 943, 961, 1158, 2780)
1991 Ed. (335, 337, 800, 901, 904, 907, 2383, 2681)
1992 Ed. (466, 468, 980, 981, 1110, 1111, 1122, 1238, 2162, 3324, 3325, 3326, 3346)
1993 Ed. (341, 771, 772, 774, 783, 902, 919, 1385, 2773)
1994 Ed. (326, 328, 791, 792, 799, 915, 918, 1439, 2767)
1995 Ed. (325, 951, 953, 954, 956, 1473, 2864)
1996 Ed. (349, 351, 922, 923, 925, 926, 1023, 1241, 2915, 2937)
1997 Ed. (952, 954, 955, 957, 958, 1497, 2982, 2983, 3025)
1998 Ed. (694, 695, 700, 701, 702, 705, 886, 2060)
1999 Ed. (1081, 1083, 1084, 1086, 1097, 1322, 1723, 2816, 3295, 3713)
2000 Ed. (1018, 1019, 1023, 1024, 1201, 1534, 2590, 3056, 3423, 3517)
2001 Ed. (1048, 1049, 1176, 1183, 1221, 2815)
2002 Ed. (987, 988, 989, 990, 991, 995, 1012, 1752, 3592, 3968)
2003 Ed. (773, 779, 936, 937, 940, 1810, 1811, 2287, 2874, 4071)
2004 Ed. (941, 946, 947, 950, 951, 954, 964, 1032, 1843, 4097)
2005 Ed. (931, 937, 940, 941, 942, 943, 947, 955, 958, 1039, 1614,

1946, 1948, 1949, 1950, 1951, 1952
2006 Ed. (840, 843, 844, 845, 846, 851, 861, 865, 1048, 1983, 1987, 1989, 1990, 1991, 3422, 3766, 3767)
2007 Ed. (924, 925, 926, 927, 928, 933, 949, 954, 1137, 1472, 1952, 1955, 1956, 2889, 3763, 3764)
2008 Ed. (908, 929, 1017, 1466, 2041, 2042, 2046, 2047, 2048, 2049, 3011, 3843, 3844)
2009 Ed. (913, 920, 938, 939, 1002, 2003, 2004, 2009, 2010, 2011, 2012, 3097, 3899, 3900)
2010 Ed. (860, 863, 875, 879, 880, 967, 1941, 1942, 1943, 1945, 1947, 1948, 1949, 1950, 3030, 3189, 3809, 3810, 3827)
2011 Ed. (782, 783, 786, 803, 809, 810, 893, 1994, 1996, 1997, 2001, 2002, 2003, 2999, 3153, 3805, 3806)
2012 Ed. (732, 734, 735, 737, 739, 761, 763, 777, 780, 848, 1842, 1843, 1844, 1845, 1849, 1850, 1851, 1852, 1853, 2925, 3793, 4969)
2013 Ed. (928, 929, 930, 932, 951, 964, 1028, 1999, 2003, 2004, 2009, 2011, 3014, 3858, 3859)
2014 Ed. (882, 883, 886, 904, 917, 992, 1938, 1940, 1941, 1943, 3023, 3788, 3789)
2015 Ed. (911, 912, 914, 939, 1026, 1985, 1987, 1989, 3090, 3809, 3811)
2016 Ed. (810, 812, 813, 814, 815, 817, 835, 848, 931, 1952, 1959, 1960, 1962, 3441, 3722, 3724)
PPG Scandinavia
2005 Ed. (1753)
PPG Scandinavia SA
2007 Ed. (1679)
PPGH
2001 Ed. (184)
2002 Ed. (155)
2003 Ed. (126)
PPGH Groep
1989 Ed. (138)
PPGH (JWT)
2000 Ed. (147)
PPGH/JWF Groep
1993 Ed. (120)
PPGH/JWT Groep
1992 Ed. (183)
1994 Ed. (103)
1995 Ed. (102)
1996 Ed. (118)
1997 Ed. (122)
1999 Ed. (129)
PPGH/JWT Group
1990 Ed. (130)
1991 Ed. (129)
PPI Benefit Solutions
2009 Ed. (1618)
2010 Ed. (1594)
2011 Ed. (1596)
2012 Ed. (1441)
PPi Technologies
2002 Ed. (2490)
2003 Ed. (2715)
PPL
2014 Ed. (1940, 2388, 2856)
2015 Ed. (2457, 2896)
PPL Corp.
2001 Ed. (3948)
2003 Ed. (1714)
2004 Ed. (2194, 2196, 2197, 2321)
2005 Ed. (2293, 2309, 2310, 2401)
2006 Ed. (2353, 2356, 2359, 2360, 2443)
2007 Ed. (2294)
2008 Ed. (2426)
2010 Ed. (2346)
2011 Ed. (2339, 3768)
2012 Ed. (1845, 2245)
2013 Ed. (1999, 2004, 2009, 2415, 4809)
2014 Ed. (1938, 1941, 1943, 2354, 2356)
2015 Ed. (1985, 1987, 1989, 2420, 2422, 2452)
2016 Ed. (1952, 1960, 1962, 2363, 2366)
PPL Electric Utilities
2012 Ed. (2249)
PPL Energy Services
2003 Ed. (1235)
PPL Energy Services Group

2008 Ed. (1239, 1245, 1246, 1249)
PPL Energy Services Holdings
2003 Ed. (1236, 1307, 1314, 1338)
PPL Energy Services Holdings LLC
2005 Ed. (1287, 1288, 1289, 1291, 1343)
2006 Ed. (1257, 1258, 1259, 1261, 1340)
2007 Ed. (1351, 1388, 3977, 3979)
2008 Ed. (1243, 1332, 4002)
2009 Ed. (4076)
PPL Montana LLC
2003 Ed. (1771)
2004 Ed. (1808)
2005 Ed. (1891)
2006 Ed. (1913)
2007 Ed. (1895)
2008 Ed. (1959)
2009 Ed. (1912)
PP&L Resources
2000 Ed. (3674)
PPL Services Corp.
2016 Ed. (1951)
PPM America Inc.
2000 Ed. (2845)
PPMI Construction Co.
2012 Ed. (1170)
PPO Alliance
1990 Ed. (2894, 2897)
1998 Ed. (2912)
PPO Alliance/OneSource Health Network
1999 Ed. (3883)
PPOM (Preferred Provider Organization of Michigan)
1990 Ed. (2896)
1991 Ed. (2760)
PpoNEXT
2005 Ed. (3883)
PPR
2001 Ed. (4512)
2007 Ed. (4193, 4952)
PPR SA
2007 Ed. (4202)
2008 Ed. (4236)
2009 Ed. (980, 3515, 4332, 4333, 4437)
2010 Ed. (942, 1198, 3443, 4348, 4349, 4479)
2011 Ed. (874, 4292, 4298, 4414)
2012 Ed. (830, 1469, 2124, 2286, 4341, 4477)
2013 Ed. (827, 1007, 1008, 1603, 1646, 2323, 2463, 4272, 4329, 4439)
2014 Ed. (972, 2253, 2393, 2567, 4058, 4331, 4380, 4471)
2015 Ed. (1009, 4320, 4465)
PPS Group
2002 Ed. (3853, 3868, 3870)
PPT Fiberglass
2016 Ed. (3412)
PR!
2005 Ed. (719)
PR Associates
1999 Ed. (3931)
The PR Connection
1997 Ed. (3203)
PR Exchange
1995 Ed. (3003)
PR Organisation International
1995 Ed. (720)
PR Partners
2003 Ed. (4011)
PR Response
1998 Ed. (3482)
PR Retail Stores Inc.
2015 Ed. (2003)
2016 Ed. (1970)
P.R. Telephone Co.
1992 Ed. (73)
PR Tools to Toot Your Own Horn
2014 Ed. (638)
PR Week
1995 Ed. (2894)
PR21
2002 Ed. (3827, 3840)
2003 Ed. (3990, 3996, 4004, 4006)
2004 Ed. (4005, 4011)
2005 Ed. (3955, 3961, 3964, 3970, 3972)
PRA Destination Management
2009 Ed. (4984)
PRA Group
2016 Ed. (2644)
PRA International
2006 Ed. (2785)
2007 Ed. (2786)
2016 Ed. (1900)
Prab Robots

1991 Ed. (2902)
PRACO Ltd.
2004 Ed. (113, 4988)
2005 Ed. (4994)
2006 Ed. (4993)
2007 Ed. (110, 111, 4990)
2008 Ed. (121, 4993)
2009 Ed. (4989)
PRACO - Public Relations Advertising Co.
2009 Ed. (132)
2010 Ed. (131, 133)
Praco Public Relations & Advertising Co.
2005 Ed. (112)
Practical
1996 Ed. (333)
1997 Ed. (314)
Practical Homeowner
1992 Ed. (3389)
Practical Rent-A-Car
1989 Ed. (1487)
The Practice
2003 Ed. (4716)
Practice Builders
1997 Ed. (1587)
The Practice of Management
2005 Ed. (718)
2009 Ed. (629)
Prad Alliance
1989 Ed. (138)
1990 Ed. (130)
1991 Ed. (129)
1992 Ed. (183)
Prada
2007 Ed. (693)
2008 Ed. (659)
2009 Ed. (672)
2010 Ed. (636, 3507)
2013 Ed. (652, 3548, 4404)
2014 Ed. (669, 670, 3524, 3525)
2015 Ed. (727, 3540, 3862, 4325)
2016 Ed. (665, 4220)
Prada Group
2016 Ed. (4269)
Prada Industrial SpA
2004 Ed. (3249)
Prada; Miuccia
2007 Ed. (1102, 4977)
2009 Ed. (969)
2010 Ed. (932)
2013 Ed. (4882)
2014 Ed. (4895, 4965)
2015 Ed. (4934)
2016 Ed. (4850)
Prada SpA
2013 Ed. (1005)
2014 Ed. (970)
2015 Ed. (1007)
Pradeep Sindhu
2002 Ed. (3346, 3358)
Praecis Pharmaceuticals, Inc.
2003 Ed. (2742)
Praegitzer Industries
1995 Ed. (2097)
Praetorian Financial Group Inc.
2009 Ed. (1395)
Prager
1991 Ed. (2981)
Prager, McCarthy & Lewis
1993 Ed. (2263, 3135, 3167, 3171)
Prager, McCarthy & Sealy
1995 Ed. (2332)
1996 Ed. (2349)
1997 Ed. (2482, 2483)
Pragma
1992 Ed. (1289, 2743)
1994 Ed. (1068, 1070)
2000 Ed. (59)
Pragma FCB Publicadad
1995 Ed. (45)
Pragma/DMB & B
1999 Ed. (141)
2000 Ed. (158)
2001 Ed. (196)
Pragma/FCB
1989 Ed. (82)
Pragma/FCB Publicidad
1993 Ed. (79)
1994 Ed. (69)
1997 Ed. (58)
1999 Ed. (56)
Pragma/FCB Publicidade
1990 Ed. (76)
1991 Ed. (73)
1992 Ed. (119)
Pragmatics Inc.
2014 Ed. (1251)
2016 Ed. (3606)
Pragobanka AS

1997 Ed. (447, 448)
1999 Ed. (500)
Prague, Czech Republic
2011 Ed. (2623, 2624)
2014 Ed. (2638)
2015 Ed. (2681)
2016 Ed. (2598)
Praha Enbra
2001 Ed. (289)
Praico
1996 Ed. (1227)
Prairie Credit Union
2002 Ed. (1884)
2003 Ed. (1938)
2004 Ed. (1978)
2005 Ed. (2120)
2006 Ed. (2215)
2007 Ed. (2136)
2008 Ed. (2251)
2009 Ed. (2237)
2010 Ed. (2191)
2011 Ed. (2209)
2012 Ed. (2070)
2013 Ed. (2252)
2014 Ed. (2184)
2015 Ed. (2248)
2016 Ed. (2219)
Prairie Dairy Farms
2001 Ed. (2476)
Prairie Farms
2000 Ed. (1015, 2597, 3133, 3134, 4150)
2001 Ed. (1168, 2833, 3309, 3310, 3312)
2003 Ed. (3411)
2008 Ed. (3670)
2014 Ed. (3127, 3651, 3652)
2015 Ed. (3191, 3668, 3669, 3670, 3798)
2016 Ed. (3047, 3555, 3556, 3711)
Prairie Farms Dairy
2014 Ed. (3653)
2015 Ed. (3671)
2016 Ed. (3051, 3557)
Prairie Farms Dairy Inc.
1997 Ed. (177)
1998 Ed. (1240)
1999 Ed. (197, 1813)
2000 Ed. (1635)
2008 Ed. (2781, 3124, 3669)
2011 Ed. (2241, 2769)
2012 Ed. (2103, 4117)
2013 Ed. (2290)
2014 Ed. (2223, 2226, 2782)
2015 Ed. (2287, 2291, 2828)
2016 Ed. (2259, 2262, 2760)
Prairie Island
1990 Ed. (2721)
Prairie Island-2
1990 Ed. (2722)
Prairie Material Sales Inc.
2006 Ed. (4000)
2007 Ed. (4035)
2008 Ed. (4063)
2009 Ed. (4177)
2010 Ed. (4112)
Prairie Materials
2016 Ed. (4019)
Prairie Municipal Bond A
1996 Ed. (614)
Prairie North Regional Health Authority
2014 Ed. (1492)
The Prairie Provinces, Canada
1993 Ed. (1446)
Prairie Star Associates LLC
2007 Ed. (1981)
Prairie View A & M University
2007 Ed. (2276)
Prairieland Credit Union
2006 Ed. (2168)
Prairie's Edge Casino Resort
2012 Ed. (677)
2013 Ed. (885)
2014 Ed. (847)
Prakit & FCB
1990 Ed. (156)
1991 Ed. (156)
1992 Ed. (214)
1993 Ed. (141)
Prakit /FCB
1989 Ed. (168)
2003 Ed. (157)
Prakit & FCB Public Co.
1994 Ed. (122)
1996 Ed. (146)
1997 Ed. (152)
1999 Ed. (162)
Prakit Publicis
2000 Ed. (180)
2001 Ed. (224)

2002 Ed. (197)
Pramac SpA
  2009 Ed. (2475)
PRandox Labs
  2006 Ed. (2066)
Praneetsilpa Vacharaphol
  2011 Ed. (4865)
  2013 Ed. (4914)
Prankard Evangelistic Association; Bill
  2010 Ed. (4180)
Prasarttong-Osoth; Prasert
  2014 Ed. (4924, 4925)
  2015 Ed. (4964, 4965)
  2016 Ed. (4881, 4882)
Prasert Prasarttong-Osoth
  2014 Ed. (4924, 4925)
  2015 Ed. (4964, 4965)
  2016 Ed. (4881, 4882)
Pratama Advertising
  1993 Ed. (108)
  1994 Ed. (95)
  1995 Ed. (84)
Pratama Bozell
  2000 Ed. (105)
Pratt
  1995 Ed. (2529)
  1996 Ed. (1576)
  2002 Ed. (4986)
Pratt; Anthony
  2010 Ed. (4862)
  2011 Ed. (4867)
  2012 Ed. (4873)
  2013 Ed. (4855)
  2014 Ed. (4869)
  2015 Ed. (4907, 4908)
  2016 Ed. (4823, 4824)
Pratt Display
  2015 Ed. (3583)
  2016 Ed. (2305)
Pratt; Edmund T.
  1990 Ed. (975)
Pratt Hospital; Sheppard & Enoch
  2008 Ed. (4084)
  2009 Ed. (4197)
  2010 Ed. (4132)
  2011 Ed. (4097)
  2012 Ed. (4131)
  2013 Ed. (4124)
  2014 Ed. (4139)
  2015 Ed. (4121)
  2016 Ed. (4035)
Pratt Hotel
  1990 Ed. (1165)
  1991 Ed. (1937)
  1992 Ed. (2466)
  1993 Ed. (2079)
  1995 Ed. (203, 206)
Pratt & Lambert
  1990 Ed. (2757)
  1991 Ed. (2666)
  1993 Ed. (2761)
  1994 Ed. (2719)
  1995 Ed. (2825)
Pratt Properties
  1998 Ed. (3761)
  1999 Ed. (4811)
  2000 Ed. (4430)
Pratt; Richard
  2008 Ed. (4842)
  2009 Ed. (4860, 4876)
  2010 Ed. (4878)
Pratt & Whitney
  2001 Ed. (271, 2268)
  2013 Ed. (1574)
Pratt & Whitney Canada
  1992 Ed. (1879)
  1994 Ed. (2048)
  1996 Ed. (2107)
  1997 Ed. (3301)
  2004 Ed. (2825)
  2005 Ed. (2830)
  2007 Ed. (2819)
  2008 Ed. (2932)
  2009 Ed. (2990, 2992)
  2010 Ed. (2930, 2933)
  2012 Ed. (2832)
  2013 Ed. (2381)
Pratt/Pfizer
  1995 Ed. (1589)
Pravachol
  1994 Ed. (1560, 2462)
  2001 Ed. (2110)
  2006 Ed. (2312)
Pravda
  1989 Ed. (2062)
Praveen Napate
  1997 Ed. (1973)
Pravin Shah
  1997 Ed. (1973)
Praxair

2013 Ed. (950)
  2014 Ed. (903, 923, 3173)
  2015 Ed. (929)
  2016 Ed. (834, 850)
Praxair Canada
  1997 Ed. (960)
Praxair Distribution Inc.
  2003 Ed. (1723)
  2004 Ed. (1760)
Praxair Inc
  1998 Ed. (709)
Praxair Inc.
  1994 Ed. (1206)
  1995 Ed. (1368)
  1997 Ed. (951, 974, 3725)
  1998 Ed. (693, 697, 699, 703, 1804, 2429)
  1999 Ed. (1078, 1081, 1085, 1086, 2855, 2857)
  2000 Ed. (1017, 1020, 1022, 1023, 1033, 2319)
  2001 Ed. (1176, 1177, 1178, 1181, 1209, 2585, 2587)
  2002 Ed. (987, 989, 1439, 1629, 2392)
  2003 Ed. (932, 933, 938, 940, 941, 1459, 1661, 1662, 2786)
  2004 Ed. (940, 941, 948, 949, 950, 951, 952, 954, 964, 1489, 1689, 1691, 2897, 3398)
  2005 Ed. (931, 938, 939, 941, 942, 943, 945, 947, 1505, 3409)
  2006 Ed. (840, 843, 845, 846, 850, 851, 855, 857, 1666, 1668, 3422, 4077)
  2007 Ed. (921, 924, 928, 930, 932, 933, 942, 943, 958, 1673, 1674)
  2008 Ed. (905, 919, 920, 924, 1697, 1698, 1699, 3011, 3603)
  2009 Ed. (917, 920, 927, 928, 932, 936, 938, 939, 1400, 1621, 1622, 1623, 3097)
  2010 Ed. (857, 863, 867, 868, 875, 877, 1597, 1598, 1599)
  2011 Ed. (783, 786, 795, 805, 809, 810, 1599, 1601, 2999)
  2012 Ed. (734, 736, 737, 739, 755, 756, 762, 767, 777, 780, 1443, 1445, 1447, 2452, 2925)
  2013 Ed. (818, 846, 928, 930, 932, 951, 957, 958, 968, 974, 982, 1573, 1577, 1580, 3014)
  2014 Ed. (883, 886, 904, 911, 918, 924, 931, 1544, 1547, 1549, 2537, 3023)
  2015 Ed. (912, 914, 945, 952, 1595, 1598, 1599, 3090)
  2016 Ed. (812, 814, 817, 835, 842, 855, 862, 1520, 1523, 1525)
Praxair Technology
  2003 Ed. (936)
Pray Audi Corp.
  1990 Ed. (335)
  1991 Ed. (302)
  1993 Ed. (292)
  1994 Ed. (261)
  1995 Ed. (260)
  1996 Ed. (264)
Pray Audi Corporation
  1992 Ed. (407)
Pray Porsche
  1993 Ed. (282)
  1994 Ed. (281)
  1995 Ed. (284)
Pray Saab
  1993 Ed. (285)
  1994 Ed. (283)
  1995 Ed. (289)
  1996 Ed. (287)
The Prayer of Jabez
  2003 Ed. (717, 719)
Prayer of Jabez Devotional
  2003 Ed. (717)
The Prayer of Jabez for Kids
  2003 Ed. (712)
The Prayer of Jabez for Little Ones
  2003 Ed. (712)
Prayer of Jabez for Women
  2004 Ed. (740)
Prazska Teplaren
  1999 Ed. (3870)
PRC Environmental Management Inc.
  1996 Ed. (1662)
PRCA Rodeo
  1994 Ed. (1100)
Pre
  1992 Ed. (3982)
  1993 Ed. (3326)
Pre-Fab Builders Inc.
  2011 Ed. (1090)

PRE Holding Inc.
  2003 Ed. (2258)
Pre-menstrual remedies
  2002 Ed. (321)
Pre-Paid Legal Services Inc.
  1989 Ed. (2669)
  1993 Ed. (2911)
  1997 Ed. (226)
  1999 Ed. (259)
  2000 Ed. (279, 4042)
  2011 Ed. (3439)
  2013 Ed. (3500)
Pre-press services
  1999 Ed. (3893)
Pre-priced shippers
  1990 Ed. (1185)
Pre-recorded music/video
  2001 Ed. (3918)
Pre-shave products
  2002 Ed. (4633)
Pre-Sun
  1996 Ed. (3605)
  1997 Ed. (3658)
Preach Life, AZ
  1997 Ed. (2440)
Preach Life, NJ
  1997 Ed. (2440)
Preakness Hospital
  1990 Ed. (1739)
Prebuild
  2014 Ed. (2317)
PreCash
  2007 Ed. (2565)
Precedent
  2001 Ed. (1444)
Precept
  1993 Ed. (787)
  1994 Ed. (804)
  1995 Ed. (855)
  2000 Ed. (906, 907, 908, 909, 910)
  2011 Ed. (1517)
  2012 Ed. (1365)
  2013 Ed. (1451)
Precept Business Products
  1999 Ed. (961)
Precidia Technologies Inc.
  2005 Ed. (2777)
Precimed SA
  2008 Ed. (574, 2097, 2908)
Precinct Properties NZ
  2015 Ed. (4203)
Precious
  2001 Ed. (1169)
Precious Homes
  2003 Ed. (1182)
  2004 Ed. (1188)
  2005 Ed. (1214)
Precious Metal Refining Services
  2014 Ed. (3539)
Precious metals
  1992 Ed. (3205)
  2003 Ed. (3500)
  2004 Ed. (2449)
Precious metals/minerals
  2005 Ed. (3014, 3016)
  2006 Ed. (3011)
Precious Natural Cheese
  2003 Ed. (924)
Precious Shipping
  2008 Ed. (2117)
Precious Shipping Lines
  1997 Ed. (3511)
Precious stones & jewelry
  1999 Ed. (2110)
Precious Woods Group
  2010 Ed. (3826)
Precision 2000 Inc.
  2006 Ed. (2830)
  2015 Ed. (3004)
Precision Aerotech Inc.
  1997 Ed. (1257)
Precision BioLogic
  2011 Ed. (1537)
Precision Castparts
  2013 Ed. (1390)
  2014 Ed. (1328, 2108, 2241, 2244)
  2015 Ed. (1391, 2307, 2312)
  2016 Ed. (93, 104, 3449, 4495)
Precision Castparts Corp.
  1989 Ed. (2636)
  1990 Ed. (190)
  1991 Ed. (182)
  1992 Ed. (252, 3028)
  1993 Ed. (155, 156, 158, 1384, 2536)
  1994 Ed. (140)
  1999 Ed. (185)
  2000 Ed. (3323)
  2001 Ed. (265, 266)
  2002 Ed. (240, 1772)

2003 Ed. (197, 198, 200, 208, 1807, 3364, 3375)
  2004 Ed. (162, 3430, 3445, 3446)
  2005 Ed. (160, 3445, 3459, 3460, 3464)
  2006 Ed. (174, 175, 176, 1975, 1976, 3454, 3472)
  2007 Ed. (173, 176, 177, 178, 1946, 1947, 3477, 3478, 3496)
  2008 Ed. (157, 160, 161, 2028, 2029, 2142, 3651, 3666)
  2009 Ed. (180, 185, 1460, 1992, 1995, 2124, 2127, 2128, 2129, 3717, 4556, 4785)
  2010 Ed. (160, 163, 1932, 1933, 2070, 3635, 3636, 4588)
  2011 Ed. (83, 93, 1425, 1447, 1449, 1987, 1988, 2125, 2852, 3637, 3638)
  2012 Ed. (84, 86, 99, 1833, 1834, 1835, 1953, 1961, 1963, 1964, 1965, 1966, 1967, 2113, 3633, 3634, 3639)
  2013 Ed. (1989, 1990, 1991, 2171, 2173, 2174, 2176, 2179, 2300, 2302, 2313, 3692, 3693, 3698, 4489)
  2014 Ed. (1928, 1929, 1930, 2100, 2105, 2107, 2109, 2238, 2240, 2248, 3018, 3626, 3627)
  2015 Ed. (1974, 1975, 1976, 2155, 2156, 2157, 2160, 2163, 2304, 2306, 2318, 3639, 3640)
  2016 Ed. (92, 100, 109, 1941, 1944, 1945, 1947, 2130, 2131, 2134, 3440, 3526, 3527, 3532)
Precision Chrysler-Plymouth-Dodge Inc.
  1991 Ed. (277, 307)
  1992 Ed. (382, 412)
Precision Civil Engineering Inc.
  2010 Ed. (1525)
Precision Computer Services Inc.
  2006 Ed. (3505, 4344)
  2007 Ed. (3542, 3543, 4404)
Precision Concrete Construction Inc.
  2006 Ed. (1279, 1307)
  2008 Ed. (1293)
  2009 Ed. (1203)
  2010 Ed. (1271)
  2011 Ed. (1222)
Precision Concrete Cutting
  2008 Ed. (754)
  2011 Ed. (2295)
  2012 Ed. (2191)
  2013 Ed. (3116)
  2015 Ed. (3179)
  2016 Ed. (2978)
Precision Construction Ltd.
  2013 Ed. (1774)
Precision Construction & Roofing
  2014 Ed. (1109)
Precision Dodge
  1990 Ed. (341)
Precision Door Service
  2005 Ed. (2263)
  2008 Ed. (2391)
  2009 Ed. (2372)
  2012 Ed. (2190)
  2013 Ed. (3114)
  2014 Ed. (3113)
Precision Drilling
  1994 Ed. (2694)
  1997 Ed. (2962)
  2000 Ed. (1399)
  2007 Ed. (3865)
  2014 Ed. (1469)
  2016 Ed. (1448, 3836)
Precision Drilling Trust
  2008 Ed. (1554, 1621, 3917)
  2009 Ed. (3985)
  2010 Ed. (3893)
  2011 Ed. (3905, 3907, 4556)
  2012 Ed. (3891)
  2015 Ed. (3939)
Precision Electronics
  1992 Ed. (1683)
Precision Environmental Co., Inc.
  2001 Ed. (1471)
  2002 Ed. (1231, 1235)
  2003 Ed. (1242, 1248)
  2004 Ed. (1245, 1251)
  2005 Ed. (1296)
  2006 Ed. (1265)
  2007 Ed. (1356)
  2008 Ed. (1254)
  2009 Ed. (1229)
  2010 Ed. (1228)
  2011 Ed. (1175)
  2012 Ed. (1123)
  2013 Ed. (1267)

2014 Ed. (1200)
2015 Ed. (1257)
2016 Ed. (1171)
Precision Erection Co.
2016 Ed. (1070, 1071)
Precision Frac
2016 Ed. (2836)
Precision Hardboard Components Inc.
2008 Ed. (4994)
Precision Landscape Management
2013 Ed. (3456)
Precision Manufacturing Corp.
2016 Ed. (1454)
Precision Marketing
1995 Ed. (2894)
Precision Medical Products
2016 Ed. (1406)
Precision Nutrition
2016 Ed. (2563)
Precision of New Hampton
2006 Ed. (4352)
Precision production occupations
1989 Ed. (2082)
Precision production workers
1998 Ed. (1326, 2694)
Precision Q-I-D
2002 Ed. (1972)
Precision Qid
2003 Ed. (2050)
Precision Response Corp.
1998 Ed. (3481)
1999 Ed. (2450, 4557, 4558)
2000 Ed. (4195)
2001 Ed. (4463)
2005 Ed. (4645, 4648)
Precision Software, Inc.
1991 Ed. (3282)
Precision Trading Corp.
1990 Ed. (2010, 2011, 2012)
1991 Ed. (1909, 1910)
1992 Ed. (2402, 2403, 2404, 2405)
1993 Ed. (2040)
1995 Ed. (2103, 2104, 2501)
1996 Ed. (2112, 3823)
1997 Ed. (2218, 3872)
1998 Ed. (1940, 3711)
1999 Ed. (2683, 4756)
2000 Ed. (2467, 4386)
2001 Ed. (2716)
2002 Ed. (2545, 2564)
2003 Ed. (2421)
2008 Ed. (2645)
2009 Ed. (2673, 3048)
2010 Ed. (2576, 2972)
2011 Ed. (2935)
2012 Ed. (2868)
2013 Ed. (2940, 2941)
2014 Ed. (2960)
2015 Ed. (3028, 3029)
Precision Tune
1992 Ed. (2226)
Precision Tune Auto Care
2004 Ed. (328)
2006 Ed. (345)
2007 Ed. (330)
2008 Ed. (317)
2009 Ed. (339)
2010 Ed. (319)
2011 Ed. (243)
2012 Ed. (264)
2013 Ed. (280)
2014 Ed. (284)
2015 Ed. (317)
2016 Ed. (315)
Precision Walls Inc.
2003 Ed. (1319)
2004 Ed. (1319)
2005 Ed. (1324)
2006 Ed. (1297, 1333, 4370)
2007 Ed. (1372, 3585, 3586)
2008 Ed. (1268)
2009 Ed. (1244)
2010 Ed. (1243)
2011 Ed. (1260)
2013 Ed. (1262, 1283)
2014 Ed. (1196)
2015 Ed. (1274)
2016 Ed. (1165, 1189, 4980)
Precisionaire
1995 Ed. (2097)
PrecisionERP Inc.
2013 Ed. (2838)
2015 Ed. (1547)
Preco Inc.
2001 Ed. (1728)
Precoat Metal
2013 Ed. (724, 2857)
Precoat Metals
2007 Ed. (3497)
Precor

1991 Ed. (1634)
1992 Ed. (2065)
1993 Ed. (1707)
2001 Ed. (2349)
Precose Tablets
1999 Ed. (1910)
Precursor Group
2006 Ed. (3206, 3207)
2007 Ed. (3275)
Pred Forte
1995 Ed. (2810)
Predator
2008 Ed. (553)
Predators
2012 Ed. (3723)
Predators; Nashville
2013 Ed. (4480)
PREDICA
2013 Ed. (3252)
Predica
1992 Ed. (2709)
1994 Ed. (2235)
1997 Ed. (2422)
1999 Ed. (2919)
2002 Ed. (2937)
PREDICA-Prevoyance Dialogue du
   Credit
2014 Ed. (3278)
Predica/Pacifica
1999 Ed. (2917)
Predictably Irrational
2012 Ed. (503)
*Predictably Irrational: The Hidden
   Forces That Shape Our Decisions*
2010 Ed. (599)
Predictive Analytics
2015 Ed. (706)
Prednisone
1993 Ed. (1939)
1994 Ed. (1966)
1996 Ed. (2014)
PreEmptive Solutions
2008 Ed. (1153)
2012 Ed. (977)
2013 Ed. (1121)
Preet Bharara
2013 Ed. (735)
Prefabricated building manufacturing
2002 Ed. (2781, 2782)
Prefac Enterprises
1990 Ed. (922)
Preference
2001 Ed. (2654, 2655)
PREFERENCE PLUS Account
1997 Ed. (3817)
1998 Ed. (3655)
1999 Ed. (4699)
2000 Ed. (4338)
Preferred Asset Allocation
2000 Ed. (3242, 3243, 3247)
Preferred Bank
2004 Ed. (4719)
Preferred Benefits Inc.
2008 Ed. (3239)
Preferred Care
2000 Ed. (3598, 3603)
2008 Ed. (2919, 3647)
2009 Ed. (3711)
2010 Ed. (3629)
Preferred Care Network
1990 Ed. (2895)
1993 Ed. (2906, 2907)
Preferred Care Partners Inc.
2009 Ed. (1149)
2011 Ed. (3151, 3172)
Preferred Care Partners Management
   Group
2015 Ed. (2965)
Preferred Cos., Inc.
2007 Ed. (3599, 3600)
Preferred Enterprises
1997 Ed. (3914)
Preferred Fixed Income Fund
1999 Ed. (3550)
Preferred Fixtures
2005 Ed. (4528)
Preferred Freezer Services
2007 Ed. (4880)
2008 Ed. (4815)
2009 Ed. (4837)
2010 Ed. (4846)
2011 Ed. (4812)
2012 Ed. (4828)
2016 Ed. (4792)
Preferred Group
2006 Ed. (4888)
2010 Ed. (4024)
Preferred Health Care Ltd.
1993 Ed. (2908)
Preferred Health Inc.

2004 Ed. (3083)
Preferred Health Network
1990 Ed. (2894, 2897)
1993 Ed. (2907, 2908)
1996 Ed. (2157, 3079)
1997 Ed. (2273, 3159)
1998 Ed. (2912)
1999 Ed. (3883)
Preferred Health Network Midwest
1999 Ed. (3881)
Preferred Hotels
1999 Ed. (2778)
Preferred International
1999 Ed. (3568)
Preferred International Value
2004 Ed. (3638)
2005 Ed. (3573, 4490)
2006 Ed. (3670)
Preferred Management Corp.
1994 Ed. (2577)
1998 Ed. (2549)
Preferred Marketing Inc.
2007 Ed. (3555, 4420)
2008 Ed. (3709, 4394)
Preferred Material Handling Inc.
2007 Ed. (3591)
Preferred Mutual Insurance Co.
2004 Ed. (3093)
Preferred Patient Care Inc.
1998 Ed. (2911)
2002 Ed. (3743)
Preferred Plan Inc.
1990 Ed. (2895)
1998 Ed. (2910)
1999 Ed. (3881)
2001 Ed. (3873)
2002 Ed. (3741)
Preferred Plus of Kansas
1997 Ed. (2187)
1998 Ed. (1910)
1999 Ed. (2646, 2647)
Preferred provider organizations
1999 Ed. (3291)
2003 Ed. (2263, 2837)
Preferred Pump & Equipment LP
2016 Ed. (2056)
Preferred Risk Life Insurance Co.
1991 Ed. (1165)
Preferred Risk Mutual Insurance Co.
1991 Ed. (1165)
Preferred Savings Bank
1998 Ed. (344)
Preferred Staffing Inc.
1998 Ed. (3505)
Preferred Stock
1996 Ed. (2952)
1997 Ed. (3033)
1998 Ed. (2778)
1999 Ed. (3736)
2000 Ed. (3455)
2001 Ed. (3702)
2002 Ed. (2355)
Preferred Stock Dividend Capture
2003 Ed. (3115)
Preferred Systems Solutions Inc.
2005 Ed. (1346, 1994, 3023)
2006 Ed. (1353, 2094, 2829, 3031)
Preferred Trade
2006 Ed. (663)
2007 Ed. (762)
Preferred Value
1998 Ed. (2610)
1999 Ed. (3558)
Preferred Works Inc.
1995 Ed. (992)
PreferredTrade
2005 Ed. (757)
Preformed Line Products
2013 Ed. (810)
Preglejka A.S.
2000 Ed. (3017)
2001 Ed. (3180)
Pregnancy
2000 Ed. (3496)
Pregnancy complications
1995 Ed. (3798, 3799)
Pregnancy kits
1994 Ed. (1528)
Pregnancy tests
2002 Ed. (3641)
Pregnancy/normal
1995 Ed. (3798, 3799)
Prego
1999 Ed. (2457)
2000 Ed. (2215)
2001 Ed. (4321)
2002 Ed. (4332)
2014 Ed. (4508)
2015 Ed. (4508)
Preiser; Douglas

1995 Ed. (1853)
Prelco
2013 Ed. (2822)
Prelco Inc.
2014 Ed. (2860)
2015 Ed. (2901)
2016 Ed. (2821)
Prell
1991 Ed. (3114)
1992 Ed. (3946, 4236)
Prell Norm/Dry
1990 Ed. (3269)
Prell Norm/Oily
1990 Ed. (3269)
Prelude
2000 Ed. (3309)
2001 Ed. (492)
Prelude Systems Inc.
2008 Ed. (1134)
2009 Ed. (1113)
PREM Group
2016 Ed. (3603)
Prem Grp.
1990 Ed. (1417)
1991 Ed. (1344)
Prem Lachman
1996 Ed. (1789)
1997 Ed. (1864)
1998 Ed. (1663)
1999 Ed. (2253)
Prem Watsa
2015 Ed. (796)
2016 Ed. (719)
Premafin Finanziaria SpA
2010 Ed. (1759, 3332)
2011 Ed. (1771, 1772, 3289)
2012 Ed. (1624)
2013 Ed. (1783)
Premarin
1989 Ed. (2254, 2256)
1990 Ed. (2898, 2900)
1991 Ed. (2761, 2763)
1992 Ed. (3524, 3525, 3526)
1993 Ed. (2912, 2913, 2914)
1994 Ed. (1560, 2927, 2928, 2929)
1995 Ed. (1582, 1583, 1587, 1590,
   2982, 2983, 2984)
1996 Ed. (1569, 1570, 1571, 3082,
   3083, 3084)
1997 Ed. (1647, 1648, 1654, 3161,
   3162, 3163)
1998 Ed. (1341)
1999 Ed. (1892, 1893, 1898, 3884,
   3885, 3886)
2000 Ed. (1699)
2002 Ed. (3749)
2003 Ed. (2113, 2115, 2116)
2004 Ed. (2154, 2156)
2005 Ed. (2252, 2256)
Premarin Tabs
1998 Ed. (2913, 2914, 2915, 2916)
2000 Ed. (3604, 3605, 3606)
2001 Ed. (2097)
Premark International Inc.
1989 Ed. (1600, 2349)
1990 Ed. (1325, 2036, 3065, 3066)
1991 Ed. (1925, 1926, 2903, 2904)
1992 Ed. (2432, 2433, 3745, 3746,
   4297)
1993 Ed. (2054, 3054, 3055, 3576)
1994 Ed. (2073, 2074, 3117, 3118)
1995 Ed. (1272, 2122, 3167, 3168)
1996 Ed. (2129, 2130, 3262, 3263)
1997 Ed. (2239, 2240, 3361, 3362)
1998 Ed. (3103, 3104)
1999 Ed. (4115)
2001 Ed. (4131, 4132)
2003 Ed. (4196)
2004 Ed. (4222)
2005 Ed. (1527)
Premcor Inc.
2002 Ed. (1069, 1568, 1732)
2003 Ed. (939, 1553, 1769, 3851)
2004 Ed. (1615, 1689, 1691, 3866,
   4338)
2005 Ed. (946, 1467, 1640, 1747,
   1748, 1749, 2768, 3729, 3738,
   3795)
2006 Ed. (1529, 1666, 1667, 1668,
   2724, 3824, 3830, 3861)
2007 Ed. (931, 1782)
The Premcor Refining Group Inc.
2005 Ed. (1876)
2006 Ed. (1421, 1666)
2007 Ed. (1672)
Premcor USA Inc.
2005 Ed. (1876)
Premdor Inc.
1990 Ed. (1669)
1996 Ed. (1054)

1997 Ed. (1141)
Premeire Credit of North America
2006 Ed. (2594)
Premera Blue Cross
2012 Ed. (1989)
2013 Ed. (2167)
2014 Ed. (2096)
2015 Ed. (2151)
2016 Ed. (2125)
Premiair
2001 Ed. (319, 331)
Premier
1999 Ed. (2637, 2754)
2003 Ed. (2110)
2010 Ed. (2905)
2011 Ed. (2864, 2876)
2012 Ed. (2794, 2796, 2813)
2013 Ed. (2861)
Premier Ambulatory Systems
1997 Ed. (1010, 3526)
Premier America Credit Union
2009 Ed. (2220, 3918)
2011 Ed. (2192)
2012 Ed. (2052)
2014 Ed. (2137)
2015 Ed. (2201)
Premier America Federal Credit Union
1998 Ed. (1233)
Premier Automotive
2016 Ed. (1744)
Premier Bancorp
1989 Ed. (676, 677)
1990 Ed. (686, 687)
1994 Ed. (583, 3265)
1995 Ed. (3312, 3346)
Premier Bancshares
2000 Ed. (279)
Premier Bandag Inc.
2001 Ed. (4546)
Premier Bank Ltd.
2002 Ed. (1121)
2009 Ed. (2730)
2010 Ed. (2653)
2011 Ed. (2640)
Premier Bank NA
1992 Ed. (762)
1993 Ed. (555)
1994 Ed. (557)
1995 Ed. (531)
1996 Ed. (588)
1997 Ed. (544)
Premier Bank NA (Baton Rouge)
1991 Ed. (595)
Premier Bank of the South
2013 Ed. (1401)
2014 Ed. (1340)
2015 Ed. (1416)
2016 Ed. (1338)
Premier Bankcard
2013 Ed. (2051)
Premier Bankcard Holdings LLC
2010 Ed. (1981, 1982)
Premier Bankcard Inc.
2011 Ed. (2043, 2044)
2012 Ed. (1892, 1893)
2013 Ed. (2049)
Premier Bankcard LLC
2014 Ed. (1985)
2015 Ed. (2033)
2016 Ed. (2002)
Premier Brands Ltd.
1990 Ed. (1032)
1991 Ed. (961)
Premier Building Systems Inc.
2005 Ed. (1175)
Premier Business Investments
1995 Ed. (853)
Premier Cadillac Inc.
1990 Ed. (338)
1991 Ed. (305)
Premier CDN Enterprises
1997 Ed. (2795)
Premier Chemical Co., Ltd.
1990 Ed. (958)
1992 Ed. (1119)
Premier Chevrolet
2010 Ed. (1815, 1817)
Premier Circuit Assembly Inc.
2002 Ed. (710)
Premier Color Graphics
2012 Ed. (4014)
Premier Communities
2008 Ed. (1195)
Premier Concrete
2009 Ed. (1201)
Premier Credit Union
2006 Ed. (2173)
Premier Cruise Lines
1998 Ed. (1236)
1999 Ed. (1808)

Premier Cruises
2000 Ed. (1633)
Premier-Curzons Fitness Clubs
2007 Ed. (2787)
Premier disque
1994 Ed. (2720)
Premier Dodge Chrysler Jeep Inc.
2003 Ed. (1858)
2004 Ed. (1894)
2005 Ed. (2020)
Premier Elevator
2013 Ed. (1649)
2015 Ed. (1657)
Premier Enterprises Inc.
1998 Ed. (2513)
Premier Environmental Services
2006 Ed. (2501)
2007 Ed. (2466)
2008 Ed. (2596)
Premier EuroCase Inc.
2006 Ed. (4994)
Premier Exhibitions Inc.
2009 Ed. (2914)
Premier Eye Care
2015 Ed. (1632)
2016 Ed. (1558)
Premier Farnell
1998 Ed. (1403, 1406, 1412, 2086)
1999 Ed. (1938, 1987, 1991, 2847)
2000 Ed. (4132)
2013 Ed. (892)
Premier Farnell plc
2000 Ed. (1761, 1762, 1771, 2622)
2001 Ed. (2182, 2183, 2203, 2204, 2207, 2208, 2211)
2002 Ed. (1993, 2077)
2003 Ed. (2188, 2206, 2245)
2004 Ed. (2244, 4402)
2012 Ed. (2321)
2013 Ed. (2498)
2015 Ed. (2501)
Premier Food
2006 Ed. (2646)
2007 Ed. (2626)
Premier Foods
2008 Ed. (2752)
2013 Ed. (2124)
2016 Ed. (2696)
Premier Foods plc
2009 Ed. (2808)
Premier GNMA
1992 Ed. (3165, 3186)
1993 Ed. (2656)
Premier Group
1995 Ed. (1484)
2012 Ed. (1616)
The Premier Group
2014 Ed. (3125)
Premier Health
2016 Ed. (1923)
Premier Health Care Services
2010 Ed. (2393)
Premier Health Plan
1991 Ed. (1896)
Premier Healthcare Alliance
2014 Ed. (2892)
2015 Ed. (2940)
Premier Inc.
2013 Ed. (2884)
2015 Ed. (2960)
2016 Ed. (2894)
Premier Industrial Corp.
1989 Ed. (1313)
1990 Ed. (1528, 1622, 1625, 3234)
1991 Ed. (1021, 1027, 1531, 2017)
1992 Ed. (1308, 1882, 1923, 1924, 2591)
1993 Ed. (1543, 1576, 1580, 2162)
1994 Ed. (1582, 1584, 2177)
1995 Ed. (1624, 1625)
1996 Ed. (1607)
1997 Ed. (1235, 1684, 1685, 1708, 2365)
2005 Ed. (1539)
Premier Industries
1989 Ed. (1335)
Premier Integrity Solutions
2011 Ed. (4388)
Premier Investments
2012 Ed. (1325, 1333)
Premier Maldonado & Associates
1994 Ed. (112)
1996 Ed. (131)
1997 Ed. (135)
1998 Ed. (64)
1999 Ed. (146)
2001 Ed. (201)
Premier Maldonado & Associates (Bozell)
2000 Ed. (163)

Premier Marketing
2010 Ed. (88)
2011 Ed. (2101)
2015 Ed. (2085)
Premier Members Credit Union
2002 Ed. (1852)
2003 Ed. (1909)
2004 Ed. (1949)
2005 Ed. (2091)
2006 Ed. (2186)
2010 Ed. (2159)
2011 Ed. (2179)
2012 Ed. (2039)
2013 Ed. (2217)
2014 Ed. (2148)
2015 Ed. (2212)
2016 Ed. (2183)
Premier Members Federal Credit Union
2002 Ed. (1855)
2009 Ed. (2208)
2010 Ed. (2162)
Premier Mortgage Group LLC
2005 Ed. (3913)
Premier Municipal Bond
1992 Ed. (3167)
1993 Ed. (2678, 2698)
1994 Ed. (2611)
Premier Municipal Bond A
1995 Ed. (2689, 2701)
Premier National Bancorp Inc.
2002 Ed. (432, 434, 436)
Premier Nutrition Corp.
2016 Ed. (4789)
Premier Oil
1997 Ed. (1417)
2006 Ed. (3856)
2016 Ed. (3833, 3859)
Premier One Credit Union
2016 Ed. (2223)
Premier Parks Inc.
2000 Ed. (3963)
Premier Parks, Inc./Six Flags
2001 Ed. (378)
Premier Payment Systems
2010 Ed. (2687)
Premier Pharmacy
1996 Ed. (2149)
1997 Ed. (2252)
Premier Pools & Spas Inc.
2006 Ed. (4649)
2007 Ed. (4646, 4648, 4649)
2008 Ed. (4580)
2012 Ed. (4612)
2013 Ed. (4560)
2014 Ed. (4615)
2015 Ed. (4613)
Premier Power
2005 Ed. (1988)
2006 Ed. (2067)
2007 Ed. (2039)
2009 Ed. (2120)
Premier Press
2016 Ed. (3603)
Premier Purchasing Partners
2004 Ed. (2928)
2005 Ed. (2918)
2006 Ed. (2771, 2772, 2773)
2008 Ed. (2892, 2893)
2009 Ed. (2956, 2957)
2010 Ed. (2893, 2894)
Premier Restaurant Equipment
1995 Ed. (1920)
1997 Ed. (2061)
Premier Roofing/Siding
2009 Ed. (4441)
Premier Services Ambulance Inc.
2008 Ed. (3454)
2009 Ed. (3532)
2010 Ed. (3456, 3457)
2011 Ed. (3458)
Premier Staffing Inc.
2006 Ed. (3497)
Premier State Municipal Bond MD
1992 Ed. (3146)
Premier System & Peripherals Ltd.
2006 Ed. (3536)
Premier Tax-Exempt Bond
1990 Ed. (2377)
Premier Technology Group Inc.
2003 Ed. (1347)
2005 Ed. (1368)
Premier Value Equity Management
2003 Ed. (3128)
Premier Vending Inc.
2006 Ed. (4381)
Premier Video
2001 Ed. (16)
Premiere
1991 Ed. (2703, 2708)
1992 Ed. (3376)

2001 Ed. (248)
2003 Ed. (2656)
2007 Ed. (167)
2008 Ed. (2871)
Premiere Credit of North America
2010 Ed. (985)
Premiere Executive Suites
2009 Ed. (1548)
2011 Ed. (1540)
2012 Ed. (1385)
2013 Ed. (1487)
2014 Ed. (1455)
Premiere Forms
2000 Ed. (908)
Premiere Global Services Inc.
2009 Ed. (1697)
2010 Ed. (3178)
2014 Ed. (33)
2015 Ed. (36)
2016 Ed. (35)
Premiere Mortgage Centre
2015 Ed. (2715)
2016 Ed. (1466, 2640)
Premiere Page
1996 Ed. (3150)
Premiere Partners III
1998 Ed. (1775)
Premiere People
2007 Ed. (1219)
Premiere Resource
2014 Ed. (4096)
Premiere Video
1996 Ed. (3786)
1997 Ed. (3841)
PremierGarage
2006 Ed. (3158)
2007 Ed. (3192, 4167)
2008 Ed. (3334, 4207)
2009 Ed. (2371)
PremierGarage Systems LLC
2008 Ed. (4994)
PremierPharmacy Management Corp.
1995 Ed. (2137)
Premier/Titan Industries
1997 Ed. (1168)
Premio
1997 Ed. (698)
2008 Ed. (4277)
2009 Ed. (4991)
2011 Ed. (4360)
2012 Ed. (4400)
2013 Ed. (4368)
2014 Ed. (4423)
2016 Ed. (4304)
Premio Computer Inc.
2002 Ed. (3376)
2003 Ed. (3427)
2006 Ed. (3498, 4342)
2007 Ed. (3535, 3536)
Premio Foods Inc.
2009 Ed. (4385, 4386)
Premise
2016 Ed. (517)
Premise Development Corp.
2007 Ed. (2824)
Premisys Communications
1997 Ed. (3409)
Premisys Real Estate Services Inc.
1998 Ed. (3023)
1999 Ed. (4015)
Premium
2003 Ed. (1368)
Premium Beef LLC
2011 Ed. (130)
Premium beer
2001 Ed. (675)
Premium Brands
2011 Ed. (4559)
2016 Ed. (3456)
Premium Brands Holdings
2014 Ed. (2714)
Premium Brands Holdings Corp.
2011 Ed. (4555)
Premium cable
2001 Ed. (2781)
Premium Channels
1990 Ed. (884)
Premium incentives
1990 Ed. (2737)
2001 Ed. (3921)
Premium Ingredients International
2012 Ed. (748)
Premium life
1995 Ed. (2395)
Premium life Investement Management
1993 Ed. (2356)
Premium Mortgage Corp.
2009 Ed. (2771)
Premium offers
1990 Ed. (1185)

Premium Pork
  2003 Ed. (3900)
  2004 Ed. (3928)
  2005 Ed. (2656, 3876)
  2006 Ed. (3939)
Premium Port Wines
  2004 Ed. (4974)
  2005 Ed. (4975)
Premium Property Protective Services
  1999 Ed. (4175)
Premium Saltine
  2014 Ed. (1271)
Premium Saltines
  2001 Ed. (1495)
  2002 Ed. (1340)
  2003 Ed. (1370)
  2004 Ed. (1380)
  2005 Ed. (1400)
  2006 Ed. (1387)
  2007 Ed. (1424)
Premium Sodas
  2000 Ed. (716)
Premium Standard Farms Inc.
  2001 Ed. (3152)
  2002 Ed. (3727)
  2003 Ed. (3233, 3338, 3339, 3899)
  2004 Ed. (3288, 3289, 3927)
  2005 Ed. (3296, 3297, 3875)
  2006 Ed. (3938)
  2007 Ed. (3355, 3356, 3996)
  2008 Ed. (3452, 3453, 3614)
  2009 Ed. (3525, 3526)
  2010 Ed. (3454)
  2011 Ed. (3456)
  2012 Ed. (3468)
  2013 Ed. (3514)
  2014 Ed. (3488, 3489)
Premium Woods LLC
  2011 Ed. (4996)
  2015 Ed. (5043)
Premiums
  2000 Ed. (941)
Premji; Azim
  2005 Ed. (4861)
  2006 Ed. (690, 4926)
  2007 Ed. (4909, 4914)
  2008 Ed. (4841, 4879)
  2009 Ed. (4902, 4903)
  2010 Ed. (4903, 4904)
  2011 Ed. (4887, 4891, 4892)
  2012 Ed. (4872, 4899, 4900)
  2013 Ed. (4875, 4876, 4916)
  2014 Ed. (4889, 4890)
  2015 Ed. (4928, 4929)
  2016 Ed. (4844, 4845)
Premonition
  2009 Ed. (2366)
Prempro
  2000 Ed. (3606)
  2001 Ed. (2097)
  2002 Ed. (2019)
  2007 Ed. (3910)
Prent Corp.
  2008 Ed. (4673)
Prentiss Properties Ltd. Inc.
  1992 Ed. (3619)
  1995 Ed. (2377)
  2000 Ed. (3732)
Preo Software Inc.
  2010 Ed. (1566)
Prep Sportswear
  2011 Ed. (1143)
Prepackaged software
  2002 Ed. (1407)
Prepaid phone cards
  2001 Ed. (2733)
PrepaidLegl
  1989 Ed. (2664)
Preparation
  2002 Ed. (997)
Preparation for sales calls
  1990 Ed. (3089)
Preparation H
  1993 Ed. (2031)
  1996 Ed. (2101)
  2003 Ed. (4429)
Preparation H/Whitehall
  1992 Ed. (2397)
Prepare hot beverages
  1989 Ed. (1983)
Prepared cocktails
  2002 Ed. (3143)
Prepared entrees, cooked
  1992 Ed. (3815)
Prepared entrees, uncooked
  1992 Ed. (3815)
Prepared Fish Entrees
  2000 Ed. (4140)
Prepared foods
  1996 Ed. (1169)

  2000 Ed. (947, 4141)
  2003 Ed. (3941, 3942, 4643)
Prepared foods, frozen
  1995 Ed. (3721)
Prepared foods/entrees
  1995 Ed. (3537)
  1997 Ed. (3680)
Prepared meals
  2002 Ed. (3491)
  2003 Ed. (3344)
Prepay Nation
  2016 Ed. (2642)
Prepnet
  2015 Ed. (2400)
Preppy Pet
  2010 Ed. (3866)
  2012 Ed. (3856)
Presbyterian
  1999 Ed. (2752)
Presbyterian Church
  1994 Ed. (2755)
  1995 Ed. (2858)
  1996 Ed. (2928)
  1997 Ed. (3014)
  1999 Ed. (3722)
  2000 Ed. (3433)
  2001 Ed. (3668)
Presbyterian Church USA
  1998 Ed. (2763)
  2000 Ed. (3754)
Presbyterian College
  1992 Ed. (1274)
  1993 Ed. (1022)
  1994 Ed. (1049)
  1995 Ed. (1057)
Presbyterian Health Plan Inc.
  2004 Ed. (1821)
  2005 Ed. (1905)
Presbyterian Health Services
  1999 Ed. (2988)
  2003 Ed. (1787)
Presbyterian Healthcare Services
  2001 Ed. (1815)
  2003 Ed. (1788)
  2004 Ed. (1822)
  2005 Ed. (1906)
  2006 Ed. (1933)
  2007 Ed. (1917)
  2008 Ed. (1980)
  2009 Ed. (1935)
  2010 Ed. (1871)
  2011 Ed. (1903)
  2013 Ed. (1930)
  2014 Ed. (1869)
  2015 Ed. (1905)
  2016 Ed. (1868)
Presbyterian Homes
  1990 Ed. (2724)
  1991 Ed. (2623)
Presbyterian Hospital
  1991 Ed. (893, 1767)
Presbyterian Hospital at Columbia, NY
  1992 Ed. (1093, 1095)
Presbyterian Hospital in New York City
  1992 Ed. (2462)
  1993 Ed. (2076)
  1997 Ed. (2273)
Presbyterian Hospital in the City of New
  York
  1989 Ed. (1609)
  1990 Ed. (2058)
  1991 Ed. (1935)
  1995 Ed. (2146)
  1996 Ed. (2157)
  1998 Ed. (1995)
  1999 Ed. (2751)
Presbyterian Ministers
  1989 Ed. (1702, 1704)
Presbyterian/St. Luke's Medical Center
  2002 Ed. (2617)
  2012 Ed. (2989)
Preschool
  2005 Ed. (4728)
Preschool teachers
  2007 Ed. (3725)
  2009 Ed. (3860)
Prescient Edge
  2016 Ed. (1210)
Prescott, AZ
  1990 Ed. (998)
  2005 Ed. (3467)
  2007 Ed. (2370, 2375)
  2008 Ed. (2490, 3456, 3461)
  2009 Ed. (2496, 4344)
  2010 Ed. (928)
Prescott, Ball & Turben Inc.
  1991 Ed. (2990, 3060)
Prescription anti-obesity drugs
  2001 Ed. (2011)
Prescription drug plan

  1994 Ed. (2806)
Prescription drugs
  1989 Ed. (2329)
  1990 Ed. (3035)
  1992 Ed. (2349, 2353)
  2001 Ed. (3271)
  2006 Ed. (4712)
Prescription medications
  2000 Ed. (952)
  2001 Ed. (1093, 4485)
  2004 Ed. (141, 4049, 4678)
  2005 Ed. (132, 4653)
Prescription Solutions Inc.
  2006 Ed. (2415, 2416)
  2007 Ed. (2363)
  2010 Ed. (2400)
Prescriptions
  1994 Ed. (1995)
  2005 Ed. (3708)
Prescriptives
  2001 Ed. (1915, 1916)
Presence Health
  2014 Ed. (1661)
PresenceLearning
  2016 Ed. (2343)
The Present
  1991 Ed. (866, 867)
  1994 Ed. (872)
  2006 Ed. (635)
The Present Co
  1992 Ed. (1065)
Presentation Folder Inc.
  2005 Ed. (3891, 4985)
Presentation Sisters Inc.
  2001 Ed. (1849)
Preserves
  2002 Ed. (3036)
  2003 Ed. (3160, 3161)
PresiCarre
  2012 Ed. (4363)
  2013 Ed. (4295)
Presidency of Argentina
  2007 Ed. (17)
Presidency of Peru
  2007 Ed. (66)
  2008 Ed. (71)
President
  1990 Ed. (51)
  1992 Ed. (82)
  2004 Ed. (90)
  2005 Ed. (85)
  2006 Ed. (4747, 4748)
  2014 Ed. (868)
  2015 Ed. (904)
President Baking Co.
  1998 Ed. (256)
President Chain Store
  2014 Ed. (4601)
  2015 Ed. (4597)
  2016 Ed. (4518)
President Chain Store Corp.
  2012 Ed. (1225, 4363)
  2013 Ed. (1328, 4295)
President Clinton
  2000 Ed. (2743)
President Enterprise Corp.
  1990 Ed. (1427, 2519)
  1992 Ed. (1699, 2975)
  1994 Ed. (1458, 2439)
  1997 Ed. (1521)
President Enterprises Corp.
  1989 Ed. (54)
  1995 Ed. (1346, 1498)
  1996 Ed. (1454, 3627)
  1999 Ed. (1744)
  2000 Ed. (1564, 1567, 1569, 1570)
  2001 Ed. (83, 1864)
President; Executive Office of the
  2006 Ed. (3293)
President Food Co.
  1991 Ed. (51)
  1993 Ed. (54)
  1994 Ed. (46)
President River-Boat Casinos
  1995 Ed. (2069)
President Securities
  1997 Ed. (3489)
Presidente
  1998 Ed. (493, 2394)
  1999 Ed. (800, 802)
  2000 Ed. (806, 807)
  2001 Ed. (1016)
  2002 Ed. (283)
  2004 Ed. (771)
Presidente Brandy
  2000 Ed. (2976)
Presidente de la Republica Mexicana
  2005 Ed. (61)
  2006 Ed. (68)
Presidente de la Republica Mexico

  2013 Ed. (41)
Presidente of the Republic of Mexico
  2008 Ed. (61)
  2009 Ed. (69)
  2010 Ed. (79)
Presidente Supermarkets Inc.
  2010 Ed. (4635)
Presidential
  2004 Ed. (4968)
  2005 Ed. (4960)
Presidential Debate
  2011 Ed. (722)
Presidential Home Mortgage
  1997 Ed. (2811)
"Presidential Inaugural Gala"
  1995 Ed. (3583)
Presidential Life
  1991 Ed. (2113)
  1992 Ed. (2675)
  1993 Ed. (2380)
  1998 Ed. (3417, 3418)
Presidential Limo
  1992 Ed. (3114)
Presidential Limousine
  1993 Ed. (2601)
  1995 Ed. (2617)
Presidential Pools & Spas
  2007 Ed. (4646, 4649)
  2008 Ed. (4580)
  2015 Ed. (4613)
  2016 Ed. (4534)
President's Choice
  2008 Ed. (644)
Presidio Corp.
  1996 Ed. (2643)
  2004 Ed. (4655, 4985)
Presidio County, TX
  2002 Ed. (1806)
Presidio Homes
  2008 Ed. (1164)
Presidio National Park
  1996 Ed. (2643)
Presidio Oil Co.
  1990 Ed. (3555)
Presidium Learning
  2010 Ed. (2316)
Presley Cos.
  2002 Ed. (3924)
Presley; Elvis
  2006 Ed. (802)
  2007 Ed. (891)
  2009 Ed. (878)
  2010 Ed. (828)
  2011 Ed. (755)
  2012 Ed. (691)
  2013 Ed. (907)
  2014 Ed. (853)
  2015 Ed. (889)
  2016 Ed. (774)
Presnell Engineers Inc.
  2007 Ed. (3558)
Prespro
  2016 Ed. (1062)
Presque Isle, ME
  2001 Ed. (3206)
Press
  2002 Ed. (1983)
Press Democrat
  2006 Ed. (4020)
Press of Ohio
  2001 Ed. (3890)
Press-Telegram
  1998 Ed. (2682)
  1999 Ed. (3620)
  2000 Ed. (3338)
  2002 Ed. (3512)
Pressed4Time Inc.
  2002 Ed. (4260)
  2003 Ed. (2117)
  2004 Ed. (2157)
  2005 Ed. (2257)
  2006 Ed. (2317)
  2007 Ed. (2248)
  2008 Ed. (2383)
  2009 Ed. (2361)
  2010 Ed. (2289)
  2011 Ed. (2289)
  2012 Ed. (2183)
  2013 Ed. (2379)
  2014 Ed. (2309)
Pressler; P. S.
  2005 Ed. (2481)
Pressler; Paul
  2006 Ed. (929)
Pressler; Paul S.
  2007 Ed. (2505)
Presstek Inc.
  1997 Ed. (3638, 3639, 3640)
Prestage Farms
  2001 Ed. (2725, 3851, 3852)

2002 Ed. (3727)
2003 Ed. (3899)
2004 Ed. (3927)
2005 Ed. (3875)
2006 Ed. (3938)
2007 Ed. (3996)
2008 Ed. (4013)
2009 Ed. (4085)
2010 Ed. (3997)
2011 Ed. (4005)
2012 Ed. (4000)
2013 Ed. (4064)
2014 Ed. (4071)
2015 Ed. (4051)
2016 Ed. (3960)
Prestamos
2000 Ed. (514, 517)
Prestige
1999 Ed. (3191)
Prestige Automotive
2002 Ed. (708, 709)
2003 Ed. (212)
2004 Ed. (168)
2005 Ed. (169, 170, 177)
2006 Ed. (183, 184)
2008 Ed. (166)
2009 Ed. (198, 1644)
2013 Ed. (85)
Prestige Automotive Group
2001 Ed. (712)
2006 Ed. (190, 3520, 4359)
2007 Ed. (300)
2009 Ed. (192)
2010 Ed. (171)
2011 Ed. (95)
2012 Ed. (102)
2013 Ed. (83)
2015 Ed. (107)
2016 Ed. (114)
Prestige Automotive LLC
2016 Ed. (3582)
Prestige Automotive Management
2007 Ed. (190)
2008 Ed. (167)
Prestige Brands Holdings
2007 Ed. (2724)
2008 Ed. (2854)
2015 Ed. (1909, 2943)
2016 Ed. (203, 1870, 3890)
Prestige Brands International Inc.
2005 Ed. (1462)
Prestige Builders Partners
2006 Ed. (2840)
Prestige Builders Partners LLC
2007 Ed. (2834, 2837)
2008 Ed. (2956, 2961)
Prestige Communications
1989 Ed. (147)
1990 Ed. (138)
1991 Ed. (138)
1992 Ed. (193)
1993 Ed. (125)
1995 Ed. (109)
1996 Ed. (124)
1997 Ed. (128)
1999 Ed. (138)
2001 Ed. (193)
2002 Ed. (164)
2003 Ed. (132)
Prestige Ford
2002 Ed. (354, 355, 356, 358, 359)
2004 Ed. (272, 273, 275, 4803, 4804)
2005 Ed. (276, 277, 278)
2006 Ed. (298, 299, 300)
Prestige Fragrance & Cosmetics
1991 Ed. (2649)
Prestige Imports
1994 Ed. (261)
1995 Ed. (260)
Prestige Leather Creations
1992 Ed. (4486)
1993 Ed. (3736)
Prestige Lexus
1995 Ed. (273)
1996 Ed. (294)
Prestige Manufacturing Inc.
2008 Ed. (4981)
Prestige Mercedes
1994 Ed. (276)
Prestige Motors
1990 Ed. (316, 333)
1991 Ed. (286, 293)
1992 Ed. (398)
1993 Ed. (283)
1995 Ed. (278)
2002 Ed. (3785)
2003 Ed. (3960)
2004 Ed. (4922)
Prestige Property Services
2002 Ed. (3771)

Prestige State Bank
1999 Ed. (4340)
Presto
1994 Ed. (1036, 1883, 2043, 2126)
1995 Ed. (1045, 1910, 2177)
1997 Ed. (1042, 2311, 2590)
1998 Ed. (787, 2043, 2321)
1999 Ed. (1217, 2802, 3134)
2000 Ed. (1131, 2578)
2001 Ed. (584, 3826)
2002 Ed. (1093, 2697, 3047)
Presto Products
1996 Ed. (3051)
Preston
1990 Ed. (3656)
1991 Ed. (3428)
1994 Ed. (3267, 3589)
1997 Ed. (3807)
Preston Board & Packaging
1999 Ed. (1348, 3683)
Preston Gates & Ellis
1998 Ed. (1376)
1999 Ed. (1942, 3476, 3485)
2000 Ed. (3200, 3202, 3204)
2001 Ed. (744, 768, 897, 941, 949)
2005 Ed. (3525)
2007 Ed. (1511)
Preston; James
1996 Ed. (1713)
1997 Ed. (1800)
Preston; Lewis T.
1989 Ed. (417)
1990 Ed. (458, 459)
1991 Ed. (402)
Preston; Michele
1993 Ed. (1804)
1994 Ed. (1788)
The Preston Partnership LLC
2010 Ed. (2455)
Preston R. Tisch
2002 Ed. (3345)
2004 Ed. (4871)
2006 Ed. (4898)
2007 Ed. (4893)
Preston Robert Tisch Family
1992 Ed. (1093, 1280)
Preston Thorgrimson Shidler Gates
1995 Ed. (1629, 3188)
Preston Thorgrimson Shidler Gates & Ellis
1996 Ed. (2724)
Preston, Thorgrimson, Shidler, Gates, Ellis
1993 Ed. (1549)
Preston Tisch
2000 Ed. (1883)
Preston Trucking Co.
1991 Ed. (3434)
1992 Ed. (4359)
1993 Ed. (3277, 3630, 3640, 3645)
1994 Ed. (3600, 3605)
1995 Ed. (3679, 3682)
1996 Ed. (3757)
1999 Ed. (4677)
Prestone
1989 Ed. (338, 339)
1990 Ed. (388)
1991 Ed. (338)
1992 Ed. (470)
1993 Ed. (342, 343)
1994 Ed. (330)
1995 Ed. (326)
1996 Ed. (341)
1997 Ed. (317)
1999 Ed. (347, 348)
2001 Ed. (389, 2588)
Prestone Antifreeze
1989 Ed. (2323, 2325)
1990 Ed. (3036, 3040)
Prestone Extended Life
2001 Ed. (389)
Prestone Low Tox
2001 Ed. (389)
Prestwick House Inc.
2010 Ed. (598)
2011 Ed. (528)
PreSun
1990 Ed. (3486)
1992 Ed. (4161)
1993 Ed. (3482)
Pret A Manger
2003 Ed. (1668)
2007 Ed. (2530)
2009 Ed. (691)
2015 Ed. (2097)
Pretend You Don't See Her
1999 Ed. (692)
Pretium Resources Inc.
2013 Ed. (1529)
Pretty Little Liars

2012 Ed. (450)
Pretty Polly
1995 Ed. (2131)
Pretty Woman
1992 Ed. (3112)
1994 Ed. (3630)
Pretzel Time
2004 Ed. (354)
The Pretzel Twister
2002 Ed. (429)
2003 Ed. (374)
2004 Ed. (354)
2005 Ed. (354)
Pretzelmaker
2013 Ed. (285)
2014 Ed. (301)
2015 Ed. (337)
2016 Ed. (332)
Pretzelmaker Inc.
1999 Ed. (2516)
2004 Ed. (354)
Pretzelmaker/Pretzel Time
2011 Ed. (261)
2012 Ed. (283)
Pretzel/Pretzel Time
2010 Ed. (337)
Pretzels
1990 Ed. (3307, 3308)
1991 Ed. (3149)
1992 Ed. (3997, 4005)
1993 Ed. (3338)
1994 Ed. (3333, 3334, 3346, 3348, 3462)
1995 Ed. (3403, 3406, 3529)
1997 Ed. (3531)
2000 Ed. (4066)
2002 Ed. (4298)
2003 Ed. (4460, 4461)
2006 Ed. (4395)
Preuksa Real Estate
2011 Ed. (2101)
Preussag
1989 Ed. (2017)
1992 Ed. (1649)
1995 Ed. (2545, 2546)
2001 Ed. (4589)
Preussag AG
1996 Ed. (2606, 2607)
1997 Ed. (2750, 2751)
1999 Ed. (4760)
2000 Ed. (4387)
2001 Ed. (3284)
2002 Ed. (3310, 4259)
Preussag Aktiengesellschaft
1993 Ed. (3695)
1994 Ed. (2477, 2478)
Preussag Aktiengesellschaft (Konzern)
1992 Ed. (2954)
Preussag Energie GmbH
2005 Ed. (1474)
Preussag Noell GmbH
1999 Ed. (1394, 1399)
Preussag North America Inc.
2000 Ed. (3089)
Preussag Stahl AG
1999 Ed. (3345)
Preussenelektra AG
2002 Ed. (4259)
Prevacid
2000 Ed. (1704, 3063)
2001 Ed. (2066, 2098)
2002 Ed. (2022, 2047, 3748, 3750, 3755)
2003 Ed. (2111, 2112)
2004 Ed. (2154, 2155, 2156)
2005 Ed. (2248, 2251, 2252, 2253, 2254, 2256, 3813, 3815)
2006 Ed. (2313, 2314, 2315, 3881)
2007 Ed. (2242, 2243, 2246, 2247)
2008 Ed. (2378, 2381, 2382)
2009 Ed. (2353, 2358, 2359, 2360)
2010 Ed. (2285, 2286, 2287)
Prevacid 24-Hour
2016 Ed. (207)
Prevagen
2016 Ed. (2289)
Prevail
2003 Ed. (14)
Prevencion A.R.T.
2010 Ed. (3242)
Prevent BH d.o.o. Visoko
2016 Ed. (1541)
Prevention
1992 Ed. (3373)
1997 Ed. (3036)
1998 Ed. (1278)
2001 Ed. (3191)
2006 Ed. (150, 3346)
2007 Ed. (142)
2009 Ed. (3595)

Prevention Magazine
1999 Ed. (1853)
Previ
1997 Ed. (3026)
2002 Ed. (3631)
2003 Ed. (3765)
2007 Ed. (3797)
2008 Ed. (3871)
2010 Ed. (3847)
Previa Quarter Final
2010 Ed. (2986)
Preview Travel
2001 Ed. (2991)
Previsora
2000 Ed. (514, 517)
Prevnar
2002 Ed. (3754)
Prevoyance Dialogue du Credit Agricole
1997 Ed. (2232)
Preway
1990 Ed. (720)
1992 Ed. (875)
1994 Ed. (674)
Preway/Arkla
1993 Ed. (673)
1997 Ed. (649)
1998 Ed. (437)
Prewise Finland Oy
2010 Ed. (1619)
Prey
2004 Ed. (739)
Prezioso Group
1999 Ed. (1393)
2000 Ed. (1282)
2002 Ed. (1316)
PRG-Schultz International Inc.
2004 Ed. (2597)
2005 Ed. (2574, 2575)
2007 Ed. (4591)
PRI Automation
1998 Ed. (1887)
Pri Milo Food Stores
1992 Ed. (84)
Prian
2005 Ed. (35)
Price; A. L.
1991 Ed. (1461)
Price Associates; T. Rowe
1991 Ed. (2208)
1995 Ed. (2071, 2383)
Price Center for Entrepreneurial Studies; Harold & Pauline
2009 Ed. (780)
2010 Ed. (724)
Price Chopper
2001 Ed. (4696)
2004 Ed. (4623)
2014 Ed. (2455)
2015 Ed. (2524)
2016 Ed. (2459)
Price Chopper Operating Co., Inc.
2013 Ed. (2614)
2014 Ed. (4429)
Price Chopper Supermarkets
2015 Ed. (1916)
2016 Ed. (1877)
Price Club
1989 Ed. (1249, 1250, 1251, 1254, 1258)
1990 Ed. (1512, 1513, 1516, 1517, 1526, 2023, 2117)
1991 Ed. (248, 1431, 1432, 1433, 1436, 1437, 3469, 3470)
1992 Ed. (348, 1819, 1820, 1823, 1824, 2534, 2539, 4419)
1993 Ed. (1498, 2111, 3048, 3364, 3649)
1994 Ed. (229, 1545, 2141, 2148, 3645, 3646)
1995 Ed. (229, 1574, 2119, 2186, 3722)
Price Club Canada
1995 Ed. (3153)
Price Club/Costco
1996 Ed. (3237)
1999 Ed. (4094)
Price Club/Costco Canada
1999 Ed. (4109)
Price clubs
1997 Ed. (694)
Price Com.
1990 Ed. (3680)
Price Communications Corp.
1990 Ed. (2938)
1992 Ed. (319)
2000 Ed. (278)
2002 Ed. (1551)
2004 Ed. (1590)
2005 Ed. (4620)
Price Co.

2016 Ed. (2122)
Price Co., Inc.
1989 Ed. (2321, 2328, 2901)
1990 Ed. (3030, 3043, 3262, 3679)
1991 Ed. (1246, 1247, 3468)
1992 Ed. (4417)
1993 Ed. (3227, 3684)
1994 Ed. (3098, 3227, 3364, 3365)
1995 Ed. (3425)
1996 Ed. (1206)
1997 Ed. (1261)
1998 Ed. (2618)
2005 Ed. (1539)
Price Daniel Communications Inc.
2002 Ed. (1072)
2003 Ed. (3963)
Price Direct
2002 Ed. (4572)
Price Entities
2004 Ed. (3920)
Price European Stock
2000 Ed. (3278)
Price Forbes North America
1992 Ed. (2649)
1993 Ed. (2192)
1994 Ed. (2241)
1995 Ed. (2289)
1996 Ed. (2294)
1997 Ed. (2429)
1998 Ed. (2144)
Price GNMA; T. Rowe
1995 Ed. (2744)
Price Growth Income
1994 Ed. (2601)
Price Growth & Income; T. Rowe
1995 Ed. (2735)
Price High Yield
1995 Ed. (2710)
Price High Yield; T. Rowe
1995 Ed. (2694, 2715)
Price International Asia; T. Rowe
1995 Ed. (2728)
Price International Bond; T. Rowe
1989 Ed. (1853)
1995 Ed. (2742)
Price International Disc.; T. Rowe
1995 Ed. (2717)
Price International Stock
1993 Ed. (2652)
Price International Stock; T. Rowe
1989 Ed. (1850)
Price International; T. Rowe
1995 Ed. (2693, 2714)
Price; Joel
1992 Ed. (2135)
1993 Ed. (1788, 1822)
1994 Ed. (1771, 1805, 1834)
1995 Ed. (1812, 1843)
Price; Katie
2008 Ed. (4898)
Price Landfill
1991 Ed. (1889)
Price LeBlanc
2015 Ed. (4099)
2016 Ed. (4013)
Price-Less
1999 Ed. (1929)
Price-Less Drug Stores
2000 Ed. (1716)
Price McNabb
1992 Ed. (3579)
1998 Ed. (1961, 2960)
1999 Ed. (3955)
2000 Ed. (3669)
2002 Ed. (3852)
2003 Ed. (3976, 3978, 4019)
2005 Ed. (3976)
Price Mid-Cap Growth
1995 Ed. (2705)
Price New America Growth; T. Rowe
1995 Ed. (2713, 2734)
Price New Asia
1994 Ed. (2616)
1995 Ed. (2699, 2706)
*The Price of Loyalty: George W. Bush,
the White House, & the Education
of Paul O'Neill*
2006 Ed. (583)
Price (Perry); A. L.
1991 Ed. (1458)
Price & Prejudice & Zombies
2011 Ed. (544)
Price; Robert E.
1989 Ed. (1380)
1990 Ed. (1715)
1991 Ed. (1622, 1624)
1992 Ed. (2054)
1993 Ed. (1699)
Price; Robert M.
1991 Ed. (1621)

Price Savers
1989 Ed. (2901)
1990 Ed. (3679, 3680)
1991 Ed. (1438, 3469, 3470)
1992 Ed. (4416, 4419)
Price Savers Wholesale Club
1991 Ed. (3468)
Price Small Capital Value; T. Rowe
1995 Ed. (2676)
Price Surge Trigger Point
1993 Ed. (2923)
Price; T. Rowe
1989 Ed. (2125, 2128)
1990 Ed. (2331)
1993 Ed. (2668)
1997 Ed. (2510, 2514, 2516, 2520,
2524, 2532)
Price T. Rowe Latin American
1999 Ed. (3564)
Price T. Rowe Summit Muni Inc
1999 Ed. (3573)
Price Tax-Free High Yield; T. Rowe
1995 Ed. (2689)
Price Tax-Free Income; T. Rowe
1995 Ed. (2746)
Price U.S. Treasury Long-Term; T.
Rowe
1995 Ed. (2745)
Price Waterhouse
1989 Ed. (5, 6, 7, 8, 9, 10, 11, 12,
1007)
1990 Ed. (1, 2, 3, 4, 5, 6, 7, 9, 10, 11,
12, 851, 854, 855, 3703)
1991 Ed. (2, 3, 4, 5, 6, 7, 812, 2166)
1992 Ed. (2, 3, 4, 5, 7, 8, 9, 10, 11,
12, 13, 16, 19, 21, 22, 995, 996,
1377)
1993 Ed. (1, 2, 3, 4, 5, 6, 11, 12, 13,
15, 1104, 1590, 3728)
1994 Ed. (1, 2, 3, 4, 5, 6, 7)
1995 Ed. (4, 5, 6, 7, 8, 9, 10, 11, 12,
13, 854, 1142)
1997 Ed. (4, 5, 6, 7, 8, 9, 11, 12, 13,
17, 18, 20, 21, 22, 23, 25, 26, 27,
847, 1230, 1716, 2486)
1998 Ed. (3, 4, 6, 7, 8, 9, 10, 11, 14,
15, 17, 545, 546, 922, 1423)
1999 Ed. (1, 2, 3, 4, 5, 6, 7, 8, 9, 10,
11, 14, 15, 18, 19, 21, 22, 26, 960,
1289, 1438)
2000 Ed. (1, 3, 6, 7, 9, 901)
Price Waterhouse & Co.
2000 Ed. (2763)
Price Waterhouse Coopers
1999 Ed. (1, 10)
Price Waterhouse LLP
1996 Ed. (4, 5, 6, 7, 8, 9, 10, 11, 12,
13, 18, 20, 21, 23, 835, 836, 1114)
2000 Ed. (1776)
price/Costco
1995 Ed. (3424, 3720)
1996 Ed. (1090, 1239, 1460, 1950,
3239, 3246, 3412, 3484, 3485,
3510, 3815, 3816)
1997 Ed. (258, 924, 1435, 1529,
1622, 1628, 1629, 1631, 1632,
1636, 1637, 1639, 2049, 2241,
2325, 2332, 3341, 3343, 3347,
3355, 3548, 3549, 3862)
1998 Ed. (667, 1295, 1300, 1302,
1303, 1304, 1305, 1307, 1311,
1314, 2054, 3079, 3082, 3089,
3097, 3340, 3695, 3696)
2000 Ed. (3812, 4282)
PriceCostco
1998 Ed. (1310)
Price/Costco Canada
1996 Ed. (1536, 3243)
1997 Ed. (1595)
Price/Costco Club
1996 Ed. (2203)
Price/Costen
1996 Ed. (3240)
Priceless Rent-A-Car
2003 Ed. (334, 893)
2004 Ed. (309)
2006 Ed. (325)
Priceline
2013 Ed. (3376, 3380)
2014 Ed. (3384)
Priceline Group
2016 Ed. (1301, 1315, 1321, 1525,
2412, 2415, 3282)
Priceline Group Inc.
2016 Ed. (4697)
Priceline Inc.
2003 Ed. (834)
Priceline.com
2014 Ed. (1306, 1321, 1326, 1328,
1548, 2409)

2015 Ed. (1370, 1374, 1385, 2483)
Priceline.com Inc.
2001 Ed. (2993)
2002 Ed. (3890)
2004 Ed. (4565)
2005 Ed. (2834)
2008 Ed. (1695, 4208, 4760)
2009 Ed. (3273)
2010 Ed. (3374)
2011 Ed. (705, 2828, 3441, 4758)
2012 Ed. (640, 645, 1443, 2772,
3458, 3462, 3850, 3854, 4529,
4634, 4755, 4780, 4781)
2013 Ed. (780, 787, 1573, 1575,
2846, 2847, 3505, 3509, 4489,
4589, 4718, 4741, 4742)
2014 Ed. (802, 807, 1544, 1545,
2394, 3195, 3480, 3483, 4645,
4770, 4791, 4792)
2015 Ed. (846, 853, 1389, 1391,
1595, 1596, 2468, 3498, 3500,
4635, 4794, 4825, 4826)
2016 Ed. (1520, 1524, 4358, 4366,
4698, 4729, 4731)
Price/McNabb Advertising
1989 Ed. (158)
Price's List of Lists
2002 Ed. (4845)
PriceSmart Inc.
2004 Ed. (4547)
2005 Ed. (4521)
2008 Ed. (885)
2011 Ed. (2839)
2012 Ed. (4308)
Price/Stern/Sloan
1989 Ed. (2272, 2274)
Price/value problem
1990 Ed. (2678)
Pricewaterhouse Coopers
2000 Ed. (3826)
PricewaterhouseCoopers
2000 Ed. (2, 4, 5, 8, 10, 11, 12, 15,
16, 18, 902, 904, 1100, 1779)
2001 Ed. (1069, 1246, 1535)
2002 Ed. (2807)
2006 Ed. (1715, 2482, 3980)
2007 Ed. (1710, 1920, 2448, 4019)
2008 Ed. (2577)
2009 Ed. (1593, 2603)
2010 Ed. (2506, 2686)
2011 Ed. (2508)
2013 Ed. (1356, 1985, 2510)
2014 Ed. (822, 1287)
PricewaterhouseCoopers BPO
2003 Ed. (2156)
PricewaterhouseCoopers Canada
2001 Ed. (1442, 1443)
PricewaterhouseCooper's Digital Services
2016 Ed. (69, 77, 78, 79)
PricewaterhouseCoopers, Global HR
Solutions
2000 Ed. (1774, 1777)
2001 Ed. (2221, 2222)
2002 Ed. (2111, 2113)
PricewaterhouseCoopers Human Resource Services
2004 Ed. (2267, 2268)
2005 Ed. (2367, 2369)
2006 Ed. (2418)
2008 Ed. (2484)
2009 Ed. (2489)
2010 Ed. (2399)
2011 Ed. (2395, 2396)
PricewaterhouseCoopers International
Ltd.
2007 Ed. (2894)
PricewaterhouseCoopers Kwasha HR
Solutions
2000 Ed. (1778)
PricewaterhouseCoopers LLP
2001 Ed. (3, 4, 1449, 1450, 1519,
1532, 4123)
2002 Ed. (1, 3, 5, 7, 9, 10, 11, 17, 25,
865, 866, 1066, 1216, 2112, 3535,
3771, 3784, 3795, 3796, 3800,
4064, 4881)
2003 Ed. (1, 3, 1120, 1548, 1565,
2324, 2325, 3951, 3952, 3955)
2004 Ed. (2, 5, 7, 8, 9, 1557, 1654,
1712, 1716, 1824, 2406, 2407,
3946, 3947, 3961, 3965)
2005 Ed. (1, 3, 5, 1060, 1061, 1769,
2441, 2442, 3901, 3905, 3907)
2006 Ed. (1, 2, 5, 6, 9, 10, 19, 1068,
1069, 1934, 2482, 2483, 3973,
3978, 4204, 4297, 4869, 4981,
4982)
2007 Ed. (1, 3, 5, 6, 1160, 1161,
1197, 2448, 2449, 4012, 4017,

4364, 4979, 4980)
2008 Ed. (1, 4, 13, 14, 15, 276, 277,
1042, 1044, 1053, 1054, 2035,
2578, 2921, 3016, 3169, 3176,
3178, 4038, 4044, 4734)
2009 Ed. (1, 3, 4, 6, 7, 16, 17, 18, 19,
20, 298, 299, 300, 301, 764, 766,
770, 771, 774, 775, 776, 826, 1026,
1028, 1354, 1528, 1592, 1649,
1942, 1979, 1982, 1983, 2107,
2493, 2604, 3102, 3121, 4112,
4118, 4769)
2010 Ed. (4, 5, 6, 7, 8, 9, 10, 12, 14,
28, 29, 283, 284, 709, 710, 715,
716, 719, 720, 771, 992, 994, 995,
1186, 1193, 1879, 1916, 2404,
2507, 3035, 3178, 4045, 4051,
4088, 4663, 4782)
2011 Ed. (4, 5, 6, 7, 9, 10, 13, 14, 15,
24, 25, 206, 207, 700, 920, 926,
930, 933, 1134, 1907, 1909, 1956,
2404, 3024, 3678, 3679, 4021,
4029, 4060, 4397, 4402, 4611,
4657, 4733)
2012 Ed. (4, 5, 6, 8, 9, 16, 17, 18,
214, 634, 853, 855, 856, 1063,
1067, 1068, 1069, 1075, 1424,
1766, 2162, 2163, 2164, 2519,
2951, 3690, 3787, 4048, 4058,
4092, 4617, 4674, 4967, 4974)
2013 Ed. (4, 6, 7, 11, 12, 13, 25, 26,
27, 28, 29, 30, 184, 210, 772,
1035, 1036, 1037, 1038, 1198,
1201, 1202, 1203, 1206, 1209,
1547, 1548, 1943, 1945, 2363,
2364, 2365, 3041, 3740, 3741,
4095, 4563, 4646, 4812, 4963,
4978)
2014 Ed. (4, 6, 7, 8, 9, 21, 22, 23, 24,
25, 34, 191, 797, 1150, 1516, 1882,
1884, 1924, 2295, 2296, 2297,
2522, 3055, 4618, 4973, 4983)
2015 Ed. (4, 8, 9, 10, 22, 23, 24, 25,
27, 37, 217, 249, 250, 251, 840,
861, 1572, 1919, 1921, 2378, 2379,
2380, 3122, 3243, 3247, 3272,
3804, 4095, 4421, 4617, 5015,
5019)
2016 Ed. (4, 5, 6, 7, 8, 9, 21, 23, 36,
242, 243, 244, 735, 749, 1884,
2323, 2324, 3113, 4007, 4537,
4937)
PricewaterhouseCoopers (U.K.)
2001 Ed. (1537, 4179)
PriceWeber Marketing Communications
1990 Ed. (3078, 3083)
Prichard; Robert
2015 Ed. (796)
Pricing data
1997 Ed. (1076)
Pride
2015 Ed. (209)
2016 Ed. (209)
Pride Electric Co.
2006 Ed. (4991)
2007 Ed. (4987)
PRIDE Industries
2001 Ed. (279)
2003 Ed. (233)
2006 Ed. (4342)
2007 Ed. (4402)
2008 Ed. (4362, 4371)
Pride Industries
2016 Ed. (3442)
Pride International Inc.
2003 Ed. (3810)
2004 Ed. (3821, 3822, 3823)
2005 Ed. (2397, 3730, 3731)
2006 Ed. (3820, 3821)
2007 Ed. (2382, 3831, 3836)
2008 Ed. (1534, 2498, 3893, 4747)
2009 Ed. (3957, 4776)
2010 Ed. (3868)
Pride Technologies LLC
2015 Ed. (3016, 3025)
Pride Transport
1991 Ed. (3429)
PrideMark Homes
1999 Ed. (1329)
PrideStaff
2014 Ed. (4534)
2015 Ed. (4534)
2016 Ed. (4472)
Prieb Homes
2003 Ed. (1176)
2004 Ed. (1183)
Priebe Electronics
2000 Ed. (1768)
Priemyselna banka
1996 Ed. (674)

1997 Ed. (610, 611)
1999 Ed. (636)
2001 Ed. (649)
2002 Ed. (645)
Prigo d.o.o. Brezovica
2008 Ed. (2071)
Prilosec
1992 Ed. (1868, 3002)
1996 Ed. (1569)
1997 Ed. (1648, 1656, 2741)
1998 Ed. (2916)
1999 Ed. (1891, 1892, 1893, 1898, 1908, 3884, 3886)
2000 Ed. (1699, 1704, 1708, 3604, 3606)
2001 Ed. (2068, 2097, 2098, 2109, 2110)
2002 Ed. (2019, 2047, 3748, 3749, 3750, 3755)
2003 Ed. (2111, 2112, 2113)
2004 Ed. (2155, 2156)
2005 Ed. (255)
2006 Ed. (274)
2007 Ed. (279)
2008 Ed. (256, 2380)
2009 Ed. (279, 2357)
2010 Ed. (266)
Prilosec OTC
2016 Ed. (207)
Prima
1990 Ed. (2336)
1991 Ed. (2236)
1996 Ed. (2975)
2005 Ed. (17)
Prima Banka
2004 Ed. (580)
Prima Energy Corp.
2002 Ed. (2123, 3662, 3677)
Prima Garnet Communications
2000 Ed. (153)
Primacompanies
2010 Ed. (4040)
Primacy
2014 Ed. (1543)
Primadata
2009 Ed. (4107)
Primadonna Resort & Casino
2010 Ed. (1858)
Primagaz
1997 Ed. (825, 826)
1999 Ed. (947)
Primagraphics
2009 Ed. (4107)
Primal Tribe Inc.
2010 Ed. (1463)
Primaris
2014 Ed. (2896)
Primaris Retail REIT
2010 Ed. (1564)
Primark
1990 Ed. (3450)
1992 Ed. (1364)
2000 Ed. (1341)
2011 Ed. (577, 581, 586)
2016 Ed. (4282)
Primary Access Corp.
1997 Ed. (1234, 2206)
Primary aluminum
1991 Ed. (2626)
Primary Children's Medical Center
2012 Ed. (2961)
Primary Color Inc.
2009 Ed. (4109)
Primary Color Printing
2000 Ed. (3607)
Primary Contact
2001 Ed. (234)
Primary Energy Inc.
2005 Ed. (1462)
Primary Energy Recycleing Corp.
2012 Ed. (2831)
Primary Energy Recycling
2015 Ed. (2444, 2883)
Primary Energy Recycling Corp.
2008 Ed. (1620)
Primary Federal
2006 Ed. (2179)
Primary metal industries
1990 Ed. (1658)
1999 Ed. (1941, 2846, 2866)
2001 Ed. (1637, 1639, 1677, 1720, 1726, 1781, 1804, 1825, 1837)
Primary metal processing
1990 Ed. (1273)
1991 Ed. (1191)
1992 Ed. (1488)
1994 Ed. (1228, 1229, 1240)
1998 Ed. (1040)
Primary metals
1992 Ed. (3476)

Primary Saatchi & Saatchi
2002 Ed. (82)
Primary Steel
1997 Ed. (3628)
Primasia Golden Harvest Ltd.
1996 Ed. (1060)
Primat; Didier
2008 Ed. (4866)
2009 Ed. (4887)
Primatene
1996 Ed. (245)
Primatene Mist
1993 Ed. (252)
2002 Ed. (2998)
2003 Ed. (3627)
Primatine Mist
2004 Ed. (1055)
Primavera
2003 Ed. (2164)
Primavera Business Software Solutions SA
2008 Ed. (2055)
Primavera Software SA
2006 Ed. (1998)
2007 Ed. (1962)
Primavera Systems Inc.
1998 Ed. (2930)
2006 Ed. (4375)
Primaxin
1995 Ed. (225)
PRIMCO
1989 Ed. (2130)
1990 Ed. (2333)
1992 Ed. (2734)
PRIMCO Capital
1991 Ed. (2212, 2226)
Primco Capital Management
1992 Ed. (2780)
1994 Ed. (2323)
1995 Ed. (2071, 2381)
1998 Ed. (2300)
1999 Ed. (3044)
2000 Ed. (2776)
Primco High Yield
1996 Ed. (2795)
Primco Short Term
1996 Ed. (2793)
Prime 112
2016 Ed. (4198)
Prime Access
2004 Ed. (171)
2005 Ed. (103)
2006 Ed. (112)
2009 Ed. (195)
2010 Ed. (174)
2011 Ed. (40, 99)
2012 Ed. (46, 106)
Prime Access Inc.
2013 Ed. (81)
Prime Advisors
1996 Ed. (2097)
Prime Bancorp Inc.
2000 Ed. (647)
Prime Bancshares Inc.
1994 Ed. (1225)
Prime Bank
2013 Ed. (375)
Prime Bank Ltd.
1999 Ed. (475, 4601)
2006 Ed. (2259)
2009 Ed. (2730)
2010 Ed. (2653)
2011 Ed. (2640)
2012 Ed. (2567)
2014 Ed. (2649)
2015 Ed. (2691)
2016 Ed. (2613)
Prime Bond 2.1 Adhesive System
1999 Ed. (1826)
Prime Build
2016 Ed. (1374)
Prime Building Products Group
2003 Ed. (4441)
Prime Business Solutions
2012 Ed. (4016, 4018, 4025, 4026, 4038, 4041)
2013 Ed. (4077, 4087, 4089)
Prime Cable-Alaska
1998 Ed. (602)
Prime Capital
1998 Ed. (2256)
Prime Care Properties
2005 Ed. (265)
Prime Choice Foods Inc.
2008 Ed. (2954)
Prime Computer
1989 Ed. (977, 1990, 2306)
1990 Ed. (1138, 1633, 2200, 2582, 2583, 2991)
1991 Ed. (1166, 1214, 1227, 2072,

2463, 2464, 2851)
Prime Dog Food
1994 Ed. (2838)
Prime East Capital
1996 Ed. (3393)
Prime Energy Corp.
2003 Ed. (3837)
2016 Ed. (3822)
Prime Equipment
1992 Ed. (2852)
1993 Ed. (2409)
1994 Ed. (2361)
1995 Ed. (2431)
1996 Ed. (2467)
1997 Ed. (2615)
1998 Ed. (2345)
1999 Ed. (3171)
2000 Ed. (2916)
Prime F. Osborn III Convention Center
1999 Ed. (1417)
2002 Ed. (1334)
Prime Financial Credit Union
2009 Ed. (2192)
Prime Flexible Steel
2013 Ed. (3707)
Prime Healthcare Services
2012 Ed. (3730)
Prime Hospital
1995 Ed. (2767)
Prime Hospitality Corp.
1994 Ed. (2092, 2093, 2094)
1995 Ed. (2147, 2148, 2149, 2150)
1996 Ed. (2158, 2159)
1997 Ed. (2274, 2275, 2276, 2277)
1998 Ed. (1998, 1999, 2000, 2001)
1999 Ed. (2755, 2756)
2000 Ed. (2534, 2535, 2563)
2001 Ed. (2776, 2777)
2002 Ed. (2626)
2003 Ed. (1521)
2004 Ed. (2934, 2935)
2005 Ed. (2921, 2925, 2926)
2006 Ed. (4010)
2007 Ed. (1913)
2008 Ed. (1976)
2009 Ed. (1930)
Prime: Income Fund
1991 Ed. (2570)
Prime Inc.
1990 Ed. (2206)
1992 Ed. (3648)
1993 Ed. (2987, 3633)
1994 Ed. (3029, 3591, 3592, 3593)
1995 Ed. (3081, 3671, 3672, 3673)
1996 Ed. (3000)
1998 Ed. (3031, 3640)
1999 Ed. (4019, 4684, 4685)
2000 Ed. (3734, 4312, 4315)
2002 Ed. (3944, 4690, 4691)
2003 Ed. (4789, 4802)
2004 Ed. (4773, 4789, 4790, 4791)
2005 Ed. (4033, 4034, 4761)
2006 Ed. (4061, 4808, 4832, 4849, 4851)
2007 Ed. (4110)
2008 Ed. (4133)
2010 Ed. (4813)
2011 Ed. (4174, 4175, 4763)
2012 Ed. (4225, 4226, 4785)
2013 Ed. (4210, 4211, 4765)
2014 Ed. (4224, 4225, 4816)
2015 Ed. (4212, 4213, 4851)
2016 Ed. (4131, 4132, 4755)
Prime Insurance Co.
2011 Ed. (3224)
Prime Lipper Europe Equity Retail
1999 Ed. (3567)
Prime Management
1992 Ed. (2464, 2465, 2470)
1993 Ed. (2077, 2078, 2079, 2080, 2081)
Prime Medical Services
1997 Ed. (2714, 3648)
Prime Minister
2010 Ed. (110)
Prime Motor
1993 Ed. (2715)
Prime Motor Inns
1989 Ed. (1614, 1615)
1990 Ed. (2070, 2081)
1991 Ed. (1939)
1992 Ed. (1460, 2471, 3227)
Prime Motor Inns/Prime Management Co.
1991 Ed. (1937)
Prime One Twelve
2008 Ed. (4147)
Prime Property Investors
2009 Ed. (4220)
Prime Resources

1998 Ed. (3305)
Prime Restaurant Group Inc.
2004 Ed. (4149)
Prime Restaurants of Canada Inc.
2005 Ed. (4089)
Prime Retail
1999 Ed. (3663, 3664)
Prime Retail LP
2000 Ed. (4022)
Prime Source Staffing
2007 Ed. (4988)
2008 Ed. (4992)
2009 Ed. (4988)
2010 Ed. (4995)
Prime Steakhouse
2007 Ed. (4129)
2008 Ed. (4147)
Prime Success International Group
2008 Ed. (1787)
Prime Television
2002 Ed. (1587)
2005 Ed. (4509)
Prime Therapeutics LLC
2014 Ed. (1803)
2015 Ed. (1843)
Prime Ticket
1992 Ed. (1034)
Prime Time
2015 Ed. (985)
2016 Ed. (886)
Prime Value/Cash Investment Fund
1994 Ed. (2539)
Prime West Development Inc.
2002 Ed. (3921)
Prime Wheat
2002 Ed. (3787)
Prime/Ampersand
2015 Ed. (4073, 4077)
PRIMECAP Management
2001 Ed. (3001, 3004)
Primecap Odyssey Growth
2011 Ed. (4543)
2012 Ed. (4548)
Primedia Inc.
1999 Ed. (3742)
2000 Ed. (3463, 3684)
2001 Ed. (3248, 3709, 3953)
2002 Ed. (3282, 3883)
2003 Ed. (3272, 3345, 4024)
2004 Ed. (3332, 4043)
2005 Ed. (3357, 3426, 3982)
2006 Ed. (3180, 3183, 3345, 3437)
2007 Ed. (3401)
2008 Ed. (3531)
Primedica Home Health Centers
1991 Ed. (1927)
1992 Ed. (2435)
Primedica Hospital Services
1992 Ed. (2446, 2452)
1993 Ed. (2068)
PrimeEast Capital (Asia)
1997 Ed. (3488)
PrimeEnergy Corp.
2004 Ed. (3844)
2005 Ed. (3755)
2006 Ed. (3837)
2007 Ed. (3854)
2008 Ed. (3898, 3905, 3907, 4374)
2009 Ed. (3974, 4460)
2010 Ed. (4495, 4510)
2012 Ed. (2757)
2015 Ed. (3911)
PrimeLending
2015 Ed. (2714)
2016 Ed. (2639, 3619, 3621, 3622)
Prime/Puppy Choice
1989 Ed. (2194)
1990 Ed. (2819)
1992 Ed. (3409)
1993 Ed. (2816)
1996 Ed. (2995)
Primer Banco de Ahorros
1997 Ed. (2984)
1999 Ed. (3684, 3685)
2000 Ed. (3400, 3401)
Primer Banco de Ahorros S.A.
2001 Ed. (645)
Primer Banco del Istmo
2003 Ed. (558, 559)
2004 Ed. (462, 574)
2005 Ed. (474, 594)
2006 Ed. (511)
2007 Ed. (415, 536, 537)
2008 Ed. (393, 490)
2010 Ed. (498)
2011 Ed. (428)
Primer Banco del Istmo SA
2006 Ed. (3772)
Primer Grupo Nacional SA
2002 Ed. (3574)

Primera Engineers Ltd.
2013 Ed. (2934)
2015 Ed. (3005)
PrimeraTurf Inc.
2010 Ed. (1371)
Primerica
2013 Ed. (2336)
2014 Ed. (2262, 2269)
2015 Ed. (2346, 2353)
2016 Ed. (2298)
Primerica (Fingerhut)
1991 Ed. (2373)
Primerica Group
2008 Ed. (3291, 3292, 3293)
2009 Ed. (3350, 3352, 3353)
2010 Ed. (3289, 3292)
2012 Ed. (3226, 3229)
2013 Ed. (3305, 3308)
2014 Ed. (3328, 3331)
Primerica Inc.
1989 Ed. (1044, 1046, 1425, 2478)
1990 Ed. (172, 175, 2224, 2713, 3267)
1991 Ed. (172, 1201, 1714, 3084)
1992 Ed. (2146, 2159, 2957, 2959)
1993 Ed. (1854, 2489)
1994 Ed. (1224, 1755, 1843, 1850, 2020, 2426)
1995 Ed. (1220, 1229, 1878)
2012 Ed. (4436)
2016 Ed. (1597)
Primerica Life
1996 Ed. (2313, 2315)
Primerica Life Insurance Co.
1995 Ed. (2302, 2303)
1997 Ed. (2443, 2444, 2445, 2446)
1998 Ed. (2157, 2163, 2164, 2170, 2182, 2183, 2194)
1999 Ed. (2952, 2953)
2000 Ed. (2690, 2691, 2692, 2703, 2704)
2001 Ed. (2941)
2002 Ed. (2913, 2914, 2924)
2003 Ed. (2999)
Primero Mining
2015 Ed. (3684)
Primero Noticias
2012 Ed. (2878)
Primero Services Inc.
2007 Ed. (3560)
PrimeSense
2012 Ed. (944)
PrimeSource
1992 Ed. (987)
1993 Ed. (782)
1994 Ed. (798)
PrimeSource Building Products
2012 Ed. (4940)
PrimeSource FoodService Equipment Inc.
2005 Ed. (1977, 2623)
2006 Ed. (2046, 2619)
2007 Ed. (2016)
2008 Ed. (2729, 3734, 4430, 4984)
2009 Ed. (2097, 2784)
PrimeSource FSE
2008 Ed. (3734, 4430, 4984)
PrimeSource Staffing LLC
2007 Ed. (3541)
2008 Ed. (3700)
2009 Ed. (3759)
2010 Ed. (4996)
2011 Ed. (4992)
2012 Ed. (4988, 4989)
2013 Ed. (4982, 4988)
2014 Ed. (4993)
2015 Ed. (5028)
PrimeStar
1999 Ed. (1847)
2001 Ed. (2019)
Primestar Partners LP
1999 Ed. (3308)
PrimeStreet
2002 Ed. (4818)
Primetime Electric Inc.
2001 Ed. (4284)
Primewest Energy Trust
2005 Ed. (1709)
Primewood Inc.
2001 Ed. (1823)
2003 Ed. (1796)
Primex Ghana
2008 Ed. (43)
Primex Plastics Corp.
2001 Ed. (3818)
Primm Valley Resort & Casino
2011 Ed. (1889)
2012 Ed. (1745)
2013 Ed. (1910)
2014 Ed. (1844)

2015 Ed. (1881)
2016 Ed. (1843)
Primo
1994 Ed. (2777)
Primo International
1999 Ed. (2551)
Primo Smalgoods
2014 Ed. (2737)
PrimoHoagies Franchising
2016 Ed. (4299)
Primoris Services
2015 Ed. (3208)
Primoris Services Corp.
2012 Ed. (1102)
2014 Ed. (1135)
2015 Ed. (1183)
2016 Ed. (1095, 1146)
Primrose School Franchising Co.
2003 Ed. (962)
2004 Ed. (977)
2005 Ed. (995)
2006 Ed. (1005)
2007 Ed. (1096)
2009 Ed. (965)
2010 Ed. (924)
2011 Ed. (861)
2012 Ed. (811)
2013 Ed. (992)
2014 Ed. (947)
2015 Ed. (977)
2016 Ed. (874)
Primrose Schools
2000 Ed. (2268)
Primus
1994 Ed. (1099)
2002 Ed. (1125, 1584)
2004 Ed. (1088)
Primus Telecommunications Group Inc.
2001 Ed. (1355, 4475)
2002 Ed. (2528, 2535, 2537)
2005 Ed. (4641)
2006 Ed. (4704)
Prince
1993 Ed. (3376)
1995 Ed. (1714)
1999 Ed. (782, 3712)
2002 Ed. (1161)
2003 Ed. (3740)
2005 Ed. (717)
2006 Ed. (583, 1157)
2008 Ed. (3858)
2009 Ed. (629)
2011 Ed. (1067)
Prince Abakaliki of Nigeria
2008 Ed. (640)
Prince Aircraft Co.
2012 Ed. (4993)
Prince Albert
2016 Ed. (4657)
Prince Albert II
2007 Ed. (2703)
2009 Ed. (2889)
Prince Albert Parkland Health Region
2013 Ed. (1522)
2014 Ed. (1492)
2016 Ed. (1488)
Prince Alwaleed
2005 Ed. (4882)
Prince Alwaleed bin Talal Al Saud
2013 Ed. (367, 3483, 3486)
2014 Ed. (3468)
Prince Alwaleed Bin Talal Alsaud
2002 Ed. (706)
2003 Ed. (4895)
2004 Ed. (4881, 4882, 4883)
2005 Ed. (4883, 4886)
2006 Ed. (690, 4927, 4928)
2007 Ed. (4916, 4921)
2008 Ed. (4891, 4892)
2009 Ed. (4911)
2010 Ed. (4912, 4913)
2011 Ed. (4898, 4900)
2012 Ed. (4908, 4909)
2013 Ed. (4904, 4918)
2014 Ed. (4915)
2015 Ed. (4955)
2016 Ed. (4871)
Prince Alwaleed Bin Talal Bin Abdulaziz Alsaud
1999 Ed. (727)
2000 Ed. (735)
2001 Ed. (705)
2012 Ed. (790)
Prince Automatic Detergent
2005 Ed. (84)
Prince Automatic Detergents
2004 Ed. (89)
Prince Automotive
2005 Ed. (1536)
Prince Caspian

2010 Ed. (561)
Prince; Charles
2005 Ed. (2474, 2490)
2007 Ed. (1027)
2008 Ed. (949)
Prince; Charles O.
2007 Ed. (384)
Prince; Chuck
2005 Ed. (979)
2006 Ed. (689)
Prince Edward Island
2001 Ed. (4110)
2006 Ed. (1750, 3238, 3786, 4668)
2007 Ed. (4688)
2011 Ed. (4955)
Prince Edward Island; University of
2007 Ed. (1168)
2008 Ed. (1072, 1084)
2009 Ed. (1049, 1069)
2010 Ed. (1019)
2011 Ed. (954)
2012 Ed. (874)
Prince Fielder
2013 Ed. (187)
2015 Ed. (220)
2016 Ed. (216)
Prince Georges Co. Industrial Development Authority, MD
1991 Ed. (2526)
Prince George's County, MD
1992 Ed. (1720)
1994 Ed. (716, 1478)
2008 Ed. (4732)
Prince George's County Public Schools
2016 Ed. (2142)
Prince George's, MD
1991 Ed. (1370)
Prince Hans-Adam II von und zu Liechtenstein
2007 Ed. (2703)
Prince Harry
2007 Ed. (4925)
Prince Holding Corp.
2005 Ed. (1536)
Prince Hotels, Inc.
1990 Ed. (2091, 2092)
2001 Ed. (2788)
Prince Housing & Development Corp.
1994 Ed. (3008)
Prince Housing Development Corp.
1990 Ed. (2963)
1992 Ed. (3625)
The Prince of Egypt
2001 Ed. (3373)
The Prince of Tides
1993 Ed. (2599)
Prince Perelson & Associates Inc.
2006 Ed. (2429)
Prince Resorts Hawaii Inc.
2006 Ed. (1749)
Prince Rupert, British Columbia
2015 Ed. (4052)
Prince Rupert LNG
2016 Ed. (766)
Prince Sultan bin Mohammed bin Saud Al Kabeer
2014 Ed. (4915)
2015 Ed. (4955)
2016 Ed. (4871)
Prince Suzuki
1990 Ed. (321)
Prince; Thomas E.
2007 Ed. (385)
Prince William
2007 Ed. (4925)
Prince William County Department of Economic Development
2004 Ed. (3302)
Prince William County, VA
1992 Ed. (1719)
1993 Ed. (1431)
1995 Ed. (1509)
2008 Ed. (4732)
Prince William Sound Aquaculture Corp.
2016 Ed. (2674)
Prince William, VA
1991 Ed. (1372, 1373, 1378)
1992 Ed. (1722, 1723, 1726)
Prince Williams County, VA
1994 Ed. (2061)
Princes
1994 Ed. (858)
1996 Ed. (876)
2009 Ed. (856)
2010 Ed. (803)
Princes Corned Beef
1992 Ed. (1047)
2002 Ed. (939)
Princes Salmon
1992 Ed. (1047)

Princes Tuna
1992 Ed. (1047)
2002 Ed. (939)
Princess
1989 Ed. (2097)
1990 Ed. (2774)
1992 Ed. (1758)
Princess Cruise Line Ltd.
2004 Ed. (4857, 4858)
2005 Ed. (4841, 4842)
2006 Ed. (4894, 4895)
2007 Ed. (4886, 4887)
Princess Cruise Lines Ltd.
2010 Ed. (4849)
2011 Ed. (4816)
2012 Ed. (4835)
2013 Ed. (4829)
2014 Ed. (4844, 4845)
2015 Ed. (4881, 4882)
2016 Ed. (4799, 4800)
Princess Cruises
2013 Ed. (2285)
2014 Ed. (2218)
2015 Ed. (2282)
2016 Ed. (2253, 2254)
Princess Cruises Inc.
1998 Ed. (1236)
1999 Ed. (1808)
2000 Ed. (1633)
2001 Ed. (4626, 4627)
2003 Ed. (4876)
Princess Diana
1990 Ed. (2504)
The Princess Diaries
2003 Ed. (713)
Princess House
2014 Ed. (2266)
2016 Ed. (2294)
Princess in the Spotlight
2004 Ed. (738)
Princess Margaret Hospital Foundation
2012 Ed. (724)
"Princess & the Frog"
2015 Ed. (3032)
2016 Ed. (2928)
Princess Theatre
2013 Ed. (1139)
Princetel Inc.
2014 Ed. (1857)
Princeton Bank & Trust
1993 Ed. (576, 577, 2299)
Princeton Forrestal Center
1992 Ed. (2597)
2002 Ed. (3925)
Princeton Forrestal Center, Plainsboro
1990 Ed. (1178)
Princeton Forrestal Village
1996 Ed. (2878)
Princeton Homes
2005 Ed. (1198)
Princeton Instruments
2015 Ed. (4221)
Princeton Insurance Cos.
1996 Ed. (2329)
Princeton Mining
1992 Ed. (3086)
Princeton National Bancorp
2003 Ed. (506)
Princeton, NJ
1992 Ed. (2553)
Princeton Packaging
1992 Ed. (1387)
Princeton Portfolios
1992 Ed. (2801)
Princeton Property Management
2016 Ed. (4971)
The Princeton Review Inc.
2003 Ed. (4321)
2012 Ed. (4575)
Princeton Theological Seminary
1992 Ed. (1099)
Princeton University
1989 Ed. (954, 957, 2164)
1990 Ed. (1088, 1092, 2785)
1991 Ed. (888, 1001, 2688)
1992 Ed. (1094, 1267, 1971)
1993 Ed. (888, 1015, 1028, 2782)
1994 Ed. (1042, 1713, 2771)
1995 Ed. (1049, 1050, 1063, 1064, 1065, 1067, 1070, 1928)
1996 Ed. (1035, 2941)
1997 Ed. (1051, 1062, 1064, 1066)
1998 Ed. (799)
1999 Ed. (1228, 2035, 2037)
2000 Ed. (1137, 1143, 1826, 1828, 1830)
2001 Ed. (1317, 1319, 1329, 2248, 2250, 2252)
2004 Ed. (928)
2007 Ed. (1164, 1165, 2848)

2008 Ed. (1059, 1064, 2972, 3864)
2009 Ed. (1034, 1035, 1041, 1058)
2010 Ed. (996, 1001, 1007, 1014, 1026)
2011 Ed. (939, 940, 945, 946, 948, 951, 2957)
2012 Ed. (858, 860, 862)
2015 Ed. (4232)
Princeton Video Image Inc.
2004 Ed. (3508, 3509)
Princeton, WV
1996 Ed. (2537)
Princeville Corp.
2006 Ed. (1747)
Principal
1989 Ed. (2137)
1990 Ed. (2324, 2329, 2333)
2005 Ed. (705)
2007 Ed. (3110)
2008 Ed. (3255)
2010 Ed. (3244)
Principal Bank
2010 Ed. (3155)
2011 Ed. (2967, 3121)
2012 Ed. (3056)
2013 Ed. (3137)
Principal Bank FSB
2001 Ed. (631)
Principal Capital
2000 Ed. (2836)
2002 Ed. (729, 3390, 3931, 3936, 3937, 3940)
2003 Ed. (3086, 3441, 3442)
Principal Capital Management LLC
2002 Ed. (3920)
Principal Capital Real Estate
2004 Ed. (4086)
Principal Capital Real Estate Investors LLC
2003 Ed. (4057)
2004 Ed. (4083)
Principal Development Associates Inc.
2003 Ed. (1722)
Principal Equity Income
2007 Ed. (3670)
Principal Financial
1991 Ed. (2207)
1992 Ed. (2370, 2732, 2734, 2736, 2769, 2774)
1993 Ed. (2199, 2281, 2284, 2286, 2287, 2301, 2922)
The Principal Financial Group
2016 Ed. (3244)
Principal Financial Group Foundation
2002 Ed. (977)
Principal Financial Group Inc.
1989 Ed. (1806, 2142)
1990 Ed. (2354)
1991 Ed. (2210, 2212, 2214, 2233, 2246)
1994 Ed. (2298, 2303, 2306, 2318, 3160)
1995 Ed. (2387, 3070)
1996 Ed. (2070, 2376, 2382, 2383, 2385, 2387, 2416, 2921)
1997 Ed. (2509, 2515, 2517, 3412)
1998 Ed. (1170, 2172, 2255, 2258, 2268, 2286, 3015, 3100)
1999 Ed. (1683, 2943, 2946, 3047, 3058, 3086, 3095, 4007, 4171, 4172, 4173, 4308)
2000 Ed. (1483, 2264, 2265, 2667, 2694, 2696, 2843, 3882, 3885, 3900)
2001 Ed. (1752)
2002 Ed. (1694, 2933)
2003 Ed. (1722, 1724, 2975, 2991, 2995, 4318)
2004 Ed. (1631, 1644, 1761, 2605, 2682, 3076, 3113, 4577)
2005 Ed. (180, 358, 1611, 1828, 2593, 2596, 2601, 3048, 3049, 3083, 3105, 3116, 3118)
2006 Ed. (1810, 1813, 2595, 2597, 2600, 3083, 3118, 3121, 3123, 3949)
2007 Ed. (1489, 1820, 2550, 2569, 2642, 2903, 3100, 3141)
2008 Ed. (3170, 3184, 3202, 3247, 3252)
2009 Ed. (205, 1395, 1807, 2716, 3243, 3306, 3319, 3321, 3343, 3351, 3366, 3570, 4092, 4093, 4689)
2010 Ed. (1751, 2703, 2773, 3174, 3194, 3230, 3231, 3255, 3290, 3302, 3343, 4004, 4005, 4974)
2011 Ed. (1763, 2691, 3139, 3203, 3227, 3228, 3252, 3254, 3265)
2012 Ed. (1611, 1614, 3188, 3219,
3227, 3322, 4006)
2013 Ed. (1038, 1767, 1771, 3279, 3291, 3306, 3321, 3404)
2014 Ed. (1701, 1705, 3305, 3315, 3317, 3319, 3329, 3337)
2015 Ed. (1743, 1747, 3247, 3351, 3360, 3362, 3365, 3370)
2016 Ed. (1695, 1699, 3189, 3222, 3224, 3228, 3232, 3236, 3240)
Principal Financial Group SA-A
1994 Ed. (2313)
Principal Financial Services Inc.
2001 Ed. (1752)
Principal Funds
2016 Ed. (3672, 3673)
Principal Health Care of Florida
1998 Ed. (1917)
Principal Health Care of Illinois
2000 Ed. (2433)
Principal High Yield
2009 Ed. (621)
Principal Hospital Co.
1998 Ed. (2548, 2549)
Principal International
2006 Ed. (3673)
Principal International Emerging Markets
2011 Ed. (3722)
Principal Life Insurance Co.
2001 Ed. (1752, 2914, 2915, 2937, 2944)
2002 Ed. (1915, 2869, 2887, 2888, 2893, 2912, 2920, 2926, 2927, 2928, 2929, 3742)
2003 Ed. (1722, 2972, 2992, 2996, 2998)
2004 Ed. (1759)
2005 Ed. (1826, 3051)
2006 Ed. (1811, 3122)
2007 Ed. (1818, 3122, 3125, 3146, 3152)
2008 Ed. (1855, 3272, 3275, 3276, 3296, 3302)
2009 Ed. (1805, 3329, 3356, 3362, 3363)
2010 Ed. (1749, 3295, 3299)
2011 Ed. (3230, 3233, 3255, 3261, 3262)
2012 Ed. (3232, 3235)
2013 Ed. (3282)
Principal Management
2003 Ed. (688)
2004 Ed. (3563)
2006 Ed. (3592)
2011 Ed. (3740)
2012 Ed. (2485, 3742, 3743)
Principal Mutual
1989 Ed. (1703)
Principal Mutual Holding Co.
2001 Ed. (1752)
2003 Ed. (1722)
Principal Mutual Life
1990 Ed. (2218, 2226, 2240)
1991 Ed. (243, 244, 246, 2091, 2109)
1992 Ed. (338, 2653, 2659, 2661, 2664, 3549, 4381, 4382)
1993 Ed. (1993, 2194, 2195, 2200, 2205, 2208, 2209, 2210, 2212, 2213, 2258, 2592, 3273, 3653, 3654)
1994 Ed. (224, 2249, 2255, 2261, 2262, 3262)
1995 Ed. (223, 2290, 2292, 2294, 2301, 2305, 2306, 2307, 2314)
1997 Ed. (1456, 2421, 2430, 2447, 2448, 2453, 2456, 3270)
1998 Ed. (171, 2108, 2133, 2140, 2147, 2148, 2155, 2158, 2174, 2177, 2178, 2180, 2181, 2186, 2189, 2193, 2293, 2296, 3011)
1999 Ed. (2928, 2929, 2947, 2948, 2950, 2956, 2958, 3041, 3066)
Principal Mutual Life Insurance Co.
1996 Ed. (1400, 2265, 2283, 2296, 2297, 2305, 2306, 2307, 2312, 2314, 2317, 2320, 2323, 2324, 2328, 2398, 2410)
2000 Ed. (2649, 2675, 2677, 2679, 2682, 2697, 2699, 2707, 2709)
2001 Ed. (2946)
Principal Preferred Securities Institutional
2014 Ed. (633)
Principal Preserv. Government
1992 Ed. (3199)
Principal Real Estate
2009 Ed. (4231, 4232)
2010 Ed. (4166)
Principal Residential Mortgage
1996 Ed. (2681)
1998 Ed. (1861, 2525, 2527)
1999 Ed. (2608, 3437)
Principal Tanner Capitales
2005 Ed. (3578)
Principal VA Aggressive Growth
2000 Ed. (4335)
Principal Variable Annuity
1997 Ed. (3829)
The Principal/Epplet, Guerin & Turner
1993 Ed. (2262)
Principato
1990 Ed. (3698)
Principessa
1989 Ed. (2942)
Principia College
1998 Ed. (794)
1999 Ed. (1223)
2001 Ed. (1320)
2008 Ed. (1069)
2009 Ed. (1046)
Principle Business Enterprises Inc.
2007 Ed. (3589)
Principle Capital
2000 Ed. (2781, 2793)
Principle Financial Groups
2000 Ed. (2773)
Principle Pharmacy Group
2005 Ed. (3808)
2009 Ed. (4023)
Principle Solutions Group
2012 Ed. (3090)
2015 Ed. (1657)
The Principles of Scientific Management
2005 Ed. (718)
Princor Emerging Growth
1994 Ed. (2633)
1999 Ed. (3530)
Princor Government Income A
1997 Ed. (690)
Princor Government Securities Income
1993 Ed. (2665, 2696)
Princor Government Securities Income A
1999 Ed. (3554)
Princor Growth
1994 Ed. (2634)
Princor Tax-Exempt Bond A
1997 Ed. (2904)
Princor World
1995 Ed. (2738)
Princor World Fund A
1998 Ed. (2635)
Pringle Dixon Pringle
1997 Ed. (59)
Pringles
1993 Ed. (3345)
1994 Ed. (2902, 3349)
1996 Ed. (772, 853, 3057, 3468)
1997 Ed. (3137, 3138)
1999 Ed. (3862, 4344, 4346, 4347)
2000 Ed. (971, 3577, 4064)
2001 Ed. (4290)
2002 Ed. (4299, 4300, 4301)
2003 Ed. (4453, 4455)
2004 Ed. (3932, 4437, 4439)
2006 Ed. (3942)
2007 Ed. (4000, 4462)
2008 Ed. (721, 4019, 4021, 4448)
2009 Ed. (731, 4090)
2010 Ed. (654)
2011 Ed. (582)
2013 Ed. (4068)
2014 Ed. (4076, 4077)
2015 Ed. (4060, 4061)
2016 Ed. (3967, 3968, 3969)
Pringles Cheezums
1999 Ed. (4346)
Pringles Right Crisps
1999 Ed. (4346)
2002 Ed. (4300)
2003 Ed. (4453)
Prinivil
2001 Ed. (2109)
Prinova
2014 Ed. (891)
2015 Ed. (919)
2016 Ed. (820)
PrinsBank
2016 Ed. (507)
PRINT
1990 Ed. (54)
2002 Ed. (4644)
Print ads
1996 Ed. (2466)
Print Image Solutions
2010 Ed. (4014, 4016)
2012 Ed. (4020)
Print Imaging Group
2010 Ed. (4033)
2012 Ed. (4020)
Print Mailers Inc.
1997 Ed. (3166)
Print Master Gold
1997 Ed. (1092)
Print media
2002 Ed. (3882)
Print Music
1992 Ed. (3145)
Print NW/Six Sigma
1995 Ed. (2985)
Print Partners LLC
2006 Ed. (3514)
Print publications
2002 Ed. (2569)
2003 Ed. (2758)
Print Shop Deluxe
1996 Ed. (1085)
1997 Ed. (1092, 1095)
Print Shop Deluxe CD Ensemble
1996 Ed. (887, 1076)
1997 Ed. (1092, 1095)
Print Shop Deluxe CD Ensemble III
1998 Ed. (847, 853)
Print Shop Deluxe Ensemble
1998 Ed. (852)
Print Shop Deluxe for Windows
1995 Ed. (1099)
1996 Ed. (1076)
Print Solutions Inc.
2006 Ed. (4377)
Print-Tech
2005 Ed. (3377)
Print Tech of Western Pennsylvania
2012 Ed. (4012)
2014 Ed. (4105)
2015 Ed. (4083)
Print Technologies & Services
2000 Ed. (906)
Print Three
1989 Ed. (1487)
1990 Ed. (1854)
PrintCafe
2001 Ed. (4762)
Printcafe Software Inc.
2004 Ed. (4340)
Printcbf
2010 Ed. (4025)
Printco, Inc.
1992 Ed. (3539)
Printed materials
2009 Ed. (2674)
Printed music
1994 Ed. (2591)
Printegra Corp.
2005 Ed. (3886, 3887, 3888, 3890)
2006 Ed. (3966, 3967)
2007 Ed. (4007)
2008 Ed. (4027, 4031)
2009 Ed. (3917, 4100, 4104, 4106)
2010 Ed. (4019, 4029, 4034)
2012 Ed. (4037)
PrintElect
2010 Ed. (4010, 4015, 4042)
Printemps Group
1995 Ed. (3155)
Printers Unlimited Inc.
1999 Ed. (3888)
Printgraphics Inc.
2000 Ed. (913)
2008 Ed. (4034)
2010 Ed. (4036)
2012 Ed. (4040)
Printing
1994 Ed. (2434)
1999 Ed. (3301)
2005 Ed. (1480, 1481)
2006 Ed. (834)
2007 Ed. (3716)
2009 Ed. (3853)
Printing & Advertising
1990 Ed. (2187)
Printing and publishing
1990 Ed. (1225, 1234, 1255, 1257, 1258, 1261, 1262, 1268, 1269, 1272)
1991 Ed. (241, 1150, 1152, 1175, 1176, 1190)
1992 Ed. (1466, 1491, 1492, 1501)
1993 Ed. (1200, 1205, 1213, 3729)
1994 Ed. (1211, 1228, 1229, 1232)
1995 Ed. (1250, 1251)
1996 Ed. (1215, 1216, 1225, 2488)
1997 Ed. (1263, 1717, 2630)
1998 Ed. (1034, 1035, 1154, 1155)
1999 Ed. (1466, 1467, 1473, 1506, 1508, 1509, 1510, 1941, 2846)
2001 Ed. (2021)
2002 Ed. (1399, 1413, 1420, 1480, 1488, 1491, 1999)
2003 Ed. (1439)

2004 Ed. (1469)
Printing, book
  1999 Ed. (3893)
Printing, business forms
  1999 Ed. (3893)
Printing, commercial
  1994 Ed. (2435)
Printing & Communication Media Inc.
  2007 Ed. (1532, 1609, 1710, 4019, 4049)
Printing franchises
  1992 Ed. (2218)
The Printing, Fulfillment & Mailing Group LLC
  2010 Ed. (4023, 4025)
  2012 Ed. (4026, 4028)
  2015 Ed. (4064)
Printing, general commercial
  1999 Ed. (3893)
The Printing House Ltd.
  2006 Ed. (3970)
Printing Impressions
  2015 Ed. (805)
  2016 Ed. (723)
Printing inks
  2001 Ed. (3797)
Printing Management Associates
  2010 Ed. (4022)
Printing, other specialty
  1999 Ed. (3893)
Printing, package
  1999 Ed. (3893)
Printing, publishing, and allied industries
  2001 Ed. (1681, 1781)
Printing, quick
  1999 Ed. (3893)
Printing trade services
  1996 Ed. (3085)
PrintingForLess.com
  2003 Ed. (3928)
PrintingForLess.com, Inc. (PFL)
  2002 Ed. (3763)
Printing/publishing/broadcasting
  1996 Ed. (2115, 2116, 2117, 2118)
Printmaster Gold Publishing Suite
  1998 Ed. (853)
Printpack Inc.
  1992 Ed. (1387)
  1998 Ed. (2873)
  1999 Ed. (1348, 3683, 4808)
  2001 Ed. (3817)
  2003 Ed. (3890)
  2004 Ed. (3907)
  2005 Ed. (3853)
  2006 Ed. (3918)
  2007 Ed. (3972)
  2008 Ed. (3837, 3996)
  2009 Ed. (3892, 3893, 4068, 4139)
  2010 Ed. (3805, 3806, 3986, 4071)
  2011 Ed. (3992)
  2012 Ed. (3985)
  2013 Ed. (4050)
  2014 Ed. (3989)
  2015 Ed. (4038)
  2016 Ed. (3949)
PrintPlace.com
  2012 Ed. (636)
Printronix
  1990 Ed. (2580)
  1996 Ed. (2886)
Prints
  1997 Ed. (1049)
  1999 Ed. (1222)
PRINTSouth
  2013 Ed. (4079, 4082)
  2014 Ed. (4093, 4098)
PRINTSouth Corp.
  2005 Ed. (3887, 3890, 3895)
  2006 Ed. (3967, 3971)
  2008 Ed. (4024, 4029, 4033, 4034)
  2009 Ed. (4097)
  2010 Ed. (4010, 4019, 4024)
  2012 Ed. (4023, 4037, 4043)
  2013 Ed. (4078, 4086)
  2014 Ed. (4088, 4095, 4099)
PrintTek Inc.
  2013 Ed. (4069)
  2014 Ed. (4079)
  2015 Ed. (4075)
PrintXcel
  2005 Ed. (3886, 3887, 3888, 3891)
  2008 Ed. (4027, 4031, 4033)
  2009 Ed. (4100, 4104, 4106)
  2010 Ed. (4034)
  2012 Ed. (4037)
PrintXcelSM
  2007 Ed. (4007)
Prior Norge BA
  2006 Ed. (1951)
Priorbank

1994 Ed. (456)
1997 Ed. (416)
1999 Ed. (476)
2000 Ed. (468)
2004 Ed. (454)
2011 Ed. (307)
2013 Ed. (411)
Priorite Oy
  2013 Ed. (2904)
Priority America
  2008 Ed. (4418)
Priority Bank
  2004 Ed. (4719)
  2005 Ed. (524)
  2007 Ed. (465)
  2009 Ed. (456)
  2010 Ed. (435)
  2011 Ed. (360)
  2012 Ed. (359)
  2013 Ed. (486)
  2014 Ed. (497)
Priority E*Trade
  2006 Ed. (662)
Priority Health
  1994 Ed. (2038)
  1995 Ed. (2087, 2089)
  1997 Ed. (2185, 2186, 2187, 2193)
  1998 Ed. (1910, 1912)
  2008 Ed. (3632)
  2010 Ed. (3611)
Priority Healthcare Corp.
  2004 Ed. (4936)
  2005 Ed. (4917, 4918)
  2006 Ed. (4949, 4950)
Priority One Services Inc.
  2013 Ed. (2936)
  2014 Ed. (2956)
  2015 Ed. (3022)
Priority Payment Systems LLC
  2016 Ed. (1596)
Priority Services
  1996 Ed. (3125)
Priority Services LLC
  2007 Ed. (3544, 4405)
PriorityPlus of California Inc.
  2000 Ed. (2432)
Priory; R. B.
  2005 Ed. (2509)
Priory; Richard B.
  2005 Ed. (1104)
Prirodni Plin d.o.o.
  2014 Ed. (1565)
  2015 Ed. (1616)
  2016 Ed. (1542)
Prisa
  2001 Ed. (80)
  2014 Ed. (2973)
  2015 Ed. (3042)
  2016 Ed. (2937)
PRISA; Grupo
  2011 Ed. (49)
Prisaland Inc.
  2006 Ed. (1178)
  2007 Ed. (1285)
Priscilla Almodovar
  2014 Ed. (2975)
Prism
  1991 Ed. (836)
Prism Health Group
  1998 Ed. (1985)
Prism Management
  1999 Ed. (4008, 4010)
Prism Management Services
  1998 Ed. (3018)
Prism Marketing Inc.
  1997 Ed. (3701)
Prism Medical
  2011 Ed. (1144)
  2015 Ed. (1210)
Prism Response Inc.
  2015 Ed. (1257)
  2016 Ed. (1171)
Prisma Ap.H
  1992 Ed. (1779)
Prisma Dispersed Phase Alloy
  1995 Ed. (1548)
Prisma Graphic Corp.
  2006 Ed. (3496)
Prisma Presse
  1990 Ed. (2797)
  1992 Ed. (3369)
  1994 Ed. (2781)
PrismTech Ltd.
  2002 Ed. (2495)
Prison Fellowship Ministries
  2009 Ed. (3834, 3838)
Prison Realty Trust Inc.
  2003 Ed. (2761)
Prista Oil AD
  2009 Ed. (1519)

Pristop
  1996 Ed. (137)
  1997 Ed. (143)
  1999 Ed. (152)
Pristop & Grey
  2001 Ed. (208)
  2002 Ed. (180)
  2003 Ed. (147)
Pristop (Grey)
  2000 Ed. (170)
priszm brandz inc.
  2003 Ed. (4141)
  2004 Ed. (4149)
  2005 Ed. (4089)
Priszm Canadian Income Fund
  2007 Ed. (2952, 4158)
  2008 Ed. (3077, 4200)
Priszm Income Fund
  2008 Ed. (4201)
  2009 Ed. (3167, 4297, 4298)
  2010 Ed. (3098, 4264)
  2011 Ed. (4264)
Priszm Inc.
  2008 Ed. (4201)
  2009 Ed. (4298)
  2011 Ed. (4264)
Pritchard Capital Partners
  2006 Ed. (3201)
Pritchard; Marc
  2010 Ed. (30)
  2011 Ed. (26)
Pritchard Paint & Glass Co.
  1993 Ed. (1954)
  1994 Ed. (1976)
  1995 Ed. (2002)
Pritchett Trucking
  2005 Ed. (2690)
Prithvi Information
  2014 Ed. (4245)
Pritzker; Anthony
  2013 Ed. (4848)
  2015 Ed. (4901)
  2016 Ed. (4818)
Pritzker; Jay Arthur
  1989 Ed. (1986)
Pritzker; Karen
  2014 Ed. (4864)
  2015 Ed. (4901)
  2016 Ed. (4818)
Pritzker; Robert
  2005 Ed. (4854)
Pritzker; Robert Alan
  1989 Ed. (1986)
Pritzker, Robert Alan Pritzker, Jay Arthur
  1991 Ed. (2461)
Pritzker; Thomas
  2005 Ed. (4854)
Privacy Matters
  2012 Ed. (74)
Privado
  2001 Ed. (2631)
Privalia Venta Directa SL
  2012 Ed. (1476)
PrivatBank
  2003 Ed. (624)
  2004 Ed. (470, 633)
  2005 Ed. (621)
  2006 Ed. (534)
  2007 Ed. (565)
  2008 Ed. (518)
  2009 Ed. (552)
  2010 Ed. (535)
  2011 Ed. (464)
  2013 Ed. (471)
  2014 Ed. (433, 434, 485)
  2015 Ed. (489, 546)
  2016 Ed. (443, 467, 499)
Privatbanken
  1989 Ed. (518)
  1990 Ed. (538, 1688, 3457)
  1991 Ed. (497, 1105, 1106, 3231)
  1992 Ed. (650)
  1999 Ed. (676)
Private Business Inc.
  2004 Ed. (1538)
Private Capital Management LP
  2004 Ed. (1535)
Private Catering
  2009 Ed. (1691)
Private Cellars
  1999 Ed. (1062)
Private College & University Authority
  2001 Ed. (797)
Private company
  2005 Ed. (1473)
Private Group-Donald Trump
  1991 Ed. (1156)
Private Group-Labor Mgt. Group
  1991 Ed. (1156)
Private Group (led by Tele-Comm, Inc.)

1991 Ed. (1161)
Private Group-Marvin Davis
  1991 Ed. (1156)
Private health insurance
  1992 Ed. (2652)
Private Healthcare Systems
  1993 Ed. (2906, 3647)
  1994 Ed. (3608)
  1995 Ed. (3683)
  1996 Ed. (3079, 3767)
  1997 Ed. (3159)
  1998 Ed. (2910, 2912, 3650)
  1999 Ed. (3292, 3881)
  2000 Ed. (3598, 3599, 3601)
  2001 Ed. (3873)
  2005 Ed. (3883)
Private households employing staff
  2002 Ed. (2782)
Private insurance premiums
  2001 Ed. (3271)
Private investigators
  1992 Ed. (3830)
  2001 Ed. (4203)
Private investor(s)
  1990 Ed. (1227, 1251)
Private Jet Expeditions Inc.
  1996 Ed. (2064, 2065, 2067, 2068)
Private Jet Expenditions Inc.
  1995 Ed. (3652)
Private Label
  1991 Ed. (3453)
  2000 Ed. (368, 369, 370, 371, 968, 1014, 1015, 1016, 1096, 2247, 2248, 4073, 4091, 4254)
private label
  2013 Ed. (593, 631, 632, 1029, 1030, 2780, 3719, 3851, 4462, 4483, 4581)
Private label diapers
  1991 Ed. (1416)
Private label Generic
  1991 Ed. (993, 994, 995, 996, 997, 1366, 1367, 3136, 3137, 3386, 3387, 3388)
Private loans
  1996 Ed. (3456)
Private Medical-Care Inc.
  1999 Ed. (1832)
Private medical insurance
  2001 Ed. (2223)
Private Mini Storage Inc.
  1996 Ed. (3395)
  1998 Ed. (3274)
Private Ocean
  2013 Ed. (1456)
Private passenger auto
  2002 Ed. (2954)
Private-passenger auto liability
  2002 Ed. (2964)
Private-passenger auto physical damage
  2002 Ed. (2964)
Private placement
  1989 Ed. (1486)
  2001 Ed. (707)
Private Power
  2005 Ed. (1462)
Private security patrols
  1990 Ed. (845)
Private truck
  2001 Ed. (4234)
Private trust
  1999 Ed. (2061)
Private Wealth Advisors Inc.
  2008 Ed. (2037)
Privatebancorp Inc.
  2008 Ed. (1662)
PrivateBank & Trust Co.
  2007 Ed. (416)
  2008 Ed. (394)
  2011 Ed. (318)
  2012 Ed. (333)
  2013 Ed. (301)
  2014 Ed. (315)
  2015 Ed. (356)
  2016 Ed. (347)
Privateer
  1995 Ed. (1083)
Privately Placed Subordinated Debt
  2003 Ed. (3119, 3122)
Privatus Asmenys
  2005 Ed. (58)
Priviet
  1992 Ed. (4407, 4409, 4410)
  1993 Ed. (3679)
  1995 Ed. (3716)
  1996 Ed. (3805, 3806, 3807)
  1997 Ed. (3857, 3858)
  1999 Ed. (4736)
  2001 Ed. (4707)

Privileged Assets Select Annuity Janus
  Worldwide Growth
  2000 Ed. (4333)
Privredna Banka
  1991 Ed. (697)
  1992 Ed. (871)
  1999 Ed. (498)
  2001 Ed. (619)
Privredna Banka Novi Sad
  1997 Ed. (607)
Privredna Banka Sarajevo
  1989 Ed. (717)
  1990 Ed. (719)
  1993 Ed. (669)
Privredna Banka Zagreb
  1993 Ed. (669)
  1994 Ed. (669)
  2000 Ed. (506)
  2002 Ed. (546, 547)
  2003 Ed. (480)
  2004 Ed. (475)
  2005 Ed. (483)
  2006 Ed. (429)
  2007 Ed. (427)
  2008 Ed. (401)
  2009 Ed. (423)
  2010 Ed. (399)
  2011 Ed. (326)
  2013 Ed. (416)
  2014 Ed. (435)
  2015 Ed. (490)
  2016 Ed. (444)
Privredna Banka Zagreb d.d.
  2014 Ed. (458, 1575)
  2015 Ed. (516, 1627)
  2016 Ed. (469, 1553)
Privredna Banka Zagreb dd
  1995 Ed. (508)
  1996 Ed. (470, 480, 481)
  1997 Ed. (434, 444, 445)
Prize Energy Corp.
  2004 Ed. (2774)
Prize Logic LLC
  2014 Ed. (3569)
The Prize: The Epic Quest for Oil,
  Money, & Power
  2006 Ed. (579)
Prizm
  2001 Ed. (490)
Prizm Media Inc.
  2016 Ed. (1495, 3465)
Prizm Payment Services Pvt. Ltd.
  2013 Ed. (2907)
PRL Glass/Aluminum
  2014 Ed. (2861)
  2015 Ed. (2902)
  2016 Ed. (2822)
PRO Advertising
  1994 Ed. (82)
Pro America Managed Care
  2000 Ed. (3598)
Pro Audio Star
  2013 Ed. (3793, 3802, 3803)
  2014 Ed. (3736, 3737)
  2015 Ed. (3749, 3750)
  2016 Ed. (3657, 3658)
Pro Audio Supplies/Better Music
  2013 Ed. (3787)
  2015 Ed. (3736)
  2016 Ed. (3645)
Pro Auto Dealers Inc.
  2006 Ed. (2830)
  2010 Ed. (2960)
Pro-Build Co.
  2012 Ed. (4122)
Pro-Build Holdings Inc.
  2009 Ed. (3088, 3602, 4129, 4934)
  2010 Ed. (3019, 4061, 4065, 4123,
    4942)
  2011 Ed. (2988, 4039, 4041, 4088,
    4288, 4925)
  2012 Ed. (2913, 4072, 4330, 4929)
  2013 Ed. (1557, 3000, 3001)
  2014 Ed. (1527, 3009, 3010)
  2015 Ed. (1578, 3077, 3078)
  2016 Ed. (1506, 2968, 2975)
Pro-Courier
  1998 Ed. (2465)
  1999 Ed. (3343)
Pro-Cuts Classic
  2013 Ed. (2852)
  2015 Ed. (2918)
Pro-Cuts Franchise Corp.
  2002 Ed. (2432)
  2003 Ed. (2675)
  2004 Ed. (2789)
  2005 Ed. (2780)
  2006 Ed. (2752)
  2007 Ed. (2759)
  2008 Ed. (2876)

2009 Ed. (2938)
  2010 Ed. (2874)
  2011 Ed. (2854)
Pro-Cuts Sport
  2015 Ed. (2918)
PRO Direct Response Corp.
  1998 Ed. (3478)
Pro-Fab Inc.
  2006 Ed. (3534)
  2007 Ed. (3590, 4441)
PRO-FAC Cooperative Inc.
  2003 Ed. (2508)
  2004 Ed. (1381, 2639)
  2005 Ed. (1402)
Pro Foot Triad
  2004 Ed. (2671, 2672)
"Pro Football Game"
  2001 Ed. (1100)
Pro Form
  1994 Ed. (1724)
Pro Form Crosswalk
  1997 Ed. (2389)
Pro Golf America Inc.
  2000 Ed. (2273)
  2001 Ed. (2534)
Pro Golf Discount
  2002 Ed. (4338)
  2003 Ed. (2628)
  2006 Ed. (2705)
  2007 Ed. (2700)
Pro Golf International Inc.
  2008 Ed. (2828)
Pro Golf of America
  1998 Ed. (669, 1766)
  1999 Ed. (1056, 2524)
Pro Guitar Shop
  2013 Ed. (3793)
The Pro Image
  1991 Ed. (1771)
Pro Image Franchise
  2015 Ed. (1020)
  2016 Ed. (923)
Pro Image Franchise LC
  2005 Ed. (4436)
  2006 Ed. (4452)
  2007 Ed. (4508)
  2008 Ed. (4487)
Pro-Ject
  2015 Ed. (245)
  2016 Ed. (240)
Pro Kapital
  2002 Ed. (4412)
Pro Liability Insurance
  1995 Ed. (2800)
Pro-Line Corp.
  1998 Ed. (1894)
  1999 Ed. (2062, 2630)
  2001 Ed. (2634, 2635)
  2003 Ed. (2665)
Pro Logis Trust
  2000 Ed. (3719)
Pro Look Sports
  2006 Ed. (3358)
Pro Music Group
  2013 Ed. (3803)
  2014 Ed. (3737)
  2015 Ed. (3750)
  2016 Ed. (3657, 3658)
Pro Nurse PC
  1991 Ed. (3513)
  1992 Ed. (4484)
  1993 Ed. (3734)
  1994 Ed. (3669)
Pro Player
  2001 Ed. (4348)
Pro Reklame/Marketing
  1989 Ed. (97)
Pro Set
  1995 Ed. (3648)
Pro Sound & Stage Lighting
  2000 Ed. (3220)
Pro Sound & Stage/Music to the Max
  1999 Ed. (3502)
Pro Staff
  2002 Ed. (4598)
Pro-Tec Coating Co.
  2012 Ed. (3647)
Pro-Tech Polishing Services
  1993 Ed. (1901)
  1994 Ed. (1917)
Pro Therapy of America
  1992 Ed. (2452, 2455)
  1993 Ed. (2068, 2070)
ProAct Technologies Corp.
  2006 Ed. (2412)
Proactiv
  2010 Ed. (3853)
  2011 Ed. (3858)
  2013 Ed. (3905)
Proactiv Plus

2015 Ed. (2330, 2332)
Proactiv Solution
  2015 Ed. (2332, 2333)
  2016 Ed. (2284)
ProAn
  2002 Ed. (3728)
Proan (Proteins Animal)
  2003 Ed. (3901)
ProAssurance Corp.
  2005 Ed. (3123)
  2006 Ed. (3133)
  2007 Ed. (3168)
  2009 Ed. (3384)
  2010 Ed. (3320)
  2011 Ed. (3209, 3278)
  2012 Ed. (3255, 3256)
  2013 Ed. (3327, 3328)
  2014 Ed. (3343, 3344, 3345, 3359)
  2015 Ed. (1407, 1408, 1409, 1410,
    1411, 1412, 1413, 3377, 3392)
  2016 Ed. (3246, 3247, 3264)
ProAssurance Corp. Group
  2013 Ed. (3340)
ProAssurance Group
  2004 Ed. (3119)
Probability plc
  2011 Ed. (2920)
Probank
  2010 Ed. (426)
  2013 Ed. (431)
Probanka
  1997 Ed. (612, 2675, 2676)
  1999 Ed. (637, 3253)
  2006 Ed. (522)
Probanka d.d.
  2011 Ed. (446)
Probate & Property
  2011 Ed. (4720)
  2012 Ed. (4741)
Probe
  1991 Ed. (1727)
  1992 Ed. (2163)
  1993 Ed. (1862)
  1994 Ed. (1851)
Probe Manufacturing Inc.
  2014 Ed. (1424)
Probe Mines Ltd.
  2015 Ed. (1521)
Problems with people
  1992 Ed. (1939)
Problogging Action Plan
  2013 Ed. (618)
Probucol/Lorelco
  1991 Ed. (931)
ProBuild
  2016 Ed. (2861)
ProBuild Holdings Inc.
  2010 Ed. (4314, 4315)
  2011 Ed. (4289)
  2012 Ed. (4074, 4331)
  2013 Ed. (725, 1144, 1565)
  2014 Ed. (1106, 1537)
  2015 Ed. (785, 1147, 1588, 1589)
  2016 Ed. (1058)
The Procaccianti Group
  2009 Ed. (3166)
  2010 Ed. (3097)
  2011 Ed. (3065)
Procall System
  1990 Ed. (2365)
ProCard Inc.
  2006 Ed. (2596)
  2007 Ed. (2563)
Procardia
  1990 Ed. (2530)
  1991 Ed. (2400)
  1992 Ed. (1876, 3526)
  1993 Ed. (2912, 2914, 2915)
  1994 Ed. (2926, 2927, 2929)
  1995 Ed. (1582, 1583, 1587, 2982,
    2984)
  1996 Ed. (1569, 1570, 1578, 3082,
    3084)
  1997 Ed. (1653)
  1999 Ed. (1891)
Procardia caps 10 mg
  1990 Ed. (1573, 1574)
Procardia XL
  1992 Ed. (3002, 3278)
  1994 Ed. (2462)
  1995 Ed. (1590, 2530)
  1996 Ed. (2598)
  1997 Ed. (1647, 1648, 2741, 3161,
    3163)
  1998 Ed. (2913, 2915, 2916)
  1999 Ed. (3886)
Procardia's Kabi Pharmacia
  1995 Ed. (1243)
ProCare Automotive Service Centers
  2005 Ed. (4697)

2006 Ed. (4753)
  2007 Ed. (4759)
ProCare Vision Centers
  1993 Ed. (1900)
Procentrix Inc.
  2015 Ed. (2130)
ProCentury Corp.
  2007 Ed. (2728)
  2008 Ed. (2858)
Procept
  1996 Ed. (3304, 3778)
Procera Networks Inc.
  2016 Ed. (1016)
Procesadora Campofresco Inc.
  2004 Ed. (183)
  2005 Ed. (189)
  2006 Ed. (201)
Procesadora de Materias Prima Indus-
  tiales
  1996 Ed. (1733)
Process Automation
  1995 Ed. (2127)
Process Equipment Inc.
  2006 Ed. (4338)
  2007 Ed. (4398)
Process Expo
  2012 Ed. (4744)
Process Facilities Inc.
  2004 Ed. (2363)
Process Safety & Reliability Group Inc.
  2005 Ed. (3615)
Processed meat/seafood
  2002 Ed. (3494)
Process/operations management
  1998 Ed. (544)
ProCivitas Privata Gymnasium
  2010 Ed. (2000)
Proclinic
  2011 Ed. (2053)
  2013 Ed. (2062)
  2014 Ed. (1996)
  2015 Ed. (2044)
PROCOM
  2006 Ed. (2820)
Procom Consultants Group
  2007 Ed. (2822)
  2008 Ed. (2947)
  2009 Ed. (2997)
  2010 Ed. (2937)
  2011 Ed. (2902)
  2012 Ed. (2837)
  2013 Ed. (2920)
  2014 Ed. (2937)
  2015 Ed. (2981, 2986)
  2016 Ed. (2916, 2920, 2921)
Procom Enterprises
  2016 Ed. (2953)
PROCOM Professional Computer Consultants Group Ltd.
  2003 Ed. (2929)
Procom Technology
  1999 Ed. (2614, 4322)
ProComm Plus
  1997 Ed. (1099)
Procompra 2002
  2001 Ed. (91)
Proconsul Div. of Jayme Org.
  1992 Ed. (3575)
Proconsul Div. of Jayme Organization
  1995 Ed. (3029)
  1996 Ed. (3132)
Proconsul Division of Jayme Organization
  1994 Ed. (2969)
Procopio Cory Hargreaves & Savitch
  LLP
  2009 Ed. (3486)
Procordia
  1992 Ed. (1483)
  1993 Ed. (1403, 1404, 3460)
  1994 Ed. (1392, 1451, 1452, 3439)
  1995 Ed. (1492, 1493)
Procordia AB
  1996 Ed. (1450)
Procore
  2011 Ed. (1884)
Procourier
  2000 Ed. (3080)
ProCredit Bank Congo
  2014 Ed. (352)
  2015 Ed. (400)
Procrit
  1999 Ed. (1910)
  2000 Ed. (1707)
  2002 Ed. (3748, 3750)
  2003 Ed. (2112)
  2004 Ed. (2155)
  2005 Ed. (2248, 2253, 2254, 3813)
  2006 Ed. (2315)
  2007 Ed. (2242, 2247)

2008 Ed. (2382)
ProCrystal Technology Co., Ltd.
  2014 Ed. (2925)
Procter & Gamble
  2013 Ed. (1379, 1735, 1736, 1738)
  2014 Ed. (1683, 2295)
  2015 Ed. (1729)
Procter & Gamble AG
  2001 Ed. (1860, 4613)
Procter & Gamble Austria GmbH
  2011 Ed. (1490)
Procter & Gamble Co.
  1989 Ed. (14, 16, 17, 20, 1629, 1632, 2188, 2277, 2508, 2509, 2657, 2781)
  1990 Ed. (14, 16, 17, 23, 25, 26, 27, 28, 29, 34, 39, 40, 43, 45, 168, 170, 728, 878, 879, 882, 1434, 1832, 2018, 2937)
  1991 Ed. (9, 10, 11, 16, 17, 18, 20, 22, 23, 44, 45, 53, 55, 166, 167, 842, 843, 943, 989, 1236, 1364, 1409, 1417, 1546, 1913, 1976, 2581, 2661, 2662, 2665, 2711, 2712, 2714, 2791, 2792, 2793, 3150, 3151, 3301, 3303, 3305, 3307, 3309, 3311, 3312, 3313, 3314, 3315)
  1992 Ed. (97)
  1993 Ed. (19, 20, 21, 24, 26, 27, 29, 30, 31, 35, 37, 42, 46, 47, 48, 55, 56, 147, 149, 736, 823, 825, 952, 1223, 1229, 1244, 1247, 1252, 1253, 1382, 1421, 1423, 1904, 2572, 2716, 2720, 2760, 2809, 2810, 2814, 3346, 3347, 3348, 3526, 3527, 3528, 3529)
  1994 Ed. (9, 14, 15, 16, 18, 19, 21, 22, 23, 26, 28, 31, 33, 34, 37, 38, 39, 40, 41, 44, 46, 47, 48, 127, 129, 742, 833, 834, 1066, 1248, 1249, 1255, 1260, 1268, 1284, 1286, 1290, 1309, 1436, 1519, 1532, 1558, 1869, 1875, 1920, 2668, 2717, 2749, 2753, 2809, 2810, 2816, 2901, 2986, 3243, 3350, 3351, 3352, 3500, 3501, 3502)
  1995 Ed. (18, 22, 23, 141, 146, 148, 691, 879, 994, 1273, 1292, 1305, 1306, 1310, 1325, 1327, 1336, 1422, 1470, 1547, 1567, 1894, 1898, 2073, 2772, 2824, 2857, 2889, 2901, 3048, 3151, 3409, 3410, 3411, 3413, 3433, 3570, 3571, 3572, 3573, 3574, 3575)
  1996 Ed. (28, 30, 31, 155, 158, 769, 862, 1054, 1248, 1266, 1276, 1282, 1283, 1288, 1432, 1462, 1467, 1523, 1540, 1939, 1941, 1974, 1979, 2200, 2487, 2839, 2842, 2924, 2974, 3147, 3469, 3470, 3498, 3656, 3657, 3659, 3660, 3661)
  1997 Ed. (29, 31, 32, 162, 166, 706, 875, 1141, 1294, 1321, 1323, 1335, 1341, 1343, 1347, 1494, 1535, 1536, 1586, 1598, 1599, 2037, 2328, 2937, 3012, 3018, 3052, 3056, 3232, 3533, 3534, 3535, 3536, 3538, 3713, 3714, 3715)
  1998 Ed. (22, 28, 68, 71, 253, 486, 595, 596, 687, 926, 1081, 1085, 1099, 1100, 1111, 1183, 1198, 1202, 1721, 2052, 2501, 2675, 2760, 2786, 2807, 2978, 2979, 3325, 3327, 3328, 3329, 3332, 3362, 3435, 3490, 3491, 3499)
  1999 Ed. (28, 29, 177, 1000, 1001, 1344, 1345, 1538, 1546, 1720, 1761, 1762, 1830, 1838, 2115, 2460, 3191, 3605, 3637, 3702, 3721, 3768, 3776, 3777, 3974, 3976, 4108, 4350, 4352, 4355, 4391, 4488, 4498, 4566, 4567, 4568)
  2000 Ed. (23, 31, 34, 195, 202, 208, 798, 945, 946, 1242, 1243, 1531, 1591, 1592, 1706, 2212, 3131, 3430, 3448, 3458, 3691, 3822, 4068, 4071, 4072, 4075, 4208, 4209, 4211, 4427)
  2001 Ed. (12, 13, 15, 16, 17, 19, 21, 22, 24, 25, 26, 27, 28, 29, 30, 31, 33, 35, 37, 38, 39, 40, 41, 42, 43, 44, 45, 46, 49, 53, 54, 55, 56, 57, 58, 59, 60, 61, 63, 64, 65, 66, 67, 68, 69, 70, 71, 72, 73, 74, 75, 77, 78, 81, 83, 84, 85, 86, 88, 89, 90, 91, 92, 93, 1092, 1179, 1180, 1199,

1236, 1453, 1557, 1558, 1594, 1827, 1828, 1925, 1932, 1989, 1991, 1999, 2069, 2070, 2071, 2461, 2718, 2719, 3228, 3648, 3649, 3665, 3711, 3720, 3721, 3722)
  2002 Ed. (38, 44, 49, 50, 55, 60, 218, 219, 222, 223, 224, 237, 925, 989, 990, 1016, 1468, 1499, 1560, 1749, 1967, 1968, 2002, 2568, 2705, 3592, 3639, 3643, 3890, 3968, 4093, 4302, 4305, 4306, 4587, 4589, 4591)
  2003 Ed. (16, 19, 188, 189, 194, 284, 648, 650, 651, 652, 680, 833, 844, 914, 934, 935, 991, 995, 1043, 1053, 1489, 1534, 1548, 1800, 1801, 1802, 1866, 1867, 1868, 1997, 1998, 2004, 2046, 2047, 2048, 2049, 2057, 2058, 2080, 2081, 2082, 2083, 2109, 2259, 2427, 2430, 2465, 2502, 2517, 2550, 2579, 2637, 2638, 2662, 2663, 2666, 2667, 2668, 2757, 2872, 2924, 3159, 3169, 3216, 3462, 3626, 3687, 3688, 3690, 3720, 3736, 3750, 3766, 3767, 3768, 3771, 3772, 3784, 3785, 3787, 3793, 3795, 4071, 4399, 4434, 4438, 4457, 4458, 4710, 4711, 4742, 4761, 4765, 4769)
  2004 Ed. (20, 21, 22, 23, 24, 27, 29, 30, 31, 33, 34, 35, 36, 38, 39, 40, 42, 43, 46, 47, 48, 49, 50, 51, 52, 53, 54, 58, 61, 62, 63, 64, 65, 66, 67, 71, 72, 73, 74, 75, 77, 78, 80, 82, 83, 86, 87, 88, 89, 90, 92, 94, 96, 97, 98, 99, 138, 142, 154, 871, 942, 943, 965, 1519, 1552, 1560, 1566, 1569, 1833, 1834, 1835, 2114, 2271, 2272, 2561, 2838, 2840, 2958, 2960, 2961, 2963, 3679, 3775, 3801, 3806, 3807, 3809, 4048, 4052, 4098, 4440, 4441, 4576, 4680, 4682, 4742)
  2005 Ed. (14, 15, 16, 17, 20, 22, 23, 24, 26, 27, 28, 29, 31, 32, 33, 34, 36, 37, 40, 41, 42, 43, 44, 45, 46, 47, 50, 53, 56, 57, 58, 59, 60, 61, 62, 65, 67, 68, 69, 70, 72, 73, 74, 75, 77, 78, 81, 82, 83, 84, 85, 87, 89, 90, 92, 94, 129, 133, 135, 152, 740, 850, 851, 932, 933, 1060, 1535, 1552, 1574, 1575, 1577, 1579, 1581, 1583, 1584, 1586, 1597, 1803, 1804, 1805, 1806, 1807, 1808, 1809, 1810, 1818, 1919, 1920, 1921, 2219, 2846, 2847, 2848, 2849, 2963, 2965, 2966, 2968, 2970, 3182, 3371, 3596, 3694, 3710, 3711, 3715, 3717, 3718, 3987, 3990, 4388, 4389, 4451, 4501, 4656, 4658, 4659, 4675)
  2006 Ed. (20, 21, 22, 23, 26, 28, 29, 30, 32, 33, 34, 36, 38, 40, 41, 44, 45, 47, 48, 49, 50, 51, 52, 53, 54, 55, 57, 60, 63, 64, 65, 66, 67, 68, 69, 75, 76, 77, 78, 79, 81, 82, 84, 86, 87, 90, 91, 92, 94, 96, 98, 99, 101, 103, 105, 132, 135, 143, 144, 164, 168, 193, 694, 772, 782, 841, 842, 1068, 1455, 1457, 1470, 1483, 1501, 1602, 1783, 1784, 1785, 1786, 1787, 1788, 1789, 1790, 1805, 1850, 1952, 1953, 1954, 1955, 2281, 2287, 2847, 2849, 2851, 2852, 2958, 2960, 2962, 2963, 2965, 2966, 3357, 3490, 3491, 3798, 3799, 3804, 3806, 3807, 4026, 4076, 4600, 4647, 4708, 4710, 4714)
  2007 Ed. (15, 16, 17, 18, 21, 22, 24, 25, 26, 27, 28, 29, 30, 31, 32, 35, 36, 37, 38, 39, 40, 41, 42, 43, 45, 46, 47, 48, 49, 51, 54, 55, 56, 57, 58, 59, 60, 61, 62, 66, 67, 68, 69, 70, 72, 74, 76, 77, 78, 80, 81, 82, 84, 86, 88, 90, 92, 96, 97, 126, 133, 136, 137, 155, 199, 787, 1160, 1326, 1443, 1448, 1452, 1453, 1493, 1545, 1557, 1561, 1790, 1791, 1792, 1793, 1794, 1795, 1796, 1807, 1812, 1813, 1815, 1816, 1923, 1936, 1937, 1938, 2224, 2226, 2842, 2844, 2846, 2909, 2973, 2974, 2976, 2977, 2979, 2980, 2982, 2987, 2988, 2989, 3211, 3524, 3698, 3769, 3770, 3801, 3803, 3804, 3806, 3808, 3810, 3816, 3817, 3818,

3820, 4363, 4586, 4645, 4735)
  2008 Ed. (19, 20, 21, 22, 23, 26, 27, 29, 30, 31, 32, 33, 34, 35, 36, 37, 39, 40, 42, 44, 45, 46, 47, 49, 50, 51, 52, 56, 57, 58, 59, 60, 61, 62, 63, 65, 66, 68, 71, 72, 73, 74, 75, 77, 78, 80, 81, 82, 83, 86, 88, 89, 91, 93, 95, 97, 99, 102, 104, 106, 107, 131, 140, 141, 154, 186, 763, 830, 1053, 1213, 1434, 1438, 1439, 1440, 1487, 1538, 1826, 1827, 1828, 1829, 1830, 1831, 1832, 1851, 1852, 1854, 1922, 2004, 2005, 2006, 2120, 2364, 2366, 2969, 2970, 3099, 3100, 3101, 3107, 3108, 3540, 3682, 3688, 3841, 3849, 3850, 3872, 3873, 3874, 3875, 3880, 3882, 3883, 4319, 4481, 4651, 4653, 4656, 4658)
  2009 Ed. (22, 23, 25, 26, 28, 30, 31, 32, 34, 35, 36, 37, 39, 40, 41, 43, 44, 45, 47, 48, 50, 51, 52, 53, 54, 56, 57, 58, 60, 61, 63, 64, 65, 66, 67, 68, 69, 71, 72, 77, 80, 81, 82, 83, 84, 86, 87, 88, 89, 91, 92, 95, 97, 98, 100, 102, 104, 106, 107, 113, 114, 116, 117, 151, 152, 154, 161, 162, 175, 203, 656, 755, 758, 760, 766, 772, 775, 852, 916, 1194, 1196, 1402, 1404, 1406, 1407, 1408, 1459, 1466, 1655, 1775, 1776, 1777, 1778, 1779, 1780, 1781, 1800, 1801, 1966, 1967, 1968, 1970, 2312, 2589, 2810, 2939, 3049, 3051, 3190, 3194, 3195, 3202, 3203, 3611, 3753, 3897, 3906, 3907, 3916, 3931, 3934, 3935, 3937, 3938, 3941, 3944, 3945, 4551, 4622, 4693, 4695, 4697)
  2010 Ed. (31, 33, 34, 35, 38, 40, 41, 42, 44, 45, 46, 47, 48, 49, 50, 51, 53, 54, 55, 56, 57, 58, 60, 61, 62, 63, 64, 66, 67, 68, 70, 71, 73, 74, 75, 76, 77, 78, 79, 80, 81, 82, 87, 90, 91, 92, 94, 95, 96, 97, 98, 99, 100, 103, 105, 106, 108, 110, 112, 115, 116, 117, 142, 143, 145, 152, 153, 157, 183, 703, 709, 716, 798, 860, 872, 1198, 1200, 1412, 1441, 1443, 1444, 1450, 1451, 1455, 1716, 1720, 1735, 1736, 1742, 1746, 1747, 1812, 1899, 1900, 1901, 1903, 1990, 1999, 2243, 2501, 2875, 2973, 2975, 3120, 3123, 3126, 3127, 3130, 3179, 3535, 3816, 3817, 3850, 3851, 3854, 3855, 3857, 3858, 3859, 4468, 4583, 4705, 4707, 4710, 4974)
  2011 Ed. (27, 28, 29, 30, 31, 32, 66, 67, 69, 76, 77, 79, 634, 635, 726, 782, 800, 925, 1147, 1148, 1439, 1442, 1443, 1444, 1446, 1453, 1732, 1734, 1736, 1737, 1755, 1758, 1934, 1935, 1936, 1938, 2051, 2060, 2857, 2936, 2937, 2958, 3086, 3087, 3089, 3090, 3095, 3097, 3534, 3679, 3812, 3813, 3822, 3854, 3856, 3859, 3860, 3861, 3865, 3866, 4546, 4660, 4662, 4666)
  2012 Ed. (30, 31, 32, 33, 34, 35, 36, 38, 39, 40, 68, 69, 71, 74, 78, 79, 80, 664, 734, 760, 1079, 1081, 1082, 1583, 1605, 1608, 1793, 1794, 1795, 1797, 1798, 2162, 2164, 2302, 2305, 2454, 2788, 3026, 3027, 3028, 3029, 3030, 3035, 3037, 3520, 3524, 3796, 3797, 3807, 3827, 3828, 3830, 3833, 3834, 3835, 3841, 3842, 4555, 4676, 4961, 4973)
  2013 Ed. (35, 36, 38, 39, 41, 42, 44, 63, 64, 65, 69, 71, 73, 74, 184, 806, 928, 962, 1218, 1219, 1385, 1739, 1761, 1966, 1967, 1968, 1970, 1972, 2364, 2365, 2855, 2964, 3121, 3124, 3172, 3179, 3492, 3494, 3565, 3739, 3861, 3862, 3870, 3889, 3890, 3895, 3898, 3900, 3901, 4224, 4515, 4559, 4648, 4978)
  2014 Ed. (51, 52, 53, 54, 55, 82, 83, 84, 88, 90, 91, 92, 191, 826, 881, 915, 954, 1157, 1158, 1159, 1325, 1905, 1907, 1909, 1911, 2255, 2296, 2297, 2317, 2410, 2539, 2884, 2977, 3122, 3123, 3538, 3793, 3794, 3801, 3804, 3822,

3823, 3828, 3831, 3833, 3834, 3838, 3853, 3854, 3856, 4078, 4697, 4698, 4742, 4971, 4973, 4983)
  2015 Ed. (55, 83, 84, 85, 86, 90, 93, 96, 98, 217, 865, 910, 937, 1212, 1213, 1950, 1953, 1955, 2047, 2324, 2378, 2379, 2380, 2485, 2928, 3045, 3183, 3184, 3250, 3531, 3559, 3692, 3814, 3815, 3827, 3847, 3848, 3853, 3856, 3858, 3859, 3878, 3879, 3880, 3881, 4427, 4570, 4612, 4708, 4709, 4764, 5017, 5019)
  2016 Ed. (54, 55, 83, 85, 87, 88, 208, 574, 753, 812, 846, 893, 947, 1118, 1921, 1926, 1928, 2271, 2278, 2304, 2323, 2325, 2416, 2845, 2846, 2848, 2858, 3039, 3040, 3045, 3096, 3575, 3634, 3726, 3727, 3732, 3735, 3736, 3738, 3753, 3754, 3763, 3767, 3768, 3769, 3773, 3789, 3790, 3791, 3792, 4082, 4321, 4403, 4533, 4612, 4613, 4667)
Procter & Gamble E.S.C.
  2003 Ed. (1624)
Procter & Gamble European Supply Co., NV
  2004 Ed. (4930)
Procter & Gamble Finland Oy
  2011 Ed. (1628)
Procter & Gamble France
  2012 Ed. (1502)
  2013 Ed. (1641)
  2015 Ed. (1651)
Procter & Gamble Fund
  2001 Ed. (2516)
  2002 Ed. (978)
Procter & Gamble GmbH & Co. Manu- facturing
  2002 Ed. (3577)
Procter & Gamble Ltd.
  2015 Ed. (56)
Procter & Gamble Manufacturing GmbH
  2004 Ed. (3768)
Procter & Gamble Pharmaceuticals
  2007 Ed. (3909)
Procter & Gamble/Scope
  1991 Ed. (2495)
Procter & Procter
  1994 Ed. (3487)
Procter & Procter Direct
  1996 Ed. (3645)
Procter & Procter Group
  1993 Ed. (3513)
Procter-Silex
  1998 Ed. (2050, 2051)
  2003 Ed. (2867)
  2005 Ed. (2955)
  2009 Ed. (3177)
Proctor Cos.
  1996 Ed. (1956)
Proctor & Gamble
  1999 Ed. (1539, 1540, 1545, 3606)
Proctor Homer Warren Inc.
  1998 Ed. (2127)
  1999 Ed. (2912)
  2000 Ed. (2666)
Proctor-Silex
  1992 Ed. (1242, 1243, 2523)
  1993 Ed. (1005, 1006, 2110, 2813)
  1995 Ed. (2185, 2902)
  1996 Ed. (2202)
  1997 Ed. (2330, 2331, 3060)
  1999 Ed. (2807, 2808)
  2000 Ed. (2587)
  2008 Ed. (1036)
Proctor-Silex Toaster, 2-Slice
  1990 Ed. (2105, 2106)
Proctor & Stevenson
  2002 Ed. (1954)
ProctorSilex
  1991 Ed. (1485, 1492, 1961)
ProctorU
  2016 Ed. (1411, 2343)
Procurement Technical Assistance Cen- ter
  2002 Ed. (4291)
Procuritas
  1992 Ed. (2964)
Prod. Research & Chem.
  1990 Ed. (963, 964, 965)
Prodapt Solutions Pvt. Ltd.
  2013 Ed. (2907)
Prodege
  2013 Ed. (49)
Prodege LLC
  2013 Ed. (1460)
  2014 Ed. (1422)

Prodemge
2004 Ed. (3026)
Prodiana
2007 Ed. (3712)
2008 Ed. (3804)
2009 Ed. (3849)
Prodigital Printing
2010 Ed. (4013, 4040)
2012 Ed. (4019, 4043)
2014 Ed. (4089, 4099)
2016 Ed. (3972, 3997)
Prodigy
1998 Ed. (2713, 3775)
1999 Ed. (2999)
Prodigy Communications L.P.
2002 Ed. (4883)
Prodigy Resources
2014 Ed. (3125)
Prodigy Retail Construction Inc.
2015 Ed. (1160)
Prodigy Service Co., IBM/Sean
1991 Ed. (3450)
Prodigy Services Inc.
1991 Ed. (3293)
1992 Ed. (4216)
1997 Ed. (2963)
1998 Ed. (2429)
ProdigyMSN.com.mx
2012 Ed. (2880)
ProDocumentSolutions
2005 Ed. (3891)
2006 Ed. (3965)
2010 Ed. (4010, 4015)
ProduBanco
2015 Ed. (588)
2016 Ed. (534)
Produbanco
1999 Ed. (505)
2000 Ed. (513, 514, 515, 516, 517)
2002 Ed. (4406, 4409)
2003 Ed. (484)
2004 Ed. (481)
2007 Ed. (433)
Produbanco; Banco de la Produccion—
2006 Ed. (4497, 4498)
Produce
1994 Ed. (3463)
1995 Ed. (3530)
1996 Ed. (1735)
1998 Ed. (3433)
1999 Ed. (4507)
2000 Ed. (4144)
2004 Ed. (3666)
Produce Buying Co.
2006 Ed. (4505)
Produce, fresh
1997 Ed. (1208)
ProduceOnline.com
2001 Ed. (4755)
Producer Livestock Marketing Association
2015 Ed. (1342)
The Producers
2004 Ed. (4717)
Producers Livestock Marketing Association
2012 Ed. (1227)
Producers Lloyds
1998 Ed. (2202)
Producers Rice Mill Inc.
2014 Ed. (1371, 1381)
Product counterfeiting
1992 Ed. (4430)
Product Design & Development
2007 Ed. (4792)
Product design engineering
2000 Ed. (3466)
2007 Ed. (157)
Product development
1997 Ed. (1076)
Product doesn't deliver
1990 Ed. (2678)
Product & event promotion
1991 Ed. (2610)
Product marketing engineer
2004 Ed. (2274)
Product marts
2000 Ed. (3478)
Product Movers
2013 Ed. (182, 3561)
Product Partners LLC
2011 Ed. (3143)
Product planning
1999 Ed. (964)
Product Research & Chemical
1989 Ed. (896, 897, 898)
Product variety
1992 Ed. (4385)
Producta/TBWA

1997 Ed. (93)
Production
1990 Ed. (3080, 3081)
2005 Ed. (3633, 3634)
2007 Ed. (3736)
Production Engineering Research Laboratory
2011 Ed. (4192)
Production operators
2007 Ed. (3737)
Production Tool Supply
2013 Ed. (897)
Production workers
2013 Ed. (3843)
2014 Ed. (3764)
Productive Data Solutions Inc.
2010 Ed. (2591)
2011 Ed. (2573)
Productive Data System
1998 Ed. (2513)
Productive Data Systems
1999 Ed. (2675)
2000 Ed. (3146)
Productive Data Systems LLC
2002 Ed. (3374)
Productive Transportation Services
1992 Ed. (4354)
Productivity improvement
1991 Ed. (2026)
Productos Familia Sancela del Ecuador SA
2010 Ed. (1611)
2011 Ed. (1615)
Productos Mus ASA
2005 Ed. (1963)
Productos Roche SA
2010 Ed. (1581)
2014 Ed. (2069)
2015 Ed. (1570)
Products, auxiliary services, and capital expenditures
1992 Ed. (2379)
Produtos Alimenticios Vigor
2001 Ed. (1972)
Produvalores
2007 Ed. (757)
2008 Ed. (736)
2010 Ed. (676)
Proesa
1992 Ed. (47)
Proexport
2014 Ed. (3512)
Proexport Colombia
2015 Ed. (1569, 3527)
Proeza SA de CV
1995 Ed. (327)
ProfCare
1990 Ed. (248)
Profero
2011 Ed. (60)
Professional
1992 Ed. (2418)
1997 Ed. (1644, 2378)
2002 Ed. (748)
2005 Ed. (3633, 3634)
2007 Ed. (3736)
Professional Account Services Inc.
2010 Ed. (985)
2011 Ed. (913)
2012 Ed. (850)
2013 Ed. (1032)
2014 Ed. (1003)
2015 Ed. (1039)
2016 Ed. (948)
Professional Advantage
2002 Ed. (1581)
2012 Ed. (29, 4816)
2013 Ed. (4779)
2014 Ed. (4822)
2015 Ed. (4858)
2016 Ed. (4766)
Professional Alternatives
2003 Ed. (3963)
Professional and scientific instruments
1991 Ed. (1904)
Professional Assistance & Consulting Inc.
1998 Ed. (1936)
Professional Bank Services
1993 Ed. (1165)
Professional Bank Services Group
1998 Ed. (340)
Professional basketball
1989 Ed. (2523)
Professional books
2001 Ed. (976)
Professional Builder
2007 Ed. (4791)
2008 Ed. (4708)
2009 Ed. (4753)

2012 Ed. (4736)
Professional Building Services Inc.
2016 Ed. (4777)
Professional Building Systems
2007 Ed. (3625)
2011 Ed. (3695)
Professional & business services
2007 Ed. (3732, 3733, 3734, 3735)
2009 Ed. (3866, 3867, 3868, 3869)
Professional Care, Inc.
1990 Ed. (254)
Professional Carpet Systems
2008 Ed. (862)
2009 Ed. (866, 867)
Professional Casualty Insurance
2007 Ed. (2835)
Professional Community Management
1999 Ed. (1935)
2000 Ed. (1723)
2006 Ed. (4191)
Professional Construction Services Inc.
2006 Ed. (4355)
2007 Ed. (4423)
Professional Consultants Inc.
2011 Ed. (2455)
Professional Consultants Insurance Co.
1998 Ed. (641)
Professional Control
1998 Ed. (606)
Professional Data Dimensions
2006 Ed. (3512, 4351)
2007 Ed. (3553, 4411)
2008 Ed. (3708, 4385)
Professional Data Resources Inc.
2008 Ed. (4977)
Professional Dental Tech.
1995 Ed. (202)
Professional Display Systems BV (PDS)
2003 Ed. (2722)
Professional Educational Services Group LLC
2010 Ed. (1821)
2011 Ed. (1851)
Professional Employee Management Inc.
1998 Ed. (1429, 3763)
Professional Employer Plans Inc.
2005 Ed. (1762)
2006 Ed. (1708)
2007 Ed. (1703)
2008 Ed. (1732)
2009 Ed. (1671)
2010 Ed. (1627)
Professional Employer Services Inc.
2003 Ed. (1748)
Professional Employment Group Inc.
2015 Ed. (5038)
Professional equipment
1996 Ed. (3827)
Professional Finance Co.
2011 Ed. (914)
2014 Ed. (1004)
2015 Ed. (1040)
Professional Food Systems
1996 Ed. (2047)
1998 Ed. (1874)
2000 Ed. (2389)
Professional Foot Care
1998 Ed. (1748)
2003 Ed. (2536)
Professional football
1989 Ed. (2523)
Professional FSB
1993 Ed. (3071)
Professional Golfers Association
1998 Ed. (2460)
Professional hair care
2001 Ed. (3712)
Professional Insurance Corp.
1999 Ed. (2925)
Professional Investment Services
2015 Ed. (2712)
2016 Ed. (2637)
Professional Land Surveyors P. S. C.
2008 Ed. (3730)
Professional Land Surveyors PSC
2006 Ed. (3537)
Professional Medical Services
1992 Ed. (2452)
Professional Mortgage Alliance
2005 Ed. (3914)
Professional Music Technology
2013 Ed. (3812)
Professional Nurse
1997 Ed. (2953)
Professional Paint Inc.
2004 Ed. (3968)
2005 Ed. (3912)
2006 Ed. (3986)

2007 Ed. (4025)
2008 Ed. (3844, 4052)
Professional Placement Resources
2006 Ed. (4329)
2015 Ed. (1369)
2016 Ed. (1296)
Professional Placement Resources LLC
2009 Ed. (4449)
2011 Ed. (4427)
Professional Placements Resources LLC
2008 Ed. (4346)
Professional Polish Inc.
1993 Ed. (1900)
Professional Printers Ltd.
1995 Ed. (2985)
Professional Products & Service
1991 Ed. (241)
Professional Project Partners Inc.
2008 Ed. (3709, 4394)
Professional Research Consultants
2010 Ed. (2896)
Professional Secretaries International
1998 Ed. (193)
Professional Service Industries Inc.
1993 Ed. (1602)
1999 Ed. (2020, 2022, 2057)
2000 Ed. (1800, 1843)
2001 Ed. (2240)
2004 Ed. (2328, 2338, 2350, 2372)
2009 Ed. (2539)
Professional services
1992 Ed. (2229, 2447)
1993 Ed. (2063)
1994 Ed. (2083, 2085)
1995 Ed. (3791)
1996 Ed. (2148)
1997 Ed. (2253)
1998 Ed. (1979)
1999 Ed. (2719)
2000 Ed. (2500)
2001 Ed. (2021, 2177, 2810, 3050, 3918)
2002 Ed. (2596)
2003 Ed. (2801, 4445, 4446, 4447)
2005 Ed. (2797)
2006 Ed. (2768, 2954)
2008 Ed. (4216)
Professional Siding
2009 Ed. (4441)
Professional Solutions
1999 Ed. (3778)
Professional staff
2001 Ed. (2994)
Professional-Style Hair Dryer, 1,500 Watt
1990 Ed. (2803, 2804)
Professional Tape Reader
1992 Ed. (2803)
Professional Technical Development
1999 Ed. (4810)
Professional Tool & Equipment News
2011 Ed. (4715)
Professional Travel
1990 Ed. (3650)
Professional Underwriters Liability Insurance Co.
2008 Ed. (3264)
Professional Veterinary Products Ltd.
2008 Ed. (4345)
Professional wrestling
1989 Ed. (2523)
Professional Write
1992 Ed. (4490)
1995 Ed. (1107)
Professionals
1994 Ed. (2587)
Professionals Qc Balanced
2006 Ed. (3662)
Professionals Quebec Bond
2004 Ed. (725, 726)
Professor
1990 Ed. (3701)
2011 Ed. (3783)
Professor Choon Fong Shih
2012 Ed. (2496)
Proffit's
1998 Ed. (1259, 1261)
Proffitt's
1997 Ed. (1591)
1999 Ed. (1562, 1834)
2004 Ed. (1453)
Proficient Business Systems Inc.
2007 Ed. (3552)
2008 Ed. (4960)
Proficient Networks
2003 Ed. (1093)
Proficio Bank
2015 Ed. (558)
Profil M

1993 Ed. (106)
Profit
2015 Ed. (804)
Profit
2002 Ed. (2711)
Profit at the Bottom of the Ladder
2012 Ed. (513)
Profit Enterprises Planning Ltd.
1990 Ed. (1036)
Profit Sense Innovations
2013 Ed. (1918)
Profit-sharing
1992 Ed. (2234, 2235)
1996 Ed. (3811)
2000 Ed. (1781, 1783, 1784)
2005 Ed. (2371)
Profit-Tell International
2006 Ed. (130)
2007 Ed. (123)
2009 Ed. (159)
The Profit Zone
2000 Ed. (780)
ProfitPoint
2010 Ed. (773)
ProfitTaker
1990 Ed. (1869)
Proflowers
2005 Ed. (3903, 4092)
2006 Ed. (4164)
ProFlowers.com
2006 Ed. (2380)
ProFOOT
1999 Ed. (2487)
Profoot Care
2000 Ed. (2250, 2251)
2001 Ed. (2493)
2002 Ed. (2318)
Proforce USA
1999 Ed. (2510, 2513, 2518)
ProForma
1993 Ed. (787)
1994 Ed. (804)
1995 Ed. (855)
1999 Ed. (961)
2000 Ed. (910)
2002 Ed. (912, 2576)
2003 Ed. (806)
2004 Ed. (846)
2005 Ed. (820)
2006 Ed. (746)
2007 Ed. (840)
2008 Ed. (807)
2009 Ed. (831, 4099)
2010 Ed. (776, 4018)
2011 Ed. (704, 1573, 4017)
2012 Ed. (642, 4022)
2013 Ed. (784)
2014 Ed. (805)
2015 Ed. (850)
2016 Ed. (742)
Proforma
2013 Ed. (4074)
2014 Ed. (4084)
2015 Ed. (4068)
2016 Ed. (3975)
Proforma InPrint
2012 Ed. (4018, 4020)
Proforma Promotionally Yours
2010 Ed. (1767)
Proforma Spectrum Graphics
2010 Ed. (4009, 4022)
Proforma Think Ink Corp.
2012 Ed. (4018, 4020)
Profs Latvija Sia
2009 Ed. (1846)
ProFund Bear Investment
2004 Ed. (3552, 3554)
ProFund UltraBear Investment
2004 Ed. (3552, 3554)
ProFund UltraBear Investor
2004 Ed. (3595)
ProFund UltraBull Investment
2004 Ed. (3604)
2006 Ed. (3624)
ProFund UltraDow 30 Investment
2006 Ed. (3629)
ProFund UltraMid Cap Investment
2006 Ed. (3644)
2007 Ed. (3671)
ProFund UltraOTC Investment
2004 Ed. (3603, 3604)
2006 Ed. (3629)
ProFund UltraShort OTC Investment
2004 Ed. (3552)
ProFund UltraSmall Investment
2006 Ed. (3644)
ProFund Utilities UltraSector Investment
2007 Ed. (3677)
ProFund Wireless UltraSector Investment

2006 Ed. (3639)
ProFunds Biotechnology Investment
2008 Ed. (3774)
ProFunds-Energy-Investment
2006 Ed. (3597)
ProFunds Energy Ultrasector Investment
2006 Ed. (2508)
ProFunds Investment Ultra Bull Investment
2008 Ed. (598)
ProFunds Investment Ultra Mid Cap
2006 Ed. (4570)
ProFunds Investment Ultra Small Cap
2006 Ed. (4570)
2008 Ed. (598, 4515)
ProFunds Investment U.S. Government
2007 Ed. (645)
ProFunds Pharmaceuticals Ultrasector Investment
2006 Ed. (2511)
ProFunds Precious Metals Ultrasector Investment
2006 Ed. (2511)
ProFunds Real Estate Investment
2008 Ed. (3766)
ProFunds Real Estate Ultrasector Investment
2006 Ed. (2508)
ProFunds Semiconductor Investment
2008 Ed. (3774)
ProFunds Semiconductor Ultrasector Investment
2006 Ed. (2511)
ProFunds-Ultra Bull Fund Investor
2000 Ed. (3244)
ProFunds Ultra Emerging Markets Investment
2011 Ed. (3735)
ProFunds Ultra Emerging Markets Service
2009 Ed. (3803)
ProFunds Ultra Latin American Investment
2011 Ed. (3735)
ProFunds Ultra OTC Fund Investor
2000 Ed. (3244)
ProFunds Ultra OTC Investor
2005 Ed. (3560)
ProFunds Ultra Small-Cap Investor
2005 Ed. (3560)
ProFunds UltraOTC Inv
2000 Ed. (3274)
Profunds UltraOTC Profund Investment
2003 Ed. (2360)
Profunds UltraSector Oil & Gas Investment
2010 Ed. (3729)
ProFunds UltraShort OTC
2007 Ed. (3679)
ProFunds UltraShort OTC Investment
2006 Ed. (2511)
Profunds Ultrashort OTC Investments
2000 Ed. (3294)
ProFunds UltraShort Small-Cap
2007 Ed. (3679)
ProFunds U.S. Government Plus Investment
2010 Ed. (594)
2013 Ed. (615)
ProFunds Wireless Ultrasector Investment
2006 Ed. (2508)
ProFunds—UltraJapan Investment
2007 Ed. (4541)
Profum
2002 Ed. (4449)
Progas Ltd.
1996 Ed. (2012)
1997 Ed. (2132)
Progen Holdings
1999 Ed. (4166)
Prograde
2014 Ed. (4092)
2015 Ed. (4072)
2016 Ed. (3980, 3986)
Program Brokerage Corp.
2012 Ed. (3134)
2015 Ed. (3385)
2016 Ed. (3257)
Program Resources Inc.
1990 Ed. (1037)
Programator
1992 Ed. (1335)
Programme Solaire
2001 Ed. (4394, 4395)
Programmer's Paradise Inc.
2007 Ed. (2732, 2735)
2008 Ed. (4347, 4359, 4363, 4414)

Programmes
1993 Ed. (3513)
1994 Ed. (3487)
Programmes Group
1991 Ed. (3283)
Programmes UK
1995 Ed. (3557)
Programming Research
2010 Ed. (1113)
2011 Ed. (1052)
ProGrass
2012 Ed. (3436)
2015 Ed. (3480)
Progresive Roofing
2016 Ed. (4285)
Progreso
2000 Ed. (514, 515, 517)
Progress
1997 Ed. (3294)
2010 Ed. (1112)
2011 Ed. (1051)
2012 Ed. (978, 979)
2013 Ed. (1121)
2015 Ed. (1119)
Progress Energy
2013 Ed. (2425)
2014 Ed. (2361)
Progress Energy Canada
2016 Ed. (766)
Progress Energy Canada Ltd.
2016 Ed. (3681)
Progress Energy Inc.
2003 Ed. (1794, 1795, 2138, 2141, 4535)
2004 Ed. (1829, 1830, 2194, 2198)
2005 Ed. (1912, 1914, 1915, 2290, 2293, 2311, 2312, 2394, 2401)
2006 Ed. (1941, 1943, 1944, 2362, 2364, 2694, 2696)
2007 Ed. (1925, 1926, 1927, 4524)
2008 Ed. (1991, 1992, 1993, 2421, 2427)
2009 Ed. (1951, 1954, 2420, 2424, 2429, 2869)
2010 Ed. (1887, 1890, 1891, 1892, 2342, 2343, 2349, 2810, 3182)
2011 Ed. (1093, 1919, 1922, 1923, 2336, 2337, 2343, 2793)
2012 Ed. (1780, 1782, 1783, 1784, 2236, 2241, 2270)
2013 Ed. (1952, 1954, 1956, 1957, 2413, 2417, 2419, 2803, 4821)
2014 Ed. (1888, 1892, 2356)
2015 Ed. (1934)
2016 Ed. (1891, 2361)
Progress Energy Resources
2014 Ed. (1445)
Progress Financial Corp.
2000 Ed. (3857, 4251)
2005 Ed. (364)
Progress Fuels Corp.
2004 Ed. (1030, 1031)
2005 Ed. (1037, 1038)
2006 Ed. (1046, 1047)
2007 Ed. (1135, 1136)
2008 Ed. (1015)
2009 Ed. (1000)
2010 Ed. (965)
Progress-Garant
2003 Ed. (2978)
Progress Investment
1996 Ed. (2392, 2396, 2404)
1998 Ed. (2266)
Progress Investment Management Co.
1992 Ed. (2759, 2763, 2767)
2010 Ed. (177)
2011 Ed. (102)
2012 Ed. (109)
2013 Ed. (82)
2015 Ed. (106)
2016 Ed. (113)
Progress Rail
2012 Ed. (3510)
Progress Rail Services Corp.
2005 Ed. (4760)
Progress Software Corp.
1991 Ed. (1878)
1994 Ed. (2706)
2006 Ed. (1135, 1138)
2007 Ed. (1252)
Progress West Healthcare Center
2015 Ed. (1862)
2016 Ed. (1823)
Progressions Credit Union
2010 Ed. (2122)
Progressive
2015 Ed. (3289)
2016 Ed. (3134, 3136)
Progressive Affiliated Lumbermen Co-op Inc.

2003 Ed. (1380)
2004 Ed. (1391, 1392)
2005 Ed. (1412, 1413)
2006 Ed. (1398, 1399)
2007 Ed. (1431)
Progressive Agg. Growth
1994 Ed. (2627)
Progressive Business Solutions Inc.
2010 Ed. (4033)
Progressive Casualty
1993 Ed. (2184)
1994 Ed. (2216, 2220, 2276, 2279)
1996 Ed. (2270)
1997 Ed. (2410)
1998 Ed. (2114, 2118)
1999 Ed. (2900, 2904)
Progressive Casualty Group
2006 Ed. (3142)
2009 Ed. (3288)
Progressive Casualty Insurance Co.
2000 Ed. (2650, 2653)
2002 Ed. (2963)
2004 Ed. (3306)
2005 Ed. (3132)
2008 Ed. (3321)
2009 Ed. (3256)
Progressive Computer
2001 Ed. (1881, 1882)
Progressive Consumers Insurance Co.
2000 Ed. (2733)
Progressive Corp.
2013 Ed. (3214, 3215, 3345)
2014 Ed. (2410, 3231, 3232, 3233, 3234, 3359, 3361, 3364)
2015 Ed. (3291, 3292, 3321, 3394)
2016 Ed. (3141, 3142, 3143, 3144, 3266, 3270)
The Progressive Corp.
1989 Ed. (1732, 1733)
1990 Ed. (2253, 2254)
1991 Ed. (2127, 2128)
1992 Ed. (1836, 2681, 2683)
1993 Ed. (2239)
1995 Ed. (2268, 2318, 2321)
1996 Ed. (1565)
1997 Ed. (1642)
1998 Ed. (3417)
1999 Ed. (2442, 2901, 2902, 2903, 2966)
2000 Ed. (1623, 1624, 1626, 2199, 2731)
2001 Ed. (1672, 2898, 2902, 2903, 2904, 2906)
2003 Ed. (1800, 3166)
2004 Ed. (1833, 3040, 3050, 3051, 3052, 3053, 3054, 3076, 3077, 3078, 3122, 3123, 3128, 4498, 4545)
2005 Ed. (128, 1919, 1921, 2225, 3050, 3052, 3058, 3059, 3060, 3061, 3062, 3063, 3083, 3084, 3085, 3086, 3126, 3127, 3128, 3134, 3137, 3181, 3250, 4163, 4460, 4471, 4503)
2006 Ed. (1953, 1955, 3051, 3057, 3060, 3061, 3062, 3063, 3064, 3065, 3088, 3091, 3138, 3140, 3141, 3144, 4217)
2007 Ed. (1496, 1526, 1936, 1938, 3086, 3088, 3089, 3090, 3091, 3092, 3093, 3102, 3105, 3107, 3171, 3173, 3175, 3176, 3178, 4233)
2008 Ed. (1490, 2004, 2006, 2125, 2127, 2128, 2132, 2133, 2134, 3318, 3322, 3324, 4265)
2009 Ed. (1966, 1968, 1970, 3387, 3390, 4369)
2010 Ed. (1899, 1903, 2696, 3325, 4396)
2011 Ed. (1938, 2682, 3208, 3283, 4341)
2012 Ed. (1797, 1798, 2613, 3137, 3138, 3260, 3262, 3265, 3268)
2013 Ed. (1970, 1972, 3029, 3336, 3343, 3346)
2014 Ed. (1909, 1911, 3042, 3354, 3362, 3365)
2015 Ed. (1953, 1955, 3108, 3386, 3395, 3398)
2016 Ed. (1926, 1928, 3258, 3267, 3271)
Progressive Credit Union
1996 Ed. (1505, 1506)
1998 Ed. (1216, 1217, 1219)
2002 Ed. (1827, 1834, 1837)
2003 Ed. (1888, 1895, 1898)
2004 Ed. (1932, 1935, 1938)
2005 Ed. (2063, 2072, 2075, 2078, 2084)

2006 Ed. (2156, 2166, 2169, 2172, 2178)
2008 Ed. (2208)
2009 Ed. (761, 2177, 2181, 2182, 2185, 2186, 2193, 2197)
2010 Ed. (2121, 2124, 2126, 2134, 2136, 2144, 2146, 2147)
2011 Ed. (2168)
2012 Ed. (2018, 2020, 2022, 2030)
2013 Ed. (2213, 2215, 2260)
2014 Ed. (2144, 2146, 2193)
2015 Ed. (2210, 2257)
2016 Ed. (2181, 2228)
Progressive Employer Services
2012 Ed. (1491)
2013 Ed. (1621)
Progressive Enterprises
2008 Ed. (64)
2009 Ed. (73)
2010 Ed. (83)
Progressive Environmental Fund
1995 Ed. (2730)
Progressive Express Insurance Co.
2000 Ed. (2733)
2002 Ed. (2965)
Progressive Farmer
1999 Ed. (3748, 3757)
2000 Ed. (3467)
2001 Ed. (1053)
2010 Ed. (4761)
2011 Ed. (4714)
Progressive Gaming International
2010 Ed. (4606)
Progressive Grocer
2014 Ed. (820)
Progressive Group
1991 Ed. (2082)
1995 Ed. (2266)
1997 Ed. (2406, 2408, 2459, 2460)
1998 Ed. (2115, 2117, 2199)
2000 Ed. (2655, 2656, 2657)
2002 Ed. (2839, 2840, 2841, 2842)
2003 Ed. (1557, 1598, 2958, 2965, 2966, 2967, 2968, 2969, 3008, 4534)
2004 Ed. (3033, 3036, 3127)
2009 Ed. (3287, 3393)
2010 Ed. (3214, 3215, 3328)
2011 Ed. (3178, 3179, 3286)
2013 Ed. (3342)
Progressive Group of Insurance Co.
2015 Ed. (3258)
Progressive Group of Insurance Cos.
2015 Ed. (3288)
2016 Ed. (3166)
The Progressive Group of Insurance Cos.
2009 Ed. (3283)
2011 Ed. (3151, 3157, 3172)
2012 Ed. (3128)
2013 Ed. (1547, 3350)
2014 Ed. (1516)
2015 Ed. (1956)
Progressive Insulation
2009 Ed. (3282)
Progressive Insurance Co.
2002 Ed. (2949)
2006 Ed. (3955)
2009 Ed. (4093)
Progressive Insurance Group
2003 Ed. (3007)
2005 Ed. (3056, 3057, 3135)
2008 Ed. (3229, 3230, 3231, 3232, 3233, 3234, 3326)
2009 Ed. (1027, 1029, 3289, 3290, 3291, 3292, 3293, 3294, 3392, 3395)
2010 Ed. (993, 3216, 3217, 3218, 3219, 3220, 3221, 3327, 3330)
2011 Ed. (3180, 3181, 3182, 3183, 3184, 3285, 3287)
2012 Ed. (3139, 3140, 3141, 3142, 3143, 3264)
2013 Ed. (3217, 3218, 3219, 3220, 3221, 3344, 4808)
2014 Ed. (3236, 3237, 3238, 3239, 3240, 3363)
2015 Ed. (3294, 3295, 3296, 3297, 3298, 3396)
2016 Ed. (3146, 3147, 3148, 3149, 3150, 3269)
Progressive Life
1989 Ed. (1690)
Progressive Lifestock Management
2014 Ed. (4072)
Progressive Lighting
2006 Ed. (3282)
Progressive Medical Inc.
2010 Ed. (2400)
2012 Ed. (3975)

Progressive Ohio
1991 Ed. (1446)
1993 Ed. (1506)
2011 Ed. (3213)
2012 Ed. (3170)
2013 Ed. (3243)
2014 Ed. (3269)
2015 Ed. (3318)
Progressive Printing Ink
1999 Ed. (3899)
Progressive Return Fund Inc.
2004 Ed. (3175)
Progressive Roofing
2012 Ed. (4381)
2016 Ed. (1166)
Progressive Solutions Inc.
2006 Ed. (1596)
Progressive Specialty Insurance Co.
2002 Ed. (2872)
Progressive Tools & Industries
2002 Ed. (1418)
Progressive Value
1994 Ed. (2627)
Progressive Waste Solutions
2014 Ed. (4131)
2015 Ed. (2612)
2016 Ed. (4029)
Progressive Waste Solutions Ltd.
2013 Ed. (4510, 4824)
2014 Ed. (4838)
2015 Ed. (4875)
2016 Ed. (4796)
Progressive/Lee Lighting
2007 Ed. (3350)
2008 Ed. (3446)
2009 Ed. (3522)
2010 Ed. (3451)
Progresso
1995 Ed. (2809)
1998 Ed. (636)
2003 Ed. (4483)
2004 Ed. (2634, 2642, 4455)
2006 Ed. (2713)
2007 Ed. (2612)
2008 Ed. (844)
2012 Ed. (2639)
2014 Ed. (4503)
2015 Ed. (4503)
2016 Ed. (4439)
Progresso Healthy Classics
1995 Ed. (2761)
Progresso Kitchen Favorites
2014 Ed. (2310)
Progresso Light
2010 Ed. (3750)
2016 Ed. (4439)
ProGroup
1990 Ed. (1064)
Prohance
1999 Ed. (3338)
Prohance gadoteridol injection
1997 Ed. (2746)
ProHealth Care
2002 Ed. (339)
2003 Ed. (292)
2006 Ed. (289)
ProHealth Care Inc.
2015 Ed. (2179)
ProHosting Corp.
2006 Ed. (3186)
Proinco
2002 Ed. (4409)
Proinversion
2015 Ed. (3527)
Projacs International
2012 Ed. (1168)
Project Administration
2000 Ed. (905)
Project Assistants
2005 Ed. (1251)
Project Associates Inc.
2009 Ed. (2531)
Project Co-ordination
2003 Ed. (3954)
2016 Ed. (1379)
Project Development Construction
1989 Ed. (265)
Project Development Group Inc.
1991 Ed. (1090)
Project Enhancement Corp.
2015 Ed. (3009)
Project Financing Bank
2005 Ed. (493, 502)
Project for Windows
1996 Ed. (1086)
Project Homestead
2002 Ed. (2686)
2003 Ed. (1168)
Project HOPE
1991 Ed. (898, 2615)

1993 Ed. (895)
2000 Ed. (3347)
Project I-Star Inc.
1993 Ed. (895)
Project Management Academy
2016 Ed. (2343)
Project Management for Flat Organizations
2014 Ed. (639)
Project Orbis International
2009 Ed. (3834, 3838)
Project Telecom plc
2002 Ed. (2499)
2003 Ed. (2738)
ProjectDesign Consultants
2004 Ed. (2357)
Projections Unlimited Inc.
2001 Ed. (2209)
2002 Ed. (2085, 2092)
ProKarma
2011 Ed. (3137)
Prokhorov; Mikhail
2006 Ed. (4929)
2008 Ed. (4894)
2009 Ed. (4914)
2010 Ed. (4918)
2011 Ed. (4907, 4908)
2012 Ed. (4895, 4918)
2013 Ed. (547, 4903)
2014 Ed. (4914)
2016 Ed. (4870)
Prokmel SP. Z O.O. Przeds. Systemow I Urzadzen Technologicznych
2016 Ed. (1965)
Prokompra 2002
2004 Ed. (99)
2005 Ed. (94)
2007 Ed. (96)
Prokopanko; Jim
2014 Ed. (941)
Prolam
1992 Ed. (134)
1994 Ed. (77)
1995 Ed. (57)
1997 Ed. (71)
2000 Ed. (78)
Prolamsa Group
2014 Ed. (3640)
Prolam/Young & Rubicam Inc.
1999 Ed. (72)
2001 Ed. (120)
2002 Ed. (91)
2003 Ed. (58)
Prolease Pacific Inc.
2005 Ed. (1680)
2006 Ed. (1585)
2008 Ed. (1597)
2009 Ed. (1535)
2012 Ed. (1371)
2013 Ed. (1463)
2014 Ed. (1425)
Proliance Energy LLC
2008 Ed. (1807)
2009 Ed. (1754)
2012 Ed. (1571)
2013 Ed. (1726)
Proliance Surgeons
2013 Ed. (2155)
Prolific Technology
1997 Ed. (2909, 2910)
Prolim
2016 Ed. (3105)
Proline
2003 Ed. (2652)
Proline Soft & Beautiful
2003 Ed. (2652, 2656)
2008 Ed. (2871)
Proliviti
2013 Ed. (1204)
Prolliance Energy LLC
2007 Ed. (1776)
ProLogic Inc.
2007 Ed. (3614, 4454)
2008 Ed. (3740, 4438)
ProLogis
2002 Ed. (3920)
2005 Ed. (1736, 1737, 4013, 4021, 4455)
2006 Ed. (1647, 1648, 1654, 1655, 2990, 4046, 4052, 4458)
2007 Ed. (1663, 1664, 3021, 4084, 4085, 4102, 4103, 4104, 4517)
2008 Ed. (1676, 1683, 1684, 1689, 3139, 4115, 4123)
2009 Ed. (1404, 1407, 1444, 1445, 1598, 1599, 1606, 1608, 1612, 1615, 1616, 3223, 4222, 4223, 4234, 4235)
2010 Ed. (1585, 1586, 1588, 1589, 1593, 4159, 4164, 4167)

2011 Ed. (1590, 1591, 4168)
2012 Ed. (3081, 3082, 4190, 4216)
2013 Ed. (3164, 3165, 4202)
2014 Ed. (3169, 3170, 4219)
2015 Ed. (3229, 3230, 4204)
2016 Ed. (3085, 3086)
Prologis
2013 Ed. (4173)
2014 Ed. (4190)
2015 Ed. (4171, 4181, 4193)
2016 Ed. (4085, 4098)
Prologis Inc.
2014 Ed. (4059, 4217)
2015 Ed. (4201)
2016 Ed. (4120)
ProLogis Trust
2001 Ed. (4001, 4016)
2002 Ed. (1622, 1625, 3930)
2003 Ed. (1648, 1649, 2888, 4060, 4063)
2004 Ed. (1678, 1679, 2997, 4089)
2005 Ed. (2995, 4023)
2006 Ed. (4053)
2009 Ed. (1611)
Prolong
2001 Ed. (2588)
Prolong International Corp.
2004 Ed. (4553)
Promarisco
2006 Ed. (2545)
ProMark One Marketing Service
1998 Ed. (3478)
ProMark One Marketing Services
1995 Ed. (3556)
1996 Ed. (3642)
1998 Ed. (3483)
ProMark One Marketing Services nc.
1997 Ed. (3697)
Promatory Communications Inc.
2003 Ed. (1502)
Promeco
1993 Ed. (1518)
Promed
2015 Ed. (1750)
ProMedica Health System
2000 Ed. (3747)
2005 Ed. (3155)
2010 Ed. (3344)
2011 Ed. (3302)
Promens hf
2011 Ed. (1696)
2012 Ed. (1549)
2013 Ed. (1695)
Promens North America
2008 Ed. (3998)
2009 Ed. (4072)
2010 Ed. (3991)
2011 Ed. (3996)
2012 Ed. (3989)
Promer Bilgisayar Imalat ve Yazilim Hizmetleri Sanayi ve Ticaret Ltd.
2012 Ed. (2854)
Promet
1991 Ed. (2275, 3130)
1996 Ed. (2448)
Promet Petroleum Ltd.
1992 Ed. (1571, 3979)
1993 Ed. (1276)
1997 Ed. (2594)
Promet Tutun Lottery
2004 Ed. (64)
2005 Ed. (59)
Prometey Bank
2004 Ed. (467)
Promethean Ltd.
2002 Ed. (2495)
Promethean World
2012 Ed. (4444)
Prometheus
2014 Ed. (3700, 3701, 3702, 3703)
Prometheus Laboratories
2004 Ed. (3944)
2005 Ed. (2787)
Prometheus Research LLC
2014 Ed. (1543)
Prometheus Senior Quarters
2000 Ed. (1724)
Prometic Life Sciences Inc.
2014 Ed. (1502)
Promex
2000 Ed. (607, 609, 613)
ProMexico
2010 Ed. (3502)
2011 Ed. (1844)
ProMexico Trade & Investment
2011 Ed. (3498)
2012 Ed. (3503)
2013 Ed. (3535)
2014 Ed. (3512)
2015 Ed. (3527)

Promigas
 2002 Ed. (4394, 4395)
Promina Group Ltd.
 2010 Ed. (1382)
PROMINA Health System
 1998 Ed. (2553)
 1999 Ed. (2993, 3467)
 2000 Ed. (3186)
 2002 Ed. (3917)
Promina Northwest Health System
 1996 Ed. (2706)
 1997 Ed. (2830)
Promineo AS
 2009 Ed. (3016)
Prominvestbank
 2005 Ed. (621)
 2006 Ed. (534)
 2007 Ed. (565)
 2008 Ed. (518)
 2009 Ed. (552)
 2010 Ed. (535)
 2013 Ed. (471)
 2014 Ed. (485)
 2015 Ed. (546)
Prominvestbank of Ukraine
 1999 Ed. (676)
 2000 Ed. (686)
 2003 Ed. (624)
 2004 Ed. (470, 633)
Promise
 1994 Ed. (2441)
 1995 Ed. (2507)
 2006 Ed. (50)
 2012 Ed. (2624)
Promise Keepers
 2000 Ed. (3350)
Promisec
 2012 Ed. (2848)
 2013 Ed. (2909)
Promoaction DDB
 1999 Ed. (149)
 2000 Ed. (166)
 2001 Ed. (205)
Promoaction Mihmaz Advertising
 1995 Ed. (120)
Promod Haque
 2004 Ed. (4828)
 2005 Ed. (4817)
 2006 Ed. (4879)
Promodes
 1990 Ed. (1368, 3053)
 1991 Ed. (3480)
 1992 Ed. (4177, 4433)
 1993 Ed. (3696)
 1994 Ed. (1373, 3661)
 1995 Ed. (3155, 3157, 3650, 3731)
 1997 Ed. (1409)
 1998 Ed. (668)
 1999 Ed. (1632, 4524)
 2000 Ed. (4171)
Promodes Group
 2001 Ed. (4116)
Promodes SA
 1996 Ed. (3730)
 2001 Ed. (2826, 2827, 4114)
 2006 Ed. (4946)
Promodes/Continent
 2001 Ed. (4512)
Promopeddler
 2008 Ed. (110)
Promoplan & Asociados
 1996 Ed. (70)
ProMOS
 2008 Ed. (4310)
ProMOS Technologies Inc.
 2009 Ed. (1095, 2476)
Promoserve
 1995 Ed. (107)
 1996 Ed. (122)
Promoseven-Bahrain
 2000 Ed. (62)
 2001 Ed. (106)
 2002 Ed. (79)
 2003 Ed. (45)
Promoseven-Bahrain (McCann)
 1999 Ed. (59)
Promoseven Holdings
 1995 Ed. (48)
 1996 Ed. (64)
 1997 Ed. (62)
Promoseven WLL-Cairo
 2003 Ed. (69)
Promoseven WLL-Cairo (McCann)
 1999 Ed. (84)
 2000 Ed. (90)
PromoShop Inc.
 2009 Ed. (4099)
 2010 Ed. (2575, 3581)
 2011 Ed. (3583)
 2012 Ed. (2501)

2013 Ed. (3626, 3628, 3750)
Promot Inc.
 1990 Ed. (3079)
Promote It International Inc.
 2007 Ed. (111)
Promotion DDB
 2003 Ed. (144)
Promotion fulfillment
 2001 Ed. (3921)
Promotion Group
 1989 Ed. (2352)
 1990 Ed. (3077, 3082, 3083, 3086,
  3087)
 1992 Ed. (3760)
Promotion Group Central Inc.
 2006 Ed. (3413)
proMotion Makers
 1992 Ed. (3757)
Promotion research
 2001 Ed. (3921)
Promotional
 1998 Ed. (3486)
Promotional Alliance International Inc.
 2013 Ed. (3628)
 2014 Ed. (3564)
Promotional Campaigns
 1990 Ed. (3088)
 1992 Ed. (3760, 3761)
 1993 Ed. (3065)
 1994 Ed. (3128)
 1996 Ed. (3277)
Promotional Innovations
 1992 Ed. (3757)
Promotional licensing
 2001 Ed. (3921)
Promotional merchandise
 2001 Ed. (2812)
Promotional servers
 2007 Ed. (3218)
Promotions
 1990 Ed. (54)
Promotions and Incentives
 1995 Ed. (2894)
Promotions, hospital
 2002 Ed. (2020)
Promotions, office
 2002 Ed. (2020)
Promotions, product and event
 1992 Ed. (3249)
Promotions/Sweepstakes
 1992 Ed. (3251)
Promotora Bursatil de Colombia
 2007 Ed. (756)
Promotora de Informaciones SA
 2009 Ed. (3652)
 2010 Ed. (3570)
 2011 Ed. (3573)
 2012 Ed. (3566)
Promotores e Inversiones Investa
 2008 Ed. (740)
 2010 Ed. (683)
PromoWorks
 2005 Ed. (3404)
 2006 Ed. (3413)
 2007 Ed. (3431)
 2008 Ed. (3594, 3598)
Prompt Alert Inc.
 2015 Ed. (3244)
 2016 Ed. (3103)
Promstroibank
 1995 Ed. (595)
Promstroybank of Russia
 1995 Ed. (595)
Promsvyazbank
 2005 Ed. (493, 502)
 2012 Ed. (404)
 2015 Ed. (515, 529)
 2016 Ed. (483)
Promus
 1991 Ed. (1939)
 1994 Ed. (2096, 2098, 2099, 2100,
  2119)
 1998 Ed. (2009, 2010, 2033)
 2000 Ed. (2542, 2572)
Promus Cos.
 1992 Ed. (2474, 2478, 2499, 2500)
 1993 Ed. (2082, 2088, 2097, 2098,
  2099)
 1995 Ed. (1432, 2151, 2154, 2167,
  2168, 3446)
 1996 Ed. (2161, 2162, 2163, 2164,
  2167, 2182, 2184, 3509)
 1997 Ed. (2279, 2280, 2297)
 1998 Ed. (575)
 1999 Ed. (2764, 2765, 2766, 2781)
Promus Hotel Corp.
 1999 Ed. (2762, 2783)
 2000 Ed. (2560, 2561, 2563)
 2001 Ed. (2782, 2792)
 2002 Ed. (2640)

Promus Hotels Inc.
 2015 Ed. (2061)
 2016 Ed. (2021)
ProMutual Group
 2000 Ed. (2718)
 2009 Ed. (3384)
 2010 Ed. (3320)
 2011 Ed. (3278)
 2012 Ed. (3255, 3256)
 2013 Ed. (3328)
Pronamide
 1990 Ed. (2813)
Pronet
 1996 Ed. (3150)
 1997 Ed. (1240)
Pronto!
 2001 Ed. (3089)
 2003 Ed. (3212)
 2011 Ed. (2126)
 2012 Ed. (1968)
 2013 Ed. (2129)
ProntoForms Corp.
 2016 Ed. (1014)
Proof of Heaven
 2014 Ed. (580)
 2015 Ed. (648)
Propaganda Sancho
 1990 Ed. (90)
 1991 Ed. (88)
 1992 Ed. (136)
 1993 Ed. (89)
 1994 Ed. (79)
 1995 Ed. (59)
 1997 Ed. (73)
Propaganda Sancho SSAW
 1996 Ed. (73)
Propay
 2011 Ed. (2128)
Propecia
 2001 Ed. (2068)
Propel
 2005 Ed. (736)
 2006 Ed. (646)
 2007 Ed. (671, 672)
 2008 Ed. (630, 631, 632)
 2009 Ed. (651, 655)
 2010 Ed. (618, 4563)
 2011 Ed. (550, 4522)
 2013 Ed. (4483)
Propel Calcium
 2013 Ed. (4483)
Propel Zero
 2013 Ed. (4483)
 2014 Ed. (4528)
Propeller
 2016 Ed. (1938)
Propellernet Ltd.
 2015 Ed. (2092)
The Proper Care & Feeding of Hus-
 bands
 2006 Ed. (637)
Proper Group International Inc.
 2012 Ed. (3990)
 2013 Ed. (4055)
 2014 Ed. (3994)
 2015 Ed. (4042)
 2016 Ed. (3954)
Proper Mold & Engineering Inc.
 2006 Ed. (3922)
 2008 Ed. (3746)
 2009 Ed. (3767)
Proper Television
 2012 Ed. (2557, 4684)
Properties Trust America
 1995 Ed. (3069)
Property Capital Associates
 1991 Ed. (2238)
Property & casualty insurance
 1999 Ed. (2529)
Property Company of America
 1990 Ed. (1170, 1172)
Property crime
 1992 Ed. (4430)
Property damage
 2002 Ed. (2833)
Property Damage Appraisers
 2002 Ed. (327)
 2004 Ed. (4410)
 2005 Ed. (2603)
 2006 Ed. (2601)
 2007 Ed. (2571)
 2008 Ed. (2708)
 2010 Ed. (2695)
 2011 Ed. (4405)
 2012 Ed. (4472)
Property Direct
 2005 Ed. (1655)
Property Management
 2016 Ed. (4123)
Property Management Systems Inc.

1990 Ed. (2972)
Property managers
 2007 Ed. (3726)
Property Masters
 2013 Ed. (1146)
Property risk financing
 2002 Ed. (3530)
Property Solutions
 2012 Ed. (4187)
 2016 Ed. (2093, 2096)
Property Solutions International
 2011 Ed. (4155)
 2012 Ed. (1970)
 2013 Ed. (2130)
Property tax
 1999 Ed. (4538)
Property tax on owner-occupied homes
 1992 Ed. (2587)
PropertyRate
 2015 Ed. (4174)
Properu
 2003 Ed. (135)
Properu Publicidad
 1997 Ed. (131)
 1999 Ed. (141)
 2001 Ed. (196)
 2002 Ed. (167)
Properu Publicidad Ammirati Puris Lintas
 2000 Ed. (158)
Propex Fabrics
 2009 Ed. (3845)
Propex Inc.
 2011 Ed. (4683)
Propex Operating Co.
 2013 Ed. (4658)
Prophecies of Nostradamus
 1998 Ed. (479, 2358)
Prophecy
 1997 Ed. (1039)
Prophet
 2002 Ed. (4836)
Prophet 21
 2001 Ed. (4424)
Prophet of Innovation: Joseph Schum-
 peter and Creative Destruction
 2009 Ed. (637)
ProPhotonix Ltd.
 2015 Ed. (1890)
 2016 Ed. (1854)
Propilco
 2013 Ed. (949)
Propofol
 2002 Ed. (2049)
Proponent Credit Union
 2006 Ed. (2211)
 2007 Ed. (2132)
 2008 Ed. (2247)
 2009 Ed. (2233)
 2010 Ed. (2187)
 2011 Ed. (2205)
 2012 Ed. (2066)
 2013 Ed. (2248)
 2014 Ed. (2180)
 2015 Ed. (2244)
 2016 Ed. (2215)
Proposal preparation
 1995 Ed. (2567)
Proposals
 1997 Ed. (1076)
Propoxyphene NAP w/APAP
 1996 Ed. (2014)
Propoxyphene Nap with APAP
 1994 Ed. (1966)
Propoxyphene-N/APAP
 1998 Ed. (1825, 2917)
 1999 Ed. (2585)
 2000 Ed. (2324, 2325)
 2001 Ed. (2101, 2102)
 2002 Ed. (2048)
 2003 Ed. (2107)
 2004 Ed. (2152)
 2005 Ed. (2250)
Proprietary
 2015 Ed. (1098)
Proprietary drugs
 1989 Ed. (2329)
Proprietary Energy Industries Inc.
 2001 Ed. (1655)
Proprietary medicines
 1992 Ed. (32)
Proprietary remedies
 2005 Ed. (852)
Proprietary security
 1992 Ed. (3830)
 2001 Ed. (4203)
Proprietorship
 2003 Ed. (4442, 4443, 4444)
Propulsid
 1996 Ed. (1571, 1578)

Propylene
1990 Ed. (944)
1991 Ed. (906)
1992 Ed. (1104),
1993 Ed. (899, 904)
1994 Ed. (913)
1996 Ed. (924, 953)
1997 Ed. (956)
ProQuest LLC
2011 Ed. (3142)
ProRepro
2012 Ed. (4098)
Pros Strategic Solutions
2000 Ed. (1753, 4340)
Prosalud
1993 Ed. (1518)
PROscape
2013 Ed. (3455)
Proscar
1998 Ed. (1341)
Prosek Partners
2014 Ed. (4149, 4158)
2015 Ed. (4132, 4139)
2016 Ed. (4046, 4053)
Prosensa Holding NV
2015 Ed. (4417)
ProSep
2011 Ed. (2523, 2891)
2012 Ed. (2828)
ProSep Inc.
2015 Ed. (2612)
Proserpi; Mr. and Mrs. Sergio
1995 Ed. (935)
ProServe Corp.
1994 Ed. (2052, 2056)
ProSet
1993 Ed. (3608)
ProShares Ult VIXST
2014 Ed. (4580)
ProSight
2006 Ed. (1118)
ProSight Specialty Insurance
2016 Ed. (1858)
Proskauer Rose
2000 Ed. (2901)
2012 Ed. (3383, 3397)
2015 Ed. (3473)
Proskauer, Rose, Goetz & Medelsohn
1994 Ed. (2355)
Proskauer Rose Goetz & Mendelsohn
1992 Ed. (2844)
1993 Ed. (2402)
1996 Ed. (2455)
1997 Ed. (2600)
1998 Ed. (2332)
1999 Ed. (3156)
Proskauer Rose Goetz & Mendlesohn
1991 Ed. (2290)
Proskauer Rose LLP
2001 Ed. (3057, 3058)
2003 Ed. (3188)
2010 Ed. (3416)
Prosksuer Rose Goetz & Medelsohn
1995 Ed. (2420)
Prosobee
1994 Ed. (2197)
2001 Ed. (2846, 2847)
2002 Ed. (2802)
ProSoft Technologies Corp.
2008 Ed. (3736, 4432)
ProSol
2013 Ed. (2142)
ProSource
1998 Ed. (1719, 1740)
1999 Ed. (1618, 2451, 2481, 4758)
ProSource Wholesale Floorcoverings
1998 Ed. (1699)
2000 Ed. (2202)
2009 Ed. (3409)
2010 Ed. (3346)
Prospect
1993 Ed. (3474)
Prospect Group Inc.
1990 Ed. (3555)
Prospect Hill Plantation Inn, Trevilians, CA
1992 Ed. (877)
Prospect Homes
2003 Ed. (1205)
2004 Ed. (1212)
2005 Ed. (1236)
Prospect Mortgage
2016 Ed. (3619)
Prospect Mortgage LLC
2016 Ed. (3621, 3622)
Prospect Motors
1990 Ed. (306, 308, 314, 337, 338, 339)
1991 Ed. (269, 274, 276, 289, 291, 304, 305, 306)

1992 Ed. (377, 378, 379, 394, 396, 409, 410, 411, 415, 417, 418)
1993 Ed. (280, 281, 294, 295, 296, 299, 300, 301)
1994 Ed. (254, 255, 263, 264, 265, 279, 280, 289, 291, 292)
1995 Ed. (296)
1996 Ed. (298)
Prospect Motors Inc (Pontiac)
1992 Ed. (377, 379)
Prospect Motors Inc.-Chevrolet
1995 Ed. (293, 295)
Prospect Motors Inc.-Oldsmobile
1995 Ed. (293, 295)
Prospect Motors Inc.-Pontiac
1995 Ed. (293)
Prospect Park Financial
1992 Ed. (3309, 3311)
Prospect Steel Co.
2008 Ed. (1272)
2009 Ed. (1250, 1336)
2011 Ed. (1197, 1247, 1297)
2012 Ed. (1138, 1172, 1180)
Prospective Group
1990 Ed. (1373)
Prospector
1990 Ed. (2373)
Prosper Insurance Group
2016 Ed. (3167)
Prosper Marketplace Inc.
2014 Ed. (3751)
Prospera Credit Union
2006 Ed. (2185, 2588)
2007 Ed. (2106)
2008 Ed. (2221)
2010 Ed. (2698)
2015 Ed. (2725)
Prosperity
2000 Ed. (780, 2342)
2004 Ed. (6)
Prosperity Bancshares
2004 Ed. (864)
2005 Ed. (839, 840)
2011 Ed. (274, 2089)
2016 Ed. (566)
Prosperity Emerging Markets
1996 Ed. (2815)
Prosperity Organic Foods Inc.
2013 Ed. (4981)
Prospero Learning Solutions Inc.
2015 Ed. (2399)
Prost; Alain
1995 Ed. (251)
ProStaff
2000 Ed. (4228)
Prostate cancer
1995 Ed. (887)
Prostep
1994 Ed. (1560)
Prosthodontist
2008 Ed. (3809)
Prosum Technology Services
2016 Ed. (1399)
ProSys Information Systems
2006 Ed. (3508, 4347, 4987)
2007 Ed. (3546, 3547, 4984)
2008 Ed. (3704, 4958, 4986)
Protea
1990 Ed. (2283)
1991 Ed. (2157)
1993 Ed. (2259)
1995 Ed. (2284)
Protea Assurance Co.
2000 Ed. (2673)
Protea Biosciences
2014 Ed. (4231)
Protea Chemicals
2013 Ed. (935)
2014 Ed. (889)
2015 Ed. (917)
Protea Hotels
1990 Ed. (2091)
Proteans Software Solutions Pte. Ltd.
2009 Ed. (3005)
Protec Inc.
2010 Ed. (2962)
2011 Ed. (2927)
2012 Ed. (2861)
2013 Ed. (2930)
2014 Ed. (2947)
2015 Ed. (2995)
Protech Sales Inc.
2010 Ed. (3694)
2011 Ed. (3689)
2012 Ed. (3706)
2013 Ed. (3758)
Protech Solutions Inc.
2006 Ed. (3497, 4341)
2008 Ed. (3695, 4369)
Protech Systems Inc.

2000 Ed. (1109, 2408)
Protect America Inc.
1999 Ed. (4202)
2000 Ed. (3920)
2005 Ed. (4293)
2006 Ed. (4269, 4273)
2008 Ed. (4299, 4300)
2009 Ed. (4406)
2012 Ed. (4450)
2013 Ed. (4414)
2014 Ed. (4445)
2015 Ed. (4440)
2016 Ed. (4333)
Protecta SA
2006 Ed. (1740)
ProtectCell
2014 Ed. (4437)
Protected Insurance Program for Schools
2006 Ed. (4201)
2008 Ed. (4250)
2011 Ed. (4317, 4318)
Protection 1
2013 Ed. (4413, 4414, 4415)
2014 Ed. (4444, 4445, 4446)
2015 Ed. (4438, 4439, 4440, 4441)
2016 Ed. (4325, 4332, 4333, 4334)
Protection Mutual Insurance
1994 Ed. (2242)
1996 Ed. (2295)
1998 Ed. (2146)
1999 Ed. (2927)
Protection One
1997 Ed. (3414, 3415, 3416)
1998 Ed. (3201, 3202, 3203, 3204)
1999 Ed. (4200, 4201, 4202, 4203)
2000 Ed. (3918, 3919, 3920, 3921)
2001 Ed. (4202)
2003 Ed. (4327, 4328)
2005 Ed. (4290, 4292, 4521)
2006 Ed. (1421, 4268, 4272)
2007 Ed. (4294, 4296)
2008 Ed. (4298, 4301)
2009 Ed. (4405, 4406, 4407)
2010 Ed. (4450)
2011 Ed. (4389)
2012 Ed. (4449, 4450, 4451)
Protection One Alarm Monitoring Inc.
2001 Ed. (4201)
2002 Ed. (4201)
Protection Plus Inc.
2009 Ed. (4990)
2010 Ed. (4997)
2015 Ed. (5029)
2016 Ed. (4947)
Protection Vessels International
2015 Ed. (2096, 2098)
Protective Dental Care
2000 Ed. (1657)
Protective Helmets
2000 Ed. (4322)
Protective Industrial Insurance Co.
1998 Ed. (2132)
1999 Ed. (2916)
2000 Ed. (2669, 2689)
2002 Ed. (714)
2003 Ed. (2976)
2004 Ed. (3079)
2005 Ed. (3087)
Protective Industrial Insurance of Alabama
1990 Ed. (2275)
1993 Ed. (2223, 2253)
1994 Ed. (2233)
1995 Ed. (2280, 2308)
1996 Ed. (2286)
1997 Ed. (2419, 2451)
1998 Ed. (2165)
Protective Industrial of Alabama
1991 Ed. (2144)
1992 Ed. (2707)
2002 Ed. (2911)
Protective Life Corp.
1994 Ed. (2250, 2254)
1995 Ed. (2293, 2300, 3515)
1997 Ed. (2435, 2442)
1998 Ed. (2175, 2176)
1999 Ed. (2944)
2002 Ed. (2870)
2003 Ed. (3442)
2004 Ed. (3085, 3086, 3100, 3101)
2005 Ed. (3093, 3094, 3103, 3104, 3109, 3111, 4507)
2006 Ed. (3119)
2007 Ed. (3133, 3134, 3137, 3140, 3143, 3145)
2008 Ed. (3286, 3287, 3291, 3293, 3295)
2009 Ed. (1395, 3344, 3345, 3349, 3350, 3353, 3355)

2010 Ed. (3284, 3289, 3292, 3294)
2012 Ed. (1294, 3218, 3221, 3225, 3228)
2013 Ed. (1398, 3290, 3300)
2014 Ed. (1336, 3317)
2015 Ed. (1404, 1407, 1408, 1409, 1410, 1411, 1414, 3362)
2016 Ed. (1336, 3236)
Protective Life Insurance Co.
1996 Ed. (2319, 2321, 2322)
2000 Ed. (2685)
2002 Ed. (2907)
Protective Life Insurance Consolidated
2009 Ed. (3378)
Protective Security Systems Inc.
2007 Ed. (3596)
Protective Systems
2000 Ed. (4322)
Protege
2001 Ed. (490)
2002 Ed. (387)
Protege; Mazda
2006 Ed. (315)
Protegra
2011 Ed. (1537)
Protegrea
2010 Ed. (1538)
Protein Bar
2016 Ed. (2678)
Protein Design Labs Inc.
2006 Ed. (594)
Protein Power
2000 Ed. (709)
Protein supplements
2002 Ed. (4758)
Protein Technologies International
1999 Ed. (1088)
Protek
2011 Ed. (1989)
2012 Ed. (4444)
Protek; Grupo
2012 Ed. (1838)
Proten
1995 Ed. (1455)
Proteon
1991 Ed. (2340)
1996 Ed. (1763, 3259)
Proteren, S.R.O.
2016 Ed. (1526)
Proteus
1994 Ed. (2056)
2010 Ed. (4012)
Proteus Technologies Inc.
2009 Ed. (3009)
2010 Ed. (2949)
Protherm Services Group LLC
2000 Ed. (1265, 1271)
2001 Ed. (1479)
2003 Ed. (1309)
2004 Ed. (1312)
2005 Ed. (1318)
2006 Ed. (1288)
2007 Ed. (1365)
2008 Ed. (1262)
2009 Ed. (1238)
Prothro; Gerald D.
1989 Ed. (736)
Protime
2014 Ed. (1399)
Protinal
1996 Ed. (884)
Protiviti
2016 Ed. (1557, 2034)
Protiviti Inc.
2013 Ed. (1554)
2014 Ed. (1523)
Proto Labs
2014 Ed. (4433, 4578)
2015 Ed. (1092, 1839, 4471)
2016 Ed. (1001, 1801, 4376)
Proto Labs Inc.
2016 Ed. (1803)
Protocall Business and healthcare Staffing
2000 Ed. (4229)
Protocall Communications
2004 Ed. (3943)
Protocall Group
2016 Ed. (2575, 4968)
Protocare
1992 Ed. (2436)
Protochips Inc.
2015 Ed. (4232)
Protocol Communications
2001 Ed. (4468)
Protocol Integrated Direct Marketing
2008 Ed. (2339)
Protocol LLC
2002 Ed. (957)
2003 Ed. (892)

2006 Ed. (4299)
Protocol Marketing Services
2003 Ed. (2067)
Protofab
2016 Ed. (3421)
Protomold
2007 Ed. (3412)
2008 Ed. (3541)
Proton
1994 Ed. (2348)
1995 Ed. (1452, 1454)
1996 Ed. (1415, 2446)
1997 Ed. (1475)
1999 Ed. (3137)
Proton Car Range
1993 Ed. (321)
Proton pump inhibitors
2002 Ed. (2013, 3751)
Protonix
2002 Ed. (2023, 3754)
Protravel International
2001 Ed. (4925)
Protropin
1993 Ed. (1529)
Protus
2011 Ed. (2903)
Protus IP Solutions Inc.
2004 Ed. (2780)
Proudfoot; Alexander
1992 Ed. (995)
Prouvost SA
1991 Ed. (3356)
1992 Ed. (4280)
Prouvost SA (VEV)
1993 Ed. (3557)
Prov Inv Counsel Pinnacle Balanced
2000 Ed. (3248)
Provalor
2007 Ed. (764)
2008 Ed. (740)
2010 Ed. (683)
Provdent L & A
1993 Ed. (2196)
Proveedora Ecuatoriana
1989 Ed. (1105)
Proven Direct
2005 Ed. (96)
Provena Covenant Medical Center
2013 Ed. (3045)
Provena Foods Inc.
2008 Ed. (249)
Provena Health
2003 Ed. (292)
Provence Alpes Corse
1994 Ed. (488)
1996 Ed. (513)
Provender Capital Group LLC
2003 Ed. (218)
2004 Ed. (174)
2005 Ed. (176)
2006 Ed. (189)
2007 Ed. (195)
2008 Ed. (178)
Proventil
1996 Ed. (3084)
1997 Ed. (1647, 1653, 3161, 3163)
Proventix Systems Inc.
2014 Ed. (1341)
2015 Ed. (1418)
Provia
2006 Ed. (4646)
Provida
2002 Ed. (3631)
2003 Ed. (3765)
2007 Ed. (3797)
2008 Ed. (3871)
2010 Ed. (3847)
Provid/BBDO
2000 Ed. (185)
2001 Ed. (229)
2002 Ed. (202)
2003 Ed. (162)
Provide Commerce
2013 Ed. (895)
Provide Commerce Inc.
2006 Ed. (4675)
Provide Physician & Management Services
1995 Ed. (2139)
Providence
2006 Ed. (1912)
2007 Ed. (1894)
2008 Ed. (4293)
Providence Alaska Medical Center
2003 Ed. (1603, 2272, 2274, 2693)
Providence Civic Center
1989 Ed. (988)
Providence College
1992 Ed. (1269)
1993 Ed. (1017)

1997 Ed. (1053)
1998 Ed. (801)
1999 Ed. (1230)
2000 Ed. (1139)
2001 Ed. (1325)
2008 Ed. (1086)
2009 Ed. (1060)
2010 Ed. (1028)
Providence Corp.
2016 Ed. (1832)
Providence Development
2004 Ed. (1178)
Providence Equity Partners
2005 Ed. (3284)
2006 Ed. (1418, 3276, 4010)
2008 Ed. (3399, 4079)
2009 Ed. (2648, 3453)
Providence-Fall River-Warwick, RI
2005 Ed. (2383)
Providence-Fall River-Warwick, RI-MA
2003 Ed. (2345)
2008 Ed. (4351)
Providence Federal Credit Union
2012 Ed. (1775, 1827, 1828, 1830)
Providence Good Health Plan
1997 Ed. (2185, 2186, 2187, 2193)
Providence Health Care
2005 Ed. (1666)
2016 Ed. (2126, 2913)
Providence Health Plans
1998 Ed. (1910, 1911, 1912, 1913)
Providence Health & Services
2010 Ed. (2086, 2889, 3344)
2011 Ed. (1807, 2143, 2868)
2012 Ed. (1988, 2802)
2013 Ed. (2162)
2014 Ed. (2094)
2015 Ed. (2148)
2016 Ed. (1942)
Providence Health & Services California
2012 Ed. (1664)
Providence Health & Services Southern California
2014 Ed. (1433)
Providence Health System
1999 Ed. (2646, 2649, 2650)
2003 Ed. (292)
2004 Ed. (4661)
2005 Ed. (3155)
2006 Ed. (289)
Providence Health System Credit Union
2002 Ed. (1829, 1830)
2004 Ed. (1929)
Providence Health System Oregon
2016 Ed. (1940)
Providence Health Systems
2002 Ed. (339)
Providence Holy Cross Medical Center
2010 Ed. (1522)
2011 Ed. (1803)
Providence Hospital
1990 Ed. (2055)
1991 Ed. (219, 1933)
1992 Ed. (2457)
1993 Ed. (960, 2072)
Providence Hospital and Medical Centers
1995 Ed. (2142)
1996 Ed. (2154)
1997 Ed. (2269)
1998 Ed. (1988)
2000 Ed. (2526)
2001 Ed. (2772)
Providence Hospital & Medical Center
2009 Ed. (3144)
2010 Ed. (3075)
2011 Ed. (3047)
2012 Ed. (2984, 2988)
2014 Ed. (3080)
Providence Journal Bulletin
1989 Ed. (2065)
1990 Ed. (2711)
Providence Journal Co.
1995 Ed. (2443)
Providence Little Company of Mary Medical Center
2012 Ed. (2955)
Providence MBS Ltd.
2013 Ed. (2892)
Providence MBS Offshore Ltd.
2011 Ed. (2882)
2012 Ed. (2822)
The Providence Mutual Fire Insurance Co.
2009 Ed. (2025)
2011 Ed. (2018)
2012 Ed. (1866)
Providence-New Bedford-Fall River, RI-MA
2007 Ed. (3387)

2009 Ed. (4778)
Providence-New Bedford, RI
2004 Ed. (872)
2005 Ed. (748, 846)
2006 Ed. (771)
2007 Ed. (868)
2008 Ed. (829)
2009 Ed. (851)
2010 Ed. (797)
2011 Ed. (724)
Providence Redevelopment Agency
2001 Ed. (910)
Providence Regional Medical Center
2012 Ed. (1989)
2013 Ed. (2167)
2014 Ed. (2096)
2015 Ed. (2151)
2016 Ed. (2125)
Providence, RI
1989 Ed. (226, 343, 827, 843, 844, 847)
1993 Ed. (808)
1995 Ed. (2665, 2808, 3544)
1996 Ed. (302, 3631)
1998 Ed. (246)
2000 Ed. (4093)
2001 Ed. (2802)
2002 Ed. (1053)
2003 Ed. (4189)
2013 Ed. (3225)
Providence, RI/Fall River-Warwick, MA
1997 Ed. (2265)
Providence Service
2009 Ed. (4457)
2013 Ed. (2841)
Providence Services
2007 Ed. (2055)
Providence St. Patrick Hospital
2014 Ed. (3058)
Providence & Worcester Railroad Co.
2004 Ed. (4055, 4056)
2005 Ed. (1860, 3993, 3994)
Providence/Pawtucket/Fall River, RI-MA
2000 Ed. (4288)
Providencia
2001 Ed. (2924)
Provident
1996 Ed. (2291)
Provident American L/H
2000 Ed. (2689)
Provident Bancorp Inc.
1994 Ed. (3032)
1996 Ed. (372, 3177)
1997 Ed. (344, 3280)
1998 Ed. (276, 324, 3035)
Provident Bank
1993 Ed. (563, 604)
1994 Ed. (607)
1995 Ed. (577)
1996 Ed. (647)
1997 Ed. (586)
1998 Ed. (421)
2013 Ed. (4372)
Provident Bank of Maryland
1992 Ed. (773)
1994 Ed. (565)
1995 Ed. (541)
1996 Ed. (600, 2678)
1997 Ed. (553)
1998 Ed. (393)
Provident Bank of Maryland (Baltimore)
1991 Ed. (604)
Provident Bankshares Corp.
1999 Ed. (395)
2000 Ed. (2486)
2005 Ed. (2590)
2006 Ed. (2593)
2008 Ed. (2701)
Provident Capital Management
1999 Ed. (3071)
Provident Capitol Hong Kong
1994 Ed. (2648)
Provident Capitol Worldwide Bond
1994 Ed. (726)
Provident Central Credit Union
1993 Ed. (1450)
1994 Ed. (1504)
1995 Ed. (1536)
2003 Ed. (1899)
Provident Companies
2000 Ed. (1571)
Provident Cos.
1997 Ed. (1523)
1998 Ed. (2131, 2175)
1999 Ed. (1745)
Provident Energy Trust
2004 Ed. (3173)
2007 Ed. (1623, 4860)
2008 Ed. (4783)
2009 Ed. (2506, 4815)

2010 Ed. (4833)
Provident Financial
1996 Ed. (1358)
2003 Ed. (454)
2016 Ed. (2653)
Provident Financial Group Inc.
1999 Ed. (438)
2003 Ed. (453)
2004 Ed. (639)
2005 Ed. (357, 361, 628)
Provident Financial Holdings
2014 Ed. (341)
Provident Financial plc
2003 Ed. (452, 2642)
2005 Ed. (2589)
2006 Ed. (2605)
2007 Ed. (2579)
2011 Ed. (2674)
Provident Financial Services Inc.
2005 Ed. (355)
Provident Institution Funds: FedFund
1996 Ed. (2671)
Provident Institution Funds: Muni Cash
1996 Ed. (2668)
Provident Institution Funds: T-Fund
1996 Ed. (2671)
Provident Institution Funds: TempCash
1996 Ed. (2666, 2669, 2670)
Provident Institution Funds: TempFund
1996 Ed. (2671)
Provident Inv. Counsel Pinnacle Balanced
2000 Ed. (3227)
Provident Investment
1993 Ed. (2313, 2317, 2321)
2004 Ed. (3195)
Provident Investment Counsel Inc.
1992 Ed. (2753, 2761)
1994 Ed. (2328)
1995 Ed. (2358, 2366, 2392)
1996 Ed. (2406, 2429)
1997 Ed. (2553)
1998 Ed. (2309)
1999 Ed. (3108)
2000 Ed. (2859)
Provident Life
1991 Ed. (2086)
Provident Life & Accident
1990 Ed. (2232)
1991 Ed. (2098, 2100)
1992 Ed. (2665, 2668)
1993 Ed. (2197, 2219, 2281, 3291)
1994 Ed. (2254, 2294, 3283)
1995 Ed. (223, 3362)
1997 Ed. (2427, 2517)
1998 Ed. (2143, 2149, 2150, 2173)
1999 Ed. (2931, 2932)
Provident Life & Accident Insurance Co.
1996 Ed. (1455, 2070, 2298, 2299, 2387)
2000 Ed. (2674, 2678)
2001 Ed. (2930, 2945)
2002 Ed. (2890, 2891, 2908, 2909, 2923)
2007 Ed. (3124, 3125)
2008 Ed. (3274, 3275)
2009 Ed. (3332)
2011 Ed. (3233)
Provident Mutual
1990 Ed. (2281)
1992 Ed. (2679)
1999 Ed. (3048)
Provident Mutual Life
1990 Ed. (2335)
2002 Ed. (2917)
Provident Mutual Life Insurance Co.
2004 Ed. (1535)
Provident Mutual-Options (VL)
1991 Ed. (2155)
Provident National
1989 Ed. (2130, 2137)
1990 Ed. (2324, 2333)
1991 Ed. (2207)
Provident National Assurance
1989 Ed. (2142)
1991 Ed. (2096)
1992 Ed. (2757)
1993 Ed. (2011, 3291)
Provident National Bank
1989 Ed. (653)
1990 Ed. (667)
1991 Ed. (646, 2302)
1992 Ed. (818, 2370, 2729, 3175)
1993 Ed. (576, 578, 612, 2299)
1994 Ed. (615, 1039)
Provident National Life
1991 Ed. (243, 246)
Provident National, Pa.
1989 Ed. (2149)
Provident Savings Bank

1998 Ed. (3556)
2000 Ed. (3856)
2002 Ed. (627)
Provident Title Co.
1990 Ed. (2265)
Providentia
1994 Ed. (1206, 1227)
Provideo Management
2012 Ed. (1185, 2857, 4050)
2013 Ed. (2926)
Provider Group
2016 Ed. (1979)
Provider Insurance Group Inc.
2012 Ed. (1867)
2013 Ed. (2026)
2014 Ed. (1961)
Provider Networks of America Inc.
2002 Ed. (3742)
Provider Power
2015 Ed. (2534)
2016 Ed. (2463, 4005)
Providian Bancorp Service Inc.
2005 Ed. (1680)
Providian Corp.
1996 Ed. (1410, 2387)
1997 Ed. (1466, 2517)
1998 Ed. (717, 1028, 1172, 2255, 2712)
1999 Ed. (1115, 1795)
2000 Ed. (1039)
2003 Ed. (2187)
2004 Ed. (858)
2005 Ed. (2048)
Providian Direct
1997 Ed. (2457)
Providian Financial Corp.
1999 Ed. (1793)
2001 Ed. (594, 657, 658, 1452, 1595)
2002 Ed. (503, 1219, 1818, 2261, 4358)
2003 Ed. (633, 634, 1215, 1541, 4544, 4547, 4560)
2004 Ed. (1224, 1608, 2611, 4486)
2005 Ed. (1253, 1671, 2578, 2579, 2581, 2595, 4466)
2006 Ed. (1212, 2580, 2581, 2583, 4465, 4471)
Providian Life Marquee A
1997 Ed. (3819, 3822)
Providian Life Marquee A-Units OCC
Managed
2000 Ed. (4328)
Providian Life Marquee B
1997 Ed. (3819)
Providian National Bank
1998 Ed. (415)
2000 Ed. (400)
2002 Ed. (440, 442, 479, 481)
2003 Ed. (377, 378, 379, 385, 433)
2004 Ed. (357, 364, 427, 1557)
2005 Ed. (368, 383)
2006 Ed. (371)
Providium Consulting Group Inc.
2009 Ed. (4428)
Providus
2008 Ed. (804)
Provigo
1989 Ed. (1154)
1990 Ed. (1338, 1833)
1991 Ed. (1263, 1264, 2790)
1992 Ed. (1593, 2195, 4172)
1993 Ed. (3270)
1994 Ed. (1878, 3107, 3258)
1997 Ed. (2041)
Provimi Foods
2012 Ed. (3582, 3590)
2013 Ed. (3644)
Provimi Inc.
1993 Ed. (2517, 2895)
Provimi Veal Corp.
1994 Ed. (2454, 2455, 2910, 2911)
Province Healthcare Co.
1999 Ed. (3461, 3462)
2000 Ed. (3179, 3180)
2001 Ed. (2667)
2002 Ed. (3291)
2003 Ed. (2825, 3464)
2004 Ed. (2927)
Province Mortgage Associates Inc.
2011 Ed. (2019)
2012 Ed. (1867)
2013 Ed. (2026)
2014 Ed. (1961)
2015 Ed. (2008)
Province of Alberta Treasury Branches
1996 Ed. (468)
1997 Ed. (431)
1999 Ed. (487)
Province of Ontario
1993 Ed. (1678)

1994 Ed. (1699, 1705)
Province of Quebec, Canada
1993 Ed. (1446)
Province Siciliane
1993 Ed. (538)
Provincetown/Chatham, MA
1992 Ed. (2164)
Provincia Bursatil
2008 Ed. (732)
Provincia de Tierra del Fuego
2000 Ed. (460)
Provincia Lombarde
1993 Ed. (538)
Provincia Seguros
2007 Ed. (3108)
2008 Ed. (3253)
2010 Ed. (3242)
Provincial
1990 Ed. (712)
2000 Ed. (689, 692, 694)
2001 Ed. (654, 655, 656)
Provincial Credit Union Ltd.
2016 Ed. (1452)
Provincial Government Lotteries
2009 Ed. (35)
2010 Ed. (45)
Provincial Papers
1994 Ed. (2732)
Provincie Lombarde-CARIPLO
1992 Ed. (739)
Provincie Siciliane
1992 Ed. (739)
Provinsbanken
1989 Ed. (518)
1990 Ed. (538)
1991 Ed. (497)
1992 Ed. (650)
ProVision Group
2001 Ed. (3591, 3592)
Provisional Recruiting & Staffing
2015 Ed. (2145)
ProVista Agriculture
2012 Ed. (4001)
2013 Ed. (4065)
2014 Ed. (4072)
Provo Craft
2011 Ed. (2128)
Provo-Orem, UT
1989 Ed. (225)
1993 Ed. (2549, 2555)
1994 Ed. (2498)
1996 Ed. (2621)
1997 Ed. (2336, 2763)
1999 Ed. (1173, 3370)
2005 Ed. (2387, 2977, 2989)
2007 Ed. (3361)
2008 Ed. (3459, 4039)
2009 Ed. (2392, 4113)
2010 Ed. (927)
Provo, UT
1999 Ed. (1170, 2815)
2004 Ed. (3297)
2005 Ed. (3310)
2006 Ed. (3974)
2007 Ed. (4013)
2008 Ed. (3460)
2009 Ed. (2494)
2011 Ed. (3461)
2013 Ed. (3520)
2014 Ed. (2315, 3494)
2015 Ed. (3512)
2016 Ed. (711, 3371)
Provoke
2013 Ed. (624)
Provost & Pritchard Consulting Group
2011 Ed. (1513)
Provost & Pritchard Engineering Group
Inc.
2008 Ed. (1593)
2009 Ed. (1527)
2010 Ed. (1521)
Provost/Ronalds-Reynolds
1992 Ed. (202)
Prowebce
2012 Ed. (2843)
2013 Ed. (2905)
Proxemia Cooperative de Services
2009 Ed. (1512, 4426)
Proxicom, Inc.
2001 Ed. (4190)
Proxim
1996 Ed. (2535)
2005 Ed. (1553)
2009 Ed. (1388)
2010 Ed. (1373)
2011 Ed. (1366)
Proxima
1996 Ed. (2886)
Proximity
2015 Ed. (79, 2327)

2016 Ed. (2282)
Proximity Wireless
2014 Ed. (1721)
Proximity Worldwide
2014 Ed. (68, 2258)
ProxyMed Inc.
2005 Ed. (2788)
2006 Ed. (2757)
ProxyMed.com
2001 Ed. (4768)
Prozac
1992 Ed. (1876)
1993 Ed. (2915)
1994 Ed. (2926)
1995 Ed. (1583)
1996 Ed. (1569, 1571, 1579, 3082, 3084)
1997 Ed. (1647, 1648, 3161, 3163)
1998 Ed. (2913, 2915, 2916)
1999 Ed. (1891, 1892, 1893, 1898, 1899, 1908, 3884, 3886)
2000 Ed. (1699, 1704, 1708, 3063, 3604, 3606)
2001 Ed. (2066, 2097, 2098, 2110)
2002 Ed. (2047, 3748, 3750, 3755)
2003 Ed. (2111)
PRS Assets
2005 Ed. (2143)
PRstore LLC
2009 Ed. (159)
PRTM
2009 Ed. (1184, 1185)
2010 Ed. (1183)
2011 Ed. (1138)
2012 Ed. (1062, 1065, 1066, 1073)
2013 Ed. (1199, 1207)
Pru-Bache Income Vertible
1992 Ed. (3196)
Pru-Bache Muni High Yield
1990 Ed. (2388)
Pru-Bache Utility
1990 Ed. (2385)
Pru-Net
1990 Ed. (2897)
PruCare
1989 Ed. (1586)
1990 Ed. (1994, 1998)
1992 Ed. (2391, 2392, 2393)
PruCare of California
1996 Ed. (2095)
1997 Ed. (2194, 2197)
1998 Ed. (1918)
1999 Ed. (2656)
PruCare of Illinois
1989 Ed. (1585)
1990 Ed. (1995)
Prucare of New Jersey
1994 Ed. (2041)
1997 Ed. (2199)
PruCare of New York
1991 Ed. (1895)
PruCare of New York/New Jersey
1990 Ed. (1999)
PruCare of NY & NJ
1993 Ed. (2024)
PruCare of Philadelphia
1993 Ed. (2025)
Pruco Life
1989 Ed. (1685, 1708, 1709)
2001 Ed. (4667)
Pruco Life, Arizona
1989 Ed. (1707)
1990 Ed. (2236, 2247, 2248, 2249)
Pruco Life (AZ)
1991 Ed. (2115, 2116, 2117)
Pruco Life Discovery Plus Global Equity
1994 Ed. (3613)
Pruco Life Discovery Plus High Dividend Stock
1994 Ed. (3612)
Pruco Life Insurance Co.
1998 Ed. (3654)
2001 Ed. (2938)
2002 Ed. (2921, 2934)
2013 Ed. (3313, 3315)
Pruco Life Insurance Co., New Jersey
1995 Ed. (2298)
Pruco Life Insurance Co.(Arizona)
1995 Ed. (2298)
1998 Ed. (2167)
Pruco Life Life Insurance Co.
1999 Ed. (2940)
Pruco Life, New Jersey
1990 Ed. (2248)
Pruco Life NJ Discover Select OCC
Managed
2000 Ed. (4328)
Pruco Life-Variable Life
1991 Ed. (2149, 2155)
Prudent Bear

2004 Ed. (3552, 3554, 3594, 3595)
2006 Ed. (3622, 3623)
2007 Ed. (2484)
Prudent Global Income
2007 Ed. (4543)
Prudent Technologies
2012 Ed. (2467)
Prudential
1989 Ed. (1681, 1683, 1684, 1686, 1687, 1688, 1689, 1692, 1693, 1694, 1695, 1808, 1809, 1810, 1811, 1812, 1813, 2134)
1990 Ed. (1040, 1277, 1795, 1799, 2218, 2226, 2236, 2237, 2238, 2239, 2240, 2243, 2277, 2329, 2356, 2357, 2358, 2360, 2361)
1991 Ed. (243, 245, 246, 1193, 1724, 2085, 2147, 2248, 2250, 2251, 2252, 2253)
1992 Ed. (2710)
1993 Ed. (759, 2011, 2230, 2254, 2255, 2256, 2258, 2922, 2960, 3164, 3655)
1994 Ed. (1242, 1381, 2265, 3229)
1995 Ed. (232, 755, 1263, 1407, 1433, 2090, 2281, 2312, 2314, 2871, 3266)
1996 Ed. (1236, 1368, 2070, 2327, 2387, 2472, 2943, 3351)
1997 Ed. (1276, 1421, 2188, 2420, 2457)
1998 Ed. (2136, 2425, 3100)
1999 Ed. (827, 1643, 2962, 3062)
2000 Ed. (836, 1444, 2714)
2001 Ed. (2925)
2005 Ed. (2602, 3053)
2007 Ed. (2187, 4089)
2008 Ed. (2303, 2319)
2009 Ed. (2284, 2307, 3320, 3321)
2013 Ed. (3213, 3281, 3283)
2014 Ed. (3307, 3674)
2015 Ed. (3289, 3353)
2016 Ed. (683, 3135, 3136, 3137)
Prudential Americana Group, Realtors
2007 Ed. (4071)
Prudential Asia
1992 Ed. (2747)
1993 Ed. (2307, 2359)
Prudential Asia Capital
1994 Ed. (3185)
Prudential Asset
1989 Ed. (2129, 2130, 2131, 2132, 2133, 2137)
1990 Ed. (2323, 2324, 2325, 2326, 2332, 2333)
1992 Ed. (2729, 2732, 2734, 2735, 2739)
1993 Ed. (2281, 2284, 2286, 2292)
1994 Ed. (2294, 2297, 2303, 2318)
Prudential Asset Management
1989 Ed. (1802, 2138)
1990 Ed. (2349, 2351)
1991 Ed. (2217, 2242, 2246)
2012 Ed. (1231)
Prudential Asset Management Group
1989 Ed. (1806)
1990 Ed. (2354)
1996 Ed. (2347, 2375, 2382, 2385, 2416)
Prudential Asset Mgmt.
1997 Ed. (3267, 3268, 3270)
The Prudential Assurance Co., Ltd.
2001 Ed. (3922)
2004 Ed. (2607)
Prudential-Bache
1989 Ed. (800, 803, 804, 805, 806, 807, 808, 1415, 1754, 1758, 1760, 1762, 1777, 2293, 2374, 2378, 2379, 2387, 2388, 2389, 2393, 2394, 2396, 2398, 2399, 2403, 2405, 2408, 2410, 2413, 2414, 2418, 2419, 2421, 2422, 2423, 2425, 2444, 2454)
1990 Ed. (790, 791, 792, 793, 804, 1764, 1765, 1770, 1798, 2291, 2297, 2304, 2309, 2312, 2641, 2643, 2645, 2981, 2982, 3138, 3140, 3142, 3144, 3146, 3147, 3151, 3152, 3153, 3154, 3155, 3158, 3159, 3162, 3163, 3170, 3173, 3174, 3175, 3176, 3187, 3188, 3190, 3192, 3193, 3194, 3195, 3197, 3198, 3200, 3201, 3202, 3203, 3204, 3205, 3206, 3226, 3228)
1991 Ed. (1668, 1669, 1670, 1680, 1681, 1685, 1688, 1696, 1698, 1700, 1702, 1705, 1708, 1709, 2176, 2182, 2183, 2185, 2186, 2187, 2188, 2195, 2199, 2201,

2203, 2204, 2482, 2513, 2515,
2516, 2517, 2518, 2522, 2831,
2832, 2945, 2946, 2947, 2948,
2951, 2952, 2953, 2954, 2955,
2960, 2961, 2962, 2963, 2966,
2967, 2968, 2969, 2970, 2971,
2972, 2975, 2976, 2977, 2978,
2981, 2982, 2986, 2987, 2990,
2991, 2993, 2994, 2995, 2996,
2997, 2999, 3024, 3025, 3026,
3027, 3079)
1992 Ed. (956, 1050, 1051, 2132,
2133, 2158, 3846, 3850, 3853,
3854, 3855, 3856, 3857, 3862,
3863, 3870, 3872, 3873, 3881,
3883, 3885, 3888, 3889, 3890,
3892, 3894, 3902, 3903, 3905)
1993 Ed. (3163)
1995 Ed. (765, 766, 768, 769)
1997 Ed. (747)
Prudential-Bache Capital Funding
1990 Ed. (1221)
1991 Ed. (999, 2822, 3000, 3001,
3002, 3003, 3004, 3005, 3006,
3007, 3010, 3011, 3012, 3014,
3015, 3016, 3019, 3022, 3029,
3074, 3076)
1992 Ed. (2725, 2726, 2727, 3845,
3852, 3864, 3865, 3866, 3867,
3868, 3869)
Prudential-Bache Municipals-High Yield
1990 Ed. (2378)
Prudential-Bache Research
1990 Ed. (1797)
Prudential-Bache Securities
1989 Ed. (820, 821, 1414, 2436,
2437, 2440, 2441, 2445)
1990 Ed. (783, 784, 785, 786, 787,
788, 789, 819)
1991 Ed. (770, 771, 773, 783, 1012,
1704, 3030, 3031, 3032, 3033,
3036, 3037, 3043, 3044, 3045,
3046, 3047, 3048, 3050, 3054,
3055, 3056, 3057, 3058, 3060,
3061, 3062, 3063, 3064)
1992 Ed. (2134)
Prudential-Bache Securities Canada
1992 Ed. (958, 964)
Prudential Bank & Trust Co.
1991 Ed. (2813)
2005 Ed. (380)
Prudential Bond High-Yield A
1997 Ed. (2893)
Prudential Business Campus
1990 Ed. (2181)
1991 Ed. (2024)
1992 Ed. (2598)
1997 Ed. (2377)
Prudential California Realty
1994 Ed. (2999)
1995 Ed. (3059, 3061)
2004 Ed. (4069, 4071)
2006 Ed. (4036)
2007 Ed. (4076)
Prudential California/Americana/John
Aaroe Realtors
2002 Ed. (3913)
Prudential Capital Group
1998 Ed. (3009)
Prudential Capital & Investment Services Inc.
2001 Ed. (2726)
2003 Ed. (2761)
2004 Ed. (2848)
2005 Ed. (2856)
2006 Ed. (2863)
2007 Ed. (2852)
Prudential Chamberlain-Stiehl Realtors
2000 Ed. (3708)
2001 Ed. (3995)
Prudential Connecticut Realty
2008 Ed. (4105)
Prudential Corp Plc
1995 Ed. (2282)
Prudential Defined Contribution Services
1995 Ed. (2387)
Prudential Dental Maintenance Organization
1990 Ed. (2896)
Prudential Disc Select Group Q OCC
Managed
2000 Ed. (4328)
Prudential Discover Select OCC Managed
2000 Ed. (4328)
Prudential Discovery Plus Global Equity
1994 Ed. (3613)
Prudential Discovery Plus High Dividend
Stock

1994 Ed. (3612)
Prudential Discovery Plus/Equity Income
1999 Ed. (4697)
Prudential Distressed Secs A
1999 Ed. (3534)
Prudential Diversified
1992 Ed. (2741)
1993 Ed. (2291)
1996 Ed. (2379)
Prudential Douglas Elliman Real Estate
2006 Ed. (4036)
2007 Ed. (4071, 4076)
2008 Ed. (4109)
2009 Ed. (4216)
2010 Ed. (4150)
2011 Ed. (4150)
2012 Ed. (4184)
Prudential Equity Group
2005 Ed. (545, 2639, 3466, 3590,
3748, 3811, 4112, 4423, 4715,
4982)
2006 Ed. (3198, 3199, 3200, 3201,
3202, 3203, 3205, 3206)
Prudential Equity Income A
1995 Ed. (2720, 2736)
1996 Ed. (2777, 2802)
1999 Ed. (3510, 3511, 3545, 3546)
Prudential Equity Income B
1995 Ed. (2720, 2736)
1996 Ed. (2802)
1999 Ed. (3546)
Prudential Equity Income C
1999 Ed. (3546)
Prudential Equity Income Z
1999 Ed. (3546)
Prudential Equity Investors
1994 Ed. (3622)
1998 Ed. (3663)
Prudential Financial
2014 Ed. (99, 1309, 2295, 2296,
2884, 4971)
2015 Ed. (1733, 2378, 2928, 4424,
5019)
2016 Ed. (2323, 2324, 3194, 3242,
4318, 4937)
Prudential Financial Group
2003 Ed. (1786, 2991, 2995, 3068,
3073, 3075, 3076, 3079, 3084,
3086, 3087, 3442, 4318, 4981,
4982)
2004 Ed. (1820, 2036, 3113, 3193,
4984)
2005 Ed. (1904, 3116)
2006 Ed. (1931, 3121)
2007 Ed. (1915, 3141)
2008 Ed. (896, 1978, 3681)
2009 Ed. (1933, 3351)
Prudential Financial Inc.
2004 Ed. (1570, 1818, 3075, 3101,
3102, 3116)
2005 Ed. (363, 375, 1462, 1486,
1902, 3082, 3103, 3104, 3105,
3118, 3120, 3210, 4989)
2006 Ed. (395, 1929, 2892, 3051,
3057, 3087, 3091, 3118, 3123,
3125, 3126, 3195, 4217, 4463,
4982)
2007 Ed. (1480, 1913, 2903, 2914,
3102, 3104, 3107, 3129, 3131,
3132, 3161, 3162, 3253, 4233,
4282, 4980)
2008 Ed. (1483, 1976, 2707, 3024,
3036, 3251, 3285, 3310, 3311,
3314, 3379)
2009 Ed. (1395, 1930, 1932, 3312,
3343, 3375, 3376, 3451, 3452)
2010 Ed. (1867, 1869, 3241, 3290,
3310, 3311, 3392)
2011 Ed. (1899, 1901, 3212, 3216,
3252, 3254, 3274, 3275)
2012 Ed. (1755, 1757, 1758, 2451,
3168, 3215, 3218, 3219, 3227,
3238, 3239, 3240, 3242, 3247,
3248, 3249)
2013 Ed. (1920, 1922, 1924, 1926,
1928, 3029, 3241, 3279, 3280,
3290, 3291, 3306, 3317, 3318,
3319, 3321, 3323, 3324, 3325,
3347, 4805, 4963)
2014 Ed. (179, 180, 1859, 1861,
1863, 1865, 1867, 1880, 3042,
3267, 3305, 3306, 3317, 3319,
3329, 3334, 3335, 3337, 3339,
3340, 3341)
2015 Ed. (1898, 1901, 1903, 3316,
3351, 3352, 3362, 3365, 3370,
3374, 3376, 3399)
2016 Ed. (204, 205, 206, 1861, 1864,
1866, 2663, 3168, 3189, 3190,

3224, 3228, 3232, 3233, 3234,
3235, 3237, 3238, 3240, 3243,
3245)
Prudential Fixed Income
1992 Ed. (2728, 2730)
1993 Ed. (2280, 2282, 2324)
1994 Ed. (2293)
1996 Ed. (2386)
Prudential Fixed Income Advisors
1992 Ed. (2756, 2764)
Prudential Fixed Income Management
1991 Ed. (2206, 2234)
Prudential Florida Realty
1995 Ed. (3059)
1997 Ed. (3255)
1998 Ed. (2997)
Prudential Florida Realty-Commercial
Division
1998 Ed. (3002)
Prudential Florida WCI Realty
2004 Ed. (4066)
Prudential Foundation
1989 Ed. (1472)
2001 Ed. (2515)
2002 Ed. (976)
Prudential Fox & Roach, Realtors
2004 Ed. (4069, 4071)
2005 Ed. (4001, 4002)
2006 Ed. (4036, 4037)
2007 Ed. (4076, 4077)
2008 Ed. (4109, 4110)
2009 Ed. (4216, 4217)
2010 Ed. (4150, 4151)
2011 Ed. (4150, 4151)
2012 Ed. (4184, 4185)
Prudential Global
1996 Ed. (2388)
Prudential Global A
1996 Ed. (2805)
Prudential Global B
1996 Ed. (2805)
1997 Ed. (2876)
Prudential Global Genesis A
1996 Ed. (2805)
Prudential Global Genesis B
1995 Ed. (2732)
1996 Ed. (2805)
1997 Ed. (2876)
Prudential Global Natuarl Resources B
1995 Ed. (2723)
Prudential Global Natural Resources A
1995 Ed. (2723)
Prudential Global Total Return A
2000 Ed. (760)
Prudential Global Utility A
1994 Ed. (2607)
1995 Ed. (2712)
1997 Ed. (2878)
Prudential Great Lakes Realty
1998 Ed. (2996)
1999 Ed. (3992)
Prudential Group Legal Services
1993 Ed. (2911)
Prudential Health Care of New York and
Prucare of New Jersey
1994 Ed. (2042)
Prudential Health Care Plan Inc.
1995 Ed. (2094)
1996 Ed. (2088)
1998 Ed. (1915, 1919, 1920)
1999 Ed. (2655, 2657)
2000 Ed. (1657, 2426, 2427, 2435,
2436, 2440)
Prudential Health Care Plan Inc. Southeast Division
1999 Ed. (1831)
Prudential Health Care Plan of New
York Inc.
2001 Ed. (2688)
Prudential Health Care Plans Inc.
1992 Ed. (2386)
1993 Ed. (2020, 2908)
Prudential Health Sciences
2002 Ed. (4504)
2003 Ed. (3523)
Prudential Healthcare
2002 Ed. (2462)
Prudential HealthCare of New York Inc.
2000 Ed. (2438)
Prudential Healthcare Plans Inc.
1997 Ed. (191, 2700)
Prudential HealthCare, Roseland, NJ
2000 Ed. (2429)
Prudential HealthCare System of Central Florida
1998 Ed. (1917)
Prudential HealthCare System of South
Florida
1998 Ed. (1917)
Prudential Hi Yield/A

1999 Ed. (3547, 3548)
Prudential High-Yield A
1998 Ed. (2625)
Prudential Home Mortgage Co.
1993 Ed. (2591, 2593, 2595)
1994 Ed. (1984, 2548, 2549, 2554,
2557, 2558)
1995 Ed. (2042, 2597, 2598, 2599,
2600, 2601, 2602, 2603, 2606,
2609, 2610)
1996 Ed. (2036, 2675, 2677, 2678,
2679, 2680, 2681, 2682, 2683,
2684, 2686)
1997 Ed. (2808, 2810, 2813, 2814)
Prudential Home Mortgage Section
1991 Ed. (2481)
Prudential Home Mortgage Securities
Co. Inc.
1991 Ed. (2482)
1992 Ed. (3105)
Prudential Home MSCI & Affiliates
1994 Ed. (2555)
1995 Ed. (2607)
1996 Ed. (2685)
Prudential Insurance
1989 Ed. (1436)
1990 Ed. (2235)
1992 Ed. (1181, 1203, 1479, 2159,
2636, 2647, 2653, 2658, 2659,
2660, 2661, 2669, 2670, 2674,
2675, 2676, 2711, 2736, 2740,
2776, 2778, 2779, 2781, 2782,
3217, 4380)
1998 Ed. (2771)
2000 Ed. (2193, 2698, 2767, 2772,
2775, 2777, 2781, 2782, 2783,
2784, 2786, 2787, 2789, 2790,
2792, 2793, 2794, 2795, 2798,
2833, 2836, 2838, 2851, 2856,
3318, 3448, 4327)
2001 Ed. (2431)
2002 Ed. (729, 3007, 3008, 3010,
3018, 3019, 3024, 3390, 3908,
4733)
Prudential Insurance Co. Amer
1990 Ed. (1022)
Prudential Insurance Co. of America
1989 Ed. (2039)
1990 Ed. (18, 1039, 2213, 2676,
2791)
1991 Ed. (244, 948, 968, 2091, 2094,
2101, 2102, 2103, 2104, 2105,
2107, 2109, 2112, 2113, 2214,
2578)
1992 Ed. (37)
1994 Ed. (10, 223, 224, 1004, 2210,
2236, 2246, 2249, 2251, 2252,
2253, 2255, 2256, 2257, 2258,
2261, 2262, 2265, 2266, 2267,
2298, 2320, 2321, 2322, 2656,
2759, 3184, 3258, 3273)
1995 Ed. (222, 223, 1878, 2285,
2290, 2292, 2294, 2295, 2301,
2302, 2303, 2304, 2305, 2306,
2309, 2312, 2378, 2380, 2382,
2384, 2385, 2386, 2388, 2757,
2758, 2860, 3308, 3354, 3589)
1996 Ed. (224, 1249, 1260, 1427,
2265, 2283, 2287, 2296, 2297,
2305, 2306, 2307, 2310, 2311,
2312, 2313, 2314, 2315, 2316,
2317, 2320, 2321, 2323, 2324,
2327, 2328, 2376, 2824)
1997 Ed. (1295, 1488, 2421, 2423,
2427, 2430, 2436, 2437, 2443,
2444, 2445, 2446, 2447, 2448,
2449, 2450, 2452, 2453, 2507,
2508, 2509, 2512, 2514, 2515,
2517, 2550, 2928, 3018, 3263,
3265, 3412)
1998 Ed. (171, 1042, 1110, 1180,
1289, 2108, 2133, 2134, 2135,
2147, 2148, 2155, 2156, 2157,
2158, 2160, 2161, 2162, 2163,
2164, 2168, 2170, 2171, 2174,
2177, 2178, 2179, 2180, 2181,
2182, 2183, 2184, 2185, 2186,
2187, 2189, 2190, 2193, 2194,
2254, 2255, 2263, 2264, 2265,
2295, 2296, 2298, 2301, 2303,
2520, 2667)
1999 Ed. (370, 1472, 1713, 1864,
2922, 2928, 2929, 2934, 2941,
2943, 2946, 2948, 2950, 2951,
2952, 2953, 2954, 2955, 2956,
2957, 2958, 2961, 3039, 3040,
3043, 3045, 3047, 3048, 3049,
3050, 3051, 3052, 3055, 3056,
3057, 3058, 3059, 3060, 3067,
3094, 3106, 3429, 3587, 3596,
3731, 4171, 4172, 4700)

2000 Ed. (1379, 2649, 2675, 2677, 2679, 2682, 2686, 2687, 2688, 2690, 2691, 2692, 2693, 2694, 2697, 2699, 2701, 2702, 2703, 2704, 2705, 2706, 2707, 2708, 2709, 2711, 2843, 3153, 3882, 3885, 4023)
2001 Ed. (2916)
2005 Ed. (3051)
Prudential Insurance Company of America
1999 Ed. (2947)
2001 Ed. (2929, 2931, 2933, 2934, 2937, 2939, 2940, 2941, 2942, 2943, 2944, 2946, 2947, 3084, 3674, 3683)
2002 Ed. (1739, 1740, 2835, 2869, 2893, 2905, 2908, 2909, 2910, 2912, 2913, 2914, 2915, 2916, 2920, 2922, 2923, 2924, 2925, 2926, 2928, 2929, 2930, 2931, 2932, 2935, 2938, 2941, 3609, 3619)
2003 Ed. (917, 1421, 1548, 1783, 1785, 2477, 2974, 2992, 2993, 2998, 3001, 3002, 3065)
2004 Ed. (1818, 3075, 3084, 3103, 3104, 3109, 3110, 3111, 3114, 3116, 3117)
2005 Ed. (1902, 3082, 3106, 3107, 3112, 3113, 3119, 3121)
2006 Ed. (1929, 3122, 3124, 3127)
2007 Ed. (1913, 3146, 3147, 3148, 3150, 3151, 3152, 3153, 3154, 3155)
2008 Ed. (3296, 3297, 3298, 3300, 3301, 3302, 3303, 3304, 3305)
2009 Ed. (3356, 3357, 3358, 3361, 3362, 3364, 3365)
2010 Ed. (1865, 3256, 3257, 3295, 3296, 3298, 3299, 3300, 3301, 3302, 3303, 3317, 3318)
2011 Ed. (1897, 3220, 3221, 3255, 3256, 3257, 3259, 3260, 3261, 3263, 3264, 3265, 3266)
2012 Ed. (1753, 3189, 3232, 3233, 3234, 3235, 3236, 3237)
2013 Ed. (1920, 3311, 3312, 3314, 3315, 3316)
2014 Ed. (1859)
2015 Ed. (1895)
2016 Ed. (1859)
Prudential Insurance Co. of America Group
1998 Ed. (2152)
Prudential Insurance Co. of America-San Antonio
1999 Ed. (2648)
Prudential Insurance Pridex
1994 Ed. (2313)
Prudential Insurance Prisa
1994 Ed. (2313, 2315)
Prudential Insurance Privest
1994 Ed. (2313, 2315)
Prudential International Global Income A
2000 Ed. (760)
Prudential Intimed Global Income A
1997 Ed. (691)
Prudential Investment
1991 Ed. (2207, 2210, 2212, 2213)
Prudential Investment & Securities
2012 Ed. (1231)
Prudential Investments
1998 Ed. (2225, 2268)
1999 Ed. (3109)
2000 Ed. (2265, 2667, 2773)
2014 Ed. (3740)
Prudential Jack White/Vista Real Estate
2004 Ed. (4066)
Prudential Japanese
1996 Ed. (2814)
Prudential Jenn. Growth
2000 Ed. (3260)
Prudential Jenn. 20/20 Focus
2011 Ed. (3725)
Prudential Jennison Equity Income
2011 Ed. (3726)
Prudential Jennison Equity Opportunity Fund
2003 Ed. (3499, 3538)
Prudential Jennison International Growth
2004 Ed. (3650)
Prudential LI Commercial Realty
2000 Ed. (3710)
Prudential (London)
1991 Ed. (2159)
Prudential Long Island Realty
1992 Ed. (3613)
2000 Ed. (3711, 4434)

Prudential M & G
2003 Ed. (3100, 3102)
2006 Ed. (3217)
Prudential Magazine
2008 Ed. (3534)
Prudential Managed
1997 Ed. (2914, 2915, 2916)
Prudential MLBKaye International Realty
1999 Ed. (3994)
Prudential Mortgage Capital Co.
2003 Ed. (4055)
2004 Ed. (4082)
2005 Ed. (4015)
2006 Ed. (4051)
2011 Ed. (4162)
2012 Ed. (4209)
2013 Ed. (4197)
2014 Ed. (4214)
2015 Ed. (4197)
Prudential Natural Resources
2001 Ed. (3430)
Prudential of America
1989 Ed. (1679)
1990 Ed. (2231, 2233)
1992 Ed. (2663, 2666)
1993 Ed. (2194, 2195, 2199, 2200, 2201, 2204, 2205, 2206, 2207, 2208, 2209, 2210, 2211, 2212, 2213, 2214, 2215, 2216, 2217, 2218, 2220, 2221, 2222, 2225, 2226, 2227, 2230, 2287, 2301, 2303, 2380, 2706, 3216, 3229, 3242, 3283, 3652, 3653, 3654)
1997 Ed. (2408, 2424, 2431, 2456)
2007 Ed. (3157)
2008 Ed. (3307)
2009 Ed. (3366, 3368)
2010 Ed. (3306)
2011 Ed. (3269)
Prudential of America Consolidated
2009 Ed. (277, 278)
Prudential of America Group
1991 Ed. (2092)
1992 Ed. (2656)
1996 Ed. (2301)
2000 Ed. (1524, 2696)
2005 Ed. (3114)
2007 Ed. (3135, 3136, 3139, 3140, 3143, 3144, 3145, 3156)
2008 Ed. (3288, 3289, 3290, 3291, 3293, 3294, 3295, 3306)
2009 Ed. (3346, 3347, 3349, 3350, 3353, 3354, 3355, 3369)
2010 Ed. (3285, 3288, 3289, 3291, 3292, 3293, 3294, 3307)
2011 Ed. (3268)
2012 Ed. (3222, 3223, 3225, 3226, 3228, 3229, 3230, 3231, 3241)
2013 Ed. (3301, 3302, 3304, 3305, 3307, 3308, 3309, 3310, 3320)
2014 Ed. (3324, 3325, 3327, 3330, 3331, 3332, 3333, 3336)
2015 Ed. (3371)
2016 Ed. (3239)
Prudential plc
1989 Ed. (1746)
1990 Ed. (2276, 2278, 2280, 2284)
1991 Ed. (1298, 2145)
1992 Ed. (1630)
1994 Ed. (2234)
2001 Ed. (1884)
2002 Ed. (1786, 2939, 2941, 2942)
2003 Ed. (2977)
2004 Ed. (1533)
2005 Ed. (3089, 3092, 3120)
2006 Ed. (2058, 2064, 3126, 3128, 3129)
2007 Ed. (2026, 2027, 3113, 3159, 3161, 3162, 3164)
2008 Ed. (2122, 3310, 3312)
2009 Ed. (1683, 2113, 2114, 3315, 3317, 3373, 3376, 3377)
2010 Ed. (1411, 1639, 2049, 3250, 3310, 3312, 3313, 3315)
2011 Ed. (2105, 3215, 3271, 3277)
2012 Ed. (1947, 1951, 3174, 3181, 3246, 3247, 3249, 3250, 3254)
2013 Ed. (2122, 2128, 3251, 3252, 3253, 3258, 3285, 3288, 3322, 3323, 3325, 3326)
2014 Ed. (2057, 2063, 3277, 3278, 3310, 3314, 3338, 3339, 3341, 3342)
2015 Ed. (2108, 2112, 3356, 3359, 3372, 3373, 3376)
2016 Ed. (2077, 2081, 2083, 2086, 2092, 3194, 3217, 3221, 3227, 3241, 3242, 3245)
Prudential Portfolio Managers

1990 Ed. (2321)
1992 Ed. (3350)
1994 Ed. (2326, 2774)
1995 Ed. (2390, 2870)
1996 Ed. (2422, 2921, 2945)
1997 Ed. (2391, 2399)
2000 Ed. (2848)
2001 Ed. (3011, 3015, 3016)
Prudential Preferred Properties Inc.
2000 Ed. (3716)
The Prudential Preferred Properties, Mid-Atlantic
1995 Ed. (3059)
Prudential Private Asset
1998 Ed. (3013, 3015)
1999 Ed. (3095, 3096, 3097)
Prudential Private Asset Management Group-Real Estate
1998 Ed. (2294)
Prudential Private Asset-Real Estate
1998 Ed. (3016)
Prudential Private Placement Group
1994 Ed. (3160)
Prudential Prop. Services
1991 Ed. (1726)
Prudential Property & Casualty
1993 Ed. (2184, 3312)
1994 Ed. (2215, 2216, 3002, 3006)
1996 Ed. (2269, 2270, 2302)
1997 Ed. (2410, 2432)
1998 Ed. (2114)
1999 Ed. (2900)
Prudential Property Co.
1990 Ed. (1163, 2962)
1991 Ed. (2809, 2810)
1992 Ed. (3619, 3621, 3622)
The Prudential Property Company, Inc.
1990 Ed. (2959, 2960)
Prudential Real Estate
1991 Ed. (2817, 2819, 2820)
1992 Ed. (2749, 3634, 3635)
1993 Ed. (2331, 2974, 2975)
1995 Ed. (3071, 3072, 3074)
1996 Ed. (2384, 2417, 2920, 2921, 3165, 3166, 3168)
2002 Ed. (3931, 3940, 3941)
2004 Ed. (4086)
2009 Ed. (4231, 4232)
2010 Ed. (4166)
Prudential Real Estate Investors
2000 Ed. (2837, 2839)
2001 Ed. (4014)
2002 Ed. (3625)
Prudential Realty
1990 Ed. (2970)
1991 Ed. (2211)
1992 Ed. (2733)
1993 Ed. (2285, 2309, 2972, 2973)
The Prudential Realty Group
1990 Ed. (2968)
1994 Ed. (2305, 2319, 3014, 3015, 3016, 3018, 3296, 3303)
1995 Ed. (3064, 3070)
Prudential Reinsurance
1990 Ed. (2261)
1991 Ed. (2829)
1992 Ed. (3658)
1993 Ed. (2992)
1994 Ed. (3040)
1995 Ed. (3087)
1996 Ed. (3186)
Prudential Reinsurance Holding Inc.
1997 Ed. (3405)
Prudential Retirement
2007 Ed. (2642)
Prudential Rocky Mountain Realtors
2013 Ed. (4988)
Prudential Sec. Agg. Growth
1995 Ed. (1081)
Prudential Securities Group Inc.
2003 Ed. (4326)
2004 Ed. (2848)
2005 Ed. (2856)
2006 Ed. (2863)
Prudential Securities Inc.
1992 Ed. (951, 954, 3836, 3841)
1993 Ed. (755, 756, 758, 761, 763, 764, 765, 766, 768, 839, 840, 842, 1014, 1169, 1768, 1769, 1770, 2981, 3116, 3119, 3120, 3121, 3128, 3131, 3132, 3133, 3134, 3136, 3137, 3140, 3141, 3143, 3144, 3146, 3148, 3151, 3152, 3155, 3158, 3160, 3161, 3165, 3166, 3168, 3169, 3170, 3171, 3174, 3176, 3179, 3183, 3184, 3185, 3186, 3187, 3190, 3191, 3192, 3194, 3195, 3196, 3197, 3207)
1994 Ed. (727, 728, 764, 765, 766,

767, 768, 771, 772, 774, 775, 776, 777, 784, 1040, 1757, 1829, 1830, 1835, 2580, 2581, 2582, 2583, 3024, 3159, 3162, 3163, 3166, 3167, 3168, 3170, 3171, 3176, 3177, 3178, 3179, 3180, 3181, 3182, 3183, 3189, 3190)
1995 Ed. (722, 723, 725, 726, 727, 729, 731, 733, 738, 743, 749, 750, 751, 753, 754, 757, 759, 760, 761, 762, 816, 1048, 1719, 1794, 1799, 2633, 2634, 2635, 2637, 2638, 2639, 2641, 2642, 3076, 3217, 3230, 3231, 3248, 3250, 3255, 3256, 3258, 3259, 3262, 3265)
1996 Ed. (802, 803, 804, 805, 810, 1768, 1769, 1774, 2359, 2712, 2713, 2714, 2715, 2716, 2717, 2719, 2720, 2721, 3334, 3335, 3336, 3342, 3344, 3353, 3354, 3355, 3356, 3358, 3359, 3364, 3365, 3367, 3373, 3374)
1997 Ed. (738, 739, 740, 741, 782, 1848, 1849, 1850, 2481, 2483, 2832, 2833, 2834, 2835, 2836, 2837, 2838, 3420, 3421, 3436, 3437, 3438, 3448, 3454, 3455, 3456, 3457, 3458, 3460, 3463, 3464, 3465, 3466, 3467)
1998 Ed. (322, 517, 519, 520, 521, 523, 526, 529, 530, 814, 1493, 1559, 1560, 1562, 2229, 2236, 2566, 2567, 2568, 2569, 2570, 2578, 3206, 3220, 3232, 3233, 3236, 3237, 3238, 3239, 3240, 3241, 3250, 3251, 3255, 3256, 3257, 3258, 3259, 3261, 3266, 3414)
1999 Ed. (826, 829, 830, 834, 836, 837, 838, 904, 920, 3020, 3021, 3477, 3478, 3479, 3480, 4208, 4214, 4220, 4221, 4232, 4233, 4235, 4236, 4237, 4246, 4247, 4248, 4251)
2000 Ed. (779, 826, 828, 830, 831, 832, 885, 2451, 3194, 3312, 3933, 3934, 3940, 3941, 3943, 3950, 3951, 3954, 3964, 3965, 3966, 3970, 3976, 3983)
2001 Ed. (737, 746, 747, 748, 752, 754, 755, 758, 771, 855, 856, 879, 912, 932, 2424, 3513)
2002 Ed. (822, 838, 4500)
2003 Ed. (2599)
2004 Ed. (3191, 4328, 4329, 4330, 4331, 4332, 4342)
Prudential Series Fund High Yield Bond
1992 Ed. (4375)
Prudential Series Fund Stock Index
1992 Ed. (4377)
Prudential Service Bureau Inc.
1993 Ed. (2244)
Prudential Small Co. A
1999 Ed. (3506)
Prudential Small Co. Val/A
1999 Ed. (3541)
Prudential Speculator Leveraged
1992 Ed. (3171, 3174)
Prudential Strategic Incm. Fd.
1990 Ed. (1359)
Prudential Strategic Income
1990 Ed. (3135)
Prudential Structured Mat. A
1997 Ed. (2886)
Prudential Structured Maturity
1992 Ed. (3164)
Prudential Utah Real Estate
2007 Ed. (4071)
2008 Ed. (4104, 4105)
Prudential Utility
1991 Ed. (2560)
2004 Ed. (3569)
Prudential Utility A
1995 Ed. (2729)
1999 Ed. (3511)
Prudential Utility-B
1993 Ed. (2654)
Prudential (VCA-9), N.J.
1989 Ed. (2145, 2153)
Prudential Venture Capital Management Inc.
1990 Ed. (3668)
1991 Ed. (3443)
Prudential VIP Global Equity
1994 Ed. (3613)
Prudential VIP High Dividend Stock
1994 Ed. (3612)
Prudential VM
1995 Ed. (2500)
Prudential World International Z

1998 Ed. (2634)
Prudhoe Bay, AK
  2012 Ed. (3862)
Prufrock
  1993 Ed. (3014)
PruGen Pharmaceuticals
  2013 Ed. (2868)
Pruitt Eberly Stone Inc.
  2010 Ed. (2435)
Pruitt; Peter T.
  1989 Ed. (1741)
  1990 Ed. (2271)
Pruksa Real Estate
  2012 Ed. (1940)
Prumysl Mlecne Vyziva AS
  2001 Ed. (1697)
Prune/fig juice
  2001 Ed. (2558)
Prunes
  1993 Ed. (1748)
  2001 Ed. (2549)
  2002 Ed. (2372)
  2003 Ed. (2575)
  2004 Ed. (2695)
  2005 Ed. (2694, 2695)
  2006 Ed. (2669, 2670)
  2007 Ed. (2652, 2653)
  2008 Ed. (2792)
  2009 Ed. (2845)
  2010 Ed. (2786)
  2011 Ed. (2774)
Prva Komunalna Banka
  2002 Ed. (645)
Prva Komunalna Banka AS
  1997 Ed. (610, 611)
  1999 Ed. (636)
  2001 Ed. (649)
Prva Stavebna sporitel'na
  2006 Ed. (521)
  2007 Ed. (550)
  2008 Ed. (502)
  2011 Ed. (444)
Prventix
  2013 Ed. (1402)
Prvni americko-ceska pojistovna
  2001 Ed. (2922)
PRWT Services Inc.
  2010 Ed. (172, 173)
  2011 Ed. (96, 97)
  2012 Ed. (104)
PRx
  1992 Ed. (3562)
  2004 Ed. (4003)
  2005 Ed. (3960)
  2011 Ed. (4131)
PRx, San Jose
  1998 Ed. (2944)
Pryamid Electric Inc.
  2010 Ed. (1307)
Pryca
  1994 Ed. (1449)
  1995 Ed. (1489)
  1996 Ed. (1446)
  1997 Ed. (1511)
  1999 Ed. (1733)
Pryce
  1995 Ed. (818, 819, 820, 821)
Pryor, Govan, Counts
  1989 Ed. (2383)
  1990 Ed. (3161)
Pryor, Govan, Counts & Co.
  1991 Ed. (2509)
Pryor, McClendon, Counts
  1992 Ed. (3859)
Pryor, McClendon, Counts & Co. Inc.
  1993 Ed. (708, 3187, 3195, 3197)
  1996 Ed. (2655, 2657, 2658, 2711,
    3352, 3356, 3362, 3368)
  1997 Ed. (2481, 3453)
  1998 Ed. (471)
  2000 Ed. (745)
Pryor; Stephen
  2012 Ed. (765)
  2013 Ed. (966)
Pryority Motors Inc.
  1990 Ed. (341)
  1992 Ed. (382, 412)
  1993 Ed. (297)
  1994 Ed. (267)
Prysmian
  2011 Ed. (2385)
  2012 Ed. (2317)
  2013 Ed. (2483)
  2014 Ed. (2415)
  2015 Ed. (2489)
  2016 Ed. (2421)
Prystup Packaging Products Inc.
  2007 Ed. (3529, 4398)
  2008 Ed. (3692, 4365)
Przedsiebiorstwo Polskie Koleje Panst-

  wowe Dyrekcja Generalna
  2002 Ed. (3902)
Przedsiebiorstwo Produkcyjne
  Uslugowo-Handlowe
  2008 Ed. (2052)
Przedsiebiorstwo Wielobranzowe Eltar
  Sp. ZOO
  2008 Ed. (2052)
Przemyslowo-Handlowy; Bank
  2005 Ed. (598)
Przemyslowo-Handlowy PBK; Bank
  2006 Ed. (440, 514)
  2007 Ed. (542)
PS Energy Group Inc.
  2002 Ed. (2564)
  2006 Ed. (3508, 4347)
  2007 Ed. (2840, 3546)
  2008 Ed. (1356, 2959, 2966, 3704,
    4958)
  2009 Ed. (3046)
  2010 Ed. (2962)
  2011 Ed. (2927)
  2012 Ed. (2861)
  2013 Ed. (2930)
  2014 Ed. (2947)
  2015 Ed. (2995, 3004)
PS Group
  1989 Ed. (2462)
  1990 Ed. (210)
  1991 Ed. (2722)
  1992 Ed. (272, 274)
  1994 Ed. (2667)
PS2
  2007 Ed. (2862)
  2008 Ed. (2981, 4707)
PSA
  1990 Ed. (1367)
  1992 Ed. (1617)
  1996 Ed. (326)
PSA Peugeot Citroen
  1995 Ed. (307, 309, 3659)
  1997 Ed. (1408)
  2000 Ed. (3029)
PSA Peugeot Citroen SA
  2001 Ed. (33, 34, 36, 43, 63, 69, 80,
    1709, 3228)
  2002 Ed. (388, 390, 391, 392, 393,
    398, 1656, 3243, 3402, 3403)
  2004 Ed. (45, 47, 83, 86, 98, 305)
  2005 Ed. (39, 41, 50, 78, 81, 83, 92,
    298, 300, 301, 871, 3522)
  2006 Ed. (25, 46, 87, 90, 320, 3581,
    3582, 4818)
  2007 Ed. (37, 80, 312, 314, 316,
    1731, 1732, 1787, 3423, 3646,
    4716)
  2008 Ed. (21, 41, 86, 89, 133, 301,
    1760, 3558)
  2009 Ed. (24, 46, 58, 72, 98, 322,
    2592, 3625, 4784)
  2010 Ed. (41, 56, 103, 106, 1403)
  2012 Ed. (32, 4764)
PSA-Peugeot SA
  2005 Ed. (1777, 3020)
Psagot Investment House
  2011 Ed. (1372)
PSB
  2015 Ed. (236)
PSB Lending Corp.
  2001 Ed. (3349)
PSB Speakers
  2014 Ed. (207)
PSC
  2001 Ed. (659)
  2006 Ed. (1115)
  2007 Ed. (1220)
PSC Engineers & Consultants Inc.
  1991 Ed. (1564)
  1992 Ed. (1969)
PSC-Industrial Services
  2005 Ed. (4836)
  2006 Ed. (4890)
PSC Metals Inc.
  2005 Ed. (4031)
  2006 Ed. (3468)
PSCU Financial Services
  2006 Ed. (2179)
PSD Associates
  1999 Ed. (2842)
PSE Credit Union
  2001 Ed. (1962)
PSE Tech 100 Index
  2001 Ed. (3448)
PSEG
  2003 Ed. (1238)
  2013 Ed. (2426)
PSEG Energy Technologies
  2003 Ed. (1231, 1232, 1235, 1338)
  2005 Ed. (3861)
Pseka S.A.

  2001 Ed. (4381)
PSF Group Holdings Inc.
  2001 Ed. (3152)
  2003 Ed. (3233)
  2004 Ed. (3288, 3289)
  2005 Ed. (3296, 3297)
  2006 Ed. (3288, 3289)
PSFS
  1989 Ed. (2832)
PSI
  1998 Ed. (1475)
PSI Armored Inc.
  2006 Ed. (4353)
PSI Energy Inc.
  1995 Ed. (1633)
  2001 Ed. (1737)
  2003 Ed. (1698)
  2004 Ed. (1735)
PSI Group
  2000 Ed. (907)
PSI Holdings
  1990 Ed. (1601)
  1991 Ed. (1498)
PSI Institutional
  1993 Ed. (2979)
PSI Institutional Realty
  1990 Ed. (2340)
  1992 Ed. (2750, 3639)
  1996 Ed. (2920)
PSI Institutional Realty Advisors
  1991 Ed. (2238)
PSI Resources Inc.
  1992 Ed. (1899)
  1993 Ed. (1557)
  1994 Ed. (1213, 1219, 1596)
  1995 Ed. (1232, 1638)
  1996 Ed. (1382)
Psicor
  1990 Ed. (2050)
  1992 Ed. (2446)
  1993 Ed. (2061, 2062)
  1995 Ed. (2132)
  1997 Ed. (2249)
Psimitis
  2010 Ed. (1663)
  2011 Ed. (1670)
PSINet Inc.
  2000 Ed. (2744)
  2001 Ed. (2967)
  2002 Ed. (1381, 1400)
  2003 Ed. (4526)
  2004 Ed. (1559)
Psion
  2006 Ed. (1114)
  2007 Ed. (2832)
Psion Teklogix
  2006 Ed. (1115)
  2007 Ed. (1220)
  2008 Ed. (1123, 2476)
  2009 Ed. (1101)
  2010 Ed. (1083)
  2012 Ed. (948)
  2013 Ed. (1092)
  2014 Ed. (1052)
  2015 Ed. (1090)
Psitronics Group Systems International
  2010 Ed. (1870)
  2011 Ed. (1902)
  2012 Ed. (1759)
  2013 Ed. (1929)
  2014 Ed. (1868)
  2015 Ed. (1904)
PSK
  2009 Ed. (4417)
  2011 Ed. (2087)
  2012 Ed. (3)
PSK Banking Group
  1991 Ed. (454)
  1992 Ed. (610)
  1993 Ed. (429)
  1994 Ed. (429)
  1995 Ed. (424)
  1996 Ed. (449)
  1997 Ed. (413)
  1999 Ed. (472)
  2000 Ed. (465)
  2002 Ed. (525)
PSK Group
  2013 Ed. (409)
  2014 Ed. (426)
  2015 Ed. (483)
  2016 Ed. (435)
PSK LLP
  2012 Ed. (1931)
PSM Insurance Cos.
  2000 Ed. (2718)
PS/Net Stadium
  2001 Ed. (4355)
PSNH
  1990 Ed. (2683)

Psomas
  2006 Ed. (2481)
  2010 Ed. (2443)
Psomas & Associates
  1992 Ed. (358)
PSP
  2009 Ed. (47)
  2011 Ed. (4810)
PSP Pharma
  2010 Ed. (57)
PSP Swiss Property
  2014 Ed. (4193)
  2015 Ed. (4173)
PSRG Inc.
  2009 Ed. (3852)
  2010 Ed. (3771)
  2011 Ed. (3775)
  2012 Ed. (3776)
PSS World Medical Inc.
  2001 Ed. (2841)
  2002 Ed. (4902)
  2003 Ed. (2889, 2890, 4931)
  2004 Ed. (4935, 4936)
  2005 Ed. (4917, 4918)
  2006 Ed. (4949, 4950)
  2007 Ed. (4957)
  2008 Ed. (2899, 4927)
  2009 Ed. (1673, 4948)
  2010 Ed. (1629, 2883, 4959)
  2011 Ed. (1633)
PST Vans
  1997 Ed. (3410)
  1998 Ed. (3643)
P/Strada
  2012 Ed. (1635)
P/Strada LLC
  2007 Ed. (3557)
Psych
  2010 Ed. (795)
Psych Yourself Rich
  2012 Ed. (514)
Psychcare LLC
  2011 Ed. (2929)
Psychemedics Corp.
  2006 Ed. (1870)
  2008 Ed. (1920)
  2009 Ed. (1876, 4473)
  2010 Ed. (1804, 1808)
  2012 Ed. (1693)
Psychiatric
  2005 Ed. (2890, 2891)
  2006 Ed. (2897)
Psychiatric Institutes of America
  1992 Ed. (2449)
  1993 Ed. (2065)
Psychiatric services
  1998 Ed. (1981)
Psychiatric Solutions
  2006 Ed. (2732, 2733, 3444)
  2007 Ed. (2723)
  2008 Ed. (2853)
  2009 Ed. (2932)
  2011 Ed. (3634)
Psychiatrist
  1989 Ed. (2084)
  2008 Ed. (3809)
Psychiatry
  2002 Ed. (2599)
  2004 Ed. (3900)
  2006 Ed. (3907)
  2008 Ed. (3985)
Psychic Friends Network
  1997 Ed. (2390)
Psychic Readers Network
  1998 Ed. (3496)
Psychological Software Solutions
  2012 Ed. (2213)
Psychologist
  2007 Ed. (3731)
Psychologists
  2005 Ed. (3626)
  2007 Ed. (3727)
Psychology & social sciences
  2002 Ed. (3976, 3977)
PT Adaro Energy Tbk
  2014 Ed. (989)
  2015 Ed. (1023)
  2016 Ed. (928)
PT Adriwara Krida
  1997 Ed. (100)
PT Aneka Tambang
  2004 Ed. (3692)
PT Ansuransi Jasindo (Takaful)
  2011 Ed. (2646)
  2012 Ed. (2573)
PT Astek
  1997 Ed. (2395)
PT Astra International
  1991 Ed. (1285)
  2002 Ed. (1671)

2004 Ed. (1737)
PT Astra International Tbk
2013 Ed. (835)
PT Astra International Tbk.
2014 Ed. (247)
PT Asuransi Jasindo
2009 Ed. (2735)
PT Asuransi Jiwasraya
1997 Ed. (2395)
PT Asuransi Syari'a Mubarakah
2009 Ed. (2735)
PT Asuransi Takaful Keluarga
2009 Ed. (2735)
PT Asuransi Takaful Umum
2009 Ed. (2735)
PT Bank BRI Syariah
2012 Ed. (2573)
PT Bank BTN
2011 Ed. (2646)
2012 Ed. (2573)
PT Bank Bukopin
2010 Ed. (2658)
2011 Ed. (2646)
PT Bank Bumi Daya
2000 Ed. (555)
PT Bank Bumi Daya (Persero)
1996 Ed. (551)
1997 Ed. (510)
1999 Ed. (544)
PT Bank Bumi Days (Persero)
1995 Ed. (499, 500)
PT Bank Central Asia
2000 Ed. (555)
PT Bank Dagang Nasional Indonesia
2000 Ed. (555)
PT Bank Dagang Negara
2000 Ed. (555)
PT Bank Dagang Negara (Persero)
1996 Ed. (551)
1997 Ed. (510)
1999 Ed. (544)
PT Bank Dagang Negars (Persero)
1995 Ed. (500)
PT Bank Danamon
2010 Ed. (2658)
2011 Ed. (2646)
PT Bank Danamon Indonesia
2000 Ed. (555)
PT Bank DKI
2010 Ed. (2644, 2658)
PT Bank Ekspor Impor Indonesia
2000 Ed. (555)
PT Bank Ekspor Impor Indonesia (Persero)
1995 Ed. (500)
1996 Ed. (551)
1997 Ed. (510)
1999 Ed. (544)
PT Bank Internasional Indonesia
2000 Ed. (555)
PT Bank Internasional Indonesia Tbk
1999 Ed. (544)
PT Bank Muamalat Indonesia
2009 Ed. (2735)
2010 Ed. (2658)
2011 Ed. (2646)
2012 Ed. (2573)
PT Bank Negara Indonesia
2000 Ed. (555)
2010 Ed. (2658)
2011 Ed. (2646)
2012 Ed. (2573)
PT Bank Negara Indonesia (Persero)
1995 Ed. (499, 500)
1996 Ed. (551)
1997 Ed. (510)
1999 Ed. (544)
PT Bank Niaga
2010 Ed. (2658)
2011 Ed. (2646)
2012 Ed. (2573)
PT Bank Pembangunan Indonesia (Persero)
1996 Ed. (551)
1997 Ed. (510)
PT Bank Permanta
2010 Ed. (2658)
PT Bank Permata
2011 Ed. (2646)
2012 Ed. (2573)
PT Bank Rakyat Indonesia
2000 Ed. (555)
2010 Ed. (2658)
PT Bank Rakyat Indonesia (Persero)
1995 Ed. (499)
1999 Ed. (544)
PT Bank Shyariah Mandiri
2009 Ed. (2735)
2010 Ed. (2658)
2011 Ed. (2646)

2012 Ed. (2573)
PT Bank Shyariah Mega Indonesia
2009 Ed. (2735)
2010 Ed. (2658)
2011 Ed. (2646)
2012 Ed. (2573)
PT Bank Syariah Bukopin
2012 Ed. (2573)
PT Bank Tabungan Negara
2000 Ed. (555)
PT Bank Tabungan Negara (Persero)
1997 Ed. (510)
PT Barito Pacific Timber
2002 Ed. (1671)
2004 Ed. (1737)
PT Bates Mulia
1990 Ed. (111)
1993 Ed. (108)
2000 Ed. (105)
PT Bates Mulia Indonesia
1992 Ed. (160)
PT Bukit Asam
2011 Ed. (1718)
PT Bumi Resources TBK
2013 Ed. (3588)
PT Bumi Resources Tbk.
2007 Ed. (1134, 2396)
2009 Ed. (999, 1758, 2512, 4565)
2010 Ed. (1705)
2011 Ed. (888, 1718, 2431)
2012 Ed. (844)
P.T. Citra:Lintas Indonesia
1989 Ed. (117)
PT Comunicacoes SA
2006 Ed. (1995)
2007 Ed. (1958)
PT Cruiser; Chrysler
2005 Ed. (4426)
PT Danareksa
1997 Ed. (2395)
PT Fortune Compset
1990 Ed. (111)
PT Fortune Indonesia DDB
2000 Ed. (105)
P.T. Forum Cahaya Buana
1992 Ed. (160)
1993 Ed. (108)
PT Freeport Indonesia Co.
2001 Ed. (3322)
2003 Ed. (1748, 3367)
2004 Ed. (3433)
2005 Ed. (1849, 3448)
2006 Ed. (3456, 3457)
2007 Ed. (1858, 3479, 3480)
2008 Ed. (1890, 3653, 3654)
2009 Ed. (1853, 3719, 3720)
2010 Ed. (1786, 3637, 3638)
2011 Ed. (1810, 3639, 3640)
2012 Ed. (1667, 3635, 3636)
2013 Ed. (1818, 3694, 3695)
2014 Ed. (3628, 3629)
PT Gudang Garam TBK
2012 Ed. (1576, 4725, 4727)
2013 Ed. (1733, 3588, 4690, 4691)
2014 Ed. (1674, 4736, 4737)
2015 Ed. (1720, 4758, 4759)
2016 Ed. (1670, 4662, 4663)
PT Gudang Garam Tbk
2015 Ed. (4757)
PT Hanjaya Mandala Sampoerna
2016 Ed. (4663)
PT Honda Prospect Motor
2016 Ed. (767, 2339)
PT Indo-Ad
1992 Ed. (160)
1994 Ed. (95)
1997 Ed. (100)
1999 Ed. (101)
2001 Ed. (145)
PT Indo-Ad (O & M)
1996 Ed. (98)
2000 Ed. (105)
P.T. Indo Advertising
1993 Ed. (108)
1995 Ed. (84)
P.T. Inter Admark
1992 Ed. (160)
1993 Ed. (108)
PT Jamsostek (Persero)--Astek
2002 Ed. (2822)
PT Jardine Fleming
1995 Ed. (3268)
PT Krakatau Steel
2012 Ed. (2196)
PT Leo Burnett Kreasindo
2000 Ed. (105)
PT Leo Burnett Kreasindo Indonesia
2001 Ed. (145)
P.T. Mega Dasa Pariwara Alliance
1993 Ed. (108)

P.T. Metro Perdana
1996 Ed. (98)
PT Multimedia
2002 Ed. (3185)
Pt. Pembangunan Jaya Ancol Terbuka
2008 Ed. (1809)
PT Perusahaan Listrik Negara
2002 Ed. (1671)
2004 Ed. (1737)
PT Perusahaan Rokok Tjap Guda NG
2003 Ed. (3302)
PT Perusahaan Rokok Tjap Gudang Garam
2002 Ed. (1671)
2004 Ed. (1737)
PT Pupuk Kaltim
2010 Ed. (862)
PT Regnis Indonesia
1991 Ed. (1252)
1992 Ed. (1570)
PT Syarikat Takaful Indonesia
2009 Ed. (2735)
PT Tanjung Enim Lestari Pulp & Paper
1996 Ed. (1744)
PT Taspen
1997 Ed. (2395)
PT Taxable Bond Fund
1994 Ed. (581, 582)
1996 Ed. (626, 627)
PT Telcom Pension Fund
1997 Ed. (2395)
PT Telekomunikasi Indonesia
1998 Ed. (1161)
1999 Ed. (1665)
PT Telekomunikasi Indonesia Tbk
2013 Ed. (835)
Ptarmigan Consultants
1997 Ed. (3203)
2002 Ed. (3856)
PTC
2000 Ed. (2879)
2007 Ed. (3055)
PTC Industries Ltd.
2002 Ed. (4425)
PTC Therapeutics
2016 Ed. (4496)
PTC Vouchers
1997 Ed. (2588)
PTM Thompson
1990 Ed. (126)
PTM Thompson Advertising
1989 Ed. (133)
1991 Ed. (125)
PTR
2001 Ed. (2926)
PTR Tool & Plastics LLC
2015 Ed. (3569)
PTT
1989 Ed. (1164)
1990 Ed. (40, 1424)
1991 Ed. (37)
1992 Ed. (65)
1999 Ed. (1741)
2000 Ed. (1562)
PTT Aromatics
2011 Ed. (2102)
2012 Ed. (3923)
PTT Aromatics & Refining plc
2012 Ed. (2354, 2356)
2013 Ed. (2525, 2538)
PTT Chemical
2012 Ed. (785)
2013 Ed. (2106)
PTT Exploration & Production
1999 Ed. (4161)
2000 Ed. (3875, 3876)
2002 Ed. (4487)
2009 Ed. (2512)
PTT Exploration & Production Public Co., Ltd.
1997 Ed. (3399)
2004 Ed. (3851)
2005 Ed. (2410, 3762, 3776)
2006 Ed. (3844, 4541)
2007 Ed. (3861)
2008 Ed. (3914)
2009 Ed. (3656, 3981)
2010 Ed. (2423, 2427, 3574, 3890)
2011 Ed. (3577, 3902)
2012 Ed. (1942, 3570, 3884, 3900)
2013 Ed. (865, 3605, 3949)
2014 Ed. (3894)
2015 Ed. (3921)
2016 Ed. (3830)
PTT Global Chemical
2014 Ed. (4051)
PTT Global Chemical Public Co., Ltd.
2013 Ed. (981, 2105)
2014 Ed. (897, 898, 2037)
2015 Ed. (925, 2086)

2016 Ed. (828, 829, 2067)
PTT PCL
2008 Ed. (2501)
2009 Ed. (2508)
2012 Ed. (3923)
PTT plc
2009 Ed. (2512)
2011 Ed. (2427, 2431)
2012 Ed. (2350)
2013 Ed. (2534)
2014 Ed. (2468)
2015 Ed. (2539)
2016 Ed. (2466)
PTT-Postes et Telecommunications
1989 Ed. (966)
1990 Ed. (1108)
PTT Public Co., Ltd.
2006 Ed. (2048, 2049, 4541)
2007 Ed. (1583, 2019, 2386)
2008 Ed. (2118)
2009 Ed. (102, 2104)
2010 Ed. (2045)
2011 Ed. (2102)
2012 Ed. (1941, 1942, 3570)
2013 Ed. (866, 2105, 3605, 3972)
2014 Ed. (2037, 3914)
2015 Ed. (2086, 3948, 3951)
2016 Ed. (2067, 3865, 4143)
PTT Schweizerische
1993 Ed. (1408, 3254)
PTT-Scweizerisce Post-Telefon-Und Telegra.
1990 Ed. (3263)
PTT Telecom
1994 Ed. (34)
1998 Ed. (2217)
PTT Telecom Netherlands
2001 Ed. (1551)
Pub-Mosby
1992 Ed. (3278)
Pub Storage
1999 Ed. (4003)
Pubali Bank
2013 Ed. (375)
Pubali Bank Ltd.
1991 Ed. (458)
1992 Ed. (615)
1993 Ed. (432)
1994 Ed. (432)
1995 Ed. (427)
1999 Ed. (475)
Pubblitalia '80
1989 Ed. (104)
1990 Ed. (99, 100)
1994 Ed. (86)
1995 Ed. (73)
The Pubboy Group
2007 Ed. (1590)
Publtalia 80 Concessionaria Pubblicita Spa
1999 Ed. (87)
Publemark (Lintas)
1997 Ed. (74)
Publi Graphic
1997 Ed. (109)
Publi-Graphics Group
2000 Ed. (62, 90, 117, 121, 123, 166, 186, 269)
Publiart/BBDO
1989 Ed. (93)
Public administration
1992 Ed. (2039)
1995 Ed. (1, 2670)
2003 Ed. (2269)
Public Advisers Consultants
2001 Ed. (734, 939)
Public Affairs Associates Inc.
2000 Ed. (2991)
2001 Ed. (3156)
Public Bank
1989 Ed. (613)
1991 Ed. (601, 2275)
1992 Ed. (769, 770)
1993 Ed. (561)
1994 Ed. (563)
1995 Ed. (539)
1996 Ed. (597)
1997 Ed. (551, 1475)
1999 Ed. (587, 1701)
2000 Ed. (463, 603, 1295, 1298)
2002 Ed. (617)
2003 Ed. (582)
2004 Ed. (589)
2005 Ed. (575)
2006 Ed. (497, 1860)
2007 Ed. (516, 1865)
2008 Ed. (473, 1899)
2009 Ed. (499, 1862)
2010 Ed. (482, 625, 1794)
2011 Ed. (410, 1819)

2012 Ed. (319, 389, 1677, 1678)
2013 Ed. (372, 392, 393, 841, 1829)
2014 Ed. (402, 405, 406, 1758)
2015 Ed. (459, 462, 463, 1801)
2016 Ed. (413, 679, 1755)
Public Bank Berhad
2002 Ed. (515, 518)
2009 Ed. (2741)
2010 Ed. (2665)
Public Bank Bhd
2006 Ed. (4518)
Public Bank Islamic Berhad
2011 Ed. (2653)
2012 Ed. (2580)
2014 Ed. (2657)
2015 Ed. (2699)
2016 Ed. (2622)
Public bathrooms
1992 Ed. (89, 90)
Public benefit
1993 Ed. (886)
Public Broadcasting Service
1992 Ed. (3266)
1997 Ed. (944)
2005 Ed. (3605)
2006 Ed. (3715)
2007 Ed. (3706, 3707)
2008 Ed. (3792)
2009 Ed. (3835, 3839)
2011 Ed. (3764)
2012 Ed. (3766)
Public Communications Inc.
1992 Ed. (3565, 3579)
1993 Ed. (2930)
1994 Ed. (2953)
1995 Ed. (3011)
1999 Ed. (3932)
2000 Ed. (3648)
2002 Ed. (3819)
2003 Ed. (3989, 3992)
2004 Ed. (3988, 3995, 4005)
2005 Ed. (3954, 3957, 3961)
2011 Ed. (4116)
2012 Ed. (4148)
2013 Ed. (4129)
2015 Ed. (4128)
2016 Ed. (4042, 4044)
Public Communications-Tampa
1998 Ed. (2948)
Public company
2005 Ed. (1473)
Public Debt Parkersburg Credit Union
2002 Ed. (1900)
2003 Ed. (1955)
Public drunkeness/disorderly intoxica-
tion
1990 Ed. (1463)
Public Education Network
2004 Ed. (930)
Public Employees Benefit Service
Corp., Montgomery, AL
1990 Ed. (1484)
Public Employees Credit Union
2002 Ed. (1826)
2005 Ed. (308)
Public Employees Federation
1996 Ed. (2534)
Public Employees of Ohio
1993 Ed. (2777)
Public Engines
2014 Ed. (4437)
Public Entity Risk Management Administration Inc.
2006 Ed. (4200)
Public-FCB Communications
1994 Ed. (121)
Public Finance Associates
2001 Ed. (732)
Public Financial Management
1991 Ed. (2164, 2165, 2166, 2167,
2171, 2172, 2174, 2175)
1993 Ed. (2261, 2262, 2263, 2264,
2265, 2267, 2268, 2269, 2270,
2271)
1995 Ed. (2330, 2331, 2332, 2333,
2334, 2336, 2337, 2338, 2339,
2340)
1996 Ed. (2348, 2349, 2350, 2351,
2352, 2353, 2355, 2356, 2357,
2358, 2359)
1997 Ed. (2478, 2479, 2480, 2481,
2482, 2484, 2485, 2486, 2529)
1998 Ed. (2226, 2227, 2228, 2229,
2230, 2232, 2233, 2234, 2235,
2236)
1999 Ed. (3010, 3011, 3012, 3013,
3014, 3015, 3017, 3018, 3019,
3020)
2000 Ed. (2756, 2757, 2758, 2759,

2761, 2762, 2763, 2764, 2765,
2766)
2001 Ed. (732, 733, 734, 735, 736,
737, 739, 740, 741, 742, 770, 778,
782, 786, 790, 794, 818, 826, 835,
839, 851, 867, 875, 891, 895, 903,
911, 915, 923, 927, 939, 951)
2005 Ed. (3532)
2007 Ed. (3656)
Public Games SRL
2016 Ed. (1985)
Public Health
1992 Ed. (3278)
Public Health Institute
2011 Ed. (3757)
Public health programs
1994 Ed. (2028, 2029)
Public Inc.
1998 Ed. (3613)
1999 Ed. (4651)
2000 Ed. (4291)
2001 Ed. (2715)
2002 Ed. (2563)
2006 Ed. (2846)
Public International
1995 Ed. (2126)
Public libraries
1999 Ed. (3007)
Public opinion pollsters
1997 Ed. (3177)
Public place distribution
2000 Ed. (3504)
Public Power
2006 Ed. (290, 1737, 1738)
2007 Ed. (1745)
2008 Ed. (1772)
2009 Ed. (1711)
2010 Ed. (1664)
2011 Ed. (1671)
2012 Ed. (1522)
2013 Ed. (1667)
2014 Ed. (1622)
2015 Ed. (1672)
2016 Ed. (1614)
Public Power Corp. SA
2006 Ed. (1739)
2007 Ed. (1747)
2008 Ed. (1773)
2009 Ed. (1712)
2012 Ed. (1523)
2013 Ed. (1668)
Public Radio International Inc.
2006 Ed. (3718)
Public relations
1997 Ed. (848, 868, 2713)
1998 Ed. (3772)
2000 Ed. (941)
2007 Ed. (790)
The Public Relations Business
1995 Ed. (3022)
Public relations firms
2012 Ed. (4481)
Public relations practitioners
1991 Ed. (813, 2628)
Public relations specialist
2011 Ed. (3779)
Public relations specialists
2006 Ed. (3736)
Public relations/marketing
1993 Ed. (3370)
Public Resources Advisory Group
1991 Ed. (2164, 2169, 2175)
1993 Ed. (2261, 2262, 2266, 2267,
2269, 2270, 2271)
1995 Ed. (2330, 2331, 2332, 2336,
2337, 2338, 2339)
1996 Ed. (2349, 2350, 2351, 2356,
2357, 2358, 2359)
1997 Ed. (2478, 2479, 2480, 2482,
2483, 2484, 2485)
1998 Ed. (2226, 2228, 2229, 2231,
2233, 2234, 2235, 2236)
1999 Ed. (3010, 3012, 3014, 3016,
3017, 3018)
2000 Ed. (2756, 2757, 2760, 2761,
2762, 2764, 2766)
2001 Ed. (733, 734, 735, 736, 738,
740, 741, 742, 778, 790, 794, 798,
835, 871, 879, 891, 923, 939, 951)
2005 Ed. (3532)
2007 Ed. (3656)
Public Savings Life Insurance Co.
1991 Ed. (2108)
1993 Ed. (2223)
Public School Retirement System of
Missouri
1991 Ed. (691, 2693, 2695)
Public school system
1992 Ed. (2910)
1993 Ed. (2949)

Public School Teachers
1996 Ed. (2947)
1997 Ed. (3028)
Public School Teachers Fund
1999 Ed. (3735)
Public School Teachers (Japan)
1993 Ed. (2786)
Public School Teachers Mutual Aid Association
1995 Ed. (2873)
Public School Teachers' Pension & Retirement Fund of Chicago
1990 Ed. (2789)
1996 Ed. (2946)
1997 Ed. (3027)
Public sector
1993 Ed. (3729)
Public Sector Advisor Group
1995 Ed. (2337)
Public Sector Advisory Group
1997 Ed. (2478, 2480)
1999 Ed. (3017)
Public Sector Group
2001 Ed. (739, 809)
Public Sector Pension Investment Board
2016 Ed. (3746)
Public Servcie Enterprise Group
2013 Ed. (4112)
Public Service
1996 Ed. (1382)
Public service announcements
2005 Ed. (4653)
Public Service Colorado
1989 Ed. (1305)
1990 Ed. (1608, 1609)
1992 Ed. (1286, 1906, 1907)
1995 Ed. (1076, 1645, 1646)
1996 Ed. (1622, 1623)
1997 Ed. (1701, 1702)
Public Service Co. of Colorado
1991 Ed. (1009, 1505, 1506, 1806)
1993 Ed. (1033, 1561, 1934)
1994 Ed. (1064, 1603, 1604)
1998 Ed. (813, 1394, 1395, 1808,
1814)
2003 Ed. (1656)
2004 Ed. (1682, 1685)
2005 Ed. (2716, 2718, 2723)
Public Service Company of Colorado
1990 Ed. (1099)
2001 Ed. (3866)
Public Service Co. of New Hampshire
1991 Ed. (3113)
1994 Ed. (1205)
2003 Ed. (1782)
2004 Ed. (1817)
2005 Ed. (1901)
2006 Ed. (1927)
2007 Ed. (1912)
2008 Ed. (1972)
2009 Ed. (1927)
2010 Ed. (1862)
2011 Ed. (1894)
2012 Ed. (1750)
2013 Ed. (1915)
2014 Ed. (1850)
2015 Ed. (1886)
2016 Ed. (1848)
Public Service Company of New Hampshire
1992 Ed. (904)
2001 Ed. (1811)
Public Service Company of New Hampshire, 17 1/2s' 04
1990 Ed. (740)
Public Service Co. of New Mexico
2002 Ed. (2571, 3371)
2003 Ed. (1788)
2004 Ed. (1451)
2005 Ed. (1906)
2006 Ed. (1933)
2007 Ed. (1917)
2008 Ed. (1980)
2009 Ed. (1935)
2010 Ed. (1871)
2011 Ed. (1903)
2012 Ed. (1760)
2013 Ed. (1930)
2014 Ed. (1869)
2015 Ed. (1905)
2016 Ed. (1868)
Public Service Company of New Mexico
2001 Ed. (1815)
Public Service Company of Oklahoma
2001 Ed. (3866)
Public Service Credit Union
2002 Ed. (1855)
2010 Ed. (2159)
Public Service Electric & Gas
2014 Ed. (1865)

2015 Ed. (1901)
2016 Ed. (1864)
Public Service Electric & Gas Co.
1990 Ed. (1886, 1887)
1991 Ed. (1802, 1803, 1804, 1805,
1806)
1992 Ed. (2271, 2272, 2273, 2274,
2275, 3467)
1993 Ed. (1933, 1934, 1935, 1936,
1937)
1994 Ed. (1959, 1960, 1961, 1962,
1963)
1995 Ed. (1984, 1985, 1986, 1987,
1988)
1996 Ed. (2007, 2008, 2009, 2010,
2011)
1997 Ed. (2127, 2128, 2129, 2131,
3214)
1998 Ed. (1817, 1818, 1819, 1820,
1821)
1999 Ed. (2577, 2578, 2579, 2580,
2581, 3963)
2000 Ed. (3678)
2001 Ed. (2154)
2002 Ed. (4711)
2005 Ed. (2716, 2717, 2718, 2719,
2720, 2721, 2723, 2724, 2725)
Public Service Employees Credit Union
2002 Ed. (1852)
2003 Ed. (1889, 1909)
2004 Ed. (1927, 1949)
2005 Ed. (2066, 2091)
2006 Ed. (2159, 2186)
2007 Ed. (2107)
2008 Ed. (2222)
2009 Ed. (2205, 2208)
2010 Ed. (2162)
2011 Ed. (2179)
2012 Ed. (2039)
2013 Ed. (2217)
2014 Ed. (2148)
2015 Ed. (2212)
2016 Ed. (2183)
Public Service Enterprise
1989 Ed. (1298)
1990 Ed. (1602)
1995 Ed. (1639, 1640)
2014 Ed. (2354)
Public Service Enterprise Group
2015 Ed. (3098)
2016 Ed. (2363)
Public Service Enterprise Group Inc.
1989 Ed. (1291, 2039)
1990 Ed. (1598, 2676)
1991 Ed. (1493, 1499, 1500, 2578)
1992 Ed. (1892, 1900, 1901, 3217)
1993 Ed. (1268, 1553, 1558, 2706,
2707, 3283)
1994 Ed. (1590, 1597, 1598, 2656,
3273)
1995 Ed. (2757, 2758, 3354)
1997 Ed. (1488, 1691, 1695, 1696,
2928, 3213, 3214)
1998 Ed. (1384, 1388, 1389, 2667,
2963)
1999 Ed. (1947, 1950, 3596)
2000 Ed. (3318)
2001 Ed. (3944)
2003 Ed. (1786, 2140, 2607)
2004 Ed. (2191, 2193, 2194, 2196,
2197, 2725)
2005 Ed. (1904, 2292, 2309, 2310,
2399, 2401, 2715)
2006 Ed. (1173, 1422, 1930, 1931,
2354, 2355, 2357, 2365, 2690)
2007 Ed. (1279, 1914, 1915, 2291,
2295, 2301, 2385, 2680, 2686)
2008 Ed. (1403, 1479, 1977, 1978,
2419, 2425, 2809, 2811, 2815)
2009 Ed. (1931, 1933, 2426, 2428,
2870, 2873)
2010 Ed. (1866, 1867, 1869, 2332,
2345, 2346, 2348, 2354, 2804,
2811, 2813, 2816, 2843)
2011 Ed. (1898, 1899, 1901, 2333,
2339, 2342, 2350, 2794, 2798,
2802, 3005)
2012 Ed. (1754, 1755, 1757, 1758,
2239, 2241, 2246, 2248, 2265,
2352, 2466, 2722, 2725, 2729,
2932)
2013 Ed. (1921, 1922, 1924, 1926,
1928, 2417, 2418, 2449, 2456,
2810, 2818, 3021, 4805)
2014 Ed. (1860, 1861, 1863, 1865,
1867, 2357, 2383, 2388, 2555,
2848, 2856)
2015 Ed. (1898, 1901, 2423, 2451,
2457, 2888, 2896)
2016 Ed. (1861, 1864, 2367, 2396)
Public Service Enterprises

2015 Ed. (2422)
2016 Ed. (2366)
Public Service Ind.
1989 Ed. (1296, 1297)
Public Service New Hampshire
1989 Ed. (2648)
Public Service New Mexico
1989 Ed. (1304, 1305)
1990 Ed. (1609)
1991 Ed. (1505)
1993 Ed. (1561)
1995 Ed. (1646)
1996 Ed. (1623)
1997 Ed. (1702)
1999 Ed. (1953)
Public Service NM
1994 Ed. (1604)
1998 Ed. (1395)
Public Service of North Carolina
1995 Ed. (2795)
Public Service Pension Plan
2009 Ed. (3929)
Public Services Enterprise Group
1996 Ed. (1609)
Public Services Enterprises Group
1996 Ed. (1289, 1608, 1616, 1617, 2824, 3136)
Public Services & Gas Co.
2007 Ed. (2296, 2683)
Public Special Commodities Inc.
2010 Ed. (2971)
2011 Ed. (2934)
2012 Ed. (2867)
2013 Ed. (2939)
2014 Ed. (2959)
2015 Ed. (3027)
Public Special Commodities LLC
2008 Ed. (2967)
2009 Ed. (3047)
Public Storage
2014 Ed. (1443, 2549, 4218)
2015 Ed. (4202)
2016 Ed. (4121)
Public Storage Inc.
1992 Ed. (3909)
1998 Ed. (3274)
1999 Ed. (4002)
2000 Ed. (3727, 3989)
2003 Ed. (4060)
2004 Ed. (4084)
2005 Ed. (4017)
2007 Ed. (4084, 4517)
2009 Ed. (1851)
2010 Ed. (4164)
2011 Ed. (1808, 4166)
2012 Ed. (1665, 4190, 4192, 4214)
2013 Ed. (4173, 4184, 4200)
2014 Ed. (4190, 4201, 4217)
2015 Ed. (4171, 4181, 4201)
2016 Ed. (4085, 4098, 4120)
Public Storage Management Inc.
1996 Ed. (3395)
1999 Ed. (4266)
Public Storage Properties Ltd.
2002 Ed. (3562)
2004 Ed. (4587)
Public Supermarkets
2013 Ed. (4103)
2014 Ed. (4119)
Public transportation
2000 Ed. (209)
2002 Ed. (220)
2003 Ed. (190)
Public utilities
1995 Ed. (1670)
1997 Ed. (1717)
Public Utility Dist. No. 1, Snohomish Co. (WA)
1991 Ed. (3158)
1992 Ed. (4029)
Public Utility District No. 1 of Chelan County
1993 Ed. (1555)
1994 Ed. (1593)
Public Works
2007 Ed. (4795)
2008 Ed. (4712)
Public Works; District of Columbia Department of
2011 Ed. (2810)
Publicadad Comercial de Centroamerica
1995 Ed. (60)
Publication Printers Corp.
2002 Ed. (3761)
2012 Ed. (2520)
2013 Ed. (2653)
2015 Ed. (2655)
2016 Ed. (1515)
Publications
1990 Ed. (3629)

1994 Ed. (1190)
1996 Ed. (2473)
Publications de la Vie Catholique
1990 Ed. (2797)
Publications Filipacchi
1990 Ed. (2797)
1992 Ed. (3369)
1994 Ed. (2781)
Publicentro
1997 Ed. (94)
1999 Ed. (96)
2001 Ed. (141)
2002 Ed. (114)
2003 Ed. (79)
Publicentro (APL)
2000 Ed. (101)
Publicentro: Lintas
1996 Ed. (93)
Publicentro/DMB & B
1997 Ed. (74)
Public/government relations
1996 Ed. (3873)
Publicic
2000 Ed. (155)
Publicidad Artefilme
1989 Ed. (94)
Publicidad Augusto Elias
1991 Ed. (126)
Publicidad Comercial
1990 Ed. (91)
1992 Ed. (137)
2001 Ed. (133, 142)
2002 Ed. (105, 115)
2003 Ed. (70, 82)
Publicidad Comercial Ammirati Puris Lintas
2000 Ed. (91, 102)
Publicidad Comercial de Centroamerica
1994 Ed. (80)
Publicidad Comercial Lintas
1996 Ed. (84)
1997 Ed. (84)
1999 Ed. (85, 97)
Publicidad Comercial/Leo Burnett
1993 Ed. (90)
Publicidad Commercial
1991 Ed. (89)
Publicidad Creativa
1989 Ed. (113)
Publicidad Cuadra Chamberlain
1997 Ed. (126)
1999 Ed. (134)
2001 Ed. (189)
2002 Ed. (160)
2003 Ed. (128)
Publicidad Cuadra Chamberlain (Burnett)
2000 Ed. (152)
Publicidad DDB El Salvador
2003 Ed. (70)
Publicidad Diaz
2001 Ed. (133)
2002 Ed. (105)
Publicidad Diaz (Burnett)
1997 Ed. (84)
1999 Ed. (85)
2000 Ed. (91)
Publicidad Ferre
1989 Ed. (134)
Publicidad Ferrer
1990 Ed. (127)
1991 Ed. (126)
1994 Ed. (101)
Publicidad Ferrer y Asociados
1992 Ed. (179)
1993 Ed. (119)
1995 Ed. (98)
1996 Ed. (114)
1997 Ed. (117)
1999 Ed. (123)
2000 Ed. (141)
2001 Ed. (179)
2003 Ed. (121)
Publicidad Interamericana
1996 Ed. (125)
1997 Ed. (129)
1999 Ed. (139)
2000 Ed. (156)
2001 Ed. (194)
2002 Ed. (165)
2003 Ed. (133)
Publicidad McCann-Erickson
1990 Ed. (107)
1991 Ed. (104)
1992 Ed. (155)
1993 Ed. (104)
1995 Ed. (79)
1996 Ed. (93)
1997 Ed. (94)
1999 Ed. (96)

Publicidad McCann-Erickson Centroamericana
2001 Ed. (141)
Publicidad Siboney
1991 Ed. (105)
Publicidad Toro
2000 Ed. (80)
2001 Ed. (122)
Publicidad Toro/D'Arcy
2002 Ed. (93)
Publicidad Toro/DMB & B
1999 Ed. (74)
Publicidade Oscar Leal
1991 Ed. (126)
Publicidas Comercial Lintas
1996 Ed. (94)
Publicis
1991 Ed. (144)
1992 Ed. (152, 153, 3943)
1995 Ed. (77)
1999 Ed. (58, 62, 76, 91, 129, 136, 145, 148, 153, 160, 4578)
2000 Ed. (66, 82, 97, 109, 113, 147, 154, 162, 169, 171, 173, 174, 177)
2002 Ed. (204)
2003 Ed. (62, 103)
2007 Ed. (109, 114, 116)
2008 Ed. (123)
2009 Ed. (140)
2014 Ed. (73)
2015 Ed. (66)
2016 Ed. (63)
Publicis Ariely
1999 Ed. (107)
2000 Ed. (112)
Publicis Asociados
2001 Ed. (196)
2002 Ed. (167)
2003 Ed. (135)
Publicis BCP
2000 Ed. (75, 76)
Publicis Blueprint
2009 Ed. (141)
2010 Ed. (4140)
2011 Ed. (4140)
Publicis Canada Inc.
2000 Ed. (76)
Publicis Caribbean
2002 Ed. (198)
2003 Ed. (158)
Publicis Ciesa
1992 Ed. (200)
1993 Ed. (130)
1994 Ed. (111)
1995 Ed. (116)
1996 Ed. (130)
Publicis Communication
2000 Ed. (93)
2001 Ed. (146)
Publicis Communications
1999 Ed. (87)
Publicis Conseil
1989 Ed. (107)
1990 Ed. (103)
1991 Ed. (99)
1992 Ed. (149)
1993 Ed. (99)
1994 Ed. (88)
1995 Ed. (75)
1997 Ed. (89)
1999 Ed. (90)
2000 Ed. (96)
Publicis Conseil Groupe
1996 Ed. (88)
Publicis Dialog
2000 Ed. (3647, 3668, 3671)
2001 Ed. (3934, 3935)
2002 Ed. (3815, 3821, 3851)
2003 Ed. (4001, 4017, 4020)
2004 Ed. (4012)
2005 Ed. (3408)
2006 Ed. (3417)
2009 Ed. (143)
Publicis Eureka
2000 Ed. (168)
Publicis FCB
1990 Ed. (102, 114, 115)
1992 Ed. (125, 146, 147, 168, 183, 192, 212)
1993 Ed. (83, 97, 100, 114, 124, 139)
1994 Ed. (72, 89, 97, 107, 110, 120)
1995 Ed. (76, 78, 89, 102, 108, 130)
1996 Ed. (66, 87, 89, 92, 101, 104, 118, 123, 144)
1997 Ed. (90, 93, 106, 122, 127, 134, 150)
Publicis FCB-Prad
1993 Ed. (120)
1994 Ed. (103)
Publicis-FCB/MAC

1990 Ed. (118)
Publicis Fergo
2002 Ed. (165)
2003 Ed. (133)
Publicis-Graphics
2001 Ed. (106, 132, 155, 159, 161, 205, 230)
2002 Ed. (79, 104, 128, 132, 135, 173, 177, 203)
2003 Ed. (45, 69, 95, 98, 101, 140, 144, 163)
Publicis Group
2013 Ed. (58)
2014 Ed. (76)
Publicis Groupe
2005 Ed. (100, 119)
2013 Ed. (3664)
2014 Ed. (3600)
2015 Ed. (1346)
Publicis Groupe SA
2002 Ed. (120, 121, 185)
2003 Ed. (86, 88, 109)
2004 Ed. (111, 118, 120)
2005 Ed. (118, 121, 1546, 1550, 1772, 1773)
2006 Ed. (108, 123, 124, 1690, 1717, 1718, 4300)
2007 Ed. (112, 115, 117, 118, 1718)
2008 Ed. (124, 125, 1747)
2009 Ed. (135, 136)
2010 Ed. (134, 135)
2011 Ed. (49, 51, 53, 3609)
2012 Ed. (54, 58, 59, 61, 3605, 3606)
2013 Ed. (55, 59, 61, 3656, 3658)
2014 Ed. (74, 77, 79, 3594)
2015 Ed. (68, 70, 3607)
2016 Ed. (70, 3468, 3489)
Publicis Groupe Sanchez & Levitan
2003 Ed. (80)
Publicis & Hal Riney
2000 Ed. (191)
2002 Ed. (210, 211)
2003 Ed. (176)
2004 Ed. (105, 134)
Publicis Health Care Communications
2007 Ed. (106)
2008 Ed. (114)
Publicis Healthcare
2005 Ed. (107)
Publicis Healthcare Communications
2015 Ed. (3084)
Publicis Healthcare Communications Group
2011 Ed. (45)
2012 Ed. (51)
2014 Ed. (70)
2015 Ed. (80)
2016 Ed. (80)
Publicis Healthcare Specialty Group
2006 Ed. (117)
Publicis in Mid America
2003 Ed. (174)
2004 Ed. (132)
Publicis in the West
2004 Ed. (133)
Publicis Inc.
2013 Ed. (3008)
2014 Ed. (3017)
2015 Ed. (3084)
Publicis Knut
2001 Ed. (207)
2002 Ed. (179)
2003 Ed. (146)
Publicis Lisboa
1989 Ed. (153)
1990 Ed. (144)
Publicis Mojopartners
1999 Ed. (133)
2000 Ed. (60, 151)
2001 Ed. (187)
2002 Ed. (77, 159)
2003 Ed. (43, 127)
Publicis Philippines
1999 Ed. (143)
2000 Ed. (160)
Publicis Public Relations
1996 Ed. (3113)
1997 Ed. (3192)
1998 Ed. (2946)
Publicis SA
1989 Ed. (104)
1990 Ed. (99, 100)
1994 Ed. (86, 90)
1995 Ed. (73)
1996 Ed. (86)
1997 Ed. (87)
2001 Ed. (110, 119, 124, 126, 137, 138, 143, 147, 150, 151, 170, 180, 184, 191, 193, 197, 198, 199, 206, 208, 209, 210, 217, 232)

2002 Ed. (83, 90, 97, 110, 111, 116, 123, 124, 143, 152, 155, 162, 164, 168, 169, 170, 178, 180, 181, 186, 189)
2003 Ed. (57, 64, 74, 76, 83, 90, 91, 122, 126, 132, 136, 138, 150, 153, 165)
2004 Ed. (1449, 1534)
Publicis Sanchez & Levitan
2003 Ed. (33)
2004 Ed. (109)
Publicis Sanchez & Levitan LLC
2004 Ed. (115)
2005 Ed. (114)
Publicis Torma
1999 Ed. (88)
2000 Ed. (94)
2001 Ed. (135)
2002 Ed. (107)
2003 Ed. (73)
Publicis USA
2014 Ed. (66)
Publicis Virgo
1999 Ed. (152)
2000 Ed. (170)
Publicis Welcomm
2001 Ed. (158)
2002 Ed. (131)
2003 Ed. (149)
Publicis Wet Desert
2000 Ed. (128)
2001 Ed. (168)
2002 Ed. (140)
2003 Ed. (106)
Publicis Worldwide
2000 Ed. (44)
2001 Ed. (97)
2002 Ed. (72, 119)
2003 Ed. (38, 40, 87)
2004 Ed. (117)
2005 Ed. (110, 116, 117)
2006 Ed. (120, 122)
2012 Ed. (60)
2013 Ed. (72)
2014 Ed. (78)
2015 Ed. (63, 65, 67, 69)
2016 Ed. (66, 67, 71)
Publicis/Bloom
1995 Ed. (126, 3012)
1996 Ed. (140)
1997 Ed. (77, 146)
1998 Ed. (66)
1999 Ed. (155, 3930)
Publicis.FCB
1991 Ed. (78)
Publicis.FCB Holland
1991 Ed. (129)
Publicis.FCB/Mac
1991 Ed. (116)
Publicistas Asociados
1989 Ed. (150)
1990 Ed. (141)
Publicistas Venezolanos
1991 Ed. (160)
Publicita
2003 Ed. (123)
Publicitaria Cumbre (Saatchi)
1996 Ed. (80)
1997 Ed. (80)
Publicitaria Inter-America
1996 Ed. (80)
2001 Ed. (130)
2002 Ed. (100)
2003 Ed. (67)
Publicitaria Inter-Americana
1997 Ed. (80)
Publicitaria Nasta
2002 Ed. (166)
2003 Ed. (134)
Publicitas
1991 Ed. (95)
1992 Ed. (143)
1995 Ed. (69)
Publicitas Gruppe
1989 Ed. (104)
1990 Ed. (100)
Publicitas-Gruppe SA
1994 Ed. (86)
1995 Ed. (73)
1996 Ed. (86)
Publicitas Holding AG
1990 Ed. (99)
Publicitas Holding SA
1997 Ed. (87)
Publicitas SA
1990 Ed. (99)
1995 Ed. (73)
1996 Ed. (86)
Publicitas Saatchi & Saatchi
2000 Ed. (89)

2001 Ed. (131)
2002 Ed. (103)
2003 Ed. (68)
Publicitas SSAW
1996 Ed. (82)
Publicitas/Saatchi & Saatchi Advertising
1993 Ed. (95)
1997 Ed. (82)
1999 Ed. (83)
Publicite Martin
1992 Ed. (202)
1993 Ed. (132)
The Publicity Bureau
2001 Ed. (236)
Publicker Industries
1989 Ed. (880)
1990 Ed. (939)
1997 Ed. (952)
1998 Ed. (695)
Publicmerc
1996 Ed. (121)
Publico McCann
2001 Ed. (169)
2002 Ed. (141)
2003 Ed. (107)
Public/Society Benefit
2000 Ed. (1012)
PubliGroupe
2000 Ed. (134)
Publigroupe SA
1999 Ed. (87)
Publimark SA
1999 Ed. (75)
Publimerc
1995 Ed. (106)
Publimerc-DDB Nicaragua
2001 Ed. (189)
2002 Ed. (160)
2003 Ed. (128)
Publimerc SA
1997 Ed. (126)
Publimerca
1989 Ed. (112)
1990 Ed. (107)
1991 Ed. (104)
Publinac DDB
2000 Ed. (101)
2002 Ed. (114)
2003 Ed. (79)
Publinac DDB/Guatemala
2001 Ed. (141)
Publinac/DDB Needham
1997 Ed. (94)
1999 Ed. (96)
Publisher Printing Co. (HQ)
2000 Ed. (2880)
Publishers
1992 Ed. (2569)
Publishers Choice
1998 Ed. (88)
Publishers Clearing House
1991 Ed. (3247)
Publishers, etc.
1990 Ed. (2149, 2150, 2153)
1991 Ed. (1995, 1997, 1999)
1992 Ed. (2567, 2571)
Publisher's Gateway
1999 Ed. (1858)
Publishers Press
2010 Ed. (3513)
2011 Ed. (3517)
Publishers, printers, broadcasters
1992 Ed. (2572)
1993 Ed. (2132, 2134, 2137)
1994 Ed. (2925)
1995 Ed. (2209, 2210, 2211, 2980)
Publishers Printing Co.
2016 Ed. (3436)
Publishing
1990 Ed. (2187, 3090)
1991 Ed. (2052, 2053, 2056, 2058, 2059, 3225)
1992 Ed. (2627, 2628, 2858, 2859, 2860)
1994 Ed. (2560)
2005 Ed. (1480, 1481, 3017, 3019)
2006 Ed. (834, 3014)
Publishing and printing
2000 Ed. (1326, 1327, 1352, 1353, 1354, 1670)
2002 Ed. (2769, 2773, 2788)
2003 Ed. (2903, 2904)
2004 Ed. (1744, 3007, 3009, 3010, 3011, 3012, 3013, 3014)
2005 Ed. (3007, 3008, 3009, 3012)
2006 Ed. (3004)
2007 Ed. (3043)
2008 Ed. (3151, 3155)
Publishing & Broadcasting
2002 Ed. (3078)

2004 Ed. (1645)
Publishing Concepts
2016 Ed. (2035)
Publishing & media
1989 Ed. (192)
1990 Ed. (178)
1992 Ed. (238)
1995 Ed. (147, 151)
1997 Ed. (3233)
2000 Ed. (210, 3460)
Publishing, printing
1991 Ed. (2028, 2030, 2032, 2035, 2036, 2040, 2043, 2050)
1992 Ed. (2599, 2604, 2605, 2607, 2609, 2610, 2613, 2615, 2620)
1993 Ed. (1233, 1237, 1240, 1241)
1994 Ed. (1273, 1279, 1280, 1281)
1995 Ed. (1295, 1296, 1297, 1301, 1302, 1303)
1996 Ed. (1257, 1258)
1997 Ed. (1303, 1304, 1305, 1443, 1444)
Publishing/Broadcasting
1992 Ed. (99)
Publishing/Media
1991 Ed. (174)
Publishing/TV
1989 Ed. (1659, 1660)
Publitalia 80 Concessionaria Pub.
2007 Ed. (112)
Publitalia 80 Concessionaria Pubblicita Spa
1997 Ed. (87)
2000 Ed. (93)
Publitres/FCB
1993 Ed. (126)
1997 Ed. (129)
1999 Ed. (139)
2000 Ed. (156)
2001 Ed. (194)
2002 Ed. (165)
2003 Ed. (133)
Publix
1990 Ed. (3498)
1991 Ed. (3256, 3257)
1992 Ed. (4171)
2000 Ed. (2489, 4163, 4167)
2003 Ed. (4649)
2004 Ed. (4625)
2005 Ed. (4554)
2006 Ed. (4633)
2007 Ed. (4619)
2008 Ed. (4566)
2009 Ed. (4596)
2010 Ed. (4627)
2013 Ed. (2725)
2014 Ed. (4594)
2015 Ed. (740, 2757, 4354)
2016 Ed. (2686, 4511)
Publix Super Markets
2013 Ed. (2512)
2014 Ed. (4327)
2015 Ed. (4314)
Publix Super Markets Inc.
1989 Ed. (356)
1990 Ed. (3496)
1991 Ed. (1729, 1730, 3258)
1992 Ed. (4168, 4170)
1993 Ed. (958, 1869, 1870, 3255, 3267, 3493, 3494, 3495, 3496, 3497)
1994 Ed. (984, 2939, 3249, 3464, 3465)
1996 Ed. (985, 990, 991, 994, 1336, 1556, 1929, 3612, 3614, 3619, 3620, 3621, 3622)
1997 Ed. (329, 1009, 1398, 2026, 3670, 3671, 3672, 3676, 3677, 3678)
1998 Ed. (264, 749, 753, 1137, 1296, 1703, 1711, 3449, 3450, 3454, 3455, 3456, 3457)
1999 Ed. (368, 1185, 1414, 1618, 1921, 2462, 4518, 4520, 4521, 4522, 4523)
2000 Ed. (1100, 1423, 1714, 1785, 2205, 2219, 4166, 4169)
2001 Ed. (436, 1246, 1250, 1703, 2224, 4404, 4417, 4418, 4420, 4421, 4422)
2002 Ed. (1066, 1069, 1075, 1648, 2115, 3560, 3564, 4524, 4526, 4529, 4530, 4531)
2003 Ed. (1565, 1676, 1677, 2268, 3951, 4629, 4631, 4632, 4634, 4635, 4640, 4648, 4651, 4653, 4655, 4656, 4657, 4658, 4659, 4660, 4661, 4662, 4664)
2004 Ed. (1705, 1706, 2134, 2964, 3946, 4584, 4589, 4614, 4615,

4620, 4622, 4623, 4626, 4627, 4629, 4634, 4635, 4637, 4638, 4647)
2005 Ed. (1763, 1764, 3901, 3905, 3917, 4547, 4548, 4549, 4552, 4555, 4556, 4557, 4562, 4563, 4565)
2006 Ed. (1456, 1706, 1709, 1710, 3973, 3978, 3990, 4626, 4627, 4628, 4631, 4634, 4635, 4636, 4637, 4638, 4639, 4640)
2007 Ed. (1704, 1705, 2234, 4012, 4017, 4028, 4197, 4611, 4612, 4613, 4616, 4620, 4623, 4624, 4625, 4626, 4628)
2008 Ed. (1733, 1734, 3612, 4038, 4044, 4055, 4560, 4561, 4562, 4567, 4568, 4569, 4570, 4571, 4572)
2009 Ed. (1668, 1672, 1673, 1674, 2347, 2492, 2894, 3679, 4112, 4136, 4137, 4138, 4329, 4590, 4591, 4592, 4593, 4597, 4600, 4601, 4602, 4603, 4604)
2010 Ed. (1624, 1628, 1629, 1630, 2218, 2272, 2833, 4045, 4051, 4069, 4070, 4345, 4624, 4625, 4626, 4628, 4630, 4631, 4632, 4633, 4634, 4635, 4636, 4637, 4641)
2011 Ed. (862, 1636, 1638, 1639, 1640, 2236, 2278, 2761, 2817, 3601, 4021, 4042, 4280, 4296, 4580, 4581, 4583, 4584, 4585, 4586, 4587, 4588, 4589, 4593)
2012 Ed. (710, 812, 1486, 1490, 1492, 1493, 2170, 2749, 2786, 4048, 4075, 4076, 4587, 4588, 4590, 4594, 4595, 4596, 4597, 4598, 4601)
2013 Ed. (915, 920, 990, 1615, 1617, 1620, 1622, 1623, 1624, 2368, 2371, 2374, 4095, 4099, 4529, 4530, 4537, 4541, 4542, 4545, 4549, 4551, 4554)
2014 Ed. (865, 1582, 1584, 1587, 1588, 1589, 1590, 2455, 2782, 4113, 4587, 4588, 4595, 4598, 4599, 4603, 4606, 4608, 4611)
2015 Ed. (1634, 1636, 1639, 1640, 1641, 2524, 2828, 4095, 4585, 4586, 4594, 4595, 4599, 4603, 4604, 4607)
2016 Ed. (1568, 1571, 1573, 1574, 1575, 1578, 1584, 2260, 2459, 4007, 4504, 4505, 4515, 4516, 4522, 4525, 4526, 4529)
Publix Supermarkets
2013 Ed. (4096)
2014 Ed. (4114)
Publix Supermarkets Inc.
1995 Ed. (343, 1003, 1664, 1767, 3328, 3531, 3532, 3534)
2000 Ed. (372, 1104, 4170)
Puccino
2001 Ed. (3108)
Puck; Wolfgang
2008 Ed. (904)
2009 Ed. (912)
2010 Ed. (856)
2014 Ed. (876)
Pucker; Kenneth P.
2009 Ed. (2659)
Pucobre
2004 Ed. (1775)
Pudding
2003 Ed. (1962)
Pudding, diet
2002 Ed. (1959)
Pudding mix
2003 Ed. (2039)
Pudding, sweetened
2002 Ed. (1959)
Puddings
1990 Ed. (1954)
Puddings/Desserts
2000 Ed. (4140)
Puder-Siegel Homes
2002 Ed. (1170, 2654)
Pudgie's Chicken
1998 Ed. (3412)
Pudgie's Famous Chicken
1994 Ed. (1749, 3087)
1995 Ed. (1782)
2000 Ed. (1910)
Pudong, China; Shanghai
2009 Ed. (255, 261)
2010 Ed. (247, 250)
2011 Ed. (169)
Puebla, Mexico

1993 Ed. (2557)
2012 Ed. (3502)
Pueblo Bancorp
2005 Ed. (378)
Pueblo Bancorporation
2004 Ed. (543)
Pueblo Bank & Trust Co.
2000 Ed. (550)
2005 Ed. (521)
Pueblo Broadcasting Corp.
1991 Ed. (1911, 1912)
1992 Ed. (2407)
Pueblo Chieftain
1989 Ed. (2052)
1990 Ed. (2698, 2702)
1991 Ed. (2598, 2602)
Pueblo Chieftain, Star Journal
1990 Ed. (2691, 2694, 2696)
1991 Ed. (2597, 2607)
1992 Ed. (3240, 3244)
Pueblo, CO
2002 Ed. (3330)
2004 Ed. (4762)
2008 Ed. (4728)
2009 Ed. (4349)
Pueblo Holdings Corp.
2001 Ed. (2704, 2711)
Pueblo Inc.
2014 Ed. (1956)
2015 Ed. (2002)
2016 Ed. (1969)
Pueblo International Inc.
1996 Ed. (2487)
2001 Ed. (70)
Puenta Hills Toyota/Isuzu
1998 Ed. (209)
Puente Construction Enterprises Inc.
2008 Ed. (2954)
2015 Ed. (3014)
Puente Enterprises Inc.
2012 Ed. (2865)
2013 Ed. (2937)
2014 Ed. (2957)
2015 Ed. (3024)
Puente Hills Mall
1994 Ed. (3300)
1995 Ed. (3377)
1999 Ed. (4310)
2000 Ed. (4030)
Puente Hills Mazda
1990 Ed. (332)
1991 Ed. (285)
1993 Ed. (276)
1994 Ed. (275)
1995 Ed. (275)
1996 Ed. (278, 298, 299, 301)
1998 Ed. (209)
Puente Hills Mitsubishi
1990 Ed. (310)
Puente Hills Toyota/Isuzu
1996 Ed. (301)
1999 Ed. (320)
Puente; Tito
1995 Ed. (1715)
Puerto Cabello, Venezuela
2003 Ed. (3916)
Puerto Cortes
1992 Ed. (1392)
Puerto Limon-Moin, Costa Rica
2003 Ed. (3916)
Puerto Rican Cement Co., Inc.
2003 Ed. (4602)
2004 Ed. (898, 899)
Puerto Rican Family Institute Inc.
2002 Ed. (2559)
2003 Ed. (2755)
2004 Ed. (2837)
2005 Ed. (2845)
2006 Ed. (2843)
2008 Ed. (2964)
2009 Ed. (3044)
2011 Ed. (2929, 2931)
Puerto Rican Rums
1990 Ed. (2454, 3072)
1991 Ed. (2326, 2907)
1992 Ed. (3753)
1993 Ed. (2449)
1994 Ed. (3124)
1995 Ed. (3175)
1996 Ed. (3269, 3272)
1997 Ed. (2661, 3368, 3370)
1998 Ed. (2388, 3110, 3111)
1999 Ed. (3229, 3233, 4126, 4127, 4129)
2000 Ed. (3836, 3837)
2001 Ed. (3132, 3135, 4146, 4147)
2002 Ed. (3156, 3164, 4076, 4078, 4079)
2003 Ed. (4212)
2004 Ed. (4235)

Puerto Ricans
1998 Ed. (547)
Puerto Rico
1989 Ed. (1514, 2028, 2899)
1990 Ed. (1263, 2664, 3075, 3505, 3648)
1991 Ed. (2511, 2523, 2532)
1992 Ed. (230, 2361, 3600, 4239, 4240)
1993 Ed. (2045, 2613)
1994 Ed. (1508)
1995 Ed. (363, 2644, 3578)
1996 Ed. (35, 2723, 3714)
1997 Ed. (3768)
1998 Ed. (1977, 2561, 2562)
2000 Ed. (2473, 3188)
2001 Ed. (1140, 4585, 4586, 4719)
2005 Ed. (3402)
2010 Ed. (1066, 3399)
2011 Ed. (2570, 3387, 3840)
2012 Ed. (2516, 2517, 3347, 3821)
2013 Ed. (1347, 2646, 2647, 3417)
2014 Ed. (1028, 2675, 3415, 3809)
2015 Ed. (247, 1063, 1064, 2359, 3448, 3832)
2016 Ed. (971, 972, 3307, 3739)
Puerto Rico Aqueduct
1990 Ed. (2642)
Puerto Rico Aqueduct & Sewer Authority
1998 Ed. (2969)
Puerto Rico Community Foundation
1994 Ed. (1907)
2008 Ed. (2056, 3730)
Puerto Rico Credit Union
2009 Ed. (2242)
2010 Ed. (2196)
2011 Ed. (2214)
2012 Ed. (2075)
2013 Ed. (2259)
2014 Ed. (2191)
2015 Ed. (2255)
2016 Ed. (2226)
Puerto Rico Electric
1990 Ed. (2640)
Puerto Rico Electric Power Authority
1990 Ed. (1595, 1596, 1597)
1991 Ed. (1486, 1494, 1495, 1496, 2510, 2532, 2533)
1992 Ed. (1893, 1894, 1895)
1993 Ed. (1554, 1555, 1556)
1994 Ed. (1591, 1592, 1593)
1995 Ed. (1634, 1635, 1636)
1996 Ed. (1610, 1611, 1612)
1998 Ed. (1377, 1381, 1382, 1383)
1999 Ed. (3472)
2000 Ed. (1727)
2014 Ed. (1957)
2015 Ed. (2003)
2016 Ed. (1970)
Puerto Rico Finance Agency
2001 Ed. (907)
Puerto Rico, Gos
1996 Ed. (2722)
1997 Ed. (2845)
1999 Ed. (3473)
Puerto Rico Highway & Transportation Authority
1995 Ed. (3663)
1996 Ed. (2722, 3739)
1999 Ed. (4658)
Puerto Rico Housing Bank & Finance Agency
1996 Ed. (2211)
Puerto Rico IME PC Facilities Financial Authority
1993 Ed. (2159)
Puerto Rico Industrial Development Authority
2001 Ed. (907)
Puerto Rico Industrial Development Co.
1990 Ed. (2648)
1993 Ed. (2159)
2000 Ed. (2621)
Puerto Rico Industrial Medical, Environmental & PC Facilities
1991 Ed. (2016)
Puerto Rico Industrial Tourist Ed. Med. Env. Authority
1997 Ed. (2363)
Puerto Rico Industrial, Tourist, Education, & Medical Agency
2001 Ed. (907)
Puerto Rico Infrastructure
1990 Ed. (2642)
Puerto Rico Infrastructure Finance Authority
2000 Ed. (3189)
Puerto Rico Public Buildings Authority
1996 Ed. (2729)

1998 Ed. (2563)
2000 Ed. (3203)
Puerto Rico Public Finance Corp.
2001 Ed. (907)
Puerto Rico School District
1991 Ed. (2927)
Puerto Rico Sugar Corp.
1993 Ed. (1544)
Puerto Rico Supplies Co.
2004 Ed. (4924)
2005 Ed. (4907)
2006 Ed. (4939)
2007 Ed. (4946)
Puerto Rico Supplies Group Inc.
2016 Ed. (1973, 4890)
Puerto Rico Telephone
1993 Ed. (47)
1994 Ed. (39)
Puerto Rico Telephone Authority
1990 Ed. (2648)
Puerto Rico Telephone Co.
2014 Ed. (1956)
2015 Ed. (2002)
2016 Ed. (1969)
Puerto Rico Urban Renewal & Housing Corp.
1991 Ed. (1986, 2519)
Puerto Vallaria
1989 Ed. (2808)
Puerto Vallarta
1990 Ed. (3559, 3560)
1991 Ed. (3340)
1992 Ed. (4266, 4268)
1993 Ed. (3551)
1994 Ed. (3510)
1995 Ed. (3595)
2005 Ed. (4676)
Puerto Vallarta Lic
2001 Ed. (350)
Puff, the Magic Dragon
2009 Ed. (578)
Puffed cheese
2002 Ed. (4298)
Puffs
1992 Ed. (4300)
1993 Ed. (3579)
1994 Ed. (3539)
1995 Ed. (3617)
1996 Ed. (3694, 3695)
1997 Ed. (3754)
1998 Ed. (3573)
1999 Ed. (4603)
2000 Ed. (4254)
2001 Ed. (4547)
2002 Ed. (4626)
2003 Ed. (4740, 4741)
2005 Ed. (4700)
2006 Ed. (4755)
2007 Ed. (4761)
2008 Ed. (4684, 4685)
2009 Ed. (4725)
2010 Ed. (4734)
Puffs Basic
2016 Ed. (3733)
Puffs Plus Lotion
2016 Ed. (3733)
Puffs Posh
1996 Ed. (3695)
Puffs Ultra
2016 Ed. (3733)
Puget Energy Inc.
2002 Ed. (1796)
2003 Ed. (1849)
2004 Ed. (1883)
2005 Ed. (1999, 2313, 2314)
2006 Ed. (2076, 2084)
2008 Ed. (2137, 2500)
2009 Ed. (2123)
2010 Ed. (2057)
2011 Ed. (2112)
Puget Holding Co.
2012 Ed. (2236)
2013 Ed. (2413, 2803, 4821)
2014 Ed. (2352, 2840, 4835)
Puget Safety Equipment Co.
2002 Ed. (1994)
Puget Sound Bancorp
1989 Ed. (712)
1990 Ed. (716)
1992 Ed. (525)
1993 Ed. (578, 666, 3295)
1994 Ed. (340, 349, 1226)
Puget Sound Cooperative Credit Union
2014 Ed. (2187)
Puget Sound Energy, Inc.
1998 Ed. (1394)
1999 Ed. (1953)
2001 Ed. (2145, 3866)
Puget Sound Equipment Co.
1999 Ed. (2845)

Puget Sound National Bank
1991 Ed. (689)
1992 Ed. (864)
1993 Ed. (664)
1994 Ed. (664)
Puget Sound National, Wash.
1989 Ed. (2152)
Puget Sound P & L
1994 Ed. (1603, 1604)
1995 Ed. (1645, 1646)
Puget Sound Power & Light
1989 Ed. (1304, 1305)
1990 Ed. (1608)
1991 Ed. (1489, 1505, 1506)
1992 Ed. (1888, 1906, 1907)
1993 Ed. (1561)
1996 Ed. (1622, 1623)
1997 Ed. (1701, 1702)
1998 Ed. (1395)
Puget Sound Solar
2016 Ed. (4429)
Puget Sound; University of
1992 Ed. (1272)
1993 Ed. (1020)
1994 Ed. (1047)
1995 Ed. (1055)
Puget Sound, WA
1990 Ed. (871, 873)
1992 Ed. (1020)
1994 Ed. (831)
1996 Ed. (857)
1998 Ed. (585)
1999 Ed. (2007, 3372)
2001 Ed. (1090)
Puget Sound, WA (Viacom)
1991 Ed. (835)
Pugh Jones & Johnson
2005 Ed. (3525)
Puglia
1993 Ed. (538)
Pugsley, Simpson, Coulter Architects
2011 Ed. (2458)
Pujols; Albert
2011 Ed. (2956)
2015 Ed. (220)
2016 Ed. (216)
Pukeroa Oruawhata Trust
2016 Ed. (3611)
Pulanna
2007 Ed. (20)
Pulaski
1995 Ed. (1952)
1997 Ed. (2099, 2100)
Pulaski Financial Corp.
2005 Ed. (1882)
2006 Ed. (1900)
2008 Ed. (1953)
Pulaski Investment Corp.
2005 Ed. (522)
Pulaski Savings Bank
2005 Ed. (372)
Pulice Construction
2011 Ed. (1094)
Pulicis Communications
2000 Ed. (108)
Pulitzer Inc.
2001 Ed. (1543)
2004 Ed. (3683, 3684)
2005 Ed. (3598, 3599)
Pulitzer Publishing Co.
1991 Ed. (2392, 3327)
1992 Ed. (3589, 4241)
1993 Ed. (2944)
1994 Ed. (2982)
1995 Ed. (3042)
1996 Ed. (3142)
2001 Ed. (1545, 1546)
Pull-Ups
1995 Ed. (1562)
1996 Ed. (1546)
Pull Ups Goodnites; Huggies
2008 Ed. (2335)
Pull Ups; Huggies
2008 Ed. (2335)
Pulliam Aquatech Pools
2014 Ed. (4615)
2015 Ed. (4613)
2016 Ed. (4534)
Pulliam Charitable Trust
2001 Ed. (1543)
Pulliam; Mrs. Eugene C.
1994 Ed. (894)
Pullman B & TC
2007 Ed. (417)
Pullman Comley
2001 Ed. (780)
Pullman & Comley LLC
2010 Ed. (1594)
2011 Ed. (1596)
2012 Ed. (1441)

2013 Ed. (1572)
2014 Ed. (1543)
The Pullman Co.
1996 Ed. (385, 386)
Pullman Power Products
1990 Ed. (1201)
Pullman, WA
2002 Ed. (1057)
Pulmicort Inhalation Powder
1999 Ed. (1910)
Pulp
2012 Ed. (1838)
Pulp & Paper
1998 Ed. (2064)
2000 Ed. (2934)
Pulp, paper & allied products
1992 Ed. (3610)
Pulp Substitutes
1995 Ed. (3724)
Pulpmills
2001 Ed. (4389)
Pulpwood
2008 Ed. (2651)
Pulsar
2002 Ed. (384)
Pulsar Data Systems Inc.
1996 Ed. (745)
1997 Ed. (677)
1998 Ed. (470)
1999 Ed. (731)
Pulse
1989 Ed. (281)
1990 Ed. (292, 293)
1991 Ed. (1509, 1510, 1511)
1992 Ed. (1910, 1912, 1913)
1995 Ed. (352)
1996 Ed. (259)
2001 Ed. (584)
Pulse Data Inc.
2010 Ed. (1560)
Pulse EFT Association
1994 Ed. (1606)
1995 Ed. (1648)
1996 Ed. (1624)
1997 Ed. (1704)
1998 Ed. (1396)
1999 Ed. (1954)
2000 Ed. (1732)
2001 Ed. (2185, 2186, 2188, 2189, 3826)
Pulse Systems Inc.
2013 Ed. (2880)
Pulte Corp
2000 Ed. (3718)
Pulte Corp.
1996 Ed. (1096, 1097, 1098, 1101, 1102, 1103, 1106, 1107, 1132, 1654)
1997 Ed. (1127, 1128, 1732)
1999 Ed. (1308, 1309, 1311, 1313, 1316, 1317, 1318, 1319, 1320, 1322, 1325, 1327, 1328, 1329, 1330, 1333, 1334, 1335, 1337, 1840, 2028, 2816)
2000 Ed. (1196, 1197, 1198, 1199, 1201, 1805, 2590)
2001 Ed. (1391, 1392, 1393, 1394, 1395, 1401, 1402, 1405, 1406, 2803, 2815)
2002 Ed. (1171, 1174, 1178, 1180, 1181, 1183, 1186, 1187, 1188, 1189, 1192, 1193, 1196, 1200, 1201, 1203, 1204, 1205, 2656, 2657, 2660, 2661, 2665, 2666, 2667, 2668, 2669, 2670, 2671, 2672, 2678, 2679, 2680, 2681, 2683, 2684, 2686, 2687, 2688, 2690, 2693)
2003 Ed. (1138, 1139, 1200)
2005 Ed. (1756)
Pulte Diversified Companies Inc.
2001 Ed. (1402)
Pulte Group
2015 Ed. (4422)
Pulte Group Inc.
2012 Ed. (3096)
Pulte Home Corp.
1989 Ed. (1001)
1990 Ed. (1171)
1991 Ed. (1047, 1054)
1992 Ed. (1353)
1993 Ed. (1083, 1096)
1994 Ed. (1105, 1113)
1995 Ed. (1122, 1123, 1126)
1997 Ed. (1119, 1120, 1123, 1125)
1998 Ed. (876, 877, 878, 879, 881, 882, 885, 886, 887, 888, 889, 890, 893, 894, 895, 896, 897, 899, 901, 902, 905, 908, 911, 914, 915, 919, 1435, 2060)

2000 Ed. (1190, 1191, 1192, 1193, 1205, 1206, 1207, 1210, 1212, 1218, 1223, 1224, 1229)
2001 Ed. (1402)
Pulte Homes Inc.
2003 Ed. (1141, 1145, 1147, 1149, 1150, 1151, 1152, 1153, 1155, 1157, 1158, 1160, 1162, 1163, 1164, 1165, 1167, 1169, 1171, 1172, 1173, 1176, 1177, 1183, 1185, 1188, 1190, 1191, 1194, 1198, 1199, 1202, 1203, 1204, 1206, 1207, 1210, 1213, 1214, 2874)
2004 Ed. (1142, 1143, 1145, 1151, 1152, 1155, 1157, 1158, 1160, 1163, 1164, 1165, 1166, 1170, 1171, 1172, 1173, 1174, 1175, 1177, 1179, 1181, 1183, 1184, 1189, 1190, 1193, 1195, 1196, 1197, 1199, 1203, 1204, 1205, 1206, 1207, 1209, 1210, 1211, 1213, 1214, 1221, 1226, 2946, 2957, 2959, 4490)
2005 Ed. (1165, 1166, 1168, 1179, 1180, 1181, 1182, 1185, 1186, 1188, 1191, 1192, 1193, 1194, 1197, 1199, 1200, 1201, 1202, 1206, 1207, 1209, 1210, 1215, 1216, 1219, 1221, 1222, 1223, 1225, 1228, 1229, 1230, 1231, 1232, 1233, 1234, 1235, 1237, 1238, 1244, 1246, 1256, 1257, 1868, 2948, 2962, 2964, 4462, 4503)
2006 Ed. (1158, 1161, 1162, 1164, 1191, 1193, 1194, 1195, 1196, 1197, 1199, 1200, 1202, 1203, 1217, 2947, 2957, 2959, 4190)
2007 Ed. (1270, 1273, 1274, 1300, 1301, 1303, 1304, 1307, 1308, 1309, 1310, 1311, 1324, 1881, 2963, 2977)
2008 Ed. (1163, 1166, 1167, 1190, 1198, 1200, 1201, 1202, 1509, 1929, 1930, 3087, 3187)
2009 Ed. (1147, 1148, 1174, 1175, 1177, 1178, 1179, 1180, 1440, 1887, 3246, 4572)
2010 Ed. (1142, 1143, 1167, 1169, 1170, 1171, 1824, 3108, 3177)
2011 Ed. (1083, 1084, 1116, 1117, 1854, 3078)
Pulte Mortgage
2005 Ed. (3304)
2006 Ed. (3561)
Pulte; William
2007 Ed. (4902)
PulteGroup
2015 Ed. (1153, 1372, 1385, 1836)
2016 Ed. (1064)
PulteGroup Inc.
2011 Ed. (3089)
2012 Ed. (1034, 1036, 1037, 1038, 1707, 3019, 3020)
2013 Ed. (1149, 1184, 1185)
2014 Ed. (1111, 1136, 1137, 3033)
2015 Ed. (1151, 1184, 1185, 1186, 1187, 1188, 3168, 3183)
2016 Ed. (1097, 1099, 1130, 3021)
Pulverent; Stuart
1993 Ed. (1787)
1994 Ed. (1770)
Puma
1990 Ed. (290)
1991 Ed. (264)
1992 Ed. (367, 368)
1993 Ed. (260)
2005 Ed. (4429, 4430, 4431, 4432)
2006 Ed. (293, 4445, 4446)
2007 Ed. (295, 1117, 4502, 4503)
2008 Ed. (273, 648, 996, 4479, 4480)
2009 Ed. (297, 982)
2010 Ed. (279)
2011 Ed. (878, 4503, 4504, 4505)
2012 Ed. (4511, 4512, 4513)
PUMA AG
2007 Ed. (4579)
2009 Ed. (980, 1710, 4437)
Puma AG Rudolf Dassler Sport
2004 Ed. (1010)
2007 Ed. (1744)
2008 Ed. (994, 1771, 4332, 4672)
2010 Ed. (941)
2011 Ed. (873)
2012 Ed. (829)
2013 Ed. (1006)
Puma Biotechnology
2015 Ed. (4573)
Puma; Grace
2013 Ed. (2958)

Puma.com
2013 Ed. (2477)
Pump It Up
2006 Ed. (815)
2007 Ed. (903)
2008 Ed. (878)
2009 Ed. (888, 4303)
2010 Ed. (838)
2011 Ed. (764)
2012 Ed. (702)
2013 Ed. (913)
2014 Ed. (860)
2015 Ed. (2609)
2016 Ed. (796)
Pumped storage
2001 Ed. (2155)
Pumpkin
2002 Ed. (2371)
2003 Ed. (2576)
Pumpkin Patch
2009 Ed. (1946, 4317)
Pumps
1995 Ed. (3629)
Puna Plantation Hawaii Ltd.
2006 Ed. (1746)
2007 Ed. (1755)
2008 Ed. (1783)
2009 Ed. (1724)
2010 Ed. (1672)
2011 Ed. (1681)
2012 Ed. (1532)
2013 Ed. (1678)
2014 Ed. (1630)
2015 Ed. (1679)
2016 Ed. (1624)
Punch Retail Ltd.
2001 Ed. (4087)
Punch Taverns
2006 Ed. (3275)
2007 Ed. (1466, 4160)
2013 Ed. (2124)
Pune, India
2011 Ed. (3482)
2012 Ed. (3486)
Pune, Indina
2010 Ed. (3475)
Punj Lloyd Ltd.
2012 Ed. (1159)
Punjab National Bank
1989 Ed. (558)
1991 Ed. (545)
1992 Ed. (704, 705)
1993 Ed. (514)
1994 Ed. (513, 514)
1995 Ed. (495, 496)
1996 Ed. (547, 548)
1997 Ed. (506, 507)
1999 Ed. (542, 543)
2000 Ed. (553, 554)
2002 Ed. (519, 569, 570)
2003 Ed. (528)
2004 Ed. (544)
2005 Ed. (525)
2006 Ed. (455)
2007 Ed. (466)
2008 Ed. (432)
2010 Ed. (436)
2011 Ed. (361)
2012 Ed. (361)
2013 Ed. (382, 384)
2014 Ed. (394, 395)
2015 Ed. (450, 451)
2016 Ed. (404, 405)
Punjab & Sind Bank
2013 Ed. (373)
P.U.N.K.S.
2001 Ed. (4698)
Punta Gorda, FL
1997 Ed. (2772)
1998 Ed. (2472)
1999 Ed. (3367)
2000 Ed. (3108)
2002 Ed. (1054, 3726)
2004 Ed. (2289)
2005 Ed. (2032, 2380, 2387, 2992, 3473)
2006 Ed. (2427)
2010 Ed. (4373)
2011 Ed. (2412)
Punta Gorda Island
1991 Ed. (225)
Punto-FA SL
2004 Ed. (1010)
Punto Publicidad
1993 Ed. (144)
1997 Ed. (156)
1999 Ed. (167)
2001 Ed. (237)
Punto Publicidad (O & M)
1996 Ed. (150)

2000 Ed. (187)
Puntoaparte D'Arcy
2001 Ed. (194)
2002 Ed. (165)
2003 Ed. (133)
Pup Peroni
2014 Ed. (3846)
2015 Ed. (3871)
2016 Ed. (3782)
Pup-peroni
1990 Ed. (2820)
1992 Ed. (3410)
1993 Ed. (2817)
1994 Ed. (2832)
1996 Ed. (2994)
1997 Ed. (3073)
1999 Ed. (3783)
2002 Ed. (3650)
Puppet Labs
2015 Ed. (1095)
Puppi; Anthony
2006 Ed. (959)
Puppies Kibbles 'N Bits
2002 Ed. (3655)
Puppy Chow
1989 Ed. (2193)
1990 Ed. (2818)
1992 Ed. (3408)
1993 Ed. (2815)
1994 Ed. (2829)
1996 Ed. (2991)
1997 Ed. (3070)
1999 Ed. (3785)
2002 Ed. (3652)
2003 Ed. (3802)
Puppy Kibbles 'N Bits
1989 Ed. (2197)
1996 Ed. (2993)
Puppy Kibbles 'N Bits 'N Bits
1994 Ed. (2831)
1997 Ed. (3072)
1999 Ed. (3789)
Puppy KibbLes n' Bits n' Bits n' Bits
1990 Ed. (2821)
1993 Ed. (2819)
Puppy Kilibles n' Bits n' Bits n'
1992 Ed. (3412)
Pur
2003 Ed. (235)
2005 Ed. (2952)
2009 Ed. (3192)
The Puratone Corp.
2003 Ed. (3900)
2004 Ed. (3928)
2005 Ed. (3876)
2006 Ed. (3939)
2007 Ed. (3997)
2008 Ed. (1900, 4014)
2009 Ed. (4086)
2010 Ed. (3998)
2011 Ed. (4006)
2012 Ed. (4001)
2013 Ed. (4065)
Purcell; John
1996 Ed. (1893)
Purcell; P. J.
2005 Ed. (2490)
Purcell; Philip J.
2005 Ed. (2474)
Purcell Systems
2007 Ed. (4727)
Purcell Tire & Rubber Co.
2001 Ed. (4546)
2005 Ed. (4696, 4697, 4699)
2006 Ed. (4746, 4753, 4754)
2007 Ed. (4755, 4760)
2008 Ed. (4682, 4683)
2009 Ed. (4723, 4724)
2010 Ed. (4732, 4733)
2011 Ed. (4693)
2012 Ed. (4715)
2013 Ed. (4676)
2014 Ed. (4724)
2015 Ed. (4730, 4743)
2016 Ed. (4645)
Purchase Connection
1999 Ed. (2637)
Purchase, NY
2009 Ed. (3206)
Purchasepoint
1992 Ed. (3761)
1994 Ed. (3128)
1996 Ed. (3277)
1997 Ed. (3374)
Purchasepoint WLK
1993 Ed. (3065)
PurchasePro.com Inc.
2001 Ed. (4184, 4186, 4756, 4759)
2005 Ed. (1560)
Purchasing

1993 Ed. (2800)
1997 Ed. (3044)
1999 Ed. (964)
Purchasing executive
2004 Ed. (2283)
Purchasing manager
2004 Ed. (2283)
PurchasingCenter.com
2001 Ed. (4759)
Purdel Co-operative Agro-Aliment
2006 Ed. (1401)
Purdel Co-operative Agro-Alimentaire
2007 Ed. (1434)
Purdential Securities
1995 Ed. (1793)
Purdue Employees Credit Union
2002 Ed. (1864)
2003 Ed. (1918)
2004 Ed. (1958)
2005 Ed. (2080, 2100)
2006 Ed. (2195)
2007 Ed. (2116)
2008 Ed. (2231)
2009 Ed. (2216)
2010 Ed. (2170)
2011 Ed. (2188)
2012 Ed. (2048)
2013 Ed. (2230)
2014 Ed. (2162)
2015 Ed. (2226)
2016 Ed. (2197)
Purdue Federal Credit Union
2012 Ed. (1567)
2013 Ed. (1722)
Purdue-Frederick Co.
2003 Ed. (284)
Purdue Pharma
2009 Ed. (2830)
2011 Ed. (2763)
Purdue Pharma LP
2009 Ed. (1419)
2015 Ed. (3248, 3266)
Purdue University
1990 Ed. (2053)
1991 Ed. (1566, 1571, 1574, 1575)
1992 Ed. (1004, 1124, 1283, 1970, 1976, 1980, 1981, 3803)
1993 Ed. (924, 1031, 1621, 1622, 1627, 1630, 1631)
1994 Ed. (1654, 1662)
1995 Ed. (1701, 1709, 1711, 1713, 3189)
1997 Ed. (856, 862)
1998 Ed. (557)
1999 Ed. (979, 1106, 1107, 1109, 1238, 1239)
2000 Ed. (926, 927, 1826, 1829, 1831, 1832, 1834, 1835, 1836)
2001 Ed. (1330, 2488)
2002 Ed. (896, 901, 1031, 1033, 1034)
2004 Ed. (830, 2669)
2006 Ed. (700, 738)
2007 Ed. (793)
2008 Ed. (768, 2574, 2575)
2009 Ed. (778, 1755, 2585, 2601)
2010 Ed. (1013, 2498, 2504)
2011 Ed. (950, 1713, 2505)
2012 Ed. (870, 871, 2426, 2427)
2016 Ed. (1665)
Purdue University at West Lafayette
1996 Ed. (1683, 1687, 1691, 1693, 1695)
1997 Ed. (1764, 1766, 1769, 1773)
1998 Ed. (1459, 1462, 1465, 1466)
1999 Ed. (2035, 2038, 2041, 2043, 2045, 2046)
Purdue University, Krannert
1993 Ed. (803)
1994 Ed. (812)
1995 Ed. (868)
1996 Ed. (843)
Purdue University, Krannert School of Business
2006 Ed. (740)
2007 Ed. (824, 826)
Purdue University-West Lafayette
2001 Ed. (1064, 1065, 2247, 2248, 2251, 2253, 2255, 2257, 2258)
2002 Ed. (883, 884)
2004 Ed. (2405)
2005 Ed. (2440)
2007 Ed. (2447)
2009 Ed. (2586)
2010 Ed. (2499)
2011 Ed. (2504)
Purdue University-West Lafayette, Krannert School of Business
2008 Ed. (797, 798)
2009 Ed. (814, 815)

2010 Ed. (752, 753, 763, 764, 765)
2011 Ed. (663, 674, 675)
Purdum State Bank
2005 Ed. (3307)
Purdy Crawford
2010 Ed. (704)
2011 Ed. (633)
Pure American
2003 Ed. (733, 736)
Pure Barre
2016 Ed. (3931)
Pure Brand Communications
2007 Ed. (1684)
Pure Brand Communications LLC
2009 Ed. (4132)
Pure Cycle Corp.
2009 Ed. (1596, 1601)
Pure Energies Group Inc.
2015 Ed. (2916)
Pure Fishing Inc.
2015 Ed. (2030, 3561, 3562)
2016 Ed. (1999, 3413, 3414)
Pure Foods Corp.
1989 Ed. (1152)
1992 Ed. (1683, 1684)
1993 Ed. (1386)
1994 Ed. (38, 1440)
1995 Ed. (1474, 1475, 1476)
1997 Ed. (1499)
1999 Ed. (1725)
2000 Ed. (1537, 1541)
Pure Health Solutions Inc.
2006 Ed. (4349)
Pure Industrial Real Estate Trust
2014 Ed. (1501)
2015 Ed. (842, 1560)
Pure Industrial REIT
2011 Ed. (1552)
2015 Ed. (1545)
Pure Leaf
2016 Ed. (4547)
Pure Life
2007 Ed. (675)
2009 Ed. (652)
2011 Ed. (554)
Pure; Pamela
2011 Ed. (4968)
Pure Power Systems
2016 Ed. (4424)
Pure Protein
2016 Ed. (4384)
Pure Resources Inc.
2003 Ed. (3828)
2004 Ed. (3828, 3829)
Pure Tech Plastics Inc.
2001 Ed. (3819)
Pure Technologies Ltd.
2011 Ed. (1463)
2012 Ed. (2831)
2013 Ed. (2918)
PureCars
2016 Ed. (1997)
Purecircle
2016 Ed. (2696)
Purefoods
1996 Ed. (1436)
PureForge
2015 Ed. (4238)
PureFormulas.com
2013 Ed. (2868, 2926)
Puregold Price Club
2012 Ed. (4360)
2013 Ed. (4291)
Pureland Industrial Complex
1992 Ed. (2597)
2000 Ed. (2626)
Purell
2003 Ed. (647, 4464)
2008 Ed. (4452)
Purepac
1997 Ed. (2134)
Puretec
1999 Ed. (2625)
2001 Ed. (4778)
Puretek Breath Relief
2000 Ed. (811)
Purewow
2016 Ed. (3490)
Purex
1990 Ed. (1013)
1992 Ed. (1174)
1993 Ed. (952)
1994 Ed. (980)
1995 Ed. (994)
1996 Ed. (982)
1997 Ed. (1005)
1998 Ed. (745, 746)
1999 Ed. (1179, 1181, 1837)
2000 Ed. (1095)
2001 Ed. (1241, 2000, 2001)

2002 Ed. (1961)
2003 Ed. (685, 2040, 2041, 2044, 2045)
2004 Ed. (2092)
2005 Ed. (2196)
2006 Ed. (2256, 2257)
2007 Ed. (2196)
2008 Ed. (2329, 2330)
2009 Ed. (2317)
2010 Ed. (2247)
2014 Ed. (2254)
2015 Ed. (2323)
2016 Ed. (2277)
Purex Laundry Soap, All-Temperature, 147-Oz.
1990 Ed. (2129)
Purgatory at Durango Mountain
2012 Ed. (4480)
Puri; A.K.
2014 Ed. (934)
Purified Water To Go
2002 Ed. (957)
2003 Ed. (892)
2004 Ed. (911)
2005 Ed. (2640)
2006 Ed. (2637)
2007 Ed. (2613)
Purina
1990 Ed. (100, 2814)
2008 Ed. (3890)
2013 Ed. (677, 2732)
2014 Ed. (706)
2015 Ed. (2757)
2016 Ed. (2686, 2705)
Purina 100
1989 Ed. (2198)
Purina Alpo Chop House
2014 Ed. (3850)
2016 Ed. (3786)
Purina Alpo Chop House Originals
2014 Ed. (3850)
Purina Alpo Come & Get It Cookout Classics
2015 Ed. (3873)
Purina Alpo Prime Cuts
2014 Ed. (3848, 3850)
2015 Ed. (3873, 3875)
2016 Ed. (3784, 3786)
Purina Alpo Prime Slices
2014 Ed. (3850)
2015 Ed. (3875)
Purina Beggin' Strips
1994 Ed. (2824)
2014 Ed. (3846)
2015 Ed. (3871)
2016 Ed. (3782)
Purina Beneful
2014 Ed. (3848)
2015 Ed. (3873)
2016 Ed. (3784)
Purina Beneful Healthy Weight
2014 Ed. (3848)
2015 Ed. (3873)
2016 Ed. (3784)
Purina Beneful Prepared Meals
2014 Ed. (3850)
2015 Ed. (3875)
2016 Ed. (3786)
Purina Benji's Moist 'N Chunky
1994 Ed. (2823)
Purina Biscuits
1992 Ed. (3410)
1993 Ed. (2817)
1994 Ed. (2824, 2832)
1996 Ed. (2994)
1997 Ed. (3073)
1999 Ed. (3783)
Purina Bonz
1994 Ed. (2824)
Purina Busy Bone
2014 Ed. (3846)
2015 Ed. (3871)
2016 Ed. (3782)
Purina Cat Chow
1993 Ed. (2821)
1994 Ed. (2826)
2004 Ed. (3814)
Purina Cat Chow Complete
2015 Ed. (3872)
2016 Ed. (3783)
Purina Cat Chow Complete Formula
2014 Ed. (3847)
2015 Ed. (3872)
Purina Cat Chow Indoor
2015 Ed. (3872)
2016 Ed. (3783)
Purina Cat Chow Indoor Formula
2014 Ed. (3847)
Purina Cat Chow Mature
1995 Ed. (2905)

Purina Cat Chow Naturals
2016 Ed. (3783)
Purina Deli Cat
1994 Ed. (2826)
2004 Ed. (3814)
Purina Dog Chow
1994 Ed. (2822)
2004 Ed. (3815)
2014 Ed. (3848)
2015 Ed. (3873)
2016 Ed. (3784)
Purina Dog Chow Healthy Life Nutrition
2014 Ed. (3848)
Purina Dog Chow Little Bites
2004 Ed. (3815)
Purina Fancy Feast
2014 Ed. (3849)
2015 Ed. (3874)
2016 Ed. (3785)
Purina Fancy Feast Elegant Medleys
2014 Ed. (3849)
2015 Ed. (3874)
Purina Fit & Trim
1994 Ed. (2822)
Purina Friskies
2015 Ed. (3874)
2016 Ed. (3785)
Purina Kibbles & Chunks
1994 Ed. (2822)
Purina Kit & Kaboodle
2014 Ed. (3847)
2015 Ed. (3872)
2016 Ed. (3783)
Purina Kit N Ka Boodle
2004 Ed. (3814)
Purina Kitten Chow
1993 Ed. (2821)
Purina Mighty Dog
2015 Ed. (3875)
2016 Ed. (3786)
Purina Mills
1996 Ed. (2487)
2001 Ed. (3851)
2002 Ed. (3727)
Purina Moist & Meaty Butcher's Burger
1994 Ed. (2823)
Purina ONE
1994 Ed. (2822)
2004 Ed. (3814, 3815)
2008 Ed. (3890)
Purina O.N.E. Life
1995 Ed. (2904)
Purina One Smartblend
2014 Ed. (3848)
2015 Ed. (3873)
2016 Ed. (3784)
Purina Premium
1992 Ed. (3413)
1993 Ed. (2820)
1994 Ed. (2825, 2834)
1996 Ed. (2996)
1997 Ed. (3075)
1999 Ed. (3780)
Purina Puppy Chow
1994 Ed. (2822)
2004 Ed. (3815)
Purina Waggin Train
2016 Ed. (3782)
Purina Whisker Lickins
2014 Ed. (3845)
2015 Ed. (3870)
2016 Ed. (3781)
Purina Whisker Lickins Crunch Lovers
2014 Ed. (3845)
2015 Ed. (3870)
2016 Ed. (3781)
Purina Whisker Lickins Tender Moments
2014 Ed. (3845)
2015 Ed. (3870)
2016 Ed. (3781)
Purisima Pure Foreign
2006 Ed. (3675, 3676)
Purisima Total Return
1999 Ed. (3531)
2000 Ed. (3243, 3247)
2003 Ed. (2364, 3614)
2004 Ed. (3645)
Purisma Pure Foreign
2004 Ed. (3643)
Puritan Buick Pontiac GMC Truck Inc.
2006 Ed. (1867)
Puritan's Pride
2003 Ed. (4860)
2008 Ed. (2337)
Purity
2015 Ed. (3670)
2016 Ed. (3556)
Purity Wholesale Grocers Inc.
2000 Ed. (1104)
2002 Ed. (1075)

2005 Ed. (3917)
2006 Ed. (3990)
Purk & Associates
2016 Ed. (3)
Purnam Asset AllocBal A
1999 Ed. (3570)
Purneftegaz
1997 Ed. (1502)
Purnell Old Folks
2002 Ed. (4098)
2009 Ed. (4382, 4383)
Purnell Sausage
1999 Ed. (4139)
PuroClean
2013 Ed. (3113)
2014 Ed. (3112)
2015 Ed. (3175)
2016 Ed. (3029)
Puroclean
2010 Ed. (2294)
2011 Ed. (2292)
2012 Ed. (2185, 2188)
Purofirst International Inc.
2002 Ed. (2885)
2004 Ed. (2165)
Purolator
2008 Ed. (4072)
Purolator Courier Ltd.
1991 Ed. (3417)
2005 Ed. (3489, 3490)
2007 Ed. (4365)
2009 Ed. (4424)
2010 Ed. (4119)
2011 Ed. (4769)
2012 Ed. (4118, 4792)
Purolator Holdings Ltd.
2016 Ed. (4690)
Purolator Inc.
2013 Ed. (4753)
2014 Ed. (4803)
2015 Ed. (4838)
2016 Ed. (4742)
PuroSystems Inc.
2005 Ed. (2264)
2006 Ed. (2321)
2008 Ed. (2389)
Purple
1996 Ed. (3031)
Purple brown
1992 Ed. (426)
Purple Epsilon
2009 Ed. (129, 2324, 3667)
2010 Ed. (129, 2254)
2011 Ed. (47, 2261, 2262)
Purple Everclear Passion
2000 Ed. (4390)
2001 Ed. (4835)
2002 Ed. (4908)
2004 Ed. (4945)
Purple Passion
1992 Ed. (4439, 4440)
1993 Ed. (3702)
Purple Platypus
2013 Ed. (1461)
Purple Rain, Prince
1990 Ed. (2862)
Purple Rhino Imports Inc.
2007 Ed. (1574)
2008 Ed. (1557)
2009 Ed. (1483)
Purpose
1994 Ed. (3353)
2001 Ed. (3165)
The Purpose-Driven Life
2005 Ed. (726)
2006 Ed. (637)
2007 Ed. (663)
The Purpose-Driven Life: What on Earth
Am I Here For?
2005 Ed. (724)
The Purpose of Christmas
2010 Ed. (565)
Purpura; Clare
2015 Ed. (3425)
Pursuit Canadian Bond
2001 Ed. (3482)
2002 Ed. (3456, 3457)
Pursuit Growth
2002 Ed. (3438)
Pursuit of Excellence
2012 Ed. (2327, 2857, 4050, 4966)
The Pursuit of Happyness
2008 Ed. (615)
2009 Ed. (2366)
Purus
1997 Ed. (2975)
Purvis; Kimberly
1997 Ed. (1869)
PURVIS Systems Inc.
2008 Ed. (2060)

2011 Ed. (2018)
Pusan
1997 Ed. (3135)
1998 Ed. (2887)
Pusan Bank
1996 Ed. (560)
2002 Ed. (601)
2006 Ed. (524)
2008 Ed. (505)
2009 Ed. (536)
Pusan, South Korea
2004 Ed. (3929)
Push
2011 Ed. (496)
Push Pops
1994 Ed. (853)
1995 Ed. (893, 898)
Pushing Hands
1998 Ed. (3676)
Puskar Gibbon Chapin
1989 Ed. (160)
Puskar Gibbon Chappin
1997 Ed. (77)
Puss in Boots
2014 Ed. (3704)
Puss 'n Boots
1989 Ed. (2198)
1990 Ed. (2814)
1992 Ed. (3413)
1996 Ed. (2996)
Puss 'N Boots Pounce
1994 Ed. (2824, 2827)
Putera Sampoerna
2006 Ed. (4916)
2010 Ed. (3960, 4866)
2011 Ed. (4854)
2012 Ed. (4861)
2013 Ed. (4877)
2014 Ed. (4891)
Putin; Vladimir
2012 Ed. (3825)
2013 Ed. (3493)
2014 Ed. (3469)
2015 Ed. (3486)
2016 Ed. (3336)
Putman Publishing Co.
1991 Ed. (3514)
1993 Ed. (3733)
1994 Ed. (3668)
Putnam
1992 Ed. (2745)
1993 Ed. (2305, 2328, 2348, 2992)
1994 Ed. (2330)
1995 Ed. (557, 2702)
1996 Ed. (2425, 2426)
1999 Ed. (3523, 3524)
2003 Ed. (726, 3517, 3621)
2004 Ed. (748)
2005 Ed. (729)
2006 Ed. (641)
2007 Ed. (666)
2008 Ed. (625, 3775)
2009 Ed. (645)
2010 Ed. (613)
2011 Ed. (545)
2012 Ed. (525)
2013 Ed. (626, 628)
2016 Ed. (643)
Putnam American Government Income
2011 Ed. (524)
Putnam Asia Pacific Growth A
1997 Ed. (2875)
1999 Ed. (3566)
Putnam Asset Alloc: Growth A
1999 Ed. (3570)
Putnam Berkley
1995 Ed. (3043)
Putnam Cap Appreciation
2000 Ed. (3246)
Putnam Capital Appreciation
1998 Ed. (2613)
Putnam Capital Appreciation A
1999 Ed. (3520, 3529)
Putnam Capital Manager
1997 Ed. (3817)
1998 Ed. (3655)
1999 Ed. (4699)
Putnam Capital Mgr./PCM High Yield
1992 Ed. (4373)
Putnam Convertible Income
1990 Ed. (2385)
Putnam Convertible Income Growth
1994 Ed. (2617)
Putnam Convertible Income Growth A
1999 Ed. (3563)
Putnam Corporate Asset
1995 Ed. (2732)
Putnam Cos.
1989 Ed. (1801, 2125, 2140)
1990 Ed. (2358)

1991 Ed. (2253)
The Putnam County Foundation
1994 Ed. (1907)
Putnam County National Bank
1989 Ed. (557)
1991 Ed. (544)
Putnam County, NY
1994 Ed. (1479, 2168)
1995 Ed. (337, 1513)
Putnam Defined Contribution Plans
1995 Ed. (2387)
Putnam Diversified
1994 Ed. (2607)
1995 Ed. (2692, 2694)
Putnam Diversified Equity A
1997 Ed. (2898)
Putnam Diversified Inc./A
1996 Ed. (2765)
Putnam Emerging Health Sciences
1993 Ed. (2657)
Putnam Emerging Information Science
1993 Ed. (2657)
Putnam Emerging Markets A
1998 Ed. (2630)
Putnam Energy Resources
1991 Ed. (2567)
1992 Ed. (3176)
Putnam Europe Growth
2004 Ed. (3648)
Putnam Europe Growth A
1997 Ed. (2875)
1998 Ed. (2612)
1999 Ed. (3512, 3566)
Putnam Fiduciary
1995 Ed. (367)
Putnam Fund for Growth & Income
2003 Ed. (3518)
2005 Ed. (3553)
Putnam Funds
1994 Ed. (2612)
2001 Ed. (3453)
Putnam; Gerald
2007 Ed. (3223)
Putnam Global Bond
1995 Ed. (2742)
Putnam Global Government Income
1992 Ed. (3153, 3163, 3180, 3185,
3186)
Putnam Global Growth
1994 Ed. (2605)
2000 Ed. (3232, 3276, 3277, 3291)
Putnam Global Growth/A
1994 Ed. (2646)
1999 Ed. (3565)
Putnam Global Natural Resources
2003 Ed. (3544)
Putnam & Grosset
1999 Ed. (3970)
Putnam Growth & Income
1990 Ed. (2392)
1992 Ed. (3160)
1995 Ed. (2690)
2002 Ed. (2159)
Putnam Hartford Capital Manager
2000 Ed. (4338)
Putnam Health Sciences
1992 Ed. (3148, 3158, 3176)
2004 Ed. (3569)
Putnam Health Sciences A
1995 Ed. (2722)
Putnam Health Sciences Trust
2006 Ed. (3635)
Putnam High Income Government Trust
1993 Ed. (716)
Putnam High Yield
1990 Ed. (2388)
1995 Ed. (2692, 2694, 2715, 2716)
Putnam High Yield Trust
1991 Ed. (2563)
1993 Ed. (2666)
1994 Ed. (2610)
Putnam High Yield Trust A
1995 Ed. (2688, 2700)
Putnam High Yield Trust II
1993 Ed. (2666)
Putnam Income
1998 Ed. (2616)
2000 Ed. (3267)
Putnam Income/A
1997 Ed. (2888)
1999 Ed. (3549)
Putnam Intermediate Government
1990 Ed. (3135)
Putnam Intermediate Govt. Incm. Tr.
1990 Ed. (1359)
Putnam International Capital Opportunities
2009 Ed. (4545)
Putnam International Equities

1989 Ed. (1850)
1991 Ed. (2558)
Putnam International Equity
2006 Ed. (3607, 3674)
Putnam International Growth
2000 Ed. (3276)
2004 Ed. (3642)
Putnam International Growth A
1999 Ed. (3517, 3568)
Putnam International Voyager
2000 Ed. (3237)
2004 Ed. (3640)
Putnam International Voyager A
2003 Ed. (3610)
Putnam Investment Inc.
2003 Ed. (1754)
2004 Ed. (1791)
Putnam Investment Management
2010 Ed. (596, 2553)
2011 Ed. (521, 2539, 3730)
2013 Ed. (617, 2635)
2015 Ed. (3762)
2016 Ed. (3670, 3672, 3678)
Putnam Investments
1995 Ed. (2354, 2358, 2362, 2370,
2384, 2385, 2386)
1996 Ed. (2347, 2374, 2394, 2402,
2424, 2786)
1997 Ed. (565, 2894)
1998 Ed. (2225, 2260, 2262, 2281,
2282, 2283, 2298, 2301, 2308,
2628, 2629, 2645, 2647)
1999 Ed. (3042, 3043, 3052, 3054,
3082, 3083, 3084, 3094, 3105,
3109)
2000 Ed. (2264, 2767, 2774, 2780,
2782, 2787, 2788, 2800, 2801,
2802, 2809, 2810, 2811, 2812,
2850, 2851, 2855, 3280)
2001 Ed. (3687, 3689)
2002 Ed. (3004, 3007, 3008, 3010,
3419, 3623, 3626, 3628, 3629,
4816)
2003 Ed. (1988, 3064, 3069, 3082,
3109, 3622)
2004 Ed. (2037, 2038, 2042, 2043,
2045, 2046, 3193, 3196, 3210)
2005 Ed. (3207)
2006 Ed. (3192)
2009 Ed. (1394, 2650, 2651)
2013 Ed. (31, 34)
Putnam Investments LLC
2007 Ed. (2642, 3251)
2008 Ed. (3377)
2014 Ed. (26, 30, 39)
2015 Ed. (29, 42)
2016 Ed. (29, 41)
Putnam Investor/A
1999 Ed. (3541)
Putnam Investors
2000 Ed. (3259, 3263)
Putnam, Lovell & Thornton
2001 Ed. (1518)
Putnam Managed Muni Income Trust
1991 Ed. (1275, 2940)
Putnam Master Income Trust
1989 Ed. (1113)
Putnam Master Trust
1989 Ed. (2369)
Putnam Memorial Health Corp.
2001 Ed. (1892)
Putnam Money Market
2000 Ed. (3283)
Putnam Municipal Income
1994 Ed. (2622)
Putnam New Century Growth
2004 Ed. (3597)
Putnam New Opportunities
1993 Ed. (2679)
1994 Ed. (2615)
1997 Ed. (2865)
Putnam New Opportunities A
1996 Ed. (2800)
1997 Ed. (2864, 2872)
1998 Ed. (2624)
1999 Ed. (3528, 3530, 3542)
Putnam New Opportunity
2002 Ed. (2160)
Putnam New Opportunity A
1995 Ed. (2705, 2726, 2734)
Putnam OTC & Emerging Growth
2003 Ed. (3513)
Putnam OTC Emerging Growth
1995 Ed. (2693, 2713, 2714)
1997 Ed. (2880)
2004 Ed. (3606)
Putnam OTC Emerging Growth A
1995 Ed. (2696, 2703, 2724)
1996 Ed. (2766, 2803)
1997 Ed. (2872)

Putnam Premier Income Trust
  1990 Ed. (1359, 3135, 3186)
Putnam Publishing Co.
  1989 Ed. (743)
  1992 Ed. (4483)
  1997 Ed. (3224)
Putnam Tax-Exempt Income
  1989 Ed. (1855)
  1990 Ed. (2389)
  1991 Ed. (2564)
  1992 Ed. (3156)
Putnam Tax-Free High Yield
  1992 Ed. (3147)
  1994 Ed. (2622)
Putnam Trust Co.
  1989 Ed. (636)
  1990 Ed. (647)
  1996 Ed. (543)
Putnam U.S. Government Income Trust
  2011 Ed. (524)
Putnam U.S. Government Inc.
  1996 Ed. (2769)
Putnam Vista
  2002 Ed. (2155, 2156)
  2004 Ed. (3560)
  2006 Ed. (3645)
Putnam Voyager
  1991 Ed. (2555)
  1992 Ed. (3189)
  1993 Ed. (2687)
  1995 Ed. (2691, 2713)
  2006 Ed. (3625)
Putnam Voyager Fund
  2004 Ed. (3579)
  2006 Ed. (3607)
Putnam Voyager II A
  1999 Ed. (3528)
Putnam Voyager/A
  1996 Ed. (2766, 2798)
  1997 Ed. (2864, 2865, 2880)
  1998 Ed. (2640)
  1999 Ed. (3544)
Putney
  2015 Ed. (1369)
Putney Inc.
  2015 Ed. (1797)
Putra Surya Multidana
  1999 Ed. (4167)
Putra Surya Multidana Tbk
  2000 Ed. (2872)
Putt-Putt Golf & Games
  2002 Ed. (3943)
Puttner & BSB; Dr.
  1993 Ed. (82)
Puttner & Ted Bates; Dr.
  1991 Ed. (75)
Putzteufel Reinigungs GmbH
  2009 Ed. (1506)
Puxue Oral Solution
  2006 Ed. (36)
The Puyallup (WA) Fair
  1994 Ed. (1725)
Puzzles
  2001 Ed. (4605)
  2005 Ed. (4728)
PV Imports Inc.
  2004 Ed. (267)
PVA Inc.
  2008 Ed. (4976)
PVA Tepla AG
  2009 Ed. (1192)
PVA/BBDO
  1992 Ed. (219)
PVC
  1997 Ed. (3738)
  2001 Ed. (2628)
PVF Capital Corp.
  2003 Ed. (504, 505)
PVH
  2014 Ed. (1326)
PVH Corp.
  2013 Ed. (996, 999, 1000, 1007,
    1008, 4439)
  2014 Ed. (956, 957, 958, 959, 960,
    961, 962, 964, 971, 972, 973, 3020,
    3485, 4471)
  2015 Ed. (992, 993, 994, 995, 996,
    997, 998, 999, 1008, 1009, 1010,
    1373, 3087, 3502, 3850, 4321,
    4465)
  2016 Ed. (897, 898, 899, 900, 901,
    902, 903, 906, 911, 912, 913, 3353,
    3758)
PW Eagle
  2005 Ed. (3843)
  2006 Ed. (3914)
  2007 Ed. (2045, 3964, 4552)
  2008 Ed. (2144, 2145, 2147, 3990)
  2010 Ed. (2066, 2067)
  2011 Ed. (2121, 2122)

PW Pipe
  1993 Ed. (2866)
P+W Software
  2007 Ed. (2362)
P.W. Stephens Contractors Inc.
  1992 Ed. (3480)
PWA Corp.
  1990 Ed. (3642)
  1992 Ed. (1589, 1594, 4338)
  1993 Ed. (3614)
  1994 Ed. (3571)
  1995 Ed. (3655)
  1996 Ed. (3732, 3733)
  1997 Ed. (3789)
PWA Futures
  1996 Ed. (1056)
PWA Papierwerke
  1999 Ed. (3694)
Pwa Papierwerke Waldhof-
    Aschaffenburg AG
  1996 Ed. (2905)
  1997 Ed. (2074, 2996)
  2000 Ed. (3409)
PwC
  2013 Ed. (692, 786, 790)
  2014 Ed. (808)
  2015 Ed. (852, 856)
  2016 Ed. (744, 745)
PwC Australia
  2016 Ed. (1380)
PwC Digital
  2015 Ed. (77, 78, 79, 860)
PwCC Ltd.
  2004 Ed. (1131)
PWM Technology
  2014 Ed. (4442)
PWR LLC
  2002 Ed. (4290)
PXP Inc.
  2012 Ed. (823)
PXRE Group Ltd.
  2003 Ed. (4573)
  2006 Ed. (3153)
PXRE Reinsurance Co.
  2005 Ed. (3145, 3146)
PXRE Reinsurance Group
  1999 Ed. (2967)
PYA/Monarch Inc.
  1990 Ed. (1837, 1839)
  1991 Ed. (1757, 1758)
  1992 Ed. (2206)
  1993 Ed. (1887, 1888)
  2000 Ed. (2242)
  2001 Ed. (1848)
  2004 Ed. (1857)
  2005 Ed. (1960)
PYA/Monarch LLC
  2006 Ed. (2012)
  2007 Ed. (1978)
  2010 Ed. (1979)
Pyaterochka
  2009 Ed. (675)
  2010 Ed. (641)
Pyle; A. Duie
  2011 Ed. (4599)
Pyle Inc.; A. Due
  2007 Ed. (1523)
Pylon
  2016 Ed. (2066)
Pyott; D. E.
  2005 Ed. (2501)
Pyott; David
  2005 Ed. (969)
  2006 Ed. (921)
  2007 Ed. (1011)
  2008 Ed. (937)
  2010 Ed. (887)
  2016 Ed. (865)
PYR Energy Corp.
  2003 Ed. (1653)
  2008 Ed. (1674)
Pyramed Health Services
  2012 Ed. (2800)
Pyramid
  1995 Ed. (2253)
  2015 Ed. (986)
  2016 Ed. (887)
Pyramid Advisors LLC
  2008 Ed. (3065)
Pyramid Breweries Inc.
  1999 Ed. (714, 719, 3402, 3403)
  2004 Ed. (772, 773)
  2005 Ed. (744, 745)
Pyramid Brewing Co.
  1998 Ed. (2488)
  2000 Ed. (722, 3128)
Pyramid Checks & Printing
  2010 Ed. (4012)
Pyramid Consulting Inc.
  2008 Ed. (3722, 4415)

The Pyramid Cos.
  1992 Ed. (3969)
  1994 Ed. (3297)
Pyramid Credit Union
  2005 Ed. (2073)
Pyramid Hefeweizen Ale
  1998 Ed. (495, 3436)
  2006 Ed. (555)
  2007 Ed. (595)
  2010 Ed. (557)
  2011 Ed. (486)
Pyramid Hotel Group
  2010 Ed. (3097)
  2011 Ed. (3065)
  2012 Ed. (2996, 3007, 3008)
  2013 Ed. (3083, 3085)
  2014 Ed. (3083)
  2016 Ed. (3005)
Pyramid Masonry Contractors Inc.
  1994 Ed. (1144)
  1995 Ed. (1162)
  1996 Ed. (1147)
  1997 Ed. (1166)
  1998 Ed. (950)
  1999 Ed. (1371)
  2000 Ed. (1263)
  2001 Ed. (1477)
  2002 Ed. (1293)
  2003 Ed. (1306)
  2004 Ed. (1309)
  2005 Ed. (1316)
  2007 Ed. (1363)
  2008 Ed. (1260)
  2009 Ed. (1236)
  2010 Ed. (1235)
  2011 Ed. (1183)
  2015 Ed. (1267)
  2016 Ed. (1182)
Pyramid Oil Co.
  2010 Ed. (3881)
Pyramid Precision Machine Inc.
  1999 Ed. (4810)
Pyramid Stratified Aggregate Restora-
    tion
  2001 Ed. (1988)
Pyramid Technology
  1991 Ed. (1018, 1022)
  1993 Ed. (1054)
Pyramid Time Systems
  2013 Ed. (1572)
Pyramis DDB
  1999 Ed. (77)
  2000 Ed. (83)
  2001 Ed. (125)
  2002 Ed. (96)
  2003 Ed. (63)
Pyrat
  2002 Ed. (4076, 4078)
  2003 Ed. (4212)
Pyrethroid
  1994 Ed. (2209)
Pyrex
  1994 Ed. (2147)
  1995 Ed. (2001)
  1996 Ed. (2026, 3625)
  1998 Ed. (3458, 3459)
  1999 Ed. (780, 2598, 2599, 2701)
  2000 Ed. (4172)
  2003 Ed. (1374)
  2005 Ed. (1401, 2967)
  2007 Ed. (1425)
  2009 Ed. (1384)
  2011 Ed. (1362)
Pyro Mining Co., Pyro No. 9 mine
  1990 Ed. (1072)
The Pythian Group Corp.
  2015 Ed. (1547)
Pyxis
  1994 Ed. (1289)
  1995 Ed. (1307)
  1996 Ed. (1277, 2061, 2062, 3451)
Pyxis Capital
  2013 Ed. (2634, 3819)
PZ Cussons
  2006 Ed. (3809)
  2007 Ed. (3822)
  2008 Ed. (65)
  2016 Ed. (3757)
PZ Cussons plc
  2009 Ed. (3658)
Pzena Investment Mgmt.
  2000 Ed. (2815, 2818)
Pzena Value Service
  2003 Ed. (3124, 3127)
PZU
  2001 Ed. (2926)
  2015 Ed. (1612, 3328)
  2016 Ed. (1538, 3182)
PZU Group
  2012 Ed. (3173)

  2013 Ed. (3247)
  2014 Ed. (3273, 3280)
  2015 Ed. (3324, 3330)
  2016 Ed. (3178, 3185)
PZU SA
  2012 Ed. (1859, 3268)
  2013 Ed. (2019)
  2014 Ed. (1953)
  2015 Ed. (1997)
  2016 Ed. (1966)

Q

Q
  2000 Ed. (3500)
Q-8/Pace
  1992 Ed. (3445)
Q. B. Quimico
  2001 Ed. (2509)
Q-Cells
  2006 Ed. (4416)
  2007 Ed. (2742)
Q-Cells AG
  2007 Ed. (1695, 1744)
  2008 Ed. (1771, 2429, 2504, 2814,
    2951, 2952, 3679)
  2009 Ed. (3004)
  2010 Ed. (1074, 2384, 2944)
Q-Consult
  2010 Ed. (1852)
  2011 Ed. (1883)
Q Consulting Services LLC
  2007 Ed. (3582)
Q & D Construction Inc.
  2006 Ed. (1327, 1346)
  2007 Ed. (1380, 1391)
  2008 Ed. (1315)
  2009 Ed. (1300)
  2010 Ed. (1293)
  2011 Ed. (1251)
Q. E. P. Co., Inc.
  2004 Ed. (2790)
  2005 Ed. (2782, 2783)
Q & G Publicidad (McCann)
  1997 Ed. (66)
Q-go
  2002 Ed. (2518)
Q-Motion
  2015 Ed. (4988)
  2016 Ed. (4905)
Q & O Paper
  1990 Ed. (1845)
Q-Perior AG
  2015 Ed. (2054)
Q-Tel
  2004 Ed. (76)
  2005 Ed. (71)
  2006 Ed. (80)
  2007 Ed. (71)
  2008 Ed. (76)
  2009 Ed. (85)
  2010 Ed. (93)
Q-Test
  1991 Ed. (1929)
  1992 Ed. (3320)
  1993 Ed. (2758)
  1996 Ed. (2897)
Q-Tip
  1993 Ed. (3561)
  1996 Ed. (3683)
Q-Tips
  1990 Ed. (300, 1542)
  2001 Ed. (1937)
  2003 Ed. (1872)
Q-tips 300
  1991 Ed. (1451)
Q. W. Publishing Music
  2014 Ed. (3719)
Q2ebanking
  2012 Ed. (2605)
Q3 Industries Inc.
  2006 Ed. (186)
  2007 Ed. (192)
Q9 Networks Inc.
  2003 Ed. (4849)
  2008 Ed. (2941)
Q10 Capital LLC
  2008 Ed. (4121)
  2009 Ed. (4230)
  2012 Ed. (4210)
  2013 Ed. (4198)
  2014 Ed. (4215)
Q42 BV
  2014 Ed. (1840)
QA Systems Inc.
  2001 Ed. (2702)
QAD Inc.
  2000 Ed. (1178, 1749, 3877)
QAF

1993 Ed. (3323)
1994 Ed. (3311)
1996 Ed. (3439)
1997 Ed. (3520)
Qafco
2011 Ed. (808)
Qantas
1993 Ed. (174)
1994 Ed. (179)
1995 Ed. (184, 186, 189, 190, 1353)
1999 Ed. (233, 239, 1582, 1584)
2000 Ed. (251)
2004 Ed. (1655)
2006 Ed. (651)
2008 Ed. (689)
Qantas Airways
2015 Ed. (177)
Qantas Airways Ltd.
1989 Ed. (241)
1990 Ed. (234)
1996 Ed. (3412)
1997 Ed. (1360)
2000 Ed. (231, 255, 1388)
2001 Ed. (301, 304, 305, 1632)
2002 Ed. (4674)
2003 Ed. (253)
2004 Ed. (218, 219)
2005 Ed. (217, 226, 227, 230)
2006 Ed. (231, 232, 242, 243)
2007 Ed. (235, 244, 245)
2008 Ed. (215, 223, 224)
2009 Ed. (237, 238)
2010 Ed. (221, 222)
2011 Ed. (144, 145, 161, 162, 163)
2012 Ed. (150, 151, 1331)
2013 Ed. (133, 134)
2014 Ed. (143, 144)
2015 Ed. (161, 162)
2016 Ed. (165, 166)
Qantas Credit Union Arena
2016 Ed. (1051)
Qantas Group
2014 Ed. (160, 162)
Qantas Staff Credit Union Ltd.
2002 Ed. (1849)
Qapco
2011 Ed. (808)
Qaradawi; Dr. Ilham Al
2013 Ed. (3472, 3485)
Qaradawi; Yusuf Al
2013 Ed. (3475)
QAS
2002 Ed. (3260)
Qasimi; Sheikha Lubna Al
2009 Ed. (4979)
2013 Ed. (367, 3472, 3483, 3490)
Qatar
1990 Ed. (1447, 1878)
1991 Ed. (1385, 1791)
1992 Ed. (350, 1740)
1993 Ed. (1921)
1994 Ed. (1491)
1995 Ed. (1523)
1996 Ed. (1482, 3025)
1997 Ed. (1547, 3924)
1998 Ed. (2363)
1999 Ed. (1786)
2000 Ed. (1615)
2001 Ed. (1952, 2586)
2002 Ed. (329, 1821)
2004 Ed. (1923)
2005 Ed. (2058)
2006 Ed. (2152, 2329, 2334, 4591)
2007 Ed. (2096, 2265)
2008 Ed. (2206, 2401)
2009 Ed. (2398)
2010 Ed. (2213, 2310, 2837, 3169, 4673)
2011 Ed. (685, 999, 1375, 2230, 2231, 2305, 2308, 2567, 2819, 3747, 4621, 4622)
2012 Ed. (601, 626, 926, 1234, 2093, 2207, 2514, 2620, 2752, 3088, 4547, 4628, 4819)
2013 Ed. (112, 208, 742, 767, 1070, 2279, 2390, 2640, 2644, 2690, 2829, 3169, 4504, 4568, 4782)
2014 Ed. (215, 763, 792, 1028, 1283, 2213, 2221, 2327, 2602, 2675, 2870, 3388, 3415, 3809, 4548, 4622, 4623, 4708, 4828)
2015 Ed. (247, 563, 794, 799, 835, 1063, 1347, 2277, 2278, 2285, 2525, 2645, 2719, 2910, 3231, 3448, 3832, 4219, 4546, 4621, 4622, 4720, 4863)
2016 Ed. (716, 971, 2248, 2249, 2257, 2460, 2831, 3307, 3739, 4540, 4622)
Qatar Air

2006 Ed. (230)
Qatar Airways
2006 Ed. (80)
2007 Ed. (71)
2008 Ed. (76)
2009 Ed. (236)
2010 Ed. (220)
2011 Ed. (143)
2012 Ed. (149, 156)
2013 Ed. (132, 139)
2014 Ed. (142, 149)
2015 Ed. (152, 155, 171)
2016 Ed. (157, 160, 171, 680)
Qatar Airways Co.
2015 Ed. (170, 185)
Qatar Call
2008 Ed. (76)
Qatar Electricity & Water
2016 Ed. (2811)
Qatar General Petroleum Corp.
2003 Ed. (3844)
2004 Ed. (3871)
2005 Ed. (3799)
Qatar Government
2009 Ed. (860)
Qatar; Government of
2008 Ed. (76)
Qatar International Islamic Bank
2006 Ed. (516)
2007 Ed. (544)
2009 Ed. (478, 2745)
2010 Ed. (2668)
2011 Ed. (436, 2657)
2012 Ed. (401, 2585)
2013 Ed. (370)
2014 Ed. (384, 547, 2660)
2015 Ed. (440, 2701)
2016 Ed. (395, 2625)
Qatar Investment Promotion Department
2011 Ed. (3500)
2013 Ed. (3531)
Qatar Islamic Bank
1990 Ed. (613)
1991 Ed. (568)
1992 Ed. (593)
1994 Ed. (419)
1995 Ed. (412)
1996 Ed. (439)
1997 Ed. (404)
1999 Ed. (461, 626)
2000 Ed. (452, 651)
2004 Ed. (610)
2006 Ed. (516)
2007 Ed. (544)
2008 Ed. (495)
2009 Ed. (478, 525, 2745)
2010 Ed. (93, 374, 505, 1959, 2646, 2668)
2011 Ed. (371, 436, 2014, 2657)
2012 Ed. (401, 403, 1863, 2585)
2013 Ed. (370, 532, 2023)
2014 Ed. (384, 550, 1958, 2660)
2015 Ed. (440, 613, 2004, 2701)
2016 Ed. (395, 557, 1975, 2625)
Qatar Islamic Insurance Co.
2009 Ed. (2745, 3318)
2010 Ed. (3251)
2014 Ed. (2660)
2015 Ed. (2701)
2016 Ed. (2625)
Qatar National Bank
1989 Ed. (465)
1990 Ed. (474, 488)
1991 Ed. (425, 437, 653)
1992 Ed. (593, 825)
1994 Ed. (419)
1995 Ed. (412)
1996 Ed. (439)
1997 Ed. (404)
1999 Ed. (461, 626)
2000 Ed. (452, 651)
2001 Ed. (599)
2002 Ed. (513, 633, 638)
2003 Ed. (459, 530, 602)
2004 Ed. (446, 610)
2005 Ed. (457, 582, 600)
2006 Ed. (516)
2007 Ed. (71, 544)
2008 Ed. (76, 495)
2009 Ed. (85, 525, 2021)
2010 Ed. (93, 505, 1959, 2668)
2011 Ed. (297, 436, 2014)
2012 Ed. (318, 401, 402, 1863)
2013 Ed. (368, 370, 531, 2023)
2014 Ed. (378, 384, 547, 548, 550, 1958)
2015 Ed. (435, 440, 611, 613, 2004)
2016 Ed. (390, 395, 433, 557, 1975)
Qatar National Bank Al Islami

2011 Ed. (2657)
2012 Ed. (2585)
Qatar National Bank Alahly
2016 Ed. (1331)
Qatar National Bank S.A.O.
1989 Ed. (659)
Qatar Petroleum
2015 Ed. (3529)
Qatar Petroleum Corp.
2004 Ed. (3861)
2005 Ed. (3788)
2006 Ed. (3854)
2007 Ed. (3880, 3896)
2008 Ed. (3929, 3939)
2009 Ed. (4001)
2010 Ed. (3908)
2011 Ed. (3927, 3939)
2012 Ed. (3914, 3936)
2013 Ed. (3966, 3990)
2014 Ed. (3909, 3933)
2015 Ed. (3937, 3969)
2016 Ed. (3856, 3883)
Qatar Real Estate Investment Co.
2009 Ed. (2745)
2010 Ed. (2668)
2011 Ed. (2657)
2012 Ed. (2585)
Qatar Securities Co.
2007 Ed. (71)
Qatar Solar Technologies
2013 Ed. (2494)
Qatar Summer Wonders
2006 Ed. (80)
Qatar Telecom
2009 Ed. (2021)
2010 Ed. (1959)
2011 Ed. (2014)
2012 Ed. (1863)
2013 Ed. (2023)
Qatari Diar
2010 Ed. (93)
Qater
2012 Ed. (2100)
Qatofin
2011 Ed. (785)
QB Labs/Everpro
2016 Ed. (2848)
QB Solutions Inc.
2013 Ed. (4981)
QBE
2004 Ed. (3080)
2010 Ed. (1382)
QBE Americas Group
2013 Ed. (3265)
2014 Ed. (3293)
2015 Ed. (3340)
2016 Ed. (3202)
QBE Holdings (AAP) Pty. Ltd.
2011 Ed. (1373)
QBE Insurance
2001 Ed. (2960)
2004 Ed. (3081)
QBE Insurance Group
2013 Ed. (3334)
2014 Ed. (3352)
QBE Insurance Group Ltd.
2002 Ed. (2871)
2007 Ed. (1586)
2008 Ed. (1566)
2009 Ed. (1395, 1497)
2010 Ed. (1488)
2011 Ed. (1484, 3218)
2012 Ed. (1330, 3266, 3268)
2013 Ed. (1428, 3332, 3346)
2014 Ed. (3228, 3349, 3365)
2015 Ed. (3290, 3381, 3398)
2016 Ed. (3140, 3165, 3251, 3271)
QBE Insurance (International) New Zealand Branch
2015 Ed. (1924, 1928)
QBE Reinsurance Group
2011 Ed. (3294)
2012 Ed. (3275, 3276)
2014 Ed. (3368)
2016 Ed. (3274)
QBO-The Quentin Bell Organisation
1999 Ed. (3941)
Qbranch
2010 Ed. (1999)
2011 Ed. (2060)
Qbranch AB
2006 Ed. (2029)
2007 Ed. (1999)
2008 Ed. (2092)
QC Data Inc.
2009 Ed. (1684)
2010 Ed. (1640)
QC Holdings Inc.
2009 Ed. (1826)
QC Printing

1997 Ed. (3166)
QCBC
1994 Ed. (3195)
QCE USA
2009 Ed. (1089)
QCI Asset
2000 Ed. (2794)
Qdoba
2006 Ed. (4112)
2008 Ed. (2662, 2663, 2667, 2686)
Qdoba Mexican Grill
2005 Ed. (2565)
2006 Ed. (2570)
2007 Ed. (2541, 4139)
2008 Ed. (2680, 2682)
2009 Ed. (2704, 2705)
2010 Ed. (2604, 2611, 2624, 2625, 4210)
2011 Ed. (2586, 2593, 2606, 2607, 4216, 4241)
2012 Ed. (2529, 2534, 2536, 2550)
2013 Ed. (2664, 2671)
2014 Ed. (2614, 2622, 4272, 4315, 4415, 4416)
2015 Ed. (2660, 2666, 3662, 3663, 3664, 3665, 3666, 3667, 4253)
2016 Ed. (2583, 2589, 3549, 3550, 3551, 3552, 3553, 3554)
Qdoba Restaurant Corp.
2007 Ed. (907)
2008 Ed. (882)
2010 Ed. (842)
2011 Ed. (768)
2012 Ed. (706)
2013 Ed. (910)
2014 Ed. (857)
QEMM
1995 Ed. (1103)
1996 Ed. (1081)
1997 Ed. (1099)
QEMM Update
1996 Ed. (1081)
QEP Resources
2016 Ed. (3809)
QEP Resources Inc.
2012 Ed. (3893)
2014 Ed. (1534)
Qfactor
2002 Ed. (146)
QFB Partners
1991 Ed. (1185)
QGPC
1998 Ed. (1802)
QGX Ltd.
2006 Ed. (4492)
QHR
2012 Ed. (2803)
QHR Technologies
2014 Ed. (2934)
2016 Ed. (3111)
QHR Technologies Inc.
2009 Ed. (2994)
2011 Ed. (2889, 2900)
2012 Ed. (964, 968, 2835)
2013 Ed. (1109)
Qiagen NV
2001 Ed. (4380)
2003 Ed. (683, 1499)
Qiangdong; Liu
2016 Ed. (4831)
Qianjian Brewery
1995 Ed. (708)
QIB
2013 Ed. (683)
QIC Investment Trust
2001 Ed. (1630)
2002 Ed. (1593, 2269)
2003 Ed. (1616)
Qihoo 360 Technology Co., Ltd.
2012 Ed. (4428, 4430)
Qihua; Xie
2006 Ed. (4975, 4985)
2007 Ed. (4982)
2008 Ed. (4949)
Qimonda
2008 Ed. (4310)
Qimonda AG
2009 Ed. (1095, 2476, 3270)
Qinetiq Group
2016 Ed. (101)
QinetiQ Group plc
2008 Ed. (1453)
QinetiQ Ltd.
2007 Ed. (188)
2010 Ed. (1355)
2011 Ed. (1343)
QinetiQ North America
2014 Ed. (1595)
2015 Ed. (1303, 1645)
QinetiQ North America Inc.

2009 Ed. (1371)
2010 Ed. (2093)
2011 Ed. (1332)
2012 Ed. (1198, 1501)
QinetQ
2011 Ed. (927)
Qingdao
2001 Ed. (3854, 3855)
Qingdao, China
2011 Ed. (3482)
2015 Ed. (4058)
2016 Ed. (3964)
Qingdao Eastsoft
2013 Ed. (4403)
Qingdao Haier
2013 Ed. (3109)
2014 Ed. (3107, 3121)
2015 Ed. (3169, 3182)
2016 Ed. (1501, 3023, 3036)
Qingdao Haier Co., Ltd.
2013 Ed. (2407, 3110)
2014 Ed. (3108)
2015 Ed. (2411, 3170)
2016 Ed. (2355, 3025)
Qingdao Soda
2000 Ed. (4076)
Qinghai Salt Lake Industry
2010 Ed. (1383)
Qinghai Salt Lake Potash
2010 Ed. (1383)
Qinghou; Zong
2010 Ed. (4864)
2011 Ed. (4850, 4851)
2012 Ed. (4857, 4858)
2013 Ed. (4863, 4864)
2014 Ed. (4877, 4878)
2015 Ed. (4915, 4916)
2016 Ed. (4831, 4832)
Qinhuangdao
2001 Ed. (3854)
Qintex Entertainment Inc.
1992 Ed. (1986)
Qinvest
2011 Ed. (2657)
2012 Ed. (2585)
QIT-FER et Titane
1996 Ed. (2650)
Qiu Guanghe
2013 Ed. (4863)
Q.I.V. Systems Inc.
1997 Ed. (2215)
QIWI plc
2015 Ed. (4415)
QL2 Software Inc.
2009 Ed. (1113)
Qlik Tech
2012 Ed. (2853)
Qlik Tech International AB
2009 Ed. (1116)
2010 Ed. (1093)
Qlik Technologies
2013 Ed. (4590)
Qlik Technologies Inc.
2012 Ed. (4437)
QlikTech
2010 Ed. (2000)
2011 Ed. (2061)
2013 Ed. (2068)
QlikTech Inc.
2013 Ed. (2906)
QlikTech International AB
2009 Ed. (3017)
2010 Ed. (2954)
2011 Ed. (2917)
2012 Ed. (963)
QLM Associates
1989 Ed. (2351)
1992 Ed. (3760)
QLM Associates (FKB)
1990 Ed. (3085)
QLM Marketing Inc.
1998 Ed. (1287)
1999 Ed. (131)
2000 Ed. (149)
QLogic Corp.
2000 Ed. (2400, 4044)
2001 Ed. (1651, 4380)
2002 Ed. (1548, 4288, 4357, 4363)
2003 Ed. (2197)
2004 Ed. (1136)
2005 Ed. (1159, 2330)
2006 Ed. (4080)
2007 Ed. (4563)
QLT Inc.
2005 Ed. (1670, 1717)
2006 Ed. (1576, 1615)
2007 Ed. (3915)
2008 Ed. (3951)
2009 Ed. (4024)
2010 Ed. (3928)

2011 Ed. (1510, 2894, 3948)
2012 Ed. (1358)
2013 Ed. (1520)
2014 Ed. (2907)
2015 Ed. (3994)
QLT PhotoTherapeutics Inc.
2001 Ed. (2863)
QMC 3 Inc.
1998 Ed. (3650)
QMF Metal & Electronic Solutions Inc.
2008 Ed. (4976)
QMP D'Arcy
2002 Ed. (122)
2003 Ed. (89)
QMS, Inc.
1989 Ed. (970, 971)
1990 Ed. (1118)
1991 Ed. (1024, 1029)
1992 Ed. (1315)
1993 Ed. (1052)
2001 Ed. (1358)
QMS/Imagen
1992 Ed. (1325)
QNB
2013 Ed. (683)
2016 Ed. (555, 680)
QNB Al Ahli
2016 Ed. (384)
QNB Al Islami
2010 Ed. (2668)
QNB Alahli Bank
2016 Ed. (375)
QNI
2002 Ed. (3306)
QNX Software Systems
2005 Ed. (1148)
2008 Ed. (1148)
QNX Software Systems International
Corp.
2012 Ed. (965)
QORE Inc.
2011 Ed. (2445)
Qortex LLC
2009 Ed. (1638)
2010 Ed. (1610, 4064)
2011 Ed. (1614)
Qorvis Communications
2012 Ed. (4132, 4136, 4144, 4162)
2013 Ed. (4125, 4147, 4150)
2014 Ed. (4164, 4167)
Qpass Inc.
2007 Ed. (3062)
QPL International
1992 Ed. (2441)
1995 Ed. (2129)
Qpoint Home Mortgage Loans
2001 Ed. (3353)
QQ
2013 Ed. (3373, 3380)
2014 Ed. (3384)
2015 Ed. (4633)
2016 Ed. (4551)
QR National
2012 Ed. (4443)
QSA Canadian Equity
2003 Ed. (3567, 3568, 3569)
QSAC Stadium
2012 Ed. (4526)
QSC Audio
2016 Ed. (3636)
QSS Group Inc.
2002 Ed. (2513)
2003 Ed. (1347, 1348, 2720)
2004 Ed. (1349, 3945)
2005 Ed. (1350, 1365, 1382, 2159)
2006 Ed. (1359)
2007 Ed. (1409)
QSS International
2012 Ed. (1003)
2013 Ed. (1146)
QST Environmental Inc.
1999 Ed. (2057)
2000 Ed. (1843)
QST Inc.
1998 Ed. (1475)
2007 Ed. (196, 3563)
QSuper
2002 Ed. (2871)
Qtel
2013 Ed. (683, 689)
Qtera Corp.
2002 Ed. (1384, 1385, 1418)
Qtrade Investor
2012 Ed. (579)
2013 Ed. (715)
2014 Ed. (738)
Quad Cities
1990 Ed. (2721)
QUAD Level Trend
1992 Ed. (3551)

QuadGen Wireless Solutions
2013 Ed. (4644)
QuadGraphics
1992 Ed. (3530)
Quad/Graphics Inc.
1990 Ed. (2212)
1992 Ed. (3536)
1993 Ed. (2918)
1995 Ed. (2988)
1996 Ed. (3087, 3089)
1997 Ed. (3167, 3170)
1998 Ed. (2920, 2923)
1999 Ed. (1045, 3889, 3891)
2000 Ed. (3613)
2001 Ed. (3901, 3902)
2003 Ed. (3345, 3933, 3934, 3935)
2004 Ed. (3410, 3942)
2005 Ed. (3423, 3898, 3899)
2006 Ed. (3434, 3968, 3969)
2007 Ed. (4008, 4009)
2008 Ed. (4026, 4028, 4035)
2009 Ed. (3593, 4098, 4101, 4109)
2010 Ed. (3511, 3513, 4017, 4020)
2011 Ed. (3514, 3517, 4016, 4018, 4076)
2012 Ed. (4021)
2013 Ed. (4076)
2014 Ed. (4086, 4170, 4171)
2015 Ed. (2179, 2185, 4069, 4103, 4150, 4151)
2016 Ed. (2159, 3977, 4065, 4066)
QuadGraphics/Pewaukee
1992 Ed. (3531)
Quadra Chemicals
2008 Ed. (2058)
2012 Ed. (748)
2013 Ed. (937)
2014 Ed. (891)
2015 Ed. (919)
2016 Ed. (820)
Quadra FNX Mining
2013 Ed. (3723, 3734)
Quadra FNX Mining Ltd.
2012 Ed. (4563)
2013 Ed. (3729)
2014 Ed. (3664)
Quadra Mining Ltd.
2007 Ed. (1624)
2010 Ed. (1517, 3682)
2011 Ed. (3666, 3667, 4558)
2012 Ed. (1358, 3672)
Quadracel; J. Joel
2015 Ed. (2635)
QuadraMed Corp.
1998 Ed. (3177)
2006 Ed. (3042)
The Quadrangle
1991 Ed. (2898)
Quadrangle Group
2004 Ed. (1411, 1414)
2006 Ed. (3276)
2008 Ed. (4079)
Quadrangle Group LLC
2006 Ed. (1421)
Quadrani; Alexia S.
2011 Ed. (3334)
Quadrant
2002 Ed. (1211)
Quadrant AG
2009 Ed. (2074)
Quadrant Amroq Beverages
2008 Ed. (77)
2009 Ed. (86)
Quadrant Homes
2003 Ed. (1212)
2004 Ed. (1219)
2005 Ed. (1243)
Quadrant International
2000 Ed. (1742)
Quadrax
1989 Ed. (2367)
Quadrex Securities (Holdings) Ltd.
1991 Ed. (3111)
1993 Ed. (3254)
1994 Ed. (3248)
1995 Ed. (3327)
Quadriga Superfund LP
2005 Ed. (1085)
Quadrix Solutions
2003 Ed. (2723)
Quadrus LLIM Income Plus
2004 Ed. (3610)
Quaestor Research & Marketing Strategists
2002 Ed. (3256)
Quail Construction Inc.
1998 Ed. (916)
Quail Lodge Resort
2007 Ed. (4118)
Quain; Mitchell

1993 Ed. (1810)
1994 Ed. (1793)
1995 Ed. (1831)
1996 Ed. (1809)
Quaker
1992 Ed. (3344, 3405)
1993 Ed. (861)
1994 Ed. (880, 881)
1995 Ed. (913)
1996 Ed. (890, 3682)
2003 Ed. (874)
2015 Ed. (891)
2016 Ed. (776)
Quaker Aggressive Growth
2000 Ed. (3245)
2001 Ed. (3425)
2003 Ed. (3490, 3508)
2004 Ed. (2447, 3534, 3537)
2006 Ed. (3616)
Quaker Big Chewy
2016 Ed. (2826, 2827)
Quaker Bridge Mall
1989 Ed. (2492)
Quaker Chemical
1989 Ed. (899)
2014 Ed. (878, 1934)
2015 Ed. (907, 1981)
2016 Ed. (809, 1949)
Quaker Chewy
2000 Ed. (2383)
2008 Ed. (4444)
2014 Ed. (2867)
2015 Ed. (2906, 2907)
2016 Ed. (2825, 2826)
Quaker Chewy 90 Calorie
2014 Ed. (2867)
Quaker Chewy 90 Calories
2015 Ed. (2906)
Quaker Chewy Dipps
2014 Ed. (2867)
2015 Ed. (2906, 2907)
2016 Ed. (2825, 2826)
Quaker City Bancorp
2002 Ed. (485)
Quaker City Bank
2004 Ed. (4246)
Quaker Core Equity
2000 Ed. (3271)
Quaker Fabric Corp.
1995 Ed. (3607)
2005 Ed. (3394)
2006 Ed. (3391)
Quaker Fabrics
1995 Ed. (1954)
The Quaker Group
2000 Ed. (1228, 1229, 4244)
2002 Ed. (1204)
2003 Ed. (1191)
Quaker High Fiber
2015 Ed. (891)
2016 Ed. (776)
Quaker Lower Sugar
2015 Ed. (891)
2016 Ed. (776)
Quaker Maid Meats Inc.
2014 Ed. (2787)
Quaker Mid-Cap Value
2006 Ed. (3654)
Quaker Oatmeal
1990 Ed. (3540)
1991 Ed. (3322)
1992 Ed. (4232)
Quaker Oats Beverages
1998 Ed. (453)
Quaker Oats Co.
1989 Ed. (1447, 1448)
1990 Ed. (1812, 1816, 1820, 1822, 1827, 2824, 2825, 3533)
1991 Ed. (1735, 1736, 1745, 3303, 3305)
1992 Ed. (1073, 2189, 2191, 2236, 3221)
1993 Ed. (679, 688, 1331, 1875, 1877, 1904)
1994 Ed. (690, 882, 1386, 1864, 1920, 2828)
1995 Ed. (1415, 1885, 1890, 1904)
1996 Ed. (1244, 1931, 1933, 1974, 2831, 2912)
1997 Ed. (162, 664, 665, 666, 919, 1261, 1272, 1290, 1453, 2028, 2030)
1998 Ed. (456, 457, 458, 459, 461, 660, 662, 1718, 1720, 1721)
1999 Ed. (708, 714, 716, 720, 721, 724, 1482, 1486, 1556, 1557, 2116, 2459, 2460, 3637)
2000 Ed. (728, 956, 1002, 1336)
2001 Ed. (699, 1148, 1602, 1743, 2462, 2473)

2002 Ed. (1432, 1566, 2297, 2302, 3249, 3535, 4352, 4589)
2003 Ed. (371, 865, 875, 1422, 1452, 1513, 2501, 2636, 3325, 4459, 4472, 4521)
2004 Ed. (1482)
2005 Ed. (1498, 1513)
2006 Ed. (805)
2008 Ed. (869)
2012 Ed. (692, 693, 694, 4525)
2014 Ed. (2868)
2015 Ed. (893, 2908)
2016 Ed. (779, 2828, 4399)
The Quaker Oats Co.
2014 Ed. (3516)
Quaker Oats (Golden Grain)
1991 Ed. (2679)
Quaker Oats of Canada
1992 Ed. (2194)
Quaker Oats Scandinavia
2001 Ed. (1680)
Quaker Oats So Simple
2008 Ed. (718)
2009 Ed. (728)
2010 Ed. (646)
Quaker Oats/Stokely-Van Camp
1991 Ed. (1145)
Quaker Real Medleys
2015 Ed. (891)
2016 Ed. (776, 4380)
Quaker Sales & Distribution Inc.
2015 Ed. (1700)
Quaker Snack-a-Jacks
2008 Ed. (712)
2009 Ed. (722)
Quaker State
1989 Ed. (338, 339)
1990 Ed. (388)
1991 Ed. (338)
1992 Ed. (469, 470)
1993 Ed. (342, 343)
1994 Ed. (329, 330)
1995 Ed. (326)
1996 Ed. (340, 341)
1997 Ed. (317, 318)
1998 Ed. (239, 242)
1999 Ed. (347, 348, 3277)
2000 Ed. (355, 3015)
2001 Ed. (2588, 3392)
Quaker State 10W-40 Motor Oil
1989 Ed. (2324)
Quaker State Motor Oil
1989 Ed. (2326)
1990 Ed. (3037)
Quaker State Oil
1989 Ed. (2209)
Quaker Steak & Lube
2012 Ed. (4284)
2014 Ed. (4308)
2015 Ed. (4294)
2016 Ed. (783, 4199)
Quaker Toasted Oatmeal
1995 Ed. (2761)
Quaker Weight Control
2015 Ed. (891)
2016 Ed. (776)
Quakerbridge Mall
1990 Ed. (3291)
Qual Med
1994 Ed. (2019)
1995 Ed. (2069)
Quala
2006 Ed. (37)
2007 Ed. (28)
2009 Ed. (38)
2010 Ed. (48)
2011 Ed. (1796)
2013 Ed. (1811)
Quala Ecuador SA
2010 Ed. (1611)
2012 Ed. (1463)
Quala SA
2011 Ed. (1584)
Qualaven
2009 Ed. (116)
QualChoice Health Plan
2000 Ed. (2716)
QualChoice Holdings Inc.
2014 Ed. (1369)
QUALCOMM
2013 Ed. (1737)
2014 Ed. (1287, 1418, 1677, 1678, 1680, 1681, 1682, 1683)
2015 Ed. (1478, 1723, 1725, 1726, 1728, 1729, 2988)
2016 Ed. (1404, 2922)
Qualcomm
2013 Ed. (4633)
2015 Ed. (4672)
2016 Ed. (1315, 4583)

QUALCOMM Inc.
1993 Ed. (2033)
1994 Ed. (1609)
1998 Ed. (1878, 1890, 1925)
1999 Ed. (1961, 1971, 2615, 2666, 4544)
2000 Ed. (998, 1735, 1747, 2394, 2395)
2001 Ed. (1600, 1651, 2192, 2195, 2197, 3331, 4209, 4916)
2002 Ed. (1122, 1524, 1562, 1626, 1770, 2078, 2098, 3484, 3485, 4357, 4362, 4563)
2003 Ed. (1069, 1549, 1644, 2192, 2195, 3631, 3754, 4540)
2004 Ed. (1082, 1083, 1085, 1136, 1607, 1609, 3020, 3678, 3779, 4567, 4568, 4569, 4662)
2005 Ed. (1091, 1092, 1093, 1094, 1095, 1159, 1614, 1631, 1634, 3034, 3593, 3698, 4460, 4503, 4620)
2006 Ed. (1083, 1084, 1085, 1086, 1087, 1151, 1491, 1498, 1513, 1523, 2421, 3019, 3108, 3688, 3696, 4290, 4458, 4603, 4685, 4687)
2007 Ed. (1189, 1190, 1191, 1257, 1474, 1521, 1530, 1541, 1551, 2799, 3691, 4517, 4531, 4560, 4704, 4969)
2008 Ed. (1097, 1098, 1156, 1158, 1404, 1468, 1503, 1514, 1525, 1533, 2013, 2015, 2019, 2485, 3167, 3171, 3782, 4523, 4605, 4636)
2009 Ed. (1077, 1434, 1435, 1455, 1532, 1538, 1676, 1979, 1983, 2490, 3006, 3119, 3631, 3817, 4689)
2010 Ed. (1044, 1045, 1046, 1427, 1439, 1447, 1910, 1911, 1915, 1916, 2945, 3053, 3193, 3745)
2011 Ed. (974, 975, 976, 1417, 1419, 2398, 2400, 2885, 2910, 3022, 3553, 3672, 3745, 3833)
2012 Ed. (888, 890, 891, 892, 894, 895, 1257, 1275, 2154, 2310, 2330, 2332, 2823, 2846, 2949, 3750)
2013 Ed. (1046, 1048, 1049, 1050, 1051, 1052, 1062, 1091, 1358, 1380, 1476, 2358, 2489, 2508, 2915, 2922, 3039, 3614, 3822, 4222, 4513, 4794)
2014 Ed. (1013, 1014, 1016, 1303, 1321, 1419, 1439, 2419, 2551, 2929, 2939, 3052, 3745, 4259, 4452, 4454, 4458, 4574)
2015 Ed. (1048, 1049, 1051, 1088, 1365, 2493, 2979, 3118, 3243, 3769, 4447, 4449, 4454, 4568, 4645)
2016 Ed. (956, 957, 959, 2425, 2914, 3100, 3684, 3741, 4339, 4342, 4350)
Qualcomm Inc.
2016 Ed. (4341)
Qualcomm India Pvt. Ltd.
2010 Ed. (1692)
2014 Ed. (1662)
Qualfon Inc.
2016 Ed. (2124)
QUALIDIGM
2014 Ed. (1543)
2015 Ed. (1594)
Qualified Mechanical Contractors Inc.
2015 Ed. (3000)
Qualified Remodeler
2009 Ed. (4753)
2012 Ed. (4736)
Qualis Health
2008 Ed. (3269)
2009 Ed. (3326)
Qualitas Compania de Seguros
2014 Ed. (1692, 1696)
Qualitat
2001 Ed. (131)
2002 Ed. (103)
2003 Ed. (68)
Qualitat (Lintas)
1997 Ed. (82)
Qualitat SA
1999 Ed. (83)
Qualitat SA (Ammirati)
2000 Ed. (89)
The Qualitative Consultancy
2002 Ed. (3257)
Qualitech
2012 Ed. (1940)
2014 Ed. (2036)

Qualitest
1997 Ed. (2134)
Qualiti USA Inc.
2010 Ed. (4012)
Quality
1993 Ed. (1595)
2010 Ed. (3100)
Quality Associates Inc.
2008 Ed. (3726, 4421, 4977)
2016 Ed. (3590, 4954)
Quality Bicycle Products
2014 Ed. (2452)
Quality Biotech Inc.
1996 Ed. (742)
Quality Cable TV
1997 Ed. (872)
Quality Capital Management
2008 Ed. (1095)
2010 Ed. (2917)
Quality Carriers
2002 Ed. (4547)
2003 Ed. (4790)
2004 Ed. (4775)
2005 Ed. (4592)
Quality Chekd Dairies Inc.
2008 Ed. (822)
Quality Chekd Dry Products
2003 Ed. (823)
Quality Custom Cabinetry Inc.
2008 Ed. (2033)
2009 Ed. (1999)
2014 Ed. (27, 44)
2015 Ed. (47)
Quality Dining Inc.
1997 Ed. (3330, 3522, 3650)
2007 Ed. (1775)
2008 Ed. (1806)
2009 Ed. (1753)
2010 Ed. (1700)
2011 Ed. (1711)
2012 Ed. (1570)
2013 Ed. (1725)
2014 Ed. (1668)
2015 Ed. (1714)
2016 Ed. (1663)
Quality Dino Enter.
1999 Ed. (3675)
Quality Distribution Inc.
2001 Ed. (4441, 4645)
2005 Ed. (4591)
2006 Ed. (4657)
2007 Ed. (4677, 4849)
2008 Ed. (4588)
2009 Ed. (4632, 4804)
2010 Ed. (4821)
2011 Ed. (4770, 4780)
2012 Ed. (4615, 4802)
2013 Ed. (4562, 4764)
2014 Ed. (4617, 4815)
2015 Ed. (4616, 4850)
2016 Ed. (4535, 4738, 4754)
Quality Drive Away Inc.
2007 Ed. (4845)
2008 Ed. (4770)
2010 Ed. (4819)
2011 Ed. (4778)
2012 Ed. (4800)
2013 Ed. (4762)
2014 Ed. (4813)
2015 Ed. (4848)
2016 Ed. (4752)
Quality Electrodynamics
2012 Ed. (213, 4051)
Quality Farm & Country
2003 Ed. (2790)
Quality Food Centers
1995 Ed. (3527)
1996 Ed. (3613)
1997 Ed. (3667)
1998 Ed. (3443)
1999 Ed. (4515)
Quality Foods
2009 Ed. (1518, 4618)
Quality Foods Cooperative
1998 Ed. (977)
Quality Ford of Mt. Vernon
2007 Ed. (2833)
Quality Graphics
2016 Ed. (3993)
Quality Healthcare
1997 Ed. (2255)
1998 Ed. (1984)
1999 Ed. (2723)
Quality improvement teams
1993 Ed. (2948)
Quality Industrial Safety
2006 Ed. (3537)
2007 Ed. (3596)
2008 Ed. (2056, 3730)
Quality Industries Inc.

2016 Ed. (2573, 4966)
Quality Inn
1990 Ed. (2076)
1996 Ed. (2173)
2014 Ed. (3088)
2015 Ed. (3155)
Quality Inn-Airport
1991 Ed. (217)
Quality Inn Brandywine Hotel & Resort
1990 Ed. (2099)
Quality Inn East
1992 Ed. (2484)
Quality Inn Sports Complex
1990 Ed. (2406)
Quality Inns
1991 Ed. (1955)
1992 Ed. (2475, 2493, 2498, 2503, 2506, 2507, 2508)
1999 Ed. (2779)
Quality Inns International
1990 Ed. (2087, 2095)
Quality Inns/Suites
1998 Ed. (2025)
Quality Inn/Suites
2016 Ed. (3010)
Quality Interiors Inc.
2009 Ed. (3760)
2010 Ed. (3695)
2011 Ed. (3690)
2015 Ed. (3701)
2016 Ed. (3585)
Quality International
1990 Ed. (2067, 2068, 2069)
1991 Ed. (1953)
1992 Ed. (2502)
Quality King Distributors Inc.
2000 Ed. (1105)
2009 Ed. (4156, 4937)
2010 Ed. (4945)
2011 Ed. (4928)
2012 Ed. (4931)
2013 Ed. (2860)
2014 Ed. (2891)
2015 Ed. (2934)
2016 Ed. (2869)
Quality Label
2009 Ed. (3607)
Quality Meats
2009 Ed. (4259, 4260)
2010 Ed. (4199)
Quality of air
1993 Ed. (3737, 3738)
Quality Packaging Specialists Inc.
2006 Ed. (3528)
2007 Ed. (3580, 4435)
2008 Ed. (3722, 4415)
Quality Packaging Specialists International LLC
2013 Ed. (3754)
2014 Ed. (3687)
2015 Ed. (3568)
2016 Ed. (3598)
Quality Park
2006 Ed. (3966, 3967)
Quality Products Inc.
2004 Ed. (4548)
Quality-related training
1993 Ed. (2948)
Quality Resource Group Inc.
2010 Ed. (4028, 4035, 4038)
2012 Ed. (4038, 4041)
2013 Ed. (4077, 4080, 4081, 4089)
2014 Ed. (4079, 4087, 4091, 4094, 4097)
2015 Ed. (4071, 4072, 4073)
2016 Ed. (3980, 3983)
Quality Roofing Co. Inc.
1990 Ed. (2593)
1992 Ed. (1417)
1993 Ed. (1130)
Quality Serivices SA
2013 Ed. (1595)
Quality Service Tank Lines
2006 Ed. (4809)
Quality Services
2010 Ed. (4497)
Quality Stores Inc.
2003 Ed. (2788, 2789)
Quality Street
1992 Ed. (1045)
1994 Ed. (856)
1996 Ed. (873)
1999 Ed. (785, 1026)
2001 Ed. (1121)
2008 Ed. (714)
2009 Ed. (724)
2010 Ed. (648)
Quality Suites
1990 Ed. (2078)
1991 Ed. (1944, 1952)

1992 Ed. (2477, 2496)
Quality Support Services Inc.
2007 Ed. (4433)
2008 Ed. (3720)
Quality Systems
2013 Ed. (1095, 1453)
2014 Ed. (1055, 1414)
Quality Systems Inc.
1997 Ed. (2974)
2005 Ed. (4610)
2007 Ed. (2718, 3461)
2008 Ed. (4364, 4370)
2009 Ed. (4451, 4458)
2010 Ed. (4503, 4509)
2011 Ed. (4439)
2012 Ed. (963)
2015 Ed. (1483)
Quality Systems Integrated Corp.
2009 Ed. (3617)
Quality Value Convenience Network
(QVC)
1989 Ed. (848)
qualityclick.com
2001 Ed. (2978)
QualityMetric Inc.
2008 Ed. (2060)
Qualivest Small Co. Value A
1998 Ed. (400)
Qualivest Small Co. Value C
1998 Ed. (401)
Qualivest Small Co. Value Y
1998 Ed. (400, 401)
Qualix Group
1999 Ed. (4165)
Quallaby Corp.
2001 Ed. (2856)
Qualmark Corp.
2003 Ed. (1652)
QualMed
1995 Ed. (2083)
QualMed Plans for Health
1999 Ed. (2657)
2000 Ed. (2440)
QualServ Corp.
2005 Ed. (2623)
2006 Ed. (2619)
2007 Ed. (2595)
2008 Ed. (2729)
2009 Ed. (2784)
2010 Ed. (2717)
Qualstar Credit Union
2006 Ed. (2154)
QualSure Insurance Corp.
2004 Ed. (3093)
Qualtrics Inc.
2016 Ed. (2097)
Qualys Inc.
2005 Ed. (4613)
QuaMed Inc.
1996 Ed. (2084)
Quamediagroup
2011 Ed. (2908)
Quanam
2014 Ed. (1069)
Quandel Construction Group Inc.
2013 Ed. (1965)
2014 Ed. (1901)
Quandel Enterprises Inc.
2014 Ed. (1935)
2016 Ed. (1956)
The Quandel Group Inc.
2008 Ed. (2003)
2009 Ed. (1965)
2011 Ed. (1933)
Quandra Mining Ltd.
2008 Ed. (1621)
2009 Ed. (1558, 1582)
Quandt; Johanna
1992 Ed. (888)
2005 Ed. (4878, 4882)
2007 Ed. (4911)
2008 Ed. (4864, 4867)
2010 Ed. (4895)
2011 Ed. (4878)
2012 Ed. (4887)
2013 Ed. (4871)
2014 Ed. (4885)
2015 Ed. (4924)
2016 Ed. (4840)
Quandt; Stefan
2008 Ed. (4867)
2011 Ed. (4878)
2012 Ed. (4887)
2013 Ed. (4871)
2014 Ed. (4885)
2015 Ed. (4924)
2016 Ed. (4840)
Quanex Building Products Corp.
2013 Ed. (4523)
Quanex Corp.

1991 Ed. (3218)
1992 Ed. (4136)
1993 Ed. (3451)
1994 Ed. (3433)
1995 Ed. (3510)
2000 Ed. (3097)
2003 Ed. (3368, 3371)
2004 Ed. (3437, 4534, 4535)
2005 Ed. (3452, 4476, 4477)
2006 Ed. (3463, 3472)
2007 Ed. (3022, 3485)
2008 Ed. (3141, 3666)
QUANGO
2010 Ed. (1924, 1926, 1928, 1930)
Quango Design & Marketing
2008 Ed. (2022, 2026)
Quant Emerging Markets
2009 Ed. (3785)
Quant Foreign Value
2007 Ed. (2483)
Quant Foreign Value Ord
2003 Ed. (3146)
Quant Foreign Value Ordinary
2004 Ed. (3641)
2006 Ed. (3675, 3676, 3677)
Quant Growth & Income Ord.
2001 Ed. (3437)
Quant Small Cap
2004 Ed. (3580)
Quanta Computer
2014 Ed. (2016, 4663)
2015 Ed. (4660)
2016 Ed. (4573)
Quanta Computer Inc.
1994 Ed. (1459)
2000 Ed. (2644)
2001 Ed. (1618, 1865)
2002 Ed. (4543)
2003 Ed. (2201, 2947, 2950)
2005 Ed. (3033, 3038)
2006 Ed. (1236, 3404)
2008 Ed. (1117, 2099, 2100, 3584)
2009 Ed. (1096, 1199, 2076, 2478, 3655)
2010 Ed. (1075, 1730, 2012, 3200, 3573)
2011 Ed. (1014, 2073, 2074, 3164, 3576)
2012 Ed. (941, 947, 1915, 1917, 3569)
2013 Ed. (1082, 1085, 2081, 2082, 3611)
2014 Ed. (1045, 1048, 2014, 2015)
2015 Ed. (1080, 1083, 2058, 2059, 4780)
2016 Ed. (989, 993, 2018, 2019)
Quanta Life Elisa
1997 Ed. (2744)
Quanta Power Generation
2016 Ed. (4419)
Quanta Services
2014 Ed. (1115, 1117)
2015 Ed. (1153, 1155, 2075, 4110)
2016 Ed. (1067)
Quanta Services Inc.
2000 Ed. (1260, 1270)
2001 Ed. (1469, 1474, 1483)
2002 Ed. (1298, 1300, 1400)
2003 Ed. (1240, 1315, 1318, 1512, 2289, 4689)
2004 Ed. (1148, 1242, 1243, 1304, 1315, 2180, 2181, 2325)
2005 Ed. (1169, 1171, 1292, 1293, 1321, 1323, 2282, 2417)
2006 Ed. (1165, 1167, 1262, 1263, 1281, 1293, 1296)
2007 Ed. (1277, 1353, 1354, 1360, 1369, 1371, 2399)
2008 Ed. (1178, 1250, 1251, 1257, 1265, 1267)
2009 Ed. (1225, 1226, 1233, 1241, 1243, 2089, 4178, 4180, 4183)
2010 Ed. (1136, 1226, 1227, 1240, 1242, 4113, 4115, 4117)
2011 Ed. (1172, 1173, 1188, 1190, 2853, 4081, 4083)
2012 Ed. (1118, 1119, 1134, 1136, 4112, 4116)
2013 Ed. (1257, 1258, 1273, 1280, 1282, 4108)
2014 Ed. (1191, 1192, 1206, 1213, 1215, 2482, 4124)
2015 Ed. (1249, 1250, 1264, 1271, 1273, 2557, 4104, 4106, 4108)
2016 Ed. (1160, 1161, 1179, 1186, 1188, 2473, 4016, 4017, 4020)
Quantas
1992 Ed. (292)
Quantas Airways
1991 Ed. (191)

1996 Ed. (176, 189, 1293)
Quantech Services
2006 Ed. (1210)
Quantedge Global
2014 Ed. (2921)
Quantedge Global Fund
2015 Ed. (2969)
Quantel, Inc.
2002 Ed. (4594)
Quanterra Inc.
2001 Ed. (2294)
Quantilogic Asset
1996 Ed. (2380)
QuantiLogic Asset Mgmt.
1990 Ed. (2342)
quantiQ
2012 Ed. (747)
2013 Ed. (936)
2014 Ed. (890)
2015 Ed. (918)
Quantitative Financial Strategies
1998 Ed. (2279)
1999 Ed. (1251, 3079)
Quantitative Foreign Value Ordinary
2008 Ed. (2613)
Quantitative Growth & Income Ord
1999 Ed. (3556)
Quantitative International Equity Ord.
1996 Ed. (2790)
Quantum 2000 System
1994 Ed. (2467)
Quantum Chemical Corp.
1989 Ed. (884, 885, 886)
1990 Ed. (930, 933, 934, 942, 957, 2835, 3445)
1991 Ed. (900, 903, 908, 913, 1274)
1992 Ed. (1106, 1109, 1112, 1115, 4072)
1993 Ed. (2869)
1994 Ed. (917)
1995 Ed. (1220)
Quantum Clothing Group Ltd.
2004 Ed. (4716)
Quantum Computer Services; Quantum-link PC-Link,
1991 Ed. (3450)
Quantum Corp.
1989 Ed. (970, 971, 1325)
1990 Ed. (1118, 1127, 3330, 3334, 3341)
1991 Ed. (1020, 1024, 1029, 1442, 2840, 3293)
1992 Ed. (1314, 1832, 1833, 3672, 4216)
1993 Ed. (828, 1049, 1052, 1075, 1222, 1575, 1576, 1577, 2657, 3003)
1994 Ed. (1079, 1083, 1267, 1548, 1615)
1995 Ed. (1091, 2260)
1996 Ed. (1066)
1997 Ed. (1287)
1998 Ed. (822)
1999 Ed. (1268, 1269, 1276, 2880)
2001 Ed. (1343)
2002 Ed. (1143, 1144, 1145)
2003 Ed. (1102, 1103, 1104, 1645)
2004 Ed. (1120)
2005 Ed. (1678, 1679, 4508)
Quantum Digital & Storage Systems
2003 Ed. (1090)
Quantum Dot
2003 Ed. (4683)
Quantum Emerging
1994 Ed. (2598)
Quantum Emerging Growth
1996 Ed. (2098)
Quantum Foods, Inc.
1999 Ed. (3322, 3866)
2002 Ed. (3276)
Quantum Foods LLC
2008 Ed. (3615, 3616)
2009 Ed. (3676, 3682)
Quantum Foundation Inc.
1998 Ed. (1756)
1999 Ed. (2502)
2000 Ed. (2262)
Quantum Fuel Systems Technologies
Worldwide Inc.
2014 Ed. (1424)
Quantum Fund
1994 Ed. (2598)
1996 Ed. (2098)
Quantum Fund N.V.
1993 Ed. (2684)
Quantum Health Research
1997 Ed. (2977)
Quantum Health Resources
1993 Ed. (2002, 3332)
1994 Ed. (2010, 2075, 3318)

1995 Ed. (2124)
1997 Ed. (2242)
Quantum Networks
2014 Ed. (4657)
2015 Ed. (4652)
Quantum Property Trust
2006 Ed. (4482)
Quantum Research International Inc.
2008 Ed. (1365)
Quantum Spirit Products Inc.
2008 Ed. (3718, 4409, 4969)
Quantum Technology Services Inc.
2000 Ed. (1165, 1169, 1741, 2462)
2001 Ed. (1357)
Quantumlink PC-Link, Quantum Computer Services
1991 Ed. (3450)
QuantumShift
2003 Ed. (1074)
Quark Inc.
2002 Ed. (1152)
Quark Xpress
1997 Ed. (1096)
Quarles & Brady
2000 Ed. (3196)
2001 Ed. (562, 845, 953)
2004 Ed. (3231)
Quarles & Brady LLP
2007 Ed. (1512)
Quarles Service Systems Inc.
2016 Ed. (116)
Quarry Integrated Communications Inc.
2009 Ed. (210, 212)
Quarterback Transportation Inc.
2015 Ed. (4786)
Quarterdeck
1997 Ed. (2208, 2974, 3646)
1999 Ed. (1287)
Quarterdeck Office Systems
2000 Ed. (2706)
Quartet PLC
1994 Ed. (998)
Quartix Ltd.
2009 Ed. (3028)
Quasar
1992 Ed. (1285)
1993 Ed. (2569)
Quasar Associates
1990 Ed. (2369, 2390)
Quasar Geophysical Technologies
2012 Ed. (4241)
Quasar International
1994 Ed. (2598)
1996 Ed. (2098)
Quatalite ACA
1999 Ed. (3336)
Quatela Group Inc.
2008 Ed. (742, 743, 861, 862, 4788)
Quateman & Zidell
1999 Ed. (3484)
Quaternary Resource Investigations
LLC
2007 Ed. (3561)
2008 Ed. (3712, 4964)
Quattor
2011 Ed. (807)
2012 Ed. (772)
Quattor Participacoes
2012 Ed. (768)
Quattro Pro
1995 Ed. (1103)
Quattro Pro for Windows
1995 Ed. (1104)
Quattrocchi Kwok Architects
2012 Ed. (1367)
2013 Ed. (1456)
Quavers
1992 Ed. (4006)
1994 Ed. (3349)
1996 Ed. (3468)
1999 Ed. (4347)
2002 Ed. (4301)
2008 Ed. (721)
2009 Ed. (731)
Quavers; Walkers
2010 Ed. (654)
Quay West Communications
2002 Ed. (3868)
QuayOne
2002 Ed. (2519)
QUB
1994 Ed. (3195)
Qubeysi; Sheikha Munira
2013 Ed. (3488)
Qudos
2002 Ed. (1955)
"Que Bonito Amor"
2015 Ed. (3041)
"Que Pobres Tan Ricos"

2016 Ed. (2936)
Quebec
  2001 Ed. (4110)
  2006 Ed. (1750, 3238, 3786, 4668)
  2007 Ed. (3783, 4688)
  2011 Ed. (4955)
Quebec, Canada
  1998 Ed. (725)
Quebec City
  2000 Ed. (2549)
Quebec City, PQ
  2001 Ed. (4109)
Quebec City, Quebec
  2005 Ed. (3476)
  2006 Ed. (3317)
  2008 Ed. (3487, 3489, 3490)
  2009 Ed. (3560, 3562)
  2010 Ed. (3477, 3480, 3481)
  2011 Ed. (3485)
  2012 Ed. (3488)
  2013 Ed. (3524)
  2014 Ed. (3498)
  2015 Ed. (3515)
Quebec Government
  1992 Ed. (74)
Quebec; Government of
  1993 Ed. (48)
Quebec Government & Public Employ-
    ees Retirement Plan
  2009 Ed. (3929)
  2016 Ed. (3746)
Quebec International
  2013 Ed. (3529)
  2014 Ed. (3506)
  2015 Ed. (3521)
  2016 Ed. (3377)
Quebec & Ontario
  1992 Ed. (3247)
Quebec & Ontario Paper Co.
  1990 Ed. (2714)
  1994 Ed. (2729)
Quebec Pension Plan
  2009 Ed. (3929)
  2016 Ed. (3746)
Quebec Professionals Canadian Equity
  2002 Ed. (3440, 3441, 3442)
Quebec, Quebec
  1993 Ed. (2556)
Quebec-Telephone
  1990 Ed. (3519)
  1992 Ed. (4211)
Quebec; University of
  2009 Ed. (1053)
Quebecor Inc.
  1989 Ed. (965)
  1990 Ed. (1107, 2903, 2904)
  1991 Ed. (2766)
  1992 Ed. (1295, 3536, 3537, 3538,
    3540, 3591)
  1993 Ed. (2506, 2918, 2919, 2920)
  1994 Ed. (2983)
  1995 Ed. (2512)
  1996 Ed. (1316, 2579, 3144)
  1997 Ed. (235, 2724)
  1998 Ed. (157, 159, 163, 2920, 2923)
  1999 Ed. (3311, 3889)
  2000 Ed. (287, 291)
  2002 Ed. (2502, 2506, 3269)
  2003 Ed. (1078, 1641, 2933)
  2004 Ed. (1663)
  2005 Ed. (1568, 1708, 2832, 2833)
  2006 Ed. (1599, 1610, 3375)
  2011 Ed. (4014, 4137)
  2014 Ed. (1155)
  2015 Ed. (4154)
  2016 Ed. (3488)
Quebecor Inc.-Montreal
  1999 Ed. (1045)
Quebecor Media
  2007 Ed. (750)
  2008 Ed. (729)
  2009 Ed. (735)
  2012 Ed. (567, 3604)
  2013 Ed. (707, 3660)
  2014 Ed. (730)
Quebecor Printing Holding Co.
  2004 Ed. (4040, 4041)
  2005 Ed. (3979, 3980)
  2006 Ed. (4019, 4020)
  2007 Ed. (4049, 4050)
  2011 Ed. (4134)
Quebecor Printing Inc.
  1991 Ed. (2767)
  1994 Ed. (2932, 2983)
  1995 Ed. (2986, 2988)
  1996 Ed. (1316, 3087, 3089, 3144)
  1997 Ed. (3167, 3170)
  1999 Ed. (1736, 3891, 3898)
  2000 Ed. (1397, 3613, 3615)
  2001 Ed. (3901, 3902, 3956)

Quebecor World Inc.
  2003 Ed. (3934, 3935)
  2004 Ed. (3942)
  2005 Ed. (1725, 3898, 3899, 4508)
  2006 Ed. (3968, 3969)
  2007 Ed. (4008, 4009, 4049, 4050,
    4055)
  2008 Ed. (4026, 4028, 4035, 4085,
    4088)
  2009 Ed. (4094, 4095, 4098, 4101,
    4199, 4203)
  2010 Ed. (3513, 4006, 4007, 4017,
    4020, 4134, 4137)
  2011 Ed. (4013, 4018, 4134)
Quebecor World (USA) Inc.
  2001 Ed. (3886)
  2003 Ed. (4022)
  2004 Ed. (4040, 4041)
  2005 Ed. (3979, 3980)
  2006 Ed. (4019, 4020)
Queen Anne, Denver, CO
  1992 Ed. (877)
Queen Beatrix
  1989 Ed. (732)
Queen Beatrix Wilhelmina Armgard
  2004 Ed. (4878)
  2005 Ed. (4880)
  2007 Ed. (2703)
Queen Carpet
  1992 Ed. (1063)
Queen City Bank
  1994 Ed. (3332)
  1995 Ed. (3394)
Queen City Metro
  1991 Ed. (1885)
Queen Courier
  2002 Ed. (3500)
Queen Elizabeth II
  1989 Ed. (732)
  1990 Ed. (731, 3688)
  1991 Ed. (710, 3477)
  1992 Ed. (890)
  1993 Ed. (699)
  1994 Ed. (708)
  2004 Ed. (4878)
  2005 Ed. (4880)
  2007 Ed. (2703)
  2009 Ed. (4980)
  2010 Ed. (4989)
  2011 Ed. (4986)
  2013 Ed. (4952)
  2014 Ed. (4967)
Queen Elizabeth II Health Sciences
    Centre
  2012 Ed. (2995)
Queen Latifah
  2009 Ed. (201)
Queen Liliuokalani Trust
  2008 Ed. (4128)
  2010 Ed. (1668)
  2011 Ed. (1676)
  2012 Ed. (1541)
  2015 Ed. (1676)
  2016 Ed. (1619)
The Queen Mary Hotel
  2000 Ed. (1185)
  2002 Ed. (1168)
Queen of Peace Hospital
  2001 Ed. (1849)
Queen of the Valley Medical Center
  2012 Ed. (1377)
  2013 Ed. (1472)
  2015 Ed. (1496)
  2016 Ed. (1430)
Queen Productions Ltd.
  1995 Ed. (1007)
Queen Street Ltd.
  2011 Ed. (3247)
Queens Co. (NY) Queen Courier
  2003 Ed. (3642)
Queens Co. (NY) Tribune
  2003 Ed. (3644)
Queens County Bancorp
  2000 Ed. (423)
  2002 Ed. (486)
Queens County, NY
  1992 Ed. (1714, 1715, 1716, 2579)
  1993 Ed. (1426, 1427, 1432, 2141)
  1994 Ed. (1475, 1476, 2166)
  1995 Ed. (1510, 1511, 2217)
  1996 Ed. (1468, 1469, 2226)
  1997 Ed. (1537, 1538, 2352)
  1999 Ed. (1768, 1776, 1778, 2830,
    4630)
  2002 Ed. (1807)
  2004 Ed. (2982)
  2008 Ed. (4732)
Queens County Tribune
  2002 Ed. (3502)
Queens Health Center Inc.

2003 Ed. (1689)
The Queen's Health Systems
  1997 Ed. (2177)
  2001 Ed. (1722)
  2005 Ed. (1784)
  2006 Ed. (1744)
  2007 Ed. (1753)
  2008 Ed. (1781, 4128)
  2009 Ed. (1722)
  2010 Ed. (1670)
  2011 Ed. (1680)
  2012 Ed. (1531)
  2013 Ed. (1681)
  2014 Ed. (1633)
  2015 Ed. (1682)
  2016 Ed. (1627)
Queens Inner Unity Cable System
  1998 Ed. (603)
  1999 Ed. (1007)
Queens Inner Unity Cable Systems
  2000 Ed. (959)
Queens-Long Island Medical Group
  2000 Ed. (2393)
Queen's Medical Center
  2014 Ed. (1628, 1640)
  2015 Ed. (1677)
  2016 Ed. (1622)
Queens Medical Center
  2016 Ed. (1623)
Queens Moat Houses
  1996 Ed. (1358)
Queens Moat Houses Plc
  1990 Ed. (2089)
  1992 Ed. (2471)
  1995 Ed. (2171)
  1999 Ed. (2790)
Queens Most Houses PLC
  1994 Ed. (2120)
Queens, NY
  1989 Ed. (1175)
  1990 Ed. (1440, 2156)
  1991 Ed. (2005)
  1999 Ed. (3302)
  2000 Ed. (1596, 1607, 2437, 2611)
Queens Postal Credit Union
  2009 Ed. (2194)
Queens Surface Corp.
  1995 Ed. (851)
  1996 Ed. (831)
  2002 Ed. (863)
  2006 Ed. (686)
Queen's University
  1994 Ed. (819)
  1995 Ed. (871)
  2002 Ed. (903, 904, 905, 906, 907)
  2003 Ed. (790, 791, 792)
  2004 Ed. (833, 834, 836, 839)
  2005 Ed. (802)
  2006 Ed. (726)
  2007 Ed. (828, 1166, 1169, 1170,
    1171, 1172, 3469, 3472, 3473)
  2008 Ed. (801, 1070, 1073, 1074,
    1075, 1076, 1077, 1078, 3636,
    3641, 4279)
  2009 Ed. (1047, 1050, 1051, 1052,
    1068, 3699, 3710, 4391)
  2010 Ed. (767, 1016, 1017, 1020,
    1021, 1022, 3433, 3628)
  2011 Ed. (952, 955, 956, 957, 3417,
    3629)
  2012 Ed. (622, 872, 875, 877, 3431,
    3433, 3629)
  2014 Ed. (780)
  2016 Ed. (724)
Queensboro Volkswagen, Inc.
  1991 Ed. (298)
Queensland Alumina
  2004 Ed. (3439)
Queensland Cotton
  2002 Ed. (247)
  2004 Ed. (1637)
Queensland Health
  2002 Ed. (1586)
  2003 Ed. (1620)
  2004 Ed. (1640, 1649)
Queensland Investment Corp.
  1997 Ed. (2391, 2399)
  2001 Ed. (2880)
  2002 Ed. (2818)
Queensland Nickel Pty. Ltd.
  2004 Ed. (3689)
Queensland Power
  2002 Ed. (1587)
Queensland Press
  2002 Ed. (3783, 4617)
  2003 Ed. (3956)
  2004 Ed. (3938, 3939)
Queensland Rail
  2002 Ed. (4674)
  2004 Ed. (1655)

Queensland Sugar
  2002 Ed. (4895)
  2004 Ed. (3964, 3966, 4918, 4921)
  2005 Ed. (3909)
  2016 Ed. (1381)
Queensland Teachers' Credit Union Ltd.
  2002 Ed. (1849)
Queensland Treasury Corp.
  2004 Ed. (1647)
Queensland; University of
  2010 Ed. (1015)
Queensland University of Technology
  2002 Ed. (1103)
Quek Leng Chan
  1997 Ed. (849)
  2006 Ed. (4917, 4919)
  2008 Ed. (4847)
  2009 Ed. (4868)
  2010 Ed. (4870)
  2011 Ed. (4858)
  2012 Ed. (4864)
  2013 Ed. (4887)
  2014 Ed. (4900)
  2015 Ed. (4940)
  2016 Ed. (4855)
Quelle
  1991 Ed. (3261)
  1994 Ed. (2427)
  1997 Ed. (2699)
  1998 Ed. (2427)
  1999 Ed. (3290)
  2000 Ed. (3024)
  2001 Ed. (3208)
Quelle Group
  1997 Ed. (3355)
Quellos Capital Management LP
  2004 Ed. (2819)
  2005 Ed. (2819)
  2006 Ed. (2799)
  2007 Ed. (2793)
Quellos Group
  2004 Ed. (2818)
  2009 Ed. (1394)
The Quentin Bell Organisation
  1994 Ed. (2958)
  1996 Ed. (3115, 3119, 3122)
  1997 Ed. (3196)
The Quentin Bell Organization
  1995 Ed. (3018)
Quentin Quarterman
  1999 Ed. (2291)
Queretaro, Mexico
  2010 Ed. (3501)
  2011 Ed. (3497)
  2012 Ed. (2502, 3502)
Quesada Burritos - Tacos
  2015 Ed. (2666)
Quescom
  2010 Ed. (2942)
Quest
  1995 Ed. (686)
  1996 Ed. (773, 1934)
  1998 Ed. (1698)
  1999 Ed. (2444)
  2012 Ed. (976, 980)
Quest Bar
  2016 Ed. (4384, 4395)
Quest Business Agency
  1997 Ed. (97)
Quest Capital Corp.
  2006 Ed. (1611)
  2007 Ed. (2853)
  2010 Ed. (1517)
  2011 Ed. (1510, 2961)
Quest Communications International
    Inc.
  2000 Ed. (1402)
  2002 Ed. (4084)
  2015 Ed. (1789)
  2016 Ed. (1743)
Quest Credit Union
  2013 Ed. (2232)
  2014 Ed. (2164)
  2015 Ed. (2228)
  2016 Ed. (2199)
Quest Diagnostics
  2014 Ed. (1516, 1861, 2897, 3961)
  2016 Ed. (3917)
Quest Diagnostics Holdings Inc.
  2003 Ed. (1809)
Quest Diagnostics Inc.
  2001 Ed. (2678, 2679)
  2002 Ed. (1563, 4501)
  2003 Ed. (1581, 2682, 2683, 2686,
    2692, 4548, 4558)
  2004 Ed. (1607, 2800, 2804, 2810,
    3420, 3421, 4490, 4569)
  2005 Ed. (1608, 1631, 1754, 2793,
    2796, 2801, 2803, 4353, 4354)
  2006 Ed. (2759, 2760, 2763, 2767,

2775, 2776, 3875)
2007 Ed. (2770, 2776, 2899, 3906)
2008 Ed. (1670, 1671, 1796, 2034, 2889, 2901, 3021, 3194)
2009 Ed. (1592, 1593, 1741, 1932, 2952, 2958, 2959, 3108, 4022)
2010 Ed. (1447, 1686, 1867, 2028, 2889, 2898, 2902, 2904, 3041, 3184, 3926)
2011 Ed. (1899, 2868, 2871, 3148, 3945, 3946)
2012 Ed. (1424, 1755, 2693, 2802, 2806, 2812, 3943, 3945)
2013 Ed. (1995, 2873, 2878, 2883)
2014 Ed. (2905, 2910, 2913)
2015 Ed. (2950, 2956, 2959)
2016 Ed. (2881, 2888, 2893)
Quest Diagostics
2009 Ed. (2084)
Quest Engineering Inc.
2014 Ed. (4997)
2016 Ed. (4996)
Quest for Camelot
2001 Ed. (3391)
Quest for Value Opp.
1994 Ed. (2606, 2617)
Quest for Value Opportunity
1996 Ed. (2776)
Quest for Value Opportunity A
1996 Ed. (2755, 2791)
Quest International
1997 Ed. (2013)
Quest Investment Management
1998 Ed. (2276)
1999 Ed. (3076)
Quest Liner
2016 Ed. (4535)
Quest Liner Inc.
2011 Ed. (4780)
Quest Logistics
2008 Ed. (4772)
2009 Ed. (4804)
2010 Ed. (4821)
2011 Ed. (4770)
2012 Ed. (4615)
2013 Ed. (4562)
2014 Ed. (4617)
2015 Ed. (4616)
Quest Management Services Ltd.
2006 Ed. (786, 3053)
2007 Ed. (879)
2008 Ed. (852, 857)
2009 Ed. (862)
Quest Medical Inc.
1991 Ed. (3333)
Quest Nutrition
2016 Ed. (2678, 4005)
Quest Nutrition LLC
2016 Ed. (1412)
Quest Resources Inc.
2005 Ed. (3733, 3755)
Quest (SAC) Ltd.
2008 Ed. (3225)
2010 Ed. (3212)
2011 Ed. (3176)
Quest Software Inc.
2001 Ed. (2190)
2005 Ed. (1151)
2006 Ed. (1140)
Quest Trading Inc.
1994 Ed. (1068)
Questa Oil & Gas Co.
2002 Ed. (3662)
Questar
2015 Ed. (2116)
2016 Ed. (2100)
Questar Construction
2012 Ed. (1362)
Questar Corp.
1989 Ed. (2037)
1990 Ed. (2672, 3447)
1991 Ed. (2576)
1992 Ed. (3215)
1993 Ed. (2703)
1994 Ed. (2654)
1995 Ed. (2756)
1996 Ed. (2823)
1997 Ed. (2927)
1998 Ed. (2665)
2001 Ed. (3946)
2004 Ed. (3667)
2005 Ed. (2225, 2399, 2403, 2405, 3585, 3586)
2006 Ed. (2090, 2441, 2691)
2007 Ed. (2218, 2286, 2678, 2679, 2681, 2682, 2687, 3684)
2008 Ed. (2149, 2419, 2431, 2497, 2809, 2817, 4496)
2009 Ed. (1439, 2132, 2874)
2010 Ed. (2073, 2814)

2011 Ed. (2130, 2792, 2799)
2012 Ed. (1973, 2726)
Questar Gas Co.
2005 Ed. (2721)
2007 Ed. (2378)
Questar Market Resources Inc.
2011 Ed. (2130)
2012 Ed. (1973)
Questcor Pharmaceutical
2013 Ed. (4518, 4520)
Questcor Pharmaceuticals
2013 Ed. (1453, 3996, 4445)
2014 Ed. (1414, 1421, 2900, 3940)
2015 Ed. (1474, 1481, 2917, 2943, 3976, 4471)
2016 Ed. (2837, 3890)
Questcor Pharmaceuticals Inc.
2011 Ed. (1522, 2823, 2825, 2836, 2837)
2012 Ed. (2768)
2014 Ed. (1424)
2015 Ed. (1482)
2016 Ed. (1408)
Questerre Energy
2011 Ed. (1562)
Question of Sport
1991 Ed. (1784)
QuestionPro
2009 Ed. (1119)
Questium Inc.
2004 Ed. (2407)
QuestLink
2001 Ed. (4751)
Questor
1999 Ed. (1187, 3594)
Questor Management Co.
2000 Ed. (1103)
2001 Ed. (1256)
2004 Ed. (3972)
Questor Management Co., LLC
2005 Ed. (3916)
Questor Pharmaceuticals Inc.
2014 Ed. (1409)
Questor Technology Inc.
2010 Ed. (1463)
Questrade
2012 Ed. (579)
2013 Ed. (715)
2014 Ed. (738)
Questran powder packets
1990 Ed. (1573)
Questrom; A.
2006 Ed. (941)
Questrom; Allen
2006 Ed. (877)
2007 Ed. (2503, 2505)
Questus
2001 Ed. (1882)
Quetzal/J. P. Morgan Partners LLC
2003 Ed. (218)
2004 Ed. (174)
2005 Ed. (176)
2006 Ed. (189)
2007 Ed. (195)
Quibell
1994 Ed. (688)
QuiBids
2013 Ed. (1977)
2014 Ed. (1916)
Quick
2015 Ed. (4312, 4313)
Quick Books
1996 Ed. (1082)
Quick Bridge Funding LLC
2016 Ed. (1409)
Quick Check
2011 Ed. (1350)
Quick Chek Food Stores
2013 Ed. (2652)
2014 Ed. (2608)
2015 Ed. (1902, 2654)
Quick Contractors.com Inc.
2015 Ed. (1160)
Quick credit approval
1992 Ed. (571)
Quick & Easy Federal Jobs Kit
1997 Ed. (1102)
Quick Leonard Kieffer International
2012 Ed. (4223)
2015 Ed. (4211)
Quick Mobile Inc.
2015 Ed. (1100, 1560)
2016 Ed. (1011, 1495)
Quick Photo
2009 Ed. (51)
Quick & Reilly
2000 Ed. (1682)
2005 Ed. (2206)
Quick & Reilly Group Inc.
1996 Ed. (2069)

1997 Ed. (733)
1998 Ed. (515)
1999 Ed. (862, 1867, 3002, 4476)
2001 Ed. (2973)
Quick Restaurants SA
2015 Ed. (4272)
Quick SerVICe Restaurant Holdings
2016 Ed. (1385)
Quick Service Software Inc.
2015 Ed. (1511)
2016 Ed. (1452)
QUICK TAB II Inc.
2014 Ed. (4080)
Quick Tab II Inc.
2013 Ed. (4082)
Quick Tech Graphics
2006 Ed. (3971)
2009 Ed. (4102, 4104)
2010 Ed. (4024)
QuickBooks
1995 Ed. (1103, 1104)
2013 Ed. (1101)
2014 Ed. (1061)
2015 Ed. (1098)
2016 Ed. (1007)
QuickBooks/QuickPay
1995 Ed. (1103)
QuickChek Corp.
2016 Ed. (1869, 2574)
QuickContractors.com Inc.
2016 Ed. (1074)
Quickel; Kenneth
1993 Ed. (1701)
Quicken
1996 Ed. (1085)
1997 Ed. (1092, 1095)
1998 Ed. (840, 847, 852, 853, 854)
1999 Ed. (1277)
2000 Ed. (1170)
2004 Ed. (3155)
Quicken 401k Advisor
2002 Ed. (4846)
Quicken 6.0 (MS-DOS)
1995 Ed. (1099)
1996 Ed. (1076)
Quicken Bill Manager
2003 Ed. (3033)
Quicken CD-ROM Deluxe for Windows
1996 Ed. (1076)
Quicken Companion
1995 Ed. (1099)
Quicken Deluxe
1997 Ed. (1092)
1998 Ed. (847, 852, 853)
Quicken Deluxe for Windows
1996 Ed. (1076)
Quicken Deluxe Windows Version 4.0
1997 Ed. (1102)
Quicken Family Lawyer
1997 Ed. (1092)
Quicken Financial Planner
1997 Ed. (1092)
Quicken for Windows
1995 Ed. (1099)
1996 Ed. (1076)
Quicken Loans
2013 Ed. (1357, 1974)
2014 Ed. (1913)
2015 Ed. (1957)
2016 Ed. (3113)
Quicken Loans Inc.
2002 Ed. (4822)
2003 Ed. (3041)
2005 Ed. (3373)
2006 Ed. (1492, 1879, 2602, 3019)
2007 Ed. (1521, 3052)
2008 Ed. (1503, 3167, 3170, 3176, 3179, 3181)
2009 Ed. (1434, 1436, 1888)
2010 Ed. (1823)
2011 Ed. (1420, 1853)
2012 Ed. (1258, 1705, 3089)
2013 Ed. (1359, 1862, 3170)
2014 Ed. (1288, 1304, 1794, 2670, 3181, 3212)
2015 Ed. (1364, 1366, 1827, 1828, 1835, 1837, 2677, 2713, 3243, 3273, 3274, 3275, 3276)
2016 Ed. (1798, 2595, 2638, 3100, 3114, 3115)
Quicken, Turbo Tax
1999 Ed. (1279)
Quicken.com
2002 Ed. (4793, 4800, 4835, 4843)
Quicken.com Stock Screener
2002 Ed. (4852)
Quickfood
2014 Ed. (1739)
The Quickie
2003 Ed. (976)

2009 Ed. (581)
QuickLogic
1998 Ed. (3283)
1999 Ed. (4278)
2000 Ed. (4001)
2001 Ed. (3910, 3911)
QuickMobile
2016 Ed. (1455)
Quicks Inc.
2006 Ed. (365)
Quickservice Inc.
2011 Ed. (1946)
Quicksilver
1990 Ed. (3332)
Quicksilver Express Courier
1990 Ed. (3657)
1991 Ed. (3429)
Quicksilver Gas Services LP
2011 Ed. (2088)
Quicksilver Resources Canada Inc.
2016 Ed. (3681)
Quicksilver Resources inc.
2013 Ed. (3939)
Quicksilver Resources Inc.
2003 Ed. (4440)
2004 Ed. (1583, 2769, 3826, 3827, 4432)
2005 Ed. (3734, 3735, 4378, 4384)
2006 Ed. (3823)
2007 Ed. (3846, 4561)
2009 Ed. (2086)
2010 Ed. (3874, 3881, 3882, 3883, 4503)
2011 Ed. (2836)
2013 Ed. (3940, 3941)
2016 Ed. (3820)
Quicksilver Trading Inc.
1992 Ed. (2742)
1999 Ed. (1245)
QuickSnap
2001 Ed. (1105)
Quickstart Global
2013 Ed. (2913)
Quickturn
1996 Ed. (2885)
Quickturn Design Systems
1998 Ed. (1457)
Quickway Distribution Service Inc.
2015 Ed. (4841)
2016 Ed. (4745)
QUICS Cable Systems
1996 Ed. (866)
1997 Ed. (879)
Quidditch Through the Ages
2003 Ed. (713)
Quidel
1996 Ed. (2884)
Quids
2014 Ed. (2405)
Quidsi
2012 Ed. (4307)
Quiet Waters Outreach
2011 Ed. (1985)
QuieTrack Insurance Service Corp.
2014 Ed. (1417)
Quiettouch Inc.
2007 Ed. (2821)
2008 Ed. (2946)
2009 Ed. (2996)
Quigley Corp.
2003 Ed. (1053)
Quigley III; Michael J.
1992 Ed. (533, 1140)
Quik-Comm
1992 Ed. (1934)
Quik Internet
2002 Ed. (2360, 2992)
2004 Ed. (3151)
Quik Print
1996 Ed. (3086)
Quik X Transportation Inc.
2005 Ed. (1724)
QuikDrop
2007 Ed. (2313)
2008 Ed. (4792)
Quiksilver Inc.
1990 Ed. (1294, 3305)
1991 Ed. (3147)
1992 Ed. (1226, 1227, 3307, 3994)
1993 Ed. (997, 998, 3372)
1994 Ed. (1029, 1030)
2001 Ed. (1264, 1265)
2004 Ed. (986, 987)
2005 Ed. (1007, 1008, 1013, 4683, 4684)
2006 Ed. (1018, 1024, 4729, 4730)
2007 Ed. (1107, 1114)
2008 Ed. (989, 992, 3872)
2009 Ed. (971, 973, 1539, 2901)
2010 Ed. (935)

2011 Ed. (867, 1739, 1747)
2012 Ed. (820, 822, 1379)
2013 Ed. (995, 997, 1475)
2014 Ed. (957)
2015 Ed. (993)
2016 Ed. (898)
QuikTrip
2014 Ed. (4327)
2015 Ed. (4314)
2016 Ed. (4211)
QuikTrip Corp.
2001 Ed. (497, 1830)
2003 Ed. (1804)
2005 Ed. (274, 1923)
2006 Ed. (1491, 1956, 1958)
2007 Ed. (297, 1521, 1940)
2008 Ed. (1503)
2009 Ed. (1436, 1974, 2894, 4161)
2010 Ed. (286, 1906, 1908, 2833, 4094)
2011 Ed. (209, 1350, 1942, 1944, 2397, 2399, 2817, 3434, 4064)
2012 Ed. (222, 1257, 1805, 1806, 2328, 2749, 3447, 4097)
2013 Ed. (269, 1326, 1329, 1980, 1982)
2014 Ed. (272, 1260, 1261, 1919, 1921)
2015 Ed. (1316, 1317, 1318, 1962, 1964, 1966)
2016 Ed. (1232, 1931, 1934)
Quill Corp.
1999 Ed. (3640)
Quill Lincolnshire Inc.
2014 Ed. (2406)
Quilmes
2003 Ed. (753)
Quilmes Cerveceria y Malt
2001 Ed. (12)
Quilmes Industrial
1994 Ed. (2417, 2418)
1996 Ed. (2556, 2557)
1997 Ed. (2693, 2694)
1999 Ed. (3280, 3281)
2006 Ed. (3340)
Quilmes Industrial--Quinsa
2002 Ed. (3219)
Quilmes Industrial (Quinsa), SA
2003 Ed. (4570)
Quilmes Industrial SA
2005 Ed. (1564)
Quilmes Rock
2011 Ed. (1075)
Quilted Giraffe
1992 Ed. (3706)
Quilted Northern
2003 Ed. (3430, 4760)
2005 Ed. (4720)
2006 Ed. (4773)
2007 Ed. (4781)
2008 Ed. (4697, 4698)
2009 Ed. (3194)
Quilted Northern Soft & Strong
2014 Ed. (4741)
Quilted Northern Ultra Plus
2014 Ed. (4741)
2015 Ed. (4762)
Quilted Northern Ultra Soft & Strong
2015 Ed. (4762)
2016 Ed. (4665)
Quimica de Portugal EP-Quimigal
1989 Ed. (1153)
1990 Ed. (1410)
Quimica del Pacifico
2002 Ed. (1715)
Quimidroga
1996 Ed. (933)
1999 Ed. (1092, 1093)
2002 Ed. (1004)
2012 Ed. (744, 745)
2014 Ed. (888, 889)
Quimisa
2014 Ed. (890)
2015 Ed. (918)
Quinco Electrical
2009 Ed. (1276)
2013 Ed. (1262)
Quinco Electrical Inc.
2015 Ed. (1254)
Quincy Allen
2010 Ed. (180)
Quincy, IL
1990 Ed. (1004, 1149)
Quincy Telephone Co.
1998 Ed. (3485)
Quincy's
1990 Ed. (3023)
Quincy's Family Steakhouse
1997 Ed. (3318, 3333)
Quincy's Family Steakhouses

1992 Ed. (3713, 3718)
1993 Ed. (3021, 3035)
1994 Ed. (3077, 3088)
1995 Ed. (3122, 3138)
1996 Ed. (3230)
1998 Ed. (3066)
1999 Ed. (4079)
2000 Ed. (3792)
Quincy's Restaurants
1991 Ed. (2883)
Quindell Portfolio
2016 Ed. (1021)
Quinenco
2007 Ed. (26)
2008 Ed. (31)
Quinenco SA
2012 Ed. (1414)
2013 Ed. (1539)
2014 Ed. (1505)
2015 Ed. (1563)
2016 Ed. (1497)
Quingdao
2001 Ed. (1096)
Quinity BV
2016 Ed. (1016)
Quinlan
1994 Ed. (3344)
1996 Ed. (3463)
Quinlan; Michael R.
1993 Ed. (938)
1996 Ed. (958)
1997 Ed. (1803)
Quinn
2016 Ed. (4047)
Quinn & Co.
2011 Ed. (4115)
2012 Ed. (4145)
2013 Ed. (4143, 4149)
QUINN-Direct Insurance Ltd.
2007 Ed. (1824)
Quinn; Donal & Zoe
2007 Ed. (4920)
Quinn; Donald & Zoe
2005 Ed. (4885)
Quinn Emanuel Urquhart Oliver & Hedges
2011 Ed. (3408)
Quinn Emanuel Urquhart Oliver & Hedges LLP
2011 Ed. (3410)
2012 Ed. (3416, 3417, 3427)
Quinn Emanuel Urquhart & Sullivan LLP
2012 Ed. (3425)
2013 Ed. (3438, 3451, 3453)
2014 Ed. (3437, 3452, 3454, 3476)
Quinn Gillespie & Associates
2009 Ed. (3531)
Quinn Group
2002 Ed. (6)
2006 Ed. (2067, 2068)
2007 Ed. (1822, 2034, 2035, 2039, 2040)
2008 Ed. (2123)
2009 Ed. (2112, 2115, 2120)
2010 Ed. (2050)
2011 Ed. (2107)
2013 Ed. (2123)
Quinn; Jeffry N.
2006 Ed. (869)
2007 Ed. (959)
Quinn Jr.; Sean
2008 Ed. (4884)
Quinn McDonnell Pattison
1993 Ed. (112)
1999 Ed. (106)
2000 Ed. (111)
Quinn McDonnell Pattison/DMB & B
2001 Ed. (149)
Quinn; Sean
2005 Ed. (4893)
2007 Ed. (4918, 4930)
2008 Ed. (4885, 4906)
2009 Ed. (4890, 4916)
2010 Ed. (4890, 4920)
2011 Ed. (4879)
Quinn; Stephen
2011 Ed. (26)
Quinn & Wilson Inc.
2000 Ed. (3716)
Quinnipiac Bank & Trust Co.
2014 Ed. (496)
Quinnipiac College
2000 Ed. (1139)
2001 Ed. (1325)
Quinnsworth
1990 Ed. (1386)
1992 Ed. (1651)
Quinolones
1994 Ed. (228)
1995 Ed. (2531)

1996 Ed. (2599)
1997 Ed. (2742)
Quinolones, systemic
1999 Ed. (3324)
2000 Ed. (3062)
2001 Ed. (2065)
QUINSA
2000 Ed. (3018, 3019)
2005 Ed. (1564)
Quint Wellington Redwood
2011 Ed. (3797)
2012 Ed. (3787)
2014 Ed. (3784)
2015 Ed. (3804)
Quintain Estates
2007 Ed. (4047)
Quintain Estates & Development
2006 Ed. (4048)
2007 Ed. (4092)
Quintain Estates & Development plc
2008 Ed. (1453, 4083)
Quintana
2003 Ed. (939)
Quintana Associates Inc.
2015 Ed. (3010)
Quinte Economic Development Commission
2010 Ed. (3482)
2014 Ed. (3506)
Quintech Security Consultants
2010 Ed. (4449)
Quintel Corp.
2000 Ed. (958)
Quintel Entertainment
1998 Ed. (2724)
Quintessence
1994 Ed. (2816)
Quintessential
2003 Ed. (2610)
2004 Ed. (2736)
Quintessential Gin
2002 Ed. (2398, 2405, 2407)
Quintessential Player
2005 Ed. (3188)
Quintiles
2013 Ed. (3172)
2014 Ed. (1561, 1993, 3202)
2015 Ed. (1609, 2041, 3248)
Quintiles BV
2014 Ed. (1838)
Quintiles Commercial
2013 Ed. (2060)
Quintiles Inc.
2016 Ed. (2871)
Quintiles Ireland Ltd.
2011 Ed. (1764)
Quintiles Ltd.
2014 Ed. (2043)
Quintiles Transnational
2015 Ed. (2956)
2016 Ed. (2888)
Quintiles Transnational Corp.
1996 Ed. (3307, 3780)
2001 Ed. (1461, 4222)
2002 Ed. (4365)
2004 Ed. (1610)
2005 Ed. (3284, 3936, 4673)
2006 Ed. (3761)
2007 Ed. (3757)
2009 Ed. (4158)
2010 Ed. (4091)
2011 Ed. (3140, 4061)
2012 Ed. (3094, 4094)
2013 Ed. (1955, 2860, 3175)
2014 Ed. (1891, 2891)
Quintiles Transnational Holdings
2016 Ed. (3917)
Quinton; Adam
1997 Ed. (1964)
Quinton Cardiology Systems Inc.
2006 Ed. (2080, 2081)
Quipp Inc.
1997 Ed. (2022)
2004 Ed. (3763)
2005 Ed. (3678)
Quirch Foods Co.
2002 Ed. (2561)
2003 Ed. (2421)
2004 Ed. (2540, 2835)
2005 Ed. (2529)
2007 Ed. (2517)
2008 Ed. (2645, 2968)
2009 Ed. (2673, 3048)
2010 Ed. (2972)
2011 Ed. (2935)
2012 Ed. (2859, 2868)
2013 Ed. (2928, 2940, 2941)
2014 Ed. (2945, 2952, 2960)
2015 Ed. (2993, 3003, 3028, 3029)
Quirch; Guillermo

2011 Ed. (2924)
Quirk; Kathleen
2010 Ed. (914)
2011 Ed. (4965)
Quirky.com
2015 Ed. (2475)
Quiroz; Lisa Garcia
2012 Ed. (2157)
Quisenberry; Dan
1989 Ed. (719)
Quito, Ecuador
1992 Ed. (2281)
2009 Ed. (257)
2013 Ed. (164)
Quix Food Stores
2002 Ed. (383)
Quixote Corp.
1993 Ed. (933)
2008 Ed. (2368, 2369)
Quixtar Inc.
2002 Ed. (2990)
2008 Ed. (3189)
2009 Ed. (3248)
2010 Ed. (3179)
Quizlet
2015 Ed. (3038)
Quizno's
2001 Ed. (4060)
2002 Ed. (2357, 2358, 2363, 4091)
2003 Ed. (895, 4131, 4133, 4135, 4218, 4223, 4226)
2004 Ed. (914, 4122, 4123)
2005 Ed. (905)
2006 Ed. (820, 2555, 2556, 4112, 4222)
2010 Ed. (4415)
Quiznos
2014 Ed. (4417)
Quizno's Classic Subs
2001 Ed. (2410)
2002 Ed. (2252, 4017)
2004 Ed. (2590, 4242)
2005 Ed. (2547, 2548, 2549, 2568, 4050, 4051)
2007 Ed. (2532, 2533, 4138)
2008 Ed. (2664, 2671)
2009 Ed. (2696)
2010 Ed. (2608, 4403, 4405, 4409, 4413, 4414)
2011 Ed. (2590, 4348, 4349, 4353, 4356, 4357)
2012 Ed. (4389, 4397)
2013 Ed. (4358)
2014 Ed. (4411)
2015 Ed. (4397)
2016 Ed. (4290)
The Quizno's Franchise Co.
2003 Ed. (885, 4227)
2004 Ed. (903, 905, 4243)
2005 Ed. (893, 895, 4176)
2006 Ed. (808, 811, 4226)
2007 Ed. (895, 898, 4241)
The Quizno's Master LLC
2007 Ed. (907)
2008 Ed. (4172)
2009 Ed. (892, 4278)
2011 Ed. (768, 4230)
Quizno's Sub
2013 Ed. (4365)
2014 Ed. (4420)
2015 Ed. (4400, 4401, 4402, 4403, 4405)
2016 Ed. (4294, 4295, 4296)
Quiznos Sub
2005 Ed. (4081, 4082, 4084, 4171, 4172, 4173)
2006 Ed. (4126, 4127, 4129, 4225)
2007 Ed. (4240)
2008 Ed. (4271, 4274, 4275)
2009 Ed. (4375, 4379)
2015 Ed. (4404)
2016 Ed. (4293, 4297, 4298)
Quizno's Subs
2003 Ed. (4094)
Quizon's Classic Subs
2005 Ed. (4168)
Qumas
2006 Ed. (1817)
2007 Ed. (1824)
2008 Ed. (1859)
Qume
1993 Ed. (1052)
Quno Corp.
1995 Ed. (2829)
Quorn
2008 Ed. (716)
2009 Ed. (723)
2010 Ed. (647, 650)
Quorum Health Group

1992 Ed. (2458, 3122, 3125, 3128, 3130, 3131)
1994 Ed. (2577)
1995 Ed. (2632)
1996 Ed. (2709)
1997 Ed. (2825, 2829)
1998 Ed. (2548, 2549)
1999 Ed. (2640, 3461, 3462)
2000 Ed. (3179, 3180)
2001 Ed. (1043, 2667, 2678, 2679)
2002 Ed. (3291)
Quorum Health Group of Vicksburg Inc.
2003 Ed. (1766)
Quorum Health Resources
1995 Ed. (2144)
1996 Ed. (2155)
1997 Ed. (2270)
1999 Ed. (1381)
2008 Ed. (2890)
2009 Ed. (2953)
2010 Ed. (2890)
2013 Ed. (2871)
2014 Ed. (2889)
2016 Ed. (2879)
Quorum Information Systems Inc.
2002 Ed. (2484)
Quorum Information Technology Inc.
2005 Ed. (1688)
Quota
1994 Ed. (2598)
Quota Fund NV
1997 Ed. (2201)
Quote.com
2002 Ed. (4823, 4836, 4838)
quotes.galt.com
1999 Ed. (4751)
Quotesmith.com Inc.
2002 Ed. (2862, 4825)
QuoteWizard
2012 Ed. (3167)
Quotient
1990 Ed. (1373)
Quotron Systems
1989 Ed. (981)
1993 Ed. (2743)
Quovadx
2003 Ed. (1653)
2008 Ed. (1151)
2009 Ed. (1127)
Quynh Pham
2006 Ed. (2578, 2579)
QVC
2013 Ed. (3376, 3380)
2014 Ed. (3384)
QVC Deutschland GmbH
2007 Ed. (1744)
QVC Inc.
1998 Ed. (717)
2000 Ed. (1039)
2001 Ed. (4496)
2002 Ed. (2706)
2003 Ed. (2873, 4149, 4714)
2004 Ed. (4163, 4691)
2005 Ed. (1468, 4100, 4663)
2006 Ed. (2377)
2007 Ed. (700, 719, 4739)
2008 Ed. (688, 2991, 3193)
2009 Ed. (678, 697, 3252)
2010 Ed. (2366, 4755)
2012 Ed. (193, 715, 2326)
2013 Ed. (2506)
2014 Ed. (2448, 3429)
2015 Ed. (2520)
QVC Network Inc.
1991 Ed. (837, 3289, 3290)
1992 Ed. (1027, 4214)
1993 Ed. (822, 2010, 2489, 3335, 3533)
1994 Ed. (1253, 3099, 3503)
1995 Ed. (1228, 1229, 1432, 3561, 3580, 3589)
1996 Ed. (32, 1193, 1202, 2578, 3432, 3652)
1997 Ed. (3709)
1998 Ed. (3488)
1999 Ed. (1115, 4563)
QVC Studio Park
1999 Ed. (1336)
QVC.com
2010 Ed. (2373)
2012 Ed. (2299)
Qwest Center of Omaha
2005 Ed. (4440, 4441)
Qwest Communications
2000 Ed. (1337, 2640, 2641)
2001 Ed. (4449, 4473, 4475)
2002 Ed. (1527, 1620, 1623, 1624, 1628, 2470, 4562, 4566, 4580, 4883)
2003 Ed. (1554, 1704, 1980, 2709,

3632, 3633, 4691)
2007 Ed. (4033)
Qwest Communications International Inc.
2001 Ed. (4456, 4457)
2002 Ed. (1388, 1393, 1485, 1622, 2487, 3630, 4568)
2003 Ed. (21, 1076, 1457, 1576, 1584, 1593, 1643, 1648, 1650, 1651, 1654, 1656, 1657, 1658, 2275, 4542, 4692, 4696, 4706, 4707, 4708)
2004 Ed. (1487, 1555, 1557, 1578, 1584, 1678, 1680, 1681, 1682, 1683, 1685, 1687, 2229, 2306, 2489, 3680, 4491, 4492, 4571, 4665, 4667, 4669, 4677)
2005 Ed. (1097, 1388, 1503, 1529, 1542, 1571, 1576, 1609, 1736, 1738, 1739, 1740, 1741, 1743, 1745, 1797, 2390, 2770, 2771, 3284, 3923, 3935, 4465, 4470, 4621, 4623, 4626, 4979)
2006 Ed. (1092, 1378, 1647, 1648, 1649, 1650, 1651, 1652, 1654, 1656, 1658, 1659, 1661, 1663, 2431, 2726, 2730, 3330, 4467, 4585, 4588, 4688, 4690, 4691, 4692, 4693)
2007 Ed. (859, 1403, 1416, 1475, 1663, 1665, 1666, 1667, 1669, 1670, 1682, 2376, 2716, 2910, 4524, 4526, 4565, 4706, 4708, 4709, 4710)
2008 Ed. (1350, 1359, 1469, 1675, 1677, 1681, 1683, 1685, 1686, 1687, 1688, 1689, 1691, 1692, 2493, 3033, 4060, 4061, 4078, 4261, 4637, 4640, 4803)
2009 Ed. (906, 1443, 1445, 1446, 1456, 1469, 1597, 1599, 1600, 1604, 1607, 1608, 1609, 1610, 1611, 1612, 1614, 1616, 2500, 4185, 4365, 4676)
2010 Ed. (1359, 1586, 1587, 1588, 1589, 1591, 1593, 2415, 3053, 4120, 4392, 4689, 4692)
2011 Ed. (986, 1347, 1587, 1588, 1589, 1590, 1591, 1593, 1594, 2418, 3022, 4085, 4091, 4337, 4639, 4641, 4644)
2012 Ed. (718, 1212, 1430, 1431, 1432, 1433, 1434, 1436, 1438, 2340, 2949, 4119, 4642, 4644, 4646)
2013 Ed. (1311, 1312, 1324, 1560, 1561, 1564, 1567, 2515, 4616)
Qwest Corp.
2002 Ed. (4565)
2003 Ed. (1656, 4694)
2004 Ed. (1682, 1685, 4671)
2005 Ed. (1740, 1743, 4629)
2006 Ed. (1658, 1661, 4009, 4695)
2007 Ed. (1669, 4043, 4712)
2008 Ed. (1691, 4639)
2009 Ed. (1614, 2307, 4191, 4677)
2010 Ed. (1591, 4690)
2011 Ed. (1593)
2012 Ed. (1436, 4125)
2013 Ed. (1567)
Qwest Services Corp.
2008 Ed. (1691)
2009 Ed. (1614)
2010 Ed. (1591)
QwestDex
2005 Ed. (1571, 3284)
2007 Ed. (1441)
QwestDex Publishing
2005 Ed. (1529, 1542)

R

R
2010 Ed. (1992)
2011 Ed. (2053)
R & A Bailey Ltd.
2003 Ed. (1725)
2006 Ed. (1816)
R. A. DeMattia Co.
1991 Ed. (1099)
1992 Ed. (1435)
1993 Ed. (1150)
1994 Ed. (1157)
1995 Ed. (1176)
1996 Ed. (1150)
R. A. Eckert
2004 Ed. (2495)
R. A. Enrico
2001 Ed. (2321)
2002 Ed. (2186)

2003 Ed. (2382)
R. A. Goldstein
2003 Ed. (2384)
2004 Ed. (2503)
2005 Ed. (2487)
R. A. Iger
2002 Ed. (2205)
R. A. Lan
2012 Ed. (802)
R. A. McGinn
2001 Ed. (2343)
R. A. Nelson & Associates Inc.
2005 Ed. (1325)
2008 Ed. (1672, 1673)
2012 Ed. (1426)
2013 Ed. (1552)
2014 Ed. (1521)
2015 Ed. (1574)
R. A. Pesci
2003 Ed. (2385)
R. A. S. Builders Inc.
2002 Ed. (1074)
2003 Ed. (1286, 1311, 3961)
2004 Ed. (3971)
2005 Ed. (3915)
R. A. Schoellhorn
1991 Ed. (1628)
R. A. Walker
2015 Ed. (969)
R. A. Wilson
2003 Ed. (2395)
R. Alexander Acosta
2011 Ed. (2950)
R-Anell Housing Group
2006 Ed. (3555)
2007 Ed. (3625)
R. Annunziata
2001 Ed. (2343)
R. B. Construction Co.
2013 Ed. (3757)
2015 Ed. (3704)
R & B Falcon Corp.
1999 Ed. (1502)
2005 Ed. (1511)
R. B. Farquhar Ltd.
1994 Ed. (997)
R & B Films
2010 Ed. (3603)
R. B. Gill
1991 Ed. (1626)
1992 Ed. (2056)
R. B. Haave Associates
1993 Ed. (2297)
R. B. Kelson
2003 Ed. (2392)
R. B. Priory
2001 Ed. (2344)
2002 Ed. (2211)
2003 Ed. (2407)
2005 Ed. (2509)
R & B Realty Group
1993 Ed. (239, 2980)
1994 Ed. (3023)
R. B. Rushing & Co.
1995 Ed. (2332)
R. B. Shapiro
2001 Ed. (2323)
R. Bird & Co.
2007 Ed. (3211)
R. Brad Martin
2009 Ed. (2660)
R. Brandon Fradd
1996 Ed. (1782)
R-Breaker
1996 Ed. (3099)
1997 Ed. (3178)
R. Budi Hartono
2006 Ed. (4916, 4919)
2008 Ed. (4845)
2009 Ed. (4865)
2010 Ed. (4866, 4867)
2011 Ed. (4854, 4855)
2012 Ed. (4861, 4862)
2013 Ed. (4877, 4878)
2014 Ed. (4891, 4892)
2015 Ed. (4930, 4931)
2016 Ed. (4846, 4847)
R & C
1993 Ed. (2776)
1996 Ed. (2919)
R. C. Adkerson
2003 Ed. (2392)
2005 Ed. (2495)
R. C. Bigelow Inc.
2003 Ed. (680, 4678)
R. C. Gozon
2001 Ed. (2338)
2002 Ed. (2203)
2003 Ed. (2396)
R & C Hawaii Tours Inc.

2009 Ed. (1728)
2010 Ed. (1676)
2011 Ed. (1685)
2012 Ed. (1536)
2013 Ed. (1683)
2014 Ed. (1635)
R. C. Lannert
2003 Ed. (2381)
R. C. Notebaert
2001 Ed. (2343)
R. C. Olin
1998 Ed. (916)
R. C. Owen
1989 Ed. (2504)
1998 Ed. (3575)
R. C. S. Editori SpA
2004 Ed. (3941)
R. C. S. Libri SpA
1999 Ed. (3896)
R. C. Wiley Home Furnishings
2014 Ed. (2440, 4357)
2015 Ed. (2512, 4366)
2016 Ed. (2445)
R. C. Willey
1996 Ed. (1983)
R. Chad Dreier
2008 Ed. (947)
R. Christopher Errico
2008 Ed. (3376)
R. Clayton McWhorter
1997 Ed. (1797)
R & C/Reed & Carnrick
1992 Ed. (3349)
R. Crosby Kemper Jr.
1993 Ed. (891)
R. D. Campbell
2001 Ed. (2337)
2002 Ed. (2202)
R. D. Glynn Jr.
2001 Ed. (2344)
2003 Ed. (2407)
2004 Ed. (2526)
2005 Ed. (2509)
R. D. Hoover
2005 Ed. (2488)
R. D. Krebs
2001 Ed. (2341)
2002 Ed. (2206)
R D Management Corp.
1990 Ed. (3285)
1998 Ed. (3297, 3301)
2000 Ed. (4018)
R. D. Parsons
2004 Ed. (2495)
2005 Ed. (2479)
R. D. Sugar
2003 Ed. (2378)
2004 Ed. (2498)
R. D. Thomas
2003 Ed. (2388)
R. D. Walter
2001 Ed. (2335)
2002 Ed. (2199)
2004 Ed. (2497)
2005 Ed. (2481)
R. D. Yost
2005 Ed. (2481)
R. Daivd Yost
2006 Ed. (893)
R. Dalton Coffee Co.
2007 Ed. (2840, 3603, 4448)
R. David Hoover
2004 Ed. (1099)
2005 Ed. (1103)
2006 Ed. (911, 1097, 1098)
2007 Ed. (1001)
2008 Ed. (934)
2011 Ed. (838)
2012 Ed. (807)
2013 Ed. (986)
R. David Yost
2010 Ed. (899)
R. Derek Finlay
1994 Ed. (1715)
R Directional Drilling & Underground Technology Inc.
2016 Ed. (1361)
R. E. D. Technologies LLC
2008 Ed. (3701, 4375, 4956)
R. E. Dailey & Co.
1991 Ed. (1099)
1992 Ed. (1435)
1993 Ed. (1150)
1994 Ed. (1157)
R. E. Gadomski
2003 Ed. (2384)
R. E. Maher Inc.
2009 Ed. (1203)
R. E. Northam
1996 Ed. (967)

R. E. Rubin
  2002 Ed. (2200)
  2003 Ed. (2387)
R. E. Sadler Jr.
  2003 Ed. (2372)
R. E. Turner
  2001 Ed. (2340)
  2003 Ed. (2410)
R. E. Weissman
  2001 Ed. (2342)
R. Essner
  2004 Ed. (2517)
R. F. Friel
  2002 Ed. (2195)
R. F. Hake
  2004 Ed. (2499)
R & G
  2011 Ed. (435)
R. G. Ackerman
  2001 Ed. (2332)
R. G. Anderson Co., Inc.
  2007 Ed. (1385)
R. G. Associates
  2007 Ed. (3272)
R. G. Barry Corp.
  1994 Ed. (3294)
  2011 Ed. (3437)
  2013 Ed. (3498)
R-G Crown Bank
  2006 Ed. (4230)
  2007 Ed. (4244)
R & G Federal Mortgage Trust
  1996 Ed. (1034, 3170)
R & G Financial Corp.
  2004 Ed. (420, 421, 1671, 2606)
  2007 Ed. (70)
  2008 Ed. (75)
  2011 Ed. (290)
  2012 Ed. (294)
R-G Financial Corp.
  2005 Ed. (1731, 1954, 2586)
  2006 Ed. (1999, 2000, 2589)
  2007 Ed. (1963, 1964, 2557)
R & G Potato Co., Inc.
  2005 Ed. (1786)
  2006 Ed. (1757)
  2007 Ed. (1765)
R. G. Vanderweil Engineers
  2006 Ed. (2478)
  2007 Ed. (2444)
  2008 Ed. (2515, 2539)
  2011 Ed. (2503)
  2013 Ed. (2593)
R. G. Wilmers
  2003 Ed. (2372)
  2005 Ed. (2477)
R. Gordon McGovern
  1991 Ed. (1621, 1632)
R. Gribbs & Co., Ltd.
  2004 Ed. (3249)
R. Griggs & Co. Ltd.
  1999 Ed. (3172)
  2001 Ed. (3077)
  2002 Ed. (4264)
R. Griggs Group Ltd.
  2000 Ed. (2917)
  2001 Ed. (3077)
  2002 Ed. (4264)
R & H Asociados
  2007 Ed. (757)
  2008 Ed. (736)
  2010 Ed. (676)
R. H. Baldwin
  2003 Ed. (2374)
R. H. Benmosche
  2004 Ed. (2506)
R. H. Bluestein & Co.
  2013 Ed. (3390)
R. H. Brown
  2002 Ed. (2201)
R & H Construction Co.
  2009 Ed. (1309)
  2010 Ed. (1303)
  2011 Ed. (1261)
R. H. Diehl
  1991 Ed. (1618)
R. H. Donnelley Corp.
  2004 Ed. (101)
R. H. Hubbard
  2002 Ed. (1465)
R. H. Lenny
  2003 Ed. (2389)
  2004 Ed. (2508)
R. H. Macy
  1989 Ed. (920, 1239, 2039)
  1990 Ed. (910, 1019, 1904, 2676, 3031)
  1992 Ed. (236)
  1994 Ed. (10, 131, 132, 133, 359, 360, 361, 984, 1005, 1009, 1522,

1977, 2210, 3093, 3215)
  1995 Ed. (149, 150, 1017, 2003, 2444)
  1997 Ed. (354, 1253, 2151, 2629)
R. H. Macy California
  1994 Ed. (2146)
R. H. Macy & Co. East
  1998 Ed. (3460)
R. H. Macy & Co. Inc.
  1990 Ed. (1041, 1238, 2440)
  1991 Ed. (170, 949, 969, 1822, 2309, 2578)
  1992 Ed. (235, 1183, 1204, 1789, 1791, 1792, 2298)
  1993 Ed. (150, 151, 366, 676, 957, 958, 979, 1476, 1477, 1955, 2381, 3038)
  1995 Ed. (1554, 3147, 3297)
  1996 Ed. (162, 383, 1200, 1207, 1533, 1535, 2031, 2486)
  1998 Ed. (1844)
  1999 Ed. (390, 2603)
  2002 Ed. (3790)
R. H. Macy Northeast
  1994 Ed. (2138, 2146)
R. H. Macy/Bullock's
  1994 Ed. (2138, 2146)
R. H. Swanson Jr.
  2002 Ed. (2191)
  2004 Ed. (2505)
R. H. Verheij
  2002 Ed. (2210)
R. H. White6 Construction Co., Inc.
  2006 Ed. (4358)
R. H. Wills
  2004 Ed. (2510)
R & I Bank of Western Australia
  1994 Ed. (427)
  1995 Ed. (423)
  1996 Ed. (447)
R. J. Allen & Associates
  2016 Ed. (1062)
R. J. Allison Jr.
  2001 Ed. (2333)
  2002 Ed. (2198)
  2003 Ed. (2393)
  2005 Ed. (2496)
R. J. C. & Associates Inc.
  1991 Ed. (1080)
R. J. Dale Advertising & Public Relations Inc.
  1999 Ed. (64)
  2000 Ed. (68)
  2002 Ed. (711)
  2003 Ed. (215)
  2007 Ed. (3551)
  2008 Ed. (3707, 4384)
  2010 Ed. (174)
  2011 Ed. (99)
R. J. Flamson, III
  1991 Ed. (402)
R. J. Gordon & Co.
  1997 Ed. (1014, 2168)
R. J. Griffin & Co.
  1995 Ed. (1146)
  1997 Ed. (1160)
  1998 Ed. (959)
  1999 Ed. (1380)
  2000 Ed. (2417)
  2001 Ed. (2671)
  2006 Ed. (1306, 1341)
  2008 Ed. (1292, 1326)
  2009 Ed. (1311)
  2011 Ed. (1221)
R. J. Gross & Associates, Inc.
  2002 Ed. (1994)
R. J. Keegan
  2003 Ed. (2404)
  2004 Ed. (2524)
R. J. Kiln & Co. Ltd.
  1992 Ed. (2895, 2897)
  1993 Ed. (2453, 2455)
R. J. Klin & Co. Ltd.; 510,
  1991 Ed. (2338)
R. J. Klin & Co. Ltd.; Non-marine 510,
  1991 Ed. (2336)
R. J. Kogan
  2001 Ed. (2325)
  2002 Ed. (2190)
R. J. Lane
  2001 Ed. (2336)
R. J. Meelia
  2001 Ed. (2331)
  2003 Ed. (2373)
R. J. Moreau Cos.
  2003 Ed. (1137)
  2004 Ed. (1140)
R. J. Palmer
  2005 Ed. (121)
R & J Public Relations

2012 Ed. (1752)
R. J. R. Nabisco
  1990 Ed. (3601)
R. J. Reynolds
  1989 Ed. (909, 2504)
  1992 Ed. (64, 1148, 1149, 4306)
  1993 Ed. (942)
  1995 Ed. (984)
  1996 Ed. (2644, 3701, 3702)
  1997 Ed. (986)
  1999 Ed. (1134)
R. J. Reynolds Tobacco Co.
  1990 Ed. (2720)
  1998 Ed. (2501)
  2001 Ed. (1821, 1822, 4561, 4562)
  2003 Ed. (968, 1793, 1794, 4745, 4747, 4754)
R. J. Reynolds Tobacco Holdings Inc.
  2001 Ed. (4560, 4561, 4563)
  2002 Ed. (58, 1531, 1563, 1747, 4628, 4630, 4632)
  2003 Ed. (1714, 1794, 1795, 4557, 4745, 4746, 4747, 4748, 4749, 4752)
  2004 Ed. (1829, 1830, 4727, 4728, 4729, 4730, 4731, 4732, 4733, 4734)
  2005 Ed. (1912, 1915, 4464, 4465, 4468, 4704, 4705, 4706, 4707, 4708, 4709, 4710, 4711, 4714)
  2006 Ed. (1943, 4758, 4760)
  2007 Ed. (223, 4764, 4765)
  2008 Ed. (4688, 4689)
  2009 Ed. (4728, 4729)
  2010 Ed. (4737, 4738)
  2011 Ed. (4696, 4697)
  2012 Ed. (4716)
  2013 Ed. (4680)
  2014 Ed. (4726, 4727)
  2015 Ed. (4745, 4746)
  2016 Ed. (4647, 4648)
R. J. Reynolds Tobacco U.S.A.
  1989 Ed. (908, 2781)
R. J. Roberts
  2004 Ed. (2518)
R. J. Schnieders
  2005 Ed. (2492)
R. J. Stevens
  2002 Ed. (2184)
  2003 Ed. (2378)
R. J. Taff Jr.
  1996 Ed. (1713)
R. J. Wertenberger
  1992 Ed. (534)
R. J. Zane
  2003 Ed. (2403)
R. Jackson Blackstock
  1995 Ed. (1859)
  1996 Ed. (1836)
  1997 Ed. (1909)
  1998 Ed. (1653)
  1999 Ed. (2242)
R. K. Burgess
  2003 Ed. (2377)
R. K. Chevrolet Geo Inc.
  1991 Ed. (271)
R. K. Davidson
  2001 Ed. (2341)
  2002 Ed. (2206)
  2003 Ed. (2400)
  2004 Ed. (2519)
  2005 Ed. (2503)
R. K. Deromedi
  2005 Ed. (2492)
R. K. Mechanical Inc.
  2005 Ed. (1280)
R. K. Swamy Advertising Associates
  1989 Ed. (116)
R. K. Swamy/BBDO
  1992 Ed. (159)
  1993 Ed. (107)
  1994 Ed. (94)
  1995 Ed. (83)
  1997 Ed. (99)
  1999 Ed. (100)
R. K. Swamy/BBDO Advertising
  1991 Ed. (108)
  1996 Ed. (97)
R. K. Templeton
  2005 Ed. (2476)
  2006 Ed. (941)
  2007 Ed. (1036)
R & K Tool Inc.
  1999 Ed. (4336)
R. Kerry Clark
  2008 Ed. (948)
R. L. C. Industries Co.
  2003 Ed. (1806, 3265)
R + L Carriers
  2009 Ed. (4794)

2010 Ed. (4812, 4818)
  2011 Ed. (4762, 4768, 4777)
  2012 Ed. (4784, 4790)
  2013 Ed. (4751, 4761)
  2014 Ed. (4801, 4812)
  2015 Ed. (4836, 4847)
  2016 Ed. (4739, 4751)
R. L. Chaides Construction Co. Inc.
  1995 Ed. (1147)
R & L Construction
  2007 Ed. (1272)
R. L. Crain
  1990 Ed. (2765)
R. L. Growney
  2001 Ed. (2326)
R. L. Gupta
  2001 Ed. (2323)
  2002 Ed. (2188)
  2004 Ed. (2503)
  2005 Ed. (2487)
R. L. Long
  2004 Ed. (2514)
  2005 Ed. (2498)
R. L. Manetta
  2006 Ed. (2519)
R. L. Montgomery
  2005 Ed. (2481)
R. L. Nardelli
  2003 Ed. (2376)
R. L. Peterson
  2003 Ed. (2389)
R. L. Polk & Co.
  1989 Ed. (928)
  2009 Ed. (1640)
R. L. Sharp
  2001 Ed. (2318)
R. L. Sweet Lumber
  1996 Ed. (816)
R. L. Tillman
  2001 Ed. (2335)
R & L Transfer
  1999 Ed. (4685, 4687)
R. L. Wambold
  2005 Ed. (2488)
R. L. Zarrella
  2004 Ed. (2517)
R. Lawrence Montgomery
  2007 Ed. (968, 1023)
R. Lee Taylor II
  1990 Ed. (1715)
R-Levels
  1995 Ed. (2999)
  1997 Ed. (3178)
R-Lintas
  1989 Ed. (147)
  1990 Ed. (138)
  1991 Ed. (138)
  1992 Ed. (193)
  1993 Ed. (125)
  1995 Ed. (109)
  1999 Ed. (138)
  2000 Ed. (155)
  2001 Ed. (193)
  2002 Ed. (164)
  2003 Ed. (132)
R. Lockwood Construction
  2005 Ed. (1194)
R & M Consultants Inc.
  2011 Ed. (2446)
  2012 Ed. (201)
R. M. Jansen Kraemer, Jr.
  2002 Ed. (2190)
R. M. Kovacevich
  2001 Ed. (2320)
  2002 Ed. (2185)
  2003 Ed. (2372)
  2004 Ed. (2492)
R. M. Levy
  2005 Ed. (2489)
R. M. P. Properties
  1998 Ed. (916)
R. M. Palmer
  1993 Ed. (830)
  2005 Ed. (997)
R. M. Schulze
  2001 Ed. (2318)
  2003 Ed. (2380)
R. M. Shoemaker Co.
  1990 Ed. (1212)
  1991 Ed. (1100)
  1992 Ed. (1357)
  1993 Ed. (1085, 1153)
  1994 Ed. (1175)
  1995 Ed. (1194)
  1996 Ed. (1168)
  1997 Ed. (1198)
  1999 Ed. (1410)
  2001 Ed. (2671)
R. M. Shoemaker Holdings Inc.
  1998 Ed. (974)

R. Marcelo Claure
2011 Ed. (2924)
R. Mark
2001 Ed. (2339)
2002 Ed. (2204)
2003 Ed. (2397)
2004 Ed. (2516)
R. Martin
1991 Ed. (1618)
R. Martin Chavez
2008 Ed. (2628)
R. Milton Johnson
2007 Ed. (1061)
R. N. Wilson
2001 Ed. (2325)
2002 Ed. (2190)
R. O. Baukol
2001 Ed. (2332)
R & O Construction
2008 Ed. (1341, 1344)
2009 Ed. (1339, 1342)
2011 Ed. (1305)
2016 Ed. (1139)
R. P. Richards Inc.
1993 Ed. (1125)
1994 Ed. (1141)
1995 Ed. (1160)
R P S Group plc
2006 Ed. (2069)
R. Perri & Sons
1999 Ed. (4140)
R & Q Captive Holdings Ltd.
2015 Ed. (883)
R & Q Quest Management Services
Ltd.
2012 Ed. (675)
2014 Ed. (844)
R & Q Quest (SAC) Ltd.
2012 Ed. (3133)
R. R. Bennett
2002 Ed. (2199)
R. R. Donnelley
1990 Ed. (2903, 2930)
1992 Ed. (3530)
R. R. Donnelley Canada
2011 Ed. (4013)
R. R. Donnelley Logistics
2005 Ed. (3340)
R. R. Donnelley & Sons Co.
1990 Ed. (2212, 2904, 2905, 2929,
2931)
1991 Ed. (2765, 2766, 2767, 2784,
2786, 2787)
1992 Ed. (3527, 3533, 3536, 3537,
3538, 3541, 3585, 3586, 3588)
1993 Ed. (2916, 2918, 2919, 2920,
2941, 2943)
1994 Ed. (2930, 2932, 2977, 2978,
2981, 2982)
1995 Ed. (2986, 2988, 3039, 3040,
3042)
1996 Ed. (3087, 3089, 3139, 3141)
1997 Ed. (3167, 3170, 3219, 3221)
1998 Ed. (2320, 2708, 2920, 2923,
2972, 2973)
1999 Ed. (1045, 1504, 3889, 3891,
3968, 3971)
2000 Ed. (3613)
2001 Ed. (3884, 3885, 3886, 3887,
3901, 3902, 3952, 3956, 4222,
4478)
2002 Ed. (3764, 3884, 3885, 4879)
2003 Ed. (2336, 3345, 3929, 3930,
3931, 3934, 3935, 4022, 4023,
4027)
2004 Ed. (1078, 2115, 3410, 3934,
3935, 3936, 3942, 4040, 4041,
4046)
2005 Ed. (98, 821, 1082, 1083, 3892,
3893, 3894, 3898, 3899, 3979,
3980, 3984)
2006 Ed. (747, 1080, 1446, 3434,
3959, 3968, 3969, 4019, 4020,
4022, 4023, 4460)
2007 Ed. (2908, 3445, 4008, 4009,
4049, 4050, 4053, 4054, 4358)
2008 Ed. (3031, 3200, 3623, 3630,
4026, 4028, 4085, 4086)
2009 Ed. (3117, 3259, 3689, 4098,
4101, 4199, 4200, 4202, 4566,
4567, 4691)
2010 Ed. (3051, 3190, 3513, 3605,
4017, 4020, 4134, 4135, 4136,
4138, 4606)
2011 Ed. (3017, 3142, 3517, 4016,
4018, 4134, 4135, 4136, 4138)
2012 Ed. (2944, 4021, 4165, 4166,
4167, 4168, 4169, 4171)
2013 Ed. (3033, 4076, 4155, 4156,
4157, 4158, 4160)

2014 Ed. (2548, 3046, 4086, 4170,
4171, 4173, 4175, 4178)
2015 Ed. (1390, 3112, 3249, 4069,
4150, 4151, 4153, 4156, 4159)
2016 Ed. (3977, 4065, 4066, 4067,
4068, 4070, 4073)
R. R. Donnelley/Chicago
1992 Ed. (3531)
R. R. Donnelley/Mattoon
1992 Ed. (3531)
R. R. Donnelley/Warsaw
1992 Ed. (3531, 3539)
R. R. Gable Inc.
1994 Ed. (2999)
R. R. Goodmanson
2002 Ed. (2188)
R. R. Holley
2005 Ed. (2499)
R. R. Irani
2001 Ed. (2333)
2002 Ed. (2198)
2004 Ed. (2512)
R & R Partners
2006 Ed. (128)
R. R. Roscitt
2004 Ed. (2522)
R & R Technologies LLC
2001 Ed. (4125)
R. Richard Fontaine
2009 Ed. (942)
R. Rodriguez
2003 Ed. (2399)
R. Rollo Associates
1997 Ed. (1795)
1998 Ed. (1506)
1999 Ed. (2073)
R. Rose Investments
1993 Ed. (1038)
R. S. Hill
2004 Ed. (2509)
2005 Ed. (2493)
R. S. Larsen
2001 Ed. (2325)
2002 Ed. (2190)
2003 Ed. (2398)
R. S. Mowery & Sons Inc.
2009 Ed. (1323)
R & S Trucking
2016 Ed. (4990)
R. Scot Sellers
2004 Ed. (1099)
2005 Ed. (1103)
2007 Ed. (2509)
2009 Ed. (956)
R Small Cap Canadian Equity
2003 Ed. (3570, 3571, 3572)
2004 Ed. (3616, 3617)
R. Smith
2002 Ed. (2191)
R-Squared Electronics
2003 Ed. (1835)
R. Stephen Lynch & Co.
1996 Ed. (2357)
R. Swain & Sons
2015 Ed. (4796)
2016 Ed. (4700)
R T Corp.
2006 Ed. (4388)
2007 Ed. (4456)
R. T. Jones Jr.
2008 Ed. (2827)
R. T. Lewis
2002 Ed. (2205)
2003 Ed. (2399)
2004 Ed. (2518)
2005 Ed. (2502)
R .T. Moore Co., Inc.
2011 Ed. (1174)
2012 Ed. (1122)
R T & W Kwok
2007 Ed. (4909)
2008 Ed. (4841)
R-Tek
1994 Ed. (2704)
R. Twining & Co. Ltd.
2003 Ed. (4678)
R. U. Corp.
2001 Ed. (1896)
2003 Ed. (1847)
R. U. I. One Corp.
2003 Ed. (1847)
2004 Ed. (1882)
2005 Ed. (1998)
2006 Ed. (2099)
2007 Ed. (2055)
2008 Ed. (2164)
2009 Ed. (2145)
2010 Ed. (2085)
R. V. Gilmartin
2001 Ed. (2325)

2002 Ed. (2190)
2004 Ed. (2517)
R. V. Kuhns & Associates
2008 Ed. (2020, 2710, 2711)
R. V. Norene & Associates Inc.
1993 Ed. (2267)
R & V Versicherungen
1999 Ed. (4034)
R. W. Carson
2003 Ed. (2381)
R. W. Dollens
2003 Ed. (2398)
2005 Ed. (2501)
R. W. Graybill
1998 Ed. (2288)
R. W. Lane
2004 Ed. (2509)
2005 Ed. (2493)
R. W. LeBoeuf
2001 Ed. (2322)
2002 Ed. (2187)
2003 Ed. (2383)
2004 Ed. (2502)
2005 Ed. (2486)
2006 Ed. (2520)
2007 Ed. (2498)
R. W. Sidley Inc.
2006 Ed. (4372)
R. W. Smith & Co.
2011 Ed. (2702)
R. W. Sturge & Co.; 206,
1991 Ed. (2337)
R. W. Sturge & Co.; 210,
1991 Ed. (2338)
R. W. Sturge & Co.; 960,
1991 Ed. (2335)
R. W. Sturge & Co.; Marine 206,
1991 Ed. (2336)
R. W. Sturge & Co.; Non-marine 210,
1991 Ed. (2336)
R. W. Warner
2015 Ed. (4045)
2016 Ed. (3955)
R. W. Warner Inc.
2011 Ed. (1174)
2013 Ed. (4058)
R. Wayne Atwell
1990 Ed. (1766)
1994 Ed. (1795, 1809)
1995 Ed. (1795, 1833, 1847)
1996 Ed. (1811)
1997 Ed. (1885)
1998 Ed. (1655)
1999 Ed. (2245)
2000 Ed. (2027)
R. Wayne Watts
1995 Ed. (2485)
The R2 Solution Inc.
2008 Ed. (3732)
R4Labs
2008 Ed. (4369)
R19
2002 Ed. (382)
R.A. DeMattia Co.
1990 Ed. (1211)
RA Restaurant Services
1995 Ed. (3116)
R.A. Schoellhorn
1990 Ed. (973)
RA Sushi
2011 Ed. (4242)
RA Sushi Bar Restaurant
2009 Ed. (4273)
RAA
2016 Ed. (1382)
Raab Karcher AG
2000 Ed. (4388)
Raab Karcher Electronics
1998 Ed. (1403, 1404, 1405, 1406,
1407)
Raadgevend Bureau Chaessens B.V.
1993 Ed. (2747)
RAB Lighting
2015 Ed. (1894)
Raba Rt
2000 Ed. (893)
Rabak
1992 Ed. (2812)
Rabanco Recycling
2006 Ed. (4060)
Rabar Market Research
1992 Ed. (2743)
1993 Ed. (1038)
1995 Ed. (1078)
1996 Ed. (1055)
Raben Tire Co.
2006 Ed. (4746)
2007 Ed. (4755)
Rabigh Refining & Petrochemical Co.
2013 Ed. (2528, 2538)

2015 Ed. (2533)
Rabin; Stanley A.
2007 Ed. (1024)
Rabin; William
1997 Ed. (1872)
Rablo; Abdulsamad
2015 Ed. (4946)
2016 Ed. (4861)
Rabobank
1989 Ed. (633)
1990 Ed. (562, 645)
1991 Ed. (619)
2000 Ed. (523)
2006 Ed. (1420, 1690)
2011 Ed. (380)
2013 Ed. (671)
2014 Ed. (696)
2015 Ed. (742)
2016 Ed. (450, 671)
Rabobank-America Holdings Inc.
2005 Ed. (2671)
Rabobank Curacao NV
1996 Ed. (632)
1997 Ed. (573)
1999 Ed. (607)
Rabobank Curacao NV (Curacao)
2000 Ed. (630)
Rabobank Group
2006 Ed. (438, 504, 1919)
2007 Ed. (440, 447, 526, 1900, 1905,
3990)
2008 Ed. (411, 481, 1964)
2009 Ed. (435, 440, 508, 509, 768,
1919, 2267)
2010 Ed. (410, 416, 456, 490, 491,
1853)
2011 Ed. (340, 376, 420, 1886)
2012 Ed. (371, 1741)
2013 Ed. (449, 494, 1907)
2014 Ed. (464, 1841)
2015 Ed. (522, 1879)
2016 Ed. (476, 1840)
Rabobank Holding
2004 Ed. (67)
Rabobank International
2004 Ed. (502)
Rabobank International Holdings Inc.
2004 Ed. (2679)
Rabobank Leiden, Leiderdorp & Oegst-
geest
2014 Ed. (1839)
Rabobank NA
2007 Ed. (209)
2008 Ed. (196)
2009 Ed. (217)
2010 Ed. (197, 198)
2011 Ed. (119)
2012 Ed. (126, 127, 1367)
2013 Ed. (105, 106)
2014 Ed. (112, 113)
2015 Ed. (127, 128, 1477)
2016 Ed. (133)
Rabobank Nederland
1990 Ed. (646)
1991 Ed. (560, 620)
1992 Ed. (727, 795)
1993 Ed. (528, 586)
1994 Ed. (593, 1691)
1995 Ed. (464, 562)
1996 Ed. (631, 2484, 2485)
1997 Ed. (572, 1485)
1999 Ed. (606)
2000 Ed. (522)
2002 Ed. (625)
2003 Ed. (591)
2004 Ed. (596)
2005 Ed. (364, 585)
2012 Ed. (2104)
Rabobank Nederland Utrecht
2009 Ed. (72)
Rabobank New Zealand
2015 Ed. (555, 556, 1926)
2016 Ed. (505, 2607)
Rabren General Contractors Inc.
2011 Ed. (1192)
RAC
2008 Ed. (136)
RAC Holdings Corp.
2003 Ed. (1789)
2004 Ed. (1823)
RAC of WA
2002 Ed. (3781)
Racal
1991 Ed. (2067)
1993 Ed. (1350, 2612)
Racal Electronics
1989 Ed. (200)
1990 Ed. (2198, 2199)
1992 Ed. (1641, 1642)
1994 Ed. (1379)

1995 Ed. (1404)
Racal Electronics Plc.
1990 Ed. (2191)
Racal-Milgo
1990 Ed. (2595, 2596)
1991 Ed. (2478)
Racal-Redac
1994 Ed. (843, 1073, 2200)
Racal Telecom
1991 Ed. (2586)
Racal-Vadic
1990 Ed. (2596)
Racanelli Associates; N.
1991 Ed. (963, 965)
Racanelli Industrial Park
1990 Ed. (2179)
1991 Ed. (2023)
Race car driver (Indy Class)
1989 Ed. (2084, 2092, 2096)
Race tracks
1999 Ed. (2566)
Racepoint Global
2015 Ed. (4127, 4145)
2016 Ed. (4041, 4058, 4059)
RaceTrac
2016 Ed. (1236)
RaceTrac Petroleum Inc.
1993 Ed. (1159)
2009 Ed. (2894, 4139)
2010 Ed. (2833, 4071)
2011 Ed. (2817, 4043)
2012 Ed. (222, 4077)
2013 Ed. (269, 1326, 1647, 1652)
2014 Ed. (272, 1260, 1611)
2015 Ed. (1316, 1317, 1661)
2016 Ed. (1232, 1597, 1602, 1607)
Rachael Ray
2008 Ed. (904)
2009 Ed. (912)
2010 Ed. (856, 3005)
2011 Ed. (2971)
2014 Ed. (876)
Rachael Ray Express Lane Meals
2008 Ed. (555)
Rachael Ray Nutrish
2016 Ed. (3784)
Rachel F. Moran
2012 Ed. (2883)
Rachel Lomax
2006 Ed. (4978)
Rachel McAdams
2008 Ed. (2590)
Rachid Bouchareb
2013 Ed. (3473)
Rachlin Cohen & Holtz
1998 Ed. (2, 5, 18)
1999 Ed. (23)
2000 Ed. (19)
Rachlin Cohen & Holtz LLP
2002 Ed. (22, 23)
2003 Ed. (8)
2004 Ed. (14)
2005 Ed. (10)
2006 Ed. (15)
2007 Ed. (11)
2008 Ed. (9)
Rachman Halim
2006 Ed. (4916, 4919)
2008 Ed. (4845)
Rachmat; Theodore
2014 Ed. (4892)
2015 Ed. (4931)
2016 Ed. (4847)
Racine Schools
2008 Ed. (4280)
Racine, WI
1990 Ed. (291)
Racing
1990 Ed. (3328)
Racing Limos
2010 Ed. (150)
Racionero Acevedo SL
2016 Ed. (2009)
Rack & Riddle
2015 Ed. (4990)
Rack Room Shoes
2011 Ed. (201)
Rackable Systems Inc.
2007 Ed. (4279)
2008 Ed. (1587, 1606)
2009 Ed. (3020)
The Racketeer
2014 Ed. (576, 577)
2015 Ed. (647)
RackSpace
2003 Ed. (1074)
Rackspace
2015 Ed. (1608, 2091)
Rackspace Asia
2015 Ed. (1564)

Rackspace Hosting
2013 Ed. (1095, 2092)
2014 Ed. (1288, 2028, 3180)
2015 Ed. (3241)
Rackspace Hosting Inc.
2010 Ed. (2042, 4446)
2011 Ed. (4439)
2012 Ed. (973, 1937, 2760, 2762, 4633)
2013 Ed. (2100, 2846)
2014 Ed. (2032)
2015 Ed. (2081)
Rackspace Managed Hosting
2005 Ed. (4613)
2007 Ed. (2022)
2008 Ed. (2125, 2133)
2009 Ed. (2084, 2100, 2490)
Raclin; Ernestine M.
1994 Ed. (3666)
RACO Industries LLC
2008 Ed. (2003)
2009 Ed. (1965)
RACQ
2002 Ed. (3781)
RACQ-GIO Insurance
2002 Ed. (3777)
Racquet
2005 Ed. (4428)
Racquetball
1999 Ed. (4382)
RACV
2002 Ed. (3781)
2003 Ed. (3953, 3959)
Rad Oil
1993 Ed. (1152)
Radamel Falcao
2015 Ed. (224)
2016 Ed. (220)
Radbobank Nederland
1990 Ed. (600)
Radcliffe Colleges; Harvard and
1990 Ed. (1087)
Radcliffe; Daniel
2009 Ed. (2610)
2012 Ed. (2440, 2444)
Radenska
2000 Ed. (2986)
Rader, Fishman & Grauer PLLC
2009 Ed. (4763)
Rader, Lawrence
1991 Ed. (1694)
Radex-Heraklit
1991 Ed. (3451)
Radex-Heraklith
1992 Ed. (4400)
1994 Ed. (3631)
Radey Law Firm
2015 Ed. (1632)
Radfork Development Inc.
2005 Ed. (1037)
Radiall SA
2008 Ed. (3658)
Radialpoint
2009 Ed. (2996)
2010 Ed. (1097, 2936)
2011 Ed. (2901)
Radian Group
2016 Ed. (3173)
Radian Group Inc.
2004 Ed. (3034)
2005 Ed. (3048, 4689, 4690)
2006 Ed. (2587, 4734, 4735)
2007 Ed. (1525, 2556)
2010 Ed. (3263, 3323)
2011 Ed. (3281)
2012 Ed. (3195, 3259)
2013 Ed. (3264, 3331)
2014 Ed. (3292, 3348)
2016 Ed. (3201, 3250, 3255)
Radian International
1998 Ed. (1475, 1481, 1484)
1999 Ed. (1359, 2057)
Radian International LLC
2000 Ed. (1852)
Radiance Medspa
2008 Ed. (3888)
Radiance Solar
2016 Ed. (4406)
Radiance Technologies
2006 Ed. (2249)
2007 Ed. (2173)
Radiant Communications
2009 Ed. (2996)
2010 Ed. (2936)
Radiant Logistics
2013 Ed. (2851)
2016 Ed. (4730)
Radiant Systems Inc.
1999 Ed. (4163)
2008 Ed. (4415)

2009 Ed. (1697, 2922)
Radiate Experience
2011 Ed. (65)
Radiation from VDTs
1993 Ed. (3737, 3738)
Radiation Systems Inc.
1993 Ed. (1566, 1567)
Radiation Technical Services
2011 Ed. (2530)
The Radiators
2011 Ed. (1067)
Radical Entertainment
2006 Ed. (1596, 1605, 1625)
2007 Ed. (1606)
@radical.media
2011 Ed. (2618, 4671)
2012 Ed. (2559, 4685)
Radio
1992 Ed. (89, 90)
1993 Ed. (1941)
1995 Ed. (143, 144)
1996 Ed. (2466)
1997 Ed. (35, 868, 2256)
2000 Ed. (939)
2001 Ed. (95, 2022, 2024, 2781, 3246, 4876)
2002 Ed. (1398, 1414, 1491, 1983, 3882)
2003 Ed. (2758, 4515)
2005 Ed. (1470, 1481)
2007 Ed. (157)
Radio advertising
1990 Ed. (2737)
1992 Ed. (3731)
Radio and TV communication equipment
1989 Ed. (1929)
1990 Ed. (2515)
1991 Ed. (2382)
1992 Ed. (2969)
Radio Centro, SA de CV; Grupo
2005 Ed. (3429)
Radio City
1990 Ed. (3464)
Radio City Christmas Spectacular
2001 Ed. (1383)
2002 Ed. (1165)
Radio City Music Hall
1994 Ed. (2942)
1999 Ed. (1296)
2001 Ed. (4352)
2002 Ed. (4344)
2003 Ed. (4528)
2006 Ed. (1154)
2010 Ed. (1132)
2011 Ed. (1076, 1077)
2012 Ed. (1000)
2013 Ed. (1143)
2014 Ed. (1104)
2015 Ed. (1141)
2016 Ed. (1053)
Radio City Music Hall Productions
1995 Ed. (3000)
Radio communication
1992 Ed. (3828)
Radio communication and detection equipment
1994 Ed. (2435)
Radio Flyer Inc.
2011 Ed. (1700)
2012 Ed. (1553)
2013 Ed. (1702)
2014 Ed. (1650)
Radio Free Europe-Radio Liberty
1992 Ed. (3266)
Radio Frequency Systems Inc.
2002 Ed. (2083)
Radio Ink
2007 Ed. (4793)
Radio IP Software
2008 Ed. (2946)
Radio, local
2002 Ed. (2569)
2004 Ed. (2841)
2005 Ed. (2850)
2006 Ed. (2853)
Radio, national
2002 Ed. (2569)
2004 Ed. (2841)
2005 Ed. (2850)
2006 Ed. (2853)
Radio, national spot
2002 Ed. (918)
2003 Ed. (25, 26, 817)
2004 Ed. (861)
2005 Ed. (835)
2006 Ed. (762)
Radio, network
1998 Ed. (26)
2002 Ed. (4954)

Radio One Inc.
2001 Ed. (3974, 3975)
2002 Ed. (3285, 3894)
2003 Ed. (4033, 4034)
2004 Ed. (173, 4054)
2005 Ed. (175, 749, 2012, 3991)
2006 Ed. (185, 188, 3439, 3440, 4028)
2007 Ed. (191, 3451, 3453, 4062)
2008 Ed. (3628)
2016 Ed. (111, 117, 3580)
Radio Partnership
1999 Ed. (3982)
Radio Pictures
2012 Ed. (2556, 4683)
Radio receivers
1992 Ed. (2084)
Radio Shack
2014 Ed. (867)
Radio Shack Computer Centers
1989 Ed. (984)
Radio Shack Corp.
1990 Ed. (1647, 2030, 2032, 2033)
1991 Ed. (1542, 1920, 1921)
1992 Ed. (1937, 2423, 2425, 4038)
1993 Ed. (3365)
1994 Ed. (1911)
1995 Ed. (2119, 2123)
1998 Ed. (861)
2000 Ed. (2481, 2483, 2488, 3804, 3806, 4202)
2001 Ed. (3331)
2010 Ed. (146)
Radio Shack (Fort Worth, TX)
1991 Ed. (1037)
Radio Shack/Tandy
1992 Ed. (1317)
Radio, spot
2002 Ed. (4954)
Radio & television
1995 Ed. (2446)
Radio, television, & electronic stores
2010 Ed. (4279, 4280)
2011 Ed. (4271, 4272)
Radio & television equipment
2010 Ed. (3529, 3530)
2011 Ed. (3528, 3529)
Radio Times
2000 Ed. (3494, 3497)
2002 Ed. (3635)
Radio & TV
1990 Ed. (165, 166)
Radio & TV stations
2004 Ed. (1455)
Radio/cassettes
1990 Ed. (721)
Radiolinja
2001 Ed. (35)
2004 Ed. (44)
Radiologic technician
2011 Ed. (3781)
Radiologic technologists
1992 Ed. (3282)
Radiology, diagnostic
2006 Ed. (3907)
2008 Ed. (3985)
Radiomobil
2005 Ed. (33)
2006 Ed. (40)
Radiomovil Dipsa
2005 Ed. (61)
2010 Ed. (79)
Radion
1992 Ed. (1799, 4237)
1994 Ed. (1525)
1996 Ed. (1541)
1999 Ed. (1839)
2002 Ed. (2227)
Radion Automatic
1997 Ed. (165)
Radios
1998 Ed. (2439)
RadioShack
2013 Ed. (914, 2505, 2506)
2014 Ed. (827, 2433, 2438, 2439, 2446, 2448)
2015 Ed. (867, 2505, 2510, 2511, 2518)
2016 Ed. (755, 2438, 2443, 2444, 2452)
RadioShack Corp.
2001 Ed. (2217, 2531)
2002 Ed. (2110, 2358)
2003 Ed. (2767, 2776, 2777, 4502, 4979)
2004 Ed. (2857, 2883, 2884, 4052, 4978)
2005 Ed. (2357, 2864, 2873, 2874, 3330, 3990, 4120, 4121, 4415, 4987)

2006 Ed. (2403, 2871, 2879, 2880, 4026, 4169, 4439)
2007 Ed. (2354, 2863, 2873, 2874, 4499, 4528)
2008 Ed. (2982, 2993, 2994, 4229)
2009 Ed. (893, 894, 2086, 3078, 3079)
2010 Ed. (843, 3010, 3011)
2011 Ed. (2393, 2979, 2980)
2012 Ed. (717, 2909, 2910)
2013 Ed. (2996, 2997)
2014 Ed. (3003, 3004)
2015 Ed. (2477, 3072, 3073)
2016 Ed. (2060, 2962, 2963, 4243)
RadioShack.com
2013 Ed. (2473)
Radiotechnique
1989 Ed. (1626)
Radison Inn
1999 Ed. (2763)
Radission Hotels International
1991 Ed. (1952)
Radisson
1999 Ed. (2785)
2001 Ed. (2789, 2791)
2003 Ed. (2853, 2854, 2857, 2858, 2859, 2860)
2006 Ed. (2934)
2007 Ed. (2945)
2008 Ed. (3070)
2009 Ed. (3159)
2010 Ed. (3088)
Radisson Airport Hotel
2005 Ed. (2930)
Radisson Airport Hotel Providence
1997 Ed. (221, 2287)
Radisson Ambassador Plaza Hotel
1995 Ed. (2157)
Radisson Centre/Radisson Mart Plaza Hotel Complex
2000 Ed. (2538)
Radisson-Cherry Hill
1990 Ed. (1219)
Radisson Colorado Springs Airport
1997 Ed. (221, 2287)
Radisson Hospitality Worldwide
2004 Ed. (2944)
Radisson Hotel
1992 Ed. (2498, 2508)
2001 Ed. (2726)
2003 Ed. (2761)
2004 Ed. (2848)
2005 Ed. (2856)
2006 Ed. (2863)
2007 Ed. (2944)
Radisson Hotel at Star Plaza
1996 Ed. (2172)
Radisson Hotel & Conference Center
2007 Ed. (2944)
Radisson Hotel & Suites
2005 Ed. (2930)
Radisson Hotels
1993 Ed. (2098, 2101)
1994 Ed. (2118, 2121)
1995 Ed. (2166, 2172)
1996 Ed. (2181, 2187)
1997 Ed. (2296, 2306)
1998 Ed. (2024, 2031)
1999 Ed. (2792)
2000 Ed. (2550, 2559, 2569)
Radisson Hotels International
1992 Ed. (2496, 2502)
Radisson Hotels & Resorts
2002 Ed. (2637)
2003 Ed. (2847)
2004 Ed. (2938)
2005 Ed. (2931, 2941, 2942, 2943, 2944)
2010 Ed. (3089, 3090, 3093, 3102, 3103, 4252)
2011 Ed. (585, 3059, 3060, 3062, 3070, 3071)
2012 Ed. (3003, 3004, 3006, 3013, 3014)
Radisson Inn
1998 Ed. (2008)
Radisson Inn Green Bay
1996 Ed. (2173)
Radisson Lexington
2005 Ed. (2936)
Radisson Mart Plaza Hotel
1994 Ed. (193)
1995 Ed. (198)
1998 Ed. (2035)
1999 Ed. (2795)
2000 Ed. (2574)
Radisson Mart Plaza Hotel & Convention Center
2002 Ed. (2650)
Radisson Plaza Hotel

1991 Ed. (217)
Radisson Plaza Hotel & Golf Course
1994 Ed. (193)
Radisson SAS
2000 Ed. (2565)
Radisson Suites
1991 Ed. (1944)
1992 Ed. (2477)
1993 Ed. (2086)
1996 Ed. (2175, 2179)
RadiSys
2006 Ed. (2073)
2014 Ed. (2106)
2016 Ed. (991)
Radisys
2015 Ed. (1107)
Radius Advertising
1989 Ed. (85)
1990 Ed. (79)
1991 Ed. (76)
1992 Ed. (123)
1995 Ed. (48)
1997 Ed. (155)
1999 Ed. (115, 166)
Radius Advertising (Leo Burnett)
1996 Ed. (149)
Radius Communications
1998 Ed. (587, 601)
Radius Engineering Inc.
2006 Ed. (2087)
Radius Health
2016 Ed. (4496)
Radius Leo Burnett Advertising
2001 Ed. (230)
2002 Ed. (203)
2003 Ed. (163)
Radius/Leo Burnett
2000 Ed. (186)
Radlaw Industries, Inc.
1991 Ed. (344)
Radley Acura
1991 Ed. (300)
1992 Ed. (405)
1993 Ed. (290)
1994 Ed. (259)
Radley Yeldar
2002 Ed. (1954)
2009 Ed. (142)
2011 Ed. (59)
2015 Ed. (3408)
2016 Ed. (3281)
Radnor Homes
1998 Ed. (912)
Rado
1989 Ed. (21)
Rado Uhren AG
1994 Ed. (2214)
1996 Ed. (2264)
Radobank Skopje
2002 Ed. (4442)
Radon
1992 Ed. (3593)
Radovan Vitek
2015 Ed. (4919)
2016 Ed. (4835)
Radox
2001 Ed. (3726)
Radvision
2010 Ed. (280)
2011 Ed. (203)
Radwin
2010 Ed. (2946)
2011 Ed. (2911)
Rady Children's Hospital
2009 Ed. (3150)
2012 Ed. (2962)
2013 Ed. (3053, 3056)
Rady School of Management
2009 Ed. (804)
RAE Systems
2007 Ed. (2723)
2008 Ed. (2853)
RAEPANK Ltd.
1997 Ed. (457)
RAESA
2007 Ed. (2627)
Rafael Anchia
2014 Ed. (2976)
Rafael Bello
1996 Ed. (1897, 1901)
1999 Ed. (2403)
Rafael Borras
2014 Ed. (2976)
Rafael del Pino
2008 Ed. (4874)
2009 Ed. (4897)
Rafael Del Pino y Calvo-Sotelo
2014 Ed. (4920)
2015 Ed. (4960)
2016 Ed. (4876)

Rafael Nadal
2010 Ed. (278)
2013 Ed. (185, 191)
2014 Ed. (192, 199)
2015 Ed. (219)
2016 Ed. (215, 221)
Rafael Villagran
1995 Ed. (1812)
Rafaela Aponte
2015 Ed. (4962)
2016 Ed. (4878)
Rafaela Herrera
2007 Ed. (2496)
Rafal; John W.
2009 Ed. (3440)
2012 Ed. (3316)
Raffa
2012 Ed. (22)
2013 Ed. (15)
2014 Ed. (11)
2015 Ed. (12)
2016 Ed. (11)
Raffi Amit
2004 Ed. (819)
Raffinerie Tirlemont
1993 Ed. (1879)
Raffles
1996 Ed. (2174)
1998 Ed. (2032)
1999 Ed. (2771)
2000 Ed. (2546, 2570)
Raffles Education
2009 Ed. (1490, 2402)
2011 Ed. (2029)
Raffles Insurance Ltd.
2006 Ed. (3054)
2007 Ed. (3084)
2008 Ed. (3224)
2010 Ed. (3211)
2011 Ed. (3175)
2012 Ed. (3132)
Raffles Medical
2009 Ed. (3932)
Raffoul; Isaac Saba
2008 Ed. (4886)
2009 Ed. (4906)
Rafidain Bank
1989 Ed. (444, 445, 446, 447, 448, 449, 451, 452, 458, 572, 577, 584)
1990 Ed. (470, 471, 472, 473, 474, 480, 597, 611)
1991 Ed. (422, 423, 424, 425, 431, 551, 552, 554, 566)
1992 Ed. (580, 586, 734)
1993 Ed. (417, 421)
1994 Ed. (535)
Rafik Al Hariri
2003 Ed. (4895)
2004 Ed. (4883)
2005 Ed. (4886)
Rafn Co.
2011 Ed. (1288)
Rafo SA
2009 Ed. (2031)
Rag
1999 Ed. (3416, 3417, 3807)
RAG AG
2000 Ed. (3139, 3140, 3535)
2002 Ed. (1076, 3370, 3682)
2003 Ed. (3829)
2004 Ed. (1459, 3858)
2005 Ed. (3783)
2006 Ed. (3849, 3850)
2007 Ed. (3875)
2008 Ed. (200, 1185, 3678, 3680, 3924, 3927)
2009 Ed. (223, 1760, 3746, 3987, 3994)
2011 Ed. (3827)
Rag Shops Inc.
1999 Ed. (1054, 1878)
2001 Ed. (1943)
2006 Ed. (2141)
Ragan Outdoor Advertising
2001 Ed. (1544)
Ragan-Smith-Associates Inc.
2010 Ed. (2457)
Ragdoll Blaster 3
2013 Ed. (3760, 4946)
Ragged Mountain Resort
2015 Ed. (4469)
2016 Ed. (4374)
Raging Bull
2002 Ed. (4830, 4886)
Raging River Exploration Inc.
2015 Ed. (1556)
2016 Ed. (3835, 3837)
Raging Water
1995 Ed. (3725)
Raging Waters

1992 Ed. (4425)
1993 Ed. (3688)
1994 Ed. (3654)
1996 Ed. (3819)
1997 Ed. (3868)
1998 Ed. (3701)
1999 Ed. (4745)
2001 Ed. (4736)
2002 Ed. (4786)
2003 Ed. (4875)
2004 Ed. (4856)
2005 Ed. (4840)
2006 Ed. (4893)
2007 Ed. (4884)
Raging Waters, CA
2000 Ed. (4374)
Raging Waters, San Dimas, CA
1991 Ed. (3476)
Ragold
2000 Ed. (975)
Ragu
1994 Ed. (1881)
1996 Ed. (1948)
1998 Ed. (1717)
2001 Ed. (4321)
2002 Ed. (4332)
2014 Ed. (4508)
2015 Ed. (4508)
Ragu Express
2008 Ed. (2730)
Ragu Old World Style
2014 Ed. (4508)
2015 Ed. (4508)
Ragu Pasta Sauce
1992 Ed. (2172)
1999 Ed. (2474)
Ragu Pasta Sauces
2002 Ed. (2312)
Ragu Robusto
2014 Ed. (4508)
2015 Ed. (4508)
Ragutis
2002 Ed. (4441)
Raha; Subir
2014 Ed. (934)
Rahbani; Ziad
2013 Ed. (906)
Rahel Blocher
2015 Ed. (4962)
2016 Ed. (4878)
Rahmi Koc
2006 Ed. (4928)
2008 Ed. (4876)
2009 Ed. (4900)
2011 Ed. (4888)
Rahr; Stewart
2010 Ed. (4856)
2012 Ed. (4842)
2013 Ed. (4841)
2014 Ed. (4857)
2015 Ed. (4894)
Rahway Valley Sewerage Authority
2000 Ed. (3678)
Raia
2014 Ed. (1738)
Raichle
1991 Ed. (3132)
1992 Ed. (3981)
Raid
2003 Ed. (2952)
Raiders; Oakland
2012 Ed. (2679)
Raiders of the Lost Ark
1990 Ed. (2611)
1991 Ed. (2489)
Raifeisen Verband
1990 Ed. (22)
Raiffeisen
2012 Ed. (560)
Raiffeisen Bank
1993 Ed. (24)
1994 Ed. (14)
2004 Ed. (539)
2005 Ed. (518)
2006 Ed. (449, 517)
2007 Ed. (460, 545)
2008 Ed. (424, 496)
2009 Ed. (450, 526)
2010 Ed. (428, 429, 506)
2011 Ed. (353, 354, 437)
2013 Ed. (434, 454)
2014 Ed. (451, 470)
2015 Ed. (507, 528)
2016 Ed. (461, 482)
Raiffeisen Bank Aval
2010 Ed. (535)
2011 Ed. (464)
2013 Ed. (471)
2014 Ed. (485)
2015 Ed. (546)

2016 Ed. (499)
Raiffeisen Bank Croatia
  2003 Ed. (480)
  2004 Ed. (485, 487, 489)
Raiffeisen Bank Czech Republic
  2014 Ed. (437)
  2015 Ed. (491)
Raiffeisen Bank International
  2013 Ed. (409, 3470)
  2014 Ed. (426)
  2015 Ed. (483)
  2016 Ed. (435, 436)
Raiffeisen Bank International AG
  2015 Ed. (1455)
  2016 Ed. (1388)
Raiffeisen Bank Malta
  2009 Ed. (501)
  2010 Ed. (484)
  2011 Ed. (412)
  2013 Ed. (448)
  2014 Ed. (463)
  2015 Ed. (521)
  2016 Ed. (474)
Raiffeisen Bank Polska
  2004 Ed. (486)
  2011 Ed. (432)
  2013 Ed. (451)
  2014 Ed. (467)
  2015 Ed. (525)
  2016 Ed. (479)
Raiffeisen Bank Polska SA
  2011 Ed. (431)
Raiffeisen Bank Romania
  2011 Ed. (438)
Raiffeisen Bank SA
  2016 Ed. (469)
Raiffeisen banka
  2011 Ed. (442)
  2013 Ed. (457)
  2014 Ed. (473)
Raiffeisen banks
  2010 Ed. (513)
Raiffeisen Group
  2007 Ed. (1594)
Raiffeisen Informatik GmbH
  2007 Ed. (1596)
  2008 Ed. (1574)
Raiffeisen International Bank
  2007 Ed. (1593)
  2008 Ed. (1572)
  2009 Ed. (1504)
  2010 Ed. (1495)
Raiffeisen International Bank Holding
  2011 Ed. (1488)
  2012 Ed. (324, 1336)
  2013 Ed. (410, 1433)
  2014 Ed. (427, 1392)
  2015 Ed. (484)
Raiffeisen International Bank Holding
    AG
  2009 Ed. (403)
  2010 Ed. (379)
  2011 Ed. (304)
Raiffeisen Krekova banka d.d.
  2009 Ed. (533)
  2010 Ed. (517)
  2011 Ed. (446)
Raiffeisen Landesbank
    Niederosterreich-Wien
  1994 Ed. (429)
Raiffeisen Landesbank Oberosterreich
  2013 Ed. (409)
Raiffeisen Landesbank Steiermark
  2014 Ed. (426)
  2015 Ed. (483)
  2016 Ed. (435)
Raiffeisen-Landesbank Steiermark
  2013 Ed. (409)
Raiffeisen-Landesbank Steiermark AG
  2008 Ed. (382)
  2009 Ed. (404)
  2010 Ed. (380)
  2011 Ed. (305)
Raiffeisen Malta Bank
  2007 Ed. (517)
Raiffeisen. Nied-Wien
  1991 Ed. (454)
Raiffeisen Switzerland
  2009 Ed. (543)
  2010 Ed. (526)
  2011 Ed. (455)
Raiffeisen Unicbank
  1999 Ed. (537)
Raiffeisen Zentralbank Oesterreich
  2001 Ed. (606, 607, 608)
Raiffeisen Zentralbank Osterreich
  1992 Ed. (610)
  1993 Ed. (429)
  1994 Ed. (429)
  1995 Ed. (424)

1996 Ed. (449)
1999 Ed. (472)
2000 Ed. (465)
2002 Ed. (525)
2003 Ed. (464)
2004 Ed. (450, 493, 496)
2005 Ed. (462)
2006 Ed. (415)
2007 Ed. (400)
2008 Ed. (382)
2009 Ed. (403, 404)
2010 Ed. (379, 380)
2011 Ed. (305)
Raiffeisen Zentralbank Osterreich AG
  1997 Ed. (413)
  2011 Ed. (304)
Raiffeisenbank
  2003 Ed. (482)
  2004 Ed. (487)
  2006 Ed. (431)
  2009 Ed. (426)
  2010 Ed. (402, 403)
  2011 Ed. (329, 330)
  2013 Ed. (418, 455)
  2014 Ed. (471)
  2015 Ed. (529)
  2016 Ed. (483)
Raiffeisenbank Austria
  2014 Ed. (435)
  2015 Ed. (490)
  2016 Ed. (444)
Raiffeisenbank Austria d.d. Zagreb
  2006 Ed. (429)
  2009 Ed. (423)
  2010 Ed. (399)
  2011 Ed. (326)
Raiffeisenbank Austria Zagreb
  2013 Ed. (416)
Raiffeisenbank (Bulgaria)
  2008 Ed. (389)
  2009 Ed. (411)
  2010 Ed. (388, 389)
  2011 Ed. (314)
  2013 Ed. (415)
  2014 Ed. (432)
  2015 Ed. (488)
  2016 Ed. (441)
Raiffeisenbank (Bulgaria) Ead
  2011 Ed. (313)
Raiffeisenbank (Romania) SA
  2014 Ed. (458)
Raiffeisenbank Russia
  2013 Ed. (443)
  2014 Ed. (457)
  2015 Ed. (515)
Raiffeisenland Niederosterreich-Wein
  1999 Ed. (472)
Raiffeisenland Niederosterreich-Wien
  1995 Ed. (424)
  1996 Ed. (449)
  1997 Ed. (413)
Raiffeisenlandesbank Niederoesterreich-
    Wien AG
  2011 Ed. (304)
Raiffeisenlandesbank Niederosterreich-
    Wien
  1992 Ed. (610)
  1993 Ed. (429)
  2000 Ed. (465)
  2002 Ed. (525)
  2003 Ed. (464)
  2004 Ed. (450)
  2005 Ed. (462)
  2006 Ed. (415)
  2007 Ed. (400)
  2008 Ed. (382)
  2009 Ed. (404)
  2010 Ed. (380, 413, 452)
  2011 Ed. (305)
Raiffeisenlandesbank Niederosterriech-
    Wien
  2013 Ed. (409)
Raiffeisenlandesbank No Wien
  2014 Ed. (426)
  2015 Ed. (483)
  2016 Ed. (435)
Raiffeisenlandesbank Oberosterreich
  1996 Ed. (559)
  2000 Ed. (465)
  2002 Ed. (525)
  2003 Ed. (464)
  2004 Ed. (450)
  2005 Ed. (462)
  2006 Ed. (415)
  2007 Ed. (400)
  2008 Ed. (382)
  2009 Ed. (404)
  2010 Ed. (380)
  2011 Ed. (305)
  2014 Ed. (426)

2015 Ed. (483)
2016 Ed. (435)
Raiffeisenlandesbank Osterreichreich
    AG
  2011 Ed. (304)
Raiffeisenverband
  1991 Ed. (16)
Raihle; Maureen
  2014 Ed. (3391)
Raiji & Co.; N. M.
  1997 Ed. (10)
Raikes; Jeffrey S.
  2006 Ed. (2524)
Raikkonen; Kimi
  2010 Ed. (276)
  2011 Ed. (200)
Rail
  2001 Ed. (4234)
Rail Access Corp.
  2002 Ed. (4674)
Rail Delivery Services Inc.
  1999 Ed. (4810)
Rail India Technical & Economic Ser-
    vices Ltd.
  1991 Ed. (1560)
Rail Services
  2002 Ed. (1179)
RailAmerica Inc.
  2004 Ed. (4055, 4056)
  2005 Ed. (3993, 3994)
  2013 Ed. (4165)
  2014 Ed. (4183)
RailComm
  2013 Ed. (1947)
Railcrew Xpress LLC
  2015 Ed. (1768)
  2016 Ed. (1719)
Railroad brake, signal, & switch opera-
    tors
  2004 Ed. (2290)
Railroad brake, signal, switch operators
  1989 Ed. (2078)
Railroad conductor
  1989 Ed. (2086)
Railroad conductors, yardmasters
  1989 Ed. (2078)
Railroad Construction Family of Cos.
  2008 Ed. (1318, 1333)
  2009 Ed. (1328)
Railroad Credit Union
  2009 Ed. (2194)
Railroad Employees
  1992 Ed. (3261)
Railroad Industries Inc.
  2006 Ed. (3526)
  2007 Ed. (3577, 4433)
  2008 Ed. (3720)
Railroads
  1990 Ed. (2184, 2188)
  1991 Ed. (2055)
  1996 Ed. (1256, 1257)
  1997 Ed. (1303, 1445)
  1998 Ed. (1071, 1075, 1151)
  1999 Ed. (1510)
  2000 Ed. (1354)
  2003 Ed. (2904, 2907)
  2004 Ed. (3010)
  2005 Ed. (3008)
  2006 Ed. (3007)
  2007 Ed. (3040, 3043, 3046)
  2008 Ed. (3155, 3157)
Railtrack Group
  1999 Ed. (1658)
Railtrack Group plc
  2001 Ed. (3986)
  2002 Ed. (3902)
Railtrack plc
  2001 Ed. (3986)
  2002 Ed. (4671)
  2004 Ed. (4796)
Railtrans SIA
  2016 Ed. (1739)
Railway cars, refrigerated
  1999 Ed. (2530)
Railway Employees Credit Union
  2003 Ed. (1886)
  2004 Ed. (1925)
Railways
  2001 Ed. (2160)
Railways Pension Fund
  1996 Ed. (2944)
RailWorks Corp.
  2005 Ed. (1310)
  2007 Ed. (1364)
  2008 Ed. (1322, 1333, 1334)
  2010 Ed. (1300)
Railworks Track Systems Inc.
  2004 Ed. (1874)
Raiman; Lawrence
  1997 Ed. (1877)

Rain
  2005 Ed. (885)
Rain Man
  1991 Ed. (2488)
Raina; Robin
  2011 Ed. (4441)
Rainbo Break Cake
  1996 Ed. (358)
  1998 Ed. (260, 261)
Rainbow
  2011 Ed. (202)
Rainbow Babies & Children's Hospital
  2005 Ed. (2900)
  2006 Ed. (2907)
  2007 Ed. (2926)
  2008 Ed. (3049)
  2009 Ed. (3135)
  2012 Ed. (2960, 2963)
  2013 Ed. (3050, 3055)
Rainbow Chevrolet
  1992 Ed. (411)
Rainbow Credit Union
  2002 Ed. (1869)
  2003 Ed. (1923)
  2004 Ed. (1963)
  2005 Ed. (2105)
  2006 Ed. (2200)
  2009 Ed. (2222)
  2010 Ed. (2176)
  2011 Ed. (2194)
  2012 Ed. (2054)
Rainbow Evaporated Milk
  1991 Ed. (44)
Rainbow Guitars
  1999 Ed. (3501)
Rainbow Hall
  2001 Ed. (4352)
Rainbow International
  1990 Ed. (1850)
Rainbow International Carpet Care &
    Restoration
  2002 Ed. (2007)
  2003 Ed. (883)
  2004 Ed. (904)
Rainbow International Cleaning & Res-
    toration
  2006 Ed. (2321)
Rainbow International Restoration &
    Cleaning
  2005 Ed. (2264)
  2007 Ed. (2252)
  2008 Ed. (2389)
  2009 Ed. (2370)
  2012 Ed. (2188)
  2013 Ed. (3113)
  2014 Ed. (3112)
  2015 Ed. (3175)
  2016 Ed. (3029)
Rainbow Polybag Co.
  1999 Ed. (4338)
Rainbow Porsche
  1991 Ed. (292)
Rainbow Productions
  2002 Ed. (3265)
Rainbow Rentals
  1998 Ed. (1790)
  1999 Ed. (2550)
  2000 Ed. (2293)
Rainbow Room
  1991 Ed. (2858, 2860)
  1992 Ed. (3687, 3689)
  1993 Ed. (3010)
  1994 Ed. (3055)
  1995 Ed. (3101)
  1996 Ed. (3195)
  1997 Ed. (3302)
  1998 Ed. (3049)
  1999 Ed. (4056)
Rainbow Six
  2000 Ed. (707)
  2001 Ed. (986)
Rainbow Technologies Inc.
  1990 Ed. (1966, 3296)
  1992 Ed. (3994)
Rainbow Technology
  2006 Ed. (3494)
  2007 Ed. (3529, 3530, 4398)
Raindance
  2006 Ed. (4375)
Raindance Communications
  2003 Ed. (1653)
Rainer Investment
  1996 Ed. (2407)
Raines; Franklin
  2005 Ed. (964)
  2006 Ed. (906, 1201, 2517)
Rainey Kelly Campbell Roalfe
  2001 Ed. (231)
  2009 Ed. (140)
  2010 Ed. (137)

2011 Ed. (58)
Rainey, Kelly, Campbell, Roalfe/Young
& Rubican UK
2001 Ed. (232)
Rainey Kelly Campbell Roalfe/Y&R
2013 Ed. (56)
2014 Ed. (73)
2015 Ed. (66)
2016 Ed. (63)
The Rainforest
2014 Ed. (635)
Rainforest Cafe
2000 Ed. (2395, 3762, 3763, 3773, 3774, 3794, 3798)
2001 Ed. (4060, 4061, 4066, 4067, 4071, 4073, 4076, 4084)
2002 Ed. (4007, 4032)
2003 Ed. (4097)
2008 Ed. (4157)
2009 Ed. (4265)
Rainier Balanced
1999 Ed. (3508)
Rainier Bancorp
1989 Ed. (364)
Rainier Case Management Inc.
2010 Ed. (4177)
Rainier National Bank
1989 Ed. (203, 205, 708)
1990 Ed. (715, 2438)
Rainier Pacific, A Community Credit Union
2002 Ed. (1899)
Rainier Pacific Financial Group
2009 Ed. (2125)
2010 Ed. (2061)
2011 Ed. (2116)
Rainier Small/Mid Cap Equity
1999 Ed. (3505)
2006 Ed. (3641)
Rainier Technology, Inc.
2002 Ed. (2516)
Rainin Instrument Co., Inc.
2004 Ed. (1530)
Rainmaker Entertainment Inc.
2014 Ed. (1500)
Rainmaker Income Fund
2005 Ed. (1664, 1670)
2006 Ed. (1576)
Raintree Graphics
2015 Ed. (4080)
2016 Ed. (3991, 3992, 3994)
Raintree Inns
1991 Ed. (1942)
Raintree Printing
2012 Ed. (4012)
Rainwater Construction Co., Inc.
2008 Ed. (4252)
Rainwater; Gary L.
2009 Ed. (955)
Rainwater; Richard
1990 Ed. (1773)
Raise Production Inc.
2015 Ed. (1521, 1559)
Raisin Bran
1990 Ed. (924)
1991 Ed. (877, 878)
1992 Ed. (1072, 1074)
1993 Ed. (860)
2000 Ed. (1001, 1002, 1003)
2001 Ed. (1147)
2002 Ed. (955)
2003 Ed. (876, 879)
2016 Ed. (777)
Raising Cane's Chicken Fingers
2008 Ed. (4165)
2009 Ed. (4274)
2011 Ed. (4234)
2013 Ed. (4230)
2016 Ed. (4013)
Raisins
1993 Ed. (1748)
2002 Ed. (2372)
2003 Ed. (2577)
Raisio Yhtyma Oyj
2000 Ed. (2443, 2444)
2002 Ed. (2469)
Raision Tehtaat Oy Ab
1999 Ed. (2662)
Raithel Investment
2008 Ed. (1096)
Raitt; Bonnie
1993 Ed. (1078)
Raj Chatha
2007 Ed. (2465)
Raj; Deepak
1991 Ed. (1701)
1993 Ed. (1789, 1802)
1994 Ed. (1772, 1785)
1995 Ed. (1813, 1824)
1996 Ed. (1787, 1797)

1997 Ed. (1870)
Raj Kumar
2015 Ed. (4957)
2016 Ed. (4873)
Raj L. Gupta
2008 Ed. (2633)
Raj; Lakshmi
2012 Ed. (4986)
Raj Manufacturing LLC
2012 Ed. (3703)
Raj & Neera Singh
2008 Ed. (4911)
Raj Seth
2000 Ed. (2050)
Raj Sharma
2016 Ed. (3287)
Raja Easa Al Gurg
2013 Ed. (3472)
Raja Foods LLC
2010 Ed. (3692)
2011 Ed. (3687)
2013 Ed. (3748)
2014 Ed. (3681)
2015 Ed. (3699)
2016 Ed. (3581)
Raja Garuda Mas.
1992 Ed. (2103)
Rajaa Naji Al Makkawi
2013 Ed. (3481)
Rajaan; Fahad Al
2013 Ed. (3474)
Rajan Group plc
2009 Ed. (2116)
Rajawali Citra Televisi
2007 Ed. (44)
2008 Ed. (48)
2009 Ed. (55)
2010 Ed. (65)
Rajeev Malik
1999 Ed. (2281)
Rajhi; Abdullah Al
2009 Ed. (4911)
2010 Ed. (4912)
2011 Ed. (4898)
2012 Ed. (4908)
2013 Ed. (4904)
2014 Ed. (4915)
2015 Ed. (4955)
2016 Ed. (4871)
Rajhi; Mohamed Al
2011 Ed. (4898)
2012 Ed. (4908)
2013 Ed. (4904)
Rajhi; Saleh Al
2009 Ed. (4911)
2010 Ed. (4912)
2011 Ed. (4898, 4900)
Rajhi; Sulaiman Al
2009 Ed. (4911)
2010 Ed. (4912, 4913)
2011 Ed. (4898, 4900)
2012 Ed. (4908, 4909)
2013 Ed. (4904, 4918)
2014 Ed. (4915)
2015 Ed. (4955)
2016 Ed. (4871)
Rajhi; Sulaiman Bin Abdul Al
2005 Ed. (4886)
2006 Ed. (4928)
2007 Ed. (4921)
2008 Ed. (4892)
Rajiv Chaudhri
1998 Ed. (1671)
Rajiv Dutta
2005 Ed. (992)
2006 Ed. (970)
2007 Ed. (1066)
Rajiv Gupta
2006 Ed. (881)
2007 Ed. (972)
Rajiv Malik
2014 Ed. (2595)
2015 Ed. (2637)
Rajiv Sobti
1993 Ed. (1843)
1997 Ed. (1953)
1998 Ed. (1613)
1999 Ed. (2196, 2197, 2199, 2200, 2202)
Rajkumar; Gloria
2012 Ed. (4986)
Rajshahi Krishi Unnayan Bank
1994 Ed. (432)
1995 Ed. (427)
Rajudin Ramli
1997 Ed. (849)
Rakbank
2010 Ed. (374)
2012 Ed. (316)
2013 Ed. (360)

Rakers; Aaron
2011 Ed. (3347)
Rakoff; Jed
2013 Ed. (735)
Rakon
2009 Ed. (1946, 2417)
Rakowich; Walter
2006 Ed. (1001)
Rakowich; Walter C.
2011 Ed. (857)
Raks Electronik
1997 Ed. (2577)
Rakuten
2006 Ed. (4511)
2007 Ed. (4204)
2012 Ed. (555, 1634, 2301)
2013 Ed. (653)
2014 Ed. (1695)
2015 Ed. (1738)
2016 Ed. (666, 4229, 4770)
Rakuten Inc.
2013 Ed. (2478)
2014 Ed. (2408)
2015 Ed. (2482)
2016 Ed. (2414)
Rakuten.com
2016 Ed. (2440)
Rakuten.com Shopping
2015 Ed. (2507)
Rakvere Lihakombinaat
2006 Ed. (4501)
Rakyat
1994 Ed. (3193)
Rakyat First Merchant Bankers
1989 Ed. (1781)
Rakyat Indonesia; Bank
2006 Ed. (456, 1770)
2007 Ed. (468, 1779)
2008 Ed. (433, 1810)
2009 Ed. (1758)
RAL Merchant Bank
1991 Ed. (701)
Ral Merchant Bank Limited
1989 Ed. (718)
Ralcorp
1996 Ed. (890)
1997 Ed. (919)
1998 Ed. (660, 1725)
Ralcorp Frozen Bakery Products
2008 Ed. (2780)
2009 Ed. (2838)
2010 Ed. (2779)
2011 Ed. (2768)
2012 Ed. (2697)
2014 Ed. (2764, 2765)
Ralcorp Holdings
2013 Ed. (2612)
Ralcorp Holdings Inc.
1996 Ed. (3440)
2004 Ed. (2658, 4697)
2005 Ed. (1889, 2634, 2652)
2006 Ed. (1900, 1902, 2631)
2008 Ed. (1952, 1955, 2731, 2740)
2010 Ed. (2720)
2011 Ed. (2848)
2012 Ed. (2630, 2778)
2014 Ed. (294)
Ralee Engineering Co.
2000 Ed. (4435)
Raleigh
1989 Ed. (1998)
1997 Ed. (994)
Raleigh Bhd.
1991 Ed. (2275)
Raleigh-Cary, NC
2007 Ed. (3366)
2008 Ed. (1055, 3457, 3458, 3510, 4090, 4091)
2009 Ed. (3534, 3575)
2010 Ed. (927)
2014 Ed. (2314)
Raleigh-Durham-Chapel Hill, NC
1995 Ed. (3106, 3110)
1996 Ed. (2621, 3201, 3205)
1997 Ed. (1821, 2765, 3305, 3308)
1998 Ed. (2057, 2485)
2001 Ed. (2280, 2284)
2002 Ed. (1053, 2731, 2763)
2003 Ed. (2345, 2349, 2352, 3246)
2004 Ed. (2423, 2426, 2429)
2005 Ed. (3322)
2006 Ed. (3315)
2008 Ed. (3474, 4348, 4354, 4357)
2009 Ed. (2388)
Raleigh-Durham, NC
1989 Ed. (1903)
1990 Ed. (2485)
1991 Ed. (2347)
1994 Ed. (973, 2409, 3060, 3064)
1995 Ed. (990, 2191, 2559)

1997 Ed. (2334, 3524)
1999 Ed. (254)
2000 Ed. (1088, 3104, 3687)
2001 Ed. (2783, 2795)
2002 Ed. (2117, 4287)
2003 Ed. (3678)
2004 Ed. (1162, 3297, 3735, 4081)
2005 Ed. (2376, 2385, 3310, 3644)
2006 Ed. (3298, 3741, 3742)
2008 Ed. (977)
Raleigh, NC
1992 Ed. (1163)
1994 Ed. (823, 966, 3326, 3511)
1995 Ed. (2807)
1996 Ed. (303)
2002 Ed. (2744)
2003 Ed. (1136)
2005 Ed. (4143)
2006 Ed. (3067, 4189)
2007 Ed. (3362)
2008 Ed. (3460, 3517, 4039)
2009 Ed. (3237, 3297, 3535)
2010 Ed. (3224, 3458)
2011 Ed. (3187, 3460, 3461)
2013 Ed. (3520, 4786)
2014 Ed. (3242, 3494)
2015 Ed. (3512)
2016 Ed. (3371)
Rales; Mitchell
2005 Ed. (4850)
2006 Ed. (4905)
2007 Ed. (4901)
2008 Ed. (4828)
2011 Ed. (4832)
2012 Ed. (4844)
2013 Ed. (4843)
2014 Ed. (4859)
2015 Ed. (4896)
2016 Ed. (4814)
Rales; Steven
2005 Ed. (4850)
2006 Ed. (4905)
2007 Ed. (4901)
2008 Ed. (4828)
2011 Ed. (4832)
2012 Ed. (4851)
2013 Ed. (4848)
2014 Ed. (4864)
2015 Ed. (4896)
2016 Ed. (4814)
Rales; Steven & Mitchell
1990 Ed. (3556)
Raley Field
2005 Ed. (4442, 4443)
Raley's
1990 Ed. (1023)
1991 Ed. (951)
1992 Ed. (490)
1999 Ed. (4809)
2000 Ed. (4429)
2002 Ed. (4984)
2003 Ed. (4149)
2004 Ed. (4163, 4646)
2011 Ed. (4035)
2012 Ed. (4068)
Raley's Inc.
2016 Ed. (1431, 1434)
Raley's Supermarkets
2002 Ed. (4536)
2004 Ed. (4623, 4647)
2009 Ed. (4599, 4620)
Rall; Gary
2007 Ed. (4161)
Rally
2009 Ed. (1132)
2010 Ed. (1113)
2011 Ed. (1052)
2012 Ed. (971)
2014 Ed. (1077)
2015 Ed. (1115)
2016 Ed. (1027)
Rally Energy Corp.
2008 Ed. (1622, 1660)
Rally Software
2009 Ed. (1595)
2010 Ed. (1122)
2011 Ed. (1035)
2014 Ed. (2452)
Rally Software Development Corp.
2008 Ed. (1672, 1673)
2009 Ed. (1594, 4133)
2010 Ed. (1420)
2011 Ed. (1423)
2012 Ed. (1425)
2013 Ed. (1549)
2014 Ed. (1518)
2016 Ed. (1018)
Rallye Group
2006 Ed. (102)
2007 Ed. (95)

Rallye Motors
1990 Ed. (329, 333)
1991 Ed. (282, 286, 310)
1993 Ed. (277)
1995 Ed. (279, 288)
1996 Ed. (279, 286)
Rallye Motors Holding
2009 Ed. (4992)
2012 Ed. (4991)
Rallye SA
2006 Ed. (4945)
2007 Ed. (4952)
2009 Ed. (3514, 4786)
Rally's
1991 Ed. (1876, 3145)
1992 Ed. (2116, 2221, 2372)
1994 Ed. (1743, 2010, 2022, 2023, 3081, 3318, 3328)
1995 Ed. (1776, 1777, 2074, 2075, 2076, 3115, 3116, 3132, 3133)
1997 Ed. (1836, 2172, 2173)
1999 Ed. (2138, 2632)
2001 Ed. (2403)
2002 Ed. (2235)
2006 Ed. (2566)
2007 Ed. (2531, 2532)
2011 Ed. (2582, 2583)
Rally's Hamburgers
1991 Ed. (1771)
1993 Ed. (3014, 3015, 3036)
1996 Ed. (1754, 2072, 2073)
1998 Ed. (1898)
2002 Ed. (2239)
2007 Ed. (2537)
2008 Ed. (2675, 2676)
2009 Ed. (2700)
2010 Ed. (2620)
2011 Ed. (2600, 4210)
2014 Ed. (2881)
2015 Ed. (2919)
Ralmondo Construction
2003 Ed. (1286)
Ralph
1998 Ed. (264, 755)
Ralph Acampora
1997 Ed. (1915)
1998 Ed. (1622)
1999 Ed. (2207)
2000 Ed. (1978)
Ralph Alvarez
2006 Ed. (2516)
2008 Ed. (1428)
2009 Ed. (1397, 2656, 3054)
2010 Ed. (1388, 2564, 2988)
2011 Ed. (1378)
2012 Ed. (1236)
2013 Ed. (2957)
2014 Ed. (2974)
2015 Ed. (3043)
Ralph and Erma Ekvall
1994 Ed. (897)
Ralph Buick
1995 Ed. (265)
1996 Ed. (266)
Ralph Cryder
1992 Ed. (3139)
Ralph de la Vega
2009 Ed. (2656, 3054)
2010 Ed. (2988)
Ralph E. Ablon
1990 Ed. (975)
Ralph Feigin
2004 Ed. (974)
Ralph Freitag
1992 Ed. (2056)
Ralph G. Mann
1992 Ed. (534)
Ralph Giacobbe
2011 Ed. (3353)
Ralph Izzo
2009 Ed. (955)
2010 Ed. (908)
2015 Ed. (972)
Ralph J. Roberts
1996 Ed. (960)
2003 Ed. (2410)
2005 Ed. (2512)
Ralph Jones Sheet Metal Inc.
2009 Ed. (1313)
Ralph L. MacDonald, Jr.
1989 Ed. (417)
Ralph L. Rossi
1993 Ed. (1696)
Ralph L. Wadsworth
2015 Ed. (1228)
Ralph L. Wadsworth Construction Co.
2010 Ed. (1322, 1325)
2013 Ed. (1236)
Ralph Lauren
2001 Ed. (1915)

2002 Ed. (3348)
2003 Ed. (2869)
2004 Ed. (2527, 4860)
2005 Ed. (4686, 4846)
2006 Ed. (1016, 2951, 4902)
2007 Ed. (1102, 1117, 4747, 4897)
2008 Ed. (996, 4826)
2009 Ed. (969, 982, 2659, 3073, 4710, 4849)
2010 Ed. (932, 3004, 4853)
2011 Ed. (836, 878, 2974, 3082, 4820)
2012 Ed. (798, 834, 4840)
2013 Ed. (695, 989, 1012, 4838)
2014 Ed. (976, 979, 2553, 3525, 4853)
2015 Ed. (961, 1014, 1016, 4890)
2016 Ed. (4808)
Ralph Lauren Corp.
2013 Ed. (996, 999, 1000, 1005, 1008, 1942)
2014 Ed. (956, 957, 958, 962, 964, 970, 973, 1881, 3020, 3825)
2015 Ed. (992, 993, 994, 998, 999, 1007, 1010, 1918, 3087, 3850)
2016 Ed. (897, 898, 899, 903, 906, 907, 911, 913, 3447, 3758)
Ralph Lauren Mobile
2012 Ed. (2291)
Ralph Lauren Polo Blue
2006 Ed. (2662)
2008 Ed. (2769)
Ralph Lauren Polo Sport
2006 Ed. (2662)
Ralph M. Hall
1999 Ed. (3843, 3959)
Ralph M. Parsons Co.
1990 Ed. (1664)
Ralph M. Parsons Foundation
1990 Ed. (1848)
1999 Ed. (2503)
Ralph Reichmann
1989 Ed. (732)
1990 Ed. (731)
1992 Ed. (890)
1993 Ed. (699)
Ralph Rubio
2004 Ed. (2533)
Ralph S. Inouye Co.
2008 Ed. (1779)
2010 Ed. (1668)
Ralph S. Larsen
1992 Ed. (2063)
Ralph Schomp Automotive
2015 Ed. (1588)
2016 Ed. (1511, 1515, 2579)
Ralph Schomp Automotive Inc.
1998 Ed. (3761)
1999 Ed. (4811)
2000 Ed. (4430)
2002 Ed. (4986, 4987)
2003 Ed. (4990)
2004 Ed. (3968, 4988, 4989)
2005 Ed. (2541, 3912, 4993, 4994)
2006 Ed. (2549, 3986, 4991, 4992, 4993)
2007 Ed. (2525, 4987, 4988, 4990)
2008 Ed. (2653, 4992, 4993)
2009 Ed. (310, 2681, 4987, 4988, 4989)
2010 Ed. (2591, 4994, 4995, 4996)
2011 Ed. (2573, 4991, 4992, 4993)
2012 Ed. (2520, 4073, 4988, 4989)
2013 Ed. (2653, 4982, 4988)
2014 Ed. (2609, 4984)
2015 Ed. (5028)
2016 Ed. (4946)
Ralph Schomp Oldsmobile, Honda, BMW & Hundai
1996 Ed. (3879)
Ralph Schomp Oldsmobile Honda, BMW & Hyundai
1995 Ed. (3794)
Ralph Scozzafava
2011 Ed. (2974)
Ralph Sonnenberg
2009 Ed. (4892)
2011 Ed. (4881)
2012 Ed. (4890)
2013 Ed. (4891)
2014 Ed. (4904)
2015 Ed. (4944)
2016 Ed. (4859)
Ralph Waldo Beeson
1992 Ed. (1099)
1993 Ed. (888, 1028)
1994 Ed. (895)
Ralphs
1995 Ed. (3534)
1996 Ed. (1560)

1997 Ed. (2790, 3670, 3671, 3677)
1998 Ed. (3455, 3456, 3457)
1999 Ed. (368, 4518, 4520)
2004 Ed. (4642)
2005 Ed. (4554)
2006 Ed. (4633)
2007 Ed. (4619)
2008 Ed. (4566)
2009 Ed. (4596)
2010 Ed. (4627)
2014 Ed. (1433)
Ralph's Food Warehouse Inc.
2005 Ed. (4117)
2006 Ed. (4168)
2007 Ed. (4189)
2016 Ed. (4232)
Ralphs Grocery Co.
2003 Ed. (1745)
2007 Ed. (4638, 4640, 4641)
Ralphs/Food 4 Less
2012 Ed. (1664)
Ralston Chex Mix
1999 Ed. (4346)
Ralston Purina Co.
1989 Ed. (20, 1050, 1444, 1448, 1450, 1452, 1453)
1990 Ed. (1812, 1815, 1816, 1817, 1820, 1822, 2824, 2825)
1991 Ed. (1733, 1735, 1736, 1738, 1741, 1742)
1992 Ed. (1073, 1525, 2175, 2177, 2179, 2181, 2184, 2185, 3405)
1993 Ed. (861, 1226, 1350, 1370, 1873, 1875, 1876, 1877, 2709, 3379)
1994 Ed. (880, 881, 882, 1264, 1423, 1862, 1864, 1865, 1866, 2828)
1995 Ed. (913, 1460, 1886, 1888)
1996 Ed. (1244, 1422, 1928, 1932, 1933)
1997 Ed. (1290, 1482, 2029, 2036, 2038, 3069)
1998 Ed. (1178, 1202, 1718, 1724, 1725, 2813)
1999 Ed. (1504, 1551, 1561, 1708, 2455, 2459, 2464, 3786)
2000 Ed. (1334, 1336, 1519, 3513)
2001 Ed. (2462, 2473)
2002 Ed. (2302, 3656, 4352, 4364)
2003 Ed. (1216, 2512, 3803, 3804)
Ram
1991 Ed. (1854, 1855)
1992 Ed. (2337, 2338)
2000 Ed. (3141)
2002 Ed. (386)
Ram 1500
2001 Ed. (468, 470, 473, 474, 3394, 4638)
Ram Computers
2001 Ed. (1882)
Ram; Dodge
2005 Ed. (304, 4777, 4785, 4786)
2006 Ed. (323, 4829, 4856)
2007 Ed. (4858)
2008 Ed. (299, 304, 4765, 4781)
2009 Ed. (4812)
2010 Ed. (4830)
Ram Doubler
1996 Ed. (1077)
1997 Ed. (1091, 1096)
1998 Ed. (845)
RAM Energy Resources Inc.
2013 Ed. (3941)
Ram Golf Co.
1993 Ed. (1990, 1991)
Ram Herrara
1997 Ed. (1113)
RAM Management Group
2007 Ed. (1188)
2009 Ed. (1075)
Ram Motor Coach Inc.
1992 Ed. (4367, 4369)
Ram Pickup
2001 Ed. (480, 3329)
2002 Ed. (4684, 4699, 4700)
2013 Ed. (4770, 4771, 4772)
Ram Pickup; Dodge
2012 Ed. (272)
Ram Shriram
2006 Ed. (4879)
2007 Ed. (4874)
2009 Ed. (4828)
2010 Ed. (4844)
RAM Systems GmbH
2005 Ed. (2156)
Ram-Tech Plant Services LLC
2015 Ed. (1150, 2077)
Ram Tool & Supply Co., Inc.
2006 Ed. (3494, 4338)
2007 Ed. (3529, 3530, 4397, 4398)

Ram Van
2001 Ed. (482)
Rama & Grey
1995 Ed. (84)
1996 Ed. (98)
1997 Ed. (100)
1999 Ed. (101)
2001 Ed. (145)
Rama Perwira
2002 Ed. (118)
2003 Ed. (85)
Rama Perwira; P. T.
1991 Ed. (109)
Ramada
1990 Ed. (1165, 2087)
1991 Ed. (1945)
1992 Ed. (2502, 2503, 2506, 2507)
1995 Ed. (2166)
1997 Ed. (2295)
1998 Ed. (2023, 2024, 2025, 2031)
1999 Ed. (2784, 2785)
2000 Ed. (2550, 2559, 2562, 2569)
2001 Ed. (2791)
2002 Ed. (2637)
2003 Ed. (2847)
2004 Ed. (2938)
2013 Ed. (3094)
2014 Ed. (3093)
2015 Ed. (3158)
Ramada Congress Hotel
1997 Ed. (2301)
1999 Ed. (2787)
Ramada Franchise Systems Inc.
1994 Ed. (1912)
2002 Ed. (2640)
2003 Ed. (2852)
2004 Ed. (2942, 2944)
2005 Ed. (2935, 2939)
2006 Ed. (2942)
Ramada Hotel Group
1990 Ed. (2067, 2068, 2069)
1991 Ed. (1953)
Ramada Hotels
1991 Ed. (1955)
Ramada Inn
2003 Ed. (2853, 2854, 2857, 2858, 2859, 2860, 4133)
2005 Ed. (2941, 2942, 2943, 2944)
2010 Ed. (3089, 3090, 3093, 3102, 3103, 4252)
2011 Ed. (3059, 3060, 3062, 3070, 3071)
2012 Ed. (3003, 3004, 3006, 3013, 3014)
Ramada Inns
1989 Ed. (1616)
1990 Ed. (2076, 2095)
1991 Ed. (1942)
1992 Ed. (1460, 2475, 2488)
1993 Ed. (2084)
1994 Ed. (2114, 2118, 2121)
1996 Ed. (2177, 2181)
1997 Ed. (2291, 2296)
1999 Ed. (2779, 2792)
Ramada Inns, Hotels & Resorts
1997 Ed. (2306)
Ramada International Hotels & Resorts
1996 Ed. (2187)
Ramada Limited
1998 Ed. (2016)
1999 Ed. (2776, 2782)
2000 Ed. (2553)
Ramada Plaza Hotel
1992 Ed. (2484)
1994 Ed. (2106)
Ramada Plaza Hotels
1997 Ed. (2291)
Ramada Plaza Hotels & Resorts
1998 Ed. (2019)
Ramada Worldwide
2007 Ed. (2953)
2008 Ed. (3078)
2009 Ed. (3168)
2010 Ed. (3099)
2011 Ed. (3067)
2012 Ed. (3011)
Ramallo Group
2005 Ed. (4357)
2006 Ed. (4298)
Ramani Ayer
2006 Ed. (900)
2007 Ed. (990)
2010 Ed. (896)
Ramapo College of New Jersey
2008 Ed. (1060)
Ramar Steel Erectors Inc.
2008 Ed. (1192)
2014 Ed. (1886)
Ramayana Lestari Sentosa
2012 Ed. (4347)

2013 Ed. (4284)
Ramayana Lestari Sentosa Terbuka
2007 Ed. (1778)
Rambo III
1991 Ed. (2490)
Ramboll
2006 Ed. (2465, 2466)
2010 Ed. (1607)
Ramboll Group A/S
2014 Ed. (1224)
2016 Ed. (2511)
Ramboll Gruppen A/S
2007 Ed. (2430)
2008 Ed. (1308, 2557, 2562)
2009 Ed. (1293, 2565, 2590)
2010 Ed. (1286, 2481, 2482)
2011 Ed. (1239, 2489, 2490)
2012 Ed. (2408, 2409)
2013 Ed. (2577, 2578)
2014 Ed. (2506, 2507)
2015 Ed. (2580, 2581)
2016 Ed. (2502, 2503)
Rambus Inc.
1999 Ed. (4163, 4168)
2001 Ed. (4216)
2002 Ed. (1502)
2004 Ed. (4660)
2006 Ed. (4285, 4578)
Ramco
2012 Ed. (34)
Ramco Enterprises LP
2015 Ed. (2279)
2016 Ed. (2250)
Ramco-Gershenson Inc.
1990 Ed. (3284, 3286, 3289)
1991 Ed. (3119, 3125)
1992 Ed. (3960, 3967)
1993 Ed. (3313, 3314)
1994 Ed. (3302, 3304)
1995 Ed. (3373, 3378)
1996 Ed. (3427, 3431)
Ramco-Gershenson Properties
2002 Ed. (1728)
Ramco-Gershenson Properties Trust
2001 Ed. (4004, 4015)
Ramcor Services Group Inc.
2007 Ed. (3532, 4400)
Ramelius Resources
2014 Ed. (1389)
Ramesh Chandra
2008 Ed. (4879)
2009 Ed. (4902, 4903)
Ramesh & Pratibha Sachdev
2005 Ed. (4889)
2008 Ed. (4897)
Ramey Motors
2002 Ed. (361, 362)
2004 Ed. (4822)
2005 Ed. (4805, 4806)
2006 Ed. (4867, 4868)
Ramirent Oyj
2009 Ed. (3591)
Ramirez & Co.; Samuel A.
1996 Ed. (2657, 2658, 3352)
Ramirez; George A.
2012 Ed. (2489)
Ramirez; Luis Manuel
2012 Ed. (2489)
Ramirez; Manny
2006 Ed. (291)
Ramirez; Roberto Hernandez
2008 Ed. (4886)
2009 Ed. (4906)
2010 Ed. (4907)
2011 Ed. (4894)
2012 Ed. (4903)
2013 Ed. (4888)
Ramli; Rajudin
1997 Ed. (849)
Ramo; Jim
2005 Ed. (2321)
Ramon Areces
1990 Ed. (730)
Ramon Baez
2011 Ed. (2952)
Ramon Cepeda
2012 Ed. (2881)
The Ramona
1990 Ed. (981)
Ramos Arizpe, Mexico
2010 Ed. (3501)
Ramos; Denise
2016 Ed. (721)
Ramos; Maria
2011 Ed. (4981)
2013 Ed. (4958, 4964)
2015 Ed. (5022)
2016 Ed. (4940)
Ramos Oil Co., Inc.
1992 Ed. (2402)

1995 Ed. (3727)
1996 Ed. (2565)
1997 Ed. (3872)
1998 Ed. (3711)
1999 Ed. (4756)
2000 Ed. (4386)
2002 Ed. (2541, 2564)
2006 Ed. (2836, 3498, 4342)
Ramos; Roy
1997 Ed. (1961)
Ramp Corp.
2006 Ed. (4606)
Ramp Ford (Ramp Motors)
1992 Ed. (420)
Ramp Holdings Pty. Ltd.
2011 Ed. (2887)
Rampart Investment Management Co.
1991 Ed. (2235, 2243)
2000 Ed. (2778)
2003 Ed. (3089)
Rampart Investment Mgmt.
1990 Ed. (2343, 2346)
RAMPS International Inc.
2013 Ed. (1918)
2014 Ed. (1857)
2016 Ed. (1857)
Ram's Horn Restaurants
1998 Ed. (3076)
1999 Ed. (4087)
RAMS Mortgage
2002 Ed. (3774)
2004 Ed. (3952)
Rams; St. Louis
2012 Ed. (2680)
Ramsay; Gordon
2010 Ed. (856)
2014 Ed. (876)
2016 Ed. (2528)
Ramsay Health Care
1998 Ed. (2933)
2016 Ed. (1386)
Ramsay-HMO Inc.
1996 Ed. (2084)
Ramsay; Paul
2014 Ed. (4869, 4870)
2015 Ed. (4907, 4908)
Ramsay Youth Services, Inc.
2004 Ed. (2836)
Ramsden; Kelsey
2014 Ed. (4992)
2015 Ed. (5037)
Ramses
1992 Ed. (1400)
1998 Ed. (869)
Ramses Extra
1997 Ed. (1115, 1116)
1998 Ed. (932)
Ramses Ultra
1999 Ed. (1303)
Ramsey Auto Group
1992 Ed. (421)
Ramsey Canyon Health Services
1990 Ed. (2050)
Ramsey County, MN
2009 Ed. (2389)
Ramsey; Gordon
2012 Ed. (4259)
Ramsey, Krug, Farrell & Lensing Inc.
2005 Ed. (359)
Ramsey Mitsubishi
1990 Ed. (310)
1996 Ed. (280)
Ramsey Saab
1990 Ed. (318)
1991 Ed. (295)
1992 Ed. (400)
1993 Ed. (285)
1994 Ed. (283)
1995 Ed. (289)
1996 Ed. (287)
Ramsoft Systems
2009 Ed. (1645)
Ramsons Inc.
2007 Ed. (1374)
2008 Ed. (1271)
Ramtron International Corp.
2009 Ed. (1597)
2011 Ed. (1586, 4447)
Ranbaxy Laboratories
2000 Ed. (1455, 1459)
2001 Ed. (2103)
2002 Ed. (4426)
Ranbaxy USA
2015 Ed. (2809)
Ranbaxy/Ohm Laboratories
2015 Ed. (1899)
Ranch at Live Oak Malibu
2015 Ed. (3166)
Ranch Ehrio Society
2013 Ed. (1522)

2014 Ed. (1492)
Ranch Market
2004 Ed. (4642)
Ranchers
2005 Ed. (3620, 3632)
2007 Ed. (2461, 3719)
2009 Ed. (2622, 3856)
Ranchers Banks
2001 Ed. (2702)
Ranchester State Bank
1997 Ed. (505)
Rancho Cucamonga, CA
1992 Ed. (1154, 1156)
Rancho La Puerta Fitness Resort & Spa
2015 Ed. (3166)
Rancho Los Amigos Medical Center
2003 Ed. (2811)
Rancho Los Amigos National Medical
Center
2004 Ed. (2915)
Rancho Los Amigos National Rehabilitation Center
2006 Ed. (2908)
Rancho Mission Viejo LLC
2015 Ed. (1472)
Rancho Santa Fe, CA
1998 Ed. (737, 3704)
1999 Ed. (1155, 4747)
2000 Ed. (1068, 4376)
2001 Ed. (2817)
2006 Ed. (2972)
2007 Ed. (3000)
2009 Ed. (3206)
2010 Ed. (3137)
2011 Ed. (3104)
Rancho Santa Fe National
1993 Ed. (513)
1997 Ed. (505)
Rancho Santa Fe National Bank
1998 Ed. (375)
Rancho Santa Fe Savings & Loan Association
1998 Ed. (369)
Rancho Santa Margarita
1996 Ed. (3050)
Rancho Valencia Resort
1997 Ed. (2285)
2000 Ed. (2543)
Rancho West Landscape
2011 Ed. (3423)
Rancocas Hospital
1999 Ed. (955)
Rand; A. Barry
1989 Ed. (736)
Rand A Technology
2007 Ed. (2814)
Rand Construction Corp.
2009 Ed. (1326)
2016 Ed. (4981)
RAND Corp.
1993 Ed. (892)
2012 Ed. (1661)
Rand Corp.
2015 Ed. (4423)
RAND Engineering & Architecture PC
2011 Ed. (1913)
Rand Enterprises Inc.
2014 Ed. (2084)
Rand McNally
1992 Ed. (3529, 3533)
Rand Merchant Bank
1991 Ed. (2416, 2417)
1992 Ed. (833)
1993 Ed. (626, 2532, 2533)
1994 Ed. (404, 631)
1997 Ed. (614)
1999 Ed. (638)
2000 Ed. (664)
2001 Ed. (1534)
2009 Ed. (2041)
Rand Merchant Holdings
2014 Ed. (4040)
Rand Min
1995 Ed. (2585)
Rand Mines
1990 Ed. (2590)
1991 Ed. (2468)
1993 Ed. (2577)
1996 Ed. (2034)
Rand Mutual
1990 Ed. (2283)
1991 Ed. (2157)
rand; South African
2008 Ed. (2273)
2009 Ed. (2260)
Rand Technologies
1998 Ed. (606)
Rand Technology Inc.
2002 Ed. (2094)
2004 Ed. (2246)

2005 Ed. (2346)
2009 Ed. (2468)
Rand V. Araskog
1992 Ed. (1141, 1145)
1993 Ed. (1698)
1997 Ed. (982)
1998 Ed. (1513)
1999 Ed. (2079)
Randa Solutions
2012 Ed. (2213)
Randa Williams
2014 Ed. (4852)
2015 Ed. (4889)
2016 Ed. (4807)
Randal J. Kirk
2008 Ed. (4911)
2009 Ed. (4859)
2010 Ed. (4928)
2011 Ed. (4835, 4913)
2012 Ed. (4842)
2013 Ed. (4841)
2014 Ed. (4857)
2015 Ed. (4894)
2016 Ed. (4812)
Randall Co.; Robert
1992 Ed. (1364)
Randall Eresman
2011 Ed. (855)
The Randall Group
1998 Ed. (874)
Randall Hogan
2010 Ed. (2567)
2014 Ed. (941)
2015 Ed. (959)
2016 Ed. (869)
Randall L. Stephenson
2009 Ed. (954)
2010 Ed. (906)
2011 Ed. (845)
2012 Ed. (797)
2015 Ed. (956, 971)
2016 Ed. (867)
Randall Mays
2005 Ed. (991)
2006 Ed. (986)
2007 Ed. (1079)
2008 Ed. (967)
Randall Oliphant
2006 Ed. (2528)
Randall Park Mall
2001 Ed. (4251)
Randall Realty
1997 Ed. (1122)
Randall Stephenson
2005 Ed. (993)
2010 Ed. (890)
2011 Ed. (820, 821, 822)
Randall Stores Inc.
2001 Ed. (1850)
Randall Weisenburger
2006 Ed. (985)
2007 Ed. (1078)
2008 Ed. (967)
2010 Ed. (919)
Randall; William T.
1991 Ed. (3212)
Randalls
2004 Ed. (4640)
Randall's Food Market
1992 Ed. (4174)
Randall's Food Markets Inc.
1999 Ed. (1817, 4523)
2000 Ed. (4170)
Randall's International Inc.
2001 Ed. (1850)
Randall's/Tom Thumb
2004 Ed. (2142, 2143)
Randcoal
1995 Ed. (1040)
Randell
1990 Ed. (2977)
Randell Moore
1991 Ed. (2160)
Randfontein
1990 Ed. (1938)
1991 Ed. (1852)
1993 Ed. (1989)
1995 Ed. (2041)
Randgold
2000 Ed. (2380)
Randgold Resources
2015 Ed. (3677)
2016 Ed. (3568)
Randgold Resources Ltd.
2004 Ed. (4570)
2006 Ed. (3489)
2007 Ed. (3521)
2013 Ed. (2120)
2014 Ed. (2056, 3658)
2015 Ed. (3676)

2016 Ed. (3559)
Randol; William
1989 Ed. (1418)
1993 Ed. (1815)
1994 Ed. (1798)
1995 Ed. (1836)
1996 Ed. (1813)
1997 Ed. (1888)
Randolph AFB
1996 Ed. (2645)
Randolph-Brooke Federal Credit Union
1993 Ed. (1448)
Randolph-Brooks Credit Union
2002 Ed. (1894)
2003 Ed. (1903, 1948)
2004 Ed. (1988)
2005 Ed. (2130)
2006 Ed. (2162, 2225)
2007 Ed. (2146)
2008 Ed. (2261)
2009 Ed. (2247)
2010 Ed. (2201)
2011 Ed. (2219)
2012 Ed. (2031, 2080)
2013 Ed. (2262, 2266)
2014 Ed. (2195, 2200)
2015 Ed. (2259, 2264)
2016 Ed. (2235)
Randolph C. Blazer
2003 Ed. (805)
Randolph D. Lerner
2005 Ed. (4855)
Randolph Holdings Ltd.
1995 Ed. (1011)
Randolph-Macon College
1991 Ed. (888)
Randolph-Macon Woman's College
1994 Ed. (1058, 1900)
1995 Ed. (1065)
Randolph Partnership
1999 Ed. (3926)
Random Group
1999 Ed. (2842)
Random House
2013 Ed. (626)
2015 Ed. (698)
2016 Ed. (641, 647)
Random House Inc.
1989 Ed. (743)
1991 Ed. (2788)
1992 Ed. (3590)
1997 Ed. (3224)
1999 Ed. (3970)
2001 Ed. (3955)
2003 Ed. (726, 727, 729)
2004 Ed. (748, 749, 751, 4044)
2005 Ed. (729, 730, 732)
2006 Ed. (633, 641, 642, 644, 645)
2007 Ed. (666, 667, 669, 670)
2008 Ed. (625, 626, 628, 629)
2009 Ed. (628, 645, 646, 648, 649)
2010 Ed. (598, 614, 616)
2011 Ed. (546, 548)
2012 Ed. (526, 528, 529)
2013 Ed. (627, 629)
Random Inc.
1995 Ed. (3043)
Random police foot patrols
1990 Ed. (845)
Random Walk Computing Inc.
2002 Ed. (1155, 1156)
2003 Ed. (2724)
A Random Walk Down Wall Street
2005 Ed. (716)
Randon SA
2014 Ed. (4233)
Randox Labs
2007 Ed. (2038)
Randstad
2013 Ed. (671, 781, 790)
2014 Ed. (696, 808, 1621, 1992)
2015 Ed. (742, 847, 856)
Randstad Canada
2008 Ed. (3496)
Randstad Group Belgium
2010 Ed. (1502)
Randstad Group Belgium NV
2011 Ed. (1496)
2012 Ed. (1344)
2013 Ed. (1436)
Randstad Holding
2013 Ed. (1908)
2015 Ed. (853)
2016 Ed. (4356, 4366)
Randstad Holding NV
2002 Ed. (1643, 4349)
2003 Ed. (1669, 1776)
2006 Ed. (1685)
2007 Ed. (4367)
2009 Ed. (756)

2011 Ed. (4406, 4677)
2012 Ed. (645, 3854, 4473, 4528)
2013 Ed. (1634, 4432, 4654)
2014 Ed. (1689, 4465)
2015 Ed. (4718)
2016 Ed. (1683)
Randstad North America Inc.
2016 Ed. (739, 1591)
Randstad North America LP
2014 Ed. (800, 1598)
2015 Ed. (844)
Randstad U.S. LP
2015 Ed. (844)
2016 Ed. (739)
Randstad USA
2014 Ed. (1605)
2015 Ed. (1655)
2016 Ed. (1597)
Randy Furr
2008 Ed. (968)
Randy Johnson
2003 Ed. (295)
2005 Ed. (267)
Randy Mayer
1998 Ed. (918)
Randy McCoy
2004 Ed. (976)
Randy Merritt
2011 Ed. (2973)
Randy Straussberg
1990 Ed. (2290)
Randy Travis
1990 Ed. (1143)
1992 Ed. (1351)
Randy Travis, K.T. Oslin
1991 Ed. (1040)
Randy Travis/The Judds/Tammy Wynette
1990 Ed. (1143)
Rangaire
1990 Ed. (3480)
1992 Ed. (4157)
1993 Ed. (3479)
1994 Ed. (3453)
1995 Ed. (3521)
1997 Ed. (3654)
1998 Ed. (3430)
1999 Ed. (4504)
2000 Ed. (4138)
2002 Ed. (4517)
Range Online Media
2012 Ed. (1931)
Range Resources Corp.
2004 Ed. (3828, 3829)
2005 Ed. (3736, 3737)
2007 Ed. (3839, 3846)
2008 Ed. (3911)
2009 Ed. (2908, 3964, 3978)
2010 Ed. (2016, 2852)
2011 Ed. (2834)
2012 Ed. (1922)
2014 Ed. (3934)
2015 Ed. (3970)
2016 Ed. (2060, 3884)
Range Rover Land
1990 Ed. (316)
1991 Ed. (293)
1992 Ed. (398)
1993 Ed. (283)
1995 Ed. (278)
1996 Ed. (285)
Range Rover of Darien
1991 Ed. (293)
1992 Ed. (398)
1993 Ed. (283)
1995 Ed. (278)
1996 Ed. (285)
Range Technology Development Co.
2013 Ed. (813)
Range Wise Inc.
1993 Ed. (1037)
1994 Ed. (1070)
2006 Ed. (1081)
Ranger
2000 Ed. (3141)
2001 Ed. (466, 468, 469, 470, 471,
472, 473, 474, 477, 3329, 3394,
4638)
2002 Ed. (4684, 4699, 4700)
Ranger American
1998 Ed. (3203)
2005 Ed. (4290, 4293)
2006 Ed. (4268, 4269)
2007 Ed. (4294, 4973)
2008 Ed. (4943)
2009 Ed. (4964)
Ranger American of Puerto Rico Inc.
2005 Ed. (1731)
Ranger Enterprises Inc.
2011 Ed. (1350)

Ranger; Ford
2005 Ed. (295, 304, 4777, 4785,
4786)
2006 Ed. (323, 4829)
2008 Ed. (304)
2013 Ed. (4771)
Ranger Oil
1992 Ed. (3436)
Ranger SpA
2008 Ed. (300, 1865)
Ranger Transportation
1991 Ed. (3430)
1992 Ed. (4355)
1993 Ed. (3636, 3641)
1994 Ed. (3596)
1995 Ed. (3675)
1996 Ed. (3758)
Rangerplast SpA
2006 Ed. (1824)
2007 Ed. (1831)
Rangers Football Club Plc.
1990 Ed. (1413)
Rangers; New York
2006 Ed. (2862)
2009 Ed. (3056)
2010 Ed. (2990)
2011 Ed. (2959)
2012 Ed. (2888)
2013 Ed. (2965)
2014 Ed. (2978)
2015 Ed. (3046)
2016 Ed. (2938)
Rangers; Texas
2012 Ed. (431)
2013 Ed. (544)
2014 Ed. (559)
2015 Ed. (622)
Ranges & Ovens
2000 Ed. (2583)
Rangpur Foundry Ltd.
2002 Ed. (1971)
Ranier Special Dry
1993 Ed. (745)
Ranin
2009 Ed. (43)
Ranitidine
1992 Ed. (1870)
2002 Ed. (2049)
Ranitidine HCl
1999 Ed. (1910)
2001 Ed. (2102)
2005 Ed. (2249)
Ranitidine HCl
2002 Ed. (2048)
2003 Ed. (2107)
Ranjan Pal
1997 Ed. (1958)
Ranjit & Baljinder Singh
2008 Ed. (2595)
Rank
2006 Ed. (3275)
Rank Group
1999 Ed. (1644)
2001 Ed. (1132)
2014 Ed. (2832)
2015 Ed. (2872)
The Rank Group plc
2005 Ed. (2945, 3283)
2006 Ed. (1220)
Rank Hotels
1992 Ed. (2466)
Rank Organisation
1990 Ed. (2433)
1999 Ed. (2790)
The Rank Organisation plc
2000 Ed. (2566)
2001 Ed. (4087)
Rank & Son Buick GMC
1991 Ed. (271)
Rank Xerox Ltd.
1992 Ed. (1449)
1994 Ed. (2214)
1995 Ed. (2264)
1996 Ed. (2264)
1997 Ed. (2405)
1999 Ed. (2897)
Ranks Hovis MacDougall
1990 Ed. (1829)
Ranks Hovis McDougall
1991 Ed. (1747)
1994 Ed. (1206, 1227)
Ranon Construction
2010 Ed. (1141)
Rans-Philippine Investment Corp.
1989 Ed. (1782)
Ransburg Corp.
1991 Ed. (3333)
Ransmeier & Spellman
1999 Ed. (3154)
Ransom

1998 Ed. (2535)
1999 Ed. (3448, 4716, 4719)
Ranson Municipal Consultants
1998 Ed. (2228)
Rao Gazprom
1999 Ed. (1670, 1675)
2000 Ed. (1477, 1482)
Rao Group
1998 Ed. (669)
RAO UES of Russia
2006 Ed. (4532, 4533)
RAO Unified Energy Systems
2002 Ed. (4461, 4462, 4463, 4464)
Raoul Felder
1997 Ed. (2611)
2002 Ed. (3069)
Raoul Lionel Felder
1991 Ed. (2297)
Rap
2001 Ed. (3405)
Rapeseed oil
1992 Ed. (3299)
Raphael Olivo
2015 Ed. (3485)
Rapid Advertising
1992 Ed. (139)
Rapid City Regional Hospital Inc.
2001 Ed. (1849, 1850)
2003 Ed. (1822)
2004 Ed. (1858)
2005 Ed. (1961, 1962)
2006 Ed. (2013, 2014)
2007 Ed. (1979, 1980)
2008 Ed. (2077, 2078)
2009 Ed. (2048, 2049)
2010 Ed. (1981)
2011 Ed. (2043)
2012 Ed. (1892, 1893)
2013 Ed. (2049)
2014 Ed. (1985)
2015 Ed. (2033)
2016 Ed. (2002)
Rapid City, SD
1993 Ed. (3044)
1994 Ed. (3103)
1995 Ed. (3148)
1996 Ed. (3248)
1997 Ed. (3349)
1998 Ed. (245, 1548)
1999 Ed. (2127)
2000 Ed. (1909)
2004 Ed. (4151)
2005 Ed. (3065, 3311, 3317, 4797)
2006 Ed. (3300, 3306)
2007 Ed. (3364)
2008 Ed. (3462, 3468, 4092)
2009 Ed. (3536, 3547)
2010 Ed. (3467)
2011 Ed. (3470)
2013 Ed. (4788)
2015 Ed. (3513)
Rapid City Telco Credit Union
2002 Ed. (1892)
2003 Ed. (1946)
2004 Ed. (1986)
2005 Ed. (2128)
2006 Ed. (2223)
2007 Ed. (2144)
2008 Ed. (2259)
2009 Ed. (2245)
2010 Ed. (2199)
2011 Ed. (2217)
2012 Ed. (2078)
2013 Ed. (2264)
Rapid Global Business Solutions Inc.
2013 Ed. (183, 1855)
Rapid Industrial Plastics Co.
2004 Ed. (3914)
2005 Ed. (3859)
2007 Ed. (4109)
2008 Ed. (4132)
Rapid Product Development Group Inc.
2010 Ed. (2925, 3531)
Rapid Refill
2011 Ed. (3785)
2012 Ed. (3780)
Rapid Refill Ink
2009 Ed. (3873)
Rapid Snack Inc.
2015 Ed. (2760)
Rapid7
2011 Ed. (4388)
Rapides Regional Medical Center
2011 Ed. (3052)
Rapidforms Inc.
1998 Ed. (1843)
1999 Ed. (2602)
2000 Ed. (2345)
Rapido Trains Inc.
2010 Ed. (2859)

RapidSwitch Ltd.
2010 Ed. (2957)
Rapier
2002 Ed. (1979)
2009 Ed. (2325)
Rapier Solutions
2014 Ed. (98, 3182)
2015 Ed. (3245)
Rapier Solutions Inc.
2015 Ed. (1296)
Rapier Stead & Bowden
1994 Ed. (1534)
1995 Ed. (1563)
1996 Ed. (1551)
Rapp
2011 Ed. (43, 47, 2261, 2262, 2376, 3586)
2012 Ed. (49, 51, 52, 2129, 2130)
2014 Ed. (70, 71, 2257, 2258)
2015 Ed. (65, 80, 2326, 2327)
2016 Ed. (80, 2281, 2282)
Rapp Collins
1997 Ed. (77)
2002 Ed. (1985)
2003 Ed. (2067)
Rapp Collins Estonia
2001 Ed. (134)
2002 Ed. (106)
Rapp Collins Group
1995 Ed. (1564)
Rapp Collins Latvia
2001 Ed. (160)
2002 Ed. (134)
Rapp Collins Marcoa
1990 Ed. (1503, 1504, 1505, 1506)
1991 Ed. (1420)
1992 Ed. (1805, 1807, 1808)
1993 Ed. (1488, 1489)
1995 Ed. (1565, 1566)
The Rapp Collins Partnership
1993 Ed. (1487)
1994 Ed. (1534)
Rapp & Collins USA
1989 Ed. (56)
Rapp & Collins Worldwide
1999 Ed. (1860, 1861, 1862)
Rapp Collins Worldwide
1996 Ed. (1550, 1552, 1554)
1997 Ed. (1614, 1616, 1617, 1619)
1998 Ed. (1284, 1285, 1288)
2000 Ed. (1671, 1672, 1673, 1674, 1680)
2003 Ed. (2065, 2066)
2006 Ed. (2266, 3418)
2007 Ed. (2202, 3432)
2008 Ed. (2339, 3599, 3601)
2009 Ed. (124, 129, 2324, 3667)
2010 Ed. (125, 129, 2254, 2377, 3584)
Rapp; Leon
1996 Ed. (1886)
Rappe; Kristine
2015 Ed. (2635)
Rapport
1992 Ed. (3366)
Rapt Studio
2013 Ed. (3361, 3364)
Raptors; Toronto
2012 Ed. (433)
Raquel Lizzarega
1999 Ed. (2420)
Rare Element Resources Ltd.
2012 Ed. (1396)
2013 Ed. (1499)
Rare Hospitality Inc.
2000 Ed. (3797)
Rare Medium-Detroit
2001 Ed. (4747)
Rare Method Capital Corp.
2007 Ed. (1570)
2008 Ed. (1549)
Rare Telephony Inc.
2003 Ed. (1514)
Raritan River
1993 Ed. (3449)
Raritan Valley Community College
1998 Ed. (808)
1999 Ed. (1236)
2000 Ed. (1145)
2002 Ed. (1108)
RAS
1990 Ed. (1389, 3472)
1991 Ed. (1313, 2458, 2459)
1992 Ed. (1654, 3073)
1993 Ed. (1354)
1994 Ed. (1407)
1995 Ed. (1439)
1996 Ed. (2641)
1997 Ed. (1460)
2006 Ed. (1821, 3230)

RAS Builders Inc.
2000 Ed. (4026)
2004 Ed. (3968)
2005 Ed. (1325, 3912)
RAS Enterprises/e-Payment Systems
2007 Ed. (3571)
Ras Laffan Liquified Natural Gas Co.
2008 Ed. (849)
Ras ord
1994 Ed. (2519, 2520)
1996 Ed. (2642)
Ras Riunione Adriatica Di Sicurta
2005 Ed. (1530)
RAS Securities Corp.
1995 Ed. (3222, 3223)
Rascal Flatts
2010 Ed. (1126)
2011 Ed. (3711, 3716)
2013 Ed. (3785)
Rascal House
1994 Ed. (3053)
2001 Ed. (4051)
Rasevici D.O.O.
2016 Ed. (1534)
Rasheed Al Maraj
2013 Ed. (3474)
Rasheed; Fahd Al
2013 Ed. (1173, 3486)
Rashes
2000 Ed. (2446)
Rashid Hussain
1995 Ed. (801, 802, 803, 804, 805)
1997 Ed. (783, 784, 787, 849, 1475, 2398)
1999 Ed. (905, 906, 907, 908, 909, 1701)
2000 Ed. (1297)
2006 Ed. (1860)
2007 Ed. (1865)
2008 Ed. (1899)
Rashid Hussain Asset Management
2001 Ed. (2887)
Rashid Hussain Bhd
1996 Ed. (1415)
2002 Ed. (839, 840, 841)
Rashid Hussein
1993 Ed. (1643)
Rashid; Karim
2008 Ed. (2990)
Rashnikov; Viktor
2011 Ed. (4908)
Raske; Kenneth
2010 Ed. (3624)
Rasky Baerlein
2011 Ed. (4107, 4112, 4121)
2012 Ed. (4137, 4142, 4147)
2013 Ed. (4128, 4132, 4143)
Rasky Baerlein Strategic Communications
2014 Ed. (4148, 4155)
2015 Ed. (4127, 4131)
2016 Ed. (4041, 4045, 4055)
Rasna
1996 Ed. (3455)
1997 Ed. (1234, 2206)
Raspberries
1992 Ed. (2111)
Raspberry
2000 Ed. (720)
2012 Ed. (4629)
Raspit Inc. (Bd.) Ltd.
2002 Ed. (1970, 1971)
Rassini SA de CV
1995 Ed. (327)
Rassman; Joel
2006 Ed. (966)
2007 Ed. (1062)
2008 Ed. (964)
2010 Ed. (916)
Rastelli Foods Group
2016 Ed. (3476, 3479)
RasterOps
1992 Ed. (3821)
1996 Ed. (2884)
Rastriya Banijya Bank
1994 Ed. (591)
Rasul; Shaf
2007 Ed. (2465)
Rasweiler; John
2010 Ed. (3385)
2011 Ed. (3378)
Rat SpA
1995 Ed. (2117)
Ratan S Mama & Co.
1997 Ed. (10)
Ratan Tata
2012 Ed. (3824)
Ratanarak; Krit
2011 Ed. (4865)
2012 Ed. (4870)

2013 Ed. (4914, 4915)
2014 Ed. (4924, 4925)
2015 Ed. (4964, 4965)
2016 Ed. (4881, 4882)
Ratanarak; Sudthida
2016 Ed. (4882)
"Ratatouille"
2015 Ed. (3032)
Ratatouille
2009 Ed. (2367)
The Ratchet Depot Co.
2007 Ed. (4445)
Ratcliff Construction Co.
2007 Ed. (1377)
2009 Ed. (1295)
Ratcliffe; James
2007 Ed. (2462)
Ratcliffe; Jim
2008 Ed. (4901)
2012 Ed. (765)
2013 Ed. (966)
RatedPeople.com
2013 Ed. (2903, 2913)
RateGain IT Solutions Pte. Ltd.
2009 Ed. (3005)
RateSpecial Interactive
2013 Ed. (1460)
2014 Ed. (59, 189)
RateXchange
2001 Ed. (4766)
2003 Ed. (2182)
Ratheon
1992 Ed. (3072)
Ratin
2000 Ed. (1407)
2002 Ed. (1343)
RATIO Architects Inc.
2009 Ed. (2530)
2011 Ed. (2455)
Rational Biotechnology Inc.
2014 Ed. (4248)
Rational Software Corp.
1998 Ed. (3408, 3409)
2004 Ed. (1453)
2005 Ed. (1465, 2343)
Ratiopharm
1995 Ed. (1591)
Ratliff, Jr.; Charles
2016 Ed. (3335)
Ratliffe; Lisa
2008 Ed. (4898)
Ratner Cos.
2008 Ed. (3886)
2009 Ed. (3949)
2010 Ed. (3861)
2011 Ed. (3869)
2012 Ed. (3848)
2013 Ed. (3908)
Ratner; Evan
1997 Ed. (1938)
Ratners Group PLC
1995 Ed. (1246)
Ratnesh Kumar
1999 Ed. (2355)
2000 Ed. (2141)
Ratones Paranoicas
1997 Ed. (1112)
RATP
1990 Ed. (1945)
1992 Ed. (2343)
Rattawadee Bualert
2010 Ed. (3966)
Rattie; Keith
2006 Ed. (907)
2007 Ed. (997)
2008 Ed. (936)
Rattie; Keith O.
2011 Ed. (816)
Rattlesnake Holding
1998 Ed. (3412)
Ratto
2000 Ed. (59)
Ratto/BBDO
1996 Ed. (61)
1997 Ed. (58)
2001 Ed. (103)
Ratto/BBDO; David
1989 Ed. (82)
1992 Ed. (119)
1993 Ed. (79)
1994 Ed. (69)
Rauch Weaver Millsaps & Co.
1990 Ed. (2953)
Rauhala Yhtiot Oy
2010 Ed. (1619)
2011 Ed. (1628)
2012 Ed. (1479)
Raul Alarcon Jr.
2004 Ed. (2843)
2008 Ed. (2638)

2009 Ed. (2664)
2010 Ed. (2565)
Raul Alarcon Sr.
1998 Ed. (1944, 2504, 3705)
Raul Amon
2001 Ed. (75)
Raul Gardini
1992 Ed. (888)
Raul Gonzalez Blanco
2007 Ed. (4464)
Raul Vazquez
2012 Ed. (599)
Rauma Oy
2000 Ed. (2444)
Rauma-Repola Corp.
1991 Ed. (1276, 1285, 1900, 1901)
1992 Ed. (2395)
Rauma-Repola Oy
1989 Ed. (1114)
1990 Ed. (1360)
1993 Ed. (1309, 2029)
Rausch Coleman Homes
2009 Ed. (1171, 1172)
2011 Ed. (1118, 1119)
Rauscher Pierce Refsnes Inc.
1989 Ed. (821, 2378)
1990 Ed. (3189)
1991 Ed. (2165, 2172, 3034, 3062)
1993 Ed. (2261, 2263, 2266, 2270, 3137, 3169, 3170, 3198, 3199)
1995 Ed. (2332, 2333, 2334, 2335, 2338, 2340)
1996 Ed. (2349, 2351, 2354, 2358, 3357)
1997 Ed. (2476, 2479, 2480, 2482, 2483, 2484, 2485)
1998 Ed. (2226, 2227, 2231, 2234, 2236, 3258)
1999 Ed. (3010, 3012, 3016, 3018, 3019, 4237, 4247)
Rausing; Birgit
2005 Ed. (4877, 4878)
2008 Ed. (4873)
2009 Ed. (4898)
2010 Ed. (4897)
2011 Ed. (4884)
2012 Ed. (4893)
2013 Ed. (4911)
Rausing; Finn
2014 Ed. (4921)
2015 Ed. (4961)
2016 Ed. (4877)
Rausing; Gad
1994 Ed. (708)
Rausing; Hans
1992 Ed. (888)
1994 Ed. (708)
1997 Ed. (673)
2005 Ed. (926, 4897)
2007 Ed. (4923)
2008 Ed. (4873)
2009 Ed. (4898, 4917)
2010 Ed. (4897, 4899, 4921)
2011 Ed. (4884)
2012 Ed. (4893)
2013 Ed. (4911)
2014 Ed. (4921)
2015 Ed. (4961)
2016 Ed. (4877)
Rausing; Hans and Gad
1991 Ed. (709)
1993 Ed. (698)
Rausing; Jorn
2014 Ed. (4921)
2015 Ed. (4961)
2016 Ed. (4877)
Rausing; Kirsten
2007 Ed. (4924)
2012 Ed. (4922)
2013 Ed. (4902)
2014 Ed. (4921)
2015 Ed. (4961)
2016 Ed. (4877)
Rausing; Kirsten & Jorn
2005 Ed. (4888, 4897)
2009 Ed. (4918)
2010 Ed. (4921, 4922)
2011 Ed. (4910)
Rautaruukki Corp.
1997 Ed. (2203)
1999 Ed. (3349)
2006 Ed. (1701)
2007 Ed. (1697, 3486)
2008 Ed. (1724, 3557)
2009 Ed. (1662)
2010 Ed. (3545)
2011 Ed. (3545)
2013 Ed. (3583)
Rautaruukki Oyj
2001 Ed. (3283)

2004 Ed. (3441)
2006 Ed. (3379)
2007 Ed. (1698)
Rauxa
2014 Ed. (4990)
Rauxa Direct
2011 Ed. (4989)
Rauxa Direct LLC
2012 Ed. (4985)
RAV4; Toyota
2009 Ed. (4812)
2010 Ed. (4830)
2013 Ed. (4770, 4772)
Ravago Americas
2009 Ed. (4241)
Ravda Corp.
1990 Ed. (2597)
Rave
1991 Ed. (1881)
2002 Ed. (2436)
2003 Ed. (2653, 2659)
2008 Ed. (2870)
Rave Cinemas
2014 Ed. (3698)
Rave Motion Pictures
2013 Ed. (3769)
Raven
1993 Ed. (1863)
Raven Industries
2013 Ed. (810)
Raven Industries Inc.
2004 Ed. (2125)
2005 Ed. (2226, 2229, 2230)
2006 Ed. (2286, 2290, 2291, 2294, 2295)
2007 Ed. (2215, 2216, 2219, 2222)
2008 Ed. (2356, 2358, 2359, 2362, 2367)
2013 Ed. (2051, 2052)
2014 Ed. (1986)
2015 Ed. (2034, 2035)
2016 Ed. (2003)
Raven Transport
2005 Ed. (2690)
Ravenflow
2008 Ed. (1149)
Ravenna
1992 Ed. (1398)
Ravens; Baltimore
2005 Ed. (2667)
2006 Ed. (2653)
2008 Ed. (2761)
2010 Ed. (2758)
2012 Ed. (2681)
2013 Ed. (2767)
2014 Ed. (2749)
2015 Ed. (2802)
2016 Ed. (2732)
Ravenswood Aluminum Inc.
1994 Ed. (2750)
1995 Ed. (2847, 2869)
Ravenwood Marketing Inc.
2008 Ed. (4053)
Ravi Arimilli
2006 Ed. (1003)
Ravi Bulchandani
1998 Ed. (1688)
Ravi Mattu
1997 Ed. (1953)
1998 Ed. (1613)
1999 Ed. (2197, 2200, 2202)
2000 Ed. (1961)
Ravi Ruia
2009 Ed. (4902)
2010 Ed. (4903)
2011 Ed. (4891)
2012 Ed. (4899)
2013 Ed. (4875, 4876)
2014 Ed. (4889, 4890)
Ravi Suria
2000 Ed. (1965)
RAVI (Video International Advertising)
2001 Ed. (204)
2002 Ed. (176)
2003 Ed. (143)
Ravioli
2002 Ed. (3746)
2003 Ed. (3926, 3927)
Ravioli, canned
1997 Ed. (2032)
RAVISENT Technologies, Inc.
2002 Ed. (2533)
Ravitz; Leslie
1991 Ed. (1700)
1996 Ed. (1785)
Ravn Alaska
2016 Ed. (1350)
Raw materials
2001 Ed. (2376)
Raw Television

2012 Ed. (2558, 4686)
Rawashdeh; Mazen
2014 Ed. (3468)
Rawbank
2014 Ed. (352)
2015 Ed. (400)
Rawhide bones & chews
2002 Ed. (3661)
Rawhide, WY
2000 Ed. (1126)
Rawlings
1991 Ed. (3166, 3170, 3174)
1992 Ed. (4042, 4044)
1993 Ed. (3375)
1994 Ed. (3370, 3371)
1995 Ed. (3428)
1996 Ed. (3492, 3493)
1997 Ed. (3556, 3557)
1998 Ed. (3350)
1999 Ed. (4378, 4379)
2000 Ed. (4088)
2005 Ed. (4430, 4432)
2006 Ed. (4446)
Rawlings.com
2011 Ed. (2371)
Rax
1990 Ed. (1754, 1756)
1991 Ed. (2868)
1996 Ed. (3278)
Rax Restaurants
1991 Ed. (2910)
1992 Ed. (2122, 3708, 3764)
1993 Ed. (1755, 3016, 3067)
1994 Ed. (3076, 3130)
1995 Ed. (1778, 3121, 3179, 3180)
1997 Ed. (3375)
Ray Angelini Inc.
2016 Ed. (4424)
Ray B. Mundt
1990 Ed. (1725)
1991 Ed. (1633)
1993 Ed. (1706)
Ray-Ban
2001 Ed. (2117)
Ray Bandt Nissan
1995 Ed. (281)
Ray Basler
2016 Ed. (2562)
Ray Bell Construction Co., Inc.
2002 Ed. (1242)
2003 Ed. (1255)
2004 Ed. (1257)
2006 Ed. (1341)
2007 Ed. (1385)
Ray & Berndison
2001 Ed. (2310)
Ray & Berndtson
1999 Ed. (2071)
2000 Ed. (1863, 1864)
2001 Ed. (2313)
2002 Ed. (2172)
Ray Brandt Automotive & Collision Centers
2016 Ed. (1744)
Ray Brandt Nissan
1996 Ed. (281)
Ray Burnett Volkswagen Inc.
1992 Ed. (403)
Ray Burnette Volkswagen
1990 Ed. (323)
Ray C. Davis
2011 Ed. (4825)
Ray Cammack Shows
1997 Ed. (907)
1998 Ed. (646)
1999 Ed. (1039)
2000 Ed. (987)
2005 Ed. (2523)
Ray & Carre Orban International; Paul
1994 Ed. (1711)
Ray Catena Imports
1992 Ed. (391, 397)
Ray Catena Infiniti
1996 Ed. (295)
Ray Catena Lexus of Monmouth
2002 Ed. (357)
2008 Ed. (286)
2013 Ed. (216)
Ray Catena Mercedes
2005 Ed. (278)
Ray Catena Mercedes Benz/Motor Cars
2006 Ed. (300)
Ray Catena Motor Car Corp.
1990 Ed. (333)
1991 Ed. (286)
1993 Ed. (277)
1994 Ed. (276)
1995 Ed. (279)
2002 Ed. (352, 356, 357)
2004 Ed. (274, 275)

2008 Ed. (288)
Ray Catena Motorcars
1996 Ed. (279)
2013 Ed. (215)
Ray Chambers
2012 Ed. (3763)
Ray & Co. Inc.; Paul R.
1994 Ed. (1710)
Ray Dalio
2011 Ed. (4818)
2012 Ed. (600)
2014 Ed. (4847)
2015 Ed. (2968, 4884)
2016 Ed. (2902, 4802)
Ray Davis
2012 Ed. (430)
Ray Dolby
2007 Ed. (4891)
2008 Ed. (4828)
Ray E. Mabus
1992 Ed. (2344)
Ray Ellison
1998 Ed. (792, 3024)
Ray Ellison Mortgage
1995 Ed. (1048, 3076)
Ray Hough Co.
2010 Ed. (4028)
Ray Irani
1999 Ed. (1121, 2074, 2078)
2000 Ed. (1870)
2005 Ed. (979)
2006 Ed. (897)
2011 Ed. (822)
Ray Kennedy
1993 Ed. (1079)
Ray L. Hunt
2004 Ed. (4859)
Ray Lee Hunt
2005 Ed. (4845)
2006 Ed. (4900)
2007 Ed. (4895)
2008 Ed. (4824)
2011 Ed. (4834)
2012 Ed. (4839)
2013 Ed. (4837)
2014 Ed. (4852)
2015 Ed. (4889)
2016 Ed. (4807)
Ray Martin
1992 Ed. (533)
Ray Mundt
1992 Ed. (2064)
Ray O Vac
1989 Ed. (721)
2002 Ed. (672)
Ray O Vac Loud N Clear
2002 Ed. (672)
Ray Oldsmobile-Isuzu
1992 Ed. (394)
Ray O'Rourke
2009 Ed. (4905)
2010 Ed. (4906)
Ray; Paul
1993 Ed. (1691)
Ray; Paul R.
1990 Ed. (1710)
Ray Quinney & Nebeker
2006 Ed. (3252)
Ray R. Irani
2003 Ed. (955, 2393)
2005 Ed. (2496)
2006 Ed. (937, 938, 939)
2007 Ed. (1031, 1035)
2008 Ed. (945, 953, 957)
2009 Ed. (952)
2010 Ed. (904, 907, 909)
2011 Ed. (821, 840, 849)
2012 Ed. (795, 798, 800)
Ray; Rachael
2008 Ed. (904)
2009 Ed. (912)
2010 Ed. (856, 3005)
2011 Ed. (2971)
2014 Ed. (876)
Ray Rice
2015 Ed. (222)
Ray Romano
2008 Ed. (2581)
2012 Ed. (2441)
2013 Ed. (2605)
2014 Ed. (2532)
2015 Ed. (2605)
Ray Skillman Auto Centers
2016 Ed. (1667)
Ray Skillman Oldsmobile
1995 Ed. (282)
Ray Stata
2002 Ed. (1043)
Ray & Steve's Car Washes
2006 Ed. (363, 365)

Ray Tanguay
2008 Ed. (2629)
Ray White Group
2016 Ed. (1381)
Ray Wilkinson Buick-Cadillac
2001 Ed. (712)
2002 Ed. (708, 709)
2003 Ed. (212)
Ray Wilson Co.
1994 Ed. (1174)
1995 Ed. (1193)
1996 Ed. (1167)
1998 Ed. (973)
1999 Ed. (1409)
Raya Erom
2010 Ed. (3962)
Raychem Corp.
1989 Ed. (1287, 1288, 1928)
1990 Ed. (1585, 1586, 1587)
1991 Ed. (1482, 1483, 2903)
1992 Ed. (1883, 3745, 3746)
1993 Ed. (1546, 3055)
1994 Ed. (1078, 1583)
1995 Ed. (2504)
1996 Ed. (3262)
1997 Ed. (3361, 3362)
1998 Ed. (830, 1049, 1401, 3104)
1999 Ed. (1263, 1484, 1960, 1970)
2000 Ed. (3032)
Raycom
2000 Ed. (4215)
Raycom Media Inc.
2007 Ed. (4738)
2008 Ed. (1400)
Raycraft; Richard L.
1995 Ed. (2485)
Raye; Collin
1995 Ed. (1120)
Rayford Wilkins Jr.
2010 Ed. (178)
Raygal Inc.
1995 Ed. (1920)
Raygar International
2001 Ed. (1875)
Rayl; Richard L.
1991 Ed. (3209)
Raylee Homes
2005 Ed. (1179)
Raymarine Inc.
2004 Ed. (2624, 2625)
2005 Ed. (2614)
2006 Ed. (2402, 2612)
2007 Ed. (2350, 2588)
2008 Ed. (2725)
2009 Ed. (2780)
2010 Ed. (2712)
2011 Ed. (2698)
2012 Ed. (2628)
Raymark
2015 Ed. (3707)
2016 Ed. (3614)
Raymond A. Mason
2007 Ed. (1020)
Raymond Adams
1993 Ed. (1458)
Raymond Arroyo
2012 Ed. (2882)
2013 Ed. (2959)
Raymond Chambers
1989 Ed. (1422)
Raymond Construction Co.
2009 Ed. (1153)
The Raymond Corp.
2015 Ed. (1914)
2016 Ed. (3415, 3457)
Raymond Dalio
2009 Ed. (2715)
2010 Ed. (2640)
2013 Ed. (2891)
2014 Ed. (2920)
Raymond DeVoe Jr.
2004 Ed. (3168)
Raymond E. Cartledge
1991 Ed. (1632)
1992 Ed. (2063)
Raymond Falci
2000 Ed. (2014)
Raymond Gilmartin
2006 Ed. (2517)
The Raymond Group
2008 Ed. (1268)
2010 Ed. (1243, 1294, 1323)
2011 Ed. (1191)
2012 Ed. (1137)
2015 Ed. (1274)
2016 Ed. (1189)
Raymond J. Arroyo
2012 Ed. (2156)
Raymond J. Noorda
1994 Ed. (1716, 1718)

1995 Ed. (1729)
1996 Ed. (961)
Raymond James Argentina
2007 Ed. (753)
2008 Ed. (732)
2010 Ed. (672)
Raymond James Argentina Sociedad de
Bolsa
2007 Ed. (3289)
Raymond James & Associates
1993 Ed. (759, 2262, 2266)
1995 Ed. (2330)
1997 Ed. (734, 1642)
1998 Ed. (526, 2231)
1999 Ed. (3014)
2000 Ed. (3964, 3983)
2001 Ed. (767, 795, 924)
2005 Ed. (755)
Raymond James & Associates Inc.
2014 Ed. (1586)
2015 Ed. (1638)
2016 Ed. (1570)
Raymond James Bank, FSB
2010 Ed. (1039, 3155, 3704)
2011 Ed. (966, 3121, 3699)
2012 Ed. (880, 3056, 3717)
2013 Ed. (1039, 3137, 3764)
Raymond James Financial
2014 Ed. (1583)
2015 Ed. (1635)
2016 Ed. (1567)
Raymond James Financial Inc.
1990 Ed. (784)
1998 Ed. (516)
1999 Ed. (833)
2000 Ed. (863)
2001 Ed. (571)
2002 Ed. (502, 503)
2004 Ed. (4334)
2005 Ed. (215)
2006 Ed. (1493, 2582, 3210)
2007 Ed. (2552, 4276, 4316)
2008 Ed. (2693, 2695, 2848)
2009 Ed. (2899)
2010 Ed. (671)
2011 Ed. (603)
2012 Ed. (573, 1492, 4427)
2013 Ed. (709, 1623, 4394)
2014 Ed. (1589, 4431)
2015 Ed. (4413)
2016 Ed. (1583, 4309)
Raymond James Financial Services Inc.
2000 Ed. (840, 843, 845, 846, 847, 848)
2002 Ed. (788, 797, 798, 799, 800, 801, 2003, 2261, 4217)
2003 Ed. (4315, 4316)
Raymond James Latin America
2008 Ed. (3405)
Raymond James Ltd.
1992 Ed. (956)
1995 Ed. (755)
1996 Ed. (797, 799)
2010 Ed. (2698)
2011 Ed. (1633, 2685, 3332)
2012 Ed. (2614)
2013 Ed. (2697)
2014 Ed. (2681)
2015 Ed. (2725)
2016 Ed. (2648)
Raymond James Realty
1999 Ed. (3057, 3080)
Raymond; Joan
1990 Ed. (2658)
Raymond Karrenbauer
2005 Ed. (994)
Raymond Katz
1997 Ed. (1878)
1998 Ed. (1601)
1999 Ed. (2219, 2226)
2000 Ed. (1987)
Raymond Kennedy
1998 Ed. (1517)
2001 Ed. (2346)
Raymond Kwok
2009 Ed. (4863, 4864)
2010 Ed. (4865, 4877)
2012 Ed. (4860, 4872)
2013 Ed. (4874, 4916)
2014 Ed. (4887, 4888)
2015 Ed. (4926, 4927)
2016 Ed. (4842, 4843)
Raymond L. Flynn
1991 Ed. (2395)
1992 Ed. (2987)
1993 Ed. (2513)
Raymond; L. R.
2006 Ed. (941)
2007 Ed. (1036)
Raymond Lane

2002 Ed. (1043)
Raymond LeBoeuf
2006 Ed. (936)
Raymond; Lee
2005 Ed. (788, 968)
2007 Ed. (987)
Raymond; Lee R.
2006 Ed. (897, 934)
Raymond Mason
2007 Ed. (969)
Raymond Moran
1989 Ed. (1416, 1418, 1419)
1990 Ed. (1768)
1991 Ed. (1703, 1707, 1708)
Raymond Nasher
1999 Ed. (1072)
Raymond Organisation Ltd.; Paul
1993 Ed. (967)
1994 Ed. (993)
1995 Ed. (1006)
Raymond Organization Ltd.; Paul
1992 Ed. (1193)
Raymond S. Troubh
1998 Ed. (1135)
Raymond Seabrook
2006 Ed. (983)
Raymond Smith
1992 Ed. (2064)
Raymond Stotlemeyer
1997 Ed. (1941, 1943)
Raymond T. Holland
1990 Ed. (2659)
Raymond, Thomas & Walter Kwok
2008 Ed. (4844)
Raymond V. Gilmartin
1992 Ed. (2063)
Raymond W. McDaniel Jr.
2011 Ed. (825)
Raymond W. Smith
1993 Ed. (1706)
1999 Ed. (2085)
Raymond Wong
2003 Ed. (3187)
2004 Ed. (3237)
Raymour & Flanigan
1996 Ed. (1983)
1999 Ed. (2557, 2558)
2011 Ed. (2984)
2013 Ed. (2790, 2793)
2014 Ed. (2823, 2825, 2828)
2015 Ed. (2865, 2869)
2016 Ed. (2798, 2801)
Raymund; Steven A.
2008 Ed. (2638)
Raynal
1996 Ed. (778)
1998 Ed. (493)
2001 Ed. (1016)
2002 Ed. (775, 777)
2003 Ed. (760)
2004 Ed. (770, 771)
Raynolds, Jr.; Harold
1991 Ed. (3212)
Rayong, Thailand
2010 Ed. (3475)
Rayonier
2016 Ed. (1581)
Rayonier Forest Resources LP
2013 Ed. (2772)
2014 Ed. (2753)
2015 Ed. (2807)
2016 Ed. (2740)
Rayonier Inc.
1997 Ed. (2988)
1998 Ed. (2737)
2001 Ed. (2498, 2499, 2501)
2003 Ed. (2539, 2540, 2542, 3369)
2004 Ed. (2675, 2676, 2677, 3435, 3760, 3766)
2005 Ed. (2668, 2669, 3450, 4008)
2006 Ed. (3459, 4041, 4043)
2012 Ed. (4992)
2013 Ed. (4991)
2014 Ed. (4996)
2015 Ed. (5042)
2016 Ed. (4995)
Rayonier Timberlands
1991 Ed. (1873, 1874, 3140, 3141)
1998 Ed. (2677)
Rayovac
2015 Ed. (624)
2016 Ed. (571, 573)
Rayovac AA Alkaline, Smart Pack
1989 Ed. (722, 723)
Rayovac Corp.
1992 Ed. (876)
2002 Ed. (673)
2003 Ed. (653)
2004 Ed. (661, 2184)
2005 Ed. (2963, 2965)

2006 Ed. (2958, 2960)
Rayovac Loud n Clear
2002 Ed. (673)
Rayovac Maximum
2002 Ed. (673)
2003 Ed. (653)
Rayovac Renewal
2003 Ed. (653)
Rays; Tampa Bay
2013 Ed. (4480)
Raytech Corp.
1991 Ed. (344)
Raytheon
2013 Ed. (2306, 2312)
2014 Ed. (2247, 2536, 2558)
2015 Ed. (2310, 2315, 2317, 4427)
2016 Ed. (95, 108, 109, 2268)
Raytheon Aircraft Co.
2001 Ed. (342, 346, 347)
2003 Ed. (1729)
2004 Ed. (1766)
2005 Ed. (1832)
2006 Ed. (1837)
2007 Ed. (1842)
Raytheon Aircraft Holdings Inc.
2004 Ed. (266)
2005 Ed. (273)
Raytheon (Amana)
1991 Ed. (1924)
1992 Ed. (2431)
Raytheon Caloric
1992 Ed. (4156, 4158)
Raytheon Co.
1989 Ed. (1145, 1226)
1990 Ed. (192, 1477, 1529, 1617, 1623, 1624, 1632, 1637)
1991 Ed. (178, 182, 184, 1328, 1329, 1403, 1404, 1407, 1516, 1519, 1523, 1524, 1525, 2460)
1992 Ed. (248, 252, 261, 1770, 1916, 1917, 1918, 1929, 3077, 3650, 4361)
1993 Ed. (158, 159, 160, 165, 981, 982, 1367, 1374, 1460, 1462, 1565, 1569, 1570, 1571, 1579, 1583, 2053, 2569, 2988, 3478, 3480, 3686)
1994 Ed. (136, 140, 141, 142, 144, 149, 1007, 1008, 1420, 1513, 1517, 1608, 1609, 1610, 1611, 1925, 2072, 2518, 3030, 3454, 3455, 3649)
1995 Ed. (157, 160, 161, 162, 1019, 1020, 1456, 1542, 1546, 1651, 1652, 1949, 2121, 2577, 3082, 3723)
1996 Ed. (166, 168, 1418, 1518, 1520, 1521, 1522, 1626, 1627)
1997 Ed. (171, 173, 184, 185, 1017, 1018, 1477, 1705, 1706, 2095, 2473, 2789, 2791, 3278, 3655, 3656, 3865)
1998 Ed. (94, 95, 106, 107, 759, 1175, 1244, 1250, 1251, 1398, 1400, 1779, 1922, 2496, 2502, 3032, 3428, 3429, 3697)
1999 Ed. (185, 187, 192, 246, 1471, 1497, 1704, 1821, 1822, 1968, 1969, 1975, 2505)
2000 Ed. (216, 217, 942, 1513, 1646, 1648, 1651, 1744, 1745, 1746)
2001 Ed. (263, 264, 265, 266, 267, 269, 542, 1789, 1981, 2848, 2895, 2896, 4462)
2002 Ed. (239, 241, 243, 1452, 1626, 1723, 1911)
2003 Ed. (198, 199, 200, 201, 202, 206, 210, 1342, 1345, 1349, 1350, 1351, 1352, 1359, 1362, 1363, 1472, 1755, 1756, 1964, 1966, 1967, 1968, 1969, 1970, 1971, 1975, 2193, 2955, 2956)
2004 Ed. (158, 161, 162, 163, 164, 165, 166, 1345, 1346, 1349, 1352, 1364, 1366, 1367, 1368, 1370, 1502, 1792, 1793, 2009, 2010, 2011, 2012, 2014, 2015, 2016, 2017, 2018, 2019, 2231, 2236, 2243, 3028, 3342, 4484)
2005 Ed. (155, 158, 159, 161, 163, 165, 166, 167, 1353, 1354, 1364, 1365, 1368, 1381, 1387, 1389, 1391, 1518, 1857, 1858, 1861, 1862, 1863, 2148, 2149, 2150, 2151, 2152, 2153, 2154, 2155, 2156, 2157, 2158, 2330, 2331, 2337, 2835, 3042, 3043)
2006 Ed. (171, 172, 173, 174, 175, 176, 177, 178, 179, 180, 1359, 1368, 1373, 1377, 1379, 1868, 1869, 1871, 1872, 1873, 2243,

2244, 2245, 2246, 2247, 2248, 2392, 2826, 3047, 3048, 3255, 3932, 4463)
2007 Ed. (176, 177, 179, 182, 183, 184, 185, 1405, 1411, 1415, 1417, 1468, 1871, 1872, 1873, 1874, 2167, 2168, 2169, 2170, 2171, 2172, 2884, 3079, 3080)
2008 Ed. (157, 159, 160, 162, 163, 164, 1352, 1359, 1361, 1362, 1368, 1372, 1373, 1462, 1908, 1912, 1914, 1917, 1919, 1921, 1923, 2282, 2283, 2284, 2285, 2286, 2287, 2487, 3006, 3168, 3191, 3220, 3221, 3688)
2009 Ed. (180, 181, 182, 183, 186, 187, 188, 189, 1348, 1360, 1363, 1368, 1372, 1374, 1482, 1870, 1871, 1873, 1875, 1877, 1879, 1881, 2270, 2271, 2272, 2273, 2274, 2275, 2276, 2277, 3092, 3279, 3280, 3703)
2010 Ed. (160, 161, 162, 164, 165, 166, 167, 169, 1347, 1352, 1358, 1360, 1472, 1802, 1805, 1807, 1809, 1811, 1813, 2225, 2226, 2227, 2228, 2229, 2230, 2231, 2875, 3025, 3181, 3688)
2011 Ed. (82, 83, 84, 87, 88, 89, 90, 91, 93, 933, 1331, 1333, 1341, 1346, 1348, 1470, 1829, 1830, 1833, 1835, 1837, 1839, 1841, 1842, 2242, 2243, 2244, 2245, 2246, 2247, 2248, 2249, 2994, 3168, 3169, 3684)
2012 Ed. (84, 85, 86, 88, 94, 95, 96, 97, 856, 1197, 1199, 1206, 1211, 1213, 1310, 1688, 1689, 1691, 1692, 1695, 1696, 1697, 1699, 1997, 2106, 2107, 2108, 2109, 2110, 2111, 2113, 2115, 2116, 2465, 2786, 2920, 3124, 3125, 3694, 3811, 4964)
2013 Ed. (77, 1309, 1313, 1320, 1409, 1842, 1844, 1846, 1847, 2294, 2295, 2300, 2301, 2302, 2303, 2308, 2309, 2310, 2853, 3009, 3209, 3210, 3739, 3746, 4219, 4975)
2014 Ed. (94, 96, 97, 1245, 1247, 1254, 1359, 1772, 1774, 1776, 1777, 2232, 2233, 2238, 2240, 2241, 2244, 2245, 2246, 3018, 3221, 3222, 3672, 3679, 4256)
2015 Ed. (102, 1305, 1311, 1818, 1820, 1822, 2297, 2298, 2304, 2305, 2306, 2307, 2312, 2313, 2314, 3085, 3260, 3266, 3284, 3285, 3563, 3697)
2016 Ed. (90, 91, 92, 93, 100, 104, 105, 106, 1220, 1226, 1777, 1780, 1782, 1784, 2143, 2265, 2266, 2267, 3125, 3126, 3416, 3439, 3573)
Raytheon Constructors International Inc.
2003 Ed. (1754)
Raytheon E-Systems Inc.
2008 Ed. (2110)
2009 Ed. (2094)
2011 Ed. (2379)
2012 Ed. (2309)
2014 Ed. (2418)
Raytheon Engineers & Construction International Inc.
2001 Ed. (1464, 2239, 2242, 2298)
Raytheon Engineers & Constructors
1995 Ed. (1138, 1153, 1156, 1173, 1672, 1676, 1677, 1679, 1680, 1700)
1996 Ed. (1111, 1121, 1124, 1126, 1128, 1148, 1655, 1659, 1660, 1663, 1676)
1997 Ed. (1136, 1138, 1150, 1153, 1154, 1156, 1157, 1733, 1737, 1738, 1741, 1747, 1748, 1759, 1763)
1999 Ed. (1341, 1342, 1355, 1356, 1359, 1360, 1361, 1362, 1364, 1402, 2018, 2019, 2023, 2024, 2031, 2034)
2000 Ed. (1248, 1250, 1252, 1253, 1794)
Raytheon Engineers & Constructors International Inc.
1996 Ed. (1682)
1998 Ed. (934, 935, 937, 939, 940, 942, 969, 1436, 1439, 1440, 1444, 1447, 1450, 1451, 1452, 1456)
2000 Ed. (1289, 1799, 1801, 1812, 1819)
2002 Ed. (1250, 1252, 1261, 1268,

1269, 1273, 1281, 1319)
Raytheon Engineers & Contractors
  2000 Ed. (1239)
Raytheon-Hughes
  2001 Ed. (270)
Raytheon Integrated Air Defense Center
  2012 Ed. (3544)
Raytheon Integrated Defense Systems
  2015 Ed. (3564)
  2016 Ed. (3418)
Raytheon Intelligence & Information
  Systems Inc.
  2013 Ed. (2488)
Raytheon Missile Systems Co.
  2001 Ed. (1610)
  2005 Ed. (1649)
  2006 Ed. (1544)
  2007 Ed. (1574)
  2008 Ed. (1557)
  2009 Ed. (1483)
Raytheon Pikewerks Corp.
  2016 Ed. (2122, 2518)
Raytheon SAS
  2011 Ed. (3551)
Raytheon (Speed Queen)
  1991 Ed. (972, 973)
  1992 Ed. (1206, 1207)
Raytheon Systems Co.
  2003 Ed. (1607)
  2004 Ed. (1623)
Raz Kafri
  1997 Ed. (1936, 1937)
  1998 Ed. (1580, 1586, 1590)
  1999 Ed. (2178)
  2000 Ed. (1949)
Razon; Enrique
  2012 Ed. (4865)
  2013 Ed. (4898)
Razon Jr.; Enrique
  2010 Ed. (4917)
  2011 Ed. (4903)
  2012 Ed. (4914)
  2013 Ed. (4897)
  2014 Ed. (4909, 4910)
  2015 Ed. (4950, 4951)
  2016 Ed. (4865, 4866)
Razor
  2002 Ed. (2702)
Razor blades
  1990 Ed. (3032, 3033)
  1993 Ed. (2811)
  2002 Ed. (4262)
  2003 Ed. (3792)
Razor blades, refill
  2004 Ed. (3805)
Razor Competitive Edge
  2007 Ed. (896)
Razor handles, replaceable
  1992 Ed. (3398)
Razor racks
  1996 Ed. (2976, 2978)
Razor Technical Staffing
  2011 Ed. (1614)
  2013 Ed. (1554)
Razor & Tie Music
  2003 Ed. (842)
Razorback Acq. Corp.
  1990 Ed. (3555)
Razorbacks; Arkansas
  2014 Ed. (2748)
Razorfish
  2001 Ed. (148, 4190)
  2002 Ed. (2524, 2528)
  2007 Ed. (861, 3067)
  2008 Ed. (3204)
  2009 Ed. (143)
  2010 Ed. (125, 129, 138, 2377)
  2011 Ed. (43, 47, 2376)
  2012 Ed. (49)
  2013 Ed. (48)
  2014 Ed. (58, 65, 67, 3017)
  2015 Ed. (73, 77, 78, 2486, 3084)
  2016 Ed. (77, 78, 2417)
Razors
  1995 Ed. (2896)
  1997 Ed. (3065)
  2004 Ed. (3804, 3805)
Razors and blades
  1994 Ed. (2808)
  2001 Ed. (3712)
Razors, disposable
  2002 Ed. (4262)
  2003 Ed. (3792)
  2004 Ed. (3805)
Razors, nondisposable
  2002 Ed. (4262)
Razors, women's disposable
  1992 Ed. (3398)
Razors/blades
  1995 Ed. (2903)

Razorsight
  2009 Ed. (3032)
Razors/trimmers
  2003 Ed. (2868)
Razvi; Sajjad
  2012 Ed. (790)
RB
  2016 Ed. (2080, 2084)
RB Capital Inc.
  2015 Ed. (1586)
  2016 Ed. (1513)
RB Construction Group Inc.
  2016 Ed. (1971)
RB Restaurant Business
  1998 Ed. (2788, 2791)
RBA Inc.
  2014 Ed. (1519)
rbb
  2011 Ed. (4113)
RBB Public Relations
  2005 Ed. (3963)
  2011 Ed. (1635, 4118)
  2012 Ed. (1485, 4143, 4150)
rbb Public Relations
  2013 Ed. (4134, 4146)
  2014 Ed. (1581, 4150)
  2015 Ed. (1632, 4133, 4141)
  2016 Ed. (4047)
RBB Tax-Free
  1996 Ed. (614)
RBC
  2010 Ed. (2643)
  2011 Ed. (379, 380, 561, 2633)
  2012 Ed. (2561)
  2013 Ed. (539, 645, 2685)
  2014 Ed. (510, 659)
  2015 Ed. (574, 618, 720)
  2016 Ed. (564, 659)
RBC Advisor Canadian Bond Fund
  2010 Ed. (3732)
RBC Asset Management Inc.
  2009 Ed. (3806)
RBC Canadian Bond Index Fund
  2010 Ed. (3732, 3734)
RBC Capital Market
  2005 Ed. (1869)
  2006 Ed. (1886)
RBC Capital Markets
  2004 Ed. (1421, 1425, 1426, 2090)
  2005 Ed. (1442, 1443, 3465, 4313, 4578, 4579)
  2007 Ed. (1882, 3650, 3652, 3653, 3654, 3655, 3656, 4316, 4660, 4661)
  2008 Ed. (1933, 3401)
  2009 Ed. (1891, 3459)
  2010 Ed. (3396)
  2012 Ed. (3328)
  2013 Ed. (3413)
  2014 Ed. (3410, 4448)
RBC Dain Rauscher Corp.
  2003 Ed. (3476)
  2004 Ed. (3527, 3528, 3529, 3530, 3531, 3532, 4335)
  2005 Ed. (3526, 3528, 3529, 3530, 3531)
  2006 Ed. (1720)
  2007 Ed. (4273)
RBC Dexia Fund Services
  2008 Ed. (3403)
RBC Direct Investing
  2012 Ed. (579)
  2013 Ed. (715)
  2014 Ed. (738)
RBC Dominion
  2003 Ed. (4352)
RBC Dominion Securities
  1990 Ed. (811)
  1991 Ed. (2965)
  1992 Ed. (958, 964)
  1994 Ed. (782, 785)
  1996 Ed. (807)
  1997 Ed. (749)
  1998 Ed. (2355)
  2000 Ed. (879)
  2001 Ed. (1530)
  2005 Ed. (754)
  2007 Ed. (3282)
RBC Financial (Caribbean)
  2013 Ed. (407)
RBC Financial Caribbean
  2013 Ed. (406)
  2014 Ed. (422)
  2015 Ed. (479)
  2016 Ed. (431)
RBC Financial Group
  2008 Ed. (645)
RBC Insurance Holding Inc.
  2007 Ed. (1675)
  2011 Ed. (1604)

2012 Ed. (1450)
  2013 Ed. (1586)
RBC Insurance Holding (USA) Inc.
  2005 Ed. (1750)
RBC Insurance Holding USA Inc.
  2014 Ed. (1551)
  2015 Ed. (1601)
RBC Life Insurance
  2007 Ed. (3158)
  2008 Ed. (3308)
  2009 Ed. (3370, 3371)
  2010 Ed. (3308)
  2012 Ed. (3244)
  2013 Ed. (3297)
RBC Life Insurance Co.
  2013 Ed. (3296, 3298)
  2016 Ed. (3219)
RBC Monthly Income
  2006 Ed. (3662, 3664)
RBC O'Shaughnessy US Growth
  2006 Ed. (2513)
RBC O'Shaughnessy US Value
  2006 Ed. (2513)
RBC Utilities Inc.
  2016 Ed. (1889)
RBC/Orion
  1989 Ed. (1355, 1357)
RBF Consulting
  2011 Ed. (1515)
  2012 Ed. (2368)
RBG Holdings Corp.
  2015 Ed. (3561)
RBM of Atlanta
  1993 Ed. (277)
  1994 Ed. (276)
  1995 Ed. (279)
  1996 Ed. (279)
RBM Redaban Multicolor
  2015 Ed. (1570)
RBO PrintLogistix Inc.
  2010 Ed. (4009, 4030, 4035, 4039)
  2012 Ed. (4033, 4036, 4038, 4042, 4044)
  2013 Ed. (4083, 4087, 4090)
  2014 Ed. (4094)
  2015 Ed. (4077)
  2016 Ed. (3986)
RBOS
  2004 Ed. (529)
RBS Americas
  2012 Ed. (2519)
  2014 Ed. (26)
  2015 Ed. (29)
  2016 Ed. (29, 32, 41)
RBS Citizens Financial Group Inc.
  2014 Ed. (30, 39, 1965)
  2015 Ed. (33, 42, 1646, 2011)
RBS Citizens NA
  2010 Ed. (360, 362, 3001)
  2011 Ed. (282, 2968)
  2012 Ed. (304, 2905)
  2013 Ed. (294, 2989, 3138)
  2014 Ed. (2997)
  2015 Ed. (3069)
RBS Global Banking A Markets
  2009 Ed. (3462)
RBS Greenwich Capital
  2007 Ed. (4277)
  2009 Ed. (3454)
RBS Group
  2011 Ed. (921)
RBS Morgans
  2015 Ed. (2712)
RBS Retail Banking
  2007 Ed. (2021)
  2009 Ed. (2107)
RBT/Strum
  1997 Ed. (3919)
  1998 Ed. (63, 3766)
  1999 Ed. (131, 142, 3950)
RBTT Financial Holdings
  2002 Ed. (4678, 4679, 4680)
  2003 Ed. (474, 621)
  2004 Ed. (461, 462, 630)
  2005 Ed. (618)
  2006 Ed. (531, 3232, 4828)
  2007 Ed. (562)
  2008 Ed. (514)
  2009 Ed. (548)
  2010 Ed. (531)
  2011 Ed. (317, 460)
  2012 Ed. (332)
RBW of Atlanta
  1990 Ed. (333)
  1991 Ed. (286)
  1992 Ed. (391)
RBX International Co., Ltd.
  2015 Ed. (3745)
  2016 Ed. (3653)
RBZ

2012 Ed. (2)
  2013 Ed. (2)
RBZ LLP
  2011 Ed. (1804)
  2012 Ed. (1662)
  2013 Ed. (1450)
RC
  1992 Ed. (4016)
  1993 Ed. (3354)
  1998 Ed. (450, 451)
  1999 Ed. (703, 704)
  2000 Ed. (715)
RC Andersen LLC
  2016 Ed. (1174)
RC Cola
  1990 Ed. (3543)
  1992 Ed. (4230)
  2003 Ed. (4471)
  2010 Ed. (813)
RC Cola/Diet RC
  1991 Ed. (3320)
RC Lonestar Inc.
  2012 Ed. (4577)
R.C. Mathews Contractor
  2016 Ed. (2573)
RC Services LLC
  2006 Ed. (667, 668)
RC2 Corp.
  2005 Ed. (243)
  2012 Ed. (4735)
RCA
  1989 Ed. (1023, 2123, 2228)
  1990 Ed. (1235, 1244)
  1991 Ed. (1917)
  1992 Ed. (1285, 2420, 2421, 2429)
  1993 Ed. (2049, 2050)
  1994 Ed. (2069, 2070)
  1995 Ed. (2118)
  1996 Ed. (2125, 2126, 2127, 3783)
  1997 Ed. (2234, 2235, 2236)
  1998 Ed. (475, 1949, 1950, 1954)
  1999 Ed. (736, 1788, 2690, 2691, 2695)
  2000 Ed. (964, 2478)
  2002 Ed. (673, 4389, 4755)
  2005 Ed. (1490, 1516, 2863)
  2006 Ed. (2869)
  2007 Ed. (2862, 3952)
  2008 Ed. (274, 275, 1129, 2979, 2981, 4649, 4807)
  2011 Ed. (3708)
  2012 Ed. (2895, 3731)
  2014 Ed. (3712, 3713)
  2015 Ed. (3724, 3725)
  2016 Ed. (3637)
RCA; General Electric/
  1991 Ed. (1145)
RCA Music Group
  2011 Ed. (3709)
  2012 Ed. (3732)
  2013 Ed. (3780)
RCA, ProScan, GE
  2000 Ed. (2480)
RCA (Taiwan) Ltd.
  1990 Ed. (1643, 1737)
RCA/Aerospace & Defense Division
  1989 Ed. (1932)
RCA/MCI
  1992 Ed. (4365)
RCA/Pro Scan
  2000 Ed. (4223)
RCB Bank
  1993 Ed. (512)
RCB Corp.
  2002 Ed. (3549)
RCB International
  1992 Ed. (2741, 2780)
  1996 Ed. (2399, 2407)
RCF Marketing Group
  1991 Ed. (1419)
RCG International Inc.
  1992 Ed. (1377)
  1993 Ed. (1104)
  1995 Ed. (1142)
  1996 Ed. (114)
RCH Trust Co.
  1993 Ed. (2333, 2335, 2340)
RCI
  2011 Ed. (1847)
  2012 Ed. (3435, 3437)
  2013 Ed. (1612, 3454, 3455)
  2014 Ed. (1579, 3461)
RCI Construction Group
  1996 Ed. (1142)
  1997 Ed. (1171)
  1998 Ed. (957)
  1999 Ed. (1378)
  2000 Ed. (1270)
  2001 Ed. (1483)
  2002 Ed. (1300)

2003 Ed. (1318)
2004 Ed. (1318)
2005 Ed. (1320, 1323)
2006 Ed. (1348, 1351)
RCM Capital
1989 Ed. (2128, 2135)
1991 Ed. (2215, 2233)
1993 Ed. (2288)
1996 Ed. (2382)
RCM Capital Management
1992 Ed. (2739, 2769)
1994 Ed. (2324)
RCM Capital Management, LLC
2000 Ed. (2830)
RCM DDB Needham
1997 Ed. (84)
1999 Ed. (85)
RCM DDB Needham Worldwide
2000 Ed. (91)
RCM DDB Worldwide
2002 Ed. (105)
RCM DDB Worldwide/El Salvador
2001 Ed. (133)
RCN Corp.
1999 Ed. (1007)
2000 Ed. (959)
2002 Ed. (1124, 1530)
2005 Ed. (4628)
2006 Ed. (382, 3180, 3554)
2007 Ed. (4725)
2008 Ed. (4645)
RCN Products Inc.
2003 Ed. (2080)
RCP Construction Inc.
2016 Ed. (1406)
RCP Management Co.
1999 Ed. (4009, 4012)
RCP-Saatchi & Saatchi
1990 Ed. (151)
1991 Ed. (151)
RCR Cos.
2009 Ed. (4074, 4077)
RCR Technology Corp.
2009 Ed. (3760)
2010 Ed. (3695)
2014 Ed. (3685)
2015 Ed. (3701)
RCS
1991 Ed. (2394)
RCS Editori
2007 Ed. (3454)
RCS Emerging Growth
1992 Ed. (3182)
RCS Services
2006 Ed. (4199)
2008 Ed. (4249)
2009 Ed. (4348)
RCSA
1999 Ed. (2724)
2000 Ed. (2502)
RCT International Inc.
1993 Ed. (2582)
RCTI--PP
2001 Ed. (42)
RD Hunter & Co.
2000 Ed. (15)
RD Management Corp.
1992 Ed. (3961, 3966, 3969, 3971)
1993 Ed. (3313, 3315)
1994 Ed. (3304)
1995 Ed. (3373, 3378)
1996 Ed. (3427, 3431)
2000 Ed. (4020)
2003 Ed. (4409)
RD Meloche Monnex
2009 Ed. (3397)
RDA Holding Co.
2012 Ed. (3513)
2013 Ed. (3554)
2015 Ed. (348)
RDA Microelectronics Inc.
2012 Ed. (4432)
RDEX Research
2006 Ed. (3190)
RDG Planning & Design
2011 Ed. (193)
RDGChicago
2006 Ed. (4106)
RDM Corp.
2008 Ed. (2942)
RDM Sports Group Inc.
2000 Ed. (389)
RDO Equipment Co.
2001 Ed. (1824)
2003 Ed. (1797)
2004 Ed. (181, 182, 1832)
2006 Ed. (1946)
2007 Ed. (1929)
2008 Ed. (1995)
2009 Ed. (1956)

2010 Ed. (1894)
2011 Ed. (1925)
2013 Ed. (1960)
2014 Ed. (1896)
2015 Ed. (1941)
2016 Ed. (1911)
RDO Holdings Co.
2008 Ed. (1995)
2009 Ed. (1956)
2010 Ed. (1894)
2016 Ed. (1911)
RDSi
2002 Ed. (3261)
RDW Group
2000 Ed. (148)
2002 Ed. (157)
2003 Ed. (170)
2004 Ed. (127, 128)
Re-Bath Corp.
2002 Ed. (2288)
2003 Ed. (2123)
Re-Bath LLC
2004 Ed. (2169)
2005 Ed. (2267)
2006 Ed. (2325)
2007 Ed. (2256)
2008 Ed. (2393)
2009 Ed. (2375)
2010 Ed. (2299)
2011 Ed. (2297)
2012 Ed. (2193)
2013 Ed. (3118)
Re Capital
1992 Ed. (2369)
RE Carroll Construction
2002 Ed. (2686)
2003 Ed. (1168)
R.E. Dailey & Co.
1990 Ed. (1211)
Re-exports
1992 Ed. (2074)
Re-sterilization
2001 Ed. (3604)
Re-Tech BV
1999 Ed. (3299)
re2g
2013 Ed. (2529)
Rea Brothers (Isle of Man) Limited
1989 Ed. (586)
Rea Brothers (Isle of Man) Ltd.
1991 Ed. (569)
1992 Ed. (737)
1993 Ed. (536)
1994 Ed. (538)
1995 Ed. (514)
1996 Ed. (567)
REA Graham
1990 Ed. (2372)
REA Group
2013 Ed. (1430)
2015 Ed. (1453)
2016 Ed. (1371, 1377)
REA Maternity Hospital S.A.
2016 Ed. (1613)
Reach
1995 Ed. (3628)
1996 Ed. (3708)
1998 Ed. (3582)
1999 Ed. (1827, 4616)
2001 Ed. (4572)
2003 Ed. (1989, 1990, 1994, 4763, 4766)
2010 Ed. (139)
2011 Ed. (62)
Reach Advanced Design
2003 Ed. (4764)
REACH Air Medical Services
2012 Ed. (1364)
2013 Ed. (1449)
2014 Ed. (1410)
REACH Community Development
2011 Ed. (1915)
2012 Ed. (1773)
Reach Dentotape
2003 Ed. (1990)
Reach Easy Slide
2003 Ed. (1990)
Reach Gentle Gum Care
1999 Ed. (1827)
2003 Ed. (1990)
The REACH Group Americas LLC
2014 Ed. (2027)
2015 Ed. (2070)
Reach Out & Read
2004 Ed. (930)
Reach Plaque Sweeper
2003 Ed. (4764)
ReachLocal
2011 Ed. (39, 2915, 4051)
Reaction injection moldings

2001 Ed. (3845)
Reaction Search International
2011 Ed. (4172)
2012 Ed. (4223)
2015 Ed. (4211)
Reactive additives
1996 Ed. (3052)
Reactrix Systems
2006 Ed. (2489)
Read
1992 Ed. (878)
Read; Ian C.
2015 Ed. (967)
Read-Rite
1993 Ed. (1568, 2033)
1994 Ed. (1614, 3200)
1997 Ed. (1083)
1999 Ed. (1960, 1972, 1981)
2000 Ed. (1736, 1759)
Read-to-eat popcorn
1991 Ed. (3149)
The Reader
2001 Ed. (988)
Reader Rabbit 1
1995 Ed. (1101)
1997 Ed. (1101)
Reader Rabbit 2
1995 Ed. (1101)
Reader Rabbit Deluxe
1996 Ed. (1079)
Readerman; David
1995 Ed. (1828)
1996 Ed. (1801)
Reader's Digest
1989 Ed. (2180, 2181, 2182)
1990 Ed. (2507)
1991 Ed. (2701, 2702, 2704)
1992 Ed. (3370, 3371, 3380, 3381)
1993 Ed. (2789, 2790, 2794, 2795)
1994 Ed. (2426, 2782, 2783, 2787, 2788, 2793, 2978, 2981)
1995 Ed. (2882, 2885, 2887, 3040)
1996 Ed. (2957, 2958, 2962, 2972)
1997 Ed. (3035, 3038, 3040, 3048, 3050)
1998 Ed. (1343, 2783, 2784, 2801)
1999 Ed. (1853, 1858, 3752, 3753, 3771)
2000 Ed. (3462, 3472, 3475, 3476, 3494, 3497)
2001 Ed. (3192, 3194, 3196)
2002 Ed. (3226, 3635)
2003 Ed. (3274)
2004 Ed. (3336)
2005 Ed. (3361, 3362)
2006 Ed. (150, 152, 153, 3347)
2007 Ed. (142, 144, 3403, 3404)
2008 Ed. (3533)
2009 Ed. (3596, 3600)
2010 Ed. (3516, 3518)
2011 Ed. (3518)
2012 Ed. (3514)
2013 Ed. (3555)
2014 Ed. (3531)
2015 Ed. (3547, 3549, 3551)
2016 Ed. (3402)
Readers Digest Assn. CI A
1999 Ed. (4492)
Reader's Digest Association Canada
1996 Ed. (3144)
Reader's Digest Association Inc.
1990 Ed. (2796)
1991 Ed. (2783, 2785)
1992 Ed. (3368, 3585, 3587, 3833)
1993 Ed. (2489, 2490, 2941, 2942, 2943, 2944, 3249)
1994 Ed. (2427, 2445, 2977, 2979, 2982, 3243)
1995 Ed. (3038, 3039, 3042, 3323)
1996 Ed. (3139, 3140, 3141, 3142)
1997 Ed. (3219, 3220, 3221, 3222)
1998 Ed. (1286, 2780, 2972, 2973, 2974)
1999 Ed. (1863, 3743, 3968, 3969, 3971)
2000 Ed. (3463, 3681, 3682)
2001 Ed. (3247, 3248, 3709, 3952, 3953)
2002 Ed. (2146, 3282, 3883, 3884)
2003 Ed. (3272, 4023, 4024, 4025, 4026, 4027)
2004 Ed. (3332, 3409, 4042, 4043, 4045, 4046)
2005 Ed. (3357, 3422, 3981, 3982, 3983, 3984)
2006 Ed. (3345, 4022)
2007 Ed. (3401, 3449, 4053)
2008 Ed. (3177, 3179, 3531)
2009 Ed. (3593, 3594, 4156)
2010 Ed. (3511)

2011 Ed. (3514, 3516, 4135)
2012 Ed. (3512, 4166)
Reader's Digest Canadian English Edition
2015 Ed. (3544, 3545)
2016 Ed. (3397)
Reader's Digest, Hispanic Ed.
1990 Ed. (3326)
Reader's Digest Large Print for Easier Reading
2009 Ed. (171)
Reader's Digest Selecciones
2004 Ed. (140)
2005 Ed. (131)
2006 Ed. (3348)
Readers' Digest Selecoes
2000 Ed. (4086)
Reader's Digest Sub Six Inc.
2003 Ed. (4080)
Reader's Digest (U.S.)
1991 Ed. (723)
Reading Anthracite Co.
2005 Ed. (946, 3331)
Reading & Bates Corp.
1998 Ed. (3424)
Reading Co.
2000 Ed. (1048)
2002 Ed. (1471)
Reading Entertainment
2001 Ed. (3365)
Reading Genius Home Study
1999 Ed. (3976)
2000 Ed. (3691)
Reading Lolita in Tehran
2006 Ed. (640)
2007 Ed. (665)
Reading, PA
1989 Ed. (1904)
Reading Recovery Council
2004 Ed. (930)
Reading Room
2015 Ed. (3408)
2016 Ed. (3281)
Reading State Bank
1998 Ed. (369)
Ready Fixtures
1999 Ed. (4501)
2000 Ed. (4135)
The Ready Group
2002 Ed. (1581)
Ready Metal Manufacturing Co.
1997 Ed. (3653)
1998 Ed. (3427)
Ready Metal Manufacutring Co.
1996 Ed. (3600)
Ready Mix USA
2013 Ed. (4107)
Ready Mix USA Inc.
2008 Ed. (4063)
Ready Mix USA LLC
2010 Ed. (4112)
2011 Ed. (4080)
Ready Pac
1996 Ed. (773, 1934)
2013 Ed. (4355)
Ready Pac Produce Inc.
2008 Ed. (2782)
2009 Ed. (2840)
2010 Ed. (2781)
2011 Ed. (2770)
2012 Ed. (2699)
2014 Ed. (2774, 2805)
Ready State Bank
1995 Ed. (1877)
1996 Ed. (1921)
1997 Ed. (2011)
1998 Ed. (1695)
1999 Ed. (2441)
Ready Talk
2009 Ed. (1594)
Ready to Drink Coffee
2000 Ed. (716)
Ready-to-drink tea
2001 Ed. (686, 690, 691, 692, 693, 694, 700)
Ready to Drink Teas
2000 Ed. (716, 717)
Ready-to-eat cereal
1998 Ed. (1709)
Ready-to-Eat Popcorn
1990 Ed. (3307, 3308)
1992 Ed. (3997)
2000 Ed. (4066)
Ready-to-eat sandwiches
1998 Ed. (1709)
Ready-to-wear
2002 Ed. (220)
2003 Ed. (190)
2005 Ed. (134)
2006 Ed. (138)

2007 Ed. (131)
Readycall
1996 Ed. (3646)
ReadyMade
2011 Ed. (3520)
ReadyTalk
2008 Ed. (1709)
2009 Ed. (1595, 2999)
2010 Ed. (2939)
2012 Ed. (1425, 1460)
2013 Ed. (1549, 1550)
2014 Ed. (1518, 2453)
2015 Ed. (1573, 2523)
2016 Ed. (2457)
Reagan Chair in Public Policy; Ronald
1992 Ed. (1097)
Reagan; Nancy
2011 Ed. (2818)
Reagan UCLA Medical Center; Ronald
2010 Ed. (3059, 3061, 3062, 3063,
3064, 3068, 3069, 3070, 3072,
3073)
2011 Ed. (3031, 3032, 3033, 3034,
3035, 3040, 3041, 3042, 3044,
3045)
2012 Ed. (2967, 2968, 2969, 2970,
2972, 2973, 2978, 2979, 2981,
2982)
2013 Ed. (3057, 3058, 3059, 3060,
3061, 3063, 3064, 3067, 3070,
3072)
2014 Ed. (3059, 3060, 3062, 3063,
3065, 3069, 3072, 3074)
2015 Ed. (3127, 3128, 3130, 3131,
3134, 3137, 3139)
2016 Ed. (2990, 2991, 2993, 2994,
2997, 3000, 3002)
Reaktor
2012 Ed. (1478)
2013 Ed. (1600)
Reaktor Innovations
2009 Ed. (1650, 1654)
2010 Ed. (1614)
2011 Ed. (1619)
Reaktor Innovations Oy
2010 Ed. (1618, 2941)
2011 Ed. (2907)
Real
1990 Ed. (511)
2000 Ed. (590)
2001 Ed. (604, 605)
2005 Ed. (3176)
Real Africa Durolink
2001 Ed. (1535)
real; Brazilian
2008 Ed. (2274, 2275)
2009 Ed. (2261)
Real Data Matrix Sdn. Bhd.
2008 Ed. (2928)
Real de Colombia
2000 Ed. (499)
Real Deals on Home Decor
2013 Ed. (4303)
2014 Ed. (4344)
Real estate
1989 Ed. (1863, 1866)
1990 Ed. (2183)
1991 Ed. (2055)
1992 Ed. (2627, 2629, 2667, 4482)
1993 Ed. (2257)
1994 Ed. (338, 2066)
1996 Ed. (3452)
1997 Ed. (1579, 1613, 2018, 3165)
2001 Ed. (1708, 1855, 3055)
2002 Ed. (545, 1399, 1420, 1491,
3426, 4884)
2003 Ed. (1426, 1439, 1520, 3500)
2004 Ed. (1455, 1456, 1464, 1465,
1469, 1546, 1558, 2449)
2005 Ed. (1470, 1471, 1481, 1485,
1572)
2006 Ed. (2509)
2007 Ed. (2323)
2008 Ed. (760, 761, 1407, 1408,
1416, 1417, 1420, 1423, 1426,
1432)
2009 Ed. (179, 3819)
Real estate agents & managers
1989 Ed. (2475)
1994 Ed. (3235)
1995 Ed. (3314)
2010 Ed. (2638, 2639, 3209, 3210,
4155, 4156)
2011 Ed. (2619, 2620, 3173, 3174,
4153, 4154)
Real estate and housing
1989 Ed. (1659)
Real estate appraiser
2007 Ed. (3731)

Real Estate Board of Greater Vancouver
2011 Ed. (1504)
Real estate brokerage
1992 Ed. (1753)
Real Estate Development & Investment
Co.
2000 Ed. (3731)
2001 Ed. (4015)
Real estate firms
2006 Ed. (1425, 1426, 1436, 1437,
1440, 1447, 1454)
Real estate funds
1992 Ed. (2805)
1995 Ed. (3160)
Real estate investment
1992 Ed. (2624)
Real estate investment trusts
1997 Ed. (3264)
Real estate lending
1992 Ed. (1753)
Real Estate Loopholes
2006 Ed. (638)
Real estate managers
2007 Ed. (3726)
Real Estate One Inc.
1998 Ed. (2996)
1999 Ed. (3992)
2000 Ed. (3708)
2001 Ed. (3995)
2012 Ed. (4185)
Real estate sales agents
2007 Ed. (2461)
2009 Ed. (2622)
Real Estate Today
1989 Ed. (277)
1992 Ed. (3374)
Real Estate United Inc.
2004 Ed. (4070)
Real Estate/Hotel
2000 Ed. (1310)
Real Food for Real Kids Inc.
2015 Ed. (842)
Real Foundations
2006 Ed. (4039)
Real Fruit
1997 Ed. (2345)
1998 Ed. (2074, 2075)
Real Ghostbusters-Kenner
1991 Ed. (3409)
Real Goods Solar
2010 Ed. (4446)
Real Grandeza, Fundacao de Previden-
cia e Assistencia Social
2006 Ed. (3792)
Real (Grupo)
2000 Ed. (473, 476, 478)
Real Institute
2015 Ed. (1449)
Real Lease Inc.
2013 Ed. (1947)
2015 Ed. (1923)
Real Living Inc.
2005 Ed. (4001, 4002)
2006 Ed. (4036, 4037)
2007 Ed. (4077)
2008 Ed. (4110)
2009 Ed. (4217)
Real Living Real Estate LLC
2012 Ed. (4186)
Real Madrid
2001 Ed. (4301)
2002 Ed. (4307)
2003 Ed. (747)
2005 Ed. (4391)
2006 Ed. (4398)
2007 Ed. (4465)
2008 Ed. (4454)
2009 Ed. (4493, 4521)
2010 Ed. (4535)
2011 Ed. (4473)
2012 Ed. (4488, 4521)
2013 Ed. (4457, 4458, 4481)
2014 Ed. (4494)
2015 Ed. (4492)
2016 Ed. (4404, 4405)
Real Matters
2012 Ed. (2826, 2828)
2013 Ed. (2900, 2911)
2015 Ed. (1110)
2016 Ed. (1022)
Real Media Inc.
2001 Ed. (4196)
The Real Mother Goose
1990 Ed. (978)
Real Plaza
2014 Ed. (1946)
2015 Ed. (1991)
Real Plourde
2006 Ed. (2518)

Real Property Management
2012 Ed. (4187)
2013 Ed. (784, 4177)
2014 Ed. (805, 4194)
2015 Ed. (850)
2016 Ed. (784, 4123)
Real Resources Inc.
2009 Ed. (1399)
Real SA
2008 Ed. (2052, 2747)
Real Seguros
2007 Ed. (3109)
Real Select USA LLC
2016 Ed. (1618)
Real Simple
2004 Ed. (139, 3333)
2005 Ed. (130, 147, 148, 3358)
2006 Ed. (133, 145, 3346, 3348)
2007 Ed. (127, 169, 4994)
2008 Ed. (3532)
2009 Ed. (3595)
Real Soft Inc.
2008 Ed. (3722, 4415)
Real World
1998 Ed. (1415)
Real World, The Technology Trading
Co.
1999 Ed. (1990)
2000 Ed. (1770)
2001 Ed. (2200, 2201)
RealCafes.com Inc.
2004 Ed. (2781, 2782)
Reale Seguros
2014 Ed. (1993)
Realeflow
2014 Ed. (2454)
2016 Ed. (2458)
Realeflow LLC
2013 Ed. (1965)
2014 Ed. (1902)
2015 Ed. (1947)
2016 Ed. (1916)
Realen Homes
1998 Ed. (914)
2000 Ed. (1229)
2003 Ed. (1191)
2004 Ed. (1196)
Realgy
2013 Ed. (2529)
Realise Ltd.
2002 Ed. (2497)
Realistic
1998 Ed. (1894)
Reality Check: The Irreverent Guide to
Outsmarting, Outmanaging, & Out-
marketing Your Competition
2010 Ed. (604)
Realkredit Danmark A/S
2009 Ed. (428)
2010 Ed. (404)
2011 Ed. (331)
Reallionaire: Nine Steps to Becoming
Rich from the Inside Out
2007 Ed. (656)
Really Useful Holdings Ltd.
1994 Ed. (999)
1995 Ed. (1004, 1006, 1007, 1012)
ReallyGoodStuff.com
2012 Ed. (2296)
RealNames
2001 Ed. (4672)
RealNet Investments
2009 Ed. (4220)
2010 Ed. (4157)
RealNetworks
2001 Ed. (1745)
2002 Ed. (2537, 4882)
2003 Ed. (3349)
2007 Ed. (2045)
2009 Ed. (2129)
2010 Ed. (2064, 2065)
2011 Ed. (2119, 2120)
2014 Ed. (2104)
RealNetworks.com
2002 Ed. (4878)
Realogy
2013 Ed. (1927)
2015 Ed. (4185)
Realogy Corp.
2008 Ed. (4114, 4124, 4667)
2009 Ed. (4221, 4223)
2010 Ed. (4158, 4159)
2011 Ed. (4156)
2012 Ed. (4189)
2013 Ed. (3037, 4195)
2014 Ed. (1866)
2015 Ed. (4194)
Realogy Holding
2014 Ed. (4434)
Realogy Holdings

2015 Ed. (4188)
2016 Ed. (4106)
Realogy Holdings Corp.
2016 Ed. (4112)
RealPage Inc.
2012 Ed. (4437, 4442)
Realtor.com
2002 Ed. (4822)
Realtors
1991 Ed. (813, 2628)
Realtors Credit Union
2012 Ed. (2028, 2029)
2013 Ed. (2255, 2256)
2014 Ed. (2188)
Realtors PAC
1990 Ed. (2874)
Realtors Political Action Committee
1989 Ed. (2236, 2237)
1990 Ed. (2873)
1993 Ed. (2873)
Realty Development Corp. Ltd.
1995 Ed. (1351)
1999 Ed. (1570)
Realty Executives Associates
2007 Ed. (4074)
Realty Executives Associates, Realtors
2004 Ed. (4070)
Realty Executives Inc.
2004 Ed. (4070, 4071)
2005 Ed. (4001, 4002)
2007 Ed. (4077)
Realty Executives International
2014 Ed. (4209)
2015 Ed. (4189)
Realty Executives International Inc.
2002 Ed. (3926)
2003 Ed. (4050)
2004 Ed. (4072)
2005 Ed. (4003)
2006 Ed. (4038)
2007 Ed. (4078)
2010 Ed. (4152)
Realty Executives of Nevada
2007 Ed. (4071)
Realty Executives of Phoenix
1995 Ed. (3059)
Realty Executives Phoenix
2008 Ed. (4109)
Realty Executives Santa Clarita
2000 Ed. (3713)
2002 Ed. (3913)
Realty Income Corp.
2008 Ed. (2363)
Realty Landscape Corp.
2011 Ed. (3427)
Realty Marketing Associates Inc.
2010 Ed. (2960)
2011 Ed. (2922)
Realty One
1995 Ed. (3059)
Realty ONE Group
2011 Ed. (1086, 4155)
Realty South Invst.
1990 Ed. (2964)
Realty World
2016 Ed. (801)
Realty World Canada
1990 Ed. (2951)
Realty World Inc.
1990 Ed. (2952, 2957)
1993 Ed. (2960)
2010 Ed. (4152)
2011 Ed. (4152)
RealtyBid International
2013 Ed. (1402)
RealtyIQ.com
2001 Ed. (4763)
RealtyTrac Inc.
2008 Ed. (4113)
2009 Ed. (2985)
RealtyUSA
2010 Ed. (4151)
2011 Ed. (4151)
2012 Ed. (4185)
Ream's 8 Star
1992 Ed. (2870)
Reams Asset Management Co.
1999 Ed. (3072)
2006 Ed. (3192)
Ream's Food Stores Inc.
2009 Ed. (4621)
Reaper Miniatures
2015 Ed. (3774)
Reardon; Diana
2010 Ed. (920)
Reaseguradora de Colombia
2002 Ed. (4397)
Reassurance Assurances
1994 Ed. (3681)
Reassurances

1996 Ed. (3888)
Reaud, Morgan & Quinn
2002 Ed. (3721)
Reaud; Wayne
1997 Ed. (2612)
Reba Free LLC
2010 Ed. (2681)
2011 Ed. (2670)
Reba McEntire
1993 Ed. (1079)
1994 Ed. (1100)
1996 Ed. (1095)
1997 Ed. (1113, 1114)
1998 Ed. (866, 868)
1999 Ed. (1294)
2001 Ed. (2354)
2002 Ed. (1159)
Reba McEntire/Brooks & Dunn
2000 Ed. (1184)
Reback Design Assoc. Inc.
1990 Ed. (2287)
Rebai; Saber
2013 Ed. (3489)
Rebecca Barfield
1991 Ed. (1709)
1992 Ed. (2137)
1993 Ed. (1771, 1773, 1830)
1994 Ed. (1813, 1831)
1995 Ed. (1851)
Rebecca MacDonald
2005 Ed. (4992)
2006 Ed. (4988)
2007 Ed. (4985)
2008 Ed. (4991)
2009 Ed. (4985)
2010 Ed. (4992)
Rebecca Philbert
2010 Ed. (2835)
Rebecca Rothstein
2011 Ed. (3330)
2012 Ed. (3317)
2013 Ed. (3389)
2014 Ed. (3391)
2016 Ed. (3285)
Rebecca Runkle
2000 Ed. (2035)
Rebecca Sanders
2011 Ed. (2818)
Rebecca Winnington-Ingram
2000 Ed. (2086, 2092)
Rebel & Associates Inc.; Albert
1995 Ed. (2103, 3652)
1996 Ed. (3731)
1997 Ed. (3787)
Rebel Sports
2012 Ed. (4519)
2013 Ed. (4476)
Rebelez; Darren
2013 Ed. (2958)
Rebellion Photonics
2014 Ed. (4244)
Rebetron
2001 Ed. (2099)
Rebetron Combo Therapy and Intron A
2001 Ed. (2067)
Rebrab; Issad
2013 Ed. (3473)
2015 Ed. (4906)
2016 Ed. (4821)
Rebsamen Insurance Inc.
2005 Ed. (3069)
REC Advanced Silicon Materials LLC
2015 Ed. (1868)
REC Silicon
2010 Ed. (862)
REC Solar
2016 Ed. (4413)
RECCHI Costruzioni Generali SpA
1999 Ed. (1406)
Receivable Recovery Partners
2011 Ed. (915)
2012 Ed. (852)
Receivable Recovery Partners LLC
2013 Ed. (1034)
Receptionist
1989 Ed. (2087)
Receptionists
1989 Ed. (2081)
2005 Ed. (3628)
2007 Ed. (3729)
2010 Ed. (3788)
Receptos
2016 Ed. (4496)
Recipe
1989 Ed. (2196)
1990 Ed. (2822)
1992 Ed. (3411)
RecipeZaar
2010 Ed. (3369)
Reciprocal of America

2004 Ed. (3135)
Reckitt Benckiser
2009 Ed. (28, 30, 73)
2014 Ed. (52, 55, 1157, 4697)
2015 Ed. (92, 2941, 4708)
2016 Ed. (947, 1126, 2872, 3038, 3361, 4403, 4612)
Reckitt Benckiser Group
2015 Ed. (3859)
2016 Ed. (1293)
Reckitt Benckiser Inc.
2015 Ed. (1143)
2016 Ed. (1054)
Reckitt Benckiser plc
2001 Ed. (1999)
2002 Ed. (1063, 1793)
2003 Ed. (238, 975, 988, 989, 990, 991, 992, 993, 995, 996, 2047, 2048, 2049, 2080, 2081, 2082, 2430, 2674, 3169, 3794)
2004 Ed. (31, 38, 50, 59, 73, 80, 83, 94, 982, 3810)
2005 Ed. (22, 24, 31, 44, 54, 69, 78, 1000, 2971, 3831)
2006 Ed. (28, 30, 38, 44, 51, 52, 61, 63, 65, 77, 78, 87, 98, 105, 164, 212, 1013, 2968, 3805, 3809, 3896)
2007 Ed. (22, 29, 31, 35, 42, 43, 52, 54, 56, 60, 69, 76, 77, 88, 90, 155, 2985, 2986, 2987, 2993, 2994, 3815, 3816, 3947, 4735)
2008 Ed. (27, 34, 39, 46, 47, 54, 56, 58, 63, 74, 82, 83, 95, 99, 979, 1723, 3105, 3109, 3978, 4658)
2009 Ed. (32, 39, 44, 53, 54, 62, 64, 66, 83, 91, 92, 104, 106, 113, 114, 1191, 1196, 1661, 3200, 3203, 3204, 4052)
2010 Ed. (36, 38, 40, 42, 44, 49, 51, 63, 64, 71, 72, 74, 76, 82, 83, 95, 96, 99, 100, 112, 115, 116, 119, 929, 1200, 3125, 3126, 3130, 3131, 3857, 3954, 4707)
2011 Ed. (30, 32, 76, 864, 1148, 2109, 3086, 3092, 3093, 3094, 3097, 3098, 3386, 3864, 3866, 3973, 4662)
2012 Ed. (32, 39, 40, 78, 813, 1082, 1949, 3026, 3032, 3034, 3035, 3037, 3040, 3841, 3842, 3973)
2013 Ed. (39, 44, 71, 867, 871, 1219, 2126, 3119, 3120, 3124, 3900, 3901)
2014 Ed. (54, 90, 954, 1159, 2061, 3120, 3123, 3821, 3833, 3834)
2015 Ed. (1213, 3181, 3184, 3846, 3858)
2016 Ed. (893, 3035, 3040, 3752, 3768)
Reckitt & Colman Hellas SA
2001 Ed. (1189)
2002 Ed. (1011)
Reckitt & Colman Ltd.
1992 Ed. (69, 87, 1486)
2001 Ed. (41, 65, 3719)
Reckitt & Colman plc
1989 Ed. (22)
1991 Ed. (21)
1993 Ed. (23)
2002 Ed. (1450)
2003 Ed. (1470)
2004 Ed. (1500)
2005 Ed. (1516)
Reckitt & Colman Products Ltd.
2002 Ed. (44, 50)
Reckson Associates Reality
2000 Ed. (3000)
Reckson Associates Realty Corp.
1997 Ed. (3405)
2001 Ed. (4008, 4009)
Reckson Morris Industrial
2000 Ed. (3722)
Reclaim Your Nest Egg
2012 Ed. (518)
Reclaiming the Fire: How Successful People Overcome Burnout
2006 Ed. (590)
Recognition awards/trophies/emblematic jewelry/clocks & watches
1998 Ed. (3117)
Recognition awards/trophies/jewelry/ clocks & watches
1999 Ed. (4132)
Recognition Equipment
1989 Ed. (969, 972, 978)
1990 Ed. (1123, 1126)
1991 Ed. (1023, 1030)
1993 Ed. (1053, 1578)
Recology Inc.
2013 Ed. (4824)

2014 Ed. (4838)
2015 Ed. (4875)
2016 Ed. (4796)
The Recom Group, Inc.
2000 Ed. (2746)
Recombinant Capital
2003 Ed. (3029)
Recommend Magazine
2007 Ed. (4797)
Recommind Inc.
2006 Ed. (3021)
2007 Ed. (3054)
RECON LLC
2001 Ed. (4124)
2002 Ed. (4065)
RECon, the Global Retail Real Estate Convention
2012 Ed. (4744)
2013 Ed. (4700)
Reconcraft
2015 Ed. (3560)
Recondo Technology
2014 Ed. (2927)
Recope
1989 Ed. (1103)
The Record
1997 Ed. (2945)
1998 Ed. (2683)
1999 Ed. (3621)
2000 Ed. (3339)
2001 Ed. (3543)
Record albums, vinyl
1995 Ed. (1082)
The Record Commercial Printing
2002 Ed. (3767)
Record Steel & Construction Inc.
2011 Ed. (1223, 1250)
Record stores
2003 Ed. (3480)
Record Treasury Management
1997 Ed. (2521, 2551)
1998 Ed. (2269, 2302)
1999 Ed. (3046, 3061)
2000 Ed. (2854)
Recorded media manufacturing & publishing
2002 Ed. (2781)
Recorded music
2001 Ed. (3245, 3246)
Recording for the Blind
1994 Ed. (908)
Record/music stores
1995 Ed. (3707)
Records
2008 Ed. (2647)
2009 Ed. (2675)
Records, tapes, and disks
1998 Ed. (927)
Record/tape clubs
2003 Ed. (3480)
Recoton Corp.
2000 Ed. (2482)
2004 Ed. (2852, 2853)
Recovered Capital
2005 Ed. (816)
Recovery
1992 Ed. (3654)
Recovery Centers of America
1990 Ed. (2050)
Recovery Technologies Group Inc.
2005 Ed. (4695)
Recreation
1999 Ed. (1180)
2005 Ed. (4735)
2006 Ed. (4786)
2007 Ed. (1322)
2008 Ed. (4722)
2010 Ed. (4774)
2011 Ed. (4725)
Recreational Equipment Inc.
2006 Ed. (2098, 3108)
2007 Ed. (1432, 1519, 1521)
2008 Ed. (3008)
2009 Ed. (2149, 3118, 4578)
2010 Ed. (2089, 3052)
2011 Ed. (1420, 2146, 2397, 2399, 4511)
2012 Ed. (1254, 1258, 1992, 2328, 2331, 3111)
2013 Ed. (1357, 2182, 2509, 2511, 3192)
2014 Ed. (2097, 2112, 2451, 3203, 4327, 4500)
2015 Ed. (2152, 2166, 4314, 4500)
2016 Ed. (2128, 4211, 4432, 4461)
Recreational Equipment Inc. (REI)
2013 Ed. (1358)
2014 Ed. (1303)
Recreational Equipment Retail Buyers
1999 Ed. (1856)

Recro d.d.
2014 Ed. (3183)
Recruit
2016 Ed. (666)
Recruit Agent Co., Ltd.
2010 Ed. (1760)
Recruit Holdings
2016 Ed. (4366)
Recruit Staffing & Staff Service
2012 Ed. (4528)
Recruiting Support Services Inc.
2008 Ed. (3732)
Recruitmax Software Inc.
2008 Ed. (1137, 1139)
Recruitment
1990 Ed. (2533, 2534, 2723)
1991 Ed. (2622)
1992 Ed. (3003, 3007)
1995 Ed. (2799)
Recruitment, nursing
1992 Ed. (3277)
Recruitment specialists
2007 Ed. (3726)
Recyc RPM Inc.
2007 Ed. (4109)
2008 Ed. (4132)
2009 Ed. (4241)
2011 Ed. (4173)
Recycle America Alliance
2006 Ed. (4060)
Recycle America Alliance LLC
2005 Ed. (4032)
2007 Ed. (1768)
2008 Ed. (1798)
2009 Ed. (1743)
2011 Ed. (1701)
2012 Ed. (1556)
2013 Ed. (1709)
2014 Ed. (1656)
Recycle bottles or cans
1992 Ed. (1988)
Recycle paper
1992 Ed. (1988)
Recycle Rewards Inc.
2012 Ed. (2484, 4822)
Recycled Fibers International
2003 Ed. (3724)
Recycled Paper Products
1994 Ed. (1989)
1995 Ed. (2045, 2046)
1997 Ed. (2159)
1999 Ed. (2610)
Recycling & Reclamation Inc.
1993 Ed. (1458)
RED
1991 Ed. (351)
2002 Ed. (4937)
2008 Ed. (4977)
Red Advertising
2003 Ed. (169)
Red Apple Group Inc.
2005 Ed. (4100)
2009 Ed. (4004, 4156)
2010 Ed. (3911)
2011 Ed. (3930)
2012 Ed. (3928, 4092)
2013 Ed. (1945, 3926)
2014 Ed. (1884, 3870)
2015 Ed. (1921, 3897)
2016 Ed. (3808)
Red Back Mining Inc.
2011 Ed. (2806)
2012 Ed. (1355, 1358, 3672)
Red Balloon
2015 Ed. (1452)
Red Baron
1994 Ed. (2886)
1995 Ed. (1945, 2951)
2001 Ed. (2546)
2002 Ed. (4331)
2003 Ed. (2559, 2566)
2004 Ed. (2692)
2005 Ed. (2692)
2006 Ed. (2667)
2007 Ed. (2650)
2008 Ed. (2787, 2788)
2009 Ed. (2844)
2010 Ed. (2785)
2012 Ed. (2703)
2013 Ed. (2779)
2014 Ed. (2789, 2790, 2791)
2015 Ed. (2832, 2833)
2016 Ed. (2765, 2766)
Red Baron Singles
2015 Ed. (2833)
2016 Ed. (2765, 2766)
Red Bee Media
2011 Ed. (59)
Red Bend
2009 Ed. (3001, 3007, 3010)

Red Bend Software
 2010 Ed. (2946)
 2011 Ed. (2911)
Red & Blue Inc.
 2003 Ed. (2747)
Red Bull
 1996 Ed. (780)
 2000 Ed. (4091)
 2003 Ed. (746, 4517, 4518, 4519)
 2004 Ed. (674)
 2005 Ed. (4447)
 2006 Ed. (650, 4453, 4454)
 2007 Ed. (1594, 4510, 4511, 4512)
 2008 Ed. (4490, 4491, 4492, 4493)
 2009 Ed. (4523, 4524)
 2010 Ed. (4561, 4562)
 2011 Ed. (4482, 4520, 4523)
 2012 Ed. (481, 539, 4495, 4522)
 2013 Ed. (593, 595, 598, 4461, 4484,
  4485)
 2014 Ed. (270, 608, 612, 4497, 4529)
 2015 Ed. (668, 676, 680, 681, 683,
  716, 3584, 4497, 4529)
 2016 Ed. (616, 617, 622, 623, 624,
  4467)
Red Bull Editions
 2016 Ed. (3691)
Red Bull Energy Shot
 2011 Ed. (4524)
 2012 Ed. (4523)
 2014 Ed. (605)
Red Bull GmbH
 2010 Ed. (571, 708)
 2016 Ed. (609, 615)
Red Bull North America
 2003 Ed. (4521)
 2016 Ed. (4468)
Red Bull Racing Team
 2010 Ed. (316)
 2011 Ed. (240)
 2012 Ed. (261)
Red Bull Total Zero
 2014 Ed. (4529)
 2015 Ed. (680, 1326)
 2016 Ed. (3689)
Red by Giorgio
 1996 Ed. (2950)
Red by Giorgio Beverly Hills
 1993 Ed. (2788)
 1994 Ed. (2778)
Red Caboose Winery
 2014 Ed. (4951)
Red Cafe
 2001 Ed. (4086)
Red Carpet
 1990 Ed. (2077, 2952)
 1993 Ed. (2085)
 1996 Ed. (2178)
Red Carpet Inn
 1998 Ed. (2021)
Red Carpet Real Estate Services Inc.
 1990 Ed. (1851)
 1991 Ed. (1771, 1943)
Red Chamber Co.
 1994 Ed. (3307)
 1997 Ed. (2049)
 1998 Ed. (1734)
 2007 Ed. (4265)
 2008 Ed. (4284)
 2009 Ed. (4393)
Red Chamber Group
 2006 Ed. (4250)
 2009 Ed. (4146)
 2012 Ed. (3707)
 2014 Ed. (3686)
Red Clay Consolidated School District
 2002 Ed. (2062)
Red Cliff Development
 2007 Ed. (1289)
Red Coats Inc.
 1990 Ed. (1037)
Red-cockaded woodpecker
 1996 Ed. (1643)
The Red Consultancy
 2002 Ed. (3853, 3867)
Red Crimson
 2001 Ed. (4871)
 2002 Ed. (4967)
Red Cross Toothache Kit
 1993 Ed. (1473)
Red Crown Credit Union
 2009 Ed. (2187)
Red Dead Redemption
 2012 Ed. (4825)
Red Deer, Alberta
 2010 Ed. (3478)
RED Development LLC
 2006 Ed. (1830)
 2007 Ed. (1839)
Red Devil

 1990 Ed. (1984)
 1996 Ed. (2074)
Red Door
 2004 Ed. (2683)
Red Eagle
 2009 Ed. (3849)
Red Eagle Oil Inc.
 2011 Ed. (2158)
 2012 Ed. (2009)
Red Electric Corp.
 2013 Ed. (858)
Red Electrica
 2012 Ed. (2272)
 2013 Ed. (2446)
 2014 Ed. (2381)
 2015 Ed. (2449)
 2016 Ed. (2382, 2395)
Red Electrica Corp.
 2014 Ed. (4043)
Red Engine Foods
 2012 Ed. (693)
 2015 Ed. (893)
 2016 Ed. (779)
Red F
 2006 Ed. (106)
RED F Marketing
 2015 Ed. (3017)
Red Fish
 2000 Ed. (1679)
Red Frog Events
 2014 Ed. (1154)
 2015 Ed. (1208)
Red Gate
 2010 Ed. (1107)
 2011 Ed. (1046)
Red Gate Software
 2009 Ed. (2108)
Red Giraffe Video
 1992 Ed. (4392)
 1993 Ed. (3665)
Red Globe/Rose-Ito
 2001 Ed. (4870, 4871)
 2002 Ed. (4967, 4968)
Red Hat
 2014 Ed. (1695)
Red Hat Inc.
 2001 Ed. (1597, 4184)
 2002 Ed. (2530)
 2003 Ed. (2725)
 2006 Ed. (4585)
 2007 Ed. (1232, 4558, 4697)
 2008 Ed. (1127, 1145, 1404)
 2009 Ed. (1124, 2908)
 2010 Ed. (2852)
 2015 Ed. (1093, 1102)
 2016 Ed. (1013, 1907)
Red Hawk
 2011 Ed. (4390)
 2012 Ed. (4452)
Red Hawk Industries
 2005 Ed. (3913)
 2006 Ed. (4263)
 2007 Ed. (4291)
 2009 Ed. (4408)
 2010 Ed. (4451, 4452)
Red Hawk Industries LLC
 2005 Ed. (4294)
 2006 Ed. (3987, 4274)
 2007 Ed. (4297)
Red Head
 1990 Ed. (3335)
The Red Herring
 2001 Ed. (254, 255)
Red Holman Pontiac
 1994 Ed. (257)
 1995 Ed. (283)
 1996 Ed. (283)
Red Hook Realty
 2000 Ed. (4057)
Red Hot & Blue
 2002 Ed. (4009)
 2003 Ed. (4103)
 2004 Ed. (4140)
Red Hot Blues
 1995 Ed. (1893)
Red Hot Chili Peppers
 1996 Ed. (1093)
Red Lion Hotel
 1991 Ed. (217)
 1992 Ed. (312, 2484)
 1993 Ed. (207)
 1995 Ed. (198)
Red Lion Hotel-Orange County Airport
 1993 Ed. (207)
 1997 Ed. (221, 2287)
Red Lion Hotels
 1999 Ed. (2779)
 2000 Ed. (2555)
 2010 Ed. (2064)
 2011 Ed. (2119)

 2016 Ed. (4730)
Red Lion Hotels Holdings Inc.
 2010 Ed. (2085)
Red Lion Inn
 1989 Ed. (253)
 1998 Ed. (2008)
Red Lion Inns
 1990 Ed. (2075)
Red Lobster
 1990 Ed. (3006, 3008)
 1991 Ed. (13, 738, 2866, 2867, 2886,
  2937, 2939)
 1992 Ed. (3720, 3814, 3817)
 1993 Ed. (3025, 3037, 3112)
 1994 Ed. (3154, 3156)
 1995 Ed. (3129, 3200)
 1996 Ed. (3299, 3301)
 1997 Ed. (3396, 3397)
 1998 Ed. (3174)
 1999 Ed. (778, 4158, 4159, 4564)
 2000 Ed. (3791, 3873, 3874)
 2001 Ed. (4066, 4067, 4069, 4070,
  4071, 4073, 4074, 4077)
 2002 Ed. (4005, 4028)
 2003 Ed. (4078, 4101, 4104, 4106,
  4107, 4109, 4110, 4121, 4136)
 2004 Ed. (4128, 4137, 4146)
 2005 Ed. (4052, 4053, 4062, 4063,
  4064, 4085)
 2006 Ed. (4104, 4130, 4135)
 2007 Ed. (4148, 4155)
 2008 Ed. (4163, 4181, 4182, 4195,
  4196)
 2009 Ed. (4271, 4294)
 2010 Ed. (4212, 4221, 4222, 4223,
  4256, 4261)
 2011 Ed. (4218, 4223, 4224, 4225,
  4256, 4260)
 2012 Ed. (4270, 4271, 4272, 4273,
  4297)
 2013 Ed. (4238, 4239, 4240, 4263)
 2014 Ed. (4286, 4288, 4289, 4290,
  4427)
 2015 Ed. (4278, 4279, 4280, 4299,
  4409)
 2016 Ed. (4182, 4183, 4184, 4204)
Red Lobster U.S.A.
 1990 Ed. (3116)
Red Man
 1994 Ed. (3546)
 1995 Ed. (3620, 3624)
 1996 Ed. (3700)
 1998 Ed. (3579)
 1999 Ed. (4608)
Red Man Golden Blend
 1995 Ed. (3620)
 1996 Ed. (3700)
 1999 Ed. (4608)
 2015 Ed. (4753)
 2016 Ed. (4659)
Red Man Pipe & Supply Co.
 2006 Ed. (3492, 3534, 3689, 4373)
 2007 Ed. (3526, 3590, 3683)
 2008 Ed. (3690, 3727, 3778)
 2009 Ed. (3959, 4161)
Red Man Pouch
 2015 Ed. (4753)
 2016 Ed. (4659)
Red Mango
 2012 Ed. (4264)
Red Mango Yogurt Cafe & Juice Bar
 2016 Ed. (2769)
Red McCombs Mazda
 1991 Ed. (285)
Red McJunkin Man Corp.
 2010 Ed. (2098)
Red meats, alternatives
 1998 Ed. (1859)
Red Meats, Case-Ready
 2001 Ed. (3603)
Red Mountain
 1992 Ed. (887)
 1996 Ed. (725)
Red Nacional de los Ferrocarriles
 2004 Ed. (4061)
Red Nacional de los Ferrocarriles Espa-
  noles Sa
 1990 Ed. (1352)
 1993 Ed. (1307)
Red Nucleus
 2010 Ed. (1864)
 2011 Ed. (1896)
 2012 Ed. (1752)
 2013 Ed. (1918)
 2014 Ed. (1857)
 2015 Ed. (1893)
Red Oak
 1994 Ed. (1070)
Red Oak Communication Advisors
 2005 Ed. (1088)

Red Oval Farms
 1995 Ed. (1206)
Red Peacock International
 2005 Ed. (1254)
 2006 Ed. (1100)
 2007 Ed. (1203)
 2008 Ed. (1110)
Red pepper
 1998 Ed. (3348)
Red Rabbit
 2004 Ed. (739)
Red River
 2014 Ed. (1853)
Red River Computer Co.
 2016 Ed. (1228, 1231)
Red River Cooperative
 2010 Ed. (1373)
 2013 Ed. (1344)
 2014 Ed. (1277)
Red River Ski Area
 2016 Ed. (4371)
Red Robin
 1991 Ed. (2882)
 1994 Ed. (3089)
 1996 Ed. (3231)
 1998 Ed. (3063)
 1999 Ed. (4065)
 2000 Ed. (3782)
 2001 Ed. (4063, 4071)
 2002 Ed. (4001, 4013, 4019, 4032)
 2003 Ed. (4097)
 2004 Ed. (4127)
 2006 Ed. (4110)
Red Robin Burger & Spirits Emporium
 1995 Ed. (3132, 3139)
 1997 Ed. (3317, 3334)
Red Robin Burgers & Spirits Emporium
 2003 Ed. (4108, 4109, 4111, 4131)
 2005 Ed. (4060, 4061, 4082)
 2006 Ed. (4126, 4127, 4129)
Red Robin Gourmet Burgers Inc.
 2003 Ed. (895)
 2004 Ed. (3971)
 2005 Ed. (1738)
 2006 Ed. (820, 1649, 2650, 4115)
 2007 Ed. (1665, 4142)
 2008 Ed. (1681, 1685, 4156, 4169,
  4170)
 2009 Ed. (892, 1604, 1609, 2700,
  4264)
 2010 Ed. (842, 1587, 2620, 4204,
  4214)
 2011 Ed. (768, 1589, 2600, 4210)
 2012 Ed. (706, 1432, 1459)
 2013 Ed. (910, 1560)
 2014 Ed. (857, 1530)
 2015 Ed. (1576, 1581)
 2016 Ed. (1509)
Red Robin Gourmet Burgers & Spirits
 2010 Ed. (4219, 4220, 4222, 4223)
 2011 Ed. (4224, 4225, 4252)
 2012 Ed. (4270, 4273)
 2013 Ed. (4236, 4237, 4240)
 2014 Ed. (4276, 4286, 4287, 4290)
 2015 Ed. (4257, 4275, 4276, 4280)
 2016 Ed. (4181, 4184)
Red Robin International
 1993 Ed. (3034)
 2002 Ed. (2363)
 2003 Ed. (3964)
Red Roof
 2001 Ed. (2791)
 2002 Ed. (2637)
 2003 Ed. (2847)
 2004 Ed. (2938)
Red Roof Inns
 1990 Ed. (2077, 2088)
 1991 Ed. (1943, 1951)
 1992 Ed. (2476, 2489, 2495)
 1993 Ed. (2085, 2095)
 1994 Ed. (2111, 2115)
 1995 Ed. (2163, 2164)
 1996 Ed. (2178, 2183)
 1997 Ed. (2292)
 1998 Ed. (2016)
 1999 Ed. (2776, 2782)
 2000 Ed. (2553, 2559)
 2001 Ed. (2790)
 2002 Ed. (2644)
 2012 Ed. (3007)
Red Rose
 1994 Ed. (3478)
 1995 Ed. (3547)
 2008 Ed. (4599)
Red Rose Pizzeria
 2007 Ed. (3965)
Red Seal
 2015 Ed. (4752)
Red Seal Tours Ltd.
 2005 Ed. (2776)

Red Seedless
2001 Ed. (4870)
2002 Ed. (4968)
Red Simpson Inc.
2006 Ed. (1326)
Red Skelton
1989 Ed. (990)
1992 Ed. (1349)
Red Sky PR
2016 Ed. (4039)
Red Sky Public Relations
2011 Ed. (4129)
2016 Ed. (4063)
Red Sox; Boston
2005 Ed. (645)
2006 Ed. (547)
2007 Ed. (578)
2008 Ed. (529)
2009 Ed. (564, 4521)
2010 Ed. (547)
2011 Ed. (475)
2012 Ed. (431)
2013 Ed. (544, 4481)
2014 Ed. (559)
2015 Ed. (622)
2016 Ed. (569)
Red Spot Paint & Varnish Co. Inc.
1996 Ed. (351)
Red Storm Entertainment Inc.
2002 Ed. (2529)
The Red Tent
2003 Ed. (723, 725)
Red Tiger Mining
2015 Ed. (1531)
Red Union Fenosa SA
2014 Ed. (1567)
2015 Ed. (1618)
2016 Ed. (1544)
Red Ventures
2009 Ed. (120, 4111)
2010 Ed. (121, 3697, 4047)
Red Vine
1999 Ed. (1017)
Red Vine Belly Buster
1999 Ed. (1017)
Red Vines
2008 Ed. (837)
2014 Ed. (829)
2015 Ed. (869)
Red Willow Production Co.
2009 Ed. (2864)
Red Wing Products
2000 Ed. (1433)
Red Wing Shoe Co. Inc.
2003 Ed. (4405)
Red Wing Shoe Co., Inc.
2014 Ed. (3474)
2015 Ed. (3492)
2016 Ed. (3342)
Red Wings; Detroit
2006 Ed. (2862)
2009 Ed. (3056)
2010 Ed. (2990)
2011 Ed. (2959)
2012 Ed. (2888)
2013 Ed. (2965)
2014 Ed. (2978)
2015 Ed. (3046)
2016 Ed. (2938)
REDA Chemicals
2013 Ed. (935)
2014 Ed. (889)
2015 Ed. (917)
Redactive Media
2011 Ed. (4140)
Redactive Media Group
2009 Ed. (141)
Redapt
2014 Ed. (4821)
Redapt Systems Inc.
2008 Ed. (3738, 4435)
Redback Networks
2001 Ed. (4182, 4184, 4451)
2002 Ed. (1385, 1530, 2471)
2003 Ed. (1441, 1458)
2004 Ed. (1471, 1488)
2005 Ed. (1487, 1504, 4521)
2007 Ed. (4711)
2008 Ed. (4578)
RedBalloon
2010 Ed. (1490)
2012 Ed. (1332)
Redbook
1995 Ed. (2884)
1996 Ed. (2963)
1999 Ed. (1857)
2006 Ed. (157)
2007 Ed. (149, 4994)
Redbreast Irish Whiskey
2004 Ed. (4891)

RedBrick Pizza
2009 Ed. (4273)
2010 Ed. (2628, 4216)
2011 Ed. (2610)
Redcats USA
2013 Ed. (894)
RedCats.com
2013 Ed. (2470)
RedChip
2002 Ed. (4869)
RedChip Money Report
2015 Ed. (2331)
REDCOM Design & Construction LLC
2016 Ed. (1858)
Redcross Toothache
1996 Ed. (1528)
Reddi Brake
1998 Ed. (2726)
Redding, CA
1993 Ed. (2547)
1997 Ed. (2337, 2764)
1998 Ed. (245)
2004 Ed. (4221)
2005 Ed. (2032, 2380, 2992)
2006 Ed. (2427)
2007 Ed. (3369)
2008 Ed. (3467)
2009 Ed. (3546)
2010 Ed. (3466)
Redding; Jheri
1992 Ed. (3402)
Redding Record Searchlight
1991 Ed. (2599, 2608)
Reddit
2015 Ed. (3421)
Redds
2015 Ed. (200)
Redd's Apple Ale
2016 Ed. (585, 3691)
Rede Electrica Nacional SA
1999 Ed. (1726)
2000 Ed. (1544)
2001 Ed. (1839)
2003 Ed. (1812)
2007 Ed. (1958)
2008 Ed. (2053)
2009 Ed. (2018)
2011 Ed. (2011)
Rede Ferroviaria Federal SA
1999 Ed. (1698)
Redecard
2014 Ed. (2684)
Redecard S/A
2012 Ed. (2621)
2013 Ed. (819)
Redefine Properties
2014 Ed. (4040)
Reden & Anders Ltd.
2008 Ed. (15)
2009 Ed. (18)
2010 Ed. (29)
2011 Ed. (25)
Redevelopment Authority
2001 Ed. (905)
Redevelopment Authority Finance Corp.
2001 Ed. (905)
Redeye Grill
2001 Ed. (4053, 4054)
2002 Ed. (3994)
Redhook
2007 Ed. (596)
2008 Ed. (541)
Redhook Ale Brewery
1990 Ed. (748)
1991 Ed. (2452)
1998 Ed. (455, 458, 459, 462, 2488)
1999 Ed. (719, 722, 3402, 3403)
2000 Ed. (3128)
2004 Ed. (772, 773)
2005 Ed. (744, 745)
2010 Ed. (2064)
2011 Ed. (2119)
Redhook Brewery
1989 Ed. (758)
Redhook ESB
2006 Ed. (555)
2007 Ed. (595)
2010 Ed. (557)
Redhook ESB Ale
1997 Ed. (719)
1998 Ed. (495, 3436)
Redhook Long Hammer IPA
2011 Ed. (484)
2012 Ed. (441)
Redi-Carpet
1993 Ed. (1867)
1994 Ed. (1852)
1995 Ed. (1880)
1997 Ed. (2016)
REDI Cincinnati

2016 Ed. (3378)
Redi-Medic
2010 Ed. (4012, 4042)
Redibook
2005 Ed. (3594)
Redico
1999 Ed. (4014)
Redico Management Inc.
1998 Ed. (3022)
2000 Ed. (3717)
Rediffusion
1993 Ed. (819)
Rediffusion Advertising
1995 Ed. (83)
1997 Ed. (99)
1999 Ed. (100)
Rediffusion Communications
1996 Ed. (97)
Rediffusion/DY & R
2000 Ed. (104)
2001 Ed. (144)
2002 Ed. (117)
2003 Ed. (84)
Redington
1999 Ed. (3470)
Rediplus
2006 Ed. (4480)
Redken Laboratories Inc.
1992 Ed. (4486)
1993 Ed. (3736)
1994 Ed. (3671)
Redknee
2015 Ed. (1110, 1111, 2970)
Redknee Inc.
2004 Ed. (2781, 2782)
2006 Ed. (2821)
2007 Ed. (1235)
2008 Ed. (1133)
2009 Ed. (1111)
2010 Ed. (1092)
2011 Ed. (1030)
2012 Ed. (960)
2014 Ed. (1074)
2015 Ed. (1112)
2016 Ed. (1015, 1019)
Redknee Solutions
2016 Ed. (1022, 1023)
Redknee Solutions Inc.
2014 Ed. (1502)
Redland
1989 Ed. (826)
1991 Ed. (1286)
1992 Ed. (1625)
1999 Ed. (3300)
Redland Aggregates North America
1998 Ed. (3123)
2000 Ed. (3847)
Redland Insurance Group
1992 Ed. (2685)
1993 Ed. (2241)
1994 Ed. (2281)
Redland plc
1992 Ed. (2972)
1993 Ed. (2499)
1994 Ed. (2437)
1995 Ed. (1246, 1425, 2505)
1996 Ed. (2567)
1997 Ed. (2707)
2000 Ed. (3037)
2001 Ed. (4381)
2002 Ed. (4512)
Redlands Federal Savings & Loan
1990 Ed. (2434)
Redlands; University of
1993 Ed. (1020)
1996 Ed. (1040)
1997 Ed. (1056)
2008 Ed. (1088)
2009 Ed. (804, 1062)
2010 Ed. (1030)
Redlaw Industries, Inc.
1990 Ed. (392)
1992 Ed. (477)
Redlee/SCS USA Ltd.
2006 Ed. (3531)
2007 Ed. (3585, 4438)
Redline Communications
2008 Ed. (2931)
2016 Ed. (1024)
Redline Communications Group
2009 Ed. (1111)
2010 Ed. (1092)
2011 Ed. (1030)
2012 Ed. (960)
2014 Ed. (1074)
Redline Performance Products Inc.
2005 Ed. (4254)
Redman Enterprises
1995 Ed. (2973)
Redman Homes

1989 Ed. (1999)
1990 Ed. (2594, 2892, 2893)
1991 Ed. (1060, 1062, 2757)
1992 Ed. (1368, 3515, 3518, 3519, 3520, 3521, 3522)
1993 Ed. (1091, 2899, 2902, 2903, 2904, 2905)
1994 Ed. (1115, 1120, 2914, 2915, 2916, 2917, 2918, 2919)
1995 Ed. (1131)
Redman Industries Inc.
1990 Ed. (1173)
1995 Ed. (2970, 2971, 2972, 2974, 2975, 2976, 2977, 2978, 2979)
1996 Ed. (1104, 3068, 3069, 3070, 3071, 3072, 3073, 3074, 3075, 3076, 3077, 3078)
1997 Ed. (1125, 3149, 3150, 3151, 3152, 3153, 3154, 3155, 3156, 3157, 3158)
2004 Ed. (3318)
2005 Ed. (3341, 3342)
Redman; James
1990 Ed. (976, 1726)
RedMeteor.com
2001 Ed. (4753)
Redmond Dental Group
2014 Ed. (1926)
2016 Ed. (1938)
Redmond Minerals Inc.
2006 Ed. (2087)
Redmond; Phil
2016 Ed. (3335)
Redmond Products
1995 Ed. (2073)
Redner's Markets
2013 Ed. (4550)
2014 Ed. (4607)
Redner's Markets Inc.
2009 Ed. (4619)
Redondo Beach, CA
1992 Ed. (2578)
1993 Ed. (2143)
1994 Ed. (2165)
1995 Ed. (2216)
Redoxx.com
2013 Ed. (2471)
Redpoint Ventures
2002 Ed. (4736)
RedPrairie Corp.
2006 Ed. (4646)
2008 Ed. (4576, 4577)
2010 Ed. (4648, 4649)
2011 Ed. (4597, 4598)
2012 Ed. (4607)
2013 Ed. (4557)
2014 Ed. (4613)
2015 Ed. (4610)
Redrock Camps
2015 Ed. (1506)
Redrock Camps Inc.
2016 Ed. (1454, 4355)
Redrow
2007 Ed. (2994)
2012 Ed. (1048)
2014 Ed. (1120)
2015 Ed. (1159)
2016 Ed. (1073, 3038)
Redshaw; Toby
2013 Ed. (2958)
Redside
2013 Ed. (1984)
Redskins; Washington
2005 Ed. (2667, 4437, 4449)
2006 Ed. (2653)
2007 Ed. (2632)
2008 Ed. (2761)
2009 Ed. (2817, 4521)
2010 Ed. (2758)
2011 Ed. (2744)
2012 Ed. (2681, 4521)
2013 Ed. (2767)
2014 Ed. (2749)
2015 Ed. (2802)
2016 Ed. (2732)
Redstone
1996 Ed. (1503)
Redstone Advisors, Fixed Income—Municipals
2003 Ed. (3132, 3139)
Redstone Credit Union
2002 Ed. (1845)
2003 Ed. (1904)
2004 Ed. (1944)
2005 Ed. (2085)
2006 Ed. (2180)
2007 Ed. (2101)
2008 Ed. (2216)
2009 Ed. (2199)
2010 Ed. (2148, 2153)

2011 Ed. (2174)
2012 Ed. (2031, 2034)
2013 Ed. (2207, 2262)
2014 Ed. (2138, 2195)
2015 Ed. (2202, 2259)
2016 Ed. (2173, 2230)
Redstone Federal Credit Union
2016 Ed. (2639)
Redstone; John
2011 Ed. (3364)
Redstone; Shari
2006 Ed. (4976)
2007 Ed. (4976)
Redstone; Sumner
2005 Ed. (970, 4851)
2006 Ed. (887, 4901)
2007 Ed. (977, 4896)
2008 Ed. (4825)
2009 Ed. (4848)
2010 Ed. (4855)
2011 Ed. (628)
2013 Ed. (4844)
2014 Ed. (4860)
2015 Ed. (4897)
2016 Ed. (4815)
Redstone; Sumner Murray
1991 Ed. (2461)
RedtagBiz
2003 Ed. (2158)
Redtagbiz.com
2001 Ed. (4772)
Reduced, light & low-fat ice cream
2000 Ed. (2596)
Reducing preparations
1992 Ed. (2354)
Redur SA
2008 Ed. (4757)
Redur SA (Group)
2006 Ed. (2022)
2007 Ed. (1992)
2008 Ed. (2087)
2009 Ed. (2058)
RedVision Systems
2012 Ed. (4187)
REDW Business & Financial Resources
2008 Ed. (10)
REDW Business & Financial Resources
  LLC
2002 Ed. (24)
2004 Ed. (15)
REDW, The Rogoff Firm
2005 Ed. (11)
2011 Ed. (21)
2012 Ed. (26)
2013 Ed. (23)
2014 Ed. (19)
2015 Ed. (20)
2016 Ed. (19)
Redwood
1994 Ed. (3545)
1995 Ed. (3623)
2009 Ed. (141)
2010 Ed. (4140)
Redwood Capital X Ltd.
2010 Ed. (3278)
Redwood City, CA
1996 Ed. (1604)
Redwood City Electric
2012 Ed. (1013)
Redwood City Electric Inc.
2013 Ed. (1151)
2014 Ed. (1193)
Redwood Credit Union
2012 Ed. (1361, 2031)
2013 Ed. (1446, 2262)
2014 Ed. (1407, 2187, 2195)
2015 Ed. (1467, 2259)
2016 Ed. (2230)
Redwood Creek
2005 Ed. (4951, 4952, 4957, 4958)
Redwood Electric Group Inc.
2015 Ed. (1251)
2016 Ed. (1162)
Redwood Empire Bancorp
1995 Ed. (214)
1996 Ed. (211)
2003 Ed. (519)
2006 Ed. (452)
Redwood Global Inc.
2014 Ed. (2874)
2015 Ed. (3186)
2016 Ed. (3043)
Redwood Hill Farm & Creamery
2015 Ed. (5036)
2016 Ed. (4990)
Redwood International Ltd.
1993 Ed. (969)
Redwood National Park
1999 Ed. (3705)
Redwood Painting Co. Inc.

1993 Ed. (1135)
1995 Ed. (1168)
1996 Ed. (1144)
Redwood Publishing
2011 Ed. (4140)
Redwood Trust
2004 Ed. (1588)
2006 Ed. (1580)
2012 Ed. (1375)
2013 Ed. (1467)
2014 Ed. (1430)
2015 Ed. (1492)
2016 Ed. (1425)
Redwoods Group
2011 Ed. (3210)
Ree-Construction
2008 Ed. (743)
Reebok
1989 Ed. (279)
1990 Ed. (289, 290)
1991 Ed. (262, 264, 3165)
1992 Ed. (66, 366, 367, 368, 1208,
  1219, 1221, 1223, 3929, 3944,
  3954, 3955, 3956, 4043)
1993 Ed. (256, 258, 259, 260, 983,
  991, 993, 3218, 3225, 3226, 3300,
  3471)
1994 Ed. (244, 246, 337, 3499)
1995 Ed. (252)
1996 Ed. (33, 251, 772, 853, 1001,
  3426, 3491, 3493)
1997 Ed. (279, 280, 1021, 3557,
  3558)
1998 Ed. (200, 3349)
1999 Ed. (309, 792, 4377, 4380)
2000 Ed. (323, 324, 1112)
2001 Ed. (425, 4245)
2002 Ed. (4275)
2003 Ed. (300, 301)
2004 Ed. (261)
2005 Ed. (270, 1601, 4429, 4430,
  4431, 4432)
2006 Ed. (293, 4445, 4446)
2007 Ed. (295, 1101, 4502, 4503)
2008 Ed. (273, 983, 4479, 4480)
2009 Ed. (297)
2010 Ed. (279, 933, 4552)
2011 Ed. (581, 4503, 4504, 4505)
2012 Ed. (4511, 4512, 4513)
2013 Ed. (4479)
Reebok International Ltd.
1989 Ed. (2366)
1990 Ed. (1058, 1065, 1327, 1328,
  1976, 3272, 3273)
1991 Ed. (38, 980, 982, 984, 3112,
  3115)
1994 Ed. (1021, 1023, 1025, 3294,
  3295)
1995 Ed. (1030, 1033, 3304)
1996 Ed. (1017, 1018)
1997 Ed. (1036, 1038)
1998 Ed. (777, 779, 780)
1999 Ed. (1201, 1202, 1205, 4303)
2000 Ed. (1121, 1124)
2001 Ed. (423, 1275, 1280, 1281,
  3080, 3081, 4350)
2002 Ed. (1081, 1083, 4351, 4354)
2003 Ed. (1002, 1006, 1007, 1009,
  3201, 3202, 4404)
2004 Ed. (1002, 1005, 1226, 3247,
  3248, 4416, 4417, 4488, 4490,
  4711, 4712)
2005 Ed. (269, 1016, 1018, 1019,
  1257, 1260, 1861, 3272, 3273,
  4366, 4367, 4433, 4683, 4684)
2006 Ed. (1022, 1025, 1026, 1219,
  1494, 3263, 3264, 4310, 4729, 4730)
2007 Ed. (1115, 2886, 4377)
2008 Ed. (1400, 1424, 3008, 3435)
2009 Ed. (3094, 3509, 4525)
2010 Ed. (3438, 3439)
2011 Ed. (3436)
2012 Ed. (3453)
2014 Ed. (3473, 3474)
2015 Ed. (3491, 3492)
2016 Ed. (3341, 3342)
Reebok U.K. Ltd.
2002 Ed. (36)
Reebok/Avia
1997 Ed. (281)
Reece Australia
2009 Ed. (1492)
Reece; Dr. Alan
2012 Ed. (2450)
Reece; T. L.
2005 Ed. (2493)
Reed; Austin
1997 Ed. (1039)
Reed (Britain)

1991 Ed. (723)
Reed Buick-GMC; Barrie
1990 Ed. (325)
Reed Business Information
2009 Ed. (4204)
Reed Candle Co.
2016 Ed. (3443)
Reed College
2007 Ed. (4597)
Reed Elsevier
2015 Ed. (698, 3606)
2016 Ed. (641, 3487)
Reed Elsevier Group plc
2009 Ed. (133)
2011 Ed. (49)
Reed Elsevier Inc.
1998 Ed. (2440, 2780)
2003 Ed. (4023)
2004 Ed. (3938, 4040, 4041)
2005 Ed. (3979, 3980)
2006 Ed. (1868, 4019, 4020)
2007 Ed. (4049, 4050)
2008 Ed. (4086)
2009 Ed. (4200)
2010 Ed. (4135)
2012 Ed. (4166)
2013 Ed. (4156)
Reed Elsevier NV
2006 Ed. (1418, 1682)
2008 Ed. (1744, 1752, 1756)
2009 Ed. (133)
Reed Elsevier plc
1996 Ed. (3088)
1997 Ed. (2725, 3168)
1999 Ed. (1609, 3308, 3312, 3743,
  3896)
2000 Ed. (3463, 3610)
2001 Ed. (247, 3709, 3900, 3953)
2002 Ed. (1487, 3282, 3762, 4617)
2003 Ed. (1483, 1506, 3272)
2004 Ed. (1351, 1513, 3332, 3413)
2005 Ed. (1367, 1529, 3357, 3431)
2006 Ed. (3345, 3441, 3442)
2007 Ed. (852, 3401, 3455, 3456,
  3457, 3458)
2008 Ed. (1743, 1744, 1752, 3531,
  3631)
2009 Ed. (3594, 3694)
2010 Ed. (1855, 2054, 3609, 3610)
2011 Ed. (3516, 3609, 3612, 3613)
2012 Ed. (54, 3513, 3605, 3606,
  3608, 4170, 4173)
2013 Ed. (55, 3655, 3656, 3658,
  4159, 4160)
2014 Ed. (3594, 4176, 4177)
2015 Ed. (3607, 4157, 4158)
2016 Ed. (3489, 3493, 4072)
Reed Elsevier U.S. Holdings Inc.
2001 Ed. (1679)
2003 Ed. (4023)
2004 Ed. (1695, 4040, 4041)
2005 Ed. (1751, 3979, 3980)
2006 Ed. (1672, 4019, 4020)
2007 Ed. (1676, 4049)
2008 Ed. (1702, 4085)
2009 Ed. (1629, 4199)
2010 Ed. (1601, 4134)
2011 Ed. (4134)
2012 Ed. (4165)
2013 Ed. (4155)
2014 Ed. (4170)
2015 Ed. (4150)
Reed Elsevier US Holdings Inc.
2014 Ed. (1552)
2016 Ed. (1529)
Reed Executive
2007 Ed. (1219)
Reed Exhibition Companies
2001 Ed. (4612)
2002 Ed. (4645)
2003 Ed. (4777)
2004 Ed. (4754)
2005 Ed. (4736)
2006 Ed. (4787)
2008 Ed. (4723)
2010 Ed. (4775)
2011 Ed. (4726)
Reed Family
2005 Ed. (4022)
Reed Hastings
2011 Ed. (818)
2012 Ed. (600, 791)
2015 Ed. (798)
2016 Ed. (864)
Reed Integration Inc.
2015 Ed. (2137)
Reed International
1989 Ed. (1467)
1990 Ed. (1372, 2795, 3056)
1991 Ed. (2394, 2700)

1992 Ed. (1641, 1642, 3592)
2000 Ed. (4133)
2004 Ed. (4039)
Reed International Operations
1994 Ed. (1227)
Reed International plc
1990 Ed. (2934)
1994 Ed. (1206, 2445, 2933)
1995 Ed. (1246, 2987)
1997 Ed. (2726)
2002 Ed. (3762)
Reed; John
1990 Ed. (971)
2005 Ed. (3204)
Reed; John S.
1990 Ed. (458, 459)
1991 Ed. (402)
1996 Ed. (381, 964)
Reed Regional Newspapers
1997 Ed. (2704)
Reed; Richard
2010 Ed. (2527)
Reed; Sally
1990 Ed. (2479)
Reed; Sally R.
1991 Ed. (2343)
1992 Ed. (2904)
1993 Ed. (2462)
Reed Smith
2004 Ed. (3230)
2005 Ed. (3920)
2007 Ed. (3324)
2008 Ed. (3415, 3429)
2009 Ed. (3484, 3502)
2010 Ed. (3415, 3416, 3426, 4096)
2011 Ed. (3399, 3411, 4066)
2012 Ed. (3407, 3413, 4100)
2013 Ed. (2001, 3448)
Reed Smith Hazel & Thomas
2003 Ed. (3192)
Reed Smith LLP
2007 Ed. (1509)
2012 Ed. (3404, 3405)
2014 Ed. (4753)
Reed St. James
1994 Ed. (1013)
1997 Ed. (1023)
Reed & Stambaugh Inc.
1989 Ed. (2285)
1990 Ed. (2955)
Reed Technology & Information Services
2011 Ed. (4397)
2012 Ed. (4468)
2015 Ed. (3275)
Reed; William
1997 Ed. (1924)
Reedman Chevrolet
1995 Ed. (261)
1996 Ed. (268)
Reedman Chrysler-Plymouth
1994 Ed. (266)
1995 Ed. (262)
1996 Ed. (269)
Reedman Dodge
1995 Ed. (263)
1996 Ed. (270)
Reedman Lincoln-Mercury
1990 Ed. (331)
Reeds
1993 Ed. (835)
Reeds Jewelers Inc.
1990 Ed. (3058)
2004 Ed. (3217, 3218)
2005 Ed. (3245, 3246)
Reeds Rolls
1994 Ed. (852)
Reedville, VA
2000 Ed. (3573)
Reedy Creek Improvement District
1993 Ed. (2939)
Reedy Creek Improvement District, FL
1997 Ed. (3217)
Reef Buick Inc.
1990 Ed. (337, 385)
1992 Ed. (409)
1994 Ed. (263)
1995 Ed. (265)
1996 Ed. (299)
Reel/Grobman & Assoc.
1990 Ed. (2287)
Reelplay.com
2001 Ed. (4771)
Reem Asaad
2013 Ed. (3472, 3483, 3486)
Reemay
1991 Ed. (2620)
1992 Ed. (3271, 3273)
1993 Ed. (2733, 2734)
1994 Ed. (2682)

1995 Ed. (2788, 2790)
1996 Ed. (2854)
Reemtsma Cigarettenfabriken Gesellschaft Mit Beschraenkter
2002 Ed. (4631)
Reemtsma Cigarettenfabriken GMBH
1996 Ed. (3703)
1997 Ed. (3759)
1999 Ed. (4612)
2000 Ed. (4259, 4261)
2001 Ed. (18)
Reemtsma GmbH & Co.; H. F. & PH. F.
1995 Ed. (3625)
Reemtsma GmbH & Co.; H.F. & PH. F.
1997 Ed. (3759)
Rees Associates
1990 Ed. (277)
Rees Jones
1999 Ed. (2607)
Rees-Jones; Trevor
2013 Ed. (4837)
Reese
1995 Ed. (889)
1999 Ed. (1016)
Reese Brothers Inc.
1994 Ed. (3486)
Reese Health Plan Inc.; Michael
1989 Ed. (1585)
1990 Ed. (1995)
Reese Hospital & Medical Center; Michael
1990 Ed. (2054)
1991 Ed. (1932)
1995 Ed. (2141)
Reese Peanut Butter Cup
1997 Ed. (895)
Reese Peanut Butter Cups
1999 Ed. (1132)
Reese Pure Horseradish
1992 Ed. (3769)
Reese Witherspoon
2003 Ed. (2329)
2004 Ed. (2409)
2009 Ed. (2606)
2010 Ed. (2509)
2011 Ed. (2511)
2012 Ed. (2432)
2013 Ed. (2598)
2014 Ed. (2527)
Reese's
1993 Ed. (832, 833, 836, 838)
1994 Ed. (846, 848, 849, 850, 2748)
1997 Ed. (890, 891, 892, 983)
1998 Ed. (615, 616, 617, 618, 619,
620, 622, 623, 624, 625, 626, 627,
628, 629, 630, 631)
1999 Ed. (1021, 1025, 1130)
2000 Ed. (971, 1055, 1057, 1058)
2001 Ed. (1111, 1113, 1114)
2002 Ed. (933, 934, 1047, 1048,
1049)
2003 Ed. (963, 1131, 3157, 3776)
2004 Ed. (978)
2005 Ed. (858)
2006 Ed. (774, 1006)
2007 Ed. (871)
2008 Ed. (835, 973)
2012 Ed. (667)
2014 Ed. (948, 949)
2015 Ed. (871, 978, 979)
2016 Ed. (875, 876, 877, 878)
Reese's Bites
2001 Ed. (1111)
Reeses Fast Break
2004 Ed. (978)
Reese's Nutrageous
1997 Ed. (890, 895, 983)
1999 Ed. (1016, 1131)
2000 Ed. (1056)
Reese's Peanut Butter Cup
1992 Ed. (1042, 1043)
1995 Ed. (890, 894, 895)
1998 Ed. (985, 2067)
1999 Ed. (1131)
Reese's Peanut Butter Cup King
1995 Ed. (890)
Reese's Peanut Butter Cups
1989 Ed. (857)
1990 Ed. (892, 895, 896)
1991 Ed. (847)
2000 Ed. (1054, 1056)
2005 Ed. (996)
Reese's Peanut Butter Cups, 2-Pak
1990 Ed. (894)
Reese's Peanut Butter Cups, 14-Oz.
Bag
1990 Ed. (893)
Reese's Peanut Butter Ice Cream Cups
1997 Ed. (2349, 2931)
Reese's Pieces

1995 Ed. (891)
1997 Ed. (887, 888, 894)
2000 Ed. (968, 969)
2008 Ed. (838)
2014 Ed. (830)
2015 Ed. (870)
Reeve Aleutian Airways
2003 Ed. (241)
Reeves Communication
1991 Ed. (2390)
Reeves Honda; Norm
1991 Ed. (279)
1995 Ed. (269, 294)
1996 Ed. (272, 301)
Reeves Honda Superstore; Norm
1992 Ed. (376, 384, 416)
1993 Ed. (270, 298)
Reeves Honda Superstore; Norman
1994 Ed. (269, 290)
Reeves; Keanu
2008 Ed. (2590)
2010 Ed. (2521)
Reeves + Neylan LLP
2011 Ed. (14)
Reeves-Williams
2003 Ed. (1180)
2004 Ed. (1186)
2005 Ed. (1212)
Reeyes Williams
2002 Ed. (1198)
Ref. La Pampilla
2014 Ed. (1947)
Refac Optical Group
2012 Ed. (3783)
2013 Ed. (3850)
2014 Ed. (3776)
2015 Ed. (3796)
2016 Ed. (3709)
Refah; Bank
2006 Ed. (471)
Refco Group
2006 Ed. (3276)
Refco Inc.
1991 Ed. (1012)
1992 Ed. (1290)
1993 Ed. (39)
1998 Ed. (814)
1999 Ed. (829)
2000 Ed. (826)
2002 Ed. (4500)
2003 Ed. (2599)
2007 Ed. (364, 365, 4281, 4287)
2008 Ed. (352)
2010 Ed. (348, 350)
2011 Ed. (272)
2012 Ed. (295)
2013 Ed. (297)
2015 Ed. (349)
2016 Ed. (344)
Refco LLC
2004 Ed. (2714)
2005 Ed. (2707)
2006 Ed. (2682)
2007 Ed. (2672)
Refdesk.com
2002 Ed. (4845)
Refer
1997 Ed. (3026)
Reference checks
2001 Ed. (3037)
Reference Library
1994 Ed. (874)
Reference Music Center
2013 Ed. (3788)
2015 Ed. (3738)
2016 Ed. (3646)
Reference Press Inc.
1997 Ed. (3223)
Reference, subscription
2002 Ed. (748)
The Referral Engine
2012 Ed. (504, 520)
Referral Institute LLC
2008 Ed. (757)
2009 Ed. (752)
2010 Ed. (698)
2011 Ed. (625)
Refesa Rede Ferroviaria Federal SA
1990 Ed. (1334, 1335)
1992 Ed. (1582, 1584)
1994 Ed. (1332, 1334)
1996 Ed. (1304, 1305)
Refilcoton SA
2001 Ed. (1282)
2002 Ed. (1087)
Refinancing
1989 Ed. (1486)
Refined oil products
1994 Ed. (1732)
Refineras de Maiz

1993 Ed. (22)
Refineria la Pampilla
2006 Ed. (2546)
Refiners Transport & Terminal Corp.
1993 Ed. (3503)
Refinery
2003 Ed. (2728)
2005 Ed. (3023)
The Refinery Leadership Partners Inc.
2015 Ed. (2399)
Refinery29
2014 Ed. (3595)
2015 Ed. (3608)
2016 Ed. (3490)
Refining industry
1999 Ed. (1046)
Reflected in You
2014 Ed. (576, 580)
Refresh
1995 Ed. (1599, 1600, 1757, 1758)
Refresh Plus
2003 Ed. (3780)
Refreshment Products
2005 Ed. (35)
2006 Ed. (42)
Refreshment Products Services
2007 Ed. (33)
Refreshment wine
1989 Ed. (2966, 2967, 2968)
1991 Ed. (3504, 3505, 3509, 3510,
3511)
Refricenter of Miami Inc.
1996 Ed. (2112, 3823)
1997 Ed. (2218)
1998 Ed. (1940)
1999 Ed. (2683, 4756)
2000 Ed. (4386)
2001 Ed. (2716)
2004 Ed. (2540)
2005 Ed. (2529)
2007 Ed. (2517)
2010 Ed. (2972)
2011 Ed. (2935)
2012 Ed. (2868)
2013 Ed. (2940)
2014 Ed. (2960)
2015 Ed. (3028, 3029)
Refried beans
2002 Ed. (3746)
2003 Ed. (3926, 3927)
Refrigerated
2001 Ed. (4641, 4644)
2002 Ed. (4727)
Refrigerated Cookies & Brownies
2000 Ed. (4155)
Refrigerated Dinner Rolls
2000 Ed. (4155)
Refrigerated entrees
1993 Ed. (3499, 3685)
1997 Ed. (2059)
Refrigerated Food and Livestock Production Group
2000 Ed. (2232)
Refrigerated fruit juices and drinks
1991 Ed. (1866)
Refrigerated juice/beverages
2000 Ed. (3619)
Refrigerated orange juice
1989 Ed. (1461)
1991 Ed. (1866)
Refrigerated Products
2000 Ed. (1897)
Refrigerated Pudding
1990 Ed. (1959)
Refrigerated puddings
1992 Ed. (2353)
Refrigeration
2000 Ed. (2583)
2001 Ed. (2779)
2003 Ed. (1305)
2004 Ed. (1308)
2005 Ed. (1315)
2006 Ed. (1285)
Refrigeration equipment
2002 Ed. (2216)
Refrigerator car
1997 Ed. (3240, 3241)
Refrigerators
1999 Ed. (2759)
2004 Ed. (2864)
Refund Home Loans
2009 Ed. (1499, 1500)
Reg. Electric Co.
1992 Ed. (100)
Reg Electric Co. Share Offer
1992 Ed. (52)
REG Vardy plc
2002 Ed. (232, 3892)
Regal
1990 Ed. (1080, 1081)

1991 Ed. (861, 862)
1992 Ed. (1242, 1243)
1993 Ed. (1005, 1006)
1994 Ed. (1035, 1036, 1883)
1995 Ed. (1044, 1045, 1910, 2410)
1997 Ed. (991, 1041, 1042, 2050,
2590)
1998 Ed. (786, 787, 1735, 2321)
1999 Ed. (2476)
2001 Ed. (1233)
Regal 8 Inn
1990 Ed. (2077)
Regal-Aircoa Co.
1991 Ed. (1937)
Regal Alaskan Hotel
1995 Ed. (198)
1996 Ed. (2173)
1997 Ed. (221, 2287)
1999 Ed. (2763)
2000 Ed. (2541)
Regal Beloit Corp.
2004 Ed. (3322, 3323)
2005 Ed. (3347, 3348)
2008 Ed. (845, 2418)
2009 Ed. (2935, 4552)
2010 Ed. (804, 4584)
2011 Ed. (4547)
Regal Biltmore Hotel
1998 Ed. (2034)
1999 Ed. (2794, 2796)
2000 Ed. (1185, 2573)
Regal Car Wash
2005 Ed. (350)
Regal Cinemas Corp.
1999 Ed. (3451)
2001 Ed. (3388)
2003 Ed. (3449)
2010 Ed. (3705)
2011 Ed. (3700)
2012 Ed. (3719)
2013 Ed. (3766)
2014 Ed. (3695)
2015 Ed. (3714)
2016 Ed. (3625)
Regal Communications Corp.
1994 Ed. (2016, 3324)
1995 Ed. (2250)
Regal Constellation Hotel
2003 Ed. (2415)
2005 Ed. (2521)
Regal Cruises
1999 Ed. (1808)
Regal Entertainment Group
2004 Ed. (2421, 3510)
2005 Ed. (1737, 1738, 1739, 2445,
2446, 3513, 3514, 3515)
2006 Ed. (1645, 1649, 1652, 2298,
2490, 2494, 3437, 3572, 3573)
2007 Ed. (2456, 3449, 3637, 3638)
2008 Ed. (3750, 3751)
2009 Ed. (3774, 3775)
2010 Ed. (3705, 3706)
2011 Ed. (3700, 3701)
2012 Ed. (3719, 3720)
2013 Ed. (3766, 3767, 3769)
2014 Ed. (3695, 3696, 3698)
2015 Ed. (3714, 3715, 3716)
2016 Ed. (3625, 3626, 3628)
Regal Homes
2002 Ed. (2685)
Regal Hotels
1996 Ed. (2135, 3596)
Regal Hotels International
1996 Ed. (1375)
Regal Industries Inc.
2004 Ed. (3908)
Regal International
1989 Ed. (166)
1991 Ed. (155)
Regal International Advertising
1993 Ed. (140)
Regal King Size
1996 Ed. (972)
Regal Petroleum
2006 Ed. (3856)
Regal Plastics Co.
1998 Ed. (468)
1999 Ed. (3421)
2000 Ed. (742)
Regal Rugs Inc.
2003 Ed. (1698, 4728)
Regal Springs Trading Co.
2015 Ed. (1638)
2016 Ed. (1570)
Regal Suzuki
1995 Ed. (286)
Regal Ware
1998 Ed. (1951)
1999 Ed. (1216, 1217, 2692)
2000 Ed. (1130, 1131, 2233)

2002 Ed. (348, 1093, 2313)
Regal Wings
  2015 Ed. (4823)
  2016 Ed. (4726)
Regan Books
  2008 Ed. (629)
Regan Communications
  2000 Ed. (3644)
Regan Communications Group
  2011 Ed. (4102, 4106, 4109, 4112, 4113, 4121)
  2012 Ed. (4139, 4142, 4143, 4147, 4149)
  2013 Ed. (4128, 4130, 4135, 4146)
  2014 Ed. (4146, 4151, 4155, 4163)
  2015 Ed. (4127, 4130, 4144)
Regan; Edward V.
  1991 Ed. (3210)
Regan International LLC
  2007 Ed. (1912)
  2011 Ed. (1894)
  2012 Ed. (1750)
Regence Blue Shield
  2013 Ed. (2164)
Regence BlueCross BlueShield of Oregon
  2001 Ed. (1831)
  2003 Ed. (1806)
  2004 Ed. (1839)
  2005 Ed. (1939)
  2006 Ed. (1974)
Regence BlueCross BlueShield of Utah
  2006 Ed. (2087, 3111)
The Regence Group
  2003 Ed. (1807)
  2004 Ed. (1840)
  2005 Ed. (1940)
  2006 Ed. (1975, 2483)
  2007 Ed. (1946)
The Regency
  2002 Ed. (2631)
Regency Bancshares Inc.
  1995 Ed. (1242)
Regency Caribbean Enterprises Inc.
  2005 Ed. (4357)
  2006 Ed. (4298)
Regency Centers
  2007 Ed. (4378)
  2009 Ed. (4237, 4580)
  2010 Ed. (4169, 4480)
Regency Development Associates
  2003 Ed. (286)
Regency Furniture
  2014 Ed. (2824)
Regency Health Services Inc.
  2003 Ed. (1788)
  2006 Ed. (1933)
  2007 Ed. (1917)
  2008 Ed. (1980)
  2009 Ed. (1935)
  2010 Ed. (1871)
Regency Homes
  1998 Ed. (894, 902)
  1999 Ed. (1330)
Regency Industrial Park
  2000 Ed. (2625)
  2002 Ed. (2765)
Regency Insurance Co.
  2004 Ed. (3093)
Regency Office Products
  2012 Ed. (4018, 4020)
  2013 Ed. (4069)
Regency Palace
  1991 Ed. (32)
Regency Print Solutions
  2014 Ed. (4079)
  2015 Ed. (4064)
  2016 Ed. (3971)
Regency Realty Corp.
  2000 Ed. (4018, 4020)
Regency Savings Bank, FSB
  1990 Ed. (3587)
  1997 Ed. (3742)
  1998 Ed. (3128, 3528, 3543)
  1999 Ed. (4598)
  2000 Ed. (4248)
  2001 Ed. (4526, 4527)
  2002 Ed. (4620)
  2006 Ed. (4246, 4736)
  2007 Ed. (4260, 4750)
Regency Square Mall
  1998 Ed. (3299)
  1999 Ed. (4309)
  2000 Ed. (4029)
Regeneron
  2015 Ed. (685)
  2016 Ed. (3921, 3922, 3923, 3924, 3925, 3926, 3928, 3929)
Regeneron Pharmaceuticals
  2014 Ed. (617, 4578)

2015 Ed. (687, 1738)
2016 Ed. (627, 1690, 3889)
Regeneron Pharmaceuticals Inc.
  2013 Ed. (604, 605)
  2014 Ed. (619, 625)
  2015 Ed. (688, 694)
  2016 Ed. (628, 633, 3426)
Regent
  1990 Ed. (2096)
  1991 Ed. (1956)
  1993 Ed. (2087, 2102)
  1994 Ed. (2108, 2122)
  1996 Ed. (2174, 2188)
  1997 Ed. (2289)
  1999 Ed. (2771, 2793)
  2000 Ed. (2546, 2570)
Regent; Aaron
  2012 Ed. (803)
Regent Bancorp
  2008 Ed. (429)
Regent-Bangkok
  1995 Ed. (2175)
The Regent Beverly Wilshire
  1996 Ed. (2189)
  2002 Ed. (2631)
Regent Futures
  1993 Ed. (1041)
Regent Homes
  2004 Ed. (1219)
Regent-Hong Kong
  1995 Ed. (2174, 2175)
Regent Hotels
  2005 Ed. (2931)
  2006 Ed. (2934)
  2007 Ed. (2945)
  2008 Ed. (3070)
  2009 Ed. (3159)
  2010 Ed. (3088)
Regent International
  1994 Ed. (2117)
Regent International Hotels
  1992 Ed. (2472, 2509, 2510)
  1996 Ed. (2180)
Regent Seven Seas
  2013 Ed. (2285)
  2015 Ed. (2284)
  2016 Ed. (2256)
Regent Seven Seas Cruises
  2014 Ed. (2218)
  2015 Ed. (2282)
  2016 Ed. (2253)
Regent University
  2009 Ed. (1063)
  2011 Ed. (2311)
RegentAtlantic Capital LLC
  2011 Ed. (1896)
  2012 Ed. (1752)
Regents Health Resources
  2010 Ed. (2896)
Regents of the University of Colorado
  1995 Ed. (2787)
Reger; Michael
  2014 Ed. (941)
Regeringskansliet/alla departement
  2010 Ed. (2003)
Regie Autonome des Transports Parisiens
  2001 Ed. (4621)
  2002 Ed. (4671)
  2004 Ed. (4796)
Regie Nationale des Usines Renault
  1989 Ed. (1118, 1867)
  1990 Ed. (1352, 1366)
  1993 Ed. (1307, 1317)
Regie Nationale des Usines Renault SA
  1994 Ed. (1371)
  1995 Ed. (1398)
  2005 Ed. (1777)
Regina
  1990 Ed. (1803, 1804, 3661)
  1991 Ed. (3437)
  1992 Ed. (2167, 4363)
  1993 Ed. (1868, 3648)
  1994 Ed. (1853, 3609)
  1995 Ed. (1881, 3684)
  1997 Ed. (3812)
  1998 Ed. (3651)
Regina 5000 Upright Vacuum
  1990 Ed. (2105, 2106)
Regina Montoya
  2011 Ed. (2953)
Regina Police Service
  2011 Ed. (2027)
  2013 Ed. (1522)
Regina Qu'Appelle Health Region
  2009 Ed. (3151)
Regina Regional Opportunities Commission
  2013 Ed. (3529)
Regina Steamer With Spot Release

1990 Ed. (2105)
Regina; University of
  2007 Ed. (1167)
  2008 Ed. (1071, 1081, 1082)
  2009 Ed. (1048, 1056, 1067)
  2010 Ed. (1018)
  2011 Ed. (953)
  2012 Ed. (873)
Reginald F. Lewis
  2012 Ed. (110)
Reginald Lewis
  1989 Ed. (2341)
Reginelli's Pizzeria
  2013 Ed. (4044)
  2014 Ed. (3982)
Regional Arts & Culture Council
  2011 Ed. (1915)
Regional Bank of Rifle NA
  1993 Ed. (507)
Regional banks
  1992 Ed. (2640)
Regional chippers
  1994 Ed. (2901)
Regional Container Lines
  1997 Ed. (3511)
  2007 Ed. (2018)
  2008 Ed. (2117)
Regional Distributors Inc.
  2009 Ed. (4952)
Regional Electricity Company Share Offer
  1992 Ed. (926, 2160, 4237)
Regional Financial Advisors Inc.
  1999 Ed. (3011)
  2001 Ed. (899, 951)
Regional Financial Enterprises
  1990 Ed. (3667)
Regional interest
  2004 Ed. (3334, 3335)
  2005 Ed. (3359)
  2009 Ed. (3598)
Regional Medical Center
  2009 Ed. (3149)
Regional Medical Center Bayonet Point
  2005 Ed. (2893)
Regional Performing Arts Center
  2000 Ed. (1227)
Regional Port Authority
  2001 Ed. (905)
Regional Reporting Inc.
  2004 Ed. (4347, 4348, 4349)
  2005 Ed. (3615, 4287, 4288)
  2006 Ed. (3732, 4264)
  2007 Ed. (3715, 4292)
  2008 Ed. (3808)
  2009 Ed. (3852)
  2010 Ed. (706, 3771)
  2011 Ed. (637, 3775)
  2012 Ed. (603, 605, 3776)
  2013 Ed. (744, 745, 746)
  2014 Ed. (765, 766, 767)
  2015 Ed. (801, 802, 803)
Regional Sports Networks
  1992 Ed. (1032)
Regional Transit Authority
  1991 Ed. (1885)
Regional Transit District
  1991 Ed. (1886)
Regional Transportation Authority
  1994 Ed. (802, 2408)
  1997 Ed. (3794)
  1998 Ed. (537, 2403)
  2000 Ed. (2994)
  2006 Ed. (4018)
  2012 Ed. (3472)
  2013 Ed. (3518)
  2014 Ed. (3492)
  2015 Ed. (3510)
  2016 Ed. (3369)
Regional Transportation Authority, Chicago
  1992 Ed. (4031)
Regional Transportation District
  2008 Ed. (1103)
  2009 Ed. (1081)
  2010 Ed. (1054)
  2011 Ed. (990)
  2012 Ed. (906)
  2013 Ed. (1061)
  2014 Ed. (1025)
  2015 Ed. (1060)
  2016 Ed. (968)
RegionalHelpWanted.com Inc.
  2009 Ed. (1937)
Regions Bank
  1998 Ed. (336, 360)
  2000 Ed. (398, 402)
  2001 Ed. (641)
  2002 Ed. (248, 478)
  2003 Ed. (229, 383)

2004 Ed. (184, 362)
2005 Ed. (190, 381, 2994)
2006 Ed. (202, 375, 2989)
2007 Ed. (209, 210, 358, 359, 362, 377, 467, 3020)
2008 Ed. (196, 197, 346, 347, 350, 357, 365, 1090, 2987, 3138)
2009 Ed. (217, 218, 364, 365, 368, 373, 381, 1072, 3070, 3222)
2010 Ed. (197, 342, 343, 345, 346, 362, 1041, 3001, 3156)
2011 Ed. (119, 265, 266, 268, 269, 284, 968, 2968)
2012 Ed. (126, 127, 286, 287, 290, 291, 304, 306, 882, 883, 2905)
2013 Ed. (105, 106, 292, 293, 315, 1041, 1042, 2989)
2014 Ed. (112, 113, 305, 308, 329, 1007, 2997)
2015 Ed. (127, 128, 341, 369, 1043, 3069)
2016 Ed. (133, 134, 336, 357, 952, 2961)
Regions Bank of Louisiana
  1996 Ed. (588)
  1997 Ed. (544)
  1998 Ed. (391)
Regions Financial
  2013 Ed. (1744, 1747)
  2016 Ed. (358)
Regions Financial Corp.
  1996 Ed. (3181, 3183)
  1997 Ed. (3284, 3285, 3286)
  1998 Ed. (3034)
  1999 Ed. (653, 4026, 4028)
  2000 Ed. (619, 1383)
  2001 Ed. (650, 651)
  2002 Ed. (1574)
  2003 Ed. (631, 632, 1602)
  2004 Ed. (433, 642, 643, 1619)
  2005 Ed. (357, 437, 439, 631, 632, 1645, 3306)
  2006 Ed. (397, 401, 405, 1536)
  2007 Ed. (1565)
  2008 Ed. (345, 355)
  2009 Ed. (363)
  2010 Ed. (341)
  2012 Ed. (308, 1294)
  2013 Ed. (317, 1398)
  2014 Ed. (331, 1336)
  2015 Ed. (351, 352, 353, 354, 371, 1404)
  2016 Ed. (1336, 1342)
Regions Growth Fund
  2000 Ed. (3234, 3235)
Regions Insurance Group Inc.
  2011 Ed. (3199)
  2012 Ed. (3154)
  2013 Ed. (3230)
  2014 Ed. (3249)
Regions M. Keegan Select Cap Growth
  2004 Ed. (3598)
Regions Mg Keegan Select Aggressive Growth
  2004 Ed. (3559)
Regions Morgan Keegan
  2006 Ed. (628)
  2007 Ed. (645)
Regions Morgan Keegan Select
  2008 Ed. (594)
Regions Morgan Keegan Select High Income
  2004 Ed. (720)
  2005 Ed. (700)
  2006 Ed. (624, 625)
  2007 Ed. (642, 643)
  2008 Ed. (599)
Regions Morgan Keegan Select Intermediate
  2008 Ed. (597)
Regis College
  1997 Ed. (1057)
  1998 Ed. (795)
  1999 Ed. (1224)
  2001 Ed. (1321)
Regis Corp.
  2001 Ed. (3728, 3729)
  2003 Ed. (3798, 3799)
  2004 Ed. (1897, 1898, 3811, 3812)
  2005 Ed. (2021, 2022, 3720, 3721)
  2006 Ed. (3810, 3811, 4295)
  2007 Ed. (3826, 3827, 4359)
  2008 Ed. (1403, 1936, 4211, 4316)
  2009 Ed. (1895, 4306)
  2010 Ed. (1831, 4084)
  2011 Ed. (1862, 4276)
  2012 Ed. (1718, 4311)
  2013 Ed. (1877, 4288)
  2014 Ed. (1809, 3841, 3842)
  2015 Ed. (1849, 3866, 3867)

2016 Ed. (795, 1812, 3775, 3776)
Regis Homes
  1992 Ed. (1367)
  1999 Ed. (4372)
Regis ICM Small Co.
  1996 Ed. (2751)
Regis International
  2001 Ed. (2661)
Regis McKenna
  1990 Ed. (2918)
Regis Philbin
  2002 Ed. (4546)
  2003 Ed. (2335)
  2004 Ed. (2415)
  2008 Ed. (2585)
Regis University
  2002 Ed. (1104)
  2009 Ed. (799, 1064)
  2010 Ed. (1032)
  2015 Ed. (812)
Register.com Inc.
  2002 Ed. (2524, 4800)
  2003 Ed. (2724)
  2005 Ed. (4674)
Registered nurse
  2006 Ed. (1070)
  2011 Ed. (3781)
Registered nurses
  1989 Ed. (2077, 2081)
  1993 Ed. (2738, 3727)
  2001 Ed. (3563)
Registered Rep.
  2008 Ed. (4710)
  2010 Ed. (4763)
The Registry Hotel Corp.
  1991 Ed. (2865)
Registry Hotels
  1990 Ed. (2075)
  1993 Ed. (2083)
Regnery
  2004 Ed. (749)
  2006 Ed. (642)
Regnier Consulting Group Inc.
  2015 Ed. (27)
  2016 Ed. (23)
Rego Realty
  2002 Ed. (2815)
  2004 Ed. (3943)
ReGreen
  2016 Ed. (4415)
Regular
  1990 Ed. (2878, 2879, 2886, 2887)
  2000 Ed. (4062)
Regular Coffee
  1990 Ed. (1962)
Regular domestic
  1991 Ed. (744)
Regularity of sales calls
  1990 Ed. (3089)
Regulations/red tape
  1996 Ed. (3453)
Regulatory Compliance Services Corp.
  2007 Ed. (3596)
  2008 Ed. (2056, 3730)
R.E.H. Trucking Inc.
  1996 Ed. (3731)
Rehab. Care Systems of America
  1993 Ed. (2068, 2070)
Rehab Management Services
  1993 Ed. (2068)
Rehab Option Inc.
  2000 Ed. (3151)
RehabCare
  1993 Ed. (2068)
  1994 Ed. (2084)
  1995 Ed. (2136)
  1996 Ed. (2146)
  1997 Ed. (2254)
  1999 Ed. (2724)
  2009 Ed. (2962)
RehabCare Corp
  1990 Ed. (2050)
RehabCare Group
  1998 Ed. (1985)
  2000 Ed. (2502)
  2001 Ed. (2763)
  2002 Ed. (1549, 2592, 2593)
  2003 Ed. (2798, 2799)
  2005 Ed. (3665)
  2006 Ed. (2778, 4456)
  2008 Ed. (1951)
  2010 Ed. (2901)
  2011 Ed. (2869, 3770)
  2012 Ed. (2805, 4227)
Rehabcare Group Service Ad
  2001 Ed. (2768)
RehabClinics Inc.
  1995 Ed. (1241)
The RehabGYM
  2015 Ed. (2120)

Rehabilitation
  1996 Ed. (2080)
  2001 Ed. (2766)
  2002 Ed. (2599, 3525)
Rehabilitation Achievement Centers Inc.
  1995 Ed. (3793)
Rehabilitation center
  2001 Ed. (3598)
Rehabilitation centers
  2003 Ed. (2691)
Rehabilitation counselors
  2005 Ed. (3626)
Rehabilitation Institute of Chicago
  1995 Ed. (1926)
  1999 Ed. (2742)
  2000 Ed. (2521)
  2002 Ed. (2607)
  2003 Ed. (2811)
  2004 Ed. (2915)
  2005 Ed. (2901)
  2006 Ed. (2908)
  2007 Ed. (2927)
  2008 Ed. (3050)
  2009 Ed. (3136)
  2010 Ed. (3067)
  2011 Ed. (3039)
  2012 Ed. (2977)
  2013 Ed. (3069)
  2014 Ed. (3071)
  2015 Ed. (3136, 4214)
  2016 Ed. (2999, 4133)
Rehabilitation/physical therapy
  1998 Ed. (1981)
  2000 Ed. (2503)
Rehabilitative Care Systems of America
  1992 Ed. (2452, 2455)
Rehability Corp.
  1997 Ed. (2249, 2254)
rehabstudio
  2012 Ed. (2847)
RehabVisions
  1998 Ed. (1985)
The Rehancement Group Inc.
  2014 Ed. (2084)
Reheat leftovers
  1989 Ed. (1983)
Rehfeld
  2011 Ed. (1608)
  2012 Ed. (1455)
  2014 Ed. (1556)
Rehmann
  2012 Ed. (19)
  2013 Ed. (16)
  2014 Ed. (12)
  2015 Ed. (13)
  2016 Ed. (12)
Rehmann Financial
  2015 Ed. (7)
The Rehmann Group
  2003 Ed. (6)
  2004 Ed. (12)
  2005 Ed. (8)
  2006 Ed. (13)
  2007 Ed. (9)
  2008 Ed. (7)
  2009 Ed. (10)
  2010 Ed. (1, 16, 19)
Rehmann Robson, PC
  2002 Ed. (12, 19)
Rehrig-Pacific
  1992 Ed. (3474)
REI
  1991 Ed. (3167)
  1992 Ed. (4046)
  1993 Ed. (3369)
  2001 Ed. (4338)
  2006 Ed. (4451)
  2009 Ed. (3118, 4578)
  2010 Ed. (2089, 3052)
  2011 Ed. (1420, 2146, 2397, 2399, 4511)
  2012 Ed. (1254, 1258, 1992, 2328, 2331)
  2013 Ed. (902, 1357, 1358, 2182, 2509, 2511)
  2014 Ed. (1303, 2112, 2407, 2451, 4327)
  2015 Ed. (2166, 4314)
  2016 Ed. (4211, 4461)
Reich; Gary
  1991 Ed. (1671)
  1993 Ed. (1776)
  1997 Ed. (1851)
The Reich Group
  1989 Ed. (151)
  1990 Ed. (142)
  1991 Ed. (142)
  1992 Ed. (197)
Reich & Tang Capital Management,
  Value Equity Mid Cap

2003 Ed. (3128, 3131)
Reichardt; Carl
  1989 Ed. (2340)
  1996 Ed. (959, 1709)
Reichardt; Carl E.
  1989 Ed. (417)
  1990 Ed. (1711)
  1991 Ed. (402)
  1996 Ed. (381)
Reichert; Jack F.
  1991 Ed. (1628)
Reichhart Logistik Gruppe
  2008 Ed. (4757)
Reichhold
  1990 Ed. (1978)
Reichhold Chemicals Inc.
  2001 Ed. (11)
Reichl und Partner
  2003 Ed. (44)
Reichmann; Albert
  1989 Ed. (732)
  1990 Ed. (731)
  1992 Ed. (890)
  1993 Ed. (699)
Reichmann; Albert Reichmann, Paul
  Reichmann, Ralph
  1991 Ed. (710, 1617, 3477)
Reichmann family
  2005 Ed. (4871)
Reichmann; Paul
  1989 Ed. (732)
  1990 Ed. (731)
  1992 Ed. (890)
  1993 Ed. (699)
Reichmann; Paul, Albert, and Ralph
  1990 Ed. (730)
  1991 Ed. (709)
  1993 Ed. (698)
Reichmann, Paul Reichmann, Ralph
  Reichmann; Albert
  1991 Ed. (710, 3477)
Reichmann; Ralph
  1989 Ed. (732)
  1990 Ed. (731)
  1992 Ed. (890)
  1993 Ed. (699)
Reichmann, Ralph Reichmann; Albert
  Reichmann, Paul
  1991 Ed. (710, 3477)
Reicin; Glenn
  1997 Ed. (1921)
REI.com
  2001 Ed. (2982)
  2006 Ed. (2384)
  2009 Ed. (2454)
Reid & Associates Inc.
  2006 Ed. (1329)
  2007 Ed. (1382)
  2008 Ed. (1319)
Reid & Associates LLC
  2011 Ed. (1255)
Reid Automotive Group
  2002 Ed. (708)
  2005 Ed. (169)
Reid Dennis
  2003 Ed. (4846)
Reid; Doug
  2011 Ed. (3347)
Reid Hoffman
  2012 Ed. (4820)
  2013 Ed. (741, 4783)
  2014 Ed. (4829)
  2015 Ed. (4864)
Reid Homes
  1998 Ed. (910)
  2002 Ed. (1198)
  2003 Ed. (1180)
Reid Hospital & Health Care Services
  2013 Ed. (3075)
Reid; Jeff
  2006 Ed. (703)
Reid; Jeremy
  2009 Ed. (4877)
Reid Middleton
  2010 Ed. (2440)
  2012 Ed. (201)
Reid Plastics
  1999 Ed. (3840)
Reid; Senator Harry
  2007 Ed. (2706)
Reidy; John
  1991 Ed. (1689, 1699)
  1993 Ed. (1783)
  1994 Ed. (1767)
  1995 Ed. (1808)
  1997 Ed. (1859)
Reidy's Home of Music Ltd.
  2015 Ed. (3760)
  2016 Ed. (3668)
Reif; Jessica

1995 Ed. (1808)
  1996 Ed. (1770, 1783, 1805, 1807)
  1997 Ed. (1859, 1878, 1881)
Reigncom
  2006 Ed. (4537)
Reilley; D. H.
  2005 Ed. (2487)
Reilley; Dennis
  2005 Ed. (965)
  2006 Ed. (919)
  2007 Ed. (1009)
  2008 Ed. (933)
Reilley; Dennis H.
  2006 Ed. (2522)
  2007 Ed. (1024, 2499, 2501)
  2008 Ed. (946, 2632, 2633)
  2009 Ed. (2657, 2658)
Reilly Pozner LLP
  2015 Ed. (3468)
Reily Electrical Supply Inc.
  2010 Ed. (1785)
Reiman Charitable Foundation
  2002 Ed. (2341)
Reiman Publications
  2001 Ed. (1541)
Reimbursement, dependent-care
  1994 Ed. (2806)
Reimer; Alice
  2013 Ed. (4987)
Reimer Group
  1992 Ed. (4338)
Rein; Jeffrey A.
  2009 Ed. (947)
  2010 Ed. (899)
Reina International
  1995 Ed. (259)
Reinalt-Thomas Corp.
  2016 Ed. (4634)
Reindeer Capital
  1998 Ed. (1923)
Reinemund; S. S.
  2005 Ed. (2485)
Reinemund; Steven
  2005 Ed. (967)
  2006 Ed. (875, 2515, 2627)
  2007 Ed. (966)
  2008 Ed. (935)
Reinertsan Motors
  1996 Ed. (287)
Reinertsen Motors Inc.
  1992 Ed. (400)
  1993 Ed. (285)
  1994 Ed. (283)
  1995 Ed. (289)
Reinforcing bars
  2001 Ed. (4366)
Reingold; Daniel
  1994 Ed. (1810, 1832)
  1995 Ed. (1848)
  1996 Ed. (1826)
  1997 Ed. (1900)
Reinhard Fromm Holding AG
  2009 Ed. (2074)
Reinhard; J. P.
  2006 Ed. (954, 2519, 2522)
  2007 Ed. (2501)
  2008 Ed. (2631)
Reinhard; J. Pedro
  2005 Ed. (986)
  2007 Ed. (1050)
Reinhard Mohn
  2004 Ed. (4875)
  2009 Ed. (4888)
Reinhart, Boerner, Van Deuren, Norris &
  Rieselbach
  2001 Ed. (563)
Reinhart Boerner Van Deuren SC
  2007 Ed. (1512)
Reinhart FoodService
  2005 Ed. (2622)
Reinhart FoodService LLC
  2010 Ed. (2718)
Reinhart Institutional Foods
  2000 Ed. (2244)
Reinhart Partners
  2015 Ed. (3423)
Reinhart Partners Inc.
  2014 Ed. (3393)
Reinhold Industries Inc.
  2002 Ed. (3558)
Reinhold Schmieding
  2015 Ed. (4894)
  2016 Ed. (4812)
Reinhold Wurth
  2008 Ed. (4867)
  2009 Ed. (4888)
  2010 Ed. (4889)
  2011 Ed. (4878)
Reinhold/Vidosh Landscape Services,
  Inc.

1992 Ed. (4485)
Reino Aventura
1995 Ed. (219)
1999 Ed. (271)
2000 Ed. (299)
2001 Ed. (380)
Reino Aventuro
1996 Ed. (218)
1997 Ed. (250)
Reinold Geiger
2013 Ed. (4857)
2014 Ed. (4871)
2015 Ed. (4909)
2016 Ed. (4825)
Reinoso Asset
1993 Ed. (2323)
Reinoso & Co.
1993 Ed. (3185, 3191)
1996 Ed. (2655, 2658, 2711, 3352)
1997 Ed. (3469)
1998 Ed. (3252)
1999 Ed. (4231, 4242)
Reinsel Kuntz Lesher
2011 Ed. (18)
Reinsurance Agency Inc./Cole, Booth,
Potter Inc.
1990 Ed. (2262)
Reinsurance Australia Corp.
2003 Ed. (1613, 1616)
Reinsurance Group America
1997 Ed. (2442)
Reinsurance Group of America Inc.
1998 Ed. (2176, 3039)
1999 Ed. (2944)
2002 Ed. (3952)
2005 Ed. (1878, 1880, 1882, 1887,
3085)
2006 Ed. (1899, 3148)
2007 Ed. (1891, 3185)
2008 Ed. (1948, 1949, 1952, 1955)
2009 Ed. (3407)
2010 Ed. (3342)
2011 Ed. (1455, 1874, 3254)
2012 Ed. (1729, 1731, 3169, 3227,
3279, 3281)
2013 Ed. (1892, 1895, 3242, 3306,
3353)
2014 Ed. (1825, 1828, 3268, 3329,
3369)
2015 Ed. (1865, 1867, 2714, 3317,
3370)
2016 Ed. (1828, 1830, 1831, 3169,
3232, 3277)
Reinz Dichtungs GmbH & Co. KG
2004 Ed. (1701)
Reis Plumbing & Heating Inc.
2011 Ed. (1306)
Reiser-Builder/Russell
1993 Ed. (2355)
The Reiser Group
2008 Ed. (4113)
Reiser & Reiser/GrupoUno International
2002 Ed. (3818)
Reisman; Heather
2005 Ed. (4863)
Reiss Media
1996 Ed. (867)
Reissman; M. L.
1991 Ed. (1618)
Reissman; Maurice L.
1992 Ed. (1140)
Reisterstown Federal Savings Bank
1998 Ed. (3138)
Reitan Group
2013 Ed. (4337)
2014 Ed. (4388)
2016 Ed. (4273)
Reitan; Odd
2015 Ed. (4947)
2016 Ed. (4862)
Reitangruppen
2011 Ed. (1926)
2012 Ed. (1787)
2014 Ed. (1897)
2015 Ed. (1942)
Reitano; Stephen V.
1995 Ed. (2486)
Reiter Affilated Cos.
1998 Ed. (1772)
Reithoffer Shows
1995 Ed. (910)
1997 Ed. (907)
1998 Ed. (646)
1999 Ed. (1039)
2000 Ed. (987)
2005 Ed. (2523)
Reitman Personnel Service Inc.
2007 Ed. (3543)
Reitmans
1992 Ed. (1218)

Reitmans (Canada)
1990 Ed. (1056, 1057)
1996 Ed. (1013, 3243)
2006 Ed. (1632)
2009 Ed. (1399)
2010 Ed. (4593)
2011 Ed. (4291)
Reitmeier Mechanical
2006 Ed. (1973)
2007 Ed. (1944)
2008 Ed. (2026)
2010 Ed. (1917, 1919, 1923)
2011 Ed. (1980)
REITs
2000 Ed. (2646)
Reitzer; Robert
1995 Ed. (1795, 1810)
Reiwag Facility Services GmbH
2008 Ed. (1574)
2009 Ed. (1506)
Rejlers
2013 Ed. (2068)
Rejoice
1992 Ed. (83)
2006 Ed. (35)
Rejuvenation.com
2011 Ed. (2369)
Rekapac
2000 Ed. (2885)
Reklamens Hus McCann
1990 Ed. (137)
1991 Ed. (137)
1993 Ed. (124)
1994 Ed. (107)
1995 Ed. (108)
1996 Ed. (123)
Reklamevi
1991 Ed. (158)
Reklamevi Reklamcilik
1990 Ed. (159)
Reko International Group Inc.
2004 Ed. (3913)
2006 Ed. (3922)
2009 Ed. (3767)
REL Field Marketing
2002 Ed. (3265)
2010 Ed. (139)
2011 Ed. (62)
Relafen
1998 Ed. (1341)
Relais & Chateaux
1992 Ed. (2505)
1999 Ed. (2778)
Related Capital Co.
1998 Ed. (178, 3011)
2000 Ed. (306)
2002 Ed. (323)
2003 Ed. (288, 289)
2004 Ed. (256)
2005 Ed. (258)
Related Companies LP
2008 Ed. (4114)
2009 Ed. (4221)
2010 Ed. (4158)
2011 Ed. (4156)
2012 Ed. (4189)
2013 Ed. (4182)
2014 Ed. (4199)
2015 Ed. (4179)
2016 Ed. (4096)
Related Co. Inc.
1991 Ed. (247)
1999 Ed. (1312)
Related Cos. Inc.
1993 Ed. (238)
Related Cos. of Florida
1990 Ed. (2007)
The Related Group
2009 Ed. (1176)
2012 Ed. (1035)
2013 Ed. (1187)
2016 Ed. (1577, 2925)
The Related Group of Florida
2000 Ed. (1272, 2466)
2001 Ed. (2704, 2709)
2002 Ed. (1191, 1199, 2544, 2555)
2003 Ed. (2749)
2004 Ed. (2830)
2005 Ed. (2838, 2844)
2006 Ed. (1198, 2832, 2840, 3990)
2007 Ed. (1305, 2834, 2837, 4028)
2008 Ed. (2956, 2961)
2009 Ed. (3037, 3040)
2010 Ed. (2961, 2965)
2011 Ed. (2923, 2926)
2013 Ed. (2928, 2929)
2014 Ed. (2945, 2946, 2952)
2015 Ed. (2993, 2994, 3003)
Related Services
1992 Ed. (3070)

Relational Technologies Inc.
2001 Ed. (1947)
Relationship account management
1998 Ed. (1947)
Relationship Rescue
2003 Ed. (707)
Relativity Media
2012 Ed. (3718)
2014 Ed. (3697)
Relax the Back Corp.
2006 Ed. (816)
2007 Ed. (899)
2008 Ed. (2900)
2009 Ed. (3939)
2010 Ed. (3852)
2011 Ed. (769, 3857)
2012 Ed. (707, 3832)
2013 Ed. (3896)
2014 Ed. (3829)
2015 Ed. (3854)
2016 Ed. (3765)
Relay
1991 Ed. (1511)
1992 Ed. (1913)
Relay Sponsorship & Event Management
2005 Ed. (3404)
2006 Ed. (3413)
Relekta
2015 Ed. (1943)
Relevante Inc.
2016 Ed. (3600)
RELEX Oy
2013 Ed. (2904)
Reliability Corp.
1995 Ed. (2132, 2136)
1996 Ed. (2144)
Reliable Automatic Sprinker Co.
2014 Ed. (1177)
Reliable Automatic Sprinkler Co.
2016 Ed. (1142)
Reliable Cartage
1992 Ed. (4354)
Reliable Chevrolet
1995 Ed. (261)
1996 Ed. (268)
Reliable Contractors
2016 Ed. (4781)
Reliable Corp. Business
1998 Ed. (1274)
1999 Ed. (1849)
Reliable Environmental Transport
2011 Ed. (2530)
Reliable Life Insurance Co.
1995 Ed. (2310)
1997 Ed. (2419)
1998 Ed. (2132)
1999 Ed. (2916)
2000 Ed. (2669)
2002 Ed. (714)
2003 Ed. (2976)
2004 Ed. (3079)
Reliable Life Insurance Co. of Missouri
1995 Ed. (2310)
Reliable Mobile Service
2012 Ed. (263)
Reliable Nesco
1992 Ed. (1386)
Reliable Office Supply
1995 Ed. (2804)
1996 Ed. (2860)
Reliable Property Services
2013 Ed. (1883, 3454, 4456)
2014 Ed. (3456)
2016 Ed. (3326)
Reliable Stores Inc.
1990 Ed. (1037)
Reliable Wholesale Lumber
2016 Ed. (2864, 2865)
A Reliable Wife
2012 Ed. (456, 524)
ReliableRemodeler.com
2009 Ed. (1146)
Reliance
1990 Ed. (1379)
1992 Ed. (1636)
1994 Ed. (25)
1997 Ed. (3628)
2013 Ed. (651, 3959)
2014 Ed. (668)
2015 Ed. (726, 3931)
2016 Ed. (664, 3849)
Reliance Acceptance
1999 Ed. (3675)
Reliance Bank
2006 Ed. (374)
Reliance Capital Asset Management
2012 Ed. (2603)
Reliance Communications
2009 Ed. (1748)

2010 Ed. (1694)
2012 Ed. (4653)
2013 Ed. (4608)
Reliance Credit Union
2011 Ed. (2171)
Reliance Electric Co.
1989 Ed. (1057)
1991 Ed. (1215, 1224, 1530, 2376)
1992 Ed. (1525, 1532, 1923, 2962)
1993 Ed. (1575, 2492)
1994 Ed. (1583, 1614, 2429)
1995 Ed. (2498)
1996 Ed. (1202, 3666)
Reliance Group
1989 Ed. (1743)
1990 Ed. (2273)
1994 Ed. (2229)
2000 Ed. (2731)
2012 Ed. (4346)
Reliance Group Holding
1990 Ed. (3550)
Reliance Group Holdings Inc.
1989 Ed. (2470)
1992 Ed. (3921)
1996 Ed. (2288)
1997 Ed. (2426)
1998 Ed. (2137)
1999 Ed. (2923)
2000 Ed. (2672)
2003 Ed. (3635)
Reliance Homes
2002 Ed. (1209)
2003 Ed. (1209)
2004 Ed. (1216)
2005 Ed. (1240)
Reliance Industries
2014 Ed. (4245)
2015 Ed. (1709)
2016 Ed. (1657)
Reliance Industries Ltd.
1991 Ed. (721)
1992 Ed. (902, 903)
1993 Ed. (714, 715)
1994 Ed. (724, 725)
1995 Ed. (1416, 1417)
1996 Ed. (753, 754, 755, 1378)
1997 Ed. (685, 686, 1429)
1999 Ed. (741, 742, 1654)
2000 Ed. (755, 1455, 1457, 1459,
1460)
2001 Ed. (1732, 1733, 1734, 1735)
2002 Ed. (1001, 1003, 1019, 4424,
4426)
2005 Ed. (3778, 3780)
2006 Ed. (1753, 1765, 1766, 2577,
3384, 3844, 4507)
2007 Ed. (934, 935, 1772, 1773,
1774, 3874, 3891, 4672)
2008 Ed. (913, 914, 1802, 1803,
2501, 3562, 3934)
2009 Ed. (919, 922, 936, 1748, 1749,
1750, 2508, 3629, 4009)
2010 Ed. (864, 1694, 1695, 1696,
1697, 2423, 2427, 3550, 3915,
4726)
2011 Ed. (787, 788, 1706, 1707,
1708, 2427, 2431, 3550, 3934,
4685)
2012 Ed. (740, 741, 755, 1562, 1564,
2350, 3543, 3899, 3932, 4699)
2013 Ed. (833, 944, 945, 1717, 1718,
2534, 2548, 3571, 3958, 3988,
4660, 4706)
2014 Ed. (897, 898, 1664, 1665,
2468, 2480, 3903, 3917, 3931,
4021, 4712)
2015 Ed. (925, 1707, 1708, 1710,
2539, 2554, 3930, 3951, 3967,
4724)
2016 Ed. (828, 1656, 1658, 2466,
3848, 3868, 3881, 4626)
Reliance Infocomm Ltd.
2007 Ed. (1193)
Reliance Infrastructure Ltd.
2011 Ed. (2431, 2433)
2012 Ed. (2354)
2013 Ed. (2525)
2014 Ed. (2374)
Reliance Insurance Co.
1990 Ed. (2281)
1995 Ed. (2319)
2001 Ed. (2900, 2905, 4031, 4034)
2002 Ed. (3957)
Reliance Insurance Co. of Illinois
1994 Ed. (2240, 2277)
1995 Ed. (2288)
1996 Ed. (2293)
1997 Ed. (2428)
1998 Ed. (2145)
2001 Ed. (2927)

2002 Ed. (2876)
Reliance Insurance Co. & subs.
1992 Ed. (2682)
Reliance Insurance Cos.
1990 Ed. (2263, 2264)
1991 Ed. (2134, 2135)
Reliance Insurance Group
1993 Ed. (2245, 2246, 2250)
1995 Ed. (2267, 2291, 2328, 2329)
1996 Ed. (2304)
1997 Ed. (2434, 2471, 2472)
1998 Ed. (2154, 2212, 2213)
1999 Ed. (2937, 2977, 2983, 2984)
2000 Ed. (2729, 2736, 2737)
2002 Ed. (2901, 2945, 2976, 4991)
Reliance Life Insurance Co.
2011 Ed. (3172)
Reliance Media Inc.
2012 Ed. (4020)
Reliance Petroleum Ltd.
2002 Ed. (3694, 4424)
2003 Ed. (3856)
Reliance Retail
2013 Ed. (4283)
Reliance Retail Ltd.
2010 Ed. (2266, 4269, 4936)
Reliance Savings & Loan Association
1990 Ed. (3588)
Reliance Standard
2009 Ed. (3320, 3321)
2010 Ed. (3256, 3257)
Reliance Standard Life Group
2014 Ed. (3325)
Reliance Standard Life Insurance Co.
1995 Ed. (2307)
2011 Ed. (3220, 3221)
Reliance Steel & Aluminum
2013 Ed. (3708)
2014 Ed. (3641)
2015 Ed. (3651)
2016 Ed. (3539)
Reliance Steel & Aluminum Co.
1999 Ed. (3353, 3354)
2000 Ed. (3089, 3099, 3100)
2002 Ed. (3303, 3312, 3315, 3319, 3323, 3324)
2003 Ed. (3363, 3381, 3382)
2004 Ed. (3429, 3445, 3446, 3448, 4917)
2005 Ed. (3459, 3460, 3462, 3463, 4905, 4906)
2006 Ed. (3469, 3470, 4936, 4938)
2007 Ed. (3485, 3493, 3494)
2008 Ed. (1513, 3141, 3664, 3665, 4920)
2009 Ed. (2916, 3225, 3608, 3722, 3733, 3734, 4932, 4933)
2010 Ed. (1423, 1532, 2857, 3640, 3652, 3653, 4941, 4960)
2011 Ed. (3642, 3656, 4924, 4930, 4944)
2012 Ed. (1380, 3639, 3660, 4928, 4943)
2013 Ed. (3424, 3698, 3718, 4497, 4927)
2014 Ed. (3421, 3650, 4540, 4936)
2015 Ed. (3454, 3645, 3660, 4539)
2016 Ed. (3532, 3547, 4478, 4894)
Reliance Surety
2004 Ed. (1470)
Reliant Asset Management
2016 Ed. (738, 4005)
Reliant Astrodome
2003 Ed. (4531)
Reliant Credit Union
2005 Ed. (2139)
2006 Ed. (2234)
2007 Ed. (2155)
2008 Ed. (2270)
2009 Ed. (2257)
2010 Ed. (2210)
2011 Ed. (2228)
2012 Ed. (2090)
2013 Ed. (2276)
2014 Ed. (2210)
2015 Ed. (2274)
2016 Ed. (2245)
Reliant Energy Entex
2005 Ed. (2716, 2717, 2718, 2722, 2723, 2725)
Reliant Energy HL&P
2001 Ed. (427, 3553, 3870)
Reliant Energy Inc.
2001 Ed. (2148, 3944, 3945, 3948, 4663)
2002 Ed. (1782, 2126, 2805, 3875)
2003 Ed. (1556, 1837, 2136, 2184, 2280, 2282, 2286, 4526, 4535)
2004 Ed. (2200, 2201, 2313, 2322)
2006 Ed. (2365, 2437, 2440, 2441)

2007 Ed. (2383, 2391)
2008 Ed. (2426, 2507)
2009 Ed. (2089, 2505)
2010 Ed. (2422)
Reliant Healthcare Professionals
2011 Ed. (3771)
2012 Ed. (3774)
2013 Ed. (3838)
2014 Ed. (3758)
2015 Ed. (3783)
Reliant Industries Inc.
2000 Ed. (3144)
Reliant Medical Group
2015 Ed. (1812)
Reliant Park
2003 Ed. (2412)
Reliant Resources Inc.
2003 Ed. (2138, 2141, 4318, 4322)
2004 Ed. (1586, 1869, 2190, 2192, 2195, 2198, 2199, 2319)
2005 Ed. (2312, 2395, 2398, 2399, 2406)
2010 Ed. (2345)
Reliant Stadium
2005 Ed. (4438, 4439)
2011 Ed. (4527)
Reliant Technologies
2010 Ed. (2887)
ReliaQuote.com
2002 Ed. (4825)
ReliaStar Financial Corp.
1997 Ed. (2435)
1999 Ed. (2944)
2001 Ed. (571)
2002 Ed. (1483)
2004 Ed. (1470)
Reliastar Life
1999 Ed. (2950, 2951)
Reliastar Life Insurance Co.
2000 Ed. (2686, 2687, 2701, 2702)
2001 Ed. (2939, 2940)
2002 Ed. (2908, 2909, 2916, 2922, 2923)
2007 Ed. (3147, 3148)
2008 Ed. (3297, 3298)
2009 Ed. (3357, 3358)
2011 Ed. (3256)
ReliaStar Select Annuity II OCC Managed
2000 Ed. (4328)
The Relic
1999 Ed. (4720)
Religion
1997 Ed. (2157, 2158)
2000 Ed. (1012)
Religion and theology
2009 Ed. (3598)
Religious
1999 Ed. (1180)
2002 Ed. (748)
Religious books
2001 Ed. (976)
Religious, charitable
1997 Ed. (3684)
Religious diversity
1992 Ed. (2910)
1993 Ed. (2949)
Religious Institutions as Partners in Community Based Development
1992 Ed. (1099)
Relishes
2002 Ed. (3709)
2003 Ed. (3875)
Reliv International Inc.
1995 Ed. (2067)
2005 Ed. (1881, 1883, 1886, 1887, 1889, 2772)
2006 Ed. (1907)
2008 Ed. (1947, 4408)
RELM Wireless
2008 Ed. (1729, 4634)
2009 Ed. (4461)
Relocated Employees
2000 Ed. (1788)
Reltmans
1997 Ed. (1033)
Reltmans (Canada)
1994 Ed. (1020)
Relus Technologies
2016 Ed. (1599)
RELX Group
2016 Ed. (4071)
R.E.M
1997 Ed. (1114)
Rema 1000
2010 Ed. (85)
RE/MAX
1990 Ed. (2957)
1993 Ed. (2960)
1997 Ed. (3255)

2007 Ed. (4089)
2008 Ed. (4117)
2014 Ed. (1912)
ReMax
1990 Ed. (2952)
RE/MAX 1st Commercial
2015 Ed. (1923)
2016 Ed. (1886)
RE/MAX Achievers
2007 Ed. (4072)
2008 Ed. (4104)
RE/MAX Action Associates
2000 Ed. (3716)
RE/MAX All Cities Realty
2009 Ed. (4991)
RE/MAX Alliance
2002 Ed. (3910)
2004 Ed. (4068, 4070)
2008 Ed. (4105)
2013 Ed. (2653)
2014 Ed. (2609)
2015 Ed. (2655)
2016 Ed. (2579)
RE/MAX Beach Cities
2002 Ed. (4990)
2003 Ed. (4991)
2004 Ed. (4068)
RE/MAX Beach Cities Realty
1995 Ed. (3061)
Re/Max Beach Cities/Westside Properties
2000 Ed. (3713)
2002 Ed. (3913)
RE/MAX Beach Cities/Westside Properties/Lake Arrowhead
2008 Ed. (4106)
Re/Max Best Associates
2016 Ed. (4961)
RE/MAX Destiny
2016 Ed. (1774)
Re/Max Eastern Inc.
1991 Ed. (2807)
RE/MAX Equity Group Inc.
2004 Ed. (4066)
Re/Max Gold Inc.
2007 Ed. (4071, 4072)
Re/Max International Inc.
1989 Ed. (2286)
1990 Ed. (1026)
1998 Ed. (1758)
2002 Ed. (2363, 3926)
2003 Ed. (895, 4050)
2004 Ed. (908, 914, 4072)
2005 Ed. (899, 905, 4003)
2006 Ed. (811, 814, 820, 1679, 4038)
2007 Ed. (898, 902, 907, 1682, 4078)
2008 Ed. (168, 872, 877, 882, 1707, 4111)
2009 Ed. (882, 884, 887, 892, 1636, 4218)
2010 Ed. (837, 842, 4152)
2011 Ed. (768, 4152)
2012 Ed. (706)
RE/MAX Leading Edge
2016 Ed. (1773)
Re/Max LLC
2012 Ed. (4186)
2013 Ed. (910, 1548, 4170)
2014 Ed. (857, 4209)
2015 Ed. (4189)
2016 Ed. (4107)
Re/Max Masters Inc.
2002 Ed. (3910)
Re/Max Metro Properties
2002 Ed. (3910)
Re/Max of Boulder Inc.
2002 Ed. (3910)
Re/Max of Valencia
2000 Ed. (3713)
2002 Ed. (3913)
Re/Max on the Boulevard
2002 Ed. (3913)
Re/Max Palos Verdes
2002 Ed. (3913)
RE/MAX Palos Verdes Realty
1995 Ed. (3061)
2000 Ed. (3713)
Re/Max Partners
1998 Ed. (2997)
Re/Max Professional Inc.
2002 Ed. (3910)
RE/MAX Reach Cities Realty
1994 Ed. (2999)
RE/MAX Real Estate Consultants
2007 Ed. (4071, 4073)
2008 Ed. (4106)
RE/MAX Real Estate Services
2008 Ed. (4106)
RE/MAX Realty Group
2015 Ed. (1923)

2016 Ed. (1886)
RE/MAX Results
2004 Ed. (4068, 4070)
2007 Ed. (4073, 4074)
2008 Ed. (4106, 4107)
Re/Max Southeast Inc.
2002 Ed. (3910)
RE/MAX Suburban
2004 Ed. (4068, 4070)
RE/MAX United
2008 Ed. (4107)
Rembolt Ludtke
2001 Ed. (861)
Rembrandt
1994 Ed. (3552)
1995 Ed. (3630)
1999 Ed. (1829, 4617)
2000 Ed. (4264)
2001 Ed. (79, 4575)
2003 Ed. (4767, 4770)
Rembrandt Acciones Argentinas
2005 Ed. (3576)
Rembrandt Age Defying
2003 Ed. (3460)
Rembrandt Ahorro Pesos
2003 Ed. (3615)
Rembrandt Asian Tiger Tr.
1998 Ed. (2646)
Rembrandt Dazzling White
2004 Ed. (4744)
Rembrandt Enterprises
2012 Ed. (2228)
2013 Ed. (2400)
2014 Ed. (2337)
2015 Ed. (2403)
2016 Ed. (2346)
Rembrandt Group Ltd.
1991 Ed. (2270)
1993 Ed. (2375)
1994 Ed. (2342)
1996 Ed. (2442)
1997 Ed. (2585)
1999 Ed. (3130, 3131)
2000 Ed. (2876)
2001 Ed. (1846)
2002 Ed. (3039)
2007 Ed. (1976)
Rembrandt Latin America Equity Common
1999 Ed. (3518)
Rembrandt Latin America Equity Tr.
1999 Ed. (3564)
Rembrandt Latin America Equity Trust
1999 Ed. (600)
Rembrandt Plus
2004 Ed. (4744)
Rembrandt Toothpaste
1997 Ed. (3764)
REMEC Inc.
2005 Ed. (2861)
Remedial Construction Services LP
2009 Ed. (1214)
2010 Ed. (1233)
2011 Ed. (1164, 1180)
2013 Ed. (1242)
Remedial Environmental Services LP
2015 Ed. (1234)
Remediation and Training Institute
1992 Ed. (1097)
Remedies
2005 Ed. (2233)
Remedy
1998 Ed. (1885, 3408)
1999 Ed. (4577)
2003 Ed. (2199)
2006 Ed. (145)
Remedy Intelligent Staffing
1998 Ed. (3506)
2000 Ed. (4230)
2012 Ed. (4527)
2013 Ed. (4488)
2014 Ed. (4534)
2015 Ed. (4534)
Remedy Roofing
2011 Ed. (1082)
Remedy tablets, miscellaneous
1997 Ed. (3175)
RemedyTemp Inc.
2000 Ed. (2405, 4049)
2002 Ed. (4597)
2003 Ed. (4532)
2004 Ed. (843)
2005 Ed. (817)
2006 Ed. (743)
2007 Ed. (837)
Remember Every Name Every Time
2006 Ed. (582)
Remember Me Promotional Specialists
2008 Ed. (4957)
Remgro

1990 Ed. (1417)
1991 Ed. (1344)
1993 Ed. (1393, 1394)
1995 Ed. (1485)
2006 Ed. (2009)
2007 Ed. (1975)
2008 Ed. (2072)
2009 Ed. (2043)
2010 Ed. (1974)
2011 Ed. (2036)
2012 Ed. (2151)
2013 Ed. (2355)
2014 Ed. (2286, 3141)
2015 Ed. (2024, 2371, 3202)
2016 Ed. (1996, 2317, 3057)
Remgro Ltd.
2013 Ed. (854)
Remicade
2010 Ed. (2281)
2011 Ed. (2284, 2285)
2012 Ed. (2178, 2179)
2013 Ed. (2376, 2377)
2015 Ed. (2391)
Remifemin
2004 Ed. (2100)
Reminger
2012 Ed. (3400)
Reminger Co. LPA
2013 Ed. (1974)
2014 Ed. (1913)
2015 Ed. (1957)
Remington
1990 Ed. (1592, 1593, 2809)
1991 Ed. (1490, 1491, 2713)
1992 Ed. (1889, 1890, 3401, 3402, 4042)
1993 Ed. (1550, 1551, 2813)
1994 Ed. (1588, 2813, 2815, 3370, 3371)
1995 Ed. (1630, 2902, 3428)
1996 Ed. (2984, 2986, 3492, 3493)
1997 Ed. (1688, 1689, 3060, 3062, 3556, 3557)
1998 Ed. (1378, 1379, 2805, 2806, 3350, 3351)
1999 Ed. (1944, 1945, 2631, 3774, 3775, 4378, 4379)
2000 Ed. (1728, 1729, 2411, 2412, 3507, 4088)
2003 Ed. (3790)
2005 Ed. (3707)
2007 Ed. (3807)
2009 Ed. (3936)
2010 Ed. (4552)
2011 Ed. (3852)
2012 Ed. (2996)
2013 Ed. (3083, 3085)
2014 Ed. (3083)
2015 Ed. (3149)
2016 Ed. (2840, 3005)
Remington Arms Co.
2015 Ed. (1914)
Remington Fuzz Away
1990 Ed. (2803, 2804)
Remington Hotel Corp.
1996 Ed. (2158)
1997 Ed. (2274, 2276, 2277)
1998 Ed. (1998, 2000, 2001)
2000 Ed. (2534)
2001 Ed. (2776)
Remington Oil & Gas Corp.
2002 Ed. (1549)
2003 Ed. (3835, 3836)
2005 Ed. (3733)
2007 Ed. (2753, 4395)
Remington on Post Oak Park
1990 Ed. (2101)
Remington on Post Oak Park, Houston
1990 Ed. (2079)
Remington Outdoor Co.
2016 Ed. (1909)
Remington Products
2016 Ed. (2841)
Remington Products Co. LLC
2002 Ed. (2071, 2072, 2440, 2441)
Remington Rechargeable Electric Shaver
1990 Ed. (2803)
Reminiscences of a Stock Operator
2006 Ed. (589)
Remis Co.
2013 Ed. (2192)
Remline Corp.
2006 Ed. (3506, 4345)
Remnant
2004 Ed. (739)
Remo Drug
2001 Ed. (2062)
Remodeling
2008 Ed. (4708)

2012 Ed. (4736)
Remondi; John
2006 Ed. (991)
Remondi; John F.
2006 Ed. (2532)
Remote controls, TV
1999 Ed. (2759)
Remote shopping
1999 Ed. (1008)
Remove It
1997 Ed. (1093)
Remploy Ltd.
1993 Ed. (1304)
Rempola
1990 Ed. (3458)
REMS Equity REIT Portfolio
2003 Ed. (3117)
REMS Leveraged REIT Portfolio
2003 Ed. (3117)
REMSA
2012 Ed. (1744)
Remy
2002 Ed. (3174)
Remy Amerique Inc.
2000 Ed. (806, 807)
2001 Ed. (3126, 3128, 3129)
2002 Ed. (775, 779, 3152)
2003 Ed. (907, 3229)
2004 Ed. (927, 3283, 3286)
2005 Ed. (922)
Remy & Associates
2001 Ed. (360)
Remy-Cointreau
2001 Ed. (2118, 2119, 2120)
Remy International
2013 Ed. (1728)
2014 Ed. (1670)
Remy International Inc.
2009 Ed. (331, 370, 4142)
2010 Ed. (310, 4074)
2011 Ed. (4048)
Remy Martin
1989 Ed. (756)
1990 Ed. (2462)
1991 Ed. (741)
1999 Ed. (800, 801, 802, 3247)
2000 Ed. (805, 806, 807)
2001 Ed. (1016, 1017, 1018, 3140)
2002 Ed. (293, 775, 776, 777, 778, 779)
2003 Ed. (760)
2004 Ed. (770, 1053)
Remy Red
2004 Ed. (3271)
REN Corp.-USA
1993 Ed. (1193)
REN Group
2009 Ed. (2019)
Ren-Rede Electrica Nacional SA
2006 Ed. (1995)
Ren Zhengfei
2012 Ed. (3824)
Rena Rowan
1995 Ed. (3786)
1996 Ed. (3875)
Renaissance
1997 Ed. (3095)
2001 Ed. (2789)
2003 Ed. (1207)
Renaissance Canadian Core Value
2004 Ed. (3615)
Renaissance Capital Alliance LLC
2007 Ed. (4427)
2008 Ed. (3715, 4404)
Renaissance Capital Growth
2004 Ed. (3175)
Renaissance Construction
2012 Ed. (1159, 1161)
2013 Ed. (1298)
Renaissance Creative Imaging
2006 Ed. (3538)
Renaissance Denver Hotel
2002 Ed. (2645)
Renaissance Executive Forums Inc.
2006 Ed. (688)
Renaissance Global Growth Fund
2010 Ed. (2556)
Renaissance Global Value
2004 Ed. (2480)
Renaissance Group
2006 Ed. (4010)
Renaissance Health Service Corp.
2016 Ed. (3205)
Renaissance Home Health Care Inc.
1999 Ed. (2707)
2000 Ed. (2491)
Renaissance Homes
2005 Ed. (1223, 1238)
Renaissance Hotel Group NV
2001 Ed. (2786)

Renaissance Hotels & Resorts
1996 Ed. (2176)
1997 Ed. (2290)
1999 Ed. (2780)
2000 Ed. (2558)
Renaissance Housing Corp.
2002 Ed. (2664)
2004 Ed. (1141)
Renaissance Meadowlands
2007 Ed. (2951)
Renaissance Millennium High Income Fund
2010 Ed. (3733)
Renaissance Millennium Next Generation Fund
2010 Ed. (3733, 3734)
Renaissance Orlando Resort
1998 Ed. (2035)
1999 Ed. (2795)
2000 Ed. (2574)
2002 Ed. (2650)
Renaissance Publishing
2010 Ed. (3512)
Renaissance Technologies
2009 Ed. (2977, 2979)
2010 Ed. (2918, 2919)
Renaissance Technologies Medallion Fund
2009 Ed. (2978)
RenaissanceRe
2001 Ed. (2960)
RenaissanceRe Holdings Ltd.
2003 Ed. (4573)
2005 Ed. (3150, 3151)
2006 Ed. (3148, 3153)
2007 Ed. (1721, 3185)
2008 Ed. (1745)
2011 Ed. (3299)
2012 Ed. (3282)
2013 Ed. (3356)
Renaissant Development Corp.
1998 Ed. (1937)
Renal Care Group Inc.
1999 Ed. (4331)
2004 Ed. (2925)
2008 Ed. (1424, 4668)
Renal Treatment Centers
1999 Ed. (3603)
Renald Cote 2007 Inc.
2015 Ed. (1160)
Renar Development Co.
2005 Ed. (1198)
Renassance Holding
2002 Ed. (4451, 4452)
Renault
1989 Ed. (30, 36, 38, 47, 51, 326)
1990 Ed. (363, 373, 1367, 1944, 2624, 2627, 3654)
1991 Ed. (327, 328, 332, 785, 2494)
1992 Ed. (49, 59, 448, 458, 460, 461, 1461, 1482, 1617, 1618, 1619, 3117, 4349)
1993 Ed. (29, 35, 51, 332, 334, 335, 741, 1314, 2607)
1994 Ed. (310)
1995 Ed. (309)
1996 Ed. (319, 326, 327, 328)
1997 Ed. (306, 309, 1408)
1998 Ed. (231, 233, 243, 1538)
1999 Ed. (335, 336, 351, 1632, 1633, 1659, 4656)
2000 Ed. (34, 1435, 1436, 3692, 4295)
2001 Ed. (455)
2002 Ed. (766)
2007 Ed. (315, 714)
2008 Ed. (684)
2009 Ed. (693)
2011 Ed. (230)
2013 Ed. (233, 247, 648)
2014 Ed. (246, 663, 1602)
2015 Ed. (273, 289, 724)
2016 Ed. (269, 286, 2339, 2340)
Renault 19
1991 Ed. (323)
1993 Ed. (321, 323)
Renault 21
1989 Ed. (321)
1990 Ed. (1110)
1993 Ed. (323)
Renault 25
1990 Ed. (1110)
Renault Argentina
1991 Ed. (784)
1994 Ed. (787)
2003 Ed. (1743, 1744)
Renault Clio
1994 Ed. (314)
1995 Ed. (313)
1996 Ed. (320)

1999 Ed. (175, 784)
2004 Ed. (302)
2005 Ed. (295)
Renault Clio Range
1993 Ed. (321)
Renault-Dacia
2010 Ed. (2305)
Renault Gest-Sociedade de Comercio de Automobeis
1996 Ed. (1437)
Renault Group
1990 Ed. (368)
1991 Ed. (957)
1992 Ed. (1190)
1994 Ed. (1364)
1996 Ed. (996, 1337)
1997 Ed. (1410)
Renault Industrie Roumanie SRL
2015 Ed. (2014)
Renault Kangoo
2004 Ed. (301)
2005 Ed. (295)
Renault Nissan
2013 Ed. (3550)
Renault-Nissan Alliance
2009 Ed. (2393)
Renault Oesterreich Automobilvertriebs AG
2000 Ed. (1389)
Renault Portuguesa
1992 Ed. (72)
1999 Ed. (1726)
Renault Portuguesa-Soc. Inc. e Commercial SA
1995 Ed. (1477)
Renault Portuguesa-Soc. Ind. e Comercial SA
1993 Ed. (1387)
1997 Ed. (1500)
2000 Ed. (1414)
2001 Ed. (1690)
Renault Portuguesa-Soc. Ind. e Comercial SAR
1990 Ed. (1410)
Renault Portuguesa-Soc. Ind. E Comercial Sarl
1989 Ed. (1153)
Renault Portuguesa-Soc. Ind. e Commercial SA
1996 Ed. (1437)
Renault Portuguesa-Sociedade Industria e Comercial SA
1994 Ed. (1441)
Renault R5
1990 Ed. (374, 380)
Renault R9/R11
1990 Ed. (369)
Renault R21
1990 Ed. (369)
Renault (Regie Nationale des Usines)
1991 Ed. (1269)
1992 Ed. (1607)
Renault RS
1990 Ed. (369)
Renault SA
1990 Ed. (20, 27, 35, 44, 48)
1991 Ed. (14, 22, 28, 30, 48)
1994 Ed. (21, 26, 28, 44, 308, 315, 990, 1372, 3575, 3584)
1995 Ed. (307, 314, 316, 317, 1387, 3659)
1997 Ed. (3791)
2001 Ed. (33, 34, 36, 54, 515, 1555, 1707, 1709, 4619)
2002 Ed. (55, 388, 390, 391, 392, 393, 398, 1656, 3243, 3402, 4669, 4791)
2003 Ed. (332, 1682, 3298, 3458)
2004 Ed. (45, 55, 86, 305, 3359, 4795)
2005 Ed. (39, 50, 81, 300, 301, 3390, 3522, 3523, 4282)
2006 Ed. (25, 46, 87, 90, 320, 1721, 1724, 1725, 3380, 3581, 3582, 3583)
2007 Ed. (37, 80, 312, 1327, 1730, 1731, 1732, 1733, 3423, 3646, 4830)
2008 Ed. (21, 41, 133, 1760, 3558, 3758)
2009 Ed. (24, 46, 95, 111, 320, 323, 2592, 3625)
2010 Ed. (34, 56, 106, 3546, 3708)
2011 Ed. (224, 225, 1654, 3546)
2012 Ed. (237, 238, 239, 242, 1505, 3539)
2013 Ed. (231, 232, 239, 243, 1644, 3584)
2014 Ed. (235, 236, 2573, 3548)
2015 Ed. (271, 272, 3571)

2016 Ed. (267, 268)
Renault SA (Regie Nationale Des Usines)
1996 Ed. (3735)
Renault Sofasa
2012 Ed. (1422)
Renault-Sofasa
2013 Ed. (1811)
Renault Trafic
2004 Ed. (301)
Renault U.K. Ltd.
2002 Ed. (48, 49, 223, 230, 237, 3892, 4591)
Renault Vehicules Industriels
1992 Ed. (1482)
Renault Vehiculos Industriales SA
1990 Ed. (1419)
1993 Ed. (1401)
Renault-Volvo
1995 Ed. (315)
Renco Corp.
2010 Ed. (2226)
2011 Ed. (2243)
Renco Group Inc.
2013 Ed. (1940)
2014 Ed. (3626)
The Renco Group Inc.
2000 Ed. (1108)
2006 Ed. (3454)
2007 Ed. (2168)
2009 Ed. (3465, 4528)
2010 Ed. (3401, 4089, 4090, 4571)
2011 Ed. (3389, 4533)
2012 Ed. (4092)
2013 Ed. (1945, 3632)
2014 Ed. (1884, 3573)
2015 Ed. (1921, 3587)
2016 Ed. (1884, 3470)
Renco Holdings
1993 Ed. (176, 2874)
1998 Ed. (2670)
1999 Ed. (328)
Renda Broadcasting
2001 Ed. (3977, 3978)
Renda; Larree M.
2006 Ed. (2525)
Renda Marine Inc.
2001 Ed. (1407)
Rendering/by-products
2003 Ed. (3344)
Rendina Cos.
2005 Ed. (2814)
2006 Ed. (2794, 2797)
2008 Ed. (2916)
2009 Ed. (2972)
2010 Ed. (2912)
Rene Champagne
2012 Ed. (2490)
Rene Junot
1990 Ed. (3696)
2005 Ed. (4966)
Rene Kleyweg
1999 Ed. (2410)
Renee Barch-Niles
2011 Ed. (2818)
Renee Unger
2006 Ed. (4988)
2007 Ed. (4985)
2008 Ed. (4991)
Renegade
2010 Ed. (3578)
2011 Ed. (3581)
Renegade Films
2012 Ed. (2556, 4683)
Renegade Furniture Group
2015 Ed. (4322)
Renegade Petroleum Ltd.
2016 Ed. (3834, 3835, 3837)
Renesas Electronics
2016 Ed. (987)
Renesas Electronics Corp.
2013 Ed. (4422)
2014 Ed. (4453)
2015 Ed. (4448)
2016 Ed. (4340)
Renesas Technology Corp.
2005 Ed. (4350)
2006 Ed. (4287, 4288)
2007 Ed. (4354)
2008 Ed. (4313)
ReneSola Ltd.
2010 Ed. (2922)
Renew Crew
2015 Ed. (781)
2016 Ed. (702)
Renewable Assets
2016 Ed. (4424)
Renewable Energy
2008 Ed. (912)
Renewable Energy Corp. ASA

2010 Ed. (1898, 2953)
Renewable Energy Group Inc.
2016 Ed. (1698, 3410)
Renewable Energy Massachusetts
2016 Ed. (4422)
Renewable energy sources
1992 Ed. (1944, 1945)
Renewal 5X; Clairol
2008 Ed. (2869)
Renfro Corp.
2014 Ed. (1894)
2016 Ed. (2985)
Rengo
1990 Ed. (2764)
1991 Ed. (2671)
1992 Ed. (3334)
1993 Ed. (2766)
1994 Ed. (2728)
1995 Ed. (2833)
1997 Ed. (2994)
1999 Ed. (3690)
2000 Ed. (3408)
2007 Ed. (1838)
2016 Ed. (3072)
Renhe Commercial Holdings
2012 Ed. (1322, 1323, 4194)
Renishaw
2006 Ed. (2402)
2007 Ed. (2350)
2016 Ed. (2429)
Renmin Ribao
1989 Ed. (2062)
1997 Ed. (2944)
renminbi yuan; Chinese
2008 Ed. (2274)
Renner
2012 Ed. (543)
2014 Ed. (678)
2015 Ed. (738)
Rennert; Ira
2011 Ed. (4818)
Rennie
1992 Ed. (1875)
1994 Ed. (1577)
2001 Ed. (2108)
2002 Ed. (2053)
2010 Ed. (2907)
Rennie McArthur Miller
2000 Ed. (2096, 2104)
Rennie Miller
1999 Ed. (2316)
Rennies Bank
2007 Ed. (552)
2008 Ed. (504)
Reno Air
1998 Ed. (125, 818)
1999 Ed. (244)
Reno Hilton
2000 Ed. (2538)
2001 Ed. (2351)
2003 Ed. (2413)
2004 Ed. (2945)
2005 Ed. (2519)
Reno, NV
1989 Ed. (1611)
1990 Ed. (3648)
1992 Ed. (3692, 3697)
1994 Ed. (3066, 3067)
1995 Ed. (3111, 3112, 3778)
1996 Ed. (976)
1997 Ed. (3525)
1998 Ed. (743, 2484)
1999 Ed. (2089, 3369)
2000 Ed. (1069, 4268)
2002 Ed. (4289)
2005 Ed. (3324, 3468)
2006 Ed. (2970, 3299, 4099)
Reno-Sparks, NV
2007 Ed. (3361, 4057)
2008 Ed. (3459)
2009 Ed. (2392)
Reno (Thailand)
2012 Ed. (4364)
Renong
1993 Ed. (2386)
1994 Ed. (2349)
1996 Ed. (2448)
1997 Ed. (2594)
1999 Ed. (3137, 3138)
2000 Ed. (2885)
Renong Bhd
2002 Ed. (3052)
Reno's Appliance
2014 Ed. (4364)
2015 Ed. (4373)
Renouf
1990 Ed. (3470)
The Renovators of Canada
2016 Ed. (1074)
Renown Inc.

1989 Ed. (2820)
1994 Ed. (1322)
Renren
2013 Ed. (4405)
Rensburg Sheppards
2012 Ed. (1231)
Rensselaer Polytechnic Institute
2002 Ed. (899)
2006 Ed. (700, 704, 705)
2007 Ed. (793)
2008 Ed. (768, 2409)
Rensselaer; Stephen Van
2006 Ed. (4914)
2008 Ed. (4837)
Rent-A-Center
2016 Ed. (798, 4237)
Rent-A-Center Inc.
1996 Ed. (1995)
2004 Ed. (3245, 3246)
2005 Ed. (3270, 3271, 4674)
2006 Ed. (4164, 4295)
2008 Ed. (4473)
2009 Ed. (3261)
2010 Ed. (3192)
2012 Ed. (3111)
2013 Ed. (3192)
2014 Ed. (3203)
Rent-A-PC
2000 Ed. (1167)
Rent-A-Tire Inc.
2012 Ed. (4714)
2013 Ed. (4668)
2014 Ed. (4718)
2015 Ed. (4733)
2016 Ed. (4634)
Rent-A-Wheel
2012 Ed. (4714)
2013 Ed. (4668)
2014 Ed. (4718)
2015 Ed. (4733)
2016 Ed. (4634)
Rent-A-Wreck
1990 Ed. (384)
1991 Ed. (333)
1993 Ed. (1900)
1994 Ed. (322)
2003 Ed. (334)
2004 Ed. (309)
2006 Ed. (325)
2008 Ed. (305)
2010 Ed. (307)
Rent America
1996 Ed. (1995)
Rent-n-Roll
2008 Ed. (295)
2009 Ed. (316)
Rent Rite
2005 Ed. (3903, 4092)
Rent-Way
1998 Ed. (1790)
1999 Ed. (2550)
2000 Ed. (2293, 2396)
Rental Guide
2002 Ed. (215)
Rental Service Corp.
1997 Ed. (2615)
1998 Ed. (2345)
1999 Ed. (3171)
2000 Ed. (2916)
Rental services: equipment & retail
1995 Ed. (1935)
Rental Tools & Equipment
1989 Ed. (1890)
1990 Ed. (2431)
Rentals.com
2007 Ed. (3215)
Rentavision
2000 Ed. (2293)
rentbits.com
2012 Ed. (4187)
Rentcash Inc.
2005 Ed. (125, 1690, 1691, 1692, 1695)
2006 Ed. (1539, 1604, 1633)
2007 Ed. (1569, 2739)
2008 Ed. (1548, 2866)
Rentenbach Constructors Inc.
1991 Ed. (3121)
1992 Ed. (1409)
1993 Ed. (1122)
1994 Ed. (1138)
2007 Ed. (1385)
2008 Ed. (1327)
Renters Choice
1996 Ed. (1995)
1997 Ed. (3409)
1998 Ed. (1790)
1999 Ed. (2550)
2000 Ed. (2293)
Renters Warehouse

2013 Ed. (4177)
2016 Ed. (1802)
Renting Colombia SA
2010 Ed. (1581)
Rentokil
1993 Ed. (3473)
1996 Ed. (1357, 1359, 1362, 1363, 1364, 1365, 1366, 1367, 1397)
1997 Ed. (1453)
Rentokil Group
1994 Ed. (1403)
1995 Ed. (1433)
Rentokil Initial
2005 Ed. (4361)
2006 Ed. (4303)
2007 Ed. (4367, 4370)
Rentokil Initial PLC
1999 Ed. (1331)
2000 Ed. (1214, 4129)
2001 Ed. (1743, 1889)
Rentokil North America
2014 Ed. (3844)
2015 Ed. (3869)
2016 Ed. (3779)
Rentokil/Ehrlich-Presto-X
2012 Ed. (3855)
Rentokil/Ehrlich/Presto-X
2013 Ed. (3911)
Rentrak
2004 Ed. (864, 865)
2005 Ed. (4903, 4904)
2006 Ed. (2085)
2012 Ed. (1964)
2013 Ed. (2175)
2016 Ed. (743)
Rentrop, Hubbert & Wagner Fahrzeugausstattungen GmbH & Co. KG; P. A.
1996 Ed. (1991)
1997 Ed. (2106)
Renu
1993 Ed. (1108)
1996 Ed. (2874)
ReNu Energy Solutions
2016 Ed. (4426)
Renu Multi Disinfectant Solution
1997 Ed. (1143)
Renu Multi Purpose
1999 Ed. (3658)
Renu Multi Purpose Solution
1997 Ed. (2969)
Renu Sud Karnad
2010 Ed. (4979)
Renuity
1993 Ed. (233)
Renuka Holdings
2013 Ed. (2067)
2014 Ed. (2000)
Renuzit
2003 Ed. (237)
2005 Ed. (198)
2008 Ed. (206)
Renwick; Glenn
2006 Ed. (908)
2007 Ed. (998)
Renwick; Glenn M.
2011 Ed. (837)
Renyi; T. A.
2005 Ed. (2477)
Renyi; Thomas A.
2006 Ed. (934)
Renzi; Matteo
2016 Ed. (720)
Renzo Rosso
2009 Ed. (969)
2014 Ed. (4895)
ReoPro
2000 Ed. (1707)
Reorganization or restructuring
1993 Ed. (1597)
REP
1992 Ed. (1436)
Rep. Don Young
2007 Ed. (2706)
Rep. Henry Bonilla
2007 Ed. (2706)
Rep. Michael Oxley
2007 Ed. (2706)
Rep. Roy Blunt
2007 Ed. (2706)
REP SA
2001 Ed. (2875, 4130)
Rep. Tom Reynolds
2007 Ed. (2706)
Rep. Ton Delay
2007 Ed. (2706)
Repacorp Inc.
2008 Ed. (4032)
2009 Ed. (4105, 4107)
2010 Ed. (4031, 4042)

2012 Ed. (4034, 4040, 4045)
2013 Ed. (4084)
2014 Ed. (4080, 4088, 4093)
2016 Ed. (3979, 3981)
Repacorp Label Products
2005 Ed. (3251)
2008 Ed. (4034)
Repair
2005 Ed. (3622, 3633, 3634)
2007 Ed. (3736)
Repair services
1997 Ed. (1644, 2378)
RepairClinic.com
2009 Ed. (2446)
Repant ASA
2009 Ed. (3016)
Repap
1998 Ed. (2747)
Repap Enterprises Inc.
1990 Ed. (1845)
1991 Ed. (1764)
1992 Ed. (1236, 1237, 2213, 4149)
1994 Ed. (1894, 2727, 2732)
1996 Ed. (1960, 2906)
1997 Ed. (2070, 2987)
1998 Ed. (2728)
1999 Ed. (2492, 3675, 3699)
2002 Ed. (3580)
REPAP Technologies
1993 Ed. (704)
Repentigny, Quebec
2011 Ed. (3484)
Repetitive motion
2004 Ed. (1)
Repipe Specialists
2007 Ed. (1272)
Repkon Makina VE Kalip Sanayi VE
Ticaret A S
2016 Ed. (2069)
ReplaceDirect.com
2010 Ed. (2951)
Replacement Parts Inc.
2005 Ed. (311)
2006 Ed. (329)
2007 Ed. (320)
Replacements Ltd.
2004 Ed. (2903)
2007 Ed. (2909)
2008 Ed. (3032)
2009 Ed. (3118)
2010 Ed. (3052)
2013 Ed. (3038)
2014 Ed. (3051)
ReplaceMyContacts.com
2014 Ed. (1154)
Replenish
2010 Ed. (4563)
2011 Ed. (4522)
Replica
1990 Ed. (3326)
Replicon Inc.
2005 Ed. (125, 1688, 1692)
2006 Ed. (1540)
2008 Ed. (1134)
2009 Ed. (1478)
Replidyne Inc.
2008 Ed. (4291)
Repligen Corp.
2009 Ed. (1872, 1874, 1876)
Reply SpA
2007 Ed. (1831)
Repola Corp.
1993 Ed. (1308, 1893)
1994 Ed. (1360, 1361, 1895, 2045)
1996 Ed. (1334, 1335, 2100)
1997 Ed. (1396, 1397, 2203, 2204)
1999 Ed. (1615)
2000 Ed. (1419)
2001 Ed. (1698)
2003 Ed. (1674)
2006 Ed. (1703)
Repola Oy
1995 Ed. (1384, 1385, 2834)
1999 Ed. (2662)
Repola S
1994 Ed. (2046)
Report Covers, assorted colors
1989 Ed. (2324, 2633)
Repos, mergers, private placements,
others
1993 Ed. (3683)
Representational Pictures
2012 Ed. (2559, 4685)
Reprint Management Services
2008 Ed. (2036)
Reprographic Systems Inc.
1996 Ed. (3086)
1997 Ed. (3164)
reproHAUS Corp.
2015 Ed. (4079)

2016 Ed. (3990)
Reprosil
1992 Ed. (1779)
Repso
1991 Ed. (1346)
Repsol
1990 Ed. (1944)
1991 Ed. (1348)
1992 Ed. (78, 900, 901, 1690, 1691)
1993 Ed. (712, 713, 1399, 1400,
1401)
1994 Ed. (722, 723, 1448, 1449,
1450)
1996 Ed. (751, 752, 1445, 1446)
1999 Ed. (739, 740, 1733, 1734,
1735, 4761)
2000 Ed. (752, 753, 1555, 1557,
3533, 3534)
2005 Ed. (743)
2009 Ed. (676)
2014 Ed. (702, 2560)
2016 Ed. (3846)
Repsol Burtano
1993 Ed. (1197)
Repsol Comercial de Productos Petroliferos SA
2000 Ed. (1556, 4388)
2003 Ed. (1825)
2005 Ed. (1963)
2012 Ed. (1900)
2013 Ed. (2063)
Repsol Peroleo
1999 Ed. (1734)
Repsol Petroleo SA
1990 Ed. (1419)
1994 Ed. (1450, 2865)
1995 Ed. (1490, 2928)
1997 Ed. (3879)
2000 Ed. (1556, 3538)
2001 Ed. (1851)
2002 Ed. (3678)
2003 Ed. (1825)
2004 Ed. (3867)
2012 Ed. (1900)
2013 Ed. (2063)
Repsol SA
1991 Ed. (1347)
1995 Ed. (1488, 1489, 1490)
1996 Ed. (1447)
1997 Ed. (683, 684, 1509, 1510,
1511)
1999 Ed. (1734)
2000 Ed. (1556)
2001 Ed. (1851, 1852, 1853, 1854,
2583)
2002 Ed. (721, 722, 2122, 4471,
4472, 4473, 4474, 4475)
2003 Ed. (1825)
Repsol YPF
2004 Ed. (1776, 1777, 1778)
Repsol YPF SA
2013 Ed. (2535)
Repsol YPF, SA
2002 Ed. (1007, 1015, 1766, 1768,
3692, 3693, 3701)
2003 Ed. (1826, 3824, 3853, 3855,
4606)
2004 Ed. (3853, 3868)
2005 Ed. (1843, 1844, 2412, 3764,
3787)
2006 Ed. (1849, 2018, 2019, 2020,
2021, 2541, 3401, 3846, 3853,
4538)
2007 Ed. (214, 1286, 1850, 1987,
1988, 1989, 1990, 1991, 3519,
3867, 3868)
2008 Ed. (200, 1185, 2083, 2084,
2085, 2086, 2503, 3581, 3678,
3918)
2009 Ed. (223, 2055, 2056, 2057,
3652, 3746, 3987, 3988)
2010 Ed. (1409, 1994, 1995, 1996,
3570, 3894, 4587)
2011 Ed. (129, 2055, 2056, 2058,
3573, 3669, 3911, 3912)
2012 Ed. (1901, 1903, 3566, 3897,
3920)
2013 Ed. (2064, 2066, 3602, 3964)
2014 Ed. (1997, 1999, 3907)
2015 Ed. (2045, 2046, 3935)
2016 Ed. (2008, 2010, 3854)
Repsol Ypf Trading y Transporte SA
2005 Ed. (1963)
Repsol's Gas Madrid
1993 Ed. (1197)
The Reptile Room
2003 Ed. (710)
2004 Ed. (735)
Reptiles
2001 Ed. (3777)

Reptron Electronics Inc.
1996 Ed. (1635)
1998 Ed. (1408, 1409)
1999 Ed. (1983, 1986)
2000 Ed. (1764, 1767, 1769)
2001 Ed. (2202, 2203, 2205, 2208,
2211, 2212, 2215)
2002 Ed. (2086, 2091, 2092, 2093)
2004 Ed. (2248)
Reptron Manufacturing Services
2004 Ed. (3419)
2005 Ed. (1275)
2006 Ed. (1234)
Repub Gld
1996 Ed. (208)
Republic
2002 Ed. (3856)
2014 Ed. (3713)
2015 Ed. (3724, 3725)
2016 Ed. (3637)
Republic Airways Holdings Inc.
2007 Ed. (232)
2009 Ed. (4771)
2012 Ed. (1568)
2015 Ed. (1715)
Republic Bancorp
2014 Ed. (341, 556)
Republic Bancorp Inc.
1992 Ed. (526)
1993 Ed. (358)
1995 Ed. (373, 2822)
1996 Ed. (378, 2889)
1997 Ed. (349)
1998 Ed. (286)
1999 Ed. (384)
2000 Ed. (384, 510, 4303)
2001 Ed. (588, 4280)
2002 Ed. (1729, 4294)
2003 Ed. (425)
2005 Ed. (1606)
2006 Ed. (1489, 1492, 1844, 1879,
4869)
2007 Ed. (1522)
2010 Ed. (367, 4589)
2011 Ed. (288, 289)
2012 Ed. (312, 355)
Republic Bancshares Inc.
1999 Ed. (1445)
Republic Bank
1991 Ed. (679)
1992 Ed. (851)
1993 Ed. (503, 647)
1994 Ed. (649, 3580, 3581)
1995 Ed. (3067)
1996 Ed. (696, 3745, 3746)
1997 Ed. (3797, 3798)
1998 Ed. (347)
1999 Ed. (502, 650, 4668, 4669)
2000 Ed. (675)
2001 Ed. (620)
2002 Ed. (4678, 4679, 4680)
2003 Ed. (474, 621)
2004 Ed. (461, 462, 630)
2005 Ed. (618)
2006 Ed. (531, 4828)
2007 Ed. (562)
2008 Ed. (514)
2009 Ed. (548)
2010 Ed. (531)
2011 Ed. (317, 460)
2012 Ed. (332)
2013 Ed. (406, 407)
2014 Ed. (422, 423)
2015 Ed. (479, 480)
2016 Ed. (431, 432)
Republic Bank for Savings
1996 Ed. (3691)
1997 Ed. (3749)
Republic Bank Inc.
2014 Ed. (495)
Republic Bank Norman, OK
1992 Ed. (703)
Republic Bank of Chicago
2012 Ed. (334)
Republic Bank & Trust
2015 Ed. (1960)
Republic Bank & Trust Co.
2012 Ed. (382)
2013 Ed. (307)
2014 Ed. (320)
2015 Ed. (361)
Republic Bike
2015 Ed. (2481)
Republic Cabinet Group
2007 Ed. (3297)
2009 Ed. (3473)
Republic-Crossland
1997 Ed. (581)
Republic Engineered Steels
1997 Ed. (3359, 3410)

Republic Factors
1993 Ed. (1742)
Republic Federal
1990 Ed. (2477)
Republic Financial Corp.
2008 Ed. (4052, 4053, 4054)
2010 Ed. (4062, 4065)
Republic Fixed Income Fund Adv.
1999 Ed. (599)
2001 Ed. (725)
Republic Funds--International Equity
2002 Ed. (2163)
Republic Health Corp.
1990 Ed. (2633)
Republic Industries Inc.
1997 Ed. (2974, 3638)
1998 Ed. (1058, 1146, 3286, 3409)
1999 Ed. (317, 1440, 1497, 1500,
1515, 1618, 4106, 4485)
2000 Ed. (332, 1300, 1423, 1476,
2204, 2207, 2208, 2394, 2395,
4085)
2001 Ed. (497, 1703)
Republic International Equity Adv.
2001 Ed. (2307)
Republic Mortgage Insurance
1989 Ed. (1711)
Republic Mortgage Services
1994 Ed. (2547)
Republic National Bank
1990 Ed. (466, 653)
1991 Ed. (628)
1993 Ed. (388, 2590)
Republic National Bank of Miami
1990 Ed. (2007, 2008, 2016)
Republic National Bank of New York
1992 Ed. (673, 802, 3223)
1994 Ed. (347, 348, 365, 366, 374,
375, 376, 378, 520, 523, 581, 600,
2552)
1995 Ed. (371, 372, 386, 570, 1540,
2604, 2605)
1996 Ed. (409, 420, 640)
1997 Ed. (376, 579)
1998 Ed. (305, 418, 2524)
1999 Ed. (407, 410, 492, 1836, 3432,
3433, 3434)
2000 Ed. (407, 485, 610, 611, 633)
Republic National Distributing Co.
2009 Ed. (3524, 4168)
2010 Ed. (3453, 4104)
2011 Ed. (3454, 4073)
2012 Ed. (3467, 4105)
2013 Ed. (2102)
2014 Ed. (2034)
2015 Ed. (2083)
2016 Ed. (2064)
Republic New York Corp.
1989 Ed. (635)
1990 Ed. (1703)
1991 Ed. (393)
1992 Ed. (517, 518, 521, 540, 804,
3656, 3921)
1993 Ed. (378, 524, 595, 597)
1995 Ed. (354, 356, 501, 504, 571,
2769)
1996 Ed. (372, 375, 376, 377, 552,
554, 641, 1539, 2841, 3180)
1997 Ed. (344, 362, 511, 512, 580,
3283)
1998 Ed. (276, 279, 285, 329, 380,
419, 1264, 2357)
1999 Ed. (426, 436, 549, 610, 1492,
4030)
2000 Ed. (394, 421, 2486, 2921,
3156)
2001 Ed. (592)
Republic of Austria
1990 Ed. (1673)
Republic of Chile
2005 Ed. (3240)
Republic of Finland
1993 Ed. (1678)
2004 Ed. (2006)
Republic of Italy
1990 Ed. (1673)
1992 Ed. (2022)
1993 Ed. (1678)
Republic of Korea
1990 Ed. (741, 3276)
1992 Ed. (3957, 4139)
1993 Ed. (171)
1994 Ed. (156)
2001 Ed. (1143, 1935, 2163, 2454,
2693, 2695, 2697, 3241, 4373,
4427, 4440)
2003 Ed. (266, 873, 1385, 1876,
2149, 3333, 4425, 4554, 4672,
4897)
Republic of Venezuela

2005 Ed. (3240)
Republic Pictures Corp.
1991 Ed. (2390, 3328)
1992 Ed. (4245)
1993 Ed. (1636)
Republic Savings, FS&LA
1990 Ed. (3586)
Republic Security Financial Corp.
2000 Ed. (394, 420)
Republic Security Services Inc.
1998 Ed. (3204)
Republic Services
2016 Ed. (1359)
Republic Services Inc.
2000 Ed. (3963)
2001 Ed. (3832, 3833, 4733)
2002 Ed. (4782, 4783)
2003 Ed. (1140, 1146, 4874)
2004 Ed. (3921, 3922, 4853)
2005 Ed. (3869, 3870, 3933, 4836, 4837)
2006 Ed. (1079, 1080, 4007, 4890, 4891, 4892)
2007 Ed. (835, 1186, 2467, 4041, 4881, 4882, 4883)
2008 Ed. (846, 4076, 4816)
2009 Ed. (827, 4189, 4840)
2010 Ed. (4109, 4110, 4124, 4848)
2011 Ed. (1427, 1428, 1472, 1473, 4077, 4078, 4083, 4089, 4400, 4814, 4815)
2012 Ed. (1309, 1312, 1314, 4108, 4109, 4114, 4123, 4469, 4830, 4831, 4832, 4833)
2013 Ed. (1408, 1412, 1413, 2413, 2803, 3182, 4104, 4105, 4110, 4116, 4433, 4821, 4823, 4824, 4825, 4826)
2014 Ed. (1358, 1363, 1365, 2352, 2840, 4120, 4121, 4126, 4131, 4467, 4835, 4837, 4838, 4839, 4840)
2015 Ed. (1433, 1438, 1439, 2418, 2880, 3121, 4104, 4105, 4110, 4115, 4461, 4872, 4874, 4875, 4876, 4877)
2016 Ed. (1354, 1361, 1364, 2361, 4016, 4017, 4029, 4795, 4796, 4797, 4798)
Republic Steel
1997 Ed. (3009)
Republic Steel; LTV/
1991 Ed. (1146)
Republic Technologies International LLC
2001 Ed. (1254, 2231)
Republic Tobacco Co.
2003 Ed. (4753)
Republic US Government MMF
1996 Ed. (2667)
Republic Waste Industries Inc.
1992 Ed. (1462)
Republica AFAP
2010 Ed. (2071)
RepublicBank Dallas
1989 Ed. (694, 695)
RepublicBank Houston
1989 Ed. (695)
RepublicBankAz
2014 Ed. (496)
2015 Ed. (560)
Republicbank/Interfirst
1991 Ed. (1146)
RepublicOfTea.com
2013 Ed. (2467)
Repucare/Repustaff
2009 Ed. (4990)
2010 Ed. (4997)
Republica Afap
2012 Ed. (1968)
Reputation Managers
1997 Ed. (3196)
ReQuest
2007 Ed. (1203)
2013 Ed. (202)
2014 Ed. (210)
2015 Ed. (240)
2016 Ed. (235)
ReQuest Multimedia
2006 Ed. (1214)
Requisite Technology, Inc.
2002 Ed. (2487)
RER Energy Group
2016 Ed. (4427)
RERO Distribution Cos. Inc.
2003 Ed. (2203)
Res-Care Inc.
2004 Ed. (1358)
2005 Ed. (1374)
2006 Ed. (1842)
2007 Ed. (1847, 1849)

2008 Ed. (1883)
2009 Ed. (1838, 1841)
2010 Ed. (1779)
2011 Ed. (1792)
RES Rota
2016 Ed. (1554)
ResCare
2015 Ed. (2949, 3782)
2016 Ed. (2880, 3695)
The Reschini Group
2011 Ed. (1991)
Resco Holdings Inc.
2004 Ed. (1817)
2005 Ed. (1901)
Resco Print Graphics Inc.
1995 Ed. (2985)
The Rescue
2003 Ed. (706)
Rescue One Financial
2014 Ed. (1423)
Rescue Rooter
2005 Ed. (1282, 1287, 1289, 1344, 3861)
2006 Ed. (1252, 1257, 1259, 1264, 1344, 3924)
2007 Ed. (1351, 3977, 3980, 4888)
2012 Ed. (3991, 3995)
2013 Ed. (4056, 4060)
2014 Ed. (3995, 3999)
2015 Ed. (4047)
Rescuecom
2003 Ed. (894)
2004 Ed. (912)
2005 Ed. (903)
2007 Ed. (906)
2008 Ed. (880)
2009 Ed. (890)
Research
1991 Ed. (3250)
1994 Ed. (2028, 2029)
2007 Ed. (2311)
Research associate
2004 Ed. (2279)
Research, basic
1997 Ed. (1076)
The Research Business Group
1996 Ed. (2570)
The Research Business Group Research Services
1991 Ed. (2387)
The Research Business International
2000 Ed. (3043, 3044, 3046, 3047, 3048)
Research Corp. of the University of Hawaii
2001 Ed. (1721)
2003 Ed. (1688)
Research Corp. Technologies
2006 Ed. (3784)
Research & development
1994 Ed. (2659)
1996 Ed. (3873)
1999 Ed. (2009)
Research Foundation, CUNY
1992 Ed. (3265)
Research Foundation, SUNY
1992 Ed. (3265)
Research in Motion
2013 Ed. (686)
Research in Motion Ltd.
2001 Ed. (2190, 2863)
2003 Ed. (1116, 1341, 1633)
2004 Ed. (4559)
2005 Ed. (1568, 1704, 1727)
2006 Ed. (2813, 2815, 2816, 2817, 2821, 3029, 3037, 3693, 3694, 4604)
2007 Ed. (1235, 1618, 2804, 2805, 2813, 2819, 3062)
2008 Ed. (1133, 1135, 1639, 1657, 2930, 2932, 2935, 2940, 4539)
2009 Ed. (1097, 1111, 1550, 1558, 1563, 1580, 2917, 2987, 2988, 2990, 2991, 2992, 2993, 3273, 4556, 4564, 4571)
2010 Ed. (1046, 1077, 1092, 1543, 1545, 1550, 1561, 1744, 2926, 2927, 2929, 2930, 2932, 2933, 4588, 4594)
2011 Ed. (976, 1016, 1030, 1037, 1545, 1553, 1560, 2838, 2888, 2890, 2892, 2895, 2897, 2898, 2910, 3553, 3833, 4549, 4554, 4557, 4964)
2012 Ed. (894, 895, 960, 1390, 1403, 1404, 1405, 1496, 1578, 2827, 2830, 2832, 2833, 3532, 3750, 4554, 4561, 4634, 4956, 4957)
2013 Ed. (1051, 1052, 1106, 1518, 1638, 2896, 2916, 2917, 3194,

3578, 3614, 4511, 4559, 4948, 4949)
2014 Ed. (1015, 1016, 1065, 1074, 2923, 2930, 2931, 2932)
Research International
1990 Ed. (2980, 3000, 3001)
1993 Ed. (2996)
1995 Ed. (3090)
1997 Ed. (3296)
1998 Ed. (3041)
1999 Ed. (4041)
2000 Ed. (3043, 3044, 3046, 3047, 3048, 3049, 3755)
2002 Ed. (3258, 3259, 3260, 3261, 3262)
Research International Group
1996 Ed. (2570, 3191)
Research International UK
1991 Ed. (2387)
Research Into Action
2012 Ed. (1813)
Research Into Action Inc.
2013 Ed. (1984)
2014 Ed. (1923)
2015 Ed. (1969)
Research Management Consultants Inc.
1995 Ed. (2107)
1997 Ed. (2225)
Research Now
2011 Ed. (3580)
Research Park of North Carolina
1992 Ed. (2596)
Research Pharmaceutical Services
2005 Ed. (2787)
Research Planning Inc.
2002 Ed. (2542)
2003 Ed. (1354)
Research Products
1990 Ed. (2140)
1991 Ed. (1989)
1992 Ed. (2556)
1993 Ed. (2118)
1994 Ed. (2151)
Research Triangle Institute
2004 Ed. (1356)
2005 Ed. (1372)
2008 Ed. (1369)
Research Triangle Park
1991 Ed. (2022)
1994 Ed. (2187, 2188)
1996 Ed. (2248, 2250)
1997 Ed. (2376)
Reseau Ferre de France
2001 Ed. (1692)
Resell
2016 Ed. (738)
Resero SAFAC
1992 Ed. (39)
Reser's
1996 Ed. (3713)
1998 Ed. (3585)
1999 Ed. (4620)
2001 Ed. (1997, 1998)
Reser's Fine Foods
2001 Ed. (2480)
2008 Ed. (2785)
2009 Ed. (2843)
2010 Ed. (2784)
2011 Ed. (2773)
2012 Ed. (2702)
2014 Ed. (2777)
2016 Ed. (1943, 1946)
Reser's Fine Foods Inc.
2014 Ed. (2739)
2015 Ed. (2792)
2016 Ed. (2722)
Reserva D Dueno
2002 Ed. (300)
Reserve Bank of Australia
2001 Ed. (1628, 1631)
2002 Ed. (1585, 2269)
2003 Ed. (1613, 1619)
2004 Ed. (495, 1633, 1638, 1639, 1647)
Reserve Cellars
1992 Ed. (4447)
1993 Ed. (3704)
1994 Ed. (3663)
Reserve Generale de Belgique
1991 Ed. (730)
1992 Ed. (913)
Reserve Group
2001 Ed. (1254)
Reserve Informed Investors Growth
2001 Ed. (3438)
Reserve Petroleum Co.
2007 Ed. (3852)
2008 Ed. (3905)
2009 Ed. (3972)
2010 Ed. (3881, 3882, 3883)

2011 Ed. (3893, 3895)
2013 Ed. (3939, 3940)
2014 Ed. (3885, 3886)
2015 Ed. (3910, 3912)
2016 Ed. (3820, 3821, 3822)
Reserve Priv:Emer Growth
1997 Ed. (2905)
Reserve Small Cap
2001 Ed. (3447)
Reserved parking
1994 Ed. (2807)
Residence Inn
1991 Ed. (1944)
1993 Ed. (2086)
1994 Ed. (2116)
1996 Ed. (2175, 2179)
1998 Ed. (2017, 2022)
2000 Ed. (2554)
2001 Ed. (2780, 2789)
2003 Ed. (2849)
2004 Ed. (2941)
2005 Ed. (2934)
2006 Ed. (2938)
2007 Ed. (2950)
2008 Ed. (3075)
2009 Ed. (3154, 3163)
2010 Ed. (3094)
2011 Ed. (3063)
Residence Inn by Marriott
2015 Ed. (3155)
Residence Inn by Marriott Inc.
1990 Ed. (2078)
1991 Ed. (1952)
2002 Ed. (2643)
2005 Ed. (2002)
2006 Ed. (2103)
2007 Ed. (2058)
2008 Ed. (2167)
2009 Ed. (2150)
Residence Inn Pentagon City
2005 Ed. (2930)
Residence Inns
1992 Ed. (2477, 2494, 2496)
1999 Ed. (2777)
Residence Inns by Marriott
2006 Ed. (2941)
Resident Evil 2
2000 Ed. (4345)
Resident manager
2004 Ed. (2280)
Residental property
1992 Ed. (3631)
Residential
1999 Ed. (1180)
2001 Ed. (2160, 3528)
2005 Ed. (2315)
2006 Ed. (2370)
Residential Capital Corp.
2007 Ed. (2161)
Residential Capital LLC
2014 Ed. (313)
Residential Capital Management
2016 Ed. (4090)
Residential care
1995 Ed. (3387)
Residential-care facilities
1994 Ed. (3327, 3329)
Residential Funding Corp.
1991 Ed. (2482)
1992 Ed. (3105)
1993 Ed. (2591)
1994 Ed. (2555)
1995 Ed. (2607)
1996 Ed. (2679, 2683, 2685)
1997 Ed. (2810)
1998 Ed. (3266)
1999 Ed. (3438)
Residential mental health and substance abuse facilities
2007 Ed. (3718)
Residential mental retardation facilities
2007 Ed. (3718)
Residential Mortgage Inv.
1990 Ed. (2965, 3561)
Residential Mortgage LLC
2010 Ed. (1459)
Residential Reinsurance 2007 Ltd.
2010 Ed. (3278)
Residential Reinsurance 2008 Ltd.
2011 Ed. (3247)
Residential Reinsurance 2009 Ltd.
2012 Ed. (3213)
Residential Res.
1991 Ed. (225)
Residential Series
1992 Ed. (2418)
Residential Services Group
2005 Ed. (1282, 1289, 1342)
2006 Ed. (1240, 1257, 1259, 1261, 1338)

2007 Ed. (1351, 1387, 3980)
2008 Ed. (1239, 1243, 1246, 1330, 4003)
2009 Ed. (4077)
Resilien
2004 Ed. (2246)
2005 Ed. (2346)
The Resilient Enterprise: Overcoming Vulnerability for Competitive Advantage
2007 Ed. (658)
Resinas y Materiales
1996 Ed. (1733)
Resin/Chemical
2000 Ed. (1897)
Resins
2001 Ed. (4314)
Resins, unsaturated polyester
1999 Ed. (4826)
Resistance Machine Usage
1998 Ed. (3354)
ResMed
2016 Ed. (3502)
ResMed Holdings
2004 Ed. (1641)
ResMed Inc.
2007 Ed. (3465)
Resnet Communications Inc.
2015 Ed. (2033)
Resnick Distributors
2016 Ed. (1247)
Resnick Fedder & Silverman
2000 Ed. (17)
Resnick; Lynda
1995 Ed. (3788)
1996 Ed. (3876)
1997 Ed. (3916)
2015 Ed. (4892)
2016 Ed. (4810)
Resnick Neuropsychiatric Hospital
2012 Ed. (4131)
2013 Ed. (4124)
2014 Ed. (4139)
2015 Ed. (4121)
2016 Ed. (4035)
Resnick; Stewart
2015 Ed. (4892)
2016 Ed. (4810)
Reso
1995 Ed. (2283)
Reso Garantia
2003 Ed. (2978)
2010 Ed. (1382)
Resolute Energy Corp.
2015 Ed. (1576)
Resolute Forest Products Inc.
2016 Ed. (2733)
Resolute FP U.S. Inc.
2016 Ed. (1999)
Resolute Growth
2002 Ed. (3427, 3446, 3447, 3448)
2003 Ed. (3570, 3571, 3572, 3583)
2004 Ed. (3616, 3617, 3618)
2005 Ed. (3568)
2006 Ed. (2512, 3666)
Resolute Performance Contracting
2016 Ed. (4406, 4411, 4417)
Resolution
1999 Ed. (2626)
2007 Ed. (3164)
2008 Ed. (3312)
2012 Ed. (3254)
2014 Ed. (2056, 3312)
Resolution Group
1999 Ed. (3293)
Resolution Ltd.
2013 Ed. (3414)
Resolution Media
2014 Ed. (2411)
2015 Ed. (2486)
2016 Ed. (2417)
Resolution plc
2012 Ed. (3246)
2013 Ed. (3288)
2014 Ed. (3314)
2015 Ed. (3359, 3372)
2016 Ed. (3227, 3241)
Resolution Trust Corp.
1993 Ed. (2591)
1994 Ed. (2555)
Resolve
2003 Ed. (978)
2005 Ed. (198)
Resolve Business Outsourcing
2008 Ed. (2944)
Resolve Business Outsourcing Income Fund
2009 Ed. (2991)
Resona Bank
2005 Ed. (1562)

Resona Group
2004 Ed. (549, 550, 567)
2005 Ed. (529, 530, 532, 533, 553, 3227)
Resona Holdings
2005 Ed. (1483)
2006 Ed. (460, 461, 462, 475)
2007 Ed. (489, 490, 1788)
2008 Ed. (454)
2009 Ed. (483)
2010 Ed. (465)
2011 Ed. (392)
2012 Ed. (379, 380)
2013 Ed. (387, 389, 391, 4517)
2014 Ed. (398, 400, 404)
2015 Ed. (454, 456)
2016 Ed. (407, 408, 414)
Resonate
2016 Ed. (2108)
Resonate Inc.
2001 Ed. (2859)
Resort
1994 Ed. (2348)
The Resort at Longboat Key
1998 Ed. (2014)
Resort at Longboat Key Club
1994 Ed. (2104)
1995 Ed. (2158)
1996 Ed. (2171)
1997 Ed. (2285)
1999 Ed. (2768)
2000 Ed. (2543)
Resort Golf Group
2005 Ed. (3276)
Resort Income Investors
1997 Ed. (227)
Resort World
1992 Ed. (2823)
ResortQuest Hawaii LLC
2007 Ed. (1749)
Resorts
1991 Ed. (864)
1993 Ed. (855, 2386)
1996 Ed. (2447)
1997 Ed. (2593)
1999 Ed. (3137)
2000 Ed. (2884)
2005 Ed. (852, 3018)
2009 Ed. (179)
Resorts At Kiamesha
2002 Ed. (1493)
Resorts Atlantic City
2002 Ed. (2651)
Resorts Casino & Hotel
1999 Ed. (1042)
Resorts Casino Hotel
1999 Ed. (2797)
2000 Ed. (2575)
Resorts International Destination
2010 Ed. (1858)
2011 Ed. (1889)
Resorts International Inc.
1989 Ed. (1616)
1990 Ed. (2097)
1992 Ed. (2511)
1994 Ed. (871, 2100, 3071)
1995 Ed. (2154)
1996 Ed. (384, 385, 386, 2167)
Resorts World
1993 Ed. (2385)
1994 Ed. (2349)
1995 Ed. (1455, 2161, 2162)
1996 Ed. (1416)
1999 Ed. (1702)
2001 Ed. (1785)
Resorts World Bhd
1997 Ed. (2288)
2000 Ed. (2547)
2002 Ed. (3051)
Resouce Bancshares Mortgage Corp.
1996 Ed. (2677, 2678)
Resound Corp.
1996 Ed. (1722)
Resource
2008 Ed. (2123)
2009 Ed. (2115)
2010 Ed. (2050)
2011 Ed. (2107, 3757)
2012 Ed. (1948)
2016 Ed. (33, 4955)
Resource Alam Indonesia
2014 Ed. (1673)
Resource America
2003 Ed. (505)
Resource Bancshares Mortgage Corp.
1996 Ed. (2036, 2681, 2684)
1997 Ed. (2808, 2810)
1998 Ed. (1861, 2523, 2525, 2527)
1999 Ed. (2608, 3437)
2001 Ed. (3347)

Resource Bankshares Corp.
2003 Ed. (521)
Resource Brokerage
2014 Ed. (1650)
The Resource Center
2016 Ed. (3448)
Resource Employment Solutions
2016 Ed. (3588)
Resource Environmental Solutions
2013 Ed. (2615)
Resource G. Fiber Factory Co. Ltd.
1992 Ed. (4283)
1994 Ed. (3524)
Resource Information Systems Inc.
2005 Ed. (1688, 1694, 1695)
Resource Interactive
2012 Ed. (43)
Resource International Inc.
2008 Ed. (4977)
Resource Investments
1992 Ed. (2751)
1993 Ed. (2310)
1994 Ed. (3020)
1995 Ed. (2376)
1996 Ed. (2412)
Resource Management
2006 Ed. (4012, 4060)
Resource Management Concepts Inc.
1998 Ed. (1936)
Resource Management Inc.
2015 Ed. (3010, 3025)
Resource One Credit Union
2016 Ed. (2223)
Resource Optimization & Innovation
2009 Ed. (2957)
2010 Ed. (2894)
ReSource Pro
2011 Ed. (701)
Resource Reality Inc.
1999 Ed. (3993)
Resource Realty Inc.
2000 Ed. (3712)
Resource Realty of NJ, Inc.
2002 Ed. (3914)
Resource Solutions Group
2013 Ed. (2615)
Resource Systems Group Inc.
2008 Ed. (2152)
2009 Ed. (2135)
2010 Ed. (2077)
2011 Ed. (2134)
2012 Ed. (1978)
2013 Ed. (2137)
Resource Technical Services
2006 Ed. (3527)
2008 Ed. (4972)
Resource Technology Associates Inc.
2006 Ed. (3511, 4350)
Resource Variable Account B
1997 Ed. (3829)
ResourceNet International
1998 Ed. (1740)
Resources
2007 Ed. (3218)
2008 Ed. (3352)
Resources for Senior Living
2006 Ed. (3976)
Resources Global Professionals
2010 Ed. (2028)
2011 Ed. (2085)
2013 Ed. (1916)
2014 Ed. (1541)
Resources Information Technology Program Office
2007 Ed. (2564)
Respiratory devices
1996 Ed. (2080)
Respiratory disorders
1995 Ed. (3799)
Respironics Inc.
1990 Ed. (3305)
2005 Ed. (1942, 1947)
2006 Ed. (3446)
2007 Ed. (3465)
2008 Ed. (2883)
2009 Ed. (2001, 2008, 2009)
Respond.com
2002 Ed. (4824)
Response Advertising Media
2000 Ed. (1677)
2002 Ed. (1984)
Response Analysis & Mailing
2000 Ed. (4198)
Response Handling
2002 Ed. (4572)
Responsive Marketing Communications
1990 Ed. (3079)
Responsys
2007 Ed. (2353)

2008 Ed. (2477)
Ressel; Teresa
2013 Ed. (4965)
REST
2004 Ed. (3082)
2005 Ed. (3909)
2009 Ed. (4122)
Rest of Europe
2000 Ed. (4040)
RESTAT LLC
2006 Ed. (2415, 2416, 2417)
2007 Ed. (2364, 2365)
2010 Ed. (2400, 5001)
Restaura
1992 Ed. (2202)
1998 Ed. (1738, 1879, 3059)
2000 Ed. (2235)
Restaura Dining Services
1994 Ed. (1890)
1996 Ed. (1954)
1997 Ed. (2057)
Restaurant Associates Corp.
1992 Ed. (1460)
2000 Ed. (2235)
2006 Ed. (4106)
2007 Ed. (4132)
2008 Ed. (4150, 4151)
2009 Ed. (4262)
Restaurant Brands
2004 Ed. (1636)
Restaurant Brands International
2016 Ed. (4210)
Restaurant Business
2007 Ed. (4794)
2008 Ed. (4711)
2009 Ed. (4755)
2010 Ed. (4764)
Restaurant Depot
2005 Ed. (2622)
2006 Ed. (2618)
Restaurant Development Corp.
1992 Ed. (2225)
Restaurant Enterprise Group Inc.
1991 Ed. (951)
Restaurant Enterprises Group
1992 Ed. (1439)
1995 Ed. (3137)
1997 Ed. (2628)
Restaurant Entps. Group Inc.
1990 Ed. (1023)
Restaurant franchises
1992 Ed. (2218)
Restaurant general manager
2008 Ed. (3817)
Restaurant Group
2015 Ed. (4246)
2016 Ed. (4157)
The Restaurant Group
2006 Ed. (1935)
Restaurant Hospitality
2007 Ed. (4794)
2008 Ed. (4711)
2009 Ed. (4755)
2010 Ed. (4764)
Restaurant Lafayette
1992 Ed. (3706)
Restaurant Partners
2005 Ed. (3276)
Restaurant Partners LLC
2012 Ed. (4256)
Restaurant Seibu Ltd.
1990 Ed. (2082)
1991 Ed. (1950)
1992 Ed. (2486)
1993 Ed. (2093)
1994 Ed. (2109)
1995 Ed. (2162)
Restaurant Services Inc.
2008 Ed. (1383)
2009 Ed. (1386)
2010 Ed. (1371)
2011 Ed. (1364)
2012 Ed. (1227)
2016 Ed. (1263)
Restaurant Startup & Growth
2007 Ed. (4794)
Restaurant & Store Equipment
1995 Ed. (1920)
Restaurant & Store Equipment Co.
2016 Ed. (2730)
Restaurant Supply Chain Solutions
2016 Ed. (1263)
Restaurant Technologies
2007 Ed. (2598)
Restaurant Technologies Inc.
2014 Ed. (4330, 4932)
2015 Ed. (4317, 4972)
Restaurantpro.com
2001 Ed. (4764)
Restaurants

1989 Ed. (1636)
1991 Ed. (734)
1992 Ed. (89, 90, 917, 2229, 3535)
1993 Ed. (735, 2157)
1994 Ed. (743)
1995 Ed. (692, 1935, 3707)
1996 Ed. (3, 770)
1997 Ed. (1118)
1998 Ed. (561, 1317, 1744, 3336)
1999 Ed. (30, 176, 1002, 2485, 4565)
2000 Ed. (30, 40, 196, 209, 797, 947)
2001 Ed. (1093, 1205, 4484, 4485)
2002 Ed. (59, 234, 926, 3887, 4584, 4585, 4586)
2003 Ed. (22, 24, 4835)
2004 Ed. (100, 155, 4678)
2005 Ed. (153, 852, 3988, 4653)
2006 Ed. (4611)
2009 Ed. (179)
2010 Ed. (120)
2011 Ed. (33)
2012 Ed. (42)
Restaurants and fast food
1998 Ed. (23, 487)
2000 Ed. (2629)
Restaurants At Work
2008 Ed. (3442, 4203)
Restaurants & bars
1999 Ed. (2010)
Restaurants, catering services, night-
clubs
1997 Ed. (164)
Restaurants, clubs, bars
2002 Ed. (4723)
Restaurants & drive-ins
1991 Ed. (3302)
Restaurants & food service
1990 Ed. (165)
2000 Ed. (3466)
Restaurants, full-service
2007 Ed. (3717)
Restaurants, hotel dining & night clubs
1991 Ed. (739)
1997 Ed. (36)
Restaurants & Institutions
1990 Ed. (3625)
1998 Ed. (2790)
2000 Ed. (3482)
2007 Ed. (4794)
2008 Ed. (4711)
2009 Ed. (4755)
2010 Ed. (4764)
Restaurants, limited-service
2007 Ed. (3717)
2009 Ed. (3854)
Restaurants, quick service
2006 Ed. (4712)
Restaurants Unlimited Inc.
2006 Ed. (4106)
2007 Ed. (4132)
2008 Ed. (4150, 4151)
2009 Ed. (4262)
Restaurants/bars/casinos
1994 Ed. (2366)
Restaurants/drive-ins
1990 Ed. (3532)
1991 Ed. (3308)
1996 Ed. (860)
1997 Ed. (3712)
Restaurants/fast food
1997 Ed. (707, 2065, 3716)
Restaurants/foodservice/bars
2001 Ed. (3918)
Restaurants/nightclubs
1999 Ed. (1180)
Restless Heart
1993 Ed. (1079)
1994 Ed. (1100)
Reston, VA
2010 Ed. (4373)
Restonic
1997 Ed. (652)
2003 Ed. (3321)
2005 Ed. (3410)
2009 Ed. (3670)
2015 Ed. (626)
2016 Ed. (575)
Restoration 1
2014 Ed. (3112)
2015 Ed. (3175)
2016 Ed. (3029)
Restoration Auto LLC
2002 Ed. (421)
The Restoration Corp.
2006 Ed. (670, 671)
Restoration Hardware
2013 Ed. (896, 2792)
2014 Ed. (2821, 2822, 2827)
2015 Ed. (2866, 2868, 2869, 4321)
2016 Ed. (2800, 2801)

Restoration Hardware Holdings
2015 Ed. (1492)
2016 Ed. (1425)
Restoration Hardware Inc.
1999 Ed. (2555, 2556, 2557, 2558)
2000 Ed. (2297)
2002 Ed. (2582, 2585)
2004 Ed. (2894)
2006 Ed. (2889)
2007 Ed. (2882)
2008 Ed. (3002, 3098)
2009 Ed. (3086)
2010 Ed. (3017)
2011 Ed. (4269)
Restoration Services
2014 Ed. (2452)
RestorationHardware.com
2009 Ed. (2450)
Restorative Services
1992 Ed. (2452, 2455)
1993 Ed. (2068, 2070)
1994 Ed. (2084)
1995 Ed. (2136)
Restore
2001 Ed. (2588)
Restore Medical Inc.
2008 Ed. (4291)
Restore Pro Inc.
2006 Ed. (669)
RestoreHealth
2015 Ed. (2944)
2016 Ed. (2875)
Restpar Alimentos Ltda.
2015 Ed. (4269)
Result Communications & Marketing
1996 Ed. (118)
1997 Ed. (122)
Result DDB
1999 Ed. (129)
2000 Ed. (147)
Result DDB/Netherlands
2001 Ed. (184)
2002 Ed. (155)
2003 Ed. (126)
Resultrix
2013 Ed. (2159)
The Results Companies
2014 Ed. (4690, 4691, 4692, 4693, 4694, 4695)
2015 Ed. (4700, 4701, 4702, 4704)
2016 Ed. (4605, 4606, 4607, 4608, 4609, 4610)
The Results Group
2010 Ed. (2952)
Results Telemarketing Inc.
1996 Ed. (3642)
Results! Travel
2003 Ed. (4814)
2004 Ed. (913, 4801)
2005 Ed. (904, 4775)
2006 Ed. (819, 4827)
2007 Ed. (4841)
2008 Ed. (4762)
2009 Ed. (4793)
2010 Ed. (4811)
2011 Ed. (4761)
2012 Ed. (4783)
2013 Ed. (4744)
2014 Ed. (4794)
2015 Ed. (4828)
2016 Ed. (4733)
Resume databases
2007 Ed. (2323)
Resumes On-Line Inc.
2007 Ed. (4026)
Resurgence Financial
2008 Ed. (2704)
Resurgence Financial LLC
2010 Ed. (987)
Resurgens Orthopaedics
2013 Ed. (1647)
2014 Ed. (1605)
2016 Ed. (1597)
"Resurrection"
2016 Ed. (2929)
Resurrection Health Care
2013 Ed. (1714)
Resurrection Medical Center
2001 Ed. (2769)
Resverlogix Corp.
2006 Ed. (1604, 1633)
2016 Ed. (1494)
Reswinkel; Darrel
1995 Ed. (3505)
Retail
1989 Ed. (192)
1990 Ed. (178, 1233, 1234, 1258, 1261, 1262, 1272)
1991 Ed. (174, 1000, 1150, 1151, 1152, 1179, 1180, 1190)

1992 Ed. (99, 238, 1464, 1465, 1466, 1487, 1491, 1492, 1501, 3631, 4482)
1994 Ed. (743, 803, 1209, 1210, 1211, 1229, 1239, 1495, 2366, 3327)
1996 Ed. (770, 1196, 1197, 1198, 1231)
1997 Ed. (707, 1242, 1243, 1244, 1262, 1263, 2220, 3233)
1998 Ed. (23, 487, 586, 598, 1014, 1019, 1020, 1034, 1035, 1039, 1933, 2800, 3486, 3760)
1999 Ed. (176, 1180, 1447, 1454, 1466, 2010, 2679, 2864, 2865, 2933, 3008, 3767, 4341, 4554, 4821)
2000 Ed. (30, 38, 40, 196, 201, 209, 210, 797, 947, 1307, 1310, 1313, 1670, 2464, 3422)
2001 Ed. (2021, 2703, 2706, 2707)
2002 Ed. (56, 59, 216, 217, 220, 225, 226, 234, 926, 1399, 1482, 1488, 1997, 1998, 1999, 2543, 2547, 2551, 2553, 2554, 3254, 3887, 3888, 4011, 4584, 4585, 4586, 4619)
2003 Ed. (22, 24, 190, 1501, 2753, 2754, 4835)
2004 Ed. (100, 150, 155, 1465, 1542, 1572, 4049, 4678)
2005 Ed. (95, 134, 852, 2839, 2841)
2006 Ed. (104, 138, 834, 2833, 3258)
2007 Ed. (98, 131, 790, 2325, 2523, 3218, 3732, 3733, 3734, 3735, 4284)
2008 Ed. (109, 2451, 2957, 3352)
2009 Ed. (119, 179, 3866, 3867, 3868, 3869)
2010 Ed. (120)
2011 Ed. (33)
2012 Ed. (42)
Retail ads
2004 Ed. (153)
2005 Ed. (151)
2006 Ed. (167)
2007 Ed. (171)
2008 Ed. (155)
2009 Ed. (176)
Retail bakeries
2000 Ed. (2211)
Retail Capital
2016 Ed. (2642)
Retail, department stores
2002 Ed. (2988)
Retail & distribution
2001 Ed. (1964, 2176)
Retail Employees Superannuation Trust
2015 Ed. (1451)
Retail, food
1992 Ed. (2229)
1997 Ed. (2631)
Retail, general merchandise
2001 Ed. (2021)
Retail, general merchandise & apparel
1997 Ed. (2631)
Retail Group
1991 Ed. (3514)
Retail, home improvement
2006 Ed. (3009)
Retail industry
1998 Ed. (89)
Retail locations
2002 Ed. (4723)
Retail Logistics Excellence
2013 Ed. (2904)
Retail, miscellaneous
1997 Ed. (2630)
Retail (miscellaneous) franchises
1992 Ed. (2218)
Retail, non-food
1991 Ed. (734)
1992 Ed. (917, 2229)
The Retail Outsource
2012 Ed. (4307)
Retail parts stores
1994 Ed. (2179)
Retail Planning Associates
1998 Ed. (184)
2002 Ed. (2986)
Retail Planning Associates L.P.
1996 Ed. (231)
1997 Ed. (262)
1999 Ed. (287)
Retail sales managers and department
heads
1990 Ed. (2729)
Retail sales workers
2007 Ed. (2461, 3730)
2009 Ed. (2622, 3865)

Retail salespeople
1989 Ed. (2077)
Retail salespersons
1993 Ed. (2738)
2001 Ed. (3563)
2005 Ed. (3628, 3629)
2006 Ed. (3735)
2007 Ed. (3723, 3728, 3729)
2009 Ed. (3858, 3863, 3864)
2010 Ed. (3788)
Retail shops
2000 Ed. (3554)
Retail stores
1993 Ed. (58)
1995 Ed. (151)
1996 Ed. (3452)
1997 Ed. (33, 36, 3716)
1999 Ed. (696, 1809)
Retail Systems International Inc.
1999 Ed. (2676)
Retail trade
1997 Ed. (1118, 1644, 2018, 2378)
2000 Ed. (2627)
2001 Ed. (3559, 3560, 3561)
2003 Ed. (2269, 4445, 4446, 4447)
Retail trade-food stores
1996 Ed. (2489)
Retail Ventures Inc.
2005 Ed. (1022, 2166)
2006 Ed. (4161)
2008 Ed. (4217)
Retail West Properties
2007 Ed. (1289)
Retail & wholesale trade
1995 Ed. (2203)
Retail, Wholesale Union, Local 1199
1998 Ed. (2774, 3609)
2000 Ed. (3451)
Retail, Wholesale Union, Local 1199,
New York, NY
2000 Ed. (4283)
Retailers
1991 Ed. (2054)
1992 Ed. (1750)
1994 Ed. (2925)
1995 Ed. (2210, 2244, 2245, 2246, 2247, 2980, 3290, 3291, 3292, 3293, 3294, 3295, 3296, 3310, 3311)
1996 Ed. (2254, 2255, 2256, 2257)
Retailers, home & building
1999 Ed. (30)
Retailers National Bank
1998 Ed. (368)
Retailers, specialty
1996 Ed. (1251, 1253)
1998 Ed. (1072, 1077)
1999 Ed. (1507, 1511, 1512)
2002 Ed. (2774, 2778)
2004 Ed. (1747, 3007, 3008, 3009)
2005 Ed. (3007)
2006 Ed. (3003)
2007 Ed. (3044, 3047)
2008 Ed. (1822, 3159)
2009 Ed. (1770)
RetailExchange
2003 Ed. (2158)
2004 Ed. (2209)
RetailExchange.com
2001 Ed. (4772)
Retailing
1989 Ed. (1636, 1657)
1990 Ed. (1224, 1225, 1268, 1269, 2185)
1991 Ed. (1138, 1139, 1186, 1187)
1993 Ed. (735, 1185, 1186, 1187, 1213, 1864, 2168, 2169, 2170, 2171, 2172, 2173, 2174, 2377, 3231, 3232, 3233, 3234, 3235, 3236, 3237, 3238, 3239)
1994 Ed. (2191, 2193, 2194, 2195, 2196, 3206, 3207, 3208, 3209, 3210, 3211, 3212, 3213, 3214)
1995 Ed. (1, 692, 1225, 1670, 2670, 2888, 2891, 3785, 3789, 3791, 12261)
1996 Ed. (1215, 1216, 1225, 2115, 2116, 2117, 2118, 2119, 2252, 2663, 2908, 3458, 3874)
1997 Ed. (164)
Retailing, miscellaneous
1995 Ed. (2446)
Retailix
2012 Ed. (4607)
2013 Ed. (4557)
Retail/wholesale
1996 Ed. (3603)
Retained earnings
1996 Ed. (3456)
Retavase

1999 Ed. (1890)
Retech Systems
2016 Ed. (3419)
Retek
2003 Ed. (2180)
Retelele Electrice De Destribuite Nord SA
2015 Ed. (1618)
2016 Ed. (1544)
Retention Bonuses
2000 Ed. (1784)
Rethink Autism
2015 Ed. (2400)
Retire By 40
2012 Ed. (494)
Retire Young, Retire Rich
2004 Ed. (747)
Retirees
1993 Ed. (1107)
Retirement
2000 Ed. (2591)
2002 Ed. (1220)
Retirement Benefits Group
2016 Ed. (3124)
Retirement Care Associates
1996 Ed. (2054, 2057, 2058, 3444, 3447, 3448)
Retirement communities, continuing-care
2003 Ed. (3472)
Retirement Plan Funds of America Global Value
1994 Ed. (2625)
Retirement Plan Funds of America Global VI
1994 Ed. (2616)
Retirement Residences REIT
2006 Ed. (4857)
2007 Ed. (4365, 4860)
2008 Ed. (4321)
Retirement/pension funds/benefits
1991 Ed. (2025)
Retis Technologies Inc.
2007 Ed. (3581)
Retracement System
1992 Ed. (3551)
Retraining/education of work-force/ preparation for new technology
1991 Ed. (2026)
Retravision
2002 Ed. (3772, 3788, 4897)
2003 Ed. (3953, 3955)
2004 Ed. (3966, 4920, 4923)
Retro Fitness
2016 Ed. (783)
Retro Fitness LLC
2012 Ed. (2819)
2013 Ed. (4038)
2014 Ed. (3975)
2015 Ed. (4018)
2016 Ed. (3931)
RetroBox
2005 Ed. (3023)
Retrospettiva
1999 Ed. (2619, 4326)
Retrotech Inc.
2007 Ed. (1918)
2009 Ed. (3643)
Return of the Jedi
1990 Ed. (2611)
1991 Ed. (2489)
1999 Ed. (3446)
Return of the Jedi Special Edition
1999 Ed. (4718)
The Return of the King
2004 Ed. (745)
Return Path
2008 Ed. (110)
2012 Ed. (1425)
2015 Ed. (1368)
2016 Ed. (1295)
Return Path Inc.
2013 Ed. (1549)
2014 Ed. (1518)
2015 Ed. (1573)
Return to Paradise
2001 Ed. (4701)
Return to Zork
1995 Ed. (1106)
Returnable Packaging Resource Inc.
2013 Ed. (2045)
Reuben; David
2012 Ed. (4921)
2013 Ed. (4901, 4922)
2014 Ed. (4913, 4929)
2015 Ed. (4969)
2016 Ed. (4886)
Reuben; David & Simon
2005 Ed. (4897)

2007 Ed. (4923)
2008 Ed. (4910)
2009 Ed. (4917, 4921)
2010 Ed. (4921, 4925)
2011 Ed. (4910, 4911)
2012 Ed. (4924)
Reuben H. Donnelley
2000 Ed. (4205)
Reuben Mark
1994 Ed. (950)
1996 Ed. (959, 960, 964, 966, 1709)
1997 Ed. (982, 1799)
1999 Ed. (1126)
2000 Ed. (1046)
2001 Ed. (1218)
2005 Ed. (967, 980, 981, 983, 2500)
2006 Ed. (883)
2007 Ed. (974)
2008 Ed. (947)
Reuben; Simon
2012 Ed. (4921)
2013 Ed. (4901, 4922)
2014 Ed. (4913, 4929)
2015 Ed. (4969)
2016 Ed. (4886)
Reunion
2001 Ed. (508)
Reunion Bank of Florida
2012 Ed. (1485)
Reunion.com Inc.
2010 Ed. (2948)
ReUseIt
2015 Ed. (2475)
Reuseit
2011 Ed. (4273)
Reuter Laboratories
1989 Ed. (2656)
Reuters
1990 Ed. (1372)
1996 Ed. (1357, 1360, 1366)
1997 Ed. (2725, 2726)
1999 Ed. (277, 3312, 3676, 3896)
2007 Ed. (747)
2008 Ed. (724)
2010 Ed. (3367)
Reuters America Holdings Inc.
2007 Ed. (2896)
2008 Ed. (3018)
2009 Ed. (3105)
Reuters Group
2000 Ed. (1471)
Reuters Group plc
2001 Ed. (1743)
2002 Ed. (3885)
2004 Ed. (3413, 4563)
2005 Ed. (1546)
2006 Ed. (1782, 3442)
2007 Ed. (2460, 3455, 3458)
2008 Ed. (3631)
2009 Ed. (3695)
Reuters Holdings LTD
2000 Ed. (3610)
Reuters Holdings Ltd.
1989 Ed. (2644, 2645)
1990 Ed. (3468)
1991 Ed. (3232)
2001 Ed. (3900)
Reuters Holdings PLC
1989 Ed. (1933)
1990 Ed. (2522)
1991 Ed. (2388, 2657, 2658)
1992 Ed. (1608, 3312, 3313, 3314, 3315, 3318)
1993 Ed. (2743, 2752, 2753, 2756, 2757)
1994 Ed. (2445, 2709, 2710)
1996 Ed. (1362, 2895, 2896)
1998 Ed. (2727, 2728)
Reutgers AG
2002 Ed. (4068)
Reuveni Pridan Advertising
1999 Ed. (107)
Reuveni Pridan Advertising (Burnett)
2000 Ed. (112)
Reuveni Pridan Leo Burnett
2001 Ed. (150)
2002 Ed. (123)
Rev-Eyes
1994 Ed. (2697)
Rev. Jesse Jackson
2013 Ed. (3468)
Reval
1994 Ed. (959)
Reval Holdings Inc.
2014 Ed. (1069)
Reval Hotelligrupp
2002 Ed. (4412, 4413)
Revco
1989 Ed. (1268)
1990 Ed. (1555)

1991 Ed. (1459, 1460, 1462)
1992 Ed. (1852, 1853, 1854, 1855, 1856, 1857, 1859, 1860)
1993 Ed. (1527, 1528)
1994 Ed. (1543, 1569, 1570, 1571)
Revco D. S.
1989 Ed. (1266, 1267)
Revco Drug Stores
1991 Ed. (1463)
1995 Ed. (1573, 1596, 1611, 1612, 1613, 1614, 1616)
1996 Ed. (1245, 1278, 1584, 1585, 1589, 1590, 1591, 1592)
1997 Ed. (1665, 1670, 1671, 1672, 1673, 1676, 1677, 1678)
1998 Ed. (1297, 1359, 1361, 1362, 1363, 1364, 1365, 1366)
1999 Ed. (1931)
Revco DS Inc.
2005 Ed. (1539)
Reveal; Elizabeth C.
1991 Ed. (2547)
Reveal Imaging Technologies
2012 Ed. (4446)
Revel
2013 Ed. (199)
2015 Ed. (234)
2016 Ed. (229)
Revel AC Inc.
2015 Ed. (348)
Revel Consulting
2010 Ed. (773)
2011 Ed. (701)
Revelwood Inc.
2001 Ed. (2854, 2855)
Revenue Analytics
2014 Ed. (1607)
2015 Ed. (1657)
Revenue Properties Co. Ltd.
2002 Ed. (3919)
RevenueWire
2015 Ed. (2970)
RevenueWire Inc.
2015 Ed. (2715)
Revera Nursing & Rehab
2014 Ed. (3759)
Revere
1994 Ed. (2145)
1996 Ed. (2026, 2201)
1997 Ed. (2330)
1998 Ed. (2050)
1999 Ed. (2808)
2003 Ed. (1374)
2005 Ed. (1401)
2007 Ed. (1425)
2009 Ed. (1384)
2011 Ed. (1362)
Revere Healthcare
1993 Ed. (2063)
Revere Life; Paul
1993 Ed. (2196)
1996 Ed. (2298)
Revere; Paul
1996 Ed. (2291)
Revere Protective Life; Paul
1996 Ed. (2298)
Revere Protective; Paul
1993 Ed. (2196)
Revich; Jerry
2011 Ed. (3354)
Revimedia
2016 Ed. (62)
Revis; Darrelle
2014 Ed. (195)
2016 Ed. (219)
Revista Publishing LLC
2012 Ed. (4098)
Revitalique
2001 Ed. (2654, 2655, 2657)
Revive Public Relations
2012 Ed. (4152)
2013 Ed. (4138)
ReviveHealth
2014 Ed. (4154)
2015 Ed. (4143)
2016 Ed. (4049, 4057)
Reviving Ophelia
1999 Ed. (695)
Reviving Semi-Permanent
2001 Ed. (2657)
Reviv'n
2001 Ed. (2656)
Revlon
1990 Ed. (56, 1430, 1431, 1433, 1435, 1436, 1437, 1740, 1741, 1981, 2808)
1991 Ed. (1363, 1364, 2581)
1992 Ed. (30, 1708, 1709, 1710, 1711, 3396, 3400, 4010)

1993 Ed. (18, 1418, 1419, 1420, 1421, 1423)
1994 Ed. (49, 1471, 1472, 1473)
1995 Ed. (1507, 1508, 2899)
1996 Ed. (33, 767, 1462, 1463, 1464, 1465, 1583, 2983)
1997 Ed. (1531, 1532, 1533, 1534, 2635, 2923, 3061)
1998 Ed. (1194, 1196, 1197, 2803, 3183, 3291, 3309, 3327)
1999 Ed. (1754, 1755, 1758, 1759, 1760, 2062, 2111, 2112, 2113, 2114, 2630, 3189, 3190, 3775, 3778, 4350, 4352)
2000 Ed. (1586, 1587, 1589, 1590, 1903, 1904, 2410, 2936, 3313, 3506, 4068, 4071)
2001 Ed. (1566, 1908, 1909, 1910, 1913, 1931, 2384, 2631, 3514, 3515, 3516, 3517, 3711, 3720)
2002 Ed. (1800, 3639, 3643, 4302)
2003 Ed. (1859, 1860, 1861, 1864, 1866, 1867, 1868, 2004, 2661, 2663, 2664, 2665, 3215, 3216, 3280, 3623, 3624, 3625, 3626, 3771, 3784, 3786, 3790)
2004 Ed. (1898, 1899, 1900, 3260, 3660, 4065)
2005 Ed. (1535, 2022, 2023, 3707)
2006 Ed. (2125, 2126, 2127, 3802)
2007 Ed. (2073, 2074, 2075, 3353, 3807)
2008 Ed. (2180, 2182, 2183, 2184, 2187, 3449, 3450, 3777)
2009 Ed. (3936, 3942)
2010 Ed. (3856)
2011 Ed. (3852, 3863)
2012 Ed. (2010, 3840)
2014 Ed. (3838)
2016 Ed. (2271, 2841, 2848, 3773, 4217)
Revlon Age Defying
1998 Ed. (1195, 1356)
2002 Ed. (1799)
2003 Ed. (1863, 1865)
2008 Ed. (2185)
Revlon Color Stay
2006 Ed. (3286)
Revlon Colorsilk
2004 Ed. (2788)
2016 Ed. (2847)
Revlon Colorsilk Beautiful Color
2016 Ed. (2847)
Revlon Colorstay
1998 Ed. (1195, 1355, 1356, 2361, 2362)
2002 Ed. (1799)
2003 Ed. (1862, 1863, 1865, 3217)
2004 Ed. (1901)
2008 Ed. (2185)
Revlon Fragrances
1990 Ed. (2794)
Revlon Group
1989 Ed. (2508, 2509)
1990 Ed. (3311, 3312)
1991 Ed. (1362, 3150)
Revlon High Dimension
2004 Ed. (2783)
Revlon Illuminance
2004 Ed. (1896)
Revlon Inc.
2013 Ed. (3899)
2014 Ed. (3832)
2015 Ed. (3857)
Revlon Lipglide
2004 Ed. (1896)
Revlon Moon Drops
1998 Ed. (1355, 2361)
Revlon Moondrops
2003 Ed. (3217)
Revlon Naturally Glamorous
1998 Ed. (1195)
Revlon Naturally Glamorous Blush-on
1998 Ed. (1356)
Revlon New Complexion
1998 Ed. (1195, 1356)
2002 Ed. (1799)
2003 Ed. (1863, 1865)
Revlon Super Lustrious
2005 Ed. (3292)
Revlon Super Lustrous
1998 Ed. (1355, 2361, 2362)
2003 Ed. (3217)
2004 Ed. (1901)
2006 Ed. (3286)
2016 Ed. (3364)
Revlon Super Top Speed
2003 Ed. (3624)
Revlon TimeLiner
1998 Ed. (1355, 2361)

Revlon's ColorStyle
1994 Ed. (1470)
RevoluSun
2016 Ed. (4421)
RevoluSun/DEP
2013 Ed. (1674)
Revolution
1999 Ed. (2840)
2010 Ed. (3583)
2011 Ed. (3585)
Revolution Capital Management
2009 Ed. (1075)
Revolution Foods
2013 Ed. (2717)
2014 Ed. (2702)
Revolution Foods Mashup's
2014 Ed. (2800)
Revolution Foods Product
2014 Ed. (2802)
Revolution IT Pty. Ltd.
2010 Ed. (2923)
2011 Ed. (2887)
Revolution Prep LLC
2016 Ed. (1399)
Revolve Solar
2016 Ed. (4428)
Revonet Inc.
2006 Ed. (2822)
Revoredo; Helena
2014 Ed. (4920)
2016 Ed. (4876)
Revoz d.d.
2014 Ed. (1977)
2015 Ed. (1624, 2021)
2016 Ed. (1995)
Revoz dd
2009 Ed. (2040)
Revoz, Podjetje Za Proizvodnjo Novo
Mesto
2011 Ed. (2034)
2012 Ed. (1884)
2013 Ed. (2043)
Revver
2007 Ed. (3446)
Revzilla.com
2012 Ed. (2297)
ReWalk Robotics
2016 Ed. (4284)
Reward Wool Industry Corp.
1990 Ed. (3572)
1992 Ed. (4283)
1994 Ed. (3473, 3524)
Rewards Cards Canada
2013 Ed. (609)
Rewe
1994 Ed. (3110)
1996 Ed. (3244)
1999 Ed. (1635, 1638, 4524, 4644)
2012 Ed. (547)
2013 Ed. (663)
2014 Ed. (683)
Rewe AG
1998 Ed. (3095)
Rewe AG & Co. OHG
1997 Ed. (3879)
Rewe AG & Co. Ohg (Konzern)
1993 Ed. (3049)
1994 Ed. (3109)
REWE Austria AG
2008 Ed. (1573)
2009 Ed. (1505)
2011 Ed. (1492)
Rewe & Co. OHG
1994 Ed. (3109)
1996 Ed. (3252)
REWE Deutscher Supermarkt KG
2012 Ed. (4342)
2013 Ed. (4292)
Rewe Deutscher Supermarkt KgaA
2002 Ed. (4900)
Rewe Group
1997 Ed. (3679)
2000 Ed. (1438, 3815, 4284)
2001 Ed. (1714, 4613)
2006 Ed. (4187)
2013 Ed. (4330)
2014 Ed. (4381)
2016 Ed. (4266)
Rewe Gruppe
2001 Ed. (4103, 4114)
Rewe Handelsgesellschaft Leibbrand
Ohg
1991 Ed. (2897)
Rewe Handelsgesellschaft Leibrand
OHG (Konzern)
1992 Ed. (3740)
Rewe Handelsgruppe
1994 Ed. (3112)
1995 Ed. (3156)
2001 Ed. (4102, 4589)

2007 Ed. (4206)
Rewe-Leibbrand
1993 Ed. (3498)
REWE-Zentalfinanz EG
2012 Ed. (4937)
2013 Ed. (4925)
REWE-Zentral AG
2003 Ed. (1687)
2004 Ed. (2764)
2005 Ed. (4567)
2006 Ed. (4179, 4643)
2009 Ed. (1195, 4326)
2010 Ed. (1199, 4323)
REWE-Zentral Organisation
1990 Ed. (1220)
Rewe Zentrale
1998 Ed. (668)
2000 Ed. (4171)
Rex
1994 Ed. (2071)
REX American Resources Corp.
2016 Ed. (1917)
Rex-Clean Inc.
2005 Ed. (764)
Rex Corner Holdings
2006 Ed. (4010)
Rex D. Adams
1994 Ed. (1712)
1995 Ed. (1726)
1996 Ed. (2989)
1997 Ed. (3068)
Rex Energy Corp.
2009 Ed. (2905)
2010 Ed. (2849)
2015 Ed. (3912)
Rex Healthcare
2016 Ed. (1897)
Rex Moore Electrical Contractors & Engineers
2007 Ed. (1283)
Rex-Rosenlew
1996 Ed. (3051)
Rex Stores Corp.
2000 Ed. (2481)
2001 Ed. (2217)
2003 Ed. (2783)
2004 Ed. (2852, 2853)
2005 Ed. (2860, 2861)
2006 Ed. (2404)
2007 Ed. (2355)
2008 Ed. (885, 2478)
2009 Ed. (894, 2481)
2010 Ed. (843, 845, 2392)
2011 Ed. (2393)
Rex Three Inc.
2003 Ed. (3933)
2004 Ed. (3937)
Rex Tillerson
2008 Ed. (936)
2010 Ed. (886)
2011 Ed. (851)
2014 Ed. (762)
Rex W. Tillerson
2008 Ed. (959)
2009 Ed. (759, 961)
2011 Ed. (822)
2012 Ed. (795)
2014 Ed. (943)
2015 Ed. (956, 969)
2016 Ed. (867)
Rexaire
1993 Ed. (3648)
1994 Ed. (3609)
1995 Ed. (3684)
1997 Ed. (3812)
1998 Ed. (3651)
1999 Ed. (4696)
2000 Ed. (4326)
2002 Ed. (4713)
Rexaire (Rainbow)
1991 Ed. (3437)
1992 Ed. (4363)
Rexall
2014 Ed. (2301)
2015 Ed. (2384)
2016 Ed. (2671, 4785)
Rexall Pharma Plus
2014 Ed. (2304, 2305)
2015 Ed. (2387, 2388)
Rexall Sundown
2001 Ed. (2015)
2003 Ed. (2108, 4860, 4861)
2016 Ed. (203, 2672, 4788)
Rexam
2016 Ed. (1123, 3073)
Rexam Beverage Can Americas Inc.
2011 Ed. (3655)
Rexam Closures & Containers
2004 Ed. (3908)
Rexam Inc.

2005 Ed. (4361)
2006 Ed. (4303)
2007 Ed. (1694, 2032)
2011 Ed. (3655)
2012 Ed. (3659)
2013 Ed. (3717)
Rexam plc
1997 Ed. (2071, 3168)
1999 Ed. (3896)
2000 Ed. (3610)
2001 Ed. (3628)
2002 Ed. (3577)
2008 Ed. (3667, 4325)
2010 Ed. (3201)
2011 Ed. (1623, 3165, 3825)
2012 Ed. (1086, 1088, 1470, 3121,
3549)
2013 Ed. (1223, 3143, 3206, 3707)
2014 Ed. (1163, 3146)
2015 Ed. (3206)
2016 Ed. (3061)
Rexart Enterprises Inc.
2006 Ed. (3537)
REX/AV Affiliates
1995 Ed. (2120)
1996 Ed. (2128)
1997 Ed. (2237)
1998 Ed. (1955)
1999 Ed. (2696)
Rexcel
2001 Ed. (2509)
Rexel
1999 Ed. (1939)
2003 Ed. (2204, 2205)
2005 Ed. (2211, 2996)
2008 Ed. (2463)
2009 Ed. (2465)
2011 Ed. (2385, 4933, 4944)
2012 Ed. (2317, 3058)
2013 Ed. (1646, 2483, 2501, 3139,
4927)
2014 Ed. (1604, 2415, 2426, 3139,
4934)
2015 Ed. (2489, 4975)
2016 Ed. (2421, 4892)
Rexel Group
2006 Ed. (1691)
Rexel Holdings USA Inc.
2014 Ed. (2431)
2015 Ed. (2502)
2016 Ed. (2436)
Rexel Saint-Laurent
2004 Ed. (2998)
Rexel Southern Electric Supply Co.
2003 Ed. (1766)
Rexene Corp.
1990 Ed. (948, 967, 1297)
1991 Ed. (1219, 2588)
1994 Ed. (1215, 3444)
1996 Ed. (2835)
1999 Ed. (3850)
Rexhall Industries Inc.
1991 Ed. (1869, 1871, 1875, 3138,
3142, 3144)
1992 Ed. (3307, 3643, 3994)
2004 Ed. (3496, 3497)
2005 Ed. (3496, 3497)
Rexnard Corp.
2015 Ed. (3565)
Rexnord Corp.
2007 Ed. (2067)
2008 Ed. (2175)
2009 Ed. (2158, 3227)
2010 Ed. (2099, 3160)
2012 Ed. (2002)
2013 Ed. (2191)
2015 Ed. (2182)
Rexon
1990 Ed. (1619)
1991 Ed. (1022, 1029)
Rexon Industrial Corp. Ltd.
1990 Ed. (2503)
1992 Ed. (2956)
1994 Ed. (2425)
Rexona
2015 Ed. (2192)
Rey Banano del Pacifico
2006 Ed. (2545)
Reyco Construction Co. Inc.
1996 Ed. (2109)
Reyes Beverage Group
2010 Ed. (554)
2011 Ed. (481)
2012 Ed. (437)
2013 Ed. (551)
Reyes Construction Inc.
2006 Ed. (2831)
2015 Ed. (2994, 3001)
Reyes Family
2001 Ed. (680)

2003 Ed. (659)
2004 Ed. (666)
2005 Ed. (653)
2006 Ed. (553)
2007 Ed. (593)
2008 Ed. (538)
Reyes Holdings
2009 Ed. (4141, 4945)
2014 Ed. (4127)
2015 Ed. (4111)
2016 Ed. (2578, 4024)
Reyes Holdings LLC
2002 Ed. (1071)
2006 Ed. (3985)
2007 Ed. (4024)
2008 Ed. (4051)
2009 Ed. (572, 4128)
2010 Ed. (4060, 4073, 4952)
2011 Ed. (4038, 4045, 4936)
2012 Ed. (4071, 4079, 4938)
2013 Ed. (1708, 1711, 2715)
2014 Ed. (1655, 1658, 2701)
2015 Ed. (1699, 1702, 2747)
2016 Ed. (1649, 1653, 2677)
Reyes; J. Christopher
2015 Ed. (4892)
2016 Ed. (4810)
Reyes; Jude
2015 Ed. (4892)
2016 Ed. (4810)
Reynen & Bardis Communities
2007 Ed. (1298)
Reynen & Bardis Development
2005 Ed. (1227)
Reynold Co.
2012 Ed. (590)
Reynolds
1989 Ed. (906)
1990 Ed. (994)
2001 Ed. (369)
2003 Ed. (1287, 1295)
2004 Ed. (1290, 1298, 1301)
2005 Ed. (1306, 1308)
2006 Ed. (1269, 1275)
2007 Ed. (3679)
2009 Ed. (1276, 1307)
Reynolds; A. W.
1992 Ed. (2058)
Reynolds Aluminum Supply Co.
1999 Ed. (3353)
Reynolds American
2014 Ed. (1889, 4738)
Reynolds American Inc.
2006 Ed. (1944, 2297, 2635, 4580,
4758, 4760, 4761, 4763, 4766,
4767)
2007 Ed. (1925, 1926, 1927, 2911,
4764, 4765, 4766, 4767, 4768,
4769, 4772, 4773)
2008 Ed. (1991, 1992, 1993, 2308,
4688, 4689, 4692)
2009 Ed. (1951, 1952, 1954, 4728,
4729, 4730, 4731)
2010 Ed. (1887, 1888, 1890, 1891,
1892, 4737, 4738, 4739, 4744,
4746, 4747, 4748)
2011 Ed. (1449, 1919, 1920, 1922,
1923, 4551, 4696, 4697, 4698,
4699, 4708, 4709)
2012 Ed. (1780, 1781, 1782, 1783,
1784, 2456, 4716, 4717, 4718,
4719, 4720, 4721, 4722, 4725,
4726, 4727, 4728, 4729)
2013 Ed. (1952, 1954, 1956, 1957,
4680, 4681, 4682, 4683, 4684,
4685, 4686, 4689, 4690, 4691,
4694)
2014 Ed. (1888, 1890, 1892, 1893,
3053, 4726, 4727, 4728, 4729,
4731, 4732, 4733, 4735, 4736,
4737, 4740)
2015 Ed. (1934, 1936, 1938, 3119,
4745, 4746, 4747, 4748, 4750,
4751, 4754, 4757, 4758, 4759,
4761)
2016 Ed. (1891, 1903, 1904, 1906,
1907, 1908, 3447, 4647, 4648,
4650, 4651, 4653, 4654, 4660,
4662, 4663, 4664)
Reynolds Australia Alumina Ltd. LLC
2005 Ed. (1528)
Reynolds Blue Chip Growth
2000 Ed. (3234, 3235, 3256)
2004 Ed. (3589)
Reynolds Canada
1991 Ed. (2383)
Reynolds Carolina Credit Union
2002 Ed. (1883)
The Reynolds Co.
2015 Ed. (2503)

Reynolds Farm Equipment
2006 Ed. (4351)
Reynolds Flexible Packaging
1998 Ed. (2874)
Reynolds Food Packaging
2011 Ed. (4686)
Reynolds Foundation; Z. Smith
1995 Ed. (1933)
Reynolds Fund
2006 Ed. (3628, 3629)
Reynolds; Glen
1993 Ed. (1841)
Reynolds Group LLC
2007 Ed. (3558, 4422)
Reynolds Metals Co.
1989 Ed. (1043, 1054, 1944, 1948, 2068, 2069)
1990 Ed. (247, 2539, 2544, 2715, 2716)
1991 Ed. (220, 2418, 2422, 2611, 2612)
1992 Ed. (315, 1048, 1384, 1387, 3026, 3031, 3252, 3253, 3254)
1993 Ed. (211, 1413, 2534, 2538, 2726, 2727)
1994 Ed. (197, 198, 1467, 2475, 2485, 2672, 2673, 2674)
1995 Ed. (1504, 2543, 2551, 2774, 2775, 2776)
1996 Ed. (1459, 2605, 2614, 2850, 2851)
1997 Ed. (1528, 2749, 2756, 2946, 2947)
1998 Ed. (149, 1191, 2466, 2470, 2685)
1999 Ed. (1749, 3344, 3356, 3363)
2000 Ed. (1581, 3081, 3091, 3092, 3100, 3101, 3138, 3340)
2001 Ed. (365, 366, 669, 1895, 3276, 3277, 3278, 3279, 3285, 3289)
2002 Ed. (3309, 3313, 4877)
2003 Ed. (3378)
2004 Ed. (3443)
2005 Ed. (1528)
2006 Ed. (3466)
2007 Ed. (3491)
2008 Ed. (3662)
2009 Ed. (3731)
2010 Ed. (3650)
2011 Ed. (3654)
2013 Ed. (3716)
2014 Ed. (3648)
2015 Ed. (3658)
2016 Ed. (3524)
Reynolds Opportunity
2000 Ed. (3241)
2006 Ed. (3629)
Reynolds Packaging Group
2010 Ed. (4727)
Reynolds; R. J.
1989 Ed. (909, 2504)
1992 Ed. (64, 1148, 1149, 4306)
1993 Ed. (942)
1995 Ed. (984)
1996 Ed. (2644, 3701, 3702)
1997 Ed. (986)
Reynolds; Rep. Tom
2007 Ed. (2706)
Reynolds & Reynolds (Business Forms Div.)
1993 Ed. (789)
Reynolds & Reynolds Business Forms Division
1992 Ed. (992)
The Reynolds & Reynolds Co.
1992 Ed. (3286, 3528)
1993 Ed. (2741)
1994 Ed. (2692, 2693)
1995 Ed. (2806)
1996 Ed. (2862)
1997 Ed. (2957)
1998 Ed. (2701)
1999 Ed. (3642)
2001 Ed. (3565, 3566, 3902)
2002 Ed. (3764)
2004 Ed. (1125, 3728)
2005 Ed. (1132, 3638, 3639)
2007 Ed. (1232)
2008 Ed. (1400, 3183)
2009 Ed. (1104, 4160)
2010 Ed. (1086, 4093)
Reynolds; Russell
1990 Ed. (1710)
1993 Ed. (1691, 1692)
Reynolds, Smith & Hills Inc.
1990 Ed. (279, 1665)
1997 Ed. (2021)
1998 Ed. (1444)
1999 Ed. (289, 2031)
2000 Ed. (314, 1807)

2002 Ed. (333, 2129)
2006 Ed. (2452)
2008 Ed. (2516, 2528)
2009 Ed. (2527, 2544)
2010 Ed. (2445, 2460)
2011 Ed. (2452, 2471)
2012 Ed. (1022, 2373)
2013 Ed. (2555)
Reynolds Tobacco Co.; R. J.
1990 Ed. (2720)
Reynolds Tobacco Holdings Inc.; R. J.
2005 Ed. (1912, 1915, 4464, 4465, 4468, 4704, 4705, 4706, 4707, 4708, 4709, 4710, 4711, 4714)
2006 Ed. (1943, 4758, 4760)
2007 Ed. (223, 4764, 4765)
2008 Ed. (4688, 4689)
2009 Ed. (4728, 4729)
2010 Ed. (4737, 4738)
2011 Ed. (4696, 4697)
2012 Ed. (4716)
2013 Ed. (4680)
Reynolds Tobacco U.S.A.; R. J.
1989 Ed. (908, 2781)
Reynolds United Co-op
2015 Ed. (4445)
Reynolds Wrap 25 sq. ft.
1992 Ed. (1848)
Reynolds Wrap Foil
1989 Ed. (2326)
Reynolds Wrap Foil, 25-Ft. Roll
1989 Ed. (1631, 2324)
1990 Ed. (2130, 3041)
Reynosa, Mexico
2012 Ed. (3502)
Reynoso Brothers Holdings
1996 Ed. (2660)
Reynoso-Rio Bravo, Mexico
1993 Ed. (2500)
Rey's Pizza Corp.
2009 Ed. (4063)
Reza; Ahmed
1996 Ed. (1908)
1997 Ed. (1999)
Reza Brothers Construction, Inc.
1991 Ed. (1910)
Reza Zafari
2009 Ed. (3444)
Rezcity.com
2005 Ed. (127)
Rezcity.com Plus
2006 Ed. (130)
Rezeknes PKK
2002 Ed. (4439)
The Rezidor Hotel Group
2012 Ed. (3017)
2013 Ed. (3101, 3506)
2015 Ed. (3165, 3499)
2016 Ed. (3017)
Reznick Fedder & Silverman
1998 Ed. (16)
1999 Ed. (20)
2003 Ed. (7)
Reznick Fedder & Silverman, CPAs, PC
2002 Ed. (20, 21)
2004 Ed. (13)
2005 Ed. (9)
2006 Ed. (14)
Reznick Group
2007 Ed. (10)
2008 Ed. (8)
2009 Ed. (11)
2010 Ed. (20, 21)
2011 Ed. (18)
2012 Ed. (22)
2013 Ed. (15)
Reznictvi Sloupnice, S.R.O.
2016 Ed. (1526)
Rezulin
1999 Ed. (1890, 1910)
RF I Binder Partners
2011 Ed. (4108, 4109, 4113, 4121, 4124)
2012 Ed. (4138, 4139, 4143, 4147, 4155)
2013 Ed. (4128, 4133, 4135)
2014 Ed. (4149, 4151, 4155)
2015 Ed. (4127, 4132, 4134)
2016 Ed. (4046, 4048)
RF Binder
2011 Ed. (35, 36, 37, 38, 978, 979, 980, 981, 4098, 4099, 4100, 4101)
RF Industries
2011 Ed. (4446)
2015 Ed. (1045)
RF Installations LLC
2015 Ed. (3177)
RF-JAMA Warrant
1999 Ed. (4317)
RF Micro Devices Inc.

2000 Ed. (1742)
2002 Ed. (2427, 2530)
2003 Ed. (2725)
2004 Ed. (1080)
RF network
1996 Ed. (3872)
RF Stearns Inc.
2009 Ed. (1248)
2010 Ed. (1246, 1304)
RFC Intermediaries Inc.
1990 Ed. (2262)
1991 Ed. (2830)
RFD & Associates Inc.
2016 Ed. (4949)
R.F.G. Financial Services
2000 Ed. (2198)
RFG Frankfurters
1998 Ed. (1767)
RFI Communications & Security Systems
1999 Ed. (4204)
2000 Ed. (3922)
2002 Ed. (4541)
2003 Ed. (4330)
2004 Ed. (4351)
2014 Ed. (4443)
2015 Ed. (4438)
2016 Ed. (4331)
RFI Security Inc.
1998 Ed. (1421)
RFIP
2013 Ed. (3749)
RFM Corp.
1989 Ed. (1152)
1990 Ed. (1409)
1991 Ed. (1336)
1992 Ed. (1683, 1684)
1993 Ed. (1386)
1994 Ed. (1440)
1995 Ed. (1474, 1475)
1996 Ed. (1436)
1997 Ed. (1499)
1999 Ed. (1724)
2000 Ed. (1537, 1540)
RFM Preferred Seating
2006 Ed. (4374)
R.G. Barry
1990 Ed. (3273)
RG & G Concrete Inc.
2003 Ed. (2747)
RG Niederhoffer Diversified
2010 Ed. (2917)
RG Steel Wheeling Steel Group LLC
2015 Ed. (2176)
2016 Ed. (2151)
R/GA
2004 Ed. (116)
2005 Ed. (115)
2009 Ed. (124)
2010 Ed. (32)
2012 Ed. (49)
2014 Ed. (58, 65)
2015 Ed. (59, 73, 77)
2016 Ed. (61, 77)
RGA Group
2012 Ed. (3220, 3225, 3228, 3230)
2013 Ed. (3299, 3304, 3307, 3309)
2014 Ed. (3327, 3330, 3332)
RGA Life Reinsurance Co. of Canada
2000 Ed. (1399)
RGA Reins
1999 Ed. (2952)
RGA Reinsurance Co.
1998 Ed. (2162, 2164, 2182, 3038)
2001 Ed. (2941, 2947)
2002 Ed. (2913, 2915, 2924, 2930)
2007 Ed. (3150, 3155)
2008 Ed. (3300, 3305, 3332)
2009 Ed. (3360, 3365, 3405)
2010 Ed. (3340)
2011 Ed. (3259, 3264)
2012 Ed. (3237)
2013 Ed. (3316)
RGA Reinsurance Company
2000 Ed. (2684, 2688, 2690, 2703)
RGB
2009 Ed. (4675)
RGB Mechanical Contractors Inc.
2008 Ed. (1272)
2009 Ed. (1250)
2010 Ed. (1247)
2011 Ed. (1197)
2012 Ed. (1140)
R.G.B. Transportation Co. Inc.
1995 Ed. (3652)
RGC Construction Inc.
2002 Ed. (2539, 2541)
2003 Ed. (2748)
RGC Glass Inc.
2009 Ed. (1250)

2012 Ed. (1140)
@rgentum Canadian Equity Portfolio
2003 Ed. (3595)
@rgentum U.S. Market Neutral Portfolio
2005 Ed. (3569)
@rgentum U.S. Master Portfolio
2005 Ed. (3569)
RGIS Inventory Specialists
2005 Ed. (3916)
RGL
2003 Ed. (10)
2004 Ed. (16)
RGL Forensics
2011 Ed. (22)
2014 Ed. (2, 16)
2015 Ed. (17)
2016 Ed. (16)
RGL Gallagher
2000 Ed. (21)
2002 Ed. (26, 27)
RGL—Forensic Accountants & Consultants
2005 Ed. (12)
2006 Ed. (17)
2007 Ed. (13)
2008 Ed. (11)
2009 Ed. (14)
2010 Ed. (26)
RGO Office Products
2008 Ed. (1547)
RGS Energy
2016 Ed. (4409, 4419)
RGS Services
2012 Ed. (3435)
RGT Capital Management Ltd.
2016 Ed. (1400)
R.H. Macy & Co. East
1998 Ed. (1262, 3093)
R.H. Macy & Co. Inc.
1998 Ed. (87)
2000 Ed. (390, 2346)
R.H. Macy & Co. West
1998 Ed. (1262, 3093, 3460)
RHB Bank
2013 Ed. (392)
2014 Ed. (405)
2015 Ed. (462)
RHB Bank Berhad
2000 Ed. (603)
2002 Ed. (516, 517, 518, 617)
2003 Ed. (582)
2004 Ed. (589)
2005 Ed. (575)
2006 Ed. (497)
2007 Ed. (516)
2008 Ed. (473)
2009 Ed. (499)
2010 Ed. (482)
2011 Ed. (410)
2014 Ed. (2657)
RHB Capital
2010 Ed. (1794)
2011 Ed. (1819)
2012 Ed. (389, 1677)
2013 Ed. (393, 1829)
2014 Ed. (406, 1758)
2015 Ed. (463, 1801, 2699)
2016 Ed. (413, 1755)
RHB Islamic Bank Berhad
2009 Ed. (2741)
2010 Ed. (2665)
RHC/Spacemaster Corp.
1998 Ed. (3427)
1999 Ed. (4499, 4500, 4501)
2000 Ed. (4134)
2002 Ed. (4514)
Rhea & Kaiser Marketing Communications
1998 Ed. (37)
1999 Ed. (42)
2005 Ed. (183, 188)
2006 Ed. (195, 196, 200)
2007 Ed. (203, 204, 205, 207, 208)
2008 Ed. (190, 191, 192, 195)
2009 Ed. (208, 209, 214, 215)
2010 Ed. (188, 194, 195)
2011 Ed. (110, 117)
Rhea Kaiser Marketing Communications
2004 Ed. (125)
Rhee Bros. Inc.
2003 Ed. (3745)
Rhee; Namuh
1997 Ed. (1996)
Rheem
1990 Ed. (3684)
1991 Ed. (3475)
1992 Ed. (259, 260, 1885, 2242, 2243, 4424)
1993 Ed. (164, 1908, 1909, 2492, 3687)

1994 Ed. (148, 1925, 1926, 2429, 3653)
1995 Ed. (167, 1949, 1950)
1997 Ed. (184, 2095, 2096, 3867)
1998 Ed. (106, 1779, 1780, 1922, 3700)
1999 Ed. (203, 2539, 2540, 2659, 4744)
2000 Ed. (226, 2286, 2442, 4373)
2001 Ed. (286)
2015 Ed. (4238)
Rheem Air Conditioning
1991 Ed. (258)
Rheem Manufacturing
2002 Ed. (252, 2376, 2377, 2465, 2701, 4784, 4785)
Rheem Manufacturing,World Color Press Inc.
1995 Ed. (2498)
Rheem/Ruud
1990 Ed. (195, 196, 1589, 1861, 1862)
1991 Ed. (1484, 1777, 1778)
Rheim/Main Airport
1998 Ed. (146)
Rhein Biotech NV
2003 Ed. (2722)
Rhein-Main
2001 Ed. (353)
Rhein Medical
1996 Ed. (2870)
1997 Ed. (2965)
1999 Ed. (3656)
Rhein Westf Elektrizitatswerke
1992 Ed. (2231)
Rhein-Westfaelisches Elektrizitaetswerk AG
1991 Ed. (1775)
Rheingold; Howard
2005 Ed. (2322)
Rheinhyp
2000 Ed. (1862)
Rheinisch WE
1996 Ed. (1214)
Rheinisch Westf. Elektrizitaetswerke
1993 Ed. (1902)
1994 Ed. (1918)
Rheinisch-Westfaelisches Elektrizitaetswerk AG
1991 Ed. (3106)
Rheinisch-Westfalisches Elektritaetswerk AG
1989 Ed. (1119)
Rheinisch-Westfalisches Elektrizitatswerk
1990 Ed. (2928)
Rheinishe-Westfaelische Elektrik
1990 Ed. (1249)
Rhein/Main Airport
1999 Ed. (252)
Rheinmentall Stamm
1989 Ed. (200)
Rhenus
1999 Ed. (963)
Rhett Akins
1997 Ed. (1113)
RHI AG
2016 Ed. (775)
Rhimes; Shonda
2009 Ed. (201)
Rhine Re
2001 Ed. (2956)
Rhines; Walden
2006 Ed. (2523)
Rhinocourt Aqua
2002 Ed. (3754)
RHM
2007 Ed. (2626)
Rho Industries Inc.
1999 Ed. (2678)
Rhoda; Hilary
2016 Ed. (3617)
Rhode; B. C.
2005 Ed. (2492)
Rhode Homes
2000 Ed. (1187)
Rhode Island
1989 Ed. (201, 1736, 2535, 2546, 2548, 2553, 2560, 2612, 2931, 2935)
1990 Ed. (365, 402, 2867, 3347, 3352, 3357, 3361, 3375, 3382, 3386, 3390, 3412, 3417, 3418, 3420, 3677)
1991 Ed. (789, 1651, 2084, 2161, 2321, 2485, 2900, 3182, 3186, 3459)
1992 Ed. (2857, 2863, 2916, 2917, 2920, 2924, 2927, 2934, 3089, 3106, 4079, 4080, 4083, 4088,

4097, 4099, 4104, 4127, 4129, 4130, 4405)
1993 Ed. (364, 2427, 2526, 3405, 3407, 3412, 3417, 3436, 3437, 3661, 3677, 3718, 3719)
1994 Ed. (2371, 3385, 3389, 3395, 3397, 3402, 3407, 3639)
1995 Ed. (363, 2450, 3457, 3461, 3466, 3468, 3473, 3478, 3713, 3755)
1996 Ed. (35, 2090, 2496, 3515, 3519, 3521, 3523, 3537, 3541, 3547, 3549, 3554, 3559, 3582, 3799, 3854)
1997 Ed. (996, 2638, 3577, 3581, 3589, 3594, 3599, 3863, 3896)
1998 Ed. (1322, 2367, 2419, 2420, 2438, 3390, 3393, 3394, 3465, 3684, 3734)
1999 Ed. (1996, 3197, 4408, 4411, 4421, 4440, 4451, 4453, 4463, 4465, 4468, 4727, 4780, 4781, 4783)
2000 Ed. (1792, 2940, 4100, 4404, 4405, 4406)
2001 Ed. (721, 1126, 1127, 1232, 2392, 2393, 2691, 3032, 3033, 3104, 3662, 3663, 4254, 4271, 4272, 4406, 4410, 4411, 4413, 4414, 4448, 4516, 4862, 4864, 4865, 4867, 4869, 4919, 4937)
2002 Ed. (447, 448, 449, 451, 452, 459, 461, 464, 466, 473, 492, 493, 496, 497, 1113, 1116, 2068, 2121, 2351, 2624, 2848, 3088, 3090, 3113, 3125, 3197, 3198, 3524, 3708, 3805, 4102, 4103, 4104, 4105, 4142, 4157, 4158, 4168, 4367, 4554, 4914, 4915, 4919, 4920, 4921)
2003 Ed. (380, 388, 389, 390, 391, 393, 394, 395, 397, 399, 402, 405, 407, 408, 410, 419, 441, 969, 1058, 1059, 1063, 2128, 2606, 2687, 2838, 3222, 3235, 3237, 3652, 3874, 3896, 4237, 4284, 4285, 4288, 4290, 4294, 4299, 4412, 4413, 4680, 4956, 4957)
2004 Ed. (360, 369, 370, 373, 374, 379, 382, 383, 384, 387, 394, 398, 435, 776, 980, 1026, 1066, 1068, 1072, 1073, 1903, 2022, 2176, 2186, 2294, 2308, 2537, 2565, 2574, 2929, 2987, 3264, 3291, 3426, 3480, 3672, 3673, 3674, 3700, 3898, 3899, 3924, 4256, 4274, 4276, 4292, 4293, 4296, 4298, 4516, 4517, 4518, 4519, 4528, 4529, 4658, 4818, 4959, 4979, 4994)
2005 Ed. (370, 371, 388, 389, 390, 392, 393, 395, 396, 399, 401, 404, 407, 418, 441, 443, 1070, 1071, 1072, 1074, 1075, 2277, 2525, 2528, 2919, 3298, 3299, 3611, 3837, 3838, 3872, 3945, 4189, 4225, 4229, 4231, 4597, 4598, 4599, 4600, 4608, 4722, 4929, 4942, 4943, 4944)
2006 Ed. (2345, 2707, 3480, 3726, 3904, 3905, 3935, 4673)
2007 Ed. (2163, 2281, 2702, 3709, 3954, 3993, 4694)
2008 Ed. (2832, 2906, 3118, 3279, 3800, 3984, 4010, 4603)
2009 Ed. (2503, 2667, 2888, 2945, 3207, 3298, 3550, 3553, 4066, 4244, 4651, 4819)
2010 Ed. (926, 1059, 2325, 2357, 2363, 2411, 2414, 2418, 2420, 2571, 2577, 2592, 2595, 2596, 2827, 2879, 3023, 3225, 3275, 3470, 3631, 3709, 3984, 3996, 4176, 4536, 4569, 4570, 4679, 4716, 4968)
2011 Ed. (997, 2321, 2353, 2359, 2414, 2417, 2421, 2423, 2548, 2552, 2574, 2577, 2578, 2861, 2992, 3188, 3244, 3632, 3706, 3990, 4004, 4445, 4474, 4532, 4631, 4674, 4957)
2012 Ed. (908, 921, 2224, 2225, 2226, 2279, 2335, 2338, 2344, 2497, 2504, 2521, 2524, 2525, 2735, 2791, 2918, 3042, 3147, 3205, 3300, 3632, 3727, 4377, 4485, 4489, 4534, 4535, 4631, 4689, 4812, 4951)
2013 Ed. (736, 1066, 1155, 1157, 1386, 2396, 2421, 2521, 2522, 2654, 2703, 2834, 3132, 3133,

3224, 3271, 3827, 3839, 4039, 4122, 4447, 4491, 4573, 4574, 4584, 4585, 4724, 4773, 4774, 4971, 4999)
2014 Ed. (3133, 3230, 3243, 3298, 3589, 4137, 4630, 4631, 4632)
2015 Ed. (884, 3196, 4624, 4625)
2016 Ed. (4543)
Rhode Island Convention Center Authority
1993 Ed. (2622)
1996 Ed. (2729)
Rhode Island Credit Union
2005 Ed. (2126)
2006 Ed. (2221)
2007 Ed. (2142)
2008 Ed. (2257)
2009 Ed. (2243)
2010 Ed. (2197)
2011 Ed. (2215)
2012 Ed. (2076)
2013 Ed. (2261)
2014 Ed. (2194)
2015 Ed. (2258)
2016 Ed. (2229)
Rhode Island Deposit Economic Protocol Corp.
1995 Ed. (1621, 2230)
Rhode Island Employees
2001 Ed. (3680)
2002 Ed. (3604)
2007 Ed. (2175)
2009 Ed. (2299)
Rhode Island Health & Education Building Agency
2001 Ed. (910)
Rhode Island Hospital
2013 Ed. (2028)
Rhode Island Hospital Inc.
2001 Ed. (1840)
2003 Ed. (1813)
2004 Ed. (1847)
2005 Ed. (1955)
2006 Ed. (2001)
2007 Ed. (1966)
2008 Ed. (2061)
2009 Ed. (2027)
2010 Ed. (1960, 1961)
2011 Ed. (2020, 2021)
2012 Ed. (1868, 1869)
2013 Ed. (2027)
2014 Ed. (1962)
2015 Ed. (2009)
2016 Ed. (1980)
Rhode Island Hospital Trust National Bank
1991 Ed. (654)
1992 Ed. (826)
1993 Ed. (619)
1994 Ed. (623)
1995 Ed. (593)
1996 Ed. (662)
1997 Ed. (600)
Rhode Island Housing & Marketing Finance Corp.
1990 Ed. (2139)
Rhode Island Housing & Mortgage Finance Agency
2001 Ed. (910)
Rhode Island Housing & Mortgage Financial Corp.
1995 Ed. (2192)
Rhode Island Monthly
1992 Ed. (3382)
Rhode Island & Providence Plantations; State of
2016 Ed. (1981)
Rhode Island Public Building Authority
1991 Ed. (2526)
Rhode Island School of Design
1992 Ed. (1277)
1993 Ed. (1025)
1994 Ed. (1052)
1995 Ed. (1060)
1996 Ed. (1045)
1997 Ed. (1061)
Rhode Island State Employees Credit Union
2002 Ed. (1890)
2003 Ed. (1944)
2004 Ed. (1984)
Rhode Island Student Loan Authority
2001 Ed. (910)
Rhode Island Sweet Lumber
1996 Ed. (823, 825)
Rhodes
2015 Ed. (2816)
Rhodes Associates
2002 Ed. (2175)
Rhodes College

2007 Ed. (4597)
Rhodes; David
2014 Ed. (761)
Rhodes; E. J.
1994 Ed. (1711)
Rhodes Furniture
2008 Ed. (2999)
Rhodes Holdings
2005 Ed. (1198)
Rhodes Homes
1998 Ed. (908)
1999 Ed. (1334)
Rhodes III; William
2013 Ed. (983)
Rhodes Inc.
1990 Ed. (1866)
1991 Ed. (3240)
1992 Ed. (2253)
1994 Ed. (1934, 1938)
1995 Ed. (1963, 1965, 2447)
1996 Ed. (1992)
1997 Ed. (2097, 2109)
Rhodes International Inc.
2014 Ed. (2766)
Rhodes Printing Co.
2000 Ed. (3608)
Rhodes Printing Group
1999 Ed. (3887)
Rhodia
1993 Ed. (909)
2000 Ed. (1038, 3566)
2001 Ed. (1211)
2012 Ed. (753)
Rhodia SA
2002 Ed. (1009)
2004 Ed. (957)
Rhon; Carlos Hank
2013 Ed. (4888)
2016 Ed. (4856)
Rhonda Byrne
2009 Ed. (302)
Rhonda Mims
2012 Ed. (2157)
Rhonda Zygecki
2008 Ed. (2629)
Rhone-Alpes, France
2010 Ed. (3487)
Rhone Alpes Lyon
1994 Ed. (488)
1996 Ed. (513)
Rhone-Alpes, Switzerland
2005 Ed. (3329)
Rhone-Poulec Agricultural Co.
1989 Ed. (177)
Rhone-Poulenc
1989 Ed. (893, 2192)
1990 Ed. (169, 952, 953, 956, 1367, 1944)
1991 Ed. (912)
1992 Ed. (1117, 1118, 1121, 1458, 1459, 1461, 1486, 1617, 1618, 1619, 1839, 2955)
1993 Ed. (161, 907, 912, 913, 918, 921, 1314, 1729, 2488, 2852, 3317, 3318, 3319, 3351)
1994 Ed. (935, 1372)
1995 Ed. (957, 964, 965, 966, 2495)
1996 Ed. (766, 926, 939, 943)
1997 Ed. (176, 961, 964, 1407, 1408, 3869)
1998 Ed. (101, 702, 706, 1346, 2104, 2812, 3333)
1999 Ed. (196, 277, 774, 1084, 1095, 1096, 1100, 1101, 1103, 2538)
2000 Ed. (790, 791, 1030, 1434, 2421, 3512, 4344)
2001 Ed. (275)
Rhone-Poulenc Ag Co.
1990 Ed. (15)
Rhone-Poulenc Animal Nutrition
1999 Ed. (4711)
Rhone-Poulenc Canada
1996 Ed. (931)
Rhone-Poulenc Group
1989 Ed. (891)
1990 Ed. (954)
1991 Ed. (1290, 1291)
Rhone-Poulenc Roren
1996 Ed. (1574)
Rhone-Poulenc Rorer Inc.
1992 Ed. (328, 1514, 1516, 1522, 1529, 1866, 1874)
1993 Ed. (1509)
1994 Ed. (921, 929, 930, 1439, 1551, 1553, 1554, 1555, 2423, 2820)
1995 Ed. (1584, 2529)
1997 Ed. (1646, 1651, 1652)
1998 Ed. (1349, 2520, 2845)
1999 Ed. (1901, 1911, 3303, 3429)
2000 Ed. (740, 1712, 3153)

Rhone-Poulenc SA
  2000 Ed. (1417)
  2001 Ed. (1187)
  2002 Ed. (761)
Rhone Poulene Cert
  1989 Ed. (892)
RHP Mechanical Systems
  2006 Ed. (1328)
  2010 Ed. (1294)
RHT Energy Solutions
  2015 Ed. (1972)
  2016 Ed. (1938)
Rhumbline Advisers
  1993 Ed. (2307, 2319)
  1995 Ed. (2356, 2360)
  1997 Ed. (2525)
  2002 Ed. (712)
  2003 Ed. (216)
  2004 Ed. (172)
  2006 Ed. (191)
  2007 Ed. (197)
  2008 Ed. (180)
  2009 Ed. (199)
  2010 Ed. (177)
  2011 Ed. (102)
  2012 Ed. (109)
  2013 Ed. (82)
RHV Inc.
  2001 Ed. (2445)
  2004 Ed. (2624)
Rhyee; Charles
  2011 Ed. (3373)
Rhys D. Summerton
  2011 Ed. (3376)
Rhys Davies & Sons
  2015 Ed. (4796)
Rhythm and blues
  2001 Ed. (3405)
Rhythm City
  1993 Ed. (2641, 2642, 2643)
  1994 Ed. (2593, 2594, 2596)
  1995 Ed. (2674, 2675)
  1996 Ed. (2747, 2748)
  1997 Ed. (2862, 2863)
  1999 Ed. (3501, 3502)
Rhythm Engineering
  2013 Ed. (1304, 1791)
  2014 Ed. (1721)
Rhythmes & Sons
  2013 Ed. (3794)
  2015 Ed. (3742)
  2016 Ed. (3650)
Rhythms Netconnections Inc.
  2001 Ed. (4183, 4452)
  2002 Ed. (1619)
RIA Credit Union
  2004 Ed. (1959)
RIA Federal Credit Union
  2015 Ed. (2227)
  2016 Ed. (2198)
RIA Mid Cap
  2003 Ed. (3130)
Riad Kamal
  2013 Ed. (1173, 3484)
Riady; James
  2010 Ed. (3960)
Riady; Mochtar
  2015 Ed. (4930, 4931)
  2016 Ed. (4846, 4847)
rial; Iranian
  2009 Ed. (2260)
Rialto Advertising
  1989 Ed. (143)
  1990 Ed. (133)
Rialto Group PLC
  1992 Ed. (1200)
RIAS
  2010 Ed. (2253)
Riata Energy Inc.
  2008 Ed. (1400)
Rib-X Pharmaceuticals
  2013 Ed. (1572)
Ribapharm Inc.
  2003 Ed. (2726)
Ribena
  1999 Ed. (4366)
  2001 Ed. (4310)
  2002 Ed. (4327)
  2008 Ed. (722)
  2009 Ed. (732)
  2010 Ed. (655)
Riber
  1994 Ed. (2700)
Ribier
  2001 Ed. (4870)
  2002 Ed. (4968)
Ribocon Holdings Ltd.
  1992 Ed. (1197)
Ribozyme Pharmaceuticals Inc.
  2003 Ed. (1652)

Ribs, barbecued
  1992 Ed. (1777)
  1995 Ed. (3536)
Ribs, BBQ
  1997 Ed. (2059, 3669)
Ric Edelman
  2009 Ed. (3440)
  2011 Ed. (3331)
  2012 Ed. (3316)
  2013 Ed. (3388)
  2014 Ed. (3390)
Ric Edelmann
  2006 Ed. (658)
Ric Fulop
  2001 Ed. (2279)
Rican Ford Inc.
  1993 Ed. (269, 298)
  1996 Ed. (271, 297, 299)
Ricard
  1999 Ed. (3249)
  2011 Ed. (1651)
Ricardo Anzaldua
  2015 Ed. (3044)
Ricardo Barcelona
  1999 Ed. (2320)
Ricardo Coro
  2011 Ed. (2952)
  2015 Ed. (3044)
Ricardo de Luca
  1990 Ed. (76)
  1994 Ed. (69)
Ricardo de Luca Publicidad
  1989 Ed. (82)
Ricardo Kaka
  2012 Ed. (217)
Ricardo Penfold
  1999 Ed. (2433)
Ricardo Peon
  1996 Ed. (1904)
  1999 Ed. (2417)
Ricardo Salinas Pliego
  2008 Ed. (4886)
  2009 Ed. (4906)
  2010 Ed. (4902, 4907)
  2011 Ed. (4894, 4899)
  2012 Ed. (4903)
  2013 Ed. (4851, 4888)
  2014 Ed. (4901)
  2015 Ed. (4941)
  2016 Ed. (4856)
Ricart Automotive Group
  2001 Ed. (440)
Ricart Automotive Inc.
  2002 Ed. (353, 354, 355, 356, 358, 359, 360, 362)
Ricart Ford
  1990 Ed. (304, 342)
  1991 Ed. (268, 270, 271, 274, 278)
  1992 Ed. (375, 376, 380, 383, 416)
  1994 Ed. (290, 291)
  1995 Ed. (267, 294, 296)
  2004 Ed. (271, 272, 273, 275, 4803, 4804, 4822, 4823)
  2005 Ed. (276, 277, 278, 319, 4805, 4806)
Ricart Jeep-Eagle Inc.
  1993 Ed. (274)
  1994 Ed. (273)
  1995 Ed. (277)
Ricart Jeep-Engle
  1996 Ed. (276)
Ricca Associates; Thomas
  1990 Ed. (1840)
  1991 Ed. (1759)
  1992 Ed. (2207)
Riccardi
  2010 Ed. (3403)
Riccardo; Joseph
  1997 Ed. (1864)
Ricciardi; Lawrence R.
  1996 Ed. (1228)
Riccitiello; John
  2005 Ed. (2476)
Rice
  1996 Ed. (1516)
  1997 Ed. (2032)
  1999 Ed. (2110)
  2002 Ed. (3491, 3745, 4716)
  2003 Ed. (4829)
  2008 Ed. (2732)
Rice; A. J.
  2011 Ed. (3353)
Rice-a-Roni
  2003 Ed. (3323)
  2008 Ed. (2730)
Rice and grain cakes
  1991 Ed. (1864)
Rice C. Leach
  1995 Ed. (3503)
Rice cakes

1992 Ed. (3218)
  1996 Ed. (3617)
  1997 Ed. (2032)
  2003 Ed. (3927)
Rice; Charles E.
  1989 Ed. (1382)
  1990 Ed. (1721)
  1991 Ed. (1629)
  1992 Ed. (1138, 2060)
Rice & Co.; H. G.
  1990 Ed. (1840)
  1991 Ed. (1759)
  1992 Ed. (2207)
Rice; Condoleezza
  2006 Ed. (4986)
  2007 Ed. (4983)
  2008 Ed. (4950)
  2009 Ed. (4981, 4983)
  2010 Ed. (4990, 4991)
Rice dinners
  2002 Ed. (3745)
Rice Dream
  2008 Ed. (3672)
  2009 Ed. (3738)
  2010 Ed. (3674)
  2011 Ed. (3660)
  2013 Ed. (3719)
  2014 Ed. (3655)
Rice-Eccles Stadium
  2002 Ed. (4348)
Rice Education Entrepreneurship Program
  2011 Ed. (638)
Rice Enterprises LLC
  2016 Ed. (3602)
Rice; Estate of Daniel and Ada
  1991 Ed. (888, 894)
Rice Financial Products Co.
  2002 Ed. (718)
  2003 Ed. (219)
  2004 Ed. (177)
  2005 Ed. (178)
  2006 Ed. (192)
  2007 Ed. (198)
  2008 Ed. (185)
  2009 Ed. (202)
  2010 Ed. (181)
  2011 Ed. (104)
  2012 Ed. (111, 112)
  2013 Ed. (87)
  2015 Ed. (110, 111)
  2016 Ed. (118)
Rice Foundation; Daniel F. and Ada L.
  1993 Ed. (891)
  1995 Ed. (1926)
Rice & Holman Ford
  1990 Ed. (342)
  1991 Ed. (278)
  1992 Ed. (383)
  1993 Ed. (269)
  1994 Ed. (268)
  1996 Ed. (271, 299)
Rice Insulation & Glass
  2009 Ed. (3282)
Rice; Jim
  1989 Ed. (719)
Rice; John D.
  2010 Ed. (2564)
Rice; Jon
  1995 Ed. (3503)
Rice Krispie Treats
  1998 Ed. (992, 993, 3660)
Rice Krispies
  1990 Ed. (924)
  1991 Ed. (877, 878, 3322)
  1992 Ed. (1072, 1074, 1075)
  1993 Ed. (860, 862)
  1994 Ed. (883, 884)
  1995 Ed. (914)
  1996 Ed. (891, 892)
  1998 Ed. (659, 661)
  2000 Ed. (1001, 1002, 1003)
  2001 Ed. (1147)
  2002 Ed. (955)
  2014 Ed. (4488)
Rice Krispies; Kellogg's
  2008 Ed. (718, 4444)
  2009 Ed. (728)
  2010 Ed. (646)
Rice Krispies Treats
  1995 Ed. (915, 2761)
  1997 Ed. (1214)
  2003 Ed. (878)
  2004 Ed. (901)
  2005 Ed. (891)
  2006 Ed. (806)
  2007 Ed. (893)
  2015 Ed. (4484, 4485)
  2016 Ed. (4380, 4381, 4382)
Rice mixes

2003 Ed. (3924, 3925)
Rice; Norman
  1992 Ed. (2987)
Rice; Norman B.
  1993 Ed. (2513)
Rice; Paul
  2006 Ed. (2527)
Rice; Peter
  1996 Ed. (1864)
Rice; Ray
  2015 Ed. (222)
Rice squares
  2008 Ed. (2836)
Rice Stadium
  1999 Ed. (1299)
Rice University
  1990 Ed. (1088)
  1991 Ed. (1001)
  1997 Ed. (1066)
  2001 Ed. (1317, 1329)
  2004 Ed. (831, 2844)
  2005 Ed. (2852)
  2006 Ed. (700, 713, 2858)
  2007 Ed. (793, 800)
  2008 Ed. (768, 1064)
  2009 Ed. (794, 1041)
  2010 Ed. (1007)
  2011 Ed. (638, 946)
  2012 Ed. (862)
  2014 Ed. (773)
  2015 Ed. (809, 815)
Rice University, George R. Brown School of Engineering
  2007 Ed. (2446)
Rice University, Jesse Jones School
  1989 Ed. (840)
Rice University, Jones Graduate School of Business
  2010 Ed. (733)
  2011 Ed. (644, 645)
  2013 Ed. (750)
Rice/grain cakes
  1990 Ed. (1952)
Ricegrowers' Co-op
  2002 Ed. (3775)
  2004 Ed. (2652)
Riceland Foods
  1989 Ed. (273)
  1990 Ed. (1947)
  1991 Ed. (1858)
  1992 Ed. (361)
  1993 Ed. (1273)
  1994 Ed. (1318)
  1995 Ed. (1339)
  1998 Ed. (1725)
  2003 Ed. (4190)
Riceland Foods Inc.
  2013 Ed. (1415)
  2014 Ed. (1366, 1371, 1381)
  2015 Ed. (1441)
Rice/popcorn cakes
  1995 Ed. (2992, 2993, 2995, 2996)
  1996 Ed. (2041)
Rice/rice combinations
  1990 Ed. (1953)
Rich Barton
  2004 Ed. (2486)
Rich Bilotti
  2002 Ed. (2258)
Rich & Co. AG; Marc
  1992 Ed. (4432)
  1993 Ed. (3695)
  1994 Ed. (3661)
  1995 Ed. (3730)
Rich Dad, Poor Dad
  2003 Ed. (725)
  2004 Ed. (747)
  2005 Ed. (728)
  2006 Ed. (640)
  2007 Ed. (665)
Rich Industries
  2010 Ed. (1432)
Rich Investment
  1991 Ed. (2228, 2232)
Rich; J. A.
  2005 Ed. (2497)
Rich; Jeffrey
  2006 Ed. (882, 3931)
Rich Jr.; Robert
  2011 Ed. (4828)
Rich Kugele
  2011 Ed. (3347)
Rich Products Corp.
  1998 Ed. (1725)
  2001 Ed. (2475)
  2008 Ed. (2780, 2785)
  2009 Ed. (1140, 2838, 2843, 4156)
  2010 Ed. (1133, 2779, 2784)
  2011 Ed. (1078, 2768, 2773)
  2012 Ed. (1001, 2697, 2702)

2014 Ed. (2764, 2765, 2777, 2785, 2786)
2015 Ed. (2817, 2821, 2828, 2830, 2831)
2016 Ed. (46, 1879, 2750, 2755, 2760, 2762, 2763)
Rich & Rare
1992 Ed. (2871)
2002 Ed. (283)
2003 Ed. (4903)
2004 Ed. (4893)
Rich; Richie
2007 Ed. (682)
2008 Ed. (640)
2009 Ed. (657)
2010 Ed. (624)
2011 Ed. (559)
2012 Ed. (540)
2013 Ed. (4853)
2015 Ed. (4905)
Rich-Seapak Corp.
2014 Ed. (2794)
Rich-Sepak Corp.
1998 Ed. (1734)
Rich Sespak Corp.
1996 Ed. (1950)
Rich Sr.; Robert
2007 Ed. (4891)
Rich Sr.; Robert E.
2005 Ed. (4848)
2006 Ed. (4903)
Rich Worldwide Travel
1992 Ed. (4345)
Richa; Dani
2013 Ed. (3479, 3652)
Richard A. Aurelio
2007 Ed. (2502)
Richard A. Clarke
1990 Ed. (1718)
Richard A. Eisner
2000 Ed. (16)
Richard A. Eisner & Co.
1991 Ed. (6)
1992 Ed. (21)
1993 Ed. (12)
1994 Ed. (6)
1995 Ed. (12)
1996 Ed. (20)
1997 Ed. (22)
1998 Ed. (15, 16)
1999 Ed. (20)
Richard A. Eisner & Co. LLP
2003 Ed. (7)
Richard A. Fink
1996 Ed. (1228)
Richard A. Gephardt
1994 Ed. (845)
Richard A. Gilleland
1990 Ed. (976, 1726)
Richard A. Goldstein
2006 Ed. (2520, 2521)
Richard A. Gonzalez
2007 Ed. (2496)
2012 Ed. (2489)
2015 Ed. (967)
Richard A. Hayne
2010 Ed. (4853)
Richard A. Manoogian
1997 Ed. (981)
2005 Ed. (975)
2008 Ed. (944)
Richard A. Navarre
2010 Ed. (2570)
Richard A. Smith
2016 Ed. (870)
Richard A. Swift Inc.
2008 Ed. (16)
Richard Adkerson
2010 Ed. (883)
2015 Ed. (962)
Richard Alderman
2013 Ed. (735)
Richard Anderson
2015 Ed. (953)
2016 Ed. (864)
Richard & Associates Inc.; F. A.
2005 Ed. (3615)
2006 Ed. (3732, 4066, 4264)
2007 Ed. (3715, 4112)
2008 Ed. (3808)
2009 Ed. (3852)
2010 Ed. (3771, 4177)
2011 Ed. (3775, 4176)
2012 Ed. (3776)
Richard B. Dixon
1990 Ed. (2478)
1991 Ed. (2342)
1992 Ed. (2903)
1993 Ed. (2461)
Richard B. Fisher

1993 Ed. (940)
1997 Ed. (982)
1998 Ed. (724)
Richard B. Handler
2000 Ed. (1886)
2011 Ed. (830)
Richard B. Priory
2005 Ed. (1104)
Richard B. Standiford
1991 Ed. (3209)
Richard Baker
2009 Ed. (3074)
2011 Ed. (2975)
Richard Barrie Fragrances Inc.
1994 Ed. (2714)
Richard Barton
2003 Ed. (4685)
Richard Baum
2000 Ed. (2043)
Richard Beaurepaire
1996 Ed. (1854)
1997 Ed. (1965)
2000 Ed. (2070)
Richard Beaurepiaire
1999 Ed. (2289)
Richard Bell
2009 Ed. (4877)
Richard Bernstein
1993 Ed. (1839)
1994 Ed. (1819)
1995 Ed. (1861)
1996 Ed. (1838, 1841)
1997 Ed. (1911)
1998 Ed. (1606, 1616)
1999 Ed. (2205)
2000 Ed. (1976)
2004 Ed. (3168)
Richard Billy
1993 Ed. (1795)
1994 Ed. (1778)
Richard Bilotte
1997 Ed. (1878)
Richard Bilotti
1998 Ed. (1601)
1999 Ed. (2219)
2000 Ed. (1987)
Richard Blum
1994 Ed. (890)
Richard Branson
1996 Ed. (1717)
2003 Ed. (787)
2008 Ed. (4910)
2009 Ed. (4921)
2010 Ed. (4925)
2011 Ed. (775, 4911)
2012 Ed. (4924)
2013 Ed. (4922)
2014 Ed. (4929)
2015 Ed. (4969)
Richard Branson; Sir
2005 Ed. (4888, 4897)
Richard Bressler
2005 Ed. (991)
2006 Ed. (960)
Richard Byrne
1997 Ed. (1937, 1946)
1998 Ed. (1588, 1590)
1999 Ed. (2178)
2000 Ed. (1949)
Richard C. Adkerson
2007 Ed. (1024)
2011 Ed. (838, 849)
2015 Ed. (963)
Richard C. Hackett
1991 Ed. (2395)
Richard C. Kelly
2011 Ed. (847)
Richard C. Notebaert
2002 Ed. (2213)
2005 Ed. (1103)
2006 Ed. (1098)
2009 Ed. (956)
2010 Ed. (912)
Richard C. Shelby
1999 Ed. (3844, 3960)
Richard Caring
2005 Ed. (4890)
2007 Ed. (4927)
2008 Ed. (4007, 4903)
Richard Carlson
2002 Ed. (4253)
Richard Carucci
2010 Ed. (916)
Richard Chandler
2008 Ed. (4848)
2009 Ed. (4869, 4913)
2010 Ed. (4915)
2011 Ed. (4902)
2012 Ed. (4866, 4912)
2013 Ed. (4892, 4906)

2014 Ed. (4905, 4916)
2015 Ed. (4945, 4956)
2016 Ed. (4860, 4872)
Richard Childress Racing
2007 Ed. (327)
2009 Ed. (336)
2010 Ed. (316)
2011 Ed. (240)
2012 Ed. (261)
2013 Ed. (268)
2014 Ed. (271)
2015 Ed. (310)
2016 Ed. (307)
Richard Chu
2004 Ed. (3165)
Richard Church
1999 Ed. (2216)
2000 Ed. (2041)
Richard Ciccarone
1997 Ed. (1947)
Richard Clark
2009 Ed. (943)
2010 Ed. (887)
Richard Coleman
1999 Ed. (2331)
2000 Ed. (2116)
Richard Crehan
1999 Ed. (2329)
Richard Curran
2003 Ed. (224, 228)
Richard Currie
1997 Ed. (980)
1999 Ed. (1123)
2001 Ed. (1219)
2005 Ed. (4866)
Richard D. Fain
2009 Ed. (2664)
2010 Ed. (2565, 2566)
Richard D. Fairbank
2003 Ed. (957, 958, 2387)
2005 Ed. (983, 2475)
2006 Ed. (920, 935, 938)
2007 Ed. (1035)
2008 Ed. (945)
2009 Ed. (957, 958)
2015 Ed. (966, 975)
2016 Ed. (872)
Richard D. Kinder
2007 Ed. (1021)
Richard D. Parsons
2003 Ed. (2410)
2007 Ed. (1026)
2008 Ed. (183)
2011 Ed. (103)
Richard D. Stephens
2009 Ed. (3208)
Richard Dale
1999 Ed. (2341)
2000 Ed. (2128)
Richard Dauch
2004 Ed. (975)
2005 Ed. (984)
2014 Ed. (940)
The Richard & David Jacobs Group
1993 Ed. (3303, 3310, 3316)
1994 Ed. (3021, 3296, 3301)
1995 Ed. (3372)
Richard Davidson
1999 Ed. (2298)
2000 Ed. (2075, 2115)
Richard Davis
2015 Ed. (959)
2016 Ed. (869)
Richard Deihl
1990 Ed. (1723)
Richard Dennis
1989 Ed. (1422)
Richard DeVos
2005 Ed. (4854)
2006 Ed. (4908)
2007 Ed. (4903)
2008 Ed. (4832)
2012 Ed. (4851)
2013 Ed. (4848)
2014 Ed. (4864)
2015 Ed. (4901)
2016 Ed. (4818)
Richard Devos
2013 Ed. (547)
Richard Digre
1991 Ed. (2547)
1992 Ed. (3137)
Richard Dugas
2015 Ed. (957)
Richard Dugas Jr.
2007 Ed. (984)
Richard E. Dauch
2006 Ed. (936)
2007 Ed. (1030)
2009 Ed. (951)

Richard E. Grey
1990 Ed. (1724, 1725)
1992 Ed. (2061, 2062, 2064)
1994 Ed. (1723)
The Richard E. Jacobs Group
1996 Ed. (3430)
1997 Ed. (3514, 3517)
1998 Ed. (3298, 3300)
1999 Ed. (4307, 4311)
2000 Ed. (4019, 4031)
2001 Ed. (4250)
2002 Ed. (4278, 4279)
2003 Ed. (4065)
Richard E. Rainwater
2004 Ed. (4861)
Richard E. Rivera
1996 Ed. (958)
Richard E. Sherman & Associates Inc.
2008 Ed. (17)
2015 Ed. (27)
Richard Egan
2002 Ed. (3350)
Richard Ellis, Inc.
1989 Ed. (2129)
1990 Ed. (2355, 3287)
Richard Elman
2011 Ed. (4910)
2012 Ed. (4924)
Richard Emanuel
2007 Ed. (4934)
2008 Ed. (4908)
Richard Evans
1990 Ed. (2659)
Richard F. Keevey
1995 Ed. (3504)
Richard Fairbank
2000 Ed. (1871, 1872)
2002 Ed. (1041)
2007 Ed. (1010)
2008 Ed. (941)
2011 Ed. (820)
Richard Fearon
2007 Ed. (1068)
Richard Featon
2010 Ed. (915)
Richard Federico
2007 Ed. (1005)
Richard Fontaine Associates
1992 Ed. (2763)
1994 Ed. (2309)
Richard French & Associates
2002 Ed. (3852)
2003 Ed. (4019)
Richard Fuld
2010 Ed. (2561)
Richard Fuld Jr.
2003 Ed. (958, 959)
2005 Ed. (964)
2006 Ed. (878)
2007 Ed. (969)
2008 Ed. (941)
Richard Fuller Homes
1998 Ed. (892)
Richard G. Capen
1994 Ed. (1722)
Richard G. Cline
1989 Ed. (1380)
Richard Galanti
2006 Ed. (951)
Richard Gelfond
2001 Ed. (1219)
Richard George
2010 Ed. (910)
2011 Ed. (855)
Richard Goettle Inc.
1999 Ed. (1369)
2001 Ed. (1484)
Richard Goldman
2002 Ed. (3348)
Richard Goodman
2010 Ed. (916)
Richard Graham
2002 Ed. (2477)
Richard Grasso
2003 Ed. (3058)
Richard Gray's
2013 Ed. (2977)
Richard Green
1990 Ed. (2658)
Richard Grinham
2009 Ed. (4877)
Richard H. Brown
2003 Ed. (805, 959, 2394)
Richard H. Deihl
1994 Ed. (1720)
Richard H. Diehl
1990 Ed. (1712)
Richard H. Dionne
1992 Ed. (533)
Richard H. Jenrette

1995 Ed. (982)
1996 Ed. (966)
1997 Ed. (1802)
1998 Ed. (1514, 2139)
Richard H. Lehman
1992 Ed. (1039)
Richard Hannah
1999 Ed. (2350)
2000 Ed. (2098, 2137)
Richard Hayne
2007 Ed. (1019, 4897)
Richard & Helen DeVos Foundation
2002 Ed. (2330)
Richard Higham
2011 Ed. (2527)
Richard Hill
2005 Ed. (971)
2006 Ed. (916)
2007 Ed. (1006)
Richard Hokenson
1996 Ed. (1833)
Richard Holder
1996 Ed. (1714)
Richard J. Dugas Jr.
2011 Ed. (828)
Richard J. Evans
1991 Ed. (2549)
Richard J. Franke
1994 Ed. (1721)
Richard J. Harrington
2000 Ed. (1879)
Richard J. Harshman
2014 Ed. (2595)
Richard J. Jacob
1989 Ed. (1377)
Richard J. Mahoney
1993 Ed. (936)
Richard J. Phelan
1995 Ed. (2484)
Richard J. Schnieders
2007 Ed. (1026)
2010 Ed. (899)
Richard J. Toman
1992 Ed. (1139)
Richard Jacobs & Co.
2012 Ed. (4026, 4028, 4030)
Richard & Jane Manoogian Foundation
2000 Ed. (2261)
2001 Ed. (2519)
2002 Ed. (2354)
Richard Jay Kogan
2004 Ed. (970)
Richard Johnson
2008 Ed. (370)
Richard Jones
1996 Ed. (1896)
1997 Ed. (1997)
1999 Ed. (2416)
2000 Ed. (2179)
2009 Ed. (3444)
Richard K. Davidson
2007 Ed. (1029)
Richard K. Davis
2008 Ed. (369)
2009 Ed. (385)
Richard K. Eamer
1990 Ed. (972)
1991 Ed. (924)
1993 Ed. (937, 1695)
Richard K. Herzer
2004 Ed. (2491)
Richard K. King
1993 Ed. (2462)
Richard K. Templeton
2007 Ed. (1032)
2008 Ed. (954, 959)
2009 Ed. (953, 961)
2010 Ed. (905)
2011 Ed. (842)
2015 Ed. (956, 970)
2016 Ed. (867)
Richard Katcher
2002 Ed. (3068)
Richard Keevey
1993 Ed. (3444)
Richard Kelson
2005 Ed. (986)
2006 Ed. (977)
Richard Kersley
1999 Ed. (2329)
Richard Kinder
1998 Ed. (1515)
2005 Ed. (982)
2006 Ed. (907, 940)
2007 Ed. (997, 4895)
2009 Ed. (4847)
2010 Ed. (4852)
2011 Ed. (4834)
2012 Ed. (4839)
2013 Ed. (989, 4837)

2014 Ed. (4852)
2015 Ed. (4889)
2016 Ed. (4807)
Richard King Mellon Foundation
1993 Ed. (1897)
2011 Ed. (2753)
Richard Klugman
2000 Ed. (2056)
Richard Knight
1991 Ed. (2546)
Richard Knight Jr.
1992 Ed. (3136)
Richard Koo
1996 Ed. (1889)
1997 Ed. (1994)
1999 Ed. (2364)
2000 Ed. (2146)
Richard Kovacevich
2004 Ed. (411, 2486)
2005 Ed. (964)
2006 Ed. (926)
2007 Ed. (384, 1016)
2008 Ed. (369, 941)
Richard Kramer
1999 Ed. (2317)
2000 Ed. (2105)
Richard L. Bond
2009 Ed. (946)
Richard L. Carrion
2005 Ed. (978)
2007 Ed. (1444)
2010 Ed. (1388)
2011 Ed. (1378)
Richard L. Gelb
1990 Ed. (975, 1713)
1991 Ed. (924)
1993 Ed. (937, 1695)
Richard L. George
2007 Ed. (2507)
Richard L. Keyser
2010 Ed. (2564)
Richard L. Raycraft
1995 Ed. (2485)
Richard L. Rayl
1991 Ed. (3209)
Richard L. Schaffer
1992 Ed. (3138)
Richard L. Scott
1996 Ed. (961)
Richard L. Thomas
1996 Ed. (1715)
1997 Ed. (1803)
Richard L. Wambold
2004 Ed. (3911)
2005 Ed. (3857)
2009 Ed. (4071)
2010 Ed. (3990)
2011 Ed. (3995)
2012 Ed. (3988)
Richard LeFrak
2009 Ed. (4851)
2010 Ed. (4857)
2011 Ed. (4836)
2012 Ed. (4846)
2013 Ed. (4847)
2014 Ed. (4863)
2015 Ed. (4900)
2016 Ed. (4816)
Richard Lenny
2006 Ed. (889, 2627)
2007 Ed. (979)
2008 Ed. (935)
Richard Li
2005 Ed. (4870)
Richard Lindner
2010 Ed. (921)
Richard Livingstone
2013 Ed. (4922)
Richard M. Daley
1993 Ed. (2513)
Richard M. Frank
2004 Ed. (2531)
Richard M. Furlaud
1989 Ed. (1376, 1383)
1990 Ed. (1724)
1991 Ed. (1630)
Richard M. Genius Jr.
1995 Ed. (938)
Richard M. Kovacevich
1996 Ed. (381)
1998 Ed. (289)
2005 Ed. (980, 981, 2474, 2477)
2007 Ed. (1027)
Richard M. Miller
1990 Ed. (2271)
Richard M. Morrow
1990 Ed. (973)
1991 Ed. (926, 1628)
1992 Ed. (1143, 2059)
Richard M. Rompala

2006 Ed. (919, 2522)
2007 Ed. (2499)
Richard M. Rosenberg
1992 Ed. (2054)
1994 Ed. (357)
1996 Ed. (381)
1998 Ed. (289)
Richard M. Scrushy
1996 Ed. (962)
2003 Ed. (955, 2377)
Richard M. Weil
2013 Ed. (986)
Richard M. Whiting
2010 Ed. (2570)
Richard Mahoney
1990 Ed. (1711)
Richard Manoogian
1990 Ed. (974)
1991 Ed. (927)
1992 Ed. (1144)
1993 Ed. (939)
1994 Ed. (948)
1995 Ed. (981)
1996 Ed. (965)
1999 Ed. (1125)
2000 Ed. (1045)
2001 Ed. (1220, 2346)
2005 Ed. (984)
Richard Manooglan
2004 Ed. (975)
Richard Matros
2009 Ed. (3707)
2010 Ed. (3625)
Richard McBee
2016 Ed. (2562)
Richard McCabe
1996 Ed. (1842)
1997 Ed. (1915)
1998 Ed. (1622)
1999 Ed. (2207)
2000 Ed. (1978)
Richard Merrill
1991 Ed. (1626)
1992 Ed. (2056)
Richard Miller
1998 Ed. (1591)
1999 Ed. (2180)
2000 Ed. (1951)
2005 Ed. (990)
Richard Mithoff
1997 Ed. (2612)
Richard Monkman
2016 Ed. (2562)
Richard Moore
2013 Ed. (3468)
2014 Ed. (3467)
Richard Mosteller
2000 Ed. (1885)
Richard Nanula
2005 Ed. (990)
2006 Ed. (950)
2007 Ed. (1045)
Richard Navarre
2006 Ed. (977)
Richard Nelson
1996 Ed. (1840)
Richard Ng-Yow
1996 Ed. (1840)
Richard Nixon Library
1992 Ed. (4318)
Richard Northcott
2007 Ed. (4931)
Richard Notebaert
2006 Ed. (3931)
Richard Palm
1993 Ed. (1817)
1994 Ed. (1800)
1995 Ed. (1838)
Richard Parsons
2004 Ed. (176)
2006 Ed. (887)
2007 Ed. (977)
2012 Ed. (110)
Richard; P.C.
1989 Ed. (264)
Richard Peery
2003 Ed. (4883)
2004 Ed. (4867)
Richard Perry
2002 Ed. (3360)
Richard Petty
1994 Ed. (1100)
Richard Petty Motorsports
2010 Ed. (316)
2011 Ed. (240)
2012 Ed. (261)
2013 Ed. (268)
2014 Ed. (271)
2015 Ed. (310)
2016 Ed. (307)

Richard Pieris & Co. Ltd.
1996 Ed. (1052)
1999 Ed. (1241)
Richard Pratt
2001 Ed. (3317)
2002 Ed. (871)
2008 Ed. (4842)
2009 Ed. (4860, 4876)
2010 Ed. (4878)
Richard R. Chrysler
1994 Ed. (845)
Richard Rainwater
1990 Ed. (1773)
Richard Reed
2010 Ed. (2527)
Richard Riordan
1995 Ed. (2518)
Richard Rippe
1996 Ed. (1771, 1833)
Richard Roberts
1999 Ed. (2390)
Richard Robinson
1995 Ed. (982)
Richard Rodgers
2006 Ed. (802)
2012 Ed. (691)
2013 Ed. (907)
Richard Rosenstein
2000 Ed. (1988)
Richard Russell 5-8
1994 Ed. (1587)
Richard S. Friedland
1997 Ed. (1803)
Richard S. Fuld Jr.
2003 Ed. (957, 2371, 2387)
2004 Ed. (973)
2005 Ed. (980, 981, 983, 2474, 2475, 2490)
2006 Ed. (932)
2007 Ed. (1022, 1027, 1035)
2008 Ed. (943, 949)
2009 Ed. (948, 958)
Richard Samuelson
1996 Ed. (1890)
1997 Ed. (1996)
1999 Ed. (2395)
2000 Ed. (2178)
Richard Sands
2006 Ed. (930)
2007 Ed. (966)
Richard Saperstein
2006 Ed. (658, 3189)
2007 Ed. (3248, 3249)
2008 Ed. (3376)
2010 Ed. (3382)
2012 Ed. (3316)
2013 Ed. (3388)
2014 Ed. (3390)
2015 Ed. (3422)
Richard Schneider
1991 Ed. (1706, 1709)
1993 Ed. (1818)
1994 Ed. (1801)
1995 Ed. (1839)
1996 Ed. (1817)
1997 Ed. (1891)
1998 Ed. (1660)
1999 Ed. (2250)
2000 Ed. (2032)
Richard Schulze
2000 Ed. (1876)
2002 Ed. (3362)
2003 Ed. (4884)
2004 Ed. (2528, 2529, 4868)
2005 Ed. (4853)
2006 Ed. (4907)
2007 Ed. (4903)
2008 Ed. (4831)
2011 Ed. (4837)
Richard Schutte
1999 Ed. (2251)
2000 Ed. (2033)
Richard Schwartz
1999 Ed. (1120)
Richard Scruggs
2002 Ed. (3072)
Richard Scrushy
1999 Ed. (1121, 2074, 2078)
Richard Serra
2012 Ed. (2884)
Richard Shannon
2011 Ed. (3372)
Richard Sherlund
1991 Ed. (1677)
1993 Ed. (1806)
1994 Ed. (1789)
1995 Ed. (1797, 1828)
1996 Ed. (1772, 1799, 1801)
1997 Ed. (1872, 1874, 1879)
1998 Ed. (1634, 1662)

1999 Ed. (2252, 2264)
2000 Ed. (2034, 2047)
Richard Shue
1997 Ed. (2002)
Richard Simmons
1989 Ed. (2340)
Richard Simmons: Sweatin' to the Old-
ies
1994 Ed. (3630)
Richard Simon
1991 Ed. (1695, 1696, 1707)
1993 Ed. (1808)
1994 Ed. (1791)
1995 Ed. (1797, 1830)
1996 Ed. (1807)
1997 Ed. (1881)
1998 Ed. (1639)
1999 Ed. (2226)
2000 Ed. (2008)
Richard Skidmore
2011 Ed. (3352)
Richard Smith
2000 Ed. (2138)
Richard Snell
1999 Ed. (1125)
Richard & Son; P. C.
1991 Ed. (248, 964, 966)
Richard & Son; P.C.
1990 Ed. (1035)
Richard & Sons Inc.; A. J.
2013 Ed. (2997)
Richard Strauss
1999 Ed. (2217)
2000 Ed. (1989)
Richard Sweetnam Jr.
1993 Ed. (1773, 1796)
1994 Ed. (1779)
Richard Syron
2007 Ed. (996)
Richard T. Clark
2009 Ed. (949)
2010 Ed. (901)
Richard T. Farmer
2002 Ed. (3348)
2004 Ed. (4860)
2005 Ed. (4846)
2006 Ed. (4902)
2007 Ed. (4897)
Richard T. O'Brien
2010 Ed. (897)
2011 Ed. (838, 857)
2012 Ed. (807)
2013 Ed. (986)
2014 Ed. (939)
2015 Ed. (955)
Richard Taggart
2005 Ed. (986)
2006 Ed. (984)
2007 Ed. (1077)
2008 Ed. (962)
Richard Templeton
2007 Ed. (1007)
2008 Ed. (939)
2010 Ed. (889)
Richard Thalheimer
1990 Ed. (1719)
1991 Ed. (1626)
1992 Ed. (2056)
Richard Thomson
1999 Ed. (1123)
Richard Tsai
2016 Ed. (4879)
Richard Tyner Inc.
2007 Ed. (3570)
Richard Umbdenstock
2010 Ed. (3624)
Richard Urwick
2000 Ed. (2091)
Richard Ussery
1998 Ed. (1509)
Richard Vague
2000 Ed. (1880)
Richard Vaughan
2006 Ed. (972)
Richard Verheij
2003 Ed. (1546)
Richard Victor
2000 Ed. (2017)
Richard Vietor
1991 Ed. (1703)
1993 Ed. (1791)
1994 Ed. (1774)
1995 Ed. (1857)
1996 Ed. (1789)
1998 Ed. (1663)
Richard W. Dreiling
2011 Ed. (841)
Richard W. Hallock
2009 Ed. (2661, 3208)
Richard W. Ohman

1990 Ed. (1719)
Richard Wagoner
2010 Ed. (2561)
Richard Wambold
2005 Ed. (966)
2006 Ed. (911)
2007 Ed. (1001)
Richard Warren Mitholf
1991 Ed. (2296)
Richard Werner
1997 Ed. (1994)
Richard Whittington
1998 Ed. (1671)
Richard Wittenberg
1991 Ed. (2342)
Richard Workman
1999 Ed. (2338)
Richard Zinman
2007 Ed. (3248, 3249)
2008 Ed. (3376)
2009 Ed. (3441, 3444)
Richards
2006 Ed. (1038)
Richards; Amy
1997 Ed. (1933)
Richards; Ann W.
1991 Ed. (3210)
Richards; Brad
2015 Ed. (223)
Richards Group
1989 Ed. (161, 167)
1990 Ed. (150)
1991 Ed. (150)
1992 Ed. (207)
1993 Ed. (77)
1994 Ed. (65, 117)
1995 Ed. (37, 126)
1996 Ed. (54, 140)
1997 Ed. (77, 146)
1998 Ed. (66)
1999 Ed. (44, 155)
2000 Ed. (173)
2002 Ed. (184, 185)
2003 Ed. (174)
2004 Ed. (131, 132)
2005 Ed. (109)
2006 Ed. (119)
2007 Ed. (108)
2008 Ed. (116)
Richards Group, Dallas
2000 Ed. (3474)
Richards Inc.; R. P.
1993 Ed. (1125)
1994 Ed. (1141)
1995 Ed. (1160)
Richards, Layton & Finger
1998 Ed. (2325, 2326)
1999 Ed. (1431, 3143, 3144, 3145)
2000 Ed. (2892, 2893)
Richards Packaging Income Fund
2016 Ed. (4491)
Richards; Philip
2009 Ed. (2623)
Richards, Watson, Dreyfuss & Gershon
1996 Ed. (2238)
Richards, Watson & Gershon
1995 Ed. (2231)
Richard's Whole Foods
2010 Ed. (4636)
Richard's Wild Irish Rose
1989 Ed. (2944, 2948)
1990 Ed. (3693)
1992 Ed. (4447, 4459, 4467)
1993 Ed. (3704)
1994 Ed. (3663)
1995 Ed. (3738)
1996 Ed. (3836)
1998 Ed. (3741)
2001 Ed. (4842, 4875)
2002 Ed. (4922, 4940)
2003 Ed. (4946)
2004 Ed. (4950)
2005 Ed. (4930)
2006 Ed. (4960)
Richards Wild Irish Rose Wine
1991 Ed. (3494, 3497)
Richardson
2000 Ed. (973)
Richardson; Aubrey E.
1995 Ed. (932, 1068)
Richardson Carpenter
2001 Ed. (234)
Richardson Electronics Ltd.
1990 Ed. (3229)
1991 Ed. (3081)
1992 Ed. (1915)
1996 Ed. (1631, 1634)
1997 Ed. (1712)
1998 Ed. (1405, 1410)
1999 Ed. (1984)

2000 Ed. (1765)
2001 Ed. (2204, 2215)
2002 Ed. (2087, 2091)
2004 Ed. (2248, 2249)
2005 Ed. (2348, 2349)
Richardson family
2005 Ed. (4873)
2015 Ed. (4912)
2016 Ed. (4828)
Richardson Foundation; Sid W.
1994 Ed. (1905)
Richardson; George
1991 Ed. (1617)
Richardson Greenshields
1990 Ed. (3157)
1992 Ed. (958, 964)
1994 Ed. (782)
Richardson Greenshields of Canada
Ltd.
1989 Ed. (812)
1990 Ed. (811)
Richardson, Myers & Donofrio
1994 Ed. (116)
1995 Ed. (35, 125)
1996 Ed. (56)
Richardson; Nathan
2005 Ed. (3183)
2006 Ed. (3185)
Richardson & Patel LLP
2015 Ed. (1475)
Richardson Projects Holdings Ltd.
2012 Ed. (1946)
2013 Ed. (2121)
Richardson & Sons Ltd.; James
1992 Ed. (1185, 4431)
1994 Ed. (3659)
1995 Ed. (1578)
1996 Ed. (1564, 3828)
1997 Ed. (1641)
Richardson, TX
1990 Ed. (2159)
1993 Ed. (2143)
1994 Ed. (2165)
1995 Ed. (2216)
Richardson Vicks
1990 Ed. (3294)
Richcourt Futures
2004 Ed. (2820)
Richelieu Hardware
2011 Ed. (4926)
2012 Ed. (4567)
2015 Ed. (4973)
Richelieu Hosiery USA
2016 Ed. (2985)
Richelieu Legwear
2009 Ed. (2023)
Richemont
2011 Ed. (3862, 3868)
2012 Ed. (3838, 3844)
2013 Ed. (3882, 3904)
2014 Ed. (3817, 3836)
2015 Ed. (3842, 3862)
2016 Ed. (1329, 3748, 3771)
Richemont SA; Compagnie Financiere
2006 Ed. (4540)
2007 Ed. (2987, 3814, 3816)
2008 Ed. (3583)
2009 Ed. (3654, 3947)
2010 Ed. (3207)
2011 Ed. (3171)
2012 Ed. (831, 1080, 1912, 3127,
4349, 4507)
2013 Ed. (861, 1007, 1008, 1215,
2078, 3212, 4439, 4471)
2014 Ed. (972, 3224, 4047, 4057,
4471, 4520)
2015 Ed. (1009, 3287, 4465, 4519)
2016 Ed. (3128, 4456)
Richemont Securities
1991 Ed. (2269)
1993 Ed. (2375, 2376)
2002 Ed. (3038, 3039)
2006 Ed. (4536)
Richemont Securities AG
1994 Ed. (2342, 2343)
1996 Ed. (2442, 2443)
1997 Ed. (2585, 2586)
1999 Ed. (3130, 3131)
Richemont Securities Dr
2000 Ed. (2876, 2877)
Richemonts Securities
1992 Ed. (2815, 2816)
Riches; Lucinda
2006 Ed. (4984)
Richey Electronics, Inc.
1998 Ed. (1408, 1411)
1999 Ed. (1938, 1985)
2000 Ed. (1766)
Richey; Ronald
1996 Ed. (1712)

Richey; Ronald K.
1991 Ed. (1619)
1994 Ed. (947, 1714)
RicheyCypress Electronics
1997 Ed. (1711)
Richfield Hospitality Services
1996 Ed. (2158, 2159)
1997 Ed. (2274, 2275, 2276, 2277)
1998 Ed. (1998, 1999, 2000, 2001)
1999 Ed. (2755, 2756)
Richfield Hotel Management
1993 Ed. (2077, 2078, 2079, 2080,
2081)
1994 Ed. (2092, 2093, 2094)
1995 Ed. (2147, 2148, 2149, 2150)
Richfield International Holdings
1995 Ed. (2126)
Richfood
1993 Ed. (3488)
1994 Ed. (2000)
1995 Ed. (2053, 2057)
1996 Ed. (2048, 2049, 2053)
1999 Ed. (4755)
2000 Ed. (2385, 2389, 2390, 2391)
Richfood Holdings
1996 Ed. (3826)
1997 Ed. (2027, 3875, 3877)
1998 Ed. (1082, 1719, 1869, 1875,
3710, 3713)
1999 Ed. (4758)
Richie; Nicole
2008 Ed. (2584)
Richie Rich
2007 Ed. (682)
2008 Ed. (640)
2009 Ed. (657)
2010 Ed. (624)
2011 Ed. (559)
2012 Ed. (540)
2013 Ed. (4853)
2015 Ed. (4905)
Richland Development
2003 Ed. (1188)
Richland Investments Inc.
2008 Ed. (4984)
Richland-Kennewick-Pasco, WA
1997 Ed. (2767)
2004 Ed. (2289)
Richland School District
2008 Ed. (4280)
Richland, WA
2012 Ed. (4374)
Richland/Kennewick, WA
1994 Ed. (2150, 2487)
Richloom
1995 Ed. (3596)
1996 Ed. (3675)
2000 Ed. (4239)
The Richman Affordable Housing Corp.
2007 Ed. (284)
The Richman Group Affordable Housing
Corp.
2006 Ed. (279)
2008 Ed. (259)
2009 Ed. (282)
2010 Ed. (268)
2011 Ed. (188)
2012 Ed. (195)
2013 Ed. (175)
2014 Ed. (182)
2015 Ed. (211)
Richman; John M.
1991 Ed. (1621)
Richmond American
1998 Ed. (900, 902, 915)
1999 Ed. (1330, 1337)
2002 Ed. (1187, 1189, 1196, 1197,
1205, 2670, 2671, 2673)
Richmond American Homes
1999 Ed. (1329)
2000 Ed. (1211, 1213, 3721)
2003 Ed. (1159, 1177, 1178, 1188,
1192, 1213, 1214)
2004 Ed. (1151, 1165, 1184, 1185,
1193, 1197, 1213, 1221)
2005 Ed. (1182, 1193, 1210, 1211,
1219, 1223, 1240, 1244, 1246)
Richmond American Homes of Colorado
Inc.
2002 Ed. (2676)
2011 Ed. (1084)
Richmond, British Columbia
2008 Ed. (3490)
Richmond County Bank Ballpark
2005 Ed. (4442, 4443)
Richmond County Financial Corp.
2001 Ed. (4529)
2003 Ed. (1499)
Richmond County, NY
2008 Ed. (4732)

Richmond Development Co.
 1991 Ed. (250)
 1992 Ed. (352)
 1994 Ed. (232)
Richmond Group
 1997 Ed. (1159)
 2007 Ed. (1976)
Richmond, IN
 2005 Ed. (3334)
Richmond Insurance Co., Ltd.
 2006 Ed. (3055)
Richmond International
 1996 Ed. (2235)
Richmond-Master Distributors Inc.
 2003 Ed. (4937)
 2011 Ed. (1357)
 2012 Ed. (1221)
 2013 Ed. (1337)
 2016 Ed. (1246)
Richmond, NY
 2000 Ed. (1607, 2437)
Richmond-Petersburg, VA
 2005 Ed. (2946, 3322)
 2006 Ed. (3313, 3315)
 2008 Ed. (3474)
 2009 Ed. (2390)
Richmond PR
 2000 Ed. (3668)
Richmond Public Relations
 1999 Ed. (3954)
 2002 Ed. (3851)
 2003 Ed. (3988, 3993)
 2004 Ed. (4029)
 2005 Ed. (3957, 3973)
 2011 Ed. (4132)
 2012 Ed. (4161)
 2013 Ed. (4151)
Richmond, Robins School of Business;
 University of
 2009 Ed. (781)
 2011 Ed. (640)
Richmond Savings
 2002 Ed. (1851)
Richmond Savings Credit Union
 1992 Ed. (1755)
 1993 Ed. (1451)
 1995 Ed. (1537)
 1996 Ed. (1513)
 1997 Ed. (1571)
 1999 Ed. (1804)
 2001 Ed. (1498)
Richmond Towers
 1994 Ed. (2958)
 1995 Ed. (3018)
 1996 Ed. (3116, 3119)
 1997 Ed. (3196, 3203)
 2002 Ed. (3865, 3869)
Richmond Town Square
 2001 Ed. (4251)
Richmond; University of
 1992 Ed. (1093, 1270)
 1993 Ed. (1018)
 1994 Ed. (1045)
 1995 Ed. (1053)
 1996 Ed. (1038)
 1997 Ed. (1054)
Richmond, VA
 1990 Ed. (1004, 1149, 1156)
 1993 Ed. (1221)
 1994 Ed. (1259)
 1995 Ed. (989, 2667)
 1996 Ed. (976)
 1997 Ed. (1284, 2338)
 2000 Ed. (1065, 2993)
 2001 Ed. (2795)
 2003 Ed. (1136)
 2005 Ed. (3310, 4834, 4835)
 2007 Ed. (2997, 3004, 3365)
 2008 Ed. (3115, 4089)
 2009 Ed. (3534, 3535)
 2013 Ed. (3223, 4786)
 2014 Ed. (3242)
Richmond,VA
 1994 Ed. (1103)
Richmont Mines Inc.
 2016 Ed. (1494)
Rich's
 1990 Ed. (1521)
 1995 Ed. (1552)
 1998 Ed. (1262, 1786, 3093, 3460)
Rich's Ever Fresh
 1995 Ed. (340)
Rich's Lazarus Goldsmilth's
 2000 Ed. (1660)
Rich's Lazarus Goldsmith's
 2000 Ed. (2290)
Rich's/Goldsmith's
 1996 Ed. (1534, 1990)
 1997 Ed. (1593, 2104)
Richtek Technology

2009 Ed. (4417)
Richter
 2000 Ed. (893)
 2001 Ed. (4424)
 2002 Ed. (854)
 2006 Ed. (664)
Richter 7
 2006 Ed. (128)
Richter, Brian H.
 1992 Ed. (2904)
Richter Gedeon
 1997 Ed. (825, 826)
 1999 Ed. (947)
Richter LLP
 2016 Ed. (4)
Richter Usher & Vineberg
 1995 Ed. (7, 8)
 1996 Ed. (8, 9)
 1999 Ed. (4)
Richter's Bakery Inc.
 1989 Ed. (360)
Richtman's Inc.
 2006 Ed. (3532, 4371)
 2007 Ed. (3587, 4439)
Richton International
 2001 Ed. (4278)
Richwhite; Fay
 1993 Ed. (1665)
Rick Adelman
 2013 Ed. (545)
Rick Anderson
 2011 Ed. (2973)
Rick Bayless
 2012 Ed. (4259)
Rick Bennet
 2011 Ed. (2974)
Rick Carlisle
 2013 Ed. (545)
Rick Case Acura
 1995 Ed. (258)
Rick Case Honda
 2008 Ed. (284)
 2013 Ed. (217, 220)
Rick Case Hyundai
 1995 Ed. (270)
 1996 Ed. (273)
Rick Deutsch
 2000 Ed. (2076)
Rick Faulk
 2006 Ed. (2514)
Rick Holley
 2007 Ed. (1002)
Rick J. Echevarria
 2009 Ed. (2656)
Rick Miller
 1997 Ed. (1943)
Rick Nash
 2014 Ed. (196)
Rick Nelson
 2011 Ed. (3374)
Rick Rogan
 2006 Ed. (4352)
Rick Santorum
 2003 Ed. (3894)
Rick Shane
 2011 Ed. (3358)
Rick Shearer
 2016 Ed. (867)
Rick Trevino
 1997 Ed. (1113)
Rick Warren
 2008 Ed. (280)
Rickard; David
 2006 Ed. (998)
 2007 Ed. (1090)
Rickel Home Centers
 1999 Ed. (387)
Rickel/Channel
 1996 Ed. (818, 827)
 1997 Ed. (831)
Rickenbacker International Airport
 1996 Ed. (2248)
Rickenbaugh Automotive Group
 2015 Ed. (5038)
Ricketson, Jr.; Estate of Frank H.
 1991 Ed. (888)
Ricketts; J. Joseph
 2007 Ed. (4903)
Ricketts; T. R.
 1991 Ed. (1618)
Ricketts; Thomas
 19939 Ed. (939)
Ricketts; Thomas R.
 1994 Ed. (1720)
 1997 Ed. (981)
Rickey's Restaurant
 2014 Ed. (4305)
"Ricki Lake"
 2001 Ed. (4486)

Rickland Orchards
 2015 Ed. (4484)
Rick's
 2003 Ed. (261)
Rick's Cabaret International
 2011 Ed. (2089)
 2014 Ed. (4263)
Rick's Spiked Lemonade
 2003 Ed. (4942)
Ricky Martin
 2001 Ed. (3407, 3408)
 2002 Ed. (1160, 1163)
Ricky Van Shelton
 1994 Ed. (1100)
Ricochet Fuel Distributors Inc.
 2008 Ed. (4984)
Ricoh
 2013 Ed. (3845, 3846)
 2014 Ed. (3767)
 2016 Ed. (987)
Ricoh Americas Corp.
 2011 Ed. (4929)
 2012 Ed. (4932)
 2013 Ed. (4928)
 2014 Ed. (4935)
 2016 Ed. (4893)
Ricoh Americas Holdings Inc.
 2015 Ed. (4976)
 2016 Ed. (4893)
Ricoh Co., Ltd.
 1989 Ed. (1306)
 1990 Ed. (2739)
 1991 Ed. (1107, 1108, 1643)
 1992 Ed. (1448, 2096, 3289)
 1993 Ed. (1359, 1733, 2176)
 1994 Ed. (1073, 1612, 2199)
 1995 Ed. (1656)
 1997 Ed. (1085, 2958)
 1998 Ed. (837, 2705)
 1999 Ed. (1271, 1272, 1273, 3646,
  3647, 3648)
 2000 Ed. (1166, 1204, 3370)
 2002 Ed. (1141, 2108, 3534)
 2003 Ed. (1098, 1099, 1364, 1522,
  2248)
 2004 Ed. (1118, 1347, 2261)
 2005 Ed. (1125, 1390, 3695)
 2006 Ed. (1111)
 2007 Ed. (841, 1213, 2346, 2828)
 2008 Ed. (1117)
 2009 Ed. (1096)
 2010 Ed. (1075)
 2011 Ed. (1014, 1018, 3830)
 2012 Ed. (648, 650, 943, 2902)
 2013 Ed. (792, 794)
 2014 Ed. (810, 811)
 2015 Ed. (858, 859)
 2016 Ed. (746, 747, 3097)
Ricoh Corp.
 2013 Ed. (2987)
Ricoh USA Inc.
 2016 Ed. (4893)
Ricoh/Olympus
 1993 Ed. (1059)
Ricola Inc.
 1999 Ed. (1020, 1219)
 2000 Ed. (974, 1133)
 2001 Ed. (1939)
 2002 Ed. (1803)
 2003 Ed. (1053, 1878)
Ricotta cheese
 2002 Ed. (984)
Rid
 1993 Ed. (2776)
 1996 Ed. (2919)
 2001 Ed. (3089)
 2003 Ed. (3212)
Riddell
 1991 Ed. (3166)
 1992 Ed. (4044)
Riddell; Clay
 2005 Ed. (4864)
Riddell; Clayton
 2012 Ed. (4879)
 2013 Ed. (4861)
 2014 Ed. (4875)
 2015 Ed. (4913)
Riddell Sports Inc.
 1994 Ed. (2159)
Ridder; P. A.
 2005 Ed. (2502)
Ridderikhoff Groep BV
 2008 Ed. (1967)
Riddick Bowe
 1997 Ed. (278)
Riddick Rowe
 1995 Ed. (251)
Rideau Lyons & Co.
 1998 Ed. (471)
 2000 Ed. (2758)

Rider Resources
 2005 Ed. (1711)
Rider University
 2015 Ed. (817)
RideSafely.com
 2010 Ed. (4281)
The Rideshare Co.
 2011 Ed. (3759)
Ridgaway Philips Co.
 1997 Ed. (3919)
 1998 Ed. (3766)
 1999 Ed. (4815)
Ridgaway Phillips Co.
 1995 Ed. (3797)
Ridge Contracting Inc.
 2007 Ed. (4399)
Ridge Lumber
 1995 Ed. (849)
Ridge Motors Inc.
 1994 Ed. (280)
Ridge Motors Pontiac
 1990 Ed. (314)
Ridge Tahoe
 1991 Ed. (3389)
Ridgeaway Philips Co.
 1994 Ed. (3672)
Ridged
 1990 Ed. (2886)
Ridgeway Petroleum
 2007 Ed. (4578)
Ridgewood Savings Bank
 2005 Ed. (3303)
RidgeWorth Funds
 2010 Ed. (592, 2551, 3720)
 2011 Ed. (527)
 2012 Ed. (2486)
 2013 Ed. (2635)
 2016 Ed. (3671, 3678)
Ridgeworth High Income
 2014 Ed. (633)
Ridgway; Rozanne
 1995 Ed. (1256)
The Ridings Housing Association
 2005 Ed. (1979)
Rid/Leeming
 1992 Ed. (3349)
Ridley Inc.
 2007 Ed. (213)
 2008 Ed. (199)
 2009 Ed. (222)
 2010 Ed. (206)
 2011 Ed. (1567)
 2016 Ed. (136)
Ridley Scott
 2002 Ed. (3398)
Ridley & Tony Scott; Sir
 2005 Ed. (4891)
Ridzon; Paul
 2011 Ed. (3377)
Rie Murayama
 1996 Ed. (1871, 1881)
 1997 Ed. (1979, 1987)
 1999 Ed. (2382, 2387)
 2000 Ed. (2170)
Riegle Jr.; Donald W.
 1992 Ed. (1038)
Rieper, Alan
 1989 Ed. (1418)
 1991 Ed. (1678)
Ries; Daniel
 2011 Ed. (3337)
Riese Organization
 1991 Ed. (2884)
Riester Robb
 2006 Ed. (128)
Rieter Automotive Canadian Carpet
 2009 Ed. (3630)
Rieth-Riley Construction Co. Inc.
 2003 Ed. (2745)
Rietumu Banka
 2005 Ed. (498)
 2009 Ed. (490)
 2010 Ed. (472)
 2011 Ed. (398)
Rietumu Banka AS
 2012 Ed. (1658)
 2013 Ed. (1812)
Rietzl Corp.
 1990 Ed. (335)
Rieu; Andre
 2011 Ed. (1066)
 2013 Ed. (1137)
 2014 Ed. (1098, 1099)
RIF
 2000 Ed. (3586)
 2002 Ed. (3736, 3737)
Rifco Inc.
 1991 Ed. (32)
 2007 Ed. (1570, 2739)
 2016 Ed. (1471)

Rifco National Auto Finance Corp.
2015 Ed. (2715)
Rig Tenders
1993 Ed. (2156)
Rig Tenders Indonesia
2007 Ed. (1778)
Riga-Bank JS
1997 Ed. (538)
Riga Container Line SIA
2016 Ed. (1536, 1739)
Rigas KB
2002 Ed. (4439)
2006 Ed. (4515)
Rigas Komercbanka
1997 Ed. (537, 538)
2000 Ed. (591)
Rigas TF
2002 Ed. (4438, 4439)
Rigatoni
1996 Ed. (2913)
Rigby; Peter
1996 Ed. (1717)
Rigdon Marine
2010 Ed. (4791)
Riggs Bank
2005 Ed. (640)
2006 Ed. (543, 1449)
Riggs Center; Austen
2014 Ed. (4139)
2015 Ed. (4121)
2016 Ed. (4035)
Riggs Contracting Inc.
2007 Ed. (1336)
2009 Ed. (1201, 1204)
2011 Ed. (1095)
Riggs National Bank
1989 Ed. (2902)
1990 Ed. (539, 714, 3683)
1991 Ed. (3472)
1992 Ed. (863, 4422)
1993 Ed. (383, 385, 663)
1994 Ed. (665)
1996 Ed. (488)
1997 Ed. (451, 3280)
1998 Ed. (433)
2007 Ed. (472, 473)
Riggs National Bank (Washington, DC)
1991 Ed. (688)
Riggs National Corp.
1989 Ed. (370, 382, 2464)
1990 Ed. (3250)
1991 Ed. (399)
1993 Ed. (3251)
1994 Ed. (3245)
1995 Ed. (456, 3325)
1996 Ed. (376)
1998 Ed. (276, 320, 331)
1999 Ed. (425, 438)
2000 Ed. (678)
2003 Ed. (451, 452, 453)
2004 Ed. (637)
2005 Ed. (626, 2590)
2006 Ed. (2593)
Right Associates
1991 Ed. (2650)
1993 Ed. (2747)
1996 Ed. (2879)
Right at Home
2016 Ed. (784)
Right at Home Inc.
2005 Ed. (179)
2006 Ed. (194)
2007 Ed. (200)
2008 Ed. (187)
2009 Ed. (204)
2010 Ed. (184)
2011 Ed. (106)
2012 Ed. (114)
2013 Ed. (91)
2014 Ed. (100)
2015 Ed. (114)
2016 Ed. (121)
The Right-Brain Business Plan
2013 Ed. (623)
Right Coast Marketing Inc.
2007 Ed. (3597, 3598, 4444)
Right Course
1993 Ed. (1906)
Right Formula
2016 Ed. (2075)
Right Guard
1990 Ed. (2808, 3546)
1994 Ed. (1518, 2812)
1995 Ed. (1549)
1996 Ed. (1530)
1997 Ed. (1589)
1998 Ed. (1256, 1257, 2804)
2000 Ed. (1658, 1659)
2001 Ed. (3726)
2003 Ed. (2001, 2003)

2005 Ed. (2164)
2008 Ed. (2326, 3876)
Right Guard Sport
2001 Ed. (1990)
2003 Ed. (2002)
Right Guard Spot
2004 Ed. (3803)
Right Hand Man
1994 Ed. (1621)
Right Management
2009 Ed. (1641)
Right Management Consultants Inc.
2003 Ed. (4568)
2004 Ed. (4433)
Right Media
2009 Ed. (120, 145)
Right of the Dial: The Rise of Clear
Channel & the Fall of Commercial
Radio
2010 Ed. (607)
Right-On Curl Activator-Bottle, 8 oz.
1990 Ed. (1979, 1980)
Right-On Curl Activator-Bottle, 16 oz.
1990 Ed. (1979)
Right-On Inc.
2008 Ed. (1564)
2012 Ed. (842)
2013 Ed. (1017)
Right-On Instant Moisturizer, 8 oz.
1990 Ed. (1980)
The Right One
2004 Ed. (4410)
2005 Ed. (3722)
2006 Ed. (3812)
RightHealth.com
2010 Ed. (3370)
Rightime Blue Chip
2000 Ed. (3247)
Rightime Blue Chip Fund
1992 Ed. (3176, 3191)
Rightime Fund
1992 Ed. (3176)
Rightime Government Sec.
1994 Ed. (2620)
Rightime Midcap
2000 Ed. (3235, 3247)
Rightime Midcap Fund
2000 Ed. (3281)
Rightmove
2014 Ed. (2046, 2048, 2050, 2052,
2053, 2055)
2015 Ed. (2095, 2104)
2016 Ed. (3493)
Rightnow Technologies Inc.
2006 Ed. (4254, 4259)
2007 Ed. (1239)
2012 Ed. (1733)
RightPoint Corp.
2001 Ed. (1872, 2852)
Rights & Issues Inc.
2000 Ed. (3303)
RightsFlow
2013 Ed. (1931)
RightStar Systems
2010 Ed. (4840)
The RightThing Inc.
2008 Ed. (4346)
Rigid Industries
2015 Ed. (3560)
2016 Ed. (3412)
Rigident
2003 Ed. (1991)
RigNet
2008 Ed. (2495)
2015 Ed. (2072)
Rigol Technologies Inc.
2014 Ed. (4240)
Rigoletto
2000 Ed. (2339)
2001 Ed. (3586)
Rihanna
2010 Ed. (3715, 3717)
2011 Ed. (3713)
2012 Ed. (3734, 3736)
2013 Ed. (3782, 3783)
2014 Ed. (2528, 3728, 3729, 3731)
2015 Ed. (1135, 3730, 3731, 3733)
2016 Ed. (2526, 3639)
Rihga Royal Hotel
1996 Ed. (2170)
1997 Ed. (2284)
1999 Ed. (2761)
2000 Ed. (2539)
Rihga Royal Hotel New York
2002 Ed. (2631)
Rihm Kenworth
2016 Ed. (4965)
Rijecka Banka
2001 Ed. (619)
2002 Ed. (547)

2003 Ed. (480)
Rijecka Banka DD
1996 Ed. (481)
1997 Ed. (444, 445)
1999 Ed. (498)
Rijecka banka dd, Rijenka JC
1995 Ed. (451)
Rijkman Groenink
2003 Ed. (3061)
Rijksvoorlichtings
1990 Ed. (40)
1991 Ed. (37)
Rijksvoorlichtingsdienst
1989 Ed. (43)
1994 Ed. (34)
Riker, Danzig, Scheer, Hyland & Perretti
1992 Ed. (2843)
1993 Ed. (2401)
Riker, Danzig, Scherer & Hyland
1991 Ed. (2289)
Riker, Danzig, Scherer, Hyland & Perretti
1989 Ed. (1884)
1990 Ed. (2423)
1994 Ed. (2354)
1995 Ed. (2419)
1997 Ed. (2599)
1998 Ed. (2331)
1999 Ed. (3155)
Riker, Danzig, Scherer, Hyland & Perretti, LLP
2000 Ed. (2900, 3204)
2001 Ed. (873)
2002 Ed. (3060)
Riketson, Jr.; Frank H.
1992 Ed. (1096, 1098)
Riklis Family Corp.
1990 Ed. (1022, 1226, 1230)
1991 Ed. (1185)
2005 Ed. (1535)
Riley & Associates; John S.
1989 Ed. (1889)
Riley Bechtel
2002 Ed. (3360)
2003 Ed. (4885)
2004 Ed. (4869)
2005 Ed. (4854)
2006 Ed. (4908)
2007 Ed. (4903)
2008 Ed. (4832)
Riley Construction Co.
2010 Ed. (1332)
Riley Hospital for Children
2009 Ed. (3150)
2010 Ed. (3081)
2012 Ed. (2965, 2990)
2013 Ed. (3055, 3056)
Riley P. Bechtel
2011 Ed. (4844)
2012 Ed. (4849)
2013 Ed. (4835)
2014 Ed. (4850)
2015 Ed. (4887)
2016 Ed. (4805)
Riley/Peariman/Mitchell
1997 Ed. (3260)
Riley/Pearlman Co.
1993 Ed. (3314)
RIM
2007 Ed. (1250)
Rim Hospitality
2015 Ed. (3149)
Rimac International
2007 Ed. (3116)
2008 Ed. (3260)
2010 Ed. (3253)
Rimage Corp.
2008 Ed. (4405)
2009 Ed. (4475)
Rimco Monument Small Cap
1999 Ed. (598)
RIMCo Monument Small Cap Equity
1999 Ed. (3576)
RIMCO Monument Stock
1997 Ed. (2874)
Rimco Monument Stock Fund
1998 Ed. (401)
Rimi Baltic
2010 Ed. (54)
Rimi Eesti Food AS
2012 Ed. (1465)
2013 Ed. (1597)
Rimmel
2001 Ed. (1926, 1927, 1929, 1931)
2007 Ed. (701)
2008 Ed. (672)
2009 Ed. (679)
2015 Ed. (2188)
Rimmers Music
2013 Ed. (3812)

2015 Ed. (3760)
2016 Ed. (3668)
RimTyme
2010 Ed. (298)
2012 Ed. (231)
2013 Ed. (228)
2014 Ed. (4722)
2015 Ed. (4740)
2016 Ed. (4641)
The Rinaldi Group LLC
2016 Ed. (1858)
Rinaldo Piaggio
1994 Ed. (188)
Rinat Akhmetov
2008 Ed. (4877)
2009 Ed. (4901)
2010 Ed. (4901)
2011 Ed. (4889)
2012 Ed. (4899)
2013 Ed. (4917, 4920)
2014 Ed. (4493, 4927)
2015 Ed. (4967)
2016 Ed. (4884)
Rincker, William H.
1992 Ed. (534)
Rinehart; Charles R.
1994 Ed. (1720)
Rinehart; Georgina
2010 Ed. (4982)
2012 Ed. (4873, 4874)
2013 Ed. (4855, 4856, 4916, 4953)
2014 Ed. (4869, 4870, 4960)
2015 Ed. (4907, 4908, 5001)
2016 Ed. (4823, 4824, 4918)
Rinehart; Gina
2009 Ed. (4860, 4876)
2010 Ed. (4862, 4878)
2011 Ed. (4867, 4868)
Riney Hancock CPAs
2012 Ed. (3)
Riney & Partners; Hal
1989 Ed. (57)
1990 Ed. (73)
1991 Ed. (161)
1992 Ed. (104, 112, 220)
1994 Ed. (126)
1995 Ed. (138)
1996 Ed. (152)
1997 Ed. (139)
The Ring
2001 Ed. (1278)
2002 Ed. (2519)
2005 Ed. (4832)
Ring Can
1992 Ed. (1386)
Ring Pops
1994 Ed. (853)
1995 Ed. (893, 898)
Ring sports
2001 Ed. (1099)
Ring; Timothy M.
2011 Ed. (834)
Ring2/Shikoku
2001 Ed. (3376)
Ringert Law Chartered
2010 Ed. (1683)
ringgit; Malaysian
2008 Ed. (2274)
Ringier America
1992 Ed. (3530, 3537)
1993 Ed. (2918, 2919)
1995 Ed. (2988)
Ringier/Blick
1991 Ed. (50)
Ringkjobing Landbobank
2006 Ed. (432)
2008 Ed. (404)
2010 Ed. (405)
2011 Ed. (332)
2013 Ed. (419)
2014 Ed. (438)
2015 Ed. (492)
2016 Ed. (446)
Ringler; James M.
1997 Ed. (1804)
Ringnes
2006 Ed. (71)
Ringo Starr
1995 Ed. (1118, 1120)
Rings, bridal
1998 Ed. (2316)
Rings, non-bridal
1998 Ed. (2316)
Rinke Pontiac
1996 Ed. (283)
Rinke Pontiac-GMC
1995 Ed. (283)
Rinker Group Ltd.
2006 Ed. (3370)
2007 Ed. (1719)

2008 Ed. (3547)
Rinker; Marshal E.
1990 Ed. (2577)
Rinker Materials Corp.
1990 Ed. (1227)
2004 Ed. (4591, 4592, 4594)
2005 Ed. (3926, 4167, 4525, 4526, 4527)
2006 Ed. (4000, 4608, 4610)
2007 Ed. (4592, 4593, 4594)
2008 Ed. (4544, 4545)
2009 Ed. (4177, 4183, 4575, 4576)
2010 Ed. (4117, 4607, 4608)
Rinker Materials of Florida
2008 Ed. (4063)
Rinnai
2007 Ed. (2991)
2016 Ed. (3037)
Rio
1995 Ed. (2398)
2008 Ed. (275)
Rio Algom Ltd.
1990 Ed. (1738, 2586, 3660)
1991 Ed. (1165, 2467)
1992 Ed. (1596, 3086)
1994 Ed. (2527)
1996 Ed. (2650)
1997 Ed. (2795)
1999 Ed. (3415)
2002 Ed. (3369)
Rio Algom Metals Distribution
2002 Ed. (3319)
Rio Algom Metals Distribution Group
2003 Ed. (3382)
Rio Alto Exploration
1997 Ed. (1376)
Rio Alto Mining
2015 Ed. (2905)
Rio Alto Mining Ltd.
2013 Ed. (1499, 1532)
2014 Ed. (1466)
2015 Ed. (4567)
Rio Bravo Cantina
1999 Ed. (4059)
2000 Ed. (3123, 3762, 3773, 3774)
Rio Coffee
2008 Ed. (59)
Rio de Janeiro
1990 Ed. (862)
Rio de Janeiro, Brazil
1996 Ed. (2865)
2011 Ed. (2625, 3786)
2012 Ed. (3502)
2014 Ed. (2639)
2015 Ed. (2682)
2016 Ed. (2599)
Rio de Janerio, Brazil
1991 Ed. (940)
Rio de la Plata
1990 Ed. (498)
2000 Ed. (456, 461)
2001 Ed. (600, 601, 602)
Rio Ferdinand
2005 Ed. (268, 4895)
Rio Grande
1994 Ed. (3505)
1995 Ed. (3590, 3594)
1996 Ed. (3670)
1997 Ed. (3729)
1998 Ed. (3508, 3509)
1999 Ed. (4579)
2000 Ed. (4233)
2003 Ed. (4721)
2004 Ed. (4699)
Rio Grande de Loiza
1993 Ed. (3690)
Rio Grande Margarita
2002 Ed. (3104)
2004 Ed. (1034)
Rio Grande Tequila
2001 Ed. (4503)
2002 Ed. (292, 4604)
Rio Grande Valley
2002 Ed. (2570)
Rio Guayas
2010 Ed. (3247)
Rio Haina, Dominican Republic
2003 Ed. (3916)
Rio Hotel & Casino Inc.
2001 Ed. (1808)
2003 Ed. (1778)
2004 Ed. (1813)
Rio Narcea Gold Mines Ltd.
2006 Ed. (3486)
Rio Rancho, NM
1990 Ed. (998)
Rio Santander
2007 Ed. (504)
Rio Tinto
2013 Ed. (3736, 3737)

2014 Ed. (2061, 3173, 3670, 3923)
2015 Ed. (3688, 4429)
2016 Ed. (3570, 3571, 3873)
Rio Tinto Alcan
2013 Ed. (811)
Rio Tinto Alcan Inc.
2009 Ed. (860)
2010 Ed. (3683, 4058)
2011 Ed. (4036)
2012 Ed. (3674, 4069)
2013 Ed. (1512, 3734)
2014 Ed. (1463, 1481, 3668)
2015 Ed. (1536)
2016 Ed. (1460, 3519)
Rio Tinto America Holdings Inc.
2001 Ed. (3322, 3323)
2003 Ed. (3366, 3367)
2004 Ed. (3432, 3433)
Rio Tinto America Inc.
2004 Ed. (3432)
Rio Tinto-Comalco
2001 Ed. (669)
Rio Tinto Energy America
2008 Ed. (2179)
2009 Ed. (2165)
Rio Tinto Energy America Services Co.
2010 Ed. (2105)
Rio Tinto Group
2008 Ed. (1815, 1816, 3680, 3927)
2009 Ed. (1396, 1763, 1764, 3748, 3997, 4555)
2010 Ed. (3684, 3903)
2014 Ed. (2057)
2015 Ed. (2108)
2016 Ed. (2086)
Rio Tinto Ltd.
1997 Ed. (3929)
1999 Ed. (1582, 1583, 1584, 3416, 3625)
2000 Ed. (325, 326, 1388)
2001 Ed. (1503, 1628, 1629, 1630, 1632, 1633)
2002 Ed. (345, 346, 1588, 1590, 1591, 1593, 1650, 3368, 3964)
2003 Ed. (1613, 1615, 1617, 1619, 1620, 3423, 4075)
2004 Ed. (1632, 1638, 1639, 1640, 1642, 1643, 3490, 4100)
2005 Ed. (1656, 1657, 1661, 3783, 3790)
2006 Ed. (294, 1554, 2059, 3489, 3849, 3850, 4092)
2007 Ed. (1460, 1587, 1696, 3487, 3520, 3521, 3881)
2008 Ed. (1723, 3587, 3924, 3930)
2009 Ed. (1501, 1661, 3659, 3749, 3994, 4002)
2010 Ed. (1493, 1494, 2053, 3576, 3646, 3648, 3685, 3900, 4586)
2011 Ed. (1411, 1719, 1721, 2106, 2109, 2110, 3579, 3651, 3668, 3670, 3671, 3918, 3921)
2012 Ed. (1246, 1331, 1335, 1950, 1951, 3572, 3578, 3648, 3650, 3657, 3676, 3679, 3680, 3681, 3686)
2013 Ed. (1639, 2127, 2128, 3607, 3709, 3710, 3712, 3722, 3738)
2014 Ed. (2062, 3551, 3642, 3643, 3645, 3658, 3671)
2015 Ed. (2111, 3652, 3653, 3676, 3689)
2016 Ed. (2089, 3540, 3541, 3559, 3572)
Rio Tinto plc
2001 Ed. (3326, 4270)
2002 Ed. (3370)
2011 Ed. (129, 1728, 3669, 3911)
2012 Ed. (133, 3677, 3896)
2013 Ed. (3962)
2015 Ed. (2112)
2016 Ed. (2092, 3568)
Rio Tinto Zinc
2004 Ed. (3697)
RioCan Real Estate Investment Trust
2001 Ed. (1654)
2003 Ed. (4053)
RioCan REIT
2007 Ed. (4088)
2008 Ed. (1656, 4116)
2009 Ed. (4224, 4225)
2010 Ed. (4161)
2011 Ed. (4159)
2013 Ed. (4187)
2015 Ed. (4196)
Riocan REIT
2014 Ed. (1464)
2016 Ed. (1461, 4086)
Riocell
2005 Ed. (1563)

Rioja
1997 Ed. (3904)
1998 Ed. (3743, 3749)
1999 Ed. (4789)
Rioja Spain wine producers
1991 Ed. (3493)
Riopan
1992 Ed. (340, 343)
1993 Ed. (237)
1996 Ed. (226)
Riopan Plus
1996 Ed. (226)
Riordan Industries PLC
1993 Ed. (973)
Riordan; Richard
1995 Ed. (2518)
Riostar Corp.
1993 Ed. (2038)
1995 Ed. (2102, 3142)
1996 Ed. (2111, 3234)
1997 Ed. (2217, 3339)
1998 Ed. (1937, 3081)
Riot Games
2015 Ed. (1368, 1468)
2016 Ed. (3484)
Rip It
2007 Ed. (4510, 4512)
Rip It Energy Fuel
2015 Ed. (4530)
2016 Ed. (619)
Ripley's Believe It or Not
2003 Ed. (712)
Rippe; Richard
1996 Ed. (1771, 1833)
Ripped Fuel
2001 Ed. (2009)
Rippers Pizzeria
2012 Ed. (3981)
Ripple
2016 Ed. (517)
Ripplewood Holdings
2005 Ed. (1552, 3284)
Ripplewood Holdings LLC
2002 Ed. (3080)
Rips
2014 Ed. (829)
2015 Ed. (869)
2016 Ed. (760)
Riptech Inc.
2002 Ed. (4205)
Ris Paper
1990 Ed. (1035)
1991 Ed. (964, 966)
RISC/MPU
2001 Ed. (4220)
Riscomp Industries Inc.
2004 Ed. (1799)
RISCORP Inc.
1998 Ed. (2107, 3179)
Riscorp Inc. Group
2000 Ed. (2718)
Riscorp Inc. Insurance Group
1999 Ed. (2964)
Risdall Linnihan Advertising
2001 Ed. (211)
Risdon Mfg.
1992 Ed. (3474)
Rise in Non-Store Retail
1992 Ed. (993)
Rise Interactive
2016 Ed. (2835)
Rise of the Planet of the Apes
2013 Ed. (3770, 3771, 3772)
Rise Technology
1989 Ed. (2368)
Riser Foods
1993 Ed. (3486)
1994 Ed. (3461)
1995 Ed. (3527)
1996 Ed. (3613)
Riser-Shows Hyundai-Isuzu
1992 Ed. (385)
Rising health-care costs/cost-containment
1991 Ed. (2025)
Rising health-care costs/costs containment
1991 Ed. (2026)
Rising Medical Solutions Inc.
2007 Ed. (4112)
Rising Resources
1997 Ed. (1374)
Rising Sun
1995 Ed. (3708)
Risk Capital Re
1997 Ed. (3405)
2001 Ed. (2957)
Risk Capital Reinsurance
2000 Ed. (2716)

2001 Ed. (2958, 4034)
Risk Capital Resinsurance
2000 Ed. (2680)
Risk Consultants Inc.
1990 Ed. (905)
1991 Ed. (855)
1992 Ed. (1060)
2005 Ed. (3615)
2006 Ed. (3732)
2007 Ed. (3715)
2008 Ed. (3808)
2009 Ed. (3852)
2010 Ed. (3771)
2011 Ed. (3775)
2012 Ed. (3776)
Risk Consulting Inc.
2015 Ed. (801)
Risk & Insurance
2008 Ed. (4715)
2009 Ed. (4757)
2010 Ed. (4767)
Risk International Services Inc.
2008 Ed. (4249)
2009 Ed. (4348)
2011 Ed. (4316)
2012 Ed. (4378)
Risk Logic Inc.
2004 Ed. (4349)
2005 Ed. (4288)
2006 Ed. (4265)
2007 Ed. (4293)
2009 Ed. (762)
2010 Ed. (705)
2011 Ed. (636)
2012 Ed. (603, 604)
2014 Ed. (765)
Risk Management Alternatives Inc.
2001 Ed. (1312, 1313, 1314)
2005 Ed. (1055, 2144)
Risk Management Services
2006 Ed. (3086)
Risk Navigation Group LLC
2009 Ed. (4348)
2011 Ed. (4316)
2012 Ed. (4378)
Risk Placement Services Inc.
2004 Ed. (3065)
2008 Ed. (3244, 3245)
2009 Ed. (3302, 3303, 3304)
2011 Ed. (3177)
2012 Ed. (3134)
2014 Ed. (3250)
2015 Ed. (3303, 3385)
2016 Ed. (3257)
Risk Sciences Group Inc.
2006 Ed. (4202)
2007 Ed. (4213)
Risk Services (Hawaii) Ltd.
2001 Ed. (2923)
RiskCap
1993 Ed. (850)
1994 Ed. (863)
1995 Ed. (905)
1996 Ed. (875)
1997 Ed. (900)
1998 Ed. (638)
2006 Ed. (4200)
Riskclick Inc.
2006 Ed. (4202)
RiskGrades
2003 Ed. (3026)
RiskMetrics Group
2006 Ed. (4878)
2010 Ed. (4444, 4445)
2012 Ed. (1803)
Risley; John
2005 Ed. (4866)
Risperdal
1996 Ed. (1578, 1579)
1997 Ed. (1656)
2001 Ed. (2057)
2007 Ed. (2243)
2008 Ed. (2379)
2009 Ed. (2354)
Rissman Weisberg Barrett Hurt Donohue & Miclaine PA
2003 Ed. (3205)
Rita; Hurricane
2009 Ed. (874, 875, 3209, 3812)
2010 Ed. (819, 824, 3141, 3741)
2011 Ed. (746, 751, 3108, 3741)
2012 Ed. (683, 688, 3044, 3749)
Rita Ora
2014 Ed. (1099)
Rita Sharma
2007 Ed. (2463)
Rita Tsang
2003 Ed. (4989)
2004 Ed. (4986, 4987)
2005 Ed. (4992)

2006 Ed. (4988)
Ritabell
  2001 Ed. (31)
Ritalin
  1999 Ed. (1899)
Rita's
  2005 Ed. (2982)
  2006 Ed. (2979)
Rita's Franchise Co.
  2016 Ed. (799)
Rita's Franchise Co. LLC
  2007 Ed. (3007)
  2008 Ed. (3128)
Rita's Ice
  2014 Ed. (3131)
  2015 Ed. (3194)
Rita's Italian Ice
  2010 Ed. (3144)
  2011 Ed. (3110)
  2012 Ed. (3046)
  2013 Ed. (3128)
  2014 Ed. (3132)
  2015 Ed. (2835)
  2016 Ed. (2759)
Rita's Water Ice
  2002 Ed. (2724)
  2003 Ed. (2883)
  2004 Ed. (2970)
Rita's Water Ice Franchise Co.
  2009 Ed. (3212)
Ritch Dumford Lawyers
  2011 Ed. (1540)
  2012 Ed. (1385)
Ritchie Bros. Auctioneers
  2005 Ed. (1670)
  2006 Ed. (1576)
  2011 Ed. (4291)
  2015 Ed. (4331)
Ritchie; Guy
  2005 Ed. (4889, 4891, 4894)
  2007 Ed. (4929, 4932)
  2008 Ed. (4905)
The Ritchie Organization
  2008 Ed. (2527)
  2009 Ed. (2539)
Rite
  2000 Ed. (1637, 4159)
  2001 Ed. (2018)
Rite Aid
  2015 Ed. (4352)
Rite Aid Corp.
  1989 Ed. (1263, 1264, 1266, 1267,
    1268, 2461)
  1990 Ed. (1549, 1550, 1552, 1554,
    1555, 1556, 1557, 1563, 3029)
  1991 Ed. (1426, 1450, 1459, 1460,
    1462, 1463, 1467)
  1992 Ed. (1815, 1844, 1845, 1852,
    1853, 1854, 1855, 1856, 1857,
    1859, 1860)
  1993 Ed. (1496, 1519, 1520, 1527,
    1528)
  1994 Ed. (1543, 1564, 1565, 1567,
    1569, 1570, 1571)
  1995 Ed. (1596, 1606, 1611, 1613,
    1614, 1616)
  1996 Ed. (1585, 1589, 1590, 1591,
    1592)
  1997 Ed. (923, 1287, 1626, 1665,
    1670, 1671, 1672, 1673, 1676,
    1677, 1678)
  1998 Ed. (663, 1297, 1359, 1361,
    1362, 1363, 1364, 1365, 1366,
    1711)
  1999 Ed. (1414, 1481, 1500, 1723,
    1870, 1903, 1921, 1924, 1925,
    1926, 1927, 1928, 1930, 1931,
    2462, 2642)
  2000 Ed. (1534, 1687, 1690, 1717,
    1718, 1719, 1720, 1721, 1722,
    2219, 3547, 3809)
  2001 Ed. (1565, 1566, 1834, 2086,
    2087, 2090, 2091, 2092, 2093,
    4404, 4722)
  2002 Ed. (1752, 2030, 2031, 2032,
    2033, 2034, 2036, 2037, 2041,
    2042, 3567, 4043, 4524, 4526)
  2003 Ed. (898, 1810, 1811, 2095,
    2096, 2097, 2098, 2099, 2100,
    2101, 2104, 2105, 4147, 4148,
    4640, 4648)
  2004 Ed. (1616, 1842, 1843, 2130,
    2131, 2132, 2136, 2137, 2138,
    2140, 2144, 2145, 2146, 2147,
    4159, 4160, 4197, 4613, 4620,
    4622)
  2005 Ed. (1945, 1952, 2235, 2236,
    2237, 2239, 2240, 2241, 2243,
    4095, 4096, 4546, 4549, 4551,
    4552)

2006 Ed. (1514, 1530, 1982, 1991,
    2299, 2300, 2301, 2302, 2303,
    2304, 2305, 2306, 2307, 4147,
    4148, 4586, 4587, 4625, 4628,
    4629, 4631)
2007 Ed. (1542, 1550, 1560, 1952,
    1956, 2233, 2234, 2235, 2236,
    2237, 2239, 4170, 4171, 4567,
    4616)
2008 Ed. (886, 1512, 1815, 2041,
    2049, 2374, 2375, 2376, 2377,
    4211, 4212, 4563)
2009 Ed. (893, 2003, 2012, 2347,
    2349, 2350, 2351, 2352, 4306,
    4307, 4593)
2010 Ed. (844, 846, 1941, 1950,
    2272, 2274, 2275, 2276, 2277,
    2278, 2279, 3013, 3014, 3015,
    4284, 4285, 4626)
2011 Ed. (1424, 1448, 1994, 2003,
    2278, 2280, 2281, 2282, 2283,
    4276, 4277, 4583)
2012 Ed. (1588, 1591, 1592, 1596,
    1842, 1851, 2168, 2170, 2171,
    2172, 2175, 2176, 4311, 4312,
    4590)
2013 Ed. (1999, 2002, 2009, 2367,
    2369, 2371, 2372, 2373, 4288,
    4289, 4549)
2014 Ed. (1938, 1943, 2302, 2303,
    2304, 2305, 2306, 2307, 2437,
    4337, 4338, 4606)
2015 Ed. (1389, 1390, 1985, 1989,
    2385, 2386, 2387, 2388, 2389,
    2390, 4329, 4330, 4375, 4376,
    4603)
2016 Ed. (1952, 1962, 2331, 2332,
    2333, 2334, 4225, 4226, 4525)
Rite Price/Rite Palace
  1996 Ed. (1588)
Rite-Style Optical
  2001 Ed. (3591)
  2006 Ed. (3752)
  2007 Ed. (3751)
Rite Tribe of the Two Sheiks
  2000 Ed. (1637, 4159)
  2001 Ed. (2017, 2018)
RITEK
  2002 Ed. (4544)
RiteMade Paper Converters Inc.
  2006 Ed. (3967, 3971)
  2010 Ed. (4024)
  2012 Ed. (4027, 4037)
Rithie Co. Inc.
  1993 Ed. (1728)
Ritmeester Livarde
  2001 Ed. (2113)
Ritmeester Livarde Light
  2001 Ed. (2113)
Ritmeester Pikeur
  2001 Ed. (2116)
Ritrievi; Kimberly
  1997 Ed. (1892)
Rittal Electromate Enclosure
  2005 Ed. (3461)
Rittenhouse Financial
  1995 Ed. (2368)
The Rittenhouse Hotel
  1994 Ed. (2103)
  1996 Ed. (2170)
  1997 Ed. (2284)
  1998 Ed. (2013)
  1999 Ed. (2761)
  2000 Ed. (2539)
  2002 Ed. (2631)
  2005 Ed. (2928)
  2006 Ed. (2931)
  2007 Ed. (2942)
  2008 Ed. (3076)
  2010 Ed. (3095)
  2011 Ed. (3064)
Rittenhouse Trust Co.
  1997 Ed. (498)
Rittenmeyer; Ronald A.
  2009 Ed. (953, 961)
Ritter; Bill
  2009 Ed. (4857)
Ritter; C. David
  2009 Ed. (948)
Ritter & Co.
  2011 Ed. (2234)
  2012 Ed. (2096)
Ritter & Co.; E.
  2013 Ed. (2282)
Ritter Crop Services
  2013 Ed. (4419)
Ritter's Frozen Custard
  2005 Ed. (2981)
Ritz
  1990 Ed. (2096)

1991 Ed. (1956)
1992 Ed. (2509, 2510)
1994 Ed. (2108)
1995 Ed. (2174, 2175)
1996 Ed. (1174, 2185, 2188)
1997 Ed. (2305, 2307)
1998 Ed. (2032)
1999 Ed. (779, 1421)
2000 Ed. (1293, 2564, 2570)
2001 Ed. (1495)
2002 Ed. (1340)
2003 Ed. (1368, 1370)
2004 Ed. (1380)
2005 Ed. (1400)
2006 Ed. (1387)
2007 Ed. (1424)
2008 Ed. (1381)
2009 Ed. (1383)
2010 Ed. (1369)
2012 Ed. (4486)
2013 Ed. (1341)
2014 Ed. (1270, 1271)
2015 Ed. (1331, 1332)
2016 Ed. (1250, 1251)
Ritz Bits
  1996 Ed. (1174)
Ritz Camera Centers Inc.
  2005 Ed. (3922)
  2006 Ed. (3996)
  2007 Ed. (4031)
  2009 Ed. (4147, 4504)
  2010 Ed. (4079, 4545)
Ritz Camera & Image LLC
  2012 Ed. (1681)
  2013 Ed. (1833)
Ritz Camera Retail Stores
  2014 Ed. (827)
Ritz-Carlton
  1990 Ed. (2071, 2075)
  1992 Ed. (2472, 2479, 2512)
  1993 Ed. (2087)
  1994 Ed. (2102, 2103, 2117)
  1995 Ed. (2155, 2156)
  1996 Ed. (2170, 2180, 2189)
  1997 Ed. (2294, 2309)
  1998 Ed. (577, 2002, 2013, 2018,
    2037)
  1999 Ed. (2769, 2775, 2778, 2789)
  2000 Ed. (2545, 2552)
  2009 Ed. (1638)
  2010 Ed. (2218)
  2013 Ed. (3103)
  2015 Ed. (3167)
Ritz-Carlton Atlanta
  1990 Ed. (2073, 2101)
Ritz-Carlton Buckhead
  1990 Ed. (2073)
  1997 Ed. (2309)
Ritz-Carlton Buckhead, Atlanta
  1990 Ed. (2079)
The Ritz-Carlton Hotel Co.
  1990 Ed. (2063)
  1991 Ed. (1946)
  1992 Ed. (2481)
  2005 Ed. (4742)
  2006 Ed. (4792)
  2007 Ed. (4805)
  2008 Ed. (4734)
The Ritz-Carlton Hotel Co., LLC
  2011 Ed. (2236)
Ritz-Carlton Houston
  1990 Ed. (2073)
  1993 Ed. (2091)
  1997 Ed. (2286)
  1998 Ed. (2012)
Ritz Carlton-Huntington
  1996 Ed. (2166)
Ritz-Carlton Inter-Court
  1992 Ed. (2512)
Ritz-Carlton Laguna Niguel
  1990 Ed. (2073)
  1992 Ed. (3686)
Ritz-Carlton Laguna Niguel, Laguna
  Niguel, CA
  1990 Ed. (2079)
Ritz-Carlton Marina Del Rey
  2002 Ed. (2641)
Ritz-Carlton Millenia
  1999 Ed. (2771)
  2000 Ed. (2546)
Ritz-Carlton Naples
  1990 Ed. (2101)
  1992 Ed. (3686)
Ritz-Carlton New York
  1995 Ed. (2157)
  1997 Ed. (2284)
Ritz-Carlton Philadelphia
  1995 Ed. (2157)
Ritz-Carlton St. Louis
  1998 Ed. (2012)

Ritz-Carlton Tysons Corner
  2005 Ed. (2938)
Ritz-Carlton/Atlanta, Atlanta
  1990 Ed. (2079)
Ritz-Carlton/Four Seasons
  1998 Ed. (2013)
Ritz-Craft Corp.
  1991 Ed. (1061, 2758, 2759)
  1992 Ed. (1369, 3516, 3517)
  1993 Ed. (1092, 2900, 2901)
  1995 Ed. (1132)
  2003 Ed. (1197)
  2004 Ed. (1202)
  2006 Ed. (3555)
  2007 Ed. (3625)
  2010 Ed. (3523)
  2011 Ed. (3695)
Ritz-Craft Corp. of PA
  1995 Ed. (2974, 2977)
  1996 Ed. (3075, 3076)
  2000 Ed. (3592, 3593)
Ritz-Craft Corp. of Pennsylvania Inc.
  1994 Ed. (1116, 2920, 2921)
  1997 Ed. (3154, 3155)
Ritz Interactive
  2014 Ed. (2435)
  2015 Ed. (2507)
Ritz Snack Mix; Nabisco 100 Calorie
  Pack
  2009 Ed. (3847)
RitzCamera.com
  2006 Ed. (2384)
RitzInteractive.com
  2010 Ed. (2369)
Riunione Adriatica Di Sicurta SpA
  2006 Ed. (1822, 3094)
  2007 Ed. (1828)
Riunite
  1989 Ed. (2942, 2945, 2946)
  1990 Ed. (3698)
  1992 Ed. (4458, 4462, 4463, 4464,
    4465)
  1993 Ed. (3720)
  1995 Ed. (3772)
  1996 Ed. (3856, 3860, 3868, 3869)
  1997 Ed. (3901, 3902, 3905)
  1998 Ed. (3747, 3754)
  1999 Ed. (4789, 4793, 4795, 4797)
  2000 Ed. (4413, 4419, 4422)
  2001 Ed. (4845, 4879, 4880)
  2002 Ed. (4925, 4941, 4942, 4943)
  2003 Ed. (4948, 4965)
  2004 Ed. (4971)
  2005 Ed. (4963, 4968)
  2006 Ed. (4966)
Riunite Spumante
  1989 Ed. (872)
  1991 Ed. (885)
  1992 Ed. (1085)
Riunite Wines
  1991 Ed. (3494, 3496, 3500, 3501)
Riva
  1995 Ed. (3511)
  1998 Ed. (3405)
  1999 Ed. (4474)
  2004 Ed. (4539)
Riva Group plc
  2001 Ed. (4376)
Riva (Italy)
  2000 Ed. (4119)
Riva SpA
  2001 Ed. (4375)
Rival
  1990 Ed. (2107, 2109)
  1991 Ed. (1961, 1962)
  1992 Ed. (2394, 2517, 2518)
  1993 Ed. (2026)
  1994 Ed. (2043, 2126, 2127)
  1995 Ed. (2177, 2178)
  1997 Ed. (1690, 2200, 2311, 2312)
  1998 Ed. (105, 787, 1380, 1921,
    2043, 2044, 2063)
  1999 Ed. (202, 1217, 1946, 2658,
    2802, 2803, 2819)
  2000 Ed. (225, 1131, 1730, 2441,
    2578, 2579, 2594)
  2001 Ed. (2811)
  2002 Ed. (251)
  2009 Ed. (3177)
Rivals.com
  2003 Ed. (3053)
RivaSal International
  1991 Ed. (1910)
  1992 Ed. (2403, 2405)
  1995 Ed. (2104)
River Bank America
  1994 Ed. (3530)
River City Bank
  1995 Ed. (490)
  1996 Ed. (538)

River City Construction LLC
  2003 Ed. (1255)
River City Credit Union
  2013 Ed. (2255)
River City Helicopters Inc.
  2005 Ed. (1366)
River City Parts Inc.
  2003 Ed. (308, 1768)
River City Security Services Inc.
  2000 Ed. (4433)
  2002 Ed. (4989)
River City Travel
  2008 Ed. (2021, 2022, 2023, 2024, 2025, 2026)
River; Dan
  1997 Ed. (2316, 2317)
River Falls Area Hospital
  2012 Ed. (2993)
River Forest Bancorp
  1993 Ed. (379)
River Forest State Bank & Trust Co.
  1998 Ed. (333, 344)
River Group
  1995 Ed. (3648)
River Island
  2009 Ed. (715)
River; James
  1997 Ed. (2069, 2986, 2989, 2990, 2993)
River Management; Charles
  1992 Ed. (2767)
River Oaks
  1997 Ed. (2099, 2100)
River Oaks Chrysler-Plymouth
  1995 Ed. (262)
River Park
  1990 Ed. (2730)
River Publishing
  2009 Ed. (141)
  2010 Ed. (4140)
  2011 Ed. (4140)
River Queen
  1996 Ed. (2859)
River Ranch Fresh Foods Inc.
  2003 Ed. (234)
River Road Asset Management LLC
  2014 Ed. (1729)
  2016 Ed. (1728)
River Rock Casino
  2014 Ed. (1436)
River Valley Credit Union
  2002 Ed. (1896)
  2003 Ed. (1950)
  2004 Ed. (1990)
  2005 Ed. (2132)
  2006 Ed. (2227)
  2007 Ed. (2148)
  2008 Ed. (2263)
  2009 Ed. (2249)
  2010 Ed. (2203)
  2011 Ed. (2221)
  2012 Ed. (2082)
  2013 Ed. (2271)
  2014 Ed. (2205)
  2015 Ed. (2269)
  2016 Ed. (2240)
River Works Credit Union
  2005 Ed. (2073)
Rivera; Eva Gonda
  2014 Ed. (4901)
  2015 Ed. (4941)
  2016 Ed. (4856)
Rivera; Geraldo
  1993 Ed. (1634)
  1994 Ed. (1668)
  1995 Ed. (1715)
Rivera; Luis Munoz
  1992 Ed. (308)
Rivera Mota
  2013 Ed. (3809)
Rivera; Richard E.
  1996 Ed. (958)
Rivera & Rivera Comunicacion Creative
  2003 Ed. (70)
Riverbed Technologies
  2001 Ed. (1869, 2849)
Riverbed Technology
  2008 Ed. (4287)
  2009 Ed. (1522)
  2012 Ed. (4556, 4633)
  2013 Ed. (2840, 4589, 4590)
  2014 Ed. (1414)
Riverbench Vineyard & Winery
  2015 Ed. (4990)
Riverbend Music Center
  2014 Ed. (176)
Riverbend Sandler Pools
  2014 Ed. (4615)
Riverboat casinos

1993 Ed. (3594)
1999 Ed. (2566)
Riverbridge Partners LLC, Equity Small-Cap Growth
  2003 Ed. (3136)
RiverCity Cabinets Inc.
  2016 Ed. (4996)
Riverdeep Group plc
  2003 Ed. (2712, 2716, 2740)
Riverfront Balanced Inv
  2000 Ed. (3251)
Riverfront Equity Income A
  1998 Ed. (2611)
Riverfront Income Equity
  1996 Ed. (2792)
Riverhead
  2004 Ed. (752)
  2007 Ed. (670)
  2010 Ed. (617)
Riverhead, NY
  1992 Ed. (1167, 1168)
Riveria Marine
  2004 Ed. (3956)
Rivermark Community Credit Union
  2007 Ed. (2139)
  2008 Ed. (2254)
  2009 Ed. (2240)
  2010 Ed. (2194)
  2011 Ed. (2212)
  2012 Ed. (2073)
  2013 Ed. (2257)
  2014 Ed. (2189)
  2015 Ed. (2253)
  2016 Ed. (2224)
Riveroll; Pablo
  1996 Ed. (1905)
Riverphlo Music
  2014 Ed. (3718)
Riverport Amphitheatre
  1999 Ed. (1291)
RiverRock Real Estate Group
  2011 Ed. (1514)
  2012 Ed. (1362)
RiverRock Real Estate Group Inc.
  2014 Ed. (1412)
  2015 Ed. (1472)
  2016 Ed. (1400)
Rivers; Doc
  2013 Ed. (545)
Rivers Edge Community Credit Union
  2004 Ed. (1943)
Rivers; Philip
  2013 Ed. (189)
Riversand Technologies Inc.
  2015 Ed. (1105)
Riverside Bank
  2013 Ed. (486)
  2014 Ed. (497)
  2015 Ed. (561)
  2016 Ed. (509)
Riverside Banking Co.
  2007 Ed. (388)
  2009 Ed. (388)
Riverside, CA
  1989 Ed. (827, 1611)
  1990 Ed. (291, 1656, 2160, 2550)
  1992 Ed. (1081, 1158, 2546, 3036, 3134)
  1993 Ed. (947)
  1997 Ed. (2337, 2764)
  2000 Ed. (1069, 1092, 2995, 4268)
  2005 Ed. (2378, 2385)
  2006 Ed. (2424, 3303)
  2007 Ed. (3386)
  2008 Ed. (3517, 4731)
  2009 Ed. (2494)
  2010 Ed. (208, 2706, 2766, 2826, 4270, 4271, 4300, 4306, 4310, 4321, 4332, 4333, 4337, 4340)
  2013 Ed. (2670)
Riverside Capital MMF
  1994 Ed. (2539)
Riverside Chevrolet Inc.
  1990 Ed. (305)
  1991 Ed. (270)
Riverside Co.
  2005 Ed. (1555, 3936)
  2008 Ed. (1406)
Riverside County, CA
  1992 Ed. (1719, 1721)
  1993 Ed. (1431)
  1995 Ed. (1512)
  2003 Ed. (3436, 3439)
  2004 Ed. (2966)
  2005 Ed. (2203)
  2009 Ed. (2387)
Riverside County's Credit Union
  2005 Ed. (2067, 2068)
Riverside Ford Sales Inc.
  1990 Ed. (737)

Riverside Forest Products
  2005 Ed. (1709)
Riverside Gulf Coast Banking Co.
  2006 Ed. (451)
Riverside Health System
  1995 Ed. (2802)
Riverside Healthcare Assn.
  1991 Ed. (2624)
Riverside Homes
  1998 Ed. (916)
  1999 Ed. (1338)
Riverside Medical Center
  2009 Ed. (3145)
  2010 Ed. (3076)
  2011 Ed. (3050)
  2012 Ed. (2987)
  2013 Ed. (3077, 3081)
Riverside Methodist Hospitals Corp.
  2005 Ed. (1919)
Riverside-San Bernadino, CA
  2000 Ed. (359)
  2001 Ed. (4922)
Riverside-San Bernardino
  2000 Ed. (2472, 2474)
Riverside-San Bernardino, CA
  1990 Ed. (1156, 2022, 2133, 2552, 2607)
  1991 Ed. (1915, 1916, 1980, 1982, 1983, 1984, 2428, 3248, 3288)
  1992 Ed. (370, 2415, 2416, 2542, 3035, 3051, 3052, 3058, 3623, 4159, 4265, 4403, 4437, 4446, 4449, 4450, 4456)
  1993 Ed. (872, 1737, 2043, 2044, 2540, 2546, 2547, 2551, 2552, 2553, 3481, 3549, 3700, 3708, 3710)
  1994 Ed. (717, 2027, 2062, 2063, 2383, 2488, 2494, 2495, 2499, 2501, 2502, 3456, 3508)
  1995 Ed. (920, 2080, 2113, 2115, 2116, 2464, 2553, 2558, 2560, 2562, 2563, 3522, 3593, 3735, 3742, 3745, 3747, 3753)
  1996 Ed. (897, 907, 2120, 2121, 2620, 2623, 2624, 3604, 3669, 3768, 3834, 3842, 3845, 3846, 3852)
  1997 Ed. (928, 1821, 2230, 2766, 2768, 2769, 2771, 3657, 3728, 3890, 3893)
  1998 Ed. (672, 2479, 3513, 3726, 3733)
  1999 Ed. (797, 1059, 2684, 2686, 2687, 3214, 3391, 3393, 3394, 4580, 4647, 4774, 4779)
  2000 Ed. (1006, 2953, 4397, 4403)
  2001 Ed. (1153, 1154, 2722, 4504, 4678, 4849, 4850, 4854, 4855, 4856)
  2002 Ed. (408, 964, 965, 1062, 2458, 2573, 3238, 4608, 4743, 4928, 4929, 4930, 4934, 4935)
  2003 Ed. (231, 232, 309, 901, 902, 1148, 2124, 2640, 2698, 3254, 3383, 4952, 4953)
  2004 Ed. (189, 190, 269, 919, 920, 2172, 2763, 3449, 3457, 3733, 4175, 4700, 4834, 4953, 4954, 4955, 4956)
  2005 Ed. (910, 911, 2383, 2462, 3323, 3338, 4825, 4933, 4934, 4935, 4936, 4937, 4938, 4972)
  2006 Ed. (2970, 3299, 3327)
  2007 Ed. (3002, 4230)
  2008 Ed. (3116)
Riverside-San Bernardino-Ontario, CA
  1990 Ed. (286)
  2007 Ed. (2374, 4164)
  2008 Ed. (3457)
  2009 Ed. (4767)
  2011 Ed. (3503)
  2012 Ed. (4814)
Riverside-Sand Bernardino-Ontario, CA
  2012 Ed. (3697)
RiverSource Diversified Equity Income
  2007 Ed. (2486)
  2008 Ed. (2616)
  2009 Ed. (3798)
  2010 Ed. (3726)
RiverSource Equity Value
  2010 Ed. (3726)
RiverSource International Select Value
  2009 Ed. (3807)
RiverSource Investment
  2008 Ed. (3765)
  2010 Ed. (2554)
Riversource Life Insurance Co.
  2009 Ed. (3332, 3359)
  2010 Ed. (3297)

2011 Ed. (3233, 3258)
2013 Ed. (3313)
RiverSource Mid Cap Value
  2009 Ed. (3799)
  2010 Ed. (3728)
Riverstone
  2008 Ed. (4293)
Riverstone Holdings
  2012 Ed. (1878)
Riverstone Residential
  2011 Ed. (187)
Riverstone Residential Group
  2012 Ed. (194)
  2013 Ed. (174)
  2014 Ed. (181)
  2015 Ed. (210)
Riverview
  2000 Ed. (1623)
Riverview Bancorp
  2016 Ed. (366)
Riverview Credit Union
  1996 Ed. (1504)
  1998 Ed. (1216)
  2002 Ed. (1827)
Riverview Hospital
  2009 Ed. (1949)
Riverview Rubber Estates Bhd
  1991 Ed. (1252)
Riverwood
  2000 Ed. (3403, 3404)
Riverwood International Corp.
  1994 Ed. (2721)
  1999 Ed. (3686)
  2003 Ed. (2542)
Riverwood International (UK)
  2001 Ed. (3611)
Rives Carlberg
  1997 Ed. (97)
Rivet Software
  2013 Ed. (1097)
Rivet & Sway
  2015 Ed. (2475)
Riviana Foods Inc.
  1997 Ed. (3359)
  2003 Ed. (2094, 4190)
  2004 Ed. (2660, 2661)
  2005 Ed. (2653)
Riviera Cabinets Inc.
  1992 Ed. (2819)
Riviera Electric LLC
  2009 Ed. (1254)
Rivkin, Radler & Kremer
  1999 Ed. (3152)
  2000 Ed. (2898)
RIVR Media
  2010 Ed. (2635, 4713)
Rixos
  2009 Ed. (28)
Riyad Bank
  1989 Ed. (444, 466, 569, 665)
  1990 Ed. (489, 606, 675)
  1991 Ed. (422, 423, 424, 438, 656)
  1992 Ed. (580, 594, 829)
  1993 Ed. (417, 622)
  1994 Ed. (408, 420, 627, 3138)
  1995 Ed. (401, 413, 599)
  1996 Ed. (427, 428, 440, 668, 669)
  1997 Ed. (393, 405, 605)
  1999 Ed. (449, 450, 462, 630)
  2000 Ed. (442, 453, 656)
  2001 Ed. (599, 1793)
  2002 Ed. (512, 513, 622, 633, 641, 1730)
  2003 Ed. (458, 459, 587, 605)
  2004 Ed. (446, 613)
  2005 Ed. (457, 580, 582, 603)
  2006 Ed. (410, 518)
  2007 Ed. (394, 522, 547, 1971)
  2008 Ed. (377, 477, 498, 2067)
  2009 Ed. (399, 504, 528, 2034, 2746)
  2010 Ed. (373, 511, 1967, 2669)
  2011 Ed. (295, 296, 415, 440, 2028, 2658)
  2012 Ed. (317, 318, 406, 407, 1877, 2586)
  2013 Ed. (361, 365, 368, 533, 684, 2037)
  2014 Ed. (378, 382, 548, 551, 1972, 2661)
  2015 Ed. (435, 437, 611, 614, 2017, 2702)
  2016 Ed. (390, 392, 558, 1989, 2626)
Riyadh Bank
  1990 Ed. (471)
  1995 Ed. (598)
  2002 Ed. (4465, 4466, 4467)
  2006 Ed. (4534)
Riyadh, Saudi Arabia
  1992 Ed. (2281)
  2011 Ed. (3499)

Riyadha Alshaba
  1994 Ed. (48)
Rizai Commercial Banking Corp.
  2001 Ed. (2888)
Rizal Commercial Banking Corp.
  1990 Ed. (670)
  1997 Ed. (2400)
  1999 Ed. (623, 2892)
  2000 Ed. (648)
  2003 Ed. (599)
  2004 Ed. (607)
  2013 Ed. (394)
  2014 Ed. (407)
  2015 Ed. (464)
  2016 Ed. (397)
Rizla (U.K.) Ltd.
  2002 Ed. (53)
Rizwan Ali
  1996 Ed. (1904)
  2011 Ed. (3376)
Rizza Auto Group; Joe
  1991 Ed. (308)
Rizza Chevrolet
  1992 Ed. (380)
  2002 Ed. (361)
Rizzo Consulting
  2009 Ed. (4688)
Rizzoli Bookstores
  1994 Ed. (733)
Rizzuto; Anthony
  1997 Ed. (1885)
Rizzuto; Leandro
  2013 Ed. (4843)
  2016 Ed. (4814)
RJ Dale Advertising & PR
  2003 Ed. (31)
  2004 Ed. (107)
  2005 Ed. (103)
R.J Flamson 3d
  1990 Ed. (458, 459)
R.J. Griffin & Co.
  2009 Ed. (1275)
RJ Promotions
  2005 Ed. (4736)
RJ Reynolds
  2000 Ed. (4261)
R.J. Reynold's Camels
  1990 Ed. (56)
The RJA Group Inc.
  2004 Ed. (4347)
R.J.C. & Associates Inc.
  1994 Ed. (1143)
  1995 Ed. (1169)
RJDale Advertising & Public Relations
  2011 Ed. (40)
  2012 Ed. (46)
RJM Acquisitions LLC
  2005 Ed. (2143)
RJN Group Inc.
  2009 Ed. (2526)
  2011 Ed. (2451)
RJO Enterprises Inc.
  1989 Ed. (1590)
  1990 Ed. (2003, 2010, 2011, 2012, 2013, 2014)
  1991 Ed. (1902, 1908, 1909, 1911, 1912)
  1992 Ed. (2404)
  1993 Ed. (2034, 2041)
  1994 Ed. (2047, 2054)
  1995 Ed. (2098, 2105, 3287)
  1996 Ed. (2106, 2113)
RJP Electronics
  1992 Ed. (2441)
RJR Holdings Capital
  1991 Ed. (1274)
  1992 Ed. (904)
RJR Holdings Corp.
  1991 Ed. (1144)
  1992 Ed. (904)
RJR Holdings Group
  1992 Ed. (904)
RJR Inc.
  1991 Ed. (933)
  1992 Ed. (43)
RJR-Macdonald Inc.
  1992 Ed. (1288)
  1995 Ed. (999)
RJR Nabisco
  1989 Ed. (14, 16, 17, 20, 26, 33, 41, 46, 186, 191, 1447, 1453, 2525, 2837, 2839, 2842, 2843)
  1990 Ed. (17, 25, 32, 37, 38, 42, 170, 175, 177, 879, 891, 969, 1236, 1238, 1239, 1240, 1244, 1346, 1815, 1820, 1823, 1893, 1905, 2440, 2680, 2685, 2687, 2756, 3475, 3533, 3538, 3600, 3602)
  1991 Ed. (10, 11, 20, 27, 35, 39, 166, 167, 173, 175, 235, 842, 843, 889,

  890, 949, 1136, 1143, 1144, 1147, 1153, 1158, 1159, 1162, 1163, 1235, 1474, 1733, 1736, 1739, 1740, 1742, 1749, 1822, 1823, 2309, 2377, 2592, 2593, 2661, 2663, 2665, 2696, 3314, 3331)
  1992 Ed. (232, 233, 239, 240, 1028, 1041, 1044, 1183, 1204, 1457, 1467, 1470, 1474, 1475, 1480, 2182, 2189, 2191, 2197, 2200, 2298, 3322, 3362, 4049)
  1993 Ed. (32, 41, 149, 152, 831, 1178, 1181, 1182, 1188, 1196, 1264, 1883, 1955, 1956, 2709, 2760, 3583)
  1994 Ed. (32, 134, 954, 1212, 1217, 1218, 1221, 1222, 1867, 1870, 1872, 1873, 1874, 1977, 2658, 2717, 2739, 3540, 3544)
  1995 Ed. (152, 681, 1221, 1222, 1228, 1233, 1234, 1237, 1238, 1895, 1900, 1904, 2003, 2004, 2444, 2760, 2765, 3618, 3622)
  1996 Ed. (756, 757, 970, 1199, 1204, 1205, 1208, 1209, 1937, 2031, 2486, 2829, 3696, 3698)
  1997 Ed. (169, 1245, 1248, 1250, 1251, 2034, 2037, 2151, 2629, 3756, 3758)
  1998 Ed. (90, 1029, 1722, 1729, 1844, 3577, 3578)
  1999 Ed. (181, 711, 1551, 2469, 2603, 4607)
  2000 Ed. (211, 774, 2227, 2346, 3458)
  2001 Ed. (1817, 4562)
  2002 Ed. (3790)
  2003 Ed. (2621)
  2004 Ed. (2738)
  2005 Ed. (1490, 1513, 2736, 2737)
  2007 Ed. (1441)
  2008 Ed. (4293)
RJR Nabisco Capital
  1993 Ed. (718)
RJR Nabisco European Food Units
  1992 Ed. (1503)
RJR Nabisco Holdings Corp.
  1991 Ed. (1227)
  1992 Ed. (2179, 4302, 4303)
  1993 Ed. (718, 1377, 2909, 3117, 3580, 3581, 3582, 3584)
  1994 Ed. (1430, 1869, 2661, 2664, 2713, 3541, 3542, 3543, 3548)
  1995 Ed. (1320, 1466, 1894, 2763, 2771, 3619, 3621, 3627)
  1996 Ed. (164, 1285, 2829, 2837, 2838, 2843, 3312, 3697, 3699, 3704)
  1997 Ed. (2025, 2938, 3757, 3760)
  1998 Ed. (258, 1710, 1715, 1731)
  1999 Ed. (2455, 2456, 2461, 2470)
  2000 Ed. (1243, 2212, 2214, 2216)
  2001 Ed. (4562)
  2005 Ed. (1493)
RJR PAC
  1992 Ed. (3475)
RJV Australia
  2004 Ed. (1651)
RK; Kishin
  2015 Ed. (4957)
  2016 Ed. (4873)
RK Mechanical
  2013 Ed. (4058)
  2014 Ed. (3998)
  2015 Ed. (1588, 4045)
RK Mechanical Inc.
  2005 Ed. (2541)
  2006 Ed. (2549)
  2007 Ed. (2525, 3978)
  2008 Ed. (1225, 1248, 2653, 4001)
  2009 Ed. (1255, 2681, 4075)
  2010 Ed. (2591)
  2011 Ed. (1200, 1301, 2573)
  2012 Ed. (1142, 1181, 1459, 2520, 3993)
  2013 Ed. (1228, 1548, 2653)
  2014 Ed. (2609)
  2015 Ed. (1246, 2655)
  2016 Ed. (141, 1157, 1168, 1515, 2579)
R.K. Swamy
  2000 Ed. (104)
R.K. Swamy Advertising
  1990 Ed. (110)
RK Swamy BBDO Advertising
  2001 Ed. (144)
  2002 Ed. (117)
  2003 Ed. (84)
RKA Petroleum Cos.
  2008 Ed. (3715, 4967)

  2013 Ed. (4983)
  2014 Ed. (4985)
  2015 Ed. (5031)
  2016 Ed. (4964)
RKO-Warner Theatres
  1990 Ed. (3671)
RKO Warner Theatres Video
  1990 Ed. (3672)
RKO Warner Video
  1991 Ed. (3446)
  1992 Ed. (4391, 4393, 4394)
  1993 Ed. (3664, 3666)
  1994 Ed. (3625, 3627, 3628)
  1995 Ed. (3699, 3700, 3701)
  1996 Ed. (3787, 3788, 3789)
  1997 Ed. (3840, 3842, 3843)
  1998 Ed. (3669, 3671)
RKR Motors
  2005 Ed. (334)
R.L. Crain
  1992 Ed. (3335)
RL Public Relations & Marketing
  2011 Ed. (4109, 4120)
  2012 Ed. (4152)
R&L Transfer
  2000 Ed. (4313)
RLC
  1989 Ed. (2880)
  1990 Ed. (3656)
RLC Engineering LLC
  2016 Ed. (1751)
RLC Industries Co.
  2001 Ed. (1831, 2500)
  2006 Ed. (3333)
  2008 Ed. (3528)
  2009 Ed. (3587)
  2010 Ed. (3506)
  2013 Ed. (4990)
  2014 Ed. (4995)
RLG International
  2008 Ed. (1584)
RLI Corp.
  2014 Ed. (3359)
  2015 Ed. (3392)
  2016 Ed. (3264)
RLI Group
  2002 Ed. (2952)
RLI Insurance Group
  2013 Ed. (3340)
RLJ Development LLC
  2004 Ed. (170)
  2005 Ed. (173)
  2007 Ed. (192)
  2008 Ed. (175, 177)
  2009 Ed. (194, 196, 3162)
  2010 Ed. (175)
  2011 Ed. (100)
  2012 Ed. (107)
  2013 Ed. (86)
RLJ Equity Partners LLC
  2012 Ed. (108)
  2013 Ed. (89)
RLJ Lodging Trust
  2015 Ed. (3159)
RLJ McLarty Landers Automotive Group
  2010 Ed. (171)
  2011 Ed. (95)
  2012 Ed. (102)
  2013 Ed. (83)
RLJ McLarty Landers Automotive Holdings LLC
  2013 Ed. (1415)
  2014 Ed. (1366, 1372, 1378)
  2015 Ed. (107)
  2016 Ed. (114)
RLLW Inc.
  2002 Ed. (715)
  2003 Ed. (213)
  2004 Ed. (169)
RLM Global Services
  2001 Ed. (2304)
  2002 Ed. (2151)
RLR Advertising & Marketing
  2008 Ed. (4954)
RM
  2000 Ed. (4131)
RM Capital Partners
  1993 Ed. (1194)
RM Mechanical Inc.
  2006 Ed. (1350)
  2010 Ed. (1324)
RM Props
  1993 Ed. (2578)
  1995 Ed. (2584)
RM Restaurant Holding Corp.
  2012 Ed. (2671)
RM2 International
  2016 Ed. (3073)
RMA Land Construction
  2008 Ed. (1165)

RMB
  2014 Ed. (4040)
RMB Holdings
  1995 Ed. (397, 606, 2541, 2542)
  1996 Ed. (421, 679)
  2013 Ed. (1630, 3408)
  2015 Ed. (2023)
RMB Inc.
  2012 Ed. (851)
  2013 Ed. (1033)
  2014 Ed. (1004)
RMB Securities Trading
  2001 Ed. (1536)
RMC Consultants
  2004 Ed. (3493)
Rmc Group
  1989 Ed. (826)
RMC Group plc
  1992 Ed. (2972)
  1993 Ed. (783, 2499)
  1994 Ed. (799, 2437)
  1995 Ed. (850, 2505)
  1996 Ed. (829, 2567)
  1997 Ed. (1132, 2707)
  1999 Ed. (3300)
  2000 Ed. (3037)
  2001 Ed. (4381)
  2002 Ed. (4512)
  2006 Ed. (3407)
RMC Industries Corp.
  2003 Ed. (4217)
  2004 Ed. (4239)
RMC Jacksonville
  2015 Ed. (2936)
RMC Lonestar
  1998 Ed. (3123)
RMC Pacific Materials
  2002 Ed. (4088)
RMC (U.K.) Ltd.
  2004 Ed. (4593)
RMC USA Inc.
  2006 Ed. (4609)
RMCI Inc.
  2005 Ed. (1323)
  2006 Ed. (1296, 1329)
  2007 Ed. (1371, 1382)
  2008 Ed. (1267, 1319)
  2009 Ed. (1303)
  2010 Ed. (1242, 1297, 1298)
  2011 Ed. (1190, 1255, 1256)
  2012 Ed. (1136)
RME Associates Inc.
  2007 Ed. (4991)
RMF Investment Group
  2004 Ed. (2818)
RMF Printing Technologies Inc.
  2008 Ed. (4033, 4034)
  2009 Ed. (4097)
RMG Connect
  2007 Ed. (3434)
RMH Foods LLC
  2012 Ed. (3593)
  2013 Ed. (3647)
The RMH Group Inc.
  2005 Ed. (2439)
RMH Teleservices
  2001 Ed. (4465)
  2005 Ed. (4647, 4650, 4651)
RMI Capital
  1997 Ed. (2543)
RMI Consulting Inc.
  2001 Ed. (4124)
  2002 Ed. (4065)
  2006 Ed. (4199, 4204)
  2008 Ed. (4249)
  2009 Ed. (4348)
  2011 Ed. (4316)
  2012 Ed. (4378, 4379)
RMI Titanium
  1998 Ed. (2674)
  2000 Ed. (2397)
RMI.NET Inc.
  2002 Ed. (2487, 2991)
  2003 Ed. (1510)
RMIT University
  2002 Ed. (1103)
  2004 Ed. (1060)
RMJM
  2010 Ed. (270)
  2011 Ed. (190, 192)
  2012 Ed. (196, 2381, 2383)
RMJM Hillier
  2010 Ed. (3347, 3351, 3352)
RMP
  1991 Ed. (800)
RMP Energy Inc.
  2016 Ed. (4494)
RMP Properties
  1999 Ed. (1338)
  2003 Ed. (1193)

RMS Technologies Inc.
1993 Ed. (706)
1994 Ed. (714, 715, 2533)
1995 Ed. (671, 672, 2592)
1996 Ed. (745, 746, 2662)
RMSCO Inc.
2006 Ed. (3081)
RMSI Pvt. Ltd.
2010 Ed. (1692)
RMT Inc.
1998 Ed. (1491)
2003 Ed. (2298)
2004 Ed. (2354)
RMW Architecture & Interiors
2007 Ed. (3206)
RN
1991 Ed. (2703)
RN Magazine
1990 Ed. (3626)
RN Network
2014 Ed. (1580)
2015 Ed. (1630)
RNF Media Corp.
1998 Ed. (754)
RNI Communications Corp.
2006 Ed. (1130, 1131)
RNK Zenica
1991 Ed. (1361)
RNL
2009 Ed. (288)
2010 Ed. (272)
2012 Ed. (2369, 3287)
2013 Ed. (2552)
RNL Design Inc.
2002 Ed. (332)
2007 Ed. (289)
2008 Ed. (265)
2009 Ed. (289)
2010 Ed. (273)
2012 Ed. (203)
2013 Ed. (178)
RNnetwork
2015 Ed. (2937, 2939)
2016 Ed. (1558)
RNR Custom Wheels & Tires
2010 Ed. (298)
2011 Ed. (220)
2012 Ed. (231)
2014 Ed. (4722)
2015 Ed. (4740)
2016 Ed. (4641)
Roach Barothers
1989 Ed. (2286)
Roach; Kevin
1997 Ed. (1926)
Roach; Stephen
1997 Ed. (1906)
Roachford
1993 Ed. (1078)
The Road
2006 Ed. (2722, 4677)
2007 Ed. (4696)
2009 Ed. (584, 644)
@Road
2003 Ed. (2706)
A Road Bike 4U
2015 Ed. (684)
2016 Ed. (625)
Road Runner
1992 Ed. (1064)
Road Runner Sports
2006 Ed. (799)
2011 Ed. (4510)
2013 Ed. (902)
Road Salt & Ice Pellets
1990 Ed. (1960)
Road Scholar
2014 Ed. (36)
Road Tech
2015 Ed. (209, 315, 3719)
2016 Ed. (209, 312, 3631)
Road to Galveston
1998 Ed. (3677)
Road to Oscars
2009 Ed. (4702)
Road & Track
1992 Ed. (3386)
1996 Ed. (2966)
2003 Ed. (4525)
2006 Ed. (148)
2007 Ed. (140)
Road transportation
2002 Ed. (2781, 2782)
Road vehicles, including cars
1990 Ed. (1733)
RoadCraft
2011 Ed. (2914)
Roadhouse Grill Inc.
1999 Ed. (4049, 4058, 4059)
2002 Ed. (4599)

RoadLink
2011 Ed. (4773)
RoadLink LLC
2012 Ed. (4799)
2013 Ed. (4760)
2014 Ed. (4811)
RoadLink USA
2004 Ed. (4770)
2005 Ed. (4746)
2006 Ed. (4801)
2007 Ed. (4818)
2008 Ed. (4745)
2012 Ed. (4789)
2013 Ed. (4750)
Roadmaster
1992 Ed. (2065)
1993 Ed. (1707)
1998 Ed. (3351)
Roadnet Technologies
2013 Ed. (1107, 1111)
RoadOne Intermodal Logistics
2016 Ed. (4738)
RoadOne IntermodaLogistics
2015 Ed. (4846)
2016 Ed. (4750)
Roadrunner
2011 Ed. (3709)
2014 Ed. (3713)
Roadrunner & Dayton
2015 Ed. (4830)
Roadrunner Transportation Systems
2015 Ed. (3208)
Roadrunner Transportation Systems Inc.
2015 Ed. (2182, 2185)
Roads
1993 Ed. (2473)
Roads & Bridges
2008 Ed. (4712)
Roads & Traffic Authority NSW
2004 Ed. (1153, 1633, 1638, 1643)
Roadshow Services
1991 Ed. (3429)
Roadway Corp.
2003 Ed. (4791)
2004 Ed. (2687, 2688, 4774, 4777, 4785, 4807, 4808)
2005 Ed. (3373, 4750)
Roadway Express Inc.
1991 Ed. (3434)
1992 Ed. (4357, 4358, 4359)
1993 Ed. (3635, 3639, 3644, 3645)
1994 Ed. (3590, 3595, 3599, 3604, 3605)
1995 Ed. (3678, 3682)
1996 Ed. (3755, 3756)
1997 Ed. (3801, 3802, 3805, 3806)
1998 Ed. (3627, 3628, 3629, 3630, 3638, 3642, 3644)
1999 Ed. (4672, 4675, 4678, 4680, 4683, 4686, 4690)
2000 Ed. (4306, 4308, 4309, 4314, 4316, 4317, 4321)
2001 Ed. (1130, 2535, 2536, 4236, 4237, 4640)
2002 Ed. (4665, 4683, 4685, 4686, 4696, 4697)
2003 Ed. (2554, 2555, 4781, 4796, 4816, 4817, 4818, 4819)
2004 Ed. (2687, 4763, 4769, 4781, 4809, 4810)
2005 Ed. (2685, 4780, 4784)
2006 Ed. (2664, 4836, 4837, 4838, 4842, 4843, 4844, 4850)
2007 Ed. (2645, 4847, 4851, 4852, 4853, 4854)
2008 Ed. (2772, 4769, 4774, 4775)
2009 Ed. (2832, 4801, 4806, 4807)
2010 Ed. (2776)
Roadway LLC
2005 Ed. (2685)
2006 Ed. (2664)
2007 Ed. (2645)
2008 Ed. (2772)
2009 Ed. (2832)
2010 Ed. (2776)
2011 Ed. (2766)
2012 Ed. (2694)
2013 Ed. (2775)
2014 Ed. (1724, 2759, 2760)
2015 Ed. (2810)
2016 Ed. (2743)
Roadway Package Service
2000 Ed. (4316)
Roadway Package System
1993 Ed. (2759, 3633)
1994 Ed. (2716, 3595)
1995 Ed. (2823, 3672)
1997 Ed. (3805)
1999 Ed. (4686)
Roadway Services

1989 Ed. (2878, 2879, 2880)
1990 Ed. (3655, 3656, 3658)
1991 Ed. (3426, 3427, 3428)
1992 Ed. (4352, 4353)
1993 Ed. (3629, 3630)
1994 Ed. (3572, 3587, 3588, 3589)
1995 Ed. (3656, 3668, 3669, 3670)
1996 Ed. (3751, 3752, 3753, 3754)
1997 Ed. (3803, 3804)
Roadways Container Logistics
2015 Ed. (4796)
Roamba Inc.
2015 Ed. (1485)
Roamware Inc.
2009 Ed. (3018)
Roanoke Bible College
1990 Ed. (1085)
Roanoke College
1996 Ed. (1042)
1997 Ed. (1058)
1998 Ed. (796)
1999 Ed. (1225)
2001 Ed. (1322)
Roanoke Times & World-News
1989 Ed. (2054)
Roanoke Times-World News
1990 Ed. (2691, 2700)
1991 Ed. (2600)
1992 Ed. (3239)
Roanoke, VA
2001 Ed. (2359, 2834)
2003 Ed. (4189)
2006 Ed. (3067)
2008 Ed. (4242)
2012 Ed. (3146)
2013 Ed. (3223, 4785)
2014 Ed. (3242)
Roark Capital Group
2014 Ed. (2743)
2015 Ed. (2796)
Roast beef
1990 Ed. (3095)
Rob Blake
2003 Ed. (298)
Rob Cihra
2011 Ed. (3347)
Rob Glaser
2003 Ed. (4888)
Rob Goldstein
2014 Ed. (761)
2015 Ed. (797)
Rob Hawkins
2011 Ed. (3353)
Rob Monteith
2011 Ed. (4336)
Rob Procter
2000 Ed. (2091)
Rob Procter & team Morgan Stanley Dean Witter
2000 Ed. (2084)
Rob Rose
2006 Ed. (2518)
Rob Washam Homes
2005 Ed. (1209)
Rob Yates
2000 Ed. (2091)
Robb & Stucky
2000 Ed. (2305)
2009 Ed. (3083)
Robb & Stucky Patio
2002 Ed. (2385)
2003 Ed. (2594)
Robbery
2000 Ed. (1632)
Robbie Cowling
2010 Ed. (2527)
Robbie Fowler
2005 Ed. (4895)
Robbie Keane
2005 Ed. (4885)
Robbie Robertson
1999 Ed. (2352)
Robbins
1997 Ed. (2839)
Robbins; Anthony
2009 Ed. (2612)
Robbins-Gioia
2009 Ed. (1186)
Robbins; James
2006 Ed. (880)
Robbins; Larry
2015 Ed. (2968)
2016 Ed. (2902, 4809)
Robbins Manufacturing
1996 Ed. (995)
Robbins; Tony
1997 Ed. (2389)
Robec Inc.
1992 Ed. (3307)
Robeco

1990 Ed. (3473)
1991 Ed. (237, 238, 2367)
1992 Ed. (329)
1993 Ed. (226, 227)
1994 Ed. (216)
1996 Ed. (214)
1997 Ed. (243)
1999 Ed. (266)
2002 Ed. (4490)
2014 Ed. (4030)
Robeco Boston Partners Long/Short Equity-Investment
2008 Ed. (3768)
Robeco Boston Partners Small Cap Value
2014 Ed. (3741)
Robeco Group
2003 Ed. (3104)
Robeco Institutional
2000 Ed. (3452, 3453)
Robeco Investment Management
2008 Ed. (3377)
Robeez Footwear Ltd.
2006 Ed. (2746)
Robeks
2006 Ed. (3233)
Robeks Fresh Juices & Smoothies
2016 Ed. (3312)
Robeks Fruit Smoothies & Healthy Eats
2007 Ed. (905, 3293)
2008 Ed. (3408)
2010 Ed. (3406, 4216)
2011 Ed. (3391)
Robeks Premium Fruit Smoothies
2011 Ed. (769)
2012 Ed. (707, 3359)
2013 Ed. (3430)
2014 Ed. (3430)
Roberds
1997 Ed. (2097)
1998 Ed. (1784)
Robern Skiwear
1993 Ed. (3374)
Robert A. Becker EWDB
1991 Ed. (68)
Robert A. Bowman
1991 Ed. (3210)
Robert A. Clarfeld
2012 Ed. (3316)
2013 Ed. (3388)
2014 Ed. (3390)
2015 Ed. (3422)
2016 Ed. (3283)
Robert A. Eckert
2011 Ed. (836)
Robert A. Iger
2003 Ed. (2410)
2008 Ed. (948)
2009 Ed. (947)
2010 Ed. (899, 907)
2011 Ed. (821, 839)
2012 Ed. (799)
2014 Ed. (943, 944)
2015 Ed. (958, 962, 965)
2016 Ed. (868)
Robert A. Kirland
2006 Ed. (348)
Robert A. Kotick
2015 Ed. (958)
Robert A. Livington
2011 Ed. (848)
Robert A. McClements, Jr.
1991 Ed. (1633)
Robert A. McDonald
2011 Ed. (836)
Robert A. Niblock
2008 Ed. (1108)
2009 Ed. (1086)
Robert A. Schoellhorn
1990 Ed. (1720)
1991 Ed. (926)
Robert A. Swanson
1989 Ed. (1378, 1381)
Robert A. Thorson
2009 Ed. (386)
Robert A. Welch Foundation
1989 Ed. (1476)
2002 Ed. (2331)
Robert Alan Feldman
1996 Ed. (1889)
1997 Ed. (1994)
1999 Ed. (2364)
2000 Ed. (2146)
Robert Alan Pritzker
1989 Ed. (1986)
Robert Albertson
1991 Ed. (1673)
1993 Ed. (1779)
1995 Ed. (1804)
1996 Ed. (1778)

1997 Ed. (1853)
1998 Ed. (1628)
1999 Ed. (432, 2147, 2212)
2000 Ed. (1984)
Robert A.M. Stern Architects
2010 Ed. (3347, 3357)
2011 Ed. (3313)
2012 Ed. (3297)
2013 Ed. (3370)
2014 Ed. (3380)
2015 Ed. (3416)
Robert Anderson
1989 Ed. (1379)
Robert Atkins
2002 Ed. (4253)
Robert B. Foreman
2005 Ed. (2511)
2006 Ed. (2525)
2007 Ed. (2504)
2008 Ed. (2635, 3120)
2009 Ed. (2661, 3208)
2010 Ed. (2563, 3140)
2011 Ed. (2546)
Robert B. McGehee
2007 Ed. (1202)
Robert B. Willumstad
2005 Ed. (2512)
Robert Barbera
1993 Ed. (1834)
1994 Ed. (1815, 1837)
1995 Ed. (1855)
Robert Bass
1990 Ed. (1773)
1995 Ed. (664)
1997 Ed. (2004)
2012 Ed. (4839)
2013 Ed. (4837)
Robert Beall
1993 Ed. (1701)
Robert Beamish
2005 Ed. (4869)
Robert Bender & Associates
1993 Ed. (2333)
Robert Bishop
1993 Ed. (1817)
Robert Bode
1996 Ed. (1907)
1997 Ed. (1998)
1999 Ed. (2419)
Robert Booker
1995 Ed. (2486)
Robert Bosch
2013 Ed. (1664)
2014 Ed. (1618)
Robert Bosch Corp.
1989 Ed. (1338)
1990 Ed. (1638)
1991 Ed. (1535)
1992 Ed. (1622, 1928)
1993 Ed. (889)
1996 Ed. (3640)
1997 Ed. (704)
1998 Ed. (224, 244, 1138, 1141)
1999 Ed. (350, 353, 361, 1627, 4656)
2000 Ed. (357)
2001 Ed. (529, 537, 1706)
2002 Ed. (43, 399, 405, 2734)
2003 Ed. (340, 341, 344)
2004 Ed. (325, 1718, 4794)
2005 Ed. (326, 328, 1776)
2006 Ed. (340, 342)
2007 Ed. (326)
2008 Ed. (314)
2009 Ed. (1708, 2593, 3590)
2010 Ed. (1661)
Robert Bosch Corp.-Automotive
2000 Ed. (1432)
Robert Bosch Corp., Automotive Group
1998 Ed. (1139)
1999 Ed. (1628)
Robert Bosch GBMH
2001 Ed. (3649)
Robert Bosch GmbH
1991 Ed. (2372)
1993 Ed. (1319, 1321, 1581, 2488)
1994 Ed. (1377, 3575)
1995 Ed. (1402, 3659)
1996 Ed. (1353, 3735)
1997 Ed. (3791)
2000 Ed. (4295)
2001 Ed. (528, 2236, 3648, 4619)
2002 Ed. (1076, 2096, 4669)
2003 Ed. (332, 3280, 3748)
2004 Ed. (305, 1459, 3773, 4795)
2005 Ed. (322, 3328, 3692)
2006 Ed. (335, 336, 3225, 3378, 3991)
2007 Ed. (316, 324, 325, 4716)
2008 Ed. (312, 1770, 2395)
2009 Ed. (320, 334, 1706)

2010 Ed. (313, 1659)
2011 Ed. (225, 236, 1668, 3555, 3826)
2012 Ed. (238, 256, 1469, 3812)
2013 Ed. (239, 265, 1603, 2494, 3616)
2014 Ed. (260, 261, 267, 4243)
2015 Ed. (307)
2016 Ed. (301, 305, 4008)
Robert Bosch GMBH (Konzern)
1992 Ed. (2955)
Robert Bosch Group
1990 Ed. (368)
Robert Bosch LLC
2010 Ed. (314)
2011 Ed. (238)
2012 Ed. (259)
2013 Ed. (260)
2014 Ed. (262)
Robert Buchanan
1991 Ed. (3211)
2004 Ed. (3165)
Robert Buckland
1999 Ed. (2329)
Robert Burgess
1998 Ed. (723)
2000 Ed. (1045)
2001 Ed. (1220)
2004 Ed. (975)
Robert C. Bobb
1990 Ed. (2657)
1991 Ed. (2546)
1992 Ed. (3136)
1993 Ed. (2638)
1995 Ed. (2668)
Robert C. Gates
1990 Ed. (2482)
Robert Carter & Associates
1992 Ed. (3575)
Robert Cavalli Man Eau de Toilette
2008 Ed. (2768)
Robert Chandross
1990 Ed. (2285)
Robert Coleman
2006 Ed. (658, 3189)
Robert Collins
1997 Ed. (2003)
Robert Cornell
1993 Ed. (1793)
1994 Ed. (1775, 1776)
1995 Ed. (1815, 1816)
1996 Ed. (1790, 1791)
1997 Ed. (1865)
1998 Ed. (1636)
1999 Ed. (2223)
2000 Ed. (2002)
Robert Corti
2006 Ed. (956)
2007 Ed. (1052)
Robert Cos.; J. E.
1993 Ed. (3009)
Robert Coyiuto Jr.
2014 Ed. (4910)
2015 Ed. (4951)
2016 Ed. (4866)
Robert Craig
2006 Ed. (2578)
Robert Cray Band
1997 Ed. (1112)
Robert Crowley
2000 Ed. (1938)
Robert D. Hunsucker
1990 Ed. (1718)
Robert D. Kilpatrick
1990 Ed. (1725, 2282)
1991 Ed. (1633)
Robert D. Kilpatrick (CIGNA Corp.)
1991 Ed. (2156)
Robert D. Krebs
1993 Ed. (938)
1996 Ed. (1715)
Robert D. Lawler
2015 Ed. (969)
Robert D. Lynn Associates
1994 Ed. (238)
1995 Ed. (241)
1996 Ed. (237)
1997 Ed. (269)
Robert D. McLane Jr.
2004 Ed. (4868)
2006 Ed. (4909)
Robert D. Walter
2007 Ed. (1020)
Robert Darretta Jr.
2006 Ed. (976)
2007 Ed. (1071)
Robert De Niro
2001 Ed. (6)
2003 Ed. (2328)
2004 Ed. (2408)

Robert Dedman Sr.
2002 Ed. (3347)
Robert Dellinger
2006 Ed. (995)
Robert DiRomualdo
1998 Ed. (723)
1999 Ed. (1125)
2001 Ed. (2346)
Robert Dixon
2009 Ed. (3441)
2010 Ed. (3382)
Robert Dockson
1990 Ed. (1723)
Robert Donald
1999 Ed. (2333)
2000 Ed. (2119)
Robert Downey Jr.
2012 Ed. (2431, 2436)
2013 Ed. (2597)
Robert Downey, Jr.
2015 Ed. (2599)
2016 Ed. (2524, 2526)
Robert Drayton McLane Jr.
2002 Ed. (3347)
Robert E. Allen
1993 Ed. (936)
Robert E. Bayley Construction Inc.
1993 Ed. (3307, 3308)
Robert E. Beauchamp
2011 Ed. (843)
Robert E. Boni
1991 Ed. (1632)
1992 Ed. (2063)
Robert E. Cawthorn
1993 Ed. (1706)
Robert E. Gallagher
1989 Ed. (1741)
1990 Ed. (2271)
Robert E. Lamalie
1991 Ed. (1614)
Robert E. McKee
1992 Ed. (1409)
Robert E. Mullane
1990 Ed. (972, 973, 1720)
1991 Ed. (926, 1628)
Robert E. Price
1989 Ed. (1380)
1990 Ed. (1715)
1991 Ed. (1622, 1624)
1992 Ed. (2054)
1993 Ed. (1699)
Robert E. Rich Sr.
2004 Ed. (4862)
2005 Ed. (4848)
2006 Ed. (4903)
Robert E. Rossiter
2007 Ed. (959)
2010 Ed. (896)
2012 Ed. (793)
Robert E. Rubin
2004 Ed. (2490)
Robert E. (Ted) Turner
2005 Ed. (4022)
Robert E. Turner
2001 Ed. (3779)
2002 Ed. (3352)
2003 Ed. (4882)
Robert E. Wheaton
2004 Ed. (2533)
Robert Earl Holding
2008 Ed. (4824)
2009 Ed. (4847)
2010 Ed. (4852)
2011 Ed. (4834)
Robert Eaton
1998 Ed. (723)
1999 Ed. (1125)
2000 Ed. (1045)
Robert Eckert
2003 Ed. (2371)
2006 Ed. (899)
2007 Ed. (989)
Robert Edmiston
1996 Ed. (1717)
2005 Ed. (926)
2006 Ed. (836)
2007 Ed. (917)
2008 Ed. (4006)
Robert Egger
2010 Ed. (3757)
Robert & Ellen Thompson
2002 Ed. (979)
Robert Emmett McDonough School of Business; Georgetown University
2009 Ed. (803)
Robert Essner
2007 Ed. (1028)
2008 Ed. (950)
2009 Ed. (949)
Robert Evans

2014 Ed. (2592)
2015 Ed. (2634)
Robert F. Bennett
2003 Ed. (3894)
Robert F. Corroon
1989 Ed. (1741)
Robert F. Daniell
1993 Ed. (1700)
Robert F. Greenhill
1991 Ed. (1620)
1993 Ed. (1696)
1995 Ed. (1728)
Robert F. Kennedy Memorial Stadium
2001 Ed. (4356, 4358)
2003 Ed. (4531)
Robert Falls & Co.
1998 Ed. (2955)
1999 Ed. (3949)
Robert Farah
1999 Ed. (1122)
Robert Farley
1999 Ed. (2055)
Robert Farnham
2005 Ed. (990)
2006 Ed. (964)
Robert Farrell
1993 Ed. (1836)
1994 Ed. (1816)
1995 Ed. (1858)
Robert Fisher
2002 Ed. (3348)
2003 Ed. (4884)
2006 Ed. (4902)
2007 Ed. (4897)
2008 Ed. (4831)
2009 Ed. (4849)
2010 Ed. (4853)
Robert Fleming
1992 Ed. (2012)
1993 Ed. (1646)
1997 Ed. (1233)
1998 Ed. (1498)
1999 Ed. (2396)
2000 Ed. (879)
Robert Fleming Asset Management
1990 Ed. (2321)
1992 Ed. (2140, 3350)
Robert Fleming Holdings Ltd.
2001 Ed. (4204)
2005 Ed. (1482, 1500)
Robert Fleming/Jardine Fleming
1994 Ed. (1686, 1703, 2474, 3187)
1996 Ed. (1700)
1997 Ed. (1783, 1784)
Robert Fomon
1989 Ed. (1377)
Robert Ford
1996 Ed. (1903)
1999 Ed. (2413)
Robert Fragasso
2009 Ed. (3442)
Robert Frank
1996 Ed. (1804)
1997 Ed. (1877)
1998 Ed. (1617)
Robert Friedland
2005 Ed. (4864)
2013 Ed. (4845)
2014 Ed. (4861)
Robert G. Nehls
1990 Ed. (2662)
Robert G. Pope
1996 Ed. (967)
Robert G. Scott
2000 Ed. (1050)
Robert G. Stover
1992 Ed. (1140)
Robert G. Weeks
1996 Ed. (967)
Robert G. Wilmers
2011 Ed. (824)
Robert Galvin
1998 Ed. (686)
Robert Gay
1992 Ed. (2136)
1993 Ed. (1839)
1994 Ed. (1819)
1995 Ed. (1861)
1996 Ed. (1838)
1997 Ed. (1911)
Robert Genetski
1990 Ed. (2285)
Robert Glaser
2002 Ed. (3355, 4787)
Robert Glynn
2005 Ed. (2470)
Robert Goldman
1996 Ed. (1849)
1997 Ed. (1921)
Robert Gratton

2005 Ed. (4865)
2006 Ed. (2528)
Robert Greenhill
1996 Ed. (1710)
1997 Ed. (1797)
Robert Greifeld
2011 Ed. (830)
Robert Gross, The Professional Investor
1990 Ed. (2366)
Robert; Groupe
2007 Ed. (4856)
2008 Ed. (4779)
2009 Ed. (4811)
2010 Ed. (4829)
2011 Ed. (4789)
2012 Ed. (4810)
2013 Ed. (4745)
2014 Ed. (4795)
2015 Ed. (4829)
2016 Ed. (4734)
Robert H. Benmosche
2002 Ed. (2873)
Robert H. Campbell
2000 Ed. (1887)
Robert H. Hilb
1989 Ed. (1741)
1990 Ed. (2271)
Robert H McCaffrey
1991 Ed. (1631)
Robert H. Meyer & Associates
1990 Ed. (3084)
Robert Haas
1989 Ed. (2339)
Robert Hageman
1993 Ed. (1812, 1826)
1994 Ed. (1795, 1809, 1831)
1995 Ed. (1833, 1847)
1996 Ed. (1811)
1997 Ed. (1885)
1998 Ed. (1655)
Robert Half BVBA
2011 Ed. (1497)
Robert Half International
2013 Ed. (1476)
2014 Ed. (2548, 3783)
2016 Ed. (3716)
Robert Half International Inc.
1990 Ed. (889)
1998 Ed. (3505)
1999 Ed. (4486, 4573, 4575)
2000 Ed. (4225, 4226, 4227)
2001 Ed. (4501, 4502)
2002 Ed. (911, 4349, 4595, 4596)
2003 Ed. (802, 4393, 4394, 4717, 4718)
2004 Ed. (843, 4693, 4694)
2005 Ed. (817, 821, 1084, 4668, 4669)
2006 Ed. (743, 747, 1080, 1962, 1963, 1964, 1966, 4294, 4459, 4720, 4721)
2007 Ed. (837, 839, 1186, 4521, 4742, 4743)
2008 Ed. (805, 808, 4663)
2009 Ed. (829, 833, 1441, 4704, 4705)
2010 Ed. (1503, 1532, 4720)
2011 Ed. (4678)
2012 Ed. (1587, 4528, 4692)
2013 Ed. (4654)
2015 Ed. (4718)
Robert Halliday
2006 Ed. (988)
2007 Ed. (1081)
2008 Ed. (968)
2010 Ed. (920)
Robert Hanliman
1999 Ed. (2265)
Robert Hardiman
1993 Ed. (1787)
1994 Ed. (1770)
1995 Ed. (1811)
Robert Harrell
1998 Ed. (2288)
Robert Harris Homes
2006 Ed. (1158)
Robert Herbold
2002 Ed. (1043)
2003 Ed. (2394, 2409)
Robert Hottensen, Jr.
1999 Ed. (2184)
2000 Ed. (2048)
Robert Hughes Associates Inc.
2001 Ed. (4124)
2002 Ed. (4065)
2006 Ed. (4199)
2008 Ed. (4249)
2009 Ed. (4348)
2011 Ed. (4316)
2012 Ed. (4378)

Robert Hull Jr.
2006 Ed. (963)
Robert I. Lipp
1999 Ed. (2080)
Robert I. Toll
1991 Ed. (1633)
1999 Ed. (2085)
2007 Ed. (1025)
2008 Ed. (945, 947)
Robert Iger
2008 Ed. (938)
2010 Ed. (888)
2016 Ed. (873)
The Robert Irsay Co.
1991 Ed. (1081)
1992 Ed. (1414)
1993 Ed. (1127)
1994 Ed. (1149)
Robert J. Cosgrove
1994 Ed. (896, 1057)
Robert J. Coury
2011 Ed. (831)
2014 Ed. (2595)
2015 Ed. (2637)
Robert J. Eaton
1996 Ed. (965)
1997 Ed. (981)
Robert J. Gillette
2011 Ed. (844)
Robert J. Higgins
2001 Ed. (2314)
Robert J. Hugin
2016 Ed. (870)
Robert J. Keegan
2009 Ed. (946)
2010 Ed. (898)
2011 Ed. (829)
Robert J. Martin
2004 Ed. (1099)
Robert J. Stevens
2007 Ed. (1029)
2008 Ed. (951)
2009 Ed. (950)
2010 Ed. (902)
2011 Ed. (821, 823)
Robert J. Ulrich
2007 Ed. (2503, 2505)
2009 Ed. (2660)
Robert (Jay) Pelosky
1996 Ed. (1906)
Robert (Jay) Pelosky Jr.
1999 Ed. (2402)
Robert Jones
1991 Ed. (2160)
Robert Jones Investments Ltd.
1991 Ed. (2594, 2595)
1992 Ed. (3233, 3234)
1993 Ed. (2721, 2722)
Robert Julien
2005 Ed. (4871)
Robert K. Burgess
1996 Ed. (965)
1997 Ed. (981)
Robert K. Cole
2006 Ed. (930)
2007 Ed. (1021)
Robert K. Doman
1994 Ed. (845)
Robert Kagle
2002 Ed. (4730)
2003 Ed. (4847)
Robert Kaimowitz
2000 Ed. (2044)
Robert Kamerschen
1992 Ed. (2056)
Robert Kania
1999 Ed. (2154)
Robert Kauffman
2008 Ed. (4902)
Robert Keegan
2007 Ed. (1030)
2008 Ed. (952)
2009 Ed. (951)
2010 Ed. (903)
Robert Kelleher
1999 Ed. (2360)
2000 Ed. (2143)
Robert Kelly
2005 Ed. (985)
2006 Ed. (999)
2007 Ed. (385, 1091)
Robert Kendal
1995 Ed. (2485)
Robert Kennedy College
2011 Ed. (691)
Robert Knutson
2012 Ed. (2490)
Robert Koort
2000 Ed. (1992)
Robert Kraft

2012 Ed. (4852)
2013 Ed. (4849)
2014 Ed. (4865)
2015 Ed. (4902)
2016 Ed. (4819)
Robert Kross
2014 Ed. (2594)
Robert Kulason
1999 Ed. (2197, 2200)
2000 Ed. (1961, 1969, 1973)
Robert Kuok
1997 Ed. (849)
1999 Ed. (727)
2000 Ed. (735)
2003 Ed. (4890)
2006 Ed. (4917, 4919)
2008 Ed. (4847)
2009 Ed. (4868)
2010 Ed. (4870, 4877)
2011 Ed. (4858, 4887)
2012 Ed. (4864, 4872)
2013 Ed. (4887, 4916)
2014 Ed. (4900)
2015 Ed. (4940)
2016 Ed. (4855)
Robert Kurtter
1993 Ed. (2464)
Robert L. Bagby
2003 Ed. (3061)
Robert L. Citron
1991 Ed. (2345)
1992 Ed. (2906)
Robert L. Crandall
1990 Ed. (972, 1711)
1994 Ed. (1719)
Robert L. Hanson
2014 Ed. (2595)
Robert L. Johnson
2008 Ed. (183)
2012 Ed. (110)
Robert L. Mandeville
1991 Ed. (3209)
Robert L. Nardelli
2007 Ed. (2503)
Robert L. Parkinson Jr.
2008 Ed. (950)
2009 Ed. (949, 959)
2010 Ed. (901)
Robert L. Parkinson, Jr.
2015 Ed. (967)
Robert L. Tillman
2005 Ed. (1104)
2006 Ed. (1099)
2007 Ed. (1202)
Robert L. Toll
1999 Ed. (1411)
Robert L. Wehling
2002 Ed. (3263)
Robert Lane
2007 Ed. (991)
2010 Ed. (884)
Robert Lanier
1995 Ed. (2518)
Robert LaPenta
2006 Ed. (944)
Robert Lee
2011 Ed. (3360)
Robert Lemle
2003 Ed. (1546)
Robert Levine
1995 Ed. (1717)
Robert Lindner
2008 Ed. (969)
Robert Luciano
2000 Ed. (1880)
Robert Lutz
1998 Ed. (1517)
1999 Ed. (2084)
2000 Ed. (1885)
Robert M. Agate
1997 Ed. (979)
Robert M. and Anne T. Bass
1994 Ed. (889, 1056)
Robert M. Bass
2011 Ed. (4834)
Robert M. Bass Group and Aoki Corp.
1990 Ed. (1226, 1267)
Robert M. Beavers
1989 Ed. (735)
Robert M. Devlin
2002 Ed. (2873)
Robert M. Hicks
2000 Ed. (1206)
Robert M. Jelenic
2000 Ed. (1879)
Robert M. Kaya Builders Inc.
2010 Ed. (1668)
Robert M. Kossick
1992 Ed. (2062)
Robert M. Kovacevich

2006 Ed. (937)
Robert M. Price
1991 Ed. (1621)
Robert MacDonnell
1994 Ed. (1840)
1999 Ed. (2434)
Robert Madge
1996 Ed. (1717)
Robert Maire
2000 Ed. (2005)
Robert Mapplethorpe Foundation
1995 Ed. (1930)
Robert Margolis
2009 Ed. (2659)
Robert Marston and Assocs.
1990 Ed. (2918)
Robert Mauney
1991 Ed. (2342)
Robert Maxwell
1993 Ed. (1693)
Robert McAdoo
1995 Ed. (1802)
Robert McBride
2009 Ed. (3658)
Robert McCarthy
2006 Ed. (2578)
Robert McClements, Jr.
1992 Ed. (2064)
1993 Ed. (1706)
Robert McCullough
2000 Ed. (1052)
Robert McEwen
2006 Ed. (2528)
Robert McMillan
2011 Ed. (3369)
Robert McNair
2002 Ed. (3347)
2005 Ed. (4843)
2012 Ed. (4852)
2013 Ed. (4849)
2014 Ed. (4865)
2015 Ed. (4902)
2016 Ed. (4819)
Robert McNutt Inc.
2010 Ed. (1247)
2011 Ed. (1197)
Robert Mendez
2011 Ed. (2953)
2012 Ed. (3448)
Robert Merritt
2006 Ed. (987)
Robert Millen
2009 Ed. (3440)
Robert Miller
2005 Ed. (4873)
2008 Ed. (4856)
2010 Ed. (4883)
2011 Ed. (4871)
2012 Ed. (4879)
Robert Miller-Bakewell
1999 Ed. (2351)
2000 Ed. (2138)
Robert Millington
1999 Ed. (2348)
Robert Mnuchin
2013 Ed. (180)
Robert Mondavi Corp.
1996 Ed. (730, 731, 3849)
1997 Ed. (3897)
1998 Ed. (458, 459, 3738, 3743, 3749, 3751)
1999 Ed. (718, 719, 725, 4784, 4789, 4795, 4797)
2000 Ed. (725, 727, 4396, 4408, 4415, 4419, 4423)
2001 Ed. (4840, 4841)
2002 Ed. (4913)
2003 Ed. (4965)
2004 Ed. (3276, 3277)
2005 Ed. (3293, 3294)
Robert Mondavi Family
1999 Ed. (4772)
Robert Mondavi Private Selection
2009 Ed. (4958)
2011 Ed. (4954)
Robert Mondavi Winery
1998 Ed. (3722)
2003 Ed. (4959, 4961)
2004 Ed. (4962, 4963)
2005 Ed. (4946, 4947)
2006 Ed. (4963)
Robert Montgomery
2008 Ed. (2634)
Robert Morris III
1989 Ed. (1416, 1418, 1419)
1990 Ed. (1769)
1991 Ed. (1684, 1707)
1993 Ed. (1774, 1827)
1994 Ed. (1810)
1995 Ed. (1797, 1848)

1996 Ed. (1772, 1826)
Robert Morris University
  2006 Ed. (1072)
  2011 Ed. (949)
Robert Motherwell
  1994 Ed. (898)
Robert Mouawad
  2013 Ed. (4298)
  2016 Ed. (4854)
Robert Muller
  1997 Ed. (1947)
  1998 Ed. (1564, 1596)
Robert Muse Bass
  1990 Ed. (2576)
  2002 Ed. (3359)
  2003 Ed. (4878)
  2004 Ed. (4859)
  2005 Ed. (4845)
  2006 Ed. (4900)
  2007 Ed. (4895)
  2008 Ed. (4824)
  2009 Ed. (4847)
  2010 Ed. (4852)
Robert Mylod
  1991 Ed. (927)
  1992 Ed. (1144)
  1995 Ed. (981)
Robert Nardelli
  2003 Ed. (2408)
  2004 Ed. (2528)
  2006 Ed. (891, 2515)
  2007 Ed. (981)
Robert Ng
  2014 Ed. (4916)
  2015 Ed. (4956, 4957)
  2016 Ed. (4872, 4873)
Robert; Ng
  2014 Ed. (4917)
Robert O. Anderson School of Management; University of New Mexico
  2007 Ed. (808)
Robert O. Kramer
  1997 Ed. (3068)
Robert Ogilvie
  2006 Ed. (2518)
Robert O'Henstein
  1995 Ed. (1811)
Robert Ottenstein
  1996 Ed. (1786)
  1998 Ed. (1673)
  1999 Ed. (2265)
  2000 Ed. (1994)
Robert Overstreet
  1992 Ed. (3139)
Robert P. Casey
  1993 Ed. (1994)
Robert P. Kelly
  2008 Ed. (369)
  2009 Ed. (385, 948)
  2010 Ed. (900)
  2011 Ed. (824)
Robert P. Luciano
  1989 Ed. (1383)
  1990 Ed. (1724)
  1991 Ed. (1630)
  1993 Ed. (1705)
  1994 Ed. (1723)
  1996 Ed. (962)
Robert P. Napoli
  2011 Ed. (3348)
Robert P. Rotella
  1996 Ed. (1055)
Robert Palmer
  1998 Ed. (1511)
Robert Parkinson Jr.
  2010 Ed. (887)
Robert Pattinson
  2012 Ed. (2431, 2444)
  2013 Ed. (2597)
Robert Paul
  2014 Ed. (940)
Robert Petersdorf, M.D.
  1991 Ed. (2406)
Robert Pittman
  2003 Ed. (2409)
Robert Plan
  2000 Ed. (1105)
Robert Plant
  1997 Ed. (1114)
Robert Polet
  2007 Ed. (1102)
  2009 Ed. (969)
  2010 Ed. (932)
Robert Prichard
  2015 Ed. (796)
Robert Pritzker
  2003 Ed. (4885)
  2004 Ed. (4869)
  2005 Ed. (4854)
Robert R. Alvarez Sr.

1994 Ed. (2059, 2521, 3655)
Robert R. Dockson
  1990 Ed. (1712)
Robert R. Ferguson, Jr.
  1991 Ed. (1632)
Robert R. McCormick Charitable Trust
  1992 Ed. (1280, 2216)
Robert R. McCormick Tribune Foundation
  2002 Ed. (2327)
Robert R. Simpson
  2009 Ed. (957)
Robert Rachman Inc.
  1995 Ed. (259)
Robert Randall Co.
  1992 Ed. (1364)
Robert Reitzer
  1995 Ed. (1795, 1810)
Robert Rich Jr.
  2011 Ed. (4828)
Robert Rich Sr.
  2007 Ed. (4891)
Robert Rodriguez
  2013 Ed. (2958)
Robert Rose
  1993 Ed. (1701)
Robert Rossiter
  1999 Ed. (2084)
  2000 Ed. (1885)
  2004 Ed. (975)
  2005 Ed. (984)
  2006 Ed. (936)
Robert Rowling
  2002 Ed. (3360)
  2003 Ed. (4885)
  2004 Ed. (4869)
  2005 Ed. (4845)
  2006 Ed. (4900)
  2007 Ed. (4895)
  2008 Ed. (4824)
  2009 Ed. (4847)
  2010 Ed. (4852)
  2011 Ed. (4825)
  2012 Ed. (4839)
  2013 Ed. (4837)
  2014 Ed. (4852)
Robert Ruehman BMW-Pontiac
  1990 Ed. (334)
Robert Ruehman Inc.
  1991 Ed. (301)
  1992 Ed. (406)
  1994 Ed. (260)
Robert Ruff
  2015 Ed. (2635)
Robert Ryan
  2005 Ed. (990)
  2006 Ed. (976)
Robert S. Cubbin
  2011 Ed. (3196)
Robert S. Jepson, Jr.
  1990 Ed. (1720)
  1992 Ed. (1093)
Robert S. Morrison
  2000 Ed. (1884)
Robert S. Noe, Jr.
  1991 Ed. (2343)
Robert S. Taubman
  1995 Ed. (981)
Robert S. Woodruff
  2000 Ed. (1051)
Robert Saracco
  2007 Ed. (2549)
Robert Schiffman
  1999 Ed. (2165)
  2000 Ed. (1935)
Robert Schiffner
  2007 Ed. (1058)
Robert-Scott Enterprises
  2003 Ed. (1137)
Robert Semple
  1999 Ed. (2329)
  2000 Ed. (2115)
Robert Shapard
  2006 Ed. (997)
Robert Shapiro
  1999 Ed. (1121, 2078)
Robert Shiller
  2004 Ed. (3166)
Robert Silberman
  2006 Ed. (879)
  2012 Ed. (2490, 2492)
Robert Simpson
  2006 Ed. (909)
  2007 Ed. (999)
  2010 Ed. (886)
Robert Singleton
  1994 Ed. (1722)
Robert Smalley
  1998 Ed. (1575)
  1999 Ed. (2163)

Robert Smoler
  2000 Ed. (1878, 2425)
Robert Soni
  2004 Ed. (4828)
Robert Spaulding
  1991 Ed. (2548)
  1992 Ed. (3138)
Robert Spingarn
  2011 Ed. (3335)
Robert Stempel
  1993 Ed. (939)
  1994 Ed. (948)
Robert Stephen Holdings Ltd.
  1990 Ed. (1032, 1033)
  1991 Ed. (958, 961)
  1992 Ed. (1191, 1192, 1200)
  1993 Ed. (965, 966, 972, 976)
  1994 Ed. (992, 998, 1000)
  1995 Ed. (1004, 1005, 1012)
Robert Stigwood
  2005 Ed. (4891, 4894)
  2007 Ed. (4929, 4932)
  2008 Ed. (4905)
Robert Stiller
  2008 Ed. (2634)
Robert Stone
  2011 Ed. (3337)
Robert Swan
  2010 Ed. (920)
Robert Swanson
  2006 Ed. (917)
Robert Swanson Jr.
  1996 Ed. (1711)
Robert T. Fraley
  2007 Ed. (2498)
Robert T. Jones II
  1999 Ed. (2607)
Robert T. Marto
  1996 Ed. (967)
Robert Teo Kuan
  1997 Ed. (20)
Robert Thomas Securities
  1999 Ed. (843, 844, 845, 847)
Robert Thornton Jr.
  2010 Ed. (3623)
Robert Tillman
  2003 Ed. (2408)
  2004 Ed. (2528, 2529)
  2006 Ed. (891)
  2007 Ed. (2503)
Robert Toll
  2000 Ed. (1887)
  2006 Ed. (894, 939)
  2007 Ed. (984)
  2010 Ed. (885)
Robert Treat Savings & Loan Association
  1990 Ed. (3588)
Robert Ulrich
  2000 Ed. (1876)
  2003 Ed. (2408)
  2004 Ed. (2528, 2529)
  2007 Ed. (968)
  2010 Ed. (2567)
Robert W. Ackley
  2006 Ed. (2519)
Robert W. Baird
  1990 Ed. (2336, 2339)
  1993 Ed. (2314)
  1997 Ed. (3468)
  1999 Ed. (3011)
  2005 Ed. (3532)
  2007 Ed. (3656)
Robert W. Baird & Co.
  1991 Ed. (3035)
  1998 Ed. (2236)
  2000 Ed. (2762, 2769)
  2001 Ed. (732, 741, 759, 761, 843, 847, 955, 956)
  2002 Ed. (2999)
  2006 Ed. (1492, 2118)
  2009 Ed. (2163)
  2010 Ed. (2103, 4781)
  2011 Ed. (1421, 2156, 2397, 2399)
  2012 Ed. (1259, 2006, 2328)
  2013 Ed. (1359)
  2014 Ed. (1304, 2670)
  2015 Ed. (1364, 1366, 1972, 2713, 4098)
  2016 Ed. (1294, 2638)
Robert W. Galvin
  2002 Ed. (3357)
  2004 Ed. (4866)
Robert W. Lane
  2008 Ed. (951)
  2009 Ed. (950, 959)
  2010 Ed. (902, 909, 911)
Robert W. Selander
  2011 Ed. (830)
Robert W. Van Deventer

1994 Ed. (1068)
Robert W. Woodruff Arts Center
  2005 Ed. (3605)
  2009 Ed. (3834, 3838)
Robert W. Woodruff Foundation
  1994 Ed. (1897, 1902, 1905)
  1995 Ed. (1926, 1932)
  1999 Ed. (2500)
  2000 Ed. (2259)
  2001 Ed. (2517)
  2002 Ed. (2325, 2333, 2335, 2340)
  2012 Ed. (2688)
Robert Waldman
  1997 Ed. (1933)
  1998 Ed. (1577)
  1999 Ed. (2165, 2173)
  2000 Ed. (1935, 1944)
Robert Walter
  2003 Ed. (959)
  2005 Ed. (969)
  2006 Ed. (893)
  2007 Ed. (983)
Robert Wayman
  2006 Ed. (968)
Robert Weller
  2011 Ed. (4441)
Robert Willens
  1994 Ed. (1836)
  1995 Ed. (1854)
  1996 Ed. (1832)
  1997 Ed. (1905)
  1998 Ed. (1600)
  1999 Ed. (2186)
  2000 Ed. (1963)
Robert Williams
  1996 Ed. (1714)
Robert Willoughby
  2011 Ed. (3350)
Robert Willumstad
  2005 Ed. (2510)
Robert Wood
  2007 Ed. (1009)
Robert Wood Johnson Foundation
  1989 Ed. (1470, 1471, 2165)
  1990 Ed. (1847, 2786)
  1991 Ed. (894, 1765, 2689)
  1992 Ed. (1095, 1100, 2214, 2215, 2216, 3358)
  1993 Ed. (895, 1895, 1896, 2783)
  1994 Ed. (1897, 1898, 1901, 1902, 2772)
  1995 Ed. (1926, 1929, 1930)
  1999 Ed. (2499, 2500)
  2000 Ed. (2259, 2260)
  2001 Ed. (2517, 2518, 3780)
  2002 Ed. (2326, 2327, 2335, 2337, 2340, 2342)
  2004 Ed. (2681)
  2005 Ed. (2677, 2678)
  2008 Ed. (2766)
  2010 Ed. (2770, 2772)
  2011 Ed. (2754, 2756, 2758)
  2012 Ed. (2688, 2690, 2692)
Robert Wood Johnson Health System
  2001 Ed. (2773)
Robert Yam & Co./B. L. Ong & Co.
  1997 Ed. (24)
Robert Yates
  1999 Ed. (2308, 2339)
Robert Yates Racing
  2007 Ed. (327)
  2009 Ed. (336)
Robert Young Associates Inc.
  1998 Ed. (184)
Robert Zielinski
  1997 Ed. (1961)
  1999 Ed. (2280)
Roberta Walter
  1996 Ed. (1796)
  1998 Ed. (1643)
  1999 Ed. (2234)
  2000 Ed. (2015)
Roberto Angelini Rossi
  2013 Ed. (4862)
  2015 Ed. (4914)
  2016 Ed. (4830)
Roberto C. Goizueta
  1990 Ed. (972)
  1991 Ed. (924, 1619)
  1993 Ed. (936)
  1994 Ed. (1717, 2059, 2521, 3655)
  1995 Ed. (978, 1727, 1730, 2112, 2579, 3726)
  1996 Ed. (960)
  1998 Ed. (1944, 2504, 3705)
Roberto Carrillo
  1996 Ed. (1899, 1901)
Roberto Condulmari
  1999 Ed. (2362)
  2000 Ed. (2144)

Roberto Denis
2014 Ed. (2975)
Roberto Diaz
2012 Ed. (2883)
Roberto E. Barragan
2012 Ed. (2882)
Roberto Eliaschev y Asociados
2000 Ed. (189)
Roberto Eliaschev y Asociados Publicidad
2001 Ed. (239)
Roberto G. Mendoza
1991 Ed. (402)
Roberto Goizueta
1999 Ed. (1121, 2074, 2078)
Roberto Gonzalez Barrera
2012 Ed. (4903)
2013 Ed. (4888)
Roberto Guevara
1999 Ed. (2277)
Roberto Hernandez Ramirez
2008 Ed. (4886)
2009 Ed. (4906)
2010 Ed. (4907)
2011 Ed. (4894)
2012 Ed. (4903)
2013 Ed. (4888)
Roberto Irineu Marinho
2014 Ed. (4873)
2015 Ed. (4911)
2016 Ed. (4827)
Roberto Llamas
2011 Ed. (2949)
Roberto Ongpin
2013 Ed. (4897, 4898)
2014 Ed. (4909, 4910)
Roberto R. Denis
2011 Ed. (2544)
Roberto Serwaczak
1996 Ed. (1855)
Roberts
2001 Ed. (3310)
Roberts, 1951; Robin
1991 Ed. (702)
Robert's Alertline; Ken
1990 Ed. (2365)
Robert's American Gourmet Smart Puffs
2014 Ed. (4489)
2015 Ed. (4486)
Roberts BMW; John
1993 Ed. (293)
1994 Ed. (262)
1996 Ed. (265)
Roberts; Brett
2014 Ed. (940)
Roberts; Brian
2005 Ed. (970)
2006 Ed. (880)
2007 Ed. (971)
2008 Ed. (938)
2011 Ed. (822, 851)
2014 Ed. (762)
Roberts; Brian L.
2005 Ed. (2502)
2007 Ed. (1026)
2008 Ed. (948)
2011 Ed. (839)
2015 Ed. (965)
Roberts Brothers Properties
2012 Ed. (104)
Roberts Chrysler-Plymouth Inc.
1994 Ed. (266)
Roberts; Curry A.
1991 Ed. (3211)
Roberts; David
2010 Ed. (2568)
Roberts; David M.
1990 Ed. (850)
Roberts; Douglas
1993 Ed. (3443)
Roberts; Douglas B.
1995 Ed. (3505)
Roberts Express
1993 Ed. (3631, 3632)
1994 Ed. (3591, 3592)
1995 Ed. (3671, 3673)
Roberts; George
1989 Ed. (1422)
1990 Ed. (1773)
1994 Ed. (1840)
2007 Ed. (4894)
2009 Ed. (4846)
2011 Ed. (4827)
2014 Ed. (3392)
Roberts Hawaii
1990 Ed. (846)
1991 Ed. (807)
1992 Ed. (988)
1994 Ed. (800)
2002 Ed. (863)

2009 Ed. (750)
2011 Ed. (623)
2012 Ed. (593)
Roberts Hawaii Tours
2006 Ed. (686)
2007 Ed. (783)
Roberts & Hiscox Ltd.
1992 Ed. (2897)
1993 Ed. (2455)
Roberts & Hiscox Ltd.; 33,
1991 Ed. (2338)
Roberts; John
2016 Ed. (2533)
Roberts; Julia
2009 Ed. (2606)
2012 Ed. (2432)
2013 Ed. (2598)
2014 Ed. (2527)
Roberts-McNutt Inc.
2008 Ed. (1272)
2009 Ed. (1250)
2012 Ed. (1140)
Roberts; Nora
2006 Ed. (2485)
Roberts Pharmaceutical
1993 Ed. (2748)
1995 Ed. (2067)
1996 Ed. (2061, 3451)
Roberts; Ralph J.
1996 Ed. (960)
2005 Ed. (2512)
Roberts Stadium
1999 Ed. (1297)
2001 Ed. (4354)
Roberts; Terry E.
1991 Ed. (2549)
Roberts Walter
1995 Ed. (1823)
Robertson
1995 Ed. (2002)
Robertson; Amy
1995 Ed. (937)
Robertson Bros. Co.
2000 Ed. (3718)
Robertson Brothers Co.
2002 Ed. (1188)
2003 Ed. (1160)
2004 Ed. (1166)
2005 Ed. (1194)
Robertson-Ceco
1993 Ed. (1088)
1994 Ed. (1112, 2667)
Robertson Colman Stephens
1989 Ed. (1761)
Robertson; H. H.
1996 Ed. (1143)
Robertson Homes
1990 Ed. (1164, 1172)
1991 Ed. (1054, 1059)
1994 Ed. (1114)
Robertson Honda
1990 Ed. (326)
1991 Ed. (279)
1993 Ed. (270)
1994 Ed. (269)
Robertson Jr.; Julian
1995 Ed. (1870)
2005 Ed. (4857)
Robertson; Julian
1994 Ed. (1840)
1996 Ed. (1914)
Robertson; Mike
2009 Ed. (3442)
Robertson; Nick
2007 Ed. (2465)
2012 Ed. (2450)
Robertson Optical
2007 Ed. (3750, 3751)
Robertson Ready Mix Inc.
2010 Ed. (4402)
2011 Ed. (4347)
2012 Ed. (4388)
Robertson Spoerien & Wengert
1991 Ed. (1615)
Robertson Step. Emerging Growth
1993 Ed. (2691)
Robertson Stephens & Co.
1992 Ed. (3880)
1997 Ed. (3418, 3419, 3424, 3443, 3445, 3481)
1998 Ed. (2622)
Robertson Stephens Developing Country
1998 Ed. (2630)
Robertson Stephens Emerging Growth
1992 Ed. (3148, 3158)
1994 Ed. (2637)
2000 Ed. (3224)
Robertson Stephens Emerging Growth A

1999 Ed. (3576)
Robertson Stephens Emg Gr
2000 Ed. (3288)
Robertson Stephens Global Low
1998 Ed. (2596)
Robertson Stephens, Inc.
1993 Ed. (1164)
2001 Ed. (4194)
2002 Ed. (4235)
2003 Ed. (2362, 4325)
2004 Ed. (4335)
Robertson Stephens Info Age A
2000 Ed. (622)
Robertson Stephens Value & Growth
1997 Ed. (2872)
Robertson Stephens Value Growth
1996 Ed. (2797)
Robertson Stephens Value Growth A
1999 Ed. (3561)
Robertson Stephens Value Plus
1996 Ed. (2787)
Robeson
1990 Ed. (1081, 2107, 2109)
1991 Ed. (1961, 1962)
1992 Ed. (1243, 2517, 2518)
1993 Ed. (1006)
1994 Ed. (1036, 2126, 2127)
1995 Ed. (1045, 2177, 2178)
RobiComb
2001 Ed. (3089)
Robin Adams
2007 Ed. (1043)
2008 Ed. (964)
2010 Ed. (916)
2014 Ed. (2596)
Robin Burns
1992 Ed. (4496)
1993 Ed. (3730)
Robin Hayes
2001 Ed. (3318)
Robin Hood Foundaiton
2011 Ed. (775)
Robin Hood Foundation
2012 Ed. (719)
Robin Hood Multifoods
1991 Ed. (1745)
Robin Horne
1999 Ed. (2290)
Robin International
1990 Ed. (3569)
Robin; James
2006 Ed. (904)
Robin Lee
1993 Ed. (1079)
Robin Li
2010 Ed. (4863)
2011 Ed. (4851)
2012 Ed. (600, 4857, 4858)
2013 Ed. (4863, 4864)
2014 Ed. (4877, 4878)
2015 Ed. (4915, 4916)
2016 Ed. (4831, 4832)
Robin Marino
2011 Ed. (2974)
Robin Mitra
1999 Ed. (2308)
Robin Mitra & team Merrill Lynch
2000 Ed. (2084)
Robin Raina
2011 Ed. (4441)
Robin Roberts, 1951
1991 Ed. (702)
Robin Thicke
2015 Ed. (3732)
Robin Todd
2006 Ed. (4988)
2007 Ed. (4985)
2008 Ed. (4991)
2009 Ed. (4985)
2010 Ed. (4992)
Robin Washington
2010 Ed. (918)
Robin White
1999 Ed. (2330)
Robin Williams
2000 Ed. (996)
2001 Ed. (6)
Robin Willliams
2002 Ed. (2141)
Robinette Demolition Inc.
2006 Ed. (1280)
2012 Ed. (1125)
Robinette; Gary E.
2014 Ed. (3990)
Robino Associates Inc.; Frank
1991 Ed. (1066)
Robins; A. H.
1989 Ed. (1054, 2645, 2665)
Robins; A.H.
1990 Ed. (1992)

Robins Cinemas
2001 Ed. (3390)
Robins Corp.
1989 Ed. (1000)
1992 Ed. (1409)
1993 Ed. (1122)
Robins Credit Union
2002 Ed. (1859)
2003 Ed. (1913)
2004 Ed. (1953)
2005 Ed. (2095)
2006 Ed. (2190)
2007 Ed. (2111)
2008 Ed. (2226)
2009 Ed. (2210)
2010 Ed. (2164)
2011 Ed. (2183)
2012 Ed. (2043)
2013 Ed. (2225)
2014 Ed. (2157)
2015 Ed. (2221)
2016 Ed. (2192)
Robin's Donuts
1989 Ed. (1487)
1990 Ed. (1854)
Robins, Kaplan, Miller & Ciresi
1991 Ed. (2288)
1992 Ed. (2842)
1993 Ed. (2400)
2003 Ed. (3175, 3176, 3177)
Robins, Kaplan, Miller & Ciresi LLP
2012 Ed. (3415)
2013 Ed. (3449)
2014 Ed. (3449)
Robins & Marton
2008 Ed. (1238)
Robins & Morton
2009 Ed. (1303)
2011 Ed. (1192, 1265)
2012 Ed. (1108, 2519)
2014 Ed. (27, 32, 1338)
2015 Ed. (35, 1405)
2016 Ed. (34, 1334)
The Robins & Morton Group
1994 Ed. (1138)
1995 Ed. (1146)
1996 Ed. (1131)
1997 Ed. (1160)
1998 Ed. (959)
1999 Ed. (1380)
2000 Ed. (2417)
2001 Ed. (2671)
2002 Ed. (1230)
2004 Ed. (1267)
2006 Ed. (1335, 1342, 2796)
2007 Ed. (1373)
2008 Ed. (1269)
2009 Ed. (1245, 1333)
Robins, Zelle, Larson & Kaplan
1990 Ed. (2422)
Robinson
1991 Ed. (1899)
Robinson; Andrea
1992 Ed. (4496)
Robinson; Ann
1997 Ed. (1923)
Robinson Bradshaw
2001 Ed. (881)
Robinson Bradshaw & Hinson PA
2007 Ed. (1505)
Robinson Cano
2015 Ed. (220)
2016 Ed. (216)
Robinson & Cole
1991 Ed. (2524, 3423)
1993 Ed. (3625)
Robinson & Cole LLP
2008 Ed. (1693)
2009 Ed. (1617)
2011 Ed. (1595)
2012 Ed. (1440)
2015 Ed. (2008)
2016 Ed. (1979)
Robinson & Co.
2012 Ed. (4361)
2013 Ed. (4293)
Robinson Co.; C. H.
2007 Ed. (4820)
2008 Ed. (4747)
2009 Ed. (4776)
2010 Ed. (4794)
2011 Ed. (4740)
2012 Ed. (4755)
2013 Ed. (4718)
Robinson Co., Ltd.; B. A.
2006 Ed. (1597)
Robinson Department Store
2012 Ed. (4364)
2013 Ed. (2104)
2015 Ed. (1448, 2085)

Robinson; Elizabeth
  2013 Ed. (4965)
Robinson-Humphrey Co.
  1990 Ed. (3196)
  1991 Ed. (3013)
  1993 Ed. (1166)
  2002 Ed. (1405)
Robinson III; James D.
  1990 Ed. (1716)
Robinson Lake Lerer
  1990 Ed. (2913)
Robinson, Lake, Lerer & Montgomery
  1990 Ed. (2916)
  1992 Ed. (3558, 3574)
  1994 Ed. (2953, 2967, 2968)
  1995 Ed. (3027)
Robinson, Lake, Lerer & Montgomery
    (including Bozell PR)
  1992 Ed. (3565, 3581)
  1993 Ed. (2930, 2931, 2933)
Robinson Lake/Sawyer Miller/Bozell
  1995 Ed. (3002, 3006, 3008, 3010,
    3011, 3028, 3032)
  1996 Ed. (3107, 3110, 3112, 3131,
    3135)
Robinson Lerer/Sawyer Miller/Bozell
  1997 Ed. (3183, 3184, 3189, 3191,
    3207, 3208, 3212)
Robinson; Loretta
  2016 Ed. (4829)
Robinson Nugent
  1996 Ed. (1606)
Robinson & Pearman
  1993 Ed. (2940)
  1995 Ed. (3037)
  1996 Ed. (3740)
  1997 Ed. (2849)
  2000 Ed. (2620, 3679)
Robinson Property Group LP
  2001 Ed. (1796)
  2003 Ed. (1765)
  2004 Ed. (1802)
  2005 Ed. (1873)
  2006 Ed. (1893)
  2007 Ed. (1886)
  2008 Ed. (1941)
  2009 Ed. (1901)
  2010 Ed. (1837)
  2011 Ed. (1868)
  2013 Ed. (1886)
  2014 Ed. (1818)
  2015 Ed. (1858)
  2016 Ed. (1817)
Robinson Radio
  2011 Ed. (39)
Robinson, Reagan & Young PLLC
  2009 Ed. (1020)
Robinson; Richard
  1995 Ed. (982)
Robinson & Robinson
  2009 Ed. (2852)
Robinson, Robinson & Cole
  1993 Ed. (3622)
Robinson Run No. 95
  1989 Ed. (1996)
Robinson School of Business; Georgia
    State University
  2008 Ed. (792)
  2009 Ed. (784)
  2010 Ed. (742, 747, 758, 762)
  2011 Ed. (643, 658)
Robinson; William A.
  1990 Ed. (3084, 3085)
Robinson Worldwide Inc.; C. H.
  2005 Ed. (195, 196, 197, 4752, 4755,
    4757)
  2006 Ed. (209, 210, 211, 2994, 4804,
    4810, 4814)
  2007 Ed. (219, 2647, 3029, 4560,
    4808, 4820, 4821, 4822, 4825)
  2008 Ed. (205, 3147, 3525, 4736,
    4747, 4758)
  2009 Ed. (1400, 1467, 1899, 2834,
    2836, 3584, 3585, 3890, 4776,
    4779, 4787)
  2010 Ed. (1421, 1445, 1447, 1452,
    4793, 4794, 4795, 4803)
  2011 Ed. (1151, 1866, 4740, 4741,
    4742, 4752, 4787)
  2012 Ed. (140, 141, 1089, 1090,
    1719, 1722, 4754, 4755, 4756,
    4757, 4808)
  2013 Ed. (1225, 1226, 1869, 1881,
    4718, 4720, 4726)
  2014 Ed. (1813, 4772, 4777)
  2015 Ed. (4799)
Robinsons
  1999 Ed. (789, 4366)
  2001 Ed. (1011, 4310)
  2002 Ed. (4040, 4327)

  2003 Ed. (4165)
  2008 Ed. (722)
  2009 Ed. (732)
  2010 Ed. (655)
Robinsons Baby Foods
  1992 Ed. (2630)
Robinson's Delivery Service Inc.
  2007 Ed. (3556)
  2008 Ed. (3710, 4395)
Robinsons Fruit Shoot
  2016 Ed. (2776)
Robinson's Land Corp.
  1993 Ed. (2494)
Robinsons Retail Group
  2012 Ed. (4360)
  2013 Ed. (4291)
Robinson's/May
  1996 Ed. (3626)
  1997 Ed. (2322, 3340, 3681)
  1998 Ed. (1262, 1786, 3093, 3460)
  2000 Ed. (4175)
Robison Construction Inc.
  1993 Ed. (1132)
  1994 Ed. (1153)
  1995 Ed. (1167)
Robison-Prezioso Inc.
  1991 Ed. (1089)
  1992 Ed. (1422)
  1993 Ed. (1135)
  1994 Ed. (1142)
  1995 Ed. (1168)
  1996 Ed. (1144)
  1997 Ed. (1172)
  1998 Ed. (952)
  1999 Ed. (1373)
  2000 Ed. (1265, 1271)
  2001 Ed. (1479)
  2002 Ed. (1295)
  2003 Ed. (1309)
  2004 Ed. (1312)
  2005 Ed. (1318)
  2006 Ed. (1288)
  2007 Ed. (1365)
Robitussin
  1991 Ed. (991, 995, 996, 1366, 1367)
  1992 Ed. (1246, 1247, 1250, 1251,
    1258, 1259, 1265, 1873)
  1993 Ed. (1007, 1010, 1011, 1521,
    1531)
  1994 Ed. (1037, 1573, 1575)
  1995 Ed. (1046, 1618)
  1996 Ed. (767, 1024, 1027, 1028,
    1032, 1033, 1583)
  1998 Ed. (788, 789)
  1999 Ed. (1218, 1219)
  2000 Ed. (277, 1132, 1133, 1135)
  2001 Ed. (1310, 1939)
  2002 Ed. (1095, 1098, 1803)
  2003 Ed. (1050, 1051, 1052, 1878,
    2108)
  2004 Ed. (1055)
  2008 Ed. (637, 1038)
  2009 Ed. (2356)
Robitussin A-C
  1992 Ed. (1259)
Robitussin CF
  1991 Ed. (991, 992)
  1992 Ed. (1258, 1259)
  2002 Ed. (1095)
  2003 Ed. (1052)
Robitussin DM
  1991 Ed. (1366, 1367)
  1992 Ed. (1258, 1259, 1846, 1847)
  1995 Ed. (1607)
  1996 Ed. (1027, 1028)
  2002 Ed. (1095)
  2003 Ed. (1051)
  2004 Ed. (1057)
Robitussin DM 4 oz.
  1990 Ed. (1540)
Robitussin DM 8 oz.
  1990 Ed. (1540)
Robitussin DM cough syrup 4 oz.
  1990 Ed. (1082, 1541)
Robitussin Honey
  2003 Ed. (1051, 1878)
Robitussin Honey Cough
  2002 Ed. (1095, 1803)
Robitussin PE
  2002 Ed. (1095)
Robitussin Pediatric
  1996 Ed. (1028)
  2003 Ed. (1051)
Robles; Darline
  2011 Ed. (2950)
  2013 Ed. (2960)
Robo; James L.
  2015 Ed. (972)
Robobank Nederland
  2000 Ed. (629)

RoboCop
  1992 Ed. (4249)
Robopolis
  2013 Ed. (2905)
Robot-Coupe
  1990 Ed. (1834)
Robotic Technology Systems plc
  2003 Ed. (2739)
Robotron-Elotherm Corp.
  2001 Ed. (2698)
RobotShop Distribution Inc.
  2015 Ed. (4318)
Robshaw & Cheskin
  1993 Ed. (2315)
Robson Communities
  2002 Ed. (2670)
  2003 Ed. (1213)
  2005 Ed. (1244)
  2006 Ed. (4190)
Robson Communities Inc.
  2016 Ed. (2576)
Robson Rhodes
  2001 Ed. (1537)
Robson Walton
  2005 Ed. (4882)
Robyn
  2014 Ed. (1099)
Robyn Coombes
  1999 Ed. (2334)
Robyn Coombs
  2000 Ed. (2120)
Robyn Denholm
  2010 Ed. (921)
Roc Actif Pur
  2002 Ed. (1951)
  2003 Ed. (4431)
  2004 Ed. (4430)
ROC Communities
  1995 Ed. (2593)
  1996 Ed. (2664)
  1997 Ed. (2803)
  1998 Ed. (2518, 3001)
ROC Properties
  1991 Ed. (2477)
  1994 Ed. (2534)
Rocaton
  2008 Ed. (2290, 2314)
  2009 Ed. (2280, 2306)
Rocca; Gianfelice Mario
  2013 Ed. (4882)
  2014 Ed. (4895)
  2015 Ed. (4934)
  2016 Ed. (4850)
Rocca; Paolo
  2013 Ed. (4882)
  2014 Ed. (935, 4895)
  2015 Ed. (4934)
  2016 Ed. (4850)
Rocco Enterprises
  1994 Ed. (2908)
  1995 Ed. (2520, 2521, 2960, 2961,
    2962)
  1998 Ed. (2895, 2896)
Rocco Forte Hotels
  2014 Ed. (3092)
Rocco Forte; Sir
  2005 Ed. (4893)
Rocco Inc.
  1993 Ed. (2523, 2891)
Rocco J. Fabiano
  2002 Ed. (2214)
Rocela Ltd.
  2009 Ed. (3001, 3010, 3025, 3031)
Rocephin
  1995 Ed. (225)
Roces
  2001 Ed. (4329)
Rocha; Castulo de la
  2010 Ed. (2988)
Roche
  1989 Ed. (1164)
  1990 Ed. (2529)
  1991 Ed. (1352, 2399)
  1992 Ed. (1839, 1840)
  1994 Ed. (935, 1562, 1563, 2871,
    3681, 3682)
  1995 Ed. (1594, 1595, 2934)
  1996 Ed. (1580, 1582)
  1997 Ed. (1657, 1659, 1660, 1662,
    1663)
  1998 Ed. (1345)
  1999 Ed. (1741, 1742, 1914, 1916,
    4711, 4831, 4832)
  2006 Ed. (1928)
  2013 Ed. (4013, 4024)
  2014 Ed. (822, 2562, 2962, 3964,
    3965, 3968, 3970, 3971)
  2015 Ed. (3997, 4005, 4007, 4008,
    4009, 4011, 4012, 4013, 4014,
    4015)

  2016 Ed. (1694, 3911, 3912, 3918,
    3920, 3922, 3924, 3926, 3927,
    3928)
Roche; Alvaro
  2006 Ed. (4140)
Roche; Ann
  2007 Ed. (4919)
  2008 Ed. (4899)
Roche Austria
  2011 Ed. (1490)
Roche Bobois
  2015 Ed. (2867)
  2016 Ed. (2799)
Roche Bobois USA
  1999 Ed. (2563)
Roche Bros. Supermarkets
  2009 Ed. (4598)
Roche Chemische Unternehmungen AG
  2002 Ed. (1777)
  2004 Ed. (1863)
Roche; Conor, Michelle, & Joanne
  2005 Ed. (4885)
Roche Constructors Inc.
  2005 Ed. (1325)
  2010 Ed. (1249)
  2011 Ed. (1103)
  2012 Ed. (1019)
  2013 Ed. (1227)
Roche Consumer Health
  2006 Ed. (2781)
Roche Consumer Healthcare
  2002 Ed. (50)
Roche Diag & Boehringer Mannheim
    Now One
  2000 Ed. (3075)
Roche Diagnostic Systems
  1995 Ed. (2532)
  1999 Ed. (3337)
  2000 Ed. (3076)
  2001 Ed. (3267)
  2002 Ed. (3298)
Roche Diagnostics Corp.
  1990 Ed. (2533)
  1991 Ed. (2405)
  1992 Ed. (3007)
  2005 Ed. (946)
  2008 Ed. (3185, 3840)
  2009 Ed. (3244, 3896)
  2010 Ed. (3175)
  2011 Ed. (3140)
  2012 Ed. (3094)
Roche (Dividend-right certificate)
  1996 Ed. (3889)
Roche Farma
  2010 Ed. (1991)
  2011 Ed. (2052)
Roche; Gerard R.
  1991 Ed. (1614)
Roche Group
  2000 Ed. (1563)
  2002 Ed. (1007, 1015, 1690, 1776,
    1778, 2024, 2025, 4486)
  2003 Ed. (1707, 1830, 3869, 3870,
    3872)
  2004 Ed. (3884, 3886)
  2005 Ed. (3823, 3824, 3826, 3829,
    3830)
  2006 Ed. (2031, 2032, 3888, 3890,
    3891, 3895, 4540)
  2007 Ed. (1457, 1693, 2001, 2002,
    2003, 2004, 3916, 3918, 3920,
    3923, 3924, 3926, 3943, 3946,
    4645)
  2008 Ed. (2094, 2095, 2096, 3944,
    3954, 3955, 3957, 3958, 3959,
    3960)
  2009 Ed. (2069, 2070, 2072, 2073,
    4027, 4030, 4032, 4034, 4035,
    4051)
  2010 Ed. (1616, 2007, 2009, 2010,
    3929, 3931, 3932, 3933, 3938,
    3953)
  2011 Ed. (1626, 2069, 2070, 3949,
    3951, 3953, 3954, 3958, 3960)
  2012 Ed. (484, 490, 1475, 1911,
    1912, 3949, 3952, 3954, 3958,
    3959)
  2013 Ed. (600, 607, 1606, 2077,
    2078, 4006, 4007, 4018, 4021,
    4025)
  2014 Ed. (614, 1574, 2010, 2011,
    3950, 3951, 3960, 3963)
  2015 Ed. (685, 690, 1626, 2055,
    3986, 3989, 4004, 4006)
  2016 Ed. (1537, 2014, 3900, 3902,
    3916, 3919)
Roche GS
  2000 Ed. (4447, 4448)
Roche Hellas
  2014 Ed. (1620)

2015 Ed. (1670)
Roche Holding
  2015 Ed. (4001)
Roche Holding AG
  1996 Ed. (1191, 1192, 1193, 1326, 1452, 3888)
  1997 Ed. (1385, 1438, 1518, 2232, 3931, 3932)
  2001 Ed. (1860)
  2005 Ed. (1474, 1967, 3693)
  2006 Ed. (2028, 2030, 3403)
  2007 Ed. (2000)
  2008 Ed. (2093)
  2009 Ed. (925, 1656, 2068, 4025)
  2010 Ed. (1390)
  2011 Ed. (792, 1620, 2068, 3950)
  2012 Ed. (750, 1910, 3950)
  2013 Ed. (2076, 4011)
Roche Holding Ltd.
  1993 Ed. (1406, 1407, 3008, 3742, 3743)
  1994 Ed. (1348, 1455)
  1995 Ed. (1373, 1495)
  1996 Ed. (1200, 2084)
  1998 Ed. (1150, 1344, 1347)
  1999 Ed. (1613, 1673, 1740, 1915, 1917, 1918, 2688)
  2000 Ed. (1561, 1710)
  2001 Ed. (92, 1187, 1861, 1862, 1863, 2069, 2074, 2075)
  2004 Ed. (3885)
  2008 Ed. (3583, 3842)
  2009 Ed. (3654, 3898)
  2010 Ed. (3572, 3831, 3934)
  2011 Ed. (2071, 3575, 3956)
  2012 Ed. (1913, 3568, 3944, 3955, 3957, 3972)
  2013 Ed. (861, 874, 2079, 3604, 4012, 4019, 4020, 4218)
  2014 Ed. (2012, 3954, 3958, 3959, 4047, 4060, 4237)
  2015 Ed. (2056, 3996, 4002, 4003, 4225)
  2016 Ed. (2016, 3910, 3914, 3915)
Roche Holdings Inc.
  1992 Ed. (1459, 1696, 4497)
  2001 Ed. (4044)
  2003 Ed. (1664)
  2004 Ed. (1695)
  2005 Ed. (1751)
  2006 Ed. (1672)
  2007 Ed. (1676)
  2008 Ed. (1702)
  2009 Ed. (1629)
  2010 Ed. (1601)
  2013 Ed. (927, 1637, 1921, 4098)
  2014 Ed. (880, 1860)
  2015 Ed. (909, 1896)
Roche; Joanne
  2007 Ed. (4920)
Roche; Joanne & John
  2008 Ed. (4884)
Roche Laboratories
  2001 Ed. (2063)
Roche; Laboratorio
  2012 Ed. (1969)
Roche; Michelle
  2007 Ed. (4920)
Roche Pharmaceuticals
  2010 Ed. (1602, 1614)
  2011 Ed. (1606, 1619)
  2012 Ed. (1454)
  2013 Ed. (1590)
  2014 Ed. (1555)
Roche Romania SRL
  2015 Ed. (3993)
Rochelle Coal Co.
  1993 Ed. (1003)
Rochelle, WY
  2000 Ed. (1126)
Roche/Sapac
  1992 Ed. (1694)
Roche/Sapac Group
  1991 Ed. (1353)
Rochester Area HMO
  1999 Ed. (2651)
Rochester Armored Car Co., Inc.
  2006 Ed. (4364)
Rochester Bond Fund for Growth
  1996 Ed. (2776)
Rochester Bond Growth
  1995 Ed. (2680, 2707)
Rochester Community Savings Bank
  1998 Ed. (3557)
Rochester Convertible
  1994 Ed. (2625)
Rochester Gas & Electric
  2001 Ed. (427)
Rochester Institute of Technology
  1992 Ed. (1098)

1997 Ed. (1053)
1998 Ed. (801)
1999 Ed. (1230)
2000 Ed. (1139)
2001 Ed. (1325)
2008 Ed. (1086)
2009 Ed. (1060)
2010 Ed. (997, 1028, 1033)
2011 Ed. (942)
Rochester Medical Corp.
  2008 Ed. (1932, 3646)
  2009 Ed. (2898, 2909, 2911, 4475)
  2010 Ed. (2842, 2853, 2855, 4498, 4505, 4525)
Rochester Methodist Hospital
  2004 Ed. (1799)
  2012 Ed. (2954)
Rochester MicroSystems
  2005 Ed. (2333)
  2006 Ed. (1100)
Rochester, MN
  1990 Ed. (2646)
  1992 Ed. (3697)
  1995 Ed. (2559, 3778)
  1996 Ed. (2621)
  1997 Ed. (2765)
  1998 Ed. (2472)
  1999 Ed. (3367)
  2002 Ed. (31, 1054)
  2003 Ed. (3056, 4154)
  2004 Ed. (4169)
  2005 Ed. (2030, 2380, 3311)
  2006 Ed. (3300, 3311)
  2007 Ed. (842, 3364)
  2011 Ed. (2412)
  2012 Ed. (4374)
Rochester Municipals
  1989 Ed. (1854)
  1992 Ed. (3200)
Rochester, NY
  1990 Ed. (3516)
  1992 Ed. (2551)
  1994 Ed. (2039)
  1996 Ed. (2089)
  1999 Ed. (2813)
  2001 Ed. (3646)
  2002 Ed. (236, 927, 2459, 3589, 3590)
  2003 Ed. (2699, 3056)
  2005 Ed. (748, 2974, 3326, 3474)
  2007 Ed. (2996)
  2008 Ed. (3111, 3119, 4089, 4351)
  2010 Ed. (3133, 3135)
  2011 Ed. (3100, 3102)
  2012 Ed. (2548)
Rochester (NY) AdNet Community News
  2003 Ed. (3644)
Rochester Post Bulletin
  1990 Ed. (2695)
  1991 Ed. (2608)
  1992 Ed. (3245)
Rochester, Simon School of Business; University of
  2006 Ed. (722)
  2008 Ed. (777)
Rochester Tax Managed
  1990 Ed. (2371)
Rochester Telephone
  1990 Ed. (3510)
  1991 Ed. (1137, 1148, 3277)
  1992 Ed. (1462)
  1993 Ed. (3463)
  1996 Ed. (3639)
Rochester; University of
  1991 Ed. (892)
  2005 Ed. (794, 811)
  2006 Ed. (700)
  2007 Ed. (793, 809)
  2008 Ed. (768)
  2009 Ed. (778)
Roche/Syntex Group
  1995 Ed. (1592)
  1997 Ed. (1661)
Rochford Construction Co.
  2005 Ed. (1216)
Rochlin Baran & Balbona Inc.
  1994 Ed. (236)
  1996 Ed. (229, 235)
  1997 Ed. (267)
  1998 Ed. (187)
Rochlin Baran & Balbons Inc.
  1995 Ed. (239)
Rock
  1998 Ed. (2535)
  1999 Ed. (3448)
  2001 Ed. (3405)
Rock, album
  2001 Ed. (3962)
Rock Bottom Restaurants

1996 Ed. (2059, 3443, 3449)
1999 Ed. (4049)
Rock; Chris
  2010 Ed. (2511)
  2011 Ed. (2513)
Rock, classic
  2001 Ed. (3962)
Rock & Classics
  2013 Ed. (3809)
Rock; D. L.
  2005 Ed. (2498)
Rock & Dirt
  2007 Ed. (4791)
Rock; Doug
  2008 Ed. (953)
Rock; Douglas
  2006 Ed. (910)
  2007 Ed. (1000)
Rock Energy Inc.
  2015 Ed. (1559)
Rock Hill Mechanical Corp.
  2011 Ed. (1249)
Rock, modern
  2001 Ed. (3962)
Rock n Roll Jesus
  2010 Ed. (3713)
Rock salt
  1990 Ed. (1955)
Rock Shop
  2015 Ed. (3743)
  2016 Ed. (3651)
Rock Springs, WY
  1990 Ed. (997)
  2010 Ed. (4272)
  2011 Ed. (4203)
Rock-Tenn
  2013 Ed. (1365)
  2014 Ed. (1164, 1307, 1309, 1614)
  2015 Ed. (1218, 3203)
  2016 Ed. (1124, 1301, 1321)
Rock-Tenn Co.
  1992 Ed. (3328)
  1997 Ed. (1145)
  1998 Ed. (929, 2748)
  1999 Ed. (1346, 3686)
  2000 Ed. (3402)
  2001 Ed. (3612, 3613)
  2003 Ed. (2538, 3713)
  2004 Ed. (1229, 2675, 3763, 3764)
  2005 Ed. (1263, 1264, 3678, 3679)
  2006 Ed. (3369)
  2007 Ed. (3985)
  2008 Ed. (1219, 3838, 4005)
  2009 Ed. (3894, 4079, 4101)
  2010 Ed. (3158, 4020)
  2011 Ed. (4018)
  2012 Ed. (3799)
  2013 Ed. (1221, 1222, 1223)
  2014 Ed. (1161, 1162, 1163, 3794)
  2015 Ed. (1215, 1216, 1217, 1665, 3093, 3814, 3815, 3816, 3821)
  2016 Ed. (1121, 1122, 1123, 1608, 2569, 3726, 3727, 3728)
Rock-Tenn Recycling
  2005 Ed. (4032)
Rock Ventures
  2016 Ed. (1788, 1789)
The Rock Wood Fired Pizza & Spirits
  2008 Ed. (3992)
  2009 Ed. (4063)
  2010 Ed. (3981)
Rockall Ltd.
  1993 Ed. (970)
Rockaway Bedding Inc.
  1994 Ed. (677, 3097)
  1995 Ed. (2517)
  1998 Ed. (1781)
  1999 Ed. (2555)
  2000 Ed. (2297)
  2005 Ed. (3411)
  2006 Ed. (3423)
  2007 Ed. (3437)
  2008 Ed. (3604)
  2009 Ed. (3671)
Rockaway Townsquare
  1989 Ed. (2492)
  1990 Ed. (3291)
Rockbottom
  1990 Ed. (1554)
  1991 Ed. (1458, 1461)
  1992 Ed. (1851, 1858)
  1993 Ed. (1526)
  1994 Ed. (1568, 1572)
  1995 Ed. (1610, 1615)
  1996 Ed. (1588)
RockCheck Steel Group Co., Ltd.
  2009 Ed. (859)
Rockefeller
  2015 Ed. (3423, 3424)
Rockefeller Center Properties

1989 Ed. (2287)
1990 Ed. (2956)
1991 Ed. (2808, 2816)
1992 Ed. (3616, 3628)
1993 Ed. (2961)
Rockefeller & Co.
  2010 Ed. (3384)
  2011 Ed. (3333)
Rockefeller; David
  1994 Ed. (889)
Rockefeller family
  2002 Ed. (3363)
  2006 Ed. (4897)
Rockefeller Foundation
  1989 Ed. (1469, 1470, 1471, 2165)
  1990 Ed. (1847, 2786)
  1991 Ed. (1765, 2689)
  1992 Ed. (1097, 2214, 2215, 3358)
  1993 Ed. (1895, 1896, 2783)
  1994 Ed. (1897, 1898, 2772)
  1999 Ed. (2499, 2500, 2501)
  2000 Ed. (2259, 2260)
  2001 Ed. (3780)
  2002 Ed. (2326, 2328, 2332, 2342)
The Rockefeller Group
  1992 Ed. (1497)
  2006 Ed. (4040)
  2007 Ed. (4082)
  2008 Ed. (4114)
  2009 Ed. (4221)
  2010 Ed. (4158)
  2011 Ed. (4156)
  2012 Ed. (3081)
  2013 Ed. (3164)
  2014 Ed. (3169)
Rockefeller Group International Inc.
  2004 Ed. (4073)
  2005 Ed. (4005)
  2006 Ed. (4040)
  2007 Ed. (4082)
  2008 Ed. (4114)
  2009 Ed. (4221)
  2010 Ed. (4158)
  2011 Ed. (4156)
Rockefeller; John D.
  2006 Ed. (4914)
  2008 Ed. (4837)
  2010 Ed. (891)
Rockefeller, Laurance S.
  1993 Ed. (888, 1028)
Rockefeller Sr.; David
  2005 Ed. (4845)
  2006 Ed. (4900)
  2007 Ed. (4895)
  2011 Ed. (4834)
Rockefeller University
  1989 Ed. (957)
  1994 Ed. (889, 1056)
Rockel; Douglas
  1993 Ed. (1831)
  1994 Ed. (1814)
  1995 Ed. (1852)
  1996 Ed. (1830)
  1997 Ed. (1903)
Rocket Dog Brands LLC
  2013 Ed. (3498)
Rocket Fuel
  2014 Ed. (2873)
  2015 Ed. (1906, 2975)
  2016 Ed. (1869)
Rocket Internet
  2016 Ed. (1609)
Rocket Lawyer
  2014 Ed. (1058)
Rocket Printing & Mailing Inc.
  1995 Ed. (2985)
RocketDrop
  2016 Ed. (2836)
Rocketdrop
  2016 Ed. (738)
Rockets; Houston
  2006 Ed. (548)
  2007 Ed. (579)
  2008 Ed. (530)
  2009 Ed. (565)
  2010 Ed. (548)
  2011 Ed. (476)
  2012 Ed. (433)
  2013 Ed. (546)
  2014 Ed. (560)
  2015 Ed. (623)
  2016 Ed. (570)
Rockett Interactive
  2010 Ed. (121)
The Rockey Co.
  1998 Ed. (2962)
  1999 Ed. (3954)
  2002 Ed. (3851)
The Rockey Company
  2000 Ed. (3668)

Rockfarm Logistics
2014 Ed. (3522)
Rockfeller Group Inc.
2013 Ed. (4182)
2014 Ed. (4199)
2015 Ed. (4179)
Rockfish Interactive
2011 Ed. (34)
Rockford Blacktop Construction
2006 Ed. (1309, 1339)
Rockford Forms
2012 Ed. (4031)
2013 Ed. (4081)
Rockford Forms & Graphics
2010 Ed. (4011)
Rockford Health Plans Inc.
1998 Ed. (1916)
2000 Ed. (2433)
2001 Ed. (2687)
2002 Ed. (2460)
Rockford Homes
2002 Ed. (2689)
2003 Ed. (1156)
2004 Ed. (1161)
2005 Ed. (1189)
Rockford, IL
1992 Ed. (2101)
2005 Ed. (2379)
Rockford Managed Care
1997 Ed. (2198)
Rockford Memorial Foundation
1994 Ed. (897)
Rockhaven Asset Mgmt.
2000 Ed. (2821, 2823)
Rockhaven Premier Dividend
2000 Ed. (3262)
Rockhurst College
1995 Ed. (932, 1068)
Rockin' Body
2015 Ed. (2337)
Rocking Horse Child Care Center of
America Inc.
1991 Ed. (929)
Rocking Horse Child Care Centers of
America Inc.
1990 Ed. (977)
Rocking Horse Energy Services
2013 Ed. (1481)
2014 Ed. (1447)
Rockingham County, NH
1995 Ed. (2483)
2012 Ed. (4371)
2013 Ed. (4785)
Rockingham Heritage Bank
2003 Ed. (1514)
Rockingham, NH
1994 Ed. (2407)
Rockland Coaches, Inc.
1989 Ed. (829)
1991 Ed. (807)
Rockland County, NY
1994 Ed. (239, 1474, 1479, 1480,
1481, 2061, 2168)
1995 Ed. (337)
2005 Ed. (3325)
Rockland Credit Union
2003 Ed. (1925)
2004 Ed. (1965)
2005 Ed. (2107)
2006 Ed. (2202)
2007 Ed. (2123)
2008 Ed. (2238)
2009 Ed. (2224)
2010 Ed. (2178)
2011 Ed. (2196)
2012 Ed. (2056)
2013 Ed. (2237)
2014 Ed. (2169)
2015 Ed. (2233)
2016 Ed. (2204)
Rockland, ME
1992 Ed. (2164)
Rockland Mitsubishi
1991 Ed. (287)
Rockland, NY
1991 Ed. (1368)
Rockland Standard Gear Inc.
2000 Ed. (4057)
Rockland Trust - Independent Bank
Corp.
2016 Ed. (1771)
Rockland/Westchester, NY
1996 Ed. (2864)
Rocklea Spinning Mills
2002 Ed. (3786)
2004 Ed. (4714)
Rockler.com
2006 Ed. (2384)
2009 Ed. (2446)
Rockport Co.

1993 Ed. (258)
1995 Ed. (3370)
2001 Ed. (424, 3081, 4244)
2005 Ed. (271)
2007 Ed. (3336)
Rockport National Bancorp Inc.
2004 Ed. (407)
Rocks & Classical
2016 Ed. (3665)
Rocks & Classics
2015 Ed. (3757)
Rockstar
2005 Ed. (4447)
2006 Ed. (4453)
2007 Ed. (4510, 4512)
2008 Ed. (4490, 4493)
2009 Ed. (4523)
2010 Ed. (4561)
2011 Ed. (4520, 4521)
2012 Ed. (4523)
2013 Ed. (595)
2014 Ed. (608)
2015 Ed. (676, 680, 4529)
2016 Ed. (616, 617, 4467)
Rockstar Energy
2011 Ed. (4523)
2012 Ed. (4522)
2013 Ed. (4484)
2014 Ed. (4529)
Rockstar Inc.
2016 Ed. (4468)
Rockstar Juiced
2010 Ed. (4561)
Rockstar Recovery
2013 Ed. (595, 4484)
2014 Ed. (608)
Rockstar Roasted Coffee
2016 Ed. (940)
Rockstar Sugar Free
2014 Ed. (4529)
2015 Ed. (680)
RockTenn
2011 Ed. (3803)
2015 Ed. (3823)
2016 Ed. (3731, 3732)
RockTenn Merchandising
2015 Ed. (3583)
2016 Ed. (2305)
Rockville Bank
2004 Ed. (473)
2005 Ed. (481)
2006 Ed. (428)
2007 Ed. (424)
Rockville Financial
2014 Ed. (556)
Rockville, MD
1996 Ed. (2225)
1999 Ed. (1152, 2829)
Rockville Merchandiser
2002 Ed. (3505)
Rockville Mitsubishi
1993 Ed. (278)
Rockville Printing & Graphics
2016 Ed. (3994)
Rockwater Energy Solutions
2015 Ed. (4096)
Rockwell
1989 Ed. (1227, 1331, 1332)
1990 Ed. (1637)
1992 Ed. (3077)
1998 Ed. (1373)
Rockwell Automation
2013 Ed. (2498)
2016 Ed. (2534, 3394)
Rockwell Automation Inc.
2001 Ed. (3215)
2003 Ed. (1349, 1363, 1856, 2196,
4546)
2004 Ed. (159, 160, 1368, 1891,
1892, 2012, 2179, 2184, 2237,
2242, 3772)
2005 Ed. (156, 157, 2017, 2018,
2280, 2285, 2286, 2341, 2769,
3691, 3937)
2006 Ed. (777, 2120, 2121, 2279,
2347, 2348, 2350, 2397, 2725,
3395, 4011, 4461)
2007 Ed. (874, 1546, 2068, 2069,
2211, 2285, 2339, 2715, 4044)
2008 Ed. (2176, 2177, 4080)
2009 Ed. (1443, 1455, 1456, 2159,
2162, 2463, 4192, 4193)
2010 Ed. (2102, 2383, 3167, 4127,
4128)
2011 Ed. (2153, 2155, 2384, 3128,
3133, 3829, 4092, 4093)
2012 Ed. (2003, 2005, 2007, 2229,
2313, 3063, 3064, 3071, 3080,
4126, 4127)
2013 Ed. (2192, 2194, 2195, 2404,

2406, 2495, 3027, 3152, 3153,
3159, 4119, 4120)
2014 Ed. (2123, 2125, 2126, 2344,
2425, 3046, 3155, 3157, 3165,
4134, 4135)
2015 Ed. (2178, 2180, 2181, 2183,
2408, 2410, 2498, 2501, 3112,
3215, 3217, 3224, 3565, 4118,
4119)
2016 Ed. (2046, 2153, 2156, 2157,
2158, 2353, 2433, 3070, 3074,
3080, 3420, 4032, 4033)
Rockwell Automotive
1998 Ed. (100)
Rockwell Collins
2013 Ed. (4219)
2014 Ed. (2536, 2884, 4256)
2015 Ed. (4427, 4867)
2016 Ed. (100, 4782)
Rockwell Collins Inc.
2001 Ed. (1752, 1753)
2003 Ed. (198, 200, 201, 202, 208,
1722, 1723, 3747)
2004 Ed. (157, 158, 161, 162, 1759,
1760, 3772)
2005 Ed. (155, 159, 160, 1089, 1090,
1826, 1827, 3691)
2006 Ed. (171, 174, 176, 1811, 1812,
2246, 4070)
2007 Ed. (173, 175, 176, 178, 1818,
1819, 2170, 2884)
2008 Ed. (157, 160, 161, 1359, 1855,
1856, 2285, 3006)
2009 Ed. (180, 185, 1361, 1805,
1806, 3092)
2010 Ed. (160, 1345, 1749, 1750,
1751, 2225, 3025)
2011 Ed. (83, 1331, 1761, 1762,
1763, 2994, 4805)
2012 Ed. (84, 86, 98, 891, 1197,
1611, 1612, 1613, 1614, 2113,
2465, 2920, 3811)
2013 Ed. (1049, 1767, 1769, 1770,
1771, 2300, 2302, 2311, 3009,
4801)
2014 Ed. (1701, 1704, 2238, 2240,
3018)
2015 Ed. (1048, 1743, 1746, 2304,
2306, 2316, 3085)
2016 Ed. (92, 107, 956, 1695, 1698)
Rockwell Construction
1993 Ed. (959, 3336)
Rockwell Diamonds Inc.
2010 Ed. (1517)
2011 Ed. (1507)
2012 Ed. (1358)
Rockwell Federal Credit Union
1998 Ed. (1233)
Rockwell Financial Group LLC
2006 Ed. (3503, 4343)
2007 Ed. (3540, 4403, 4989)
2008 Ed. (3699, 4373, 4955)
Rockwell Group
2007 Ed. (3196, 3203)
2008 Ed. (3338, 3340, 3344, 3347)
2009 Ed. (3413, 3417, 3418)
2010 Ed. (3355, 3356)
2011 Ed. (3308, 3312, 3313)
2012 Ed. (3295, 3297)
2013 Ed. (3364, 3369)
2014 Ed. (3375, 3379, 3380)
2015 Ed. (3410, 3415)
Rockwell International Corp.
1989 Ed. (193, 194, 196, 197, 1260)
1990 Ed. (186, 187, 189, 190, 192,
1530, 2491)
1991 Ed. (176, 178, 179, 181, 182,
183, 184, 324, 845, 1161, 1404,
1445, 1528, 2460, 3435)
1992 Ed. (248, 251, 252, 487, 1473,
1834, 1916, 2941, 3076)
1993 Ed. (158, 159, 826, 1180, 1211,
1286, 1462, 1503, 1565, 1569,
1571, 3212)
1994 Ed. (141, 142, 550, 1220, 1337,
1608, 1610)
1995 Ed. (157, 160, 161, 1232, 1236,
1363, 1542, 1651, 1652, 2847,
2869)
1996 Ed. (166, 168, 1307, 1626,
1627, 3666)
1997 Ed. (1369, 1684, 1685, 1705,
1706)
1998 Ed. (1128, 1319, 1372, 1398,
1400, 1532, 2429)
1999 Ed. (1550, 1561, 1939, 1968,
1969, 1973, 4194, 4269)
2000 Ed. (216, 960, 1692, 1744,
1745, 3993)
2001 Ed. (542, 1040, 1597, 1646,
2140, 2141, 2191, 2895, 2896)

2002 Ed. (1797, 2079, 2081, 2082,
2102)
2003 Ed. (1855, 2130, 2132, 2194,
2729, 3747, 4562)
Rockwell International Corporation Trust
1989 Ed. (1472)
Rockwell International of Canada
1991 Ed. (2383)
1992 Ed. (1879)
Rockwell; Steven
1995 Ed. (1792)
1996 Ed. (1772, 1808)
1997 Ed. (1882)
Rockwood Clinic PS
2016 Ed. (2126)
Rockwood Co.
1994 Ed. (2923)
2001 Ed. (2910)
Rockwood Growth
1992 Ed. (3171)
1994 Ed. (2625)
Rockwood Holdings
2015 Ed. (945)
Rockwood Holdings Inc.
2008 Ed. (911)
Rockwood Specialties Group Inc.
2006 Ed. (1417, 1446, 3276)
Rocky
2005 Ed. (272)
Rocky Brands Inc.
2011 Ed. (3437)
2012 Ed. (3454)
2013 Ed. (3498)
2014 Ed. (3473)
Rocky Dogs
2009 Ed. (2826)
Rocky Mount, NC
2005 Ed. (2992)
2008 Ed. (2491, 3468)
2009 Ed. (3547, 3576)
2010 Ed. (3467)
Rocky Mount Undergarment
1990 Ed. (1067)
1991 Ed. (3360)
Rocky Mountain
1990 Ed. (2169)
Rocky Mountain Bank
1996 Ed. (678, 2640)
2002 Ed. (3548)
Rocky Mountain Bank Card
1991 Ed. (360)
1992 Ed. (503)
Rocky Mountain Bank Card Systems
1991 Ed. (265, 371)
Rocky Mountain Bank & Trust
2010 Ed. (432)
2011 Ed. (357)
Rocky Mountain Capital Partners LLP
2002 Ed. (4737)
2004 Ed. (4832)
2007 Ed. (4875)
Rocky Mountain Chocolate Factory
1996 Ed. (1966)
2002 Ed. (937, 2363)
2003 Ed. (858, 895)
2004 Ed. (878, 879, 880, 914)
2005 Ed. (855, 856, 857, 905)
2006 Ed. (775, 820)
2007 Ed. (872, 907, 1662)
2008 Ed. (842, 882, 4372)
2009 Ed. (854, 4459)
2010 Ed. (801, 842)
2011 Ed. (729)
2012 Ed. (668)
2013 Ed. (807)
2014 Ed. (832)
2015 Ed. (4377)
2016 Ed. (797)
Rocky Mountain Chocolate Factory Inc.
2014 Ed. (857)
Rocky Mountain College
2008 Ed. (1066)
2009 Ed. (1043)
2010 Ed. (1009)
Rocky Mountain Credit Union
2002 Ed. (1876)
2003 Ed. (1930)
2004 Ed. (1970)
2005 Ed. (2112)
2006 Ed. (2207)
2007 Ed. (2128)
2008 Ed. (2243)
2009 Ed. (2229)
2010 Ed. (2183)
2011 Ed. (2201)
2012 Ed. (2062)
2013 Ed. (2244)
2014 Ed. (2176)
2015 Ed. (2240)
2016 Ed. (2211)

Rocky Mountain Dealerships
2015 Ed. (3201)
Rocky Mountain Dealerships Inc.
2015 Ed. (4564, 4565)
2016 Ed. (4491, 4494)
Rocky Mountain Elk Foundation Inc.
2001 Ed. (2445)
2003 Ed. (2491, 2492)
2004 Ed. (2624, 2625)
2005 Ed. (2613, 2614)
2006 Ed. (2612)
Rocky Mountain Employee Benefits
2006 Ed. (3110)
Rocky Mountain Health Care Corp.
1992 Ed. (1188)
1994 Ed. (988)
1995 Ed. (1001)
1996 Ed. (988)
1998 Ed. (751)
Rocky Mountain Health Plans
2007 Ed. (4025)
2009 Ed. (2976, 4130)
2010 Ed. (2916, 4062)
2012 Ed. (4073)
Rocky Mountain Healthcare Option
2010 Ed. (2915)
Rocky Mountain HealthCare Options
Inc.
2009 Ed. (4091)
2010 Ed. (4003)
2012 Ed. (2821)
2013 Ed. (2890)
Rocky Mountain HMO Inc.
2002 Ed. (2461)
2003 Ed. (2700)
2008 Ed. (2920)
2009 Ed. (2975)
2010 Ed. (2915)
2012 Ed. (2821)
2013 Ed. (2890)
Rocky Mountain Hospital & Medical
2002 Ed. (2872)
2008 Ed. (2920)
Rocky Mountain Hospital & Medical
Service Inc.
2012 Ed. (2821)
2013 Ed. (2890)
Rocky Mountain Hospital & Medicine
2003 Ed. (3010)
Rocky Mountain Human Services
2014 Ed. (1520)
Rocky Mountain Instrument Co.
2010 Ed. (3693, 3694)
2011 Ed. (3688, 3689)
2012 Ed. (3705, 3706)
2013 Ed. (3751, 3758)
2014 Ed. (3684, 3690)
2015 Ed. (3700)
Rocky Mountain Investors
1993 Ed. (2311)
Rocky Mountain Liquor Inc.
2015 Ed. (4318)
Rocky Mountain Natural Meats Inc.
2012 Ed. (3586, 3594)
2013 Ed. (3640, 3648)
Rocky Mountain Ram LLC
2007 Ed. (4989)
2008 Ed. (4955)
Rocky Mountain Soap Co.
2005 Ed. (1690, 1691, 1692)
2008 Ed. (1549)
2009 Ed. (1478)
Rocky Point Park
1995 Ed. (216)
Rocky Road
1990 Ed. (2144)
Rocky's Auto Inc.
2009 Ed. (310)
Rocky's Italian Grill
2007 Ed. (3965)
R.O.C.M.
1994 Ed. (2941)
1995 Ed. (2999)
Rocor International
1994 Ed. (3029)
1995 Ed. (3081)
1998 Ed. (3031)
1999 Ed. (4019)
2000 Ed. (3734, 4313)
2004 Ed. (4773)
Rocor Transportation Cos.
1993 Ed. (2987)
ROCS Entry Level Staffing
2013 Ed. (3126)
2014 Ed. (3125)
Roctest
2007 Ed. (2814)
Rod Calvao
1990 Ed. (2481)
1991 Ed. (2344)

1992 Ed. (2905)
Rod Canion
1990 Ed. (976, 1726)
Rod Cooke Construction Inc.
2014 Ed. (1341)
Rod Dammeyer
1996 Ed. (1715)
Rod Dirodon
1991 Ed. (2346)
Rod E. Maher Inc.
2010 Ed. (1207)
Rod Gunn & Associates Inc.
1996 Ed. (2348, 2355)
1998 Ed. (2232)
Rod Laver Arena
2011 Ed. (1072)
2012 Ed. (997)
2013 Ed. (1140)
2014 Ed. (1101)
2015 Ed. (1138)
2016 Ed. (1050)
Rod Maclean
1999 Ed. (2342)
2000 Ed. (2130)
Rod Petrik
2011 Ed. (3356)
Rod Stewart
1991 Ed. (1041)
1993 Ed. (1076, 1077)
1995 Ed. (1117)
1998 Ed. (866)
2007 Ed. (1267, 3658)
2008 Ed. (2583)
2015 Ed. (1136)
Rod & Todd Wanek
2011 Ed. (2974)
Rod Whitehead
1999 Ed. (2346)
Rodale Inc.
2005 Ed. (730)
2006 Ed. (642, 644)
2007 Ed. (667, 669)
2009 Ed. (628, 4204)
2010 Ed. (617, 3514)
2011 Ed. (549, 3516)
2012 Ed. (3513)
2013 Ed. (32, 3554)
2014 Ed. (27, 38)
2015 Ed. (30, 41)
2016 Ed. (30, 40)
Rodamco
1990 Ed. (3473)
1991 Ed. (237, 238)
1992 Ed. (329)
1993 Ed. (226, 227)
1994 Ed. (1227)
Rodamco Europe
2007 Ed. (4079)
Rodamco North America NV
2002 Ed. (4603)
2004 Ed. (1557)
2005 Ed. (1558)
RODAMCO NV
1989 Ed. (1109)
Rodan + Fields
2015 Ed. (2350)
2016 Ed. (4975)
Rodange-Athus
1992 Ed. (2948, 2949)
Roddick; Andy
2010 Ed. (278)
2013 Ed. (191)
2014 Ed. (199)
Roddy Stafford
2007 Ed. (4920)
Rodee Automobile SA
1997 Ed. (1825)
Rodemco
1992 Ed. (330)
Rodenstock USA Inc. Medical Division
1997 Ed. (2968)
Rodenticides
2002 Ed. (2816)
Rodeo
2001 Ed. (478)
2002 Ed. (384)
Rodeo-Chediski Complex, AZ
2005 Ed. (2203)
Roderick; David M.
1990 Ed. (972)
Roderick K. West
2010 Ed. (178)
Rodeway Inns
1990 Ed. (2077)
1991 Ed. (1943)
1992 Ed. (2476, 2493)
1993 Ed. (2085)
1994 Ed. (2115)
1996 Ed. (2178)
1997 Ed. (2295)

1998 Ed. (2015, 2021)
Rodeway Inns International
1990 Ed. (2086)
1991 Ed. (1954)
Rodger Meier Cadillac
1990 Ed. (319, 338)
1993 Ed. (295)
1994 Ed. (264)
Rodgers; Aaron
2015 Ed. (222, 225)
2016 Ed. (219)
Rodgers Builders Inc.
1997 Ed. (1160)
1999 Ed. (1380)
2000 Ed. (2417)
2001 Ed. (2671)
2006 Ed. (1332, 2796)
2008 Ed. (1323)
2009 Ed. (1306, 1311)
2011 Ed. (1259)
Rodgers Chevrolet
2004 Ed. (4990)
2005 Ed. (4995)
Rodgers & Hammerstein
2011 Ed. (755)
Rodgers; Richard
2006 Ed. (802)
2012 Ed. (691)
2013 Ed. (907)
Rodkin; Gary M.
2011 Ed. (832)
Rodl & Partner
2008 Ed. (2690, 2715)
Rodman; Dennis
1997 Ed. (1725)
Rodman & Renshaw Capital Group
2009 Ed. (2905, 2912)
2010 Ed. (2849, 2856)
2011 Ed. (2831)
Rodman & Renshaw Inc.
1992 Ed. (959)
Rodman & Rodman
2012 Ed. (3)
Rodney Adkins
2010 Ed. (180)
Rodney Fitch & Co.
2001 Ed. (1444, 1446, 1447, 1448)
Rodney Jacobs
2001 Ed. (2314)
Rodney O'Neal
2010 Ed. (179)
2014 Ed. (940)
2015 Ed. (957)
Rodney P. Hunt
2009 Ed. (4859)
Rodney Sq. Multi Managers Growth
1993 Ed. (580)
Rodney Square International
1995 Ed. (556)
Rodney Square International Equity
1996 Ed. (616)
Rodney Square M/M Growth
1996 Ed. (612)
Rodney Strong
2001 Ed. (4880)
2002 Ed. (4942)
Rodovid Bank
2016 Ed. (499)
Rodrick Rules
2011 Ed. (489)
Rodrigo Fiaes
1999 Ed. (2292)
Rodrigo Quintanilla
1999 Ed. (2403)
Rodriguez; Ada
2011 Ed. (2951)
Rodriguez; Alex
2005 Ed. (267)
2006 Ed. (291, 292)
2008 Ed. (272)
2009 Ed. (294)
2010 Ed. (277)
2012 Ed. (215, 432, 2884)
2013 Ed. (185, 187)
2014 Ed. (193)
Rodriguez & Del Valle Inc.
2004 Ed. (1156)
2005 Ed. (1184)
2006 Ed. (1178)
2007 Ed. (1285)
Rodriguez Industrial Supplies
1990 Ed. (2013)
Rodriguez; James
2016 Ed. (220)
Rodriguez; Jorge Rodriguez
2014 Ed. (4908)
2015 Ed. (4949)
2016 Ed. (4864)
Rodriguez; Maggie
2011 Ed. (2955)

Rodriguez-Pastor; Carlos
2013 Ed. (4896)
2014 Ed. (4908)
2015 Ed. (4949)
2016 Ed. (4864)
Rodriguez; Robert
2013 Ed. (2958)
Rodriguez & Villallobos
1995 Ed. (2651)
Rodriguez; Vito Rodriguez
2014 Ed. (4908)
2015 Ed. (4949)
2016 Ed. (4864)
Rodriquez Industrial Supplies
1989 Ed. (1590)
Roduland County, NY
1995 Ed. (1513)
RodyTruck Center Corp.
2009 Ed. (2670)
Roebbelen
2010 Ed. (1220)
Roebbelen Contracting Inc.
2007 Ed. (1348)
Roebic Labs
2016 Ed. (894)
Roebling Investment Co.
1991 Ed. (3120, 3126)
1995 Ed. (3373)
1996 Ed. (3427, 3431)
Roebling Investment Co./Management
Co.
1993 Ed. (3315)
Roebling Management Co., Inc.
1990 Ed. (3290)
Roederer Estate
1995 Ed. (926)
Roederer Estate Champagne
1996 Ed. (903)
Roederer; Louis
1993 Ed. (876)
Roegelein Co.
1992 Ed. (2991, 3485)
Roehl Transport Inc.
2006 Ed. (4835)
Roel Construction Co.
2002 Ed. (1247)
2009 Ed. (4125)
Roel Gooskens
1999 Ed. (2418)
2000 Ed. (2180)
Roel Pieper
2001 Ed. (2316)
Roela
2000 Ed. (459)
Roelandts; Willem P.
2006 Ed. (2524)
2007 Ed. (2502)
Roelandus Brenninkmeyer
1992 Ed. (888)
Roell; Stephen
2006 Ed. (948)
2010 Ed. (885, 903)
2015 Ed. (2635)
2016 Ed. (2560)
Roell; Stephen A.
2010 Ed. (898)
2011 Ed. (829)
2015 Ed. (964)
Roemer; Charles Buddy
1992 Ed. (2344)
Roemer Weather
1993 Ed. (1036)
1994 Ed. (1070)
Roemmers; Alberto
2014 Ed. (4868)
2016 Ed. (4822)
Roerig
1990 Ed. (2529)
1992 Ed. (1867, 3001)
1994 Ed. (1559, 2461)
1995 Ed. (2529)
1996 Ed. (2597)
Roersma & Wurn
2002 Ed. (2683)
2003 Ed. (1167)
2004 Ed. (1175)
Roessler; E. C.
2005 Ed. (2477)
Roethlisberger; Ben
2010 Ed. (277)
Roetzel & Andress
2012 Ed. (3400)
Roferon-A
1996 Ed. (1581)
ROFF
2011 Ed. (2010)
2012 Ed. (1860)
2014 Ed. (1954)
2015 Ed. (1608, 1998)
Roffe

1990 Ed. (3337)
1991 Ed. (3173)
1992 Ed. (4054)
1993 Ed. (3374)
Rofin-Sinar Technologies
2004 Ed. (2180, 2181, 4660)
2008 Ed. (1927, 3645)
Rogaine
1998 Ed. (1341)
1999 Ed. (1905)
2000 Ed. (1703)
2003 Ed. (2651, 4429)
Rogaine Top Solution
1990 Ed. (1566, 2530)
Rogaine Topical Solution
1991 Ed. (1473, 2400)
Rogan Inc.
2006 Ed. (4352)
Rogan; Peter
2008 Ed. (2771)
Rogaska
1999 Ed. (3253)
Rogaska (preferred)
1997 Ed. (2675)
Rogel; S. R.
2005 Ed. (2499)
Rogel; Steven
2005 Ed. (965)
2006 Ed. (912)
2007 Ed. (1002)
2008 Ed. (933)
Rogelio Diaz Publicidad
1991 Ed. (139)
Rogen; Seth
2010 Ed. (2521)
Roger A. Enrico
1994 Ed. (1715)
2004 Ed. (2490)
Roger A. Parker
2009 Ed. (956)
Roger Aaron
2002 Ed. (3068)
Roger Agnelli
2014 Ed. (935, 937)
Roger B. Walcott Jr.
2010 Ed. (2570)
Roger Beasley Mazda
1991 Ed. (285)
1992 Ed. (390)
1993 Ed. (276)
1994 Ed. (275)
1995 Ed. (275)
1996 Ed. (278)
Roger C. Hochschild
2009 Ed. (2663)
Roger Clemens
2005 Ed. (267)
Roger Coleman
2010 Ed. (3382, 3385)
2011 Ed. (3331, 3378)
Roger Communications Inc.
1999 Ed. (3311)
Roger David
2004 Ed. (3959)
Roger Dow
2009 Ed. (3713)
Roger Engemann
1993 Ed. (2318, 2322)
Roger Engemann & Associates
1992 Ed. (2762)
Roger Enrico
1997 Ed. (1797)
Roger F. Greaves
1996 Ed. (962)
Roger Farah
1999 Ed. (4302)
2004 Ed. (2527)
Roger Federer
2009 Ed. (294, 296)
2010 Ed. (276, 278, 4564)
2011 Ed. (200)
2012 Ed. (215, 216)
2013 Ed. (185, 186, 191)
2014 Ed. (192, 199)
2015 Ed. (219, 225, 2601)
2016 Ed. (215, 221)
Roger Ferris & Partners
2005 Ed. (3168)
2006 Ed. (3170)
2007 Ed. (3204)
Roger Ferris + Partners
2009 Ed. (3413)
2010 Ed. (3351)
2011 Ed. (3304, 3308, 3313)
2012 Ed. (3291, 3297)
2013 Ed. (3364, 3370)
2014 Ed. (3375)
Roger Gabb
2008 Ed. (4006, 4909)
Roger Goodell

2009 Ed. (4519)
2010 Ed. (4557, 4558)
Roger Gordon
1998 Ed. (1582)
1999 Ed. (2169)
Roger Hickel Contracting Inc.
2014 Ed. (1344)
2016 Ed. (1344)
Roger Hirst
1999 Ed. (2327)
2000 Ed. (2113)
Roger King
1991 Ed. (1631)
1992 Ed. (2061, 2062)
1993 Ed. (1705)
1997 Ed. (1941)
Roger L. Plummer
1989 Ed. (736)
Roger L. Wesson
1992 Ed. (531)
Roger Maler Inc.
1990 Ed. (3086)
Roger Meier Cadillac Co.
1991 Ed. (305)
Roger Miller
1993 Ed. (1079)
Roger Milliken
2004 Ed. (4864)
2005 Ed. (4850)
Roger Moore
1999 Ed. (2330)
2000 Ed. (2132)
Roger N. Farah
2009 Ed. (2659)
Roger Penske
2008 Ed. (952)
2011 Ed. (854)
2012 Ed. (4848)
2015 Ed. (4886)
Roger Penske Cadillac
1990 Ed. (338)
1992 Ed. (410)
Roger & Peter De Haan
2005 Ed. (4888)
Roger Plank
2006 Ed. (981)
2007 Ed. (1075)
Roger S. Markfield
2007 Ed. (2505)
Roger S. Penske
1991 Ed. (2462)
2006 Ed. (4905)
Roger Smith
1990 Ed. (974)
1991 Ed. (927)
1992 Ed. (1144)
Roger & Sons Concrete Inc.
2016 Ed. (1164)
Roger & Sons Construction Inc.
2001 Ed. (2702)
Roger Staton Associates
1994 Ed. (2963)
1995 Ed. (3021)
1996 Ed. (3124)
1999 Ed. (3940)
Roger V. Coleman
2013 Ed. (3392)
2014 Ed. (3394)
2015 Ed. (3426)
2016 Ed. (3287)
Roger W. Ferguson Jr.
2010 Ed. (179)
Roger W. Stone
1992 Ed. (1143, 2059)
Roger Wadsworth & Co. (Holdings) Ltd.
1993 Ed. (969)
Roger Wang
2009 Ed. (4849)
2010 Ed. (4853)
2013 Ed. (4838)
Roger Waters
2013 Ed. (1137)
2014 Ed. (1098, 1099)
Roger Williams Hospital
2001 Ed. (1840)
Roger Williams Medical Center
2001 Ed. (1840)
2003 Ed. (1813)
2004 Ed. (1847)
2005 Ed. (1955)
2007 Ed. (1966)
2008 Ed. (2061)
2009 Ed. (2027)
2010 Ed. (1960)
2011 Ed. (2020)
2012 Ed. (1868)
2013 Ed. (2027)
2014 Ed. (1962)
2015 Ed. (2009)
2016 Ed. (1980)

Roger Williams University
2008 Ed. (1060)
2009 Ed. (1036)
2010 Ed. (997, 1002)
Roger Wood
2009 Ed. (2826)
Roger Wood Packaging Co.
2009 Ed. (2828)
Rogers
2008 Ed. (1695, 3645)
2011 Ed. (561)
2013 Ed. (645, 4600)
2014 Ed. (659)
2015 Ed. (720, 752, 4647)
2016 Ed. (659, 4561)
Rogers & Associates
1998 Ed. (2951)
1999 Ed. (3912, 3943)
2001 Ed. (3939)
2002 Ed. (3837, 3838)
2003 Ed. (4008)
2004 Ed. (3983, 4011, 4015)
2005 Ed. (3964, 3966)
Rogers & Assocs.
2000 Ed. (3658)
Rogers AT & T Wireless
2003 Ed. (4697)
Rogers; Brian C.
2016 Ed. (2558)
Rogers; C. Jeffrey
1996 Ed. (958)
Rogers Cable Communications Inc.
2010 Ed. (670)
2011 Ed. (602)
Rogers Cable Inc.
2003 Ed. (3034)
2005 Ed. (842)
2007 Ed. (750)
2008 Ed. (729)
2009 Ed. (735, 3691)
Rogers Cablesystems Ltd.
2001 Ed. (1083)
2003 Ed. (828)
2004 Ed. (866)
Rogers Cantel Mobile Communications Inc.
1999 Ed. (2667)
2000 Ed. (1397)
2001 Ed. (2865)
2002 Ed. (4709)
Rogers Centre
2012 Ed. (4526)
Rogers College of Law; University of Arizona, James E.
2007 Ed. (3329)
2008 Ed. (3430)
2009 Ed. (3504)
2010 Ed. (3434)
Rogers Communications Inc.
1991 Ed. (1016, 1185)
1992 Ed. (946, 1295)
1993 Ed. (2506)
1994 Ed. (761)
1995 Ed. (2512)
1996 Ed. (791, 2579)
1997 Ed. (729, 2724)
2000 Ed. (1397, 2458)
2001 Ed. (22, 2865)
2002 Ed. (2502, 3269)
2003 Ed. (1078, 2933, 2939)
2004 Ed. (3021)
2005 Ed. (2832, 2833, 4510)
2006 Ed. (33, 1606, 1630)
2007 Ed. (25, 1197, 2810, 2823, 4364, 4729)
2008 Ed. (30, 1622, 1657, 2938, 2948)
2009 Ed. (1562, 2998, 4679, 4690)
2010 Ed. (2938)
2011 Ed. (2890, 2903, 4553, 4649)
2012 Ed. (567, 2827, 2833, 2838, 3604, 4560, 4647)
2013 Ed. (707, 1528, 2896, 3660, 4509, 4599, 4615)
2014 Ed. (730, 1491, 1498, 2923, 2932, 2938, 4010, 4570, 4660, 4675)
2015 Ed. (775, 1548, 2971, 2982, 2987, 4657, 4686)
2016 Ed. (1486, 2907, 2921, 3110, 4493, 4560, 4592)
Rogers & Co.
2002 Ed. (4443, 4444)
2006 Ed. (4520)
Rogers & Cowan
1995 Ed. (3024, 3025)
1996 Ed. (3129)
Rogers & Cowan of Shandwick
1992 Ed. (3570)
1994 Ed. (2952, 2966)

1996 Ed. (3111)
1997 Ed. (3190, 3205)
1998 Ed. (2943, 2951)
1999 Ed. (3917, 3943)
Rogers; Edward
2009 Ed. (4882)
Rogers; Edward S.
1997 Ed. (980)
Rogers; Edward (Ted)
1991 Ed. (1617)
Rogers Electric
2006 Ed. (1307)
2008 Ed. (1293)
Rogers; Elliot
1993 Ed. (1790)
Rogers; Elliott
1991 Ed. (1702)
1994 Ed. (1773)
1995 Ed. (1814)
1996 Ed. (1788)
1997 Ed. (1863)
Rogers Enterprises
2014 Ed. (3428)
Rogers family
2011 Ed. (4870)
2012 Ed. (4878)
2013 Ed. (4860)
2014 Ed. (4874)
2015 Ed. (4912)
2016 Ed. (4828)
Rogers Group
2002 Ed. (4510, 4511)
2003 Ed. (4614, 4615)
2004 Ed. (3484, 4592)
2005 Ed. (3480, 3481, 4525)
2006 Ed. (3482)
2007 Ed. (3512)
2008 Ed. (3675)
2009 Ed. (3741)
2010 Ed. (4610)
2011 Ed. (4111, 4120, 4566)
2012 Ed. (4141, 4152, 4580, 4581)
Rogers Group Inc.
2013 Ed. (4526)
2014 Ed. (4584, 4585)
2015 Ed. (4578, 4579)
Rogers Insurance Ltd.
2008 Ed. (2713)
Rogers; J. E.
2005 Ed. (2509)
Rogers; James
2014 Ed. (2591)
Rogers; James E.
2009 Ed. (1086)
Rogers Jr.; Edward
2005 Ed. (4870)
2008 Ed. (4855, 4856)
2009 Ed. (4881)
2010 Ed. (4882)
Rogers Jr.; John W.
2011 Ed. (103)
Rogers; Kenny
1989 Ed. (991)
1990 Ed. (1143)
1992 Ed. (1351)
1993 Ed. (1079)
1994 Ed. (1100)
1995 Ed. (1120)
1996 Ed. (1094)
1997 Ed. (1113)
Rogers, Lorrie Morgan; Kenny
1991 Ed. (1040)
Rogers Lovelock & Fritz Inc.
1998 Ed. (186)
Rogers; Mark
1997 Ed. (1891)
Rogers Media Inc.
2007 Ed. (750)
2008 Ed. (729)
2009 Ed. (735, 3691)
2010 Ed. (670)
2016 Ed. (3488)
Rogers Merchandising
1989 Ed. (2351)
Rogers PLC; Jeffrey
1992 Ed. (1198)
Rogers Poultry Inc.; B.C.
1992 Ed. (2989, 3506)
Rogers Roasters; Kenny
1996 Ed. (1760)
1997 Ed. (3311, 3312)
Rogers; Roy
1992 Ed. (1460, 3708, 4229)
1993 Ed. (3067)
1994 Ed. (3086, 3130)
1995 Ed. (3121, 3180)
1996 Ed. (3278)
1997 Ed. (3375)
Rogers; Shannon
2012 Ed. (4986)

2013 Ed. (4987)
2014 Ed. (4992)
2015 Ed. (5037)
2016 Ed. (4991)
Rogers Sr.; Edward
2006 Ed. (4923)
2007 Ed. (4910)
Rogers Sugar Income Fund
2008 Ed. (2745)
2011 Ed. (2714)
Rogers Sugar Inc.
2014 Ed. (4570)
Rogers; Ted
1997 Ed. (3871)
2009 Ed. (2662)
Rogers Telecom
2008 Ed. (4648)
Rogers, The Forester Sisters; Kenny &
Christmas: Kenny
1991 Ed. (1040)
Rogers Townsend & Thomas PC
2013 Ed. (3440)
Rogers Video
2002 Ed. (4753)
2004 Ed. (4842)
Rogers & Webster
1998 Ed. (88)
Rogers & Wells
1997 Ed. (2600)
1998 Ed. (2332, 2577)
2001 Ed. (745, 4206)
Rogers Wireless
2008 Ed. (646)
2012 Ed. (2832)
2013 Ed. (2917)
2014 Ed. (2931)
Rogers Wireless Communications Inc.
2003 Ed. (2142)
2004 Ed. (2825)
2005 Ed. (2830)
2006 Ed. (2812, 2814)
2007 Ed. (2804, 2819, 2823)
2008 Ed. (2930, 2932, 2948)
2009 Ed. (2987, 2992, 2998)
2010 Ed. (2927, 2930, 2938, 4703)
Rogers Wireless Division
2010 Ed. (45)
Rogers/Dolly Parton; Kenny
1991 Ed. (1040)
Rogers@Home
2000 Ed. (2744)
Rogerson; Craig
2014 Ed. (2591)
Rogerson; Dewe
1995 Ed. (3018, 3019, 3022)
1997 Ed. (3195, 3197)
Roget; J.
1997 Ed. (3886)
Rogge Global
1995 Ed. (2372)
Rogge Global Partners
1993 Ed. (2306)
1997 Ed. (2521, 2537)
1998 Ed. (2273)
2001 Ed. (3003)
Rogge; Jacques
2010 Ed. (4564)
Rogin Mitra
2000 Ed. (2091)
Rogue Ales
1996 Ed. (2630)
Rogue Creamery
2015 Ed. (1969)
Rogue Credit Union
2002 Ed. (1887)
2003 Ed. (1941)
2004 Ed. (1981)
2005 Ed. (2123)
2006 Ed. (2218)
2007 Ed. (2139)
2008 Ed. (2254)
2009 Ed. (2240)
2010 Ed. (2139, 2194)
2011 Ed. (2212)
2012 Ed. (2073)
2013 Ed. (2257)
2014 Ed. (2189)
2015 Ed. (2253)
2016 Ed. (2224)
Rogue Federal Credit Union
2014 Ed. (1924)
Rogue Valley Manor
2013 Ed. (173, 1989)
2014 Ed. (178, 1928)
Rogue Valley Medical Center
2014 Ed. (1927)
2015 Ed. (1973)
Rogue Valley Medical Center Inc.
2001 Ed. (1831)
2003 Ed. (1806)

2004 Ed. (1839)
2005 Ed. (1939)
Rohatyn Associates
2004 Ed. (1415)
2005 Ed. (1430, 1431, 1456)
Rohde Construction Co.
1999 Ed. (1307)
Rohini Anand
2012 Ed. (2156)
Rohini Nilekani
2010 Ed. (3959)
Rohm
2003 Ed. (2249)
2004 Ed. (2258)
2007 Ed. (2828)
2012 Ed. (4463)
2016 Ed. (987, 4340)
Rohm & Haas Co.
1989 Ed. (875, 879, 884, 885, 889)
1990 Ed. (930, 942, 946, 961)
1991 Ed. (900, 903, 905, 908, 914)
1992 Ed. (1106, 1108, 1109, 1112,
1115, 1122, 1125)
1993 Ed. (900, 905, 907, 925)
1994 Ed. (914, 917, 919, 921, 926,
936, 2854)
1995 Ed. (950, 953, 957, 961, 968,
2921)
1997 Ed. (951, 955, 958, 967, 2709,
3005)
1998 Ed. (531, 693, 697, 698, 699,
701, 702, 703, 709, 2751, 3702)
1999 Ed. (948, 1084, 1085, 1105,
2538, 3295, 3303, 3713)
2000 Ed. (894, 1018, 1020, 1022,
1033, 1038, 3056, 3423, 3517,
3555)
2001 Ed. (1177, 1178, 1181, 1198,
1209, 1214, 1550, 2181)
2002 Ed. (987, 988, 990, 993, 995,
1019, 1446, 3591, 3965)
2003 Ed. (932, 933, 937, 940, 941,
944, 1466, 3280, 4070)
2004 Ed. (19, 941, 947, 951, 952,
954, 963, 964, 1496, 4097)
2005 Ed. (931, 936, 937, 942, 943,
945, 947, 958, 1512)
2006 Ed. (840, 845, 846, 851, 865)
2007 Ed. (924, 927, 928, 933, 954,
1472, 2889)
2008 Ed. (929, 1466, 3011)
2009 Ed. (920, 3097)
2010 Ed. (863, 1446, 3030, 3827,
4604)
2011 Ed. (812)
Rohm & Hans
1996 Ed. (923, 926, 945)
Rohm/IBM
1990 Ed. (3520)
Rohol-Aufsuchungs AG
2011 Ed. (1489)
Rohr Inc.
1993 Ed. (155, 156)
Rohr Industries
1989 Ed. (195, 197)
1990 Ed. (182, 183, 3092)
1992 Ed. (244)
Rohr; James
2011 Ed. (820)
Rohr; James E.
2010 Ed. (900)
2011 Ed. (824)
2015 Ed. (2637)
Rohs; John
1991 Ed. (1696)
1993 Ed. (1809)
1994 Ed. (1792, 1825)
1995 Ed. (1792, 1866)
1996 Ed. (1808, 1847)
1997 Ed. (1882, 1919)
Roig; Juan
2012 Ed. (4892)
2013 Ed. (4910)
2014 Ed. (4920)
2015 Ed. (4960)
2016 Ed. (4876)
Roins Holding Ltd.
1993 Ed. (961)
1995 Ed. (999)
1996 Ed. (986)
Roisin Carroll
2007 Ed. (4919)
2008 Ed. (4899)
Rojacks Foodstore
2004 Ed. (4645)
Rojas; Francisco Jose Calderon
2014 Ed. (4901)
Rojas; Jose Jose Calderon
2014 Ed. (4901)
ROJO Marketing

2015 Ed. (3017)
Rok; Natan R.
1994 Ed. (2059, 2521, 3655)
ROK Property Solutions
2009 Ed. (1181)
2010 Ed. (1172)
Rokeach Foods
1994 Ed. (2347)
Rokiskio Suris
2002 Ed. (4441)
2006 Ed. (4516)
Rokke; Kjell Inge
2008 Ed. (4871)
2009 Ed. (4893)
2010 Ed. (4893)
2011 Ed. (4882)
2012 Ed. (4891)
2013 Ed. (4895)
2014 Ed. (4907)
2015 Ed. (4947)
2016 Ed. (4862)
Rokko-sha
1995 Ed. (1245)
Roksped DOO
2014 Ed. (1568)
2015 Ed. (1619)
Rolaids
1992 Ed. (341, 342, 346, 1846)
1993 Ed. (236)
1994 Ed. (225, 226)
1995 Ed. (224)
1998 Ed. (173, 1350)
2001 Ed. (387)
2003 Ed. (283)
2016 Ed. (2335)
Roland Arnall
2007 Ed. (4903)
2008 Ed. (4832)
Roland Capital
1995 Ed. (2369)
Roland Construction
2015 Ed. (4386)
Roland Corp.
2000 Ed. (3176, 3221)
2001 Ed. (3409, 3411)
2013 Ed. (3781)
2014 Ed. (3726)
2015 Ed. (3729)
2016 Ed. (3638)
Roland Corp. U.S.
1992 Ed. (3142)
1994 Ed. (2588)
Roland Corp. USA
1995 Ed. (2671)
1996 Ed. (2749)
1998 Ed. (2589)
Roland Etcheverry
2011 Ed. (859)
Roland Smith
2015 Ed. (965)
Rold Gold
1994 Ed. (3344)
1996 Ed. (3463)
1997 Ed. (3530, 3664)
1998 Ed. (3319)
2000 Ed. (4063)
2003 Ed. (4455)
2006 Ed. (4392)
2007 Ed. (4459)
2008 Ed. (4442, 4448)
2009 Ed. (4488)
2013 Ed. (4455)
2014 Ed. (4492)
2015 Ed. (4489, 4490)
2016 Ed. (4388, 4389)
Rold Gold Crispy
2000 Ed. (4063)
Rold Gold Natural
2013 Ed. (4455)
2014 Ed. (4492)
Role-playing
1993 Ed. (1594)
Rolex
1991 Ed. (3474)
1993 Ed. (743)
1995 Ed. (1390)
1996 Ed. (1341)
1997 Ed. (1401)
1999 Ed. (1621)
2000 Ed. (1427)
2001 Ed. (1243)
2007 Ed. (698, 3398)
2008 Ed. (657, 658, 666, 3529)
2009 Ed. (671, 672, 3588)
2010 Ed. (3507)
2011 Ed. (581, 3510)
2012 Ed. (3508)
2013 Ed. (695, 3548)
2014 Ed. (3524)
2015 Ed. (761, 3540, 4336)

2016 Ed. (677, 4234)
Rolex SA
2016 Ed. (1269, 1270, 1271, 1272,
1274, 1275, 1277, 1278, 1279,
1280)
Rolex Watch Co.
1994 Ed. (42)
2001 Ed. (3229)
Rolex Watch Co. SA
2006 Ed. (136)
2007 Ed. (129)
Rolf-E. Breuer
2003 Ed. (3061)
Rolinco
1990 Ed. (3473)
1991 Ed. (237)
1992 Ed. (329)
1993 Ed. (226)
2014 Ed. (4030)
Roling; Daniel
1989 Ed. (1416)
1993 Ed. (1788)
1994 Ed. (1771, 1832)
1995 Ed. (1796, 1812)
Roll Coater
2008 Ed. (3667)
Roll Forming Corp.
2003 Ed. (3372)
Roll Global
2016 Ed. (2308)
Roll Global LLC
2013 Ed. (2347, 4984)
2014 Ed. (1431, 2277, 4987)
2015 Ed. (2362, 5033)
2016 Ed. (4985)
Roll International Corp.
1995 Ed. (145, 2889)
1996 Ed. (159, 997, 2974)
1997 Ed. (3052)
1998 Ed. (73)
1999 Ed. (4808, 4814)
2000 Ed. (199, 208, 1107)
2002 Ed. (222)
2003 Ed. (194)
2004 Ed. (154, 2879)
2005 Ed. (152)
2006 Ed. (161)
2007 Ed. (153)
2009 Ed. (2336)
2010 Ed. (2267)
2011 Ed. (2274)
2012 Ed. (2141, 4083)
Roll of Thunder, Hear My Cry
1990 Ed. (982)
Roll Rich
2003 Ed. (982, 4750)
Roll & Ross Asset Management Corp.
1992 Ed. (2770)
Rolland; Ian M.
1992 Ed. (2713)
Roller Derby
1992 Ed. (3744)
2001 Ed. (4329)
Roller hockey
1999 Ed. (4385)
Roller pens
1990 Ed. (3712)
1992 Ed. (4494)
1993 Ed. (3741)
Rollerblade, Inc.
1992 Ed. (3744)
2001 Ed. (4329)
Roller/in-line skates
1994 Ed. (3369)
Rollers
2007 Ed. (4238)
Rollerskating
1999 Ed. (4383)
Rollerskating (in-line)
1999 Ed. (4816)
Rollerz
2008 Ed. (2662)
Rollin M. Dick
1995 Ed. (983)
1996 Ed. (967)
1997 Ed. (979)
1999 Ed. (1127)
2000 Ed. (1051)
Rolling Acres Mall
2001 Ed. (4251)
Rolling, Daniel
1996 Ed. (1811)
Rolling Hills, CA
1998 Ed. (737, 3704)
1999 Ed. (1155, 4747)
2000 Ed. (1068, 4376)
2001 Ed. (2817)
2002 Ed. (2712)
2012 Ed. (3041)
2014 Ed. (3124)

Rolling Rock
1989 Ed. (779)
2007 Ed. (596)
2016 Ed. (583)
Rolling Stone
1989 Ed. (178, 180, 181, 183, 2173, 2175, 2176, 2178)
1990 Ed. (2800)
1991 Ed. (3246)
1992 Ed. (3375, 3377, 3379, 3386)
1994 Ed. (2793)
2001 Ed. (248, 1231, 3197)
Rolling Stones
1991 Ed. (844, 1041, 1578)
1992 Ed. (1348, 1350, 1982)
1993 Ed. (1633)
1994 Ed. (1667)
1996 Ed. (1093, 1095)
1997 Ed. (1112, 1114, 1777)
1998 Ed. (1470)
1999 Ed. (1292, 1293)
2000 Ed. (996, 1182, 1183)
2001 Ed. (1138, 1380, 1381, 1382, 1384, 3404)
2005 Ed. (1161, 2443, 2444, 4887)
2006 Ed. (2486, 2488)
2007 Ed. (3658, 4922)
2008 Ed. (2580, 2583, 2586)
2009 Ed. (2607, 2611, 2613)
2011 Ed. (1065)
The Rolling Stones
2015 Ed. (1135)
2016 Ed. (1047, 1048)
The Rolling Stones, Guns N' Roses, Living Colour
1991 Ed. (1039)
The Rolling Stones, Living Colour
1991 Ed. (1039)
The Rolling Stones Living Colour, Dou n' Dlaye Rose & Troupe
1991 Ed. (1039)
The Rolling Stones, Living Colour, Mar Magette
1991 Ed. (1039)
The Rolling Stones/Dave Matthews Band
2000 Ed. (1183)
The Rolling Stones/Fiona Apple
2000 Ed. (1183)
The Rolling Stones/Pearl Jam
2000 Ed. (1183)
Rollins
1989 Ed. (2477, 2479)
1990 Ed. (3259, 3261)
1991 Ed. (1246, 3102, 3104)
1992 Ed. (3937)
1993 Ed. (3240)
1994 Ed. (3233)
2009 Ed. (1695, 4190)
2010 Ed. (4125)
2011 Ed. (4090)
2012 Ed. (3855)
2013 Ed. (3911)
2014 Ed. (3844)
2015 Ed. (3869)
2016 Ed. (3779)
Rollins Burdick Hunter
1990 Ed. (2270)
1992 Ed. (20)
Rollins Burdick Hunter (Bermuda) Ltd.
1990 Ed. (903)
1991 Ed. (853)
1992 Ed. (1058)
1993 Ed. (846)
Rollins Burdick Hunter Group Inc.
1990 Ed. (2266)
1991 Ed. (2137, 2138)
1993 Ed. (2247, 2248, 2249)
1994 Ed. (2224, 2225, 2227)
Rollins College
1992 Ed. (1270)
1993 Ed. (1018)
1994 Ed. (1045)
1995 Ed. (937, 1053, 1069)
1996 Ed. (1038)
1997 Ed. (1054)
1998 Ed. (802, 805)
1999 Ed. (1231, 1233)
2001 Ed. (1326)
2002 Ed. (867, 1106)
2006 Ed. (716)
2008 Ed. (758, 1087)
2009 Ed. (753, 1061)
2010 Ed. (699, 1029)
2015 Ed. (809)
Rollins College, Crummer Graduate School of Business
2009 Ed. (784)
Rollins Construction
2009 Ed. (1146)

Rollins Environmental
1989 Ed. (2476)
2016 Ed. (104)
Rollins Environmental Services
1990 Ed. (2875)
1991 Ed. (2752)
1992 Ed. (3478, 3479)
1993 Ed. (2875)
1996 Ed. (3510)
1997 Ed. (3132, 3642, 3643, 3644, 3645)
1998 Ed. (1134, 1477)
Rollins Hudig Hall
1995 Ed. (2270, 2271, 2272, 2273)
1997 Ed. (2414)
Rollins Hudig Hall (Bermuda) Ltd.
1994 Ed. (859)
1995 Ed. (902)
Rollins Hudig Hall (Cayman) Ltd.
1994 Ed. (862)
Rollins Hudig Hall Group Inc.
1996 Ed. (2273, 2274, 2275, 2276)
1998 Ed. (2123)
Rollins Hudig Hall Management Inc.
1994 Ed. (863, 867, 2226)
1995 Ed. (905)
Rollins Hudig Hall of New York Inc.
1995 Ed. (2274)
Rollins International
1999 Ed. (1601)
Rollins; Kevin B.
2006 Ed. (2524)
Rollins Protective Services Inc.
1992 Ed. (3827)
1993 Ed. (3115)
1995 Ed. (3212)
1996 Ed. (3309)
1997 Ed. (3414, 3416)
1998 Ed. (3201, 3202, 3203, 3204)
Rollo Associates; R.
1997 Ed. (1795)
Rolls
2002 Ed. (425, 430, 2006)
2003 Ed. (367, 369, 375)
Rolls-Bentley
1998 Ed. (225)
Rolls Music
1993 Ed. (2641)
1996 Ed. (2747)
1997 Ed. (2862)
1999 Ed. (3501)
2000 Ed. (3219)
Rolls-Royce
2013 Ed. (2305, 2312)
2014 Ed. (2247)
2015 Ed. (2309, 2317)
2016 Ed. (103, 108)
Rolls Royce Aerospace
2011 Ed. (1414, 1415)
Rolls-Royce Aerospace
2016 Ed. (1275, 1277, 1278, 1279)
Rolls-Royce Allison
2000 Ed. (2619)
Rolls-Royce Bentley Continental
1992 Ed. (483)
Rolls-Royce Bentley Eight and Mulsane
1992 Ed. (483)
Rolls-Royce Corniche III
1991 Ed. (354)
1992 Ed. (483)
Rolls-Royce Corp.
1989 Ed. (200)
1990 Ed. (3631)
1991 Ed. (1639)
1992 Ed. (1625)
1994 Ed. (141, 143)
1995 Ed. (161, 163, 1747)
1996 Ed. (169, 1341, 1361)
1997 Ed. (174)
1999 Ed. (334, 794, 1621)
2003 Ed. (1697)
2004 Ed. (1734)
2005 Ed. (1794)
2006 Ed. (1767)
2007 Ed. (1775)
2008 Ed. (1806)
2009 Ed. (1753)
2010 Ed. (1700)
2011 Ed. (1711)
2012 Ed. (1570)
2013 Ed. (1725)
2014 Ed. (1668)
2015 Ed. (1714)
2016 Ed. (1663)
Rolls Royce Group plc
2010 Ed. (165)
2011 Ed. (85, 89, 93)
2012 Ed. (90, 95)
2013 Ed. (2298)
Rolls-Royce Holdings
2014 Ed. (2244)

2015 Ed. (2308, 2312)
2016 Ed. (104)
Rolls Royce Holdings plc
2013 Ed. (2309)
2014 Ed. (2245)
2015 Ed. (2313)
2016 Ed. (105)
Rolls-Royce Holdings plc
2014 Ed. (2236, 2558)
2015 Ed. (2301)
2016 Ed. (97, 102)
Rolls-Royce Motor
1997 Ed. (1401)
Rolls-Royce Motor Cars
2000 Ed. (1427)
Rolls-Royce North America
2009 Ed. (1364)
Rolls-Royce of Beverly Hills
1992 Ed. (399)
1993 Ed. (284)
1994 Ed. (282)
1995 Ed. (288)
Rolls-Royce of Newport Beach
1995 Ed. (288)
Rolls-Royce plc
1989 Ed. (199)
1992 Ed. (1773)
2001 Ed. (271, 2267, 2268)
2002 Ed. (242, 4420)
2003 Ed. (206, 1972)
2004 Ed. (164, 2013, 4795)
2005 Ed. (163, 166, 168)
2006 Ed. (179, 181, 182, 1473)
2007 Ed. (180, 181, 182, 185, 186, 187, 188)
2008 Ed. (161, 164, 165, 1457, 1461, 2124)
2009 Ed. (185, 188, 190, 1425, 1429, 2117, 2277, 2386, 2597)
2010 Ed. (170, 1392, 1393, 1395, 1396, 1400)
2011 Ed. (87, 91, 94, 927, 1404, 1405, 1408, 1409, 1410, 1412, 2109, 2248, 2249)
2012 Ed. (94, 97, 100, 101, 1243, 1244, 1251, 1949, 2115, 2116, 2117, 3537, 3546)
2013 Ed. (2111, 2112, 2116, 2125, 2126, 2297, 2304, 2308, 2310, 3550, 3589)
2014 Ed. (97, 2048, 2049, 2052, 2054, 2060, 2061, 2235, 2242, 2248)
2015 Ed. (102, 2100, 2102, 2103, 2104, 2300, 2318)
2016 Ed. (96, 101, 106, 109, 2082)
Rolls-Royce Silver Spirit II and Silver Spur
1992 Ed. (483)
Rolls-Royce Silver Spirit/Spur
1991 Ed. (354)
Rolls, sweet
1997 Ed. (327)
Rollyson; Jim
2011 Ed. (3364)
Rolm
1990 Ed. (3513)
1991 Ed. (1169)
1992 Ed. (3544, 4414, 4415)
1994 Ed. (2936)
1995 Ed. (2991)
Rolm Systems/Rolm
1992 Ed. (1925)
Rolo Banca
1999 Ed. (560)
2000 Ed. (571)
Rolo Banca 1473
1998 Ed. (378)
Roly Poly Franchise Systems LLC
2003 Ed. (893, 4219)
2004 Ed. (4240)
Rolzmann AG; Philipp
1995 Ed. (1693)
ROM
2000 Ed. (3702)
2001 Ed. (1356)
Rom-KU Advertising
1996 Ed. (132)
Roma
1992 Ed. (739)
Roma Downey
2012 Ed. (4920)
2013 Ed. (4894)
Roma Pizza Works Co.
2014 Ed. (875)
Roma Savings & Loan Association
1990 Ed. (428)
Romain Zaleski
2009 Ed. (4887)
Roman Abramovich

2005 Ed. (4877, 4878, 4892, 4897)
2006 Ed. (4924, 4929)
2007 Ed. (4911, 4912, 4923, 4928)
2008 Ed. (4864, 4865, 4880, 4894, 4901, 4904)
2009 Ed. (4914, 4917)
2010 Ed. (4564, 4918, 4921)
2011 Ed. (4907, 4908)
2012 Ed. (4918, 4921)
2013 Ed. (4901, 4903)
2014 Ed. (4493, 4913)
Roman Catholic Archbishop of Vancouver
2011 Ed. (776)
Roman Catholic Church
2000 Ed. (3754)
Roman Electric Co.
2009 Ed. (1347)
2011 Ed. (1315)
Roman Hernandez
2011 Ed. (2953)
Roman Karkosik
2008 Ed. (4872)
2009 Ed. (4894)
Roman Meal Co.
1996 Ed. (779)
2003 Ed. (761)
Romana Sambuca
1997 Ed. (2641, 2643, 2644)
1998 Ed. (2372)
1999 Ed. (3202)
2000 Ed. (2942, 2968)
2001 Ed. (3107, 3108, 3109)
Romana Sambuca Black/Caffe
2003 Ed. (3219)
2004 Ed. (3267, 3269)
Romance
2001 Ed. (2528, 3705)
2003 Ed. (2545, 2552)
2008 Ed. (2769)
Romance for Men
2006 Ed. (2662)
Romance Men
2003 Ed. (2551)
Romande Energie
2012 Ed. (2273)
Romania
1989 Ed. (2964)
1990 Ed. (1476, 1732, 3699)
1991 Ed. (1382, 3507)
1992 Ed. (1734, 1735, 2078, 2297, 2357, 2359, 4474)
1993 Ed. (1932, 3725)
1994 Ed. (1487)
1995 Ed. (1519, 2031, 3774)
1996 Ed. (1478, 3871)
1997 Ed. (1543, 2117)
1999 Ed. (1139, 1782, 2067)
2000 Ed. (824, 1611)
2001 Ed. (513, 514, 1021, 1097, 1140, 1509, 1983, 2135, 2139, 2752, 3044, 3151, 3529, 3575, 3863, 4112, 4339, 4402, 4941)
2002 Ed. (3183)
2003 Ed. (2212, 2213, 3232, 3257, 4628, 4970, 4971, 4972)
2004 Ed. (1401, 1911, 3287, 4608)
2005 Ed. (2044, 2534, 2535, 3021, 4542, 4997)
2006 Ed. (2823, 3015, 4623)
2007 Ed. (2826, 3049, 4229, 4610)
2008 Ed. (1389, 1415, 3163, 3501, 4258, 4558)
2009 Ed. (1392, 4362, 4589, 4641)
2010 Ed. (1379, 4623, 5000)
2011 Ed. (1371, 4579)
2012 Ed. (4625)
2013 Ed. (3167, 4565)
2014 Ed. (3172, 4620)
2015 Ed. (795, 3232, 4619)
2016 Ed. (4539)
Romania Trade & Invest
2014 Ed. (3510)
Romanian Bank for Development
1995 Ed. (594)
1996 Ed. (664)
1999 Ed. (627)
2000 Ed. (652)
2002 Ed. (639)
2003 Ed. (603)
2004 Ed. (489)
2005 Ed. (601)
2006 Ed. (517)
Romanian Bank for Foreign Trade
1989 Ed. (662)
1992 Ed. (827)
1993 Ed. (620)
1994 Ed. (624)
Romanian Commercial Bank
1994 Ed. (624)

1995 Ed. (459)
1996 Ed. (663)
1997 Ed. (601)
Romanian leu
2007 Ed. (2159)
2008 Ed. (2274)
Romanian Savings Bank
1997 Ed. (601)
1999 Ed. (627)
2003 Ed. (603)
2004 Ed. (611)
2006 Ed. (517)
2008 Ed. (496)
Romanicos.com
2009 Ed. (2445)
Romano; Ray
2008 Ed. (2581)
2012 Ed. (2441)
2013 Ed. (2605)
2014 Ed. (2532)
2015 Ed. (2605)
Romanoff
1989 Ed. (2897)
1991 Ed. (3461)
1992 Ed. (4407)
Romanoff; Andrew
2007 Ed. (2497)
2009 Ed. (4857)
Romanoff Renovations
2015 Ed. (3177)
Romano/Gatland
1991 Ed. (759)
1992 Ed. (2207)
Romano's Macaroni Grill
2013 Ed. (4238)
2014 Ed. (3980, 4289)
2015 Ed. (4025, 4248)
2016 Ed. (4158)
Romanos Macaroni Grill Inc.
1997 Ed. (3337)
1999 Ed. (4068)
2000 Ed. (3781, 3787, 3795)
2001 Ed. (4063, 4066, 4067, 4069, 4070, 4071, 4072, 4073)
2002 Ed. (4001, 4022)
2003 Ed. (4099, 4106, 4109, 4110, 4111, 4133, 4136)
2004 Ed. (4120, 4138)
2005 Ed. (4052, 4063, 4064, 4085)
2006 Ed. (4104, 4122, 4126)
2007 Ed. (4149)
2008 Ed. (4161, 4183, 4184, 4191)
2009 Ed. (4269, 4285)
2010 Ed. (2036, 4209)
2011 Ed. (2093, 4215, 4217, 4223, 4244, 4251)
2012 Ed. (1933, 4271)
2013 Ed. (2096)
Romanov Group
2008 Ed. (4985)
Roman's Macaroni Grill
1998 Ed. (3065)
Romans Sambuca
1995 Ed. (2448, 2452)
Romarco Minerals Inc.
2010 Ed. (1548, 1568)
Roma's-A Place for Ribs; Tony
1992 Ed. (3718)
Roma's; Tony
1991 Ed. (2883)
1993 Ed. (3017, 3035)
1994 Ed. (3075, 3088)
1995 Ed. (3120, 3138)
1996 Ed. (3217, 3230)
Romcif Fieni
2002 Ed. (4460)
Rome Cavalieri, A Waldorf Astoria Hotel
2013 Ed. (3103)
ROME Corp.
1992 Ed. (1166, 2717)
2009 Ed. (1106)
Rome, Inc.: The Rise & Fall of the First Multinational Corporation
2008 Ed. (618)
Rome, Italy
1990 Ed. (865)
2007 Ed. (257, 258)
2008 Ed. (766)
2009 Ed. (3205)
Rome Kraft Employees Credit Union
1996 Ed. (1509)
Romeo & Juliet
1999 Ed. (3447, 3448)
Romeo Music
2014 Ed. (3734)
Romeo Observer Inc.
2004 Ed. (3687)
Romero & Associates; J.
1992 Ed. (198)
Romero; Irene M.

1994 Ed. (3666)
Romesh Wadhwani
2002 Ed. (3346)
2011 Ed. (4840)
Rometty; Ginni
2012 Ed. (4976)
2013 Ed. (4966)
2014 Ed. (4976)
2015 Ed. (5024, 5026, 5027)
2016 Ed. (4941)
Rometty; Virginia
2014 Ed. (4968)
2015 Ed. (5009)
2016 Ed. (4926, 4927)
Rometty; Virginia M.
2015 Ed. (970)
Romgaz SA
2014 Ed. (1573)
2015 Ed. (1625)
2016 Ed. (1552)
Romm; Martin
1991 Ed. (1675)
1993 Ed. (1781)
1994 Ed. (1764)
1995 Ed. (1806)
Rommana
2015 Ed. (1115)
2016 Ed. (1027)
Romo; Tony
2015 Ed. (222)
Rompala; Richard M.
2006 Ed. (919, 2522)
2007 Ed. (2499)
Rompay Solutions SRL
2016 Ed. (1985)
Rompetrol Downstream SRL
2012 Ed. (1873)
2013 Ed. (2034)
2014 Ed. (1969)
2015 Ed. (2014)
2016 Ed. (1984)
Rompetrol Rafinare SA
2009 Ed. (2031)
2011 Ed. (2024)
2012 Ed. (1873)
2013 Ed. (2034)
2014 Ed. (1572, 1969)
2015 Ed. (1623, 2014)
2016 Ed. (1549, 1984)
Rompetrol SA
2006 Ed. (4531)
Romtec
2000 Ed. (3043)
Romtelecom SA
2009 Ed. (2031)
Ron Bacardi Gold Reserve
1990 Ed. (3072, 3073)
Ron Barcardi Gold Reserve
1991 Ed. (2907)
Ron Brenneman
2010 Ed. (910)
2011 Ed. (855)
Ron Burkle
2013 Ed. (2966)
Ron Calvao
1993 Ed. (2463)
Ron Caney
1992 Ed. (47)
Ron Carlos Rum
2004 Ed. (4230)
Ron Carson
2009 Ed. (3440, 3442)
2011 Ed. (3331)
2012 Ed. (3316)
2013 Ed. (3388)
2014 Ed. (3390)
2015 Ed. (3422)
Ron Carter Autoland
2006 Ed. (3541, 4380)
Ron Carter Automotive Center
2006 Ed. (298, 299, 300, 4868)
Ron Castillo
1990 Ed. (3067)
1991 Ed. (2906)
Ron Delsener Enterprises
1990 Ed. (2908)
1991 Ed. (2771)
1992 Ed. (3553)
1993 Ed. (2924)
1994 Ed. (2942)
Ron Diamond
2011 Ed. (2973)
Ron Doss
1990 Ed. (850)
Ron Herman
2006 Ed. (1038)
2008 Ed. (1001)
2010 Ed. (951, 3403)
Ron Howard
2001 Ed. (2026)

2002 Ed. (3398)
2009 Ed. (2609, 2613)
2010 Ed. (2512)
2011 Ed. (2514)
Ron Huston
2006 Ed. (2514)
Ron James
1989 Ed. (736)
Ron Johnson
2011 Ed. (2971)
Ron Joyce
2005 Ed. (4866)
Ron L. Tillet
1995 Ed. (3505)
Ron Lee Construction Inc.
2015 Ed. (2556)
2016 Ed. (4355)
Ron Malone
2009 Ed. (3707)
2010 Ed. (3625)
Ron Mannix
2005 Ed. (4863)
2012 Ed. (4878)
2013 Ed. (4860)
Ron Matusalem
1993 Ed. (3057)
1995 Ed. (3170)
1996 Ed. (3267)
1997 Ed. (3366)
1998 Ed. (3108)
1999 Ed. (4124)
2000 Ed. (3834)
Ron Popeil
2002 Ed. (4253)
Ron Rico
2005 Ed. (4158)
Ron Rio Rum
2002 Ed. (292)
Ron Sachs Communications
2011 Ed. (4107)
2012 Ed. (4137)
2014 Ed. (4150, 4163)
Ron Sachs Public Relations
2011 Ed. (4118)
2012 Ed. (4150)
Ron Salcer
2003 Ed. (224, 228)
Ron Santa Teresa
2013 Ed. (2135)
Ron Schneider
1992 Ed. (2742)
Ron Slivka Buick
1995 Ed. (265)
Ron Slivka Buick-GMC
1996 Ed. (266)
Ron Smith Buick
1994 Ed. (263)
Ron Smith Buick-Jeep-Eagle
1991 Ed. (304)
1992 Ed. (409)
1993 Ed. (294)
Ron Tonkin Dealerships
2005 Ed. (1925)
Ron Wackrow
2011 Ed. (2972)
Ron Weber & Associates
2000 Ed. (4193)
Rona
2014 Ed. (708, 1295)
2015 Ed. (751)
RONA Inc.
2013 Ed. (4323)
2014 Ed. (4374)
2016 Ed. (4260)
Rona Inc.
2007 Ed. (4188)
2008 Ed. (4226)
2010 Ed. (628, 4316)
2011 Ed. (4291)
2012 Ed. (4333)
2013 Ed. (4301)
2014 Ed. (4342)
2015 Ed. (1357)
2016 Ed. (1288, 4215)
Ronald A. LaBorde
2004 Ed. (2533)
Ronald A. McDougall
1995 Ed. (1728)
2002 Ed. (1040)
2004 Ed. (2491, 2507, 2530, 2531, 2532)
Ronald A. Rittenmeyer
2009 Ed. (953, 961)
Ronald A. Williams
2008 Ed. (945, 950)
Ronald Allen
1996 Ed. (1714)
Ronald Barone
1993 Ed. (1811)
1996 Ed. (1810)

1997 Ed. (1884)
1998 Ed. (1654)
1999 Ed. (2243, 2244)
2000 Ed. (2026)
Ronald Blaylock
2013 Ed. (2683)
Ronald Blue
2015 Ed. (3424)
Ronald Blue & Co.
2010 Ed. (3384)
2016 Ed. (3286)
Ronald Burkle
1999 Ed. (4748)
2000 Ed. (4377)
2003 Ed. (4880)
2006 Ed. (4899)
Ronald C. Hart
2013 Ed. (3392)
2014 Ed. (3394)
Ronald Cassinari
1989 Ed. (1417)
Ronald Cohen; Sir
2005 Ed. (3868)
Ronald Compton
2000 Ed. (1878, 2425)
Ronald Conway
2009 Ed. (4828)
2010 Ed. (4844)
Ronald D. Krist
1991 Ed. (2296)
Ronald D. Mayhew Inc.
1991 Ed. (1089)
1992 Ed. (1422)
1994 Ed. (1142)
Ronald Dollens
1999 Ed. (2075)
Ronald Dykes
2006 Ed. (996)
2007 Ed. (1088)
Ronald E. Blaylock
2008 Ed. (184)
Ronald E. Compton
1998 Ed. (720, 1514, 2138, 2139)
1999 Ed. (2080)
Ronald E. Ferguson
1992 Ed. (2713)
1994 Ed. (2237)
Ronald E. Ferguson (General Re Corp.)
1991 Ed. (2156)
Ronald E. Goldsberry
1989 Ed. (735)
Ronald E. Hermance Jr.
2009 Ed. (942)
2011 Ed. (824)
Ronald E. Logue
2009 Ed. (948)
Ronald F. Londe
2011 Ed. (3367)
Ronald Frank
1995 Ed. (1867)
1996 Ed. (1806)
1999 Ed. (2246)
2000 Ed. (2028)
Ronald Glantz
1991 Ed. (1672)
Ronald H. Levine
1995 Ed. (3503)
Ronald Hart
2009 Ed. (3444)
2010 Ed. (3385)
2011 Ed. (3378)
2012 Ed. (3319)
Ronald Hermance Jr.
2010 Ed. (892)
Ronald Hewitt
1992 Ed. (3138)
Ronald J. Barone
2011 Ed. (3377)
Ronald J. Doerfler
1996 Ed. (967)
Ronald J. Kramer
2013 Ed. (4051)
2014 Ed. (3990)
2016 Ed. (3950)
Ronald J. Naples
2007 Ed. (2500)
2011 Ed. (2545)
Ronald K. Richey
1991 Ed. (1619)
1994 Ed. (947, 1714)
Ronald L. Havner Jr.
2010 Ed. (893)
Ronald L. Paul
2004 Ed. (2490)
Ronald L. Sargent
2011 Ed. (841)
Ronald L. Skates
2001 Ed. (2316)
Ronald Lauder
2002 Ed. (3348)

2003 Ed. (4881)
2004 Ed. (4860)
2005 Ed. (4857)
2006 Ed. (4902)
2007 Ed. (4897)
2008 Ed. (4826)
2011 Ed. (4820)
Ronald Lemay
2002 Ed. (1043)
Ronald Leven
2000 Ed. (2064)
Ronald M. Shaich
2004 Ed. (2488)
Ronald Mandle
1989 Ed. (1418, 1419)
1991 Ed. (1673)
1995 Ed. (1804)
1996 Ed. (1778)
1997 Ed. (1853)
1998 Ed. (1628)
1999 Ed. (2212)
2000 Ed. (1984)
Ronald McAulay
2008 Ed. (4844)
Ronald McDonald Children's Charities
1995 Ed. (934)
Ronald McDonald House Charities
2011 Ed. (1916)
Ronald Mittelstaedt
2006 Ed. (888)
2007 Ed. (978)
Ronald Motley
1997 Ed. (2612)
2002 Ed. (3072)
Ronald Nordmann
1993 Ed. (1791)
1994 Ed. (1774)
Ronald Normann
1991 Ed. (1703)
Ronald O. Perelman
2002 Ed. (3345)
2004 Ed. (4871)
Ronald Owen Perelman
1991 Ed. (2461)
1999 Ed. (726)
Ronald Perelman
1999 Ed. (4746)
2005 Ed. (4847)
2006 Ed. (4898)
2007 Ed. (4893)
2008 Ed. (4823)
2009 Ed. (4846)
2010 Ed. (4851)
2011 Ed. (4818)
2012 Ed. (4838)
2013 Ed. (4832)
2014 Ed. (4847)
2015 Ed. (4884)
2016 Ed. (4802)
Ronald R. Snyder
2010 Ed. (912)
Ronald Reagan Chair in Public Policy
1992 Ed. (1097)
Ronald Reagan International
2001 Ed. (351)
Ronald Reagan UCLA Medical Center
2010 Ed. (3059, 3061, 3062, 3063,
3064, 3068, 3069, 3070, 3072,
3073)
2011 Ed. (3031, 3032, 3033, 3034,
3035, 3040, 3041, 3042, 3044,
3045)
2012 Ed. (2967, 2968, 2969, 2970,
2972, 2973, 2978, 2979, 2981,
2982)
2013 Ed. (3057, 3058, 3059, 3060,
3061, 3063, 3064, 3067, 3070,
3072)
2014 Ed. (3059, 3060, 3062, 3063,
3065, 3069, 3072, 3074)
2015 Ed. (3127, 3128, 3130, 3131,
3134, 3137, 3139)
2016 Ed. (2990, 2991, 2993, 2994,
2997, 3000, 3002)
Ronald Richey
1996 Ed. (1712)
Ronald Sargent
2006 Ed. (891)
2007 Ed. (981)
Ronald Schmidt & Associates
2002 Ed. (335)
Ronald Southern
2005 Ed. (4873)
Ronald Stryker
2007 Ed. (4892)
Ronald Talley
1990 Ed. (2285)
Ronald W. Allen
1994 Ed. (1719)
1995 Ed. (1732)

Ronald W. Kaplan
2011 Ed. (3995)
Ronald Williams
2009 Ed. (3314)
2010 Ed. (179, 887, 3246)
Ronaldinho
2006 Ed. (4397)
2007 Ed. (4464)
2008 Ed. (4453)
2009 Ed. (294, 296, 4492)
2010 Ed. (276)
2011 Ed. (200)
2012 Ed. (217)
Ronaldo
2006 Ed. (4397)
2007 Ed. (4464)
2008 Ed. (4453)
2009 Ed. (4492)
Ronaldo; Cristiano
2009 Ed. (4492)
2010 Ed. (4564)
2012 Ed. (215, 217)
2013 Ed. (185, 186, 190)
2014 Ed. (192, 197)
2015 Ed. (219, 224, 225)
2016 Ed. (215, 220, 221)
Ronan Keating
2005 Ed. (4885)
Roncador
2001 Ed. (3776)
Roncelli Inc.
1997 Ed. (1179)
1998 Ed. (961)
1999 Ed. (1385)
2000 Ed. (1274)
2001 Ed. (1485)
2002 Ed. (1303)
Ronda E. Stryker
2005 Ed. (4849)
2006 Ed. (4904)
Ronda Stryker
2008 Ed. (4829)
2009 Ed. (4850)
2010 Ed. (4856)
2011 Ed. (4829)
2012 Ed. (4842)
2013 Ed. (4841)
2014 Ed. (4857)
2015 Ed. (4894)
2016 Ed. (4812)
Rondo Building
2002 Ed. (3779)
Rondo Music
2013 Ed. (3802)
2014 Ed. (3736)
2015 Ed. (3749)
2016 Ed. (3657)
Roney
1992 Ed. (3887)
Rong Zhijian; Larry
2005 Ed. (2515)
2006 Ed. (2529)
2007 Ed. (2508)
2008 Ed. (4843)
Rongan Property
2016 Ed. (1369)
Rongman; Xu
2005 Ed. (2515)
2006 Ed. (2529)
Rongmao; Xu
2007 Ed. (2508)
2008 Ed. (4843)
Roni Deutch Tax Center
2012 Ed. (4618)
Ronnie Chan
2010 Ed. (3958)
Ronning; Joel
2010 Ed. (2567)
Ronrico
1990 Ed. (3067, 3071)
1991 Ed. (2906, 2907)
1992 Ed. (3749)
1993 Ed. (3057)
1994 Ed. (3122)
1995 Ed. (3170, 3174)
1996 Ed. (3267, 3270, 3272)
1997 Ed. (3366, 3368, 3370)
1998 Ed. (3108)
1999 Ed. (4124)
2000 Ed. (3834, 3836, 3839)
2001 Ed. (4142, 4146, 4147)
2002 Ed. (291, 4070, 4076, 4078)
2003 Ed. (4207)
2004 Ed. (4230, 4235)
Ronson
1990 Ed. (1592, 1593)

1991 Ed. (1490, 1491)
Ronson Corp.
2016 Ed. (3358)
Ronstadt; James F.
1992 Ed. (3139)
Ronstadt; Linda
1993 Ed. (1634)
1994 Ed. (1668)
Ronzoni
1999 Ed. (782, 3712)
2003 Ed. (3740)
2008 Ed. (3858)
2014 Ed. (3806)
2015 Ed. (3829)
Roof Diagnostics Solar
2015 Ed. (1894)
The Roof Hospital
2016 Ed. (1074, 1454)
Roofers
2005 Ed. (3616)
Roofing Constructors Inc.
1996 Ed. (1138)
Roofing & guttering services
1999 Ed. (697, 698, 1810, 1811,
1812, 2712)
Roofing Supply Group
2016 Ed. (2864)
Rooftight Construction
2015 Ed. (1526)
Rooftop Inc.
2004 Ed. (1799)
2005 Ed. (1869)
2006 Ed. (1886)
2007 Ed. (1882)
2008 Ed. (1933)
2009 Ed. (1891)
Rook Security
2016 Ed. (4313)
Rooke; Paul
2013 Ed. (2637)
Room
2013 Ed. (559)
Room 214 Inc.
2010 Ed. (4064)
Room & Board
2014 Ed. (1815, 2819)
2015 Ed. (1855, 2479, 2866)
Room & Board Inc.
1998 Ed. (1788)
2000 Ed. (2305)
2005 Ed. (2879)
2008 Ed. (2997)
Room to Read
2012 Ed. (719)
RoomAndBoard.com
2013 Ed. (2475)
Roomex Ltd.
2012 Ed. (2847)
Rooms To Go
2014 Ed. (87, 2821)
2015 Ed. (89)
Rooms to Go
2015 Ed. (4355)
Rooms To Go Inc.
1994 Ed. (1937)
1995 Ed. (2447)
1996 Ed. (1982, 1983, 1984)
1997 Ed. (2097, 2109)
1998 Ed. (1781, 1784, 1788, 1789,
1796)
1999 Ed. (2555, 2557, 2558, 2560,
2561, 2562)
2000 Ed. (706, 2291, 2296, 2299,
2300, 2301, 2303, 2304, 2305)
2001 Ed. (2743)
2002 Ed. (2386)
2003 Ed. (2597)
2004 Ed. (2712, 2881)
2005 Ed. (2704, 3411)
2006 Ed. (2680, 2850, 3423)
2007 Ed. (2669, 3437)
2008 Ed. (2800, 3604, 4055)
2009 Ed. (153, 2857, 3077, 3671,
4138)
2010 Ed. (144, 2796, 3009, 3587,
4070)
2011 Ed. (2783, 2984, 3591)
2012 Ed. (70)
2013 Ed. (66, 2790, 2793)
2014 Ed. (85, 2825, 2828, 2829)
2015 Ed. (87, 2865, 2869)
2016 Ed. (70, 2799, 2801, 2802)
The RoomStore
1999 Ed. (2562)
2000 Ed. (2305)
Rooney; Dan
2012 Ed. (2679)
Rooney; Eileen
2011 Ed. (3339)
Rooney Holdings Inc.

2009 Ed. (1200, 4138)
2010 Ed. (1204, 4070)
Rooney Mo-Cap Session
2008 Ed. (4809)
Rooney, Pace
1990 Ed. (2294)
Rooney; Phillip B.
1989 Ed. (1376)
1994 Ed. (1721)
Rooney Volley
2008 Ed. (4809)
Rooney; Wayne
2008 Ed. (4453)
2012 Ed. (217)
2013 Ed. (190)
2014 Ed. (197)
2015 Ed. (224)
2016 Ed. (220)
Roosevelt Anti-Terror Multi-Cap
2009 Ed. (3799)
Roosevelt Bank
1998 Ed. (3131, 3142, 3524, 3553)
Roosevelt Barnes
2003 Ed. (227)
Roosevelt County Credit Union
2003 Ed. (1891)
Roosevelt & Cross
1996 Ed. (2657)
1997 Ed. (2479)
2001 Ed. (759, 760, 761, 783)
2002 Ed. (3408)
2005 Ed. (3527)
Roosevelt Field Mall
2003 Ed. (4407)
Roosevelt Financial Group
1995 Ed. (3084, 3352)
1998 Ed. (269, 3153)
Roosevelt Multi-Cap Fund
2010 Ed. (3727)
Rooster.com
2001 Ed. (4749)
2003 Ed. (2154)
Roosters Men's Grooming Center
2013 Ed. (2852)
2014 Ed. (2880)
2015 Ed. (2918)
2016 Ed. (2849)
Root Beer
2000 Ed. (720)
Root Learning Inc.
2007 Ed. (4393)
2009 Ed. (4449)
2010 Ed. (4492)
2011 Ed. (4427)
Rooter-Man
2004 Ed. (3916)
2005 Ed. (3862)
2006 Ed. (3925)
2007 Ed. (3981)
2008 Ed. (4004)
2009 Ed. (4078)
2010 Ed. (3994)
2011 Ed. (4000)
2012 Ed. (3998)
2013 Ed. (4062)
2014 Ed. (4001)
2015 Ed. (4049)
2016 Ed. (3958)
"Roots"
1992 Ed. (4246)
1993 Ed. (3542)
Roots, Part Eight
1989 Ed. (2804)
"Roots Pt. VIII"
1995 Ed. (3581)
Roottori Oy
2011 Ed. (2907)
Roper
1989 Ed. (1622)
1990 Ed. (3481, 3482)
1991 Ed. (3243)
1992 Ed. (4156, 4158, 4420)
2001 Ed. (4027, 4731)
2008 Ed. (2348)
2012 Ed. (1491)
2013 Ed. (1621)
Roper Hospital Inc.
2001 Ed. (1847)
2003 Ed. (1820)
2004 Ed. (1856)
2005 Ed. (1959)
Roper Industries
2013 Ed. (1616)
2015 Ed. (1635)
Roper Industries Inc.
1995 Ed. (2060, 2061, 3381, 3383,
3391)
1996 Ed. (2055, 3445)
1997 Ed. (3522)
2004 Ed. (3327)

2005 Ed. (2222, 3352)
2006 Ed. (2386)
2007 Ed. (2330, 4263)
2008 Ed. (845, 1729, 2418, 3645)
2009 Ed. (857, 3608)
2010 Ed. (804)
2011 Ed. (2382)
2012 Ed. (2312, 3063)
2013 Ed. (2491, 3152)
2014 Ed. (2422, 3155)
2015 Ed. (2496, 3215)
2016 Ed. (2430, 3070)
Roper St. Francis Healthcare
2013 Ed. (2861)
Ropes & Gray
1990 Ed. (2415)
1991 Ed. (2281)
1992 Ed. (2830)
1993 Ed. (2393)
2001 Ed. (837, 869, 889, 909)
2007 Ed. (3308)
2008 Ed. (3415)
2012 Ed. (3368, 3387)
Roque; Horacio da Silva
2009 Ed. (4895)
Roquette America
2004 Ed. (2663)
Roquette Inc.
2005 Ed. (2656)
Rorento
1990 Ed. (3473)
1991 Ed. (237, 238)
1992 Ed. (329)
1993 Ed. (226)
1994 Ed. (216)
1996 Ed. (214)
2006 Ed. (3341)
Rorer Asset
1995 Ed. (2369)
Rorer Asset Management
1997 Ed. (2526, 2534)
1999 Ed. (3076)
Rorer Asset Mgmt.
2000 Ed. (2804)
Rorer Group
1989 Ed. (1277)
1990 Ed. (1562)
1991 Ed. (1471)
1992 Ed. (1458, 1459, 1461, 1486, 1872)
Rorez s.r.o.
2008 Ed. (1700)
Rory McIlroy
2014 Ed. (198)
Ros; Ana M. Viamonte
2011 Ed. (2951)
Rosa Anna Magno Garavoglia
2015 Ed. (4934)
Rosa Brescia Cafferata
2014 Ed. (4908)
2015 Ed. (4949)
2016 Ed. (4864)
Rosa d'Oro Vineyards
2015 Ed. (3794)
Rosa; Draco
2015 Ed. (1136)
Rosabel Advertising
1991 Ed. (134)
2000 Ed. (153)
2001 Ed. (190)
2002 Ed. (161)
2003 Ed. (129)
Rosado, Checkanover & Bayrasli
2013 Ed. (3441)
Rosalia Mera
2008 Ed. (4874, 4883)
2009 Ed. (4897, 4977)
2010 Ed. (4896)
2011 Ed. (4883)
2012 Ed. (4892)
2013 Ed. (4910)
2014 Ed. (4920)
Rosalind G. Brewer
2011 Ed. (4978)
Rosanlo, Ballets & Talamo Inc.
1995 Ed. (113)
Rosario Valores
2007 Ed. (753)
2008 Ed. (732)
2010 Ed. (672)
Rosas Computer Co. Inc.
1991 Ed. (1911, 1912)
1993 Ed. (2039)
Rosa's Home Stores
2014 Ed. (4357)
Rosati's Pizza
2015 Ed. (4037)
2016 Ed. (3948)
Rosbank
2003 Ed. (604)

2004 Ed. (612)
2008 Ed. (497)
2010 Ed. (414, 415, 508)
2013 Ed. (443, 455)
2014 Ed. (457, 471)
2015 Ed. (515, 529)
2016 Ed. (483)
Rosch Recruiting
2001 Ed. (1252)
Roscheisen; Martin
2005 Ed. (2453)
Roscoe; Bruce
1996 Ed. (1883, 1887)
1997 Ed. (1989, 1993)
Rose
2002 Ed. (4937)
Rose Acre Farms
2010 Ed. (2330)
2012 Ed. (2228)
2013 Ed. (2400)
2014 Ed. (2337)
2015 Ed. (2403)
2016 Ed. (2346)
Rose Ann Tortora
1995 Ed. (1802)
Rose Are Red
2003 Ed. (706)
Rose Art
2000 Ed. (3426)
Rose Associates Inc.
1999 Ed. (4009, 4012)
Rose Bowl
1990 Ed. (1841)
2008 Ed. (4660)
2016 Ed. (4471)
The Rose Bowl
2016 Ed. (4470)
Rose Bowl Game
2009 Ed. (4512)
Rose Building Enterprise; Edward
1994 Ed. (3023)
1996 Ed. (1100)
Rose Building Enterprises; W. E.
1997 Ed. (1122)
Rose; Charles
1991 Ed. (1706)
Rose City Mortgage
2012 Ed. (1826)
2013 Ed. (1984, 1987)
2014 Ed. (1923, 1926)
2015 Ed. (1969, 1972)
2016 Ed. (1938)
Rose City Mortgage Specialists
2008 Ed. (2023, 2025)
2009 Ed. (1989, 1990)
2010 Ed. (1924, 1926, 1927, 1928, 1929, 1930)
2011 Ed. (1949)
Rose Community Foundation
2002 Ed. (981)
Rose Construction Inc.
2009 Ed. (1313)
2011 Ed. (1268)
The Rose Cos.
2006 Ed. (4205)
Rose; Derrick
2014 Ed. (194)
2015 Ed. (221)
2016 Ed. (218)
Rose Foundation; Frederick P. & Sandra P.
1993 Ed. (891, 1897)
Rose Furniture
1999 Ed. (2556)
Rose-Hulman Institute
1992 Ed. (1279)
1993 Ed. (1027)
Rose-Hulman Institute of Technology
1994 Ed. (1054)
1995 Ed. (1062)
1996 Ed. (1047)
2008 Ed. (2573)
2009 Ed. (2584)
2010 Ed. (2497)
Rose Integrated Services
2008 Ed. (1328)
Rose International
2002 Ed. (2517)
2003 Ed. (2730)
2006 Ed. (3523, 4362)
2007 Ed. (3572, 3573, 4430)
2008 Ed. (1356, 3718, 4409, 4969)
2012 Ed. (963)
2013 Ed. (4102)
Rose Investments; R.
1993 Ed. (1038)
Rose; Kevin
2010 Ed. (829)
2011 Ed. (756)
Rose Knitting

1990 Ed. (2047)
Rose; M. K.
2005 Ed. (2503)
Rose Marie Bravo
2005 Ed. (2469)
2006 Ed. (4975, 4978)
Rose; Matthew K.
2006 Ed. (941)
2008 Ed. (942, 959)
2010 Ed. (902, 909)
Rose Medical Center
2002 Ed. (2617)
2009 Ed. (3147)
2010 Ed. (3078)
2011 Ed. (3050)
2012 Ed. (2987)
Rose; Michael D.
1995 Ed. (1729)
1996 Ed. (961)
Rose Packaging Co. Inc.
2000 Ed. (3060, 3582)
Rose Packing Co.
1996 Ed. (2586, 3066)
2011 Ed. (3597, 3600)
2016 Ed. (3480)
Rose Partners L.P.
1991 Ed. (3332)
Rose; Peter
2006 Ed. (871)
2010 Ed. (884)
Rose; Peter J.
2011 Ed. (846)
Rose; Philippa
2007 Ed. (2463)
Rose Printing Co.
2016 Ed. (3972, 3997)
Rose; Rob
2006 Ed. (2518)
Rose; Robert
1993 Ed. (1701)
Rose & Sons; Edward
1989 Ed. (926)
Rose; Stephen
1996 Ed. (1855)
Roseanne
1991 Ed. (3245)
1992 Ed. (4247)
1993 Ed. (3525, 3534)
1995 Ed. (3582)
1997 Ed. (3722)
2001 Ed. (4439, 4491)
Rosebrook Pools Inc.
2015 Ed. (4613)
Roseburg Forest Products
2016 Ed. (1943, 1946)
Roseburg Forest Products Co.
2001 Ed. (1831)
2003 Ed. (1806)
2004 Ed. (1839)
2005 Ed. (1939)
2006 Ed. (1974)
2009 Ed. (2818, 4162)
2010 Ed. (1931)
2011 Ed. (3505)
2012 Ed. (3507)
2013 Ed. (4990)
Rosecliff & Pensler Capital
1995 Ed. (1232)
Rosedin Electric Inc.
1999 Ed. (1382)
Rosegarden Lebfraumilch
1990 Ed. (3697)
Rosehaugh Stanhope Developments PLC
1992 Ed. (1191)
Rosehill Japan Fund Ltd.
2003 Ed. (3142)
Roseland Properties
2003 Ed. (1184)
Roseland Property Co.
2002 Ed. (3925)
Rosemarie B. Greco
1994 Ed. (3666)
Rosemarie Greco
1999 Ed. (4805)
Rosemary Jordano
2005 Ed. (2468)
Rosemont College
1992 Ed. (1273)
1993 Ed. (1021)
1994 Ed. (1048)
1995 Ed. (1056)
1997 Ed. (1057)
1998 Ed. (795)
1999 Ed. (1224)
2008 Ed. (1069)
Rosemont Convention Center
1996 Ed. (1173)
Rosemont Horizon
1999 Ed. (1298)

The Rosemont Suites
2002 Ed. (2636)
Rosemont Theatre
1999 Ed. (1295)
2001 Ed. (4353)
2002 Ed. (4345)
2003 Ed. (4529)
2011 Ed. (1069)
Rosemount
2001 Ed. (4911)
2002 Ed. (765, 4975)
Rosemount-Apple Valley & Eagan
2012 Ed. (1711)
2013 Ed. (1868)
2014 Ed. (1800)
2015 Ed. (1841)
2016 Ed. (1804)
Rosemount Estate
2001 Ed. (4845, 4882)
2002 Ed. (4925, 4944)
2003 Ed. (4948)
2004 Ed. (4971)
2005 Ed. (4954, 4963, 4964)
2006 Ed. (4966)
Rosen Associates
1992 Ed. (3971)
1993 Ed. (2310)
Rosen Associates Management Corp.
1995 Ed. (3373, 3378)
Rosen Centre Hotel
2002 Ed. (2650)
Rosen Harwood PA
2012 Ed. (1296)
Rosen Imports; Don
1995 Ed. (260)
1996 Ed. (264)
Rosenberg Institutional Equity
1992 Ed. (2761)
1999 Ed. (3071)
Rosenberg Institutional Equity Management
1989 Ed. (1803, 2139)
Rosenberg Institutional Equity Mgmt.
1990 Ed. (2344)
Rosenberg; Richard M.
1992 Ed. (2054)
1994 Ed. (357)
1996 Ed. (381)
Rosenberger Hochfrequenztechnik GmbH & Co.
2007 Ed. (1744)
Rosenberger Schwarts & Co.
2008 Ed. (279)
Rosenberger Schwartz & Co.
2009 Ed. (301)
Rosenblatt
2010 Ed. (3430)
Rosenbluth
1990 Ed. (3651, 3652)
1993 Ed. (3626)
1994 Ed. (3579)
Rosenbluth International Inc.
1996 Ed. (3742, 3744)
1997 Ed. (3796)
1998 Ed. (3621, 3622, 3624)
1999 Ed. (4665, 4666, 4667)
2000 Ed. (4300, 4301, 4302)
2003 Ed. (4794)
2004 Ed. (4779)
Rosendin Electric
2014 Ed. (1197)
2016 Ed. (1166, 4407, 4412, 4416, 4418)
Rosendin Electric Inc.
1992 Ed. (1411)
1993 Ed. (1124)
1995 Ed. (1147, 1159)
1996 Ed. (1120)
1997 Ed. (1149, 1162, 2217)
1998 Ed. (946, 960)
1999 Ed. (1368)
2000 Ed. (1260, 1272)
2001 Ed. (1474)
2004 Ed. (1304)
2005 Ed. (1311)
2006 Ed. (1177, 1281, 1330, 1334, 1349)
2007 Ed. (1283, 1360)
2008 Ed. (1183, 1257, 1320)
2009 Ed. (1159, 1232, 1233, 1304, 1310)
2010 Ed. (1154, 1231, 1232, 1298, 1323)
2011 Ed. (1098, 1178, 1179, 1252, 1256, 1262, 1290, 1291, 1302, 1303, 1311)
2012 Ed. (1013, 1126, 1127, 1173, 1814)
2013 Ed. (1151, 1272, 1273)

2014 Ed. (1193, 1205, 1206, 1213, 3188)
2015 Ed. (1251, 1263, 1264)
2016 Ed. (1162, 1178, 1179, 1436)
Rosendin Electrical Inc.
2002 Ed. (1289)
2003 Ed. (1301)
Rosenfeld Einstein
2009 Ed. (2045)
2010 Ed. (1977)
Rosenfeld; Elana
2013 Ed. (4987)
Rosenfeld Inc.
1989 Ed. (2285)
1990 Ed. (2955)
1991 Ed. (2806)
1992 Ed. (3615)
Rosenfeld; Irene
2008 Ed. (4948)
2009 Ed. (946, 4971, 4981, 4983)
2010 Ed. (2559, 4980, 4990, 4991)
2011 Ed. (4966, 4969, 4979, 4987, 4988)
2012 Ed. (4958, 4959, 4968, 4976, 4984)
2013 Ed. (741, 4959, 4960, 4966, 4979)
2014 Ed. (945, 4976)
2015 Ed. (964, 5024, 5026, 5027)
2016 Ed. (4929, 4941)
Rosenfeld; Irene B.
2009 Ed. (959)
2010 Ed. (911)
2011 Ed. (832, 856)
2012 Ed. (806)
Rosenhaugh Stanhope Developments PLC
1992 Ed. (1199)
Rosenman & Colin
1992 Ed. (2901)
Rosen's Diversified Inc.
2009 Ed. (3675, 4150)
2010 Ed. (3590, 4082)
2011 Ed. (3592, 4055, 4056)
2012 Ed. (3579, 4087, 4088)
2013 Ed. (1871, 1875)
2014 Ed. (1803, 1807)
2015 Ed. (1843, 1847)
2016 Ed. (1810)
Rosenshein Associates
1992 Ed. (3960)
Rosenthal Acura
1991 Ed. (300)
1992 Ed. (405)
Rosenthal & Associates; Curtis
1996 Ed. (228)
Rosenthal Automotive Organization
2002 Ed. (350)
Rosenthal Autos
1989 Ed. (285)
Rosenthal Honda
1990 Ed. (326)
1991 Ed. (279)
1992 Ed. (384)
1993 Ed. (270)
1994 Ed. (269)
1995 Ed. (269)
Rosenthal Infiniti
1995 Ed. (271)
Rosenthal Jaguar
1990 Ed. (329)
1991 Ed. (282)
1993 Ed. (273)
Rosenthal; Lothar and Anne
1994 Ed. (899)
Rosenthal Mazda
1990 Ed. (332)
1995 Ed. (275)
1996 Ed. (278)
Rosenthal Nissan
1990 Ed. (311)
1991 Ed. (288)
1992 Ed. (393)
Rosenthal Nissan Honda Mazda
1990 Ed. (309)
Rosenthal; Norman
1991 Ed. (1708)
1993 Ed. (1807)
1994 Ed. (1790)
1995 Ed. (1829)
1996 Ed. (1806)
1997 Ed. (1880)
Rosenthal & Rosenthal Inc.
2000 Ed. (1108)
Roser Ventures LLC
2002 Ed. (4737)
Roses
1989 Ed. (1244)
1990 Ed. (1510, 1522, 1523, 2120, 2121)

1992 Ed. (1045, 1812, 1813, 1818, 1844)
1993 Ed. (1493, 1494, 1871)
1994 Ed. (1540, 1541, 2137)
1995 Ed. (1570, 1571)
1996 Ed. (1558)
1998 Ed. (1293)
1999 Ed. (785, 1026, 1869)
2000 Ed. (1685)
2002 Ed. (1167)
Roses Candy
1994 Ed. (856)
Rose's Furniture
2003 Ed. (2783)
Roses Southwest Papers Inc.
1998 Ed. (1939)
2010 Ed. (2967)
2011 Ed. (2930)
2012 Ed. (2863)
2013 Ed. (2932, 2935)
2014 Ed. (2949, 2954)
2015 Ed. (2997, 3015)
Rose's Stores
1989 Ed. (1248)
1990 Ed. (1508, 1509, 2719, 3058)
1991 Ed. (1423, 1424, 1430, 1450, 1919, 2621)
Rose's Stores B
1995 Ed. (2820)
Rosetta
2010 Ed. (125)
2011 Ed. (43, 2261, 2262)
2012 Ed. (49, 2129, 2130)
2014 Ed. (67, 2257)
2015 Ed. (78, 2326)
2016 Ed. (61, 2281)
Rosetta Resources
2015 Ed. (2071, 2531)
2016 Ed. (3560)
Rosetta Resources Inc.
2015 Ed. (3910, 3911)
Rosetta Stone
2008 Ed. (2404)
2015 Ed. (2332, 2333)
RosettaBooks
2015 Ed. (3608)
Roseville, CA
1993 Ed. (1544)
Roseville Chrysler-Plymouth
1995 Ed. (262)
1996 Ed. (269)
Roseville Communications Co.
2002 Ed. (3560)
Roseville Toyota
2002 Ed. (360, 361, 362)
2004 Ed. (4822, 4823)
2006 Ed. (4867, 4868)
2008 Ed. (310, 4790, 4791)
2013 Ed. (219, 220)
Rosewood Industries Inc.
2008 Ed. (4994)
Rosewood Mayakoba
2016 Ed. (3018)
Rosewood on Broadway
2014 Ed. (1896)
Rosgosstrakh
1995 Ed. (2283)
Rosh Hashanah
2001 Ed. (2627)
Rosica Public Relations
2011 Ed. (4104, 4113, 4123)
2012 Ed. (4134, 4154)
2013 Ed. (4140)
2014 Ed. (4157)
Rosie O'Donnell
2001 Ed. (4439)
2002 Ed. (4546)
2003 Ed. (2335)
2004 Ed. (2415)
Rosina Food Products Inc.
2014 Ed. (2787)
Roska Direct
1999 Ed. (142)
Roski Jr.; Edward
2009 Ed. (4851)
2010 Ed. (4857)
2014 Ed. (4863)
Roski, Jr.; Edward
2016 Ed. (4816)
Roskilde Bank
2009 Ed. (1649)
2010 Ed. (405)
2011 Ed. (332)
Roskin; William A.
2006 Ed. (2525)
2007 Ed. (2504)
Roskinsr; William A.
2005 Ed. (2511)
Roslyn Bancorp
1999 Ed. (4170, 4600)

2001 Ed. (574, 4530)
2003 Ed. (423)
2004 Ed. (640)
2005 Ed. (355, 356)
Roslyn Bancorp Inc./Roslyn Savings Bank
2000 Ed. (4250)
Roslyn North Industrial Park
1990 Ed. (2179)
1991 Ed. (2023)
Roslyn Savings Bank
1993 Ed. (3568)
1998 Ed. (3528, 3557)
Roslyn Volvo
1993 Ed. (289)
1994 Ed. (288)
Rosneft
2008 Ed. (664)
2009 Ed. (675)
2010 Ed. (641)
2013 Ed. (673, 3968)
2014 Ed. (699)
2015 Ed. (744, 3945, 3960)
Rosneft; OAO
2008 Ed. (3918)
2009 Ed. (3988, 4014)
2014 Ed. (3917)
2015 Ed. (3951, 3955)
2016 Ed. (3868, 3871)
Rosneft Oil Co.
2009 Ed. (2509, 2514, 2515)
2010 Ed. (2424, 2429, 2430, 2434, 3898)
2011 Ed. (2428, 2434, 2438, 3916)
2012 Ed. (2351)
2014 Ed. (2469, 2481, 3919)
Rosneft Oil Co.; OAO
2008 Ed. (1812, 1813, 2064, 2066, 4537)
2009 Ed. (2032, 2033)
2010 Ed. (1710, 1711, 1964, 1965, 1966, 3894, 3920)
2011 Ed. (2025, 2026, 3909, 3912, 3913, 3939)
2012 Ed. (1874, 1875, 3882, 3894, 3897, 3898, 3919, 3936)
2013 Ed. (2035, 2036, 3957, 3963, 3964, 3969, 3990)
2014 Ed. (1970, 1971, 3901, 3906, 3907, 3911, 3933)
2015 Ed. (2015, 2016, 3928, 3934, 3935, 3944, 3969)
2016 Ed. (1986, 1988, 3846, 3853, 3854, 3861, 3883)
Rosneft Oil Co.; OJSC
2015 Ed. (2533, 2540, 2555, 3953)
2016 Ed. (2467, 2472)
Rosneft; OJSC
2013 Ed. (2535, 2549, 3976)
Rosneftegas
2014 Ed. (1282)
Rosno
2003 Ed. (2978)
ROSNO Insurance Co.
1999 Ed. (2924)
ROSNO-MS
1999 Ed. (2924)
Ross Asset Management
1993 Ed. (2338, 2352, 2358)
Ross & Banuzzini Inc.
2009 Ed. (2526)
Ross Barney & Jankowski Inc.
2001 Ed. (408)
Ross & Baruzzini Inc.
2011 Ed. (2451)
Ross Buick-Mercedes-GMC Inc.; Bob
1990 Ed. (734)
Ross, CA
2006 Ed. (2972)
2007 Ed. (3000)
2009 Ed. (3206)
Ross; David
2007 Ed. (4934)
2008 Ed. (4908)
2011 Ed. (3358)
Ross Dress for Less
1992 Ed. (3727)
1993 Ed. (3039)
1994 Ed. (3094)
2011 Ed. (2266, 2267, 2268)
2012 Ed. (2133, 2134, 2135)
2013 Ed. (2340)
Ross; Jonathan
1997 Ed. (2002)
Ross; Liberty
2008 Ed. (4898)
Ross Makris
2009 Ed. (4877)
Ross Perot Jr.
2006 Ed. (3931)

Ross Roy Advertising
1994 Ed. (56, 65)
1996 Ed. (115)
1997 Ed. (118)
Ross Roy Communications
1995 Ed. (31, 37, 65)
1996 Ed. (46, 79, 1553, 3276)
1997 Ed. (79, 1618)
1998 Ed. (53, 60)
1999 Ed. (80)
2000 Ed. (86)
2001 Ed. (128, 129)
Ross Roy Group
1989 Ed. (61)
1990 Ed. (65, 71, 3079)
1991 Ed. (66, 92, 127)
1992 Ed. (108, 112, 141, 1806)
1994 Ed. (83, 3127)
Ross Roy Inc.
1989 Ed. (98)
1990 Ed. (128)
1993 Ed. (65, 75, 93, 3063)
Ross School of Business
2011 Ed. (648)
2014 Ed. (768)
2015 Ed. (807, 808, 809)
2016 Ed. (725)
Ross School of Business; Stephen M.
2015 Ed. (821)
Ross School of Business; University of Michigan
2006 Ed. (702, 707, 709, 710, 711, 727, 728)
2007 Ed. (795, 796, 797, 808, 814, 815, 816, 817, 823, 824)
2008 Ed. (770, 773)
2009 Ed. (789, 824)
2010 Ed. (722, 726, 728, 737)
2011 Ed. (688, 689, 690)
2013 Ed. (748, 750)
Ross School of Business; University of Michigan-Ann Arbor
2010 Ed. (723, 732, 742, 743, 744, 748, 749, 750, 751, 752, 755, 757, 759, 760, 761, 762, 763, 764)
2011 Ed. (641, 645, 652, 653, 654, 655, 659, 660, 661, 662, 663, 664, 692, 693, 694)
2012 Ed. (607)
Ross-Simons
1994 Ed. (2146)
1996 Ed. (3626)
1997 Ed. (3340, 3681)
1998 Ed. (3093, 3460)
2000 Ed. (4175)
2001 Ed. (2749)
2013 Ed. (895)
Ross Sinclaire
2001 Ed. (822)
Ross; Stephen
2008 Ed. (4830)
2009 Ed. (4851)
2010 Ed. (4857)
2011 Ed. (4836)
2012 Ed. (4846)
2013 Ed. (4847)
2014 Ed. (4863)
2015 Ed. (4900)
2016 Ed. (4816)
Ross; Stephen M.
2012 Ed. (2680)
2013 Ed. (2768)
Ross; Steven J.
1990 Ed. (975)
1991 Ed. (925, 928, 1619)
1992 Ed. (1141, 1145)
1993 Ed. (940)
Ross Stores
2013 Ed. (1014, 1388)
2014 Ed. (862, 979, 1326, 1429, 2270, 2553, 3516)
2015 Ed. (1016, 1491, 4379)
2016 Ed. (918, 2964)
Ross Stores Inc.
1989 Ed. (936)
1990 Ed. (1053)
1991 Ed. (979, 1437)
1992 Ed. (1216, 1845)
1993 Ed. (988)
1994 Ed. (1016, 1018, 1019, 1537)
1995 Ed. (1025, 1028)
1996 Ed. (1007, 1010)
1997 Ed. (1029, 1030)
1998 Ed. (767, 768, 770, 771)
1999 Ed. (1197, 1198, 1199, 1874)
2000 Ed. (1119)
2001 Ed. (1270, 4323, 4324)
2003 Ed. (1018, 1019, 1020, 1021)
2004 Ed. (1014, 1019, 1020, 1021, 2103, 2104, 3308)

2005 Ed. (1024, 1025, 1026, 1028, 1634, 2207, 2208)
2006 Ed. (1031, 1032, 1033, 1034, 1035, 1036, 1039, 1523)
2007 Ed. (1118, 1119, 1120, 1121, 1122, 1123, 1125, 1127)
2008 Ed. (998, 999, 1000, 1002, 1004, 1007, 1009)
2009 Ed. (985, 986, 987, 989, 991, 993)
2010 Ed. (949, 950, 952, 954, 956, 957, 1446, 4268, 4590)
2011 Ed. (879, 880, 882, 883)
2012 Ed. (826, 837, 838, 839, 841, 3111, 4324, 4325, 4498)
2013 Ed. (1013, 1015, 1016, 1018, 1021, 1022, 3192, 4468, 4472)
2014 Ed. (978, 980, 981, 982, 986, 987, 988, 4517)
2015 Ed. (1015, 1017, 1018, 1019, 1022, 4384, 4516)
2016 Ed. (917, 919, 920, 921, 925, 927, 1438, 4267, 4452)
Ross Technologies Inc.
2007 Ed. (3564)
Ross W. Manire
2000 Ed. (1882)
Ross Young's
1990 Ed. (1249)
Rossana Di Zio Magnotta
2012 Ed. (4986)
Rosser International
2010 Ed. (271)
Rosser Reeves
2000 Ed. (37)
Rosservice
2012 Ed. (2840, 2850)
Rossetti Assoc./Architects Planners
1989 Ed. (267)
Rossetti Associates
1993 Ed. (247)
Rossetti Associates Architects
1995 Ed. (238)
1997 Ed. (266)
1998 Ed. (185)
2001 Ed. (409)
Rossi; Carlo
1990 Ed. (3693)
Rossi; Ralph L.
1993 Ed. (1696)
Rossi Residencial
2006 Ed. (1848)
Rossi Residencial SA
2005 Ed. (3241)
Rossi; Roberto Angelini
2013 Ed. (4862)
2015 Ed. (4914)
2016 Ed. (4830)
Rossi; Valentino
2007 Ed. (294)
2015 Ed. (226)
Rossi; Vasco
2016 Ed. (1048)
Rossignol
1991 Ed. (3133, 3134)
1992 Ed. (3981, 3982, 3983)
1993 Ed. (3326, 3327)
Rossin Greenberg Seronick & Hill
1989 Ed. (139)
Rossini
1999 Ed. (3450)
Rossisky Kredit Bank
1997 Ed. (603)
Rossiter; Robert
2005 Ed. (984)
2006 Ed. (936)
Rossiter; Robert E.
2007 Ed. (959)
2010 Ed. (896)
2012 Ed. (793)
Rossiyskiy Kredit Bank
1996 Ed. (665)
1999 Ed. (629)
2000 Ed. (653)
2008 Ed. (434, 445)
2009 Ed. (458, 467, 470)
2010 Ed. (447, 451, 509, 510)
Rosso; Renzo
2009 Ed. (969)
2014 Ed. (4895)
Rossville Cos.
1995 Ed. (1954)
Rostam Azizi
2016 Ed. (4880)
Rostant Advertising
2002 Ed. (198)
2003 Ed. (158)
Rostelcom Long Distance
2008 Ed. (4529)
Rostelecom

1997 Ed. (1502)
2013 Ed. (673, 4619, 4620)
2014 Ed. (4655, 4661, 4681)
2015 Ed. (4650, 4658, 4691)
2016 Ed. (4571, 4598)
Rostelekom
2002 Ed. (4461, 4462, 4463, 4464)
Rostik Group
2015 Ed. (4268)
Rostov, Russia
2010 Ed. (3483)
Roswell Community Credit Union
2014 Ed. (2187)
Roswell, GA
2010 Ed. (4372)
Roswell Infiniti
1996 Ed. (295)
Roswell Infiniti of North Atlanta
1995 Ed. (271)
Roswell Jeep-Eagle
1990 Ed. (330)
1992 Ed. (388)
1993 Ed. (274)
1994 Ed. (273)
1995 Ed. (277)
1996 Ed. (276)
Roswell Mazda
1996 Ed. (278)
Roswell Park Cancer Institute
2002 Ed. (2600)
Rosy Blue NV
1997 Ed. (2708)
1999 Ed. (3299)
2001 Ed. (3216)
2002 Ed. (3234)
Rota Advertising
1989 Ed. (170)
Rotan Mosle
1989 Ed. (821)
1990 Ed. (2294)
Rotando Lerch & Iafeliece
1994 Ed. (104)
Rotando Partners
1996 Ed. (119)
Rotando Partners Advertising
1995 Ed. (103)
Rotary Foundation
1991 Ed. (2614, 2619)
1995 Ed. (936, 942, 2781)
Rotary International
1998 Ed. (194)
Rotary Print USA Inc.
2010 Ed. (4012, 4015)
Rotech Healthcare Inc.
2008 Ed. (4541)
Rotech Medical Corp.
1994 Ed. (2017)
1998 Ed. (1965, 1966, 3419)
Rotel
2013 Ed. (194)
2014 Ed. (202)
2015 Ed. (229)
2016 Ed. (224)
Rotella; Robert P.
1996 Ed. (1055)
Rotella—Standard Program Composite
2003 Ed. (3112)
Rotelle
1996 Ed. (2913)
Roth; Katrina
2011 Ed. (4336)
Roth & Sons; Emery
1989 Ed. (268)
1992 Ed. (359)
1993 Ed. (248)
1994 Ed. (237)
1995 Ed. (240)
Roth & Sons P.C.; Emery
1991 Ed. (253)
Roth Staffing Cos.
2015 Ed. (1468)
2016 Ed. (1398)
Roth; Steven
2007 Ed. (1018)
2008 Ed. (945)
Roth; Veronica
2016 Ed. (245)
Rothblatt; Martine
2012 Ed. (4959)
2013 Ed. (4967)
Rothbury Music Festival
2010 Ed. (1131)
Rothchild Cos. Inc.
1994 Ed. (1857)
Rothchild; M.
1990 Ed. (2313)
Rothe-Johnson Assoc.
1990 Ed. (283)
Rothe-Johnson-Fantacone
2002 Ed. (335)

Rothgerber Johnson & Lyons LLP
2002 Ed. (3057)
2004 Ed. (3233)
2005 Ed. (3262, 3263)
2006 Ed. (1680, 3250)
2007 Ed. (1683, 3313)
2008 Ed. (1708, 3422)
2009 Ed. (3489)
2010 Ed. (3420, 3421)
2011 Ed. (3403)
2012 Ed. (3422, 3423)
2013 Ed. (3434)
Rothman Institute of Entrepreneurial Studies
2008 Ed. (774)
Rothmans, Benson & Hedges Inc.
2005 Ed. (1698, 1716, 1718, 2372, 2373, 2472)
2006 Ed. (1591)
Rothmans Bhd
1996 Ed. (2447)
Rothmans Inc.
1992 Ed. (64, 1288, 1483, 2823)
1994 Ed. (958, 1066)
1996 Ed. (1054)
2005 Ed. (1706, 1711)
2006 Ed. (1608, 1611)
2007 Ed. (1628, 1629, 1631, 1640, 1642, 1643, 1644, 1646, 1647)
2008 Ed. (1215, 1620, 1628, 1648, 1651, 1652, 1655)
2009 Ed. (1190, 1559)
2010 Ed. (1196, 1560)
Rothmans International 'B'
1993 Ed. (3473)
Rothmans International Ltd.
1989 Ed. (21, 41)
1990 Ed. (38)
1991 Ed. (17, 34, 35, 41, 44)
1993 Ed. (21, 41, 50, 2385, 3584)
1994 Ed. (15, 31, 32, 37, 40, 1396)
1995 Ed. (3625, 3627)
1996 Ed. (3704)
2000 Ed. (2884, 4259)
Rothmans International PLC
1994 Ed. (3547, 3548)
Rothmans King Size
1999 Ed. (1136)
Rothmans KS
1992 Ed. (63)
Rothmans Malaysia
2000 Ed. (1511)
Rothmans of Pall Mall
1999 Ed. (1702)
Rothmans of Pall Mall (M) Bhd.
1991 Ed. (1323)
Rothmans of Pall Mall plc
2002 Ed. (4499)
Rothmans Royals
1996 Ed. (972)
1997 Ed. (991)
2001 Ed. (1233)
Rothmans Tobacco
1992 Ed. (1483)
Rothmans (U.K.) Ltd.
2002 Ed. (53)
Roth's Your Family Market
2009 Ed. (4617)
Rothschild
1997 Ed. (2519)
2014 Ed. (1281)
Rothschild Asset
1993 Ed. (2294)
Rothschild Asset Management
1999 Ed. (3074)
Rothschild Asset Management Inc.
2013 Ed. (3390)
Rothschild Group
1995 Ed. (1219)
1997 Ed. (1230, 1231)
1998 Ed. (995, 999, 2302)
1999 Ed. (1435, 1437, 1438, 3036, 3059)
Rothschild Holdings
1990 Ed. (2682)
Rothschild Holdings; J.
1992 Ed. (711, 729)
Rothschild; Howard D.
1994 Ed. (896, 1057)
Rothschild International
1993 Ed. (2350)
1994 Ed. (2296)
1996 Ed. (2403, 2428)
1997 Ed. (2551)
Rothschild International Asset Management; N. M.
1991 Ed. (2243)
1992 Ed. (2780)
Rothschild International Asset Mgmt.
2000 Ed. (2794, 2854)

Rothschild; L. F.
1989 Ed. (1046, 1859, 2370, 2382, 2383)
1991 Ed. (2957)
Rothschild; Lady de
2007 Ed. (4924)
Rothschild; L.F.
1990 Ed. (3154)
Rothschild; N. M.
1990 Ed. (902)
1991 Ed. (1126, 2676)
1992 Ed. (1456, 1484, 2140)
1993 Ed. (1198)
1994 Ed. (2474)
1997 Ed. (1232, 3488)
Rothschild; Nat
2008 Ed. (4902)
Rothschild North America
2004 Ed. (529)
Rothschild Safaris
2015 Ed. (4770)
2016 Ed. (4674)
Rothschild Select GS Canadian Equity
2001 Ed. (3492, 3493)
Rothschild; Sir Evelyn & Lady de
2008 Ed. (4897)
Rothschild & Sons
2001 Ed. (1519, 1529)
Rothschild & Sons (Channel Islands) Ltd.; N. M.
1994 Ed. (450)
Rothschild & Sons (C.I.) Ltd.; N. M.
1991 Ed. (477)
1993 Ed. (449)
1995 Ed. (442)
Rothschild & Sons (C.I.) Ltd.; N.M.
1996 Ed. (471)
Rothschild & Sons Ltd.; N M
1994 Ed. (1203)
1996 Ed. (3393)
2005 Ed. (1446, 1447, 1448, 1453, 1460, 4672)
2006 Ed. (1416, 4724)
2008 Ed. (4666)
2009 Ed. (1393)
Rothstein Kass
2008 Ed. (1973)
2009 Ed. (1529)
2010 Ed. (1, 1863)
2011 Ed. (1)
2012 Ed. (1426)
2013 Ed. (1552, 1932, 2090)
2014 Ed. (1288, 1521, 1855, 1862, 1871, 2024)
2015 Ed. (1574, 2067)
Rothstein, Kass & Co.
1998 Ed. (14)
2000 Ed. (15)
2008 Ed. (2921)
2012 Ed. (23)
2013 Ed. (18)
2014 Ed. (14)
2015 Ed. (15)
Rothstein, Kass & Co. PC
1993 Ed. (11)
1994 Ed. (5)
1997 Ed. (21)
1999 Ed. (18)
2002 Ed. (17, 18, 21)
2003 Ed. (7)
2004 Ed. (13)
2005 Ed. (9)
2006 Ed. (14)
2007 Ed. (10)
2008 Ed. (8)
2009 Ed. (11)
2010 Ed. (13, 20)
2011 Ed. (8)
Rothstein; Rebecca
2011 Ed. (3330)
2012 Ed. (3317)
2013 Ed. (3389)
2014 Ed. (3391)
2016 Ed. (3285)
Rotie Cellars
2015 Ed. (4990)
Rotini
1996 Ed. (2913)
Rotisserie-prepared meats
1998 Ed. (1859)
Rotman School of Business
2014 Ed. (781)
2015 Ed. (823)
Rotman School of Business; University of Toronto
2012 Ed. (615)
2013 Ed. (758)
Rotman School of Management; University of Toronto
2010 Ed. (732, 767)

2012 Ed. (622)
Roto Lincoln-Mercury-Subaru
  1992 Ed. (389)
Roto Lincoln-Mercury & Subaru Inc.
  1993 Ed. (275)
  1994 Ed. (274)
Roto-Rooter
  2003 Ed. (1236, 1337)
  2004 Ed. (1239, 1337)
  2005 Ed. (1289, 1342, 3861)
  2006 Ed. (1259, 1338, 3924)
  2007 Ed. (1387, 3977, 3980)
  2008 Ed. (1243, 1246, 1330, 4000, 4003)
  2009 Ed. (1220, 1222, 1228, 1317)
  2010 Ed. (1225, 3993)
  2011 Ed. (1274, 3998, 3999)
  2012 Ed. (1111, 1122, 1175, 3996)
  2014 Ed. (3995, 3999)
Roto-Rooter Group Inc.
  2009 Ed. (4074, 4077)
  2015 Ed. (1242, 4048)
Roto-Rooter Plumbing & Drain Service
  2012 Ed. (3991, 3995)
Roto-Rooter Services Co.
  2013 Ed. (1250, 4061)
Roto-Rooter Services Corp.
  2014 Ed. (4000)
Roto/circular advertising
  1992 Ed. (3731)
Rotolo Consultants
  2015 Ed. (3476)
Rotonics Manufacturing Inc.
  2001 Ed. (4125, 4126, 4127)
  2003 Ed. (3891)
  2004 Ed. (3912)
  2005 Ed. (3858)
  2006 Ed. (3921)
  2007 Ed. (3975)
  2008 Ed. (3998)
  2009 Ed. (4072)
  2010 Ed. (3991)
  2011 Ed. (3996)
  2012 Ed. (3989)
  2013 Ed. (4054)
Rotork
  2006 Ed. (1477, 2451)
  2007 Ed. (2402, 2403)
  2011 Ed. (1411)
  2013 Ed. (2112, 2115, 2116, 2117, 2125, 2550)
  2014 Ed. (2048, 2050, 2052, 2055, 2060, 2519)
  2015 Ed. (2102, 2103, 2104, 2105, 2107, 2594)
  2016 Ed. (2080, 2082, 2085, 2087, 2516, 2523)
Rotork plc
  2008 Ed. (1460, 2510)
  2009 Ed. (2520)
  2010 Ed. (1397, 2437)
  2011 Ed. (1409, 2443)
Rotterdam
  1992 Ed. (1395, 1397)
  1997 Ed. (1146, 3135)
  2002 Ed. (910)
Rotterdam, Netherlands
  1998 Ed. (2887)
  2002 Ed. (3730, 3731)
  2003 Ed. (3914, 3915)
  2004 Ed. (3929)
  2008 Ed. (1220, 1221)
Rotterdam School of Management
  1997 Ed. (865)
  2011 Ed. (679, 697)
  2012 Ed. (616)
  2013 Ed. (760, 771)
  2014 Ed. (783, 786, 796)
  2015 Ed. (825, 829, 839)
  2016 Ed. (734)
Rotterdam School of Management; Erasmus University
  2011 Ed. (683, 693, 694)
Rotterdam University
  2004 Ed. (839)
The Rottlund Co.
  1995 Ed. (1133)
  1998 Ed. (878, 911)
  1999 Ed. (1310)
  2000 Ed. (1186, 1187, 1192, 1223)
  2001 Ed. (1388, 1389, 1393)
  2002 Ed. (1200, 2660, 2666)
  2004 Ed. (1203)
  2005 Ed. (1228)
Rottlund Homes
  2003 Ed. (1183)
  2004 Ed. (1173, 1189)
  2005 Ed. (1201, 1215)
rouble; Russian
  2009 Ed. (2261)

Rouche Group
  1996 Ed. (943)
Rouge
  2001 Ed. (4870)
  2002 Ed. (4968)
Rouge Employees Credit Union
  1996 Ed. (1505)
Rouge Industries Inc.
  1999 Ed. (4471)
  2001 Ed. (2230)
  2004 Ed. (4532, 4533)
Rouge Steel Co.
  1995 Ed. (1002)
  1996 Ed. (3585)
  1997 Ed. (3630)
  1998 Ed. (3403)
  1999 Ed. (3359, 3361, 3362)
  2000 Ed. (3095, 3098)
Rouge Virtuale
  2001 Ed. (1906)
Rough Notes
  2008 Ed. (4715)
  2009 Ed. (4757)
  2010 Ed. (4767)
Roularta Media Group
  2004 Ed. (30)
Roularta Media Group NV
  2002 Ed. (3234)
Roularta Media Group NV/SA
  2008 Ed. (1579, 3629)
  2009 Ed. (1512, 3692)
Round Hill
  1995 Ed. (3756)
Round Rock Honda
  2013 Ed. (216)
Round Table Franchise Corp.
  1990 Ed. (2872)
  2005 Ed. (3846)
Round Table Franchising Corp.
  1991 Ed. (2751)
Round Table Group
  2006 Ed. (742)
Round Table Pizza
  2013 Ed. (4046)
  2014 Ed. (3981, 3984)
  2015 Ed. (4026, 4029)
  2016 Ed. (3941)
Round Table Pizza Inc.
  1989 Ed. (2235)
  1990 Ed. (2871)
  1991 Ed. (2750)
  1992 Ed. (3470, 3471, 3472)
  1993 Ed. (2862, 2863, 2864)
  1994 Ed. (2887, 2888)
  1995 Ed. (2952, 2953)
  1996 Ed. (3047, 3048)
  1997 Ed. (3128, 3129)
  1998 Ed. (2867, 2868)
  1999 Ed. (3836, 3839)
  2000 Ed. (3551, 3553)
  2002 Ed. (3714, 4026)
  2003 Ed. (3883, 3884, 3885, 3886, 3887, 3888)
  2004 Ed. (2587)
  2005 Ed. (3847, 3848, 3849, 3850, 3851)
  2006 Ed. (3916, 3917, 4125)
  2007 Ed. (3968, 3969, 4153)
  2008 Ed. (3991, 3994, 3995, 4188, 4189)
  2009 Ed. (4065, 4287)
  2010 Ed. (3980)
  2011 Ed. (3984, 3986, 3987, 4247)
  2012 Ed. (3982, 3983)
  2013 Ed. (4045)
  2014 Ed. (3983)
  2015 Ed. (4028)
  2016 Ed. (3940)
Round Table Pizza Restaurant
  2005 Ed. (3845)
Round the Clock
  1992 Ed. (2445)
Round Up
  1998 Ed. (2341)
Roundarch Isobar
  2014 Ed. (65)
  2015 Ed. (73)
Roundbank
  2013 Ed. (483)
Roundhouse
  2000 Ed. (1099, 2398)
Roundup
  1999 Ed. (3167)
Roundy's Acquisition Corp.
  2008 Ed. (4931)
  2009 Ed. (4953)
Roundy's Inc.
  1989 Ed. (2467)
  1990 Ed. (1957, 3495)
  1991 Ed. (1862, 3251, 3253, 3255)

1992 Ed. (2351, 3264, 4165)
  1993 Ed. (1741, 1998, 3296, 3488, 3491, 3492)
  1994 Ed. (1991, 1997, 1999, 2000, 3288, 3658)
  1995 Ed. (1210, 2050, 2053, 2056, 2057, 3367)
  1996 Ed. (1177, 1178, 1461, 2046, 2052, 2053, 3822)
  1997 Ed. (1530, 3876)
  1998 Ed. (1193, 1869, 1871, 1875, 3710)
  1999 Ed. (4755)
  2000 Ed. (2385, 2386, 2390, 2391)
  2001 Ed. (1901)
  2002 Ed. (4901)
  2003 Ed. (1376, 1379, 1856, 4929, 4930)
  2004 Ed. (1384, 1389, 1390, 1891, 1892, 4933, 4934)
  2005 Ed. (2017, 2018, 4915, 4916)
  2006 Ed. (2120, 2121, 4947, 4948)
  2007 Ed. (4196)
  2015 Ed. (2179)
  2016 Ed. (2155)
Roundys Supermarkets Inc.
  2007 Ed. (2068)
  2008 Ed. (2176)
  2009 Ed. (2159, 4173, 4613, 4945)
  2010 Ed. (2005, 4108, 4644, 4952)
  2011 Ed. (4076)
  2012 Ed. (4107)
  2013 Ed. (2196, 4529)
Rountree Cadillac-Oldsmobile Co. Inc.
  1994 Ed. (713)
Rountree Isuzu
  1990 Ed. (328)
Rountree Mitsubishi
  1993 Ed. (278)
Rountree Oldsmobile-Isuzu
  1990 Ed. (325)
Rouse & Associates
  1990 Ed. (1163, 2959, 2960)
  1991 Ed. (2810)
  1992 Ed. (3619, 3621)
The Rouse Co.
  1989 Ed. (2287)
  1990 Ed. (1154, 2956)
  1991 Ed. (3117, 3124)
  1992 Ed. (3965, 3966, 3968, 3971)
  1993 Ed. (2961, 3303, 3310, 3312)
  1994 Ed. (3000, 3021, 3296, 3301)
  1995 Ed. (3372)
  1996 Ed. (3430)
  1997 Ed. (3514, 3517)
  1998 Ed. (3298, 3300)
  1999 Ed. (4004, 4307, 4311)
  2000 Ed. (4023)
  2002 Ed. (4278)
  2004 Ed. (4074, 4075, 4079)
  2005 Ed. (4006, 4007, 4009, 4025)
  2006 Ed. (1422, 1423, 4055)
Rouse, Jr.; William L.
  1992 Ed. (1138)
Rouses Enterprises
  2013 Ed. (4550)
  2014 Ed. (4607)
Roush Fenway Racing
  2009 Ed. (336)
  2010 Ed. (316)
  2011 Ed. (240)
  2012 Ed. (261)
  2013 Ed. (268)
  2014 Ed. (271)
  2015 Ed. (310)
  2016 Ed. (307)
Roush Racing
  2007 Ed. (327)
Roussanne
  1996 Ed. (3837)
Rousseau; Michael
  2010 Ed. (2568)
Rousseff; Dilma
  2012 Ed. (4979)
  2013 Ed. (4954, 4960)
  2014 Ed. (4961, 4969)
  2015 Ed. (5002, 5010)
  2016 Ed. (4919, 4927)
Roussety & Co.
  2002 Ed. (6)
  2004 Ed. (7)
Roustabout
  1989 Ed. (2096)
Roustam Tariko
  2011 Ed. (4907)
Route 66
  1999 Ed. (1192)
Route Construct SRL
  2016 Ed. (1985)
Route1

2014 Ed. (2922)
Route1 Inc.
  2013 Ed. (1108)
  2015 Ed. (1103)
RouteScience Technology
  2003 Ed. (1093)
Routh Packing Co.; J. H.
  1995 Ed. (2522, 2968)
Routson Motors
  1993 Ed. (295)
Routt, CO
  1994 Ed. (339)
Roux Associates
  2000 Ed. (1860)
Roux Seguela Cayzac et Goudard
  1990 Ed. (102)
Roux Seguela Cayzac et Goudard SA
  1989 Ed. (104)
  1990 Ed. (99, 100)
Roux Seguela Cayzac & Goudard
  1993 Ed. (99)
  1994 Ed. (88)
Rovenskii Z
  1997 Ed. (1826)
Rover
  1990 Ed. (2624)
  1991 Ed. (332)
  1993 Ed. (332)
  1996 Ed. (324)
Rover 200 series
  1991 Ed. (323)
  1992 Ed. (459)
  1994 Ed. (314)
Rover Group Holdings
  1996 Ed. (1214)
Rover Group Ltd.
  1991 Ed. (25, 327)
  2001 Ed. (4619)
  2002 Ed. (48)
Rover Metro
  1990 Ed. (371)
  1992 Ed. (446, 459)
  1994 Ed. (314)
Rovi
  2011 Ed. (1531, 1532, 1533)
  2013 Ed. (3654)
ROVOP
  2016 Ed. (2076)
Row Adventures
  2014 Ed. (4751)
Row Valley Industries
  1992 Ed. (3436)
Rowan
  1989 Ed. (2206)
  1990 Ed. (2832)
  1991 Ed. (2719)
  1994 Ed. (2840)
  2000 Ed. (3406)
Rowan Automotive Group
  2005 Ed. (177)
Rowan College of New Jersey
  1994 Ed. (1055)
Rowan Cos., Inc.
  1992 Ed. (3423, 4071)
  1998 Ed. (1878)
  1999 Ed. (3797, 4387)
  2005 Ed. (3728)
  2007 Ed. (4516, 4518, 4519)
Rowan Dartington & Co.
  2001 Ed. (1036)
Rowan; Henry M. and Betty
  1995 Ed. (932, 1068)
Rowan; Henry M. and Betty L.
  1994 Ed. (1055)
Rowan; John
  2011 Ed. (3348)
Rowan; Rena
  1995 Ed. (3786)
  1996 Ed. (3875)
Rowan University
  2000 Ed. (1145)
Rowe & Co. Cornwall (Holdings) Ltd.
  1992 Ed. (1198, 1202)
  1993 Ed. (971)
Rowe Furniture Inc.
  1994 Ed. (205, 1928)
  1995 Ed. (203, 206)
  2004 Ed. (2868)
Rowe; J. W.
  2005 Ed. (2504, 2509)
Rowe; Jack
  2006 Ed. (2515)
Rowe; John
  2006 Ed. (903, 924)
  2007 Ed. (993, 1014)
  2010 Ed. (886)
Rowe; John W.
  2007 Ed. (1028, 1034)
  2008 Ed. (956)
  2009 Ed. (955, 958)

2010 Ed. (908)
2011 Ed. (847)
Rowe Price Equity Income; T.
1992 Ed. (3192)
1995 Ed. (2736)
1996 Ed. (2802)
Rowe Price-Fleming
1989 Ed. (2144)
1991 Ed. (2218, 2256)
1993 Ed. (2293, 2347, 2349, 2351)
1994 Ed. (2329, 2331)
1995 Ed. (2355, 2371)
1996 Ed. (2391, 2403, 2424, 2427)
1997 Ed. (2548, 2550, 2552)
1998 Ed. (2308)
1999 Ed. (3105)
2000 Ed. (2292, 2850, 2853)
Rowe Price-Fleming International
1992 Ed. (2745, 2786, 2788, 2789,
2791, 2792, 2794, 2795, 3351)
1995 Ed. (2395)
1997 Ed. (2536)
Rowe Price Guaranteed Asset; T.
1990 Ed. (2342)
Rowe Price International Bond; T.
1992 Ed. (3163, 3201)
Rowe Price International Discovery; T.
1992 Ed. (3182)
Rowe Price International Stock
1994 Ed. (2638)
Rowe Price International Stock; T.
1992 Ed. (3184, 3194)
Rowe Price New Income; T.
1992 Ed. (3164)
Rowe Price Science & Technology; T.
1992 Ed. (3182)
Rowe Price; T.
1992 Ed. (2730, 3181)
RoweFurn
1996 Ed. (2833)
Rowen; Howard
2006 Ed. (3189)
2007 Ed. (3248, 3249)
2008 Ed. (3376)
Rowenta
1991 Ed. (1485)
1992 Ed. (1886)
1993 Ed. (1547)
1994 Ed. (1586)
1995 Ed. (1627)
1997 Ed. (1686)
1998 Ed. (1375)
1999 Ed. (1940)
2000 Ed. (1725)
2002 Ed. (2070, 2074)
Rowland Coffee Roasters Inc.
2002 Ed. (2541, 2558)
2008 Ed. (2963)
2009 Ed. (3043)
2010 Ed. (2967)
2011 Ed. (2930)
2012 Ed. (2863)
Rowland Communications
1994 Ed. (2963)
2004 Ed. (4024)
Rowland Communications Worldwide
2001 Ed. (3928, 3940)
2002 Ed. (3821, 3842, 3843, 3844)
2004 Ed. (3991)
The Rowland Co.
1993 Ed. (2928, 2931, 2932)
1995 Ed. (3002, 3008, 3014, 3015,
3016, 3020, 3021, 3026, 3028)
1996 Ed. (3107, 3116, 3117, 3121,
3123, 3127, 3130)
1997 Ed. (3198, 3201, 3206)
Rowland Company; The
1990 Ed. (2916)
Rowland Express
2006 Ed. (4794)
Rowland; Jonathan
2007 Ed. (4925)
Rowland; Marcus
2007 Ed. (1075)
Rowland Saatchi Group
1989 Ed. (2259)
Rowland Schaefer
1989 Ed. (1382)
1990 Ed. (1721, 1722)
1991 Ed. (1629)
1992 Ed. (2060)
Rowland Worldwide
1990 Ed. (2917, 2919)
1992 Ed. (3569)
1994 Ed. (2945, 2956, 2957, 2960,
2962, 2964, 2968)
1995 Ed. (719)
1997 Ed. (3183)
1999 Ed. (3910, 3915, 3916, 3917,
3922, 3924, 3946, 3948)

2000 Ed. (3631, 3632, 3640)
Rowlands
2002 Ed. (6)
2004 Ed. (7)
Rowling; J. K.
2005 Ed. (2443)
2006 Ed. (2485, 2488)
2007 Ed. (2450)
2008 Ed. (280, 4883)
2009 Ed. (302, 4918, 4919)
2010 Ed. (4922, 4923)
2012 Ed. (4923)
2013 Ed. (4905)
2014 Ed. (217)
2015 Ed. (252)
2016 Ed. (245)
Rowling; J.K.
2013 Ed. (4952)
2014 Ed. (4967)
Rowling; Joanne
2013 Ed. (4952)
2014 Ed. (4967)
Rowling; Joanne K.
2005 Ed. (4891)
2007 Ed. (4924, 4926, 4929)
2008 Ed. (4900, 4905)
Rowling; Robert
2005 Ed. (4845)
2006 Ed. (4900)
2007 Ed. (4895)
2008 Ed. (4824)
2009 Ed. (4847)
2010 Ed. (4852)
2011 Ed. (4825)
2012 Ed. (4839)
2013 Ed. (4837)
2014 Ed. (4852)
Rowntree
1990 Ed. (983, 1249)
1993 Ed. (1879)
Rowntree Mackintosh
1989 Ed. (37)
Rowntree Sun-Pat Ltd.
1993 Ed. (1304)
1994 Ed. (1356)
1995 Ed. (1380)
Rowpar Pharmaceuticals
2016 Ed. (3634)
Roxane Laboratories Inc.
2000 Ed. (1706, 2321, 2323)
2001 Ed. (2064)
2016 Ed. (3430)
Roxbury Bank
2008 Ed. (430)
Roxbury Capital Management
1993 Ed. (2342)
Roxbury Technology Corp.
2008 Ed. (4966)
Roxtec AB
2006 Ed. (2029)
2008 Ed. (918)
Roxul Inc.
2012 Ed. (1810)
2013 Ed. (1525)
2015 Ed. (1552)
Roxy
1993 Ed. (2386)
Roy A. Guthrie
2009 Ed. (2663)
Roy Anderson Corp.
2002 Ed. (1244)
2003 Ed. (1260)
2007 Ed. (1379)
2008 Ed. (1312, 1335)
Roy Anderson Holding Corp.
2009 Ed. (1297, 1332)
2010 Ed. (1317)
Roy Ashburn
1995 Ed. (2484)
Roy Burry
1989 Ed. (1417)
1991 Ed. (1675)
1993 Ed. (1781)
1994 Ed. (1764, 1813)
1995 Ed. (1806)
1996 Ed. (1780, 1829)
1997 Ed. (1902)
1998 Ed. (1675)
Roy F. Weston Inc.
1989 Ed. (269)
1991 Ed. (1564)
1992 Ed. (1949, 1958, 1969)
1993 Ed. (1603, 1604)
1994 Ed. (1634, 1635)
1995 Ed. (1673, 1674, 1700)
1996 Ed. (1656, 1657, 1682)
1997 Ed. (1734, 1735, 1763)
1998 Ed. (1438, 1441, 1449, 1453,
1456, 1476, 1477)
1999 Ed. (2021, 2025, 2034)

2000 Ed. (1844, 1845, 1852, 1853,
1859)
2001 Ed. (2289, 3834)
2002 Ed. (1239, 1258, 2131)
2003 Ed. (1251, 1268, 2296)
2004 Ed. (1253, 1266, 1271, 1354,
2328, 2331, 2333, 2342, 2347,
2359)
Roy Fielding
2008 Ed. (1151)
Roy J. Wilson
2009 Ed. (3208)
Roy Keane
2005 Ed. (268)
Roy MacGregor
2016 Ed. (2533)
Roy O. Martin Lumber Co.
2011 Ed. (2751)
2012 Ed. (2686)
2013 Ed. (2772)
2014 Ed. (2753, 2754)
2015 Ed. (2807, 2808)
2016 Ed. (2740, 2741)
Roy Ramos
1997 Ed. (1961)
1999 Ed. (2280)
2000 Ed. (2060)
Roy Rogers
1990 Ed. (3015)
1991 Ed. (2868, 2910, 3319)
1992 Ed. (1460, 2121, 3708, 3764,
4229)
1993 Ed. (3067)
1994 Ed. (3086, 3130)
1995 Ed. (3121, 3180)
1996 Ed. (3278)
1997 Ed. (3375)
1998 Ed. (3124)
1999 Ed. (4134)
Roy Rogers Franchise Co. LLC
2008 Ed. (2684)
Roy Smith Co.
2009 Ed. (1645)
2013 Ed. (183)
Roy Speer
1989 Ed. (1984)
Roy T. Young
2006 Ed. (334)
Roy Vagelos
1989 Ed. (1383, 2339)
1990 Ed. (971)
Roy Vallee
2003 Ed. (3295)
Roy Vincent
2006 Ed. (2518)
Royal
1990 Ed. (1984)
1991 Ed. (1887, 2146)
1992 Ed. (2486)
1993 Ed. (2093)
1994 Ed. (2109)
1995 Ed. (1959, 3684)
1997 Ed. (3812)
1998 Ed. (3651)
1999 Ed. (2772, 4696)
2000 Ed. (2547, 4326)
2008 Ed. (4796)
Royal Ahold
1998 Ed. (3443)
1999 Ed. (3116, 4515)
Royal Ahold NV
2000 Ed. (2864)
2001 Ed. (1642, 1806, 1807, 3021,
4114, 4116, 4421, 4422)
2002 Ed. (1640, 1641, 1735, 1736,
2575, 4060, 4490, 4491, 4532,
4533, 4534)
2003 Ed. (1493, 2497)
2012 Ed. (1741, 1743, 2167, 2751,
4342, 4599)
2013 Ed. (845, 1907, 1909, 2614,
4292, 4336, 4535, 4553)
2014 Ed. (1841, 1842, 4029, 4387,
4429, 4593, 4610)
2015 Ed. (1879, 1880, 4590, 4606)
2016 Ed. (1840, 1842, 4272, 4510,
4528, 4529)
Royal Air Maroc
2001 Ed. (303)
2009 Ed. (236)
2010 Ed. (220)
2011 Ed. (143)
2012 Ed. (149)
2013 Ed. (132)
Royal Air Maroc SA
2006 Ed. (229, 230)
2007 Ed. (234)
Royal Albert Hall
2015 Ed. (1141)
2016 Ed. (1053)

Royal Alliance Associates
1997 Ed. (782)
1998 Ed. (529)
1999 Ed. (843, 844, 845, 846, 847,
848, 850, 904)
2000 Ed. (840, 843, 844, 845, 846,
848)
Royal American Shows
1995 Ed. (910)
Royal Appliance
1993 Ed. (2104, 3648)
Royal Appliance Manufacturing Co.
1998 Ed. (2674)
2002 Ed. (2698, 4712, 4713)
2004 Ed. (2868, 2949, 2950)
Royal Ballet School, UK
1992 Ed. (1094)
Royal Bam Groep
2006 Ed. (1302, 1312, 1319, 1321)
Royal BAM Groep NV
2008 Ed. (1285, 1298, 1305)
2009 Ed. (1268, 1283, 1290)
2010 Ed. (1264, 1276, 1283)
2011 Ed. (1214, 1229, 1236)
2012 Ed. (1029, 1150, 1158, 1165)
Royal Bam Groep NV
2013 Ed. (1287, 1295)
2014 Ed. (1220)
2015 Ed. (1278)
2016 Ed. (1193)
Royal Bam Group NV
2015 Ed. (1286)
2016 Ed. (1208)
Royal Bancshares of Pennsylvania
1999 Ed. (424)
Royal Bank
1992 Ed. (4313)
1999 Ed. (4668, 4669)
2000 Ed. (4303)
2014 Ed. (494)
Royal Bank Action Direct
2002 Ed. (813, 814, 815, 816, 817,
818)
Royal Bank Capital
1990 Ed. (3666)
1992 Ed. (4389)
Royal Bank Financial Group
2003 Ed. (1700, 1708)
Royal Bank Mortgage
2008 Ed. (4782)
2009 Ed. (4814)
2010 Ed. (4831)
Royal Bank of Canada
1989 Ed. (532, 1098, 1783)
1990 Ed. (517, 518, 551, 552, 553,
555, 557, 561, 1340, 1780)
1991 Ed. (474, 511, 1264, 1265,
2479, 2732, 3403)
1992 Ed. (630, 631, 632, 1591, 1593,
1595, 1598, 1599, 1600, 2152,
3102, 4148)
1993 Ed. (447, 1289, 1858, 2588,
2589, 3593)
1994 Ed. (447, 448, 529, 1338, 1339,
1340, 1341, 2545, 2546, 3556)
1995 Ed. (439, 440, 1364, 1365,
1875, 3632)
1996 Ed. (466, 467, 468, 1309, 1310,
1311, 1312, 1317, 1318, 1653,
1919, 2673, 2674, 3712)
1997 Ed. (429, 430, 431, 1370, 1371,
1372, 1373, 2009, 2805, 2806,
3766)
1999 Ed. (316, 487, 488, 489, 558,
1592, 1593, 2437, 3430, 3431,
4619)
2000 Ed. (328, 482, 485, 569, 1398,
1400, 1401, 3154, 3155, 3418,
4265)
2001 Ed. (1658, 1660, 1663, 1664,
1665, 2958, 2959, 2960)
2002 Ed. (535, 629, 1605, 1606,
1607, 2268)
2003 Ed. (473, 594, 1629, 1631,
1635, 1636, 2482)
2004 Ed. (460, 499, 1662, 1663,
1666, 1668, 1670)
2005 Ed. (357, 358, 362, 473, 1486,
1567, 1701, 1710, 1719, 1720,
1722, 1723)
2006 Ed. (423, 1451, 1598, 1599,
1600, 1612, 1618, 1619, 1620,
1621, 1629, 4491)
2007 Ed. (412, 414, 1445, 1617,
1618, 1625, 1627, 1629, 1630,
1631, 1633, 1634, 1639, 1641,
1645, 1712, 1713, 1720, 1721,
1723, 2563)
2008 Ed. (391, 392, 486, 1615, 1624,
1627, 1634, 1635, 1639, 1641,

1642, 1645, 1646, 1647, 1649, 1653, 1657, 1748, 1751, 1756, 2699)
2009 Ed. (414, 415, 416, 513, 1398, 1549, 1550, 1551, 1552, 1555, 1563, 1567, 1568, 1570, 1572, 1574, 1575, 1577, 1578, 2720, 2721)
2010 Ed. (391, 392, 493, 1381, 1542, 1543, 1544, 1545, 1550, 1553, 1555, 1558, 1559, 1561, 1562, 2686, 2697, 4598)
2011 Ed. (315, 316, 369, 370, 423, 1544, 1545, 1546, 1553, 1554, 1557, 1559, 1560, 1563, 2683)
2012 Ed. (330, 331, 1231, 1389, 1390, 1391, 1397, 1402, 1404, 1405, 1406, 4559, 4560)
2013 Ed. (537, 538, 542, 543, 1492, 1493, 1494, 1500, 1503, 1505, 1511, 1518, 1519, 2682, 4508)
2014 Ed. (508, 553, 554, 557, 558, 1290, 1460, 1461, 1462, 1467, 1474, 1476, 1479, 1486, 1487, 2636, 4569)
2015 Ed. (568, 616, 617, 620, 621, 752, 1352, 1516, 1517, 1522, 1530, 1532, 1535, 1542, 1543, 1544, 2679, 4563, 4564)
2016 Ed. (512, 514, 523, 560, 561, 562, 567, 568, 1283, 1457, 1458, 1459, 1470, 1472, 1477, 1482, 1483, 2606, 3193, 4490, 4491, 4492)
Royal Bank of Canada (Channel Islands) Ltd.
1993 Ed. (449)
1995 Ed. (442)
1996 Ed. (471)
1997 Ed. (435)
1999 Ed. (492)
Royal Bank of Canada Isle of Man Ltd.
1991 Ed. (569)
1992 Ed. (737)
1996 Ed. (567)
1997 Ed. (524)
Royal Bank of Pennsylvania
1998 Ed. (3318)
1999 Ed. (4340)
Royal Bank of Scot Income
2000 Ed. (3297)
Royal Bank of Scotland
1989 Ed. (545)
1990 Ed. (583)
1992 Ed. (687)
1993 Ed. (493, 2414, 2512)
1994 Ed. (495)
1995 Ed. (471, 477, 566)
1997 Ed. (480, 516)
1999 Ed. (492, 531)
2000 Ed. (540)
2009 Ed. (719)
2012 Ed. (2597)
2013 Ed. (474, 2008, 2010)
2015 Ed. (549)
2016 Ed. (475, 502)
Royal Bank of Scotland Group
1996 Ed. (521, 1355)
2001 Ed. (578, 579, 1549)
The Royal Bank of Scotland Group plc
2002 Ed. (659, 1788, 2259, 3188, 3189, 3209, 4230)
2003 Ed. (491, 494, 539, 543, 626, 1704, 1839, 4349, 4356, 4372)
2004 Ed. (98, 488, 529, 555, 560, 635, 2088, 4369, 4391)
2005 Ed. (495, 496, 508, 537, 538, 541, 542, 623, 624, 1591, 1758, 2194, 3503, 3504, 3505, 3506, 3507, 3939, 3940, 3941, 3943, 4274, 4275, 4280, 4281, 4297, 4298, 4317, 4318, 4329, 4580, 4581)
2006 Ed. (437, 438, 463, 465, 466, 469, 470, 536, 537, 538, 1419, 1423, 1427, 1445, 1478, 1712, 1717, 1718, 1799, 2054, 2058, 2060, 2070, 3328, 4546, 4598)
2007 Ed. (440, 441, 447, 475, 476, 478, 479, 482, 483, 567, 568, 569, 1461, 1707, 1717, 2027, 2031, 2041, 2042, 3630, 3631, 3632, 3633, 3634, 4300, 4319, 4320, 4331, 4334, 4655, 4657, 4662, 4663, 4664, 4665, 4666, 4667)
2008 Ed. (409, 411, 441, 443, 444, 448, 520, 521, 1736, 1746, 1844, 2122, 2124, 2135, 2281, 4303)
2009 Ed. (435, 440, 466, 468, 469, 473, 474, 475, 554, 555, 556, 1677, 1793, 2114, 2122, 2268)

2010 Ed. (410, 416, 439, 446, 448, 450, 537, 538, 539, 1383, 1411, 1633, 1712, 1729, 1734, 2049, 2224, 4454, 4605, 4654)
2011 Ed. (340, 363, 366, 368, 373, 467, 468, 1643, 1748, 1840, 2106)
2012 Ed. (313, 343, 344, 423, 1599, 1947, 2105, 3360, 4456, 4613)
2013 Ed. (441, 442, 472, 473, 489, 1755, 2122, 3431, 4561)
2014 Ed. (486, 487, 2057, 2561, 3431, 4616)
2015 Ed. (547, 548, 3464, 4615)
2016 Ed. (468, 500, 501)
Royal Bank of Scotland International Ltd.
2000 Ed. (485)
Royal Bank of Scotland (I.O M.) Ltd.
1995 Ed. (514)
Royal Bank of Scotland (Isle of Man) Ltd.
1994 Ed. (538)
Royal Bank of Scotland PLC
1990 Ed. (584)
1991 Ed. (532)
Royal Bank of Scotland plc
2013 Ed. (476)
2014 Ed. (489)
2015 Ed. (550)
2016 Ed. (504)
Royal Bank of Trinidad & Tobago Financial Holdings
2006 Ed. (4485)
Royal Bank of Trinidad & Tobago Ltd.
1991 Ed. (679)
1992 Ed. (851)
1993 Ed. (647)
1994 Ed. (649, 3580, 3581)
1995 Ed. (622)
1996 Ed. (696, 3745, 3746)
1997 Ed. (631, 3797)
1999 Ed. (650)
2000 Ed. (527, 675)
Royal Bank & Trust Co.
1991 Ed. (520)
Royal; Billy Joe
1992 Ed. (1351)
Royal Boskalis Westminster NV
2012 Ed. (1029)
2015 Ed. (1171)
2016 Ed. (1084)
Royal Brock Hotel
1993 Ed. (2094)
Royal Business
2003 Ed. (3797)
Royal Business Forms & Printing
2008 Ed. (4031)
2009 Ed. (4104)
2016 Ed. (3982)
Royal Buying Group
2010 Ed. (4281)
2011 Ed. (1143)
Royal Canadian
2001 Ed. (3148)
2002 Ed. (284, 3180)
2003 Ed. (4900)
2004 Ed. (4890)
Royal Canadian Mint
1992 Ed. (2341)
1994 Ed. (1985, 2482)
1996 Ed. (2037, 2611)
1997 Ed. (2155)
Royal Canadian Mounted Police
2007 Ed. (1615)
Royal Canin
2010 Ed. (1989)
2011 Ed. (2050)
2013 Ed. (2062)
2014 Ed. (1996)
2015 Ed. (2044)
Royal Canin Canada Co.
2016 Ed. (1492)
Royal Canin Hellas
2014 Ed. (1621)
2015 Ed. (1671)
Royal Canin Polska
2014 Ed. (1952)
Royal Canin Portugal
2015 Ed. (2000)
Royal Canin w Polsce
2015 Ed. (1996)
Royal Caribbean
1989 Ed. (2097)
1990 Ed. (2774)
1992 Ed. (1758)
1997 Ed. (2283)
1999 Ed. (2760)
Royal Caribbean Cruise Line Inc.
1994 Ed. (1887)
1997 Ed. (2054)

2001 Ed. (1702)
Royal Caribbean Cruise Lines
1995 Ed. (1003, 1916)
1998 Ed. (1236, 2007)
Royal Caribbean Cruises
2015 Ed. (1635, 3156)
2016 Ed. (1567, 3011, 3350)
Royal Caribbean Cruises Ltd.
1996 Ed. (1925)
2000 Ed. (2238)
2001 Ed. (4626, 4627)
2002 Ed. (3543)
2003 Ed. (2804, 3207, 3208, 4561, 4876, 4877)
2004 Ed. (2004, 2906, 3252, 3253, 4857, 4858)
2005 Ed. (247, 2892, 3277, 3278, 4841, 4842)
2006 Ed. (266, 2898, 3268, 3269, 3758, 4057, 4894, 4895)
2007 Ed. (2937, 3052, 3339, 3340, 4108, 4119, 4886, 4887)
2008 Ed. (1731, 3034, 4818, 4819)
2009 Ed. (3120, 3153, 3513, 4255, 4843, 4844)
2010 Ed. (2843, 3054, 4849, 4850)
2011 Ed. (3023, 4816, 4817)
2012 Ed. (2950, 3015, 4573, 4835, 4836)
2013 Ed. (3040, 3099, 4829, 4830)
2014 Ed. (3054, 3098, 4844, 4845)
2015 Ed. (3120, 3163, 3256, 3263, 4426, 4881, 4882)
2016 Ed. (3015, 4320, 4799, 4800)
Royal Caribbean Cuises
2015 Ed. (3152)
2016 Ed. (3007)
Royal Caribbean International
1999 Ed. (1808)
2000 Ed. (1633)
2013 Ed. (2285)
2014 Ed. (2218)
2015 Ed. (2282)
2016 Ed. (2253, 2254)
Royal Ceramic Lanka
1997 Ed. (1071)
Royal Ceramics Lanka
2012 Ed. (1904)
2014 Ed. (2000)
Royal Coach Lines Inc.
2004 Ed. (3296)
Royal Coachman Ltd.
1996 Ed. (2693)
Royal Credit Union
2002 Ed. (1901)
2003 Ed. (1956)
2004 Ed. (1996)
2005 Ed. (2084, 2138)
2006 Ed. (2178, 2233)
2007 Ed. (2154)
2008 Ed. (2269)
2009 Ed. (2256)
2010 Ed. (2209)
2011 Ed. (2227)
2012 Ed. (2022, 2089)
2013 Ed. (2215, 2275)
2014 Ed. (2146, 2209)
2015 Ed. (2210, 2273)
2016 Ed. (2181, 2244)
Royal Crown Cola Co.
1996 Ed. (3475)
2003 Ed. (867)
Royal Crown Co.
1990 Ed. (3317)
1991 Ed. (3153)
1992 Ed. (4017)
1995 Ed. (3416)
2000 Ed. (4080)
2001 Ed. (4303)
2002 Ed. (4321)
2003 Ed. (4477)
Royal Distribution Inc.
2008 Ed. (4373)
Royal DSM NV
2006 Ed. (855)
2007 Ed. (940, 1905)
2008 Ed. (919)
2009 Ed. (929)
2012 Ed. (776, 3557)
2013 Ed. (845, 952, 3582)
2014 Ed. (894, 906, 2935)
2015 Ed. (932)
2016 Ed. (839)
Royal Dutch
1990 Ed. (1342)
1991 Ed. (237, 238, 2367, 2368, 2586)
2002 Ed. (3220)
Royal Dutch Petroleum Co.
1989 Ed. (1344)

1990 Ed. (1341, 1401, 3459)
1991 Ed. (221, 1325, 1327, 3230)
1992 Ed. (329, 330, 1609, 1612, 1672, 4057)
1993 Ed. (226, 227, 1372, 3377)
1994 Ed. (216, 217, 1237)
1995 Ed. (1463, 2923, 3433)
1996 Ed. (1425, 3017, 3498)
1997 Ed. (243, 244, 1487, 3099)
1998 Ed. (1162, 2435, 2824, 2833, 3361, 3362)
1999 Ed. (266, 267, 1605, 1607, 1610, 1710, 1711, 3805, 4389, 4391, 4488)
2000 Ed. (295, 1411, 1412, 1415, 1521, 1522, 4092)
2001 Ed. (1807)
2002 Ed. (1645, 1736, 2124, 3216, 4490)
2003 Ed. (1670, 1671, 1672, 1776, 1777, 2583, 3636, 3637, 4538, 4581)
2004 Ed. (4564)
2005 Ed. (239)
2006 Ed. (1448, 1921, 3329, 4546)
Royal Dutch Petroleum Co. (Shell)
2001 Ed. (1691, 1805, 2845)
Royal Dutch Shell
2014 Ed. (1677, 1680, 1682, 1683, 1684, 1685)
2015 Ed. (878, 1725, 1728, 1729, 1735)
2016 Ed. (1688)
Royal Dutch Shell plc
2008 Ed. (917, 923, 927, 928, 1721, 1814, 1845, 1846, 1848, 1849, 1853, 1964, 1965, 1966, 2502, 2508, 3564, 3572, 3918, 3919, 3922, 3930, 3933, 3935, 3936)
2009 Ed. (860, 926, 931, 935, 937, 1659, 1762, 1766, 1794, 1795, 1797, 1798, 1802, 1919, 1920, 1921, 2509, 2517, 3634, 3642, 3988, 3992, 4002, 4007, 4010, 4011)
2010 Ed. (866, 871, 876, 878, 964, 1402, 1413, 1615, 1709, 1735, 1736, 1737, 1739, 1740, 1745, 1853, 1854, 1856, 2424, 2434, 3553, 3561, 3829, 3894, 3898, 3902, 3909, 3916, 3917)
2011 Ed. (793, 799, 890, 1408, 1624, 1626, 1643, 1644, 1723, 1737, 1750, 1752, 1753, 1886, 1887, 1888, 2110, 2428, 2438, 3556, 3564, 3828, 3909, 3912, 3916, 3920, 3924, 3928, 3935, 3936)
2012 Ed. (133, 751, 759, 770, 845, 1242, 1244, 1245, 1246, 1250, 1251, 1467, 1468, 1473, 1475, 1583, 1600, 1601, 1602, 1603, 1606, 1609, 1740, 1741, 1742, 1743, 1950, 2351, 2362, 3548, 3557, 3677, 3882, 3894, 3896, 3897, 3901, 3903, 3905, 3908, 3924, 3933)
2013 Ed. (844, 876, 948, 961, 969, 1025, 1602, 1604, 1606, 1635, 1639, 1640, 1756, 1757, 1758, 1759, 1763, 1764, 1765, 1906, 1907, 1908, 1909, 2112, 2114, 2115, 2116, 2117, 2125, 2127, 2535, 2547, 2549, 3582, 3617, 3952, 3957, 3962, 3964, 3976, 3978, 3983, 3989)
2014 Ed. (901, 914, 1570, 1574, 1691, 1692, 1696, 1697, 1698, 1700, 1841, 1842, 2050, 2054, 2062, 2469, 2479, 2481, 3553, 3897, 3901, 3907, 3919, 3921, 3922, 3926, 3932)
2015 Ed. (1611, 1626, 1740, 1879, 1880, 2111, 2540, 2553, 2555, 3575, 3578, 3923, 3928, 3935, 3953, 3955, 3956, 3961, 3968)
2016 Ed. (832, 845, 851, 1537, 1686, 1687, 1691, 1840, 1842, 2089, 2467, 2472, 3458, 3833, 3846, 3854, 3859, 3871, 3872, 3876, 3882)
Royal Dutch Shell/China National Offshore Oil
1993 Ed. (1739)
Royal Dutch/Shell
1989 Ed. (1023)
1990 Ed. (26, 38, 1355, 1383, 1384, 3473)
1991 Ed. (35, 1270, 1272, 1273, 1280, 1281, 1282, 1305, 1306, 1307, 1326, 1360, 2717, 2735, 3232, 3235)

1992 Ed. (1494, 1603, 1604, 1606, 1614, 1638, 1640, 1647, 1650, 1671, 2809, 3447, 3448, 4151)
1993 Ed. (41, 45, 1199, 1207, 1296, 1298, 1311, 1333, 1334, 1335, 1336, 1337, 1346, 1347, 1349, 2825, 3475)
1994 Ed. (12, 19, 36, 738, 902, 1235, 1348, 1350, 1363, 1365, 1388, 1389, 1390, 1391, 1393, 1394, 1399, 1400, 1401, 1425, 1426, 2578, 2851, 2857, 2865, 2866, 2869, 3449)
1999 Ed. (1088, 1470, 1604, 1613, 1619, 1620, 1622, 1643, 1660, 1661, 1662, 1663, 1666, 1671, 1674, 1675, 1681, 1682, 1712, 2883, 3116, 3808, 3812, 3814, 3817, 4496)
2001 Ed. (3749)
2004 Ed. (3857)
Royal Dutch/Shell Comb
1990 Ed. (1342)
Royal Dutch/Shell Group
1989 Ed. (1111, 1867)
1990 Ed. (1249, 1250, 1265, 1363, 1364, 1382, 2404, 2849)
1991 Ed. (1182, 1287, 1288, 1304, 1309, 2264)
1995 Ed. (1254, 1373, 1375, 1388, 1389, 1392, 1421, 1422, 1423, 1424, 1431, 1434, 1435, 1462, 2919, 2928, 2929, 2932)
1996 Ed. (214, 215, 1214, 1223, 1326, 1328, 1331, 1333, 1338, 1339, 1343, 1344, 1383, 1384, 1385, 1386, 1389, 1395, 1398, 1424, 1426, 2710, 3021, 3027, 3597)
1997 Ed. (963, 965, 1269, 1385, 1387, 1390, 1391, 1394, 1399, 1403, 1404, 1406, 1421, 1433, 1434, 1436, 1446, 1448, 1450, 1451, 1454, 1484, 1486, 2388, 3102, 3111, 3652)
1998 Ed. (704, 1038, 1149, 1157, 1158, 1159, 1164, 1165, 1166, 1168, 2557, 2834, 2838, 3425)
2000 Ed. (1424, 1426, 1428, 1444, 1469, 1470, 1473, 1478, 1481, 1482, 1523, 2864, 3038, 3531, 3533, 3534, 3536)
2001 Ed. (65, 1199, 1642, 1696, 1704, 1705, 1741, 1744, 1748, 1751, 1806, 1884, 2173, 2561, 2583, 3021, 3217, 3772)
2002 Ed. (304, 1008, 1016, 1638, 1640, 1684, 1686, 1688, 1692, 1735, 1786, 1791, 2125, 2390, 3246, 3679, 3683, 3684, 3685, 3686, 3687, 3688, 3691, 3692, 3693, 3695, 3696, 3697, 3700, 3701)
2003 Ed. (947, 1522, 1523, 1678, 1679, 1705, 1711, 1712, 1713, 1715, 1716, 1717, 1718, 1720, 1721, 2287, 2288, 3148, 3300, 3307, 3818, 3819, 3824, 3825, 3827, 3830, 3849, 3852, 3853, 3855, 3857)
2004 Ed. (962, 1458, 1467, 1533, 1534, 1702, 1708, 1709, 1710, 1714, 1741, 1750, 1752, 1753, 1754, 1755, 1757, 1758, 3212, 3361, 3364, 3853, 3854, 3856, 3859, 3868)
2005 Ed. (192, 872, 956, 1195, 1758, 1759, 1766, 1767, 1800, 1813, 1815, 1816, 1820, 1821, 1822, 1825, 1895, 2407, 2409, 2411, 2412, 3392, 3396, 3486, 3764, 3765, 3778, 3779, 3780, 3781, 3782, 3784, 3785, 3787, 3796)
2006 Ed. (204, 853, 860, 862, 863, 1181, 1482, 1691, 1692, 1695, 1698, 1712, 1713, 1774, 1800, 1801, 1802, 1803, 1806, 1807, 1808, 1809, 1917, 1918, 2056, 3341, 3385, 3393, 3487, 3846, 3847, 3853, 3860, 3862, 3863)
2007 Ed. (214, 939, 946, 950, 952, 1286, 1687, 1688, 1691, 1693, 1707, 1708, 1783, 1788, 1789, 1807, 1808, 1809, 1810, 1814, 1817, 1899, 1901, 1902, 1904, 1905, 2028, 2029, 2031, 2387, 2388, 2392, 2394, 2395, 2397, 3416, 3519, 3867, 3868, 3870, 3873, 3876, 3877, 3881, 3882, 3888, 3890, 3892, 3893)
2008 Ed. (200, 1185, 1717, 1718,

1736, 1737, 1963, 3678)
2009 Ed. (223, 1656, 1657, 1677, 1678, 1803, 1918, 3746, 3987, 3998)
2010 Ed. (1616, 1633, 1634, 1747, 2055, 3905)
2011 Ed. (129, 1620, 1621, 1885, 3669, 3911)
Royal Dutch/Shell Group of Cos.
1990 Ed. (1356)
Royal Dutch/Shell (Netherlands)
1992 Ed. (3421)
Royal Energy Inc.
2006 Ed. (3837)
Royal Farms Arena
2016 Ed. (1051)
Royal Fork Buffet
1999 Ed. (4062)
Royal Fork Buffet Restaurants
1992 Ed. (3716)
1993 Ed. (3032)
Royal Friesland Foods
2007 Ed. (97)
2008 Ed. (107)
2009 Ed. (117)
2010 Ed. (117)
Royal Gold
2013 Ed. (1553, 3633)
2014 Ed. (1522)
2015 Ed. (1584, 3677)
Royal Gold Inc.
2002 Ed. (1619)
2003 Ed. (1652)
2004 Ed. (2742, 2743, 3663, 4555)
2005 Ed. (2739, 2740, 4378, 4380, 4384)
2006 Ed. (1645, 4330, 4333)
2010 Ed. (4510, 4589)
2011 Ed. (1586, 2842, 4435, 4436, 4447)
2012 Ed. (1428)
2014 Ed. (1525)
2015 Ed. (1576)
Royal Group Inc.
1994 Ed. (2277)
2008 Ed. (3990)
2009 Ed. (4061)
2010 Ed. (3979)
2011 Ed. (3983)
2012 Ed. (3980)
2013 Ed. (4043)
2014 Ed. (3979)
2015 Ed. (4024)
2016 Ed. (3938)
Royal Group Technologies
2005 Ed. (1568, 3843)
2006 Ed. (3914)
2007 Ed. (3024, 3964)
2008 Ed. (3142)
Royal HaskoningDHV
2015 Ed. (2577)
2016 Ed. (2499)
Royal Highway Tours
2003 Ed. (2273)
2011 Ed. (623)
Royal Hong Kong Jockey Club
1997 Ed. (2393)
Royal Host REIT
2007 Ed. (1622)
2011 Ed. (4157, 4404)
Royal Hyway Tours
2012 Ed. (593)
Royal Hyway Tours Inc.
2013 Ed. (728)
2014 Ed. (750)
2015 Ed. (788)
2016 Ed. (708)
Royal Indemnity Co.
2004 Ed. (3132, 3134, 3136)
2005 Ed. (3140, 3142, 3144)
Royal Information Electronics
1992 Ed. (1700)
Royal Insurance-Canada
1990 Ed. (2256, 2257)
Royal Insurance Co.
1990 Ed. (2277)
1993 Ed. (1861, 2255)
1997 Ed. (2469)
Royal Insurance Co. of Canada
1992 Ed. (2692, 2693, 2694)
1993 Ed. (2242)
1994 Ed. (2282)
1995 Ed. (2325)
1996 Ed. (2342, 2343)
1997 Ed. (2468)
1999 Ed. (2980)
Royal Insurance Group
1989 Ed. (1734)
1991 Ed. (2129)
1992 Ed. (2684, 2708)

1993 Ed. (2240)
Royal Insurance Holdings
1990 Ed. (2242)
1993 Ed. (1324, 2254)
Royal Insurance Holdings Plc
1990 Ed. (2280)
1991 Ed. (2145)
1998 Ed. (2210)
Royal Insurance Plc
1990 Ed. (2284)
1994 Ed. (2234)
1995 Ed. (1383)
Royal International
1991 Ed. (2644)
Royal Isuzu
1991 Ed. (281)
1992 Ed. (386)
1993 Ed. (272)
Royal Jeep-Eagle
1990 Ed. (330)
1991 Ed. (283)
1992 Ed. (388)
Royal Jordanian
1993 Ed. (39)
Royal Jordanian A/I
2001 Ed. (314)
Royal Jordanian Air
1991 Ed. (32)
Royal Jordanian Airlines
2005 Ed. (216)
2006 Ed. (229)
2007 Ed. (234)
2008 Ed. (214)
2009 Ed. (235)
2010 Ed. (219)
2011 Ed. (142)
Royal Jordanian Airlines Co., plc
2012 Ed. (148, 156)
2013 Ed. (131)
2014 Ed. (141)
2015 Ed. (159)
Royal Kia
1996 Ed. (293)
Royal Kona
2007 Ed. (1146, 1148)
Royal KPN
2000 Ed. (1523)
Royal KPN NV
2006 Ed. (1776, 1919)
2012 Ed. (1743, 4649, 4651, 4658, 4662)
2013 Ed. (844, 878, 1909, 4602, 4611, 4618, 4638)
2014 Ed. (4655, 4679)
2015 Ed. (4571, 4690)
2016 Ed. (4597)
Royal Laser Corp.
2011 Ed. (1144)
Royal LePage Ltd.
1990 Ed. (2949, 2951)
1994 Ed. (3005)
1996 Ed. (3162)
1997 Ed. (3258)
Royal Life Estates
1991 Ed. (1726)
Royal Life Managed
1997 Ed. (2916)
Royal Life Science & Technology
2002 Ed. (3443)
Royal, Linda Davis; George Strait, Billy Joe
1991 Ed. (1040)
Royal London European Growth
2000 Ed. (3307)
Royal Maccabees
1995 Ed. (2299)
1999 Ed. (2960)
Royal Maccabees Life Insurance Co.
1998 Ed. (2191)
2000 Ed. (2710)
Royal Mail
2002 Ed. (35, 237)
2013 Ed. (4438)
2015 Ed. (4813)
2016 Ed. (3721, 4692, 4699, 4703, 4714)
Royal Mail Group
2005 Ed. (1989, 4365)
2006 Ed. (2068)
2013 Ed. (2123)
2014 Ed. (2058)
Royal Mail Holdings plc
2006 Ed. (4300, 4309)
2007 Ed. (1781, 1801, 2040, 4374, 4376)
2008 Ed. (2123, 4329, 4331)
2009 Ed. (2115, 4434, 4436)
2010 Ed. (2050, 4477)
2011 Ed. (2107)
2012 Ed. (1948)

Royal Mail plc
2015 Ed. (4416)
Royal Malewane
2013 Ed. (3104)
Royal Mall Group
2013 Ed. (2124)
Royal Mistic
1995 Ed. (686)
1998 Ed. (3470)
Royal Monthly Income
2004 Ed. (3610, 3611)
Royal Motors Corp.
2005 Ed. (297)
2006 Ed. (316)
Royal National Lifeboat Institute
1995 Ed. (945)
Royal National Lifeboat Institution
1992 Ed. (3270)
1994 Ed. (911, 2680)
1996 Ed. (919)
1997 Ed. (946)
Royal Neighbors of America
1996 Ed. (1972)
Royal Numico NV
2007 Ed. (2617)
Royal Oak Ford Sales Inc.
2012 Ed. (102)
2013 Ed. (83)
Royal Oak Mines, Inc.
1995 Ed. (205)
1996 Ed. (213, 2033)
1997 Ed. (231, 232, 237, 1374, 2152)
1998 Ed. (154, 160, 162)
1999 Ed. (261)
2000 Ed. (283, 288, 290)
Royal Oak Schools Credit Union
2004 Ed. (1943)
Royal of Scotland
1991 Ed. (533)
Royal Olympic Cruises
2000 Ed. (1633)
Royal Ontario Museum
2012 Ed. (722)
Royal Pakhoed
1999 Ed. (1092, 1093)
Royal Palm Toyota/Scion
2013 Ed. (216)
Royal Palms Resort & Spa
2008 Ed. (3076)
Royal Philips Electronics
2000 Ed. (1773, 3029)
Royal Philips Electronics NV
2011 Ed. (3829)
2012 Ed. (91, 1741, 1742, 1743, 2147, 2318, 2320, 3461, 3557, 3813)
2013 Ed. (76, 844, 1907, 1908, 2008, 2487, 2497, 2613, 3508, 3582)
2014 Ed. (1301, 1841, 2427, 2559, 2564, 3482, 4029)
2015 Ed. (1355, 1879, 2500, 3206, 3227)
2016 Ed. (1286, 1840, 2435, 3061, 3083)
Royal Philips NV
2015 Ed. (1880, 2373)
2016 Ed. (1842, 2319)
Royal Plastics
2004 Ed. (3908)
Royal Plaza on Scotts
2011 Ed. (107)
Royal Precious Metals
2004 Ed. (3620, 3622)
Royal PTT Nederland
1997 Ed. (1485, 1486)
Royal PTT Nederland NV
2003 Ed. (4581)
Royal Society
1995 Ed. (1934)
Royal Society for the Prevention of Cruelty to Animals
2007 Ed. (723)
2008 Ed. (673, 694)
2009 Ed. (681, 702)
Royal Sovereign
1997 Ed. (183)
1998 Ed. (1252)
1999 Ed. (1823)
2000 Ed. (1652)
Royal & Sun Alliance
2004 Ed. (3080)
Royal & Sun Alliance Australia
2004 Ed. (3081)
Royal & Sun Alliance Insurance Co.
2002 Ed. (1654)
2006 Ed. (1686, 1689, 3066)
Royal & Sun Alliance Insurance Group
1998 Ed. (2128)
1999 Ed. (278, 2918, 2919, 2921, 3102)

Royal & Sun Alliance Insurance Group plc
 2002 Ed. (2945, 2968, 2969, 4991)
 2003 Ed. (2977)
 2004 Ed. (3130, 3131)
 2005 Ed. (3089, 3139, 4519)
 2006 Ed. (3096, 3147)
 2007 Ed. (3117)
Royal & Sun Alliance Insurance Group USA
 1999 Ed. (2977)
Royal & Sun Alliance Insurance plc
 2000 Ed. (2670, 2718)
 2003 Ed. (2977)
 2004 Ed. (2607)
Royal & Sun Alliance Seguros (Colombia) SA
 2014 Ed. (1513)
Royal & SunAlliance
 2003 Ed. (3004, 4994)
 2005 Ed. (3096, 3125)
Royal & SunAlliance Canada
 2009 Ed. (3396)
Royal & SunAlliance Equity
 2001 Ed. (3469, 3471)
Royal & SunAlliance Insurance Co.
 2003 Ed. (1680)
Royal & SunAlliance Insurance Group plc
 2003 Ed. (3012)
Royal & SunAlliance U.S. Equity
 2001 Ed. (3477)
Royal & SunAlliance USA
 2004 Ed. (4997)
 2005 Ed. (3136, 4998)
 2006 Ed. (3102)
Royal & SunAllilance Equity
 2001 Ed. (3470)
Royal Swaziland Sugar Corp.
 2002 Ed. (4482, 4483)
 2006 Ed. (4539)
Royal Ten Cate USA Inc.
 2011 Ed. (4683)
 2012 Ed. (4697)
 2013 Ed. (4658)
Royal Tire Inc.
 2005 Ed. (4698)
Royal Trust Bank (Isle of Man) Ltd.
 1993 Ed. (536)
 1994 Ed. (538)
 1995 Ed. (514)
Royal Trust Bank (Jersey) Ltd.
 1991 Ed. (477)
 1992 Ed. (635)
 1993 Ed. (449)
 1994 Ed. (450)
 1995 Ed. (442)
Royal Trust Co.
 2016 Ed. (4763)
The Royal Trust Co.
 2007 Ed. (4859)
 2008 Ed. (4782)
 2009 Ed. (4813, 4814)
Royal Trust Corp. of Canada
 1997 Ed. (2150)
 1998 Ed. (1842, 2445)
 1999 Ed. (3317)
 2000 Ed. (2344)
 2007 Ed. (4859)
 2008 Ed. (4782)
 2009 Ed. (4814)
 2010 Ed. (4831)
Royal Trust PPT US
 1992 Ed. (3207)
Royal Trustco
 1990 Ed. (3659)
 1991 Ed. (474)
 1992 Ed. (4360)
 1994 Ed. (447, 1341, 3606)
Royal Unibrew A/S
 2009 Ed. (1635)
Royal Vans of Texas
 1992 Ed. (4371)
Royal Viking
 1990 Ed. (2774)
Royal Vopak NV
 2002 Ed. (1004, 1005)
 2003 Ed. (948)
 2011 Ed. (4752)
 2014 Ed. (4773)
Royal Willamette
 2001 Ed. (2550)
Royalblue
 2002 Ed. (1792)
Royale
 1994 Ed. (958)
Royale Belge
 1990 Ed. (1333, 3456)
 1991 Ed. (1260)
 1992 Ed. (913, 1579)

1993 Ed. (729, 1283)
 1994 Ed. (737, 1329)
 1996 Ed. (763)
 1999 Ed. (1588)
 2000 Ed. (1392)
Royale Belge SA
 2003 Ed. (1624)
Royale Belge-Vie
 1991 Ed. (729)
Royale Coach by Monaco Inc.
 2006 Ed. (1767)
 2007 Ed. (1775)
 2008 Ed. (1806)
 2009 Ed. (1753)
Royale Energy Inc.
 2004 Ed. (3844)
 2008 Ed. (4363)
Royale Linens
 2009 Ed. (4432)
Royale Linens/Yunus
 2010 Ed. (1037, 4475)
Royalpar Industries Inc.
 1991 Ed. (1164)
The Royalton
 2000 Ed. (2539)
Royalton Hotel
 1992 Ed. (2481)
 1997 Ed. (2284)
Royce
 1998 Ed. (905)
Royce Equity-Income
 1996 Ed. (2802)
Royce Fund Equity Income
 1994 Ed. (2618)
Royce GiftShares Investment
 2004 Ed. (3572)
Royce Heritage
 2011 Ed. (3731)
Royce Heritage Fund-Service
 2008 Ed. (4507)
 2011 Ed. (4539)
Royce Holland
 2003 Ed. (2347)
Royce Homes
 1999 Ed. (1307, 1333)
 2000 Ed. (1216)
 2004 Ed. (1179)
 2005 Ed. (1206)
Royce Low-Priced Stock
 2002 Ed. (3425)
 2004 Ed. (2458, 3571, 3572, 3657)
 2006 Ed. (3651, 3652)
Royce Low-Priced Stock Fund
 2003 Ed. (3509, 3510, 3542)
Royce Micro-Cap
 1996 Ed. (2772)
 2004 Ed. (3574)
 2005 Ed. (4482)
 2011 Ed. (3731)
Royce Micro-Cap Fund
 2003 Ed. (3542)
Royce Micro-Cap Investment
 2006 Ed. (3652)
Royce Mid Cap
 2008 Ed. (598)
Royce Opportunity
 2003 Ed. (3509)
 2004 Ed. (2458, 3592)
Royce Opportunity Fund
 2003 Ed. (3542)
Royce Opportunity Investment
 2003 Ed. (3510)
 2006 Ed. (3652, 3654)
 2013 Ed. (3815)
Royce Opportunity Service
 2010 Ed. (3731)
Royce OTC
 1994 Ed. (2625)
Royce Pennsylvania
 2004 Ed. (3576)
Royce Pennsylvania Mutual
 2011 Ed. (3731)
Royce Pennsylvania Mutual Investment
 2006 Ed. (3650)
Royce Premier
 1996 Ed. (2773)
Royce Premier Fund
 2003 Ed. (3540)
Royce Premier Fund-Investment
 2011 Ed. (4536)
Royce Special Equity
 2004 Ed. (3573, 4541)
 2006 Ed. (3653)
Royce Special Equity Investment
 2010 Ed. (4579)
Royce Too
 2016 Ed. (2985)
Royce Total Return
 2000 Ed. (3224)
 2005 Ed. (4485)

2006 Ed. (4560)
Royce Total Return Investment
 2004 Ed. (3571)
 2008 Ed. (4512)
Royce Trust & GiftShares
 2003 Ed. (3509)
Royce Trust & GiftShares Fund
 2003 Ed. (3542)
Royce Trust & Giftshares Investment
 2002 Ed. (3425)
 2003 Ed. (3510)
 2004 Ed. (2458)
Royce Value Plus Investment
 2006 Ed. (3654)
Royce Value Plus Service
 2008 Ed. (2622)
 2009 Ed. (3801)
 2010 Ed. (3730)
Royce Value Service
 2009 Ed. (3801)
Roye; Paul
 2005 Ed. (3204)
Royer; Charles
 1991 Ed. (2395)
Royex Gold Mining
 1990 Ed. (1936)
Roy's
 2007 Ed. (4140)
 2008 Ed. (4166, 4178)
 2009 Ed. (4294)
 2010 Ed. (4261)
Roy's Restaurants
 2004 Ed. (4131)
Royster-Clark Inc.
 2005 Ed. (3930)
Royster-Clark Nitrogen Corp.
 2007 Ed. (931)
Royster; Scott
 2006 Ed. (986)
 2007 Ed. (1079)
Rozanne Ridgway
 1995 Ed. (1256)
RP Financial
 2002 Ed. (1406)
 2004 Ed. (1419, 1422)
 2005 Ed. (1432)
R.P. Klein Associates
 1990 Ed. (3078, 3084)
RPA
 2005 Ed. (102, 109, 3159, 3169)
 2006 Ed. (110, 119)
 2007 Ed. (108)
 2008 Ed. (116)
RPC
 2014 Ed. (1608, 2463)
 2015 Ed. (1658, 2531)
 2016 Ed. (3073)
RPC Group
 2011 Ed. (3825)
RPC Inc.
 2007 Ed. (2032)
 2009 Ed. (2922)
RPG
 2013 Ed. (192)
 2014 Ed. (200)
 2015 Ed. (227)
RPG Group
 2012 Ed. (4346)
RPI Coating Inc.
 2008 Ed. (1262)
 2009 Ed. (1238)
RPM
 1990 Ed. (2757)
 1991 Ed. (2666)
 1992 Ed. (981, 1238, 3324)
 1993 Ed. (772, 2761)
 1994 Ed. (791, 2719)
 1995 Ed. (2825, 3516, 3519)
 1997 Ed. (3637)
 1998 Ed. (2734, 3415)
 1999 Ed. (1080, 3708)
 2000 Ed. (3398)
 2001 Ed. (1049, 3608)
 2002 Ed. (3265, 3266)
 2003 Ed. (773, 779)
 2004 Ed. (1032, 2120, 2125, 3754, 3755)
 2005 Ed. (1039)
 2006 Ed. (1048, 3767)
 2007 Ed. (1137, 3764)
 2008 Ed. (1017)
 2009 Ed. (1002)
 2010 Ed. (139, 967, 4026, 4033, 4037, 4039)
 2011 Ed. (61)
RPM Connect
 2010 Ed. (3582)
 2011 Ed. (3584)
RPM Copies & Printing
 2002 Ed. (3763)

2003 Ed. (3928)
RPM Freight Systems
 2016 Ed. (3388)
RPM International Inc.
 2004 Ed. (952)
 2005 Ed. (3669, 3670)
 2006 Ed. (868, 2298, 3369)
 2007 Ed. (957)
 2008 Ed. (3843, 3844)
 2009 Ed. (3899, 3900)
 2010 Ed. (3809, 3810)
 2011 Ed. (893, 3805, 3806)
 2012 Ed. (848, 3793)
 2013 Ed. (1028, 3858, 3859)
 2014 Ed. (992, 3788, 3789)
 2015 Ed. (28, 1026, 3809, 3811)
 2016 Ed. (24, 931, 3722, 3724)
RPM Mortgage Inc.
 2016 Ed. (1398, 3622)
RPM Pizza
 1993 Ed. (1899)
RPM/Radar
 1991 Ed. (158)
 1992 Ed. (217)
RPPR
 2002 Ed. (3854)
RPS Group plc
 2008 Ed. (1209, 2126)
RPS Inc.
 1998 Ed. (2730, 3642)
 1999 Ed. (1038, 3680, 4678, 4683)
 2000 Ed. (3395, 4308, 4314, 4315)
 2001 Ed. (1130, 1833)
RPX
 2016 Ed. (1401, 4353)
R.R. Donnelley & Sons
 1989 Ed. (2264, 2265, 2267)
 2000 Ed. (3681, 3682)
 2014 Ed. (1335)
RR Media
 2016 Ed. (4302)
RREEF
 1989 Ed. (2129)
 1990 Ed. (2968, 2970)
 1992 Ed. (2749)
 1993 Ed. (2285, 2309, 2975, 2978, 2979)
 2002 Ed. (3625, 3908, 3929, 3931, 3933, 3937, 3941, 3942)
 2003 Ed. (3087, 4086, 4063)
 2004 Ed. (2036, 4086, 4089, 4090)
 2005 Ed. (1546, 4023)
 2006 Ed. (4052, 4053)
 2007 Ed. (4104)
 2008 Ed. (4123, 4125)
 2009 Ed. (2284, 4235)
 2010 Ed. (4167, 4168)
 2012 Ed. (3082)
 2013 Ed. (3165)
 2014 Ed. (3170)
RREEF Alternative
 2009 Ed. (4231, 4232)
 2010 Ed. (4166)
RREEF Americas
 2011 Ed. (4169)
 2012 Ed. (4217)
 2013 Ed. (4203)
 2014 Ed. (4220)
The RREEF Funds
 1989 Ed. (1807)
 1990 Ed. (2355)
 1991 Ed. (2211, 2247, 2817, 2819)
 1992 Ed. (2733, 2775, 3634, 3635, 3639)
 1994 Ed. (2319, 3015, 3016, 3019)
 1995 Ed. (2375, 3071, 3072)
 1996 Ed. (2382, 2384, 2411, 2417, 2920, 3165, 3166, 3169)
 1997 Ed. (2541, 3265, 3267, 3268, 3271)
 1998 Ed. (2274, 2294, 3012, 3013, 3016)
 1999 Ed. (3057, 3074, 3096, 3097, 3098)
 2000 Ed. (2829, 2837, 2838, 2839, 2840, 2841)
 2001 Ed. (3992, 4014, 4016)
RRZ Public Markets Inc.
 1993 Ed. (3140, 3192)
RS Aggressive Growth
 2004 Ed. (3597)
RS Components
 1997 Ed. (1713)
RS Consulting
 2002 Ed. (3256)
RS Contrarian
 2003 Ed. (3612)
RS Contrarian Value
 2005 Ed. (3575)
 2006 Ed. (3672, 4552)

RS Diversified Growth
2003 Ed. (3508)
RS Electronics
1996 Ed. (1632)
2004 Ed. (2249)
2008 Ed. (2467)
2009 Ed. (2470)
RS Emerging Growth
2002 Ed. (4503)
RS Emerging Markets
2011 Ed. (3721, 3722)
RS Funds Partners
2004 Ed. (4541)
2006 Ed. (4570)
RS Global Natural Resources
2006 Ed. (3595)
2007 Ed. (3674, 3675, 3676)
RS & H
2010 Ed. (271)
RS & H Inc.
2016 Ed. (2478)
RS Industries
2000 Ed. (3148)
RS Information Age
2004 Ed. (3596)
RS Information Systems Inc.
2001 Ed. (1355)
2002 Ed. (710)
2003 Ed. (214, 1347, 1348)
2004 Ed. (170, 1348)
2005 Ed. (173, 1350, 1382)
2006 Ed. (185, 1371, 1372, 1374)
2007 Ed. (191, 1409, 1410, 1412)
2008 Ed. (1365, 1370)
RS Internet Age
2003 Ed. (3552)
2004 Ed. (3596)
RS Partners
2006 Ed. (3652, 3653, 3654, 3655)
2007 Ed. (2492, 3673, 3674)
2008 Ed. (2622)
RS Promotion Co.
2004 Ed. (92)
RS The Information Age
2005 Ed. (3560)
RS Value
2007 Ed. (2489, 3671)
2008 Ed. (2619)
RS Value Fund
2007 Ed. (4543)
RSA
2010 Ed. (3244)
RSA Canada Group
2016 Ed. (3253)
RSA Engineering Inc.
2009 Ed. (1473)
RSA Equity
2002 Ed. (3440, 3441, 3442)
RSA Insurance
2011 Ed. (3277)
2012 Ed. (3253)
2013 Ed. (3285)
2015 Ed. (3356)
2016 Ed. (3186)
RSA Insurance Group
2011 Ed. (3214)
2012 Ed. (3173)
2013 Ed. (3247)
RSA Insurance Group plc
2012 Ed. (3268, 3273)
2013 Ed. (3346)
2014 Ed. (3365)
2015 Ed. (3397)
RSA Security Inc.
2003 Ed. (2161)
2004 Ed. (2776)
2005 Ed. (4610)
RSA Seguros
2015 Ed. (1562, 1570)
RSCG Conran Design
1992 Ed. (2588, 2589)
RSCG Direct
1993 Ed. (1486)
RSCG France
1989 Ed. (107)
1990 Ed. (103)
1991 Ed. (99)
1992 Ed. (149)
RSCG Group
1992 Ed. (146)
RSCG Havasi & Varga
1992 Ed. (158)
1993 Ed. (106)
RSCI
2008 Ed. (1294)
2009 Ed. (1277)
2010 Ed. (1272)
RSE Projektmanagement AG
2005 Ed. (192, 1195, 1759, 1781, 3486)

RSI
2008 Ed. (1974)
2009 Ed. (1929)
RSI Data Processing Solutions
2000 Ed. (4436)
RSI Home Products
1997 Ed. (1824)
1998 Ed. (1534)
2007 Ed. (3297)
2009 Ed. (3473)
2012 Ed. (4994)
2013 Ed. (4993)
RSI Systems, Inc.
2002 Ed. (2516)
RSKCo
2000 Ed. (1093)
2001 Ed. (2914)
RSKCo Case Management Services Inc.
2004 Ed. (4095)
RSL
1996 Ed. (2570)
RSL Com USA Inc.
2001 Ed. (4474, 4475)
RSL Fiber Systems
2013 Ed. (3561)
RSM
2000 Ed. (5)
2008 Ed. (2921)
RSM Bentley Jennison
2011 Ed. (10)
RSM Bird Cameron
2009 Ed. (3)
RSM Erasmus University
2007 Ed. (812)
RSM International
1998 Ed. (10)
1999 Ed. (11)
RSM McGladrey
2002 Ed. (2, 3, 7)
2003 Ed. (1)
2004 Ed. (2)
2005 Ed. (1)
2006 Ed. (1, 2)
2007 Ed. (1)
2008 Ed. (1, 13)
2009 Ed. (1, 2, 16, 1029)
2010 Ed. (4, 8, 9, 10)
2011 Ed. (1917)
2012 Ed. (7, 8, 9, 29, 4816)
2013 Ed. (14, 4779)
2014 Ed. (4822)
RSM Richter LLP
2009 Ed. (4)
RSM Robson Rhodes
2006 Ed. (7)
RSM Tenon
2012 Ed. (12, 14, 15, 16, 18)
2013 Ed. (25, 26, 27, 28, 29)
2014 Ed. (21, 22, 23, 25)
RSM Tenon Group plc
2012 Ed. (1476)
RSM Tenos
2012 Ed. (17)
RSM/McGladrey & Pullen
2010 Ed. (5, 6, 7, 4663)
2011 Ed. (4, 5, 6, 4611)
2012 Ed. (4, 5, 6, 4617)
RSP Architects
2014 Ed. (186)
2015 Ed. (3406)
RSPCA
1995 Ed. (945)
RSS
2007 Ed. (1256)
RSUI Group Inc.
2011 Ed. (3251)
RSUI Indemnity Co.
2008 Ed. (3263)
2011 Ed. (3225)
2012 Ed. (3194)
2014 Ed. (3291)
2016 Ed. (3200)
RSVP Publications
2006 Ed. (129)
2007 Ed. (122)
2008 Ed. (137)
2010 Ed. (149)
2011 Ed. (73)
2013 Ed. (45)
RT Capital Management Inc.
1996 Ed. (2419, 2420)
2000 Ed. (2844)
RT Industries Inc.
1998 Ed. (1704)
RT Keedwell (Holdings)
2015 Ed. (4792)
2016 Ed. (4696)
RT Mart Taiwan
2012 Ed. (4363)

2013 Ed. (4295)
RTA Architects
2009 Ed. (288)
2010 Ed. (272)
RTA New South Wales
2002 Ed. (1179)
RTA NSW
2001 Ed. (1628, 1630, 1631)
2002 Ed. (1585, 1588, 1593)
2003 Ed. (1619)
RTA Specialty Stores
1997 Ed. (2102)
RTB BOR
1991 Ed. (1361)
RTC
2009 Ed. (4079)
2015 Ed. (3583)
2016 Ed. (2305)
RTC Industries
2005 Ed. (3866)
2006 Ed. (3930)
RTD
2008 Ed. (1687)
RTD tea
1999 Ed. (707)
RTEmd
2009 Ed. (3013)
RTG Furniture Corp.
2016 Ed. (1578)
RTI
2013 Ed. (205)
2014 Ed. (213)
2015 Ed. (246)
2016 Ed. (241)
RTI Cryogenics
2013 Ed. (2900)
RTI Cryogenics Inc.
2013 Ed. (2911)
RTI Insurance Services of Florida
2005 Ed. (3081)
RTI International
2009 Ed. (1369)
2010 Ed. (1353)
2011 Ed. (1342, 1917)
2012 Ed. (1207, 4239)
2013 Ed. (1321)
2014 Ed. (1255, 4253)
2015 Ed. (1312)
2016 Ed. (1225, 1895)
RTI International Metals Inc.
2009 Ed. (2903, 2929)
2010 Ed. (2867)
2011 Ed. (2000)
2012 Ed. (4969)
RTKL
2008 Ed. (3084)
2013 Ed. (179)
RTKL Associates
2014 Ed. (185, 186)
RTKL Associates Inc.
1990 Ed. (279, 1665, 2286)
1991 Ed. (1551)
1992 Ed. (354, 1954, 1957, 2716)
1993 Ed. (243, 245, 1609)
1994 Ed. (234, 1642)
1995 Ed. (236, 1681)
1996 Ed. (233, 1664)
1997 Ed. (260, 264, 1742)
1998 Ed. (187)
1999 Ed. (282, 290, 2016, 2788)
2000 Ed. (309, 315, 1797, 1815, 2567)
2001 Ed. (2238, 2798)
2002 Ed. (330, 2130, 2646)
2003 Ed. (2295, 2855)
2004 Ed. (2341, 2345, 2346, 2348, 2350, 2357, 2943)
2005 Ed. (261, 3161, 3167)
2006 Ed. (284, 2791, 3160, 3169)
2007 Ed. (287, 2410, 3208)
2008 Ed. (261, 263)
2009 Ed. (286, 2559, 3173)
2010 Ed. (271, 2465, 3101)
2011 Ed. (191, 192, 3310, 3314)
2012 Ed. (197, 2380, 3012)
2013 Ed. (177)
2014 Ed. (184)
2015 Ed. (214)
2016 Ed. (212)
RTKL/FDS International
2001 Ed. (403)
RTL
2016 Ed. (3489)
RTL Group
2006 Ed. (3340)
2008 Ed. (1892, 1893)
2009 Ed. (1855, 1856)
2010 Ed. (1788)
2011 Ed. (1812, 1813)
2012 Ed. (570, 1670, 1671)

2013 Ed. (705, 1821, 1822)
2014 Ed. (728, 1750)
2015 Ed. (774, 1795)
RTL Group SA
2006 Ed. (1856)
RTL Networks
2012 Ed. (105, 3705, 3706, 4052)
RTL Networks Inc.
2013 Ed. (3751)
2016 Ed. (3584)
RTM Inc.
1993 Ed. (1899)
1997 Ed. (2165)
1998 Ed. (1882, 3061)
2000 Ed. (3796)
RTM Restaurant Group
2003 Ed. (4139)
RTN Credit Union
2013 Ed. (2237)
2014 Ed. (2169)
2015 Ed. (2233)
2016 Ed. (2204)
RTO/Rentronics
1996 Ed. (1995)
RTT
1995 Ed. (1361)
1996 Ed. (1301)
RTVE
1993 Ed. (820)
RTW Inc.
2006 Ed. (1890)
RTX Telecom A/S
2006 Ed. (1678)
RTZ Corp.
1989 Ed. (2070)
1990 Ed. (2589)
1992 Ed. (1618, 1629)
1994 Ed. (198)
1996 Ed. (2034, 2652)
1997 Ed. (2948)
1998 Ed. (2684)
RTZ Corporation Plc
1989 Ed. (2071)
1990 Ed. (2717)
RTZ-CRA
1998 Ed. (1855)
2000 Ed. (2380)
Ruan Securities
2001 Ed. (819)
Ruan Transport Corp.
2006 Ed. (4795)
2007 Ed. (4849)
2008 Ed. (4588, 4772)
2009 Ed. (2269, 4804)
2010 Ed. (4821)
2011 Ed. (4770, 4781)
2012 Ed. (4615, 4786, 4795)
2013 Ed. (4562, 4747)
2014 Ed. (4617)
2015 Ed. (4616)
2016 Ed. (4535)
Ruan Transportation Management Systems
2013 Ed. (4756)
2014 Ed. (4797, 4806)
2015 Ed. (2296, 4832, 4841)
2016 Ed. (2264, 4745)
Rubber
1992 Ed. (3646)
1998 Ed. (2318)
1999 Ed. (2110, 2866)
Rubber and plastic products
1993 Ed. (1232, 1234, 1236, 1237, 1238, 1241)
1994 Ed. (1271, 1273, 1276, 1277, 1279, 1280)
1995 Ed. (1295, 1296, 1297, 1298, 1299, 1301, 1302, 1303)
2001 Ed. (2844)
Rubber and plastics
1991 Ed. (1636)
Rubber and plastics products
1991 Ed. (2029, 2030, 2033, 2035, 2037, 2039, 2040, 2042)
1992 Ed. (2601, 2604, 2605, 2607, 2609, 2610)
Rubber Belt
1994 Ed. (3289, 3290)
Rubber, leather & plastics
1997 Ed. (1717)
Rubber & miscellaneous plastics product manufacturers
2001 Ed. (1757)
Rubber, plastics
1996 Ed. (2253)
Rubber product manufacturing
2007 Ed. (3716)
Rubber products
1996 Ed. (930)
Rubber Workers Local 307 Credit Union

2002 Ed. (1866)
2003 Ed. (1920)
2004 Ed. (1960)
Rubbermaid
1989 Ed. (1600, 1601, 1928, 2349)
1990 Ed. (1278, 1308, 1310, 1319, 1321, 1323, 2036, 2037, 2509, 2516, 3065, 3066)
1991 Ed. (1236, 1239, 1245, 1887, 1925, 1926, 2381, 2903, 2904)
1992 Ed. (1544, 1545, 1547, 1548, 1549, 1550, 2432, 2433, 2538, 2967, 3745, 3746, 4132, 4297)
1993 Ed. (1249, 1251, 1252, 1253, 1254, 1266, 2014, 2054, 2110, 2495, 2868, 2869, 3054, 3055, 3367, 3576)
1994 Ed. (1290, 1292, 1293, 1299, 1301, 1305, 1309, 2026, 2073, 2074, 2145, 2147, 2433, 3117, 3118)
1995 Ed. (2001, 2079, 2185)
1996 Ed. (1283, 2026, 2075, 2129, 2130, 2201, 2202, 3262, 3263, 3625)
1997 Ed. (1339, 1341, 1345, 2174, 2175, 2239, 2240, 2330, 2331, 3361, 3362)
1998 Ed. (1899, 1962, 1963, 2050, 2051, 3103, 3104, 3372, 3458)
1999 Ed. (780, 2598, 2599, 2634, 2701, 2806, 2807, 2808, 3776, 4115, 4116, 4379)
2000 Ed. (2587, 3827, 3828, 4172)
2001 Ed. (4132)
2003 Ed. (744, 976, 1229, 1230, 4197)
2004 Ed. (4223)
2005 Ed. (1265, 1267, 1527, 2967, 4151)
2007 Ed. (2975, 3970, 3971, 4216)
2009 Ed. (3193)
2010 Ed. (3121)
2011 Ed. (3088)
Rubbish Boys Disposal Service Inc.
2006 Ed. (2746)
Rubel; Howard
2011 Ed. (3335)
Rubel; Matthew E.
2008 Ed. (958)
2009 Ed. (960)
2010 Ed. (913)
2011 Ed. (858)
2012 Ed. (808)
2013 Ed. (988)
Rubens Ometto Silveira Mello
2008 Ed. (4854)
Rubenstein Assoc. Inc.; Howard J.
1990 Ed. (2922)
Rubenstein Associates Inc.; Howard J.
1991 Ed. (2775)
1992 Ed. (2901, 3573)
1994 Ed. (2967)
1995 Ed. (3027)
1997 Ed. (3207)
Rubenstein; David
2014 Ed. (3392)
Rubi
2006 Ed. (2856)
Rubicon Minerals Corp.
2010 Ed. (1568)
Rubicon Petroleum Inc.
1995 Ed. (2429)
Rubik Financial Ltd.
2012 Ed. (2825)
Rubik's Cube
2004 Ed. (3163)
Rubin Associates; Bruce
1992 Ed. (3579)
Rubin Barney & Birger
1998 Ed. (2948, 2949)
Rubin Bros. Inc.
1996 Ed. (1922)
Rubin Brothers Inc.
1995 Ed. (1879)
Rubin, Brown, Gornstein & Co.
1998 Ed. (12)
1999 Ed. (16)
2000 Ed. (13)
Rubin, Brown, Gornstein & Co. LLP
2002 Ed. (13, 14)
2003 Ed. (4)
2004 Ed. (10)
2005 Ed. (6)
2006 Ed. (11)
The Rubin Organization Inc.
1998 Ed. (3020)
1999 Ed. (4013)
Rubin Osten
1999 Ed. (1124)

Rubin Postaer & Associates
1995 Ed. (96, 138)
1996 Ed. (112, 152)
1997 Ed. (115, 159)
1998 Ed. (37, 59, 67)
1999 Ed. (42, 119, 170)
2000 Ed. (125, 191)
2002 Ed. (64, 137, 210, 211)
2003 Ed. (30, 175, 176)
2004 Ed. (134)
Rubin; Stanley
1991 Ed. (1707, 1709)
1993 Ed. (1772, 1773, 1793)
1994 Ed. (1776, 1832, 1833)
1995 Ed. (1816)
1996 Ed. (1771, 1791)
RubinBrown
2007 Ed. (7)
2008 Ed. (5)
2009 Ed. (8)
2010 Ed. (15, 17)
2011 Ed. (16)
2012 Ed. (20)
2013 Ed. (19)
2014 Ed. (15)
2015 Ed. (16)
2016 Ed. (15)
RubinBrown LLP
2013 Ed. (5)
Rubinos & Mesia Engineers Inc.
1996 Ed. (2064)
Rubinstein; Jonathan
2006 Ed. (2524)
Rubio's Baja Grill
2002 Ed. (4017)
2003 Ed. (4094)
2004 Ed. (4118)
Rubio's Fresh Mexican Grill
2005 Ed. (2553)
2015 Ed. (4253)
2016 Ed. (4160)
Rubio's Restaurants
1997 Ed. (3339)
1998 Ed. (3081)
2010 Ed. (4404)
Rubired
2001 Ed. (4860, 4861)
2002 Ed. (4965, 4966)
2003 Ed. (4966, 4967)
Ruby Cabernet
2001 Ed. (4860, 4861)
2002 Ed. (4965, 4966)
2003 Ed. (4966, 4967)
Ruby Makeup Academy
2016 Ed. (2343)
Ruby on Rails
2007 Ed. (1251)
2009 Ed. (1133)
2010 Ed. (1115)
2011 Ed. (1054)
2012 Ed. (981)
Ruby Receptionists
2012 Ed. (1820)
2013 Ed. (1986)
2014 Ed. (1925)
2015 Ed. (1369, 1970)
2016 Ed. (1296, 1936)
Ruby Seedless/King Ruby
2001 Ed. (4870, 4871)
2002 Ed. (4967, 4968)
Ruby Tuesday
1991 Ed. (2882)
1992 Ed. (3717)
1993 Ed. (3015, 3034, 3036)
1994 Ed. (3075, 3086, 3089)
1995 Ed. (3120, 3132, 3139)
1996 Ed. (3216, 3231)
1997 Ed. (3317, 3328, 3334)
1998 Ed. (3063)
1999 Ed. (4064, 4065)
2001 Ed. (4063)
2002 Ed. (4001, 4013)
2003 Ed. (3280, 4097, 4106, 4107, 4108, 4110, 4111, 4131)
2004 Ed. (4107, 4127)
2005 Ed. (4045, 4052, 4060, 4061, 4062, 4064, 4081)
2006 Ed. (2491, 4104, 4115)
2007 Ed. (4142, 4148, 4163, 4942)
2008 Ed. (3066, 3439, 4142, 4169, 4170, 4181, 4182)
2009 Ed. (4276)
2010 Ed. (2027, 4214, 4222, 4223, 4224)
2011 Ed. (4211, 4224, 4225, 4227)
2012 Ed. (4272, 4273)
2013 Ed. (4239, 4240)
2014 Ed. (4290)
2015 Ed. (4279, 4280)
2016 Ed. (4184)

Ruby Tuesday's
1990 Ed. (3019, 3020)
2000 Ed. (3781, 3782, 3797)
Ruby Valley National Bank
2004 Ed. (542)
Rucci; Anthony J.
1997 Ed. (3068)
Ruch University Medical Center
2008 Ed. (3063)
Ruchi Madan
2000 Ed. (1985)
Ruchlamer, Stacy
1991 Ed. (1690, 1691, 1707, 1709)
1993 Ed. (1823, 1824)
Rucker; Christian
2007 Ed. (2465)
Ruckus
2013 Ed. (698, 4944)
2015 Ed. (1089)
2016 Ed. (998)
Ruckus Wireless
2007 Ed. (4968)
2011 Ed. (197, 4023, 4026, 4656, 4971)
2012 Ed. (4054)
Ruckversicheru
1997 Ed. (3932)
Rudd; John
2008 Ed. (4909)
Ruddick Corp.
1990 Ed. (2719)
1991 Ed. (2621)
1995 Ed. (2792)
2001 Ed. (1822, 4416, 4419)
2003 Ed. (4633, 4645)
2004 Ed. (4630, 4631)
2005 Ed. (1913, 4558, 4559)
2006 Ed. (1942, 4630)
2007 Ed. (2709)
2008 Ed. (2838)
2009 Ed. (2895)
2010 Ed. (2834, 4647, 4726)
2011 Ed. (4551, 4685)
2012 Ed. (4698, 4699)
Ruddock; Paul
2008 Ed. (4902)
Rude Awakening: The Rise, Fall, and Struggle for Recovery of General Motors
1991 Ed. (708)
Rudebeck & Co. Ltd.; H.
1992 Ed. (1202)
1993 Ed. (975)
1994 Ed. (998, 1003)
1995 Ed. (1011)
Ruden, McCloskey, Smith, Schuster & Russell
1998 Ed. (2329)
1999 Ed. (3150)
Ruden McClosky
2008 Ed. (3424)
2009 Ed. (3491)
Ruden, McClosky, Smith, Schuster & Russell
2002 Ed. (3058)
Ruden McClosky Smith Schuster & Russell PA
2000 Ed. (2896)
Ruder Finn
1990 Ed. (2921)
1991 Ed. (2775)
1992 Ed. (3556, 3557, 3559, 3560, 3573, 3574)
1993 Ed. (2927, 2931)
1994 Ed. (2946, 2951, 2967, 2968)
1995 Ed. (3007, 3010, 3011, 3027, 3028)
1996 Ed. (3103, 3112, 3131)
1997 Ed. (3182, 3184, 3186, 3207, 3208)
1998 Ed. (1472, 1474, 1902, 2935, 2938, 2939, 2954, 2960, 3353)
1999 Ed. (3909, 3914, 3917, 3920, 3923, 3924, 3948, 3955)
2000 Ed. (3630, 3633, 3634, 3637, 3640, 3662, 3669)
2001 Ed. (3925, 3927, 3940)
2002 Ed. (3823, 3828, 3829, 3831, 3835, 3836, 3843, 3844)
2003 Ed. (3985, 3986, 3987, 3989, 3990, 3993, 4004, 4006, 4010)
2004 Ed. (3977, 3981, 3982, 3983, 3984, 3985, 3988, 3989, 3997, 4001, 4005, 4011, 4020, 4021, 4027, 4033, 4034, 4038)
2005 Ed. (3950, 3951, 3952, 3954, 3955, 3958, 3961, 3964, 3967, 3970, 3972, 3978)
2011 Ed. (35, 36, 37, 38, 978, 979, 980, 981, 4098, 4099, 4100, 4101,

4102, 4106, 4107, 4108, 4110, 4114, 4115, 4116, 4120, 4124)
2012 Ed. (4132, 4135, 4136, 4137, 4138, 4140, 4144, 4145, 4155)
2013 Ed. (4125, 4127, 4133, 4136, 4141, 4146)
2014 Ed. (4140, 4144, 4147, 4149, 4152, 4158, 4163)
2015 Ed. (4122, 4126, 4132, 4135, 4139, 4144, 4145)
2016 Ed. (4036, 4040, 4046, 4049, 4053, 4058, 4059)
Ruder Finn & Rotman
1989 Ed. (2259)
Ruder Finn Shandwick International
2001 Ed. (3939)
Rudin Management Co.
1997 Ed. (3273)
Rudnick & Wolfe
1990 Ed. (2417)
1999 Ed. (3148)
2000 Ed. (2894)
2001 Ed. (3054)
Rudnik Uglja AD
2014 Ed. (1568)
2015 Ed. (1619)
2016 Ed. (1545)
Rudolf Nothenberg
1995 Ed. (2668)
Rudolph J. Frank
1989 Ed. (735)
Rudolph, Palitz
1998 Ed. (17)
1999 Ed. (21)
Rudolph & Sletten Inc.
2003 Ed. (1254)
2004 Ed. (1254, 1256, 1259, 1288)
2006 Ed. (1176, 2796)
2007 Ed. (1282, 1350)
2008 Ed. (1182)
2009 Ed. (1158)
2010 Ed. (1153)
2011 Ed. (1097)
2013 Ed. (1231)
2015 Ed. (1222)
Rudolph Technologies
2008 Ed. (2458)
The Rudolph/Libbe Cos., Inc.
2014 Ed. (2492)
Rudolph's Ever Fresh
1995 Ed. (340)
Rudolph's Office & Computer Supply Inc.
2016 Ed. (4943)
Rudolphsen; William
2007 Ed. (1090)
Rudy G. Perpich
1991 Ed. (1857)
Rudy Giuliani
2003 Ed. (2334)
2004 Ed. (2414)
Rudy Luther's Pontiac
1993 Ed. (281)
1994 Ed. (280)
Rudy Luther's Pontiac-GMC Truck
1992 Ed. (396)
Rudy Nothenberg
1991 Ed. (2546)
1993 Ed. (2638)
Rudy Perpich
1992 Ed. (2345)
Rudy Treichel
2005 Ed. (796)
Rudy's Farm
2002 Ed. (1329, 4098)
2003 Ed. (3322)
Rudy's Limousine Service
1996 Ed. (2693)
Rudy's Music Stop
1999 Ed. (3501)
2000 Ed. (3219)
Rue Insurance
2009 Ed. (1929)
2011 Ed. (3191)
2012 Ed. (1752)
2013 Ed. (1918)
2014 Ed. (1857)
Rue La La
2015 Ed. (2473)
Rue Mosnier with Street Pavers, by Manet
1989 Ed. (2110)
Rue Neuve
1992 Ed. (1166)
Rue21
2013 Ed. (1996, 4271)
2014 Ed. (1934, 4329)
rue21
2012 Ed. (711, 1853, 4503, 4504)
rue21 inc.

2011 Ed. (1992, 1996, 1998, 1999, 2004)
2012 Ed. (1847)
rue21 Inc.
2013 Ed. (2011, 4467)
2014 Ed. (983)
Rueckv N
1999 Ed. (4831, 4832)
2000 Ed. (4447, 4448)
Ruehman BMW-Pontiac; Robert
1990 Ed. (334)
Ruehman Inc.; Robert
1991 Ed. (301)
1992 Ed. (406)
1994 Ed. (260)
1995 Ed. (259)
Ruentex Construction & Development Co. Ltd.
1994 Ed. (3008)
Ruentex Industries Ltd.
1990 Ed. (3571)
1992 Ed. (4282)
1994 Ed. (3523)
Ruentex Industry
1992 Ed. (4188)
Ruetgers AG
1999 Ed. (4117)
2000 Ed. (3829)
Ruey Tay Fiber Industry Co., Ltd.
1992 Ed. (4284)
Ruff Housing
2016 Ed. (4979)
Ruff; Robert
2015 Ed. (2635)
Ruff Ryders/Cash Money Tour: DMX
2002 Ed. (1161)
Ruff Times
1992 Ed. (2803)
Ruffer; Jonathan
2016 Ed. (2533)
Ruffin; Phillip
2005 Ed. (4844)
2007 Ed. (4899)
2011 Ed. (4843)
2013 Ed. (4836)
2014 Ed. (4851)
2015 Ed. (4888)
2016 Ed. (4806)
Ruffino
1989 Ed. (2942)
1990 Ed. (3698)
1992 Ed. (4460, 4465)
2001 Ed. (4880)
Ruffino Orivetto
1989 Ed. (2945)
Ruffino Wines
1991 Ed. (3499)
RuffleButts
2014 Ed. (4333)
Ruffles
1992 Ed. (921, 2190)
1993 Ed. (1878, 3345)
1994 Ed. (2902)
1996 Ed. (3057)
1997 Ed. (3137, 3138)
1999 Ed. (3862, 3863, 4344, 4345, 4703)
2000 Ed. (3577, 3578, 4064)
2001 Ed. (3860, 3861, 4290)
2002 Ed. (3733, 4299)
2003 Ed. (3919, 4454, 4455)
2004 Ed. (3932, 4438)
2005 Ed. (4387)
2006 Ed. (3942)
2007 Ed. (4000)
2008 Ed. (4019, 4021)
2009 Ed. (4090)
2013 Ed. (4068)
2014 Ed. (4076, 4077)
2015 Ed. (4060, 4061)
2016 Ed. (3967, 3968, 3969)
Ruffles Choice
1999 Ed. (3863)
Ruffles Flavor Rush
2002 Ed. (3733)
Ruffles Light
1996 Ed. (3057)
2008 Ed. (4021)
Ruffles The Works
2000 Ed. (3578)
2001 Ed. (3860, 3861)
Ruffles Wow
2000 Ed. (3578)
2001 Ed. (3860, 3861)
2002 Ed. (3733)
2003 Ed. (3919)
2004 Ed. (3932)
Ruffolo; John
2002 Ed. (719)
Rufino Vigil Gonzalez

2014 Ed. (4901)
Rufus Crosby Kemper
1990 Ed. (3686)
Rufus Leonard
2002 Ed. (1956)
Rufus W. Lumry
1991 Ed. (1620)
Rug cleaners
2002 Ed. (1065)
Rug Decor
2009 Ed. (3409)
Rug Doctor
2003 Ed. (978, 988, 2049)
2005 Ed. (198)
Rug Doctor Pro
1992 Ed. (2223)
Rug & room deodorizers
2002 Ed. (254)
Rug specialty stores
1999 Ed. (4120)
Rugby
1992 Ed. (23, 334, 2558)
2003 Ed. (281, 3776)
2005 Ed. (4446)
The Rugby Group plc
1994 Ed. (2415)
1995 Ed. (2492)
1996 Ed. (2555)
1997 Ed. (2692)
1999 Ed. (3278)
2000 Ed. (3017)
2001 Ed. (3180)
2002 Ed. (4512)
Rugby Labs Inc.
1997 Ed. (2134)
Rugg (Asburton) Ltd.; Lewis
1991 Ed. (960)
RuggedCom
2008 Ed. (2931)
2009 Ed. (2918)
2010 Ed. (1548, 1568)
2011 Ed. (2896)
2012 Ed. (2831)
2013 Ed. (2918)
2014 Ed. (1074)
Ruggiero; Steven
1997 Ed. (1937, 1945)
Rugs
2005 Ed. (2870)
RugsDirect.com
2013 Ed. (2475)
Rug/upholstery cleaners
2001 Ed. (3908)
Ruhr Advertising; Chuck
1997 Ed. (119)
Ruhrgas AG
2002 Ed. (4259)
2005 Ed. (1475)
Ruhrkohle
1990 Ed. (2587)
1991 Ed. (1283)
1992 Ed. (1622)
1998 Ed. (2510, 2835)
Ruhrkohle AG
1995 Ed. (2583)
1996 Ed. (2651)
1997 Ed. (1437, 2796, 2797, 3103)
Ruhrkohle Aktiengesellschaft
1994 Ed. (2528)
Ruia Group Ltd.
2009 Ed. (2116)
Ruia; Ravi
2009 Ed. (4902)
2010 Ed. (4903)
2011 Ed. (4891)
2012 Ed. (4899)
2013 Ed. (4875, 4876)
2014 Ed. (4889, 4890)
Ruia; Shashi
2009 Ed. (4902)
2010 Ed. (4903)
2011 Ed. (4891)
2012 Ed. (4899)
2013 Ed. (4875, 4876)
2014 Ed. (4889, 4890)
Ruia; Shashi & Ravi
2008 Ed. (4841)
2009 Ed. (4903)
2010 Ed. (4904)
2011 Ed. (4887, 4892)
2012 Ed. (4872, 4900)
Ruifino
2002 Ed. (4942)
Ruimin; Zhang
2006 Ed. (690)
Ruinite
1996 Ed. (3855)
Ruiz; Antonio del Valle
2015 Ed. (4941)
2016 Ed. (4856)

Ruiz Construction Co. & Associates Inc.; A.
1995 Ed. (2100)
Ruiz Food Inc.
2008 Ed. (2963)
2009 Ed. (3043)
2010 Ed. (2967)
2011 Ed. (2930)
Ruiz Food Products
2014 Ed. (2778)
2015 Ed. (2824, 3592)
2016 Ed. (2764)
Ruiz Food Products Inc.
1990 Ed. (2010, 2011, 2012)
1991 Ed. (1909)
1993 Ed. (2038)
1994 Ed. (2051)
1995 Ed. (2102, 2501)
1996 Ed. (2111, 2565)
1997 Ed. (2706)
1998 Ed. (2432)
1999 Ed. (3296)
2000 Ed. (3033)
2001 Ed. (2712)
2002 Ed. (2542, 2558)
2003 Ed. (2420)
2006 Ed. (2842)
2007 Ed. (2514)
Ruiz Foods Inc.
2008 Ed. (2776, 2783)
2012 Ed. (2700, 2859, 2863)
2013 Ed. (2928, 2932)
2014 Ed. (2949, 2951)
2015 Ed. (2997, 3001)
Ruiz; Fred & Bryce
2011 Ed. (2924)
Ruiz; Hector
2006 Ed. (2515)
2007 Ed. (3617)
Ruiz; Hector de J.
2007 Ed. (1032)
2008 Ed. (954)
2009 Ed. (953)
Ruiz Nicoli
1996 Ed. (141)
1997 Ed. (147)
Rula Saffar
2013 Ed. (3474)
The Rule of Four
2006 Ed. (636)
Rulun; Huang
2010 Ed. (3957)
Rum
1997 Ed. (2671)
2001 Ed. (3124, 3125, 3150)
2002 Ed. (282, 3132, 3133, 3142, 3143, 3167, 3168, 3169, 3170)
2008 Ed. (3451)
Rum & Coke
1990 Ed. (1074)
Rumania
1990 Ed. (1449)
Rumanian
1990 Ed. (3295)
Rumba Games Inc.
2005 Ed. (2777)
2006 Ed. (2747)
Rumford Paper Co.
2008 Ed. (1896)
2009 Ed. (1859)
2010 Ed. (1791)
2011 Ed. (1816)
2012 Ed. (1674)
2013 Ed. (1825)
2014 Ed. (1753)
2015 Ed. (1798)
2016 Ed. (1752)
rumjungle
2006 Ed. (4105)
Rumours, Fleetwood Mac
1990 Ed. (2862)
Rumpke Consolidated Companies Inc.
2014 Ed. (4838)
2015 Ed. (4875)
Rumpke Waste & Recycling
2016 Ed. (4796)
Rumple Minze
1993 Ed. (2431, 2432)
1996 Ed. (2494, 2503)
2001 Ed. (3110)
2002 Ed. (299, 3086)
2004 Ed. (3269, 3272)
Rumrill-Hoyt Inc.
1989 Ed. (81)
1993 Ed. (73)
1994 Ed. (63)
1995 Ed. (24, 35, 36)
1996 Ed. (47, 55, 56, 2246)
Run the Red
2009 Ed. (3015)

Runaway Bride
2001 Ed. (3363, 3364, 3374, 3382)
2002 Ed. (3399)
The Runaway Bunny
1990 Ed. (979)
The Runaway Jury
1999 Ed. (694)
Runco
2013 Ed. (198, 200, 206)
2014 Ed. (208, 214)
2015 Ed. (235)
2016 Ed. (230)
Runcom
2010 Ed. (2940, 2950)
Runcom Technologies
2009 Ed. (3001, 3010)
Runcom Technology
2009 Ed. (3007)
2010 Ed. (2946)
RunKeeper
2016 Ed. (1774)
Runners
2001 Ed. (3039)
Runner's World
1993 Ed. (2805)
1998 Ed. (72, 2796)
2003 Ed. (4525)
2005 Ed. (131)
2006 Ed. (134, 162)
2011 Ed. (3521)
Running or jogging
1992 Ed. (4048)
Running Room Ltd.
2009 Ed. (1476)
Running shoes
1994 Ed. (245)
2001 Ed. (426)
Running/Jogging
1998 Ed. (3354)
1999 Ed. (4386)
2000 Ed. (4089)
RunningWarehouse.com
2010 Ed. (2375)
Runyon; Linda
1994 Ed. (1786, 1832)
1995 Ed. (1796)
1996 Ed. (1798)
1997 Ed. (1871)
Runyon Saltzman Einhorn Inc.
2016 Ed. (4972)
Rupali Bank Ltd.
1989 Ed. (487)
1990 Ed. (508)
1991 Ed. (458)
1992 Ed. (615)
1993 Ed. (432)
1997 Ed. (1602)
Rupan Oil Industries Ltd.
2002 Ed. (1971)
Rupe; Mark
2011 Ed. (3355)
rupee; Pakistan
2009 Ed. (2260)
Rupert; Johann
2008 Ed. (4895)
2009 Ed. (4915)
2010 Ed. (4919)
2011 Ed. (4909)
2012 Ed. (4919)
2013 Ed. (4908, 4918)
2014 Ed. (4918)
2015 Ed. (4906, 4958)
2016 Ed. (4821, 4874)
Rupert Johnson
2006 Ed. (4899)
2007 Ed. (4894)
2011 Ed. (4827)
Rupert Johnson Jr.
2002 Ed. (3356)
Rupert Murdoch
1989 Ed. (2751, 2905)
1993 Ed. (1693)
1998 Ed. (3707)
2000 Ed. (735)
2002 Ed. (3352)
2003 Ed. (4882)
2004 Ed. (4865, 4881)
2005 Ed. (788, 4851)
2006 Ed. (689, 4901)
2007 Ed. (4896)
2008 Ed. (4825)
2009 Ed. (759, 4519, 4848)
2010 Ed. (4855)
2011 Ed. (4833)
2012 Ed. (4845)
2013 Ed. (4844)
2014 Ed. (4860)
2015 Ed. (4825)
2016 Ed. (4815)
Ruppert Landscape

2012 Ed. (3438, 3440)
2013 Ed. (3457, 3460, 3461)
2014 Ed. (3457, 3460, 3461)
2015 Ed. (3465, 3477, 3481)
2016 Ed. (3313, 3321, 3323, 3325, 3327, 3328)
Ruppert Nurseries
2008 Ed. (804)
2011 Ed. (3394, 3422, 3427)
Ruppman Bational Yellow Pages
1996 Ed. (55)
Ruppman Marketing Technologies Inc.
1993 Ed. (74)
1994 Ed. (64)
1996 Ed. (3641)
Ruppman National Yellow Pages
1995 Ed. (24, 36)
1997 Ed. (52)
1999 Ed. (52)
2000 Ed. (54)
Ruppman National Yellow Pages Services
1998 Ed. (47)
Rural Alaska Community Action Program
2003 Ed. (4395)
Rural areas
2000 Ed. (2616)
Rural Banking & Finance
1989 Ed. (642)
1990 Ed. (655)
1992 Ed. (805)
Rural Cellular
2005 Ed. (4979)
2009 Ed. (4959, 4963)
Rural Development Bank of Papua New Guinea
1997 Ed. (591)
Rural Economic Development Center
2010 Ed. (3760)
Rural Electric Supply Cooperative
2015 Ed. (2503)
2016 Ed. (2437)
Rural Electrification
2016 Ed. (2388)
Rural & Industries Bank
1991 Ed. (453)
Rural & Industries Bank of Western Australia
1992 Ed. (608)
1993 Ed. (427)
Rural Life
2010 Ed. (4761)
Rural Press
2002 Ed. (4617)
2004 Ed. (3938)
Ruralco
2002 Ed. (3788)
Rural/Metro Corp.
2001 Ed. (3159)
2003 Ed. (3239)
2004 Ed. (3295, 3296)
2005 Ed. (3309)
2006 Ed. (3297)
2010 Ed. (3457)
2011 Ed. (3459)
2012 Ed. (3472)
2013 Ed. (3518)
Rural/Metro of Central Colorado Inc.
2012 Ed. (3472)
2013 Ed. (3518)
Rural/Metro Texas Holdings Inc.
2004 Ed. (3295)
Rurban Financial Corp.
2005 Ed. (357)
RUSAL plc; United Company
2013 Ed. (2036)
2014 Ed. (175)
2015 Ed. (204)
2016 Ed. (195)
Ruschmeier; Peter
2006 Ed. (2578)
Rusckowski; Stephen
2015 Ed. (960)
Rush Access HMO
1994 Ed. (2037)
Rush Anchor HMO
1994 Ed. (2036, 2038)
Rush-Anchor/Rush-Access HMO
1993 Ed. (2022)
Rush Communications
1994 Ed. (2532)
1995 Ed. (2591)
1997 Ed. (2802)
2003 Ed. (214)
2004 Ed. (170)
2012 Ed. (3708)
2013 Ed. (3756)
Rush Communications of New York City Inc.

2005 Ed. (175)
Rush Contract Care
1990 Ed. (2895)
Rush-Copley Medical Center
2009 Ed. (1741)
2010 Ed. (1686)
2015 Ed. (1690)
Rush Enterprises
2014 Ed. (4334)
2015 Ed. (2071, 4323)
Rush Enterprises Inc.
2001 Ed. (450)
2004 Ed. (4550)
2007 Ed. (299)
2008 Ed. (3097, 4726)
Rush Health Plans
1994 Ed. (2040)
Rush Health Systems Inc.
2012 Ed. (1724)
2013 Ed. (1886)
Rush Hour
2001 Ed. (4699, 4700)
Rush Hour 2
2003 Ed. (3453)
Rush Limbaugh
2001 Ed. (3959)
2002 Ed. (4546)
2003 Ed. (2335)
2004 Ed. (2415)
2006 Ed. (2487)
2007 Ed. (4061)
2008 Ed. (2585)
2010 Ed. (3698)
2011 Ed. (3692)
2012 Ed. (2439)
2013 Ed. (2604)
2014 Ed. (2531)
2015 Ed. (2604)
2016 Ed. (2528)
A Rush of Blood to the Head
2005 Ed. (3536)
Rush Pontiac-GMC Truck
1994 Ed. (257)
Rush Pontiac-GMC Truck Center
1995 Ed. (268)
Rush-Presbyterian-St. Luke's Medical Center
1990 Ed. (2054, 2632)
1991 Ed. (1932)
1992 Ed. (2456)
1994 Ed. (2088, 2573)
1995 Ed. (2140, 2141)
1996 Ed. (2153)
1997 Ed. (2268)
1998 Ed. (1987)
1999 Ed. (2746)
2000 Ed. (2525)
2001 Ed. (1730, 2770, 2771)
2002 Ed. (2618)
2003 Ed. (1694)
2004 Ed. (1730)
2005 Ed. (1790)
2006 Ed. (2906)
Rush Prudential Health Plans
2000 Ed. (2433)
2001 Ed. (2687)
Rush Prudential HMO Inc.
1995 Ed. (2093)
1997 Ed. (2195, 2198)
1998 Ed. (1916)
1999 Ed. (2653)
Rush Prudential HMO Inc.-Affiliates Plan
1996 Ed. (2096)
Rush Prudential HMO Inc.-Anchor Plan
1996 Ed. (2096)
Rush Revere & the Brave Pilgrims
2015 Ed. (641)
Rush System for Health
1995 Ed. (2628)
1996 Ed. (2705)
1997 Ed. (2830)
1998 Ed. (2553)
1999 Ed. (2989, 3467)
2000 Ed. (3182, 3186)
Rush Trucking Corp.
2001 Ed. (3519)
2004 Ed. (3665)
2005 Ed. (3584)
2009 Ed. (3813)
2013 Ed. (3757, 4983)
2015 Ed. (3704)
2016 Ed. (3609)
Rush University Medical Center
2007 Ed. (2925)
2008 Ed. (2917, 3048)
2009 Ed. (3134, 3148)
2010 Ed. (1688, 3066)
2011 Ed. (3047)
2012 Ed. (2975, 2984)

2013 Ed. (3066)
2015 Ed. (3133, 3148)
2016 Ed. (2996)
Rushaid Group; Abdullah Al
1994 Ed. (3140)
Rushforth Construction Co.
2011 Ed. (1287)
Rushing & Co.; R. B.
1995 Ed. (2332)
Rushmore Precious Metal Index
1993 Ed. (2681)
Rushmore U.S. Government Bond
1999 Ed. (3552)
Rushmore U.S. Government Inter.-Term
1994 Ed. (2643)
Rushmore U.S. Government Intermediary
1993 Ed. (2697)
Rushmore U.S. Government Intermediate-Term
1995 Ed. (2745)
Rushmore U.S. Government Long-Term
1993 Ed. (2697)
1995 Ed. (2745)
1997 Ed. (689)
Rushmore U.S. Goverment Long Term
1991 Ed. (2562)
RushTrade
2005 Ed. (757)
2006 Ed. (663)
RusHydro
2013 Ed. (2445)
2014 Ed. (2380)
2015 Ed. (2448)
2016 Ed. (2394)
Rushydro
2011 Ed. (2346)
2012 Ed. (2256, 2271)
2013 Ed. (2434)
2014 Ed. (2369)
RusHydro JSC
2012 Ed. (2356, 2357)
2013 Ed. (849, 2528, 2538)
Rusk Institute
2005 Ed. (2901)
2006 Ed. (2908)
2007 Ed. (2927)
2008 Ed. (3050)
2009 Ed. (3136)
2010 Ed. (3067)
2011 Ed. (3039)
2012 Ed. (2977)
2013 Ed. (3069)
2014 Ed. (3071)
Rusk Institute of Rehabilitation Medicine
2015 Ed. (3136)
2016 Ed. (2999)
Ruskin, Moscou, Evans & Faltischek
2000 Ed. (2898)
Rusnak/Pasadena
1990 Ed. (317)
1991 Ed. (294)
1992 Ed. (397, 399)
1993 Ed. (282, 284)
2014 Ed. (222)
2016 Ed. (250)
Rusnak/Westlake
2015 Ed. (257)
2016 Ed. (250)
Rusplat
1995 Ed. (2586)
Rusplats
1991 Ed. (2469)
Russ Berrie
1989 Ed. (1891, 2295)
Russ Berrie & Co., Inc.
1995 Ed. (3423, 3638)
2004 Ed. (240)
2005 Ed. (243)
Russ Darrow Chrysler-Plymouth
1991 Ed. (307)
Russ Darrow Group
2001 Ed. (441, 442)
Russ Darrow Waukesha Inc.
1990 Ed. (340)
1992 Ed. (412)
1994 Ed. (266)
Russel Metals
2015 Ed. (4973)
Russel Metals Inc.
1999 Ed. (3353, 3354)
2002 Ed. (3315, 3319)
2003 Ed. (3382)
2004 Ed. (3448)
2005 Ed. (3462, 3463)
2006 Ed. (1608, 1609, 3469, 3470)
2007 Ed. (3493, 3494, 4945)
2008 Ed. (1429, 1620, 3664, 3665, 4921)
2009 Ed. (3733, 3734, 4935)

2010 Ed. (1560, 3652, 3653, 4595, 4943)
2011 Ed. (3656, 4926)
2012 Ed. (3660)
2013 Ed. (3718)
2014 Ed. (3650)
2015 Ed. (3660)
2016 Ed. (3547, 4889)
Russel Reynolds Associates
2001 Ed. (2310)
Russell 2000
2005 Ed. (4518)
Russell 2000 Index
2009 Ed. (4569)
2010 Ed. (4602)
2011 Ed. (4562)
2012 Ed. (4571)
2013 Ed. (4519)
2015 Ed. (4572)
Russell Artzt
2001 Ed. (2345)
Russell Athletic
1994 Ed. (1027)
Russell Boyle
1992 Ed. (2060)
Russell Brands
2016 Ed. (2985)
Russell Brands LLC
2011 Ed. (1658, 4682)
2012 Ed. (1647, 4696)
2013 Ed. (1805, 4657)
2014 Ed. (1732, 4709)
2015 Ed. (1777, 4721)
2016 Ed. (1731)
Russell Brewing Inc.
2011 Ed. (1507)
Russell & Co.; H & J
1996 Ed. (746)
Russell & Co.; H. J.
1991 Ed. (713)
1992 Ed. (895)
1993 Ed. (706)
1994 Ed. (714, 715)
1995 Ed. (671)
1996 Ed. (745)
1997 Ed. (677)
2006 Ed. (185, 1306)
2007 Ed. (191)
2008 Ed. (174)
2009 Ed. (193)
2010 Ed. (172)
2011 Ed. (96)
2012 Ed. (103)
Russell & Co.; H.J.
1990 Ed. (735)
Russell Corp.
1989 Ed. (943, 1056)
1990 Ed. (1063, 1064)
1991 Ed. (980, 981, 982, 984, 985, 1223, 2374, 3165, 3171, 3174)
1992 Ed. (1224, 1225, 4052)
1993 Ed. (990, 991, 998, 1271, 3372, 3375)
1994 Ed. (1021, 1022, 1023, 1024, 1025, 1028, 1030)
1995 Ed. (1031, 1032, 1033, 1034, 1337)
1996 Ed. (1016, 3491)
1997 Ed. (1034, 1035, 1037, 1039, 3558)
1998 Ed. (774, 775, 776, 777, 778, 780, 3349, 3372)
1999 Ed. (1201, 1202, 1203, 1205, 4303, 4377)
2000 Ed. (1121)
2001 Ed. (1606, 4350)
2002 Ed. (1083)
2003 Ed. (1002, 1006, 1007, 1600, 4727)
2004 Ed. (1000, 1617, 4710)
2005 Ed. (1014, 1015, 1019, 1778, 4433, 4682)
2006 Ed. (1729, 4728)
2007 Ed. (1736, 4746)
2008 Ed. (609, 1764, 2290, 2314, 4669)
2009 Ed. (1699, 2280, 2306, 4708)
2010 Ed. (1649, 4724)
Russell County Economic Development
1996 Ed. (2240)
Russell de Leon
2007 Ed. (4933)
2008 Ed. (4897, 4907)
Russell DeLeon
2009 Ed. (4920)
2010 Ed. (4922, 4924)
Russell & DuMoulin
1991 Ed. (2282)
1992 Ed. (2846)
Russell Emerging Markets

2011 Ed. (3722)
Russell; Frank
  1992 Ed. (2780)
  1993 Ed. (2291)
  1994 Ed. (2323)
  1995 Ed. (2381)
  1996 Ed. (2379)
Russell Goldsmith
  2003 Ed. (954)
Russell; H.J.
  1989 Ed. (734)
Russell Inn
  1998 Ed. (2008)
Russell Investment
  2010 Ed. (2554)
  2012 Ed. (3742)
Russell Investment Group
  2006 Ed. (4328)
  2008 Ed. (1504, 2485, 2710, 2711)
  2013 Ed. (2634)
Russell Investment Management; Frank
  1997 Ed. (2512)
Russell Investments
  2009 Ed. (2149)
  2010 Ed. (1490)
Russell Investments Canada Ltd.
  2008 Ed. (2713)
  2010 Ed. (2697)
Russell; JaMarcus
  2010 Ed. (277)
Russell Jones & Walker
  2009 Ed. (3497)
Russell Kettell
  2006 Ed. (978)
  2007 Ed. (1072)
Russell Landscape Group
  2013 Ed. (3456)
Russell Leavitt
  1993 Ed. (1792)
  1994 Ed. (1775, 1831)
  1995 Ed. (1815)
  1996 Ed. (1790, 1791)
  1997 Ed. (1865)
  1998 Ed. (1636)
  1999 Ed. (2223)
Russell LifePoints Equity Growth Strategy
  2010 Ed. (3724)
Russell Medical Center
  2013 Ed. (3076)
Russell Metals Inc.
  2000 Ed. (3089, 3099)
Russell Napier
  1997 Ed. (1959)
  1999 Ed. (2282)
The Russell Organisation
  2002 Ed. (3265)
The Russell Organization
  2000 Ed. (3845)
Russell P. LeFrois Builder Inc.
  2007 Ed. (4215)
Russell Real Estate Securities
  2004 Ed. (3564)
Russell Reynolds
  1990 Ed. (1710)
  1993 Ed. (1691, 1692)
Russell Reynolds Associates
  1991 Ed. (1615, 1616)
  1994 Ed. (1711)
  1995 Ed. (1724)
  1996 Ed. (1707)
  1997 Ed. (1793)
  1998 Ed. (1507)
  1999 Ed. (2071)
  2000 Ed. (1863, 1867)
  2001 Ed. (2313)
  2002 Ed. (2176)
  2005 Ed. (4030)
  2006 Ed. (4058)
  2008 Ed. (4131)
  2009 Ed. (4240)
  2010 Ed. (4171)
  2011 Ed. (4172)
  2012 Ed. (4223)
Russell Sage College
  2008 Ed. (1060)
Russell Sage Foundation
  1989 Ed. (1476)
Russell Simmons
  2012 Ed. (110)
Russell-Stanley
  1992 Ed. (1386)
Russell-Stanley Holdings Inc.
  2001 Ed. (717)
Russell Stover
  1995 Ed. (894)
  1997 Ed. (890, 893, 983)
  1998 Ed. (617, 618, 619, 620)
  1999 Ed. (1016, 1130, 1131)
  2000 Ed. (1058)

2001 Ed. (1113, 1114)
2002 Ed. (933, 934, 1048)
2003 Ed. (963, 1131)
2004 Ed. (876)
2005 Ed. (858)
2006 Ed. (1006)
2008 Ed. (836)
2014 Ed. (831)
2015 Ed. (871)
2016 Ed. (878)
Russell Stover Candies
  2016 Ed. (880)
Russell Stover Candies Inc.
  2003 Ed. (964, 1133)
  2005 Ed. (997)
  2006 Ed. (1007)
  2015 Ed. (875)
  2016 Ed. (882)
Russell Stover Chocolate Bars
  2000 Ed. (1056)
Russell Tax Managed Global Equity
  2008 Ed. (2615)
Russell; Thomas
  1990 Ed. (974)
  1991 Ed. (927)
Russell Trust; Frank
  1992 Ed. (2741)
Russia
  1994 Ed. (956, 1487)
  1995 Ed. (1735, 1739)
  1996 Ed. (1545, 3762)
  1997 Ed. (1604, 1605, 1815, 2565,
    2567, 2998, 3249, 3509)
  1998 Ed. (856, 2745, 2830, 2898)
  1999 Ed. (1212, 1213, 1214, 1842,
    2067, 2606, 3449, 3654, 3698,
    4473, 4477, 4804)
  2000 Ed. (1032, 1649, 2379, 3357,
    3571, 4237)
  2001 Ed. (358, 367, 373, 392, 513,
    514, 668, 697, 989, 1019, 1021,
    1081, 1082, 1097, 1125, 1137,
    1182, 1283, 1285, 1286, 1297,
    1341, 1502, 1982, 1983, 1984,
    1985, 2003, 2004, 2005, 2134,
    2139, 2163, 2419, 2454, 2469,
    2543, 2602, 2614, 2694, 2696,
    2724, 2752, 2814, 2825, 3022,
    3025, 3036, 3181, 3199, 3241,
    3244, 3316, 3343, 3369, 3529,
    3530, 3548, 3552, 3575, 3609,
    3629, 3644, 3760, 3761, 3763,
    3764, 3821, 3823, 3824, 3859,
    4112, 4113, 4137, 4151, 4156,
    4229, 4246, 4249, 4369, 4372,
    4373, 4383, 4387, 4390, 4440,
    4494, 4495, 4534, 4535, 4601,
    4650, 4785, 4936)
  2002 Ed. (302, 303, 681, 1345, 1346,
    1816, 2415, 2753, 2754, 3229,
    3302, 3519, 3520, 3521, 3724,
    4379, 4427, 4624, 4705, 4773)
  2003 Ed. (267, 268, 285, 488, 641,
    654, 824, 871, 1026, 1029, 1382,
    2051, 2052, 2053, 2129, 2149,
    2212, 2213, 2467, 2627, 2702,
    3155, 3276, 3333, 3336, 3415,
    3431, 3629, 3630, 3650, 3710,
    3826, 3877, 3892, 3918, 4202,
    4214, 4401, 4554, 4618, 4667,
    4672, 4735, 4736, 4825, 4897,
    4898, 4920, 4970)
  2004 Ed. (231, 232, 233, 237, 253,
    655, 663, 863, 874, 897, 900, 1029,
    1033, 1395, 1396, 1911, 2094,
    2095, 2096, 2178, 2202, 2593,
    2741, 2745, 2821, 2823, 2905,
    3215, 3321, 3339, 3403, 3406,
    3479, 3499, 3676, 3677, 3694,
    3756, 3855, 3902, 3915, 3917,
    3919, 3931, 4229, 4237, 4413,
    4538, 4598, 4601, 4603, 4650,
    4652, 4720, 4721, 4750, 4815,
    4888, 4909, 4991)
  2005 Ed. (237, 238, 240, 256, 497,
    501, 644, 647, 837, 861, 862, 864,
    886, 890, 1036, 1040, 1418, 1479,
    2036, 2198, 2199, 2200, 2278,
    2317, 2534, 2535, 2571, 2621,
    2742, 2765, 2766, 2821, 2824,
    2883, 3021, 3031, 3032, 3243,
    3346, 3363, 3416, 3419, 3478,
    3499, 3591, 3592, 3603, 3604,
    3659, 3660, 3661, 3671, 3766,
    3840, 3860, 3863, 3865, 3881,
    4156, 4160, 4363, 4478, 4497,
    4532, 4535, 4537, 4576, 4590,
    4691, 4692, 4789, 4901, 4902,
    4997)
  2006 Ed. (258, 259, 260, 439, 545,
    549, 763, 801, 804, 1011, 1045,

1049, 1403, 2132, 2140, 2149,
2260, 2261, 2262, 2346, 2372,
2576, 2617, 2704, 2721, 2802,
2806, 2895, 3015, 3228, 3335,
3339, 3349, 3426, 3429, 3479,
3556, 3691, 3692, 3705, 3708,
3768, 3780, 3848, 3909, 3923,
3927, 3929, 3941, 4212, 4214,
4306, 4422, 4478, 4613, 4616,
4618, 4651, 4656, 4739, 4740,
4860, 4873, 4934, 4935, 4995)
  2007 Ed. (265, 266, 267, 281, 442,
    577, 583, 862, 890, 892, 920, 1133,
    1138, 1143, 1435, 2080, 2093,
    2198, 2199, 2200, 2282, 2310,
    2547, 2592, 2699, 2711, 2794,
    2798, 2917, 3049, 3292, 3379,
    3393, 3397, 3405, 3441, 3444,
    3510, 3626, 3686, 3687, 3700,
    3702, 3765, 3777, 3871, 3956,
    3976, 3982, 3984, 3999, 4198,
    4222, 4227, 4228, 4229, 4372,
    4390, 4486, 4536, 4600, 4601,
    4603, 4605, 4651, 4676, 4753,
    4754, 4863, 4864, 4865, 4872,
    4940, 4941, 4996)
  2008 Ed. (248, 251, 257, 412, 528,
    533, 823, 867, 868, 903, 1013,
    1018, 1386, 2203, 2332, 2333,
    2334, 2417, 2438, 2626, 2689,
    2826, 2840, 2924, 3038, 3160,
    3163, 3406, 3535, 3619, 3650,
    3671, 3747, 3780, 3781, 3785,
    3807, 3845, 3920, 3999, 4018,
    4103, 4256, 4258, 4327, 4341,
    4468, 4499, 4549, 4550, 4552,
    4582, 4587, 4676, 4677, 4784,
    4785, 4786, 4804, 4917, 4918,
    4995)
  2009 Ed. (271, 272, 280, 436, 563,
    568, 845, 877, 879, 911, 998, 1003,
    1389, 2319, 2320, 2321, 2378,
    2416, 2440, 2653, 2712, 2884,
    2980, 3123, 3238, 3466, 3601,
    3687, 3715, 3737, 3768, 3815,
    3816, 3826, 3851, 3901, 3990,
    4073, 4089, 4214, 4357, 4362,
    4431, 4446, 4501, 4530, 4581,
    4582, 4584, 4625, 4631, 4645,
    4646, 4647, 4716, 4717, 4816,
    4817, 4818, 4827, 4928, 4929,
    4996)
  2010 Ed. (258, 259, 267, 546, 551,
    791, 827, 830, 855, 962, 968, 1374,
    2249, 2250, 2251, 2301, 2331,
    2361, 2558, 2632, 2821, 2920,
    3056, 3402, 3519, 3601, 3602,
    3633, 3673, 3701, 3743, 3744,
    3754, 3770, 3811, 3896, 3970,
    3992, 4001, 4149, 4189, 4383,
    4389, 4474, 4489, 4543, 4573,
    4615, 4616, 4618, 4653, 4659,
    4730, 4731, 4834, 4835, 4836,
    4841, 4932, 4933, 4934, 5000)
  2011 Ed. (178, 179, 186, 189, 474,
    477, 717, 754, 757, 779, 889, 894,
    896, 1367, 2257, 2258, 2259, 2327,
    2357, 2543, 2615, 2807, 2884,
    3027, 3390, 3507, 3509, 3522,
    3603, 3605, 3635, 3659, 3696,
    3743, 3744, 3755, 3756, 3774,
    3807, 3819, 3914, 3977, 3997,
    4001, 4009, 4148, 4328, 4333,
    4334, 4411, 4424, 4490, 4535,
    4571, 4574, 4601, 4607, 4689,
    4690, 4792, 4793, 4794, 4800,
    4917, 4918, 4919, 4998)
  2012 Ed. (1190, 2205)
  2013 Ed. (2388)
  2014 Ed. (2325)
  2015 Ed. (4243)
Russia & Commonwealth of Independent States
  1995 Ed. (345)
The Russia Fund Ltd.
  1998 Ed. (1923)
The Russia Investment Fund LP
  2003 Ed. (3143, 3145, 3152)
The Russia Value Fund
  1998 Ed. (1923)
Russian
  1990 Ed. (3295)
  2000 Ed. (2890)
Russian Agricultural Bank
  2011 Ed. (338, 339, 439)
  2012 Ed. (404)
  2013 Ed. (443, 455)
  2014 Ed. (433, 434, 457, 471)
  2015 Ed. (489, 515, 529)
  2016 Ed. (443, 483)
Russian Bank for Development

2010 Ed. (509)
Russian credit bank
  1995 Ed. (595)
Russian Federation
  1994 Ed. (156, 184)
  1995 Ed. (170, 191)
  1996 Ed. (26)
  1998 Ed. (123)
  1999 Ed. (212)
  2008 Ed. (1414)
  2009 Ed. (2385)
  2010 Ed. (1632, 2581, 2583, 2584,
    3400)
  2011 Ed. (2563, 2564, 2565, 2566,
    2820, 3388)
  2012 Ed. (2101, 2511, 2513, 3348)
  2013 Ed. (2289, 2641, 2643, 3418)
  2014 Ed. (2222, 2598, 2601, 2869,
    3416)
  2015 Ed. (2641, 2644, 2909)
  2016 Ed. (2830)
Russian Grids
  2016 Ed. (1986)
Russian Investment Co.
  2002 Ed. (3694)
  2003 Ed. (3856)
Russian National Commercial Bank
  1995 Ed. (596)
Russian Prosperity Fund
  2003 Ed. (3143, 3145, 3152)
Russian Republic
  1991 Ed. (3157)
Russian rouble
  2009 Ed. (2261)
Russian Satellite Communications Co.
  2011 Ed. (987)
  2012 Ed. (902)
  2013 Ed. (1059)
  2014 Ed. (1023)
Russian Sea
  2012 Ed. (4444)
Russian Standard Bank
  2007 Ed. (480, 481)
  2008 Ed. (446)
  2009 Ed. (471)
  2010 Ed. (451, 452, 510)
  2016 Ed. (442)
Russian State
  1999 Ed. (3813)
The Russian Tea Room
  2002 Ed. (3994)
Russian Trading System Index
  2008 Ed. (4502)
Russo; P. F.
  2005 Ed. (2506)
Russo; Pat
  2005 Ed. (2513)
Russo; Patricia
  2006 Ed. (4975)
  2007 Ed. (2506)
  2008 Ed. (2636, 4949)
  2009 Ed. (4972, 4981, 4983)
Russo; Patricia F.
  2007 Ed. (1032)
Russound
  2014 Ed. (2991)
Rust Environment & Infrastructure
  1998 Ed. (1443)
  1999 Ed. (2025)
Rust Environmental & Infrastructure
  2000 Ed. (1855)
Rust International Inc.
  1990 Ed. (1181, 1195, 1196, 1198)
  1991 Ed. (1068, 1073, 1074, 1076)
  1992 Ed. (1404, 1405, 1406)
  1993 Ed. (1101, 1117, 1118, 1119,
    1605)
  1994 Ed. (1130, 1132, 1133, 1134,
    1135, 1137)
  1995 Ed. (1150, 1151, 1153, 1155,
    1192, 1674)
  1996 Ed. (1112, 1123, 1126, 1128,
    1165, 1655, 1657, 1661)
  1997 Ed. (1156, 1733, 1735)
  1998 Ed. (1447, 1453, 1479, 1481,
    1483, 1484, 1486, 1487, 1488,
    1489, 1490)
Rust-Oleum
  1992 Ed. (1238)
  2016 Ed. (3360)
Rust-Oleum Corp.
  2016 Ed. (3361)
Rustamani; Dr. Amina Al
  2013 Ed. (3652)
Rustan Group of Cos.
  2012 Ed. (4360)
  2013 Ed. (4291)
Rustaveli Akhmeteli
  2009 Ed. (47)
Rustenberg Platinum Mines Ltd.

2004 Ed. (3696)
Rustenburg Platinum Holdings
1990 Ed. (2588)
1991 Ed. (2269)
1992 Ed. (2815, 2816)
1993 Ed. (2376, 2579)
Rustler
1993 Ed. (986)
1994 Ed. (1012, 1013)
1995 Ed. (1022, 1023)
1996 Ed. (1002, 1005, 2439)
1997 Ed. (1023)
1998 Ed. (763, 764)
1999 Ed. (1193, 1194)
Rustlers
1998 Ed. (760, 761, 3324)
2009 Ed. (723)
2010 Ed. (647)
Rusty Pelican
1990 Ed. (3116)
1991 Ed. (2939)
1994 Ed. (3156)
1995 Ed. (3200)
1996 Ed. (3301)
1997 Ed. (3397)
1998 Ed. (3174)
2000 Ed. (3873)
Rusty Pelican Restaurants
1992 Ed. (3817)
1993 Ed. (3112)
Rutabaga
1992 Ed. (2111)
Rutan & Tucker LLP
2012 Ed. (1365, 3420)
2013 Ed. (3439)
2014 Ed. (3438)
Rutenberg Homes
2002 Ed. (2680)
Rutenberg Homes; Arthur
1996 Ed. (993)
Rutgers
1992 Ed. (1269)
2000 Ed. (1145)
Rutgers Community Health Plan
1989 Ed. (1586)
1990 Ed. (1998)
Rutgers State University
1993 Ed. (1017)
Rutgers State University at Camden
1994 Ed. (1044)
Rutgers State University at New Brunswick
1997 Ed. (2632)
Rutgers, the State University of New Jersey
1999 Ed. (1236)
2004 Ed. (2669)
2007 Ed. (830, 833)
2009 Ed. (778)
2010 Ed. (3450)
2011 Ed. (3450)
2012 Ed. (864, 2886)
2014 Ed. (775)
2015 Ed. (817)
Rutgers, the State University of New Jersey, Camden School of Business
2010 Ed. (721)
Rutgers, The State University of NJ
2002 Ed. (1108)
Rutgers University
1991 Ed. (2928)
1995 Ed. (3189)
1998 Ed. (808, 3161)
2001 Ed. (2488)
2002 Ed. (902)
2012 Ed. (614)
2015 Ed. (4237)
Ruth Bader Ginsburg
2006 Ed. (4986)
2009 Ed. (4981)
Ruth Davis
1995 Ed. (1256)
Ruth E. Lugo
2012 Ed. (2883)
Ruth Eckerd Hall
2010 Ed. (1128)
2011 Ed. (1069, 1070)
2012 Ed. (996)
The Ruth Group
2003 Ed. (3987)
2004 Ed. (3985)
2005 Ed. (3952)
Ruth Lilly
2005 Ed. (3832)
Ruth M. Davis
1998 Ed. (1135)
Ruth Norman Halls
1994 Ed. (896, 1057)
1995 Ed. (937, 1069)
Ruth Parasol

2007 Ed. (4899, 4924, 4933)
2008 Ed. (4897, 4907)
2009 Ed. (4920)
2010 Ed. (4922, 4924)
Ruth Porat
2013 Ed. (4965)
2014 Ed. (4975)
2015 Ed. (5023)
2016 Ed. (4938)
Ruth Staffing Cos. LP
2015 Ed. (1469)
Ruth State Bank
1989 Ed. (211)
Rutherford; Alan
2008 Ed. (963)
Ruthrauff & Ryan
2011 Ed. (48)
Ruth's Chris Dining House
2010 Ed. (4217)
2011 Ed. (4251, 4252, 4256)
Ruth's Chris Steak House
1995 Ed. (3797)
2002 Ed. (4006, 4029)
2004 Ed. (4147)
2006 Ed. (4109, 4136)
2007 Ed. (4156)
2008 Ed. (4197, 4198)
2009 Ed. (895, 4290, 4295)
2010 Ed. (4220, 4221, 4251, 4254, 4256)
2011 Ed. (4223, 4261)
2014 Ed. (4269, 4286, 4289, 4320)
2015 Ed. (4250, 4273, 4275, 4276, 4278, 4299)
2016 Ed. (4179, 4180, 4182, 4204)
Ruth's Chris Steakhouse
2002 Ed. (4021)
Rutil SRL
2001 Ed. (2875)
Rutland Hospital Inc.
2001 Ed. (1892)
2003 Ed. (1842)
2004 Ed. (1877)
2005 Ed. (1992)
2006 Ed. (2091)
2007 Ed. (2049)
2008 Ed. (2153)
2009 Ed. (2136)
2010 Ed. (2078)
2011 Ed. (2135, 2136)
2012 Ed. (1979, 1980)
2013 Ed. (2138)
2015 Ed. (2121, 2122)
2016 Ed. (2104)
Rutland Regional Health Services Inc.
2004 Ed. (1877)
2005 Ed. (1992)
2006 Ed. (2091)
2007 Ed. (2049)
2008 Ed. (2153)
2009 Ed. (2136)
2010 Ed. (2078)
2011 Ed. (2135, 2136)
2012 Ed. (1979)
2013 Ed. (2138, 2139)
2014 Ed. (2072)
2015 Ed. (2121, 2122)
2016 Ed. (2104, 2105)
Rutledge Recruitment
2007 Ed. (1219)
Rutter Inc.
2007 Ed. (2738)
2008 Ed. (2866, 2931)
Rutter's Holdings Inc.
2014 Ed. (1939)
2015 Ed. (1986)
2016 Ed. (1956)
Ruttle, Shaw & Wetherill Inc.
1998 Ed. (2517)
Ruttner; Melissa
1996 Ed. (1850)
Ruttura & Sons Construction Co.
2011 Ed. (1153, 1180)
2012 Ed. (1128)
Ruwais Fertiliser Co.
2011 Ed. (785)
Ruwais, United Arab Emirates
2011 Ed. (3499)
RV
2001 Ed. (2959)
2008 Ed. (2386)
RV Insurance Group
1999 Ed. (2920)
RV Kuhns
2009 Ed. (2306)
R.V. Norene & Associates Inc.
2000 Ed. (2758)
RVD Holding
2004 Ed. (67)
2005 Ed. (62)

2006 Ed. (69)
RVD Holding Den Haag
2001 Ed. (61)
RVM Industries Inc.
2002 Ed. (3558)
RW Electronics Inc.
1996 Ed. (1633)
1997 Ed. (1709)
RW Moore Equipment Co.
2006 Ed. (3531, 4370)
RWA Raiffeisen Ware Austria AG
2011 Ed. (1492)
Rwanda
2006 Ed. (2330)
2007 Ed. (4863)
2008 Ed. (4784)
2009 Ed. (4816)
2010 Ed. (4834)
2011 Ed. (2305, 2310, 4792)
2012 Ed. (1234, 2093, 2094, 2202, 2210, 2509, 2510, 2511, 2512, 2518, 2754, 3751, 3752, 4694, 4962)
2013 Ed. (2393, 2639, 2648, 2831, 3823, 3824, 4969)
2014 Ed. (2330, 2597, 2606, 3746, 3747, 4978)
2015 Ed. (2640, 2649, 3770, 3771, 5011)
2016 Ed. (2248, 2249, 3685, 3686, 4930)
RWE
1990 Ed. (1371)
1991 Ed. (1293, 1295)
1992 Ed. (1624)
1997 Ed. (1415, 3215)
2013 Ed. (1736, 1741, 1742, 1743, 2438, 2458)
2014 Ed. (2389)
2015 Ed. (1622, 2439, 2459)
2016 Ed. (2386, 2405)
RWE AG
1993 Ed. (1321, 3252)
1995 Ed. (1400, 1401, 3342)
1996 Ed. (1227, 1352, 1353, 1970, 3023)
1997 Ed. (1394, 1413, 3107)
1999 Ed. (1635, 1637, 1638, 3811, 3966)
2000 Ed. (1438, 2274)
2001 Ed. (1697, 1714)
2002 Ed. (1415, 1644, 1661, 2127, 2128, 3244, 4415)
2003 Ed. (1687, 2286, 3299)
2004 Ed. (1458, 1467, 2322, 3360)
2005 Ed. (1465, 1468, 1549, 1570, 1781, 2402, 2403, 2404, 2406, 2407, 2411, 2413, 3391, 3784, 4359)
2006 Ed. (1723, 1732, 1733, 1734, 1735, 1790, 2366, 2445, 2446, 3381, 4416)
2007 Ed. (1739, 2299, 2301, 2303, 2391, 2392, 2685, 2686, 2688, 3987)
2008 Ed. (1767, 2506, 2507, 2815, 3559)
2009 Ed. (1703, 2432, 2516, 2873, 2876, 3626)
2010 Ed. (1656, 1657, 2431, 2813, 2817, 3547)
2011 Ed. (1665, 1668, 2426, 2428, 2435, 2436, 2797, 2798, 2803, 3547)
2012 Ed. (1518, 1521, 2258, 2264, 2347, 2351, 2358, 2724, 2725, 2730, 3540)
2013 Ed. (829, 879, 1661, 1664, 2437, 2449, 2455, 2530, 2535, 2539, 2801, 2810, 2820, 2821, 3585, 4827)
2014 Ed. (1616, 1618, 2372, 2383, 2387, 2473, 2572, 2838, 2848, 2858, 2859, 3549, 4841, 4843)
2015 Ed. (2438, 2451, 2546, 2878, 2888, 2899, 4878, 4880)
2016 Ed. (2385, 2808, 2819)
RWE Aktiengesellschaft
1992 Ed. (3941)
1995 Ed. (1402)
RWE Aktiengessellschaft
1994 Ed. (1377, 1919, 3246)
RWE Dea AG
2005 Ed. (2408, 2410, 3779, 3780, 3781)
2006 Ed. (3846)
2007 Ed. (3867)
RWE-DEA AG Fuer Mineraloel U. Chemie
1996 Ed. (3023)

1997 Ed. (3107)
RWE-DEA AG Fuer Mineraloel U.Chemie
2000 Ed. (3538)
RWE-DEA AG Fuer Mineraloel und Chemie
2001 Ed. (3759)
2004 Ed. (3867)
RWE-DEA AG fur Mineraloel und Chemie
2002 Ed. (1007, 1010, 1015, 3678)
RWE-DEA AG—Schaft Fur Mineraloel Und Chemie
2003 Ed. (1670)
RWE Energie AG
2001 Ed. (3949)
2002 Ed. (4259)
RWE Entsorgung
1994 Ed. (3650)
1997 Ed. (1781)
RWE Gas AG
2004 Ed. (1458)
RWE Group
1990 Ed. (2927)
1991 Ed. (1294)
1992 Ed. (1623)
1993 Ed. (1199, 1320, 3262, 3264)
1994 Ed. (1375, 1376)
1996 Ed. (1351, 3407)
1997 Ed. (1414, 3102)
1998 Ed. (2967)
2000 Ed. (1440, 3676, 3677)
2003 Ed. (4779)
2016 Ed. (2402)
RWE-Rheinisch-Westfalisches Elektritaetswerk AG
1990 Ed. (1370)
Rwe Stamm
1989 Ed. (2263)
RWE Supply & Trading CZ
2015 Ed. (2535)
2016 Ed. (2464)
RWE Transgas as
2009 Ed. (1625)
2011 Ed. (1603)
Rx Networks Inc.
2011 Ed. (2841)
Rx Place
1991 Ed. (1461)
1992 Ed. (1851)
1993 Ed. (1526)
1994 Ed. (1568, 1572)
1995 Ed. (1610, 1615)
1996 Ed. (1588)
RxAmerica LLC
2006 Ed. (2416, 2417)
2007 Ed. (2363, 2365)
RXR Capital
1991 Ed. (2224, 2232)
1995 Ed. (2356)
RXR Capital Management
1992 Ed. (2754)
RXR Inc.
1999 Ed. (3087, 3090)
RxUSA Inc.
2006 Ed. (3977)
2007 Ed. (4016)
RYA Design Consultancy
2007 Ed. (3194, 3205)
Ryan
2013 Ed. (4563)
2014 Ed. (4618)
2015 Ed. (4617)
2016 Ed. (1557, 4537)
Ryan; Arthur
2006 Ed. (900)
2007 Ed. (990)
2008 Ed. (941)
Ryan; Arthur F.
2009 Ed. (948)
Ryan Associates; Charles
1992 Ed. (3579)
Ryan, Beck
1995 Ed. (1215)
1999 Ed. (4254)
Ryan Beck & Co.
2002 Ed. (1406)
2005 Ed. (1432, 1433)
Ryan Building Group
2007 Ed. (1297)
Ryan Companies U.S.
2014 Ed. (1113)
Ryan Companies U.S. Inc.
2007 Ed. (2412)
Ryan Cos.
2005 Ed. (2418)
Ryan Cos. US Inc.
2004 Ed. (1256)
Ryan; Ed
1993 Ed. (2639)

Ryan Family Steak Houses
1991 Ed. (2859)
Ryan Gibson Bauer Kornblath
1990 Ed. (283)
Ryan Giggs
2005 Ed. (4895)
Ryan Gosling
2010 Ed. (2521)
Ryan Group Ltd.
1994 Ed. (1002)
1995 Ed. (1015)
Ryan Homes
1989 Ed. (1003)
1998 Ed. (894, 896, 902, 914, 917)
1999 Ed. (1330)
2002 Ed. (1180, 1184, 1189, 1204,
1207, 2688, 2690)
2003 Ed. (1151, 1152, 1154, 1155,
1169, 1184, 1191, 1205, 1214)
2004 Ed. (1155, 1157, 1159, 1160,
1177, 1196, 1212, 1221)
2005 Ed. (1182, 1185, 1187, 1188,
1204, 1222, 1236, 1246)
Ryan Homes/NVR
2000 Ed. (1205, 1207, 1213, 1228,
1232)
Ryan Howard
2013 Ed. (187)
2015 Ed. (220)
2016 Ed. (216)
Ryan Hutchinson
2011 Ed. (3375)
Ryan; Inc.
1990 Ed. (1204)
1997 Ed. (1165)
1999 Ed. (1369)
2000 Ed. (377, 1261)
2008 Ed. (1258)
2009 Ed. (1234)
2010 Ed. (1233)
2011 Ed. (4611)
2012 Ed. (1128, 1663, 4617)
Ryan Inc. Central
1995 Ed. (1172)
1996 Ed. (1139)
1998 Ed. (947)
2001 Ed. (1475)
2002 Ed. (1290)
2003 Ed. (1302)
2004 Ed. (1305)
2005 Ed. (1312)
2006 Ed. (1282, 4387)
2014 Ed. (1207)
Ryan Inc. Eastern
1991 Ed. (1082)
1992 Ed. (1415)
1993 Ed. (1128)
1995 Ed. (1172)
1996 Ed. (1139)
2003 Ed. (1318)
2004 Ed. (1305, 1318)
Ryan; James
2013 Ed. (3392)
Ryan; Jim
2012 Ed. (3319)
Ryan John Gabriel Corp.
2006 Ed. (2100)
2007 Ed. (2056)
Ryan L. Worst
2011 Ed. (3356)
Ryan Labs Inc.
1991 Ed. (2227, 2235)
1996 Ed. (2380)
1998 Ed. (2256)
1999 Ed. (3050)
2000 Ed. (2785)
2002 Ed. (2350)
2003 Ed. (3075)
Ryan Lawn & Tree
2012 Ed. (3435)
2013 Ed. (3455, 3456)
2015 Ed. (3480)
Ryan Lewis
2015 Ed. (3733, 3734)
Ryan Lewis Publishing
2015 Ed. (3726)
Ryan LLC
2013 Ed. (1447, 1700)
2014 Ed. (1408, 1648, 1901, 1933,
2024)
2015 Ed. (1690, 1980, 2127)
2016 Ed. (1397, 1869, 1948, 2034,
2107)
Ryan M. Lance
2015 Ed. (969)
Ryan; Matt
2016 Ed. (219, 221)
Ryan-McGinn
1998 Ed. (2937)
Ryan Miller & Associates

1997 Ed. (1794)
1998 Ed. (1505)
1999 Ed. (2072)
2000 Ed. (1865)
2002 Ed. (2174)
Ryan Partnership
1992 Ed. (3758)
1993 Ed. (3063)
1996 Ed. (1553, 3276)
1997 Ed. (1618)
1998 Ed. (1287)
2005 Ed. (3407)
2006 Ed. (3416)
2008 Ed. (3594, 3598)
2013 Ed. (3623)
2014 Ed. (3561, 3565, 3567)
Ryan; Patrick
2014 Ed. (4854)
2015 Ed. (4891)
2016 Ed. (4809)
Ryan; Patrick G.
1989 Ed. (1741)
1990 Ed. (2271)
Ryan; Patrick George
2011 Ed. (4829)
Ryan; Robert
2005 Ed. (990)
2006 Ed. (976)
Ryan S. Daniels
2011 Ed. (3353)
Ryan Seacrest
2008 Ed. (2584)
2009 Ed. (3765)
2010 Ed. (3698)
2011 Ed. (3692)
2012 Ed. (2448)
2013 Ed. (2604)
2014 Ed. (2531)
2015 Ed. (2604)
2016 Ed. (2528)
Ryan Specialty Group LLC
2014 Ed. (3250, 3355)
2015 Ed. (3303, 3387)
2016 Ed. (3156, 3259)
Ryan Suter
2015 Ed. (223)
Ryan; T. M.
2005 Ed. (2481)
Ryan; Thomas
2007 Ed. (1015)
2011 Ed. (822)
Ryan; Thomas M.
2007 Ed. (1026)
2010 Ed. (899)
2011 Ed. (841)
Ryan; Tony
2007 Ed. (4918)
Ryan; William
2008 Ed. (2637)
Ryanair
2006 Ed. (238)
2007 Ed. (699, 745)
2008 Ed. (668)
2009 Ed. (677)
2013 Ed. (135)
2014 Ed. (145, 156, 158, 159)
2015 Ed. (181, 186, 2102, 2105)
2016 Ed. (168, 180, 2085)
Ryanair Holdings
2014 Ed. (153, 1709, 4014)
2015 Ed. (176)
2016 Ed. (175, 1701)
Ryanair Holdings plc
2002 Ed. (3028, 3029)
2004 Ed. (218, 219)
2005 Ed. (226, 227)
2006 Ed. (242, 243, 1814, 3226)
2007 Ed. (244, 249, 250, 251, 252,
253, 254, 255, 1821, 1822, 1824,
2042, 3346)
2008 Ed. (228, 229, 230, 231, 232,
233, 234, 1857, 1859, 4757, 4758)
2009 Ed. (242, 247, 1808)
2010 Ed. (225, 226, 228, 229, 230,
231, 232, 233, 1752)
2011 Ed. (149, 151, 153, 154, 155,
156, 157, 164, 3442, 4756, 4757)
2012 Ed. (162, 164, 165, 166, 167,
168, 169, 174, 175, 177, 1248,
3459, 4777, 4778)
2013 Ed. (136, 143, 144, 145, 146,
147, 148, 157, 3502, 4711, 4739)
2014 Ed. (146, 161, 3478, 4765,
4788)
2015 Ed. (165, 188, 3495, 4785,
4822)
2016 Ed. (167, 183, 4725)
Ryan's
1990 Ed. (3019, 3020)

2001 Ed. (4068, 4070, 4072, 4073,
4075)
2003 Ed. (4098)
2014 Ed. (4266)
2015 Ed. (4247)
Ryan's Family Steak House
1998 Ed. (3360)
2003 Ed. (4122, 4123, 4124, 4125,
4126, 4127)
2005 Ed. (4074, 4075, 4076, 4077,
4078)
Ryan's Family Steak Houses
1990 Ed. (3023)
1991 Ed. (2878, 2883)
1992 Ed. (3713, 3718)
1993 Ed. (3011, 3021, 3035)
1996 Ed. (3217, 3222, 3230)
1997 Ed. (3318, 3323, 3326, 3333)
1998 Ed. (3066, 3371)
1999 Ed. (4073, 4079, 4080, 4388,
4399)
2000 Ed. (3792)
2002 Ed. (4029)
Ryan's Family Steakhouse
2000 Ed. (3793)
2002 Ed. (4006)
Ryan's Family Steakhouses
1994 Ed. (1743, 1744, 3077, 3080,
3081, 3086, 3088)
Ryan's Grill, Buffet & Bakery
2004 Ed. (4126)
2006 Ed. (4114)
2007 Ed. (4141)
2008 Ed. (4155, 4167, 4168)
2009 Ed. (4263, 4275)
2010 Ed. (4203, 4239, 4240, 4241,
4242, 4243)
2011 Ed. (4209, 4222)
Ryan's Steakhouse
1999 Ed. (4077)
Ryan's Steakhouses
1995 Ed. (3122, 3126, 3138)
2002 Ed. (4018)
Rybarczyk; Mark J.
2005 Ed. (2511)
2007 Ed. (2504)
Rybolovlev; Dmitry
2011 Ed. (4908)
RyCarDen
2006 Ed. (364, 365)
Rydal Park of Philadelphia
1990 Ed. (3061)
Rydell Co.
2001 Ed. (1824)
2003 Ed. (1797)
2004 Ed. (1832)
2005 Ed. (1917)
2006 Ed. (1946)
2007 Ed. (1929)
Ryder
1990 Ed. (2618)
2015 Ed. (4431)
Ryder-ATE
1997 Ed. (841)
1998 Ed. (539)
1999 Ed. (957)
2000 Ed. (989)
Ryder Dedicated
2015 Ed. (2296)
Ryder Dedicated Contract Carriage
2004 Ed. (4767)
2005 Ed. (4744)
Ryder Dedicated Logistics
1995 Ed. (3674)
1996 Ed. (3758)
1997 Ed. (3808)
1998 Ed. (3633, 3634, 3643)
Ryder Distribution Resources
1993 Ed. (3634, 3641)
1994 Ed. (3593, 3594, 3601)
Ryder Homes
1993 Ed. (1094)
2002 Ed. (2671)
Ryder Integrated Logistics Inc.
1999 Ed. (1351, 4674, 4678, 4683,
4686, 4687, 4688)
2000 Ed. (4308, 4311, 4314, 4316,
4318)
2001 Ed. (1130, 3161)
2002 Ed. (4687)
2003 Ed. (4792, 4794)
2004 Ed. (4778)
2005 Ed. (4751)
2006 Ed. (4803, 4834, 4851)
2007 Ed. (4850)
2008 Ed. (4773)
2009 Ed. (4805)
2010 Ed. (4822)
2011 Ed. (4781)
2012 Ed. (4795)

Ryder Intergrated Logistics Inc.
2001 Ed. (4629)
Ryder Memorial Hospital Inc.
2004 Ed. (2812)
2005 Ed. (2808)
2006 Ed. (2782)
2007 Ed. (2780)
Ryder Public Transportation Services
Inc.
2001 Ed. (501)
Ryder & Schild Inc.
1989 Ed. (106)
Ryder Supply Chain Solutions
2005 Ed. (3340)
2006 Ed. (4795)
2007 Ed. (4812)
2013 Ed. (4747, 4756, 4820)
2014 Ed. (4797, 4804, 4806, 4834)
2015 Ed. (3538, 4832, 4839, 4841,
4870, 4871)
2016 Ed. (3389, 4744, 4745, 4793,
4794)
Ryder System
2014 Ed. (1589, 4779)
2015 Ed. (4809)
2016 Ed. (2264, 4712)
Ryder System Inc.
1989 Ed. (2474, 2878, 2880)
1990 Ed. (3241, 3258, 3640, 3655,
3656)
1991 Ed. (1729, 1730, 3103, 3414,
3426, 3428)
1992 Ed. (4335)
1993 Ed. (1869, 1870, 3255, 3611)
1994 Ed. (1854, 1856, 3221, 3249,
3568)
1995 Ed. (1882, 2620, 3328, 3337,
3668)
1996 Ed. (1336, 1924, 3750, 3752,
3753)
1997 Ed. (1398, 2019, 3800, 3802,
3803, 3804)
1998 Ed. (569, 1137, 1708, 3614,
3626, 3629, 3630, 3631)
1999 Ed. (1618, 2449, 2451, 4652,
4671, 4672, 4673)
2000 Ed. (1423, 2204, 2207, 4292,
4306)
2001 Ed. (500, 501, 539, 1703, 4616,
4628, 4631)
2002 Ed. (371, 500, 1225, 1648,
1649, 4683, 4791)
2003 Ed. (345, 346, 1677, 4791,
4793, 4799, 4801, 4817, 4819)
2004 Ed. (194, 195, 326, 327, 1706,
3245, 3246, 4777, 4781, 4788,
4809, 4810)
2005 Ed. (195, 196, 197, 329, 330,
417, 1761, 1764, 3270, 3271, 4750,
4754, 4759, 4780, 4782)
2006 Ed. (209, 210, 211, 343, 344,
4799, 4805, 4812, 4814, 4830,
4831, 4887)
2007 Ed. (219, 328, 329, 1335, 2648,
2912, 3389, 4816, 4825, 4844,
4879)
2008 Ed. (315, 316, 1731, 3034,
3198, 4739, 4743, 4750, 4766)
2009 Ed. (337, 338, 827, 1669, 1670,
1673, 2269, 2834, 3120, 3257,
3585, 3752, 4774, 4797, 4799)
2010 Ed. (318, 1626, 1629, 3054,
3188, 4590, 4792, 4816, 4827)
2011 Ed. (241, 242, 1639, 3023,
4765, 4771, 4775, 4787)
2012 Ed. (262, 263, 2465, 2950,
4786, 4793, 4797)
2013 Ed. (278, 279, 3040, 4758)
2014 Ed. (280, 281, 2554, 3054,
4808)
2015 Ed. (312, 313, 2812, 3120,
4843)
2016 Ed. (309, 310, 4324, 4747)
Ryder Truck Rental Inc.
2001 Ed. (500, 501)
2003 Ed. (345, 346)
2004 Ed. (326, 327)
2005 Ed. (329, 330)
2006 Ed. (343, 344)
2007 Ed. (328, 329)
Rydex Arktos
2004 Ed. (3552)
Rydex Arktos Investments
2000 Ed. (3294)
Rydex Arktos Investor
2004 Ed. (3595)
Rydex Commodities
2008 Ed. (4518)
Rydex Dynamic S & P 500
2008 Ed. (598)

Rydex Dynamic Strengthening Dollar
  2008 Ed. (4518)
Rydex Dynamic Tempest 500
  2004 Ed. (3552)
Rydex Dynamic Titan 500
  2006 Ed. (3624)
Rydex Dynamic Velocity 100
  2006 Ed. (3629)
Rydex Dynamic Venture 100
  2004 Ed. (3552)
  2006 Ed. (2511)
Rydex Electronics Investment
  2006 Ed. (2511, 3660)
Rydex Government Long Bond
  2010 Ed. (594)
Rydex Government Long Bond 1.2x
    Strategy Investment
  2013 Ed. (615)
Rydex Government Long Bond Advan-
    tage
  2008 Ed. (607)
Rydex Inverse Dynamic OTC
  2008 Ed. (4518)
Rydex Inverse Dynamics S & P 500
  2008 Ed. (4518)
Rydex Inverse Mid-Cap
  2007 Ed. (3679)
Rydex Inverse Russell 2000
  2008 Ed. (4518)
Rydex Investor U.S. Government Bond
  2004 Ed. (721)
Rydex Mid-Cap Advantage
  2008 Ed. (2618)
Rydex Nova
  1999 Ed. (3528)
  2000 Ed. (3223)
Rydex Nova Investment
  2006 Ed. (3624)
Rydex OTC
  1998 Ed. (2593)
  2000 Ed. (3223, 3225)
  2001 Ed. (3425)
Rydex OTC Inv
  2000 Ed. (3274)
Rydex OTC Investment
  2002 Ed. (3417, 4503)
  2006 Ed. (3626)
Rydex Precious Metals-Investment
  2005 Ed. (3565)
  2006 Ed. (3660)
Rydex Series-OTC Fund
  2000 Ed. (3244, 3246)
Rydex Ursa
  2004 Ed. (3552, 3554)
Rydex Ursa Fund
  2003 Ed. (3532)
Rydex Ursa Investment
  2004 Ed. (3585)
Rydex U.S. Government Bond
  1997 Ed. (2902)
  1999 Ed. (3552)
  2000 Ed. (762)
Rydex Velocity 100
  2005 Ed. (3560)
Rydex Venture 100
  2004 Ed. (3594)
Rydex/SGI High Yield
  2011 Ed. (523)
Rydex/SGI Mid Cap Value
  2011 Ed. (4539)
  2013 Ed. (3815)
Ryerson Inc.
  2007 Ed. (1529, 3493, 4944)
  2008 Ed. (3664, 3665, 4522)
  2009 Ed. (3733, 3734, 4128)
  2010 Ed. (3652, 3653, 4060)
  2011 Ed. (3656)
  2012 Ed. (3660)
  2013 Ed. (3718)
  2014 Ed. (3650)
  2015 Ed. (3660)
  2016 Ed. (3547)
Ryerson; Joseph T.
  1995 Ed. (2232)
Ryerson Tull Inc.
  1999 Ed. (3354)
  2000 Ed. (1334, 1336, 1348, 3081,
    3089, 3099, 3100, 4118)
  2001 Ed. (1215, 3276, 3285, 4367,
    4368, 4816)
  2002 Ed. (3313, 3319, 4894)
  2003 Ed. (3381, 3382, 4552, 4553,
    4923, 4924)
  2004 Ed. (3434, 3448, 4532, 4533,
    4916, 4917)
  2005 Ed. (2768, 3454, 3462, 3463,
    4474, 4475, 4905, 4906)
  2006 Ed. (2724, 3458, 3469, 3470,
    4936, 4938)
  2007 Ed. (2714, 3485, 3494, 4555)

  2011 Ed. (1701)
Ryerson University
  2007 Ed. (1176, 1177, 1178)
  2008 Ed. (1083)
  2009 Ed. (1051, 1057)
Rykoff
  1990 Ed. (1838)
Rykoff-Sexton Inc.
  1990 Ed. (1837, 1839)
  1991 Ed. (1737, 1757, 1758)
  1992 Ed. (2180, 2206)
  1993 Ed. (1887, 1888)
  1995 Ed. (1919)
  1996 Ed. (1955, 3826)
  1997 Ed. (2060, 3875)
  1998 Ed. (1719, 3713)
  1999 Ed. (2482, 4758)
Ryla
  2012 Ed. (105, 4052)
Ryland Acceptance Corp.
  1991 Ed. (999, 2822)
Ryland Acceptance Corporation Four
  1990 Ed. (1357)
The Ryland Group
  2013 Ed. (1184)
  2014 Ed. (1136)
  2015 Ed. (1187)
  2016 Ed. (1097)
The Ryland Group Inc.
  1989 Ed. (1001)
  1990 Ed. (1159, 1171)
  1991 Ed. (1047, 1049, 1058, 1061,
    1062, 1063, 1988, 3088)
  1992 Ed. (1353, 1354, 1358, 1362,
    1363, 1366, 1369, 2555)
  1993 Ed. (1083, 1086, 1089, 1092,
    1095, 3277)
  1994 Ed. (1105, 1107, 1111, 1113,
    1119, 1120, 3267)
  1995 Ed. (1122, 1125, 1126, 1129,
    1134)
  1996 Ed. (1097, 1101, 1102, 1103,
    1107, 1654)
  1997 Ed. (1119, 1120, 1123, 1124,
    1127, 1732)
  1998 Ed. (876, 877, 878, 879, 887,
    888, 889, 890, 902, 905)
  1999 Ed. (1308, 1309, 1311, 1317,
    1318, 1319, 1320, 1330, 1335)
  2000 Ed. (1190, 1191, 1193, 1197,
    1198, 1199, 1205, 1207, 1216,
    1217)
  2001 Ed. (1391, 1392, 1393, 1394,
    1406, 2803)
  2002 Ed. (2656, 2657, 2660, 2661,
    2665, 2666, 2667, 2668, 2669)
  2003 Ed. (1141, 1198, 1200, 1202,
    1203, 1204)
  2004 Ed. (786, 787, 1157, 1203,
    1204, 1205, 1209, 1210, 1211,
    2946)
  2005 Ed. (772, 773, 1183, 1185,
    1228, 1229, 1230, 1233, 1234,
    1235, 1256, 1631, 2948)
  2006 Ed. (1191, 1194, 1195, 1196,
    1199, 1200, 1202, 1203, 1498,
    1520, 2947, 4581)
  2007 Ed. (1269, 1301, 1303, 1308,
    1311, 1324, 1548, 1551, 2963,
    2964)
  2008 Ed. (1198, 1200, 1202, 1514,
    1533)
  2009 Ed. (1174, 1175, 1177, 1179,
    1850)
  2010 Ed. (1164, 1166, 1167, 1169,
    1170, 1725, 3037)
  2011 Ed. (1112, 1114, 1116, 1117,
    3006)
  2012 Ed. (1034, 1036, 1037, 1038,
    2933)
  2013 Ed. (1185, 3022)
  2014 Ed. (1137, 3033)
  2015 Ed. (1188, 3099)
  2016 Ed. (1099)
Ryland Homes
  1998 Ed. (893, 894, 896, 906)
  1999 Ed. (1325, 1333, 1338)
  2002 Ed. (1178, 1180, 1181, 1183,
    1184, 1186, 1187, 1189, 1192,
    1193, 1200, 1203, 2671, 2676,
    2680, 2690, 2691, 2693)
  2003 Ed. (1149, 1150, 1151, 1152,
    1153, 1154, 1157, 1159, 1164,
    1165, 1169, 1171, 1172, 1183,
    1190, 1210, 1214)
  2004 Ed. (1151, 1152, 1155, 1158,
    1159, 1163, 1165, 1173, 1176,
    1177, 1179, 1180, 1189, 1193,
    1195, 1217, 1221)
  2005 Ed. (1180, 1181, 1182, 1186,
    1187, 1191, 1193, 1201, 1203,

    1204, 1206, 1207, 1215, 1221,
    1241, 1246)
Ryland Modular Homes
  1990 Ed. (2597)
Ryland Mortgage
  1993 Ed. (1014, 2981)
Ryland Mortgage Acceptance
  1996 Ed. (1034, 3170)
Ryland Mortgage Securities
  1992 Ed. (1266, 3640)
  1993 Ed. (2591)
Ryland/Saxon Mortgage Securities
  1994 Ed. (1040, 2555, 3024)
  1995 Ed. (2607)
  1996 Ed. (2685)
Rymac Mortgage Investment
  1993 Ed. (2971)
  1995 Ed. (204)
Ryman Healthcare
  2015 Ed. (1930)
Rymer Co.
  1990 Ed. (2145)
  1991 Ed. (1993)
Rymer Foods Inc.
  1992 Ed. (2991, 2992, 3485, 3486)
  1994 Ed. (2667)
  1995 Ed. (1897, 1899)
  1996 Ed. (2586, 2587, 3065, 3066)
  1998 Ed. (2447, 2448, 2893, 2894)
Ryobi
  1990 Ed. (3661)
  1993 Ed. (3648)
  1994 Ed. (3609)
  1995 Ed. (3684)
  1997 Ed. (3812)
  1998 Ed. (1141, 2343, 2344)
  1999 Ed. (3170)
  2000 Ed. (2915)
  2002 Ed. (3061)
Ryobi (Singer)
  1991 Ed. (3437)
Ryobi (Singer, Kenmore)
  1992 Ed. (4363)
Ryoden Development Ltd.
  1997 Ed. (1358)
Ryohin Keikaku
  2002 Ed. (1710)
  2012 Ed. (4327)
  2013 Ed. (4287)
Ryoji Musha
  2000 Ed. (2147)
Ryoyo Electro
  2003 Ed. (2246)
Ryszard Krauze
  2009 Ed. (4894)
Rytan Database Marketing Inc.
  2007 Ed. (3557)
Ryterna UAB
  2009 Ed. (1848)
Rytu Skirstomieji Tinklai
  2006 Ed. (4516)
Ryusuke Ohori
  1996 Ed. (1871)
  1997 Ed. (1979)
Ryvita Crispbread
  2008 Ed. (712)
  2009 Ed. (722)
  2010 Ed. (645)
Ryzex
  2013 Ed. (2166)
RZ Ladna Valavnica Skopje
  2002 Ed. (4442)
RZB-Gruppe
  2010 Ed. (708)
Rztia Energie AG
  2009 Ed. (2074)

S

S-10 Pickup
  2000 Ed. (3141)
  2001 Ed. (4638)
S A Brewerie Ltd Ord
  2000 Ed. (2877)
S. A. Burd
  2002 Ed. (2193)
S. A. C. I. Falabella
  2002 Ed. (4094)
  2007 Ed. (4196)
S & A Cherokee
  2011 Ed. (3515)
S. A. Comunale Co.
  2003 Ed. (1232)
  2004 Ed. (1235, 1337)
  2005 Ed. (1281)
  2006 Ed. (1242, 1338)
  2007 Ed. (1387, 2580)
  2008 Ed. (1227, 1275, 1318, 1330,
    1334, 2719, 4000)

  2009 Ed. (2772)
S & A Homes
  2013 Ed. (1186)
S. A. Miller
  2004 Ed. (2520)
  2005 Ed. (2504)
S. A. Miro Inc.
  2005 Ed. (2439)
  2009 Ed. (3758)
S & A Restaurant Corp.
  1991 Ed. (2375)
S. A. Robotics
  2007 Ed. (2466)
  2008 Ed. (2596)
S. A. Seneker
  1996 Ed. (967)
S. Abraham & Sons Inc.
  1993 Ed. (1154, 1156, 1157)
  1994 Ed. (1177)
  1995 Ed. (1195, 1197, 1200, 1204)
  1997 Ed. (1200, 1202, 1203, 1204)
  1998 Ed. (976, 978, 982, 983)
  2003 Ed. (4938)
  2010 Ed. (1365)
  2011 Ed. (1352, 1353, 1357, 1360,
    1361)
  2012 Ed. (1218, 1219, 1221, 1223,
    1224)
  2013 Ed. (1333, 1334, 1337, 1340)
  2014 Ed. (1262, 1263, 1264)
  2015 Ed. (1324, 1329)
  2016 Ed. (1237, 1238, 1246, 1248)
S. Algemene S.voor Ned-Gravenzande
  1992 Ed. (794)
S. B. Ackerman Associates Inc.
  1991 Ed. (2899)
  1992 Ed. (3743)
  1993 Ed. (3052)
  1994 Ed. (3115)
  1995 Ed. (3163)
S. B. Ballard Construction Co.
  2006 Ed. (1266, 1289, 1295)
  2007 Ed. (1357)
  2010 Ed. (1314, 1327)
  2011 Ed. (1284, 1309)
S. B. Beemster
  1992 Ed. (794)
S. B. Billimoria & Co.
  1997 Ed. (11)
S & B Engineers & Constructors
  2014 Ed. (2491)
  2015 Ed. (4096)
S & B Engineers & Constructors Inc.
  2015 Ed. (1183)
S & B Engineers & Constructors Ltd.
  1994 Ed. (1639)
  2004 Ed. (2362, 2369, 2370)
  2009 Ed. (2540)
  2015 Ed. (1226)
  2016 Ed. (1136, 2487)
S & B Engineers and Constructors Ltd.
  2016 Ed. (2480)
S & B Holdings Ltd. & Affiliates
  2008 Ed. (2544)
S & B Industrial Minerals SA
  2007 Ed. (1748)
  2008 Ed. (1774, 2429, 2504, 2814,
    3679)
S & B Infrastructure Ltd.
  2009 Ed. (2540)
  2016 Ed. (2053)
S B & T Captive Management Co.
  1998 Ed. (642)
S-Bahn Munchen GmbH
  2007 Ed. (4832)
S C B Computer Technology Inc.
  2000 Ed. (3387)
S & C Electric Co.
  2011 Ed. (4189)
S & C Ford Inc.
  1991 Ed. (278)
  1992 Ed. (383)
  1993 Ed. (269)
S & C Holdco 2 Inc.
  2005 Ed. (1743)
S & C Holdco 3 Inc.
  2005 Ed. (1743)
  2006 Ed. (1661)
  2007 Ed. (1669)
  2008 Ed. (1539, 1541, 1691, 1692)
  2009 Ed. (1412, 1415, 1417, 1614)
  2010 Ed. (1591)
  2011 Ed. (1593)
S. C. Johnson
  1995 Ed. (1245)
S. C. Johnson de Centroamerica
  2013 Ed. (1536, 1537, 1582)
S. C. Johnson Graduate School of Man-
    agement
  2015 Ed. (821)

S. C. Johnson & Son Chile
2013 Ed. (1538)
2014 Ed. (1504)
S. C. Johnson & Son Chile Ltda.
2015 Ed. (1562)
S. C. Johnson & Son de Venezuela CA
2011 Ed. (2131)
2012 Ed. (1975)
S. C. Johnson & Son de Venezuela SCA
2013 Ed. (2135)
2014 Ed. (2069)
2015 Ed. (2117)
S. C. Johnson & Son Inc.
1989 Ed. (15, 47)
1991 Ed. (14, 943)
2001 Ed. (49)
2003 Ed. (238, 975, 989, 990, 991, 992, 993, 995, 996, 1216, 2049, 2638, 2674, 2953, 3169, 3767, 3786, 3787, 4399)
2004 Ed. (982, 1225)
2005 Ed. (31, 1000, 1255, 1462, 3710, 4989)
2006 Ed. (30, 38, 105, 143, 212, 1013, 1489, 1491, 2118, 2420, 2421, 2423, 3798, 4982)
2007 Ed. (17, 29, 95, 1519, 1521, 2024, 2909, 2974, 3804, 4980)
2008 Ed. (22, 27, 31, 34, 105, 979, 1496, 1501, 1503, 2129, 3032, 3099, 3189, 3873)
2009 Ed. (25, 32, 36, 115, 205, 1436, 2160, 2163, 3118, 3190, 3930, 3934, 4173, 4689)
2010 Ed. (35, 42, 46, 89, 186, 929, 1201, 1815, 1816, 2103, 3052, 3120, 3848, 3850, 4108, 4707)
2011 Ed. (108, 864, 1149, 1847, 2156, 2400, 2857, 3086, 3087, 3853, 3854, 4076, 4657, 4662)
2012 Ed. (813, 2006, 2332, 2788, 3026, 3028, 3826, 3828, 4107, 4674)
2013 Ed. (2196, 3879, 3889)
2014 Ed. (954, 1355, 1737, 2127, 3051, 3815, 3822)
2015 Ed. (2184, 3565, 3840, 3847, 4098, 4103)
2016 Ed. (893, 894, 2154, 2159, 2160, 3747, 3753)
S. C. Johnson & Son Mexico
2013 Ed. (1850)
S. C. Johnson & Sons
1989 Ed. (720)
1994 Ed. (1205, 2817)
S. C. Johnson Sp. z.o.o.
2015 Ed. (1996)
S. C. Johnson Wax
2001 Ed. (3720)
S & C Motors Inc.
1994 Ed. (268)
S. C. Tobias
2001 Ed. (2341)
2003 Ed. (2400)
S Corporation
2003 Ed. (4442, 4443, 4444)
S. Curtis Johnson
2006 Ed. (4905)
2007 Ed. (4901)
2011 Ed. (4832)
2012 Ed. (4844)
2013 Ed. (4843)
2014 Ed. (4859)
2015 Ed. (4896)
2016 Ed. (4814)
S & D Coffee Inc.
2015 Ed. (1939)
S. D. Deacon Corp.
1995 Ed. (3375)
1996 Ed. (3428, 3429)
2003 Ed. (1310)
2004 Ed. (1289)
2009 Ed. (1309)
2012 Ed. (1018)
S. D. Deacon Corp. of Oregon
2009 Ed. (1983)
S. D. Sullivan
2002 Ed. (2208)
S. D. Warren
1996 Ed. (2906)
S. Daniel Abraham
2002 Ed. (3353)
2003 Ed. (4880)
2004 Ed. (4862)
2005 Ed. (4848)
2006 Ed. (4903)
2007 Ed. (4898)
2008 Ed. (4827)
S. Darby

1996 Ed. (2447)
1997 Ed. (2593)
S. E. Bank Group
1991 Ed. (550, 554)
S-E Banken
1989 Ed. (685)
1990 Ed. (690)
1999 Ed. (4482, 4483)
S. E. Beall III
1998 Ed. (721)
2004 Ed. (2491, 2530, 2531, 2532)
S. E. Homes
2006 Ed. (3356)
S. E. International Inc.
2008 Ed. (4983)
S. E. Nichols
1990 Ed. (1303)
1991 Ed. (3224)
S & F Concrete Construction
2006 Ed. (1238, 1289)
2007 Ed. (1366)
2009 Ed. (1202)
2010 Ed. (1206)
2011 Ed. (1155)
2013 Ed. (1229)
S & F Concrete Contractors Inc.
1992 Ed. (1418)
1993 Ed. (1131)
2001 Ed. (1472)
2002 Ed. (1232)
2004 Ed. (1246)
2005 Ed. (1297)
2006 Ed. (1266)
2007 Ed. (1357)
2013 Ed. (1268)
2014 Ed. (1201)
2015 Ed. (1258)
2016 Ed. (1172)
S. F. Phosphates (LLC)
2001 Ed. (1903)
S. G. Gibara
2003 Ed. (2404)
2004 Ed. (2524)
S. G. McNealy
2001 Ed. (2336)
2002 Ed. (2201)
S. G. Warburg
1990 Ed. (899, 1683, 1699, 1700, 1704, 2313, 2771, 3225)
1991 Ed. (777, 778, 782, 850, 852, 1111, 1112, 1113, 1115, 1120, 1121, 1122, 1123, 1125, 1126, 1127, 1128, 1130, 1131, 1132, 1133, 1587, 1592, 1594, 1599, 1612, 1613, 3076)
1992 Ed. (1484, 2139, 2140, 2141, 2785, 3897)
1993 Ed. (493, 1173, 1174, 1198, 1639, 1641, 1642, 1643, 1645, 1646, 1658, 1660, 1667, 1668, 1669, 1670, 1674, 1675, 1846, 1847, 1849, 1850, 1851, 3201, 3202, 3205)
1994 Ed. (495, 1201, 1202, 1203)
1995 Ed. (477, 752, 764, 771, 775, 776, 777, 778, 779, 790, 793, 795, 796, 799, 801, 804, 822, 825, 826, 832, 833, 834, 835, 836, 837, 838, 839, 841, 1219, 1719, 3274, 3275, 3276)
S. G. Warburg & Co.
1990 Ed. (1797, 1798)
S. G. Warburg Group
1991 Ed. (533)
1997 Ed. (480)
S. G. Warburg Group PLC
1994 Ed. (781, 1679, 1691, 1693, 1694, 1695, 1698, 1703, 1838, 1839, 2290, 2474, 3187, 3188)
1996 Ed. (1189, 1190, 1202, 1359, 1364, 1860, 1861, 1862, 1863, 3379, 3386, 3387, 3413)
S. G. Warburg Securities
1990 Ed. (1771)
1991 Ed. (1712)
1992 Ed. (1055, 1990, 2027, 2040, 3900)
1996 Ed. (1851, 1859)
S. G. Warburg Securities (Japan)
1996 Ed. (1868)
S. G. Warburg Soditic
1991 Ed. (1597)
S Group
1990 Ed. (1220)
2013 Ed. (4328)
2014 Ed. (4379)
2016 Ed. (4264)
S. I. Holdings Inc.
2003 Ed. (1239)
S. I. International Zen Technology Inc.

2013 Ed. (2145)
S. i. Systems
2015 Ed. (2981)
2016 Ed. (2916)
S. I. Systems Ltd.
2011 Ed. (4403)
S. I. Weill
2001 Ed. (2334)
2002 Ed. (2200)
2003 Ed. (2387)
S. J. Amoroso Construction Co. Inc.
2002 Ed. (1245, 1274)
2003 Ed. (1258)
S. J. Berwin
1999 Ed. (3151)
S. J. Berwin & Co.
2001 Ed. (4180)
S & J Enterprises
1991 Ed. (712)
1992 Ed. (894)
1993 Ed. (705)
1994 Ed. (713)
1995 Ed. (669)
1996 Ed. (743)
1997 Ed. (675)
1998 Ed. (467)
1999 Ed. (729)
2000 Ed. (741)
2001 Ed. (712)
S. J. Hemsley
2002 Ed. (2207)
S. J. Heyer
2003 Ed. (2382)
S. J. Kropf
2003 Ed. (2397)
S. J. M. Concerts
2010 Ed. (1125)
S. J. Morcott
2001 Ed. (2319)
S. J. Palmisano
2004 Ed. (2513)
2005 Ed. (2497)
S. J. Phillips Ltd.
1995 Ed. (1016)
S. Jay Stewart
1996 Ed. (1716)
S & K
2003 Ed. (1019)
2004 Ed. (1021)
2005 Ed. (1026)
2006 Ed. (1039)
S & K Famous Brands Inc.
2005 Ed. (1007)
S. K. H. Management Co.
1998 Ed. (3339)
S-K-I Ltd.
1996 Ed. (3440)
S. K. Johnston, Jr.
2001 Ed. (2321)
S. K. Reed
2002 Ed. (2192)
2003 Ed. (2389)
S & K Technologies Inc.
2005 Ed. (1356)
2006 Ed. (1370)
2007 Ed. (1408)
2008 Ed. (1364)
S. Kumar
2001 Ed. (2336)
2002 Ed. (2201)
S. L. Baum
2002 Ed. (2211)
2004 Ed. (2526)
S. L. Green Realty Corp.
1999 Ed. (4170)
S & L Products Corp.
1994 Ed. (1152)
S-LCD Corp.
2008 Ed. (1116, 2471)
S. Lichtenberg
2007 Ed. (4964)
2009 Ed. (2341)
2010 Ed. (2270)
S. M. Bennett
2004 Ed. (2513)
2005 Ed. (2497)
S & M Brands Inc.
2013 Ed. (4681)
S. M. Case
2003 Ed. (2394)
S. M. Entertainment
2015 Ed. (2036)
S & M Moving Systems
2002 Ed. (3406)
S & M Sakamoto Inc.
2006 Ed. (1742)
2016 Ed. (1619)
The S. M. Stoller Corp.
2007 Ed. (2466)
2010 Ed. (2541)

2012 Ed. (2481)
2013 Ed. (2626)
2014 Ed. (2584)
2015 Ed. (2624)
2016 Ed. (2548)
S. M. Wilson
2011 Ed. (1102, 1103)
S. M. Wilson & Co.
2008 Ed. (1314)
2009 Ed. (1315)
2010 Ed. (1292)
2011 Ed. (1248)
2012 Ed. (1019)
2015 Ed. (1198)
S-MOS
1999 Ed. (4272)
S-MOS/Seiko
2000 Ed. (3996)
S & N
1994 Ed. (756)
S. N. Dhawan & Co.
1997 Ed. (10, 11)
S. N. I.
2002 Ed. (944, 945)
S. N. Nielsen
2009 Ed. (1278)
2013 Ed. (1232)
S. N. Nielsen & Associates
2010 Ed. (1273, 1309)
2011 Ed. (1224, 1272)
S. N. Nielsen & Associates LLC
2014 Ed. (1171)
S & O Corp.
2007 Ed. (3602)
S. Odland
2004 Ed. (2497)
S-Oil
2013 Ed. (2548, 3970)
2014 Ed. (1988, 2480, 3912)
2015 Ed. (2554, 3946)
2016 Ed. (3863)
S-Oil Corp.
2002 Ed. (3694)
2003 Ed. (3856)
2005 Ed. (3779, 3780, 3781)
2006 Ed. (3400)
2007 Ed. (1583)
2008 Ed. (3580)
2009 Ed. (3651, 4009)
2010 Ed. (3569, 3915)
2011 Ed. (3572, 3934)
2013 Ed. (3988)
2014 Ed. (3931)
S & P 100 Index
1995 Ed. (2813)
1996 Ed. (2872)
S & P 400 MidCap SPDR
2005 Ed. (2466)
S & P 500
2006 Ed. (4479)
2008 Ed. (4501)
S & P 500 Index
1993 Ed. (1914, 1916)
1994 Ed. (680, 1939, 2699)
1995 Ed. (2813)
1996 Ed. (2872)
2003 Ed. (2601)
2004 Ed. (2715)
2005 Ed. (2705)
2006 Ed. (2681)
2013 Ed. (2794)
2014 Ed. (2830)
2015 Ed. (2870)
2016 Ed. (2803)
S & P 500 Index, CME
1996 Ed. (1996)
S & P 500 Index; E Mini
2005 Ed. (2705)
2006 Ed. (2681)
2007 Ed. (2671)
2008 Ed. (2802)
2009 Ed. (2859)
2010 Ed. (2797)
2011 Ed. (2784)
2012 Ed. (2714)
S & P 500 SPDR
2005 Ed. (2466)
S & P 500 Stock Index
2009 Ed. (4569)
2010 Ed. (4602)
2011 Ed. (4562)
2012 Ed. (4571)
2013 Ed. (4519)
2015 Ed. (4572)
S & P Co.
2001 Ed. (674, 679)
S & P Daytrade
1994 Ed. (2941)
S. P. I. Dynamics
2008 Ed. (4295)

S & P Index
2001 Ed. (1332)
S & P Industries
2002 Ed. (678)
2003 Ed. (658)
S & P International Bond
1994 Ed. (726)
S. P. Jobs
2004 Ed. (2513)
S. P. Lance
2004 Ed. (2517)
S & P MidCap 400 Index
1994 Ed. (212, 2698)
S & P Pattern Daytrade
1995 Ed. (2999)
S & P Personal Wealth
2002 Ed. (4861)
S & P Scotyields
1995 Ed. (2751)
S & P South East Asia Growth
1994 Ed. (2648)
S. Parker Gilbert
1990 Ed. (972)
1991 Ed. (924)
S & P/ASX 200
2006 Ed. (4592)
S & P's Depositary Receipt
2004 Ed. (2464)
2005 Ed. (2465)
S & P/TSX
2006 Ed. (4479)
S & P/TSX Venture
2006 Ed. (4479)
S. R. Appleton
2001 Ed. (2326)
2002 Ed. (2191)
S. R. Batliboi & Co.
1997 Ed. (11)
S & R Engineering SE
2006 Ed. (1634)
S. R. Erikson
2002 Ed. (2202)
S. R. Hardis
1997 Ed. (979)
2001 Ed. (2326)
S. R. Jacobson Development Corp.
2002 Ed. (1188)
2003 Ed. (1160)
2004 Ed. (1166)
2005 Ed. (1194)
S-R Kentucky Inc.
2006 Ed. (1840)
2007 Ed. (1845)
S-R of Kentucky Inc.
2008 Ed. (1881)
2009 Ed. (1836)
2010 Ed. (1777)
S. R. One Ltd.
1991 Ed. (3444)
S. R. Rogel
2001 Ed. (2338)
2002 Ed. (2203)
2003 Ed. (2396)
2004 Ed. (2515)
2005 Ed. (2499)
S. R. Weiner & Associates
2006 Ed. (4315)
S. Robson Walton
1994 Ed. (708)
2000 Ed. (734)
2001 Ed. (705, 4745)
2002 Ed. (706, 3361, 3362)
2003 Ed. (4887, 4889, 4894)
2004 Ed. (4872, 4874, 4881, 4882)
2005 Ed. (4858, 4860, 4883)
2006 Ed. (4911, 4915, 4927)
2007 Ed. (4906, 4908, 4915)
2008 Ed. (4835, 4839)
2009 Ed. (4852, 4858)
2010 Ed. (4860, 4861)
2011 Ed. (4837, 4846, 4847)
2012 Ed. (4840, 4853, 4855)
2013 Ed. (4838, 4852)
2014 Ed. (4848, 4853)
2015 Ed. (4885, 4890, 4904)
2016 Ed. (4803, 4808, 4820)
S. Roger Penske
2011 Ed. (4839)
S-ryhma
2009 Ed. (1665)
2010 Ed. (712)
S & S Cafeterias
1990 Ed. (3017)
1991 Ed. (2880)
S & S Coatings Inc.
2009 Ed. (1248)
S & S Construction
1998 Ed. (909)
2000 Ed. (1220)
2002 Ed. (3924)

S & S Construction Shapell Industries Inc.
2000 Ed. (3721)
S & S Electric
2007 Ed. (2864)
S & S Engineers Inc.
2006 Ed. (3548, 4386)
2007 Ed. (3614, 4454)
2008 Ed. (3740)
S. S. Kemp & Co.
1996 Ed. (1956)
S & S of Evansville LLC
2015 Ed. (1714)
2016 Ed. (1663)
S & S Public Relations
1993 Ed. (2930)
1994 Ed. (2949, 2953)
1995 Ed. (3011)
S. S. Reinemund
2001 Ed. (2321)
2002 Ed. (2186)
2003 Ed. (2382)
2004 Ed. (2501)
2005 Ed. (2485)
S-Series
2000 Ed. (3141)
2002 Ed. (410, 416)
S Sonny with a Chance
2011 Ed. (2938)
S & S/Touchstone
2004 Ed. (752)
S & T Audio Ltd.
2016 Ed. (3668)
S & T Bancorp
2000 Ed. (423)
2009 Ed. (389)
2010 Ed. (366, 1939, 1942, 1946)
2012 Ed. (1843, 1846)
S & T Bank
2008 Ed. (2034)
S T C PLC
1991 Ed. (3479)
S. T. Ford
2004 Ed. (2522)
2005 Ed. (2506)
S. T. Specialty Foods
2014 Ed. (2313)
S & T System Integration & Technology Distribution
2006 Ed. (1561)
S. Taurel
2001 Ed. (2325)
2002 Ed. (2190)
2005 Ed. (2501)
S Team Bates Saatchi & Saatchi
2000 Ed. (72, 82, 126, 170, 192)
2001 Ed. (116)
2003 Ed. (52, 182)
S Team Bates Saatchi & Saatchi Bulgaria
2003 Ed. (55)
S Team Bates Saatchi & Saatchi Croatia
2003 Ed. (62)
S Team Bates Saatchi & Saatchi Macedonia
2003 Ed. (103)
S Team Bates Saatchi & Saatchi Slovenia
2003 Ed. (147)
S Team Saatchi & Saatchi
2001 Ed. (113, 124, 163, 208, 242)
2002 Ed. (85, 88, 95, 138, 180, 212)
S-Trip!
2015 Ed. (4459)
2016 Ed. (4354)
S. Truett Cathy
2014 Ed. (4855)
2015 Ed. (4892)
S & W
1995 Ed. (3400)
S & W Berisford Plc.
1989 Ed. (961)
1990 Ed. (1102)
S. W. Cole Engineering Inc.
2008 Ed. (4399)
S. W. Sanger
2001 Ed. (2328)
2003 Ed. (2389)
2005 Ed. (2492)
S. Woods Enterprises Inc.
2004 Ed. (168)
2005 Ed. (170)
2006 Ed. (184)
2007 Ed. (189, 190)
2008 Ed. (167)
2009 Ed. (192)
2015 Ed. (107)
S. Y. Bancorp
2003 Ed. (516, 517, 518)

S1 Corp.
2003 Ed. (2168)
2009 Ed. (1693)
S2Verify
2015 Ed. (3187)
S3 Inc.
1995 Ed. (3094)
1996 Ed. (1290)
1997 Ed. (2164, 3300, 3521)
1999 Ed. (1956, 2615, 2666, 2674)
2000 Ed. (1735, 1752)
2001 Ed. (2872, 4209)
S4
2008 Ed. (2288)
S8
2004 Ed. (1635)
S10 Pickup
2002 Ed. (4684)
SA Breweries
1989 Ed. (50)
1990 Ed. (47)
1991 Ed. (47)
1992 Ed. (77)
1993 Ed. (50, 1392, 1393, 1394, 1395)
1994 Ed. (43)
SA Breweris Ord
2000 Ed. (2876)
SA Brewing
1994 Ed. (754)
SA Brews
1990 Ed. (1417, 1418)
1991 Ed. (1344, 1345)
1995 Ed. (1484, 1485)
SA Co-op Bulk Handling
2002 Ed. (3787)
SA des Eaux Minerales
2008 Ed. (561, 1892, 2746, 4693)
SA des Eaux Minerales de Beckerich
2009 Ed. (1855)
Sa des Galeries Lafayette Haussmann-GLH
1995 Ed. (2171)
SA Eagle
1990 Ed. (2283)
1991 Ed. (2157)
1993 Ed. (2259)
SA Eaux Minerales de Beckerich
2009 Ed. (590, 2800, 4735)
SA Engle
1995 Ed. (2284)
SA Inds. Votorantim
1992 Ed. (1583)
1996 Ed. (1302)
Sa Nostra-Caixa de Baleares
2005 Ed. (507)
SA Reserve Bank
1993 Ed. (1396)
Sa Sa International Holdings
2012 Ed. (4345)
2013 Ed. (4282)
2015 Ed. (1448)
S.A. Upjohn Denmark Branch
1996 Ed. (1324)
Saab
1990 Ed. (3477)
1992 Ed. (457)
1997 Ed. (292)
1998 Ed. (212, 225)
1999 Ed. (338)
2001 Ed. (1010)
2002 Ed. (417)
2003 Ed. (358)
2008 Ed. (330)
2012 Ed. (233)
2014 Ed. (232)
Saab 340
1996 Ed. (192)
1999 Ed. (246)
Saab 900
1990 Ed. (1110)
1993 Ed. (349)
Saab 900 Turbo
1992 Ed. (452)
Saab 9000
1992 Ed. (484)
Saab AB
2001 Ed. (346)
2003 Ed. (204)
2007 Ed. (1998)
2009 Ed. (2600)
Saab Cars USA Inc.
2004 Ed. (279)
Saab; Elie
2013 Ed. (3479)
Saab Ericsson Space
2009 Ed. (2065)
Saab of Westport
1991 Ed. (295)
1992 Ed. (400)

1993 Ed. (285)
1994 Ed. (283)
1995 Ed. (289)
Saab-Scania
1989 Ed. (1163)
1991 Ed. (1349, 1350)
1992 Ed. (1692, 1693, 4142, 4143)
1993 Ed. (1197, 1403, 1404, 3461)
1994 Ed. (1392)
Saab-Scania A Fria
1989 Ed. (1918)
Saab-Scania AB
1992 Ed. (2104)
1994 Ed. (45)
Saab-Scania-Gruppen
1990 Ed. (1421)
1993 Ed. (1405)
1994 Ed. (1453)
Saab Technologies
2009 Ed. (2064, 2065)
Saad Al Barrak
2013 Ed. (3478, 4614)
Saad Group of Cos.
2009 Ed. (1813)
Saad Hariri
2008 Ed. (4891)
2009 Ed. (4911)
2011 Ed. (4897)
2012 Ed. (4907)
2013 Ed. (4886)
2014 Ed. (4899)
2015 Ed. (4938)
2016 Ed. (4854)
Saad; Stephen
2014 Ed. (4918)
2015 Ed. (4958)
2016 Ed. (4874)
Saambou Bank
1999 Ed. (638)
2000 Ed. (664)
2002 Ed. (509)
2003 Ed. (610, 614)
Saand Inc.
2015 Ed. (2901)
2016 Ed. (2821)
Saanich, British Columbia
2009 Ed. (3562)
Saarberg Group
1990 Ed. (2587)
Saaremaa Toit AS
1997 Ed. (1384)
Saar's Inc.
2013 Ed. (2166)
Saastopankit SKOP
1989 Ed. (29)
Saatch & Saatchi Advertising
1989 Ed. (66)
Saatchi & Saatchi
1989 Ed. (78, 110, 121, 2482)
1990 Ed. (854)
1994 Ed. (199, 3247)
2000 Ed. (43, 48, 49, 51, 52, 54, 61, 79, 88, 90, 93, 103, 111, 113, 150, 151, 168, 180, 190, 191)
2002 Ed. (101, 116, 204, 211)
2003 Ed. (28, 176)
2004 Ed. (123, 133, 134)
2005 Ed. (101)
2006 Ed. (109)
2007 Ed. (109, 114)
2008 Ed. (119)
2011 Ed. (48, 50)
2012 Ed. (57)
2014 Ed. (66)
2015 Ed. (63)
2016 Ed. (66)
Saatchi & Saatchi Advertising
1989 Ed. (63, 64, 69, 71, 72, 108, 114, 124, 138, 143, 156)
1990 Ed. (13, 58, 59, 60, 62, 64, 68, 69, 77, 103, 104, 105, 114, 116, 118, 130, 132, 133, 134, 136, 147, 881)
1991 Ed. (58, 68, 74, 75, 99, 100, 101, 102, 113, 114, 116, 129, 132, 133, 135, 136, 146, 147, 156, 840, 1013)
1992 Ed. (113, 116, 121, 122, 135, 144, 146, 147, 150, 151, 152, 153, 158, 162, 166, 168, 175, 186, 187, 191, 203, 204, 213, 1628)
1993 Ed. (78, 81, 82, 96, 97, 101, 102, 106, 110, 111, 112, 114, 122, 123, 134, 135, 140, 2504, 3253)
1994 Ed. (50, 51, 52, 53, 54, 55, 59, 60, 61, 62, 63, 68, 70, 71, 78, 82, 84, 86, 90, 96, 97, 105, 106, 114, 121, 2443)
1995 Ed. (25, 26, 27, 29, 30, 32, 34, 35, 38, 39, 40, 41, 44, 47, 58, 67,

70, 75, 77, 85, 86, 87, 89, 95, 104,
105, 119, 120, 121, 131, 132, 135,
2509)
1996 Ed. (40, 41, 42, 43, 45, 47, 49,
50, 51, 53, 56, 57, 58, 59, 60, 63,
71, 81, 88, 91, 96, 100, 102, 104,
113, 120, 129, 135, 145, 146, 148)
1997 Ed. (37, 38, 39, 42, 44, 46, 47,
48, 50, 54, 61, 64, 72, 78, 81, 83,
89, 92, 102, 104, 106, 109, 114,
116, 124, 125, 141, 151, 154, 155,
158)
1998 Ed. (31, 34, 36, 37, 40, 42, 43,
44, 48, 49, 54, 62, 2670, 3493,
3494)
1999 Ed. (39, 41, 42, 45, 47, 48, 49,
52, 58, 62, 73, 82, 84, 93, 106,
108, 132, 133, 144, 150, 153, 162,
164, 166, 169, 170)
Saatchi & Saatchi Advertising BD & A
1996 Ed. (83, 111)
1999 Ed. (117)
Saatchi & Saatchi Advertising (Dubai)
1996 Ed. (149)
Saatchi & Saatchi Advertising Pacific
1999 Ed. (119)
Saatchi & Saatchi Advertising Worldwide
1989 Ed. (74, 118)
1990 Ed. (61, 102, 112)
1991 Ed. (59, 60, 61, 63, 64, 65, 66,
67, 70, 111)
1992 Ed. (101, 102, 103, 104, 105,
106, 107, 109, 111, 114, 115, 165,
3598)
1993 Ed. (59, 60, 61, 63, 64, 68, 69,
70, 71, 72, 76, 109)
2001 Ed. (1816)
Saatchi & Saatchi Bates Hungary
2001 Ed. (143)
Saatchi & Saatchi Business Communications
1997 Ed. (51)
Saatchi & Saatchi Co PLC
1990 Ed. (99, 100, 115, 3266)
Saatchi & Saatchi Compton Hayhurst
1990 Ed. (157)
Saatchi & Saatchi DFS
1989 Ed. (80, 173, 174)
Saatchi & Saatchi DFS Advertising
1989 Ed. (57, 58)
1990 Ed. (75)
1991 Ed. (72)
Saatchi & Saatchi DFS Advertising
Worldwide
1989 Ed. (119)
Saatchi & Saatchi DFS Compton
1989 Ed. (79, 142, 144, 145)
Saatchi & Saatchi DFS/Pacific
1990 Ed. (162)
1991 Ed. (161)
1992 Ed. (220)
1995 Ed. (96, 138)
1996 Ed. (112, 152)
1997 Ed. (115, 159)
1998 Ed. (59)
Saatchi & Saatchi Gaynor
1989 Ed. (166)
1990 Ed. (155)
1991 Ed. (155)
Saatchi & Saatchi Group
2001 Ed. (233)
2002 Ed. (92)
2003 Ed. (59)
Saatchi & Saatchi Healthcare Communications
2010 Ed. (127)
Saatchi & Saatchi Klerck & Barrett
1994 Ed. (115)
1995 Ed. (124)
1996 Ed. (138)
1997 Ed. (144)
Saatchi & Saatchi Laurent
1990 Ed. (153)
Saatchi & Saatchi Los Angeles
2002 Ed. (137)
Saatchi & Saatchi plc
1989 Ed. (104, 120)
1990 Ed. (113, 1231, 2934)
1991 Ed. (110, 1170)
1992 Ed. (161, 163, 164, 2961, 3942)
1996 Ed. (86, 101)
2001 Ed. (32, 105, 121, 132, 151,
164, 170, 186, 187, 198, 202, 206,
209, 218, 220, 221, 222, 232, 240,
241)
2002 Ed. (78, 104, 124, 128, 159,
178, 181, 191, 209)
2003 Ed. (44, 69, 72, 95, 127, 145,
148, 155, 180)

2004 Ed. (112)
2005 Ed. (117)
2007 Ed. (112)
Saatchi & Saatchi Telephone Directory
Advertising
2003 Ed. (181)
Saatchi & Saatchi U.K.
1989 Ed. (109)
Saatchi & Saatchi/Cordiant
2000 Ed. (139)
Saatchi & Saatchi/Pacific
1994 Ed. (126)
1998 Ed. (67)
2000 Ed. (125)
Sab
1995 Ed. (712)
SAB Miller
2004 Ed. (84, 95)
2005 Ed. (79)
2006 Ed. (88, 95)
2015 Ed. (2101)
2016 Ed. (2079)
Saba Islamic Bank
2009 Ed. (2759)
2010 Ed. (2684)
2011 Ed. (2673)
2012 Ed. (2601)
2014 Ed. (2669)
2016 Ed. (2634)
Saba Pete
2000 Ed. (292)
Saba Petroleum
1998 Ed. (151, 158)
Saba Software Inc.
2009 Ed. (1116)
Sabado Gigante
1993 Ed. (3531)
2006 Ed. (2856)
2007 Ed. (2847)
Sabafon
2010 Ed. (118)
Sabah Development Bank
1992 Ed. (770)
Sabah; Sheikh Jaber Al
1989 Ed. (732)
Sabah Yayincilik
2001 Ed. (86)
Sabal Park
2002 Ed. (3533)
Saban; Haim
2008 Ed. (4887)
2009 Ed. (4848)
2010 Ed. (4855)
2012 Ed. (4845)
Sabanci Bank
2003 Ed. (530)
2004 Ed. (546)
2006 Ed. (457)
Sabanci; Erol
2008 Ed. (4876)
Sabanci Group
2006 Ed. (2050)
2007 Ed. (2020)
2008 Ed. (2119)
2009 Ed. (2105)
2010 Ed. (2046)
2011 Ed. (2103)
Sabanci; Guler
2009 Ed. (4972, 4982)
2010 Ed. (4981)
2011 Ed. (4981)
2012 Ed. (4968, 4977, 4983)
2013 Ed. (4964, 4979)
2014 Ed. (4974)
2015 Ed. (5022)
2016 Ed. (4940)
Sabanci Holding
2000 Ed. (2868, 2869)
2002 Ed. (3030)
2006 Ed. (3229)
2007 Ed. (2576)
2009 Ed. (1813)
Sabanci Holding AS; Haci Omer
2012 Ed. (1943, 2153)
2013 Ed. (2107, 2356)
2014 Ed. (2039, 2288)
2015 Ed. (2088, 2372)
2016 Ed. (2070, 2318)
Sabanci; Sakip
2005 Ed. (4886)
Sabanci; Sevket
2008 Ed. (4876)
Sabathia; C. C.
2012 Ed. (432)
2013 Ed. (187)
Sabathia; CC
2015 Ed. (220)
2016 Ed. (216)
Sabatini; Nelson J.
1995 Ed. (3503)

Sabawi; Khaled
2013 Ed. (3484)
SABB
2013 Ed. (684)
Sabbagh; Sasib
2009 Ed. (4910)
SABC
2007 Ed. (78)
Sabeg; Yazid
2013 Ed. (3473)
Sabena
1990 Ed. (220)
1993 Ed. (192)
1995 Ed. (181)
2001 Ed. (307)
Sabena Group
2001 Ed. (306)
Sabena SA
2002 Ed. (256)
2004 Ed. (209)
Saber; Alex
2013 Ed. (3652)
Saber Rebai
2013 Ed. (3489)
SABESP
2013 Ed. (820, 882)
2014 Ed. (4008)
Sabesp
2000 Ed. (3851)
2012 Ed. (1654)
2014 Ed. (2844, 4842)
2015 Ed. (2885, 4879)
2016 Ed. (2811)
Sabesp. Cia. Saneam. Basico Est. Sao
Paulo
1996 Ed. (1304, 1305)
Sabesp Cia. Saneam. Basico Est. SP
1992 Ed. (1584)
1994 Ed. (1331, 1332, 1333, 1334)
Sabi Sabi Private Game Reserve
2015 Ed. (3167)
SABIC
2013 Ed. (946, 960)
2014 Ed. (899, 913, 919)
2015 Ed. (878, 926, 931, 936)
2016 Ed. (830, 836, 844, 852)
Sabic
1992 Ed. (1642, 1645)
2001 Ed. (1793)
2002 Ed. (1015, 1730, 4465, 4466,
4467)
2006 Ed. (853, 855, 856, 4534)
2007 Ed. (939, 943, 945, 946, 947,
948, 1801, 1971)
2008 Ed. (917, 920, 922, 925, 928,
1836, 1837, 1839, 1841, 1842,
2067)
2009 Ed. (926, 928, 930, 933, 1785,
1787, 1789, 1790, 1804, 1814,
2034)
2010 Ed. (866, 868, 870, 871, 872,
874, 877, 878, 1456, 1826, 1967,
1968)
2011 Ed. (793, 796, 798, 799, 800,
802, 805, 806, 808, 812, 2028)
2012 Ed. (751, 758, 759, 760, 761,
767, 769, 770, 773, 779, 1877)
2013 Ed. (684, 948, 953, 961, 962,
963, 968, 969, 2037)
2014 Ed. (901, 908, 911, 914, 915,
916, 918, 1972)
2015 Ed. (934, 937, 938, 941, 2017)
2016 Ed. (680, 840, 845, 846, 847,
850, 851, 1989)
SABIC Corp.
2013 Ed. (931)
SABIC Innovative Plastics
2012 Ed. (738)
SABIC Innovative Plastics Tampico
2015 Ed. (1824)
Sabic Luxembourg SARL
2007 Ed. (1860)
Sabic Marketing Co. Ltd.
1994 Ed. (3137, 3138)
Sabine Pass
2013 Ed. (3538)
Sabine Pass LNG
2012 Ed. (738)
Sabine River Authority, TX
1999 Ed. (3471)
Sabinsa
2001 Ed. (994)
Sable
2001 Ed. (487, 534)
Sable Developing
2003 Ed. (1167)
2004 Ed. (1175)
SABMiller
2007 Ed. (1976)
2013 Ed. (2126)

2014 Ed. (581, 2061, 2722)
2015 Ed. (649, 1399, 2022, 2777)
2016 Ed. (589, 1329, 2707)
SabMiller
2016 Ed. (601)
SABMiller Holdings
2014 Ed. (2230)
SABMiller plc
2004 Ed. (156, 230, 4683)
2005 Ed. (154, 236, 665, 668, 669,
2848, 3295, 4091)
2006 Ed. (256, 566, 567, 568, 571,
1220, 1718, 4536)
2007 Ed. (28, 31, 33, 78, 85, 610,
612, 614, 617, 1328, 1464, 1514,
1718)
2008 Ed. (33, 37, 71, 84, 96, 244,
556, 562, 565, 1747, 1837, 1841,
2755, 4204)
2009 Ed. (38, 80, 105, 571, 585, 591,
593, 595, 1683, 1789, 2801, 2804,
4300, 4737)
2010 Ed. (48, 113, 158, 254, 569,
576, 577, 578, 581, 1639, 2732,
4267)
2011 Ed. (81, 176, 497, 502, 503,
504, 506, 508, 509, 2109, 2716,
2717, 4268, 4702)
2012 Ed. (82, 187, 444, 457, 462,
465, 466, 468, 469, 470, 471, 472,
473, 474, 477, 2649, 2652, 4305,
4724)
2013 Ed. (75, 570, 572, 576, 583,
584, 585, 586, 587, 588, 589, 591,
2731, 2734, 4679)
2014 Ed. (93, 173, 582, 584, 594,
595, 596, 597, 599, 600, 601, 602,
603, 604, 2062, 3551)
2015 Ed. (99, 203, 650, 652, 663,
665, 666, 667, 669, 670, 671, 673,
674, 2023, 2026, 2111)
2016 Ed. (89, 590, 592, 605, 607,
608, 611, 612, 614, 2089)
Sabra Dipping Co.
2016 Ed. (2280)
Sabra Health Care REIT Inc.
2016 Ed. (1410)
Sabratek Corp.
1999 Ed. (1118, 2622)
2001 Ed. (1666)
Sabre Corp.
2016 Ed. (4697, 4698)
Sabre Fund Management Ltd.
1992 Ed. (1289)
The Sabre Group Holdings Inc.
1998 Ed. (1929, 3180)
Sabre Holdings
2013 Ed. (3185)
2015 Ed. (840, 3256)
Sabre Holdings Corp.
2013 Ed. (4717)
2015 Ed. (4793)
2016 Ed. (2056)
Sabre Holdings Inc.
2002 Ed. (911, 2811)
2003 Ed. (1091)
2004 Ed. (1104, 2824)
2005 Ed. (834, 2892)
2006 Ed. (2808, 3035, 4825)
2007 Ed. (2314, 2800, 3217, 4839)
2008 Ed. (2926, 3195, 4751)
2009 Ed. (3254, 4167)
2010 Ed. (2071, 3054, 3185, 4103,
4104, 4462, 4793, 4794)
2011 Ed. (2126, 3023, 4073, 4396,
4739)
2012 Ed. (2950, 4467, 4754)
2013 Ed. (3040)
2014 Ed. (3054)
2015 Ed. (3120)
Sabre Inc.
1989 Ed. (2315)
1990 Ed. (239)
1992 Ed. (1326)
2001 Ed. (4756)
2006 Ed. (761)
2007 Ed. (859)
Sabre Systems Inc.
2005 Ed. (1350)
Sabre Travel Information Network
2001 Ed. (4636)
Sabre Travel Network Mexico
2011 Ed. (1845)
Sabrett
2014 Ed. (2755, 2756)
Sabrett Food Products Corp.
2009 Ed. (2829)
Sabri; Hend
2013 Ed. (3489)
Sabrina-Teenage Witch

2000 Ed. (4217)
Sabritas
  1996 Ed. (1947)
Sabrix Inc.
  2011 Ed. (1036, 1038)
Sabrositas
  2001 Ed. (4289)
Sabuni Detergent
  2005 Ed. (86)
  2008 Ed. (92)
  2009 Ed. (101)
SAC Credit Union
  2002 Ed. (1877)
  2003 Ed. (1931)
  2004 Ed. (1971)
  2005 Ed. (2113)
SAC Federal Credit Union
  2006 Ed. (2208)
  2007 Ed. (2129)
  2008 Ed. (2244)
  2009 Ed. (2230)
  2010 Ed. (2184)
  2011 Ed. (2202)
  2012 Ed. (2063)
  2013 Ed. (2245)
  2014 Ed. (2177)
  2015 Ed. (2241)
  2016 Ed. (2212)
Sacca; Chris
  2016 Ed. (4771)
Sacco; Desmond
  2014 Ed. (4918)
  2015 Ed. (4958)
Sachdev; Ramesh & Pratibha
  2005 Ed. (4889)
  2008 Ed. (4897)
Sached Trust
  1994 Ed. (1906)
Sacher; Paul
  1997 Ed. (673)
Sachs; David
  1990 Ed. (1723)
Sachs; David A.
  1990 Ed. (1712)
Sachs Electric Co.
  1992 Ed. (1411)
  1997 Ed. (1162)
  1999 Ed. (1368)
  2009 Ed. (1299, 1318, 1319)
  2010 Ed. (1310)
  2011 Ed. (1227, 1249, 1275, 1276)
  2014 Ed. (1194)
  2015 Ed. (1252)
  2016 Ed. (1163)
Sachs Media Group
  2015 Ed. (4131, 4133)
  2016 Ed. (4047)
Sachsenmilch AG
  2004 Ed. (191)
SACI Falabella
  2012 Ed. (1414, 2124)
  2013 Ed. (1539, 2323, 4324)
  2014 Ed. (1505, 2253, 4375)
  2015 Ed. (1563, 2322)
  2016 Ed. (1497, 2276, 4247, 4261)
Sacia Italian Sauces & Pasta
  2002 Ed. (2312)
Sacit
  1992 Ed. (59)
The Sack of Rome
  2008 Ed. (610)
Sacker & Partners
  2009 Ed. (3499)
  2011 Ed. (3414)
Sack'N'Save
  1993 Ed. (1526)
Sacla Sauces
  1999 Ed. (2474)
Sacoin GmbH
  2013 Ed. (2903)
Sacombank
  2014 Ed. (418)
  2015 Ed. (475)
  2016 Ed. (423)
Sacos del Atlantico (Grupo Progreso) Guatemala
  2013 Ed. (1669)
Sacos del Atlantico Guatemala
  2013 Ed. (1537)
Sacramento-Arden-Arcade-Roseville, CA
  2009 Ed. (351)
Sacramento Bee
  1998 Ed. (81)
Sacramento, CA
  1989 Ed. (226)
  1990 Ed. (1156, 1656, 2160, 2486, 2487, 2550)
  1991 Ed. (1375, 1979, 1980, 1983, 2001, 2002, 2426, 3288)

1992 Ed. (344, 369, 1158, 1162, 2542, 2543, 2547, 2548, 2576, 2913, 3035, 3042, 3047, 3054, 3055, 3134, 3617)
  1993 Ed. (947, 2140, 2541)
  1994 Ed. (970, 2584)
  1995 Ed. (245, 1623, 2214, 2556)
  1996 Ed. (238, 3768)
  1997 Ed. (2337, 2764)
  1999 Ed. (2684, 3394)
  2001 Ed. (2795, 4922)
  2002 Ed. (2459, 2633, 2764)
  2003 Ed. (2124, 2699, 2875)
  2004 Ed. (2172, 2228, 3735)
  2005 Ed. (338, 2378, 2385, 2462, 4834)
  2006 Ed. (2970)
  2007 Ed. (4230)
  2009 Ed. (3237)
  2011 Ed. (2411, 3103)
Sacramento, CA, Municipal Utility District
  1991 Ed. (1494, 1496, 3158)
Sacramento, Calif. Municipal Utility District
  1990 Ed. (1595, 1597)
Sacramento (Calif.) Util. Dist.
  1990 Ed. (2640)
Sacramento Cogeneration Authority
  1998 Ed. (1377)
Sacramento County, CA
  1992 Ed. (1719)
  1995 Ed. (2218)
  1998 Ed. (2564)
  2008 Ed. (3473)
Sacramento International Airport
  2010 Ed. (245)
Sacramento Kings
  2003 Ed. (4508)
  2004 Ed. (657)
  2006 Ed. (548)
Sacramento Municipal Utility District
  1993 Ed. (1554, 1556, 3359)
  1994 Ed. (1591, 1592)
  1995 Ed. (1628, 1634, 1636)
  1996 Ed. (1610, 1611, 2725)
  1998 Ed. (1382, 1383)
  2001 Ed. (3867)
  2015 Ed. (3272)
Sacramento Municipal Utility District, CA
  1992 Ed. (1893, 1895, 4029)
  2000 Ed. (1727)
Sacramento Municipal Utility District, Sacramento, CA
  1990 Ed. (1484)
Sacramento Power Authority
  1998 Ed. (1377)
Sacramento Savings Bank
  1992 Ed. (3788)
  1993 Ed. (3087, 3088)
Sacramento Sport Association, CA
  1991 Ed. (2527)
Sacramento-Stockton, CA
  1994 Ed. (2039)
  2004 Ed. (187, 188, 2750)
Sacramento-Stockton-Modesto, CA
  1998 Ed. (69, 1943)
  2006 Ed. (4100)
Sacramento-Yolo, CA
  2003 Ed. (2827)
  2008 Ed. (3474)
Sacramento,CA
  1999 Ed. (2757)
Sacramento/Fresno, CA
  1994 Ed. (1104)
Sacred Heart Health Services
  2001 Ed. (1849)
  2003 Ed. (1822)
  2004 Ed. (1858)
  2005 Ed. (1961)
  2008 Ed. (2077)
  2009 Ed. (2048)
  2010 Ed. (1981)
  2011 Ed. (2043)
  2012 Ed. (1892)
  2013 Ed. (2049)
  2014 Ed. (1985)
  2015 Ed. (2033)
  2016 Ed. (2002)
Sacred Heart Hospital on the Emerald Coast
  2010 Ed. (3077)
Sacred Heart Medical Center
  2001 Ed. (1896)
  2003 Ed. (1847)
  2004 Ed. (1882)
  2005 Ed. (1998)
  2006 Ed. (2099)
  2007 Ed. (2055)
  2008 Ed. (2164)

2009 Ed. (2145)
  2010 Ed. (2085)
  2011 Ed. (2142)
  2012 Ed. (1987)
  2013 Ed. (2161)
Sacred Hearts Academy
  2007 Ed. (1750)
SACYR SA
  2002 Ed. (1327)
Sacyr Vallehermoso
  2012 Ed. (1042)
  2013 Ed. (1628)
Sacyr Vallehermoso SA
  2013 Ed. (1175)
  2014 Ed. (1128)
  2015 Ed. (1294)
Sad-Compagnie Generale de Travaux d'Hydraulique
  1999 Ed. (1393)
Saddam Hussein
  2004 Ed. (4878)
Saddle Butte Pipeline LLC
  2016 Ed. (3934, 4012)
Saddle Ridge at Beaver Creek
  1995 Ed. (2158)
Saddle River, NJ
  1989 Ed. (1634, 2773)
Saddleback BMW
  1990 Ed. (336)
  1991 Ed. (303)
  1992 Ed. (408)
Saddleback Memorial Medical Center
  2011 Ed. (3046)
  2012 Ed. (2983)
Sade
  2012 Ed. (3737)
  2013 Ed. (1137)
SADE-CGTH
  2006 Ed. (1317)
Sade-Compagnie Generale de Travaux D'Hydraulique
  2000 Ed. (1282)
Sadepan Chimica
  2001 Ed. (2507)
Saderat; Bank
  2005 Ed. (507)
Saderat Iran; Bank
  2005 Ed. (547)
  2006 Ed. (471)
  2007 Ed. (484)
  2008 Ed. (449)
Sadia
  1996 Ed. (1947)
  1997 Ed. (2047)
  1999 Ed. (2471)
  2000 Ed. (2228, 2229)
  2006 Ed. (2542, 4599)
  2013 Ed. (644, 2726)
  2014 Ed. (677)
Sadia SA
  2006 Ed. (3374)
  2008 Ed. (3551)
  2009 Ed. (3616)
  2010 Ed. (3540)
  2011 Ed. (3539)
Sadiel SA
  2006 Ed. (2022)
Sadler, David G.
  1992 Ed. (2057)
Sadove; Stephen I.
  2009 Ed. (2660)
S.A.E. Pinkerton & Laws
  1993 Ed. (3306, 3308)
  1994 Ed. (3298)
SAE Sadelmi SpA
  1991 Ed. (1091)
SAE (Societe Auxiliaire d'Enterprises)
  1994 Ed. (1164)
SAE-Societe Auxiliaire d'Entreprises
  1990 Ed. (1209)
  1991 Ed. (1097)
SAE Spaw-Glass
  1994 Ed. (1138)
SAE/Carlson
  1993 Ed. (1093)
Saedong Accounting Corp.
  1997 Ed. (16)
Saehan Bancorp
  2002 Ed. (3554)
Saeil Heavy Industries
  1996 Ed. (2445)
Saelig Co., Inc.
  2009 Ed. (4952)
Saenz
  2000 Ed. (459)
Saenz; Thomas
  2011 Ed. (2949)
Saeshe Advertising
  2003 Ed. (32)
  2004 Ed. (108)

2005 Ed. (104)
SAExploration Inc.
  2016 Ed. (1352)
Saf-T-Pops
  1994 Ed. (853)
  1995 Ed. (893, 898)
Safari
  2001 Ed. (488)
Safari for Men
  1997 Ed. (3031)
Safari Products Inc.
  1992 Ed. (4367, 4369)
Safari Tech Books Online
  2004 Ed. (3163)
Safari World
  2000 Ed. (3876)
Safaricom
  2004 Ed. (59)
  2005 Ed. (54)
  2006 Ed. (61)
  2009 Ed. (62)
  2013 Ed. (688, 3379)
  2015 Ed. (1400)
  2016 Ed. (1330)
SAFE
  2006 Ed. (4273)
Safe Auto Insurance Co.
  2016 Ed. (2572)
Safe Bulkers
  2010 Ed. (4445, 4446)
Safe Credit Union
  2002 Ed. (1891)
  2003 Ed. (1945)
  2004 Ed. (1985)
  2005 Ed. (2127)
  2006 Ed. (2222)
  2007 Ed. (2143)
  2008 Ed. (2258)
  2009 Ed. (2244)
  2010 Ed. (2198)
  2011 Ed. (2216)
  2012 Ed. (2077)
  2013 Ed. (2262, 2263)
  2014 Ed. (2196)
  2015 Ed. (2259, 2260)
  2016 Ed. (2230, 2231)
S.A.F.E. Federal Credit Union
  1998 Ed. (1218, 1226)
Safe Haven
  2012 Ed. (453)
  2014 Ed. (579)
  2015 Ed. (644)
Safe Home Security Inc.
  2005 Ed. (4293)
  2006 Ed. (4269)
Safe Ride Services Inc.
  2005 Ed. (1650, 3308, 3309)
  2006 Ed. (1545, 3296, 3297)
  2007 Ed. (1575, 3357, 3358)
Safe Ship
  2014 Ed. (4075)
  2015 Ed. (4059)
  2016 Ed. (3965)
Safe-T-Bak
  1990 Ed. (3335)
SafeBoot Corp.
  2009 Ed. (1116)
Safeco Asset
  2003 Ed. (3485, 3503)
  2005 Ed. (3574)
Safeco Asset Management
  2004 Ed. (710, 3600)
Safeco Core Equity Investment
  2006 Ed. (3620)
Safeco Corp.
  1989 Ed. (1742)
  1990 Ed. (2272, 2273)
  1991 Ed. (2140, 2142)
  1992 Ed. (2703, 2705)
  1993 Ed. (2246, 2250, 3295)
  1994 Ed. (2229, 2230, 2231, 2277, 3287)
  1995 Ed. (2268, 2276, 2278, 2287, 2319, 2328, 3366)
  1996 Ed. (1460, 2284, 2285)
  1998 Ed. (2129, 2130, 2208)
  1999 Ed. (2914)
  2000 Ed. (303, 1582, 2720, 2731, 3932)
  2002 Ed. (1796, 2962)
  2004 Ed. (1884, 3035)
  2005 Ed. (2000, 3053)
  2006 Ed. (2072, 2078, 2082, 2101)
  2007 Ed. (1496, 2057, 2903, 3105)
  2008 Ed. (1490, 2137, 2138, 2146, 2166)
  2009 Ed. (2123, 2124, 2130, 2148)
  2010 Ed. (2057, 2058, 2068)
  2011 Ed. (1373, 2112, 2113, 2123)
Safeco Equity

1995 Ed. (2678, 2698, 2704, 2735)
1996 Ed. (2753, 2774, 2789, 2801)
1997 Ed. (2873)
1998 Ed. (2610)
2000 Ed. (3236)
Safeco Equity Fund
2003 Ed. (3514)
SAFECO Equity No Ld
1999 Ed. (3574)
Safeco GNMA
1996 Ed. (2810)
1999 Ed. (3554)
Safeco GNMA Fund
2003 Ed. (1847)
Safeco Growth
1999 Ed. (3506, 3507, 3559)
2000 Ed. (3224)
Safeco Growth No Load
1999 Ed. (3560, 3561)
Safeco Growth Opportunities
2003 Ed. (3516)
Safeco Growth Opportunity Investment
2004 Ed. (3576)
Safeco High-Yield Bond
2000 Ed. (766)
Safeco Income
1990 Ed. (2385)
1991 Ed. (2560)
1998 Ed. (2595, 2611)
Safeco Insurance Companies
1990 Ed. (2264)
Safeco Insurance Cos.
1991 Ed. (2135)
1996 Ed. (2301)
1997 Ed. (1529, 2416, 2417, 2431, 2471)
1998 Ed. (1192, 2152, 2213)
1999 Ed. (1750, 2934, 2984)
2000 Ed. (2737)
2002 Ed. (2867, 2894, 2976)
2003 Ed. (1552, 1849, 2958, 2981, 2986)
2004 Ed. (3095)
2005 Ed. (3098, 3099)
2006 Ed. (3090, 3113, 3114)
Safeco Insured Muni Bond
1999 Ed. (3571)
Safeco, Interm.-T U.S. Treasury
1996 Ed. (2811)
Safeco Interm-Term U.S.
2000 Ed. (3269)
Safeco Life
1999 Ed. (4697)
2002 Ed. (2904)
Safeco Life Insurance
1993 Ed. (3295)
1994 Ed. (3287)
1999 Ed. (2938, 2939, 2941, 2942)
Safeco Life MainSail Growth
2000 Ed. (4335)
Safeco Life MainSail Wanger US Small
Cap Advisor
2000 Ed. (4335)
Safeco Life Resource B Growth Q
2000 Ed. (4335)
Safeco Life Spinnaker Q Growth
2000 Ed. (4335)
Safeco Minicipal Bond-Investment
2006 Ed. (602)
Safeco Muni Bond
2000 Ed. (771)
Safeco Municipal Bond
1990 Ed. (2389)
1993 Ed. (2667, 2678)
1994 Ed. (2611, 2644)
1995 Ed. (2746)
1997 Ed. (2904)
Safeco Municipal Bond Investment
2004 Ed. (704)
Safeco Municipal Bond No Load
1999 Ed. (3571, 3572)
Safeco U.S. Government Securities
1995 Ed. (2744)
Safecorp Group
2002 Ed. (3781)
Safeguard
1998 Ed. (3330)
1999 Ed. (4351)
2000 Ed. (4069)
2001 Ed. (4297)
2002 Ed. (4304)
2003 Ed. (643, 4463)
2008 Ed. (4451)
Safeguard Forms & Systems
2015 Ed. (4068)
Safeguard Health Plans Inc.
1999 Ed. (1832)
Safeguard Scientifics Inc.
1997 Ed. (2934)
2003 Ed. (2477)

2005 Ed. (1362)
2007 Ed. (2715)
2008 Ed. (2848, 2849)
2009 Ed. (2899, 2900)
Safeguard Security & Communications
Inc.
2006 Ed. (4271)
2008 Ed. (4297)
2009 Ed. (4404)
Safeguard Web & Graphics
2014 Ed. (4079)
2015 Ed. (4064, 4076)
Safeguard Web & Graphics (SWAG)
2016 Ed. (3971)
SafeHome Security
2005 Ed. (4284)
Safelite AutoGlass
2015 Ed. (4423)
Safelite Autoglass Inc.
2011 Ed. (4090)
Safelite Group Inc.
2016 Ed. (1925)
Safend
2011 Ed. (2911)
2012 Ed. (2848)
SafeNet
2006 Ed. (3042, 3694)
2007 Ed. (2712)
2008 Ed. (1137, 2846)
2010 Ed. (1112)
2011 Ed. (1051)
2012 Ed. (978)
2013 Ed. (1121)
2014 Ed. (1084)
2015 Ed. (1122)
SafeRent Inc.
2003 Ed. (2179)
2004 Ed. (3970)
Safes
1992 Ed. (3831)
Safeskin
1996 Ed. (2054, 3444)
1998 Ed. (2724, 3313)
1999 Ed. (4331)
Safety
1993 Ed. (1595)
Safety 1st
1995 Ed. (3201)
2016 Ed. (3087)
Safety audits
2005 Ed. (3618)
Safety First
1996 Ed. (3454)
1997 Ed. (2977)
2015 Ed. (2399)
Safety Godown
1990 Ed. (2046)
Safety-Kleen Corp.
1989 Ed. (2476, 2654)
1990 Ed. (1528)
1991 Ed. (2017, 3100)
1992 Ed. (3935, 3937, 3939)
1993 Ed. (3240, 3347, 3390)
1994 Ed. (3233, 3351, 3352)
1995 Ed. (3410, 3411)
1996 Ed. (1286, 3469, 3470)
1997 Ed. (3132, 3498, 3536)
1998 Ed. (1477, 3287)
1999 Ed. (4283, 4285)
2000 Ed. (1859, 4372)
2001 Ed. (3832, 3833, 3834, 4733)
2002 Ed. (4782)
2003 Ed. (1821)
Safety-Kleen Services Inc.
2003 Ed. (1820)
Safety-Kleen Systems Inc.
2008 Ed. (4816)
2009 Ed. (4840)
2010 Ed. (4124, 4848)
2011 Ed. (4089, 4814)
2012 Ed. (4123, 4831)
Safety Management Group
2012 Ed. (3776)
Safety Management Group of Indiana
Inc.
2008 Ed. (3808)
2009 Ed. (3852)
2010 Ed. (3771)
2011 Ed. (3775)
Safety National
2011 Ed. (3209)
Safety National Casualty Corp.
2014 Ed. (3290)
Safety program assistance
2005 Ed. (3618)
Safety Resources LLC
2005 Ed. (3615)
2006 Ed. (3732)
2007 Ed. (3715)
2008 Ed. (3808)

2009 Ed. (3852)
2010 Ed. (3771)
2011 Ed. (3775)
2012 Ed. (3776)
Safety & Security Services Inc.
2008 Ed. (3727, 4422)
Safeware Inc.
2006 Ed. (4357)
2007 Ed. (4425)
Safeway
2013 Ed. (2725)
2015 Ed. (1370, 1372, 2757, 4354, 4606, 4607)
2016 Ed. (4521)
Safeway Canada
1992 Ed. (4172)
Safeway District Office
2007 Ed. (1567)
Safeway Food & Drug
2007 Ed. (1710, 1946, 4019, 4170, 4171)
2008 Ed. (1739, 2028, 4046, 4211, 4212)
2009 Ed. (1680, 1992, 4116, 4306, 4307)
2010 Ed. (1636, 1932, 4049, 4284, 4285)
2011 Ed. (1646, 4027, 4276)
Safeway Inc.
1989 Ed. (867, 2813, 2902)
1990 Ed. (1507, 3028, 3498)
1992 Ed. (1814)
1993 Ed. (826, 863, 864, 866, 960, 1034, 1492, 1495, 1955, 1956, 1997, 3040, 3041, 3042, 3050, 3066, 3493, 3494, 3495, 3496, 3497, 3498)
1994 Ed. (886, 1065, 1539, 1542, 1977, 1990, 2939, 3095, 3096, 3101, 3102, 3129, 3464, 3465, 3466, 3467, 3468)
1995 Ed. (343, 916, 1077, 1569, 1572, 1573, 2003, 2004, 2444, 3143, 3146, 3178, 3524, 3531, 3532, 3533, 3535, 3538)
1996 Ed. (1307, 1556, 1559, 1560, 1929, 3238, 3613, 3614, 3619, 3620, 3621, 3622, 3623)
1997 Ed. (329, 924, 1369, 1625, 1626, 2026, 2151, 2629, 2790, 3176, 3341, 3343, 3660, 3667, 3668, 3670, 3671, 3672, 3673, 3674, 3675, 3676, 3677, 3678)
1998 Ed. (264, 667, 1128, 1296, 1711, 3079, 3082, 3089, 3443, 3444, 3449, 3450, 3451, 3452, 3453, 3454, 3455, 3456, 3457)
1999 Ed. (174, 175, 368, 783, 784, 1244, 1414, 1505, 1591, 1921, 2462, 2603, 2703, 4091, 4092, 4094, 4100, 4216, 4515, 4518, 4519, 4520, 4521, 4522, 4523, 4694)
2000 Ed. (372, 960, 961, 1396, 1686, 1714, 2219, 2221, 2266, 2346, 2489, 3810, 3812, 4163, 4166, 4167, 4168, 4169, 4170)
2001 Ed. (262, 1649, 1653, 2462, 2476, 4090, 4093, 4097, 4098, 4404, 4416, 4417, 4418, 4419, 4420, 4421, 4422, 4423, 4696)
2002 Ed. (1602, 1623, 2294, 4041, 4042, 4043, 4524, 4525, 4526, 4529, 4530, 4531, 4532, 4533, 4534, 4535, 4536)
2003 Ed. (897, 898, 1559, 1603, 1627, 1628, 1658, 2272, 2275, 2510, 4168, 4169, 4170, 4171, 4183, 4184, 4186, 4563, 4629, 4631, 4632, 4633, 4634, 4635, 4640, 4645, 4648, 4649, 4650, 4651, 4653, 4655, 4656, 4657, 4658, 4659, 4660, 4661, 4662, 4663, 4664, 4665)
2004 Ed. (917, 1659, 1660, 2140, 2147, 2306, 2964, 4194, 4195, 4613, 4614, 4615, 4620, 4621, 4622, 4624, 4625, 4626, 4627, 4629, 4630, 4631, 4634, 4635, 4637, 4638, 4641, 4646, 4647)
2005 Ed. (908, 1566, 1576, 1677, 1681, 1683, 1687, 2008, 2243, 2390, 3487, 3929, 3989, 4099, 4114, 4115, 4124, 4547, 4548, 4549, 4552, 4553, 4554, 4555, 4556, 4557, 4558, 4559, 4562, 4563, 4565, 4566)
2006 Ed. (821, 826, 1583, 1586, 1588, 1590, 2431, 2714, 4003, 4025, 4152, 4166, 4167, 4626, 4627, 4628, 4631, 4632, 4633,

4634, 4635, 4636, 4637, 4638, 4639, 4640, 4641, 4642)
2007 Ed. (911, 915, 1513, 1535, 1608, 1610, 1612, 1793, 2232, 2234, 2238, 2376, 2710, 4187, 4611, 4612, 4613, 4614, 4615, 4616, 4617, 4619, 4620, 4621, 4623, 4624, 4625, 4626, 4627, 4628, 4633, 4634, 4635, 4642)
2008 Ed. (892, 894, 1519, 1591, 1598, 1610, 1828, 2493, 3612, 4093, 4094, 4223, 4224, 4560, 4561, 4562, 4563, 4564, 4566, 4567, 4568, 4569, 4570, 4571, 4572, 4573, 4575)
2009 Ed. (901, 903, 1482, 1526, 1536, 1547, 1776, 1781, 2347, 2500, 3679, 4206, 4313, 4340, 4590, 4591, 4592, 4593, 4594, 4596, 4597, 4599, 4600, 4601, 4602, 4603, 4604, 4605, 4609, 4611, 4617, 4619, 4620)
2010 Ed. (851, 1520, 1530, 1536, 2092, 2272, 2415, 4141, 4142, 4361, 4624, 4625, 4626, 4627, 4628, 4630, 4631, 4632, 4633, 4634, 4638, 4641, 4646, 4647)
2011 Ed. (773, 1512, 1526, 1534, 1728, 2277, 2278, 2418, 2761, 3601, 4141, 4142, 4580, 4581, 4582, 4583, 4584, 4585, 4586, 4587, 4588, 4589, 4593, 4594, 4596)
2012 Ed. (72, 714, 1360, 1372, 1376, 1378, 1381, 1997, 2169, 2170, 2340, 2750, 4174, 4587, 4588, 4589, 4590, 4594, 4595, 4596, 4597, 4598, 4601)
2013 Ed. (67, 919, 1464, 1471, 1473, 1474, 1480, 2186, 2367, 2370, 2371, 2515, 2614, 4161, 4530, 4537, 4541, 4542, 4543, 4544, 4545, 4549, 4551, 4555)
2014 Ed. (86, 864, 1359, 1426, 1429, 1444, 1538, 2303, 2782, 4113, 4179, 4429, 4588, 4595, 4598, 4599, 4600, 4603, 4606, 4608)
2015 Ed. (903, 1488, 1491, 1503, 1590, 2386, 2828, 4092, 4093, 4160, 4339, 4375, 4376, 4411, 4500, 4586, 4594, 4595, 4596, 4599, 4603, 4604, 4608)
2016 Ed. (1355, 1422, 1438, 2143, 4010, 4074, 4240, 4242, 4432, 4515, 4516, 4522, 4525, 4526)
Safeway Insurance Group
2004 Ed. (3040)
Safeway Magazine
2000 Ed. (3497, 3498)
2002 Ed. (3635)
Safeway New Canada Inc.
2001 Ed. (1652)
2003 Ed. (1626)
2004 Ed. (1658)
Safeway Northwest Central Credit
Union
2002 Ed. (1887)
2003 Ed. (1941)
2004 Ed. (1981)
2005 Ed. (2123)
2006 Ed. (2218)
Safeway plc
2001 Ed. (4818)
2006 Ed. (1431, 1438)
Safeway Select Gift Source Inc.
2014 Ed. (1353)
2015 Ed. (1430)
2016 Ed. (1353)
Safeway Stores
1989 Ed. (361, 920, 1024, 2320, 2327)
1990 Ed. (1019, 2440, 3027, 3042, 3249, 3496)
1991 Ed. (219, 879, 949, 951, 1010, 1422, 1425, 1822, 1823, 2309, 2646, 2887, 2888, 2895, 3241, 3256, 3257, 3258, 3259, 3260, 3472)
1992 Ed. (4170, 4171)
1996 Ed. (2031, 2486, 3240, 3241, 3612)
1998 Ed. (1844)
2002 Ed. (3790)
2003 Ed. (2621)
2004 Ed. (2738)
2005 Ed. (1987, 2736, 2737)
Safeway Stores, Bakery Div.
1989 Ed. (360)
Safeway Stores plc
2004 Ed. (4929)
Saffar; Rula

CUMULATIVE INDEX 1989-2016

2013 Ed. (3474)
Saffer Advertising Inc.
  1990 Ed. (85)
  1991 Ed. (83, 84)
  1992 Ed. (130, 132, 215)
  1993 Ed. (85)
  1994 Ed. (123)
Saffloa
  2003 Ed. (3311)
  2008 Ed. (3589)
Safford Automotive Group
  2015 Ed. (257)
Safilo
  1992 Ed. (3303)
Safilo Group
  1995 Ed. (2814)
  1996 Ed. (2873)
  1997 Ed. (2968)
  2001 Ed. (3593)
Saflink Corp.
  2006 Ed. (2074)
  2007 Ed. (1240)
Safmarine
  2003 Ed. (2418, 2419)
  2004 Ed. (2538, 2539)
Safmarine Container Lines NV
  2001 Ed. (4624)
  2002 Ed. (4673)
Safra
  2001 Ed. (604)
  2007 Ed. (754)
  2008 Ed. (733)
Safra A. Catz
  2010 Ed. (4990)
  2011 Ed. (4987)
Safra Catz
  2006 Ed. (4974)
  2007 Ed. (4974)
  2008 Ed. (2636)
  2012 Ed. (4959)
  2013 Ed. (4967)
  2014 Ed. (4976)
Safra; Joseph
  2008 Ed. (4854, 4878)
  2009 Ed. (4880)
  2010 Ed. (4881, 4902)
  2011 Ed. (4869, 4899)
  2012 Ed. (4854, 4877)
  2013 Ed. (4851, 4859)
  2014 Ed. (4873)
  2015 Ed. (4911)
  2016 Ed. (4827)
Safra; Joseph & Moise
  2005 Ed. (4881)
  2006 Ed. (4925)
  2007 Ed. (4913)
Safra; Lily
  2007 Ed. (4924)
  2009 Ed. (4918)
  2010 Ed. (4922)
  2012 Ed. (4911, 4922)
  2013 Ed. (4889)
  2014 Ed. (4902)
  2015 Ed. (4942)
  2016 Ed. (4857)
Safra; Moise
  2008 Ed. (4854)
  2009 Ed. (4880)
  2010 Ed. (4881)
  2011 Ed. (4869)
Safra National Bank of New York
  2001 Ed. (642)
Safra Republic Holdings
  1994 Ed. (2417)
  1996 Ed. (2556)
  1997 Ed. (2693)
  1999 Ed. (3280)
  2000 Ed. (473, 478, 3018)
  2002 Ed. (3219, 3221)
SAFRAN
  2014 Ed. (2558)
Safran
  2007 Ed. (180)
  2015 Ed. (2303)
  2016 Ed. (99, 109)
Safran SA
  2009 Ed. (184, 2474)
  2010 Ed. (1046)
  2011 Ed. (85, 976)
  2012 Ed. (90, 92, 93, 895, 2114,
    3811)
  2013 Ed. (828, 1052, 2298, 2299,
    2308)
  2014 Ed. (1016, 2236, 2237, 2244)
  2015 Ed. (1051, 2301, 2302, 2312)
  2016 Ed. (97, 98, 959)
Safren
  1990 Ed. (1417)
  1991 Ed. (1344)
  1993 Ed. (1393, 1394)

1995 Ed. (1485)
Safwan Dahoul
  2013 Ed. (906, 3488)
Safway Group
  2015 Ed. (1271)
  2016 Ed. (1184, 1186)
SAG AG
  2001 Ed. (1363)
Sag Harbor
  1997 Ed. (1039)
Saga
  1990 Ed. (3474)
  1994 Ed. (2700, 2701)
  2000 Ed. (35, 3396)
  2007 Ed. (713)
Saga; Bank of
  2007 Ed. (473)
Saga Communications Inc.
  2001 Ed. (3972)
  2004 Ed. (777)
Saga Falabella
  2013 Ed. (2012)
  2014 Ed. (1944)
Saga Magazine
  2008 Ed. (3534)
Saga Petroleum
  1991 Ed. (2647, 2648)
  1992 Ed. (3305, 3306)
  1993 Ed. (2745, 2746)
  1996 Ed. (2876, 2877)
  1997 Ed. (2970)
  1999 Ed. (3661, 3662)
  2000 Ed. (3382)
  2001 Ed. (1553)
Saga Services
  2009 Ed. (2323)
  2010 Ed. (2253)
  2011 Ed. (2260)
  2012 Ed. (2128)
  2013 Ed. (2324)
Sagami Railway
  2007 Ed. (1838)
Saganoseki
  2001 Ed. (1500, 1501)
Sagaponack, NY
  2007 Ed. (3000)
  2013 Ed. (3125)
  2014 Ed. (3124)
  2015 Ed. (3185)
  2016 Ed. (3042)
Sage
  2000 Ed. (4131)
  2006 Ed. (1146)
  2016 Ed. (1021)
Sage Advisory Services
  2000 Ed. (2817)
Sage Capital Recovery
  2014 Ed. (1005)
Sage Collective
  2013 Ed. (3622)
  2014 Ed. (3560)
Sage Data Security LLC
  2015 Ed. (1797)
  2016 Ed. (1751)
Sage Development Resources
  1993 Ed. (2080, 2081)
Sage Enterprise Solutions
  2003 Ed. (1113)
Sage Foundation; Russell
  1989 Ed. (1476)
Sage Group
  2005 Ed. (1157)
The Sage Group plc
  1994 Ed. (993)
  1995 Ed. (1006)
  2001 Ed. (1886)
  2006 Ed. (4094)
  2007 Ed. (1236, 1262)
  2008 Ed. (1121)
  2009 Ed. (1117)
  2010 Ed. (1098)
  2011 Ed. (1031, 1062, 1414)
  2012 Ed. (961, 989)
  2013 Ed. (1104, 1105)
  2014 Ed. (1063, 1064)
  2015 Ed. (1101)
  2016 Ed. (1010, 1012)
Sage Holding Co.
  1998 Ed. (754)
Sage Home Entertainment; Dennis
  2008 Ed. (2986)
Sage Hospitality
  2011 Ed. (3065)
  2012 Ed. (2996, 3008)
  2013 Ed. (3083)
  2014 Ed. (1532)
  2015 Ed. (1583)
  2016 Ed. (1511)
Sage Hospitality Resources
  2005 Ed. (2921)

2007 Ed. (2936)
  2009 Ed. (3166)
  2010 Ed. (3097)
Sage Life
  1993 Ed. (2231)
  1995 Ed. (2315)
Sage Products
  2007 Ed. (4392)
  2008 Ed. (4345)
  2009 Ed. (4448)
  2011 Ed. (2864, 4426)
Sage Software Healthcare Inc.
  2008 Ed. (2885, 2903)
Sage Technologies Inc.
  1995 Ed. (2819)
  1996 Ed. (1194)
Sage Telecom, Inc.
  2003 Ed. (2706)
Sage Worldwide
  1992 Ed. (3760)
Sage Worldwide Promotions
  1989 Ed. (2351)
  1990 Ed. (3077, 3082, 3083)
Sagebrush Cantina
  2000 Ed. (3801)
  2002 Ed. (4035)
Sagebrush Corp.
  2001 Ed. (4060, 4061)
  2002 Ed. (2516)
  2003 Ed. (2721)
  2004 Ed. (3257)
  2005 Ed. (3285, 3288)
  2006 Ed. (3277, 3278)
Sagem
  1997 Ed. (174)
Sagem SA
  2001 Ed. (528)
  2004 Ed. (2185)
Sagent Pharmaceuticals Inc.
  2014 Ed. (2927)
  2015 Ed. (1694)
Sager Electronics
  1996 Ed. (1636)
  1997 Ed. (1711)
  1998 Ed. (1408, 1411, 1416)
  1999 Ed. (1985, 1986, 1988)
  2000 Ed. (1766, 1767)
  2001 Ed. (2207, 2208, 2212)
  2002 Ed. (2090, 2091)
Sageview Advisory Group LLC
  2013 Ed. (3391)
  2014 Ed. (3393)
Sagi; Teddy
  2014 Ed. (4894)
  2015 Ed. (4933)
  2016 Ed. (4849)
Sagicor Financial Corp.
  2006 Ed. (4485)
Saginaw-Bay City-Midland, MI
  1992 Ed. (2541, 3034)
  1993 Ed. (2115)
  1999 Ed. (4054)
  2003 Ed. (3903)
Saginaw Medical Credit Union
  2013 Ed. (2220)
  2014 Ed. (2152)
Saginaw, MI
  1993 Ed. (2542)
  1996 Ed. (2204)
  1997 Ed. (3525)
  2005 Ed. (2026)
  2007 Ed. (2369)
  2009 Ed. (2497)
  2010 Ed. (2410)
  2011 Ed. (3480)
Saginaw-Saginaw Township North, MI
  2012 Ed. (3499)
  2014 Ed. (3520)
Sagit
  1989 Ed. (38)
Sagit SpA
  1990 Ed. (35)
Saguache County Credit Union
  2009 Ed. (2187)
Saguenay, Quebec
  2006 Ed. (3317)
  2007 Ed. (3377)
  2008 Ed. (3487, 3491, 3493)
  2009 Ed. (3559)
  2010 Ed. (3477, 3480)
SAH (Lilas)
  2009 Ed. (103)
  2010 Ed. (111)
Saha Airlines
  2012 Ed. (156)
Saha Pathanapibul
  1989 Ed. (1167)
  1991 Ed. (52)
  1994 Ed. (47)
  2000 Ed. (1576)

Saha Union
  1989 Ed. (1168)
  1990 Ed. (1429)
  1991 Ed. (1358, 1359, 2942)
  1992 Ed. (1706, 1707, 3824)
  1993 Ed. (1412)
  1994 Ed. (1466)
  1995 Ed. (1501, 1502, 1503)
  1999 Ed. (207, 4301)
  2000 Ed. (230, 4013)
Sahamit Machinery
  2015 Ed. (2085)
Sahara Bank
  1989 Ed. (451, 461)
  1991 Ed. (434, 591)
  1992 Ed. (589, 760)
  1993 Ed. (552)
  1994 Ed. (416, 554)
  1995 Ed. (409)
  1996 Ed. (436, 584)
  1997 Ed. (401, 540)
  1999 Ed. (458, 577)
  2000 Ed. (449, 595)
  2002 Ed. (609)
  2003 Ed. (574)
  2004 Ed. (582)
  2005 Ed. (571)
  2006 Ed. (492)
Sahara Casino Ptnrs.
  1990 Ed. (2966)
Sahara Computers & Electronics Ltd.
  2009 Ed. (861)
Sahara Inc.
  1991 Ed. (3169, 3172)
  1992 Ed. (4050, 4053)
  1993 Ed. (3373)
  2008 Ed. (1344)
Sahara Petroleum Exploration Corp.
  2007 Ed. (877)
Sahatry; Hesham El
  2013 Ed. (3475)
Sahaviriya Group
  1995 Ed. (1503)
Sahenk; Ferit
  2006 Ed. (4928)
  2009 Ed. (4900)
  2010 Ed. (4900)
  2011 Ed. (4888)
Sahenk; Ferit Faik
  2012 Ed. (4896)
  2013 Ed. (4919)
  2014 Ed. (4926)
  2015 Ed. (4966)
  2016 Ed. (4883)
Sahenk; Filiz
  2010 Ed. (4900)
  2011 Ed. (4888)
  2012 Ed. (4896)
  2013 Ed. (4919)
  2014 Ed. (4926)
  2015 Ed. (4966)
  2016 Ed. (4883)
Saher; Kazim Al
  2013 Ed. (3476)
Sahibinden Bilgi Teknolojileri AS
  2012 Ed. (2854)
Sahlen & Associates
  1989 Ed. (2501)
Sahlgrenska University Hospital
  2011 Ed. (3054)
Sahlman Holding Co., Inc.
  2001 Ed. (2446)
  2004 Ed. (2625)
Sahlman Seafoods Inc.
  2001 Ed. (2446)
  2004 Ed. (2625)
  2005 Ed. (2614)
SAI
  1992 Ed. (1618)
SAI Automotive AG
  1999 Ed. (1206)
  2000 Ed. (1125)
  2002 Ed. (1087)
Saia Inc.
  2011 Ed. (4768)
  2012 Ed. (4790)
  2013 Ed. (4751)
  2014 Ed. (4801)
  2015 Ed. (4836)
  2016 Ed. (4739)
Saia Motor Express
  1993 Ed. (3632)
SAIA Motor Freight Line Inc.
  1994 Ed. (3592)
  1995 Ed. (3671)
  1998 Ed. (3643)
  1999 Ed. (4687)
  2004 Ed. (4791)
  2009 Ed. (4794)
  2010 Ed. (4812, 4818)

2011 Ed. (4762, 4777)
2012 Ed. (4784)
2013 Ed. (4761)
2014 Ed. (4812)
2015 Ed. (4847)
2016 Ed. (4751)
SAIC
2001 Ed. (2870)
2006 Ed. (1355, 1356, 1363, 1366,
    1368, 1372, 1376, 2247, 2482,
    2483, 3932, 4872)
2007 Ed. (184, 1395, 1396, 1398,
    1400, 1402, 1404, 1405, 1406,
    1410, 1414, 1415, 1417, 1535,
    2171, 2172, 2449, 3066, 3068)
2008 Ed. (163, 1348, 1349, 1352,
    1354, 1355, 1358, 1361, 1362,
    1368, 1371, 1372, 1373, 1519,
    2286, 2287, 2577, 2885, 2903,
    3203, 4289, 4802)
2009 Ed. (187, 1348, 1352, 1355,
    1357, 1360, 1363, 1368, 1371,
    1372, 1374, 1419, 1538, 2152,
    2274, 2275, 2603, 3264, 3267,
    3530)
2010 Ed. (168, 1336, 1339, 1341,
    1342, 1344, 1347, 1352, 1357,
    1358, 1360, 2092, 2229, 2506,
    2507, 2531, 2538, 3197, 3199)
2011 Ed. (87, 1321, 1324, 1326,
    1327, 1329, 1331, 1333, 1341,
    1345, 1346, 1348, 2139, 2140,
    2246, 2248, 2508, 2509, 2533,
    3160, 3163, 4390, 4549)
2012 Ed. (84, 89, 967, 1187, 1190,
    1192, 1193, 1195, 1197, 1199,
    1206, 1210, 1211, 1213, 1982,
    1983, 1984, 2110, 2111, 2112,
    2113, 2429, 2430, 2468, 2469,
    2476, 2478, 2479, 2480, 3116,
    3120, 4452, 4453)
2013 Ed. (1196, 1309, 1313, 1320,
    1323, 1361, 2295, 2558, 2592,
    2618, 2620, 2621, 2622, 2623,
    4812)
2014 Ed. (1243, 1247, 1254, 1257,
    2081, 2088, 2119, 2233, 2523,
    2579, 2581, 2582, 3216)
2015 Ed. (1301, 1305, 1311, 1313,
    2298, 2597, 2619, 2621, 2948,
    4421)
2016 Ed. (1223, 3118, 4315)
SAIC Fairfax
2006 Ed. (3318)
SAIC Inc.
2013 Ed. (9, 10, 2146, 2300, 2307,
    2595, 2596, 3197)
2014 Ed. (6, 1047, 1308, 2079, 2082,
    2238, 2243, 2522, 3209)
2015 Ed. (6, 2133, 2596)
SAIC Motor
2009 Ed. (3621)
2010 Ed. (3543)
2011 Ed. (1580, 3542)
2012 Ed. (236, 1420, 1421, 3535)
2013 Ed. (230)
2014 Ed. (234, 243)
2015 Ed. (270, 285)
2016 Ed. (266, 281)
Saic Motor
2014 Ed. (240)
2015 Ed. (281)
2016 Ed. (276)
SAIC Motor Co., Ltd.
2014 Ed. (244)
2015 Ed. (286)
2016 Ed. (282)
SAIC Motor Corp.
2014 Ed. (4785)
SAIC Motor Corp., Ltd.
2013 Ed. (3580)
2014 Ed. (3547)
2015 Ed. (3570)
Saicon Consultants Inc.
2009 Ed. (1825)
2016 Ed. (3594, 4961)
Saicon Consulting Inc.
2008 Ed. (1870)
Said Business School
2014 Ed. (780, 791)
2015 Ed. (834)
2016 Ed. (724, 726)
Said Business School; Oxford University
2010 Ed. (729, 767)
2011 Ed. (681)
2012 Ed. (620)
2013 Ed. (766)
Said Khoury
2009 Ed. (4910)
2013 Ed. (3484)

Said School of Business; Oxford University
2005 Ed. (802)
Saif Al Ghurair
2009 Ed. (4912)
2010 Ed. (4914)
2011 Ed. (4901)
2012 Ed. (4910)
2013 Ed. (4921)
2014 Ed. (4928)
2015 Ed. (4968)
2016 Ed. (4885)
Saif Al Hajeri
2013 Ed. (3485)
SAIF Corp.
2011 Ed. (1914, 1957)
Saigon Commercial Bank
2015 Ed. (475)
2016 Ed. (423)
Saigon Jewellery Holding
2012 Ed. (4365)
2013 Ed. (4297)
Saigon Thuong Tin Commercial Bank
2013 Ed. (404)
Saigon Thuong Tin Commercial Joint
    Stock Bank
2015 Ed. (2124)
Saigon Union of Trading Cooperatives
2012 Ed. (4365)
2013 Ed. (4297)
Saikyo Bank
2004 Ed. (558)
SAIL
1998 Ed. (3405)
1999 Ed. (4474)
2001 Ed. (1733)
Sailing/yachting
2005 Ed. (4446)
Sailthru
2015 Ed. (60)
Saim Current
1994 Ed. (3157)
Sain Bosworth
1996 Ed. (3333)
Sainsbury
1995 Ed. (1406, 3339)
1996 Ed. (1368, 3623)
Sainsbury; David
1993 Ed. (698)
Sainsbury (includes Homebase; ex-
    cludes Savacentre)
1990 Ed. (3055)
Sainsbury; J.
1990 Ed. (1372, 3053, 3499, 3500)
1992 Ed. (4178)
1993 Ed. (742, 3049, 3498, 3609)
1997 Ed. (1419, 1420, 1421, 3353,
    3679, 3783)
Sainsbury; Lord
2005 Ed. (926, 3868)
2006 Ed. (836)
2007 Ed. (917)
2008 Ed. (897, 4007)
Sainsbury plc
2014 Ed. (4054)
Sainsbury plc; J
1990 Ed. (3635)
1991 Ed. (1296, 2897, 3110)
1992 Ed. (1625, 3740)
1994 Ed. (3109, 3111, 3565)
1996 Ed. (1361, 1367, 1370, 3244,
    3252, 3730)
2005 Ed. (1981, 1986, 4122, 4566,
    4568, 4912)
2006 Ed. (2057, 2059, 4641, 4642,
    4645, 4945)
2007 Ed. (2240, 2241, 4631, 4632,
    4635, 4643, 4644)
2008 Ed. (101, 2124, 4240, 4575)
2009 Ed. (112, 1429, 1760, 2117,
    4341, 4609)
2010 Ed. (2052, 4369, 4641)
2011 Ed. (937, 1405, 1414, 2276,
    4305, 4590, 4593)
2012 Ed. (1948, 2167, 2751, 4342,
    4366, 4599)
2013 Ed. (4292)
2014 Ed. (4593)
2015 Ed. (4590)
2016 Ed. (4510)
Sainsbury's
1993 Ed. (3046)
1999 Ed. (175, 784)
2002 Ed. (766)
2007 Ed. (739)
2008 Ed. (687, 708, 720)
2009 Ed. (696, 717, 730)
2010 Ed. (653)
2011 Ed. (582)
2012 Ed. (563)

2013 Ed. (670, 2733, 2740)
2014 Ed. (695, 714, 2720)
2015 Ed. (759, 2768, 2775)
2016 Ed. (2698, 2705)
Sainsbury's Fresh Ideas
2008 Ed. (3534)
Sainsburys Homebase Ltd.
2002 Ed. (52)
Sainsbury's Supermarkets Ltd.
2000 Ed. (1443)
2001 Ed. (2836, 4818)
2002 Ed. (52, 4899)
2004 Ed. (4929)
Sainsbury's to You
2007 Ed. (711)
Sainsburys Tops
2001 Ed. (3402)
Sainstore
2016 Ed. (738)
Saint Alphonsus Health System
2013 Ed. (1696)
Saint Barnabas Health Care System
1998 Ed. (1909)
1999 Ed. (2645, 2750)
Saint Barnabas Medical Center
1998 Ed. (1992)
2002 Ed. (2457)
Saint Corp.
2010 Ed. (2776)
2011 Ed. (2766)
2012 Ed. (2694)
2013 Ed. (2775)
Saint-Etienne
1992 Ed. (675)
1993 Ed. (486)
Saint Faith Hospital Inc.
2003 Ed. (1803)
Saint Francis Hospital Inc.
2001 Ed. (1829)
2003 Ed. (1803)
2004 Ed. (1836)
2005 Ed. (1922)
2006 Ed. (1957)
Saint Francis Hospital & Medical Center
2004 Ed. (2907)
Saint George Euro Service Szolgaltato
    ES Kereskedelmi KFT
2016 Ed. (1638)
Saint Gobain
2013 Ed. (727)
2014 Ed. (749)
2015 Ed. (784, 787)
2016 Ed. (705, 707)
Saint-Gobain
1989 Ed. (825, 959)
1990 Ed. (1367, 2176, 3460)
1991 Ed. (731, 732, 1284, 1290)
1992 Ed. (915, 916, 1486, 1619)
1993 Ed. (732, 783, 1314)
1994 Ed. (740, 799, 2438)
1995 Ed. (850, 2506)
1996 Ed. (2949)
1997 Ed. (703, 838, 1132, 2707,
    3029)
1998 Ed. (535, 907)
1999 Ed. (773, 954, 3300)
2000 Ed. (899)
2004 Ed. (324, 4590, 4591)
2006 Ed. (4608, 4609)
2011 Ed. (622)
2016 Ed. (775)
Saint-Gobain Abrasives Inc.
2004 Ed. (4590, 4591)
2005 Ed. (4523, 4524)
2006 Ed. (4608, 4609)
Saint-Gobain Advanced Materials Corp.
2001 Ed. (1772)
2003 Ed. (1732)
2004 Ed. (1769)
2005 Ed. (1835)
2006 Ed. (1840)
2007 Ed. (1845)
Saint-Gobain Ceramics & Plastics Inc.
2008 Ed. (1881)
2009 Ed. (1836)
2010 Ed. (1777)
Saint Gobain-Container LLC
2003 Ed. (4612)
Saint-Gobain Corp.
2015 Ed. (4574)
2016 Ed. (4497)
Saint-Gobain Delaware Corp.
2006 Ed. (4608)
Saint Gobain Emballage
2004 Ed. (4593)
Saint Gobain SA; Cie. de
2005 Ed. (3390)
2006 Ed. (1721, 3380)
2007 Ed. (780, 1288, 1290, 1732,
    3423)

2008 Ed. (752, 1760, 3556, 3558)
2009 Ed. (748, 1166, 1686, 3623,
    3625)
2010 Ed. (691, 692, 1160, 3546)
2011 Ed. (620, 621, 1104, 1109,
    1654, 3546, 4935)
2012 Ed. (591, 592, 1020, 1027,
    1052, 1056, 3539)
2013 Ed. (726, 1165, 1180, 1191,
    1194, 3584)
2014 Ed. (748, 1122, 1132, 1141,
    1147, 3548)
2015 Ed. (786, 1163, 1180, 1192,
    1197, 3571)
2016 Ed. (706, 1078, 1092, 1102,
    1105)
Saint Gobain Solar Glass NA
2016 Ed. (1360, 4497)
Saint-Gobain Zweigniederlassung
    Deutschland; Cie. de
2005 Ed. (2587)
Saint-Gobian
1997 Ed. (702)
Saint John Health System Inc.
2003 Ed. (1803)
2004 Ed. (1836)
2005 Ed. (1922)
2006 Ed. (1957)
Saint John Ice Co.
2014 Ed. (2074)
Saint Joseph County, IN
1998 Ed. (2081, 2082, 2083)
Saint Joseph Medical Center
1992 Ed. (2460)
1993 Ed. (2074)
1996 Ed. (2156)
1998 Ed. (1993)
Saint Joseph's Hospital & Medical Cen-
    ter
2002 Ed. (2457)
Saint Joseph's Hospitals
1998 Ed. (1990)
1999 Ed. (2748)
Saint Joseph's University
2000 Ed. (931)
Saint Laurent; Yves
1995 Ed. (1243)
Saint Leo College
1998 Ed. (805)
2000 Ed. (1142)
Saint Louis
1995 Ed. (1425, 1925)
Saint Louis Bread Co./Panera Bread
2002 Ed. (427)
2003 Ed. (373)
2004 Ed. (352)
Saint Louis University
1992 Ed. (1008)
Saint Luke's Health System
2004 Ed. (1804)
2005 Ed. (1875)
2008 Ed. (3194)
2016 Ed. (1722)
Saint Luke's Hospital of Kansas City
2005 Ed. (1875)
Saint Luke's-Shawnee Mission Health
    System Inc.
2000 Ed. (3183)
2003 Ed. (1767)
Saint Mary Medical Center
2000 Ed. (894)
Saint Mary's College of Maryland
1990 Ed. (1086)
Saint Mary's Hospital of Huntington Inc.
2001 Ed. (1898)
2003 Ed. (1852)
Saint Mary's Medical Center Inc.
2005 Ed. (2014)
2006 Ed. (2116)
Saint Mary's University
2007 Ed. (1168, 1180)
2008 Ed. (1072, 1074, 1080, 1083)
2009 Ed. (1057)
Saint Paul Fire & Mar
1992 Ed. (2686, 2688)
Saint Thomas University
2000 Ed. (929)
Saint Vincent Health System
2009 Ed. (1999)
Saint Vincent Healthcare
2003 Ed. (1770, 1771)
2004 Ed. (1807, 1808)
2005 Ed. (1890, 1891)
2006 Ed. (1912, 1913)
Saint Vincent Hospital & Health Center
2001 Ed. (1800)
Saint Vincents Hospital and Medical
    Center
2000 Ed. (2532)
Saints Transport

2016 Ed. (4705)
Saiontz & Kirk
1989 Ed. (1889)
Saipa
2002 Ed. (4428, 4429)
2006 Ed. (4509)
Saipem
2014 Ed. (1220, 2560)
2015 Ed. (2589)
Saipem SpA
2006 Ed. (3388)
2007 Ed. (3869)
2008 Ed. (3567)
2009 Ed. (3637)
2010 Ed. (1257, 1260, 1261, 1267, 1278, 1285, 3556)
2011 Ed. (1207, 1210, 1217, 1231, 1238, 3559, 3910, 3925)
2012 Ed. (1143, 1146, 1153, 1160, 1167, 3552, 3895, 3909)
2013 Ed. (838, 1284, 1285, 1289, 1294, 1299, 2543, 3591, 3916, 3925)
2014 Ed. (1217, 1218, 1222, 1227, 1232, 2475, 3861, 3869, 4062)
2015 Ed. (1275, 1276, 1280, 1285, 1290, 2549, 3888)
2016 Ed. (1190, 1195, 1204, 3798)
Saipo
1991 Ed. (30)
1994 Ed. (28)
SairGroup AG
2000 Ed. (1562, 4296)
SAIT Polytechnic
2012 Ed. (1308)
Saitama Bank
1993 Ed. (1176)
Saitama Super Arena
2014 Ed. (4532)
Saiwa
1993 Ed. (1879)
Saizeriya
2016 Ed. (4162, 4163)
Saizeriya Co., Ltd.
2016 Ed. (4164)
Saji; Nobutada
2005 Ed. (4861)
2008 Ed. (4846)
2009 Ed. (4866, 4867)
2010 Ed. (4868, 4869)
2011 Ed. (4856, 4857)
Sajjad Razvi
2012 Ed. (790)
SAJO
2007 Ed. (4595)
SAK Construction
2007 Ed. (1336)
2010 Ed. (1205)
Sak Construction LLC
2013 Ed. (1282)
2014 Ed. (1215)
Sakata
1992 Ed. (3908)
Sakata Ink
2006 Ed. (3046)
Sakata INX
2001 Ed. (2877)
2007 Ed. (3078)
2008 Ed. (3219)
2009 Ed. (3278)
2010 Ed. (3203)
2011 Ed. (3167)
2012 Ed. (3123)
2013 Ed. (3208)
2014 Ed. (3220)
2015 Ed. (3283)
2016 Ed. (3123)
Sakellis; Michael
2016 Ed. (3335)
Saker Shoprites Inc.
2016 Ed. (1859)
Sakhrani; Sanjay
2011 Ed. (3348)
Sakip Sabanci
2003 Ed. (4895)
2004 Ed. (4883)
2005 Ed. (4886)
Saks
2013 Ed. (1020)
Saks Fifth Avenue
1990 Ed. (1490)
1991 Ed. (1414)
1992 Ed. (1784, 1788, 1790)
1993 Ed. (1477)
1995 Ed. (1029)
Saks Hair & Beauty
2001 Ed. (2661)
Saks Holdings
1998 Ed. (3183)
1999 Ed. (1499)

Saks Inc.
2000 Ed. (1383, 3818)
2001 Ed. (1607, 4105)
2002 Ed. (1574, 1918, 1919, 4045, 4051)
2003 Ed. (1601, 1602, 2008, 2009, 2010, 2011, 4146, 4163, 4164)
2004 Ed. (1618, 1619, 2054, 2055, 4163, 4179)
2005 Ed. (1644, 1645, 2167, 4100, 4105)
2006 Ed. (1534, 1536, 2252, 2255, 4152)
2007 Ed. (153, 1123, 1564, 1565, 4182, 4183)
2008 Ed. (884, 885, 1535, 1544, 4217)
2009 Ed. (894, 895, 1472, 2899, 2900, 3252)
2010 Ed. (1458, 2246, 2844, 3183)
2011 Ed. (2256)
2012 Ed. (2119, 2120, 2121, 2123, 3102)
2013 Ed. (898, 2317)
2014 Ed. (985, 2249)
2015 Ed. (1021, 2321)
2016 Ed. (2274)
Saks Oldsmobile; Bob
1996 Ed. (282)
Saks Suzuki; Bob
1993 Ed. (302)
Saksa OOD
2016 Ed. (1396)
Saks.com
2006 Ed. (2382)
Sakti3
2013 Ed. (2540)
Saku Olletehas
2002 Ed. (4412, 4413)
2006 Ed. (4501)
2010 Ed. (54)
Saku Olletehas UE
1997 Ed. (1384)
Sakura Bank
1993 Ed. (483, 484, 517, 518, 542)
1994 Ed. (480, 484, 485, 518, 525, 526, 530, 531, 544, 545, 1365, 1409, 3550)
1995 Ed. (505, 506, 509, 510, 519, 520, 1444, 2434)
1996 Ed. (507, 557, 558, 561, 562, 573, 574, 1408, 3706)
1997 Ed. (471, 515, 529)
1998 Ed. (353, 382, 383, 1163)
1999 Ed. (466, 516, 518, 521, 552, 563, 564, 565, 1667)
2000 Ed. (462, 532, 574, 575, 576)
2001 Ed. (603)
2002 Ed. (587, 595, 597, 4434)
2003 Ed. (538, 553)
Sakura Holding
1994 Ed. (2417)
Sakura Holdings
1996 Ed. (2556)
1997 Ed. (2693)
Sal Oppenheim
1989 Ed. (814)
1991 Ed. (777)
Sal. Oppenheim Jr. & Cie.
1992 Ed. (725)
2011 Ed. (1372)
SAL Oppenheim Jr. & Cie Luxembourg SA
2011 Ed. (406)
Sal. Oppenheim Jr. & Cle
1996 Ed. (560)
Sala Chopin
2015 Ed. (3752)
2016 Ed. (3660)
Salaam African Bank
2011 Ed. (2642)
2012 Ed. (2569)
Salad bar
1997 Ed. (2063, 2064)
Salad bar items
1998 Ed. (1743, 1745)
Salad & cooking oil
1992 Ed. (3298)
Salad Creations
2009 Ed. (2709)
2010 Ed. (2629)
2011 Ed. (4220)
Salad Creations LLC
2011 Ed. (2612)
Salad dressing, liquid
2002 Ed. (4083)
Salad dressing, mix
2002 Ed. (4083)
Salad dressing, reduced/low calorie
2002 Ed. (4083)

Salad dressings
2001 Ed. (1385)
Salad dressings, liquid
2003 Ed. (4215)
Salad dressings, reduced/low calorie
2003 Ed. (4215)
Salad & potato toppings
2002 Ed. (4083)
Salad, shelf-stable
1999 Ed. (4509)
Salad toppings
2003 Ed. (4215)
Salada
1994 Ed. (3478)
1995 Ed. (3547)
2005 Ed. (4605)
2008 Ed. (4599)
2010 Ed. (4675)
2011 Ed. (4623)
Salad/lettuce, packaged
2003 Ed. (3967, 3968)
Salads
1992 Ed. (4173, 4175)
1993 Ed. (3499)
1995 Ed. (3536, 3537)
2000 Ed. (4142)
2008 Ed. (2839)
2009 Ed. (2896)
2010 Ed. (2836)
Salads, main dish
1997 Ed. (2059, 3669)
Salads of the Sea
2008 Ed. (2338)
Salads, prepared
1992 Ed. (1777)
Salads, refridgerated
1998 Ed. (3434)
Salads, Refrigerated
2000 Ed. (4140)
Saladworks
2006 Ed. (2572)
2007 Ed. (2543)
2008 Ed. (2663, 2684)
2009 Ed. (2709)
2010 Ed. (2629)
2011 Ed. (2612)
2012 Ed. (2552)
2013 Ed. (2673)
Salah Jaidah
2012 Ed. (790)
Salah Oqbi
2013 Ed. (3477)
Salalah Autumn Festival
2004 Ed. (70)
2006 Ed. (72)
2007 Ed. (63)
Salalah Container Terminal
2001 Ed. (3858)
Salama Assurances Senegal
2011 Ed. (2659)
2012 Ed. (2587)
Salamah; Nabeel Bin
2013 Ed. (3478, 4614)
Salamander
2013 Ed. (2787, 2788)
2014 Ed. (2815, 2816)
2015 Ed. (2859, 2860)
2016 Ed. (2794, 2795)
Salamander AG
1995 Ed. (2432)
1996 Ed. (2469)
1997 Ed. (2616)
1999 Ed. (3172)
2000 Ed. (2917)
2001 Ed. (3077)
2002 Ed. (4264)
Salamander Aktiengesellschaft
1994 Ed. (2362)
Salamander Hotels & Resorts
2016 Ed. (3606)
Salant Corp
1990 Ed. (2681, 2683)
Salant Corp.
1990 Ed. (3454)
1994 Ed. (2666)
1997 Ed. (1022)
2004 Ed. (4585)
2005 Ed. (1020)
Salary
1993 Ed. (1593)
2000 Ed. (1782)
Salary investment plan
1992 Ed. (2234, 2235)
Salary.com
2007 Ed. (2357)
Salas; Al
2011 Ed. (2954)
Salas Concessions Inc.
1992 Ed. (2407)
Salavatnefteorgintez

2011 Ed. (794)
2012 Ed. (752)
Salazar; Ken
2007 Ed. (2497)
2009 Ed. (4857)
Salberta; Steven
2011 Ed. (3359)
Salbi; Zainab
2013 Ed. (3476)
Salceda; Jose (Joey)
1996 Ed. (1910)
1997 Ed. (2000)
Salcomp
2009 Ed. (2920)
Salcomp Oyj
2009 Ed. (1660, 1667)
Salcon Consultants Inc.
2007 Ed. (3556, 3557, 4421)
2008 Ed. (3710, 4395, 4962)
Saldana & Associates Inc.
2004 Ed. (3083)
Saldana; Zoe
2012 Ed. (2444, 2884)
Saleh Al Rajhi
2008 Ed. (4891)
2009 Ed. (4911)
2010 Ed. (4912)
2011 Ed. (4898, 4900)
Saleh Bin Abdul Aziz Al Rajhi
2006 Ed. (4928)
2007 Ed. (4921)
2008 Ed. (4892)
Saleh Carpet Mills Ltd.
2002 Ed. (1971)
Saleh Kamel
2007 Ed. (4921)
2008 Ed. (4891)
2009 Ed. (4911)
2010 Ed. (4912)
2011 Ed. (4898)
2012 Ed. (4908)
2013 Ed. (4904)
2014 Ed. (4915)
2015 Ed. (4955)
2016 Ed. (4871)
Saleh; Paul
2005 Ed. (993)
2006 Ed. (995)
2007 Ed. (1087)
2008 Ed. (969)
Salem
1989 Ed. (907)
1990 Ed. (992, 993)
1991 Ed. (932)
1992 Ed. (1147, 1151)
1993 Ed. (941)
1994 Ed. (953, 955)
1995 Ed. (986)
1996 Ed. (971)
1997 Ed. (985)
1998 Ed. (727, 728, 729, 730)
1999 Ed. (1135)
2000 Ed. (1061)
2001 Ed. (1230)
2002 Ed. (4629)
2003 Ed. (970, 971, 4751, 4756)
2005 Ed. (4713)
2006 Ed. (4765)
2007 Ed. (4771)
2008 Ed. (976, 4691)
2009 Ed. (4733)
2010 Ed. (4741)
2015 Ed. (988)
2016 Ed. (889)
Salem Abraham
1992 Ed. (2742)
Salem Carpet Mills
1991 Ed. (3354)
1992 Ed. (1063, 4274, 4281)
1993 Ed. (3555)
Salem Carriers Inc.
2011 Ed. (4781)
2012 Ed. (4795)
2013 Ed. (4756)
Salem Communications Corp.
2001 Ed. (3978)
Salem Conference Center
2014 Ed. (1923)
Salem County Pollution Control Finance Authority
1997 Ed. (2839)
Salem County Pollution Control Finan-cial Authority
1996 Ed. (2730)
Salem; David
2005 Ed. (3201)
Salem; Enrique T.
2011 Ed. (843)
Salem Funds - Fixed Income Trust
1994 Ed. (587)

Salem; George
1993 Ed. (1779)
The Salem Glass Co.
1996 Ed. (2027)
The Salem Group
2008 Ed. (4960)
2015 Ed. (1693)
Salem Hospital Inc.
2001 Ed. (1831)
Salem, KS
2000 Ed. (1090)
Salem Lights
1995 Ed. (985)
Salem, MA
1992 Ed. (3043, 3044, 3045)
Salem; Maurice & Gaby
2008 Ed. (4902)
Salem Menthol
1989 Ed. (904, 905)
Salem Menthol, Carton
1990 Ed. (990, 991)
Salem, NH
1997 Ed. (2765)
Salem, OR
1997 Ed. (2334)
2005 Ed. (3315)
2014 Ed. (2738)
2016 Ed. (711)
Salem Printing & Blueprint
2012 Ed. (4014)
Salem Screen Printers
1991 Ed. (3170)
1992 Ed. (4051)
Salem Screenprinters
1993 Ed. (3371)
Salem Telephone Co.
2016 Ed. (1731)
Salem Treasury MMP/Trust Shares
1994 Ed. (2537)
Salem, VA
1997 Ed. (999)
Salemma
2008 Ed. (70)
Salerno
1995 Ed. (1208)
Salerno Duane Pontiac-Har
1991 Ed. (283)
Sales
1996 Ed. (3873)
1999 Ed. (2009)
2005 Ed. (1062, 3633, 3634, 3662)
2006 Ed. (1070)
2007 Ed. (3736)
Sales Aides International
1989 Ed. (2352)
1990 Ed. (3077)
Sales and excise tax
1999 Ed. (4538)
Sales assistant
2008 Ed. (3820)
Sales clerk
2004 Ed. (2285)
Sales clerks & cashiers
1998 Ed. (1326, 2694)
Sales commissions
2002 Ed. (2711)
Sales data
1997 Ed. (1076)
Sales director
2011 Ed. (3783)
Sales engineer
2008 Ed. (3820)
Sales Force Management
2000 Ed. (941)
Sales forecasting
1999 Ed. (964)
Sales forecasts
1995 Ed. (2567)
Sales House
1992 Ed. (88)
Sales, independent
1994 Ed. (2066)
Sales Law Group
1996 Ed. (2238, 2726)
The Sales Machine Euro RSCG
2003 Ed. (2065, 2066)
Sales Management Solutions 6.0
1993 Ed. (1068)
Sales manager
2004 Ed. (2284, 2285)
2006 Ed. (3737)
Sales managers
2005 Ed. (3625)
2007 Ed. (3720)
2009 Ed. (3857)
Sales & Marketing
1997 Ed. (844)
2000 Ed. (1787)
Sales & marketing vice president

2004 Ed. (2284)
Sales Partnerships Inc.
2005 Ed. (3914)
2006 Ed. (3988)
2009 Ed. (4133)
Sales presentations
1995 Ed. (2567)
Sales-promotion executive
1989 Ed. (2972)
Sales Promotions
1993 Ed. (3370)
1997 Ed. (848)
2000 Ed. (941)
Sales representative
2001 Ed. (2994)
Sales representatives
2005 Ed. (3622)
2007 Ed. (3737)
Sales representatives, wholesale &
manufacturing
2007 Ed. (3722)
2009 Ed. (3865)
2010 Ed. (3786)
The Sales Solutions Group LLC
2006 Ed. (3506)
Sales Talent Agency Inc.
2016 Ed. (3043)
Sales Talent Inc.
2014 Ed. (2092)
2015 Ed. (2145)
Sales; Wayne
2006 Ed. (2518)
Sales worker
1993 Ed. (3727)
Sales.com
2002 Ed. (4847)
Salesforce
2009 Ed. (1133)
2016 Ed. (3466)
SalesForce Search Ltd.
2012 Ed. (2771)
Salesforce.com
2014 Ed. (1085, 1304, 1695, 3180)
2015 Ed. (1124, 1478, 1738, 3241,
3420, 4641)
2016 Ed. (1008, 1036, 1040, 1298,
1321, 1690, 3098)
salesforce.com
2014 Ed. (1418)
salesforce.com Australia
2014 Ed. (1388)
Salesforce.com Inc.
2002 Ed. (4800, 4847)
2003 Ed. (1110)
2005 Ed. (1139)
2006 Ed. (4296)
2007 Ed. (1238, 1256, 1447, 3215)
2008 Ed. (1135, 1155, 4609)
2009 Ed. (1114, 2908, 4653)
2010 Ed. (1104, 1117, 2852, 4682)
2011 Ed. (992, 1040, 1043, 1056,
1418, 2824, 2834, 2835, 3150,
3157, 3434)
2012 Ed. (916, 953, 955, 958, 967,
973, 983, 1256, 2759, 2769, 3089,
4529, 4633, 4634)
2013 Ed. (1096, 1098, 1100, 1116,
1124, 1762, 2847, 3170)
2014 Ed. (1057, 1059, 1060, 1065,
1288, 3181, 4535)
2015 Ed. (1094, 1096, 1097, 1102,
1125, 1364, 1366)
2016 Ed. (1003, 1005, 1006, 1013,
1294)
salesforce.com Inc.
2014 Ed. (2876, 3027)
2015 Ed. (3096)
SalesLoft
2016 Ed. (1596)
Sales/marketing services
1999 Ed. (3665, 4330)
Salespeople, retail
2005 Ed. (3631)
Salesperson
2008 Ed. (4243)
Salespersons, retail
2010 Ed. (3773)
2011 Ed. (3777)
2012 Ed. (3778)
2013 Ed. (3843)
2014 Ed. (3764)
Salesstaff
2015 Ed. (843)
Salgado & Associates Inc.; Victor J.
2005 Ed. (3088)
Salhaney; Lucie
1995 Ed. (3786)
Salhany; Lucie
1993 Ed. (3730)
1996 Ed. (3875)

Salida, CO
2008 Ed. (4245)
Salient Mobility
2010 Ed. (121)
Salim; Anthoni
2011 Ed. (4854)
2012 Ed. (4861)
2013 Ed. (4877)
2014 Ed. (4891)
2015 Ed. (4930)
2016 Ed. (4846)
Salina Building Systems Inc.
2011 Ed. (4320)
Salina Interparochial Credit Union
2004 Ed. (1925)
Salina KS
2000 Ed. (3817)
Salinas, CA
2003 Ed. (232, 1870)
2004 Ed. (190)
2005 Ed. (2025, 2027, 2029, 2973,
2975, 2978)
2006 Ed. (2128, 2974)
2007 Ed. (3002)
2008 Ed. (3116)
2010 Ed. (207, 2705, 2765, 3474)
2011 Ed. (3479)
Salinas; Grupo
2006 Ed. (68)
2007 Ed. (59)
2008 Ed. (61)
Salinas Industries Inc.
2016 Ed. (1917)
Salinas-Monterey, CA
1992 Ed. (3699, 3701)
1994 Ed. (2924, 3065)
2002 Ed. (2632)
Salinas-Seaside-Monterey, CA
1992 Ed. (2540, 3033, 3698)
1993 Ed. (2114)
1994 Ed. (975, 2497, 3064)
Salinas y Rocha
1994 Ed. (3114)
Saline Sensitive Solution
1997 Ed. (1143)
Salini Costruttori SpA
2006 Ed. (1320)
2008 Ed. (1306)
2009 Ed. (1261, 1291)
2010 Ed. (1257, 1284)
2011 Ed. (1237)
2012 Ed. (1166)
2013 Ed. (1303)
2014 Ed. (1236)
Salini Impregilo SpA
2016 Ed. (1194, 1209)
Salini SpA
2015 Ed. (1279, 1294)
Salisbury Bank & Trust Co.
1993 Ed. (510)
Salisbury, CT
1992 Ed. (3699, 3700, 3701)
1995 Ed. (3107, 3109)
1996 Ed. (3202, 3204, 3206)
Salisbury Homes
2002 Ed. (1209)
2003 Ed. (1209)
2004 Ed. (1216)
2005 Ed. (1240)
Salisbury, NC
1994 Ed. (3061, 3063, 3065)
Salisbury University
2008 Ed. (2409)
Salish Lodge & Spa
2000 Ed. (2543)
2002 Ed. (3990)
Salix Pharmaceuticals Ltd.
2004 Ed. (2769)
Sall; John
2006 Ed. (4910)
2009 Ed. (4854)
2011 Ed. (4840)
Sallami; Khadeja Al
2013 Ed. (3491)
Salle Mae
1991 Ed. (3244)
Saller; Syl
2006 Ed. (4984)
Salles
2000 Ed. (71)
Salles D'Arcy Publicidade
2002 Ed. (87)
2003 Ed. (54)
Salles/DMB & B de Publicidade
2001 Ed. (115)
Salles/DMB & B Publicidade
1996 Ed. (68)
1997 Ed. (67)
1999 Ed. (67)
Salles/Inter-Americana

1989 Ed. (89)
1990 Ed. (83)
1991 Ed. (80)
1992 Ed. (128)
Salles/Inter-Americana de Publicadade
1995 Ed. (52)
Salles/Inter-Americana de Publicidade
1993 Ed. (84)
Salles/Interamericana de Publicidade
1994 Ed. (73)
Sallie Krawcheck
1999 Ed. (2217)
2000 Ed. (1989)
2005 Ed. (785)
2006 Ed. (2526, 4983)
2007 Ed. (1091, 4974, 4981, 4983)
2008 Ed. (370, 4944, 4945, 4948,
4950)
2010 Ed. (4975, 4976)
2012 Ed. (4970)
Sallie Mae
1994 Ed. (1842)
1995 Ed. (1872)
1996 Ed. (1916)
1997 Ed. (2006)
1998 Ed. (1692)
2000 Ed. (4427)
2005 Ed. (2007, 2010, 2591, 2606)
2006 Ed. (2110, 2111)
2008 Ed. (2170, 2702)
SallieM
1996 Ed. (2833)
Sallus Capital Mgmt.
2000 Ed. (2818)
Sally Beauty Co.
2005 Ed. (1975)
2006 Ed. (943, 4169, 4185)
2007 Ed. (1038)
Sally Beauty Supply
2008 Ed. (1403)
Sally Daub
2013 Ed. (4987)
2014 Ed. (4992)
Sally Dessloch
1997 Ed. (1946)
1998 Ed. (1580, 1588)
1999 Ed. (2168, 2174)
2000 Ed. (1939, 1945)
Sally Hansen
1990 Ed. (1433)
1992 Ed. (1709, 1710)
1993 Ed. (1418)
1994 Ed. (1472)
1995 Ed. (1507, 2899)
1996 Ed. (1465)
1997 Ed. (1532, 1533, 2635, 2923)
1998 Ed. (1196)
1999 Ed. (1760, 3778)
2000 Ed. (1590, 3313)
2001 Ed. (1910, 3514, 3515, 3517)
2003 Ed. (2672, 2673, 3623, 3624,
3625)
2004 Ed. (4430)
2008 Ed. (2875, 3777)
Sally Hansen Chrome
2003 Ed. (3624)
Sally Hansen Hard as Nails
2003 Ed. (3624)
2004 Ed. (3659, 3660)
Sally Hansen Maximum Growth
2004 Ed. (3659, 3660)
Sally Hansen Nailcare Professional
1999 Ed. (1910)
Sally Hansen Teflon Tuff
2003 Ed. (3624)
Sally Hershberger
2007 Ed. (2758)
Sally Holdings LLC
2014 Ed. (4935)
2015 Ed. (4976)
Sally McClain
1997 Ed. (3916)
Sally R. Reed
1991 Ed. (2343)
1992 Ed. (2904)
1993 Ed. (2462)
Sally Reed
1990 Ed. (2479)
Sally Smith
2010 Ed. (2569)
2015 Ed. (2638)
2016 Ed. (4928)
Salma Ali Saif bin Hareb
2013 Ed. (4719)
Salman Alhokair
2016 Ed. (4871)
Salmon
1991 Ed. (2938)
1992 Ed. (349, 3816)
1993 Ed. (3111)

1994 Ed. (3155)
1995 Ed. (3198, 3199)
1996 Ed. (3300)
1998 Ed. (3175)
2001 Ed. (2439, 2440)
2002 Ed. (4186)
2003 Ed. (2490, 4314)
Salmon Arm Savings & Credit Union
2008 Ed. (1583)
2009 Ed. (1517)
2010 Ed. (1512)
Salmon, Atlantic
2004 Ed. (2618, 2619)
2005 Ed. (2607, 2608)
2006 Ed. (2606, 2607)
2007 Ed. (2581, 2582)
Salmon, canned
2001 Ed. (2447)
2004 Ed. (2618, 2619)
2005 Ed. (2607, 2608)
2006 Ed. (2606, 2607)
2007 Ed. (2581, 2582)
Salmon Cos.
2014 Ed. (1373)
Salmon; Daniel
2011 Ed. (3334)
Salmon DDB
2001 Ed. (109)
2002 Ed. (82)
2003 Ed. (48)
Salmon, fresh
2001 Ed. (2447)
Salmon, frozen
2001 Ed. (2447)
Salmon, Pacific
2004 Ed. (2618, 2619, 2622)
2005 Ed. (2607, 2608, 2611)
2006 Ed. (2606, 2607, 2610)
2007 Ed. (2581, 2582, 2585)
2008 Ed. (2722)
2009 Ed. (2777)
2010 Ed. (2709)
2011 Ed. (2695)
Salmonella
1995 Ed. (1908)
Salom y Pormar
2013 Ed. (3809)
2015 Ed. (3757)
Saloman SA
2000 Ed. (3036)
Saloman Smith Barney Inc.
2000 Ed. (377)
Salome
2005 Ed. (4687)
Salomon Automation GmbH
2015 Ed. (1457)
Salomon Bros. Inc.
1990 Ed. (1772, 1797, 1798)
1992 Ed. (3224)
Salomon Bros. International Ltd.
2001 Ed. (1692)
Salomon Brothers
1989 Ed. (791, 792, 793, 794, 795,
796, 798, 799, 800, 801, 802, 803,
804, 805, 806, 807, 808, 817, 1013,
1349, 1350, 1353, 1354, 1356,
1361, 1365, 1370, 1413, 1414,
1415, 1423, 1426, 1757, 1759,
1760, 1761, 1762, 1763, 1764,
1765, 1769, 1770, 1771, 1775,
1872, 2370, 2371, 2372, 2373,
2374, 2375, 2376, 2377, 2378,
2379, 2380, 2382, 2384, 2385,
2386, 2387, 2388, 2389, 2390,
2391, 2392, 2393, 2394, 2395,
2396, 2397, 2398, 2399, 2400,
2401, 2402, 2403, 2404, 2406,
2407, 2408, 2409, 2410, 2411,
2412, 2413, 2414, 2415, 2416,
2417, 2418, 2419, 2420, 2421,
2422, 2423, 2429, 2436, 2437,
2438, 2439, 2440, 2442, 2443,
2444, 2445, 2447, 2448, 2449,
2451, 2452, 2453, 2454)
1990 Ed. (790, 791, 792, 795, 796,
797, 798, 799, 800, 801, 803, 804,
805, 806, 807, 808, 809, 817, 1222,
1679, 1683, 1692, 1764, 1765,
1774, 2295, 2296, 2297, 2298,
2300, 2301, 2302, 2303, 2308,
2310, 2311, 2312, 2981, 2982,
3138, 3139, 3140, 3141, 3142,
3143, 3144, 3145, 3146, 3152,
3154, 3155, 3156, 3157, 3170,
3171, 3172, 3173, 3174, 3185,
3191, 3192, 3193, 3194, 3195,
3197, 3198, 3199, 3200, 3201,
3202, 3203, 3204, 3205, 3206,
3224, 3225, 3226, 3228)
1991 Ed. (494, 752, 753, 754, 756,

757, 759, 762, 763, 764, 766, 767,
768, 769, 774, 780, 999, 1012,
1110, 1111, 1122, 1196, 1228, 1231,
1584, 1585, 1587, 1589, 1590,
1592, 1594, 1595, 1598, 1600,
1608, 1668, 1669, 1671, 1673,
1697, 1700, 1704, 1705, 1713,
1714, 1760, 2176, 2177, 2178,
2179, 2180, 2181, 2185, 2188,
2190, 2191, 2192, 2193, 2194,
2195, 2196, 2197, 2198, 2199,
2200, 2201, 2202, 2203, 2204,
2481, 2583, 2822, 2831, 2832,
2945, 2946, 2949, 2950, 2951,
2952, 2953, 2954, 2955, 2956,
2957, 2958, 2959, 2961, 2962,
2963, 2964, 2965, 2966, 2967,
2968, 2969, 2970, 2971, 2994,
2995, 2996, 2997, 2998, 2999,
3006, 3007, 3009, 3010, 3011,
3012, 3013, 3016, 3017, 3018,
3019, 3020, 3021, 3022, 3023,
3024, 3025, 3027, 3028, 3029,
3069, 3071, 3074, 3075, 3079,
3131, 3132, 3134)
1992 Ed. (1290)
1993 Ed. (760, 761, 767, 839, 840,
841, 842, 1014, 1164, 1165, 1166,
1167, 1168, 1169, 1170, 1171,
1172, 1174, 1259, 1265, 1641,
1649, 1650, 1653, 1654, 1657,
1658, 1667, 1669, 1670, 1769,
1851, 1853, 1855, 1856, 1860,
1865, 1889, 2273, 2274, 2275,
2276, 2277, 2279, 2981, 3116,
3118, 3121, 3123, 3124, 3125,
3126, 3127, 3128, 3129, 3130,
3131, 3132, 3133, 3145, 3147,
3148, 3149, 3150, 3151, 3152,
3153, 3154, 3155, 3156, 3157,
3158, 3159, 3160, 3161, 3162,
3163, 3164, 3201, 3202, 3205,
3207, 3208, 3284)
1994 Ed. (727, 728, 763, 764, 765,
766, 767, 768, 770, 771, 772, 774,
776, 777, 778, 779, 780, 783, 1040,
1197, 1198, 1199, 1244, 1287,
1307, 1673, 1674, 1675, 1676,
1679, 1687, 1688, 1689, 1700,
1706, 1707, 1756, 1757, 1758,
2286, 2287, 2291, 2292, 3024,
3163, 3164, 3165, 3166, 3167,
3168, 3172, 3173, 3174, 3175,
3176, 3184, 3189, 3190, 3229,
3274)
1995 Ed. (421, 462, 503, 574, 721,
722, 723, 724, 725, 726, 727, 729,
730, 731, 733, 734, 735, 736, 737,
739, 740, 741, 742, 743, 744, 745,
746, 747, 748, 749, 752, 753, 755,
756, 757, 760, 763, 790, 791, 792,
793, 794, 1213, 1214, 1216, 1217,
1218, 1312, 1720, 1721, 1722,
1793, 1871, 1873, 1876, 2341,
2342, 2343, 2344, 2345, 2346,
2347, 2348, 2350, 2351, 2352,
2353, 3204, 3209, 3213, 3215,
3216, 3218, 3219, 3220, 3221,
3222, 3223, 3224, 3225, 3226,
3227, 3228, 3229, 3230, 3231,
3232, 3233, 3234, 3235, 3236,
3237, 3238, 3239, 3240, 3241,
3242, 3243, 3244, 3245, 3246,
3247, 3249, 3250, 3251, 3252,
3253, 3254, 3266, 3269, 3270,
3271, 3273, 3274, 3275, 3277,
3308, 3355, 3516)
1996 Ed. (396, 794, 795, 797, 798,
808, 1181, 1183, 1184, 1185, 1186,
1187, 1188, 1189, 1249, 1263,
1269, 1275, 1281, 1538, 1705,
1768, 1769, 1774, 1892, 1917,
1920, 2360, 2361, 2362, 2363,
2364, 2365, 2366, 2367, 2368,
2369, 2370, 2371, 2372, 2373,
3100, 3311, 3313, 3316, 3317,
3318, 3319, 3320, 3321, 3322,
3323, 3324, 3325, 3326, 3327,
3328, 3329, 3330, 3331, 3332,
3333, 3334, 3335, 3336, 3337,
3338, 3339, 3340, 3343, 3346,
3347, 3348, 3349, 3350, 3351,
3375, 3378, 3379, 3380, 3381,
3382, 3385, 3386)
1997 Ed. (732, 733, 734, 742, 770,
774, 776, 1220, 1221, 1222, 1223,
1224, 1225, 1226, 1228, 1229,
1295, 1308, 1338, 1342, 1783,
1784, 1848, 1849, 1850, 1922,
2489, 2490, 2491, 2493, 2495,

2496, 2497, 2498, 2499, 2500,
2501, 2502, 2503, 2504, 2506,
3417, 3420, 3421, 3423, 3425,
3426, 3427, 3428, 3429, 3430,
3431, 3432, 3433, 3434, 3436,
3437, 3438, 3439, 3440, 3441,
3442, 3443, 3444, 3445, 3446,
3448, 3471, 3474, 3475, 3476,
3477, 3478, 3480, 3481)
1998 Ed. (342, 514, 515, 516, 522,
527, 528, 995, 999, 1000, 1001,
1002, 1003, 1004, 1005, 1052,
1495, 1496, 1497, 1499, 1559,
1560, 1561, 1562, 2238, 2239,
2240, 2241, 2242, 2243, 2244,
2245, 2246, 2247, 2248, 2250,
2251, 2253, 3181, 3189, 3190,
3192, 3193, 3194, 3195, 3197,
3198, 3199, 3200, 3207, 3208,
3209, 3211, 3212, 3213, 3214,
3215, 3216, 3217, 3218, 3219,
3220, 3221, 3222, 3223, 3224,
3225, 3226, 3227, 3228, 3229,
3230, 3231, 3242, 3243, 3244,
3245, 3246, 3247, 3262, 3263,
3264, 3265, 3266, 3267, 3268,
3269, 3270, 3271, 3272, 3273)
1999 Ed. (832, 835, 864, 880, 893,
894, 895, 896, 897, 898, 912, 2143,
2150, 2151, 2152, 2440, 3037,
3073, 3299, 3438, 4178, 4180,
4181, 4182, 4184, 4185, 4186,
4187, 4190, 4195, 4196, 4197)
Salomon Brothers and Goldman Sachs
1990 Ed. (2440)
Salomon Brothers (Asia)
1996 Ed. (1868)
1997 Ed. (1975)
1999 Ed. (2363)
Salomon Brothers Asset
1995 Ed. (2365)
Salomon Brothers Asset Management
1998 Ed. (2272)
2004 Ed. (710, 3539, 3561)
Salomon Brothers Capital
1998 Ed. (2601)
2000 Ed. (3240, 3311)
2004 Ed. (3536, 3538)
2006 Ed. (3614, 3615)
Salomon Brothers Capital A
1998 Ed. (2619)
Salomon Brothers Emerging Markets
2006 Ed. (628)
2007 Ed. (645)
Salomon Brothers High Yield A
1998 Ed. (2599)
Salomon Brothers Holding Co.
1990 Ed. (783, 787, 788, 789)
1991 Ed. (770, 771, 772, 773)
1992 Ed. (951, 952, 953, 954)
Salomon Brothers Hong Kong
1997 Ed. (1957)
Salomon Brothers International
1989 Ed. (1373)
1990 Ed. (1702)
1993 Ed. (1689)
Salomon Brothers International Equity
2004 Ed. (3650)
Salomon Brothers Investors O
1998 Ed. (2598, 2610, 2632)
Salomon Brothers National Tax-Free
Bond
2004 Ed. (703)
Salomon Brothers New York Municipal
Money Market Fund Inc.
1994 Ed. (2538)
Salomon Inc.
1989 Ed. (809, 1044, 1049, 1425)
1990 Ed. (782, 1289, 1306, 1776,
1777)
1992 Ed. (950, 957, 961, 1540, 2144,
2146, 2147, 3980, 3981, 3983)
1993 Ed. (3326, 3327)
1995 Ed. (750, 751, 1556)
1996 Ed. (796, 800, 803, 806)
1997 Ed. (736, 739)
1998 Ed. (518, 525)
2001 Ed. (4329)
2005 Ed. (1500)
Salomon Levis
2004 Ed. (968)
2005 Ed. (973)
Salomon SA
1991 Ed. (2385)
1992 Ed. (2971)
1993 Ed. (2498)
1995 Ed. (2506)
1996 Ed. (2568)
1997 Ed. (2708)
2002 Ed. (3234)

2004 Ed. (3358)
Salomon Smith Barney Holdings Inc.
2000 Ed. (828, 829, 830, 831, 832,
864, 2761, 3933, 3934, 3935, 3936,
3937, 3938, 3939, 3940, 3941,
3942, 3943, 3944, 3945, 3946,
3947, 3948, 3949, 3950, 3951,
3952, 3953, 3954, 3955, 3956,
3957, 3958, 3959, 3960, 3961,
3962, 3965, 3966, 3967, 3968,
3969, 3970, 3971, 3972, 3973,
3975, 3976, 3977, 3978, 3979,
3980, 3981, 3982, 3983, 3984,
3985, 3986, 3987, 3988)
2001 Ed. (4197)
2003 Ed. (4326)
2004 Ed. (1423, 4327, 4328, 4329,
4330, 4331, 4332, 4333, 4344)
Salomon Smith Barney Inc.
1999 Ed. (828, 829, 830, 1089, 1425,
1426, 1427, 1428, 1429, 1430,
1432, 1437, 1439, 2064, 2065,
2066, 2278, 2396, 3021, 3022,
3023, 3024, 3025, 3026, 3027,
3028, 3029, 3030, 3031, 3032,
3033, 3035, 3477, 3478, 3479,
3480, 3481, 3482, 4205, 4206,
4207, 4208, 4209, 4210, 4211,
4212, 4213, 4214, 4215, 4217,
4218, 4219, 4220, 4221, 4222,
4223, 4224, 4225, 4226, 4227,
4228, 4239, 4252, 4253, 4254,
4255, 4256, 4258, 4259, 4260,
4261, 4262, 4263, 4264, 4265)
2000 Ed. (826, 836, 869, 885, 1025,
1919, 1920, 1921, 1922, 2058,
2451, 2456, 2457, 2768, 2769,
3190, 3191, 3192, 3193, 3194,
3195, 3413, 3414, 3415, 3878,
3883, 3884, 3886, 3887, 3888,
3889, 3890, 3891, 3892, 3893,
3894, 3895, 3896, 3897, 3898,
3899, 3901, 3902, 3903, 3904,
3909, 3910, 3911, 3912, 3913,
3914, 3916, 3917, 3923, 3925,
3929, 3930, 3931)
2001 Ed. (552, 553, 554, 559, 746,
747, 748, 749, 750, 751, 752, 753,
754, 755, 756, 757, 758, 759, 760,
761, 767, 779, 783, 791, 795, 799,
802, 810, 811, 815, 823, 827, 831,
832, 836, 840, 844, 848, 868, 872,
876, 880, 883, 884, 888, 892, 900,
904, 908, 912, 924, 928, 936, 944,
948, 952, 961, 964, 966, 967, 968,
969, 970, 971, 972, 973, 974, 975,
1195, 1196, 1510, 1511, 1512,
1515, 1516, 1517, 1518, 1522,
1524, 1525, 1526, 1528, 1531,
1532, 2423, 2424, 2425, 2426,
2427, 2428, 2429, 2430, 3008,
3009, 3038, 3211, 3453, 4178,
4193, 4197, 4207, 4208, 4382)
2002 Ed. (338, 727, 730, 732, 733,
734, 735, 736, 809, 810, 811, 812,
822, 838, 841, 1348, 1349, 1350,
1351, 1352, 1353, 1354, 1358,
1362, 1363, 1364, 1365, 1366,
1367, 1368, 1369, 1370, 1371,
1372, 1375, 1377, 1404, 1405,
1406, 1421, 2157, 2162, 2165,
2166, 2168, 2817, 2999, 3001,
3002, 3003, 3011, 3012, 3015,
3016, 3042, 3043, 3189, 3191,
3192, 3193, 3194, 3195, 3196,
3203, 3204, 3205, 3206, 3207,
3208, 3407, 3408, 3409, 3410,
3411, 3412, 3793, 3794, 3795,
3796, 4197, 4198, 4201, 4202,
4206, 4208, 4209, 4210, 4211,
4212, 4213, 4214, 4215, 4218,
4219, 4220, 4221, 4222, 4223,
4224, 4225, 4226, 4227, 4228,
4229, 4230, 4231, 4232, 4233,
4234, 4235, 4236, 4237, 4238,
4239, 4240, 4241, 4242, 4243,
4244, 4245, 4246, 4247, 4248,
4249, 4250, 4251, 4252, 4500,
4556, 4557, 4601, 4602, 4647,
4648, 4649, 4650, 4652, 4653,
4654, 4655, 4656, 4657, 4658,
4659, 4660, 4661, 4663)
2003 Ed. (1406, 1414, 2362, 2599,
3060, 3066, 3090, 3091, 3093,
3094, 3095, 3473, 3474, 3475,
3476, 3477, 3478, 3621, 4325,
4326)
2004 Ed. (1441, 1644, 2714, 3171,
3527, 3528, 3529, 3530, 3531,
3532, 4342, 4344)
2005 Ed. (1456, 1458, 4165, 4256)

Salomon Smith Barney International
2000 Ed. (3880)
2002 Ed. (1920)
Salomon Smith Barney Young Investors
Network
2002 Ed. (4829)
Salomon Smith Citigroup
2005 Ed. (3219)
Salomon/U.S. Convertibles
2003 Ed. (3116)
Salon
2002 Ed. (4858)
Salon des Vehicules Recreatifs de Montreal
2008 Ed. (4724)
Salon du Meuble de Paris
2004 Ed. (4758)
Salon Finish
2001 Ed. (3514)
Salon Le Mensil
1993 Ed. (875)
1995 Ed. (926)
Salon Selective
1998 Ed. (1895, 3291)
Salon Selectives
1991 Ed. (1879, 1880, 1881, 3114)
1996 Ed. (2071, 2985)
1997 Ed. (3059)
1999 Ed. (2628, 2629, 4290, 4291,
4292)
2000 Ed. (4009)
2001 Ed. (2632, 2633)
2002 Ed. (2434, 2435, 2436)
2003 Ed. (2648, 2649, 2653, 2654,
2657, 2659)
Salon.com
2003 Ed. (3050)
Salono Suna Sake
1989 Ed. (2950)
Salonpas
2002 Ed. (315, 316)
2003 Ed. (280)
2016 Ed. (200)
Salov North America Corp.
2003 Ed. (3688, 3696)
Salov SpA
2014 Ed. (3774)
2015 Ed. (3793)
2016 Ed. (3707)
Salsarita's Fresh Cantina
2007 Ed. (2541)
2008 Ed. (2682)
2009 Ed. (2705, 4273)
2010 Ed. (2625)
2011 Ed. (2607)
2012 Ed. (2550)
2013 Ed. (2671)
2014 Ed. (2622)
Salt
2002 Ed. (4337)
2003 Ed. (4507)
Salt and vinegar
1990 Ed. (2887)
Salt Lake City Desert News
1998 Ed. (82)
Salt Lake City Municipal Building
Agency
2001 Ed. (930)
Salt Lake City-Odgen, UT
1999 Ed. (1148)
Salt Lake City-Ogden, UT
1990 Ed. (2607)
1993 Ed. (2555)
1996 Ed. (2621)
1998 Ed. (176, 733)
1999 Ed. (3257)
2000 Ed. (2886, 3107)
2001 Ed. (2276, 2277, 2280, 2282)
2002 Ed. (2758, 2761)
2003 Ed. (2084, 2351)
2004 Ed. (2428)
2005 Ed. (2457, 2459, 2977, 4381)
2009 Ed. (2388)
Salt Lake City-Provo, UT
2002 Ed. (4287)
Salt Lake City, UT
1990 Ed. (1157)
1991 Ed. (3116)
1992 Ed. (1162, 2480, 2545, 2913,
3039)
1993 Ed. (948, 1598)
1994 Ed. (952, 2149)
1995 Ed. (988, 2187, 2666)
1996 Ed. (2206, 2207, 2209)
1997 Ed. (2333, 2336, 2763)
1998 Ed. (736, 2003)
1999 Ed. (1024, 1153, 1170, 2815,
4514)
2001 Ed. (2795, 2834)
2002 Ed. (920, 1053)

2003 Ed. (3677, 4054)
2004 Ed. (3481, 4852)
2005 Ed. (838, 3643, 3645, 4835)
2006 Ed. (766, 3743, 3974, 4050,
4884, 4885)
2007 Ed. (864, 2998, 4013)
2008 Ed. (825, 3113, 3119, 3457,
3518, 4039)
2009 Ed. (847)
2010 Ed. (792, 927, 3136, 3405)
2011 Ed. (719, 2405, 2410, 4206)
2014 Ed. (2314)
2015 Ed. (2527)
2016 Ed. (3371)
Salt Lake County Economic Development
2014 Ed. (3507)
Salt Lake County, UT
2009 Ed. (2389)
Salt Lake Mailing & Printing
2010 Ed. (773)
Salt Lake Tribune
1998 Ed. (82)
Salt River Project
1990 Ed. (2640)
1993 Ed. (1554, 1555, 1556, 3359)
1994 Ed. (1591, 1592, 1593, 3363)
1995 Ed. (1628, 1634, 1635, 1636)
1996 Ed. (1610, 1611, 1612)
1998 Ed. (1381, 1382, 1383)
2014 Ed. (37)
2015 Ed. (40)
2016 Ed. (39)
Salt River Project Agricultural Improvement & Power District
2004 Ed. (1624)
Salt River Project, AZ
2000 Ed. (1727)
Salt River Project Credit Union
2003 Ed. (1894, 1906)
2005 Ed. (2079)
Salt River Project, Phoenix
1991 Ed. (1494, 1495, 1496, 3158)
1992 Ed. (1893, 1894, 1895, 4029)
Salt River Project, Phoenix, Ariz.
1990 Ed. (1595, 1596, 1597)
Salt & Straw
2016 Ed. (1939)
Salt substitutes
2002 Ed. (4337)
Salt-water softeners
2002 Ed. (2707)
Saltchuk Resources Inc.
2014 Ed. (2097)
2015 Ed. (2152, 4810)
2016 Ed. (2128)
Salthouse Torre Norton
1994 Ed. (58)
Salti; Soraya
2013 Ed. (3477)
Saltillo, Mexico
2010 Ed. (3501)
SaltLife.com
2013 Ed. (2477)
Saltmarsh, Cleaveland & Gund
1998 Ed. (9)
1999 Ed. (6)
2000 Ed. (9)
Saltmarsh Cleaveland & Gund PA
2002 Ed. (11)
Saltmine
2002 Ed. (2537)
Salton Inc.
2000 Ed. (4050)
2001 Ed. (1577, 2736)
2002 Ed. (1501, 1550, 2427)
2004 Ed. (1538, 2868, 2949, 2950)
2005 Ed. (2949, 2950)
Salton/Maxim
1993 Ed. (933, 3113)
Salton/Maxim Housewares
2000 Ed. (2396)
2002 Ed. (348, 720, 2073, 2074,
2699, 3047)
SaltWorks
2009 Ed. (2787)
2010 Ed. (2721)
Salty snacks
1994 Ed. (1190)
2001 Ed. (3908)
Saltzman Hamma Nelson Massaro LLP
2005 Ed. (4)
Salu Zuvys UAB
2009 Ed. (1848, 4325)
Salud SA
2015 Ed. (1607)
Salus
1997 Ed. (2675, 2676)
Salus Capital
2002 Ed. (3013)

2003 Ed. (3081)
Salutos Pizza & Pasta
2007 Ed. (3965)
Salvador Caetano
1991 Ed. (2333)
Salvador's Margarita
2001 Ed. (3116)
2002 Ed. (3106)
2003 Ed. (1030)
2004 Ed. (1035)
Salvaneschi; Luigi
1993 Ed. (1703)
Salvation Army
1989 Ed. (2074)
1990 Ed. (2718)
1991 Ed. (2613)
1992 Ed. (3267, 3270)
1993 Ed. (251, 2728, 2730)
1994 Ed. (904, 909, 910, 911, 2677,
2678, 2680)
1995 Ed. (249, 941, 945, 2778, 2780,
2784)
1996 Ed. (911, 912, 919)
1997 Ed. (944, 2949)
1998 Ed. (689)
2000 Ed. (3346, 3348)
2001 Ed. (1819)
2003 Ed. (3651)
2004 Ed. (3698)
2005 Ed. (3607, 3608)
2006 Ed. (3709, 3710, 3711, 3712,
3716)
2007 Ed. (702, 3703)
2008 Ed. (673, 3787, 3788, 3793,
3795, 3796, 3797, 3798)
2009 Ed. (681, 908, 3829, 3830,
3831, 3836, 3840, 3841, 3842,
3843)
2010 Ed. (3756, 3761)
2011 Ed. (3763, 3765)
2012 Ed. (729, 3768)
Salvation Army--Alaska
2003 Ed. (4395)
The Salvation Army, Eastern Michigan
Division
1998 Ed. (2686)
2001 Ed. (3550)
2002 Ed. (3522)
Salvation Army USA
2015 Ed. (3249)
Salvatore Contracting
2016 Ed. (4423)
Salvatore Ferragamo Italia SpA
1999 Ed. (3172)
2002 Ed. (4264)
2004 Ed. (3249)
Salvatorplatz-Grundstucks GmbH
2005 Ed. (2587)
Salvesen; Alastair
2012 Ed. (4923)
2013 Ed. (4905)
Salvesen Logistics
1999 Ed. (963)
Saly Glassman
2011 Ed. (3330)
2012 Ed. (3317)
Salzburg, Austria
2012 Ed. (2502)
Salzburger
1992 Ed. (609)
Salzburger Aluminium AG
2006 Ed. (1561)
Salzburger Sparkasse
1993 Ed. (428)
1994 Ed. (428)
1996 Ed. (448)
Salzgitter
2007 Ed. (3486)
Salzgitter AG
2001 Ed. (3283)
2002 Ed. (3308)
2004 Ed. (3441)
Salzgitter AG Stahl & Technologie
2000 Ed. (3082)
Salzgitter Consult GmbH
1991 Ed. (1559)
Salzgittier
2012 Ed. (1292, 1471, 1709)
Salzman Group Inc.
2009 Ed. (4339)
Salzman; Jack
1991 Ed. (1683, 1701, 1707)
1993 Ed. (1789, 1802)
1994 Ed. (1772, 1785)
1995 Ed. (1813, 1824)
1996 Ed. (1787, 1797)
Sam & Alisa Moussaieff
2007 Ed. (4931)
Sam Ash Music Corp.
1993 Ed. (2640, 2643)

1994 Ed. (2592, 2594, 2596)
1995 Ed. (2673, 2675)
1996 Ed. (2746, 2748)
1997 Ed. (2861, 2863)
1999 Ed. (3500)
2000 Ed. (3218)
2001 Ed. (3415)
2013 Ed. (3799, 3801, 3804, 3813)
2014 Ed. (3738, 3739)
2015 Ed. (3751, 3761)
2016 Ed. (3659, 3669)
Sam Boyd Stadium
2003 Ed. (4531)
Sam Bradford
2014 Ed. (195)
Sam Brownlee
1991 Ed. (2342)
1992 Ed. (2903)
Sam DeRosa-Farag
1997 Ed. (1952)
1998 Ed. (1644)
1999 Ed. (2194)
2000 Ed. (1960)
Sam Fox
1997 Ed. (2004)
1999 Ed. (2434)
Sam Galloway Ford
1995 Ed. (267)
1996 Ed. (271)
Sam Goi
2013 Ed. (4907)
2014 Ed. (4917)
2015 Ed. (4957)
2016 Ed. (4873)
Sam Houston State University
2011 Ed. (962, 3449)
Sam Kane Beef Processing Inc.
1996 Ed. (2585, 3060)
Sam Kane Beef Processors
2015 Ed. (3596)
Sam Kane Beef Processors Inc.
1993 Ed. (2520)
1995 Ed. (2522, 2523, 2963, 2968)
2002 Ed. (3276)
2008 Ed. (3609)
2011 Ed. (3593)
2012 Ed. (3580, 3586, 3596)
Sam Lee Corp.
1991 Ed. (37, 922, 985, 1210, 1474,
1733, 1735, 1736, 1749, 2580,
2665)
Sam Leno
2007 Ed. (1071)
Sam & Louie's
2014 Ed. (4308)
Sam Miguel Corp.
2013 Ed. (4291)
Sam Moore Walton
1990 Ed. (731, 2576)
1991 Ed. (710, 3477)
1992 Ed. (890)
1993 Ed. (699)
Sam Morrison
2009 Ed. (4916)
2010 Ed. (4920)
2012 Ed. (4920)
2013 Ed. (4894)
Sam Packs Five Star Ford Ltd.
2008 Ed. (311)
Sam Palmisano
2005 Ed. (2318)
Sam Shin Trading
1991 Ed. (51)
1992 Ed. (82)
Sam Smith
2016 Ed. (3641)
Sam Sung Electronics Co.
1991 Ed. (1320)
Sam Tell & Son Inc.
2015 Ed. (2800)
SAM Value Trust
1995 Ed. (2677)
Sam Walton
1989 Ed. (732, 1986, 2751)
2005 Ed. (974)
Sam Walton & Family
1990 Ed. (3687)
Sam Walton family
1989 Ed. (2905)
Sam Walton: Made in America
2006 Ed. (588)
Sam White Isuzu
1990 Ed. (328)
1991 Ed. (281)
1992 Ed. (381, 386)
1993 Ed. (272)
1994 Ed. (271)
1995 Ed. (272)
1996 Ed. (274)
Sam White Motor City

1992 Ed. (380, 394)
Sam White Oldsmobile
1990 Ed. (312)
1991 Ed. (289)
1993 Ed. (280)
1994 Ed. (279)
Sam-Will Inc.
2011 Ed. (1889)
2012 Ed. (1745)
2013 Ed. (1910)
2014 Ed. (1844)
2015 Ed. (1881)
2016 Ed. (1843)
Sam Worthington
2012 Ed. (2444)
Sam Wyly
1990 Ed. (976, 1726)
1998 Ed. (1515)
1999 Ed. (2083)
Sam Yang Co.
1995 Ed. (3603)
Sama Telecom
2010 Ed. (70)
Samaha Investments
1992 Ed. (2440)
Saman Bank
2014 Ed. (547)
Samancor
1991 Ed. (2469)
1993 Ed. (2579)
1995 Ed. (2586)
Samantha Fennell
1999 Ed. (2333)
Samaritan Foundation
1990 Ed. (2725)
1991 Ed. (2624)
1992 Ed. (3127, 3279)
Samaritan Health Services Inc.
2008 Ed. (2027)
2009 Ed. (1991)
2010 Ed. (1931)
2011 Ed. (1986)
2012 Ed. (1832)
Samaritan Health System
1994 Ed. (2573)
Samaritan Inc.
2006 Ed. (1974)
2007 Ed. (1945)
Samaritan Ministries International
2010 Ed. (1418)
2011 Ed. (1422)
Samaritan's Purse Canada
2012 Ed. (726)
Samart
1997 Ed. (3696)
Samart I-Mobile
2013 Ed. (4296)
Samash.com
2013 Ed. (2472)
Samawi; Khaled
2013 Ed. (906, 3488)
Samba
2001 Ed. (82)
2006 Ed. (410, 518)
2007 Ed. (394, 522, 547)
2009 Ed. (88)
2010 Ed. (96)
Samba Financial Group
2007 Ed. (73)
2008 Ed. (79, 377, 477, 498)
2009 Ed. (399, 504, 528, 2034, 2724, 2746)
2010 Ed. (373, 511, 1967, 1968, 2669)
2011 Ed. (296, 297, 415, 440, 2028, 2658)
2012 Ed. (317, 318, 406, 1877, 2586)
2013 Ed. (361, 365, 368, 684, 2037)
2014 Ed. (378, 382, 548, 551, 1972, 2661)
2015 Ed. (435, 437, 611, 614, 2017, 2702)
2016 Ed. (390, 392, 555, 558, 1989, 2626)
Sambazon
2009 Ed. (2787)
Sambonet Paderno Industrie SpA
2009 Ed. (1192)
Sambuca
2001 Ed. (3111)
2002 Ed. (3098)
Sambuca Molinari
1992 Ed. (2881)
1999 Ed. (3201)
Sambuca Romana
1990 Ed. (2444)
1992 Ed. (2861)
Samchrome Ltd.
2012 Ed. (1679)
2013 Ed. (1830)

Samco Capital Markets
2001 Ed. (558)
2004 Ed. (1422)
Samduk Accounting Corp.
1997 Ed. (16)
Sameer Gokhale
2011 Ed. (3348)
Samer Majali
2013 Ed. (4719)
Samford University
1993 Ed. (888, 1018, 1028)
1994 Ed. (1045)
1995 Ed. (1053)
1996 Ed. (1038)
1997 Ed. (1054)
1998 Ed. (802)
1999 Ed. (1231)
2001 Ed. (1326, 3067)
2008 Ed. (1087)
Samford University, Cumberland School of Law
1999 Ed. (3166)
Samhallsinformations Kommun/Landsting
1989 Ed. (52)
Samhee Advertising
1989 Ed. (129)
Samherji hf.
2006 Ed. (4506)
&samhoud
2009 Ed. (1650, 1654)
2011 Ed. (1619, 1883)
Samhoud
2010 Ed. (1614, 1852)
SAMI/Berke
1990 Ed. (3001)
Samick Corp.
1992 Ed. (1571)
2000 Ed. (3176)
2001 Ed. (3411)
Samih Darwazah
2013 Ed. (3484)
Samih Sawiris
2008 Ed. (4859)
2009 Ed. (4885)
2011 Ed. (4876)
2012 Ed. (4885)
2015 Ed. (4921)
2016 Ed. (4837)
Samil Accounting Corp.
1997 Ed. (16)
SAMIR
1999 Ed. (1040, 1041)
2000 Ed. (990, 991)
2002 Ed. (944, 945)
Samjin Pharmaceutical
2008 Ed. (2079)
Sammi Steel
1996 Ed. (2445)
Sammis Real Estate
1992 Ed. (3613)
Sammons
1991 Ed. (725)
Sammons Communications
1996 Ed. (855)
Sammons Enterprises
2016 Ed. (2064, 2308)
Sammons Enterprises Inc.
1990 Ed. (1045)
1993 Ed. (688, 726)
1994 Ed. (691)
2005 Ed. (1486, 3921)
2006 Ed. (3995)
2007 Ed. (4030)
2008 Ed. (4057)
2009 Ed. (2336, 4167, 4168)
2010 Ed. (2267, 4103)
2011 Ed. (2274)
2012 Ed. (2141)
2013 Ed. (2102, 2347)
2014 Ed. (2034, 2277)
2015 Ed. (2362)
Sammons; Mary
2009 Ed. (4981)
2010 Ed. (4990)
Sammons, M.D.; James
1991 Ed. (2406)
Sammy & Eyal Ofer
2010 Ed. (4921)
Sammy Ofer
2008 Ed. (4887)
2009 Ed. (4907)
2010 Ed. (4908, 4913)
2011 Ed. (4895, 4900)
2012 Ed. (4904, 4909)
Sammy Sosa
2003 Ed. (295)
2005 Ed. (267)
Samna Corp.
1992 Ed. (3310)

Samopomoc
2001 Ed. (2926)
Samorita Hospital Ltd.
2002 Ed. (1970)
Sampath Bank
1991 Ed. (665)
1992 Ed. (79, 838)
1993 Ed. (634)
1994 Ed. (637, 1061, 1062)
1995 Ed. (610)
1996 Ed. (684, 1052, 1053)
1997 Ed. (618, 1071)
1999 Ed. (640, 1240, 1241)
2000 Ed. (666, 1149, 1150)
2002 Ed. (4477, 4478)
2013 Ed. (399)
Sample; Cynthia B.
1994 Ed. (3666)
Sample Surveys
2000 Ed. (3047)
Sampler's Plus
2001 Ed. (1800)
2003 Ed. (1770)
2004 Ed. (1807)
2005 Ed. (1890)
2006 Ed. (1912)
2007 Ed. (1894)
Samples
2002 Ed. (2020)
Sampling established products
1990 Ed. (1185)
Sampling new products
1990 Ed. (1185)
Sampo
1990 Ed. (1425, 1643)
1991 Ed. (1356)
1992 Ed. (82, 1698, 1933)
1994 Ed. (1620)
2006 Ed. (2801)
Sampo Bank
2013 Ed. (423)
2014 Ed. (442)
Sampo Bank Group
2009 Ed. (442)
SAMPO Bankas
2009 Ed. (494)
2010 Ed. (476)
2011 Ed. (403)
Sampo Electric
1991 Ed. (51)
Sampo Group
2004 Ed. (492)
2005 Ed. (509)
2006 Ed. (442)
2007 Ed. (448)
2008 Ed. (415)
Sampo Insurance Co. Ltd.
1993 Ed. (2029)
Sampo Insurance Co. Ltd., A Free
1992 Ed. (2396)
Sampo Oyj
2006 Ed. (1430, 1701, 1702)
2007 Ed. (1697)
2008 Ed. (1724)
2009 Ed. (1662, 1663)
2010 Ed. (1620)
2011 Ed. (1629, 3214)
2012 Ed. (1480, 3173)
2013 Ed. (1610, 3247)
2014 Ed. (1577, 3273)
2015 Ed. (1628, 3324)
2016 Ed. (1556, 3178)
Sampo Pank; AS
2011 Ed. (334)
Sampo Securities
1997 Ed. (3489)
Sampoerna
1992 Ed. (57)
1993 Ed. (34)
2000 Ed. (1466)
2015 Ed. (753)
2016 Ed. (678)
Sampoerna; Putera
2006 Ed. (4916)
2010 Ed. (3960, 4866)
2011 Ed. (4854)
2012 Ed. (4861)
2013 Ed. (4877)
2014 Ed. (4891)
Sampson-Bladen Oil Co.
2014 Ed. (1894)
Sampson; Edward
2010 Ed. (910)
Sampson Tyrell
1996 Ed. (2234, 2236)
Sampson Tyrrell
1993 Ed. (2158)
1994 Ed. (2175)
1995 Ed. (2225, 2227)
Sam's

1989 Ed. (1254, 1255, 2901)
1990 Ed. (1512, 1513, 1516)
Sams Carpet Service Inc.
2009 Ed. (866, 867)
Sam's Club
1994 Ed. (1545, 2148, 3645, 3646)
1995 Ed. (1574, 1957, 2123, 2186, 3720, 3722)
1996 Ed. (2203, 3815, 3816)
1997 Ed. (1622, 1631, 2325, 2332, 3862)
1998 Ed. (440, 1295, 1302, 1964, 2054, 3084, 3695, 3696)
1999 Ed. (1876, 4737, 4738)
2000 Ed. (1684, 2242, 3807, 4367, 4368)
2001 Ed. (2124, 2741)
2002 Ed. (2055, 4714, 4747, 4750)
2003 Ed. (2071, 2866, 4650, 4656, 4824)
2004 Ed. (916, 2105, 2162, 2885, 2894, 2954, 3427, 4626, 4636, 4824, 4843)
2005 Ed. (907, 2357, 2864, 2954, 3442, 4138, 4556, 4807)
2006 Ed. (825, 2270, 2271, 2403, 2871, 2887, 2949, 3451, 3452, 4171, 4870)
2007 Ed. (2205, 2206, 2354, 2863, 2880, 2967, 3475, 4870)
2008 Ed. (2342, 2343, 3090, 3649, 4797)
2009 Ed. (2331, 2332, 3179, 3714, 4822)
2010 Ed. (623, 2259, 2260, 2261, 3110, 3632)
2011 Ed. (3080, 3633, 4605)
2012 Ed. (538, 3782)
2013 Ed. (638, 2051, 3849, 4308, 4313)
2014 Ed. (652, 827, 2449, 2829, 3775, 4351, 4365)
2015 Ed. (740, 867, 2521, 3795, 4092, 4093, 4341, 4347, 4374)
2016 Ed. (755, 2452, 2454, 3708, 4246, 4253)
Sam's Town Hotel & Gambling Hall
1992 Ed. (2482)
1993 Ed. (2090)
1994 Ed. (2104)
1995 Ed. (2158)
Sam's Warehouse Club
2001 Ed. (3273)
Sam's Wholesale
1990 Ed. (912, 2117)
Sam's Wholesale Club
1990 Ed. (1524, 2122, 3679, 3680)
1991 Ed. (1431, 1432, 1436, 1969, 3468, 3469, 3470)
1992 Ed. (1819, 1820, 1823, 1824, 2539, 4416, 4417, 4418, 4419)
1993 Ed. (1498, 2111, 3684)
1997 Ed. (258)
Samsara
1999 Ed. (3741)
Samskip hf
2001 Ed. (4624)
2011 Ed. (1696)
Samson and Delilah, by Rubens
1989 Ed. (2110)
Samson Resources Co.
2009 Ed. (2864)
Samson Rope
2014 Ed. (2095)
2015 Ed. (2150)
Samson Rope Technologies Inc.
2016 Ed. (2127)
Samson; Shawn
2011 Ed. (2972)
Samsonite Co. Stores
2002 Ed. (3076)
2003 Ed. (3203)
Samsonite Corp.
1992 Ed. (1188)
1995 Ed. (1001)
1996 Ed. (988)
2001 Ed. (3080, 3081)
2003 Ed. (3201, 3202)
2004 Ed. (1684, 3247, 3248)
2005 Ed. (1742, 3272, 3273)
2006 Ed. (1660, 3263, 3264)
2007 Ed. (1668, 3335, 3336)
2008 Ed. (1690, 3435, 3436)
2009 Ed. (1613, 3509, 3510, 3930)
2010 Ed. (1590, 3438)
2011 Ed. (3436)
Samsonite Europe NV
2001 Ed. (3077)
2004 Ed. (3249)
Samsonite LLC

2012 Ed. (3453)
2013 Ed. (3497)
2014 Ed. (3473, 3474)
Sam's/Sam's Choice
1998 Ed. (451)
1999 Ed. (704)
Samsung
1989 Ed. (2806)
1990 Ed. (1534, 2574)
1991 Ed. (1064, 1319)
1992 Ed. (1285, 1572, 1661, 1664, 1678, 3071, 3072, 3912)
1993 Ed. (40, 166, 977, 1032, 1097, 1269, 1362, 1505, 1586, 2383, 2569, 3667)
1994 Ed. (2518)
1995 Ed. (1135, 1340, 1343, 1344, 1346, 1347, 1348, 1447, 1448, 1449, 1577, 1659, 2313, 2577, 3286)
1996 Ed. (1411, 1412, 1637, 1745, 2608, 3396, 3398, 3399)
1997 Ed. (1131, 1467)
1998 Ed. (107, 812, 1147, 1952, 2496, 2559, 3277, 3278, 3282, 3284, 3285, 3672)
1999 Ed. (204, 1242, 1567, 1571, 1572, 1695, 1696, 1697, 1887, 1889, 2693, 3407, 4271, 4272, 4273, 4277, 4279, 4280, 4281, 4645, 4714)
2000 Ed. (227, 964, 1151, 1203, 1505, 1506, 1507, 1508, 1694, 3130, 3703, 3704, 3705, 3707, 3994, 3995, 3996, 4000, 4002, 4003, 4347)
2001 Ed. (51, 1774, 1775, 2731, 3304, 3331)
2002 Ed. (253, 836, 837, 1109, 1320, 1325, 1713, 1921, 2577, 3049, 3050, 3340, 4664)
2003 Ed. (745, 749, 2766, 3428)
2004 Ed. (757, 760, 2856)
2005 Ed. (887, 1766, 3696, 4350, 4667)
2006 Ed. (653, 4287, 4288)
2007 Ed. (154, 684, 690, 697, 729, 745, 877, 1584, 1708, 1983, 2261, 2859, 2861, 3623, 3624, 4351, 4354, 4803)
2008 Ed. (642, 643, 665, 702, 832, 1737, 2385, 2394, 2980, 3668, 3744, 4313, 4727, 4807)
2009 Ed. (655, 658, 666, 710, 1273, 1286, 3063, 4764)
2010 Ed. (2996)
2011 Ed. (566, 567, 584)
2012 Ed. (2895, 3310)
2013 Ed. (197, 198, 658, 664, 674, 1091, 4431)
2014 Ed. (205, 206, 675, 684, 700, 701, 717, 2568, 4460, 4650, 4651)
2015 Ed. (231, 232, 233, 731, 735, 747, 760, 763, 4638, 4642, 4643, 4716)
2016 Ed. (227, 228, 670, 674, 684, 685, 4555, 4557, 4619)
Samsung America
2015 Ed. (2651)
2016 Ed. (2570)
Samsung America Inc.
1994 Ed. (2995, 3199, 3202)
Samsung C & T
2014 Ed. (4042, 4067)
Samsung C & T Corp.
2010 Ed. (1279, 4778)
2011 Ed. (1232, 4729)
2012 Ed. (1161, 4746, 4748)
2013 Ed. (855, 1298, 4704, 4705)
2014 Ed. (1989, 4756, 4757, 4758)
2015 Ed. (1289, 1291, 4777, 4778, 4779)
2016 Ed. (1191, 1195, 1201, 1205, 4681, 4682)
Samsung Card
2013 Ed. (2702)
2014 Ed. (2687)
Samsung Corp.
2015 Ed. (54, 1088, 4641)
2016 Ed. (1270, 1271)
Samsung Display Device
1999 Ed. (3135, 3136)
Samsung Display Devices
2000 Ed. (1502)
2001 Ed. (2199)
Samsung E-M
2008 Ed. (4022)
Samsung Electro-Mech
2005 Ed. (3884)
Samsung Electro-Mechanics Co., Ltd.

2001 Ed. (2199)
2002 Ed. (3048)
2006 Ed. (3947)
2012 Ed. (2324)
2013 Ed. (2492)
2014 Ed. (2423)
2016 Ed. (2431)
Samsung Electromechanics
2013 Ed. (1425)
Samsung Electronics
2013 Ed. (4592)
2014 Ed. (1297, 1991, 4004, 4041)
2015 Ed. (1622, 1650)
2016 Ed. (1276, 1692, 2960, 3351)
Samsung Electronics America Inc.
2003 Ed. (2232)
2011 Ed. (1647, 1898, 4028, 4930)
2012 Ed. (1498, 1754, 4057, 4933)
Samsung Electronics Co.
2013 Ed. (43)
2014 Ed. (54)
2015 Ed. (99)
2016 Ed. (53, 748)
Samsung Electronics Co., Ltd.
1989 Ed. (1133)
1990 Ed. (37)
1991 Ed. (33)
1992 Ed. (62, 1662, 1663, 1665, 2821)
1994 Ed. (1414, 2345)
1995 Ed. (1447, 1448, 1449)
1996 Ed. (1411, 1412, 2444)
1997 Ed. (1455, 1467, 1468, 1469, 1470, 2591, 2592)
1998 Ed. (1147, 1167, 1532)
1999 Ed. (761, 1578, 1695, 1696, 1697, 3135, 3136)
2000 Ed. (1502, 1505, 1506, 1508, 2882, 2883)
2001 Ed. (1627, 1774, 1775, 1776, 2133, 2199, 3114, 3645, 3650, 4045, 4217)
2002 Ed. (1580, 1683, 1713, 1714, 3048, 3049, 4258, 4581)
2003 Ed. (1824, 2200, 2201, 2202, 2236, 2244, 2948, 2949, 2950, 3752, 3756, 4384, 4386, 4387, 4388, 4780)
2004 Ed. (1860, 2255, 3022, 3024, 3777, 3780, 4404, 4761)
2005 Ed. (871, 873, 2354, 2355, 3036, 3398, 3697, 3699)
2006 Ed. (1551, 1552, 2015, 2016, 2017, 2398, 2399, 3039, 3041, 3237, 3351, 3400)
2007 Ed. (1580, 1583, 1585, 1983, 1984, 1985, 1986, 2343, 2345, 2346, 2347, 3216, 3782, 4353, 4356)
2008 Ed. (1563, 2080, 2081, 2082, 2461, 2472, 2474, 2475, 3580, 3861)
2009 Ed. (1491, 2051, 2052, 2053, 2393, 2477, 2479, 3006, 3651, 3920, 4420, 4622)
2010 Ed. (862, 1076, 1408, 1482, 1985, 1986, 1987, 2385, 2945, 3569, 3832, 4461)
2011 Ed. (1013, 1015, 1478, 1482, 2046, 2047, 2048, 2387, 2388, 2390, 2910, 3572, 3834, 4963)
2012 Ed. (940, 1320, 1324, 1328, 1895, 1896, 1897, 1898, 2320, 2846, 3494, 3565, 3814, 4462, 4465, 4956, 4957)
2013 Ed. (1086, 1420, 1427, 2054, 2055, 2056, 2497, 2922, 3601, 3876, 4425, 4429, 4559, 4948, 4949)
2014 Ed. (1049, 1384, 1988, 1989, 1990, 2427, 2939, 3812, 4455, 4458)
2015 Ed. (1084, 2037, 2038, 2500, 3835, 4451, 4454, 4612)
2016 Ed. (766, 994, 1373, 2005, 2006, 2435, 3741, 4345, 4350, 4533)
Samsung Electronics & Jeil Sugar
1989 Ed. (40)
Samsung Electronics Magyar Zrt
2011 Ed. (1695)
2012 Ed. (1548)
2013 Ed. (1694)
Samsung Electronics Polska
2015 Ed. (2977)
2013 Ed. (2054)
Samsung Electronics Service
2010 Ed. (1983)
Samsung Electronics Slovakia
2015 Ed. (3574)
2016 Ed. (1547)
Samsung Electronics Slovakia sro

2009 Ed. (2039)
2011 Ed. (2033)
2012 Ed. (1883)
2013 Ed. (2042)
Samsung Electronics Vietnam Co., Ltd.
2015 Ed. (2125)
Samsung Elto.Mech.
2001 Ed. (1776)
Samsung Engineering
1998 Ed. (966, 1450)
2000 Ed. (1286, 1818)
2010 Ed. (1279)
2012 Ed. (1899)
2013 Ed. (2057, 2543)
2014 Ed. (4041)
Samsung Engineering Co.
2016 Ed. (1206)
Samsung Engineering Co., Ltd.
2013 Ed. (856, 881, 1174, 1299)
2014 Ed. (1127, 1222, 1232)
2015 Ed. (1280, 1288, 1290)
2016 Ed. (1195, 1204)
Samsung Engineering & Construction
1995 Ed. (1351)
1999 Ed. (1408)
Samsung Fire & Marine Insurance Co., Ltd.
1999 Ed. (3136)
2000 Ed. (1503, 1506)
2012 Ed. (3268, 3272)
2013 Ed. (3338, 3346)
2014 Ed. (3357, 3365)
2015 Ed. (3390, 3398)
2016 Ed. (3261, 3271)
Samsung Galaxy
2014 Ed. (2412)
Samsung General Chemical Co.
1993 Ed. (1739)
Samsung Group
1990 Ed. (1532)
1991 Ed. (957)
1992 Ed. (1190)
1994 Ed. (990, 1364, 1618)
1995 Ed. (1387)
1996 Ed. (996, 1337)
1998 Ed. (2558)
2001 Ed. (55, 88, 4218)
2004 Ed. (81, 85, 96, 97, 2878, 4373)
2005 Ed. (71, 80, 84, 88, 90, 91, 1767, 3498)
2006 Ed. (27, 64, 89, 99, 100)
2007 Ed. (20, 43, 75, 79, 83, 97)
2008 Ed. (85, 90, 97)
2009 Ed. (70, 94, 117)
2010 Ed. (102, 107, 3828)
2011 Ed. (3830, 3832, 3833)
2012 Ed. (2195, 3813)
2013 Ed. (2494)
2014 Ed. (2317, 3555)
2015 Ed. (2394)
Samsung Heavy Industries Co., Ltd.
2001 Ed. (1777)
2002 Ed. (3050)
2010 Ed. (4802)
2011 Ed. (2049, 4749)
2012 Ed. (3077, 4765)
2013 Ed. (3155, 4737)
2014 Ed. (3159, 4786)
2015 Ed. (3218, 4817)
2016 Ed. (3075, 4720)
Samsung Investment Trust & Securities Co.
2002 Ed. (2824)
Samsung Life Financial
2014 Ed. (3339)
Samsung Life Insurance Co.
1996 Ed. (1411)
1997 Ed. (1468, 2397)
1998 Ed. (2136)
1999 Ed. (1696, 2890, 2962)
2000 Ed. (1506)
2001 Ed. (2886)
2002 Ed. (1714, 2824)
2003 Ed. (3001)
2004 Ed. (1860, 3116)
2005 Ed. (3231)
2006 Ed. (2015)
2007 Ed. (1983)
2008 Ed. (2080)
2009 Ed. (2051)
2010 Ed. (1985)
2011 Ed. (2046)
2012 Ed. (1597, 1895, 1897, 3252, 4443)
2013 Ed. (2054)
Samsung Life Insurance Co., Ltd.
2013 Ed. (2056, 3293, 3323)
2014 Ed. (1990, 3321)
2015 Ed. (2037, 2038, 3367)
2016 Ed. (2006)

Samsung (Pusan, South Korea)
1996 Ed. (1744)
Samsung SDI
2001 Ed. (4045)
2003 Ed. (2201)
2006 Ed. (3237, 3400)
2012 Ed. (2324)
2014 Ed. (2423)
2016 Ed. (2431)
Samsung SDS
2016 Ed. (988)
Samsung Securities Co. Ltd.
1997 Ed. (3484)
2001 Ed. (1034, 1035)
Samsung Semiconductor Inc.
2012 Ed. (4933)
Samsung Telecommunications America LP
2007 Ed. (1037)
Samsung Tesco
2012 Ed. (3045, 4362)
2013 Ed. (3127, 4294)
Samsung Wireless Handset
2011 Ed. (556)
Samsung (Wynyard, England)
1996 Ed. (1744)
Samual A. Ramirez & Co.
2010 Ed. (3383)
Samual Adams
2014 Ed. (567)
Samual Adams Boston
2010 Ed. (557)
Samual Adams Boston Lager
2011 Ed. (486)
2012 Ed. (441)
Samual Adams Collection
2010 Ed. (557)
Samual Adams Light
2010 Ed. (557)
2011 Ed. (486)
2012 Ed. (441)
Samual Adams Seasonal
2010 Ed. (557)
2011 Ed. (486)
2012 Ed. (441)
Samual Adams Variety Pack
2011 Ed. (486)
2012 Ed. (441)
Samual Curtis Johnson Graduate School of Management
2014 Ed. (769)
2015 Ed. (811)
Samual, Son & Co.
1999 Ed. (3354)
Samuel
1997 Ed. (3628)
Samuel A. Ramirez & Co.
1996 Ed. (2657, 2658, 3352)
2000 Ed. (2757, 2762, 2764, 3964, 3969)
2001 Ed. (741, 879)
2009 Ed. (3042)
2010 Ed. (2966)
2011 Ed. (2928)
2014 Ed. (2948)
2015 Ed. (2996)
Samuel A. Ramirez & Co., Inc.
2015 Ed. (3016)
Samuel Adams
2007 Ed. (596)
2008 Ed. (541)
2011 Ed. (557)
2012 Ed. (536)
2013 Ed. (639)
2015 Ed. (630, 631)
2016 Ed. (580, 581)
Samuel Adams Boston Ale
1997 Ed. (719)
1998 Ed. (495, 3436)
Samuel Adams Boston Lager
2006 Ed. (555)
2007 Ed. (595)
2011 Ed. (484)
Samuel Adams Light
2006 Ed. (555)
2007 Ed. (595)
2011 Ed. (484)
Samuel Adams Seasonal
2006 Ed. (555)
2007 Ed. (595)
2011 Ed. (484)
2012 Ed. (439)
Samuel Adams Variety Pack
2011 Ed. (484)
2012 Ed. (439)
Samuel Blackwell
2012 Ed. (3448)
Samuel Bronfman Foundation
1995 Ed. (1929)
Samuel Butler

1991 Ed. (2297)
Samuel Buttrick
  1994 Ed. (1765)
  1995 Ed. (1802)
  1996 Ed. (1781)
  1997 Ed. (1856)
  1998 Ed. (1625)
  1999 Ed. (2209)
Samuel C. Johnson
  2002 Ed. (3357)
  2003 Ed. (4881)
  2004 Ed. (4864)
  2005 Ed. (4850)
Samuel Crane
  1995 Ed. (3505)
Samuel D. Scruggs
  2008 Ed. (2630)
Samuel D. Yockey
  1991 Ed. (2547)
  1992 Ed. (3137)
Samuel E. Spital, Attorney
  1989 Ed. (1889)
Samuel; Elizabeth
  2005 Ed. (4869)
Samuel Engineering
  2013 Ed. (2591)
Samuel Eto'o
  2012 Ed. (217)
Samuel; Frank
  1991 Ed. (2406)
Samuel Geisberg
  1996 Ed. (1710)
Samuel Hill Investment Advisors
  1992 Ed. (2794)
Samuel I. Newhouse Foundation
  1994 Ed. (1903)
Samuel I. Newhouse Jr.
  1989 Ed. (732)
  1990 Ed. (731, 3688)
  1991 Ed. (710)
  1992 Ed. (890)
  1993 Ed. (699)
  1994 Ed. (708)
  2011 Ed. (4833)
  2012 Ed. (4845)
  2013 Ed. (4844)
  2014 Ed. (4860)
  2015 Ed. (4897)
  2016 Ed. (4815)
Samuel I Newhouse, Jr., Donald E Newhouse
  1991 Ed. (3477)
Samuel Irving & Donald Edward Newhouse
  1990 Ed. (2576)
Samuel Irving, Jr.
  1989 Ed. (1986)
Samuel Irving Newhouse Jr.
  1995 Ed. (664)
  2004 Ed. (4865)
  2005 Ed. (4851)
  2006 Ed. (4901)
  2007 Ed. (4896)
  2008 Ed. (4825)
Samuel Irving Newhouse, Jr., Donald Edward Newhouse
  1991 Ed. (2461)
Samuel J. Heyman
  2005 Ed. (3936)
Samuel J. Palmisano
  2007 Ed. (1032, 2502)
  2008 Ed. (954)
  2009 Ed. (953)
  2010 Ed. (905)
  2011 Ed. (821, 843)
  2012 Ed. (796)
Samuel Jayson LeFrak
  1990 Ed. (2576)
Samuel L. Jackson
  2001 Ed. (6)
  2003 Ed. (2328)
  2004 Ed. (2408)
Samuel LeFrak
  2002 Ed. (3360)
  2003 Ed. (4883)
  2004 Ed. (4867)
Samuel Liss
  1998 Ed. (1598)
  1999 Ed. (2184)
Samuel Mancino's Italian Eatery
  2005 Ed. (4073)
  2006 Ed. (4121)
Samuel Manu-Tech
  1992 Ed. (3030)
  1996 Ed. (2611)
  2007 Ed. (4535)
  2008 Ed. (3657)
  2009 Ed. (3726)
  2010 Ed. (3642)
  2011 Ed. (3646)

Samuel Molinaro Jr.
  2007 Ed. (1047)
Samuel Montagu
  1990 Ed. (2313)
  1991 Ed. (1112, 1126, 1130, 1587)
  1992 Ed. (2016, 2140)
  1993 Ed. (1672)
  1994 Ed. (1201, 1202, 1203)
  1997 Ed. (1233)
Samuel Montagu/J. Capel/HSBC
  1995 Ed. (3277)
  1997 Ed. (3427)
Samuel Palmisano
  2006 Ed. (689, 896)
  2013 Ed. (741)
Samuel R. Allen
  2011 Ed. (826)
  2015 Ed. (968)
Samuel, Son & Co., Ltd.
  2000 Ed. (3089)
  2002 Ed. (3319)
  2003 Ed. (3381, 3382)
  2004 Ed. (3448)
  2005 Ed. (3462, 3463)
  2006 Ed. (3469, 3470)
  2007 Ed. (3493, 3494)
  2008 Ed. (3664, 3665)
  2009 Ed. (3733, 3734)
  2010 Ed. (3652, 3653)
  2011 Ed. (3656)
  2012 Ed. (3660)
  2013 Ed. (3718)
  2014 Ed. (3650)
  2015 Ed. (3660)
  2016 Ed. (3547)
Samuel "Sy" Birnbaum
  1994 Ed. (890)
Samuel Walton
  2010 Ed. (891)
Samuel Yin
  2014 Ed. (4923)
  2015 Ed. (4963)
  2016 Ed. (4879)
Samuel Zell
  2002 Ed. (3360)
  2003 Ed. (4883)
  2004 Ed. (4867)
  2005 Ed. (4852)
  2006 Ed. (4906)
  2007 Ed. (4902)
  2008 Ed. (4830)
  2009 Ed. (4851)
  2010 Ed. (4857)
  2011 Ed. (4836)
  2012 Ed. (4846)
  2013 Ed. (4847)
  2014 Ed. (4863)
  2015 Ed. (4900)
  2016 Ed. (4816)
Samuel Zell & Robert H. Lurie Institute for Entrepreneurial Studies
  2011 Ed. (638)
Samueli; Henry
  2006 Ed. (4910)
  2011 Ed. (4838)
Samueli School of Engineering; University of California-Irvine, Henry
  2007 Ed. (2446)
  2008 Ed. (2575)
  2009 Ed. (2601)
Samuel's Jewelers
  2014 Ed. (3428)
Samuelson; Richard
  1996 Ed. (1890)
  1997 Ed. (1996)
Samur Co.
  2006 Ed. (26)
Samurai Sam's
  2008 Ed. (2662)
  2012 Ed. (2531)
Samurai Sam's Teriyaki Grill
  2002 Ed. (2242)
  2003 Ed. (2441)
  2004 Ed. (2576)
  2007 Ed. (2536)
  2008 Ed. (2674)
  2009 Ed. (2699)
  2011 Ed. (2609)
  2016 Ed. (802)
Samy Bouzaglo
  2015 Ed. (3485)
Samyang Foods
  1989 Ed. (40)
San-Ai Oil
  2012 Ed. (3911)
  2013 Ed. (3961)
  2014 Ed. (3905)
San Angelo, CA
  1991 Ed. (830)
San Angelo, TX

1990 Ed. (874)
1992 Ed. (1016)
1993 Ed. (815)
2005 Ed. (2976)
2008 Ed. (4728)
2009 Ed. (4349)
2012 Ed. (4375)
San Antonio
  1992 Ed. (98)
  1998 Ed. (3745)
  2000 Ed. (2470, 2472, 2474)
San Antonio Airport Area, TX
  1996 Ed. (1604)
San Antonio, CA
  2000 Ed. (1075, 1077)
  2002 Ed. (1084, 4047)
San Antonio, Chile
  2003 Ed. (3916)
San Antonio City Public Service
  1993 Ed. (1554, 1555)
  1994 Ed. (1591, 1592, 1593)
  1995 Ed. (1634, 1635, 1636)
  1996 Ed. (1610, 1611, 1612)
San Antonio City Public Service Board
  1998 Ed. (1381, 1382, 1383)
San Antonio; City Public Services of
  2016 Ed. (4011)
San Antonio Community Hospital
  2010 Ed. (3074)
San Antonio-Corpus Christi, TX
  1995 Ed. (1623)
  2004 Ed. (3476)
San Antonio Credit Union
  2002 Ed. (1843, 1894)
  2003 Ed. (1887, 1948)
  2004 Ed. (1935, 1988)
  2005 Ed. (2065, 2075, 2083, 2130)
  2006 Ed. (2158, 2169, 2177, 2225)
  2007 Ed. (2098, 2146)
  2008 Ed. (2261)
  2009 Ed. (330, 2182, 2247)
  2010 Ed. (2201)
  2011 Ed. (2219)
  2012 Ed. (2080)
  2013 Ed. (2266)
  2014 Ed. (2200)
  2015 Ed. (2264)
  2016 Ed. (2235)
San Antonio Economic Development Foundation
  2005 Ed. (3320)
San Antonio Express-News
  1998 Ed. (77)
San Antonio FCU
  1999 Ed. (1801, 1802)
San Antonio Federal Credit Union
  1993 Ed. (1449)
  1994 Ed. (1504)
  1996 Ed. (1498)
  1997 Ed. (1559, 1563, 1567)
  1998 Ed. (1222, 1226, 1228)
  2001 Ed. (1961)
San Antonio Federal Savings Bank
  1990 Ed. (3580)
San Antonio Lighthouse for the Blind
  2016 Ed. (3443)
San Antonio Livestock Exposition & Rodeo
  2001 Ed. (2355)
San Antonio Military Medical Center
  2015 Ed. (3146)
San Antonio Public Service
  1993 Ed. (1556)
San Antonio Public Service Board
  2005 Ed. (2720)
San Antonio Savings
  1989 Ed. (2359)
San Antonio Savings Assn.
  1990 Ed. (3578)
San Antonio Savings Association
  1991 Ed. (3385)
San Antonio Spurs
  1998 Ed. (439)
  2005 Ed. (646)
  2008 Ed. (530)
  2009 Ed. (565)
  2010 Ed. (548)
  2011 Ed. (476)
  2012 Ed. (433)
  2013 Ed. (546, 4480)
  2014 Ed. (560)
  2015 Ed. (623)
San Antonio Stock Show & Rodeo
  2006 Ed. (2534)
  2007 Ed. (2513)
San Antonio, Texas, City Public Service
  1990 Ed. (1595, 1596, 1597)
San Antonio, TX
  1989 Ed. (828, 1951, 2336)
  1990 Ed. (871, 873, 1005, 1157,

1950, 2019, 2022, 2072, 2486, 2487, 3648)
  1991 Ed. (56, 1103, 1486, 1914, 1915, 1916, 1985, 2533, 2631)
  1992 Ed. (1020, 1164, 2412, 2415, 2416, 2480, 4242)
  1993 Ed. (57, 1455, 1548, 2042, 2043, 2044, 2112)
  1994 Ed. (128, 831, 967, 969, 2058, 2062, 2063, 2149, 2913)
  1995 Ed. (142, 989, 1628, 2115, 2116, 2187, 2667, 3036)
  1996 Ed. (156, 857, 973, 2114, 2120, 2121, 2206, 2207)
  1997 Ed. (163, 2228, 2230, 2303, 2333, 3524)
  1998 Ed. (69, 738, 1943, 2028, 2693)
  1999 Ed. (1151, 1154, 1156, 1157, 1160, 1161, 1163, 1164, 1169, 2686, 3474, 3852, 4791, 4798)
  2000 Ed. (1067, 1069, 1071, 1074, 1078, 1081, 1084, 1628, 2886, 3107, 3680, 4268)
  2001 Ed. (2717, 2722, 4022, 4024)
  2002 Ed. (373, 1056, 1169, 2296, 2393, 2565, 2566, 2567, 2570, 2573, 2748, 3991, 4046)
  2003 Ed. (2756, 3678)
  2004 Ed. (2430, 2431, 2649, 2720, 2839, 3222, 3488, 3523, 3734, 3735, 3736, 3737, 4081, 4852)
  2005 Ed. (2461, 3321, 3323, 4803, 4834)
  2006 Ed. (2848, 4059)
  2007 Ed. (2843, 2997, 3003, 3004, 3374)
  2008 Ed. (3112, 3119, 3518, 4119, 4348, 4357)
  2009 Ed. (3050, 3052, 3053)
  2010 Ed. (2407, 2974, 2978, 2980, 3405, 3678)
  2011 Ed. (2408, 2940, 2942)
  2012 Ed. (2871, 4370, 4372)
  2013 Ed. (2947, 3520, 4786)
  2014 Ed. (2965)
  2015 Ed. (3034)
  2016 Ed. (2930)
San Antonio, TX, City Public Service
  1991 Ed. (1494, 1495)
  1992 Ed. (1893, 1894, 1895)
San Antonio, TX (KBLCOM)
  1991 Ed. (835)
San Antonio, TX, Light, Gas & Water Division
  1991 Ed. (1496)
San Antonio Water System
  2016 Ed. (2470)
San Bar Construction Corp.
  2015 Ed. (3015)
San Benito Bank & Trust Co.
  1991 Ed. (544)
San Bernandino, CA
  1998 Ed. (245)
San Bernardino, CA
  1992 Ed. (1081, 3036)
  2000 Ed. (1601)
San Bernardino Community Hospital
  1997 Ed. (2260)
San Bernardino County, CA
  1991 Ed. (2774)
  1992 Ed. (1719)
  1993 Ed. (1431, 2618)
  1997 Ed. (2842)
  1999 Ed. (1773)
  2002 Ed. (2394)
  2003 Ed. (3436)
  2005 Ed. (2203)
  2009 Ed. (873, 2387)
San Bernardino Credit Union
  2003 Ed. (1893)
San Bernardino Joint Powers Fin. Authority (CA)
  1998 Ed. (2085)
San Bernardino-Riverside, CA
  2007 Ed. (3360)
San Bruno Ford Sales Inc.
  1998 Ed. (204)
San-Ching Engineering Co. Ltd.
  1990 Ed. (1213)
  1992 Ed. (1438)
  1994 Ed. (1176)
San Clemente (CA) Preview
  2003 Ed. (3644)
San Cristobal
  2007 Ed. (3108)
  2008 Ed. (3253)
  2010 Ed. (3242)
San Diego
  1992 Ed. (98)
  2000 Ed. (2470, 2472, 2474)

San Diego, AZ
  1990 Ed. (1656)
San Diego, CA
  1989 Ed. (226, 1175, 1176, 1903,
    2912, 2933)
  1990 Ed. (291, 404, 871, 873, 1005,
    1006, 1440, 1441, 2019, 2022,
    2133, 2135, 2156, 2158, 2160,
    2486, 2546, 2550, 2562, 2563,
    2564, 2565, 2607, 3648)
  1991 Ed. (56, 830, 883, 936, 937,
    1369, 1370, 1375, 1376, 1377,
    1914, 1915, 1916, 1940, 1983,
    2001, 2003, 2005, 2426, 2435,
    2438, 2441, 2442, 2497, 3339, 3489)
  1992 Ed. (237, 369, 370, 1020, 1081,
    1157, 1158, 1164, 1723, 2255,
    2412, 2415, 2416, 2514, 2545,
    2553, 2554, 2577, 3039, 3045,
    3046, 3054, 3134, 3617, 3618,
    3623, 3630, 3641, 3692, 3694,
    3699, 3700, 4265, 4437, 4446,
    4449, 4456)
  1993 Ed. (57, 370, 872, 946, 947,
    950, 1913, 2042, 2043, 2044, 2114,
    2142, 2154, 2527, 3549, 3700,
    3708, 3710, 3717)
  1994 Ed. (128, 717, 821, 831, 2039,
    2058, 2062, 2063, 2164, 3065,
    3067, 3508)
  1995 Ed. (142, 245, 246, 920, 989,
    1623, 1668, 2113, 2115, 2116,
    2189, 2205, 2213, 2215, 2554,
    2667, 3593, 3742, 3745, 3780,
    3781, 3782, 3783, 3784)
  1996 Ed. (156, 238, 239, 857, 897,
    907, 1061, 2114, 2120, 2121, 2210,
    2224, 2237, 3669, 3842, 3845)
  1997 Ed. (163, 270, 928, 1000, 1117,
    2230, 2265, 2339, 2354, 3728,
    3890, 3893)
  1998 Ed. (69, 191, 585, 591, 672,
    734, 1857, 1943, 1948, 2475, 2480,
    3296, 3513, 3586, 3587, 3726,
    3733)
  1999 Ed. (355, 797, 1059, 1151,
    1154, 1156, 1157, 1158, 1159,
    1160, 1161, 1163, 1164, 1165,
    1166, 1168, 2684, 2686, 2687,
    2758, 2828, 3214, 3393, 3394,
    3852, 4580, 4647, 4774, 4779)
  2000 Ed. (318, 1006, 1067, 1071,
    1073, 1074, 1075, 1077, 1079,
    1080, 1081, 1083, 1594, 1595,
    1596, 1597, 1598, 1599, 1600,
    1601, 1602, 1604, 1605, 1606,
    2416, 2580, 2609, 2611, 2613,
    2953, 4234, 4397, 4403)
  2001 Ed. (416, 1090, 1153, 1154,
    2285, 2358, 2717, 2722, 2793,
    2794, 2796, 2797, 2818, 4024,
    4504, 4678, 4849, 4850, 4854,
    4855, 4856)
  2002 Ed. (229, 336, 408, 922, 927,
    964, 965, 1052, 1056, 1059, 1084,
    1094, 1169, 2043, 2296, 2379,
    2393, 2442, 2458, 2565, 2566,
    2567, 2573, 2764, 2996, 3138,
    3268, 3991, 4047, 4590, 4608,
    4734, 4743, 4928, 4929, 4930,
    4934, 4935)
  2003 Ed. (231, 845, 901, 902, 2084,
    2124, 2354, 2632, 2698, 2756,
    2826, 2875, 3241, 3260, 4722,
    4775, 4843, 4952, 4953, 4985)
  2004 Ed. (189, 797, 872, 919, 920,
    1007, 1054, 2172, 2266, 2649,
    2720, 2751, 2811, 2839, 2861,
    2965, 2985, 3523, 4192, 4193,
    4700, 4753, 4834, 4953, 4954,
    4955, 4956)
  2005 Ed. (748, 846, 910, 911, 2462,
    2973, 2989, 3314, 3338, 4734,
    4804, 4816, 4825, 4933, 4934,
    4935, 4936, 4937, 4938, 4972)
  2006 Ed. (748, 771, 2848, 2970,
    2974, 3303, 3327, 4059, 4785)
  2007 Ed. (868, 2843, 2860, 3002,
    3367, 4014, 4230)
  2008 Ed. (767, 829, 3514, 4259,
    4358, 4721)
  2009 Ed. (851, 3050, 3053, 4113)
  2010 Ed. (797, 2825, 2980, 4773)
  2011 Ed. (724, 2942, 3103, 4438,
    4724)
  2012 Ed. (3729)
  2014 Ed. (2620, 3546)
San Diego, CA (Cox Cable)
  1991 Ed. (835)
San Diego-Carlsbad-San Marcos, CA
  2006 Ed. (2868)

  2007 Ed. (2858)
  2008 Ed. (4749)
  2009 Ed. (4767)
  2010 Ed. (327)
  2011 Ed. (254)
  2012 Ed. (4814)
San Diego Chargers
  2002 Ed. (4340)
San Diego Community College District
  1990 Ed. (3092)
San Diego County
  2007 Ed. (2175, 2182, 2186)
San Diego County, CA
  1992 Ed. (1714, 1715, 1716, 1717,
    1718, 1719, 1720, 2579)
  1993 Ed. (1426, 1427, 1428, 1432,
    2141)
  1994 Ed. (1475, 1476, 1477, 2166)
  1995 Ed. (1510, 1511, 1514, 2217)
  1996 Ed. (1468, 1469, 1470, 1471,
    2226)
  1997 Ed. (1537, 1538, 1539, 2352,
    2848)
  1999 Ed. (1766, 1767, 1768, 1769,
    1770, 1771, 1772, 1773, 1774,
    1775, 1776, 1777, 1778, 2830,
    4630)
  2002 Ed. (374, 1085, 1804, 1807,
    2044, 2298, 2380, 2394, 2443,
    3992, 4048, 4049)
  2003 Ed. (3438, 3439, 3440)
  2004 Ed. (794, 1004, 2643, 2704,
    2718, 2807, 2858, 2966, 2982,
    3521, 4182, 4183)
  2005 Ed. (2203)
  2009 Ed. (873)
San Diego County Credit Union
  1997 Ed. (1566)
  1998 Ed. (1226)
  2002 Ed. (1850)
  2003 Ed. (1908)
  2004 Ed. (1948)
  2005 Ed. (2089)
  2006 Ed. (2171, 2184)
  2007 Ed. (2105)
  2008 Ed. (2220)
  2009 Ed. (761, 2203)
  2010 Ed. (2126, 2131, 2157)
  2011 Ed. (2178)
  2012 Ed. (2015, 2022, 2038)
  2013 Ed. (2215, 2216)
  2014 Ed. (2146, 2147, 2201)
  2015 Ed. (2210, 2211, 2265)
  2016 Ed. (2182, 2190)
San Diego County Fair
  2005 Ed. (2524)
  2007 Ed. (2513)
San Diego County Water Authority
  1991 Ed. (3159)
  1992 Ed. (4030)
  1993 Ed. (2938, 3360)
San Diego Fair
  2006 Ed. (2534)
San Diego Firefighters Credit Union
  2002 Ed. (1839)
  2004 Ed. (1927)
  2005 Ed. (2066)
  2006 Ed. (2159)
  2009 Ed. (2180)
  2010 Ed. (2129)
  2011 Ed. (2170)
  2012 Ed. (2024)
  2013 Ed. (2220)
  2014 Ed. (2152)
  2015 Ed. (2216)
  2016 Ed. (2223)
San Diego Foundation
  2002 Ed. (1128)
San Diego Gas & Electric
  1989 Ed. (1304, 1305)
  1990 Ed. (1608, 1609)
  1991 Ed. (1505, 1506, 1806)
  1992 Ed. (1906, 1907)
  1993 Ed. (1561)
  1994 Ed. (1603, 1604)
  1995 Ed. (1645, 1646)
  1996 Ed. (1622, 1623)
  1997 Ed. (1702)
San Diego Gas & Light Co.
  1995 Ed. (1632)
San Diego Magazine
  2010 Ed. (3512)
San Diego Metropolitan Transit System
  2015 Ed. (1060)
  2016 Ed. (968)
San Diego Naval Station
  1993 Ed. (2884)
San Diego Padres
  2013 Ed. (4480)

San Diego Public Facilities Finance Authority
  1998 Ed. (2969)
San Diego Sports Arena
  2001 Ed. (4354)
  2002 Ed. (4346)
  2003 Ed. (4530)
  2006 Ed. (1156)
  2010 Ed. (1130)
  2011 Ed. (1073, 1074)
San Diego State University
  2002 Ed. (899)
  2004 Ed. (824, 826)
  2007 Ed. (2446)
  2009 Ed. (804)
San Diego, TX
  1997 Ed. (2228)
San Diego Union-Tribune
  1998 Ed. (76, 84)
San Diego; University of
  1992 Ed. (1272)
  1993 Ed. (1020)
  1994 Ed. (1047)
  1995 Ed. (1055)
  2009 Ed. (804)
  2011 Ed. (3419)
San Diego Volvo
  1990 Ed. (324)
  1991 Ed. (299)
  1992 Ed. (404)
  1993 Ed. (289)
San Diego/La Jolla, CA
  1992 Ed. (3291)
San Fernando, CA
  1990 Ed. (1005)
  2002 Ed. (2061)
  2005 Ed. (2268)
  2009 Ed. (2376)
  2010 Ed. (2300)
San Fernando Valley, CA
  1991 Ed. (936, 937, 2003)
  1995 Ed. (1620)
San Francisco
  1989 Ed. (2, 1633, 1905)
  1992 Ed. (1012)
  2000 Ed. (235, 272, 274, 275, 1085,
    1086, 2470, 2536, 2537)
  2007 Ed. (4014)
  2016 Ed. (1421)
San Francisco 49ers
  1998 Ed. (1749, 3356)
  2014 Ed. (2749)
  2015 Ed. (2802)
  2016 Ed. (2732)
San Francisco Airport
  2001 Ed. (2374)
San Francisco Airport Commission, CA
  1999 Ed. (4658)
San Francisco Auto Center
  1994 Ed. (260)
  1996 Ed. (263)
San Francisco Bay
  1990 Ed. (2133)
  1992 Ed. (347, 2545, 3039)
San Francisco Bay Area, CA
  1991 Ed. (1980)
San Francisco Bay Area Rapid Transit
  District
  1991 Ed. (3160)
San Francisco Bay, CA
  1999 Ed. (2007, 3372)
  2002 Ed. (2061)
  2005 Ed. (2268)
  2009 Ed. (2376)
  2010 Ed. (2300)
  2012 Ed. (2194)
San Francisco Bay Times
  1995 Ed. (2879)
San Francisco, CA
  1989 Ed. (276, 727, 827, 845, 846,
    910, 911, 913, 917, 993, 1611,
    1627, 1952, 1960, 1961, 1962,
    1963, 1964, 1965, 1966, 1967,
    2051, 2317, 2906)
  1990 Ed. (245, 295, 1000, 1002,
    1003, 1006, 1007, 1008, 1054,
    1150, 1438, 1466, 2136, 2158,
    2159, 2442, 2558, 2559, 2560,
    2561, 2568, 2656, 3003, 3524,
    3526, 3527, 3528, 3529, 3530,
    3535, 3536, 3608, 3609, 3614,
    3702)
  1991 Ed. (515, 826, 827, 828, 935,
    937, 938, 1644, 1940, 2003, 2004,
    2434, 2443, 2444, 2445, 2446,
    2447, 2857, 2862, 2863, 2901,
    3116, 3272, 3288)
  1992 Ed. (309, 310, 344, 668, 1014,
    1025, 1026, 1153, 1155, 1159,
    1160, 1161, 1810, 2387, 2514,

  2540, 2552, 2553, 2576, 2577,
    2907, 3033, 3042, 3043, 3044,
    3054, 3055, 3135, 3236, 3617,
    3618, 3630, 3690, 3691, 3694,
    3698, 4190, 4191, 4217, 4242)
  1993 Ed. (57, 480, 808, 944, 945,
    949, 950, 1424, 1852, 2042, 2114,
    2142, 2527, 2710, 2953, 3012,
    3223, 3606)
  1994 Ed. (128, 482, 820, 821, 822,
    824, 826, 827, 963, 964, 968, 971,
    972, 973, 975, 1103, 2039, 2058,
    2164, 2409, 2472, 2497, 2498,
    2503, 2585, 3056, 3058, 3060,
    3062, 3064, 3068, 3218)
  1995 Ed. (142, 242, 243, 245, 246,
    872, 874, 987, 1113, 1619, 1620,
    1869, 2189, 2215, 2539, 3104,
    3106, 3108, 3110, 3300, 3633,
    3651, 3780, 3781, 3782, 3783,
    3784)
  1996 Ed. (37, 238, 239, 302, 509,
    974, 975, 1238, 2205, 2210, 2223,
    2224, 2539, 2543, 2618, 2625,
    3199, 3201, 3203, 3631)
  1997 Ed. (270, 473, 998, 1000, 1001,
    1002, 1117, 1284, 2265, 2335,
    2339, 2354, 2355, 2684, 2761,
    2770, 3309)
  1998 Ed. (359, 580, 735, 736, 741,
    742, 1055, 1521, 2003, 2004, 2359,
    2405, 2477, 2481, 2538, 2983,
    3052, 3053, 3057, 3058, 3586,
    3706)
  1999 Ed. (526, 1156, 1163, 1165,
    1166, 1167, 1168, 1171, 1172,
    1487, 2684, 2687, 2689, 2810,
    2828, 2833, 3376, 3377, 3389,
    3393, 3394, 3853, 4040, 4053,
    4057)
  2000 Ed. (318, 1070, 1072, 1077,
    1079, 1080, 1081, 1082, 1083,
    1091, 1330, 1790, 2609, 2615,
    2637, 2996, 3103, 3118, 3765,
    3768, 4270, 4364)
  2001 Ed. (416, 1154, 1234, 2721,
    2793, 2794, 2796, 2797, 2818,
    2819, 3727, 4023, 4024, 4048,
    4611)
  2002 Ed. (75, 229, 236, 255, 336,
    927, 965, 1052, 1055, 1059, 1084,
    2043, 2117, 2218, 2219, 2220,
    2221, 2379, 2459, 2628, 2632,
    2633, 2635, 2710, 2733, 3268,
    3329, 3332, 3589, 3891, 3893,
    3991, 3995, 4590, 4646)
  2003 Ed. (27, 257, 902, 973, 1015,
    1870, 2354, 2699, 2875, 3242,
    3260, 3388, 3390, 3394, 3395,
    3400, 3405, 3408, 3418, 4088,
    4161, 4775)
  2004 Ed. (187, 188, 226, 264, 265,
    332, 333, 731, 803, 848, 920, 981,
    984, 985, 990, 991, 996, 1007,
    1011, 1012, 1016, 1018, 1101,
    1138, 1139, 2228, 2263, 2418,
    2598, 2599, 2627, 2696, 2707,
    2749, 2750, 2760, 2761, 2795,
    2811, 2850, 2851, 2865, 2866,
    2880, 2898, 2899, 2947, 2948,
    2965, 2984, 2985, 2986, 3216,
    3298, 3347, 3348, 3368, 3369,
    3370, 3371, 3372, 3373, 3374,
    3375, 3376, 3377, 3378, 3379,
    3380, 3381, 3382, 3383, 3384,
    3385, 3456, 3460, 3461, 3465,
    3471, 3704, 3705, 3706, 3707,
    3708, 3709, 3710, 3711, 3712,
    3713, 3714, 3733, 3734, 3795,
    3796, 4050, 4087, 4102, 4103,
    4104, 4114, 4150, 4151, 4152,
    4153, 4155, 4156, 4177, 4199,
    4200, 4208, 4209, 4406, 4407,
    4415, 4418, 4478, 4611, 4612,
    4753, 4765, 4766, 4910, 4911)
  2005 Ed. (911, 1056, 2025, 2027,
    2029, 2050, 2202, 2379, 2978,
    2990, 3326, 3338, 3642, 3643,
    4734, 4983)
  2006 Ed. (748, 2128, 2425, 3327,
    3741, 3953, 3974, 3975, 4059,
    4970)
  2007 Ed. (1156, 2076, 2270, 2368,
    4013)
  2008 Ed. (767, 1039, 2188, 2489,
    3407, 3465, 4040, 4731)
  2009 Ed. (1022, 3467, 3539, 4113,
    4114, 4344, 4965)
  2010 Ed. (988, 2334, 2335, 2517,
    2636, 2637, 2806, 2807, 2921,
    2974, 3238, 3239, 3462, 3463,

3654, 3657, 3660, 3661, 3662,
3668, 3669, 3671, 4046, 4143,
4153, 4154, 4194, 4195, 4277,
4278, 4296, 4297, 4298, 4300,
4301, 4302, 4304, 4307, 4312,
4317, 4318, 4321, 4322, 4326,
4328, 4329, 4331, 4335, 4336,
4339, 4342, 4343, 4355, 4359,
4360, 4363, 4367, 4368, 4465,
4787, 4788, 4937, 4938)
  2011 Ed. (916, 2558, 2622, 2627,
3103, 3465, 3466, 4022)
  2012 Ed. (181, 914, 3475, 4060,
4369)
  2013 Ed. (4101)
  2014 Ed. (752, 2641, 4118)
  2015 Ed. (2527, 2684, 4100)
  2016 Ed. (710, 1422, 2601, 4014)
San Francisco (CA) Independent
  2003 Ed. (3644)
San Francisco Chronicle
  1990 Ed. (2693)
  1991 Ed. (2603, 2604, 2606)
  1993 Ed. (2724)
  2011 Ed. (80)
San Francisco Chronicle-Examiner
  1990 Ed. (2692, 2697, 2703, 2704,
2706)
  1991 Ed. (2609)
  1992 Ed. (3242)
San Francisco City and County Redevelopment Agency
  1991 Ed. (2774)
San Francisco City & County
  1990 Ed. (2642)
  2000 Ed. (3441)
  2001 Ed. (3669, 3673)
  2002 Ed. (3604, 3608)
  2007 Ed. (2186)
  2008 Ed. (2295, 2300, 2305)
  2009 Ed. (2286, 2291, 2300)
  2010 Ed. (2232)
San Francisco County, CA
  1999 Ed. (1779, 2997)
  2003 Ed. (3437)
San Francisco Earthquake & Fire
  2002 Ed. (2880)
San Francisco Fire Credit Union
  2002 Ed. (1844)
  2014 Ed. (2187)
The San Francisco Foundation
  1989 Ed. (1469, 1474)
  1993 Ed. (895)
  2000 Ed. (3341)
  2001 Ed. (2513, 2514)
  2002 Ed. (1127, 1129)
  2005 Ed. (2673, 2674)
  2010 Ed. (1053)
  2011 Ed. (988)
  2012 Ed. (903)
San Francisco General Hospital
  2008 Ed. (2917)
San Francisco General Hospital Medical
Center
  1999 Ed. (2728)
  2008 Ed. (2917)
San Francisco Giants
  1995 Ed. (642)
  1998 Ed. (3358)
  2004 Ed. (656)
  2005 Ed. (645)
  2006 Ed. (547)
  2008 Ed. (529)
  2009 Ed. (564)
  2010 Ed. (547)
  2011 Ed. (475)
  2012 Ed. (431)
  2013 Ed. (544)
  2014 Ed. (559)
  2015 Ed. (622)
  2016 Ed. (569)
San Francisco Independent
  2002 Ed. (3502)
San Francisco International
  1993 Ed. (168, 206)
  1994 Ed. (152, 191, 194)
  1995 Ed. (169, 194, 195, 199)
  2000 Ed. (271)
San Francisco International Airport
  1991 Ed. (214, 215, 216, 218)
  1992 Ed. (306, 307, 308, 313)
  1996 Ed. (172, 193, 196, 199)
  1997 Ed. (222)
  1998 Ed. (146)
San Francisco Medical Center; University of California
  2016 Ed. (3001)
San Francisco Muni
  1993 Ed. (785)
San Francisco Municipal Railway

  1991 Ed. (1886)
  1994 Ed. (802, 2408)
  1998 Ed. (537, 2403)
  2000 Ed. (2994, 3102)
  2005 Ed. (3992)
  2008 Ed. (1103)
  2009 Ed. (1081)
  2010 Ed. (1054)
  2011 Ed. (990)
San Francisco Museum of Modern Art
  2000 Ed. (317, 3217)
San Francisco-Oakland-San Jose, CA
  1990 Ed. (3112)
San Francisco-Oakland, CA
  1990 Ed. (875, 876)
  1991 Ed. (831, 832, 2437, 2440)
  1992 Ed. (1017, 3048)
  1998 Ed. (3612)
  1999 Ed. (4646, 4647)
  2002 Ed. (4317)
  2004 Ed. (3476)
  2005 Ed. (2376)
  2013 Ed. (2947)
San Francisco-Oakland-Fremont, CA
  2006 Ed. (261, 1019, 2620, 2868,
3473, 3474, 3475, 3476, 3478,
3796, 4098)
  2007 Ed. (268, 1105, 2597, 2858,
3366, 3376, 3388, 3498, 3499,
3500, 3501, 3503, 3802, 4120)
  2008 Ed. (1055, 3464, 3477, 3524)
  2009 Ed. (228, 4777)
  2010 Ed. (327)
  2011 Ed. (254, 3657)
  2012 Ed. (275, 4610)
  2014 Ed. (278)
San Francisco-Oakland-San Jose
  1990 Ed. (1895, 3070)
San Francisco-Oakland-San Jose, CA
  1989 Ed. (1510, 2894, 2912, 2932,
2933, 2936)
  1991 Ed. (883, 1813, 2933, 3296,
3297, 3298, 3299, 3300, 3339,
3457, 3483, 3489)
  1992 Ed. (2554, 3693, 3695, 3699,
3700, 3701, 4218, 4219, 4220,
4221, 4222)
  1993 Ed. (816, 818, 2154, 3518,
3519, 3520, 3521, 3522, 3523)
  1994 Ed. (2536, 3057, 3059, 3061,
3063, 3065, 3494, 3495, 3496,
3497, 3498)
  1995 Ed. (3103, 3105, 3107, 3109,
3562, 3563, 3564, 3565, 3566)
  1996 Ed. (2571, 2572, 2573, 2574,
2575, 3198, 3200)
  1997 Ed. (163, 2228, 2712, 2720,
2721, 2722, 2723)
  1998 Ed. (69, 592, 1943, 3489)
  2000 Ed. (2607, 3051, 3052, 3053,
3054, 3055)
  2001 Ed. (2717)
  2002 Ed. (921, 2565, 2566, 2567,
2570, 4593)
  2003 Ed. (351, 776, 832, 872, 1013,
2255, 2595, 2756, 3313, 3314,
3315, 3316, 3317, 3318, 3319,
3455, 4031, 4081, 4150, 4152,
4153, 4636, 4709)
  2004 Ed. (334, 790, 870, 1015, 2264,
2710, 2839, 3386, 3387, 3388,
3389, 3390, 3391, 3392, 3518,
4109, 4164, 4166, 4167, 4616,
4679)
  2005 Ed. (748, 841, 4654)
  2006 Ed. (767, 2848, 4707)
  2007 Ed. (271, 775, 1109, 2601,
2664, 2693, 2843, 2860, 3504,
3505, 3506, 3507, 3508, 3509,
3644, 3805, 4125, 4174, 4176,
4731)
  2008 Ed. (4650)
  2009 Ed. (3050, 3052, 3053, 4692)
  2010 Ed. (793, 2978, 2980, 4704)
  2011 Ed. (720, 2940, 2942, 3658,
4659)
  2012 Ed. (2871)
  2014 Ed. (2965)
  2015 Ed. (3034)
  2016 Ed. (2930)
San Francisco-Oakland-San Jose-
Sacramento, CA
  1992 Ed. (2388, 2389)
  1996 Ed. (2089)
San Francisco Outside Lands Music &
Arts Festival
  2010 Ed. (1131)
San Francisco Police Credit Union
  2009 Ed. (2173)
San Francisco Press-Weekly

  1990 Ed. (2705)
San Francisco Redevelopment Agency
  1997 Ed. (2363)
San Francisco-San Jose, CA
  1990 Ed. (2019)
  1991 Ed. (56, 1914)
  1992 Ed. (2412)
  1996 Ed. (156, 2114)
San Francisco-San Mateo, CA
  2007 Ed. (2998)
  2008 Ed. (3113)
  2010 Ed. (3136)
The San Francisco Sentinel
  1995 Ed. (2879)
San Francisco Soap
  2001 Ed. (3700, 3701)
  2002 Ed. (671)
San Francisco State Office Building Authority
  1999 Ed. (3474)
San Francisco State University
  2007 Ed. (799, 3215)
  2008 Ed. (778)
  2009 Ed. (792)
  2010 Ed. (730)
San Francisco Unified School District
  2008 Ed. (4280)
  2016 Ed. (1421)
San Francisco; University of
  2006 Ed. (714)
  2007 Ed. (799)
  2011 Ed. (3418)
  2012 Ed. (3434)
San Francisco; University of California,
  1991 Ed. (2402)
San Francisco vs. Cincinnati
  1992 Ed. (4162)
San Francisco/San Jose
  1992 Ed. (98)
San Franciso, CA
  1989 Ed. (350)
San Francisto, CA
  2013 Ed. (730)
San Franicisco-Oakland, CA
  1995 Ed. (1623, 2205)
San Fu Chemical Co. Ltd.
  1990 Ed. (958)
  1992 Ed. (1119)
  1994 Ed. (933)
San Gabriel Valley Tribune
  1999 Ed. (3620)
  2000 Ed. (3338)
  2002 Ed. (3512)
San Giorgio
  1999 Ed. (782, 3712)
  2003 Ed. (3740)
  2008 Ed. (3858)
  2014 Ed. (3806)
  2015 Ed. (3829)
San Gold
  2012 Ed. (3669)
San Gold Resources Corp.
  2002 Ed. (4393)
San-in Godo Bank
  2002 Ed. (596)
San Jacinto SA
  1992 Ed. (3771, 3778, 3780, 3781,
3789)
San Jacinto Savings
  1989 Ed. (2359)
San Jacinto Savings Association
  1991 Ed. (3371, 3385)
San Joaquin Bancorp
  2009 Ed. (393)
San Joaquin, CA
  1991 Ed. (1371, 1378)
San Joaquin County, CA
  1991 Ed. (2526)
  1992 Ed. (1721)
  2012 Ed. (2742)
San Joaquin Hills, CA Transportation
Corridor
  2000 Ed. (3188, 3189)
San Joaquin Hills Transportation Corridor
  1996 Ed. (2722, 3739)
San Joaquin Hills Transportation Corridor, CA
  2000 Ed. (4297)
San Joaquin Partnership
  2006 Ed. (3308)
San Joaquin Power Employees Credit
Union
  1998 Ed. (1217)
  2009 Ed. (2191, 2193)
  2010 Ed. (2130, 2147)
  2012 Ed. (2030)
  2013 Ed. (2260)
  2014 Ed. (2193)
  2015 Ed. (2257)

  2016 Ed. (2228)
San Jose
  2010 Ed. (3661)
San Jose, CA
  1989 Ed. (1588, 1611, 1643, 2098)
  1990 Ed. (286, 1006, 1485, 1656,
2155, 2158, 2160, 2161, 2164,
2167)
  1991 Ed. (937, 1915, 2001, 2003,
2008, 2011, 2347, 2426, 3272,
3288)
  1992 Ed. (1157, 1161, 2415, 2553,
2577, 2582, 2585, 3641, 3661)
  1993 Ed. (946, 950, 951, 2043, 2114,
2140, 2142, 2147, 2150, 2527,
2541)
  1994 Ed. (967, 2062, 2163, 2164,
2171, 2173, 2491)
  1995 Ed. (242, 243, 245, 246, 990,
1113, 2115, 2189, 2214, 2215,
2221, 2556, 2571)
  1996 Ed. (238, 239, 2120, 2205,
2223, 2224, 2230, 2618, 2621,
2634)
  1997 Ed. (270, 2339, 2354, 2355,
2359, 2761, 2784)
  1998 Ed. (740, 1235, 1521, 2477,
2482)
  1999 Ed. (1160, 1165, 2099, 2684,
2687, 2689, 2828, 2833, 3367,
3376, 3378, 3389, 3393, 3394,
4057)
  2000 Ed. (318, 1070, 1074, 1079,
1089, 2605, 2609, 2615, 3103,
3118, 3686, 3765, 4364)
  2001 Ed. (416, 1154, 2285, 2363,
2794, 2795, 2797, 3219, 3646,
4024)
  2002 Ed. (336, 965, 1052, 1056,
1059, 2117, 2627, 2628, 2629,
2632, 2633, 2635, 2710, 2733,
2764, 2996, 3332, 3589, 3590)
  2003 Ed. (902, 973, 1088, 1870,
2257, 2354, 2875, 2928, 3385,
3390, 3392, 3393, 3394, 3395,
3400, 3405)
  2004 Ed. (920, 1007, 1109, 2266,
2649, 2707, 2711, 2811, 2855,
2860, 2861, 2874, 2965, 2984,
2985, 3353, 3456, 3458, 3459,
3460, 3461, 3465, 3471, 3523,
3733, 3735, 4169, 4192, 4193)
  2005 Ed. (1056, 2025, 2027, 2029,
2050, 2376, 2379, 2388, 2978,
2990, 3326, 3470, 4803, 4804)
  2006 Ed. (2128, 2425, 2448, 4059)
  2007 Ed. (2076, 2368, 3010, 3013)
  2008 Ed. (2188, 2489, 3113, 3116,
3465, 3514, 3515)
  2009 Ed. (1022, 3539, 4965)
  2010 Ed. (988, 3463, 3654, 3662)
  2011 Ed. (916, 3466)
  2014 Ed. (752)
  2015 Ed. (2527)
  2016 Ed. (710)
San Jose, Costa Rica
  2013 Ed. (3536)
  2014 Ed. (2639)
  2015 Ed. (2682)
San Jose del Cabo
  2001 Ed. (350)
The San Jose Group
  2007 Ed. (113)
  2008 Ed. (122)
San Jose Mercury News
  1998 Ed. (76, 77, 78, 80, 82, 84, 85)
  2011 Ed. (3753)
  2012 Ed. (3758, 3759)
  2013 Ed. (3833)
  2014 Ed. (3754)
  2015 Ed. (3777)
San Jose Redevelopment Agency
  1996 Ed. (2237)
San Jose Redevelopment Agency, CA
  1993 Ed. (1544)
San Jose Sharks
  1998 Ed. (1946, 3357)
  2013 Ed. (4480)
San Jose State University
  2009 Ed. (3520)
  2010 Ed. (3449)
  2011 Ed. (3449)
San Jose-Sunnyvale-Santa Clara, CA
  2006 Ed. (2868, 3475)
  2007 Ed. (2858, 3366, 3375, 3500)
  2008 Ed. (3464, 3476, 4089)
  2011 Ed. (3657)
San Juan Basin Royalty Trust
  2004 Ed. (2776, 2777)
San Juan County, NM

1996 Ed. (1473)
San Juan Credit Union
2007 Ed. (2141)
2008 Ed. (2256)
San Juan, PR
1996 Ed. (346, 1061, 3056)
San Juan, Puerto Rico
1992 Ed. (1392, 3015)
1995 Ed. (1924)
2002 Ed. (2760)
2009 Ed. (257)
2013 Ed. (164)
San Juan (Puerto Rico) Credit Union
2002 Ed. (1889)
2003 Ed. (1943)
2004 Ed. (1983)
2005 Ed. (2125)
2006 Ed. (2220)
San Juan Regional Medical Center Inc.
2001 Ed. (1814)
2004 Ed. (1821)
2005 Ed. (1905)
2006 Ed. (1932)
2007 Ed. (1916)
2008 Ed. (1979)
2009 Ed. (1934)
2010 Ed. (1870)
2011 Ed. (1902, 1903)
2012 Ed. (1759, 1760)
2013 Ed. (1929, 1930)
2014 Ed. (1868)
2015 Ed. (1904)
2016 Ed. (1867)
San Leandro Hospital
1997 Ed. (2264)
San; Lin Rong
2010 Ed. (4875)
2011 Ed. (4863, 4864)
2012 Ed. (4869)
2013 Ed. (4913)
2014 Ed. (4923)
2015 Ed. (4963)
2016 Ed. (4879)
San Luis, AZ
2005 Ed. (3878)
San Luis Corporacion, SA de CV
2005 Ed. (2218)
San Luis Obispo-Atascadero, CA
1990 Ed. (998)
San Luis Obispo-Atascadero-Paso Robles, CA
1995 Ed. (2214, 2556)
2005 Ed. (2032, 2975, 3468)
San Luis Obispo, CA
2003 Ed. (3241)
2005 Ed. (2380, 3316)
2006 Ed. (3305)
San Luis Obispo County, CA
1993 Ed. (1429, 2144)
San Luis Potosi, Mexico
1993 Ed. (2557)
2011 Ed. (3497)
San Luis Trust Bank, FSB
2008 Ed. (429)
San Mar Properties Inc.
2008 Ed. (1593)
2011 Ed. (1520)
San Marco
1999 Ed. (2533)
San Martin Bridals
1992 Ed. (4486)
1993 Ed. (3736)
San Mateo, CA
1991 Ed. (2002)
1992 Ed. (1722)
1998 Ed. (2058)
San Mateo County, CA
1996 Ed. (2227)
1999 Ed. (1779, 2997)
2003 Ed. (3437)
San Mateo Times
1998 Ed. (80)
San Miguel
2014 Ed. (590, 2285)
2015 Ed. (659, 2370)
San Miguel Brewery
2014 Ed. (590)
San Miguel Corp.
1989 Ed. (46, 1151, 1152)
1990 Ed. (43, 1409)
1991 Ed. (42, 1336)
1992 Ed. (71, 942, 1683, 1684, 2965, 2966)
1993 Ed. (46, 1386, 2494)
1994 Ed. (38, 1440, 2431, 2432)
1995 Ed. (1340, 1343, 1344, 1345, 1347, 1475, 1476, 3151, 13481)
1996 Ed. (1436, 2563, 2564, 3030)
1997 Ed. (1498, 1499, 3113, 3114)

1999 Ed. (1724, 1725, 3820, 3821, 4108)
2000 Ed. (1536, 1537, 1539, 1540, 1541, 1542, 3541, 3542, 3822)
2001 Ed. (1835, 1836)
2002 Ed. (3702, 3703)
2005 Ed. (68, 743)
2006 Ed. (76, 1992, 3899)
2007 Ed. (67)
2008 Ed. (72, 3575)
2009 Ed. (81, 2015, 3645)
2010 Ed. (90, 1955, 3563)
2011 Ed. (2007, 3566)
2012 Ed. (1327, 1857, 3559)
2013 Ed. (2017, 3609)
2014 Ed. (1950)
2015 Ed. (667, 1993)
San Miguel Corp.-A
1991 Ed. (2378, 2379)
1993 Ed. (2493)
1996 Ed. (3029)
San Miguel Corp.-B
1991 Ed. (2378, 2379)
1993 Ed. (2493)
1996 Ed. (3029)
San Miguel de Allende, Mexico
2003 Ed. (4189)
San Paolo Bank Holding
1996 Ed. (570)
1997 Ed. (526)
San Paolo-IMI SpA
2003 Ed. (1726)
2004 Ed. (1459, 1467)
San Paolo To
1994 Ed. (2519)
San Paolo Torino
1999 Ed. (3122)
2000 Ed. (2870)
San Pedro
1994 Ed. (3132)
2005 Ed. (4965)
San Pedro Sula
2001 Ed. (350)
San Pellegrino
2005 Ed. (737)
2011 Ed. (551)
2013 Ed. (632)
2014 Ed. (649)
2015 Ed. (712)
2016 Ed. (652, 654)
San Pietro
1994 Ed. (3052)
1995 Ed. (2173)
San Rafael, CA
1993 Ed. (2143)
1994 Ed. (2165)
1995 Ed. (2216)
1996 Ed. (1604, 2225)
1997 Ed. (2353)
San Raffaele
2003 Ed. (1668)
San Salvador International
2001 Ed. (350)
San Shing Spinning Co., Ltd.
1990 Ed. (3573)
San Tai Electrical
1993 Ed. (2056)
San Yang Industry Co. Ltd.
1990 Ed. (1427)
1992 Ed. (1699, 2975)
1994 Ed. (1458, 2439)
San Ysidro Health Center
2011 Ed. (2931)
2012 Ed. (2864)
2013 Ed. (2942)
SanAm Communications
1996 Ed. (109)
Sanan Optoelectronics
2014 Ed. (1386)
2016 Ed. (1370, 1371, 2427)
Sanara
2001 Ed. (2648, 2649)
Sanati Daryayee Iran
2006 Ed. (4509)
Sanatogen
1992 Ed. (1875)
1994 Ed. (1577)
1996 Ed. (1594)
1999 Ed. (1932)
Sanatogen Gold A-Z
2001 Ed. (3725)
SANBlaze Technology
2010 Ed. (1070)
Sanborn
1995 Ed. (2820)
Sanborn, Head & Associates Inc.
2008 Ed. (4413)
Sanborn Hermanos
1994 Ed. (3114)
Sanborn Map Inc.

2007 Ed. (4430)
Sanborns
2014 Ed. (690)
Sanborns, SA de CV; Grupo
2005 Ed. (4137)
Sancela
2006 Ed. (42)
Sanchez Asociados; J.
1991 Ed. (88)
Sanchez & Daniels
2001 Ed. (807)
Sanchez Energy Corp.
2015 Ed. (2072)
2016 Ed. (2040)
Sanchez; Jacob
2011 Ed. (4336)
Sanchez; Jose
2011 Ed. (2951)
Sanchez Jr. & family; Antonio R.
1995 Ed. (2112, 2579, 3726)
Sanchez; Mark
2011 Ed. (2956)
Sanchez-O'Brien Oil & Gas Corp.
1998 Ed. (3711)
1999 Ed. (4756)
Sanchez SA de CV
2008 Ed. (3218)
2009 Ed. (3277)
2010 Ed. (3202)
2011 Ed. (3166)
2012 Ed. (3122)
2013 Ed. (3207)
2014 Ed. (3219)
2015 Ed. (3282)
2016 Ed. (3122)
Sanchine
2007 Ed. (27)
Sancho NAZCA Saatchi & Saatchi
1999 Ed. (74)
2000 Ed. (80)
Sancho/BBDO
2001 Ed. (122)
2002 Ed. (93)
2003 Ed. (60)
Sancor Coop
1991 Ed. (14)
Sancor Cooperativa de Seguros
2008 Ed. (3253)
2010 Ed. (3242)
SanCor Cooperativas Unidas Ltda.
2001 Ed. (1972)
Sanctuary Camelback Mountain
2008 Ed. (3076)
Sanctuary on Camelback Mountain Resort & Spa
2016 Ed. (3018)
Sanctum Inc.
2005 Ed. (1151)
Sand Aire Investments plc
2001 Ed. (1690)
Sand; Halim
1997 Ed. (849)
Sand & Sable
1999 Ed. (3738)
SAND Technology Inc.
2014 Ed. (1070)
Sand Technology Inc.
2006 Ed. (2813)
Sandata
2000 Ed. (1167, 1179)
Sandata Acquisition Corp.
2005 Ed. (1544)
Sandata Technologies Inc.
2005 Ed. (1544)
Sandaz de Mexico
1996 Ed. (1732)
Sandberg; Sheryl
2013 Ed. (4959, 4960)
2014 Ed. (4968, 4969, 4976)
2015 Ed. (5009, 5010, 5024, 5026)
2016 Ed. (4926, 4927, 4929, 4941)
Sandbox.com
2003 Ed. (3053)
Sandell; Scott
2012 Ed. (4820)
2014 Ed. (4829)
2015 Ed. (4864)
Sandell; Thomas
2010 Ed. (4897)
2011 Ed. (4884)
2012 Ed. (4893)
Sandella's Cafe
2007 Ed. (4136, 4139)
Sandeman
1998 Ed. (3739, 3741)
1999 Ed. (4786, 4787)
2000 Ed. (4411)
2001 Ed. (4844)
2002 Ed. (4924)
2004 Ed. (4969, 4970)

2005 Ed. (4961, 4962)
2006 Ed. (4965)
Sandeman Character Sherry
1989 Ed. (2947)
1991 Ed. (3497)
Sandeman Founders Reserve
1994 Ed. (3662)
Sandeman Founders Reserve Port
1989 Ed. (2947)
1991 Ed. (3497)
1992 Ed. (4459, 4466)
1995 Ed. (3761, 3762, 3763)
1996 Ed. (3861, 3863)
Sandeman Sherry
1997 Ed. (3887, 3908, 3909)
Sander A. Kessler & Associates Inc.
1999 Ed. (2910)
2000 Ed. (2665)
2002 Ed. (2864)
Sander Woodworking
1997 Ed. (2098, 2100)
Sanders
2009 Ed. (121)
2010 Ed. (122)
2011 Ed. (40)
2012 Ed. (46)
2014 Ed. (62)
2015 Ed. (74)
2016 Ed. (74)
Sanders Associates Inc.
1990 Ed. (2675)
Sanders; Beth
2009 Ed. (386)
Sanders Bros.
1998 Ed. (954)
2007 Ed. (1390)
Sanders; Daniel
1996 Ed. (2989)
Sanders; Deion
1997 Ed. (278, 1725)
Sanders-Langsam
1993 Ed. (1155)
1995 Ed. (1204)
Sanders Morris Harris Group Inc.
2006 Ed. (2727)
2007 Ed. (2753)
Sanders; Rebecca
2011 Ed. (2818)
Sanders; Stephen
2011 Ed. (4336)
Sanders Wingo Advertising Inc.
2007 Ed. (193)
2008 Ed. (176)
2009 Ed. (195)
2010 Ed. (174)
2011 Ed. (99)
2012 Ed. (106)
2013 Ed. (81)
SandersWingo Advertising Inc.
2015 Ed. (105)
2016 Ed. (112)
Sanderson Farms
2016 Ed. (2702)
Sanderson Farms Inc.
1996 Ed. (1938, 1940, 2585, 3060)
1997 Ed. (2035, 2738, 3139)
1998 Ed. (2896)
2001 Ed. (3152, 3153)
2003 Ed. (3233, 3234)
2004 Ed. (3288, 3289, 4931, 4932)
2005 Ed. (3296, 3297, 4913, 4914)
2006 Ed. (1894, 2647, 3288, 3289, 3318)
2007 Ed. (1887, 3355, 3356)
2008 Ed. (1942, 3452, 3453, 3610)
2009 Ed. (1902, 3525, 3526)
2010 Ed. (1838, 3454, 3455, 3488)
2011 Ed. (1869, 3456, 3457, 3594)
2012 Ed. (1725, 3468, 3469, 3581, 3586, 3596)
2013 Ed. (1887, 3514, 3515, 3636, 3640, 3650)
2014 Ed. (1819, 1820, 2784, 3488, 3489)
2015 Ed. (1859, 1860, 2830, 3506, 3507, 3591, 3592, 3596, 3597, 3601)
2016 Ed. (1818, 1819, 2762, 3365, 3366, 3475, 3479, 3483)
Sanderson Ford
2016 Ed. (4969)
Sanderson Ford Inc.
1990 Ed. (303, 305)
2004 Ed. (319)
2008 Ed. (311)
Sanderson Ford Inc.; Don
1991 Ed. (270, 272)
Sandi Sweeney
1989 Ed. (1417, 1418)
Sandia Area Credit Union

2002 Ed. (1881)
2003 Ed. (1935)
2004 Ed. (1975)
2005 Ed. (2117)
2006 Ed. (2212)
2007 Ed. (2133)
2008 Ed. (2248)
2009 Ed. (2178, 2234)
2010 Ed. (2188)
2011 Ed. (2206)
2012 Ed. (2067)
2013 Ed. (2249)
2014 Ed. (2181)
2015 Ed. (2245)
2016 Ed. (2216)
Sandia Casino
2003 Ed. (1787)
Sandia Corp.
1991 Ed. (45)
2001 Ed. (1814, 1815)
2003 Ed. (1787, 1788)
2004 Ed. (1821, 1822)
2005 Ed. (1905, 1906)
2006 Ed. (1932, 1933)
2007 Ed. (1916, 1917)
2008 Ed. (1979, 1980)
2009 Ed. (1934, 1935)
2011 Ed. (1902, 1903)
2012 Ed. (1759, 1760)
2013 Ed. (1929, 1930)
2014 Ed. (1868, 1869)
2015 Ed. (1904, 1905)
2016 Ed. (1867, 1868)
Sandia Federal S & L Assn.
1990 Ed. (3578)
Sandia FSA
1992 Ed. (3771, 3781)
Sandia Indian Bingo Inc.
2001 Ed. (1814)
Sandia Laboratory Credit Union
2002 Ed. (1881)
2003 Ed. (1935)
2004 Ed. (1975)
2005 Ed. (2117)
2006 Ed. (2212)
2007 Ed. (2133)
2008 Ed. (2248)
2009 Ed. (2234)
2010 Ed. (2188)
2011 Ed. (2206)
2012 Ed. (2067)
2013 Ed. (2249)
2014 Ed. (2181)
2015 Ed. (2245)
2016 Ed. (2216)
Sandia National Laboratories
2009 Ed. (1029)
2010 Ed. (995)
2011 Ed. (933, 4186, 4188, 4195, 4197)
2012 Ed. (856, 3693, 4240, 4245, 4250)
2014 Ed. (3676, 4232, 4239, 4241, 4246)
2015 Ed. (4240, 4241, 4242)
2016 Ed. (4153)
Sandia National Laboratory
2011 Ed. (4193)
2014 Ed. (4981)
2016 Ed. (4136)
Sandie O'Connor
2015 Ed. (5016)
Sandie Tillotson
1994 Ed. (3667)
Sandies
1999 Ed. (1420)
Sandimmun
1996 Ed. (1581)
Sandimmune
1992 Ed. (1870)
SanDisk
2004 Ed. (3019, 3023)
2005 Ed. (1115, 1672, 1686, 3033)
2006 Ed. (781, 1105, 2396, 4285)
2007 Ed. (1209, 2719, 2721, 2737, 2859, 3072, 4349, 4351, 4532, 4558, 4562, 4695, 4697)
2008 Ed. (849, 1116, 1595, 2471, 2851, 4310, 4605)
2009 Ed. (2901, 2902)
2010 Ed. (2845)
2011 Ed. (1530, 1531, 2828, 3832)
2012 Ed. (666, 990, 991, 992, 3977, 4460, 4554)
2015 Ed. (4455)
2016 Ed. (4351)
Sandisk
2013 Ed. (1134, 1135)
SanDisk Corp.
2013 Ed. (1131, 1132, 1133, 4427)

2014 Ed. (1092, 1093, 1094, 4457)
2015 Ed. (1131, 1132, 1133, 4453)
2016 Ed. (1043, 1044, 1045, 4348)
Sandlapper Security LLC
2015 Ed. (2028)
2016 Ed. (1997)
Sandler
1992 Ed. (3272)
1995 Ed. (2789)
2013 Ed. (3834)
Sandler; Adam
2009 Ed. (2605)
2010 Ed. (2508)
2011 Ed. (2510)
2012 Ed. (2431)
2013 Ed. (2597)
2014 Ed. (2526)
2015 Ed. (2599)
Sandler, H. M.
1991 Ed. (1618)
Sandler; Herbert
2007 Ed. (996)
Sandler; Herbert M.
1994 Ed. (1720)
2005 Ed. (2475)
Sandler; Herbert & Marion
2008 Ed. (895, 3979)
2010 Ed. (3955)
Sandler; Marion
1995 Ed. (3786)
1996 Ed. (3875)
2007 Ed. (996, 4907, 4975, 4978)
Sandler; Marion & Herbert
2007 Ed. (384)
Sandler; Marion O.
1993 Ed. (3730)
1994 Ed. (1720)
2005 Ed. (2475)
2007 Ed. (1020)
2008 Ed. (4944, 4945)
Sandler O. Neill & Partners L.P.
2001 Ed. (552, 554, 555, 556, 557)
Sandler O'Neill
1992 Ed. (1452)
1994 Ed. (1200)
1995 Ed. (1215)
1997 Ed. (1222)
1998 Ed. (997)
Sandler O'Neill & Partners
1993 Ed. (1169)
2008 Ed. (339)
Sandler O'neill & Partners L. P.
2000 Ed. (376, 377, 378)
Sandler O'Neill & Partners, LP
2002 Ed. (1404, 1405, 1406)
2004 Ed. (1418, 1419, 1420, 1423)
2005 Ed. (1432, 1433)
Sandler Sales Institute
2002 Ed. (3232)
2003 Ed. (3281)
2004 Ed. (3343)
2005 Ed. (3374)
2006 Ed. (3352)
2007 Ed. (4807)
2008 Ed. (4735)
2009 Ed. (4770)
Sandler Training
2010 Ed. (4783)
2011 Ed. (4734)
2012 Ed. (4751)
2013 Ed. (4707)
2014 Ed. (4760)
2015 Ed. (4781)
2016 Ed. (4684)
Sandnes Sparebank
2011 Ed. (425)
2013 Ed. (450)
The Sandom Group
2002 Ed. (1957)
The Sandom Partnership
1999 Ed. (2841)
Sandord I. Weill
2000 Ed. (1046, 1875)
Sandostatin LAR Depot
2001 Ed. (2099)
Sandoval; David Penaloza
2015 Ed. (4941)
Sandoval Dodge
1998 Ed. (1939)
2000 Ed. (2462)
Sandoz
2014 Ed. (2758)
Sandoz AG
1990 Ed. (3714)
1992 Ed. (4498)
1997 Ed. (1516, 2232)
Sandoz Group
1989 Ed. (891)
1990 Ed. (954)
1991 Ed. (1353)

1992 Ed. (1695)
1996 Ed. (934, 943, 1192, 1200, 1451, 1452, 1576, 1580, 1582, 2597, 3888)
Sandoz Holding AG
1991 Ed. (911)
1992 Ed. (1116)
Sandoz Inhaber
1989 Ed. (1583)
Sandoz Ltd.
1989 Ed. (1164)
1990 Ed. (952, 1423, 1424, 1568, 1569, 1570, 3478)
1991 Ed. (1352, 1354, 1355, 3518)
1992 Ed. (1616)
1993 Ed. (911, 918, 1406, 1407, 1408, 1516, 3742, 3743)
1994 Ed. (935, 1196, 1454, 1455, 1456, 1562, 1563, 2820, 3681, 3682)
1995 Ed. (962, 1494, 1495, 1496, 1594, 1595, 2934)
1997 Ed. (176, 1385, 1517, 1518, 1519, 1657, 1663, 3931, 3932)
1998 Ed. (1340, 1344, 1347, 1348)
1999 Ed. (4832)
2003 Ed. (2915)
Sandoz (Participation certificate)
1996 Ed. (3889)
Sandoz (Registered)
1996 Ed. (3889)
Sandpiper Networks Inc.
2001 Ed. (2859)
Sandpoint, ID
2008 Ed. (4245)
Sandra A. Kessler & Associates Inc.
1997 Ed. (2415)
Sandra Bullock
2001 Ed. (7)
2002 Ed. (2142)
2003 Ed. (2329)
2004 Ed. (2409)
2009 Ed. (2606)
2010 Ed. (2509)
2011 Ed. (2511)
2012 Ed. (2432, 2433, 2436)
2013 Ed. (2598)
2014 Ed. (2527)
2015 Ed. (2600)
2016 Ed. (2525)
Sandra Davis
1991 Ed. (2345)
1992 Ed. (2906)
Sandra Day O'Connor
2006 Ed. (4986)
Sandra Day O'Connor College of Law; Arizona State University
2010 Ed. (3434)
2011 Ed. (3418)
Sandra Flannigan
1997 Ed. (1854)
1998 Ed. (1618)
1999 Ed. (2258)
2000 Ed. (1985)
Sandra Kurtzig
1995 Ed. (3786)
Sandra M. Davis
1993 Ed. (2464)
Sandra Ortega Mera
2015 Ed. (4960)
2016 Ed. (4876)
Sandra R. Tracey
1990 Ed. (2480)
SandRidge Energy Inc.
2010 Ed. (862)
2011 Ed. (2824, 2834)
Sandridge Energy Inc.
2013 Ed. (3945)
2014 Ed. (3891)
2015 Ed. (3916)
2016 Ed. (3826)
Sandridge Food Corp.
2014 Ed. (2739)
2015 Ed. (2792)
2016 Ed. (2722)
Sandrine Naslin
1999 Ed. (2304)
2000 Ed. (2080)
Sands
1991 Ed. (864)
Sands Chevrolet
2004 Ed. (338)
Sands China Ltd.
2014 Ed. (3483, 4792)
2015 Ed. (3500, 4826)
2016 Ed. (4731)
Sands Expo & Convention Center
1999 Ed. (1418)
2001 Ed. (2350)
2003 Ed. (2412)

2005 Ed. (2518)
Sands Hotel & Casino
1993 Ed. (855, 2090)
1994 Ed. (871, 2123)
1997 Ed. (912, 2308)
1998 Ed. (2036)
1999 Ed. (1042, 2797)
The Sands Regent
2007 Ed. (4394)
2008 Ed. (4411)
Sands; Richard
2006 Ed. (930)
2007 Ed. (966)
Sandstorm Gold Ltd.
2014 Ed. (1466)
2015 Ed. (1558, 2916)
Sandusky, OH
2014 Ed. (2460)
Sandvik
1990 Ed. (2177, 3477)
1991 Ed. (3221)
1994 Ed. (1452, 3439)
1995 Ed. (1492)
1996 Ed. (1449, 3589)
1997 Ed. (1515, 3635)
1999 Ed. (1737, 4482)
2006 Ed. (2027)
2014 Ed. (704, 4743)
Sandvik AB
2000 Ed. (4123)
2006 Ed. (3402, 4575)
2007 Ed. (1994, 1997, 2400)
2008 Ed. (2091, 3582)
2009 Ed. (2066, 3236, 3653)
2010 Ed. (2004, 3571)
2011 Ed. (3131, 3582)
2012 Ed. (3069, 3071, 3078, 3537, 3567)
2013 Ed. (859, 2074, 3144, 3156, 3159, 3589, 3603, 3711)
2014 Ed. (2006, 3147, 3160, 3165, 4045)
2015 Ed. (3207, 3219, 3224, 3654)
2016 Ed. (3062, 3076, 3080, 3542)
Sandvine Corp.
2008 Ed. (2937, 3494)
2009 Ed. (2989)
2010 Ed. (1549, 2928)
Sandwell Community Caring Trust
2006 Ed. (2053)
2007 Ed. (2023)
2009 Ed. (2109)
Sandwell Inc.
1991 Ed. (1554)
1994 Ed. (1651)
1995 Ed. (1690)
1996 Ed. (1672)
1997 Ed. (1752)
1998 Ed. (1445)
Sandwell International Inc.
2000 Ed. (1814)
Sandwell Swan Wooster
1990 Ed. (1669)
1991 Ed. (1561)
Sandwich
2006 Ed. (4101)
Sandwich bags
2002 Ed. (3719)
Sandwich packs
2003 Ed. (4460, 4461)
Sandwich spreads
2002 Ed. (4083)
Sandwiches
1990 Ed. (1953)
1992 Ed. (1777, 4173, 4175)
1993 Ed. (3499)
1995 Ed. (3536, 3537)
1997 Ed. (2059, 3669, 3680)
2002 Ed. (4011)
2008 Ed. (2732)
Sandwiches, beef
1998 Ed. (3125)
Sandwiches, bologna
1998 Ed. (2463, 3125)
Sandwiches, cheese
1998 Ed. (3125)
Sandwiches, chicken
1998 Ed. (3125)
Sandwiches, deli-style
1999 Ed. (1413)
Sandwiches, freshly prepared deli type
1999 Ed. (2125)
Sandwiches, ham
1998 Ed. (2463, 3125)
Sandwiches, heroes/subs
1992 Ed. (3017)
Sandwiches, peanut butter & jelly
1998 Ed. (2463, 3125)
Sandwiches, prepackaged
1999 Ed. (1413, 2125)

Sandwiches, tuna salad
1998 Ed. (3125)
Sandwiches, turkey
1998 Ed. (2463)
Sandy Alexander, Inc.
1998 Ed. (2924)
1999 Ed. (3895)
2000 Ed. (3614)
2002 Ed. (3767)
Sandy Flannigan
1991 Ed. (1674)
Sandy Morris
1999 Ed. (2337)
Sandy Spring Bancorp
2005 Ed. (2590)
2006 Ed. (2593)
2008 Ed. (2701)
2009 Ed. (559, 2761)
2010 Ed. (542)
Sandy Spring Bank
2005 Ed. (640)
2006 Ed. (543)
Sandy Sutton's Interior Spaces LLC
2008 Ed. (3695, 4369, 4953)
Sandy Valley Fasteners
2007 Ed. (3559)
2008 Ed. (3711, 4396, 4963)
Sandy Weill
2003 Ed. (3058)
2005 Ed. (788)
Sandy Winthrop Chen
1999 Ed. (2295)
Sandy's Ltd.
1995 Ed. (1450)
Sanetta, Gebr. Ammann
2001 Ed. (1261)
Sanfilippo & Son
1998 Ed. (3325)
Sanfilippo & Son Inc.; John B.
2005 Ed. (2751, 2752)
Sanford
2015 Ed. (1941, 2767)
2016 Ed. (1911)
Sanford Bismarck
2015 Ed. (1940)
2016 Ed. (1910)
Sanford Burns
1999 Ed. (2181)
Sanford C. Bernstein & Co.
2000 Ed. (1920, 1922, 2796, 2830, 2852)
2005 Ed. (754, 756, 949, 1137, 2577, 2643, 3029, 3055, 3238, 3811, 4112, 4347, 4615)
2006 Ed. (3198, 3199, 3200, 3201, 3202, 3203, 3205, 3206, 3207, 3209, 3223)
2007 Ed. (3267, 3268, 3269, 3270, 3271, 3274, 3276)
2008 Ed. (3390, 3391, 3392, 3393, 3395, 3396, 3397, 3398)
2009 Ed. (3455)
Sanford C. Bernstein Inc.
1990 Ed. (2327, 2334, 2341)
1991 Ed. (1673, 1680, 1692, 1708, 2215)
1994 Ed. (769, 775, 1835)
1995 Ed. (723, 731, 1799)
1996 Ed. (1774, 2426)
1997 Ed. (1848, 1849, 1850, 2549)
1998 Ed. (1559, 1560, 1562, 2283)
1999 Ed. (2150, 2151, 2152, 3083, 3084)
2003 Ed. (1507)
Sanford C. Sigoloff
1990 Ed. (1714)
Sanford Clinic North
2013 Ed. (1959)
2014 Ed. (1895)
2015 Ed. (1940)
Sanford Cohen
1996 Ed. (1831)
Sanford Co.
1991 Ed. (1873, 3140)
1992 Ed. (1134)
2000 Ed. (3426)
2002 Ed. (247)
2004 Ed. (1637)
2010 Ed. (3398)
Sanford Health
2008 Ed. (2077, 2078)
2009 Ed. (2048, 2049)
2010 Ed. (1981, 1982)
2011 Ed. (2043, 2044)
2013 Ed. (2051)
2014 Ed. (1986)
2015 Ed. (2034)
2016 Ed. (2003)
Sanford Homes of Colorado LLLP
2002 Ed. (2676)

Sanford I. Weill
1993 Ed. (937, 1695)
1994 Ed. (947, 950, 1714, 1717)
1995 Ed. (978, 980, 982, 1727, 1730)
1996 Ed. (959, 960, 964, 966, 1709, 1712)
1997 Ed. (982, 1796, 1799, 1802)
1998 Ed. (720, 722, 724, 1508, 1512, 1514, 2138, 2139)
2000 Ed. (796, 1044, 1047, 1870, 1873)
2001 Ed. (1218, 2315)
2002 Ed. (1042, 2182, 2183, 2873, 3026)
2005 Ed. (980, 2474, 2475, 2490, 2510)
Sanford, Jr.; Charles S.
1989 Ed. (417)
1990 Ed. (458, 459)
1991 Ed. (402, 1625)
1994 Ed. (357)
Sanford Jr.; Charles Steadman
1995 Ed. (982)
Sanford Katz
2009 Ed. (3441)
Sanford Medical Center Fargo
2013 Ed. (1959)
2014 Ed. (1895)
2015 Ed. (1940)
2016 Ed. (1910)
Sanford, NC
2002 Ed. (2745)
2003 Ed. (3247)
Sanford North
2013 Ed. (1959, 1960)
2014 Ed. (1895, 1896)
2015 Ed. (1940, 1941)
2016 Ed. (1910, 1911)
Sanford Rose Associates
2003 Ed. (2370)
2004 Ed. (2485)
2005 Ed. (2467)
Sanford Rose Associates International Inc.
1992 Ed. (2225)
1999 Ed. (2518)
Sanford Shapero
1993 Ed. (1701)
Sanford Weill
1999 Ed. (1121, 1126, 2074, 2078, 2080)
2002 Ed. (2178, 3354)
2004 Ed. (2490)
Sangad Satapatpattana
1996 Ed. (1913)
1997 Ed. (2003)
SangAm Communications
1997 Ed. (111)
1999 Ed. (114)
2001 Ed. (158)
SangAm Communications (Grey)
2000 Ed. (120)
Sangamon
1993 Ed. (1995, 1996)
1994 Ed. (1988, 1989, 3428)
1995 Ed. (2045, 2046, 3507)
1997 Ed. (2159, 2160)
1998 Ed. (1863, 1864)
1999 Ed. (2609, 2610)
Sanger; Arvind
1997 Ed. (1889)
Sanger Australia
2004 Ed. (4923)
Sanger; S. W.
2005 Ed. (2492)
Sanger; Stephen
2006 Ed. (2627)
2010 Ed. (2567)
Sangers
2006 Ed. (2062)
Sangiovese
1996 Ed. (3838)
Sangria wine
1989 Ed. (2966, 2967, 2968)
1991 Ed. (3504, 3505, 3509, 3510, 3511)
1992 Ed. (4469, 4471, 4476, 4477, 4478)
Sani Dairy
1996 Ed. (3632)
Sanifill
1994 Ed. (2669)
Saniflush
2003 Ed. (987)
Sanilac County Bank
1989 Ed. (211)
Sanipak
2001 Ed. (86)
Sanitarium
1994 Ed. (35)

Sanitary napkins
1994 Ed. (2808)
1996 Ed. (2976, 2978, 3609)
1997 Ed. (3064, 3065)
1998 Ed. (2809, 2810)
2002 Ed. (2257)
2003 Ed. (2466)
2004 Ed. (3804)
Sanitary napkins/tampons
1997 Ed. (3053, 3054)
Sanitary protection
1995 Ed. (2895, 2896)
Sanitary protection products
1996 Ed. (1484)
2003 Ed. (3945, 3946)
Sanitary Wares Manufacturing Co.
1993 Ed. (2494)
Sanitas
2000 Ed. (4267)
2010 Ed. (1991)
Sanitation Districts of Los Angeles County
1992 Ed. (4030)
2015 Ed. (1487)
2016 Ed. (1417)
Sanitex; UAB
2011 Ed. (1802)
Sanjay Gupta
2005 Ed. (3183)
2006 Ed. (3185)
2007 Ed. (3223)
Sanjay K. Jha
2010 Ed. (911)
Sanjay Khosla
2011 Ed. (2547)
Sanjay Kumar
2001 Ed. (2345)
Sanjay Mehrotra
2007 Ed. (2502)
Sanjay Sakhrani
2011 Ed. (3348)
Sanjay Sarma
2005 Ed. (2320)
Sanjay Vadera
2007 Ed. (2465)
Sanjing Pharmaceutical
2004 Ed. (36)
Sanjing Pharmaceuticals
2006 Ed. (35)
Sanjiv Sidhu
2002 Ed. (2806, 3351)
Sanka
1990 Ed. (3545)
1991 Ed. (990, 3323)
1992 Ed. (1239, 1240, 4233)
1993 Ed. (1004)
2014 Ed. (994)
Sankaran; Sid
2013 Ed. (740)
Sankei Shimbun
1996 Ed. (2848)
1997 Ed. (2944)
Sankey; Martin
1993 Ed. (1792, 1793)
1994 Ed. (1775, 1776)
1995 Ed. (1816)
1996 Ed. (1791)
1997 Ed. (1865)
Sanko Group
2012 Ed. (1626)
Sanko Steamship Co. Ltd.
1990 Ed. (3641)
1992 Ed. (1571)
Sankyo Aluminum
1992 Ed. (1613)
Sankyo Co., Ltd.
1989 Ed. (1280, 1583)
1990 Ed. (1571)
1991 Ed. (1475)
1993 Ed. (1517)
1997 Ed. (1664)
2002 Ed. (1710)
2007 Ed. (3919, 4836)
2012 Ed. (680)
Sankyu
2007 Ed. (4835)
Sanlam
2014 Ed. (3318)
2015 Ed. (2022, 3364)
2016 Ed. (3226)
The Sanlam Group
2002 Ed. (4447, 4448, 4449)
Sanlam Health
2000 Ed. (2673)
Sanlam Ltd.
1993 Ed. (1396, 2231)
1995 Ed. (1486, 2315)
1996 Ed. (3414)
2001 Ed. (1845)
2002 Ed. (1734, 3040)

2006 Ed. (2009, 4523)
2007 Ed. (1975)
2008 Ed. (2072)
2009 Ed. (2043)
2010 Ed. (1974)
2011 Ed. (2036)
2012 Ed. (1885)
2013 Ed. (2044, 3292)
2014 Ed. (1978, 3320)
2015 Ed. (2024, 3366)
2016 Ed. (1996, 3229)
Sanli
1999 Ed. (1006)
Sanluis Corporacion
2003 Ed. (2090)
Sanmark-Stardust
1992 Ed. (1226)
Sanmina Corp.
1995 Ed. (3162, 3201)
2000 Ed. (1306, 2397)
2001 Ed. (1459, 1460, 2136)
2002 Ed. (1226, 1493, 1527, 1562, 2078, 2098, 2470, 3250, 4256)
2003 Ed. (2240, 2247, 4376)
2004 Ed. (2257, 2259)
2014 Ed. (4457)
2015 Ed. (4453)
2016 Ed. (4348)
Sanmina-SCI
2013 Ed. (1748)
Sanmina-SCI Corp.
2003 Ed. (4378, 4380)
2004 Ed. (1084, 1112, 1580, 1591, 2231, 2233, 2234, 2235, 2238, 2240, 2241, 2260, 3003, 3419, 4398, 4401, 4485, 4492)
2005 Ed. (1271, 1272, 1273, 1274, 1275, 1276, 1278, 1609, 1673, 1682, 1683, 2331, 2334, 2335, 2336, 2340, 2356, 3047, 4340, 4344, 4351, 4458, 4461)
2006 Ed. (1228, 1229, 1230, 1231, 1232, 1233, 1234, 1235, 1495, 1579, 1583, 1587, 1588, 1792, 2389, 2390, 2391, 2401, 4280, 4283, 4291, 4292, 4464, 4469, 4605)
2007 Ed. (1611, 1798, 2334, 2344, 2348, 2716, 4346, 4348, 4355, 4525, 4526, 4527, 4528, 4565, 4566, 4569)
2008 Ed. (1585, 1594, 1600, 1835, 1838, 2460, 2473, 4314)
2009 Ed. (1199, 1537, 1676, 1783, 1785, 1786, 1787, 1788, 1789, 1790, 1791, 2459, 2478, 4416)
2010 Ed. (2380, 2387, 4459)
2011 Ed. (4393)
2012 Ed. (4460)
2013 Ed. (4427)
Sann Aung Imaging
1997 Ed. (121)
1999 Ed. (127)
2001 Ed. (182)
2003 Ed. (124)
Sann Aung Imaging (McCann)
2000 Ed. (145)
Sano Group
2007 Ed. (47)
Sanofi
1992 Ed. (1874)
1993 Ed. (1175, 1423, 1514)
1997 Ed. (1535, 1657, 1660)
1998 Ed. (1349)
2001 Ed. (3719)
2014 Ed. (46. 4697)
2015 Ed. (49, 4001, 4708)
2016 Ed. (48, 4612)
Sanofi-Aventis
2006 Ed. (1682, 1698, 3380, 3883, 3884, 3885, 3889)
Sanofi-Aventis Canada Inc.
2009 Ed. (2963)
Sanofi-Aventis Patient Assistance Foundation
2010 Ed. (2771)
2011 Ed. (2757)
2012 Ed. (2691)
Sanofi-Aventis SA
2007 Ed. (133, 1693, 1706, 1717, 1718, 1730, 1780, 1782, 3913, 3914, 3916, 3918, 3920, 3921, 3922, 3923, 3926, 3927, 3929, 3938, 3940, 3943, 3945, 3946, 4585)
2008 Ed. (1735, 1746, 1747, 1759, 1762, 1813, 3558, 3842, 3943, 3945, 3950, 3953, 3954, 3956, 3957, 3958, 3959, 3960, 3961,

3963, 3965, 3966, 3973, 3974, 3977, 4140)
2009 Ed. (603, 604, 925, 1683, 1685, 1690, 3625, 3898, 4025, 4026, 4027, 4029, 4030, 4031, 4032, 4035, 4037, 4039, 4043, 4046, 4047, 4049, 4050, 4051, 4249, 4252, 4563)
2010 Ed. (1639, 1642, 1643, 1647, 3546, 3929, 3931, 3932, 3933, 3934, 3938, 3939, 3940, 3941, 3942, 3943, 3944, 3948, 3949, 3953)
2011 Ed. (785, 792, 1653, 3546, 3949, 3950, 3951, 3953, 3954, 3956, 3960, 3963, 3969, 3970)
2012 Ed. (1504, 3539, 3944, 3946, 3949, 3951, 3952, 3955, 3956, 3957, 3959, 3960, 3962, 3963, 3966, 3967, 4552)
2013 Ed. (2292, 4007, 4023, 4025, 4026, 4027, 4029, 4032, 4035)
2014 Ed. (3951)
2015 Ed. (1626, 3989)
Sanofi-Aventis U.S.
2009 Ed. (2830)
Sanofi-Aventis US LLC
2012 Ed. (3094)
Sanofi Canada
2016 Ed. (2873)
Sanofi de Venezuela
2014 Ed. (2069)
Sanofi Pasteur MSD
2015 Ed. (2043)
Sanofi Pharma SA
1994 Ed. (3661)
Sanofi Research
2000 Ed. (740, 1712)
Sanofi SA
2013 Ed. (1643, 3584, 4014, 4018, 4019, 4020)
2014 Ed. (1602, 3950, 3955, 3958, 3959, 3963, 3964, 3967, 3970, 4243)
2015 Ed. (1653, 3986, 3998, 4002, 4003, 4006, 4007, 4009, 4014)
2016 Ed. (1537, 1594, 3899, 3900, 3902, 3912, 3914, 3915, 3919, 3920, 3927)
Sanofi Synthelabo
2001 Ed. (1710)
2003 Ed. (1681)
Sanofi-Synthelabo SA
2004 Ed. (957)
2005 Ed. (3825)
2006 Ed. (1431, 1438, 1448, 1722, 2781)
Sanofi US
2015 Ed. (1899)
Sanofi Winthrop
1994 Ed. (2466, 2871)
Sanofi Winthrop Pharmaceutical
1995 Ed. (2534)
Sanoma Corp.
2012 Ed. (3538)
SanomaWSOY
2006 Ed. (2801)
Sanpaolo Bank Group
1999 Ed. (1688)
2000 Ed. (1488)
Sanpaolo Fondi
2000 Ed. (2847)
Sanpaolo Group
1995 Ed. (1438)
1996 Ed. (1402)
1997 Ed. (1459)
SanPaolo IMI
2003 Ed. (550, 4592)
2004 Ed. (564)
2005 Ed. (550)
SanPaolo IMI Bank
2004 Ed. (510)
SanPaolo IMI SpA
2001 Ed. (1760, 1761, 1762)
2002 Ed. (592, 1699, 1701)
2006 Ed. (474, 1820, 1821, 1823, 3230)
2007 Ed. (487, 1826, 1829)
2008 Ed. (452, 1427, 1863)
2009 Ed. (481, 1818)
Sanpo Pank
2009 Ed. (432)
2010 Ed. (407)
Sanrad Inc.
2007 Ed. (1211)
sanRemo
2006 Ed. (1030)
Sanrio
2013 Ed. (3511)
2014 Ed. (3485)

2016 Ed. (3037)
Sanrio Co., Ltd.
1995 Ed. (1352)
2007 Ed. (3417)
2010 Ed. (4760)
2012 Ed. (4735)
2013 Ed. (4698)
2014 Ed. (4752)
Sanrio Inc.
2015 Ed. (3502)
2016 Ed. (3353)
Sanshin Electronics
2003 Ed. (2246)
Sansiveri, Kimball & Co.
2016 Ed. (1979)
Sansom Common
2000 Ed. (1227)
Sansui Electric Co. Ltd.
1993 Ed. (1276)
1994 Ed. (1322)
The Sant Corp.
2011 Ed. (1033)
Santa Ana-Anaheim-Irvine, CA
2012 Ed. (2339)
Santa Ana, CA
1992 Ed. (1081, 1161)
1998 Ed. (740, 1235)
2006 Ed. (2857)
2007 Ed. (2076, 2269)
2008 Ed. (2188)
Santa Ana Community Redevelopment Agency, CA
1991 Ed. (1478)
Santa Ana-Costa Mesa, CA
1990 Ed. (999, 1001)
1991 Ed. (939)
Santa Ana Isuzu
1993 Ed. (272)
Santa Ana/Garden Grove/Orange
1990 Ed. (3063)
Santa Ana/Laguna Beach, CA
1992 Ed. (3291)
Santa Ana/Santa Monica/Pomona/Hollywood
1990 Ed. (3063)
Santa Anita Fashion Park
1994 Ed. (3300)
1999 Ed. (4310)
2000 Ed. (4030)
Santa Anita Realty
1992 Ed. (3628)
Santa Anita Realty Enterprises Inc.
1991 Ed. (2816)
1998 Ed. (3006)
"Santa Barbara"
1992 Ed. (4255)
1993 Ed. (3541)
Santa Barbara Bender Growth
2006 Ed. (3627)
Santa Barbara Bowl
2014 Ed. (176)
Santa Barbara, CA
1990 Ed. (874)
1992 Ed. (344, 1010, 1163, 2576, 3042)
1994 Ed. (822, 2924)
1996 Ed. (2205)
1998 Ed. (245, 1857, 2475)
2000 Ed. (1065, 2993)
2001 Ed. (2721)
2002 Ed. (2632, 2635)
2005 Ed. (2203)
2006 Ed. (2972)
2007 Ed. (3000, 3002)
2008 Ed. (3116)
2009 Ed. (3206)
2010 Ed. (3137)
2011 Ed. (3104)
2012 Ed. (3041)
Santa Barbara County, CA
1993 Ed. (1429, 2144)
1994 Ed. (2167)
1995 Ed. (2218)
2005 Ed. (2203)
2009 Ed. (873)
Santa Barbara-Lompoc-Santa Maria, CA
1990 Ed. (286)
Santa Barbara Restaurant
2001 Ed. (1645)
Santa Barbara Restaurant Group
2000 Ed. (3798)
Santa Barbara-Santa Maria, CA
1991 Ed. (830)
1992 Ed. (1016)
2005 Ed. (2973)
2006 Ed. (2974)
Santa Barbara-Santa Maria-Lompoc, CA
1991 Ed. (2001, 2426, 2862, 2863)

1993 Ed. (2140, 2541)
1994 Ed. (2163, 2491, 3062)
1995 Ed. (2214, 2556)
2005 Ed. (2027, 2029, 2032, 2975, 2978, 2989, 3468, 3471)
Santa Barbara-Santa Maria-San Luis Obispo, CA
1992 Ed. (3700, 3701)
1993 Ed. (815)
1994 Ed. (3061, 3063)
1995 Ed. (3109)
1998 Ed. (591)
2002 Ed. (922)
Santa Barbara Teachers Credit Union
2005 Ed. (2069)
2006 Ed. (2163)
Santa Casa da Misericordia
1990 Ed. (44)
Santa Casa Da Misericordia
1989 Ed. (47)
1992 Ed. (72)
Santa Casa de Misericordia de Lisboa
2007 Ed. (69)
Santa Clara, CA
1989 Ed. (1176, 1926)
1990 Ed. (1441, 2156)
1991 Ed. (1375, 1376, 2002, 2005)
1998 Ed. (2058)
2000 Ed. (1600)
Santa Clara County, CA
1992 Ed. (1716, 1718, 2579)
1993 Ed. (1427, 1435, 2141)
1994 Ed. (1476, 1482, 2166)
1995 Ed. (1511, 1514, 2217)
1999 Ed. (1764, 1772, 1779, 2008, 2997)
2002 Ed. (2380)
2003 Ed. (3437, 3438, 3440)
2004 Ed. (2643, 2858)
2016 Ed. (1423)
Santa Clara County Traffic Authority
1993 Ed. (3621)
Santa Clara County Transit District
1991 Ed. (1886)
Santa Clara University
1992 Ed. (1272)
1993 Ed. (1020)
1994 Ed. (1047, 1058, 1900)
1995 Ed. (1055)
1996 Ed. (1040)
1997 Ed. (1056)
1998 Ed. (803)
1999 Ed. (1232, 3163)
2000 Ed. (2907)
2001 Ed. (1327, 3064)
2008 Ed. (1088)
2009 Ed. (1062)
2010 Ed. (1030)
Santa Clara University, Leavey School of Business
2010 Ed. (742)
Santa Clara Valley Medical Center
2010 Ed. (1529)
2011 Ed. (1525)
Santa Clara Valley Transportation Authority
2005 Ed. (3992)
2008 Ed. (1103)
Santa Clara Valley Water District, CA
1997 Ed. (3217)
Santa Clara Valley Water District, San Jose, CA
1990 Ed. (1484)
Santa Clara/San Jose
1989 Ed. (1633)
Santa Clarita, CA
1992 Ed. (1156)
1994 Ed. (970, 2584)
1999 Ed. (1176)
Santa Claus
1991 Ed. (2490)
2007 Ed. (682)
The Santa Clause
1996 Ed. (2687)
Santa Cruz Beach Boardwalk
1999 Ed. (268)
Santa Cruz, CA
1991 Ed. (2001, 2426)
1992 Ed. (1394, 2576, 3042)
1993 Ed. (2140, 2541)
1994 Ed. (975, 2163, 2491, 2497)
1997 Ed. (2337, 2764)
2005 Ed. (3316)
2006 Ed. (3305)
2007 Ed. (2076)
2008 Ed. (2188)
Santa Cruz (CA) Beach Boardwalk
1993 Ed. (228)
Santa Cruz Community Credit Union
2015 Ed. (2251)

Santa Cruz County, CA
1993 Ed. (1429, 2144)
2003 Ed. (3437)
Santa Cruz County Employees Credit Union
2014 Ed. (2143)
Santa Cruz, NM
2003 Ed. (1870)
Santa Cruz Operation
1990 Ed. (2581)
1995 Ed. (3205, 3206, 3693, 3694)
Santa Cruz Seaside Co.
1997 Ed. (246)
Santa Cruz-Watsonville, CA
1995 Ed. (2214, 2556)
1998 Ed. (176, 733)
1999 Ed. (2088, 2689, 3368, 3376)
2003 Ed. (3394, 3395, 3405)
2004 Ed. (3460, 3461, 3471)
2005 Ed. (2027, 2029, 2978)
Santa Fe
1999 Ed. (4164, 4216)
Santa Fe; College of
1996 Ed. (1044)
1997 Ed. (1060)
Santa Fe Energy Co.
1989 Ed. (2214)
Santa Fe Energy Resources Inc.
1998 Ed. (2829, 3360)
Santa Fe Hotel Joint Venture
2006 Ed. (2928)
2007 Ed. (2939)
Santa Fe; Hyundai
2013 Ed. (4770)
Santa Fe Industries Inc.
1990 Ed. (1241)
1991 Ed. (1160)
1992 Ed. (1472)
1993 Ed. (1179)
1994 Ed. (1219)
1996 Ed. (1206)
2002 Ed. (1470)
2003 Ed. (1491)
2004 Ed. (1521)
2005 Ed. (1537)
Santa Fe International Corp.
2000 Ed. (3323)
2003 Ed. (4576)
Santa Fe Management Group
1992 Ed. (2468)
Santa Fe Natural Tobacco Co., Inc.
2003 Ed. (4753)
2004 Ed. (1530)
Santa Fe, NM
1992 Ed. (3698)
1994 Ed. (3064)
1995 Ed. (874, 1667, 3057, 3106, 3110)
1996 Ed. (3201, 3205)
1997 Ed. (3305, 3308, 3309)
1998 Ed. (3052, 3053, 3054)
1999 Ed. (4052, 4053, 4054)
2000 Ed. (3767, 3768)
2001 Ed. (4048, 4055)
2002 Ed. (3995, 3996)
2003 Ed. (4088, 4089)
2004 Ed. (2289, 4114, 4115)
2005 Ed. (1058, 2377, 2387, 3468)
2006 Ed. (1066)
2007 Ed. (1158, 1162)
2008 Ed. (1051)
2009 Ed. (1024)
2010 Ed. (990)
2011 Ed. (2412)
Santa Fe Pacific Corp.
1991 Ed. (2798, 2799, 2800, 3085, 3415)
1992 Ed. (1519, 3608, 3609, 3611)
1993 Ed. (2956, 2957)
1994 Ed. (2990, 2991, 2992)
1995 Ed. (3054, 3055, 3056)
1996 Ed. (1200, 3155, 3156, 3157, 3158, 3666)
1997 Ed. (1452, 3244)
2005 Ed. (1537)
Santa Fe Pacific Gold Corp.
2004 Ed. (1505)
2005 Ed. (1521)
Santa Fe Pacific Pipeline Partners LP
1991 Ed. (2746, 2747)
1992 Ed. (3466, 3468)
Santa Fe Pacific Pipelines Inc.
1993 Ed. (2858, 2860)
1994 Ed. (2880, 2881)
1995 Ed. (2945, 2947)
1996 Ed. (3041, 3042, 3043)
1997 Ed. (3121, 3123, 3125)
1998 Ed. (2860, 2865)
1999 Ed. (3831, 3835)
Santa Fe Protective Services Inc.

2014 Ed. (4989)
Santa Fe Southern
1989 Ed. (2281, 2283)
1990 Ed. (1285, 1288, 1290, 2944, 2945)
Santa Fe Southern Pacific, 16s 03
1990 Ed. (740)
Santa Fe Southern Pacific Corp.
1989 Ed. (2282, 2459, 2752, 2867, 2868)
1990 Ed. (1229, 2946, 3637, 3638)
1991 Ed. (1162, 2377, 3418)
1992 Ed. (1474, 4153)
1994 Ed. (1221)
1995 Ed. (1237)
1996 Ed. (1208)
Santa Fe Vans
1992 Ed. (4368)
1995 Ed. (3688)
Santa Lucia Bank
2003 Ed. (507, 508, 509)
Santa Magherita
1992 Ed. (4465)
1995 Ed. (3757, 3758, 3760, 3766)
Santa Margarita Center
1996 Ed. (2248)
Santa Margarita/Dana Point Authority, CA
1997 Ed. (3217)
Santa Margherita
1996 Ed. (3856, 3858, 3860, 3865)
1997 Ed. (3902, 3904)
1998 Ed. (3743, 3747, 3749, 3751)
1999 Ed. (4789, 4793, 4795, 4797)
2000 Ed. (4413, 4417, 4419)
2001 Ed. (4885, 4893)
2002 Ed. (4946, 4960)
2004 Ed. (4966)
2005 Ed. (4951, 4952, 4953, 4956, 4957)
Santa Maria
1997 Ed. (698)
2002 Ed. (3631)
2003 Ed. (3765)
2007 Ed. (3797)
2008 Ed. (3871)
Santa Monica Bank
1993 Ed. (554)
1995 Ed. (3067)
Santa Monica, CA
1998 Ed. (1948)
2000 Ed. (1065, 2993)
2007 Ed. (3000)
Santa Monica College
1999 Ed. (1235)
2000 Ed. (1144)
Santa Monica Ford
1990 Ed. (342)
1991 Ed. (278)
1992 Ed. (378, 383, 417)
1993 Ed. (269, 299, 300, 301)
1994 Ed. (254, 255, 268, 289, 291, 292)
1995 Ed. (293, 295)
Santa Monica Mountains National Recreation Area
1999 Ed. (3705)
Santa Monica/Harbor
1990 Ed. (3063)
Santa Monica/San Diego
1990 Ed. (3063)
Santa Rita
2005 Ed. (4965)
Santa Rita Landscaping
2015 Ed. (3476)
Santa Rosa, CA
1989 Ed. (1611)
1995 Ed. (2214, 2556)
1998 Ed. (176, 733)
1999 Ed. (2689, 3376)
2002 Ed. (1052, 2710)
2003 Ed. (1870, 3241)
2005 Ed. (2973, 2975, 2978)
2006 Ed. (2974)
2008 Ed. (2188)
Santa Rosa Memorial Hospital
1997 Ed. (2266)
Santa Rosa-Petaluma, CA
1992 Ed. (2576, 3042)
1993 Ed. (2114, 2140, 2541)
1994 Ed. (975, 2163, 2491, 2497)
Santa Rose, CA
2005 Ed. (2027, 2029)
Santa Ross-Petaluma, CA
1991 Ed. (1547)
Santam Ltd.
1990 Ed. (2283)
1991 Ed. (2157)
1993 Ed. (2259)
1995 Ed. (2284)

2000 Ed. (2673)
2006 Ed. (4523)
Santambank
1989 Ed. (671, 672)
1990 Ed. (679, 680, 681)
Santana
2002 Ed. (1160)
Santana; George
1996 Ed. (1899)
Santana; Johan
2012 Ed. (432)
2013 Ed. (187)
2014 Ed. (193)
Santana Sales & Marketing Group Inc.
2015 Ed. (3004)
Santander
2000 Ed. (490, 491, 492, 497, 500, 502, 640, 643, 646, 752, 753)
2001 Ed. (616, 617, 618, 646, 647, 648)
2002 Ed. (4094)
2004 Ed. (3204)
2007 Ed. (753, 765)
2008 Ed. (732)
2009 Ed. (676)
2010 Ed. (363, 629, 672, 682, 2643)
2011 Ed. (364, 378, 383, 562, 563, 2633)
2012 Ed. (373)
2013 Ed. (463, 496, 498, 675)
2014 Ed. (506, 507, 509, 511, 702, 703, 2561, 2696)
2015 Ed. (538, 571, 573, 575, 748)
2016 Ed. (450, 490, 518, 520, 521, 539, 675)
Santander Acciones Chilenas
2005 Ed. (3578)
Santander Bancorp
2004 Ed. (420, 421, 4436)
2005 Ed. (363)
2011 Ed. (435)
2013 Ed. (321)
Santander Banespa
2007 Ed. (502, 504)
2008 Ed. (463, 464, 466)
Santander Banespa; Grupo
2005 Ed. (470, 500)
Santander Bank NA
2016 Ed. (1589, 1778)
Santander Brasil
2013 Ed. (502, 516)
2014 Ed. (2559, 2561)
Santander Central Hispano
2003 Ed. (1417)
2007 Ed. (440, 479)
2008 Ed. (368)
Santander Central Hispano Investimento
2003 Ed. (4375)
Santander Central Hispano Investment
2001 Ed. (2430)
Santander Central Hispano Investments
2004 Ed. (1445)
2005 Ed. (4584, 4585)
Santander Central Hispano SA
2005 Ed. (611, 1964)
2006 Ed. (102, 525, 1448, 2019)
2007 Ed. (1988)
2008 Ed. (1404, 2084)
2009 Ed. (384, 776, 2056)
2010 Ed. (717, 1994)
Santander Central Hispano SA; Banco
2006 Ed. (1430, 1438, 2020)
2007 Ed. (1990)
2008 Ed. (2086)
2009 Ed. (2057)
2010 Ed. (1995, 1996)
2011 Ed. (2058)
2012 Ed. (1903)
Santander Chile
2007 Ed. (502, 503, 506, 507)
Santander Consumer USA Holdings
2016 Ed. (4310)
Santander Consumer USA Inc.
2009 Ed. (962)
Santander Direkt Bank
2001 Ed. (1958)
Santander Federal Savings Bank
1991 Ed. (3384)
Santander Global Advisors
2000 Ed. (2815, 2819)
Santander; Grupo
2007 Ed. (1991)
Santander Investment
1999 Ed. (2396, 4135)
2007 Ed. (755)
2008 Ed. (734)
2010 Ed. (674)
Santander Investment Securities
2006 Ed. (3212, 3224)

2007 Ed. (3280, 3281, 3289)
2008 Ed. (3400, 3405)
2009 Ed. (3458, 3464)
2010 Ed. (3395)
Santander Mexicano
2000 Ed. (607, 609, 613)
2001 Ed. (634, 635)
Santander Multinacional
2002 Ed. (3480)
Santander Prevision Social
2003 Ed. (3620)
Santander Rio
2011 Ed. (1469)
2013 Ed. (1407)
2014 Ed. (1354)
2015 Ed. (1431)
Santander SA; Banco
2013 Ed. (2066)
2014 Ed. (1999)
2015 Ed. (2046)
Santander Santiago
2008 Ed. (462, 463, 464, 465, 466, 467)
Santander Securities Corp.
2005 Ed. (363)
Santander Serfin
2007 Ed. (763)
2008 Ed. (464, 739)
Santander Super Plan Dolar
2004 Ed. (3654)
Santander U.K.
2013 Ed. (472)
2014 Ed. (486)
2015 Ed. (547)
2016 Ed. (500)
Santander/BCH
2000 Ed. (524)
Sante
2007 Ed. (4794)
2008 Ed. (4711)
2009 Ed. (4755)
Sante Fe Industries Inc.
1995 Ed. (1235)
Santens of America
2007 Ed. (581)
Santerre; Gary L.
1991 Ed. (2549)
Santex Gruppe Europa
2001 Ed. (1261)
Santi Bhirombhakdi
2016 Ed. (4881)
Santi Pinot Grigio
1999 Ed. (4791, 4798)
Santiago
2000 Ed. (490, 491, 492, 493, 494, 3849)
2002 Ed. (4094)
Santiago; Carlos
2013 Ed. (2960)
Santiago, Chile
2002 Ed. (2760)
2009 Ed. (257)
2013 Ed. (164)
2014 Ed. (168)
2015 Ed. (195)
Santierul Naval Damen Galati
2002 Ed. (4460)
Santiliana Exim SRL
2016 Ed. (1535)
Santini Asti
2003 Ed. (900)
Santista
1999 Ed. (2471)
Santitas
1994 Ed. (3341)
1995 Ed. (3396)
1996 Ed. (3466)
1997 Ed. (3532)
1998 Ed. (3320)
2001 Ed. (4579)
2002 Ed. (4640)
2006 Ed. (4776)
2007 Ed. (4783)
2008 Ed. (4701, 4703)
2009 Ed. (4742)
2013 Ed. (4695)
2014 Ed. (4744, 4745)
2015 Ed. (4765, 4766)
2016 Ed. (4668, 4669)
Santo Domingo Group
1995 Ed. (712)
Santo Tomas de Castilla
1992 Ed. (1392)
Santos
2013 Ed. (3950)
2014 Ed. (3895)
2015 Ed. (3922)
Santos; Alexandre Soares dos
2016 Ed. (4868)
Santos, Brazil

2003 Ed. (3916)
Santos; Eliseo Alexandre Soares dos
2012 Ed. (4916)
2013 Ed. (4900)
2014 Ed. (4912)
2015 Ed. (4953)
Santos Ltd.
1992 Ed. (1392, 4182)
1993 Ed. (262)
2002 Ed. (3368)
2003 Ed. (3821)
2004 Ed. (3490, 3851)
2005 Ed. (3762, 3776)
2006 Ed. (3844)
2007 Ed. (3861)
2008 Ed. (3914)
2009 Ed. (3981)
2010 Ed. (3890)
2011 Ed. (3902)
2012 Ed. (3884, 3885)
2013 Ed. (3949)
2014 Ed. (3894)
2015 Ed. (3921)
2016 Ed. (3830)
Santos, Postal & Co.
2013 Ed. (3)
2014 Ed. (3)
2015 Ed. (3)
2016 Ed. (3)
Santraboer
1993 Ed. (2259)
Sants Pharmaceutical Distributors Ltd.
2003 Ed. (2738)
Santur
2009 Ed. (4688)
2010 Ed. (4701)
Sanus
2013 Ed. (2787, 2975, 2978)
2014 Ed. (2815, 2987, 2990)
2015 Ed. (2859, 3055, 3060)
2016 Ed. (2794, 2945, 2950)
Sanus Corp. Health Systems
1993 Ed. (2020)
Sanus Health Plan of Greater New York
1990 Ed. (1999)
Sanus Health Plan of Greater New York/New Jersey
1994 Ed. (2041, 2042)
1995 Ed. (2094)
1997 Ed. (2199)
Sanus Health Plan of NY/NJ
1991 Ed. (1895)
1992 Ed. (2392)
1993 Ed. (2024)
Sanus of Health Plan/NJ
1992 Ed. (2391)
Sanwa
1989 Ed. (530)
1990 Ed. (1783, 1784)
1992 Ed. (2017)
Sanwa Bank
1989 Ed. (561)
1990 Ed. (501, 502, 547, 594, 595, 603, 604, 607, 609, 617, 1390, 1392, 1681, 1789, 2773)
1991 Ed. (448, 450, 472, 508, 548, 549, 551, 553, 557, 558, 559, 563, 575, 576, 577, 1114, 1134, 1135, 1318, 1718, 1720, 2675, 2678, 3400)
1992 Ed. (603, 604, 665, 666, 667, 672, 674, 709, 710, 716, 717, 721, 726, 728, 743, 744, 1660, 2154, 3626, 4310)
1993 Ed. (402, 424, 445, 477, 484, 485, 517, 518, 527, 529, 532, 542, 543, 544, 1358, 1656, 1859, 2414, 2420, 2969, 3587)
1994 Ed. (479, 480, 483, 518, 525, 526, 530, 531, 544, 545, 1365, 1409, 3013, 3550)
1995 Ed. (468, 469, 505, 506, 509, 510, 519, 520, 1388, 1434, 1444, 2434, 2439)
1996 Ed. (501, 502, 503, 505, 511, 557, 558, 561, 562, 573, 574, 1338, 1408, 2474, 2476, 2480, 3706)
1997 Ed. (514, 519, 1447, 1464, 3001, 3761)
1998 Ed. (351, 355, 356, 357, 381, 382, 383, 384, 1163, 1503, 3008)
1999 Ed. (466, 516, 518, 520, 522, 523, 524, 550, 552, 554, 563, 564, 565, 953, 1667, 1691, 3183, 4614)
2000 Ed. (462, 528, 533, 560, 574, 575, 576, 1493, 1497, 2485, 4262)
2001 Ed. (569, 603)
2002 Ed. (595, 597)
2003 Ed. (535, 543, 1437)
Sanwa Bank California

1989 Ed. (203, 205, 500, 562)
1990 Ed. (513)
1991 Ed. (517)
1992 Ed. (255, 562, 628)
1994 Ed. (145, 392, 445, 652)
1995 Ed. (362, 387, 437, 471)
1997 Ed. (179, 370, 377, 427, 543)
1998 Ed. (103, 296, 310, 341, 358, 390)
2002 Ed. (248)
Sanwa Bank California (San Francisco)
1991 Ed. (471)
Sanwa Bank Ltd. (Japan)
2000 Ed. (562)
Sanwa Bank of California
1991 Ed. (185)
1996 Ed. (410, 464)
1999 Ed. (198, 399, 525, 581, 654)
2000 Ed. (220, 398)
Sanwa International
1994 Ed. (3185)
Sanwa International Finance
1989 Ed. (1779)
Sanwa Shutter Corp.
2002 Ed. (1435)
2003 Ed. (1455)
2004 Ed. (1485)
2005 Ed. (1501)
Sanwa Singapore
1994 Ed. (3195)
Sany
2015 Ed. (1145)
2016 Ed. (1055)
Sany Heavy Industry
2011 Ed. (1580)
2012 Ed. (3067)
2013 Ed. (3142)
2014 Ed. (3145, 3156)
2015 Ed. (3205, 3216)
2016 Ed. (3060, 3071)
Sanyo
1989 Ed. (2806)
1990 Ed. (1109, 1641, 2574, 3674)
1991 Ed. (1008)
1992 Ed. (1036, 1285, 2420, 2421, 2865, 3072, 4022)
1993 Ed. (166, 1032, 2050, 3667)
1994 Ed. (1063, 2070)
1995 Ed. (1075, 2118, 2453, 3702)
1996 Ed. (2127)
1997 Ed. (2234, 2789)
1998 Ed. (1950)
1999 Ed. (2691)
2001 Ed. (3304)
2006 Ed. (2869)
2007 Ed. (4869)
2008 Ed. (2385, 2981, 3668, 4649, 4807)
2013 Ed. (2403, 2409)
Sanyo Electric Co., Ltd.
1989 Ed. (54, 1599)
1990 Ed. (1668, 2034)
1996 Ed. (2193)
1998 Ed. (1539, 2046)
2001 Ed. (2181)
2002 Ed. (1109, 1131)
2003 Ed. (2250)
2004 Ed. (2254)
2005 Ed. (2353)
2006 Ed. (4416, 4605)
2007 Ed. (2342, 2346, 2992, 3623)
2008 Ed. (1811, 3744)
2009 Ed. (1759)
2010 Ed. (1383, 2305)
Sanyo Fisher
1993 Ed. (2569)
1994 Ed. (2518)
1997 Ed. (1072, 3844)
1998 Ed. (812, 1252, 1951, 1952, 1959, 2496, 3672)
1999 Ed. (1242, 1823, 2692, 2693, 2699, 3407, 4714)
2000 Ed. (1151, 1652, 2479, 2487, 3130, 4347)
2002 Ed. (2579, 3340, 4754)
Sanyo Foods Corp. of America
2003 Ed. (3744)
Sanyo-HQ Vietnam Electronic Compo-
nent Co., Ltd.
2010 Ed. (806)
Sanyo International Ltd.
1991 Ed. (3111)
Sanyo-Kokusaku Pulp Co. Ltd.
1990 Ed. (2764)
1991 Ed. (2671)
1992 Ed. (3334)
1993 Ed. (2766)
1994 Ed. (2728)
1995 Ed. (2833)
Sanyo Securities

1995 Ed. (1352)
1997 Ed. (1359)
Sanyo Shokai
1990 Ed. (3568)
1991 Ed. (3355)
1994 Ed. (3519)
1997 Ed. (3736)
1999 Ed. (4592)
2012 Ed. (842)
2013 Ed. (1017)
Sanyu Industries Ltd.
2001 Ed. (2875)
Sanywa Bank
2000 Ed. (1474)
Sao Paolo, Brazil
2012 Ed. (913)
Sao Paulo
1990 Ed. (1011)
1997 Ed. (1004)
2000 Ed. (107)
Sao Paulo Alpargatas
1991 Ed. (19)
Sao Paulo, Brazil
1989 Ed. (2245)
1991 Ed. (940)
1994 Ed. (2895)
1995 Ed. (2564, 2956)
1996 Ed. (979)
1999 Ed. (1177)
2001 Ed. (136)
2002 Ed. (109, 2760)
2003 Ed. (187)
2009 Ed. (257)
2011 Ed. (2625, 3497)
2012 Ed. (3502)
2013 Ed. (164, 4401)
2014 Ed. (168, 2639)
2015 Ed. (195, 2682)
2016 Ed. (188, 2599)
Sao Paulo (Brazil); University of
1995 Ed. (1933)
Sao Paulo Guaralhos Airport
2001 Ed. (2121)
Sao Tome & Principe
2011 Ed. (2305)
2012 Ed. (2098)
2014 Ed. (2329)
SAP
1996 Ed. (1089, 1396)
1997 Ed. (1108, 1452)
1998 Ed. (855)
1999 Ed. (1099, 1285, 2048, 2877)
2000 Ed. (1178, 1439)
2001 Ed. (2164)
2003 Ed. (1112)
2004 Ed. (1128)
2005 Ed. (1135)
2006 Ed. (1125)
2007 Ed. (688, 1231)
2008 Ed. (650, 652, 1130, 4632)
2009 Ed. (662, 663, 1109, 4669)
2010 Ed. (629, 1090)
2011 Ed. (562, 563, 572, 2909)
2012 Ed. (545, 2845)
2013 Ed. (649, 661, 1127, 2921)
2014 Ed. (665, 666, 681, 809, 1088, 1946, 4650)
2015 Ed. (725, 733, 4636, 4643)
2016 Ed. (663, 4552)
SAP AG
1995 Ed. (1114)
1997 Ed. (1107)
2001 Ed. (1369, 1716, 1717, 1750, 2214)
2002 Ed. (1663, 1992, 2364)
2003 Ed. (1111, 1117, 1118, 1121, 1122, 1686, 2157, 2165, 2181, 2943, 4585)
2004 Ed. (1130, 1132, 1133, 2207, 2208, 2214, 2253, 3317)
2005 Ed. (1141, 1143, 1155, 1156)
2006 Ed. (1364, 1375, 1723, 4094, 4300, 4504, 4646)
2007 Ed. (1215, 1226, 1236, 1241, 1243, 1244, 1258, 1260, 1740)
2008 Ed. (1119, 1143, 1158, 1723, 1742, 1743, 1744, 1752, 1770, 4576, 4577)
2009 Ed. (756, 1122, 1136, 1138, 1707, 1709, 4826)
2010 Ed. (1102, 1120, 1653, 1657, 1660, 3200, 4648, 4649)
2011 Ed. (1031, 1041, 1059, 1648, 1927, 2538, 3161, 3164, 4597, 4598)
2012 Ed. (961, 969, 970, 982, 986, 4607, 4821)
2013 Ed. (829, 877, 1105, 1114, 1115, 1128, 3203, 4557, 4592)
2014 Ed. (1064, 1075, 1076, 1089,

1355, 2559, 2565, 4017, 4613)
2015 Ed. (1101, 1113, 1114, 1124, 1128, 4610)
2016 Ed. (1012, 1025, 1026, 1036, 1040, 4531)
SAP America Inc.
2003 Ed. (1113)
2006 Ed. (1129, 1132, 1145)
2007 Ed. (1413, 2892)
2008 Ed. (3015)
2009 Ed. (1107, 3101)
2010 Ed. (3034)
2011 Ed. (3003)
2012 Ed. (2930)
2013 Ed. (3019)
2014 Ed. (1605, 3029)
2015 Ed. (3096)
SAP Business Transformation Services
2013 Ed. (1205)
SAP Canada
2009 Ed. (3268)
2012 Ed. (2834)
2013 Ed. (2919)
2014 Ed. (2933)
2015 Ed. (2983)
2016 Ed. (2918)
SAP Canada Inc.
2015 Ed. (1358)
2016 Ed. (1289, 3104)
SAP Chile
2014 Ed. (1504)
SAP Consulting
2010 Ed. (1188, 1193)
SAP Finland Oy
2010 Ed. (1618)
SAP Osterreich GmbH
2014 Ed. (1394)
SAP Sucursal Peru
2010 Ed. (1952)
2011 Ed. (2005)
SAP Vorzuge AG
2002 Ed. (4414, 4415, 4416, 4417)
Saper, Lawrence
1991 Ed. (1631)
1995 Ed. (982)
Saperstein; Guy
1997 Ed. (2612)
Saperstein; Richard
2006 Ed. (658, 3189)
2007 Ed. (3248, 3249)
2008 Ed. (3376)
2010 Ed. (3382)
2012 Ed. (3316)
2013 Ed. (3388)
2014 Ed. (3390)
2015 Ed. (3422)
SAPH
2002 Ed. (4402, 4403)
Sapiens International
1996 Ed. (2887)
Sapient Canada Inc.
2010 Ed. (2926)
Sapient Corp.
1998 Ed. (1880)
1999 Ed. (2618, 4325)
2000 Ed. (1742)
2001 Ed. (148, 245)
2006 Ed. (4301)
2007 Ed. (3435)
2008 Ed. (1713, 1911, 3599, 3601, 4800)
2009 Ed. (124)
2010 Ed. (1814)
2011 Ed. (1827, 1836, 2846)
2012 Ed. (2776)
2013 Ed. (1848)
2014 Ed. (1065)
Sapient Interactive
2010 Ed. (125)
SapientNitro
2011 Ed. (43)
2012 Ed. (49, 52)
2014 Ed. (65, 67, 68, 71)
2015 Ed. (65, 73, 77, 78, 79)
2016 Ed. (69, 77, 78, 79)
Sapin
2000 Ed. (2360)
Saponia
2005 Ed. (24)
Saponia Osijek
2004 Ed. (31)
2006 Ed. (30)
2007 Ed. (22)
2008 Ed. (27)
Sapphire Energy Inc.
2012 Ed. (2484)
Sapphire Technologies
2002 Ed. (4349)
Sapphire/Vedior Canada
2009 Ed. (2997)

Sappi Fine Paper
2002 Ed. (3580)
Sappi Fine Paper North America
2007 Ed. (3411)
2010 Ed. (3525)
2015 Ed. (3559)
Sappi Fine Papers North America
2003 Ed. (3727)
Sappi Ltd.
1993 Ed. (1393, 1394)
1995 Ed. (1485)
1999 Ed. (2495)
2001 Ed. (3630, 3631)
2002 Ed. (3578)
2003 Ed. (4605)
2006 Ed. (3399)
2008 Ed. (3579)
2009 Ed. (3650)
2010 Ed. (3568)
2011 Ed. (3571)
2012 Ed. (3564, 3806)
2013 Ed. (3600, 3869)
2014 Ed. (3800)
2015 Ed. (3823)
2016 Ed. (3731)
Sapporo
1992 Ed. (941)
2007 Ed. (615)
Sapporo Breweries Ltd.
1989 Ed. (729, 2845)
1990 Ed. (1826)
1991 Ed. (1744)
1992 Ed. (2193)
1993 Ed. (1880)
1994 Ed. (1876)
1995 Ed. (714, 1901)
1997 Ed. (2040)
1999 Ed. (2465, 2466)
2000 Ed. (2223, 2224)
2005 Ed. (3295)
Sapporo Draft
1995 Ed. (701)
Sapporo Dry
1993 Ed. (745)
Sapporo Hokuyo
2012 Ed. (379)
2013 Ed. (389)
Sapporo Holdings
2016 Ed. (600)
Sapura-Kencan Petroleum
2015 Ed. (3941)
Sapura-Kencana Petroleum
2016 Ed. (3858)
SapuraKencana Petroleum
2016 Ed. (1756)
Saputo
2013 Ed. (686, 2745)
2015 Ed. (751)
Saputo Cheese Inc.
2003 Ed. (926)
Saputo Cheese USA Inc.
2008 Ed. (901)
Saputo Dairy Products USA
2011 Ed. (2769)
Saputo; Emanuele
2011 Ed. (4871)
2012 Ed. (4879)
2013 Ed. (4861)
2014 Ed. (4875)
2015 Ed. (4913)
2016 Ed. (4829)
Saputo family
2005 Ed. (4866)
2006 Ed. (4923)
2007 Ed. (4910)
2012 Ed. (4878)
2013 Ed. (4860)
2014 Ed. (4874)
2015 Ed. (4912)
2016 Ed. (4828)
Saputo Group
2000 Ed. (1635)
2001 Ed. (1973)
Saputo Inc.
2004 Ed. (2005)
2005 Ed. (2142)
2006 Ed. (2240)
2007 Ed. (1635, 1643, 2160, 2615)
2008 Ed. (1644, 1651, 2279, 2745)
2009 Ed. (2265, 2799)
2010 Ed. (2222, 2731, 4593, 4598)
2011 Ed. (2241, 2714, 4558)
2012 Ed. (1408, 2103, 2644, 2646, 2698, 4567)
2013 Ed. (1217, 2290)
2014 Ed. (2225, 2226, 2228, 2714, 2773)
2015 Ed. (2290, 2291, 2292, 2764)
2016 Ed. (2261, 2263, 2690)
Saq Telecom

2004 Ed. (46)
SAR Residencial y Asistencial SA
  2014 Ed. (1576)
Sara Carter
  2000 Ed. (2133)
Sara George
  1992 Ed. (1098)
Sara Lee
  2014 Ed. (290, 291, 718, 3976)
  2015 Ed. (323, 324, 326, 764, 765,
    4019)
  2016 Ed. (321, 686, 687, 3932)
Sara Lee Australia
  2002 Ed. (3586)
  2004 Ed. (4715)
Sara Lee Bakery
  1998 Ed. (256)
  2000 Ed. (373)
Sara Lee Bakery Group
  2008 Ed. (726)
Sara Lee Branded Apparel
  2000 Ed. (1123)
Sara Lee Casualwear
  2001 Ed. (4722)
Sara Lee Coffee & Tea
  2003 Ed. (2524)
Sara Lee Corp.
  1989 Ed. (1444, 1448, 1450, 1453)
  1990 Ed. (40, 970, 1066, 1567)
  1992 Ed. (493, 497, 1129, 1133,
    1224, 1225, 2175, 2177, 2179,
    2197, 2988, 2993, 2996, 2997,
    3221, 3322, 3505, 3508, 3510,
    3512)
  1993 Ed. (43, 931, 935, 996, 1191,
    1331, 1873, 1875, 1876, 1882,
    2514, 2516, 2521, 2522, 2879,
    2887, 2888, 2890, 2892, 2894)
  1994 Ed. (34, 944, 1028, 1386, 1561,
    1862, 1864, 1865, 1870, 1880,
    1882, 2451, 2458, 2459, 2903,
    2907, 2909)
  1995 Ed. (342, 1895)
  1996 Ed. (956, 1014, 1015, 1020,
    1271, 1377, 1928, 1932, 1935,
    1937, 1946, 2583, 3058)
  1997 Ed. (328, 330, 977, 1034, 1428,
    2025, 2029, 2034, 2046, 2734,
    2930)
  1998 Ed. (258, 718, 1144, 1539,
    1710, 1715, 1722, 1724, 1729,
    1730, 1731, 1976, 3325)
  1999 Ed. (369, 711, 781, 1551, 1557,
    1653, 2455, 2456, 2461, 2469,
    2470, 2473, 3188, 3598)
  2000 Ed. (1454, 2214, 2216, 2220,
    2221, 2227, 2231)
  2001 Ed. (545, 546, 1042, 1602,
    1731, 2458, 2464, 2465, 2473,
    2474, 3720, 4391, 4513)
  2002 Ed. (1390, 1559, 1566, 1613,
    1667, 2291, 2295, 2297, 2299,
    2302, 2308, 2309, 2311)
  2003 Ed. (680, 761, 852, 853, 1008,
    1043, 1578, 1696, 2503, 2504,
    2505, 2507, 2509, 2510, 2511,
    2512, 2513, 2514, 2519, 2521,
    2556, 2570, 3303, 3330, 3767,
    4537)
  2004 Ed. (1003, 1008, 1742, 2116,
    2121, 2122, 2635, 2636, 2637,
    2638, 2640, 2644, 2650, 2654,
    2658, 2659, 4563)
  2005 Ed. (62, 1017, 1732, 2227,
    2626, 2627, 2628, 2629, 2631,
    2633, 2635, 2641, 2644, 2646,
    2647, 2651, 2652, 4433)
  2006 Ed. (1023, 2292, 2622, 2623,
    2624, 2625, 2628, 2630, 2633,
    2638, 2641, 2648)
  2007 Ed. (60, 129, 1112, 1493, 1550,
    2599, 2600, 2605, 2607, 2610,
    2618, 2621, 2628, 2897)
  2008 Ed. (725, 1487, 2734, 2735,
    2748, 2751, 2780, 3617)
  2009 Ed. (2788, 2789, 2790, 2794,
    2802, 2803, 2838, 2842, 2899)
  2010 Ed. (82, 2724, 2725, 2726,
    2734, 2779, 2783, 2843, 3594)
  2011 Ed. (1387, 1393, 2704, 2705,
    2706, 2707, 2708, 2709, 2719,
    2732, 2768, 2826)
  2012 Ed. (2456, 2632, 2633, 2634,
    2635, 2636, 2637, 2651, 2670,
    3583)
  2013 Ed. (2720, 2721, 2722, 2747,
    2750, 2757)
  2014 Ed. (2706)
Sara Lee Flavor
  2001 Ed. (546)

Sara Lee Food & Beverage
  2014 Ed. (2786)
Sara Lee Food & Beverage Co.
  2009 Ed. (2829, 4384, 4386)
Sara Lee Foods Corp.
  2003 Ed. (3337)
Sara Lee Frozen Desserts
  2002 Ed. (2368)
Sara Lee Hearty & Delicious Breads
  2009 Ed. (3821)
Sara Lee Meat Group
  1991 Ed. (1750)
  1993 Ed. (1884, 2525, 2898)
  1995 Ed. (1909)
  1996 Ed. (1949)
Sara Lee Meat Groups
  1997 Ed. (2048)
Sara Lee Meats
  1992 Ed. (2199)
  1998 Ed. (1733, 2455)
  1999 Ed. (2475)
  2005 Ed. (3420)
  2006 Ed. (3431)
Sara Lee North America Retail & Foodservice
  2012 Ed. (2697)
Sara Lee Packaged Meats
  1996 Ed. (2584, 2590, 2591, 3059,
    3062, 3064)
  1997 Ed. (2732, 3134, 3144, 3145)
  1998 Ed. (2451, 2454, 2889)
  1999 Ed. (3323, 3864)
  2000 Ed. (2232, 3061, 3580)
  2002 Ed. (3274, 3277)
  2003 Ed. (3342)
  2004 Ed. (3407, 3408)
Sara Lee Personal Products
  1998 Ed. (775)
  1999 Ed. (1204)
Sara Lee Soft & Smooth
  2014 Ed. (290)
  2015 Ed. (323, 764, 765)
Sara Lee U.S. Foods
  2001 Ed. (2475, 2479)
Sara-Trans Group
  2015 Ed. (3744)
  2016 Ed. (3652)
Sara Travel & Hotel Group AB
  1995 Ed. (2171)
  1996 Ed. (2186)
Saracco; Robert
  2007 Ed. (2549)
Sarah Bush Lincoln Health Center
  2008 Ed. (3061)
Sarah Cannon Research Institute
  2014 Ed. (2318)
Sarah Ferguson
  1990 Ed. (2504)
Sarah Jessica Parker
  2010 Ed. (2509)
  2011 Ed. (2511)
  2012 Ed. (2432)
  2013 Ed. (2598)
  2014 Ed. (2527)
Sarah King
  2005 Ed. (4884)
Sarah Lawrence College
  1990 Ed. (1087)
  2007 Ed. (4597)
  2008 Ed. (1069)
Sarah Lee
  1990 Ed. (1824)
Sarah Michaels
  1999 Ed. (686)
  2000 Ed. (705, 3456)
  2001 Ed. (665, 3700, 3701)
  2002 Ed. (669, 671, 2356)
  2003 Ed. (644, 2547)
  2008 Ed. (531)
Sarah Scaife Foundation
  2011 Ed. (2753)
Sarah's Key
  2012 Ed. (524)
  2013 Ed. (559, 569)
Saranen Consulting Oy
  2010 Ed. (1619)
Saras
  2012 Ed. (3910)
  2013 Ed. (3960)
  2014 Ed. (3904)
  2015 Ed. (3932)
  2016 Ed. (3850)
Sarasota-Bradenton, FL
  1996 Ed. (2210)
  1997 Ed. (2265, 2339, 2772)
  1998 Ed. (2481, 3706)
  2000 Ed. (3108)
  2002 Ed. (1801)
  2004 Ed. (981)
  2005 Ed. (2387)

2006 Ed. (2973)
  2007 Ed. (3361)
  2009 Ed. (2390)
Sarasota Bradenton International Airport
  1998 Ed. (145)
  1999 Ed. (248)
  2000 Ed. (273)
  2002 Ed. (275)
Sarasota-Bradenton-Venice, FL
  2006 Ed. (4024)
  2007 Ed. (4057)
  2008 Ed. (3459)
Sarasota Coastal Credit Union
  2003 Ed. (1894)
Sarasota County, FL
  1998 Ed. (1201, 1701)
Sarasota, FL
  1991 Ed. (2863)
  1992 Ed. (1011, 3690, 3691)
  1993 Ed. (2554)
  1994 Ed. (3061, 3063)
  1995 Ed. (3107, 3109, 3779)
  1996 Ed. (3768)
  1997 Ed. (3524)
  2002 Ed. (1053)
  2003 Ed. (4189)
  2005 Ed. (2378, 3324, 4793)
  2006 Ed. (2970, 4864)
  2008 Ed. (2488, 3456)
Sarasota Herald Tribune
  1990 Ed. (2696, 2702)
  1991 Ed. (2597, 2602)
  1992 Ed. (3240)
  1998 Ed. (2681)
  1999 Ed. (3618)
  2000 Ed. (3337)
Sarasota Memorial Health Care System
  2002 Ed. (2621)
Sarasota Memorial Hospital
  1998 Ed. (1990)
  2000 Ed. (2528)
  2005 Ed. (2893)
  2008 Ed. (3041)
Sarasota Memorial Hospsital
  1999 Ed. (2748)
Saratoga Beverage
  2000 Ed. (724, 725, 727, 729)
Saratoga, CA
  1994 Ed. (2165)
Saratoga Health & Biotech
  2008 Ed. (3773)
Saratoga Large Cap Growth
  2008 Ed. (3774, 4517)
Saratoga Performing Arts Center
  2012 Ed. (190)
  2014 Ed. (176)
Saratoga Processing Co.
  1994 Ed. (1955)
Saratoga Roofing & Construction
  2014 Ed. (1109)
  2015 Ed. (1149)
  2016 Ed. (4285)
Saratoga Savings
  1990 Ed. (2474)
Saratoga Splash
  2000 Ed. (782)
Sarbanes; Paul
  2005 Ed. (1153)
SARCOM Inc.
  2000 Ed. (1181)
Sardan Holding Ag
  1992 Ed. (2971)
Sardines
  2002 Ed. (4186)
Sare Holding, SA de CV
  2005 Ed. (1213, 3241)
Sarepta Therapeutics Inc.
  2014 Ed. (4579)
Sares-Regis Group
  1998 Ed. (872)
  1999 Ed. (1306, 1307)
  2011 Ed. (1118)
Sargent & Lundy
  1991 Ed. (1556)
  1992 Ed. (1951)
  1993 Ed. (1606, 1615)
  1994 Ed. (1638, 1647)
  1995 Ed. (1677, 1694)
  1996 Ed. (1660, 1676)
  1997 Ed. (1738, 1740)
  1999 Ed. (2024, 2029)
  2001 Ed. (2242)
  2009 Ed. (2559)
Sargent & Lundy LLC
  1998 Ed. (1440, 1452)
  2000 Ed. (1801, 1806, 1819)
  2002 Ed. (2134, 2140)
  2003 Ed. (2299, 2306)
  2004 Ed. (2367, 2388)
  2005 Ed. (2431)

2007 Ed. (2419)
  2008 Ed. (2546)
  2009 Ed. (2553)
  2010 Ed. (2469)
  2011 Ed. (2480)
  2012 Ed. (2393)
  2013 Ed. (2564)
  2014 Ed. (2493, 2494)
  2015 Ed. (2567)
  2016 Ed. (2489)
Sargent; Michael
  1996 Ed. (1786)
  1997 Ed. (1862)
Sargent & Potratz
  1996 Ed. (56)
Sargent; Ronald
  2006 Ed. (891)
  2007 Ed. (981)
Sargent; Ronald L.
  2011 Ed. (841)
Sargenti Architects
  2015 Ed. (3406, 3417)
Sargento
  1995 Ed. (946)
  1996 Ed. (921)
  1997 Ed. (949)
  1998 Ed. (691)
  2000 Ed. (1016, 4157)
  2001 Ed. (1167, 1170)
  2003 Ed. (922)
  2008 Ed. (899, 900)
  2014 Ed. (869, 870)
  2016 Ed. (803, 804)
Sargento Artisan Blends
  2014 Ed. (870)
  2016 Ed. (804)
Sargento Bistro Blends
  2008 Ed. (899)
Sargento Cheese Co.
  1990 Ed. (929)
Sargento Chefstyle
  2003 Ed. (925)
Sargento Deli Style
  2008 Ed. (900)
  2014 Ed. (869)
Sargento Double Cheese
  1996 Ed. (921)
  2000 Ed. (1016, 4157)
  2001 Ed. (1170)
Sargento Fancy
  2003 Ed. (925)
Sargento Food Co.
  2014 Ed. (873)
  2016 Ed. (806, 807)
Sargento Foods Inc.
  2003 Ed. (926, 1960)
  2015 Ed. (2288)
  2016 Ed. (2260)
Sargento Light
  2003 Ed. (925)
Sargento Natural
  2003 Ed. (924, 925)
  2016 Ed. (805)
Sargento Natural Blends
  2014 Ed. (869)
  2016 Ed. (803)
Sargento Preferred
  2000 Ed. (4157)
Sargento Preferred Light
  1995 Ed. (946)
  1996 Ed. (921)
  2001 Ed. (1170)
Sari Baldauf
  2002 Ed. (4983)
Sari Mayer
  1999 Ed. (2415)
Sarik Tara
  2008 Ed. (4876)
  2009 Ed. (4900)
  2010 Ed. (4900)
  2011 Ed. (4888)
  2012 Ed. (4896)
  2013 Ed. (4919)
  2014 Ed. (4926)
  2015 Ed. (4966)
  2016 Ed. (4883)
Sarin; Arun
  2006 Ed. (691)
Sarku Japan
  2014 Ed. (4284)
  2015 Ed. (4251)
Sarkuysan
  1992 Ed. (2811, 2812)
  1993 Ed. (2370)
Sarl Elsecom
  2009 Ed. (24)
  2010 Ed. (34)
SARL Nutri-Gen Elevage
  2016 Ed. (1390)
Sarma; Sanjay

2005 Ed. (2320)
Sarmayegozari Bank Melli
  2002 Ed. (4428, 4429, 4430)
Sarmayegozari Bank Melli Iran
  2006 Ed. (4509)
Sarmayegozari Ghadir
  2002 Ed. (4428)
  2006 Ed. (4509)
Sarmayegozari Melli Iran
  2002 Ed. (4428, 4430)
Sarmayegozari Sakhteman Iran
  2002 Ed. (4430)
Sarmayegozari Towse'e Sana'ti
  2002 Ed. (4430)
Sarmiento; Luis C.
  2012 Ed. (4854)
Sarmiento; Luis Carlos
  2008 Ed. (4858)
  2009 Ed. (4884)
  2010 Ed. (4885)
  2011 Ed. (4873)
  2012 Ed. (4881)
  2013 Ed. (4851, 4865)
  2014 Ed. (4879)
  2015 Ed. (4917)
  2016 Ed. (4833)
Sarnese; John
  2009 Ed. (1187)
Sarnia-Lambton Economic Partnership
  2009 Ed. (3563)
  2010 Ed. (3482)
  2012 Ed. (3489)
  2016 Ed. (3377)
Sarofim; Fayez
  2006 Ed. (4899)
Sarofim Fayez & Co., Inc.
  2002 Ed. (3007)
Sarofim Realty
  1996 Ed. (2412, 3167)
Saros
  1998 Ed. (839, 1323)
Sarpino's Pizzeria
  2014 Ed. (4278)
Sarret's
  2007 Ed. (3577, 4433)
  2008 Ed. (3720, 4412, 4971)
Sarvary; Mark
  2012 Ed. (2494)
  2013 Ed. (2637)
  2014 Ed. (2592)
  2015 Ed. (2634)
SAS
  1990 Ed. (219, 220, 232)
  1991 Ed. (202, 209, 213)
  1992 Ed. (68, 290, 292)
  1994 Ed. (170, 171, 176)
  1995 Ed. (180, 181, 3661)
  1996 Ed. (187, 3737)
  1997 Ed. (207, 211, 212, 3792, 3793)
  1999 Ed. (230, 234, 239, 240, 4657)
  2000 Ed. (257, 1408, 1530)
  2003 Ed. (1667)
  2009 Ed. (1959)
  2014 Ed. (1996)
  2015 Ed. (3242)
  2016 Ed. (3099)
SAS 70 Solutions
  2010 Ed. (2)
SAS AB
  2007 Ed. (1260, 1994, 4832)
  2008 Ed. (218, 1158, 2885, 2903)
  2009 Ed. (241, 242, 247)
  2010 Ed. (225)
  2011 Ed. (148)
  2012 Ed. (161)
  2013 Ed. (135)
  2014 Ed. (145)
  2015 Ed. (165)
  2016 Ed. (167)
SAS Bio 3G
  2014 Ed. (1601)
SAS Brasil
  2013 Ed. (1441)
SAS BV
  2014 Ed. (1838)
SAS France
  2013 Ed. (1642)
SAS Group
  1993 Ed. (192, 195, 197, 198, 3618)
  2005 Ed. (221)
  2006 Ed. (237)
  2007 Ed. (242)
  2014 Ed. (146)
  2015 Ed. (166)
SAS Inc.
  2015 Ed. (1939)
  2016 Ed. (1900)
SAS Institute
  2014 Ed. (1621, 1954, 3180)
  2015 Ed. (1671, 3241)

2016 Ed. (3098)
SAS Institute AG
  2014 Ed. (2008)
SAS Institute (Canada) Inc.
  2010 Ed. (2926)
  2011 Ed. (1537)
SAS Institute GmbH
  2012 Ed. (1517)
SAS Institute Inc.
  1993 Ed. (980)
  1994 Ed. (1006)
  1995 Ed. (1018)
  1997 Ed. (1016)
  1998 Ed. (139, 757, 855)
  1999 Ed. (1475, 2119)
  2001 Ed. (2870)
  2002 Ed. (1503, 2083)
  2003 Ed. (1549, 2951)
  2005 Ed. (793, 1156, 1606, 1911)
  2006 Ed. (692, 1491, 1939, 2423,
    3108, 3993, 4869)
  2007 Ed. (3052)
  2008 Ed. (1711, 1716, 1990, 2485,
    3167, 3172, 3176)
  2009 Ed. (1104, 1436, 1950, 1953,
    2490, 2492, 3255, 4158, 4159)
  2010 Ed. (1086, 1503, 1613, 1889,
    1896, 2000, 2690, 2691, 3186,
    4091, 4092)
  2011 Ed. (862, 1024, 1417, 1420,
    1618, 1845, 1882, 1921, 1927,
    2061, 2399, 2400, 3434, 4061,
    4062)
  2012 Ed. (812, 950, 1254, 1258,
    1788, 2331, 2332, 3089, 3447,
    4094, 4095)
  2013 Ed. (990, 1094, 1357, 1359,
    1599, 1955, 1958, 2511, 2512,
    3467)
  2014 Ed. (1054, 1302, 1304, 1561,
    1676, 1891, 1894, 2451)
  2015 Ed. (1364, 1366, 1609, 1722,
    1935, 1937)
  2016 Ed. (1294, 1905, 1909)
SAS Institute (India) Pvt. Ltd.
  2012 Ed. (1560)
SAS Institute NV/SA
  2011 Ed. (1497)
  2012 Ed. (1345)
  2013 Ed. (1437)
  2014 Ed. (1399)
SAS Institute Oy
  2010 Ed. (1618)
SAS Institute Software
  2015 Ed. (2000)
SAS Institute Sp. z.o.o.
  2014 Ed. (1952)
  2015 Ed. (1996)
SAS Institute Sweden
  2013 Ed. (2069)
  2014 Ed. (2002)
SAS Leisure Group
  1994 Ed. (3577)
SAS Nederland
  2015 Ed. (1876)
SAS Norge ASA
  2001 Ed. (1826)
  2003 Ed. (1798)
SAS Scandinavian Airlines AB
  2010 Ed. (226)
  2011 Ed. (149)
  2012 Ed. (162)
  2013 Ed. (136)
SAS Service Partner A/S Danmark
  1993 Ed. (2100)
  1996 Ed. (2186)
SAS Service Partner A/s Denmark
  1994 Ed. (2120)
SAS Trading
  1997 Ed. (1680)
SAS Trustee Corp.
  2001 Ed. (2880)
  2002 Ed. (2818)
SAS Trustee - Pooled Fund
  2001 Ed. (1630)
  2002 Ed. (1593, 2871)
Sasakawa Foundation
  1995 Ed. (1933)
Sasaki Associates
  2007 Ed. (2411)
  2008 Ed. (2539, 3336, 3341)
  2011 Ed. (193)
  2012 Ed. (199)
Sasaki-Smith; Mineko
  1997 Ed. (1994)
Sasco Capital
  1991 Ed. (2230)
  1992 Ed. (2762)
Sasco Electric Inc.
  1994 Ed. (1140, 1155)

2001 Ed. (1409)
SASCO Group
  1990 Ed. (1202)
  1991 Ed. (1078)
  1992 Ed. (1411)
  1993 Ed. (1124)
  1995 Ed. (1158, 1159)
  1996 Ed. (1133, 1134, 1149)
  1997 Ed. (1161, 1162, 1178)
  1998 Ed. (946, 955)
  1999 Ed. (1368, 1376)
  2000 Ed. (1260, 1268)
  2001 Ed. (1474)
Sasel Ltd.
  2005 Ed. (3776)
Sasfin Bank
  2007 Ed. (552)
  2008 Ed. (504)
  2009 Ed. (535)
  2010 Ed. (519)
  2011 Ed. (448)
Sasfin Holdings
  2013 Ed. (340)
  2014 Ed. (358)
  2015 Ed. (408)
Sasib Sabbagh
  2009 Ed. (4910)
Sasil
  2013 Ed. (936)
Sasini
  2000 Ed. (3315)
Saskatchewan
  2001 Ed. (4110)
  2006 Ed. (1750, 3238, 3786, 4668)
  2007 Ed. (3783, 4688)
  2011 Ed. (4955)
Saskatchewan Government Insurance
  2010 Ed. (1554)
  2011 Ed. (2683)
  2012 Ed. (1406)
Saskatchewan Liquor & Gaming Authority
  2016 Ed. (3346)
Saskatchewan Power Corp.
  1990 Ed. (1599)
  1992 Ed. (1897, 2342)
  1994 Ed. (1594)
  1996 Ed. (1613, 2038)
  1997 Ed. (1692, 2156)
  2001 Ed. (1662)
  2004 Ed. (2754)
  2005 Ed. (2749)
  2006 Ed. (2710)
  2007 Ed. (2705)
  2008 Ed. (2834)
  2009 Ed. (1569, 2892)
  2010 Ed. (1554, 2830)
  2011 Ed. (1379, 1556, 2814)
  2012 Ed. (1237, 1401, 2746)
  2013 Ed. (1510, 2827)
  2014 Ed. (2866)
Saskatchewan Technologys
  2011 Ed. (2814)
Saskatchewan Telecommunications
  1990 Ed. (3519)
  1992 Ed. (4211)
  1994 Ed. (3491)
  1996 Ed. (3648)
  1997 Ed. (3707)
  2005 Ed. (2749)
  2012 Ed. (2746)
Saskatchewan Telecommunications
  Holding Corp.
  2009 Ed. (4679)
  2016 Ed. (4560)
Saskatchewan Transportation Co.
  2005 Ed. (3489)
Saskatchewan; University of
  2007 Ed. (1169, 3469, 3473)
  2008 Ed. (1073, 3636, 3641)
  2009 Ed. (3699)
  2010 Ed. (1017, 3628)
  2011 Ed. (952, 955, 956, 3629)
  2012 Ed. (872, 876, 3629)
Saskatchewan Wheat Pool
  1990 Ed. (1947)
  1991 Ed. (1858)
  2002 Ed. (1224)
  2003 Ed. (1218, 1381, 3900)
  2007 Ed. (213)
  2008 Ed. (199)
  2009 Ed. (222, 1569)
Saskatoon Co-operative Association
  2009 Ed. (1388)
  2011 Ed. (1366)
  2014 Ed. (1277)
Saskatoon Health Region
  2009 Ed. (3151)
Saskatoon Regional Economic Development Authority

2010 Ed. (3482)
  2011 Ed. (3486)
  2014 Ed. (3506)
Saskatoon, Saskatchewan
  2007 Ed. (3377)
  2009 Ed. (3562)
  2010 Ed. (3481)
  2011 Ed. (3485)
  2014 Ed. (3498)
SaskCentral
  2008 Ed. (3495, 3496, 3498)
Sasken
  2010 Ed. (4691)
  2011 Ed. (4643)
Sasken Communication Technologies
  Ltd.
  2009 Ed. (4670)
SaskEnergy Inc.
  2009 Ed. (1569)
  2010 Ed. (1554)
  2011 Ed. (1556)
  2012 Ed. (1401)
SaskTel
  2006 Ed. (1623)
  2007 Ed. (2823)
  2008 Ed. (2948)
  2009 Ed. (1569, 2998)
  2010 Ed. (1554, 2938)
  2011 Ed. (1556, 1563, 2903)
  2012 Ed. (1401, 2838)
  2013 Ed. (1350, 1510)
  2014 Ed. (2938)
  2015 Ed. (2987)
  2016 Ed. (2921)
SaskTel Mobility
  2003 Ed. (4697)
Saslow Lufkin & Buggy LLP
  2015 Ed. (2120)
  2016 Ed. (2103)
SASOL
  2015 Ed. (755)
  2016 Ed. (681)
Sasol
  2013 Ed. (2381)
  2015 Ed. (1399, 2022)
  2016 Ed. (1329, 3868)
Sasol Ltd.
  1990 Ed. (1417)
  1991 Ed. (1344, 2270)
  1993 Ed. (1339, 1393, 1394, 2375)
  1994 Ed. (1396, 2342, 2343)
  1995 Ed. (1484, 1485)
  1997 Ed. (2585, 2586)
  1999 Ed. (3130, 3131)
  2000 Ed. (2876, 2877)
  2001 Ed. (1846)
  2003 Ed. (944, 3820)
  2004 Ed. (3850)
  2005 Ed. (872, 2410, 3761, 3775,
    3777)
  2006 Ed. (2009, 2010, 3399, 3843,
    4536)
  2007 Ed. (942, 1721, 1723, 1727,
    1975, 1976, 3872)
  2008 Ed. (1749, 1751, 1755, 2072,
    3579, 3913, 3921)
  2009 Ed. (2041, 2042, 2043, 2507,
    3650, 3980)
  2010 Ed. (1974, 1975, 3568, 3889)
  2011 Ed. (808, 2036, 3571, 3901)
  2012 Ed. (773, 1885, 2357, 3564,
    3883)
  2013 Ed. (853, 946, 2044, 3538,
    3600, 3948)
  2014 Ed. (899, 916, 1978, 3514,
    3893)
  2015 Ed. (926, 938, 2024, 2026,
    3920)
  2016 Ed. (830, 847, 1996, 3829)
Sasoon
  1997 Ed. (805, 806)
Sasquatch Music Festival
  2011 Ed. (1075)
  2014 Ed. (1103)
Sassaby Cosmetics
  1999 Ed. (3191)
Sasser
  2006 Ed. (1147)
Sasser; Bob
  2012 Ed. (789)
  2013 Ed. (983)
  2015 Ed. (975)
Sasson
  1995 Ed. (1035)
Sassoon; J. M.
  1993 Ed. (1645)
Sassoon; Vidal
  1994 Ed. (2813)
Sassy
  1993 Ed. (2798, 2801)

1994 Ed. (2786)
The Sassy Ladies Toolkit for Startup Businesses
2011 Ed. (532)
Satair A/S
2003 Ed. (209)
Satakunta
1994 Ed. (475)
Satapatpattana; Sangad
1996 Ed. (1913)
1997 Ed. (2003)
SATCA
1996 Ed. (863)
Sate Harbor Water Power Corp.
2001 Ed. (3867)
Satelites Mexicanos, SA de CV
2008 Ed. (353)
Satellite-based networks
1996 Ed. (3872)
Satellite Direct
1999 Ed. (3765)
Satellite Dish
2001 Ed. (2720)
Satellite Industries Inc.
2008 Ed. (4406)
Satellite Music Network
1990 Ed. (1247)
1991 Ed. (2795)
Satellite Orbit
1994 Ed. (2799)
1996 Ed. (2970)
Satellite Technology Management
1994 Ed. (3644)
Satellite TV Week
1996 Ed. (2966, 2967)
Satellites
1994 Ed. (135)
Sather
2001 Ed. (1115)
Sathers
1989 Ed. (2505, 2506)
1994 Ed. (847, 851)
1995 Ed. (896)
1996 Ed. (870)
1997 Ed. (887, 889)
2000 Ed. (973)
2003 Ed. (1132)
Sathers Gummi
2000 Ed. (969)
Satin Care
2001 Ed. (4227)
2003 Ed. (2672)
Satin Care; Gillette
2008 Ed. (2875)
Satisfaction: How Every Great Company Listens to the Voice of the Customer
2008 Ed. (621)
Satish Mansukhani
1999 Ed. (2196)
2000 Ed. (1968)
Sato; Akira
1996 Ed. (1883, 1887)
1997 Ed. (1989, 1993)
Sato Corp.
2006 Ed. (1115)
2007 Ed. (1220)
2008 Ed. (1123)
2009 Ed. (1101)
2010 Ed. (1083)
2011 Ed. (1022)
2012 Ed. (948)
2013 Ed. (1092)
2014 Ed. (1052)
2015 Ed. (1090)
2016 Ed. (999)
Sato Distributing
1993 Ed. (1155, 1157)
1995 Ed. (1198, 1199, 1201, 1204)
Sato Travel
1997 Ed. (3796)
1999 Ed. (4665, 4666)
2000 Ed. (4300, 4301)
Satoru Iwata
2008 Ed. (943)
2010 Ed. (2559)
Satos Fund Management
2010 Ed. (2919)
SatoTravel
1998 Ed. (3621)
SATS
2010 Ed. (1999)
2011 Ed. (2060)
Sattel
1997 Ed. (3696)
Satuit Capital Management Micro Cap
2007 Ed. (2490)
2008 Ed. (2620)
Satuit Micro Cap
2006 Ed. (3643, 3644)

Saturday Night Fever Soundtrack
1990 Ed. (2862)
"Saturday Night Live"
2001 Ed. (1094)
Saturday Night Live 15th Anniversary Special
1992 Ed. (4248)
Saturn
1993 Ed. (265, 266, 304)
1994 Ed. (300, 306, 319, 320)
1995 Ed. (301, 305)
1996 Ed. (307, 313, 314, 317, 2268)
1997 Ed. (290, 292, 296, 303, 304)
1998 Ed. (211, 212, 219, 220, 221, 1070, 3119, 3492, 3607)
1999 Ed. (327, 330, 354, 2116)
2000 Ed. (337, 346, 347)
2001 Ed. (438, 490, 1009)
2002 Ed. (380, 1494, 4670)
2003 Ed. (15, 357)
2004 Ed. (1686, 2171, 3307, 4794)
2005 Ed. (4451)
2006 Ed. (362, 4818)
Saturn Acquisition Holdings LLC
2012 Ed. (589)
2013 Ed. (723, 2856)
2014 Ed. (746, 2885)
2015 Ed. (2929, 2930)
Saturn Business Systems
2006 Ed. (3530, 4369)
Saturn Dealer Association
1998 Ed. (206)
Saturn Electro-Handels GmbH
2007 Ed. (4952)
Saturn Electronics
2004 Ed. (322)
Saturn Electronics Corp.
2013 Ed. (183)
Saturn Electronics & Engineering Inc.
2003 Ed. (341)
2004 Ed. (2859)
2006 Ed. (288, 338, 339, 3520, 4359)
2009 Ed. (1645)
2013 Ed. (183)
Saturn of Albany
1995 Ed. (290)
Saturn of Cerritos
1996 Ed. (296)
Saturn of Clearwater
1996 Ed. (296)
Saturn of Grand Rapids
1995 Ed. (290)
Saturn of Indianapolis
1996 Ed. (296)
Saturn of Irving/Piano
1996 Ed. (296)
Saturn of Knoxville
1995 Ed. (290)
Saturn of Memphis
1995 Ed. (290)
Saturn of Olathe
1995 Ed. (290)
Saturn of Orlando
1995 Ed. (290)
Saturn of Schaumburg
1996 Ed. (296)
Saturn of Sterling
1995 Ed. (290)
Saturn of Tampa
1995 Ed. (290)
Saturn of the Valley
1995 Ed. (290)
1996 Ed. (296)
Saturn of Tinley Park
1996 Ed. (296)
Saturn of Waukesha
1996 Ed. (296)
Saturn of West Palm Beach
1995 Ed. (290)
Saturn of West Sahara
1996 Ed. (296)
Saturn of Wexford
1996 Ed. (296)
Saturn S
2001 Ed. (494)
2002 Ed. (412)
2004 Ed. (350)
Saturn S Series
2003 Ed. (363)
Saturn SC
1996 Ed. (347)
Saturn SL
1995 Ed. (2111)
1996 Ed. (2268)
1998 Ed. (213, 223, 234)
2009 Ed. (349)
Saturn SL, SW
1996 Ed. (347)
Saturn SL/SC/SW
1997 Ed. (297)

Saturn System
1997 Ed. (3773)
Saturna Capital
2001 Ed. (3424)
Satya Pradhuman
1998 Ed. (1597)
1999 Ed. (2183)
2000 Ed. (1977)
Satyam Computer
2002 Ed. (4292)
Satyam Computer Services Ltd.
2008 Ed. (1142)
2009 Ed. (1117, 1121, 1750)
2010 Ed. (1098, 4782)
Satyam Computers
2002 Ed. (4426)
Satyam Computers Services
2000 Ed. (1177)
Satyam Infoway Ltd.
2001 Ed. (4189)
Sauber
2014 Ed. (270)
Sauce Labs
2013 Ed. (1121)
Sauces
1992 Ed. (3545)
1994 Ed. (2938)
2001 Ed. (1385)
2002 Ed. (3491)
2008 Ed. (2732)
Sauces & dressings
2000 Ed. (4141)
Sauces & ketchups
1995 Ed. (2998)
Sauces, pickles and spreads
1996 Ed. (1485)
Saucony
2005 Ed. (1260)
2006 Ed. (1219)
Saud Abdul Aziz Algosaibi
2005 Ed. (4886)
Saud; Abdullah bin Abdul Aziz al
2012 Ed. (3825)
2013 Ed. (3493)
Saud; Abdullah bin Abdulaziz al
2014 Ed. (3469)
2015 Ed. (3486)
Saud; King Fahd Bin Abdul Aziz Al
1990 Ed. (3688)
Saud; Prince Alwaleed bin Talal Al
2013 Ed. (367, 3483, 3486)
2014 Ed. (3468)
Sauder
1992 Ed. (2246)
1998 Ed. (1783, 1787)
2000 Ed. (2287)
2003 Ed. (2591)
2005 Ed. (2702)
2007 Ed. (2666)
2009 Ed. (2855)
Sauder Business School
2014 Ed. (781)
2015 Ed. (823)
Sauder Business School; University of British Columbia
2009 Ed. (820)
2011 Ed. (682)
2012 Ed. (615)
2013 Ed. (758)
Sauder School of Business; University of British Columbia
2007 Ed. (812)
Sauder Woodworking
1992 Ed. (2244, 2245)
1994 Ed. (1933)
1995 Ed. (1951, 1952, 1959)
1996 Ed. (1987)
1999 Ed. (2544)
2004 Ed. (2867)
2005 Ed. (2881)
2007 Ed. (2663)
2009 Ed. (2851)
2013 Ed. (2785)
2014 Ed. (2807, 2808)
2015 Ed. (2849, 2850, 2854)
2016 Ed. (2784, 2785, 2789)
Sauder's Eggs
2014 Ed. (2338)
2015 Ed. (2404)
2016 Ed. (2347)
Saudi Airlines
1994 Ed. (41)
2001 Ed. (74)
Saudi Al Gusaiyer
2012 Ed. (790)
Saudi American Bank
1989 Ed. (466, 665)
1990 Ed. (489, 675)
1991 Ed. (438, 656)
1992 Ed. (594, 829)

1993 Ed. (622)
1994 Ed. (408, 420, 627, 3138)
1995 Ed. (401, 413, 598, 599)
1996 Ed. (428, 440, 668, 669)
1997 Ed. (393, 405, 605)
1999 Ed. (449, 450, 462, 630)
2000 Ed. (442, 656)
2001 Ed. (599, 1793)
2002 Ed. (512, 513, 622, 633, 641, 1730, 4465)
2003 Ed. (458, 459, 587, 605, 1817)
2004 Ed. (446, 613)
2005 Ed. (457, 580, 582, 603)
2006 Ed. (83)
Saudi Arabia
1989 Ed. (363, 1518)
1990 Ed. (1447, 1709, 1734, 1878, 2829)
1991 Ed. (1385, 1406, 1791)
1992 Ed. (350, 499, 891, 1731, 1740, 1775, 2083, 2252, 3449, 3450, 3452, 3453)
1993 Ed. (345, 700, 1464, 1465, 1921, 1932, 1960, 1965, 1972, 1979, 1985, 2848, 3302, 3357)
1994 Ed. (709, 956, 1230, 1231, 1491, 1932, 1958, 2859, 2860)
1995 Ed. (310, 1523, 1545, 1961, 2008, 2015, 2022, 2027, 2034, 2038, 2925, 2926)
1996 Ed. (426, 929, 941, 1482, 3019, 3020, 3025)
1997 Ed. (1547, 2108, 2568, 3104, 3105, 3739)
1998 Ed. (1792, 1803, 1848, 2830, 2898)
1999 Ed. (1786, 2554, 3630)
2000 Ed. (1615, 1650, 1891, 2351, 2354, 2365, 2370, 2371, 2376)
2001 Ed. (521, 522, 1128, 1952, 2369, 2373, 2586, 3531, 3761, 3763, 3765, 4120, 4390)
2002 Ed. (328, 329, 1821)
2003 Ed. (1385, 3630, 3826, 4191, 4193, 4618)
2004 Ed. (1400, 1923, 3677, 3855, 4217, 4219, 4603)
2005 Ed. (863, 864, 1421, 2043, 2058, 3592, 3766, 4145, 4147, 4537)
2006 Ed. (501, 1029, 1406, 2152, 2334, 2827, 3692, 3848, 4193, 4195, 4591, 4618)
2007 Ed. (521, 1438, 2096, 2265, 2830, 3687, 3871, 4209, 4211, 4416, 4605)
2008 Ed. (478, 2206, 2401, 3781, 3920, 4247, 4390, 4393, 4552)
2009 Ed. (505, 2384, 2398, 2725, 3816, 3990, 4346, 4468, 4584)
2010 Ed. (1377, 2310, 3744, 3896, 4376, 4618, 4673, 4674)
2011 Ed. (1370, 2308, 2557, 2561, 3744, 3914, 4310, 4312, 4574, 4621, 4622)
2012 Ed. (601, 2207, 3752, 4627, 4628, 4963)
2013 Ed. (742, 2279, 2280, 2390, 3417, 3824, 4567, 4568, 4656, 4782, 4970)
2014 Ed. (2213, 2214, 2327, 3415, 4622, 4623, 4979)
2015 Ed. (2278, 4622, 5012)
2016 Ed. (2249, 4931)
Saudi Arabia Fertilizer
2014 Ed. (905)
2015 Ed. (931)
2016 Ed. (836)
Saudi Arabia; Government of
2008 Ed. (79)
Saudi Arabia & Yemen
1990 Ed. (1909, 1916, 1923, 1928)
1991 Ed. (1827, 1832, 1839, 1848)
1992 Ed. (2303, 2308, 2315, 2325, 2331)
Saudi Arabian Air
2006 Ed. (230)
Saudi Arabian Airlines
2015 Ed. (170)
Saudi Arabian Airlines Corp.
1994 Ed. (3137, 3139)
2001 Ed. (303, 314)
2002 Ed. (1760)
2004 Ed. (1852)
2009 Ed. (236)
2010 Ed. (220)
2011 Ed. (143)
2012 Ed. (148, 149, 156)
2013 Ed. (131, 132)
2015 Ed. (152)
2016 Ed. (157)

Saudi Arabian Fertilizers
2010 Ed. (1967)
Saudi Arabian General Investment Authority
2010 Ed. (3386)
2013 Ed. (3531)
2014 Ed. (3508)
2015 Ed. (3523)
Saudi Arabian Marketing & Refining Co.
1994 Ed. (3137, 3139)
Saudi Arabian Mining
2016 Ed. (3567)
Saudi Arabian Oil Co.
1992 Ed. (3420, 3421)
1993 Ed. (2825, 2826)
1994 Ed. (2869, 2870, 3137, 3140)
1995 Ed. (2929, 2932, 2933)
1996 Ed. (3027, 3028)
1997 Ed. (3110, 3111)
1998 Ed. (2838, 2839)
1999 Ed. (3817, 3818)
2000 Ed. (3531, 3532)
2002 Ed. (3679, 3680)
2005 Ed. (3765, 3788, 3799)
2006 Ed. (3847, 3854, 3866)
2007 Ed. (877, 931, 2261, 3870, 3880, 3896)
2008 Ed. (2395, 3919, 3929, 3939)
2009 Ed. (1678, 1811, 1812, 3989, 4001, 4014)
2010 Ed. (1456, 1634, 1743, 1826, 3895, 3908, 3920)
2011 Ed. (1644, 2760, 3913, 3927, 3939)
2012 Ed. (3898, 3914, 3936)
2013 Ed. (3963, 3966, 3990)
2014 Ed. (3906, 3909, 3933)
2015 Ed. (3934, 3937, 3969)
2016 Ed. (3853, 3856, 3883)
Saudi Arabian Oil Co. (Aramco)
2003 Ed. (3825, 3844, 3857, 3858)
2004 Ed. (3854, 3861, 3871)
Saudi Aramco
1991 Ed. (2735)
1998 Ed. (1802)
1999 Ed. (3814)
2001 Ed. (3772)
2002 Ed. (3696)
Saudi Basic Industries
2014 Ed. (905)
2016 Ed. (1672)
Saudi Basic Industries Corp.
1994 Ed. (3137, 3138)
1999 Ed. (3366)
2003 Ed. (1817)
2006 Ed. (853, 855, 4534)
2007 Ed. (73, 939, 943, 945, 946, 947, 948, 1801, 1971)
2008 Ed. (917, 920, 922, 925, 928, 1836, 1837, 1839, 1841, 1842, 2067)
2009 Ed. (926, 928, 930, 933, 1785, 1787, 1789, 1790, 1804, 1814, 2034)
2010 Ed. (866, 868, 870, 871, 872, 874, 877, 878, 1456, 1826, 1967, 1968)
2011 Ed. (785, 793, 796, 798, 799, 800, 802, 805, 806, 808, 812, 2028, 3827)
2012 Ed. (751, 758, 759, 760, 761, 767, 769, 770, 773, 779, 1877)
2013 Ed. (946, 948, 953, 960, 961, 962, 963, 968, 969, 2037)
2014 Ed. (899, 901, 908, 911, 913, 914, 915, 916, 918, 919, 1972)
2015 Ed. (926, 931, 934, 936, 937, 938, 941, 2017)
2016 Ed. (830, 836, 840, 844, 845, 846, 847, 850, 851, 852, 1989)
Saudi Binladin Group
2009 Ed. (1813)
Saudi British Bank
1989 Ed. (466)
1990 Ed. (489, 570)
1991 Ed. (438, 656)
1992 Ed. (594, 829)
1993 Ed. (622)
1994 Ed. (420, 627)
1995 Ed. (413, 598, 599)
1996 Ed. (428, 440, 668, 669)
1997 Ed. (405, 605)
1999 Ed. (449, 462, 630)
2000 Ed. (453, 656)
2001 Ed. (1793)
2002 Ed. (641, 1730, 4465)
2003 Ed. (605)
2004 Ed. (613)
2005 Ed. (603)
2006 Ed. (518, 4534)

2007 Ed. (394, 547)
2008 Ed. (377, 477, 498)
2009 Ed. (88, 399, 528, 2034, 2746)
2010 Ed. (511, 1967, 2669)
2011 Ed. (297, 440, 2028, 2658)
2012 Ed. (406, 407, 1877, 2586)
2013 Ed. (360, 365, 533, 2037)
2014 Ed. (382, 551, 1972, 2661)
2015 Ed. (437, 614, 2017, 2702)
2016 Ed. (392, 558, 1989, 2626)
Saudi Cairo Bank
1990 Ed. (489)
1991 Ed. (438, 656)
1992 Ed. (829)
1993 Ed. (622)
1994 Ed. (420, 627)
1995 Ed. (413, 598, 599)
1996 Ed. (440, 668, 669)
1997 Ed. (405, 605)
1999 Ed. (462, 630)
Saudi Consolidated Electric Co.
1994 Ed. (3138, 3140)
Saudi Distribution
2004 Ed. (79)
2005 Ed. (74)
Saudi Electric Co.
2006 Ed. (4534)
Saudi Electricity
2014 Ed. (2378)
2015 Ed. (2446)
2016 Ed. (2391)
Saudi Electricity Co.
2007 Ed. (1971)
2008 Ed. (2067, 4535)
2009 Ed. (2034)
2010 Ed. (1967, 1968)
2011 Ed. (2028)
2012 Ed. (1877)
2013 Ed. (684, 2037)
2014 Ed. (1972)
2015 Ed. (2017)
2016 Ed. (1989)
Saudi European Bank
1989 Ed. (456)
1990 Ed. (478)
1991 Ed. (429)
Saudi Group
2006 Ed. (4534)
Saudi Holland Bank
2009 Ed. (2746)
2010 Ed. (2669)
Saudi Hollandi ank
2003 Ed. (605)
Saudi Hollandi Bank
1994 Ed. (420)
1995 Ed. (413, 598, 599)
1996 Ed. (440, 668)
1997 Ed. (405, 605)
1999 Ed. (462, 630)
2000 Ed. (453, 656)
2002 Ed. (641)
2004 Ed. (613)
2005 Ed. (603)
2006 Ed. (518, 4534)
2007 Ed. (547)
2008 Ed. (498)
2009 Ed. (528)
2010 Ed. (511)
2011 Ed. (440)
2012 Ed. (406)
2013 Ed. (365)
2014 Ed. (382, 551)
2015 Ed. (437, 614)
2016 Ed. (392, 558)
Saudi International
1991 Ed. (430)
Saudi International Bank
1989 Ed. (457)
1990 Ed. (479, 582)
1992 Ed. (585)
1993 Ed. (420)
1994 Ed. (413)
1995 Ed. (406)
1996 Ed. (433)
1997 Ed. (398)
1999 Ed. (455)
Saudi International Petrochemical Co.
2011 Ed. (785)
Saudi Investment Bank
1989 Ed. (466)
1990 Ed. (489)
1991 Ed. (438)
1995 Ed. (413, 598)
1996 Ed. (440, 669)
1997 Ed. (405)
1999 Ed. (462, 630)
2000 Ed. (453, 656)
2002 Ed. (641)
2003 Ed. (605)
2004 Ed. (613)

2005 Ed. (603)
2006 Ed. (518)
2007 Ed. (547)
2008 Ed. (498)
2009 Ed. (528, 2034)
2010 Ed. (511)
2011 Ed. (440)
2014 Ed. (382)
2015 Ed. (437, 3440)
2016 Ed. (392, 3300)
Saudi Iron & Steel Co.
1994 Ed. (3140)
Saudi Kayan Petrochemical
2012 Ed. (779)
2013 Ed. (953)
2014 Ed. (905)
Saudi Oger Co., Ltd.
2009 Ed. (1813)
Saudi Petrochemical Co.
1994 Ed. (3140)
Saudi Sudanese Bank
2000 Ed. (667)
2015 Ed. (2704)
Saudi Telecom
2014 Ed. (4661)
2015 Ed. (4658)
2016 Ed. (4571, 4588)
Saudi Telecom Co.
2002 Ed. (1760)
2004 Ed. (79, 1852)
2005 Ed. (74)
2006 Ed. (83, 4534)
2007 Ed. (73, 1971)
2008 Ed. (79)
2009 Ed. (88, 1814, 4684)
2010 Ed. (96, 1967)
2011 Ed. (2028, 4653)
2012 Ed. (1877, 4663)
2013 Ed. (2037, 4621)
2014 Ed. (1972, 4682)
2015 Ed. (2017, 4692)
2016 Ed. (1989)
Saudi Telecommunications
2008 Ed. (2067)
2009 Ed. (2034)
2010 Ed. (1968)
Saudia
1989 Ed. (244)
Saudia Arabia & Yemen
1990 Ed. (1933)
Sauer-Danfoss Inc.
2007 Ed. (323)
2008 Ed. (3097)
2009 Ed. (3189, 3232)
2010 Ed. (804)
2011 Ed. (3130)
2013 Ed. (1770)
2014 Ed. (1704)
2015 Ed. (1746, 3558)
Sauer-Danfross Inc.
2005 Ed. (3353)
Sauer Drilling Co.
2006 Ed. (2122)
Sauer Holdings
2009 Ed. (4077)
2011 Ed. (3998)
2012 Ed. (3994)
2015 Ed. (4047)
2016 Ed. (3956)
Sauer Holdings Inc.
2015 Ed. (1243)
Sauer Inc.
1994 Ed. (1141, 1155)
1995 Ed. (1160)
2003 Ed. (1231, 1338)
2004 Ed. (1239, 1338)
2005 Ed. (1343)
2006 Ed. (1287, 1340)
2007 Ed. (1364, 1388)
2008 Ed. (1246, 1261, 1332, 4003)
2009 Ed. (1327)
2011 Ed. (1281)
2012 Ed. (1176)
2013 Ed. (1251, 1266)
Sauer Industries
1990 Ed. (1208)
1991 Ed. (1079)
1992 Ed. (1412)
1993 Ed. (1125, 1139)
Sauerkraut
2002 Ed. (4715)
2003 Ed. (4827)
Saugatuck
1992 Ed. (3760)
Saugatuck Group
1992 Ed. (1807)
Saugatuck Group (FKB)
1990 Ed. (3085, 3086)
Sauget, IL
1995 Ed. (2482)

Saugus Credit Union
2009 Ed. (2192)
2010 Ed. (2123)
Saugus River Basin
1993 Ed. (3690)
Saugus Union School District
2008 Ed. (2408)
Saul Centers
2006 Ed. (2115)
Saul Cooperman
1991 Ed. (3212)
Saul, Ewing, Remick & Saul
1989 Ed. (1885)
1990 Ed. (2425)
1991 Ed. (2291)
2000 Ed. (4298)
2001 Ed. (784)
Saul Feldberg
2005 Ed. (4869)
Saul Ludwig
1993 Ed. (1774, 1829)
1994 Ed. (1812)
1995 Ed. (1850)
2011 Ed. (3345)
Saul P. Steinberg
1990 Ed. (2282)
1992 Ed. (1093, 1145, 1280, 2713)
1993 Ed. (940)
1994 Ed. (2237)
1997 Ed. (1802)
1998 Ed. (720, 2138)
Saul P. Steinberg (Reliance Group Holdings Inc.)
1991 Ed. (2156)
Saul Real Estate Investment Trust; B. F.
2006 Ed. (4049)
2008 Ed. (4059)
2009 Ed. (4172)
Saules Banka
2000 Ed. (591)
Saules Banka AS
1997 Ed. (538)
Sauna Warehouse
2006 Ed. (4144)
2007 Ed. (4167)
Saunalahti Group
2007 Ed. (36)
2008 Ed. (40)
Saunders Brothers
2014 Ed. (4997)
Saunders Construction Inc.
2002 Ed. (2396)
2003 Ed. (3961, 3964)
2005 Ed. (3915)
2006 Ed. (3989)
2007 Ed. (1375)
2008 Ed. (1273)
2009 Ed. (1252, 1253)
2010 Ed. (1249, 1250, 4065)
2011 Ed. (1199, 4041)
2012 Ed. (1141, 4074)
2013 Ed. (1227, 1259, 1565)
2014 Ed. (1170, 1537)
2016 Ed. (1132, 1516)
Saunders; Daniel S.
1997 Ed. (3068)
Saunders; Flip
2013 Ed. (545)
Saunders; Joseph
2006 Ed. (920)
Saunders; Joseph W.
2010 Ed. (900)
Saurer AG
2007 Ed. (2004)
Saurer-Allma GmbH
2001 Ed. (4130)
Saurer-Gruppe Hldg. Namen
1990 Ed. (3470)
Sausage
2000 Ed. (4140)
2001 Ed. (3242, 3243, 3603)
2003 Ed. (3334)
2004 Ed. (3404)
2005 Ed. (3417)
Sausage, cooked
2003 Ed. (3344)
Sausage, fresh
2003 Ed. (3344)
Sausage, mixed meat
2003 Ed. (3335)
2004 Ed. (3405)
2005 Ed. (3418)
Sausage & other prepared meat products
1998 Ed. (29)
Sausage, pork
2003 Ed. (3335)
2004 Ed. (3405)
2005 Ed. (3418)
Sausage, traditional

2003 Ed. (3344)
Sausage, uncooked
1994 Ed. (1996)
Sausages
1996 Ed. (2899)
Sauvignon Blanc
1996 Ed. (3837)
2001 Ed. (4872, 4873)
2002 Ed. (4969, 4970)
2003 Ed. (4968, 4969)
Sauza
1989 Ed. (2809)
1990 Ed. (3558)
1991 Ed. (3340)
1992 Ed. (4262, 4266, 4267)
1993 Ed. (3546)
1994 Ed. (3505, 3510)
1995 Ed. (3590, 3594, 3595)
1996 Ed. (3670, 3672, 3673, 3674)
1997 Ed. (3729, 3731, 3732, 3733)
1998 Ed. (2390, 3508, 3509, 3514,
3515, 3516)
1999 Ed. (3231, 4579, 4585, 4587,
4588)
2000 Ed. (2969, 4233)
2001 Ed. (3134, 3142, 3146, 4503)
2002 Ed. (283, 3176, 3179, 4604,
4609, 4610, 4612, 4614)
2003 Ed. (4721, 4726)
2004 Ed. (4699, 4704)
2005 Ed. (4676)
Sauza Ready to Drink Margaritas
2004 Ed. (1035)
Sav-Mor
2006 Ed. (2308)
Sav-Mor Drug Stores
1999 Ed. (1056)
2000 Ed. (2273)
Sav-Mor Franchising Inc.
1999 Ed. (2524)
2001 Ed. (2534)
Sav-On
1996 Ed. (3238)
Sava
2006 Ed. (3290)
Sava Senior Care
2007 Ed. (3710)
2008 Ed. (3801)
2009 Ed. (3846)
Sava Workforce Solutions LLC
2012 Ed. (1184)
2013 Ed. (1305)
2014 Ed. (1238)
2015 Ed. (1296)
Savage; Frank
1989 Ed. (737)
Savage Garden
2001 Ed. (2270)
Savage Group
1990 Ed. (1373)
Savage Hyundai
1990 Ed. (327)
1991 Ed. (280)
Savage Industries
1999 Ed. (4533)
Savage; Michael
2007 Ed. (4061)
The Savage Nation: Saving America
from the Liberal Assault on Our
Borders, Languages & Culture
2005 Ed. (726)
Savage Smyth & Co. Ltd.
2003 Ed. (1725)
Saval BV
1997 Ed. (2754)
Savana/G
2001 Ed. (482)
Savane
2001 Ed. (3714)
Savanna Energy Services
2014 Ed. (1469)
Savanna Energy Services Corp.
2006 Ed. (1539)
2007 Ed. (1569)
2008 Ed. (2866)
2009 Ed. (2917)
Savannah
2000 Ed. (2339)
Savannah Bank of Nigeria Ltd.
1991 Ed. (633)
Savannah Foods
1989 Ed. (1452)
1990 Ed. (1819)
1992 Ed. (2185, 2187, 2188)
1994 Ed. (1875)
1996 Ed. (1941)
1997 Ed. (2036, 2038)
Savannah Foods & Industries
1990 Ed. (1893)
1991 Ed. (1218, 1220)

1993 Ed. (1318)
1994 Ed. (1374)
1995 Ed. (1399)
1998 Ed. (621)
Savannah, GA
1990 Ed. (2882)
1992 Ed. (1389)
1994 Ed. (2897)
1995 Ed. (1924, 2957)
1997 Ed. (2072, 2073)
1999 Ed. (1149, 1150, 2493, 2494)
2002 Ed. (2218)
2003 Ed. (3260, 3902, 3912)
2004 Ed. (4215)
2008 Ed. (3459, 4015, 4016)
2009 Ed. (4087)
2010 Ed. (3999)
2011 Ed. (2560, 4007)
2012 Ed. (2503, 4003, 4004)
2013 Ed. (4066)
2014 Ed. (4073, 4074)
2015 Ed. (4057)
2016 Ed. (3963)
Savannah River Plant Credit Union
2002 Ed. (1891)
2003 Ed. (1945)
2004 Ed. (1985)
2005 Ed. (2127)
2006 Ed. (2222)
2007 Ed. (2143)
2008 Ed. (2258)
2009 Ed. (2244)
2010 Ed. (2198)
2011 Ed. (2216)
2012 Ed. (2077)
2013 Ed. (2263)
2014 Ed. (2196)
2015 Ed. (2260)
2016 Ed. (2231)
Savant
2013 Ed. (207, 2971)
2014 Ed. (122, 2982, 4696)
2015 Ed. (137, 238, 241, 3050, 3061,
3062, 3504, 4434, 4707)
2016 Ed. (142, 233, 236, 2941, 3359,
4327, 4611)
Savarese; Dorothy
2016 Ed. (4934)
SavaSeniorCare
2009 Ed. (2970, 4139)
2015 Ed. (2965)
2016 Ed. (2899)
SavaSeniorCare LLC
2010 Ed. (2910)
SavATree
2011 Ed. (3427, 3432)
2012 Ed. (3440, 3445)
2013 Ed. (3460, 3465)
2014 Ed. (3460, 3465)
2015 Ed. (3480, 3483)
2016 Ed. (3324, 3327, 3332)
Save-A-Lot Food Stores
2012 Ed. (4318)
SAVE Electronics
2016 Ed. (2944, 2957)
Save It Now!
2006 Ed. (746)
2007 Ed. (840)
2008 Ed. (807)
Save Mart Center
2005 Ed. (4444)
Save Mart Supermarkets Inc.
2007 Ed. (4642)
2009 Ed. (2894, 4123, 4599, 4620)
2010 Ed. (2833, 4056)
2011 Ed. (4035)
2012 Ed. (4068)
2013 Ed. (1459, 4529)
2014 Ed. (1420, 4587)
2015 Ed. (1480, 4585)
2016 Ed. (1405)
Save & Prosper Asian Smaller Cos.
1996 Ed. (2815)
Save & Prosper China Dragon
1996 Ed. (2815)
Save & Prosper Gold & Expedition
1995 Ed. (2747)
Save & Prosper Japan Growth
1996 Ed. (2814)
Save & Prosper Japan Small Companies
1997 Ed. (2912)
Save & Prosper Masterfund
1997 Ed. (2915, 2916)
Save & Prosper South East Asia
1997 Ed. (2921)
Save & Prosper Southern Africa
2000 Ed. (3310)
Save the Children
1995 Ed. (943, 945, 2782)

1996 Ed. (913, 919)
2000 Ed. (3349)
Save the Children Federation
1993 Ed. (251, 1701, 2728)
Save the Children Fund
1992 Ed. (3270)
1994 Ed. (911, 2680)
1997 Ed. (946)
Save the Last Dance
2003 Ed. (3454)
Save Your Retirement
2011 Ed. (540)
Savemart
1990 Ed. (1647, 2030)
1991 Ed. (1542)
1992 Ed. (1937, 2425)
2004 Ed. (4646)
SaveOnResorts.com
2012 Ed. (4779)
Saverin; Eduardo
2014 Ed. (4916)
2015 Ed. (4911, 4956)
2016 Ed. (4827, 4872)
Savers Inc.
2014 Ed. (2097)
Saveur
1998 Ed. (2785)
1999 Ed. (3754, 3763, 3765)
2000 Ed. (3473)
2001 Ed. (4887)
2007 Ed. (167)
2011 Ed. (3520)
SAVI
2012 Ed. (948)
Savi Technology
2003 Ed. (1110)
Savia
2003 Ed. (2518)
Savia, SA de CV
2004 Ed. (2657)
2005 Ed. (2218)
Saville; Paul C.
2005 Ed. (2517)
2006 Ed. (2532)
Savills
2016 Ed. (4122)
Savin
1990 Ed. (1303, 2683, 2993)
1991 Ed. (1107, 1108, 3228)
1992 Ed. (1447, 4146)
1993 Ed. (1578, 3467)
Saving Private Ryan
2001 Ed. (4699, 4700)
Saving Social Security
1990 Ed. (287)
Saving the World & Other Extreme
Sports (Maximum Ride)
2010 Ed. (562)
Savings
1993 Ed. (3051)
Savings and loan
1989 Ed. (1659, 1660, 2647)
1990 Ed. (2187)
1991 Ed. (2261)
Savings associations
2000 Ed. (2646)
Savings Bank (CEC)
1996 Ed. (663)
Savings Bank Group
2015 Ed. (496)
2016 Ed. (451)
Savings Bank of Manchester
1998 Ed. (3539)
2003 Ed. (478)
2004 Ed. (473)
2005 Ed. (481)
Savings Bank of the Russian Federation
1996 Ed. (667)
2013 Ed. (422, 443, 2035, 2036)
2014 Ed. (441, 457, 1970, 1971)
2015 Ed. (495, 515, 2015, 2016)
2016 Ed. (449, 1986, 1988)
Savings Bank of the Russian Federation; Sberbank—
2005 Ed. (494, 499, 503, 602)
2006 Ed. (436, 2006)
2007 Ed. (443, 445, 546, 1961, 1970,
4579)
2008 Ed. (497, 2066, 4532)
2009 Ed. (437, 438, 527, 2033)
2010 Ed. (414, 415, 508, 1965, 1966)
2011 Ed. (337, 338, 339, 439, 2026)
2012 Ed. (342, 404, 1874, 1875)
Savings Bank Trust Co.
1991 Ed. (3378, 3379)
Savings Banks Trust Co.
1990 Ed. (528)
Savings institutions
1992 Ed. (1750)
1993 Ed. (2170, 2171, 2174, 3232,

3233, 3234, 3236, 3237)
1994 Ed. (2193, 2195, 3206, 3207,
3208, 3211, 3212)
1995 Ed. (2244, 2246, 3290, 3293,
3294, 3310, 3311)
1996 Ed. (2255, 2257)
1998 Ed. (1078)
Savings institutions, except federal
1989 Ed. (2475)
Savings & Loan Data Corp.
1991 Ed. (3378, 3379)
1992 Ed. (1762)
Savings & loan industry
1998 Ed. (3363)
Savings & loans
1992 Ed. (2624, 2627)
Savings & Loans Credit Union (SA) Ltd.
2002 Ed. (1849)
Savings & Social Development Bank
2005 Ed. (613)
2015 Ed. (425)
Savings.com
2013 Ed. (4273)
Savings/DDA
1990 Ed. (531, 532)
Savisz Sandorfalvi Vegyesipari Szovet-
kezet
2002 Ed. (3234)
2004 Ed. (3358)
Savitri Jindal
2011 Ed. (4887, 4891, 4892)
2012 Ed. (4872, 4899, 4900)
2013 Ed. (4875, 4876, 4916)
2014 Ed. (4889, 4890)
2015 Ed. (4929)
Savoie - Les Residences Soleil; Groupe
2008 Ed. (2058)
Savoir Technology Group
2000 Ed. (1762)
Savola
2016 Ed. (2694)
Savola Group
2015 Ed. (2787, 4270)
2016 Ed. (2717)
Savor the Moment
2012 Ed. (456)
Savory & James
1989 Ed. (2963)
1992 Ed. (4459, 4466)
1994 Ed. (3662)
2001 Ed. (4844)
2002 Ed. (4924)
2004 Ed. (4969, 4970)
2005 Ed. (4961, 4962)
2006 Ed. (4965)
Savory & James Sherry
1989 Ed. (2949)
Savory & James Wines
1991 Ed. (3497)
Savory snacks
1992 Ed. (4007)
Savory Spice Shop
2014 Ed. (4366)
2015 Ed. (4377)
Savoy
1997 Ed. (2816)
Savoy Hotel PLC
1997 Ed. (1417)
Savoy Pictures
1998 Ed. (2532)
Savvis, a CenturyLink Co.
2014 Ed. (4759)
2015 Ed. (4780)
Savvis Communications Corp.
2005 Ed. (1883)
2006 Ed. (3693, 3694)
Savvis Inc.
2006 Ed. (1903)
2008 Ed. (1952, 1955, 3201)
2009 Ed. (3262)
Savvy
1989 Ed. (179, 2174)
Savvy Woman
1990 Ed. (2799)
SAW-Citroen
1995 Ed. (308)
Saw palmetta
1998 Ed. (1924)
Saw palmetto
2000 Ed. (2445, 2447)
2001 Ed. (2012)
Sawdey Solution Services Inc.
2016 Ed. (4781)
Sawgrass International Corporate Park
2002 Ed. (3533)
Sawgrass Mills
1998 Ed. (3299)
1999 Ed. (4309)
2000 Ed. (4029)
Sawgrass Mills & the Oasis

2003 Ed. (4407)
Sawiris; Naguib
2008 Ed. (4859, 4892)
2009 Ed. (4885)
2010 Ed. (4886)
2011 Ed. (4876)
2012 Ed. (4885)
2013 Ed. (4869)
2014 Ed. (4883)
2015 Ed. (4921)
2016 Ed. (4821, 4837)
Sawiris; Nassef
2008 Ed. (4859)
2009 Ed. (4885)
2010 Ed. (4886)
2011 Ed. (4876, 4900)
2012 Ed. (4885, 4909)
2013 Ed. (4869, 4918)
2014 Ed. (4883)
2015 Ed. (4906, 4921)
2016 Ed. (4821, 4837)
Sawiris; Onsi
2006 Ed. (4928)
2007 Ed. (4921)
2008 Ed. (4859, 4892)
2009 Ed. (4885)
2010 Ed. (4886)
2011 Ed. (4876)
2012 Ed. (4885)
2013 Ed. (4869)
2014 Ed. (4883)
2015 Ed. (4921)
2016 Ed. (4837)
Sawiris; Samih
2008 Ed. (4859)
2009 Ed. (4885)
2011 Ed. (4876)
2012 Ed. (4885)
2015 Ed. (4921)
2016 Ed. (4837)
SAWIS Communications Corp.
2003 Ed. (2704)
Sawmill
1989 Ed. (1931)
Sawmills
1991 Ed. (2626)
Sawt Al Kuwait
1994 Ed. (31)
Sawt at Shabab
2005 Ed. (84)
Sawtek Inc.
2003 Ed. (2199)
2004 Ed. (1545)
The Sawtooth Group
1999 Ed. (131)
2000 Ed. (149)
2002 Ed. (158)
2016 Ed. (1857)
Sawyer Brown
1993 Ed. (1079)
1997 Ed. (1113)
Sawyer; Diane
2008 Ed. (2585)
Sawyer; James
2005 Ed. (986)
2007 Ed. (1084)
2008 Ed. (962)
2010 Ed. (914)
Sawyer Miller Group
1994 Ed. (2946, 2948, 2968)
Sawyer Riley Compton
1995 Ed. (31, 35)
1997 Ed. (59)
Sawyers Home Controls
2016 Ed. (2957)
Sax, Macy, Fromm & Co.
1997 Ed. (21)
Saxby's
2008 Ed. (713)
Saxe Doernberger & Vita PC
2012 Ed. (3405)
Saxon Balanced
2003 Ed. (3558, 3559)
2004 Ed. (3610, 3611)
Saxon Capital Inc.
2005 Ed. (2574)
Saxon Energy Services Inc.
2009 Ed. (1477, 1562)
Saxon-Global
2013 Ed. (182, 3171)
The Saxon Group
2010 Ed. (1141)
The Saxon Hawk Group PLC
1992 Ed. (1198)
1993 Ed. (971)
Saxon Investment Corp.
2005 Ed. (1087)
Saxon Investment Corp. (Diversified)
1996 Ed. (1056)
Saxon Small Cap

2001 Ed. (3476)
Saxon Stock
2003 Ed. (3564, 3565)
2004 Ed. (2469, 2470)
Saxon World Growth
2006 Ed. (2513)
Saxophone, alto
1999 Ed. (3504)
Saxophone, tenor
1999 Ed. (3504)
Saxum Strategic Communications
2011 Ed. (4129)
2012 Ed. (4158)
Saybr Contractors Inc.
2008 Ed. (3738, 4435, 4989)
Sayed; Ahmad Al
2013 Ed. (367, 3485)
Sayegh; Andre
2012 Ed. (790)
Sayers 40 Inc.
2006 Ed. (3499, 3500)
2007 Ed. (3537)
2009 Ed. (3757)
Sayers Computer Source
1996 Ed. (2659)
2000 Ed. (3144)
Sayers Group
2003 Ed. (217)
Sayers Group LLC
2002 Ed. (716)
Sayers40 Inc.
2006 Ed. (190, 3511, 4350)
2007 Ed. (3551, 4410)
Sayidati
1992 Ed. (75)
Sayles Lidji & Werbner
2004 Ed. (3227)
Sayre, PA
2014 Ed. (3518)
Saytek LLC
2002 Ed. (1142)
2008 Ed. (3698)
2009 Ed. (3758)
2010 Ed. (3693)
Sayville Ford
1992 Ed. (420)
Sazerac Inc.
1993 Ed. (3676)
1996 Ed. (3801)
2001 Ed. (3130)
2003 Ed. (4917)
Sazka
2004 Ed. (40)
Sazon Goya
2014 Ed. (4522)
2015 Ed. (4522)
2016 Ed. (4458)
S.B. Ackerman Associates
1990 Ed. (3062)
SB Aggressive Growth
2004 Ed. (3585)
2005 Ed. (3557)
SB Aktia
1994 Ed. (475)
SB Architects
2008 Ed. (3080)
2009 Ed. (3170)
SB Collins Inc.
2012 Ed. (1980)
2013 Ed. (2139)
SB International Fund
2006 Ed. (3608)
SB LiMotive
2011 Ed. (2301)
S.B. Schiedam Vlaardingen
1992 Ed. (794)
SB & T Captive Management Co.
1996 Ed. (882)
1997 Ed. (903)
1999 Ed. (1034)
2000 Ed. (984)
2006 Ed. (791)
2008 Ed. (859)
S.B. Widden
1992 Ed. (794)
SB1 Credit Union
2006 Ed. (2219)
2007 Ed. (2140)
2008 Ed. (2255)
SBA Communications
2016 Ed. (4596)
SBA Communications Corp.
2004 Ed. (4580)
2005 Ed. (4984)
2008 Ed. (1401)
2014 Ed. (4665)
2015 Ed. (4662)
2016 Ed. (4576)
Sbarro
2014 Ed. (2625)

2015 Ed. (2669)
Sbarro Inc.
1990 Ed. (2872)
1991 Ed. (2878)
1992 Ed. (3471, 3472, 3688)
1993 Ed. (2862, 2863, 2864, 3011)
1994 Ed. (2885, 2887, 2888)
1995 Ed. (214, 2950, 2952, 2953)
1996 Ed. (3046, 3047)
1997 Ed. (3127, 3128, 3337)
1998 Ed. (2867, 3065)
1999 Ed. (3838, 3839, 4068)
2000 Ed. (3552, 3553, 3787, 3789)
2001 Ed. (3806)
2004 Ed. (4120, 4138)
2005 Ed. (2547, 2548, 2557, 3845, 3846)
2006 Ed. (2564, 3916, 3917, 4122)
2007 Ed. (3967, 3968, 4149)
2008 Ed. (2670, 3993, 3994, 4155, 4183, 4184)
2009 Ed. (895, 2689, 2695, 4064, 4065, 4269, 4285)
2010 Ed. (3982)
2011 Ed. (3986)
2012 Ed. (3982)
2013 Ed. (4045)
2014 Ed. (3983)
2015 Ed. (4028)
2016 Ed. (3940)
Sbarro The Italian Eatery
2002 Ed. (2250, 3714, 4004, 4020, 4022)
2003 Ed. (2455, 3883, 3884, 3885, 3886, 3887, 3888, 4099)
2004 Ed. (2584)
Sbarro's Italian Eatery
2010 Ed. (2612, 3983, 4209)
2011 Ed. (2594, 3987, 3988, 4215, 4247)
2012 Ed. (2537, 3983, 3984)
2013 Ed. (2665, 4046, 4047)
2014 Ed. (2615, 3984, 3985)
2015 Ed. (4029, 4030)
2016 Ed. (3941)
SBBI Inc.
2011 Ed. (2922)
2014 Ed. (2950)
2015 Ed. (3000)
SBC
1990 Ed. (555)
1992 Ed. (2027, 2029, 2032, 2036, 2044, 3342)
1997 Ed. (458)
1998 Ed. (287)
1999 Ed. (4559)
2002 Ed. (4565)
2003 Ed. (4694)
2004 Ed. (4671)
2005 Ed. (378, 4629)
2006 Ed. (4695)
SBC CableCommunications
1996 Ed. (864)
SBC Communications Inc.
1996 Ed. (888, 1214, 1456, 2547, 3636, 3638)
1997 Ed. (1306, 1524, 3020, 3687, 3688, 3689, 3690)
1998 Ed. (1007, 1009, 1010, 1016, 1017, 1189, 2413, 3364, 3471, 3473, 3474, 3475, 3476, 3487)
1999 Ed. (1443, 1503, 1746, 2506, 3977, 4392, 4542, 4546, 4551, 4552, 4562)
2000 Ed. (999, 1302, 1303, 1304, 1476, 1572, 2642, 3004, 3427, 3428, 3442, 3690, 4186, 4188, 4189, 4192, 4203, 4205)
2001 Ed. (1075, 1076, 1165, 1335, 1336, 1558, 1581, 1588, 1596, 1878, 2868, 3535, 3665, 3667, 3673, 3678, 3680, 3684, 4454, 4455, 4472, 4473, 4476, 4477, 4478)
2002 Ed. (980, 1379, 1383, 1386, 1437, 1540, 1543, 1557, 1560, 1564, 1572, 1688, 1782, 3371, 3372, 3602, 3608, 3612, 3613, 3615, 3620, 3886, 3889, 3916, 4562, 4563, 4566, 4567, 4569, 4570, 4580, 4600, 4603, 4977)
2003 Ed. (193, 815, 1072, 1073, 1075, 1420, 1442, 1457, 1503, 1551, 1568, 1571, 1573, 1579, 1580, 1836, 1837, 1979, 1984, 1985, 1987, 2948, 3424, 3760, 4029, 4030, 4032, 4562, 4689, 4690, 4691, 4692, 4693, 4696, 4702, 4704, 4706, 4707, 4708)
2004 Ed. (152, 857, 859, 1086, 1087, 1448, 1472, 1487, 1531, 1598,

1606, 1804, 1869, 1870, 2027, 2033, 2041, 2119, 2845, 3022, 3492, 3785, 4051, 4662, 4663, 4664, 4665, 4666, 4667, 4668, 4669, 4670, 4673, 4674, 4676, 4677, 4688)
2005 Ed. (150, 831, 832, 925, 1096, 1097, 1463, 1488, 1503, 1542, 1547, 1627, 1877, 1973, 1976, 1978, 2221, 2224, 2232, 3487, 3488, 3923, 3924, 3935, 3989, 4515, 4619, 4620, 4621, 4622, 4623, 4624, 4625, 4626, 4627, 4633, 4634, 4639, 4652, 4657)
2006 Ed. (20, 21, 22, 166, 758, 759, 1088, 1089, 1091, 1471, 1518, 1638, 1898, 2044, 2045, 2047, 2241, 2283, 2288, 2297, 2850, 3695, 3997, 3998, 4009, 4025, 4686, 4688, 4689, 4690, 4691, 4692, 4693, 4696, 4697, 4698, 4706, 4708, 4709)
2007 Ed. (16, 70, 154, 851, 854, 856, 857, 858, 860, 1475, 1653, 2910, 3522, 3792, 3986, 4032, 4033, 4043, 4711, 4718, 4728, 4730)
2008 Ed. (816)
SBC Foundation
2001 Ed. (2516)
2002 Ed. (977, 978)
2005 Ed. (2675, 2676)
SBC Portfolio Management
1991 Ed. (1601, 2219)
SBC Tanzania
2008 Ed. (92)
2009 Ed. (101)
2010 Ed. (109)
SBC Teleholdings Inc.
2008 Ed. (1100)
2009 Ed. (1079)
2010 Ed. (1050)
2012 Ed. (896)
2013 Ed. (1055)
2014 Ed. (1019)
SBC Warburg
1997 Ed. (743, 744, 750, 751, 754, 755, 756, 757, 758, 759, 777, 778, 781, 783, 784, 786, 787, 799, 802, 804, 806, 813, 814, 815, 816, 818, 819, 820, 822, 917, 1230, 1231, 1232, 1597, 1783, 1784, 1787, 1788, 1789, 1790, 1957, 1967, 1968, 1969, 1970, 1971, 2491, 2495, 2498, 2501, 3474, 3475, 3477, 3479, 3482, 3483)
1998 Ed. (1006, 1265, 1493, 1494, 1495, 1496, 1498, 1501, 3248, 3249, 3267, 3268, 3271)
1999 Ed. (835, 866, 867, 868, 869, 870, 871, 872, 873, 874, 877, 878, 879, 880, 881, 882, 883, 884, 885, 894, 895, 897, 899, 900, 901, 902, 903, 907, 910, 911, 912, 913, 914, 921, 923, 924, 925, 936, 937, 938, 939, 940, 941, 942, 943, 944, 945, 1087, 3036)
SBC Warburg Dillon Read, Inc.
1999 Ed. (1089, 1427, 1428, 1432, 1435, 1436, 1438, 1439, 2063, 2064, 2065, 2066, 2278, 2296, 2321, 2322, 2323, 2324, 2325, 3022, 3028, 4258, 4260, 4263, 4265)
2000 Ed. (829, 863)
SBC Warburg Japan
1999 Ed. (2363)
SBC Wireless Inc.
2001 Ed. (1139)
SBCI
1989 Ed. (816)
1990 Ed. (816, 899, 901, 1694, 1695, 1698, 1700, 1704, 1706, 1707, 2772)
1991 Ed. (779)
1995 Ed. (770, 771, 772, 773, 774, 775, 776, 777, 778, 779, 838)
Sberbank
1996 Ed. (665, 666)
1997 Ed. (604)
1999 Ed. (628)
2000 Ed. (653)
2009 Ed. (675)
2010 Ed. (641, 1964)
2011 Ed. (364, 380, 383, 2025)
2012 Ed. (368, 405)
2013 Ed. (422, 443, 456, 491, 673, 2035, 2036)
2014 Ed. (424, 434, 441, 457, 472, 500, 503, 692, 699, 1970, 1971)
2015 Ed. (481, 489, 495, 515, 530, 531, 567, 744, 2015, 2016)

2016 Ed. (433, 443, 449, 450, 484, 522, 673, 1986, 1988)
Sberbank Kazakhstan
  2016 Ed. (410)
Sberbank of Russia
  1995 Ed. (595)
  1999 Ed. (629)
  2002 Ed. (1758)
  2006 Ed. (1697, 2005)
  2013 Ed. (455)
  2014 Ed. (471)
  2015 Ed. (529)
  2016 Ed. (483)
Sberbank of Russian Federation
  2006 Ed. (4533)
Sberbank RF
  2002 Ed. (4462)
Sberbank Ukraine
  2016 Ed. (499)
Sberbank—Savings Bank of the Rus-
    sian Federation
  2002 Ed. (553, 586, 640)
  2003 Ed. (489, 541, 604)
  2004 Ed. (612)
  2005 Ed. (494, 499, 503, 602)
  2006 Ed. (436, 2006)
  2007 Ed. (443, 445, 546, 1961, 1970, 4579)
  2008 Ed. (497, 2066, 4532)
  2009 Ed. (437, 438, 527, 2033)
  2010 Ed. (414, 415, 508, 1965, 1966)
  2011 Ed. (337, 338, 339, 439, 2026)
  2012 Ed. (342, 404, 1874, 1875)
SBG I
  1999 Ed. (4831, 4832)
SBG Technology Solutions Inc.
  2013 Ed. (2925)
  2014 Ed. (2941)
SBG Variflex Inc/Gr Q
  1990 Ed. (273)
SBG Variflex Income/GR Q
  1989 Ed. (259)
Sbgcb
  2006 Ed. (97)
SBI
  2016 Ed. (2652)
SBI & Co.
  2004 Ed. (116)
  2005 Ed. (1554)
SBI Funds Management
  1999 Ed. (2887)
  2001 Ed. (2883)
SBI Holdings
  2015 Ed. (3435)
  2016 Ed. (3295)
SBI (Mauritius)
  2013 Ed. (344)
SBI Mauritius
  2015 Ed. (414)
  2016 Ed. (379)
SBI Technologies Corp.
  2008 Ed. (1346)
SBIC
  1993 Ed. (1396)
  1995 Ed. (1486)
SBI.Razorfish
  2005 Ed. (115)
SBK-Brooks Investment Corp.
  1998 Ed. (471)
  1999 Ed. (732)
  2000 Ed. (745)
  2002 Ed. (718)
  2004 Ed. (177)
  2005 Ed. (178)
  2006 Ed. (192)
  2007 Ed. (198)
  2008 Ed. (185)
  2009 Ed. (202)
  2010 Ed. (182)
  2011 Ed. (105)
SBK Entertainment World Inc.
  1990 Ed. (2663)
  1991 Ed. (1142)
SBLI USA Mutual Life Insurance Co.
    Inc.
  2011 Ed. (1912)
SBM Group
  2007 Ed. (291, 3525, 3535)
SBM Industries Inc.
  1997 Ed. (233)
SBM Pank; AS
  2011 Ed. (334)
Sbn Bank/Sparekassen Nordjylland
  1993 Ed. (462)
  1994 Ed. (467)
SBN Bank/Sparekassen Nordyland
  1995 Ed. (455)
SBR Inc.
  2006 Ed. (4956)
SBS

1994 Ed. (3681)
1996 Ed. (3888)
SBS-AGRO
  1999 Ed. (629)
SBS-Agro (Stolichny Bank of Savings)
  2000 Ed. (653)
SBS (Bearer)
  1996 Ed. (3889)
SBS (Registered)
  1996 Ed. (3889)
SBS Technologies Inc.
  1999 Ed. (3667)
  2004 Ed. (2180, 2181)
  2005 Ed. (2281, 2282)
SBSF Convertible Securities
  1994 Ed. (2640)
  1995 Ed. (2680, 2740)
  1996 Ed. (2807)
SBSF Growth
  1991 Ed. (2559)
  1992 Ed. (3191)
SBT Bancshares
  2012 Ed. (356)
SBV
  1997 Ed. (3932)
  1999 Ed. (4831, 4832)
SBV N
  2000 Ed. (4447, 4448)
SBWE, Inc.
  1998 Ed. (2999)
  1999 Ed. (3993)
  2000 Ed. (3712)
  2002 Ed. (3914)
SC & A Inc.
  2005 Ed. (2837)
SC Airport Concession
  1989 Ed. (2518)
  1990 Ed. (3325)
SC Bodner Co., Inc.
  2008 Ed. (1195)
SC First Bank
  2011 Ed. (449)
SC & G Consulting LC
  1999 Ed. (1998)
SC & H Group
  2010 Ed. (21)
  2011 Ed. (18)
  2012 Ed. (22)
  2013 Ed. (15)
  2014 Ed. (11)
  2016 Ed. (1)
SC & H Group Inc.
  2015 Ed. (12)
  2016 Ed. (11)
SC International
  2001 Ed. (4)
SC Johnson
  2009 Ed. (79)
SC Johnson de Centroamerica
  2010 Ed. (1569)
S.C. Johnson Graduate School of Man-
    agement
  2014 Ed. (768)
SC Johnson & Son Chile
  2010 Ed. (1573)
SC Johnson & Son de Venezuela
  2010 Ed. (2074)
SC Johnson & Son Inc.
  1990 Ed. (44)
  2002 Ed. (1063, 1450)
  2007 Ed. (3065)
SC Johnson Wax Ltd.
  2002 Ed. (44)
SC State Credit Union
  2008 Ed. (2073)
SCA
  1991 Ed. (3221)
  1992 Ed. (4142)
  1993 Ed. (3460)
  1996 Ed. (3589)
  1998 Ed. (2746)
  2004 Ed. (3308)
  2005 Ed. (1966, 3718)
  2006 Ed. (1794, 1797, 2024, 2026, 2027, 3402, 3806, 3807)
  2007 Ed. (1514, 1803, 1804, 1805, 1994, 1995, 1996, 2988, 2989, 3814, 3817, 3818)
  2008 Ed. (2090, 2091, 3108, 3582, 3883)
  2009 Ed. (1788, 2066, 3653, 3916)
  2010 Ed. (2004, 3571, 3823, 3826)
  2011 Ed. (2065, 2066, 3574, 3820, 3821, 3822, 3823, 3824, 3862)
  2012 Ed. (1082, 1906, 1908, 1909, 3035, 3537, 3567, 3805, 3806, 3807, 3808, 3809, 3838, 3841)
  2013 Ed. (859, 1219, 2071, 2073, 3589, 3603, 3867, 3869, 3870, 3871, 3872, 3882, 3900)

2014 Ed. (1159, 2005, 3798, 3800, 3801, 3802, 3817, 3833)
2015 Ed. (1213, 3821, 3842, 3858)
2016 Ed. (2739, 3729, 3732, 3748, 3768)
SCA Forest & Timber AB
  2002 Ed. (3218)
SCA Hygiene Products AG
  2002 Ed. (3577)
SCA Hygiene Products
  2011 Ed. (1606)
  2014 Ed. (1620)
SCA Hygiene Products SE
  2012 Ed. (1080)
  2013 Ed. (1215)
SCA Hygiene Products U.K. Ltd.
  2002 Ed. (44)
SCA SV Cellulosa
  1990 Ed. (1846)
Sca Sv Cellulosa B
  1989 Ed. (1467)
SCA-Svenska Cellulosa
  1994 Ed. (1451, 3439)
  1995 Ed. (1426, 1427, 1428, 1925)
  1996 Ed. (1448)
  1997 Ed. (1514, 2071, 3635)
  1999 Ed. (1739)
  2000 Ed. (1560)
Scacchetti; David & Luisa
  2007 Ed. (2464)
Scaduto; John V.
  1990 Ed. (2480)
  1991 Ed. (2345)
  1992 Ed. (2906)
  1993 Ed. (2464)
SCAFCO Corp.
  2016 Ed. (3450)
Scaffolding
  1993 Ed. (2737)
  2000 Ed. (4323, 4324)
Scaife Foundation; Sarah
  2011 Ed. (2753)
Scala
  2002 Ed. (175)
  2014 Ed. (1081)
Scalado
  2011 Ed. (2918)
Scala/J. Walter Thompson Co.
  2000 Ed. (164)
  2001 Ed. (203)
  2003 Ed. (142)
Scalar Decisions
  2015 Ed. (2985)
  2016 Ed. (2919)
Scale Computing
  2012 Ed. (1567)
Scale Eight Inc.
  2003 Ed. (1963)
ScaleOut
  2015 Ed. (1119)
ScaleOut Software
  2012 Ed. (976)
Scales
  2004 Ed. (2864)
Scales Corp.
  2015 Ed. (2767)
Scali, McCabe, Sloves de Mexico
  1990 Ed. (127)
Scaling up Excellence
  2016 Ed. (642)
Scallop Petro.
  1990 Ed. (1860)
Scallops
  1991 Ed. (2938)
  1992 Ed. (3815, 3816)
  1993 Ed. (3111)
  1994 Ed. (3155)
  1995 Ed. (3198, 3199)
  1996 Ed. (3300)
  1998 Ed. (3175)
  2001 Ed. (2441)
  2004 Ed. (2623)
  2005 Ed. (2612)
  2006 Ed. (2611)
  2007 Ed. (2586)
  2008 Ed. (2723)
  2009 Ed. (2778)
  2010 Ed. (2710)
  2011 Ed. (2696)
SCAN-AD
  2000 Ed. (85)
SCAN-AD Gruppen
  1995 Ed. (64)
  1996 Ed. (78)
  1997 Ed. (78)
  1999 Ed. (79)
Scan-Ad Reklamebureau
  1989 Ed. (97)
  1990 Ed. (93)
  1991 Ed. (91)

1993 Ed. (92)
Scan-Vino Inc.
  2005 Ed. (4781)
Scana Corp.
  1989 Ed. (1300, 1301)
  1990 Ed. (1604, 1605, 2671)
  1991 Ed. (1501, 1502)
  1992 Ed. (1902, 1903)
  1993 Ed. (1559)
  1994 Ed. (1599, 1600)
  1995 Ed. (1641, 1642)
  1996 Ed. (1618, 1619)
  1997 Ed. (1697, 1698)
  1998 Ed. (1390, 1391)
  1999 Ed. (1951)
  2001 Ed. (1848)
  2003 Ed. (1821)
  2004 Ed. (1857, 2198)
  2005 Ed. (1960)
  2006 Ed. (2012)
  2007 Ed. (1978)
  2008 Ed. (2076)
  2009 Ed. (2047, 2429)
  2010 Ed. (1979)
  2011 Ed. (2041, 2042, 2792)
  2012 Ed. (1890, 1891)
  2013 Ed. (2047)
  2014 Ed. (1981, 2845)
  2015 Ed. (2030, 2886)
  2016 Ed. (1999)
Scana Energy Marketing Inc.
  2013 Ed. (2047)
Scana Energy Trading LLC
  2003 Ed. (1821)
SCANA Security
  2000 Ed. (3920)
Scanad East Africa
  2002 Ed. (130)
ScanAd & Marketing
  1995 Ed. (93)
Scanad Marketing
  1997 Ed. (110)
  1999 Ed. (113)
  2001 Ed. (157)
Scanad Marketing (APL)
  2000 Ed. (119)
SCANAD Reklamebureau
  2001 Ed. (127)
  2002 Ed. (98)
Scanad Udviklingsbureau
  2003 Ed. (65)
ScanBuy
  2007 Ed. (4968)
Scancom Ghana
  2008 Ed. (43)
  2009 Ed. (49)
  2010 Ed. (59)
"Scandal"
  2015 Ed. (3033)
Scandia American Bank
  1993 Ed. (506)
Scandic Hotel AB
  1990 Ed. (2093)
Scandinavia
  1990 Ed. (3235)
Scandinavian Air
  2006 Ed. (238)
Scandinavian Airline System
  1990 Ed. (1421)
Scandinavian Airline System (SAS)
  2002 Ed. (1774)
Scandinavian Airlines
  2007 Ed. (239)
Scandinavian Airlines System
  1989 Ed. (1163)
  1999 Ed. (1599)
  2000 Ed. (1406)
  2001 Ed. (63, 306, 307, 308, 311, 321, 327, 1680)
  2003 Ed. (1667)
  2004 Ed. (1862)
Scandinavian Airlines Systems
  1991 Ed. (1141)
Scandinavian Bank
  1990 Ed. (572)
Scandinavian Bank Group
  1990 Ed. (582)
Scandinavian Ferry Lines
  1993 Ed. (1539)
Scandinavian Reinsurance Co. Ltd
  1995 Ed. (901)
Scandinavian Reinsurance Co. Ltd.
  1993 Ed. (848)
  1994 Ed. (860)
Scandinavian Seaways
  2001 Ed. (2414)
Scandlines
  2001 Ed. (2414)
Scandlines Catering A/S
  2006 Ed. (1676)

Scaneco-Young & Rubicam
  1989 Ed. (146)
  1990 Ed. (137)
  1991 Ed. (137)
  1992 Ed. (192)
  1993 Ed. (124)
Scanfil Oyj
  2006 Ed. (1705)
  2007 Ed. (1701)
  2008 Ed. (1728, 3207)
Scangos; George
  2016 Ed. (721)
Scania
  1990 Ed. (3654)
  1992 Ed. (4347)
  1994 Ed. (3584)
  1999 Ed. (4483)
  2006 Ed. (2026)
Scania AB
  2002 Ed. (4484, 4485)
  2003 Ed. (4607)
  2006 Ed. (3402)
  2007 Ed. (1994, 2400, 3037)
  2008 Ed. (3582)
  2009 Ed. (2064, 2066, 2600, 3653)
  2010 Ed. (3571)
  2011 Ed. (3131, 3574)
  2012 Ed. (3069, 3567)
  2013 Ed. (3144, 3603)
  2014 Ed. (3147)
  2015 Ed. (3207)
  2016 Ed. (3062)
Scanlan; Carolyn
  2010 Ed. (3624)
Scanniello; N.
  2006 Ed. (348)
ScanPartner Norge
  1989 Ed. (146)
  1991 Ed. (137)
  1992 Ed. (192)
  1993 Ed. (124)
ScanPartner Sverige
  1989 Ed. (164)
ScanSoft Inc.
  2005 Ed. (1138)
Scansource Inc.
  2002 Ed. (2811)
  2007 Ed. (1978, 3081, 4695, 4950)
  2008 Ed. (2076, 3222, 4605)
  2009 Ed. (2047)
  2010 Ed. (1979, 1980, 4681, 4959)
  2011 Ed. (2041)
  2012 Ed. (1890)
  2013 Ed. (2047)
  2014 Ed. (1981)
  2015 Ed. (2030)
  2016 Ed. (1999)
Scansped Group Oy
  1999 Ed. (1629)
The Scanticon
  1995 Ed. (2159)
  1996 Ed. (2172)
The Scanticon Princeton
  1994 Ed. (2105)
  1996 Ed. (2172)
  1997 Ed. (2286)
Scanticon Princeton Conference Center
  1991 Ed. (1948)
Scanticon-Princeton Conference Center
    Hotel
  1993 Ed. (2091)
Scanticon Princeton Hotel & Conference
    Center
  1992 Ed. (2483)
Scantronic Holdings
  1989 Ed. (1120)
  1990 Ed. (1373)
Scapa
  2000 Ed. (4132)
Scarborough Town Centre
  1995 Ed. (3379)
Scardino; Marjorie
  2005 Ed. (4991)
  2006 Ed. (4978, 4985)
  2007 Ed. (4975, 4982)
  2008 Ed. (4949)
  2009 Ed. (4972, 4980)
  2010 Ed. (4981, 4989)
  2011 Ed. (4981, 4986)
  2012 Ed. (4977, 4983)
  2013 Ed. (4964)
  2014 Ed. (4974)
SCA/Reedpack
  1992 Ed. (3336)
Scaripto
  1989 Ed. (2634)
Scarlett Johansson
  2009 Ed. (2606)
  2016 Ed. (2525)
Scarpa; Michael

  2007 Ed. (1042)
Scarpetta
  2010 Ed. (563)
  2011 Ed. (495)
Scary Movie
  2002 Ed. (3397)
Scatolificio Salernitano SRL
  2016 Ed. (1707)
Scattergories
  1992 Ed. (2257)
Scattergories Junior
  1992 Ed. (2257)
SCB
  2002 Ed. (4488, 4489)
SCB Asset Management Co.
  1997 Ed. (2403)
  1999 Ed. (2895)
  2001 Ed. (2891)
SCBT Financial Corp.
  2012 Ed. (312)
  2016 Ed. (566)
SCBT NA
  2013 Ed. (303)
SCC Holding Co.
  2007 Ed. (4216)
  2013 Ed. (1709, 4351)
  2014 Ed. (1656, 4400)
  2015 Ed. (1700, 4388)
  2016 Ed. (1650, 4286)
SCC Soft Computer Inc.
  2009 Ed. (4769)
  2010 Ed. (4782)
  2011 Ed. (4732, 4733)
  2012 Ed. (4750)
SCECO
  2002 Ed. (4465)
SCEcorp
  1990 Ed. (1598, 1608, 1609)
  1991 Ed. (1493, 1505, 1506)
  1992 Ed. (1892, 1906, 1907, 2941)
  1993 Ed. (1553, 1561)
  1994 Ed. (1312, 1590, 1603, 1604,
    2413, 3240)
  1995 Ed. (1277, 1645, 1646, 2488,
    3034, 3320)
  1996 Ed. (1289, 1608, 1609, 1622,
    1623, 2548, 2837, 3136)
  1997 Ed. (1349, 1691, 1702, 2688)
Scenic New England
  1990 Ed. (886)
Scenic Ridge Construction
  2010 Ed. (1148)
Scent holders
  2002 Ed. (2445)
Scentiments.com
  2010 Ed. (2367)
  2012 Ed. (2300)
Scentsy
  2012 Ed. (1078)
  2013 Ed. (1214, 2650)
  2014 Ed. (2267)
  2015 Ed. (2351)
  2016 Ed. (2296)
Sceptre Bond
  2001 Ed. (3461, 3462)
Sceptre Equity Growth
  2005 Ed. (3568)
  2006 Ed. (2512)
Sceptre Global Equity
  2002 Ed. (3462, 3463)
Sceptre International
  2001 Ed. (3488)
Sceptre Investment
  1989 Ed. (2143)
  1990 Ed. (2362)
  1993 Ed. (2344, 2345)
  1994 Ed. (2325)
Sceptre Investment Council Ltd.
  1992 Ed. (2783)
Sceptre Investment Counsel, Ltd.
  1989 Ed. (1786)
  1991 Ed. (2254, 2255)
  1992 Ed. (2784)
  1996 Ed. (2419, 2420)
  2000 Ed. (2844)
Sceptre U.S. Equity
  2003 Ed. (3608)
Sceta
  1990 Ed. (3264)
  1992 Ed. (3943)
SCG Realty Services Inc.
  1998 Ed. (177)
SCH Healthcare System
  1992 Ed. (3124)
Schaedler Yesco
  2014 Ed. (1933)
Schaefer
  1989 Ed. (776, 779)
Schaefer Brewing
  1989 Ed. (48)

Schaefer Holding International GmbH
  2003 Ed. (3320)
  2004 Ed. (3397)
  2006 Ed. (3421)
  2007 Ed. (3436)
  2008 Ed. (3602)
  2009 Ed. (3669)
  2010 Ed. (3586)
  2011 Ed. (3589)
  2012 Ed. (3577)
  2013 Ed. (3631)
  2014 Ed. (3572)
  2015 Ed. (3586)
  2016 Ed. (3469)
Schaefer Jr.; G. A.
  2005 Ed. (2477)
Schaefer Jr.; George
  2006 Ed. (926)
Schaefer; Rowland
  1989 Ed. (1382)
  1990 Ed. (1721, 1722)
  1991 Ed. (1629)
  1992 Ed. (2060)
Schaefer, William D.
  1993 Ed. (1994)
Schaefer, William Donald
  1992 Ed. (2344)
  1995 Ed. (2043)
Schaefer/Eaton
  1999 Ed. (4469)
Schaeffer; Glenn
  2006 Ed. (962)
Schaeffer; Leonard
  2006 Ed. (903)
SchaeffersResearch.com
  2002 Ed. (4842)
Schaeffler; Georg
  2012 Ed. (4887)
  2015 Ed. (4924)
  2016 Ed. (4840)
Schaeffler; George
  2009 Ed. (4888)
Schaeffler Group
  2010 Ed. (2590)
Schaeffler Group USA Inc.
  2016 Ed. (1898, 3431)
Schaeffler; Maria-Elisabeth
  2009 Ed. (4888)
  2012 Ed. (4887)
Schaeffler; Maria-Elisabeth & Georg
  2008 Ed. (4867)
Schaenen Wood
  1993 Ed. (2314)
Schaenen Wood & Associates
  1990 Ed. (2345)
  1991 Ed. (2231)
  1992 Ed. (2754)
Schaerf AG
  1996 Ed. (1991)
Schafer Associates Inc.
  1996 Ed. (231)
  1997 Ed. (262)
Schafer Development Group
  2005 Ed. (2815)
Schafer Group
  2006 Ed. (2793)
  2009 Ed. (2548)
Schaffer Corp.
  2004 Ed. (4715)
Schaffer; Richard L.
  1992 Ed. (3138)
Schaffer/Eaton
  1994 Ed. (3428)
Schaffner & Marx
  1997 Ed. (1039)
Schakolad Chocolate Factory
  2004 Ed. (878)
  2005 Ed. (855)
  2006 Ed. (775)
  2007 Ed. (872)
  2008 Ed. (842)
Schal Associates Inc.
  1990 Ed. (1176, 1182, 1210)
  1991 Ed. (1094)
  1992 Ed. (1371, 1434)
  1993 Ed. (1098, 1149)
  1994 Ed. (1156)
Schal Bovis Inc.
  1995 Ed. (1136, 1175)
  1996 Ed. (1113)
  1999 Ed. (1326, 1383)
Schalke 04
  2008 Ed. (4454)
  2009 Ed. (4493)
  2010 Ed. (4535)
  2013 Ed. (4458)
Schaller Anderson Inc.
  2004 Ed. (3943)
  2007 Ed. (4016)
  2008 Ed. (4043)

Schaney; Dennis
  1997 Ed. (1930)
Schapiro; Mary
  2013 Ed. (735)
Schar; Dwight C.
  2005 Ed. (981, 2517)
  2006 Ed. (935, 2532)
Scharf; Charles W.
  2015 Ed. (966)
Schauer; Sheila
  2010 Ed. (4976)
Schauma
  2001 Ed. (2648, 2650)
Schauman Wood Oy
  1999 Ed. (3278)
  2000 Ed. (3017)
  2001 Ed. (3180)
  2002 Ed. (3218)
  2004 Ed. (3320)
Schaumburg Audi
  1992 Ed. (407)
  1993 Ed. (292)
  1994 Ed. (261)
  1995 Ed. (260)
  1996 Ed. (264)
Schaumburg Honda Automobiles
  1990 Ed. (326)
Schaumburg Isuzu
  1996 Ed. (274)
Schaumburg Toyota Inc.
  1992 Ed. (402)
  1993 Ed. (287)
Schawk Companies
  1992 Ed. (4033)
Schawk Inc.
  1991 Ed. (3163)
  1993 Ed. (3363)
  1995 Ed. (3422)
  1996 Ed. (3482)
  2004 Ed. (3934, 3937)
  2005 Ed. (3892)
  2008 Ed. (1662, 4035)
  2009 Ed. (4108)
Scheader, Harrison, Segal & Lewis
  1996 Ed. (2456)
Scheaffer/Eaton
  1992 Ed. (4131)
Scheck Industries
  2007 Ed. (3979)
  2008 Ed. (4002)
  2009 Ed. (4076)
Scheck Mechanical Corp.
  2011 Ed. (1225)
Scheel's All Sports
  2006 Ed. (4450, 4451)
Scheer Advertising Agency
  1989 Ed. (141)
  1991 Ed. (131)
  1992 Ed. (185)
  1993 Ed. (121)
Scheetz Smith
  2001 Ed. (750, 904)
Scheid Vineyards Inc.
  2004 Ed. (3276, 3277)
Scheie Eye Institute
  1995 Ed. (1926)
Schein Inc.; Henry
  1995 Ed. (1547)
  1997 Ed. (3406)
  2005 Ed. (880, 3434, 4917, 4918)
  2006 Ed. (800, 2763, 3447, 4949,
    4950)
  2007 Ed. (889, 3466, 4956, 4957)
  2008 Ed. (866, 2885, 2899, 2903,
    4927)
  2009 Ed. (872, 1941, 2948, 4948,
    4949)
  2010 Ed. (818, 1878, 2883, 2885,
    4957, 4959)
  2011 Ed. (745, 1908, 4941, 4943)
  2012 Ed. (682, 1765, 3615, 4941,
    4942)
  2013 Ed. (903, 4934)
Schein Pharmaceutical Inc.
  1995 Ed. (1589)
  1997 Ed. (2134, 2135)
  2001 Ed. (2103)
Schein Pharmaceuticals
  2000 Ed. (2321, 2323)
Scheinberg; Mark
  2016 Ed. (4829)
Schelke; Charles
  1991 Ed. (1684)
  1997 Ed. (1900)
Scheller III; Walter
  2015 Ed. (954)
Schema
  2003 Ed. (4973)
Schemaventotto
  2004 Ed. (1547)

Schenck
  2012 Ed. (19)
  2013 Ed. (16)
  2014 Ed. (12)
  2015 Ed. (13)
  2016 Ed. (12)
Schenck & Associates SC
  2002 Ed. (12, 19)
Schenck Business Solutions
  2003 Ed. (6)
  2004 Ed. (12)
  2005 Ed. (8)
  2006 Ed. (13)
  2007 Ed. (9)
  2008 Ed. (7)
  2009 Ed. (10)
  2010 Ed. (16, 19)
Schenck Pagasus Corp.
  1998 Ed. (1931)
Schenck Pegasus Corp.
  2001 Ed. (2698)
  2002 Ed. (2514)
The Schenck School
  2013 Ed. (1649)
  2015 Ed. (1657)
Schenkein Inc.
  2002 Ed. (3816, 3874)
  2003 Ed. (3993)
  2004 Ed. (4036)
  2005 Ed. (112, 3977)
Schenkein/Sherman
  1998 Ed. (2962)
  1999 Ed. (3957)
Schenkel & Schultz
  1997 Ed. (263)
SchenkelShultz Inc.
  2008 Ed. (2535)
  2009 Ed. (2530)
Schenker
  2007 Ed. (1334, 2648)
Schenker AG
  2000 Ed. (4296)
  2009 Ed. (3584)
  2013 Ed. (4438)
Schenker-BTL AG
  2001 Ed. (4622)
Schenker & Co. GmbH
  1992 Ed. (4343)
Schenker International AG
  1997 Ed. (2077)
  1999 Ed. (963)
Schenker Logistics
  2008 Ed. (4814)
  2009 Ed. (2834)
Schenker-Rhenus AG
  1994 Ed. (3577)
  1995 Ed. (3661)
  1999 Ed. (4657)
Schenker-Rherus AG
  1996 Ed. (3737)
Schenker/BAX
  2008 Ed. (3525)
Schenley
  1991 Ed. (1809, 2323, 2325, 2905, 3458)
  1992 Ed. (2284, 4404)
  1993 Ed. (1944, 3676)
Schenley OFC
  2001 Ed. (3148)
  2002 Ed. (3180)
  2003 Ed. (4900)
Schenley Reserve
  1992 Ed. (2870)
Scheramex
  1993 Ed. (1518)
Scherer Healthcare
  1997 Ed. (2975)
Scherer Petites
  1995 Ed. (2899)
Schering AG
  2001 Ed. (2073)
  2004 Ed. (956)
  2006 Ed. (1980)
  2007 Ed. (3916)
  2008 Ed. (1411, 1418)
Schering Corp.
  1989 Ed. (1583)
  1991 Ed. (2581)
  2000 Ed. (1706, 3064)
Schering Overseas Ltd.
  2005 Ed. (4921)
Schering-Plough Canada Inc.
  2009 Ed. (2963)
Schering-Plough Corp.
  1989 Ed. (1273, 2188)
  1990 Ed. (1559, 1560, 1564, 2807)
  1991 Ed. (1464, 1465, 1466, 1468, 1469, 1474)
  1992 Ed. (1527, 1861, 1862, 1863, 1865, 1866, 1869, 3396)

1993 Ed. (161, 1224, 1226, 1376, 1509, 1510, 1511, 1512, 1515)
1994 Ed. (1262, 1264, 1397, 1398, 1552, 1554, 1555, 1556, 1558, 1561, 2715, 2820)
1995 Ed. (1288, 1427, 1428, 1579, 1580, 1581, 1585, 1591)
1996 Ed. (1242, 1243, 1244, 1567, 1568, 1573, 1574, 2831)
1997 Ed. (1289, 1290, 1649, 1650, 1651, 1652, 1658, 2066)
1998 Ed. (1048, 1063, 1064, 1065, 1160, 1328, 1329, 1330, 1333, 1334, 1335, 1338, 1342, 1348, 1906, 2677)
1999 Ed. (1483, 1490, 1496, 1536, 1897, 1900, 1901, 1902, 1903, 1906, 1912, 1919, 2642, 4711)
2000 Ed. (1334, 1335, 1695, 1697, 1698, 1700, 1701, 1702, 1709, 1711, 2249, 2250, 2251, 2420, 4344)
2001 Ed. (1038, 1601, 2054, 2058, 2059, 2060, 2064, 2072, 2077, 2493, 2674, 4391, 4685)
2002 Ed. (994, 1558, 1740, 2012, 2014, 2015, 2016, 2017, 2021, 2024, 2027, 2318, 2449, 3248, 3593, 3753, 3971)
2003 Ed. (935, 942, 1503, 1577, 1784, 1786, 3863, 3865, 3866, 3867, 3868, 3871, 4072)
2004 Ed. (966, 1552, 1820, 2121, 2270, 2271, 2272, 3874, 3876, 3877, 3878, 3881, 3887)
2005 Ed. (264, 944, 1576, 1801, 1903, 2244, 2245, 3802, 3804, 3806, 4164, 4466, 4515, 4519)
2006 Ed. (847, 1794, 2780, 3869, 3871, 3874, 3878, 4218, 4467)
2007 Ed. (929, 1514, 2907, 3902, 3905, 3908, 3913, 3925, 3927, 3930, 3937, 3944, 4234, 4968)
2008 Ed. (1488, 1512, 2771, 3030, 3943, 3948, 3962, 3963, 3966, 3972, 3976, 4267, 4268)
2009 Ed. (1933, 2949, 3116, 4017, 4021, 4036, 4037, 4040, 4042, 4045, 4371, 4372, 4695)
2010 Ed. (1866, 1869, 3050, 3831, 3925, 3927, 3939, 3940, 3950, 3952, 4398, 4399)
2011 Ed. (780, 781, 784, 1898, 2849, 3019, 3947, 3961, 3962, 3968, 3970, 4343, 4344)
2012 Ed. (2946)
Schering-Plough Healthcare Products
  2003 Ed. (2923, 4436, 4624, 4625, 4626, 4627)
Schering Plough Indonesia
  2000 Ed. (2873)
Schering Plough Products LLC
  2014 Ed. (1957)
Schering (Puerto Rico) Credit Union
  2002 Ed. (1889)
  2003 Ed. (1943)
  2004 Ed. (1983)
  2005 Ed. (2125)
  2006 Ed. (2220)
  2007 Ed. (2141)
  2008 Ed. (2256)
Scherling
  1994 Ed. (1563)
Scherrer; Clare R.
  2010 Ed. (4979)
Scheu & Wirth Praha
  2001 Ed. (289)
Schibsted
  1994 Ed. (2700)
  1996 Ed. (2876)
  1999 Ed. (3661)
  2006 Ed. (3757)
Schibsted ASA
  2002 Ed. (3544)
Schick
  1990 Ed. (2947)
  1991 Ed. (2801, 2802, 2803)
  1992 Ed. (3401)
  1994 Ed. (2997)
  1997 Ed. (1688, 1689, 3062)
  1998 Ed. (2805)
  1999 Ed. (3990, 3991)
Schick FX Diamond
  2002 Ed. (3907)
  2003 Ed. (4047)
Schick Hydro 5
  2016 Ed. (4081)
Schick Hydro Silk
  2016 Ed. (4081)
Schick Intuition

2008 Ed. (2875)
Schick Protector
  2001 Ed. (3989)
  2003 Ed. (4045)
Schick Silk Effects
  2001 Ed. (3989, 3990)
  2003 Ed. (2672)
Schick Silk Effects Plus
  2002 Ed. (3907)
  2003 Ed. (4046, 4047)
  2008 Ed. (2875)
Schick Slim Twin
  2001 Ed. (3988)
  2003 Ed. (3777, 4044, 4045)
  2004 Ed. (4064)
Schick Technologies Inc.
  2008 Ed. (4364, 4417)
Schick Tracer
  1997 Ed. (3254)
Schick Tracer FX
  2001 Ed. (3989, 3990)
  2003 Ed. (4045, 4046)
Schick Xtreme 3
  2004 Ed. (3797, 4064)
Schick Xtreme III
  2003 Ed. (4044)
  2008 Ed. (3876)
Schick Xtreme3
  2016 Ed. (4081)
Schickedanz Holding-Stiftung & Co. KG
  2000 Ed. (2477)
Schickedomz Holding-Siftung & Co. KG
  1997 Ed. (2232)
Schiedermayer; Clare
  1997 Ed. (1944)
Schieffelin
  1992 Ed. (2284)
  1993 Ed. (1944)
Schieffelin Cordials
  1999 Ed. (3202)
Schieffelin & Somerset Co.
  1991 Ed. (1809, 2325, 3493)
  1992 Ed. (2884, 4453)
  1993 Ed. (3714)
  1995 Ed. (3750)
  1996 Ed. (3849)
  1997 Ed. (2141, 3897)
  1998 Ed. (1833, 3738)
  1999 Ed. (2591, 3210, 4784)
  2000 Ed. (2331, 4408)
  2001 Ed. (3119, 3126, 3127, 3128, 3129, 3130, 4840, 4892)
  2002 Ed. (3109, 3152, 4913, 4959, 4962, 4964)
  2003 Ed. (759, 906, 907, 2614, 3227, 3229, 3231, 4310, 4961)
  2004 Ed. (769, 923, 927, 2734, 3283, 3286, 4320, 4963)
  2005 Ed. (914, 922)
  2006 Ed. (828, 830)
Schiel; Tina
  2016 Ed. (4928)
Schierl Inc.
  2008 Ed. (4439)
Schiesser Holding AG
  1991 Ed. (986)
  1992 Ed. (1229)
  1993 Ed. (999)
Schiff
  1998 Ed. (1273, 1357)
  2000 Ed. (1669)
  2002 Ed. (1974)
  2003 Ed. (4857, 4859, 4860)
Schiff Hardin LLP
  2006 Ed. (3249)
  2008 Ed. (3420)
  2010 Ed. (3418)
  2011 Ed. (3402)
Schiff Hardin & Waite
  1996 Ed. (2238)
  1997 Ed. (2597)
  2000 Ed. (2894)
  2001 Ed. (562, 3054)
  2002 Ed. (3056)
Schiff Harding LLP
  2010 Ed. (3419)
Schiff Move Free
  2003 Ed. (4855)
Schiff Pain Free
  2002 Ed. (1974)
  2003 Ed. (4855, 4859)
Schiffer Mason Contractors Inc.
  1993 Ed. (1137)
  1994 Ed. (1144)
  2005 Ed. (1284)
Schiffner; Robert
  2007 Ed. (1058)
Schilit; Howard
  2005 Ed. (3205)

Schilitterbahn Water Park, New Braunfels, TX
  1991 Ed. (3476)
Schill Insurance Brokers Ltd.
  2013 Ed. (1488, 2686)
Schiller International University
  2010 Ed. (699)
Schilling Boathouse
  1991 Ed. (718)
Schilling & Co. Inc.; A. Gary
  1995 Ed. (1078)
Schilling Distributing Cordials
  1998 Ed. (2372)
  1999 Ed. (3202)
  2001 Ed. (3109)
  2002 Ed. (3097)
Schillings
  2009 Ed. (3500)
  2010 Ed. (3430)
  2011 Ed. (3415)
Schimizu Corp.
  1995 Ed. (1186)
Schimmelpennick Florina
  2001 Ed. (2116)
Schindler
  1992 Ed. (1938)
  2007 Ed. (2400)
Schindler; A. J.
  2005 Ed. (2508)
Schindler; Andrew J.
  2005 Ed. (1104)
  2006 Ed. (1099)
Schindler Elevator Corp.
  2016 Ed. (1862, 3425)
Schindler Group
  2016 Ed. (768)
Schindler Holding Ltd.
  1993 Ed. (3617)
  1994 Ed. (3576)
  1995 Ed. (3660)
  1996 Ed. (3736)
  2006 Ed. (3403)
  2008 Ed. (3583)
  2009 Ed. (3654)
  2010 Ed. (3572)
  2011 Ed. (3131, 3575)
  2012 Ed. (3069, 3071, 3568)
  2013 Ed. (3144, 3159)
  2014 Ed. (3147, 3161, 3165)
  2015 Ed. (3207, 3220, 3224)
  2016 Ed. (3062, 3077, 3080)
Schindler Holdings
  1997 Ed. (1516)
Schini; Thomas W.
  1992 Ed. (533, 1140)
The Schinnerer Group
  1991 Ed. (2088)
  1992 Ed. (2649)
  1993 Ed. (2192)
  1994 Ed. (2241)
  1995 Ed. (2289)
  1996 Ed. (2294)
  1997 Ed. (2429)
  1998 Ed. (2144)
  2002 Ed. (2855)
  2004 Ed. (3065)
  2005 Ed. (3076)
  2006 Ed. (3077)
  2008 Ed. (3227, 3228)
  2011 Ed. (3177)
  2012 Ed. (3134)
  2014 Ed. (3250)
  2015 Ed. (3303, 3385)
  2016 Ed. (3257)
Schiphol Airport
  1990 Ed. (1580)
  1993 Ed. (205, 208, 209, 1536, 1538, 1539)
  1996 Ed. (197, 198, 200, 202, 1597, 1598, 1599)
  1997 Ed. (224, 225)
  1998 Ed. (147)
  1999 Ed. (249, 250)
  2002 Ed. (274)
Schiphol Group
  2001 Ed. (352)
Schirf Brewing Co.
  1997 Ed. (714)
  1999 Ed. (3400, 3401)
  2000 Ed. (3126)
Schirmer Engineering Corp.
  2004 Ed. (4347, 4348, 4349)
  2005 Ed. (4287, 4288)
  2006 Ed. (4264, 4265)
  2007 Ed. (4292, 4293)
Schitag Schwabische Treuhand
  1990 Ed. (8)
Schjaerven/J. Walter Thompson A/S
  1990 Ed. (137)
Schlecker

2012 Ed. (547)
2013 Ed. (663)
Schlemmer; Dan
2011 Ed. (3365)
Schlesinger; Paul
1993 Ed. (1831)
1994 Ed. (1814)
1995 Ed. (1852)
1996 Ed. (1830)
1997 Ed. (1903)
Schlessinger; Dr. Laura
2007 Ed. (4061)
Schlitterbahn
1996 Ed. (3819)
1998 Ed. (3701)
1999 Ed. (4745)
2001 Ed. (4736)
2002 Ed. (4786)
2003 Ed. (4875)
2004 Ed. (4856)
2005 Ed. (4840)
2006 Ed. (4893)
2007 Ed. (4884)
Schlitterbahn, TX
2000 Ed. (4374)
Schlitterbahn Water Park
1989 Ed. (2904)
1990 Ed. (3685)
1992 Ed. (4425)
1993 Ed. (3688)
1994 Ed. (3654)
1997 Ed. (3868)
Schlitz
1989 Ed. (762, 763)
1992 Ed. (4231)
1996 Ed. (780)
1998 Ed. (498, 3440)
Schlitz Light
1992 Ed. (932)
Schlitz Malt
1989 Ed. (776)
Schloss & Co.
2008 Ed. (2767)
Schloss & Co.; Marcus
1994 Ed. (2309)
Schlosshotel Kronberg
1996 Ed. (2185, 2188)
1999 Ed. (2789)
Schlotman; J. Michael
2006 Ed. (998)
2007 Ed. (1090)
Schlott
1990 Ed. (1040)
Schlotzsky's
1992 Ed. (2122, 3764)
1993 Ed. (3067)
1996 Ed. (1966, 3047)
1997 Ed. (3128, 3375)
2005 Ed. (4169)
2009 Ed. (4376)
2010 Ed. (4406)
2011 Ed. (4350)
2012 Ed. (4389, 4390)
2014 Ed. (4412)
2015 Ed. (4398)
2016 Ed. (4291)
Schlotzsky's Deli
1998 Ed. (2867, 3124)
1999 Ed. (2515, 4078, 4134)
2000 Ed. (3790, 3795, 3848)
2001 Ed. (2405, 2410)
2002 Ed. (2241)
2003 Ed. (2459, 4218, 4219)
2004 Ed. (2590, 4240, 4242)
2005 Ed. (2568, 4168)
2006 Ed. (4225)
2007 Ed. (4240)
2008 Ed. (4271, 4274, 4275)
2009 Ed. (4375)
2010 Ed. (4403)
2011 Ed. (4348, 4353)
2014 Ed. (4410)
2015 Ed. (4396)
Schlotzsky's Deli Restaurants
1999 Ed. (2513)
Schlotzsky's Sandwhich Restaurant
1991 Ed. (2910)
Schlouch Inc.
2010 Ed. (1306)
Schlueter; Amy
2010 Ed. (4992)
Schlumber Offshore Services
2004 Ed. (3491)
Schlumberger
2013 Ed. (2098)
2014 Ed. (2560)
2015 Ed. (2074, 2076, 2553, 3919, 3962)
Schlumberger ATE
1990 Ed. (298)

Schlumberger Employees Credit Union
2008 Ed. (2211)
2009 Ed. (2180, 2186, 3528)
2010 Ed. (2129, 2132, 2144, 2145)
2011 Ed. (2170)
2012 Ed. (2024)
2013 Ed. (2220)
Schlumberger Inland Services
2004 Ed. (3491)
Schlumberger Ltd.
1989 Ed. (2206, 2208)
1990 Ed. (1396, 1533, 2831, 2832, 3475)
1991 Ed. (266, 1326, 2586, 2719, 2720, 3232)
1992 Ed. (372, 1671, 3423, 3424)
1993 Ed. (2828, 2829)
1994 Ed. (1425, 2473, 2840, 2841, 2851, 3259, 3260)
1995 Ed. (2907, 2919, 3285, 3341)
1996 Ed. (1424, 2603)
1997 Ed. (3082)
1998 Ed. (2816, 2824)
1999 Ed. (3794, 3797, 4269)
2000 Ed. (1752, 3406)
2001 Ed. (1806, 3753, 3754, 3757, 3758)
2002 Ed. (1440, 2125)
2003 Ed. (1460, 1509, 2287, 2288, 3636, 3637, 3808, 3809, 3812, 3815, 3827, 3830)
2004 Ed. (1490, 1506, 2312, 2315, 3818, 3819, 3822, 3824, 3856, 3859)
2005 Ed. (1061, 1506, 1511, 1522, 2393, 2396, 2397, 3730, 3785)
2006 Ed. (1069, 1920, 2434, 2438, 2439, 4073)
2007 Ed. (1161, 1550, 1904, 1919, 2382, 3211, 3831, 3832, 3833, 3834, 3835, 3877, 4531)
2008 Ed. (1054, 1966, 2497, 2498, 3893, 3895, 3925)
2009 Ed. (1921, 2091, 2092, 2093, 2594, 3957, 3960, 3995, 3996, 3999, 4556)
2010 Ed. (1385, 1710, 1738, 1856, 2033, 2034, 3829, 3872, 3906)
2011 Ed. (1439, 1724, 1751, 1888, 2090, 2091, 2097, 3828, 3882, 3887, 3925)
2012 Ed. (1743, 2461, 3867, 3904, 3909, 3915, 4553)
2013 Ed. (1638, 1909, 2546, 3913, 3918, 3923, 3924, 3925, 4106, 4111, 4114)
2014 Ed. (1599, 1842, 1876, 2478, 2540, 3858, 3859, 3863, 3868, 3869, 4122, 4127)
2015 Ed. (1649, 1911, 2082, 2552, 3885, 3886, 3889, 3890, 3892, 3895, 3896, 4106, 4111)
2016 Ed. (1592, 1875, 2042, 2044, 2061, 2063, 3794, 3795, 3800, 3802, 3804, 3806, 3807, 4018)
Schlumberger Ltd. (STE)
1996 Ed. (2651)
Schlumberger Offshore Services
2001 Ed. (1680)
2003 Ed. (1667)
2005 Ed. (1753)
2007 Ed. (1679)
Schlumberger Technologies
2003 Ed. (3422)
Schlumberger Technology Corp.
2001 Ed. (3753)
2005 Ed. (3726)
2006 Ed. (3818)
2007 Ed. (3831)
2010 Ed. (3868)
2011 Ed. (3878)
2012 Ed. (3858)
2013 Ed. (3913)
2014 Ed. (3858)
2015 Ed. (3885)
2016 Ed. (3794)
SchlumbergerSema Inc.
2004 Ed. (844)
2005 Ed. (818)
Schmalbach-Lubeca
1999 Ed. (3840)
Schmalbach-Lubeca AG
1995 Ed. (2549)
1996 Ed. (2612)
1997 Ed. (2754)
1999 Ed. (3349)
2001 Ed. (3282)
2002 Ed. (3307)
2004 Ed. (3447)
Schmalbach-Lubeca Aktiengesellschaft
1994 Ed. (2483)

Schmalbach-Lubeca Plastic Containers
U.S.A. Inc.
2001 Ed. (718)
2003 Ed. (687)
Schmale; Neal
2006 Ed. (979)
2007 Ed. (1073)
Schmeider - Nelson
1990 Ed. (315)
Schmidheiny; Stephan
2008 Ed. (4875)
2009 Ed. (4899)
2010 Ed. (4898)
2011 Ed. (4885)
2012 Ed. (4894)
2013 Ed. (4912)
2014 Ed. (4922)
2015 Ed. (4962)
Schmidheiny; Thomas
1992 Ed. (888)
2008 Ed. (4875)
2009 Ed. (4899)
2010 Ed. (4898)
2011 Ed. (4885)
2012 Ed. (4894)
2013 Ed. (4912)
2014 Ed. (4922)
2015 Ed. (4962)
2016 Ed. (4878)
Schmidt
1989 Ed. (766, 778, 779)
Schmidt Associates
2008 Ed. (1805)
2009 Ed. (1752, 2530)
2011 Ed. (1710, 2455)
Schmidt Baking Co.
1989 Ed. (356)
Schmidt Builders
2002 Ed. (1184)
Schmidt-Cannon International
1996 Ed. (1553)
Schmidt; CG
2006 Ed. (1352)
Schmidt; Eric
2005 Ed. (2319)
2006 Ed. (4910)
2007 Ed. (988, 4905)
2008 Ed. (4834)
2009 Ed. (759, 4854)
2010 Ed. (889, 2897, 4859)
2011 Ed. (817, 850, 852, 4845)
Schmidt Inc.; C. G.
2008 Ed. (1345)
Schmidt Laboratories
2001 Ed. (3591, 3592)
Schmidt; Mike
1989 Ed. (719)
Schmidt Reuter Partner
1995 Ed. (1692)
Schmieding; Reinhold
2015 Ed. (4894)
2016 Ed. (4812)
Schmitt; Edward A.
2007 Ed. (2499, 2500)
Schmitt Industries
2014 Ed. (2103)
2016 Ed. (3449)
Schmitt Industries Inc.
2004 Ed. (3322, 3323)
2006 Ed. (2075)
Schmitt Music Co.
1993 Ed. (2640, 2644, 2645)
1994 Ed. (2592, 2595)
1995 Ed. (2673)
1996 Ed. (2746)
1997 Ed. (2861)
1999 Ed. (3500)
2001 Ed. (3415)
2013 Ed. (3799, 3804)
Schmitt Music Company
2000 Ed. (3218)
Schmitt Soehne
2005 Ed. (4967)
Schnader, Harrison, Segal & Lewis
1989 Ed. (1885)
1990 Ed. (2425)
1991 Ed. (2291)
1993 Ed. (2403)
1994 Ed. (2356)
1995 Ed. (2421)
1997 Ed. (2601)
2001 Ed. (945)
Schnaider; Alex
2010 Ed. (4882)
Schnapps Liqueur
1992 Ed. (2887)
Schnatter; John
2014 Ed. (2592)
2015 Ed. (2634)
Schneider & Associates

1992 Ed. (3564)
2003 Ed. (3988)
2004 Ed. (4016)
2005 Ed. (3967)
Schneider Associates
2011 Ed. (4121)
2012 Ed. (4147)
2013 Ed. (4128)
2014 Ed. (4155)
2015 Ed. (4127)
2016 Ed. (4041)
Schneider Associates; Monroe
1990 Ed. (1802)
Schneider Brokerage Services
2007 Ed. (2647)
Schneider Bulk Carriers
2016 Ed. (4535)
Schneider Capital Management
1998 Ed. (2269, 2271)
Schneider Capital Management, U.S.
Large Cap Value
2003 Ed. (3124, 3127)
Schneider Commercial Real Estate
1992 Ed. (3614)
The Schneider Corp.
1989 Ed. (1918)
1992 Ed. (2194)
1993 Ed. (1175, 2524, 2897)
1994 Ed. (1877, 2460, 2912)
1995 Ed. (2528, 2969)
1996 Ed. (1942, 2592, 3067)
1997 Ed. (1375, 2739, 3146)
1998 Ed. (3634)
2002 Ed. (1224)
2009 Ed. (4990)
2016 Ed. (4947)
Schneider Dedicated
2002 Ed. (1225)
Schneider; Donald
2012 Ed. (4843)
2013 Ed. (4842)
Schneider Downs
2010 Ed. (21)
2011 Ed. (18)
Schneider, Downs & Co.
2002 Ed. (20)
Schneider Electric
2000 Ed. (3020)
2008 Ed. (3563)
2012 Ed. (4453)
2013 Ed. (2409, 4408)
2014 Ed. (1596, 2347, 2427, 2564, 2935, 4438, 4439)
2015 Ed. (1646, 1669, 2500, 3253, 4432, 4433)
2016 Ed. (1589, 2435, 2535, 4325, 4326)
Schneider Electric Industries SA
2001 Ed. (2213)
Schneider Electric IT Corp.
2015 Ed. (2009)
Schneider Electric SA
2003 Ed. (1429)
2005 Ed. (1558, 3937)
2006 Ed. (4011)
2007 Ed. (875, 2341, 3422, 4044)
2008 Ed. (4080)
2009 Ed. (184, 2474, 2480, 4192, 4193)
2010 Ed. (2386, 2390, 3546)
2011 Ed. (86, 2385, 2386, 2389, 2390, 2392, 3546, 3829, 4092, 4093)
2012 Ed. (2230, 2231, 2233, 2317, 2322, 3073, 4126, 4127)
2013 Ed. (2401, 2407, 2408, 2410, 2483, 2499, 3161, 3584, 4119, 4120)
2014 Ed. (2340, 2345, 2346, 2348, 2415, 2428, 3548, 4134, 4135)
2015 Ed. (1363, 2406, 2411, 2412, 2413, 2489, 3226, 4118, 4119)
2016 Ed. (1293, 2351, 2355, 2356, 2357, 2421, 4124, 4033)
Schneider Electric SE
2016 Ed. (3394)
Schneider; Eric
2005 Ed. (2473)
Schneider Ernie
1992 Ed. (2903)
1993 Ed. (2461)
Schneider; Gene W.
2005 Ed. (1103)
Schneider Group of Companies.
1990 Ed. (1201, 1208)
Schneider Group of Cos.
1991 Ed. (1077, 1079)
Schneider; Ivy
1997 Ed. (1860)
Schneider; James

2005 Ed. (992)
2006 Ed. (968)
2007 Ed. (1064)
2008 Ed. (968)
Schneider; James M.
2006 Ed. (2524)
Schneider Logistics
1999 Ed. (1351)
2001 Ed. (3161)
2005 Ed. (3340)
2007 Ed. (1335, 3389)
2009 Ed. (3585)
2015 Ed. (2296, 3538)
2016 Ed. (2264, 3389)
Schneider Logistics & Dedicated
2016 Ed. (1127)
Schneider Management
1993 Ed. (1036)
1994 Ed. (1070)
Schneider National
2015 Ed. (4853)
2016 Ed. (4760)
Schneider National Bulk Carriers
2007 Ed. (4677)
2008 Ed. (4588)
2009 Ed. (4632)
2013 Ed. (4562)
2014 Ed. (4617)
Schneider National Carriers Inc.
1991 Ed. (3430)
1992 Ed. (4355)
1995 Ed. (3678)
1996 Ed. (3755, 3758)
1998 Ed. (3628, 3642)
1999 Ed. (4686)
2001 Ed. (1130)
2007 Ed. (4850, 4851, 4852, 4853,
4854)
2008 Ed. (4746, 4747, 4773, 4774,
4775, 4776, 4777)
2009 Ed. (4775, 4776, 4805, 4806,
4807, 4808, 4809)
2010 Ed. (4793, 4794, 4822, 4823,
4824, 4825, 4826)
2011 Ed. (4739, 4782, 4783, 4784,
4785, 4786)
2012 Ed. (4754, 4803, 4804, 4805,
4806, 4807)
2013 Ed. (4717, 4766, 4767)
2014 Ed. (4769, 4809, 4817)
2015 Ed. (4793, 4844, 4852)
2016 Ed. (4697, 4748, 4756, 4757,
4758, 4759)
Schneider National Inc.
1994 Ed. (3590, 3595, 3596, 3597,
3601, 3604)
1999 Ed. (4678, 4683, 4687, 4688,
4689)
2000 Ed. (4308, 4311, 4314, 4316,
4319)
2001 Ed. (1901, 2536)
2002 Ed. (4685, 4693)
2003 Ed. (1855, 2554, 2555, 4791,
4796)
2004 Ed. (2687, 4777, 4780, 4781)
2005 Ed. (4750, 4753)
2006 Ed. (4799, 4800, 4806, 4850)
2007 Ed. (2646, 4812, 4816, 4817)
2008 Ed. (2773, 4739, 4743, 4744,
4764)
2009 Ed. (2269, 2833, 4173, 4774,
4795, 4796)
2010 Ed. (2777, 4108, 4792, 4813,
4814)
2011 Ed. (2152, 3152, 4076, 4763,
4764, 4771, 4772, 4773)
2012 Ed. (2002, 2694, 4107, 4785,
4793, 4794)
2013 Ed. (2191, 2196, 2775, 4754,
4765, 4814)
2014 Ed. (2127, 2759, 4804, 4816)
2015 Ed. (2177, 2184, 2810, 2811,
4103, 4431, 4839, 4851)
2016 Ed. (2159, 2160, 2743, 2744,
4324, 4743, 4755)
Schneider National Transportation
1998 Ed. (3635, 3643)
Schneider National Truckload Services
2013 Ed. (4755)
2014 Ed. (4805)
2015 Ed. (4840)
Schneider National Van Carriers
1993 Ed. (3635, 3636, 3641)
1997 Ed. (3805, 3808)
Schneider Regional Medical Center
2014 Ed. (2074)
Schneider; Richard
1991 Ed. (1706, 1709)
1993 Ed. (1818)
1994 Ed. (1801)

1995 Ed. (1839)
1996 Ed. (1817)
1997 Ed. (1891)
Schneider; Ron
1992 Ed. (2742)
Schneider SA
1999 Ed. (2688)
Schneider Small Cap Value
2003 Ed. (3509)
2007 Ed. (2492)
2008 Ed. (2622)
Schneider Specialized Carriers
1992 Ed. (4356)
1993 Ed. (3637)
Schneider Transport
1991 Ed. (3430)
1992 Ed. (4355)
Schneider Truckload Services
2016 Ed. (4744)
Schneiderman; Nathan
2011 Ed. (3373)
Schneider/Nelson Porsche
1993 Ed. (282)
Schneier; Craig E.
2008 Ed. (2635)
Schneier; Craig Eric
2008 Ed. (3120)
2009 Ed. (3208)
Schnieder National Transportation
1995 Ed. (3675)
Schnieders; R. J.
2005 Ed. (2492)
Schnieders; Richard J.
2007 Ed. (1026)
2010 Ed. (899)
Schnitz
2015 Ed. (1449)
2016 Ed. (1374)
Schnitzer Steel
2016 Ed. (3449)
Schnitzer Steel Industries Inc.
2004 Ed. (4532)
2005 Ed. (1789, 1941, 2001, 4474,
4475, 4505)
2006 Ed. (1976, 2080, 2081, 2086)
2007 Ed. (2717)
2008 Ed. (2029, 2140, 2144, 3141)
2009 Ed. (2901)
2010 Ed. (1932, 2060, 2066, 2070,
2847, 3158)
2011 Ed. (1987, 2115, 2121, 2125,
2829)
2012 Ed. (1833, 1962)
2013 Ed. (1989, 3698)
2014 Ed. (1928)
2015 Ed. (1974)
2016 Ed. (1941, 1944, 3532, 3545)
Schnitzer Steel Products Co.
2005 Ed. (4031)
Schnuck Markets Inc.
1992 Ed. (4174)
2002 Ed. (4536)
2004 Ed. (4623)
2005 Ed. (1877, 3918)
2006 Ed. (1898, 3992)
2007 Ed. (1890, 4029)
2008 Ed. (1945, 4056)
2009 Ed. (1905, 4152, 4153, 4614)
2010 Ed. (4084)
2012 Ed. (4089)
2013 Ed. (1893)
2014 Ed. (1826)
2015 Ed. (1866)
2016 Ed. (1652, 1829)
Schnucks
2001 Ed. (4696)
Schoeller Industries GmbH
2008 Ed. (918, 1967)
Schoellhorn; R.A.
1990 Ed. (973)
Schoellhorn; Robert A.
1990 Ed. (1720)
1991 Ed. (926, 1628)
Schoemehl, Jr.; Vincent C.
1991 Ed. (2395)
Schoenen Torfs
2008 Ed. (1711)
2010 Ed. (1503)
2015 Ed. (1608)
Schoenen Torfs L NV
2011 Ed. (1496)
2012 Ed. (1344)
2013 Ed. (1436)
Schoennauer; Gary J.
1992 Ed. (3138)
Scholarship America
2006 Ed. (3719)
Scholastic Children's Dictionary
2001 Ed. (980)
2004 Ed. (737)

Scholastic Corp.
1990 Ed. (1583)
1995 Ed. (2818, 3042)
1996 Ed. (3142)
1997 Ed. (3222, 3224)
1998 Ed. (2974)
1999 Ed. (3970)
2000 Ed. (4427)
2001 Ed. (3955)
2002 Ed. (1550, 4978)
2003 Ed. (4024, 4981, 4982)
2004 Ed. (4042, 4043, 4045, 4046,
4984)
2005 Ed. (3422, 3981, 3982, 3984)
2006 Ed. (4021, 4022)
2007 Ed. (2908, 4053)
2008 Ed. (2850, 3031)
2009 Ed. (3117)
2010 Ed. (3051)
2011 Ed. (3020)
2012 Ed. (2947)
2013 Ed. (4156)
2014 Ed. (4171)
2015 Ed. (698, 3116, 4151, 4153)
2016 Ed. (4068)
Scholastic.com
2010 Ed. (2368)
2011 Ed. (2366)
Scholl
1995 Ed. (1245)
1996 Ed. (1957)
1997 Ed. (1418)
2010 Ed. (2907)
Scholl Japan
1995 Ed. (1245)
Scholosshotel Kronberg
1997 Ed. (2305)
Scholtzsky's Deli
2002 Ed. (2252)
Scholz & Friends
1993 Ed. (100)
1997 Ed. (90)
Scholz & Friends Group
2002 Ed. (111)
2003 Ed. (76)
Schomac Corp.
1989 Ed. (270)
Schomp Automotive Inc.
2015 Ed. (5038)
Schomp Oldsmobile, Honda, BMW &
Hundai; Ralph
1996 Ed. (3879)
Schomp Oldsmobile Honda, BMW &
Hyundai; Ralph
1995 Ed. (3794)
School
2001 Ed. (95)
School Board of Broward County
1995 Ed. (3190)
School Board of Hillsborough County
1990 Ed. (3107)
1991 Ed. (2927)
School Board of Orange County, FL
2014 Ed. (4116)
School buses
1994 Ed. (3329)
School District
2001 Ed. (905)
School District 50 Credit Union
2003 Ed. (1890, 1891)
School District of Philadelphia
1990 Ed. (3106, 3107)
1991 Ed. (2927, 2929)
1992 Ed. (3802)
1995 Ed. (3190)
School District of Philadelphia Comprehensive Day Care
1990 Ed. (977)
1991 Ed. (929)
School districts
1991 Ed. (2773)
School Employees Credit Union of
Washington
2004 Ed. (1993)
2005 Ed. (2135)
2006 Ed. (2230)
2007 Ed. (2151)
2008 Ed. (2266)
2009 Ed. (2253)
2010 Ed. (2206)
2011 Ed. (2224)
2012 Ed. (2023, 2026, 2085)
2013 Ed. (2219, 2238, 2273)
2014 Ed. (2151, 2170, 2207)
2015 Ed. (2215, 2234, 2271)
2016 Ed. (2186, 2205)
School Employees of Lorain County
Credit Union
2008 Ed. (2211)
2009 Ed. (2180)

2010 Ed. (2129)
2011 Ed. (2170)
2012 Ed. (2024)
2013 Ed. (2220)
2014 Ed. (2152)
School Music
2013 Ed. (3808)
2015 Ed. (3756)
2016 Ed. (3664)
School Nutrition
2009 Ed. (4755)
School of Rock
2012 Ed. (2220)
2013 Ed. (2398)
2014 Ed. (2335)
2015 Ed. (2401)
2016 Ed. (2344)
School photos
2001 Ed. (3794)
School Specialty Inc.
2004 Ed. (891, 892, 2225, 2226)
2005 Ed. (877, 878)
School supplies
2001 Ed. (2987, 3569)
2005 Ed. (4473)
School Tech Supply
2014 Ed. (2334)
2015 Ed. (2400)
School/camp advisory services
1992 Ed. (2233)
SchoolDude.com
2008 Ed. (2404)
Schooley Cadillac
1996 Ed. (267)
Schooley Mitchell Telecom Consultants
2003 Ed. (783, 893)
2004 Ed. (802)
2005 Ed. (783)
Schoollink
2005 Ed. (2271)
SchoolNet
2008 Ed. (2404)
2009 Ed. (2404, 3014)
Schools
1992 Ed. (89, 90)
2003 Ed. (4835)
2007 Ed. (3717)
Schools, colleges, universities
2002 Ed. (4723)
Schools, elementary and secondary
2009 Ed. (3854)
Schools Excess Liability Fund
2006 Ed. (4201)
Schools Federal Credit Union
1995 Ed. (1536)
Schools First Credit Union
2010 Ed. (2125, 2149, 2150, 2157)
2011 Ed. (2172, 2173, 2178)
2012 Ed. (2013, 2014, 2021, 2032,
2033, 2038)
2013 Ed. (2214, 2216, 2267, 2268)
2014 Ed. (2145, 2147, 2155, 2201,
2202)
2015 Ed. (2211, 2219, 2265, 2266)
2016 Ed. (2182, 2236, 2237)
Schools, institution, restaurants, and
other food service outlets
1992 Ed. (4003)
Schools, language
2012 Ed. (4481)
Schools, technical and trade
2012 Ed. (4481)
Schoolwires
2009 Ed. (2404)
2010 Ed. (2316)
Schoonover; Philip
2010 Ed. (2561)
Schoor DePalma Inc.
2002 Ed. (2153)
2004 Ed. (2357)
2008 Ed. (2511, 2521)
2009 Ed. (2521)
Schor; Joseph
1997 Ed. (1797)
Schorling; Melker
2009 Ed. (4898)
2011 Ed. (4884)
2012 Ed. (4893)
2013 Ed. (4911)
2014 Ed. (4921)
2015 Ed. (4961)
2016 Ed. (4877)
Schostak Bros. & Co. Inc.
1998 Ed. (3022)
1999 Ed. (4014)
2000 Ed. (3731)
2001 Ed. (4015)
Schott AG
2008 Ed. (775)
Schott Glas

2001 Ed. (4381)
Schott Glass
2000 Ed. (3037)
Schott Glaswerke
1994 Ed. (2437)
1995 Ed. (2505)
1999 Ed. (3300)
Schott Solar
2010 Ed. (2304)
Schottenstein Stores Corp.
2009 Ed. (3077, 4160)
2010 Ed. (3009)
Schrader-Bridgeport International
2005 Ed. (3461)
Schrage; Morris
2006 Ed. (333)
Schramm; Carl
1991 Ed. (2406)
Schramm Medical Clinic PC
2008 Ed. (2078)
2009 Ed. (2049)
Schramsberg Vineyards
2015 Ed. (4992)
Schranks Schnapps
1992 Ed. (2887)
Schreiber & Associates PC
2001 Ed. (1315)
Schreiber Corp.
1991 Ed. (1084)
1992 Ed. (1417)
1993 Ed. (1130)
1994 Ed. (1148)
1995 Ed. (1164)
1996 Ed. (1138)
1997 Ed. (1168)
1998 Ed. (953)
1999 Ed. (1374)
2000 Ed. (1266)
2002 Ed. (1296)
2016 Ed. (4285)
Schreiber Foods Inc.
1997 Ed. (1575)
1999 Ed. (1813, 1814)
2000 Ed. (1635, 1641)
2001 Ed. (1973, 2476)
2002 Ed. (1910)
2003 Ed. (1961)
2004 Ed. (2005)
2005 Ed. (2142)
2006 Ed. (2240)
2007 Ed. (2160)
2008 Ed. (2278, 2279, 2781)
2009 Ed. (2264, 2265, 2839, 4173)
2010 Ed. (2221, 2222, 2780, 4108)
2011 Ed. (2240, 2241, 2769, 4076)
2012 Ed. (2102, 2103, 2698, 4107)
2013 Ed. (2196, 2290)
2014 Ed. (2127, 2224, 2226, 2773)
2015 Ed. (329, 2184, 2288, 2289,
2291, 2292)
2016 Ed. (2160, 2260, 2262, 2263)
Schreiber Roofing
2013 Ed. (4350)
2014 Ed. (4399)
2015 Ed. (4387)
Schreiber Roofing Corp.
2001 Ed. (1480)
2002 Ed. (1296)
2006 Ed. (1291)
2007 Ed. (1367)
Schreiner College
1996 Ed. (1044)
2001 Ed. (1323)
Schreiner; Jeffrey A.
2011 Ed. (3372)
Schreiner Legge & Co.
2006 Ed. (4)
2008 Ed. (2)
2009 Ed. (2)
Schrelber Corp.
1990 Ed. (1205)
Schrempp; Jurgen
2005 Ed. (789, 2470)
Schreyer; William
1993 Ed. (936, 937, 940, 1695)
Schroder
1995 Ed. (2871)
2002 Ed. (3623)
Schroder; Bruno
2012 Ed. (4924)
2013 Ed. (4922)
2015 Ed. (4969)
2016 Ed. (4886)
Schroder Capital
1991 Ed. (2218, 2256)
1992 Ed. (2786, 2788, 2789, 3351)
1993 Ed. (2305, 2317, 2347, 2349,
2351)
1994 Ed. (2329, 2331)
1996 Ed. (2402, 2424, 2425, 2427)

1997 Ed. (2536, 2548, 2550, 2552)
Schroder Capital Management International
1989 Ed. (1800, 2141)
1992 Ed. (2745)
1993 Ed. (2328)
1995 Ed. (2371, 2383)
1998 Ed. (2285)
1999 Ed. (3107)
Schroder Capital Mgmt. International
2000 Ed. (2812)
Schroder Capital Ultra Investment
2003 Ed. (2359)
2004 Ed. (2456)
Schroder & Co.
2001 Ed. (1511)
Schroder & Co.; J. Henry
1997 Ed. (1231)
Schroder Far Eastern Growth Fund; NM
1990 Ed. (2397)
Schroder; Gerhard
2005 Ed. (4879)
Schroder Group
1991 Ed. (1111, 1112, 1121, 1122,
1123, 1124, 1127, 1128, 1129,
1130, 1131, 1132, 1133)
1998 Ed. (2250)
1999 Ed. (1436, 1438, 2150, 3034,
3036, 4208)
2000 Ed. (1920, 3893)
Schroder Institutional US Smaller Companies
1992 Ed. (3209)
Schroder International Merchant Bankers
1996 Ed. (3393)
Schroder International Merchant Bankers BHD
1992 Ed. (3025)
Schroder International Selection Fund-
U.S. Smaller Companies
1993 Ed. (2683)
Schroder International Smaller Company Investment
2004 Ed. (3640)
Schroder Investment
1990 Ed. (902)
2000 Ed. (3453)
Schroder Investment Management
1990 Ed. (2321)
1992 Ed. (3350)
1994 Ed. (2774)
1995 Ed. (2870)
1996 Ed. (2945)
1997 Ed. (2544)
1999 Ed. (3099, 3588)
2001 Ed. (2879, 3005, 3011, 3013,
3015)
2002 Ed. (3027)
2003 Ed. (3070, 3102, 3109)
2004 Ed. (2038)
2005 Ed. (3228)
Schroder Investment Management
North America
2016 Ed. (635, 3677)
Schroder Japan Small Cos. Inst. Acc.
1996 Ed. (2814)
Schroder Korea Fund
1999 Ed. (3585)
Schroder Managed Bal. Account Inst.
1997 Ed. (2914, 2915, 2916)
Schroder Micro Cap Inv
2000 Ed. (3288)
Schroder Mortgage
1997 Ed. (2523)
Schroder Mortgage Associates
1997 Ed. (2543)
1998 Ed. (2292)
1999 Ed. (3078)
Schroder, Munchmeyer, Hengst
1991 Ed. (777)
Schroder Pacific Growth Income
1995 Ed. (2747)
Schroder Properties Ltd.
2001 Ed. (3922)
Schroder Real Estate
1991 Ed. (2239)
1992 Ed. (2750, 3638)
1993 Ed. (2310, 2978)
1994 Ed. (3019)
1995 Ed. (2376)
1996 Ed. (2412)
1997 Ed. (2542)
1999 Ed. (3074)
Schroder Salomon Smith Barney
2002 Ed. (439, 1355, 1360, 2167)
2004 Ed. (1439)
Schroder Securities
1999 Ed. (2322)
Schroder Split Fund Cap

1999 Ed. (3584)
2000 Ed. (3306)
Schroder Ultra
2003 Ed. (3506)
2004 Ed. (3573)
Schroder U.S. Opportunities Investment
2008 Ed. (4507)
Schroder US Opportunity Investment
2006 Ed. (3646)
Schroder U.S. Smaller Companies
2003 Ed. (3541)
Schroder U.S. Smaller Companies Account
1997 Ed. (2910)
Schroder Ventures
1991 Ed. (3441, 3443)
1992 Ed. (2964)
1993 Ed. (2319)
1994 Ed. (2430, 3622)
1995 Ed. (2499, 2500)
Schroder Ventures Canada
1990 Ed. (3670)
Schroder Wagg
1989 Ed. (1349)
1992 Ed. (2140, 2141)
Schroder Wagg; J. Henry
1992 Ed. (2011)
Schroder Wertheim
1997 Ed. (1222, 1850)
1998 Ed. (1559, 2270)
2000 Ed. (879)
Schroders
1990 Ed. (2319)
1992 Ed. (1456)
1993 Ed. (1642)
1994 Ed. (1203, 2474, 2734, 2735)
1995 Ed. (780, 783, 784, 795, 796,
797, 799, 2838, 2841, 3267)
1996 Ed. (1359, 1362, 1366, 1652,
2943)
1997 Ed. (1230, 1232, 1233)
1998 Ed. (406, 1006, 2308)
1999 Ed. (9, 531, 874, 876, 1087,
3084, 3105)
2000 Ed. (2850, 2853, 2855, 4133)
2015 Ed. (547)
2016 Ed. (500)
Schroders Asia
1990 Ed. (2314)
1991 Ed. (2411)
Schroders Asia Hong Kong Fund
1990 Ed. (2399)
Schroders International
1994 Ed. (3195)
Schroders Japan
1999 Ed. (2363)
Schroders plc
2001 Ed. (1520, 1526, 1528, 1529,
1538)
2003 Ed. (537, 540, 626)
2004 Ed. (553)
2005 Ed. (536)
2006 Ed. (464, 2592, 2605)
2007 Ed. (477, 480, 2560, 2579)
2008 Ed. (442, 2700)
2009 Ed. (467, 2760)
2010 Ed. (411, 412, 447, 2685)
2011 Ed. (2674, 2688)
2012 Ed. (1245, 2602, 2616, 3346)
2013 Ed. (2681, 2691, 3414)
2014 Ed. (488, 2635, 2676, 3411)
2015 Ed. (2102, 2678, 2720, 3445)
2016 Ed. (2080, 2596, 2641, 2653,
3304)
Schroeder; Horst W.
1991 Ed. (1621)
Schroeder; K. L.
2005 Ed. (2494)
Schroeder; Kenneth
2006 Ed. (916)
2007 Ed. (1006)
Schroeder-Manatee Ranch Inc.
2010 Ed. (4402)
Schroeder Securities
2000 Ed. (2073)
2001 Ed. (2427)
Schroeders Piano & Organ
1993 Ed. (2644)
Schroeder's/Keyboard City
1994 Ed. (2595)
Schudder Funds
1991 Ed. (2565)
Schudder Kemper Investments
2000 Ed. (2852)
Schuering Zimmerman
2001 Ed. (724)
Schuessler; J. T.
2005 Ed. (2491)
Schuff International Inc.
2003 Ed. (1317)

2004 Ed. (4532)
2005 Ed. (1322, 4474, 4475)
2006 Ed. (1294)
2007 Ed. (1370)
2008 Ed. (1266)
2009 Ed. (1242)
2010 Ed. (1152, 1240, 1241, 1294,
1323, 3177)
2011 Ed. (1189)
2012 Ed. (1135, 3096)
2013 Ed. (1281)
2014 Ed. (1214)
2015 Ed. (1272)
2016 Ed. (1187)
Schuff Steel
2014 Ed. (1193, 1197)
2015 Ed. (1251, 1255)
Schuff Steel Co.
1990 Ed. (1207)
1991 Ed. (1083)
1992 Ed. (1416)
1993 Ed. (1129)
1994 Ed. (1146)
1995 Ed. (1161)
1996 Ed. (1140)
1997 Ed. (1164)
1998 Ed. (956)
1999 Ed. (1377, 2620, 4327)
2000 Ed. (1269)
2001 Ed. (1482)
2002 Ed. (1299)
2004 Ed. (1317)
2007 Ed. (1281, 1393)
2008 Ed. (1316, 1343)
2009 Ed. (1157, 1301, 1341)
2011 Ed. (1095, 1252, 1302, 1303)
Schuh-Cafe, Marco Bloch
2016 Ed. (2015)
Schuler, Andrew M.
1995 Ed. (937, 1069)
Schuler Group
1993 Ed. (2484)
Schuler Homes
1996 Ed. (1132)
1999 Ed. (1307)
2001 Ed. (1388, 1389)
2002 Ed. (1206, 1501, 2671)
2003 Ed. (1193, 1195, 1196)
2005 Ed. (1223)
Schuler Homes LLC
2006 Ed. (1742)
Schulich Business School
2014 Ed. (781)
2015 Ed. (823)
Schulich Business School; York University
2009 Ed. (820)
2010 Ed. (732)
2011 Ed. (682, 683, 687, 692, 693,
694)
2012 Ed. (615, 622)
2013 Ed. (758)
Schulich School of Business; York University
2005 Ed. (802)
2007 Ed. (795, 812)
Schulich; Seymour
2005 Ed. (4864)
Schuller
1997 Ed. (2148)
1998 Ed. (532, 533, 534, 883, 1840)
Schulman; A
1989 Ed. (1052)
1990 Ed. (935, 936, 940, 946)
Schulman Inc.; A.
1989 Ed. (877, 881)
1991 Ed. (908, 2903)
1992 Ed. (1112, 3745, 3746)
1993 Ed. (907, 3054, 3055)
1994 Ed. (921, 3117, 3118)
1995 Ed. (957, 3167, 3168)
1996 Ed. (926, 3263)
1997 Ed. (958, 3361)
2005 Ed. (3855, 3856)
Schulmberger
1996 Ed. (3003)
Schult Homes Corp.
1990 Ed. (1173, 2594, 2892)
1991 Ed. (1060, 2757, 2758, 2759)
1992 Ed. (318, 321, 1368, 3516,
3517, 3518, 3520, 3521, 3522)
1993 Ed. (1091, 2899, 2901, 2903,
2904, 2905)
1994 Ed. (1115, 2914, 2915, 2917,
2918, 2919, 2920, 2921)
1995 Ed. (202, 1131, 2970, 2971,
2973, 2974, 2975, 2976)
1996 Ed. (205, 1104, 3068, 3070,
3073, 3074, 3075, 3076)

1997 Ed. (3151, 3153, 3154, 3155, 3158)
1998 Ed. (2899, 2900, 2903, 2904, 2907)
1999 Ed. (3871, 3872, 3874, 3876, 3878)
Schulte Chevrolet Geo; Terry
1991 Ed. (270)
Schulte Roth & Zabel
2012 Ed. (3396)
Schulte Roth & Zabel LLP
2008 Ed. (3416)
Schultz; Charles M.
1989 Ed. (1347)
Schultz Foundation
1995 Ed. (1070, 1928)
Schultz; Howard
2010 Ed. (899)
2013 Ed. (741)
2014 Ed. (943)
Schultz; Howard D.
2009 Ed. (957)
2011 Ed. (835)
Schultz Industries
2013 Ed. (3454)
Schultz Industries Inc.
2009 Ed. (1256)
Schultz; Paul
2008 Ed. (1880)
Schultz Sav-O Stores
1990 Ed. (3494)
1992 Ed. (4164)
1993 Ed. (3487)
1994 Ed. (2002, 2003)
1995 Ed. (2051, 2054, 2055, 2057)
1996 Ed. (2053)
1998 Ed. (1871, 1872)
2000 Ed. (2386, 2387)
Schulz
2005 Ed. (1841)
Schulz; Charles
1994 Ed. (1667)
1995 Ed. (1714)
2006 Ed. (802)
2007 Ed. (891)
Schulz; Charles M.
1990 Ed. (1672)
1991 Ed. (1578)
1992 Ed. (1982)
1993 Ed. (1633)
2009 Ed. (878)
2010 Ed. (828)
2011 Ed. (755)
2012 Ed. (691)
2013 Ed. (907)
2014 Ed. (853)
2015 Ed. (889)
2016 Ed. (774)
Schulze; John B.
2008 Ed. (3997)
Schulze; Richard
2005 Ed. (4853)
2006 Ed. (4907)
2007 Ed. (4903)
2008 Ed. (4831)
2011 Ed. (4837)
Schumacher Buick-Oldsmobile
1995 Ed. (265, 282)
1996 Ed. (266)
Schumacher & Co.; F.
1996 Ed. (3676)
The Schumacher Cos.
2016 Ed. (3313, 3327)
Schumacher Group
2001 Ed. (2765)
2002 Ed. (2594)
2009 Ed. (2483)
2010 Ed. (2393)
Schumacher Group of Delaware
2003 Ed. (2797)
2005 Ed. (2359, 2885)
2006 Ed. (2405)
Schumacher; Michael
1997 Ed. (278)
2005 Ed. (2443)
2006 Ed. (292, 2485)
2007 Ed. (294, 2450)
2008 Ed. (272)
2009 Ed. (294)
Schumacher Oldsmobile
1996 Ed. (282)
Schuman; A. L.
2005 Ed. (2500)
Schuman; Allan L.
2006 Ed. (919, 2520, 2522)
2007 Ed. (2499, 2500)
Schuman; Steven
2008 Ed. (2691)
Schupak; Donald
1991 Ed. (1626)

Schurgin Development Companies
1990 Ed. (3284, 3286)
Schuster Concrete Construction
2012 Ed. (1124)
2013 Ed. (1268)
Schusterman; Lynn
2011 Ed. (4825)
Schuylkill Capital Management
1998 Ed. (2288, 2289)
Schwab
1998 Ed. (491, 1694)
Schwab 1000 Index Investment
2009 Ed. (2649)
Schwab Active Trader
2006 Ed. (662)
2007 Ed. (761)
Schwab; Charles
1991 Ed. (769, 774, 3090)
1992 Ed. (950, 957)
1994 Ed. (763, 778, 779)
1995 Ed. (232, 721, 756, 758, 759, 761, 762)
1996 Ed. (794, 795, 798)
1997 Ed. (732, 733, 734, 737, 738, 740, 741, 2166)
2005 Ed. (4854)
2006 Ed. (4908)
2007 Ed. (4903)
2008 Ed. (4832)
2009 Ed. (4852)
2010 Ed. (4854)
2011 Ed. (4845)
Schwab; Charles R.
2005 Ed. (2475)
Schwab & Co. Inc.; Charles
1993 Ed. (760, 762, 763, 827, 3218)
1996 Ed. (809)
Schwab CyberTrader
2005 Ed. (757, 759)
Schwab Health Care
2009 Ed. (3800)
Schwab Institutional Select S & P 500
2009 Ed. (2649)
Schwab Institutional Trading-Operations
1995 Ed. (754)
Schwab Investment Advantage Invesco High Yield
2000 Ed. (4331)
Schwab Investment Yield Plus Select
2008 Ed. (604, 606)
Schwab; Keith
2005 Ed. (786)
Schwab Long-Term Tax-Free Bond
1999 Ed. (3572)
Schwab MarketTrack All Equity
2009 Ed. (2649)
Schwab Short-Term Bond Market
2009 Ed. (627)
Schwab Short/Intermediate Tax-Free
2004 Ed. (707)
Schwab Tax-Free Bond
2011 Ed. (517)
Schwab Total Bond Market
2007 Ed. (640)
2009 Ed. (627)
Schwab Total Stock Market Index Investment
2009 Ed. (2649)
Schwab Variable Annuity Invesco High Yield
2000 Ed. (4331)
Schwab Variable Annuity Janus Worldwide Growth
2000 Ed. (4333)
Schwabe, Williamson & Wyatt
2005 Ed. (1931)
2007 Ed. (1508)
2012 Ed. (3399)
Schwan Food Co.
2005 Ed. (2655)
2006 Ed. (4793)
2008 Ed. (2776, 2780, 2783, 3177)
2009 Ed. (2264, 2838, 2841, 3248, 4150)
2010 Ed. (2221, 2779, 2782, 3179, 3525, 4082, 4118)
2011 Ed. (2240, 2768, 2771, 4055, 4056)
2012 Ed. (2102, 2700, 4087, 4088, 4113, 4117)
2013 Ed. (1871, 1875)
2014 Ed. (1803, 1807, 2767, 2792)
2015 Ed. (1843, 1847, 2834)
2016 Ed. (1810, 2767)
The Schwan Food Co.
2014 Ed. (2764, 2765, 2770, 2775, 2788)
2015 Ed. (2821)
2016 Ed. (2750, 2755, 2760, 2763)

Schwann-Stabilo Schwanhaeusser GMBH & Co.
2000 Ed. (3036)
Schwans Home Service
2008 Ed. (4069, 4071)
Schwan's Sales Enterprises Inc.
2001 Ed. (2478)
2003 Ed. (2520, 2560, 2562)
Schwans.com
2006 Ed. (2378)
Schwartz
2010 Ed. (2743)
Schwartz; Alan
2005 Ed. (2510)
Schwartz; Alan D.
2005 Ed. (2512)
Schwartz & Associates; Law Offices of Jill S.
2013 Ed. (1614)
2014 Ed. (1581)
2015 Ed. (1632)
Schwartz Ave Maria Catholic Values
2006 Ed. (3617, 3618)
Schwartz; Bernard
1995 Ed. (979)
1996 Ed. (963)
Schwartz; Bernard L.
1992 Ed. (1145, 2057, 2058)
1993 Ed. (1702)
1994 Ed. (950)
1995 Ed. (982)
Schwartz Communications
1999 Ed. (3911, 3927)
2000 Ed. (3628, 3630, 3644)
2002 Ed. (3810, 3823)
2003 Ed. (3990, 3997, 4004, 4006)
2004 Ed. (3989, 4011, 4016, 4027)
2005 Ed. (3955, 3964, 3967, 3972)
2011 Ed. (3586, 4102, 4110, 4112, 4114, 4121, 4126)
2012 Ed. (4132, 4140, 4142, 4144, 4147, 4156)
Schwartz; Gerald
1997 Ed. (980)
2005 Ed. (4863)
2012 Ed. (802, 803, 805)
Schwartz; James
2013 Ed. (3468)
2014 Ed. (3467)
Schwartz; Jeffrey H.
2011 Ed. (857)
Schwartz; Joseph
2011 Ed. (3341)
Schwartz Levitsky & Feldman
1993 Ed. (3)
Schwartz Levitsky Feldman
2009 Ed. (4)
Schwartz Levitsky Feldman LLP
2016 Ed. (4)
Schwartz Mazda
1994 Ed. (275)
Schwartz; Stanley S.
1991 Ed. (2296)
Schwartz; Steven
2011 Ed. (3362)
Schwartz Value Fund
2004 Ed. (3580)
Schwartzer; Michael
2006 Ed. (4140)
Schwarz; Dieter
2014 Ed. (4885)
2015 Ed. (4924)
2016 Ed. (4840)
Schwarz Group
2006 Ed. (3991)
2016 Ed. (4008)
Schwarz Pharma
2005 Ed. (3821)
Schwarz Pharma USA Holdings Inc.
2011 Ed. (1605)
Schwarz Stiftung & Co. KG; Lidl &
2006 Ed. (4643)
Schwarz Unternehmens Treuhand KG
2008 Ed. (4235)
2009 Ed. (1195, 4326, 4330)
2010 Ed. (1199, 4323, 4346)
2011 Ed. (4297)
2012 Ed. (4350)
2013 Ed. (4330, 4345)
2014 Ed. (4381)
2015 Ed. (4385)
2016 Ed. (1119, 4266, 4281)
Schwarzenbach; Urs
2005 Ed. (4893)
Schwarzenegger; Arnold
1990 Ed. (1672)
1992 Ed. (1982)
2010 Ed. (2897)
Schwarzkopf
2013 Ed. (3885)

2015 Ed. (2189)
Schwarzkopf: How the War was Won
1992 Ed. (4396)
Schwarzman; Stephen
2016 Ed. (4802)
Schwarzman; Stephen A.
2007 Ed. (4894)
2009 Ed. (4846)
2010 Ed. (4851)
2011 Ed. (4827)
Schwarzman; Steve
2014 Ed. (3392)
Schwegman Lundberg & Woessner PA
2011 Ed. (3836)
2012 Ed. (3817)
Schweiger Construction Co.
2006 Ed. (3523)
2007 Ed. (3572, 3573, 4430)
2008 Ed. (3718, 4409, 4969)
Schweigert
2002 Ed. (3271)
Schweitzer Engineering Laboratories Inc.
2015 Ed. (2152)
Schweitzer Engineering Labs
2013 Ed. (2182)
Schweitzer-Mauduit International Inc.
2004 Ed. (3758, 3759)
2005 Ed. (3673, 3674)
2010 Ed. (4737, 4738)
2011 Ed. (4696, 4697)
2012 Ed. (4716, 4717)
2013 Ed. (4680, 4681)
2014 Ed. (4726, 4727)
2015 Ed. (4745, 4746)
2016 Ed. (4647, 4648)
Schweiz, Bankgesellschaft
1991 Ed. (3517, 3518)
Schweiz, Bankverein
1991 Ed. (3517, 3518)
Schweiz, Kreditanstalt
1991 Ed. (3517, 3518)
Schweiz Ruck.
1990 Ed. (1423)
1991 Ed. (1354)
1995 Ed. (1495)
1996 Ed. (1452)
1997 Ed. (3931)
Schweiz, Ruckvers.-Ges.
1991 Ed. (3517, 3518)
Schweiz Ruckversicherungs-Gesellschaft
1990 Ed. (3714)
1992 Ed. (4497)
Schweiz Vers.
1994 Ed. (2239)
Schweizer, Bankgesellschaft
1991 Ed. (691)
Schweizer Ruck (Zurich)
1991 Ed. (2159)
Schweizer Ruckversich-Ges.
1990 Ed. (2284)
Schweizer Verband der Raiffeisenbanken
1999 Ed. (645)
2000 Ed. (670)
2002 Ed. (653)
2003 Ed. (617)
2004 Ed. (626)
2005 Ed. (615)
2006 Ed. (528)
2007 Ed. (558)
2008 Ed. (510)
2009 Ed. (544)
2010 Ed. (527)
2011 Ed. (456)
2013 Ed. (466)
2014 Ed. (481)
2015 Ed. (541)
2016 Ed. (494)
Schweizerhall, Inc.
1999 Ed. (1092, 1093)
2001 Ed. (994)
Schweizerische Bankgesellscahft
1997 Ed. (3931)
Schweizerische Bankgesellschaft
1989 Ed. (710)
1990 Ed. (3714)
1992 Ed. (4497, 4498)
1993 Ed. (470, 3742, 3743)
1995 Ed. (464, 1381)
Schweizerische Bankverein
1997 Ed. (3931)
Schweizerische Bundesbahnen
1996 Ed. (3737)
Schweizerische Kreditanstalt
1990 Ed. (3714)
Schweizerische Nationalbank
2009 Ed. (543)
2010 Ed. (526)

2011 Ed. (455)
Schweizerische Post-Telefon & Telegraphenbetr.
1995 Ed. (1496, 3327)
Schweizerische Post Telefon und
Telegraphenbetr.
1994 Ed. (1456, 3248)
Schweizerische Post-Telefon und
Telegraphenbetrie
1996 Ed. (1453, 3405)
Schweizerische PTT
1989 Ed. (966)
1990 Ed. (1108)
Schweizerische Ruckversicherung
GmbH
2012 Ed. (1910, 3174)
2013 Ed. (2076, 3253)
Schweizerische Ruckversicherungs Gesellschaft
1992 Ed. (1696, 4498)
1993 Ed. (1407, 2254, 3743)
1994 Ed. (1455)
Schweizerische Rueckversicherungs
Gesellschaft
1990 Ed. (2276)
Schweizerischer Bankverein
1990 Ed. (3714)
1992 Ed. (4497, 4498)
1993 Ed. (3742, 3743)
Schwendener Inc.; Paul H.
1994 Ed. (1138)
1995 Ed. (1136, 1146, 1175)
1996 Ed. (1131)
1997 Ed. (1160)
Schwendiman-Equity
1996 Ed. (2097)
Schwendiman-Global High Performance
1996 Ed. (2097)
Schwendiman-International
1996 Ed. (2097)
Schweppes
1996 Ed. (3478)
1998 Ed. (482)
1999 Ed. (767)
2001 Ed. (999, 4310)
2002 Ed. (754, 4327)
2008 Ed. (722)
2009 Ed. (732)
2010 Ed. (655)
2016 Ed. (648, 654)
Schweppes Mixers
1992 Ed. (4020)
1994 Ed. (3360)
1996 Ed. (3480)
1999 Ed. (4366)
Schwerman Trucking Co.
1993 Ed. (3642)
2007 Ed. (4849)
Schwetje; Ann
1995 Ed. (1818)
1996 Ed. (1792)
1997 Ed. (1866)
Schwimmer; Lance
2006 Ed. (4140)
Schwimmer; Steve
2006 Ed. (4140)
Schwinn Exerciser
1994 Ed. (1724)
Schwinn/GT Corp.
2001 Ed. (2349)
Schwitzer Inc.
1994 Ed. (3049)
Schwob Building Co., Ltd.
2009 Ed. (1154)
2010 Ed. (1148)
SCI Companies
2002 Ed. (2114)
SCI Consulting Services Inc.
2009 Ed. (3036)
2013 Ed. (2936)
2014 Ed. (2956)
2015 Ed. (3022)
SCI Credit Union
2004 Ed. (1925)
SCI Enclosures LLC
2011 Ed. (1458)
2012 Ed. (1298)
2013 Ed. (1403)
SCI Entertainment
2007 Ed. (1262)
SCi Entertainment Group
2008 Ed. (1121)
SCI Entertainment Group plc
2009 Ed. (2121)
Sci-Fi Channel
1992 Ed. (1032)
SCI Financial Services
2002 Ed. (2918)
SCI Funeral & Cemetery Purchasing
Cooperative Inc.

2011 Ed. (3870)
2012 Ed. (3848)
2013 Ed. (3908)
2014 Ed. (3841, 3842)
2015 Ed. (3866, 3867)
2016 Ed. (3775, 3776)
SCI Holdings Inc.
1990 Ed. (1029, 1030, 1031, 1230,
1242)
1991 Ed. (1161)
1992 Ed. (1473)
1993 Ed. (811, 1180, 2381)
1994 Ed. (1220)
1995 Ed. (1236)
1996 Ed. (1207)
SCI Missouri Funeral Services Inc.
2004 Ed. (3811)
2005 Ed. (3720)
SCI Power Systems Inc.
2007 Ed. (1564)
SCI Systems Inc.
1989 Ed. (973, 1981)
1990 Ed. (1122)
1991 Ed. (1527)
1992 Ed. (1303, 1920)
1993 Ed. (1112, 1271)
1994 Ed. (1265, 1315)
1995 Ed. (1145, 1283, 1285, 1337,
1654)
1996 Ed. (1119)
1997 Ed. (1352)
1998 Ed. (821, 830, 832, 933, 1125)
1999 Ed. (1263, 1352, 1562, 1969)
2000 Ed. (1245, 1383, 1745)
2001 Ed. (1458, 1459, 1460, 1607,
2191, 4214, 4215)
2002 Ed. (1226, 1227, 1528, 1574,
4256)
2003 Ed. (1601, 1602, 2199, 2247,
4376, 4380)
2004 Ed. (1618, 2259)
2005 Ed. (1644)
2006 Ed. (1534)
2010 Ed. (1458)
2014 Ed. (1343)
2015 Ed. (1420)
2016 Ed. (1341)
Sci & technology
1989 Ed. (1845)
SCI Technology Inc.
2006 Ed. (1534)
2007 Ed. (1564)
Scialla; Michael
2011 Ed. (3366)
SCICI
1997 Ed. (686)
SciClone Pharmaceuticals
2014 Ed. (1421, 2900)
Science
1995 Ed. (247)
1996 Ed. (240)
1997 Ed. (271)
2001 Ed. (250, 252, 1053, 3585)
2004 Ed. (143, 144)
2005 Ed. (137)
2007 Ed. (159)
2009 Ed. (164)
2010 Ed. (154)
Science Applications International Corp.
1992 Ed. (1337)
1995 Ed. (1664)
1998 Ed. (1486)
2000 Ed. (1648, 1785, 1845, 1847,
1851, 1854)
2001 Ed. (1247, 1866, 2184, 2224,
2297, 2299)
2002 Ed. (1069, 1132, 1148, 1565,
1566, 2115, 2813)
2003 Ed. (1091, 1343, 1345, 1350,
1351, 1352, 1355, 1357, 1359,
1362, 1964, 1965, 1966, 1967,
1968, 2268, 2705, 2951)
2004 Ed. (1113, 1343, 1345, 1346,
1349, 1352, 1354, 1355, 1356,
1361, 1363, 1364, 1367, 1370,
2009, 2011, 2014, 2016, 2018,
2019, 2824)
2005 Ed. (1117, 1349, 1353, 1354,
1359, 1364, 1365, 1370, 1371,
1372, 1379, 1381, 1386, 1387,
1391, 2008, 2152, 2154, 2157,
2158, 2825, 3039)
2006 Ed. (178, 1107, 1355, 1356,
1357, 1359, 1361, 1363, 1366,
1368, 1372, 1376, 1377, 1379,
2105, 2247, 2248, 2482, 2483,
2807, 3932, 4872)
2007 Ed. (184, 1395, 1396, 1398,
1400, 1402, 1404, 1405, 1406,
1410, 1414, 1415, 1417, 1535,
2171, 2172, 2449, 3066, 3068)

2008 Ed. (163, 1348, 1349, 1352,
1354, 1355, 1358, 1361, 1362,
1368, 1371, 1372, 1373, 1519,
2286, 2287, 2885, 2903, 3203,
4289, 4802)
2009 Ed. (187, 1348, 1352, 1355,
1357, 1360, 1363, 1368, 1371,
1372, 1374, 1419, 1538, 2152,
2274, 2275, 3264, 3267, 3530)
2010 Ed. (168, 1336, 1339, 1341,
1342, 1344, 1347, 1352, 1357,
1358, 1360, 2092, 2229, 2506,
2507, 2531, 2538, 3197, 3199)
2011 Ed. (87, 1321, 1324, 1326,
1327, 1329, 1331, 1333, 1341,
1345, 1346, 1348, 2139, 2140,
2246, 2248, 2533, 3160, 3163,
4390, 4549)
2012 Ed. (84, 89, 967, 1187, 1190,
1192, 1193, 1195, 1197, 1199,
1206, 1210, 1211, 1213, 1983,
1984, 2110, 2111, 2112, 2113,
2430, 2468, 2469, 2476, 2478,
2479, 2480, 3116, 3120, 4452,
4453)
2013 Ed. (1196, 1309, 1313, 1320,
1323, 2295, 2558, 2592, 2618,
2620, 2621, 2622, 2623, 4812)
2014 Ed. (1243, 1247, 1254, 1257,
2081, 2088, 2117, 2119, 2233,
2523, 2579, 2581, 2582, 3216)
2015 Ed. (1082, 1200, 1201, 1301,
1305, 1311, 1313, 2298, 2597,
2619, 2621, 2948, 4421)
2016 Ed. (1223, 3118, 4315)
Science Applications International Corp.
2013 Ed. (2186)
Science & Applied Technology
2005 Ed. (2156)
Science-Based Industrial Park
1992 Ed. (2596)
Science Diet; Hill's
2008 Ed. (3890)
Science Museum of Minnesota
2006 Ed. (3718)
Science, research & development
2000 Ed. (3466)
Science & technology
1995 Ed. (2695)
1997 Ed. (2157, 2158)
Science & Technology University
2010 Ed. (118)
ScienceDirect
2003 Ed. (3035)
SCIENS Worldwide PR
2000 Ed. (3628)
SCIENS Worldwide Public Relations
1998 Ed. (2938)
Scient Corp.
2003 Ed. (2706)
Scient Credit Union
2015 Ed. (2213)
2016 Ed. (2184)
Scientech Inc.
1991 Ed. (1907)
1992 Ed. (2406, 2407)
Scientific American
1989 Ed. (184, 2179)
1993 Ed. (2792, 2805)
2007 Ed. (167, 169)
Scientific-Atlanta Inc.
1989 Ed. (963, 2309)
1990 Ed. (1106, 3511)
1991 Ed. (1015, 2844)
1992 Ed. (1293, 1294, 3675)
1993 Ed. (1045, 1564)
1994 Ed. (1607, 3644)
1995 Ed. (1291, 1650, 3446)
1999 Ed. (1479, 4544)
2000 Ed. (1736)
2001 Ed. (4455, 4456)
2002 Ed. (1122, 2812, 2814, 4357,
4563)
2003 Ed. (1069, 4688, 4689, 4690,
4693)
2004 Ed. (1080, 1081, 1082, 1083,
1085, 3678, 4662, 4666)
2005 Ed. (1089, 1090, 1091, 1092,
1093, 1094, 3593, 4622)
2006 Ed. (1083, 1084, 1085, 1086,
3696, 4685)
2007 Ed. (865, 1190, 1442, 3691,
4704)
Scientific Calculations (Harris)
1990 Ed. (1111, 1112)
Scientific Components Corp.
2006 Ed. (1134)
Scientific & Engineering Solutions Inc.
2006 Ed. (3518)
Scientific Games Corp.

2006 Ed. (2685)
2007 Ed. (2675)
2010 Ed. (262)
2011 Ed. (183, 3130)
2012 Ed. (192, 954)
2013 Ed. (1099)
2015 Ed. (207)
2016 Ed. (198)
Scientific instruments
2008 Ed. (2649)
2009 Ed. (2675, 2677)
2011 Ed. (2554)
2012 Ed. (2506)
Scientific Leasing Inc.
1990 Ed. (1246)
Scientific management director
2004 Ed. (2279)
Scientific, photo, control equipment
1996 Ed. (1261)
1997 Ed. (1304, 1441, 1444)
2002 Ed. (2771, 2772, 2773)
Scientific, photographic, & control equipment
1995 Ed. (1278, 1304)
1998 Ed. (1073, 1074, 1075, 1154,
1155)
Scientific, photographic, control equipment
1994 Ed. (1272, 1279, 1280, 1281,
1282)
Scientific & photographic equipment
1991 Ed. (2039, 2041, 2043, 2045,
2046, 2048, 2049, 2050, 2051)
1992 Ed. (2599, 2601, 2605, 2607,
2608, 2611, 2613, 2615, 2616,
2617, 2618, 2619, 2620, 2621)
1993 Ed. (1218, 1232, 1234, 1236,
1240, 1241, 1242)
Scientific Research Corp.
2007 Ed. (1401)
2009 Ed. (3530)
2013 Ed. (1308)
2014 Ed. (1242)
2016 Ed. (1215)
Scientific Sales Inc.
2006 Ed. (3540)
Scientific Services & Systems
1996 Ed. (2562)
Scientific Solutions Inc.
2011 Ed. (4192)
The Scientist
2004 Ed. (2279)
2009 Ed. (4760)
2010 Ed. (4770)
Scientists, mathematical & computer
1993 Ed. (2739)
Scientists, natural
1993 Ed. (2739)
Scimed Life System
1992 Ed. (2367)
SciMed Life Systems
1990 Ed. (3454)
1992 Ed. (2366, 2368, 3986, 3987,
3991)
1994 Ed. (2017)
SciMetrika
2012 Ed. (105, 4052)
2013 Ed. (80)
Scimitar Japanese Equity Fund
1990 Ed. (2400)
Scimitar Pacific Basin Equity Fund
1990 Ed. (2397)
Scimtar North American
1992 Ed. (2755, 2763)
Scion
2012 Ed. (232)
Scion Steel Inc.
1992 Ed. (2405)
1998 Ed. (1942)
1999 Ed. (2685)
2000 Ed. (2469)
2001 Ed. (2709)
Scios
1997 Ed. (674)
1998 Ed. (465)
SciQuest
2011 Ed. (1036)
SciQuest Inc.
2013 Ed. (2848)
2016 Ed. (1018)
SciQuest.com
2001 Ed. (2180, 4186, 4750)
2002 Ed. (2529)
Scirocco Group
2011 Ed. (3191)
Scissors, 8.5 in.
1989 Ed. (2632)
SCI/Steelcon Inc.
1990 Ed. (1207)
1991 Ed. (1083)

Scitex Corp. Ltd.
1992 Ed. (3314, 3315)
1993 Ed. (2752, 2753)
1994 Ed. (2709, 2710)
1996 Ed. (2895, 2896)
Scivantage Inc.
2009 Ed. (3012)
SCL Health System
2014 Ed. (1538)
2015 Ed. (1590)
2016 Ed. (1517)
SCM Allied Paper
1989 Ed. (832)
1990 Ed. (849)
1991 Ed. (809)
1992 Ed. (991, 992, 3528)
1993 Ed. (788)
1994 Ed. (805)
SCM Insurance Services
2011 Ed. (4403)
SCM Microsystems, Inc.
2001 Ed. (1644)
SCN Communications Group
1998 Ed. (2680)
1999 Ed. (3617)
2000 Ed. (3336)
2001 Ed. (3542)
The SCO Group Inc.
2005 Ed. (1153)
2011 Ed. (1061)
Scolr Pharma
2006 Ed. (2075)
2008 Ed. (2140)
2010 Ed. (2060)
2011 Ed. (2115)
Scoma's Restaurant
1996 Ed. (3195)
1997 Ed. (3302)
1998 Ed. (3049)
1999 Ed. (4056)
2002 Ed. (3994)
Sconi Tauraday Corp.
2015 Ed. (2818)
Scooby-Doo
2004 Ed. (2161, 3517)
Scooby-Doo's Greatest Mysteries
2001 Ed. (4689)
Scoop
1999 Ed. (4169)
2006 Ed. (1038)
Scoop shops
2002 Ed. (2719)
Scoot.com plc
2002 Ed. (4509)
Scooter
1996 Ed. (3099)
1997 Ed. (3178)
1999 Ed. (3904)
The Scooter Store Ltd.
2005 Ed. (2787, 3904)
2006 Ed. (3977)
2011 Ed. (1418, 2099)
Scooter's Coffee & Yogurt
2014 Ed. (1002)
2015 Ed. (1038)
Scooter's Coffeehouse
2008 Ed. (1030)
2010 Ed. (979)
2011 Ed. (906)
2012 Ed. (849)
Scope
1990 Ed. (2808)
1991 Ed. (2714)
1992 Ed. (1782, 3403)
1993 Ed. (1470, 2814)
1994 Ed. (2570, 2957)
1995 Ed. (2625, 3526)
1996 Ed. (2703)
1997 Ed. (3059)
1999 Ed. (1828, 3458)
2002 Ed. (3404, 3405)
2003 Ed. (1994, 3460, 3461)
2004 Ed. (4743)
2008 Ed. (3761)
Scope 24 oz
1990 Ed. (2628)
Scope 40 oz
1990 Ed. (2628)
Scope Communications
1995 Ed. (3015)
1996 Ed. (3116, 3118)
1997 Ed. (3195, 3203)
1999 Ed. (3934)
Scope International Pvt. Ltd.
2013 Ed. (1715)
Scope Outlast
2016 Ed. (3633)
Scope Peppermint 24 oz
1990 Ed. (2628)
Scope Peppermint 40 oz

1990 Ed. (2628)
Scope Services Inc.
2007 Ed. (3568)
SCOR
1998 Ed. (2107, 3039, 3179)
2001 Ed. (2907, 4038)
2002 Ed. (2973, 2974)
2012 Ed. (3175)
2013 Ed. (3248)
2014 Ed. (3274)
2015 Ed. (3325)
2016 Ed. (3179)
SCOR Group
1998 Ed. (3040)
1999 Ed. (4035, 4036, 4037)
2002 Ed. (2972)
2009 Ed. (3405)
2010 Ed. (3340)
Scor Life U.S. Group
2014 Ed. (3330)
Scor Reinsurance Co., Inc.
1999 Ed. (2905)
2000 Ed. (2660, 3749, 3752)
2002 Ed. (3948, 3949, 3950, 3958)
2003 Ed. (3014)
2004 Ed. (3137, 3138, 3142, 3143, 3144)
2005 Ed. (3145, 3153, 3154)
2006 Ed. (3150, 3151, 3152, 3154)
2007 Ed. (3189)
2009 Ed. (3407)
2010 Ed. (3342)
2011 Ed. (3249, 3297, 3301)
2012 Ed. (3280, 3281, 3284)
Scor Reinsumace Group
1992 Ed. (3660)
SCOR SA
1994 Ed. (3042)
1995 Ed. (3088)
1996 Ed. (3188)
1997 Ed. (3293)
2010 Ed. (1382)
SCOR SE
2012 Ed. (3279)
2013 Ed. (3353, 3358)
2014 Ed. (3352, 3369, 3371)
2016 Ed. (3277, 3279)
Scor SE
2013 Ed. (3354)
2015 Ed. (3402, 3404)
2016 Ed. (3275)
SCOR U.S. Group
1999 Ed. (2964)
Score
1990 Ed. (3634)
1993 Ed. (3608)
1998 Ed. (3025)
2005 Ed. (52)
Score Board
1992 Ed. (2362, 2363, 2367, 3988, 3989, 3991)
1993 Ed. (2007, 3334)
1994 Ed. (2016, 3324)
Scoresby
1990 Ed. (3111)
1991 Ed. (2932)
1992 Ed. (3808)
1993 Ed. (3104, 3109)
1994 Ed. (3148, 3153)
1995 Ed. (3193, 3197)
1996 Ed. (3290, 3295, 3297, 3298)
1997 Ed. (2662, 3387, 3392, 3393, 3395)
1998 Ed. (2394, 3163, 3164)
2001 Ed. (4163)
2002 Ed. (4173)
2003 Ed. (4306)
2004 Ed. (4316)
Scorpio Mining Corp.
2013 Ed. (1520)
Scor/UAP Reinsurance
1991 Ed. (2132)
Scot Life European
1992 Ed. (3203)
Scot; Mark
1990 Ed. (3330, 3341, 3342)
1991 Ed. (3172)
Scotch
1989 Ed. (2634)
1992 Ed. (3460, 3461)
2000 Ed. (749)
2001 Ed. (3124, 3125, 3150)
2002 Ed. (3132, 3133, 3142, 3167, 3168, 3169, 3170)
2005 Ed. (2753)
2016 Ed. (26)
Scotch Brite
1995 Ed. (993)
Scotch Magic
2016 Ed. (26)

Scotch Magic Tape 1/2 x 450
1990 Ed. (1544)
Scotch Manufacturing
2016 Ed. (894)
Scotch & soda
1990 Ed. (1074)
Scotch T-120 3 pack
1992 Ed. (1849)
Scotch T-120 VHS Blank Video Cassette
1990 Ed. (1545)
Scotch - UD USA
2000 Ed. (3871)
Scotch - UDV USA
2001 Ed. (4167, 4170)
2002 Ed. (4185)
Scotch VHS tape T-120EG
1992 Ed. (1848)
Scotch whiskey
1990 Ed. (1578)
1999 Ed. (1933, 1934)
2002 Ed. (3143)
Scotch/3M
1992 Ed. (4131)
1993 Ed. (2853, 3446, 3447)
1994 Ed. (3428, 3429)
1995 Ed. (679, 3507)
1996 Ed. (749, 750, 3034, 3583, 3584)
1997 Ed. (680, 681, 3115, 3116, 3625)
1998 Ed. (475, 476, 841, 2848, 2849, 3399, 3400)
1999 Ed. (735, 736, 3824, 3825, 4469, 4470)
Scotes, Kindsvatter & Associates
2000 Ed. (2991)
2001 Ed. (3156)
Scotia
2003 Ed. (3620)
2010 Ed. (683)
Scotia Bank
2007 Ed. (432)
Scotia Canadian Dividend
2006 Ed. (3662)
Scotia Canadian Growth Fund
2009 Ed. (3805)
Scotia Canadian Income
2001 Ed. (3460)
Scotia Capital
2007 Ed. (3282, 4660, 4661)
2008 Ed. (3401)
2009 Ed. (3459)
2010 Ed. (3396)
2012 Ed. (3328)
2013 Ed. (3413)
2014 Ed. (3410)
Scotia Discount Brokerage
2002 Ed. (813, 814, 815, 817, 818)
Scotia Group Jamaica
2012 Ed. (332)
2013 Ed. (406)
Scotia Inverlat
2007 Ed. (763)
2008 Ed. (739)
2010 Ed. (682)
Scotia iTrade
2012 Ed. (579)
2013 Ed. (715)
2014 Ed. (738)
Scotia Mcleod Inc.
1990 Ed. (811)
Scotia Mortgage Corp.
2007 Ed. (4859)
2008 Ed. (4782)
2009 Ed. (4814)
2010 Ed. (4831)
Scotiabank
1994 Ed. (447)
1995 Ed. (439)
1996 Ed. (467)
1997 Ed. (429)
1999 Ed. (488, 3706, 3707)
2000 Ed. (482, 3413, 3415)
2008 Ed. (645)
2011 Ed. (561, 2675)
2012 Ed. (1231)
2013 Ed. (537, 538, 539, 542, 543, 645, 1350, 1492, 1494, 1500, 1503, 1511, 1518, 1519, 1536, 2682)
2014 Ed. (553, 554, 558, 659, 1286, 1460, 1461, 1462, 1467, 1474, 1479, 1486, 1487, 2636)
2015 Ed. (616, 617, 618, 620, 621, 720, 752, 1516, 1517, 1522, 1530, 1535, 1542, 1543, 1544, 1823, 2679, 4563, 4564)
2016 Ed. (522, 523, 560, 561, 562, 564, 567, 659, 1457, 1458, 1459,

1470, 1477, 1482, 1483, 2606, 4490, 4491)
Scotiabank Bahamas
2014 Ed. (421, 422)
2015 Ed. (478, 479)
2016 Ed. (430, 431)
Scotiabank--Bank of Nova Scotia
2013 Ed. (4516)
Scotiabank Barbados
2013 Ed. (406)
2014 Ed. (422)
2015 Ed. (479)
2016 Ed. (431)
Scotiabank (Belize)
2007 Ed. (404)
2008 Ed. (386)
Scotiabank Belize
2014 Ed. (419)
2015 Ed. (476)
Scotiabank Chile
2013 Ed. (506)
2014 Ed. (517)
2015 Ed. (582)
2016 Ed. (529)
Scotiabank Costa Rica
2013 Ed. (1535, 1582)
2015 Ed. (586)
2016 Ed. (533)
Scotiabank de Costa Rica
2005 Ed. (482)
2007 Ed. (425, 426)
2008 Ed. (400)
2011 Ed. (325)
2012 Ed. (338)
2013 Ed. (511)
Scotiabank El Salvador
2004 Ed. (483)
2007 Ed. (435, 436)
2008 Ed. (406)
2012 Ed. (341)
2013 Ed. (512, 1535, 1596)
2014 Ed. (525)
2015 Ed. (589)
2016 Ed. (535)
Scotiabank Group
2014 Ed. (1491)
2015 Ed. (1548)
2016 Ed. (1486)
Scotiabank Guatemala
2013 Ed. (1535, 1669)
Scotiabank Inverlat
2004 Ed. (3025, 3026)
2006 Ed. (500)
2008 Ed. (465)
Scotiabank Inverlat; GF
2007 Ed. (520)
2008 Ed. (476)
2009 Ed. (503)
2010 Ed. (486)
2011 Ed. (414)
Scotiabank Inverlat SA
2013 Ed. (517)
2014 Ed. (530)
2015 Ed. (595)
2016 Ed. (540)
Scotiabank Jamaica
2014 Ed. (422)
2015 Ed. (479)
Scotiabank Jamaica Trust & Merchant Bank Ltd.
1993 Ed. (541)
1994 Ed. (543)
1996 Ed. (572)
Scotiabank Mexico
2013 Ed. (1849)
Scotiabank Panama
2013 Ed. (1993)
The Scotiabank Pension Plan
2009 Ed. (3928)
Scotiabank Peru
2010 Ed. (499)
2011 Ed. (429)
2013 Ed. (2012)
2014 Ed. (533, 1944)
2015 Ed. (598)
2016 Ed. (543)
Scotiabank Puerto Rico
2013 Ed. (2022)
Scotiabank Republica Dominicana
2013 Ed. (1534, 1594)
Scotiabank Sud Americano
2007 Ed. (418)
2009 Ed. (419)
2010 Ed. (395)
2011 Ed. (320)
Scotiabank Trinidad & Tobago
2000 Ed. (675)
2002 Ed. (4678, 4679)
2010 Ed. (531)
2011 Ed. (317, 460)

2012 Ed. (332)
2013 Ed. (406, 407)
2014 Ed. (422)
2015 Ed. (479, 480)
2016 Ed. (431, 432)
Scotiabank—Bank of Nova Scotia
2003 Ed. (473, 594, 1392)
2004 Ed. (460, 499, 1425, 1668, 1670)
2005 Ed. (473, 1436, 1443, 1719, 1720, 1723, 3491, 3943, 4578, 4579)
2006 Ed. (423, 1451, 1598, 1600, 1612, 1618, 1619, 1620, 1621, 1626, 1628, 3232, 4491)
2007 Ed. (412, 414, 532, 1445, 1617, 1618, 1625, 1627, 1633, 1634, 1639, 1641, 1644, 1645, 1647, 1712, 1720, 1727, 4575)
2008 Ed. (391, 392, 486, 1615, 1624, 1627, 1641, 1642, 1645, 1647, 1649, 1652, 1655, 1741, 1748, 1749, 4531)
2009 Ed. (414, 415, 416, 475, 513, 1549, 1550, 1551, 1552, 1563, 1567, 1568, 1570, 1572, 1574, 1575, 1577, 1578, 2720)
2010 Ed. (391, 392, 493, 1381, 1542, 1544, 1545, 1550, 1553, 1555, 1558, 1559, 1561, 1562, 1569)
2011 Ed. (315, 316, 423, 1379, 1416, 1544, 1546, 1553, 1557, 1559, 1560, 1565)
2012 Ed. (330, 331, 1237, 1389, 1391, 1397, 1402, 1404, 1405, 4566)
ScotiaMcLeod
1991 Ed. (1588)
1993 Ed. (1659)
1994 Ed. (1681)
1995 Ed. (3273)
Scotland
1995 Ed. (1249)
1996 Ed. (1218)
2000 Ed. (1321)
Scotland Electronics (International) Ltd.
2002 Ed. (2497)
Scotmedia
1995 Ed. (2894)
Scotsburn Co-operative Services
2006 Ed. (1401)
2007 Ed. (1434)
2008 Ed. (1385)
Scotsman
2002 Ed. (233)
Scotsman Ice Systems
2008 Ed. (3563)
Scott
1997 Ed. (3754)
1999 Ed. (1372, 1375, 3772)
2003 Ed. (3719, 3735, 4668, 4759, 4760)
2005 Ed. (4720)
2006 Ed. (4773)
2007 Ed. (4781)
2008 Ed. (3857, 4697, 4698)
2009 Ed. (3194, 4740)
2010 Ed. (4749)
2014 Ed. (3803, 4741)
2015 Ed. (3826, 4762, 4763)
2016 Ed. (4665, 4666)
Scott 1000
1998 Ed. (2669)
Scott A. Edmonds
2009 Ed. (2664)
2010 Ed. (2565)
Scott A. McGregor
2011 Ed. (842)
Scott; Adam
2014 Ed. (198)
Scott Air Force Base
2016 Ed. (1652, 1825)
Scott Barry
2011 Ed. (3361)
Scott Baynes
2012 Ed. (810)
Scott Blum
2005 Ed. (2453)
Scott Boras
2003 Ed. (221, 225)
Scott Buick
1996 Ed. (266)
Scott Builders Inc.
2014 Ed. (1145, 1146)
Scott Byron & Co.
2011 Ed. (3426)
2012 Ed. (3439)
2013 Ed. (3459)
2014 Ed. (3459)
2015 Ed. (3465)

2016 Ed. (3326)
Scott C. Donnelly
2011 Ed. (848)
Scott Chisholm
2015 Ed. (2636)
Scott Choose A Size
2016 Ed. (3737)
Scott Christensen
1999 Ed. (2431)
2000 Ed. (2191)
Scott Claus
2014 Ed. (1152)
Scott Co. of California
1993 Ed. (1140)
1996 Ed. (1135)
1997 Ed. (1163)
1998 Ed. (954)
2000 Ed. (1264)
2003 Ed. (1235, 1238, 1241, 1340)
2004 Ed. (1241, 1244, 1340)
Scott Company of California
2001 Ed. (1481)
Scott Cook
2003 Ed. (805)
The Scott Cos. Inc.
1994 Ed. (1636)
2002 Ed. (1297)
2004 Ed. (1310)
Scott Credit Union
2010 Ed. (2168)
2012 Ed. (2047)
2013 Ed. (2229)
2014 Ed. (2161)
2015 Ed. (2225)
2016 Ed. (2196)
Scott D. Sheffield
2015 Ed. (956)
2016 Ed. (867)
Scott D. Sullivan
2000 Ed. (1051)
Scott Dillon
2012 Ed. (810)
Scott Doepke
2007 Ed. (4161)
Scott Duncan
2014 Ed. (4852)
2015 Ed. (4889)
2016 Ed. (4807)
Scott Edmonds
2006 Ed. (929)
2007 Ed. (1019)
Scott Extra Soft
2015 Ed. (4762)
2016 Ed. (4665)
Scott F. Hartman
2005 Ed. (2516)
2006 Ed. (2530)
Scott Falder Homes
1995 Ed. (1133)
Scott Financial
1996 Ed. (2352)
Scott Flower
1997 Ed. (1895)
1998 Ed. (1666)
1999 Ed. (2256)
2000 Ed. (2037)
Scott Ford
2007 Ed. (1012)
2008 Ed. (940)
Scott, Foreman
1989 Ed. (2275)
Scott G. McNealy
1995 Ed. (1717)
2000 Ed. (1882)
2001 Ed. (2316)
2005 Ed. (983, 2497)
2007 Ed. (1023)
Scott Ginsburg
2011 Ed. (4441)
Scott & Goble Architects PC
2011 Ed. (1940)
2012 Ed. (1803)
Scott; H. B.
1994 Ed. (3546)
Scott Hedrick Construction
2008 Ed. (1294)
2009 Ed. (1277)
Scott Housing Systems, Inc.
1989 Ed. (1999)
Scott Insurance
2011 Ed. (3191)
Scott; Jack
1989 Ed. (2944)
Scott; Jamie
2016 Ed. (1048)
Scott Jr.; H. Lee
2006 Ed. (877, 2627)
2007 Ed. (2503, 2505)
2008 Ed. (944)
2009 Ed. (2660)

Scott Keys
2007 Ed. (385)
Scott Krasik
2011 Ed. (3342, 3346)
Scott Kriens
2002 Ed. (3358)
2003 Ed. (4695)
2006 Ed. (884)
2007 Ed. (975)
Scott; Lee
2005 Ed. (788)
2006 Ed. (689)
Scott Lithgee Ltd.
1991 Ed. (1338)
Scott Livengood
2006 Ed. (2517)
Scott MacDonald
1997 Ed. (1932)
1998 Ed. (1571)
1999 Ed. (2154)
2000 Ed. (1928)
Scott McKee
1996 Ed. (1891)
1999 Ed. (2398)
Scott McNealy
2002 Ed. (1041, 3350)
2003 Ed. (961)
Scott Merlis
1993 Ed. (1778)
1995 Ed. (1850)
1996 Ed. (1828)
1997 Ed. (1857)
Scott Naturals
2015 Ed. (3826)
Scott Nonwovens
1991 Ed. (2620)
1992 Ed. (3271, 3273)
1993 Ed. (2733)
Scott Oswald
1993 Ed. (13)
Scott Paper Co.
1989 Ed. (1465, 1466, 1629, 2113, 2882)
1990 Ed. (1842, 1843, 2128, 2763, 2765)
1991 Ed. (1761, 1763, 1976, 2669, 2672, 2738)
1992 Ed. (1237, 2209, 2211, 3330, 3331, 3335, 3363, 3397, 3457)
1993 Ed. (1385, 1738, 1890, 1892, 2763, 2764, 2851)
1994 Ed. (1439, 1891, 1893, 2722, 2724, 2725, 2729, 2732)
1995 Ed. (1473, 1922, 1923, 2826, 2835, 2874)
1996 Ed. (1245, 1269, 1286, 1958, 1959, 2200, 2904, 2949)
1997 Ed. (1236, 1237, 1238, 1239, 1246, 2019, 2069, 2990)
2003 Ed. (1480)
2004 Ed. (1510)
2005 Ed. (1526)
Scott; Phil
2007 Ed. (3248, 3249)
2008 Ed. (3376)
2009 Ed. (3441)
Scott Pinkus
1993 Ed. (1843)
Scott Printing
1998 Ed. (2924)
Scott Printing Corporation
2000 Ed. (3614)
Scott R. Douglass
1993 Ed. (3444)
Scott R. Henry
2011 Ed. (3368)
Scott Real Estate; John L.
2005 Ed. (4001, 4002)
2006 Ed. (4036, 4037)
2007 Ed. (4076)
Scott Rice
2011 Ed. (1940)
Scott; Richard L.
1996 Ed. (961)
Scott Royster
2006 Ed. (986)
2007 Ed. (1079)
Scott Sandell
2012 Ed. (4820)
2014 Ed. (4829)
2015 Ed. (4864)
Scott Serota
2010 Ed. (3624)
Scott Sign Systems Inc.
1999 Ed. (4813)
Scott Simon
1997 Ed. (1953)
Scott; Sir Ridley & Tony
2005 Ed. (4891)
Scott Skiles

2013 Ed. (545)
Scott Smith
1991 Ed. (1677)
1993 Ed. (1806)
1994 Ed. (1789, 1831)
1995 Ed. (1795, 1828)
Scott & Sons Maintenance Inc.
1994 Ed. (2533)
1995 Ed. (2592)
1996 Ed. (2662)
Scott Stern
1999 Ed. (2838)
Scott & Stringfellow Inc.
1993 Ed. (3178)
Scott Sullivan
2000 Ed. (1050)
Scott T. Ford
2007 Ed. (1033)
Scott Technologies, Inc.
2001 Ed. (268)
Scott Technology Group
2012 Ed. (1367)
2014 Ed. (1417)
2015 Ed. (1477)
Scott; Tom
2008 Ed. (4006)
Scott Van Winkle
2011 Ed. (3351)
Scott; Vivian
1997 Ed. (2705)
Scott; Walter
2011 Ed. (4844)
Scott Waxman
2012 Ed. (3319)
Scott & White Health Plan
1999 Ed. (2650)
Scott & White Hospital
1990 Ed. (2051)
Scott & White Memorial Hospital & Clinic
1999 Ed. (2988)
Scott Wilkins
1996 Ed. (1900)
Scott Wilson
2000 Ed. (1820)
2003 Ed. (2314)
Scott Wilson Kirkpatrick
1992 Ed. (1961)
Scott Wine
2014 Ed. (941)
2015 Ed. (959)
Scottie Pippen
2003 Ed. (296)
Scotties
1992 Ed. (4300)
1993 Ed. (3579)
1994 Ed. (3539)
1995 Ed. (3617)
1996 Ed. (3694, 3695)
1998 Ed. (3573)
1999 Ed. (4603)
2000 Ed. (4254)
2001 Ed. (4547)
2002 Ed. (4626)
2003 Ed. (4740, 4741)
2005 Ed. (4700)
2006 Ed. (4755)
2007 Ed. (4761)
2008 Ed. (4684, 4685)
2009 Ed. (4725)
2010 Ed. (4734)
2016 Ed. (3733)
Scottish Amicable
1992 Ed. (2679)
Scottish and Universal Investments Ltd.
1990 Ed. (1412)
1991 Ed. (1337)
Scottish Courage Ltd.
2002 Ed. (34)
Scottish Eastern
1991 Ed. (2259)
1992 Ed. (3204)
1993 Ed. (2700)
1994 Ed. (2647)
1995 Ed. (2748)
Scottish Equitable
1997 Ed. (2539)
Scottish Equitable Far East
1994 Ed. (2648)
Scottish Equitable Life Assurance Society
1990 Ed. (2280)
Scottish Equitable plc
2004 Ed. (2607)
Scottish Exhibition & Conference Centre
2002 Ed. (4344)
2006 Ed. (1154)
2010 Ed. (1132)
2011 Ed. (1076)
2012 Ed. (1000)

Scottish Ice Rink
  1990 Ed. (3464)
Scottish Inns
  1992 Ed. (2493)
  1998 Ed. (2015, 2021)
Scottish Investment
  1990 Ed. (2398)
  1991 Ed. (2259)
  1992 Ed. (3204)
  1993 Ed. (2700)
  1994 Ed. (2647)
  1995 Ed. (2748)
  1997 Ed. (2920)
Scottish Mortgage
  1990 Ed. (2398)
  1991 Ed. (2259)
  1992 Ed. (3204)
  1993 Ed. (2700)
  1994 Ed. (2647)
  1995 Ed. (2748)
  1996 Ed. (2816)
  1997 Ed. (2920)
Scottish Mutual North American
  1992 Ed. (3208)
Scottish National Cap
  1999 Ed. (3584)
  2000 Ed. (3306)
Scottish & Newcastle
  1990 Ed. (1412)
  1993 Ed. (750, 1389)
  1995 Ed. (641)
  1997 Ed. (2670)
  1999 Ed. (1728)
Scottish & Newcastle Breweries PLC
  1991 Ed. (1337)
Scottish & Newcastle plc
  2001 Ed. (1027, 2468, 2490)
  2002 Ed. (2305)
  2004 Ed. (44, 2653)
  2005 Ed. (38, 1552, 1571, 3295)
  2006 Ed. (45, 571, 1220)
  2007 Ed. (610, 617, 1328)
  2008 Ed. (4204)
  2010 Ed. (4267)
Scottish Office
  2002 Ed. (42)
Scottish Power
  1993 Ed. (1389, 1861)
  1995 Ed. (3208)
  1999 Ed. (1639)
  2006 Ed. (2368, 2369)
Scottish Power plc
  2001 Ed. (2220)
  2003 Ed. (4610)
  2007 Ed. (2300, 2307)
  2008 Ed. (1431)
Scottish Power PLC-UK
  2000 Ed. (1329)
Scottish Power U.K. plc
  2001 Ed. (3949)
Scottish Provincial Press Group
  2002 Ed. (3517)
Scottish Radio
  1999 Ed. (3982)
Scottish Re
  2008 Ed. (3290, 3292)
  2009 Ed. (3349, 3352)
  2010 Ed. (3288, 3291)
Scottish Re Group Ltd.
  2008 Ed. (4535)
  2009 Ed. (1395)
Scottish Reinsurance U.S. Inc.
  2009 Ed. (3360, 3365)
Scottish & Southern Energy
  2005 Ed. (2308)
  2006 Ed. (2368, 2369)
  2013 Ed. (2453)
  2015 Ed. (2454, 2460)
  2016 Ed. (2400, 2405, 2406)
Scottish & Southern Energy plc
  2005 Ed. (2305)
  2006 Ed. (1682)
  2007 Ed. (2300, 2302, 2307)
  2008 Ed. (2430, 2431, 2433, 2817)
  2009 Ed. (2433, 2434, 2437)
  2010 Ed. (2351, 2352, 2353, 2356,
    2430, 2815)
  2011 Ed. (2106, 2346, 2349, 2352,
    2426, 2434, 2801)
  2012 Ed. (1597, 2256, 2262, 2274,
    2347, 2357)
  2013 Ed. (2430, 2434, 2450, 2530)
  2014 Ed. (2366, 2369)
  2015 Ed. (2432, 2435)
  2016 Ed. (2378, 2382)
Scottish Telecom
  2000 Ed. (4196, 4199, 4200, 4201)
Scottish Television PLC
  1990 Ed. (1413)
  1991 Ed. (1338)

Scottish TV
  1997 Ed. (1418)
Scottish Widows
  1992 Ed. (2679)
  1995 Ed. (2395, 2397)
  2000 Ed. (2803, 2807)
Scottish Widows Fund & Life Assurance
  Society
  1990 Ed. (2242, 2280)
  2002 Ed. (40)
Scottish Widows Investment Partnership
  2005 Ed. (3213)
Scottissue
  1992 Ed. (4308)
  1993 Ed. (3585)
  1994 Ed. (3549)
  1996 Ed. (3705)
Scotto; Daniel
  1993 Ed. (1841)
  1997 Ed. (1926)
Scottowels
  1992 Ed. (3337)
  1994 Ed. (2733)
  1996 Ed. (2907)
Scottrade
  2013 Ed. (2479)
Scottrade Bank
  2010 Ed. (3155)
  2011 Ed. (287, 3121, 4369)
  2012 Ed. (3056, 4409)
  2013 Ed. (3137, 4382)
  2014 Ed. (3138)
  2015 Ed. (339, 3198)
  2016 Ed. (334, 3055)
Scottrade Elite
  2007 Ed. (762)
Scottrade Financial Services Inc.
  2014 Ed. (2671)
Scottrade Inc.
  2001 Ed. (4200)
  2005 Ed. (755, 758, 2205)
  2006 Ed. (661, 2267)
  2007 Ed. (758, 759, 761, 2203)
  2008 Ed. (731, 737, 2340)
  2009 Ed. (1906, 2328, 2455, 2762)
  2010 Ed. (1841, 2257, 3174, 3372,
    4781)
  2011 Ed. (609, 1418, 1872, 2264,
    2378, 2399, 2400, 2675, 3434)
  2012 Ed. (580, 1256, 1258, 1728,
    2132, 2331, 3447)
  2013 Ed. (716, 1891, 2339, 3467)
  2014 Ed. (739, 740, 1824, 2670)
  2015 Ed. (3247)
The Scotts Co.
  1994 Ed. (1753)
  1995 Ed. (1784)
  1996 Ed. (819)
  1997 Ed. (1844)
  1998 Ed. (1553, 2341, 2342)
  1999 Ed. (3167, 3168)
  2000 Ed. (1914, 2913)
  2001 Ed. (1208)
  2005 Ed. (945)
  2006 Ed. (868)
Scott's Hospitality Inc.
  1990 Ed. (2083, 2084)
  1992 Ed. (2487)
  1993 Ed. (1504)
Scotts Lawn Service
  2002 Ed. (3065)
  2003 Ed. (3196)
  2004 Ed. (3242)
  2005 Ed. (3267, 3268)
  2006 Ed. (3253, 3254)
  2007 Ed. (3331, 3332)
  2008 Ed. (3432, 3433)
  2009 Ed. (3506, 3507)
  2010 Ed. (3436)
  2011 Ed. (3424, 3426, 3427, 3428,
    3429, 3431, 3432)
  2012 Ed. (3439, 3440, 3441, 3442,
    3444, 3445)
  2013 Ed. (3458, 3459, 3460, 3461,
    3462, 3465)
  2014 Ed. (3455, 3458, 3459, 3460,
    3461, 3462, 3465)
  2015 Ed. (3478, 3480, 3483)
  2016 Ed. (3322)
Scotts LawnService
  2013 Ed. (3464)
  2014 Ed. (3464)
  2015 Ed. (3482)
  2016 Ed. (3331)
Scott's Liquid Gold
  2003 Ed. (980, 990, 993)
  2008 Ed. (980)
The Scotts Miracle-Gro Co.
  2007 Ed. (921, 930, 957)
  2008 Ed. (3872)

  2009 Ed. (2339)
Scott's Peek 'n Peak LLC
  2015 Ed. (1984)
  2016 Ed. (1951)
Scott's Restaurants Inc.
  2001 Ed. (4085)
Scott's Seafood
  2001 Ed. (4052)
Scott's Transport
  2002 Ed. (3787)
  2003 Ed. (3957)
Scottsbluff National Bank & Trust Co.
  1989 Ed. (214)
Scottsbluff, NE
  2010 Ed. (4272)
  2011 Ed. (4203)
Scottsdale, AZ
  1995 Ed. (874)
  1999 Ed. (1174, 3851)
Scottsdale Community College
  2012 Ed. (2211)
Scottsdale Healthcare Corp.
  2007 Ed. (1574)
  2008 Ed. (1557)
  2009 Ed. (1483)
  2011 Ed. (1471)
  2012 Ed. (1311)
  2013 Ed. (1411)
  2014 Ed. (1362)
  2015 Ed. (1437)
Scottsdale Healthcare Osborn Medical
  Center
  2014 Ed. (1362)
  2015 Ed. (1437)
  2016 Ed. (1360)
Scottsdale Healthcare Shea
  2006 Ed. (2917)
  2011 Ed. (3046)
  2012 Ed. (2983)
Scottsdale Insurance Co.
  1991 Ed. (2087)
  1992 Ed. (2648)
  1993 Ed. (2191)
  1994 Ed. (2240)
  1995 Ed. (2288)
  1996 Ed. (2293)
  1997 Ed. (2428)
  1998 Ed. (2145)
  1999 Ed. (2926)
  2001 Ed. (2927, 2928)
  2002 Ed. (2876)
  2004 Ed. (3089)
  2005 Ed. (3095)
  2006 Ed. (3099)
  2008 Ed. (3262)
  2009 Ed. (3322)
  2010 Ed. (3258, 3259, 3260, 3261)
  2011 Ed. (3222, 3223)
  2012 Ed. (3191, 3192)
  2013 Ed. (3260, 3261)
  2014 Ed. (3288, 3289)
  2015 Ed. (3337)
  2016 Ed. (3197, 3198)
Scottsdale Jaguar
  1990 Ed. (316)
Scottsdale/Mesa/Phoenix, AZ
  1992 Ed. (3291)
Scottsdale/Sun City, AZ
  1990 Ed. (999, 1001, 2484)
  1991 Ed. (939)
Scotty's Inc.
  1990 Ed. (841, 2024, 2025)
  1991 Ed. (804)
  1993 Ed. (778)
  1994 Ed. (796)
  1995 Ed. (848)
  1998 Ed. (1973)
  2001 Ed. (2728, 2729)
The Scoular Co.
  2009 Ed. (220, 4154)
  2010 Ed. (201, 4085)
  2011 Ed. (123, 4058)
  2012 Ed. (130, 4090)
  2013 Ed. (1904, 2715)
  2014 Ed. (1836, 2701)
  2015 Ed. (1874, 2747)
  2016 Ed. (1838)
Scoular Grain Co.
  1990 Ed. (1947)
  1991 Ed. (1858)
Scouring pads
  2002 Ed. (2707)
Scouring pads/brillo pads
  1994 Ed. (978)
Scout International
  2011 Ed. (3737, 4538)
Scout Worldwide
  1999 Ed. (3517)
  2000 Ed. (3311)
Scout Worldwide Fund

  1998 Ed. (409)
Scovanner; Douglas
  2006 Ed. (951)
  2007 Ed. (1046)
  2010 Ed. (2568)
Scozzafava; Ralph
  2011 Ed. (2974)
SCP Distributors LLC
  2007 Ed. (1858)
SCP Pool Corp.
  2004 Ed. (4093, 4094)
  2005 Ed. (4028, 4029)
  2007 Ed. (1858, 4108, 4162, 4563)
SCP Private Equity Partners
  1998 Ed. (3667)
SCP Private Equity Partners LP
  1999 Ed. (4708)
  2000 Ed. (1535)
SCP Sakonnet
  2011 Ed. (2882)
SCRA
  2013 Ed. (2045)
Scrabble
  1991 Ed. (1784)
  2011 Ed. (4960)
Scramble system
  2002 Ed. (4724)
Scranton-Lackawanna Industrial Building Co.
  2002 Ed. (1493)
Scranton; University of
  1992 Ed. (1269)
  1997 Ed. (1053)
  2008 Ed. (1086)
  2009 Ed. (1060)
  2010 Ed. (1028)
Scranton-Wilkes Barre, PA
  2009 Ed. (4778)
Scranton-Wilkes-Barre, PA
  2013 Ed. (3543)
Scream
  1999 Ed. (4719, 4720)
Screaming Flea Productions
  2011 Ed. (2618, 4671)
Screen Innovations
  2016 Ed. (238)
The Screen Machine
  2002 Ed. (4906)
  2003 Ed. (4941)
  2005 Ed. (4923)
Screen printing
  2001 Ed. (3905)
The Screenmobile
  2002 Ed. (4906)
  2003 Ed. (4941)
  2004 Ed. (4944)
  2005 Ed. (4923)
  2006 Ed. (2323)
  2007 Ed. (2254)
  2008 Ed. (2391)
  2009 Ed. (2372)
  2010 Ed. (2296)
  2011 Ed. (2294)
  2012 Ed. (2190)
  2013 Ed. (3114)
  2014 Ed. (3113)
  2015 Ed. (3176)
  2016 Ed. (3030)
Screens Entertainment
  1997 Ed. (3841)
Screenscape Networks Inc.
  2014 Ed. (1472)
  2015 Ed. (1527)
ScreenWorks USA
  2012 Ed. (823)
Screg SA
  1992 Ed. (1372)
  1993 Ed. (1099)
  1995 Ed. (1137)
Screwdriver
  1990 Ed. (1074)
Scribble Technologies Inc.
  2014 Ed. (2875)
Scribendi
  2014 Ed. (641)
Scribner
  2008 Ed. (625)
  2009 Ed. (645)
  2012 Ed. (529)
  2013 Ed. (630)
Scribner; Sherri
  2011 Ed. (3349)
Scrip Plus
  1999 Ed. (1184, 4321)
ScripNet Inc.
  2004 Ed. (3943)
  2006 Ed. (3086)
  2010 Ed. (5001)
  2011 Ed. (3210)
  2012 Ed. (3975)

Scripps Clinic and Research Foundation
1993 Ed. (890)
Scripps; E. W.
1991 Ed. (2783)
1992 Ed. (2980)
1993 Ed. (1292)
1994 Ed. (2977)
1995 Ed. (3038)
1996 Ed. (2846, 3140, 3142)
1997 Ed. (2716, 3220)
Scripps family
2002 Ed. (3363)
2006 Ed. (4897)
Scripps Foundation for Medicine & Science
2003 Ed. (1626)
2004 Ed. (1658)
Scripps Green Hospital
2004 Ed. (2907)
2006 Ed. (2919, 2922)
2008 Ed. (3062)
2011 Ed. (3050)
2012 Ed. (2987)
2013 Ed. (3077)
2014 Ed. (3080)
Scripps Health
2007 Ed. (201)
2009 Ed. (205, 1532, 2492)
2010 Ed. (186)
2011 Ed. (991, 1418, 1419, 3672, 4970)
2012 Ed. (915, 2154, 4960)
2013 Ed. (92, 1062, 2358, 4968)
2014 Ed. (2890, 4977)
2015 Ed. (1365, 1478, 2933)
2016 Ed. (2868)
Scripps Howard
1990 Ed. (2689)
1993 Ed. (752)
1994 Ed. (757)
1995 Ed. (715)
1997 Ed. (871)
Scripps Howard Broadcasting
1989 Ed. (782)
2007 Ed. (4741)
2008 Ed. (4662)
Scripps Institutions of Medicine & Science
2001 Ed. (1652)
Scripps; James George
1995 Ed. (938)
Scripps Memorial Hospital Foundation
1995 Ed. (933, 938)
Scripps Mercy Hospital
2006 Ed. (2923)
Scripps Networks Interactive
2011 Ed. (718)
2012 Ed. (662)
2013 Ed. (805)
2014 Ed. (2021)
2015 Ed. (2064)
2016 Ed. (2031)
Scripps Research Institute
1994 Ed. (1901)
2005 Ed. (2270)
ScrippsHealth
1999 Ed. (2993)
The Script
2012 Ed. (3737)
ScriptLogic
2007 Ed. (1224)
Scripto
1992 Ed. (4132)
1993 Ed. (3446)
1994 Ed. (3428)
1997 Ed. (3625)
2016 Ed. (3356)
Scripto Aim 'n Flame II
2016 Ed. (3356)
Scripto Tokai
2016 Ed. (3358)
Scripto Views
2016 Ed. (3356)
Scrivner Inc.
1990 Ed. (1957, 3495)
1991 Ed. (1862, 3253, 3255)
1992 Ed. (2351, 4165)
1993 Ed. (1998, 3488, 3490)
1994 Ed. (1991, 1997, 1999, 2000, 2939, 3658)
1995 Ed. (2050, 2056)
Scrod
1995 Ed. (3198)
Scrooge; Ebeneezer
2010 Ed. (624)
Scrooge McDuck
2007 Ed. (682)
2008 Ed. (640)
2009 Ed. (657)
2010 Ed. (624)

2011 Ed. (559)
2012 Ed. (540)
2015 Ed. (4905)
Scrub Free
2001 Ed. (1238)
Scrubbers/massagers
2004 Ed. (660)
Scrubbers/strippers
2001 Ed. (3831)
Scrubbing Bubbles
2015 Ed. (990)
Scrubs
2004 Ed. (4692)
2005 Ed. (4665)
Scruggs; Samuel D.
2008 Ed. (2630)
Scrumpy Jack
2002 Ed. (1050)
Scrushy; Richard M.
1996 Ed. (962)
SCS Capital Management
2011 Ed. (3333)
SCS Engineers
2000 Ed. (1855)
2001 Ed. (2300)
2002 Ed. (1258)
2003 Ed. (1268)
SCS Environmental Group LLC
2008 Ed. (3717)
SCS Group L.C.
1999 Ed. (1367)
SCS Holding A
1992 Ed. (1445)
SCS Transportation
2005 Ed. (4778, 4779)
2006 Ed. (4854)
2007 Ed. (4857)
2008 Ed. (4763, 4780)
SCSK
2016 Ed. (986)
SCSK Corp.
2015 Ed. (1102)
2016 Ed. (1013)
SCTV--PP
2001 Ed. (42)
Scudder
1999 Ed. (3524, 3527)
Scudder Capital Growth
1990 Ed. (2370)
1991 Ed. (2556)
Scudder Development
1997 Ed. (2864)
2004 Ed. (3597, 3598)
Scudder Dreman High Return
2006 Ed. (3631)
Scudder-Dreman High Return Equity
2004 Ed. (3578)
2005 Ed. (4480)
2006 Ed. (4556)
Scudder Emerging Markets
2008 Ed. (583)
Scudder Emerging Markets Income
1999 Ed. (3581)
Scudder Equity 500 Index-Investment
2007 Ed. (3666)
Scudder Funds
1992 Ed. (3157, 3181)
1994 Ed. (2612)
1995 Ed. (2702)
Scudder Funds High Income
2006 Ed. (628)
Scudder Funds High Income Opportunity
2006 Ed. (628)
Scudder Global
1993 Ed. (2661, 2692)
1994 Ed. (2646)
1995 Ed. (2743)
1996 Ed. (2805)
2002 Ed. (3438)
Scudder Global Bond
2000 Ed. (3292)
Scudder Global Discovery
1999 Ed. (3551)
Scudder Global International Bond
1992 Ed. (3170, 3173, 3194)
Scudder Global Small Co.
1996 Ed. (2805)
Scudder GNMA
1994 Ed. (2642)
1995 Ed. (2744)
1996 Ed. (2810)
Scudder Gold
1993 Ed. (2681)
Scudder Gold & Precious Metals
2004 Ed. (3594)
2005 Ed. (3559, 3560, 3561)
2006 Ed. (3637, 3638, 3639, 3657)
Scudder Greater Europe Growth
1999 Ed. (3512, 3567)

2000 Ed. (3278)
2004 Ed. (3646)
Scudder Growth & Income
2002 Ed. (2159)
Scudder Health Care
2002 Ed. (4504)
Scudder High Income
2006 Ed. (625)
Scudder High-Yield Tax Free
1990 Ed. (2377)
1994 Ed. (2611, 2622, 2644)
1995 Ed. (2746, 3542)
1996 Ed. (2812)
1999 Ed. (3571, 3572)
2000 Ed. (769)
Scudder Horizon Plan-2
1997 Ed. (3816)
Scudder Income
1994 Ed. (2600)
Scudder Institution Tax-Free Port
1996 Ed. (2672)
Scudder Institutional Cash Portfolio
1994 Ed. (2541)
Scudder Institutional T-F Portfolio
1992 Ed. (3097)
1994 Ed. (2540, 2544)
Scudder International
1989 Ed. (1850)
1990 Ed. (2393)
1991 Ed. (2558)
2004 Ed. (3644)
2006 Ed. (3673)
Scudder International Bond
1992 Ed. (3151, 3163, 3180, 3184, 3185, 3194)
1994 Ed. (2607, 2645)
1995 Ed. (2681)
1996 Ed. (2809)
2000 Ed. (3292)
Scudder International Fund
2002 Ed. (2163)
Scudder Int'l Bond
1996 Ed. (2765)
Scudder Kemper
1999 Ed. (3054, 3105, 3109)
2000 Ed. (2850)
Scudder Kemper Investments
2000 Ed. (2775, 2845, 2851, 2853, 2855)
2001 Ed. (3453)
Scudder Latin America
1998 Ed. (2636)
2003 Ed. (3619)
2007 Ed. (3663, 3672)
Scudder Latin America Fund
1999 Ed. (3564)
Scudder Managed Municipal Bonds
1999 Ed. (758)
Scudder Massachusetts Tax-Free
2004 Ed. (709)
Scudder Medium-Term Tax-Free
1996 Ed. (2812)
Scudder Municipal High-Yield Tax Free
1999 Ed. (755)
Scudder Short-Term Bond
1992 Ed. (3154, 3164)
1995 Ed. (2682)
Scudder, Stevens & Clark
1989 Ed. (2128, 2135, 2144)
1990 Ed. (2327, 2358)
1992 Ed. (2745)
1993 Ed. (2304)
1995 Ed. (2358, 2370, 2383, 2384, 2385)
1996 Ed. (2377, 2402, 2424, 2425, 2426)
1997 Ed. (1353, 2548, 2549, 2550, 2552)
1998 Ed. (2308)
1999 Ed. (3107, 3588)
Scudder Target 2010
2004 Ed. (2448)
Scudder Tax-Free Target 1990
1989 Ed. (1854)
Scudder Technology
2004 Ed. (3569)
Scudder U.S. Bond Index Premier
2004 Ed. (692)
Scudder VL Investment: Mgd. International
1992 Ed. (4378)
Scudder Zero Coupon 2000
1991 Ed. (2562)
1993 Ed. (2676)
1994 Ed. (2609)
Scullcandy
2010 Ed. (1195)
2011 Ed. (1143)
Sculley; John
1991 Ed. (1627)

1992 Ed. (1142, 2050, 2057)
1993 Ed. (1702)
The Scully Cos.
2012 Ed. (4786)
Scully Distribution Services Inc.
2011 Ed. (4781)
2012 Ed. (4795)
Sculpture Hospitality
2016 Ed. (742)
Sculpture kits/supplies
1999 Ed. (4634)
Scunci
2001 Ed. (2631)
2004 Ed. (2784)
2016 Ed. (2840)
Scunci Effortless Beauty
2016 Ed. (2840)
Scunci International
2016 Ed. (2841)
Scunci No Damage
2016 Ed. (2840)
Scunci No Slip Grip
2016 Ed. (2840)
Scunci Style
2004 Ed. (2783)
Scurlock Permian Pipe Line Corp.
1999 Ed. (3834)
Scurry-Rainbow Oil
1992 Ed. (3436)
Scurto Cement Construction
2010 Ed. (1207)
S.D. Deacon Corp.
2000 Ed. (4026, 4027)
SD Medical Credit Union
2010 Ed. (2123)
SD-Scicon
1990 Ed. (1139, 2198)
1991 Ed. (2067)
1992 Ed. (1335)
SDA Bocconi
2005 Ed. (802)
2013 Ed. (760)
2015 Ed. (825)
2016 Ed. (726)
SDA Bocconi School of Management
2007 Ed. (811)
2011 Ed. (681)
2012 Ed. (618)
SDB Inc.
2015 Ed. (1274)
SDC
1997 Ed. (246)
Sderbank Russia
1997 Ed. (603)
SDF Properties
2005 Ed. (1220)
SDI International Corp.
2013 Ed. (2938)
2014 Ed. (2940, 2945, 2952, 2958)
2015 Ed. (2989, 2991, 2993, 3003, 3026)
SDIC Power Holdings
2015 Ed. (3926)
2016 Ed. (2381)
SDI/HTI
1996 Ed. (231)
SDL Inc.
2002 Ed. (1395)
2003 Ed. (1422, 1486, 1513)
2004 Ed. (1516)
2005 Ed. (1510, 1532)
SDL plc
2002 Ed. (1548)
SDM
1989 Ed. (1266, 1267)
1999 Ed. (1926, 1927)
2000 Ed. (1721, 1722)
SDR Technologies Inc.
2003 Ed. (1514)
SDS Bank
1992 Ed. (650)
SDS, Sparkassen
1992 Ed. (2964)
SDS/Infinet
1995 Ed. (2139)
SDV
2016 Ed. (1128)
SDV Solutions
2011 Ed. (1317, 4799)
SDV/Bollore Group
2015 Ed. (2815)
2016 Ed. (2748)
SDV/Bollore Logistics
2014 Ed. (2761, 2762)
2015 Ed. (2813)
2016 Ed. (2746)
SE
2014 Ed. (1554)
SE-Banken
1990 Ed. (555, 3477)

1991 Ed. (669, 3221)
1992 Ed. (2004, 4142)
1996 Ed. (3589, 3590)
1997 Ed. (3636)
SE Banking
1993 Ed. (2715)
SE Solutions Inc.
2008 Ed. (2157)
Sea Air Credit Union
2005 Ed. (2069)
2006 Ed. (2163)
2009 Ed. (2194)
Sea & Air Freight International
2015 Ed. (2123)
Sea Air Space Machining & Molding
2016 Ed. (3451)
Sea Best
2014 Ed. (2793)
Sea-Bond
2003 Ed. (1991, 1992)
2008 Ed. (2324)
Sea Breeze
1996 Ed. (3441)
1998 Ed. (3307, 3309)
2000 Ed. (4036)
2001 Ed. (4293)
Sea Breeze Park
1995 Ed. (216)
SEA CON LLC
2015 Ed. (1195)
Sea Containers Ltd.
1991 Ed. (2587)
2003 Ed. (3635, 4573)
2008 Ed. (353)
Sea Containers U.K. Ltd.
2001 Ed. (3180)
SEA Corp.
2013 Ed. (2024)
Sea Galley Stores Inc.
1990 Ed. (3116)
1991 Ed. (2939)
1992 Ed. (3817)
Sea Gayle Music
2014 Ed. (3717)
SEA Inc.
2001 Ed. (4625)
2005 Ed. (1382)
Sea Island Employees Credit Union
2002 Ed. (1834)
Sea Island, GA
2002 Ed. (2712)
2003 Ed. (974)
Sea-Land
1992 Ed. (3947, 3948, 3949, 3950, 3951)
Sea-Land (Denmark) Transport
2001 Ed. (1680, 4620)
2003 Ed. (1667, 4811)
Sea-Land Freight Service
2003 Ed. (2273)
Sea-Land Service Inc.
1993 Ed. (3298)
1997 Ed. (1147)
1998 Ed. (931, 3293)
1999 Ed. (1351, 4299)
2001 Ed. (1822, 4627)
Sea Lions on Pier 39
1993 Ed. (3594)
Sea & Ski
1990 Ed. (3487)
Sea World
1990 Ed. (265, 266)
1992 Ed. (332, 333)
1996 Ed. (3001)
1997 Ed. (248)
2000 Ed. (296)
Sea World Holiday Bowl
1990 Ed. (1841)
Sea World of California
1990 Ed. (264)
1991 Ed. (239, 3156)
1992 Ed. (331)
1993 Ed. (228)
1994 Ed. (218, 219, 3361)
1995 Ed. (215)
1996 Ed. (219)
1997 Ed. (245, 251)
1998 Ed. (167)
1999 Ed. (268, 272)
Sea World of Florida
1990 Ed. (264, 3325)
1991 Ed. (239, 3156)
1992 Ed. (331)
1993 Ed. (228)
1994 Ed. (218, 219, 3361)
1995 Ed. (215)
1996 Ed. (219)
1997 Ed. (245, 251)
1998 Ed. (167)
1999 Ed. (272, 4622)

Seabiscuit
2005 Ed. (727)
Seabiscuit: An American Legend
2003 Ed. (719)
2004 Ed. (747)
2005 Ed. (724, 728)
Seaboard
2014 Ed. (1310)
Seaboard Corp.
1993 Ed. (2515, 2522, 2523, 2891, 2892, 2893)
1994 Ed. (1873, 1875, 2452, 2453, 2459, 2904, 2905, 2908, 2909)
1995 Ed. (1445, 1896, 2520, 2521, 2526, 2960, 2961, 2962, 2967)
1996 Ed. (1941, 2588, 2591, 3061, 3063, 3064)
1997 Ed. (2036, 2037, 2735, 2736, 3141, 3142, 3143)
1998 Ed. (2895)
2000 Ed. (3059, 3060, 3581, 3582)
2001 Ed. (2725, 3851, 3852)
2002 Ed. (2292, 2300, 3564)
2003 Ed. (2508)
2004 Ed. (2639, 2645, 2756, 2757, 4584, 4589)
2005 Ed. (2630, 2636, 2751, 2752)
2006 Ed. (1831, 1832, 1834, 1835, 2626, 2634)
2007 Ed. (1840, 1841, 1843, 1844, 2596, 2611, 3355, 3356)
2008 Ed. (1873, 1874, 1875, 1877, 2731, 3452, 3453)
2009 Ed. (1828, 1829, 1831, 3525, 3526)
2010 Ed. (1770, 1772, 1774, 2739, 3454, 3455)
2011 Ed. (1784, 3456, 3457, 4551)
2012 Ed. (1637, 1638, 1640, 1641, 1642, 2638)
2013 Ed. (1793, 1794, 1797, 1798, 1799, 2723)
2014 Ed. (1724, 1725, 1726, 2708)
2015 Ed. (1766, 1769, 2754)
2016 Ed. (1720, 1723, 1724, 2684)
Seaboard Farms
2002 Ed. (3727)
2003 Ed. (3899)
2004 Ed. (2663, 3306, 3927)
2005 Ed. (3875)
2006 Ed. (3938)
2007 Ed. (3996)
Seaboard Flour Corp.
2007 Ed. (4819)
2008 Ed. (4746)
2009 Ed. (4775)
Seaboard Foods
2008 Ed. (3614, 4013)
2009 Ed. (4085)
2010 Ed. (3997)
2011 Ed. (3597, 4005)
2012 Ed. (3584, 4000)
2013 Ed. (3639, 4064)
2014 Ed. (4071)
2015 Ed. (4051)
2016 Ed. (3960)
Seaboard Foods Inc.
2016 Ed. (3478)
Seaboard Foods LLC
2015 Ed. (3595)
Seaboard Investment
1991 Ed. (2224, 2228, 2236)
1993 Ed. (2314, 2326)
Seaboard Investment Advisers
1992 Ed. (2754, 2766)
Seaboard Marine
2003 Ed. (1225, 1226, 1227)
Seabord Foods
2010 Ed. (3595)
Seabourn
2013 Ed. (2287, 3101, 3506)
2014 Ed. (2220)
2015 Ed. (2284)
2016 Ed. (2256)
Seabourn Cruise Line Ltd.
2015 Ed. (2148)
Seabridge Gold Inc.
2004 Ed. (1665)
2005 Ed. (1702)
2008 Ed. (249, 1619)
SeaBright Insurance
2007 Ed. (2729)
2008 Ed. (2859)
SeaBright Insurance Holdings
2008 Ed. (2137, 2143)
2009 Ed. (2123)
2010 Ed. (2057, 2063)
2011 Ed. (2112, 2118)
2012 Ed. (1952)
2013 Ed. (2170)

Seabrook Nuclear Generating Station
2005 Ed. (1550)
Seabrook; Raymond
2006 Ed. (983)
SeaChange International
1998 Ed. (1884, 1888)
2003 Ed. (827)
2005 Ed. (4637)
2006 Ed. (4701)
2008 Ed. (1913)
Seacliff Construction
2011 Ed. (1101, 2441)
Seacliff Holdings Ltd.
2009 Ed. (1559)
SeaComm Federal Credit Union
2013 Ed. (1934)
2014 Ed. (1873)
Seacor Holdings Inc.
2007 Ed. (4886)
2008 Ed. (4818, 4819)
2009 Ed. (1670, 2921, 4843, 4844)
2010 Ed. (1626, 4784, 4850)
2011 Ed. (4816, 4817)
2012 Ed. (4835, 4836)
2013 Ed. (4829, 4830)
2014 Ed. (4844, 4845)
2015 Ed. (4882)
2016 Ed. (4799, 4800)
Seacor Smit Inc.
2005 Ed. (4841)
Seacrest; Ryan
2008 Ed. (2584)
2009 Ed. (3765)
2010 Ed. (3698)
2011 Ed. (3692)
2012 Ed. (2448)
2013 Ed. (2604)
2014 Ed. (2531)
2015 Ed. (2604)
2016 Ed. (2528)
SeaDream Yacht Club
2013 Ed. (2287)
2014 Ed. (2220)
2015 Ed. (2284)
Seadrill
2013 Ed. (3916)
2014 Ed. (3861, 3896, 4014)
2015 Ed. (3888)
2016 Ed. (3798)
Seadrill Ltd.
2011 Ed. (1500, 3910)
2012 Ed. (1348, 3895)
2013 Ed. (1533, 2546)
2014 Ed. (1503, 2478)
2015 Ed. (1561, 2552)
2016 Ed. (1496)
Seafield Logistics
2015 Ed. (4805)
SeaFirst Bank, Wash.
1989 Ed. (2159)
Seafirst Ret-Asset Allocation
1998 Ed. (410)
Seafirst Return-Asset Allocation
1996 Ed. (623)
Seafood
1998 Ed. (1768)
2000 Ed. (4146, 4164)
2003 Ed. (3343, 4643)
2004 Ed. (2648)
Seafood Broiler
1990 Ed. (3116)
Seafood, fresh
1994 Ed. (1995)
Seafood products
2002 Ed. (3492)
Seafood spreads
2002 Ed. (1977)
Seafood, Surimi-based
1992 Ed. (3218)
Seaford Credit Union
2012 Ed. (2023)
SeaFrance
2001 Ed. (2414)
Seagate
1989 Ed. (1330, 1331, 1333, 2308)
1999 Ed. (1256, 4490)
Seagate Homes
2004 Ed. (1168)
2005 Ed. (1196)
Seagate Tech
1990 Ed. (2751)
Seagate Technology
2014 Ed. (1711, 4574)
Seagate Technology Holdings
2004 Ed. (4338)
Seagate Technology Inc.
1989 Ed. (970, 971, 974, 977, 1319, 2670)
1990 Ed. (1113, 1118, 1122, 1125,

1299, 1626, 1631, 2202, 2211, 2754, 2997)
1991 Ed. (1024, 1223, 1442, 2077, 2651, 2655, 2660, 2853)
1992 Ed. (1304, 1312, 1314, 1522, 1523, 1832, 1833, 3312, 3319, 3682)
1993 Ed. (1047, 1049, 1052, 1057, 1228, 1740, 2750, 2757, 3004, 3468)
1994 Ed. (1080, 1548, 2205, 2707, 3445, 3446)
1995 Ed. (1087, 2260)
1996 Ed. (1063)
1997 Ed. (1079, 1291, 1293)
1998 Ed. (153, 822, 827, 1050, 2700, 2714)
1999 Ed. (1259, 1268, 1269, 1276, 1502, 1558, 2880, 3470, 3643)
2000 Ed. (282, 960, 1156, 1157, 1165, 1169, 1577, 1760, 3381)
2001 Ed. (1343, 1349, 1350, 1357, 1649, 1879, 3186)
2002 Ed. (1143, 1144, 1145, 2728, 2813)
2003 Ed. (1477, 1513, 1963, 2621, 2894, 2951)
2004 Ed. (1507, 2738)
2005 Ed. (1106, 1113, 1115, 1116, 1523, 2736, 2737, 4249)
2006 Ed. (1101, 1105, 1635, 2061, 3040)
2007 Ed. (1209, 1221, 1550, 1651, 2893, 4695)
2008 Ed. (1113, 1124, 1661, 2395, 3553)
2009 Ed. (1102, 1584, 3100, 3620, 4652)
2010 Ed. (1085, 1570, 3542)
2011 Ed. (1017, 1569, 3541)
2012 Ed. (943, 992, 1578, 1617, 3533)
2013 Ed. (1088, 1133, 1638, 1775)
2014 Ed. (1051, 1094, 1709)
2015 Ed. (1086, 1133, 1751)
2016 Ed. (996, 1045, 1701)
Seagate Technology LLC
2015 Ed. (3095)
Seagate Technology plc
2013 Ed. (3590)
Seagate Technology (Thailand) Ltd.
1991 Ed. (1358)
1992 Ed. (1707)
1993 Ed. (1412)
1994 Ed. (1466)
1995 Ed. (1502)
1997 Ed. (1525)
1999 Ed. (1747)
2002 Ed. (1783)
2004 Ed. (1871)
Seagate Travel
1992 Ed. (4345)
Seagold Vineyards Holding
1991 Ed. (705, 1225)
Seagram Americas
1998 Ed. (1833, 3107, 3686)
1999 Ed. (2591, 3209, 3210, 4123, 4729)
2000 Ed. (2331, 3833, 4358)
2001 Ed. (3119, 3126, 3127, 3128, 3129, 3130)
2002 Ed. (3109, 3151, 3152, 3154, 3155)
2003 Ed. (1034, 2614, 3227, 3229, 3231, 4211, 4310, 4869, 4915, 4916)
2004 Ed. (3283, 3286)
The Seagram Beverage Co.
2003 Ed. (867, 4951)
Seagram Chateau & Estates
2003 Ed. (907)
The Seagram Co. Ltd.
1989 Ed. (191, 1867)
1990 Ed. (1340, 1411, 2449)
1991 Ed. (173, 175, 1183, 1192, 2264)
1992 Ed. (885)
1993 Ed. (152, 678, 682, 684, 686, 697, 1208, 1215, 1288, 1289, 1944, 2428, 2589, 2760, 3056, 3714)
1994 Ed. (681, 683, 685, 686, 690, 694, 695, 696, 697, 699, 700, 701, 702, 703, 704, 1236, 1339, 1340, 2064, 2545, 2717, 3123)
1995 Ed. (152, 645, 646, 647, 650, 651, 652, 656, 657, 660, 1255, 1305, 1365, 3750)
1996 Ed. (759, 3616)
1997 Ed. (169, 246, 661, 662, 664, 665, 666, 667, 668, 669, 670, 671, 672, 1237, 1372, 2805, 2806, 3765)

1998 Ed. (90, 448, 453, 454, 457, 458, 459, 460, 461, 462, 509, 1150, 1167, 2398, 2533, 3738)
1999 Ed. (181, 702, 708, 712, 713, 715, 720, 721, 724, 1592, 1593, 1888, 2484, 3309, 3430, 3444, 4784)
2000 Ed. (211, 718, 721, 723, 724, 725, 726, 728, 730, 732, 1400, 1401, 3154, 4266)
2001 Ed. (36, 360, 698, 699, 1663, 1664, 1665, 2118, 2119, 2120, 2271)
2002 Ed. (235, 1432, 1606, 1607, 1609, 2148, 2149, 2290, 3149, 3184, 3241)
2003 Ed. (259, 671, 673, 1452, 2344, 3636, 3637)
2004 Ed. (676, 4234)
Seagram Coolers
2007 Ed. (263)
Seagram; J. E.
1992 Ed. (882, 884, 1533)
1997 Ed. (656)
Seagram; Joseph E.
1990 Ed. (725)
Seagram & Sons; Joseph E.
1989 Ed. (726, 1058)
1990 Ed. (726, 1325)
1991 Ed. (707, 2664, 2665)
Seagram TV Assets
1999 Ed. (1441)
Seagram USA
1992 Ed. (3322)
Seagram VO
1990 Ed. (2456, 2458, 2460, 2461, 2463)
Seagram Wine Co.
1989 Ed. (2929)
Seagram Wine Coolers
1991 Ed. (3485, 3498, 3501)
Seagram/Diageo Chateau & Estates
2004 Ed. (4974)
Seagrams
1989 Ed. (1895)
1990 Ed. (3691)
1992 Ed. (2288, 2289, 2290, 2291, 4440, 4441)
1993 Ed. (1942, 1947, 1948, 1949, 1950, 3702)
1994 Ed. (3641)
1995 Ed. (1992, 1997, 1998)
1996 Ed. (2017, 2019, 2021, 2022, 2023)
1997 Ed. (2139, 2142, 2143, 2144, 2145, 2666)
1998 Ed. (1834, 1836, 1837)
1999 Ed. (2592, 2594, 2595)
2005 Ed. (2732)
Seagram's 7
1990 Ed. (2451)
Seagram's 7 Crown
1989 Ed. (1895)
1990 Ed. (2445, 2452)
1991 Ed. (2313, 2316, 2318, 2320, 2322, 2328, 2329, 2331, 2332)
1992 Ed. (2868, 2872, 2874)
1993 Ed. (2434, 2436, 2445)
1994 Ed. (2374, 2375, 2384, 2389)
1995 Ed. (2454, 2455, 2456, 2465, 2470, 2471)
1996 Ed. (2505, 2514, 2519, 2520)
1997 Ed. (2646, 2653, 2658, 2659, 2664, 2665, 2666, 2668)
1998 Ed. (2373, 2377, 2387, 2392, 2393, 2394, 2397)
1999 Ed. (3204, 3206, 3232, 3239, 3240, 3241, 3242, 3243, 3246)
2000 Ed. (2972, 2973, 2974, 2975, 2976, 2978, 2979)
2001 Ed. (3137, 3139, 3144, 3146, 3147)
2002 Ed. (278, 279, 3150, 3171, 3172, 3173, 3176, 3179)
2006 Ed. (254)
Seagram's 100 Piper Scotch Whiskey
1998 Ed. (3172)
Seagram's 100 Piper Scotch Whisky
1998 Ed. (3173)
Seagram's Cooler
1993 Ed. (3701)
Seagram's Coolers
1989 Ed. (2910)
1995 Ed. (3734, 3736, 3769)
1996 Ed. (3833)
1997 Ed. (3884, 3910)
1998 Ed. (3715, 3719, 3720, 3721, 3753)
1999 Ed. (4763)
2000 Ed. (4390, 4394, 4395)

2001 Ed. (4835)
2002 Ed. (4908)
2003 Ed. (262, 4942, 4949)
2004 Ed. (4946)
2005 Ed. (234, 4924, 4926, 4957)
2006 Ed. (253, 4957)
2007 Ed. (261)
2008 Ed. (239, 240)
Seagram's Cordials
1991 Ed. (2322)
Seagram's Extra Dry
1989 Ed. (1509, 1511, 1512, 1513)
1990 Ed. (1896, 1897, 1898, 1899, 2451)
1991 Ed. (1810, 1814, 1815, 1816, 1817, 2320)
1992 Ed. (2285)
Seagram's Extra Dry Gin
2001 Ed. (355)
2002 Ed. (3134)
2003 Ed. (263)
2004 Ed. (229)
Seagram's General Promotion
1991 Ed. (2328, 2329, 2331, 2332)
Seagram's Gin
1990 Ed. (2445)
1991 Ed. (2313, 2316)
1992 Ed. (2868, 2872, 2874)
1993 Ed. (2436)
1994 Ed. (1970, 1972, 2374, 2375, 2389)
1995 Ed. (1996, 2454, 2455, 2456, 2470, 2471)
1996 Ed. (2505, 2519, 2520, 2524)
1997 Ed. (2646, 2658, 2659, 2661, 2663)
1998 Ed. (1829, 2377, 2387, 2390)
1999 Ed. (2586, 2589, 3206, 3228, 3231, 3243)
2000 Ed. (2329, 2332, 2333, 2334, 2946, 2969)
2001 Ed. (2595, 2599, 2600, 2601, 3115, 3131, 3139, 3142, 3143, 3144, 3147)
2002 Ed. (278, 279, 296, 2399, 2405, 2406, 2407, 2408, 3130, 3131, 3166, 3173, 3176, 3177)
2003 Ed. (2609, 2615, 3225, 3226)
2004 Ed. (2730, 2735, 3279)
2005 Ed. (235)
2006 Ed. (252, 254, 255)
2007 Ed. (262)
2008 Ed. (241, 242)
Seagram's Gin & Juice
1994 Ed. (2392)
1996 Ed. (2523)
1998 Ed. (2391)
1999 Ed. (3234)
2000 Ed. (2947, 2971)
2001 Ed. (3116, 3136)
2002 Ed. (3106)
2003 Ed. (1030)
2004 Ed. (1035)
Seagram's Golden
1989 Ed. (2911)
Seagrams Imported
1989 Ed. (2897)
Seagram's Imported Vodka
1997 Ed. (3857, 3858)
1998 Ed. (3690)
1999 Ed. (4733)
Seagram's Lime Twist
2000 Ed. (2329)
Seagram's Lime Twisted Gin
2001 Ed. (2595)
2002 Ed. (2399)
2003 Ed. (2609)
2004 Ed. (2730)
Seagram's Mixers
2000 Ed. (4080)
2001 Ed. (4303)
2003 Ed. (4477)
Seagram's Premium
1989 Ed. (2911)
Seagram's Smooth
2006 Ed. (4957)
Seagram's Spritzer
1995 Ed. (3734)
Seagram's V. O.
2003 Ed. (4900, 4918)
2004 Ed. (4890, 4907)
Seagram's V.O.
1990 Ed. (2453)
1991 Ed. (2313, 2315, 2316, 2319)
1992 Ed. (2867, 2868, 2871, 2872, 2874)
1993 Ed. (2433, 2435, 2447)
1994 Ed. (2385)
1995 Ed. (2466)
1996 Ed. (2515)

1997 Ed. (2654, 2664, 2665, 2666, 2668)
1998 Ed. (2374, 2392, 2393)
1999 Ed. (3239, 3240)
2001 Ed. (3131, 3144, 3147, 3148, 4801, 4802)
2002 Ed. (279, 296, 3144, 3145, 3146, 3147, 3148, 3163, 3180)
Seagram's Wine Coolers
1992 Ed. (4438, 4461, 4462)
Seagraves & Hein Capital Advisors
1998 Ed. (2228)
1999 Ed. (3013)
2000 Ed. (2756, 2761)
Seahawks; Seattle
2012 Ed. (2680)
Seal
1996 Ed. (1093)
Seal It
2016 Ed. (26)
Seal-It Inc.
2006 Ed. (3530)
2007 Ed. (3584)
2008 Ed. (3724, 4418, 4975)
Seal Public Relations
1996 Ed. (3116)
Sealants
2001 Ed. (3845)
Sealaska
2015 Ed. (1425)
Sealaska Timber Corp.
2004 Ed. (2680)
2005 Ed. (2672)
2006 Ed. (2657)
Seald-Sweet Growers Inc.
1991 Ed. (956)
Sealed Air
2013 Ed. (1737)
2014 Ed. (2537)
Sealed Air Corp.
1993 Ed. (1110, 3576)
1994 Ed. (1129)
1995 Ed. (1144)
1998 Ed. (929)
1999 Ed. (1088, 1346, 1471)
2000 Ed. (3828)
2001 Ed. (1454, 3612, 3613, 4129, 4139)
2002 Ed. (1460, 2320, 4066, 4067)
2003 Ed. (1223, 1224, 1481, 2538, 3712, 3713, 3722, 4197)
2004 Ed. (1227, 1228, 1230, 1511, 2675, 3909, 3910, 4222, 4223)
2005 Ed. (1261, 1262, 1263, 1264, 1266, 1527, 1608, 3683, 3856, 4150, 4151)
2006 Ed. (1221, 1222, 1223, 1225, 1226, 3774, 3775, 3779)
2007 Ed. (1329, 1331, 1332, 1333, 3769, 3775)
2008 Ed. (1218, 1219, 3837, 3853)
2009 Ed. (1197, 1198, 1932, 3225, 3893, 3911, 4070)
2010 Ed. (1202, 1203, 1427, 1867, 3806, 3820, 3988, 3989)
2011 Ed. (1150, 3813, 3816, 3992, 3993, 3994, 4551)
2012 Ed. (1085, 1087, 1755, 3797, 3985, 3986, 3987)
2013 Ed. (1222, 1224, 1742, 1922, 3861, 3862, 4050, 4052, 4053)
2014 Ed. (1161, 1162, 1163, 1164, 3026, 3793, 3794, 3989, 3991, 3992)
2015 Ed. (1215, 1216, 1217, 1218, 1895, 3093, 3814, 3815, 4038, 4039, 4040)
2016 Ed. (1121, 1122, 1123, 1124, 1859, 1908, 3726, 3727, 3949, 3951, 3952)
Sealed with a Diss
2009 Ed. (580)
SealedMedia Inc.
2006 Ed. (3026)
2007 Ed. (3059)
Sealink Stena Ferry Line
1993 Ed. (1537, 1539)
Sealmaster
1998 Ed. (1763)
1999 Ed. (2517)
2002 Ed. (3599)
Sealord
2002 Ed. (2370)
Seals; Dan
1996 Ed. (1094)
Sealstrip Corp.
2015 Ed. (1982)
Sealtest
1990 Ed. (1857)
1993 Ed. (1907, 2121, 2122)

1995 Ed. (1946)
1996 Ed. (2215)
2000 Ed. (3133)
Sealy
2014 Ed. (562)
2015 Ed. (626)
2016 Ed. (575)
Sealy Canada
1997 Ed. (2105)
1999 Ed. (2551)
Sealy Corp.
1995 Ed. (1953, 1955)
1996 Ed. (1989)
1997 Ed. (652)
2003 Ed. (744, 2589, 3321)
2004 Ed. (2703, 2705)
2005 Ed. (2700, 2701, 2967, 3410)
2006 Ed. (2677)
2007 Ed. (2667)
2009 Ed. (3193, 3670)
2010 Ed. (2791, 3121)
2011 Ed. (3088, 3590)
2012 Ed. (2907)
2013 Ed. (2783, 2993)
2014 Ed. (2811, 3000)
Sealy Holdings
1992 Ed. (2247, 2248)
1993 Ed. (1910, 1911)
1994 Ed. (1929, 1930)
Seaman Furniture
1989 Ed. (2503)
1992 Ed. (2253)
1994 Ed. (1934)
Seaman's
1991 Ed. (3240)
1995 Ed. (1965, 2447)
1997 Ed. (2097)
Seamark Asset Management Ltd.
2005 Ed. (1706)
2006 Ed. (1608, 1613)
Seamark plc
2009 Ed. (2116)
SeaMaster Cruises
2008 Ed. (4761)
2009 Ed. (4792)
2010 Ed. (4810)
Seamen's
1989 Ed. (2825)
1990 Ed. (257)
1991 Ed. (1207)
Seamens A
1991 Ed. (225)
Seamen's Bank for Savings
1989 Ed. (2361)
1990 Ed. (3105, 3589)
1991 Ed. (3382)
Seamico Securities
2007 Ed. (2018)
SeaMicro Inc.
2012 Ed. (2484)
Seamlesss Web
2006 Ed. (741)
SeamlessWeb
2006 Ed. (3972)
2007 Ed. (836)
SeamlessWeb Professional Solutions Inc.
2006 Ed. (809)
Seamon, Whiteside & Associates
2009 Ed. (2537)
2010 Ed. (2455)
2011 Ed. (2464)
2012 Ed. (210)
Sean Boyd
2012 Ed. (805)
Sean Byrne & Sons Ltd.
2003 Ed. (1725)
Sean Casey
2010 Ed. (2567)
Sean Combs
2006 Ed. (2499)
Sean Culbert
2012 Ed. (1077)
Sean Daly
2008 Ed. (370)
Sean "Diddy" Combs
2014 Ed. (3733)
2016 Ed. (3643)
Sean (Diddy) Combs
2008 Ed. (2584)
2010 Ed. (2513)
2011 Ed. (103, 2515)
2012 Ed. (2437)
2013 Ed. (2602)
2014 Ed. (3727)
Sean Hannity
2007 Ed. (4061)
Sean K. F. Hannan
2011 Ed. (3349)
Sean Maloney

2005 Ed. (2318)
Sean McMahon
2007 Ed. (4920)
2008 Ed. (4884)
Sean McManus
2009 Ed. (4519)
2010 Ed. (4557, 4558)
Sean "P. Diddy" Combs
2005 Ed. (2453)
Sean Quinn
2005 Ed. (4893)
2007 Ed. (4918, 4930)
2008 Ed. (4885, 4906)
2009 Ed. (4890, 4916)
2010 Ed. (4890, 4920)
2011 Ed. (4879)
Sean Quinn Jr.
2008 Ed. (4884)
Seanix Technology Inc.
2010 Ed. (2931)
Seapak
2002 Ed. (2370)
2014 Ed. (2793)
Seapine
2007 Ed. (1253, 1254)
2008 Ed. (1144)
2009 Ed. (1123)
2010 Ed. (1103, 1106)
2011 Ed. (1042, 1045)
2012 Ed. (972)
2015 Ed. (1115)
2016 Ed. (1027)
Seapine Software Inc.
2005 Ed. (1144)
2006 Ed. (1133)
Seaport Credit Union
2009 Ed. (2182)
Seaport Securities
1993 Ed. (1491)
The Sear Brown Group Inc.
2004 Ed. (2343)
The Search
2013 Ed. (568)
The Search Agency
2012 Ed. (2303)
2014 Ed. (2411)
Search Associates Inc.
1997 Ed. (1794)
2000 Ed. (1865)
Search Engine Academy Washington
D.C.
2016 Ed. (4942)
The Search Engine Guys LLC
2011 Ed. (2087)
Search Engine Journal
2012 Ed. (495)
2014 Ed. (630)
Search Engine Land
2012 Ed. (495)
Search Engine People Blog
2012 Ed. (495)
Search Engine People Inc.
2015 Ed. (3582)
2016 Ed. (3465)
Search Enginer Journal
2014 Ed. (628)
Search engines
2007 Ed. (2329)
2008 Ed. (2454)
The Search: How Google & Its Rivals
Rewrote the Rules of Business &
Transformed Our Culture
2007 Ed. (661)
Search Institute
2006 Ed. (3717)
Search West Inc.
1997 Ed. (1794)
1998 Ed. (1505)
1999 Ed. (2072)
2000 Ed. (1865)
2002 Ed. (2173)
Search Wizards
2010 Ed. (2397, 4048, 4973)
2011 Ed. (2394)
SEARCH.COM
1998 Ed. (3780)
SearchCore Inc.
2014 Ed. (1424)
SearchPros Solutions
2015 Ed. (3187)
SearchPros Staffing
2016 Ed. (4972)
Searchstorage.com
2005 Ed. (827)
Searchteria Co., Ltd.
2010 Ed. (2947)
Searcy Denney Scarola Barnhart &
Shipley
2004 Ed. (3227)
Searcy Hospital

2003 Ed. (2824)
Searcy Living Magazine
2013 Ed. (33)
2014 Ed. (28, 31)
Searle
1990 Ed. (2529)
1991 Ed. (1472, 2399)
1992 Ed. (3001)
1994 Ed. (2461)
1995 Ed. (2529)
Searle; G. D.
1990 Ed. (1192)
Searle Pharmaceuticals
1996 Ed. (1576, 2597)
1999 Ed. (3326)
2001 Ed. (2063, 2064)
Searoad Holdings
2016 Ed. (1383)
Sears
1989 Ed. (1183)
1990 Ed. (910, 911, 2023, 2029,
2032, 2033, 2116, 2120, 2121,
2122, 2132, 3031, 3044, 3045,
3499, 3630)
1992 Ed. (38, 922, 1287, 1498, 1504,
1749, 1794, 1795, 1796, 1837,
1838, 2527, 2529, 2539, 3725,
3726, 3733, 4298, 4364)
1994 Ed. (8, 131, 741, 746)
1997 Ed. (28, 705, 1631, 1632, 1635,
1637, 1639, 2241, 2318, 2320,
2332, 3341, 3342)
1998 Ed. (24, 488, 599, 3090, 3495,
3496, 3497)
2000 Ed. (26, 32, 800, 964, 1113,
1690, 2300, 2483, 2488, 2492,
2581, 3803, 3804, 3806, 3807,
3808, 3812, 3815, 4219, 4282,
4348)
2001 Ed. (4090)
2002 Ed. (4040)
2003 Ed. (743, 4165)
2004 Ed. (756, 4187)
2005 Ed. (741, 2851, 4106)
2006 Ed. (2854, 2951, 4162, 4744)
2007 Ed. (2968, 4185)
2008 Ed. (4220)
2009 Ed. (3194, 4312)
2010 Ed. (4289)
2011 Ed. (4285)
2012 Ed. (3024, 4320)
2015 Ed. (4351)
Sears Bankruptcy Recovery Management Services
2001 Ed. (1556)
Sears Brand Central
1992 Ed. (2422, 2423)
Sears Canada
1990 Ed. (1339, 1365, 1496, 3051,
3052, 3060)
1991 Ed. (2894)
1992 Ed. (74, 1793)
1994 Ed. (1523, 3107)
1995 Ed. (1395, 3153)
1996 Ed. (30, 1536, 3243)
1997 Ed. (32, 1595)
1999 Ed. (1626, 4109)
2002 Ed. (1919, 3301)
2003 Ed. (2009, 2010, 3361)
2004 Ed. (1663)
2006 Ed. (1599)
2007 Ed. (4188)
2008 Ed. (4226)
2009 Ed. (4319, 4320)
2010 Ed. (4316)
2011 Ed. (4291)
2012 Ed. (1237, 4333)
2013 Ed. (1350, 4301)
2014 Ed. (4342)
2015 Ed. (4319, 4331)
Sears Canada Inc.
2014 Ed. (1286)
2015 Ed. (1209, 1556)
2016 Ed. (4215)
Sears Carpet & Upholstery
2010 Ed. (834)
2011 Ed. (759)
Sears Carpet & Upholstery Care Inc.
2002 Ed. (2007, 2360)
2003 Ed. (883, 893)
2008 Ed. (873)
Sears Credit Corp.
2005 Ed. (1790)
Sears Department Stores
2002 Ed. (1918, 1919)
2003 Ed. (2009, 2010)
Sears Discover
1990 Ed. (418)
1992 Ed. (1745, 1746)
1994 Ed. (1498, 1499)

Sears Financial Services
1992 Ed. (2161)
Sears Group (incl. Freemans, Lewis's)
1990 Ed. (3055)
Sears Hardware
1999 Ed. (2711)
2003 Ed. (2788, 2789, 2790)
2009 Ed. (3088)
Sears Hardware Stores
2012 Ed. (2913)
2013 Ed. (3000)
Sears Holding Corp.
2013 Ed. (4115)
2014 Ed. (4130)
2015 Ed. (4380)
2016 Ed. (2965, 4025, 4028)
Sears Holdings
2013 Ed. (1020, 1744, 1746, 1747,
1749, 1752)
2014 Ed. (3010)
Sears Holdings Corp.
2006 Ed. (166, 1639, 2849, 2850,
2852, 4151, 4179)
2007 Ed. (70, 1497, 1529, 1532,
1536, 1555, 1654, 1770, 2366,
2844, 2846, 2875, 4168, 4169,
4173, 4180, 4182, 4183, 4202,
4206, 4504, 4519)
2008 Ed. (75, 154, 325, 894, 987,
1008, 1491, 1516, 1520, 1536,
1663, 1799, 1800, 1813, 2486,
2728, 2877, 2969, 2970, 2991,
2995, 3000, 3032, 3090, 3093,
3102, 3103, 3446, 4209, 4210,
4213, 4214, 4215, 4217, 4223,
4224, 4225, 4235, 4236, 4578,
4706, 4797, 4813)
2009 Ed. (51, 84, 152, 153, 154, 175,
347, 903, 992, 1412, 1414, 1415,
1416, 1417, 1447, 1450, 1464,
1585, 1744, 1746, 2444, 2491,
2783, 2941, 3049, 3051, 3084,
3118, 3179, 3185, 3197, 3198,
3522, 3602, 4304, 4305, 4308,
4310, 4313, 4314, 4330, 4331,
4332, 4336, 4340, 4612, 4616,
4751, 4822)
2010 Ed. (31, 92, 143, 144, 145, 157,
851, 1429, 1433, 1449, 1572, 1689,
1691, 1726, 1728, 1731, 1732,
2246, 2261, 2716, 2973, 3012,
3016, 3019, 3052, 3110, 3116,
3124, 3451, 4282, 4283, 4286,
4287, 4290, 4292, 4294, 4314,
4347, 4348, 4361, 4643)
2011 Ed. (27, 68, 79, 774, 1427,
1434, 1451, 1571, 1702, 1704,
1741, 1746, 2256, 2701, 2985,
2988, 3080, 3083, 3091, 4274,
4275, 4279, 4281, 4283, 4286,
4288, 4298, 4507)
2012 Ed. (70, 80, 716, 1271, 1284,
1413, 1557, 1559, 2122, 2123,
2124, 2288, 2911, 4309, 4310,
4315, 4317, 4321, 4322, 4330)
2013 Ed. (66, 74, 894, 921, 1392,
1710, 1713, 2320, 2321, 2323,
2465, 2984, 2998, 3038, 4280,
4281, 4302, 4304, 4305, 4315,
4348, 4800)
2014 Ed. (47, 85, 86, 92, 827, 985,
1657, 1660, 1661, 2251, 2252,
2443, 2550, 3005, 3429, 4335,
4336, 4343, 4354, 4359, 4363)
2015 Ed. (50, 87, 88, 98, 867, 1021,
1701, 1704, 2320, 2321, 2322,
2469, 2505, 2515, 2651, 3074,
3078, 4092, 4093, 4327, 4328,
4337, 4361, 4363, 4368, 4372)
2016 Ed. (49, 84, 88, 924, 1654,
2274, 2299, 2300, 2413, 2438,
2448, 2570, 2967, 2968, 3024,
4223, 4236, 4247, 4254)
Sears Holdings Management Corp.
2014 Ed. (2979)
2015 Ed. (3047)
2016 Ed. (4096)
Sears Home & Business Franchises
Inc.
2012 Ed. (697)
2013 Ed. (3111)
2014 Ed. (3110)
Sears HomeLife
1998 Ed. (1796, 1964)
1999 Ed. (2560, 2561)
2000 Ed. (706, 2291, 2301)
Sears Hometown & Outlet Stores
2015 Ed. (899, 3078, 4338)
2016 Ed. (2968, 4237)
Sears Hometown Stores

2016 Ed. (3024)
Sears, J. C. Penney, Wards & Spiegel
1992 Ed. (1743, 1744, 4183)
Sears Logistics Services Inc.
2001 Ed. (4629)
2003 Ed. (4792)
2004 Ed. (4778)
2005 Ed. (4751)
2006 Ed. (4803)
2007 Ed. (4819)
2008 Ed. (4746)
2009 Ed. (4775)
2010 Ed. (4793)
2012 Ed. (4754)
Sears Merchandise Group
1992 Ed. (3730)
1995 Ed. (931, 2119)
1996 Ed. (910, 1090, 3237, 3239,
3241, 3251)
1997 Ed. (258, 943)
1998 Ed. (685, 859, 1302)
1999 Ed. (1071, 1876)
2000 Ed. (1011, 1180, 1684)
2001 Ed. (1994)
Sears Merchantile Group
1994 Ed. (3096, 3098)
Sears Mortgage
1990 Ed. (2601)
1991 Ed. (1660)
1993 Ed. (1993, 2591, 2592, 2593)
1994 Ed. (1984, 2554, 2555, 2557)
1995 Ed. (2042, 2600, 2603, 2606)
Sears Mortgage and affiliates
1991 Ed. (2486)
Sears Mortgage Securities Corp.
1992 Ed. (3105)
Sears Payment Systems
1991 Ed. (887)
1992 Ed. (1090)
1993 Ed. (1442)
Sears, Penney, Ward
1991 Ed. (880, 2061)
Sears Roebuck
1989 Ed. (17, 20, 1041, 1235, 1237,
1436, 2166, 2277, 2322, 2327,
2803, 2813)
1990 Ed. (1282, 1286, 1304, 1491,
1492, 1494, 1495, 2489, 2507,
2609, 2811, 3027, 3042, 3049,
3056, 3057, 3475)
1994 Ed. (1246)
1995 Ed. (17, 18, 22, 23, 149, 150,
229, 350, 690, 691, 879, 911, 916,
976, 1021, 1257, 1263, 1265, 1266,
1269, 1309, 1311, 1313, 1314,
1319, 1550, 1551, 1574, 1957,
1967, 2123, 2186, 2517, 2758,
2857, 2860, 2861, 3048, 3143,
3144, 3146, 3147, 3156, 3214,
3302, 3309, 3332, 3340, 3644)
1998 Ed. (2769, 2771)
1999 Ed. (28, 179, 180, 1505, 1541,
1653, 1670, 1833, 1834, 1864,
1873, 1879, 1882, 2702, 2703,
3729, 3731, 3976, 4091, 4092,
4093, 4094, 4098, 4103, 4105,
4112, 4694)
2000 Ed. (1381, 1454, 1477, 1621,
3816, 3818, 3823)
Sears Roebuck Acceptance Corp.
1990 Ed. (1759, 1760, 1761, 1762)
1991 Ed. (1663, 1664, 1665, 1666)
1992 Ed. (2130, 2131)
1993 Ed. (1763, 1764, 1765, 1766)
1994 Ed. (1754, 2739)
1995 Ed. (1787, 1788, 1791)
2000 Ed. (1917, 1918)
Sears, Roebuck & Co.
1989 Ed. (14, 48, 264, 902, 1145,
2007, 2039, 2320)
1990 Ed. (14, 16, 17, 18, 45, 173,
419, 970, 1162, 1277, 1279, 1280,
1281, 1346, 1404, 1800, 1809,
2018, 2213, 2508, 2676, 2686,
2789, 2936, 2937)
1991 Ed. (8, 9, 10, 11, 43, 54, 55,
170, 171, 248, 361, 735, 737, 842,
869, 879, 886, 922, 923, 1052,
1193, 1195, 1198, 1200, 1228,
1329, 1411, 1412, 1427, 1429,
1913, 1919, 1920, 1921, 1970,
1971, 1994, 2078, 2373, 2375,
2578, 2791, 2792, 2793, 2887,
2888, 2889, 2895, 2896, 3113,
3240, 3241, 3305, 3307, 3311)
1992 Ed. (31, 33, 34, 35, 37, 96, 97,
235, 236, 348, 507, 918, 1028,
1076, 1089, 1091, 1129, 1133,
1135, 1508, 1538, 1540, 1557,
1785, 1786, 1792, 1816, 2411,

2528, 2636, 2740, 2959, 3217,
3361, 3594, 3595, 3596, 3597,
3729, 3732, 3739, 3741, 4224)
1993 Ed. (19, 20, 26, 47, 48, 150,
151, 232, 354, 676, 736, 738, 781,
823, 825, 863, 866, 931, 935, 1243,
1245, 1262, 1442, 1444, 1475,
1497, 1741, 2013, 2111, 2424,
2489, 2490, 2706, 2952, 3038,
3040, 3041, 3042, 3048, 3050,
3224, 3229, 3230, 3242, 3259,
3368, 3527, 3529, 3649)
1994 Ed. (9, 18, 132, 133, 229, 677,
742, 833, 873, 885, 886, 888, 944,
945, 1009, 1242, 1245, 1247, 1285,
1302, 1314, 1520, 1521, 1544,
1545, 1927, 2132, 2136, 2148,
2426, 2427, 2656, 2753, 2759,
2761, 2775, 2985, 2986, 3093,
3095, 3097, 3101, 3102, 3108,
3112, 3215, 3230, 3253, 3261)
1996 Ed. (27, 28, 33, 155, 160, 161,
162, 768, 769, 775, 862, 886, 893,
956, 1000, 1235, 1250, 1265, 1279,
1287, 1377, 1395, 1531, 1532,
1533, 2203, 2824, 2930, 2946,
3146, 3147, 3235, 3236, 3238,
3240, 3245, 3247, 3253, 3410,
3415, 3659, 3725)
1997 Ed. (31, 162, 167, 350, 710,
921, 924, 977, 978, 1296, 1351,
1428, 1449, 1590, 1591, 1592,
2928, 3018, 3020, 3027, 3231,
3232, 3343, 3348, 3354)
1998 Ed. (22, 68, 74, 86, 87, 440,
652, 663, 664, 665, 667, 668, 718,
772, 1112, 1144, 1258, 1260, 1261,
1289, 1298, 1300, 1301, 1305,
1314, 1703, 2054, 2979, 3078,
3079, 3082, 3083, 3084, 3089,
3095, 3096)
1999 Ed. (4095)
2000 Ed. (31, 195, 206, 207, 798,
3691, 3810)
2001 Ed. (22, 70, 1260, 1374, 1589,
1594, 1598, 1604, 1731, 2718,
2719, 2741, 2742, 2745, 2746,
2747, 2748, 4091, 4092, 4093,
4094, 4095, 4097, 4098, 4103,
4104, 4105, 4107, 4108, 4116)
2002 Ed. (57, 60, 228, 1533, 1538,
1552, 1613, 1621, 1667, 2286,
2568, 2583, 2696, 2704, 2706,
3890, 4041, 4045, 4051, 4059,
4060, 4061, 4589, 4714)
2003 Ed. (785, 1012, 1016, 1567,
1585, 1695, 1696, 2011, 2495,
2757, 2767, 2784, 2866, 2870,
2873, 4032, 4145, 4146, 4149,
4163, 4164, 4166, 4168, 4169,
4171, 4177, 4178, 4183, 4186,
4187, 4188, 4824)
2004 Ed. (21, 34, 75, 154, 916, 917,
1592, 1594, 1611, 1731, 1732,
2050, 2051, 2055, 2056, 2631,
2838, 2840, 2857, 2869, 2877,
2878, 2885, 2886, 2888, 2893,
2894, 2895, 2954, 2955, 2962,
3154, 3258, 3920, 4052, 4157,
4158, 4161, 4163, 4179, 4180,
4184, 4194, 4204, 4205, 4206,
4213, 4698, 4824)
2005 Ed. (27, 70, 152, 358, 907, 908,
1467, 1468, 1569, 1571, 1576,
1732, 1791, 1792, 2165, 2166,
2168, 2375, 2619, 2846, 2847,
2848, 2849, 2875, 2880, 2954,
2957, 2969, 3244, 3290, 4093,
4094, 4097, 4099, 4100, 4101,
4102, 4104, 4105, 4107, 4108,
4114, 4116, 4132, 4133, 4134,
4140, 4522, 4807)
2006 Ed. (79, 143, 821, 826, 1422,
1522, 1762, 1763, 1777, 2253,
2374, 2615, 2847, 2851, 2881,
2882, 2887, 2890, 2949, 2952,
2964, 3282, 4145, 4146, 4149,
4153, 4155, 4159, 4160, 4161,
4166, 4170, 4180, 4181, 4448,
4468, 4870)
2007 Ed. (136, 339, 913, 1126, 1769,
2591, 2760, 2842, 2880, 2909,
2967, 2969, 2981, 2983, 3350,
4168, 4169, 4172, 4187, 4201,
4870)
2008 Ed. (4209, 4210)
2009 Ed. (4304, 4305)
2010 Ed. (4282, 4283)
2011 Ed. (2761, 4274)
2012 Ed. (4309)
2013 Ed. (4280)

2014 Ed. (1657, 4335, 4336)
2015 Ed. (1701, 4327, 4328)
2016 Ed. (1651, 4223, 4224)
Sears, Roebuck & Co., Mid-Atlantic
Group
1990 Ed. (1487)
Sears, Roebuck Group
1989 Ed. (1808, 1811, 1812)
1990 Ed. (2358, 2359)
1991 Ed. (2250, 2253)
Sears Roebuck Merchandise Group
1992 Ed. (1784, 2778)
Sears Savings Bank
1990 Ed. (515, 516, 3126)
1992 Ed. (3773)
1993 Ed. (3073, 3095)
Sears Specialty
1998 Ed. (3344)
1999 Ed. (4374)
Sears stores
1992 Ed. (920)
Sears Tower
1997 Ed. (839)
Sears2go.com
2011 Ed. (2365)
Sears.com
2001 Ed. (2982)
2003 Ed. (3049)
2006 Ed. (2383)
2009 Ed. (2442)
2010 Ed. (2364)
2011 Ed. (2360, 2373)
2012 Ed. (2284, 2299)
2013 Ed. (2462)
2015 Ed. (2466)
2016 Ed. (2411)
Searson Lehman Hutton
1990 Ed. (2308)
SearsTire Group
2001 Ed. (532)
Seascape: Folkestone, by Turner
1989 Ed. (2110)
Seaside National Bank & Trust
2011 Ed. (1634)
Seasonal candy
2001 Ed. (1112)
Seasonal Concepts
1998 Ed. (1793)
1999 Ed. (2559)
2000 Ed. (2298)
2002 Ed. (2385)
2003 Ed. (2594)
Seasonal Greeting Cards
1990 Ed. (3037, 3041)
Seasonal Labor Shortage
1992 Ed. (993)
Seasonal World
2014 Ed. (4615)
2015 Ed. (4613)
2016 Ed. (4534)
Seasongood & Mayer
1993 Ed. (2266)
1995 Ed. (2335, 2340)
1996 Ed. (2354)
1997 Ed. (2479)
1998 Ed. (2229)
1999 Ed. (3016)
2000 Ed. (2757, 2760)
2001 Ed. (735, 738, 847, 895, 896)
Seasoning
2003 Ed. (4507)
Seasonings
2002 Ed. (3491, 4337)
2008 Ed. (2732)
Seasons 52
2009 Ed. (4273)
Seaspan International Ltd.
2006 Ed. (1623)
Seaspan Marine Corp.
2014 Ed. (3640)
Seat
1997 Ed. (1395, 1508)
2001 Ed. (515)
2007 Ed. (1991)
SEAT Ibiza
2013 Ed. (276)
Seat Ibiza
1990 Ed. (374, 380)
Seat Ibiza/Cordoba
1996 Ed. (320)
Seat Pagine Gialle
2005 Ed. (1475)
Seat Pagine Gialle SpA
2002 Ed. (1416, 1701)
2006 Ed. (1682, 1688)
2007 Ed. (3454)
Seat SA
2000 Ed. (1556)
2001 Ed. (1851)
2005 Ed. (1963)

Seat-Sociedad Esp. de Automoviles de
Turismo S A
1990 Ed. (1419)
SEAT-Sociedad Esp de Automoviles de
Turismo SA
1995 Ed. (1490)
1996 Ed. (1447)
Seatgeek
2016 Ed. (1116)
Seating revenue, premium
2003 Ed. (4510)
Seatle, Wash, City Light
1990 Ed. (1595)
The Seaton Cos.
2014 Ed. (4119)
Seaton; Ken
2013 Ed. (3468)
SeatonCorp
2013 Ed. (4102, 4103)
Seatrend
1989 Ed. (2909)
Seattle
1992 Ed. (2877)
2000 Ed. (275, 3572)
Seattle Art Museum
1993 Ed. (3594)
Seattle-Bellevue-Everett, WA
1995 Ed. (245, 2571, 3104)
1996 Ed. (238, 2518, 2634)
1997 Ed. (2657, 2784, 3890)
1998 Ed. (1521, 2378, 2477, 3057)
1999 Ed. (1148, 2099, 3212, 3257,
3371, 3378, 4057, 4646, 4647,
4806)
2000 Ed. (2605, 2951, 3765, 4403)
2001 Ed. (2285, 2358, 2363, 4791,
4792, 4854)
2002 Ed. (407, 2764, 3136, 3138,
4930)
2003 Ed. (998, 1000, 1088, 2354,
3385, 3390, 3394, 3395, 3400,
3405, 4159, 4160, 4161, 4905,
4906)
2004 Ed. (989, 995, 1109, 3454,
3456, 3460, 3461, 3465, 3471,
3474, 4111, 4113, 4168, 4175,
4176, 4177, 4895, 4896, 4955)
2005 Ed. (338, 3338, 4935)
2006 Ed. (3310, 3312, 3327)
Seattle-Bellevue, WA
2007 Ed. (2998)
2008 Ed. (3113)
2010 Ed. (3136)
Seattle Biomedical Research Institute
2004 Ed. (1882)
Seattle Children's Healthcare System
2015 Ed. (2148)
Seattle Children's Hospital
2012 Ed. (2956, 2963, 2964, 2965)
2013 Ed. (3046, 3051, 3052, 3054,
3056)
Seattle City Light
1991 Ed. (1494)
1992 Ed. (1893)
1993 Ed. (1554)
1994 Ed. (1591)
1995 Ed. (1634)
1996 Ed. (1610)
1998 Ed. (1382)
Seattle-Everett, WA
1990 Ed. (2161, 2550)
1992 Ed. (2542, 3035)
Seattle Filmworks
1992 Ed. (3307, 3993)
Seattle-First National Bank
1989 Ed. (203, 205, 708)
1990 Ed. (715)
1991 Ed. (185, 412, 689)
1992 Ed. (255, 555, 562, 864)
1993 Ed. (390, 402, 664)
1994 Ed. (145, 385, 392, 393, 394,
664, 3009, 3012)
1995 Ed. (366, 380, 387, 389, 633)
1996 Ed. (403, 410, 411, 412, 709,
3163)
1997 Ed. (179, 370, 377, 379, 644)
1998 Ed. (103, 296)
1999 Ed. (198)
Seattle Genetics
2016 Ed. (630)
Seattle Genetics Inc.
2009 Ed. (2129)
2012 Ed. (1957)
Seattle Justice Information System
2007 Ed. (2801)
Seattle Lighting & Fixture Co.
1990 Ed. (2441)
Seattle Mariners
2001 Ed. (664)
2004 Ed. (656)

2005 Ed. (645)
2006 Ed. (547)
2007 Ed. (578)
Seattle Metro
1991 Ed. (808)
1992 Ed. (989)
1993 Ed. (785, 786)
1994 Ed. (801)
1995 Ed. (852)
1996 Ed. (832)
1997 Ed. (840)
Seattle-Northwest
1990 Ed. (2641)
Seattle Northwest Securities Corp.
1991 Ed. (2174)
1993 Ed. (2264)
1995 Ed. (2333, 2338, 3258)
1996 Ed. (2350)
1997 Ed. (2483, 3464)
1998 Ed. (2228, 3259)
1999 Ed. (3013)
2000 Ed. (2756, 2758, 2765, 3966)
2001 Ed. (734, 736, 805, 806, 899,
900, 943, 944, 951)
2004 Ed. (4372)
2007 Ed. (4316)
Seattle Pacific University
1996 Ed. (1040)
2006 Ed. (701)
2007 Ed. (794)
2008 Ed. (769)
Seattle; Port of
1993 Ed. (2880, 3362)
Seattle Savings Bank
2008 Ed. (427)
2009 Ed. (452)
Seattle Seahawks
2000 Ed. (2252)
2001 Ed. (4346)
2002 Ed. (4340)
2012 Ed. (2680)
Seattle-Tacoma Airport
1996 Ed. (195)
1997 Ed. (220)
2001 Ed. (1339)
Seattle-Tacoma-Bellevue, WA
2005 Ed. (3336)
2006 Ed. (4141, 4142)
2007 Ed. (4164, 4165)
2008 Ed. (3458, 3464)
2009 Ed. (351, 3534, 4842)
Seattle-Tacoma International Airport
2008 Ed. (236)
Seattle-Tacoma, WA
1989 Ed. (2912)
1990 Ed. (875)
1991 Ed. (1980, 3339)
1992 Ed. (2100, 2101, 2545, 2547,
2548, 3039, 3047, 3693, 3701)
1993 Ed. (2154)
1994 Ed. (2536, 2924, 3057, 3059,
3061, 3063)
1995 Ed. (3105)
1996 Ed. (38, 3200)
1997 Ed. (1075, 2335)
1998 Ed. (592, 2473, 3472)
2000 Ed. (2607)
2001 Ed. (2834)
2002 Ed. (921, 927)
2003 Ed. (3315, 3318, 4081, 4150,
4151, 4152)
2004 Ed. (187, 188, 731, 870, 985,
991, 2749, 3369, 3370, 3372, 3377,
3378, 3382, 3383, 3388, 3391,
4103, 4109, 4150, 4164, 4165,
4166)
2006 Ed. (4100)
2007 Ed. (4174, 4175)
Seattle Telco Credit Union
1996 Ed. (1509)
Seattle Times Post-Intellingence
1990 Ed. (2705)
Seattle Times Post-Intelligencer
1991 Ed. (2605)
Seattle Times/Post-Intelligence
1992 Ed. (3242)
1998 Ed. (79)
Seattle University
1993 Ed. (1020)
1994 Ed. (1047)
1995 Ed. (1055)
1997 Ed. (1056)
2008 Ed. (1088)
2009 Ed. (793, 1062)
2010 Ed. (1030)
2016 Ed. (729)
Seattle, WA
1989 Ed. (350, 1588)
1990 Ed. (295, 1002, 1009, 1148,
1156, 1485, 2072, 2133, 2487,

2661, 2882, 2884, 2910, 3609,
3614, 3702)
1991 Ed. (515, 828, 1103, 1984,
2447)
1992 Ed. (347, 668, 1153, 1157,
1158, 1159, 1161, 1389, 1396,
1810, 2480, 2552, 3054, 3055,
3134, 3496, 3497, 3498, 3500,
3502, 3617, 3618, 3623, 3630,
3641)
1993 Ed. (480, 773, 944, 946, 947,
1598, 2439, 2465, 2883)
1994 Ed. (482, 822, 963, 965, 967,
968, 973, 2386, 2409, 2897, 3058,
3060, 3325)
1995 Ed. (242, 872, 874, 990, 1113,
1668, 1924, 2467, 2957, 3543,
3651)
1996 Ed. (1061, 2278, 2279, 2280,
2281, 2621, 3056)
1997 Ed. (473, 1001, 1002, 2072,
2073, 2233, 2765)
1998 Ed. (143, 359, 580, 734, 736,
741, 2003, 2472, 3058, 3587)
1999 Ed. (526, 1024, 1149, 1150,
1153, 1167, 1349, 2095, 2096,
2493, 2494, 2757, 3858, 3859,
3860, 4514)
2000 Ed. (1091, 1790, 2637, 2996,
3573, 3574)
2001 Ed. (2783, 2797, 2818, 2819,
4023, 4024)
2002 Ed. (408, 2218, 2219, 2220,
2221)
2003 Ed. (832, 3902, 3912)
2005 Ed. (2376, 4803)
2006 Ed. (4059, 4884)
2007 Ed. (2270)
2008 Ed. (767, 3518, 4015, 4016)
2009 Ed. (4087, 4113, 4114)
2010 Ed. (3999, 4317)
2011 Ed. (2560, 3103, 4007, 4022)
2012 Ed. (2548, 4003, 4004, 4369)
2013 Ed. (2670, 4066, 4101, 4787)
2014 Ed. (4073, 4074)
2015 Ed. (3512, 4057)
2016 Ed. (3371, 3961, 3962, 3963)
Seattle's Best
2005 Ed. (4050)
2010 Ed. (975)
2013 Ed. (1029, 1030)
2014 Ed. (996, 997)
2015 Ed. (1028)
Seattle's Best Coffee
2004 Ed. (1048)
2014 Ed. (2626, 4319)
Seavers; Dean
2010 Ed. (178)
Seaview Square
1990 Ed. (3291)
Seaward Taichung Co. Ltd.
1994 Ed. (3524)
Seaward Taichung Wool Textile Co.,
Ltd.
1990 Ed. (3572)
1992 Ed. (4283)
Seaway Bank & Trust Co.
2009 Ed. (396)
2010 Ed. (370)
2011 Ed. (292)
2012 Ed. (314)
2013 Ed. (84)
2015 Ed. (108)
2016 Ed. (115)
Seaway Food Town
1990 Ed. (3059)
1992 Ed. (4164)
Seaway National Bank
1990 Ed. (643)
1992 Ed. (621, 782)
1993 Ed. (437, 438, 571, 3098)
2002 Ed. (713)
2004 Ed. (442)
2005 Ed. (454)
2006 Ed. (407)
Seaway National Bank of Chicago
1990 Ed. (510)
1991 Ed. (463)
1994 Ed. (437, 573)
1995 Ed. (430, 431, 548)
1996 Ed. (457)
1997 Ed. (419)
1998 Ed. (339)
1999 Ed. (479)
2000 Ed. (471)
2003 Ed. (455)
2007 Ed. (391)
2008 Ed. (373)
SeaWorld California
2000 Ed. (300)

Seaworld Entertainment Inc.
2016 Ed. (197, 198)
Seaworld Florida
2000 Ed. (300)
2001 Ed. (381)
2002 Ed. (312)
2003 Ed. (277)
2004 Ed. (244)
2005 Ed. (253)
2006 Ed. (272)
2007 Ed. (277)
SEB
2009 Ed. (777, 2063)
2010 Ed. (2003)
2016 Ed. (492)
SEB Asset Mgmt. America
2000 Ed. (2821, 2824)
SEB Bank
2014 Ed. (440)
2015 Ed. (494)
2016 Ed. (448)
SEB banka
2013 Ed. (444)
2014 Ed. (459)
2015 Ed. (517)
2016 Ed. (470)
SEB Bankas
2013 Ed. (446)
2014 Ed. (461)
2015 Ed. (519)
2016 Ed. (472)
SEB Eesti Uhispank
2008 Ed. (407)
2009 Ed. (432, 433)
2010 Ed. (407)
SEB Eesti Uhispank; AS
2011 Ed. (334)
SEB; Groupe
2010 Ed. (3003, 3111, 3128)
2011 Ed. (3081, 3096)
2012 Ed. (3023, 3032, 3036)
2013 Ed. (3119)
2014 Ed. (3120)
SEB Latvijas Unibanka
2009 Ed. (490)
2010 Ed. (472)
SEB Pank
2010 Ed. (408)
2011 Ed. (335)
2013 Ed. (421)
SEB SA; Groupe
2013 Ed. (3123)
2014 Ed. (3109)
2015 Ed. (3171)
SEB Unibanka
2010 Ed. (473)
2011 Ed. (399)
SEB Vilniaus Bankas
2009 Ed. (494)
2010 Ed. (476, 477)
2011 Ed. (403, 404)
Sebastian
1991 Ed. (1879)
Sebastian Enterprises Inc.
2008 Ed. (1593)
2009 Ed. (1527)
2010 Ed. (1521)
2011 Ed. (1513)
Sebastian Pinera
2008 Ed. (4857)
2009 Ed. (4883)
2010 Ed. (4884)
2011 Ed. (4872)
2012 Ed. (4880)
2013 Ed. (4862)
2015 Ed. (4914)
2016 Ed. (4830)
Sebastian River Medical Center
2008 Ed. (3060)
Sebastian Vettel
2015 Ed. (226)
Sebastiani
1989 Ed. (2929)
1990 Ed. (3695)
1993 Ed. (3721)
1994 Ed. (3663)
1997 Ed. (3906, 3910)
1998 Ed. (3745, 3748, 3749, 3753)
1999 Ed. (4792, 4794)
2000 Ed. (4416)
2001 Ed. (4883, 4891)
2002 Ed. (4945, 4958)
Sebastiani Vineyard
2000 Ed. (4408)
Sebeco
2007 Ed. (2742)
Sebeco NV
2007 Ed. (1601, 1695)
Sebelius; Kathleen
2013 Ed. (4959)

Sebench Engineering Inc.
2012 Ed. (604)
SEB/Enskilda Securities
1989 Ed. (1373)
Sebert Landscaping
2012 Ed. (3439)
2016 Ed. (3326)
SeBow; Bennett S.
2010 Ed. (2566)
Sebring
2001 Ed. (492)
Sebulsky; Alan
1994 Ed. (1774)
1995 Ed. (1857)
SEC Ben. "3": Series A3
1992 Ed. (4376)
SEC Ben. "3": Series B3
1992 Ed. (4377)
SEC Ben. "3": Series E3
1992 Ed. (4374)
SEC Ben "3":SRS B3-In GR
1994 Ed. (3619)
SEC Ben. "4": Series A4
1992 Ed. (4376)
SEC Ben. "4": Series B4
1992 Ed. (4377)
SEC Ben. "4": Series E4
1992 Ed. (4374)
SEC Ben "4":SRS B4-In GR
1994 Ed. (3619)
SEC Ben "Varfix":In/Gr-B
1994 Ed. (3619)
SEC Benefit SRS B3 NQ
1989 Ed. (259)
1990 Ed. (273)
SEC Benefit SRS B4 Q
1989 Ed. (259)
1990 Ed. (273)
SEC Benefit SRS C3 NQ
1990 Ed. (3662)
SEC Benefit SRS C4 Q
1989 Ed. (262, 263)
1990 Ed. (3662)
SEC Cap Indl.
1999 Ed. (4003)
SEC FIRST "A":SERIES G
1994 Ed. (3619)
Sec Pac Business Credit
1993 Ed. (1172)
Sechaba Brewery Holdings Ltd.
2002 Ed. (4387, 4388)
2006 Ed. (4488)
Secom
2013 Ed. (840)
2014 Ed. (4447)
2015 Ed. (4442)
2016 Ed. (741, 4335)
SECOM Co., Ltd.
2007 Ed. (841, 4368)
2012 Ed. (645, 3854)
2013 Ed. (787)
The Second Cup Ltd.
1990 Ed. (1854)
1991 Ed. (1773)
Second Federal (Chicago, IL)
1991 Ed. (2918)
Second Generation Energy
2016 Ed. (4422)
Second Harvest
1994 Ed. (678, 903, 904, 909)
1995 Ed. (2784)
1996 Ed. (911)
1997 Ed. (944)
2000 Ed. (3347)
Second Harvest Food Support Committee
2012 Ed. (729)
Second Harvest Heartland
2006 Ed. (3721)
Second Income System
1993 Ed. (2923)
Second National Bank, FSB
1993 Ed. (3088)
Second National Bank/Ohio
1993 Ed. (2300)
1994 Ed. (581, 582)
Second National FSB
1992 Ed. (3789)
Second Sight
2015 Ed. (695)
Second Source
1997 Ed. (1709)
Second St. David's Capital
2000 Ed. (3305)
Second Wind Network
2005 Ed. (120)
Secondary public offerings
2001 Ed. (707)
SecondFloor BV

2014 Ed. (1067)
SecondMarket
2013 Ed. (2837)
Secor Bank
1994 Ed. (3236)
SECOR International Inc.
2003 Ed. (1290)
2004 Ed. (1255, 2333)
SecPac
1994 Ed. (1204)
Secret
1990 Ed. (3546)
1992 Ed. (1783)
1993 Ed. (1474)
1994 Ed. (1518)
1995 Ed. (1549, 3526)
1996 Ed. (1530, 3608)
1997 Ed. (1589, 3055, 3666)
1998 Ed. (1256, 1257)
1999 Ed. (3772)
2000 Ed. (1658, 1659, 3506)
2001 Ed. (1990)
2003 Ed. (2001, 2002, 2003)
2008 Ed. (2326)
2009 Ed. (583, 643, 3937)
2010 Ed. (611)
2011 Ed. (542)
2012 Ed. (3831)
Secret Clinical Strength
2016 Ed. (2270)
Secret Communications
1998 Ed. (1042)
Secret Extensions
2016 Ed. (2285)
The Secret Life of Bees
2005 Ed. (728)
2006 Ed. (640)
2007 Ed. (665)
2010 Ed. (566)
Secret Outlast
2016 Ed. (2270)
Secret Ph Balanced
2016 Ed. (2270)
Secret Platinum
2003 Ed. (2002)
2004 Ed. (3797)
Secret Scent Expressions
2016 Ed. (2270)
Secret Service
1992 Ed. (2635)
Secret Sheer Dry
2001 Ed. (1990)
2003 Ed. (2002)
Secret Treasures
2006 Ed. (3284)
Secretan & Co. Ltd.; 367, F. L. P.
1991 Ed. (2337)
Secretaria de Desarrollo Economico del
Gobierno de Nuevo Leon
2011 Ed. (1844)
Secretaria de Desarrollo Social Delega-
cion Chihuahua
2011 Ed. (1844)
Secretaria de Planeacion y Desarrollo
Regional del Gobierno del Estado
de Aguascalientes
2010 Ed. (1817)
Secretaries
2005 Ed. (3620, 3622)
2007 Ed. (3719)
2009 Ed. (3865)
2010 Ed. (3788)
Secretaries, executive
2007 Ed. (3722)
Secretaries, stenographers, and typists
1989 Ed. (2081)
Secretary
1993 Ed. (3727)
Secretary of Treasury; Office of the
1992 Ed. (27)
Secretary Plus Management Support
2010 Ed. (1503)
2012 Ed. (1345)
Secrets
1998 Ed. (3025)
Secrets; Charmin
2008 Ed. (4697)
The Secrets of Paradise
2004 Ed. (2683)
Secrets of the Vine
2003 Ed. (717, 719)
Secrex
2010 Ed. (3253)
Section 705 Credit Union
2010 Ed. (2151)
Sector Alarm
2014 Ed. (1995)
SECU
2009 Ed. (2196)
Secuity Pacific Bank Oregon

1992 Ed. (813)
Secura Group
1992 Ed. (1452)
Securcash Products LLC
2008 Ed. (3711, 4963)
Secure Computing Corp.
1997 Ed. (3409)
2006 Ed. (1420)
2009 Ed. (1114)
Secure Energy Services
2016 Ed. (1447)
Secure Security
2010 Ed. (1124)
2011 Ed. (1063)
Secure Sense Solutions
2016 Ed. (2905)
Secure Sense Solutions Inc.
2015 Ed. (2916)
Secure Trust Bank
2016 Ed. (475)
SecureAuth
2014 Ed. (1423)
Secured Capital Corp.
2005 Ed. (4016)
2008 Ed. (4121)
Secured Hospital Revenue Bonds
1989 Ed. (740)
SecureInfo Corp.
2005 Ed. (4284)
2006 Ed. (1353, 4263)
SecureKey Technologies
2014 Ed. (2922)
SecureKey Technologies Inc.
2014 Ed. (2875)
SecureLink
2015 Ed. (1877)
SecureUSA
2006 Ed. (4263)
2007 Ed. (4291)
SecureWorks
2006 Ed. (4678)
2007 Ed. (4291)
2008 Ed. (4295)
2009 Ed. (3003)
Securian Financial Group
2016 Ed. (3237)
Securian Financial Group Inc.
2008 Ed. (3170, 3175, 3180, 3286, 3287, 3288)
2009 Ed. (3344, 3345, 3346, 3347)
2010 Ed. (186, 3283, 3284, 3285, 3286)
2011 Ed. (4055)
2012 Ed. (3089, 3220, 3221, 3222, 3223, 3231, 4087)
2013 Ed. (1871, 3170, 3299, 3300, 3301, 3302, 3310)
2014 Ed. (1803, 3181, 3324, 3325, 3333)
2015 Ed. (1843)
Securicor
2000 Ed. (4129)
Securicor plc
2001 Ed. (4622)
2006 Ed. (1430)
Securify, Inc.
2002 Ed. (4205)
Securit
2011 Ed. (4388)
Securitas
2002 Ed. (1775)
Securitas AB
2004 Ed. (1715, 1716)
2005 Ed. (1773)
2006 Ed. (2024)
2007 Ed. (1994, 4367)
Securitas Holdings Inc.
2005 Ed. (817, 1769, 3907)
2011 Ed. (702, 1646, 4027)
2012 Ed. (638, 1497, 4056)
2013 Ed. (778, 1636, 4097)
2014 Ed. (800, 1598)
2015 Ed. (844, 1648)
2016 Ed. (739, 1591)
Securitas Oy
1999 Ed. (1629)
Securitas Security Services USA Inc.
2005 Ed. (817, 1769, 3907)
2006 Ed. (743, 1715, 3980)
2012 Ed. (638)
2013 Ed. (778)
2014 Ed. (800)
Securitas Security Systems USA Inc.
2006 Ed. (4274)
2008 Ed. (4302)
2009 Ed. (4408)
Securitefrance
2006 Ed. (1727)
2007 Ed. (1735)
2008 Ed. (1763, 4323)

Securities
1998 Ed. (1071, 1072, 1076, 1078, 1079)
1999 Ed. (1506, 1507, 1511, 1513, 1514)
2000 Ed. (1351, 1355, 1356, 2631)
2002 Ed. (2266, 2766, 2768, 2769, 2776, 2777, 2787, 2791, 2793, 2794, 2796, 4619)
2003 Ed. (2904, 2906, 2908)
2004 Ed. (1746, 1748, 1749, 3010, 3012, 3014)
2005 Ed. (3005, 3008, 3010, 3011, 3012)
2006 Ed. (3004, 3008, 3294)
2007 Ed. (3041, 3043, 3046, 3047)
2008 Ed. (1820, 1823, 1824, 1825, 3151, 3152, 3153, 3155, 3158, 3159)
2009 Ed. (1768, 1769, 1771, 1772, 1773)
Securities America
1999 Ed. (844, 845, 848, 849, 850)
2000 Ed. (840, 841, 843, 845, 846, 847, 848)
2002 Ed. (789, 797, 798, 799, 800, 801)
Securities and commodity
2009 Ed. (3855)
Securities and financial-services representatives
1992 Ed. (3282)
Securities and financial services sales
1991 Ed. (2630)
Securities, commodities, and financial services sales agents
2009 Ed. (3861)
Securities & Exchange Commission
1989 Ed. (1202)
2002 Ed. (4844)
2010 Ed. (2876)
The Securities House
2015 Ed. (2697)
2016 Ed. (2620)
Securities House Co.
2010 Ed. (2663)
2011 Ed. (2651)
2012 Ed. (2578)
Securities Industry Association
2001 Ed. (3829)
Securities Investor Protection Corp.
1995 Ed. (2786)
Securities One
1994 Ed. (3197)
1996 Ed. (3394)
1997 Ed. (3490)
Securitized Asset Sales
1996 Ed. (2685)
Securitized Asset Sales (Prudential)
1995 Ed. (2607)
Securitor Financial Group
2016 Ed. (2637)
Security
1995 Ed. (2816)
1996 Ed. (2881)
2000 Ed. (489, 493, 494, 736)
2001 Ed. (339, 2686, 2766)
2003 Ed. (814)
2006 Ed. (2897)
Security 1st Credit Union
2011 Ed. (2171)
Security Acciones
2005 Ed. (3578)
Security Associates International Inc.
2001 Ed. (1666)
2002 Ed. (1611)
Security Banc Corp.
2002 Ed. (432, 433)
Security Bancorp.
1990 Ed. (444)
1991 Ed. (377)
1992 Ed. (526)
1993 Ed. (358)
2002 Ed. (434, 3549)
Security Bank
1993 Ed. (507, 3568)
1994 Ed. (512, 3532)
1998 Ed. (3571)
1999 Ed. (623)
2009 Ed. (520)
2010 Ed. (432, 500)
2011 Ed. (357, 430)
2014 Ed. (2025)
Security Bank Corp.
2013 Ed. (373, 394)
2014 Ed. (407)
2015 Ed. (464)
Security Bank of Arlington
1997 Ed. (499)
Security Bank of Southwest

1995 Ed. (490)
Security Bank of Southwest Missouri
1993 Ed. (507)
1994 Ed. (512)
1996 Ed. (540)
1998 Ed. (335)
1999 Ed. (442)
2000 Ed. (435)
Security Bank & Trust Co.
1990 Ed. (467)
1992 Ed. (779)
1993 Ed. (568)
1994 Ed. (570)
1996 Ed. (387, 540)
Security Bank & Trust Co. (Southgate)
1991 Ed. (608)
Security Benefit Group
2006 Ed. (398)
Security Benefit Life Insurance
1992 Ed. (4380)
1993 Ed. (2303, 3652)
2015 Ed. (1763)
2016 Ed. (1716)
Security brokers & dealers
1989 Ed. (2475)
1990 Ed. (1658)
2010 Ed. (2638, 2639, 3209, 3210, 4155, 4156)
2011 Ed. (2619, 2620, 3173, 3174, 4153, 4154)
Security Builders
2002 Ed. (1198)
2003 Ed. (1180)
Security Capital
1990 Ed. (251)
1998 Ed. (3526)
1999 Ed. (4216)
2002 Ed. (3942)
Security Capital Assurance
2009 Ed. (4573)
Security Capital Bancorp
1995 Ed. (373)
Security Capital Europen Real Estate
2004 Ed. (3566)
Security Capital Group Inc.
2001 Ed. (1815)
2003 Ed. (1484)
2004 Ed. (1514, 1545)
2005 Ed. (1530)
Security Capital Industrial
1999 Ed. (4002)
Security Capital Industrial Trust
1998 Ed. (3004)
Security Capital Management
1989 Ed. (1803, 2139)
Security Capital Markets Group
1996 Ed. (2365)
Security Capital Mgmt.
1990 Ed. (2335, 2342)
Security Capital Pacific Trust
1999 Ed. (3998)
Security Capital Research
2003 Ed. (4058)
Security Capital Research & Management Inc.
2005 Ed. (360)
Security Capital US Real Estate
2001 Ed. (3446)
2003 Ed. (3504)
2005 Ed. (3549)
Security Capital US Realty
2003 Ed. (4595)
2004 Ed. (1514)
Security & commodity brokers
2002 Ed. (2265)
Security Consultants Group Inc.
2006 Ed. (3540, 4379)
Security consultants/engineers
2001 Ed. (4203)
Security Credit Services
2012 Ed. (2605)
Security Data Group
1992 Ed. (3827)
Security Denver
1999 Ed. (2940)
Security Equipment Inc.
2005 Ed. (4291)
2006 Ed. (4271)
2010 Ed. (4451)
Security Equity Global
2001 Ed. (3435)
Security features
2000 Ed. (3554)
Security Federal Savings
2005 Ed. (524)
2006 Ed. (454)
Security fencing
1992 Ed. (3831)
Security Finance Associates Inc.
2002 Ed. (1077)

2003 Ed. (3965)
Security First Life
1998 Ed. (2173)
Security First Life Insurance Co.
2001 Ed. (2941)
Security First National Bank
2008 Ed. (427)
2009 Ed. (452)
2010 Ed. (431)
2011 Ed. (356)
2012 Ed. (355)
2014 Ed. (494)
Security Global
2003 Ed. (3612)
Security Growth & Income A
1998 Ed. (2620)
Security guards
2004 Ed. (2291)
2005 Ed. (3628)
2010 Ed. (3788)
Security hardware
2005 Ed. (2781)
Security Health Plan of Wisconsin
2009 Ed. (3711)
2010 Ed. (3629)
Security Industrial
1989 Ed. (1690)
Security Industrial Insurance Co. Inc.
1991 Ed. (2106, 2108)
1993 Ed. (2224)
1995 Ed. (2308)
1997 Ed. (2451)
1998 Ed. (2165)
2000 Ed. (2688, 2689)
2002 Ed. (2910, 2911)
Security Insurance Co. of Hartford
2002 Ed. (3957)
2003 Ed. (4993)
Security Investment
1993 Ed. (2690)
Security Investment Group
1994 Ed. (2704)
Security Life
1994 Ed. (988)
1999 Ed. (1186)
Security Life Denver
1996 Ed. (988)
Security Life of Denver
1990 Ed. (1026)
1991 Ed. (2097)
1992 Ed. (1188)
1995 Ed. (1001, 2297, 2298, 2299)
1997 Ed. (2440)
1998 Ed. (751, 2167, 2169, 2188, 3038, 3653)
2000 Ed. (1102)
Security Life of Denver Insurance Co.
2001 Ed. (1255, 2935, 2936)
2002 Ed. (1074, 2934)
2007 Ed. (3150, 3155)
2008 Ed. (3300, 3305)
2009 Ed. (3360, 3365)
Security lighting
1992 Ed. (3828, 3831)
Security Link from Ameritech
1997 Ed. (3414)
Security Management System Inc.
2007 Ed. (2009)
2008 Ed. (2104)
2009 Ed. (2079)
Security Mid Cap Value
2003 Ed. (3497)
2004 Ed. (2454, 3556, 3559)
Security Mutual, NY
1989 Ed. (1701, 1703)
Security National Bank
1989 Ed. (219)
2010 Ed. (432)
2011 Ed. (357)
Security National Bank of Quanah
1996 Ed. (387)
Security National Bank of Quanah (TX)
2000 Ed. (551)
Security National Insurance Co.
2006 Ed. (3066)
2007 Ed. (3094)
2008 Ed. (3235)
2009 Ed. (3295)
2010 Ed. (3222)
2011 Ed. (3185)
2012 Ed. (3144)
2013 Ed. (3216)
2014 Ed. (3235)
2015 Ed. (3293)
2016 Ed. (3145)
Security Networks
2012 Ed. (4450)
2013 Ed. (4414)
2014 Ed. (4445)
Security of America Life Insurance

1992 Ed. (2647)
Security Omni
1989 Ed. (1851)
Security Pacific Asian Bank Ltd.
1992 Ed. (696)
1993 Ed. (498)
Security Pacific Bancorp
2005 Ed. (361)
Security Pacific Bank
1991 Ed. (360, 1512)
Security Pacific Bank Arizona
1992 Ed. (602)
1993 Ed. (423)
Security Pacific Bank Arizona (Phoenix)
1991 Ed. (447)
Security Pacific Bank NA
1993 Ed. (384)
Security Pacific Bank of Washington
1991 Ed. (185, 689)
Security Pacific Bank of Washington
N.A.
1992 Ed. (255)
1994 Ed. (145)
Security Pacific Bank Oregon
1993 Ed. (607)
Security Pacific Bank-Washington NA
1992 Ed. (562, 864)
1993 Ed. (395, 402, 664, 2416)
Security Pacific Capital Corp./First SBIC
of California
1991 Ed. (3441)
Security Pacific Corp.
1989 Ed. (374, 375, 376, 377, 420,
421, 422, 426, 713, 714)
1990 Ed. (888)
1991 Ed. (372, 373, 374, 376, 403,
404, 407, 495, 594, 845, 1149)
1992 Ed. (867)
1993 Ed. (264, 356, 357, 372, 373,
411, 519, 523, 650, 1189, 1192,
2603, 3221, 3246, 3662)
1994 Ed. (341, 402)
1995 Ed. (366)
1996 Ed. (359)
1997 Ed. (1261)
1999 Ed. (374)
Security Pacific Credit
1992 Ed. (3020, 3021)
Security Pacific (E), Calif.
1989 Ed. (2147)
Security Pacific Financial Services, Inc.
1992 Ed. (2130, 2131)
Security Pacific Financial Services System
1993 Ed. (1763, 1767)
Security Pacific Group
1991 Ed. (1121, 1123, 1126, 1127,
1128, 1131)
Security Pacific Hoare Govett
1990 Ed. (1771)
1991 Ed. (1712)
Security Pacific Investment Group
1991 Ed. (2250)
Security Pacific National Bank
1989 Ed. (203, 205, 425, 436, 511,
2783)
1990 Ed. (421, 461, 462, 465, 513,
515, 516, 526, 527, 528, 2437)
1991 Ed. (185, 265, 364, 371, 401,
405, 409, 410, 412, 486, 488, 489,
1922, 1923, 2304, 2308, 2484,
2811)
1992 Ed. (255, 509, 527, 528, 541,
542, 545, 549, 550, 551, 552, 553,
555, 556, 557, 558, 559, 560, 561,
562, 563, 564, 565, 566, 568, 570,
628, 2430, 3627)
1993 Ed. (351, 355, 359, 360, 361,
362, 374, 375, 380, 381, 386, 387,
389, 391, 392, 393, 395, 396, 397,
398, 399, 400, 401, 402, 403, 404,
405, 406, 408, 410, 445, 576, 577,
579, 666, 1265, 1444, 2299, 2418,
2508, 2509, 2510, 2965, 2968,
2970)
1994 Ed. (145, 401)
Security Pacific National Bank Aggressive Equity
1994 Ed. (2311)
Security Pacific National Bank Common
Trust G
1994 Ed. (2311)
Security Pacific National Bank (Los Angeles)
1991 Ed. (471)
Security Pacific National Bank Special
Fixed Income V
1994 Ed. (2312)
Security Pacific Plaza
1990 Ed. (2732)

Security Pacific Securities Inc.
1991 Ed. (2167, 2171, 2175)
1992 Ed. (3858)
1993 Ed. (2264)
Security Pacific-Sequor
1993 Ed. (2511)
Security product manufacturers/distribu-
tors
2001 Ed. (4203)
Security S & LA
1992 Ed. (3771)
Security Savings
1990 Ed. (2471)
Security Savings Assn., FSA
1990 Ed. (3578)
Security Savings Bank
1994 Ed. (3531)
Security Savings Bank, SLA
1993 Ed. (3081, 3082)
Security Savings & Loan Association
1991 Ed. (3370)
Security Service
2000 Ed. (1628)
Security Service Credit Union
2002 Ed. (1843, 1894)
2003 Ed. (1887, 1902, 1948)
2004 Ed. (1942, 1988)
2005 Ed. (2082, 2083, 2130)
2006 Ed. (2176, 2177, 2225)
2007 Ed. (2099, 2100, 2146)
2008 Ed. (2215, 2261)
2009 Ed. (330, 2190, 2198, 2247)
2010 Ed. (2120, 2148, 2149, 2150,
2152, 2201)
2011 Ed. (2172, 2173, 2219)
2012 Ed. (2013, 2014, 2031, 2032,
2033, 2080)
2013 Ed. (2266, 2267, 2268)
2014 Ed. (2195, 2200, 2201, 2202)
2015 Ed. (2259, 2264, 2265, 2266)
2016 Ed. (2230, 2235, 2236, 2237)
Security Service FCU
1999 Ed. (1801, 1802)
Security Service Federal Credit Union
1993 Ed. (1449)
1996 Ed. (1502, 1503)
1997 Ed. (1559, 1566, 1567, 1568)
1998 Ed. (1215, 1222, 1224, 1226,
1228, 1229)
2001 Ed. (1961)
2002 Ed. (1842)
2005 Ed. (2060)
Security Social Awareness
2006 Ed. (4404)
Security State Bank
1989 Ed. (210, 216)
1993 Ed. (507)
1994 Ed. (509)
1996 Ed. (541)
1997 Ed. (500)
1998 Ed. (333, 367)
2004 Ed. (541)
2007 Ed. (462)
2012 Ed. (359)
2013 Ed. (486)
2014 Ed. (497)
2015 Ed. (561)
Security system installer
2011 Ed. (3778)
Security systems, home
2003 Ed. (4331)
Security Systems Inc.
2014 Ed. (4445)
Security systems, integrated
2003 Ed. (4331)
Security Tag Systems Inc.
1994 Ed. (1225)
Security Technologies Group Inc.
2000 Ed. (3922)
2002 Ed. (4541)
2003 Ed. (4330)
Security Total Return
2004 Ed. (3601, 3602)
Security Trust
1992 Ed. (2748, 2752, 2756, 2764)
Security Ultra
1989 Ed. (1851)
Security Ultra Fund
2003 Ed. (3537)
Security Vault Works Inc.
2006 Ed. (3518)
2008 Ed. (3713, 4401, 4965)
Security Windows & Doors Manufacturing
2006 Ed. (3537)
Security/encryption
1996 Ed. (2914)
SecurityHunter
2016 Ed. (1210)
Securityhunter Inc.

2014 Ed. (4439)
2015 Ed. (4433)
SecurityLink
1992 Ed. (3826)
1998 Ed. (3204)
1999 Ed. (4201, 4203)
SecurityLink from Ameritech
2000 Ed. (3919, 3921)
2001 Ed. (4201, 4202)
2002 Ed. (4204)
SecurityMetrics
2011 Ed. (2127)
SECURUS
2010 Ed. (1938)
SEDA Construction
2002 Ed. (2678)
2003 Ed. (1163)
2004 Ed. (1171)
2005 Ed. (1199)
Seda International Packaging Group
2006 Ed. (3919)
Sedano's Markets
2010 Ed. (4635)
Sedano's Supermarkets
1990 Ed. (2007, 2008, 2016)
1991 Ed. (1905, 1906)
1992 Ed. (2400, 2401)
1993 Ed. (2037, 2038)
1994 Ed. (2050, 2051, 2053)
1995 Ed. (2101, 2102, 2106, 3142)
1996 Ed. (2110, 2111, 3234)
1997 Ed. (2216, 2217, 3339)
1998 Ed. (1934, 1937, 2514, 3081)
1999 Ed. (2682, 3422, 4090)
2000 Ed. (2466, 3805)
2001 Ed. (2704, 2713)
2002 Ed. (2560, 3375)
2004 Ed. (2834, 2835)
2005 Ed. (2844)
2006 Ed. (2844)
Sedano's Supermarkets & Pharmacies
2008 Ed. (2965)
2009 Ed. (3045)
Sedapal
2012 Ed. (1654)
Sedco Forex Offshore
2005 Ed. (1511)
Seddon Atkinson
1992 Ed. (4347)
Sedgwick
2013 Ed. (3444, 3446)
Sedgwick Claims Management
2000 Ed. (1093)
Sedgwick Claims Management Services
Inc.
2001 Ed. (2914)
2006 Ed. (3081, 3083)
2007 Ed. (3100)
2008 Ed. (3247)
2009 Ed. (3306)
2010 Ed. (3230, 3232, 3233)
2011 Ed. (3203, 3204)
2012 Ed. (3162, 3163)
2014 Ed. (3258, 3261)
2015 Ed. (3310, 3311, 3313)
2016 Ed. (3153)
Sedgwick CMS Holdings Inc.
2016 Ed. (3153)
Sedgwick Group
1990 Ed. (2270)
1992 Ed. (2700, 2701)
Sedgwick Group PLC
1990 Ed. (2465)
1991 Ed. (2138, 2339)
1992 Ed. (2699, 2899)
1993 Ed. (2249, 2457)
1994 Ed. (2224, 2226, 2227)
1995 Ed. (1246, 2270, 2271, 2272,
2273)
1996 Ed. (2273, 2274, 2275, 2276,
2277)
1997 Ed. (2414, 2415)
1998 Ed. (2120, 2121, 2124, 2125)
1999 Ed. (2906, 2907, 2909)
2000 Ed. (2661, 2662, 2663, 2664)
Sedgwick Group PLC (U.S.)
1994 Ed. (2225)
Sedgwick James (Bermuda) Ltd.
1990 Ed. (903)
1991 Ed. (853)
1992 Ed. (1058)
1993 Ed. (846)
Sedgwick James Inc.
1996 Ed. (980)
Sedgwick James Inc. Claims Management Services
1995 Ed. (992)
Sedgwick James Inc. Claims Management Services Division
1991 Ed. (941)

Sedgwick James Management Co. Inc.
1993 Ed. (850)
1994 Ed. (863, 865)
Sedgwick James Management Services
(U.S) Ltd.
1995 Ed. (907)
Sedgwick James North America
1991 Ed. (2137)
1993 Ed. (2247, 2248)
Sedgwick James of Illinois Inc.
1998 Ed. (2123)
Sedgwick James of Michigan Inc.
1998 Ed. (2127)
Sedgwick James of New York Inc.
1992 Ed. (2702)
1995 Ed. (2274)
Sedgwick Management Co. Inc.
1995 Ed. (905)
Sedgwick Management Services
1999 Ed. (1031)
Sedgwick Management Services (Bermuda) Ltd.
1994 Ed. (859)
1995 Ed. (902)
1996 Ed. (877)
1997 Ed. (898)
1999 Ed. (1029)
Sedgwick Management Services (US)
Ltd.
1996 Ed. (880)
1999 Ed. (1034)
Sedgwick Management Services (USA)
Ltd.
1998 Ed. (640)
Sedgwick ManagementServices US Ltd.
2000 Ed. (984)
Sedgwick Managment Services (U.S.)
Ltd.
1997 Ed. (901)
Sedgwick Noble Lowndes
1995 Ed. (1661, 1662)
1996 Ed. (1638, 1639)
1998 Ed. (1424, 1425, 1427)
1999 Ed. (1997, 1998, 1999, 2001,
3063)
2000 Ed. (1775)
Sedgwick of Illinois Inc.
1999 Ed. (2908)
Sedgwick of Michigan
1999 Ed. (2912)
2000 Ed. (2666)
Sedgwick Payne Co.
1995 Ed. (3086)
Sedgwick Payne Co./Crump Reinsurance
1996 Ed. (3187)
Sedgwick Rd
2004 Ed. (133)
Sedgwick Re
1997 Ed. (3291)
Sedgwick Reinsurance
1998 Ed. (3036)
Sedgwick Tomenson Associates
1990 Ed. (1649)
Sedona Staffing Services
2006 Ed. (2409)
Sedro-Woolley School District
2013 Ed. (2164)
See Kai Run
2011 Ed. (197, 4023)
Seeay Pharma Ilac Ecza Deposu VE
Medikal DIS Ticaret A S
2016 Ed. (2069)
SeeBeyond Technology Inc.
2004 Ed. (1341)
Seec Inc.
2005 Ed. (1942, 1947, 1951)
Seed
2001 Ed. (1508)
Seedorf Masonry Inc.
2001 Ed. (1477)
Seedorff Masonry Inc.
1993 Ed. (1137)
1994 Ed. (1144)
1995 Ed. (1162)
1996 Ed. (1147)
1997 Ed. (1166)
1998 Ed. (950)
1999 Ed. (1371)
2000 Ed. (1263)
2002 Ed. (1293)
2003 Ed. (1306)
2004 Ed. (1309)
2005 Ed. (1283, 1286, 1316)
2006 Ed. (1286)
2007 Ed. (1363)
2008 Ed. (1260)
2009 Ed. (1236)
2010 Ed. (1235)
2011 Ed. (1183)

2012 Ed. (1130)
2013 Ed. (1276)
2014 Ed. (1209)
2015 Ed. (1267)
Seeds
2006 Ed. (4395)
Seeds of Genius
2011 Ed. (4799)
Seef/Saar/Jazira
2010 Ed. (39)
Seegene
2016 Ed. (2004)
SEEK
2010 Ed. (1491)
Seek
2016 Ed. (1370, 1371)
SEEK Careers/Staffing Inc.
2015 Ed. (5030)
Seek Communications
2004 Ed. (1635)
SeekingSitters Franchise System Inc.
2012 Ed. (811)
2013 Ed. (992)
Seekins Ford Lincoln Inc.
2014 Ed. (1349)
2015 Ed. (1426)
2016 Ed. (1349)
Seeley Co.
1992 Ed. (3614)
1994 Ed. (2998)
1995 Ed. (3060)
1997 Ed. (3256)
1998 Ed. (2998)
The Seeley Company
1990 Ed. (2954)
Seeley Lake Elementary
2015 Ed. (2523)
2016 Ed. (2458)
Seeley Lake Elementary School District
2014 Ed. (2454)
Seem
2007 Ed. (87)
Seem Plus
2001 Ed. (82)
Seeno Construction Co.; Albert D.
2005 Ed. (1219)
Seeno Homes
2002 Ed. (2671)
Seer Technologies
1997 Ed. (3359)
See's Candies Inc.
2003 Ed. (964)
SEF Credit Union
2006 Ed. (2213)
2007 Ed. (2134)
Sefalana Holdings Ltd.
2002 Ed. (4388)
SEFCU
2008 Ed. (2249)
2009 Ed. (2235)
2010 Ed. (2120, 2189)
2011 Ed. (2207)
Sefrioui; Anas
2013 Ed. (4890)
2014 Ed. (4903)
2015 Ed. (4943)
SEG Insurance Ltd.
2010 Ed. (3212)
2011 Ed. (3176)
2012 Ed. (3133)
SEG Partners LP
2003 Ed. (3120, 3135)
Sega Corp.
1994 Ed. (3561, 3562)
1995 Ed. (3638, 3640, 3642)
1996 Ed. (2126, 3724, 3726)
1997 Ed. (3777, 3779, 3836, 3837, 3838)
1998 Ed. (825, 840, 841, 1949, 3595, 3603)
1999 Ed. (4627, 4632)
2000 Ed. (1492, 4275)
2001 Ed. (4604)
2002 Ed. (4642)
2003 Ed. (2603, 4773)
Sega Dreamcast
2002 Ed. (4746)
Sega Enterprises Ltd.
1994 Ed. (3551)
1996 Ed. (3707)
2001 Ed. (4688)
2002 Ed. (2102, 2103, 2104)
Sega Game Gear
1994 Ed. (3562)
Sega Genesis
1999 Ed. (1277)
2000 Ed. (1170)
Sega Sammy
2007 Ed. (2992)
2016 Ed. (3347)

Sega Sammy Holdings
2015 Ed. (4210)
Sega Sammy Holdings Inc.
2010 Ed. (4138)
2011 Ed. (4138)
2012 Ed. (4171)
2013 Ed. (4207, 4208)
2014 Ed. (4178)
2015 Ed. (4159, 4208)
Segal Associates Inc.
1991 Ed. (1066)
The Segal Co.
1994 Ed. (1622, 1624)
1998 Ed. (1426)
1999 Ed. (1997, 2000)
2000 Ed. (1774, 1778)
2002 Ed. (1218, 2111)
2005 Ed. (2367, 2369)
2006 Ed. (2418)
2008 Ed. (2484)
Segal Co.; Martin E.
1990 Ed. (1651)
1991 Ed. (1543, 1544, 1545)
1992 Ed. (1940)
1993 Ed. (1589, 1592)
Segal; Gordon
2008 Ed. (2990)
2009 Ed. (3073)
Segami Medics
2012 Ed. (3836)
SEGBA - Servicios Electricos del Bue-
nos Aires
1989 Ed. (1089)
Segel; Joseph M.
1992 Ed. (2056)
Seger; Bob
1989 Ed. (989)
2016 Ed. (2288)
Seger; Martha
1995 Ed. (1256)
Segro
2016 Ed. (4109, 4119)
Segue
2007 Ed. (1254)
Segue Electronics
2008 Ed. (1110)
Segue Software Inc.
2001 Ed. (2856)
2005 Ed. (1151)
Segura Viudas
2004 Ed. (925)
2005 Ed. (918, 919)
2006 Ed. (829)
Seguradora Lider dos Consorcios do
Seguro DPVAT
2010 Ed. (3243)
Seguridad Atlas Ltda.
2013 Ed. (1545)
Seguros Banamex
2007 Ed. (3115)
2010 Ed. (3252)
Seguros Banorte Generali
2008 Ed. (3259)
2010 Ed. (3252)
Seguros BBVA Bancomer
2007 Ed. (3115)
2008 Ed. (3259)
2010 Ed. (3252)
Seguros Bolivar
2013 Ed. (1810)
Seguros Bolivar SA
2012 Ed. (1422)
2013 Ed. (1545)
Seguros Carabobo
1996 Ed. (2290)
Seguros Caracas
1996 Ed. (2290)
Seguros Comercial America
2003 Ed. (1517)
2007 Ed. (3115)
2008 Ed. (3259)
Seguros Comerciales Bolivar
2007 Ed. (3111)
2008 Ed. (3256)
Seguros Confianza SA
2015 Ed. (1570)
Seguros de Riesgos Profesionales
Suramericana SA
2013 Ed. (1545)
Seguros de Vida Suramericana SA
2013 Ed. (1545)
Seguros del Estado
2007 Ed. (3111)
2008 Ed. (3256)
Seguros del Pinchicha
2010 Ed. (3247)
Seguros e Inversiones SA
2006 Ed. (4500)
Seguros Generales Suramericana SA
2011 Ed. (1584)

2013 Ed. (1545)
Seguros Inbursa
2007 Ed. (3115)
2008 Ed. (3259)
2010 Ed. (3252)
Seguros ING
2010 Ed. (3252)
Seguros La Metropolitana
1996 Ed. (2290)
Seguros La Seguridad
1996 Ed. (2290)
Seguros Mercantil
2008 Ed. (3261)
2010 Ed. (3254)
Seguros Monterrey New York Life
2004 Ed. (3025)
2007 Ed. (3115)
2008 Ed. (3259)
2010 Ed. (3252)
Seguros Nuevo Mondo
1996 Ed. (2290)
Seguros Orinoco
1996 Ed. (2290)
Seguros Panamerican
2002 Ed. (942)
Seguros Progreso
1996 Ed. (2290)
Seguros Unidos
2010 Ed. (3247)
Seguros Venezuela
1996 Ed. (2290)
Sehgal; Vivek Chaand
2016 Ed. (4824)
SEI - Atlanta LLC
2016 Ed. (1599)
SEI Cash-Plus Trust/Money Market
Portfolio
1992 Ed. (3099)
SEI Cash Plus Trust/Prime Oblig. Class
A
1994 Ed. (2542)
SEI Cash-Plus Trust/Prime Obligation
Portfolio
1992 Ed. (3098)
SEI Corp.
1996 Ed. (2379)
1998 Ed. (2310)
SEI Daily Income Corporate A
1996 Ed. (2793)
SEI Daily Income Short Government A
2000 Ed. (765)
SEI Daily Income Tr/MMP/Class A
1996 Ed. (2669, 2671)
SEI Dynamic Asset Allocation
2016 Ed. (4488)
SEI Engineering Inc.
2006 Ed. (2473)
SEI Group
2005 Ed. (2837)
2006 Ed. (1160)
2007 Ed. (647)
2008 Ed. (3765)
2009 Ed. (626, 3811)
2010 Ed. (3740)
2011 Ed. (3740)
2016 Ed. (3673)
SEI Group Inc.
2015 Ed. (2999)
SEI Index Bond Index Fund
2003 Ed. (3535)
SEI Information Technology
1994 Ed. (1126)
SEI Institutional International: Emerging
Debt
2003 Ed. (3618)
SEI Institutional Managed Core Fixed
Income Fund
2003 Ed. (3535)
SEI Institutional Managed Equity Income
1997 Ed. (2885, 2900)
SEI Instl Managed Tr-Lg Cap Gr A
1999 Ed. (3569)
SEI Instl Managed Tr-Lg Cap Val A
1999 Ed. (3569)
SEI International Fixed Income
1996 Ed. (2792)
SEI Investments Co.
1999 Ed. (3068, 3110)
2000 Ed. (2776, 2832, 2860)
2001 Ed. (3455)
2002 Ed. (1547, 3005, 3006, 3017)
2003 Ed. (3088)
2004 Ed. (2117, 2121, 2122, 2124, 3192)
2005 Ed. (2222, 2226, 2227)
2006 Ed. (1978, 2291, 2292, 3210)
2007 Ed. (2219, 2220, 2227)
2008 Ed. (2359, 2360, 2367)

2009 Ed. (2716)
SEI Liq Asset Tr/Prime Oblig
1996 Ed. (2671)
SEI Liquid Asset Trust/Prime Oblig.
Portfolio
1994 Ed. (2543)
SEI T-E Tr/Bainbridge T-E Port
1996 Ed. (2668)
SEI T-E Tr/Institution T-F Class A
1996 Ed. (2668, 2672)
SEI T-E Trust/Institutional Tax-Free
Portfolio
1992 Ed. (3097)
SEI Tax-Exempt Tr./CA T-E Portfolio
1994 Ed. (2540)
SEI Tax-Exempt Trust/Instit. T-F Portfolio Class A
1994 Ed. (2540)
Seibels, Bruce & Co.
2011 Ed. (2037)
Seibels Bruce Group
2002 Ed. (3486)
Seibu
2000 Ed. (3824)
Seibu Railway Co. Ltd.
1991 Ed. (3416)
1992 Ed. (4337)
1993 Ed. (3613)
1995 Ed. (3654)
1997 Ed. (3788)
Seibu Saison
1992 Ed. (1497)
Seibu/Saison Group of Japan
1990 Ed. (1226, 1256, 1267)
Seiden; Carl
1996 Ed. (1771, 1773, 1789)
Seidenberg; I. G.
2005 Ed. (2506)
Seidenberg; Ivan
2005 Ed. (972)
2006 Ed. (923)
2007 Ed. (1013)
Seidenberg; Ivan G.
2011 Ed. (845)
Seidenbert; Ivan
2005 Ed. (2318)
Seidle Mitsubishi; Bill
1994 Ed. (277)
1995 Ed. (280)
Seidle Nissan; Bill
1990 Ed. (385)
Seidle Suzuki; Bill
1993 Ed. (302)
1994 Ed. (285)
1995 Ed. (286)
1996 Ed. (289)
Seidler-Fitzgerald Public Finance
1993 Ed. (2262, 2265)
1996 Ed. (2348, 2355)
1997 Ed. (2486)
1998 Ed. (2230, 2234)
1999 Ed. (3014)
Seidler, Lee
1989 Ed. (1418)
1991 Ed. (1687)
Seidman & Seidman/BDO
1989 Ed. (10)
Seifer; David
1993 Ed. (1807)
1994 Ed. (1790, 1826)
1995 Ed. (1829, 1867)
1996 Ed. (1806)
Seifi Ghasemi
2013 Ed. (2636)
Seigenthaler Public Relations
2011 Ed. (4130)
Seiger; Bruce
1995 Ed. (3503)
Seigman High-Yield Bond A
1996 Ed. (2781)
Seiichi Yamada
1996 Ed. (1870)
Seiichiro Iwasawa
1996 Ed. (1869)
1997 Ed. (1976)
Seiji Sugiura
1999 Ed. (2374)
2000 Ed. (2154)
Seiko Corp.
1990 Ed. (3632)
1991 Ed. (3474)
1993 Ed. (1343, 1359)
2001 Ed. (1243)
2003 Ed. (2238)
2014 Ed. (3224)
Seiko Epson
2016 Ed. (987)
Seiko Epson Corp.
1990 Ed. (2203)
1992 Ed. (2865)

1993 Ed. (2566, 2567, 2568)
1994 Ed. (2517)
1995 Ed. (2453)
1996 Ed. (2639)
2003 Ed. (2249)
2004 Ed. (3776)
2005 Ed. (1125, 3695)
2006 Ed. (1111)
2007 Ed. (1212, 1213, 1215, 2828)
2012 Ed. (648, 650, 3813, 3814)
2013 Ed. (792, 794)
2014 Ed. (810, 811, 3812)
2015 Ed. (858, 859)
2016 Ed. (746, 747)
Seiko Instruments & Electronics Ltd.
1992 Ed. (2865)
Seiko Optical Products
1999 Ed. (3659)
Seiko U.K. Ltd.
2002 Ed. (36)
Seikoh Giken
2002 Ed. (1710)
Seiler & Co., LLP
2005 Ed. (13)
Seiler Corp.
1991 Ed. (1752, 1755)
1992 Ed. (2202, 2447, 2448)
1994 Ed. (1890, 2079, 2082, 2083)
Seiler DDB
1997 Ed. (150)
2000 Ed. (177)
2002 Ed. (189)
2003 Ed. (153)
Seiler DDB/Switzerland
2001 Ed. (217)
Seiler's/FDI
1995 Ed. (1912, 2133)
"Seinfeld"
1997 Ed. (3722)
2000 Ed. (4222)
2001 Ed. (4486, 4491, 4499)
Seinfeld; Jerry
1997 Ed. (1726)
2008 Ed. (2581, 2586)
2009 Ed. (2608)
2010 Ed. (2511, 2515)
2011 Ed. (2513, 2517)
2012 Ed. (2434)
2013 Ed. (2600)
2014 Ed. (2529)
2015 Ed. (2602)
Seino
2007 Ed. (4835)
2016 Ed. (4702)
Seiple Jr.; John W.
2007 Ed. (2509)
Seisint Inc.
2006 Ed. (1418, 1427)
Seismicom
2005 Ed. (3405)
2006 Ed. (3414)
Seita
2003 Ed. (968)
Seitan KFT
2016 Ed. (1638)
Seitel Inc.
1991 Ed. (227)
2004 Ed. (3682, 4580)
SEIU Healthcare
2011 Ed. (3393)
2012 Ed. (3361)
2013 Ed. (3432)
2014 Ed. (3432)
Seix Investment Advisors
1996 Ed. (2393, 2401)
1997 Ed. (2530)
1998 Ed. (2275, 2278)
1999 Ed. (3072)
2000 Ed. (2803, 2806)
2001 Ed. (3690)
2003 Ed. (3080)
Seix Investment Advisors, High Yield
Bond Management
2003 Ed. (3122)
Seiyo Ginza
1996 Ed. (2174)
Seiyu
1989 Ed. (2333)
1990 Ed. (3050, 3054)
1994 Ed. (3113)
1995 Ed. (3158)
2000 Ed. (3824)
Seize the Day
2005 Ed. (721)
Seizure control
2002 Ed. (2013)
Seizure disorders
2000 Ed. (1696, 2322)
2002 Ed. (3751)
SEK Advertising

1989 Ed. (105)
Sek & Grey Oy
1990 Ed. (101)
1991 Ed. (98)
Sekap
1997 Ed. (992)
1999 Ed. (1137)
Sekisui Chemical
1989 Ed. (826)
1993 Ed. (914)
1994 Ed. (931)
1995 Ed. (959)
1997 Ed. (959, 1753)
1998 Ed. (1148, 1446)
1999 Ed. (1090, 2032)
2000 Ed. (1026)
2007 Ed. (2991)
2012 Ed. (1028)
2013 Ed. (1170)
2014 Ed. (1124)
2015 Ed. (1166)
2016 Ed. (1081, 3037)
Sekisui House
1989 Ed. (1005)
1990 Ed. (1846)
1991 Ed. (1064)
1992 Ed. (1370)
1993 Ed. (1097)
1994 Ed. (1121)
1995 Ed. (1135)
1996 Ed. (3409)
1997 Ed. (1131, 1753)
1998 Ed. (535, 907, 1446)
1999 Ed. (1323, 2032, 2033)
2000 Ed. (1203, 1824)
2002 Ed. (1195)
2003 Ed. (1174)
2004 Ed. (1182)
2005 Ed. (1208)
2006 Ed. (1184, 1185, 1793)
2007 Ed. (1292, 1800, 2991)
2012 Ed. (1028)
2013 Ed. (1170)
2014 Ed. (1124, 1130)
2015 Ed. (1166, 1177)
2016 Ed. (1081, 3037)
Seksun
2007 Ed. (1972)
Selander; Robert W.
2011 Ed. (830)
Selco Community Credit Union
2006 Ed. (2218)
2007 Ed. (2139)
2008 Ed. (2254)
2009 Ed. (2240)
2010 Ed. (2194)
2011 Ed. (2212)
2012 Ed. (2073)
2013 Ed. (2257)
2014 Ed. (2189)
2015 Ed. (2253)
2016 Ed. (2224)
Selco; Corp.
2007 Ed. (96)
Selco Credit Union
2002 Ed. (1887)
2003 Ed. (1941)
2004 Ed. (1981)
2005 Ed. (2123)
Selco Products
2016 Ed. (3451)
Seldane
1990 Ed. (2899)
1991 Ed. (2761, 2762)
1992 Ed. (3524, 3525)
1993 Ed. (2912, 2913)
1994 Ed. (2926, 2928)
1995 Ed. (226)
1998 Ed. (1341)
Seldane-D
1995 Ed. (226)
Seldane tab 60 mg
1990 Ed. (1572)
Seldenberg; Ivan G.
2007 Ed. (1033)
2008 Ed. (955)
2009 Ed. (954)
2010 Ed. (906)
2012 Ed. (797)
Selecciones
2005 Ed. (3360)
2009 Ed. (3597)
2010 Ed. (2979)
2011 Ed. (2941)
2012 Ed. (2872)
Selecciones; Reader's Digest
2005 Ed. (131)
Select
2000 Ed. (3500)
Select Annuity II

1991 Ed. (3438)
Select Appointments (Holdings) Plc
1990 Ed. (1034)
Select Asset Management
2008 Ed. (1571)
Select Business Solutions Inc.
2006 Ed. (1139)
Select Comfort
1998 Ed. (440, 748, 3084, 3310)
2000 Ed. (2296, 2297, 2302)
2001 Ed. (2740)
2004 Ed. (3663)
2005 Ed. (2697, 3410, 3411)
2006 Ed. (1888, 1889, 2884, 3423)
2007 Ed. (132, 2868, 3437)
2008 Ed. (2989, 2998, 2999, 3604)
2009 Ed. (3670, 3671, 4578)
2010 Ed. (3587)
2011 Ed. (3590, 3591)
2013 Ed. (2791, 2792, 3634)
2014 Ed. (562, 2821, 2822)
2015 Ed. (626, 1839)
2016 Ed. (575)
Select Comfort Sleep Number
2015 Ed. (2339)
Select Copy Systems
1998 Ed. (2699)
Select Engineering
2009 Ed. (2502)
Select Equity Group, U.S. Small Cap
Portfolio
2003 Ed. (3135)
Select Exec - 1
1997 Ed. (3813)
Select Greater Philadelphia
2011 Ed. (3478)
2013 Ed. (3530)
Select Health of South Carolina
2013 Ed. (2045)
Select Health of South Carolina Inc.
2011 Ed. (2038)
2012 Ed. (1886)
Select Income REIT
2015 Ed. (1676)
Select Life
1991 Ed. (2119)
Select Medical Corp.
2005 Ed. (2800)
2009 Ed. (1999, 2970, 4163)
2010 Ed. (2910)
2015 Ed. (2949)
2016 Ed. (2880)
Select Medical Holdings Corp.
2013 Ed. (2002, 2872, 4212)
2014 Ed. (2904, 4226)
2015 Ed. (3047, 4214)
2016 Ed. (4133)
Select Milk Producers Inc.
2004 Ed. (1822)
2005 Ed. (1906)
2006 Ed. (1933)
2007 Ed. (1917)
2008 Ed. (1980)
2009 Ed. (1935)
Select Phone
1997 Ed. (1098)
Select Providers Inc.
2000 Ed. (2439)
2001 Ed. (3874)
2002 Ed. (3744)
Select Sector SPDR Financial
2013 Ed. (4514)
2014 Ed. (4575)
Select Sector SPDR-Financial
2015 Ed. (4569)
Select Sector SPDR Fund, Financial
2004 Ed. (234)
Select Service Inc.
2008 Ed. (4980)
Select Staffing
2002 Ed. (4349)
SelectBuild
2008 Ed. (1223)
2009 Ed. (1205)
2010 Ed. (1209)
Selectbuild Construction Inc.
2008 Ed. (1166)
2009 Ed. (1147)
2010 Ed. (1142)
2012 Ed. (1004)
2013 Ed. (1148)
SelectCare HMO
1994 Ed. (2036, 2038)
1998 Ed. (1913)
1999 Ed. (2654)
SelectCare Inc.
1992 Ed. (2390)
1999 Ed. (2644)
2000 Ed. (2423, 2434)
2001 Ed. (2680)

SelectCare MedExtend Inc.
1990 Ed. (1996)
1991 Ed. (1894)
SelectCare VersaMed Inc.
1990 Ed. (2896)
1991 Ed. (2760)
Select/Denron Plumbing & HVAC Inc.
2003 Ed. (1338)
2004 Ed. (1240, 1338)
2005 Ed. (1280, 1343)
Selected American
2005 Ed. (4489)
Selected American Shares
1993 Ed. (2651, 2660, 2671)
1998 Ed. (2598, 2632)
1999 Ed. (3515, 3557)
2002 Ed. (3418)
2006 Ed. (3630, 3631, 4564)
2009 Ed. (4547)
2010 Ed. (4578)
2011 Ed. (4543)
Selected Special Shares
2004 Ed. (3538)
Selectica Inc.
2002 Ed. (4192)
2010 Ed. (1122)
Selection Reader's Digest
2015 Ed. (3544)
The Selective Group
2002 Ed. (1188)
2003 Ed. (1160)
Selective Insurance
1990 Ed. (2254)
1991 Ed. (2128)
1992 Ed. (2683)
1993 Ed. (2239)
Selective Insurance Group Inc.
2004 Ed. (3093)
2006 Ed. (3090)
2007 Ed. (3102)
Selective Staffing Solutions
2016 Ed. (4951)
Selector (1382285 Ontario Ltd.)
2007 Ed. (2738)
SelecTV
1991 Ed. (836)
Selegiline
1999 Ed. (1910)
Selena Gomez
2015 Ed. (3731)
Selena Gomez & the Scene
2013 Ed. (3785)
Selenium
2010 Ed. (1112)
2011 Ed. (1051)
2012 Ed. (977)
Self-assessment/self-testing
1993 Ed. (1594)
Self-development
1993 Ed. (1595)
Self Enhancement Inc.
2016 Ed. (3603)
Self-Help
2000 Ed. (1626)
Self-Help Credit Union
1998 Ed. (1219)
2002 Ed. (1833, 1840)
2003 Ed. (1900)
2005 Ed. (2063)
2008 Ed. (2212, 2250)
2009 Ed. (2236)
2010 Ed. (2132, 2148, 2190)
2011 Ed. (2208)
2012 Ed. (2016, 2069)
2013 Ed. (2251)
2014 Ed. (2183)
2015 Ed. (2247)
2016 Ed. (2218)
Self-Insurance Specialists Inc.
1993 Ed. (850)
1994 Ed. (863)
1995 Ed. (905)
Self-Insured Schools of California
2011 Ed. (4314, 4318)
Self Matters
2004 Ed. (740, 742)
Self Reliance
2000 Ed. (1625)
Self Reliance Credit Union
2006 Ed. (2170)
2009 Ed. (3529)
2010 Ed. (2143)
2014 Ed. (2192)
2015 Ed. (2256)
2016 Ed. (2227)
Self Reliance New York Credit Union
1998 Ed. (1219)
2009 Ed. (3529)
2010 Ed. (2143)
2012 Ed. (2020)

2013 Ed. (2213)
2014 Ed. (2144, 2192, 2193)
2015 Ed. (2256, 2257)
2016 Ed. (2177, 2179, 2227, 2228)
Self Reliance (NJ) Credit Union
2002 Ed. (1836)
2003 Ed. (1896)
2004 Ed. (1936)
2005 Ed. (2076)
Self Reliance NY
2000 Ed. (1625, 1626)
Self Reliance NY Credit Union
1996 Ed. (1506)
1997 Ed. (1563)
2002 Ed. (1836, 1840)
2003 Ed. (1896)
2004 Ed. (1936)
2005 Ed. (2076)
2006 Ed. (2170)
Selfcare
2003 Ed. (3922)
SelfReliance Balto Credit Union
2010 Ed. (2141)
Selfreliance Ukrainian
1989 Ed. (1191)
1990 Ed. (1460)
SelfReliance Ukrainian American Credit
Union
2004 Ed. (1957)
2005 Ed. (2099)
2006 Ed. (2194)
2007 Ed. (2115)
2008 Ed. (2230)
2009 Ed. (2214)
SelfReliance Ukrainian Credit Union
2002 Ed. (1863)
2003 Ed. (1917)
Selfreliance Ukrainian Federal Credit
Union
1993 Ed. (1452)
1994 Ed. (1505)
Selfreliance Ukranian
1995 Ed. (1538)
SelfReliance Ukrainian America Credit
Union
2011 Ed. (2187)
Selfridges
2005 Ed. (1031)
Selig; Allan (Bud)
2010 Ed. (4558)
Selig; Bud
2009 Ed. (4519)
2010 Ed. (4557)
Seligman
2007 Ed. (648, 3678, 3682)
2008 Ed. (608, 2608)
Seligman Capital
1993 Ed. (2687)
1994 Ed. (2633)
2004 Ed. (3560)
2006 Ed. (3645)
Seligman Communications & Info. A
1996 Ed. (2787)
1997 Ed. (2877)
Seligman Communications & Information
2003 Ed. (3552)
2005 Ed. (4495)
2006 Ed. (3635)
Seligman Frontier
1995 Ed. (2676)
1996 Ed. (2772)
Seligman Frontier A
1996 Ed. (2803)
Seligman Funds
2005 Ed. (3548)
2009 Ed. (626, 2650)
Seligman Henderson
1995 Ed. (2396)
1998 Ed. (2275, 2279)
1999 Ed. (3079)
Seligman Henderson GLB Smaller Co.
A
1999 Ed. (3551)
Seligman Henderson Global Smaller
Cos.
1996 Ed. (2790)
Seligman Henderson Global Smaller
Cos. A
1997 Ed. (2876, 2883)
Seligman Henderson Global Tech. A
1997 Ed. (2898)
Seligman High-Income High Yield
1996 Ed. (2761)
Seligman High Yield A
1998 Ed. (2633)
Seligman High-Yield Bond
1992 Ed. (3155)
Seligman High-Yield Bond A
1996 Ed. (2795)

1997 Ed. (688, 2892, 2903)
1999 Ed. (3539)
Seligman Income
1994 Ed. (2617)
Seligman International Growth
2004 Ed. (3651)
2007 Ed. (4550)
Seligman J & W
1993 Ed. (2313, 2321)
2003 Ed. (704)
Seligman Mutual Benefit: Capital
1992 Ed. (4376)
Seligman Mutual Benefit: Common
Stock
1992 Ed. (4377)
Seligman Mutual Benefit: F1 SEC
1992 Ed. (4374)
Seligman New Jersey Tax-Exempt
1992 Ed. (3146)
Seligman Tax-Exempt-National
1990 Ed. (2377)
Selim A. Bassoul
2009 Ed. (959)
2010 Ed. (911)
2011 Ed. (856)
Selim Zilka
2013 Ed. (3476)
Sella; George J.
1989 Ed. (1383)
1990 Ed. (1724)
1991 Ed. (1632)
Selland Arena
1999 Ed. (1297)
2002 Ed. (4346)
Sellen Construction
2002 Ed. (1276)
2009 Ed. (1330, 1344)
2010 Ed. (1315, 1328)
2011 Ed. (1286, 1288, 1289, 1310)
Seller DDB
1999 Ed. (160)
Sellers Bros. Inc.
2010 Ed. (4638)
Sellers Brothers
2004 Ed. (4640)
Sellers Pontiac; Bob
1996 Ed. (283)
Sellers Pontiac-GMC Truck Inc.; Bob
1990 Ed. (346)
1991 Ed. (309)
1995 Ed. (283)
Sellers; R. Scot
2005 Ed. (1103)
2007 Ed. (2509)
2009 Ed. (956)
Sellers, Richardson, Holman & West
2013 Ed. (17)
2016 Ed. (13)
Seller's/FDI
1995 Ed. (2134)
Sellgman/Canada Life Trillium Communication & Information
1997 Ed. (3827)
Sellgren; Miriam W.
1995 Ed. (933)
Selling Power
2002 Ed. (4847)
Selling the Invisible
1999 Ed. (690)
Selling to Zebras
2010 Ed. (603)
SellingSource
2010 Ed. (2687)
The Sellout
2011 Ed. (536)
Sells; Chas. H.
1991 Ed. (1563)
Sells Inc.
2008 Ed. (4971)
Sellyn; Laurence
2006 Ed. (2518)
SELM
1991 Ed. (1311)
Selma, MA
1992 Ed. (3046)
Selma University
1990 Ed. (1085)
Selman Akyol
2011 Ed. (3367)
Selmer Co.
1991 Ed. (2551, 2552, 2553, 2554)
1994 Ed. (2588, 2589, 2590)
1995 Ed. (2671, 2672)
1996 Ed. (2749, 2750)
Selmer Company, L.P.
1992 Ed. (3142, 3143, 3144)
Selmer-Sande A/S
1989 Ed. (1147)
1990 Ed. (1406)

Selmi; Habib
2013 Ed. (3489)
Selsun Blue
1992 Ed. (4236)
Seltzer Caplan McMahon Vitek
2009 Ed. (3486)
Selva Magica
1995 Ed. (219)
1996 Ed. (218)
1997 Ed. (250)
1999 Ed. (271)
2000 Ed. (299)
2001 Ed. (380)
2002 Ed. (311)
2003 Ed. (276)
2005 Ed. (252)
2006 Ed. (271)
2007 Ed. (276)
Selveira; Ashley
1997 Ed. (1974)
Selz, Seabolt & Associates
1994 Ed. (2953)
1996 Ed. (3112)
1997 Ed. (3187, 3191)
1998 Ed. (1961, 2945)
1999 Ed. (3929)
SEM Group LP
2006 Ed. (1958)
2007 Ed. (1940)
2008 Ed. (2010)
2009 Ed. (1973)
2010 Ed. (1906)
2011 Ed. (1942)
Sema
1990 Ed. (2200)
2000 Ed. (3386)
Sema Group
1990 Ed. (1139, 2198)
1991 Ed. (2067)
1992 Ed. (1335)
1997 Ed. (2973)
SEMA News
2007 Ed. (4790)
Sema plc
2005 Ed. (1522)
SEMA Show
2005 Ed. (4733)
2008 Ed. (4720)
2010 Ed. (4772)
2011 Ed. (4723)
SEMAFO Inc.
2013 Ed. (4512)
Semafo Inc.
2010 Ed. (1548, 1568)
2011 Ed. (4558)
Semahat Arsel
2008 Ed. (4876)
2009 Ed. (4900)
2011 Ed. (4888)
Semahat Sevim Arsel
2012 Ed. (4896)
2013 Ed. (4919)
2014 Ed. (4926)
2015 Ed. (4966)
2016 Ed. (4883)
Semantic Studios LLC
2006 Ed. (3018)
Semapa Sociedade de Investimento e
Gestao SGPS
2009 Ed. (2020)
Semaphore
1995 Ed. (881)
1996 Ed. (867)
Sematech
2005 Ed. (3331)
Sembawang Corp. Ltd.
2000 Ed. (1550)
SembCorp Industries
2014 Ed. (1976)
2015 Ed. (2020)
SembCorp Industries Ltd.
2006 Ed. (2007)
2007 Ed. (1581, 1974)
2008 Ed. (2070)
2009 Ed. (2038)
2010 Ed. (1971, 2268)
2011 Ed. (2032, 2275)
2012 Ed. (1881)
The Sembler Co.
2007 Ed. (4379)
2010 Ed. (4481, 4482)
SEMC
2005 Ed. (887)
Semcan Inc.
2008 Ed. (1658)
SEMCO
2005 Ed. (1292, 1293)
2007 Ed. (4004)
2015 Ed. (4063)
SEMCO Energy Inc.

2002 Ed. (1728, 2154)
2004 Ed. (2126)
Semcon AB
2008 Ed. (2092)
Semegran; Theodore
1991 Ed. (1700)
1993 Ed. (1786)
1994 Ed. (1824)
1995 Ed. (1810, 1865)
1996 Ed. (1846)
Semel; Terry
2005 Ed. (2319)
Semel; Terry S.
2006 Ed. (898, 935, 938)
2007 Ed. (988, 1035)
2008 Ed. (939, 945, 957)
Semen Cibinong
1989 Ed. (1127)
1990 Ed. (1381)
1991 Ed. (1303, 2012)
1992 Ed. (1637)
1993 Ed. (2156)
Semen Cibinong PT
1997 Ed. (1431)
Semen Gresik
1999 Ed. (3124)
2000 Ed. (2873)
2011 Ed. (1718)
2013 Ed. (1733)
2015 Ed. (1170)
Semen Gresik (PERSERO)
2001 Ed. (1739)
Semen Indonesia
2014 Ed. (1674)
2015 Ed. (1720)
Semersky Enterprises
1990 Ed. (315, 335)
1992 Ed. (397, 407)
SemGroup Corp.
2013 Ed. (4041)
2014 Ed. (3977)
Semgroup Corp.
2012 Ed. (1805, 3978)
2014 Ed. (3978)
2015 Ed. (4021)
2016 Ed. (3934)
SemGroup Energy Partners LP
2011 Ed. (3979)
SemGroup LLP
2007 Ed. (4012)
2008 Ed. (4038)
2009 Ed. (4004, 4161)
2010 Ed. (3975)
2011 Ed. (3980)
2012 Ed. (3979)
SemGroup LP
2007 Ed. (3832)
2008 Ed. (3894)
2009 Ed. (3958)
2010 Ed. (349, 3974)
2011 Ed. (3979)
Semi-moist dog food
1992 Ed. (2354)
Semi-skilled Workers
2000 Ed. (1787)
Semi-Tech
1997 Ed. (1141, 1373)
Semi-Tech (Global)
1995 Ed. (2129)
Semi-tech Mircroelectronics
1990 Ed. (2049)
Semiconducting materials
2001 Ed. (1206)
Semiconductor Components Industries
LLC
2003 Ed. (1607)
Semiconductor Energy Laboratories Co.
2011 Ed. (3832)
Semiconductor Energy Laboratory
2003 Ed. (3753)
2004 Ed. (3778)
2005 Ed. (3697)
Semiconductor industry
1993 Ed. (1210)
Semiconductor manufacturing
2007 Ed. (3716)
Semiconductor Manufacturing International Corp.
2006 Ed. (4258, 4260, 4680)
2007 Ed. (4351)
2008 Ed. (1116, 2471)
Semiconductor/electronics
2001 Ed. (4674)
Semiconductors
1990 Ed. (1613, 2184)
1991 Ed. (1515, 1636, 1637)
1992 Ed. (2628)
1993 Ed. (1573, 1711, 1725)
1994 Ed. (2192, 2434)
1995 Ed. (1738)

1996 Ed. (1728)
2000 Ed. (1892)
2002 Ed. (2766, 2767, 2768, 2769, 2771, 2772, 2777)
2003 Ed. (2906, 2908)
2004 Ed. (3014)
2005 Ed. (3006, 3011, 3012, 3014)
2006 Ed. (2535, 2536, 3002, 3008)
2007 Ed. (2518, 2519, 2521)
2008 Ed. (1633, 3152)
2010 Ed. (3529, 3530)
2011 Ed. (3528, 3529)
Semiconductors & related devices
1989 Ed. (1929)
1990 Ed. (2515)
1991 Ed. (2382)
1992 Ed. (2969)
1993 Ed. (2496)
1995 Ed. (2502)
Semier Gruppen
2009 Ed. (42)
2010 Ed. (52)
Semifinished goods
2001 Ed. (2376)
SemiLEDs Corp.
2012 Ed. (4432, 4434)
Semillon
1996 Ed. (3837)
2001 Ed. (4872)
2002 Ed. (4970)
2003 Ed. (4968)
Seminario y Cia.
2007 Ed. (764)
2008 Ed. (740)
2010 Ed. (683)
Semindia
2007 Ed. (877, 2261)
2009 Ed. (1095, 2476)
Seminole
1990 Ed. (1805, 1806)
Seminole Electric Cooperative
2003 Ed. (1377)
2004 Ed. (1385, 1386)
2005 Ed. (1406, 1407)
2006 Ed. (1393)
2007 Ed. (1428)
2015 Ed. (1337)
Seminole Pipeline Co.
1996 Ed. (3042)
Semir
2014 Ed. (680)
Semitool Inc.
1997 Ed. (3522)
2001 Ed. (1800, 1801)
2003 Ed. (1770, 1771)
2004 Ed. (1807)
2007 Ed. (1895)
2008 Ed. (1959)
2009 Ed. (1912)
2010 Ed. (1845)
2011 Ed. (1876)
Semler Holding A/S
2009 Ed. (1635)
Semmelweis University
2011 Ed. (3054)
Semmes, Bowen & Semmes
1990 Ed. (2414)
1991 Ed. (2280)
1992 Ed. (2829)
1993 Ed. (2392)
Semotus Solutions Inc.
2008 Ed. (250)
Semple; Frank M.
2009 Ed. (956)
2011 Ed. (857)
Sempra Energy
2000 Ed. (1358)
2001 Ed. (3946, 3947, 3948)
2002 Ed. (1388, 3371, 3372, 4599)
2003 Ed. (3424, 3811, 3814)
2004 Ed. (3492, 3669, 3670)
2005 Ed. (264, 2401, 2726, 2727, 2728, 2729, 2731, 3492, 3587, 3588, 3768, 3769, 3770, 3772)
2006 Ed. (849, 2359, 2441, 2443, 3319)
2007 Ed. (1484, 2286, 2293, 2295, 2301, 2385, 2678, 2679, 2680, 2686, 2913)
2008 Ed. (1479, 2423, 2500, 2815, 3035, 3681, 3687)
2009 Ed. (1538, 2422, 2424, 2869, 2873, 3103)
2010 Ed. (1150, 2332, 2342, 2343, 2354, 2804, 2810, 2813, 2816, 2817, 3036, 3686, 3690)
2011 Ed. (198, 2336, 2337, 2350, 2437, 2792, 2793, 2798, 2802, 3005, 3146, 3675, 4551)
2012 Ed. (214, 2160, 2466, 2720,

2721, 2725, 2728, 2932, 3701, 3702)
2013 Ed. (2424, 2805, 2807, 2813, 2817, 2820, 3021, 3182, 3821, 4112)
2014 Ed. (2291, 2293, 2360, 2383, 2555, 2842, 2845, 2848, 2851, 2855, 2858, 3032, 3514)
2015 Ed. (2374, 2376, 2426, 2451, 2882, 2886, 2888, 2891, 2895, 3045, 3098, 3768)
2016 Ed. (2320, 2372, 2396, 2403, 2810, 2814, 2817, 2819, 3683)
Semrock Inc.
2009 Ed. (3643)
Semrod; T. Joseph
1991 Ed. (1632)
Sems Group
1995 Ed. (1114, 1116)
Semtech
2015 Ed. (1481, 4446)
Semtech Corp.
1996 Ed. (207)
1997 Ed. (2974)
2002 Ed. (4288)
Semtex/Semitronics
1999 Ed. (2623, 2670)
Sen; Laura
2012 Ed. (4983)
Sen & Low Holdings Ltd.
1992 Ed. (1201)
Sen Plex Corp.
2016 Ed. (1625)
Senado de la Republic
2009 Ed. (69)
Senagat Bank
2004 Ed. (472)
Senate of the Republic of Mexico
2007 Ed. (59)
Senate; U.S.
2006 Ed. (3293)
Senator Bill Frist
2007 Ed. (2706)
Senator Harry Reid
2007 Ed. (2706)
Senator Joe Lieberman
2007 Ed. (2706)
Senator Lines
2003 Ed. (2423)
Senator Lines GmbH
2004 Ed. (4858)
Senator Trent Lott
2007 Ed. (2706)
Senbank
1991 Ed. (2416, 2417)
1993 Ed. (2532)
Sencha
2014 Ed. (1083)
2015 Ed. (1121)
2016 Ed. (1033)
Sencommunications Inc.
2007 Ed. (4991)
Sencor Inc.
1993 Ed. (2842)
SenDEC Corp.
2008 Ed. (1981, 1983, 2953)
2009 Ed. (1938, 3643)
Seneca
1996 Ed. (227)
Seneca Foods Corp.
1996 Ed. (1939)
2001 Ed. (2477)
2004 Ed. (2661)
2005 Ed. (2654, 2656)
2009 Ed. (2786)
2014 Ed. (1280, 4825, 4826)
2015 Ed. (1344, 4860)
2016 Ed. (1265, 4768)
Seneca Insurance Group
2002 Ed. (2952)
Seneca, SC
2012 Ed. (3497)
2016 Ed. (3384)
SeneCura Kliniken- und Heimebetrieb-sgesellschaft mbH
2012 Ed. (1337)
Senegal
2003 Ed. (2467, 3759)
2004 Ed. (1918, 2593, 3784)
2005 Ed. (2571, 3702)
2006 Ed. (2146, 2336, 2576, 3791)
2007 Ed. (2090, 2267, 3789)
2008 Ed. (2200, 2402, 3863)
2009 Ed. (2401, 3922)
2010 Ed. (2219, 3840, 4842)
2011 Ed. (3746, 3843, 4680, 4801)
2012 Ed. (3088)
2014 Ed. (2457)
2016 Ed. (3240)
Seneker; S. A.

1996 Ed. (967)
Senequier; Dominique
2010 Ed. (4984)
2011 Ed. (4982)
2012 Ed. (4980)
2013 Ed. (4956)
Senergy Holdings
2015 Ed. (2096)
Senetek PLC
1996 Ed. (2895)
Seng; Chew Hua
2009 Ed. (4871)
2010 Ed. (3963)
Seng Heng Bank
1994 Ed. (559)
1995 Ed. (533)
1996 Ed. (591)
2004 Ed. (585)
Seng; Ong Beng
2011 Ed. (4860)
2013 Ed. (4906)
2014 Ed. (4916)
Seng; Yeoh Keat
1996 Ed. (1896)
1997 Ed. (1997)
Senheng Electric
2013 Ed. (4286)
Senie Kerschner
1992 Ed. (1564, 2817)
Senior
2015 Ed. (2300)
2016 Ed. (96, 101)
Senior Care Industries Inc.
2004 Ed. (1528, 4696)
Senior citizen programs
1993 Ed. (2473)
Senior Engineering Group
1999 Ed. (1644)
Senior Health
2003 Ed. (2803)
Senior Helpers
2009 Ed. (204)
2010 Ed. (184, 841)
2011 Ed. (106, 767)
2012 Ed. (114)
2013 Ed. (91, 4102)
Senior Housing Properties Trust
2006 Ed. (4192)
2010 Ed. (1799)
2011 Ed. (4165)
2012 Ed. (4213)
2015 Ed. (4200)
2016 Ed. (4116)
Senior LIFE Johnstown
2010 Ed. (1938)
Senior Lifestyle Corp.
1999 Ed. (1935)
2000 Ed. (1723, 1724)
Senior Living Properties LLC
2001 Ed. (3998)
Senior plc
2013 Ed. (2297)
Senior Savings Bank FSB
1990 Ed. (3134)
Senior Systems Technology Inc.
2005 Ed. (1270, 1276, 1277)
Senior Whole Health
2010 Ed. (3240, 4044)
2011 Ed. (3211)
SeniorHealth
2005 Ed. (2889, 3948)
The Senior's Choice Inc.
2009 Ed. (204)
2010 Ed. (184)
2011 Ed. (767)
Seniors Helping Seniors
2014 Ed. (100)
2015 Ed. (114)
2016 Ed. (121)
Senk; Glen
2008 Ed. (2990)
2009 Ed. (3073)
2011 Ed. (822)
Senna; Ayrton
1995 Ed. (251)
Sennheiser
2015 Ed. (236)
2016 Ed. (231)
Sennheiser Electronic
2013 Ed. (3781)
2014 Ed. (3726)
2015 Ed. (3729)
2016 Ed. (3638)
Sennheiser Electronic Corp.
2014 Ed. (3710)
2015 Ed. (3722)
2016 Ed. (3636)
Senoca
2001 Ed. (4329)
Senokot

2001 Ed. (3073)
2003 Ed. (3197, 3198)
Senokot S
2003 Ed. (3198)
2004 Ed. (249)
Sensata Technologies Holding NV
2014 Ed. (1778)
Sensata Technologies Inc.
2014 Ed. (2422)
Sensational Foods
2002 Ed. (1582)
Sense/Net
2003 Ed. (2713)
Sensex
2008 Ed. (4501)
Sensible Car Rental Inc.
2002 Ed. (363)
2003 Ed. (334)
Sensible Micro
2011 Ed. (1009)
Sensient Technologies Corp.
2004 Ed. (2660, 2661)
2005 Ed. (2653, 2654)
2006 Ed. (3045, 3364)
SENSIMED AG
2012 Ed. (4245)
Sensis
2011 Ed. (4051)
Sensis/Quijote Corp.
2011 Ed. (2922)
Sensititre System
1992 Ed. (3008)
Sensitive Saline Plus Solution
1997 Ed. (1143)
Sensitive Saline Solution
1997 Ed. (1143)
Senske Lawn & Tree Care
2014 Ed. (3463)
Senske Services
2016 Ed. (3330)
Sensodyne
1990 Ed. (1489)
1991 Ed. (1410)
1993 Ed. (3589)
1994 Ed. (3552)
1995 Ed. (3630)
1997 Ed. (3763, 3764)
1999 Ed. (1829, 4617)
2000 Ed. (4264)
2001 Ed. (3402, 4574, 4575, 4578)
2002 Ed. (3644, 4638)
2003 Ed. (4767, 4768, 4770)
2004 Ed. (4743, 4745)
2005 Ed. (4721)
2006 Ed. (4775)
2007 Ed. (4782)
2008 Ed. (4699, 4700)
2009 Ed. (4741)
2010 Ed. (4750)
Sensodyne Baking Soda Paste
1997 Ed. (3763)
Sensor
1999 Ed. (3779)
2001 Ed. (3989, 3990)
Sensor Excel for Women; Gillette
2008 Ed. (2875)
Sensor Excel; Gillette
2008 Ed. (3876)
Sensor for Women
2001 Ed. (3989, 3990)
2003 Ed. (2672)
Sensor; Gillette
2008 Ed. (3876)
Sensor Technologies Inc.
2009 Ed. (1366, 1370)
2010 Ed. (1350, 1356)
SensorExcel
2001 Ed. (3989, 3990)
SensorExcel for Women
2001 Ed. (3989, 3990)
Sensormatic Electron
1995 Ed. (2805, 2806)
Sensormatic Electronics Corp.
1991 Ed. (1524)
1992 Ed. (1315, 1917)
1993 Ed. (1053, 1570)
1994 Ed. (1225, 1609)
1996 Ed. (1745, 1927, 2861, 2862)
1997 Ed. (2209, 3642, 3647)
1999 Ed. (2454, 4491)
2001 Ed. (2195, 2197)
2003 Ed. (2199)
Sensory impairments
1994 Ed. (3674)
Sensys Networks
2012 Ed. (3505)
Sensys Traffic
2009 Ed. (3021)
Sensytech
2005 Ed. (2013)

Sentara Halthcare
2011 Ed. (3148)
Sentara Health Management
1999 Ed. (2646, 2647, 2649, 2650)
Sentara Health Plans
1994 Ed. (2037)
Sentara Health System
1998 Ed. (1910, 1911, 1912, 1913)
1999 Ed. (2988, 2993)
Sentara Healthcare
2002 Ed. (339)
2005 Ed. (3155)
2007 Ed. (2767)
2009 Ed. (2949)
2010 Ed. (2080, 2885, 3344)
2011 Ed. (2865, 3302)
Sentara Home Care
2003 Ed. (2785)
2004 Ed. (2896)
Sentara Home Care Services
2002 Ed. (2588)
Sentec Ltd.
2003 Ed. (2737)
Sentek Consulting
2009 Ed. (1349)
SENTEL
2012 Ed. (104)
Sentel Corp.
2016 Ed. (3606)
Sentiments
2016 Ed. (2835)
Sentinel
2001 Ed. (1937)
2003 Ed. (1872)
2007 Ed. (3682)
Sentinel Advisors
1998 Ed. (2658)
2004 Ed. (3541, 3563)
2005 Ed. (704, 3546, 3572)
2006 Ed. (631, 3599, 3600)
Sentinel Bond
2003 Ed. (3528)
Sentinel Capital Partners
2000 Ed. (1526)
Sentinel Common Stock
1991 Ed. (2557)
1992 Ed. (3150)
1995 Ed. (2731)
Sentinel Consumer Products Inc.
2003 Ed. (1873)
Sentinel Credit Union
2002 Ed. (1892)
2003 Ed. (1946)
2004 Ed. (1986)
2005 Ed. (2128)
2006 Ed. (2223)
2007 Ed. (2144)
2008 Ed. (2259)
2009 Ed. (2245)
2010 Ed. (2199)
2011 Ed. (2217)
2012 Ed. (2078)
2013 Ed. (2264)
2014 Ed. (2197)
2015 Ed. (2261)
2016 Ed. (2232)
Sentinel Government Securities
2003 Ed. (3527)
2008 Ed. (605)
Sentinel Real Estate Corp.
1994 Ed. (3023)
1996 Ed. (2411)
1997 Ed. (2541)
1998 Ed. (177)
1999 Ed. (3074)
2000 Ed. (305, 2808, 2838)
2002 Ed. (325)
2003 Ed. (287)
2004 Ed. (255, 2036)
2005 Ed. (257, 258)
2006 Ed. (278)
Sentinel Small Company
2006 Ed. (3641, 3642)
Sentis
2012 Ed. (1332)
Sentoria Group
2016 Ed. (1754)
Sentra
1998 Ed. (221)
2001 Ed. (476)
Sentra; Nissan
2005 Ed. (303)
2006 Ed. (322)
2008 Ed. (303, 328)
2009 Ed. (349, 352)
2010 Ed. (325, 329)
2013 Ed. (276)
2014 Ed. (275)
Sentra Securities
2000 Ed. (841)

Sentry
1992 Ed. (3159)
Sentry Credit Inc.
2015 Ed. (1040)
Sentry Detection
2000 Ed. (3906)
Sentry Fund
2004 Ed. (3598)
Sentry Insurance
1994 Ed. (2217, 2273, 2277)
1996 Ed. (2271, 2339)
1997 Ed. (2411)
1998 Ed. (2110, 2197)
1999 Ed. (2898, 2968, 2974)
2000 Ed. (2651, 2719, 2729)
Sentry Insurance, A Mutual Co.
1993 Ed. (2185, 2235)
2003 Ed. (3006)
2004 Ed. (3125)
2005 Ed. (3131)
2006 Ed. (3139)
2007 Ed. (3172)
Sentry Insurance Group
2002 Ed. (2955)
Sentry Insurance (Mutual) Co.
1991 Ed. (2125)
1992 Ed. (2682, 2689)
Sentry LF "2" Patrt: Bond
1994 Ed. (3615)
Sentry Life - Variable Annuity
1991 Ed. (2153)
Sentry Life - Variable Universal Life
1991 Ed. (2153)
Sentry Management Inc.
1993 Ed. (2980)
1994 Ed. (3023)
Sentry Metrics
2015 Ed. (2985)
Sentry NY "I" Patrt: Bond
1994 Ed. (3615)
Sentry Patriot Gr Port
1990 Ed. (3664)
Sentry Protective Systems
1999 Ed. (4202)
Sentry Select Canadian Energy Growth
2003 Ed. (3583)
2004 Ed. (3619)
Sentry Trust Co.
2005 Ed. (365)
Senuku Prekybos Centras UAB
2009 Ed. (1845)
2011 Ed. (1802)
2012 Ed. (1660)
2013 Ed. (1814)
Senvest Capital
2007 Ed. (2853)
2015 Ed. (3048)
Senvest Partners
2012 Ed. (2822)
Senvest Partners Ltd.
2016 Ed. (2903)
Senwa Bank
1989 Ed. (566)
SEOmoz Daily SEO Blog
2012 Ed. (495)
2013 Ed. (608, 610)
2014 Ed. (628, 630)
Seoul
1992 Ed. (750)
1997 Ed. (193, 1004)
Seoul Advertising
1990 Ed. (123)
1991 Ed. (121)
Seoul Airport
1996 Ed. (195)
1997 Ed. (223)
Seoul Bank
2000 Ed. (581)
Seoul D'Arcy
2002 Ed. (131)
Seoul D'Arcy Madius Benton & Bowles
1999 Ed. (114)
Seoul D'Arcy Masius Benton & Bowles
1995 Ed. (94)
1996 Ed. (109)
1997 Ed. (111)
Seoul DMB & B
1992 Ed. (174)
1994 Ed. (99)
2000 Ed. (120)
2001 Ed. (158)
Seoul Incheon, South Korea
2009 Ed. (255, 261)
2010 Ed. (247, 250)
2011 Ed. (169)
Seoul, Korea
1991 Ed. (940)
1999 Ed. (1177)
Seoul Land
1995 Ed. (220)

1996 Ed. (220)
1997 Ed. (252)
1999 Ed. (273)
2000 Ed. (301)
2001 Ed. (382)
2002 Ed. (313)
2003 Ed. (272)
2005 Ed. (248)
Seoul National University
2010 Ed. (1036)
Seoul Securities Co.
2001 Ed. (1035)
Seoul Semiconductor
2008 Ed. (2079)
Seoul, South Korea
1991 Ed. (3249)
1994 Ed. (2895)
1995 Ed. (991, 2564, 2956)
2001 Ed. (348)
2002 Ed. (276, 277)
2003 Ed. (256)
2005 Ed. (2033)
2006 Ed. (249, 4182)
2008 Ed. (1819)
2009 Ed. (1767)
2010 Ed. (1714, 3499, 3500)
2011 Ed. (1729, 2621, 3482)
2014 Ed. (2637, 2642)
2015 Ed. (2680)
2016 Ed. (2597)
Seoul System
2002 Ed. (4435)
Seoul - Tokyo
1996 Ed. (179)
Seoulbank
1997 Ed. (534)
1999 Ed. (569)
2002 Ed. (517, 575, 576, 577, 603)
2003 Ed. (533, 534, 611)
Seowonintech
2016 Ed. (2004)
SEP
2013 Ed. (1722)
Sepah; Bank
2005 Ed. (547)
2007 Ed. (484)
2008 Ed. (449)
Sepah Investment Co.
2016 Ed. (2609)
Separate Acct 2-3
1997 Ed. (3815)
Separation Dynamics
2010 Ed. (1977)
Sepawand BV
1997 Ed. (2106)
1999 Ed. (2552)
SEPCO Electric Power Construction
    Corp.
2012 Ed. (1162)
2013 Ed. (1300)
2014 Ed. (1233)
2015 Ed. (1291)
2016 Ed. (1205)
SEPCOIII Electric Power Construction
    Corp.
2014 Ed. (1233)
2015 Ed. (1291)
Sepec
2002 Ed. (4263)
Sephia
2001 Ed. (476)
Sephora
2010 Ed. (3366)
2012 Ed. (546)
2013 Ed. (662)
2014 Ed. (682)
2015 Ed. (734)
Sephora USA Inc.
2015 Ed. (2474)
Sephora.com
2007 Ed. (2316)
2011 Ed. (2364)
2013 Ed. (2470)
Sepi
2000 Ed. (258, 1480)
SEPP L.P.
1994 Ed. (2877)
Seppal Homes
1999 Ed. (1338)
Seppala Homes
2002 Ed. (2690)
2003 Ed. (1169)
2004 Ed. (1177)
2005 Ed. (1204)
Sepracor Inc.
1996 Ed. (2884)
2004 Ed. (4561)
2006 Ed. (3876, 4084)
2007 Ed. (3903, 3914, 4556)
2010 Ed. (1806, 1807, 1814, 2862)

Septagon Industries
2005 Ed. (4149)
2011 Ed. (4320)
2013 Ed. (4349)
September
2001 Ed. (1156, 4681, 4857, 4858,
    4859)
2002 Ed. (415, 4704)
September 5, 1939
1999 Ed. (4394)
September 11, 1986
1989 Ed. (2747)
1991 Ed. (3237)
September 13, 1996
1999 Ed. (4397)
September 21, 1932
1989 Ed. (2750)
1999 Ed. (4394)
September 21, 1976-February 28, 1978
1989 Ed. (2749)
September 22, 1987
1989 Ed. (2746)
September 24, 1931
1991 Ed. (3238)
September 26, 1996
1999 Ed. (3668)
Sepura plc
2009 Ed. (3028)
Sequa
1989 Ed. (901, 1316)
1990 Ed. (186, 190, 2217)
1991 Ed. (180, 182, 901, 1209, 2577)
1992 Ed. (250, 3027, 3216)
1993 Ed. (2537, 2705)
1995 Ed. (951)
1997 Ed. (170)
1998 Ed. (695)
1999 Ed. (183)
2000 Ed. (1019)
2001 Ed. (263, 1183)
2002 Ed. (239, 241)
2003 Ed. (197, 199)
2004 Ed. (159, 160)
2005 Ed. (156, 157, 2156)
2010 Ed. (159)
Sequana
2010 Ed. (3823)
2011 Ed. (3820)
Sequans Communications
2013 Ed. (4405)
Sequeira; Marcus
2011 Ed. (3377)
Sequel Natural Ltd.
2012 Ed. (1014, 3531)
2013 Ed. (1160, 3570)
Sequel Naturals Ltd.
2009 Ed. (2918)
2015 Ed. (2760)
Sequel Venture Partners
2002 Ed. (4737)
2007 Ed. (4875)
2008 Ed. (4806)
2009 Ed. (4831)
Sequenom
2010 Ed. (4603)
Sequent
1995 Ed. (2254)
Sequent Computer
1991 Ed. (1018)
1992 Ed. (1301, 1914)
Sequent Computer Systems
1990 Ed. (1974, 1975, 3303)
1993 Ed. (1054, 3004)
1999 Ed. (2119)
Sequester
1998 Ed. (1271, 1351)
Sequester Fat Reducer
1997 Ed. (1608, 1609, 1666, 1667)
Sequia Corp.
1997 Ed. (952)
Sequoia
1991 Ed. (2566)
2001 Ed. (4051, 4052)
2003 Ed. (3493)
2004 Ed. (2452)
2007 Ed. (4123, 4124)
2008 Ed. (4148)
2013 Ed. (4506)
Sequoia Capital
1997 Ed. (3833)
2002 Ed. (4735, 4738)
2003 Ed. (4848)
2009 Ed. (4829)
2013 Ed. (4784)
2014 Ed. (4830)
Sequoia Fund
1997 Ed. (2881)
1999 Ed. (3519, 3521)
2000 Ed. (3256)
2004 Ed. (3553, 3555, 3658)

2006 Ed. (3609, 3630, 3631, 3633)
Sequoia Group
2001 Ed. (3519)
Sequoia Grove Wine
1991 Ed. (3498)
Sequoia National Park
1990 Ed. (2665)
1999 Ed. (3705)
Sequoia Senior Solutions
2013 Ed. (1452)
2014 Ed. (1410)
2015 Ed. (1470)
Sequoia Supply
1990 Ed. (843)
1991 Ed. (806)
Sequoia Systems
1992 Ed. (3822)
1994 Ed. (2704)
SER-Jobs for Progress National Inc.
2006 Ed. (2843)
2007 Ed. (2841)
2012 Ed. (2864)
Ser Metro Detroit
2004 Ed. (2837)
2005 Ed. (2845)
Ser Padres
2005 Ed. (3360)
2009 Ed. (3597)
2010 Ed. (2979)
2011 Ed. (2941)
2012 Ed. (2872)
2013 Ed. (2948)
2014 Ed. (2966)
2015 Ed. (3035, 3550)
2016 Ed. (2931, 3401)
Ser Padres Bebe
2015 Ed. (3550)
Ser Padres Espera
2012 Ed. (2872)
2013 Ed. (2948)
2014 Ed. (2966)
2016 Ed. (2931)
SERA Architects
2013 Ed. (1984)
2014 Ed. (1923)
Sera Architects
2011 Ed. (195)
Sera Tee Biologicals Inc.
1996 Ed. (2562)
Serbia
2001 Ed. (1985, 3609, 3821)
2003 Ed. (3710, 3892)
2004 Ed. (3756, 3915)
2005 Ed. (3671, 3860)
2006 Ed. (2140, 3768, 3923)
2007 Ed. (3765, 3976)
2008 Ed. (3160)
2010 Ed. (1063, 1064, 3400)
2011 Ed. (1001, 3388, 3807)
2012 Ed. (923, 924, 1235, 2098, 2205, 2334, 3084, 3348)
2013 Ed. (734, 1067, 1068, 1348, 2388, 2514, 3167, 3418)
2014 Ed. (760, 1026, 1027, 1284, 2222, 2325, 2457, 3172, 3416)
2015 Ed. (1061, 1348, 2526, 3232, 3449)
2016 Ed. (3308, 4539)
Serbia Investment & Export Promotion Agency
2015 Ed. (3525)
Serco Group
2002 Ed. (1652)
2007 Ed. (1462, 1466)
2014 Ed. (798, 806)
Serco Group plc
2006 Ed. (1474, 1481, 4302)
2007 Ed. (1467, 4369)
2008 Ed. (1454, 1456, 4325)
2009 Ed. (1420, 1424, 1429, 4429)
2010 Ed. (1393, 1396, 1397, 4472)
2011 Ed. (1407, 4408)
2012 Ed. (644, 1242, 1244, 1246, 1247, 1248, 1249, 1250, 1251, 3853, 4475)
Serco Inc.
2002 Ed. (4574, 4577, 4578)
2006 Ed. (4303)
2007 Ed. (4370)
2009 Ed. (1366)
2010 Ed. (1357)
2011 Ed. (1330, 1332, 1345)
2012 Ed. (1196, 1198, 1210)
2013 Ed. (1323)
2015 Ed. (1304, 1313)
2016 Ed. (1219)
Serco On Line Services
2000 Ed. (4199)
Serco Services Inc.
2006 Ed. (1371)

2007 Ed. (1404, 1409)
2008 Ed. (1360, 1365)
Serdrup Corp.
1999 Ed. (1339)
Seremet; Dennis M.
2005 Ed. (2517)
SEREN
2014 Ed. (2045)
Serena
2007 Ed. (1253)
2008 Ed. (1144)
2009 Ed. (1123)
2010 Ed. (1103, 1108)
2011 Ed. (1042, 1047)
2012 Ed. (972)
2015 Ed. (1115)
2016 Ed. (1027)
Serena Software Inc.
2001 Ed. (1579)
2002 Ed. (4288)
2005 Ed. (1144)
2006 Ed. (1133, 1580)
2007 Ed. (2332)
2008 Ed. (1135, 1139)
Serena Williams
2001 Ed. (418)
2002 Ed. (343)
2003 Ed. (293)
2004 Ed. (259)
2005 Ed. (266)
2007 Ed. (293)
2009 Ed. (293)
2010 Ed. (278)
2013 Ed. (191)
2014 Ed. (199)
Serenata Musico
2013 Ed. (3788)
2015 Ed. (3738)
2016 Ed. (3646)
Serene Dyestuff Industries
1996 Ed. (1600)
Serengeti Migration Camp
2013 Ed. (3104)
Serenic Corp.
2008 Ed. (1549)
Serenity
1993 Ed. (1482)
1999 Ed. (27)
2003 Ed. (14, 3775)
Serenity Guard
1998 Ed. (1269)
Seretide
2007 Ed. (2243)
2008 Ed. (2379)
2009 Ed. (2354)
2010 Ed. (2281)
2011 Ed. (2285)
2012 Ed. (2179)
2013 Ed. (2377)
Seretta Construction
2006 Ed. (1295)
2009 Ed. (1204)
2010 Ed. (1208)
2011 Ed. (1156)
2013 Ed. (1265)
Serevent
1996 Ed. (1578)
1997 Ed. (2741)
Serfin
1990 Ed. (634)
1993 Ed. (2560)
2000 Ed. (590, 607, 609, 613)
2001 Ed. (634, 635)
Serfinco
2007 Ed. (756)
2008 Ed. (735)
2010 Ed. (675)
Serge Crasnianski
2001 Ed. (3319)
Serge Dassault
2008 Ed. (4866)
2009 Ed. (4887)
2010 Ed. (4888)
2011 Ed. (4877)
2012 Ed. (4886)
2013 Ed. (4870)
2014 Ed. (4884)
2015 Ed. (4923)
2016 Ed. (4839)
Serge Normant
2007 Ed. (2758)
Sergey Brin
2005 Ed. (787, 4859)
2006 Ed. (4896, 4912)
2007 Ed. (4905)
2008 Ed. (4834, 4839)
2009 Ed. (759, 4855, 4858)
2010 Ed. (4859)
2011 Ed. (629, 4845, 4847)
2012 Ed. (599, 4847)

2013 Ed. (4850)
2014 Ed. (761, 4866)
2015 Ed. (4903)
2016 Ed. (3336)
Sergie Federov
2000 Ed. (322)
Sergio Acosta
2012 Ed. (2881)
Sergio Aguero
2014 Ed. (197)
2015 Ed. (224)
2016 Ed. (220)
Sergio Garcia
2014 Ed. (198)
Sergio Mantegazza
2008 Ed. (4875)
2009 Ed. (4899)
2010 Ed. (4898)
2011 Ed. (4885)
2012 Ed. (4894)
2013 Ed. (4912)
2014 Ed. (4922)
2015 Ed. (4962)
Sergio Tacchini
1990 Ed. (3338)
1993 Ed. (3376)
Serhiy Taruta
2008 Ed. (4877)
2009 Ed. (4901)
Serhiy Tihipko
2014 Ed. (4927)
2015 Ed. (4967)
Sericol
2007 Ed. (3077)
Series; Gillette
2008 Ed. (3876)
Series of Unfortunate Events; Lemony Snicket's A
2007 Ed. (3641)
A Series of Unfortunate Events: The Beatrice Letters
2008 Ed. (549)
A Series of Unfortunate Events: The End
2008 Ed. (549)
A Series of Unfortunate Events: The Penultimate Peril
2008 Ed. (548)
Serious Materials
2012 Ed. (4638)
Serm Suk
1989 Ed. (1167)
1990 Ed. (1429)
1991 Ed. (1358)
1994 Ed. (1466)
1995 Ed. (1501, 1502)
2000 Ed. (1576)
Sernelec Industrie
2009 Ed. (2475)
Serody Crane Associates
1995 Ed. (113)
Seroguel
2008 Ed. (2378)
Serologicals Corp.
2007 Ed. (3418)
Serono
2002 Ed. (1778)
Serono SA
2003 Ed. (684, 4608)
2004 Ed. (686)
2005 Ed. (681, 3817, 3818, 3821, 3828)
2006 Ed. (3886, 3887, 3894, 4084, 4088)
2007 Ed. (624, 2004, 3916, 3917)
2008 Ed. (571, 572, 2097, 2771)
2009 Ed. (602)
Seroquel
2001 Ed. (2057)
2008 Ed. (2381)
2009 Ed. (2353, 2354, 2359, 2360)
2010 Ed. (2280, 2281, 2285, 2287, 2288)
2011 Ed. (2284, 2285, 2288)
2012 Ed. (2178, 2179, 2182)
2013 Ed. (2376, 2377, 2378)
2014 Ed. (2308)
Serota; Scott
2010 Ed. (3624)
Seroxat
1996 Ed. (1579)
SERP
2000 Ed. (3505)
Serpro
1990 Ed. (3657)
Serra Automotive Inc.
2008 Ed. (288)
Serra Chevrolet; Al
1995 Ed. (261)
1996 Ed. (268)

Serra Investments
2001 Ed. (439)
2002 Ed. (350)
Serra; Lore
1996 Ed. (1900)
Serra; Richard
2012 Ed. (2884)
Serramonte Mitsubishi
1991 Ed. (287)
Serrana
2003 Ed. (1735)
Serrano
1992 Ed. (1166)
Serratta Rebull Serig
2006 Ed. (1160)
Serrus Capital Partners Inc.
2014 Ed. (1979)
2015 Ed. (2028)
Serta
1990 Ed. (2524)
1997 Ed. (652)
2003 Ed. (3321)
2005 Ed. (2881, 3410)
2009 Ed. (3670)
2011 Ed. (3590)
2014 Ed. (562)
2015 Ed. (626)
2016 Ed. (575)
Sertraline
2001 Ed. (3778)
Serus Corp.
2009 Ed. (3020)
Serv. Rapidos del Paraguay
2005 Ed. (66)
Serv-Tech Inc.
1991 Ed. (1870, 3143)
1997 Ed. (1161, 1163)
1998 Ed. (951, 955)
Servair
1996 Ed. (188)
Servam Corp./Service America
1994 Ed. (359, 361)
Servant Dunbrack McKenzie & Mac-Donald Ltd.
2013 Ed. (1487)
Servatron Inc.
2002 Ed. (4290)
2003 Ed. (4441)
2004 Ed. (4434)
Servco Pacific
2014 Ed. (1623)
Servco Pacific Inc.
2003 Ed. (1689)
2004 Ed. (1726)
2005 Ed. (1784)
2006 Ed. (1744)
2007 Ed. (1749, 1753)
2008 Ed. (1775, 1776, 1781)
2009 Ed. (1714, 1715, 1722)
2010 Ed. (1665, 1670)
2011 Ed. (1673, 1679)
2012 Ed. (1530)
2013 Ed. (1677)
2014 Ed. (1627, 1629, 1633, 1637)
2015 Ed. (1673, 1678, 1682)
2016 Ed. (1623, 1627)
ServerWare Corp.
2007 Ed. (1918)
2008 Ed. (1981, 1984, 2953)
ServerWorks Corp.
2003 Ed. (2199)
2004 Ed. (1535)
Servest U.K.
2015 Ed. (4422)
Serveware
2001 Ed. (2608)
Servi Systems
1994 Ed. (2046)
Service
1992 Ed. (4364)
1995 Ed. (1)
1996 Ed. (2115, 2116, 2118, 2119)
1997 Ed. (2220)
2000 Ed. (2464, 2617)
2001 Ed. (2703, 2706, 2707)
2002 Ed. (2543, 2547, 2551, 2553, 2554)
2003 Ed. (2754)
2005 Ed. (2839, 2841, 3633, 3634)
2006 Ed. (2833)
2007 Ed. (2523, 3736)
2008 Ed. (2957)
Service America
1990 Ed. (1038, 2051, 2052)
1991 Ed. (1755)
1992 Ed. (2202)
1994 Ed. (1890)
1995 Ed. (1912)
1996 Ed. (1954)
1997 Ed. (2057)

1998 Ed. (1738)
2005 Ed. (1289, 1342)
2009 Ed. (1220, 1222, 1228, 1317)
2010 Ed. (1225, 1596)
2011 Ed. (1274, 3999)
Service Annuity Fund of Paco Energy
Co.
1996 Ed. (2949)
Service Bureau 2000 (Audio-Cast)
1992 Ed. (3248)
Service bureaus
1991 Ed. (3250)
Service Card System
1990 Ed. (292)
Service Center Metals LLC
2007 Ed. (896)
Service Corp International
1996 Ed. (2200)
Service Corp. International
1989 Ed. (1629, 2477)
1990 Ed. (3261)
1991 Ed. (1446, 3102)
1992 Ed. (1836, 2537, 3937)
1993 Ed. (3240, 3390)
1994 Ed. (3233)
1997 Ed. (2328)
1998 Ed. (2052, 3290)
1999 Ed. (4285)
2000 Ed. (1346, 4004)
2001 Ed. (1959)
2003 Ed. (1885)
2004 Ed. (1610, 1917, 4565)
2005 Ed. (1635, 2052)
2006 Ed. (1524, 2145, 2770, 4587)
2007 Ed. (1553, 3826, 3827, 4359,
4361, 4567)
2008 Ed. (3886, 3887, 4316)
2009 Ed. (2089, 2093, 3949, 3950)
2010 Ed. (3861, 3862)
2011 Ed. (3869, 3870)
2012 Ed. (3848, 3849)
2013 Ed. (3908, 3909)
2014 Ed. (3841, 3842)
2015 Ed. (3866, 3867)
2016 Ed. (3775, 3776)
Service Credit Union
2002 Ed. (1879)
2003 Ed. (1933)
2004 Ed. (1973)
2005 Ed. (2115)
2006 Ed. (2210)
2007 Ed. (2131)
2008 Ed. (2246)
2009 Ed. (2232)
2010 Ed. (2186)
2011 Ed. (2204)
2012 Ed. (2065)
2013 Ed. (2247)
2014 Ed. (2179)
2015 Ed. (2243)
2016 Ed. (2214)
Service Deli
1990 Ed. (1961)
1991 Ed. (1866)
1992 Ed. (2349)
2000 Ed. (4165)
Service des Societes de Courses
2011 Ed. (1145)
Service Electric Co.
2013 Ed. (2935)
Service Electric Co., Inc.
2015 Ed. (3015)
Service Employees International Local
47
2001 Ed. (3040)
Service Employees International Local
79
1998 Ed. (2323)
1999 Ed. (3139)
2000 Ed. (2888)
2001 Ed. (3041)
Service Employees International Union
1991 Ed. (3411)
1996 Ed. (3603)
2009 Ed. (3478)
Service Enterprises Inc.
2006 Ed. (1262, 1263)
2007 Ed. (1353)
2008 Ed. (1250)
2009 Ed. (1225)
Service Experts
2001 Ed. (1409)
2006 Ed. (1252, 1257, 1344)
2008 Ed. (1239, 1243, 1337)
2009 Ed. (1219, 1220, 1335)
2010 Ed. (1222, 1223)
2011 Ed. (135, 1169, 1295)
2012 Ed. (137, 1111, 1179)
2013 Ed. (113, 1252, 1253, 4059)
Service Experts Inc.

2014 Ed. (121)
2016 Ed. (1140, 1155, 1156, 1159,
3957)
Service Experts LLC
2015 Ed. (136, 1229, 1244, 1248)
Service Financial
2009 Ed. (2763)
2010 Ed. (2687)
2011 Ed. (2676)
Service First Credit Union
2002 Ed. (1892)
2003 Ed. (1946)
2004 Ed. (1986)
2005 Ed. (2128)
2006 Ed. (2223)
2007 Ed. (2144)
2008 Ed. (2259)
2009 Ed. (2245)
2010 Ed. (2199)
2011 Ed. (2217)
2012 Ed. (2078)
2013 Ed. (2264)
2014 Ed. (2197)
2015 Ed. (2261)
2016 Ed. (2232)
Service Foods
2012 Ed. (2631)
Service Force USA
2006 Ed. (669, 670)
Service Freshetta
1999 Ed. (3597)
Service industries
2002 Ed. (3969, 3970)
Service industry
1997 Ed. (2018)
Service Innovation Group
2010 Ed. (139)
2011 Ed. (62)
Service Lloyds
1994 Ed. (2275)
1996 Ed. (2341)
1997 Ed. (2467)
1998 Ed. (2202)
1999 Ed. (2970)
Service Lloyds Insurance Co.
2000 Ed. (2722)
Service Master
1990 Ed. (3246)
1998 Ed. (1759)
Service Master Healthcare Manage-
ments Services
2000 Ed. (2497)
Service Master Residential/Commercial
Services, LP
2001 Ed. (2530)
Service Merchandise Co., Inc.
1989 Ed. (859, 860, 1249, 1250,
1258)
1990 Ed. (913, 914, 915, 1512, 1513,
1515, 1519, 1521, 1522, 1523,
1524, 2032, 2033, 2132, 2681,
2683, 3030, 3253)
1991 Ed. (865, 866, 867, 1431, 1432,
1433, 1435, 1436, 1437, 1920,
1921)
1992 Ed. (1065, 1792, 1819, 1820,
1822, 2423, 2539, 3923, 3931)
1993 Ed. (2111, 3048, 3226, 3291,
3649)
1994 Ed. (872, 2146, 2148, 3224,
3283)
1995 Ed. (1957, 2119, 2123, 2186,
3144, 3362, 3425, 3644)
1996 Ed. (1090, 1455, 1555, 2203,
3236, 3237, 3239, 3432, 3485,
3626, 3725)
1997 Ed. (1523, 1628, 1632, 2241,
2332, 2340, 3344, 3518, 3681,
3780)
1998 Ed. (652, 1188, 2054, 3093,
3094, 3303, 3460, 3602, 3606)
1999 Ed. (760, 1055, 1745, 4096,
4097, 4313, 4636)
2000 Ed. (774, 1571, 3807, 3813,
4175, 4282)
2001 Ed. (1876, 2741, 2749)
2002 Ed. (4542)
Service-now.com
2012 Ed. (952)
Service One Janitorial
2000 Ed. (2272)
Service Painting Corp.
2008 Ed. (1262)
Service Resources
1989 Ed. (2666)
Service Specialists Ltd.
2007 Ed. (3571, 4429)
Service staff
2001 Ed. (2994)

Service stations & individual repair
shops
1994 Ed. (2179)
*Service & Style: How the American De-
partment Store Fashioned the
Middle Class*
2008 Ed. (616)
Service Supply
1989 Ed. (1206)
Service Team of Professionals Inc.
2004 Ed. (2165)
2008 Ed. (2389)
2009 Ed. (2370)
2012 Ed. (2188)
Service Tire Truck Centers
2005 Ed. (4696)
2006 Ed. (4746)
2007 Ed. (4755)
Service Tire Truck Centers Inc.
2015 Ed. (4730)
Service Web Offset Corp.
1993 Ed. (3734)
1994 Ed. (3669)
1995 Ed. (3793)
Service2Media BV
2013 Ed. (2910)
ServiceBench
2008 Ed. (1134)
Service/errors
1989 Ed. (440)
Service/ISH Services
2000 Ed. (2505)
ServiceMagic
2006 Ed. (106)
ServiceMagic.com
2012 Ed. (1461)
ServiceMaster
2014 Ed. (4114, 4119)
ServiceMaster by Stratos
2016 Ed. (4963)
ServiceMaster Clean
2003 Ed. (769)
2004 Ed. (779)
2005 Ed. (765, 898, 899)
2006 Ed. (672, 813, 814)
2007 Ed. (768, 901, 902)
2008 Ed. (744, 876)
2009 Ed. (738, 886, 887)
2010 Ed. (685, 836, 837)
2011 Ed. (613, 762)
2012 Ed. (584, 2185)
2013 Ed. (3111)
2014 Ed. (743)
2015 Ed. (780, 4866)
2016 Ed. (701)
ServiceMaster Co.
2015 Ed. (132)
2016 Ed. (138)
Servicemaster Co.
2013 Ed. (111)
2014 Ed. (118)
The ServiceMaster Co.
1989 Ed. (2467, 2470)
1990 Ed. (1850, 1853, 3242)
1991 Ed. (3088, 3096)
1992 Ed. (2202, 3923)
1994 Ed. (3224)
1997 Ed. (2057)
1999 Ed. (2508, 2509, 2510, 2514,
2520)
2000 Ed. (2235, 2269, 3384)
2001 Ed. (2483, 2484, 2762, 2764,
2810, 3050, 3599)
2002 Ed. (57, 856, 2576, 2591, 2592,
2595, 2596, 2597, 3545, 3546,
4879)
2003 Ed. (21, 834, 1595, 2324, 2796,
2798, 2800, 2801, 2802, 3704,
3705, 4390)
2004 Ed. (192, 193, 3748, 3749)
2005 Ed. (193, 194, 763, 3663, 3664,
3923, 3924, 3934)
2006 Ed. (205, 206, 668, 1080, 2298,
3759, 3761, 3997, 4008)
2007 Ed. (215, 216, 2220, 3756,
3757, 4032, 4033, 4042, 4359,
4361)
2008 Ed. (201, 202, 4060, 4061,
4066, 4067, 4077, 4316)
2009 Ed. (224, 225, 4174, 4175,
4180, 4184, 4190)
2010 Ed. (209, 210, 771, 4100, 4101,
4109, 4110, 4115, 4125)
2011 Ed. (130, 700, 4070, 4077,
4078, 4083, 4090)
2012 Ed. (134, 135, 634, 1925, 3786,
4104, 4108, 4109, 4114, 4124)
2013 Ed. (110, 772, 2085, 2088,
3854, 4105, 4117)
2014 Ed. (117, 2022, 4121, 4132)

2015 Ed. (131, 2065, 4105, 4116)
2016 Ed. (137)
ServiceMaster Disaster Services
2007 Ed. (766, 767)
ServiceMaster Diversified Health Services
1999 Ed. (2724)
2000 Ed. (3361, 3825)
ServiceMaster Food Management Services
1995 Ed. (1912, 3132)
1997 Ed. (2079)
ServiceMaster Global Holdings Inc.
2011 Ed. (130)
2016 Ed. (2025, 2027, 2028)
ServiceMaster Healthcare Management
Services
1995 Ed. (2138)
1997 Ed. (2249)
1998 Ed. (1980)
1999 Ed. (2717, 2718, 2719, 2720)
2000 Ed. (2495, 2499, 2500, 2501,
2502)
ServiceMaster Holding Corp.
2012 Ed. (134)
2013 Ed. (110)
2014 Ed. (117)
2015 Ed. (131, 132)
Servicemaster Holding Corp.
2014 Ed. (118)
ServiceMaster L.P.
1991 Ed. (1446)
ServiceMaster Management Services
Inc.
1992 Ed. (2446, 2447, 2448, 2451)
1993 Ed. (2061, 2062, 2063, 2064,
2067, 3226)
1994 Ed. (1890, 2079, 2082, 2083,
2085)
1995 Ed. (2132, 2133, 2134, 2139,
3312)
1996 Ed. (1964, 2144, 2152)
2003 Ed. (1694)
ServiceMaster of Charleston
2008 Ed. (742, 743)
ServiceMaster of Seattle
2007 Ed. (766, 767)
ServiceMaster of Waterbury
2008 Ed. (742)
ServiceMaster Restoration
2009 Ed. (866, 867)
ServiceNow
2013 Ed. (2837, 2911)
2014 Ed. (1066, 1071)
2015 Ed. (1104, 1108)
2016 Ed. (1019, 1442)
Services
1992 Ed. (1943, 4482)
1993 Ed. (2501)
1994 Ed. (803, 1625)
1995 Ed. (2670, 3785)
1996 Ed. (2663, 2908, 3458, 3874)
1997 Ed. (2572)
1998 Ed. (1933, 3760)
1999 Ed. (2679, 3008, 4821)
2003 Ed. (2269, 2753)
Services, diverse/commercial
2006 Ed. (3011)
Services Enterprises Inc.
2006 Ed. (2043)
Services Group of America
2016 Ed. (1356)
Services Group of America Food Group
2010 Ed. (2718)
Services Group of America Inc.
2009 Ed. (4121)
2010 Ed. (4054)
2011 Ed. (4033)
2012 Ed. (4066)
2013 Ed. (1410)
2014 Ed. (1360)
Services, miscellaneous
1999 Ed. (696, 698, 1447, 1468,
1809, 1811)
2002 Ed. (1997, 1998, 1999)
2003 Ed. (1501)
2004 Ed. (1542)
2005 Ed. (1557)
Services & support
1998 Ed. (3772)
Services Telematiques
2007 Ed. (87)
ServiceSource International Inc.
2012 Ed. (4428, 4430)
Servicios de Salud Episcopales Inc.
2004 Ed. (1672, 2812)
2005 Ed. (1731, 2808)
2006 Ed. (2782)
2007 Ed. (2780)
2016 Ed. (1972)

Servicios Fin Quad
1995 Ed. (200)
Servicios Financieros Quadrum
1995 Ed. (3201)
Servico
1990 Ed. (2061)
1991 Ed. (1937)
1992 Ed. (2471)
1998 Ed. (1999, 2000, 2001)
2000 Ed. (2535)
Servico Hotels & Resorts
1997 Ed. (2276)
Servidyne Inc.
2009 Ed. (1697)
Servigistics
2014 Ed. (4613)
Servigistics Inc.
2009 Ed. (3003)
Servis
1996 Ed. (1563)
ServiStar
1990 Ed. (1985)
1992 Ed. (2374)
1994 Ed. (1911)
Servisteel SA
2001 Ed. (3283)
2002 Ed. (3308)
Servo Pacific Inc.
2013 Ed. (1685)
Servoy
2010 Ed. (2951)
Servpro
2002 Ed. (2007, 2576)
2003 Ed. (883)
2004 Ed. (904)
2005 Ed. (898, 2264)
2006 Ed. (813, 2321)
2007 Ed. (901, 2252)
2008 Ed. (876, 2389)
2009 Ed. (886, 2370)
2010 Ed. (836, 2294)
2011 Ed. (760, 762, 2292)
2012 Ed. (698, 700, 2188)
2013 Ed. (908, 912, 2972, 3113)
2014 Ed. (859, 3112)
2015 Ed. (897, 3175)
2016 Ed. (791, 3029)
Servpro Industries Inc.
1996 Ed. (1966)
1999 Ed. (2520)
Servus Credit Union
2008 Ed. (1547)
2009 Ed. (2204)
2010 Ed. (1372, 2158)
2011 Ed. (1365, 2684, 4037)
2013 Ed. (1343)
2014 Ed. (1276)
Servus Credit Union Ltd.
2016 Ed. (2170)
Serwaczak; Roberto
1996 Ed. (1855)
SES
2012 Ed. (570)
2016 Ed. (4301)
SES Global
2006 Ed. (1857, 3340)
2007 Ed. (1861, 3455)
2008 Ed. (1893)
2009 Ed. (1856)
2010 Ed. (1788)
2011 Ed. (1813)
2012 Ed. (1671)
SES Global SA
2003 Ed. (1506)
2006 Ed. (1856)
2008 Ed. (1892)
SES SA
2011 Ed. (987, 1812, 3609)
2012 Ed. (902, 1670, 3605)
2013 Ed. (705, 1059, 1821, 1822, 3656)
2014 Ed. (728, 1023, 1750, 3594)
2015 Ed. (774, 1059, 1795, 3607)
2016 Ed. (966, 1748, 3489)
SES Timace
2002 Ed. (783)
Sesa Sterlite
2016 Ed. (3533)
Sesame seed
1998 Ed. (3348)
Sesame Street
1999 Ed. (686, 4639)
2000 Ed. (705)
2001 Ed. (665, 4606, 4607)
2003 Ed. (642, 2916)
Sesame Street Elmo's Radio Controlled
Railroad
1999 Ed. (4640)
Sesame Street Magazine
1994 Ed. (2799)

Sesame Street Sing & Snore Ernie
1999 Ed. (4640)
Sesame Street Tickle Me Elmo
1998 Ed. (3600)
Sesco Inc.
1999 Ed. (4204)
Sesir profesora Vujica
2014 Ed. (3703)
A Sesores Publicatarios
1995 Ed. (60)
A Sesores Publicitarios
1994 Ed. (80)
Sesores Publicitarios; A.
1996 Ed. (74)
Session Musik
2013 Ed. (3795)
2015 Ed. (3743)
2016 Ed. (3651)
Sestus Data
2007 Ed. (1211)
SET Enterprises
2006 Ed. (190, 3520, 4359)
2008 Ed. (179, 3715)
2009 Ed. (198)
2013 Ed. (85)
SET Enterprises Inc.
2015 Ed. (109)
2016 Ed. (117, 3582)
Setanta
2009 Ed. (673)
SETCO Inc.
2006 Ed. (4373)
Setec
2013 Ed. (2582)
2014 Ed. (2511)
Seth Levinson
2003 Ed. (221, 225)
Seth MacFarlane
2014 Ed. (2530)
2015 Ed. (2603)
2016 Ed. (2527)
Seth Merrin
2006 Ed. (3185)
Seth Neiman
2002 Ed. (4730)
2005 Ed. (4817)
Seth Rogen
2010 Ed. (2521)
Setiawan; Boenjamin
2014 Ed. (4891)
2015 Ed. (4930)
2016 Ed. (4846)
Setlers
1992 Ed. (1875)
Seton Acquisition Inc.
2004 Ed. (3247, 3248)
2005 Ed. (3272, 3273)
2006 Ed. (3263, 3264)
Seton Co.
2001 Ed. (3081)
2003 Ed. (3201, 3202)
2007 Ed. (3335, 3336)
2008 Ed. (3435, 3436)
2009 Ed. (3509, 3510)
2010 Ed. (3438, 3439)
2011 Ed. (3436)
Seton Co. of Michigan
2012 Ed. (3453)
Seton Hall University
1997 Ed. (2605)
1998 Ed. (808)
1999 Ed. (3162)
2000 Ed. (1145, 2906)
2001 Ed. (3063)
2014 Ed. (775)
2015 Ed. (817)
Seton Healthcare Family
2016 Ed. (2048)
Seton Medical Center Austin
2012 Ed. (2954)
Setpoint Systems Corp.
2007 Ed. (3541)
2011 Ed. (3689)
2015 Ed. (3706)
Setting lotions
2001 Ed. (2651, 2652)
Setz, Jr.; Carl F.
1993 Ed. (890)
Seubert & Associates Inc.
2011 Ed. (3191)
SEUL Energy
2014 Ed. (2317)
Seura
2015 Ed. (233)
2016 Ed. (228)
Seuss; Dr.
2007 Ed. (891)
2009 Ed. (878)
2010 Ed. (828)
2011 Ed. (755)

2012 Ed. (691)
2013 Ed. (907)
2014 Ed. (853)
2015 Ed. (889)
2016 Ed. (774)
Seuss Geisel; Theodor
2006 Ed. (802)
Sev1Tech
2016 Ed. (3102, 3115, 3116)
Seva Beauty
2015 Ed. (3868)
2016 Ed. (3778)
Sevana Lottery
1992 Ed. (79)
Sevatec Inc.
2010 Ed. (1333)
Sevel Arg.
1992 Ed. (39)
Sevel Argentina
1989 Ed. (1089)
1994 Ed. (787)
1996 Ed. (811)
1997 Ed. (828)
Sevel Argentina SA
1990 Ed. (20)
Seven
1997 Ed. (2817)
1998 Ed. (3675)
Seven Corners
2014 Ed. (3225)
Seven-Eleven Hawaii Inc.
2006 Ed. (1749)
2007 Ed. (1759)
2008 Ed. (1786)
2009 Ed. (1728)
2010 Ed. (1676)
2011 Ed. (1685)
2014 Ed. (1635)
Seven Gables Inn
1997 Ed. (2284)
The Seven Habits of Highly Effective
People
1999 Ed. (691)
Seven & I Holding
2007 Ed. (4636)
2016 Ed. (4229)
Seven & I Holdings Co., Ltd.
2007 Ed. (49, 4634)
2009 Ed. (59, 2348, 4318, 4607, 4610)
2010 Ed. (69, 4308, 4354, 4639)
2011 Ed. (4591)
2012 Ed. (1225, 1630, 2125, 2751, 4326, 4356, 4591)
2013 Ed. (1328, 2319, 4277, 4285, 4334, 4539, 4540, 4553)
2014 Ed. (4385, 4597, 4610)
2015 Ed. (4259, 4263, 4267, 4593, 4606)
2016 Ed. (2725, 4164, 4169, 4270, 4514, 4528)
Seven Network
2001 Ed. (1623)
2002 Ed. (3078)
2004 Ed. (1645)
Seven Networks
2003 Ed. (4973)
Seven Oaks General Hospital
2006 Ed. (1624)
2007 Ed. (1615)
The Seven Pearls of Financial Wisdom
2014 Ed. (646)
Seven Rosen Funds
2005 Ed. (4818)
Seven Seas
1994 Ed. (1577)
1996 Ed. (1594)
2010 Ed. (2907)
Seven Seas Cod Liver Oil
2001 Ed. (3725)
Seven Seas Fish Oils
1999 Ed. (1932)
Seven Seas Petroleum Inc.
2004 Ed. (236)
Seven Seas Series MMF
1994 Ed. (2541)
Seven Seas Yield Plus Fund
1996 Ed. (611, 621, 2793)
Seven Seventeen Credit Union
2002 Ed. (1885)
2003 Ed. (1939)
2004 Ed. (1979)
2005 Ed. (2121)
2006 Ed. (2216)
2007 Ed. (2137)
2008 Ed. (2252)
2009 Ed. (2238)
2010 Ed. (2192)
2011 Ed. (2210)
2012 Ed. (2071)

2013 Ed. (2253)
2014 Ed. (2185)
2015 Ed. (2249)
2016 Ed. (2220)
Seven Sisters Wild Horse Cider
2001 Ed. (3117)
Seven Squared
2009 Ed. (141)
2010 Ed. (4140)
2011 Ed. (4140)
Seven Stars
1997 Ed. (993)
1999 Ed. (1141)
2000 Ed. (1062)
Seven Stories Press
2001 Ed. (3951)
Seven-Up Holding Co.
1990 Ed. (1227)
Sevenson Environmental Services Inc.
1997 Ed. (1156)
1999 Ed. (1359)
2002 Ed. (1239, 1252)
2003 Ed. (1251, 1263)
2004 Ed. (1266, 2445)
2005 Ed. (1334)
2006 Ed. (1247, 1270)
2007 Ed. (1345)
2008 Ed. (1232)
2009 Ed. (1214, 2625)
2010 Ed. (1217, 2530)
2011 Ed. (1164, 2531)
2012 Ed. (1101)
2013 Ed. (1242, 2623)
2014 Ed. (1180)
2015 Ed. (1234, 2613)
2016 Ed. (1145, 2537)
Seventeen
1992 Ed. (3387)
1999 Ed. (1857)
2001 Ed. (248, 2631)
Seventeenth Street Associates LLC
2014 Ed. (2122)
2015 Ed. (2176)
Seventh Avenue
2015 Ed. (2510)
2016 Ed. (2443)
Seventh Generation
2011 Ed. (1423, 2134)
2012 Ed. (1978)
2014 Ed. (2071)
2015 Ed. (2120)
2016 Ed. (2103, 2304, 3096)
Seventh Guest
1995 Ed. (1083, 1102, 1106)
1996 Ed. (887, 1080, 1083)
1997 Ed. (1102)
Seventh Level
1997 Ed. (2714, 3648)
Severa Oyj
2011 Ed. (2907)
SeverCorr
2007 Ed. (2260, 3381)
Severin & Associates; Bent
1992 Ed. (2716)
Severin; Jay
2013 Ed. (3468)
Severn Bancorp
2006 Ed. (452, 2735)
2007 Ed. (2725)
2008 Ed. (429, 2701, 2855)
2009 Ed. (559, 2761)
Severn Savings Bank
2004 Ed. (4719)
Severn Savings Bank, FSB
2013 Ed. (4375)
Severn Trent
2006 Ed. (2368)
2007 Ed. (2306)
2014 Ed. (2366)
2015 Ed. (2432)
2016 Ed. (2813)
Severn Trent plc
2011 Ed. (2352)
2012 Ed. (2274, 2275, 2733)
2013 Ed. (2451, 2814)
2014 Ed. (2385, 2852)
2015 Ed. (2453, 2455, 2892, 2894)
2016 Ed. (2398, 2401)
Severn Trent Water
2006 Ed. (2051)
Severn Trust
2005 Ed. (2308)
2006 Ed. (2697)
2007 Ed. (2691)
Severn Trust plc
2013 Ed. (2454, 2816)
2014 Ed. (2386, 2854)
Severnaya SK
1995 Ed. (2283)
Severoceske Doly

2006 Ed. (3946)
Severomor Energetika
2006 Ed. (3946)
Severstal
2006 Ed. (2005, 4533)
2007 Ed. (3486)
2008 Ed. (664)
2009 Ed. (2033)
2010 Ed. (1965)
2014 Ed. (3634)
Severstal & Gestamp
2012 Ed. (3647)
Severstal; JSC
2007 Ed. (1970, 4581)
Severstal; OAO
2010 Ed. (3566, 3643)
2011 Ed. (2025, 2026, 3569, 3647, 3648)
2012 Ed. (3356, 3562, 3645, 3649, 4544)
2013 Ed. (3426, 3599, 3689, 3711, 4499)
2014 Ed. (3423, 3623, 3644, 4542)
2015 Ed. (3456, 3636, 3654, 4541)
2016 Ed. (3521, 3542, 4480)
Severstal Wheeling Inc.
2011 Ed. (2151)
Severstallat; A/S
2009 Ed. (1847)
Sevierville, TN
2013 Ed. (4226)
2014 Ed. (4262)
2016 Ed. (4155)
Sevillana
1999 Ed. (740)
Sevillana de Electricidad
1991 Ed. (1346)
Seville
2001 Ed. (486, 505)
Sevin Rosen Funds
2003 Ed. (4848)
2005 Ed. (4819)
Sevket Sabanci
2008 Ed. (4876)
Sevo Miller Inc.
2002 Ed. (3935)
SevOne Inc.
2013 Ed. (2906)
2014 Ed. (1067)
Sewan Communications
2014 Ed. (2926)
Seward & Monde
2008 Ed. (278)
2015 Ed. (250)
2016 Ed. (243)
Sewell (Constar)
1992 Ed. (3473)
1993 Ed. (2865)
Sewell Lexus
1994 Ed. (258)
1995 Ed. (273)
1996 Ed. (294)
Sewell Plastics
1992 Ed. (3321)
Sewell Suzuki
1992 Ed. (413)
Sewell Village Cadillac
1995 Ed. (266)
Sewing
1996 Ed. (2122)
Sewing goods
2005 Ed. (2870)
Sewing machine operators
2005 Ed. (3620)
2007 Ed. (3719)
2009 Ed. (3856)
Sewing-machine operators, clothing
1989 Ed. (2079)
Sex
2005 Ed. (3359)
Sex & the City
2005 Ed. (2260)
Sextant Avionique
1993 Ed. (3008)
1994 Ed. (1514)
Sextant Growth
2004 Ed. (2451)
Sextant Growth Fund
2003 Ed. (3533)
Sextant International
2007 Ed. (3669)
2010 Ed. (3735)
2011 Ed. (3737, 4538)
Sexton; Brendan
1991 Ed. (2549)
The Sexton Cos.
2009 Ed. (4990)
2010 Ed. (4997)
2011 Ed. (4994)
2015 Ed. (5029)

2016 Ed. (4947)
Sexton; Mark S.
2007 Ed. (2509)
"Sexy Face at Any Age"
2016 Ed. (2283)
Seyad Shariat Finance Ltd.
2009 Ed. (2734)
2010 Ed. (2657)
2011 Ed. (2645)
2012 Ed. (2572)
Seychelle Environmental Technologies Inc.
2013 Ed. (1462)
Seychelles
2000 Ed. (1609)
2001 Ed. (1946)
2002 Ed. (1811, 1815)
2010 Ed. (2111)
2012 Ed. (2202)
2014 Ed. (2603, 2604, 2605, 2606, 2871)
2015 Ed. (2643, 2647, 2648, 2911)
2016 Ed. (2565, 2832)
Seychelles International Mercantile Banking Corp. Ltd.
1995 Ed. (601)
1996 Ed. (671)
1999 Ed. (633)
Seychelles International Mercantile Banking Corp. Ltd. (Victoria)
2000 Ed. (659)
Seyfarth Shaw
2014 Ed. (3446)
Seyfarth, Shaw, Fairweather, & Geraldson
1996 Ed. (2452)
Seyfarth Shaw LLP
2006 Ed. (3249)
2008 Ed. (3420)
2010 Ed. (3418, 3419)
2011 Ed. (3402, 3439)
2012 Ed. (3409, 3456)
2013 Ed. (3500)
2014 Ed. (3437)
Seyforth Roofing Co. Inc.
1998 Ed. (953)
1999 Ed. (1374)
2000 Ed. (1266)
2001 Ed. (1480)
Seylan Bank
2013 Ed. (399)
Seylan Bank Ltd.
1994 Ed. (637, 1061, 1062)
1995 Ed. (610)
1997 Ed. (1071)
1999 Ed. (640)
2000 Ed. (666)
Seylan Trust Bank
1992 Ed. (607)
Seyland Bank Ltd.
1996 Ed. (684, 1053)
Seymar Construction LLC
2006 Ed. (1933)
Seymour; John
1994 Ed. (2890)
Seymour Johnson Credit Union
2002 Ed. (1829)
2006 Ed. (2174)
Seymour Milstein
1992 Ed. (1093, 1095)
Seymour Schulich
1999 Ed. (1124)
2005 Ed. (4864)
Sezai Turkes Feyzi Akkaya Construction Co.
1991 Ed. (1091)
SF-4000
1989 Ed. (2042)
SF Broadcasting
2001 Ed. (1546)
S.F. Cookies 'n Cream
1993 Ed. (2431)
SF Holdings Group Inc.
2006 Ed. (1417)
SF Phosphates LLC
2004 Ed. (1894)
SFA Design
2007 Ed. (3208)
SFB Bancorp Inc.
2002 Ed. (3550, 3553)
2004 Ed. (403, 406)
SFBC International Inc.
2005 Ed. (2774, 4379)
2006 Ed. (2744, 3444)
2007 Ed. (2722, 2723, 2743)
2008 Ed. (2853)
SFBT
2002 Ed. (4492, 4494)
2006 Ed. (97, 4542)
2007 Ed. (87)

2009 Ed. (103)
2010 Ed. (111)
SFC
2000 Ed. (992)
SFC Ltd.
2015 Ed. (2399)
SFDC Australia Pty., Ltd.
2015 Ed. (1452)
Sffed Corp.
1991 Ed. (1207)
1993 Ed. (3216)
SFG LP
2006 Ed. (1932)
2008 Ed. (1979)
2009 Ed. (1934)
2010 Ed. (1870)
SFG Management LLC
2012 Ed. (1933)
2013 Ed. (2096)
SFI
1999 Ed. (961)
2000 Ed. (906, 907, 908, 909, 910)
SFK Pulp
2011 Ed. (2749)
SFM Corp.
1996 Ed. (209)
SFM Media
2000 Ed. (131, 132, 136, 137, 138)
SFM Media/MPG
2001 Ed. (173, 177)
2002 Ed. (147, 148, 174, 193, 194, 196)
SFN Group Inc.
2012 Ed. (638)
2013 Ed. (778)
2014 Ed. (800)
2015 Ed. (844)
2016 Ed. (739, 1591)
SFNB
2001 Ed. (631)
SFP
2011 Ed. (1781, 3530)
SFPP LP
2000 Ed. (2315)
2001 Ed. (3803)
SFR
2015 Ed. (4654)
2016 Ed. (4568)
SFT Odd Lot
1990 Ed. (2370, 2379)
SFT U.S. Government
1992 Ed. (3198)
SFT-U.S. Government Series
1990 Ed. (2375)
SFW
1989 Ed. (50)
SFX
1998 Ed. (2982)
SFX America
2016 Ed. (1751)
SFX Broadcasting
1998 Ed. (2981)
1999 Ed. (1441, 3978)
2001 Ed. (1545)
SFX Entertainment, Inc.
2001 Ed. (3917, 3919)
2002 Ed. (3798)
SG Asset Management
2003 Ed. (3101)
SG Australia
2004 Ed. (1644)
SG Cowen & Co.
2005 Ed. (3811)
SG Expressbank
2002 Ed. (533)
2003 Ed. (472)
2004 Ed. (459, 487)
2006 Ed. (422)
2009 Ed. (411)
2010 Ed. (388)
SG Frankel Pollak
2001 Ed. (1536)
The SG Group
2008 Ed. (2120, 2125, 2127, 2128, 2131, 2132, 2133, 2134)
SG Industries Inc.
2009 Ed. (2468)
SG Pacific Assset
2000 Ed. (2819)
SG Securities
1999 Ed. (2396)
2000 Ed. (868, 871, 872)
2002 Ed. (807, 808, 809, 819, 829, 841)
SG-SSB Bank
2007 Ed. (453)
2008 Ed. (419)
2009 Ed. (448)
2010 Ed. (424)
2011 Ed. (349)

2013 Ed. (332)
2014 Ed. (349)
2015 Ed. (395)
SG Warburg
1989 Ed. (1351, 1352, 1353, 1356, 1357, 1358, 1368, 1372, 2447, 2448, 2450, 2455)
1990 Ed. (1675, 1679, 1695)
1992 Ed. (1993, 1999, 2011, 2013, 2014, 2018, 2019, 2044)
SG Warburg & Co.
1989 Ed. (1373, 1375)
S.G. Warburg Group
1992 Ed. (687)
1996 Ed. (521)
1997 Ed. (1233)
S.G. Warburg Securities
1996 Ed. (3376)
S.G. Warburg Soditic
1989 Ed. (1360)
1990 Ed. (1690)
SGA Group PC
2013 Ed. (1918)
SGB Publicidade
1989 Ed. (89)
SGBCI
2002 Ed. (4402, 4403)
2006 Ed. (4495)
SGBT
2002 Ed. (4493)
SGC
1990 Ed. (1507)
1991 Ed. (1422, 3256)
1992 Ed. (1814, 1828, 4166)
SGD Glass
1999 Ed. (2116)
SGE
1998 Ed. (963, 964, 965, 969, 971, 972)
2000 Ed. (1275, 1278, 1282, 1283, 1284, 1285, 1291, 1292)
SGE Analytical Science
2012 Ed. (4243)
SGE Group
1991 Ed. (1094, 1095)
1992 Ed. (1426, 1427)
1994 Ed. (1158, 1161, 1165, 1166, 1169, 1171)
1996 Ed. (1154)
1999 Ed. (1389, 1393, 1396, 1397, 1404, 1405)
SGF du Quebec
2006 Ed. (2710)
2007 Ed. (2705)
2008 Ed. (2834, 2975)
2010 Ed. (2830)
2012 Ed. (2746, 2890)
SGF Mines, Materials, Energy & Environment
2013 Ed. (2969)
SGF Mines, Materials, Energy, Environmental
2010 Ed. (2992)
SGHC
1993 Ed. (1492, 3493)
SGI
1994 Ed. (3676)
1997 Ed. (3923)
1998 Ed. (3770)
2000 Ed. (4441)
SGI Canada
2011 Ed. (1556)
2012 Ed. (1401)
2013 Ed. (1510)
SGI Delivery Solutions
2016 Ed. (4950)
SGI/MIPS
2000 Ed. (3997)
SGIS
2009 Ed. (1349)
SGL Carbon AG
2001 Ed. (1556)
SGM Mapelli SpA
2001 Ed. (2875)
SGO Designer Glass
2010 Ed. (2295)
SGP Technologies
2016 Ed. (2960)
SGS Communities
2003 Ed. (1184)
2005 Ed. (1222)
SGS International
2008 Ed. (4035)
2009 Ed. (4108)
SGS North America Inc.
2001 Ed. (2915)
2003 Ed. (2972)
2004 Ed. (3059)
SGS SA
2010 Ed. (778)

2011 Ed. (705, 4406)
2012 Ed. (643, 645, 3852, 3854, 4473)
2013 Ed. (783, 787, 4432)
2014 Ed. (804, 807, 4465)
2015 Ed. (849, 853, 4460)
2016 Ed. (4356, 4363)
SGS Surveillance
2007 Ed. (4367)
SGS-Thomson
1994 Ed. (3198, 3202, 3248)
1996 Ed. (3398)
1997 Ed. (2211, 3252, 3411, 3494)
1998 Ed. (3277, 3282, 3285)
1999 Ed. (1631, 4272, 4274, 4279, 4280, 4282)
SGS-Thomson Microelectronics
1990 Ed. (3236)
1992 Ed. (2714, 2715, 3910, 3916, 3917)
SGS-Thomson Microelectronics NV
2001 Ed. (2214, 4218)
SGST Holdings Ltd.
1993 Ed. (3254)
1995 Ed. (3327)
SGT Inc.
2002 Ed. (2513)
2010 Ed. (1343, 1356)
2011 Ed. (1324, 1338, 1339, 1344)
2012 Ed. (1203, 1204, 1209)
2013 Ed. (1317, 1322)
2014 Ed. (1251, 1256)
2015 Ed. (1308)
2016 Ed. (1223)
SGX Pharmaceuticals Inc.
2008 Ed. (4291)
2009 Ed. (2986)
SH Group Inc.
2010 Ed. (2471)
SH Performance Partners
1999 Ed. (1250)
Sh Zhenhua Port
2000 Ed. (4011)
Sha; Du
2006 Ed. (2529)
Shaanxi Coal Industry
2015 Ed. (3635)
2016 Ed. (3520)
Shaanxi Coal Industry Co., Ltd.
2016 Ed. (928)
Shab Wang
1995 Ed. (1826)
Shabab El-Yom
1994 Ed. (40)
Shabibi; Sinan Al
2013 Ed. (3476)
The Shack
2010 Ed. (566, 612)
2011 Ed. (496, 544)
Shack Findlay Honda
2006 Ed. (183)
Shack-Woods & Associates
1990 Ed. (734)
1991 Ed. (712)
1992 Ed. (894)
1993 Ed. (705)
1994 Ed. (713)
1995 Ed. (669, 2590)
1996 Ed. (743, 2660)
1997 Ed. (675)
1998 Ed. (467)
Shackleton's Way
2005 Ed. (717)
Shackouls; B. S.
2005 Ed. (2496)
Shackouls; Bobby S.
2007 Ed. (2507)
Shade
1992 Ed. (4161)
1993 Ed. (3482)
1994 Ed. (3457)
1996 Ed. (3605)
1997 Ed. (711, 3658, 3659)
1998 Ed. (1358, 3432)
Shade by Plough
1990 Ed. (3486)
Shade Computer Forms
1990 Ed. (849)
1993 Ed. (788)
1994 Ed. (805)
Shade Information Systems
1992 Ed. (991)
Shade Informations Systems
1991 Ed. (809)
Shade/Allied
1995 Ed. (856)
Shadel Co., Inc.
2009 Ed. (4428)
Shades
2005 Ed. (2870)

Shades of You
1999 Ed. (1756)
Shadow Stock Fund
2004 Ed. (3571)
Shadrock Petroleum Products Inc.
1995 Ed. (2104, 2107, 2108, 2109)
1996 Ed. (2066)
1997 Ed. (2226, 2227)
Shady Brook Farms
2009 Ed. (4385)
2011 Ed. (4360)
2012 Ed. (4400)
2013 Ed. (4368)
Shaemin Ukani
2014 Ed. (4992)
2015 Ed. (5037)
Shaf Rasul
2007 Ed. (2465)
Shaffer Lombardo
2001 Ed. (857)
Shaffer Trucking
2003 Ed. (4789, 4802)
2005 Ed. (4034)
2006 Ed. (4061, 4063, 4064, 4809)
2007 Ed. (4110)
2011 Ed. (4174)
Shafiroff; Martin
2006 Ed. (658, 3189)
Shaft Drillers International LLC
2015 Ed. (1265)
Shaftesbury
2011 Ed. (4096)
2012 Ed. (4130)
2013 Ed. (2111, 2119, 2125, 4172)
2014 Ed. (2051, 4189)
2015 Ed. (2104, 4170)
2016 Ed. (4084, 4119)
Shah Associates
1994 Ed. (1653)
2000 Ed. (1825, 3148)
Shah; Bharat
2007 Ed. (2464)
Shah; Pravin
1997 Ed. (1973)
Shahid Khan
2014 Ed. (4849)
2015 Ed. (4886)
2016 Ed. (4804)
Shahjalal Islami Bank Ltd.
2009 Ed. (2730)
2010 Ed. (2653)
2011 Ed. (2640)
2012 Ed. (2567)
2014 Ed. (2649)
2015 Ed. (2691)
2016 Ed. (2613)
Shai Dazhong Taxi
2000 Ed. (4011)
Shaid Co.; Charles
1991 Ed. (1089)
Shaid of Pennsylvania Inc.; Charles
1993 Ed. (1135)
1995 Ed. (1168)
Shair & Partners
2006 Ed. (2460, 2462, 2466, 2473, 2474)
2007 Ed. (2425, 2427, 2431, 2438, 2439)
2008 Ed. (2552, 2554, 2558, 2565, 2566)
2009 Ed. (2560, 2562, 2566, 2573, 2574)
2010 Ed. (1286, 1287, 2476, 2478, 2482, 2489, 2490, 2492)
2011 Ed. (1239, 1240, 2484, 2486, 2490, 2497, 2498, 2500)
2012 Ed. (1168, 1169, 2403, 2405, 2409, 2416, 2417, 2419)
2013 Ed. (2573)
2014 Ed. (2502)
2015 Ed. (2576)
2016 Ed. (2498)
Shairp; David
1996 Ed. (1852, 1853)
Shake Shack
2014 Ed. (4278)
Shakes
2003 Ed. (3414)
Shake's Frozen Custard
2004 Ed. (2969)
2005 Ed. (2981)
2006 Ed. (2978)
Shakes the World: A Titan's Rise & Troubled Future—and the Challenge for America
2008 Ed. (617)
Shakespeare
1997 Ed. (3556, 3557)
1998 Ed. (3350, 3351)
1999 Ed. (4378, 4379)

Shakespeare in Love
2001 Ed. (3375, 3381)
Shakespeare Squared
2009 Ed. (1742, 2404)
2010 Ed. (1687)
Shakey's
1989 Ed. (2235)
1990 Ed. (2870)
1992 Ed. (3471, 3472, 3723)
1993 Ed. (2862, 2863, 2864)
1994 Ed. (2888)
1996 Ed. (3048)
1997 Ed. (3129)
1998 Ed. (2868)
Shakey's Pizza Parlors
2010 Ed. (3985)
2011 Ed. (3991)
Shakey's Pizza Restaurant
1995 Ed. (2952)
1999 Ed. (3839)
2009 Ed. (4067)
Shakey's Pizza Restaurants, Inc.
1991 Ed. (2749, 2750, 2751)
Shakey's USA Inc.
2011 Ed. (769)
2012 Ed. (707)
2014 Ed. (858)
Shakira Mebarak
2014 Ed. (4963)
2015 Ed. (5004)
2016 Ed. (4921)
Shaklee
1989 Ed. (2188)
1990 Ed. (2807)
1993 Ed. (2035)
Shaklee Corp.
2013 Ed. (2333)
2014 Ed. (2268)
Shakou Port Service
1999 Ed. (4298)
Shakur; Tupac
2009 Ed. (878)
Shalimar
1990 Ed. (2793)
ShaMaran Petroleum
2015 Ed. (1531, 3940)
Shambaugh & Son Inc.
1993 Ed. (1140)
1995 Ed. (1167, 1174)
1996 Ed. (1142)
1999 Ed. (1363)
2000 Ed. (1254)
Shames Construction Co., Ltd.
2016 Ed. (4957)
Shamil Bank
2009 Ed. (478, 2729)
2010 Ed. (2652)
2011 Ed. (2639)
Shamil Bank of Bahrain
2004 Ed. (451)
2005 Ed. (463)
2006 Ed. (416)
2007 Ed. (401)
2008 Ed. (383)
2009 Ed. (405)
2011 Ed. (306)
Shamil Bank of Yemen & Bahrain
2009 Ed. (2759)
2010 Ed. (2684)
2011 Ed. (2673)
2012 Ed. (2601)
2014 Ed. (2669)
2016 Ed. (2634)
Shammas Auto Group
2011 Ed. (4995)
2012 Ed. (4990)
2014 Ed. (4987)
Shampoo
1991 Ed. (1456)
1992 Ed. (91, 92)
1993 Ed. (2811)
1995 Ed. (2895, 2896)
1997 Ed. (3053, 3054, 3064, 3065)
1998 Ed. (2809, 2810)
2000 Ed. (3510, 3511, 4149)
2001 Ed. (2636, 2637, 2638, 3724, 4485)
2002 Ed. (2439)
2003 Ed. (2670)
2004 Ed. (2787, 3804)
Shampoo combinations
2002 Ed. (2439)
Shampoo & conditioner combination
2004 Ed. (2787)
Shampooer
2008 Ed. (3810)
Shampoos
1994 Ed. (2808)
1996 Ed. (2976, 2977, 2978, 3609)
2001 Ed. (3712)

Shampoos, Conditioners & Rinses
2000 Ed. (4212)
Shampoos, moisture-replenishing
1992 Ed. (3398)
Shampoos, one-step
1992 Ed. (3398)
Shamrock
1995 Ed. (3049)
Shamrock Beef Processors
2002 Ed. (3276)
Shamrock Construction
2005 Ed. (1163)
The Shamrock Cos.
2014 Ed. (4084)
2015 Ed. (4068)
2016 Ed. (3975)
The Shamrock Cos., Inc.
2009 Ed. (4099)
Shamrock Farms
2008 Ed. (3672)
2009 Ed. (3738)
2010 Ed. (3674)
Shamrock Farms Rockin Refuel
2016 Ed. (621)
Shamrock Foods
2014 Ed. (1360)
2015 Ed. (1435)
2016 Ed. (1356)
Shamrock Foods Co.
1990 Ed. (1837)
2000 Ed. (2244)
2005 Ed. (2622)
2006 Ed. (2618)
2009 Ed. (4121)
2010 Ed. (2718, 4054)
2016 Ed. (1363)
Shamrock Holdings Inc.
1989 Ed. (922)
1990 Ed. (3554)
1991 Ed. (1140)
Shamrock Investments
1993 Ed. (1177)
Shamrock Meats Inc.
1999 Ed. (3319, 3320, 3867, 3868)
Shamrock Shipping & Trading
2015 Ed. (917)
Shamsir Jasani
1997 Ed. (19, 20)
Shamus Jennings
2010 Ed. (4920)
2012 Ed. (4920)
Shan Dong Dong-E e-Jiao
2015 Ed. (3995)
Shan; Jacqueline
2010 Ed. (4992)
Shanahan; William
1996 Ed. (1710)
Shand Morahan Co.
2008 Ed. (3227)
Shanda Interactive Entertainment
2006 Ed. (4254, 4255, 4259, 4680)
2011 Ed. (2838)
Shandell; Thomas
1997 Ed. (1937)
Shandong
2001 Ed. (2262)
Shandong Binhua Group
2007 Ed. (937)
Shandong Chenming
2000 Ed. (4012)
2001 Ed. (1670)
Shandong Dong-E E-Jiao
2013 Ed. (1422)
Shandong Foodstuffs
1994 Ed. (3306)
Shandong Gold-Mining
2012 Ed. (3644, 3675)
2014 Ed. (3622)
Shandong Haihua Group
2007 Ed. (937)
Shandong Huaneng ADR
1996 Ed. (2837)
Shandong Huaneng Power Development Co. Ltd.
2003 Ed. (4578)
Shandong International Power
2001 Ed. (1671)
Shandong Marine (Weifeng)
2000 Ed. (4076)
Shandong Tralin Paper
2016 Ed. (3380, 3381)
Shandong Tranlin Paper
2016 Ed. (2340)
Shandong Weigao Group Medical Polymer
2012 Ed. (1323)
Shands at the University of Florida
2005 Ed. (2911)
2006 Ed. (2922)

Shands Hospital at the University of
Florida
2003 Ed. (2831)
Shands Jacksonville
2002 Ed. (2621)
2006 Ed. (2922)
Shands Jacksonville Medical Center
2004 Ed. (2907)
Shands Teaching Hospital & Clinic Inc.
2001 Ed. (1702)
Shands Teaching Hospital & Clinics Inc.
2005 Ed. (1762)
Shandwick
1990 Ed. (2917, 2918, 2920)
1992 Ed. (3556, 3557, 3559, 3560,
3569)
1993 Ed. (2927, 2928)
1995 Ed. (3002, 3003, 3007, 3008,
3014, 3015, 3016, 3018, 3019,
3020, 3022)
1996 Ed. (3103, 3107, 3115, 3117,
3118, 3119, 3120, 3121, 3122,
3123, 3124, 3125, 3126, 3127)
1997 Ed. (3181, 3182, 3184, 3206)
1998 Ed. (104, 444, 1472, 1474,
1545, 1712, 1902, 1926, 1961,
2313, 2935, 2936, 2939, 2940,
2952, 2960, 3353, 3618)
1999 Ed. (3908, 3909, 3914, 3915,
3916, 3918, 3919, 3920, 3921,
3922, 3923, 3924, 3925, 3946,
3952, 3954, 3955)
2000 Ed. (3625, 3631, 3632, 3633,
3634, 3635, 3636, 3637, 3638,
3639, 3640, 3641, 3658, 3659,
3660, 3666, 3668, 3669)
Shandwick Europe
1995 Ed. (719)
Shandwick International
2000 Ed. (3626, 3642, 3649, 3650,
3651, 3652, 3653, 3654, 3655,
3656)
2001 Ed. (3924, 3925, 3926, 3927,
3928, 3929, 3930, 3931, 3932,
3933, 3936, 3937, 3938)
2002 Ed. (3806, 3820, 3824, 3825,
3826, 3827, 3828, 3829, 3830,
3831, 3832, 3833, 3834, 3835,
3836, 3837, 3840, 3849, 3851,
3852)
Shandwick Public Affairs
2000 Ed. (3670)
2002 Ed. (3817)
Shandwick Public Relations
1990 Ed. (2912, 2913, 2914, 2915,
2916)
Shandwick UK
1994 Ed. (2945, 2946, 2956, 2957,
2958, 2959, 2960, 2961)
1997 Ed. (3194, 3195, 3196, 3197,
3198, 3199, 3200, 3201, 3202)
1999 Ed. (3933, 3934, 3935, 3936,
3937, 3938, 3939, 3941)
Shandwick USA
1998 Ed. (2958)
Shandwick Worldwide
1996 Ed. (3104)
Shane Bannan
1997 Ed. (1965)
Shane Bourbonnais
2005 Ed. (2473)
Shane Filan
2005 Ed. (4885)
2008 Ed. (4884)
Shane Fugazy
2012 Ed. (4386)
Shane; Rick
2011 Ed. (3358)
Shang Shing Steel Industrial
1994 Ed. (1463)
Shanghai
1990 Ed. (1011)
1997 Ed. (205, 2960, 2961)
1999 Ed. (1797)
2001 Ed. (1096, 2262, 3854, 3855)
Shanghai Advertising Co.
1996 Ed. (72)
Shanghai Advertising & Decoration Co.
1996 Ed. (72)
Shanghai Automotive
2001 Ed. (1669)
2006 Ed. (4304)
2008 Ed. (4533)
Shanghai Automotive Industry Corp.
1997 Ed. (1825)
2010 Ed. (1707)
2012 Ed. (1590, 1592, 1594, 1595,
1596, 1597)
2013 Ed. (1746, 1750)
Shanghai; Bank of

2005 Ed. (477)
Shanghai Baosteel
2001 Ed. (4376)
2004 Ed. (4539)
Shanghai Baosteel Group Corp.
2006 Ed. (1551, 3464)
2007 Ed. (1659, 1660, 3488)
2008 Ed. (1668, 3660)
2009 Ed. (3728)
2010 Ed. (3645)
Shanghai ChemPartner Co., Ltd.
2011 Ed. (2886)
Shanghai, China
1989 Ed. (2245)
1991 Ed. (940)
1995 Ed. (991, 2564, 2956)
2002 Ed. (3730, 3731)
2003 Ed. (3914, 3915)
2004 Ed. (3929)
2006 Ed. (1012)
2007 Ed. (1098)
2008 Ed. (766, 1221)
2010 Ed. (3475, 3499)
2011 Ed. (2621, 3482)
2012 Ed. (182, 3486)
2013 Ed. (162, 167, 4401)
2014 Ed. (127, 166, 171, 2637, 2642)
2015 Ed. (193, 197, 2680, 4058)
2016 Ed. (189, 2597, 3964)
Shanghai China International Travel
1997 Ed. (3505)
Shanghai Chlor-Alkali
1996 Ed. (3418)
1997 Ed. (3504, 3505)
1999 Ed. (4293, 4294)
Shanghai Comm Bank
1991 Ed. (539)
Shanghai Commercial Bank
1989 Ed. (553)
1992 Ed. (695, 696)
1993 Ed. (498)
1994 Ed. (500, 501)
1995 Ed. (484, 485)
1996 Ed. (528, 529)
1997 Ed. (487, 489)
1999 Ed. (535, 536)
2000 Ed. (547, 548)
2002 Ed. (566)
2003 Ed. (501)
2004 Ed. (505, 538)
2005 Ed. (517)
2006 Ed. (448)
2007 Ed. (459)
2008 Ed. (423)
2010 Ed. (427)
2011 Ed. (352)
2013 Ed. (381)
2014 Ed. (392)
2015 Ed. (448)
2016 Ed. (397, 403)
Shanghai Commercial & Savings Bank
2000 Ed. (527)
2011 Ed. (457)
2013 Ed. (400)
2014 Ed. (414)
2015 Ed. (471)
2016 Ed. (420, 421)
Shanghai Construction
2013 Ed. (1163)
2014 Ed. (1121)
2015 Ed. (1161)
2016 Ed. (1076)
Shanghai Construction (Group) General
Co.
2002 Ed. (1302)
Shanghai Daijang
1996 Ed. (3418, 3419)
Shanghai Dajiang
1997 Ed. (3504)
Shanghai Dazhong Taxi
1996 Ed. (3418)
1999 Ed. (1570, 4293)
2000 Ed. (4010)
Shanghai Diesel Engine
1996 Ed. (3417, 3418, 3419)
1997 Ed. (3504)
1999 Ed. (4293, 4294)
Shanghai Electric Group
2013 Ed. (3142)
2014 Ed. (3145, 3156)
2015 Ed. (3205, 3216)
2016 Ed. (3060, 3071)
Shanghai Electric Group Co., Ltd.
2008 Ed. (3554)
2009 Ed. (1293, 1294, 3621)
2010 Ed. (3168, 3543)
2011 Ed. (1233, 3542)
2012 Ed. (1162, 1168, 1169, 3067,
3535)
2013 Ed. (3580)

2014 Ed. (1233)
2016 Ed. (1205)
Shanghai Electric Power Generation
Equipment Co., Ltd.
2009 Ed. (3590)
Shanghai Erfangi
1997 Ed. (3505)
Shanghai Erfangji
1996 Ed. (3418)
Shanghai Everstar Online Entertainment
Co., Ltd.
2009 Ed. (2982)
Shanghai Forever Bicycle
1996 Ed. (3419)
Shanghai Fosun Pharmaceuticals
2016 Ed. (3908)
Shanghai Friendship Group Inc.
2016 Ed. (4262)
Shanghai General Motors
2014 Ed. (4785)
Shanghai Goldenpartner Biology
2009 Ed. (37)
Shanghai Goldenpartner Biology Technology
2010 Ed. (47)
Shanghai Greenbox Internet Technology
Co., Ltd.
2013 Ed. (2902)
Shanghai Haixin
1996 Ed. (3419)
1997 Ed. (3504)
Shanghai Hero
1996 Ed. (3419)
Shanghai Huayi Group
2007 Ed. (937)
Shanghai Huili Materials
1999 Ed. (4294)
Shanghai Industrial Investment
1999 Ed. (1594, 4495)
Shanghai Industrial Sewing Machine
1996 Ed. (3417)
Shanghai International Port (Group)
Co., Ltd.
2012 Ed. (4760, 4769)
2013 Ed. (4713, 4727)
2014 Ed. (4766, 4778)
2015 Ed. (4787, 4807)
2016 Ed. (4691, 4710)
Shanghai International Securities Co.
1997 Ed. (2392)
Shanghai International Shanghai
Growth Investment Ltd.
1997 Ed. (1357, 2008)
Shanghai International Trust & Investment Co.
1999 Ed. (2885)
Shanghai Jahwa United
2015 Ed. (1446, 1448, 3849)
Shanghai Jiao Tong University
2015 Ed. (824)
Shanghai Jin Jiang Tower
1996 Ed. (3418, 3419)
Shanghai Jinqiao
1999 Ed. (4293)
2000 Ed. (4010)
Shanghai Jinqiao Export
1996 Ed. (3417)
Shanghai Jinqiao Export Processing
Zone
1996 Ed. (3418, 3419)
1997 Ed. (3504, 3505)
Shanghai Konka Electric
2000 Ed. (4012)
Shanghai Lintas
1999 Ed. (73)
Shanghai Lujiazui Development
1999 Ed. (4293, 4294)
2000 Ed. (4010, 4011)
Shanghai Lujiazui Fin & Trade Zone
Development
1997 Ed. (3504, 3505)
Shanghai Material Trade Centre
1997 Ed. (3505)
Shanghai Material Trading Co., Ltd.
2013 Ed. (4702)
2014 Ed. (4754)
2015 Ed. (4775)
2016 Ed. (4679)
Shanghai Narcissus Electric Appliances
1997 Ed. (3505)
Shanghai New Asia
1997 Ed. (3505)
Shanghai No. 2 Textile Machinery
1996 Ed. (3417)
Shanghai Nong Gong Shang Supermarket
2013 Ed. (4279)
Shanghai Oriental Pearl
2016 Ed. (4728)

Shanghai Outer Gaoqiao
1996 Ed. (3417)
1999 Ed. (4293)
2000 Ed. (4010)
Shanghai Outer Gaoqiao Free Trade
Zone
1996 Ed. (3418)
1997 Ed. (3504, 3505)
Shanghai, People's Republic of China
1994 Ed. (2895)
Shanghai Petrochemical Co., Ltd.
2001 Ed. (1671)
2002 Ed. (1003)
2007 Ed. (942, 943)
2008 Ed. (3554)
2009 Ed. (3621)
Shanghai Petrochemical General
1995 Ed. (200, 960)
Shanghai Petrochemical-H Shares
1996 Ed. (2142)
Shanghai Pharma
2012 Ed. (3948)
Shanghai Pharmaceuticals
2014 Ed. (2307)
2015 Ed. (2390, 3995)
2016 Ed. (2334, 3908)
Shanghai Phoenix Bicycle
1996 Ed. (3417, 3419)
Shanghai Posts & Telecom Equipment
1997 Ed. (3505)
Shanghai Pudong, China
2009 Ed. (255, 261)
2010 Ed. (247, 250)
2011 Ed. (169)
Shanghai Pudong Development Bank
2002 Ed. (517)
2003 Ed. (475)
2004 Ed. (465)
2005 Ed. (477)
2006 Ed. (426, 4275, 4304)
2007 Ed. (420)
2008 Ed. (397)
2009 Ed. (420)
2010 Ed. (377, 396)
2011 Ed. (321, 322, 323, 1582)
2012 Ed. (336, 368)
2013 Ed. (379, 380, 390, 491)
2014 Ed. (391, 403, 503)
2015 Ed. (446, 460, 567)
2016 Ed. (401, 402, 411)
Shanghai Refrigerator
1999 Ed. (4293, 4294)
Shanghai Rural Commercial Bank
2009 Ed. (459)
2011 Ed. (321)
Shanghai Sanmao Textile
1996 Ed. (3419)
Shanghai Securities Exchange
1995 Ed. (3512)
Shanghai Shangling Electric
1996 Ed. (3417)
1997 Ed. (3504)
Shanghai Shenzhen 300 Index
2008 Ed. (4502)
Shanghai Shi Mao
2007 Ed. (1589)
Shanghai Steel Tube
1996 Ed. (3417)
Shanghai Stock Exchange
2014 Ed. (4554, 4559, 4561)
2015 Ed. (4548, 4553, 4559, 4560)
2016 Ed. (4484, 4486)
Shanghai SVA NEC Liquid Crystal Display Co., Ltd.
2005 Ed. (871)
Shanghai Tongda Venture Capital Co.,
Ltd.
2011 Ed. (1582)
Shanghai Tyre & Rubber
1996 Ed. (3417, 3418)
1997 Ed. (3504)
1999 Ed. (4293)
Shanghai Urban Construction (Group)
Corp.
2013 Ed. (1296)
Shanghai Vacuum
1994 Ed. (3289, 3290)
Shanghai Vacuum and Electron Device
1996 Ed. (3417)
Shanghai Volkswagen
2013 Ed. (4736)
Shanghai VW
1995 Ed. (308)
Shanghai Winking Entertainment Ltd.
2009 Ed. (2982)
Shanghai Worldbest
1999 Ed. (4294)
Shanghai World's Best
2000 Ed. (4011)
Shanghai Yaohua Pilkington Glass

1996 Ed. (3418, 3419)
1997 Ed. (3504)
Shanghai Zhenhua Port
2000 Ed. (4010)
Shanghai Zhenhua Port Machinery
2007 Ed. (1589)
Shanghvi; Dilip
2006 Ed. (4926)
2010 Ed. (4904)
2013 Ed. (4876)
2014 Ed. (4889, 4890)
2015 Ed. (4928, 4929)
2016 Ed. (4844, 4845)
ShangPharma Corp.
2012 Ed. (4433, 4435)
Shangri-La
1990 Ed. (2096)
1991 Ed. (1956)
1992 Ed. (2509, 2510)
1993 Ed. (2102)
1994 Ed. (2122)
1996 Ed. (2174)
1997 Ed. (2289)
1999 Ed. (2771)
2000 Ed. (2546)
Shangri-La Asia
2000 Ed. (1446)
2012 Ed. (1545, 3015)
Shangri-La Asia Ltd.
2013 Ed. (3099)
2014 Ed. (3098)
Shangri-La Hotel
1997 Ed. (1504)
2011 Ed. (3073)
Shangri-La Hotels
1995 Ed. (1340, 1343, 2161)
1999 Ed. (1730, 2773)
2000 Ed. (1547, 1549, 1551, 1552, 2548)
Shangri-La Hotels & Resorts
2000 Ed. (2552)
2001 Ed. (2788)
Shani; Shaul
2016 Ed. (4849)
Shania Twain
2000 Ed. (1182, 1184)
2001 Ed. (1384, 3404)
2002 Ed. (1159)
2006 Ed. (1157)
Shank; Stephen
2010 Ed. (2567)
Shanks, Jr.; Eugene B.
1989 Ed. (417)
1994 Ed. (357)
Shanley & Fisher
1989 Ed. (1884)
1990 Ed. (2423)
1991 Ed. (2289)
1992 Ed. (2843)
1993 Ed. (2401)
1995 Ed. (2419)
1998 Ed. (2331)
Shanley & Fisher P.C.
1994 Ed. (2354)
1997 Ed. (2599)
1999 Ed. (3155)
2000 Ed. (2900)
Shannon
1993 Ed. (868)
Shannon Bowen-Smed
2004 Ed. (4986)
2007 Ed. (4985)
2009 Ed. (4985)
2015 Ed. (5037)
Shannon County, SD
2002 Ed. (1806)
Shannon; Richard
2011 Ed. (3372)
Shannon Rogers
2012 Ed. (4986)
2013 Ed. (4987)
2014 Ed. (4992)
2015 Ed. (5037)
2016 Ed. (4991)
Shannon Tallant
2016 Ed. (3335)
Shannon & Wilson Inc.
2006 Ed. (2457)
2009 Ed. (2523, 2526, 2536, 2543, 2546)
2010 Ed. (2440, 2459, 2462)
2011 Ed. (2446, 2469, 2475)
2012 Ed. (201, 212, 2372)
Shanshan; Typhoon
2009 Ed. (876)
Shantanu Marayen
2011 Ed. (843)
Shantanu Narayen
2010 Ed. (889)

Shanxi Jincheng Anthracite Coal Mining Group
2015 Ed. (1733)
Shanxi Lu'an
2012 Ed. (3644, 3675)
Shanxi Lu'an Environmental
2013 Ed. (1024, 3688)
Shanxi Lu'an Environmental Energy Development
2013 Ed. (2525)
Shanxi Lu'an Environmental Energy Development Co., Ltd.
2014 Ed. (989)
2015 Ed. (1023)
2016 Ed. (928)
Shanxi LuAn Mining Group
2015 Ed. (1733)
Shanxi Taigang Stainless
2012 Ed. (3351, 4539)
2013 Ed. (3421, 4494)
2014 Ed. (3418, 4537)
2015 Ed. (3451, 4536)
2016 Ed. (4475)
Shanxi Xishan Coal
2013 Ed. (1024)
Shanxi Xishan Coal & Electricity Power
2008 Ed. (1564)
2013 Ed. (2525)
Shanxi Xishan Coal & Electricity Power Co., Ltd.
2015 Ed. (1023, 2530)
2016 Ed. (928)
Shaoxing, China
2006 Ed. (1012)
Shaoxing Yuandong
2007 Ed. (4672)
Shapard; Robert
2006 Ed. (997)
Shapco Printing Inc.
2012 Ed. (4040, 4043)
Shape
2003 Ed. (4809)
2004 Ed. (139)
2005 Ed. (130)
2006 Ed. (133, 3346)
2016 Ed. (3400)
Shape West
1989 Ed. (270, 272)
1991 Ed. (256)
Shaped Wire Inc.
2005 Ed. (3457)
Shapell
2003 Ed. (1188)
Shapell Industries
1990 Ed. (1170, 1171)
1992 Ed. (1366)
1993 Ed. (1089)
1998 Ed. (874)
2004 Ed. (1185)
2005 Ed. (1211)
2009 Ed. (1170)
Shapero; Sanford
1993 Ed. (1701)
Shapes
1995 Ed. (3401)
ShapeUp
2013 Ed. (2026)
2014 Ed. (1961)
2015 Ed. (2007)
Shapiro, Beilly & Aronowitz
2015 Ed. (3474)
Shapiro & Duncan
2015 Ed. (4045)
Shapiro & Duncan Inc.
2010 Ed. (1290, 1327)
Shapiro; George
1991 Ed. (1671)
1993 Ed. (1776)
1994 Ed. (1760, 1831)
1995 Ed. (1801)
1996 Ed. (1776)
1997 Ed. (1851)
Shapiro & Olander
1991 Ed. (2528)
Shapiro; Steven
2005 Ed. (989)
2006 Ed. (981)
Shaquille O'Neal
1995 Ed. (250, 251, 1671)
1996 Ed. (250)
1997 Ed. (278, 1724, 1725)
1998 Ed. (197, 199)
1999 Ed. (306)
2001 Ed. (420)
2002 Ed. (344)
2003 Ed. (294, 296)
2004 Ed. (260)
2006 Ed. (291, 292)
2007 Ed. (294, 2451)
2008 Ed. (272)

2009 Ed. (294, 295)
2010 Ed. (277)
Sharapova; Maria
2007 Ed. (293)
2009 Ed. (293, 296)
2010 Ed. (278)
2013 Ed. (186, 191)
2014 Ed. (199)
Sharda Inc.
2001 Ed. (4283)
Share Health Plan of Illinois, Inc.
1989 Ed. (1585)
1990 Ed. (1995)
1993 Ed. (2022)
1994 Ed. (2040)
1995 Ed. (2093)
1996 Ed. (2096)
1997 Ed. (2198)
Share of Mind, Share of Heart
2014 Ed. (638)
ShareBuilder
2013 Ed. (2339)
Shared Medical
1990 Ed. (2199)
Shared Medical Systems Corp.
1989 Ed. (1141, 2102)
1991 Ed. (1446)
1998 Ed. (717)
1999 Ed. (728, 1115)
2000 Ed. (1039)
Shared Services Healthcare
2006 Ed. (2771)
Shared Technologies Cellular
1997 Ed. (3410)
Shared Technologies Inc.
2009 Ed. (1437, 1618, 2084, 2100, 2490, 4689)
2010 Ed. (1594, 2042)
2011 Ed. (1596, 1634, 1699, 1905, 2099, 2398, 4657)
2012 Ed. (915, 1441, 1483, 1552, 1839, 1937, 2330)
2013 Ed. (1612, 1700, 1995)
ShareFile
2012 Ed. (952)
Shareholders
1995 Ed. (1220)
Shareholders Innovation Bank
1996 Ed. (586)
Sharelink Financial Services Ltd.
2002 Ed. (4404)
Sharen Turney
2011 Ed. (4968, 4969)
Sharer; K. W.
2005 Ed. (2501)
Sharer; Keven W.
2007 Ed. (1028)
2008 Ed. (950)
Sharer; Kevin
2005 Ed. (969)
2006 Ed. (876)
2007 Ed. (967)
Sharer; Kevin W.
2008 Ed. (944)
2009 Ed. (944)
2010 Ed. (901)
Shares of stock
1991 Ed. (2260)
ShareVest Capital Management
1993 Ed. (2333, 2335)
ShareVest Partners LP
2003 Ed. (3121, 3136)
SHAREWARE.COM
1998 Ed. (3776)
Sharewave
2000 Ed. (1753)
Shari
2001 Ed. (1117)
Shari Arison
2004 Ed. (4883)
2005 Ed. (4886)
2006 Ed. (4928)
2007 Ed. (4921)
2008 Ed. (4887)
2009 Ed. (4907)
2010 Ed. (4908)
2011 Ed. (4895)
2012 Ed. (4904)
2013 Ed. (4881)
2014 Ed. (4894)
2015 Ed. (4933)
2016 Ed. (4849)
Shari Arison Dorsman
2003 Ed. (4895)
Shari L. Ballard
2009 Ed. (2661, 3208)
Shari Redstone
2006 Ed. (4976)
2007 Ed. (4976)
Shariah Capital

2012 Ed. (2598)
Shariah Capital Inc.
2014 Ed. (2668)
2015 Ed. (2709)
Shari's
2002 Ed. (4019)
Shari's Family Restaurants
1992 Ed. (3703)
Sharjah Islamic Bank
2009 Ed. (467, 553, 2755)
2010 Ed. (536, 2679)
2011 Ed. (295, 465, 2668)
2012 Ed. (419, 2596)
2013 Ed. (371)
2014 Ed. (385, 2666)
2015 Ed. (441, 2707)
2016 Ed. (2631)
Sharjah, UAE
2009 Ed. (259)
Sharjah, United Arab Emirates
2013 Ed. (166)
2014 Ed. (170)
Shark Attack!
1992 Ed. (2257)
Shark Rocket
2015 Ed. (2338)
2016 Ed. (2291)
Shark Rotator
2016 Ed. (2291)
Shark Rotator Lift Away
2015 Ed. (2341)
Shark Sonic Duo
2015 Ed. (2338, 2341)
Shark Tale
2006 Ed. (3576)
2007 Ed. (3641)
Shark & White Shark
1993 Ed. (55)
"Sharks"; National Geographic,
1991 Ed. (2772)
Sharks; San Jose
2013 Ed. (4480)
Sharma; Raj
2016 Ed. (3287)
Sharma; Rita
2007 Ed. (2463)
Sharma; Shikha
2012 Ed. (4981, 4983)
2016 Ed. (4939)
Sharon Allen
2006 Ed. (4974)
Sharon Burns
2011 Ed. (3761)
Sharon Cunninghis
2014 Ed. (1152)
Sharon D. Fiehler
2009 Ed. (2661)
2010 Ed. (2570)
Sharon Lui
2011 Ed. (3367)
Sharon McCollam
2006 Ed. (963)
2007 Ed. (1060)
2016 Ed. (4928)
Sharon McMahon
2007 Ed. (4919)
2008 Ed. (4899)
Sharon Pearson
1998 Ed. (1620)
1999 Ed. (2260)
2000 Ed. (2043)
Sharon State Bank
1996 Ed. (539)
Sharon Steel Corp.
1990 Ed. (1810)
1991 Ed. (2684)
1992 Ed. (3352)
1994 Ed. (2750)
1997 Ed. (3009)
Sharon Stone
2001 Ed. (7)
Sharon Zackfia
2011 Ed. (3370)
Sharonview Credit Union
2002 Ed. (1883)
2003 Ed. (1937)
2004 Ed. (1977)
2005 Ed. (2119)
2006 Ed. (2214)
2007 Ed. (2135)
2008 Ed. (2250)
2009 Ed. (2236)
2010 Ed. (2190)
2011 Ed. (2216)
2012 Ed. (2077)
2013 Ed. (2263)
2014 Ed. (2151, 2196)
2015 Ed. (2215, 2260)
2016 Ed. (2186, 2231)
Sharp

2013 Ed. (2990, 2991)
2014 Ed. (206, 2998)
2015 Ed. (4637, 4716)
2016 Ed. (3347, 4619)
Sharp Corp.
1989 Ed. (1340, 1341, 1626, 2806)
1990 Ed. (890, 1098, 1109, 1641, 1742, 2027, 2040, 2041, 2042, 2043, 2044, 2574, 2746, 3674)
1991 Ed. (1008, 1107, 1108, 1538, 1643, 1917, 2457, 2914, 3447)
1992 Ed. (55, 1036, 1285, 1447, 1448, 1449, 1932, 1935, 2096, 2097, 2429, 2865, 3071, 3072, 3289, 3488, 3490, 4395)
1993 Ed. (32, 829, 1032, 1163, 1359, 1587, 1733, 2049, 2050, 2569, 2882, 3667)
1994 Ed. (24)
1995 Ed. (885, 1075, 1212, 1656, 1761, 2118, 2453, 2577, 3702)
1996 Ed. (1405, 1746, 2127, 3783)
1997 Ed. (185, 880, 1072, 1462, 2234, 2235, 2789, 3252)
1998 Ed. (107, 608, 812, 1952, 2496, 3282, 3672)
1999 Ed. (204, 1009, 1242, 1995, 2691, 2693, 3407, 4279, 4714)
2000 Ed. (227, 963, 964, 1151, 1492, 2479, 3130, 3995, 4223, 4347)
2001 Ed. (287, 288, 3304)
2002 Ed. (253, 1109, 1131, 2108, 3340, 4754)
2003 Ed. (4823)
2004 Ed. (884, 2871)
2005 Ed. (872, 2354, 2863, 4667)
2006 Ed. (2398, 2399, 4087, 4416, 4510)
2007 Ed. (2342, 2345, 2346, 2965, 2992)
2008 Ed. (832, 2474, 2980, 3668, 4649)
2009 Ed. (1095, 2476, 2596, 3063, 3176, 3192, 3517)
2010 Ed. (637, 2996)
2011 Ed. (574, 2969)
2012 Ed. (2901, 2903)
2013 Ed. (839, 2974, 2986, 3202, 3204, 3205)
2014 Ed. (1157, 2985, 2996)
2015 Ed. (3053, 3068)
2016 Ed. (2943, 2959)
Sharp; David
1997 Ed. (1959)
Sharp Decisions Inc.
2008 Ed. (4975)
Sharp Desktop Calculator
1990 Ed. (2803, 2804)
Sharp Electronic Corp.
1994 Ed. (1612, 1616)
1999 Ed. (2116)
Sharp Electronics Corp.
2001 Ed. (1103, 2159, 3114)
2003 Ed. (2232, 2235, 2248)
2004 Ed. (1347, 2254, 2261)
2005 Ed. (1384, 2353)
Sharp HealthCare
2005 Ed. (3155)
2008 Ed. (3166, 3171, 3176, 3179, 3181)
2011 Ed. (3302)
2015 Ed. (2960, 3276)
Sharp Healthcare
2015 Ed. (3243)
2016 Ed. (3100)
Sharp; Isadore
2005 Ed. (4873)
Sharp KK
2001 Ed. (3651)
Sharp & Tannan
1997 Ed. (10, 11)
Sharpe Images
2009 Ed. (4110)
2010 Ed. (4043)
2011 Ed. (4019)
Sharpe, Kawam ,Carmosino & Co. LLC
2012 Ed. (1752)
Sharpe, Kawam, Carmosino & Co. LLC
2013 Ed. (1918)
2014 Ed. (1857)
Sharper Image Corp.
1990 Ed. (928, 3479)
1991 Ed. (865)
2004 Ed. (4555)
2007 Ed. (2356)
SharperImage.com
2006 Ed. (2384)
SharpReader
2005 Ed. (3185)
Sharp's

1992 Ed. (879, 880)
1993 Ed. (677)
1994 Ed. (679)
1995 Ed. (643, 707)
1996 Ed. (717)
1997 Ed. (653)
2001 Ed. (684)
Sharps Bedrooms
2002 Ed. (45)
Sharps Compliance Corp.
2011 Ed. (2089, 2092)
Sharp's Non-Alcohol
2002 Ed. (685)
2004 Ed. (669)
2005 Ed. (656)
2006 Ed. (559)
Sharps Pixley Ltd
1990 Ed. (1348, 1374, 3265, 3635)
Sharps Pixley Ltd.
1991 Ed. (3110)
1992 Ed. (4434)
1993 Ed. (1327, 3609)
1994 Ed. (1354, 1383, 3565)
1995 Ed. (1378, 1409, 3650)
Sharr Beteiligungs Gmbh Sh.p.k.
2015 Ed. (1621)
Sharwood's
1994 Ed. (1881)
1996 Ed. (1948)
2010 Ed. (2743)
Sharwoods Chinese Food
1992 Ed. (2172)
Sharwood's Indian Food
1992 Ed. (2172)
1999 Ed. (2474)
Sharwoods Indian Foods
2002 Ed. (2312)
Sharwood's Noodles
1999 Ed. (2474)
Sharwoods Oriental Foods
2002 Ed. (2312)
Sharyl Van Winkle
1997 Ed. (1939, 1943)
1998 Ed. (1583, 1592)
1999 Ed. (2170, 2181)
2000 Ed. (1952)
Shashi & Ravi Ruia
2008 Ed. (4841)
2009 Ed. (4903)
2010 Ed. (4904)
2011 Ed. (4887, 4892)
2012 Ed. (4872, 4900)
Shashi Ruia
2009 Ed. (4902)
2010 Ed. (4903)
2011 Ed. (4891)
2012 Ed. (4899)
2013 Ed. (4875, 4876)
2014 Ed. (4889, 4890)
Shasper Industries
1990 Ed. (3569)
Shasta
1992 Ed. (4016)
1993 Ed. (3354)
Shasta Industries
2006 Ed. (1279, 4649)
2007 Ed. (4648, 4649)
2008 Ed. (4580)
2012 Ed. (4612)
2013 Ed. (4560)
2014 Ed. (4615)
2015 Ed. (4613)
2016 Ed. (4534)
Shasta Regional Medical Center
2014 Ed. (3058)
Shastar
2000 Ed. (2293)
Shastovits
2001 Ed. (45)
Shatner; William
2008 Ed. (2590)
2010 Ed. (2521)
Shato Holdings Ltd.
2010 Ed. (1155, 4160)
2012 Ed. (1015, 4193, 4732)
2013 Ed. (1172, 4183)
2014 Ed. (1125, 4200, 4749)
2015 Ed. (1167, 4180, 4769)
2016 Ed. (4097)
Shattuck Hammond Partners, Inc.
1996 Ed. (2353)
1997 Ed. (2486)
1998 Ed. (2230)
1999 Ed. (3015, 4249)
2001 Ed. (737, 791)
Shattuck III; Mayo
2012 Ed. (792)
Shau Kee; Lee
1997 Ed. (673)
Shaul Shani

2016 Ed. (4849)
Shaun Bonett
2009 Ed. (4877)
Shaun White
2013 Ed. (186)
Shave needs
2005 Ed. (3708)
Shaving accessories
2002 Ed. (4262)
Shaving cream
2001 Ed. (3908)
2002 Ed. (3768, 4262)
2003 Ed. (3792)
2004 Ed. (3805)
Shaving lotion
2004 Ed. (2685)
Shaving needs
1999 Ed. (1789)
Shaving preparations
1994 Ed. (2818)
1996 Ed. (2977)
2001 Ed. (3724)
Shaving products
2001 Ed. (3715)
2003 Ed. (3945, 3946)
Shaw
2003 Ed. (4732)
Shaw; Alan
1991 Ed. (1708, 1709)
1993 Ed. (1836)
1994 Ed. (1816)
1995 Ed. (1858)
1996 Ed. (1842)
1997 Ed. (1915)
Shaw & Associates Inc.
1990 Ed. (281)
Shaw-Barton
1992 Ed. (3532)
Shaw Cablesystems
1992 Ed. (946)
Shaw Communications
2015 Ed. (4682, 4683)
Shaw Communications Inc.
1996 Ed. (791)
1997 Ed. (729)
1999 Ed. (3311)
2000 Ed. (1397)
2001 Ed. (1083)
2002 Ed. (2506, 3269)
2003 Ed. (828, 1078, 2933, 3034)
2004 Ed. (866)
2005 Ed. (842, 2833)
2006 Ed. (2812)
2007 Ed. (750, 2804, 2810, 2823)
2008 Ed. (729, 1657, 2930, 2938, 2948, 3630)
2009 Ed. (735, 2987, 2998, 3691)
2010 Ed. (670, 1565, 2927, 2938, 3607, 4594)
2011 Ed. (602, 2890, 2903, 3610)
2012 Ed. (567, 1303, 2827, 2838, 3604)
2013 Ed. (707, 1216, 2896, 3660, 4509)
2014 Ed. (730, 1155, 1448, 1451, 2923, 2938)
2015 Ed. (775, 1209, 1505, 1507, 2971, 2987, 4564, 4566)
2016 Ed. (1448, 2907, 2921, 3488)
Shaw & Co.; D. E.
2010 Ed. (2919)
Shaw Construction
2009 Ed. (1253)
2010 Ed. (1249)
2012 Ed. (1141)
2013 Ed. (1227)
2016 Ed. (1132)
Shaw Constructors Inc.
2007 Ed. (1857)
Shaw; David
2009 Ed. (2715)
2013 Ed. (2891)
2014 Ed. (2920)
2016 Ed. (2902)
Shaw Environmental & Infrastructure
2004 Ed. (1782)
2011 Ed. (1525)
2012 Ed. (1371)
2013 Ed. (1463)
2014 Ed. (1425)
2015 Ed. (1487)
The Shaw Group
2013 Ed. (1234)
Shaw Group; D. E.
2006 Ed. (2800)
2009 Ed. (2979)
The Shaw Group Inc.
2002 Ed. (1549)
2003 Ed. (1263, 1267, 1280, 2299, 3287, 3292)

2004 Ed. (788, 789, 1144, 1149, 1253, 1265, 1275, 1283, 1287, 1580, 1591, 1783, 1784, 2325, 2344, 2358, 2359, 2367, 2432, 2433, 2434, 2436, 2437, 2438, 2439, 2440, 2441, 2442, 2444, 3444)
2005 Ed. (774, 775, 1167, 1169, 1170, 1171, 1298, 1303, 1304, 1849, 1850, 2417, 2419, 2424, 2431, 3458)
2006 Ed. (1163, 1165, 1166, 1167, 1241, 1247, 1249, 1267, 1269, 1270, 1272, 1273, 1324, 1325, 1331, 1855, 1980, 2450, 2464, 2471, 2502, 2503, 2505, 2506)
2007 Ed. (1277, 1278, 1345, 1347, 1376, 1377, 1384, 1389, 1554, 1858, 2399, 2419, 2429, 2471, 2472, 2474, 2475, 2477, 2764)
2008 Ed. (1178, 1226, 1230, 1231, 1232, 1234, 1299, 1310, 1335, 1357, 1358, 1360, 1424, 1535, 1890, 1891, 2518, 2526, 2544, 2546, 2549, 2600, 2606, 2848, 2880)
2009 Ed. (1212, 1214, 1216, 1245, 1249, 1295, 1332, 1333, 1358, 1853, 1854, 2519, 2531, 2538, 2550, 2551, 2553, 2556, 2573, 2577, 2627, 2628, 2629, 2632, 2634, 2635, 2944)
2010 Ed. (1179, 1215, 1217, 1219, 1277, 1295, 1317, 1345, 1786, 1787, 2304, 2436, 2442, 2447, 2456, 2466, 2467, 2469, 2472, 2475, 2477, 2484, 2489, 2531, 2537, 2538, 2540, 2541, 2845)
2011 Ed. (1127, 1159, 1162, 1164, 1166, 1230, 1278, 1292, 1293, 1328, 1330, 1810, 1811, 2440, 2481, 2482, 2485, 2487, 2495, 2497, 2509, 2532)
2012 Ed. (1011, 1061, 1095, 1100, 1101, 1104, 1159, 1194, 1196, 1266, 1667, 1669, 2365, 2377, 2390, 2393, 2399, 2406, 2414, 2430, 2468, 2469, 2472, 2475, 2478, 2480, 2481)
2013 Ed. (10, 1238, 1242, 1246, 1818, 1820, 2551, 2561, 2564, 2596, 2617, 2620, 2622, 2623, 2624, 2626, 2628)
2014 Ed. (1118, 1176, 1180, 1181, 1184, 1186, 1229, 1745, 1747, 2482, 2490, 2493, 2494, 2576, 2579, 2581, 2582, 2584, 2586, 3033)
2015 Ed. (2583, 2615, 2619, 2621, 2622, 2624, 3099)
2016 Ed. (2546)
Shaw Healthcare (Group) Ltd.
2014 Ed. (1576)
Shaw Industries Group Inc.
2005 Ed. (2685)
2006 Ed. (4941)
2007 Ed. (4745, 4746)
2008 Ed. (4669, 4670)
2009 Ed. (4708, 4709)
2010 Ed. (4724, 4725)
2011 Ed. (3153, 4929)
2012 Ed. (4932)
2013 Ed. (4928)
2014 Ed. (4935)
2015 Ed. (3260, 4976)
Shaw Industries Inc.
1989 Ed. (1601, 2814, 2816)
1990 Ed. (2037, 3564, 3565, 3567)
1991 Ed. (1220, 1808, 2587, 2589, 3227, 3348, 3349, 3350, 3351, 3352, 3353, 3354)
1992 Ed. (1063, 1219, 4270, 4271, 4272, 4273, 4274, 4275, 4276, 4277)
1993 Ed. (1227, 1318, 3552, 3553, 3554, 3555)
1994 Ed. (1266, 1267, 1374, 3512, 3513, 3514, 3515, 3516, 3517)
1995 Ed. (1290, 1399, 3597, 3598, 3599, 3600, 3601)
1996 Ed. (1246, 1275, 1290, 3677, 3678, 3679)
1997 Ed. (837, 2240, 3734, 3735)
1998 Ed. (1142, 1962, 1963, 3518, 3519)
1999 Ed. (2116, 2700, 4589, 4591)
2000 Ed. (4240, 4241)
2001 Ed. (1580, 4506, 4507, 4508, 4509, 4510, 4513)
2002 Ed. (3586, 4599, 4615)
2003 Ed. (3289, 4727, 4728)

2004 Ed. (4925)
2005 Ed. (1533, 4908)
2006 Ed. (2664, 2878, 2893)
2007 Ed. (1353, 1354, 2872, 2901)
2008 Ed. (1250, 1251, 2992)
2009 Ed. (1225, 1226, 3076)
2010 Ed. (1226, 1227, 3008)
2011 Ed. (1172, 2977)
2012 Ed. (4696)
2013 Ed. (4657)
2014 Ed. (4709)
2015 Ed. (4721)
2016 Ed. (4623)
Shaw Infrastructure Inc.
2004 Ed. (1142)
Shaw; J. R.
2005 Ed. (4870)
Shaw; Jane
1995 Ed. (3786)
Shaw; Jim
2007 Ed. (2507)
2011 Ed. (855)
2012 Ed. (803)
Shaw Jr.; L. Edward
1996 Ed. (1228)
Shaw; Les
2005 Ed. (4864)
Shaw Living
2007 Ed. (4224, 4225)
2009 Ed. (3182, 4358, 4359, 4360)
2010 Ed. (3114, 4386, 4387)
2011 Ed. (4330)
Shaw-Lundquist Associates Inc.
2006 Ed. (3521, 4360)
2007 Ed. (3569, 4428)
2008 Ed. (270, 3716, 4406)
2016 Ed. (3597)
Shaw Pittman
2003 Ed. (3192, 3193, 3195)
2004 Ed. (3240)
Shaw, Pittman, Potts & Trowbridge
1990 Ed. (2428)
1991 Ed. (2294)
1992 Ed. (2847)
1993 Ed. (2406)
Shaw Ross Importers
2004 Ed. (927, 4975)
2005 Ed. (922, 4976)
Shaw Ross Imports
2003 Ed. (4960)
Shaw-Ross International
2001 Ed. (3127)
Shaw Ross International Importers
2006 Ed. (830, 4967)
Shaw Rugs
2003 Ed. (4206)
2005 Ed. (4157)
2007 Ed. (4223)
Shaw Venture Partners
1999 Ed. (1967, 4704)
ShawCor Ltd.
2006 Ed. (1452)
2007 Ed. (3865)
2008 Ed. (3917)
2009 Ed. (1556, 3985)
2010 Ed. (3893, 4594)
2011 Ed. (3907)
2012 Ed. (3891)
2015 Ed. (3939)
Shaw@Home
2000 Ed. (2744)
Shawmut Bank-Boston NA
1995 Ed. (391)
Shawmut Bank Connecticut NA
1994 Ed. (459)
1995 Ed. (449)
1996 Ed. (478)
1997 Ed. (383, 384, 442)
Shawmut Bank NA
1990 Ed. (427)
1991 Ed. (368, 1922)
1992 Ed. (512, 774)
1993 Ed. (383, 388, 564, 2590)
1994 Ed. (378, 566, 2552)
1995 Ed. (542)
1996 Ed. (601)
1997 Ed. (554)
Shawmut Bank NA (Boston)
1991 Ed. (605)
Shawmut Bank of Boston
1989 Ed. (617)
Shawmut Bank of Boston NA
1990 Ed. (633)
Shawmut Bank of New England
1995 Ed. (566)
Shawmut Corp.
1989 Ed. (364, 393, 399)
1990 Ed. (415, 452, 648)
Shawmut Design & Construction
2004 Ed. (1288)

2008 Ed. (1247, 2060)
2009 Ed. (2026, 2644)
2011 Ed. (2018)
2014 Ed. (1112, 1113)
2015 Ed. (1906)
Shawmut National Corp.
1989 Ed. (635)
1990 Ed. (294)
1991 Ed. (495, 623, 1206, 1721, 1722)
1993 Ed. (2261, 3278, 3391)
1994 Ed. (3242)
1995 Ed. (3322)
1996 Ed. (359, 372, 635)
1997 Ed. (332, 334)
Shawn D. Baldwin
2008 Ed. (184)
Shawn "Jay-Z" Carter
2014 Ed. (3733)
2016 Ed. (3643)
Shawn M. Harrison
2011 Ed. (3349)
Shawn Nelson
2007 Ed. (4161)
Shawn Samson
2011 Ed. (2972)
Shawnee Mission Medical Center Inc.
2001 Ed. (1770)
2005 Ed. (1832)
2006 Ed. (1837)
2007 Ed. (1842)
2008 Ed. (1876, 3058)
2009 Ed. (1830)
Shaw's
1995 Ed. (3534)
2006 Ed. (1453)
Shaws Holdings Inc.
2007 Ed. (1871, 4611, 4612)
2008 Ed. (1908, 4560, 4561)
2009 Ed. (1870, 4590, 4591)
2010 Ed. (1801, 4624, 4625)
Shaw's Supermarkets Inc.
1991 Ed. (3113)
1992 Ed. (490)
2004 Ed. (4628, 4639, 4643, 4645)
The Shawshank Redemption
1997 Ed. (3845)
Shay Bilchik
2007 Ed. (3704)
2008 Ed. (3789)
Shaycore Enterprises
2015 Ed. (1149)
Shayne McGuire
1996 Ed. (1902)
Shazaaam! PR & Marketing
2009 Ed. (1642)
Shazam
1989 Ed. (281)
Shcult Homes Corp.
1992 Ed. (3515)
She
2000 Ed. (3502)
She Takes on the World
2014 Ed. (642)
Shea; Dennis
1994 Ed. (1763)
1995 Ed. (1805)
1996 Ed. (1779)
1997 Ed. (1854)
Shea Homes
1990 Ed. (1170)
1996 Ed. (1099)
1997 Ed. (3259)
1998 Ed. (915, 920, 3007)
1999 Ed. (1309, 1337, 3997)
2000 Ed. (1188, 1189, 1191, 1197, 1199, 1220, 1230, 1235, 3721)
2001 Ed. (1390, 1392)
2002 Ed. (1181, 1187, 1197, 1205, 1210, 2671, 2672, 3924)
2003 Ed. (1159, 1178, 1188, 1189, 1192, 1211)
2004 Ed. (1165, 1185, 1193, 1194, 1197, 1218)
2005 Ed. (1193, 1223, 1228, 1242)
2006 Ed. (1158, 4190)
2007 Ed. (1306)
2008 Ed. (1198)
2009 Ed. (1175)
2010 Ed. (1164)
2011 Ed. (1112)
2012 Ed. (1034)
2015 Ed. (1184)
Shea; John
1991 Ed. (1626)
Shea; John J.
1990 Ed. (1719)
Shea Moisture Hair
2016 Ed. (2842)
Shea Stadium

2010 Ed. (4565)
Shea Weber
2014 Ed. (196)
2015 Ed. (223)
Sheang Sheng Enterprises Co., Ltd.
1990 Ed. (3572)
1992 Ed. (4283)
Shearer; Howard Lincoln
2008 Ed. (2629)
Shearer; Rick
2016 Ed. (867)
Shearman & Sterling
1990 Ed. (2412, 2424)
1991 Ed. (2277, 2278, 2290)
1992 Ed. (2825, 2826, 2827, 2839, 2844)
1993 Ed. (2388, 2390, 2402)
1994 Ed. (2351, 2355)
1995 Ed. (2414, 2420)
1996 Ed. (2455)
1997 Ed. (2600)
1998 Ed. (2325, 2326, 2332)
1999 Ed. (1431, 3143, 3144, 3145, 3146, 3156, 4257)
2000 Ed. (2892, 2893, 2901)
2001 Ed. (1539, 3051, 3058, 3085, 3086)
2002 Ed. (1356, 1361, 3797)
2003 Ed. (1393, 1394, 1400, 1407, 1408, 1412, 1413, 3170, 3175, 3178, 3184, 3186, 3188, 3191, 3204, 3205)
2004 Ed. (1408, 1409, 1417, 1432, 1433, 1437, 1438, 1440, 1446, 3224, 3226, 3228, 3235, 3236, 3239, 3250)
2005 Ed. (1427, 1428, 1449, 1450, 1454, 1455, 1461, 3256, 3259, 3260, 3274)
2006 Ed. (1412, 3246)
Shearman & Sterling LLP
2006 Ed. (3265)
2007 Ed. (3303, 3337)
2008 Ed. (1394, 3419)
2010 Ed. (3426)
2011 Ed. (3411)
2012 Ed. (3410, 3455)
2015 Ed. (3493)
2016 Ed. (3343)
Shearon Environmental Design
2012 Ed. (3440)
2014 Ed. (3455)
Shearon Environmental Design Co.
2013 Ed. (3456, 3460)
Shearon Environmental Design Inc.
2014 Ed. (3460)
Shearson
1990 Ed. (2291)
1992 Ed. (956, 3550)
Shearson Aggressive Growth
1993 Ed. (2687)
Shearson Appreciation
1990 Ed. (2391)
1992 Ed. (3149)
Shearson Asset Management
1991 Ed. (2222)
Shearson Currency: DMark
1992 Ed. (3169, 3173)
Shearson Currency: Pound
1992 Ed. (3169, 3173)
Shearson European Port
1992 Ed. (3161)
Shearson Investment Grade
1993 Ed. (2675)
Shearson Investments: Pacific
1992 Ed. (3174)
Shearson Investments: Precious Metal
1993 Ed. (2682)
Shearson Lehman
1989 Ed. (1136, 1367, 1370, 1767, 1772, 1902, 2293, 2408, 2418, 2419, 2420, 2421, 2422, 2423)
1990 Ed. (809, 1695, 1707, 2297, 2641, 2643, 2645, 2647, 3182, 3201, 3202, 3204, 3205, 3206, 3554)
1991 Ed. (774, 1162, 1601, 1668, 1706, 1707, 1708, 1709, 2377, 2513, 2515, 2516, 2517, 2518, 2520, 2522, 2831, 2993, 2994, 2995, 2996, 2997, 2998, 2999, 3023, 3024, 3025, 3026, 3079)
1996 Ed. (1208)
1998 Ed. (1008)
1999 Ed. (1442, 1450)
2000 Ed. (1301, 1309)
2002 Ed. (1387)
2005 Ed. (1565)
Shearson Lehman & Beazer plc
2002 Ed. (1439)

2003 Ed. (1459)
2004 Ed. (1489)
2005 Ed. (1505)
Shearson Lehman Bros.
1990 Ed. (1797, 1798)
Shearson Lehman Brothers
1989 Ed. (791, 792, 793, 796, 798, 803, 804, 805, 806, 807, 808, 809, 819, 821, 1013, 1425, 1762, 1765, 1770, 1771, 1773, 1774, 1776, 1859, 2371, 2372, 2373, 2374, 2375, 2376, 2378, 2379, 2383, 2384, 2385, 2386, 2387, 2389, 2390, 2391, 2392, 2393, 2394, 2395, 2396, 2397, 2398, 2399, 2400, 2401, 2402, 2403, 2404, 2405, 2406, 2407, 2409, 2410, 2411, 2412, 2413, 2414, 2415, 2417, 2436, 2437, 2438, 2439, 2440, 2441, 2442, 2443, 2444, 2445, 2447, 2448, 2453, 2454)
1992 Ed. (951, 952, 953, 954, 955, 962, 1474, 2029, 2132, 2133, 2134, 2158)
1993 Ed. (755, 756, 757, 758, 759, 761, 763, 764, 765, 766, 767, 768, 1181, 1856)
1994 Ed. (764, 765, 766, 767, 768, 769, 770, 771, 772, 774, 775, 776, 777, 779, 783, 1221, 1311, 1845, 2060, 2307, 2623, 3159)
1995 Ed. (232, 757, 759, 760, 761, 762, 763, 1237)
1997 Ed. (1248)
Shearson Lehman Brothers Holdings
1989 Ed. (2369)
Shearson Lehman Brothers International
1989 Ed. (1373, 1375)
1990 Ed. (1704)
Shearson Lehman Future 1,000 Fund
1989 Ed. (962)
Shearson Lehman Hutton
1989 Ed. (1754, 1757, 1759, 1760)
1990 Ed. (812, 819, 2137, 2138, 3165, 3166, 3167, 3168, 3169, 3207, 3208, 3209, 3210, 3211, 3212, 3213, 3214, 3215, 3216, 3217)
1991 Ed. (757, 760, 761, 765, 770, 771, 772, 773, 778, 780, 783, 1012, 1110, 1111, 1112, 1115, 1116, 1117, 1118, 1120, 1121, 1122, 1123, 1126, 1127, 1128, 1130, 1131, 1132, 1133, 1669, 1670, 1671, 1674, 1675, 1686, 1690, 1691, 1693, 1695, 1698, 1700, 1704, 1705, 1711, 2164, 2169, 2173, 2175, 2176, 2177, 2178, 2179, 2180, 2181, 2182, 2183, 2184, 2185, 2186, 2187, 2188, 2189, 2190, 2191, 2193, 2194, 2195, 2196, 2197, 2198, 2199, 2202, 2203, 2204, 2585, 2832, 2944, 2945, 2946, 2947, 2949, 2950, 2951, 2952, 2953, 2954, 2955, 2956, 2957, 2958, 2959, 2960, 2961, 2962, 2963, 2964, 2965, 2966, 2967, 2968, 2969, 2970, 2971, 2972, 2973, 2974, 2975, 2976, 2977, 2978, 2979, 2980, 2981, 2982, 2983, 2984, 2985, 2986, 2987, 2988, 2989, 2991, 2992, 3000, 3001, 3002, 3003, 3004, 3005, 3006, 3007, 3008, 3009, 3010, 3011, 3012, 3014, 3015, 3016, 3017, 3018, 3019, 3020, 3021, 3022, 3027, 3028, 3029, 3030, 3031, 3032, 3033, 3034, 3035, 3036, 3037, 3038, 3039, 3042, 3043, 3044, 3045, 3048, 3049, 3050, 3052, 3053, 3054, 3055, 3056, 3057, 3058, 3059, 3060, 3061, 3063, 3064, 3065, 3070, 3071, 3074, 3075, 3076)
1992 Ed. (959, 960, 961, 2148, 3889)
Shearson Lehman Hutton International
1990 Ed. (1702)
Shearson Lehman Mortgage
1990 Ed. (2604, 2605)
1991 Ed. (1661)
1994 Ed. (2548)
Shearson Managed Municipal
1993 Ed. (2667, 2678)
Shearson New Jersey Municipals
1992 Ed. (3146)
Shearson Option Income
1993 Ed. (2663)
Shearson Premium Total Return
1994 Ed. (2604, 2636)

Shearson Principal Return
1993 Ed. (2676)
Shearson Small Cap.
1990 Ed. (2379)
Shearson Special Global Bond
1989 Ed. (1853)
Shearson/Provident: Municipal Cash
1992 Ed. (3097, 3101)
Shearson/Provident Municipal Fund
1992 Ed. (3097, 3101)
Shearson/Provident TempCash
1992 Ed. (3098, 3099)
Shearson/Provident TempFund
1992 Ed. (3099, 3100)
Sheba
1990 Ed. (2814)
1992 Ed. (3413)
1993 Ed. (2820)
1994 Ed. (2825, 2834)
1996 Ed. (2996)
1997 Ed. (3075)
1999 Ed. (3780)
Sheboygan Paint Co.
2006 Ed. (4387)
Sheboygan Press
1990 Ed. (2695)
Sheboygan, WI
1990 Ed. (291)
1992 Ed. (370)
1995 Ed. (2559)
1997 Ed. (3304)
1998 Ed. (2484)
2003 Ed. (4189)
2005 Ed. (3469)
2015 Ed. (3535)
Shechtman Halperin Savage LLP
2011 Ed. (2018)
Shedd Aquarium (Chicago)
1994 Ed. (1905)
Shedd Aquarium; John G.
1991 Ed. (894)
Shedd Food Products
1990 Ed. (1828)
Shedd's
1995 Ed. (2507)
Shedd's Country Crock
1994 Ed. (2441)
2000 Ed. (3039, 3040, 4156)
2001 Ed. (3222)
2003 Ed. (3684, 3685)
Shedds Country Crock
2014 Ed. (3557)
2015 Ed. (3580)
2016 Ed. (3460)
Shedd's Country Crock Light
2003 Ed. (3685)
Shedds Country Crock Plus
2014 Ed. (3557)
Shedlarz; David
2005 Ed. (990)
2006 Ed. (974)
Sheehan Family
2001 Ed. (680)
2003 Ed. (659)
2004 Ed. (666)
2005 Ed. (653)
2006 Ed. (553)
2007 Ed. (593)
2008 Ed. (538)
Sheehan, Phinney, Bass & Green
1999 Ed. (3154)
Sheehan Pipe Line Construction Co.
2002 Ed. (1267)
2003 Ed. (1278)
2004 Ed. (1280)
Sheen; Charlie
1993 Ed. (1634)
1994 Ed. (1668)
1995 Ed. (1715)
2010 Ed. (2514)
2011 Ed. (2516)
2012 Ed. (2441)
2013 Ed. (2605)
2015 Ed. (2605)
Sheepdog Inc.
2014 Ed. (1471)
Sheeran; Ed
2016 Ed. (3641)
Sheet
2000 Ed. (3570)
Sheet and strip galvanized
2001 Ed. (4366)
Sheet lead
2001 Ed. (3074)
2003 Ed. (3199)
Sheet Metal Workers
1998 Ed. (2773)
1999 Ed. (3733)
2000 Ed. (3450)
2001 Ed. (3686)

Sheet Metal Workers, International
1989 Ed. (2163, 2862)
1994 Ed. (2769, 3564)
Sheet Metal Workers Local 33
2001 Ed. (3040)
Sheet Metal Workers National Pension
2000 Ed. (3451)
Sheet Metal Workers National Pension,
Alexandria, VA
2000 Ed. (4283)
Sheet Music Plus
2013 Ed. (3803)
2014 Ed. (3737)
2015 Ed. (3750)
2016 Ed. (3658)
Sheets, Comforters, Bedspreads
1989 Ed. (1236)
1991 Ed. (1428)
1992 Ed. (1817)
Sheetz
2014 Ed. (1265, 4316, 4317)
2016 Ed. (1239, 1240, 1241, 1242,
1243, 1244)
Sheetz Inc.
2000 Ed. (2245)
2002 Ed. (1331)
2004 Ed. (1372)
2006 Ed. (1381)
2007 Ed. (1419)
2008 Ed. (1375, 1376, 2002)
2009 Ed. (1379, 4163)
2010 Ed. (4097)
2011 Ed. (1354, 1917, 1932, 4067)
2012 Ed. (4101)
2013 Ed. (269, 1326, 1963, 1995,
2005)
2014 Ed. (272, 1260, 1901, 1942)
2015 Ed. (1316, 1317, 1946, 1980,
1988)
2016 Ed. (1232, 1961)
Shefa Franchises Ltd.
2015 Ed. (4270)
Sheffield Arena
2011 Ed. (1074)
Sheffield Cellars
2001 Ed. (4842)
2002 Ed. (4922)
2003 Ed. (4946)
2004 Ed. (4950)
2005 Ed. (4930)
2006 Ed. (4960)
Sheffield Forgemasters Ltd.
1993 Ed. (972)
Sheffield Industries
1994 Ed. (2704)
Sheffield Pharmaceuticals Inc.
2004 Ed. (236)
Sheffield; Scott D.
2015 Ed. (956)
2016 Ed. (867)
Sheffield Total Return
1993 Ed. (2673)
Sheftel; Marilyn
2005 Ed. (4992)
2006 Ed. (4988)
2007 Ed. (4985)
2008 Ed. (4991)
2009 Ed. (4985)
Shehadi & Sons; B.
1990 Ed. (1802)
1993 Ed. (1867)
1994 Ed. (1852)
1995 Ed. (1880)
1996 Ed. (1923)
1997 Ed. (2016)
Sheik
1992 Ed. (1400)
1998 Ed. (869, 932)
1999 Ed. (1303)
Sheik Classic
1998 Ed. (870, 871)
Sheik Elite
1997 Ed. (1115, 1116)
Sheik Super
1998 Ed. (870, 871)
Sheik Super Thin
1997 Ed. (1115, 1116)
1999 Ed. (1303)
Sheikam Insurance & Reinsurance Co.
2009 Ed. (2750)
Sheikh Ahmed bin Jassim Al Thani
2013 Ed. (3485, 3652)
Sheikh Ahmed bin Saeed Al Maktoum
2013 Ed. (3483, 3490, 4719)
2014 Ed. (3468)
Sheikh Hamdan Awards
2007 Ed. (89)
Sheikh Jaber Al Sabah
1989 Ed. (732)
Sheikh Khalid bin Khalifa Al Thani

2013 Ed. (3485)
Sheikh Khalifa Bin Zayed al Nahyan
2007 Ed. (2703)
2009 Ed. (2889)
Sheikh Mohammed Bin Rashid al Maktoum
2005 Ed. (4880)
2007 Ed. (2703)
2009 Ed. (2889)
Sheikh of Abu Dhabi
2005 Ed. (4882)
Sheikh Zayed Bin Sultan Al Nahyan
2005 Ed. (4880)
Sheikha Al Bahar
2013 Ed. (3478)
Sheikha Lubna Al Qasimi
2009 Ed. (4979)
2013 Ed. (367, 3472, 3483, 3490)
2015 Ed. (5008)
2016 Ed. (4925)
Sheikha Munira Qubeysi
2013 Ed. (3488)
Sheila Bair
2010 Ed. (702)
Sheila C. Bair
2010 Ed. (4990, 4991)
2011 Ed. (4987, 4988)
Sheila Crump Johnson
2008 Ed. (4911)
2009 Ed. (4859)
2010 Ed. (4928)
2011 Ed. (4913)
Sheila Schauer
2010 Ed. (4976)
Sheinberg; Sidney J.
1991 Ed. (1620)
Shekh
2009 Ed. (4577)
2010 Ed. (4612)
Shekou Zhao Shang Harbour Service
1996 Ed. (3422, 3423)
Shelbina Mercantile Bank
1989 Ed. (213)
Shelbourne Properties I, Inc.
2004 Ed. (235)
Shelbourne Properties II, Inc.
2004 Ed. (235)
Shelbourne Properties III, Inc.
2004 Ed. (235)
Shelburne Plastics
1999 Ed. (3840)
Shelby County, AL
1995 Ed. (1509)
Shelby County Schools
2016 Ed. (2023)
Shelby County State Bank
1997 Ed. (181)
Shelby County, TN
1993 Ed. (2616)
Shelby Cullom Davis & Co.
1991 Ed. (772)
1993 Ed. (757)
1994 Ed. (767)
Shelby Fleck
1999 Ed. (2224)
2000 Ed. (2003, 2004)
Shelby Fund P/T
1994 Ed. (579)
Shelby Lynne
1992 Ed. (1351)
1996 Ed. (1094)
Shelby Memorial Hospital
2008 Ed. (3061)
Shelby, NC
2013 Ed. (3542)
2014 Ed. (3518)
Shelby P. Solomon
1991 Ed. (3209)
Shelby-Panola Savings (Carthage, TX)
1991 Ed. (2918)
Shelby, TN
1992 Ed. (1724)
Shelco Inc.
2006 Ed. (1332)
2008 Ed. (1323)
2009 Ed. (1306, 1311)
Sheldahl
1991 Ed. (2764)
Sheldon Adelson
2005 Ed. (4844, 4854)
2006 Ed. (4908)
2007 Ed. (4899, 4908)
2008 Ed. (4835, 4839, 4881, 4882)
2009 Ed. (4855, 4858)
2010 Ed. (4854)
2011 Ed. (4843)
2012 Ed. (4850, 4855)
2013 Ed. (4833, 4840, 4852)
2014 Ed. (4856, 4867)
2015 Ed. (4893, 4904, 4971)

2016 Ed. (4811)
Sheldon Erikson
2002 Ed. (2181)
Sheldon G. Adelson
2011 Ed. (835)
Sheldon L. Pollack Corp.
1992 Ed. (4486)
1993 Ed. (3736)
1994 Ed. (3671)
Sheldon Solow
2014 Ed. (4863)
2015 Ed. (4900)
Shelf-stable juice/functional drinks
2000 Ed. (2222)
ShelfGenie Franchise Systems
2016 Ed. (2969)
ShelfGenie Franchise Systems LLC
2010 Ed. (2295)
2012 Ed. (2189)
2013 Ed. (3006)
2014 Ed. (3015)
2015 Ed. (3082)
Shell
1989 Ed. (1096, 1135, 2207)
1990 Ed. (956, 1341, 1396, 1456,
1659, 1660, 1892, 2673, 2674,
2836, 2837, 2842, 2853, 2856,
2857)
1992 Ed. (1101, 1102, 1117, 1625,
2277, 2278, 3297, 3428, 3439,
3440, 3445)
2000 Ed. (1029, 1031)
2002 Ed. (3665)
2003 Ed. (3816)
2005 Ed. (1774, 3747)
2006 Ed. (3831)
2007 Ed. (2657, 3847)
2008 Ed. (724, 2794, 3900)
2009 Ed. (768, 2119, 2591, 2846)
2011 Ed. (563, 587, 588, 935, 3923)
2012 Ed. (562, 3907)
2013 Ed. (669, 671, 692, 811, 2541,
3981, 3982)
2014 Ed. (694, 696, 697, 3672, 3924,
3925)
2015 Ed. (741, 742, 3690, 3959,
3960)
2016 Ed. (683, 3867, 3875)
Shell Australia
2002 Ed. (1653, 3760)
2003 Ed. (1613, 1615, 1619)
2004 Ed. (1653)
2006 Ed. (1719)
Shell Austria AG
1997 Ed. (1363)
2000 Ed. (1389)
Shell Autocare
2001 Ed. (532)
Shell Brasil SA
1996 Ed. (1306)
Shell Brasil S.A. Petroleo
1990 Ed. (1336)
1992 Ed. (1585)
1994 Ed. (1335)
Shell Canada Chemicals
1996 Ed. (931)
Shell Canada Ltd.
1989 Ed. (2038)
1990 Ed. (1365, 1661, 2844)
1991 Ed. (1265, 2729)
1992 Ed. (1595, 1596, 3437, 4160)
1993 Ed. (1930, 2704, 2841, 2842,
2843)
1996 Ed. (3015)
1997 Ed. (3095, 3097)
1999 Ed. (1091, 1626)
2002 Ed. (3675)
2003 Ed. (3822, 3823)
2004 Ed. (3852)
2005 Ed. (1567, 1648, 3763)
2006 Ed. (781, 849, 1542, 1601,
1602, 1606, 1623, 3375, 3845)
2007 Ed. (1572, 1625, 1633, 1637,
3862, 3863)
2008 Ed. (1552, 1553, 1554, 1555,
1624, 1641, 1645, 3552, 3915,
3916)
2009 Ed. (1480, 1553, 3982, 3983,
3984, 4126, 4127)
2010 Ed. (3892, 4058)
2012 Ed. (1406)
2016 Ed. (3681, 3852)
Shell Canada Products Ltd.
2002 Ed. (1332)
2003 Ed. (1365)
Shell Chemical
1993 Ed. (2869)
1994 Ed. (929)
1999 Ed. (1097)
Shell Chemical LP

2003 Ed. (939)
2005 Ed. (946)
Shell Chemicals Canada Ltd.
2004 Ed. (883)
Shell Chemicals Ltd.
2001 Ed. (1184, 2309)
2003 Ed. (2369)
2004 Ed. (960)
2006 Ed. (859)
2007 Ed. (945)
2008 Ed. (922)
2009 Ed. (930)
2010 Ed. (870)
2011 Ed. (798, 813)
2012 Ed. (758, 769)
2013 Ed. (947, 960)
2014 Ed. (900, 913)
2015 Ed. (927, 936)
2016 Ed. (831, 844)
Shell Community Credit Union
2006 Ed. (2174)
Shell Companies Foundation
1989 Ed. (1473)
Shell Co.
2016 Ed. (766)
Shell Company of Thailand
2001 Ed. (1879)
Shell & Dea Oil GmbH
2005 Ed. (663, 2642, 4716)
Shell Deutschland Oil GmbH
2006 Ed. (565, 2639, 4768)
2009 Ed. (4324)
2011 Ed. (4293)
2012 Ed. (133, 3677, 3896)
2013 Ed. (3962)
Shell do Brasil
1990 Ed. (1395)
Shell Energy Holdings
2006 Ed. (1719)
Shell Energy Resources Inc.
2005 Ed. (1751)
Shell Group
1990 Ed. (1347)
Shell Group of Cos.; Royal Dutch/
1990 Ed. (1356)
Shell Group; Royal Dutch/
1990 Ed. (1363, 1364, 1382)
Shell International Chemical
1993 Ed. (2477)
Shell International Petroleum Co. Ltd.
1991 Ed. (3110)
1993 Ed. (1327, 3609)
1994 Ed. (1383, 3565, 3661)
1995 Ed. (1409, 3650, 3731)
1996 Ed. (1370, 3730, 3830)
1997 Ed. (1419, 3783, 3879)
1999 Ed. (1640, 4644, 4761)
2000 Ed. (1441, 4284)
2001 Ed. (4819)
2002 Ed. (4900)
Shell macaroni
1996 Ed. (2913)
Shell Management Hawaii Inc.
2010 Ed. (1665)
2011 Ed. (1673)
2012 Ed. (1524, 1528)
Shell (Mauritius) Ltd.
2006 Ed. (4520)
Shell Mining
1992 Ed. (1233)
Shell Nederland BV
1994 Ed. (2528)
1997 Ed. (2796)
2012 Ed. (4937)
2013 Ed. (4925)
Shell Oil Co.
1989 Ed. (1023, 2225)
1990 Ed. (1242, 1250, 1265, 1875,
  1877, 1884, 1885, 2827, 2828,
  2838, 2839, 2840, 2841, 2845,
  2846, 2847, 2852)
1991 Ed. (347, 349, 912, 1161, 1182,
  1787, 1789, 1800, 1801, 1807,
  2715, 2716, 2721, 2723, 2724,
  2725, 2726, 2727, 2728, 2730,
  2731, 2736, 2737)
1992 Ed. (1118, 1473, 1494, 1809,
  2260, 2261, 2269, 2270, 2282,
  3418, 3419, 3425, 3426, 3429,
  3430, 3431, 3432, 3433, 3434,
  3451, 3456)
1993 Ed. (912, 1180, 1207, 1265,
  1411, 1738, 1898, 1919, 1920,
  1929, 1931, 2701, 2770, 2824,
  2827, 2830, 2831, 2832, 2834,
  2835, 2836, 2837, 2838, 2839,
  2840, 2847, 2849, 2850)
1994 Ed. (1182, 1184, 1185, 1186,
  1220, 1235, 1465, 1942, 1943,
  1956, 1957, 1965, 2842, 2843,

2844, 2846, 2847, 2848, 2849,
  2850, 2852, 2858, 2862, 2863,
  2864, 2867, 2868)
1995 Ed. (2860)
1996 Ed. (938, 1171, 1207, 1223,
  1997, 2005, 2006, 2013, 2930,
  2944, 3004, 3006, 3007, 3008,
  3009, 3011, 3012, 3013, 3018,
  3024, 3026)
1997 Ed. (1210, 1253, 1269, 2116,
  2118, 2125, 2126, 2133, 3020,
  3083, 3084, 3086, 3087, 3088,
  3089, 3090, 3091, 3092, 3094,
  3101, 3108, 3109)
1998 Ed. (707, 975, 1015, 1801,
  1806, 1815, 1816, 1823, 1824,
  2817, 2818, 2819, 2820, 2823,
  2825, 2826, 2827, 2828, 2829,
  2831, 2837, 2840)
1999 Ed. (1035, 1098, 1102, 1412,
  1448, 1641, 2505, 2519, 2568,
  2569, 2575, 2576, 2584, 3729,
  3795, 3798, 3799, 3800, 3801,
  3802, 3803, 3804, 3806, 3815,
  3816)
2000 Ed. (1018, 2308, 2316, 2317,
  2320, 3056, 3446, 3517, 3518,
  3519, 3520, 3521, 3522, 3523,
  3524, 3525, 3526, 3528, 3529,
  3530)
2001 Ed. (569, 1185, 1878, 2578,
  2579, 2582, 2584, 3532, 3684,
  3739, 3741, 3742, 3743, 3744,
  3745, 3746, 3753, 3754, 3762,
  3774, 3775, 3842)
2002 Ed. (1021, 2389, 2391, 3537,
  3620, 3663, 3667, 3668, 3669,
  3670, 3671, 3672, 3673, 3674,
  3681, 3698, 3699)
2003 Ed. (2604, 2605, 3808, 3809,
  3831, 3832, 3834, 3835, 3836,
  3837, 3838, 3839, 3840, 3841,
  3842, 3850, 3859, 3860, 3861,
  3862)
2004 Ed. (884, 1374, 1376, 1552,
  3818, 3819, 3865)
2005 Ed. (950, 1770, 1973, 3726,
  3727, 3794, 3908)
2006 Ed. (353, 854, 1716, 2044,
  2699, 2700, 3818, 3819, 3981)
2007 Ed. (297, 337, 877, 1492, 1711,
  2014, 2694, 2695, 2906, 4020)
2008 Ed. (281, 1486, 2819, 2820,
  3029)
2009 Ed. (303, 2087, 2878, 3115)
2010 Ed. (285, 3049)
2011 Ed. (208, 2095, 3018)
2012 Ed. (221, 738, 2945)
2013 Ed. (212, 3034, 4100, 4706)
2014 Ed. (219, 885, 3048, 3515)
2015 Ed. (2073, 3114)
2016 Ed. (1233, 2049, 2054, 2470)
Shell Oil Products U.S.
2006 Ed. (349)
2007 Ed. (334)
2008 Ed. (321)
2009 Ed. (342, 1377, 1378)
2010 Ed. (1363, 1364)
2011 Ed. (1351)
2012 Ed. (1216, 1217)
2013 Ed. (1330, 1331)
2015 Ed. (1322, 1323)
Shell Oil/Motiva Enterprises LLC
2013 Ed. (1327)
Shell Pak
2000 Ed. (2879)
Shell Petroleum Inc.
1992 Ed. (3438)
2001 Ed. (3755)
2003 Ed. (3847)
2004 Ed. (3863)
2005 Ed. (1758, 3792)
2006 Ed. (3858)
2007 Ed. (3886, 3887)
2008 Ed. (3931, 3932)
2009 Ed. (4005, 4006)
2010 Ed. (3912, 3913)
2011 Ed. (3931)
2012 Ed. (3929)
2013 Ed. (3985)
2014 Ed. (3928)
2015 Ed. (3964)
2016 Ed. (3878)
Shell Pipe Line Corp.
1989 Ed. (2232, 2233)
1991 Ed. (2742, 2743, 2744, 2745,
  2748)
1992 Ed. (3462, 3463, 3464, 3465,
  3466, 3469)
1993 Ed. (2854, 2855, 2856, 2857,
  2858, 2861)

1994 Ed. (2875, 2876, 2877, 2878,
  2879, 2880, 2882, 2883)
1995 Ed. (2941, 2943, 2944, 2945,
  2946, 2948, 2949)
1996 Ed. (3040, 3043, 3044)
1997 Ed. (3120, 3122, 3125)
1998 Ed. (2857, 2858, 2862, 2863,
  2866)
1999 Ed. (3828, 3829, 3830, 3834,
  3835)
2000 Ed. (2311, 2313, 2315)
2001 Ed. (3802, 3803)
2003 Ed. (3878)
Shell Pipeline Line Corp.
1990 Ed. (2869)
Shell Portuguesa SA
1989 Ed. (1153)
1990 Ed. (1410)
1993 Ed. (1387)
1994 Ed. (1441)
1995 Ed. (1477)
1996 Ed. (1437)
1997 Ed. (1500)
1999 Ed. (1726)
2000 Ed. (1544)
2001 Ed. (1839)
2003 Ed. (1812)
Shell Rapid Lube
2003 Ed. (364)
2006 Ed. (350)
2007 Ed. (335)
2008 Ed. (322)
2009 Ed. (343)
Shell Refining
1995 Ed. (1452)
Shell Refining Co. Berhad
2008 Ed. (3570)
2009 Ed. (3640)
2010 Ed. (3559)
2011 Ed. (3562)
2012 Ed. (3555)
2013 Ed. (3593)
Shell Refining Co. Bhd
1993 Ed. (1365)
Shell Refining Co. (FOM) Bhd.
1990 Ed. (1398)
1991 Ed. (1323)
1992 Ed. (1668, 1669)
1994 Ed. (1417)
Shell Rotella T
2015 Ed. (3719)
2016 Ed. (3631)
Shell Solar
2006 Ed. (4416)
Shell Trading International Ltd.
2012 Ed. (1946)
2013 Ed. (2121)
2015 Ed. (1611)
Shell Transport
1990 Ed. (3462)
The Shell Transport & Trading Co Plc
2000 Ed. (1412, 1441)
Shell Transport Trading Co.
1990 Ed. (1662)
Shell Transport & Trading Co., Ltd.
1989 Ed. (1344)
1990 Ed. (1375)
1991 Ed. (1296, 1297, 1299, 2355,
  3230)
1992 Ed. (1609, 1626, 1631, 2935)
1993 Ed. (1322, 1326, 2469)
1994 Ed. (1378, 1382, 2410, 2411)
1995 Ed. (1403, 1408)
1996 Ed. (1354, 1357, 1359, 1360,
  1362, 1363, 1369, 2544, 2545,
  2546)
1997 Ed. (1416, 1420, 1422, 2685,
  2686)
1999 Ed. (1605, 1607, 1640, 1642,
  1646, 3262, 3263, 4287)
2000 Ed. (1442, 2998, 2999, 4006)
2003 Ed. (1839, 4610)
2006 Ed. (2060, 3328, 3856)
2009 Ed. (2113)
Shell Transport & Trading Co. plc
1997 Ed. (1391, 1419, 3501)
2000 Ed. (1411)
2001 Ed. (1693, 1718, 1719, 1885,
  1887)
2002 Ed. (1038, 1645, 1785, 1788,
  1790, 3215, 3217)
2004 Ed. (4556, 4564)
2005 Ed. (1590, 1596, 3790)
2006 Ed. (1448, 1700, 2054, 3855)
2007 Ed. (2387, 2394, 2395, 2397,
  3873)
Shell UK Ltd
1990 Ed. (1349)
Shell UK Ltd.
1989 Ed. (1107)

1991 Ed. (1639)
1994 Ed. (2528)
1996 Ed. (2651)
1997 Ed. (2796)
1999 Ed. (3416)
2000 Ed. (3139)
2001 Ed. (1718, 3326)
2002 Ed. (3370)
2004 Ed. (3867)
2006 Ed. (204, 1181, 3487)
Shell (United Kingdom Ltd.)
1995 Ed. (1747, 2583)
Shell Uruguay
1989 Ed. (1169)
Shell Vacations
2008 Ed. (3040)
Shell Zone
2015 Ed. (209)
2016 Ed. (209)
Shelled peanuts, crushed
2001 Ed. (3655)
Shelley Ben-Nathan
1999 Ed. (2171)
2000 Ed. (1942)
Shelley Bergman
2016 Ed. (3287)
Shellfish
2007 Ed. (2519)
Shells
1999 Ed. (4158)
2002 Ed. (3745)
Shells Seafood Restaurants
1998 Ed. (3174)
2000 Ed. (3873)
2002 Ed. (4028)
Shell/Winners' Circle Resorts
1991 Ed. (3389)
Shelly BMW
1993 Ed. (293)
1994 Ed. (262)
Shelly Ibach
2015 Ed. (2638)
Shelly Krasnow
1994 Ed. (896, 1057)
Shelly Lazarus
2002 Ed. (4981)
Shelly Materials Inc.
2011 Ed. (3663)
Shelter Components Corp.
1994 Ed. (202, 205)
Shelter Island, NY
1992 Ed. (1168)
Shelter Mutual Insurance Co.
2016 Ed. (3268)
Shelter Products
2016 Ed. (2864, 2865)
The Shelters of Stone
2004 Ed. (739)
Shelton
2009 Ed. (2826)
Shelton; Blake
2015 Ed. (3732)
Shelton; Denny
2009 Ed. (3706)
Shelton Fleming Associates
2002 Ed. (1955)
Shelton Group
2011 Ed. (4127)
2012 Ed. (4157)
2013 Ed. (4148)
Shelton; James
2006 Ed. (892)
2007 Ed. (982)
Shelton Nasdaq-100 Index Direct
2016 Ed. (4488)
Shelton Poultry Inc.
2009 Ed. (2828)
Shelves usually kept well stocked
1990 Ed. (1951)
Shely Pharmaceutical
2005 Ed. (86)
Shems Lintas
2002 Ed. (152)
2003 Ed. (122)
Shen; Neil
2016 Ed. (4771)
Shen Wenrong
2010 Ed. (4864)
Shenandoah
1992 Ed. (1351)
Shenandoah Manor Nursing Home
2014 Ed. (2122)
Shenandoah National Park
1990 Ed. (2665)
Shenandoah Telephone
2011 Ed. (4471)
Shenango China Employees Credit
  Union
1996 Ed. (1507)

2002 Ed. (1829)
Shenboa
1994 Ed. (3291, 3292)
Sheng Siong Supermarket
2012 Ed. (4361)
2013 Ed. (4293)
ShenHua Group Corp., Ltd.
2012 Ed. (1591)
Shenshu Bank
2002 Ed. (573, 577)
Shenyang Brewery
1995 Ed. (708)
Shenyang Wangzu Music
2013 Ed. (3791)
2015 Ed. (3740)
2016 Ed. (3648)
Shenyin & Wanguo Securities Co.
1999 Ed. (2885)
Shenzhen
2001 Ed. (1096, 3854, 3855)
Shenzhen A-Best Supermarket
2012 Ed. (3045)
2013 Ed. (3127)
Shenzhen Airlines
2013 Ed. (127)
2014 Ed. (137)
2015 Ed. (154, 162)
2016 Ed. (159)
Shenzhen ChangFang Light Emitting
Diode Lighting
2014 Ed. (4435)
Shenzhen, China
2004 Ed. (3929)
2006 Ed. (1012)
2007 Ed. (1098)
2008 Ed. (1221)
2009 Ed. (260)
2013 Ed. (162, 4401)
2015 Ed. (4058)
2016 Ed. (3964)
Shenzhen China Bicycles
1996 Ed. (3421, 3422, 3423)
1997 Ed. (3506, 3507)
Shenzhen Commercial Bank
2008 Ed. (435)
2009 Ed. (459)
2010 Ed. (440)
Shenzhen Development Bank
2002 Ed. (4263)
2006 Ed. (4307)
2008 Ed. (435)
2011 Ed. (1582)
2012 Ed. (336)
2013 Ed. (379)
Shenzhen Dvision Video
2013 Ed. (4405)
Shenzhen Easou Technology Co., Ltd.
2011 Ed. (2886)
Shenzhen Fandga
2000 Ed. (4012)
Shenzhen Gintian Industry
1996 Ed. (3421, 3422, 3423)
1997 Ed. (3507)
Shenzhen Great Ocent
1999 Ed. (4298)
Shenzhen Huafa Electronics
1996 Ed. (3421, 3422)
Shenzhen International Holdings
2002 Ed. (4423)
2008 Ed. (1787)
Shenzhen Kaifa Technology
2002 Ed. (4263)
Shenzhen Konka Electronics
1996 Ed. (3421, 3422)
1997 Ed. (3506)
Shenzhen Launch Digital Technology
Co., Ltd.
2010 Ed. (2922)
Shenzhen Lionda
1996 Ed. (3423)
Shenzhen Nanshan Power Station
1997 Ed. (3506, 3507)
Shenzhen Overseas Chinese Town
2014 Ed. (4790)
2015 Ed. (3496, 4824)
2016 Ed. (4728)
Shenzhen Overseas Chinese Town Co.,
Ltd.
2012 Ed. (3015)
2013 Ed. (3099)
2014 Ed. (3098)
2015 Ed. (3163)
2016 Ed. (3015)
Shenzhen Petrochemical
1996 Ed. (3421)
Shenzhen Ping An Bank
2011 Ed. (321)
Shenzhen Properties
1994 Ed. (3291, 3292)
1997 Ed. (3507)

Shenzhen Properties Development
1996 Ed. (3422)
Shenzhen Qinghua Qinhang
2015 Ed. (3740)
2016 Ed. (3648)
Shenzhen Real Estate
1999 Ed. (4298)
Shenzhen Seg Co.
2001 Ed. (1670)
Shenzhen SEZ Real Estate
1997 Ed. (3506, 3507)
Shenzhen Shenbao Industrial
1996 Ed. (3421)
Shenzhen Shenchao Technology Investment
2011 Ed. (1013, 2387)
Shenzhen Stock Exchange
2014 Ed. (4559, 4561)
2015 Ed. (4553, 4559)
2016 Ed. (4486)
ShenZhen Taitai Pharmaceutical Industry Co.
2005 Ed. (29)
Shenzhen Tellus Machinery
1996 Ed. (3421, 3423)
Shenzhen Trust & Investment Co.
2006 Ed. (4275)
Shenzhen Vanke
1996 Ed. (3421, 3422, 3423)
Shenzhen Yili Mineral Water
1996 Ed. (3423)
Shenzhou International
2011 Ed. (1479)
Shenzhou International Group Holdings
2012 Ed. (1322, 1325)
Shepard; J. F.
2012 Ed. (801)
Shepard; Keven
1995 Ed. (2669)
Shepard-Patterson & Associates Inc.
2000 Ed. (3151)
Shephard's Beach Resort
2010 Ed. (3095)
Shepherd Building Group Ltd.
1992 Ed. (1192)
1993 Ed. (966)
1994 Ed. (991)
Shepherd Center
2010 Ed. (3067)
2011 Ed. (3039)
2012 Ed. (2977)
2013 Ed. (3069)
2014 Ed. (3071)
2015 Ed. (3136)
2016 Ed. (2999)
Shepherd; Cybill
1997 Ed. (1726)
Shepherd Kaplan
2015 Ed. (3423, 3424)
Shepley Bulfinch Richardson & Abbott
1997 Ed. (263)
2005 Ed. (3163)
2010 Ed. (3347)
2011 Ed. (3309)
2012 Ed. (3292)
2013 Ed. (3365)
2014 Ed. (3376)
Shepley Bulfinch Richardson & Abbott
Inc.
2015 Ed. (3411)
Sheppard & Enoch Pratt Hospital
1999 Ed. (2740)
2000 Ed. (2519)
2003 Ed. (3972)
2004 Ed. (3974)
2008 Ed. (4084)
2009 Ed. (4197)
2010 Ed. (4132)
2011 Ed. (4097)
2012 Ed. (4131)
2013 Ed. (4124)
2014 Ed. (4139)
2015 Ed. (4121)
2016 Ed. (4035)
Sheppard, Mulin, Richter & Hampton
LLP
2000 Ed. (2899)
Sheppard Mullin
2011 Ed. (1803)
2012 Ed. (1661)
Sheppard, Mullin, Richter & Hampton
1990 Ed. (2421)
1992 Ed. (2840, 2841)
1993 Ed. (2399)
1995 Ed. (2418)
1996 Ed. (2454)
1997 Ed. (2598)
1998 Ed. (2330)
1999 Ed. (3153)
2005 Ed. (3261)

2006 Ed. (3248)
2007 Ed. (3309)
Sheppard Mullin Richter & Hampton
LLP
2013 Ed. (3438)
2014 Ed. (3437)
Sheppard, Mullin, Richter & Hampton
LLP
2002 Ed. (3059)
2009 Ed. (3486)
2011 Ed. (3410)
2012 Ed. (3419, 3420, 3427)
2013 Ed. (3436, 3439)
2014 Ed. (3436, 3438)
2015 Ed. (3470)
2016 Ed. (3317)
Sheppard Pratt Health System
2003 Ed. (2803)
2011 Ed. (3634)
Shepston Racecourse
1990 Ed. (3464)
Sheraton at Bradley International Airport
1993 Ed. (207)
Sheraton at Woodbridge Place
1991 Ed. (1949)
1992 Ed. (2484)
1998 Ed. (2008)
1999 Ed. (2763)
2006 Ed. (2940)
Sheraton Bal Harbour Beach Resort
1998 Ed. (2035)
1999 Ed. (2795)
Sheraton Bradley Hotel
2007 Ed. (2944)
Sheraton Centre Toronto Hotel
2003 Ed. (2415)
2005 Ed. (2521)
Sheraton Chicago Hotel & Towers
1997 Ed. (2301)
1999 Ed. (2787)
Sheraton Corp.
1990 Ed. (2067, 2068, 2069, 2085)
1991 Ed. (1055, 1953, 1955, 2866)
1992 Ed. (2498, 2506, 2507, 2508)
1993 Ed. (2101)
1998 Ed. (2022)
1999 Ed. (2784)
2000 Ed. (2541, 2550, 2565, 2573)
2001 Ed. (2791)
2002 Ed. (2637)
2003 Ed. (2847)
2004 Ed. (2931, 2932, 2938, 2941)
2005 Ed. (2922, 2923, 2931, 2934)
2006 Ed. (2927, 2928, 2934, 2938)
2007 Ed. (2938, 2939, 2945, 2950)
2008 Ed. (3067, 3068, 3075)
2009 Ed. (3155, 3156, 3163)
2010 Ed. (3085, 3086)
2011 Ed. (3056)
2012 Ed. (2999)
2013 Ed. (3088)
2014 Ed. (3086, 3087)
2015 Ed. (3153, 3154)
2016 Ed. (3008, 3009)
Sheraton Denver Downtown Hotel
2012 Ed. (1459)
Sheraton Fairfield Hotel
1990 Ed. (2066)
Sheraton Gateway Hotel LAX
2002 Ed. (2649)
Sheraton Gateway Hotel Los Angeles
Airport
1999 Ed. (2794)
Sheraton Grand on Harbor Island
1992 Ed. (312)
Sheraton Hawaii Credit Union
2009 Ed. (329)
Sheraton Hotel at Bradley Airport
1994 Ed. (193)
Sheraton Hotel at Bradley International
1992 Ed. (312)
Sheraton Hotel & Resort
2010 Ed. (3094)
2011 Ed. (3063)
Sheraton Hotels
1992 Ed. (2488, 2493, 2503)
1994 Ed. (2118, 2121)
1995 Ed. (2161, 2172)
2003 Ed. (2849, 2853, 2854, 2857,
2858, 2859, 2860, 4131, 4136)
2005 Ed. (2941, 2942, 2943, 2944,
4083, 4085)
2006 Ed. (4130)
2010 Ed. (3089, 3090, 3093, 3102,
3103, 4256)
2011 Ed. (3059, 3060, 3062, 3070,
3071, 4256)
2012 Ed. (3003, 3004, 3006, 3013,
3014, 4297)

2013 Ed. (3092, 3093, 3096, 3106,
3107, 4263)
2014 Ed. (3104, 4320)
Sheraton Hotels & Resorts
1991 Ed. (1941)
1994 Ed. (2113)
1996 Ed. (2160, 2162, 2165, 2176,
2187)
1998 Ed. (2020, 2023)
1999 Ed. (2773, 2780)
2004 Ed. (2944)
Sheraton Inn
1989 Ed. (253)
Sheraton Inn Airport
1990 Ed. (244)
Sheraton Inner Harbor Hotel
1992 Ed. (2479)
Sheraton Inns
1991 Ed. (1942)
1992 Ed. (2475)
1993 Ed. (2084)
1994 Ed. (2114)
1996 Ed. (2177)
1997 Ed. (2291)
1999 Ed. (2779)
Sheraton La Guardia East
2006 Ed. (2933)
2007 Ed. (2944)
Sheraton Laguardia East
2005 Ed. (2930)
Sheraton Los Angeles Airport
1998 Ed. (2034)
Sheraton Luxury Collection
1998 Ed. (2018)
1999 Ed. (2775)
Sheraton Meadowlands
1991 Ed. (1949)
Sheraton Meadowlands Hotel
1990 Ed. (2066)
Sheraton Music City Hotel
1994 Ed. (193)
Sheraton New York Hotel
1999 Ed. (2798)
Sheraton on Harbor Island
1989 Ed. (253)
Sheraton Park Place, Minneapolis
1990 Ed. (2080)
Sheraton Plaza La Reina
1991 Ed. (217)
Sheraton River House
1990 Ed. (244)
Sheraton Riverhouse
1989 Ed. (253)
Sheraton Smithtown
1990 Ed. (2065)
1991 Ed. (1948)
1992 Ed. (2483)
Sheraton Society Hill
1990 Ed. (2099)
1991 Ed. (1957)
1992 Ed. (2513)
1998 Ed. (2038)
Sheraton Suites
1993 Ed. (2086)
1994 Ed. (2116)
1996 Ed. (2175, 2179)
The Sheraton Suites Fairplex
2002 Ed. (1168)
Sheraton University City
1990 Ed. (2099)
1991 Ed. (1957)
1992 Ed. (2513)
1998 Ed. (2038)
Sheraton University City Hotel
2000 Ed. (2576)
Sheraton Valley Forge
1990 Ed. (2065)
1994 Ed. (2105)
Sheraton Valley Forge Hotel
1991 Ed. (1948)
1992 Ed. (2483)
Sheraton Valley Forge Hotel and Convention Center
2000 Ed. (2576)
Sheraton-Valley Forge Hotel Convention
Center
1990 Ed. (2099)
1991 Ed. (1957)
Sheraton, Westin
2000 Ed. (2559)
Sherbet
1993 Ed. (1479)
1999 Ed. (2821)
2000 Ed. (2596)
2002 Ed. (2715, 2720)
Sherbet/sorbet/ices
2001 Ed. (1996)
Sherbrooke, Quebec
2005 Ed. (3327)
2006 Ed. (3317)

Sherwin-Williams Argentina
2010 Ed. (1471)
2011 Ed. (1469)
Sherwin-Williams Co.
2014 Ed. (1912)
2016 Ed. (812)
The Sherwin-Williams Co.
1989 Ed. (2321)
1990 Ed. (844, 968, 2757, 2758, 3030)
1991 Ed. (800, 910, 1446, 2666)
1992 Ed. (981, 1077, 1238, 2162, 3324, 3325, 3326, 3728)
1993 Ed. (772, 781, 867, 1382, 2014, 2761)
1994 Ed. (2025)
1995 Ed. (961, 973, 2125, 2825, 2921)
1996 Ed. (894, 1023, 2074, 2132)
1997 Ed. (925, 2175, 2981, 2983)
1998 Ed. (715, 886, 1968, 2060, 2734)
1999 Ed. (1086, 1113, 1322, 2635, 2816)
2000 Ed. (1023, 1024, 1201, 2415, 2590, 3398)
2001 Ed. (1048, 1049, 1176, 1672, 2742, 2754, 2755, 2815, 3608)
2002 Ed. (58, 987, 988, 995, 2286)
2003 Ed. (774, 775, 940, 1557, 1598, 2495, 2788, 2789, 4534)
2004 Ed. (784, 785, 954, 1032, 3754, 3755, 4471)
2005 Ed. (942, 947, 1039, 3669, 3670, 4460)
2006 Ed. (681, 851, 1048, 1952, 2659, 3766, 3767, 4163, 4432)
2007 Ed. (933, 1137, 1276, 1526, 3763, 3764)
2008 Ed. (1017, 3843, 3844)
2009 Ed. (920, 1002, 1969, 3602, 3899, 3900)
2010 Ed. (967, 3809, 3810, 4314)
2011 Ed. (786, 893, 1088, 3805, 3806, 4288)
2012 Ed. (739, 848, 1010, 1265, 2912, 2915, 3793, 4330)
2013 Ed. (932, 1028, 1154, 2999, 3001, 3004, 3858, 3859)
2014 Ed. (886, 992, 1116, 3008, 3010, 3013, 3203, 3788, 3789)
2015 Ed. (914, 1026, 1154, 3076, 3078, 3081, 3809, 3811)
2016 Ed. (817, 931, 1067, 2968, 2974, 2977, 3722, 3724)
Sherwood
1994 Ed. (2122)
Sherwood Brands Inc.
2004 Ed. (879, 880)
2005 Ed. (856, 857)
Sherwood Copper
2009 Ed. (1579)
Sherwood Food Distributors
2009 Ed. (2680)
Sherwood Food Distributors LLC
2013 Ed. (2651)
2015 Ed. (2653)
Sherwood Hotels
1997 Ed. (2289)
Sherwood Insurance Services
1996 Ed. (2294)
1997 Ed. (2429)
1998 Ed. (2144)
2002 Ed. (2854)
Sherwood Lumber Corp.
1990 Ed. (1035)
Sherwood Magie, 1910
1991 Ed. (702)
Sherwood Medical
1997 Ed. (2953)
Sheryl Adkins-Green
2011 Ed. (4978)
Sheryl R. Skolnick
2011 Ed. (3353)
Sheryl Sandberg
2013 Ed. (4959, 4960)
2014 Ed. (4968, 4969, 4976)
2015 Ed. (5009, 5010, 5024, 5026)
2016 Ed. (4926, 4927, 4929, 4941)
She's Come Undone
1999 Ed. (695)
2000 Ed. (709)
Sheshunoff; Alex
1992 Ed. (1450, 1451)
1995 Ed. (1214)
Sheshunoff & Co.; Alex
1993 Ed. (1165)
Shevchenko; Andriy

2007 Ed. (3377)
2008 Ed. (3487, 3491, 3492)
2009 Ed. (3559, 3562)
2010 Ed. (3477, 3480)
Sherbrooke; Universite de
1994 Ed. (819)
Sherbrooke University
2004 Ed. (837)
Sherbrooke; University of
2007 Ed. (1166, 1169, 1170, 1171, 1179, 3469)
2008 Ed. (1070, 1073, 1075, 1076, 1078, 1079, 3641, 4279)
2009 Ed. (1047, 1050, 1051, 1054)
2010 Ed. (1017, 1020, 1021, 1023, 3432)
2011 Ed. (952, 956, 958, 3416)
2012 Ed. (876, 878, 3430, 3432, 3630)
Sherdian Broadcasting
2001 Ed. (3978)
Sherex
1990 Ed. (1978)
Sheri McCoy
2014 Ed. (945)
Sheridan Community Credit Union
2006 Ed. (2155)
2014 Ed. (2143)
Sheridan Consulting Group
2000 Ed. (903)
The Sheridan Corp.
2013 Ed. (4349)
Sheridan Healthcare
1997 Ed. (2183, 3402)
Sheridan Road Financial
2016 Ed. (3124)
Sheridan Veteran Medical Center
2015 Ed. (2186)
2016 Ed. (2162)
Sherife AbdelMessih
2013 Ed. (3475)
Sheriff patrol officers
2005 Ed. (3622, 3627)
Sheriff's patrol officers
2007 Ed. (3730)
2009 Ed. (3865)
Sherikon Inc.
1997 Ed. (2225)
1999 Ed. (4284)
2000 Ed. (2449, 2468)
2002 Ed. (2546)
Sherilyn McCoy
2013 Ed. (4966)
Sherin; Keith
2007 Ed. (1054)
Sheritan Hotels & Resorts
1997 Ed. (2290)
Sherlock Holmes, Consulting Detective
1994 Ed. (874)
Sherlock Holmes & the Hound of the Baskervilles Collector's Edition
2013 Ed. (3759)
Sherlund; Richard
1991 Ed. (1677)
1993 Ed. (1806)
1994 Ed. (1789)
1995 Ed. (1797, 1828)
1996 Ed. (1772, 1799, 1801)
1997 Ed. (1872, 1874, 1879)
Shermag Inc.
1990 Ed. (2039)
1997 Ed. (2105)
1999 Ed. (2551)
Sherman; Bernard
2005 Ed. (4868, 4875, 4876)
2006 Ed. (4923)
2007 Ed. (4910)
2008 Ed. (4855, 4856)
2009 Ed. (4881, 4882)
2010 Ed. (4882, 4883)
2011 Ed. (4870, 4871)
2012 Ed. (4878, 4879)
2013 Ed. (4860, 4861)
2014 Ed. (4875)
2015 Ed. (4913)
Sherman Chao
2000 Ed. (2032)
Sherman Clay & Co.
1993 Ed. (2640, 2644)
1994 Ed. (2592, 2597)
1995 Ed. (2673)
1996 Ed. (2746)
1997 Ed. (2861)
1999 Ed. (3500, 3501)
Sherman County, TX
1996 Ed. (2227)
1997 Ed. (1540)
1999 Ed. (2831)
2002 Ed. (1808)
Sherman; David

1993 Ed. (3550)
1994 Ed. (3509)
Sherman Dean
1989 Ed. (1852)
Sherman, Dean Fund
1991 Ed. (2569)
1992 Ed. (3171, 3174)
Sherman-Denison, TX
1999 Ed. (2088, 2089, 3368, 3369)
2012 Ed. (4375)
Sherman-Dennison, TX
2003 Ed. (4195)
Sherman Financial Group
2009 Ed. (2266)
Sherman Financial Group LLC
2005 Ed. (2143, 2144)
Sherman Homes
1999 Ed. (1338)
Sherman House
1990 Ed. (2100)
Sherman & Howard
1993 Ed. (2117)
1997 Ed. (3218, 3795)
1999 Ed. (2817, 4143)
2000 Ed. (3204, 3858)
2001 Ed. (803, 865, 949, 957)
Sherman & Howard LLC
2002 Ed. (3057)
2003 Ed. (3182)
2004 Ed. (3233)
2005 Ed. (3263)
2006 Ed. (3250)
2007 Ed. (3311, 3313, 3314)
2008 Ed. (3421, 3422)
2009 Ed. (3488, 3489)
2010 Ed. (3420, 3421)
2011 Ed. (3403)
2012 Ed. (3422, 3423)
2013 Ed. (3434, 3435)
Sherman Ma
2009 Ed. (4877)
Sherman Publications Inc.
2005 Ed. (3602)
Sherman, TX
2000 Ed. (1603, 2612)
Sherrard & Roe PLC
2007 Ed. (1510)
Sherri Scribner
2011 Ed. (3349)
Sherrill
1999 Ed. (2548, 2549)
2000 Ed. (2292)
Sherrill Furniture
2014 Ed. (2808)
2015 Ed. (2849, 2850)
2016 Ed. (2785)
Sherringham; Philip R.
2011 Ed. (824)
Sherritt Inc.
2004 Ed. (3691)
Sherritt International
2002 Ed. (3369)
2003 Ed. (1640, 3376)
2006 Ed. (1593)
2007 Ed. (3518)
2008 Ed. (3677)
2009 Ed. (3725, 3744, 3745)
2010 Ed. (3683)
2011 Ed. (3903)
2012 Ed. (1395, 3670, 3674, 3888, 4561, 4563, 4564)
2013 Ed. (3725, 3734)
2014 Ed. (3668)
Sherritt International Corp.
2013 Ed. (3953)
Sherrod Vans Inc.
1992 Ed. (4367, 4369, 4371)
1995 Ed. (3686)
Sherron Watkins
2004 Ed. (1551)
Sherry Designs
1995 Ed. (3687)
Sherry Fitzgerald
2006 Ed. (55)
2007 Ed. (46)
Sherry Fitzgerald Group
2008 Ed. (49)
2009 Ed. (56)
Sherry Institute of Spain
2001 Ed. (360)
Sherry Lansing
1995 Ed. (3786)
1996 Ed. (3875)
Sherry Windfield
2000 Ed. (3160, 4428)
Sherway Gardens
1995 Ed. (3379)
Sherwin-Williams
2013 Ed. (950)
2014 Ed. (861, 921, 2537)

2015 Ed. (943)
2016 Ed. (818, 834, 853)

2009 Ed. (4492)
The Shevell Group
2013 Ed. (2652)
2014 Ed. (2608)
2015 Ed. (2654)
2016 Ed. (2574)
Shewas
2008 Ed. (1110)
SHFL Entertainment
2014 Ed. (1843)
SHG Inc.
1999 Ed. (288)
SHI
2002 Ed. (2813)
2003 Ed. (2951)
SHI International Corp.
2011 Ed. (4059, 4931)
2012 Ed. (4091, 4934)
2013 Ed. (1925, 1927, 3754, 4588, 4985)
2014 Ed. (1864, 1866, 3687, 4644, 4988)
2015 Ed. (1900, 1902, 4632, 5034)
2016 Ed. (1863, 1865, 2904, 3598, 4986)
Shi Yuzhu
2009 Ed. (4862)
Shi Zhengrong
2008 Ed. (4843)
2009 Ed. (4876)
Shia LaBeouf
2012 Ed. (2444)
Shiang Construction; Pao
1992 Ed. (3625)
Shibanuma; Shuichi
1996 Ed. (1877)
1997 Ed. (1984)
Shideido
2005 Ed. (3717)
Shiel Sexton Co.
2006 Ed. (1310)
2008 Ed. (1296)
2009 Ed. (1280, 1751)
2010 Ed. (1274, 1698)
2011 Ed. (1226, 1709)
2013 Ed. (1721)
Shield Security Inc.
1992 Ed. (3825)
1993 Ed. (3114)
1994 Ed. (3161)
1998 Ed. (3185)
1999 Ed. (4175)
2000 Ed. (3907)
Shields Asset
1993 Ed. (2313)
Shields Environmental Inc.
2006 Ed. (4346)
Shields; Gordon
2005 Ed. (2463)
Shields Inc.
2010 Ed. (1301)
Shield's Pizza
2009 Ed. (4063)
2010 Ed. (3981)
2011 Ed. (3985)
Shier; Suzy
1996 Ed. (1013)
Shifa Management
1996 Ed. (2065)
Shifa Services Inc.
1994 Ed. (2049)
Shiffman Stone Partners
1993 Ed. (121)
Shifrin; Eduard
2007 Ed. (4930)
2008 Ed. (4880)
Shifting the Monkey
2013 Ed. (620)
Shigella
1995 Ed. (1908)
Shigenobu Nagamori
2016 Ed. (4851)
Shigeru Mishima
1997 Ed. (1986)
1999 Ed. (2386)
2000 Ed. (2169)
Shigeru Myojin
1998 Ed. (1515)
Shih; Ann
1997 Ed. (1966)
Shih; Professor Choon Fong
2012 Ed. (2496)
Shihlin Electric & Engineering Corp.
1994 Ed. (2424)
Shijiazhuang Qinchuan Instruments
2013 Ed. (3791)
Shikha Sharma
2012 Ed. (4981, 4983)
2016 Ed. (4939)
Shikishima Baking Co.

2009 Ed. (2811)
Shikoku Electric Power
  2007 Ed. (2305)
  2012 Ed. (2268)
  2013 Ed. (840, 2442)
  2014 Ed. (2376)
  2016 Ed. (2392)
Shikoku Electric Power Co.
  2013 Ed. (881)
The Shilla Duty Free
  2013 Ed. (159)
  2014 Ed. (163)
  2015 Ed. (190)
  2016 Ed. (185)
Shilo Inns
  1994 Ed. (2115)
  1996 Ed. (2178)
Shilo Managaement Corp.
  2010 Ed. (1931)
Shilo Management Corp.
  2012 Ed. (1832)
  2013 Ed. (1988)
  2014 Ed. (1927)
  2015 Ed. (1973)
Shiloh
  1999 Ed. (4718)
Shiloh 2: Shiloh Season
  2001 Ed. (4689)
Shiloh Industries
  2016 Ed. (293, 1915)
Shiloh Industries Inc.
  2004 Ed. (4532, 4533)
  2005 Ed. (4474, 4475)
Shimamura
  2007 Ed. (4197, 4204)
  2012 Ed. (842)
  2013 Ed. (1017)
Shimamura Music Co., Ltd.
  2013 Ed. (3798, 3813)
  2014 Ed. (3739)
  2015 Ed. (3747, 3761)
  2016 Ed. (3655, 3669)
Shimano
  2015 Ed. (4208, 4210)
  2016 Ed. (3347, 4128, 4130)
Shimao Property Holdings
  2012 Ed. (4194)
  2013 Ed. (4175)
  2014 Ed. (4192)
  2015 Ed. (4176)
  2016 Ed. (4093)
Shimeno
  1993 Ed. (3367)
Shimer von Cantz Inc.
  1989 Ed. (151)
Shimer vonCantz Inc.
  1990 Ed. (142)
Shimizu
  1992 Ed. (1613)
  1993 Ed. (1142)
  1994 Ed. (1159, 1167)
  1998 Ed. (535, 907, 965, 968, 1446)
  1999 Ed. (1323, 1387, 1398, 1401,
    1407, 2032, 2033)
  2000 Ed. (1203, 1824)
  2001 Ed. (1486, 1625)
  2002 Ed. (1194, 1195, 1313, 1318,
    1324)
  2003 Ed. (1174, 1327, 1332)
  2004 Ed. (1182, 1321, 1327, 1331)
  2005 Ed. (1208, 1336)
  2006 Ed. (1184, 1185, 1300, 1311,
    1315)
  2007 Ed. (1291, 1293, 1294)
  2008 Ed. (1191, 1281, 1301, 1869)
  2009 Ed. (1165, 1264, 1286, 1823)
  2010 Ed. (1159, 1279, 1764)
  2011 Ed. (1210, 1232)
  2012 Ed. (1028, 1161)
  2013 Ed. (1170)
  2014 Ed. (1124)
  2015 Ed. (1166)
  2016 Ed. (1065, 1081)
Shimizu Construction Co. Ltd.
  1989 Ed. (1006)
  1990 Ed. (1175, 1177)
  1991 Ed. (1064)
  1992 Ed. (1370, 1374, 1375)
  1993 Ed. (1097)
  1994 Ed. (1121)
  1995 Ed. (1135)
  1997 Ed. (1131, 1135, 1181, 1188,
    1189, 1196, 1753)
Shimizu Corp.
  2013 Ed. (1298)
  2014 Ed. (1231)
  2015 Ed. (1289)
  2016 Ed. (1203)
Shimmer
  2001 Ed. (2656)

Shimoni-Finkelstein FCB
  2000 Ed. (112)
Shin
  2015 Ed. (4660)
  2016 Ed. (4573)
Shin Chang-Jae
  2011 Ed. (4862)
  2012 Ed. (4868)
  2013 Ed. (4909)
  2014 Ed. (4919)
  2015 Ed. (4959)
  2016 Ed. (4875)
Shin Corp.
  2006 Ed. (4541)
Shin Corporations
  2002 Ed. (4487)
Shin Dong-Bin
  2008 Ed. (4851)
  2009 Ed. (4873)
  2011 Ed. (4862)
  2012 Ed. (4868)
  2013 Ed. (4909)
  2014 Ed. (4919)
  2015 Ed. (4959)
Shin Dong-Joo
  2008 Ed. (4851)
  2009 Ed. (4873)
  2011 Ed. (4862)
  2012 Ed. (4868)
  2014 Ed. (4919)
  2015 Ed. (4959)
Shin-Etsu
  1993 Ed. (3317, 3318, 3319)
  2013 Ed. (944)
Shin-Etsu Chemical
  2016 Ed. (837, 847)
Shin-Etsu Chemical Co., Ltd.
  1995 Ed. (958)
  2002 Ed. (1001, 1002, 1003, 4432)
  2003 Ed. (3750)
  2004 Ed. (3775)
  2005 Ed. (3694)
  2006 Ed. (852, 856)
  2007 Ed. (934, 935, 942, 947, 953,
    1834)
  2008 Ed. (912, 913, 914, 919)
  2009 Ed. (922, 927, 928, 936)
  2010 Ed. (864, 867, 868, 877)
  2011 Ed. (787, 795, 812, 3827)
  2012 Ed. (740, 755, 761, 771)
  2013 Ed. (943, 957, 963)
  2014 Ed. (896, 916)
  2015 Ed. (924)
  2016 Ed. (827)
Shin Han Bank
  1991 Ed. (584)
  1992 Ed. (1665, 2821)
Shin Horie
  1996 Ed. (1878)
  1997 Ed. (1985)
Shin Kong Department Store & Recreation Co., Ltd.
  1990 Ed. (1498)
Shin Kong Financial
  2012 Ed. (3345)
Shin Kong Financial Holding Co., Ltd.
  2013 Ed. (3294)
  2014 Ed. (3322)
  2015 Ed. (3368)
  2016 Ed. (3230)
Shin Kong Life Insurance Co Ltd.
  1994 Ed. (2268, 3282)
Shin Kong Life Insurance Co.
  1990 Ed. (2246, 3268)
  1992 Ed. (2677, 3945)
  1997 Ed. (3682)
  1999 Ed. (2894, 4530)
  2000 Ed. (4176)
  2001 Ed. (2890)
Shin Kong Mitsukoshi Department Store
  2012 Ed. (4363)
  2013 Ed. (4295)
Shin Kong Synthetic Fiber
  1997 Ed. (3683)
  1999 Ed. (4531)
Shin Kuang Securities Co., Ltd.
  1990 Ed. (821)
Shin Kyuk-ho
  1991 Ed. (709)
  1993 Ed. (698)
Shin Kyuk-ko
  1990 Ed. (730)
Shin Maeda
  1997 Ed. (1983)
  1999 Ed. (2370)
  2000 Ed. (2149)
Shin Zu Shing Co., Ltd.
  2010 Ed. (1481)
  2011 Ed. (3829)
Shinawatra Computer

1995 Ed. (1346, 2503)
Shinawatra Group
  1995 Ed. (1503)
  1996 Ed. (1457, 3302)
  1997 Ed. (1526, 3696)
  1999 Ed. (1748)
  2000 Ed. (1573, 1578, 1579)
Shinawatra; Thaksin
  2005 Ed. (4880)
  2006 Ed. (4920)
  2014 Ed. (4925)
  2015 Ed. (4964, 4965)
  2016 Ed. (4881, 4882)
Shinder Dhillon
  2012 Ed. (2158)
Shindoo Chemical Industry
  2013 Ed. (4405)
Shine Chi Woolen Mill Co., Ltd.
  1990 Ed. (3572)
  1992 Ed. (4283)
Shine Communications
  2002 Ed. (3854)
Shine Free
  2001 Ed. (1905)
Shine PLLC; The Law Office of Kevin Z.
  2014 Ed. (1005)
  2015 Ed. (1041)
Shine Pukur Hotels
  1999 Ed. (1841)
SHINE Systems & Technologies
  2015 Ed. (1296)
Shinedown
  2011 Ed. (3716)
Shinepukur
  2000 Ed. (1665)
Shinepukur Holdings Ltd.
  2002 Ed. (1969)
Shiner
  2014 Ed. (567)
  2015 Ed. (630, 631)
  2016 Ed. (580, 581, 2076)
Shiner Bock
  2006 Ed. (555)
  2007 Ed. (595)
  2008 Ed. (541)
  2010 Ed. (557)
  2011 Ed. (484, 486)
  2012 Ed. (441)
Shiner; Niall
  1997 Ed. (1973, 1999)
Shing Kong Life Insurance Co. Ltd
  1996 Ed. (3628)
Shing Kong Synthetic Fiber
  1996 Ed. (3629)
Shingles
  2007 Ed. (2519)
Shingobee Builders Inc.
  2007 Ed. (3569, 4428)
  2008 Ed. (3716, 3778, 4406)
Shinhan Accounting Corp.
  1997 Ed. (16)
Shinhan Bank
  1991 Ed. (451)
  1992 Ed. (724, 750, 751)
  1993 Ed. (548, 2383)
  1994 Ed. (548, 2345)
  1995 Ed. (420, 523, 1341, 1345)
  1996 Ed. (578)
  1997 Ed. (534, 2591)
  1999 Ed. (468, 470, 569, 3135)
  2000 Ed. (463, 581, 1503)
  2002 Ed. (518, 522, 600, 601, 602,
    603, 1921)
  2003 Ed. (611)
  2009 Ed. (536)
  2010 Ed. (520)
  2011 Ed. (449)
Shinhan Financial
  2013 Ed. (674, 2712)
  2014 Ed. (700, 2694)
  2015 Ed. (747)
  2016 Ed. (674)
Shinhan Financial Group
  2013 Ed. (374, 398)
  2014 Ed. (387, 411)
  2015 Ed. (442, 468, 2733, 2741)
  2016 Ed. (398, 399, 417, 2657, 2664)
Shinhan Financial Group Co., Ltd.
  2004 Ed. (620)
  2005 Ed. (610)
  2006 Ed. (524, 2016, 2732, 3237)
  2007 Ed. (553, 1583, 1985)
  2008 Ed. (505, 2082)
  2009 Ed. (2053)
  2010 Ed. (1985, 1986)
  2011 Ed. (2048)
  2012 Ed. (1897, 3334, 3341)
  2013 Ed. (2056, 3409, 3416)
  2014 Ed. (1990, 3406, 3413)
  2015 Ed. (2038, 3441, 3447)

2016 Ed. (2006, 3301, 3306)
Shining Path, Peru
  2000 Ed. (4238)
Shiningbank Energy Income Fund
  2004 Ed. (3173)
  2009 Ed. (1576)
Shinji Kakiuchi
  1999 Ed. (2375)
  2000 Ed. (2155)
Shinkin Central Bank
  2002 Ed. (594, 596)
  2004 Ed. (567)
  2005 Ed. (553)
  2006 Ed. (475)
  2007 Ed. (489)
  2008 Ed. (454)
  2009 Ed. (483)
  2010 Ed. (465)
  2011 Ed. (392)
  2012 Ed. (380)
  2013 Ed. (387, 391)
  2014 Ed. (398, 404)
  2015 Ed. (454)
  2016 Ed. (407)
Shinko Electric
  2005 Ed. (3884)
Shinko Electric Industry
  2006 Ed. (3947)
  2007 Ed. (4004)
  2008 Ed. (4022)
Shinko Securities Co., Ltd.
  2003 Ed. (4374)
  2005 Ed. (4339)
  2007 Ed. (4341)
Shinko Shoji
  2003 Ed. (2246)
Shinkon Synthetic Fibre
  1992 Ed. (4188)
Shinkong Synthetic Fibers Corp.
  1994 Ed. (3525)
Shinnecock Hills Golf Course
  2000 Ed. (2381)
Shinohara; Yoshiko
  2012 Ed. (4968)
  2013 Ed. (4979)
Shinsegae
  2013 Ed. (3127, 4294)
Shinsegae Co., Ltd.
  2005 Ed. (4128, 4129)
  2009 Ed. (4318)
  2010 Ed. (4308)
  2012 Ed. (1898, 2137, 3045, 4362)
  2013 Ed. (4341)
Shinsegae International
  2013 Ed. (4403)
Shinsei Bank
  2004 Ed. (567)
  2005 Ed. (553)
  2006 Ed. (475)
  2007 Ed. (490)
  2008 Ed. (454)
  2010 Ed. (444)
  2011 Ed. (392)
  2012 Ed. (379)
  2013 Ed. (389)
  2014 Ed. (400)
  2015 Ed. (456)
  2016 Ed. (408, 414)
Shinseido Co., Ltd.
  2013 Ed. (3798, 3813)
  2014 Ed. (3739)
Shinsuke Iwasa
  2000 Ed. (2159)
Shintech Inc.
  1990 Ed. (2877)
  1991 Ed. (2753)
  1998 Ed. (2875)
  2001 Ed. (3848)
  2007 Ed. (2260)
Shintech Louisiana
  2007 Ed. (931, 3973)
  2012 Ed. (738, 3494)
Shintech Louisiana LLC
  2007 Ed. (3381)
Shintom
  1991 Ed. (870)
Shinwa Bank
  2006 Ed. (458, 460, 461)
  2007 Ed. (470, 472, 473, 474)
  2008 Ed. (437, 438, 439)
  2010 Ed. (441, 442, 443)
Shinwha Engineering & Construction
  Co. Ltd.
  1999 Ed. (1408)
Shiny Ads
  2016 Ed. (2905)
Shiny Chemical Industrial Co. Ltd.
  1990 Ed. (958)
  1992 Ed. (1119)
  1994 Ed. (933)

Shiomarin
1992 Ed. (1841)
Shiomoto; Junichi
1997 Ed. (1987)
Shionogi
1989 Ed. (1280)
1990 Ed. (1571)
1991 Ed. (1475)
1993 Ed. (1517)
2007 Ed. (3942)
2016 Ed. (3907)
Shionogi & Co.
1995 Ed. (3099)
1997 Ed. (1664)
2012 Ed. (3969)
2015 Ed. (3991)
Ship Healthcare
2016 Ed. (2884)
Shipbuilding
1991 Ed. (2626)
Shipito
2014 Ed. (1422)
Shipito.com
2013 Ed. (3547)
2014 Ed. (3522)
Shipley Energy
2014 Ed. (1939)
2015 Ed. (1986)
2016 Ed. (1956)
Shipley Group
2014 Ed. (1939)
2015 Ed. (1986)
2016 Ed. (1956)
Shipley; Walter V.
1989 Ed. (1381)
1990 Ed. (458, 459)
1991 Ed. (1625)
1994 Ed. (357)
1996 Ed. (381)
Shipleys LLP
2011 Ed. (14)
ShipLogix.com
2001 Ed. (4758)
Shipman & Goodwin
2001 Ed. (780)
Shipman Print Solutions
2016 Ed. (3984)
Shipping
2005 Ed. (1470, 1480, 1481, 1485)
2006 Ed. (93, 1436, 1440)
2008 Ed. (1416, 1417, 1420)
Shipping and warehousing
2001 Ed. (2178)
Shipping/logistics
2002 Ed. (917)
Shipping/receiving clerk
1989 Ed. (2087)
Shipwire Inc.
2010 Ed. (808)
Shipyard Brewing Co.
1998 Ed. (2488)
Shira Cornwall
1999 Ed. (2299)
Shiraishi; Herbert
2007 Ed. (2549)
Shirakawa; Masaaki
2012 Ed. (292)
Shiraz/Syrah
1996 Ed. (3838)
Shire
2009 Ed. (3204, 4052)
2014 Ed. (2898, 3965, 3966, 3968, 3971, 3972)
2015 Ed. (2809, 2941, 3990, 4008, 4010, 4013, 4015)
2016 Ed. (1701, 2872, 2905, 3923, 3924, 3925, 3926, 3928)
Shire Hall Communications
1994 Ed. (2962)
1995 Ed. (3017)
The Shire Hall Group
1999 Ed. (3934, 3936)
2000 Ed. (3651, 3653, 3655)
2002 Ed. (3863)
Shire Pharmaceuticals
2006 Ed. (3897)
2007 Ed. (3916, 3948)
Shire Pharmaceuticals Group
2000 Ed. (3879)
Shire Pharmaceuticals Group plc
2003 Ed. (2736)
2004 Ed. (1457)
Shire plc
2011 Ed. (1410, 1766, 3098, 3949, 3973)
2012 Ed. (1617, 3040, 3949, 3973)
2013 Ed. (1775, 3590, 4007, 4009)
2014 Ed. (3951, 4054)
2015 Ed. (3989)
2016 Ed. (3902, 3909)

Shire US Inc.
2006 Ed. (140)
2007 Ed. (133)
Shires Income
2000 Ed. (3301)
Shiri
2001 Ed. (3379)
Shirlaws
2004 Ed. (1635)
Shirley; John A.
1992 Ed. (2051)
Shirley; Kay R.
2009 Ed. (3442)
Shirley Temple
2015 Ed. (2335)
Shirmax Fashions
1990 Ed. (1056, 1057)
Shirokiya
1996 Ed. (3773)
1997 Ed. (3831)
1998 Ed. (3657)
1999 Ed. (4701)
Shirt Shed
1992 Ed. (1226)
1993 Ed. (997)
Shiseido
1989 Ed. (1583)
1990 Ed. (948, 1437)
1991 Ed. (1364)
1993 Ed. (1423)
1994 Ed. (29)
1996 Ed. (940, 1467)
1997 Ed. (1535)
2000 Ed. (1591, 4041)
2001 Ed. (47, 1925, 1926, 1928, 3719)
2002 Ed. (4305)
2003 Ed. (3794)
2004 Ed. (3810)
2005 Ed. (3181)
2006 Ed. (3805)
2007 Ed. (2986, 3815, 3821)
2008 Ed. (2652, 3105)
2009 Ed. (3200, 3941, 3942)
2010 Ed. (3125, 3854, 3856)
2011 Ed. (2053, 3093, 3859, 3863)
2012 Ed. (556, 3034, 3038, 3833, 3840, 3845)
2013 Ed. (3887)
2015 Ed. (2190)
2016 Ed. (3755)
Shiseido Co.
2013 Ed. (3902)
2015 Ed. (3860)
2016 Ed. (3770)
Shiseido Co., Ltd.
2013 Ed. (3120, 3886, 3898, 3899)
2014 Ed. (3820, 3821, 3831, 3832)
2015 Ed. (3845, 3846, 3856, 3857)
2016 Ed. (3751, 3752, 3767)
Shiv Nadar
2006 Ed. (4926)
2010 Ed. (3959)
2014 Ed. (4890)
2015 Ed. (4928, 4929)
2016 Ed. (4844, 4845)
Shiva
1993 Ed. (1050)
1996 Ed. (3305, 3777)
Shivee ovoo
2006 Ed. (4522)
Shivery; Charles W.
2008 Ed. (956)
Shizuoka Bank
1993 Ed. (478)
1994 Ed. (481)
1995 Ed. (470)
1997 Ed. (466)
1998 Ed. (350)
1999 Ed. (519)
2010 Ed. (465)
2011 Ed. (392)
2012 Ed. (379)
2013 Ed. (389)
2014 Ed. (400)
2015 Ed. (456)
2016 Ed. (408, 414)
SHK Properties
1996 Ed. (2135, 2138, 3596)
SHK Securities
1995 Ed. (817, 818)
SHL Systemhouse Inc.
1989 Ed. (1589)
1991 Ed. (2062, 2657, 2658)
1992 Ed. (1338, 1340, 1341, 1343, 1597, 2399)
1994 Ed. (1077)
1995 Ed. (854, 2099)
1996 Ed. (836, 1315)
1997 Ed. (846, 847, 1140, 2214)

1999 Ed. (2668)
Shmerinh Newspaper; H
2007 Ed. (30)
Shocair; Nisreen
2013 Ed. (3477)
Shock n Y'All
2005 Ed. (3536)
Shock Records Music Group
2004 Ed. (3939)
The Shockey Precast Group
2014 Ed. (1201)
Shocks, Levelers, Struts
1989 Ed. (328)
1990 Ed. (397)
shockwave.com
2001 Ed. (4776)
Shoe Box
1993 Ed. (1995)
1997 Ed. (2160)
1998 Ed. (1863)
1999 Ed. (2609)
2006 Ed. (2712)
2007 Ed. (2708)
2008 Ed. (2837)
2012 Ed. (2748)
Shoe Carnival Inc.
2003 Ed. (4406)
2008 Ed. (4333)
2011 Ed. (201)
2012 Ed. (1568)
Shoe Dept.
2011 Ed. (201)
Shoe inserts, specialty
1995 Ed. (1921)
Shoe insoles
1995 Ed. (1921)
Shoe Metro
2010 Ed. (4281)
Shoe Pavilion
2008 Ed. (4333)
2009 Ed. (4456, 4458)
Shoe-sewing-machine operators, tenders
1989 Ed. (2078)
Shoe Show
2002 Ed. (4273)
2003 Ed. (4405, 4406)
2011 Ed. (201)
Shoe stores
1991 Ed. (880)
1998 Ed. (3295)
ShoeBox Greetings
1994 Ed. (1988, 1989)
Shoemaker
1989 Ed. (1996)
Shoemaker Co.; R. M.
1990 Ed. (1212)
1991 Ed. (1100)
1992 Ed. (1357)
1993 Ed. (1085, 1153)
1994 Ed. (1175)
1995 Ed. (1194)
1996 Ed. (1168)
1997 Ed. (1198)
Shoemart
1995 Ed. (1476)
1996 Ed. (1436)
1997 Ed. (1499)
1999 Ed. (1725)
2000 Ed. (1536, 1539, 1541, 1542, 3822)
Shoen; Mark
2016 Ed. (4804)
Shoes
1989 Ed. (862, 1921)
1990 Ed. (2506)
2000 Ed. (1120)
ShoeZoo.com
2014 Ed. (4333)
Shoichiro Toyoda
2005 Ed. (789)
Shoji Uehara
2010 Ed. (3961)
Shoko Chukin Bank
1992 Ed. (719)
1998 Ed. (377)
2000 Ed. (557)
2003 Ed. (531)
2004 Ed. (567)
2005 Ed. (553)
2006 Ed. (475)
2007 Ed. (489)
2009 Ed. (483)
2010 Ed. (465)
2012 Ed. (380)
2013 Ed. (387, 391)
2014 Ed. (398, 404)
2015 Ed. (454)
2016 Ed. (407)
Shokoladnitsa

2015 Ed. (4264, 4265)
Shoma Homes
2000 Ed. (1222)
2002 Ed. (1199, 2677)
2003 Ed. (1182)
2004 Ed. (1188)
2005 Ed. (1214)
Shoman; Abdel Hamid
2013 Ed. (367, 3477)
Shona Brown
2013 Ed. (4967)
Shonda Rhimes
2009 Ed. (201)
Shoney Inns
1991 Ed. (1943)
1993 Ed. (2085)
1994 Ed. (2115)
1997 Ed. (2292)
1998 Ed. (2016)
Shoney's
1990 Ed. (3005, 3007, 3008, 3009, 3018, 3022)
1991 Ed. (2859, 2870, 2874, 2881)
1992 Ed. (3688, 3710, 3715)
1993 Ed. (3011, 3018, 3026, 3030, 3031, 3033)
1994 Ed. (1884, 3054, 3072, 3090)
1995 Ed. (1911, 3117, 3140)
1996 Ed. (1951, 3213, 3228, 3232)
1997 Ed. (2051, 3314, 3327, 3335, 3643)
1998 Ed. (1736, 1737, 3056, 3064, 3067, 3371)
1999 Ed. (2478, 2480, 2481, 4066, 4067, 4069, 4082, 4388, 4399)
2000 Ed. (1361, 1363, 1364, 1366, 1367, 2240, 3784, 3785)
2001 Ed. (4065)
2002 Ed. (4002, 4014)
2003 Ed. (4112, 4113, 4114, 4115, 4116, 4117)
2004 Ed. (4126)
2005 Ed. (4065, 4066, 4067, 4068, 4069)
2006 Ed. (4117)
2007 Ed. (4141)
2008 Ed. (4155, 4167, 4168)
2009 Ed. (4267, 4280)
2010 Ed. (4207, 4235)
2011 Ed. (4213, 4238)
2016 Ed. (800, 4159)
Shoney's Inns
1992 Ed. (2476)
Shoney's Restaurants
1992 Ed. (3719)
2007 Ed. (4145)
Shook, Hardy
2013 Ed. (3448)
Shook, Hardy & Bacon
2006 Ed. (3247)
2010 Ed. (3414)
Shook National Corp.
2002 Ed. (1258)
Shoosmiths
2009 Ed. (3497)
Shoot
2004 Ed. (57)
2005 Ed. (52)
2006 Ed. (59)
Shoot to Kill
1993 Ed. (3536)
Shooter
2009 Ed. (2366)
Shooters
1994 Ed. (3053)
Shooter's Waterfront Cafe
1993 Ed. (3010)
Shooting Star Casino, Hotel & Event Center
2012 Ed. (677)
2013 Ed. (885)
2014 Ed. (847)
Shop 9000 Sales Inc.
2002 Ed. (2485)
2003 Ed. (2707, 2935)
Shop At Home
2003 Ed. (827)
Shop Direct Group
2013 Ed. (2463)
2014 Ed. (2393)
2015 Ed. (2467)
Shop Direct Home Shopping
2011 Ed. (2260)
Shop 'N Save
2004 Ed. (4628, 4643)
Shop 'N Save-Mass Inc.
2006 Ed. (1858)
Shop Rite
2004 Ed. (4639, 4644)
Shop Television Network (STN)

1989 Ed. (848)
Shop Vac
1992 Ed. (2375, 2376)
1994 Ed. (2026)
1996 Ed. (2075)
1997 Ed. (2174)
1998 Ed. (1899)
Shop-Vac Indoor/Outdoor Vacuum,
5-Gal.
1990 Ed. (2105, 2106)
Shop.CallawayGolf.com
2012 Ed. (2297)
Shopco Laurel Centre
1990 Ed. (2966)
Shop.com
2009 Ed. (2452)
Shopcreator plc
2003 Ed. (2739, 2740, 2741)
Shopify
2012 Ed. (2771)
2014 Ed. (1490)
2016 Ed. (2911)
Shopko
1990 Ed. (1520)
1991 Ed. (1424)
1992 Ed. (1811, 1812, 1813, 1829,
2526)
1993 Ed. (1493, 1494)
1994 Ed. (1538, 1540, 1541, 1546,
1565, 2134)
1995 Ed. (1570, 1571, 1606)
1997 Ed. (1594, 1623, 1624)
1998 Ed. (1263, 1293, 1294, 1306,
1307, 1308, 1309, 1312, 2314,
2315)
1999 Ed. (1835, 1868, 1869, 1871)
2000 Ed. (1583, 1661, 1683, 1685,
1688)
ShopKo Properties Inc.
2003 Ed. (1854)
2004 Ed. (1890)
2005 Ed. (2016)
2008 Ed. (2175)
2009 Ed. (2158)
2010 Ed. (2099)
2011 Ed. (2152)
2012 Ed. (4107)
2013 Ed. (2196)
2014 Ed. (2127)
ShopKo Stores
2014 Ed. (2443)
2015 Ed. (2184, 2515)
2016 Ed. (2160, 2448)
ShopKo Stores Inc.
1996 Ed. (1557, 1558, 1586)
2001 Ed. (1901, 2028, 2033)
2002 Ed. (1797, 1987, 1988, 2584,
2585, 4037, 4747)
2003 Ed. (1855, 1856, 2071, 2072,
2074, 2075, 4172)
2004 Ed. (915, 1891, 2050, 2051,
2106, 4198)
2005 Ed. (906, 2017, 2165, 2166,
2209, 4119, 4138)
2006 Ed. (824, 2119, 2269, 2272,
4170)
2007 Ed. (2067, 2207, 2208, 4183)
ShopKo Stores Operating Co.
2009 Ed. (2330, 4173)
2010 Ed. (2099, 2258, 2776, 4108)
2011 Ed. (2265)
ShopKo Stores Operating Co., LLC
2012 Ed. (3782, 3783)
2013 Ed. (3849)
2014 Ed. (3775)
2015 Ed. (3795)
2016 Ed. (3708)
Shoplet.com
2012 Ed. (2296)
2014 Ed. (2406)
Shoplifting
1999 Ed. (4104)
Shop.Mattel.com
2012 Ed. (2297)
Shop.MeetMark.com
2012 Ed. (2290)
Shop.NBC.com
2006 Ed. (2383)
2009 Ed. (2452)
2012 Ed. (2291)
ShopNBC.com
2014 Ed. (2400)
Shopoff Realty Investments LP
2016 Ed. (1415)
ShopPBS.com
2009 Ed. (2453)
Shoppers
2014 Ed. (2301)
2015 Ed. (2384)
Shoppers Drug Mart

1992 Ed. (1855, 1856)
1993 Ed. (1527, 1528)
1995 Ed. (1613, 1614)
1996 Ed. (1591, 1592)
1997 Ed. (1672, 1673, 1827)
1998 Ed. (1361, 1362)
1999 Ed. (1736, 4109)
2001 Ed. (2092, 2093)
2002 Ed. (2040)
2003 Ed. (2103, 2104, 2105)
2005 Ed. (3372)
2007 Ed. (4188)
2008 Ed. (644, 645, 4226)
2009 Ed. (4320)
2010 Ed. (628, 4316, 4598)
2011 Ed. (561, 4291)
2012 Ed. (544, 2172, 4333)
2013 Ed. (686, 4301)
2014 Ed. (679, 708, 4342)
2015 Ed. (751, 1346, 4091, 4331)
2016 Ed. (2332)
Shoppers Drug Mart Corp.
2013 Ed. (1217, 1349, 1528, 2373,
4323)
2014 Ed. (1156, 1285, 2304, 2305,
2307, 4374, 4570)
2015 Ed. (2387, 2388, 4375, 4376)
2016 Ed. (1474, 4260)
Shoppers Drug Mart (SDM)
2002 Ed. (2041, 2042)
Shoppers Drug Mart/Pharmaprix
1995 Ed. (1617)
Shoppers Food Warehouse Corp.
2000 Ed. (3026)
Shopper's Stop
2013 Ed. (4283)
Shopping
2001 Ed. (2969)
Shopping Center Network
1989 Ed. (2352)
Shopping.com Ltd.
2001 Ed. (2977, 2993)
2006 Ed. (4680)
Shopping.HP.com
2011 Ed. (2367)
ShopRite
2013 Ed. (4551)
2014 Ed. (4594, 4608)
2015 Ed. (4354, 4591, 4604)
2016 Ed. (4526)
Shoprite
2013 Ed. (854)
2014 Ed. (4040, 4601)
2015 Ed. (755, 4597)
2016 Ed. (4518)
Shoprite Holdings
2004 Ed. (84)
2005 Ed. (79)
2006 Ed. (88, 4548)
2007 Ed. (78)
2008 Ed. (84)
2009 Ed. (93, 4315)
2010 Ed. (101, 4295)
2014 Ed. (1978)
2015 Ed. (2024)
Shoprite Holdings Ltd.
2013 Ed. (4340)
2014 Ed. (4391)
2016 Ed. (4276)
Shoprite Supermarkets
1989 Ed. (2039)
Shoprite/Checkers
2001 Ed. (79)
Shore; Andrew
1994 Ed. (1772, 1785)
1995 Ed. (1813, 1824)
1996 Ed. (1787, 1797)
1997 Ed. (1870)
Shore Bancshares Inc.
2005 Ed. (446)
Shore Communications Inc.
2006 Ed. (3018)
2007 Ed. (3051)
Shore Community Bank
2004 Ed. (406)
Shore Gold Inc.
2006 Ed. (1607)
Shore Lobster & Shrimp Corp.
1993 Ed. (1728)
Shore Lunch
2014 Ed. (4502)
2016 Ed. (4438)
ShoreBank
2002 Ed. (4293)
Shoreline Amphitheatre
1999 Ed. (1291)
2013 Ed. (171)
2015 Ed. (205)
Shoreline Inc.
2003 Ed. (1187)

Shore.Net
2000 Ed. (1099, 2398)
Shorenstein Co., LLP
2004 Ed. (4090)
2005 Ed. (4024)
Shorenstein Co. LP
2003 Ed. (4064)
ShoreTel Inc.
2011 Ed. (2824)
Shorewood Packaging
1991 Ed. (1872, 3139, 3147)
1995 Ed. (2818)
Shorewood Realtors Inc.
1994 Ed. (2999)
1995 Ed. (3061)
2000 Ed. (3713)
2002 Ed. (3913)
Shorline
1989 Ed. (829)
Shorris; Anthony E.
1992 Ed. (3137)
Short Bros.
2009 Ed. (2112, 2115)
Short Brothers
2016 Ed. (2090)
Short grain
2001 Ed. (4118)
A Short Guide to a Happy Life
2003 Ed. (719)
A Short History of Financial Euphoria
2009 Ed. (629)
Short; John R.
1991 Ed. (2548)
1992 Ed. (3138)
The Short Second Life of Bree Tanner
2012 Ed. (447, 449)
Short Term Asset Reserve (STAR)
2003 Ed. (3115)
Short wait for checkout
1990 Ed. (1951)
Shortcovers.com
2011 Ed. (2366)
Shortell; John C.
1992 Ed. (534)
Shortening
1992 Ed. (3298)
2001 Ed. (4314)
2002 Ed. (3538)
2003 Ed. (3691, 3692)
Shortline Automobile Inc.
1994 Ed. (284, 285)
Shortline Automotive Inc.
1995 Ed. (285)
1996 Ed. (288)
2009 Ed. (310)
2013 Ed. (3751)
2014 Ed. (3684)
2015 Ed. (3700)
2016 Ed. (3584)
Shortline Companies
1990 Ed. (846)
1991 Ed. (807)
1992 Ed. (988)
1994 Ed. (800)
Shortline Cos.
1995 Ed. (851)
Shortline Subaru Inc.
1990 Ed. (320)
1991 Ed. (296)
1992 Ed. (401)
1993 Ed. (286)
Shorts 360
1996 Ed. (192)
Short's Travel Management
2016 Ed. (4961)
Shortt; Denys
2005 Ed. (2463)
Shortway Northstar
1989 Ed. (829)
1990 Ed. (846)
Shoshone First National Bank
1993 Ed. (513)
Shotz, Miller & Glusman
1991 Ed. (7)
Shougang Concord Grand
1996 Ed. (2139)
Shougang Corp.
2001 Ed. (1669)
Shoulak; Judith
2015 Ed. (2638)
Shouse
2003 Ed. (1169)
2004 Ed. (1177)
2005 Ed. (1204)
Shout
2000 Ed. (3501)
2003 Ed. (3168)
Show Media
2013 Ed. (49, 4094)
Showa Denko

1989 Ed. (894)
1992 Ed. (1680, 1682)
1993 Ed. (914, 915)
1996 Ed. (940, 1406)
2009 Ed. (927)
2012 Ed. (771)
2013 Ed. (943)
2014 Ed. (896)
Showa Denko K. K.
2002 Ed. (1002, 1017, 4433)
Showa Denko KK
2012 Ed. (756, 768)
2014 Ed. (912)
Showa Ota
1996 Ed. (16, 17)
Showa Ota & Co.
1993 Ed. (9, 10)
1997 Ed. (13, 14, 15)
1999 Ed. (14)
Showa Shell Sekiyu
1991 Ed. (1284)
1992 Ed. (1113, 1644, 1682)
1993 Ed. (908, 1341, 1343)
1997 Ed. (959)
2003 Ed. (1703)
2007 Ed. (3878)
2012 Ed. (3911)
2013 Ed. (3961)
2014 Ed. (3905)
2015 Ed. (3933)
2016 Ed. (3851, 3857)
Showa Shell Sekiyu KK
1991 Ed. (909)
1995 Ed. (959)
1999 Ed. (1090)
2000 Ed. (1026)
2016 Ed. (3881)
ShowBiz
1989 Ed. (2235)
ShowBiz Pizza
1994 Ed. (2887)
1995 Ed. (2952, 3133)
1998 Ed. (3072, 3420)
ShowBiz Pizza Time
1990 Ed. (2872)
1992 Ed. (3471, 3472)
1993 Ed. (2863)
Showbiz Pizza/Chuck E. Cheese
1991 Ed. (2750)
Showboat
1990 Ed. (2097)
1991 Ed. (864)
1992 Ed. (2511)
1993 Ed. (855)
Showboat Casino Hotel
2002 Ed. (2651)
Showboat Hotel & Casino
1994 Ed. (871, 2123)
1997 Ed. (912)
1999 Ed. (1042)
Showcase A/V
2016 Ed. (2957)
Showcase AV
2016 Ed. (2944)
Showcase Homes
2003 Ed. (1182)
2004 Ed. (1188)
2005 Ed. (1214)
Showcase Honda
1990 Ed. (326)
1991 Ed. (279)
2002 Ed. (353)
2004 Ed. (271)
Showcase Isuzu
1994 Ed. (271)
1995 Ed. (272)
1996 Ed. (274)
Shower gels
1995 Ed. (1605)
Shower products
2001 Ed. (3715, 3724)
Shower to Shower
2001 Ed. (3698, 3699, 3704)
2003 Ed. (2549, 3430)
2008 Ed. (4586)
Showerings
2001 Ed. (44)
2004 Ed. (53)
Showers
2001 Ed. (4743)
Showhomes
2012 Ed. (4472)
2013 Ed. (4436)
Shown Denko
1994 Ed. (931)
Shown Shell Oil
1994 Ed. (1367)
Shown Shell Sekiyu KK
1994 Ed. (923, 2861)
Showroom Logic

2016 Ed. (62)
Shows Dearman & Waits
  2009 Ed. (2532)
Shows Shell Sekiyu
  1996 Ed. (1540)
Showtime
  1991 Ed. (836)
  1992 Ed. (1022)
  1998 Ed. (604)
Showtime USA Video
  1998 Ed. (3669)
Showtime Video
  1995 Ed. (3698)
  1997 Ed. (3840, 3841)
SHPS
  2006 Ed. (2411)
Shrader & Martinez Construction Inc.
  2000 Ed. (4026)
Shred First
  2005 Ed. (1164)
Shred First LLC
  2008 Ed. (2074)
Shredded cheese
  2002 Ed. (983)
Shredded Wheat
  1990 Ed. (924)
  1991 Ed. (877, 878)
  1992 Ed. (1072, 1074)
  1994 Ed. (884)
  1996 Ed. (891, 892)
Shredded Wheat; Nestle
  2008 Ed. (718)
  2009 Ed. (728)
  2010 Ed. (646)
Shredded/crumbled
  2001 Ed. (1172)
Shreddies; Nestle
  2008 Ed. (718)
  2009 Ed. (728)
  2010 Ed. (646)
Shrek
  2003 Ed. (3453, 3454)
Shrek 2
  2006 Ed. (3576)
  2007 Ed. (3641)
Shrek: Forever After
  2012 Ed. (3724, 3725)
Shrek the Third
  2009 Ed. (2367)
Shreve Land Construction
  2007 Ed. (1377)
Shreveport-Bossier City, LA
  2004 Ed. (3488)
  2012 Ed. (3498, 4372)
  2013 Ed. (3543)
Shreveport Credit Union
  2012 Ed. (2029)
Shreveport, LA
  1992 Ed. (2543)
  1993 Ed. (336)
  1998 Ed. (246)
  2003 Ed. (3419)
  2004 Ed. (3482)
  2008 Ed. (3117)
  2009 Ed. (3540)
  2010 Ed. (2801, 3464, 3678)
  2011 Ed. (719, 2405, 2786, 3467)
  2013 Ed. (731)
  2014 Ed. (754)
  2016 Ed. (711)
Shrewsbury Bancorp
  2002 Ed. (3550, 3555)
Shrimp
  1991 Ed. (2938)
  1992 Ed. (3815, 3816)
  1993 Ed. (3111)
  1994 Ed. (3155)
  1995 Ed. (3198, 3199)
  1996 Ed. (3300)
  1998 Ed. (3175)
  2001 Ed. (2439, 2441)
  2003 Ed. (2490, 2565)
  2004 Ed. (2618, 2619, 2623)
  2005 Ed. (2607, 2608, 2612)
  2006 Ed. (2606, 2607, 2611)
  2007 Ed. (2581, 2582, 2586)
  2008 Ed. (2723)
  2009 Ed. (2778)
  2010 Ed. (2710)
  2011 Ed. (2696)
Shrimp, fresh and frozen
  1999 Ed. (2110)
Shrimp, frozen
  2001 Ed. (2447)
Shrimp, prepared
  2001 Ed. (2447)
  2004 Ed. (2618, 2619)
  2005 Ed. (2607, 2608)
  2006 Ed. (2606, 2607)
  2007 Ed. (2581, 2582)

Shrine Auditorium & Expo Center
  2000 Ed. (1185)
Shriner's Hospital for Children
  2009 Ed. (3843)
Shriners Hospital for Crippled Children
  1995 Ed. (2140)
  1996 Ed. (917)
Shriners Hospitals
  1993 Ed. (1701)
Shriners Hospitals for Children
  2000 Ed. (3345, 3348)
  2001 Ed. (1819)
  2005 Ed. (3606)
  2006 Ed. (3709, 3711, 3712)
  2007 Ed. (3703)
  2008 Ed. (3787, 3797, 3798)
  2009 Ed. (3829, 3830)
  2010 Ed. (3756)
  2011 Ed. (3763)
  2012 Ed. (3765)
Shriners Hospitals for Crippled Children
  1989 Ed. (2165)
  1990 Ed. (2786)
  1991 Ed. (899, 2507, 2613, 2615, 2619, 2689)
  1992 Ed. (3132, 3255, 3267, 3358)
  1993 Ed. (2783)
  1994 Ed. (2772)
  1997 Ed. (2949)
Shriram; Ram
  2006 Ed. (4879)
  2007 Ed. (4874)
  2009 Ed. (4828)
  2010 Ed. (4844)
SHRM Group
  1998 Ed. (1738)
Shroder Ultra
  2004 Ed. (3575)
SHS
  2005 Ed. (1983)
  2009 Ed. (2120)
SHS Global Trading E.K.
  2016 Ed. (1609)
SHS Group
  2005 Ed. (1988)
  2006 Ed. (2067)
  2007 Ed. (2037, 2039)
Sh*t My Dad Says
  2012 Ed. (452, 454, 511, 522)
SHUAA Capital
  2006 Ed. (4545)
  2012 Ed. (1944)
Shuanghua; Du
  2010 Ed. (4863)
Shuanghui International
  2015 Ed. (4051)
Shuchun; Che
  2014 Ed. (932)
Shuck's Auto
  1989 Ed. (351, 1252)
Shue; Richard
  1997 Ed. (2002)
Shuffle Master Inc.
  2004 Ed. (2779)
  2005 Ed. (4379)
  2006 Ed. (2495, 4331)
  2008 Ed. (4411)
Shugart Enterprises
  2002 Ed. (2686)
  2003 Ed. (1168)
  2004 Ed. (1176)
  2005 Ed. (1203)
  2009 Ed. (1171, 1172)
Shui On Land
  2012 Ed. (4194)
Shuichi Nishimura
  1999 Ed. (2380)
  2000 Ed. (2160)
Shuichi Shibanuma
  1996 Ed. (1877)
  1997 Ed. (1984)
  1999 Ed. (2384)
  2000 Ed. (2167)
Shuichi Tamai
  1997 Ed. (1990)
Shuler Homes
  1999 Ed. (1306)
Shuli; Hu
  2015 Ed. (5003)
  2016 Ed. (4920)
Shulklapper & Vacek
  1996 Ed. (2533)
Shulman, Rogers, Gandal, Pordy & Ecker
  2003 Ed. (3185)
  2007 Ed. (3319)
Shulman; Steven
  2009 Ed. (3707)
  2016 Ed. (3625)
Shumeet Banerji

2009 Ed. (1187)
  2010 Ed. (1194)
Shumsky Enterprises
  2013 Ed. (3626, 3629)
  2014 Ed. (3564)
Shumway; Forrest N.
  1989 Ed. (1383)
Shumway; Norman D.
  1992 Ed. (1039)
Shun Ho Property
  1993 Ed. (2056)
Shunji Katayama
  1997 Ed. (1986)
  1999 Ed. (2386)
  2000 Ed. (2169)
Shure Brothers
  1995 Ed. (2671, 2672)
  1996 Ed. (2749, 2750)
  1998 Ed. (2589)
  2000 Ed. (3221)
  2001 Ed. (3409)
Shure Inc.
  2011 Ed. (4990)
  2012 Ed. (4987)
  2013 Ed. (3777, 3781, 4980)
  2014 Ed. (3710, 3726)
  2015 Ed. (3722, 3729)
  2016 Ed. (3636, 3638)
Shurfine International Inc.
  2000 Ed. (1101)
Shurgard
  1996 Ed. (3395)
Shurgard Self Storage
  1992 Ed. (3909)
  1999 Ed. (4266)
Shurgard Storage Centers Inc.
  1998 Ed. (3274)
  2006 Ed. (2076, 2085)
  2007 Ed. (2228)
Shurguard Storage Centers Inc.
  2000 Ed. (3989)
Shurtech Brands
  2016 Ed. (28)
ShurTech Brands LLC
  2015 Ed. (50)
Shutterfly
  2013 Ed. (4590)
  2015 Ed. (1474, 4457, 4634)
Shutterfly Inc.
  2003 Ed. (3050)
  2007 Ed. (1323)
  2008 Ed. (3620)
  2009 Ed. (1534)
Shutterstock
  2015 Ed. (4634)
Shutts & Bowen
  2008 Ed. (3424)
Shutts & Bowen LLP
  2009 Ed. (3491)
SHV Holdings
  2014 Ed. (1841)
  2015 Ed. (1879, 4779)
SHV Holdings NV
  1990 Ed. (1400)
  1992 Ed. (4433)
  1993 Ed. (1373, 3696)
  1994 Ed. (1427)
  1995 Ed. (1464, 3731)
  1996 Ed. (1426, 3830)
  1997 Ed. (1484, 3783, 3879)
  1999 Ed. (1711, 4761)
  2001 Ed. (1805)
  2002 Ed. (4900)
  2007 Ed. (1900, 4803)
  2008 Ed. (1963, 1964, 4727)
  2009 Ed. (1918, 4764)
  2010 Ed. (1853, 4778)
  2011 Ed. (1885)
  2013 Ed. (4336)
  2014 Ed. (4387)
  2016 Ed. (4272)
SHV Investments NV
  2001 Ed. (1805)
SHV Makro NV
  1997 Ed. (2232)
  1999 Ed. (4761)
Shvets; Viktor
  1997 Ed. (1960)
Shvetsov; Vadim
  2007 Ed. (785)
Shvidler; Eugene
  2006 Ed. (4896)
  2008 Ed. (4880)
Shvidler; Evgeny
  2010 Ed. (4852)
SHW Group
  2004 Ed. (2339)
  2012 Ed. (2382)
Shwed; Gil
  2012 Ed. (4904)

2013 Ed. (4881)
  2015 Ed. (4933)
  2016 Ed. (4849)
SI Bank & Trust
  2003 Ed. (4270)
SI Banking & Trust
  2004 Ed. (4285, 4289)
  2005 Ed. (4222)
Si-Cology 1
  2015 Ed. (646)
SI Group
  2016 Ed. (1880, 3426)
SI Industries
  2009 Ed. (4477)
SI International Inc.
  2005 Ed. (2012)
  2006 Ed. (1366, 1367, 2250)
  2007 Ed. (1404)
Si Newhouse Jr.
  2002 Ed. (3352)
  2003 Ed. (4882)
Si & Si Co.
  2004 Ed. (80)
  2005 Ed. (75)
  2006 Ed. (84)
SI & SI, Subotica
  2001 Ed. (75)
SI Solutions Inc.
  2014 Ed. (4084)
S.i. Systems
  2009 Ed. (2997)
  2010 Ed. (2937)
  2013 Ed. (2920)
  2014 Ed. (2937)
  2015 Ed. (2986)
  2016 Ed. (2920)
SIA
  1996 Ed. (176)
  2000 Ed. (4034)
  2002 Ed. (4468)
SIA Cargo
  2012 Ed. (173)
  2013 Ed. (153)
SIA Elvi
  2008 Ed. (1887, 4230)
SIA Group
  2005 Ed. (217, 226, 227)
  2006 Ed. (231, 242, 243)
  2007 Ed. (235, 244, 245)
  2008 Ed. (215, 223, 224)
  2013 Ed. (133, 154, 155)
  2014 Ed. (143)
  2015 Ed. (161)
  2016 Ed. (165)
SIA Lafayette
  1992 Ed. (4351)
SIA Lattelecom
  2009 Ed. (1847)
  2011 Ed. (1800)
SIA Nelss
  2009 Ed. (1847)
SIA Rimi Latvia
  2011 Ed. (1800)
  2012 Ed. (1658)
  2013 Ed. (1812)
SIAC
  1989 Ed. (1136, 1902)
Siac Butlers Steel Ltd.
  2008 Ed. (1859)
Siaci Saint Honore
  2011 Ed. (3197)
Siam Cement
  1989 Ed. (1168)
  1990 Ed. (1428)
  1991 Ed. (1359, 2941, 2942)
  1992 Ed. (1572, 1706, 3824)
  1995 Ed. (1340, 1344, 1345, 1347, 1348, 1501)
  1996 Ed. (1457, 3302)
  1997 Ed. (1526, 3399)
  1999 Ed. (1567, 1571, 1577, 1748, 4161)
  2000 Ed. (1574, 1578, 1579, 3875, 3876)
  2001 Ed. (1879)
  2014 Ed. (1126)
  2015 Ed. (1170, 1180)
  2016 Ed. (862, 1083)
Siam Cement FB
  2001 Ed. (1880)
The Siam Cement Public Co., Ltd.
  2002 Ed. (4487)
  2006 Ed. (1780, 1781, 2048, 2049, 3405, 4541)
  2007 Ed. (2019)
  2008 Ed. (2118, 3585)
  2009 Ed. (2104, 3656)
  2010 Ed. (692, 2045, 3574)
  2011 Ed. (621, 2102, 3577)

2012 Ed. (591, 1056, 1941, 1942, 3570)
2013 Ed. (726, 865, 1194, 2105, 3605)
2014 Ed. (748, 2037, 4051)
2015 Ed. (786, 2086)
2016 Ed. (706, 2067)
Siam City Bank
1989 Ed. (696)
1990 Ed. (699)
1991 Ed. (678)
1992 Ed. (849)
1993 Ed. (645)
1994 Ed. (647, 3158)
1995 Ed. (619)
1996 Ed. (693, 3303)
1997 Ed. (628, 3400)
1999 Ed. (647)
2000 Ed. (673)
2006 Ed. (530)
2007 Ed. (561)
2008 Ed. (513)
2009 Ed. (547)
2010 Ed. (530)
2011 Ed. (459)
2013 Ed. (402)
Siam City Cement Co. Ltd.
1989 Ed. (1167)
1990 Ed. (1428)
1991 Ed. (1358, 1359, 2941)
1992 Ed. (1706, 1707)
1993 Ed. (1412)
1994 Ed. (1466)
1999 Ed. (1747)
Siam City Credit & Finance
1994 Ed. (3197)
1997 Ed. (3490)
Siam CityCement
1995 Ed. (1501)
Siam Civil Engineering
1991 Ed. (1067)
Siam Commercial Bank
1989 Ed. (696)
1990 Ed. (699)
1991 Ed. (678, 2941)
1992 Ed. (849)
1993 Ed. (645, 1412)
1994 Ed. (647, 3157)
1995 Ed. (619, 1503)
1996 Ed. (693, 1457, 3302)
1997 Ed. (628, 1526, 2403, 3399)
1999 Ed. (647, 1748, 4161, 4162)
2000 Ed. (673, 3876)
2001 Ed. (1880)
2002 Ed. (515, 517, 575, 576, 655)
2003 Ed. (619)
2004 Ed. (628)
2005 Ed. (617)
2006 Ed. (530, 2048)
2007 Ed. (561, 2019)
2008 Ed. (513, 2118)
2009 Ed. (547, 2104)
2010 Ed. (530, 2045)
2011 Ed. (459, 2102)
2012 Ed. (319, 416, 1941, 1942)
2013 Ed. (372, 402, 403, 866, 2105)
2014 Ed. (402, 416, 417, 2037, 4052)
2015 Ed. (459, 473, 474, 2086)
2016 Ed. (422, 2067)
Siam Commerical Bank
1995 Ed. (1502)
Siam Family Mart
2013 Ed. (4296)
Siam Fund
2003 Ed. (3142)
Siam Makro Pcl
2000 Ed. (1577)
Siam Makro PLC.
1997 Ed. (1525)
1999 Ed. (1747)
Siam Motors Co.
1989 Ed. (1168)
1990 Ed. (1428)
1991 Ed. (1359)
Siam Nissan Automobile Co. Ltd.
1997 Ed. (1525)
1999 Ed. (1747)
2000 Ed. (1577)
The Siam Public Co. Ltd.
2001 Ed. (4025)
Siam Pulp & Paper
1991 Ed. (2941)
Siam Sanwa Industrial Credit
1994 Ed. (3197)
Siam Selective Growth
1999 Ed. (3585)
Siam Steel International
2008 Ed. (2117)
Siam Toyota Manufacturing
2014 Ed. (3527)

SIAME
2002 Ed. (4493, 4494)
Sianxi Guoyang
2012 Ed. (3644, 3675)
Siaou-Sze; Lien
2005 Ed. (4991)
Siara Systems Inc.
2001 Ed. (1547)
2002 Ed. (1384)
2005 Ed. (1487, 1504)
Siasun Robot & Automation Co., Ltd.
2011 Ed. (1581)
Siauliu Bankas
2002 Ed. (4441)
Siben & Siben
1999 Ed. (3152)
2000 Ed. (2898)
SiberCore Technologies Inc.
2004 Ed. (2781, 2782)
Siberian Bank
1995 Ed. (596)
Siberian Oil Co.
2006 Ed. (3397, 3851)
Siberian Oil Co.; OAO
2006 Ed. (4532, 4533)
Sibex Inc.
2016 Ed. (4780)
Sibir Energy
2007 Ed. (3882)
Sibirenergoinzhiniring
2016 Ed. (1987)
Sibirskaya Neftyanaya Co.
2005 Ed. (1475, 1483)
Sibirskaya Neftyyana
2000 Ed. (1320)
Sibneft
1999 Ed. (3813)
2002 Ed. (4461, 4462, 4464)
2005 Ed. (1562, 1958, 3789)
2006 Ed. (2005, 2006, 4532, 4533)
Siboney Corp.
2004 Ed. (4548)
Siboney USA
2000 Ed. (55)
Sibur
2011 Ed. (794)
2012 Ed. (752)
SiByte Inc.
2003 Ed. (1507)
Sicard; John
2016 Ed. (2562)
Sicartsa
2001 Ed. (4377)
Sichuan Chuantou Energy
2016 Ed. (2381)
Sichuan FAW Toyota Motor Co., Ltd.
2010 Ed. (808)
Sichuan Ribao
1999 Ed. (3619)
2002 Ed. (3511)
Sichuan Western Resources Holding
2011 Ed. (4409)
Sicilcassa
1994 Ed. (540, 3145)
1996 Ed. (569)
SICK
2016 Ed. (999)
SICK AG
2006 Ed. (1736)
2008 Ed. (300)
2010 Ed. (185, 2006)
2011 Ed. (107)
2013 Ed. (1658)
Sick AG
2014 Ed. (1561)
Sick-child facility/home-based care
1992 Ed. (2233)
Sick IVP Sweden
2014 Ed. (1561)
Sick Kids Foundation
2009 Ed. (909)
2010 Ed. (852)
2011 Ed. (2759)
Sick leave
1995 Ed. (3389)
SICK Oy
2010 Ed. (1619)
2011 Ed. (1628)
2012 Ed. (1479)
2013 Ed. (1609)
SickKids Hospital
2012 Ed. (725)
Sickness/accident insurance
1995 Ed. (3390)
Sicli
1992 Ed. (2963)
Sico Inc.
2007 Ed. (1643)
2008 Ed. (915, 1629, 1648, 1650)

SicolaMartin
2002 Ed. (184, 185)
2008 Ed. (2107)
2010 Ed. (2030)
Sicomed Bucharest
2002 Ed. (4458, 4459)
Sicomed Bucuresti
2006 Ed. (4530)
SICOR Inc.
2004 Ed. (2150)
2005 Ed. (2246)
2006 Ed. (1445)
SICPA
1999 Ed. (3899)
2001 Ed. (2877)
2005 Ed. (3041)
2006 Ed. (3044, 3045, 3046)
2007 Ed. (3078)
2008 Ed. (3219)
2009 Ed. (3278)
2010 Ed. (3203)
2011 Ed. (3167)
2012 Ed. (3123)
2013 Ed. (3208)
2014 Ed. (3220)
2015 Ed. (3283)
2016 Ed. (3123)
SICPA Industries
2001 Ed. (2876)
Sicupira; Carlos Alberto
2008 Ed. (4854)
2009 Ed. (4880)
2010 Ed. (4881)
2011 Ed. (4869)
2012 Ed. (4877)
2013 Ed. (4859)
2014 Ed. (4873)
2015 Ed. (4911)
2016 Ed. (4827)
Sid Bass
1995 Ed. (664)
2002 Ed. (3359)
2003 Ed. (4878)
2008 Ed. (4824)
2011 Ed. (4834)
Sid. Huachipato
2014 Ed. (1739)
Sid, Lee, Robert & Edward Bass
1990 Ed. (3687)
Sid. Nacional On
1996 Ed. (3282)
1997 Ed. (3379)
Sid R. Bass
1993 Ed. (888)
Sid Richardson
1998 Ed. (643)
Sid Richardson Energy Services Co.
2008 Ed. (1401)
Sid Sankaran
2013 Ed. (740)
Sid Tool
1990 Ed. (1036)
Sid W. Richardson Foundation
1994 Ed. (1905)
Sida
2009 Ed. (2063)
2010 Ed. (2003)
Sidanco
1999 Ed. (3813)
Sidbec-Dosco
1990 Ed. (3437)
1992 Ed. (4137)
1994 Ed. (3434)
1996 Ed. (3587)
Siddall, Matus & Coughter
1989 Ed. (158)
2004 Ed. (4034)
2005 Ed. (3976)
Siddharth N. Mehta
2002 Ed. (2214)
Side dishes
1993 Ed. (2708)
1994 Ed. (2657)
1997 Ed. (2929, 3669)
Sidekick
2001 Ed. (491)
Siderbras
1989 Ed. (1553)
Siderbras Siderurgicas Bra. S.A.
1990 Ed. (1335)
Siderca
1991 Ed. (784, 785)
1992 Ed. (965, 966, 1566)
1993 Ed. (769, 770)
1994 Ed. (787)
1996 Ed. (812)
1997 Ed. (827, 828)
1999 Ed. (949, 950)
2000 Ed. (895, 896)
2002 Ed. (855)

2004 Ed. (1774)
2005 Ed. (1843)
Siderius SA
2016 Ed. (2015)
Siderugica Venezolana
1997 Ed. (906)
1999 Ed. (1036)
Siderurgica Nacional
2014 Ed. (3634)
Siderurgica Nacional; Companhia
2007 Ed. (1603)
2008 Ed. (1581)
2009 Ed. (3616, 4564, 4571)
2010 Ed. (1509, 1510, 3540)
2011 Ed. (1502, 3539, 3653)
2012 Ed. (1349, 3350, 3358, 3530, 3652, 4538, 4541)
2013 Ed. (1442, 3420, 3428, 3577, 3715, 4493, 4501)
2014 Ed. (1402, 3417, 3426, 4536, 4545)
2015 Ed. (3450, 4535)
2016 Ed. (4474)
Sidley & Austin
1990 Ed. (2412, 2417)
1991 Ed. (2277, 2283)
1992 Ed. (2825, 2832, 2838)
1993 Ed. (2390, 2395)
1994 Ed. (2351)
1995 Ed. (2412, 2414, 2416)
1996 Ed. (2450, 2452)
1997 Ed. (2595, 2597)
1998 Ed. (2324, 2327)
1999 Ed. (3141, 3148, 3488)
2000 Ed. (2891, 2894)
2001 Ed. (3051, 3052, 3054)
2002 Ed. (3056)
Sidley Austin
2013 Ed. (3443)
2014 Ed. (3443)
Sidley Austin Brown & Wood
2003 Ed. (3170, 3174, 3186, 3190, 3194)
2004 Ed. (1427, 1428, 3224, 3226, 3236, 3238)
2005 Ed. (1444, 1445, 3525, 3533)
2007 Ed. (3649, 3657)
Sidley Austin Brown & Wood LLP
2004 Ed. (3250)
2005 Ed. (3254, 3256, 3274)
2006 Ed. (3243, 3246, 3249, 3251, 3265)
2007 Ed. (3301, 3305, 3310, 3317, 3325)
2008 Ed. (3420, 3428)
2009 Ed. (3495)
2010 Ed. (3424)
2011 Ed. (3409)
2012 Ed. (3368, 3418, 3426)
2014 Ed. (3450)
Sidley Austin Brown & Wood National
2004 Ed. (3235)
2005 Ed. (3265)
Sidley Austin LLP
2007 Ed. (3338)
2008 Ed. (3417)
2010 Ed. (3418, 3419, 3426)
2011 Ed. (3402, 3411)
2012 Ed. (3369, 3372, 3387, 3400, 3408, 3421, 3427)
2013 Ed. (3438)
2014 Ed. (3437)
2015 Ed. (1351)
2016 Ed. (1282)
Sidmar NV
1997 Ed. (1365)
Sidney B. Bowne & Son
1991 Ed. (1563)
1994 Ed. (1653)
2000 Ed. (1825)
Sidney Crosby
2014 Ed. (196)
2015 Ed. (223)
Sidney Frank
2007 Ed. (4900)
Sidney Harman
2005 Ed. (2476)
Sidney Heller
1991 Ed. (1693)
1993 Ed. (1837)
1994 Ed. (1817)
Sidney J. Sheinberg
1991 Ed. (1620)
Sidney Swartz
1999 Ed. (1122, 4302)
Sidney Taurel
2005 Ed. (975)
2006 Ed. (902)
2007 Ed. (992, 1028)
2008 Ed. (937, 944, 950)

2009 Ed. (949)
Sidor
1999 Ed. (4475)
Siebe
1991 Ed. (1286)
1994 Ed. (1402)
1996 Ed. (1359, 1361, 1365)
Siebe plc
2000 Ed. (3020, 4133)
2002 Ed. (1471)
2003 Ed. (1492)
2004 Ed. (1522)
2005 Ed. (1538)
Siebel
2002 Ed. (1149)
Siebel Capital Management
1992 Ed. (2771)
Siebel; Carl A.
2007 Ed. (3974)
Siebel Systems Inc.
2001 Ed. (1366, 1577, 1597, 1650, 2867, 2871)
2002 Ed. (1150, 2427, 3250, 4353)
2003 Ed. (1105, 1107, 1108, 1109, 1111, 1113, 1121, 1561, 2165, 2240, 3673)
2004 Ed. (1105, 1123, 1124, 1126, 1585, 2207, 2257)
2005 Ed. (1131, 1133, 1136, 1141, 1671)
2006 Ed. (1120, 1123, 4472)
2007 Ed. (1230, 1442, 4565)
Siebel; Thomas
2011 Ed. (775)
2012 Ed. (719)
Siebel; Thomas M.
2011 Ed. (4840)
Siebel/Mohr
1992 Ed. (3758)
SieberNet
2005 Ed. (758, 759)
Siebert Brandford Shank & Co. LLC
1999 Ed. (732)
2000 Ed. (745)
2002 Ed. (718)
2003 Ed. (219)
2004 Ed. (177)
2005 Ed. (178)
2006 Ed. (192)
2007 Ed. (198)
2008 Ed. (185)
2009 Ed. (202)
2010 Ed. (181, 182)
2011 Ed. (104, 105)
2012 Ed. (111, 112)
2013 Ed. (87, 88)
2015 Ed. (110)
2016 Ed. (118, 119)
Siebert & Co.; Muriel
1996 Ed. (2658, 3352)
Siebert Head
1999 Ed. (2841)
Siebert Lutheran Foundation Inc.
1995 Ed. (1930)
Siebert; Muriel
2012 Ed. (4975)
SiebertNet
2003 Ed. (768)
Siecor Operations LLC
2001 Ed. (1821)
2003 Ed. (1793)
2004 Ed. (1828)
Siegel Display Products
2008 Ed. (865)
Siegel & Gale
1992 Ed. (2589)
2010 Ed. (3584)
2011 Ed. (3586)
Siegel & Gale (Saatchi)
1990 Ed. (1276, 1670, 2170)
The Siegel Group
2009 Ed. (4220)
Siegel; Herbert J.
1992 Ed. (1145)
Siegel-Robert Automotive
2008 Ed. (3563)
SiegelGale
2002 Ed. (1953)
Sieger; Marc J.
2007 Ed. (4161)
The Siegfried Group
2007 Ed. (10)
Siegfried Rhein
2010 Ed. (1815, 1816)
Siegfried & Roy
2002 Ed. (2143)
Siegfried Wolf
2005 Ed. (3857)
2006 Ed. (2528, 3920)
2007 Ed. (3974)

2008 Ed. (3997)
2009 Ed. (951, 4071)
2010 Ed. (903, 3990)
2011 Ed. (3995)
2012 Ed. (802, 803, 3988)
2013 Ed. (4051)
Siegrist Publicidad
1993 Ed. (126)
Siegwerk
1999 Ed. (3899)
2001 Ed. (2876, 2878)
2007 Ed. (3077)
2008 Ed. (3218)
2009 Ed. (3277)
2010 Ed. (3202)
2011 Ed. (3166)
2012 Ed. (3122)
Siegwerk Druckfarben AG
2006 Ed. (3046)
2007 Ed. (3078)
2008 Ed. (3219)
2009 Ed. (3278)
2010 Ed. (3203)
2011 Ed. (3167)
2012 Ed. (3123)
2013 Ed. (3208)
2014 Ed. (3220)
2015 Ed. (3283)
2016 Ed. (3123)
Siegwerk Druckfarben GmbH
2001 Ed. (2877)
Siegwerk NAFTA
2013 Ed. (3207)
2014 Ed. (3219)
2015 Ed. (3282)
2016 Ed. (3122)
Siemens
2013 Ed. (643, 649, 1664, 3619)
2014 Ed. (657, 665, 666, 1618, 2290, 2421, 3556)
2015 Ed. (725, 4636, 4642)
2016 Ed. (663, 2427, 4552, 4557)
Siemens AG
1989 Ed. (1106, 1110, 1119, 1144)
1990 Ed. (1103, 1128, 1348, 1351, 1353, 1356, 1370, 2778)
1996 Ed. (1327, 1328, 1329, 1330, 1331, 1333, 1351, 1352, 1353, 1387, 1393, 1637, 1970, 1971, 2559, 3398, 3640)
1997 Ed. (1388, 1389, 1390, 1393, 1394, 1413, 1584, 2086, 2087, 2696)
1998 Ed. (1246)
1999 Ed. (1585, 1604, 1605, 1606, 1608, 1610, 1611, 1614, 1635, 1636, 1638, 1670, 1968, 1992, 1993, 1994, 2526, 2883, 3285, 3298, 3406, 4047, 4271, 4691, 4692)
2000 Ed. (1411, 1413, 1415, 1416, 1418, 1438, 1772, 2274, 3760)
2001 Ed. (528, 1578, 1689, 1691, 1695, 1714, 1715, 1716, 1717, 2181, 2191, 2214, 2236, 2845, 3229, 3648, 3649, 4044, 4213)
2002 Ed. (1123, 1451, 1639, 1640, 1643, 1644, 1645, 1661, 1662, 1663, 1687, 2079, 2096, 2097, 2105, 2106, 2107, 2364, 3244, 4415, 4416)
2003 Ed. (1429, 1437, 1471, 1523, 1669, 1672, 1686, 1687, 1709, 2194, 2207, 2208, 2209, 2235, 2236, 2237, 2239, 3299, 3752, 4076)
2004 Ed. (1362, 1501, 1701, 1702, 1703, 1708, 1711, 1724, 1751, 2253, 2254, 2255, 2256, 3360, 3777, 4099)
2005 Ed. (1358, 1360, 1362, 1517, 1573, 1759, 1768, 1781, 1817, 2353, 2354, 2355, 3020, 3328, 3391, 3498, 3696, 4038, 4040, 4516, 4630)
2006 Ed. (1364, 1468, 1692, 1693, 1695, 1714, 1723, 1732, 1733, 1734, 1735, 1804, 2398, 2399, 2400, 3378, 3381, 4504)
2007 Ed. (1594, 1688, 1689, 1691, 1739, 1740, 1741, 1742, 1811, 1816, 2213, 2341, 2343, 2345, 2346, 2347, 3023, 3422)
2008 Ed. (1347, 1360, 1718, 1719, 1767, 1768, 1769, 1770, 1850, 2472, 2474, 2475, 3556, 3559, 4140)
2009 Ed. (755, 1657, 1658, 1679, 1703, 1704, 1705, 1706, 1708, 1709, 1799, 2072, 2477, 2479, 2480, 2588, 2591, 2593, 2598,

3272, 3623, 3626, 3633, 4192, 4193, 4249, 4252, 4671)
2010 Ed. (1076, 1404, 1635, 1656, 1657, 1658, 1659, 1661, 1748, 2385, 2391, 2500, 2688, 3547, 3552, 3830, 4127, 4128)
2011 Ed. (734, 927, 1015, 1622, 1623, 1625, 1645, 1665, 1666, 1667, 1760, 2301, 2388, 2390, 3544, 3547, 3552, 3554, 3555, 3831, 4092, 4093)
2012 Ed. (91, 940, 1469, 1470, 1474, 1475, 1518, 1519, 1520, 1610, 2144, 2147, 2318, 2320, 2361, 3086, 3540, 3545, 3546, 3547, 4120, 4126, 4127, 4964)
2013 Ed. (76, 1086, 1603, 1605, 1606, 1634, 1661, 1662, 1663, 2000, 2007, 2008, 2010, 2011, 2349, 2357, 2487, 2497, 2541, 3143, 3162, 3470, 3585, 3613, 3616, 3739, 4113, 4119, 4120)
2014 Ed. (1049, 1239, 1248, 1595, 1616, 1617, 2280, 2289, 2427, 2564, 2935, 3146, 3167, 3549, 4128, 4134, 4135, 4243)
2015 Ed. (1084, 1645, 1666, 1667, 2365, 2373, 2500, 2547, 3206, 3227, 3572, 4112, 4118, 4119)
2016 Ed. (994, 1286, 1588, 1610, 1611, 2311, 2319, 2435, 3061, 3083, 4032, 4033)
Siemens AG, Medical Solutions Computed Tomography
2003 Ed. (3297)
Siemens AG Oesterreich
1990 Ed. (1332)
1994 Ed. (1327)
1996 Ed. (1298)
1997 Ed. (1363)
2000 Ed. (1389)
2008 Ed. (1573)
2009 Ed. (1505)
Siemens AG Osterreich
2001 Ed. (1636, 2213)
Siemens Aktiengesellschaft (Konzern)
1992 Ed. (1607, 2955)
1994 Ed. (1352, 1353, 2423)
Siemens Automobilova Technika Stribro
2003 Ed. (1700)
Siemens Automotive
1999 Ed. (1628)
2000 Ed. (1432)
2001 Ed. (1706)
Siemens Automotive AG
2003 Ed. (1671)
Siemens Automotive L.P.
1993 Ed. (1312)
1994 Ed. (1366)
1996 Ed. (1346)
Siemens Beteiligungen AG
1993 Ed. (2488)
Siemens Building Technologies Inc.
2005 Ed. (4294)
2006 Ed. (4274)
2007 Ed. (1369, 4297)
2008 Ed. (1265, 4302)
2009 Ed. (1241, 4408)
2010 Ed. (1240, 4451, 4452)
2011 Ed. (1188, 4390)
Siemens Building Technologies (Schweiz) AG
2004 Ed. (1703)
Siemens Building Technology Inc.
2004 Ed. (4351)
Siemens Business Communications Inc.
1999 Ed. (4561)
Siemens Business Services Inc.
2006 Ed. (4872)
2008 Ed. (3188)
Siemens Canada
2013 Ed. (2917)
2014 Ed. (2931)
Siemens Canada Ltd.
2005 Ed. (2830)
2006 Ed. (2814)
2007 Ed. (2819)
2009 Ed. (2992, 2995, 3618)
2010 Ed. (2933, 2935)
2011 Ed. (2899)
2012 Ed. (1810, 2832)
2013 Ed. (1525)
2014 Ed. (1495)
2016 Ed. (3454)
Siemens Corporate Technology
2016 Ed. (4145)
Siemens Corp.
1989 Ed. (31, 36, 1111, 1338, 1340, 2123, 2794)
1990 Ed. (919, 1130, 1347, 1354,

1363, 1371, 1590, 1638, 1639, 2195, 2197, 2201, 2537, 2777, 2906, 2907, 3236, 3461, 3512, 3513, 3520)
1991 Ed. (1032, 1169, 1270, 1271, 1272, 1273, 1287, 1293, 1295, 1360, 1535, 1536, 1775, 1776, 2063, 2064, 2066, 2068, 2372, 2856, 3232, 3280, 3286)
1992 Ed. (1931)
1993 Ed. (1060, 1296, 1297, 1298, 1300, 1301, 1302, 1305, 1306, 1319, 1320, 1321, 1338, 1581, 1584, 1586, 1902, 1903, 2488, 2530, 2772, 3007, 3509)
1994 Ed. (20, 252, 1074, 1348, 1350, 1351, 1375, 1376, 1395, 1585, 1617, 1618, 1918, 1919, 2161, 2423, 2466, 3198, 3199, 3202)
1995 Ed. (1373, 1374, 1375, 1376, 1377, 1378, 1381, 1382, 1400, 1401, 1402, 1420, 1626, 1659, 2241, 2495, 2503, 2938, 3097, 3553)
1997 Ed. (916, 1386, 1387, 1415, 1449, 1706, 1714, 1825, 1826, 2388, 3494, 3708)
1998 Ed. (1169, 1400, 1417, 1420, 1537, 1557, 3281)
2000 Ed. (997, 1439, 1477, 1744, 1773, 3035, 3703, 3704, 3705, 3994, 4002, 4130, 4206, 4363)
2004 Ed. (2237)
2005 Ed. (2338)
2006 Ed. (2393)
2007 Ed. (688, 708, 729, 1401, 1481, 2176, 2335)
2008 Ed. (652, 681, 702, 1357, 1476, 2319, 2461, 3165, 4080)
2009 Ed. (689, 710, 1362, 2461, 2961)
2010 Ed. (1335, 2388)
2014 Ed. (2418, 2419)
2015 Ed. (2492, 2493)
2016 Ed. (2424, 2425)
Siemens Dematic
2003 Ed. (3320)
2004 Ed. (3330, 3397)
Siemens Electrical Drives Ltd.
2007 Ed. (878)
Siemens Energy
2012 Ed. (3510)
2015 Ed. (3569)
Siemens Energy & Automation
2003 Ed. (1113)
2005 Ed. (3937)
2006 Ed. (4011)
2007 Ed. (4044)
Siemens Group
1989 Ed. (1289)
1990 Ed. (1588)
1991 Ed. (1294)
1992 Ed. (1623)
1997 Ed. (1414)
1999 Ed. (1637)
2000 Ed. (1440)
Siemens Healthcare
2010 Ed. (3621)
2011 Ed. (3623)
2012 Ed. (2808, 3625)
2013 Ed. (2880, 3682)
2014 Ed. (2912, 3617)
2015 Ed. (2958, 3629)
2016 Ed. (2890, 3513)
Siemens (India)
2009 Ed. (1495)
2010 Ed. (1486)
Siemens Industry Inc.
2012 Ed. (1134, 4452, 4453)
2013 Ed. (4408)
2014 Ed. (4438)
2015 Ed. (4432, 4433)
2016 Ed. (3442, 4325)
Siemens IT Solutions & Services
2008 Ed. (4800)
Siemens Logistics & Assembly Systems
2007 Ed. (3436)
Siemens Matsushita Components OHG
2000 Ed. (1389)
Siemens Med
1990 Ed. (2534)
Siemens Medical
1991 Ed. (2407)
1992 Ed. (3009)
Siemens Medical Engineering
2002 Ed. (1498)
Siemens Medical Solutions
2005 Ed. (4809)
2006 Ed. (4872)
2007 Ed. (4871)

2008 Ed. (2479)
2009 Ed. (2482, 3240, 3705)
2010 Ed. (2900)
2011 Ed. (2873)
Siemens Medical Solutions Health Services
2004 Ed. (3306)
Siemens Medical Solutions USA Inc.
2005 Ed. (3932)
2006 Ed. (4006)
2007 Ed. (4040)
Siemens Medical Systems Inc.
1995 Ed. (2534)
1996 Ed. (2595)
1997 Ed. (2258, 2745)
1999 Ed. (3339)
2000 Ed. (3078)
2001 Ed. (3269)
Siemens Nixdorf
1993 Ed. (1064, 2177, 2178, 2179, 3646)
1994 Ed. (1096, 2200, 2201, 2202, 2203, 2204, 2207, 2422, 3678)
1995 Ed. (1084, 1111, 1116, 2494, 2574)
1999 Ed. (2876)
Siemens PLM Software
2016 Ed. (1002)
Siemens Power Development Hanfeng GmbH
2003 Ed. (1671, 1672, 1687)
Siemens Rolm
1991 Ed. (2770)
1995 Ed. (2990)
1997 Ed. (3861)
Siemens Rolm Communications Inc.
1998 Ed. (609)
Siemens Schwiez AG
2004 Ed. (1703)
Siemens Sematic
2006 Ed. (3421)
Siemens sro
2009 Ed. (1625)
2011 Ed. (1603)
Siemens Stamm
1989 Ed. (1307)
Siemens TelPlus Corp.
1994 Ed. (2936)
Siemens USA
2006 Ed. (1720)
2016 Ed. (4932)
Siemens USA Holdings Inc.
2007 Ed. (2333)
2008 Ed. (2459)
2009 Ed. (2458)
2010 Ed. (2379)
2011 Ed. (1431, 1646, 2379, 4027)
Siemens VDO Automotive Corp.
2004 Ed. (1718)
2005 Ed. (1776)
2006 Ed. (340, 341)
Siemes AG
1999 Ed. (2525)
"Siempre Domingo"
1993 Ed. (3531)
Siempre Mujer
2009 Ed. (3597)
2010 Ed. (2979)
2011 Ed. (2941)
2012 Ed. (2872)
2013 Ed. (2948)
2014 Ed. (2966)
2015 Ed. (3035)
2016 Ed. (2931)
Siena
2002 Ed. (382)
The Siena Hotel
2002 Ed. (2641)
Sienna
2001 Ed. (488)
Sienna Imaging Inc.
2000 Ed. (2450)
Sienna; Toyota
2008 Ed. (4781)
Siennax International
2002 Ed. (2518)
Siepman; Chris & Gregg
2011 Ed. (2527)
Sieracki; Eric
2007 Ed. (1072)
2008 Ed. (970)
Sierra
1994 Ed. (2791)
1999 Ed. (1278)
2002 Ed. (386)
Sierra Advantage Corporate Income Fund
1997 Ed. (3820)
Sierra Bancorp
2007 Ed. (463)

2008 Ed. (428)
2009 Ed. (392, 394, 454)
2010 Ed. (433)
2011 Ed. (358)
Sierra Circuits Inc.
1999 Ed. (3420)
The Sierra Club
1991 Ed. (1580)
1992 Ed. (1987)
1993 Ed. (1637)
Sierra Club Stock
2006 Ed. (4403)
Sierra Club Stock-Fund
2007 Ed. (4468)
Sierra Club Wilderness
1990 Ed. (886)
Sierra Corporate Income A
1997 Ed. (2901)
1999 Ed. (743)
Sierra Design Group
2005 Ed. (3276)
Sierra Detention Systems
2014 Ed. (4984)
2016 Ed. (4946)
Sierra Federal
1990 Ed. (2475, 3123)
Sierra; GMC
2006 Ed. (4829, 4856)
2007 Ed. (4858)
2008 Ed. (299, 4765, 4781)
2009 Ed. (4812)
2010 Ed. (4830)
2013 Ed. (4770, 4772)
Sierra Health Foundation
2002 Ed. (2343)
Sierra Health Services Inc.
1991 Ed. (227)
1994 Ed. (201, 3442)
1995 Ed. (202)
2005 Ed. (2800)
2006 Ed. (2770)
2007 Ed. (2777, 4561)
2008 Ed. (3021)
2009 Ed. (3108)
2010 Ed. (2902, 3041)
Sierra Insurance Group
2002 Ed. (2951)
Sierra Landscape Co.
2011 Ed. (3423, 3430)
2012 Ed. (3443)
2013 Ed. (3463)
Sierra Leone
1992 Ed. (1802)
1993 Ed. (2951)
2003 Ed. (1881)
2004 Ed. (2094, 2095)
2005 Ed. (2198, 2199)
2006 Ed. (2260, 2261)
2007 Ed. (2199)
2008 Ed. (2332, 2333)
2009 Ed. (2319, 2320)
2010 Ed. (2249, 2250, 4736)
2011 Ed. (2257, 2258, 4695)
2014 Ed. (1027, 1030, 2273, 2606, 2673, 2871, 2872, 3178, 3389, 4230, 4827, 4978)
2015 Ed. (800, 1065, 2357, 2649, 2911, 3239, 4862, 5011)
2016 Ed. (973, 2301, 4930)
Sierra Leone Commercial Bank Ltd.
1991 Ed. (658)
1992 Ed. (831)
1993 Ed. (624)
1994 Ed. (629)
1995 Ed. (602)
1996 Ed. (672)
1997 Ed. (608)
1999 Ed. (634)
Sierra Leone Commercial Bank Ltd. (Freetown)
2000 Ed. (660)
Sierra Manufacturing Group LLC
2008 Ed. (4422)
Sierra Metals Inc.
2016 Ed. (4494)
Sierra Mist
2003 Ed. (4473)
2005 Ed. (674, 4393, 4397)
2006 Ed. (574, 4413)
2007 Ed. (620, 4475)
2011 Ed. (4479)
Sierra Mist Free
2011 Ed. (4481)
Sierra Nevada
2014 Ed. (567)
2015 Ed. (630, 631)
2016 Ed. (580, 581)
Sierra Nevada Brewing Co.
1989 Ed. (758)
1998 Ed. (2488)

1999 Ed. (3402, 3403)
2000 Ed. (3128)
2001 Ed. (1023)
2003 Ed. (764)
2013 Ed. (697)
2014 Ed. (719, 720, 721)
2015 Ed. (767, 768, 769)
2016 Ed. (689, 690, 692)
Sierra Nevada Corp.
2001 Ed. (1026)
2007 Ed. (596)
2008 Ed. (541)
2012 Ed. (1208, 4063)
2014 Ed. (1520)
Sierra Nevada Memorial Hospital
2006 Ed. (2919)
Sierra Nevada Memorial-Miners Hospital Inc.
2006 Ed. (2760)
2007 Ed. (2770)
Sierra Nevada Pale Ale
1997 Ed. (719)
1998 Ed. (495, 3436)
2006 Ed. (555)
2007 Ed. (595)
2010 Ed. (557)
2011 Ed. (484, 486)
2012 Ed. (441)
Sierra Nevada Seasonal
2011 Ed. (484, 486)
2012 Ed. (441)
Sierra On-Line
1998 Ed. (1930)
Sierra Pacific
1998 Ed. (2424)
Sierra Pacific Credit Union
2014 Ed. (2178)
2015 Ed. (2242)
2016 Ed. (2213)
Sierra Pacific Industries
1991 Ed. (2366)
1992 Ed. (2212)
1993 Ed. (1894, 2478)
1994 Ed. (1896)
1996 Ed. (1962)
1997 Ed. (2076)
1998 Ed. (1754)
1999 Ed. (2497)
2009 Ed. (2818)
2010 Ed. (2759)
Sierra Pacific Mortgage Co.
2016 Ed. (3621, 3623)
Sierra Pacific Power Co.
2004 Ed. (1814)
2005 Ed. (2720)
Sierra Pacific Resources
2003 Ed. (1780)
2004 Ed. (1587, 1814, 1815, 2201)
2005 Ed. (1897, 2314)
2006 Ed. (1924, 2441)
2007 Ed. (1908, 2294)
2008 Ed. (1969, 2426)
2009 Ed. (1924)
2010 Ed. (1759)
Sierra Pickup; GMC
2005 Ed. (4786)
Sierra Schools Credit Union
2002 Ed. (1878)
2003 Ed. (1932)
2004 Ed. (1972)
2005 Ed. (2114)
2006 Ed. (2209)
2007 Ed. (2130)
Sierra Springs
1992 Ed. (910)
Sierra Systems Group
2006 Ed. (2820)
2007 Ed. (1319, 2815, 2822)
2008 Ed. (1208, 1637, 2947)
Sierra Trading Post
2013 Ed. (894)
Sierra Trading Post Inc.
2004 Ed. (1893)
2005 Ed. (2019)
2006 Ed. (2122)
2007 Ed. (2070, 2071)
2008 Ed. (2178)
2009 Ed. (2164)
2010 Ed. (2104)
2011 Ed. (2157)
2012 Ed. (2008)
2013 Ed. (2197)
2015 Ed. (2186)
2016 Ed. (2162, 2163)
Sierra Trust CA Municipal Bond
1994 Ed. (584)
Sierra Trust CA Municipal Bond A
1999 Ed. (602)
Sierra Trust Corporate Income A
1998 Ed. (402, 403)

1999 Ed. (603)
Sierra Trust Corp. Income
1995 Ed. (2708)
Sierra Trust International Growth
1995 Ed. (556)
Sierra Trust National Municipal
1995 Ed. (2711, 2746)
Sierra Trust Short-Term Global Government A
1998 Ed. (408)
1999 Ed. (599)
Sierra Trust U.S. Government Fund
1994 Ed. (584)
Sierra Tucson Cos.
1993 Ed. (3337)
Sierra Vista, AZ
2012 Ed. (2554)
Sierra West Bank
1998 Ed. (375)
Sierra Western Mortgage
1997 Ed. (2809)
Sierra Wireless
2015 Ed. (1110)
2016 Ed. (1022)
Sierra Wireless Inc.
2001 Ed. (1655)
2002 Ed. (2507)
2003 Ed. (4697)
2005 Ed. (1669, 1704, 1729, 2831)
2006 Ed. (1615, 2815, 2821, 3694)
2007 Ed. (1235, 2805, 2809)
2008 Ed. (1133, 2937)
2009 Ed. (1111, 2991, 2993)
2010 Ed. (1092, 1514, 2931, 2932, 4597)
2011 Ed. (1030, 2892, 2894, 2895, 2897)
2012 Ed. (960, 2829, 2830)
2013 Ed. (603, 2914, 2916)
2014 Ed. (618, 1074, 2928, 2930)
2015 Ed. (1112, 2976, 2980)
2016 Ed. (1024, 2913, 2915)
Sierra w/o Wires Inc.
2016 Ed. (1950)
Sievert; Jean
1997 Ed. (1928)
Sievo Oy
2011 Ed. (2907)
Siewert Cabinet & Fixture Manufacturing
2005 Ed. (4996)
Sieyu
2007 Ed. (4636)
SIF Banat-Crisana Arad
2002 Ed. (4458)
SIF Muntenia Bucharest
2002 Ed. (4458)
SIF Oltenia Cralova
2002 Ed. (4458, 4459)
SIF Transilvania Brasov
2002 Ed. (4458, 4459)
Sifco Industries
2011 Ed. (4467)
SIFE Trust
1994 Ed. (2613)
Sify
2010 Ed. (1124)
2011 Ed. (1063)
SIG Combibloc Group
2016 Ed. (4010)
SIG plc
2008 Ed. (753)
2009 Ed. (749)
2010 Ed. (694, 1391, 1399)
Sig Sauer
2016 Ed. (3424)
SIG Sauer Inc.
2015 Ed. (1888)
2016 Ed. (1851)
SIGA Technologies Inc.
2009 Ed. (3014)
Sigaba Corp.
2003 Ed. (1341)
SIGCO Inc.
2016 Ed. (2822)
SiGe Semiconductor
2009 Ed. (1111, 2981)
2010 Ed. (1092)
Sigel Division of Jacobs Engineering Group Inc.
1995 Ed. (1700)
The Sigel Group
1990 Ed. (285)
1991 Ed. (254)
1992 Ed. (1969)
Sigem Inc.
2002 Ed. (2505, 2507, 2508)
Siggi Wilzig
1992 Ed. (2062)
Siggins Co., Inc.

2007 Ed. (3572, 3573, 4430)
Sight & Sound Software
2002 Ed. (2531)
SightLine Health
2013 Ed. (2868)
Sigit Automation Inc.
2011 Ed. (1464)
Sigler, Andrew C.
1992 Ed. (1141)
Sigma
1992 Ed. (3984)
1997 Ed. (2112)
2002 Ed. (3760)
2004 Ed. (4920)
Sigma-Aldrich
2014 Ed. (2537)
2016 Ed. (2534)
Sigma-Aldrich Corp.
1989 Ed. (896, 897, 900)
1990 Ed. (963, 964, 1992)
1992 Ed. (1128)
1993 Ed. (928)
1994 Ed. (941, 942)
1995 Ed. (973, 974)
1996 Ed. (950, 951)
1998 Ed. (715, 716, 3290)
1999 Ed. (1113)
2002 Ed. (988, 993)
2003 Ed. (936)
2004 Ed. (946, 947, 3398)
2005 Ed. (936, 937, 941, 1880, 1881,
   1885, 1886, 1887, 3409)
2006 Ed. (846, 857, 868, 1901, 1906,
   1907)
2007 Ed. (921, 930, 943, 957)
2008 Ed. (905, 920, 924, 1947, 1954)
2009 Ed. (913, 928, 932, 1908)
2010 Ed. (857, 868)
2011 Ed. (783, 796, 2865)
2012 Ed. (736, 737, 756, 775, 1729)
2013 Ed. (930, 958, 974, 976, 1892)
2014 Ed. (883, 924, 926, 1825)
2015 Ed. (945, 947, 1865)
2016 Ed. (855, 857, 1268, 1828,
   1831)
Sigma Alimentos
2001 Ed. (1972)
Sigma Batara
1996 Ed. (3377)
Sigma Consulting Corp.
2009 Ed. (4348)
Sigma Cos.
2009 Ed. (2531)
2010 Ed. (2447)
2011 Ed. (2456)
2012 Ed. (206)
Sigma Designs Inc.
1989 Ed. (1566, 2500)
1990 Ed. (1976)
1991 Ed. (2571, 3148)
2009 Ed. (1522, 1543, 1544, 1545,
   2914)
2010 Ed. (1528, 2846, 2857)
2011 Ed. (2838, 2839)
Sigma Diagnostics
1992 Ed. (3007)
1995 Ed. (2532)
1996 Ed. (2593)
1997 Ed. (2743)
1999 Ed. (3337)
2000 Ed. (3076)
2001 Ed. (3267)
2002 Ed. (3298)
Sigma Grupo
2000 Ed. (2228)
Sigma Industries Inc.
2010 Ed. (1549, 3642)
2011 Ed. (3646)
Sigma (Petrofina)
1997 Ed. (2982)
Sigma Pharmaceuticals
2012 Ed. (4328)
2013 Ed. (3888, 4278)
Sigma Plastics
1998 Ed. (2874)
Sigma Plastics Group
2001 Ed. (3817)
2003 Ed. (3890)
2004 Ed. (3907)
2005 Ed. (3853)
2006 Ed. (3918)
2007 Ed. (3972)
2008 Ed. (3996)
2009 Ed. (4068, 4081)
2010 Ed. (3986, 4385)
2011 Ed. (3992)
2012 Ed. (3985)
2013 Ed. (4050)
2014 Ed. (3689, 3989)
2015 Ed. (3703, 4038)

2016 Ed. (3949)
Sigma Stretch
1996 Ed. (3051)
Sigma Tau Delta International English
   Honor Society
1999 Ed. (297)
SigmaKalon
2004 Ed. (1032)
2005 Ed. (1039)
2006 Ed. (1048)
SigmaKalon Group BV
2005 Ed. (3284)
2006 Ed. (3766)
2007 Ed. (1137, 3763)
2008 Ed. (1017, 3843)
2009 Ed. (1002, 3899)
2010 Ed. (3809)
Sigman-Aldrich
1991 Ed. (1891)
Sigmar Recruitment
2008 Ed. (1713)
2014 Ed. (1708)
SigmaTel Inc.
2003 Ed. (2733)
2005 Ed. (4250, 4253)
2006 Ed. (2722)
2008 Ed. (4530)
Sigmund Sternberg; Sir
2005 Ed. (3868)
The Sign
1996 Ed. (3031)
Sign-A-Rama Inc.
2002 Ed. (4281)
2003 Ed. (4420)
2004 Ed. (4420)
2005 Ed. (4368)
2006 Ed. (4316)
2007 Ed. (4381)
2008 Ed. (4337)
2009 Ed. (4442)
2010 Ed. (4483)
2011 Ed. (4416)
2012 Ed. (4478)
2013 Ed. (4441)
2014 Ed. (4473)
2015 Ed. (4467)
2016 Ed. (4369)
Sign Design Inc.
2006 Ed. (3519)
Signacon Controls Inc.
1998 Ed. (1421)
Signal 88 Security
2013 Ed. (4436)
2014 Ed. (4469)
2015 Ed. (4463)
2016 Ed. (4364)
The Signal and the Noise
2014 Ed. (635)
Signal Apparel
1992 Ed. (3226)
Signal Corp.
1994 Ed. (2570)
1998 Ed. (2682)
1999 Ed. (3458, 3620)
2001 Ed. (2924)
2005 Ed. (1376)
Signal Cos.
2005 Ed. (1510)
Signal Delivery Service
1993 Ed. (3634)
1994 Ed. (3594)
1995 Ed. (3674)
Signal Energy Constructors
2016 Ed. (4407, 4412, 4416)
Signal Graphics Business Center
2006 Ed. (3963)
2008 Ed. (4023)
Signal Graphics Printing
2011 Ed. (4015)
Signal Technology Corp.
2003 Ed. (205)
Signals Audio/Video
2016 Ed. (2957)
SignalSoft Corp.
2002 Ed. (1619)
2003 Ed. (2709)
2004 Ed. (2774)
Signarama
2016 Ed. (782)
Signator Financial Networks
2002 Ed. (790, 791, 792, 793, 794)
Signature
1993 Ed. (259)
2008 Ed. (3084)
Signature Bank
2011 Ed. (289)
2012 Ed. (312)
2013 Ed. (324, 1935, 2692)
2014 Ed. (338)
2015 Ed. (374, 378)

2016 Ed. (362)
Signature Brands USA
1999 Ed. (1216)
2000 Ed. (1130)
Signature (Butler)
1995 Ed. (193)
Signature Closers
2016 Ed. (4090)
Signature Consultants
2015 Ed. (1814)
Signature Custom Woodworking Inc.
2012 Ed. (590)
2013 Ed. (724, 2857)
2014 Ed. (747, 2886)
Signature Dental Plan
2000 Ed. (1657)
Signature Dental Plan & More
2002 Ed. (1915)
Signature Dental Plan of Florida Inc.
1998 Ed. (1255)
Signature Foods
2010 Ed. (2721)
2012 Ed. (2631)
2013 Ed. (2717)
Signature Ford-Lincoln-Mercury
1994 Ed. (274)
Signature Fruit Co., LLC
2005 Ed. (1366)
Signature Genomic Laboratories
2010 Ed. (2887, 4048, 4973)
The Signature Group
1993 Ed. (2911)
1998 Ed. (3478)
Signature Group Telemarketing
1999 Ed. (4555, 4556)
2000 Ed. (4193, 4194)
Signature HealthCare
2011 Ed. (2869, 3770)
2012 Ed. (3773)
2015 Ed. (2935)
Signature HealthCARE Consulting Services LLC
2016 Ed. (1727)
Signature Homes
1993 Ed. (1094)
2002 Ed. (1196)
Signature Inns
1991 Ed. (1942)
1992 Ed. (2475)
1993 Ed. (2084)
1994 Ed. (2114)
1996 Ed. (2177)
1997 Ed. (2292)
1998 Ed. (2021)
2000 Ed. (2556)
Signature Lincoln-Mercury
1995 Ed. (293, 295)
Signature Professional
2006 Ed. (671)
Signature Properties
2005 Ed. (1219)
Signature Selections
2014 Ed. (3976)
Signature Southwest Properties
2014 Ed. (4989)
Signature Styles
2013 Ed. (905)
Signature Wines
2007 Ed. (2598)
2008 Ed. (2733)
SignatureDental Plan of Florida Inc.
1999 Ed. (1831)
SignatureFD
2015 Ed. (7)
The Signery
1993 Ed. (1900)
Signet
2003 Ed. (728)
2004 Ed. (750)
2006 Ed. (643, 4186)
2007 Ed. (668, 4205)
2008 Ed. (627)
2009 Ed. (647)
2010 Ed. (615)
2011 Ed. (547)
2012 Ed. (527)
2013 Ed. (628)
2016 Ed. (645)
Signet Asset Management
1991 Ed. (2223)
Signet Bank Corp.
1998 Ed. (298, 433, 2592)
1999 Ed. (371, 372, 670)
Signet Bank Virginia
1989 Ed. (707)
1990 Ed. (713)
1991 Ed. (687)
1993 Ed. (662)
1994 Ed. (663)
1995 Ed. (632)

1996 Ed. (708, 1736, 1742)
1997 Ed. (643)
Signet Banking Corp.
1989 Ed. (622, 674)
1990 Ed. (637, 638, 685)
1991 Ed. (398, 495, 663)
1992 Ed. (648, 3657)
1993 Ed. (630, 3294)
1994 Ed. (634, 3036, 3037, 3286)
1995 Ed. (3365)
1996 Ed. (1227, 3181, 3183)
Signet Bank/Maryland
1992 Ed. (773)
1993 Ed. (563)
1994 Ed. (565)
1995 Ed. (541)
1996 Ed. (600)
Signet Bank/Maryland (Baltimore)
1991 Ed. (604)
Signet Bank/Maryland (D)
1989 Ed. (2152, 2156)
Signet Bank/Virgima
1992 Ed. (546, 862, 3104)
Signet Credit Union
2015 Ed. (2229)
2016 Ed. (2200)
Signet Group
1995 Ed. (200)
Signet Group plc
2004 Ed. (4051)
2007 Ed. (1724)
Signet Jewelers
2014 Ed. (861)
2015 Ed. (900, 1561)
2016 Ed. (1496, 4217)
Signet Offshore Fund Ltd.
1996 Ed. (1059)
1999 Ed. (1250)
Signet Partners
1996 Ed. (1059)
Signet Solar Inc.
2010 Ed. (1074, 2384)
Signet Strategic Capital Corp.
1994 Ed. (1067)
Signet Trust
1993 Ed. (2300)
Signet U.S. Holding Inc.
2004 Ed. (1695)
2005 Ed. (1751)
2006 Ed. (1672)
2007 Ed. (1676)
Significant Other
2001 Ed. (3407, 3408)
Signode Industrial Group
2016 Ed. (3409)
Signova
2003 Ed. (3979, 4012)
2004 Ed. (4023)
2005 Ed. (3971)
Signs
2004 Ed. (3517)
2005 Ed. (2259, 4832)
Signs By Tomorrow
2002 Ed. (4281)
2003 Ed. (4420)
2005 Ed. (4368)
2006 Ed. (4316)
2007 Ed. (4381)
2008 Ed. (4337)
2009 Ed. (4442)
2010 Ed. (4483)
2011 Ed. (4416)
2012 Ed. (4478)
2013 Ed. (4441)
2014 Ed. (4473)
Signs First
2002 Ed. (4281)
2003 Ed. (4420)
Signs Now Corp.
1992 Ed. (2223, 2225)
1993 Ed. (1900)
2002 Ed. (2361, 4281)
2003 Ed. (4420)
2004 Ed. (4420)
2005 Ed. (4368)
2006 Ed. (4316)
2007 Ed. (4381)
2008 Ed. (4337)
2009 Ed. (4442)
2010 Ed. (4483)
2011 Ed. (4416)
2012 Ed. (4478)
2013 Ed. (4441)
2014 Ed. (4473)
Signum LLC
2004 Ed. (1856)
Sigo SA
2010 Ed. (2074)
Sigoloff; Sanford C.
1990 Ed. (1714)

Sihuan Pharma
2010 Ed. (1481)
Sihuan Pharmaceutical Holdings
2016 Ed. (1369, 1370, 1371)
SII
2008 Ed. (1209)
SII Investments Inc.
2000 Ed. (841, 844)
2002 Ed. (789, 799, 801)
SIIX Corp.
2006 Ed. (1227, 1232)
Sika
2012 Ed. (783)
2014 Ed. (1144)
2015 Ed. (1194)
2016 Ed. (1104)
Sika AG
2011 Ed. (893)
2014 Ed. (992)
2015 Ed. (1026)
2016 Ed. (24, 931)
Sikand Engineering Associates
1992 Ed. (358)
Sikarin
2008 Ed. (2117)
Sikich
2012 Ed. (1)
2013 Ed. (16)
2014 Ed. (12)
2015 Ed. (13)
2016 Ed. (12, 4766)
Sikich LLP
2015 Ed. (1690)
Siko Kupelne A. S.
2016 Ed. (1994)
Sikorsky
1991 Ed. (1897, 1898, 1899)
1994 Ed. (2044)
1999 Ed. (2660, 4114)
Sikorsky Aircraft Corp.
1990 Ed. (1743)
2001 Ed. (1675)
2003 Ed. (1659)
2004 Ed. (1688)
2005 Ed. (1746)
2006 Ed. (1665)
2007 Ed. (1671)
2008 Ed. (1696)
2009 Ed. (1620)
2010 Ed. (1596)
2011 Ed. (1598)
2012 Ed. (1444)
2013 Ed. (1576)
2014 Ed. (1546)
2015 Ed. (1597)
2016 Ed. (1522)
Sikorsky Credit Union
2002 Ed. (1853)
Sikorsky Export Corp.
2005 Ed. (1746)
Sikorsky Financial Credit Union
2003 Ed. (1910)
2004 Ed. (1950)
2005 Ed. (2092)
2006 Ed. (2187)
2007 Ed. (2108)
2008 Ed. (2223)
2009 Ed. (2206)
2010 Ed. (2160)
2011 Ed. (2180)
2012 Ed. (2040)
2013 Ed. (2218)
2014 Ed. (2149)
2015 Ed. (2213)
2016 Ed. (2184)
Sila Kalite Kontrol Muayene Gozetim
    VE Denetim Hizmetleri Sanayi VE
    Ticaret Ltd. STI
2016 Ed. (2069)
Silanis
2013 Ed. (2895)
Silao, Mexico
2010 Ed. (3501)
Silberauto AS
2011 Ed. (1617)
Silberman College of Business
2014 Ed. (775)
2015 Ed. (817, 818)
2016 Ed. (730)
Silberman; Robert
2006 Ed. (879)
2012 Ed. (2490, 2492)
Silbert; Theodore H.
1992 Ed. (531)
Silchester International
2000 Ed. (2807)
Silchester International Investors
1998 Ed. (2273)
1999 Ed. (3073)
Silcorp Ltd.

1990 Ed. (3060)
1991 Ed. (1101)
1992 Ed. (2195)
1994 Ed. (1189)
The Silence of the Lambs
1993 Ed. (3668)
The Silencers
1998 Ed. (3676, 3677)
Silent Knight
2014 Ed. (4441)
Silentnight Holdings plc
2001 Ed. (2571)
Siletto; Cristina
2006 Ed. (4984)
Silex Interiors
2012 Ed. (1003)
Silgan Containers
1992 Ed. (1048)
Silgan Corp.
1992 Ed. (3321)
Silgan Holdings
2015 Ed. (1218)
Silgan Holdings Inc.
1999 Ed. (1346)
2001 Ed. (1455, 1456)
2003 Ed. (1221, 1222, 1223)
2004 Ed. (1227, 1228, 1229, 1230,
    3445, 3446)
2005 Ed. (1262, 1263, 1264, 1266,
    3459, 3460)
2006 Ed. (1222, 1224, 1226)
2007 Ed. (1329, 1331)
2008 Ed. (1219)
2010 Ed. (3651)
2011 Ed. (3655)
2012 Ed. (3638, 3659)
2013 Ed. (3697, 3717)
2014 Ed. (3649)
2015 Ed. (3659)
2016 Ed. (3525, 3531)
Silgan Plastics-a
1993 Ed. (2865)
Silgan Plastics Corp.
1999 Ed. (3840)
2001 Ed. (718)
2003 Ed. (687)
2004 Ed. (690)
2005 Ed. (686)
2006 Ed. (601)
2007 Ed. (630)
2008 Ed. (578)
2009 Ed. (607)
2010 Ed. (590)
2011 Ed. (515)
2012 Ed. (496)
2013 Ed. (611)
2014 Ed. (631)
Silgan Plastics LLC
2015 Ed. (696)
2016 Ed. (634)
Silgos
1991 Ed. (2065)
Silhouette
2001 Ed. (488)
2003 Ed. (729)
2004 Ed. (751)
2005 Ed. (732)
2006 Ed. (645)
2008 Ed. (3121)
2009 Ed. (649)
Silia Ferry Line
1993 Ed. (1537)
Silich
2012 Ed. (19)
Silicon Energy Corp.
2003 Ed. (2166)
Silicon Graphics Inc.
1990 Ed. (3710)
1991 Ed. (1022, 1520)
1992 Ed. (1561, 1914, 3068, 4491,
    4492, 4493)
1993 Ed. (1055, 3739)
1994 Ed. (1081, 1253, 3677, 3678)
1995 Ed. (1085, 2259)
1996 Ed. (1065, 1070, 3886)
1997 Ed. (1080, 1084)
1998 Ed. (832, 3372, 3771)
1999 Ed. (1263, 1265, 1560, 2876,
    4269, 4490, 4491)
2000 Ed. (1157, 1161)
2005 Ed. (1112, 1671)
2007 Ed. (2715, 2893)
2008 Ed. (353, 1602, 1608, 1609,
    2849)
2009 Ed. (2900, 3100)
2010 Ed. (2844)
2011 Ed. (1523, 1524)
Silicon Graphics, Inc. (SGI)
2002 Ed. (707, 3372, 4994)
2003 Ed. (1358)

2004 Ed. (1108, 1111)
Silicon Image Inc.
2008 Ed. (1604)
Silicon Integrated Systems
1992 Ed. (1700)
Silicon Investor
2002 Ed. (4792, 4830, 4886)
Silicon Kinetics Inc.
2011 Ed. (4185)
Silicon Laboratories Inc.
2005 Ed. (1089, 4611)
2007 Ed. (2719, 2753, 4349)
Silicon Mitus Inc.
2013 Ed. (2898)
Silicon Motion Technology
2013 Ed. (4520)
Silicon Mountain Memory
2007 Ed. (4026)
Silicon Space, Inc.
2002 Ed. (2480)
Silicon Storage Technology Inc.
1997 Ed. (2164, 3521)
2005 Ed. (1672, 1676)
Silicon Systems Inc.
1990 Ed. (3229)
1993 Ed. (2035, 3212)
1994 Ed. (2285)
Silicon Valley
2003 Ed. (4843)
2005 Ed. (4816)
Silicon Valley A2Z
2003 Ed. (2748)
Silicon Valley Bancshares
1990 Ed. (456)
1993 Ed. (379)
2002 Ed. (499, 500, 501)
2004 Ed. (646, 647)
2005 Ed. (635, 636)
Silicon Valley, CA
2002 Ed. (4734)
Silicon Valley Community Foundation
2010 Ed. (1052, 1053, 2772)
2011 Ed. (988, 989, 2758)
2012 Ed. (903, 904)
Silicon Valley Group
1991 Ed. (1517, 1521)
1992 Ed. (3913, 3914)
1993 Ed. (3004, 3210)
1995 Ed. (3285)
Silicon Valley Research Inc.
2000 Ed. (1305)
Silicon Valley Staffing Group
2008 Ed. (4368)
Silicon Valley Systech Inc.
2007 Ed. (4402)
Silicones
2001 Ed. (2628)
Siliconix
1989 Ed. (1327)
SiliconSystems Inc.
2010 Ed. (2924)
Siliconware Precision Industries
2009 Ed. (4419)
2011 Ed. (2075)
SILIKO d.o.o.
2008 Ed. (918, 2071)
Silikons Advertising
2001 Ed. (162)
Silikons Advertising Estonia
2001 Ed. (134)
2002 Ed. (106)
Silikons Advertising Latvia
2001 Ed. (160)
2002 Ed. (134)
2003 Ed. (100)
Silikons Advertising Lithuania
2002 Ed. (136)
2003 Ed. (102)
Silja Group
2001 Ed. (2414)
Silja Line
1999 Ed. (247)
Silja Nordic Ferries
1996 Ed. (1596)
Silk
2003 Ed. (677)
2004 Ed. (680)
2006 Ed. (573)
2007 Ed. (619)
2008 Ed. (569)
2009 Ed. (599)
2010 Ed. (583, 3675)
2011 Ed. (4493)
2013 Ed. (4462)
2014 Ed. (4507)
Silk Cut
1997 Ed. (991)
2001 Ed. (1233)
Silk Cuts King Size
1996 Ed. (972)

Silk Effects Plus; Schick
2008 Ed. (2875)
Silk Greenhouse
1990 Ed. (1966, 3296)
1992 Ed. (3309, 3311)
Silk Light
2011 Ed. (4493)
2013 Ed. (4462)
2014 Ed. (4507)
2016 Ed. (4444)
Silk Light Soymilk
2015 Ed. (4507)
Silk Plus
2011 Ed. (4493)
2013 Ed. (4462)
2014 Ed. (4507)
Silk Pure Almond
2013 Ed. (4462)
2014 Ed. (4507)
2015 Ed. (4507)
2016 Ed. (4444)
Silk Pure Almond Light
2016 Ed. (4444)
Silk Pure Coconut
2014 Ed. (4507)
2015 Ed. (4507)
2016 Ed. (4444)
Silk Soymilk
2015 Ed. (4507)
2016 Ed. (4444)
Silk; White Wave
2005 Ed. (673)
Silknet Software, Inc.
2001 Ed. (4187)
Silkona Textil GmbH
2001 Ed. (1282)
Silktown Roofing
2009 Ed. (4352)
Silla
2015 Ed. (2036)
Sills, Cummis, Radin, Tischman, Ep-
    stein & Gross
2002 Ed. (3060)
Sills Cummis Zuckerman Radin
    Tischman
1989 Ed. (1884)
Sills, Cummis, Zuckerman, Radin,
    Tischman, Epstein & Gross
1990 Ed. (2423)
1991 Ed. (2289)
1992 Ed. (2843)
1993 Ed. (2401)
1995 Ed. (2419)
1997 Ed. (2599)
1999 Ed. (3155)
2000 Ed. (2900)
Sills, Cummis, Zuckerman, Radin,
    Tischman, Epstein & Gross P.A.
1994 Ed. (2354)
Sills, Cummis, Zuckerman, Radin, Tish-
    man, Epstein & Gross
1998 Ed. (2331)
Silo
1989 Ed. (264)
1990 Ed. (2026, 2033)
1991 Ed. (248, 1541, 1920, 1921,
    3164)
1992 Ed. (348, 1077, 1936, 2423,
    2426, 2428)
1993 Ed. (867)
1994 Ed. (229, 2071)
1995 Ed. (229, 2120)
Silor
1992 Ed. (3302)
Silor Division of Essilor America
1996 Ed. (2873)
Silor/Essilor America
1995 Ed. (2814)
SiloSmashers
2007 Ed. (1318, 3609)
Silouette
2003 Ed. (2876)
Silovye Mashiny
2012 Ed. (3510)
Siltanen/Keehn
2003 Ed. (175)
Siluria
2013 Ed. (4594)
Siluria Technologies
2015 Ed. (2547)
Silver
1990 Ed. (2402)
1992 Ed. (426, 427)
2001 Ed. (536)
2007 Ed. (3038)
2008 Ed. (1093)
Silver Associates Inc.; L. A.
1992 Ed. (2048)
Silver Associates; M.
1992 Ed. (3562)

Silver Bay Realty Trust Corp.
2016 Ed. (3041)
Silver Bridge CPA
2013 Ed. (4981)
Silver Bullet Construction
2016 Ed. (1062)
Silver Burdett
1989 Ed. (2275)
Silver; Carl D.
2008 Ed. (4911)
Silver Creek
1994 Ed. (3545)
1995 Ed. (3623)
1999 Ed. (4609)
Silver Creek Software Ltd.
2016 Ed. (1465)
Silver Cross
2007 Ed. (899)
Silver Cross Hospital
2006 Ed. (2917)
2008 Ed. (3058)
2009 Ed. (3143)
2010 Ed. (3074)
2011 Ed. (3046)
2012 Ed. (2983)
2013 Ed. (3073)
Silver Dollar City, Inc.
2001 Ed. (378)
Silver Eagle
2003 Ed. (659)
2016 Ed. (890)
Silver Eagle Distributors
2001 Ed. (680)
2004 Ed. (666)
2005 Ed. (653)
2006 Ed. (553)
2007 Ed. (593)
2008 Ed. (538)
2009 Ed. (572)
Silver Eagle Distributors LP
2010 Ed. (554)
2011 Ed. (481)
2012 Ed. (437)
2013 Ed. (551)
Silver Eagle Transport
1992 Ed. (4354)
Silver Falls Bank
2004 Ed. (400, 403)
Silver, Freedman & Taff LLP
2001 Ed. (562)
Silver King Broadcasting
1990 Ed. (3550)
Silver King Communications
1995 Ed. (3576)
1997 Ed. (3721)
Silver Lake Management
2015 Ed. (1346)
Silver Lake Partners
2002 Ed. (3080)
2006 Ed. (3276)
2007 Ed. (1442)
2008 Ed. (1425, 3445)
Silver Lake Resources
2015 Ed. (1453)
Silver Lakes
1996 Ed. (3050)
1997 Ed. (3130)
Silver Lakes Partnership
1998 Ed. (3005)
Silver Legacy Resort & Casino
2011 Ed. (1889)
Silver Line Building Products Corp.
2006 Ed. (4956)
2007 Ed. (4965)
Silver; Nate
2014 Ed. (2412)
Silver Oaks Cellars
2015 Ed. (4992)
Silver Recycling Co.
2009 Ed. (1581)
Silver SpA
2005 Ed. (1475)
Silver Spoon White
1994 Ed. (2004)
Silver Spoon White Sugar
1992 Ed. (2356)
Silver Spring
1990 Ed. (745)
Silver Spring Networks
2012 Ed. (2360)
2015 Ed. (2534)
Silver Springs/CA
1989 Ed. (747)
Silver Stadium
1989 Ed. (987)
Silver Standard Resources Inc.
2006 Ed. (4492)
2013 Ed. (1520, 1531)
2014 Ed. (1488)
Silver State Bancorp

2008 Ed. (428)
2009 Ed. (394, 454)
Silver State Helicopters
2008 Ed. (4738)
2009 Ed. (4773)
Silver State Schools Credit Union
2002 Ed. (1878)
2003 Ed. (1932)
Silver State Schools Family Credit
Union
2004 Ed. (1972)
2005 Ed. (2114)
2006 Ed. (2209)
2007 Ed. (2130)
2008 Ed. (2245)
2009 Ed. (2231)
2010 Ed. (2185)
2011 Ed. (2203)
2012 Ed. (2064)
2013 Ed. (2246)
2014 Ed. (2178)
2015 Ed. (2242)
2016 Ed. (2213)
Silver Wheaton
2013 Ed. (1631, 3724)
2014 Ed. (1593, 2864, 3659)
2015 Ed. (2905, 3677)
Silver Wheaton Corp.
2007 Ed. (1622, 1624, 1649)
2009 Ed. (1560)
2010 Ed. (1517)
2011 Ed. (4558)
2012 Ed. (1355, 1358, 1408, 3643,
3668, 4561, 4573)
2013 Ed. (822, 847, 1496, 1520,
3687, 3700, 3729)
2014 Ed. (1464, 1488, 3621, 3664,
4010, 4032, 4571)
2015 Ed. (1545, 3634, 3682)
2016 Ed. (1461, 3566)
Silver & Ziskind Architects Planners,
Interior Designers
1994 Ed. (237)
1995 Ed. (240)
Silverado
2001 Ed. (480, 3394, 4638)
2002 Ed. (386, 4684)
Silverado C.C. & Resort
2000 Ed. (2543)
Silverado; Chevrolet
2005 Ed. (304, 4777, 4785, 4786)
2006 Ed. (323, 4829, 4856)
2007 Ed. (4858)
2008 Ed. (299, 304, 4765, 4781)
2009 Ed. (4812)
2010 Ed. (4830)
2013 Ed. (4770, 4771, 4772)
Silverado Pickup
2002 Ed. (4699)
Silverado Resort
2012 Ed. (1377)
2013 Ed. (1472)
2015 Ed. (1496)
2016 Ed. (1430)
Silverbeck Rymer
2009 Ed. (3500, 3501)
2010 Ed. (3430)
2011 Ed. (3415)
SilverBirch Hotels & Resorts REIT
2010 Ed. (4751)
Silvercorp Metals
2014 Ed. (3659)
Silvercorp Metals Inc.
2007 Ed. (1619, 1620, 1650)
2008 Ed. (1617)
2009 Ed. (1399)
2011 Ed. (1507)
2012 Ed. (1409, 4565)
2014 Ed. (1488)
Silvercrest Asset Management Group
LLC
2009 Ed. (3443)
2010 Ed. (3384)
2011 Ed. (3333)
2012 Ed. (3318)
Silverhawk Realty
2013 Ed. (3750, 4981)
Silverite Construction
1993 Ed. (1152)
Silverlake Axis
2015 Ed. (1800)
Silverlakes, FL
1998 Ed. (2871)
Silverline Industries Ltd.
1997 Ed. (1106)
2002 Ed. (4426)
Silverline Technologies
2003 Ed. (4588)
Silverman & Co.; William
1994 Ed. (2969)

1995 Ed. (3029)
1996 Ed. (3132)
1997 Ed. (3209)
Silverman Construction Co.
1998 Ed. (901, 961)
2000 Ed. (1274)
Silverman Cos.
2000 Ed. (1212, 3718)
Silverman; Henry R.
2005 Ed. (980, 981, 2504)
2007 Ed. (1026, 1035)
Silverman; Jeffrey S.
1996 Ed. (966)
Silverplate
2001 Ed. (4433)
2004 Ed. (4424)
2005 Ed. (4372)
2006 Ed. (4320)
2007 Ed. (4385)
Silverpop
2007 Ed. (2353)
2008 Ed. (2477)
Silverpop Systems Inc.
2009 Ed. (3003)
Silversea Cruises
2013 Ed. (2287)
2014 Ed. (2220)
2015 Ed. (2284)
2016 Ed. (2256)
SilverSpring Network
2011 Ed. (2538)
Silverstein Properties Inc.
2011 Ed. (1912)
Silverstone
1992 Ed. (2538)
SilverStone Group Inc.
2002 Ed. (2858)
2004 Ed. (2269)
2005 Ed. (2370)
2006 Ed. (2419)
2015 Ed. (3309)
Silverstream Software
2002 Ed. (2520)
Silverthorne, CO
2010 Ed. (4272)
2011 Ed. (4203)
Silverton Mountain
2012 Ed. (4479)
2013 Ed. (4443)
2014 Ed. (4474)
2015 Ed. (4468)
2016 Ed. (4370)
SilverWalker Inc.
2011 Ed. (4996)
Silvester & Tafuro
2006 Ed. (3173)
Silvikrin
2001 Ed. (2653)
Silvinit
2011 Ed. (794)
2012 Ed. (752, 778, 1233)
Silvio Berlusconi
2003 Ed. (4892)
2004 Ed. (4881)
2005 Ed. (789, 4877, 4878, 4879)
2006 Ed. (4924)
2007 Ed. (4912)
2008 Ed. (4869)
2009 Ed. (4891)
2010 Ed. (4891)
2011 Ed. (4880)
2012 Ed. (4889)
2013 Ed. (4882)
2014 Ed. (4493, 4895)
2015 Ed. (4934)
2016 Ed. (4850)
Silvio Denz
2008 Ed. (4909)
Silvio Santos; Grupo
2006 Ed. (31)
2007 Ed. (23)
2008 Ed. (28)
Sim Fryson Motor Co.
2003 Ed. (211)
SIM Technology Group
2008 Ed. (1787)
Sim Wong Hoo
2006 Ed. (4918)
SIM2
2013 Ed. (200)
2014 Ed. (208)
2015 Ed. (235)
Siman Fars va Khouzestan
2002 Ed. (4428)
2006 Ed. (4509)
Siman Paper
2006 Ed. (2836, 3507, 4346)
Siman Sepahan
2002 Ed. (4429)
2006 Ed. (4509)

Siman Tehran
2006 Ed. (4509)
SimCity
1995 Ed. (1100)
SimCity 2000
1995 Ed. (1100, 1102)
1996 Ed. (1078, 1080)
1997 Ed. (1089)
Simclar Group Ltd.
2006 Ed. (1227, 1235)
Simcoe Canada Land Development Inc.
2009 Ed. (2919)
2010 Ed. (2859)
Simdex Co., Inc.
1992 Ed. (2406, 2407)
Sime Bank Berhad
1999 Ed. (587)
2000 Ed. (603)
Sime Darby
1992 Ed. (64, 256, 1572, 1667, 1668,
1669, 1687, 2823, 3978)
1994 Ed. (146, 1417, 1418, 2348)
1995 Ed. (164, 1452, 1453, 1454,
1455, 1577)
1996 Ed. (1415, 1416, 2446)
1997 Ed. (1475)
1999 Ed. (200, 1700, 1701, 1702,
3137, 3138)
2000 Ed. (1294, 1295, 1299, 1511,
2884, 2885)
2001 Ed. (1784, 1785)
2006 Ed. (1860)
2007 Ed. (1865)
2008 Ed. (1899)
2009 Ed. (1862)
2010 Ed. (1794)
2011 Ed. (1819)
2012 Ed. (1677)
2013 Ed. (842, 1829)
2014 Ed. (1758, 3141)
2015 Ed. (1801, 3202)
2016 Ed. (679, 1755, 3057)
Sime Darby Bhd.
1989 Ed. (1139)
1990 Ed. (1397, 1398)
1991 Ed. (1323, 1324, 1339, 1341,
2274, 2275, 3129, 3130)
1993 Ed. (162, 1365, 2385)
1997 Ed. (182, 1474)
2000 Ed. (223, 1510)
2002 Ed. (3051)
2006 Ed. (4518)
2011 Ed. (1648)
Sime Darby (Malaysia)
1990 Ed. (1415)
Sime Darby Motor Group
2015 Ed. (282)
Sime Darby Sdn. Bhd.
2002 Ed. (1721)
2004 Ed. (1787)
Simec, SA de CV; Grupo
2005 Ed. (3395)
2008 Ed. (4538)
Simeus Foods Inc.
2008 Ed. (2113)
Simeus Foods International Inc.
2006 Ed. (2046)
2008 Ed. (3615)
Simi Valley, CA
1999 Ed. (1176)
Similac
1989 Ed. (2326)
1994 Ed. (2197)
1996 Ed. (1936)
1997 Ed. (2031)
1998 Ed. (1714)
2001 Ed. (2846, 2847)
2002 Ed. (2800, 2802)
2003 Ed. (2914)
2008 Ed. (3161)
2014 Ed. (3175)
2015 Ed. (3235)
2016 Ed. (3090)
Similac Advance
2014 Ed. (3174, 3175)
2015 Ed. (3234, 3235)
2016 Ed. (3089, 3090)
Similac Advance Early Shield
2014 Ed. (3174)
2015 Ed. (3234)
Similac Advantage
2015 Ed. (3233)
2016 Ed. (3088)
Similac Expert Care Alimentum
2014 Ed. (3175)
2015 Ed. (3235)
2016 Ed. (3090)
Similac Expert Care NeoSure
2015 Ed. (3235)
2016 Ed. (3090)

Similac Isomil
2014 Ed. (3175)
2015 Ed. (3233, 3235)
2016 Ed. (3088, 3090)
Similac Neosure Advance
2014 Ed. (3175)
Similac Sensitive
2014 Ed. (3174, 3175)
2015 Ed. (3233, 3234, 3235)
2016 Ed. (3088, 3089, 3090)
Similac Sensitive RS
2014 Ed. (3175)
Similac with Iron, R-T-U
1990 Ed. (3038, 3039)
Similasan
2016 Ed. (2337)
Simkins Industries
1999 Ed. (3686)
2000 Ed. (3402)
Simmonds
1989 Ed. (265)
1991 Ed. (250)
1992 Ed. (352)
1993 Ed. (242)
Simmonds Healthcare
1994 Ed. (232)
1995 Ed. (234)
1996 Ed. (230)
1999 Ed. (286)
Simmonds Healthcare Facilities
2000 Ed. (312)
Simmonds Precision Products Inc.
2001 Ed. (1892)
2003 Ed. (1842)
2007 Ed. (2049)
2008 Ed. (2153)
2009 Ed. (2136)
2010 Ed. (2078)
2011 Ed. (2135)
2012 Ed. (1979)
2013 Ed. (2138)
2015 Ed. (2121)
2016 Ed. (2104)
Simmons
1990 Ed. (1863, 2524)
1997 Ed. (652)
2003 Ed. (3321)
2005 Ed. (1514, 3284, 3410)
2006 Ed. (2874)
2009 Ed. (3670)
2010 Ed. (3003)
2011 Ed. (3590)
2014 Ed. (562)
2015 Ed. (626)
2016 Ed. (575)
Simmons Airlines
1990 Ed. (2145)
1998 Ed. (817)
1999 Ed. (1252)
Simmons Bedding Co.
2006 Ed. (1728)
Simmons Canada
1999 Ed. (2551)
Simmons College
1997 Ed. (1053)
1998 Ed. (801)
2007 Ed. (809)
2010 Ed. (3450)
2011 Ed. (3450)
Simmons & Co. International
2007 Ed. (3260)
2008 Ed. (3384)
Simmons First National
2003 Ed. (545)
Simmons First National Bank
1994 Ed. (3011)
Simmons Foods Inc.
1997 Ed. (2738, 3139)
2012 Ed. (3581, 3596)
2013 Ed. (1414, 1415, 3636, 3650)
2014 Ed. (1366, 1371, 1375, 1380)
2015 Ed. (1441)
Simmons; H.
1992 Ed. (4260)
Simmons; Harold
2007 Ed. (4893)
2008 Ed. (4823)
2009 Ed. (4846)
2013 Ed. (4832)
2015 Ed. (4884)
Simmons; Harold C.
1992 Ed. (1093, 1280)
2007 Ed. (2498)
2009 Ed. (2657)
Simmons; Harris
2011 Ed. (850)
Simmons Industries Inc.
1993 Ed. (2515, 2893)
Simmons Investigative & Security
Agency

2001 Ed. (1786)
2003 Ed. (1751)
2004 Ed. (1788)
2005 Ed. (1853)
2006 Ed. (1862)
2010 Ed. (1795)
2011 Ed. (1822)
2012 Ed. (1681)
2013 Ed. (1833)
Simmons Outdoor Corp.
1997 Ed. (2023)
Simmons Prepared Foods Inc.
2008 Ed. (3610, 3615, 3618)
2011 Ed. (3594, 3604)
Simmons; Richard
1989 Ed. (2340)
Simmons; Russell
2012 Ed. (110)
Simmons & Simmons
1991 Ed. (2286)
1992 Ed. (14, 2835, 2836)
2009 Ed. (3498)
2010 Ed. (3427)
2011 Ed. (3412)
Simmons Upholstered Furniture Inc.
1994 Ed. (1928)
Simms Capital
2003 Ed. (3080)
Simms Capital Management
1993 Ed. (2338, 2352, 2353, 2354, 2355)
1997 Ed. (2539)
1999 Ed. (3075, 3079)
Simon Arora
2012 Ed. (2450)
Simon Art Foundation; Norton
1989 Ed. (1476)
Simon & Associates Inc.; Melvin
1989 Ed. (2490, 2491)
1990 Ed. (1162, 3284, 3288, 3289)
1991 Ed. (1052, 2810, 3117, 3118, 3119, 3124, 3125)
1992 Ed. (3620, 3622, 3958, 3959, 3960, 3965, 3966, 3967)
1993 Ed. (2964, 3303, 3304, 3305, 3310, 3311, 3313, 3314, 3316)
1994 Ed. (3003, 3004, 3021, 3296, 3297, 3301, 3302, 3304)
1995 Ed. (3063, 3372)
Simon Birch
2001 Ed. (4698)
Simon C. Hemus
2012 Ed. (3988)
Simon Clift
2009 Ed. (21)
2010 Ed. (30)
2011 Ed. (26)
Simon Contractors Inc.
2011 Ed. (2158)
Simon Cowell
2008 Ed. (2584)
2009 Ed. (687, 708, 3765)
2010 Ed. (2515, 3698)
2011 Ed. (2517, 3692)
2012 Ed. (2436, 2439)
2013 Ed. (2599, 2604, 2607)
2014 Ed. (2531)
2015 Ed. (2604, 2607)
2016 Ed. (2528)
Simon; David
2010 Ed. (892)
2014 Ed. (937)
2016 Ed. (865)
Simon DeBartolo Group Inc.
1998 Ed. (3298, 3300)
1999 Ed. (4003, 4004, 4307, 4311)
2000 Ed. (1308, 4018, 4020, 4022)
2002 Ed. (1378)
Simon Flannery
1999 Ed. (2415)
2000 Ed. (2056)
Simon Foundation; Norton
1989 Ed. (1476)
Simon Fraser University
1995 Ed. (871)
2002 Ed. (903, 904)
2003 Ed. (790, 791, 792)
2004 Ed. (838)
2007 Ed. (1167, 1170, 1173, 1174, 1175)
2008 Ed. (1071, 1075, 1081, 1082)
2009 Ed. (1048, 1056, 1067)
2010 Ed. (1016, 1018)
2011 Ed. (953)
2012 Ed. (873, 875)
Simon Fuller
2005 Ed. (4891, 4894)
2006 Ed. (2500)
2007 Ed. (4929, 4932)
2008 Ed. (4905)

Simon & Garfunkel
1995 Ed. (1119)
2005 Ed. (1160)
2006 Ed. (1157, 2486)
Simon Godfrey Associates
2000 Ed. (3044, 3049)
Simon Graduate School of Business
2014 Ed. (769)
2015 Ed. (811)
Simon Halabi
2008 Ed. (4910)
2009 Ed. (4921)
2010 Ed. (4925)
Simon; Herbert
2013 Ed. (547)
Simon Johnson
2000 Ed. (2127)
Simon Keswick
2008 Ed. (4904)
2010 Ed. (4924)
Simon; Melvin
2006 Ed. (4906)
2007 Ed. (4904)
2008 Ed. (4833)
2009 Ed. (4853)
2010 Ed. (4857)
Simon Nixon
2006 Ed. (2500)
2007 Ed. (2462, 4933)
2008 Ed. (2595, 4907)
2009 Ed. (2623, 4922)
2010 Ed. (4926)
Simon Ogus
1999 Ed. (2281, 2284)
2000 Ed. (2061, 2064)
Simon; Paul
1993 Ed. (1077)
1994 Ed. (1100)
1995 Ed. (1119)
Simon; Peter
2005 Ed. (4890)
2007 Ed. (4927)
2008 Ed. (4903)
Simon Property Group
2014 Ed. (1321, 1672, 2549, 4208)
2015 Ed. (1731, 4188, 4204, 4422)
2016 Ed. (4316)
Simon Property Group Inc.
1995 Ed. (3203)
1996 Ed. (3427, 3430)
1997 Ed. (1235, 3514, 3517)
1998 Ed. (3001)
2000 Ed. (3727, 4019, 4031)
2001 Ed. (3998, 4007, 4009, 4013, 4250, 4255)
2002 Ed. (3918, 3920, 3930, 3932, 4278, 4279)
2003 Ed. (4052, 4060, 4062, 4065, 4410, 4411)
2004 Ed. (4076, 4077, 4078, 4079, 4080, 4085, 4091)
2005 Ed. (1466, 4008, 4009, 4010, 4011, 4012, 4013, 4017, 4018, 4021, 4025, 4673)
2006 Ed. (4042, 4044, 4046, 4052, 4055, 4312, 4313, 4314)
2007 Ed. (4083, 4084, 4085, 4086, 4087, 4103, 4106, 4379)
2008 Ed. (4115, 4122, 4123, 4127, 4335)
2009 Ed. (1756, 4222, 4226, 4234, 4237, 4438, 4439, 4579, 4580)
2010 Ed. (1703, 4162, 4164, 4169, 4481, 4613, 4614)
2011 Ed. (1715, 4166, 4167, 4168, 4170, 4415, 4568, 4569)
2012 Ed. (1568, 1569, 1572, 1573, 2455, 4190, 4200, 4214, 4215, 4216, 4218, 4584, 4585)
2013 Ed. (1723, 1729, 1731, 4184, 4193, 4194, 4200, 4201, 4204)
2014 Ed. (1667, 1671, 4201, 4211, 4212, 4217, 4218, 4221, 4472)
2015 Ed. (1713, 1716, 1718, 4181, 4192, 4193, 4201, 4202, 4206, 4466)
2016 Ed. (1661, 1662, 4098, 4110, 4111, 4120, 4121, 4124, 4126)
Simon Reuben
2012 Ed. (4921)
2013 Ed. (4901, 4922)
2014 Ed. (4913, 4929)
2015 Ed. (4969)
2016 Ed. (4886)
Simon; Richard
1991 Ed. (1695, 1696, 1707)
1993 Ed. (1808)
1994 Ed. (1791)
1995 Ed. (1797, 1830)
1996 Ed. (1807)

1997 Ed. (1881)
Simon Rogers
1999 Ed. (2426)
2000 Ed. (2139)
Simon School of Business; University of Rochester
2006 Ed. (722)
2008 Ed. (777)
Simon & Schuster
1989 Ed. (743)
1991 Ed. (2788)
1992 Ed. (3590)
1997 Ed. (3224)
1999 Ed. (3970)
2001 Ed. (3955)
2003 Ed. (726, 727, 729)
2004 Ed. (748, 749, 751, 4044)
2005 Ed. (729, 730, 732, 1529)
2006 Ed. (633, 641, 642, 644)
2007 Ed. (666, 667, 669)
2008 Ed. (625, 626, 628)
2009 Ed. (645, 646, 648)
2010 Ed. (613, 614, 616, 617)
2011 Ed. (546, 548)
2012 Ed. (525, 526, 528)
2013 Ed. (626, 627, 629)
2016 Ed. (643, 644, 646, 647)
Simon & Schuster Educational Publishers
1990 Ed. (1583)
Simon; Scott
1997 Ed. (1953)
Simon Smithson
1997 Ed. (1961)
Simon Trimble
1994 Ed. (1798)
Simon; William
1989 Ed. (1422)
Simon; William Edward
1990 Ed. (2578)
1991 Ed. (2462)
1992 Ed. (3079)
Simon Williams
1999 Ed. (2335)
2000 Ed. (2122)
Simoncini; Matthew
2015 Ed. (957)
SimonDelivers.com
2006 Ed. (2378)
2007 Ed. (2316)
Simonds Farsons Cisk plc
2011 Ed. (1820)
Simone Contracting
2006 Ed. (1279)
2007 Ed. (1358)
Simone; LJ
1989 Ed. (2368)
Simons Capital
1997 Ed. (1073)
Simons-Eastern Consultants Inc.
1992 Ed. (1956)
1993 Ed. (1611)
Simons Engineering Inc.
2000 Ed. (1794)
Simons International Corp.
1991 Ed. (1561, 1562)
1993 Ed. (1617, 1619)
1994 Ed. (1651)
1996 Ed. (1675)
1997 Ed. (1752, 1756)
1998 Ed. (1445)
1999 Ed. (2018)
2000 Ed. (1814)
Simons; James
2006 Ed. (2798, 4899)
2007 Ed. (4894)
2009 Ed. (2715, 4846)
2010 Ed. (2640, 4851)
2011 Ed. (4818)
2012 Ed. (4838)
2013 Ed. (2891, 4832)
2014 Ed. (2920, 4847)
2015 Ed. (2968, 4884)
2016 Ed. (2902, 4802)
Simons Ltd.; H. A.
1992 Ed. (1965, 1967)
Simon's Rock College Bard
1993 Ed. (1021)
Simon's Rock College of Bard
1994 Ed. (1048)
2008 Ed. (1060)
2009 Ed. (1036)
2010 Ed. (1002)
Simon's Rock of Bard College
1990 Ed. (1091)
1992 Ed. (1273)
Simons Trucking Inc.
2004 Ed. (192, 1759)
2005 Ed. (193, 194)
2006 Ed. (205, 206)

2007 Ed. (215, 216)
2008 Ed. (201, 202)
2009 Ed. (224, 225)
2010 Ed. (209, 210)
2011 Ed. (130)
Simonton Windows
2006 Ed. (4956)
Simpak International
2013 Ed. (3561)
Simple Abundance
1999 Ed. (693)
2000 Ed. (708)
The Simple Furniture Co.
2012 Ed. (4993)
Simple Genius
2010 Ed. (564)
Simple Green
2001 Ed. (1237)
Simple Holdings
2009 Ed. (2470)
Simple Pleasures
1993 Ed. (2122)
Simple Simon's Pizza
1998 Ed. (1760, 1761, 3070, 3071)
Simple Technologies/Worldwide
2008 Ed. (2464, 2467)
Simpler Solar
2016 Ed. (4408)
Simpler Trading
2016 Ed. (2642)
SimpleTech
2008 Ed. (4538)
Simpleville Music Inc.
2014 Ed. (3714)
Simplex Solutions Inc.
2003 Ed. (4319)
Simplex Time Recorder Co.
2002 Ed. (2083)
2003 Ed. (1502)
SimplexGrinnell
2004 Ed. (4351)
2005 Ed. (4294)
SimplexGrinnell LP
2006 Ed. (1262, 1263, 4274)
2007 Ed. (1353, 1354, 4297)
2008 Ed. (1250, 1251)
2009 Ed. (1225, 1226, 4408)
2010 Ed. (1226, 1227, 4451, 4452)
2011 Ed. (1172, 1173, 4390)
2012 Ed. (4452)
2013 Ed. (4408)
2014 Ed. (4438)
2015 Ed. (4432)
Simplicity
1992 Ed. (3404)
2002 Ed. (3062)
Simplicity Consulting
2013 Ed. (49, 4977)
Simplified Business Solutions Inc.
2003 Ed. (1607)
2004 Ed. (1623)
2005 Ed. (1649)
2006 Ed. (1544)
2007 Ed. (1574)
Simplified Employment Services
2001 Ed. (3909)
2002 Ed. (1493)
Simplified Logistics
2009 Ed. (3583)
Simplisafe Home Security
2016 Ed. (4313)
SimpliVity
2015 Ed. (3274)
2016 Ed. (3102)
Simplo Technology
2010 Ed. (1483)
2011 Ed. (1479, 2072)
Simplot A Grade; J. R.
1994 Ed. (1923)
Simplot Co.; J. R.
1997 Ed. (2039)
2005 Ed. (1787)
2006 Ed. (1758)
Simplot Employees Credit Union
2002 Ed. (1826)
Simplot Food Group
2001 Ed. (2477)
2008 Ed. (2785)
2009 Ed. (2840, 2843)
2010 Ed. (2784)
2011 Ed. (2773)
Simplot; John Richard
2005 Ed. (4848)
2006 Ed. (4903)
2007 Ed. (4898)
2008 Ed. (4827)
Simplot Retail
2010 Ed. (200, 204, 205, 2217, 2631, 4455)

2011 Ed. (122, 127, 128, 2235, 2614, 4391)
2012 Ed. (129, 131, 132, 2097, 2555)
2016 Ed. (135)
Simply Audiobooks Inc.
2008 Ed. (2867)
Simply Canvas
2011 Ed. (701)
Simply Computers Ltd.
2002 Ed. (223)
Simply Cranberry
2016 Ed. (2775)
Simply Energy
2012 Ed. (2851)
Simply Good Technologies Inc.
2012 Ed. (2771)
Simply Jif
1994 Ed. (2748)
Simply Kudos
1995 Ed. (3399)
Simply Lemonade
2016 Ed. (2775)
Simply Life
2015 Ed. (871)
Simply Lite
2006 Ed. (1007)
Simply Lite Foods Corp.
2001 Ed. (4285)
2002 Ed. (4297)
Simply Mac
2013 Ed. (2130)
2014 Ed. (2434)
2015 Ed. (2506)
2016 Ed. (2439)
Simply Orange
2005 Ed. (3657)
2010 Ed. (2789)
2011 Ed. (2776)
2013 Ed. (3851)
2014 Ed. (3777, 3778, 3779)
2015 Ed. (3797, 3798, 3799)
2016 Ed. (2775, 3710, 3711, 3712)
Simply Orange Juice Co.
2016 Ed. (3713)
Simply Orange Orange Juice
2006 Ed. (2672)
2007 Ed. (2656)
Simply Organic
2014 Ed. (4405)
Simply Perfect Impression Material
1999 Ed. (1826)
Simply Potatoes
1994 Ed. (1923)
Simply Reliable
2015 Ed. (1098)
SimplyAudioBooks.com
2008 Ed. (2442)
SimplyGlobo
2015 Ed. (4322)
Simportex Ltd.
1993 Ed. (971)
Simpson; Bob R.
2006 Ed. (941)
2007 Ed. (1036)
2008 Ed. (959)
2009 Ed. (961)
Simpson; Col. C. P. and Anna Crouchet
1993 Ed. (893, 1028)
Simpson College
1995 Ed. (937)
1997 Ed. (1059)
2001 Ed. (1320)
2008 Ed. (1058)
Simpson Cos.
1994 Ed. (1114)
1995 Ed. (1130)
Simpson Electric
1990 Ed. (2002)
Simpson Farm Co.
1998 Ed. (1773, 1774)
Simpson Gumpertz & Heger
2009 Ed. (2518)
2010 Ed. (2435)
2012 Ed. (2383)
2014 Ed. (2525)
2016 Ed. (2521)
Simpson Housing
2000 Ed. (1194)
Simpson Housing Limited Partnership
LLLP
2007 Ed. (4027)
2008 Ed. (4054)
Simpson Housing LLLP
2008 Ed. (1670)
2009 Ed. (1592, 4134)
2015 Ed. (1573)
Simpson Housing LP
2002 Ed. (2655, 2662, 3921)
2003 Ed. (286)
2004 Ed. (254)

2008 Ed. (1671)
2009 Ed. (1593)
Simpson Industries, Inc.
1991 Ed. (340)
1992 Ed. (476, 477)
Simpson Investment
1993 Ed. (3689)
Simpson; Jessica
2008 Ed. (2584)
2009 Ed. (3765)
Simpson; Kevin
1994 Ed. (1799)
1996 Ed. (1815)
1997 Ed. (1889)
Simpson Manufacturing Co., Inc.
2004 Ed. (2698)
2005 Ed. (2697)
Simpson; Mark
1997 Ed. (1972)
Simpson; O. J.
1997 Ed. (1725)
Simpson of Tri-Cities Inc.
1995 Ed. (286)
Simpson Paper
1992 Ed. (1237)
1994 Ed. (2732)
1996 Ed. (2906)
Simpson; Robert
2006 Ed. (909)
2007 Ed. (999)
2010 Ed. (886)
Simpson; Robert R.
2009 Ed. (957)
Simpson Suzuki
1996 Ed. (289)
Simpson Thacher & Bartlett
1990 Ed. (2424)
1991 Ed. (2290)
1992 Ed. (2844)
1993 Ed. (2389, 2402)
1996 Ed. (2455)
1997 Ed. (2600)
1998 Ed. (2325, 2326, 2332)
1999 Ed. (1431, 3142, 3143, 3144, 3145, 3146, 3156, 4257)
2000 Ed. (2892, 2893, 2901)
2001 Ed. (3058)
2002 Ed. (1356, 1357, 1359, 1373, 1374, 3797)
2003 Ed. (1393, 1394, 1400, 1401, 1412, 1413, 1415, 3175, 3176, 3177, 3186, 3188, 3189, 3191)
2004 Ed. (1408, 1417, 1438, 1440, 3236, 3239)
2005 Ed. (1427, 1428, 1438, 1439, 1440, 1454, 1455, 1457, 1461)
2006 Ed. (1412, 1413)
Simpson Thacher & Bartlett LLP
2007 Ed. (3299, 3302, 3304, 3306, 3321)
2008 Ed. (1394, 1395, 3416, 3419, 3425, 3426, 3427)
2009 Ed. (3494)
2010 Ed. (3417, 3425)
2011 Ed. (3408)
2012 Ed. (1228, 3410, 3411, 3412, 3416, 3417, 3425, 3428, 4439)
2013 Ed. (3442, 3451, 3453)
2014 Ed. (3442, 3452, 3454)
2015 Ed. (3473)
Simpson Thatcher & Bartlett
1994 Ed. (2355)
1995 Ed. (2420)
Simpson; Wendy L.
1993 Ed. (3730)
Simpson Xavier
1992 Ed. (17, 18)
1993 Ed. (7, 8)
1996 Ed. (14, 15)
"The Simpsons"
1997 Ed. (3722)
Simpsons
1996 Ed. (2490)
2000 Ed. (4217, 4222)
2002 Ed. (4583)
2004 Ed. (1009, 4450)
2005 Ed. (2260, 4664)
2006 Ed. (2855)
Simpsons Special
2005 Ed. (4664)
The Sims
2005 Ed. (4831)
The Sims 2: University Expansion Pack
2008 Ed. (4810)
Sims & Co.; Herbert J.
1993 Ed. (3177, 3178)
Sims Fertilizer & Chemical
2013 Ed. (2283)
2014 Ed. (2217)
2015 Ed. (2281)

2016 Ed. (2252)
Sims Freeman O'Brien
1990 Ed. (3082)
1992 Ed. (3758)
Sims Group
2010 Ed. (1494)
Sims; John L.
1989 Ed. (737)
Sims Lockwood
2004 Ed. (4)
Sims Lohman
2016 Ed. (2863)
Sims Metal Management
2016 Ed. (2569, 3452)
Simsmetal
2002 Ed. (3306)
2004 Ed. (3439)
Simsmetal America
2006 Ed. (3468)
Simtrol Inc.
2009 Ed. (1695, 1697)
Simula
1996 Ed. (209)
1997 Ed. (233)
Simula Technology
2011 Ed. (2072)
Simulation Plus
2011 Ed. (4446)
Simulation Systems Ltd.
2009 Ed. (3027)
Simulnet
1990 Ed. (883)
Simvastatin
2001 Ed. (3778)
2009 Ed. (2355)
2010 Ed. (2282, 2283)
Simvastatin/Zocor
1991 Ed. (931)
SimVentions Inc.
2014 Ed. (2078)
2015 Ed. (2128)
2016 Ed. (2108)
Sin Hau Trust & Savings
1991 Ed. (481)
Sin Hua Bank
1994 Ed. (500)
1995 Ed. (484)
1996 Ed. (528)
1997 Ed. (487)
1999 Ed. (535, 536)
2000 Ed. (547, 548)
2002 Ed. (566)
Sin Hua Trust & Savings
1991 Ed. (480)
Sin Hua Trust Savings and Commercial
Bank
1990 Ed. (503)
Sin Hua Trust Savings & Comm.
1989 Ed. (505)
Sin Hua Trust Savings & Commercial
1990 Ed. (522)
Sin-Won; Choi
2010 Ed. (3964)
Sina
2008 Ed. (4208)
Sinaan Antoon
2013 Ed. (3476)
Sinacofi
2011 Ed. (1573)
Sinai; Allen
1989 Ed. (1753)
1990 Ed. (2285)
Sinai Hospital
1991 Ed. (1933)
1992 Ed. (1800, 2457)
1993 Ed. (2072)
Sinai Hospital of Baltimore Inc.
2001 Ed. (1786)
Sinai Hospital of Detroit
1990 Ed. (1500, 2055)
1991 Ed. (1415)
Sinai Hospital of Greater Detroit
1995 Ed. (2142)
1996 Ed. (2154)
1997 Ed. (2269)
Sinan Al Shabibi
2013 Ed. (3476)
Sinar Mas Eka Graha
1994 Ed. (3186)
Sinar Mas Multiartha
1999 Ed. (1656)
2000 Ed. (1465)
Sinatra's
1995 Ed. (1889)
Sincere Watch
2007 Ed. (1972)
Sinclair
1997 Ed. (3719)
Sinclair; Bob

2010 Ed. (1127)
Sinclair Broadcast Group
2013 Ed. (4651)
2014 Ed. (4701)
Sinclair Broadcast Group Inc.
2001 Ed. (3960, 4490)
2002 Ed. (3286, 3288, 4582)
2003 Ed. (4712, 4713)
2004 Ed. (778, 4689)
2005 Ed. (750, 4660, 4662)
2006 Ed. (1092, 2107, 3440, 4716, 4718)
2007 Ed. (4741)
2008 Ed. (2169, 4662)
2009 Ed. (4699)
2011 Ed. (4667, 4668)
2012 Ed. (4678, 4679)
2013 Ed. (4650)
2016 Ed. (1758)
Sinclair Broadcasting Group
2000 Ed. (3693, 4213, 4215)
Sinclair Communications
1999 Ed. (823, 3980)
Sinclair Companies
2008 Ed. (3932)
2009 Ed. (4006)
Sinclair Cos.
2007 Ed. (2047)
2008 Ed. (2149)
2009 Ed. (2132)
2010 Ed. (2073, 3913)
2013 Ed. (2132, 3986)
2014 Ed. (2066, 3929)
2015 Ed. (2114)
Sinclair Knight Merz
2002 Ed. (3784)
2010 Ed. (1287)
Sinclair; Malcolm
1996 Ed. (1854)
1997 Ed. (1965)
Sinclair Mason
1997 Ed. (3202)
Sinclair National Bank
2003 Ed. (382)
Sinclair Oil
2015 Ed. (1321)
2016 Ed. (1236)
Sinclair Oil Co.
2013 Ed. (3926)
2014 Ed. (3870)
2015 Ed. (3897)
2016 Ed. (3808)
Sinclair Oil Corp.
2001 Ed. (1891)
2004 Ed. (1374, 1875)
2005 Ed. (1991)
2006 Ed. (349, 2089)
2007 Ed. (334, 1765)
2008 Ed. (321)
2009 Ed. (342, 4004, 4169)
2010 Ed. (3911, 4105)
2011 Ed. (3930, 4074)
2012 Ed. (1973, 3928)
2014 Ed. (2066)
2015 Ed. (4102)
2016 Ed. (2099)
Sinclair Paint
1996 Ed. (2132)
Sinclair Systems International LLC
2010 Ed. (1525)
2011 Ed. (1520)
Sinclair Wilson
2004 Ed. (6)
Sincoral
2001 Ed. (69)
Sindi; Hayat
2013 Ed. (3486)
Sindo Systems Co., Ltd.
2004 Ed. (1369)
2005 Ed. (1390)
Sindy
1994 Ed. (3562)
1996 Ed. (3726)
Sine Cos. Inc.
1996 Ed. (1633)
1998 Ed. (1411)
Sinegal; James D.
1992 Ed. (2052)
1993 Ed. (1697)
Sinegal; Jim
2010 Ed. (2559)
Sinex
2000 Ed. (1134)
2001 Ed. (3518)
Sinfonika
2008 Ed. (2071)
Sing; Danny Tan Chee
2016 Ed. (4855)
Sing Sing Correctional Facility
1999 Ed. (3902)

Sing Tao Daily
2002 Ed. (3512)
Sing Tao Holdings
1995 Ed. (2126)
Singapore
1989 Ed. (1181, 1194, 1284, 2121)
1990 Ed. (741, 864, 867, 1448, 1577, 1582, 1911, 1918, 1925, 1928, 1931, 1935, 3624)
1991 Ed. (164, 1381, 1479, 1821, 1824, 1827, 1834, 1841, 1850)
1992 Ed. (286, 290, 292, 300, 906, 907, 1068, 1390, 1391, 1395, 1732, 1733, 1880, 2070, 2072, 2075, 2170, 2250, 2300, 2310, 2317, 2320, 2327, 2333, 2360, 2717, 2807, 2808, 3454, 3514, 4324)
1993 Ed. (171, 194, 198, 201, 721, 722, 956, 1535, 1540, 1582, 1957, 1967, 1974, 1981, 1987, 3053, 3559, 3682)
1994 Ed. (156, 176, 179, 180, 184, 730, 731, 957, 1486, 2005, 2008, 2344, 2359)
1995 Ed. (3, 170, 186, 191, 997, 1244, 1516, 1518, 1544, 1657, 1658, 1734, 1745, 1746, 2010, 2017, 2019, 2029, 2036)
1996 Ed. (157, 864, 929, 941, 1477, 1480, 1719, 1726, 2543, 2865, 3716)
1997 Ed. (193, 204, 211, 212, 214, 693, 915, 1542, 1545, 1556, 1809, 1812, 2555, 2557, 2558, 2559, 2560, 2561, 2562, 2563, 2564, 2565, 2569, 2570, 2573, 2684, 2786, 2922, 2960, 2961, 3000, 3135)
1998 Ed. (819, 1131, 1418, 1419, 1522, 1524, 1525, 1526, 1846, 2223, 2659, 2744, 2887, 3591)
1999 Ed. (182, 803, 1254, 1753, 1781, 2005, 2092, 2098, 2101, 2443, 2583)
2000 Ed. (823, 1154, 1155, 1585, 1610, 1889, 1891, 1899, 2357, 2358, 2363, 2375)
2001 Ed. (1088, 1128, 1342, 1947, 2126, 2232, 2364, 2366, 2367, 2968, 3368, 3694, 3696, 4371, 4494, 4914)
2002 Ed. (276, 277, 737, 738, 739, 741, 742, 743, 744, 745, 747, 1812, 1816, 2423, 2424, 2426, 2509, 2747, 2997, 3101, 3723, 3725, 3730, 3731, 4378, 4427)
2003 Ed. (256, 461, 1084, 1085, 1096, 1097, 2151, 2210, 2211, 2219, 2220, 2221, 2222, 2223, 2224, 2226, 2228, 2229, 2483, 2616, 2617, 2619, 2620, 3258, 3259, 3333, 3914, 3915, 4556)
2004 Ed. (733, 1100, 1919, 2737, 3164, 3315, 3394, 3403, 3793, 3794, 3929)
2005 Ed. (459, 747, 863, 2054, 2269, 2530, 2531, 2532, 2533, 2538, 2735, 2766, 3337, 3401, 3416, 3705, 3706, 4373, 4799)
2006 Ed. (249, 412, 656, 1010, 2124, 2147, 2327, 2332, 2540, 2702, 2721, 2810, 3325, 3410, 3426, 3553, 3769, 3794, 3795, 4321, 4592)
2007 Ed. (397, 1143, 2091, 2262, 2263, 2524, 2802, 3427, 3766, 3799, 3800, 4386, 4413, 4414, 4415, 4416, 4417)
2008 Ed. (379, 766, 1109, 1221, 2201, 2396, 2398, 2823, 2840, 2844, 3485, 3486, 3591, 3846, 4386, 4388, 4389, 4390, 4391, 4393, 4618, 4619, 4627)
2009 Ed. (401, 1087, 2380, 2381, 2383, 2394, 2396, 2881, 3275, 3557, 3558, 3661, 3902, 4466, 4467, 4468, 4469, 4645, 4646, 4655, 4663)
2010 Ed. (281, 700, 768, 1061, 1068, 1386, 1631, 2213, 2214, 2219, 2301, 2303, 2306, 2308, 2401, 2406, 2584, 2585, 2586, 2587, 2588, 3399, 3498, 3499, 3500, 3747, 3812, 3837, 4187, 4516, 4517, 4518, 4519, 4520, 4662, 4673, 4674)
2011 Ed. (169, 204, 626, 685, 999, 1003, 1006, 1375, 1641, 2230, 2231, 2237, 2299, 2302, 2306, 2401, 2407, 2566, 2567, 2568, 2569, 2570, 2621, 2622, 2624,

2626, 2630, 3382, 3387, 3747, 3808, 3840, 3850, 3851, 4199, 4420, 4453, 4454, 4455, 4456, 4457, 4610, 4621, 4688, 4802)
2012 Ed. (218, 365, 596, 601, 626, 925, 928, 1234, 1494, 2094, 2198, 2204, 2333, 2513, 2514, 2515, 2516, 2517, 2620, 3083, 3347, 3501, 3751, 3752, 3821, 4251, 4547, 4627, 4819)
2013 Ed. (162, 208, 488, 733, 742, 767, 1072, 1347, 1625, 2280, 2291, 2383, 2385, 2513, 2643, 2644, 2645, 2646, 2647, 2690, 3166, 3417, 3519, 3824, 3873, 4215, 4401, 4504, 4567, 4782)
2014 Ed. (166, 215, 499, 759, 763, 792, 1028, 1031, 1032, 1283, 1591, 2213, 2214, 2320, 2322, 2456, 2601, 2602, 2603, 2604, 2605, 2637, 2642, 2644, 2672, 2675, 3171, 3415, 3493, 3747, 3809, 4229, 4548, 4622, 4828)
2015 Ed. (193, 247, 563, 794, 799, 835, 1063, 1066, 1347, 1642, 2277, 2278, 2396, 2525, 2645, 2646, 2647, 2648, 2680, 2686, 2716, 2719, 2910, 3231, 3448, 3511, 3771, 3832, 4058, 4219, 4546, 4621, 4863)
2016 Ed. (716, 971, 974, 1266, 1585, 2248, 2249, 2257, 2341, 2460, 2566, 2567, 2597, 2603, 2831, 3307, 3370, 3686, 3739, 3964, 4540)
Singapore Airlines
2013 Ed. (126, 128, 139, 151, 690)
2014 Ed. (136, 138, 149, 155, 710)
2015 Ed. (150, 153, 155, 171, 176, 178, 746, 1650)
2016 Ed. (158, 160, 166, 171)
Singapore Airlines Cargo
2012 Ed. (153)
2014 Ed. (157)
2015 Ed. (180)
2016 Ed. (179)
Singapore Airlines Ltd.
1989 Ed. (1156)
1990 Ed. (1414)
1991 Ed. (46, 209, 1339, 1340, 1341, 3129)
1992 Ed. (264, 265, 282, 1572, 1685, 1686, 1687, 3978)
1993 Ed. (49, 172, 174, 175, 1390, 1391, 3322)
1994 Ed. (42, 157, 159, 160, 190, 1443, 1444, 3310)
1995 Ed. (177, 190, 1340, 1343, 1344, 1345, 1479, 1480, 1481)
1996 Ed. (177, 178, 1439, 1440, 3437, 3438)
1997 Ed. (192, 217, 1503, 1504, 1505, 3519)
1998 Ed. (113, 118, 119, 120, 121, 139)
1999 Ed. (208, 209, 210, 211, 227, 233, 234, 235, 238, 239, 240, 241, 1566, 1572, 1573, 1576, 1577, 1729, 1730, 1731, 4316)
2000 Ed. (228, 231, 232, 234, 251, 255, 256, 257, 260, 261, 264, 1546, 1547, 1548, 1549, 1550, 1551, 1552, 1553)
2001 Ed. (301, 304, 305, 311, 313, 321, 326, 327, 332, 1842, 1843, 1844)
2002 Ed. (266, 268, 270, 1578, 1679, 1761, 1762, 1763)
2003 Ed. (745, 1679, 1818, 4812)
2004 Ed. (217, 218, 219, 757, 1714, 1853)
2005 Ed. (223, 225, 1771)
2006 Ed. (232, 239, 241, 1551, 2007, 2008, 4326)
2007 Ed. (241, 243, 744, 1973, 1974)
2008 Ed. (220, 222, 642, 2069, 2070)
2009 Ed. (237, 238, 244, 246, 247, 248, 2036, 2037)
2010 Ed. (221, 222, 235, 237, 238, 239, 1970, 1971)
2011 Ed. (144, 145, 158, 160, 161, 162, 1382, 1386, 1482, 1736, 2031, 2032)
2012 Ed. (150, 163, 171, 1328, 1880, 1881, 1882)
2013 Ed. (142, 150, 851, 1427, 2040, 2041)
2014 Ed. (154, 1975, 1976)
2015 Ed. (177, 2020)
2016 Ed. (176, 1373, 1992)
Singapore Airport

1997 Ed. (223)
1998 Ed. (147)
Singapore Airport Terminal Services Ltd.
2012 Ed. (1882)
Singapore Aromatics Co.
1995 Ed. (1765)
Singapore Cable Vision
2001 Ed. (76)
Singapore Changi
1997 Ed. (1679)
2009 Ed. (255, 261, 4960)
2010 Ed. (247)
Singapore Changi Airport
2001 Ed. (2121)
Singapore Economic Development Board
2008 Ed. (3520)
2010 Ed. (3476)
2011 Ed. (3483)
2012 Ed. (3487)
2013 Ed. (3532)
2014 Ed. (3509)
2015 Ed. (3524)
Singapore equities
1996 Ed. (2430)
Singapore Exchange
2012 Ed. (1233, 1882)
2016 Ed. (4484)
Singapore Exchange Ltd.
2013 Ed. (851)
Singapore; Government of
2005 Ed. (76)
2006 Ed. (85)
2008 Ed. (81)
Singapore Health Services Pte. Ltd.
2010 Ed. (185)
Singapore Hong Kong Properties
1992 Ed. (2440)
2002 Ed. (4423)
Singapore Institute of Manufacturing Technology
2016 Ed. (4151)
Singapore International Airlines
1989 Ed. (49)
Singapore Investment Corp.; Government of
2005 Ed. (3230)
Singapore Land Ltd.
1989 Ed. (1156)
1990 Ed. (2958)
1992 Ed. (1686)
1993 Ed. (3322)
Singapore MRT
1995 Ed. (1480)
1996 Ed. (1439)
1999 Ed. (1730)
2000 Ed. (1547, 1549, 1551, 1552)
Singapore News & Publication
1992 Ed. (1613)
Singapore-Nomura Merchant Banking
1989 Ed. (1783)
Singapore Petroleum Co.
1996 Ed. (3437)
1997 Ed. (1503)
1999 Ed. (1729)
2000 Ed. (1550)
2008 Ed. (3578)
2009 Ed. (3649)
2010 Ed. (3567)
2011 Ed. (3570)
Singapore Pools
2001 Ed. (1618, 1619)
Singapore Power Pte. Ltd.
2006 Ed. (1438)
Singapore Press Holdings
2014 Ed. (4038)
Singapore Press Holdings Ltd.
1989 Ed. (1156)
1990 Ed. (1414)
1991 Ed. (1340, 3129)
1992 Ed. (3978)
1993 Ed. (3322)
1995 Ed. (1480)
1996 Ed. (1439, 1440, 3438)
1997 Ed. (1504, 1505, 3519)
1999 Ed. (1731, 4316)
2000 Ed. (1551)
2001 Ed. (1843)
2002 Ed. (1763, 4468)
2004 Ed. (81)
2005 Ed. (76)
2006 Ed. (85, 4326)
2012 Ed. (1882)
Singapore, Singapore
2001 Ed. (348)
Singapore Technologies
2012 Ed. (2150)
Singapore Technologies Aerospace
2001 Ed. (268)
Singapore Telecom

1993 Ed. (49)
1994 Ed. (42)
1996 Ed. (1439, 1440, 3437, 3438)
1999 Ed. (1570, 1579, 1729, 1730, 1731, 4316, 4317, 4494, 4549)
2000 Ed. (1546, 1548, 1549, 1551, 1552, 4034, 4035, 4190)
2001 Ed. (1615, 1842, 1844)
2014 Ed. (4004)
Singapore Telecom Mobile Pte.
2010 Ed. (98)
Singapore Telecommunications Ltd.
1995 Ed. (1340, 1343, 1344, 1345, 1346, 1347, 1348, 1480, 3552)
1997 Ed. (1504, 1505, 3519, 3694, 3695)
2000 Ed. (1550, 1553)
2001 Ed. (1627, 1843)
2002 Ed. (1580, 1763, 4468)
2003 Ed. (1075, 1818)
2005 Ed. (76)
2006 Ed. (85, 2007, 2008, 4326)
2007 Ed. (1974)
2008 Ed. (23, 81, 2070)
2009 Ed. (2037)
2010 Ed. (1971, 1972, 4694, 4697)
2011 Ed. (2032, 4653)
2012 Ed. (1881, 1882, 4657, 4659)
2013 Ed. (851, 2041, 4637, 4639)
2014 Ed. (1976, 4037, 4056, 4064, 4672)
2015 Ed. (2020, 4676, 4680)
2016 Ed. (1992, 4586, 4589)
Singapore Telecommunications (Sing-Tel) Mobile
2001 Ed. (76)
Singaporean dollar
2008 Ed. (2275)
Singapore/Malaysia
1989 Ed. (2641)
1993 Ed. (843)
Singapore/Malaysia Equity Funds
1990 Ed. (2396)
Singer
1989 Ed. (1314, 1320)
1990 Ed. (1628, 2995)
1992 Ed. (1771)
1994 Ed. (721)
1995 Ed. (680)
Singer Associates
2011 Ed. (4126)
2012 Ed. (4156)
2013 Ed. (4132, 4144)
2014 Ed. (4148, 4161)
2015 Ed. (4131)
Singer Associates Inc.
2016 Ed. (4045)
Singer Bangladesh Ltd.
1997 Ed. (1602)
1999 Ed. (1841)
2000 Ed. (1665)
2002 Ed. (1969)
2006 Ed. (4484)
Singer Co.-Electronics Systems Division
1995 Ed. (1246)
Singer; David V.
2008 Ed. (1108)
Singer Equipment Co.
2005 Ed. (2623)
2007 Ed. (2593, 2595)
2008 Ed. (2729)
2009 Ed. (2784)
2010 Ed. (2717)
2011 Ed. (2702)
2012 Ed. (2629)
2013 Ed. (2714)
2014 Ed. (2697, 2698, 2699)
2015 Ed. (2799, 2801)
2016 Ed. (2731)
Singer Floor Covering; Paul
1994 Ed. (1852)
Singer Floor Coverings; Paul
1990 Ed. (1802)
Singer & Friedlander
1994 Ed. (2474)
Singer & Friedlander Group
1991 Ed. (552)
1996 Ed. (1355, 1863)
2003 Ed. (541)
Singer & Friedlander (Isle of Man) Ltd.
1991 Ed. (569)
1992 Ed. (737)
1993 Ed. (536)
1994 Ed. (538)
1995 Ed. (514)
1996 Ed. (567)
1997 Ed. (524)
1999 Ed. (558)
2000 Ed. (569)
Singer Industries (Taiwan) Ltd.

1990 Ed. (2503)
1992 Ed. (2956)
1994 Ed. (2425)
Singer Kearcroft
1989 Ed. (1932)
Singer, Lewak, Greenbaum & Goldstein
1999 Ed. (25)
2000 Ed. (21)
Singer Lewak Greenbaum & Goldstein LLP
2002 Ed. (26, 27)
2003 Ed. (11)
2004 Ed. (17)
2005 Ed. (13)
2006 Ed. (18)
2007 Ed. (14)
2008 Ed. (12)
2009 Ed. (15, 1529)
2010 Ed. (25, 27)
Singer NV
2004 Ed. (4585, 4586)
Singer; Paul
1993 Ed. (1867)
Singer Sri Lanka
2010 Ed. (104)
Singer Thailand Ltd.
1989 Ed. (1168)
1992 Ed. (1706)
SingerLewak
2010 Ed. (1)
2011 Ed. (1517, 1519)
2012 Ed. (28, 1365)
2013 Ed. (24)
2014 Ed. (20)
2015 Ed. (21)
SingerLewak Greenbaum & Goldstein LLP
2011 Ed. (23)
SingerLewak LLP
2014 Ed. (1412)
Singh; Jagdeep
2005 Ed. (2453)
Singh; Jasminder
2005 Ed. (4893)
Singh; KP
2009 Ed. (4903, 4904)
Singh; Kushal Pal
2007 Ed. (4914)
2008 Ed. (4841, 4879)
2009 Ed. (4902)
2010 Ed. (4903, 4904)
2011 Ed. (4891, 4892)
2012 Ed. (4899, 4900)
2013 Ed. (4876)
2014 Ed. (4890)
Singh; Malvinder & Shivinder Mohan
2006 Ed. (4926)
Singh; Raj & Neera
2008 Ed. (4911)
Singh; Ranjit & Baljinder
2008 Ed. (2595)
Singh; Tom
2005 Ed. (4890)
2007 Ed. (4927)
2008 Ed. (4896, 4903)
Singhania; J. K.
1990 Ed. (1379)
Singing Hill Country Club & Lodge
1991 Ed. (1947)
Singing Machine
2003 Ed. (2644, 2645, 2646)
Singing River Credit Union
2002 Ed. (1874)
2003 Ed. (1928)
2004 Ed. (1968)
2005 Ed. (2110)
2006 Ed. (2205)
2007 Ed. (2126)
2008 Ed. (2241)
2009 Ed. (2227)
2010 Ed. (2181)
2011 Ed. (2199)
2012 Ed. (2060)
2013 Ed. (2242)
2014 Ed. (2174)
2015 Ed. (2238)
2016 Ed. (2209)
Singita Grumeti Reserves
2013 Ed. (3104)
2014 Ed. (3102)
Singita Kruger National Park
2014 Ed. (3102)
2015 Ed. (3167)
Singita Sabi Sand
2013 Ed. (3104)
2014 Ed. (3102)
2015 Ed. (3167)
2016 Ed. (3019)
Single Barrel Institute Bourbon
1999 Ed. (3236)

2002 Ed. (3160)
Single cup
2002 Ed. (4728)
Single Life Single Premium
1991 Ed. (3439)
Single Parent
2000 Ed. (1788)
Single Premium Variable Annuity
1991 Ed. (3439)
Single Premium Variable Life
1991 Ed. (2120)
Single Serve (1.8 ounces or less)
1990 Ed. (2888)
Single-Serve Bottled Juices
2000 Ed. (713)
Single Serve Fruit Beverages
2000 Ed. (716)
Single-Subject Theme Book, 8-In. x 10.5-In
1989 Ed. (2633)
1990 Ed. (3430)
Single Variable Reflex
1999 Ed. (3904)
Single Vision high index lenses
1997 Ed. (2969)
SingleHop
2012 Ed. (3090)
2013 Ed. (3171)
SingleHop LLC
2015 Ed. (1694)
SinglePoint
2009 Ed. (3033)
Singles
1995 Ed. (1082)
2002 Ed. (985)
Singles, middle-aged
1999 Ed. (2543)
Singles, young
1999 Ed. (2543)
Singlesnet.com
2008 Ed. (3368)
SingleSource Property Solutions
2011 Ed. (4155)
Singlestitch
1992 Ed. (3301)
Singleterry Mortgage Fund LLC
2003 Ed. (3113, 3119)
Singleton
2002 Ed. (2370)
Singleton Ad Agency
2000 Ed. (60)
2001 Ed. (104)
2002 Ed. (77)
2003 Ed. (43)
Singleton Electric Co.
2010 Ed. (1331)
2011 Ed. (1313)
Singleton Family
2005 Ed. (4022)
Singleton; Robert
1994 Ed. (1722)
Singleton Suzuki; Mark
1990 Ed. (321)
Singleton; William Dean
2007 Ed. (2497)
2009 Ed. (4857)
SingleTree Woodworking
2005 Ed. (4996)
Singley & Associates
1996 Ed. (3138)
2001 Ed. (901)
Singpore
2009 Ed. (4647)
SingTel
2013 Ed. (690)
2014 Ed. (710)
SingTel Mobile
2001 Ed. (3335)
SingTel Optus
2004 Ed. (1088, 1631)
2005 Ed. (1774)
2006 Ed. (1719)
2011 Ed. (987)
2012 Ed. (902)
2013 Ed. (1059)
2014 Ed. (1023)
2015 Ed. (1059)
2016 Ed. (966)
SingTel Satellite
2016 Ed. (4301)
Singulair
2000 Ed. (3063)
2001 Ed. (2099)
2005 Ed. (3813, 3815)
2006 Ed. (3882)
2007 Ed. (2246, 3911)
2008 Ed. (2378, 2381)
2009 Ed. (2353, 2354, 2358, 2359, 2360)

2010 Ed. (2280, 2281, 2285, 2286, 2287, 2288)
2011 Ed. (2284, 2288)
2012 Ed. (2178, 2182)
2013 Ed. (2376, 2378)
2014 Ed. (2308)
Sink Combs Dethlefs PC
2010 Ed. (273)
2012 Ed. (203)
2013 Ed. (178)
Sinkler & Boyd
2001 Ed. (913)
Sinmat Inc.
2011 Ed. (4196)
Sino-American Silicon Products
2009 Ed. (4417)
2013 Ed. (1424)
Sino-Forest Corp.
2003 Ed. (1640)
2005 Ed. (1707)
2006 Ed. (1609)
2008 Ed. (1659)
2010 Ed. (2761)
2011 Ed. (2747, 2749)
2012 Ed. (2685)
Sino Grandness Food Industry Group
2014 Ed. (1973)
2015 Ed. (2018)
Sino-Kuwaiti
2014 Ed. (839)
Sino Land
1990 Ed. (2049)
1992 Ed. (2443)
1993 Ed. (2059)
2012 Ed. (4197)
2013 Ed. (4179)
2014 Ed. (4196)
Sino Land Co., Ltd.
2016 Ed. (4093)
Sino-Ocean Land Holdings
2013 Ed. (4175)
2014 Ed. (4192)
2015 Ed. (4172)
2016 Ed. (4087)
Sino Realty
1990 Ed. (2049)
1992 Ed. (2443)
Sino Thai Construction
1991 Ed. (1067)
Sinobangla Industries
2002 Ed. (1970, 1971)
Sinochem Corp.
1996 Ed. (3408)
1997 Ed. (1377)
2001 Ed. (1669)
2006 Ed. (1644)
2007 Ed. (937, 1659, 4803)
2008 Ed. (4727)
2009 Ed. (4764)
2010 Ed. (4778)
2011 Ed. (1577, 4729)
2014 Ed. (839)
Sinochem Group
2014 Ed. (1510, 4758)
2015 Ed. (4779)
Sinochem Hebei Import & Export Co.
2001 Ed. (2496)
Sinochem International Co., Ltd.
2010 Ed. (4384)
2011 Ed. (4329)
2012 Ed. (4385)
2013 Ed. (945, 4354)
2014 Ed. (4403)
2015 Ed. (4391)
2016 Ed. (4289)
Sinochem Liaoning Import & Export Co.
2001 Ed. (2496, 2497)
Sinohydro Corp.
2008 Ed. (1306)
2009 Ed. (1261)
2010 Ed. (1257, 1280, 1284)
2011 Ed. (1207)
2012 Ed. (1143, 1162)
2013 Ed. (1284, 1300)
Sinohydro Group
2013 Ed. (1163, 4404)
2014 Ed. (1121)
2015 Ed. (1161)
2016 Ed. (1076, 1089)
Sinohydro Group Ltd.
2014 Ed. (1217, 1233, 1236)
2015 Ed. (1275, 1291, 1294)
2016 Ed. (1190, 1205, 1209)
SinoPac Financial
2016 Ed. (421)
SinoPac Financial Holdings
2012 Ed. (415)
2013 Ed. (2705)
2014 Ed. (2688)
2015 Ed. (2734)

Sinopec
 1994 Ed. (2866)
 1995 Ed. (2929)
 1999 Ed. (1384, 3814)
 2001 Ed. (2309, 3836)
 2005 Ed. (1733, 1817)
 2006 Ed. (852, 1641, 1642, 1643, 1644, 1804, 2577, 4304)
 2007 Ed. (934, 935, 937, 946, 952, 1580, 1656, 1658, 1659, 1660, 1811, 2261, 2386, 2395, 3892, 4672)
 2008 Ed. (849, 913, 914, 922, 923, 928, 1563, 1665, 1666, 1667, 1668, 1850, 2501, 3554, 3935, 4524, 4539)
 2009 Ed. (922, 930, 931, 935, 937, 1491, 1588, 1589, 1678, 1679, 1790, 1799, 2508, 2512, 2589, 3621, 3998, 4010, 4555)
 2010 Ed. (864, 870, 871, 876, 878, 964, 1401, 1482, 1577, 1578, 1579, 1580, 1634, 1635, 1741, 2423, 3543, 3553, 3902, 3905, 3916)
 2011 Ed. (787, 788, 798, 799, 806, 890, 1478, 1576, 1577, 1579, 1644, 1645, 1750, 1753, 1754, 2427, 3542, 3556, 3920, 3924, 3935)
 2012 Ed. (740, 741, 758, 759, 769, 770, 845, 1320, 1324, 1416, 1418, 1601, 1603, 1604, 2350, 2362, 2406, 3535, 3548, 3892, 3901, 3903, 3905, 4552)
 2013 Ed. (660, 687, 931, 944, 945, 960, 961, 969, 1025, 1420, 1541, 1542, 1758, 1759, 1760, 2534, 2547, 2549, 3580, 3617, 3955, 3956, 3976, 3978, 3981, 3982)
 2014 Ed. (661, 897, 898, 911, 913, 914, 1508, 1675, 1691, 1692, 2468, 3547, 3553, 3900, 3917, 3921, 3922, 3924, 3925, 3926)
 2015 Ed. (722, 732, 878, 925, 936, 1566, 1721, 1736, 2539, 2553, 3570, 3578, 3926, 3927, 3951, 3955, 3956, 3959, 3960, 3961)
 2016 Ed. (660, 828, 829, 842, 844, 845, 851, 1499, 1672, 1686, 1687, 2466, 3458, 3844, 3845, 3868, 3871, 3872, 3875, 3876)
Sinopec Canada Ltd.
 2016 Ed. (3681, 3852)
Sinopec Engineering Inc.
 2000 Ed. (1273)
 2004 Ed. (2401)
 2005 Ed. (2433)
 2013 Ed. (2583)
 2014 Ed. (2512)
Sinopec Group
 2014 Ed. (1384, 1509, 1693)
 2015 Ed. (1567, 1735)
 2016 Ed. (1500, 1688)
Sinopec Shanghai Petrochemical Co., Ltd
 2013 Ed. (3580)
Sinopec Shanghai Petrochemical Co., Ltd.
 2003 Ed. (4578)
 2005 Ed. (4505)
 2010 Ed. (3543)
 2011 Ed. (3542)
Sinopec Zhenhai Refining & Chemical Co., Ltd.
 2006 Ed. (3383)
Sinopec Zhenhai Refining & Chemicals Co.
 2005 Ed. (3781)
Sinopharm Group Co., Ltd.
 2012 Ed. (3948)
 2015 Ed. (3988)
 2016 Ed. (3901, 3915)
Sinosteel Corp.
 2011 Ed. (3650)
SinoTech Energy Ltd.
 2012 Ed. (4433, 4435)
Sinotrans
 2012 Ed. (2696)
 2015 Ed. (1220)
 2016 Ed. (1128)
Sinotrans Container Line
 2003 Ed. (2418, 2419)
Sinotrans Ltd.
 2013 Ed. (2777)
 2014 Ed. (2761)
 2015 Ed. (2813, 2815)
 2016 Ed. (2746, 2748)
Sinovel Wind Group
 2012 Ed. (2232)
 2013 Ed. (2431)
 2015 Ed. (2548)

Sinovel Wind Group Co., Ltd.
 2013 Ed. (2454, 2816)
Sinovel Wing Group
 2013 Ed. (4405)
Sinsheimer; Paul
 2011 Ed. (4441)
Sinsung Solar Energy Corp.
 2013 Ed. (2898)
Sintef
 2009 Ed. (1960, 2597)
Sinteplast
 2014 Ed. (1355)
Sinter Metals NC
 1997 Ed. (3359)
Sintra Ltd.
 1992 Ed. (1960)
 2002 Ed. (3919)
Sinus remedies
 1994 Ed. (1038)
 2002 Ed. (1096)
 2003 Ed. (1054)
Sinus/allergies
 1996 Ed. (221)
Sinutab
 1995 Ed. (228)
Siomil
 2008 Ed. (3161)
Sioux City Art Center
 1995 Ed. (935)
Sioux City, IA
 1998 Ed. (3648)
 2005 Ed. (2381)
 2006 Ed. (2426)
 2014 Ed. (2738, 3520)
 2015 Ed. (3535)
 2016 Ed. (3386)
Sioux City, IA-NE
 2002 Ed. (2713)
 2005 Ed. (2977, 3065)
Sioux City Journal
 1989 Ed. (2052)
 1990 Ed. (2698)
 1991 Ed. (2598)
Sioux City, SD
 2008 Ed. (3511)
 2009 Ed. (3576)
 2010 Ed. (3494)
 2011 Ed. (3495)
Sioux Empire Credit Union
 2003 Ed. (1946)
 2004 Ed. (1986)
 2005 Ed. (2128)
 2006 Ed. (2223)
 2007 Ed. (2144)
 2008 Ed. (2259)
 2009 Ed. (2245)
 2010 Ed. (2199)
 2011 Ed. (2217)
 2012 Ed. (2078)
 2013 Ed. (2264)
 2014 Ed. (2197)
 2015 Ed. (2261)
 2016 Ed. (2232)
Sioux Empire Development Park
 1997 Ed. (2373)
Sioux Falls Bell Credit Union
 2002 Ed. (1892)
Sioux Falls Credit Union
 2002 Ed. (1892)
 2003 Ed. (1946)
 2004 Ed. (1986)
 2005 Ed. (2128)
 2006 Ed. (2223)
 2007 Ed. (2144)
 2008 Ed. (2259)
 2009 Ed. (2245)
 2010 Ed. (2199)
 2011 Ed. (2217)
 2012 Ed. (2078)
 2013 Ed. (2264)
 2014 Ed. (2197)
 2015 Ed. (2261)
 2016 Ed. (2232)
Sioux Falls-Mitchell, SD
 1998 Ed. (3648)
Sioux Falls, SD
 1993 Ed. (2542)
 1994 Ed. (2498, 3103)
 1995 Ed. (2559, 3778)
 1996 Ed. (303, 976, 2621, 3248)
 1997 Ed. (3349)
 1998 Ed. (1548)
 1999 Ed. (1129, 1147, 2127)
 2000 Ed. (1909)
 2002 Ed. (395, 1054, 1801, 4289)
 2003 Ed. (4151)
 2004 Ed. (4151, 4165, 4762)
 2005 Ed. (3065, 3311, 3317, 3325, 4797)

2006 Ed. (3300, 3306, 3311, 3312, 4024)
 2007 Ed. (3003, 3364, 3370, 4057)
 2008 Ed. (3462, 3468, 3481, 4092)
 2009 Ed. (3536, 3547, 4349)
 2010 Ed. (3459, 3467)
 2011 Ed. (3187, 3462, 3470)
 2012 Ed. (4369)
 2013 Ed. (3521)
 2014 Ed. (2459, 3495)
 2015 Ed. (3513)
 2016 Ed. (3372)
Sioux Honey Association
 2003 Ed. (2792, 3159)
Sioux-Preme Packing Co.
 1997 Ed. (2736, 3141)
 2009 Ed. (3683)
 2010 Ed. (3595, 3597, 3599)
 2011 Ed. (3597, 3599)
Sioux Valley Hospitals & Health System
 1999 Ed. (3462)
 2000 Ed. (3180)
 2001 Ed. (1850)
Sioux Valley Hospitals & Health Systems
 2001 Ed. (1849)
 2003 Ed. (1822, 1823)
 2004 Ed. (1858, 1859)
 2005 Ed. (1961, 1962)
 2006 Ed. (2013, 2014)
 2007 Ed. (1979, 1980)
Siouxland Credit Union
 2002 Ed. (1877)
 2003 Ed. (1931)
 2004 Ed. (1971)
 2005 Ed. (2113)
 2006 Ed. (2208)
 2007 Ed. (2129)
 2008 Ed. (2244)
 2009 Ed. (2230)
 2010 Ed. (2184)
 2011 Ed. (2202)
 2012 Ed. (2063)
 2013 Ed. (2245)
 2014 Ed. (2177)
 2015 Ed. (2241)
 2016 Ed. (2212)
The Siouxland Initiative
 2009 Ed. (3555)
 2010 Ed. (3473)
 2014 Ed. (3507)
SIP
 1989 Ed. (2793)
 1990 Ed. (1389, 3515)
 1991 Ed. (1311, 1313)
 1992 Ed. (1654, 3941)
 1993 Ed. (3252)
 1995 Ed. (1439, 3326, 3554)
 1997 Ed. (1458, 3501)
SIP Societa Italian per l'Esercizio delle Telecommunicazioni SpA
 1994 Ed. (1407, 2519)
Sip Societa Italiana per L'Esercizio della Telecomunicazioni SpA
 1991 Ed. (3106)
SIP Societa Italiana per l'Esercizio delle Telecommunicazioni SpA
 1994 Ed. (2520, 3246, 3248)
SIP Societe Italiana per l'Esercizio delle Telecomunicazioni SpA
 1994 Ed. (1408)
SIP SpA
 1996 Ed. (1396, 1403, 1404, 2641, 2642, 3403, 3405, 3649, 3650)
SIP-STA Ital per l'Esercizo delle Teleco-municomun
 1995 Ed. (1440, 3327)
SIPAD
 1991 Ed. (1361)
Sipchem
 2011 Ed. (808)
Sipco, Inc.
 1991 Ed. (1474)
Sipex
 1990 Ed. (2002)
Sipra Societa Italiana Pubblicita
 1990 Ed. (100)
SIPRA Societa Italiana Pubblicita SpA
 1994 Ed. (86)
 1997 Ed. (87)
Sipra Societa'italiana Pubblicita
 1989 Ed. (104)
Sir Adrian & Sir John Swire
 2009 Ed. (4920)
 2010 Ed. (4924)
Sir Alan Sugar
 2007 Ed. (4928)
 2008 Ed. (4904)
Sir Alexander Gibb
 1994 Ed. (1636, 1648)

Sir Alexander Gibb & Partners Ltd./Law Cos. International Group
 1993 Ed. (1613)
Sir Allen McClay
 2009 Ed. (4916)
 2010 Ed. (4920)
Sir Anthony Bamford
 2005 Ed. (3868)
Sir Anwar Pervez
 2008 Ed. (4896)
Sir Arnold Clark
 2007 Ed. (4926)
Sir Brian Souter
 2013 Ed. (4905)
Sir Cameron Mackintosh
 2005 Ed. (4894)
 2007 Ed. (4932)
Sir Chris Evans
 2005 Ed. (4896)
 2008 Ed. (4007)
 2010 Ed. (4926)
Sir Christopher Ondaatje
 2005 Ed. (3868)
SIR Corp.
 2001 Ed. (4085)
 2003 Ed. (4141)
 2004 Ed. (4149)
 2005 Ed. (4089)
 2008 Ed. (4201)
 2009 Ed. (4298)
 2011 Ed. (4264)
 2014 Ed. (4284)
Sir David Alliance
 2005 Ed. (4890)
Sir David Barclay
 2007 Ed. (4930)
 2008 Ed. (4906)
Sir David Garrard
 2005 Ed. (3868)
 2008 Ed. (4007)
Sir David McMurtry
 2009 Ed. (4905)
Sir David Murray
 2008 Ed. (4900, 4904)
 2009 Ed. (4919)
 2010 Ed. (4923)
Sir David & Sir Frederick Barclay
 2005 Ed. (4893)
Sir Elton John
 2005 Ed. (926, 927, 4894)
 2006 Ed. (836)
 2007 Ed. (917, 3658, 4932)
 2008 Ed. (897)
Sir Evelyn & Lady de Rothschild
 2008 Ed. (4897)
Sir Fred Goodwin
 2006 Ed. (2533)
Sir Frederick Barclay
 2007 Ed. (4930)
 2008 Ed. (4906)
Sir Grout Franchising
 2014 Ed. (3014)
 2015 Ed. (781)
 2016 Ed. (702)
Sir Grout Franchising LLC
 2010 Ed. (213)
 2012 Ed. (585)
Sir Ian Wood
 2007 Ed. (4926)
 2008 Ed. (4900)
 2009 Ed. (4919)
 2010 Ed. (4923)
 2011 Ed. (2527)
 2012 Ed. (4923)
 2013 Ed. (4905)
Sir John Browen
 2006 Ed. (2533)
Sir Malcolm Scotch
 1998 Ed. (3171, 3173)
Sir Michael Smirfit
 2009 Ed. (4905)
 2010 Ed. (4906)
Sir Mick Jagger
 2005 Ed. (4894)
 2007 Ed. (4932)
Sir Mortimer B. Davis Jewish General Hospital Foundation
 2012 Ed. (724)
Sir Paul & Lady Smith
 2005 Ed. (4889)
Sir Paul McCartney
 2005 Ed. (4894)
 2007 Ed. (3658, 4932)
Sir Peter Michael
 2008 Ed. (4909)
Sir Peter Vardy
 2005 Ed. (927)
Sir Philip & Lady Green
 2008 Ed. (4897, 4901, 4903)
 2009 Ed. (4917, 4920)

2010 Ed. (4921, 4922, 4924)
Sir Richard Branson
2005 Ed. (4888, 4897)
2007 Ed. (4923, 4934)
2008 Ed. (4908)
2011 Ed. (4910)
Sir Ridley & Tony Scott
2005 Ed. (4891)
Sir Rocco Forte
2005 Ed. (4893)
Sir Ronald Cohen
2005 Ed. (3868)
Sir Ronnie Cohen
2008 Ed. (4006)
Sir Sigmund Sternberg
2005 Ed. (3868)
Sir Speedy
2014 Ed. (4104)
2015 Ed. (4082)
2016 Ed. (3994)
Sir Speedy Inc.
1998 Ed. (1758)
2002 Ed. (3765)
2003 Ed. (3932)
2004 Ed. (3940)
2007 Ed. (4005)
2008 Ed. (4023)
2009 Ed. (4096)
2010 Ed. (4008)
2011 Ed. (4015)
2012 Ed. (4008)
2013 Ed. (4091)
2014 Ed. (4100)
Sir Speedy Printing
2014 Ed. (4102)
2015 Ed. (4081)
2016 Ed. (3993)
Sir Speedy Printing Center
1993 Ed. (1900)
Sir Speedy Printing & Marketing Services
2015 Ed. (4078)
2016 Ed. (3989)
Sir Speedy Whittier
2012 Ed. (4012)
2014 Ed. (4102, 4104, 4105)
2015 Ed. (4082, 4083)
Sir Speedy Whittier Print Tech
2012 Ed. (4011)
Sir Speedy/Copies Now
1995 Ed. (1936)
Sir Stanley & Peter Thomas
2009 Ed. (4922)
2010 Ed. (4926)
Sir Stelios Haji-Ioannou
2008 Ed. (4906)
Sir Terry Leahy
2006 Ed. (2533)
Sir Terry Matthews
2005 Ed. (4888, 4893, 4896)
2007 Ed. (4930, 4934, 4935)
2008 Ed. (4908)
2009 Ed. (4922)
2010 Ed. (4926)
Sir Tom Cowie
2005 Ed. (3868)
Sir Tom Hunter
2007 Ed. (917, 4926)
2008 Ed. (4900)
2009 Ed. (4919)
Sir Tom Jones
2007 Ed. (4932, 4935)
2009 Ed. (4922)
2010 Ed. (4926)
Sir Tony O'Reilly
2007 Ed. (4918)
Sir Topham Hatt
2011 Ed. (559)
Sir Walter Raleigh
2003 Ed. (982, 4750)
Sirach Capital
1993 Ed. (2313, 2317, 2330)
1996 Ed. (2395)
Sirach/Flinn, Elvins Capital
1991 Ed. (2223)
Siren Management
1998 Ed. (3018)
Sirens Media
2012 Ed. (2559, 4685)
Sirenza Microdevices Inc.
2007 Ed. (2712)
2008 Ed. (2846)
2009 Ed. (1606)
SiRF Technology
2005 Ed. (2332)
2009 Ed. (2897)
SiRF Technology Holdings Inc.
2006 Ed. (4680)
2007 Ed. (2332)
2009 Ed. (1534)

2010 Ed. (2841)
Sirina Fire Protection
2000 Ed. (3148)
2006 Ed. (3530)
2008 Ed. (1322)
Sirit Inc.
2006 Ed. (2813)
2007 Ed. (1235, 2812)
2008 Ed. (1133)
Sirius Cybernetics Corp.
2010 Ed. (1432)
Sirius Satellite Radio Inc.
2002 Ed. (1124)
2006 Ed. (1779, 4084)
2007 Ed. (4060, 4556, 4564, 4736)
2008 Ed. (4540)
2009 Ed. (3014, 4207)
2010 Ed. (3038)
Sirius Solutions
2007 Ed. (2379)
2008 Ed. (1207)
Sirius XM Canada Holdings Inc.
2015 Ed. (1521)
Sirius XM Holdings
2015 Ed. (4569)
Sirius XM Radio
2013 Ed. (706)
SIRIUS XM Radio Inc.
2011 Ed. (3007, 4143)
2012 Ed. (2934, 4175)
2013 Ed. (3023)
2014 Ed. (3034)
2015 Ed. (3100)
Sirius XM Radio Inc.
2015 Ed. (3610)
2016 Ed. (3494)
Siriux XM Canada Holdings
2015 Ed. (775)
Sirivadhanabhakdi; Charoen
2008 Ed. (4853)
2009 Ed. (4875)
2010 Ed. (3966, 4876)
2011 Ed. (4865, 4866)
2012 Ed. (4870, 4871)
2013 Ed. (4914, 4915)
2014 Ed. (4924, 4925)
2015 Ed. (4964, 4965)
2016 Ed. (4881, 4882)
Sirloin Stockade
2002 Ed. (4032)
SIRM
1996 Ed. (1214)
Sirna Therapeutics Inc.
2008 Ed. (4520, 4538)
Sirocco Mining Inc.
2015 Ed. (1558)
Sirocco Systems Inc.
2003 Ed. (1507)
Sirois; Charles
2005 Ed. (4870)
Sirona Dental Systems
2008 Ed. (1985)
2009 Ed. (2904, 2909)
2010 Ed. (2848, 2853)
2013 Ed. (1933, 2864)
Sirote & Permutt PC
2014 Ed. (3433)
2015 Ed. (3466)
Sirrine Credit Union
2005 Ed. (2071, 2073, 2074)
Sirsai
2011 Ed. (701, 3683, 4025)
Sirsi Corp.
1991 Ed. (2310, 2311)
1994 Ed. (2522)
2004 Ed. (3256)
2005 Ed. (3287)
2006 Ed. (3279)
Sirtex Medical
2005 Ed. (1655)
Sirtis Pharmaceuticals
2009 Ed. (1882)
SIRVA Inc.
2003 Ed. (21)
2005 Ed. (4251, 4757)
2006 Ed. (2665, 2994, 4796, 4810)
2007 Ed. (2646, 3029, 4813)
2008 Ed. (291, 2773, 4737, 4740, 4768, 4774)
2009 Ed. (2833, 3257, 4800)
2010 Ed. (294, 2777, 3188, 4785, 4817)
2011 Ed. (4767, 4776)
2012 Ed. (4788, 4798)
2013 Ed. (4749)
2014 Ed. (4799)
2015 Ed. (4834)
2016 Ed. (4737)
Sirva Inc.
2013 Ed. (4759)

2014 Ed. (4810)
2015 Ed. (3259, 4845)
2016 Ed. (4749)
Sirva Worldwide Inc.
2007 Ed. (2646)
2008 Ed. (2773)
2009 Ed. (2833)
SIS LLC
2016 Ed. (1728)
Sisal Sport Italia
2000 Ed. (3014)
SisCog - Sistemas Cognitivos
2015 Ed. (1999)
Sisler Baal Realtors
1990 Ed. (2953)
Sisna
2006 Ed. (3186)
Sisneros; Tim
2011 Ed. (4336)
Sison; Michael J.
2011 Ed. (3345)
Sistel
1997 Ed. (3026)
2002 Ed. (3631)
2003 Ed. (3765)
Sistema
1989 Ed. (153)
1991 Ed. (144)
2011 Ed. (4646)
2013 Ed. (1737, 1738)
2014 Ed. (55)
2015 Ed. (1732, 2016)
Sistema de Medicina Prepagada del
Ecuador SA
2015 Ed. (1607)
Sistema JSFC
2013 Ed. (2036, 4620)
2014 Ed. (4681)
2015 Ed. (4691)
2016 Ed. (4598)
Sistema; JSFC
2007 Ed. (1694, 1970)
2008 Ed. (2066)
2012 Ed. (1597, 1874, 1875, 4650)
2013 Ed. (2035, 2539)
2014 Ed. (1970)
2015 Ed. (2015)
2016 Ed. (1986, 3459)
Sistema Universitario Ana G. Mendez
Inc.
2005 Ed. (1731, 4357)
2006 Ed. (4298)
Sisteme Financeiro America do Sul
1989 Ed. (604)
Sistems
1990 Ed. (144)
Sister Act
1995 Ed. (2614)
Sister Julie's Olive Oil
2015 Ed. (3794)
Sister of Sorrowful Mother Ministry
Corp.
1991 Ed. (2507)
The Sisterhood of the Traveling Pants
2008 Ed. (550)
Sisters Chicken & Biscuits
1991 Ed. (1656)
1993 Ed. (1758)
Sisters for the Sorrowful Mother Ministry
Corp.
1999 Ed. (3465)
Sisters Morales
1995 Ed. (1120)
Sisters of Charity Health
2002 Ed. (1130, 3771, 3776)
2003 Ed. (3952)
Sisters of Charity Health Care Systems
1990 Ed. (2629)
1991 Ed. (2499, 2624)
1992 Ed. (3123, 3124)
1994 Ed. (2574)
1996 Ed. (2707)
1997 Ed. (2826)
Sisters of Charity Health Care Systems,
Cincinnati
1995 Ed. (2629)
Sisters of Charity Health Service
2004 Ed. (1649, 3955, 3965)
Sisters of Charity Health System Inc.
2008 Ed. (1896)
2009 Ed. (1859)
2010 Ed. (1791)
Sisters of Charity Health Systems
2016 Ed. (1752)
Sisters of Charity of the Incarnate Word
1994 Ed. (2574)
1995 Ed. (2629)
1997 Ed. (2179, 2826)
Sisters of Charity of the Incarnate Word
Health Care System

1996 Ed. (2707)
Sisters of Charity of the Incarnate Word,
Shreveport Louisiana
2003 Ed. (1747)
Sisters of Charity of the Incarnate World
2001 Ed. (1779)
Sisters of Charity Providence Hospitals
2010 Ed. (4781)
Sisters of Mary of the Pres.
1990 Ed. (2050)
Sisters of Mercy Health Corp.
1992 Ed. (3258)
1995 Ed. (2787)
Sisters of Mercy Health System
1992 Ed. (3124, 3258)
1994 Ed. (2574)
1997 Ed. (2163, 2257)
1999 Ed. (3460)
2000 Ed. (3178)
2002 Ed. (3290)
2007 Ed. (2779)
Sisters of Mercy Health System of St.
Louis
1995 Ed. (2629, 2787)
1996 Ed. (2707)
1997 Ed. (2179, 2826)
Sisters of Mercy Health System-St.
Louis
1998 Ed. (1908, 2547)
2001 Ed. (2666)
Sisters of Mercy Health Systems
1991 Ed. (2499)
2000 Ed. (3181)
2003 Ed. (2683, 3463)
Sisters of Mercy Health Systems - St.
Louis
1990 Ed. (2629)
Sisters of Providence
1991 Ed. (2498, 2499)
Sisters of Providence Health System
1998 Ed. (2216)
Sisters of Providence Health System/
Washington
1995 Ed. (2627)
Sisters of Sorrowful Mother Ministry
Corp.
1992 Ed. (3132)
1999 Ed. (3460)
Sisters of St. Joseph Health System
1991 Ed. (1933)
1992 Ed. (2457)
1993 Ed. (2072)
1995 Ed. (2142)
1996 Ed. (2154)
1997 Ed. (2269)
1998 Ed. (1988)
2000 Ed. (3182)
Sisters of the Sorrowful Mother Ministry
Corp.
1997 Ed. (2826, 2829)
Sisters of the Sorrowful Mother-U.S.
Health System
1998 Ed. (2547)
Sisterson & Co.
2008 Ed. (2035)
2011 Ed. (2)
2012 Ed. (2)
2013 Ed. (2)
2014 Ed. (2)
Sistersville Bancorp Inc.
2002 Ed. (3550, 3553)
Sit International Growth
2004 Ed. (3650, 3651)
SIT Investment
1996 Ed. (2418, 2656, 3877)
2003 Ed. (689, 3554, 3555, 3556)
2004 Ed. (723, 3599, 3600, 3639)
2005 Ed. (704, 705)
SIT Investment Associates
2005 Ed. (3583)
2016 Ed. (635, 640)
SIT Large Cap Growth
1999 Ed. (3556)
Sit Means Sit Dog Training
2013 Ed. (3995)
2014 Ed. (3938)
2015 Ed. (3884)
2016 Ed. (2327)
Sit Mid Cap Growth
2004 Ed. (3560)
Sit 'n Sleep
2013 Ed. (3634)
2014 Ed. (3575)
2016 Ed. (3471)
SIT New Beginning Growth
1993 Ed. (2691)
1994 Ed. (2632)
SIT New Beginning Income & Growth
1993 Ed. (2662)
SIT New Beginning Taxfree

1992 Ed. (3167)
SIT New Beginning U.S. Government
1992 Ed. (3165)
SIT "New Beginning" U.S. Government
Securities
1990 Ed. (2375)
Sit Small Cap Growth Fund
2003 Ed. (3537)
SIT Tax-Free Income
1996 Ed. (2785, 2812)
1998 Ed. (2602, 2639)
1999 Ed. (758, 3572)
Sit Tax-Free Income Fund
1998 Ed. (2644)
2000 Ed. (770)
SIT U.S. Government Securities
1996 Ed. (2780, 2794)
1999 Ed. (3553)
SITA
1994 Ed. (3650)
Sitar Co.
1998 Ed. (2999)
1999 Ed. (3993)
Sitar Realty Co.
2016 Ed. (4776)
Sitara Networks
2002 Ed. (4564)
Sitcoms
1996 Ed. (865)
Site cleanup
1992 Ed. (2379)
Site Group International
2016 Ed. (1374)
Site59
2004 Ed. (3161)
Sitecore Corp.
2014 Ed. (1066, 1069)
Sitel
1992 Ed. (4205, 4206)
1993 Ed. (3512)
1994 Ed. (3485, 3486)
1995 Ed. (3556)
1996 Ed. (3641, 3642)
1997 Ed. (3697)
1998 Ed. (3478, 3483)
1999 Ed. (4555, 4556, 4558)
2000 Ed. (4193, 4194, 4195)
2001 Ed. (4463, 4465, 4466, 4469)
2002 Ed. (4573, 4574, 4575, 4576,
4577, 4578, 4579)
2005 Ed. (4645, 4646, 4647, 4648,
4649, 4650, 4651)
2010 Ed. (4702)
Sitel Corp.
2016 Ed. (2026)
Sitel Corporation
2000 Ed. (4196, 4197, 4198, 4199,
4200, 4201)
Sitel Worldwide Corp.
2008 Ed. (4922)
2009 Ed. (4938)
SiteProNews
2012 Ed. (495)
Sites Jr.; John C.
1995 Ed. (1728)
Sithe Energies, Inc.
2002 Ed. (2228)
Sit/Kim International
1996 Ed. (2404)
2000 Ed. (2819)
Sit/Kim International Investment
1992 Ed. (2796)
Sitmar
1989 Ed. (2097)
1990 Ed. (2774)
Sitorus; Martua
2009 Ed. (4865)
2010 Ed. (4866, 4867)
2011 Ed. (4854, 4855)
2012 Ed. (4861, 4862)
2013 Ed. (4877, 4878)
2014 Ed. (4892)
Sitting Bull College
2007 Ed. (809)
The Situation Room with Wolf Blitzer
2010 Ed. (784)
Sivage Thomas Homes
1998 Ed. (892)
2000 Ed. (1202)
2004 Ed. (1150)
2005 Ed. (1179, 1223)
Sivakumar; V. V.
1997 Ed. (1973)
Sivalls Inc.
2001 Ed. (3278)
Sivensa
1991 Ed. (858)
1992 Ed. (1062)
1993 Ed. (854)
1994 Ed. (868, 869)

1996 Ed. (883)
1999 Ed. (1037)
2000 Ed. (985, 986)
Siwel Consulting Inc.
2007 Ed. (3583, 3584, 4437)
Six Apart
2006 Ed. (3020)
2007 Ed. (3053)
2008 Ed. (3357)
Six Apart Sites
2007 Ed. (3227)
Six Continents Hotels Inc.
2003 Ed. (2848)
2004 Ed. (2931, 2933, 2939)
2005 Ed. (2924)
Six Continents plc
2005 Ed. (2940, 3282, 4090)
2006 Ed. (165, 2944, 4138)
2007 Ed. (2956, 4159)
Six Flags Atlantis
1989 Ed. (2904)
1990 Ed. (3685)
Six Flags Discovery Kingdom
2012 Ed. (1378)
2013 Ed. (1473)
2014 Ed. (1435)
2016 Ed. (1432)
Six Flags Entertainment Corp.
2001 Ed. (376)
2013 Ed. (173)
2014 Ed. (178)
2015 Ed. (207)
2016 Ed. (198)
Six Flags Great Adventure
1997 Ed. (251)
1998 Ed. (167)
1999 Ed. (272)
2001 Ed. (381)
Six Flags Great America
1994 Ed. (218)
Six Flags Holdings Inc.
2004 Ed. (239)
2005 Ed. (242)
2006 Ed. (263)
Six Flags Hurricane Harbor
1999 Ed. (4745)
2000 Ed. (4374)
2001 Ed. (4736)
2002 Ed. (4786)
2003 Ed. (4875)
2004 Ed. (4856)
2005 Ed. (4840)
2006 Ed. (4893)
2007 Ed. (4884)
Six Flags Inc.
1994 Ed. (1887)
1995 Ed. (1916)
1997 Ed. (2054)
2000 Ed. (296)
2002 Ed. (309)
2003 Ed. (271, 274)
2004 Ed. (239, 241)
2005 Ed. (242, 244, 251)
2006 Ed. (263, 270)
2007 Ed. (270, 274)
2008 Ed. (253)
2009 Ed. (274)
2010 Ed. (261, 262)
2011 Ed. (183)
2012 Ed. (192)
Six Flags Magic Mountain
1990 Ed. (264)
1991 Ed. (239)
1992 Ed. (331)
1993 Ed. (228)
1994 Ed. (218)
1995 Ed. (3164)
1999 Ed. (268)
Six Flags Mexico
2002 Ed. (311)
2003 Ed. (276)
2005 Ed. (252)
2006 Ed. (271)
2007 Ed. (276)
Six Flags Wet 'n Wild
1998 Ed. (3701)
Six Flags White Water
2002 Ed. (4786)
"Six Star Knife Set"
2016 Ed. (2283)
Six Star Pro
2016 Ed. (3762)
SIX Swiss Exchange
2014 Ed. (4560)
2015 Ed. (4548, 4554, 4560)
Sixer.com
2002 Ed. (4853)
Sixsteps Music
2014 Ed. (3715)
Sixt

2013 Ed. (252)
2015 Ed. (293)
Sixt Franchise USA
2015 Ed. (316)
Sixth Avenue Credit Union
2004 Ed. (1938)
Sixth Grade Can Really Kill You
1990 Ed. (981)
The Sixth Sense
2001 Ed. (3363, 3364, 3376, 3379)
2002 Ed. (3399)
Sixthman
2013 Ed. (4740)
Sizeler Cos.
1991 Ed. (3120, 3126)
1992 Ed. (3961, 3968)
Sizeler Thompson Brown Architects
2008 Ed. (2518)
2010 Ed. (2447)
2011 Ed. (2456)
2012 Ed. (206)
Sizes Unlimited
1989 Ed. (936)
Sizing
2002 Ed. (997)
Sizzler
1990 Ed. (3012, 3023)
1991 Ed. (2873)
1994 Ed. (3077, 3085, 3088)
1995 Ed. (3122, 3131, 3138)
1996 Ed. (3217, 3230)
1997 Ed. (3318, 3333)
1998 Ed. (3066)
2000 Ed. (3792, 3793)
2001 Ed. (4075)
2002 Ed. (4029, 4032)
2003 Ed. (4102, 4122, 4123, 4124,
4125, 4126, 4127)
2004 Ed. (4126)
2006 Ed. (4114)
2011 Ed. (4261)
2014 Ed. (4266)
2015 Ed. (4247)
Sizzler International
1991 Ed. (2883)
1996 Ed. (3228)
1997 Ed. (3329, 3651)
1999 Ed. (387, 4079, 4080)
Sizzler Restaurants
1993 Ed. (3021, 3031, 3035)
Sizzler Restaurants International
1992 Ed. (3713, 3718)
Sizzler USA Inc.
2011 Ed. (769)
2012 Ed. (707)
Sizzling Sixteen
2012 Ed. (453)
2013 Ed. (568)
Sizzling Wok
1999 Ed. (4060)
2000 Ed. (3776)
2002 Ed. (4008)
SJI Inc.
1992 Ed. (3757)
SJM Concerts
2013 Ed. (1136)
2014 Ed. (1097)
2016 Ed. (1046)
SJM Holdings
2015 Ed. (1685)
SJM Holdings Ltd.
2013 Ed. (884, 889)
2014 Ed. (846, 850)
2015 Ed. (885, 888)
2016 Ed. (770, 773)
Sjovinnubankin P/F
1989 Ed. (526)
1992 Ed. (659)
1993 Ed. (471)
1994 Ed. (474)
1995 Ed. (465)
SJW Corp.
2002 Ed. (2004)
2004 Ed. (4854, 4855)
2005 Ed. (4838, 4839)
2008 Ed. (1590)
SK C & C Co., Ltd.
2012 Ed. (942, 946)
SK Corp.
1999 Ed. (1889)
2000 Ed. (1026, 1505, 1508, 3536)
2001 Ed. (1774, 1775)
2002 Ed. (1684, 3694, 3695)
2003 Ed. (3852, 3856)
2005 Ed. (3398, 3778, 3782)
2006 Ed. (2015, 2016, 2017, 3400)
2007 Ed. (1983, 1984, 1985, 2386,
2393, 3874, 3891)
2008 Ed. (2080, 2082, 2501, 3580,
3934)

2009 Ed. (2051, 2508, 4009)
SK Energy Asia
2001 Ed. (1619, 1842)
SK Energy Co., Ltd.
2013 Ed. (2548)
2014 Ed. (2480)
SK Energy Corp.
2011 Ed. (788, 3934)
2012 Ed. (741, 3565, 3932)
2013 Ed. (944)
2014 Ed. (897)
2015 Ed. (925)
SK Engineering & Construction Co.
2002 Ed. (1308, 1325)
2003 Ed. (1324, 2316)
2008 Ed. (2565)
2009 Ed. (2573)
SK Engineering & Construction Co., Ltd.
2015 Ed. (1280)
SK Global Chemical Co.
2013 Ed. (811)
SK Group
2002 Ed. (1578)
2014 Ed. (700)
2015 Ed. (747, 4666)
2016 Ed. (674, 4578)
SK Holdings
2013 Ed. (3970)
2014 Ed. (3912, 4042, 4067)
2015 Ed. (3946)
2016 Ed. (2005, 3863)
SK Holdings Co., Ltd.
2009 Ed. (2053, 3651)
2010 Ed. (1408, 1985, 3569)
2011 Ed. (2046, 3572)
2012 Ed. (1895, 1896, 3565, 3933)
2013 Ed. (2054, 3601)
2014 Ed. (1988)
SK Hynix
2014 Ed. (4458)
2015 Ed. (2038, 4454)
2016 Ed. (2006, 4350)
SK Hynix Inc.
2014 Ed. (4455)
2015 Ed. (4451)
2016 Ed. (4345)
SK-II
2015 Ed. (2193)
SK Innovation
2013 Ed. (2056, 3970, 3988)
2014 Ed. (1990, 3912, 3931)
2015 Ed. (2554, 3946)
2016 Ed. (3863)
SK Innovation Co., Ltd.
2013 Ed. (856, 3601)
2014 Ed. (898, 2468)
2015 Ed. (3967)
2016 Ed. (829, 3881)
SK Networks
2006 Ed. (2017)
2013 Ed. (4704)
2014 Ed. (4756)
2015 Ed. (4777)
2016 Ed. (4681)
SK Networks Australia Pty. Ltd.
2007 Ed. (4803)
2008 Ed. (4727)
2009 Ed. (4764)
SK Telecom
2013 Ed. (43, 674, 4622)
2014 Ed. (4004, 4041, 4683)
2015 Ed. (4693)
2016 Ed. (4599)
SK Telecom Co., Ltd.
1999 Ed. (1696)
2000 Ed. (1506, 2882, 2883)
2001 Ed. (51, 1776)
2002 Ed. (1683, 3048)
2003 Ed. (1824, 2950, 4594)
2004 Ed. (85)
2005 Ed. (80, 3035)
2006 Ed. (89, 2017, 3237)
2007 Ed. (79, 4721)
2008 Ed. (85)
2009 Ed. (94)
2010 Ed. (102, 1987)
2012 Ed. (1898)
Skadden, Arps
2009 Ed. (826)
2010 Ed. (771)
Skadden, Arps, Slate, Meagher & Flom
1990 Ed. (2412, 2424)
1991 Ed. (2277, 2278, 2290)
1992 Ed. (2825, 2826, 2827, 2844)
1993 Ed. (2388, 2389, 2390, 2402)
1994 Ed. (2351, 2355)
1995 Ed. (2412, 2414, 2420, 2653)
1996 Ed. (2450, 2455)
1997 Ed. (2595, 2600)

1998 Ed. (2324, 2325, 2326, 2332, 2711)
1999 Ed. (1431, 3141, 3142, 3143, 3144, 3145, 3146, 3156, 4257)
2000 Ed. (2891, 2892, 2893, 2897, 2899, 2901)
2001 Ed. (1539, 3051, 3058, 3086)
Skadden Arps Slate Meagher & Flom LLP
2015 Ed. (3494)
2016 Ed. (3344)
Skadden, Arps, Slate, Meagher & Flom LLP
2001 Ed. (561, 564, 3085)
2002 Ed. (1356, 1357, 1359, 1373, 1374, 3059)
2003 Ed. (1393, 1394, 1400, 1401, 1412, 1413, 1415, 3170, 3171, 3172, 3173, 3174, 3175, 3176, 3177, 3178, 3183, 3184, 3186, 3188, 3189, 3191, 3194, 3204, 3205)
2004 Ed. (1408, 1409, 1416, 1417, 1437, 1438, 1440, 1446, 3224, 3226, 3235, 3236, 3239, 3250)
2005 Ed. (1427, 1428, 1438, 1439, 1440, 1449, 1450, 1454, 1455, 1457, 1461, 3254, 3255, 3256, 3265, 3274, 3275)
2006 Ed. (1412, 1413, 3243, 3245, 3246, 3251, 3265)
2007 Ed. (3301, 3303, 3304, 3305, 3317, 3321, 3325, 3327, 3328, 3337)
2008 Ed. (1394, 1395, 3414, 3417, 3418, 3419, 3426, 3427, 3428)
2009 Ed. (3485, 3495, 3503)
2010 Ed. (3417, 3423, 3424, 3425, 3426, 3440)
2011 Ed. (700, 3400, 3407, 3409, 3411, 3438)
2012 Ed. (634, 1228, 3372, 3397, 3402, 3406, 3410, 3411, 3412, 3414, 3415, 3416, 3418, 3426, 3428, 3429, 3455, 4438, 4439)
2013 Ed. (3433, 3442, 3443, 3452, 3453, 3499, 3907)
2014 Ed. (3439, 3442, 3443, 3447, 3450, 3453, 3454, 3475, 3840)
2015 Ed. (1350, 1351, 3471, 3473, 3493, 3865)
2016 Ed. (1281, 1282, 3318, 3343, 3774)
Skagen Fondene
2012 Ed. (1788)
2014 Ed. (1898)
Skaggs Alpha Beta
1991 Ed. (3259, 3260)
Skagit County, WA
1996 Ed. (1474)
2013 Ed. (2164)
Skagit Valley College
2013 Ed. (2164)
Skagit Valley Hospital
2013 Ed. (2164)
Skagway-Yakutat-Angoon, AK
2000 Ed. (1603, 2612)
Skagway-Yakutat-Angoon County, AK
2002 Ed. (1808)
Skala-Coop T
1997 Ed. (825)
Skand Enskilda Bank
1991 Ed. (1350)
2006 Ed. (2026)
2012 Ed. (413)
Skand. Enskilda Banken
1996 Ed. (1396)
Skandia
1992 Ed. (4143)
1996 Ed. (3590)
1999 Ed. (4483)
2003 Ed. (1668)
Skandia America Group
1992 Ed. (3658)
Skandia America Reinsurance
1995 Ed. (3087)
Skandia Austria Holding AG
2010 Ed. (1497)
Skandia "B" LV: AA Growth
1992 Ed. (4376)
Skandia "B" LV: AA Income & Growth
1992 Ed. (4377)
Skandia "B" LV: AMT LTMAT
1994 Ed. (3615)
Skandia "B" LV.: High Global
1992 Ed. (4379)
Skandia Forsakring
2001 Ed. (1548, 1820, 1858)
2002 Ed. (1775)
2006 Ed. (1684)

Skandia Forsakringsab
2002 Ed. (4484, 4485)
Skandia Gr. Insurance (Skr5)
1996 Ed. (1179)
Skandia Group Insurance Co.
1994 Ed. (1215, 3042)
1999 Ed. (1423, 1739)
Skandia Group Ltd.
1993 Ed. (1161, 2994)
Skandia Insurance Co.
2000 Ed. (1560)
2001 Ed. (1857)
2002 Ed. (1773, 2941)
2005 Ed. (1486)
Skandia International
1991 Ed. (2132)
Skandia International Holding
1991 Ed. (3222)
Skandia International Insurance Corp.
1991 Ed. (2133)
Skandia International Risk Management Ltd.
1990 Ed. (903)
1991 Ed. (853)
1992 Ed. (1058)
1993 Ed. (846)
1994 Ed. (859)
1995 Ed. (902)
1996 Ed. (877)
1997 Ed. (898)
1999 Ed. (1029)
2000 Ed. (979, 984)
2001 Ed. (2920)
Skandia International Risk Management (Vermont) Inc.
1990 Ed. (907)
1991 Ed. (856)
1993 Ed. (853)
1994 Ed. (867)
1995 Ed. (909)
1996 Ed. (882)
1997 Ed. (903)
1998 Ed. (642)
1999 Ed. (1034)
SkandiaBanken
2015 Ed. (539)
2016 Ed. (491)
Skandinavisk Holding A/s
1990 Ed. (1344)
1994 Ed. (1346)
Skandinavisk Industries A/S
1995 Ed. (1380, 1960)
Skandinavisk Industries A/S (Koncern)
1996 Ed. (1991)
Skandinaviska Banken Group
1992 Ed. (3900)
Skandinaviska Enskilda Banken
1989 Ed. (579, 580, 684, 1783)
1990 Ed. (572, 600)
1991 Ed. (383, 560, 1351, 2415)
1992 Ed. (727, 842, 1693)
1993 Ed. (528, 639)
1994 Ed. (642, 1451, 3257, 3258)
1995 Ed. (614, 1491)
1996 Ed. (688, 1448, 1449)
1997 Ed. (622, 1514)
1999 Ed. (644, 1739)
2000 Ed. (669, 1558, 4123, 4124)
2003 Ed. (616)
2004 Ed. (524, 625)
2005 Ed. (614)
2006 Ed. (527, 2027, 4575)
2007 Ed. (557, 1997)
2008 Ed. (509, 2091)
2009 Ed. (541, 542, 2066)
2010 Ed. (524, 525, 2002, 2004)
2011 Ed. (453, 454, 2064, 2066)
2012 Ed. (1909)
2013 Ed. (465, 2074)
2014 Ed. (480, 2006)
2015 Ed. (540, 2051)
2016 Ed. (2013)
Skandinaviska Enskilda Banken AB
2001 Ed. (1857, 1858)
2005 Ed. (3239)
2012 Ed. (1906)
2013 Ed. (2071)
Skandinaviska Enskilda Banken AB-- SEB
2002 Ed. (652, 1775, 4484, 4485)
Skandinaviska Enskilda Banken Group
2013 Ed. (464)
2014 Ed. (479)
2015 Ed. (539)
2016 Ed. (491)
Skanek Ek For
2002 Ed. (250)
Skanska
2014 Ed. (704, 1133)
2015 Ed. (749, 1181)

Skanska AB
1991 Ed. (1350)
1994 Ed. (1173, 1451)
1997 Ed. (1186, 1190, 1195, 1512)
2000 Ed. (1278, 1281, 1283, 1285, 1290, 1292, 1559)
2001 Ed. (1487, 1856, 1857)
2002 Ed. (1175, 1194, 1212, 1307, 1308, 1310, 1314, 1315, 1318, 1320, 1321, 1773)
2003 Ed. (1174, 1175, 1323, 1324, 1326, 1327, 1328, 1329, 1334, 1335, 1827)
2004 Ed. (1182, 1321, 1323, 1324, 1326, 1327, 1328, 1330, 1331, 1332, 1333, 1334, 1335, 1336)
2005 Ed. (1208, 1329, 1330, 1332, 1333, 1336, 1337, 1338, 1339, 1340, 1341, 1966)
2006 Ed. (204, 1181, 1184, 1185, 1302, 1303, 1305, 1311, 1312, 1313, 1316, 1317, 1318, 1319, 1320, 1321, 1322, 1323, 1683, 2024, 2025, 3487)
2007 Ed. (1287, 1291, 1293, 1994, 1995, 1996)
2008 Ed. (1186, 1189, 1191, 1285, 1290, 1297, 1298, 1299, 1301, 1303, 1304, 1305, 1306, 1307, 2088, 2089, 2090)
2009 Ed. (1161, 1163, 1165, 1268, 1273, 1282, 1283, 1284, 1286, 1288, 1289, 1290, 1292, 2060, 2061, 2062)
2010 Ed. (1158, 1159, 1264, 1265, 1269, 1275, 1276, 1277, 1281, 1282, 1283, 1285, 2002)
2011 Ed. (1105, 1108, 1214, 1215, 1219, 1229, 1230, 1232, 1234, 1235, 1236, 1237, 1238, 2063, 2064, 2065)
2012 Ed. (1021, 1026, 1043, 1150, 1155, 1158, 1161, 1163, 1164, 1165, 1166, 1167, 1906, 1907, 1908)
2013 Ed. (1171, 1177, 1178, 1287, 1290, 1294, 1295, 1298, 1301, 1302, 1303, 2071, 2073)
2014 Ed. (1129, 1220, 1223, 1227, 1228, 1231, 1234, 1235, 1236)
2015 Ed. (1175, 1278, 1281, 1285, 1286, 1289, 1292)
2016 Ed. (1193, 1196, 1200, 1201, 1203, 1206, 1207, 1208)
Skanska Banken
1991 Ed. (669)
1992 Ed. (842, 1693, 4142)
Skanska CR
2015 Ed. (1168)
Skanska Inc.
1990 Ed. (1422, 3477)
1991 Ed. (1349, 1351, 3221)
1993 Ed. (1099, 1404, 1405, 3460, 3461)
1996 Ed. (1449)
1997 Ed. (1132, 1137, 1151, 1514)
1998 Ed. (962, 963, 966)
1999 Ed. (1392, 1629, 1738, 1739, 4482)
2000 Ed. (1238, 1560)
2003 Ed. (1244, 1245, 1250, 1252, 1254, 1258, 1264, 1265, 1270, 1271, 1278, 1282, 1285, 1286, 1287, 1289, 1293, 1294, 1295, 1296, 1297, 1303, 2290, 2292, 2745)
2004 Ed. (774, 1247, 1248, 1250, 1256, 1261, 1263, 1267, 1268, 1270, 1273, 1274, 1281, 1288, 1289, 1290, 1291, 1299, 1302, 1306, 1316, 2748, 2828)
2005 Ed. (1279, 1294)
2006 Ed. (1239, 2458)
Skanska International Civil Engineering AB
1995 Ed. (1183)
1996 Ed. (1157)
Skanska Polska
2015 Ed. (1168)
2016 Ed. (1082)
Skanska USA
2013 Ed. (1150, 1195)
2014 Ed. (1174, 1181)
2015 Ed. (1227)
2016 Ed. (1134, 1137, 1862)
Skanska USA Building Inc.
2003 Ed. (1139, 1310)
2005 Ed. (1168)
2006 Ed. (1164, 1182, 1306, 1332, 1335, 1343, 2792)
2008 Ed. (1168, 1170, 1171, 1172,

1173, 1174, 1176, 1206, 1224, 1238, 1240, 1241, 1242, 1247, 1252, 2915, 3187)
2009 Ed. (1144, 1206, 1309, 1312, 1330, 1344, 2971, 3246)
2010 Ed. (1210, 1303, 1315, 1328, 2911, 3177)
2011 Ed. (1085, 1158)
2013 Ed. (1612)
Skanska USA Civil Inc.
2011 Ed. (1111)
2012 Ed. (1033)
2013 Ed. (1183)
Skanska USA Inc.
1998 Ed. (936)
1999 Ed. (1340, 1354, 1355, 1357)
2000 Ed. (1246, 1247, 1249, 1251, 1255)
2001 Ed. (1462, 1463, 1467, 1468)
2002 Ed. (1228, 1229, 1237, 1241, 1245, 1251, 1253, 1260, 1261, 1266, 1267, 1270, 1274, 1276, 1279, 1280, 1284, 1285, 1291)
2004 Ed. (1142, 1143)
2005 Ed. (1165, 1166, 1172, 1298, 1299, 1301, 1307, 1313)
2006 Ed. (1161, 1162, 1168, 1186, 1241, 1243, 1245, 1246, 1248, 1250, 1251, 1267, 1268, 1269, 1276, 1283, 1298, 1331)
2007 Ed. (1273, 1274, 1316, 1339, 1340, 1341, 1343, 1344, 1346, 1349, 1355, 1384, 2476)
2008 Ed. (1166, 1226, 1228, 1230, 1231, 1235, 1236, 1274, 1276, 1292, 1317, 1321, 1323, 1331, 1336)
2009 Ed. (1147, 1208, 1210, 1212, 1213, 1217, 1218, 1259, 1275, 1302, 1305, 1306, 1322, 1334, 2637, 2639, 2640, 2641, 2644)
2010 Ed. (1142, 1146, 1176, 1211, 1213, 1215, 1216, 1220, 1221, 1252, 1254, 1295, 1299, 1311, 1318, 2532, 2542, 2544, 2545, 2546, 2549, 2550)
2011 Ed. (1083, 1084, 1089, 1096, 1124, 1159, 1160, 1162, 1163, 1167, 1168, 1203, 1205, 1221, 1253, 1257, 1259, 1261, 1267, 1277, 1278, 1279, 1280, 1286, 1287, 1288, 1289, 1293, 1294, 1310, 2533, 2537)
2012 Ed. (1005, 1030, 1058, 1095, 1097, 1099, 1100, 1105, 1106, 1129, 2473, 2475, 2482, 2483)
2013 Ed. (1148, 1149, 1233, 1238, 1240, 1244, 1247, 1248, 1249, 1269, 1270, 1275, 2617, 2629, 2631)
2014 Ed. (1149, 1172, 1176, 1178, 1182, 1186, 1187, 1202, 1208, 2576, 3188)
2015 Ed. (1199, 1225, 1230, 1232, 1235, 1236, 1240, 1241, 1260, 1266, 2616)
2016 Ed. (1107, 1135, 1138, 1141, 1143, 1146, 1147, 1151, 1152, 1173, 1174, 1175, 1181)
Skateboarding
2001 Ed. (4340)
2002 Ed. (3227)
SKB Bank
1997 Ed. (2675)
2000 Ed. (2986, 2987)
SKB Banka
2013 Ed. (459)
2014 Ed. (475)
2015 Ed. (534)
SKB banka
2001 Ed. (606)
2006 Ed. (522)
SKB Banka d.d.
1996 Ed. (676, 677)
1997 Ed. (612, 613, 2676)
1999 Ed. (637, 3252, 3253)
2000 Ed. (663)
2002 Ed. (646)
2003 Ed. (609)
2011 Ed. (447)
SKB Banks dd
1995 Ed. (605)
SKB Business Services Inc.
2002 Ed. (865)
SKC Communication Products Inc.
2007 Ed. (4421)
2008 Ed. (4395)
SKC Ltd.
1999 Ed. (2115)
SKC Tip Plastic

2016 Ed. (768)
SKEC
    2004 Ed. (1324)
Skechers
    2001 Ed. (423)
    2007 Ed. (295)
    2008 Ed. (273)
    2009 Ed. (297)
    2010 Ed. (279)
    2011 Ed. (4504, 4505)
    2012 Ed. (4511, 4512, 4513)
Skechers USA
    2016 Ed. (4217)
Skechers USA Inc.
    2001 Ed. (1579)
    2002 Ed. (1549, 2431)
    2003 Ed. (300, 2646, 4404)
    2004 Ed. (2778, 4416, 4417)
    2005 Ed. (271, 4366, 4367)
    2010 Ed. (3490, 3849)
Skee-Ball
    2012 Ed. (4954)
Skeena Cellulose
    2000 Ed. (3411)
Skekisui Chemical
    1989 Ed. (894)
Skelgas Inc.
    1992 Ed. (3554)
    1993 Ed. (2925)
    1994 Ed. (2943)
    1995 Ed. (3001)
    1996 Ed. (3102)
    1997 Ed. (3180)
Skellerup Holdings
    2015 Ed. (3576)
Skelton; Red
    1989 Ed. (990)
    1992 Ed. (1349)
Skelton Travel
    2004 Ed. (1635)
Skender Construction
    2011 Ed. (1700)
    2012 Ed. (1553)
    2013 Ed. (1702)
    2015 Ed. (1691)
SKF
    1991 Ed. (1349, 1351, 3222)
    1992 Ed. (1692, 1693, 4143)
    1993 Ed. (1403, 3461)
    1995 Ed. (2550)
    1997 Ed. (1514, 1745)
    2013 Ed. (3707)
SKF AB
    1994 Ed. (2422, 3440)
    2006 Ed. (3402)
    2007 Ed. (2400)
    2008 Ed. (3582)
    2009 Ed. (3653)
    2010 Ed. (3571)
    2011 Ed. (3574)
    2012 Ed. (3069, 3071, 3078, 3567)
    2013 Ed. (859, 3144, 3156, 3159, 3603)
    2014 Ed. (3160, 3165, 4045)
    2015 Ed. (3219)
    2016 Ed. (3076)
Skf B Fria
    1989 Ed. (1655)
SKF Group
    1989 Ed. (1656)
    1999 Ed. (1739)
    2016 Ed. (3080)
SKF Sverige AB
    1993 Ed. (2487)
Ski
    1992 Ed. (3386)
    2002 Ed. (1960)
    2006 Ed. (162)
Ski Apache
    2016 Ed. (4371)
Ski Dome Oberschneider GmbH
    2014 Ed. (1395)
Ski on Neon
    2013 Ed. (4945)
Ski Santa Fe
    2016 Ed. (4371)
Skid Row
    1993 Ed. (1078)
Skidmore Inc.
    2005 Ed. (3913)
Skidmore, Owing & Merrill
    2006 Ed. (3174)
Skidmore, Owings & Merrill
    1990 Ed. (279, 281, 284, 1665)
    1991 Ed. (253, 1551)
    1992 Ed. (354, 356, 359, 1954, 1957, 1964)
    1993 Ed. (248, 1602, 1616)
    1994 Ed. (237, 1636)
    1995 Ed. (240, 1675)

1996 Ed. (233, 236, 1658, 1664, 1674)
1997 Ed. (264, 268, 1736, 1742, 1755)
1998 Ed. (188, 1437)
1999 Ed. (282, 2016)
2005 Ed. (261, 3160, 3161, 3164, 3168)
2006 Ed. (284)
2007 Ed. (287)
2013 Ed. (2558, 3363)
2014 Ed. (185, 3377)
Skidmore Owings & Merrill LLP
    2014 Ed. (2489)
    2015 Ed. (2563)
    2016 Ed. (2485)
Skidmore, Owings & Merrill LLP
    2001 Ed. (405, 407)
    2002 Ed. (2130)
    2003 Ed. (2295)
    2004 Ed. (2334, 2345, 2371, 2394)
    2006 Ed. (3161, 3162, 3163, 3164, 3166, 3170, 3173)
    2007 Ed. (2408, 2413, 2415, 3195, 3197, 3200, 3207, 3208)
    2008 Ed. (263, 2523, 2530, 2540, 2542, 3339, 3344, 3345, 3346, 3348, 3349)
    2009 Ed. (286, 2549, 2566, 3412, 3415, 3421)
    2010 Ed. (271, 2452, 2465, 3348, 3350, 3353, 3356, 3357)
    2011 Ed. (191, 192, 193, 196, 2461, 3307, 3310)
    2012 Ed. (197, 198, 199, 2384, 2389, 3293, 3297)
    2013 Ed. (177, 179, 3370)
    2014 Ed. (184, 187, 188)
    2015 Ed. (214, 215, 2573, 3406, 3409, 3413)
    2016 Ed. (212, 213, 2495)
Skidmore; Richard
    2011 Ed. (3352)
Skiing
    2001 Ed. (4334)
Skiing, Alpine
    1999 Ed. (4382)
Skil
    1991 Ed. (1887)
    1992 Ed. (2375, 2376)
    1993 Ed. (2014)
    1994 Ed. (2025, 2026)
    1995 Ed. (2079)
    1996 Ed. (2074, 2075)
    1997 Ed. (2174, 2175)
    1998 Ed. (1899)
    1999 Ed. (2634, 2635)
    2000 Ed. (2415)
Skiles; Scott
    2013 Ed. (545)
Skilled Healthcare Group
    2015 Ed. (3782)
    2016 Ed. (3695)
Skilled-nursing facilities
    1996 Ed. (2082)
Skilled Nursing Home Care Inc.
    1994 Ed. (3672)
Skillman Foundation
    1995 Ed. (1930)
    2000 Ed. (2261)
    2001 Ed. (2519)
    2002 Ed. (2354)
Skillman Oldsmobile; Ray
    1995 Ed. (282)
Skillmaster Shooting Range Inc.
    2015 Ed. (4318)
Skillsoft Corp.
    2011 Ed. (1894)
SkillStorm
    2011 Ed. (1130, 1132, 1141, 1635)
    2012 Ed. (1076, 1484)
SkillSurvey Inc.
    2013 Ed. (2906)
Skilstaf Inc.
    2003 Ed. (1600)
    2004 Ed. (1617)
    2005 Ed. (1643)
    2006 Ed. (1533)
    2007 Ed. (1563)
    2008 Ed. (1543)
    2009 Ed. (1471)
    2010 Ed. (1457)
Skimmer, Owing & Merrill LLP
    2000 Ed. (1815)
Skin bleaching/toning products
    2002 Ed. (4285)
Skin Bracer After Shave
    1990 Ed. (3604)
Skin care
    2000 Ed. (4149)

2001 Ed. (1911, 2107)
2002 Ed. (2029, 2039, 3636, 3638, 4634)
2004 Ed. (3804)
Skin care preparations
    2003 Ed. (3945, 3946)
Skin care products
    1992 Ed. (91, 92)
    1994 Ed. (2818)
    1996 Ed. (2977)
    1999 Ed. (1789)
    2001 Ed. (1920)
Skin care specialists
    2009 Ed. (3859)
Skin cream
    2002 Ed. (4285)
Skin diseases/disorders
    2005 Ed. (3619)
Skin Diving & Scuba
    2001 Ed. (4334)
Skin fade/age/bleach cream
    2004 Ed. (4431)
Skin-So-Soft
    2003 Ed. (644, 3783)
    2008 Ed. (531, 4586)
Skin treatment
    2001 Ed. (2105)
Skinfix Inc.
    2016 Ed. (1467)
SkinIt.com
    2013 Ed. (2471)
SkinMedia
    2007 Ed. (1323)
Skinner
    1999 Ed. (782, 3712)
    2003 Ed. (3740)
    2008 Ed. (3858)
    2014 Ed. (3806)
    2015 Ed. (3829)
Skinner Fawcett
    2001 Ed. (803)
Skinner; James
    2010 Ed. (885)
    2013 Ed. (741)
Skinner; James A.
    2011 Ed. (835, 856)
Skinner Vineyards
    2016 Ed. (4907)
Skinny Bitch
    2010 Ed. (612)
Skinny Pop
    2016 Ed. (3959)
Skinny Ties
    2015 Ed. (2474)
Skinnygirl
    2015 Ed. (198)
SkinnyPop
    2016 Ed. (3691)
Skinstore.com
    2015 Ed. (2472)
Skintimate
    1997 Ed. (3063)
    1999 Ed. (4295, 4296)
    2001 Ed. (4227)
    2002 Ed. (4261)
    2003 Ed. (2672, 4398)
    2004 Ed. (3803)
    2008 Ed. (2875)
Skippen; Jim
    2016 Ed. (2562)
Skipper Bud's
    1991 Ed. (718)
Skipper Inn & Marina
    1991 Ed. (1948)
Skipper's
    1990 Ed. (1755, 3016)
    1991 Ed. (2937, 2939)
    1992 Ed. (3814, 3817)
    1993 Ed. (3112)
    1994 Ed. (3156)
    1995 Ed. (3200)
    1996 Ed. (3301)
    1997 Ed. (3397)
    1998 Ed. (3174)
    1999 Ed. (4158)
Skipping Christmas
    2003 Ed. (716)
    2004 Ed. (739, 741)
Skippy
    1994 Ed. (2748)
    2003 Ed. (3157)
    2015 Ed. (3837)
    2016 Ed. (3743)
Skippy Natural
    2015 Ed. (3837)
    2016 Ed. (3743)
Skippy, Premium
    1989 Ed. (2196)
    1990 Ed. (2822)
    1992 Ed. (3411)

1993 Ed. (2818)
1994 Ed. (2821, 2830)
1996 Ed. (2992)
1997 Ed. (3071)
1999 Ed. (3781)
Skips
    1992 Ed. (4006)
    1994 Ed. (3349)
    1996 Ed. (3468)
    1999 Ed. (4347)
    2002 Ed. (4301)
Skipton
    2000 Ed. (3855)
Skirball Foundation
    1995 Ed. (1927)
Skirts
    2005 Ed. (1005, 1009)
Skis.com
    2010 Ed. (2375)
Skittles
    1993 Ed. (834)
    1994 Ed. (847, 851)
    1995 Ed. (891, 896)
    1997 Ed. (887, 888, 889, 894)
    1999 Ed. (1018)
    2000 Ed. (969)
    2003 Ed. (1132)
    2005 Ed. (859)
    2007 Ed. (871)
    2008 Ed. (838)
    2012 Ed. (539)
    2014 Ed. (830)
    2015 Ed. (870)
    2016 Ed. (757, 758)
Skittles Berries
    1997 Ed. (894)
Skittles Bite Size Candies
    2000 Ed. (968)
Skittles Tropical
    1997 Ed. (894)
Sklar-Peppler
    1997 Ed. (2105)
Sklenka; Marguerite
    1995 Ed. (938)
The Sklover Group Inc.
    2002 Ed. (2857)
    2004 Ed. (3067)
    2005 Ed. (3077)
Skoal
    1994 Ed. (3545)
    1995 Ed. (3620, 3623)
    1996 Ed. (3700)
    1998 Ed. (3580)
    1999 Ed. (4609)
    2015 Ed. (4752)
    2016 Ed. (4655)
Skoal Bandits
    1994 Ed. (3545)
    1995 Ed. (3623)
    1998 Ed. (3580)
    1999 Ed. (4609)
Skoal Bandits Wintergreen
    2003 Ed. (4449)
Skoal Bandits Wintergreet
    2000 Ed. (4258)
Skoal Fine Cut Wintergreen
    2000 Ed. (4258)
    2003 Ed. (4449)
Skoal Long Cut
    1995 Ed. (3620)
Skoal Long Cut Cherry
    2000 Ed. (4258)
    2003 Ed. (4449)
Skoal Long Cut Classic
    2000 Ed. (4258)
Skoal Long Cut Mint
    2000 Ed. (4258)
    2003 Ed. (4449)
Skoal Long Cut Straight
    2000 Ed. (4258)
    2003 Ed. (4449)
Skoal Long Cut Wintergreen
    2000 Ed. (4258)
    2003 Ed. (4449)
SKOBANK Group
    1992 Ed. (48)
Skoda
    1999 Ed. (3869, 3870)
    2008 Ed. (684)
    2009 Ed. (693)
    2013 Ed. (235)
SKODA AUTO
    2015 Ed. (1613, 3574)
    2016 Ed. (1539, 3455)
Skoda Auto as
    2008 Ed. (1720)
    2009 Ed. (1625)
    2011 Ed. (1603)
    2012 Ed. (1449)
    2013 Ed. (1584)

Skoda Automobilova AS
2006 Ed. (1694)
Skoda Holding A.S.
2002 Ed. (388, 390, 391, 392, 393)
Skoda, Minotti & Co.
2006 Ed. (1210)
Skoda Plzen
2000 Ed. (3586)
Skol
1990 Ed. (3676)
1991 Ed. (747, 3455, 3456)
1992 Ed. (4402)
1993 Ed. (3674)
1994 Ed. (3640)
1995 Ed. (3711, 3714)
1996 Ed. (787, 3800)
1997 Ed. (3852)
1999 Ed. (820)
2000 Ed. (4353)
2005 Ed. (4833)
2007 Ed. (601)
2008 Ed. (545)
2009 Ed. (575)
2011 Ed. (487, 573)
2012 Ed. (445, 446, 543, 549, 557)
2013 Ed. (553, 665)
2014 Ed. (569, 677, 689)
2015 Ed. (637, 683, 737)
2016 Ed. (658)
Skol Lager
1994 Ed. (755)
Skol Vodka
1999 Ed. (4724)
2000 Ed. (4354)
2001 Ed. (4706)
2002 Ed. (287, 4760)
2003 Ed. (4864)
2004 Ed. (4845)
Skoll Foundaiton
2011 Ed. (775)
2012 Ed. (719)
Skoll; Jeff
2005 Ed. (4859, 4874, 4875)
2006 Ed. (4912, 4923)
2007 Ed. (4910)
Skoll; Jeffrey
2005 Ed. (4876, 4881)
2006 Ed. (4925)
2007 Ed. (4913)
2008 Ed. (4855, 4856)
2009 Ed. (4881, 4882)
2010 Ed. (4882)
2011 Ed. (775, 4870, 4871)
2012 Ed. (719, 4878, 4879)
2013 Ed. (4860)
2014 Ed. (4874)
2015 Ed. (4912)
2016 Ed. (4828)
Skolnick; Sheryl R.
2011 Ed. (3353)
Skolniks Inc.
1995 Ed. (3134)
Skooba Design
2014 Ed. (2401)
SKOP Bank
1991 Ed. (1900)
SKOP; Saastopankit
1989 Ed. (29)
Skopbank
1989 Ed. (528, 529)
1990 Ed. (544)
1991 Ed. (506)
1992 Ed. (662)
1993 Ed. (28, 474, 519, 523, 3574)
1994 Ed. (476)
1995 Ed. (466, 508)
1996 Ed. (498, 560)
Skopbank Group
1997 Ed. (461)
Skopje Brewery
2001 Ed. (57)
Skopko
1999 Ed. (1880)
Skowhegan Savings Bank
2011 Ed. (1815)
2013 Ed. (1824)
SKP Resources
2014 Ed. (1757)
Skudutis; Tommy
2006 Ed. (3920)
2010 Ed. (3990)
Skudutis; Tommy J.
2016 Ed. (3950)
Skutski & Associates
1992 Ed. (3577)
Skutski & Oltmanns
1999 Ed. (3951)
2000 Ed. (3665)
2002 Ed. (3848)
Skuttle

1990 Ed. (2140)
1991 Ed. (1989)
1992 Ed. (2556)
1993 Ed. (2118)
1994 Ed. (2151)
SKW Stickstoffwerke Piesteritz GmbH
2001 Ed. (1188)
Sky
1991 Ed. (24)
2009 Ed. (688, 709)
2011 Ed. (577, 583, 586)
2013 Ed. (3665, 3668)
2014 Ed. (714, 3601)
2015 Ed. (759, 3612, 3614)
2016 Ed. (683, 2078, 2084, 3487, 3496, 3498)
Sky Catcher Communications Inc.
2010 Ed. (3488)
Sky Chefs Inc.
1991 Ed. (1752, 1755)
Sky City
1990 Ed. (1522)
Sky City Entertainment Group
2006 Ed. (3703)
2007 Ed. (1922)
Sky Communication in Sweden
2009 Ed. (3021)
Sky Credit Union
2007 Ed. (2128)
2008 Ed. (2243)
2009 Ed. (2229)
2010 Ed. (2183)
2011 Ed. (2201)
Sky Dancer with Launch
1997 Ed. (3773)
Sky Federal Credit Union
2006 Ed. (2207)
Sky Financial Group Inc.
2000 Ed. (394)
2001 Ed. (570)
2002 Ed. (503)
2003 Ed. (427)
2005 Ed. (359)
2008 Ed. (2355)
Sky Financial Inc.
2007 Ed. (2215)
"Sky High"
2015 Ed. (3032)
Sky Insurance Inc.
2005 Ed. (2370)
2011 Ed. (3199)
2012 Ed. (3154)
Sky Investments
2000 Ed. (852, 853, 855, 859, 860, 861)
2002 Ed. (803, 805, 806)
Sky Magazine
2000 Ed. (3499)
Sky Marketing Communications
2003 Ed. (122)
Sky Media Manufacturing
2006 Ed. (780)
Sky-mobi Ltd.
2012 Ed. (4433, 4435)
Sky Network Television
2015 Ed. (4663)
Sky Network Television Ltd.
2002 Ed. (3497)
2006 Ed. (3703)
Sky One
2007 Ed. (740)
2008 Ed. (709)
Sky Perfect JSal Corp.
2011 Ed. (987)
2012 Ed. (902)
2013 Ed. (1059)
Sky Perfect Jsat
2016 Ed. (3491)
Sky Perfect JSat Corp.
2014 Ed. (1023)
2015 Ed. (1059)
2016 Ed. (966)
Sky Research Inc.
2007 Ed. (3592, 3593, 4442)
2008 Ed. (3728, 4423, 4979)
Sky Service
2006 Ed. (234)
Sky Sports
2007 Ed. (719)
2008 Ed. (688, 709)
2009 Ed. (697, 718, 4525)
2013 Ed. (4479)
SKY Steel, S.R.O.
2016 Ed. (1526)
Sky Television
1991 Ed. (740)
Sky the Magazine
2008 Ed. (3534)
Sky TV Guide
2000 Ed. (3497)

Sky Zone Indoor Trampoline Park
2014 Ed. (4526)
2015 Ed. (4525)
2016 Ed. (4462)
SkyBitz Inc.
2009 Ed. (3032, 3583)
SkyBox Basketball
1995 Ed. (3649)
Skybox Imaging
2013 Ed. (1090)
Sky/Box International
1995 Ed. (3648)
Skybox International
1995 Ed. (2795, 2797)
Skybridge Americas Inc.
2014 Ed. (4694)
2015 Ed. (4704)
2016 Ed. (4605, 4609)
Skybridge Group
2002 Ed. (1984)
Skychefs
2003 Ed. (4093)
SkyDesk
2002 Ed. (916)
Skydome
1994 Ed. (3373)
1999 Ed. (1300)
2001 Ed. (4356)
2002 Ed. (4347)
Skye Bank
2008 Ed. (484)
2010 Ed. (84)
2013 Ed. (348)
2014 Ed. (366)
2015 Ed. (418)
2016 Ed. (382)
Skye Bank Gambia
2015 Ed. (394)
Skye Resources
2009 Ed. (1579)
Skye Short Selling
2003 Ed. (3118)
SkyePharma
2006 Ed. (3897)
2007 Ed. (3948)
SkyEurope Airlines
2010 Ed. (228)
Skyfall
2014 Ed. (3699)
Skyhigh Information Technologies
2000 Ed. (4383)
Skyland Communications
2011 Ed. (68)
2012 Ed. (70)
Skylar Haskell
2011 Ed. (4336)
Skylar; Stephanie
2011 Ed. (2818)
Skylark Co. Ltd.
1990 Ed. (2082)
1991 Ed. (1950)
1992 Ed. (2486)
1993 Ed. (2093)
1994 Ed. (2109)
1995 Ed. (3584)
1999 Ed. (2772)
2000 Ed. (2547)
Skylark Group
2015 Ed. (4263, 4267)
2016 Ed. (4164, 4169)
Skylight Financial Group
2012 Ed. (1801)
2013 Ed. (1975)
2014 Ed. (1914)
2015 Ed. (1958)
Skyline
1989 Ed. (1001, 2298)
1990 Ed. (1159, 2976)
1991 Ed. (1060, 1062, 2757)
1992 Ed. (1358, 1368, 3515, 3518, 3519, 3520, 3521, 3522, 3644)
1993 Ed. (1086, 1091, 2899, 2902, 2903, 2904, 2905, 2986)
1994 Ed. (1111, 1115, 1117, 1120, 2914, 2915, 2916, 2917, 2918, 2919, 2923)
1995 Ed. (1126, 1131, 2970, 2971, 2972, 2973, 2975, 2976, 2977, 2978, 2979)
1996 Ed. (1104, 1107, 3068, 3069, 3070, 3071, 3072, 3073, 3074, 3075, 3077, 3078, 3172, 3499)
1997 Ed. (1125, 1128, 3149, 3150, 3151, 3152, 3153, 3154, 3156, 3157, 3158)
1998 Ed. (885, 2900, 2902, 2903, 2904, 2905, 2906, 2907, 2908, 2909, 3029)
1999 Ed. (1316, 3872, 3873, 3874,

3875, 3876, 3877, 3878, 3879, 3880)
2000 Ed. (1195, 3588, 3589, 3590, 3591, 3594, 3595, 3596, 3597)
2002 Ed. (3739, 3740)
2003 Ed. (3283)
2004 Ed. (3346, 3496, 3497)
2005 Ed. (3496, 3497)
2006 Ed. (3355, 3356)
2007 Ed. (3409)
2008 Ed. (3538)
2009 Ed. (3604)
2010 Ed. (3522)
2012 Ed. (3723)
Skyline Asset Management
1998 Ed. (2277)
1999 Ed. (3077)
Skyline Connections Inc.
2003 Ed. (3949)
Skyline Cosmetics USA
2001 Ed. (49)
Skyline Eco-Adventures
2011 Ed. (1675, 1690)
Skyline Electric Co.
2006 Ed. (4381)
Skyline Monthly Income
1992 Ed. (3166)
Skyline Special Equities
1992 Ed. (3193)
1994 Ed. (2602, 2613, 2624, 2637)
Skyline-Special Equities-I
1998 Ed. (2619)
Skyline Special Equity
1995 Ed. (2696)
SkyMall.com
2010 Ed. (2373)
2013 Ed. (2471)
Skymira
2011 Ed. (4656)
Skynet Polska SP. Z O.O.
2016 Ed. (1965)
SkyNetGlobal
2006 Ed. (1555)
Skype
2008 Ed. (648, 654)
Skyr
1991 Ed. (3173)
1992 Ed. (4054)
1993 Ed. (3374)
Skyreach Centre
2005 Ed. (4438)
Skyrider Holdings Ltd.
2010 Ed. (1463)
Skyscanner
2016 Ed. (2074)
Skytap
2012 Ed. (973)
2016 Ed. (1030)
Skytop Lodge Corp.
2004 Ed. (4585, 4586)
Skyview
2002 Ed. (3635)
Skywater Search Partners
2015 Ed. (1857)
Skyway
2005 Ed. (214)
SkyWest Airlines
1998 Ed. (817)
1999 Ed. (1252)
2003 Ed. (1080)
2010 Ed. (244)
2015 Ed. (179, 2116)
SkyWest Inc.
1991 Ed. (1017)
1994 Ed. (163)
2000 Ed. (267)
2002 Ed. (269)
2004 Ed. (201, 202, 208, 218)
2005 Ed. (204, 205, 214, 220)
2006 Ed. (217, 225, 228, 248, 2090)
2007 Ed. (230, 238, 2046)
2008 Ed. (212, 217, 221, 2148, 2149, 4736)
2009 Ed. (245, 2131, 2132)
2010 Ed. (236, 2072, 2073)
2011 Ed. (159, 2130)
2012 Ed. (172, 180, 1973)
2014 Ed. (150, 151, 161)
2015 Ed. (173, 174)
2016 Ed. (173, 2100)
Skywest Inc.
2013 Ed. (2132)
2014 Ed. (2066)
2015 Ed. (2114)
2016 Ed. (2095)
Skywire Software
2010 Ed. (1088)
Skyworks Solutions
2005 Ed. (4637)
2006 Ed. (4701)

2008 Ed. (1913)
2012 Ed. (1690, 1700)
2013 Ed. (1848)
Skyworks Solutions Inc.
2016 Ed. (4342, 4343)
SKYY
2016 Ed. (192)
Skyy
1998 Ed. (3687, 3688, 3689, 3690)
1999 Ed. (4724, 4730, 4731)
2000 Ed. (4353, 4359)
2001 Ed. (4706, 4711, 4712, 4714)
2002 Ed. (298, 4760, 4768, 4770,
4771, 4772)
2003 Ed. (4864, 4870)
2004 Ed. (4845, 4850)
2005 Ed. (4833)
2014 Ed. (172)
2015 Ed. (202)
Skyy Blue
2004 Ed. (228)
2005 Ed. (3364, 4924, 4926)
2006 Ed. (4957)
2007 Ed. (263)
2008 Ed. (239)
Skyy Spirits
2001 Ed. (3126, 3127, 3128, 3130)
Skyy Spirits LLC
2003 Ed. (3231, 4854)
2004 Ed. (4839)
2005 Ed. (4830)
Skyy Vodka
2008 Ed. (243)
2009 Ed. (266)
2010 Ed. (253)
2011 Ed. (173, 174)
2012 Ed. (185)
2013 Ed. (168)
SL Automotive Ltd.
2014 Ed. (220, 1363)
SL Green Realty
2016 Ed. (3701)
SL Green Realty Corp.
2001 Ed. (4009)
2012 Ed. (4205)
2013 Ed. (4188)
2014 Ed. (3766, 4206)
2015 Ed. (4186, 4205)
2016 Ed. (4103, 4125)
SL Industries
2016 Ed. (1856, 2349)
Sl. invest. poist. VP
2002 Ed. (785)
SL; Saturn
2009 Ed. (349)
SLA Mobile
2011 Ed. (2920)
Slagteriselskabet Danish Crown AmbA
1995 Ed. (1371)
1996 Ed. (1324)
2004 Ed. (3407)
Slaight; Allan
2005 Ed. (4870)
Slalom
1991 Ed. (3173)
Slalom Consulting
2009 Ed. (1184, 1185)
2011 Ed. (1953, 1956)
2012 Ed. (1064, 1066, 1075, 1826)
2013 Ed. (1198, 1200, 1201, 1202,
1203, 1208, 1209, 1447, 1986,
2157)
2014 Ed. (1150, 1517, 1925, 2089)
2015 Ed. (1203, 1656, 1970, 2143)
2016 Ed. (1111)
The S/L/A/M Collaborative
2008 Ed. (2515)
2010 Ed. (2444)
2012 Ed. (1031)
Slammer
2006 Ed. (1147)
Slant Haptics
1994 Ed. (2697)
Slant Six Games Inc.
2011 Ed. (1505)
2013 Ed. (1486)
Slash CD-Software
1997 Ed. (1103)
Slash Software
1997 Ed. (1103)
SlashDot
2002 Ed. (4858)
2005 Ed. (3195)
SlashSupport
2006 Ed. (780)
Slate
2003 Ed. (3050)
2004 Ed. (3158)
Slater Hanft Martin
1991 Ed. (69, 71, 135)

Slater Industries
1992 Ed. (4137)
1994 Ed. (3434)
1996 Ed. (3587)
Slater; Todd D.
2011 Ed. (3346)
Slates
2005 Ed. (1017)
Slattery Assoc. Inc.
1990 Ed. (1197)
Slattery Associates
1993 Ed. (1152)
Slattery Skanska Inc.
2003 Ed. (1187)
Slaughter & May
1989 Ed. (1369)
1990 Ed. (1701, 1708)
1991 Ed. (1607, 1611, 2286)
1992 Ed. (14, 15, 2034, 2043, 2835,
2836)
1999 Ed. (3151)
2001 Ed. (1539)
2002 Ed. (1361)
2003 Ed. (1407, 1408)
2004 Ed. (1432, 1433)
2005 Ed. (1444, 1445, 1449)
2008 Ed. (3425, 3426, 3427)
2009 Ed. (3494, 3496, 3497, 3498,
3499, 3500, 3501)
2010 Ed. (3427, 3428, 3429)
2011 Ed. (932, 3408, 3412, 3413,
3414, 3415)
2012 Ed. (1228, 3411, 3425)
2013 Ed. (3451, 3453)
2014 Ed. (3452, 3454)
Slavica Ecclestone
2010 Ed. (4922, 4924)
2012 Ed. (4922)
Slavice Ecclestone
2007 Ed. (4924)
Slavneft
2008 Ed. (664)
Slavneft-Megionneftegaz
2005 Ed. (3789)
Slavonska Banka dd
1996 Ed. (481)
Slavonska Banka dd Osijek
1995 Ed. (451)
1997 Ed. (445)
Slay Transportation Co., Inc.
2005 Ed. (4592)
2007 Ed. (4849)
2008 Ed. (4772)
Slayden Construction Group Inc.
2010 Ed. (1918, 1919, 1920, 1921,
1923)
2011 Ed. (1261)
Slayden Construction Inc.
2002 Ed. (1285)
Slazenger
1992 Ed. (2337)
1993 Ed. (1990)
1997 Ed. (2153)
SLB Aggressive Growth
1992 Ed. (3189)
SLB European Portfolio
1992 Ed. (3178)
SLC Recycling LLC
2006 Ed. (3468)
SLD of adidas
2009 Ed. (975)
2010 Ed. (938)
2011 Ed. (869)
Sledd Co.
2015 Ed. (1325)
Sledge
2011 Ed. (61)
Sleeman Breweries
2007 Ed. (608)
2008 Ed. (560)
Sleep Comfort Systems
2007 Ed. (3958)
Sleep Country Canada
2006 Ed. (3668)
Sleep Country USA
2014 Ed. (2089)
Sleep-Eze
1991 Ed. (3137)
Sleep Fair
1994 Ed. (677, 3097)
Sleep Grand Traverse L.L.C.
2001 Ed. (4283)
Sleep Inn
1998 Ed. (2027)
Sleep Innovations
2006 Ed. (2950)
2007 Ed. (3958)
2009 Ed. (3182, 4056)
2010 Ed. (3114, 3972)
Sleep Inns

1992 Ed. (2476)
1994 Ed. (2112)
1997 Ed. (2302)
Sleep Number
2014 Ed. (2826, 2827, 3575)
2015 Ed. (2863, 2867, 2868)
2016 Ed. (2799, 2800, 2801, 3471)
Sleep Studio
2009 Ed. (4056)
2010 Ed. (3972)
Sleep Train
2013 Ed. (2792, 3634)
2014 Ed. (2820, 2822, 2823, 2827,
3575)
2015 Ed. (2863, 2868)
2016 Ed. (3471)
The Sleep Train Inc.
2000 Ed. (2297)
2006 Ed. (2884, 2886, 3423)
2007 Ed. (3437)
2008 Ed. (3604)
2009 Ed. (3081, 3083, 3671)
2010 Ed. (3587)
2011 Ed. (3591)
Sleepeck Printing Co.
1992 Ed. (3529, 3541)
Sleepettes
1991 Ed. (3137)
Sleeping aid tablets
2002 Ed. (2051)
Sleeping Bear Press
2001 Ed. (3951)
Sleeping Beauty Limited Edition
1999 Ed. (4717)
Sleeping with the Enemy
1993 Ed. (3668)
Sleepinol
1991 Ed. (3137)
Sleepless in Seattle
1995 Ed. (2612, 3703, 3708)
2001 Ed. (3412)
Sleeplessness
1996 Ed. (221)
Sleepy Hollow
2001 Ed. (3364)
Sleepycat Software Inc.
2005 Ed. (1146)
2006 Ed. (1135)
2007 Ed. (1249)
Sleepy's
2013 Ed. (2792, 2793, 3634)
2014 Ed. (2821, 2823, 2827, 2828,
3575)
2015 Ed. (2863, 2868)
2016 Ed. (2800, 3471)
Sleepy's Inc.
1993 Ed. (676, 3038)
1994 Ed. (677, 3097)
1995 Ed. (2517)
1998 Ed. (1781)
1999 Ed. (2555, 2556, 2557, 2558,
2564)
2000 Ed. (2297, 2302)
2001 Ed. (2740)
2005 Ed. (3411)
2006 Ed. (3423)
2007 Ed. (3437)
2008 Ed. (3604)
2009 Ed. (3671)
2010 Ed. (3015, 3587)
2011 Ed. (2982, 3591)
Sleepy's LLC
2009 Ed. (1936)
Sleepy's/Kleinsleep
2000 Ed. (706, 2291)
Sleiman Enterprises
1998 Ed. (3004)
Slemons Imports; Jim
1990 Ed. (303)
1991 Ed. (272, 273, 286)
1992 Ed. (391)
Slenna Imaging Inc.
2000 Ed. (2399)
Slepe AG Consulting Partners
2003 Ed. (2317)
Sletten Construction Co.
2003 Ed. (1771)
2011 Ed. (1223, 1250)
Sletten Construction of Nevada
2010 Ed. (1293)
2011 Ed. (1251)
Sletten Cos.
2002 Ed. (1242)
2006 Ed. (1327)
2008 Ed. (1315)
Sletten Inc.
2003 Ed. (1771)
2005 Ed. (1891)
2006 Ed. (1913)
2008 Ed. (1959)

2009 Ed. (1912)
2010 Ed. (1845)
2011 Ed. (1876)
2012 Ed. (1733)
2013 Ed. (1897)
SLH Principal Return-Zeros 1996
1992 Ed. (3185)
SLH Telecom
1991 Ed. (2556)
SLH Transport
2006 Ed. (4853)
2007 Ed. (4856)
2008 Ed. (4779)
2009 Ed. (4811)
2010 Ed. (4829)
2011 Ed. (4789)
2012 Ed. (4810)
SLI
2000 Ed. (2395)
Slice
1989 Ed. (2515)
1990 Ed. (3543)
1991 Ed. (3153)
1992 Ed. (4016, 4017, 4230)
1993 Ed. (3354, 3355, 3356)
Sliced meats
1993 Ed. (3499)
Sliced turkey
1990 Ed. (3095)
Slice/Diet Slice
1991 Ed. (3320)
Slices
2001 Ed. (1172)
Slicing Pie
2014 Ed. (639)
Slick 50
2001 Ed. (2588)
Slickdeals
2016 Ed. (1402)
SlickEdit Inc.
2005 Ed. (1152)
2006 Ed. (1141)
Slides
1993 Ed. (1594)
Slifer Designs
2005 Ed. (3168)
2006 Ed. (3170)
2007 Ed. (3204)
2008 Ed. (3346)
2009 Ed. (3419)
2010 Ed. (3357, 4996)
Sligo Inc.
1996 Ed. (3602)
Sligos
1990 Ed. (1139)
1992 Ed. (1335)
1994 Ed. (2473)
Sligro Food Group NV
2006 Ed. (1922)
Slim Fast
1993 Ed. (1484)
1996 Ed. (1548, 1549)
1998 Ed. (1272, 1352)
1999 Ed. (1844)
2000 Ed. (1668)
2001 Ed. (3725)
2002 Ed. (1976)
2003 Ed. (878, 2060, 2061)
2004 Ed. (901)
2008 Ed. (4913)
2014 Ed. (3655)
Slim-Fast Foods Co.
2003 Ed. (1502, 1507, 2062)
Slim Fast Jump Start
1999 Ed. (1844)
2000 Ed. (1668)
Slim Fast Meal Options
2004 Ed. (2097, 2098, 2128, 2153)
Slim-Fast Optima
2007 Ed. (3695)
Slim Fast Snack Options
2004 Ed. (2097)
Slim Jim
1995 Ed. (889)
1996 Ed. (3465)
1998 Ed. (3324)
2001 Ed. (3234)
2002 Ed. (2009, 2010)
2008 Ed. (4447)
2009 Ed. (2342, 2343)
2013 Ed. (4453)
2014 Ed. (4490)
2016 Ed. (4393)
Slim & Tone
2006 Ed. (2787)
Slimming World
2005 Ed. (1979)
2006 Ed. (2052)
Slimquick Energy
2011 Ed. (4521)

Sling Blade
1999 Ed. (4720)
Sling Media
2007 Ed. (3446)
Slingshot SEO
2013 Ed. (49)
Slingshot SEO Inc.
2013 Ed. (1722)
Slinky
1995 Ed. (3647)
SLINX Enterprises Inc.
2009 Ed. (1938, 3013)
Slippery Rock University
2006 Ed. (1072)
2011 Ed. (949)
Slit film fibers
2001 Ed. (3839)
Slivka Buick-GMC; Ron
1996 Ed. (266)
Slivka Buick; Ron
1995 Ed. (265)
SLM Corp.
2004 Ed. (1224, 1603, 2605, 2610,
2611, 4490, 4577)
2005 Ed. (417, 1253, 1625, 2007,
2010, 2227, 2229, 2578, 2579,
2581, 2582, 2583, 2591, 2594,
2595, 2606, 4282, 4455)
2006 Ed. (380, 1212, 1513, 1523,
2110, 2111, 2292, 2294, 2580,
2581, 2583, 2584, 2585, 2586,
4458, 4462)
2007 Ed. (2216, 2220, 2553, 2554,
2555, 2562)
2008 Ed. (2162, 2360, 2696)
2009 Ed. (2717)
2010 Ed. (2642)
2011 Ed. (2632)
2012 Ed. (1452, 1986, 2560, 2608,
2621, 2626)
2013 Ed. (1585, 1588, 2684, 2699,
2709)
2014 Ed. (1550, 1553, 2646, 2683,
2692)
2015 Ed. (1600, 1603, 2688, 2727,
2738)
SLM Finland Oy
2013 Ed. (2904)
SLM Holding Corp.
1999 Ed. (1491, 1501, 2435)
2001 Ed. (1452, 1595)
2002 Ed. (1559)
SLM Holdings
2000 Ed. (1241, 2192)
SLM International Inc.
1996 Ed. (2069)
SLM Waste & Recycling Services Inc.
2007 Ed. (3595)
SLMsoft.com Inc.
2001 Ed. (2863)
SLO Brewing Co.
1998 Ed. (2487)
Sloan; Alfred
2010 Ed. (891)
Sloan & Co.
2008 Ed. (1318)
2010 Ed. (1296)
2011 Ed. (1254)
Sloan Foundation; Alfred P.
1994 Ed. (1058, 1900)
1995 Ed. (1930)
Sloan; Joe
2013 Ed. (4894)
Sloan Kettering Cancer Center
1995 Ed. (2140)
Sloan Kettering Institute for Cancer Research
2006 Ed. (3784)
Sloan; Massachusetts Institute of Technology,
1991 Ed. (814)
Sloan School of Business
2011 Ed. (648)
2014 Ed. (768, 778, 794)
2015 Ed. (820, 837)
2016 Ed. (732)
Sloan School of Business; Massachusetts Institute of Technology
2006 Ed. (702, 710, 712, 719, 728)
2007 Ed. (797, 810, 813, 819, 821,
824)
2008 Ed. (182, 770, 772, 773, 780,
788, 790, 791, 796, 797, 798, 799)
2009 Ed. (788, 789, 805, 807, 808,
813, 814, 815, 816)
2010 Ed. (723, 725, 726, 732, 745,
746, 747, 749, 752, 753, 754, 756,
757, 760, 762, 763, 764, 765)
2011 Ed. (647, 656, 657, 658, 663,

664, 665, 667, 668, 673, 674, 675,
676, 689, 695)
2012 Ed. (606, 607, 609, 610, 613,
628)
2013 Ed. (756, 769)
Sloan School of Management; Massachusetts Institute of Technology
2010 Ed. (737)
Sloane & Co.
2003 Ed. (3987)
2004 Ed. (3985)
2005 Ed. (3952)
Sloans Lake Managed Care
2003 Ed. (3921)
Sloans Lake Preferred Health Networks
2009 Ed. (4091)
2010 Ed. (4003)
Sloate, Weisman, Murray
1995 Ed. (2361)
1996 Ed. (2396, 2408)
1997 Ed. (2526, 2538)
Slocan Forest Products
1996 Ed. (1746, 1962)
1997 Ed. (2076)
1998 Ed. (1754)
1999 Ed. (2497)
2001 Ed. (3627)
2002 Ed. (3576)
2003 Ed. (3723)
2006 Ed. (1429)
Slocomb Co.; J. T.
1990 Ed. (2003, 2014)
1991 Ed. (1902, 1908)
1993 Ed. (2034)
1994 Ed. (2047, 2054)
Slogan DDB
1999 Ed. (167)
2000 Ed. (187)
2002 Ed. (206)
2003 Ed. (177)
Slogan DDB/Uruguay
2001 Ed. (237)
Slomin's Inc.
2000 Ed. (3906, 3919, 3920, 3921)
2010 Ed. (4450)
2011 Ed. (4389)
2012 Ed. (4448, 4449, 4450, 4451)
2013 Ed. (4412, 4413, 4414, 4415)
2014 Ed. (4443, 4444, 4445, 4446)
2015 Ed. (4438, 4439, 4440, 4441)
Slomin's Security
1997 Ed. (3415)
1998 Ed. (3203)
1999 Ed. (4202, 4203)
2001 Ed. (4201)
2002 Ed. (4204)
2003 Ed. (4327, 4328)
2005 Ed. (4290, 4291, 4292, 4293)
2006 Ed. (4268, 4269, 4271, 4272,
4273)
2007 Ed. (4294, 4295, 4296)
2008 Ed. (4297, 4298, 4299, 4300,
4301)
2009 Ed. (4404, 4405, 4406, 4407)
Slot machines
1990 Ed. (1872, 1873)
1992 Ed. (2256)
The Slott Report
2014 Ed. (629)
Slough Estates
1989 Ed. (2288)
2006 Ed. (4048)
2007 Ed. (4079, 4092)
Slovak Investment & Trade Development Agency
2010 Ed. (3484)
2012 Ed. (3491)
2013 Ed. (3533)
2014 Ed. (3510)
2015 Ed. (3525)
Slovak Republic
2002 Ed. (3523)
2004 Ed. (4750)
2010 Ed. (1061, 1631, 2585, 2587,
2588, 4722)
2011 Ed. (999, 1641, 2569, 4680)
2012 Ed. (1494, 4694)
2013 Ed. (1625, 2646, 3169)
2014 Ed. (1591)
2015 Ed. (135, 1642, 2648)
2016 Ed. (1585)
Slovak Telekom as
2009 Ed. (2039)
2011 Ed. (2033)
Slovakia
1994 Ed. (1487)
1995 Ed. (1519)
1996 Ed. (1478)
1997 Ed. (1543)
1999 Ed. (1139, 1782, 4478, 4480)

2000 Ed. (1611)
2001 Ed. (513, 1021, 1081, 1125,
1944, 1948, 2036, 2135, 2543,
2658, 3575, 3602, 3850, 3863,
3864, 4028, 4601, 4670, 4671,
4732, 4941)
2002 Ed. (1813, 3302)
2003 Ed. (2212, 2213)
2004 Ed. (1920)
2005 Ed. (2055, 2535, 3021, 4801)
2006 Ed. (2149, 2823, 3015, 4502,
4866)
2007 Ed. (2093, 2826, 3049, 3379,
4198, 4868)
2008 Ed. (2203, 2949, 3500, 4390,
4795)
2009 Ed. (3565)
2010 Ed. (4519)
2011 Ed. (910, 4456)
Slovakian kroner
2006 Ed. (2239)
2007 Ed. (2159)
2008 Ed. (2273)
2009 Ed. (2261)
Slovakofarma
1999 Ed. (805)
2000 Ed. (809, 810)
2002 Ed. (782, 783)
Slovenia
1994 Ed. (1487)
1995 Ed. (1519)
1996 Ed. (1478, 3881)
1997 Ed. (1543)
1999 Ed. (1782, 2067)
2000 Ed. (1611)
2001 Ed. (513, 514, 1948)
2002 Ed. (1813, 3523)
2003 Ed. (488, 2212, 2213)
2004 Ed. (1920, 4750)
2005 Ed. (497, 501, 2055, 2535)
2006 Ed. (439, 2149, 2330, 2823,
3273)
2007 Ed. (442, 2093, 2826, 4198)
2008 Ed. (412, 2203, 3499, 3501,
4620, 4621, 4795)
2009 Ed. (436, 3564, 3566, 4656,
4657)
2012 Ed. (3751, 4694)
2013 Ed. (3823, 4656)
2014 Ed. (498, 2325, 3179, 3746,
4708)
2015 Ed. (562, 800, 3770, 4720)
2016 Ed. (3685, 4539, 4622)
Slovenska Armaturka Akciova Spolecnost
2002 Ed. (1631)
2004 Ed. (1693)
Slovenska Industrija Jekla dd
2011 Ed. (2034)
2012 Ed. (1884)
2013 Ed. (2043)
Slovenska Iodenice
1999 Ed. (806)
Slovenska izvozna in razvojna banka
d.d.
2009 Ed. (533)
2010 Ed. (517)
Slovenska Kreditna Banka
1996 Ed. (674)
1997 Ed. (610, 611)
1999 Ed. (636)
Slovenska poistovna
1999 Ed. (805)
2000 Ed. (809, 810)
2002 Ed. (784)
Slovenska Pol nohospodarska Banka
1996 Ed. (674, 675)
Slovenska Pol'nohospodarska Banka
1994 Ed. (462)
1997 Ed. (610, 611)
Slovenska sporitel'na
1996 Ed. (674)
1999 Ed. (491, 636)
2000 Ed. (662)
2001 Ed. (649)
2002 Ed. (584, 645, 4469)
2003 Ed. (420, 608)
2004 Ed. (617)
2005 Ed. (607)
2006 Ed. (86, 521)
2007 Ed. (550)
2008 Ed. (502)
2009 Ed. (531, 532)
2010 Ed. (515, 516)
2011 Ed. (444, 445)
2013 Ed. (458)
2014 Ed. (474)
2015 Ed. (533)
2016 Ed. (470)
Slovenska Statna Sporiteina

1995 Ed. (604)
Slovenska Statna Sporitelna
1993 Ed. (458, 469)
1994 Ed. (462, 463)
1996 Ed. (675)
1997 Ed. (610, 611)
Slovenska Zadruzna Kmetijska Banka
1997 Ed. (612)
1999 Ed. (637)
Slovenska Zarucna a Rozvojova Banka
2015 Ed. (533)
Slovenske elektrarne as
2009 Ed. (2039)
2011 Ed. (2033)
2012 Ed. (1883)
2013 Ed. (2042)
Slovenske elektrarne a.s.
2002 Ed. (4469)
Slovenske Energeticke Strojarne Akciova Spolecnost
2002 Ed. (1631)
2004 Ed. (1693)
Slovenske Telekomunikacle
2004 Ed. (82)
2005 Ed. (77)
2006 Ed. (86)
Slovensky plynarensky pnemysel as
2009 Ed. (2039)
2011 Ed. (2033)
2012 Ed. (1883)
2013 Ed. (2042)
Slover & Loftus
2012 Ed. (3400)
Slovnaft
1999 Ed. (805, 806)
2000 Ed. (809, 810)
2006 Ed. (655)
Slovnaft Akciova Spolocnost
2006 Ed. (1694)
Slovnaft as
2002 Ed. (782, 783, 4469)
2007 Ed. (1690)
2009 Ed. (2039)
2011 Ed. (2033)
2012 Ed. (1883)
2013 Ed. (2042)
Slovnah AS
2005 Ed. (3779)
Slow Fe
2003 Ed. (2063)
Slow-K tabs 600 mg
1990 Ed. (1574)
SLP Ventures LP
1999 Ed. (4202)
2000 Ed. (3920)
SLR Contracting & Service
2008 Ed. (1165)
SLR Contracting & Services
2004 Ed. (3943)
SLS International Inc.
2008 Ed. (250)
Slumberland
2013 Ed. (2790)
2014 Ed. (2823, 2825)
Slumberland Franchising
2016 Ed. (4237)
Slumberland Franchising Inc.
2009 Ed. (2858)
2010 Ed. (839)
2011 Ed. (765)
2012 Ed. (703)
2013 Ed. (4303)
2014 Ed. (4344)
Slumberland Furniture
2003 Ed. (2783)
Slumberland, Inc.
1993 Ed. (676, 3038)
1998 Ed. (1781, 1789)
1999 Ed. (2564)
2000 Ed. (2302)
2001 Ed. (2740)
Slurpee
2013 Ed. (598)
Slyvania
2008 Ed. (2979, 4649, 4807)
SM
2014 Ed. (693)
2015 Ed. (730)
Sm Barney Spec Eqty:A
1997 Ed. (2905)
SM Consulting
2007 Ed. (2173)
2008 Ed. (2288)
SM Credit Union
2010 Ed. (2134)
SM del Banco de Chile
2006 Ed. (1640)
SM Development
2014 Ed. (1949)
SM Investments

2011 Ed. (2007)
2012 Ed. (1857, 4360)
2013 Ed. (2017)
2014 Ed. (1950, 2253, 4034, 4339)
2015 Ed. (1993, 2322, 4332)
2016 Ed. (1964, 2276, 4228)
SM Investments Corp.
2013 Ed. (4291)
SM Prime Holdings
2014 Ed. (4034, 4204)
2015 Ed. (4184)
2016 Ed. (4102)
SM Prime Holdings Inc.
1997 Ed. (3114)
1999 Ed. (3820)
2000 Ed. (3541, 3542)
2001 Ed. (1836)
2002 Ed. (3702)
2006 Ed. (3899)
SM Satellite Radio Holdings
2005 Ed. (2013)
SMA
1994 Ed. (2197, 2198)
1996 Ed. (2258)
2001 Ed. (543)
SMA Baby Milk
2002 Ed. (2803)
SMA Life Assurance
1989 Ed. (1708, 1709)
1991 Ed. (2117)
SMA Life Growth
1994 Ed. (3611)
SMA Milk
1999 Ed. (2872)
SMA: Sequential Multiple Analyzer, a
blood test
1990 Ed. (1501)
SMA Solar Technology
2010 Ed. (1613)
2011 Ed. (1618)
2013 Ed. (1598, 2542)
2014 Ed. (1560, 2474)
SMA Solar Technology AG
2011 Ed. (2439)
2012 Ed. (1514, 2364)
2013 Ed. (1657, 2524)
SMA Technologie
2009 Ed. (1649)
Smacktom.com
2016 Ed. (4218)
SMAI Islamique
2009 Ed. (2742)
2011 Ed. (2654)
2012 Ed. (2582)
Small appliances
1990 Ed. (2505)
2001 Ed. (2812)
Small Business Administration
1989 Ed. (1486)
1992 Ed. (26)
1995 Ed. (1666)
2002 Ed. (4810)
2006 Ed. (3493)
2007 Ed. (3528)
2008 Ed. (3691)
2009 Ed. (3756)
2010 Ed. (3691)
2011 Ed. (3686)
2012 Ed. (3695)
2013 Ed. (3747)
2014 Ed. (3680)
2015 Ed. (3698)
Small Business Administration loans
1989 Ed. (1220)
Small Business, Big Life: Five Steps to
Creating a Great Life with Your
Own Small Business
2009 Ed. (634)
Small Business, Big Vision
2013 Ed. (623)
Small Business Development Center at
Florida A & M University
2002 Ed. (4291)
Small Business Development Center at
Florida Atlantic University
2002 Ed. (4291)
Small Business Development Center at
Florida Gulf Coast University
2002 Ed. (4291)
Small Business Development Center at
University of Central Florida
2002 Ed. (4291)
Small Business Development Center at
University of North Florida
2002 Ed. (4291)
Small Business Development Center at
University of South Florida
2002 Ed. (4291)
Small Business Development Center at
University of West Florida

2002 Ed. (4291)
Small Business Group
2011 Ed. (2039)
Small-business management and sales
1995 Ed. (2981)
Small Business Marketing Blog
2012 Ed. (495)
Small Business Marketing Kit for Dummies
2014 Ed. (638)
Small Business Matters
2014 Ed. (634)
Small businesses
2000 Ed. (2211)
Small-cap blend
2003 Ed. (3500)
2006 Ed. (2509)
Small Cap Digest
2002 Ed. (4869)
Small Cap Equity
1996 Ed. (624)
Small-cap value
2003 Ed. (3500)
2004 Ed. (2449)
2006 Ed. (2509)
Small Co. Equity
1994 Ed. (579)
Small Co. Growth
1996 Ed. (624, 625)
Small Company Growth
1994 Ed. (580)
Small Dog Electronics
2010 Ed. (2077)
Small electric appliances
1991 Ed. (1977)
Small electrics
2005 Ed. (2961)
Small electronics
2001 Ed. (2988)
Small Footprint SRL
2016 Ed. (1533)
Small Giants: Companies That Choose
to be Great Instead of Big
2008 Ed. (616)
Small ICBM
1992 Ed. (4427)
Small items for investment
1991 Ed. (1845)
Small kitchen appliances
1989 Ed. (861, 1920)
Small Luxury Hotels of the World
1999 Ed. (2778)
Small & Medium Industry Bank
1989 Ed. (596)
Small pickup
2001 Ed. (502)
Small Planet Foods
2014 Ed. (2795, 4485)
2015 Ed. (4481)
2016 Ed. (4399)
Small Planet Foods Inc.
2012 Ed. (692, 694)
Small plant
2000 Ed. (2211)
Small Precision Tools
2015 Ed. (890)
Small Sacrifices
1992 Ed. (4251)
Small Soldiers Asst.
2000 Ed. (4276)
Small sport utility vehicle
2001 Ed. (502)
Small sporty car
2001 Ed. (502)
Small Town Rules
2014 Ed. (635)
The SmallCap Investor
2002 Ed. (4869)
Smallcap World
1993 Ed. (2672)
1994 Ed. (2616)
1995 Ed. (2743)
1999 Ed. (3551)
SmallCapCenter.com
2002 Ed. (4869)
Smalls Electrical Construction
2009 Ed. (1146)
Smallwood, Reynolds, Stewart, Stewart
& Assciates
2009 Ed. (285)
Smallwood, Reynolds, Stewart, Stewart
& Associates
1997 Ed. (263)
1999 Ed. (284)
2000 Ed. (310)
2004 Ed. (2350)
2007 Ed. (3194)
2008 Ed. (2517, 3336, 3340, 3346)
2009 Ed. (2528, 3410, 3419)

2010 Ed. (2446, 3357)
2011 Ed. (2453, 3313)
2012 Ed. (3296)
2013 Ed. (3366)
SMART
2008 Ed. (684)
2009 Ed. (693)
2011 Ed. (1846)
Smart
2014 Ed. (232)
SMART & Associates LLP
2005 Ed. (9)
2006 Ed. (14)
2007 Ed. (10)
2009 Ed. (301)
Smart Balance
2014 Ed. (823, 3557, 3558, 3772)
2015 Ed. (3580, 3789, 3837)
2016 Ed. (3460, 3703, 3743)
Smart Balance Omega
2014 Ed. (3769, 3770)
2015 Ed. (3788, 3789)
2016 Ed. (3702, 3703)
Smart & Biggar
2015 Ed. (3475)
2016 Ed. (3320)
Smart Business Advisory & Consulting
2008 Ed. (8)
2009 Ed. (11)
2010 Ed. (20, 21)
Smart Cabling Solutions
2007 Ed. (1839)
2008 Ed. (1870)
Smart Choice Automotive Group
2000 Ed. (332)
Smart City Telecom
2014 Ed. (28)
Smart Communications
2000 Ed. (1539, 1541)
2004 Ed. (72)
Smart Couples Finish Rich
2006 Ed. (638)
Smart Destinations
2010 Ed. (1195)
Smart Employee Benefits
2015 Ed. (2970)
2016 Ed. (2905)
Smart Energy of New England
2016 Ed. (4408)
Smart Energy Solar
2016 Ed. (4410)
Smart & Final Inc.
1993 Ed. (3364)
1995 Ed. (3722)
1997 Ed. (1633, 1636, 1637)
1998 Ed. (1300, 1303, 1304, 3341)
1999 Ed. (1873, 1877, 1878, 4372,
4738)
2000 Ed. (4368)
2001 Ed. (3273)
2003 Ed. (4149)
2004 Ed. (4163, 4632, 4633)
2005 Ed. (4100, 4560, 4561)
2007 Ed. (2709)
2008 Ed. (2838, 4563)
2009 Ed. (4599, 4611, 4617, 4620)
Smart Financial Credit Union
2010 Ed. (2120)
2015 Ed. (2068)
Smart Food
2006 Ed. (3933)
2007 Ed. (3991)
2008 Ed. (4008)
2009 Ed. (4082)
2014 Ed. (4070)
2015 Ed. (4050)
2016 Ed. (3959)
Smart Fuel Cell
2003 Ed. (2283)
Smart Fuel Cell AG
2010 Ed. (2944)
SMART Laboratory
2016 Ed. (4136)
Smart Mobs
2005 Ed. (712)
Smart Modular
1999 Ed. (1956, 1963, 1964)
Smart Modular Technologies
2000 Ed. (1735)
Smart Money
1996 Ed. (2960)
1997 Ed. (3036)
1998 Ed. (2782)
2000 Ed. (3465)
Smart Move
2008 Ed. (1679)
Smart Ones
2002 Ed. (2366)
2003 Ed. (2558)
2004 Ed. (2691)

2005 Ed. (2691)
2006 Ed. (2666)
2007 Ed. (2649)
2008 Ed. (2774)
2009 Ed. (2837)
2010 Ed. (2778)
2014 Ed. (2769)
2015 Ed. (2820)
2016 Ed. (2753)
Smart Ones Morning Express
2014 Ed. (2781)
Smart Ones Smart Beginnings
2015 Ed. (2827)
The Smart Passive Income Blog
2014 Ed. (630)
Smart Publicidad
2003 Ed. (51)
Smart Puffs
2014 Ed. (4489)
2015 Ed. (4486)
Smart Shirts
1992 Ed. (1228)
1993 Ed. (995)
1994 Ed. (1027)
1995 Ed. (1034)
Smart Solutions Inc.
2006 Ed. (3533)
2008 Ed. (3726, 4421)
Smart Source LLC
2010 Ed. (4009, 4014, 4018, 4026,
4028, 4032, 4037, 4038)
2011 Ed. (4017)
2012 Ed. (4016, 4022, 4025, 4030,
4031, 4035, 4036, 4039, 4041)
2013 Ed. (4069, 4077, 4080, 4081,
4085, 4087, 4088, 4089)
2014 Ed. (4087, 4090, 4091, 4096,
4097)
2015 Ed. (4070, 4071, 4072, 4073,
4074, 4075, 4076, 4077)
2016 Ed. (3978, 3983, 3985, 3986,
3999)
The Smart Swarm
2012 Ed. (504)
Smart Systems Technologies Inc.
2007 Ed. (2864, 4973)
2008 Ed. (2983, 2986, 4943)
2009 Ed. (3065, 3069, 4964)
2010 Ed. (2998)
SMART Technologies
2011 Ed. (2893, 4037)
2012 Ed. (2830, 4444)
2013 Ed. (2916)
2014 Ed. (2930)
2015 Ed. (2980)
2016 Ed. (2915)
Smart Technologies
2015 Ed. (1210)
Smart Water
2014 Ed. (647)
Smart Wireless
2013 Ed. (1986)
Smart Women Finish Rich
2006 Ed. (638)
SmartAge.com
2001 Ed. (4765)
SmarTalk TeleServices
1999 Ed. (2624, 3265)
SmartBargains.com
2006 Ed. (2383)
2008 Ed. (2447)
SmartBear
2014 Ed. (1084)
2015 Ed. (1122)
Smartbox Portable Self Storage
2009 Ed. (3783)
SmartBrief: National Restaurant Association
2007 Ed. (4794)
2008 Ed. (4711)
SmartDraw.com
2013 Ed. (1109)
Smarter Living
2003 Ed. (3055)
2008 Ed. (3620)
Smarter Than the Street
2012 Ed. (518)
The Smartest Guys in the Room
2005 Ed. (722)
2006 Ed. (578)
The Smartest Investment Book You'll
Ever Read: The Simple, Stress-
Free Way to Reach Your Wealth
Goals
2008 Ed. (620)
Smartfood
1996 Ed. (3054)
2013 Ed. (4063)
Smarthaven
2002 Ed. (2518)

SmartHeat
2013 Ed. (4521)
Smarties
1996 Ed. (870)
1997 Ed. (886)
1999 Ed. (1132)
2001 Ed. (1120)
SmartIT Inc.
2016 Ed. (1660, 3585, 4947)
SmartIT Staffing
2012 Ed. (105, 4052)
SmartIT Staffing Inc.
2013 Ed. (3752)
2014 Ed. (3685)
2015 Ed. (3701, 5029)
SmartMoney
1996 Ed. (2966, 2967)
SmartMoney.com
2002 Ed. (4792, 4797, 4812, 4814, 4817, 4836)
2003 Ed. (3038)
2004 Ed. (3155)
SmarTone Mobile Communications Ltd.
2001 Ed. (3333)
SmartPak
2013 Ed. (899)
SmartPak Equine
2007 Ed. (1323)
Smartphone Experts
2009 Ed. (4303)
SmartPrice Sales & Marketing
2011 Ed. (2703)
2012 Ed. (2631)
Smartronix Inc.
2007 Ed. (3563, 4425)
SmartShip
2002 Ed. (4806)
SmartStop Inc.
2002 Ed. (2531)
SmartSuite
1996 Ed. (1086)
smartwater
2015 Ed. (708)
SmartWatt Energy Inc.
2016 Ed. (1872)
SmartWool
2010 Ed. (1420)
SmartZip Analytics
2016 Ed. (1411)
Smartzip Analytics
2016 Ed. (1004)
Smash
1996 Ed. (3031)
Smash Hits
2000 Ed. (3501)
Smashbox.com
2012 Ed. (2290)
2013 Ed. (2468)
Smashburger
2013 Ed. (2717, 2837)
2015 Ed. (2914, 2919)
Smashburger Franchising
2013 Ed. (2669)
2014 Ed. (2619)
2015 Ed. (2665)
Smashing Pumpkins
1996 Ed. (1095)
Smashwords
2016 Ed. (3490)
Smathers; George A.
1994 Ed. (889, 1056)
Smathers Jr. and Mary Belle; Frank
1992 Ed. (1280)
Smathers, Jr.; Frank
1992 Ed. (1093)
Smaug
2012 Ed. (540)
2013 Ed. (4853)
2015 Ed. (4905)
SMB
1995 Ed. (2541, 2542)
2002 Ed. (4402, 4403)
SmBarney Natural Resources
2001 Ed. (3430)
SMC
2007 Ed. (2401)
2012 Ed. (3076)
2013 Ed. (1426, 3148)
2016 Ed. (2522)
SMC Capital
1998 Ed. (2289, 3028)
1999 Ed. (3089)
SMC Corp.
2014 Ed. (3151)
2015 Ed. (3211)
2016 Ed. (3066)
SMC Ltd.
2016 Ed. (3419)
SMC Manufacturing

1995 Ed. (2097)
SMC Partners LLC
2015 Ed. (1594)
SMC (Sonitrol Management Corp.)
2000 Ed. (3918)
SMD Inc.
2008 Ed. (2464)
SME
1991 Ed. (1311, 1312, 2459)
1992 Ed. (1653)
1993 Ed. (1353)
1994 Ed. (1406)
SME Industries Inc.
2007 Ed. (1381, 1393)
2008 Ed. (1316)
SME Steel
2009 Ed. (1242)
2010 Ed. (1241)
2011 Ed. (1189)
SME Steel Contractors Inc.
2009 Ed. (1301, 1341)
2010 Ed. (1294, 1323, 1324)
2011 Ed. (1252, 1302, 1303, 1304, 1306, 1307)
2013 Ed. (1264)
2014 Ed. (1214)
2015 Ed. (1272)
2016 Ed. (1187)
Smead Manufacturing Co.
2016 Ed. (4965)
Smeal College of Business Administration; Pennsylvania State University
2010 Ed. (734, 736)
Smeal School of Business; Pennsylvania State University
2006 Ed. (727)
2007 Ed. (827)
2008 Ed. (182, 799)
2009 Ed. (816)
2010 Ed. (753, 765)
2011 Ed. (664, 676)
SMEC
2014 Ed. (2517)
2015 Ed. (2589)
Smeds
2009 Ed. (65)
Smedvig asa
2003 Ed. (4598)
Smeg
2007 Ed. (706)
2008 Ed. (678)
SMEG U.K. Ltd.
2002 Ed. (43)
SMF Systems Corp.
2003 Ed. (1347)
2004 Ed. (1348, 4985)
SMFG
2011 Ed. (382)
2012 Ed. (555)
2013 Ed. (653)
2016 Ed. (666)
SMG
1997 Ed. (2735, 2736, 3141, 3142)
2001 Ed. (3998)
2003 Ed. (4051)
2004 Ed. (4073)
2005 Ed. (4005)
2006 Ed. (4040)
2007 Ed. (4082)
SMG Acquisition Corp.
1989 Ed. (1022)
SMH
1994 Ed. (1455)
SMH Group
2001 Ed. (48)
SMH Societe Suisse de Micro-electronique et d'Horlogerie
1995 Ed. (2264)
1996 Ed. (2264)
1997 Ed. (2405)
1999 Ed. (2897)
SMI Construction
1992 Ed. (3963)
SMI-Owen Steel Co.
2003 Ed. (1317)
SMIC
2006 Ed. (4289)
Smidth & Co. A/S - Koncern; F.L.
1990 Ed. (1344)
Smile
2007 Ed. (743)
Smile Saver Dental Plan
1999 Ed. (1832)
Smilee/Smiles
1991 Ed. (1418)
SmileMakers
2010 Ed. (817)
Smiley Promotion
1990 Ed. (3078, 3087)
SMIM Latin America

2002 Ed. (3478)
Smint
2000 Ed. (974, 976)
2001 Ed. (1122)
2002 Ed. (786)
Smirfit; Sir Michael
2009 Ed. (4905)
2010 Ed. (4906)
Smirnoff
1989 Ed. (1895, 2892, 2896, 2897, 2898)
1990 Ed. (2445, 2451, 2454, 3676)
1991 Ed. (2313, 2315, 2316, 2320, 2328, 3455, 3456, 3461, 3462, 3463, 3464)
1992 Ed. (2867, 2868, 2872, 2874, 2881, 2885, 2891, 4402, 4407, 4408, 4409, 4410)
1993 Ed. (2433, 2436, 2445, 2449, 2450, 3674, 3679)
1994 Ed. (2374, 2375, 2389, 2390, 2393, 3640, 3641)
1995 Ed. (648, 697, 2454, 2455, 2456, 2470, 2471, 3711, 3714, 3716)
1996 Ed. (2505, 2519, 2520, 2524, 3800, 3803, 3804, 3805, 3806)
1997 Ed. (2646, 2658, 2659, 2661, 2664, 2665, 2666, 2667, 2668, 3852, 3855, 3857, 3858)
1998 Ed. (2377, 2387, 2388, 2392, 2393, 2394, 2395, 2396, 2397, 3682, 3687, 3688, 3689, 3690)
1999 Ed. (3206, 3228, 3229, 3231, 3233, 3239, 3240, 3241, 3242, 3243, 3244, 3245, 3246, 3249, 4724, 4730, 4731, 4732, 4733)
2000 Ed. (2946, 2949, 2967, 2969, 2970, 2972, 2973, 2974, 2975, 2976, 2977, 2978, 2979, 2980, 4353, 4354, 4359)
2001 Ed. (355, 3115, 3118, 3132, 3133, 3135, 3137, 3138, 3139, 3140, 3141, 3142, 3143, 3144, 3145, 3146, 3147, 4706, 4711, 4712, 4713, 4714)
2002 Ed. (278, 279, 299, 3130, 3131, 3134, 3150, 3156, 3164, 3165, 3166, 3171, 3172, 3173, 3174, 3175, 3176, 3177, 3178, 3179, 4760, 4767, 4768, 4769, 4770, 4771, 4772)
2003 Ed. (263, 3225, 3226, 3230, 4864, 4870)
2004 Ed. (229, 3279, 3284, 4845, 4850)
2005 Ed. (235, 4833)
2006 Ed. (252, 254, 255)
2007 Ed. (262, 747)
2008 Ed. (241, 242, 724)
2009 Ed. (265, 267)
2010 Ed. (252, 256, 643)
2011 Ed. (172, 175, 177, 587, 588)
2012 Ed. (186, 188)
2013 Ed. (169, 3513)
2014 Ed. (172, 174, 712, 3487)
2015 Ed. (198, 201, 202)
2016 Ed. (191, 192, 193)
Smirnoff Blueberry & Lemonade
2012 Ed. (440, 3516)
Smirnoff Classic Lemonade
2012 Ed. (440, 3516)
Smirnoff Cranberry & Lime
2012 Ed. (440, 3516)
Smirnoff Ice
2003 Ed. (261, 262)
2004 Ed. (228, 4946)
2005 Ed. (234, 3364, 4924, 4926)
2006 Ed. (253, 4957)
2007 Ed. (261, 263)
2008 Ed. (239, 240)
2009 Ed. (264)
2010 Ed. (251)
2015 Ed. (199, 200)
2016 Ed. (190)
Smirnoff Ice Flavors
2010 Ed. (3750)
Smirnoff Ice Triple Black
2006 Ed. (4957)
2008 Ed. (239)
Smirnoff Music Centre
2002 Ed. (4342)
Smirnoff Premium Mixed Drinks
2015 Ed. (200)
2016 Ed. (190)
Smirnoff Red
1992 Ed. (2892)
1994 Ed. (2394)
Smirnoff Red Label
1996 Ed. (2526)

1999 Ed. (3248)
2001 Ed. (359, 3113)
2002 Ed. (3182)
Smirnoff Red Vodka
2008 Ed. (246)
2009 Ed. (269)
Smirnoff Twisted V
2008 Ed. (239)
Smirnoff Vodka
2008 Ed. (243)
2009 Ed. (266)
2010 Ed. (253)
2011 Ed. (173, 174)
2012 Ed. (185)
2013 Ed. (168)
Smisek; Jeffery A.
2011 Ed. (846)
Smit; Neil
2009 Ed. (947)
Smith
1998 Ed. (2040)
2000 Ed. (1554)
Smith; A. J. C.
1997 Ed. (1802)
Smith; A. O.
1989 Ed. (332, 333)
1991 Ed. (341, 342, 3475)
1992 Ed. (474, 4424)
1993 Ed. (1416, 3687)
1994 Ed. (1469)
1995 Ed. (1506)
1997 Ed. (3867)
Smith Advertising; J. Richard
1992 Ed. (108)
1993 Ed. (65)
1994 Ed. (56)
1996 Ed. (46)
Smith Affiliated
1990 Ed. (2335)
Smith Affiliated Capital Corp., Enhanced Fixed
2003 Ed. (3114, 3138)
Smith Alarm Systems
1998 Ed. (3201)
1999 Ed. (4200, 4202)
2000 Ed. (3920)
Smith; Alexander W.
2015 Ed. (956)
Smith; Allan D.
1995 Ed. (938)
Smith; Allerton
1997 Ed. (1923)
Smith A.O.
1990 Ed. (3684)
1999 Ed. (259)
Smith Asset Mgmt.
2000 Ed. (2818)
Smith & Associates
1997 Ed. (1709, 1710, 2167, 2212)
1998 Ed. (1415)
1999 Ed. (1990)
2000 Ed. (1770)
2001 Ed. (2200, 2201)
2002 Ed. (2094)
2004 Ed. (2246)
2005 Ed. (2346, 4349)
2006 Ed. (2387)
2007 Ed. (2331)
Smith Barney
1989 Ed. (1413, 1415, 1754, 1767, 2404, 2406, 2409, 2412, 2418, 2419, 2420, 2421, 2422, 2428, 2430)
1990 Ed. (1222, 1770, 1797, 1798, 2291, 2641, 2643, 2647, 3139, 3143, 3145, 3147, 3148, 3149, 3150, 3151, 3153, 3155, 3158, 3160, 3161, 3162, 3175, 3179, 3187, 3188, 3189, 3190, 3191, 3193, 3195, 3203, 3205)
1992 Ed. (956, 1266, 2132, 2133, 3640, 3832, 3835, 3836, 3837, 3838, 3839, 3848, 3849, 3851, 3853, 3854, 3855, 3858, 3859, 3860, 3861, 3862, 3884, 3886, 3887, 3888, 3891, 3892)
1993 Ed. (759, 1768, 1769)
1996 Ed. (796, 797, 799, 800, 802, 803, 804, 805, 809, 1181, 1182, 1183, 1184, 1185, 1187, 1188, 1189, 1768, 1769, 1892, 2365, 2399, 2403, 2407, 2712, 2713, 2714, 2715, 2716, 2717, 2718, 2719, 2720, 2721, 3311, 3313, 3314, 3315, 3316, 3317, 3318, 3319, 3321, 3322, 3327, 3328, 3330, 3331, 3332, 3333, 3337, 3338, 3339, 3340, 3341, 3342, 3343, 3344, 3345, 3346, 3347)
1997 Ed. (736, 738, 739, 740, 741,

782, 1220, 1221, 1222, 1223, 1225,
1227, 1848, 1849, 1922, 2476,
2494, 2499, 2500, 2502, 2503,
2504, 2506, 2832, 2833, 2834,
2835, 2836, 2838, 2937, 3417,
3418, 3419, 3422, 3424, 3425,
3426, 3428, 3429, 3430, 3431,
3432, 3435, 3439, 3440, 3441,
3442, 3443, 3444, 3445, 3446,
3447, 3449, 3450, 3451, 3452,
3453, 3454, 3455, 3456, 3457,
3458, 3459, 3460, 3461, 3462,
3463, 3464, 3465, 3466, 3467,
3470, 3478, 3481)
1998 Ed. (322, 340, 342, 517, 519,
520, 521, 523, 525, 526, 529, 814,
1004, 1493, 1560, 1561, 1562,
2231, 2237, 2238, 2243, 2253,
2566, 2567, 2568, 2569, 2570,
2571, 2578, 2645, 3176, 3181,
3191, 3192, 3198, 3207, 3208,
3209, 3211, 3212, 3215, 3217,
3218, 3219, 3222, 3223, 3226,
3227, 3228, 3229, 3231, 3233,
3234, 3235, 3236, 3237, 3238,
3239, 3240, 3241, 3242, 3244,
3246, 3247, 3251, 3252, 3253,
3254, 3255, 3256, 3257, 3258,
3259, 3260, 3261, 3264, 3265,
3269, 3273, 3414)
1999 Ed. (826, 827, 834, 836, 837,
838, 864, 904, 2143, 2150, 2151,
2152, 3037, 4179, 4180, 4181,
4229, 4230, 4231, 4232, 4233,
4234, 4235, 4236, 4237, 4238,
4240, 4241, 4242, 4243, 4244,
4245, 4246, 4247, 4248, 4249,
4250, 4251)
2005 Ed. (753, 755)
2006 Ed. (659)
2007 Ed. (751)
2008 Ed. (730)
2009 Ed. (736)
2010 Ed. (671)
2011 Ed. (603)
Smith Barney AAA Energy
2005 Ed. (1086)
Smith Barney Adjustable-Rate Government A
1996 Ed. (2794)
Smith Barney Advisers
1992 Ed. (3157)
Smith Barney Advisors Inc.
2000 Ed. (3312)
2001 Ed. (3513)
Smith Barney Aggressive Growth
2002 Ed. (3417)
2003 Ed. (3490, 3491, 3525, 3533, 3549)
2004 Ed. (2451, 3551, 3553)
2005 Ed. (4480)
2006 Ed. (3614, 3615, 4556)
Smith Barney Aggressive Growth A
1999 Ed. (3530)
Smith Barney Appreciation
2005 Ed. (4483)
2006 Ed. (4559)
Smith Barney Birtcher Realty
1991 Ed. (2240)
Smith Barney CA Municipals A
1998 Ed. (2644)
Smith Barney Capital
1993 Ed. (2313, 2317, 2321)
Smith Barney Capital Management
1992 Ed. (2753, 2757, 2761)
1999 Ed. (3054)
Smith Barney Citigroup
2005 Ed. (111, 162, 164, 545, 546,
664, 849, 867, 949, 952, 1119,
1142, 1178, 2287, 2301, 2342,
2450, 2451, 2464, 2643, 2983,
3029, 3055, 3102, 3117, 3175,
3223, 3233, 3236, 3237, 3238,
3356, 3369, 3430, 3685, 3687,
3714, 3716, 3812, 3986, 4020,
4048, 4112, 4131, 4341, 4348,
4564, 4615, 4617, 4715, 4719,
4772, 4982)
2006 Ed. (3208, 3209, 3223, 3224)
Smith Barney Citigroup Global Markets
2006 Ed. (4219)
Smith Barney Conbertible B
1996 Ed. (2807)
Smith Barney Conc Alc Sos
2000 Ed. (3247)
Smith Barney Concert Social Awareness
2000 Ed. (3242)
Smith Barney Convertible B
1999 Ed. (3563)

Smith Barney Fundamental Value
2003 Ed. (3492)
Smith Barney Government Securities A
1999 Ed. (749)
Smith Barney Harris Upham
1989 Ed. (1414, 1762, 2370, 2371,
2372, 2373, 2374, 2375, 2376,
2377, 2379, 2380, 2382, 2384,
2385, 2386)
1990 Ed. (791, 793, 796, 797, 800,
803, 804, 808, 3171, 3172)
1991 Ed. (773, 783, 1110, 1672,
1675, 1678, 1684, 1688, 1690,
1692, 1695, 1696, 1705, 1706,
1708, 1709, 2166, 2173, 2180,
2182, 2183, 2185, 2186, 2187,
2188, 2192, 2193, 2194, 2195,
2513, 2515, 2516, 2517, 2520,
2522, 2944, 2945, 2946, 2947,
2948, 2959, 2961, 2970, 2971,
2972, 2974, 2975, 2976, 2978,
2981, 2982, 2983, 2985, 2986,
2987, 2988, 2989, 2990, 2991,
2992, 2994, 3000, 3001, 3002,
3004, 3008, 3015, 3016, 3017,
3022, 3026, 3031, 3033, 3034,
3035, 3036, 3037, 3038, 3040,
3041, 3042, 3043, 3044, 3045,
3048, 3049, 3050, 3051, 3052,
3053, 3056, 3057, 3058, 3059,
3060, 3061, 3062, 3064)
1992 Ed. (952, 954, 955, 959, 962,
1053, 2134, 2725, 2726, 3852,
3864, 3865, 3866, 3868, 3869,
3870, 3875, 3876, 3877)
Smith Barney, Harris Upham & Co.
1989 Ed. (820)
1990 Ed. (786, 812, 819, 2137, 2138,
3164, 3207, 3208, 3209, 3210,
3211, 3212, 3213, 3214, 3215,
3216, 3217)
1993 Ed. (756, 758, 764, 765, 766,
1172, 1770, 2265, 3121, 3124,
3126, 3127, 3130, 3133, 3134,
3135, 3136, 3139, 3141, 3143,
3145, 3154, 3155, 3157, 3162,
3165, 3166, 3167, 3168, 3169,
3170, 3173, 3174, 3177, 3178,
3184, 3185, 3186, 3187, 3188,
3189, 3190, 3191, 3192, 3193,
3194, 3196, 3197, 3198, 3199)
1994 Ed. (766, 768, 769, 771, 772,
774, 775, 776, 777, 779, 784, 1757,
1758, 1829, 1830, 1835, 2580,
2581, 2582, 2583, 3159, 3162,
3169, 3170, 3171, 3172, 3175,
3177, 3178, 3179, 3180, 3181,
3182, 3183)
1995 Ed. (3255, 3257, 3258, 3259,
3261, 3262, 3263, 3264, 3265)
Smith Barney High-Income B
1996 Ed. (2808)
1999 Ed. (3539)
Smith Barney Inc., Convertible
2003 Ed. (3116)
Smith Barney Inc., Premium Total Return
2003 Ed. (3141)
Smith Barney International Aggressive Growth
2004 Ed. (3650)
Smith Barney International All Cap Growth
2004 Ed. (3651)
Smith Barney International Balanced
2000 Ed. (3284)
Smith Barney International Equity
1993 Ed. (2652, 2661, 2672)
1994 Ed. (2638)
1995 Ed. (2679, 2699)
Smith Barney Investment Grade A
1997 Ed. (2901)
Smith Barney Investment Grade Bond
2003 Ed. (3528)
Smith Barney Investment Grade Bond A
1999 Ed. (743, 745, 3536, 3550)
Smith Barney Investment Grade Bond B
1997 Ed. (687)
1999 Ed. (3537, 3550)
Smith Barney Investment Grade Bond Y
1999 Ed. (3550)
Smith Barney Ltd. Maturity Munis.
1996 Ed. (2785)
Smith Barney Managed Government A
1996 Ed. (2810)
Smith Barney Managed Governments A
1996 Ed. (2780)
1999 Ed. (3554)
Smith Barney Managed Municipal A
1998 Ed. (2602, 2639, 2644)

Smith Barney Managed Municipals A
1997 Ed. (692, 2893, 2904)
1999 Ed. (757, 3571, 3572)
Smith Barney Managed Municipals Y
1999 Ed. (3573)
Smith Barney Managed Munis A
1999 Ed. (3573)
Smith Barney Monthly Government
1992 Ed. (3198)
1993 Ed. (2665, 2696)
Smith Barney Monthly Payment A
1996 Ed. (2780)
Smith Barney Muni. Ltd. Term A
1996 Ed. (2785)
Smith Barney Municipal National A
1995 Ed. (2689)
Smith Barney National Municipals A
1999 Ed. (757)
Smith Barney Prem. Total Ret. B
1996 Ed. (2777)
Smith Barney Premium Total Return A
1996 Ed. (2792)
Smith Barney Security & Growth
2003 Ed. (3483, 3486)
2004 Ed. (3545, 3548)
Smith Barney Shearson Global Bond B
1995 Ed. (2742)
Smith Barney Shearson Inc.
1995 Ed. (232, 722, 723, 724, 725,
726, 729, 730, 731, 732, 733, 734,
735, 736, 743, 746, 747, 748, 749,
750, 751, 753, 755, 760, 761, 762,
800, 816, 1217, 1793, 1794, 1799,
2346, 2355, 2363, 2633, 2634,
2635, 2636, 2637, 2638, 2639,
2640, 2641, 2642, 3204, 3213,
3216, 3217, 3218, 3219, 3221,
3223, 3232, 3233, 3234, 3242,
3243, 3244, 3245, 3246, 3248,
3249, 3253, 3274)
1996 Ed. (810, 2353, 2354, 3353,
3355, 3356, 3357, 3358, 3359,
3360, 3362, 3365, 3366, 3367,
3368, 3369, 3370, 3371, 3372,
3373, 3374)
Smith Barney Shearson Investment Guide Bond B
1995 Ed. (2708)
Smith Barney Shearson Managed Municipal A
1995 Ed. (2711)
Smith Barney Shearson Managed Munis. A
1996 Ed. (2762)
Smith Barney Shearson Municipals
1995 Ed. (3542)
Smith Barney Shearson Prudential Total Return B
1995 Ed. (2736)
Smith Barney Shearson Special Equity A
1995 Ed. (2703, 2724)
Smith Barney Social Awareness
2006 Ed. (4403)
Smith Barney Social Awareness Fund
2007 Ed. (4466)
Smith Barney Special Equities A
1997 Ed. (2895)
Smith Barney Special Equities B
1996 Ed. (2803)
1997 Ed. (2872)
Smith Barney Telecomm Income
1999 Ed. (3578)
Smith Barney Tidewater Futures Fund
2005 Ed. (1085)
Smith Barney U.S. Government Securities
1993 Ed. (2665)
Smith Barney U.S. Government Securities A
1998 Ed. (2638)
Smith Barney U.S. Governments A
1996 Ed. (2780)
Smith Barney World Funds International Equity A
1995 Ed. (2738)
Smith Barney/Shearson Special Equity B
1995 Ed. (2724)
Smith; Bob
1993 Ed. (2462)
Smith Breeden
1995 Ed. (2364)
1996 Ed. (2399)
1999 Ed. (3069, 3072)
2000 Ed. (2835)
2003 Ed. (3441)
Smith Breeden Interm -Dur. U.S. Gov.
1999 Ed. (3554)

Smith Breeden Intermediate-Duration Government
1998 Ed. (2642)
Smith Breeden Short-Duration Government
1996 Ed. (2794)
Smith Breeden Short-Duration Government Securities
1998 Ed. (2597)
Smith Breeden Short-Duration U.S. Government
1998 Ed. (2642)
Smith & Brown
1989 Ed. (45)
Smith; Bruce A.
2010 Ed. (904)
2011 Ed. (840)
Smith Buick-Jeep-Eagle; Ron
1991 Ed. (304)
1992 Ed. (409)
1993 Ed. (294)
Smith Buick; Ron
1994 Ed. (263)
Smith; C. G.
1990 Ed. (1417, 1418)
1991 Ed. (1344, 1345)
1993 Ed. (1392, 1393, 1394, 1395)
1995 Ed. (1484, 1485)
1997 Ed. (1506)
Smith; Catherine
2011 Ed. (4977)
2012 Ed. (4975)
Smith Center for the Performing Arts
2010 Ed. (3760)
Smith C.G.
1999 Ed. (1732)
Smith Charitable Trust; W. W.
1991 Ed. (1768)
1992 Ed. (2217)
Smith Charitable Trust; W.W.
1990 Ed. (1849)
Smith; Charles W.
1992 Ed. (533)
Smith Chevrolet-Oldsmobile Inc.; Al
1996 Ed. (743)
1997 Ed. (675)
Smith College
1990 Ed. (1089, 1093)
1991 Ed. (1002)
1992 Ed. (1268)
1993 Ed. (1016)
1994 Ed. (1043)
1995 Ed. (1051)
1997 Ed. (1052)
Smith & Co.; Donald
1990 Ed. (2318)
Smith Co.; Roy
2013 Ed. (183)
Smith Construction Inc.; C. D.
2006 Ed. (1352)
2008 Ed. (1345)
2009 Ed. (1346)
2010 Ed. (1332)
2011 Ed. (1314)
Smith Consultants Inc.
2011 Ed. (4319)
Smith Corona
1992 Ed. (1923, 1924, 3288)
1993 Ed. (1575)
1997 Ed. (2935)
Smith Crisps
1993 Ed. (1879)
Smith Dairy Products Co.
2015 Ed. (2288)
Smith; Dan
2007 Ed. (2501)
2008 Ed. (2631, 2633)
2009 Ed. (2657, 2658)
Smith; Dan F.
2006 Ed. (2520)
2008 Ed. (946)
Smith; Darwin
1989 Ed. (2340)
2005 Ed. (974)
Smith; Darwin E.
1990 Ed. (976, 1726)
Smith; David
1990 Ed. (3341)
1995 Ed. (3503)
2006 Ed. (2517)
Smith; David J.
2010 Ed. (2564)
Smith Development & Construction Co.
2016 Ed. (1406)
Smith Dollar
2012 Ed. (1367)
2013 Ed. (1456)
2014 Ed. (1417)
2015 Ed. (5036)
Smith, Donald & Co.

1993 Ed. (2297)
Smith; DS
2007 Ed. (2032)
Smith; E. Follin
2006 Ed. (997)
2007 Ed. (1089)
Smith; E. G.
1993 Ed. (1133)
Smith Edwards Dunlap Co.
1999 Ed. (3898)
2000 Ed. (3615)
Smith; Elden L.
2007 Ed. (959)
Smith-Emery Co.
1992 Ed. (3480)
1994 Ed. (2892)
1995 Ed. (1718)
Smith; Emmitt
1997 Ed. (1724)
Smith Environmental Technical Corp.
1996 Ed. (1128)
Smith Environmental Technologies
Corp.
1996 Ed. (1682)
1997 Ed. (1763)
1998 Ed. (1476, 1488)
Smith (Estates Charities); Henry
1995 Ed. (1934)
Smith Everett Group Ltd.
2001 Ed. (3080, 3081)
2003 Ed. (3201)
2004 Ed. (3247)
2005 Ed. (3272, 3273)
2006 Ed. (3263)
Smith Family
2002 Ed. (3363)
2006 Ed. (4897)
2008 Ed. (4911)
2009 Ed. (4859)
2010 Ed. (4928)
2011 Ed. (4913)
Smith; Flour City Architectural Metals/E.
G.
1990 Ed. (1206)
Smith Food King
1995 Ed. (1767)
Smith & Forge
2016 Ed. (883, 884)
Smith Foundation; Kevin and Eleanor
1994 Ed. (1058, 1900)
Smith; Fred
2005 Ed. (787)
Smith; Frederick
2006 Ed. (871)
2007 Ed. (962)
2008 Ed. (934)
2011 Ed. (4839)
2012 Ed. (4843)
2013 Ed. (4842)
2014 Ed. (4858)
2015 Ed. (4895)
2016 Ed. (4813)
Smith; Frederick W.
1989 Ed. (1984)
1991 Ed. (925)
2007 Ed. (1029)
2008 Ed. (951)
2011 Ed. (846)
Smith, Gambrell & Russell
1990 Ed. (2413)
1991 Ed. (2279)
1992 Ed. (2828)
1993 Ed. (2391)
Smith Graham
1993 Ed. (2327)
1995 Ed. (2363)
1996 Ed. (2399)
1997 Ed. (2529)
Smith Graham & Co.
2002 Ed. (712)
Smith Graham & Co. Investment Advisors LP
2003 Ed. (216)
2004 Ed. (172)
2006 Ed. (191)
2007 Ed. (197)
2008 Ed. (180)
2009 Ed. (199)
2010 Ed. (177)
2011 Ed. (102)
2012 Ed. (109)
2013 Ed. (82)
2015 Ed. (106)
2016 Ed. (113)
Smith; Greg
1993 Ed. (1838)
1994 Ed. (1818)
1995 Ed. (1860)
1996 Ed. (1837)
1997 Ed. (1910)

The Smith Group
1990 Ed. (1665)
1991 Ed. (1557)
1992 Ed. (354, 1954)
1993 Ed. (245, 1609)
1994 Ed. (234, 1642)
1995 Ed. (236, 1681)
1996 Ed. (233, 1664)
1997 Ed. (264, 1742)
1999 Ed. (282, 2016)
Smith Group Inc.; Stewart
1995 Ed. (2289)
Smith & Harang
2004 Ed. (3227)
Smith & Harroff
1994 Ed. (2949)
1996 Ed. (3106, 3108)
2004 Ed. (4038)
2005 Ed. (3978)
Smith & Hawken
2010 Ed. (817)
Smith; Herbert
1992 Ed. (14, 2835, 2836)
2005 Ed. (1444, 1445, 1450)
Smith, Hinchman & Grylis Associates
Inc.
1997 Ed. (266)
1998 Ed. (185)
Smith, Hinchman & Grylls Assoc. Inc.
1989 Ed. (267)
1990 Ed. (282)
Smith, Hinchman & Grylls Associates
Inc.
1991 Ed. (252)
1992 Ed. (357)
1993 Ed. (247)
1995 Ed. (238)
Smith Hosiery
2003 Ed. (1001)
Smith & Howard
2015 Ed. (2)
2016 Ed. (2)
Smith; Howard
2006 Ed. (980)
Smith Industries Plc
1998 Ed. (1022)
Smith International Canada Ltd.
2011 Ed. (3905)
Smith International Inc.
1989 Ed. (2208)
1990 Ed. (2831)
1991 Ed. (2720)
1992 Ed. (3424)
1993 Ed. (2829)
1997 Ed. (2370)
1998 Ed. (2816)
1999 Ed. (3794)
2001 Ed. (3757, 3758)
2002 Ed. (2124)
2003 Ed. (3810, 3812, 3815)
2004 Ed. (2312, 2315, 3820, 3821,
3822, 3823)
2005 Ed. (2393, 2396, 2397, 3728,
3729, 3730, 3731)
2006 Ed. (2434, 2438, 2439, 3820,
3821, 3822)
2007 Ed. (2382, 3833, 3836, 3837)
2008 Ed. (2498, 3895)
2009 Ed. (3721, 3960, 3961, 3962,
4556)
2010 Ed. (1427, 3189, 3639, 3829,
3871)
2011 Ed. (3641, 3828, 3881, 3887,
4551)
2012 Ed. (2461, 3638)
Smith International (North Sea) Ltd.
1991 Ed. (1338)
Smith; Jaclyn
1989 Ed. (945)
1993 Ed. (987, 994)
1997 Ed. (1026, 1027, 1726)
Smith; Jacyln
2011 Ed. (2971)
Smith; Jaden
2012 Ed. (2444)
Smith; Jean
2016 Ed. (4991)
Smith; John F.
1997 Ed. (981)
Smith Jr; John F.
1996 Ed. (965)
Smith; Kenneth C.
1997 Ed. (138)
Smith Laboratories Inc.
1992 Ed. (1477, 1478)
Smith; Lawrence
2005 Ed. (991)
2007 Ed. (1049)
2008 Ed. (967)
Smith Leonard

2014 Ed. (3)
2016 Ed. (3)
Smith; Lonnie
2011 Ed. (819)
Smith; Mark
2006 Ed. (884)
Smith Masonry Co.; John J.
1995 Ed. (1162)
1996 Ed. (1147)
1997 Ed. (1166)
Smith Mesa Nissan
1993 Ed. (279)
Smith; Michael
1997 Ed. (1880)
2006 Ed. (975)
Smith Micro Software
2014 Ed. (1091)
Smith Micro Software Inc.
1997 Ed. (3410)
2007 Ed. (3688)
2009 Ed. (1116, 1118, 2985, 4450,
4454, 4456, 4458)
2010 Ed. (2924, 4506)
2011 Ed. (1032)
Smith Moore
2014 Ed. (3444)
Smith, Moore & Co.
1991 Ed. (2169)
1995 Ed. (2335)
1997 Ed. (2476)
Smith & Nephew
1990 Ed. (3294)
1997 Ed. (962)
2005 Ed. (2971, 3831)
2006 Ed. (2784, 2968, 3896)
2007 Ed. (2993, 3947)
2009 Ed. (3887)
2015 Ed. (2044)
2016 Ed. (2885)
Smith & Nephew Inc.
2016 Ed. (3437)
Smith & Nephew plc
2002 Ed. (2832)
2007 Ed. (2781, 2785)
2008 Ed. (1743, 1752, 3109, 3978)
2009 Ed. (2830, 3204, 3631, 4052)
2010 Ed. (1395, 3131, 3798, 3954)
2011 Ed. (2763, 2874, 2875, 3794)
2012 Ed. (2811, 3784)
2013 Ed. (2866, 3852)
2014 Ed. (2898, 2899, 3781)
2015 Ed. (2941, 2942, 3801)
2016 Ed. (2829, 3714)
Smith New Court
1989 Ed. (816)
1993 Ed. (1639, 1846, 1847)
1994 Ed. (773, 1838, 1839)
1995 Ed. (728, 764, 770, 771, 772,
773, 774, 776, 777, 778, 779, 780,
781, 782, 783, 784, 801, 802, 803,
804, 805, 811, 812, 813, 814, 815,
822, 823, 824, 825, 826, 827, 828,
829, 830, 831, 839, 840)
1996 Ed. (1859, 1860, 1863, 1892,
3393)
1997 Ed. (743, 752, 753, 754, 755,
756, 760, 762, 764, 767, 768, 779,
785, 787, 788, 789, 790, 792, 793,
795, 796, 797, 799, 800, 801, 802,
803, 804, 805, 806, 807, 808, 809,
810, 811, 812, 815, 817, 818, 819,
820, 821, 822)
Smith New Court, Carl Marks Inc.
1995 Ed. (752)
Smith New Court Far East
1996 Ed. (1851)
Smith New Court Securities
1991 Ed. (778, 1712)
1992 Ed. (2139, 2785)
Smith New Court Securities (Japan)
1996 Ed. (1868)
Smith Nissan; Dick
1992 Ed. (393)
Smith; O. Bruton
2011 Ed. (628)
Smith Optics
2010 Ed. (1420)
2011 Ed. (1423)
Smith; Orin
2005 Ed. (967)
2006 Ed. (915)
Smith; Orin R.
1994 Ed. (1723)
Smith & Oxley Advertising
1990 Ed. (80)
Smith Oxley Jordan & Edghill
1992 Ed. (124)
Smith Oxley Jordan & Edghill Advertising
1995 Ed. (49)

Smith; Ozzie
1989 Ed. (719)
Smith & Partners Inc.; Harwood K.
1989 Ed. (266)
1990 Ed. (279, 1665)
Smith; Paul
1997 Ed. (1993)
2005 Ed. (4884)
Smith; Perry D.
1991 Ed. (2549)
Smith; Philip L.
1990 Ed. (1714)
Smith Point Investments
2006 Ed. (1082)
Smith; Raymond
1992 Ed. (2064)
Smith; Raymond W.
1993 Ed. (1706)
Smith Retail; W. H.
1995 Ed. (3420)
Smith; Richard A.
2016 Ed. (870)
Smith; Roger
1990 Ed. (974)
1991 Ed. (927)
1992 Ed. (1144)
Smith; Roland
2015 Ed. (965)
Smith s Food & Drug Centers
1996 Ed. (3606)
Smith; Sally
2010 Ed. (2569)
2015 Ed. (2638)
2016 Ed. (4928)
Smith; Sam
2016 Ed. (3641)
Smith Sapp CPAs
2016 Ed. (31)
Smith School of Business; University of
Maryland
2006 Ed. (722, 740)
2007 Ed. (796)
2011 Ed. (640)
Smith School of Business; University of
Maryland-College Park
2010 Ed. (747, 756, 762, 765)
2011 Ed. (658)
Smith; Scott
1991 Ed. (1677)
1993 Ed. (1806)
1994 Ed. (1789, 1831)
1995 Ed. (1795, 1828)
Smith Seckman Reid
2013 Ed. (2593)
2014 Ed. (2524)
2015 Ed. (2598)
Smith Seckman Reid Inc.
2005 Ed. (2438)
2008 Ed. (2571)
2009 Ed. (2538, 2539, 2579)
2010 Ed. (2457, 2495)
2011 Ed. (2466, 2503)
2012 Ed. (211)
Smith Services
2009 Ed. (4303)
Smith; Sir Paul & Lady
2005 Ed. (4889)
Smith, Somerville & Case
1990 Ed. (2414)
1991 Ed. (2280)
1992 Ed. (2829)
1993 Ed. (2392)
Smith St. John Co.
1995 Ed. (1920)
Smith; Stephen
1995 Ed. (1825)
1996 Ed. (1803)
1997 Ed. (1876)
Smith Technology Corp.
1998 Ed. (937, 1456)
Smith; Terry
2007 Ed. (2462)
2008 Ed. (2595)
Smith Trust & Savings Bank
1989 Ed. (208)
Smith; W. H.
1992 Ed. (3737)
Smith; W. Roy
1991 Ed. (2345)
1992 Ed. (2906)
1993 Ed. (2464)
Smith; Wayne
2006 Ed. (892)
2007 Ed. (982)
2008 Ed. (937)
2009 Ed. (3706)
2010 Ed. (887, 3623)
Smith; Wayne T.
2011 Ed. (834)
Smith & Wesson

1993 Ed. (1863)
Smith & Wesson Corp.
  2013 Ed. (3564)
  2014 Ed. (3543)
Smith & Wesson Holding Corp.
  2008 Ed. (1905, 1910, 1915, 1920, 1924)
  2010 Ed. (1803)
  2011 Ed. (1831, 1836)
  2014 Ed. (1778)
Smith Whiley & Co.
  2003 Ed. (218)
  2004 Ed. (174)
  2005 Ed. (176)
  2006 Ed. (189)
  2007 Ed. (195)
  2008 Ed. (178)
  2009 Ed. (197)
  2010 Ed. (176)
  2011 Ed. (101)
  2012 Ed. (108)
  2013 Ed. (89)
Smith; Will
  2005 Ed. (2443)
  2008 Ed. (183)
  2009 Ed. (201)
  2010 Ed. (2508)
  2011 Ed. (2510)
  2012 Ed. (2436)
  2013 Ed. (2597)
  2014 Ed. (2526)
  2015 Ed. (2599)
  2016 Ed. (2524)
Smith; William
  1991 Ed. (1690)
  1993 Ed. (1823)
  1994 Ed. (1806)
Smith & Williamson
  2014 Ed. (21)
Smith & Williamson Ltd.
  2006 Ed. (8, 9, 10)
  2007 Ed. (6)
  2008 Ed. (4)
  2009 Ed. (7)
  2010 Ed. (14)
  2011 Ed. (11, 13, 14, 15)
  2012 Ed. (14, 15, 16, 17, 18)
  2013 Ed. (27, 28, 29)
  2014 Ed. (23, 24, 25)
  2015 Ed. (23, 24)
  2016 Ed. (9)
Smith & Wollensky
  1990 Ed. (3002)
  1991 Ed. (2858, 2860)
  1992 Ed. (3687, 3689)
  1993 Ed. (3010)
  1994 Ed. (3055)
  1995 Ed. (3101)
  1996 Ed. (3195)
  1997 Ed. (3302)
  1998 Ed. (3049)
  1999 Ed. (4056)
  2000 Ed. (3772)
  2002 Ed. (4016)
  2010 Ed. (4201)
  2011 Ed. (4207)
  2016 Ed. (4198)
The Smith & Wollensky Restaurant Group
  2003 Ed. (4322)
  2007 Ed. (4132)
  2008 Ed. (4150, 4151)
  2009 Ed. (4262)
Smith Woodhouse
  2004 Ed. (4968)
  2005 Ed. (4960)
The Smith & Woolensky Restaurant Group Inc.
  2003 Ed. (4321)
SmithAndNoble.com
  2010 Ed. (2371)
Smithard Associates
  1999 Ed. (3940)
SmithBarney Concert Social Awareness
  2000 Ed. (3243)
SmithBarney Investment Grade Bond A
  2000 Ed. (758)
SmithBarney Municipal National A
  2000 Ed. (771)
SmithBarney Telecom-Income
  2000 Ed. (3289)
SmithBarney World Global Government A
  2000 Ed. (760)
SmithBucklin
  2008 Ed. (4723)
Smithburg; William D.
  1993 Ed. (938)
  1996 Ed. (1715)
Smithco Engineering Inc.

2006 Ed. (3534, 4373)
2007 Ed. (3590, 3591, 4441)
2008 Ed. (3727, 4422, 4978)
Smithers-FCB Holdings; Lindsay
  1994 Ed. (115)
Smithfield
  2002 Ed. (423)
  2008 Ed. (335)
  2012 Ed. (280)
  2013 Ed. (283)
  2014 Ed. (287, 288)
  2015 Ed. (319, 320)
  2016 Ed. (319, 320)
Smithfield Beef Group Inc.
  2008 Ed. (2755, 3505)
Smithfield Design Group
  1995 Ed. (2226)
Smithfield Foods
  2014 Ed. (2081, 2088, 2719)
Smithfield Foods Inc.
  1989 Ed. (1057, 1937)
  1990 Ed. (2527)
  1991 Ed. (1738)
  1992 Ed. (2189)
  1993 Ed. (1228, 1413, 1877, 2519, 2521, 2879, 2889, 2890)
  1994 Ed. (1266, 1267, 1467, 1866, 1871, 1873, 1874, 2452, 2453, 2456, 2458, 2904, 2905, 2906, 2907)
  1995 Ed. (1290, 1504, 1890, 2524, 2527, 2965, 2966)
  1996 Ed. (2588, 2590, 3061, 3062)
  1997 Ed. (2035, 2037, 2734, 2737, 2738, 3134, 3139, 3140)
  1998 Ed. (1067, 1733, 2454, 2455)
  1999 Ed. (2475, 3321, 3322, 3323, 3864, 3865, 3866)
  2000 Ed. (2232, 3059, 3060, 3061, 3580, 3581, 3582)
  2001 Ed. (2479, 2725, 3852, 3853)
  2002 Ed. (2290, 2297, 3274, 3277, 3727)
  2003 Ed. (1555, 2505, 2507, 2509, 2519, 2521, 3330, 3337, 3338, 3339, 3340, 3341, 3342, 3899, 3901)
  2004 Ed. (1881, 2635, 2637, 2638, 2644, 2662, 3400, 3401, 3407, 3408, 3927)
  2005 Ed. (1996, 1997, 2006, 2626, 2628, 2629, 2634, 2635, 2645, 3413, 3414, 3420, 3875)
  2006 Ed. (1215, 1496, 1942, 2096, 2097, 2109, 2622, 2624, 2625, 2631, 2632, 2633, 3408, 3430, 3431, 3938)
  2007 Ed. (2053, 2054, 2062, 2599, 2603, 2608, 2609, 2611, 2628, 3996)
  2008 Ed. (1451, 2159, 2161, 2162, 2171, 2734, 2737, 2753, 2754, 2756, 2784, 3609, 3613, 3614, 3615, 3617, 4013)
  2009 Ed. (2139, 2141, 2142, 2143, 2788, 2792, 2795, 2803, 2812, 2829, 2842, 3676, 3680, 3681, 3682, 3684, 3686, 4085, 4384, 4386)
  2010 Ed. (2081, 2083, 2722, 2727, 2734, 2747, 2750, 2783, 3594, 3595, 3997)
  2011 Ed. (2138, 2140, 2704, 2710, 2731, 2772, 3596, 3597, 3600, 3604, 4005)
  2012 Ed. (1982, 1984, 2632, 2635, 2638, 2653, 2669, 2701, 3583, 3584, 3585, 4000)
  2013 Ed. (2146, 2149, 2718, 2720, 2723, 2749, 3638, 3639, 3650, 4064)
  2014 Ed. (2079, 2082, 2703, 2708, 2729, 2776, 3577, 3581, 3582, 3587, 4071)
  2015 Ed. (2133, 2135, 2749, 2754, 2784, 3589, 3594, 3595, 4051)
  2016 Ed. (2679, 2714, 3477, 3481, 3482, 3960)
Smithfield Foods/Murphy
  2001 Ed. (3851)
Smithfield Packing Co.
  2001 Ed. (1894)
  2003 Ed. (1844)
  2004 Ed. (1879)
  2005 Ed. (1995)
  2006 Ed. (2095, 2647)
  2007 Ed. (2052)
  2008 Ed. (2158)
  2009 Ed. (2138)
  2011 Ed. (2137)
  2012 Ed. (1981)

2013 Ed. (2145)
2015 Ed. (2132)
2016 Ed. (2111)
SmithGroup
  2000 Ed. (309, 313)
  2001 Ed. (409)
  2002 Ed. (330, 2130)
  2004 Ed. (2341, 2346, 2371)
  2005 Ed. (261, 3161, 3162, 3163, 3165, 3170)
  2006 Ed. (284, 3164, 3165)
  2007 Ed. (287, 2411, 3195, 3198, 3199)
  2008 Ed. (261, 263, 2532, 2534, 2537, 2539, 3340, 3341, 3343)
  2009 Ed. (286, 2542, 3413, 3414, 3416)
  2010 Ed. (271, 3354)
  2011 Ed. (191, 193, 3311)
  2012 Ed. (197, 199, 2387, 2402, 3291, 3292, 3294)
  2013 Ed. (177, 3364, 3365, 3368)
SmithGroupJJR
  2014 Ed. (184, 185, 188, 3375, 3376, 3378)
  2015 Ed. (214, 3410, 3411, 3414)
  2016 Ed. (212)
SmithKline
  1991 Ed. (1168)
SmithKline Beckman Corp.
  1989 Ed. (1271, 1272, 1273, 1276, 1277, 1323, 1942)
  1990 Ed. (1293, 1326, 1558, 1560, 1561, 1562, 1564, 1568, 1631, 2779, 3447)
  1991 Ed. (913, 1136, 1143, 1144, 1147, 1153, 1154, 1160, 1169, 1469, 2682)
  1994 Ed. (1212, 1219)
  1995 Ed. (1222, 1228, 1235)
  1997 Ed. (1245, 1252, 1660)
  2005 Ed. (1507, 1551)
SmithKline Beecham
  1990 Ed. (1570)
  1991 Ed. (47, 1144, 1474, 2586, 3232)
  1992 Ed. (1457, 1467, 1472, 1480, 1631, 1780, 1839, 1840, 1842, 1874, 2385, 3347)
  1993 Ed. (232, 911, 1179, 1188, 1322, 1325, 1326, 1339, 1340, 1350, 1516, 2469, 2774)
  1994 Ed. (199, 1378, 1382, 1403, 1562, 2410, 2745, 2871)
  1995 Ed. (1408, 1428, 1433, 1592, 1594, 1595, 2529, 3098)
  1996 Ed. (1199, 1206, 1357, 1359, 1361, 1362, 1363, 1365, 1366, 1397, 1576, 1580, 1582, 2597)
  1997 Ed. (1416, 1422, 1453, 1657, 1658, 1659, 1661, 1662, 1663, 2066, 2685, 2709, 2740)
  1998 Ed. (1148, 1160, 1329, 1344, 1345, 1349, 2520)
  1999 Ed. (1095, 1642, 1646, 1664, 1672, 1830, 1911, 1912, 1914, 1915, 1916, 1917, 1918, 3262, 3303, 3429)
  2000 Ed. (740, 957, 1028, 1442, 1701, 1710, 1712, 2998, 2999, 3153)
SmithKline Beecham Consumer Brands Ltd.
  2005 Ed. (1829)
SmithKline Beecham Consumer Health-care
  2002 Ed. (38, 50)
  2003 Ed. (282, 284, 1998, 2109, 3788, 4769)
SmithKline Beecham Foundation
  1992 Ed. (2217)
  1999 Ed. (2504)
SmithKline Beecham International Co.
  2015 Ed. (1601)
SmithKline Beecham (Ireland) Ltd.
  2001 Ed. (1755)
SmithKline Beecham Marion
  1994 Ed. (1558)
SmithKline Beecham Pharmaceutical
  1996 Ed. (1577)
  2001 Ed. (2064)
Smithkline Beecham plc
  1996 Ed. (934, 1331, 2084)
  2001 Ed. (31, 56, 73, 78, 1189, 1719, 1885, 1932, 2058, 2072, 2589, 2590)
  2002 Ed. (1011, 1416, 1785, 2018, 2024, 2025, 3215, 3217)
  2004 Ed. (956)

SmithKline Beecham Retirement Plan for Employees
  1995 Ed. (2874)
SmithKline Employees Federal Credit Union
  1994 Ed. (1507)
SmithKline & French
  1990 Ed. (1565)
  1991 Ed. (1472)
  1992 Ed. (1867)
Smiths
  2002 Ed. (4301)
Smiths City
  1992 Ed. (67)
  1993 Ed. (44)
Smiths City Group
  1990 Ed. (42)
Smith's Food & Drug
  1991 Ed. (3252)
  1993 Ed. (1997, 3486)
  1994 Ed. (1288, 1539, 3459, 3461, 3467, 3468)
  1995 Ed. (1569, 3364, 3524, 3527, 3534, 3535, 3538)
  1997 Ed. (1527, 3176, 3668, 3678)
  2007 Ed. (4637)
Smith's Food & Drug Centers Inc.
  1992 Ed. (2105, 4163, 4164)
  1996 Ed. (1458, 1556, 3622)
  1998 Ed. (1190)
  2001 Ed. (1891)
  2003 Ed. (1841, 4635)
  2004 Ed. (1875)
  2005 Ed. (1991)
  2006 Ed. (2089)
Smiths Food & Drug Centers Inc.
  2015 Ed. (2114)
  2016 Ed. (2095)
Smiths Group
  2005 Ed. (168)
  2006 Ed. (181)
  2010 Ed. (2437)
  2014 Ed. (2519)
  2016 Ed. (3073)
Smiths Group plc
  2003 Ed. (207)
  2006 Ed. (182)
  2007 Ed. (180, 188)
  2008 Ed. (165)
  2010 Ed. (2269)
  2011 Ed. (1623, 2443)
  2012 Ed. (1470)
  2013 Ed. (3143)
  2014 Ed. (3146)
  2015 Ed. (1887, 3206)
  2016 Ed. (1849, 3061)
Smith's Home Furnishings
  1996 Ed. (1984)
Smiths Industries plc
  2001 Ed. (268)
  2002 Ed. (2100)
Smith's (Kensington Estate); Henry
  1997 Ed. (945)
Smith's Management Corp.
  1991 Ed. (3259, 3260)
  1992 Ed. (490)
Smithson; Simon
  1997 Ed. (1961)
Smithsonian
  1994 Ed. (2792, 2794)
  2007 Ed. (150)
Smithsonian Institution
  1992 Ed. (3266)
  1995 Ed. (939)
  2000 Ed. (3343)
  2002 Ed. (3988)
  2004 Ed. (1886)
  2005 Ed. (3605)
  2006 Ed. (3714)
  2011 Ed. (3763)
Smithtown Bancorp Inc.
  2003 Ed. (523)
  2004 Ed. (541)
  2006 Ed. (452)
  2007 Ed. (463)
  2008 Ed. (428)
  2009 Ed. (394)
  2010 Ed. (433)
  2011 Ed. (456)
Smithtown Nissan
  1992 Ed. (420)
Smithtown, NY
  1992 Ed. (1167, 1168)
Smithway Motor Xpress
  2000 Ed. (4313)
Smits-Neuchatel BV
  1997 Ed. (1133)
Smitty's
  1995 Ed. (2196)
  1996 Ed. (2214)

1997 Ed. (2343)
1998 Ed. (2065)
1999 Ed. (2820)
2000 Ed. (2595)
SMK Speedy International Inc.
2000 Ed. (1397)
SML
1991 Ed. (1419)
SML Capital
1997 Ed. (2527)
SMN Diversified Futures Fund
2005 Ed. (1085)
Smoke alarm
1991 Ed. (1964)
Smoke-Craft
1996 Ed. (3465)
Smoke Detectors
1990 Ed. (721)
Smoke NV
2014 Ed. (1447)
Smoke NV Inc.
2015 Ed. (2916)
Smokecraft
1998 Ed. (3324)
Smoked
2000 Ed. (4062)
Smokehouse
2016 Ed. (3698)
Smokeless tobacco
2001 Ed. (4555, 4556, 4557, 4558)
Smokemart
2002 Ed. (2304)
2003 Ed. (3957)
2004 Ed. (1648, 3954)
Smoker Friendly
2016 Ed. (1236)
Smoker Friendly International
2005 Ed. (4139)
2009 Ed. (4734)
2014 Ed. (4368)
2015 Ed. (4381)
2016 Ed. (4649)
Smoker Friendly/Gasamat
2007 Ed. (2525)
2015 Ed. (2655)
Smoker's Choice
2014 Ed. (4368)
2015 Ed. (4381)
2016 Ed. (4649)
Smokers Choice
2009 Ed. (4734)
Smoker's Outlet
2014 Ed. (4368)
2015 Ed. (4381)
Smokers Polident
2003 Ed. (1993)
Smokes For Less
2005 Ed. (4139)
2009 Ed. (4734)
Smokeshops
1990 Ed. (987)
1992 Ed. (1146)
Smokey Bones
2006 Ed. (4111, 4112)
Smokey Bones Bar & Fire Grill
2014 Ed. (4265)
Smokey Bones Barbeque & Grill
2007 Ed. (4137)
2008 Ed. (4197, 4198)
2009 Ed. (4272, 4295)
2010 Ed. (4213)
Smokey Bones BBQ
2007 Ed. (4136, 4139)
Smokin' Seventeen
2013 Ed. (566, 568)
Smoking accessories
2002 Ed. (1051)
Smoking cessation products
2002 Ed. (2050, 3768)
Smoking deterrents, over-the-counter
1998 Ed. (1327)
Smoking tobacco
2001 Ed. (4554)
Smoky Mountain Pizza & Pasta
2005 Ed. (3844)
2006 Ed. (3915)
2007 Ed. (3966)
2008 Ed. (3992)
Smoky Mountain Pizzeria
2012 Ed. (3981)
2013 Ed. (4044)
Smoky Mountain Pizzeria Grill
2009 Ed. (4063)
2010 Ed. (3981)
2011 Ed. (3985)
Smooth Corp.
2006 Ed. (4144)
2007 Ed. (4167)
Smoothie King
1998 Ed. (1760, 1761, 3070, 3071)

2002 Ed. (3041)
2003 Ed. (3164)
2004 Ed. (3220)
2005 Ed. (3247)
2006 Ed. (3233)
2007 Ed. (3293)
2008 Ed. (3408)
2009 Ed. (3468)
2010 Ed. (3406)
2011 Ed. (3391)
2012 Ed. (3359)
2013 Ed. (3430)
2014 Ed. (3430, 4479)
2015 Ed. (3463, 4474)
2016 Ed. (3312)
Smoothies
2008 Ed. (2793)
Smorgasburger
1989 Ed. (2194)
1990 Ed. (2819)
1992 Ed. (3409)
1993 Ed. (2816)
1994 Ed. (2833)
1996 Ed. (2995)
1997 Ed. (3074)
1999 Ed. (3788)
2002 Ed. (3654)
Smorgon Family
2001 Ed. (3317)
2002 Ed. (871)
Smorgon Steel
2001 Ed. (1623)
2004 Ed. (3439)
Smorgon Steel Group
2002 Ed. (3306)
2003 Ed. (1614)
SMP
2009 Ed. (3688)
SMRC Childwise
2002 Ed. (3257)
SMRT Inc.
2010 Ed. (1790)
2011 Ed. (1815)
SMS Acquisition Inc.
2006 Ed. (2037)
SMS de Mexico
1993 Ed. (119)
SMS Equipment
2011 Ed. (4037, 4290)
SMS Inc.
1990 Ed. (3707)
SMS Management & Technology
2003 Ed. (1614)
SMS of Pipestone, LLC
2003 Ed. (3899)
SMS/Bates/SSA
1996 Ed. (137)
1997 Ed. (68, 75, 143)
SMS/BSB/SSA
1995 Ed. (123)
SMT Corp.
2007 Ed. (3543)
2008 Ed. (4956)
SMT Fund
2004 Ed. (3601, 3602)
SMTC
2004 Ed. (1112, 3003)
2005 Ed. (1274, 1277)
2006 Ed. (1228, 1233)
2008 Ed. (2939)
2012 Ed. (2830)
2014 Ed. (2930)
2015 Ed. (2980)
SMTC Manufacturing
2008 Ed. (2935)
2009 Ed. (2993)
2010 Ed. (2932)
SMU SA
2016 Ed. (4261)
Smucker
1992 Ed. (3221)
Smucker Co.; The J. M.
2005 Ed. (1606, 2653, 2654)
2006 Ed. (1489, 1491, 1952, 2421, 2632)
2007 Ed. (1519, 1521, 2609)
2008 Ed. (2731)
2009 Ed. (1969)
2011 Ed. (1418, 1937)
2012 Ed. (1796, 4554, 4558)
2013 Ed. (592)
Smucker Foods of Canada
2007 Ed. (2615)
Smucker's
1994 Ed. (2748)
1997 Ed. (2584)
2003 Ed. (3156, 3157)
2015 Ed. (3461, 3837)
2016 Ed. (3310, 3743)
Smucker's Goober

2015 Ed. (3837)
2016 Ed. (3743)
Smucker's Simply Fruit
1997 Ed. (2584)
2015 Ed. (3461)
2016 Ed. (3310)
Smucker's Sugar Free
2015 Ed. (3461)
2016 Ed. (3310)
Smucker's Uncrustables
2014 Ed. (2780)
2015 Ed. (2826)
2016 Ed. (2758)
Smurfit
1992 Ed. (3336)
1993 Ed. (1417)
1997 Ed. (2574, 2575)
1999 Ed. (3117, 3118)
2000 Ed. (2865, 2866)
Smurfit Carton y Papel de Mexico
1996 Ed. (1732)
Smurfit Group
1994 Ed. (1579)
Smurfit Jefferson
1997 Ed. (2071)
Smurfit (Jefferson) Group
1996 Ed. (2431, 2432)
Smurfit Kappa
2014 Ed. (1712)
2015 Ed. (1754)
2016 Ed. (1704)
Smurfit Kappa Group
2015 Ed. (1753)
2016 Ed. (1703, 3061)
Smurfit Kappa Group Ltd.
2008 Ed. (1858)
2009 Ed. (1808, 1809, 3916)
2010 Ed. (1752, 3824)
2011 Ed. (1767, 3821, 3822, 3825)
Smurfit Kappa Group plc
2012 Ed. (1080, 1086, 3550, 3805, 3806, 3807)
2013 Ed. (1215, 3590, 3867, 3868, 3869, 3870)
2014 Ed. (3798, 3799, 3800, 3801)
2015 Ed. (3821, 3822, 3823)
2016 Ed. (3729, 3730, 3731, 3732)
Smurfit Newsprint Corp.
1995 Ed. (2829)
2000 Ed. (3410)
Smurfit-Stone Container Corp.
2000 Ed. (2241)
2001 Ed. (1044, 3612, 3613, 3614, 3624, 3625, 3630, 3631, 3634, 4933)
2002 Ed. (2319, 2321, 3575, 3578, 3579, 3581, 3582, 3583)
2003 Ed. (1223, 1549, 3712, 3713, 3714, 3716, 3717, 3722, 3724, 3726, 3729, 3730, 3731)
2004 Ed. (1227, 1228, 1229, 1230, 1577, 3758, 3759, 3761, 3762)
2005 Ed. (1261, 1262, 1264, 1266, 1878, 1879, 1885, 3673, 3674, 3676, 3677, 3683, 3689)
2006 Ed. (1221, 1222, 1224, 1225, 1226, 1899, 1900, 3774, 3775, 3779)
2007 Ed. (1333, 1891, 3411, 3769, 3770, 3775)
2008 Ed. (1946, 1948, 3849, 3850, 3853)
2009 Ed. (1198, 3906, 3907, 3908, 3911)
2010 Ed. (1202, 3816, 3817, 3818, 3820, 3823, 3824)
2011 Ed. (1150, 3812, 3813, 3814, 3816, 3820, 3821)
2012 Ed. (1085, 3796, 3797, 3799, 3806)
2013 Ed. (3861, 3863, 3869)
2014 Ed. (3800)
Smurfit-Stone Container Enterprises Inc.
2007 Ed. (3769, 3770)
2008 Ed. (3849, 3850)
2009 Ed. (3906, 3907)
2010 Ed. (3816, 3817)
2011 Ed. (3812)
2012 Ed. (3796, 3797)
Smurfit-Stone Enterprises Inc.
2010 Ed. (3816)
Smurfit-Stone Recycling
2005 Ed. (4032)
Smurfit/CCA
1992 Ed. (1385, 3328)
SMW 104 Credit Union
2009 Ed. (2184)
Smyrna, TN
2009 Ed. (4344)
Smyth; Anne-Marie

2007 Ed. (4919)
Smythe Buick-Pontiac-GMC Inc.
1993 Ed. (294)
Smythe Dorward Lambert
1994 Ed. (2964)
Smythe European
1990 Ed. (333)
1991 Ed. (286)
1992 Ed. (391)
2002 Ed. (352, 359)
2004 Ed. (273, 275, 338, 4823)
2005 Ed. (277, 334)
2008 Ed. (320)
Smythe GMC Inc.
1994 Ed. (257)
SMZ-TMP
1994 Ed. (1966)
1996 Ed. (2014)
SN-Supermarket News
1998 Ed. (2790)
Snack bars
2002 Ed. (1975)
2004 Ed. (2099)
Snack cakes/pies
1990 Ed. (3306)
1994 Ed. (3347)
1998 Ed. (257)
Snack cheese
2002 Ed. (983)
Snack Dash
2008 Ed. (4812)
The Snack Factory
2010 Ed. (2721, 4044)
2011 Ed. (2703)
Snack Factory Pretzel Chips
2015 Ed. (1332)
Snack Factory Pretzel Crisps
2014 Ed. (1270)
2015 Ed. (1331)
2016 Ed. (1250, 1251)
Snack food
1992 Ed. (91)
Snack nut meats
1990 Ed. (3306)
Snack Nuts
1990 Ed. (3307, 3308)
1991 Ed. (3149)
1992 Ed. (3997)
1993 Ed. (3338)
1994 Ed. (3333, 3334, 3346, 3347, 3348)
1996 Ed. (3096)
1997 Ed. (3531)
2000 Ed. (4066)
Snack peanuts
2001 Ed. (3656, 3657, 3658)
2006 Ed. (3787, 3788, 3789)
2007 Ed. (3785, 3786, 3787)
Snack, salty
2006 Ed. (1385)
Snack & sandwich packs
2002 Ed. (4298)
Snack size
2008 Ed. (974)
Snacks
1995 Ed. (2049, 3721)
2000 Ed. (3514, 3515, 4141)
2001 Ed. (3655, 4288)
2002 Ed. (3493, 3494)
2003 Ed. (1962, 3757, 3937, 3938, 3939, 3940)
2005 Ed. (1395, 1396, 2624)
2008 Ed. (2732)
Snacks, extruded
1994 Ed. (3333, 3334, 3347)
1995 Ed. (3406)
Snacks, flavored
1999 Ed. (1422)
Snacks, packaged sweet
2006 Ed. (1385)
Snacks, salted
1996 Ed. (1169)
Snacks, salty
1998 Ed. (2499)
2002 Ed. (1222, 4038, 4527)
2004 Ed. (2133)
2005 Ed. (1395, 1396)
2007 Ed. (1422)
SnackWell's
1998 Ed. (263)
1999 Ed. (779, 1420, 1421)
2000 Ed. (1293, 4065)
2001 Ed. (1493, 1494)
2003 Ed. (4456)
Snackwells
2014 Ed. (4070)
SnackWell's Creme
1997 Ed. (1214)
1998 Ed. (992, 3660)
Snackwells; Nabisco

2005 Ed. (1397)
SnackWell's Vanilla Sandwich Creme
1998 Ed. (993)
SnagAJob.com
2010 Ed. (4492)
2011 Ed. (4427)
2015 Ed. (1369)
Snaggle Foot Dog Walks & Pet Care
2013 Ed. (3995)
2014 Ed. (3938)
2015 Ed. (3974)
2016 Ed. (3888)
Snaige
2006 Ed. (4516)
Snak Club
2016 Ed. (4396)
Snak-Ens Deluxe
1999 Ed. (4345, 4703)
Snak-Stop
2000 Ed. (969)
Snake Eyes
2001 Ed. (4700)
Snake River Sugar Co.
2006 Ed. (1388)
Snam
1993 Ed. (3620)
1994 Ed. (3258, 3578)
1995 Ed. (3337)
1997 Ed. (1458)
1999 Ed. (1686)
2016 Ed. (1708, 2389)
Snam Rete Gas
2007 Ed. (2685)
2014 Ed. (4023)
SNAM Rete Gas SpA
2013 Ed. (2528)
Snam Rete Gas SpA
2005 Ed. (2727, 2729, 3768, 3770)
2007 Ed. (2687)
2008 Ed. (2816)
2009 Ed. (2874)
2010 Ed. (1758, 2814, 2817)
2011 Ed. (2797, 2799, 2803)
2012 Ed. (2724, 2726, 2730)
2013 Ed. (2545, 2801, 2812, 2821, 4827)
2014 Ed. (2477, 2838, 4841)
2015 Ed. (2551, 2878, 4878)
2016 Ed. (2808)
Snam SpA
1989 Ed. (1130)
1990 Ed. (1388)
2000 Ed. (1486)
2001 Ed. (1759)
2002 Ed. (4259)
2003 Ed. (1727)
2014 Ed. (2850)
2015 Ed. (2890)
2016 Ed. (2816)
Snamprogetti
2005 Ed. (1335)
Snamprogetti SpA
1994 Ed. (1158, 1163, 1170)
1995 Ed. (1177)
1996 Ed. (1678)
1997 Ed. (1751, 1759)
1999 Ed. (1406)
2000 Ed. (1275)
2002 Ed. (1308, 1309, 1317, 1323)
2003 Ed. (1325)
2004 Ed. (1325)
2005 Ed. (1331)
2006 Ed. (1299, 1304, 1314)
2008 Ed. (1288, 1300)
Snap, Crackle & Pop
2007 Ed. (677)
Snap Fitness Inc.
2008 Ed. (2914)
2009 Ed. (891, 2969)
2010 Ed. (833, 841, 2909)
2011 Ed. (2866, 2879)
2012 Ed. (2819)
2013 Ed. (4038)
2014 Ed. (3975)
2015 Ed. (4018)
2016 Ed. (3931)
Snap-On
2016 Ed. (2158)
Snap-On Inc.
1996 Ed. (339)
2001 Ed. (2848, 3183, 3184)
2003 Ed. (2927, 3267, 3268, 3289, 3378)
2004 Ed. (2790, 2791, 3352)
2005 Ed. (2782, 2783, 3382)
2006 Ed. (678, 2961)
2007 Ed. (773, 1324, 2978, 4040)
2008 Ed. (748, 1214)
2009 Ed. (743, 3281, 3931, 4188)
2010 Ed. (3206, 3849)

2011 Ed. (3170)
2012 Ed. (3126)
2013 Ed. (908, 3211)
2015 Ed. (3286)
2016 Ed. (3127)
Snap-on Power Tools
2012 Ed. (3544)
Snap-on Tools
1989 Ed. (334, 337, 1916)
1990 Ed. (386, 387, 2501)
1991 Ed. (335, 337, 2369)
1992 Ed. (466, 468, 471, 2952)
1993 Ed. (341, 1416, 2485)
1994 Ed. (328, 1469, 2419)
1995 Ed. (324, 325, 1506)
1997 Ed. (2080)
1998 Ed. (1757, 1762)
1999 Ed. (2520)
2001 Ed. (2531)
2002 Ed. (2446, 2576)
2003 Ed. (2677)
2004 Ed. (2792)
2005 Ed. (898, 2784, 3932)
2006 Ed. (813, 2753, 4006)
2007 Ed. (901, 2762)
2008 Ed. (2879)
2009 Ed. (886, 2943)
2010 Ed. (836, 2877)
2011 Ed. (762, 763, 2858)
2012 Ed. (700, 2789)
2013 Ed. (2858, 2972, 4798)
2014 Ed. (2887, 2983)
2015 Ed. (2931, 3051)
2016 Ed. (2866, 2942)
SnapAV
2012 Ed. (3521)
2013 Ed. (204, 2975, 2978)
2014 Ed. (209, 212, 2987, 2989, 2990, 4959)
2015 Ed. (227, 237, 238, 243, 244, 3055, 3056, 3057, 3059, 3060, 3061, 4435, 4999, 5000)
2016 Ed. (222, 228, 232, 233, 237, 238, 239, 2945, 2946, 2947, 2949, 2950, 2951, 4328, 4916, 4917)
Snapchat
2015 Ed. (3420)
Snap.com
2001 Ed. (2971)
Snapper Inc.
1998 Ed. (2545, 2546)
2002 Ed. (3062, 3064, 3066, 3067)
Snappers HD
2013 Ed. (3759)
Snapping Shoals EMC
2014 Ed. (1606)
Snapple
1993 Ed. (685)
1994 Ed. (688, 3477)
1995 Ed. (3546)
1996 Ed. (3632)
1998 Ed. (451, 1777, 3441, 3469, 3470)
1999 Ed. (704)
2000 Ed. (2282, 4148, 4181)
2001 Ed. (1000)
2002 Ed. (702)
2003 Ed. (2578, 4520, 4675)
2004 Ed. (4481)
2005 Ed. (1601, 4448, 4604)
2006 Ed. (4454, 4670)
2007 Ed. (4511, 4690, 4691)
2008 Ed. (4491, 4598, 4600, 4913)
2009 Ed. (4648)
2010 Ed. (4676)
2011 Ed. (4624, 4626)
2012 Ed. (4630)
2013 Ed. (2780, 4582, 4583)
2014 Ed. (2798, 2799, 4642, 4643)
2015 Ed. (2840, 2841, 2844, 4629, 4630)
2016 Ed. (2771, 2776, 2777, 4547, 4548)
Snapple Beverage Corp.
1995 Ed. (653, 657, 658, 661, 2070, 2443, 3162, 3414)
1996 Ed. (722, 730, 731, 734, 735, 736, 739, 1938, 1940, 2069)
1997 Ed. (1261)
2005 Ed. (1498)
Snapple Elements
2003 Ed. (4518)
2005 Ed. (4447)
Snapple Refresher
2000 Ed. (4091)
Snappy
1990 Ed. (384, 2622)
1999 Ed. (346)
Snappy Auctions
2008 Ed. (4792)

Snappy Car Rental
1991 Ed. (333)
1992 Ed. (464)
Snaps
2008 Ed. (837)
Snas Aviation
2012 Ed. (156)
Snausages
1989 Ed. (2195)
1990 Ed. (2820)
1993 Ed. (2817)
1994 Ed. (2832)
1996 Ed. (2994)
1997 Ed. (3073)
1999 Ed. (3783)
Snavely Development Corp.
2003 Ed. (1155)
SNBG
2009 Ed. (103)
SNC Group
1990 Ed. (1671)
1991 Ed. (1561, 1903)
1992 Ed. (1960)
SNC-Lavalin Constructors Inc.
2004 Ed. (1882)
2005 Ed. (1998)
2006 Ed. (2099)
2007 Ed. (2055)
2011 Ed. (2142)
2013 Ed. (2161)
2015 Ed. (2148)
SNC-Lavalin Group Inc.
2006 Ed. (1451)
2007 Ed. (1284, 1445)
2008 Ed. (1184, 1429, 1628, 1629, 1644, 1648, 1654)
2009 Ed. (1160, 1398, 1580)
2010 Ed. (1156, 4596)
2011 Ed. (1101, 2441, 4559)
2012 Ed. (1016, 1166, 1395)
2013 Ed. (3140)
2014 Ed. (3140)
2015 Ed. (1169)
2016 Ed. (1075)
SNC-Lavalin Inc.
2015 Ed. (1282, 1283, 2575, 2577, 2583, 2584, 2586, 2588)
2016 Ed. (1197, 1198, 2497, 2499, 2505, 2506, 2508, 2510)
SNC-Lavalin International Inc.
1994 Ed. (1644, 1649, 1650)
1995 Ed. (1684, 1688, 1695)
1996 Ed. (1666, 1670, 1673, 1674, 1677, 1681)
1997 Ed. (1746, 1747, 1750, 1751, 1754, 1758, 1759, 1762)
1998 Ed. (1447, 1451)
2000 Ed. (1808, 1809, 1812, 1813, 1816, 1817, 1818, 1821, 1822, 1823)
2001 Ed. (2237, 2246)
2003 Ed. (2305, 2308, 2309, 2317, 2318, 2322, 2323)
2004 Ed. (2389, 2390, 2391, 2394, 2397, 2398, 2399, 2401, 2403, 2404)
2005 Ed. (2421, 2422, 2423, 2429, 2430, 2431, 2433, 2435, 2436)
2006 Ed. (2460, 2461, 2462, 2463, 2468, 2469, 2470, 2471, 2473, 2475, 2476)
2007 Ed. (2425, 2426, 2427, 2428, 2430, 2431, 2433, 2434, 2435, 2436, 2438, 2440, 2441)
2008 Ed. (2552, 2553, 2554, 2557, 2558, 2560, 2561, 2562, 2563, 2565, 2567, 2568)
2009 Ed. (2560, 2561, 2562, 2565, 2568, 2569, 2571, 2573, 2575, 2576)
2010 Ed. (2477, 2478, 2481, 2487, 2489, 2491, 2492)
2011 Ed. (2484, 2485, 2486, 2489, 2492, 2493, 2495, 2497, 2499, 2500)
2012 Ed. (2403, 2404, 2405, 2408, 2411, 2412, 2414, 2416, 2418, 2419)
2013 Ed. (1303, 2572, 2573, 2574, 2580, 2581, 2583, 2585, 2588)
2014 Ed. (2501, 2502, 2503, 2509, 2510, 2514)
2015 Ed. (2576)
2016 Ed. (2498)
SNCF
1990 Ed. (1945, 3645)
1992 Ed. (2343)
1993 Ed. (3620)
1995 Ed. (3340, 3661, 3662)
1996 Ed. (3737)

1997 Ed. (1395, 3250, 3502, 3793)
1998 Ed. (2995)
1999 Ed. (1612, 1659, 3988)
2000 Ed. (3701)
2007 Ed. (1781, 4069)
2008 Ed. (4102)
2009 Ed. (1690, 4213)
2010 Ed. (1646, 4147)
2011 Ed. (4147)
SNCF-Ste National des Chemins de Fers Francais
2000 Ed. (1417, 4296)
SNCF-Ste. Nationale des Chemins de Fers Francais
1994 Ed. (3577, 3578)
SND Electronics Inc.
2004 Ed. (2246)
Sneakers
2000 Ed. (38)
Snecma
1994 Ed. (1514)
2007 Ed. (186)
Snecma Propulsion Systems
2012 Ed. (92)
Snell; Audrey
2008 Ed. (2692)
Snell; Mark
2010 Ed. (917)
Snell & Wilmer
1998 Ed. (2565)
1999 Ed. (3476)
2001 Ed. (772)
2006 Ed. (3252)
2014 Ed. (3444)
Snell & Wilmer LLP
2007 Ed. (1501)
2011 Ed. (3403)
2012 Ed. (3420)
2013 Ed. (3439, 3448, 3500)
2014 Ed. (3438)
Snelling Personnel-Denver
2006 Ed. (3504)
Snelling Personnel Services
1999 Ed. (2508, 2518)
2000 Ed. (4229)
2002 Ed. (4597)
2003 Ed. (3425)
2004 Ed. (3494, 3495, 4482)
2005 Ed. (3494)
2006 Ed. (3502, 4457)
Snelling Staffing LLC
2008 Ed. (2113)
Snelling Staffing Services
2009 Ed. (4526)
2010 Ed. (4566)
Snelling Staffing Services LLC
2008 Ed. (3734, 4984, 4986)
Snelson Cos.
2003 Ed. (1278)
2006 Ed. (1296)
2007 Ed. (1371)
2008 Ed. (1267)
2009 Ed. (1221, 1228, 1340)
2010 Ed. (1242)
2013 Ed. (2166)
SNET
1990 Ed. (3516)
Snethkamp Automotive Group
1999 Ed. (319)
2000 Ed. (333)
2001 Ed. (454)
2002 Ed. (369)
S.N.G.N. Romgaz SA
2016 Ed. (1553)
SNI
1996 Ed. (1071)
1997 Ed. (908, 909, 3919)
1998 Ed. (3766)
1999 Ed. (1040, 1041, 4815)
2000 Ed. (990, 991)
2006 Ed. (796)
SNI Home Care Inc.
1995 Ed. (3797)
1999 Ed. (2708)
Snickers
1989 Ed. (2505, 2506)
1990 Ed. (895)
1992 Ed. (921, 1042, 1043, 1045, 2190)
1993 Ed. (832, 833, 838)
1994 Ed. (846, 848, 849, 850, 856)
1995 Ed. (889, 890, 894, 895)
1996 Ed. (873, 1976)
1997 Ed. (890, 891, 892, 895, 983, 1199, 2348)
1998 Ed. (615, 616, 617, 618, 619, 620, 622, 623, 624, 625, 626, 627, 628, 629, 630, 631, 985, 2067)
1999 Ed. (785, 1016, 1021, 1022, 1025, 1026, 1130, 1131)

2000 Ed. (972, 1055, 1056, 1057, 1058)
2001 Ed. (1113, 1114, 1121)
2002 Ed. (933, 934, 1047, 1048, 1049, 1167)
2003 Ed. (963, 1131)
2004 Ed. (978)
2005 Ed. (996)
2006 Ed. (774, 4389)
2007 Ed. (871)
2008 Ed. (674, 835, 973)
2009 Ed. (682)
2012 Ed. (667)
2014 Ed. (948, 949)
2015 Ed. (978, 979)
2016 Ed. (875, 876, 877, 3048)
Snickers, 16-Oz. Bag
1990 Ed. (893, 894)
Snickers Bar
1989 Ed. (857)
1990 Ed. (892)
1991 Ed. (847)
Snickers King
1995 Ed. (890)
Snickers Original
2000 Ed. (1054)
Snickers, Single Bars
1990 Ed. (894)
Snickers Snackers
1997 Ed. (891)
Snider; Arnold
1989 Ed. (1416, 1417)
Snider Fleet Solutions
2015 Ed. (4743)
2016 Ed. (4645)
Snider Tire Inc.
2005 Ed. (4696)
2006 Ed. (4746)
2007 Ed. (4755, 4760)
2008 Ed. (4683)
2009 Ed. (4724)
2010 Ed. (4733)
2011 Ed. (4693)
2012 Ed. (4715)
2013 Ed. (4676)
2014 Ed. (4724)
2015 Ed. (4730, 4743)
2016 Ed. (4645)
SNIP
1996 Ed. (2032)
2002 Ed. (2994)
Snip-Its
2009 Ed. (2938)
2011 Ed. (2854)
2013 Ed. (2852)
Snip N' Clip Inc.
2002 Ed. (2432)
2003 Ed. (2675)
SNL Distribution Services Corp.
2015 Ed. (4841)
SNL Securities
2002 Ed. (4796)
"SNL's Presidential Bash"
1995 Ed. (3583)
Sno Bol
2003 Ed. (987)
Snohomish County Government
2013 Ed. (2168)
2014 Ed. (2098)
2015 Ed. (2153)
2016 Ed. (2125)
Snohomish County Public Utility Department
2013 Ed. (2168)
2014 Ed. (2098)
Snohomish County, WA
1995 Ed. (1512)
Snoobi Oy
2012 Ed. (2842)
Snow
2012 Ed. (446)
Snow Brand Milk
1989 Ed. (1459)
Snow Brand Milk Products Co., Ltd.
1990 Ed. (1826, 1831)
1991 Ed. (1744)
1992 Ed. (2193)
1993 Ed. (1880)
1994 Ed. (1876)
1995 Ed. (1901)
1996 Ed. (1946)
1997 Ed. (1577, 2040, 2046)
1998 Ed. (1731)
1999 Ed. (2465, 2466, 2470)
2000 Ed. (2223, 2224, 2227)
2002 Ed. (2306, 2307, 2309)
2003 Ed. (2514)
2005 Ed. (2646)
2006 Ed. (2641)
Snow, Christensen & Martineau

2006 Ed. (3252)
Snow Country
1995 Ed. (2881)
1996 Ed. (2960)
Snow Crash
2005 Ed. (712)
Snow Down Merchandise Corp.
1992 Ed. (1230)
1994 Ed. (1033)
Snow Flower & the Secret Fan
2009 Ed. (644)
Snow Jr.; David B.
2011 Ed. (834)
Snow King
2016 Ed. (4373)
Snow Patrol
2011 Ed. (1068)
2013 Ed. (1138)
Snow Shack Inc.
2001 Ed. (1890)
Snow White
1998 Ed. (2536)
Snow White and the Seven Dwarfs
1999 Ed. (3446)
The Snowball
2010 Ed. (565)
The Snowball: Warren Buffett & the Business of Life
2010 Ed. (599, 606)
Snowbasin
2016 Ed. (4372)
Snowbird
2016 Ed. (4372)
Snowbird Ski & Summer Resort
2008 Ed. (4431)
Snowboarding
1997 Ed. (3561)
1999 Ed. (4382, 4385)
Snowden; Edward H.
2005 Ed. (977)
Snowling; Matthew
2006 Ed. (2578)
Snowmass
2004 Ed. (4428)
2005 Ed. (4377)
2006 Ed. (4327)
2007 Ed. (4391)
2008 Ed. (4342)
2009 Ed. (4447)
2010 Ed. (4490)
2011 Ed. (4425)
2012 Ed. (4479)
2013 Ed. (4443)
2014 Ed. (4474)
2015 Ed. (4468)
2016 Ed. (4370)
Snowmass, CO
1990 Ed. (3293)
1999 Ed. (1155, 4747)
Snowmass Ski Area
2002 Ed. (4284)
Snowmass Village, CO
1998 Ed. (737, 3704)
2000 Ed. (1068, 4376)
2001 Ed. (2817)
2002 Ed. (2712)
SnowRunner
1996 Ed. (3304, 3778)
Snow's
1998 Ed. (636)
2014 Ed. (4501)
Snow's/Doxsee Inc.
2014 Ed. (4504)
2015 Ed. (4504)
Snowshoe Mountain Inc.
2008 Ed. (2173)
2009 Ed. (2156)
2010 Ed. (2097)
2011 Ed. (2150)
2012 Ed. (2000)
2013 Ed. (2189)
2015 Ed. (2175)
2016 Ed. (2150)
SNP Petrom
2006 Ed. (4530)
SNPE
1994 Ed. (1514)
SNS Bank
1992 Ed. (794)
1993 Ed. (585)
1994 Ed. (592, 593)
1995 Ed. (562)
1996 Ed. (631)
1997 Ed. (572)
1999 Ed. (606)
2013 Ed. (449)
2014 Ed. (464)
2016 Ed. (476, 503)
SNS Bank Nederland
2000 Ed. (629)

2002 Ed. (625)
2003 Ed. (591)
2004 Ed. (596)
2005 Ed. (585)
2006 Ed. (504)
2007 Ed. (526)
2008 Ed. (481)
2009 Ed. (508, 509)
2010 Ed. (490)
2011 Ed. (419)
SNS Bank N.V.'s-Hertogenbosch
1996 Ed. (630)
SNS Logistics
2012 Ed. (3505)
2013 Ed. (3547)
SNS Reaal Groep NV
2009 Ed. (508)
2010 Ed. (490)
2011 Ed. (419)
SNS-Sociedade Nacional de Saboes
1996 Ed. (1332)
Snuff
2001 Ed. (4554)
Snuff, dry
1999 Ed. (4611)
Snuff, moist
1999 Ed. (4611)
Snuggems
2000 Ed. (1666)
2003 Ed. (2055)
Snuggle
2003 Ed. (2045, 2429)
2007 Ed. (677)
Snuggle Bugz
2016 Ed. (4214)
Snuggle Fabric Softener, 64 oz.
1989 Ed. (1630, 1631)
SNVC LC
2013 Ed. (2142)
Snyder Capital
1991 Ed. (2232)
1995 Ed. (2357, 2361)
1999 Ed. (3077)
Snyder Cohn
2016 Ed. (2)
Snyder Co.; J. H.
1995 Ed. (3064)
Snyder Co.; J.H.
1990 Ed. (2962)
Snyder; Dan
2005 Ed. (4859)
2006 Ed. (4912)
2012 Ed. (4852)
2016 Ed. (4819)
Snyder; David
1996 Ed. (1809)
1997 Ed. (1883)
Snyder Drug Stores
2005 Ed. (2239)
2006 Ed. (2305)
Snyder General
1991 Ed. (1777)
Snyder Industries Inc.
2001 Ed. (4126, 4127)
2003 Ed. (3891)
2004 Ed. (3912)
2005 Ed. (3858)
2006 Ed. (3921)
2007 Ed. (3975)
2008 Ed. (3998)
2009 Ed. (4072)
2010 Ed. (3991)
2011 Ed. (3996)
2012 Ed. (3989)
2013 Ed. (4054)
2014 Ed. (3993)
2015 Ed. (4041)
2016 Ed. (3953)
Snyder Langston
2004 Ed. (1262)
Snyder of Berlin
2009 Ed. (4486)
Snyder Oil Corp.
1996 Ed. (3010)
1997 Ed. (3093)
Snyder Packaging
2010 Ed. (3807)
Snyder; Ronald R.
2010 Ed. (912)
Snyder Roofing
2006 Ed. (1334)
Snyder; William B.
1990 Ed. (1719)
1991 Ed. (1626)
SnyderGeneral
1990 Ed. (195, 196, 1861)
1992 Ed. (260, 2242)
1993 Ed. (164)
1994 Ed. (148)
Snyder's

2006 Ed. (2308)
Snyder's Drug Stores
2002 Ed. (2030)
2004 Ed. (2137)
2005 Ed. (2240)
Snyder's Honey Mustard
1995 Ed. (3691)
Snyder's-Lance Inc.
2015 Ed. (4491)
2016 Ed. (4401)
Snyder's of Hanover
2013 Ed. (4455)
2014 Ed. (4492)
2015 Ed. (4489, 4490)
2016 Ed. (4388, 4389)
Snyders of Hanover
1994 Ed. (3342, 3344)
1995 Ed. (3405, 3691)
1996 Ed. (3463)
1997 Ed. (3530, 3533, 3664)
1998 Ed. (3319)
2000 Ed. (4063)
2003 Ed. (4458)
2006 Ed. (4392)
2007 Ed. (4459)
2008 Ed. (4442)
2009 Ed. (4488)
Snyder's of Hanover 100 Calorie Pack
2015 Ed. (4490)
2016 Ed. (4389)
Snyder's of Hanover 100-Calorie Pack
2013 Ed. (4455)
2014 Ed. (4492)
2015 Ed. (4489)
2016 Ed. (4388)
So-Cal Telco Inc.
1999 Ed. (4561)
So Delicious
2014 Ed. (2796)
2015 Ed. (2838)
2016 Ed. (2768)
So Delicious Soy Milk
2015 Ed. (4507)
2016 Ed. (4444)
So-Dri
2008 Ed. (3857)
So New Eng Telecom
1999 Ed. (4543)
So Ono Food Products
2016 Ed. (4774)
So Pac Fd Corp.
2000 Ed. (3330)
So Simple; Quaker Oats
2008 Ed. (718)
2009 Ed. (728)
2010 Ed. (646)
"So You Think You Can Dance"
2013 Ed. (2946)
So You Think You Can Dance
2011 Ed. (2939)
Soap
2000 Ed. (4149)
2002 Ed. (670)
2004 Ed. (3804)
Soap, bar
2004 Ed. (660)
Soap & bath products
1999 Ed. (1789)
Soap, detergent, & toilet preparations
1998 Ed. (29)
Soap flakes, chips, powders
1994 Ed. (1994)
Soap, liquid
1998 Ed. (3434)
2004 Ed. (660)
Soap Opera Digest
1990 Ed. (2799)
1992 Ed. (3387)
1993 Ed. (2791, 2793)
1994 Ed. (2786)
1996 Ed. (2959)
1998 Ed. (2796)
1999 Ed. (3751)
2001 Ed. (3195, 3198)
Soap Opera Update
1997 Ed. (3042, 3046)
Soap Opera Weekly
1994 Ed. (2789)
Soap products, personal
1995 Ed. (2992, 2993, 3528)
Soap/bubble bath for kids
1990 Ed. (1955)
Soaps
2000 Ed. (39, 2628)
2001 Ed. (94)
2002 Ed. (2771, 2773)
2005 Ed. (2961)
Soaps, cleansers & polishes
1992 Ed. (32)
Soaps & cosmetics

1998 Ed. (1071, 1073, 1074, 1076, 1077, 1079)
1999 Ed. (1508, 1509, 1510, 1511, 1512)
2000 Ed. (1352, 1353, 1354, 1355, 1357)
Soaps, cosmetics
1991 Ed. (2030, 2032, 2034, 2036, 2038, 2040, 2042, 2044)
1992 Ed. (2599, 2601, 2603, 2606, 2608, 2610, 2612, 2622)
1993 Ed. (1232, 1237, 1239, 1240, 1241, 1242)
1995 Ed. (1278, 1295, 1298, 1300, 1301, 1302, 1303)
1996 Ed. (1253, 1254, 1255, 1256, 1258, 1259, 1262)
1997 Ed. (1299, 1302, 1304, 1305, 1441, 1444)
2002 Ed. (2769)
Soaps & detergents
1995 Ed. (2998)
1996 Ed. (930)
2001 Ed. (1186)
Soaps, hand
1992 Ed. (1170)
Soaps & perfumes
2001 Ed. (1194)
Soapstone Networks Inc.
2009 Ed. (1874, 1876, 1883)
Soar with Vulnerability
2014 Ed. (642)
SOASTA
2015 Ed. (1122)
2016 Ed. (1034)
Soave Enterprises
2009 Ed. (3465, 4149, 4528)
Soave Enterprises LLC
2010 Ed. (3401, 4068, 4571)
2011 Ed. (3389, 4054, 4533)
2013 Ed. (1856)
Sobani Warner
1996 Ed. (1899)
1999 Ed. (2407)
SoBe
2000 Ed. (4091)
2002 Ed. (702)
2003 Ed. (4517, 4518, 4519)
2005 Ed. (4604)
2006 Ed. (4670)
2007 Ed. (4690, 4691)
2008 Ed. (4491, 4598, 4600)
2011 Ed. (4628)
2012 Ed. (2704)
SoBe Adrenaline Rush
2005 Ed. (4447)
2006 Ed. (4453)
2007 Ed. (4510, 4512)
2008 Ed. (4490, 4493)
2009 Ed. (4523)
2010 Ed. (4561)
Sobe Energize
2015 Ed. (2844)
SoBe Lean
2007 Ed. (4512)
2008 Ed. (4490, 4493)
Sobe Life Water
2010 Ed. (618)
2011 Ed. (550)
SoBe Lifewater
2013 Ed. (631)
SoBe No Fear
2006 Ed. (4453)
2007 Ed. (4510, 4512)
2008 Ed. (4490, 4493)
2009 Ed. (4523)
2010 Ed. (4561)
SoBe Smooth
2014 Ed. (2800)
Sobe Smooth
2015 Ed. (2844)
2016 Ed. (2776)
Sobeco Group
1990 Ed. (852, 1649)
SOBeFiT Magazine
2011 Ed. (3515)
Sobey family
2005 Ed. (4866)
Sobeys
2013 Ed. (4323)
2014 Ed. (4374)
2015 Ed. (4091)
Sobeys Inc.
1992 Ed. (4172)
2007 Ed. (1636, 2614)
2009 Ed. (2059, 2798)
2010 Ed. (628, 1998, 2730, 4058)
2011 Ed. (2059, 4036)
2012 Ed. (1905, 2645, 4069)
2013 Ed. (1507, 1512)

2014 Ed. (1481, 2700)
2016 Ed. (1474)
SoBig
2006 Ed. (1147)
Sobinbank
2002 Ed. (582, 585, 640)
2003 Ed. (537, 540, 604)
2004 Ed. (553)
Soboce
2010 Ed. (1506)
SOBOCE SA
2006 Ed. (4487)
Sobol; Thomas
1991 Ed. (3212)
SoBran Inc.
2016 Ed. (3591)
Sobrato: John A.
2005 Ed. (4852)
2006 Ed. (4906)
2007 Ed. (4902)
2008 Ed. (4830)
2009 Ed. (4851)
2010 Ed. (4857)
2011 Ed. (4836)
2012 Ed. (4846)
2013 Ed. (4847)
2014 Ed. (4863)
2015 Ed. (4900)
2016 Ed. (4816)
Sobti; Rajiv
1993 Ed. (1843)
1997 Ed. (1953)
Soc. Comercial del Plata
2006 Ed. (665)
Soc. Construcoes Soares da Costa
1994 Ed. (2396)
Soc. Contractual Minera El Abra
2009 Ed. (1843)
SOC Credit Union
1996 Ed. (1509)
SOC Etudes Realis Immob Foncieres
2016 Ed. (1593)
Soc. Gen. Belgique
1996 Ed. (763)
Soc-Gen Crosby
1999 Ed. (872)
Soc. Gen. de Banques en Cote d'Ivoire
1993 Ed. (414)
Soc Generale de Belgique
1997 Ed. (1366)
Soc. Inmobiliaria Club de Campo
2007 Ed. (1856)
Soc. Italiana Per L'Esercizo Dele Tele-
comm.
1990 Ed. (1388, 3263)
Soc. Nat. de Credit a l'Industrie
1989 Ed. (488)
Soc. National des Chemins de Fer
Francais
2001 Ed. (3986)
Soc. Nationale
1991 Ed. (459)
Soc. Nestle
1992 Ed. (39)
Soc Puig y Esquivel Ltda.
1996 Ed. (1413)
Soc. Textile de L. Ostrevant
2001 Ed. (2571)
Socanav Inc.
1992 Ed. (1835)
1993 Ed. (3614)
1994 Ed. (1878)
Socapi
2002 Ed. (2937)
SOCAR
2015 Ed. (2394)
Soccer
1990 Ed. (3328)
1999 Ed. (4382, 4385, 4816)
2001 Ed. (4341, 4342)
2005 Ed. (4446)
Soccer shoes
2001 Ed. (426)
Soccer Shots Franchising
2013 Ed. (4037)
2014 Ed. (3974)
2015 Ed. (4017)
2016 Ed. (3930)
Soccer Shots Franchising LLC
2010 Ed. (2908)
2011 Ed. (2878)
Soceite Generale de Banque au Liban
2011 Ed. (400)
2012 Ed. (386)
Socfinal
1997 Ed. (2694)
Socfinasia
1997 Ed. (2694)
2000 Ed. (3019)
SocGen-Crosby

1999 Ed. (874, 875, 880, 881, 887, 889, 890, 891, 906, 908, 909, 915, 916, 917, 918, 919, 921, 922, 923, 924, 926, 927, 928, 929, 930, 931, 933, 934, 935, 941, 942, 944)
Social assistance
2007 Ed. (3732, 3733, 3734, 3735)
2009 Ed. (3866, 3867, 3868, 3869)
Social caterers
2001 Ed. (4078)
Social de Cordoba
2000 Ed. (460)
Social & human service assistants
2001 Ed. (3564)
2009 Ed. (3859)
Social insurance tax
1999 Ed. (4534, 4538)
Social insurance taxes
1998 Ed. (3463)
Social Investment Bank Ltd.
2009 Ed. (2730)
2010 Ed. (2653)
2011 Ed. (2640)
2012 Ed. (2567)
Social Investment Forum
2002 Ed. (4796)
Social Islami Bank
2014 Ed. (2649)
2015 Ed. (2691)
2016 Ed. (2613)
Social Marketology
2014 Ed. (643)
Social Media Examiner
2012 Ed. (495)
2014 Ed. (628, 630)
Social Media for Small Business
2014 Ed. (643)
Social Media Marketing
2012 Ed. (509, 510)
Social Media Profits
2015 Ed. (2331)
Social & recreation clubs
1997 Ed. (3684)
Social Science
1997 Ed. (2157, 2158)
2005 Ed. (3635, 3636)
Social Science Research Council
1994 Ed. (1904)
Social scientists and urban planners
1991 Ed. (2629)
Social security
1993 Ed. (3051)
2001 Ed. (2622)
Social Security Administration
1991 Ed. (2769)
2005 Ed. (1061, 2746)
2009 Ed. (2940)
2012 Ed. (2787)
2013 Ed. (2854)
2016 Ed. (2857)
Social Security Bank
1993 Ed. (492)
1994 Ed. (494)
1995 Ed. (476)
1996 Ed. (518)
1997 Ed. (479)
1999 Ed. (530)
2000 Ed. (539)
Social Security Office of Thailand
2001 Ed. (2891)
2002 Ed. (2829)
Social Security Organisation
1999 Ed. (2891)
Social Security Organization
1997 Ed. (2398)
Social Security System
1997 Ed. (2400)
Social Security System of the Philippines
2001 Ed. (2888)
2002 Ed. (2826)
Social service
2005 Ed. (3635, 3636)
Social services
1995 Ed. (3387)
1997 Ed. (1645)
1999 Ed. (2010)
Social services, community based
1997 Ed. (1722)
Social services workers
1997 Ed. (1721)
Social welfare
1997 Ed. (3684)
Social worker
2011 Ed. (3780)
Social workers
1989 Ed. (2083)
2005 Ed. (3626)
2007 Ed. (3727)
Social/human service assistants

2005 Ed. (3630)
Socialpsykiatri Lolland
2012 Ed. (1454)
2014 Ed. (1562)
Socialtext Inc.
2006 Ed. (3021)
2007 Ed. (3054)
Sociedad Administradora de Fondos de
Pensiones y Cesantias Porvenir SA
2014 Ed. (1512)
Sociedad Agricola Industrial San Carlos
2002 Ed. (4407, 4408)
Sociedad Esp. de Automoviles de Turismo SA
1993 Ed. (1401)
1994 Ed. (1450)
Sociedad Espanola de Automoviles de
Turismo SA (SEAT)
2002 Ed. (388, 391, 392)
Sociedad Espanola de Carbon Exterior
SA
1995 Ed. (1490)
1996 Ed. (1447)
1997 Ed. (1508)
Sociedad Financiera de Venezuela
1993 Ed. (854)
Sociedad Indust. Dominicana
1992 Ed. (46)
Sociedad Portuguesa de Celulose
1991 Ed. (2333)
Sociedad Productora de Alimentos Man-
huacu
1995 Ed. (1906)
Sociedad Productora de Leche
1991 Ed. (21)
Sociedad Punta del Cobre
2006 Ed. (3488)
Sociedad Quimica y Minera
2014 Ed. (905)
2015 Ed. (931)
2016 Ed. (836)
Sociedad Quimica y Minera de Chile SA
2010 Ed. (873, 1574, 4604)
2011 Ed. (1574)
2012 Ed. (1414)
2013 Ed. (1539)
2014 Ed. (1505)
2015 Ed. (1563)
Sociedad Quimica y Minera de Chile,
SA (SQM)
2003 Ed. (4577)
Sociedade Portuguesa de Locacao Financeira
1991 Ed. (2334)
Sociedades Bolivar
2016 Ed. (1502)
Societa Cattolica di Assicurazione
2008 Ed. (1865, 2690, 2715)
Societa Esecuizione Lavori Idraulici SpA
2006 Ed. (1824)
Societa Europea Autocaravan
2006 Ed. (1824)
2007 Ed. (1831)
Societa Italians per l'Esercizio delle
Telecommunicazione
1996 Ed. (1214)
Societa Servizi Socio Culturali Cooper-
taiva Sociale ARL
2006 Ed. (1824)
Societafinanziaria Telefonica Per Azioni
2006 Ed. (1093)
Societe Air France
2001 Ed. (297, 298, 306, 307, 308, 309, 313, 322, 324, 325, 326, 328, 329, 330, 332)
2002 Ed. (256, 267, 268)
2003 Ed. (250, 251, 252, 253)
2004 Ed. (209, 211, 212, 213, 214, 215, 217, 218, 219, 220, 222)
2005 Ed. (221, 223, 224, 225, 228, 229, 230)
2006 Ed. (237, 238, 240, 241, 244, 245, 246, 4821)
2012 Ed. (4767)
2013 Ed. (4716)
Societe Arabe Internationale de Banque
2008 Ed. (405)
2010 Ed. (406)
2011 Ed. (333)
2012 Ed. (340)
Societe Auxiliaire d'Entreprises
1992 Ed. (1432)
Societe BIC
2004 Ed. (3358, 4065)
Societe Brasseries du Maroc
2000 Ed. (990)
Societe Centrale du Groupe des Assurances Nationales
1997 Ed. (3500)

Societe Civile des Mousquetaires
    2009 Ed. (4324)
Societe Commerciale de Reassurance
    1993 Ed. (2994)
Societe Cooperative Groupements
    2009 Ed. (4324)
    2011 Ed. (4293)
Societe d'Assurance-Vie Inc.
    2016 Ed. (3219)
Societe de Banque et de Credit SA
    1989 Ed. (629)
Societe de Banque et d'Investissements
    1991 Ed. (613)
    1992 Ed. (785)
Societe de Banque Suisse (Monaco)
    1996 Ed. (609)
    1997 Ed. (563)
    1999 Ed. (592)
    2000 Ed. (614)
Societe De Bourbon Tay Ninh
    2014 Ed. (2073)
Societe de Conseils & De Vente SA
    2016 Ed. (2015)
Societe de Credit
    1989 Ed. (689)
Societe de Financement
    2010 Ed. (2223)
Societe de l'assur auto du Quebec
    2008 Ed. (2834)
    2009 Ed. (2892)
Societe de l'assurance automobile
    2004 Ed. (2754)
    2005 Ed. (2749)
    2006 Ed. (2710)
Societe de l'assurance automobile du
    Quebec
    2001 Ed. (1662)
Societe des Alcools du Quebec
    1999 Ed. (4109)
Societe des Autoroutes Paris Rhin
    Rhone
    2001 Ed. (4622)
    2002 Ed. (4672)
    2004 Ed. (4797)
Societe des Autoroutes sud de France
    2001 Ed. (4622)
    2002 Ed. (4672)
    2004 Ed. (4797)
Societe Des Ciments Francais
    1990 Ed. (1903)
Societe des Petroles Shell
    2001 Ed. (3759)
Societe d'inv. Desjardins
    1992 Ed. (4389)
Societe d'investissement Desjardins
    1990 Ed. (3666)
Societe du Louvre
    1990 Ed. (2089, 2090)
Societe Europeenne de Banque
    2014 Ed. (462)
    2015 Ed. (520)
Societe Europeenne de Communication
    2002 Ed. (3219)
Societe Europeenne des Satellites
    2001 Ed. (1641)
    2002 Ed. (1596)
Societe Europeenne Satellites
    2002 Ed. (3219, 3221)
Societe Financ Euro
    1991 Ed. (596)
Societe Financiere Europeene
    1990 Ed. (630)
Societe Francaise de Radiotelephone
    2001 Ed. (1337)
Societe General (Canada)
    2007 Ed. (413)
Societe General de Banques au Sen-
    egal
    2007 Ed. (548)
    2008 Ed. (499)
    2009 Ed. (529)
    2010 Ed. (512)
    2011 Ed. (441)
Societe General Libano-Europeene de
    Banque SAL
    1993 Ed. (551)
Societe Generale
    1990 Ed. (542, 543, 556, 564, 577,
        578, 1369, 1679, 1686, 1687, 1689,
        2196, 3223)
    1991 Ed. (503, 521, 691, 731, 732,
        776, 1291, 1588, 1596, 1760, 2302)
    1992 Ed. (658, 676, 1620, 1621,
        2000, 2001, 2011, 2012, 2017)
    1993 Ed. (470, 487, 1315, 1660,
        1673, 2417, 2418, 2422)
    1994 Ed. (480, 484, 485, 489, 739,
        740, 1680, 1692, 1695, 1697)
    1995 Ed. (469, 472, 502, 574, 1397,
        1540, 2435, 2437, 2440, 3208)

    1996 Ed. (496, 502, 503, 505, 506,
        507, 512, 553, 765, 766, 1348,
        2909)
    1997 Ed. (459, 463, 465, 468, 470,
        471, 475, 513, 703, 3004)
    1998 Ed. (351, 353, 354, 356, 357,
        381, 2348, 2350, 2352, 2353, 2356)
    1999 Ed. (511, 512, 520, 522, 524,
        527, 774, 953, 1438, 2066, 3709)
    2000 Ed. (530, 531, 532, 533, 534,
        535, 560, 564, 791, 3416, 3418,
        3419)
    2001 Ed. (624, 629, 962, 1709, 1957)
    2002 Ed. (560, 562, 727, 762, 1656,
        3188, 3189, 3190, 3191, 3192,
        3195, 3196, 3203, 3205, 3793,
        3794, 4210)
    2003 Ed. (490, 496, 4324, 4358,
        4362, 4363)
    2004 Ed. (493, 503, 531, 4375, 4379)
    2005 Ed. (495)
    2009 Ed. (475, 2724, 2733)
    2010 Ed. (2656)
    2011 Ed. (364, 383, 384, 2644)
    2012 Ed. (344, 2571)
    2013 Ed. (426)
    2014 Ed. (500)
    2015 Ed. (499)
    2016 Ed. (455)
Societe Generale Algerie
    2013 Ed. (334)
    2014 Ed. (350)
    2015 Ed. (398)
    2016 Ed. (373)
Societe Generale Asset Management
    2011 Ed. (1372)
Societe Generale Bank Cyprus Ltd.
    2012 Ed. (1448)
    2013 Ed. (1583)
Societe Generale Bank & Trust
    2006 Ed. (495)
    2007 Ed. (515)
    2008 Ed. (472)
    2009 Ed. (497)
    2010 Ed. (480)
    2011 Ed. (407)
Societe Generale Banques au Camer-
    oon
    1995 Ed. (438)
    1999 Ed. (486)
    2000 Ed. (481)
Societe Generale Banques au Senegal
    1995 Ed. (600)
Societe Generale Banques en Cote
    d'Ivoire
    1995 Ed. (517)
    1999 Ed. (561)
Societe Generale Caledonienne de
    Banque
    1992 Ed. (798)
    1994 Ed. (596)
    1995 Ed. (565)
    1996 Ed. (634)
    1997 Ed. (575)
Societe Generale Caledonienne de
    Banque (Noumea)
    2000 Ed. (631)
Societe Generale (Canada)
    1996 Ed. (500)
Societe Generale de Banque
    1995 Ed. (1360)
Societe Generale de Banque au Liban
    2006 Ed. (491)
    2007 Ed. (512)
    2008 Ed. (469)
Societe Generale de Banque du
    Burkina
    2013 Ed. (328)
    2014 Ed. (344)
    2015 Ed. (385)
Societe Generale de Banque SA
    1996 Ed. (2479, 2484, 2485)
    1997 Ed. (2620, 2624, 2625)
Societe Generale de Banques au Cam-
    eroon
    1992 Ed. (629)
    1993 Ed. (446)
    1994 Ed. (446)
    1996 Ed. (465)
    2007 Ed. (411)
    2008 Ed. (390)
    2009 Ed. (413)
    2010 Ed. (390)
    2013 Ed. (329)
    2014 Ed. (346)
    2015 Ed. (387)
Societe Generale de Banques au Sen-
    egal
    1992 Ed. (830)
    1993 Ed. (623)

    1996 Ed. (670)
    1997 Ed. (606)
    1999 Ed. (631)
    2002 Ed. (642)
    2003 Ed. (606)
    2004 Ed. (614)
    2005 Ed. (604)
    2013 Ed. (351)
    2014 Ed. (369)
    2015 Ed. (422)
Societe Generale de Banques au Sen-
    egal S.A.
    1989 Ed. (666)
Societe Generale de Banques au
    Senegsal
    2000 Ed. (657)
Societe Generale de Banques en Cote
    d'Ivoire
    1991 Ed. (416, 573)
    1992 Ed. (574, 741)
    1993 Ed. (540)
    1994 Ed. (542)
    1996 Ed. (571)
    2000 Ed. (572)
    2002 Ed. (593)
    2003 Ed. (551)
    2004 Ed. (565)
    2005 Ed. (551)
    2008 Ed. (453)
    2009 Ed. (482)
    2010 Ed. (464)
    2011 Ed. (391)
    2013 Ed. (330)
    2014 Ed. (348)
    2015 Ed. (390)
Societe Generale de Banques en Cote
    D'Ivoire S.A.
    1989 Ed. (590)
Societe Generale de Banques en
    Guinee
    1995 Ed. (481)
    1996 Ed. (525)
    1997 Ed. (484)
    1999 Ed. (533)
    2000 Ed. (544)
Societe Generale de Barques en Cote
    d'Ivoire
    1997 Ed. (527)
Societe Generale de Belgique
    1993 Ed. (1283, 1284)
    1994 Ed. (737, 1329, 1330)
    1996 Ed. (1300)
    1997 Ed. (700, 701, 1367)
    1999 Ed. (771, 1588)
    2000 Ed. (1392)
    2006 Ed. (1564)
    2007 Ed. (1599)
Societe Generale de Surveillance Hold-
    ings
    1990 Ed. (3468)
Societe Generale D'Enterprises
    1995 Ed. (1137)
    1996 Ed. (1110)
Societe Generale d'Entreprises
    2001 Ed. (1486)
Societe Generale d'Entreprises (SGE)
    2001 Ed. (1487)
Societe Generale Expressbank AD
    2011 Ed. (313)
Societe Generale Group
    1990 Ed. (548)
    1994 Ed. (1369)
    1995 Ed. (1396)
    1999 Ed. (1633)
    2000 Ed. (1436)
Societe Generale Leasing Solutions
    2016 Ed. (288, 289)
Societe Generale Libano-Europeene de
    Banque SAL
    1994 Ed. (553)
    1995 Ed. (527)
    1996 Ed. (583)
    1997 Ed. (539)
Societe Generale Libano Europeenne
    2000 Ed. (592)
Societe Generale Libano-Europeenne
    de Banque SAL
    1999 Ed. (575)
Societe Generale Marocaine de
    Banques
    2007 Ed. (523)
    2008 Ed. (479)
    2009 Ed. (506)
    2010 Ed. (487)
    2011 Ed. (417)
    2013 Ed. (364)
    2014 Ed. (381)
Societe Generale Marocaine de
    Banques SA
    1989 Ed. (629)

Societe Generale Morocco
    2015 Ed. (436)
    2016 Ed. (391)
Societe Generale SA
    1995 Ed. (2840)
    2001 Ed. (579, 626, 627, 628, 645,
        1529)
    2005 Ed. (510, 2145, 2187, 2193,
        3940, 3941, 3942, 4580, 4581)
    2006 Ed. (437, 444, 1721, 1722)
    2007 Ed. (439, 441, 450, 1730, 2793,
        4663, 4664, 4665)
    2008 Ed. (409, 416, 448, 1759, 1761,
        1813, 2923, 3403)
    2009 Ed. (443, 444, 1685, 1687,
        3462)
    2010 Ed. (419, 420, 1403, 1642,
        1644)
    2011 Ed. (344, 345, 373, 1653, 1655)
    2012 Ed. (343, 345, 367, 1504, 1505,
        1506)
    2013 Ed. (424, 425, 441, 1643, 1644,
        1645)
    2014 Ed. (443, 444, 1602, 1603)
    2015 Ed. (497, 498, 1653, 1654)
    2016 Ed. (452, 453, 1594, 1595)
Societe Generale Serbia
    2014 Ed. (473)
Societe Generale - Splitska Banka
    2010 Ed. (399)
    2011 Ed. (326)
Societe Generate
    1989 Ed. (535, 710, 1359, 1361)
Societe Immobiliere du Quebec
    2002 Ed. (2420)
    2009 Ed. (4224)
    2016 Ed. (4086)
Societe immobiliere Trans-Quebec
    2009 Ed. (4225)
    2010 Ed. (4161)
Societe Intercommunale Belge De Et
    D'Electricite
    1989 Ed. (1095)
Societe Intercommunale Belge de Gaz
    et d'Electricitie
    1995 Ed. (1361)
Societe Internationale Pirelli Sa
    1993 Ed. (1408)
Societe Italiana per l'Esercizo dele Tele-
    comunicazione
    1989 Ed. (1130)
Societe Ivoirienne de Banque
    1989 Ed. (590)
    1992 Ed. (741)
    1993 Ed. (540)
    1994 Ed. (542)
    1996 Ed. (571)
    1997 Ed. (527)
    1999 Ed. (561)
    2000 Ed. (572)
    2002 Ed. (593)
    2003 Ed. (551)
    2004 Ed. (565)
    2005 Ed. (551)
    2007 Ed. (488)
    2009 Ed. (482)
    2010 Ed. (464)
    2011 Ed. (391)
    2013 Ed. (330)
    2014 Ed. (348)
    2015 Ed. (390)
Societe Ivoirienne de Banque (S/B)
    1995 Ed. (517)
Societe Lafarge-Cimentis
    2015 Ed. (1401)
    2016 Ed. (1331)
Societe Marseillaise de Credit
    1995 Ed. (508)
Societe Mauritanienne de Banque SA
    1989 Ed. (618)
Societe Monegasque de Banque Privee
    1999 Ed. (592)
    2000 Ed. (614)
Societe Nat. de Credit a l'Industrie
    1996 Ed. (455)
Societe National des Chemins
    2006 Ed. (4821)
Societe National des Chemins de Fer
    Francais
    2004 Ed. (4061)
    2007 Ed. (4832)
Societe National des Chemins de Fer
    Francais SNCF
    2005 Ed. (4769)
Societe Nationale de Credit
    1990 Ed. (509)
Societe Nationale de Credit a l'Industrie
    1992 Ed. (617)
    1993 Ed. (435)
    1994 Ed. (435)

1995 Ed. (428)
Societe Nationale des Chemins
2009 Ed. (3514, 4786)
2011 Ed. (3443, 4751)
2012 Ed. (4767)
2013 Ed. (4716)
Societe Nationale des Chemins de Fer
1992 Ed. (3612)
Societe Nationale des Chemins de Fer
Belges
1997 Ed. (1365)
2000 Ed. (1393)
Societe Nationale des Chemins de Fer
Belges SA
2001 Ed. (3986)
Societe Nationale des Chemins de Fer
Francais
2007 Ed. (1781, 4069)
2008 Ed. (4102)
2009 Ed. (1690, 4213)
2010 Ed. (1646, 4147)
2011 Ed. (4147)
Societe Nationale des Chemins de fer
Francais (SNCF)
2002 Ed. (1657, 3902, 3903)
2003 Ed. (4042)
2004 Ed. (4062)
Societe Nationale des Chemins de Fers
Francais
1999 Ed. (4657)
Societe Nationale d'Etude et de Construction de Moteurs d'Avion
(SNECMA)
2001 Ed. (2267)
Societe Nationale d'Investissement
2015 Ed. (1401)
Societe Nationale Elf Aquitaine
1990 Ed. (1250)
1991 Ed. (1169, 2732)
1994 Ed. (1371)
2002 Ed. (762, 1455, 3693, 3701)
2003 Ed. (1475)
2004 Ed. (1505, 3856)
2005 Ed. (1521)
Societe Nationale Elf Aquitaine's Elf
Sanofi
1995 Ed. (1243)
Societe Nigerienne de Banque
2013 Ed. (349)
2014 Ed. (367)
2015 Ed. (420)
Societe Pugy Esquivel Ltda.
1995 Ed. (1450)
Societe Television Francaise 1
2007 Ed. (1735)
Societe Textile de L'Ostrevant
2004 Ed. (2708)
Societe Tunisienne de Banque
1989 Ed. (470)
1990 Ed. (493)
1992 Ed. (598, 854)
1994 Ed. (422, 655)
1995 Ed. (415, 623)
1997 Ed. (406, 632)
1999 Ed. (463, 672)
2000 Ed. (454, 683)
2004 Ed. (399, 631)
2005 Ed. (419, 619)
2006 Ed. (381, 406, 532)
2007 Ed. (563)
2008 Ed. (515)
2009 Ed. (549)
2010 Ed. (532)
2011 Ed. (461)
2012 Ed. (417)
2013 Ed. (356)
2014 Ed. (374)
2015 Ed. (409)
Societe Tunisienne de Banque SA
1993 Ed. (655)
1996 Ed. (441, 699)
Societe Tunisienne de l'Air
2015 Ed. (158)
Societie Generale de Banques au Senegal
1994 Ed. (628)
Society Bancorp
1992 Ed. (526)
1993 Ed. (358)
Society Bancorp of Michigan Inc.
1995 Ed. (359, 2389)
1996 Ed. (378)
1997 Ed. (349)
1998 Ed. (286)
Society Bank
1990 Ed. (640)
1994 Ed. (571, 582)
Society Bank, Indiana
1994 Ed. (369, 372, 515)
Society Bank, Michigan

1991 Ed. (2205)
1994 Ed. (3011)
1996 Ed. (2421)
Society Bank NA
1992 Ed. (810)
Society Bank & Trust
1991 Ed. (637)
1992 Ed. (810)
Society Consulting
2015 Ed. (2143)
Society Corp.
1989 Ed. (623, 624, 625)
1991 Ed. (395)
1992 Ed. (780)
1993 Ed. (1189, 3286)
1994 Ed. (578, 1205, 3033, 3034, 3276)
1995 Ed. (1229, 1235, 3357)
1996 Ed. (359, 1191, 1206)
1997 Ed. (1252)
Society First
1998 Ed. (3156)
Society for Savings
1990 Ed. (420, 3579)
1991 Ed. (3366)
1994 Ed. (3225, 3530)
Society Hill Towers
1990 Ed. (1147)
1991 Ed. (1046)
1992 Ed. (1352)
1993 Ed. (1081)
Society National Bank
1989 Ed. (646)
1990 Ed. (661)
1991 Ed. (637)
1992 Ed. (514, 810)
1993 Ed. (604)
1994 Ed. (369, 372, 396, 607)
1995 Ed. (391, 507, 577)
1996 Ed. (414, 549, 647)
1997 Ed. (381, 586)
Society National Bank, Indiana
1995 Ed. (497)
1997 Ed. (508)
Society National (Rel. value), Ohio
1989 Ed. (2146, 2150)
Society of New York Hospital
1998 Ed. (1995)
1999 Ed. (2751)
Society of the New York Hospital-
Cornell Medical Center
1989 Ed. (1609)
Society of Worldwide Interbank Financial Telecommunication
2007 Ed. (2563)
Society Pt. Growth Equity
1996 Ed. (625)
Society Special Fixed Income Fund
1995 Ed. (2072)
Sock Koong Chua
2013 Ed. (4964)
2014 Ed. (4974)
2015 Ed. (5022)
Socket
2003 Ed. (2717)
Socket Communications
2007 Ed. (2712)
2008 Ed. (2846)
Socks Galore & More
1993 Ed. (865)
Soco Chemical
1999 Ed. (1094)
Soco International
2007 Ed. (3882)
2016 Ed. (3859)
SOCO Norge
2015 Ed. (1944)
Soco Rocks Rts Cocktails
1999 Ed. (3234)
2000 Ed. (2971)
Socorro Remero Sanchez
2002 Ed. (3728)
Socrates Media LLC
2007 Ed. (3450)
Soda
1996 Ed. (721, 3611)
Soda ash
1996 Ed. (953)
Soda bottles, plastic
1994 Ed. (3027)
Soda crackers
2003 Ed. (1373)
Soda-Licious
1995 Ed. (3401)
Soda Shoppe
2014 Ed. (3976)
Sodas, flavored
1999 Ed. (1422)
SodaStream International Ltd.
2012 Ed. (4432)

SoDel Concepts
2011 Ed. (2703)
Soderberg
2001 Ed. (3591, 3592)
2006 Ed. (3751, 3752)
Sodexho
1993 Ed. (2100)
1994 Ed. (2120)
1995 Ed. (2171)
1996 Ed. (1954, 2186)
1997 Ed. (2057, 2304)
1998 Ed. (1738, 1978, 1979, 1980)
1999 Ed. (2718, 2719, 2720, 2790)
2003 Ed. (2169, 2532, 2798, 2799, 2800, 2801, 2802)
2004 Ed. (2666, 2906)
2005 Ed. (1769, 1854, 2441, 2659, 3907)
2006 Ed. (1715, 3980, 4102)
2007 Ed. (1710, 2036, 3522, 4019, 4121)
2008 Ed. (1903, 2577, 2759, 3019, 4143)
2009 Ed. (1866, 2603, 2814, 3055, 3106, 3752, 3754, 4172, 4256)
2010 Ed. (3039, 3801, 4107, 4196, 4229)
2011 Ed. (2734, 2739, 3008, 3798)
2012 Ed. (2672, 3788)
Sodexho Alliance
2000 Ed. (2566)
2001 Ed. (1578, 4087)
2002 Ed. (1639, 1642, 2315)
2003 Ed. (2535, 2856)
Sodexho Alliance SA
2004 Ed. (2670)
2005 Ed. (1768, 2661)
2006 Ed. (1693, 1714, 2651, 2944, 4138)
2007 Ed. (1689, 1709, 2631, 2956, 3346, 3758, 4159)
2008 Ed. (1719, 1738, 2758, 2760, 3834)
2009 Ed. (833, 1658, 2816, 3889)
2010 Ed. (778, 2756)
2011 Ed. (705, 2741)
2012 Ed. (645, 3854)
Sodexho Campus Services
2005 Ed. (2662, 2663, 2664, 2665)
2006 Ed. (4127)
Sodexho Corporate Services
2003 Ed. (2527, 2528, 2529, 2530)
2005 Ed. (2664, 2665)
Sodexho Education Services
2003 Ed. (2526, 2527, 2528, 2529, 2530)
Sodexho Health Care Services
2006 Ed. (2768, 2778, 2783, 2954, 3240, 3449)
2008 Ed. (2905, 2909, 3095, 3412)
2009 Ed. (2962, 2964, 3187, 3480)
2010 Ed. (2901)
Sodexho Healthcare Services
2003 Ed. (2527, 2528, 2529, 2530)
Sodexho Inc.
2013 Ed. (2760)
2014 Ed. (2744, 3785)
2015 Ed. (2795)
2016 Ed. (2726)
Sodexho Management Inc.
2004 Ed. (2406)
2005 Ed. (2441)
2006 Ed. (2482)
2007 Ed. (2448)
2010 Ed. (1796, 2506)
2011 Ed. (2508)
2012 Ed. (2429)
2013 Ed. (9, 2595)
2014 Ed. (5, 2521)
2015 Ed. (5, 2595)
2016 Ed. (2518)
Sodexho Marriott Services Healthcare
2001 Ed. (2483, 2484, 2763, 2764, 2810, 3050)
Sodexho Marriott Services, Healthcare
Division
2002 Ed. (2592, 2593, 2595, 2596, 2597)
Sodexho Marriott Services Inc.
2000 Ed. (1512, 2235, 2496, 2497, 2499, 2500, 3384)
2001 Ed. (1069, 1686, 1687, 3599, 4056, 4057, 4081)
2002 Ed. (1722, 3545, 3546)
2003 Ed. (1752, 2324, 2533)
Sodexho MS Canada
2007 Ed. (2952, 4158)
2008 Ed. (3077, 4200)
2010 Ed. (3098, 4264)
Sodexho Operations LLC

2010 Ed. (1796, 2506)
2011 Ed. (2508)
2012 Ed. (2429)
2013 Ed. (9, 2595)
2014 Ed. (5, 2521)
2015 Ed. (5, 2595)
2016 Ed. (2518)
Sodexho SA
2013 Ed. (787)
2014 Ed. (807)
2015 Ed. (853)
2016 Ed. (4366)
Sodexho School Services
2003 Ed. (2526, 2528, 2529)
2005 Ed. (2663, 2664, 4084)
Sodexho USA
1996 Ed. (2145)
2004 Ed. (2665)
2005 Ed. (2797, 2809, 2886, 2887, 2888, 2958, 3253, 3665)
Sodexo
2011 Ed. (1645, 1946, 2857, 2958, 3024, 3442, 3676, 3677, 3678, 3796, 4757, 4972)
2012 Ed. (113, 1501, 1810, 2162, 2163, 2164, 2788, 2887, 3459, 4468, 4778, 4967, 4971)
2013 Ed. (90, 828, 1646, 2363, 2364, 2365, 2366, 2855, 2964, 3041, 3108, 3502, 3854, 4739, 4802, 4978)
2014 Ed. (99, 191, 1595, 1604, 2295, 2296, 2297, 2298, 2563, 2884, 2977, 3055, 3106, 3478, 3783, 4014, 4016, 4788, 4983)
2015 Ed. (113, 217, 1645, 2378, 2379, 2380, 3045, 3122, 3495, 3803, 4822, 5015)
2016 Ed. (2323, 2324, 2325, 3716, 4725)
Sodexo Campus Services
2010 Ed. (2751, 2752, 2753, 2754)
2011 Ed. (2735, 2736, 2737, 2738)
2012 Ed. (2673, 2674, 2675, 2676)
2013 Ed. (2761, 2763, 2764)
Sodexo Canada Ltd.
2013 Ed. (1525)
2014 Ed. (1495)
2015 Ed. (1552)
2016 Ed. (1491)
Sodexo Corporate Services
2010 Ed. (2752, 2753, 2754)
2011 Ed. (2735, 2736, 2737, 2738)
2012 Ed. (2675, 2676)
2013 Ed. (2763, 2764)
Sodexo Health Care Services
2010 Ed. (2751, 2752, 2753, 2754)
2011 Ed. (2735, 2736, 2737, 2738)
2012 Ed. (2673, 2674, 2675, 2676)
2013 Ed. (2761, 2763, 2764)
Sodexo Inc.
2013 Ed. (2758, 3024)
2014 Ed. (1763, 2742, 2745, 3035, 4280)
2015 Ed. (1806, 2794, 4262)
2016 Ed. (1766, 2724, 4167)
Sodexo School Services
2010 Ed. (2751, 2752, 2753)
2011 Ed. (2735, 2736, 2737, 2738)
2012 Ed. (2673, 2674, 2675)
2013 Ed. (2761, 2763)
Sodiaal
1997 Ed. (1576)
1999 Ed. (1815)
2000 Ed. (1639, 1640)
2001 Ed. (1971)
Sodiaal Industrie
2001 Ed. (1970)
Sodimac
2005 Ed. (1563)
2013 Ed. (665, 1407, 1811)
2014 Ed. (1354)
2015 Ed. (738, 1431)
Sodimac Colombia
2015 Ed. (1569)
Sodimac Peru
2010 Ed. (1952)
2011 Ed. (2005)
2012 Ed. (1854)
2013 Ed. (2012)
2014 Ed. (1944)
2015 Ed. (1990)
Sodisco
1990 Ed. (3690)
Sodisco-Howden Group
1997 Ed. (3547)
Sodium chlorate
2001 Ed. (3957)
Sodium hydroxide
1990 Ed. (944)

1991 Ed. (906)
1992 Ed. (1104)
1993 Ed. (899, 904)
1994 Ed. (913)
1995 Ed. (955)
1996 Ed. (924)
1997 Ed. (956)
Sodra Cell AB
1994 Ed. (2415)
Sodra Skogsagarna AB
1999 Ed. (3278)
Sodra Skogsagarna Ekonomisk Foren
2002 Ed. (250)
Soe Tunisienne de Banque
1991 Ed. (442)
Soegiharto Sosrodjojo
2011 Ed. (4854)
Soekarno-Halta Airport
1996 Ed. (194)
Soeryadjaya; Edwin
2012 Ed. (4862)
Sof Comfort
1999 Ed. (2487)
2000 Ed. (2248)
Sofac Credit
1997 Ed. (909)
Sofamor/Danek Group
1995 Ed. (2822)
1996 Ed. (2841)
Sofia, Bulgaria
1991 Ed. (1365)
Sofia Ioannou
2013 Ed. (2961)
Sofia Vergara
2014 Ed. (2533, 4963)
2015 Ed. (2606, 5004)
2016 Ed. (2530, 4921)
Sofiabank Ltd.
1996 Ed. (460, 461)
1997 Ed. (423)
Sofina
1991 Ed. (3231)
Sofinioc - Sociedade Financeira Loca-
    cao
1992 Ed. (2894)
Sofinloc
1993 Ed. (2452)
Sofitasa
2000 Ed. (693)
Sofitel
2000 Ed. (2565)
Sofitel Hotels
1993 Ed. (2083)
Sofitel Queenstown Hotel and Spa
2013 Ed. (3103)
SOFRES Group SA
1999 Ed. (3305)
SOFRETU - SOFRERAIL
1995 Ed. (1697)
1996 Ed. (1679)
Sofsel Computer Products Inc.
1990 Ed. (1973)
Soft & Beautiful
2001 Ed. (2634, 2635)
2008 Ed. (2871)
Soft & Beautiful Just for Me
2003 Ed. (2656)
Soft & Beautiful; Proline
2008 Ed. (2871)
Soft & Beautiful, Relaxer, Regular
1990 Ed. (1979)
2000 Ed. (2410)
Soft & Dri
1990 Ed. (3546)
1998 Ed. (1256; 1257)
Soft Drink Industry
1990 Ed. (3318)
Soft drinks
1989 Ed. (731, 2329)
1990 Ed. (3035, 3532)
1991 Ed. (3302)
1992 Ed. (95)
1993 Ed. (680, 681, 3389, 3484)
1994 Ed. (682, 1190, 3463)
1995 Ed. (644)
1996 Ed. (719, 1485)
1997 Ed. (1208)
1998 Ed. (445)
1999 Ed. (699, 700, 705, 706, 707)
2000 Ed. (38, 711, 712, 717)
2001 Ed. (686, 687, 688, 690, 691,
    692, 693, 694, 701, 4288)
2002 Ed. (687, 688, 689, 690, 692,
    693, 694, 695, 697, 698, 3488,
    4309)
2005 Ed. (1599, 1600, 2756)
2006 Ed. (3012)
2008 Ed. (557, 2839)
2009 Ed. (2896)
2010 Ed. (2836)

Soft drinks and coffee
1996 Ed. (1169)
Soft drinks, carbonated
1995 Ed. (3530)
1999 Ed. (4565)
Soft drinks, diet
2001 Ed. (2011)
Soft drinks, powdered
2003 Ed. (4480)
Soft drinks, regular
1999 Ed. (4507)
Soft Effects
2001 Ed. (2383)
Soft & Gentle
2001 Ed. (3726)
Soft ice cream/yogurt
1999 Ed. (1413)
Soft-lens chemical disinfect
1992 Ed. (4176)
Soft 'n' Dri
1997 Ed. (1589)
2000 Ed. (1658, 1659)
Soft N Gentle
1995 Ed. (3617)
1996 Ed. (3695, 3705)
2003 Ed. (4741, 4759)
2008 Ed. (4697)
Soft News/Human Interest
2000 Ed. (4218)
Soft red winter
2001 Ed. (4783, 4784)
Soft Scrub
1999 Ed. (1182)
Soft Sense
1997 Ed. (3063)
Soft Shave
1997 Ed. (3063)
1999 Ed. (4295, 4296)
Soft Sheen
1989 Ed. (734)
1998 Ed. (1894)
2001 Ed. (2634, 2635)
Soft Sheen Carson
2016 Ed. (2848)
Soft Sheen Optimum Care
2003 Ed. (2652)
Soft Sheen Products
1990 Ed. (735, 2592, 3705)
1991 Ed. (713, 2473)
1992 Ed. (895, 3091)
1993 Ed. (706, 2582)
1994 Ed. (714, 2531)
1995 Ed. (671, 2589)
1996 Ed. (2659)
1999 Ed. (2062, 2630)
2003 Ed. (2665)
Soft Surroundings
2013 Ed. (905)
Soft Tech Consulting
2012 Ed. (213, 4051)
2013 Ed. (181, 3171, 4977)
Soft-World International
2011 Ed. (2072)
The SoftAd Group LLC
2008 Ed. (4967)
Softball
1999 Ed. (4382)
2001 Ed. (4342)
SoftBank
2013 Ed. (4610)
2014 Ed. (671)
2015 Ed. (728, 4655, 4681)
2016 Ed. (666, 668, 4569, 4585,
    4590)
Softbank
2000 Ed. (3408)
2001 Ed. (1616, 1617, 1769)
2002 Ed. (1706, 2001, 4635, 4636)
2005 Ed. (1155, 3037)
2007 Ed. (1243, 3072, 3073, 4204)
2008 Ed. (1418, 3210)
2009 Ed. (1682, 1683, 3270, 4685)
2010 Ed. (1638, 1639)
2011 Ed. (1648, 1649, 1780, 4654)
2012 Ed. (555, 1630, 1633, 4659,
    4661)
2013 Ed. (653)
2014 Ed. (1282, 1719, 4669, 4689)
2015 Ed. (1760, 1762, 4677, 4699)
2016 Ed. (1711, 1712, 3612, 4584,
    4587, 4591, 4604)
SoftBank Corp.
2016 Ed. (84)
Softbank Corp.
2013 Ed. (1790, 3204, 3205, 4609,
    4639)
2014 Ed. (4672, 4677)
2015 Ed. (4680, 4688)
2016 Ed. (4589, 4595)
Softbank Mobile

2009 Ed. (59)
SOFTBANK Services Group
1998 Ed. (3481)
Softbank Technology
2001 Ed. (1763, 1765)
SOFTBANK Technology Ventures VI
2002 Ed. (4731)
Softbank Venture Capital
2002 Ed. (4735)
Softcat
2009 Ed. (2108)
Softcat Ltd.
2014 Ed. (2044)
2015 Ed. (1610, 2091)
Softchoice Corp.
2006 Ed. (1353)
2007 Ed. (1636, 1638, 3378)
2008 Ed. (1637, 2942)
2011 Ed. (2902)
2012 Ed. (2827, 2837)
2013 Ed. (2896, 2920)
2014 Ed. (2923, 2937)
2015 Ed. (2978, 2986)
2016 Ed. (2920)
SoftClub Ltd.
2016 Ed. (1015, 1016)
SofTec Solutions Inc.
2002 Ed. (1152)
2010 Ed. (3693, 3694)
2011 Ed. (3688, 3689)
2012 Ed. (3705, 3706)
2013 Ed. (3751)
2014 Ed. (3684)
2015 Ed. (3700)
Softec Solutions Inc.
2013 Ed. (3758)
2014 Ed. (3690)
2015 Ed. (3706)
Softique
1996 Ed. (3694)
1997 Ed. (3754)
1998 Ed. (3573)
1999 Ed. (4603)
2003 Ed. (4741)
Softkey International Inc.
1997 Ed. (1256)
Softlink America Inc.
2004 Ed. (3257)
2005 Ed. (3286, 3288)
2006 Ed. (3277, 3278, 3280)
Softmart Government Services Inc.
2005 Ed. (1392)
2007 Ed. (1410, 1412, 1418)
Softmart Inc.
1990 Ed. (1020, 3304)
2008 Ed. (1370, 1374)
2009 Ed. (1375)
2010 Ed. (1361)
2014 Ed. (3203)
Softnet Solutions Inc.
2007 Ed. (3599, 4445)
Softnet Systems
2000 Ed. (278)
Softonic
2014 Ed. (1994)
2015 Ed. (2042)
Softonic.com
2010 Ed. (1992)
2011 Ed. (2053)
2013 Ed. (2062)
SoftQuest Corp.
2003 Ed. (2710)
SoftRAM
1997 Ed. (1090, 1093, 1100)
Softscape Inc.
2005 Ed. (2366)
2012 Ed. (965, 968)
Softsoap
1998 Ed. (3331)
1999 Ed. (687, 4349)
2000 Ed. (4073, 4074)
2001 Ed. (4298, 4299, 4300)
2003 Ed. (645, 646, 647, 4464, 4465)
2008 Ed. (532, 4452)
2016 Ed. (4402)
Softsoap 2 in 1
2003 Ed. (4464)
Softsoap Aquarium Series
2003 Ed. (4464)
2004 Ed. (658)
2016 Ed. (4402)
Softsoap Fruit Essentials
2003 Ed. (4464, 4465)
2008 Ed. (532)
Softsoap Kitchen Fresh Hands
2016 Ed. (4402)
Softsoap Winter Series
2003 Ed. (4464)
Software
1990 Ed. (1613)

1991 Ed. (1515)
1992 Ed. (2625)
1993 Ed. (1573)
2003 Ed. (2911, 2912, 4845)
2005 Ed. (134, 852)
2006 Ed. (138)
2007 Ed. (1321, 2325)
2008 Ed. (1822, 2439, 2451)
Software Advice
2013 Ed. (776)
Software AG
1992 Ed. (1330)
2012 Ed. (961, 967)
2013 Ed. (1105)
2015 Ed. (1093)
Software AG of North Ameica Inc.
1993 Ed. (1074)
Software AG USA Inc.
2013 Ed. (3019)
2014 Ed. (3029)
Software and information
2000 Ed. (2630, 4339)
Software and services
1989 Ed. (2646)
1992 Ed. (4387)
Software Answers Inc.
2013 Ed. (1975)
2016 Ed. (1916)
Software, application
2005 Ed. (3015)
Software application engineers
2004 Ed. (2291)
Software Asset Management Ireland
2012 Ed. (2840, 2847, 2850)
2013 Ed. (2903)
Software Asset Management Ireland
    Ltd.
2013 Ed. (2908)
Software Associates International, Inc.
2002 Ed. (2523)
Software, business applications
2005 Ed. (4815)
Software design & development
2006 Ed. (1070)
Software developer
2004 Ed. (2286)
Software development, custom
2005 Ed. (3666)
Software Dynamics Inc.
1999 Ed. (1287)
Software engineer
2005 Ed. (2384)
2007 Ed. (3731)
Software Engineering Professionals
2011 Ed. (1710)
Software Etc.
1997 Ed. (1110)
1998 Ed. (860)
1999 Ed. (1288)
Software FX
2014 Ed. (1082)
2015 Ed. (1123)
2016 Ed. (1035)
Software FX Inc.
2005 Ed. (1145)
2006 Ed. (1134)
2007 Ed. (1248)
2008 Ed. (1146)
Software, general manufacturer
2002 Ed. (2988)
Software House International
2006 Ed. (288, 3492, 3528, 4367)
2007 Ed. (290, 291, 3526, 3580)
2008 Ed. (269, 270, 3690, 3722)
2009 Ed. (4155, 4940)
2010 Ed. (4087, 4948)
Software houses
1993 Ed. (3651)
Software Information Systems LLC
2010 Ed. (1776)
Software, learning aids
1999 Ed. (4634)
Software LLC
2005 Ed. (1154)
Software maintenance
2005 Ed. (3666)
Software Performance Systems Inc.
2005 Ed. (1350)
Software, personal computer
1998 Ed. (1953)
Software Plus
2006 Ed. (4362)
Software, prepackaged
1995 Ed. (2445)
2002 Ed. (2948)
2010 Ed. (4466, 4467)
2011 Ed. (4398, 4399)
Software publishers
2007 Ed. (3718)
Software Publishers Association

2000 Ed. (1163)
Software publishing
1990 Ed. (3136)
1991 Ed. (3140)
1993 Ed. (2998, 2999)
2008 Ed. (4216)
Software Pursuits Inc.
1993 Ed. (1075)
Software Quality Lab GmbH
2015 Ed. (1459)
Software reengineering
2005 Ed. (3666)
Software Resources, Inc.
2002 Ed. (2489)
2003 Ed. (2714)
Software Spectrum Inc.
1993 Ed. (2004, 3328)
1998 Ed. (858)
2003 Ed. (1115, 2949)
2004 Ed. (3016)
2005 Ed. (1975)
2006 Ed. (943)
2007 Ed. (1038)
Software Supermarket
1998 Ed. (862)
Software systems engineers
2004 Ed. (2291)
Software Systems Inc.
2000 Ed. (1749, 3877)
Software Technologies Inc.
1999 Ed. (1287)
Software Toolworks Inc.
1990 Ed. (1966, 3296)
1991 Ed. (1869, 3142)
1996 Ed. (1212)
Software Warehouse plc
2002 Ed. (223)
Software.com
2001 Ed. (4181)
Softwood imports
2001 Ed. (3176)
Sogaz
2003 Ed. (2978)
Sogecap
2002 Ed. (2937)
SOGELERG
1991 Ed. (1555)
Sogelerg-Sogreah
1993 Ed. (1613)
Sogelergg-Sogreah
1992 Ed. (1961)
Sogelink
2010 Ed. (2942)
SoGen International
1991 Ed. (2566)
1994 Ed. (2605, 2616)
1995 Ed. (2679)
1996 Ed. (2754, 2775)
1997 Ed. (2883)
SoGen International Fund
1992 Ed. (3178)
SoGen Overseas
1996 Ed. (2790)
SoGen Overseas Fund
1996 Ed. (620)
Sogenal
1992 Ed. (2003)
Sogepaq
2001 Ed. (3380)
Sogeti USA
2013 Ed. (1721)
2015 Ed. (2142)
Sogo
1990 Ed. (1497)
SogoInvest
2009 Ed. (2328)
Soh Wong & Partners
1996 Ed. (22)
1997 Ed. (24, 25)
Sohar
1994 Ed. (37)
Sohgo Securities
2016 Ed. (741)
Sohio
1990 Ed. (1456)
Sohio Alaska Pipeline Co.
1989 Ed. (2233)
1991 Ed. (2743)
Sohio/Kennecott
1991 Ed. (1146)
Sohmen; Helmut
2009 Ed. (4878)
2010 Ed. (4879)
2011 Ed. (4848)
2012 Ed. (4875)
2013 Ed. (4857)
2014 Ed. (4871)
2015 Ed. (4909)
2016 Ed. (4825)
SOHO China

2015 Ed. (4172)
Soho China Ltd.
2012 Ed. (4194)
2013 Ed. (4175)
The SOHO Shop
2016 Ed. (1822)
Sohu.com Inc.
2011 Ed. (1480, 2838)
2012 Ed. (1496, 4634)
S.O.I. Industrial
1997 Ed. (227)
Soil & Materials Engineers Inc.
1997 Ed. (1780)
1998 Ed. (1491)
1999 Ed. (2059)
Soil washing
1992 Ed. (2378)
Soitec
2006 Ed. (1727)
2008 Ed. (1763, 3207)
SOJE/Londsdale Advertising
2002 Ed. (81)
SOJE/Londsdale/Young & Rubicam
2003 Ed. (47)
SOJE/Lonsdale Advertising SSAW
1996 Ed. (65)
1997 Ed. (63)
SOJE/SSA
1995 Ed. (49)
Sojitz
2007 Ed. (1787, 4368, 4802)
2012 Ed. (4747)
2013 Ed. (4703)
2014 Ed. (4755)
2015 Ed. (4776)
2016 Ed. (3072, 4680)
Sojitz Corp.
2013 Ed. (4705)
2014 Ed. (4757)
2015 Ed. (4778)
So;John
1997 Ed. (1962)
Soju
1999 Ed. (4733)
Sokol Blosser Winery
2011 Ed. (1949)
2013 Ed. (1984)
2014 Ed. (1923)
2015 Ed. (1969)
Sokol; Elsie
1994 Ed. (3666)
Sokrati Technologies Pvt. Ltd.
2015 Ed. (2973)
Sol
2001 Ed. (683)
Sol Campbell
2005 Ed. (268, 4895)
Sol Free Solitaire
2011 Ed. (4959)
Sol Hotels
1990 Ed. (2089, 2090)
Sol J. Barer
2011 Ed. (831, 849)
Sol Melia SA
2006 Ed. (2944, 4138)
Sol Systems
2015 Ed. (2534)
Sol Zakay
2013 Ed. (4922)
Sola International Inc.
2004 Ed. (3745)
2005 Ed. (3653, 3654)
Sola; Jure
2005 Ed. (982)
2006 Ed. (886)
2007 Ed. (959)
Sola Optic
1990 Ed. (2743)
1991 Ed. (2645)
1992 Ed. (3302)
SOLA Optical
2006 Ed. (3753, 3754)
Sola Optical USA
1995 Ed. (2814)
1996 Ed. (2873)
1997 Ed. (2968)
1999 Ed. (3659)
2001 Ed. (3593)
Sola/Barnes-Hind
1990 Ed. (1186)
1992 Ed. (3302)
Solae LLC
2012 Ed. (2658)
2013 Ed. (2739)
Solai Holdings Ltd.
1994 Ed. (1002)
Solaic
1996 Ed. (2603)
Solana Resources Ltd.
2009 Ed. (1561, 1583)

Solar Alliance of America
2014 Ed. (2464)
2015 Ed. (2534)
Solar CenTex
2016 Ed. (4410, 4428)
Solar City
2015 Ed. (1501)
Solar Company SA
2014 Ed. (4435)
Solar Cosmetics Labs Inc.
2003 Ed. (4624, 4626, 4627)
Solar Design Tech
2016 Ed. (4413)
Solar Direct
2016 Ed. (4415)
Solar Electric Power Co.
2016 Ed. (4408, 4420)
Solar Electrical Systems
2016 Ed. (4411)
Solar Energy Industries Association
2011 Ed. (3759)
Solar Fabrik AG Fsr Produktion und
Vertrieb von Solart. Prod.
2009 Ed. (2475)
Solar Financial Services Inc.
1993 Ed. (1194)
Solar-Fit
2016 Ed. (4420)
Solar Impact
2016 Ed. (4420)
Solar Liberty
2010 Ed. (2417)
Solar Liberty Energy Systems
2016 Ed. (4425)
Solar Plastics Inc.
2001 Ed. (4125)
Solar-Power Credit Card Calculator
1990 Ed. (2804)
Solar Power Inc.
2016 Ed. (1437)
Solar Sales of Michigan
2016 Ed. (4423)
Solar Seal
2016 Ed. (2821)
Solar Source
2016 Ed. (4420)
Solar Universe
2013 Ed. (3116)
2014 Ed. (3117)
2015 Ed. (3179)
2016 Ed. (2978, 4409, 4410)
SOLARC Architecture & Engineering
2012 Ed. (1813)
Solarcaine
1992 Ed. (336)
1993 Ed. (231)
2002 Ed. (2279, 2280)
2003 Ed. (2486, 4619)
SolarCity
2016 Ed. (1442, 2340, 4409, 4410,
4412, 4418)
SolareAmerica
2016 Ed. (4427)
Solarex
1992 Ed. (4022)
Solari; Juan Cuneo
2014 Ed. (4876)
Solari; Vivien
2008 Ed. (4898)
Solaris Group
2003 Ed. (2953)
Solaris Health System Inc.
2003 Ed. (1783)
2005 Ed. (1902)
2006 Ed. (1929)
2010 Ed. (1865)
2011 Ed. (1897)
2012 Ed. (1753)
2013 Ed. (1920)
2014 Ed. (1859)
Solaris Health Systems
2000 Ed. (2531)
Solaris Market Neutral Fund LP
2006 Ed. (1082)
2008 Ed. (1096)
2009 Ed. (1075)
SolarMetric
2006 Ed. (1135)
Solarrus Corp.
2014 Ed. (1423)
Solarwerks
2016 Ed. (4415)
SolarWinds
2013 Ed. (1095, 2092, 4445)
2014 Ed. (1055, 2026, 2028)
2015 Ed. (1092, 2069)
2016 Ed. (1001, 2036)
SolarWinds Inc.
2012 Ed. (4633)

2013 Ed. (2851)
SolarWinds Network Management Solutions
2009 Ed. (1135)
2010 Ed. (1093)
2011 Ed. (1032)
SolarWorld
2009 Ed. (2386)
SolarWrights Inc.
2009 Ed. (2026)
Solarz; Stephen J.
1994 Ed. (845)
Solazyme
2013 Ed. (3561, 4094)
Solbanco
2002 Ed. (4406)
Solbar
1997 Ed. (3658)
SolBright Renewable Energy LLC
2015 Ed. (2028)
2016 Ed. (1997)
SOLCORP
2003 Ed. (1114)
Solder
2001 Ed. (391, 3074, 4533)
2003 Ed. (3199)
2006 Ed. (275, 3260, 4737)
2007 Ed. (280, 3333, 4751)
Solder and solder pastes
2001 Ed. (1207)
Solder fluxes
2001 Ed. (1207)
Soldier
2001 Ed. (4701)
Soldier Field
1999 Ed. (1300)
2002 Ed. (4347)
2003 Ed. (4531)
2012 Ed. (4526)
Solebury International
2008 Ed. (2733)
Solect Energy Development
2016 Ed. (2463, 4422)
Solectron Australia
2002 Ed. (1589)
Solectron Corp.
1993 Ed. (1112)
1994 Ed. (1083)
1995 Ed. (1091, 1145, 1283, 1654)
1996 Ed. (1069, 1119, 1290)
1997 Ed. (3640)
1998 Ed. (933)
1999 Ed. (1352)
2000 Ed. (1245, 1746, 2643, 3028)
2001 Ed. (1458, 1459, 1460, 1603,
2192, 2193, 2860, 4214, 4215)
2002 Ed. (1226, 1227, 1570, 2079,
4207, 4256)
2003 Ed. (1509, 1626, 1848, 2190,
2191, 2247, 3634, 4376, 4378,
4380, 4385, 4566, 4569)
2004 Ed. (1084, 1112, 1582, 1658,
2231, 2233, 2234, 2235, 2241,
2259, 2260, 4398, 4401, 4403,
4492)
2005 Ed. (1271, 1272, 1278, 1615,
1671, 1677, 1680, 1682, 1683,
1684, 2331, 2334, 2335, 2336,
2356, 3047, 4340, 4344, 4351,
4464, 4465, 4468, 4470)
2006 Ed. (1228, 1229, 1230, 1231,
1232, 1233, 1578, 1583, 1585,
1587, 1588, 1771, 2389, 2390,
2391, 2401, 3050, 4280, 4283,
4291, 4292, 4585)
2007 Ed. (1609, 1611, 2333, 2334,
2336, 2344, 2348, 3424, 4346,
4348, 4352, 4355, 4527, 4565,
4569)
2008 Ed. (1594, 1597, 1600, 1603,
1605, 1835, 1838, 1839, 2459,
2473, 4314, 4613)
2009 Ed. (1199, 1535, 2458, 2478)
Solectron Global Services Canada Inc.
2004 Ed. (2825)
2005 Ed. (4512)
Soleil Securities
2007 Ed. (3274)
2008 Ed. (3390)
Solekai Systems
2009 Ed. (1089)
Solel Solar Systems
2010 Ed. (2946)
Solem & Associates
2003 Ed. (3986)
2004 Ed. (3983)
2005 Ed. (3951)
Solem Associates
1992 Ed. (3578)
1993 Ed. (2932)

1994 Ed. (2971)
1995 Ed. (3031)
1996 Ed. (3134)
Solemnes
2009 Ed. (4495)
Soleo Communications Inc.
2013 Ed. (1947)
Soleo; Louis M.
1995 Ed. (2485)
Solera Holdings
2013 Ed. (2845)
Solera Holdings Inc.
2016 Ed. (2060)
SOLETANCHE
1998 Ed. (972)
1999 Ed. (1393, 1405)
Soletanche Bachy
2000 Ed. (1282, 1292)
2002 Ed. (1316)
2003 Ed. (1330)
2006 Ed. (1313)
2009 Ed. (1291)
Solh; Leila El
2013 Ed. (3472, 3479)
Solid and hazardous waste
2000 Ed. (3565)
Solid Earth
2006 Ed. (4039)
Solid Landings Behavioral Health
2016 Ed. (1409)
Solid Source Realty
2010 Ed. (4048, 4157, 4973)
Solid state products
2003 Ed. (2230, 2231)
Solid waste
2001 Ed. (2303)
Solid waste management
1992 Ed. (3477)
Solidarity Fund
1990 Ed. (3666)
Solidarity Insurance Co.
2009 Ed. (3318)
2010 Ed. (3251)
Solidbank Corp.
1991 Ed. (649)
Solidbank Corporation
1992 Ed. (821)
SolidEnergy Systems
2016 Ed. (4142)
SolidFire
2014 Ed. (1517)
2016 Ed. (2457)
Solidia Technologies Inc.
2015 Ed. (4237)
Solidification/stabilization
1992 Ed. (2378)
Solidium's Oy Tampella's Tampella Forest & Tambox Europe
1995 Ed. (1243)
SolidSignal.com
2009 Ed. (4303)
SolidWorks Corp.
2005 Ed. (4810)
2009 Ed. (1135)
2011 Ed. (1058)
2012 Ed. (985)
Soligorsk "Belarusalkaliy" Production Association
1993 Ed. (910)
Solimas Groep BV
2014 Ed. (1839)
Solinfante - Operacoes Sobre Imoveis, LDA
2016 Ed. (1967)
Solis Advertising & Public Relations
2002 Ed. (3373)
2003 Ed. (3425)
Solitaire
2011 Ed. (4960)
Solitaire - Empreendimentos Hoteleiros, S.A.
2016 Ed. (1967)
Solitron Devices Inc.
1996 Ed. (1926)
Solitude
2016 Ed. (4372)
Solium
2015 Ed. (1110)
2016 Ed. (1022)
Solium Capital Inc.
2008 Ed. (2866)
2014 Ed. (1069)
2016 Ed. (1018)
Solix Inc.
2011 Ed. (1895)
Sollac
1996 Ed. (2606)
1999 Ed. (3345)
2000 Ed. (3082)

2001 Ed. (3283)
2002 Ed. (3308)
2004 Ed. (3441)
Solloway; James
1990 Ed. (2285)
1991 Ed. (2160)
Solo Cup Co.
2001 Ed. (4520)
2003 Ed. (4734)
2004 Ed. (4718)
2005 Ed. (4688)
2006 Ed. (1417, 3985, 4733)
2007 Ed. (2979, 3810, 4024, 4216, 4217, 4749)
2008 Ed. (4254, 4673)
2009 Ed. (3892, 4141, 4355, 4713)
2010 Ed. (3805, 4727)
2011 Ed. (4686)
2012 Ed. (4700)
2013 Ed. (1709, 4661)
2014 Ed. (1656)
2015 Ed. (1700)
2016 Ed. (1650)
Solo Para Ti
1999 Ed. (1757)
Solo Serve Corp.
1996 Ed. (384)
1997 Ed. (1637)
Soloflex
1991 Ed. (1634)
1992 Ed. (2065)
1993 Ed. (1707)
1997 Ed. (2389)
Soloflex Exerciser
1994 Ed. (1724)
Soloman; Howard
2005 Ed. (980)
Solomon Brothers
1989 Ed. (2405)
Solomon Cordwell Buenz
2009 Ed. (2529)
Solomon Cordwell Buenz & Associates
2001 Ed. (407)
2007 Ed. (2410)
Solomon Distribution
2004 Ed. (1635)
Solomon Hare
2006 Ed. (7)
Solomon Health Services LLC
2002 Ed. (1072, 1073)
Solomon; Howard
1995 Ed. (982)
1997 Ed. (1796)
2005 Ed. (981)
2006 Ed. (921, 935, 938)
2007 Ed. (1020)
2011 Ed. (831)
Solomon, Inc.
1992 Ed. (3443)
Solomon Islands
2011 Ed. (2304)
2012 Ed. (2197, 2202)
2013 Ed. (2382)
2014 Ed. (2319)
Solomon-Page Group
2000 Ed. (1867)
2006 Ed. (4058)
Solomon Page Group Healthcare
2010 Ed. (4171)
2011 Ed. (4172)
2012 Ed. (4223)
2015 Ed. (4211)
Solomon R. Guggenheim Museum
1993 Ed. (891)
1995 Ed. (1930)
2000 Ed. (317, 3217)
Solomon; Shelby P.
1991 Ed. (3209)
Solomons Ltd.
1990 Ed. (1034)
SOLON AG fur Solartechnik
2009 Ed. (3004)
2010 Ed. (2944)
Solora Solar
2016 Ed. (4429)
Solorz-Zak; Zygmunt
2008 Ed. (4872)
Solorz-Zak; Zygunt
2011 Ed. (4904)
2012 Ed. (4915)
2013 Ed. (4899)
2014 Ed. (4911)
2015 Ed. (4952)
2016 Ed. (4867)
Solotar; Joan
1997 Ed. (1908)
Solow Building Co.
1991 Ed. (2640)
Solow; Sheldon
2014 Ed. (4863)

2015 Ed. (4900)
Soloway; Gerald
2006 Ed. (2518)
Soloway Wright LLP
2015 Ed. (3475)
Solowow; Michal
2008 Ed. (4872)
2009 Ed. (4894)
2011 Ed. (4904)
2012 Ed. (4915)
2013 Ed. (4899)
2014 Ed. (4911)
2015 Ed. (4952)
2016 Ed. (4867)
Solpadeine
1992 Ed. (1875)
1994 Ed. (1577)
1996 Ed. (1594)
2001 Ed. (2108)
Solphadeine Analgesics
1999 Ed. (1932)
Solso; T. M.
2006 Ed. (936)
2007 Ed. (1030)
Solso; Theodore
2009 Ed. (951)
Solso; Theodore M.
2011 Ed. (826)
2012 Ed. (789)
Solso; Tim
2008 Ed. (952)
Solstice
2015 Ed. (1204)
Solstice Benefits
2015 Ed. (1630)
Solstice Holdings Inc.
2012 Ed. (1704)
2016 Ed. (4697)
Solstice Mobile
2016 Ed. (1112)
Solstice Software Inc.
2009 Ed. (1131)
Solstor U.K.
2016 Ed. (4696)
Soluble Flavored Coffee
2000 Ed. (4155)
Solucomp
2016 Ed. (4566)
Solular
2016 Ed. (4424)
Solusia
2010 Ed. (4701)
Solutech, Inc.
2002 Ed. (2517)
Solutia Inc.
1999 Ed. (1084, 1088)
2000 Ed. (1033, 3563)
2001 Ed. (1178, 1209, 2504)
2002 Ed. (993, 1019)
2003 Ed. (933)
2004 Ed. (945)
2005 Ed. (421)
2011 Ed. (1870)
2012 Ed. (3095)
2013 Ed. (3176, 3564)
2014 Ed. (3187, 3543)
Solutia/Dow
2000 Ed. (3566)
Solution Beacon LLC
2007 Ed. (3611)
Solutions Ink
2010 Ed. (4037)
2012 Ed. (4018, 4020, 4028)
Solutions Staffing
2006 Ed. (3533)
2007 Ed. (3589, 4440)
Solutions YES
2016 Ed. (1939)
SolutionSet
2009 Ed. (3241)
2010 Ed. (3172)
2011 Ed. (39, 1905)
Solvadis
2015 Ed. (916, 917)
2016 Ed. (819)
Solvay
1990 Ed. (1333, 3456)
1991 Ed. (729, 730, 1258, 1260)
1992 Ed. (913, 914, 1116, 1578, 1579)
1994 Ed. (737, 1328, 1329, 1330)
1995 Ed. (1359, 1360, 1361)
1997 Ed. (700, 701, 961, 1367, 2804)
1998 Ed. (1346)
1999 Ed. (771, 772, 1096, 1588, 1589)
2000 Ed. (788, 789)
2001 Ed. (3836)
Solvay Automotive
2001 Ed. (717, 718)

Solvay & Cie SA
1989 Ed. (1095)
1991 Ed. (911)
1993 Ed. (729, 730, 911, 1283, 1284, 3351)
1997 Ed. (1365)
Solvay Group
1991 Ed. (1259)
1996 Ed. (763, 764, 1299, 1300)
1997 Ed. (1366)
1999 Ed. (1587)
2000 Ed. (1394)
Solvay Indupa
2006 Ed. (665)
Solvay Pharmaceuticals Inc.
2008 Ed. (3949)
Solvay SA
1996 Ed. (1301)
2000 Ed. (1393)
2001 Ed. (1188, 1222, 1224, 1225, 1228, 1640, 1641)
2002 Ed. (759, 760, 1596, 1597, 1650)
2003 Ed. (944, 1624)
2005 Ed. (955)
2006 Ed. (861, 1562, 1563, 1564, 3372)
2007 Ed. (940, 941, 951, 1597, 1598, 1599, 3919)
2008 Ed. (926, 1575, 1576, 1578, 3549)
2009 Ed. (934, 1508, 1509, 1511, 3614)
2010 Ed. (1500, 3538)
2011 Ed. (791, 1495, 1498, 3537)
2012 Ed. (761, 1343, 1466, 3529)
2013 Ed. (1435, 1601, 3575)
2014 Ed. (894, 1397)
2015 Ed. (922, 1461)
2016 Ed. (825, 1391)
Solvay SA/NV
2012 Ed. (1346)
2013 Ed. (1438)
Solvay USA Inc.
2015 Ed. (1899, 3568)
SolvChem Inc.
2013 Ed. (2924, 2940)
2014 Ed. (2960)
2015 Ed. (3028)
2016 Ed. (3593)
Solvents
1996 Ed. (25)
2001 Ed. (3290)
Solvents & Chemicals Inc.
1999 Ed. (2678)
Solvents & Chemicals/Packaging Service Co.
2003 Ed. (2420)
Solvern Innovations
2010 Ed. (1334)
2011 Ed. (98, 4024)
Solvey-sodi AD
2002 Ed. (4390, 4391)
Solving International
2001 Ed. (1449)
Solvo Biotechnology
2009 Ed. (1734)
Solymar
2003 Ed. (1225)
2004 Ed. (2539, 2541)
Solyndra Inc.
2011 Ed. (1013, 2387)
Somaiya; M. Ian
2011 Ed. (3341)
Somalia
1991 Ed. (2826)
1994 Ed. (2007)
2007 Ed. (2259)
2009 Ed. (2168)
Somanetics Corp.
2007 Ed. (2728, 2730)
2008 Ed. (2858, 2860)
2009 Ed. (4474)
2010 Ed. (4524)
2011 Ed. (4463)
2012 Ed. (2761)
SOMAR Inc.
1997 Ed. (3697, 3699)
Somatex Inc.
2006 Ed. (4356)
Some Container
1990 Ed. (2760)
Somec Corp.
2004 Ed. (3330)
Somera
2001 Ed. (2190)
Somera Communications
2000 Ed. (1753, 4340)
2001 Ed. (1579)
Somerfield

1996 Ed. (3623)
1999 Ed. (4100)
2000 Ed. (4131)
2006 Ed. (4645)
The Somerfield Magazine
2000 Ed. (3497)
2002 Ed. (3635)
Somerfield plc
2001 Ed. (262)
Somers
1995 Ed. (1998, 2473)
1996 Ed. (2022, 2023)
1997 Ed. (2144, 2145)
Somers; Suzanne
2006 Ed. (2499)
Somerset Area School District
2006 Ed. (2339)
Somerset Bankshares
1991 Ed. (1723)
Somerset Capital Group Ltd.
2001 Ed. (2702, 2711)
2002 Ed. (2557)
2004 Ed. (2830)
2006 Ed. (2831, 2836, 2841, 3505, 4344)
2007 Ed. (2840, 3542)
2008 Ed. (2959, 2962, 3701)
Somerset Collection
2000 Ed. (4028)
2001 Ed. (4252)
2002 Ed. (4280)
Somerset County, CA
1994 Ed. (2167)
Somerset County, NJ
1993 Ed. (1430)
1994 Ed. (239, 716, 1474, 1478, 1479, 1480, 1481, 2061, 2168)
1995 Ed. (337, 1513)
1996 Ed. (2227)
1997 Ed. (1540)
1998 Ed. (1200, 2080)
1999 Ed. (2831)
Somerset CPAs
2011 Ed. (1710)
2012 Ed. (1567)
2013 Ed. (1722)
Somerset Entertainment Income Fund
2008 Ed. (2591)
2009 Ed. (1576, 2619)
2011 Ed. (2522)
Somerset Hills Bancorp
2005 Ed. (2869)
Somerset Hills Hilton
2000 Ed. (2545)
Somerset Hills Hotel
1997 Ed. (2286)
Somerset Investment Services Ltd.
1997 Ed. (2226)
Somerset, NJ
1990 Ed. (2157)
1991 Ed. (1368)
1998 Ed. (2058)
2000 Ed. (1603, 2612)
2001 Ed. (1940)
Somerset Pontiac
1996 Ed. (283)
Somerset Pontiac-GMC
1995 Ed. (283)
Somerset Technologies
1990 Ed. (2002)
Somerset Tire Service Inc.
2006 Ed. (4753)
2007 Ed. (4759)
2008 Ed. (4682)
2009 Ed. (4723)
2010 Ed. (4732)
2011 Ed. (4691)
2012 Ed. (4714)
2013 Ed. (4668)
2014 Ed. (4718)
2015 Ed. (4733)
2016 Ed. (4634)
Somerset Tire Services Inc.
2005 Ed. (4697)
Somerset Trust Co.
2014 Ed. (1933)
2015 Ed. (1980)
Somerset Wood Products Co.
2015 Ed. (5043)
The Somersworth Bank
1993 Ed. (590)
Somet
2000 Ed. (3001, 3002, 3031)
Something Happened
2006 Ed. (583)
Somfy
2013 Ed. (4939)
2014 Ed. (4949)
2015 Ed. (4988)
2016 Ed. (4905)

Sominex-2
1991 Ed. (3136, 3137)
SOMISA
1989 Ed. (1089)
Sommer Adler & Co.
1996 Ed. (228)
1997 Ed. (259)
1998 Ed. (181)
1999 Ed. (281)
Sommer-Allibert Industrie AG
1996 Ed. (1021)
1997 Ed. (1040)
Sommer Barnard PC
2008 Ed. (1805)
2009 Ed. (1752)
Sommer Broid Commercial Brokerage Co.
1992 Ed. (3614)
Sommers, Schwartz, Silver & Schwartz
1994 Ed. (2353)
1996 Ed. (2453)
Sommers, Schwartz, Silver & Schwartz P.C.
2000 Ed. (2895)
2001 Ed. (3056)
Sompo Japan Insurance Inc.
2007 Ed. (3114)
2011 Ed. (3217)
2012 Ed. (3179)
2013 Ed. (3350)
Sompo Japan Nipponkoa
2016 Ed. (3132)
Sompolski; Timothy
2009 Ed. (2661)
Son; Masayoshi
2008 Ed. (4846)
2009 Ed. (4866, 4867)
2010 Ed. (4868, 4869)
2011 Ed. (4856, 4857)
2012 Ed. (4863)
2013 Ed. (4883)
2014 Ed. (4896)
2015 Ed. (4935)
2016 Ed. (4851)
The Son of Neptune
2013 Ed. (555)
Sona MedSpa
2008 Ed. (172)
Sonac - Industria e Investimentos
1992 Ed. (2894)
Sonac Investimentos - S.G.P.S.
1992 Ed. (2894)
Sonacom IT Partners
2002 Ed. (2517)
SONAE
2013 Ed. (4555)
2015 Ed. (4608)
Sonae
1993 Ed. (2451, 2452)
1999 Ed. (3251)
2006 Ed. (78)
2012 Ed. (4604)
2013 Ed. (4546)
Sonae Industria SGPS SA
2011 Ed. (2011)
Sonae Investimentos
2000 Ed. (2984, 2985)
Sonae Investimentos SGPS
1994 Ed. (2396)
1996 Ed. (2527, 2528)
1997 Ed. (2673, 2674)
1999 Ed. (3250)
Sonae SGPS
2006 Ed. (1996)
2007 Ed. (69, 1959, 1960)
2008 Ed. (74, 2054)
2009 Ed. (2019)
2010 Ed. (1958)
2011 Ed. (2013)
2012 Ed. (1862)
2013 Ed. (2021)
2015 Ed. (2001, 4600)
Sonae SGPS SA
2002 Ed. (3185)
2005 Ed. (1953)
2006 Ed. (1995)
2007 Ed. (1958)
2008 Ed. (2053)
2009 Ed. (2018)
2011 Ed. (2011)
2012 Ed. (1861, 4353)
2013 Ed. (2020, 4338)
2014 Ed. (4389)
Sonae, SGPS SA
2016 Ed. (4274)
Sonag Co. Inc.
1998 Ed. (1932, 1936)
1999 Ed. (2676, 2677)
Sonag Ready Mix LLC
2004 Ed. (2829)

Sonair
2012 Ed. (152)
Sonali Bank
1989 Ed. (487)
1990 Ed. (508)
1991 Ed. (458)
1992 Ed. (615)
1993 Ed. (432)
1994 Ed. (432)
1996 Ed. (453)
1997 Ed. (415)
2000 Ed. (467)
2002 Ed. (528)
2003 Ed. (466)
2004 Ed. (452)
2006 Ed. (417)
2013 Ed. (375)
SonaMed Corp.
2002 Ed. (2520)
Sonance
2005 Ed. (3281)
2013 Ed. (193, 201, 203)
2014 Ed. (201, 211)
2015 Ed. (228, 237, 242)
2016 Ed. (223, 232, 237)
Sonangol
2003 Ed. (3820)
2004 Ed. (3850)
2005 Ed. (3761)
2006 Ed. (3843)
2007 Ed. (3860)
2008 Ed. (3913)
2009 Ed. (3980)
2010 Ed. (3889)
2011 Ed. (733, 3901)
2012 Ed. (3883)
2013 Ed. (3948)
2014 Ed. (3893)
2015 Ed. (3920)
2016 Ed. (3829)
Sonasid
1999 Ed. (1041)
2000 Ed. (991)
Sonat Inc.
1989 Ed. (1494, 1500, 2035)
1990 Ed. (1876, 1883, 2670)
1991 Ed. (1786, 2573)
1992 Ed. (2259, 2262, 3212)
1993 Ed. (719, 1918, 1922)
1994 Ed. (1941, 1945, 2651)
1995 Ed. (1972, 2752, 2906)
1996 Ed. (1999, 2819, 3037)
1997 Ed. (2119, 2925, 3118, 3119)
1998 Ed. (1047, 1125, 1809, 2663, 2856, 2861, 2964)
1999 Ed. (1502, 1562, 2570, 3832, 3833)
2000 Ed. (1383, 3527, 3549, 3550)
2001 Ed. (1553, 1607, 3767)
Sonat Pipeline Co.
1999 Ed. (3829)
Sonata
2001 Ed. (2067)
Sonata; Hyundai
2013 Ed. (277)
Sonata Software Ltd.
2010 Ed. (1095)
2011 Ed. (1034)
Sonatel
2002 Ed. (4402, 4403)
2006 Ed. (4495)
2015 Ed. (1403)
2016 Ed. (1333)
Sonatrach
1992 Ed. (3447)
1998 Ed. (1802)
2003 Ed. (3820)
2004 Ed. (3850)
2005 Ed. (3761)
2006 Ed. (3843)
2007 Ed. (3860)
2008 Ed. (3913)
2009 Ed. (919, 1811, 1812, 3980)
2010 Ed. (1456, 1826, 3889)
2011 Ed. (3901)
2012 Ed. (3883)
2013 Ed. (3948)
2014 Ed. (3893)
2015 Ed. (3920)
2016 Ed. (3829)
Sonatrach (Algeria)
1991 Ed. (2717)
Sonatype
2010 Ed. (1106)
2011 Ed. (1045)
2014 Ed. (1081)
Sondakh; Peter
2009 Ed. (4865)
2010 Ed. (4866, 4867)
2011 Ed. (4854, 4855)

2012 Ed. (4861, 4862)
2013 Ed. (4877, 4878)
2014 Ed. (4891, 4892)
2015 Ed. (4930, 4931)
2016 Ed. (4846, 4847)
Sonderborg Kommune
2014 Ed. (1554)
Sondoz
1991 Ed. (3517)
Sonepar
2008 Ed. (2463)
2009 Ed. (2465)
2013 Ed. (3139)
2014 Ed. (3139)
Sonepar Distribution
1997 Ed. (1713)
Sonepar North America
2013 Ed. (2501)
2014 Ed. (2431)
2015 Ed. (2502)
2016 Ed. (2436)
Sonepar USA
2003 Ed. (2204, 2205)
Sonera Corp.
2002 Ed. (1647, 2468, 2469)
2004 Ed. (27, 44)
Sonera Group plc
2001 Ed. (35, 1701, 1820)
Sonera Oyj
2005 Ed. (1760)
Sonesta
1991 Ed. (1941)
2000 Ed. (2341)
Sonesta Hotels & Resorts
1998 Ed. (2020)
Sonesta International Hotels Corp.
2005 Ed. (4136)
2006 Ed. (1874, 4184)
2007 Ed. (4552)
2010 Ed. (1804)
2011 Ed. (1834, 1836)
Songae Investimentos-SGPS
1992 Ed. (2893)
Songbird Estates
2013 Ed. (4192)
2016 Ed. (4122)
Songbird Estates plc
2015 Ed. (4191)
Songs of Kobalt Music Publishing America Inc.
2014 Ed. (3722)
Songs of Universal Inc.
2014 Ed. (3716, 3722, 3724)
2015 Ed. (3726)
Songz; Trey
2012 Ed. (3735)
Sonia Gandhi
2006 Ed. (4986)
2009 Ed. (4983)
2010 Ed. (4985)
2011 Ed. (4983)
2012 Ed. (3825)
2013 Ed. (4957, 4960)
2014 Ed. (4964, 4969)
2015 Ed. (5010)
SoniBank
2014 Ed. (367)
2015 Ed. (420)
Sonic
1993 Ed. (1753, 1756)
1995 Ed. (1777, 2074)
1996 Ed. (1755, 1966, 2072)
2000 Ed. (1655)
2004 Ed. (2581)
2010 Ed. (4404)
Sonic, America's Drive-In
2014 Ed. (4306)
Sonic Automotive
2014 Ed. (1893)
Sonic Automotive Inc.
1999 Ed. (317)
2000 Ed. (329, 332, 3322)
2001 Ed. (439, 440, 443, 444, 445, 446, 447, 448, 449, 450, 451, 452, 539, 1582)
2002 Ed. (351, 364, 371, 372, 1501, 1747)
2003 Ed. (308, 310, 311, 1582, 1795)
2004 Ed. (267, 270, 276, 277, 340, 341, 1454, 1578, 1829, 1830, 1833)
2005 Ed. (274, 275, 280, 281, 282, 339, 340, 1912, 1915, 4161)
2006 Ed. (296, 297, 301, 302, 303, 1941, 1944, 4173, 4175, 4215)
2007 Ed. (297, 299, 301, 1925, 1927, 4231)
2008 Ed. (282, 289, 290, 1991, 1993, 4260)
2009 Ed. (304, 306, 309, 1446, 1951, 1954, 4364)

2010 Ed. (286, 287, 291, 1454, 1887, 1892, 4390)
2011 Ed. (211, 213, 4335)
2012 Ed. (223, 224, 1780)
2013 Ed. (213, 214, 226, 1952)
2014 Ed. (218, 223, 228)
2015 Ed. (253, 255, 258, 263, 1934, 1938)
2016 Ed. (246, 248, 251, 257, 1891, 1901, 1908)
Sonic Drive-In
2000 Ed. (2413, 2414, 3778)
2003 Ed. (2439, 2452, 4221, 4222, 4223, 4224, 4225, 4226)
2004 Ed. (2582)
2005 Ed. (2550, 2562, 4171, 4172, 4173, 4174, 4175)
2006 Ed. (2557, 2566)
2007 Ed. (2537)
2008 Ed. (2665, 2675, 2676, 4156)
2009 Ed. (2690, 2692, 2700, 4264)
2010 Ed. (2605, 2609, 2620, 4204, 4410, 4411, 4413, 4414)
2011 Ed. (2580, 2587, 2591, 2600, 2603, 4210, 4355, 4356)
2012 Ed. (2527, 2532, 2535, 4290, 4394, 4396, 4397)
2013 Ed. (2660, 2662, 4362, 4364, 4365)
2014 Ed. (2611, 2881, 4419, 4420)
2015 Ed. (2657, 2924, 2925)
2016 Ed. (2580, 2850, 2851, 2854, 2855)
Sonic Drive In Restaurants
2001 Ed. (2402, 2403, 2531, 4068)
2002 Ed. (2238, 2248, 2358)
2004 Ed. (905, 2583)
2005 Ed. (2563)
2006 Ed. (811, 2569, 4107)
2007 Ed. (2540)
2008 Ed. (874, 2678)
2009 Ed. (884, 2702)
2010 Ed. (835, 2623)
2011 Ed. (2604)
Sonic Drive-In Restaurants
2013 Ed. (2669)
2014 Ed. (2619)
2015 Ed. (2665)
2016 Ed. (2588)
Sonic Drive-Ins
1990 Ed. (1982)
1991 Ed. (1883)
1992 Ed. (2121, 2372)
1994 Ed. (1747, 2022, 2023, 3084)
1995 Ed. (1938, 2075, 2076)
1996 Ed. (2073)
1997 Ed. (1840, 2172, 2173)
1998 Ed. (1898)
1999 Ed. (2514, 2515, 2632)
2002 Ed. (2239, 2243)
2003 Ed. (2438)
Sonic Foundry Inc.
2008 Ed. (4520)
Sonic Healthcare
2002 Ed. (1584, 1592)
2004 Ed. (1649)
Sonic Industries
1991 Ed. (1884)
1992 Ed. (2373)
1993 Ed. (2012)
Sonic Innovations Inc.
2006 Ed. (2722)
Sonic Restaurants
1990 Ed. (1983)
Sonic Software Corp.
2005 Ed. (1149)
Sonic Solutions
1997 Ed. (2209, 3647)
2006 Ed. (2388)
2007 Ed. (1239, 2332, 2717, 2737, 4394)
2008 Ed. (1137, 4360, 4370, 4609)
2009 Ed. (1114, 4454, 4458)
2012 Ed. (1375)
Sonic Spinball
1995 Ed. (3636)
Sonic The Hedgehog II
1994 Ed. (3557)
Sonicare
2004 Ed. (4743)
2011 Ed. (3852)
Sonicare Plus Tooth System
1999 Ed. (1826)
Sonicare/Sonic Plaque Removal Instr.
1997 Ed. (1587)
Sonicbids
2009 Ed. (3688)
SonicBlue Inc.
2003 Ed. (2768)
Sonic.net

SonicWALL Inc.
2004 Ed. (2769, 2773)
Sonitrol Corp.
2002 Ed. (4203)
2003 Ed. (4329)
2004 Ed. (4350)
2005 Ed. (4289)
2006 Ed. (4267, 4270)
2007 Ed. (4294, 4295, 4296)
2008 Ed. (4296, 4298, 4301)
2009 Ed. (4404, 4405, 4407)
Sonitrol Management Corp.
2003 Ed. (4327, 4328)
2005 Ed. (4290, 4291, 4292)
Sonitrol Mid-South Holdings
1999 Ed. (4200, 4201)
Sonnax Industries Inc.
2015 Ed. (2119)
Sonnenberg Murphy Leo Burnett
1996 Ed. (138)
2000 Ed. (171)
Sonnenberg Murphy Leo Burnett Holdings
2001 Ed. (209)
2002 Ed. (181)
Sonnenberg; Ralph
2009 Ed. (4892)
2011 Ed. (4881)
2012 Ed. (4890)
2013 Ed. (4891)
2014 Ed. (4904)
2015 Ed. (4944)
2016 Ed. (4859)
Sonnenblick-Goldman Co.
1995 Ed. (3068)
1999 Ed. (4006, 4306)
2000 Ed. (3709, 3724, 4017)
2002 Ed. (3911, 4277)
2003 Ed. (447)
2005 Ed. (4016)
Sonnenblick-Goldman LLC
2008 Ed. (4121)
2009 Ed. (4230)
Sonnenschein
2004 Ed. (3230)
Sonnenschein Nath & Rosenthal
2005 Ed. (1461)
Sonny Mehta
2007 Ed. (3617)
Sonny's Bar-B-Q
2004 Ed. (4147)
2010 Ed. (4213)
Sonny's Real Pit Bar-B-Q
1991 Ed. (955)
2000 Ed. (2272)
2006 Ed. (4136)
2007 Ed. (4156)
2008 Ed. (4164, 4197, 4198)
2009 Ed. (4295)
2011 Ed. (4261)
2014 Ed. (4265)
Sono West
2016 Ed. (3650)
Sonoco Corp.
2002 Ed. (4880)
Sonoco Display & Packaging
2016 Ed. (2305)
Sonoco Graham
1992 Ed. (3321, 3473)
Sonoco Plastics Thermoforming
2013 Ed. (4661)
2014 Ed. (4713)
2015 Ed. (4725)
2016 Ed. (4627)
Sonoco Products
2014 Ed. (2537)
Sonoco Products Co.
1989 Ed. (1008, 1009, 2111)
1990 Ed. (1188, 1189, 2760)
1991 Ed. (1070, 1071, 1209, 2667)
1992 Ed. (1381, 1383, 3327)
1993 Ed. (1110, 1398, 2762)
1994 Ed. (1127, 1129, 1447, 2436, 2721)
1995 Ed. (1143, 1144, 1487)
1996 Ed. (1117, 1118, 1444)
1997 Ed. (1144, 1145, 1507)
1998 Ed. (928, 929, 2748)
1999 Ed. (1346)
2000 Ed. (1341)
2001 Ed. (1044, 1848, 3612, 3613)
2002 Ed. (2320, 3575)
2003 Ed. (1223, 1821, 3712, 3713, 3714)
2004 Ed. (1227, 1228, 1229, 1230, 1857, 2675, 3761, 3763, 3764)
2005 Ed. (1261, 1262, 1263, 1266,

1960, 3678, 3679, 3683, 3689, 4032)
2006 Ed. (1221, 1222, 1223, 1224, 1225, 1226, 2012, 3779)
2007 Ed. (1331, 1332, 1333, 1978, 3775)
2008 Ed. (1218, 1219, 2076, 3837, 3849, 3853)
2009 Ed. (2047, 3893, 3906, 3911)
2010 Ed. (1203, 1976, 1979, 1980, 3806, 3820, 4591)
2011 Ed. (2041, 3816)
2012 Ed. (1087, 1890, 2457, 3799)
2013 Ed. (1224, 2047, 3862, 3863)
2014 Ed. (1164, 1981, 3793, 3794)
2015 Ed. (1218, 2030, 3814, 3815)
2016 Ed. (1999, 3726, 3728)
Sonofon
2001 Ed. (29)
Sonografica
1992 Ed. (86)
Sonoma
2001 Ed. (477)
2015 Ed. (986)
2016 Ed. (887)
Sonoma Coast State Park
1999 Ed. (3704)
Sonoma County, CA
1993 Ed. (1429, 2144)
1995 Ed. (2218)
Sonoma County Wine Growers
1989 Ed. (2940)
Sonoma-Loeb
2000 Ed. (4415)
Sonoma Mission Inn & Spa
1997 Ed. (2285)
Sonoma Partners LLC
2014 Ed. (1650)
2015 Ed. (1693)
Sonoma State University
2011 Ed. (963)
Sonoma Technology
2012 Ed. (1366)
2013 Ed. (1452)
2014 Ed. (1413)
2015 Ed. (1473)
Sonoma Valley Bancorp
2003 Ed. (511)
2012 Ed. (1375)
Sonomarket
2016 Ed. (3665)
Sonopress Ireland Ltd.
2007 Ed. (1823)
Sonora
2001 Ed. (2839)
Sonora, Mexico
2011 Ed. (3497)
Sonora Quest Laboratories
2016 Ed. (1363)
Sonorodven
1992 Ed. (86)
Sonorx Abdominal Ultrasound
2001 Ed. (3270)
Sonos
2013 Ed. (196, 207, 4944)
2014 Ed. (204)
2015 Ed. (231, 239, 241, 244)
2016 Ed. (226, 234, 236, 239)
SonoSite
2013 Ed. (2172)
2014 Ed. (2106)
SonoSite Inc.
2006 Ed. (2080)
2009 Ed. (4484)
2012 Ed. (1962)
Sonova Holding AG
2011 Ed. (2874)
2012 Ed. (2811, 3620)
2013 Ed. (2866)
2014 Ed. (2899)
2015 Ed. (2942)
2016 Ed. (2874)
Sonovente
2013 Ed. (3794)
2015 Ed. (3742)
2016 Ed. (3650)
Sonoya Subaru
1989 Ed. (285)
& & Sons Construction Co.; W. G.
2010 Ed. (1838)
Sonsini; Lawrence
2005 Ed. (4817)
2006 Ed. (4879)
2007 Ed. (4874)
2009 Ed. (4828)
Sonsteby; Charles
2005 Ed. (988)
Sontag Advisory
2010 Ed. (3384)
2011 Ed. (3333)

Sontag; Howard
2009 Ed. (3440)
2012 Ed. (3316)
2013 Ed. (3388)
Sonus Networks
2006 Ed. (4701)
2008 Ed. (1913)
Sonus Pharmaceuticals
2008 Ed. (2140)
2009 Ed. (4573)
2010 Ed. (2060)
2011 Ed. (2115)
Sony
1989 Ed. (39, 1599)
1990 Ed. (890, 1098, 1104, 1109, 1641, 2027, 3632, 3674, 3675)
1991 Ed. (45, 172, 1008, 1013, 1136, 1143, 1147, 1169, 1251, 1538, 1917, 3331, 3447, 3516)
1992 Ed. (923, 1036, 1285, 2420, 2421, 4395, 4491)
1993 Ed. (55, 148, 829, 1032, 1059, 1274, 1357, 1359, 1564, 1584, 1587, 1612, 1740, 2049, 2050, 2105, 2507, 2853, 3586, 3667)
1994 Ed. (844, 1063, 2069, 2070, 3629, 3679)
1995 Ed. (679, 885, 1075, 2118, 2180, 2937, 3702)
1996 Ed. (159, 749, 750, 1405, 1637, 2125, 2126, 2127, 2193, 2578, 2744, 2974, 3032, 3707, 3783)
1997 Ed. (680, 681, 880, 1072, 1462, 1714, 2234, 2235, 2236, 2719, 2816, 3115, 3116, 3253, 3762, 3836, 3837, 3838, 3844)
1998 Ed. (73, 74, 475, 476, 608, 611, 812, 824, 825, 840, 841, 1402, 1420, 1949, 1950, 1952, 1954, 2046, 2534, 2752, 3284, 3672, 3777)
1999 Ed. (735, 736, 776, 787, 795, 1009, 1242, 1256, 1257, 1277, 1278, 1566, 1568, 1569, 1571, 1572, 1573, 1576, 1577, 1580, 1690, 1691, 1992, 1993, 1994, 1995, 2030, 2690, 2691, 2693, 2695, 3116, 3298, 3309, 3310, 3445, 3714, 3716, 3768, 3825, 4047, 4277, 4615, 4627, 4632, 4714)
2000 Ed. (199, 208, 749, 948, 955, 963, 966, 998, 1151, 1156, 1170, 1489, 1490, 1491, 1492, 1493, 1495, 1496, 1497, 1772, 1773, 1795, 2478, 2479, 2480, 2864, 3035, 3078, 3132, 3165, 3458, 3707, 4000, 4121, 4202, 4223, 4262, 4263, 4275, 4347)
2001 Ed. (13, 47, 76, 1032, 1071, 1103, 1104, 1354, 1614, 1616, 1621, 1764, 1766, 1768, 1769, 2731, 3021, 3331, 3358, 3645, 3650, 3651, 4604, 4688)
2002 Ed. (218, 925, 929, 1109, 1131, 1579, 1681, 1705, 1706, 1707, 1708, 1709, 2105, 2106, 2107, 2108, 2577, 3251, 3267, 3287, 3335, 3336, 3339, 4431, 4635, 4636, 4754, 4755, 4897)
2003 Ed. (745, 751, 1219, 1524, 1525, 1526, 1545, 1679, 1728, 2235, 2236, 2239, 2248, 2250, 2603, 2766, 2768, 3305, 3347, 3352, 3450, 3479, 3752, 3756, 3796, 3797, 4076, 4593)
2004 Ed. (41, 81, 92, 151, 1134, 1629, 1714, 2254, 2255, 2256, 2261, 2856, 3362, 3414, 3416, 3514, 3777, 3780, 4560)
2005 Ed. (15, 27, 38, 48, 63, 87, 129, 739, 850, 851, 1126, 1771, 1798, 2353, 2354, 2355, 2862, 2863, 2865, 3177, 3393, 3428, 3696, 3699, 4515, 4519, 4656, 4667)
2006 Ed. (67, 96, 132, 1121, 1550, 1825, 1827, 1828, 1850, 2393, 2398, 2399, 2400, 2493, 2869, 2870, 3389, 3575, 3900, 3902, 4510, 4782)
2007 Ed. (25, 41, 86, 679, 684, 689, 694, 741, 852, 870, 877, 1214, 1229, 1833, 1835, 2335, 2342, 2343, 2345, 2346, 2347, 2861, 2862, 2975, 2992, 3782, 3952, 3988, 4351, 4354)
2008 Ed. (30, 60, 81, 93, 156, 274, 275, 642, 643, 660, 830, 832, 833, 834, 1049, 1050, 1129, 1852, 1868, 2385, 2472, 2474, 2589, 2979, 2980, 2981, 3568, 3753, 3755,

3861, 3982, 4140, 4310, 4649,
4707, 4807)
2009 Ed. (35, 52, 68, 656, 764, 773,
1775, 1801, 1822, 1823, 2363,
2364, 2365, 2461, 2477, 2479,
2587, 2591, 2595, 2596, 2598,
2599, 3063, 3517, 3638, 3777,
3778, 3779, 3920, 4832, 4833,
4834)
2010 Ed. (56, 637, 1076, 1406, 1762,
1763, 1764, 2385, 2388, 2503,
2518, 2996, 3377, 3444, 3557,
3828, 3832)
2011 Ed. (564, 566, 567, 574, 580,
1015, 1382, 1383, 1384, 1385,
1386, 1395, 1396, 1397, 1398,
1399, 1400, 1401, 1402, 1482,
1756, 1777, 1778, 2388, 2390,
2519, 3444, 3560, 3702, 3703,
3834)
2012 Ed. (556, 666, 940, 956, 1079,
1291, 1321, 1328, 1630, 1631,
1632, 2320, 2446, 2895, 2901,
2903, 3310, 3461, 3553, 3721,
3722, 3814, 3977)
2013 Ed. (195, 196, 197, 198, 200,
654, 655, 2990, 2991, 3906, 4816)
2014 Ed. (203, 205, 206, 208, 672,
709, 2430, 2998, 4831)
2015 Ed. (230, 232, 235, 236, 245,
624, 4637, 4716, 4868)
2016 Ed. (225, 227, 230, 231, 240,
571, 657, 667, 4554, 4619, 4784)
Sony Broadband Entertainment Corp.
2004 Ed. (2234)
2005 Ed. (2335)
2006 Ed. (2390)
2007 Ed. (2334)
2008 Ed. (2460)
2009 Ed. (2459)
2010 Ed. (2380)
2011 Ed. (2380)
2012 Ed. (2310)
2013 Ed. (2489)
Sony CCD-TR5 Handycam
1991 Ed. (2579)
Sony Computer Entertainment
2002 Ed. (37)
Sony Corp.
2013 Ed. (806, 839, 871, 1427, 1788,
1789, 2497, 2974, 2986, 3508,
3592, 3768, 3876)
2014 Ed. (826, 1049, 1157, 1297,
1718, 2985, 2996, 3482, 3550,
3697, 3812, 4004, 4025)
2015 Ed. (1084, 1359, 1739, 1761,
3053, 3068, 3573, 3835)
2016 Ed. (574, 994, 1270, 1271,
1280, 1290, 1713, 2943, 2959,
3347, 3741)
Sony Corp. of America
2001 Ed. (1251, 1817, 3361, 3362)
2003 Ed. (3449)
2004 Ed. (3510, 3511)
2005 Ed. (3515, 3516)
2006 Ed. (3572, 3573)
2007 Ed. (3637, 3638)
2008 Ed. (3750, 3751)
2009 Ed. (3774, 3775)
2010 Ed. (3705, 3706)
2011 Ed. (3700)
2012 Ed. (3719)
Sony Electronics Broadcast & Professional Co.
2002 Ed. (4594)
Sony Electronics Inc.
1998 Ed. (1890)
2012 Ed. (3100)
2014 Ed. (3026)
2015 Ed. (2477, 3093)
Sony Ericsson
2004 Ed. (757)
2007 Ed. (729, 3624)
2008 Ed. (702)
2009 Ed. (710)
2011 Ed. (584)
Sony Ericsson Mobile Communications
AB
2006 Ed. (1218, 1469)
2009 Ed. (777, 2063, 2064, 2065,
2600, 4672)
2010 Ed. (2003)
2011 Ed. (86, 2063, 2386, 4963)
Sony Ericsson Mobile Communications
Inc.
2005 Ed. (3498)
2012 Ed. (1779)
Sony Europe Ltd.
2012 Ed. (1080)
2013 Ed. (1215)

Sony Financial
2016 Ed. (3225)
Sony Hawaii Co.
2006 Ed. (1749)
Sony Life
2007 Ed. (878)
SONY Medical Imaging Products
2000 Ed. (3077)
Sony Mobile
2013 Ed. (4949)
Sony Music
1998 Ed. (1843)
1999 Ed. (2602)
2000 Ed. (2345)
2011 Ed. (3709)
2012 Ed. (3732)
2013 Ed. (3780)
Sony Music Entertainment (U.K.) Ltd.
2002 Ed. (46)
Sony Music Nashville
2011 Ed. (3709)
2013 Ed. (3780)
Sony of Canada Ltd.
2007 Ed. (4945)
2009 Ed. (2990)
Sony Pictures
1993 Ed. (2597)
1999 Ed. (3442)
2002 Ed. (3394)
2003 Ed. (3450, 3451, 3452)
2004 Ed. (3512, 4141)
2005 Ed. (3517)
2006 Ed. (3574)
2007 Ed. (3639)
2008 Ed. (3752)
2009 Ed. (3776)
2010 Ed. (3707)
2011 Ed. (2521)
Sony Pictures Entertainment
1998 Ed. (2532)
2001 Ed. (3359)
2002 Ed. (3395, 3396)
2007 Ed. (1482, 3638, 3640)
2008 Ed. (1477)
2015 Ed. (4428)
Sony Pictures Entertainment Inc.
2014 Ed. (3034)
2015 Ed. (3100)
Sony Pictures Releasing
2000 Ed. (3164)
2002 Ed. (3393)
2012 Ed. (3718)
2013 Ed. (3765)
2014 Ed. (3694)
Sony Play Station
2013 Ed. (635)
Sony PlayStation
2002 Ed. (4642, 4746)
2003 Ed. (4773)
2004 Ed. (4748)
2005 Ed. (4725)
2006 Ed. (4779)
2007 Ed. (4785)
2008 Ed. (4704)
2009 Ed. (4744)
2010 Ed. (4753)
Sony PlayStation 2
2002 Ed. (4746)
Sony PSP
2009 Ed. (685, 706)
Sony Software Corp.
2001 Ed. (2194)
Sony Stores
2015 Ed. (2510)
2016 Ed. (2443)
Sony Style Retail Stores
2014 Ed. (2438)
Sony (U.K.) Ltd.
2002 Ed. (46)
Sony United Kingdom Ltd.
2000 Ed. (3020)
Sony Walkman
2009 Ed. (685, 706)
Sonya Dukes
2012 Ed. (2157)
Sony/ATV Discos Music Publishing LLC
2014 Ed. (3720)
Sony/ATV Music
2014 Ed. (3715, 3717, 3721, 3723,
3725)
2015 Ed. (3727)
Sony/ATV Songs LLC
2014 Ed. (3722, 3724)
2015 Ed. (3726)
Sony/ATV Timber
2014 Ed. (3714)
Sony/ATV Tree Publishing
2014 Ed. (3714, 3716, 3722)
Sony/ATV Tunes LLC
2015 Ed. (3726)

Sony/Columbia
1996 Ed. (2577)
sony.com
1999 Ed. (4754)
SonyStyle.com
2006 Ed. (2374)
2007 Ed. (2317)
2009 Ed. (2448)
2012 Ed. (2293)
Sonz Partners L.P.
1995 Ed. (2096)
Soo Bong Min
2008 Ed. (369)
Soo Line
1989 Ed. (2283)
1990 Ed. (2945)
1991 Ed. (2471, 2800)
1993 Ed. (2959)
1994 Ed. (2994)
1995 Ed. (2044, 3058)
1996 Ed. (3160)
1997 Ed. (3248)
1998 Ed. (2991)
Soo Line Railroad Co.
2008 Ed. (4099)
2009 Ed. (4210)
2010 Ed. (4145)
2011 Ed. (4145)
Sooch; Navdeep S.
2005 Ed. (976)
Sook; Jin
2014 Ed. (4853)
Soomskaya Horlika Prehodko
1999 Ed. (4725)
Soomskaya Riabinovaya
1999 Ed. (4725)
Soon-Shiong; Patrick
2007 Ed. (4892)
2008 Ed. (4829)
2009 Ed. (4850)
2010 Ed. (4856)
2011 Ed. (4835)
2012 Ed. (4842)
2013 Ed. (4841)
2014 Ed. (4857)
2015 Ed. (4894)
2016 Ed. (4812)
Sooner
1998 Ed. (3401)
Sooner or Later
2011 Ed. (495)
Sooners; Oklahoma
2011 Ed. (2743)
Soong Tuck In
1997 Ed. (2001)
Sooper Credit Union
2009 Ed. (2208)
2010 Ed. (2159, 2162)
2011 Ed. (2179)
2012 Ed. (2039)
2013 Ed. (2217)
2014 Ed. (2148)
Sopad
1993 Ed. (29)
Sopaf/Finnova
1992 Ed. (2964)
Sopexa
1996 Ed. (3866)
Sopexa UK
2001 Ed. (4902)
Sopharma AD
2015 Ed. (3992)
Sopharma AD-Sofia
2006 Ed. (4490)
Sopharma Trading AD
2015 Ed. (3993)
Sophia SA
2006 Ed. (1446, 4726)
Sophocles Zoullas
2011 Ed. (4441)
Sophonpanich; Chatri
2006 Ed. (4920)
Sophos Inc.
2008 Ed. (2126, 3208)
2010 Ed. (2926)
Sophus Berendsen
1990 Ed. (3457)
1991 Ed. (1106, 1266)
Sophus Berendsen A/S
1996 Ed. (1180, 1332)
1999 Ed. (1424, 1598)
Sophus Berendsen B
1994 Ed. (1194, 1195)
1996 Ed. (1180)
1997 Ed. (1219)
Sopik; Victoria
2013 Ed. (4987)
2014 Ed. (4992)
2016 Ed. (4991)
Soporcel

Sony/ATV Timber
1993 Ed. (2451)
Soporcel-Socieda de Portuguesa de
Celulosa
1997 Ed. (2673, 2674)
Soporcel-Sociedade Portuguesa de Celulosa
1994 Ed. (2395, 2396)
Soporcol-Sociedade Portuguese de Celulose
1992 Ed. (2893)
Sopra
1992 Ed. (54)
The Sopranos
2008 Ed. (2579, 2580)
Sopraval
2006 Ed. (1848, 1852)
Soprole
1993 Ed. (27)
Soprole Milk
1994 Ed. (19)
Soproni Sorgyar
1997 Ed. (826)
Soquimich
1991 Ed. (2911, 2912)
1992 Ed. (3765, 3766)
1997 Ed. (3377)
2002 Ed. (4095)
Soquimich B
1996 Ed. (3280)
1999 Ed. (4136)
2000 Ed. (3850)
Soraya Salti
2013 Ed. (3477)
Sorbet
1999 Ed. (2821)
2000 Ed. (2596)
Sordoni Construction Co.
1990 Ed. (1179)
Sordoni Skanska Construction Co.
2000 Ed. (1225, 1256)
2002 Ed. (1202)
Sore throat
1996 Ed. (221)
Soreen
2008 Ed. (710)
2009 Ed. (720)
Sorema Asset Management
1999 Ed. (3088, 3089)
Soren Blanking
1991 Ed. (153)
Sorensen; Eric
1996 Ed. (1841)
1997 Ed. (1914)
Sorensen; Lars Rebien
2014 Ed. (933)
2016 Ed. (865)
Sorenson; Arne
2007 Ed. (1059)
2010 Ed. (916)
Sorenson; James
2007 Ed. (4892)
2008 Ed. (4829)
2009 Ed. (4850)
Sorenson; James L.
2005 Ed. (4849)
2006 Ed. (4904)
Sorenson; James LeVoy
1992 Ed. (1093)
Sorenstam; Annika
2005 Ed. (266)
2007 Ed. (293)
2009 Ed. (293)
Sorfin International Ltd.
1991 Ed. (963, 965)
Sorg
1991 Ed. (3162)
Sorghum
1992 Ed. (2089)
Sorghum silage
2001 Ed. (2665)
Soria & Grey
1995 Ed. (122)
1996 Ed. (136)
1997 Ed. (142)
1999 Ed. (151)
2000 Ed. (169)
2001 Ed. (207)
2002 Ed. (179)
2003 Ed. (146)
Soriana
2009 Ed. (4338)
2010 Ed. (638, 4356)
Soriana SA de CV; Organizacion
2006 Ed. (4175)
Soriana, SAB de CV; Organizacion
2012 Ed. (2137)
Soriano; Amigo
1994 Ed. (2059, 2521, 3655)
Soriano; Amigo & Max D.

1995 Ed. (2112, 2579)
A Soriano Corporation
1992 Ed. (2966)
Soriano Corp.; A.
1995 Ed. (1476)
1996 Ed. (1436)
1997 Ed. (1499)
Soriano; Max D.
1994 Ed. (2059, 2521, 3655)
Soriano & Max D.; Amigo
1995 Ed. (3726)
Sormarkmad AB; B&W
1990 Ed. (49)
Sorocaba, Brazil
2012 Ed. (3502)
Soroptimist International of the Americas
1998 Ed. (193)
Soros Fund
2005 Ed. (3867)
Soros Fund Management
1996 Ed. (2099)
2005 Ed. (2820)
2010 Ed. (2918)
Soros; George
1989 Ed. (1422)
1991 Ed. (2265)
1992 Ed. (2143)
1994 Ed. (1840)
1995 Ed. (1870)
1996 Ed. (1914)
1997 Ed. (2004)
2005 Ed. (3832, 4847)
2006 Ed. (2798, 3898, 4899)
2007 Ed. (3949, 4894)
2008 Ed. (3979, 4823)
2009 Ed. (2715, 4846)
2010 Ed. (2640, 3955, 4851)
2011 Ed. (4827)
2012 Ed. (4838)
2013 Ed. (4832, 4833)
2014 Ed. (2920, 4847)
2015 Ed. (2968, 4884)
2016 Ed. (2902, 4802)
Soros Humanitarian Foundation
1999 Ed. (2501)
Sorrell Trope
2002 Ed. (3069)
Sorrento
1995 Ed. (946)
1996 Ed. (921)
1997 Ed. (947, 949)
1998 Ed. (690, 691)
2000 Ed. (1016, 4157)
2001 Ed. (1170)
Sorrento Hotel
1993 Ed. (2089)
Sorted diamonds
1992 Ed. (2076)
SortingwithStyle.com
2011 Ed. (2370)
S.O.S.
1995 Ed. (993)
SOS Metals Inc.
1996 Ed. (3176)
SOS Staffing Services Inc.
2006 Ed. (2429, 2430)
2009 Ed. (1594, 1595)
2012 Ed. (1930)
2013 Ed. (2091)
SOS Tele Data
1996 Ed. (3879)
1998 Ed. (3761)
Sosa & Associates
1991 Ed. (105, 150)
Sosa & Associates; Apodaca
1995 Ed. (2480)
Sosa, Bromley, Aguilar & Associate
1995 Ed. (126)
Sosa, Bromley, Aguilar & Associates
1992 Ed. (207)
1994 Ed. (117)
1996 Ed. (140)
1997 Ed. (146)
Sosa; Sammy
2005 Ed. (267)
Sosar Al Amane
2009 Ed. (2747)
2010 Ed. (2670)
SOSH Architects
2004 Ed. (2943)
Sosnick Cos.
1993 Ed. (1155)
1995 Ed. (1195, 1196)
Sosrodjojo; Soegiharto
2011 Ed. (4854)
Sotec
2001 Ed. (1354)
Soter; Arthur
1993 Ed. (1779)

1994 Ed. (1762)
1997 Ed. (1853)
SOTETEL
2002 Ed. (4493)
Sotheby's
2009 Ed. (4561)
Sotheby's Holdings
1990 Ed. (3261)
1991 Ed. (3102)
1992 Ed. (1561, 3937, 4034, 4035)
1993 Ed. (3240, 3364)
1994 Ed. (3233, 3365)
1995 Ed. (3423)
Sotheby's International Realty
2002 Ed. (3915)
Sotherby Homes
2004 Ed. (1140)
Sotubi
2004 Ed. (93)
2005 Ed. (88)
2006 Ed. (97)
2007 Ed. (87)
2008 Ed. (94)
2009 Ed. (103)
2010 Ed. (111)
Sotuchoc
2004 Ed. (93)
2005 Ed. (88)
2006 Ed. (97)
2008 Ed. (94)
2009 Ed. (103)
2010 Ed. (111)
SOTUMAG
2002 Ed. (4493, 4494)
Soudal NV
2008 Ed. (918)
Souder, Miller & Associates
2007 Ed. (2406)
2009 Ed. (2534)
2010 Ed. (2451)
2011 Ed. (2460)
SouFun Holdings
2016 Ed. (3282)
SouFun Holdings Ltd.
2012 Ed. (4437)
Soukup, Bush & Associates CPAs PC
2011 Ed. (3)
Soul Asylum
1995 Ed. (1119)
Soul Harvest
2001 Ed. (988)
The Soul of a New Machine
2005 Ed. (709)
Soul of the 70s
2015 Ed. (2334)
Soulfest Tour: Maze
2002 Ed. (1161)
Soumrk
1990 Ed. (2684)
Sound Advice Inc.
1992 Ed. (1937, 2425)
1998 Ed. (861)
Sound Components
2007 Ed. (2865)
Sound Concepts
2014 Ed. (2986)
2015 Ed. (3054)
2016 Ed. (2944)
Sound Credit Union
2014 Ed. (2207)
2015 Ed. (2271)
2016 Ed. (2242)
Sound Deals Inc.
1999 Ed. (3501)
2000 Ed. (3219)
Sound Electric Corp.
1995 Ed. (1147)
Sound Finance Group
1995 Ed. (2340)
Sound Financial
2015 Ed. (2165)
2016 Ed. (366)
Sound House
2013 Ed. (3798, 3800)
2014 Ed. (3735)
2015 Ed. (3747, 3748)
2016 Ed. (3655, 3656)
Sound Minds
2015 Ed. (3063)
The Sound of Music
1998 Ed. (2536)
1999 Ed. (3446)
Sound Post
1993 Ed. (2641)
Sound reinforcers
1994 Ed. (2591)
Sound Shore
1994 Ed. (2615)
1998 Ed. (2601)
2006 Ed. (4564)

Sound Shore Fund
1998 Ed. (2632)
1999 Ed. (3520)
2004 Ed. (3536)
Sound Shore Management
2005 Ed. (3595)
Sound Subaru
1993 Ed. (286)
1994 Ed. (284)
Sound Transit
2005 Ed. (3992)
2008 Ed. (1103)
2010 Ed. (1054)
2011 Ed. (990)
2012 Ed. (906)
2013 Ed. (1061)
2014 Ed. (1025)
2015 Ed. (1060)
2016 Ed. (968)
SoundBite Communications
2010 Ed. (986)
SoundBite Communications Inc.
2015 Ed. (1106)
Soundbuilt Homes
2002 Ed. (1211)
2003 Ed. (1212)
2004 Ed. (1219)
Soundcast
2015 Ed. (239)
Soundcorp
2013 Ed. (3787)
2015 Ed. (3736)
2016 Ed. (3645)
Soundesign
1990 Ed. (2027)
1991 Ed. (1917)
1992 Ed. (2421)
1994 Ed. (2070)
1995 Ed. (2118)
2000 Ed. (4121)
Sounds Easy Video Stores
1995 Ed. (3698)
Soundtracks
2001 Ed. (3405)
Soundview Paper Co.
2015 Ed. (3568)
2016 Ed. (3425)
Soundview Property Mgmt.
2000 Ed. (3710)
SoundView Technology Group Inc.
2005 Ed. (363, 2807)
Soundwill Holdings
2015 Ed. (1445)
Soung Energy Trust
2009 Ed. (1576)
Soup
1998 Ed. (2499)
2002 Ed. (3491, 4527, 4720)
2003 Ed. (4833)
2004 Ed. (2648)
2005 Ed. (2757, 2760)
2008 Ed. (2732)
Soup at Hand
2008 Ed. (844)
Soup, canned
2002 Ed. (4329)
2003 Ed. (4491)
Soup, Frozen
2000 Ed. (4142)
Soup mixes
1994 Ed. (3462)
2002 Ed. (4329)
2003 Ed. (4491)
2005 Ed. (2756)
Souper Salad
2002 Ed. (4010)
Souplantation
2003 Ed. (4120)
2004 Ed. (4118, 4126)
2006 Ed. (4114)
2007 Ed. (4141)
2008 Ed. (4167, 4168)
2009 Ed. (4275)
2011 Ed. (4222)
2014 Ed. (4266)
2015 Ed. (4247)
Souplantation/Sweet Tomatoes
1993 Ed. (3036)
2002 Ed. (4010)
2009 Ed. (4263)
2010 Ed. (4203)
Soups
1990 Ed. (897)
1992 Ed. (3815)
Soups, canned
1995 Ed. (3530)
Soups, cosmetics
1994 Ed. (1271, 1272, 1276, 1278, 1279, 1280, 1281)
Soups, Ramen

1992 Ed. (3218)
Sour cream
1994 Ed. (3460)
1998 Ed. (1237)
2002 Ed. (984)
2003 Ed. (4492)
Sour Cream & Onion
1990 Ed. (2879, 2887)
Sour Patch Kids
2008 Ed. (838)
2014 Ed. (830)
2015 Ed. (870)
2016 Ed. (757)
The Source
1989 Ed. (1212)
1999 Ed. (3754, 3763, 3765)
2000 Ed. (3479, 3490, 3492)
2002 Ed. (3227)
2006 Ed. (3510, 4349)
2007 Ed. (3549, 4409)
2008 Ed. (3706, 4382)
Source 44 Consulting Inc.
2013 Ed. (2839)
2016 Ed. (3103)
Source Capital Inc.
2004 Ed. (3175)
2005 Ed. (3214)
Source Club
1995 Ed. (3722)
Source Consulting
1998 Ed. (546)
2000 Ed. (904)
2013 Ed. (3547)
Source Diversified Inc.
1998 Ed. (1932)
Source EDP
1997 Ed. (1794)
Source Home Entertainment Inc.
2015 Ed. (1638)
Source Informatics
1998 Ed. (3041)
The Source Information Management Co.
2002 Ed. (2427)
Source Interlink Cos.
2008 Ed. (2349)
2009 Ed. (3594)
2012 Ed. (3513)
2013 Ed. (3554)
Source Marketing
2014 Ed. (3563, 3567)
Source One Digital
2009 Ed. (4110)
2010 Ed. (4043)
2011 Ed. (4019)
2012 Ed. (4046)
2013 Ed. (4092)
Source One (Fireman's Fund)
1995 Ed. (2602)
Source One Management Inc.
2006 Ed. (3503)
2007 Ed. (4403)
2008 Ed. (3699, 4373)
2009 Ed. (3758)
Source One Mortgage Services
1993 Ed. (2595)
1994 Ed. (1984, 2549, 2554, 2558)
1995 Ed. (2042, 2601, 2606)
1996 Ed. (2036, 2677, 2684)
1999 Ed. (2608, 3437)
Source Perrier SA
1994 Ed. (1206, 1227)
Source Refrigeration & HVAC Inc.
2016 Ed. (141)
Source Security & Investigations
2012 Ed. (1400)
Source Security & Investigations Inc.
2016 Ed. (1466)
Source Services
1998 Ed. (1505)
1999 Ed. (2072)
Source Services/Romac International
2000 Ed. (1865)
Source Technologies LLC
2006 Ed. (4370)
2007 Ed. (4438)
2008 Ed. (4419)
2012 Ed. (2861)
2013 Ed. (2930)
Source Technology
2010 Ed. (664)
2011 Ed. (596)
Source Telecomputing Corp.
1990 Ed. (1645)
Source4Teachers
2015 Ed. (1894)
2016 Ed. (1858)
Sourcebooks
2001 Ed. (3951)
SourceClub

1994 Ed. (3645)
Sourcefire Inc.
2009 Ed. (3009)
2011 Ed. (1032)
2012 Ed. (963)
2013 Ed. (2846)
SourceLine
1991 Ed. (3294)
Sourcentra
2009 Ed. (3583)
SourceOne Staffing
2008 Ed. (3697)
The Sourcing Group
2014 Ed. (4079, 4097)
The Sourcing Group LLC
2015 Ed. (4064, 4070, 4071, 4073, 4074, 4075, 4076, 4077)
2016 Ed. (3971, 3978, 3983, 3985, 3986, 3987, 3988, 3999)
Sourcing Partnerships Ltd.
2003 Ed. (2712, 2735, 2740, 2741)
Sourcing Solutions LLC
2015 Ed. (1485)
Sousaphone
1999 Ed. (3504)
Souter; Brian
1996 Ed. (1717)
2007 Ed. (4926)
2008 Ed. (4900)
2009 Ed. (4919)
2010 Ed. (4923)
2012 Ed. (4923)
Souter; Sir Brian
2013 Ed. (4905)
South
1994 Ed. (2586)
South Africa
1989 Ed. (1517, 2964)
1990 Ed. (1446, 1912, 1919, 1926, 1927, 1937, 3699)
1991 Ed. (222, 1177, 1380, 1828, 1835, 1842, 1851, 3270, 3507)
1992 Ed. (316, 1446, 1490, 1729, 1730, 1802, 2170, 2304, 2311, 2328, 2329, 2336, 3543, 4187, 4474)
1993 Ed. (212, 213, 1961, 1968, 1975, 1988, 3725)
1994 Ed. (1485, 1530, 1979, 1980, 1987)
1995 Ed. (1517, 2011, 2018, 2030, 2040, 3774)
1996 Ed. (26, 325, 1218, 1476, 1545, 3435, 3871)
1997 Ed. (725, 1541, 1604, 1605, 2146)
1998 Ed. (1033, 1839, 1849, 1850, 2192, 2311)
1999 Ed. (1212, 1214, 1462, 1780, 1842, 2109, 2597, 2606, 4662)
2000 Ed. (1609, 1896, 2352, 2353, 2359, 2377, 2378, 2379)
2001 Ed. (392, 395, 507, 508, 1229, 1341, 1946, 2003, 2004, 2005, 2163, 2614, 2615, 3025, 3212, 3369, 3548, 3596, 3609, 3659, 3821, 4120, 4229, 4402, 4550, 4656, 4909, 4936)
2002 Ed. (302, 303, 682, 738, 739, 741, 1811, 1816, 2413, 2415, 3074, 3520, 3521, 4508, 4707, 4972, 4973)
2003 Ed. (285, 965, 1386, 1880, 2051, 2052, 2627, 3155, 3282, 3650, 3703, 3710, 3892, 4191, 4401, 4628, 4743, 4744, 4822, 4825, 4972)
2004 Ed. (233, 253, 979, 1401, 1918, 2094, 2095, 2741, 2745, 2814, 3215, 3344, 3694, 3747, 3756, 3915, 4217, 4413, 4454, 4542, 4543, 4597, 4608, 4726, 4821, 4991)
2005 Ed. (256, 998, 1422, 2053, 2198, 2199, 2200, 2317, 2610, 2742, 2765, 3031, 3032, 3243, 3375, 3376, 3604, 3658, 3659, 3660, 3661, 3671, 3860, 4145, 4363, 4401, 4531, 4542, 4702, 4798, 4801, 4997)
2006 Ed. (276, 282, 1008, 1407, 2146, 2260, 2261, 2262, 2336, 2609, 2704, 2827, 2967, 3228, 3353, 3354, 3708, 3756, 3768, 3923, 4193, 4306, 4418, 4574, 4612, 4623, 4757, 4866, 4995)
2007 Ed. (281, 285, 1097, 1439, 2090, 2198, 2199, 2200, 2267, 2584, 2699, 2830, 3292, 3407, 3408, 3702, 3755, 3765, 3976,

4372, 4419, 4480, 4551, 4599, 4763, 4868, 4996)
2008 Ed. (257, 260, 975, 1931, 2200, 2332, 2333, 2334, 2402, 2438, 2626, 2720, 2721, 2826, 3212, 3213, 3406, 3537, 3785, 3832, 3845, 3999, 4327, 4625, 4626, 4687, 4789, 4804, 4995)
2009 Ed. (280, 283, 966, 2319, 2320, 2321, 2401, 2440, 2653, 2775, 2776, 2884, 3426, 3466, 3541, 3542, 3603, 3826, 3886, 3901, 4073, 4431, 4661, 4662, 4727, 4820, 4827, 4996)
2010 Ed. (211, 267, 269, 281, 925, 1065, 1386, 2211, 2212, 2249, 2250, 2251, 2265, 2303, 2314, 2405, 2558, 2707, 2708, 2821, 3402, 3521, 3754, 3797, 3811, 3992, 4474, 4516, 4522, 4581, 4736, 4839, 4841)
2011 Ed. (132, 186, 189, 204, 754, 863, 1371, 1375, 2229, 2257, 2258, 2259, 2272, 2299, 2310, 2406, 2543, 2694, 2807, 3384, 3387, 3390, 3525, 3605, 3793, 3807, 3997, 4310, 4411, 4459, 4570, 4695, 4797, 4800, 4998)
2012 Ed. (136, 218, 365, 1234, 2091, 2139, 2210, 2617, 3084, 3347, 4547, 4551)
2013 Ed. (112, 208, 488, 1069, 1347, 2277, 2344, 2393, 2687, 3167, 3417, 4504)
2014 Ed. (119, 215, 499, 1028, 1283, 2211, 2330, 2672, 3172, 3415, 4548)
2015 Ed. (134, 247, 563, 1063, 1347, 2275, 2358, 2716, 3232, 3448, 4546)
2016 Ed. (140, 1266, 2302, 3307)
South Africa Department of Trade & Industry
2010 Ed. (3386)
2012 Ed. (3504)
South Africa; Government of
2005 Ed. (79)
2006 Ed. (88)
South African
1994 Ed. (176)
South African Airways
2001 Ed. (302, 303)
2007 Ed. (234)
2008 Ed. (214)
2009 Ed. (235, 236)
2010 Ed. (219, 220)
2011 Ed. (142, 143)
2015 Ed. (158)
South African Airways (Proprietary) Ltd.
2012 Ed. (148, 149)
2013 Ed. (131, 132)
2014 Ed. (141, 142)
2015 Ed. (159, 160)
2016 Ed. (163, 164)
South African Airways (Pty.) Ltd.
2005 Ed. (216)
South African Breweries
1991 Ed. (1342)
1992 Ed. (1688)
1993 Ed. (2375)
1994 Ed. (1445, 2342, 2343)
1996 Ed. (727, 1441, 2442, 2443)
1997 Ed. (1506, 2585, 2586)
1998 Ed. (509)
1999 Ed. (1732, 3130, 3131)
2000 Ed. (1554)
2002 Ed. (3038, 3039)
2007 Ed. (1976)
2009 Ed. (2041, 2042)
South African Breweries plc
2001 Ed. (79)
2002 Ed. (704)
2004 Ed. (1450, 1534)
2005 Ed. (1498)
South African Broadcasting Corp.
1993 Ed. (50)
2004 Ed. (84)
2005 Ed. (79)
2008 Ed. (84)
2009 Ed. (93)
2010 Ed. (101)
South African Committee for Higher Education
1994 Ed. (1906)
South African Eagle
2000 Ed. (2673)
South African rand
2006 Ed. (2239)
2007 Ed. (2159)
2008 Ed. (2273)

2009 Ed. (2260)
South African Reserve Bank
2009 Ed. (2041)
South African Transportation Service
1993 Ed. (3271)
South Airlines
2012 Ed. (156)
South Alabama; University of
1991 Ed. (888)
1997 Ed. (1065)
2009 Ed. (1064)
2010 Ed. (1032)
2011 Ed. (963)
South America
1990 Ed. (2759)
1992 Ed. (1235)
1993 Ed. (2027, 2045)
1994 Ed. (189)
1996 Ed. (1175, 3633)
1997 Ed. (2748)
1998 Ed. (251, 1805, 2815, 3773)
1999 Ed. (2101, 2856, 4827)
2000 Ed. (350)
2001 Ed. (3157, 4374)
2003 Ed. (3854)
2004 Ed. (806, 807)
2005 Ed. (791, 792, 1598, 3199)
2006 Ed. (1485, 3178)
2007 Ed. (1515, 3247)
2008 Ed. (1497, 3375)
2010 Ed. (1414)
South American Restaurants Corp.
2016 Ed. (1972, 4232)
South Asia
1998 Ed. (2735)
1999 Ed. (1820)
South Atlantic
1989 Ed. (2032)
1990 Ed. (2654)
South Atlantic U.S.
2008 Ed. (3483)
South Auckland Health
2002 Ed. (1587)
South Bank Television Holdings Ltd.
1992 Ed. (1195, 1200)
South Bay BMW/Mini
2013 Ed. (215)
South Bay Chrysler-Plymouth
1990 Ed. (340)
South Bay Chrysler-Plymouth Jeep-Eagle
1991 Ed. (283, 307)
South Beach
2008 Ed. (870)
2009 Ed. (880)
2010 Ed. (831)
South Beach Beverage Co.
2003 Ed. (4521)
2014 Ed. (2802)
The South Beach Diet
2005 Ed. (724, 726)
2006 Ed. (637)
2007 Ed. (665)
South Beach Diet
2016 Ed. (621)
The South Beach Diet Cookbook
2006 Ed. (637)
The South Beach Diet Good Fats/Good Carbs Guide
2006 Ed. (640)
South Beloit Water, Gas & Electric
2001 Ed. (3866)
South Bend Chocolate Co.
2003 Ed. (858)
South Bend, IN
1995 Ed. (988, 2666)
1996 Ed. (1061)
1997 Ed. (1075)
1999 Ed. (2088, 2089, 3368, 3369)
2003 Ed. (1871)
2005 Ed. (3644, 3645)
2007 Ed. (2077)
South Bend Tribune
1989 Ed. (2053)
1990 Ed. (2695, 2699)
1991 Ed. (2608)
1992 Ed. (3245)
South Bend/Mishawaka, IN
1992 Ed. (2548)
1993 Ed. (2542)
South BMW
1995 Ed. (264)
South Boston Savings Bank
1997 Ed. (3743)
South Breweries
1995 Ed. (1482)
South Brooklyn/Staten Island Network
2002 Ed. (1744)
South Broward Endoscopy
2012 Ed. (2797)

2013 Ed. (2865)
2015 Ed. (2939)
South Broward Hospital District
1995 Ed. (2631)
1997 Ed. (2828)
2006 Ed. (1708)
2007 Ed. (1703)
South California UFCW
1997 Ed. (3016)
South Car PS Authority
2001 Ed. (427)
South Carolina
1989 Ed. (1508, 2543, 2547, 2553, 2893)
1990 Ed. (825, 830, 1482, 2410, 2430, 3366, 3368, 3384, 3385, 3389, 3410, 3677)
1991 Ed. (1812, 1853, 2161, 2350, 2351, 2475, 3176, 3187, 3459)
1992 Ed. (2334, 2339, 2340, 2876, 2880, 2914, 2915, 2923, 2925, 2926, 2927, 2929, 2968, 4074, 4106, 4107, 4405)
1993 Ed. (363, 1735, 1945, 2438, 2442, 2443, 2585, 3394, 3396, 3414, 3415, 3677, 3699)
1994 Ed. (1969, 2380, 2388, 2535, 3404, 3405, 3639)
1995 Ed. (675, 1762, 1764, 1994, 2269, 2461, 2469, 3475, 3476, 3713)
1996 Ed. (1737, 1738, 2016, 2091, 2509, 2517, 3174, 3254, 3255, 3512, 3556, 3557, 3559, 3578)
1997 Ed. (1739, 2138, 2219, 2656, 3148, 3228, 3567, 3569, 3596, 3597, 3603, 3851)
1998 Ed. (1831, 1935, 2041, 2112, 2113, 2382, 2437, 2901, 2926, 2971, 3375, 3386, 3387, 3395, 3398, 3466, 3755)
1999 Ed. (2588, 2681, 2812, 3220, 3595, 3724, 4418, 4424, 4425, 4430, 4444, 4448, 4449, 4537, 4765)
2000 Ed. (751, 1906, 2328, 2658, 2659, 2959, 3434, 3558, 3587, 3689, 4104, 4105, 4113, 4290, 4356)
2001 Ed. (362, 719, 1028, 1029, 1126, 1127, 2050, 2132, 2234, 2260, 2360, 2385, 2386, 2387, 2388, 2389, 2390, 2391, 2392, 2393, 2394, 2398, 2421, 2598, 2618, 2806, 3029, 3174, 3295, 3306, 3338, 3339, 3616, 3636, 3637, 3639, 3654, 3786, 3809, 3903, 3999, 4150, 4258, 4259, 4409, 4412, 4515, 4516, 4517, 4518, 4536, 4552, 4570, 4710, 4735, 4797, 4839, 4927, 4937, 4938)
2002 Ed. (467, 470, 472, 475, 948, 1118, 1119, 1904, 1905, 1906, 2069, 2119, 2400, 2402, 2403, 2736, 2737, 2738, 2739, 2742, 2746, 2882, 2883, 2892, 2983, 3111, 3122, 3128, 3600, 4114, 4537, 4551, 4627, 4765, 4911)
2003 Ed. (410, 440, 2146, 2582, 2613, 3244, 3248, 3250, 3255, 3256, 3758, 4213, 4243, 4252, 4293, 4416, 4417, 4755, 4912, 4945)
2004 Ed. (372, 386, 387, 389, 1067, 2297, 2733, 3037, 3088, 3092, 3278, 3300, 3783, 4236, 4252, 4264, 4501, 4512, 4735, 4899, 4903, 4949, 4979)
2005 Ed. (370, 401, 402, 442, 1078, 2917, 2987, 3701, 4159, 4185, 4191, 4195, 4205, 4712, 4723, 4795, 4929)
2006 Ed. (2984, 2986, 3104, 3109, 3131, 3790, 4213, 4477, 4664, 4666, 4764, 4791, 4996)
2007 Ed. (2373, 3017, 3788, 4684, 4687, 4770, 4804, 4866)
2008 Ed. (2436, 2897, 3136, 3469, 3470, 3482, 3862, 4356, 4594, 4596, 4690, 4733, 4787)
2009 Ed. (2438, 2877, 3034, 3090, 3220, 3548, 3549, 3921, 4243, 4452, 4638, 4640, 4732, 4768, 4819)
2010 Ed. (812, 823, 1058, 2313, 2320, 2359, 2776, 2959, 3022, 3148, 3149, 3153, 3272, 3361, 3447, 3465, 3468, 3839, 4175, 4504, 4666, 4667, 4669, 4740, 4837)

2011 Ed. (736, 741, 750, 996, 2316, 2355, 2765, 2921, 2991, 3115, 3116, 3119, 3238, 3241, 3316, 3447, 3464, 3471, 3472, 3842, 4440, 4615, 4616, 4700, 4795)
2012 Ed. (673, 912, 920, 2736, 2856, 2917, 3052, 3053, 3054, 3202, 3206, 3302, 3303, 3464, 3473, 3476, 3477, 3478, 4163, 4484, 4620, 4621, 4624, 4812)
2013 Ed. (2316, 2397, 2520, 2835, 3043, 3131, 3135, 3270, 3522, 3526, 3527, 3567, 4152, 4446, 4575, 4576, 4580, 4586, 4774, 4775, 4973, 4995, 4997)
2014 Ed. (230, 623, 755, 756, 843, 3135, 3496, 3499, 3500, 3501, 4634, 4635, 4761)
2015 Ed. (265, 302, 790, 791, 882, 3197, 3514, 3516, 3517, 3518, 3520, 3779, 4055, 4056)
2016 Ed. (260, 712, 713, 3054, 3373, 3374, 3375, 3376)
South Carolina at Columbia; University of
1997 Ed. (854)
South Carolina Bank & Trust Financial Corp.
2008 Ed. (2073)
2009 Ed. (2044)
South Carolina-Columbia, Moore School of Business; University of
2008 Ed. (793)
2009 Ed. (810)
2010 Ed. (748, 758, 759)
2011 Ed. (659, 670)
South Carolina Computer Crime Center
2006 Ed. (3241)
South Carolina Credit Union
2002 Ed. (1891)
2003 Ed. (1945)
2004 Ed. (1985)
2005 Ed. (2127)
2006 Ed. (2222)
2007 Ed. (2143)
2008 Ed. (2258)
2009 Ed. (2244)
2010 Ed. (2198)
2011 Ed. (2216)
2012 Ed. (2077)
2013 Ed. (2263)
2014 Ed. (2196)
2015 Ed. (2260)
2016 Ed. (2231)
South Carolina, Darla Moore School of Business; University of
2008 Ed. (777)
South Carolina Education Lottery
2008 Ed. (2074)
South Carolina Electic & Gas Co.
2001 Ed. (3868)
South Carolina Electric & Gas Co.
2001 Ed. (427, 1848, 3553, 3869)
2004 Ed. (1857)
2005 Ed. (1960)
2006 Ed. (2012)
2007 Ed. (1978)
2008 Ed. (2076)
2009 Ed. (2047)
2010 Ed. (1979)
2011 Ed. (2041)
2012 Ed. (1890)
2013 Ed. (2047)
2014 Ed. (1981)
2015 Ed. (2030)
2016 Ed. (1999)
South Carolina Federal Credit Union
2009 Ed. (2044)
2010 Ed. (1976)
South Carolina Jobs & Economic Development Agency
2001 Ed. (914)
South Carolina National
1989 Ed. (673)
South Carolina National Bank
1990 Ed. (684, 2338)
1991 Ed. (661)
1992 Ed. (834)
1993 Ed. (628)
1994 Ed. (632, 2550)
1995 Ed. (607)
South Carolina Pipe Line Co.
2005 Ed. (2722)
South Carolina Power Team
2008 Ed. (2427)
South Carolina Public Service
1990 Ed. (2640)
South Carolina Public Service Authority
1990 Ed. (1596, 1597)
1991 Ed. (1495, 1496)

1992 Ed. (1894, 1895)
1993 Ed. (1548, 1555)
1994 Ed. (1592, 1593)
1995 Ed. (1635, 1636)
1996 Ed. (1611, 1612)
1998 Ed. (1377, 1381, 1383)
2011 Ed. (2041)
2012 Ed. (1890)
2013 Ed. (2047)
2014 Ed. (1981)
2015 Ed. (2030)
2016 Ed. (1999)
South Carolina Public Services Authority
2001 Ed. (914)
South Carolina Retirement
1997 Ed. (3024)
2001 Ed. (3672)
2002 Ed. (3607)
2009 Ed. (2291, 2296)
2010 Ed. (2235)
South Carolina State Credit Union
2002 Ed. (1891)
2003 Ed. (1945)
2004 Ed. (1985)
2005 Ed. (2127)
2006 Ed. (2222)
2007 Ed. (2143)
2008 Ed. (2258)
2009 Ed. (2244)
2010 Ed. (2198)
2011 Ed. (2216)
2012 Ed. (2077)
2013 Ed. (2263)
2014 Ed. (2196)
2015 Ed. (2260)
2016 Ed. (2231)
South Carolina Student Loan Corp.
1999 Ed. (3475)
2000 Ed. (3205)
South Carolina Transportation Infra. Board
2001 Ed. (914)
South Carolina; University of
1991 Ed. (819)
1992 Ed. (1001, 1008)
1993 Ed. (800)
1994 Ed. (809)
1996 Ed. (841)
2009 Ed. (3520)
2010 Ed. (3449)
South Central
1989 Ed. (2032)
1990 Ed. (2654)
South Central Communications
2006 Ed. (3330)
South Central Heating & Plumbing
2012 Ed. (1172)
South Chautauqua Credit Union
2006 Ed. (2165)
South Coast British Columbia Transportation Authority
2016 Ed. (3456)
South Coast Community Credit Union
2004 Ed. (1928, 1929)
2005 Ed. (2068)
South Coast Construction Services Inc.
1995 Ed. (1147, 2100)
1996 Ed. (1120)
South Coast Plaza
2003 Ed. (4407)
2006 Ed. (4311)
South Cone Inc.
2000 Ed. (2463)
South Congress Industrial Center
1990 Ed. (2178)
South Connecticut Newspapers
1989 Ed. (2055)
1990 Ed. (2701)
South County Motors
1990 Ed. (323)
1991 Ed. (298)
1992 Ed. (403)
1995 Ed. (291)
South County Volkswagen
1993 Ed. (288)
South Dade News Leader
1990 Ed. (2708)
South Dakota
1989 Ed. (201, 1642, 1669, 1737, 1888, 1898, 1899, 2536, 2540, 2613)
1990 Ed. (366, 2410, 2430, 2868, 3368, 3382, 3394, 3410, 3412, 3414, 3418, 3424, 3507)
1991 Ed. (1399, 2162, 2350, 2351, 2353, 2485, 3205, 3213, 3344)
1992 Ed. (1066, 2334, 2573, 2876, 2914, 2915, 2916, 2921, 2922, 2923, 2925, 2926, 2927, 2929, 3106, 4023, 4078, 4104, 4128,

4130, 4180, 4428, 4429)
1993 Ed. (413, 2438, 3395, 3412, 3505, 3691)
1994 Ed. (678, 870, 2388, 2414, 3374, 3402, 3475)
1995 Ed. (2469)
1996 Ed. (36, 2517, 3513, 3520)
1997 Ed. (2647, 2656, 3564)
1998 Ed. (2382, 2419, 2420, 2883, 3379, 3395, 3466)
1999 Ed. (1848, 1996, 3220, 4402, 4449, 4451, 4453, 4537)
2000 Ed. (2959, 3007, 4180)
2001 Ed. (277, 354, 1507, 2609, 2612, 2613, 2664, 2723, 3557, 4150, 4228, 4797, 4830)
2002 Ed. (447, 448, 449, 452, 455, 456, 457, 458, 459, 464, 477, 492, 493, 952, 1114, 1115, 1118, 1347, 1907, 2230, 2231, 2285, 2447, 2574, 3111, 3122, 3197, 3198, 3199, 3213, 3528, 3805, 4082, 4104, 4105, 4110, 4146, 4330, 4522, 4523, 4551, 4892)
2003 Ed. (388, 389, 390, 391, 392, 395, 397, 405, 406, 408, 409, 418, 440, 442, 443, 444, 1058, 1065, 1384, 2625, 2678, 2793, 2794, 3235, 3249, 3250, 3255, 3256, 3657, 4040, 4213, 4231, 4234, 4236, 4237, 4238, 4246, 4296, 4298, 4400, 4666, 4912)
2004 Ed. (367, 368, 369, 370, 371, 373, 374, 383, 384, 385, 387, 397, 413, 436, 437, 438, 439, 895, 1067, 1072, 1074, 1398, 1399, 2001, 2002, 2022, 2537, 2566, 2568, 2569, 2726, 2744, 2793, 2904, 2972, 3039, 3291, 3292, 3702, 3897, 4236, 4251, 4252, 4254, 4255, 4257, 4265, 4306, 4412, 4453, 4456, 4513, 4649, 4884, 4886, 4903, 4980, 4993)
2005 Ed. (388, 389, 390, 392, 393, 395, 403, 404, 406, 407, 408, 416, 442, 443, 444, 445, 782, 1071, 1076, 1420, 2528, 2615, 2785, 2882, 2916, 3298, 3300, 3611, 3613, 4159, 4188, 4190, 4196, 4233, 4239, 4362, 4400, 4569, 4601, 4899)
2006 Ed. (1405, 2613, 2754, 2756, 2894, 2980, 2986, 2987, 3726, 3730, 4213, 4305, 4332, 4417, 4474, 4650, 4665, 4667, 4931, 4932, 4996)
2007 Ed. (1437, 2589, 2763, 2916, 3017, 3018, 3709, 3713, 4226, 4371, 4396, 4479, 4650, 4685, 4686, 4937, 4938, 4997)
2008 Ed. (343, 1388, 2436, 2437, 2642, 2726, 3037, 3136, 3137, 3800, 3806, 4257, 4326, 4355, 4463, 4581, 4595, 4914, 4915, 4996)
2009 Ed. (1391, 2439, 2669, 2781, 3122, 3219, 3220, 3221, 3296, 3543, 3552, 3553, 3850, 4244, 4361, 4430, 4452, 4497, 4624, 4639, 4766, 4925, 4926)
2010 Ed. (1058, 1059, 1060, 1376, 2327, 2328, 2329, 2360, 2411, 2414, 2573, 2574, 2577, 2713, 2775, 2878, 2959, 3055, 3139, 3152, 3153, 3154, 3223, 3448, 3471, 3497, 3612, 3631, 3709, 3769, 3996, 4176, 4183, 4388, 4473, 4504, 4536, 4539, 4569, 4570, 4652, 4668, 4680, 4780, 4838, 4929, 4930, 4968)
2011 Ed. (996, 997, 998, 1369, 2323, 2324, 2325, 2334, 2356, 2414, 2417, 2550, 2551, 2552, 2699, 2765, 2859, 2921, 3025, 3026, 3106, 3118, 3119, 3120, 3186, 3243, 3448, 3615, 3632, 3706, 3773, 4004, 4181, 4331, 4410, 4440, 4474, 4483, 4532, 4600, 4613, 4617, 4632, 4731, 4796, 4914, 4915, 4957)
2012 Ed. (273, 911, 920, 921, 922, 2225, 2281, 2335, 2338, 2499, 2500, 2504, 2523, 2736, 3054, 3055, 3135, 3145, 3202, 3205, 3465, 3609, 3632, 3727, 4163, 4231, 4484, 4489, 4534, 4622, 4623, 4632, 4813, 4951)
2013 Ed. (736, 738, 1066, 1155, 1386, 2517, 2521, 2522, 2655, 2656, 2657, 2703, 2832, 3043, 3132, 3135, 3136, 3222, 3270,

3827, 3829, 3839, 4152, 4435, 4446, 4491, 4578, 4579, 4586, 4587, 4723, 4776, 4971, 4972, 4998, 4999, 5000)
2014 Ed. (276, 621, 756, 2331, 2461, 3135, 3136, 3229, 3241, 3297, 4477, 4624, 4628, 4632, 4633, 4637, 4638, 4946)
2015 Ed. (791, 884, 2397, 2529, 2632, 3197, 3520, 4472, 4623, 4626, 4986)
2016 Ed. (713, 2342, 2462, 3054, 4377, 4541, 4544, 4903)
South Dakota Building Authority
2001 Ed. (918)
South Dakota Health & Education Facilities Agency
2001 Ed. (918)
South Dakota Housing Development Authority
2000 Ed. (2592)
2001 Ed. (918)
South Dakota Soybean Processors LLC
2011 Ed. (2044)
2012 Ed. (1893)
2015 Ed. (2034)
2016 Ed. (2003)
South Dakota Student Loan Corp.
1991 Ed. (2521, 2924)
1997 Ed. (2848, 3383)
South Dakota; University of
2013 Ed. (3836)
South Dakota Wheat Growers
2010 Ed. (204, 205, 2832)
2011 Ed. (122, 127, 128, 2816)
2012 Ed. (129, 132, 2747, 4457)
2014 Ed. (115, 4450)
2015 Ed. (130, 4445)
2016 Ed. (135)
South Dakota Wheat Growers Association
2001 Ed. (1850)
2004 Ed. (1859)
2005 Ed. (1962)
2007 Ed. (1980)
2008 Ed. (2078)
2009 Ed. (2049)
2010 Ed. (1982)
2015 Ed. (116, 2034)
2016 Ed. (122, 2003)
South Dayton Acute Care Consultants Inc.
2011 Ed. (1933)
South East Asian Bank
1999 Ed. (590)
2002 Ed. (620)
South East Personnel Leasing
2002 Ed. (2114)
South-East Regional Health Authority
2006 Ed. (1623, 1624)
South East Soda Manufacturing Co. Ltd.
1994 Ed. (933)
South East Soda Mfg. Co., Ltd.
1990 Ed. (958)
1992 Ed. (1119)
South Eastern Sydney Health
2002 Ed. (1130)
2004 Ed. (1649)
South Financial Group
2003 Ed. (425)
2006 Ed. (398)
South Florida
1990 Ed. (1950)
South Florida Center for Entrepreneurship; University of
2009 Ed. (780)
South Florida Credit Union
2003 Ed. (1894)
South Florida; University of
2008 Ed. (758)
2009 Ed. (753, 1065, 3520)
2010 Ed. (699, 724, 1033)
South Georgia Veterans Health System
2015 Ed. (3147)
South Gobi Energy
2012 Ed. (3669)
South Honda
1994 Ed. (269)
1995 Ed. (269)
South Jersey Credit Union
2011 Ed. (2205)
2012 Ed. (2066)
2013 Ed. (2248)
2014 Ed. (2180)
2015 Ed. (2244)
2016 Ed. (2215)
South Jersey Expo Center
1999 Ed. (1419)
2002 Ed. (1335)

South Jersey Gas
2000 Ed. (3678)
2002 Ed. (4711)
South Jersey Industries Inc.
1989 Ed. (1143)
2005 Ed. (2713)
South Korea
1989 Ed. (1389, 1390, 2121)
1990 Ed. (414, 1264, 1448, 1709,
1729, 1734, 1911, 1918, 1925,
1927, 1929, 1930, 1931, 1935,
2148, 3615, 3617, 3624)
1991 Ed. (164, 259, 329, 1381, 1650,
1824, 1825, 1826, 1827, 1834,
1841, 1850, 2111, 2493, 3279,
3287, 3357)
1992 Ed. (305, 362, 499, 907, 1068,
1390, 1639, 1732, 1733, 1880,
2070, 2072, 2075, 2079, 2080,
2081, 2083, 2250, 2300, 2301,
2302, 2303, 2310, 2317, 2327,
2333, 2360, 2807, 2853, 4324)
1993 Ed. (240, 345, 722, 943, 1269,
1345, 1582, 1743, 1957, 1958,
1959, 1960, 1967, 1974, 1981,
1987, 2229, 2366, 2411, 3357,
3455, 3558, 3559, 3682)
1994 Ed. (786, 956, 1231, 1486,
2005, 2264, 2344, 2363, 2684,
3522)
1995 Ed. (3, 929, 1038, 1249, 1518,
1544, 1657, 1658, 1734, 1737,
1745, 1746, 1751, 1753, 1785,
2010, 2017, 2019, 2020, 2021,
2022, 2029, 2036, 3616)
1996 Ed. (157, 170, 929, 941, 1477,
1645, 3435, 3692, 3714)
1997 Ed. (693, 823, 824, 917, 1542,
1809, 1815, 1912, 2108, 2557,
2560, 2563, 2567, 2568, 2569,
2571, 2573, 2922, 2997, 2999,
3509, 3513)
1998 Ed. (230, 708, 856, 1367, 1418,
1419, 1524, 1525, 1530, 1792,
1846, 1847, 1848, 1850, 2192,
2742, 2743)
1999 Ed. (182, 212, 821, 1104, 1139,
1207, 1213, 1781, 2090, 2091,
2092, 2098, 2101, 2103, 2554,
2884, 2936, 3113, 3342, 3654,
4473, 4594)
2000 Ed. (1323, 1324, 1610, 1650,
1889, 1899, 2349, 2354, 2357,
2358, 2363, 2374, 2375, 2376,
2378, 3357)
2001 Ed. (509, 510, 671, 1088, 1947,
1969, 2127, 2362, 2365, 2371,
2372, 2455, 2489, 2699, 2700,
2968, 3368, 3369, 3967, 4263,
4265, 4369, 4370, 4494, 4648,
4690)
2002 Ed. (683, 740, 742, 743, 744,
1344, 1345, 1476, 1479, 1812,
2423, 2509, 2900, 3073, 3519,
3523, 3596, 3723, 4379, 4380,
4427, 4508, 4623, 4998, 4999)
2003 Ed. (461, 950, 1096, 1097,
1973, 2210, 2211, 2216, 2218,
2219, 2220, 2222, 2223, 2225,
2226, 2227, 2228, 2229, 3755,
4698, 4699)
2004 Ed. (231, 733, 874, 900, 1400,
1907, 1919, 2202, 2822, 3243,
3394, 3403, 3688, 4422, 4427,
4538, 4542, 4543, 4598, 4652,
4814, 4820)
2005 Ed. (237, 459, 747, 890, 1421,
2039, 2041, 2054, 2317, 2530,
2531, 2532, 2533, 2621, 2766,
2822, 2823, 3101, 3198, 3416,
3603, 3610, 4370, 4376, 4478,
4532, 4587, 4590, 4595, 4788,
4799)
2006 Ed. (258, 412, 656, 804, 1028,
1406, 1442, 2135, 2137, 2147,
2327, 2372, 2617, 2721, 2803,
2804, 2805, 2810, 3116, 3188,
3426, 3705, 4318, 4325, 4478,
4613, 4653, 4656, 4660, 4859)
2007 Ed. (265, 397, 748, 892, 1438,
2083, 2091, 2262, 2310, 2592,
2795, 2796, 2797, 2802, 3441,
3700, 4228, 4383, 4386, 4485,
4536, 4551, 4600, 4671, 4676,
4680, 4862)
2008 Ed. (379, 868, 2201, 2396,
2438, 3484, 4339, 4392, 4467,
4499, 4549, 4584, 4591, 4619)
2009 Ed. (401, 879, 1087, 2379,
2382, 2384, 2394, 2408, 2440,
2679, 3340, 3374, 3556, 4250,

4444, 4500, 4530, 4549, 4581,
4627, 4635, 4645, 4646, 4647,
4654, 4655, 4666)
2010 Ed. (830, 1377, 2107, 2110,
2306, 2361, 2401, 2579, 2584,
3279, 3379, 3380, 3601, 3836,
4187, 4189, 4485, 4515, 4542,
4573, 4615, 4653, 4656, 4662,
4684, 4932)
2011 Ed. (757, 1218, 1370, 2160,
2163, 2302, 2357, 2556, 2557,
2561, 2566, 2883, 3248, 3327,
3328, 3385, 3603, 3755, 3839,
4199, 4333, 4417, 4418, 4420,
4452, 4459, 4489, 4535, 4571,
4601, 4603, 4610, 4791, 4917)
2012 Ed. (1145, 1154, 2198, 2508,
2513, 3084, 3214, 3313, 3820)
2013 Ed. (2383, 2643, 3167, 3385,
3386, 3875)
2014 Ed. (2320, 2601, 3208, 3387,
3811)
2015 Ed. (94, 1064, 2644, 3834,
4243)
2016 Ed. (58, 972, 2257)
South Korea Agriculture Pension Fund
2001 Ed. (2886)
South Korea First Bank
2008 Ed. (505)
2009 Ed. (536)
2010 Ed. (520)
South Korean Type 88
1992 Ed. (3078)
South Korean won
2008 Ed. (2275)
South Lakeland Caravans Ltd.
2008 Ed. (3442, 4203)
South London Guardian Group
2002 Ed. (3513)
South Louisiana
1999 Ed. (3859)
2000 Ed. (3575)
South Louisiana Economic Development Alliance
2014 Ed. (3507)
2015 Ed. (3522)
South Lyon Total Mart Inc.
2001 Ed. (4284)
South Metro Credit Union
2002 Ed. (1832)
2003 Ed. (1890)
2005 Ed. (2067)
2006 Ed. (2160)
South Mississippi Electric Power Association
2016 Ed. (1818, 1820)
South Motor Co.
1992 Ed. (403, 408)
South Motor Co. of Dade County
1992 Ed. (380, 384)
1993 Ed. (270)
1996 Ed. (265, 272)
South Motors Infiniti
1996 Ed. (295)
South Motors of Dade County
1990 Ed. (336)
South Mountain
2016 Ed. (1296)
South Mountain Co.
2013 Ed. (33)
2014 Ed. (28, 32)
2015 Ed. (31, 35)
South Oaks Hospital
2003 Ed. (3972)
South of the Border
1989 Ed. (2518)
1990 Ed. (3325)
1991 Ed. (3156)
1992 Ed. (4026)
South of the Border Shops
1993 Ed. (3358)
1994 Ed. (3361)
1997 Ed. (3546)
South Orange County Public Finance
Authority (CA)
1997 Ed. (2363)
South Pacific
1999 Ed. (4623)
South Pacific soundtrack
1990 Ed. (2862)
South Pacific Tyres
2004 Ed. (1653)
South Park
2005 Ed. (2260)
South Park Vol. 7
2001 Ed. (4689)
South Park Vol. 8
2001 Ed. (4689)
South Park Vol. 9
2001 Ed. (4689)

South Point Ethanol
1994 Ed. (195)
South Pointe Equities
2016 Ed. (1096)
South Point/IBC
2002 Ed. (3533)
South Seas Natural Resources Inc.
2002 Ed. (3704)
South Seas Plantation & Resort
1999 Ed. (2791)
South Shore Bank
1991 Ed. (2812)
1994 Ed. (566)
1995 Ed. (542, 3067)
2001 Ed. (4282)
South Shore-Rockaways IPA Inc.
2000 Ed. (2618)
South Simcoe Economic Alliance
2009 Ed. (3563)
South Sound Solar
2016 Ed. (4429)
South Suzuki
1995 Ed. (286)
South Texas College of Law
1996 Ed. (2464)
1997 Ed. (2609)
1998 Ed. (2340)
2000 Ed. (2910, 2912)
2001 Ed. (3067)
South Texas, Medical Center Area, TX
1996 Ed. (1604)
South Texas National Bank of Laredo
1990 Ed. (587)
South Trust
1989 Ed. (379)
1991 Ed. (375)
1997 Ed. (3290)
1999 Ed. (394)
South Trust Bank
2007 Ed. (1563)
South United States
2002 Ed. (680, 756, 2373, 3141,
4318, 4341, 4553, 4936)
South; University of the
1995 Ed. (1065)
South Valley Care Center
2013 Ed. (1930)
2015 Ed. (1905)
2016 Ed. (1868)
South West Terminal Ltd.
2016 Ed. (136)
South-Western Publishing
1989 Ed. (2275)
South Western Sydney Health
2002 Ed. (1130)
2004 Ed. (1649)
South Whidbey School District
2013 Ed. (2163)
Southam Graphics
1993 Ed. (2918)
Southam Inc.
1989 Ed. (965)
1990 Ed. (1107)
1991 Ed. (1016, 2393)
1992 Ed. (1295, 3540, 3591)
1993 Ed. (2506)
1994 Ed. (2983)
1995 Ed. (2512)
1996 Ed. (1314, 2579, 3144)
1997 Ed. (2724)
1999 Ed. (3311)
Southampton
1992 Ed. (1397)
Southampton Estates
1990 Ed. (3061)
1991 Ed. (2898)
Southard Communications
2002 Ed. (3827)
Southard Financial
2001 Ed. (555)
Southbend Escan
1990 Ed. (2744, 2745, 3484)
South/Central America
1996 Ed. (26)
2009 Ed. (1430, 3439)
Southcentral Foundation
2003 Ed. (1604, 2274, 2693)
Southco Distributing Co.
2011 Ed. (1352)
2013 Ed. (1334)
2014 Ed. (1264)
2016 Ed. (1238, 1246)
Southcoast Health System
2005 Ed. (1856)
2012 Ed. (2798)
Southcorp Ltd.
2002 Ed. (3760)
2004 Ed. (2651)
2005 Ed. (1658, 1659, 1660)
Southcorp Wines

2001 Ed. (4902)
Southcorp Wines U.S.A.
2003 Ed. (4960)
2004 Ed. (4975)
2005 Ed. (4947, 4976)
2006 Ed. (4967)
Southdown Housing Association
2007 Ed. (2023)
Southdown Inc.
1990 Ed. (1902)
1991 Ed. (800, 876)
1992 Ed. (980, 1070, 2294)
1993 Ed. (774, 859, 1953)
1994 Ed. (879, 1975)
1995 Ed. (912, 949)
1996 Ed. (889)
1997 Ed. (918, 2148)
1998 Ed. (658, 1840)
1999 Ed. (1048, 1049)
2000 Ed. (898, 2337)
2001 Ed. (1047, 1048, 2463)
2002 Ed. (859, 1465, 4510, 4511)
2003 Ed. (4613)
2005 Ed. (1532)
Southeast
1990 Ed. (2169)
2000 Ed. (4161)
Southeast Alaska Regional Health Consortium
2003 Ed. (1604, 2274, 2693)
Southeast Asia
1998 Ed. (2735)
1999 Ed. (2087)
2001 Ed. (3857)
Southeast Asia Compatible
1989 Ed. (1982)
SouthEast Bank
2013 Ed. (375)
Southeast Bank
1995 Ed. (353)
2006 Ed. (2259)
2009 Ed. (2730)
2012 Ed. (2567)
2014 Ed. (2649)
Southeast Bank for Savings
1992 Ed. (799)
Southeast Bank Ltd.
2015 Ed. (2691)
2016 Ed. (2613)
Southeast Bank NA
1990 Ed. (423, 528, 546)
1991 Ed. (366)
1992 Ed. (511, 529, 663)
Southeast Bank NA (Miami)
1991 Ed. (507)
Southeast Banking Corp.
1989 Ed. (674)
1990 Ed. (685, 3446, 3447)
1991 Ed. (378)
1992 Ed. (712, 2168)
1993 Ed. (523)
Southeast Corporate Credit Union
2012 Ed. (2017)
2013 Ed. (2206)
2014 Ed. (2134)
Southeast Credit Union
2009 Ed. (2186)
Southeast Financial Center
1990 Ed. (2731)
Southeast Financial Credit Union
2008 Ed. (2260)
2009 Ed. (2246)
2010 Ed. (2200)
2011 Ed. (2218)
2012 Ed. (2079)
2013 Ed. (2265)
2014 Ed. (2199)
2015 Ed. (2263)
2016 Ed. (2234)
Southeast Fuels Inc.
2006 Ed. (186)
Southeast Idaho Energy
2009 Ed. (919, 3571)
Southeast Michigan Cable Association
1992 Ed. (1023)
Southeast Paper Mfg. Co.
2000 Ed. (3410)
Southeast Pennsylvania Transportation
Authority
1989 Ed. (830)
Southeast Personnel Leasing
2008 Ed. (4055)
Southeast Service Corp.
2013 Ed. (2083)
2014 Ed. (2017)
2015 Ed. (2061)
2016 Ed. (2021)
Southeast states
1996 Ed. (365)
Southeast Switch Inc.

1993 Ed. (263)
1997 Ed. (1703)
1998 Ed. (1397)
SouthEast Telephone
2008 Ed. (1879)
2009 Ed. (1834)
Southeast Travel Service Co., Ltd.
2002 Ed. (1780)
2004 Ed. (1864)
Southeast United States
2002 Ed. (2550, 4734)
Southeast U.S.
1997 Ed. (2207)
Southeast Venture Corp.
1996 Ed. (1130)
Southeastern Asset Management
1990 Ed. (2318)
1991 Ed. (1170, 2243)
2002 Ed. (1382)
2005 Ed. (3595)
Southeastern Asset Value
1994 Ed. (2615)
Southeastern Baptist College, Mississippi
1990 Ed. (1085)
Southeastern Container Inc.
2001 Ed. (718)
2005 Ed. (686)
2007 Ed. (630)
2010 Ed. (590)
2011 Ed. (515)
2012 Ed. (496)
2013 Ed. (611)
2014 Ed. (631)
2015 Ed. (696)
2016 Ed. (634)
Southeastern Freight Lines
2016 Ed. (4739)
Southeastern Freight Lines Inc.
1990 Ed. (1044)
1991 Ed. (971)
1992 Ed. (1205)
1993 Ed. (3631)
1994 Ed. (3591)
1995 Ed. (3673)
1998 Ed. (3640)
2000 Ed. (4312)
2002 Ed. (4690, 4698)
2003 Ed. (4785)
2010 Ed. (4818)
2011 Ed. (4777)
2012 Ed. (4103)
2014 Ed. (1984)
2015 Ed. (2032)
2016 Ed. (2001)
Southeastern Healthcare System Inc.
2006 Ed. (2001)
2007 Ed. (1966)
2008 Ed. (2061)
2009 Ed. (2027)
2010 Ed. (1960)
2011 Ed. (2020)
2012 Ed. (1868)
2013 Ed. (2027)
2014 Ed. (1962)
2015 Ed. (2009)
2016 Ed. (1980)
Southeastern Louisiana University
2010 Ed. (3767)
2012 Ed. (3771)
Southeastern Metals Manufacturing Co., Inc.
2005 Ed. (1292, 1293)
Southeastern Pennsylania Transportation Authority
1997 Ed. (840)
Southeastern Pennsylvania Transit Authority
1992 Ed. (989, 4031)
1993 Ed. (786, 3361)
Southeastern Pennsylvania Transportation Authority
1990 Ed. (847)
1991 Ed. (808, 3160)
1994 Ed. (801, 802, 1076, 2408)
1995 Ed. (852)
1996 Ed. (832)
1998 Ed. (537, 538, 2403)
1999 Ed. (956)
2000 Ed. (900, 2994)
2001 Ed. (3158, 3159)
2002 Ed. (3904, 3905)
2003 Ed. (3239, 3240)
2004 Ed. (3296)
2005 Ed. (3992)
2006 Ed. (687)
2008 Ed. (756)
2009 Ed. (751)
2010 Ed. (696)
2011 Ed. (624)

2012 Ed. (594, 905)
2014 Ed. (751)
2015 Ed. (789)
2016 Ed. (709)
Southeastern Public Service Authority, VA
1991 Ed. (2529)
Southeastern Public Service Co.
1994 Ed. (2714)
Southeastern Regional Medical Center
2011 Ed. (1917)
2015 Ed. (1655)
2016 Ed. (1597)
Southeastern: Small-Capital
1992 Ed. (3172)
Southeastern Staffing Inc.
2001 Ed. (1702)
2003 Ed. (1675)
Southeastern U.S.
2005 Ed. (4816)
Souther Horizon
2005 Ed. (521)
Southern
2013 Ed. (2426)
Southern Accents
1989 Ed. (179, 182, 2174, 2177)
2004 Ed. (3338)
Southern African Breweries Ltd.
2005 Ed. (746)
Southern AG Carriers
2005 Ed. (2690)
Southern Arizona Bank
1996 Ed. (545)
Southern Arizona VA Health Care Systems
2010 Ed. (1473)
2011 Ed. (1471)
Southern Australia Lotteries
2003 Ed. (1621)
Southern Auto Auction
1990 Ed. (299)
Southern Bank
1989 Ed. (613)
1991 Ed. (601)
1992 Ed. (769, 770)
Southern Bank Berhad
2000 Ed. (603)
2002 Ed. (516, 518, 617)
2003 Ed. (582)
2004 Ed. (589)
2005 Ed. (575)
2006 Ed. (497)
2007 Ed. (516)
2008 Ed. (473)
2009 Ed. (499)
Southern banks
1992 Ed. (2624)
Southern Baptist
1998 Ed. (2763)
2000 Ed. (3433)
2001 Ed. (3668)
2002 Ed. (3618)
2003 Ed. (1986, 3761)
2004 Ed. (2040, 3787)
Southern Baptist Convention
1993 Ed. (1898)
1994 Ed. (2755)
1995 Ed. (2858)
1996 Ed. (2928, 2937)
1997 Ed. (3014, 3025)
1999 Ed. (3730)
2000 Ed. (3447, 3754)
2001 Ed. (3682)
2007 Ed. (3791)
2008 Ed. (2321)
Southern Baptists
1999 Ed. (3722)
Southern Bell Telephone & Telegraph Co.
1990 Ed. (1809)
1998 Ed. (1703)
Southern Botanical
2016 Ed. (3329)
Southern Cal Phys Ex
1990 Ed. (2250)
Southern California
1997 Ed. (2207)
2012 Ed. (2194)
Southern California Auto Auction
1990 Ed. (299)
1991 Ed. (267)
1992 Ed. (373)
Southern California Cable Marketing Council
1992 Ed. (1023)
Southern California Edison
2013 Ed. (4112, 4794)
Southern California Edison Co.
1989 Ed. (1291, 1304, 1305)
1990 Ed. (2686, 3262)

1995 Ed. (1632)
1998 Ed. (2413)
2001 Ed. (427, 2145, 2154, 4195)
2002 Ed. (2571, 3372, 3487, 4873)
2003 Ed. (3424)
2004 Ed. (3492)
2005 Ed. (3487, 3488, 3492)
2007 Ed. (2913)
2008 Ed. (3035, 3171, 3178, 3681)
2009 Ed. (2286, 2309, 3103, 3750, 3751, 3752, 3754)
2010 Ed. (2241, 3036, 3686, 3690)
2011 Ed. (3005, 3673, 3675, 3685)
2012 Ed. (2160, 2932, 3687, 3701, 4125)
2013 Ed. (2361, 2424, 2813, 3021)
2014 Ed. (2291, 2293, 2360, 2851, 3032)
2015 Ed. (2374, 2376, 2426, 2891, 3098)
2016 Ed. (2320, 2372)
Southern California Gas Co.
1990 Ed. (1886, 1887)
1991 Ed. (1802, 1803, 1804, 1805)
1992 Ed. (2271, 2272, 2273, 2274, 2275, 3467)
1993 Ed. (1933, 1934, 1935, 1936, 1937)
1994 Ed. (1959, 1960, 1961, 1962, 1963)
1995 Ed. (1984, 1985, 1986, 1987, 1988)
1996 Ed. (2000, 2001, 2007, 2008, 2009, 2010, 2011)
1997 Ed. (2122, 2123, 2127, 2128, 2129, 2130, 2131)
1998 Ed. (1813, 1814, 1817, 1818, 1819, 1820, 1821)
1999 Ed. (2577, 2578, 2579, 2580, 2581)
2005 Ed. (2716, 2717, 2718, 2721, 2723, 2724, 2725)
Southern California, Gould School of Law; University of
2007 Ed. (3329)
2010 Ed. (3434)
2011 Ed. (3418)
2012 Ed. (3434)
Southern California, Marshall School of Business; University of
2005 Ed. (800)
2006 Ed. (724)
2007 Ed. (814, 831, 834)
2008 Ed. (772, 789, 790)
2009 Ed. (786, 787, 788, 807, 824, 825)
2010 Ed. (725, 732, 742, 743, 745, 748, 755, 756, 759, 766, 770)
2011 Ed. (646, 647, 652, 654, 656, 659, 666, 667, 670, 690, 699)
2012 Ed. (608, 610, 631)
2013 Ed. (748, 752)
Southern California Messengers
1999 Ed. (3343)
2000 Ed. (3080)
Southern California Metro Water District
1993 Ed. (2938)
Southern California Metropolitan Water Distributor
1991 Ed. (2780)
Southern California Metropolitan Water District
1991 Ed. (2514)
1995 Ed. (3036)
2000 Ed. (3680)
Southern California Permanente Medical Group
2005 Ed. (3835)
2006 Ed. (3903)
2011 Ed. (3975)
2012 Ed. (2756)
2013 Ed. (2836)
2015 Ed. (2913)
2016 Ed. (2834)
Southern California Phys
1991 Ed. (2126)
Southern California Phys Exchange
1992 Ed. (2678)
Southern California Physicians Exchange
1989 Ed. (1710)
Southern California Public Power Authority
1990 Ed. (3505)
1991 Ed. (1486, 2532, 2533)
1993 Ed. (1548)
1995 Ed. (1628)
1999 Ed. (1943)
2000 Ed. (1727, 3205)

Southern California Rapid Transit District
1989 Ed. (830)
1990 Ed. (847)
1991 Ed. (808, 1886)
1992 Ed. (989, 4031)
1993 Ed. (786, 3361)
1994 Ed. (801, 802, 2408)
Southern California Rapid Transit District, Los Angeles
1990 Ed. (1484)
Southern California Savings & Loan
1994 Ed. (3144)
1995 Ed. (3186)
1996 Ed. (3285)
1997 Ed. (3382)
1998 Ed. (3157)
Southern California Schools Employee Benefits Association
2011 Ed. (4314)
Southern California Title Co.
1990 Ed. (2265)
Southern California UFCW
1994 Ed. (2757)
1995 Ed. (2851)
Southern California UFCW Union
1996 Ed. (2927)
Southern California; University of
1991 Ed. (1565)
1992 Ed. (3803)
1993 Ed. (889, 893, 2616)
1995 Ed. (1070, 1928)
1997 Ed. (1063, 2605)
2005 Ed. (798, 2440)
2006 Ed. (717)
2007 Ed. (2447)
2008 Ed. (2576)
2009 Ed. (780, 1849, 2586, 2602, 3504)
2010 Ed. (724, 727, 1014, 2499)
2011 Ed. (638, 649, 951, 1807, 2504, 2506)
2012 Ed. (1664, 3819)
2013 Ed. (1470)
2014 Ed. (771, 1433)
2015 Ed. (807)
2016 Ed. (727)
Southern Chautauqua Credit Union
2006 Ed. (2167)
Southern Cherokee Credit Union
2005 Ed. (2062)
2006 Ed. (2155)
Southern Comfort
1990 Ed. (2443)
1991 Ed. (2312)
1992 Ed. (2861)
1993 Ed. (2425, 2429, 2431, 2432, 2448)
1994 Ed. (2369, 2373)
1995 Ed. (2448, 2452)
1996 Ed. (2494, 2499, 2501, 2502, 2522)
1997 Ed. (2636, 2641, 2643, 2644)
1998 Ed. (2364, 2369, 2370, 2372)
1999 Ed. (3194, 3199, 3200, 3202)
2000 Ed. (2937, 2942)
2001 Ed. (3100, 3105, 3106, 3107, 3109)
2002 Ed. (286, 3085, 3093, 3094, 3095, 3096, 3097)
2003 Ed. (3218, 3224)
2004 Ed. (3261, 3266)
Southern Comfort Cocktails
1996 Ed. (2523)
1998 Ed. (2391)
1999 Ed. (3234)
2000 Ed. (2971)
2001 Ed. (3136)
Southern Community Financial Corp.
2005 Ed. (364)
Southern Co.
1989 Ed. (1291, 2260, 2261)
1990 Ed. (1604, 1605, 2680, 2686, 2687)
1991 Ed. (1501, 1502, 2593)
1992 Ed. (1562, 1902, 1903)
1993 Ed. (1553, 1559, 2934, 2935, 3256)
1994 Ed. (1590, 1599, 1600, 2973, 2974, 2975, 3250)
1995 Ed. (3033, 3329)
1996 Ed. (1350, 1609, 3136)
1997 Ed. (1349, 1697, 1698, 2479)
1999 Ed. (276, 1634, 1947, 1948, 1951, 3846, 3961, 3963, 3964)
2000 Ed. (1437, 1731, 3672)
2001 Ed. (1041, 1046, 1713, 4661, 4662, 4663)
2002 Ed. (1185, 1492, 1660, 3875, 3876, 3877)

2003 Ed. (1685, 1704, 2135, 2138, 2139, 2140, 2141, 2143, 2607)
2004 Ed. (1723, 2189, 2191, 2193, 2194, 2198, 2199, 2321, 2725, 4566)
2005 Ed. (1780, 2288, 2290, 2292, 2293, 2300, 2304, 2311, 2312, 2401, 2715)
2006 Ed. (1731, 2351, 2353, 2355, 2356, 2359, 2365, 2435, 2690)
2007 Ed. (1279, 1737, 1738, 2214, 2286, 2287, 2289, 2290, 2291, 2293, 2294, 2295, 2378, 2678, 2680, 3987)
2008 Ed. (1766, 2319, 2354, 2420, 2421, 2422, 2423, 2425, 2430, 2810, 2811, 3192)
2009 Ed. (1696, 1702, 2307, 2418, 2420, 2421, 2424, 2425, 2426, 2427, 2428, 2867, 2869, 2870, 3251)
2010 Ed. (1150, 1650, 1652, 2333, 2338, 2339, 2341, 2343, 2344, 2346, 2347, 2348, 2355, 2805, 2810, 2811, 4120)
2011 Ed. (1093, 1659, 1660, 1661, 2328, 2331, 2332, 2333, 2335, 2337, 2338, 2340, 2341, 2342, 2350, 2351, 2789, 2793, 2794, 2802, 3146, 4085, 4805, 4806)
2012 Ed. (113, 1509, 1511, 1512, 1513, 1587, 2236, 2237, 2239, 2241, 2244, 2246, 2247, 2248, 2264, 2265, 2266, 2722, 2729, 4119)
2013 Ed. (90, 1651, 1654, 1655, 1656, 2413, 2414, 2415, 2417, 2423, 2450, 2455, 2456, 2458, 2459, 2803, 2804, 2811, 2818, 3182, 4112, 4796, 4799, 4821, 4822)
2014 Ed. (99, 1610, 1613, 1614, 1615, 2352, 2353, 2354, 2356, 2359, 2384, 2387, 2388, 2389, 2390, 2840, 2841, 2849, 2856, 4835, 4836)
2015 Ed. (113, 1660, 1663, 1665, 2418, 2419, 2420, 2422, 2425, 2426, 2452, 2456, 2457, 2459, 2460, 2880, 2881, 2889, 2891, 2896, 2898, 4872, 4873, 5013)
2016 Ed. (1601, 1605, 1608, 2361, 2362, 2363, 2366, 2370, 2372, 2397, 2402, 2403, 2405, 2406, 4782)
Southern Company
1989 Ed. (1300, 1301)
Southern Co. Services Inc.
1995 Ed. (2338)
Southern Company Services Inc.
1990 Ed. (2926)
1996 Ed. (2357)
1998 Ed. (2229)
Southern Concrete Pile
2016 Ed. (2066)
Southern Connecticut Newspaper
1991 Ed. (2601)
Southern Connecticut State University
2009 Ed. (3520)
2010 Ed. (3449)
Southern Copper
2014 Ed. (1361, 3659)
Southern Copper Corp.
2007 Ed. (3479, 3480, 3485, 3495, 3516)
2008 Ed. (1532, 1558, 2852, 3653, 3654, 3656)
2009 Ed. (1484, 2903, 3719, 3720, 3730, 4560)
2010 Ed. (1474, 3637, 3638, 3649)
2011 Ed. (1472, 3639, 3640, 3643, 3653)
2012 Ed. (1312, 3635, 3636, 3639, 3640, 3652)
2013 Ed. (1412, 3694, 3695, 3698, 3701, 3715, 4513)
2014 Ed. (3628, 3635, 3647)
2015 Ed. (3641, 3649, 3657)
2016 Ed. (1359, 3528, 3532, 3536, 3546)
Southern Cos.
1998 Ed. (1142, 1384, 1385, 1390, 1391, 2963)
Southern Craftsman Associates Inc.
2015 Ed. (5043)
The Southern Credit Union
2003 Ed. (1894)
2005 Ed. (2078)
2008 Ed. (2226)
2009 Ed. (2181, 2186, 2210)
2010 Ed. (2144, 2164)

2011 Ed. (2183)
2012 Ed. (2043)
2013 Ed. (2225)
2014 Ed. (2157)
2015 Ed. (2221)
2016 Ed. (2192)
Southern Cross
2001 Ed. (986)
Southern Cross Computing
2001 Ed. (1252)
Southern Electric
2000 Ed. (2878)
2001 Ed. (1554)
Southern Electronics
1992 Ed. (2364, 3990)
1993 Ed. (2003, 2004, 3328, 3333)
1994 Ed. (2702)
1995 Ed. (2818, 3391)
Southern Energy Homes Inc.
1990 Ed. (2597)
1994 Ed. (2916, 2917)
1995 Ed. (2972, 2975, 2976)
1996 Ed. (3071, 3072, 3074)
1997 Ed. (3151, 3152)
1998 Ed. (2902, 2903, 2904, 2905, 2906, 2907, 3313)
1999 Ed. (3873, 3876, 3877)
2000 Ed. (1195, 3590, 3591)
2002 Ed. (3739)
2003 Ed. (3283)
2004 Ed. (3346)
2006 Ed. (3355)
2008 Ed. (3538)
Southern Energy, Inc.
2001 Ed. (2148, 3944, 3945)
Southern Energy Management
2016 Ed. (4426)
Southern Family Markets LLC
2008 Ed. (1971)
2009 Ed. (1926)
2015 Ed. (1885)
2016 Ed. (1847)
Southern Farm Bureau Casualty Insurance Co.
2000 Ed. (2653)
Southern Farm Bureau Life
1991 Ed. (2097)
Southern Federal
1989 Ed. (2360)
1990 Ed. (2474)
Southern Federal Bank for Savings
1990 Ed. (2474)
Southern Film Extruders Inc.
2007 Ed. (3585, 4438)
Southern Financial Bancorp Inc.
2003 Ed. (506)
2005 Ed. (2590)
Southern Flooring Distributors
1993 Ed. (1866)
Southern Foods Group LP
2002 Ed. (1910)
Southern Fulfillment Services
2013 Ed. (893)
Southern Green Builders
2016 Ed. (1062)
Southern Green Builders LP
2016 Ed. (2038)
Southern Health Care
2002 Ed. (1587)
Southern Homes
2003 Ed. (1161)
Southern Homes of Polk County
2004 Ed. (1169)
Southern Homes of the Upstate
2005 Ed. (1204, 4004)
Southern Horizon Bank
2005 Ed. (520)
Southern Illinois University
2016 Ed. (1652)
Southern Imaging Group Inc.
2010 Ed. (4030)
2013 Ed. (4074)
Southern Indiana Waste Systems LLC
2016 Ed. (2963)
Southern Industrial Constructors Inc.
2006 Ed. (1333, 1336)
2007 Ed. (4438)
2008 Ed. (1324, 1325, 4419)
2009 Ed. (1307, 1308)
2010 Ed. (1301)
2011 Ed. (1260)
Southern (L)
1997 Ed. (2633, 2634)
Southern Land Co.
2016 Ed. (2020)
Southern Life
1993 Ed. (2231)
1995 Ed. (2315)
Southern Life and Health
1989 Ed. (1689)

Southern Life & Health Insurance Co.
1991 Ed. (2107)
Southern Light
2009 Ed. (4688)
2010 Ed. (4701)
Southern Light Solar
2016 Ed. (4422)
Southern Living
1999 Ed. (1853)
2006 Ed. (158)
2007 Ed. (150)
2016 Ed. (3399)
Southern Maid Donut Flour Co.
2002 Ed. (2005)
2003 Ed. (2092)
Southern Methodist University
2004 Ed. (831)
2005 Ed. (798)
2006 Ed. (705, 720)
2007 Ed. (805, 831, 832)
Southern Methodist University, Cox School of Business
2007 Ed. (796)
2009 Ed. (785)
2010 Ed. (721, 734)
2011 Ed. (644, 690)
Southern Minnesota Woodcraft Inc.
2015 Ed. (5043)
Southern Mississippi Electric Power
1992 Ed. (3263)
Southern Mississippi; University of
2011 Ed. (3449)
Southern Missouri Bancorp Inc.
2008 Ed. (1871)
Southern Municipal Advisors Inc.
1999 Ed. (3014)
2001 Ed. (798)
Southern National Bank
1991 Ed. (634)
1992 Ed. (807)
Southern National Bank of NC
1993 Ed. (600)
Southern National Bank of North Carolina
1994 Ed. (603)
1995 Ed. (575)
1996 Ed. (644, 2855)
Southern National Bank of South Carolina
1996 Ed. (680)
Southern National Corp.
1994 Ed. (347, 3275)
1995 Ed. (1242, 3356)
1996 Ed. (360)
1997 Ed. (3286)
1998 Ed. (268, 270)
Southern Natural Gas Co.
1989 Ed. (1498)
1990 Ed. (1881)
1991 Ed. (1793, 1795, 1796, 1798)
1992 Ed. (2263, 2264, 2265)
1993 Ed. (1925)
1994 Ed. (1948, 1951, 1953)
1995 Ed. (1975, 1979, 1980)
1996 Ed. (2002, 2003)
2000 Ed. (2310, 2312)
2003 Ed. (3880)
Southern Nevada Paving
2007 Ed. (1380)
Southern New England Credit Union
2002 Ed. (1853)
2003 Ed. (1910)
2004 Ed. (1950)
Southern New England Telecom
1990 Ed. (3267, 3510)
1991 Ed. (3276, 3277)
1992 Ed. (4199)
Southern New England Telephone Co.
1991 Ed. (3112)
1992 Ed. (3944)
2001 Ed. (1675)
2003 Ed. (1659)
2004 Ed. (1688)
2005 Ed. (1746)
2006 Ed. (1665)
2007 Ed. (1671)
2008 Ed. (1696)
2009 Ed. (1620)
2010 Ed. (1596)
2011 Ed. (1598)
2012 Ed. (1444)
2013 Ed. (1576)
2014 Ed. (1546)
2015 Ed. (1597)
Southern New Hampshire Medical Center
2001 Ed. (1810)
2003 Ed. (1781)
2004 Ed. (1816)
2005 Ed. (1900)

2006 Ed. (1926)
2007 Ed. (1911)
2010 Ed. (1861)
Southern NH Medical Center
2016 Ed. (1852)
Southern Ocean Lodge
2014 Ed. (3102)
2016 Ed. (3019)
Southern Ohio Coal Co.
1993 Ed. (1002)
Southern Ohio Coal Company
1989 Ed. (952)
Southern Ohio Medical Center
2008 Ed. (2002)
2009 Ed. (1964, 1969)
2010 Ed. (1902)
2011 Ed. (1932, 1937, 2400, 4970)
2012 Ed. (1256, 1796, 2794, 2796, 4960)
2013 Ed. (1063, 1969, 2510, 2511, 2861, 4968)
2014 Ed. (1908, 2451, 2890, 2892, 2894, 4977)
2015 Ed. (1367, 1952, 2933, 2935)
2016 Ed. (2868)
Southern Oklahoma Technology Center
2016 Ed. (1930)
Southern Pacific Bank
2005 Ed. (372)
Southern Pacific Co.
1990 Ed. (1241)
1991 Ed. (257, 1160)
1992 Ed. (1472)
1993 Ed. (1179)
1994 Ed. (1219)
1995 Ed. (1235, 2044, 3054, 3056, 3057)
1996 Ed. (1206)
2005 Ed. (1537)
Southern Pacific Hotel Corp.
1990 Ed. (2091, 2092)
Southern Pacific Lines
1993 Ed. (2958)
1994 Ed. (2993)
1996 Ed. (3159)
1998 Ed. (2990)
Southern Pacific Pipe Line L.P.
1991 Ed. (2743)
Southern Pacific PipeLine L.P.
1992 Ed. (3463)
Southern Pacific Rail Corp.
1996 Ed. (1284, 3155, 3156, 3157, 3158)
1997 Ed. (1340, 3242, 3243, 3244, 3245, 3246, 3247)
1998 Ed. (813, 1095, 2992)
2001 Ed. (1803, 3983)
2003 Ed. (1773, 4036)
2005 Ed. (1537)
Southern Pacific Resource Corp.
2011 Ed. (1568)
Southern Pacific Thrift & Loan
1996 Ed. (587)
Southern Pacific Thrift & Loan Association
1997 Ed. (543)
1998 Ed. (390)
1999 Ed. (581)
Southern Pacific Transportation
1990 Ed. (1226)
1994 Ed. (3221)
1995 Ed. (1326, 1328, 1330, 3055)
Southern Pan Services Co.
2008 Ed. (1324)
2009 Ed. (1202, 1276)
2010 Ed. (1206, 1271)
2011 Ed. (1260)
Southern Peru
2014 Ed. (1947)
Southern Peru Cooper Corp.
1999 Ed. (3187)
Southern Peru Copper Corp.
1989 Ed. (1149)
1999 Ed. (3187)
2001 Ed. (3323)
2003 Ed. (3366)
2004 Ed. (3432, 3433, 3485, 3486)
2005 Ed. (3447, 3448, 3482, 3483, 4500, 4505)
2006 Ed. (2546, 3456, 3457)
2007 Ed. (2736)
Southern Peru Holdings Corp.
2003 Ed. (3366)
2004 Ed. (3432)
Southern Peru Ltd.
2002 Ed. (1753)
2004 Ed. (1844)
Southern pine
2001 Ed. (3176, 3177, 3178)
2005 Ed. (3343, 3344)

2006 Ed. (3334, 3337)
2007 Ed. (3392, 3395)
2011 Ed. (3506)
Southern Pioneer Property & Casualty
Insurance Co.
2010 Ed. (3323)
2011 Ed. (3281)
2012 Ed. (3259)
2013 Ed. (3331)
Southern Recipe
2014 Ed. (4491)
Southern Refrigerated Transport
2009 Ed. (4242)
Southern Refrigerated Transportation
2014 Ed. (4224)
2015 Ed. (4212)
2016 Ed. (4131)
Southern; Ronald
2005 Ed. (4873)
Southern Safety Supply LLC
2008 Ed. (4983)
Southern Securities Co.
1999 Ed. (2885)
Southern Seed
2015 Ed. (2123)
Southern Star Group
2005 Ed. (4509)
Southern Starr Broadcasting
1991 Ed. (2795)
Southern State Cooperative
2008 Ed. (4058)
2009 Ed. (4170)
2014 Ed. (2087)
2015 Ed. (2140)
2016 Ed. (2118)
Southern States Bank
2014 Ed. (1341)
2016 Ed. (1338)
Southern States Cooperative
2003 Ed. (1375)
2004 Ed. (1382, 4916)
2005 Ed. (1403, 3944)
2006 Ed. (1389)
2007 Ed. (4045)
2008 Ed. (4081)
2009 Ed. (4194)
2010 Ed. (200, 204, 2217, 2631,
4455)
2011 Ed. (122, 127, 2235, 2614,
4094, 4391)
2012 Ed. (129, 131, 2097, 2555,
4457)
2013 Ed. (108)
2014 Ed. (115)
2015 Ed. (130, 1335)
2016 Ed. (135, 4336)
Southern States Cooperative Inc.
2013 Ed. (95)
2015 Ed. (116, 4120)
2016 Ed. (122, 4034)
Southern Sun Hotel Holdings
1990 Ed. (2091)
Southern Systems
2000 Ed. (906, 908)
Southern Tennessee Medical Center
LLC
2007 Ed. (2009)
2008 Ed. (2104)
2009 Ed. (2079)
2010 Ed. (2022)
2011 Ed. (2079)
2012 Ed. (1923)
2013 Ed. (2083)
2014 Ed. (2017)
2015 Ed. (2061)
2016 Ed. (2021)
Southern Theatres
2015 Ed. (3716)
Southern Theatres LLC
2016 Ed. (3628)
Southern Tide
2013 Ed. (1214, 2045)
2014 Ed. (1979)
2015 Ed. (2028)
Southern Tier Hide
1996 Ed. (3602)
Southern Tire Mart
2007 Ed. (4755)
2008 Ed. (4683)
2009 Ed. (4724)
2010 Ed. (4733)
2011 Ed. (4693)
2012 Ed. (4715)
2013 Ed. (4676)
2014 Ed. (4724)
2015 Ed. (4730, 4743)
2016 Ed. (4645)
Southern Tire Mart LLC
2014 Ed. (1821)
2015 Ed. (1861)

2016 Ed. (1820)
Southern Union Co.
2002 Ed. (1390)
2004 Ed. (2723, 2724, 3668)
2005 Ed. (2713, 2714, 2726, 3586)
2006 Ed. (2692)
2007 Ed. (2679, 2681, 2682)
2008 Ed. (1401, 2812)
2010 Ed. (3182)
Southern United Life Insurance Co.
1991 Ed. (2108)
Southern Webbing Mills Inc.
2004 Ed. (4585, 4586)
Southern Wine & Spirits
1995 Ed. (651)
2014 Ed. (173)
2015 Ed. (203)
Southern Wine & Spirits of America
2016 Ed. (1577)
Southern Wine & Spirits of America Inc.
1996 Ed. (990)
1997 Ed. (661)
1998 Ed. (461, 753)
1999 Ed. (721)
2000 Ed. (730, 1104)
2001 Ed. (698)
2002 Ed. (1075)
2004 Ed. (677, 679)
2005 Ed. (666, 672, 3917)
2006 Ed. (570, 3990)
2007 Ed. (616, 4028)
2008 Ed. (566, 4055)
2009 Ed. (596, 3524, 4136, 4137,
4138)
2010 Ed. (3453, 4069, 4070)
2011 Ed. (3454, 4042)
2012 Ed. (3467, 4075, 4076)
2013 Ed. (1617, 1622, 2715)
2014 Ed. (1584, 1588, 2701)
2015 Ed. (1636, 1640, 2747)
2016 Ed. (1568, 1574, 2677)
SouthernCare
2012 Ed. (2693)
SouthernEra Resources Ltd.
2005 Ed. (4510)
Southers Marsh Golf Club
2015 Ed. (1815)
Southex Exhibitions
2001 Ed. (4612)
Southfield Beef Packing Inc.
1993 Ed. (2515, 2893)
Southfield Chrysler-Plymouth
1996 Ed. (269)
Southfield Jeep-Eagle
1995 Ed. (277)
1996 Ed. (276)
Southfield, MI
1989 Ed. (343)
Southfresh Aquaculture LLC
2015 Ed. (3507)
Southgate Automotive Group
1999 Ed. (729)
2000 Ed. (741)
Southgate Heritage Sunday
2002 Ed. (3500)
Southgate (MI) Heritage Sunday
2003 Ed. (3642)
Southgate (MI) News-Herald
2003 Ed. (3642)
Southgate News-Herald
2002 Ed. (3500)
Southgo
1995 Ed. (2584)
SouthGobi Energy Resources Ltd.
2011 Ed. (1551)
SouthGobi Resources Ltd.
2013 Ed. (1531)
2014 Ed. (1501)
SouthGold Energy Resources Ltd.
2009 Ed. (1582)
Southhampton, NY
1992 Ed. (1167, 1168)
Southlake Regional Health Centre
Foundation
2012 Ed. (724)
Southlake Subaru
1990 Ed. (320)
Southland Canada, Inc.
2001 Ed. (1253)
Southland Christian Church
2010 Ed. (4178)
2011 Ed. (4177)
2012 Ed. (4228)
Southland Concrete
2009 Ed. (1329)
2010 Ed. (1327)
2011 Ed. (1309)
2013 Ed. (1229)
Southland Construction
2010 Ed. (1290)

Southland Corp.
1989 Ed. (1020, 1112, 2327, 2462)
1990 Ed. (1019)
1991 Ed. (949, 1101, 1754, 1822,
1823, 2309, 2793, 3099)
1992 Ed. (535, 1183, 1441, 2224,
2230, 2298, 2299, 3596)
1993 Ed. (1159, 1160, 1901, 1955,
1956, 2381)
1994 Ed. (1177, 1189, 1917, 1977,
1990, 2985)
1995 Ed. (1203, 1939, 2003, 2004,
2444, 3047, 3289)
1996 Ed. (1171, 1172, 1969, 2031,
2486, 3606)
1997 Ed. (1209, 1210, 2085, 2151,
2629, 3660)
1998 Ed. (975, 984, 1844, 3443,
3444)
1999 Ed. (1412, 2603, 2604, 4515)
2000 Ed. (2245, 2346)
2001 Ed. (1489)
2002 Ed. (3790)
2003 Ed. (2621)
2004 Ed. (2738)
2005 Ed. (2736)
The Southland Corp. (7-Eleven)
1991 Ed. (1774)
Southland Distribution Centers
1993 Ed. (1154, 1157)
Southland Industries
1998 Ed. (951)
1999 Ed. (1372)
2000 Ed. (1264)
2002 Ed. (1294)
2003 Ed. (1307, 1340)
2004 Ed. (1234, 1239, 1241, 1310,
1340)
2005 Ed. (1281, 1288, 1291, 1294,
1317, 1345)
2006 Ed. (1257, 1258, 1261, 1287,
1328, 1347, 3924)
2007 Ed. (1364, 1381, 1392, 3979)
2008 Ed. (1261, 1342)
2009 Ed. (1219, 1237, 1340)
2010 Ed. (1222, 1223, 1236)
2011 Ed. (135, 1169, 1184, 1245,
1252, 1284, 1285, 1301, 1302,
1303, 1309)
2012 Ed. (1013, 1096, 1111, 1131,
1181, 3996)
2013 Ed. (113, 1151, 1253, 1254,
1255, 1277, 4061)
2014 Ed. (1188, 1190, 1193, 1210,
3995, 3997, 3999)
2015 Ed. (136, 1246, 1268, 4043,
4046, 4047, 4048)
2016 Ed. (1140, 1156, 1157, 1183,
3936, 3937, 3956, 3957)
Southland Insulators
2009 Ed. (3282)
2010 Ed. (1255)
Southland Life
1995 Ed. (2296)
Southland Life Insurance Co.
1991 Ed. (1141)
1997 Ed. (2438)
1998 Ed. (2169, 2188)
2002 Ed. (2911)
Southland Life Insurane
1999 Ed. (2942)
Southland Title Corp.
1999 Ed. (2986)
2000 Ed. (2739)
Southlife Holding Co.
1991 Ed. (1167)
Southmark Commercial Management
1990 Ed. (3290)
Southmark Corp.
1989 Ed. (1427, 2461, 2472)
1990 Ed. (1303, 1758, 2234, 3248,
3254)
1991 Ed. (247, 3091, 3099)
1992 Ed. (535, 904, 3633)
1993 Ed. (365)
1994 Ed. (358)
1996 Ed. (382)
1997 Ed. (353)
1999 Ed. (391)
2000 Ed. (391)
Southmark Corp., 13 1/4s '94
1990 Ed. (740)
Southmark Pacific Corp.
1990 Ed. (2962)
Southmoreland on the Plaza, Kansas
City, MO
1992 Ed. (877)
Southold, NY
1992 Ed. (1168)
Southpark Area, NC

1996 Ed. (1604)
SouthPark Center
2001 Ed. (4251)
Southpoint Magazine
1992 Ed. (3384)
Southside Bancshares
2002 Ed. (486)
2003 Ed. (513, 515)
2010 Ed. (431)
2011 Ed. (288, 356)
2012 Ed. (2604, 2782)
2015 Ed. (381)
Southside Festival
2012 Ed. (999)
Southside Food Truck Sales Inc.
1991 Ed. (2473)
Southside Ford Truck Sales Inc.
1990 Ed. (734, 2592)
1992 Ed. (3091)
1993 Ed. (2582)
1994 Ed. (2531)
1995 Ed. (2589)
1996 Ed. (2659)
Southstate Bake
1989 Ed. (2367)
Southtowne Hyundai
1996 Ed. (273)
SouthTrust Bancorporation
2000 Ed. (526)
Southtrust Bank
1999 Ed. (403, 404)
2000 Ed. (401, 402)
2001 Ed. (4002)
2002 Ed. (442, 478, 1120)
2003 Ed. (383, 1055)
2004 Ed. (362, 1064)
2005 Ed. (381)
2006 Ed. (375)
SouthTrust Bank of Alabama
1996 Ed. (422)
SouthTrust Bank of Alabama NA
1992 Ed. (575)
1993 Ed. (415)
1994 Ed. (405)
1995 Ed. (398)
1997 Ed. (379, 389, 2622)
1998 Ed. (300, 336, 2352)
1999 Ed. (3180)
SouthTrust Bank of Alabama NA (Birmingham)
1991 Ed. (417)
SouthTrust Bank of Atlanta
1994 Ed. (491)
SouthTrust Bank of Georgia NA
1995 Ed. (474)
1996 Ed. (515)
1997 Ed. (477)
1998 Ed. (360)
SouthTrust Bank of West Florida
1997 Ed. (462)
SouthTrust Corp.
1989 Ed. (673)
1990 Ed. (683, 684)
1992 Ed. (524)
1993 Ed. (630, 3243)
1994 Ed. (634, 1225, 3036, 3037,
3038, 3236)
1995 Ed. (3316)
1997 Ed. (333, 3285)
1998 Ed. (3034)
1999 Ed. (4390)
2000 Ed. (1383, 2486)
2001 Ed. (581, 650, 651, 3350)
2002 Ed. (1390, 1574)
2003 Ed. (439, 449, 631, 632, 1602)
2004 Ed. (433, 642, 643, 1619)
2005 Ed. (439, 631, 632, 3306)
2006 Ed. (397, 1422, 1423)
SouthTrust of Alabama Inc.
2002 Ed. (445)
Southward Energy Ltd.
2003 Ed. (1632, 1633)
Southway Crane & Rigging-Columbia
LLC
2006 Ed. (3539)
2007 Ed. (3599, 4445)
Southwell; David
2007 Ed. (1085)
Southwest
1990 Ed. (207, 2169)
1992 Ed. (280)
1993 Ed. (2710)
1996 Ed. (184)
1997 Ed. (194, 195, 196, 197, 203,
213, 215)
1999 Ed. (220, 222, 226, 228, 229,
244)
2000 Ed. (4161)
2001 Ed. (295)
2016 Ed. (153, 177)

Southwest Airlimes
1996 Ed. (355)
Southwest Airlines
2013 Ed. (124)
2014 Ed. (50, 134, 153, 821, 2030)
2015 Ed. (147, 176, 1384, 2079)
2016 Ed. (152, 175, 180, 181, 1297, 1313, 1320, 4324)
Southwest Airlines Co.
1989 Ed. (232, 233, 237, 238)
1990 Ed. (214, 217, 1184)
1991 Ed. (199, 201)
1992 Ed. (266, 270, 271, 272, 273, 277, 279, 281, 283, 290, 302, 303)
1993 Ed. (177, 183, 185, 186, 187, 190, 191, 193, 1106)
1994 Ed. (162, 163, 164, 165, 166, 167, 168, 169, 176, 179, 3448, 3572)
1995 Ed. (171, 172, 173, 174, 175, 176, 178, 179, 182, 186, 190)
1996 Ed. (180, 181, 182, 183, 185, 186, 1115, 1275)
1997 Ed. (199, 200, 201, 202, 206)
1998 Ed. (124, 125, 126, 127, 128, 129, 130, 131, 132, 133, 134, 135, 136, 140, 563, 925, 3614)
1999 Ed. (214, 215, 216, 218, 219, 221, 231, 243, 363, 1475, 1526, 4652)
2000 Ed. (236, 237, 238, 239, 240, 241, 242, 243, 244, 245, 249, 250, 252, 253, 259, 263, 264, 267, 1377, 4292, 4381)
2001 Ed. (294, 296, 299, 300, 311, 315, 318, 321, 323, 325, 327, 328, 329, 337, 338, 1574, 4616)
2002 Ed. (257, 258, 259, 260, 261, 262, 263, 264, 265, 266, 269, 1503, 1546, 2076, 4665)
2003 Ed. (18, 242, 243, 244, 245, 246, 247, 248, 250, 754, 1544, 1559, 4781, 4801)
2004 Ed. (198, 199, 200, 203, 204, 205, 206, 207, 211, 212, 213, 216, 218, 219, 221, 1569, 2845, 4763, 4788)
2005 Ed. (201, 202, 203, 206, 207, 208, 209, 210, 211, 212, 224, 226, 227, 229, 1578, 2374, 3370, 3371, 4450, 4759)
2006 Ed. (215, 216, 217, 218, 219, 220, 221, 222, 223, 224, 240, 242, 243, 245, 246, 248, 1457, 4812)
2007 Ed. (222, 224, 225, 226, 227, 228, 229, 230, 231, 242, 245, 247, 248, 249, 251, 252, 253, 254, 255, 857, 1448, 1562, 2885, 3214, 3244, 3342)
2008 Ed. (209, 210, 211, 212, 213, 217, 221, 223, 224, 226, 228, 230, 231, 232, 233, 234, 235, 1213, 1434, 2116, 3007, 3373)
2009 Ed. (230, 231, 232, 233, 234, 245, 248, 250, 251, 252, 253, 1410, 2098, 2102, 3093, 3257, 4771)
2010 Ed. (216, 217, 218, 229, 230, 231, 232, 233, 234, 235, 236, 238, 241, 242, 243, 244, 703, 1742, 2039, 2041, 3026, 3374, 4784)
2011 Ed. (140, 141, 152, 153, 154, 155, 156, 157, 158, 159, 161, 162, 164, 165, 166, 167, 2097, 2098, 2760, 2995, 3441, 4758)
2012 Ed. (144, 145, 146, 147, 163, 165, 166, 167, 168, 169, 170, 171, 172, 177, 178, 179, 180, 1605, 1935, 1936, 2921, 3458, 4780)
2013 Ed. (119, 120, 121, 122, 123, 140, 141, 144, 145, 146, 147, 148, 149, 150, 152, 157, 158, 1761, 2099, 3010, 3505, 4741, 4811)
2014 Ed. (128, 129, 130, 131, 132, 133, 150, 151, 154, 156, 161, 162, 1694, 2031, 2554, 3019)
2015 Ed. (142, 143, 144, 145, 146, 172, 173, 174, 177, 179, 187, 188, 189, 1737, 2080, 3086)
2016 Ed. (147, 148, 149, 150, 151, 172, 173, 178, 182, 183, 184, 1689, 2062)
Southwest Airlines Credit Union
2002 Ed. (1834)
2003 Ed. (1897)
Southwest Airlines Employees
2000 Ed. (1624)
Southwest Airlines Spirit
2008 Ed. (150)
Southwest Alfa
1991 Ed. (301)
1992 Ed. (406)

Southwest Bancorp Inc.
2002 Ed. (485)
2007 Ed. (2229)
2008 Ed. (2369)
Southwest Bancorporation of Texas
2004 Ed. (644, 645)
2005 Ed. (633, 634)
Southwest Bank
1996 Ed. (387)
Southwest Bank of Texas
2006 Ed. (398)
Southwest Corporate Credit Union
2012 Ed. (2017)
2013 Ed. (2203)
Southwest Detroit Hospital
1990 Ed. (737)
1991 Ed. (714)
Southwest Financial Credit Union
2016 Ed. (2223)
Southwest Florida International Airport
1998 Ed. (145)
1999 Ed. (248)
2000 Ed. (273)
2002 Ed. (275)
2010 Ed. (245)
Southwest Florida Regional Medical Center
2000 Ed. (2527)
2002 Ed. (2620)
2008 Ed. (3058)
Southwest FSA
1992 Ed. (3772, 3783)
Southwest Gas Corp.
1989 Ed. (2033)
1990 Ed. (2668)
1991 Ed. (1803, 2572, 2575)
1992 Ed. (2272, 3211, 3214, 3467)
1993 Ed. (2702)
1994 Ed. (1959, 2650)
1995 Ed. (1984, 1987)
1996 Ed. (2007)
1997 Ed. (2127, 2926)
1998 Ed. (1818, 1821, 2664)
1999 Ed. (2578, 2581, 3593)
2004 Ed. (1814)
2005 Ed. (2719, 2720, 2726)
2006 Ed. (2692)
2007 Ed. (1908, 2682)
2008 Ed. (1969, 2812)
2009 Ed. (1924)
2010 Ed. (1859)
2011 Ed. (1890)
2012 Ed. (1746)
2016 Ed. (1844)
Southwest Harvard Group
1998 Ed. (1936)
Southwest Health Alliances
1999 Ed. (2646, 2647)
Southwest Hummer
2005 Ed. (169)
Southwest Key Programs
2010 Ed. (2968)
2011 Ed. (2931)
2012 Ed. (2864)
2013 Ed. (2942)
Southwest Life & Health Insurance Co.
2000 Ed. (2702, 2704)
Southwest Louisiana Economic Development Alliance
2012 Ed. (3484)
Southwest Medical Associates
2016 Ed. (1845)
Southwest Methodist University
2015 Ed. (807, 809)
Southwest Methodist University, Cox School of Business
2013 Ed. (748, 750)
Southwest Minnesota Initiative Fund
1995 Ed. (1931)
Southwest Montana Community Credit Union
2005 Ed. (2112)
2006 Ed. (2207)
2007 Ed. (2128)
2012 Ed. (2062)
2013 Ed. (2244)
2014 Ed. (2176)
Southwest National
1990 Ed. (666)
Southwest National Bank/PA
1993 Ed. (2300)
Southwest Office Systems Inc.
1996 Ed. (3234)
Southwest Pontiac-GMC
2005 Ed. (169)
Southwest Properties
2014 Ed. (1470)
2015 Ed. (1525)
Southwest Research Institute
2009 Ed. (1369)

2011 Ed. (1342, 4198)
2012 Ed. (1207, 4241)
2014 Ed. (4251)
2016 Ed. (4151)
Southwest Sanitary Co.
2005 Ed. (1977)
2006 Ed. (2046)
2007 Ed. (2016)
2008 Ed. (2113)
2009 Ed. (2097)
Southwest Savings
1990 Ed. (3119, 3128)
Southwest Savings Assn.
1991 Ed. (3385)
Southwest Savings & Loan Association
1990 Ed. (3592)
Southwest Seal & Supply, Inc.
1999 Ed. (2845)
2002 Ed. (1994)
Southwest Securities
2000 Ed. (1097)
2001 Ed. (733)
2008 Ed. (427)
Southwest Securities Group
2002 Ed. (499, 500, 501)
Southwest State Bank
1993 Ed. (509)
1996 Ed. (541)
2016 Ed. (507)
Southwest United States
2002 Ed. (680, 756, 2373, 2550, 3141, 4318, 4341, 4553, 4936)
Southwest U.S.
1997 Ed. (2207)
Southwest Washington Hospital Inc.
2008 Ed. (2164)
2009 Ed. (2145)
2010 Ed. (2085)
2011 Ed. (2142)
2012 Ed. (1987)
2013 Ed. (2161)
2015 Ed. (2148)
Southwest Washington Medical Center
2012 Ed. (1987)
Southwest Water Co.
2004 Ed. (4854, 4855)
2005 Ed. (4838, 4839)
2008 Ed. (2369)
Southwestern Bell
1989 Ed. (1087, 1099, 2166, 2260, 2261, 2789, 2796, 2813)
1990 Ed. (2192, 2193, 2926)
1991 Ed. (871, 872, 1109, 2691, 2776, 2777, 2779, 3276, 3284)
1992 Ed. (1067, 1339, 3582, 3583, 3584, 4063, 4198, 4208, 4209, 4210)
1993 Ed. (821, 2934, 2935, 2936, 3228, 3281, 3383, 3463, 3514, 3515, 3516)
1994 Ed. (680, 2973, 2974, 3220, 3228, 3284, 3481, 3488, 3489, 3490)
1995 Ed. (3033, 3034, 3297, 3307, 3338, 3363, 3439, 3548, 3549, 3558, 3559)
1996 Ed. (3501, 3637, 3639, 3647)
1997 Ed. (3706)
1998 Ed. (3484)
1999 Ed. (1817, 3717)
2000 Ed. (4202)
Southwestern Bell Foundation
1989 Ed. (1472)
Southwestern Bell Mobile
1989 Ed. (863)
Southwestern Bell Mobile Systems
1994 Ed. (877)
Southwestern Bell Telephone Co.
1990 Ed. (3517)
2001 Ed. (1798, 1799)
2003 Ed. (1767, 1768)
Southwestern Bell Telephone LP
2005 Ed. (1876)
2006 Ed. (1897)
2007 Ed. (1889)
2013 Ed. (1055)
Southwestern Bell's Metromedia
1992 Ed. (3603)
Southwestern Capital Markets Inc.
1991 Ed. (2167)
1993 Ed. (2264)
The Southwestern Co.
1995 Ed. (2989)
2011 Ed. (930)
2012 Ed. (855)
2013 Ed. (1037)
Southwestern Electric Power Co.
2004 Ed. (1783)
Southwestern Energy Co.
2006 Ed. (3823, 3829)

2007 Ed. (3846, 4532, 4559, 4561, 4562, 4564)
2008 Ed. (3898)
2009 Ed. (2908, 3608)
2010 Ed. (994, 2035, 2852, 3901)
2011 Ed. (2432, 2433, 3884)
2012 Ed. (2716, 3922, 4529)
2013 Ed. (2527, 2798, 3991)
2014 Ed. (2834, 2835, 3934, 3936, 4032)
2015 Ed. (2874, 2875, 3970)
2016 Ed. (2806, 2807, 3884, 3886)
Southwestern Energy Pipeline Co.
2013 Ed. (1418)
2014 Ed. (1377)
2015 Ed. (1443)
Southwestern General Life
1989 Ed. (1691)
Southwestern Illinois College
2016 Ed. (1652)
Southwestern Illinois RC & D Inc.
2003 Ed. (939)
Southwestern Life
1996 Ed. (2322)
1997 Ed. (236, 355, 356)
Southwestern Life Insurance Co.
1991 Ed. (2094)
Southwestern Medical Center at Dallas; University of Texas
2008 Ed. (3637)
2009 Ed. (3700)
2010 Ed. (3616)
2011 Ed. (3618)
2012 Ed. (3612)
Southwestern Ohio Steel Inc.
1999 Ed. (3353)
Southwestern Public Service
1989 Ed. (1302, 1303)
1990 Ed. (1606, 1607)
1991 Ed. (1503, 1504)
1992 Ed. (1904, 1905)
1994 Ed. (1601, 1602)
1995 Ed. (1643, 1644)
1996 Ed. (1621)
1997 Ed. (1699, 1700)
1998 Ed. (1393)
Southwestern Public Services
1993 Ed. (1560)
Southwestern Resources Corp.
2004 Ed. (1665)
Southwestern States Bankcard Association
1991 Ed. (1393)
1992 Ed. (1751)
Southwestern University
1990 Ed. (1091)
1992 Ed. (1276)
1993 Ed. (1024)
1994 Ed. (1051)
1995 Ed. (1059)
2007 Ed. (3329)
2008 Ed. (3430)
Southwestern Vermont Health Care
2016 Ed. (2102)
Southwestern Vermont Health Care Corp.
2003 Ed. (1842)
2004 Ed. (1877)
2005 Ed. (1992)
2006 Ed. (2091)
2007 Ed. (2049)
2008 Ed. (2153)
2009 Ed. (2136)
2010 Ed. (2078)
2011 Ed. (2135)
2012 Ed. (1979)
2013 Ed. (2138)
2015 Ed. (2121)
2016 Ed. (2104)
Southwestern Vermont Medical Center Inc.
2001 Ed. (1892)
2007 Ed. (2049)
2008 Ed. (2153)
2009 Ed. (2136)
2010 Ed. (2078)
2011 Ed. (2135)
2012 Ed. (1979)
2013 Ed. (2138, 2139)
2015 Ed. (2121)
2016 Ed. (2104, 2105)
Southwind Partners
1996 Ed. (2097)
Southwire Co.
2005 Ed. (3382)
2008 Ed. (3199)
2009 Ed. (3227, 3258, 4139)
2010 Ed. (3160, 3189, 3194, 4071)
2011 Ed. (3125, 4043)
2012 Ed. (3059, 4077)

2013 Ed. (809, 1652)
2014 Ed. (838, 1611)
2015 Ed. (877, 1661)
2016 Ed. (765, 1602, 1607)
Souto Foods LLC
2015 Ed. (3004)
Soutter; Thomas D.
1996 Ed. (1228)
Souza Cruz
1989 Ed. (1135)
1990 Ed. (1395)
1991 Ed. (1322, 2913)
1992 Ed. (1580, 3767)
1994 Ed. (3134)
1995 Ed. (3182)
2002 Ed. (1718)
2003 Ed. (1742)
2014 Ed. (4730)
2015 Ed. (4749)
2016 Ed. (4652)
Souza Cruz Ind e Com
1989 Ed. (1096)
Souza Cruz SA
1996 Ed. (1306, 3281)
1998 Ed. (2558)
2014 Ed. (4740)
2015 Ed. (4761)
Sovac
1989 Ed. (573)
Sovereign
1998 Ed. (899)
2001 Ed. (1233)
Sovereign Advisers
1996 Ed. (2401, 2409)
Sovereign Asset Management, Dividend
Performers—Equity
2003 Ed. (3141)
Sovereign Bancorp
1996 Ed. (3687)
1997 Ed. (3745)
1998 Ed. (3526)
2000 Ed. (4246, 4247)
2001 Ed. (437, 568, 4521, 4523)
2002 Ed. (627, 1523, 2003, 4171)
2003 Ed. (425, 453, 3432, 4282,
4283, 4301)
2004 Ed. (3501, 4290, 4291, 4310)
2005 Ed. (2584, 3500, 4223, 4224,
4243, 4689, 4690)
2006 Ed. (2587, 3557, 4248, 4734,
4735)
2007 Ed. (383, 2556, 4262)
2008 Ed. (2697)
2009 Ed. (2005, 3769, 4387)
2010 Ed. (444)
Sovereign Bank
1994 Ed. (3529)
1998 Ed. (3130, 3134, 3145, 3533)
1999 Ed. (4601)
2000 Ed. (3857, 4251)
2002 Ed. (4099, 4116, 4117, 4118,
4119, 4120, 4121, 4122, 4123,
4125, 4127, 4129, 4130, 4131,
4132, 4133, 4134, 4135, 4136,
4138, 4139)
2003 Ed. (4229, 4230, 4258, 4260,
4261, 4262, 4263, 4264, 4265,
4266, 4267, 4268, 4269, 4271,
4273, 4274, 4275, 4276, 4277,
4278, 4279, 4280, 4281)
2004 Ed. (1062, 1063, 2862, 2995,
3502, 3506, 3507, 4244, 4245,
4247, 4248, 4249, 4250, 4278,
4280, 4281, 4282, 4283, 4284,
4285, 4286, 4287, 4288, 4289)
2005 Ed. (1066, 1067, 2867, 2993,
3502, 3510, 3511, 4177, 4181,
4182, 4183, 4211, 4213, 4214,
4215, 4216, 4217, 4218, 4219,
4220, 4221, 4222)
2006 Ed. (1074, 1075, 2872, 2988,
3569, 3570, 3571, 4229, 4232,
4233, 4234, 4235, 4236, 4237,
4238, 4240, 4241, 4242, 4243,
4244, 4245, 4246, 4247)
2007 Ed. (1182, 1183, 2866, 3019,
3629, 3635, 3636, 4243, 4244,
4246, 4247, 4248, 4249, 4250,
4251, 4252, 4254, 4255, 4256,
4257, 4258, 4259, 4260, 4261)
2009 Ed. (4388, 4389, 4390)
2010 Ed. (1039, 1040, 3000, 3155,
3703, 3704, 4416, 4417, 4418,
4419, 4420, 4421, 4422, 4423,
4424, 4425, 4427, 4428, 4430,
4431, 4432, 4434, 4435, 4436,
4437)
2011 Ed. (966, 967, 2967, 3121,
3697, 3698, 3699, 4361, 4362,
4363, 4364, 4365, 4366, 4367,

4368, 4370, 4372, 4373, 4375,
4376, 4377, 4378, 4379, 4380,
4381, 4382)
2012 Ed. (880, 881, 2904, 3056,
3715, 3716, 3717, 4401, 4402,
4403, 4404, 4405, 4406, 4407,
4408, 4410, 4412, 4413, 4414,
4416, 4417, 4418, 4419, 4420,
4421, 4422)
2013 Ed. (4369, 4370, 4371)
Sovereign Bank Arena
2002 Ed. (4346)
2003 Ed. (4530)
2011 Ed. (1076)
Sovereign Bank FSB
1998 Ed. (3564)
Sovereign Bank NA
2013 Ed. (1039, 1040, 2988, 3137,
3762, 3763, 3764, 4372, 4373,
4374, 4375, 4376, 4377, 4378,
4379, 4380, 4381, 4383, 4384,
4385, 4386, 4387, 4388, 4389,
4390)
Sovereign Business Forms Inc.
2000 Ed. (912)
2005 Ed. (3887, 3889)
2006 Ed. (3967)
2008 Ed. (4031, 4033)
2009 Ed. (4104, 4106)
2010 Ed. (4034)
2012 Ed. (4037)
2013 Ed. (4078, 4086)
2014 Ed. (4095)
Sovereign Chemical Co.
2001 Ed. (11)
Sovereign Financial Services
1998 Ed. (2287)
Sovereign Food Group Ltd.
2000 Ed. (224)
Sovereign Futures
1993 Ed. (1041)
The Sovereign General Insurance Co.
2011 Ed. (2684)
Sovereign Health of California
2016 Ed. (1409)
Sovereign Holdings Inc.
2011 Ed. (4739)
2012 Ed. (4754)
2013 Ed. (4717)
2014 Ed. (4769)
2015 Ed. (4793)
Sovereign Homes
1999 Ed. (1328)
Sovereign Income
1995 Ed. (2751)
Sovereign Investors
1992 Ed. (3150, 3160)
Sovereign Jaguar
1990 Ed. (329)
1992 Ed. (387)
1993 Ed. (273)
1994 Ed. (272)
Sovereign Management
1990 Ed. (2062)
Sovereign System
2001 Ed. (3588)
Sovereign Systems
2013 Ed. (4778)
2014 Ed. (4821)
Sovereigns/supranationals/public authorities
2001 Ed. (730)
Soviet Union
1989 Ed. (1869)
1990 Ed. (413, 1709, 1728, 1732,
1734, 2829)
1991 Ed. (259, 352, 934, 1382, 1408,
1650, 1791, 2111, 2754, 3287,
3358, 3466, 3507)
1992 Ed. (362, 1776, 2336, 2357,
2359, 2566, 3543, 4413)
1993 Ed. (1466, 1467, 1716, 1988,
2229, 2848, 3510)
1997 Ed. (3104, 3105)
Sovran Bank
1989 Ed. (707)
1991 Ed. (2307)
Sovran Bank (Inst.) Va.
1989 Ed. (2146, 2150, 2153, 2157)
Sovran Bank NA
1990 Ed. (713)
1991 Ed. (687)
1992 Ed. (564, 862)
1993 Ed. (662)
Sovran Bank/Central
1992 Ed. (847)
Sovran Bank/Central South
1991 Ed. (675)
Sovran Bank/DC National
1993 Ed. (2966)

Sovran Bank/Maryland
1992 Ed. (773)
1993 Ed. (563)
Sovran Bank/Maryland (Bethesda)
1991 Ed. (604)
Sovran Bank/Tennessee
1993 Ed. (643)
Sovran Capital
1997 Ed. (2529)
1999 Ed. (3072)
Sovran Co.
1996 Ed. (3395)
Sovran Financial
1989 Ed. (364, 373, 408, 412, 427,
428, 429)
1990 Ed. (638, 685)
1991 Ed. (398, 495, 663, 1154, 1160)
1992 Ed. (502, 524, 1472)
1993 Ed. (1179)
1994 Ed. (1219)
1996 Ed. (359)
Sovran Self Storage Inc.
1998 Ed. (3274)
1999 Ed. (4266)
2000 Ed. (3989)
Sovreign Jaguar Inc.
1995 Ed. (276)
Sowanick; Thomas
1993 Ed. (1845)
Sowanik; Thomas
1997 Ed. (1951)
Sowles Co.
2000 Ed. (1269)
2001 Ed. (1482)
2002 Ed. (1299)
2003 Ed. (1317)
2004 Ed. (1317)
2005 Ed. (1322)
2006 Ed. (1294)
2007 Ed. (1370)
2008 Ed. (1266)
2009 Ed. (1242)
Sowles Co.; L. H.
1990 Ed. (1207)
Soybean
2001 Ed. (708)
Soybean oil
1992 Ed. (3299)
Soybeans
1990 Ed. (1871, 2742)
1992 Ed. (2071, 2089)
1993 Ed. (1711, 1914, 2744)
1994 Ed. (1939, 2699)
1995 Ed. (2813)
1999 Ed. (1807, 2565)
2001 Ed. (1332)
2003 Ed. (2601)
2008 Ed. (2646)
Soybeans, CBOT
1996 Ed. (1996)
Soyland Power
1992 Ed. (3263)
Soylent Corp.
2010 Ed. (1432)
Soyuz Ltd.
2001 Ed. (16)
Soza & Co., Ltd.
2001 Ed. (2714)
2002 Ed. (2538)
2004 Ed. (1352, 1369)
Sozial-Holding der Stadt Monchenglad-
bach GmbH
2011 Ed. (107)
SP 10-2
1993 Ed. (235)
S&P American Income & Growth
1992 Ed. (3207)
SP Chemicals
2009 Ed. (919)
SP Franchising
2016 Ed. (4364)
S.P. International
1994 Ed. (2598)
S&P Midcap
2002 Ed. (2170)
SP neurotrans
2001 Ed. (2095)
SP Newsprint Co.
2002 Ed. (3518)
2003 Ed. (3732)
SP Setia
2007 Ed. (1864)
SP Setia Bhd
2008 Ed. (1898)
SP400 SPDR Trust
2004 Ed. (234)
SPA
1993 Ed. (1354, 2570, 3252)
Spa Advertising
1990 Ed. (156)

1991 Ed. (156)
1992 Ed. (214)
1993 Ed. (141)
Spa at Women's Center LLC
2015 Ed. (1700)
2016 Ed. (1650)
Spa Boutique Ltd.
2015 Ed. (1560, 4318)
2016 Ed. (1495, 4214)
Spaarbank AN-HYP
1994 Ed. (434)
Spaarbank CVB
1994 Ed. (593)
1995 Ed. (562)
Spaarkrediet
1992 Ed. (616)
1993 Ed. (434)
1996 Ed. (454)
Spaarkredit
1994 Ed. (434)
Space
2005 Ed. (3170)
2006 Ed. (3164)
2007 Ed. (3198)
2008 Ed. (3340)
Space Coast Credit Union
1994 Ed. (1503)
1995 Ed. (1535)
1997 Ed. (1559, 1561)
1998 Ed. (1232)
2000 Ed. (1631)
2002 Ed. (1858)
2003 Ed. (1912)
2004 Ed. (1952)
2005 Ed. (2094)
2006 Ed. (2189)
2007 Ed. (2110)
2008 Ed. (2225)
2009 Ed. (2209)
2010 Ed. (2163)
2011 Ed. (2182)
2012 Ed. (2033, 2042)
2013 Ed. (2224)
2014 Ed. (2145, 2156)
2015 Ed. (2209, 2220)
2016 Ed. (2191)
Space Coast CU
1999 Ed. (1805)
Space Coast, FL
1995 Ed. (2191)
Space & Communications Co.
1996 Ed. (1519)
Space Gateway Support
2007 Ed. (1398)
Space heating
2001 Ed. (2779)
Space Industries International
1997 Ed. (2702)
Space Jam
1999 Ed. (4717)
2001 Ed. (3412)
Space Mark Inc.
2000 Ed. (3146)
Space Matrix
2012 Ed. (3296)
2013 Ed. (3363, 3366)
Space Matrix Design Consultants
2014 Ed. (3374)
2015 Ed. (3412)
Space organizers
1997 Ed. (2329)
Space Petroleum
2016 Ed. (4943)
Space planning
1995 Ed. (2816)
1996 Ed. (2881)
Space Station
1992 Ed. (4027)
Space150
2013 Ed. (1883)
Spacecon Specialty Contractors
2012 Ed. (1142)
SpaceCurve
2015 Ed. (2145)
SpaceDev Inc.
2010 Ed. (2925)
Spacehab
1998 Ed. (1883, 1886)
Spacenet
2016 Ed. (4302)
Spaceport USA
1990 Ed. (265, 266)
1992 Ed. (332, 333)
1997 Ed. (248)
Spaces
1992 Ed. (4037)
2005 Ed. (3913)
SpaceX
2013 Ed. (4730)
2015 Ed. (4811)

Spacey; Kevin
  2016 Ed. (2529)
Spackenkill Trading Corp.
  1993 Ed. (1036)
  1994 Ed. (1069)
SPADAC Inc.
  2009 Ed. (1106, 3032)
  2010 Ed. (2958)
Spagetti, canned
  1997 Ed. (2032)
Spaghetti
  2002 Ed. (3588, 3746)
  2003 Ed. (3746, 3926, 3927)
Spaghetti sauce
  2003 Ed. (1129)
The Spaghetti Shop Inc.
  1992 Ed. (2223)
Spaghetti Warehouse
  1995 Ed. (3116, 3133)
  1997 Ed. (3337)
  1999 Ed. (4068)
Spain
  1989 Ed. (282, 349, 2641, 2956,
    2964, 2965)
  1990 Ed. (1260, 1901, 1906, 1913,
    1920, 2497, 3276, 3694, 3699,
    3700)
  1991 Ed. (165, 329, 352, 516, 1650,
    1819, 1826, 1828, 1829, 1836,
    1868, 2493, 3108, 3287, 3506,
    3507, 3508)
  1992 Ed. (225, 228, 230, 316, 498,
    669, 723, 907, 1087, 1088, 1120,
    1234, 1373, 2046, 2082, 2171,
    2293, 2305, 2312, 2322, 3599,
    3600, 3685, 3957, 4238, 4239,
    4320, 4474, 4475, 4495)
  1993 Ed. (146, 212, 722, 885, 917,
    943, 956, 1035, 1202, 1203, 1299,
    1422, 1464, 1535, 1717, 1723,
    1962, 1969, 1976, 1992, 2000,
    2167, 2367, 2476, 2482, 3053,
    3301, 3302, 3722, 3724, 3725,
    3726)
  1994 Ed. (311, 335, 731, 841, 857,
    927, 934, 949, 1234, 1349, 1488,
    1516, 1533, 1581, 1699, 1983,
    1987, 2130, 2684, 3436)
  1995 Ed. (344, 683, 713, 876, 929,
    1593, 1735, 1743, 1744, 2000,
    2005, 2012, 2023, 2024, 3418,
    3520, 3773, 3774, 3775)
  1996 Ed. (363, 908, 942, 1221, 1222,
    1226, 1495, 1729, 1963, 2025,
    2344, 2551, 2647, 2948, 3435,
    3714, 3716, 3717, 3762, 3763,
    3870, 3871)
  1997 Ed. (287, 308, 321, 725, 939,
    941, 1578, 2147, 2691, 2999, 3079,
    3513, 3767, 3768, 3770, 3912)
  1998 Ed. (115, 230, 633, 656, 683,
    1369, 1838, 2209, 2421, 2461,
    2814, 3589, 3590, 3591, 3592)
  1999 Ed. (332, 1069, 1213, 1796,
    2015, 2443, 2596, 2936, 3111,
    3193, 3273, 3449, 4478, 4624,
    4625, 4803, 4804)
  2000 Ed. (1032, 1064, 2335, 2355,
    2356, 3011, 4237, 4271, 4272,
    4425)
  2001 Ed. (291, 358, 390, 395, 525,
    526, 625, 662, 697, 979, 1002,
    1019, 1021, 1088, 1097, 1140,
    1143, 1152, 1242, 1283, 1285,
    1311, 1338, 1414, 1496, 1688,
    1918, 1919, 1982, 1984, 1992,
    2036, 2046, 2128, 2147, 2379,
    2395, 2443, 2444, 2469, 2481,
    2489, 2552, 2553, 2562, 2602,
    2681, 2693, 2695, 2697, 2724,
    2734, 2800, 2814, 2821, 2825,
    2835, 2970, 3020, 3044, 3045,
    3149, 3151, 3160, 3181, 3209,
    3227, 3275, 3315, 3367, 3370,
    3502, 3552, 3575, 3578, 3580,
    3581, 3596, 3602, 3691, 3706,
    3760, 3823, 3847, 3859, 3864,
    4112, 4113, 4119, 4229, 4246,
    4312, 4315, 4370, 4372, 4378,
    4399, 4400, 4401, 4402, 4483,
    4494, 4565, 4590, 4598, 4632,
    4732, 4831, 4905, 4909, 4910,
    4920, 4943)
  2002 Ed. (681, 742, 743, 744, 745,
    747, 780, 975, 1410, 1411, 1412,
    1419, 2412, 2425, 2751, 2752,
    2753, 2754, 2755, 2756, 2757,
    2936, 3073, 3183, 3302, 4380,
    4971, 4972, 4973, 4974, 4999)
  2003 Ed. (249, 290, 493, 641, 873,
    1431, 1432, 1433, 1438, 2233,
    2616, 3167, 3232, 3362, 3694,
    3695, 3697, 3699, 3703, 3755,
    3918, 4214, 4401, 4628, 4667,
    4970, 4971, 4972, 5000)
  2004 Ed. (210, 257, 655, 1462, 1463,
    1468, 1524, 2170, 2768, 3223,
    3287, 3321, 3393, 3396, 3428,
    3738, 3739, 3740, 3742, 3747,
    3769, 3919, 3931, 4237, 4413,
    4454, 4460, 4605, 4606, 4607,
    4608, 4650, 4999)
  2005 Ed. (259, 505, 644, 890, 920,
    1476, 1478, 1479, 1484, 1541,
    2536, 2764, 2823, 3022, 3101,
    3252, 3346, 3400, 3403, 3444,
    3646, 3647, 3648, 3650, 3658,
    3686, 3865, 3881, 4160, 4363,
    4401, 4499, 4539, 4540, 4541,
    4542, 4570, 4969, 4970, 4971,
    4977, 5000)
  2006 Ed. (282, 545, 804, 1433, 1434,
    1435, 1439, 1442, 2719, 2720,
    2804, 2805, 3017, 3116, 3239,
    3336, 3339, 3409, 3412, 3453,
    3744, 3745, 3746, 3748, 3756,
    3780, 3929, 3941, 4214, 4306,
    4418, 4422, 4620, 4621, 4622,
    4623, 4651, 4669, 4777, 5000)
  2007 Ed. (285, 577, 674, 892, 2796,
    2797, 3050, 3298, 3334, 3379,
    3394, 3397, 3426, 3428, 3476,
    3743, 3744, 3745, 3747, 3755,
    3777, 3984, 3999, 4372, 4418,
    4480, 4482, 4607, 4608, 4609,
    4610, 4689, 5000)
  2008 Ed. (260, 868, 1283, 1284,
    1287, 1291, 1412, 1413, 1414,
    1415, 1419, 1421, 2626, 3164,
    3411, 3434, 3590, 3592, 3650,
    3825, 3826, 3828, 3832, 4018,
    4327, 4392, 4519, 4555, 4556,
    4557, 4558, 4795, 5000)
  2009 Ed. (283, 879, 1267, 1270,
    1274, 2653, 2774, 3239, 3340,
    3479, 3508, 3660, 3662, 3715,
    3879, 3880, 3882, 3886, 4089,
    4431, 4586, 4587, 4588, 4589,
    5001)
  2010 Ed. (269, 768, 830, 1263, 1266,
    2558, 2838, 3151, 3411, 3437,
    3790, 3791, 3793, 3797, 4001,
    4474, 4516, 4581, 4620, 4621,
    4622, 5005)
  2011 Ed. (685, 757, 1213, 1216,
    2327, 2543, 2693, 2820, 2883,
    3382, 3395, 3435, 3508, 3787,
    3788, 3790, 3793, 3819, 4001,
    4009, 4346, 4411, 4453, 4484,
    4576, 4577, 4578, 5001)
  2012 Ed. (626, 1149, 1152, 2753,
    4376, 4609)
  2013 Ed. (767, 3775)
  2014 Ed. (792, 2466, 3708)
  2015 Ed. (800, 835, 2359)
Spain Fund
  1991 Ed. (2589)
Spain; Government of
  2006 Ed. (90)
Spain's Gifts
  1996 Ed. (3481)
  1997 Ed. (3546)
  1998 Ed. (3339)
Spakling
  1997 Ed. (3558)
Spalding
  1991 Ed. (1854, 1855, 3165, 3166)
  1992 Ed. (2337, 2338, 4042, 4043,
    4044, 4045)
  1993 Ed. (1990, 1991, 3367)
  1994 Ed. (3370, 3371)
  1995 Ed. (3428)
  1996 Ed. (29, 2035, 3491, 3492,
    3493)
  1997 Ed. (2153, 2154, 3556, 3557)
  1998 Ed. (25, 1856, 3349, 3350,
    3351)
  1999 Ed. (4377, 4378, 4379)
  2000 Ed. (4088)
  2002 Ed. (2416)
  2005 Ed. (4429, 4430, 4431, 4432)
  2006 Ed. (4445, 4446)
  2007 Ed. (4502, 4503)
  2008 Ed. (4479, 4480)
  2011 Ed. (4504)
Spalding DeDecker Associates
  2009 Ed. (1643)
Spalding/Evenflo Cos.
  1996 Ed. (3490)
Span Construction & Engineering Inc.
  2005 Ed. (1175)
  2006 Ed. (1171, 1172)

  2010 Ed. (1147, 1148)
  2015 Ed. (1195, 1196)
  2016 Ed. (1070, 1071)
Spanas Construction Inc.; A. G.
  1992 Ed. (1364)
Spancrete Northeast Group
  1993 Ed. (1131)
Spangler Candy Co.
  2014 Ed. (833)
  2015 Ed. (872)
  2016 Ed. (762)
Spangler Dum Dum
  2008 Ed. (839)
Spangler Dum Dum Pops
  2014 Ed. (828)
  2015 Ed. (868)
  2016 Ed. (756)
Spangler Jr.; Clemmie Dixon
  2006 Ed. (4898)
Spanish
  2000 Ed. (2889, 2890, 4380)
  2001 Ed. (3962)
Spanish Broadcasting System
  1990 Ed. (2939)
  1991 Ed. (2794)
  1992 Ed. (2404, 3092)
  1998 Ed. (2982)
  2000 Ed. (4005)
  2006 Ed. (2845)
  2008 Ed. (2966)
  2009 Ed. (3046)
  2010 Ed. (2970)
  2011 Ed. (2933)
  2015 Ed. (3025)
Spanish Broadcasting Systems Inc.
  1993 Ed. (2584)
  1994 Ed. (2532)
  1996 Ed. (2661, 3400)
  1997 Ed. (3495)
Spanish Economy Ministry
  1993 Ed. (51)
Spanish Ministry of Economy
  1990 Ed. (48)
  1991 Ed. (48)
Spanish Peaks
  1999 Ed. (3402)
Spanish Peaks Apple Cider
  2001 Ed. (3117)
  2002 Ed. (3108)
Spanish Peaks Brewing Co.
  1998 Ed. (2487)
Spanish Pesetas
  1992 Ed. (2047)
Spanish-Speaking Unity Council
  2002 Ed. (2559)
Spanos; A. G.
  1993 Ed. (1090)
Spanos; Alexander
  2012 Ed. (4852)
Spanos Construction; A. G.
  1990 Ed. (1164)
  1991 Ed. (1054, 1059)
  1992 Ed. (1367)
  1995 Ed. (1130)
  1996 Ed. (1096, 1132)
Spanos Cos.; A. G.
  1997 Ed. (1124)
Spanos Inc.; A.G.
  1990 Ed. (1172)
Spansion
  2007 Ed. (1553)
  2008 Ed. (2462, 4309)
  2009 Ed. (2462)
  2010 Ed. (2382)
  2011 Ed. (1531, 1533)
Spanx
  2016 Ed. (2984)
SPAR
  2013 Ed. (4319)
  2014 Ed. (4370)
Spar
  2007 Ed. (718)
  2008 Ed. (687)
  2009 Ed. (696)
Spar Aerospace Ltd.
  1990 Ed. (2005)
  1993 Ed. (2036)
  1995 Ed. (2099)
  1996 Ed. (2108)
  1997 Ed. (2214)
  2001 Ed. (1654)
Spar AG
  1993 Ed. (24)
  1994 Ed. (14)
Spar Fond & Spar Liv
  2002 Ed. (2937)
Spar Group
  2000 Ed. (1675)
  2010 Ed. (4295)
SPAR Group Inc.

  2013 Ed. (854)
The SPAR Group Ltd.
  2013 Ed. (4340)
  2014 Ed. (4391)
  2016 Ed. (4276)
SPAR Gruppe
  2004 Ed. (26)
  2005 Ed. (19)
Spar Handels AG
  2000 Ed. (4388)
  2001 Ed. (15, 4102, 4819)
Spar Holding AG
  2016 Ed. (4256)
Spar International
  1998 Ed. (987)
Spar Nord Bank
  2000 Ed. (509)
  2002 Ed. (550)
  2003 Ed. (483)
  2004 Ed. (479)
  2005 Ed. (486)
  2006 Ed. (432)
  2007 Ed. (430)
  2008 Ed. (404)
  2009 Ed. (429)
  2010 Ed. (405)
  2011 Ed. (332)
  2013 Ed. (419)
  2014 Ed. (438)
  2015 Ed. (492)
  2016 Ed. (446)
Spar Nord Holding
  1996 Ed. (487)
  1997 Ed. (450)
  1999 Ed. (501)
SPAR Oesterreichische Warenhandels
    AG
  1996 Ed. (1298)
  2008 Ed. (1573)
  2009 Ed. (1505)
Spar Osterreichische Warenhandels
  2007 Ed. (19)
Spar Osterreichische Warenhandels AG
  2003 Ed. (1622)
  2005 Ed. (1662)
Spar Osterreichische Warenhandels-
    Aktiengesell-S
  2001 Ed. (1636)
SPAR Slovenija doo
  2012 Ed. (1884)
  2013 Ed. (2043)
Spar und Leikasse in Berne
  1993 Ed. (1664)
Spar Warenhandels AG
  1991 Ed. (16)
Sparbank Vest
  1993 Ed. (461)
  2006 Ed. (432)
Sparbankemas Bank
  1989 Ed. (684)
Sparbankemas Intecknings Ab
  1989 Ed. (1163)
Sparbanken Alfa
  1993 Ed. (638)
  1994 Ed. (641, 642)
  1995 Ed. (614)
Sparbanken Dalarna
  1993 Ed. (638)
  1994 Ed. (641)
Sparbanken Finn
  2006 Ed. (527)
  2007 Ed. (557)
  2008 Ed. (509)
  2009 Ed. (542)
  2010 Ed. (525)
Sparbanken Kronan
  1994 Ed. (641, 642)
Sparbanken Norrland
  1994 Ed. (641)
  1995 Ed. (614)
Sparbanken Oresund AB
  2013 Ed. (464)
  2014 Ed. (479)
  2015 Ed. (539)
  2016 Ed. (491)
Sparbanken Skane
  1991 Ed. (669)
  1992 Ed. (842)
  1993 Ed. (639)
  1994 Ed. (641, 642)
Sparbanken Sverige (Swedbank)
  1999 Ed. (644)
Sparbanken Uppland
  1994 Ed. (641)
Sparbanken Vast
  1993 Ed. (638)
  1994 Ed. (641)
Sparbankernas
  1993 Ed. (52)
  1994 Ed. (45)

Sparboe Farms
2013 Ed. (2400)
Sparboe Summit Farms
2010 Ed. (2330)
2012 Ed. (2228)
Sparc
1989 Ed. (2042)
2001 Ed. (3302, 3303)
2015 Ed. (1095)
Sparck International
2008 Ed. (4971)
Spare Rogaland
1991 Ed. (636)
Spare, Tengler, Kaplan & Bischel
1991 Ed. (2224, 2228, 2232)
1992 Ed. (2762)
SpareBank 1 Alliance (Sparebanken
Rogaland)
2002 Ed. (630)
Sparebank 1 Midt-Norge
2006 Ed. (508)
2007 Ed. (533)
2008 Ed. (487)
2009 Ed. (515, 516)
2010 Ed. (494, 495)
2011 Ed. (425)
Sparebank 1 Nord Norge
2006 Ed. (508)
2007 Ed. (533)
2008 Ed. (487)
2009 Ed. (515, 516)
2010 Ed. (494, 495)
2011 Ed. (424, 425)
2013 Ed. (450)
2014 Ed. (465)
2015 Ed. (523)
2016 Ed. (477)
SpareBank 1 SMN
2013 Ed. (450)
2014 Ed. (465)
2015 Ed. (523)
2016 Ed. (477)
SpareBank 1 SR-Bank
2003 Ed. (595)
2004 Ed. (602)
2005 Ed. (591)
2006 Ed. (508)
2007 Ed. (533)
2008 Ed. (487)
2009 Ed. (515, 516)
2010 Ed. (494, 495)
2011 Ed. (424, 425, 1930)
2012 Ed. (1791)
2013 Ed. (450)
2014 Ed. (465, 466, 1900)
2015 Ed. (523, 524, 1945)
2016 Ed. (477, 478, 1913)
Sparebanken Hedmark
1993 Ed. (602)
1994 Ed. (605)
1996 Ed. (645)
1997 Ed. (585)
1999 Ed. (616)
2000 Ed. (637)
2002 Ed. (630)
2003 Ed. (595)
2004 Ed. (602)
2005 Ed. (591)
2006 Ed. (508)
2007 Ed. (533)
2008 Ed. (487)
2009 Ed. (515, 516)
2010 Ed. (494)
2011 Ed. (424)
2013 Ed. (450)
2014 Ed. (465)
2015 Ed. (523)
2016 Ed. (477)
Sparebanken Kronan
1993 Ed. (638)
Sparebanken Midt-Norge
1993 Ed. (602)
1994 Ed. (605)
1996 Ed. (645)
1997 Ed. (585)
1999 Ed. (616)
2000 Ed. (637)
2002 Ed. (630)
2003 Ed. (595)
2004 Ed. (602)
2005 Ed. (591)
Sparebanken More
1993 Ed. (602)
1994 Ed. (605)
1996 Ed. (645)
2002 Ed. (630)
2003 Ed. (595)
2004 Ed. (602)
2005 Ed. (591)
2006 Ed. (508)

2008 Ed. (487)
2009 Ed. (516)
2010 Ed. (495)
2011 Ed. (424, 425)
2013 Ed. (450)
2014 Ed. (465)
2015 Ed. (523)
2016 Ed. (477)
Sparebanken Nord Norge
1993 Ed. (602)
1994 Ed. (605)
1995 Ed. (576)
1996 Ed. (645, 646)
1999 Ed. (616)
2000 Ed. (637)
2002 Ed. (630)
2003 Ed. (595)
2004 Ed. (602)
2005 Ed. (591)
Sparebanken Nordland
1993 Ed. (602, 638)
1994 Ed. (605)
Sparebanken Pluss
1993 Ed. (602)
1994 Ed. (605)
1996 Ed. (645)
Sparebanken Rogaland
1992 Ed. (809)
1993 Ed. (602, 603)
1994 Ed. (605)
1996 Ed. (645)
1999 Ed. (616)
2000 Ed. (637)
Sparebanken Skane
1993 Ed. (638)
Sparebanken Sogn Og F Jordane
1996 Ed. (645)
Sparebanken Sor
1993 Ed. (602)
1994 Ed. (605)
1996 Ed. (645)
2010 Ed. (495)
2011 Ed. (425)
2013 Ed. (450)
2014 Ed. (465)
2015 Ed. (523)
2016 Ed. (477)
Sparebanken Vest
1993 Ed. (602)
1994 Ed. (605)
1996 Ed. (645)
2002 Ed. (630)
2003 Ed. (595)
2004 Ed. (602)
2005 Ed. (591)
2006 Ed. (508)
2007 Ed. (533)
2008 Ed. (487)
2009 Ed. (515, 516)
2010 Ed. (494, 495)
2011 Ed. (424, 425)
2013 Ed. (450)
2014 Ed. (465)
2015 Ed. (523)
2016 Ed. (477)
Sparebankern Rogaland
1997 Ed. (585)
Sparekasen Nordvestsjelland
1994 Ed. (466)
Sparekassen
1989 Ed. (518)
Sparekassen Bikuben
1993 Ed. (461, 462)
1994 Ed. (467)
1995 Ed. (455)
1996 Ed. (486, 487)
1997 Ed. (450)
Sparekassen Faaborg
1993 Ed. (461)
1994 Ed. (466)
1996 Ed. (486)
Sparekassen Himmerland
1996 Ed. (486)
Sparekassen Kronjylland
1994 Ed. (466)
1996 Ed. (486)
Sparekassen Lolland
1993 Ed. (461)
1994 Ed. (466)
1996 Ed. (486)
Sparekassen, Nord.
1991 Ed. (497)
Sparekassen Nordjylland
1992 Ed. (650)
1993 Ed. (461)
1994 Ed. (466)
1996 Ed. (486)
Sparekassen SDS.
1990 Ed. (538, 1688)
1991 Ed. (497)

Sparekassen Sjaelland
2015 Ed. (492)
Sparekassen Sydjylland
1993 Ed. (461)
Sparekassen Thy
1994 Ed. (466)
Sparekassen Vestsjaelland
1996 Ed. (486)
Spark Networks
2007 Ed. (3239)
2008 Ed. (3368)
Spark New Zealand
2016 Ed. (1887)
Spark Plugs
1990 Ed. (397)
Spark plugs and wires
1995 Ed. (334)
Spark Response
2000 Ed. (4198)
Spark Revenue
2013 Ed. (181)
Sparkasse Aachen
1996 Ed. (516)
Sparkasse Baden
1994 Ed. (428)
1996 Ed. (448)
Sparkasse Bregenz Bank AG
2010 Ed. (1497)
2012 Ed. (1338)
Sparkasse der Stadt Berlin West
1992 Ed. (682)
1993 Ed. (490)
Sparkasse in Bremen
1992 Ed. (722)
1996 Ed. (516)
Sparkasse Innsbruck-Hall
1993 Ed. (428)
1994 Ed. (428)
Sparkasse Innsbruck-Hall-Tiroler
Sparkasse
1992 Ed. (610)
Sparkasse Mainfranken Wurzburg
2004 Ed. (551)
Sparkasse Neuhofen
2009 Ed. (1650)
2011 Ed. (1490)
Sparkasse St. Pollen
1993 Ed. (428)
Sparkasse St. Polten
1994 Ed. (428)
1996 Ed. (448)
Sparkasse Wels
1993 Ed. (428)
Sparkasse Wiesbaden
1994 Ed. (492)
Sparkassen Immo-Invest
2011 Ed. (4160)
Sparkassen & Landesbanken
2001 Ed. (1958)
Sparke Helmore
2003 Ed. (3180)
SparkFun Electronics
2014 Ed. (1520, 2403)
Sparkle
1996 Ed. (2907)
2001 Ed. (1239)
2003 Ed. (3735, 4668)
2008 Ed. (3857)
2014 Ed. (3803)
2015 Ed. (3826)
2016 Ed. (3737)
Sparkle Pick A Size
2016 Ed. (3737)
Sparkle Wash
2002 Ed. (2058)
2003 Ed. (770)
2004 Ed. (780)
2005 Ed. (766)
2006 Ed. (673)
2007 Ed. (769)
2011 Ed. (614)
2012 Ed. (585)
2013 Ed. (720)
2014 Ed. (744)
2016 Ed. (782)
Sparkletts
1989 Ed. (747)
1990 Ed. (745)
1992 Ed. (910)
1993 Ed. (725)
1994 Ed. (734)
1995 Ed. (685, 687)
1996 Ed. (760)
1997 Ed. (695, 696, 3661)
1998 Ed. (480, 483)
1999 Ed. (764, 765, 766, 768, 4510)
2000 Ed. (783, 784)
2001 Ed. (995, 1001)
2002 Ed. (752, 755)
2003 Ed. (731, 733, 736)

2007 Ed. (673)
Sparkling ICE
2014 Ed. (3752)
Sparkling Ice
2013 Ed. (632)
2014 Ed. (649)
2015 Ed. (709, 712)
2016 Ed. (648, 652, 654)
Sparkling Spring
2000 Ed. (785)
Sparkling Water
1999 Ed. (4364)
2000 Ed. (716)
Sparkling wine
1989 Ed. (2966, 2967, 2968)
1991 Ed. (3504, 3505, 3509, 3510,
3511)
2001 Ed. (4847)
2002 Ed. (282)
SparkPR
2011 Ed. (4114, 4126)
2012 Ed. (4156)
2015 Ed. (4142, 4145)
2016 Ed. (4056, 4059)
Sparkpr
2013 Ed. (4144, 4147)
2014 Ed. (4161, 4164)
Sparks
2008 Ed. (240)
2009 Ed. (264)
2010 Ed. (251)
2015 Ed. (200)
2016 Ed. (190)
Sparks; Jordin
2010 Ed. (3715, 3717)
Sparks Regional Medical Center
2001 Ed. (1612)
2003 Ed. (1610)
2004 Ed. (1626)
2005 Ed. (1652)
2006 Ed. (1547)
2007 Ed. (1577)
2008 Ed. (1560)
2009 Ed. (1486)
Sparks Steak House
2002 Ed. (3994)
2006 Ed. (4105)
2007 Ed. (4131)
2009 Ed. (4258)
2014 Ed. (4305)
Sparks Steakhouse
1991 Ed. (2860)
1992 Ed. (3689)
1994 Ed. (3055)
1995 Ed. (3101)
1996 Ed. (3195)
1997 Ed. (3302)
1998 Ed. (3049)
1999 Ed. (4056)
2000 Ed. (3772)
2001 Ed. (4053)
2003 Ed. (4087)
2005 Ed. (4047)
Sparletta
1996 Ed. (3478)
Sparling
2010 Ed. (1919, 1920, 1921, 1922,
1923, 2462)
2011 Ed. (1964, 1965, 1966, 1968)
Sparta Inc.
2003 Ed. (1965)
2004 Ed. (2011)
2005 Ed. (2149)
Sparta Systems Inc.
2008 Ed. (1136)
Spartan Brands
2016 Ed. (2841)
Spartan Energy Corp.
2015 Ed. (1559)
Spartan Food Systems
1991 Ed. (2884, 3155)
1993 Ed. (1899)
Spartan Food Systems. Division of TW
Services, Inc.
1990 Ed. (3324)
Spartan Motors Inc.
1995 Ed. (2058)
2011 Ed. (2847)
2012 Ed. (2758)
Spartan Mtr.
1993 Ed. (2748)
Spartan Premier Staffing
1999 Ed. (4576)
Spartan Stadium, San Jose State University
1989 Ed. (987)
Spartan Stores
2013 Ed. (1865, 4073)
Spartan Stores Inc.
1991 Ed. (3251, 3255)

1992 Ed. (4165)
1993 Ed. (3489, 3490, 3491)
1994 Ed. (1997, 1999, 2001, 3658)
1995 Ed. (1210, 2050, 2053, 2056, 2057)
1996 Ed. (1177, 1178, 2046, 2047, 2048, 2049, 2052, 2053, 3822)
1997 Ed. (3876)
1998 Ed. (1869, 1871, 1872, 1873, 1874, 3710)
1999 Ed. (4755)
2000 Ed. (2385, 2389, 2391)
2002 Ed. (4901)
2003 Ed. (2498, 2499, 4929, 4930, 4937, 4938)
2004 Ed. (1614, 4632, 4633, 4637, 4933, 4934)
2005 Ed. (1632, 1639, 1641, 4561, 4915, 4916)
2006 Ed. (3953, 3954, 3958, 4947, 4948)
2007 Ed. (4615, 4954)
2008 Ed. (4563)
2009 Ed. (2895)
2010 Ed. (2834, 4005, 4629)
2011 Ed. (4012)
2013 Ed. (4933)
2014 Ed. (4083)
2015 Ed. (4067)
Spartanburg Area Chamber of Commerce
2012 Ed. (3484)
Spartanburg County Health Services District Inc.
1997 Ed. (2828)
2001 Ed. (1847)
2003 Ed. (1820)
2004 Ed. (1856)
2005 Ed. (1959)
Spartanburg County, SC
2015 Ed. (3539)
Spartanburg Hospital System
1992 Ed. (3126)
1996 Ed. (2706)
Spartanburg Meat Processing Co.
2008 Ed. (3732, 4427, 4982)
Spartanburg Regional Health Services District Inc.
2006 Ed. (2011)
2007 Ed. (1977)
2008 Ed. (2075)
2009 Ed. (2046)
2010 Ed. (1978)
2011 Ed. (2040)
2012 Ed. (1889)
2013 Ed. (2046)
2014 Ed. (1980)
2015 Ed. (2029)
2016 Ed. (1998)
Spartanburg, SC
2005 Ed. (1190, 3322)
2006 Ed. (1180, 3315)
2012 Ed. (3498)
SpartanNash
2016 Ed. (789, 1300, 4897)
Spartech Corp.
2004 Ed. (3909, 3910)
2005 Ed. (1884)
2006 Ed. (1900. 1905)
2007 Ed. (4217)
2008 Ed. (1950)
2012 Ed. (3985, 3986)
2013 Ed. (4050. 4052)
2014 Ed. (3989)
Spartech Plastics
2001 Ed. (3818)
2004 Ed. (3907)
2006 Ed. (3918)
2007 Ed. (3972)
2008 Ed. (3996)
2009 Ed. (4068)
2010 Ed. (3986)
2011 Ed. (3992)
Spartech Polycom Corp.
2006 Ed. (1896)
2007 Ed. (1888)
Spartina 449 LLC
2016 Ed. (1997)
Sparton Corp.
1990 Ed. (1617)
2004 Ed. (2240)
2005 Ed. (1276)
2006 Ed. (1235)
Sparx
2010 Ed. (1109)
2011 Ed. (1048)
SPARX Japan
2008 Ed. (4518)
Sparx Systems
2012 Ed. (980)

2014 Ed. (1081)
Spasskiye-Vorota
2003 Ed. (2978)
Spaulding Rehabilitation Hospital
2003 Ed. (4067)
2005 Ed. (2901)
2006 Ed. (2908)
2007 Ed. (2927)
2008 Ed. (3050)
2009 Ed. (3136)
2010 Ed. (3067)
2011 Ed. (3039)
2012 Ed. (2977)
2013 Ed. (3069)
2014 Ed. (3071)
2015 Ed. (3136)
2016 Ed. (2999)
Spaulding; Robert
1991 Ed. (2548)
1992 Ed. (3138)
Spaulding & Slye Colliers
2005 Ed. (3637)
2006 Ed. (3738)
Spaulding & Slye Co.
1990 Ed. (1163)
1993 Ed. (2963)
1994 Ed. (3001)
SpawGlass
2009 Ed. (2084)
Spawn Collector's Edition
1999 Ed. (4718)
Spawn Ideas
2016 Ed. (2458)
SPC
2013 Ed. (3956)
SPC Concrete
1991 Ed. (1085)
SPDA-1
1993 Ed. (234, 235)
SPDA-II
1993 Ed. (233, 235)
SPDA NBO
1993 Ed. (235)
SPDR S & P 500
2013 Ed. (4514)
2014 Ed. (4575)
SPDR S&P 500 ETF Trust
2015 Ed. (4569)
SPDR Technology
2002 Ed. (2170)
SPDR Trust
2002 Ed. (2170)
2004 Ed. (234, 3172)
2009 Ed. (4542)
SPDR Trust Series
2009 Ed. (3786)
SPDRs
2005 Ed. (3556)
2006 Ed. (3606)
SP/Dunlop
1997 Ed. (3750)
Speaker-Hines & Thomas Inc.
1993 Ed. (3735)
1994 Ed. (3670)
Speakerboxx-Love
2005 Ed. (3536)
SpeakerCraft
2013 Ed. (193, 201, 203)
2014 Ed. (201, 209, 211)
2015 Ed. (228, 237, 242)
2016 Ed. (223, 232, 237)
Speakers
2001 Ed. (2730)
The Spear Group
2002 Ed. (2681)
Spear Leeds & Kellogg
2005 Ed. (3597)
Spear Leeds & Kellogg LP
2003 Ed. (1507)
2005 Ed. (1487, 3582)
Spear Report
2002 Ed. (4834)
Spearhead Marketing
2000 Ed. (3845)
Spearmint
1993 Ed. (930)
1994 Ed. (943)
1995 Ed. (975)
Spearmint Gum Plen-T-Pak
1989 Ed. (856, 857)
1990 Ed. (893, 894, 3041)
Spears; Britney
2010 Ed. (2513)
2011 Ed. (1066, 2515, 3711, 3712, 3713, 3715, 3717, 3719)
2012 Ed. (2433, 2438)
2013 Ed. (3783)
2014 Ed. (2528, 3728)
Spec T
1991 Ed. (3387, 3388)

1992 Ed. (1248, 1262, 1263)
1993 Ed. (1012)
1996 Ed. (1029)
Special Dinners
1989 Ed. (2199)
1990 Ed. (2815)
1992 Ed. (3414)
Special education teacher
2011 Ed. (3780)
Special-education teachers
1997 Ed. (1721)
A Special Equity
1994 Ed. (580)
1996 Ed. (624)
Special Equity Group
1994 Ed. (580)
Special events
1990 Ed. (2737)
2002 Ed. (4724)
Special-events marketer
1989 Ed. (2972)
1990 Ed. (3701)
Special events promotions
2000 Ed. (3504)
Special K
1990 Ed. (3540)
1991 Ed. (3322)
1992 Ed. (1075)
1994 Ed. (884)
1996 Ed. (892)
2000 Ed. (1003)
2014 Ed. (854, 1270, 2781, 4488)
2015 Ed. (892, 2827, 4484)
2016 Ed. (4380)
Special K Bar
2015 Ed. (4485)
2016 Ed. (4381)
Special K Fruit Crisps
2014 Ed. (4488)
2015 Ed. (4485)
Special K; Kellogg's
2007 Ed. (893)
2008 Ed. (718, 870)
2009 Ed. (728, 880)
2010 Ed. (646, 831)
Special K Nourish
2016 Ed. (776)
Special K Party Crisps
2015 Ed. (4484)
2016 Ed. (4380)
Special K Pastry Crisps
2014 Ed. (4488)
2015 Ed. (4485)
2016 Ed. (4381)
Special K Pastry Crisps; Kellogg's
2015 Ed. (3776)
Special K Protein
2016 Ed. (4395)
Special machinery
1989 Ed. (1658, 1660, 2646)
Special Obligation Bonds
1989 Ed. (740)
Special Olympics
1995 Ed. (942, 2781)
Special Portfolios Cash
1996 Ed. (2793)
Special Surgery; Hospital for
2005 Ed. (2899, 2902)
2006 Ed. (2906, 2909)
2007 Ed. (2925, 2928)
2008 Ed. (3048, 3051)
2009 Ed. (3134, 3137)
2010 Ed. (3066, 3068)
2011 Ed. (3037, 3040)
2012 Ed. (2975, 2978)
2013 Ed. (3066, 3070)
Special training
1993 Ed. (2131)
SpecialCare Hospital Management
2002 Ed. (3803)
2003 Ed. (2803)
2005 Ed. (2889, 3948)
2009 Ed. (4198)
Specialist Retailers
1997 Ed. (1302, 1444)
Specialist Staffing Solutions
2015 Ed. (1908)
Specialists
1999 Ed. (831)
Speciality Foods Corp.
1996 Ed. (2487)
Speciality Foods Group Income Fund
2008 Ed. (1636)
Speciality Lloyds
1996 Ed. (2341)
Speciality trade contractors
2011 Ed. (3776)
Specialized Container
2002 Ed. (3787)
Specialized design services

2009 Ed. (3820)
Specialized Industrial Machinery
2000 Ed. (1892)
Specialized Marketing Group Inc.
2013 Ed. (3626)
2014 Ed. (3564)
The Specialized Marketing Group Inc.
2010 Ed. (3581)
2011 Ed. (3583)
2014 Ed. (3560)
Specialized Marketing International
2015 Ed. (3254)
Specialized Marketing International Inc.
2012 Ed. (2140, 4306, 4927)
The Specialized Packaging Group Inc.
2006 Ed. (190, 3505, 4344)
2007 Ed. (3542)
2008 Ed. (179, 3701)
Specialized Transportation Agent Group Inc.
2012 Ed. (4796)
Specialized Transportation Inc.
2012 Ed. (4788)
2013 Ed. (4749, 4757)
2014 Ed. (4799)
2015 Ed. (4834)
Specially for Children
2007 Ed. (2779)
Specialry Risk Services LLC
2006 Ed. (3083)
Specialty Bottle
2006 Ed. (3358)
2008 Ed. (3541)
Specialty Brands
1998 Ed. (253)
Specialty chains
1991 Ed. (2061)
Specialty chemicals
2002 Ed. (3242)
Specialty Coating & Laminating
2016 Ed. (3412)
Specialty Coatings International
1994 Ed. (1467)
Specialty Disease Management Services Inc.
2008 Ed. (3269)
Specialty Envelope Inc.
2009 Ed. (3917)
Specialty Equipment
2000 Ed. (2403, 2405, 4047, 4049)
Specialty Equipment Market Association Show
2013 Ed. (4700)
2015 Ed. (4773)
2016 Ed. (4678)
Specialty Fertilizer Products
2010 Ed. (3531)
2012 Ed. (1635)
Specialty Flooring Systems Inc.
2010 Ed. (1253)
2011 Ed. (1202)
Specialty Food Group Corp.
1991 Ed. (1878)
Specialty Foods Corp.
1997 Ed. (330, 2039)
1998 Ed. (750, 1713)
1999 Ed. (2472)
2003 Ed. (1371)
Specialty foods franchises
1992 Ed. (2218)
Specialty Foods Group
2014 Ed. (2757)
Specialty Foods Nathans Famous
2016 Ed. (2742)
Specialty Healthcare Management
1998 Ed. (1984)
Specialty Healthcare Management Hospital Management
1997 Ed. (2255)
Specialty Laboratories
2006 Ed. (2776)
2012 Ed. (1661)
Specialty Lloyds
1994 Ed. (2275)
1997 Ed. (2467)
Specialty Packaging
1992 Ed. (1388)
Specialty Paperboard
1995 Ed. (3161)
Specialty papers
1992 Ed. (3287)
Specialty polymers
2001 Ed. (1210)
Specialty Printing
2001 Ed. (3905, 3921)
2007 Ed. (4006, 4010)
2008 Ed. (4036)
Specialty Restaurants Corp.
1990 Ed. (3021)

1991 Ed. (2882)
1992 Ed. (3717)
1993 Ed. (3034)
2006 Ed. (4106)
Specialty retail
2006 Ed. (1486)
2007 Ed. (1516)
2008 Ed. (1498)
2009 Ed. (1431)
Specialty Retail Div.
1996 Ed. (2562)
Specialty retailers
1997 Ed. (1579)
2000 Ed. (1350, 1351, 1357)
2002 Ed. (2787, 2788, 2790)
2009 Ed. (3819)
Specialty Risk Services LLC
2007 Ed. (3100)
2008 Ed. (3247)
2009 Ed. (3306)
2010 Ed. (3230, 3232)
2011 Ed. (3203, 3204)
Specialty shops
1990 Ed. (1454)
Specialty Silicone Fabricators Inc.
1995 Ed. (2497)
Specialty stores
1990 Ed. (908, 909, 1453, 1537,
1538, 2119)
1991 Ed. (859, 860, 1387, 1388,
1447, 1448, 1967, 3266)
1992 Ed. (1743, 1744, 1837, 1838,
2524, 4183)
1993 Ed. (1436, 1437, 1507, 1508,
3500)
1997 Ed. (2319)
1998 Ed. (2053, 2360)
2001 Ed. (716, 1331, 2813, 3030,
3031, 3232, 3798, 4434, 4435,
4436, 4437, 4438)
2012 Ed. (4343)
Specialty Systems Inc.
1991 Ed. (1090)
1992 Ed. (1423)
1993 Ed. (1136)
2001 Ed. (1471)
2002 Ed. (1231)
2003 Ed. (1242)
2004 Ed. (1245)
2005 Ed. (1296)
2006 Ed. (1265)
Specialty Systems Inc. & Affiliates
1994 Ed. (1150)
1995 Ed. (1170)
1996 Ed. (1145)
1997 Ed. (1174)
1998 Ed. (943)
1999 Ed. (1365)
2000 Ed. (1257)
Specialty Tape & Label
2009 Ed. (4097)
Specialty Tools and Fasteners Distributors Association
1999 Ed. (301)
Specialty trade construction contractors
2001 Ed. (1681, 1727)
Specialty trade contractors
2010 Ed. (1139, 1140)
2011 Ed. (1080, 1081)
Specialty Transportation Services
2002 Ed. (4692)
Specialty Underwriters
2011 Ed. (4433, 4451)
Specialty Underwriters' Alliance Inc.
2009 Ed. (2906)
2010 Ed. (2850)
2011 Ed. (2832)
Specialty wireless store
1999 Ed. (1047)
Specialty/imported cheese
2002 Ed. (983)
Specialty/misc.
1991 Ed. (2568)
Specific Media
2013 Ed. (2480)
Specific neurotransmitter modulators
1999 Ed. (1907, 1909)
Specific service segments
1992 Ed. (2379)
Speck Products
2008 Ed. (1212)
2009 Ed. (1189)
Speckles
1995 Ed. (1897)
Speco
2013 Ed. (4409)
2014 Ed. (4440)
2015 Ed. (4435)
2016 Ed. (4328)
SpecPro Inc.

2006 Ed. (3494, 4338)
Spec's Music Inc.
1997 Ed. (1280)
Specsavers
1999 Ed. (175, 784)
2011 Ed. (1413)
2014 Ed. (4510)
2015 Ed. (4510)
SpecTal
2007 Ed. (2051)
SpecTal LLC
2008 Ed. (1399)
Spectathlete
1992 Ed. (4026)
1993 Ed. (3358)
Spectator sports
1992 Ed. (2910)
1993 Ed. (2949)
1995 Ed. (3077)
1996 Ed. (2473)
Specter; Arlen
1994 Ed. (2890)
Spector Group
2006 Ed. (3164)
Spector; Warren
2005 Ed. (2510)
Spector; Warren J.
1995 Ed. (1728)
Spector; William J.
2005 Ed. (2512)
Spectra
1998 Ed. (2640)
2001 Ed. (3426, 3793)
Spectra Analysis Inc.
2010 Ed. (4186)
Spectra Energy
2015 Ed. (2551, 4023)
2016 Ed. (3806)
Spectra Energy Capital LLC
2008 Ed. (1991)
2009 Ed. (1951)
2016 Ed. (1890)
Spectra Energy Corp.
2009 Ed. (3993, 4003)
2010 Ed. (3899, 3910, 3978)
2011 Ed. (2792, 3018, 3917, 3929)
2012 Ed. (2721, 2945, 3864, 3868,
3902, 3904, 3927)
2013 Ed. (1351, 2807, 3034, 3821,
3917, 3920, 3923, 3977, 3984)
2014 Ed. (2845, 2859, 3048, 3862,
3865, 3920, 3927, 4843)
2015 Ed. (2886, 2899, 3114, 3889,
3892, 3954, 3958, 3963, 4880)
2016 Ed. (2814, 2819, 3800, 3804,
3870, 3874, 3935)
Spectra Energy Partners LP
2011 Ed. (2089)
2012 Ed. (2767)
2013 Ed. (2850)
Spectra Film, 2-Pack
1990 Ed. (2865)
Spectra Fund
2000 Ed. (3223)
2004 Ed. (3553, 3555)
2006 Ed. (3625)
The Spectra Group of Great Restaurants Inc.
2004 Ed. (4149)
2005 Ed. (4089)
Spectra International
1994 Ed. (3621)
1995 Ed. (3695)
Spectra International Management
Group
1993 Ed. (3662)
Spectra Merchandising International Inc.
1992 Ed. (4483)
1993 Ed. (3733)
1994 Ed. (3668)
1995 Ed. (3792)
2007 Ed. (3551, 3552, 4410)
Spectra-Physics Inc.
1989 Ed. (1326)
2007 Ed. (3421)
Spectra Premium Industries
2007 Ed. (310)
2008 Ed. (297)
2009 Ed. (319)
2014 Ed. (242)
Spectra Securities Software Inc.
2003 Ed. (1086, 1116)
Spectra Services
1993 Ed. (2064)
SpectraCare
2002 Ed. (2588)
2003 Ed. (2785)
2004 Ed. (2896)
Spectracide
2003 Ed. (2952)

Spectradyne
1990 Ed. (883)
Spectragraphic Inc.
2004 Ed. (3937)
Spectral Medical Inc.
2016 Ed. (1494)
SpectraLink Corp.
2007 Ed. (1682)
Spectramed
1989 Ed. (2368)
The Spectranetics Corp.
2008 Ed. (4372)
2009 Ed. (1597, 4459)
2010 Ed. (1584, 4498, 4510)
SpectraSite Inc.
2005 Ed. (4984)
SpectraVision
1996 Ed. (210)
1997 Ed. (356, 357)
Spectrian
1996 Ed. (2885)
Spectris
2010 Ed. (2391)
2015 Ed. (2489)
2016 Ed. (2429)
Spectris plc
2006 Ed. (2402, 4011)
2007 Ed. (2350)
Spectrum
2011 Ed. (4110, 4133)
2012 Ed. (4140)
2013 Ed. (2141, 4136, 4150)
2014 Ed. (4152)
2015 Ed. (3789, 4135)
2016 Ed. (3703, 4049, 4062)
Spectrum American Growth
2002 Ed. (3449, 3451)
Spectrum Asset Management
1992 Ed. (2747)
Spectrum Brands
2016 Ed. (574)
Spectrum Brands Holdings Inc.
2013 Ed. (2404)
2016 Ed. (2353)
Spectrum Brands Inc.
2007 Ed. (2980)
2008 Ed. (3101)
Spectrum Chemicals & Laboratory
Products
2007 Ed. (3536)
Spectrum Clubs
2000 Ed. (2424)
2005 Ed. (2810)
2007 Ed. (2787)
Spectrum Communications Cabling Services
2001 Ed. (2702)
2004 Ed. (3945)
Spectrum Communications Inc.
1992 Ed. (3571)
2005 Ed. (1994)
2006 Ed. (2094)
Spectrum Construction Group
1995 Ed. (1154)
1996 Ed. (1123, 1127)
1997 Ed. (1152, 1155)
1998 Ed. (938, 941)
Spectrum Control
2009 Ed. (4481)
2010 Ed. (4507, 4529)
2011 Ed. (4442, 4469)
Spectrum Emergency Care
1992 Ed. (2446, 2453)
1993 Ed. (2061, 2062)
1995 Ed. (2138)
Spectrum Engineers
2006 Ed. (2481)
Spectrum Equity Investors
1996 Ed. (3781)
2006 Ed. (3276)
Spectrum Equity Investors IV, LP
2002 Ed. (4731)
Spectrum, Freeport
1997 Ed. (3653)
Spectrum Global Growth
2002 Ed. (3437, 3438, 3439)
2003 Ed. (3573, 3574)
Spectrum Global Telecom
2002 Ed. (3443)
Spectrum Global Telecommunications
2003 Ed. (3603, 3604)
Spectrum Group International Inc.
2011 Ed. (1428, 1450, 1454, 1455,
1456)
2012 Ed. (1283, 1287, 1288, 1289,
1370, 1379)
2013 Ed. (1391, 1395, 1396, 1397,
1475)
2014 Ed. (1329, 1333, 1334, 1335,
3026)

2015 Ed. (1392, 1396, 1397, 1398,
3093)
Spectrum Health, Butterworth Campus
2005 Ed. (2912)
Spectrum Health Hospital Group
2013 Ed. (3077)
Spectrum Health Hospitals
2006 Ed. (1880)
2007 Ed. (1879)
2008 Ed. (1928, 3064)
2009 Ed. (1886, 3147)
Spectrum Health Systems
2015 Ed. (1832)
2016 Ed. (1793)
Spectrum Health United Memorial
2013 Ed. (3076)
Spectrum Healthcare Services
1998 Ed. (1982)
Spectrum Holobyte
1997 Ed. (2715, 3649)
Spectrum Human Services Cos.
1998 Ed. (2686)
Spectrum Information Technologies Inc.
1996 Ed. (2891, 2893, 3594)
Spectrum Laboratories Inc.
2004 Ed. (4583)
Spectrum Laboratory Products Inc.
2007 Ed. (3536)
Spectrum Long-Term Bond
2002 Ed. (3431)
2003 Ed. (3587)
Spectrum Magazine
2007 Ed. (4792)
Spectrum Naturals
2014 Ed. (3769, 3770)
2015 Ed. (3788)
2016 Ed. (3702, 4789)
Spectrum Pharmaceuticals Inc.
2004 Ed. (4580)
Spectrum Plus LLC
2010 Ed. (4016)
Spectrum Science
2003 Ed. (3989)
2004 Ed. (4038)
2005 Ed. (3978)
Spectrum Science Public Relations
2004 Ed. (3988)
2005 Ed. (3954)
Spectrum Services Inc.
2004 Ed. (3493)
Spectrum Signal Processing
2007 Ed. (2813)
Spectrum Skanska Inc.
2002 Ed. (2664)
Spectrum Transportation
2009 Ed. (4773)
Spectrum United American Growth
2001 Ed. (3478)
Spectrum United Canadian Stock
2001 Ed. (3470)
Spectrum United Global Growth
2001 Ed. (3468)
Spectrum United Global Telecom
2001 Ed. (3472, 3473)
Speculation Ltd.
1992 Ed. (2742)
Spee Dee Delivery Service Inc.
2003 Ed. (4788)
2007 Ed. (4040)
2008 Ed. (4771)
2009 Ed. (4803)
2010 Ed. (4820)
2011 Ed. (4779)
2013 Ed. (4763)
2014 Ed. (4814)
Speece Lewis & Thorson
1999 Ed. (3087, 3088, 3089)
Speech recognition/synthesis
1996 Ed. (2914)
Speech/speech pathology
2001 Ed. (2761)
SpeechWorks International, Inc.
2002 Ed. (2521)
Speed
1996 Ed. (2687, 3790)
Speed Doubler
1997 Ed. (1096)
1998 Ed. (845)
Speed Queen
1990 Ed. (1046, 1047, 3681)
1991 Ed. (3471)
1992 Ed. (4420, 4421)
Speed Stick
1997 Ed. (1589)
2008 Ed. (2326, 3876)
SPEEDCOM Wireless International
Corp.
2003 Ed. (1515)
SpeeDee Oil

2001 Ed. (531)
2002 Ed. (418)
Speeding
1990 Ed. (1463)
Speedline
2002 Ed. (4724)
Speedo
2005 Ed. (4429, 4432)
2006 Ed. (4445)
2007 Ed. (4502)
2008 Ed. (4479)
2011 Ed. (4504)
Speedpro Imaging Inc.
2010 Ed. (4470)
Speedpro USA Inc.
2011 Ed. (4405)
2012 Ed. (4472)
2013 Ed. (4436)
2014 Ed. (4469)
2015 Ed. (4463)
Speedway
2000 Ed. (2234)
Speedway LLC
2013 Ed. (1329, 1330, 1331)
2015 Ed. (1318, 1319)
2016 Ed. (1233, 1234, 1919)
Speedway Motorsports Inc.
2004 Ed. (4093, 4094)
2005 Ed. (4028, 4029)
Speedway Super America
2009 Ed. (4734)
Speedway SuperAmerica
2006 Ed. (1381)
2007 Ed. (1419)
Speedway SuperAmerica LLC
2001 Ed. (496, 1488, 1489, 1490)
2002 Ed. (1332)
2003 Ed. (307, 1365, 1366)
2004 Ed. (266, 1372, 1373, 1374, 1376)
2005 Ed. (273, 1393)
2006 Ed. (1382, 1383, 2700)
2007 Ed. (1420, 2695)
2008 Ed. (1377, 2820)
2009 Ed. (1378, 1380, 2878)
2010 Ed. (1363, 1364, 1366)
2011 Ed. (1351, 1355)
2012 Ed. (1215, 1216, 1217)
Speedy Auto Service
1999 Ed. (2512, 2517)
Speedy CPS
2016 Ed. (3991)
Speedy Fold
1994 Ed. (3306)
Speedy Hire plc
2009 Ed. (3591)
Speedy Muffler King
1996 Ed. (3483)
1997 Ed. (3547)
Speedy Sign-A-Rama, USA
1992 Ed. (2221)
Speedy Snacks
2008 Ed. (713)
Speedy Transmission Centers
2003 Ed. (349)
Speer; David B.
2011 Ed. (826, 856)
Speer II; L. Donald
2005 Ed. (1544)
Speer; Roy
1989 Ed. (1984)
Spehar; Ed
2011 Ed. (3362)
Speigel
1996 Ed. (885)
Speizman Industries
1995 Ed. (2819)
Spektra Systems Ltd.
2003 Ed. (2735)
Spelling
1995 Ed. (3580)
Spelling; Aaron
2010 Ed. (828)
Spelling Entertainment
1991 Ed. (1579, 3328)
1992 Ed. (1986, 4245)
1993 Ed. (1636)
1994 Ed. (3503)
Spelman College
1990 Ed. (1091)
1991 Ed. (891, 1003)
1992 Ed. (1274)
1993 Ed. (1022)
1994 Ed. (1049)
1995 Ed. (1057, 1070, 1928)
2000 Ed. (744)
2008 Ed. (181)
2009 Ed. (200)
Spelman & Co.
1991 Ed. (3050)

1999 Ed. (853, 854, 855, 856, 857, 858, 859, 860)
2000 Ed. (851, 854, 855, 856, 857, 858, 859, 860, 861)
Spelzman Industries
1995 Ed. (2058)
Spenard Builders Supply
2003 Ed. (4171)
Spence & Co. Ltd.; Aitken
1994 Ed. (1061)
Spence; James
1996 Ed. (1866)
1997 Ed. (1974)
Spence; William H.
2015 Ed. (972)
Spencer Brickwork
2005 Ed. (1285)
2006 Ed. (1255)
Spencer Foundation
2002 Ed. (2332)
Spencer Gifts Inc.
1990 Ed. (916)
1992 Ed. (4026)
1993 Ed. (3358)
1994 Ed. (3361)
1995 Ed. (3420)
1996 Ed. (3481)
1997 Ed. (3546)
1998 Ed. (3339)
The Spencer Group
2014 Ed. (2819, 2820, 2822)
Spencer Jakab
1999 Ed. (2354)
2000 Ed. (2140)
Spencer; James
1993 Ed. (1787)
1994 Ed. (1770)
1995 Ed. (1811)
1996 Ed. (1786)
Spencer Johnson
2010 Ed. (3624)
Spencer; Michael
2008 Ed. (4006)
Spencer; Nicholas
1996 Ed. (1771, 1773, 1785)
1997 Ed. (1861)
Spencer North Enterprises
2010 Ed. (3971)
Spencer Ogden
2015 Ed. (2096)
Spencer Press Inc.
1999 Ed. (1045, 3889)
Spencer Reed Group
2002 Ed. (1068)
Spencer Savings Bank
2000 Ed. (3856)
Spencer Stuart
1990 Ed. (1710)
1996 Ed. (1707, 1708)
1997 Ed. (1792, 1793)
1998 Ed. (1504, 1507)
1999 Ed. (2071)
2001 Ed. (2310, 2311, 2312, 2313)
2002 Ed. (2172, 2174, 2176)
2005 Ed. (4030)
2006 Ed. (4058)
2008 Ed. (4131)
2011 Ed. (4172)
Spencer's TV & Appliance
2014 Ed. (4362)
2015 Ed. (4371)
SpencerStuart
1993 Ed. (1691, 1692)
2000 Ed. (1863, 1864, 1866, 1868)
SpencerStuart Executive Search Consultants
1991 Ed. (1615, 1616)
1994 Ed. (1711)
1995 Ed. (1724)
Spenco
1992 Ed. (2208)
Spenco Medical Corp.
2000 Ed. (2250)
2001 Ed. (2493)
2002 Ed. (2318)
Spenger's Fish Grotto
1991 Ed. (2858)
1992 Ed. (3687)
1993 Ed. (3010)
1994 Ed. (3053, 3055)
1997 Ed. (3302)
Spenser/BBDO
1992 Ed. (204)
Spenser/BBDO Advertising
1993 Ed. (135)
1994 Ed. (114)
Sperling; John
2007 Ed. (4891)
2011 Ed. (4822)
2012 Ed. (2490)

Sperling; Peter
2007 Ed. (4891)
2011 Ed. (4822)
2012 Ed. (2490)
Sperry Aerospace; Honeywell/
1991 Ed. (1146)
Sperry Top-Sider
2011 Ed. (202)
Spes Bona Investment Co.
1997 Ed. (2907)
Spescom Ltd.
2003 Ed. (1510)
Speyburn
1999 Ed. (4153)
Speyer; Jerry
2015 Ed. (4900)
2016 Ed. (4816)
SPF Energy Inc.
2007 Ed. (1929)
2008 Ed. (1995)
2009 Ed. (1956)
2010 Ed. (1894)
2011 Ed. (1925)
2012 Ed. (1786)
2013 Ed. (1960)
2015 Ed. (1941)
2016 Ed. (1911)
SPH
2000 Ed. (4034)
Sphere 3D Corp.
2015 Ed. (1559)
Sphere Drake Underwriting Management (Bermuda) Ltd.
1993 Ed. (847)
1994 Ed. (861)
1995 Ed. (903)
Sphere Technology Solutions
2016 Ed. (4313)
Spherion Corp.
2002 Ed. (1216, 1648, 1649, 4349, 4595, 4596, 4597, 4598)
2003 Ed. (802, 1563, 1567, 4390, 4393, 4532, 4560, 4717, 4718)
2004 Ed. (845, 4482, 4693, 4694)
2005 Ed. (819, 4668, 4669)
2006 Ed. (743, 4720, 4721)
2007 Ed. (837, 1186, 3589, 4515, 4743)
2008 Ed. (805, 3726, 4421, 4495, 4977)
2009 Ed. (829, 4526)
2010 Ed. (774, 4566)
2011 Ed. (702, 4529)
Spherion Personnel
2006 Ed. (2430)
Spherion Staffing
2012 Ed. (4527)
2013 Ed. (4488)
2014 Ed. (4534)
2015 Ed. (4534)
2016 Ed. (4472)
Spheris
2005 Ed. (2788)
2006 Ed. (2757)
2007 Ed. (2768)
2008 Ed. (2887)
Sphero
2016 Ed. (2458)
Sphinx
2003 Ed. (4206)
2005 Ed. (4157)
Sphinx by Oriental Weavers
2009 Ed. (4360)
Sphinx Consulting
2006 Ed. (1082)
Sphinx Glass
2010 Ed. (808)
Sphinx Mining
1990 Ed. (3455)
Sphinx Pharmaceuticals Corp.
1995 Ed. (2796)
1996 Ed. (1210)
SPI Dynamics
2008 Ed. (1150)
2009 Ed. (3003)
SPI Pharmaceuticals
1993 Ed. (214, 217, 827)
1994 Ed. (201)
1995 Ed. (202)
SPI Powernet
2003 Ed. (1614)
Spic & Span
1992 Ed. (1176)
1993 Ed. (954)
1994 Ed. (982)
1998 Ed. (747)
1999 Ed. (1182)
2000 Ed. (1096)
2001 Ed. (1237, 1240)
2002 Ed. (1064)

2003 Ed. (977)
SPIC/ACCOR
2000 Ed. (992)
Spice Girls
2000 Ed. (996)
2010 Ed. (1126, 1127)
2011 Ed. (1067)
Spice Islands
2014 Ed. (4522)
2015 Ed. (4522)
2016 Ed. (4458)
The Spice & Tea Exchange
2016 Ed. (797)
Spice World
2014 Ed. (4522)
2015 Ed. (4522)
2016 Ed. (4458)
Spiced lunch meat
2002 Ed. (3746)
Spicer Group
2016 Ed. (1873)
Spicer & Oppenheim
1991 Ed. (6)
1992 Ed. (11, 12, 13)
Spicers Paper
2002 Ed. (4897)
Spices/seasoning/extracts
2001 Ed. (2084)
Spices/seasonings
2004 Ed. (2648)
Spicy Pickle
2009 Ed. (4380)
2010 Ed. (4415)
2011 Ed. (4358)
Spider-Man
2004 Ed. (2160, 2161, 3513, 3516, 3517)
2006 Ed. (649)
Spider-Man 2
2006 Ed. (3576)
2007 Ed. (3641)
Spider-Man 3
2009 Ed. (2367)
SpiderCloud Wireless Inc.
2014 Ed. (3751)
Spie Batignolles
1991 Ed. (1065, 1091, 1095)
1992 Ed. (1428, 1430)
1993 Ed. (1099, 1141, 1145)
1994 Ed. (1158, 1168, 1172)
1995 Ed. (1179, 1188)
1997 Ed. (1186, 1190)
Spiegel; Abraham
1990 Ed. (1723)
Spiegel Brands Inc.
2009 Ed. (3261)
2010 Ed. (2266, 3192, 4269, 4936)
Spiegel Holdings Inc.
2001 Ed. (1679)
2003 Ed. (1664)
Spiegel Inc.
1989 Ed. (859)
1990 Ed. (910, 911, 912, 913, 916, 2114, 2120, 3030)
1991 Ed. (868, 869, 3240)
1992 Ed. (1089, 1091, 1837, 1838, 2525, 2528, 2533, 4034, 4035)
1993 Ed. (2489)
1994 Ed. (873, 1927, 2132, 2135, 2140, 2148)
1995 Ed. (911, 2186)
1996 Ed. (886, 1743, 2203, 3432)
1997 Ed. (913, 914, 2318, 2324, 2332, 2698, 3518)
1998 Ed. (648, 651, 652, 653, 1277, 2054, 2426, 3303)
1999 Ed. (1044, 1852, 4313)
2000 Ed. (995)
2001 Ed. (1135)
2003 Ed. (1018)
2004 Ed. (1019)
Spiegel Mail Order
2004 Ed. (893)
Spiegel; T.
1991 Ed. (1618)
Spiegel; Thomas
1990 Ed. (1712, 1723)
Spiegel.com
2001 Ed. (2975, 2980, 2983)
2008 Ed. (2446)
Spieker Properties Inc.
1995 Ed. (3203)
1999 Ed. (4005, 4216)
2000 Ed. (3727)
2002 Ed. (3930)
Spielberg; Steven
1989 Ed. (1347)
1990 Ed. (1672)
1991 Ed. (1578)
1992 Ed. (1982)

1993 Ed. (1633)
1994 Ed. (1667)
1995 Ed. (1714)
1997 Ed. (1777)
2005 Ed. (2443, 2444)
2006 Ed. (2485, 2488, 2515)
2007 Ed. (2450, 2451)
2008 Ed. (2580, 2582, 2586)
2009 Ed. (2607, 2609, 2613)
2010 Ed. (2510, 2512, 2515)
2011 Ed. (2512, 2514, 2517)
2012 Ed. (2435, 2443)
2013 Ed. (2601, 2607)
2014 Ed. (2528, 2530)
2015 Ed. (2601, 2603, 2607)
2016 Ed. (2527)
SPIF Cesky
2000 Ed. (3585)
Spigit
2014 Ed. (1058)
SPIKE
1994 Ed. (687)
2008 Ed. (4655)
2010 Ed. (4709)
Spike DDB
1999 Ed. (64)
2002 Ed. (711)
2003 Ed. (215)
2004 Ed. (171)
2005 Ed. (174)
2006 Ed. (187)
2014 Ed. (62)
Spike Double Shot
2013 Ed. (4485)
2014 Ed. (605)
Spillane Co.; P. J.
2005 Ed. (1284)
2006 Ed. (1254)
Spillis Candela DMJM
2002 Ed. (333)
Spillis Candela & Partners Inc.
1998 Ed. (186)
1999 Ed. (289)
2000 Ed. (314, 3147)
Spin
1992 Ed. (3372, 3378)
1993 Ed. (2793)
1994 Ed. (2786)
2001 Ed. (3197)
Spin Master Toys
2001 Ed. (1655)
Spinach
2008 Ed. (2791)
Spinal Aid Centers of America
2009 Ed. (2960)
2010 Ed. (2899)
Spindle, Stairs & Railings
2005 Ed. (1690, 1691)
2006 Ed. (1540)
Spindle, Stairs & Railings 2002 Ltd.
2009 Ed. (1478)
Spindletop Oil & Gas Co.
2003 Ed. (3835)
2006 Ed. (2042, 3835)
2015 Ed. (3910, 3911, 3912)
2016 Ed. (3820)
Spine Solutions Inc.
2005 Ed. (1467)
SpineCore Inc.
2006 Ed. (1421)
Spinell Homes Inc.
2009 Ed. (1247)
Spinelli; Stephen
2005 Ed. (796)
2006 Ed. (703)
Spingarn; Robert
2011 Ed. (3335)
Spinnaker
2010 Ed. (3504)
2011 Ed. (3501)
Spinnaker Capital Ltd.
2010 Ed. (3278)
Spinnaker Direct
2008 Ed. (129)
Spinnaker Exploration Co.
2002 Ed. (2123)
2004 Ed. (2778)
2005 Ed. (1613, 4380, 4383)
2006 Ed. (3836)
Spinnerei Kunz AG
1996 Ed. (3680)
Spinnerei & Weberei Diefurt AG
1996 Ed. (3680)
Spinnerei & Weberei Dietfurt AG
1994 Ed. (3520)
Spira Societa Italiana Pubblicita
1990 Ed. (99)
Spiral Inc.
2001 Ed. (714)
2002 Ed. (716)

Spirax-Sarco
2007 Ed. (2403)
2016 Ed. (2523)
Spirax Sarco Engineering
2006 Ed. (2480)
2008 Ed. (2510)
2009 Ed. (2520)
2010 Ed. (2437)
2011 Ed. (2443)
2013 Ed. (2115, 2116, 2550)
Spirax-Sarco Engineering
2014 Ed. (2050, 2052, 2519)
2015 Ed. (2594)
2016 Ed. (2082, 2516)
Spire Corp.
1999 Ed. (3674)
2009 Ed. (1872)
2010 Ed. (1808)
Spire Credit Union
2010 Ed. (2180)
2011 Ed. (2198)
2012 Ed. (2058, 2059)
2013 Ed. (2241)
2014 Ed. (2173)
2015 Ed. (2237)
2016 Ed. (2208)
Spire Federal Credit Union
2013 Ed. (2204)
2014 Ed. (2135)
2015 Ed. (2199)
Spire Mountain
2001 Ed. (3117)
2002 Ed. (3108)
2005 Ed. (999)
2014 Ed. (952)
SpireMedia Inc.
2005 Ed. (1754)
2006 Ed. (1681)
2007 Ed. (1684)
2008 Ed. (1709)
2009 Ed. (1638)
2014 Ed. (1519)
Spirent
2006 Ed. (1114)
2007 Ed. (2832)
Spirent plc
2006 Ed. (1687, 1689, 4095)
Spires-Douglas Yugo
1992 Ed. (414)
Spirit
1996 Ed. (329)
Spirit AeroSystems
2016 Ed. (100)
Spirit Aerosystems
2010 Ed. (2304)
Spirit Aerosystems Holdings
2016 Ed. (1724)
Spirit AeroSystems Holdings Inc.
2008 Ed. (4289)
2009 Ed. (4785)
2010 Ed. (4801)
2011 Ed. (1782, 1786, 4748)
2012 Ed. (85, 1637, 1638)
2013 Ed. (1793, 1794, 1799, 2301)
2015 Ed. (1764, 1766)
2016 Ed. (91)
Spirit Aerosystems Holdings Inc.
2014 Ed. (1724)
2015 Ed. (1769)
2016 Ed. (1720)
Spirit AeroSystems Inc.
2016 Ed. (1721)
Spirit Airlines
2013 Ed. (143)
Spirit Airlines Inc.
2001 Ed. (318)
2007 Ed. (250)
2008 Ed. (229)
2011 Ed. (151)
2012 Ed. (165, 167)
Spirit Amber Bidco Ltd.
2005 Ed. (1552)
Spirit Bank NA
1998 Ed. (374)
Spirit Electronics
2012 Ed. (3699, 4049)
Spirit Group Retail Ltd.
2012 Ed. (4342)
2013 Ed. (4292)
Spirit Halloween Super Stores LLC
2016 Ed. (1859)
Spirit Mountain Gaming Inc.
2001 Ed. (1831)
2013 Ed. (1988)
Spirit of Alaska Credit Union
2010 Ed. (2154)
2011 Ed. (2175)
2012 Ed. (2035)
2013 Ed. (2208, 2256)
2014 Ed. (2139)

2015 Ed. (2203)
2016 Ed. (2174)
Spirit Truck Lines
2006 Ed. (2846)
Spirits
1992 Ed. (2951)
1994 Ed. (682)
1996 Ed. (719)
2000 Ed. (717)
2001 Ed. (686, 690, 691, 692, 693, 694)
2002 Ed. (692, 693, 694, 695)
2004 Ed. (888)
Spirits, white
2008 Ed. (3451)
SpiritSoft Ltd.
2005 Ed. (1149)
Spiro Latsis
2011 Ed. (4890)
2012 Ed. (4898)
2013 Ed. (4872)
2014 Ed. (4886)
2015 Ed. (4925)
2016 Ed. (4841)
Spirt Bal Buram
2006 Ed. (4522)
Spital, Attorney; Samuel E.
1989 Ed. (1889)
Spitz
2009 Ed. (4490)
2016 Ed. (4397)
Spitzer; Eliot
2005 Ed. (3204)
Spitzer Management Inc.
2001 Ed. (1254)
Spivak; Helayne
1993 Ed. (3730)
SPL Integrated Solutions
2005 Ed. (2333)
Splash
2016 Ed. (313)
Splash N Dash
2006 Ed. (363)
Splash 'n Go
2003 Ed. (3430)
Splice Communications
2010 Ed. (4701)
Splice Software Inc.
2015 Ed. (1100, 1513)
2016 Ed. (1454, 3103)
Splinter; M. R.
2005 Ed. (2493)
Splinter; Michael
2006 Ed. (916)
2007 Ed. (1006)
Splinter; Michael R.
2009 Ed. (953)
2010 Ed. (905)
2011 Ed. (842)
Splitska Banka
2001 Ed. (619)
2002 Ed. (547)
2003 Ed. (480)
2004 Ed. (487)
2015 Ed. (490)
2016 Ed. (444)
Splosna Banka Koper dd Koper
1997 Ed. (612, 613)
Splunk
2014 Ed. (1442)
2015 Ed. (1117, 1501)
2016 Ed. (1029, 1442)
Splunk Inc.
2014 Ed. (1071)
2015 Ed. (1104, 1108)
2016 Ed. (1019)
SPM Communications
2015 Ed. (4146)
2016 Ed. (4040, 4060)
SPM Core Ltd.
2014 Ed. (2921)
SPM Directional Mortgage Prepay
2013 Ed. (2892)
SPM Opportunity
2012 Ed. (2822)
SPM Structured Servicing
2011 Ed. (2882)
SPM Structured Servicing Holdings LP
2013 Ed. (2892)
SPM Structured Servicing LP
2012 Ed. (2822)
SPNB Aggress Equity
1994 Ed. (580)
Spoetzl Brewery, Inc.
1989 Ed. (757)
1990 Ed. (752)
Spoetzl Brewing Co.
1997 Ed. (713)
1998 Ed. (2491)
2000 Ed. (3127)

Spojnia Credit Union
1996 Ed. (1507)
2005 Ed. (2074)
Spokane Arena
1999 Ed. (1297)
2001 Ed. (4354)
2012 Ed. (998)
Spokane County, WA
2016 Ed. (2126)
Spokane Industries Inc.
2016 Ed. (3450)
Spokane Public Schools
2016 Ed. (2126)
Spokane Teachers Credit Union
2002 Ed. (1899)
2003 Ed. (1953)
2004 Ed. (1993)
2005 Ed. (2135)
2006 Ed. (2230)
2007 Ed. (2151, 4392)
2008 Ed. (2266)
2009 Ed. (2253)
2010 Ed. (2206)
2011 Ed. (2224)
2012 Ed. (2085)
2013 Ed. (2273)
2014 Ed. (2207)
2015 Ed. (2271)
2016 Ed. (2242)
Spokane, WA
1990 Ed. (1004, 1149)
1991 Ed. (2529)
1992 Ed. (1163)
1993 Ed. (2542)
1994 Ed. (1104, 2150, 2487)
1996 Ed. (976, 1061)
1997 Ed. (1075, 2334)
1999 Ed. (1024, 1153, 2813, 4514)
2001 Ed. (2834)
2009 Ed. (3535)
2012 Ed. (2549, 4371)
2014 Ed. (278)
2016 Ed. (2126)
Spoken Communications
2015 Ed. (4652)
2016 Ed. (4566)
Spolana Works
1994 Ed. (925)
1999 Ed. (3870)
Spolchemie Works
1994 Ed. (925)
Spoldzielcza Grupa Bankowa
2005 Ed. (498)
Spoldzielnia Mleczarska Ostroleka
2008 Ed. (2052)
Sponbond
2000 Ed. (3353)
Spong
2016 Ed. (2457)
"SpongeBob"
2014 Ed. (2963)
SpongeBob
2010 Ed. (2976)
SpongeBob SquarePants
2006 Ed. (649)
SpongeBob SquarePants The Movie
2011 Ed. (2938)
SpongeBob The Movie
2009 Ed. (849)
2012 Ed. (2869)
Spongecell
2013 Ed. (49)
2014 Ed. (59)
Sponges
1990 Ed. (1194)
2002 Ed. (2707)
2003 Ed. (3791)
Sponges, personal
2002 Ed. (3642)
Sponges/scouring sponges
1994 Ed. (978)
Sponsor S 1
1993 Ed. (2030)
Sponsors
2010 Ed. (109)
Sponsorships
1993 Ed. (3370)
2001 Ed. (2972, 3921)
Spontaneous Healing
1999 Ed. (695)
Spontex Logistics GmbH
2016 Ed. (1387)
Spooner; John P.
2006 Ed. (2520)
Spooner; Steven
2016 Ed. (2562)
Sporanox
1998 Ed. (88)
2001 Ed. (2495)
Sporl & Co.

1998 Ed. (2287, 2290)
1999 Ed. (3087, 3090)
Sport
2001 Ed. (258, 491)
Sport; Banana Boat
2008 Ed. (4553)
Sport Beverages
2000 Ed. (716)
Sport Chalet
2001 Ed. (4337)
2008 Ed. (4482)
2009 Ed. (4514)
2011 Ed. (4515)
Sport Clips
2002 Ed. (2432)
2003 Ed. (2675)
2004 Ed. (2789)
2005 Ed. (2780)
2006 Ed. (2752)
2007 Ed. (2759)
2008 Ed. (2876)
2009 Ed. (2938)
2010 Ed. (2874)
2011 Ed. (2854)
2012 Ed. (2785)
2013 Ed. (2852, 4798)
2014 Ed. (2880)
2015 Ed. (2918)
2016 Ed. (785, 2849)
Sport Clips Inc.
2016 Ed. (782, 2055)
Sport; Coppertone
2008 Ed. (4553)
Sport Drinks
2000 Ed. (717)
Sport-Haley
2002 Ed. (1627)
2008 Ed. (1679)
Sport & Health
2014 Ed. (2917)
Sport & Health Clubs
2007 Ed. (2787)
The Sport & Health Co.
2005 Ed. (2810)
2006 Ed. (2786)
Sport Hyundai
1996 Ed. (273)
Sport It
1992 Ed. (2222)
1994 Ed. (1915)
Sport Ngin
2015 Ed. (1855)
Sport Obermeyer
1990 Ed. (3337)
1991 Ed. (3173)
1992 Ed. (4054)
1993 Ed. (3374)
Sport-S
2001 Ed. (4635)
Sport Supply Group
2013 Ed. (902)
Sport Truck
1994 Ed. (2789)
Sportalm
2003 Ed. (1700)
Sportarena GmbH
2007 Ed. (1741, 4952)
Sportbike
1998 Ed. (2542)
SportbikeTrackGear.com
2011 Ed. (2371)
SporThomson
1991 Ed. (3172)
1992 Ed. (4053)
Sporting equipment
1998 Ed. (927)
Sporting goods
1992 Ed. (2858, 2860, 4390)
2001 Ed. (2088)
2003 Ed. (4776)
2005 Ed. (4728, 4735)
2006 Ed. (4786)
2008 Ed. (2439, 2647, 4722)
2009 Ed. (2675)
2010 Ed. (4774)
2011 Ed. (2361, 4725)
Sporting goods & recreation
2002 Ed. (4643)
Sporting goods stores
1995 Ed. (3523)
1998 Ed. (773, 1858, 3295)
Sporting goods & toys
1996 Ed. (3655)
Sporting goods, toys & games
1998 Ed. (586)
Sporting goods/leisure products
1996 Ed. (2221)
1998 Ed. (3117)
Sporting Kansas City
2016 Ed. (1716)

Sporting News
1997 Ed. (3040)
2000 Ed. (3479)
2003 Ed. (4525)
2005 Ed. (131)
2006 Ed. (134, 162)
Sportingbet
2013 Ed. (2796)
SportingNews.com
2003 Ed. (3054)
SportingPulse Pty. Ltd.
2013 Ed. (2899)
Sportique Motors Ltd.
1991 Ed. (282)
Sportman--Premium
2001 Ed. (50)
Sportmart
1989 Ed. (2522)
1991 Ed. (3167, 3168)
1992 Ed. (4046, 4047)
1993 Ed. (3369)
1994 Ed. (3372)
1995 Ed. (3429)
1996 Ed. (3494)
1997 Ed. (3560)
1998 Ed. (3352)
1999 Ed. (1878, 4381)
2006 Ed. (4450)
Sportna Loterija
2001 Ed. (78)
Sportpaleis
2010 Ed. (1129)
2011 Ed. (1072)
2012 Ed. (997)
2013 Ed. (1140)
2016 Ed. (1050)
SportRx
2016 Ed. (2458)
Sports Afield
2003 Ed. (4524)
Sports and Recreation
1995 Ed. (3429)
1996 Ed. (3494)
1997 Ed. (3560)
1998 Ed. (3352)
Sports apparel
2005 Ed. (1599, 1600)
Sports apparel & footwear
2005 Ed. (4428)
Sports Authority Inc.
2016 Ed. (4461)
The Sports Authority Inc.
1991 Ed. (3168)
1992 Ed. (4047)
1994 Ed. (3372)
1995 Ed. (3429)
1996 Ed. (3494)
1997 Ed. (3560)
1998 Ed. (3352)
1999 Ed. (307, 308, 4304, 4305, 4381)
2001 Ed. (4337, 4338)
2004 Ed. (4094)
2005 Ed. (1734, 4028, 4029, 4435)
2006 Ed. (1652, 4447, 4448, 4449)
2007 Ed. (1665, 4196, 4504, 4505, 4506, 4507)
2008 Ed. (4483, 4484, 4485, 4486)
2009 Ed. (4129, 4513, 4516, 4517)
2010 Ed. (4061, 4553, 4554)
2011 Ed. (4039, 4506, 4508, 4511)
2012 Ed. (4072, 4073, 4514, 4515, 4517, 4519)
2013 Ed. (1557, 4269)
2014 Ed. (1527)
2015 Ed. (1578)
2016 Ed. (1506)
Sports beverages
1999 Ed. (4364)
Sports books, legal
2003 Ed. (2602)
Sports Chalet Inc.
1995 Ed. (3429)
1996 Ed. (3494)
1997 Ed. (3560)
2006 Ed. (4449)
2007 Ed. (4505)
2009 Ed. (4515)
2010 Ed. (4555)
2011 Ed. (4513)
Sports Channel America
1992 Ed. (1032)
Sports Clips
2016 Ed. (786)
The Sports Club Co.
1999 Ed. (258)
2005 Ed. (2810)
2006 Ed. (2786)
The Sports Club L.A.
2000 Ed. (2424)

Sports Direct International
2016 Ed. (4216, 4230)
Sports Division
2001 Ed. (1882)
Sports drinks
1995 Ed. (644)
1996 Ed. (719)
2001 Ed. (686, 690, 691, 692, 693, 694)
2002 Ed. (692, 693, 694, 695)
2007 Ed. (3694)
2008 Ed. (557)
Sports equipment
1989 Ed. (861, 1920)
1990 Ed. (2505)
2005 Ed. (1600)
Sports events
1995 Ed. (3577)
Sports eyewear
1997 Ed. (3555)
Sports, hobbies, and collecting
1995 Ed. (2981)
Sports Illustrated
1989 Ed. (180, 181, 185, 2172, 2175, 2176, 2180)
1990 Ed. (56, 2798, 2800, 2801)
1991 Ed. (2701, 2702, 2707, 2710, 3246)
1992 Ed. (3370, 3371, 3388)
1993 Ed. (824, 2789, 2790, 2797, 2802, 2804, 2807)
1994 Ed. (2782, 2783, 2798, 2801, 2803, 2804, 2805)
1995 Ed. (2882, 2886)
1996 Ed. (2957, 2958, 2960, 2965, 2971)
1997 Ed. (3035, 3038, 3045, 3048, 3049)
1998 Ed. (70, 72, 600, 1282, 2783, 2784, 2787, 2797, 2798)
1999 Ed. (1855, 3752, 3753, 3764, 3766, 3769, 3770)
2000 Ed. (3461, 3472, 3475, 3476, 3481, 3493)
2001 Ed. (248, 257, 1231, 3192, 3194, 3196, 3710)
2002 Ed. (221)
2003 Ed. (191, 4525)
2004 Ed. (148, 3336)
2005 Ed. (136, 146, 3361)
2006 Ed. (146, 147, 148, 151, 152, 154, 156, 159, 162, 3347)
2007 Ed. (138, 139, 140, 143, 144, 146, 148, 151, 170, 3403)
2008 Ed. (153, 3533)
2009 Ed. (174, 3600)
2010 Ed. (3518)
2011 Ed. (3521)
2016 Ed. (3399)
Sports Illustrated for Kids
1996 Ed. (2966)
1998 Ed. (2796)
2003 Ed. (4525)
Sports Illustrated Latino
2010 Ed. (2979)
Sports Illustrated Swimsuit
1990 Ed. (886)
Sports Illustrated Swimsuit 25th Anniversary
1992 Ed. (4396)
Sports Image
2014 Ed. (56)
2015 Ed. (57)
Sports Inc.
1992 Ed. (2859, 3235, 3250)
1996 Ed. (865)
2000 Ed. (3471, 4218)
2001 Ed. (3585, 3794)
2004 Ed. (1573, 1808)
2005 Ed. (1604, 1891, 3635, 3636)
2006 Ed. (1487, 1913)
2007 Ed. (166, 1517, 1895, 2311, 2329)
2008 Ed. (1499, 1959, 2454)
2009 Ed. (1432, 1912)
2010 Ed. (1415, 1845)
2011 Ed. (1876)
2012 Ed. (1733)
2013 Ed. (1897)
2014 Ed. (1830)
2015 Ed. (1869)
2016 Ed. (1833)
Sports nutrition products
2001 Ed. (2014)
Sports nutritionist
1990 Ed. (3701)
Sports sandals
2001 Ed. (426)
The Sports Section
2002 Ed. (3706)

2003 Ed. (3873)
2004 Ed. (3894)
2005 Ed. (3834)
2006 Ed. (3901)
2007 Ed. (3951)
Sports Specialties
1991 Ed. (3170)
1992 Ed. (4051)
1993 Ed. (3371)
Sports, spectator
2003 Ed. (2341, 2342)
Sports teams
2003 Ed. (2267)
Sports Town
1991 Ed. (3168)
1992 Ed. (4047)
1994 Ed. (3372)
1997 Ed. (3560)
Sports Unlimited
1992 Ed. (4047)
1994 Ed. (3372)
Sports videos
1993 Ed. (3669, 3670)
Sportsbooks
1990 Ed. (1872)
Sportscards
1990 Ed. (1872)
Sportscards, illegal
1992 Ed. (2256)
Sportscene Inc.; Groupe
2008 Ed. (2058)
Sportscene Restaurants
1994 Ed. (2110)
SportsCenter
2001 Ed. (1094, 1100)
2010 Ed. (784)
SportsChannel
1992 Ed. (1034)
Sportscoats
2005 Ed. (1004, 1006)
Sports.com
2003 Ed. (3053)
Sportscreme
1999 Ed. (275)
2001 Ed. (384)
2002 Ed. (316)
2003 Ed. (280)
SportsDirect Inc.
2009 Ed. (1548)
Sportservice Corp.
1997 Ed. (2054)
2000 Ed. (2238)
2005 Ed. (2659)
2008 Ed. (2759)
2009 Ed. (2814)
Sports/Inside Sports
2001 Ed. (3192)
Sportsline USA
2001 Ed. (4774)
Sportsline.com
2003 Ed. (3054)
Sportsman's Guide
1998 Ed. (1282)
2004 Ed. (891, 892)
2005 Ed. (877, 878)
2006 Ed. (1889)
2008 Ed. (4482)
2011 Ed. (4512)
Sportsman's Warehouse Inc.
2010 Ed. (2072)
2011 Ed. (2129, 4512)
2012 Ed. (4518)
Sportsnet Magazine
2016 Ed. (3396)
SportSouth
1992 Ed. (1034)
Sports/Toto
2000 Ed. (3013)
SportsTown
1995 Ed. (3429)
1996 Ed. (3494)
SportSupply
1996 Ed. (2833)
SportsYA!
2003 Ed. (3053)
Sportwear
2003 Ed. (4511)
Sposato Landscape Co.
2014 Ed. (3455)
Spot advertising, local
2006 Ed. (4027)
Spot advertising, national
2006 Ed. (4027)
Spot Forex Management
2008 Ed. (1095)
Spot Freight Inc.
2015 Ed. (1712)
Spot, local
2007 Ed. (4058)
2008 Ed. (4095)

Spot, national
2007 Ed. (4058)
2008 Ed. (4095)
Spot-Not Car Washes
2002 Ed. (419)
Spot Radio
1990 Ed. (54)
1994 Ed. (744)
2000 Ed. (939)
2002 Ed. (61)
Spot radio, national
1999 Ed. (992)
Spot & stain removers
2002 Ed. (3054)
Spot television
1994 Ed. (744)
1997 Ed. (35)
2001 Ed. (1078)
Spot Thompson
2001 Ed. (116, 140)
2002 Ed. (88, 113)
2003 Ed. (55, 78)
Spot Thompson Athens
1999 Ed. (94)
2000 Ed. (100)
Spot Thompson Group
1994 Ed. (91)
1995 Ed. (78)
1996 Ed. (92)
Spot TV
1990 Ed. (54)
1991 Ed. (736)
1992 Ed. (919)
1993 Ed. (737)
1995 Ed. (693)
1996 Ed. (771)
1997 Ed. (708)
1999 Ed. (992)
2000 Ed. (24, 794, 939)
2002 Ed. (61)
Spot welding
1989 Ed. (2346)
Spotezl Brewing, Inc.
2001 Ed. (1023)
Spotfire
2005 Ed. (1129)
Spotify
2013 Ed. (3378)
2014 Ed. (2402)
Spotless Group
2002 Ed. (3800)
2004 Ed. (1654)
Spotlight
2016 Ed. (1384)
Spotlight Stores
2002 Ed. (2708, 3785)
2004 Ed. (1652, 3959, 3965)
Spotswood Consulting
2016 Ed. (1415)
Spot/Thompson Advertising
1989 Ed. (111)
1990 Ed. (106)
1991 Ed. (103)
1992 Ed. (154)
1993 Ed. (103)
1997 Ed. (93)
SPP Hambro Securities Inc.
1993 Ed. (3190)
SPR Inc.
1998 Ed. (543)
Spraberry Trend, TX
2012 Ed. (3862)
Sprague
1989 Ed. (1285)
Sprague & Associates
1998 Ed. (1505)
1999 Ed. (2072)
2002 Ed. (2173)
Sprague Energy Corp.
2001 Ed. (1811)
2003 Ed. (1782)
Sprague Operating Resources LLC
2016 Ed. (1848)
Sprague Pest Solutions
2013 Ed. (2157)
Sprague Resources LP
2016 Ed. (1850)
Sprague Technologies
1990 Ed. (1611, 2988)
1991 Ed. (1507, 1508, 2845)
1992 Ed. (1908, 1909)
1993 Ed. (1563)
Sprains, stains, tears
2002 Ed. (3529)
Spratt; Stephen M.
1995 Ed. (2485)
Spray
2004 Ed. (2787)
Spray 'n' Wash
2003 Ed. (3168)

Spray Network
2002 Ed. (2519)
Spray Systems Environmental Inc.
1996 Ed. (1145)
1999 Ed. (1365)
2000 Ed. (1257)
2001 Ed. (1471)
Spray U Thin
1996 Ed. (1547)
Sprayette
2004 Ed. (24)
2005 Ed. (17)
2006 Ed. (23)
Sprays
1992 Ed. (2371)
Sprd.net AG
2009 Ed. (1710, 4325)
Spread Scope
1991 Ed. (2257)
Spreads
2002 Ed. (3494)
Spreadsheet
1990 Ed. (533)
Spreadsheets
1995 Ed. (2567)
Spreadshirt
2008 Ed. (1722)
Spreadshirt AG
2008 Ed. (1771, 2868, 4230)
Spread/snack
2001 Ed. (1172)
Sprecher Brewing Co.
1996 Ed. (2631)
1997 Ed. (714)
1998 Ed. (2489, 2490)
1999 Ed. (3400, 3401)
2000 Ed. (3126)
Spreckles Industries
1995 Ed. (1899)
Spreckley Pittham
1994 Ed. (2963)
Spree
1993 Ed. (834)
1995 Ed. (891)
1996 Ed. (870)
2016 Ed. (761)
Sprenger's Fish Grotto
1996 Ed. (3195)
Spring
2007 Ed. (680)
2011 Ed. (151, 152)
Spring Air
1990 Ed. (2524)
1997 Ed. (652)
2003 Ed. (3321)
2004 Ed. (2867)
2005 Ed. (2881, 3410)
2009 Ed. (3670)
2011 Ed. (3590)
Spring Airlines Co., Ltd.
2012 Ed. (164)
Spring Bank
2008 Ed. (484)
2009 Ed. (511)
2015 Ed. (560)
2016 Ed. (508)
Spring Branch Honda
1992 Ed. (384)
1993 Ed. (270)
1995 Ed. (269)
Spring Creek Builders Inc.
2006 Ed. (4365)
2008 Ed. (4412)
Spring Gate Corp.
1994 Ed. (899)
Spring-Green
2015 Ed. (3480)
Spring-Green Lawn Care
2013 Ed. (3466)
2014 Ed. (3455, 3465, 3466)
2015 Ed. (3483, 3484)
Spring-Green Lawn Care Corp.
2002 Ed. (3065)
2003 Ed. (3196)
2004 Ed. (3242)
2006 Ed. (3254)
2007 Ed. (3332)
2008 Ed. (3433)
2009 Ed. (3507)
2011 Ed. (3424, 3432, 3433)
2012 Ed. (3439, 3445, 3446)
2013 Ed. (3459)
2014 Ed. (3459)
2016 Ed. (3324, 3326, 3332)
Spring Hill College
1993 Ed. (1022)
Spring House Estates
1990 Ed. (3061)
1991 Ed. (2898)
Spring Industries

1992 Ed. (4025)
1994 Ed. (2073)
Spring International Home Furnishings
Market
2004 Ed. (4755)
Spring Maid
1996 Ed. (2196)
Spring O'Brien
2002 Ed. (3836)
2003 Ed. (3993)
2004 Ed. (3997)
2011 Ed. (4115)
2012 Ed. (4115)
Spring Sites USA
2005 Ed. (4984)
Spring Tree Corp.
1999 Ed. (2626)
Spring Valley
1997 Ed. (3130)
Spring Valley Bank
2005 Ed. (520)
Spring Valley, FL
1998 Ed. (2871)
Springer & Jacoby
1995 Ed. (76)
1996 Ed. (89)
1997 Ed. (90)
1999 Ed. (91)
2000 Ed. (97)
2001 Ed. (138)
2002 Ed. (111)
2003 Ed. (76)
Springer Verlag AG; Axel
2005 Ed. (41)
2006 Ed. (48)
2007 Ed. (39)
2008 Ed. (42)
2009 Ed. (48)
2010 Ed. (58)
2012 Ed. (35)
Springett Associates
1995 Ed. (2228)
Springett Associates
1996 Ed. (2233)
1999 Ed. (2841)
Springfield Acura
1996 Ed. (262)
Springfield-Holyoke, IL
2002 Ed. (922)
Springfield-Holyoke, MA
1992 Ed. (1016)
1993 Ed. (815)
1998 Ed. (591)
2003 Ed. (845)
2004 Ed. (872)
2005 Ed. (846)
2006 Ed. (771)
2007 Ed. (868)
2008 Ed. (829)
2009 Ed. (847)
2010 Ed. (797)
2011 Ed. (724)
Springfield, IL
1994 Ed. (966, 3326)
1999 Ed. (4054)
2003 Ed. (1871)
2011 Ed. (4202)
Springfield Institution for Savings
1998 Ed. (3550)
Springfield, MA
1992 Ed. (2549)
1994 Ed. (2039)
1996 Ed. (344)
2000 Ed. (1065, 2993)
2001 Ed. (2802)
2007 Ed. (2996, 3001)
2008 Ed. (3111)
2010 Ed. (3133)
Springfield, MO
1994 Ed. (1104)
1996 Ed. (976)
1997 Ed. (3349)
2002 Ed. (920)
2003 Ed. (831)
2004 Ed. (869, 3222)
2005 Ed. (838, 2977)
2006 Ed. (766, 3312, 3314)
2007 Ed. (864)
2008 Ed. (825, 3466, 4091)
2009 Ed. (851, 3540)
2010 Ed. (792, 3464)
2011 Ed. (719)
Springfield, OH
2007 Ed. (2369)
2008 Ed. (2491)
2010 Ed. (3494)
2012 Ed. (3499)
2013 Ed. (3544)
Springfield Products Industries LLC
2006 Ed. (3921)

2007 Ed. (3975)
2008 Ed. (3998)
Springfield Teachers Credit Union
2010 Ed. (2130)
Springfield Tires
1992 Ed. (4298)
Springfield Union-News
1989 Ed. (2065)
1990 Ed. (2711)
1991 Ed. (2601)
Springfield/Lincoln Journal
1991 Ed. (2598)
Springfield/Lincoln Journal Courier
1989 Ed. (2052)
1990 Ed. (2698)
SpringHill Camps
2011 Ed. (1422)
2013 Ed. (4205)
SpringHill Suites
2001 Ed. (2780)
Springhill Suites
2016 Ed. (783)
Springmaid
1997 Ed. (2317)
1998 Ed. (2048)
1999 Ed. (2805)
2003 Ed. (2869)
2005 Ed. (4686)
Springs Global U.S. Inc.
2007 Ed. (2659)
2008 Ed. (989, 2076, 2992)
2009 Ed. (566, 567, 971, 1070, 2047,
2341, 3076, 3180, 3181, 3182,
3672, 4057, 4358, 4432)
2010 Ed. (549, 550, 1037, 2270,
3112, 3113, 3114, 3588, 3973,
4386, 4475)
Springs Industries "A"
1995 Ed. (3438)
Springs Industries Inc.
1989 Ed. (941, 1601, 2814, 2815,
2816, 2817)
1990 Ed. (2036, 3270, 3564, 3565,
3566, 3567)
1991 Ed. (1389, 1390, 1391, 1925,
3155, 3348, 3351, 3352, 3353,
3354)
1992 Ed. (2432, 2433, 4271, 4272,
4273, 4275)
1993 Ed. (1398, 2054, 3552, 3553,
3554)
1994 Ed. (1447, 3512, 3513, 3514,
3516)
1995 Ed. (1487, 2122, 3597, 3598,
3601)
1996 Ed. (2129, 2130, 3676, 3677,
3678)
1997 Ed. (837, 3734)
1998 Ed. (1555, 1963, 3518, 3519,
3521)
1999 Ed. (2700, 4589, 4591)
2000 Ed. (2585, 4240, 4241)
2001 Ed. (1848, 4506, 4507, 4508,
4509, 4510, 4513)
2002 Ed. (4615, 4616)
2003 Ed. (1821, 4727, 4728, 4730)
2004 Ed. (2871, 2878, 4709, 4710)
2005 Ed. (1960, 2881, 4681, 4682)
2006 Ed. (2012, 2878, 2950, 4727,
4728)
2007 Ed. (580, 581, 582, 584, 585,
588, 2872, 3438, 3959, 4223, 4224,
4964)
SpringSource
2012 Ed. (980)
Springs/Spring Mills
1994 Ed. (2131)
1995 Ed. (2182)
1996 Ed. (2197)
1997 Ed. (2316)
1998 Ed. (2049)
Springs/Springs Mills
1999 Ed. (2806)
Springsted Inc.
1991 Ed. (2165)
1993 Ed. (2263)
1995 Ed. (2331, 2332)
1997 Ed. (2477, 2484)
1998 Ed. (2226, 2227, 2231, 2232,
2233)
1999 Ed. (3011, 3012, 3018)
2000 Ed. (2759, 2760)
2001 Ed. (739, 818, 847, 851, 887,
955, 3210)
Springsteen; Bruce
1989 Ed. (1347)
1990 Ed. (1672)
1994 Ed. (1099, 1101)
2005 Ed. (1160, 1161)
2006 Ed. (2485, 2486, 2488)

2008 Ed. (2583)
2010 Ed. (1126, 1127, 2510, 2513)
2011 Ed. (1065, 2512, 2515)
2012 Ed. (2438)
Springsteen & the E Street Band; Bruce
2014 Ed. (1098)
2015 Ed. (1135)
Springsteen & the E-Street Band; Bruce
1990 Ed. (1142, 1144)
2011 Ed. (1066, 1067, 1068)
Springtime
2010 Ed. (2000)
Springview Hospital
2007 Ed. (1845)
Springwall
1997 Ed. (652)
Sprinkler systems
1994 Ed. (2107)
Sprinsted Inc.
1996 Ed. (2351)
Sprint
1990 Ed. (2488)
1992 Ed. (2938)
1993 Ed. (2470, 3220, 3281, 3516, 3517, 3588)
1994 Ed. (2412, 3216, 3234, 3271, 3482, 3490, 3492)
1995 Ed. (1220, 2487, 3298, 3344, 3549, 3559)
1996 Ed. (772, 853, 888, 1409, 3636, 3638, 3647)
1997 Ed. (168, 875, 1437, 1465, 2372, 3687, 3689, 3690, 3706)
1998 Ed. (566, 567, 568, 569, 571, 596, 599, 600, 1171, 2409, 2410, 3471, 3473, 3475, 3476, 3484, 3485)
1999 Ed. (777, 778, 988, 989, 990, 991, 1000, 1005, 1474, 1693, 4542, 4543, 4545, 4546, 4559, 4562, 4564)
2000 Ed. (26, 29, 197, 198, 934, 935, 936, 937, 958, 1337, 1499, 2744, 4186, 4187, 4188, 4191, 4203, 4205, 4219)
2001 Ed. (1073, 1075, 1076, 1335, 1336, 1558, 1771, 2848, 3163, 4454, 4462, 4472, 4473, 4478)
2002 Ed. (915, 925, 1392, 1711, 2805, 3916, 4562, 4565, 4566, 4567, 4580, 4711, 4883)
2003 Ed. (192, 193, 743, 815, 843, 1072, 1073, 1645, 1730, 1731, 2927, 3632, 4690, 4691, 4692, 4694, 4696)
2004 Ed. (151, 152, 756, 857, 859, 1086, 1087, 1767, 1768, 4666, 4667, 4669, 4671, 4676, 4688)
2005 Ed. (150, 741, 831, 832, 1096, 1097, 1361, 1388, 1548, 1571, 1833, 4508, 4620, 4621, 4623, 4626, 4629, 4639, 4652, 4742)
2006 Ed. (166, 758, 759, 803, 1088, 1089, 1364, 1366, 1378, 1422, 1448, 1832, 1833, 1835, 1836, 1838, 1839, 4467, 4686, 4687, 4688, 4689, 4690, 4692, 4693, 4695, 4696, 4697, 4792)
2007 Ed. (851, 854, 857, 860, 1475, 2910, 4711)
2008 Ed. (139, 636, 638, 639, 816)
2009 Ed. (160, 654)
2010 Ed. (151, 621, 3373)
2011 Ed. (75)
2012 Ed. (77)
2013 Ed. (70, 4633)
2014 Ed. (89)
2015 Ed. (4672)
2016 Ed. (86, 4583)
Sprint AeroSystems Holdings Inc.
2010 Ed. (1769, 1770)
Sprint Canada
1997 Ed. (2687)
Sprint Capital
2000 Ed. (773)
2004 Ed. (2006)
Sprint Communications
2016 Ed. (1230)
Sprint Communications Co.
2007 Ed. (1843)
2008 Ed. (1877)
2009 Ed. (1831)
Sprint Communications Co. LP
2001 Ed. (1798, 1799)
Sprint Corp.
2013 Ed. (1324, 1647, 3745)
2014 Ed. (3218)
2015 Ed. (1764, 1766, 1770, 2294, 3708)
2016 Ed. (963, 1720, 1722, 1723,

2416, 4558, 4576, 4589, 4915)
Sprint FON Group
2000 Ed. (4189)
2001 Ed. (4455, 4456, 4457)
2003 Ed. (4687, 4688, 4708)
2004 Ed. (4663, 4668, 4670, 4677)
2005 Ed. (4619, 4624, 4625, 4627)
2006 Ed. (4691)
Sprint Integrated Communications
2014 Ed. (1621)
Sprint International Inc.
2001 Ed. (4474)
Sprint ISS
1992 Ed. (1934)
Sprint Long Distance
2006 Ed. (1471)
Sprint Long Distance Residential
2000 Ed. (792)
Sprint Nextel
2014 Ed. (1327)
Sprint Nextel Corp.
2007 Ed. (1194, 1195, 1402, 1404, 1840, 1841, 1844, 2053, 2054, 2061, 3071, 3618, 3620, 3690, 4705, 4707, 4710, 4712, 4719, 4720, 4725, 4726, 4970, 4971)
2008 Ed. (20, 154, 818, 830, 1100, 1101, 1350, 1360, 1469, 1500, 1872, 1873, 1874, 1875, 1878, 2159, 2161, 2162, 2170, 3033, 3036, 3201, 4261, 4523, 4639, 4640, 4641, 4645, 4646, 4939, 4942)
2009 Ed. (153, 175, 178, 842, 843, 852, 1079, 1080, 1373, 1416, 1418, 1433, 1440, 1765, 1784, 1786, 1788, 1791, 1827, 1829, 1832, 2139, 2141, 3119, 3262, 4205, 4206, 4365, 4676, 4677, 4681, 4685, 4826, 4959, 4963)
2010 Ed. (33, 146, 148, 158, 789, 1051, 1359, 1416, 1706, 1768, 1770, 1772, 1773, 3053, 3193, 3373, 4392, 4688, 4689, 4690, 4692, 4705, 4971)
2011 Ed. (72, 81, 715, 985, 1347, 1782, 1784, 1785, 2378, 3022, 3156, 4337, 4640, 4641, 4642, 4644, 4660, 4961, 4962)
2012 Ed. (31, 71, 74, 82, 660, 897, 1212, 1636, 1638, 1640, 1641, 1986, 2302, 2453, 2464, 2949, 3112, 4641, 4643, 4644, 4645, 4646, 4672, 4676, 4955)
2013 Ed. (69, 1056, 1792, 1794, 1797, 1798, 2151, 2479, 2611, 3039, 3193, 4612, 4617, 4629, 4648, 4947)
2014 Ed. (88, 821, 1020, 1282, 1724, 1725, 2538, 2552, 3052, 4006, 4031, 4575, 4665, 4667, 4678, 4698, 4957)
2015 Ed. (90, 1056, 1303, 1314, 1769, 2485, 3118, 4662, 4709, 4998)
Sprint PCS
2003 Ed. (742, 4980)
2007 Ed. (678)
2008 Ed. (636)
Sprint PCS Digital Service
2001 Ed. (1008)
Sprint PCS Group
2001 Ed. (1039, 1041, 4457)
2002 Ed. (4356, 4359, 4360, 4361, 4977)
2003 Ed. (4539, 4545, 4687, 4693, 4975, 4976, 4977)
2004 Ed. (4489, 4558, 4559, 4670, 4976, 4977)
2005 Ed. (4468, 4627, 4978, 4980, 4981, 4985)
2007 Ed. (3620)
Sprint Press
2008 Ed. (4036)
Sprint Publishing & Advertising
2005 Ed. (1571)
Sprint Solutions Center
2006 Ed. (1964)
Sprint Spectrum LP
2005 Ed. (1833)
2006 Ed. (1838)
2007 Ed. (2053)
Sprint Staffing
1998 Ed. (3506)
Sprint TELECENTERS Inc.
1998 Ed. (3479)
Sprint Telemedia
1992 Ed. (3248)
Sprint United Management Co.
2016 Ed. (35)

Sprinter; Mercedes-Benz
2005 Ed. (295)
Sprintmail (Telenet)
1992 Ed. (1934)
SprintNet
1992 Ed. (4366)
Sprint/United Management Co.
2001 Ed. (1770)
2003 Ed. (1729)
2006 Ed. (2482)
2007 Ed. (2448)
2008 Ed. (2577)
2009 Ed. (2603)
2010 Ed. (1771, 2506)
2012 Ed. (1639)
2013 Ed. (1796)
Sprint/United Telecenter
1997 Ed. (3700)
Sprite
1989 Ed. (2515, 2517)
1990 Ed. (3543)
1991 Ed. (3152, 3153)
1992 Ed. (4013, 4016, 4017, 4020, 4230)
1993 Ed. (3352, 3354, 3355, 3356)
1994 Ed. (3357, 3359)
1995 Ed. (3415, 3417)
1996 Ed. (3473, 3477, 3478)
1997 Ed. (3541, 3544)
1998 Ed. (450, 3334, 3337)
1999 Ed. (703, 704, 4356, 4361, 4362, 4365)
2000 Ed. (715, 4079, 4081)
2001 Ed. (4302, 4307, 4308)
2002 Ed. (4311, 4312, 4313, 4314, 4315, 4316, 4319, 4320, 4325)
2003 Ed. (678, 866, 4469, 4470, 4475, 4476)
2004 Ed. (681, 886, 887)
2005 Ed. (674, 874, 4397)
2006 Ed. (572, 574, 793, 4413)
2007 Ed. (620, 882, 4475, 4478)
2008 Ed. (568, 570, 860, 4458, 4459, 4462)
2009 Ed. (597, 598, 600, 865, 4496)
2010 Ed. (582, 584)
2011 Ed. (510, 4479, 4482)
2012 Ed. (479, 480, 481, 483, 4493, 4495)
2013 Ed. (594, 596, 598, 4460, 4461)
2014 Ed. (607, 609, 610, 611, 612, 4496, 4497)
2015 Ed. (664, 679, 681, 682, 683, 4496, 4497)
2016 Ed. (606, 620, 622, 623, 624)
Sprite Remix
2005 Ed. (4393)
Sprite/Diet Sprite
1991 Ed. (3320)
Spritz
1992 Ed. (2371)
Spron
2011 Ed. (355)
Sprott Bull/Bear RSP
2006 Ed. (3667)
Sprott Canadian Equity
2003 Ed. (3570, 3571, 3572, 3576, 3583)
2004 Ed. (2469, 2470, 2471)
2005 Ed. (3568)
2006 Ed. (2512, 3666)
Sprott Gold & Precious Minerals
2004 Ed. (3622)
2005 Ed. (3567)
Sprott Hedge Fund LP
2003 Ed. (3576)
2004 Ed. (3622)
2006 Ed. (3667)
Sprott Hedge LP
2006 Ed. (3667)
Sprott Inc.
2011 Ed. (2686)
2012 Ed. (1409)
2013 Ed. (1504)
2015 Ed. (2728)
Sprott Resource
2011 Ed. (2806)
Sprott School of Business
2015 Ed. (830)
2016 Ed. (728)
Sprouse
1992 Ed. (4383)
1995 Ed. (3690)
Sprouse-Reitz
1994 Ed. (3620)
1995 Ed. (2820)
Sprouse Stores
1996 Ed. (3773)
Sprout Capital
1997 Ed. (3833)

Sprout Group
1990 Ed. (3668)
1991 Ed. (3443)
1994 Ed. (3622)
1998 Ed. (3663, 3664, 3665)
1999 Ed. (4707)
2000 Ed. (1526)
2001 Ed. (4675)
SproutLoud Media Networks
2012 Ed. (44)
Sprouts Farmers Market
2015 Ed. (901, 4591)
Spruce
2001 Ed. (3179)
2005 Ed. (3345)
2006 Ed. (3338)
2007 Ed. (3396)
Spruce Goos Cleaning & Supply Co.
2005 Ed. (760)
Sprucegrove Investments
2000 Ed. (2807)
Spruell Alfa Inc.; Paul
1991 Ed. (301)
1992 Ed. (406)
1994 Ed. (260)
1995 Ed. (259)
Spruell Alfa Romeo; Paul
1996 Ed. (263)
Spruit; Joseph
1989 Ed. (2341)
SPS Corp.
1996 Ed. (3053)
2010 Ed. (1228)
2011 Ed. (1266)
SPS Payment Systems
1994 Ed. (888)
1995 Ed. (931)
1996 Ed. (910)
1997 Ed. (943)
1998 Ed. (1204, 3481)
1999 Ed. (4557)
2000 Ed. (1011)
SPS Spinco Inc.
2005 Ed. (1972)
SPS Technologies
1990 Ed. (1327)
SPS Transaction Services
1994 Ed. (2159, 3233)
1998 Ed. (685)
1999 Ed. (1071)
2000 Ed. (1621)
SPSS Inc.
2002 Ed. (1153)
SPT Telecom
1999 Ed. (3869, 3870)
2000 Ed. (3585, 3586)
2002 Ed. (3736, 3737)
Spuds Powell
2015 Ed. (3422)
2016 Ed. (3283)
Spuetz AG
2001 Ed. (2432)
Spunbonded
2001 Ed. (3839)
Spurgeon Walker Klopper
1994 Ed. (2958)
Spurs; San Antonio
2005 Ed. (646)
2008 Ed. (530)
2009 Ed. (565)
2010 Ed. (548)
2011 Ed. (476)
2012 Ed. (433)
2013 Ed. (546, 4480)
2014 Ed. (560)
2015 Ed. (623)
SPX Corp
1990 Ed. (378, 389, 390, 391)
SPX Corp.
1989 Ed. (330, 331)
1990 Ed. (399)
1991 Ed. (331, 335, 336, 339, 340, 343, 1188)
1992 Ed. (472, 473, 476)
1996 Ed. (3499)
2001 Ed. (2140, 2141)
2002 Ed. (2082)
2003 Ed. (2196)
2004 Ed. (315, 316, 1830, 2237, 2242)
2005 Ed. (314, 315, 1469, 2338, 2341, 3382)
2006 Ed. (339, 2349, 2393, 2397)
2007 Ed. (2339, 3400)
2008 Ed. (3530, 3663)
2009 Ed. (1142, 1952, 2461, 2463, 3732)
2010 Ed. (3163, 3651)
2011 Ed. (3129, 3655)
2012 Ed. (3066, 3658, 3659)

2013 Ed. (3157, 3716, 3717)
2014 Ed. (3162, 3649)
2015 Ed. (3260, 3658, 3659)
2016 Ed. (3524, 3525)
Spy
1994 Ed. (2786)
Spycatcher
1989 Ed. (745)
Spyder Active Sports Inc.
2006 Ed. (3987)
Spyderco
2014 Ed. (2453)
2016 Ed. (2457)
Spyders
2016 Ed. (3614)
Spyglass Capital Trading Composite
2003 Ed. (3113, 3119)
Spyglass Inc.
1997 Ed. (3409)
1998 Ed. (1889, 2076)
Spyonit.com
2002 Ed. (4804)
SQA Services Inc.
2002 Ed. (1077)
2003 Ed. (3965)
Sqills
2010 Ed. (2951)
2011 Ed. (2913)
SQM
2011 Ed. (807)
2012 Ed. (772)
2013 Ed. (949)
2014 Ed. (902)
2015 Ed. (928)
2016 Ed. (833)
Squar, Milner, Peterson, Miranda & Williamson
2008 Ed. (12)
2009 Ed. (15)
2012 Ed. (28)
2013 Ed. (24)
2014 Ed. (20)
2015 Ed. (21)
2016 Ed. (20)
Squar, Milner, Peterson, Miranda & Williamson LLP
2012 Ed. (8)
Square
2001 Ed. (4688)
2012 Ed. (944)
2013 Ed. (1090)
Square 9
2016 Ed. (2835)
Square D
1989 Ed. (1287, 1288)
1990 Ed. (1585, 1586, 1587)
1991 Ed. (1481, 1482, 1483)
1992 Ed. (1882, 1883, 1884)
1993 Ed. (1175, 1189, 1199)
1997 Ed. (1106)
Square D/Groupe Schneider
1999 Ed. (1627)
Square Enix
2007 Ed. (1261)
Square Inc.
2015 Ed. (1088, 4641)
Square Mile Communications
1995 Ed. (3019)
1996 Ed. (3120)
Square One
2002 Ed. (184)
2003 Ed. (173)
2004 Ed. (131)
Square Peg Packaging & Printing
2013 Ed. (776)
Square Pharma
2000 Ed. (1665)
Square Pharmaceuticals
1999 Ed. (1841)
2002 Ed. (1969)
2006 Ed. (2259, 4484)
Square Root Inc.
2015 Ed. (2070)
2016 Ed. (2037)
Square Textiles Ltd.
2006 Ed. (2259, 4484)
A Squared Group
2015 Ed. (3585)
Squarespace
2014 Ed. (1870)
2016 Ed. (1295)
SquareTwo Financial
2014 Ed. (2671)
2015 Ed. (1583, 1589)
Squash
2001 Ed. (2555)
Squaw Valley, CA
1990 Ed. (3293)
1993 Ed. (3324)
"Squawk Box"

2013 Ed. (801)
2014 Ed. (818)
Squawk Box
2004 Ed. (850)
2005 Ed. (823)
2012 Ed. (656, 657)
Squaxin Island Tribe
2011 Ed. (2697)
2012 Ed. (2627)
2015 Ed. (2743, 2744, 3188, 3189)
2016 Ed. (2673, 2674)
Squeegee Squad
2014 Ed. (4948)
Squeez R
2014 Ed. (2800)
Squeeze
1995 Ed. (3629)
Squeeze It Fruit Drink
1996 Ed. (1981)
Squeeze Pop
1995 Ed. (893, 898)
Squeezit
1995 Ed. (1947)
2000 Ed. (2282)
Squibb Corp.
1989 Ed. (720, 1271, 1273)
1990 Ed. (1993)
1991 Ed. (1136, 1143, 1144, 1147,
1153, 1154, 1158, 1159, 1163,
2682)
1992 Ed. (1457, 1467, 1470, 1471,
1475, 1480, 3347)
1993 Ed. (1178, 1182, 1188, 1196,
2771, 2774)
1994 Ed. (1212, 1217, 1218, 1222)
1995 Ed. (1222, 1228, 1233, 1234,
1238)
1996 Ed. (1199, 1204, 1205, 1209,
1576)
1997 Ed. (1245, 1660)
Squibb Diagnostics
1990 Ed. (2534)
1992 Ed. (3009)
1995 Ed. (2534)
Squire & Co.
2006 Ed. (19)
2012 Ed. (27)
2013 Ed. (20)
2014 Ed. (2)
2016 Ed. (16)
Squire Patton Boggs
2016 Ed. (3367)
Squire, Sanders & Dempsey
1990 Ed. (2292)
1991 Ed. (1487, 2531, 2534, 2536,
2925, 3423)
1993 Ed. (2620, 3101)
1995 Ed. (2645, 2649, 2651, 2652,
3188, 3664)
1996 Ed. (2724, 2728, 3138, 3287)
1997 Ed. (2840, 2847, 3384)
1998 Ed. (1376, 2573, 2574, 2575,
2577, 3158)
1999 Ed. (3485, 3486, 3487, 3488,
3967, 4143)
2000 Ed. (3196, 3198, 3199, 3200,
3202, 3858)
2001 Ed. (744, 745, 772, 788, 792,
845, 889, 893, 906, 921, 4206)
Squire Sanders & Dempsey LLP
2005 Ed. (3525, 3533)
2007 Ed. (1501, 1506, 1507, 3649,
3657)
The Squires Group Inc.
2008 Ed. (4965)
Squires Homes
1998 Ed. (896)
Squires Homes/Beazer Homes USA
2000 Ed. (1207)
Squirt/Diet Squirt
1994 Ed. (3356)
SR Batliboi & Co
1997 Ed. (10)
SR Investment Inc.
2005 Ed. (1550)
S.R. One Ltd.
1990 Ed. (3669)
1992 Ed. (4388)
1993 Ed. (3663)
SR Pan-European
2000 Ed. (3302)
SR Telecom Inc.
1997 Ed. (1375)
2003 Ed. (4697)
2007 Ed. (1235, 2809)
2008 Ed. (1133, 2948)
2009 Ed. (1111, 2998)
SR. Teleperformance
2005 Ed. (4647, 4648, 4650, 4651)
SR Teleperformance Group

2001 Ed. (4465, 4469)
SRA International
2014 Ed. (2087, 2118)
2015 Ed. (2140, 2171)
2016 Ed. (2118, 2144)
SRA International Inc.
2005 Ed. (1370)
2006 Ed. (1355, 1366, 1367, 2093,
2250)
2007 Ed. (1402, 1404, 1414, 2174,
2891)
2008 Ed. (1125, 1354, 1355, 1371,
2289, 3013)
2009 Ed. (1105, 1357, 1371, 2144,
3099)
2010 Ed. (1341, 1357, 2084, 3032)
2011 Ed. (1326, 1345, 3001)
2012 Ed. (1210, 1981, 2928)
2013 Ed. (789, 1310, 1323, 3017)
2014 Ed. (1252, 1257, 3027)
2015 Ed. (1309, 1313, 3094)
2016 Ed. (1224, 1229)
SRAM
2000 Ed. (3702)
2001 Ed. (1356)
SRC Haverhill
2016 Ed. (3421)
SRC Inc.
2012 Ed. (1766, 1929, 2329)
2013 Ed. (1943, 1963, 2090)
2014 Ed. (1901, 2024)
2015 Ed. (1312, 1946)
2016 Ed. (1914)
SRC/SRCTec
2011 Ed. (1904)
SRCTec Inc.
2012 Ed. (1766, 2329)
SRG Global Inc.
2010 Ed. (3201)
2011 Ed. (3165)
2012 Ed. (3121)
2013 Ed. (3206)
2015 Ed. (3281)
2016 Ed. (3121)
SRG Partnership
2012 Ed. (209, 2401)
SRI
1996 Ed. (1387, 1393)
S.R.I. antidepressants
1996 Ed. (1575)
SRI Credit Union
2006 Ed. (2167)
2009 Ed. (3527)
Sri & Gopi Hinduja
2007 Ed. (4923)
2008 Ed. (4896)
2009 Ed. (4917)
Sri Har
1999 Ed. (3138)
Sri Hinduja
2012 Ed. (4921)
2013 Ed. (4901)
2014 Ed. (4913)
SRI International
1992 Ed. (3256)
1997 Ed. (3295, 3296)
1998 Ed. (3041, 3042)
2004 Ed. (1366)
2008 Ed. (1369)
2013 Ed. (1321)
2014 Ed. (1255)
2016 Ed. (1227)
Sri Lanka
1990 Ed. (1910, 1917, 1924, 1934)
1991 Ed. (1833, 1840, 1849, 3268,
3273)
1992 Ed. (2309, 2316, 2326, 2332,
4185)
1993 Ed. (1966, 1973, 1980, 1986,
2367)
1995 Ed. (2009, 2016, 2028, 2035,
2039)
1996 Ed. (3633)
2000 Ed. (2350, 2364, 2366, 2367,
4237)
2001 Ed. (1506, 3696, 3697, 4128,
4135, 4446, 4447, 4549, 4550)
2003 Ed. (1383, 3258, 4198, 4201,
4743, 4744)
2004 Ed. (1397, 3792, 3793, 4225,
4228, 4656, 4657)
2005 Ed. (883, 1419, 3704, 3705,
4152, 4155, 4606, 4607)
2006 Ed. (1404, 2148, 3793, 3794,
4208, 4211, 4592, 4671, 4672)
2007 Ed. (1436, 2092, 3798, 3799,
4218, 4221, 4692, 4693)
2008 Ed. (1387, 2202, 4255, 4601,
4602, 4624)
2009 Ed. (1390, 4356, 4649, 4650)

2010 Ed. (1375, 3169, 4382, 4677,
4678, 4721)
2011 Ed. (1368, 3135, 3849, 3850,
4324, 4327, 4629, 4630, 4679)
2012 Ed. (2202, 4693)
2014 Ed. (4621)
Sri Lanka Insurance Corp.
2008 Ed. (87)
2009 Ed. (96)
Sri Lanka Telecom
2006 Ed. (1073)
2008 Ed. (87)
2009 Ed. (96)
2010 Ed. (104)
2015 Ed. (756)
Sri Prakash Lohia
2012 Ed. (4861, 4862)
2013 Ed. (4878)
2014 Ed. (4891, 4892)
2015 Ed. (4930, 4931)
2016 Ed. (4846, 4847)
Srichand Hinduja
2014 Ed. (4929)
Srinergy
2016 Ed. (4423)
Srini Devadas
2011 Ed. (859)
Srinivas Koushik
2005 Ed. (994)
Srithai Superware
2000 Ed. (1574)
Srivaddhanaprabha; Vichal
2015 Ed. (4965)
2016 Ed. (4882)
SRS
2010 Ed. (1141)
2013 Ed. (1101)
SRS Distribution
2016 Ed. (2862, 2864)
SRS Inc.
2015 Ed. (104)
SRS Labs, Inc.
2002 Ed. (2481)
SRS Slovakia, S.R.O.
2016 Ed. (1994)
SS I PR
2011 Ed. (4116)
SS & C Technologies
2014 Ed. (1055, 1542)
2015 Ed. (1092, 1593)
SS & C Technologies Inc.
2005 Ed. (4611)
2006 Ed. (4337)
2010 Ed. (1119)
SS & G
2012 Ed. (19)
2013 Ed. (16)
2014 Ed. (12)
2015 Ed. (13)
SS & G Financial Services
2013 Ed. (5)
SS & G Financial Services Inc.
2008 Ed. (7, 2002)
2009 Ed. (10, 1964)
2010 Ed. (16, 19)
2011 Ed. (1932)
SS & G Inc.
2015 Ed. (1946)
SS Grandcamp
2005 Ed. (2204)
S&S Public Relations Inc.
1990 Ed. (2921)
SS Research Aurora C
1998 Ed. (2603)
SS Research Global Research A
1998 Ed. (2603)
SS Sultana steamship
2005 Ed. (2204)
SS8 Networks Inc.
2003 Ed. (4849)
SSA
1999 Ed. (1099, 1285)
SSA Bates
1999 Ed. (74)
2000 Ed. (80)
SSA Global
2006 Ed. (4646)
SSA Global Technologies Inc.
2002 Ed. (1153)
2007 Ed. (1238)
2008 Ed. (1400, 4576)
SSA Holdings II LLC
2006 Ed. (1940)
SSA International Inc.
2007 Ed. (4886)
2008 Ed. (4818)
2009 Ed. (4843)
2010 Ed. (4845)
2011 Ed. (4816)
2012 Ed. (4835)

2013 Ed. (4829)
2014 Ed. (4844)
SSA Marine Inc.
2007 Ed. (4886)
2008 Ed. (4818)
2009 Ed. (4433, 4843)
2010 Ed. (4476, 4849)
2011 Ed. (4816)
2012 Ed. (4835)
2013 Ed. (4829)
2014 Ed. (4844)
2015 Ed. (4881)
2016 Ed. (4799)
SSAB
2007 Ed. (3486)
2011 Ed. (3647)
SSAB AB
2013 Ed. (3603)
SSA/BSB
1994 Ed. (93)
Ssang Yong Cement
1989 Ed. (1134)
Ssang Yong Corp.
1990 Ed. (3568)
1991 Ed. (3355)
1992 Ed. (4278)
Ssangyong Corp.
1990 Ed. (1534)
1992 Ed. (1572, 1661, 1664, 1666)
1993 Ed. (977, 1362, 1363, 1642, 3556)
1994 Ed. (3519)
1995 Ed. (798, 1449, 3603)
1997 Ed. (777, 778, 780, 781, 1469, 3736)
1998 Ed. (1538)
1999 Ed. (340, 899, 900, 901, 902, 903, 1574, 1889)
2000 Ed. (4242)
Ssangyong Engineering & Construction Co. Ltd.
1999 Ed. (1408)
2002 Ed. (1325)
Ssangyong Group
1994 Ed. (1396, 1415)
1996 Ed. (1412)
Ssangyong Heavy Industries Co.
2001 Ed. (1777)
SsangYong Motor Co.
2001 Ed. (4045)
2006 Ed. (318)
Ssangyong Oil Refining Co.
1999 Ed. (3813)
Ssangyong Securities
1994 Ed. (3192)
1996 Ed. (3390)
SSAU
2002 Ed. (3777)
SSB Bank Ltd.
2002 Ed. (564, 4418)
2003 Ed. (499)
2004 Ed. (534)
2005 Ed. (513)
2006 Ed. (4505)
SSB Citi Asset Management Group
2001 Ed. (2879, 3010)
SSB Technologies Inc.
2003 Ed. (1341)
SSBA
1992 Ed. (1747)
SSBA America
1994 Ed. (1497)
SSBCiti
2000 Ed. (2833, 2834)
SSBCiti Asset Management
2001 Ed. (3005)
SSBiti
2000 Ed. (2788)
SSC & B: Lintas Malaysia
1989 Ed. (133)
SSC & B: Lintas Manila
1989 Ed. (152)
SSC & B: Lintas SEA Singapore
1989 Ed. (156)
SSC Holdings
1990 Ed. (3246)
SSC, Inc.
2002 Ed. (1994)
SSC Service Corp.
2012 Ed. (1923)
SSC Service Solutions
2006 Ed. (4379)
SSC&B: Lintas
1989 Ed. (124)
SSC&B: Lintas Brasil
1989 Ed. (89)
SSC&B: Lintas Thailand
1989 Ed. (168)
SSD-2000 ultrasound scanner
1997 Ed. (2746)

SSD Systems/Kern Security Systems
2000 Ed. (3918)
SSD & W
1999 Ed. (131)
SSE
2016 Ed. (2393)
SSE plc
2013 Ed. (2452, 2455)
2014 Ed. (2572)
2015 Ed. (2456)
2016 Ed. (2399)
SSFM International Inc.
2012 Ed. (1525, 1537)
SSgA Aggressive Equity
2004 Ed. (3559)
2006 Ed. (3616)
SSgA Emerging Markets
2000 Ed. (3257)
2003 Ed. (3521)
2007 Ed. (4546)
2010 Ed. (4575)
2011 Ed. (4537)
SSgA Emerging Markets Institutional
2012 Ed. (3738)
SSGA Growth & Income
1999 Ed. (598, 3515, 3556, 3557)
2000 Ed. (3234, 3235, 3272)
2003 Ed. (3488)
SSgA Intermediate
1999 Ed. (752)
SSgA Intermediate Fund
2000 Ed. (765)
SSgA International Growth Opportunities
2004 Ed. (4573)
SSgA International Stock Selection
2009 Ed. (3807)
SsgA Money Market
2000 Ed. (3283)
SSgA S & P 500 Index
2004 Ed. (3550)
SSgA S&P 500 Index
2006 Ed. (3610)
SSgA Tuckerman Active REIT
2004 Ed. (3568)
2008 Ed. (3766)
SSgA Yield Plus Fund
1998 Ed. (412)
2001 Ed. (727)
SSGM: Service Station & Garage Management
2015 Ed. (804)
2016 Ed. (722)
SSH Communications
2015 Ed. (1105)
SSI Blended Market Neutral
2003 Ed. (3125)
SSI Business Solutions
2007 Ed. (3609)
2008 Ed. (4988)
SSI Hedged Convertible Market Neutral
2003 Ed. (3129)
SSI Holding Corp.
1999 Ed. (2604)
SSI Holdings Corp.
1990 Ed. (1905)
1991 Ed. (1823)
1992 Ed. (2299)
1993 Ed. (1956)
1995 Ed. (2004)
1998 Ed. (1845)
2000 Ed. (2347)
2002 Ed. (3791)
2003 Ed. (2622)
2004 Ed. (2739)
2005 Ed. (2737)
SSI Investment Mgmt.
2000 Ed. (2816)
SSI Long/Short Equity Market-Neutral
2003 Ed. (3125)
SSI Shredding Systems Inc.
2006 Ed. (4374)
Ssips
1994 Ed. (3477)
1996 Ed. (3632)
1998 Ed. (3441, 3469, 3470)
2000 Ed. (4148, 4181)
SSKI
1997 Ed. (760, 761, 763, 764)
SSL Healthcare France SAS
2011 Ed. (1652)
SSL Inc.
1997 Ed. (3703)
2000 Ed. (4198, 4199, 4200, 4201)
2001 Ed. (4216)
SSL International
2006 Ed. (3809)
2007 Ed. (3822)
SSM Health Businesses
2014 Ed. (3007)

2016 Ed. (2972)
SSM Health Care
2000 Ed. (3178)
2001 Ed. (2666)
2005 Ed. (1877)
2006 Ed. (1898, 3585)
2007 Ed. (1890)
2008 Ed. (1945)
2009 Ed. (1905)
2015 Ed. (1888)
2016 Ed. (1825)
SSM Health Care of Oklahoma Inc.
2016 Ed. (1931)
SSM Health Care, St. Louis
2005 Ed. (180)
SSM Health Care System
1990 Ed. (2629)
1996 Ed. (2707, 2709)
1997 Ed. (2829)
1998 Ed. (2547, 2548)
1999 Ed. (3460)
SSMC
1990 Ed. (1299)
1991 Ed. (1963)
2006 Ed. (4289)
SSN-688
1992 Ed. (4427)
SSOE Group
2012 Ed. (205, 2370)
2013 Ed. (2563)
2014 Ed. (2492)
2015 Ed. (2559, 2566, 2585, 2597)
2016 Ed. (2488, 2520)
SSOE Inc.
1993 Ed. (246, 247, 1610)
1995 Ed. (237, 238, 1682)
1996 Ed. (234, 1665)
1997 Ed. (265, 266, 1743)
1998 Ed. (185)
1999 Ed. (283, 288, 2017)
2000 Ed. (1793)
2004 Ed. (2329)
2005 Ed. (2437)
2008 Ed. (2526, 2527, 2533)
2009 Ed. (1639, 2538, 2539, 2578)
2010 Ed. (2494)
2011 Ed. (2448, 2466)
2012 Ed. (202, 211)
SSOE Inc. Architects & Engineers
2000 Ed. (313)
2001 Ed. (409)
SSP Partners
2011 Ed. (1350)
SSIPR
2014 Ed. (4145, 4153)
2015 Ed. (4128, 4144)
2016 Ed. (4042, 4058)
SSQ. Financial Group
2007 Ed. (3158)
2008 Ed. (3308)
2009 Ed. (3371)
2010 Ed. (3308)
SSQ Life Insurance
2012 Ed. (3244)
2013 Ed. (3297)
SSQ-Obligations Canadiennes
2001 Ed. (3460, 3461, 3462)
SSQ Societe d'assurance-vie Inc.
2009 Ed. (3370)
SSR Ellers Inc.
2008 Ed. (2527)
SSRIs
2002 Ed. (3751, 3752)
SSRIs/SNRIs (antidepressants)
2002 Ed. (2013)
SST
2000 Ed. (3995)
2014 Ed. (4442)
2015 Ed. (3063, 4437)
2016 Ed. (2953, 2955, 2958, 4330)
SST & Intercon Security
2006 Ed. (4274)
SST - Intercon Security
2010 Ed. (4452)
SSUR Hf
2009 Ed. (1737, 3591)
SSZ Camouflage Technology AG
2015 Ed. (4237)
St. Agnes Healthcare Inc.
2010 Ed. (1795)
St. Albans Co-operative Creamery Inc.
2007 Ed. (2050)
2008 Ed. (2154)
2009 Ed. (2137)
2010 Ed. (2079)
2011 Ed. (2136)
2012 Ed. (1980)
2013 Ed. (2139)
2014 Ed. (2072)
2015 Ed. (2122)

2016 Ed. (2105)
St. Albans Cooperative
1994 Ed. (3623)
1997 Ed. (2170, 3835)
St. Alexius Medical Center
2001 Ed. (1823)
2003 Ed. (1796)
2004 Ed. (1831)
2005 Ed. (1916)
2006 Ed. (1945)
2007 Ed. (1928)
2008 Ed. (1994)
2009 Ed. (1955)
2010 Ed. (1893)
2011 Ed. (1924)
2013 Ed. (1959)
2014 Ed. (1895)
2015 Ed. (1940)
2016 Ed. (1910)
St. Alexius Memorial Hospital Inc.
2005 Ed. (1916)
St. Alphonsus Regional Medical Center Inc.
2001 Ed. (1728)
2003 Ed. (1691)
2004 Ed. (1727)
2005 Ed. (1786, 2912, 3177)
2006 Ed. (1757)
2007 Ed. (1765)
2008 Ed. (1793)
2009 Ed. (1738, 3149)
2010 Ed. (1684, 3080)
2011 Ed. (1697)
2012 Ed. (1550, 2989)
2013 Ed. (1698)
2014 Ed. (1646)
2015 Ed. (1688)
2016 Ed. (1641)
St. Andrew Medical Center
2012 Ed. (1987)
St. Andrews Construction Services Corp.
2014 Ed. (3690)
St. Andrews Electric Corp.
2006 Ed. (3501)
2007 Ed. (3541)
2008 Ed. (3600)
St. Andrews Episcopal Presbyterian Foundation
1990 Ed. (2724)
St. Anne's Hospital Corp.
2005 Ed. (1618, 1770, 1857, 2790, 3908)
St. Anne's of Fall River Credit Union
2002 Ed. (1871)
2003 Ed. (1925)
2004 Ed. (1965)
2005 Ed. (2107)
2006 Ed. (2202)
2007 Ed. (2123)
2008 Ed. (2238)
2009 Ed. (2224)
2010 Ed. (2143, 2178)
2011 Ed. (2196)
2012 Ed. (2056)
2013 Ed. (2237)
2014 Ed. (2169)
2015 Ed. (2233)
2016 Ed. (2204)
St. Ann's Hospice
2005 Ed. (1980)
2006 Ed. (2053)
2007 Ed. (2023)
St. Anselm College
1992 Ed. (1273)
1993 Ed. (1021)
1994 Ed. (1048)
1995 Ed. (1056)
1996 Ed. (1041)
1997 Ed. (1057)
1998 Ed. (795)
1999 Ed. (1224)
2001 Ed. (1321)
St. Anthony Central Hospital
2002 Ed. (2617)
2008 Ed. (3064)
St. Anthony Health Care Corp.
2001 Ed. (1829)
St. Anthony Hospital
2013 Ed. (3081)
St. Anthony Hospital Systems
1990 Ed. (1026)
ST Assembly Test Services Ltd.
2006 Ed. (1445)
St. Barnabas Health Care System
2000 Ed. (2531)
2001 Ed. (2773)
2005 Ed. (3835)
2006 Ed. (3591)
2008 Ed. (2771)

Business Rankings Annual Cumulative Index • 1989-2016 / Part 3   1669

St. Barnabas Medical Center
  1990 Ed. (2057)
  1992 Ed. (2461)
  1993 Ed. (2075)
  1994 Ed. (2091)
St. Benedict's Health Center
  2014 Ed. (1896)
St. Bernards Healthcare
  2014 Ed. (1369, 1379)
St. Brendan's
  2002 Ed. (289)
  2004 Ed. (3270)
St. Catharines-Niagara Falls-Welland,
    Ontario
  2007 Ed. (3377)
St. Charles Borromeo's Credit Union
  2006 Ed. (2165)
The St. Charles Cos.
  1992 Ed. (2819)
St. Charles County, MO
  2009 Ed. (2391)
St. Charles Gaming Co. Inc.
  2001 Ed. (1779)
St. Charles Health System Inc.
  2013 Ed. (1988)
  2014 Ed. (1927)
  2015 Ed. (1973)
  2016 Ed. (1940)
St. Charles Medical Center & Hospital
  2004 Ed. (1839)
St. Charles Parish, LA
  1993 Ed. (2625)
St. Charles Town Co.
  2008 Ed. (4053)
St. Clair Health Care Corp.
  2006 Ed. (3724)
St. Cloud Hospital
  2008 Ed. (3062)
St. Cloud, MN
  1990 Ed. (3046)
  1991 Ed. (2891)
  1992 Ed. (3735)
  1993 Ed. (3044)
  1994 Ed. (3103)
  1995 Ed. (3148)
  1996 Ed. (3248)
  1997 Ed. (3349)
  2003 Ed. (4154)
  2004 Ed. (4169)
St. Cloud State University
  2010 Ed. (997)
  2011 Ed. (942)
St. Cloud State University, G. R. Her-
    berger College of Business
  2012 Ed. (633)
  2013 Ed. (753)
St. Columbkille School
  2014 Ed. (1914)
St. Davids 2nd Residual
  2000 Ed. (3306)
St. David's HealthCare
  2016 Ed. (2048)
St. Denis Theatre
  2006 Ed. (1155)
St. Dominic-Jackson Memorial Hospital
  2012 Ed. (1724)
  2013 Ed. (1886)
St. Edward High School
  2015 Ed. (1958)
St. Elizabeth Community Hospital
  2009 Ed. (3146)
  2010 Ed. (3077)
  2011 Ed. (3049)
  2012 Ed. (2986)
  2013 Ed. (3076)
St. Elizabeth Healthcare
  2013 Ed. (3077)
  2016 Ed. (1734)
St. Elizabeth Hospital
  1997 Ed. (2263)
St. Elizabeth Medical Center
  2004 Ed. (1769)
  2005 Ed. (1835)
  2009 Ed. (3147)
  2010 Ed. (3078)
  2011 Ed. (3050)
  2012 Ed. (2987)
St. Elizabeth's Hospital
  2014 Ed. (3079)
ST Engineering
  2006 Ed. (4326)
St. Francis
  1999 Ed. (2752)
St. Francis Bank FSB
  1998 Ed. (3571)
St. Francis Capital Corp.
  2005 Ed. (356)
St. Francis, FSB
  2002 Ed. (4116, 4131)
St. Francis Health Services Corp.

2016 Ed. (1528)
St. Francis Healthcare System of Ha-
    waii
  2011 Ed. (1678)
  2012 Ed. (1529)
  2013 Ed. (1676)
  2014 Ed. (1628)
  2015 Ed. (1677)
  2016 Ed. (1619, 1622)
St. Francis Hospital
  2015 Ed. (3125)
  2016 Ed. (2988)
St. Francis Hospital & Health Centers
  2006 Ed. (2921)
  2009 Ed. (1949)
  2011 Ed. (3766)
St. Francis Hospital Inc.
  2007 Ed. (1939)
  2008 Ed. (2009)
  2009 Ed. (1972)
  2010 Ed. (1905)
  2011 Ed. (1941)
  2012 Ed. (1804)
  2013 Ed. (1978)
  2014 Ed. (1917)
  2015 Ed. (1962)
  2016 Ed. (1931)
St. Francis Hospital Indianapolis
  2010 Ed. (3076)
  2011 Ed. (3048)
  2012 Ed. (2985)
St. Francis Hospital & Medical Center
  2006 Ed. (2918, 2922)
St. Francis Medical Center
  2001 Ed. (1721)
  2003 Ed. (1688)
  2004 Ed. (1725)
  2005 Ed. (1783, 1784)
  2006 Ed. (1743)
  2007 Ed. (1752)
  2010 Ed. (2884)
  2013 Ed. (3045)
  2015 Ed. (2935)
St. Francis Medical Center West
  2004 Ed. (1725)
  2005 Ed. (1783)
  2006 Ed. (1743)
  2007 Ed. (1752)
  2008 Ed. (1780)
  2009 Ed. (1721)
St. Francis; University of
  2009 Ed. (1065)
  2010 Ed. (1033)
  2011 Ed. (964)
St. Francis Winery & Vineyards
  2013 Ed. (1452)
  2014 Ed. (1413)
  2015 Ed. (1473)
St. Francis Xavier University
  2007 Ed. (1168, 1169, 1176, 1177,
    1178, 1180)
  2008 Ed. (1072, 1073, 1080, 1084)
  2009 Ed. (1049, 1055, 1069)
  2010 Ed. (1019, 1024)
  2011 Ed. (954)
  2012 Ed. (874)
St. Gallen; University of
  2014 Ed. (783)
  2015 Ed. (825)
  2016 Ed. (726)
St. Galler Kantonalbank
  2012 Ed. (414)
  2013 Ed. (467)
  2014 Ed. (482)
  2015 Ed. (542)
  2016 Ed. (495)
St. Gallische Kant'bank
  1991 Ed. (670)
St. Gallische Kantonalbank
  1989 Ed. (686)
  1990 Ed. (691)
St. Geme Partners
  1997 Ed. (2201)
St. Genevieve
  2000 Ed. (2935)
St. George
  2006 Ed. (651)
  2010 Ed. (627)
St. George Bank
  1999 Ed. (471)
  2000 Ed. (464)
  2001 Ed. (1631, 1956)
  2002 Ed. (523, 524, 1585, 2269)
  2003 Ed. (463)
  2004 Ed. (449, 1647)
  2005 Ed. (461)
  2006 Ed. (294, 414, 1553, 1554)
  2007 Ed. (399, 1586)
  2008 Ed. (381, 440)
  2009 Ed. (402)

2010 Ed. (377, 378)
  2011 Ed. (303)
St. George, UT
  2004 Ed. (4215)
  2007 Ed. (2370, 2375, 3359, 3363,
    3364)
  2008 Ed. (2490, 3456, 3461)
  2009 Ed. (2496)
  2010 Ed. (928)
St. George-Zion, UT
  1989 Ed. (2336)
St.-Gobain Abrasives Inc.
  2007 Ed. (4592)
  2008 Ed. (4543)
  2009 Ed. (4574)
  2010 Ed. (4607)
  2011 Ed. (4563)
  2012 Ed. (4576)
  2013 Ed. (4522)
  2014 Ed. (4581)
St. Gobain Corp.
  2007 Ed. (4592, 4593)
  2008 Ed. (4543, 4544)
  2009 Ed. (4574, 4575)
  2010 Ed. (4607, 4608)
  2011 Ed. (4563)
  2012 Ed. (4576)
  2013 Ed. (4522)
  2014 Ed. (4581)
St.-Gobain Delaware Corp.
  2007 Ed. (4592)
  2008 Ed. (4543)
  2009 Ed. (4574)
  2010 Ed. (4607)
  2011 Ed. (4563)
  2012 Ed. (4576)
  2013 Ed. (4522)
  2014 Ed. (4581)
St. Gobain Solar Glass NA
  2016 Ed. (4498)
St. Helen & St. Katharine
  1999 Ed. (4145)
St. Helena Hospital
  2012 Ed. (1377)
  2013 Ed. (1472)
  2015 Ed. (1496)
  2016 Ed. (1430)
St. Henry Bank
  1993 Ed. (504)
  1996 Ed. (537)
St. Hilliers
  2002 Ed. (3773)
  2004 Ed. (1154)
St. Hubert
  1995 Ed. (196)
St. Hubert Bar. B. Q.
  1992 Ed. (2227)
St. Ides
  1996 Ed. (780)
  1998 Ed. (498, 3440)
St. Ignatius High School
  2014 Ed. (1913)
St. Ivel
  1994 Ed. (3680)
St. Ivel Cadbury's
  2002 Ed. (1960)
St. Ivel Gold
  1992 Ed. (1761)
St. Ivel Gold Spread
  1994 Ed. (1511)
St. Ivel Shape
  2002 Ed. (1960)
St. Ivel Utterly Butterly
  2002 Ed. (1909)
St. Ives
  1996 Ed. (2550)
  1998 Ed. (1354, 3306, 3307, 3308,
    3309)
  1999 Ed. (3894)
  2000 Ed. (4036)
  2006 Ed. (3331)
  2013 Ed. (3894)
St. Ives Swiss
  2001 Ed. (4292, 4293)
St. Ives Swiss Formula
  2003 Ed. (2431, 3264, 4426, 4465)
  2004 Ed. (658, 659)
St. James Hospital & Medical Centers
  2006 Ed. (2923)
St. James Hotel
  1995 Ed. (2159)
St. James Securities Holdings Ltd.
  1995 Ed. (1010)
St. James Security Services Inc.
  2014 Ed. (1956)
  2016 Ed. (1972, 1974)
St. James's Club
  1991 Ed. (1946)
St. James's Club & Hotel
  1994 Ed. (2103)

St. James's Palace
  1996 Ed. (1364)
St. James's Place
  2016 Ed. (3304)
St. James's Place Capital
  1994 Ed. (1379)
  1997 Ed. (1418)
  2006 Ed. (3129)
  2007 Ed. (3163, 3164)
  2009 Ed. (3379)
  2010 Ed. (1397, 3315)
St. James's Place Wealth Management
  2011 Ed. (3277)
  2012 Ed. (3253)
  2013 Ed. (3285)
  2014 Ed. (3310)
  2015 Ed. (3356)
  2016 Ed. (2081, 3217)
The St. Joe Co.
  2004 Ed. (2676, 2677, 4076, 4078,
    4595, 4596)
  2005 Ed. (2668, 2669, 4010)
  2006 Ed. (4043)
St. Joe Mineral Corp.
  2005 Ed. (1521)
St. Joe Minerals; Fluor/
  1991 Ed. (1146)
St. Joe Paper Co.
  1990 Ed. (1807, 1808)
  1991 Ed. (1225, 1729)
  1992 Ed. (1383, 1533, 2168, 3327)
  1993 Ed. (1110, 1310, 1869, 2762)
  1994 Ed. (1129, 1362, 2721)
  1995 Ed. (1144)
  1996 Ed. (1117, 1118)
  1998 Ed. (3001)
St. Joe Railroad
  1998 Ed. (2994)
St. Joe Towns & Resorts
  2006 Ed. (1189)
St. John Health
  1990 Ed. (2055)
  1994 Ed. (1526)
  2005 Ed. (1755)
  2009 Ed. (1646)
St. John Health System Home Services
  2001 Ed. (2753)
  2002 Ed. (2589)
St. John Health System Inc.
  1995 Ed. (1559)
  2000 Ed. (1663, 2526)
  2001 Ed. (2225, 2227, 2772)
  2002 Ed. (2619)
  2007 Ed. (1939)
  2008 Ed. (2009)
  2009 Ed. (1972)
  2010 Ed. (1905)
  2011 Ed. (1941)
  2012 Ed. (192, 1804)
  2013 Ed. (173, 1978)
  2014 Ed. (1917)
  2015 Ed. (207, 1962)
  2016 Ed. (198, 1931)
St. John Home Health Care
  1999 Ed. (2707)
  2000 Ed. (2491)
St. John Hospital & Medical Center
  1993 Ed. (1480)
  2001 Ed. (1791)
  2003 Ed. (1759)
  2008 Ed. (3059)
  2009 Ed. (3144)
St. John Knits
  1996 Ed. (2055, 3445)
St. John Knits International, Inc.
  2002 Ed. (3563)
St. John Macomb-Oakland Hospital
  2012 Ed. (2988)
St. John Medical Center Inc.
  2001 Ed. (1829)
  2003 Ed. (1803)
  2004 Ed. (1836)
  2005 Ed. (1922)
  2006 Ed. (1957)
St. John, New Brunswick
  2005 Ed. (3327)
  2008 Ed. (3487, 3492)
  2009 Ed. (3559)
  2010 Ed. (3479)
St. John of God Health Care
  2002 Ed. (3776)
  2003 Ed. (3952, 3960)
  2004 Ed. (3955)
  2016 Ed. (1385)
St. John & Partners Advertising & Public
    Relations
  2000 Ed. (95)
  2002 Ed. (108)
St. John Providence Health System
  2013 Ed. (1861)

2016 Ed. (1794)
St. John-Quispamsis, New Brunswick
2006 Ed. (3316)
2007 Ed. (3377)
St. Johns
1990 Ed. (1806)
St. John's College
2004 Ed. (2844)
2010 Ed. (1012)
St. John's Health System Inc.
2003 Ed. (1767)
2004 Ed. (1804)
2005 Ed. (1875)
2006 Ed. (1896)
2007 Ed. (1888)
2008 Ed. (1943)
2009 Ed. (1903)
2010 Ed. (1839, 3344)
2011 Ed. (1870, 3302)
2012 Ed. (1726)
2013 Ed. (1889)
2014 Ed. (1822)
St. John's Hospital
2006 Ed. (2923)
2011 Ed. (3052)
2013 Ed. (3079)
2014 Ed. (3079)
St. John's Hospital and Health Center
1992 Ed. (1095)
St. John's Mercy Health Care
2005 Ed. (1877)
2006 Ed. (1898)
2007 Ed. (1890)
2008 Ed. (1945)
2009 Ed. (1905)
2011 Ed. (3302)
St. John's Mercy Health System
2012 Ed. (1726)
2013 Ed. (1889)
St. John's Mercy Home Health Care
2008 Ed. (1943)
2009 Ed. (1903)
2010 Ed. (1839)
2011 Ed. (1870)
St. John's Mercy Medical Center Inc.
2001 Ed. (1798)
2003 Ed. (1767)
2004 Ed. (1804)
2005 Ed. (1875)
2006 Ed. (1896)
2007 Ed. (1888)
St. John's Music
2013 Ed. (3789, 3790)
2015 Ed. (3739)
2016 Ed. (3647)
St. John's, Newfoundland
2005 Ed. (3327)
2006 Ed. (3316)
2007 Ed. (3377)
2008 Ed. (3487, 3491, 3492)
2009 Ed. (3559, 3560, 3562)
St. John's Regional Health Center
2001 Ed. (1798)
2003 Ed. (1767)
2004 Ed. (1804)
2005 Ed. (1875)
2006 Ed. (1896)
2007 Ed. (1888)
2008 Ed. (1943)
2009 Ed. (1903)
2010 Ed. (1839)
2011 Ed. (1870)
2012 Ed. (1726)
2013 Ed. (1889)
St. John's Regional Medical Center
2010 Ed. (3074)
St. John's University
2006 Ed. (3719, 4198)
2010 Ed. (2315)
St. John's Wort
2000 Ed. (2445, 2447)
2001 Ed. (2012)
St. Johnsbury Trucking Co.
1993 Ed. (3645)
1994 Ed. (3605)
St. Joseph
1999 Ed. (3887)
2000 Ed. (3607, 3608)
2004 Ed. (245)
St. Joseph College
1993 Ed. (1021)
1994 Ed. (1048)
1995 Ed. (1056)
St. Joseph Communications
2008 Ed. (4088)
2009 Ed. (4094, 4095, 4203)
2010 Ed. (3513, 4006)
2011 Ed. (3517, 4013)
St. Joseph Digital Solutions
2006 Ed. (3970)

St. Joseph East
2008 Ed. (3060)
2009 Ed. (3145)
2010 Ed. (3076)
2013 Ed. (3075)
St. Joseph Health System
1998 Ed. (2216)
2000 Ed. (3180)
2003 Ed. (1626)
2004 Ed. (1658)
2005 Ed. (2793)
2007 Ed. (2767)
2008 Ed. (3194)
2010 Ed. (1529)
2011 Ed. (1525)
2012 Ed. (1374)
2013 Ed. (1466, 1474)
2014 Ed. (1427, 1436)
2015 Ed. (1489, 1497)
2016 Ed. (1420, 1433)
St. Joseph Hospital
1997 Ed. (2263, 2272)
2007 Ed. (1911)
2009 Ed. (1751)
2010 Ed. (1698)
2011 Ed. (1637, 1709)
2012 Ed. (1566, 2795)
St Joseph Hospital Foundation
1995 Ed. (933)
St. Joseph Hospital of Nashua NH
2001 Ed. (1810)
2003 Ed. (1781)
2004 Ed. (1816)
2005 Ed. (1900)
2006 Ed. (1926)
St. Joseph-London
2010 Ed. (3077)
2012 Ed. (2955)
St. Joseph Medical Center Inc.
1994 Ed. (2090)
1995 Ed. (2145)
1997 Ed. (2271, 2272)
2010 Ed. (1795)
2012 Ed. (1681)
2013 Ed. (1833)
2015 Ed. (1805)
St. Joseph Mercy Health System
2001 Ed. (2226, 2229)
St. Joseph Mercy Hospital
1997 Ed. (2267)
2008 Ed. (3064)
2009 Ed. (3149)
2010 Ed. (3080)
2011 Ed. (3050)
2012 Ed. (2987)
2013 Ed. (3079)
2014 Ed. (3079)
St. Joseph Mercy Livingston Hospital
2011 Ed. (3049)
2012 Ed. (2986)
St. Joseph Mercy Oakland
2012 Ed. (2988)
2014 Ed. (3080)
St. Joseph Mercy Oakland Foundation
2008 Ed. (1928)
2009 Ed. (1886)
2010 Ed. (1821)
2011 Ed. (1851)
2012 Ed. (1703)
2013 Ed. (1859)
2014 Ed. (1788)
2015 Ed. (1830)
St. Joseph Mercy Saline Hospital
2011 Ed. (3049)
2012 Ed. (2986)
St. Joseph, MO
1992 Ed. (345)
1999 Ed. (2088, 3368)
2008 Ed. (3481)
St. Joseph News-Press, Gazette
1989 Ed. (2052)
1990 Ed. (2691, 2694, 2696, 2698, 2700)
1991 Ed. (2597, 2598, 2600, 2607)
1992 Ed. (3239)
St. Joseph Press News/Gazette
1989 Ed. (2054)
St. Joseph Print Group Inc.
2006 Ed. (3964, 3966)
St. Joseph Regional Medical Center
2010 Ed. (3078)
St. Joseph Telephone & Telegraph Co.
1998 Ed. (3485)
St. Joseph's College
2009 Ed. (1036)
St. Joseph's Credit Union
2005 Ed. (2105)
2006 Ed. (2200)
St. Joseph's Healthcare Hamilton
2012 Ed. (1810)

2013 Ed. (1525)
2014 Ed. (1495)
2015 Ed. (1552)
2016 Ed. (1491)
St. Joseph's Hospital
2000 Ed. (2205)
2001 Ed. (1823)
2002 Ed. (2621)
2009 Ed. (3126, 3143)
2014 Ed. (3079)
St. Joseph's Hospital & Medical Center
1990 Ed. (2057)
1992 Ed. (2461)
1993 Ed. (2075)
1994 Ed. (2091)
1998 Ed. (1994)
1999 Ed. (2750, 2752)
2000 Ed. (2531)
2005 Ed. (2898, 2912)
2006 Ed. (2904, 2918, 2923)
2007 Ed. (2923)
2008 Ed. (3046)
2009 Ed. (3132, 3144)
2010 Ed. (3064, 3075)
2011 Ed. (3035, 3051)
2012 Ed. (2973)
2013 Ed. (3064)
St. Joseph's Hospital of Atlanta
2005 Ed. (2893)
2008 Ed. (3058)
St. Joseph's Hospitals
2000 Ed. (2528)
St. Joseph's Mercy Health Center
2010 Ed. (1477)
St. Joseph's University
2008 Ed. (1086)
2009 Ed. (1060)
2010 Ed. (1028)
St. Jospeh
2008 Ed. (4036)
St. Jude Children's Research Hospital
2008 Ed. (3194)
2009 Ed. (3253)
2012 Ed. (1926, 2956, 3767)
2013 Ed. (2086, 2509, 3046, 3467)
2014 Ed. (2020, 2890)
2015 Ed. (2063, 2933)
2016 Ed. (83, 2868)
St. Jude Children's Research Hosptial
2006 Ed. (3711)
St. Jude Medical
2014 Ed. (3614)
St. Jude Medical Inc.
1989 Ed. (1568, 1572, 2495, 2499)
1990 Ed. (1968, 1969, 3298, 3299)
1991 Ed. (1891, 2408)
1992 Ed. (2382, 3010, 4071)
1993 Ed. (2016, 3041)
1994 Ed. (2032, 2468)
1995 Ed. (2536)
1996 Ed. (2600)
1997 Ed. (2747, 3641)
1998 Ed. (1051, 2457, 2458)
1999 Ed. (3340)
2000 Ed. (739)
2003 Ed. (3358, 3359, 4540)
2004 Ed. (2803, 2810, 4488, 4490, 4498)
2005 Ed. (2791, 2795, 2799, 2803, 3433, 3435)
2006 Ed. (1890, 2761, 2766, 2769, 2779, 3445, 3446, 3448)
2007 Ed. (2774, 3463, 3464, 3465, 3467)
2008 Ed. (1937, 3638)
2009 Ed. (1896, 1899, 2948, 3704)
2010 Ed. (1832, 1835, 2883, 3619, 3622, 3830)
2011 Ed. (1429, 1863, 1864, 1866, 3620, 3621, 3624, 3831)
2012 Ed. (1719, 1720, 1722, 2458, 3615, 3616, 3617, 3619, 3621, 3622, 3627)
2013 Ed. (1881, 3614, 3672, 3673, 3674, 3677, 3678, 3679, 3684)
2014 Ed. (1813, 3039, 3607, 3609, 3611, 3612, 3613, 3619)
2015 Ed. (1850, 1853, 3105, 3619, 3621, 3623, 3624, 3625, 3631)
2016 Ed. (1813, 3504, 3505, 3506, 3508, 3509, 3510, 3515)
St. Julian Var Wine
2002 Ed. (4962, 4964)
St. Kitts & Nevis
2004 Ed. (2765)
St. Kitts-Nevis
1992 Ed. (2361)
St. Kitts-Nevis-Anguilla National Bank
2012 Ed. (332)
St. Laurent

2002 Ed. (3581)
St. Laurent Forest Products Corp.
2001 Ed. (3627)
St. Laurent Paperboard US-1 Inc.
2005 Ed. (3676, 3677)
St. Lawrence Cement
1990 Ed. (922, 1669)
1992 Ed. (1071)
1994 Ed. (1580)
1996 Ed. (1595)
St. Lawrence Cement Group
2007 Ed. (3024)
2008 Ed. (3142)
2009 Ed. (3226)
2010 Ed. (3159)
The St. Lawrence Seaway Corp.
2004 Ed. (4588)
St. Lawrence Seaway Management Corp.
2001 Ed. (1661)
2005 Ed. (3489)
St. Lawrence Valley Renewal House for Victims of Family Violence Inc.
2003 Ed. (802, 1789)
St. Leo University
2002 Ed. (867, 1106)
2009 Ed. (753)
2010 Ed. (699)
St. Louis Airport
1996 Ed. (195)
St. Louis Blues
1998 Ed. (1946)
2000 Ed. (2476)
St. Louis Bread Co.
1998 Ed. (1760, 1761, 3060, 3062, 3070, 3071)
2005 Ed. (2547, 2548, 2549, 2553, 4168)
2007 Ed. (4138)
St. Louis, CA
1995 Ed. (3747)
St. Louis Cardinals
2005 Ed. (645)
2006 Ed. (547)
2007 Ed. (578)
2008 Ed. (529)
2009 Ed. (564)
2010 Ed. (547)
2011 Ed. (475)
2014 Ed. (559)
2015 Ed. (622)
2016 Ed. (569)
St. Louis Children's Hospital
2011 Ed. (3038)
2012 Ed. (2961, 2962, 2963, 2966)
2013 Ed. (3052, 3053, 3054, 3055)
St. Louis Community Credit Union
2012 Ed. (2061)
2013 Ed. (2243)
2014 Ed. (2175)
2015 Ed. (2239)
2016 Ed. (2210)
St. Louis County, MO
1994 Ed. (2061)
1999 Ed. (1779, 2997)
St. Louis Group
1997 Ed. (2042)
St. Louis, KY
2005 Ed. (2972)
St. Louis, MO
1989 Ed. (276, 350, 910, 2774, 2936)
1990 Ed. (296, 1464, 2134)
1991 Ed. (348, 1103, 1397, 2550, 3248)
1992 Ed. (482, 1161, 2544, 3038, 4040, 4159, 4450)
1993 Ed. (347, 710, 773, 1221, 3711)
1994 Ed. (332, 1259, 2383)
1995 Ed. (328, 928, 1282, 2188, 2464)
1996 Ed. (38, 343, 344, 1238, 1961, 2209, 2278, 2279, 2513, 2725, 3846)
1997 Ed. (678, 1003, 1284, 2338, 2652, 3523)
1998 Ed. (739, 1055, 1234, 1316, 1547, 2056, 2380, 3058)
1999 Ed. (1148, 1175, 1487, 3215, 3216, 3257)
2000 Ed. (1069, 1091, 1330, 1790, 2637, 2954, 2955, 2996, 4268)
2001 Ed. (3121, 4793, 4848)
2002 Ed. (75, 1055, 3135, 3139, 3140, 4927)
2003 Ed. (1031, 2827, 3242, 3903, 3904, 4904, 4907)
2004 Ed. (1036, 3314, 4787, 4894, 4895, 4897)
2005 Ed. (921, 3312)
2006 Ed. (3302, 3310, 3741)

2007 Ed. (2995, 3215, 3365, 3388, 4063, 4095)
2008 Ed. (3407, 3463, 3524, 4097, 4100, 4749)
2009 Ed. (3538, 3573, 4208, 4351, 4767)
2010 Ed. (207, 2705, 2765, 2801, 3462)
2011 Ed. (2786, 3099, 3465)
2012 Ed. (2339, 3475)
2014 Ed. (753, 3546)
St. Louis, MO-IL
1994 Ed. (718)
2007 Ed. (3387)
St. Louis Music
1991 Ed. (2554)
St. Louis Post-Dispatch
2002 Ed. (3509)
St. Louis Postal Credit Union
2002 Ed. (1875)
2003 Ed. (1929)
2004 Ed. (1969)
2005 Ed. (2111)
2006 Ed. (2206)
2007 Ed. (2127)
St. Louis Rams
1998 Ed. (1749)
2000 Ed. (2252)
2012 Ed. (2680)
St. Louis Regional Chamber & Growth Association
2008 Ed. (3472)
2009 Ed. (3555)
St. Louis Southwestern
1993 Ed. (2959)
St. Louis Telephone Employees Credit Union
2002 Ed. (1875)
2003 Ed. (1929)
2004 Ed. (1969)
St. Louis Union Station
1998 Ed. (3594)
St. Louis University
1993 Ed. (893)
1995 Ed. (2425)
1996 Ed. (2460)
1997 Ed. (2605)
1999 Ed. (3162)
2000 Ed. (2906)
2001 Ed. (3063)
2004 Ed. (826)
2005 Ed. (1877)
2006 Ed. (1898)
2007 Ed. (1890)
2008 Ed. (1945)
2009 Ed. (1905)
2015 Ed. (815)
St. Louis University Hospital
2000 Ed. (2512)
2002 Ed. (2602)
2003 Ed. (2806)
2004 Ed. (2909)
2005 Ed. (2895)
2006 Ed. (2901)
2007 Ed. (2920)
St. Lucia
2001 Ed. (4586)
2010 Ed. (2307)
2011 Ed. (2303, 2631)
2012 Ed. (2200)
2013 Ed. (2387)
2014 Ed. (2324)
St. Lucie
1990 Ed. (2721)
St. Lucie West
1997 Ed. (3130)
1998 Ed. (3005)
St. Lucie West, FL
1998 Ed. (2871)
St. Luke's
2006 Ed. (2040)
St. Luke's Association
1992 Ed. (1095)
St. Luke's Boise Medical Center
2009 Ed. (3147)
2010 Ed. (3078, 3080)
2011 Ed. (3050, 3052)
2012 Ed. (2987, 2989)
2013 Ed. (3079)
2014 Ed. (3079)
St. Luke's Communications
2005 Ed. (1979)
2007 Ed. (2022)
St. Luke's Episcopal Health System Foundation
2016 Ed. (4012)
St. Luke's Episcopal Hospital
2015 Ed. (3125)
St. Luke's Episcopal Hospital; Texas Heart Institute

2013 Ed. (3058)
2014 Ed. (3060)
St. Luke's Episcopal Hospital; Texas Heart Institute—
2005 Ed. (2897)
2006 Ed. (2903)
2007 Ed. (2922)
2008 Ed. (3045)
2009 Ed. (3131)
2010 Ed. (3063)
2011 Ed. (3034)
2012 Ed. (2972)
St. Luke's Health System
2013 Ed. (1696)
St. Lukes Health System Ltd.
2012 Ed. (1550, 1551)
2013 Ed. (1698)
2014 Ed. (1646)
2015 Ed. (1688)
2016 Ed. (1641)
St. Luke's Hospital
2006 Ed. (2917)
2008 Ed. (3062)
2009 Ed. (3147, 3149)
2010 Ed. (3080)
2011 Ed. (3050)
2012 Ed. (2954, 2987)
2013 Ed. (3079)
2014 Ed. (3079)
St. Luke's Hospital Foundation-St. Luke's Hospital
1992 Ed. (1095)
St. Luke's Hospital & Health Network
2006 Ed. (1981)
2007 Ed. (1951)
2008 Ed. (2040)
2009 Ed. (2002)
2010 Ed. (1940)
2011 Ed. (1993)
2012 Ed. (1841)
2013 Ed. (1998)
St. Luke's Hospital of Kansas City
2008 Ed. (1943)
2009 Ed. (1903)
2010 Ed. (1839)
2012 Ed. (1726)
St. Luke's Medical Center
2001 Ed. (1900)
2004 Ed. (2813)
St. Lukes Regional Medical Center Ltd.
2001 Ed. (1728)
2003 Ed. (1691)
2004 Ed. (1727)
2005 Ed. (1786, 2912)
2006 Ed. (1757, 2921)
2007 Ed. (1765)
2008 Ed. (1793)
2009 Ed. (1738)
2010 Ed. (1684)
2011 Ed. (1697)
2012 Ed. (1550)
2013 Ed. (1698)
2014 Ed. (1646)
2015 Ed. (1688)
2016 Ed. (1641)
St. Luke's - Roosevelt Hospital
1989 Ed. (1609)
St. Luke's-Roosevelt Hospital Center
1990 Ed. (2058)
1991 Ed. (1935)
1992 Ed. (2462)
1993 Ed. (2076)
1995 Ed. (2146)
1996 Ed. (2157)
1997 Ed. (2273)
1998 Ed. (1986, 1995)
1999 Ed. (2751)
2000 Ed. (2532)
2001 Ed. (2775)
2002 Ed. (2623)
St. Maarten
1994 Ed. (1508)
2000 Ed. (4252)
St. Margaret Mercy Healthcare Center
2005 Ed. (1794)
2011 Ed. (1711)
2012 Ed. (1570)
2013 Ed. (1725)
2014 Ed. (1668)
St. Marie's River Railroad Co.
2004 Ed. (1727, 4057)
St. Mark; C. F.
1995 Ed. (3786)
St. Mark's Hospital
1997 Ed. (2267)
2012 Ed. (2954)
St. Martin
2001 Ed. (4586)
St. Martin's
1995 Ed. (3043)

2004 Ed. (748)
2005 Ed. (729, 731)
2006 Ed. (643)
2007 Ed. (668)
2008 Ed. (625, 627)
2009 Ed. (647)
2010 Ed. (613, 615)
2011 Ed. (545, 547, 549)
2012 Ed. (525, 527, 529)
2013 Ed. (626, 628, 630)
2016 Ed. (643, 647)
St. Martin's/Griffin
2005 Ed. (733)
St. Mary Hospital
1998 Ed. (1988)
St. Mary Land & Exploration Co.
2002 Ed. (3677)
2003 Ed. (1646)
2004 Ed. (1583, 1676, 2773)
2005 Ed. (1607, 4380, 4382)
2006 Ed. (1645, 2734, 4331)
2007 Ed. (1662, 2740, 3866)
2009 Ed. (906, 3986)
2010 Ed. (1586)
St. Mary Medical Center
1999 Ed. (948, 2749)
2002 Ed. (2622)
2012 Ed. (2794)
St. Mary Mercy Livonia Hospital
2010 Ed. (3074)
St. Mary's
1994 Ed. (2131)
1995 Ed. (2182)
1996 Ed. (2196, 2197)
1997 Ed. (2316, 2317)
1999 Ed. (2805)
2000 Ed. (2584)
St. Mary's Bank Credit Union
2002 Ed. (1879)
2003 Ed. (1933)
2004 Ed. (1973)
2005 Ed. (2115)
2006 Ed. (2210)
2007 Ed. (2131)
2008 Ed. (2246)
2009 Ed. (2232)
2010 Ed. (2186)
2011 Ed. (2171, 2204)
2012 Ed. (2065)
2013 Ed. (2247)
2014 Ed. (2179)
2015 Ed. (2243)
2016 Ed. (2214)
St. Mary's College
1989 Ed. (956)
1990 Ed. (1090)
1992 Ed. (1271, 1273)
1993 Ed. (1019)
1994 Ed. (1046)
1995 Ed. (1054)
1996 Ed. (1043)
1997 Ed. (1059)
1998 Ed. (794)
1999 Ed. (1223)
2001 Ed. (1320)
2008 Ed. (1058)
St. Mary's College of California
1993 Ed. (1020)
1994 Ed. (1047)
1995 Ed. (1055)
1996 Ed. (1040)
1997 Ed. (1056)
1998 Ed. (803)
1999 Ed. (1232)
2001 Ed. (1327)
2008 Ed. (1088)
St. Mary's College of Maryland
1993 Ed. (1021)
1994 Ed. (1048)
2008 Ed. (1061)
2009 Ed. (1037)
2010 Ed. (1003)
St. Mary's College of Medicine
1995 Ed. (1056)
St. Mary's Duluth Clinic Health System Hospice & Palliative Care
2008 Ed. (1933)
2009 Ed. (1891)
2010 Ed. (1827)
2011 Ed. (1856)
2012 Ed. (1711)
2013 Ed. (1868)
2014 Ed. (1800)
2015 Ed. (1841)
2016 Ed. (1800)
St. Mary's Duluth Clinic Health Systems
2006 Ed. (1886)
2007 Ed. (1882)
St. Marys, GA
1997 Ed. (999)

St. Mary's Health System
2015 Ed. (1798)
2016 Ed. (1752)
St. Marys Health System
2011 Ed. (1816)
2012 Ed. (1674)
2013 Ed. (1825)
2014 Ed. (1753)
St. Mary's Hospital
1997 Ed. (2263)
St. Mary's Hospital & Medical Center
1997 Ed. (2266)
St. Mary's Hospital & Regional Medical Center
2011 Ed. (3052)
St. Mary's Hospital-Superior
2013 Ed. (3081)
St. Mary's Medical Center
2014 Ed. (2902)
St. Mary's Medical Center Inc.
2007 Ed. (2065)
2008 Ed. (2173)
2009 Ed. (2156)
2010 Ed. (2097)
2011 Ed. (2150)
2012 Ed. (2000)
2013 Ed. (2189)
2015 Ed. (2175)
2016 Ed. (2150)
St. Marys Paper Ltd.
1994 Ed. (2729)
1995 Ed. (2831)
2007 Ed. (3762, 3776)
St. Mary's University
1993 Ed. (795)
2002 Ed. (905)
2010 Ed. (1019)
2011 Ed. (954)
St. Mary's University, Frank H. Sobey School of Business
2004 Ed. (835)
St. Mary's University of Minnesota
2012 Ed. (633)
2013 Ed. (753)
2014 Ed. (772)
2015 Ed. (814)
St. Mary's University of San Antonio
2001 Ed. (3068)
2002 Ed. (900)
St. Mary's University-San Antonio
2009 Ed. (793)
St. Mary's University-San Antonio, Greehey School of Business
2010 Ed. (731)
St. Mary's University, Sobey School of Business
2003 Ed. (791, 792)
St. Mary's/Duluth Clinic Health System
2006 Ed. (3720, 3722)
St. Michael's College
1990 Ed. (1090)
1993 Ed. (1017)
1996 Ed. (1037)
1999 Ed. (1230)
2000 Ed. (1139)
2001 Ed. (1325)
St. Michael's Hospital
2012 Ed. (725)
ST Microelec.
2000 Ed. (4003)
ST Microelectronics
2014 Ed. (4015)
St. Modwen Properties
2016 Ed. (4122)
St. Monica/St. Martin Federal Credit Union
2001 Ed. (1962)
St. Norbert College
1992 Ed. (1271)
1993 Ed. (1019)
1994 Ed. (1046)
1995 Ed. (1054)
1996 Ed. (1043)
1997 Ed. (1059)
1998 Ed. (794)
1999 Ed. (1223)
2001 Ed. (1320)
2008 Ed. (1058)
St. Olaf College
2006 Ed. (3719)
St. Patrick Hospital Corp.
2001 Ed. (1800)
2003 Ed. (1770)
2004 Ed. (1807)
2005 Ed. (1890)
2006 Ed. (1912)
2007 Ed. (1894)
2008 Ed. (1958, 1959)
2009 Ed. (1911, 1912)
2010 Ed. (1844)

2011 Ed. (1875)
2012 Ed. (1732)
2013 Ed. (1896, 1897)
2014 Ed. (1829, 1830)
2015 Ed. (1868)
2016 Ed. (1832, 1833)
St. Patrick Hospital & Health Sciences
    Center
2013 Ed. (1896)
2014 Ed. (1829)
2015 Ed. (1868)
2016 Ed. (1832)
St. Patrick Hospital Health Sciences
    Center
2007 Ed. (1894)
St. Patrick's Day
1990 Ed. (1948)
2001 Ed. (2627)
St. Patrick's Hospital Inc.
2003 Ed. (1770)
2004 Ed. (1807)
2005 Ed. (1890)
St. Paul
1994 Ed. (3270)
1995 Ed. (3351)
2000 Ed. (2717, 2731)
St. Paul Bancorp
1990 Ed. (3579)
1992 Ed. (4291)
1994 Ed. (3533)
1995 Ed. (3609)
1996 Ed. (3687)
2001 Ed. (437)
St. Paul Companies Inc.
1990 Ed. (2224, 2465)
2002 Ed. (1499, 1731, 2838, 2866,
    2878, 2898, 2918, 2943, 2945,
    2950, 2959, 2962, 2976, 4874)
2003 Ed. (909, 910, 916, 918, 920,
    1764, 2958, 2968, 2981, 2983,
    2989, 3004, 3005, 3008)
2004 Ed. (1560, 1801, 3033, 3035,
    3053, 3073, 3119, 3124, 4997)
2005 Ed. (1562, 1574, 1575, 1608,
    1871, 1872, 3049, 3050, 3052,
    3056, 3062, 3079, 3096, 3125,
    4998)
2006 Ed. (1419, 1423, 3064, 3102,
    3134, 3135, 4997)
St. Paul Cos.
1989 Ed. (1732, 1733)
1990 Ed. (2253)
1991 Ed. (2127, 2141, 2471, 2656,
    2659)
1992 Ed. (2681, 2683, 2704, 3313,
    3658)
1993 Ed. (2239, 2251, 2457, 2756,
    2992, 3280)
1995 Ed. (1663, 2319, 2384, 2385)
1996 Ed. (1421, 2330, 3186)
1997 Ed. (1278, 1282, 1481, 2459)
1998 Ed. (1177, 2198, 3037)
1999 Ed. (276, 1707, 2902, 2927,
    2935, 2937, 2963, 2969, 2977,
    2983, 2984)
2000 Ed. (1517, 2656, 2683, 2715,
    2720, 2725, 2736, 2737, 3750)
2001 Ed. (1580, 2905, 2917, 2951)
2006 Ed. (1441)
St. Paul Croatian Credit Union
2006 Ed. (2168)
2008 Ed. (2209)
2009 Ed. (2181, 2191, 2197)
2010 Ed. (2146)
St. Paul Downtown, MN
1996 Ed. (1603)
St. Paul Federal Bank for Savings
1989 Ed. (2356)
1990 Ed. (3101)
1991 Ed. (2920)
1992 Ed. (3799)
1994 Ed. (3142)
1995 Ed. (3184)
1996 Ed. (3284)
1997 Ed. (3381)
1998 Ed. (3154, 3543)
1999 Ed. (4598)
2000 Ed. (4248)
2001 Ed. (4524, 4525, 4526, 4527)
St. Paul Fire & Mar
1991 Ed. (2124)
St. Paul Fire & Marine
1993 Ed. (2233, 2234)
1996 Ed. (2336, 2338)
1997 Ed. (2462, 2464)
1998 Ed. (2204, 2207)
1999 Ed. (2973, 2976)
St. Paul Fire & Marine Insurance Co.
1994 Ed. (2270, 2272)
1995 Ed. (2429)

2000 Ed. (2724, 2728)
2001 Ed. (1794, 2900)
2002 Ed. (2963, 3954, 3955, 3956)
2003 Ed. (1762, 2970, 2985)
2004 Ed. (1799, 3055, 3135)
2005 Ed. (1869, 3143)
2006 Ed. (1886)
2007 Ed. (1882)
2008 Ed. (1933)
2009 Ed. (1891)
2010 Ed. (1827)
2011 Ed. (1856)
2012 Ed. (1711)
2013 Ed. (1868)
2014 Ed. (1800)
2015 Ed. (1841)
2016 Ed. (1804)
St. Paul Foundation
1989 Ed. (1474, 1475)
1994 Ed. (901, 1901)
2001 Ed. (2513)
2002 Ed. (1127)
St. Paul Group
1989 Ed. (1675, 1710, 1735)
1990 Ed. (2225, 2250, 2263, 2264)
1991 Ed. (2090, 2121, 2130, 2134,
    2135)
1992 Ed. (2650, 2678, 2685, 2698)
1993 Ed. (2193, 2232, 2241, 2245,
    2246)
1994 Ed. (2242, 2248, 2269, 2279,
    2281)
1995 Ed. (2291, 2317, 2328, 2329)
1996 Ed. (2295, 2304, 2329, 2334)
1997 Ed. (2434, 2471, 2472)
1998 Ed. (2146, 2154, 2196, 2212,
    2213)
St. Paul Health Care & Assisted Living
    Center
2002 Ed. (3526)
The St. Paul Hotel
2006 Ed. (2931)
2007 Ed. (2942)
St. Paul Housing & Redevelopment
    Corp.
1989 Ed. (739)
St. Paul Medical Services
2000 Ed. (2505)
St. Paul, MN
1992 Ed. (1162)
St. Paul Port Authority
1993 Ed. (2159)
St. Paul Port Authority, MN
1991 Ed. (2016)
St. Paul Postal Employees Credit Union
2002 Ed. (1832, 1873)
2003 Ed. (1927)
St. Paul Reinsurance
1999 Ed. (4033)
2000 Ed. (3748)
2001 Ed. (2961, 4030)
St. Paul Surplus Lines Insurance Co.
1991 Ed. (2087)
1992 Ed. (2648)
1993 Ed. (2191)
1994 Ed. (2240)
1995 Ed. (2288)
1996 Ed. (2293)
1997 Ed. (2428)
1998 Ed. (2145)
1999 Ed. (2926)
2001 Ed. (2928)
The St. Paul Travelers Cos., Inc.
2006 Ed. (1455, 1497, 1885, 1891,
    1892, 3051, 3138, 3141, 3144,
    4197)
2007 Ed. (1496, 1500, 1671, 1782,
    1884, 1885, 2230, 2903, 3086,
    3088, 3089, 3090, 3091, 3092,
    3101, 3119, 3127, 3128, 3169,
    3170, 3175, 3176, 3177, 3178,
    3181, 3182, 3183, 4213, 4998)
2008 Ed. (1490, 1495, 1696, 3229,
    3230, 3231, 3232, 3233, 3248,
    3265, 3283, 3316, 3317, 3318,
    3325, 3326, 3329, 3330)
2009 Ed. (1620, 3316)
St. Paul Travelers Group
2008 Ed. (3282, 3320, 3322, 3324)
St. Paul Venture Capital VI
2002 Ed. (4731)
St. Pauli Girl
1991 Ed. (746)
1992 Ed. (937)
St. Pauli Girl Non-Alcohol
2004 Ed. (669)
2005 Ed. (656)
2006 Ed. (559)
St. Paul's Girls School
1999 Ed. (4145)

St. Paul's School
1999 Ed. (4145)
St. Pete Times Forum
2011 Ed. (1072)
St. Peter's Community Hospital
2001 Ed. (1800)
St. Peter's Health Partners
2016 Ed. (1878)
St. Peters Health Partners
2016 Ed. (1874)
St. Peter's Hospital
2014 Ed. (1830)
St. Peters Hospital
2005 Ed. (1890)
2007 Ed. (1894)
2008 Ed. (1958)
2009 Ed. (1911)
2010 Ed. (1844)
2011 Ed. (1875)
2012 Ed. (1732)
2013 Ed. (1896)
2014 Ed. (1829)
2015 Ed. (1868)
2016 Ed. (1832)
St. Peter's Medical Center
1990 Ed. (2057)
2000 Ed. (2531)
St. Peter's University
2014 Ed. (775)
2015 Ed. (817)
St. Petersburg Area Chamber
1999 Ed. (1057)
2000 Ed. (1004)
St. Petersburg Area Chamber of Com-
    merce
1998 Ed. (670)
2002 Ed. (958)
St. Petersburg-Clearwarer, FL
1997 Ed. (3356)
St. Petersburg-Clearwater International
    Airport
1998 Ed. (145)
1999 Ed. (248)
St. Petersburg College
2013 Ed. (3836)
St. Petersburg, FL
1992 Ed. (3045, 3046)
1997 Ed. (2961)
2000 Ed. (1087, 4287)
St. Petersburg Junior College
1991 Ed. (892)
2002 Ed. (1105)
St. Petersburg, Russia
2010 Ed. (3483)
St. Petersburg Technical Rubber Pro-
    duction Works
1993 Ed. (910)
St. Petersburg Times
1998 Ed. (2681)
1999 Ed. (3618)
ST PLC
1992 Ed. (4432)
St. Poelten
1992 Ed. (609)
St. Raphael; Hospital of
2005 Ed. (2911)
2006 Ed. (2922)
St. Regis
1990 Ed. (2766)
1995 Ed. (2156)
1996 Ed. (2170)
1999 Ed. (2761)
2005 Ed. (1534)
2006 Ed. (2931)
St. Regis Aspen Resort
2016 Ed. (3018)
St. Regis Hotel
1999 Ed. (2798)
2013 Ed. (3103)
St. Regis N/A Wine
1998 Ed. (3743)
St. Regis NonAlcohol
1991 Ed. (3498)
The St. Regis Princeville Resort
2016 Ed. (1620)
St. Remy
2004 Ed. (771)
St. Rose, LA
1992 Ed. (3494)
St. Scholastics; College of
1995 Ed. (1058)
St. Shine Optical
2011 Ed. (2072)
2016 Ed. (2017)
St. Tammany, LA
1993 Ed. (2982)
St. Thomas Credit Union
2002 Ed. (1897)
2003 Ed. (1898, 1951)
2004 Ed. (1932, 1938, 1991)

2005 Ed. (2072, 2078, 2133)
2006 Ed. (2166, 2228)
2007 Ed. (2149)
2008 Ed. (2264)
2009 Ed. (2185, 2250)
2010 Ed. (2136, 2204)
2011 Ed. (2222)
2012 Ed. (2083)
2013 Ed. (2269)
2014 Ed. (2203)
2015 Ed. (2267)
2016 Ed. (2238)
St. Thomas Industrial Park
1994 Ed. (2188)
St. Thomas, Opus College of Business;
    University of
2012 Ed. (633)
2013 Ed. (753)
St. Thomas University
2000 Ed. (2912)
2001 Ed. (3068)
2007 Ed. (1168)
2008 Ed. (1072, 1084)
2009 Ed. (1057)
St. Thomas; University of
1997 Ed. (863)
2006 Ed. (3719)
2014 Ed. (772)
2015 Ed. (814, 815)
St. Thomas, VI
1996 Ed. (1061)
St. Vincent
2011 Ed. (2303)
2012 Ed. (2200)
2013 Ed. (2387)
2014 Ed. (2324)
St. Vincent Carmel Hospital
2011 Ed. (3048)
2012 Ed. (2985)
St. Vincent Catholic Medical Center
2002 Ed. (1743)
St. Vincent Catholic Medical Centers
2002 Ed. (1744)
St. Vincent Catholic Medical Centers-
    Brooklyn & Queens
2002 Ed. (2623)
St. Vincent College
1993 Ed. (1021)
1995 Ed. (1056)
1997 Ed. (1057)
1998 Ed. (795)
2006 Ed. (1072)
St. Vincent de Paul
2016 Ed. (1379)
St. Vincent Frankfort Hospital
2012 Ed. (2993)
St. Vincent Health
2009 Ed. (1755, 1949)
2016 Ed. (1665)
St. Vincent Health Services Inc.
2008 Ed. (1560)
2009 Ed. (1486)
2010 Ed. (1477)
2011 Ed. (1474)
2012 Ed. (1316)
2013 Ed. (1417)
2014 Ed. (1376)
2015 Ed. (1442)
2016 Ed. (1366)
St. Vincent Health System
2001 Ed. (1612)
2003 Ed. (1610)
2004 Ed. (1626)
2005 Ed. (1652)
2006 Ed. (1547)
2007 Ed. (1577)
2008 Ed. (1560)
2009 Ed. (1486)
2010 Ed. (1477)
2011 Ed. (1474)
2012 Ed. (1316)
2013 Ed. (1417)
2014 Ed. (1376)
St. Vincent Healthcare
2007 Ed. (1894)
2008 Ed. (1958)
2009 Ed. (1911)
2010 Ed. (1844)
2015 Ed. (1868)
2016 Ed. (1832, 1833)
St. Vincent Healthcare Foundation Inc.
2011 Ed. (1875)
2012 Ed. (1732)
2013 Ed. (1896)
2014 Ed. (1829)
St. Vincent Heart Center of Indiana
2013 Ed. (3045)
St. Vincent High Income
1995 Ed. (2751)
St. Vincent Hospital

2001 Ed. (1814)
2003 Ed. (1787)
2004 Ed. (1821)
2005 Ed. (1905)
2006 Ed. (1932)
2008 Ed. (1979)
2009 Ed. (1934)
2010 Ed. (1870)
2011 Ed. (1902)
2012 Ed. (1759, 1760)
2013 Ed. (1929, 3077, 3078)
2014 Ed. (1868, 3080)
2015 Ed. (1904)
St. Vincent Hospital & Health Care Center Inc.
2001 Ed. (1736)
2004 Ed. (1734)
2005 Ed. (1794)
2006 Ed. (1767)
2007 Ed. (1775)
2008 Ed. (1806)
2009 Ed. (1753)
2010 Ed. (1700)
2011 Ed. (1711)
2012 Ed. (1570)
2013 Ed. (1725)
2014 Ed. (1668)
St. Vincent Hospital & Health Center
2003 Ed. (2834)
St. Vincent Indianapolis Hospital
2009 Ed. (3148)
2010 Ed. (3078, 3079)
2011 Ed. (3050, 3051)
2012 Ed. (2987, 2988)
2013 Ed. (3077)
St. Vincent Infirmary Medical Center
2015 Ed. (1442)
2016 Ed. (1366)
St. Vincent Medical Center
1999 Ed. (2479, 2638)
2000 Ed. (2529)
St. Vincent Medical Center Foundation (Ohio)
1995 Ed. (933)
St. Vincent Randolph Hospital
2014 Ed. (4117)
2016 Ed. (2839)
St. Vincent Randolph Hospital Inc.
2014 Ed. (1599, 1669, 2903)
2015 Ed. (1649, 1715, 2947)
2016 Ed. (4012)
St. Vincent & The Grenadines
2004 Ed. (2765)
St. Vincent US Growth
1992 Ed. (3210)
St. Vincent's Health Australia
2016 Ed. (1380)
St. Vincent's Health System
2016 Ed. (1342)
St. Vincent's HealthCare
2016 Ed. (1575)
St. Vincents Hospital and Medical Center
2001 Ed. (2774)
St. Vincent's Hospital & Medical Center of New York
1995 Ed. (2146)
St. Vincent's Medical Center
1998 Ed. (1986, 1991)
2010 Ed. (3080)
ST20
2001 Ed. (3303)
STA
2012 Ed. (4706)
Sta Hematosis System/Coag Analyzer
1999 Ed. (3336)
Sta-Home Health Agency
1999 Ed. (2706)
Sta Isabel
2000 Ed. (3850)
STA Travel
2011 Ed. (578)
Staal Bank
2002 Ed. (625)
Staal; Eric
2014 Ed. (196)
2015 Ed. (223)
Staar Surgical Co. Inc.
1999 Ed. (3266)
Staatsbank Berlin
1993 Ed. (1678)
1994 Ed. (1705)
Stable Port Group
1997 Ed. (569)
Stable Return
1997 Ed. (569)
Stable Value Fund
1997 Ed. (569)
Stacey's Buffet
1997 Ed. (3336)

1999 Ed. (4062)
Stack
2016 Ed. (3401)
Stack Devices Corp.
2009 Ed. (2982)
Stack; Edward W.
2014 Ed. (2595)
2015 Ed. (2637)
Stacker
1995 Ed. (1103)
1996 Ed. (1081)
Stacker 2
2003 Ed. (2059)
2004 Ed. (2097, 2098)
2012 Ed. (4523)
2013 Ed. (4485)
2014 Ed. (4530)
2015 Ed. (677, 4530)
Stacker 2 6 Hour Power
2011 Ed. (4521)
Stacker 2 6-hour Power
2015 Ed. (677)
2016 Ed. (618)
Stacker 2 Xtra
2014 Ed. (4530)
2015 Ed. (4530)
Stacker 26-Hour Power
2013 Ed. (4485)
2014 Ed. (4530)
2015 Ed. (4530)
Stacker2
2013 Ed. (593)
2014 Ed. (605)
2015 Ed. (678)
2016 Ed. (619)
Stacker2 6 Hour Power
2013 Ed. (593)
2014 Ed. (605)
2015 Ed. (678)
2016 Ed. (619)
Stacker2 6-Hour Power
2011 Ed. (4524)
2012 Ed. (4523)
Stacker2 Xtra
2015 Ed. (678)
2016 Ed. (619)
StacksandStacks.com
2009 Ed. (2450)
StackTeck Systems Inc.
2004 Ed. (3913)
2006 Ed. (3922)
2008 Ed. (3746)
StackTeck Systems Ltd.
2016 Ed. (3954)
Stacy Bash-Polley
2010 Ed. (4979)
2011 Ed. (4977)
2012 Ed. (4975)
2013 Ed. (4965)
Stacy Bogart
2016 Ed. (4928)
Stacy Jamar
1998 Ed. (1667)
2000 Ed. (2038)
Stacy Ruchlamer
1991 Ed. (1690, 1691, 1707, 1709)
1993 Ed. (1823, 1824)
Stacy & Witbeck Inc.
2002 Ed. (1261)
2003 Ed. (1271)
2004 Ed. (1274)
Stacy's Pita Chip Co.
2015 Ed. (1334)
Stacy's Pita Chips
2013 Ed. (1341)
2014 Ed. (1270, 1271)
2015 Ed. (1331, 1332)
2016 Ed. (1250, 1251)
Stad Gent
2014 Ed. (1398)
Stade de France
2010 Ed. (4565)
2011 Ed. (4527, 4528)
2014 Ed. (4532)
2015 Ed. (4532)
2016 Ed. (4471)
Stadio San Siro
2011 Ed. (4528)
2016 Ed. (4471)
Stadion Letzigrund
2014 Ed. (4532)
Stadium Australia
2001 Ed. (4358)
Stadium Auto Group
1996 Ed. (260)
Stadium Lincoln-Mercury
1992 Ed. (2408)
Stadium Motors
1990 Ed. (313)
Stadium of Light

2013 Ed. (4487)
Stadling, Yocca, Carlson & Rauth
1996 Ed. (3740)
Stadt Corp.
1990 Ed. (3502)
Stadt. Dusseldorf
1992 Ed. (682)
Stadt. Koln
1992 Ed. (682)
Stadt. Munchen
1992 Ed. (682)
Stadtmauer & Bailkin
1992 Ed. (2901)
Stadtsparkasse Dusseldorf
1993 Ed. (490)
1994 Ed. (492)
1996 Ed. (516)
Stadtsparkasse Hannover
1994 Ed. (492)
1996 Ed. (516)
Stadtsparkasse Koln
1993 Ed. (490)
1994 Ed. (492)
1996 Ed. (516)
Stadtsparkasse Munchen
1993 Ed. (490)
1994 Ed. (492)
Stadtsparkassee Munchen
1996 Ed. (516)
Stafeil; Jeffrey
2014 Ed. (2596)
Staff Agency, S.R.O.
2016 Ed. (1994)
Staff Builders
1996 Ed. (2131)
1997 Ed. (2242)
1998 Ed. (1965, 1966, 3419)
1999 Ed. (2704)
2000 Ed. (2490)
Staff Commonwealth Schools
1996 Ed. (917)
Staff Finders Technical of Oregon
2006 Ed. (1967, 1969, 1970, 1971, 1972, 1973)
2007 Ed. (1944)
2008 Ed. (2021, 2024, 2026)
2009 Ed. (1984, 1986, 1987, 1988, 1989, 1990)
Staff Leasing Inc.
1996 Ed. (991)
1998 Ed. (753, 1429, 1703)
2000 Ed. (3384)
2001 Ed. (1067, 3599)
2002 Ed. (2114, 3545, 3546)
2003 Ed. (802, 1588, 1590, 3705)
Staff Mid-America
2003 Ed. (1774)
Staff-Model HMOs
1995 Ed. (1588)
Staff systems engineer
2004 Ed. (2274)
Staffan-Mitchell Funeral Home
2001 Ed. (1683)
Staffing Alternatives
2008 Ed. (1974)
2009 Ed. (1929)
2010 Ed. (1864)
Staffing Associates Inc.
2006 Ed. (3539, 4377)
Staffing Concepts Inc.
2001 Ed. (1702)
2003 Ed. (1683)
2004 Ed. (1721)
Staffing Concepts International Inc.
2004 Ed. (1721)
Staffing Network LLC
2002 Ed. (4349)
Staffing Partners LLC
2016 Ed. (4971)
Staffing Solutions
2006 Ed. (2430)
Staffing Solutions LLC
2008 Ed. (3728, 4423, 4979)
Staffmark
2002 Ed. (4598)
2014 Ed. (1906)
2016 Ed. (1398)
Staffmark Holdings Inc.
2015 Ed. (1951)
2016 Ed. (1924)
The Stafford
1995 Ed. (2174)
Stafford; Barry
2007 Ed. (4920)
2008 Ed. (4884)
Stafford Capital Mgmt.
2000 Ed. (2823)
Stafford; Christine
2007 Ed. (4920)
2008 Ed. (4884)

Stafford; David
2007 Ed. (4920)
2008 Ed. (4884)
Stafford Group
2004 Ed. (1530)
Stafford Holdings
2004 Ed. (4714)
Stafford Homes
2000 Ed. (1236)
2002 Ed. (1211)
2003 Ed. (1212)
2004 Ed. (1219)
2005 Ed. (1243)
Stafford; Katherine
2007 Ed. (4920)
2008 Ed. (4884)
Stafford; Laura
2007 Ed. (4920)
2008 Ed. (4884)
Stafford; Matthew
2016 Ed. (219)
Stafford; Roddy
2007 Ed. (4920)
Stafford-Smith Inc.
2011 Ed. (2702)
2012 Ed. (2629)
2013 Ed. (2714)
2014 Ed. (2699)
2015 Ed. (2801)
2016 Ed. (2729, 2730, 2731)
Staffware plc
2002 Ed. (1793)
Stag VL-1
1997 Ed. (3814)
Stage Bank of Rogers
1998 Ed. (370)
Stage Stores Inc.
1999 Ed. (1198)
2004 Ed. (2050)
2005 Ed. (2165)
2006 Ed. (1037)
2007 Ed. (1124)
2008 Ed. (1002, 1003, 1005)
2009 Ed. (987, 990, 2315)
2010 Ed. (952, 955)
2011 Ed. (881)
Stagecoach
2006 Ed. (4823)
2015 Ed. (2100, 2101, 2107, 2110)
Stagecoach Asset Allocation
2000 Ed. (3242)
Stagecoach Asset Allocation A
1996 Ed. (611)
Stagecoach Asset Allocation B
2000 Ed. (624)
Stagecoach Balanced Fund A
1998 Ed. (410)
Stagecoach Balanced Fund I
1998 Ed. (410)
Stagecoach CA Tax Free Bond 1
2000 Ed. (625)
Stagecoach CA Tax Free Bond A
2000 Ed. (625)
Stagecoach CA Tax Free Income
1996 Ed. (622)
Stagecoach: California's Country Music Festival
2012 Ed. (999)
2013 Ed. (1142)
2014 Ed. (1103)
2015 Ed. (1140)
2016 Ed. (1052)
Stagecoach Diversified Income A
1998 Ed. (2595)
Stagecoach Festival
2010 Ed. (1131)
2011 Ed. (1075)
Stagecoach Group plc
2008 Ed. (4759)
2009 Ed. (4790)
2010 Ed. (1392, 1394, 1397, 1400, 4807)
2011 Ed. (4756)
2012 Ed. (1248, 4777)
2013 Ed. (2117, 4711)
2014 Ed. (2053, 4765)
2015 Ed. (2105, 4785)
2016 Ed. (4688)
Stagecoach Holdings plc
2001 Ed. (4621)
2002 Ed. (4671)
Stagecoach Index Allocation
2000 Ed. (3242, 3247)
Stagecoach Index Allocation A
1999 Ed. (3526, 3531)
2000 Ed. (624)
Stagecoach Index Allocation C
2000 Ed. (624)
Stagecoach LifePath 2030 A
1999 Ed. (601, 3531)

Stagecoach LifePath 2040 A
1999 Ed. (601, 3531)
2000 Ed. (624)
Stagecoach LifePath 2040 B
2000 Ed. (624)
Stagecoach LifePath Opportunity A
2000 Ed. (756)
Stagecoach Theatre Arts plc
2008 Ed. (2413)
Stagecoach U.S. Gov. Allocation A
1999 Ed. (3555)
Stagecoach U.S. Government Allocation
1995 Ed. (2709)
1996 Ed. (2811)
Stagecoach U.S. Government Long-
Term
1995 Ed. (2745)
Stagg, Terenzi, Confusione & Wabnik
2015 Ed. (3474)
Staggs; Thomas
2006 Ed. (960)
2007 Ed. (1056)
2008 Ed. (967)
2010 Ed. (919)
Staheli Trenchless Consultants
2012 Ed. (1007)
Stahl; Stanley
1992 Ed. (4258)
Stain & soil removers
2002 Ed. (3054)
Stained Glass Overlay
2002 Ed. (2984)
2003 Ed. (4941)
2004 Ed. (2166)
2006 Ed. (2322)
2007 Ed. (2253)
2009 Ed. (2371)
Stainless
1991 Ed. (1757)
1992 Ed. (2206)
1995 Ed. (1919)
1997 Ed. (2060, 2061)
1999 Ed. (2482)
2000 Ed. (2243)
2001 Ed. (4365)
Stainless and heat resistant sheets
2001 Ed. (3547)
Stainless and heat resisting
2001 Ed. (1296)
Stainless and heat resisting materials
2001 Ed. (4665)
Stainless steel
1996 Ed. (2665)
1999 Ed. (3427)
2001 Ed. (4433)
2006 Ed. (3707)
2007 Ed. (3701)
Stainmaster Carpet
1989 Ed. (2042)
Stair-climbing exercise
1997 Ed. (3561)
Stairclimber Usage
1998 Ed. (3354)
StairMaster Sports/Medical Products,
Inc.
2001 Ed. (2349)
@stake
2003 Ed. (2161)
Stake Center Locating
2005 Ed. (4004)
Stake Technology Ltd.
2001 Ed. (1655)
Staker Parson Cos.
2008 Ed. (1341, 1344)
2009 Ed. (1339, 1342)
2010 Ed. (1272, 1322, 1325)
Staker Parsons Cos.
2013 Ed. (1236)
2014 Ed. (1175)
2015 Ed. (1228)
2016 Ed. (1139)
Stakis
1994 Ed. (1380)
2001 Ed. (1132)
Staktek Holdings Inc.
2006 Ed. (4260, 4679)
Stalexport
1999 Ed. (4740)
Staley; A. E.
1996 Ed. (3602)
Staley Continental
1989 Ed. (1445, 1449, 1452)
Staley; Delbert C.
1991 Ed. (928)
Staley Manufacturing; A. E.
1994 Ed. (195)
Staley; Warren
2006 Ed. (2627)
Stalkup's RV Superstore Inc.
2004 Ed. (1893)

Stallion Oilfield Services
2010 Ed. (2417)
Stallone; Sylvester
1989 Ed. (1347)
1990 Ed. (1672)
1992 Ed. (1982)
1997 Ed. (1777)
Staluppi Auto Group
2005 Ed. (281)
2006 Ed. (302)
2007 Ed. (301)
2008 Ed. (289)
2009 Ed. (309)
2010 Ed. (291)
2011 Ed. (213)
2012 Ed. (224)
2013 Ed. (214)
2014 Ed. (223)
2015 Ed. (258)
STAMCO
1998 Ed. (2278)
Stamford Bank Corp.
2002 Ed. (3550)
2004 Ed. (403, 406)
Stamford Capital
1990 Ed. (1793)
Stamford, CT
1989 Ed. (843, 844, 847)
1991 Ed. (2631)
1992 Ed. (370)
1993 Ed. (808, 1221)
1994 Ed. (823, 1259)
1995 Ed. (987, 1282)
1996 Ed. (1238)
1997 Ed. (1284)
2002 Ed. (2710)
Stamford Executive Park
1990 Ed. (2730)
Stamford Hospital
1994 Ed. (890)
Stamford-Norwalk, CT
1996 Ed. (2621)
2005 Ed. (2027, 2029, 2050, 2389,
2978, 2990)
Stamford University
1992 Ed. (1270)
1995 Ed. (1050)
Stamford Volvo
1995 Ed. (292)
Stamkos; Steven
2014 Ed. (196)
2015 Ed. (223)
Stamp-Connection
2011 Ed. (1974, 1976, 1977, 1978,
1979, 1980)
Stampede Meat Inc.
2009 Ed. (3676, 3684)
2010 Ed. (3598)
2011 Ed. (3593, 3600)
2012 Ed. (3580, 3587, 3588, 3589,
3591, 3595)
2013 Ed. (3641, 3642, 3643, 3645,
3649)
2014 Ed. (3578)
Stampede Park
2003 Ed. (2414)
2005 Ed. (2520)
Stampin' Up
2006 Ed. (3542)
Stamps
1992 Ed. (2804)
2007 Ed. (2515)
Stamps.com
2001 Ed. (4765)
2010 Ed. (4509)
2015 Ed. (1474, 2461)
2016 Ed. (1401)
Stan James
2007 Ed. (710)
Stan Kroenke
2013 Ed. (2966)
2014 Ed. (4493)
Stan Mandel
2005 Ed. (796)
2006 Ed. (703)
Stan Stephens
1992 Ed. (2344)
Stan Van Gundy
2013 Ed. (545)
Stanadyne
1989 Ed. (1654)
Stanard; James
2006 Ed. (908)
Stanbank
2005 Ed. (609, 612)
2006 Ed. (88, 523)
2007 Ed. (552, 555, 1975)
2008 Ed. (504, 507, 2072)
2009 Ed. (535, 539, 2043)
2010 Ed. (369, 519, 1974, 1975)

2011 Ed. (291, 448, 2036)
2012 Ed. (409, 1885)
2013 Ed. (352, 2044)
2014 Ed. (370, 1978)
2015 Ed. (424, 2024)
2016 Ed. (1996)
Stanbic
1991 Ed. (415, 660)
1992 Ed. (574, 833)
1993 Ed. (414, 626, 627)
1994 Ed. (404, 631)
1995 Ed. (397, 606)
1996 Ed. (421, 679)
1997 Ed. (388, 614)
1999 Ed. (446, 638)
2000 Ed. (439, 664)
2002 Ed. (509, 647, 650)
2003 Ed. (610, 614)
Stanbic Bank Botswana
2013 Ed. (336)
2014 Ed. (355)
2015 Ed. (403)
Stanbic Bank Botswana Ltd.
2000 Ed. (472)
Stanbic Bank Congo sarl
2000 Ed. (503)
Stanbic Bank Ghana
2013 Ed. (332)
2014 Ed. (349)
2015 Ed. (395)
Stanbic Bank of Lesotho Ltd.
1999 Ed. (576)
Stanbic Bank of Zambia
2000 Ed. (699)
Stanbic Bank Swaziland Ltd.
1996 Ed. (687)
1997 Ed. (621)
Stanbic Bank Tanzania
2013 Ed. (355)
2014 Ed. (373)
2015 Ed. (427)
Stanbic Bank Tanzania Ltd.
2000 Ed. (672)
Stanbic Bank Uganda
2009 Ed. (105)
2013 Ed. (357)
2014 Ed. (375)
2015 Ed. (429)
Stanbic Bank Zambia
2013 Ed. (358)
2014 Ed. (376)
2015 Ed. (430)
Stanbic Bank Zimbabwe
2013 Ed. (359)
2014 Ed. (377)
2015 Ed. (431)
Stanbic IBTC
2015 Ed. (1403)
2016 Ed. (1333)
Stanbic IBTC Bank
2013 Ed. (348)
2014 Ed. (366)
Stancic Bank Uganda Ltd.
2000 Ed. (685)
StanCorp Financial Group
2015 Ed. (2159, 2165)
2016 Ed. (2132, 3174)
StanCorp Financial Group Inc.
2004 Ed. (3104)
2006 Ed. (1976, 2076, 2083, 3090,
3140)
2007 Ed. (1947, 3102, 3137)
2008 Ed. (2029)
2009 Ed. (3310)
2010 Ed. (3237)
2012 Ed. (1952, 1955, 1960, 3238)
2013 Ed. (2170, 3317)
2014 Ed. (3334)
2016 Ed. (1944, 3237)
StanCorp Investment Advisers Inc.
2013 Ed. (3391)
Stancorp Investment Advisers Inc.
2012 Ed. (3318)
Stancorp Mortgage Investors LLC
2006 Ed. (1974)
2007 Ed. (1945)
2011 Ed. (1986)
2014 Ed. (1927)
2015 Ed. (1973)
2016 Ed. (1940)
Stand Energy Corp.
2016 Ed. (4954)
Stand for Children Leadership Center
2012 Ed. (1773, 1818)
Standa
1992 Ed. (59)
1993 Ed. (37)
Standale Lumber
1997 Ed. (834)
The Standard

1989 Ed. (671, 672)
2009 Ed. (2825, 3320, 3321)
2011 Ed. (4805)
Standard Americas Inc.
2014 Ed. (1875)
2015 Ed. (1910)
2016 Ed. (1874)
Standard Automotive Corp.
2004 Ed. (1232, 1233)
Standard Bank
1990 Ed. (679, 680, 681)
2001 Ed. (1534)
2002 Ed. (4447, 4448)
2006 Ed. (4523)
2009 Ed. (93, 2041)
2010 Ed. (101)
2015 Ed. (755)
2016 Ed. (370, 681, 3193)
Standard Bank Congo
2015 Ed. (400)
Standard Bank Group
2005 Ed. (609, 612)
2006 Ed. (88, 523, 2009, 4536)
2007 Ed. (552, 555, 1975)
2008 Ed. (504, 507, 2072)
2009 Ed. (535, 539, 2043)
2010 Ed. (369, 519, 1974, 1975)
2011 Ed. (291, 448, 2036)
2012 Ed. (409, 1885)
2013 Ed. (333, 340, 352, 853, 2044)
2014 Ed. (358, 370, 1978)
2015 Ed. (397, 408, 424, 1399, 2022,
2024)
2016 Ed. (369, 372, 377, 385, 1329,
1996)
Standard Bank Group Ltd.
2015 Ed. (2023, 2026)
Standard Bank Group—Stanbank
2004 Ed. (619, 623)
Standard Bank Investment
1996 Ed. (2442)
1999 Ed. (3130)
2000 Ed. (1554)
2001 Ed. (1845, 1846)
2002 Ed. (1734, 3038, 3039, 3040)
2006 Ed. (2010)
Standard Bank Investment Corp. Isle of
Man Ltd.
1996 Ed. (567)
1997 Ed. (524)
Standard Bank Isle (Isle of Man) Ltd.
2000 Ed. (569)
Standard Bank Isle of Man Ltd.
1999 Ed. (558)
Standard Bank Lesotho Ltd.
2000 Ed. (594)
Standard Bank Malawi
2013 Ed. (342)
2014 Ed. (360)
2015 Ed. (412)
Standard Bank Mauritius
2013 Ed. (344)
2015 Ed. (414)
Standard Bank Mozambique
2013 Ed. (346)
2014 Ed. (364)
2015 Ed. (416)
Standard Bank Mutual Fund
1993 Ed. (2684)
Standard Bank Namibia
2013 Ed. (347)
2014 Ed. (365)
2015 Ed. (417)
2016 Ed. (381)
Standard Bank Namibia Ltd.
1992 Ed. (790)
1993 Ed. (581)
1994 Ed. (588)
1995 Ed. (558)
1996 Ed. (628)
1997 Ed. (570)
1999 Ed. (604)
Standard Bank of South Africa
1990 Ed. (571)
1999 Ed. (641)
2004 Ed. (84)
2007 Ed. (1976)
Standard Bank of South Africa—
Stanbank
2004 Ed. (522)
Standard Bank Swaziland
2013 Ed. (354)
2014 Ed. (372)
2015 Ed. (426)
Standard Bent Glass
2014 Ed. (2860)
2015 Ed. (2901)
2016 Ed. (2821)
Standard Bnk Invcorp Ord
2000 Ed. (2877)

Standard Brand Paint Co.
  1992 Ed. (4150)
Standard Brands
  1992 Ed. (3728)
  1993 Ed. (781)
Standard Brands Paint
  1990 Ed. (2757)
  1991 Ed. (2666)
  1993 Ed. (2761)
  1994 Ed. (2719)
  1995 Ed. (2825)
  1996 Ed. (2836)
  1997 Ed. (2935, 2981)
Standard Broadcasting Corp.
  1992 Ed. (946)
  1994 Ed. (761)
  1996 Ed. (791)
  1997 Ed. (729)
Standard Builders Inc.
  2009 Ed. (1618)
  2010 Ed. (1594)
Standard Business Furniture
  2006 Ed. (3547, 4385)
Standard Candy Co.
  2016 Ed. (2573)
Standard cell
  1994 Ed. (230)
Standard & Chartered
  2000 Ed. (499)
Standard Chartered
  1989 Ed. (545)
  1990 Ed. (565, 569, 571, 573, 582,
    583)
  1992 Ed. (87, 687, 1628)
  1993 Ed. (493, 524)
  1994 Ed. (495, 521)
  1995 Ed. (477, 502, 772, 773)
  1996 Ed. (521, 553, 1344)
  1997 Ed. (480, 751, 754, 1404, 3488)
  1999 Ed. (277, 470, 531, 551, 1622,
    1798)
  2000 Ed. (463, 540, 561)
  2009 Ed. (103)
  2011 Ed. (384, 587, 588)
  2013 Ed. (474)
  2014 Ed. (507, 509, 694, 714, 2561)
  2015 Ed. (549, 573, 741, 759)
  2016 Ed. (475, 502)
Standard Chartered Asia
  1994 Ed. (3185, 3195)
  1995 Ed. (420, 3267)
  1996 Ed. (3376)
Standard Chartered Bank
  1990 Ed. (584)
  1991 Ed. (510, 532, 533, 700, 1112,
    1130)
  1994 Ed. (2735)
  1995 Ed. (2841)
  1999 Ed. (3590)
  2000 Ed. (3314)
  2006 Ed. (3685, 4524)
  2009 Ed. (668, 719)
  2010 Ed. (643)
  2012 Ed. (549, 562)
  2013 Ed. (669)
Standard Chartered Bank Botswana
  1992 Ed. (623)
  1993 Ed. (440)
  1994 Ed. (439)
  1995 Ed. (432)
  1996 Ed. (458)
  1997 Ed. (420)
  1999 Ed. (480)
  2007 Ed. (407)
  2008 Ed. (387)
  2009 Ed. (409)
  2010 Ed. (386)
  2011 Ed. (311)
  2013 Ed. (336)
  2014 Ed. (355)
  2015 Ed. (403)
Standard Chartered Bank Botswana
  Limited
  1989 Ed. (493)
  1991 Ed. (465)
Standard Chartered Bank Cameroon
  2007 Ed. (411)
  2008 Ed. (390)
  2014 Ed. (346)
  2015 Ed. (387)
Standard Chartered Bank Channel Islands Ltd.
  1994 Ed. (450)
Standard Chartered Bank (CI) Ltd.
  1991 Ed. (477)
  1992 Ed. (635)
  1993 Ed. (449)
  1995 Ed. (442)
  1996 Ed. (471)
  1997 Ed. (435)

  1999 Ed. (492)
  2000 Ed. (485)
Standard Chartered Bank Gambia Ltd.
  1989 Ed. (539)
  1991 Ed. (525)
  1992 Ed. (680)
Standard Chartered Bank Ghana
  1991 Ed. (530)
  2002 Ed. (564)
  2003 Ed. (499)
  2004 Ed. (534)
  2006 Ed. (4505)
  2007 Ed. (453)
  2008 Ed. (419)
  2009 Ed. (448)
  2010 Ed. (424)
  2011 Ed. (349)
  2013 Ed. (332)
  2014 Ed. (349)
  2015 Ed. (395)
Standard chartered Bank Ghana Limited
  1989 Ed. (543)
Standard Chartered Bank Hong Kong
  2013 Ed. (381)
  2014 Ed. (392)
  2015 Ed. (448)
  2016 Ed. (403)
Standard Chartered Bank (Hong Kong)
  Ltd.
  2008 Ed. (423)
  2010 Ed. (427)
  2011 Ed. (352)
Standard Chartered Bank (Isle of Man)
  Ltd
  1995 Ed. (514)
Standard Chartered Bank (Isle of Man)
  Ltd.
  1996 Ed. (567)
Standard Chartered Bank (K) Ltd.
  2002 Ed. (3482, 3483)
Standard Chartered Bank (Kenya)
  1991 Ed. (582)
  2007 Ed. (493)
  2008 Ed. (457)
  2009 Ed. (486)
  2010 Ed. (468)
  2011 Ed. (395)
  2015 Ed. (1400)
  2016 Ed. (1330)
Standard Chartered Bank Kenya
  2013 Ed. (338, 688)
  2014 Ed. (357)
  2015 Ed. (406)
  2016 Ed. (371, 376)
Standard Chartered Bank Korea
  2013 Ed. (398)
  2015 Ed. (468)
  2016 Ed. (417)
Standard Chartered Bank Mauritius
  2013 Ed. (344)
  2014 Ed. (362)
  2015 Ed. (414)
  2016 Ed. (379)
Standard Chartered Bank of Botswana
  Ltd.
  2002 Ed. (4387)
  2006 Ed. (4488)
Standard Chartered Bank (Pakistan)
  2014 Ed. (2658)
  2015 Ed. (2700)
  2016 Ed. (2624)
Standard Chartered Bank plc
  2002 Ed. (578, 659, 4499)
  2003 Ed. (626)
  2004 Ed. (76, 529, 635)
  2005 Ed. (71, 624, 3942, 4577)
  2006 Ed. (536, 537, 4548)
  2007 Ed. (568, 4658, 4659)
  2008 Ed. (521)
  2009 Ed. (554, 556, 766)
  2010 Ed. (62, 445, 456, 537, 539,
    709, 2056)
  2011 Ed. (31, 337, 365, 376, 466,
    468, 2111)
  2012 Ed. (342, 371, 422, 423, 1242,
    1951)
  2013 Ed. (414, 422, 472, 473, 475,
    494, 2128)
  2014 Ed. (431, 441, 486, 487, 2063)
  2015 Ed. (487, 495, 547, 548, 2112)
  2016 Ed. (440, 500, 501, 2092)
Standard Chartered Bank Sierra Leone
  Limited
  1989 Ed. (667)
Standard Chartered Bank Sierra Leone
  Ltd.
  1991 Ed. (658)
  1992 Ed. (831)
  1993 Ed. (624)
  1994 Ed. (629)

  1995 Ed. (602)
  1996 Ed. (672)
  1997 Ed. (608)
  1999 Ed. (634)
Standard Chartered Bank Sierra Leone
  Ltd. (Freetown)
  2000 Ed. (660)
Standard Chartered Bank Swaziland
  Ltd.
  1989 Ed. (683)
  1991 Ed. (668)
  1992 Ed. (841)
  1993 Ed. (637)
  1994 Ed. (640)
  1995 Ed. (613)
  1996 Ed. (687)
  1997 Ed. (621)
Standard Chartered Bank Tanzania
  2007 Ed. (560)
  2008 Ed. (512)
  2011 Ed. (458)
  2014 Ed. (373)
  2015 Ed. (427)
Standard Chartered Bank Thailand
  2013 Ed. (402)
  2014 Ed. (416)
Standard Chartered Bank Uganda
  1991 Ed. (682)
  1992 Ed. (857)
  1993 Ed. (657)
  1994 Ed. (658)
  1995 Ed. (626)
  1996 Ed. (702)
  1997 Ed. (635)
  1999 Ed. (675)
  2000 Ed. (685)
  2008 Ed. (517)
  2014 Ed. (375)
  2015 Ed. (429)
Standard Chartered Bank Uganda Limited
  1989 Ed. (702)
Standard Chartered Bank Zambia
  1991 Ed. (699)
  1999 Ed. (683)
  2000 Ed. (699)
  2002 Ed. (665)
  2003 Ed. (639)
  2004 Ed. (653)
  2005 Ed. (641)
  2007 Ed. (574)
  2008 Ed. (525)
  2009 Ed. (560)
  2010 Ed. (543)
  2011 Ed. (471)
  2014 Ed. (376)
  2015 Ed. (430)
Standard Chartered Bank Zimbabwe
  2007 Ed. (575)
  2008 Ed. (526)
  2009 Ed. (561)
  2010 Ed. (544)
  2014 Ed. (377)
  2015 Ed. (431)
Standard Chartered Botswana
  2001 Ed. (1605)
Standard Chartered Gambia
  2015 Ed. (394)
Standard Chartered Group
  1991 Ed. (3231)
  2009 Ed. (2122)
Standard Chartered Merchant Bank
  1996 Ed. (3393)
Standard Chartered Merchant Bank
  Zimbabwe Limited
  1989 Ed. (718)
Standard Chartered Merchant Bank
  Zimbabwe Ltd.
  1991 Ed. (701)
Standard Chartered Nakornthon Bank
  2006 Ed. (530)
Standard Chartered Nokornthon Bank
  2004 Ed. (628)
Standard Chartered plc
  1991 Ed. (384)
  2006 Ed. (538, 2896)
  2007 Ed. (569)
  2009 Ed. (475, 555)
  2010 Ed. (538)
  2011 Ed. (467)
Standard Chartered Sierra Leone
  2015 Ed. (423)
Standard Chartered/CWB
  1994 Ed. (1204)
Standard Commercial Corp.
  1990 Ed. (1101, 2719, 3599, 3601)
  1991 Ed. (2621, 3394, 3396, 3397)
  1992 Ed. (4302, 4304, 4305)
  1993 Ed. (1379, 3580, 3582, 3583)
  1994 Ed. (1433, 3541, 3543, 3544)

  1995 Ed. (1468, 3621, 3622)
  1996 Ed. (1285, 3696, 3697, 3699)
  1997 Ed. (1334, 1342, 3755, 3757,
    3758)
  1998 Ed. (1089, 1090, 1091, 1092,
    1096, 1097, 3574, 3576, 3577)
  1999 Ed. (1519, 1522, 4606, 4607,
    4610)
  2000 Ed. (4256, 4257)
  2001 Ed. (4551, 4560, 4563)
  2003 Ed. (4746, 4749)
  2004 Ed. (4728, 4729, 4730, 4733)
  2005 Ed. (4705, 4706)
  2006 Ed. (3364)
Standard Commercial Services Inc.
  2004 Ed. (4731)
  2011 Ed. (4696)
  2012 Ed. (4716, 4717)
Standard Commercial Tobacco
  1989 Ed. (2843)
Standard Corp. & Merchant Bank
  2001 Ed. (1534)
Standard Credit Card Trust
  1992 Ed. (3833)
Standard Credit Card Trust 1990
  1992 Ed. (2022)
Standard Credit Card Trust 1990-5
  1994 Ed. (1705)
Standard Credit Card Trust 1990-95
  1993 Ed. (1678)
Standard Credit Corp.
  1989 Ed. (671)
Standard Diagnostics
  2009 Ed. (4018)
  2010 Ed. (1984)
Standard Drywall Inc.
  2003 Ed. (1319)
  2004 Ed. (1319)
  2005 Ed. (1324)
  2006 Ed. (1297)
  2007 Ed. (1372)
  2008 Ed. (1268)
  2009 Ed. (1244)
  2010 Ed. (1243)
  2011 Ed. (1191)
  2012 Ed. (1137)
  2013 Ed. (1283)
  2014 Ed. (1216)
  2015 Ed. (1274)
  2016 Ed. (1189)
Standard Electric Co.
  2008 Ed. (1328)
  2009 Ed. (1313)
  2010 Ed. (1307)
Standard Elektrik Lorenz
  1993 Ed. (3008)
Standard Federal Bancorp
  1998 Ed. (266, 269, 3155, 3523,
    3525, 3526)
  1999 Ed. (4141)
Standard Federal Bank
  1989 Ed. (621, 2825)
  1990 Ed. (636, 3102, 3579)
  1991 Ed. (2921, 3366, 3374)
  1992 Ed. (3785, 3800, 4288, 4290)
  1993 Ed. (3009, 3070, 3085, 3096,
    3279, 3562, 3573)
  1994 Ed. (3141, 3269, 3526, 3528,
    3533, 3534, 3535)
  1995 Ed. (1240, 1242, 3184, 3350,
    3608, 3609, 3610, 3611)
  1996 Ed. (3684, 3685, 3686, 3687,
    3688, 3689)
  1997 Ed. (3381, 3744, 3745, 3746)
  1998 Ed. (2528, 3127, 3129, 3130,
    3131, 3132, 3134, 3135, 3136,
    3137, 3140, 3142, 3151, 3154,
    3530, 3532, 3533, 3534, 3535,
    3536, 3543, 3551)
  1999 Ed. (4595, 4598)
  2000 Ed. (3854)
  2001 Ed. (3347, 4528)
  2002 Ed. (1408, 4099, 4116, 4117,
    4118, 4121, 4122, 4123, 4124,
    4127, 4129, 4133, 4134, 4136,
    4138, 4139, 4621)
Standard Federal Bank for Savings
  1992 Ed. (3799)
  1994 Ed. (3142)
  1996 Ed. (3284)
Standard Federal Bank NA
  2003 Ed. (387)
  2004 Ed. (366)
  2005 Ed. (385)
  2006 Ed. (379)
Standard Federal Savings Bank
  1990 Ed. (2470, 2606)
  1991 Ed. (1661)
  1994 Ed. (2551, 3531)
Standard Federal Savings & Loan Assn.

1990 Ed. (2604)
Standard Federal Savings & Loan Association
1991 Ed. (2920)
Standard Fire
1993 Ed. (2183, 2184)
1997 Ed. (2432)
Standard Fire-Connecticut
1993 Ed. (2234)
1996 Ed. (2302)
Standard Fire Insurance
1994 Ed. (2216)
Standard Forms
1989 Ed. (831)
1990 Ed. (848)
1991 Ed. (810)
1992 Ed. (990)
1993 Ed. (787)
1994 Ed. (804)
1995 Ed. (855)
Standard FSB
1992 Ed. (3797)
Standard Furniture Manufacturing
2014 Ed. (2807, 2808)
2015 Ed. (2849, 2850)
2016 Ed. (2784, 2785)
Standard Insurance Co.
1991 Ed. (2105)
1995 Ed. (2307)
1997 Ed. (2427)
2007 Ed. (3135, 3136, 3147)
2008 Ed. (3289, 3297)
2009 Ed. (3346, 3347, 3357)
2010 Ed. (3256, 3257, 3285, 3286)
2011 Ed. (3220, 3233, 3256, 3257)
2012 Ed. (3189, 3233)
2013 Ed. (3312)
Standard Insurance Group
2005 Ed. (3106, 3107)
2013 Ed. (3302)
2014 Ed. (3324, 3325)
Standard Insurance, OR
1989 Ed. (1701)
Standard Life
1994 Ed. (3019, 3020)
2015 Ed. (1733)
Standard Life Assurance
1990 Ed. (2242)
1991 Ed. (2145)
1992 Ed. (2155, 2673, 2679)
1993 Ed. (2228, 2356)
1995 Ed. (2282, 2311)
1996 Ed. (2325, 2326)
1997 Ed. (1436, 1438, 1446, 2454)
2001 Ed. (3922)
2002 Ed. (2940)
2003 Ed. (3000)
2004 Ed. (2607, 3115)
2008 Ed. (3309)
Standard Life Assurance Co. of Canada
2013 Ed. (3298)
The Standard Life Assurance Co. of Canada
2009 Ed. (3313, 3370, 3371)
Standard Life European
2007 Ed. (3290)
Standard Life European Private Equity Trust
2016 Ed. (3284)
Standard Life Financial
2010 Ed. (3308)
2012 Ed. (3244)
2013 Ed. (3297)
Standard Life Financial Inc.
2016 Ed. (3219)
Standard Life Investments
2003 Ed. (3104)
Standard Life Monthly Income Fund
2010 Ed. (597, 3734)
Standard Life plc
2008 Ed. (4537)
2009 Ed. (3379)
2010 Ed. (3315)
2011 Ed. (3271)
2012 Ed. (3174, 3246, 3254)
2013 Ed. (3253, 3288, 3322)
2014 Ed. (3314, 3338)
2015 Ed. (3359, 3372)
2016 Ed. (3217, 3221, 3227, 3241)
Standard Life U.S. Equity Fund
2010 Ed. (2557)
Standard Management
1998 Ed. (3418)
2002 Ed. (2918)
Standard Merchant
1990 Ed. (681)
Standard Merchant Bank
1991 Ed. (2416, 2417)
1993 Ed. (2532, 2533)
Standard Microsystems

1995 Ed. (2070)
1996 Ed. (2069)
1997 Ed. (2209, 3647)
2000 Ed. (3000)
Standard Motor Products
1989 Ed. (330, 331)
1990 Ed. (389, 390, 391)
1991 Ed. (339, 343)
1992 Ed. (471, 472)
1995 Ed. (335)
2015 Ed. (294, 1907)
2016 Ed. (293, 1870)
Standard motorcycle
1998 Ed. (2542)
Standard O & M
1999 Ed. (67)
2000 Ed. (71)
2001 Ed. (115)
2002 Ed. (87)
2003 Ed. (54)
Standard Office Supply
2006 Ed. (3547, 4385)
Standard, Ogilvy & Mather
1989 Ed. (89)
1990 Ed. (83)
1991 Ed. (80)
1992 Ed. (128)
1993 Ed. (84)
1994 Ed. (73)
1995 Ed. (52)
1996 Ed. (68)
1997 Ed. (67)
Standard Oil Co.
1989 Ed. (1020, 1023)
1990 Ed. (1978, 2846, 2847)
1991 Ed. (1153, 1182)
1992 Ed. (1457, 1467, 1480, 1494)
1993 Ed. (1188, 1207)
1994 Ed. (1212, 1235)
1995 Ed. (1222, 1254)
1996 Ed. (1223)
1997 Ed. (1260, 1269, 2115, 3100)
2001 Ed. (1251, 1828, 3756)
2005 Ed. (1528)
2007 Ed. (3886)
2008 Ed. (3931)
2009 Ed. (4005)
Standard Oil of California
1995 Ed. (1221, 1222)
Standard Pacific
2016 Ed. (3022)
Standard Pacific Corp.
1990 Ed. (2966)
2000 Ed. (1235)
2001 Ed. (1388, 1389)
2002 Ed. (1210, 2672, 2675)
2003 Ed. (1142)
2004 Ed. (788, 789, 1140, 1194, 1197, 1200, 1204, 1213)
2005 Ed. (774, 775, 1200, 1201, 1202, 1211, 1214, 1219, 1223, 1225, 1229, 1237, 1256)
2006 Ed. (1158, 1193, 1196, 1203)
2007 Ed. (1300, 1301, 1303, 1324)
2008 Ed. (1200, 4522)
2009 Ed. (1175, 4573)
2010 Ed. (1164, 1166, 1724, 1725)
2011 Ed. (1112, 1114)
2012 Ed. (1034)
2013 Ed. (1184)
2014 Ed. (1437)
2015 Ed. (1184, 1186, 1482)
2016 Ed. (1408)
Standard Pacific Home Corp.
2002 Ed. (2671)
Standard Pacific Homes
2003 Ed. (1189, 1192, 1211)
2004 Ed. (1218)
2005 Ed. (1183, 1242)
2009 Ed. (1178)
2014 Ed. (1136)
2015 Ed. (1187)
2016 Ed. (1097)
Standard Parking Corp.
2012 Ed. (263)
2013 Ed. (279)
Standard & Poor's
1999 Ed. (3649)
2002 Ed. (1039)
2008 Ed. (4501)
Standard & Poors 500
1990 Ed. (1871)
Standard & Poor's 500 Index
1993 Ed. (2744)
Standard & Poor's 500 Stock Index
2005 Ed. (4518)
Standard & Poor's Depositary Receipts
2006 Ed. (2510)
Standard & Poor's Depository Receipts
2000 Ed. (283)

2008 Ed. (2610)
Standard Printing Co.
2005 Ed. (3891)
Standard Products Co.
1989 Ed. (330, 331)
1990 Ed. (389, 390, 391, 392)
1991 Ed. (337, 339, 340, 343, 344, 2903, 2904)
1992 Ed. (468, 472, 473, 476, 477, 3745, 3746)
1993 Ed. (3054, 3055)
1994 Ed. (3117, 3118)
1995 Ed. (3167, 3168)
1996 Ed. (3262, 3263)
1997 Ed. (3361, 3362)
1998 Ed. (3103)
1999 Ed. (4115, 4116)
Standard Register
2016 Ed. (3977)
The Standard Register Co.
1989 Ed. (2102, 2480)
1990 Ed. (2736)
1991 Ed. (2636)
1992 Ed. (992, 3285, 3528, 3538)
1993 Ed. (789, 2740, 2920)
1994 Ed. (2932)
1995 Ed. (2986)
1996 Ed. (3087)
1998 Ed. (2920, 2923)
1999 Ed. (3891)
2000 Ed. (3613)
2001 Ed. (3901)
2002 Ed. (3764)
2003 Ed. (3930, 3934, 3935)
2004 Ed. (3352, 3729, 3936, 3942)
2005 Ed. (3382, 3638, 3639, 3894, 3898, 3899)
2008 Ed. (3199)
2009 Ed. (3258, 3263)
2010 Ed. (3189)
2011 Ed. (3153)
2012 Ed. (4021)
2013 Ed. (4076)
2014 Ed. (4086)
Standard Register/Communicolor
1992 Ed. (3534)
Standard Sand & Silica Co.
1990 Ed. (3094)
Standard Savings
1990 Ed. (463)
Standard Security Life of N.Y.
1989 Ed. (1689, 1691)
Standard Services Crane & Hoist Co.
2007 Ed. (4423)
Standard Shares Inc.
1989 Ed. (1009)
1990 Ed. (1307)
1991 Ed. (1164, 1963)
Standard Solar
2012 Ed. (2343)
2013 Ed. (2529)
Standard Textile Co.
2014 Ed. (1906)
Standard Textile Co. Inc.
1996 Ed. (3676)
Standard Trust Bank
2007 Ed. (530)
Standard Trustco
1990 Ed. (3659)
1992 Ed. (4360)
Standards of Excellence North
2014 Ed. (4355)
2015 Ed. (4364)
Standby Reserve Fund
1994 Ed. (2539)
Standby Talent Staffing Services
2016 Ed. (3044)
Standex International Corp.
1996 Ed. (2862)
1997 Ed. (2957)
1998 Ed. (2701)
1999 Ed. (3642)
2006 Ed. (1926)
2007 Ed. (1912)
2010 Ed. (1861, 1862)
2011 Ed. (1894)
2012 Ed. (1750)
2013 Ed. (1915)
2015 Ed. (1890)
2016 Ed. (1850, 1854)
Standiford Airport
1999 Ed. (252)
Standiford Field Airport, Louisville
1991 Ed. (216)
Standiford; Richard B.
1991 Ed. (3209)
Standing Partnership
1998 Ed. (2958)
1999 Ed. (3915, 3952)
2002 Ed. (3849)

2003 Ed. (3983, 4015)
2004 Ed. (3975, 4019)
2005 Ed. (3949, 3969)
2012 Ed. (4158)
2013 Ed. (4126, 4139)
2014 Ed. (4143, 4156)
2015 Ed. (4125, 4138)
2016 Ed. (4039, 4052)
Standing Stone Brewing Co.
2012 Ed. (1813)
2013 Ed. (1984)
2014 Ed. (1923)
2015 Ed. (1969)
Standish, Ayer & Wood
1989 Ed. (2127)
1992 Ed. (2765)
1993 Ed. (2290, 2294, 2317, 2325)
1995 Ed. (2354, 2362, 2381)
1996 Ed. (2383, 2389, 2390, 2398)
1997 Ed. (2519)
1998 Ed. (2260, 2302)
1999 Ed. (3046, 3061, 3084, 3085)
2000 Ed. (2778, 2779, 2797, 2802, 2810, 2811, 2812, 2813, 2835, 2854)
2001 Ed. (3002)
2002 Ed. (3020, 3387)
2003 Ed. (3089)
Standish Fund-International Fixed
2003 Ed. (3147)
Standish Intermediate Tax-Exempt Bond
1998 Ed. (2643)
Standish International Equity
2004 Ed. (3638)
Standish International Fixed Income
1995 Ed. (2681)
Standish Mellon
2008 Ed. (2316)
Standish Mellon Asset Management
2003 Ed. (3070)
Standish Mellon Asset Management Co. LLC, Fixed Income—Short Term
2003 Ed. (3133)
Standish Mellon Asset Management Co. LLC, Long/Short Equity Composite
2003 Ed. (3125)
Standish Opportunistic Emerging Markets Debt
2004 Ed. (3655)
Standish Securitized
1996 Ed. (2779)
Standish Small Capital Equity
1995 Ed. (2676)
Stanek Windows
2016 Ed. (3031)
Stanford
1990 Ed. (859)
1992 Ed. (1009)
1995 Ed. (1067)
2010 Ed. (675)
Stanford Bookstore
1989 Ed. (2518)
Stanford Court
1990 Ed. (2100)
1992 Ed. (2512)
Stanford Group
2007 Ed. (757)
2008 Ed. (736)
2010 Ed. (676)
Stanford Hospital & Clinics
2004 Ed. (1658)
2005 Ed. (1680, 2897, 3947)
2006 Ed. (2903, 4016)
2007 Ed. (2934, 4048)
2008 Ed. (4084)
2009 Ed. (3131, 4197)
2010 Ed. (3059, 4132)
2011 Ed. (3030)
2013 Ed. (1463)
2014 Ed. (1425)
2015 Ed. (3138)
Stanford Hospitals & Clinics
2015 Ed. (3124)
2016 Ed. (2987)
Stanford; John H.
1993 Ed. (2461)
Stanford Linear Accelerator Center
1990 Ed. (1097, 2998)
1991 Ed. (915, 1005, 2834)
1992 Ed. (1284, 3670)
1993 Ed. (3001)
1994 Ed. (1059, 3047)
1995 Ed. (1074, 3096)
1996 Ed. (1049, 3193)
Stanford Research Park
1991 Ed. (2022)
1992 Ed. (2596)
1994 Ed. (2187)
1996 Ed. (2250)
1997 Ed. (2376)

Stanford Telecom
1992 Ed. (1303)
Stanford Telecommunications
1991 Ed. (1014)
1998 Ed. (98, 1249)
Stanford University
1989 Ed. (842, 954, 2164)
1990 Ed. (856, 1088, 1092, 1094,
1095, 1096, 2785, 2999)
1991 Ed. (814, 815, 816, 817, 820,
821, 822, 823, 916, 917, 918, 1001,
1004, 1006, 1007, 1565, 1566,
1567, 1568, 1570, 1571, 1573,
1574, 1575, 1576, 2295, 2680,
2688, 2695, 2833)
1992 Ed. (997, 998, 999, 1002, 1003,
1004, 1006, 1007, 1123, 1124,
1267, 1281, 1282, 1283, 1970,
1971, 1972, 1973, 1975, 1976,
1977, 1979, 1980, 2848, 3257,
3357, 3669)
1993 Ed. (794, 796, 797, 798, 801,
802, 803, 805, 806, 923, 924, 1015,
1029, 1030, 1031, 1621, 1622,
1623, 1624, 1626, 1627, 1628,
1630, 1631, 2407, 2782, 3000)
1994 Ed. (806, 807, 808, 810, 811,
812, 814, 815, 818, 889, 937, 938,
1042, 1056, 1058, 1060, 1654,
1655, 1657, 1658, 1659, 1660,
1661, 1662, 1663, 1664, 1666,
1900, 2358, 2743, 2771, 3046)
1995 Ed. (858, 859, 860, 861, 862,
864, 866, 867, 868, 869, 870, 1049,
1063, 1064, 1066, 1073, 1701,
1702, 1704, 1705, 1706, 1707,
1708, 1710, 1711, 2422, 2426,
3091, 3095)
1996 Ed. (837, 838, 839, 842, 843,
844, 845, 846, 848, 849, 946, 947,
1035, 1048, 1050, 1051, 1683,
1684, 1686, 1688, 1689, 1690,
1692, 1693, 2457, 2462, 2463,
2941, 3192)
1997 Ed. (850, 851, 852, 855, 856,
857, 858, 859, 860, 864, 865, 969,
1051, 1062, 1063, 1064, 1069,
1764, 1765, 1770, 1771, 1772,
1774, 1775, 2602, 2606, 2608)
1998 Ed. (548, 549, 550, 551, 552,
555, 556, 557, 558, 560, 711, 713,
799, 809, 810, 1458, 1463, 1464,
1465, 1467, 1468, 2334, 2337,
2339, 2761, 3046)
1999 Ed. (969, 970, 971, 972, 973,
975, 976, 977, 978, 979, 980, 984,
1107, 1108, 1109, 1228, 1238,
1239, 2035, 2037, 2038, 2039,
2040, 2041, 2042, 2043, 2044,
2045, 2047, 3158, 3163, 3165,
3327, 3328, 3329)
2000 Ed. (744, 916, 917, 918, 919,
920, 921, 922, 923, 924, 926, 928,
1035, 1036, 1037, 1137, 1143,
1147, 1148, 1826, 1828, 1829,
1830, 1831, 1832, 1833, 1834,
1835, 1837, 2907, 2909, 2911,
3065, 3070, 3074, 3431)
2001 Ed. (1054, 1055, 1056, 1057,
1058, 1059, 1060, 1061, 1062,
1064, 1065, 1066, 1317, 1319,
1329, 1330, 2247, 2248, 2250,
2251, 2252, 2253, 2254, 2255,
2256, 2257, 2259, 3059, 3061,
3062, 3066, 3252)
2002 Ed. (873, 874, 875, 877, 878,
880, 881, 882, 883, 884, 900, 902,
1029, 1030, 1031, 1032, 1033,
1034, 3980, 3983, 3984, 3985)
2003 Ed. (788, 789, 793, 4074)
2004 Ed. (808, 810, 814, 816, 817,
818, 822, 828, 831, 928, 1061,
2405, 2844, 3241, 3424)
2005 Ed. (795, 801, 803, 809, 1063,
2440, 2852, 3266, 3440)
2006 Ed. (693, 702, 708, 711, 712,
715, 717, 719, 721, 723, 727, 728,
730, 731, 733, 735, 739, 2858,
3784, 3785)
2007 Ed. (795, 798, 800, 801, 803,
804, 806, 807, 810, 815, 817, 819,
821, 825, 827, 828, 1165, 1181,
2447, 2848, 3329, 3330, 3462,
3468)
2008 Ed. (181, 770, 776, 780, 781,
783, 785, 786, 788, 1059, 1089,
2574, 2575, 2576, 2972, 3430,
3431, 3637, 3640, 3864)
2009 Ed. (779, 791, 794, 798, 800,
805, 818, 823, 1034, 1035, 1058,

1066, 2585, 2602, 3504, 3505,
3700, 3709)
2010 Ed. (723, 728, 733, 737, 741,
743, 745, 746, 747, 749, 750, 751,
752, 753, 754, 1001, 1007, 1026,
1034, 2498, 2505, 3435, 3616,
3627, 3835)
2011 Ed. (639, 651, 653, 654, 656,
657, 658, 660, 661, 662, 663, 664,
665, 678, 687, 689, 692, 693, 695,
696, 939, 940, 945, 948, 965, 2506,
2957, 3420, 3618, 3838)
2012 Ed. (606, 607, 609, 612, 613,
628, 858, 860, 864, 2886, 3612,
3819)
2013 Ed. (749, 754, 756, 769)
2014 Ed. (768, 774, 778, 794)
2015 Ed. (808, 816, 820, 821, 837)
2016 Ed. (725, 732, 1423, 4011,
4012, 4145)
Stanford University, Graduate School of
Business
2005 Ed. (800)
2006 Ed. (724)
2007 Ed. (808)
2008 Ed. (787)
2009 Ed. (802)
Stanford University Hospital
1999 Ed. (2729, 2730, 2744, 2745)
2000 Ed. (2508, 2509, 2523, 2524)
2002 Ed. (2601, 2608, 2615, 2616)
2003 Ed. (2805, 2819, 2820, 2821,
2822, 2830)
2004 Ed. (2911)
Stanford University Medical Center
2007 Ed. (3953)
Stanford's Restaurant & Bar
2014 Ed. (4278)
Stanhome
1990 Ed. (2807, 3310)
1991 Ed. (2712)
1992 Ed. (3395, 3397, 4008, 4010)
1993 Ed. (2810, 3346, 3347, 3348)
1994 Ed. (130, 2809, 2810, 3350,
3351, 3352)
1995 Ed. (2897, 3409, 3410, 3411)
1996 Ed. (2980, 3470)
1997 Ed. (3534)
1998 Ed. (2807, 3328)
Stanhope Hotel
1998 Ed. (2013)
Staniforth Communications
2002 Ed. (3872)
Stanislaus Brewing Co.
1996 Ed. (2630)
1997 Ed. (714)
Stanky, 1951; Ed
1991 Ed. (702)
Stanley A. Rabin
2007 Ed. (1024)
Stanley Asset Management; M.
1995 Ed. (2395, 2396)
Stanley Associates Inc.
2005 Ed. (1382)
2006 Ed. (1371)
2007 Ed. (1409)
2008 Ed. (1399)
Stanley Black & Decker
2013 Ed. (3707)
2014 Ed. (3109)
2015 Ed. (3171)
Stanley Black & Decker Inc.
2011 Ed. (3089)
2012 Ed. (1264, 1267, 1443, 1446,
1447, 2906, 2908, 3027, 3029,
3638, 3827)
2013 Ed. (1573, 1577, 1579, 1580,
2992, 2995, 3121, 3123, 3697,
3890, 3900)
2014 Ed. (1544, 1547, 1548, 1549,
2999, 3002, 3122, 3631, 3648,
3649, 3823, 3833)
2015 Ed. (1595, 1596, 1598, 1599,
3070, 3071, 3183, 3644, 3658,
3659, 3848, 3858)
2016 Ed. (1520, 1523, 1525, 2966,
2970, 3039, 3524, 3525, 3531,
3754, 3768)
Stanley C. Gault
1993 Ed. (936)
Stanley Computer Systems Inc.
1998 Ed. (3765)
Stanley Consultants
2006 Ed. (2456)
2007 Ed. (201, 2404, 2407, 2413)
2008 Ed. (2513, 2529)
2009 Ed. (205, 2524, 2526, 2542,
2545, 2582, 2583)
2010 Ed. (186, 2441)

2011 Ed. (108, 2447, 2451, 2472,
2473, 2474)
2012 Ed. (205, 206, 2375)
2013 Ed. (2557)
2014 Ed. (2486)
2016 Ed. (2479)
Stanley Consulting Inc.
2006 Ed. (2456)
Stanley Convergent Security Solutions
Inc.
2009 Ed. (4404, 4405, 4407)
2010 Ed. (4450, 4452)
2011 Ed. (4389, 4390)
2012 Ed. (4448, 4449, 4451, 4452)
2013 Ed. (4408, 4413, 4415)
2014 Ed. (4438, 4444, 4446)
2015 Ed. (4432, 4439, 4441)
2016 Ed. (4325, 4332, 4334)
Stanley Druckenmiller
1995 Ed. (1870)
1996 Ed. (1914)
1998 Ed. (1689)
1999 Ed. (2434)
2002 Ed. (3356)
2006 Ed. (4899)
2011 Ed. (4827)
Stanley E. Grayson
1990 Ed. (2660)
Stanley Electric
2002 Ed. (1702)
Stanley Fink
2006 Ed. (836)
2007 Ed. (917)
Stanley Furniture Co.
2012 Ed. (4575)
Stanley Furniture Co., Inc.
2014 Ed. (2814)
2015 Ed. (2858)
2016 Ed. (2793)
Stanley; G. Brent
2006 Ed. (2525)
Stanley Gault
1997 Ed. (1796)
Stanley Goldstein
1997 Ed. (1801)
1999 Ed. (2077)
Stanley H. Hoch
1992 Ed. (2063)
Stanley Ho
2007 Ed. (4909)
2008 Ed. (4844)
2009 Ed. (4863, 4864)
Stanley Horowitz
1993 Ed. (1701)
Stanley Hubbard
2002 Ed. (3349)
Stanley Inc.
1990 Ed. (1984)
1992 Ed. (2245, 2246, 2375, 2376)
1993 Ed. (2014)
1994 Ed. (2025, 2026)
1995 Ed. (2079)
1996 Ed. (2074, 2075)
1997 Ed. (2174, 2175)
1998 Ed. (1787, 1899)
1999 Ed. (2634, 2635)
2000 Ed. (2292, 2415)
2008 Ed. (1360, 1365)
2009 Ed. (1362, 1366, 2144)
2010 Ed. (1346, 1350, 2084, 4503)
2011 Ed. (1332, 1939, 2037, 4799)
2012 Ed. (1198)
Stanley Jones Corp.
2004 Ed. (1339)
2006 Ed. (1344)
Stanley Korshak
2006 Ed. (1038)
2008 Ed. (1001)
Stanley Kroenke
2012 Ed. (2680)
2013 Ed. (547, 2768)
Stanley Kuriyama
2014 Ed. (2593)
Stanley Leisure
2001 Ed. (1132)
Stanley; Morgan
1992 Ed. (1290)
1993 Ed. (1167, 1168, 1169, 1170,
1172, 1198, 2272, 3120, 3121,
3128, 3130, 3132, 3146, 3147,
3148, 3164)
Stanley O'Neal
2003 Ed. (3058)
2004 Ed. (176)
2005 Ed. (3201)
2006 Ed. (878)
Stanley Pace
1992 Ed. (2058)
Stanley Perron
2008 Ed. (4842)

2009 Ed. (4860, 4876)
Stanley & Peter Thomas
2005 Ed. (4896)
Stanley Rubin
1991 Ed. (1707, 1709)
1993 Ed. (1772, 1773, 1793)
1994 Ed. (1776, 1832, 1833)
1995 Ed. (1816)
1996 Ed. (1771, 1791)
Stanley S. Hubbard
2007 Ed. (4891)
Stanley S. Schwartz
1991 Ed. (2296)
Stanley Security Solutions
2006 Ed. (4274)
2007 Ed. (4297)
2008 Ed. (4302)
2009 Ed. (4408)
Stanley Smith Security
1997 Ed. (3413)
1998 Ed. (3185)
Stanley Smith Security Services
1991 Ed. (2943)
Stanley Stahl
1992 Ed. (4258)
Stanley Steemer Carpet Cleaner
2000 Ed. (2269)
2002 Ed. (2007)
2003 Ed. (883)
2004 Ed. (904)
2005 Ed. (894)
2006 Ed. (794, 810)
2007 Ed. (897)
2008 Ed. (873)
2009 Ed. (883)
2010 Ed. (834)
2011 Ed. (759)
2012 Ed. (697)
Stanley Steemer International
2002 Ed. (2361)
2009 Ed. (4184)
Stanley Steemer of Palm Beach
2006 Ed. (794, 795)
Stanley Thomas
2007 Ed. (4935)
The Stanley Works
1989 Ed. (1651, 1654, 1916, 1945,
1947)
1990 Ed. (2110, 2171, 2174, 2501,
2541, 2542)
1991 Ed. (1887, 2018, 2021, 2369,
2419, 2421)
1992 Ed. (2592, 2595, 2952, 3027,
3029)
1993 Ed. (1291, 2485, 2535, 2537)
1994 Ed. (1343, 2181, 2419, 2479,
2481)
1995 Ed. (1245, 2235, 2547, 2548)
1996 Ed. (2243, 2609, 2610)
1997 Ed. (2368, 2752, 2753)
1998 Ed. (2091, 2468, 2469)
1999 Ed. (3347, 3348)
2000 Ed. (3084, 3085)
2001 Ed. (3183, 3184, 3278, 3279,
3286)
2002 Ed. (3316, 3317)
2003 Ed. (2872, 3267, 3268, 3296,
3378, 3380)
2004 Ed. (2790, 2791, 2961, 3801)
2005 Ed. (1383, 2782, 2783, 2966,
3711)
2006 Ed. (2289, 2290, 2961, 2962,
3799)
2007 Ed. (2978, 2979, 3492, 3810)
2008 Ed. (1214, 1447, 3662, 3663)
2009 Ed. (1622, 3191, 3201, 3731,
3732, 3931, 3943)
2010 Ed. (1598, 3111, 3128, 3129,
3650, 3651)
2011 Ed. (1599, 1600, 2978, 3081,
3096, 3654, 3655)
2012 Ed. (3023, 3036)
Stannic
1990 Ed. (679, 680, 681)
Stanpro
1993 Ed. (2962)
1995 Ed. (3062)
Stansted Airport
1995 Ed. (197)
Stant Corp.
1995 Ed. (3161)
Stantec
2013 Ed. (2558, 3364, 3372)
2014 Ed. (1167, 1448, 2525)
2015 Ed. (214, 1221, 1507, 2559)
2016 Ed. (212, 1448, 2474, 2476,
2478, 2479, 2481)
Stantec Architecture
2012 Ed. (3288, 3290, 3292, 3293,
3294, 3298)

2013 Ed. (3362, 3365, 3368)
2015 Ed. (3409)
Stantec Consulting Inc.
2004 Ed. (2336)
2008 Ed. (2513, 2520, 2529)
2009 Ed. (2524, 2533, 2545, 2582, 2583)
2010 Ed. (2441, 2449, 2461)
2011 Ed. (2447, 2458, 2472)
Stantec Consulting Services Inc.
2012 Ed. (2374)
2013 Ed. (2556)
2014 Ed. (1114)
2015 Ed. (1152)
2016 Ed. (1063)
Stantec Inc.
2003 Ed. (2305)
2004 Ed. (2387)
2005 Ed. (2421)
2006 Ed. (1617, 2460, 2472)
2007 Ed. (1319, 2404, 2405, 2407, 2410, 2413, 2425, 2443)
2008 Ed. (1208, 2530, 2552, 2567, 2570)
2009 Ed. (1188, 2559, 2560, 2572, 2575, 2578)
2010 Ed. (777, 2443, 2452, 2463, 2476, 2488, 2491, 2494)
2011 Ed. (2444, 2449, 2461, 2478, 2480, 2484, 2491, 2496, 2499, 2502, 2896, 4403, 4404)
2012 Ed. (1410, 2367, 2368, 2380, 2386, 2387, 2388, 2403, 2410, 2418, 2422, 2476, 4564)
2013 Ed. (2554, 2559, 2571, 2579, 2586, 2588, 2592, 2618, 2621)
2014 Ed. (2488, 2500, 2508, 2523, 2577, 2580)
2015 Ed. (2562, 2570, 2574, 2582, 2617, 2618, 2620, 3407, 3411, 3414, 3417)
2016 Ed. (2483, 2492, 2494, 2496, 2504, 2511, 2544, 4492)
Stanton
1994 Ed. (1928)
2009 Ed. (4360)
2011 Ed. (4330)
Stanton Chase International
1997 Ed. (1795)
1998 Ed. (1506)
1999 Ed. (2073)
2002 Ed. (2174)
Stanton Crenshaw
2003 Ed. (3987, 3988, 3989, 4000)
2004 Ed. (3986)
Stanton Crenshaw Communications
2002 Ed. (3814)
2004 Ed. (4021)
Stanton; John
2006 Ed. (922)
Stanton & Stanton Inc.
2012 Ed. (4993)
Staph
1995 Ed. (1908)
Staphos; George
1995 Ed. (1838)
1996 Ed. (1816)
1997 Ed. (1890)
Staplcotn
2014 Ed. (1821)
2015 Ed. (1861)
2016 Ed. (1820)
Staplcotn Inc.
2005 Ed. (1403)
2007 Ed. (1426)
Staple
2001 Ed. (3839)
Staple Cotton Cooperative Association
2005 Ed. (1874)
2008 Ed. (1942)
2009 Ed. (1902)
2016 Ed. (1818)
Staple Holdings Ltd.
1991 Ed. (959)
Staples
1991 Ed. (1438, 2633, 2638)
1992 Ed. (1825, 3283)
1993 Ed. (2162)
1994 Ed. (2177, 2690)
1995 Ed. (2804)
1996 Ed. (2860, 3484)
1997 Ed. (925, 1627, 1628, 1629, 2955, 3548)
1998 Ed. (665, 1303, 1307, 1310, 1311, 2698, 2699, 2704, 3086, 3341, 3342)
1999 Ed. (1704, 1856, 1877, 3640)
2000 Ed. (1118, 1180, 1513, 1689, 2483, 3366, 3804)
2001 Ed. (1374, 1789, 2027, 2030,

2031, 2032, 3572, 4326, 4828)
2002 Ed. (946, 1723, 2386, 2583, 2804, 4334, 4335, 4336, 4888)
2003 Ed. (870, 1755, 1756, 2068, 2069, 2070, 2767, 4499, 4500, 4501, 4505, 4526, 4534, 4563, 4935)
2004 Ed. (894, 1581, 1739, 1792, 1793, 2213, 2712, 2857, 3728, 3729, 4466, 4469, 4470, 4471, 4472, 4473, 4474, 4484, 4940, 4941)
2005 Ed. (880, 1857, 1858, 1861, 1862, 1863, 2357, 2704, 2864, 3638, 3639, 3640, 4108, 4136, 4414, 4417, 4418, 4419, 4420, 4422, 4424, 4425, 4920, 4921)
2006 Ed. (800, 1868, 1869, 1871, 1872, 1873, 2269, 2270, 2271, 2374, 2403, 2871, 2882, 2887, 4154, 4163, 4184, 4431, 4433, 4434, 4435, 4438, 4442, 4443, 4444, 4937, 4953, 4954)
2007 Ed. (889, 1871, 1872, 1873, 1874, 1875, 2205, 2206, 2207, 2354, 2863, 2875, 2880, 2909, 3740, 3741, 4179, 4180, 4185, 4357, 4491, 4493, 4496, 4500, 4501, 4960, 4961)
2008 Ed. (866, 1908, 1909, 1914, 1917, 1919, 1921, 1923, 1924, 2342, 2343, 2344, 2982, 2991, 3193, 3822, 3823, 4211, 4212, 4220, 4224, 4471, 4472, 4477, 4478, 4813)
2009 Ed. (872, 1870, 1871, 1873, 1875, 1877, 1879, 1881, 2331, 2332, 2333, 2444, 3064, 3081, 3515, 3871, 3872, 4301, 4306, 4307, 4312, 4333, 4505, 4506, 4510, 4511)
2010 Ed. (789, 818, 1801, 1802, 1805, 1807, 1809, 1811, 1813, 2259, 2260, 2261, 2997, 3014, 3015, 3789, 4268, 4284, 4285, 4289, 4546, 4550, 4551, 4590)
2011 Ed. (557, 745, 1829, 1830, 1833, 1835, 1837, 1839, 1841, 2783, 2965, 4276, 4277, 4278, 4495, 4496, 4497, 4498, 4501, 4502)
2012 Ed. (536, 682, 709, 1688, 1689, 1691, 1692, 1695, 1696, 1697, 1699, 2286, 2288, 2463, 2896, 3781, 4311, 4312, 4314, 4497, 4499, 4501, 4502, 4507, 4509)
2015 Ed. (4359, 4519)
Staples Canada Inc.
2016 Ed. (4215)
Staples Center
2001 Ed. (4355)
2002 Ed. (4343)
2003 Ed. (4527)
2005 Ed. (4439)
2010 Ed. (1129)
2011 Ed. (1071, 1072)
2012 Ed. (997)
2013 Ed. (1140)
2014 Ed. (1101)
2015 Ed. (1138)
2016 Ed. (1050, 4470)
Staples Inc.
2013 Ed. (903, 1842, 1844, 1846, 1847, 2463, 2465, 2981, 3038, 3848, 4288, 4289, 4299, 4465, 4466, 4469, 4471, 4473)
2014 Ed. (821, 1772, 1774, 1776, 1777, 2393, 2442, 2538, 2550, 2567, 2992, 3768, 4337, 4338, 4499, 4500, 4514, 4515, 4518, 4521)
2015 Ed. (1818, 1820, 1822, 2467, 2469, 2480, 2514, 3064, 4329, 4330, 4342, 4499, 4500, 4514, 4517)
2016 Ed. (1777, 1780, 1782, 1784, 2413, 2447, 2954, 4225, 4226, 4431, 4432, 4449, 4453, 4457)
Staples International Inc.
2005 Ed. (4095)
2006 Ed. (4147)
2007 Ed. (4170)
2008 Ed. (4211)
2009 Ed. (4306)
2010 Ed. (4284)
Staples Printers Ltd.
1992 Ed. (1200)
Staples.com
2001 Ed. (4765)
2003 Ed. (2159, 3049)
2005 Ed. (2326)

2007 Ed. (2321)
2011 Ed. (2370)
2013 Ed. (2476)
Stapleton
1995 Ed. (195)
Stapleton, Denver
1990 Ed. (245)
1991 Ed. (214, 215, 218)
Stapleton International
1989 Ed. (245)
1992 Ed. (306, 307, 313)
1993 Ed. (206)
1994 Ed. (194)
Stapleton International Airport
1996 Ed. (193, 196, 199)
1997 Ed. (220)
The Star
1990 Ed. (292, 293)
1991 Ed. (1510)
1992 Ed. (3383)
1993 Ed. (2791, 2796)
1994 Ed. (2790)
1995 Ed. (1096, 2809)
1996 Ed. (259, 2869, 2959)
1998 Ed. (72)
2000 Ed. (3481)
2001 Ed. (584, 2550, 3198)
2003 Ed. (3275)
2004 Ed. (3337)
2007 Ed. (700)
Star
2014 Ed. (2045, 3773)
2015 Ed. (3792)
2016 Ed. (3706)
Star Air
2012 Ed. (155)
Star Banc Corp.
1992 Ed. (519, 520, 522)
1994 Ed. (1215)
1995 Ed. (3518)
1999 Ed. (393, 427, 437, 667, 4027, 4028, 4029)
2004 Ed. (1457)
Star Banc Corporation
1991 Ed. (395)
Star Bancorp
1998 Ed. (324)
Star Bank NA
1991 Ed. (637)
1993 Ed. (604)
1994 Ed. (607, 3011)
1995 Ed. (577)
1996 Ed. (647)
1997 Ed. (586)
1998 Ed. (421)
Star Block
1992 Ed. (3824)
Star Chinese
1999 Ed. (1006)
Star Circuits Inc.
2014 Ed. (1985)
2015 Ed. (2033)
Star Clippers
2015 Ed. (2284)
Star Collaborative
2015 Ed. (3187)
Star Comics
1992 Ed. (3382)
Star Enterprise
1991 Ed. (947)
1994 Ed. (2864)
Star Equipment
2007 Ed. (4423)
Star Fleet Trucking Inc.
2012 Ed. (4800)
2013 Ed. (4762)
2014 Ed. (4813)
2015 Ed. (4848)
2016 Ed. (4752)
Star Ford
2002 Ed. (361)
Star Forms
1989 Ed. (832)
1990 Ed. (849)
1991 Ed. (809)
1992 Ed. (991, 3528)
1993 Ed. (788)
1994 Ed. (805)
1995 Ed. (856)
Star Fox
1995 Ed. (3696)
Star Fox 64
1999 Ed. (4712)
Star Gas
1990 Ed. (2909)
1992 Ed. (3554)
1993 Ed. (2925)
1994 Ed. (2943)
1995 Ed. (3001)
1996 Ed. (3102)

1998 Ed. (2932)
1999 Ed. (3906)
2000 Ed. (1316, 3622)
Star Gas Partners, LP
2000 Ed. (3623)
Star Gas Propane LP
2002 Ed. (3799)
2003 Ed. (3970)
2004 Ed. (3973)
2005 Ed. (3944)
Star Global Trading Ltd.
2009 Ed. (2116)
The Star Group
2000 Ed. (159)
2002 Ed. (158)
2013 Ed. (4985)
2014 Ed. (4988)
Star Growth Equity Fund
2000 Ed. (3246)
Star Human Resources Group Inc.
1997 Ed. (2227)
2001 Ed. (2711)
Star Industries
2001 Ed. (3129)
Star-Kist
1995 Ed. (1892)
Star-Kist Seafood
1996 Ed. (875)
The Star-Ledger
1997 Ed. (2945)
1998 Ed. (2683)
1999 Ed. (3621)
2000 Ed. (3339)
2001 Ed. (3543)
Star Magazine
1991 Ed. (2702)
1992 Ed. (3371)
1994 Ed. (2784)
1996 Ed. (2958)
1997 Ed. (3048)
1999 Ed. (3751)
2001 Ed. (3195)
2008 Ed. (150, 152)
2015 Ed. (3549)
2016 Ed. (3400)
Star Market
1997 Ed. (2628)
2006 Ed. (1453)
Star-Med Recruitment
2000 Ed. (3359)
Star Media Group
2001 Ed. (1515)
Star-News
1999 Ed. (3620)
Star Nursery
2013 Ed. (2797)
2014 Ed. (2833)
2015 Ed. (2873)
"Star of Hit Reality Show Exposes Real Estate Riches"
2016 Ed. (2283)
Star of the West Milling
2010 Ed. (205, 2832)
2011 Ed. (128, 2816)
2012 Ed. (132, 2747)
Star One
2000 Ed. (1626)
2011 Ed. (987)
2012 Ed. (902)
2013 Ed. (1059)
2014 Ed. (1023)
2015 Ed. (1059)
2016 Ed. (966)
Star One Credit Union
2002 Ed. (1840, 1850)
2003 Ed. (1899, 1900, 1908)
2004 Ed. (1940, 1948)
2005 Ed. (2064, 2089)
2006 Ed. (2157, 2184)
2007 Ed. (2105)
2008 Ed. (2209, 2220)
2009 Ed. (2191, 2193, 2197, 2203)
2010 Ed. (2121, 2134, 2146, 2147, 2157)
2011 Ed. (2178)
2012 Ed. (2014, 2015, 2018, 2030, 2032, 2038)
2013 Ed. (2211, 2216, 2260, 2267)
2014 Ed. (2142, 2147, 2155, 2193, 2201)
2015 Ed. (2206, 2208, 2211, 2257, 2265)
2016 Ed. (2177, 2182, 2228, 2236)
Star One Federal Credit Union
1997 Ed. (1562, 1564)
1998 Ed. (1219, 1221, 1223)
Star Optic
1995 Ed. (1602, 1760)
Star Paving Co.
2006 Ed. (1330)

2008 Ed. (1320)
2009 Ed. (1304)
2010 Ed. (1298)
2011 Ed. (1256)
2013 Ed. (2935)
2014 Ed. (2954)
Star Pizza
2007 Ed. (3965)
Star Plaza Theatre
1999 Ed. (1295)
Star Prime
1999 Ed. (1006)
Star Scientific Inc.
2002 Ed. (3559, 3563)
Star Search
1992 Ed. (4244)
Star Staffing
2015 Ed. (1477)
Star (Star System Inc.)
1991 Ed. (1509, 1511)
Star Strategic Income Fund
1999 Ed. (599)
Star Struck
2002 Ed. (673)
Star System
1992 Ed. (1910, 1912, 1913)
1993 Ed. (263)
1994 Ed. (1606)
1995 Ed. (1648)
1996 Ed. (1624)
1997 Ed. (1704)
1998 Ed. (1396)
1999 Ed. (1954)
2000 Ed. (1732)
Star Systems
2001 Ed. (2185, 2186, 2188, 2189, 3826)
Star Telecommunications Inc.
1999 Ed. (4163, 4168)
2001 Ed. (4474, 4475)
Star (Texaco)
1992 Ed. (3439, 3440)
Star Track Express
2004 Ed. (3962)
Star Transportation Inc.
2006 Ed. (3540, 4379)
2007 Ed. (3601, 3602, 4447)
Star Trek
2011 Ed. (3704)
"Star Trek: Deep Space 9"
1995 Ed. (3579)
Star Trek into Darkness
2015 Ed. (3717)
Star Trek IV
1991 Ed. (3449)
"Star Trek: The Next Generation"
1992 Ed. (4244)
1993 Ed. (3532)
1995 Ed. (3579)
Star Trek Training Technical Manual
1996 Ed. (1083)
Star Trek VI
1993 Ed. (2599)
Star USA Credit Union
2002 Ed. (1900)
2003 Ed. (1955)
2004 Ed. (1995)
2005 Ed. (2137)
2006 Ed. (2232)
2007 Ed. (2153)
2008 Ed. (2268)
2009 Ed. (2255)
2010 Ed. (2208)
2011 Ed. (2226)
2012 Ed. (2088)
2013 Ed. (2274)
2014 Ed. (2208)
2015 Ed. (2272)
2016 Ed. (2243)
Star Venture
1999 Ed. (4705)
Star Wars
1990 Ed. (2611)
1996 Ed. (2490)
1998 Ed. (2536, 3607)
1999 Ed. (3446, 4639)
2000 Ed. (4274, 4278, 4279)
2001 Ed. (4606, 4607)
2004 Ed. (3516)
Star Wars: Empire at War
2008 Ed. (4810)
Star Wars: Episode 1--The Phantom Menace
2001 Ed. (3376)
2002 Ed. (3399)
Star Wars: Episode I - The Phantom Menace
2001 Ed. (984, 3363, 3373, 3374, 3375, 3378, 3381)
2004 Ed. (3513, 3516)

Star Wars: Episode II - Attack of the Clones
2004 Ed. (2160, 2161, 3517)
Star Wars: Episode III - Revenge of the Sith
2007 Ed. (3642)
Star Wars: Episode IV - A New Hope
2004 Ed. (3513)
Star Wars figures
1998 Ed. (3600, 3601)
Star Wars Galactic Figures
1999 Ed. (4641)
Star Wars I--The Phantom Menace
2001 Ed. (3379)
Star Wars Rebel Assault
1995 Ed. (1083, 1102, 1106)
1996 Ed. (887, 1078)
1997 Ed. (1094)
Star Wars: Shadows of the Empire
1999 Ed. (4712)
Star Wars: Special Edition
1999 Ed. (3447, 4718)
Star West Inc.
2004 Ed. (1808)
Star2Star Communications
2013 Ed. (4644)
Starbuck, Tisdale
2000 Ed. (2816)
Starbuck, Tisdale & Associates
1992 Ed. (2755)
1993 Ed. (2315, 2334, 2342)
Starbucked: A Double Tall Tale of Caffeine, Commerce, and Culture
2009 Ed. (638)
Starbucks
2013 Ed. (597, 598, 695, 1029, 1742, 1761, 2659, 2662, 2663, 2667, 4262)
2014 Ed. (610, 612, 993, 995, 998, 1680, 1682, 1684, 1685, 1694, 2610, 2613, 2617, 2626, 4318, 4319, 4326)
2015 Ed. (682, 683, 762, 1027, 1028, 1029, 1030, 1031, 1032, 1033, 1034, 1737, 2656, 2659, 2663, 4298, 4341, 4347)
2016 Ed. (623, 624, 932, 933, 934, 935, 937, 938, 939, 940, 1299, 1689, 2582, 2586, 2592, 4203, 4246)
Starbucks Coffee
1996 Ed. (1761)
1997 Ed. (1842, 3311, 3312)
1998 Ed. (1550, 1879, 1882, 3047, 3048, 3059, 3061, 3072)
2005 Ed. (4081, 4082, 4084, 4086, 4087)
2006 Ed. (4126, 4127, 4128, 4129, 4133, 4134)
2008 Ed. (1433, 2120, 4191)
2009 Ed. (4289, 4290)
2010 Ed. (2615, 2616, 2617, 2618, 2619, 4251, 4253, 4254, 4258, 4259)
2011 Ed. (2597, 2598, 2599, 2611, 4228, 4258, 4259)
2012 Ed. (2540, 2541, 2543, 2544, 4299, 4300)
2013 Ed. (4260, 4264, 4265, 4448, 4449, 4451, 4452)
2014 Ed. (4321, 4479, 4480, 4481, 4482, 4483, 4484)
2015 Ed. (4300, 4474, 4475, 4476, 4477, 4478, 4479, 4480)
2016 Ed. (4172, 4173, 4174, 4175, 4176, 4177, 4205, 4206)
Starbucks Coffee Canada Inc.
2008 Ed. (1639)
Starbucks Coffee Co.
2014 Ed. (867, 999, 1000, 1001, 2802)
2015 Ed. (1035, 1036, 1037, 4521)
2016 Ed. (612, 613, 941, 942, 943, 4243, 4323)
Starbucks Coffee Mexico
2010 Ed. (1816)
2011 Ed. (1847)
Starbucks Corp.
1995 Ed. (3136, 3137)
1997 Ed. (1837, 1838, 1839, 2165, 3319, 3328, 3331)
1998 Ed. (3420)
1999 Ed. (2130, 2131, 2136, 2137, 4049, 4081)
2000 Ed. (1913, 3412, 3783, 3795)
2001 Ed. (4064)
2002 Ed. (426, 1090, 2253, 2314, 3993, 4012)
2003 Ed. (676, 749, 751, 754, 1041, 1043, 2091, 2510, 2525, 2531,

2532, 2534, 4080, 4105, 4131, 4133, 4135, 4142)
2004 Ed. (760, 761, 764, 1049, 1569, 1581, 2575, 2664, 2667, 3252, 3253, 3254, 4106, 4123, 4129, 4142, 4145, 4467)
2005 Ed. (247, 1048, 1578, 1581, 1789, 1941, 1999, 2000, 2001, 2542, 2546, 2548, 2549, 2554, 2559, 2564, 2658, 2660, 2661, 2666, 3277, 3280, 4043, 4044, 4054, 4080, 4129)
2006 Ed. (266, 650, 1061, 1457, 1490, 1498, 1500, 2071, 2077, 2078, 2098, 2100, 2101, 2553, 2554, 2555, 2556, 2561, 2565, 2649, 2650, 2651, 2652, 3268, 3269, 3271, 4102, 4103, 4107, 4174, 4604)
2007 Ed. (1146, 1148, 1150, 1448, 1520, 1562, 1813, 1923, 2043, 2044, 2056, 2057, 2529, 2530, 2531, 2532, 2533, 2535, 2629, 2630, 2937, 3339, 3342, 4119, 4121, 4122, 4133, 4138, 4150, 4154)
2008 Ed. (649, 654, 658, 763, 1026, 1028, 1029, 1031, 1434, 1502, 2136, 2138, 2142, 2146, 2165, 2166, 2276, 2657, 2658, 2664, 2668, 2673, 2681, 2757, 2758, 3066, 3082, 3439, 3443, 4142, 4143, 4144, 4171, 4172, 4185, 4192, 4193, 4194, 4202)
2009 Ed. (666, 667, 904, 1012, 1014, 1402, 1406, 1409, 1434, 1435, 2124, 2127, 2130, 2146, 2147, 2148, 2149, 2262, 2685, 2686, 2689, 2692, 2693, 2698, 2813, 2815, 3118, 3153, 3211, 3513, 3518, 4255, 4256, 4257, 4277, 4278, 4291, 4292, 4557, 4791)
2010 Ed. (975, 976, 978, 980, 1722, 1815, 2058, 2068, 2069, 2086, 2087, 2088, 2089, 2598, 2604, 2607, 2609, 2610, 2614, 2755, 2757, 3039, 3104, 3143, 3377, 4196, 4197, 4229, 4255, 4257, 4263, 4265, 4266, 4404)
2011 Ed. (564, 903, 904, 905, 907, 912, 1728, 1737, 2113, 2123, 2124, 2143, 2144, 2145, 2146, 2529, 2581, 2589, 2590, 2591, 2592, 2596, 2734, 2740, 2742, 3074, 3109, 3441, 3445, 4204, 4205, 4229, 4230, 4255, 4257, 4263, 4266, 4267, 4476, 4758, 4759)
2012 Ed. (474, 481, 482, 539, 717, 1953, 1958, 1961, 1966, 1967, 1988, 1990, 1991, 1992, 1993, 2460, 2528, 2535, 2539, 2672, 2677, 2678, 3458, 3462, 4256, 4257, 4258, 4259, 4268, 4295, 4296, 4298, 4302, 4303, 4304, 4780, 4781)
2013 Ed. (590, 591, 592, 922, 1379, 2162, 2169, 2171, 2172, 2173, 2174, 2176, 2177, 2178, 2179, 2180, 2181, 2182, 2183, 2760, 2765, 2766, 3505, 3509, 4233, 4234, 4267, 4268, 4741, 4742)
2014 Ed. (602, 603, 1292, 2094, 2099, 2100, 2101, 2105, 2107, 2108, 2109, 2110, 2111, 2112, 2113, 2544, 2563, 2744, 2746, 2747, 3480, 3483, 4280, 4282, 4322, 4323, 4324, 4325, 4791, 4792)
2015 Ed. (671, 672, 673, 1354, 1384, 1725, 1728, 1730, 1731, 2149, 2154, 2156, 2157, 2161, 2162, 2163, 2164, 2167, 2795, 2797, 2798, 3498, 3500, 4262, 4271, 4274, 4301, 4825, 4826)
2016 Ed. (614, 1285, 1313, 2123, 2129, 2131, 2133, 2134, 2135, 2137, 2726, 2727, 2728, 4167, 4171, 4208, 4210, 4238, 4729, 4731)
Starbucks Corp. (Canada)
2007 Ed. (1631)
Starbucks Doubleshot
2014 Ed. (996)
2015 Ed. (1030, 1033)
2016 Ed. (938, 940)
Starbucks Doubleshot Cappuccino
2016 Ed. (935)
Starbucks Doubleshot Light
2015 Ed. (1033)
2016 Ed. (935, 938, 940)
The Starbucks Experience: 5 Principles

for Turning Ordinary into Extraordinary
2008 Ed. (618)
Starbucks Frappuccino
2015 Ed. (1033)
2016 Ed. (938, 940)
Starbucks' Frappuccino
2012 Ed. (481)
2013 Ed. (598)
2014 Ed. (612)
2015 Ed. (683)
Starbucks Frappuccino Cappuccino
2016 Ed. (935)
Starbucks Frappuccino Light
2016 Ed. (935, 940)
Starbucks Ground
2004 Ed. (1047)
2005 Ed. (1049)
2006 Ed. (1059)
2007 Ed. (1147)
2008 Ed. (1027)
2009 Ed. (1011)
2010 Ed. (977)
Starbucks Iced Coffee
2009 Ed. (1010)
2010 Ed. (976)
Starbucks K-Cups
2014 Ed. (3752)
Starbucks Refreshers
2015 Ed. (1326)
2016 Ed. (3689)
Starbucks Via
2014 Ed. (994)
StarbuckStore.com
2013 Ed. (2467)
Starburadze
2002 Ed. (4438, 4439)
Starburst
1993 Ed. (834)
1994 Ed. (847, 851)
1995 Ed. (891, 896)
1997 Ed. (887, 888, 889, 894)
1998 Ed. (615, 616, 624, 625)
1999 Ed. (1018)
2000 Ed. (969)
2001 Ed. (1119, 1121)
2002 Ed. (935)
2003 Ed. (1131, 1132)
2005 Ed. (859)
2008 Ed. (838)
2014 Ed. (830)
2015 Ed. (870)
2016 Ed. (757, 758)
Starburst Fruit Chews
2000 Ed. (968)
Starburst Fruit Twists
1999 Ed. (1017)
2000 Ed. (968)
Starburst Summer Blends
1997 Ed. (2349, 2931)
Starburst Tropical
1993 Ed. (834)
Starch
2001 Ed. (1508)
2002 Ed. (3054)
Starcom
2000 Ed. (140)
2003 Ed. (110, 112, 113, 114, 115, 117, 118, 119, 120)
2005 Ed. (123)
2006 Ed. (126, 3432)
2008 Ed. (130)
2013 Ed. (1700)
Starcom Hispanic
2003 Ed. (80)
Starcom International
2012 Ed. (1114)
Starcom MediaVest Group
2002 Ed. (3278)
2003 Ed. (111)
2006 Ed. (121)
2007 Ed. (113, 2883)
2008 Ed. (3005)
2009 Ed. (3091)
2010 Ed. (3024)
2011 Ed. (55, 56, 2993)
2012 Ed. (64, 65, 2919)
2013 Ed. (3008, 3663)
2014 Ed. (81, 2411, 3017, 3599)
2015 Ed. (71, 72, 2486, 3084)
2016 Ed. (72, 73, 2417)
Starcom MediaVest Worldwide
2002 Ed. (142, 145)
2003 Ed. (108)
2004 Ed. (119, 121, 122)
2005 Ed. (122, 124)
2006 Ed. (125, 127)
2007 Ed. (119, 121)
2008 Ed. (126, 128)
2009 Ed. (137, 139)

Starcom UK Group
2009 Ed. (144)
2010 Ed. (140)
2011 Ed. (63)
Starcom USA
2007 Ed. (120)
2008 Ed. (127)
2009 Ed. (138)
2010 Ed. (136)
2011 Ed. (54)
2012 Ed. (63)
2014 Ed. (80)
Starcom Worldwide
2000 Ed. (131, 132, 133, 134, 136, 137, 138)
2001 Ed. (165, 166, 171, 172, 173, 174, 175, 177, 178, 3249)
2002 Ed. (144, 146, 147, 148, 193, 194, 195, 196)
Starcom/Leo Burnett Co.
2000 Ed. (130)
Starcon International Inc.
2008 Ed. (1249, 1261, 1330)
2009 Ed. (1222, 1237, 1317)
Starcraft
1992 Ed. (3644, 4368, 4370, 4371, 4372)
1996 Ed. (3172)
1998 Ed. (3029)
Starcraft Automotive Corp.
1995 Ed. (3685, 3686, 3687, 3688)
Starcraft RV
1993 Ed. (2986)
1994 Ed. (2923)
Starega; Kasia
1997 Ed. (1973)
Starent Networks Corp.
2009 Ed. (1882)
2010 Ed. (1806, 1814)
Starfield Resources Inc.
2009 Ed. (1561, 1583)
Stargate
1997 Ed. (3845)
2003 Ed. (3949)
Stargate Systems Inc.
2001 Ed. (1730)
StarHub Cable TV
2009 Ed. (90)
2010 Ed. (98)
StarHub Ltd.
2005 Ed. (76)
2006 Ed. (85)
2007 Ed. (75)
2008 Ed. (81)
2012 Ed. (1882)
Starizon
2007 Ed. (1318)
Stark; Anthony
2008 Ed. (640)
2009 Ed. (657)
2010 Ed. (624)
2011 Ed. (559)
2012 Ed. (540)
2013 Ed. (4853)
2015 Ed. (4905)
Stark Draper Laboratory; Charles
1992 Ed. (3256)
Stark Excavating Inc.
2006 Ed. (1309)
2009 Ed. (1279)
2010 Ed. (1242)
Stark Investments
2009 Ed. (4448)
2010 Ed. (4491)
Starkey; Jerry L.
2008 Ed. (2638, 2639)
2009 Ed. (2664)
Starkey Mortgage; WR
2008 Ed. (1673)
StarKist
1994 Ed. (3607)
1999 Ed. (2457, 2458)
2000 Ed. (2215)
2004 Ed. (2642)
2010 Ed. (4440)
2011 Ed. (4385)
2012 Ed. (4425)
2013 Ed. (4392)
2014 Ed. (4428)
2015 Ed. (4410)
2016 Ed. (4306)
Starkist Samoa
2002 Ed. (1496)
StarKist Seafood Co.
2006 Ed. (4250)
2007 Ed. (4265)
2008 Ed. (4284)
Starks; Daniel J.
2011 Ed. (834)

Starkweather & Shepley Insurance Brokerage Inc.
2014 Ed. (1960)
Starlight Foundation
1991 Ed. (1766)
Starline Collect
1992 Ed. (3303)
Starline Opt
1991 Ed. (2645)
1992 Ed. (3302)
Starline Tours
1991 Ed. (807)
Starling; David L.
2014 Ed. (946)
2015 Ed. (973)
Starlite Aviation Operations Ltd.
2016 Ed. (1700)
Starmann, Starshak & Welnhofer
1998 Ed. (2234)
Starmark International
2005 Ed. (96)
2006 Ed. (106, 3507)
2007 Ed. (3545, 4406, 4991)
2008 Ed. (3703, 4378, 4957)
2016 Ed. (4977)
Starmed MA Recruitment
2001 Ed. (3555)
Starmedia
2000 Ed. (1753, 4340)
Starmedia.com
2009 Ed. (3435)
2010 Ed. (2983)
StarMine
2007 Ed. (2565)
Starn O Toole Marcus & Fisher, A Law
Corp.
2009 Ed. (1719)
Starn O'Toole Marcus & Fisher
2009 Ed. (1718)
Star/NCL Group
2004 Ed. (2004)
Starnes Davis Florie LLP
2015 Ed. (3466)
Starnes; W. Stancil
2015 Ed. (954)
Starnet Commercial Flooring Inc.
2008 Ed. (1383)
2009 Ed. (1386)
2011 Ed. (1364)
2012 Ed. (1227)
Starnet Worldwide Commercial Flooring
Partners
2015 Ed. (1342)
Starpak International
1993 Ed. (1050)
Starpoint Solutions
2002 Ed. (1156, 1157)
Starpointe Savings Bank
1992 Ed. (1477)
Starr; Beth
1997 Ed. (1950)
Starr; Brenda K.
1993 Ed. (1078)
The Starr Conspiracy
2013 Ed. (2093)
Starr Cos.
2015 Ed. (3378)
Starr County, TX
2002 Ed. (1806)
Starr Foundation
1993 Ed. (890, 1897)
1994 Ed. (1901)
2002 Ed. (2324, 2325, 2328, 2332)
2004 Ed. (2681)
2005 Ed. (2678)
2011 Ed. (2754)
The Starr Group
2000 Ed. (149)
Starr International Co.
2015 Ed. (3383)
2016 Ed. (3255)
Starr International Group
2013 Ed. (3330)
2014 Ed. (3347)
2015 Ed. (3380)
2016 Ed. (3249)
Starr Investment Holdings
2016 Ed. (4010)
Starr; Ringo
1995 Ed. (1118, 1120)
Starr Tincup
2012 Ed. (1931)
The Starratt Group
2016 Ed. (3124)
Starrett Co.; L. S.
2005 Ed. (1260, 2783)
2006 Ed. (1219)
Star/Rosen Public Relations
2000 Ed. (3661)

Stars; Dallas
2006 Ed. (2862)
2009 Ed. (3056)
2010 Ed. (2990)
2011 Ed. (2959)
2012 Ed. (2888)
Star's Music
2013 Ed. (3794)
2015 Ed. (3742)
2016 Ed. (3650)
Starship Troopers
2001 Ed. (4695)
Start Creative
2009 Ed. (142)
The Start Group
2014 Ed. (3125)
Start People - ein Geschaftsbereich der
USG People Austria GmbH
2014 Ed. (1395)
Start Today
2015 Ed. (1759)
Startec
2001 Ed. (4475)
Startek Inc.
2005 Ed. (4647)
2006 Ed. (1645)
Starter
1991 Ed. (3170)
1992 Ed. (4051)
1993 Ed. (3371, 3372)
2001 Ed. (4348)
Starter Batteries
1989 Ed. (328)
1990 Ed. (397)
Starters/alternators/generators
1995 Ed. (334)
StarTex Power
2011 Ed. (2420)
Startfinder
2015 Ed. (3187)
2016 Ed. (3044)
Starting an eBay Business for Dummies
2013 Ed. (623)
Starting, Generating, Electrical
1989 Ed. (329)
Starting, Generating, Electrical (all)
1990 Ed. (398)
Starting Lineup
2000 Ed. (4274, 4278, 4279)
Starting Your Own Business
2013 Ed. (623)
StartJG
2016 Ed. (3281)
Starvox Entertainment Inc.
2015 Ed. (4459)
Starwood
2000 Ed. (2542, 2571, 2572)
Starwood Capital
2002 Ed. (3939)
2003 Ed. (3442)
Starwood Capital Group
1999 Ed. (3074)
2000 Ed. (2803, 2806, 2808, 2836)
2014 Ed. (3094)
Starwood Financial Trust
2000 Ed. (280)
Starwood Hotels
2013 Ed. (1573)
2014 Ed. (1544)
2015 Ed. (4426)
2016 Ed. (4320)
Starwood Hotels & Resorts
2000 Ed. (1331, 1335, 1358, 1359, 2236, 2535, 2540, 2560, 2561)
2013 Ed. (1579)
2014 Ed. (1548, 1680, 2544)
2015 Ed. (1725)
Starwood Hotels & Resorts Hawaii
2006 Ed. (1742)
2007 Ed. (1751)
Starwood Hotels & Resorts REIT
2001 Ed. (2726)
Starwood Hotels & Resorts Worldwide
Inc.
2001 Ed. (1250, 2778, 2782, 2786, 2788, 2792)
2002 Ed. (1573, 2630, 2638, 2639, 2640, 2642)
2003 Ed. (1565, 2840, 2841, 2842, 2843, 2844, 2845, 2846, 2848)
2004 Ed. (2931, 2932, 2933, 2936, 2937, 2939, 3252, 3253)
2005 Ed. (247, 1754, 2892, 2921, 2922, 2923, 2924, 2927, 2929, 2932, 3277, 3278, 3280)
2006 Ed. (165, 266, 2927, 2928, 2929, 2930, 2932, 2935, 2936, 3268, 3269, 3271)
2007 Ed. (885, 2716, 2902, 2938, 2939, 2941, 2943, 2946, 2947,

2948, 2949, 2957, 2958, 3342, 3343, 3345, 3347, 4127)
2008 Ed. (1739, 3023, 3067, 3068, 3072, 3073, 3081, 3082, 3443, 4046, 4202)
2009 Ed. (868, 1680, 3110, 3155, 3156, 3157, 3158, 3161, 3162, 3171, 4116)
2010 Ed. (814, 1636, 1671, 3043, 3085, 3086, 3087, 3091, 3092, 3096, 3105, 4049)
2011 Ed. (742, 2857, 3012, 3056, 3057, 3058, 3061, 3066, 3075, 4972)
2012 Ed. (214, 679, 2460, 2939, 2999, 3000, 3001, 3002, 3005, 3007, 3010, 3015, 3016, 3458, 4780)
2013 Ed. (184, 888, 2855, 3028, 3088, 3089, 3090, 3091, 3098, 3099, 3100, 3505, 4741)
2014 Ed. (191, 1547, 2884, 3041, 3086, 3087, 3089, 3090, 3091, 3096, 3098, 3099, 3480, 4791)
2015 Ed. (3107, 3153, 3154, 3156, 3157, 3161, 3163, 3164, 3498, 4825)
2016 Ed. (3008, 3009, 3011, 3012, 3014, 3015, 3016)
Starwood Lodging Trust Corp.
1998 Ed. (3001)
1999 Ed. (1444, 2770, 4001, 4003, 4486)
2002 Ed. (1454)
2003 Ed. (1474)
2004 Ed. (1453, 1504)
2005 Ed. (1520)
Starz!
1998 Ed. (604)
Starz Entertainment LLC
2012 Ed. (3109)
Stash
2005 Ed. (4605)
2008 Ed. (4599)
2010 Ed. (4675)
2011 Ed. (4623)
2013 Ed. (4581)
2014 Ed. (4641)
2015 Ed. (4628)
2016 Ed. (4546)
Stastny; J. Shelby
1995 Ed. (3504)
State
1997 Ed. (3867)
1998 Ed. (3700)
1999 Ed. (4744)
2000 Ed. (4373)
State and local income, personal property taxes
1992 Ed. (2587)
State Auditor General
2015 Ed. (251)
State Auto Financial Corp.
2005 Ed. (2225)
2007 Ed. (2231, 3102)
State Bancshares Inc.
1995 Ed. (1239)
State Bank
1989 Ed. (217)
1995 Ed. (544)
1996 Ed. (421, 603)
2000 Ed. (755)
2010 Ed. (434)
2011 Ed. (359)
2012 Ed. (358, 359)
2013 Ed. (485)
State Bank Countryside
2002 Ed. (540)
2007 Ed. (417)
State Bank for Foreign Economic Affairs
2004 Ed. (472)
State Bank International
1996 Ed. (603)
1997 Ed. (556)
State Bank of Bartley
2007 Ed. (464)
State Bank of Bellingham
2015 Ed. (560)
State Bank of Countryside
1999 Ed. (494)
2000 Ed. (487)
2008 Ed. (395)
2009 Ed. (418)
2010 Ed. (394)
State Bank of Delano (MN)
2000 Ed. (551)
State Bank of Du Bois
1994 Ed. (512)
State Bank of Illinois
2000 Ed. (487)

State Bank of India
1989 Ed. (480, 481, 558)
1990 Ed. (504, 592)
1991 Ed. (545)
1992 Ed. (704, 705, 718)
1993 Ed. (514)
1994 Ed. (513, 514, 724)
1995 Ed. (495, 496)
1996 Ed. (547, 548, 754)
1997 Ed. (506, 507, 685, 2394)
1999 Ed. (469, 542, 543, 741, 742)
2000 Ed. (553, 554, 754)
2002 Ed. (519, 569, 570, 1921, 4426)
2003 Ed. (528)
2004 Ed. (506, 544)
2005 Ed. (525)
2006 Ed. (443, 455, 1753, 4507)
2007 Ed. (449, 466)
2008 Ed. (432, 1803)
2009 Ed. (1749)
2010 Ed. (376, 436, 1695, 1696)
2011 Ed. (361, 1707)
2012 Ed. (321, 1564)
2013 Ed. (374, 382, 651, 1718)
2014 Ed. (387, 394, 668, 1665)
2015 Ed. (442, 450, 726, 1707, 1709, 1710)
2016 Ed. (398, 399, 404, 510, 664, 1657, 1658, 3193)
State Bank of India Group
2002 Ed. (1668)
2005 Ed. (3226)
2006 Ed. (1765)
2007 Ed. (1772)
2008 Ed. (1802)
2009 Ed. (1748)
2010 Ed. (1694)
2011 Ed. (1706)
2012 Ed. (361, 368, 1562)
2013 Ed. (384, 491, 1717)
2014 Ed. (395, 503, 1664)
2015 Ed. (451, 567, 1708)
2016 Ed. (405, 1656)
State Bank of Long Island
2001 Ed. (642)
State Bank of Mauritius
1997 Ed. (556)
1999 Ed. (590)
2000 Ed. (606)
2001 Ed. (1605)
2002 Ed. (509, 620, 4443, 4444)
2003 Ed. (584, 614)
2004 Ed. (591, 623)
2005 Ed. (576)
2006 Ed. (499, 4520)
2007 Ed. (518)
2008 Ed. (475)
2009 Ed. (502)
2010 Ed. (485)
2011 Ed. (413)
2013 Ed. (344)
2014 Ed. (362)
2015 Ed. (414, 1400)
2016 Ed. (379, 1332)
State Bank of New Richland
2015 Ed. (561)
State Bank of New South Wales
1989 Ed. (482)
1990 Ed. (505)
1991 Ed. (453)
1992 Ed. (608)
1993 Ed. (427)
1994 Ed. (427)
1995 Ed. (423)
1996 Ed. (447)
1997 Ed. (412)
1999 Ed. (471)
State Bank of Patiala
2004 Ed. (558)
State Bank of Paw Paw
2013 Ed. (485)
State Bank of Riverside, NB
1992 Ed. (703)
State Bank of S. Australia
1991 Ed. (453)
State Bank of Schaller
2015 Ed. (560)
State Bank of South Australia
1992 Ed. (608)
1993 Ed. (427)
1994 Ed. (427)
1995 Ed. (423)
1996 Ed. (447, 560)
State Bank of Southern Utah
2006 Ed. (539)
State Bank of Southwest Missouri
2004 Ed. (543)
State Bank of Springfield
1989 Ed. (212)
State Bank of Texas

2009 Ed. (453)
2010 Ed. (432)
2011 Ed. (357)
State Bank of the Mongolian People's Republic
1989 Ed. (628)
State Bank of Victoria
1989 Ed. (482)
1992 Ed. (608)
1993 Ed. (427)
State Bank of Wiley
1996 Ed. (539)
1997 Ed. (498)
1998 Ed. (367)
State Bank of Worthington
1996 Ed. (542)
State Bank & Trust
2005 Ed. (380, 1065)
State Bank Victoria
1990 Ed. (505)
1991 Ed. (453)
State Bankshares
2014 Ed. (339)
State Bond Common Stock
1995 Ed. (2731)
State Capitol Credit Union
2002 Ed. (1901)
State Central Credit Union
2005 Ed. (2079)
State College
1995 Ed. (3110)
State College, PA
1993 Ed. (2555)
2002 Ed. (31, 1057, 1903)
2005 Ed. (3311)
2006 Ed. (3300)
2007 Ed. (1158)
2008 Ed. (1051, 3481)
2009 Ed. (1024)
2010 Ed. (990)
2012 Ed. (4374, 4375)
2013 Ed. (4788)
State Commercial Bank
1989 Ed. (619)
1991 Ed. (606)
1992 Ed. (776)
1993 Ed. (566)
1994 Ed. (568)
State Comp Insurance Fund Cal.
2002 Ed. (4991)
State Comp. Insurance Fund of California
2005 Ed. (3079)
State Compensation Fund of California
2003 Ed. (4994)
2004 Ed. (4997)
2005 Ed. (4998)
2006 Ed. (4997)
2007 Ed. (4998)
2009 Ed. (4999)
2010 Ed. (5003)
State Compensation Insurance Fund
1997 Ed. (3921)
2000 Ed. (4440)
2016 Ed. (3255)
State Compensation Insurance Fund of California
2002 Ed. (2970)
2005 Ed. (3144)
2011 Ed. (5000)
2012 Ed. (4997)
2013 Ed. (5001)
2014 Ed. (5000)
State & County Mutual Fire
2001 Ed. (2908)
2002 Ed. (3954)
State & County Mutual Fire Insurance Co.
2003 Ed. (2970)
2004 Ed. (3055)
2005 Ed. (3066)
State Courier Service
1998 Ed. (2465)
1999 Ed. (3343)
2000 Ed. (3080)
State Department Credit Union
2002 Ed. (1898)
2003 Ed. (1952)
2004 Ed. (1992)
2005 Ed. (2134)
2006 Ed. (2229)
2007 Ed. (2150)
2008 Ed. (2265)
2009 Ed. (2252)
2010 Ed. (2205)
2011 Ed. (2223)
2012 Ed. (2084)
2013 Ed. (2272)
2014 Ed. (2206)
2015 Ed. (2270)

2016 Ed. (2241)
State Department Federal Credit Union
2009 Ed. (2251)
2012 Ed. (2086)
State; Department of
1992 Ed. (29)
State Department Store
2006 Ed. (4522)
State Employees
1990 Ed. (1458)
2000 Ed. (1627, 1628)
2009 Ed. (514)
State Employees Credit Union
2013 Ed. (2249, 2250)
2014 Ed. (2181, 2182)
2015 Ed. (2219, 2245, 2246)
2016 Ed. (2190, 2216, 2217)
State Employees' Credit Union
1991 Ed. (1394)
1992 Ed. (1754)
1993 Ed. (1447, 1450)
1994 Ed. (1502)
1995 Ed. (1534)
1996 Ed. (1497, 1499, 1500, 1501, 1503, 1512)
1997 Ed. (1558, 1560, 1562, 1564, 1567, 1568, 1569)
1998 Ed. (1215, 1220, 1221, 1222, 1223, 1225, 1227, 1228, 1229, 1230)
2001 Ed. (434, 1960, 1961)
2002 Ed. (1841, 1842, 1843, 1872, 1882, 1883)
2003 Ed. (1887, 1901, 1902, 1926, 1936, 1937)
2004 Ed. (1383, 1387, 1926, 1941, 1942, 1966, 1975, 1976, 1977)
2005 Ed. (1408, 1409, 2060, 2061, 2065, 2077, 2081, 2082, 2084, 2108, 2117, 2118, 2119, 3304)
2006 Ed. (1394, 1395, 2158, 2162, 2171, 2175, 2176, 2178, 2203, 2212, 2214)
2007 Ed. (1429, 2098, 2099, 2100, 2124, 2133, 2135)
2008 Ed. (2210, 2214, 2215, 2248, 2250)
2009 Ed. (761, 2178, 2189, 2190, 2198, 2234, 2236, 3772, 3773)
2010 Ed. (2125, 2126, 2131, 2149, 2150, 2152, 2188, 2190)
2011 Ed. (2172, 2173, 2206, 2208)
2012 Ed. (2014, 2015, 2021, 2022, 2025, 2032, 2033, 2043, 2067, 2068, 2069)
2013 Ed. (2214, 2215, 2223, 2251, 2267, 2268)
2014 Ed. (2145, 2146, 2183, 2201, 2202)
2015 Ed. (2209, 2210, 2247, 2265, 2266)
2016 Ed. (2180, 2181, 2218, 2236, 2237)
State Employees Credit Union Inc.
2015 Ed. (1338)
State Employees Credit Union of Maryland
1993 Ed. (1449)
1995 Ed. (1536)
1997 Ed. (1563)
2002 Ed. (1870)
2003 Ed. (1924)
2004 Ed. (1964)
2005 Ed. (2106)
2006 Ed. (2201)
2007 Ed. (2122)
2008 Ed. (2237)
2009 Ed. (2223)
2010 Ed. (2177)
2011 Ed. (2195)
2012 Ed. (2055)
2013 Ed. (2236)
2014 Ed. (2168)
2015 Ed. (2232)
2016 Ed. (2172, 2203)
State Employees' Credit Union of Maryland
2016 Ed. (2180)
State Employees CU
1999 Ed. (1800, 1801, 1802, 1803)
State Exchange Bank
2009 Ed. (455)
State Export-Import Bank of Ukraine
2013 Ed. (471)
State Fair
2008 Ed. (2786)
2014 Ed. (2780)
2015 Ed. (2826)
2016 Ed. (2758)
State Fair of Oklahoma

1990 Ed. (1727)
1992 Ed. (2066)
1993 Ed. (1709)
1994 Ed. (1725)
1995 Ed. (1733)
1997 Ed. (1805)
1998 Ed. (1518)
1999 Ed. (2086)
2000 Ed. (1888)
2002 Ed. (2215)
State Fair of Oklahoma, Oklahoma City
1991 Ed. (1635)
State Fair of Texas
1990 Ed. (1727)
1992 Ed. (2066)
1993 Ed. (1709)
1994 Ed. (1725)
1995 Ed. (1733)
1997 Ed. (1805)
1998 Ed. (1518)
1999 Ed. (2086)
2003 Ed. (2417)
2005 Ed. (2524)
2006 Ed. (2534)
2007 Ed. (2513)
State Fair of Texas, Dallas
1991 Ed. (1635)
State Farm
1989 Ed. (1436)
1990 Ed. (2252)
1991 Ed. (2146)
1995 Ed. (2287, 2326)
2000 Ed. (2717)
2005 Ed. (705)
2006 Ed. (632)
2007 Ed. (2494)
2008 Ed. (2609, 3765)
2009 Ed. (612, 2647, 3342, 3791)
2010 Ed. (591, 2551, 2552, 3281, 3720, 3721)
2011 Ed. (2541, 2542, 3250)
2012 Ed. (3217)
2013 Ed. (3284)
2014 Ed. (3308)
2015 Ed. (3354)
2016 Ed. (3134)
State Farm Balanced
1990 Ed. (2394)
State Farm Bank
2014 Ed. (335)
State Farm Bank, FSB
2004 Ed. (4280, 4281)
2005 Ed. (4180, 4213, 4214)
2006 Ed. (3569, 4232, 4239)
2007 Ed. (3019, 3629, 4246, 4252, 4253, 4258)
2010 Ed. (3000, 3702, 3704, 4419, 4424, 4425, 4426)
2011 Ed. (2967, 3697, 3699, 4364, 4369, 4370, 4371, 4376, 4377)
2012 Ed. (2904, 3715, 3717, 4404, 4409, 4410, 4411, 4416, 4417)
2013 Ed. (2988, 3762, 3764, 4372, 4373, 4374, 4377, 4382, 4387)
State Farm Central Credit Union
2006 Ed. (2206)
2007 Ed. (2127)
2008 Ed. (2242)
State Farm Companies Foundation
2002 Ed. (977)
State Farm Consolidated
2009 Ed. (3367, 3378)
State Farm Credit Union
2010 Ed. (2121, 2130, 2168)
2011 Ed. (2187)
2012 Ed. (2018, 2047)
2013 Ed. (2211, 2229)
2014 Ed. (2142, 2161)
2015 Ed. (2206, 2225)
2016 Ed. (2177, 2196)
State Farm F&C
1990 Ed. (2251)
State Farm Financial Service
2003 Ed. (4263)
State Farm Fire & Casualty Co.
1991 Ed. (2122, 2124)
1992 Ed. (2686, 2688, 2696)
1993 Ed. (2233, 2234)
1994 Ed. (2223, 2270, 2272, 2283)
1995 Ed. (2327)
1996 Ed. (2302, 2336, 2338)
1997 Ed. (2421, 2432, 2462, 2464, 2470)
1998 Ed. (2133, 2204, 2207)
1999 Ed. (2973, 2976)
2000 Ed. (2681, 2724, 2728, 2733)
2002 Ed. (2872, 2958, 2963, 2965, 3955)
2003 Ed. (3010)
2005 Ed. (3129)

2007 Ed. (3174)
2008 Ed. (3321, 3323)
2009 Ed. (3391)
2010 Ed. (3326)
2011 Ed. (3284)
2013 Ed. (3341)
2014 Ed. (3360)
2015 Ed. (3393)
2016 Ed. (3265)
State Farm Florida Insurance Co.
2002 Ed. (2965)
2003 Ed. (2985)
2004 Ed. (3133)
2005 Ed. (3141)
State Farm Great Lakes Credit Union
2008 Ed. (2230)
2009 Ed. (2214)
State Farm Group
1989 Ed. (1672, 1674, 1676, 1677, 1734, 1735)
1990 Ed. (2220, 2221, 2227, 2228)
1991 Ed. (2081, 2082, 2083, 2092, 2093, 2129, 2130)
1993 Ed. (2188, 2189, 2190, 2201, 2202, 2238, 2240, 2241, 2242)
1994 Ed. (2219, 2220, 2221, 2246, 2247, 2271, 2278, 2280, 2281)
1995 Ed. (2266, 2267, 2320, 2322, 2324, 2325)
1996 Ed. (1236, 1377, 2283, 2301, 2303, 2331, 2333, 2334, 2335, 2337, 2343, 2472)
1997 Ed. (1428, 2406, 2407, 2408, 2424, 2431, 2433, 2436, 2461, 2465, 2468)
1998 Ed. (2115, 2116, 2117, 2152, 2153, 2200, 2203, 2211)
1999 Ed. (1864, 2901, 2902, 2903, 2934, 2935, 2971, 2972, 2978, 2979, 2980)
2000 Ed. (2655, 2656, 2657, 2723, 2725, 2732, 2735)
2002 Ed. (2838, 2839, 2840, 2841, 2842, 2866, 2867, 2878, 2894, 2898, 2957, 2959, 2960, 2970, 3486)
2003 Ed. (2965, 2966, 2967, 2968, 2969, 2981, 2983, 2986, 2987, 2989, 3007, 3009)
2008 Ed. (3282, 3320, 3322, 3324)
2009 Ed. (3287, 3393, 3396)
2010 Ed. (3215, 3235, 3276, 3328)
2011 Ed. (3179, 3245, 3286)
State Farm, IL
1991 Ed. (2123)
2000 Ed. (2721)
State Farm IL Group
2009 Ed. (3308)
2013 Ed. (3342)
State Farm Illinois Credit Union
2002 Ed. (1863)
2003 Ed. (1917)
2004 Ed. (1957)
2005 Ed. (2099)
2006 Ed. (2194)
2007 Ed. (2115)
State Farm Indemnity Co.
2000 Ed. (2653)
State Farm Indiana Credit Union
2003 Ed. (1886)
2004 Ed. (1925)
2005 Ed. (2062)
State Farm Insurance
1989 Ed. (280, 1708, 1808)
1990 Ed. (2256)
1992 Ed. (2105, 2643, 2655, 2687, 2693)
1996 Ed. (2928)
1999 Ed. (1653, 2965, 2968, 2981)
2000 Ed. (1454, 1482, 2719, 2734)
2008 Ed. (4265)
2013 Ed. (1714)
2014 Ed. (1661)
2015 Ed. (2395, 4424)
2016 Ed. (4318)
State Farm Insurance Companies
2001 Ed. (2898, 2902, 2903, 2904, 2905, 2906, 2951, 3084, 3683)
2002 Ed. (1532, 1667, 2949, 2950, 2955, 2966, 2967, 2969)
2003 Ed. (1696, 3005, 3006, 3011)
2004 Ed. (1732, 3050, 3051, 3052, 3053, 3054, 3071, 3073, 3084, 3095, 3106, 3108, 3110, 3124, 3125, 3126, 3128, 3129, 3131)
2005 Ed. (1792, 3056, 3057, 3058, 3059, 3060, 3061, 3062, 3063, 3080, 3084, 3091, 3098, 3099, 3100, 3109, 3111, 3124, 3128, 3131, 3133, 3135, 3137, 3138, 3139, 3906)

2006 Ed. (141, 1763, 3060, 3061, 3062, 3063, 3064, 3065, 3085, 3095, 3113, 3114, 3134, 3138, 3139, 3143, 3144, 3145, 3146, 3147, 3979)
2007 Ed. (134, 1496, 1500, 1770, 1800, 3088, 3089, 3090, 3091, 3092, 3093, 3101, 3127, 3128, 3140, 3143, 3169, 3171, 3172, 3175, 3177, 3178, 3180, 3182, 4018)
2008 Ed. (1490, 1495, 1800, 3229, 3230, 3231, 3232, 3233, 3234, 3248, 3265, 3283, 3316, 3325, 3326, 3328, 3330)
2009 Ed. (1746, 3289, 3290, 3291, 3292, 3293, 3294, 3309, 3317, 3339, 3385, 3389, 3394, 3395, 3398, 3401)
2010 Ed. (1690, 1691, 2989, 3216, 3217, 3218, 3219, 3221, 3236, 3250, 3277, 3305, 3314, 3321, 3324, 3329, 3330, 3332, 3334, 3335)
2011 Ed. (1703, 1704, 3180, 3181, 3182, 3184, 3207, 3219, 3246, 3279, 3282, 3287, 3289, 3291, 3292, 4805)
2012 Ed. (1558, 1559, 3139, 3140, 3141, 3142, 3143, 3166, 3190, 3212, 3257, 3261, 3263, 3264, 3269, 3270)
2013 Ed. (1713, 3029, 3217, 3218, 3219, 3221, 3238, 3273, 3329, 3339, 3344, 3349, 3351, 4800)
2014 Ed. (1660, 3236, 3237, 3238, 3240, 3265, 3301, 3302, 3358, 3363, 3366, 3367)
2015 Ed. (1704, 3294, 3295, 3296, 3298, 3345, 3391, 3396, 3401)
2016 Ed. (1654, 3146, 3147, 3148, 3150, 3214, 3263, 3269, 3272)
State Farm Insurance Co.
2014 Ed. (4971)
2015 Ed. (3530, 5017)
State Farm Insurance Cos.
2015 Ed. (1732, 3400)
State Farm Insurance Group
2009 Ed. (3392)
2010 Ed. (3327)
2011 Ed. (3285)
State Farm Interim
2004 Ed. (695)
State Farm Investment
2005 Ed. (3540)
State Farm Investment Management
2004 Ed. (3541, 3563)
2011 Ed. (3729)
2012 Ed. (2488, 3741)
2013 Ed. (613, 3814)
State Farm Life
1989 Ed. (1683, 1684, 1685, 1701, 1703, 1709)
1990 Ed. (2236, 2237, 2248, 2249)
1991 Ed. (2097, 2115, 2116, 2117)
1993 Ed. (2204, 2208, 2211, 2214, 2226, 2227, 3259)
1996 Ed. (2308, 2310, 2313, 2315, 2316, 2318)
State Farm Life Group
2008 Ed. (3291, 3293, 3295)
2009 Ed. (3350, 3353, 3355)
2010 Ed. (3289, 3292, 3294)
2012 Ed. (3226, 3229)
2013 Ed. (3305, 3308, 3310)
2014 Ed. (3328, 3331, 3333)
State Farm Life Insurance Co.
1991 Ed. (2101, 2102)
1992 Ed. (2658, 2664, 2669, 2670)
1994 Ed. (2257, 2260, 3253)
1995 Ed. (2277, 2295, 2302, 2303, 2304, 3332)
1997 Ed. (2437, 2443, 2444, 2445, 2446)
1998 Ed. (1144, 2157, 2163, 2164, 2170, 2182, 2183, 2184, 2190, 2194, 2197)
1999 Ed. (2952, 2953, 2954)
2000 Ed. (2690, 2691, 2692, 2693, 2703, 2704, 2705, 2711)
2001 Ed. (2941, 2947)
2002 Ed. (2913, 2914, 2915, 2916, 2924, 2925, 2930, 2938)
2003 Ed. (2999)
2007 Ed. (3150, 3151)
2008 Ed. (3300, 3301)
2009 Ed. (3360, 3361)
2010 Ed. (3298)
2011 Ed. (3260)
2012 Ed. (3216, 3234)
State Farm Lloyds

1994 Ed. (2275)
1996 Ed. (2341)
1997 Ed. (2467)
1998 Ed. (2202)
1999 Ed. (2970)
2000 Ed. (2722)
State Farm Mid-South Credit Union
2006 Ed. (2154)
State Farm Missouri Credit Union
2006 Ed. (2154)
State Farm Mutual
2012 Ed. (3211)
State Farm Mutual Auto
1990 Ed. (2251, 2260)
1991 Ed. (2122, 2125)
1992 Ed. (2686, 2689, 2695, 2696)
1993 Ed. (2183, 2185, 2197, 2233, 2235)
1994 Ed. (2215, 2217, 2222, 2223, 2270, 2273, 2283)
1995 Ed. (2327)
1996 Ed. (2269, 2271, 2299, 2336, 2339)
1997 Ed. (2409, 2411, 2421, 2462, 2463, 2470)
1998 Ed. (2110, 2118, 2133, 2150, 2204, 2205)
1999 Ed. (2898, 2904, 2932, 2973, 2974)
State Farm Mutual Auto Insurance Co.
2000 Ed. (2650, 2651, 2724, 2726, 2730, 2733)
2007 Ed. (3174)
2008 Ed. (2712, 3321, 3323)
2009 Ed. (3391)
2010 Ed. (2696, 3326)
2013 Ed. (65, 3341)
2014 Ed. (84, 86)
2015 Ed. (90, 3321)
2016 Ed. (83)
State Farm Mutual Automobile Insurance
2013 Ed. (3259, 3272)
2014 Ed. (3287, 3300)
2016 Ed. (3196, 3213)
State Farm Mutual Automobile Insurance Co.
2001 Ed. (1073, 1730, 2899, 2900, 2901, 2908, 2916)
2002 Ed. (2869, 2872, 2956, 2958, 2965)
2003 Ed. (21, 1694, 2974, 3010)
2004 Ed. (1730, 3075, 3077)
2005 Ed. (128, 1790, 3082, 3129, 3132)
2006 Ed. (761, 1761, 3066, 3087)
2007 Ed. (1768, 3094, 3104)
2008 Ed. (1798, 3235, 3251, 4045)
2009 Ed. (1743, 3295, 3312, 4115)
2010 Ed. (1688, 3222, 3241, 4052)
2011 Ed. (66, 69, 70, 2682, 2936, 2937, 3185, 3212, 3284, 4030)
2012 Ed. (68, 69, 70, 72, 2613, 3138, 3144, 3168, 3239, 3265, 4059)
2013 Ed. (64, 1711, 3215, 3216, 3241, 3318, 3345)
2014 Ed. (1658, 3226, 3227, 3232, 3234, 3235, 3267, 3299, 3303, 3335, 3360, 3361, 3364)
2015 Ed. (1702, 3292, 3293, 3316, 3344, 3346, 3393, 3394)
2016 Ed. (1653, 3139, 3142, 3144, 3145, 3164, 3168, 3212, 3215, 3233, 3235, 3238, 3265, 3266, 3270, 4006)
State Farm Mutual Group
2006 Ed. (3142)
2009 Ed. (3288, 3338)
State Farm Northeastern Credit Union
2005 Ed. (2069)
State Farm Oklahoma-Kansas Credit Union
2003 Ed. (1886)
2004 Ed. (1925)
2005 Ed. (2062, 2078)
State Farm Pacific Northwest Credit Union
2003 Ed. (1886)
State Farm Pennsylvania Credit Union
2004 Ed. (1925)
State Farm Seaboard
1998 Ed. (1219)
State Farm Southern Credit Union
2005 Ed. (2095)
2006 Ed. (2190)
2007 Ed. (2111)
State Farm West Central Credit Union
2002 Ed. (1877)
2003 Ed. (1886, 1931)
2004 Ed. (1925, 1971)

2005 Ed. (2062, 2113)
2006 Ed. (2208)
2007 Ed. (2129)
2008 Ed. (2244)
State Federal
1989 Ed. (2360)
State Federal Savings & Loan Association
1989 Ed. (2823)
1990 Ed. (3592)
State Firm Group
1992 Ed. (2644, 2645, 2646, 2656, 2657, 2684, 2685, 2691, 2692)
State Forests, New South Wales
2002 Ed. (247)
2004 Ed. (1637)
State Global Advisors
2000 Ed. (2854)
State government
1993 Ed. (3543)
State Grid
2006 Ed. (1550, 1644)
2015 Ed. (1735)
2016 Ed. (1688)
State Grid Corp. of China
2007 Ed. (1580, 1659, 1811, 2304, 2689)
2008 Ed. (1563, 1667, 1850, 2432, 2818)
2009 Ed. (1491, 1589, 1799, 2435, 2875)
2010 Ed. (1401, 1482, 1579, 1741, 2353, 2815)
2011 Ed. (1478, 1577, 1754, 2349, 2801)
2012 Ed. (1320, 1418, 1603, 1604)
2013 Ed. (1420, 1542, 1759, 1760)
2014 Ed. (1384, 1509, 1693)
2015 Ed. (1567, 1736)
2016 Ed. (1500)
The State Group
2011 Ed. (1227, 1276, 1281, 1315)
2012 Ed. (1117, 1176)
State Industries, Inc.
1990 Ed. (3684)
1991 Ed. (3475)
1992 Ed. (4424)
1993 Ed. (3687)
1994 Ed. (3653)
2002 Ed. (4784, 4785)
State Information Service
1991 Ed. (40)
State Insurance Fund
1994 Ed. (2223, 2283)
1995 Ed. (2327)
1997 Ed. (2470)
State Insurance Fund of New York
2006 Ed. (4997)
2007 Ed. (4998)
2009 Ed. (4999)
2011 Ed. (5000)
2012 Ed. (4997)
2013 Ed. (5001)
2014 Ed. (5000)
State insurance programs
1995 Ed. (2657)
State Investment House
1989 Ed. (1782)
1991 Ed. (2411, 2414)
1992 Ed. (3020, 3024)
State Investors Bancorp Inc.
2016 Ed. (1745)
State Line Tack
2013 Ed. (899)
State & local governments
1993 Ed. (2926)
2002 Ed. (3973, 3978)
State Mutual
1993 Ed. (2280, 3278)
State Mutual of America
1994 Ed. (3268)
1995 Ed. (3349)
State National Bank
1989 Ed. (219)
1996 Ed. (387)
State National Bank of Garfield
1996 Ed. (387)
State National Life
1991 Ed. (2106)
1995 Ed. (2308)
State-O-Maine
1990 Ed. (1063, 1064)
1992 Ed. (1227)
1993 Ed. (998)
1995 Ed. (1036)
State of Colorado
2002 Ed. (2418)
2004 Ed. (2307)
2005 Ed. (2391)
State of Connecticut

1990 Ed. (1743)
State of Delaware
1990 Ed. (1487)
State of Denial: Bush at War, Part III
2008 Ed. (554)
State of Florida
1994 Ed. (11, 2211)
State of Franklin Savings Bank
2008 Ed. (2103)
State of Hawaii, Department of Education, School Food Services
1990 Ed. (3107)
State of Hawaii-Dept. of Health
1990 Ed. (2631)
1991 Ed. (2501)
1992 Ed. (3126)
State of Illinois
1994 Ed. (945)
1996 Ed. (957)
1997 Ed. (978)
1998 Ed. (2709)
2002 Ed. (1612)
2006 Ed. (1638)
State of Louisiana
2002 Ed. (2420)
State of Louisiana Printing
2006 Ed. (3948)
State of Michigan
1994 Ed. (2765)
1995 Ed. (1559, 2863)
1996 Ed. (1542)
1997 Ed. (1600)
2004 Ed. (1698)
2005 Ed. (1755)
State of Michigan Employee's Retirement Systems
1990 Ed. (2781)
State of Mississippi
2002 Ed. (2420)
State of Missouri
2002 Ed. (2420)
State of New Jersey
1995 Ed. (2758)
State of North Carolina
1989 Ed. (2284)
State of the Art
1993 Ed. (3337)
State of the Union
2008 Ed. (826)
State of Vermont Office of Child Support
2005 Ed. (2827)
State of Wisconsin Investment Board
1990 Ed. (2781)
State Oil Co. Suriname Ltd.
2003 Ed. (3843)
2004 Ed. (3860)
2005 Ed. (3786)
2006 Ed. (3852)
2007 Ed. (3879)
2008 Ed. (3928)
2009 Ed. (4000)
2010 Ed. (3907)
2011 Ed. (3926)
2012 Ed. (3912)
2013 Ed. (3965)
2014 Ed. (3908)
2015 Ed. (3936)
2016 Ed. (3855)
State Pension Fund
1995 Ed. (1486)
State Police Credit Union
2010 Ed. (2151)
State police officer
1989 Ed. (2092, 2096)
State Power Corp.
2002 Ed. (1687, 3880)
2003 Ed. (1709, 2143)
2004 Ed. (1751)
State Rail New South Wales
2002 Ed. (4674)
State Rail NSW
2004 Ed. (1655)
State Route 2 Bridge
1997 Ed. (726)
State Route 287 Bridge
1997 Ed. (726)
State Savings Bank
1993 Ed. (616)
1994 Ed. (441)
1996 Ed. (460)
1997 Ed. (423)
1998 Ed. (3561)
State Savings Bank of Ukraine
2013 Ed. (471)
2014 Ed. (485)
2015 Ed. (546)
2016 Ed. (443, 499)
State St. Boston Corp.
1995 Ed. (553, 3085, 3349)

State St. Research Government Income A
1996 Ed. (2780)
State Steet Research Aurora
2000 Ed. (3311)
State Street
2015 Ed. (3437)
2016 Ed. (3297, 3306)
State Street Asia
1992 Ed. (3020)
State Street Aurora Fund
2000 Ed. (3287)
State Street Aurora Fund A
1999 Ed. (3575)
State Street Aurora Fund B
1999 Ed. (3575)
State Street Aurora Fund C
1999 Ed. (3575)
State Street Aurora Fund S
1999 Ed. (3575)
State Street Bank
1989 Ed. (2125, 2126, 2130, 2133, 2136, 2144)
1990 Ed. (703, 2326, 2328, 2330, 2331, 2333, 2341, 2344, 2363)
1992 Ed. (504, 512, 558, 774, 2730, 2731, 2735, 2744, 2748, 2756, 2760, 2768, 2773, 2777, 2782, 2786, 2788, 2789, 2791, 2797, 2986, 3351, 4073)
1993 Ed. (2283, 2289, 2292, 2293, 2294, 2304, 2316, 2320, 2347, 2349, 2350, 2511)
1996 Ed. (2388)
1997 Ed. (2728, 2730, 2731)
1998 Ed. (1841, 2442, 2443, 2444, 2445, 2446)
2003 Ed. (3487)
State Street Bank & Trust
2013 Ed. (2633, 3814)
State Street Bank & Trust Co.
1989 Ed. (617, 1802, 1805, 2138)
1990 Ed. (427, 633, 2347, 2353)
1991 Ed. (368, 2208, 2209, 2212, 2213, 2216, 2217, 2225, 2229, 2237, 2241, 2242, 2245, 2249, 2252, 2256)
1993 Ed. (398, 564, 2329)
1994 Ed. (385, 388, 566, 581, 2295, 2296, 2297, 2300, 2302, 2317, 2320, 2322, 2446, 2447, 2448, 2449)
1995 Ed. (380, 383, 542, 2071, 2378, 2379, 2380, 2382, 2383, 2387, 2388, 2516)
1996 Ed. (406, 556, 601, 635, 2028, 2029, 2030, 2374, 2375, 2378, 2381, 2385, 2389)
1997 Ed. (373, 554, 1353, 2150, 2617, 2618, 2623, 2626)
1998 Ed. (304, 394, 1842)
1999 Ed. (409, 2601, 3313, 3314, 3315, 3316, 3317)
2000 Ed. (406, 2930)
2001 Ed. (594, 595, 596, 621, 622, 641, 763, 764, 1788, 2848)
2002 Ed. (507, 508, 2411)
2003 Ed. (379, 431, 435, 451, 569, 1754, 4564)
2004 Ed. (358, 425, 1791)
2005 Ed. (369, 431, 1856)
2006 Ed. (372, 389, 1867)
2007 Ed. (359, 369, 372, 376, 1870)
2008 Ed. (347, 360, 364, 1907)
2009 Ed. (365, 376, 380, 1869)
2010 Ed. (354, 356, 357, 358, 361, 1800)
2011 Ed. (278, 279, 280, 283, 1828)
2012 Ed. (288, 300, 301, 302, 305, 1687)
2013 Ed. (309, 310, 311, 314, 1841)
2014 Ed. (304, 323, 324, 325, 328, 1771)
2015 Ed. (363, 364, 365, 368, 1817)
2016 Ed. (337, 351, 352, 353, 356, 1776)
State Street Bank & Trust Co. (Boston)
1991 Ed. (605)
State Street Banking Corp.
1997 Ed. (567)
State Street Boston Corp.
1989 Ed. (371, 393, 430, 431, 432, 699, 2465)
1990 Ed. (658)
1991 Ed. (388, 623, 3092)
1992 Ed. (517, 518, 521, 538, 540, 852, 853, 3657, 3927)
1993 Ed. (376, 378, 601, 648, 649, 2991, 3219, 3278)
1994 Ed. (366, 524, 650, 651, 3036,

3037, 3038, 3039, 3268)
1996 Ed. (391, 618, 697, 698, 3179, 3180, 3185)
1997 Ed. (3283, 3290)
1998 Ed. (291, 320, 325, 326, 329, 3034)
State Street Corp.
1992 Ed. (2738, 2981, 2983, 2984)
1993 Ed. (2508, 2510, 2512, 3392)
1995 Ed. (365, 566, 2513, 2514, 2515)
1996 Ed. (2580, 2581, 2582)
1997 Ed. (362, 2511, 2727, 2729)
1999 Ed. (394, 425, 436, 439, 597, 651, 652, 661, 4026, 4030, 4032)
2000 Ed. (420, 427, 428, 432, 621, 676, 677, 678, 679, 681, 2344, 3744, 3746)
2001 Ed. (3505, 3506, 3507, 3508, 3509, 3510)
2002 Ed. (1522, 1723, 2261)
2003 Ed. (437, 439, 627, 628, 1756, 3482, 4326)
2004 Ed. (431, 433, 2605, 2610, 2611)
2005 Ed. (360, 437, 439, 869, 870, 1552, 1858, 1861, 1862, 2580, 2594, 2595)
2006 Ed. (397, 778, 779, 1869, 1871, 1872, 1873)
2007 Ed. (379, 1488, 1872, 1873, 1874, 2552, 3286)
2008 Ed. (367, 1475, 1914, 1917, 1919, 1921, 1923, 3184, 3403)
2009 Ed. (383, 387, 391, 1871, 1873, 1875, 1877, 1879, 1881)
2010 Ed. (366, 367, 455, 591, 1802, 1805, 1807, 1809, 1811, 1813, 1814, 2552, 3174, 3720)
2011 Ed. (375, 1830, 1833, 1837, 1839, 1841, 2529, 2541, 2679, 3139)
2012 Ed. (370, 1689, 1691, 1692, 1695, 1696, 1697, 1699, 2455, 2609, 3322, 3334)
2013 Ed. (493, 1844, 1846, 1847, 2700, 3404, 3416, 4406)
2014 Ed. (505, 1774, 1776, 1777, 2685, 3403, 3413, 4436)
2015 Ed. (569, 1820, 1822, 2377, 2730, 3436, 4424)
2016 Ed. (515, 1782, 1784, 2322, 3296, 4318)
State Street Global
1994 Ed. (2329, 2331, 2332)
1995 Ed. (2354, 2358, 2362, 2370, 2374)
1996 Ed. (2390, 2394, 2402, 2406, 2425, 2427, 2428)
1997 Ed. (2507, 2508, 2512, 2513, 2514, 2515, 2518, 2519, 2520, 2524, 2528, 2532, 2536, 2548, 2550, 2551)
1998 Ed. (2225, 2256, 2257, 2261, 2263, 2265, 2267, 2281, 2282, 2283, 2284, 2285, 2286, 2293, 2295, 2296, 2297, 2299, 2301, 2302, 2303, 3100)
1999 Ed. (3038, 3039, 3040, 3041, 3042, 3045, 3046, 3049, 3050, 3053, 3055, 3056, 3060, 3061, 3062, 3067, 3081, 3082, 3083, 3084, 3085, 3086, 3093, 3094, 3106, 3107, 3109, 3587)
2000 Ed. (2264, 2779, 2784, 2785, 2789, 2790, 2791, 2795, 2797, 2798, 2800, 2801, 2802, 2809, 2810, 2811, 2812, 2813, 2814, 2827, 2833, 2835, 3452, 3453)
State Street Global Advisors Australia
2005 Ed. (3224)
State Street Global Advisors Inc.
1996 Ed. (2347, 2414)
2000 Ed. (2767, 2770, 2771, 2772, 2773, 2774, 2777, 2778, 2782, 2831, 2851, 2853, 2855, 2856)
2001 Ed. (2879, 3010, 3019, 3687, 3688, 3689)
2002 Ed. (2350, 3004, 3008, 3010, 3018, 3019, 3020, 3023, 3024, 3025, 3027, 3387, 3621, 3623, 3624, 3626, 3627, 3628, 3629)
2003 Ed. (1988, 3062, 3063, 3064, 3067, 3072, 3074, 3075, 3079, 3082, 3083, 3084, 3089, 3102, 3110, 3111)
2004 Ed. (2034, 2037, 2038, 2042, 2043, 2044, 2045, 2046, 3174, 3178, 3208, 3209, 3210, 3786)
2005 Ed. (3209, 3211, 3212, 3228)

2006 Ed. (3193, 3194, 3196, 3197, 3215)
2007 Ed. (3252, 3253, 3254, 3287)
2008 Ed. (2291, 2292, 2293, 2294, 2315, 2316, 2317, 2318, 3378, 3379, 3380, 3404)
2009 Ed. (2281, 2283, 2285, 3446, 3447, 3448, 3451, 3452, 3457)
2010 Ed. (3387, 3388, 3391, 3392, 3393)
2011 Ed. (3381)
2012 Ed. (3323)
2013 Ed. (3415)
2014 Ed. (3412)
2015 Ed. (3446)
2016 Ed. (3305)
State Street Global Advisors Yield Plus
1998 Ed. (2649)
State Street Global S & P 500 Index Strategy
2007 Ed. (752)
State Street Research
1994 Ed. (2293)
1995 Ed. (2362)
1996 Ed. (2386, 2394)
1999 Ed. (3048)
2000 Ed. (2781, 2783)
2001 Ed. (3002)
State Street Research Aurora
2002 Ed. (3425)
2003 Ed. (3510)
State Street Research Capital C
1996 Ed. (2798)
State Street Research Equity Income A
1998 Ed. (2595, 2631)
State Street Research Equity Income C
1998 Ed. (2611)
State Street Research Global A
1998 Ed. (2593)
State Street Research Global Res.
2002 Ed. (4504)
State Street Research Global Research
2003 Ed. (3544)
2006 Ed. (3637)
State Street Research Global Research A
1998 Ed. (2651)
State Street Research Global Resources
2004 Ed. (3568, 3595)
2005 Ed. (3559)
2006 Ed. (2508, 3597, 3655, 3656, 3657)
State Street Research Government Income A
1999 Ed. (3553)
2000 Ed. (764)
State Street Research High-income A
1998 Ed. (2621)
1999 Ed. (3539)
State Street Research Managed Asset A
1998 Ed. (2620)
State Street Research & Management
1993 Ed. (2280, 2339)
1998 Ed. (2281, 2284, 2590, 2655)
State Street Research Strategic Conserv. C
1998 Ed. (2594)
State Super Vic
2004 Ed. (1633)
State Superannuation Investment & Management Corp.
1997 Ed. (2391, 2399)
State taxes and fees
2000 Ed. (2654)
State Telephone Co.
1991 Ed. (49)
State Traditions
2016 Ed. (1339)
State treasury
1993 Ed. (2473)
State Universities Retirement System of Illinois
1990 Ed. (2789)
1992 Ed. (3361)
1994 Ed. (2775)
1996 Ed. (2946)
1997 Ed. (3027)
State University & Community College System of Tennessee
2010 Ed. (2315)
State University of New York
1994 Ed. (2743)
2002 Ed. (3917)
2014 Ed. (769)
2015 Ed. (811)
State University of New York-Albany
2010 Ed. (731)

State University of New York-
  Binghamton
  2009 Ed. (1042)
  2010 Ed. (1008)
  2011 Ed. (947)
  2012 Ed. (863)
State University of New York-Geneseo
  2007 Ed. (1163)
  2008 Ed. (1065)
  2009 Ed. (1042)
  2010 Ed. (1008)
  2011 Ed. (947)
  2012 Ed. (863)
State University of New York Press
  2009 Ed. (628)
State University of New York-Stony
  Brook
  2009 Ed. (1064)
  2010 Ed. (1032)
  2011 Ed. (963)
State; U.S. Department of
  2005 Ed. (2750)
  2006 Ed. (2711)
  2007 Ed. (2707)
  2008 Ed. (1047, 1049, 1050, 2487,
    2835)
  2009 Ed. (1029, 2893)
  2010 Ed. (2831)
  2011 Ed. (2815)
  2012 Ed. (2787, 3691, 4965)
  2013 Ed. (2854, 3742, 4100)
  2014 Ed. (3675)
  2016 Ed. (2857, 4933)
State Volunteer Mutual Insurance Co.
  2005 Ed. (3143)
  2010 Ed. (3320)
Stategic Investments
  1991 Ed. (2569)
Stateless Systems Pty. Ltd.
  2012 Ed. (2825)
State/local government
  2007 Ed. (3732, 3733, 3734, 3735)
  2009 Ed. (3866, 3867, 3868, 3869)
Statement rendering
  1998 Ed. (290)
Staten Island
  1999 Ed. (3302)
Staten Island Advance
  1997 Ed. (2945)
  1998 Ed. (2683)
  1999 Ed. (3621)
  2000 Ed. (3339)
Staten Island Bancorp Inc.
  1999 Ed. (4170)
  2001 Ed. (4529, 4530)
  2003 Ed. (425)
  2005 Ed. (355, 630)
Staten Island Cable
  1996 Ed. (866)
  1997 Ed. (879)
  1998 Ed. (603)
  1999 Ed. (1007)
  2000 Ed. (959)
Staten Island Renewable Energy
  2016 Ed. (4425)
Staten Island University Hospital
  1997 Ed. (2267)
  2001 Ed. (2773)
  2011 Ed. (2763)
Statens Informasjonstjeneste
  1993 Ed. (45)
  1994 Ed. (36)
Statens Jarnvagar
  2004 Ed. (4061)
Statens Laanekasse for Utdanning
  2009 Ed. (515)
  2010 Ed. (494)
  2011 Ed. (424)
Stater Bros.
  2003 Ed. (4659)
  2004 Ed. (4635)
  2005 Ed. (4563)
  2009 Ed. (4123)
Stater Bros. Holdings Inc.
  2006 Ed. (4636, 4639)
  2007 Ed. (4626, 4628, 4640)
  2008 Ed. (884, 4569, 4571)
  2009 Ed. (4603)
  2010 Ed. (4056, 4633)
  2011 Ed. (4035, 4588)
  2012 Ed. (4068)
  2013 Ed. (1459, 4529)
  2014 Ed. (1420, 4587)
Stater Bros. Markets
  2006 Ed. (2326)
  2009 Ed. (4611)
Stater Brothers Markets
  2004 Ed. (4623, 4642)
Stater NV
  2006 Ed. (1922)

Statera Inc.
  2006 Ed. (3988)
  2011 Ed. (1035)
States
  1991 Ed. (2773)
States Employees
  1992 Ed. (3262)
The StateServ Companies
  2016 Ed. (1358)
The Statesman
  1995 Ed. (2773)
Statesman Group
  1990 Ed. (3250)
  1991 Ed. (3085, 3086)
  1994 Ed. (2250)
  1995 Ed. (2293)
StateStreet Trust Co. Canada
  2016 Ed. (4763)
Statesville-Mooresville, NC
  2006 Ed. (3322)
  2007 Ed. (3384)
  2008 Ed. (3509)
  2009 Ed. (3574)
  2010 Ed. (3492)
  2011 Ed. (3493)
  2012 Ed. (3497)
  2013 Ed. (3542)
  2014 Ed. (3518)
Statesville, NC
  2002 Ed. (2745)
  2003 Ed. (3247)
  2004 Ed. (3310)
  2005 Ed. (3334)
Statewide Bancorp
  1993 Ed. (2749)
Statewide Credit Union
  2003 Ed. (1928)
  2004 Ed. (1968)
  2005 Ed. (2110)
  2006 Ed. (2205)
  2007 Ed. (2126)
  2008 Ed. (2241)
  2009 Ed. (2227)
  2010 Ed. (2181)
  2011 Ed. (2199)
  2012 Ed. (2060)
  2013 Ed. (2242)
  2014 Ed. (2174)
  2015 Ed. (2238)
  2016 Ed. (2209)
Statewide Remodeling
  2016 Ed. (1098)
Statewide Windows
  2008 Ed. (3003)
Statice
  1993 Ed. (1871)
Statim
  1996 Ed. (1524)
Station Casino St. Charles
  1998 Ed. (3594)
Station Casinos
  2016 Ed. (1845)
Station Casinos Inc.
  2004 Ed. (2716, 2717)
  2005 Ed. (2709, 2710)
  2006 Ed. (2423, 2495, 2685)
  2007 Ed. (885, 2675, 2941)
  2008 Ed. (1502, 2485)
  2009 Ed. (275, 2490)
  2010 Ed. (2800, 4086)
  2012 Ed. (3000)
Stationary Cycling
  1998 Ed. (3354)
  2000 Ed. (4089)
Stationery
  1997 Ed. (1675)
  2001 Ed. (3569)
Stationery and envelopes
  1995 Ed. (3079)
Statistician
  1989 Ed. (2093, 2094, 2095)
Statkraft
  2009 Ed. (1655)
  2010 Ed. (1895)
Statkraft AS
  2010 Ed. (2433)
  2011 Ed. (2437)
Statnett
  2011 Ed. (1926)
  2012 Ed. (1787)
  2014 Ed. (1897)
Statni Banka Ceskoslovenska
  1989 Ed. (517)
Statoil
  1990 Ed. (1028)
  1998 Ed. (2510, 2835)
  1999 Ed. (3366, 3417, 3807)
  2011 Ed. (1930)
  2012 Ed. (1791, 3897)
  2013 Ed. (1962, 3964, 3980)

  2014 Ed. (698, 1684, 1900, 2560,
    3907)
  2015 Ed. (743, 1945, 3935)
  2016 Ed. (672, 1913, 3854, 3876)
Statoil AS
  2005 Ed. (192, 1195, 1918, 3486)
Statoil AS; Eesti
  2012 Ed. (1465)
  2013 Ed. (1597)
Statoil ASA
  2003 Ed. (3824)
  2004 Ed. (3853)
  2005 Ed. (2409, 2412, 3764, 3796)
  2006 Ed. (204, 1181, 1700, 1947,
    1948, 1949, 1950, 3396, 3487,
    3757, 3846, 3862, 3863)
  2007 Ed. (214, 1286, 1687, 1696,
    1930, 1931, 1932, 1933, 2387,
    2397, 3519, 3867, 3868, 3873,
    3893)
  2008 Ed. (1427, 1723, 1996, 1997,
    1998, 1999, 2502, 2508, 3574,
    3918, 3922, 3936)
  2009 Ed. (774, 1656, 1957, 1958,
    1959, 1960, 2509, 2517, 2597,
    3988, 3992, 4011, 4944)
  2010 Ed. (3898)
  2011 Ed. (1737, 3936)
  2012 Ed. (133, 1253, 1581, 1582,
    1586, 1587, 1790, 2359, 3558,
    3677, 3896, 3933)
  2013 Ed. (1355, 1961, 2535, 3596,
    3962, 3989)
  2014 Ed. (1301, 2469, 2481, 3919,
    3932, 4062)
  2015 Ed. (1363, 2540, 2555, 3928,
    3953, 3968)
  2016 Ed. (2467, 3846, 3882)
Statoil Detalijhandel Skandinavia
  2011 Ed. (2426)
Statoil Detalijhandel Skand. AS
  2011 Ed. (1929)
Statoil Exploration (U.S.) Inc.
  1999 Ed. (3652)
Statoil Fuel & Retail Norge
  2012 Ed. (1787)
Statoil Marketing & Trading U.S. Inc.
  2012 Ed. (1445)
  2013 Ed. (1577)
Statoil Norge
  1994 Ed. (36)
  1997 Ed. (1493, 2797, 3103)
Statoil North America Inc.
  2015 Ed. (1598)
StatoilHydro
  2013 Ed. (672)
StatoilHydro ASA
  2009 Ed. (1661, 1961, 3644)
  2010 Ed. (715, 1897, 1898, 2424,
    2434, 3562, 3894, 3917)
  2011 Ed. (2428, 3565, 3909, 3912)
  2012 Ed. (3894)
  2013 Ed. (3957)
  2014 Ed. (3901)
Staton Associates; Roger
  1994 Ed. (2963)
  1995 Ed. (3021)
  1996 Ed. (3124)
Staton; Woods
  2013 Ed. (4865)
  2014 Ed. (4879)
Stature Construction Co. Inc.
  1995 Ed. (2104, 2109)
  1996 Ed. (2064, 2066)
  1997 Ed. (2226)
Status Confectionary
  2008 Ed. (59)
StatusFactory
  2003 Ed. (3033)
Staub; Martha G.
  1994 Ed. (901)
The Staubach Co.
  2004 Ed. (4067)
  2005 Ed. (4000)
  2006 Ed. (4035)
  2007 Ed. (4075)
  2009 Ed. (4215)
The Staubach Co., Front Range LLC
  2002 Ed. (3909)
Stauder, Barch & Associates Inc.
  1991 Ed. (2165, 2174)
  1993 Ed. (2263)
  1995 Ed. (2332)
  1996 Ed. (2351)
  1998 Ed. (2227)
  1999 Ed. (3012)
  2000 Ed. (2759)
  2001 Ed. (733, 843, 847)
Stauder, Burch & Associates Inc.
  1997 Ed. (2484)

Stauffer Chemical
  1990 Ed. (2780)
  1991 Ed. (2681)
Stauffer Communications
  1991 Ed. (3327)
  1992 Ed. (4241)
Stauffer Management Co.
  2001 Ed. (1678)
  2003 Ed. (1663)
Stausboll; Anne
  2010 Ed. (4979)
  2011 Ed. (4977)
Staveley Communications Ltd.
  2002 Ed. (2495)
  2003 Ed. (2739)
Staveley Industries
  1996 Ed. (1356)
Stavropoulos; W. S.
  2006 Ed. (2519, 2520, 2522)
  2007 Ed. (2499, 2501)
  2008 Ed. (2631)
Stavropoulos; William
  2005 Ed. (965)
  2006 Ed. (881)
Stay Green Inc.
  2010 Ed. (1523)
Staybridge Suites
  2009 Ed. (3154)
Stayfree
  1992 Ed. (2126)
  1993 Ed. (1760)
  1994 Ed. (1751)
  1999 Ed. (27)
  2001 Ed. (2411)
  2002 Ed. (2254)
  2003 Ed. (2462, 2463)
  2008 Ed. (2688)
  2015 Ed. (2670)
  2016 Ed. (2593)
Stayfree Classic
  2003 Ed. (2463)
Stayfree Maxi-Pads
  1990 Ed. (3039)
STB
  2001 Ed. (139)
  2002 Ed. (112, 4492, 4493, 4494)
  2003 Ed. (77)
  2006 Ed. (4542)
STB & A
  1997 Ed. (91)
  1999 Ed. (92)
STB & A (McCann)
  2000 Ed. (98)
STB McCann
  1999 Ed. (135)
  2000 Ed. (153)
  2001 Ed. (190)
  2002 Ed. (161)
  2003 Ed. (129)
STC
  1990 Ed. (2198)
  1991 Ed. (2063, 2064, 2067)
  1992 Ed. (1928, 2633, 2634)
  1993 Ed. (1197)
  2013 Ed. (684, 689)
  2015 Ed. (745, 4665)
  2016 Ed. (680)
STC Group Plc
  1989 Ed. (966)
STC PLC
  1993 Ed. (1176)
STCU Credit Union
  2009 Ed. (2195)
Std Message
  2001 Ed. (87)
StdCommrcl
  1996 Ed. (2833)
Ste. Intercommunicate Belge de Gaz et
  d'Electricitie
  1994 Ed. (1330)
Ste. Lyonnaise des Eaux-Dumez
  1996 Ed. (1349)
Ste. Michelle Wine Estates
  2006 Ed. (828)
  2007 Ed. (4966)
  2008 Ed. (4935)
  2009 Ed. (4956)
  2010 Ed. (4965)
  2011 Ed. (4949)
  2012 Ed. (4948)
  2013 Ed. (4942)
  2014 Ed. (4953)
  2015 Ed. (4993)
  2016 Ed. (4909)
Ste. Michelle Wine Estates Wines
  2006 Ed. (4959)
Ste Nat Exploit Industri Tabacs
  2000 Ed. (4259)
Ste. Nationale des Chemins de Fers
  Francais

1993 Ed. (3618)
Ste. Nationale Elf-Aquitaine
1989 Ed. (1118)
1990 Ed. (1366)
1993 Ed. (1317)
1995 Ed. (1378, 1382, 1398)
1996 Ed. (1331, 1349)
Stead; Jerre L.
2010 Ed. (912)
2012 Ed. (807)
Steadfast Insurance Co.
1997 Ed. (2428)
1998 Ed. (2145)
2001 Ed. (2927)
2002 Ed. (2876)
2004 Ed. (3089)
2005 Ed. (3095, 3142)
2006 Ed. (3099)
2008 Ed. (3262)
2009 Ed. (3322)
2010 Ed. (3259)
2011 Ed. (3222, 3223)
2012 Ed. (3191, 3192)
2013 Ed. (3260, 3261)
2014 Ed. (3288, 3289)
2015 Ed. (3337)
2016 Ed. (3197, 3198)
Steadman American Industrial
1992 Ed. (3171)
Steadman American Industry
1989 Ed. (1852)
Steadman & Associates Holdings Ltd.
1995 Ed. (1007)
Steadman Investment
1989 Ed. (1852)
Steadman Oceanographic
1992 Ed. (3171, 3174)
1995 Ed. (2719)
Steadman Oceanographic Tech.
1989 Ed. (1852)
Steadman Tech & Growth
1997 Ed. (2906)
Steadman Technology & Growth
1998 Ed. (2656)
Steak
1991 Ed. (2875, 2876)
1998 Ed. (2463)
2010 Ed. (138)
2011 Ed. (60)
Steak & Ale
1990 Ed. (3010, 3023)
1991 Ed. (2873, 2883)
1992 Ed. (3713, 3718)
1993 Ed. (3017, 3024, 3027, 3028, 3035)
1994 Ed. (1745, 3075, 3082, 3088)
1995 Ed. (3122, 3127, 3138)
1996 Ed. (3217)
1997 Ed. (3318)
1999 Ed. (4072, 4080)
2000 Ed. (3793)
2001 Ed. (4066, 4067, 4071, 4075)
2002 Ed. (4006)
2003 Ed. (4102)
Steak Escape
2016 Ed. (802)
The Steak Escape
2002 Ed. (4090)
2003 Ed. (4220)
2004 Ed. (4241)
2005 Ed. (4170)
2006 Ed. (4224)
2007 Ed. (4239)
2008 Ed. (4273)
2009 Ed. (4377)
2010 Ed. (4407)
2011 Ed. (4351)
2013 Ed. (4360)
Steak 'n Shake
2000 Ed. (2413, 3778)
2001 Ed. (2402, 2403)
2002 Ed. (2236, 2238, 2239)
2003 Ed. (2438, 2439, 4112, 4113, 4114, 4115, 4116, 4117)
2005 Ed. (4065, 4066, 4067, 4068, 4069)
2006 Ed. (2554, 4117, 4120)
2007 Ed. (4144, 4146)
2008 Ed. (2665, 4159, 4175, 4176, 4187)
2009 Ed. (2690, 4280)
2010 Ed. (2605, 4207, 4230, 4231, 4232, 4233, 4234, 4235, 4251)
2011 Ed. (2587, 4213, 4235, 4236, 4237, 4238, 4251)
2012 Ed. (2532, 2534, 4263, 4278, 4279, 4280, 4281, 4282, 4290, 4292)
2013 Ed. (2660, 4246, 4247, 4248, 4249, 4250, 4260)

2014 Ed. (2881, 4297, 4298, 4299, 4300, 4301)
2015 Ed. (2919, 2920, 2921, 2922, 2923)
2016 Ed. (2580, 2850, 2851, 2852, 2853, 4200)
Steak n Shake Enterprises
2014 Ed. (2619)
Steak-Out Franchising Inc.
2002 Ed. (2251)
2003 Ed. (2457)
2004 Ed. (2586)
2005 Ed. (2566)
2006 Ed. (2572)
2007 Ed. (2543)
2008 Ed. (2684)
Steak Umm LLC
2014 Ed. (2787)
Steakley Chevrolet Inc.
1990 Ed. (302)
Stealth Solar
2016 Ed. (4417)
Steam America Inc.
2007 Ed. (766, 767)
The Steam Team
2013 Ed. (2093)
2016 Ed. (2037)
The Steam Team Inc.
2006 Ed. (794)
Steamatic
2013 Ed. (3113)
2014 Ed. (3112)
2015 Ed. (3175)
2016 Ed. (3029)
Steamatic Inc.
2002 Ed. (2058)
2006 Ed. (2321)
2009 Ed. (2370)
2011 Ed. (2292)
2012 Ed. (2188)
Steamboat, CO
1993 Ed. (3324)
Steamboat Ski & Resort Corp.
2002 Ed. (4284)
2004 Ed. (4428)
2005 Ed. (4377)
2006 Ed. (4327)
2007 Ed. (4391)
2008 Ed. (4342)
2009 Ed. (4447)
2010 Ed. (4490)
2011 Ed. (4425)
2012 Ed. (4479)
2013 Ed. (4443)
2014 Ed. (4474)
2015 Ed. (4468)
2016 Ed. (4370)
Steamboat Springs, CO
1990 Ed. (3293)
Steamers
2002 Ed. (2702)
Steamfitters
2007 Ed. (3730)
Stearns Bank, NA
2011 Ed. (416)
2012 Ed. (391)
2013 Ed. (304)
2014 Ed. (318)
2015 Ed. (359)
Stearns County National Bank
1997 Ed. (497)
Stearns Financial Services
2004 Ed. (541)
2014 Ed. (340)
2015 Ed. (380)
Stearns & Foster
2003 Ed. (3321)
2005 Ed. (3410)
2009 Ed. (3670)
2011 Ed. (3590)
Stearns Lending
2016 Ed. (3619)
Stearns Lending Inc.
2012 Ed. (4098)
2016 Ed. (3618, 3621, 3623)
Stearns Weaver Miller Weissler Alhadeff & Sitterson PA
2007 Ed. (1503)
Stebbing; Paul H.
2011 Ed. (816)
Stebbins; Paul H.
2011 Ed. (825)
2012 Ed. (789)
STEC Inc.
2013 Ed. (2848)
Steckel; Barbara
1993 Ed. (2639)
Stecko; Paul
2006 Ed. (912)
2007 Ed. (1002)

Sted; Charles
2014 Ed. (2593)
Steed Construction Inc.
2008 Ed. (1294)
2009 Ed. (1277)
2010 Ed. (1272)
Steel
1989 Ed. (1660, 2646)
1990 Ed. (2183, 2186, 2188)
1991 Ed. (2052, 2053, 3225)
2003 Ed. (2912, 2913)
2006 Ed. (3009, 3010)
Steel; Alan
2011 Ed. (2972)
Steel, alloy
2001 Ed. (4649)
Steel Authority of India Ltd.
1992 Ed. (1646)
1993 Ed. (1342)
1997 Ed. (685)
1999 Ed. (741)
2001 Ed. (1732)
2006 Ed. (1765, 3384, 4507)
2007 Ed. (1772)
2008 Ed. (1802, 3562)
2009 Ed. (1748, 3629)
2010 Ed. (1694, 3550)
2011 Ed. (1706, 3550)
2012 Ed. (3352, 3358, 3543, 4540, 4541)
2013 Ed. (3422, 3571, 4495)
2014 Ed. (3419, 4538)
2015 Ed. (3452, 4537)
2016 Ed. (4476)
Steel Building Specialists Inc.
2006 Ed. (1172)
2009 Ed. (1153, 1154)
Steel cans
1994 Ed. (3027)
Steel City
2003 Ed. (1317)
Steel City Media
2001 Ed. (3978)
Steel Craft Corp.
2007 Ed. (4455)
Steel; Danielle
2013 Ed. (211)
Steel Dynamics
2013 Ed. (1366)
Steel Dynamics Inc.
1996 Ed. (1741)
2004 Ed. (3437, 4535)
2005 Ed. (4476, 4477)
2006 Ed. (3364, 3461, 3462, 3471, 3484)
2007 Ed. (2717)
2008 Ed. (1807, 3141, 3656, 3659)
2009 Ed. (1754, 1756, 3225, 3723)
2010 Ed. (1424, 1426, 1427, 1701, 1704, 3532, 3641)
2011 Ed. (1712, 1714, 3531, 3638)
2012 Ed. (1571, 1572, 1574, 3634, 3639, 3641)
2013 Ed. (1726, 1730, 3693, 3698, 3708)
2014 Ed. (1669, 1672, 3047, 3627, 3641)
2015 Ed. (1715, 1716, 1718, 3113, 3640, 3651)
2016 Ed. (1662, 1664, 1668, 3527, 3532, 3539)
Steel Encounters Inc.
2006 Ed. (1350)
Steel, foundry
1996 Ed. (2665)
Steel, Hector & Davis
1998 Ed. (2329)
1999 Ed. (3150)
Steel Hector & Davis LLP
2000 Ed. (2896)
2002 Ed. (3058)
2007 Ed. (1503)
Steel, low alloy
1996 Ed. (2665)
Steel mill products
1989 Ed. (1929)
1990 Ed. (2515)
1991 Ed. (2382)
1992 Ed. (2969)
1994 Ed. (2434, 2435)
Steel mill products industry
1998 Ed. (2433)
Steel Phantom
1995 Ed. (3165)
Steel Reserve Malt Liquor
2015 Ed. (3553)
2016 Ed. (3404)
Steel, stainless and heat assisting
2001 Ed. (4649)
Steel, structural

1999 Ed. (3427)
Steel, superalloy
1996 Ed. (2665)
Steel Technologies Inc.
2004 Ed. (4535)
2005 Ed. (4476, 4477)
2007 Ed. (3022)
2008 Ed. (1885)
2012 Ed. (3660)
2013 Ed. (3718)
Steel Technologies LLC
2014 Ed. (3650)
2015 Ed. (3660)
2016 Ed. (3547)
Steel, tool & high-speed
1996 Ed. (2665)
Steel & Tube Holdings
2015 Ed. (3576)
Steel Valley Credit Union
2015 Ed. (2252)
Steel Warehouse Co.
2015 Ed. (1717)
2016 Ed. (1666)
Steel Works Community Credit Union
2002 Ed. (1900)
2003 Ed. (1955)
2004 Ed. (1995)
2005 Ed. (2137)
2006 Ed. (2232)
2007 Ed. (2153)
2008 Ed. (2268)
Steelcase
2013 Ed. (1865)
2014 Ed. (1797)
Steelcase Inc.
2000 Ed. (2239, 2255)
2001 Ed. (1791, 2487, 2565, 3279, 3565, 3566)
2002 Ed. (2378, 2381)
2003 Ed. (1360, 1759, 2586, 2588, 2589, 3378, 3379, 3671, 3672)
2004 Ed. (1365, 1796, 2697, 2698, 2699, 2700, 2701, 2703, 2705)
2005 Ed. (1383, 2696, 2698, 2699, 2700, 2701)
2006 Ed. (2674, 2675, 2676, 2677, 2678)
2007 Ed. (1186, 2659, 2660, 2661, 2662, 2667)
2008 Ed. (2795, 2796, 2797, 2798)
2009 Ed. (1889, 2847, 2848, 2849, 2850, 2853, 2854)
2010 Ed. (1722, 1824, 2790, 2791, 2792, 2793, 2794, 2795, 3048)
2011 Ed. (1854, 2777, 2778, 2779, 2780, 2782, 2978, 3017)
2012 Ed. (661, 2706, 2707, 2708, 2709, 2711, 2944)
2013 Ed. (2781, 2782, 2783, 2784, 2785, 2995, 3033, 4706)
2014 Ed. (2809, 2810, 2811, 2812, 2813, 3002, 3046)
2015 Ed. (2851, 2852, 2853, 2856, 2857, 3071, 3112)
2016 Ed. (2786, 2787, 2788, 2791, 2792, 2970)
Steelcase Strafor
1992 Ed. (2249)
Steelcase Strafor Sa.
1991 Ed. (1781)
SteelCorr
2006 Ed. (3319)
Steelers; Pittsburgh
2012 Ed. (2679)
SteelFab Inc.
2006 Ed. (1307, 1333, 1336, 1345)
2011 Ed. (1260, 1266, 1298)
2013 Ed. (1262)
2014 Ed. (1196)
2015 Ed. (1254)
2016 Ed. (1165)
SteelHouse
2014 Ed. (1415)
Steelinter S.A.
1989 Ed. (1095)
Steelmaking materials
2007 Ed. (2515)
Steelman Partners
2009 Ed. (2533)
2011 Ed. (2458)
2012 Ed. (3295, 3296)
2013 Ed. (3366)
Steelmatic Wire USA Inc.
2012 Ed. (1725)
Steelscape
2007 Ed. (3497)
Steelwedge Software Inc.
2011 Ed. (1033)
Steelworkers
1996 Ed. (3603)

Steen Bertel
2010 Ed. (85)
Steeped Fine Loose Teas & Accessories Inc.
2015 Ed. (2760)
Steeplechase Networks
2010 Ed. (664)
2011 Ed. (596)
Steeplejack Industrial Group
2007 Ed. (1319)
Steer Davies Gleave North America Inc.
2014 Ed. (1456)
Steere Jr.; William C.
1996 Ed. (962)
Steering Solutions Services
2011 Ed. (4747)
Steers
1999 Ed. (2140)
Stef Wertheimer
2008 Ed. (4887, 4892)
2009 Ed. (4907)
2010 Ed. (4908)
2011 Ed. (4895)
2012 Ed. (4904)
2013 Ed. (4881)
2014 Ed. (4894)
2015 Ed. (4933)
2016 Ed. (4849)
Stefan & Liselott Persson
2008 Ed. (4864)
2010 Ed. (4895)
Stefan Persson
2004 Ed. (4877)
2006 Ed. (4924)
2007 Ed. (4912)
2008 Ed. (4865, 4873)
2009 Ed. (4898)
2010 Ed. (4897, 4899)
2011 Ed. (4884, 4886)
2012 Ed. (4893, 4895)
2013 Ed. (4911, 4917, 4924)
2014 Ed. (4921)
2015 Ed. (4961)
2016 Ed. (4877)
Stefan Quandt
2008 Ed. (4867)
2011 Ed. (4878)
2012 Ed. (4887)
2013 Ed. (4871)
2014 Ed. (4885)
2015 Ed. (4924)
2016 Ed. (4840)
Stefan S. Anderson
1992 Ed. (1137)
Stefan Sydor Optics Inc.
2009 Ed. (3643)
Stefano Alberti
1999 Ed. (2362)
2000 Ed. (2144)
Stefano Foods Inc.
2015 Ed. (2818)
2016 Ed. (2751)
Stefano Gabbana
2007 Ed. (1102)
2009 Ed. (969)
2010 Ed. (932)
Stefano Natella
1999 Ed. (2402)
Stefano Pessina
2009 Ed. (4891)
2010 Ed. (4891)
2014 Ed. (4895)
2015 Ed. (4934)
2016 Ed. (4850)
Stefano's
2014 Ed. (2763)
2015 Ed. (2816)
2016 Ed. (2749)
Steffi Graf
1998 Ed. (198, 3757)
Stegeman & Kastner Inc.
1995 Ed. (1141)
Steiermarkische Bank und Sparkasse
1996 Ed. (448)
Steiermarkische Bank und Sparkassen
1994 Ed. (429)
2005 Ed. (462)
Steiermarkische Bank und Sparkassen
AG
2001 Ed. (2432)
Steiermarkische Sparkasse
1993 Ed. (428)
Steigerwaldt; Donna
1994 Ed. (3667)
Steigerwaldt; Donna W.
1993 Ed. (3731)
Steigerwaldt; Donna Wolf
1991 Ed. (3512)
1995 Ed. (3788)
1996 Ed. (3876)

Steilmann GmbH & Co. Kommanditge-
sellschaft; Klaus
1991 Ed. (986)
1992 Ed. (1229)
1993 Ed. (999)
1994 Ed. (1031)
1995 Ed. (1037)
1996 Ed. (1021)
Stein Ericksen Lodge
2006 Ed. (4097)
Stein Erik Hagen
2008 Ed. (4871)
2009 Ed. (4893)
2010 Ed. (4893)
2011 Ed. (4882)
2012 Ed. (4891)
2013 Ed. (4895)
2014 Ed. (4907)
2015 Ed. (4947)
2016 Ed. (4862)
Stein Eye Institute
2016 Ed. (2995)
Stein Gardens & Gifts
2013 Ed. (2797)
2014 Ed. (2833)
2015 Ed. (2873)
Stein; Jeff
2011 Ed. (3342)
Stein Jr.; Sydney
1994 Ed. (893)
Stein Mart Inc.
1996 Ed. (1007)
1997 Ed. (1634, 2323)
1998 Ed. (768, 1299)
1999 Ed. (1197, 1874)
2000 Ed. (1119)
2001 Ed. (1270)
2003 Ed. (1019)
2004 Ed. (1021, 2050, 2056)
2005 Ed. (1022, 1026, 2168)
2006 Ed. (1037, 2253, 4157, 4436)
2007 Ed. (1124, 2070)
2008 Ed. (1002, 1005, 2178)
2009 Ed. (987, 990, 2164)
2010 Ed. (952, 955)
2011 Ed. (881)
2012 Ed. (2119, 2120, 2121, 3102)
2013 Ed. (2317)
2014 Ed. (2249)
Stein Roe
1999 Ed. (3524)
Stein Roe Capital Opportunities
1999 Ed. (3530)
Stein Roe & Farnham
1998 Ed. (2306, 2606, 2627)
1999 Ed. (3100, 3583)
2000 Ed. (2845)
2002 Ed. (3936)
Stein Roe High Yield
1999 Ed. (3535)
Stein Roe Intermediate Bond Fund
2003 Ed. (3531)
Stein Roe Young Investor
1998 Ed. (2601)
Stein, Sperling, Bennett, De Jong,
Driscoll & Greenfeig
2003 Ed. (3185)
Stein, Sperling, Bennett, DeJong,
Driscoll & Greenfeig
2007 Ed. (3319)
Stein Wood Products
2009 Ed. (4994, 4995)
Steinbach Credit Union
1999 Ed. (1804)
2005 Ed. (2090)
2006 Ed. (2185)
2008 Ed. (2221)
Steinbauer Associates Inc.
1990 Ed. (2953)
Steinberg
1989 Ed. (1154)
1990 Ed. (1411, 3051)
1991 Ed. (2790, 2894)
1992 Ed. (4172)
Steinberg; Lord
2008 Ed. (4006)
Steinberg (Reliance Group Holdings
Inc.); Saul P.
1991 Ed. (2156)
Steinberg; Saul P.
1990 Ed. (2282)
1992 Ed. (1093, 1145, 1280, 2713)
1993 Ed. (940)
1994 Ed. (2237)
1997 Ed. (1802)
Steinbrenner; George
2012 Ed. (691)
Steinbruch; Dorothea
2009 Ed. (4880)
2010 Ed. (4881)

2011 Ed. (4869)
2012 Ed. (4877)
2013 Ed. (4859)
Steinbruch; Eliezer
2009 Ed. (4880)
Steiner Corp.
2001 Ed. (1890, 3728)
2003 Ed. (1840, 3798)
Steiner; David
2007 Ed. (978)
Steiner; David P.
2011 Ed. (825)
Steinhafel; Gregg
2010 Ed. (2568)
2014 Ed. (941)
2015 Ed. (959)
2016 Ed. (869)
Steinhafel; Gregg W.
2011 Ed. (841)
Steinhafels
2014 Ed. (2824)
Steinhardt
1996 Ed. (2098)
Steinhardt and wife; Michael E.
1991 Ed. (894)
Steinhardt; Michael
1994 Ed. (1840)
1995 Ed. (1870)
1996 Ed. (1914)
Steinhardt Partners
1996 Ed. (2099)
Steinhoff International
2013 Ed. (2044)
2014 Ed. (1978, 2817, 3121)
2015 Ed. (2024, 2861, 3182)
2016 Ed. (1329, 1996, 2796, 3036)
Steinhoff International Holdings Ltd.
2008 Ed. (3579)
2009 Ed. (3650)
2010 Ed. (2794, 3568)
2011 Ed. (1146, 2036, 2782, 3571)
2012 Ed. (2710, 3564)
2013 Ed. (2789, 3600, 4340)
2014 Ed. (2818, 4378, 4391)
2015 Ed. (2862, 4383)
2016 Ed. (2797, 4276)
L'steinische L'bank
1991 Ed. (592)
Steinmann, Grayson, Smylie
1990 Ed. (2287)
SteinMart
2001 Ed. (4324)
Steinmetz; Benny
2008 Ed. (4887)
2012 Ed. (4909)
2013 Ed. (4918)
Steinmetz; Beny
2009 Ed. (4907)
2010 Ed. (4908)
2011 Ed. (4895)
2012 Ed. (4904)
2013 Ed. (4881)
2014 Ed. (4894)
2015 Ed. (4933)
2016 Ed. (4849)
SteinRoe Capital Opportunities
1996 Ed. (2799)
SteinRoe Capital Opportunity
1992 Ed. (3172)
1997 Ed. (2872, 2880)
SteinRoe High Yield Muni
1991 Ed. (2564)
Steinroe High Yield Municipal
1992 Ed. (3156, 3167, 3187)
SteinRoe High-Yield Municipals
1990 Ed. (2378)
SteinRoe Income
1997 Ed. (2887)
1999 Ed. (745)
Steinroe Intermed. Municipal
1992 Ed. (3167)
SteinRoe Intermediate Bond
2000 Ed. (3254)
SteinRoe International
2004 Ed. (3651)
SteinRoe Managed Muni
1990 Ed. (2384)
1991 Ed. (2564)
Steinroe Managed Municipal
1989 Ed. (1855)
1990 Ed. (2389)
1992 Ed. (3156, 3187)
SteinRoe Prime Equities
1994 Ed. (2635)
Steinroe Special
1990 Ed. (2391)
1991 Ed. (2556)
1992 Ed. (3190)
1995 Ed. (2697)
SteinRoe Stock

1994 Ed. (2634)
SteinRoe Total Return
1992 Ed. (3192)
1993 Ed. (2663, 2690)
1994 Ed. (2636)
Steins
1997 Ed. (1049)
1999 Ed. (1222)
Steinwall Inc.
2007 Ed. (3570)
2008 Ed. (4968)
Steinway Gallery/Baldwin Piano Center
1999 Ed. (3501)
Steinway Hall
1993 Ed. (2642)
1995 Ed. (2674)
1996 Ed. (2747)
1997 Ed. (2862)
1999 Ed. (3501)
Steinway Hall of Dallas
2000 Ed. (3219)
Steinway Hall Retail
2014 Ed. (3736)
2016 Ed. (3657)
Steinway Musical Instruments
2013 Ed. (3777, 3781)
2014 Ed. (3710, 3726)
2015 Ed. (3722, 3729)
2016 Ed. (3636, 3638)
Steinway Musical Instruments Inc.
1998 Ed. (2589)
2000 Ed. (3176, 3221)
2001 Ed. (3409, 3411)
2004 Ed. (241)
2005 Ed. (244, 1260)
2006 Ed. (1219)
2008 Ed. (1909)
Steinway Musical Properties
1992 Ed. (3143, 3144)
1994 Ed. (2588, 2589, 2590, 2593,
2594, 2597)
Steinway Piano Gallery
2000 Ed. (3219)
2013 Ed. (3802)
Steinway & Sons
1995 Ed. (2672)
1996 Ed. (2750)
2015 Ed. (2858)
2016 Ed. (3659)
Steiny & Co. Inc.
1991 Ed. (1078)
1993 Ed. (1124)
1994 Ed. (1140)
Steirmaerkische
1992 Ed. (609)
Steirmarkische Elektriziotat
1991 Ed. (3452)
Stelco Inc.
1990 Ed. (1738, 2517, 3437)
1991 Ed. (3219)
1992 Ed. (4137)
1993 Ed. (3453)
1994 Ed. (3434)
1996 Ed. (3587)
1998 Ed. (3406)
2002 Ed. (2786)
2003 Ed. (2892)
2004 Ed. (4536)
2005 Ed. (3485)
2006 Ed. (1604, 1609, 1633)
2007 Ed. (4535, 4577)
2008 Ed. (4498)
2009 Ed. (4529)
Stelios Haji-Ioannou
2001 Ed. (3319)
2003 Ed. (2347)
2014 Ed. (4880)
2015 Ed. (4918)
2016 Ed. (4834)
Stella
2008 Ed. (899)
2014 Ed. (870)
Stella Artois
1992 Ed. (940)
1994 Ed. (755)
1996 Ed. (787)
1999 Ed. (820)
2001 Ed. (359, 685)
2002 Ed. (686, 767)
2007 Ed. (592, 601)
2008 Ed. (245, 545, 723)
2009 Ed. (268, 575)
2010 Ed. (255)
2011 Ed. (487)
2012 Ed. (445)
2013 Ed. (553)
2014 Ed. (569)
2015 Ed. (637, 761)
Stella Artois Cidre
2015 Ed. (983)

2016 Ed. (884)
Stella Artois Lager
2011 Ed. (485)
2012 Ed. (442)
2013 Ed. (554)
2014 Ed. (566)
2015 Ed. (629, 636)
2016 Ed. (579, 586, 587)
Stella Doro Foods
2003 Ed. (1371)
Stella & Dot
2012 Ed. (1078, 4966)
2014 Ed. (1154, 4982)
Stella Foods Inc.
1997 Ed. (1575)
1999 Ed. (1814)
Stella-Jones Inc.
2011 Ed. (3124)
2012 Ed. (4561, 4562)
2013 Ed. (3865)
2014 Ed. (1499)
2015 Ed. (3201)
Stella May Contracting Inc.
2007 Ed. (3564)
2008 Ed. (4965)
Stella McCartney
2007 Ed. (701)
2008 Ed. (672)
2009 Ed. (679)
Stellar
2009 Ed. (2642)
2010 Ed. (2547)
2012 Ed. (1102, 2377)
2013 Ed. (1243)
2014 Ed. (1181)
Stellar Development
2013 Ed. (1146)
Stellar Dynamics Research Corp.
1991 Ed. (312)
Stellar Engineering Inc.
1989 Ed. (309)
1990 Ed. (348)
1992 Ed. (422)
Stellar Fund Trust
1998 Ed. (410)
The Stellar Group
1999 Ed. (1332)
2002 Ed. (1191, 1249, 1257)
2003 Ed. (1261, 1267, 1279)
2004 Ed. (1264, 1270, 2343)
2005 Ed. (1301, 2418)
2006 Ed. (1182, 1343, 2458)
2007 Ed. (2412)
2008 Ed. (1240)
Stellar Partners Inc.
2016 Ed. (4978)
Stellar Solutions
2013 Ed. (4988)
Stellar Solutions Inc.
2014 Ed. (4993)
2015 Ed. (5038)
Stellebosch Farmers Wineries
1993 Ed. (50)
Stellenbosch Farmers
1992 Ed. (77)
Stellenbosch Farmers Wineries
1994 Ed. (43)
Stellenbosch; University of
2011 Ed. (683)
Steller
2011 Ed. (1265)
Stelpen P. McGill
2012 Ed. (2493)
Stelt-Trade D.O.O.
2016 Ed. (1534)
Stemcor
2015 Ed. (2094)
2016 Ed. (2072)
Stemcor Holdings Ltd.
1993 Ed. (976)
StemCyte
2009 Ed. (2984, 3008)
Stemilt Growers Inc.
2011 Ed. (131)
2012 Ed. (135)
Stemilt Management Inc.
1998 Ed. (1771)
Stemmons; Becky
2010 Ed. (4391)
Stempel; Ernest E.
2005 Ed. (4849)
2006 Ed. (4904)
Stempel; Robert
1993 Ed. (939)
1994 Ed. (948)
Stemware
2001 Ed. (4432)
Stena Ferries
1996 Ed. (1598)
Stena Ferry Line

1993 Ed. (1537, 1539)
Stena Line
2001 Ed. (2414)
Stena Line AB
2002 Ed. (4673)
Stena Line Group
1997 Ed. (1680)
1999 Ed. (247)
Stena Sealink
1996 Ed. (1598)
Stengel; James
2009 Ed. (21)
Stenhouse
1992 Ed. (2679)
Stenographer/court reporter
1989 Ed. (2090)
Stenographers
1989 Ed. (2079)
Stentor Inc.
1994 Ed. (3484)
1995 Ed. (3555)
2000 Ed. (4191)
2006 Ed. (2758, 3972)
Stentor/BBDO
1990 Ed. (155)
Steny H. Hoyer
1994 Ed. (845)
Step 1, Inc.
2002 Ed. (2511)
Step aerobics
1997 Ed. (3561)
Step by Step
1994 Ed. (2198)
The Step by Step Guide to Facebook
for Business
2013 Ed. (622)
STEP Energy Services
2016 Ed. (1447)
Step; Eugene L.
1992 Ed. (2051)
Step on a Crack
2010 Ed. (564)
Step Saver
2003 Ed. (979)
Step Saver Data Systems
1989 Ed. (2656)
Step Two Designs
2006 Ed. (3018)
2007 Ed. (3051)
Step2 Co.
2001 Ed. (4126, 4127)
2003 Ed. (3891)
2004 Ed. (3912)
2005 Ed. (3858)
2006 Ed. (3921)
2007 Ed. (3975)
2008 Ed. (3998)
2009 Ed. (4072)
2010 Ed. (3991)
2011 Ed. (3996)
2012 Ed. (3989)
2013 Ed. (4054)
2014 Ed. (3993)
2015 Ed. (4041)
2016 Ed. (3953)
Stepan
1989 Ed. (898)
1990 Ed. (965)
1992 Ed. (1130)
2004 Ed. (944)
2005 Ed. (934, 935)
2010 Ed. (857)
Stephan
1994 Ed. (1857)
1996 Ed. (205, 211)
1997 Ed. (229)
Stephan Girard
2008 Ed. (4837)
Stephan Hasjim
2000 Ed. (2142)
Stephan Schmidheiny
2008 Ed. (4875)
2009 Ed. (4899)
2010 Ed. (4898)
2011 Ed. (4885)
2012 Ed. (4894)
2013 Ed. (4912)
2014 Ed. (4922)
2015 Ed. (4962)
Stephanian; Ira
1996 Ed. (381)
Stephanie
2000 Ed. (2338, 2342)
Stephanie Davis
1995 Ed. (1118, 1119, 1120)
1996 Ed. (1094)
Stephanie Georges Comfort
2000 Ed. (2056)
Stephanie Iannone
2012 Ed. (4386)

Stephanie Skylar
2011 Ed. (2818)
Stephen A. Block
2006 Ed. (2521)
Stephen A. Roell
2010 Ed. (898)
2011 Ed. (829)
2015 Ed. (964)
Stephen A. Schwarzman
2007 Ed. (4894)
2009 Ed. (4846)
2010 Ed. (4851)
2011 Ed. (4827)
Stephen A. Wynn
1994 Ed. (947, 1714)
1998 Ed. (1513)
1999 Ed. (2079)
2000 Ed. (1877)
Stephen Alfers
2015 Ed. (955)
Stephen Anderson
2011 Ed. (3370)
Stephen Anthony Jakosa
2012 Ed. (3319)
Stephen Auger + Associates Architects
Inc.
2009 Ed. (1642)
Stephen Bachand
1999 Ed. (1123)
Stephen Bechtel Jr.
2002 Ed. (3360)
2003 Ed. (4885)
2004 Ed. (4869)
2005 Ed. (4854)
2006 Ed. (4908)
2007 Ed. (4903)
2008 Ed. (4832)
Stephen Bell
1998 Ed. (1681)
Stephen Bershad
2008 Ed. (2634)
Stephen Bisciotti
2012 Ed. (4852)
2013 Ed. (4849)
2014 Ed. (4865)
2015 Ed. (4902)
2016 Ed. (4819)
Stephen-Bradford Search
2002 Ed. (2175)
Stephen Brant
2010 Ed. (1194)
Stephen C. Hilbert
1997 Ed. (1802)
1998 Ed. (1514, 2139)
1999 Ed. (2080)
Stephen C. Hooley
2015 Ed. (973)
Stephen Cadillac Inc.
1993 Ed. (295)
Stephen Case
1998 Ed. (1511)
2000 Ed. (1047, 1873, 1875)
2001 Ed. (1217, 1218)
2002 Ed. (1041)
Stephen Chase
2016 Ed. (1113)
Stephen Chazen
2005 Ed. (989)
2006 Ed. (969)
2007 Ed. (1065)
2008 Ed. (965)
2010 Ed. (917)
Stephen Chin
2011 Ed. (3371)
Stephen Culp
2006 Ed. (4140)
Stephen D. Bechtel Jr.
2016 Ed. (4805)
Stephen D. Milligan
2015 Ed. (963)
Stephen D. Newlin
2009 Ed. (4071)
2013 Ed. (4051)
2014 Ed. (3990)
2016 Ed. (3950)
Stephen D. Yslas
2012 Ed. (2489)
Stephen D.Bechtel Jr.
2011 Ed. (4844)
2012 Ed. (4849)
2013 Ed. (4835)
2014 Ed. (4850)
2015 Ed. (4887)
Stephen Dias
1999 Ed. (2308)
2000 Ed. (2091)
Stephen Dobi
1993 Ed. (1784)
1994 Ed. (1768)
Stephen E. Almassy

2003 Ed. (805)
Stephen F. Angel
2006 Ed. (2519)
2009 Ed. (945)
2010 Ed. (897)
2011 Ed. (827, 2545)
2012 Ed. (2491)
2013 Ed. (2636)
2014 Ed. (2591)
2015 Ed. (963, 2633)
2016 Ed. (2559)
Stephen F. Bollenbach
1999 Ed. (2079)
2000 Ed. (1886)
Stephen F. Wiggins
1995 Ed. (1717)
Stephen Fagan
1999 Ed. (2084)
Stephen Fagen
2001 Ed. (2346)
Stephen Fisher
2006 Ed. (986)
Stephen Fry
2009 Ed. (701)
Stephen G. Dando
2011 Ed. (2546)
Stephen Garofalo
2002 Ed. (3358)
Stephen Girard
2006 Ed. (4914)
Stephen Girsky
1994 Ed. (1761, 1812, 1831, 1832,
1833, 1834)
1995 Ed. (1795, 1803, 1850)
1996 Ed. (1777, 1828)
1997 Ed. (1852, 1957)
1998 Ed. (1626, 1627)
1999 Ed. (2210, 2211)
2000 Ed. (1982, 1983)
2015 Ed. (2639)
Stephen Graham
1999 Ed. (2401)
Stephen H. Clark
2006 Ed. (1099)
Stephen Hagger
1996 Ed. (1896)
Stephen Hammerman
1997 Ed. (2611)
Stephen Harper
2015 Ed. (796)
Stephen Harrison
2007 Ed. (2465)
Stephen Hemsley
2009 Ed. (3314)
2010 Ed. (3246)
2014 Ed. (941)
2015 Ed. (959)
2016 Ed. (869)
Stephen Hilbert
1998 Ed. (722, 1508, 1512)
Stephen Holdings Ltd.; Robert
1990 Ed. (1032, 1033)
1991 Ed. (958, 961)
1992 Ed. (1191, 1192, 1200)
1993 Ed. (965, 966, 972, 976)
1994 Ed. (992, 998, 1000)
1995 Ed. (1004, 1005, 1012)
Stephen Hudson
2000 Ed. (2181)
Stephen I. Sadove
2009 Ed. (2660)
Stephen J. Hemsley
2011 Ed. (834)
2012 Ed. (799, 800)
2013 Ed. (989)
Stephen J. Luczo
2015 Ed. (970)
Stephen J. Phillips Insurance Agency
2001 Ed. (4285)
2002 Ed. (4297)
Stephen J. Solarz
1994 Ed. (845)
Stephen Jarislowsky
2005 Ed. (4865)
Stephen Jennings
2008 Ed. (4848)
2009 Ed. (4869, 4913)
Stephen Keating
2007 Ed. (4920)
Stephen King
1999 Ed. (2049)
2000 Ed. (2114)
2001 Ed. (430, 2269)
2002 Ed. (347)
2003 Ed. (302, 2330)
2004 Ed. (262, 2410)
2012 Ed. (220)
2013 Ed. (211)
2014 Ed. (217)
2015 Ed. (252)

2016 Ed. (245)
"Stephen King's IT"
  1993 Ed. (3537)
Stephen L. Baum
  2007 Ed. (1034)
Stephen L. Neal
  1992 Ed. (1039)
Stephen LaFrance Pharmacy Inc.
  2013 Ed. (1415)
Stephen Leach
  1999 Ed. (2404)
Stephen Lebow; Bennett
  1990 Ed. (2578)
Stephen Leeb, Indicator Digest
  1990 Ed. (2366)
Stephen M. Bennett
  2007 Ed. (1032)
Stephen M. Case
  2003 Ed. (2409, 3021)
  2008 Ed. (4911)
  2009 Ed. (4859)
  2010 Ed. (2897, 4928)
  2011 Ed. (4913)
Stephen M. Ross
  2012 Ed. (2680)
  2013 Ed. (2768)
Stephen M. Ross School of Business
  2015 Ed. (821)
Stephen M. Spratt
  1995 Ed. (2485)
Stephen M. Wolf
  1992 Ed. (1142, 2050)
  1993 Ed. (936, 938, 1698)
  1994 Ed. (1717)
Stephen Mandel, Jr.
  1991 Ed. (1691)
Stephen Marks
  2005 Ed. (4890)
Stephen Marvin
  1999 Ed. (2395)
  2000 Ed. (2178)
Stephen McClellan
  1991 Ed. (1677)
  1993 Ed. (1806)
  1994 Ed. (1789)
  1996 Ed. (1799)
  1997 Ed. (1872, 1879)
  1998 Ed. (1634)
  1999 Ed. (2220)
  2000 Ed. (1991, 1996)
Stephen McClellom
  1995 Ed. (1828)
Stephen Miles, Lawyer
  1989 Ed. (1889)
Stephen Newberry
  2008 Ed. (939)
  2010 Ed. (889)
Stephen Newlin
  2016 Ed. (2559)
Stephen P. Holmes
  2011 Ed. (835)
Stephen P. MacMillan
  2011 Ed. (854)
Stephen P. Tenore
  1995 Ed. (2484)
Stephen Pagliuca
  2014 Ed. (3392)
Stephen Parks
  2007 Ed. (1073)
Stephen Patrick
  2006 Ed. (956)
  2007 Ed. (1052)
Stephen Penwell
  2000 Ed. (1925)
Stephen Pettyfer
  1999 Ed. (2422)
  2000 Ed. (2183)
Stephen Poloz
  2016 Ed. (719)
Stephen Pontiac-Cadillac Inc.
  1990 Ed. (314)
  1991 Ed. (291)
  1992 Ed. (396)
  1993 Ed. (281)
  1994 Ed. (264, 280, 289, 292)
Stephen Pontiac, Inc.
  1991 Ed. (276)
Stephen Pryor
  2012 Ed. (765)
  2013 Ed. (966)
Stephen Quinn
  2011 Ed. (26)
Stephen R. Cohen
  1996 Ed. (958)
Stephen R. Fussell
  2010 Ed. (2563, 3140)
Stephen R. Holmes
  2015 Ed. (960)
  2016 Ed. (870)
Stephen R. Wilson

2011 Ed. (827)
Stephen Reitman
  1999 Ed. (2301)
  2000 Ed. (2077)
Stephen Roach
  1997 Ed. (1906)
  1998 Ed. (1604)
  1999 Ed. (2190, 2192, 2195)
  2000 Ed. (2061)
Stephen Roell
  2006 Ed. (948)
  2010 Ed. (885, 903)
  2015 Ed. (2635)
  2016 Ed. (2560)
Stephen Rose
  1996 Ed. (1855)
Stephen Ross
  2008 Ed. (4830)
  2009 Ed. (4851)
  2010 Ed. (4857)
  2011 Ed. (4836)
  2012 Ed. (4846)
  2013 Ed. (4847)
  2014 Ed. (4863)
  2015 Ed. (4900)
  2016 Ed. (4816)
Stephen Rusckowski
  2015 Ed. (960)
Stephen S. Wise Temple Nursery
  School no. 2
  1999 Ed. (1128)
Stephen Saad
  2014 Ed. (4918)
  2015 Ed. (4958)
  2016 Ed. (4874)
Stephen Sanders
  2011 Ed. (4336)
Stephen Sanger
  2000 Ed. (1872)
  2006 Ed. (2627)
  2010 Ed. (2567)
Stephen Scala
  1999 Ed. (2253)
Stephen Schwarzman
  2016 Ed. (4802)
Stephen Shank
  2010 Ed. (2567)
Stephen Shobin
  1998 Ed. (1622)
  1999 Ed. (2207)
  2000 Ed. (1978)
Stephen Slifer
  1998 Ed. (1611)
  1999 Ed. (2192, 2195)
  2000 Ed. (1966)
Stephen Smith
  1995 Ed. (1825)
  1996 Ed. (1803)
  1997 Ed. (1876)
  1998 Ed. (1672)
Stephen Spinelli
  2005 Ed. (796)
  2006 Ed. (703)
Stephen Sterrett
  2008 Ed. (970)
  2010 Ed. (922)
Stephen Tindall
  2008 Ed. (4848)
  2010 Ed. (3956)
Stephen Tobolowsky
  2001 Ed. (6)
Stephen V. Reitano
  1995 Ed. (2486)
Stephen Van Rensselaer
  2006 Ed. (4914)
  2008 Ed. (4837)
Stephen Vernon
  2009 Ed. (4905)
  2010 Ed. (4906)
Stephen Volkmann
  1999 Ed. (2374)
Stephen W. Baird
  2006 Ed. (2514)
Stephen W. Lilienthal
  2010 Ed. (911)
Stephen Weber
  1991 Ed. (1676)
  1993 Ed. (1803)
Stephen Weller
  2000 Ed. (2179)
Stephen Wiggins
  2000 Ed. (1878, 2425)
Stephen Wilson
  2013 Ed. (983)
Stephen Wolfe
  1996 Ed. (1879)
  1997 Ed. (1978)
Stephen Wynn
  2007 Ed. (4899)
  2008 Ed. (4832)

2010 Ed. (885)
2011 Ed. (4830)
2012 Ed. (4850)
2013 Ed. (4840)
2014 Ed. (4856)
2015 Ed. (4893)
2016 Ed. (4811)
Stephenie Meyer
  2012 Ed. (220)
  2013 Ed. (211)
Stephens
  1991 Ed. (2180)
  1998 Ed. (996, 998, 3255)
  1999 Ed. (4243)
  2001 Ed. (558)
  2004 Ed. (1407, 1411, 1412)
  2007 Ed. (3258)
  2008 Ed. (3382)
Stephens Automotive Group
  2004 Ed. (167)
Stephens Bangs Associates, Inc.
  1990 Ed. (1840)
  1991 Ed. (1759)
  1992 Ed. (2207)
Stephens Contractors Inc.; P. W.
  1997 Ed. (1782)
Stephens Contractors Inc.; P.W.
  1992 Ed. (3480)
Stephens Inc.
  2013 Ed. (1415)
  2014 Ed. (1366, 1378)
  2015 Ed. (1441)
Stephens McCarthy Kuenzel & Caldwell
  2000 Ed. (2758)
Stephens & Michaels
  2007 Ed. (3578, 3579, 4434)
  2008 Ed. (3721, 4413, 4972)
Stephens& Michaels Associates Inc.
  2012 Ed. (851)
Stephens; Richard D.
  2009 Ed. (3208)
Stephens & Smith Construction
  2006 Ed. (1290)
  2013 Ed. (1237)
Stephens & Sons
  2016 Ed. (4996)
Stephens; Stan
  1992 Ed. (2344)
Stephenson; Randall
  2005 Ed. (993)
  2010 Ed. (890)
  2011 Ed. (820, 821, 822)
Stephenson; Randall L.
  2009 Ed. (954)
  2010 Ed. (906)
  2011 Ed. (845)
  2012 Ed. (797)
  2015 Ed. (956, 971)
  2016 Ed. (867)
Stephenson Wholesale Co., Inc.
  2011 Ed. (1360)
  2012 Ed. (1224)
  2013 Ed. (1332, 1340)
Stepmom
  2001 Ed. (4699)
Steppe Cement
  2007 Ed. (1313)
Steppel; Leslie
  1991 Ed. (1696)
Steppig Foods
  2009 Ed. (4614)
StepStone
  2010 Ed. (1095)
Stepstone
  2014 Ed. (1556)
  2015 Ed. (1605)
Stepstone Balanced Institutional
  1998 Ed. (410)
StepStone BV
  2014 Ed. (1840)
Stepstone Value Momentum Institutional
  1997 Ed. (2897)
Steptoe & Johnson
  1990 Ed. (2428)
  1991 Ed. (2294)
  1992 Ed. (2847)
  1993 Ed. (2406)
  2001 Ed. (945)
  2004 Ed. (3240)
  2007 Ed. (3326, 3327)
  2012 Ed. (3400, 3429)
  2014 Ed. (3439)
  2015 Ed. (3471)
  2016 Ed. (3318)
Ster-Kinekor
  2001 Ed. (79)
Sterby Boende och OMV
  2009 Ed. (4495)
Stereo Advantage
  2016 Ed. (2443)

Stereo Review
  1992 Ed. (3386)
Stereos, car
  2005 Ed. (309)
Stereotaxis Inc.
  2006 Ed. (1903)
  2008 Ed. (1951)
Steria
  2010 Ed. (1895)
  2011 Ed. (1926)
  2012 Ed. (1787)
  2014 Ed. (1897)
  2015 Ed. (1942)
Stericycle
  2015 Ed. (2945)
  2016 Ed. (2876)
Stericycle Inc.
  2002 Ed. (2427)
  2003 Ed. (2708)
  2004 Ed. (3921, 3922)
  2005 Ed. (3869, 3870, 4836)
  2006 Ed. (1636, 4890, 4892)
  2007 Ed. (1652, 2467, 4881, 4883)
  2008 Ed. (4816)
  2009 Ed. (4840)
  2010 Ed. (4848)
  2011 Ed. (2834, 4814)
  2012 Ed. (2764, 4469, 4831)
  2013 Ed. (4433, 4824)
  2014 Ed. (4838)
  2015 Ed. (4875)
  2016 Ed. (4796)
Sterilite
  1993 Ed. (2110)
  1994 Ed. (2147)
  1995 Ed. (2185)
  1997 Ed. (2330)
  1998 Ed. (2051)
  1999 Ed. (2808)
  2003 Ed. (1229, 1230)
  2005 Ed. (1265, 1267, 3854)
  2007 Ed. (3970, 3971)
Sterilized milk/milk drinks
  1990 Ed. (1952)
Steripads
  1998 Ed. (1697)
Steris Corp.
  1996 Ed. (2058, 3448)
  1998 Ed. (1877)
  1999 Ed. (2726, 3667)
  2007 Ed. (3082)
Steris Management Services Division
  1999 Ed. (2717)
The Steritech Group
  2011 Ed. (3871)
  2012 Ed. (3855)
  2013 Ed. (3911)
  2014 Ed. (3844)
  2015 Ed. (3869)
  2016 Ed. (3779)
Sterl Electronics
  1990 Ed. (248)
Sterling
  1996 Ed. (931)
  2000 Ed. (2742, 4304)
Sterling Bancorp
  1998 Ed. (3155)
  1999 Ed. (4141)
  2008 Ed. (2369)
  2016 Ed. (566)
Sterling Bancshares Inc.
  2003 Ed. (545)
  2005 Ed. (362)
Sterling Bank
  2006 Ed. (2040)
Sterling Bank & Trust
  1998 Ed. (3551)
  2002 Ed. (4621)
Sterling Bank & Trust F.S.B.
  2000 Ed. (3854)
  2001 Ed. (4528)
Sterling Boiler & Mechanical Inc.
  2009 Ed. (1227, 1317)
  2011 Ed. (1170, 1274, 3999)
  2012 Ed. (1114, 1175)
  2013 Ed. (1255)
  2014 Ed. (1189)
  2015 Ed. (1229)
Sterling Capital Ltd.
  1999 Ed. (3072)
Sterling Capital Small Cap Value Fund
  Institutional
  2003 Ed. (3540)
Sterling Centrecorp
  2007 Ed. (4577)
Sterling Chemials
  1995 Ed. (974)
Sterling Chemical
  1996 Ed. (2835)
Sterling Chemicals

1990 Ed. (967, 1297, 3445, 3561)
1991 Ed. (1215, 1216, 1217)
1992 Ed. (3225)
1993 Ed. (928)
1994 Ed. (942)
1997 Ed. (973, 974)
Sterling Chemicals Holdings Inc.
2002 Ed. (3564)
Sterling Commerce
1998 Ed. (1929, 3180)
1999 Ed. (4331)
2008 Ed. (4576)
Sterling Communications
2003 Ed. (3998)
2004 Ed. (4003, 4029)
2005 Ed. (3960, 3973)
2011 Ed. (1980)
2013 Ed. (1987)
2016 Ed. (1938)
Sterling Communities
2003 Ed. (1137)
2007 Ed. (1271)
Sterling Computers Corp.
2013 Ed. (2937)
2014 Ed. (2957)
Sterling Construction Co., Inc.
2006 Ed. (2723)
Sterling Cross Defense Systems Corp.
2015 Ed. (2916)
Sterling Diagnostic Imaging
1999 Ed. (3338, 3339)
Sterling Drug
1989 Ed. (1137, 1632, 1901)
1990 Ed. (271, 948, 1228, 1229,
1230)
1997 Ed. (1660)
Sterling Drug-Europe
1997 Ed. (1660)
Sterling Electronics
1990 Ed. (250)
1996 Ed. (1636)
1997 Ed. (1711)
1998 Ed. (1408, 1411, 1416)
1999 Ed. (1938, 1985, 1986)
Sterling Financial
2005 Ed. (1545)
2009 Ed. (2129)
2011 Ed. (290)
Sterling Financial Corp.
2013 Ed. (500, 541)
2016 Ed. (2120)
Sterling Financial Group
2005 Ed. (2592)
Sterling Financial Group of Companies
2004 Ed. (2829, 3944)
2005 Ed. (1789, 1941, 2001, 2837)
2006 Ed. (2084)
Sterling Group Inc.
1996 Ed. (2487)
Sterling Group of Houston
1990 Ed. (1245)
Sterling Hager
2003 Ed. (3990, 3997, 4004)
2004 Ed. (3989, 4011, 4016, 4027)
Sterling Healthcare
2006 Ed. (2405)
Sterling Healthcare Group
1994 Ed. (985, 3330)
1998 Ed. (1705)
Sterling Heights Dodge
1995 Ed. (263)
1996 Ed. (270)
Sterling Heights, MI
1999 Ed. (1129, 1147, 1176)
Sterling House Corp.
1999 Ed. (1552)
Sterling Jewelers Inc.
2002 Ed. (3037)
2003 Ed. (3163)
2014 Ed. (3428, 3429)
Sterling L. Williams
1999 Ed. (2083)
Sterling McCall Lexus
1994 Ed. (258)
1995 Ed. (273)
Sterling McCall Toyota
1990 Ed. (322)
1991 Ed. (297)
1992 Ed. (402)
1993 Ed. (287)
1994 Ed. (286)
1996 Ed. (298, 299)
Sterling Motors Ltd.
1991 Ed. (303)
1992 Ed. (408)
Sterling National
1990 Ed. (652)
Sterling Optical
1991 Ed. (2644)
1992 Ed. (2221)

1993 Ed. (2715)
Sterling Products
1992 Ed. (61)
1993 Ed. (47)
1994 Ed. (39)
Sterling-Rice Group
2002 Ed. (99)
2003 Ed. (66)
2004 Ed. (113)
2005 Ed. (112)
2007 Ed. (110, 111)
2008 Ed. (120, 121)
2009 Ed. (130, 131, 132)
2010 Ed. (130, 131, 132, 133)
2012 Ed. (53)
2013 Ed. (50)
Sterling SA
1998 Ed. (3127, 3129)
Sterling Savings Association
1998 Ed. (3570)
Sterling Savings Bank
1990 Ed. (2475, 3123, 3132)
1992 Ed. (3800)
2003 Ed. (4275)
2004 Ed. (1062, 1063)
2005 Ed. (1066)
2006 Ed. (1074)
Sterling Savings Bank, FSB
2004 Ed. (4244)
2005 Ed. (4177)
2006 Ed. (4229)
Sterling silver
2001 Ed. (4433)
Sterling Software Inc.
1993 Ed. (1074)
1997 Ed. (1107)
2000 Ed. (967, 1755, 2453)
Sterling Sugars Inc.
2004 Ed. (4595, 4596)
2005 Ed. (4529, 4530)
Sterling Testing Systems Inc.
2008 Ed. (4317)
Sterling-Van Dyke Credit Union
2004 Ed. (1943)
Sterling ware
2004 Ed. (4424)
2005 Ed. (4372)
2006 Ed. (4320)
2007 Ed. (4385)
Sterling; Wayne L.
1993 Ed. (3445)
Sterling; Wayne Lee
1991 Ed. (3211)
Sterling Williams
1998 Ed. (722, 1512)
Sterlite Industries
2009 Ed. (1495)
Sterlite Industries (India) Ltd.
2009 Ed. (3629)
2010 Ed. (3550)
2011 Ed. (3550)
Stern
2000 Ed. (915)
Stern Architects; Robert A.M.
2014 Ed. (3380)
2015 Ed. (3416)
Stern Brothers & Co.
1995 Ed. (2334)
1996 Ed. (2353)
1997 Ed. (2486)
1998 Ed. (2230)
1999 Ed. (3015)
2001 Ed. (735, 859)
Stern; David
2009 Ed. (4519)
2010 Ed. (4557, 4558)
Stern; Henry J.
1992 Ed. (3139)
Stern; Howard
1991 Ed. (1042)
2006 Ed. (2487)
2007 Ed. (4061)
2008 Ed. (2580, 2585, 2586)
2010 Ed. (3698)
2011 Ed. (3692)
2012 Ed. (2439)
2013 Ed. (2604)
2014 Ed. (2531)
2015 Ed. (2604, 2607)
2016 Ed. (2528)
Stern; Leonard
2005 Ed. (4852)
2006 Ed. (4906)
2007 Ed. (4902)
2008 Ed. (4830)
Stern; Leonard N.
1991 Ed. (891, 1003)
2011 Ed. (4836)
2012 Ed. (4846)
2013 Ed. (4847)

2014 Ed. (4863)
2015 Ed. (4900)
2016 Ed. (4816)
Stern; Paul G.
1989 Ed. (1377)
1990 Ed. (1725)
Stern School of Business
2014 Ed. (776, 795)
2015 Ed. (818, 820, 838)
2016 Ed. (730, 733)
Stern School of Business; Leonard N.
1992 Ed. (1008)
2015 Ed. (816)
Stern School of Business; New York
University
2006 Ed. (708, 724)
2007 Ed. (797)
2008 Ed. (772, 773, 791, 793, 795)
2009 Ed. (783, 788, 808, 809, 810,
817, 818)
2010 Ed. (722, 725, 737, 742, 743,
744, 746, 747, 748, 751, 757, 758,
759, 760, 761, 764, 766)
2011 Ed. (642, 647, 652, 653, 654,
655, 657, 658, 659, 662, 668, 669,
670, 677, 692, 693)
2012 Ed. (610, 613, 630, 632)
2013 Ed. (755, 756, 770)
Stern School of Business; New York
University, Leonard N.
2005 Ed. (2853)
2007 Ed. (796, 820, 2849)
2008 Ed. (787, 788)
2009 Ed. (789, 803, 805)
2010 Ed. (755)
2011 Ed. (639, 687)
2012 Ed. (606, 608, 609, 612)
2013 Ed. (754)
2014 Ed. (774)
Sternberg; Sir Sigmund
2005 Ed. (3868)
Sterne Kessler Goldstein & Fox PLLC
2011 Ed. (3836)
Sternlicht; Barry
2006 Ed. (890)
Stern's
1990 Ed. (2118, 2120, 3057)
1991 Ed. (1968)
1994 Ed. (2138)
Sterrett; Stephen
2008 Ed. (970)
2010 Ed. (922)
STET
1989 Ed. (2793)
1990 Ed. (1389, 1943, 3472, 3514,
3515)
1991 Ed. (1311, 1312, 1313, 2458)
1992 Ed. (1653, 1654, 3073)
1993 Ed. (1353, 1354, 2570, 2571)
1995 Ed. (1438, 1439, 3035)
1996 Ed. (1402, 1403, 2641, 3137)
1997 Ed. (1459, 1460, 2579)
1999 Ed. (278, 1687, 1688, 3122,
3123)
STET me
1996 Ed. (2642)
STET ord
1996 Ed. (2642)
1997 Ed. (2578)
STET Rsp
1997 Ed. (2579)
1999 Ed. (3123)
Stet Societa Finanziaria Telefonica SpA
1994 Ed. (1406, 1407, 2065, 2519,
2520, 2976)
1995 Ed. (2987)
STET SpA
2006 Ed. (1822)
Stetson
1990 Ed. (3604)
1993 Ed. (2787)
1995 Ed. (2877)
1996 Ed. (2952)
1997 Ed. (3033)
1998 Ed. (2778)
1999 Ed. (3736)
2000 Ed. (3455)
2001 Ed. (3702)
2002 Ed. (2355)
2003 Ed. (2546)
2006 Ed. (2660)
2007 Ed. (2643)
Stetson School of Business & Economics; Mercer University-Atlanta
2010 Ed. (731)
Stetson University
1992 Ed. (1098, 1270)
1993 Ed. (1018)
1994 Ed. (1045)
1995 Ed. (1053)

1996 Ed. (1038, 2464)
1997 Ed. (1054, 2609)
1998 Ed. (802, 805, 2340)
1999 Ed. (1231, 1233, 3166)
2000 Ed. (1142, 2910)
2001 Ed. (1326, 3067)
2006 Ed. (701, 713, 716, 723)
2007 Ed. (802, 807)
2008 Ed. (758, 782, 786, 1087)
2009 Ed. (1061)
2010 Ed. (1029)
Steubenville, OH
2005 Ed. (1059)
2006 Ed. (1067)
2011 Ed. (2413)
Steubenville-Weirton, OH
1993 Ed. (2548)
Steubenville-Weirton, OH-WV
1992 Ed. (3037)
1995 Ed. (3779)
2005 Ed. (2389, 2992)
Steve Anderson
2015 Ed. (4864)
2016 Ed. (4771)
Steve Ballmer
2000 Ed. (1881, 2448)
2004 Ed. (2486)
2005 Ed. (982)
Steve Barger
2011 Ed. (3354)
Steve & Barry's
2009 Ed. (983)
Steve & Barry's LLC
2008 Ed. (890, 1002)
2009 Ed. (899, 987, 988)
Steve Bell
2007 Ed. (4925)
Steve Bucherati
2012 Ed. (2156)
Steve Burke
2014 Ed. (762)
Steve Buscemi
2001 Ed. (6)
Steve C. Szalay
1991 Ed. (2342)
Steve Carell
2010 Ed. (2514)
2011 Ed. (2516)
2012 Ed. (2441)
2013 Ed. (2605)
Steve Cohen
2013 Ed. (2891)
2014 Ed. (2920)
2015 Ed. (2968)
2016 Ed. (2902)
Steve Cummings
2012 Ed. (1077)
Steve Elis
2010 Ed. (912)
Steve Ells
2013 Ed. (983, 986)
2014 Ed. (939)
2015 Ed. (955)
2016 Ed. (721, 866)
Steve Farber
2007 Ed. (2497)
2009 Ed. (4857)
Steve Foley Cadillac Inc.
1993 Ed. (284)
1995 Ed. (288)
Steve Foley Cadillac-Rolls
1994 Ed. (282)
Steve Foley Cadillac-Rolls Royce Inc.
1992 Ed. (399)
Steve Foley Enterprises
1991 Ed. (308)
Steve Foley Rolls-Royce
1996 Ed. (286)
Steve Galbraith
2004 Ed. (3168)
2005 Ed. (3202)
Steve Haggerty
2000 Ed. (2077)
Steve Jobs
2013 Ed. (565)
Steve Jobs
2014 Ed. (937)
Steve Jurvetson
2005 Ed. (785)
Steve Kirsch
2002 Ed. (2150)
Steve Laut
2010 Ed. (910)
Steve Leuthold
2004 Ed. (3168)
Steve Lewis
1995 Ed. (2486)
Steve Lockshin
2011 Ed. (3331)
2012 Ed. (3316)

2013 Ed. (3388)
2014 Ed. (3390)
2015 Ed. (3422)
Steve McQueen
  2009 Ed. (878)
  2010 Ed. (828)
  2013 Ed. (907)
  2014 Ed. (853)
  2015 Ed. (889)
  2016 Ed. (774)
Steve Meszaros
  2014 Ed. (2596)
Steve Moore Chevrolet
  1996 Ed. (268)
Steve Morgan
  1996 Ed. (1717)
  2007 Ed. (4935)
Steve Nash
  2005 Ed. (4895)
Steve Odland
  2004 Ed. (969)
  2009 Ed. (947)
  2010 Ed. (899)
Steve Outtrim
  2005 Ed. (4862)
Steve Plag
  1999 Ed. (2343)
  2000 Ed. (2131)
Steve Posner
  1990 Ed. (1722)
Steve Scala
  1998 Ed. (1663)
  2000 Ed. (2017)
Steve Schwarzman
  2014 Ed. (3392)
Steve Schwimmer
  2006 Ed. (4140)
Steve Tisch
  2012 Ed. (2679)
Steve Tusa
  2011 Ed. (3352)
Steve W. Berman
  2002 Ed. (3072)
Steve Wariner
  1992 Ed. (1351)
  1993 Ed. (1079)
  1994 Ed. (1100)
  1997 Ed. (1113)
Steve Weiss Music
  1999 Ed. (3501)
  2000 Ed. (3219)
  2014 Ed. (3736)
  2015 Ed. (3749)
Steve Young
  1997 Ed. (1724)
Stevel Rales
  2004 Ed. (4864)
Steven A. Ballmer
  2002 Ed. (3351)
  2003 Ed. (2371)
  2005 Ed. (978)
Steven A. Burd
  2010 Ed. (899)
  2011 Ed. (833)
Steven A. Davis
  2010 Ed. (179)
Steven A. Raymund
  2008 Ed. (2638)
Steven Abrahams
  2000 Ed. (1971, 1972)
Steven Anthony Ballmer
  2001 Ed. (705, 4745)
  2002 Ed. (2806, 3361)
  2003 Ed. (4887, 4889)
  2004 Ed. (4872, 4874)
Steven Arrows Management
  2005 Ed. (1088)
Steven B. Schaver
  2002 Ed. (2177)
Steven Ballmer
  1999 Ed. (726, 2082, 2664, 4746)
  2000 Ed. (734, 4375)
  2005 Ed. (971, 4856)
  2006 Ed. (918, 4910)
  2007 Ed. (1008, 4905)
  2008 Ed. (4834)
  2009 Ed. (4854)
  2010 Ed. (4859)
  2011 Ed. (4840)
  2012 Ed. (4847)
  2013 Ed. (4850)
  2014 Ed. (4866)
  2015 Ed. (4903)
Steven Bell
  1999 Ed. (2297)
Steven Binder
  1997 Ed. (1851)
  1998 Ed. (1605, 1624)
  1999 Ed. (2208)
  2000 Ed. (1980)

2003 Ed. (3057)
Steven Bird
  1999 Ed. (2339)
  2000 Ed. (2126)
Steven Blum
  2014 Ed. (2594)
Steven C. Hutson Inc.
  1997 Ed. (1074)
Steven C. Szalay
  1992 Ed. (2903)
  1993 Ed. (2461)
Steven Cohen
  1998 Ed. (1589)
  1999 Ed. (2176)
  2000 Ed. (1947)
  2005 Ed. (3202)
  2006 Ed. (2798, 4899)
  2007 Ed. (4894)
  2009 Ed. (2715, 4846)
  2010 Ed. (4851)
  2011 Ed. (4818)
  2012 Ed. (4838)
  2013 Ed. (4832)
  2014 Ed. (4847)
Steven Colbert
  1993 Ed. (1810)
  1995 Ed. (1831)
Steven Douglass
  1999 Ed. (1122, 4302)
Steven E. Lewis
  1991 Ed. (2344)
  1992 Ed. (2905)
Steven Einhorn
  1989 Ed. (1418)
  1990 Ed. (1767)
  1993 Ed. (1774, 1838)
  1994 Ed. (1818)
  1995 Ed. (1860)
Steven Eisenberg
  1994 Ed. (1825)
  1995 Ed. (1795, 1866)
  1996 Ed. (1847)
  1997 Ed. (1919)
Steven Eisman
  1997 Ed. (1908)
  1998 Ed. (1631)
  1999 Ed. (429, 430, 2144, 2145, 2217)
  2000 Ed. (2048)
Steven Elterich
  2003 Ed. (2150)
  2005 Ed. (3183)
  2006 Ed. (3185)
  2007 Ed. (3223)
Steven Engineering Inc.
  1996 Ed. (1631)
  2004 Ed. (2249)
  2005 Ed. (2349)
  2008 Ed. (2467)
Steven F. Bollenbach
  2005 Ed. (975)
Steven F. Leer
  2010 Ed. (2570)
Steven Ferencz Udvar-Hazy
  1999 Ed. (4748)
  2000 Ed. (4377)
Steven Fleishman
  1998 Ed. (1680)
  1999 Ed. (2270)
  2000 Ed. (2001)
Steven Fradkin
  2009 Ed. (386)
Steven Galbraith
  1998 Ed. (1640)
  1999 Ed. (2228)
Steven Gerrard
  2008 Ed. (4453)
  2009 Ed. (4492)
  2013 Ed. (190)
Steven Gori
  2016 Ed. (3335)
Steven Halmos
  1991 Ed. (1629)
Steven Halper
  1999 Ed. (2231)
  2000 Ed. (2014)
Steven Hash
  1998 Ed. (1617)
  1999 Ed. (2257)
  2000 Ed. (1995, 2025, 2040)
Steven Heinz
  2008 Ed. (4902)
Steven Imports
  1990 Ed. (325)
  1992 Ed. (414)
Steven J. Bresky
  2008 Ed. (958)
  2009 Ed. (960)
  2010 Ed. (913)
  2012 Ed. (808)

2013 Ed. (988)
2014 Ed. (946)
Steven J. Douglass
  2005 Ed. (2516)
Steven J. Halmos
  1993 Ed. (1703)
Steven J. Hilton
  2007 Ed. (1036)
Steven J. Margaretic & Co.
  1993 Ed. (1037)
Steven J. Ross
  1990 Ed. (975)
  1991 Ed. (925, 928, 1619)
  1992 Ed. (1141, 1145)
  1993 Ed. (940)
Steven Jobs
  2003 Ed. (958, 959, 2394, 4684)
  2007 Ed. (986)
Steven Kent
  2000 Ed. (2022)
Steven Krausz
  2003 Ed. (4847)
Steven L. Gerard
  2011 Ed. (3196)
Steven Levitt
  2005 Ed. (786)
Steven Levy
  2000 Ed. (2051)
Steven Li
  1996 Ed. (1864)
  1997 Ed. (1972)
  1999 Ed. (2353)
Steven Lumpkin
  2007 Ed. (1080)
Steven Lunn
  2014 Ed. (2596)
Steven M. Wieczynski
  2011 Ed. (3356)
Steven Madden Ltd.
  2008 Ed. (3436)
  2009 Ed. (3510)
  2010 Ed. (3439)
  2011 Ed. (3437)
  2012 Ed. (3454)
  2013 Ed. (1933, 1935, 3498, 3880, 4274)
  2014 Ed. (1874, 3474, 4334)
  2015 Ed. (1909, 3492, 4323)
  2016 Ed. (3342)
Steven McCracken
  2007 Ed. (1001)
Steven & Michele Kirsch
  2004 Ed. (3891)
Steven Milunovich
  1989 Ed. (1419)
  1991 Ed. (1676)
  1992 Ed. (2136)
  1993 Ed. (1803)
  1994 Ed. (1787, 1823)
  1995 Ed. (1825, 1826)
  1996 Ed. (1803)
  1997 Ed. (1876)
  1998 Ed. (1672)
  1999 Ed. (2263)
  2000 Ed. (2046)
  2006 Ed. (2579)
Steven & Mitchell Rales
  1990 Ed. (1238, 3556)
Steven Myers
  1997 Ed. (1981)
Steven Myers & Associates
  1999 Ed. (2614, 4322)
Steven P. Jobs
  2002 Ed. (2182, 2201)
  2005 Ed. (980, 983, 2497)
  2007 Ed. (1022)
Steven P. LaBonte
  1994 Ed. (1068)
Steven Parla
  1993 Ed. (1811)
  1995 Ed. (1796, 1832)
  1996 Ed. (1810)
  1997 Ed. (1884)
  1999 Ed. (2243)
Steven Patricola
  1998 Ed. (1590)
Steven Paul Jobs
  2004 Ed. (4870)
  2005 Ed. (2320, 2469, 4856)
  2006 Ed. (887, 896, 940, 3262, 4910)
  2007 Ed. (960, 4905)
  2008 Ed. (957, 4834)
  2009 Ed. (759, 3073, 4854)
  2010 Ed. (891, 3005, 4859)
  2011 Ed. (817, 4824)
  2012 Ed. (600, 791)
Steven Posner
  1992 Ed. (2060)
Steven R. Appleton
  2006 Ed. (934)

2007 Ed. (1023)
2009 Ed. (953)
2010 Ed. (905)
2011 Ed. (842)
Steven R. Berrard
  1993 Ed. (1696, 1703)
  1994 Ed. (1722)
Steven R. Loranger
  2011 Ed. (848)
Steven Rales
  2005 Ed. (4850)
  2006 Ed. (4905)
  2007 Ed. (4901)
  2008 Ed. (4828)
  2011 Ed. (4832)
  2012 Ed. (4851)
  2013 Ed. (4848)
  2014 Ed. (4864)
  2015 Ed. (4896)
  2016 Ed. (4814)
Steven Reinemund
  2005 Ed. (967)
  2006 Ed. (875, 2515, 2627)
  2007 Ed. (966)
  2008 Ed. (935)
Steven Rockwell
  1995 Ed. (1792)
  1996 Ed. (1772, 1808)
  1997 Ed. (1882)
  1998 Ed. (1667)
Steven Rogel
  2005 Ed. (965)
  2006 Ed. (912)
  2007 Ed. (1002)
  2008 Ed. (933)
Steven Roth
  2007 Ed. (1018)
  2008 Ed. (945)
Steven Ruggiero
  1997 Ed. (1937, 1945)
  1998 Ed. (1590)
  1999 Ed. (2178)
  2000 Ed. (1939)
Steven S. Reinemund
  2007 Ed. (1025)
Steven Salberta
  2011 Ed. (3359)
Steven Schuman
  2008 Ed. (2691)
Steven Schwartz
  2011 Ed. (3362)
Steven Shapiro
  2005 Ed. (989)
  2006 Ed. (981)
Steven Shulman
  2009 Ed. (3707)
  2010 Ed. (3625)
Steven Spielberg
  1989 Ed. (1347)
  1990 Ed. (1672)
  1991 Ed. (1578)
  1992 Ed. (1982)
  1993 Ed. (1633)
  1994 Ed. (1667)
  1995 Ed. (1714)
  1997 Ed. (1777)
  1998 Ed. (1470, 3707)
  1999 Ed. (2049)
  2000 Ed. (996, 1838, 4377)
  2001 Ed. (1138, 2026, 2269)
  2002 Ed. (2143, 3398)
  2003 Ed. (2327, 2330, 2333)
  2004 Ed. (2410, 2413, 2416)
  2005 Ed. (2443, 2444)
  2006 Ed. (2485, 2488, 2515)
  2007 Ed. (2450, 2451)
  2008 Ed. (2580, 2582, 2586)
  2009 Ed. (2607, 2609, 2613)
  2010 Ed. (2510, 2512, 2515)
  2011 Ed. (2512, 2514, 2517)
  2012 Ed. (2435, 2443)
  2013 Ed. (2601, 2607)
  2014 Ed. (2528, 2530)
  2015 Ed. (2601, 2603, 2607)
  2016 Ed. (2527)
Steven Spooner
  2016 Ed. (2562)
Steven Stamkos
  2014 Ed. (196)
  2015 Ed. (223)
Steven Tighe
  2000 Ed. (2017)
Steven Trager
  2008 Ed. (2640)
Steven Udvar-Hazy
  2002 Ed. (3345)
  2004 Ed. (4869)
  2005 Ed. (4854)
  2006 Ed. (4908)
  2008 Ed. (4832)

2011 Ed. (4821)
2012 Ed. (4851)
2013 Ed. (4848)
2014 Ed. (4864)
2015 Ed. (4901)
2016 Ed. (4818)
Steven Wynn
2005 Ed. (4844)
Steven Yanis
1998 Ed. (1678)
1999 Ed. (2272)
2000 Ed. (2055)
Stevens & Co., Inc.; J. P.
1990 Ed. (2720)
Steven's Creek Acura
1991 Ed. (300)
1992 Ed. (405)
1993 Ed. (290)
1996 Ed. (262)
Stevens; David & Heather
2008 Ed. (897)
2010 Ed. (4926)
Stevens Graphics
1991 Ed. (1872, 3139)
1999 Ed. (3895)
Stevens; Harry M.
1992 Ed. (2202)
Stevens Institute of Technology
2009 Ed. (2586)
2010 Ed. (997, 2499)
Stevens; J. P.
1989 Ed. (1600, 2814, 2815, 2816, 2817)
1990 Ed. (3270)
1994 Ed. (2131)
1997 Ed. (2316, 2317)
Stevens; Jay
1994 Ed. (1787)
1995 Ed. (1825)
Stevens & Lee
1997 Ed. (2364)
2001 Ed. (901)
Stevens Painton Corp.
2002 Ed. (1281)
2003 Ed. (1291)
Stevens Point Brewery
1989 Ed. (757)
Stevens; Robert J.
2007 Ed. (1029)
2008 Ed. (951)
2009 Ed. (950)
2010 Ed. (902)
2011 Ed. (821, 823)
Stevens Transport
1994 Ed. (3029, 3591, 3592)
1995 Ed. (3081, 3673)
1998 Ed. (3031, 3640, 3641)
1999 Ed. (4019, 4684, 4685)
2000 Ed. (3734, 4312)
2002 Ed. (3944)
2003 Ed. (4789, 4803)
2004 Ed. (4773, 4789)
2005 Ed. (4033, 4034, 4761)
2006 Ed. (4061, 4062, 4063, 4065, 4808, 4849, 4851)
2007 Ed. (4110, 4111)
2008 Ed. (4133, 4134)
2009 Ed. (4242)
2010 Ed. (4173)
2011 Ed. (4174, 4175)
2012 Ed. (4225, 4226)
2013 Ed. (4210)
2014 Ed. (4224)
2015 Ed. (4212)
2016 Ed. (4131)
Stevens Transport Inc.
2013 Ed. (4211)
2014 Ed. (4225)
2015 Ed. (4213)
2016 Ed. (4132)
Stevens Travel
1990 Ed. (3650)
Stevens Travel Management
1992 Ed. (4345)
Stevens; Whitney
1990 Ed. (1714)
Stevens & Wilkinson
2008 Ed. (2525)
2010 Ed. (2446, 2455)
2011 Ed. (2464)
2012 Ed. (210)
Stevens Worldwide Van Lines
2009 Ed. (4800)
2010 Ed. (4817)
2012 Ed. (4798)
2013 Ed. (4759)
2014 Ed. (4799, 4810)
2015 Ed. (4834, 4845)
2016 Ed. (4737, 4749)
Stevenson Kellogg Ernst & Whinney

1990 Ed. (1649)
1991 Ed. (2650)
Stevenson, The Color Co.
2009 Ed. (4109)
Steve's
1993 Ed. (2123)
Steve's Equipment Service Inc.
1991 Ed. (2473)
1992 Ed. (3091)
1999 Ed. (3420)
2014 Ed. (2953)
2015 Ed. (3005)
Steve's Music Store
2013 Ed. (3789, 3790)
2015 Ed. (3739)
2016 Ed. (3647)
Steve's Pizza
2007 Ed. (3966)
Steve's Place Pizza & Pasta Grill
2006 Ed. (3915)
Steve's Place Pizza, Pasta & Grill
2005 Ed. (3844)
Stevi B's Pizza
2013 Ed. (4235)
2014 Ed. (4283)
Stevinson Toyota West Inc.
2009 Ed. (310)
Stevyn Schutzman
1998 Ed. (1576)
1999 Ed. (2164)
2000 Ed. (1934, 1950)
Stew Leonard's
2006 Ed. (1664)
2009 Ed. (1437, 1619, 2490, 4606)
2010 Ed. (1595)
2011 Ed. (1597, 3672)
2012 Ed. (1259, 1440, 1442, 2154, 3447)
Steward Home Care Inc.
2016 Ed. (1776)
Steward St. Elizabeth's Medical Center
2014 Ed. (3080)
Steward & Stevenson Services
1991 Ed. (2017)
Stewart
2015 Ed. (3017)
Stewart A. Bliss
1991 Ed. (3211)
Stewart Adkins
1999 Ed. (2313)
2000 Ed. (2095)
Stewart; Alexander T.
2006 Ed. (4914)
2008 Ed. (4837)
Stewart Blusson
2005 Ed. (4864)
Stewart Builders Inc.
2011 Ed. (1176)
Stewart; Cecelia
2015 Ed. (5016)
Stewart Enterprises Inc.
1994 Ed. (1207)
1995 Ed. (1223, 1224)
1996 Ed. (1194, 1195)
1997 Ed. (1241)
2001 Ed. (3728, 3729)
2003 Ed. (3798, 3799)
2004 Ed. (3812)
2006 Ed. (3811)
2012 Ed. (3849)
2013 Ed. (3909)
Stewart Filmscreen
2013 Ed. (204)
2014 Ed. (212)
2015 Ed. (233, 243)
2016 Ed. (238)
Stewart-Haas Racing
2010 Ed. (316)
2011 Ed. (240)
2012 Ed. (261)
2013 Ed. (268)
2014 Ed. (271)
2015 Ed. (310)
2016 Ed. (307)
Stewart Hall
1993 Ed. (3446)
Stewart Hall Executive Notepad
1989 Ed. (2632)
Stewart Information Services Corp.
2000 Ed. (2396)
2004 Ed. (2596, 2597)
2005 Ed. (2574, 2575, 3085, 4506)
2007 Ed. (3627)
2008 Ed. (3748)
2015 Ed. (2075)
Stewart Ivory Managed Cash Account
1997 Ed. (2912)
Stewart; J. W.
2005 Ed. (2498)
2010 Ed. (904)

Stewart; John E.
1992 Ed. (533)
Stewart; Jon
2016 Ed. (2528)
Stewart; Kristen
2012 Ed. (2440)
2013 Ed. (2598)
2014 Ed. (2527)
2015 Ed. (2600)
Stewart Management Group Inc.
1995 Ed. (297)
1996 Ed. (300)
1998 Ed. (208)
1999 Ed. (319)
2000 Ed. (333)
2001 Ed. (454)
2002 Ed. (369)
Stewart; Martha
1997 Ed. (2316)
2008 Ed. (2990)
2009 Ed. (3073)
2011 Ed. (2974)
Stewart McColl Associates
1991 Ed. (2014)
Stewart Mechanical Enterprises Inc.
2006 Ed. (1242)
Stewart Paterson
2000 Ed. (2062)
Stewart Rahr
2010 Ed. (4856)
2012 Ed. (4842)
2013 Ed. (4841)
2014 Ed. (4857)
2015 Ed. (4894)
Stewart Resnick
2015 Ed. (4892)
2016 Ed. (4810)
Stewart; Rod
1991 Ed. (1041)
1993 Ed. (1077)
1995 Ed. (1117)
2007 Ed. (1267, 3658)
2008 Ed. (2583)
2015 Ed. (1136)
Stewart; S. Jay
1996 Ed. (1716)
Stewart Smith Group
1994 Ed. (2241)
1995 Ed. (2289)
1996 Ed. (2294)
1997 Ed. (2429)
1998 Ed. (2144)
2002 Ed. (2854)
2004 Ed. (3064)
2005 Ed. (3075)
2006 Ed. (3076)
Stewart & Stevenson
1992 Ed. (1529, 2595, 4145)
1993 Ed. (2165, 2486, 3466)
1995 Ed. (1290, 1291, 2238)
1996 Ed. (2244)
1997 Ed. (2369)
1998 Ed. (2088)
1999 Ed. (2850)
Stewart & Stevenson Services
1992 Ed. (2953)
1994 Ed. (2184, 2420, 3443)
2003 Ed. (3270)
2004 Ed. (2010)
2008 Ed. (2283)
Stewart & Stevenson Svcs.
1992 Ed. (2369)
Stewart Title Co.
1998 Ed. (2214, 2215)
1999 Ed. (2985, 2986)
2000 Ed. (2738, 2739)
Stewart Title Guaranty Co.
2002 Ed. (2982)
2014 Ed. (1546)
Stewart; Tony
2010 Ed. (315)
2011 Ed. (239)
2012 Ed. (260)
2013 Ed. (267)
2014 Ed. (269)
2015 Ed. (226, 309)
2016 Ed. (217)
The Stewart/Perry Co. Inc.
1997 Ed. (3515, 3516)
Stewarts Law
2010 Ed. (3430)
Stewart's Shops Corp.
2016 Ed. (1880)
Stewart/Walker Corp.
1998 Ed. (2872)
Steyr-Daimler-Puch
1991 Ed. (1256)
Steyr-Daimler-Puch AG
1995 Ed. (1358)
STG Enterprises Inc.

2006 Ed. (3526, 4365)
2007 Ed. (3577, 4433)
2008 Ed. (3720, 4412, 4971)
STG Inc.
2003 Ed. (1348, 1354)
2004 Ed. (1359)
2005 Ed. (1350, 1382)
2006 Ed. (1371, 1374, 3545, 4383)
2007 Ed. (1409)
2010 Ed. (1356)
2014 Ed. (1251, 1256)
2015 Ed. (1308)
2016 Ed. (1223)
STG International Inc.
2007 Ed. (1318)
2008 Ed. (1207)
2010 Ed. (1349)
sth stretch the horizon
2000 Ed. (3844)
STI Capital
1999 Ed. (3052)
STI Classic
2003 Ed. (3482, 3485)
STI Classic Capital Growth Trust
1996 Ed. (611)
STI Classic Emerging Markets Tr
2000 Ed. (3257)
STI Classic Florida Tax-Exempt Bond
2004 Ed. (709)
STI Classic Funds
2003 Ed. (3503)
2004 Ed. (710)
2008 Ed. (2624, 2625)
STI Classic International Equity Index
2000 Ed. (3237)
2009 Ed. (2652)
STI Classic International Equity Index Trust
2000 Ed. (623)
STI Classic International Equity Trust
1998 Ed. (409)
STI Classic Inv Grade T/E Inv
2000 Ed. (625)
STI Classic Inv Grade T/E Tr
2000 Ed. (625)
STI Classic Investment Grade Tax-Exempt
2000 Ed. (768, 770)
STI Classic Investment Grade Tax-Exempt Bond Flexible
2004 Ed. (703)
STI Classic Investment Grade Tax-Exempt Investment
1997 Ed. (692)
1998 Ed. (411, 2643)
STI Classic Investment Grade Tax-Exempt Trust
1998 Ed. (411, 2641)
STI Classic Investment Grade T/E In-vestment
1996 Ed. (622)
STI Classic Short-Term Treasury
2001 Ed. (3450)
STI Classic Val. Income Stock Trust
1996 Ed. (611)
STI Classic Value Income
1997 Ed. (2900)
STI Classic Value Income Trust
1998 Ed. (2611)
2001 Ed. (3432)
STI Technologies Ltd.
2014 Ed. (1471)
2015 Ed. (1526)
2016 Ed. (1466, 1467)
Stibbe
2005 Ed. (1444, 1445, 1450)
Stibo Systems Inc.
2016 Ed. (1018)
Stichting Bondsspaarbank Alphen den Rijn
1994 Ed. (592)
Stichting Bondsspaarbank Beemster
1993 Ed. (585)
Stichting Bondsspaarbank Middenbeem-ster
1994 Ed. (592)
Stichting Bondsspaarbank Woerden
1994 Ed. (592)
Stichting Pensioenfonds ABP
1998 Ed. (2776)
2000 Ed. (3454)
2001 Ed. (3695)
Stichting Pensioenfonds ABP Fund
1999 Ed. (3735)
Stichting Pensioenfonds Alliance Neder-land
2012 Ed. (1466)
2013 Ed. (1601)

Stichting Pensioenfonds Zorg en Wel-
  zijn
  2012 Ed. (1466)
  2013 Ed. (1601)
Stichting Prioriteit ABN AMRO
  2001 Ed. (628)
Stichting Spaarbank Westland
  1994 Ed. (592)
Stick-Free
  2000 Ed. (1041)
Sticky Fingers
  2001 Ed. (4086)
Stiefel
  2000 Ed. (22)
Stieg Larsson
  2012 Ed. (691)
  2013 Ed. (907)
Stifel Financial
  2014 Ed. (2876)
Stifel Financial Corp.
  2003 Ed. (520)
  2005 Ed. (1881)
  2008 Ed. (1951)
  2009 Ed. (1909)
  2011 Ed. (2848)
  2012 Ed. (2604, 2778)
Stifel Nicolaus
  1990 Ed. (3148)
  1996 Ed. (1182)
  1997 Ed. (3425, 3435)
  1998 Ed. (997, 3206)
  1999 Ed. (4209, 4213)
  2008 Ed. (4665)
  2011 Ed. (3332)
Stifel Nicolaus & Co.
  1990 Ed. (2137)
  2001 Ed. (555, 557)
  2002 Ed. (1406)
  2004 Ed. (1418, 1419, 1422)
  2008 Ed. (3383)
  2011 Ed. (1822)
Stiffel
  2005 Ed. (3289)
  2009 Ed. (3521)
  2011 Ed. (3451)
Stigers; Curtis
  1994 Ed. (1099)
Stigwood; Robert
  2005 Ed. (4891, 4894)
  2007 Ed. (4929, 4932)
  2008 Ed. (4905)
Stihl Inc.
  2004 Ed. (3330)
Stikeman Elliott
  1990 Ed. (2416, 2427)
  1991 Ed. (2282, 2293)
  1992 Ed. (2831, 2846)
  1993 Ed. (2394, 2405)
  1995 Ed. (2415)
  1996 Ed. (2451)
  1997 Ed. (2596)
  1999 Ed. (3147)
  2004 Ed. (1428)
  2005 Ed. (1444)
Stikeman Elliott LLP
  2009 Ed. (3487)
  2016 Ed. (3315)
Stiles Corp.
  1998 Ed. (3004)
  2000 Ed. (3719)
  2002 Ed. (3922)
Still Life With Curtain, Pitcher, & Fruit
  2008 Ed. (268)
Still Surprised
  2012 Ed. (516)
Still Water, bottles
  2000 Ed. (4143)
Still waters
  1999 Ed. (4364)
Stillbrooke Homes
  2002 Ed. (1170, 2654)
  2003 Ed. (1137)
  2004 Ed. (1150)
  2005 Ed. (1179)
Stiller; Ben
  2009 Ed. (2605)
  2012 Ed. (2431)
  2013 Ed. (2597)
  2014 Ed. (2526)
Stiller; Robert
  2008 Ed. (2634)
Stillman & Hoag Inc.
  1990 Ed. (347)
Stillman School of Business
  2014 Ed. (775)
  2015 Ed. (817)
StillSecure
  2010 Ed. (2939)
Stillwater Mining Co.
  2000 Ed. (278)

2004 Ed. (1808, 3445)
2005 Ed. (1891, 3459)
2006 Ed. (1913)
2007 Ed. (1895)
2008 Ed. (1959, 3654)
2009 Ed. (1912, 3720)
2010 Ed. (1845, 3638)
2011 Ed. (1876, 3640)
2012 Ed. (1733, 3636)
2013 Ed. (1897, 3695)
2014 Ed. (1830, 3629)
2015 Ed. (1869, 3642)
2016 Ed. (1833, 3529)
Stillwell Financial
  2002 Ed. (2261)
Stillwell-Hansen Inc.
  2013 Ed. (4985)
  2014 Ed. (4988)
  2015 Ed. (5034)
  2016 Ed. (4986)
Stilwell Financial Inc.
  2002 Ed. (4352)
Stimac; Gary
  1996 Ed. (1710)
Stimpson; Janet
  2015 Ed. (5037)
  2016 Ed. (4991)
Stimson Lane Vineyards
  2003 Ed. (906)
  2004 Ed. (923)
  2005 Ed. (914)
Stine; Craig
  1997 Ed. (1928)
Sting
  1993 Ed. (1078)
  1995 Ed. (1118)
  2002 Ed. (1162)
  2005 Ed. (4894)
  2006 Ed. (1157)
  2007 Ed. (4932)
Sting Surveillance
  2010 Ed. (4449)
Stingray Digital Group
  2015 Ed. (1540, 3582)
  2016 Ed. (3465)
Stinnes AG
  1995 Ed. (3731)
  1996 Ed. (3830)
  1997 Ed. (3783, 3879)
  1999 Ed. (4761)
  2000 Ed. (4388)
  2002 Ed. (4900)
  2006 Ed. (1446)
Stinnes Aktiengesellschaft (Konzern)
  1992 Ed. (4433)
  1993 Ed. (3696)
Stinnes Corp.
  2011 Ed. (4740)
  2012 Ed. (4755)
Stinnes Vermoegensvervaltungs-AG
  2000 Ed. (4388)
Stinnes Vermoegensverwaltungs-AG
  2001 Ed. (4819)
  2002 Ed. (4900)
Stinson; Alan
  2007 Ed. (1074)
Stinson Financial Group Inc.
  2009 Ed. (4124)
Stinson, Mag & Fizzell PC
  2001 Ed. (563, 566)
Stiritz; William P.
  1990 Ed. (1713)
  1991 Ed. (1623)
  1993 Ed. (937, 1695)
Stirling Ltd.
  1999 Ed. (1395)
Stirling Properties Inc.
  2008 Ed. (4336)
Stirrings
  2008 Ed. (2733)
Stitchbond
  2000 Ed. (3353)
Stites & Harbison
  2008 Ed. (1879)
Stites & Harbison PLLC
  2010 Ed. (1775, 2020)
  2016 Ed. (1727)
Stivers Temporary Personnel Inc.
  1998 Ed. (3505)
St.James's Place
  2016 Ed. (3227)
STMicroelectronics
  2016 Ed. (4351)
STMicroelectronics Inc.
  2000 Ed. (3995, 3996, 3999, 4002)
  2006 Ed. (942)
  2007 Ed. (1037)
  2008 Ed. (960)
  2009 Ed. (962)
STMicroelectronics (Malta) Ltd.

2012 Ed. (1679)
2013 Ed. (1830)
STMicroelectronics NV
  2001 Ed. (417, 1711, 2157, 2158,
    2159, 2181, 2962, 3300, 4217)
  2002 Ed. (761, 1658, 4257, 4258)
  2003 Ed. (1668, 2207, 2208, 3753,
    4384, 4386, 4387, 4388, 4389,
    4584)
  2004 Ed. (2253, 3020, 4404, 4405)
  2005 Ed. (1974, 4350, 4352)
  2006 Ed. (1687, 2032, 3393, 4093,
    4287, 4288, 4290)
  2007 Ed. (2825, 3989, 4353, 4354,
    4356)
  2008 Ed. (3583, 4313)
  2009 Ed. (3642)
  2010 Ed. (3572)
  2011 Ed. (2070, 2904, 3575, 4392)
  2012 Ed. (1912, 2839, 3568, 4458,
    4462)
  2013 Ed. (2897, 3604, 4429)
  2014 Ed. (2924)
  2015 Ed. (2972)
  2016 Ed. (2908)
STN
  2016 Ed. (4300)
Stobart
  2016 Ed. (4703)
Stock
  1992 Ed. (4468)
  1995 Ed. (3771)
  2001 Ed. (4676)
  2002 Ed. (4742)
  2003 Ed. (4850)
  2004 Ed. (4833)
  2005 Ed. (4821, 4823)
Stock brokerage
  1992 Ed. (1753)
Stock Building Supply
  2016 Ed. (2861)
Stock Building Supply Holdings Inc.
  2005 Ed. (770)
  2006 Ed. (678)
  2007 Ed. (773, 774)
  2008 Ed. (748, 749)
  2009 Ed. (743, 744)
  2010 Ed. (689, 690, 4314, 4315)
  2011 Ed. (618, 619, 4289)
  2012 Ed. (589, 4331)
  2013 Ed. (723, 725, 2856)
  2014 Ed. (746, 2885)
  2015 Ed. (785, 2929)
Stock Building Supply Holdings LLC
  2015 Ed. (2930)
  2016 Ed. (2860)
Stock Building Supply Inc.
  2005 Ed. (770, 771, 3932)
  2006 Ed. (678, 679, 2274)
  2007 Ed. (773)
  2008 Ed. (748, 4075)
  2009 Ed. (743, 3088, 3602)
  2010 Ed. (689, 690, 3019, 4117)
  2011 Ed. (618, 2988, 4288)
  2012 Ed. (2913)
  2013 Ed. (3000)
  2014 Ed. (3009)
  2015 Ed. (3077)
  2016 Ed. (2975)
Stock Building Supply LLC
  2012 Ed. (589)
Stock Building Supply West Inc.
  2005 Ed. (1990)
Stock clerks
  2007 Ed. (3719)
  2009 Ed. (3856)
  2010 Ed. (3773)
  2013 Ed. (3843)
  2014 Ed. (3764)
Stock Conversion
  1989 Ed. (2288)
Stock, deferred
  1997 Ed. (1271)
Stock Detective
  2002 Ed. (4844, 4850)
Stock Development
  2015 Ed. (1185)
Stock Exchange of Thailand
  2014 Ed. (4549, 4551)
Stock handlers & baggers
  2002 Ed. (3531)
Stock Lumber
  1996 Ed. (814)
Stock Market Miracles
  1999 Ed. (690)
Stock Market Outlook
  2003 Ed. (3025)
Stock Options
  1993 Ed. (2131)
  1997 Ed. (1271)

2000 Ed. (1781, 1784)
Stock quotes
  2001 Ed. (1142)
  2002 Ed. (545)
Stock, restricted
  1997 Ed. (1271)
Stock Spirits
  2016 Ed. (601)
Stock, unrestricted
  1997 Ed. (1271)
Stock Vermouth
  1989 Ed. (2939)
  1991 Ed. (3494, 3503)
  1992 Ed. (4460)
Stock Yards Bank & Trust Co.
  2014 Ed. (320)
  2015 Ed. (361)
Stockamp & Associates
  2006 Ed. (2774)
Stockbroker
  1991 Ed. (2261)
  2004 Ed. (2278)
Stockbrokers
  1991 Ed. (2059)
  1999 Ed. (4698)
Stockcar Stocks Index
  2007 Ed. (2484)
Stockford
  2004 Ed. (4, 5)
Stockgrowers State Bank
  1989 Ed. (210)
Stockholm
  1990 Ed. (865)
  2000 Ed. (3373)
Stockholm Re (Bermuda) Ltd.
  1993 Ed. (847)
Stockholm Reinsurance (Bermuda) Ltd.
  1994 Ed. (861)
Stockholm Stock Exchange
  1997 Ed. (3631)
  2016 Ed. (4485)
Stockholm, Sweden
  1990 Ed. (1439)
  1991 Ed. (1365)
  1992 Ed. (1712, 2280)
  2002 Ed. (2750)
  2004 Ed. (3305)
  2005 Ed. (3313, 3329)
  2009 Ed. (4233)
  2010 Ed. (3486, 3487)
  2016 Ed. (2602)
Stockhouse Inc.
  2002 Ed. (4799)
  2010 Ed. (1096)
Stockhus; Myrtle
  1994 Ed. (897)
Stockland
  2012 Ed. (4191)
  2014 Ed. (4002, 4004)
Stockland Australia
  2013 Ed. (4171)
  2014 Ed. (4188)
  2015 Ed. (4169)
  2016 Ed. (4083)
Stockman Bank of Montana
  2004 Ed. (185)
Stockman Kast Ryan & Co.
  2005 Ed. (4)
Stockmann
  2009 Ed. (1665)
  2010 Ed. (712)
Stockmeier Chemie
  2013 Ed. (934)
  2015 Ed. (916)
  2016 Ed. (819, 821)
Stockmens National Bank
  1997 Ed. (181)
The Stockner Group
  2015 Ed. (3476)
StockNGo.com
  2013 Ed. (2468)
Stockpot
  2003 Ed. (4484)
Stocks
  1989 Ed. (1863)
  1990 Ed. (2401)
  1991 Ed. (2262)
  1992 Ed. (2667, 2804)
  1993 Ed. (2257, 2365)
  1994 Ed. (338)
Stocks Austin Sice
  1996 Ed. (2232)
Stocks, common
  1993 Ed. (2364)
StockSelector.com
  2002 Ed. (4853)
Stocksigns
  2008 Ed. (101)
Stockton; Bryan
  2016 Ed. (868)

Stockton, CA
  1993 Ed. (2114)
  1994 Ed. (975, 2497)
  1999 Ed. (1162, 2809)
  2005 Ed. (2378)
  2006 Ed. (2449)
  2007 Ed. (3002)
  2008 Ed. (3116)
  2009 Ed. (351, 3770)
  2010 Ed. (327, 3474)
  2011 Ed. (254, 917, 3479)
  2012 Ed. (275)
  2014 Ed. (278)
Stockton Cogen (I) Inc.
  2003 Ed. (1809)
Stockton; Dmitri
  2010 Ed. (178)
Stockton-Lodi, CA
  1997 Ed. (2337, 2764)
  2003 Ed. (2699)
  2005 Ed. (338, 2973, 3475)
  2006 Ed. (2974)
  2008 Ed. (3479)
Stockton Re
  2001 Ed. (2958, 2961)
Stoel Rives
  2012 Ed. (3386, 3399)
Stoel Rives LLP
  2001 Ed. (567, 897)
  2006 Ed. (3252)
  2007 Ed. (1508)
Stoeppelwerth; Walter
  1996 Ed. (1850)
Stoffe Credit Union
  1996 Ed. (1508)
Stohlman Saab
  1991 Ed. (295)
Stohlman Subaru
  1991 Ed. (296)
Stohlman Volkswagen
  1991 Ed. (298)
  1993 Ed. (288)
  1994 Ed. (287)
  1996 Ed. (291)
Stohlman VW and Subaru
  1990 Ed. (323)
Stokely USA
  1995 Ed. (1899)
Stokely-Van Camp; Quaker Oats/
  1991 Ed. (1145)
Stokes & Bartholomew
  2001 Ed. (925)
Stokes Bartholomew Evans & Petree
    PA
  2007 Ed. (1510)
Stokes Kennedy Crowley
  1992 Ed. (17, 18)
Stokes; Kerry
  2008 Ed. (4842)
  2010 Ed. (4862, 4878)
  2012 Ed. (4873, 4874)
  2013 Ed. (4856)
  2014 Ed. (4870)
Stokes Mechanical Contractor Inc.
  2007 Ed. (4991)
Stokes; P. T.
  2005 Ed. (2485)
Stokes; Patrick
  2006 Ed. (875)
Stolberg Equity Partners LLC
  2004 Ed. (4832)
  2008 Ed. (4806)
Stolen
  2005 Ed. (2683)
Stolen Life
  2013 Ed. (565)
Stolichnaya
  1989 Ed. (2896, 2897, 2898)
  1990 Ed. (2456, 2460, 2462, 2463,
    3676, 3678)
  1991 Ed. (2322, 2324, 3455, 3456,
    3461, 3462, 3463, 3464)
  1992 Ed. (2881, 2883, 2889, 2891,
    4402, 4407, 4408, 4409, 4410,
    4411)
  1993 Ed. (3674, 3679)
  1994 Ed. (3640, 3641)
  1995 Ed. (3714, 3716, 3717)
  1996 Ed. (3803, 3804, 3805, 3806,
    3807)
  1997 Ed. (2662, 2667, 3855, 3856,
    3857, 3858)
  1998 Ed. (2388, 2389, 2395, 2396,
    3682, 3687, 3688, 3689, 3690)
  1999 Ed. (3229, 3233, 3244, 3245,
    3247, 4730, 4731, 4733, 4736)
  2000 Ed. (2967, 2968, 2970, 2980,
    4359, 4362)
  2001 Ed. (3132, 4707, 4711, 4712,
    4713)

  2002 Ed. (299, 4761, 4768, 4770,
    4772)
  2003 Ed. (4865, 4870)
  2004 Ed. (4850, 4851)
  2005 Ed. (4833)
Stolichnaya Citrona
  2005 Ed. (3364)
Stolichnaya Cristall
  1996 Ed. (3807)
  2001 Ed. (4712, 4713)
  2002 Ed. (4772)
Stolichnaya Limonnaya Flavored
  1989 Ed. (2897)
Stolichnaya Ohranj
  1999 Ed. (4725)
Stolichnaya Persik
  1999 Ed. (4725)
Stolichny Bank
  1999 Ed. (628)
Stolichny Savings Bank
  1997 Ed. (603)
Stoll Keenon Ogden PLLC
  2009 Ed. (1834)
  2010 Ed. (1775)
Stoll Rug & Furniture Cleaners
  2009 Ed. (867)
The Stoller Group
  2005 Ed. (1935, 1938)
  2006 Ed. (1966)
Stoller; S. M.
  2007 Ed. (2466)
Stolt Comex Seaway Ltd.
  2000 Ed. (1305)
Stolt-Nielsen
  2001 Ed. (4630)
  2002 Ed. (3543)
  2006 Ed. (3758)
Stolt-Nielsen; Jacob
  2015 Ed. (4947)
Stolt-Nielsen SA
  2001 Ed. (4626, 4627)
  2006 Ed. (1856)
  2007 Ed. (1671, 4886, 4887)
  2008 Ed. (1892)
  2011 Ed. (1812)
Stolt Nielsen Transportation Group Ltd.
  2003 Ed. (4794)
  2005 Ed. (4841)
  2006 Ed. (4894)
Stolt Offshore SA
  2006 Ed. (1856)
Stolt Tankers and Terminals
  1991 Ed. (2657)
Stolte
  1989 Ed. (1010)
Stomach remedies
  1997 Ed. (3064, 3065)
  2004 Ed. (252)
Stomana Industry
  2008 Ed. (3667)
Stomel & Sons; Jos. H.
  1997 Ed. (1200, 1201, 1204, 1206,
    1207)
Stomil Olsztyn
  1999 Ed. (4739)
Stomp Pork Farms
  2006 Ed. (3939)
  2007 Ed. (3997)
  2008 Ed. (4014)
  2009 Ed. (4086)
  2010 Ed. (3998)
Stone
  1993 Ed. (1417)
  2005 Ed. (1480)
Stone; Andrew
  2016 Ed. (2561)
Stone; Biz
  2011 Ed. (629, 756)
  2012 Ed. (599)
Stone Brewing
  2005 Ed. (2625)
Stone Brewing Co.
  2014 Ed. (720, 721)
  2015 Ed. (768, 769)
  2016 Ed. (690, 692)
Stone Buick-GMC
  1996 Ed. (266)
Stone Buick; J. O.
  1995 Ed. (265)
Stone, clay and glass
  1995 Ed. (1259)
  1996 Ed. (1232)
Stone, clay, glass & concrete
  1995 Ed. (2446)
  1997 Ed. (2631)
Stone, clay, glass & concrete product
    manufacturers
  2001 Ed. (1720, 1754, 1781, 1837)
Stone, clay, glass, & concrete products
  2003 Ed. (1436)

Stone, clay & glass products
  1992 Ed. (1465, 1488, 3610)
  1999 Ed. (1941, 2846)
Stone-Consolidated
  1992 Ed. (2213)
  1994 Ed. (1894)
  1995 Ed. (999, 2831)
  1996 Ed. (1960)
  1997 Ed. (2070, 2995)
  1999 Ed. (2492, 3691)
Stone Construction Equipment Inc.
  2008 Ed. (1982, 3573)
Stone Container Corp.
  1989 Ed. (1008, 1465, 2111)
  1990 Ed. (1188, 1842, 1843)
  1991 Ed. (1070, 1071, 1170, 1203,
    1761, 1763, 2667, 3331)
  1992 Ed. (1381, 1383, 1384, 1385,
    2209, 2211, 3247, 3327, 3331,
    3333, 3338, 3529)
  1993 Ed. (934, 1110, 1331, 1890,
    1892, 1893, 2381, 2762, 2763,
    2871)
  1994 Ed. (1127, 1129, 1386, 1891,
    1893, 1895, 2721, 2724, 2727)
  1995 Ed. (1143, 1144, 1320, 1328,
    1415, 1922, 1923, 1925, 2826,
    2829, 2830, 2835, 2836)
  1996 Ed. (756, 1117, 1245, 1958,
    1959, 1961, 2903, 3312, 3510)
  1997 Ed. (1144, 1293, 1814, 1816,
    2067, 2069, 2990, 2992)
  1998 Ed. (928, 930, 1115, 1121, 1122,
    1750, 1751, 2731, 2739, 2741,
    2746, 2748)
  1999 Ed. (760, 1347, 1482, 1486,
    1557, 1560, 1752, 2489, 2490,
    3682, 3687, 3699, 3700, 4493)
  2000 Ed. (774, 1584, 2254, 3411)
  2001 Ed. (3624)
  2003 Ed. (3635, 3714, 3716)
  2004 Ed. (3761, 3762)
  2005 Ed. (3676, 3677)
  2006 Ed. (3774, 3775)
Stone; David
  1995 Ed. (1807)
Stone; Doug
  1993 Ed. (1079)
  1996 Ed. (1094)
Stone; Emma
  2015 Ed. (2600)
Stone Energy Corp.
  2004 Ed. (3826, 3827)
  2005 Ed. (3734, 3735)
  2008 Ed. (1403, 3905, 3906, 3907)
  2014 Ed. (3887)
  2015 Ed. (1791, 3911)
Stone Group Holdings
  2008 Ed. (32)
Stone Hill
  2001 Ed. (4891)
  2002 Ed. (4958)
Stone; Jerome H.
  1994 Ed. (892)
Stone Marraccini & Patterson
  1991 Ed. (251)
  1992 Ed. (353)
Stone Marraccini Patterson
  1995 Ed. (235)
Stone River Homes
  2006 Ed. (1159)
Stone; Robert
  2011 Ed. (3337)
Stone; Roger W.
  1992 Ed. (1143, 2059)
Stone, Rosenblatt & Cha
  2010 Ed. (1524)
The Stone Roses
  2014 Ed. (1099)
Stone, sand & gravel
  1992 Ed. (3610)
Stone & Webster Construction Inc.
  2004 Ed. (1782)
Stone & Webster Engineering Corp.
  1990 Ed. (1198, 1664)
  1992 Ed. (1355, 1401, 1403, 1406,
    1948, 1951, 1963)
  1993 Ed. (1034, 1116, 1117, 1119,
    1121, 1146, 1152, 1601, 1606)
  1994 Ed. (1130, 1132, 1133, 1135,
    1136, 1137, 1159, 1160, 1170,
    1633, 1638, 1647)
  1995 Ed. (1148, 1150, 1151, 1152,
    1153, 1154, 1155, 1178, 1179,
    1190, 1672, 1677, 1686, 1700)
  1996 Ed. (1152, 1153, 1161, 1659,
    1660, 1668, 1682)
  1997 Ed. (1129, 1154, 1733, 1737,
    1738, 1748, 1751, 1763)
  1998 Ed. (884, 940, 1440, 1447,

    1451, 1452, 1456, 1484)
Stone & Webster Engineers & Con-
    structors
  2002 Ed. (1250, 1263, 1273, 1275)
Stone & Webster, Inc.
  1990 Ed. (1169)
  1991 Ed. (1050)
  1999 Ed. (1315, 1341, 1362, 2024)
  2000 Ed. (1253, 1801, 1810, 1819)
  2001 Ed. (1204, 1403, 1404, 2242,
    2291)
Stone & Webster Management Consul-
    tants Inc.
  1991 Ed. (2899)
Stone; William
  2006 Ed. (2527)
Stone & Youngberg
  1990 Ed. (3158, 3209)
  1991 Ed. (3046, 3047, 3054)
  1992 Ed. (3860)
  1993 Ed. (3186)
  1995 Ed. (3261)
  1996 Ed. (3365, 3366)
  1997 Ed. (3454, 3468, 3469)
  1999 Ed. (4240)
  2000 Ed. (2758, 3974)
  2001 Ed. (750, 753, 779, 952)
StoneArch
  2014 Ed. (1816)
Stonebridge Capital Large Cap Growth
  2003 Ed. (3126)
Stonebridge Capital Partners, Tax Ex-
    empt Intermediate Term
  2003 Ed. (3132, 3139)
Stonebridge Casualty Insurance Co.
  2012 Ed. (3195)
  2013 Ed. (3264)
  2014 Ed. (3292)
  2016 Ed. (3201)
Stonebridge Partners
  1999 Ed. (4707)
Stonecipher; David A.
  2005 Ed. (1104)
  2006 Ed. (1099)
Stonecipher; H. C.
  2005 Ed. (2482)
Stonecutter Mills Corp.
  2002 Ed. (3561)
Stoned
  1996 Ed. (1092)
Stonefield Josephson Inc.
  1998 Ed. (2, 5, 20)
  1999 Ed. (25)
  2002 Ed. (27)
  2003 Ed. (11)
  2004 Ed. (17)
  2005 Ed. (13)
  2006 Ed. (18)
  2007 Ed. (14)
  2008 Ed. (12)
  2009 Ed. (15)
Stonefield Josphson
  2000 Ed. (21)
Stonegate Mortgage
  2013 Ed. (2693)
Stonegate Mortgage Corp.
  2015 Ed. (1712)
  2016 Ed. (3618, 3621, 3623)
Stonehedge Inn
  1994 Ed. (2105)
Stonehedge Ltd.
  2000 Ed. (1153)
Stonehill College
  1996 Ed. (1041)
  1997 Ed. (1057)
  1998 Ed. (795)
  1999 Ed. (1224)
  2001 Ed. (1321)
  2008 Ed. (1060)
Stonehill & Taylor Architects
  2013 Ed. (3361)
Stonemor Partners
  2011 Ed. (4435, 4442, 4443, 4469)
Stonepath Group Inc.
  2006 Ed. (2733, 2735)
Stoneridge Inc.
  2000 Ed. (1749, 3877)
  2005 Ed. (2283, 2284)
Stoneridge Resources Inc.
  1994 Ed. (1224, 1225)
Stoneridge Software
  2015 Ed. (1857)
STONEIROSENBLATTICHA
  2011 Ed. (1519)
Stones from the River
  1999 Ed. (695)
Stones into Schools
  2011 Ed. (494)
Stones Invest A/S
  2009 Ed. (1635)

Stones River Electric
2007 Ed. (3602)
StoneShare
2014 Ed. (1490)
StoneShare Inc.
2015 Ed. (1547)
2016 Ed. (1485)
StoneTech Professional
2005 Ed. (960)
Stonewater Homes Inc.
2016 Ed. (1466)
Stonewood Architectural Woodworking
2008 Ed. (1251)
2009 Ed. (1226)
2010 Ed. (1227)
2011 Ed. (1173)
Stoneworks Technologies
2009 Ed. (2996)
2010 Ed. (2936)
Stoneybrooke Christian Schools
2008 Ed. (4282)
Stonington Capital
1997 Ed. (2627)
2007 Ed. (1621)
Stonington Partners
1998 Ed. (2105)
Stony Brook Medical Park
1990 Ed. (1145)
1991 Ed. (1043)
Stonyfield
1998 Ed. (3782)
Stonyfield Farm Inc.
2000 Ed. (4443)
2003 Ed. (4998, 4999)
2007 Ed. (4999)
2008 Ed. (4998, 4999)
2009 Ed. (655)
2010 Ed. (2740)
2011 Ed. (2725)
2012 Ed. (2658)
2013 Ed. (2739)
2014 Ed. (1853)
Stoops Express
1991 Ed. (3430)
Stoorza Communications
2003 Ed. (3983, 3986, 4014)
Stoorza Ziegaus Metzger
1995 Ed. (3024)
1996 Ed. (3111)
Stoorza, Ziegaus & Metzger
1992 Ed. (3557, 3561, 3570)
1993 Ed. (2927)
1994 Ed. (2948, 2952)
1995 Ed. (3004, 3007)
1996 Ed. (3103, 3105)
1997 Ed. (3182, 3190)
1998 Ed. (2943, 2962)
2000 Ed. (3658)
2002 Ed. (3811, 3826, 3835, 3837)
"Stop Aging Now"
2015 Ed. (2328)
Stop & Shop
1990 Ed. (743)
1992 Ed. (3931)
1993 Ed. (3216)
1996 Ed. (1418, 3622)
1997 Ed. (1235, 1477, 3176, 3667, 3668, 3678)
2004 Ed. (3308, 4644)
2005 Ed. (4554, 4562)
2006 Ed. (4633)
2007 Ed. (4619)
2008 Ed. (4566, 4572)
2009 Ed. (4596, 4604)
2010 Ed. (4627, 4633)
2011 Ed. (4588)
2016 Ed. (1778)
Stop & Shop Companies, Inc.
1990 Ed. (3497)
2001 Ed. (1789)
Stop & Shop Cos.
1989 Ed. (1145)
1990 Ed. (1038, 1404, 3267)
1991 Ed. (967, 1329, 3096)
1995 Ed. (3524)
Stop, Shop & Save
1992 Ed. (895)
1993 Ed. (706)
1994 Ed. (715)
Stop & Shop Supermarket Co.
1991 Ed. (3258)
2000 Ed. (4170)
2004 Ed. (2135, 4628, 4639, 4645)
2005 Ed. (3179)
2007 Ed. (4622)
2015 Ed. (1646, 1649, 4594)
2016 Ed. (1592, 4515)
Stopanska Banka AD
1995 Ed. (534)
1997 Ed. (546, 547)

1999 Ed. (583)
2000 Ed. (599)
Stopanska Banka a.d. Skopje
2002 Ed. (614)
2003 Ed. (579)
2004 Ed. (586)
2006 Ed. (496)
Stopanska Banks AD
1996 Ed. (592)
Stopforth Bright Anderson
1997 Ed. (3202)
Stopgap
2005 Ed. (1979)
2006 Ed. (2052)
2007 Ed. (2024)
STOPS
2006 Ed. (3086)
2007 Ed. (3103)
Stora
1990 Ed. (3477)
1991 Ed. (2672, 3221)
1992 Ed. (1483, 4142)
1995 Ed. (1925, 2835)
1996 Ed. (1961)
1997 Ed. (2071, 2074)
1998 Ed. (2746)
1999 Ed. (2495)
Stora Enso AB
2008 Ed. (2088, 3556)
2009 Ed. (2060, 3623)
2011 Ed. (2063, 3544)
Stora Enso Corp.
2000 Ed. (3404)
2008 Ed. (3557)
Stora Enso Fine Papers Oy
2001 Ed. (3628)
2004 Ed. (3768)
Stora Enso North America Corp.
2003 Ed. (1854, 3369, 3727)
2004 Ed. (1890, 3435)
2005 Ed. (2016)
2006 Ed. (2119)
2007 Ed. (2067)
Stora Enso Oyj
2001 Ed. (1700, 1701, 1820, 3628, 3630, 3631)
2002 Ed. (1646, 1647, 2322, 2468, 2469, 3577, 3578, 3579)
2003 Ed. (1673, 3725, 3728, 4583)
2004 Ed. (3768, 3770)
2005 Ed. (1760, 3328, 3688)
2006 Ed. (1701, 1702, 1703, 1704, 2801, 3379, 3781, 3782)
2007 Ed. (1697, 1698, 1699, 1700, 2637, 2638, 3778, 3779)
2008 Ed. (848, 912, 1724, 1725, 1726, 1727, 2763, 3855, 3856)
2009 Ed. (1662, 1663, 1664, 2822, 3624, 3915, 3916)
2010 Ed. (1620, 1622, 1623, 2764, 3545, 3822, 3823, 3824, 3825, 3826)
2011 Ed. (1629, 1630, 2750, 3545, 3818, 3820, 3821, 3822, 3824)
2012 Ed. (1080, 1480, 1481, 1482, 2684, 3538, 3802, 3803, 3804, 3805, 3806, 3807, 3808, 3809)
2013 Ed. (1215, 1610, 1611, 2769, 3583, 3867, 3868, 3869, 3870, 3871, 3872)
2014 Ed. (1577, 1578, 2750, 3790, 3791, 3798, 3799, 3800, 3801, 3802)
2015 Ed. (1628, 2803, 3812, 3813, 3821, 3822, 3823, 3824)
2016 Ed. (1556, 2734, 3725, 3729, 3730, 3731, 3732)
Stora Enso Publication Papers Oy Ltd.
2001 Ed. (3628)
2004 Ed. (3768)
Stora Enso Skog AB
2002 Ed. (250)
Stora Enso Timber AS
2009 Ed. (1648)
Stora Enso Timber Oy Ltd.
2004 Ed. (3320)
Stora Feldmuehle AG
1995 Ed. (2834)
Stora Feldmuehle Aktiengesellschaft (Konzern)
1994 Ed. (2730)
Stora Group
1990 Ed. (2767)
1991 Ed. (1350)
1994 Ed. (1451)
1996 Ed. (1448)
1997 Ed. (1514)
1999 Ed. (1739)
Stora Kopparberg F
1989 Ed. (1467)

Stora Kopparbergs
1991 Ed. (1349, 1351, 3222)
Stora Kopparbergs Berglags AB
2000 Ed. (1559)
Stora Kopparbergs Bergslags
1990 Ed. (1422)
1992 Ed. (1692, 1693)
1993 Ed. (911, 1403, 1404, 1405, 1893, 3460)
Stora Kopparbergs Bergslags AB
1990 Ed. (1421)
1994 Ed. (928, 1452, 1453, 1895, 3439, 3440)
1995 Ed. (962, 1492, 1493)
1996 Ed. (1449, 1450, 3589, 3590)
1997 Ed. (1512, 1515, 3635)
1999 Ed. (1738, 4483)
2001 Ed. (1856)
2003 Ed. (1827)
Stora Skog AB
1994 Ed. (2415)
1999 Ed. (201)
Stora/Feldmuhle
1992 Ed. (3336)
Storage
2000 Ed. (2289)
2003 Ed. (2676)
Storage battery grids, posts, etc.
2001 Ed. (3074)
Storage battery oxides
2001 Ed. (3074)
Storage Computer Corp.
2004 Ed. (236)
Storage furniture
2001 Ed. (2568)
Storage Inns, Inc.
1992 Ed. (3909)
1998 Ed. (3274)
1999 Ed. (4266)
2000 Ed. (3989)
Storage, plastic
2004 Ed. (2864)
2005 Ed. (2961)
Storage & space management products
2002 Ed. (2445)
Storage Technology (Bermuda) Ltd.
2007 Ed. (3424)
Storage Technology Corp.
1989 Ed. (980, 2308)
1990 Ed. (1099)
1991 Ed. (1009, 1029, 1221, 2853, 3228)
1992 Ed. (1286, 1312, 1314, 1529, 3682)
1993 Ed. (1033, 1048, 1052, 1222, 1290)
1994 Ed. (1064, 1342)
1995 Ed. (1076, 1367, 2068)
1998 Ed. (813, 822)
1999 Ed. (1268, 1269, 1276, 1975)
2000 Ed. (1165, 1169, 1402, 1752)
2001 Ed. (1357, 1673)
2002 Ed. (1143, 1144, 1620)
2003 Ed. (1090, 1102, 1103, 1104, 1651, 1654, 1655)
2004 Ed. (1111, 1120, 1121, 1681, 1684)
2005 Ed. (1109, 1115, 1127, 1128, 1734, 1736, 1737, 1742, 1744, 1754)
2006 Ed. (1105, 1106, 1116, 1117, 1149, 1655, 1657, 1660, 1662)
2007 Ed. (1442, 1664, 1668)
2008 Ed. (1690)
2009 Ed. (1613)
2010 Ed. (1590)
2011 Ed. (1592)
Storage Trust
1998 Ed. (3274)
Storage Trust Realty
1999 Ed. (4266)
2000 Ed. (3989)
Storage USA
1996 Ed. (3395)
1998 Ed. (3274)
1999 Ed. (4266)
2000 Ed. (3989)
Storage, wire
2004 Ed. (2864)
StorageCraft Technology Corp.
2016 Ed. (2097)
StorageNetworks Inc.
2002 Ed. (2471)
StorageTek
1991 Ed. (2076)
1999 Ed. (1243)
Storageware
2000 Ed. (2340)
2001 Ed. (2608)
Storare USA

1992 Ed. (3909)
Storch; David P.
2009 Ed. (959)
Storck USA
2003 Ed. (1134)
2014 Ed. (833, 836)
2015 Ed. (872)
2016 Ed. (762)
Storck USA LP
1997 Ed. (893)
Stordalen; Petter
2013 Ed. (4895)
2014 Ed. (4907)
2015 Ed. (4947)
2016 Ed. (4862)
Store brand generic
1991 Ed. (1418)
Store brand/private label
1996 Ed. (1025, 1026, 1027, 1028, 1029, 1030, 1031)
The Store Corp.
2012 Ed. (4357)
2013 Ed. (2898, 2902, 4286)
Store DJ
2015 Ed. (3736)
2016 Ed. (3645)
Store Kraft Manufacturing Co.
1998 Ed. (3427)
Store manager
2008 Ed. (3819)
Store of Knowledge Inc.
2000 Ed. (1106, 2406)
StoreBoard Media
2011 Ed. (39)
Storebrand
1993 Ed. (2745)
2000 Ed. (3382)
2002 Ed. (3542, 3544)
2006 Ed. (1949, 3757)
2010 Ed. (1895)
Storebrand ASA
2001 Ed. (1826)
2003 Ed. (1798)
2007 Ed. (1930, 1933)
2008 Ed. (1999)
2009 Ed. (1957, 1961)
2010 Ed. (1898)
2011 Ed. (1930)
2012 Ed. (1253, 1791, 3185)
2013 Ed. (1962, 3254)
2014 Ed. (1301, 1900)
2015 Ed. (1945)
2016 Ed. (1913)
Storebrand Bank ASA
2011 Ed. (424)
Storebrand Bank Group
2007 Ed. (533)
2010 Ed. (495)
2011 Ed. (425)
2014 Ed. (465)
2015 Ed. (523)
2016 Ed. (477)
Storebrand Group
2007 Ed. (1930)
Storebrand Konsern
1999 Ed. (1717)
2000 Ed. (1528)
2001 Ed. (1826)
2003 Ed. (1798)
Storebrand Livsforsikring A/S
2001 Ed. (1826)
Storebrand Ord.
1999 Ed. (3661, 3662)
2000 Ed. (3383)
Storehouse
1991 Ed. (1279)
1994 Ed. (1379)
1998 Ed. (1788, 1789)
Storehouse Stores
2004 Ed. (2892)
2005 Ed. (2877, 2879)
Storer
1990 Ed. (868)
1992 Ed. (1021)
Storer Cable Communication
1994 Ed. (832)
Storer Cable Communications
1990 Ed. (870, 872)
1991 Ed. (834)
1992 Ed. (1019)
1993 Ed. (814, 817)
Stores
1992 Ed. (89)
Stores, apparel
1992 Ed. (3725)
Stores, hard lines
1992 Ed. (3725)
Stores, specialty
2006 Ed. (3009)
Store.TheFlip.com

2012 Ed. (2293)
Stori Telling
2010 Ed. (611)
STORIS Inc.
2015 Ed. (1893)
Stork
2009 Ed. (2591)
Stork Craft Manufacturing
2011 Ed. (2273, 4921)
Stork Gears En Services BV
1999 Ed. (3349)
Stork Kwant BV
1997 Ed. (2405)
1999 Ed. (2897)
Stork Margarine
1992 Ed. (1761)
Stork News of America Inc.
2002 Ed. (1046)
2003 Ed. (890)
Stork-Veco BV
1999 Ed. (3349)
Stork-Vevo BV
1997 Ed. (2405)
Stork Wescon BV
1996 Ed. (2612)
1997 Ed. (2754)
Storm
2005 Ed. (884)
Storm Jeanett
2005 Ed. (885)
A Storm of Swords
2013 Ed. (557, 568)
2014 Ed. (579)
2015 Ed. (647)
Stormedia
2000 Ed. (3392)
Stormont-Vail Healthcare Inc.
2001 Ed. (1770)
2004 Ed. (1766)
2005 Ed. (1832)
2006 Ed. (1837)
2007 Ed. (1842)
2008 Ed. (1876)
2009 Ed. (1830)
2011 Ed. (1783)
2012 Ed. (1639)
2013 Ed. (1796)
2014 Ed. (1723)
2015 Ed. (1768)
2016 Ed. (1719)
Stormont-Vail Regional Health Center
2001 Ed. (1770)
Storms
2005 Ed. (885)
Stormy Clime
1990 Ed. (3341)
Storno
1990 Ed. (919)
Storr; Hans G.
1997 Ed. (979)
The Story of Edgar Sawtelle
2010 Ed. (563, 610)
Storyboarder
1993 Ed. (1068)
Storybook Heirlooms
1997 Ed. (3346)
Storyville Coffee Co.
2015 Ed. (2471)
Storz Intracular Lens
1995 Ed. (2811)
Storz Ophthalmics Inc.
1991 Ed. (2643)
1992 Ed. (3300)
1995 Ed. (2811)
1996 Ed. (2870)
1997 Ed. (2965)
1999 Ed. (3656)
2000 Ed. (3380)
Storz Ophthalmology
1994 Ed. (2696)
Storz Premiere
1992 Ed. (3301)
Storz Surgical
1992 Ed. (3300)
Stotlemeyer; Raymond
1997 Ed. (1941, 1943)
Stoudemire; Amar'e
2013 Ed. (188)
2014 Ed. (194)
2015 Ed. (221)
2016 Ed. (218)
Stoudt Brewing Co.
1998 Ed. (2489, 2490)
1999 Ed. (3400, 3401)
Stouffer
1993 Ed. (1905)
Stouffer Chemical Co.
1989 Ed. (187)
Stouffer Hotels
1994 Ed. (2113)

Stouffer Hotels & Resorts
1992 Ed. (2479, 2485)
Stouffer Renaissance Atlanta Airport
1997 Ed. (221, 2287)
Stouffer Resorts and Hotels
1993 Ed. (2083)
Stouffer Resorts/Hotels
1990 Ed. (2075)
Stouffer Waverly, Atlanta
1990 Ed. (2080)
Stouffer Waverly Hotel
1992 Ed. (2483)
Stouffer's
2014 Ed. (2768, 2769, 2790)
2015 Ed. (2819, 2820, 2832)
2016 Ed. (2752, 2753)
Stouffers
1990 Ed. (1856)
1992 Ed. (2237, 2238)
1994 Ed. (1921, 1924, 2886)
1995 Ed. (1892, 1941, 1942, 1943,
1945, 2951)
1996 Ed. (1936, 1975)
1997 Ed. (2031, 2091)
1998 Ed. (1714, 1769, 3447)
1999 Ed. (2531)
2000 Ed. (2278, 2280)
2001 Ed. (2539, 2540)
2002 Ed. (2366, 2367)
2003 Ed. (2558, 2559)
2004 Ed. (2691)
2005 Ed. (2691)
2006 Ed. (2666)
2007 Ed. (2649)
2008 Ed. (2774)
2009 Ed. (2837)
2010 Ed. (2778)
2012 Ed. (2703)
Stouffer's Easy Express Skillets
2014 Ed. (2768)
2015 Ed. (2819)
Stouffer's Family Style
2005 Ed. (2691)
2006 Ed. (2666)
2007 Ed. (2649)
Stouffer's Family-Style Recipes
2008 Ed. (2775)
Stouffer's Lean Cuisine
2014 Ed. (2789)
Stouffers Lean Cuisine
1994 Ed. (1924)
2000 Ed. (2280)
2001 Ed. (2540)
2002 Ed. (2367)
Stouffers Lean Cuisine Caf Classics
2002 Ed. (2367)
Stouffer's Lunch Express
1995 Ed. (1942, 2761)
Stouffer's Single-Serve
2008 Ed. (2775)
Stoughton
1994 Ed. (3566)
1999 Ed. (4649)
Stoughton Trailers
2005 Ed. (4741)
Stouse Inc.
2006 Ed. (3965)
2013 Ed. (4075)
2014 Ed. (4085)
2016 Ed. (3976)
Stout Risius Ross Inc.
2013 Ed. (1965)
2014 Ed. (1902)
2015 Ed. (1946)
2016 Ed. (1914)
Stover Homes
2006 Ed. (1159)
Stover; Robert G.
1992 Ed. (1140)
Stowe Mountain Resort
2016 Ed. (2102)
Stowe-Pharr Mills
1990 Ed. (1042)
1991 Ed. (970)
1993 Ed. (980)
Stowells of Chelsea
2001 Ed. (4911)
2002 Ed. (4975)
2008 Ed. (247)
2009 Ed. (270)
Stowells Taste the World
2010 Ed. (257)
Stowers; James
2006 Ed. (3898)
Stowers; James & Virginia
2005 Ed. (3832)
2007 Ed. (3949)
Stowers; Jim & Virginia
2008 Ed. (895)
Stowers; Virginia

2006 Ed. (3898)
Stoy Hayward
1993 Ed. (5, 3728)
1994 Ed. (3)
1995 Ed. (10)
1996 Ed. (13)
STP
1989 Ed. (338, 339)
1990 Ed. (388)
1991 Ed. (338)
1992 Ed. (470)
1993 Ed. (343)
1994 Ed. (330)
1995 Ed. (326)
1996 Ed. (341)
1997 Ed. (317)
1998 Ed. (239)
1999 Ed. (348)
2001 Ed. (2588)
2015 Ed. (209, 315)
2016 Ed. (209, 312)
STP & I
2012 Ed. (1940)
2016 Ed. (2066)
STP Son of a Gun
2001 Ed. (4744)
STP Technology's Edge
2001 Ed. (2588)
St.Petersburg Times
2000 Ed. (3337)
2002 Ed. (3508)
Strabag
2009 Ed. (1504)
2010 Ed. (1495, 2500)
STRABAG AG
1999 Ed. (1389, 1394, 1404)
2000 Ed. (1278)
2002 Ed. (1312)
2003 Ed. (1323)
2004 Ed. (1323)
Strabag CR
2015 Ed. (1168)
2016 Ed. (1082)
Strabag Oester
1991 Ed. (3451)
Strabag Oesterr
1993 Ed. (3671)
Strabag Osterreich
1992 Ed. (4400)
Strabag Osterreich AG
1994 Ed. (3631, 3650)
1997 Ed. (1183, 1195)
Strabag Polska
2015 Ed. (1168)
2016 Ed. (1082)
Strabag SE
2008 Ed. (1285, 1298, 1303, 1305,
1307)
2009 Ed. (1265, 1268, 1283, 1286,
1289, 1290, 1291, 1292)
2010 Ed. (1264, 1276, 1279, 1282,
1283, 1284, 1285)
2011 Ed. (1214, 1229, 1232, 1235,
1237, 1238, 1488)
2012 Ed. (1021, 1150, 1158, 1163,
1165, 1166, 1167, 1336, 1340,
1341)
2013 Ed. (1171, 1287, 1294, 1295,
1297, 1301, 1302, 1303, 1433,
1434)
2014 Ed. (1220, 1227, 1228, 1230,
1234, 1235, 1392)
2015 Ed. (1278, 1285, 1286, 1292,
1293, 1294, 1455)
2016 Ed. (1193, 1200, 1201, 1202,
1206, 1208, 1209, 1388)
Strack & Van Til Supermarkets
2007 Ed. (4629)
Strada; Mike
2007 Ed. (2549)
Strading, Yocca, Carlson & Rauth
1996 Ed. (2238)
Stradling Yocca
2001 Ed. (949)
Stradling Yocca Carlson & Rauth
1991 Ed. (2015)
1995 Ed. (2231)
1997 Ed. (2364, 3218)
1998 Ed. (2061, 3617)
2000 Ed. (4298)
2001 Ed. (776)
2012 Ed. (3420)
2013 Ed. (3439)
2014 Ed. (3438)
Strafford County, NH
2012 Ed. (4371)
Strafford National
1993 Ed. (592)
Strait, Billy Joe Royal, Linda Davis;
George

1991 Ed. (1040)
Strait; George
1989 Ed. (991)
1990 Ed. (1143)
1992 Ed. (1351)
1993 Ed. (1079)
1994 Ed. (1100)
1995 Ed. (1120)
1996 Ed. (1094)
1997 Ed. (1113)
2016 Ed. (1048)
Strait, Kathy Mitten, Baillie & The Boys;
George
1991 Ed. (1040)
Straits Asia Resources
2012 Ed. (1325, 1878)
Straits Lion Asset Management
1999 Ed. (2893)
2005 Ed. (3230)
Straits Steamship Co.
1989 Ed. (1156)
Straits Steamship Land Ltd.
1992 Ed. (1686)
Straits Times
2006 Ed. (4592)
Straits Trading
1989 Ed. (1156)
2010 Ed. (1483, 1484)
Stranahan; Marcus
1995 Ed. (938)
Strand Associates Inc.
2006 Ed. (2454)
2009 Ed. (2541)
2011 Ed. (2455, 2476)
2012 Ed. (2371)
2013 Ed. (1232, 2553)
2014 Ed. (2484)
Strangeloop Networks Inc.
2010 Ed. (1513)
2011 Ed. (1504)
2012 Ed. (1352, 1353, 3118)
2013 Ed. (1488, 2893)
2014 Ed. (1456)
Strangfeld; John R.
2010 Ed. (900)
2011 Ed. (837)
Strangfeld, Jr.; John R.
2015 Ed. (960)
2016 Ed. (870)
*Strapped: Why America's 20- and 30-
Somethings Can't Get Ahead*
2008 Ed. (614)
Strasbourg, France
1992 Ed. (1165)
Strasburg Telephone Co.
2013 Ed. (1566)
2014 Ed. (1535)
2015 Ed. (1586)
Strasburger & Price
1990 Ed. (2418)
1991 Ed. (2284)
1992 Ed. (2833)
1993 Ed. (2396)
Strasburger & Price LLP
2011 Ed. (2085)
2012 Ed. (1930)
Straszheim; Donald
1991 Ed. (2160)
1997 Ed. (1956)
Strata Energy Service Inc.
2009 Ed. (1478)
Strata-G
2013 Ed. (33)
2014 Ed. (28)
2016 Ed. (31)
Strata-G LLC
2008 Ed. (4428)
Strata LLC
2003 Ed. (3285)
2004 Ed. (3349)
Strata Solar
2016 Ed. (4407, 4412, 4416, 4426)
StrataCom Inc.
1996 Ed. (2886)
1997 Ed. (2167, 2211, 2212, 3411,
3639, 3688)
2006 Ed. (4371)
StrataLight Communications
2010 Ed. (3697, 4047, 4701)
Stratasys
2014 Ed. (4578)
Stratasys Inc.
2006 Ed. (4337)
2007 Ed. (2718, 2747)
2008 Ed. (4405)
2011 Ed. (4464)
Stratasys Ltd.
2016 Ed. (1803)
Strat@comm
2004 Ed. (3983, 4032, 4038)

2005 Ed. (3951, 3978)
Strateco Resources Inc.
2008 Ed. (1618, 1660)
Stratecom
2003 Ed. (66)
2004 Ed. (113)
2005 Ed. (112)
Stratega
2010 Ed. (676)
Strategia Corp.
2000 Ed. (292)
2003 Ed. (1511)
Strategic Alliance International
1997 Ed. (3200)
Strategic Alliance Mortgage
2012 Ed. (4209)
2013 Ed. (4197)
2014 Ed. (4214)
2015 Ed. (4197)
Strategic Alliance Mortgage LLC
2011 Ed. (4163)
2012 Ed. (4210)
2013 Ed. (4198)
Strategic Alliance Realty Inc.
1998 Ed. (2999)
Strategic Business Systems Inc.
2006 Ed. (2094)
2007 Ed. (1394, 2051)
2008 Ed. (2157)
Strategic Capital
1997 Ed. (2531, 2539)
Strategic Capital Advisers
2013 Ed. (3403)
Strategic Capital Gains
1989 Ed. (1847)
Strategic Communications
2014 Ed. (3182, 3682, 4821, 4982)
2016 Ed. (1728)
Strategic Data Management
2004 Ed. (1635)
Strategic Diagnostics Inc.
2004 Ed. (944)
2005 Ed. (934)
Strategic Distribution Inc.
2004 Ed. (4552)
Strategic Energy
2005 Ed. (3920)
Strategic Energy LLC
2008 Ed. (1251)
2009 Ed. (1226)
2010 Ed. (1227)
Strategic Equipment & Supply Co.
2005 Ed. (2623)
2006 Ed. (2619)
2007 Ed. (2593, 2595)
2008 Ed. (2729)
2009 Ed. (2784)
2010 Ed. (2717)
2011 Ed. (2702)
2012 Ed. (2629)
2013 Ed. (2714)
2014 Ed. (2699)
Strategic Financial Partners
2008 Ed. (1709)
2010 Ed. (1610)
Strategic Fixed Income
1996 Ed. (2391, 2403)
1997 Ed. (2521, 2537, 2549)
2001 Ed. (3003)
Strategic Global Investments
1993 Ed. (2307)
Strategic Gold/Minerals
1991 Ed. (2570)
1993 Ed. (2681)
Strategic Interactive Group
1999 Ed. (102)
Strategic Investment
1993 Ed. (2291, 2305, 2309, 2350, 2682)
1996 Ed. (2379, 2418, 2656, 3877)
2002 Ed. (3005, 3006)
2008 Ed. (2290, 2314)
2009 Ed. (2280, 2306)
Strategic Investment Group
2010 Ed. (3383)
Strategic Investment Management
1998 Ed. (2266, 2300)
1999 Ed. (3044)
2000 Ed. (2776)
Strategic Investment Partners
1994 Ed. (2332)
1996 Ed. (2428)
Strategic Investment Solutions
2008 Ed. (2710, 2711)
Strategic Investments
1992 Ed. (2741, 3172, 3174)
2006 Ed. (1082)
Strategic Marketing, Innovations & Solutions Inc.
1998 Ed. (3480)

Strategic Marketing Research Technology Inc.
1998 Ed. (3480)
Strategic Minerals
1993 Ed. (3689)
Strategic planning/Decision support
1990 Ed. (533)
Strategic plans
1997 Ed. (1076)
Strategic Resources International
2010 Ed. (2397)
Strategic Risk Solutions (Cayman) Ltd.
2008 Ed. (858)
Strategic Risk Solutions Inc.
2011 Ed. (738)
2012 Ed. (675)
2014 Ed. (844)
2015 Ed. (883)
Strategic Risk Solutions (Vermont) Ltd.
2006 Ed. (791)
2008 Ed. (859)
Strategic Safety Associates
2005 Ed. (3615)
2006 Ed. (3732)
2007 Ed. (3715)
2008 Ed. (3808)
2009 Ed. (3852)
Strategic services
2001 Ed. (2171)
Strategic Silver
1992 Ed. (3171, 3174)
1993 Ed. (2681)
Strategic Staffing Solutions
2001 Ed. (3909)
2004 Ed. (4990)
2005 Ed. (4995)
2006 Ed. (3536, 4375)
2007 Ed. (3554, 3567, 3568, 4427)
2008 Ed. (3715, 4967)
Strategic Staffing Solutions Inc.
2013 Ed. (4983)
2014 Ed. (4985)
Strategic Technologies
1998 Ed. (606)
Strategic Telecommunications Inc.
1997 Ed. (3700)
Strategic Value Canadian Small Companies
2001 Ed. (3476)
Strategic Vista International Inc.
2005 Ed. (2829, 2831)
StrategicNova Canadian Balanced
2003 Ed. (3558)
StrategicNova Canadian Bond
2003 Ed. (3588)
StrategicNova Canadian Large Cap Value
2003 Ed. (3567, 3568)
StrategicNova Canadian Midcap Growth
2003 Ed. (3592)
2004 Ed. (2474)
StrategicNova Canadian Technology
2002 Ed. (3445)
2003 Ed. (3577, 3578, 3579)
StrategicNova World Balanced Value RSP
2002 Ed. (3429, 3430)
StrategicNova World Large Cap
2003 Ed. (3600)
StrategicNova World Precious Metals
2004 Ed. (3634)
Strategies
1997 Ed. (114)
Strategies Sal (BBDO)
1999 Ed. (117)
Strategist Quality Income
2001 Ed. (3427)
Strategy&
2015 Ed. (3804)
The Strategy Book
2014 Ed. (637)
Strategy for Sustainability
2011 Ed. (530)
Strategy & Management Services
2016 Ed. (1211)
The Strategy Paradox
2009 Ed. (630)
Strates Shows
1995 Ed. (910)
1997 Ed. (907)
1998 Ed. (646)
1999 Ed. (1039)
2000 Ed. (987)
2005 Ed. (2523)
Stratford
1999 Ed. (2545)
Stratford Book Services
2007 Ed. (753)
2008 Ed. (732)

2010 Ed. (672)
Stratford Foundation
1989 Ed. (1478)
Stratford Internet Technologies Inc.
2002 Ed. (2484)
Strathclyde (Pharmaceuticals) Ltd.
1994 Ed. (994)
Strathclyde; University of
2015 Ed. (834)
Strathearn House Group
1990 Ed. (2039)
Strathmore Court
1991 Ed. (1045)
Strathmore Printing Co.
2000 Ed. (3144)
Stratis Business Centers
2002 Ed. (912)
2003 Ed. (806)
Stratix Corp.
2007 Ed. (3546, 3547, 4407)
2008 Ed. (3704, 4380, 4958)
Stratland Homes Inc.
2008 Ed. (1195)
Stratmar Systems
1993 Ed. (3064)
Stratolounger
1993 Ed. (868)
Stratos Global
2002 Ed. (2485)
2003 Ed. (2704, 2707, 2930, 2934, 2935, 2936)
2005 Ed. (1388, 2831)
2007 Ed. (2810)
2008 Ed. (2938)
2009 Ed. (4679)
2010 Ed. (4703)
2012 Ed. (2890)
2013 Ed. (2969)
Stratos Product Development
2014 Ed. (2091)
2016 Ed. (4149)
Stratosphere Corp.
2000 Ed. (388)
Stratosphere Quality LLC
2015 Ed. (1712)
2016 Ed. (1660)
Strattec Security Corp.
2006 Ed. (3365)
2015 Ed. (2185)
Stratton Corp.
2001 Ed. (1892)
2003 Ed. (1842)
2004 Ed. (1877)
2005 Ed. (1992)
2006 Ed. (2091)
Stratton Growth
1996 Ed. (2789)
1999 Ed. (3515)
Stratton Growth Fund
2003 Ed. (3534)
2006 Ed. (3614, 3618)
Stratton; John
2009 Ed. (21)
2010 Ed. (30)
2011 Ed. (26)
Stratton Management, Value Equity Portfolio
2003 Ed. (3141)
Stratton Monthly Dividend
1993 Ed. (2674)
Stratton Monthly Dividend REIT
2003 Ed. (3545)
2004 Ed. (2455, 3564)
2005 Ed. (3549)
Stratton Monthly Dividend Shares
1994 Ed. (2636)
Stratton Monthly Dividend Share
1995 Ed. (2736)
Stratton Multi Cap
2010 Ed. (3724)
Stratton Real Estate
2012 Ed. (4211)
Stratton Small-Cap Value
2007 Ed. (3673)
2010 Ed. (4574)
Stratton Small-Cap Value Fund
2007 Ed. (3665)
Stratton Small Cap Yield
1999 Ed. (3506)
Stratus
1990 Ed. (3136)
1995 Ed. (2254)
2001 Ed. (487, 3393)
2006 Ed. (66)
2007 Ed. (57)
Stratus Building Solutions
2010 Ed. (685, 833, 836, 837, 841)
2011 Ed. (613, 758, 762, 767)
2012 Ed. (584, 696, 700, 2185)
2013 Ed. (909, 2972, 3111)

Stratus Computer
1989 Ed. (968, 973)
1990 Ed. (1114, 1619, 2582, 2583)
1991 Ed. (1018, 1022, 2463, 2464, 2851)
1992 Ed. (3080, 3081, 3681)
1993 Ed. (2574)
1994 Ed. (1082)
1996 Ed. (1070)
1997 Ed. (1084)
2000 Ed. (1736)
Stratus; Dodge
2005 Ed. (303)
2006 Ed. (322)
Stratus Properties
2009 Ed. (2898, 2911)
2010 Ed. (2842, 2855)
Stratus Wines
2014 Ed. (2397)
Straub Clinic & Hospital
2014 Ed. (1628)
2015 Ed. (1677)
2016 Ed. (1622)
Straumann Holding AG
2007 Ed. (2005)
2008 Ed. (574, 2097, 2908)
2009 Ed. (2074)
Straumann; Thomas
2012 Ed. (4894)
2013 Ed. (4912)
Straumur-Burdaras Fjarfestingarbanki
2011 Ed. (355)
Straus; Jozef
2005 Ed. (983)
Strauss
2001 Ed. (45)
2004 Ed. (54)
Strauss Associates; Levi
1993 Ed. (990, 992, 996, 1000, 1226, 1253, 1904)
1994 Ed. (1022, 1024, 1028, 1032, 1264, 1290, 1309, 3243)
1995 Ed. (1031, 1032, 1039, 1363)
1996 Ed. (1016, 1020, 1022)
1997 Ed. (1035, 1037)
Strauss Brands
2013 Ed. (3637, 3640)
2014 Ed. (3580)
2015 Ed. (3597)
2016 Ed. (3476, 3479)
Strauss Brands Inc.
2010 Ed. (3593, 3597)
2011 Ed. (3595, 3599)
Strauss Brands International
2009 Ed. (3678, 3683)
Strauss & Co. Europe SA; Levi
1996 Ed. (1021)
Strauss & Co.; Levi
1996 Ed. (1014, 1015, 2644)
Strauss Continental Sa; Levi
1993 Ed. (1304)
Strauss Dairy
2007 Ed. (47)
2008 Ed. (50)
Strauss Discount Auto
1998 Ed. (247)
Strauss-Elite
2009 Ed. (57)
2010 Ed. (67)
Strauss et Co. Europe SA; Levi
1995 Ed. (1037)
Strauss Jr.; Burton
1993 Ed. (1822)
1994 Ed. (1814)
Strauss; Levi
1992 Ed. (1220, 1222, 1224, 1225)
Strauss Veal
1995 Ed. (2522, 2968)
Strauss Veal & Lamb International Inc.
2008 Ed. (3611)
Straussberg; Randy
1990 Ed. (2290)
Strava
2014 Ed. (2454)
Stravropoulos; W. S.
2005 Ed. (2487)
Straw Hat Pizza
2011 Ed. (4220)
2012 Ed. (2553)
2013 Ed. (4048)
Straw; Jack
2012 Ed. (598)
Strawberries
1996 Ed. (1978)
1999 Ed. (2534)
2001 Ed. (2548, 2549)
2003 Ed. (2575)
2004 Ed. (2694, 2695)
2005 Ed. (2694, 2695)
2006 Ed. (2669, 2670)

2007 Ed. (2652, 2653)
2008 Ed. (2792)
2009 Ed. (2845)
2010 Ed. (2786)
2011 Ed. (2774)
Strawberry
1990 Ed. (2144)
1992 Ed. (2239)
2000 Ed. (720)
2001 Ed. (1216)
Strawberry; Darryl
1997 Ed. (1725)
Strawberry Shortcake
1996 Ed. (2490)
Strawbridge
1989 Ed. (1237)
1990 Ed. (1492)
1991 Ed. (1412)
1992 Ed. (1786)
1993 Ed. (1475)
1994 Ed. (1521)
1995 Ed. (1551)
1996 Ed. (1532)
1997 Ed. (1591)
Strawbridge & Clothier
1990 Ed. (1494, 1495)
1995 Ed. (1552)
Straws, soda
2002 Ed. (4092)
Strayer Education
2013 Ed. (774, 2143)
2014 Ed. (2077, 4463)
Strayer Education Inc.
2005 Ed. (2007)
2006 Ed. (2741)
2009 Ed. (2915)
2012 Ed. (2212, 2783)
Stream Clean
2015 Ed. (2339)
Stream Energy
2011 Ed. (1086, 2420)
2015 Ed. (2346, 2352)
2016 Ed. (2294, 2297)
Stream Global Services
2014 Ed. (2877)
Stream Global Services Inc.
2011 Ed. (1830)
2012 Ed. (1689)
Stream Integration
2015 Ed. (1547, 3244)
Stream International
1998 Ed. (858)
2006 Ed. (2061, 2064)
2007 Ed. (2033)
Stream Realty Partners LP
2013 Ed. (1448)
2014 Ed. (1409)
2015 Ed. (1469)
The Streaming Network Inc.
2011 Ed. (2841)
Streamline Defense
2014 Ed. (1237)
Streamline Defense LLC
2015 Ed. (1296)
Streamline Health Solutions
2009 Ed. (4479)
Stredocesky, Czech Republic
2010 Ed. (3483)
Stredoslovenska energetika as
2011 Ed. (2033)
Streep; Meryl
2010 Ed. (2509)
2011 Ed. (2511)
2012 Ed. (2432)
2014 Ed. (2527)
2015 Ed. (2600)
2016 Ed. (2525)
Street and highway lighting
2001 Ed. (2160)
Street Atlas USA
1994 Ed. (874)
1998 Ed. (852)
Street Atlas USA (CD-ROM)
1996 Ed. (1076)
Street Corner
2006 Ed. (3706)
2008 Ed. (3784)
2012 Ed. (3760)
Street Corner News
2002 Ed. (3499)
Street Fighter II
1994 Ed. (3557)
1995 Ed. (3636)
Street Fighter II Turbo Edition
1995 Ed. (3696)
Street Fighter Turbo
1995 Ed. (3637)
Street King
2014 Ed. (4530)
2015 Ed. (677, 678, 4530)

2016 Ed. (618, 619)
The Street Lawyer
2000 Ed. (707)
2001 Ed. (986)
StreetEasy
2016 Ed. (1869)
Streeter; Penny
2007 Ed. (2465)
StreetTracks Gold Shares
2009 Ed. (3786)
Streimer Sheet Metal Works Inc.
2006 Ed. (1334)
Streisand; Barbra
1996 Ed. (1093, 1095)
1997 Ed. (1777)
Strepsils
2010 Ed. (2907)
Strescon Industries Inc.
1995 Ed. (1163)
1996 Ed. (1141)
2000 Ed. (1258)
Streson Industries Inc.
1999 Ed. (1366)
Stress
1991 Ed. (2627)
Stress Engineering Services Inc.
2010 Ed. (2029)
2011 Ed. (2086)
2013 Ed. (1963)
2014 Ed. (1901)
Stress management
1992 Ed. (1939)
Stresscon Industries Inc.
1994 Ed. (1145)
Stresstabs
1994 Ed. (3633)
2003 Ed. (4857)
Stress/treadmill test
1990 Ed. (1501)
Stretch
2010 Ed. (2000)
2013 Ed. (2069)
2015 Ed. (2048)
Stretch-N-Grow International Inc.
2002 Ed. (3707)
2003 Ed. (2696)
2004 Ed. (2816)
2005 Ed. (2812)
2006 Ed. (2788)
2007 Ed. (2788)
2008 Ed. (2913)
2009 Ed. (2968)
2010 Ed. (2908)
2011 Ed. (2878)
2012 Ed. (2818)
StretchKins
2016 Ed. (2288)
Stri-Dex
2001 Ed. (5)
Strianese; Michael T.
2010 Ed. (902)
2011 Ed. (823)
Strick Corp.
1994 Ed. (3566)
1999 Ed. (4649)
2005 Ed. (4741)
Stride
2016 Ed. (863)
Stride Guard
2003 Ed. (2536)
Stride Inc.
2007 Ed. (3581, 3582, 4436)
2008 Ed. (3723, 4416, 4974)
Stride Rite Corp.
1990 Ed. (3273)
1991 Ed. (982, 3115)
1992 Ed. (1221, 1223, 3955, 3956, 4071)
1993 Ed. (991, 993, 3300)
1994 Ed. (1023, 1025, 3294, 3295)
1995 Ed. (1033)
1996 Ed. (1018, 3426, 3491)
1997 Ed. (1038, 3643)
1998 Ed. (3360, 3371, 3423)
1999 Ed. (4399)
2004 Ed. (4417)
2005 Ed. (1260, 4366, 4367)
2006 Ed. (1219)
2008 Ed. (1909)
Stridex
2000 Ed. (22)
2002 Ed. (29)
2003 Ed. (12)
Strike Energy Services Inc.
2009 Ed. (1476)
2010 Ed. (1462)
2011 Ed. (1463)
Strine Printing Co.
2007 Ed. (4443)
2008 Ed. (4425)

Stripe
2016 Ed. (517)
Strober Organization
1991 Ed. (804)
Stroehmann
1998 Ed. (494)
Stroehmann Bakeries Inc.
1992 Ed. (494)
1997 Ed. (330)
Stroehmann Bakeries LC
2008 Ed. (726)
Stroehmann Brothers Co.
1989 Ed. (358)
Stroehmann Line-Haul
2005 Ed. (4783)
Stroh
1989 Ed. (761, 764, 765, 766, 768, 773, 775, 777)
1990 Ed. (750, 753, 754, 755, 769, 770, 771, 772, 773, 774, 775, 776, 777)
1991 Ed. (743)
Stroh Brewery Co.
1989 Ed. (760, 769, 925, 928)
1990 Ed. (756, 762, 1027, 1828)
1991 Ed. (742, 953, 1746)
1992 Ed. (928, 934, 938, 1189)
1993 Ed. (687, 748, 749, 963)
1994 Ed. (689, 695, 751, 989)
1995 Ed. (705, 1002)
1996 Ed. (989)
1997 Ed. (716, 717, 718, 722, 1013)
1998 Ed. (452, 499, 501, 502, 503, 752, 1529)
1999 Ed. (809, 810, 811, 812, 814, 816, 1187, 1923, 2107, 4513)
2000 Ed. (814, 815, 816, 817, 818, 1103, 1900, 2230)
2001 Ed. (674, 679, 699, 1025)
Stroh Brewing
1990 Ed. (757)
1996 Ed. (784)
Stroh Light
1990 Ed. (761)
1992 Ed. (932)
Stroh products
1990 Ed. (765)
Strohm Ballweg LLP
2008 Ed. (277)
2009 Ed. (299, 300, 301)
2010 Ed. (284)
2011 Ed. (207)
2015 Ed. (250)
2016 Ed. (243)
Strohm; David
2005 Ed. (4817)
Stroh's
1990 Ed. (764)
1992 Ed. (4231)
Stroh's/Light
1990 Ed. (3544)
1991 Ed. (3321)
Stroke
1995 Ed. (2594, 2595)
Stroll; Lawrence
2005 Ed. (4872, 4890)
2007 Ed. (4931)
Stroller Strides LLC
2011 Ed. (2878)
2012 Ed. (2818)
StrollerFit Inc.
2006 Ed. (2788)
2007 Ed. (2788)
2008 Ed. (2913)
Strom Products
2014 Ed. (3807)
Stromberg, LLC
2002 Ed. (2489)
2003 Ed. (2714)
Stromberg; William J.
2016 Ed. (2558)
Strome; Mark
1996 Ed. (1914)
Strome Offshore
1995 Ed. (2095)
Strome Partners L.P.
1995 Ed. (2096)
Strome Susskind
1996 Ed. (2099)
Stronach; Belinda
2005 Ed. (2514, 3857, 4991)
2006 Ed. (3920)
2010 Ed. (3990)
2011 Ed. (3995)
2013 Ed. (4051)
Stronach; Frank
1997 Ed. (980)
2005 Ed. (2514, 3857, 4869)
2006 Ed. (936, 2528, 3920)
2007 Ed. (1030)

2008 Ed. (2637)
2009 Ed. (2662)
2013 Ed. (4051)
Strong
1999 Ed. (3527)
Strong Advantage
1996 Ed. (2763, 2782, 2793)
1997 Ed. (2886)
1998 Ed. (2649)
Strong Advantage Select
2006 Ed. (3624)
Strong Advisor Small Cap Value
2003 Ed. (3509)
2004 Ed. (2458)
Strong Advisors Mid Cap Growth
2004 Ed. (3605)
Strong American Utilities
1997 Ed. (2900)
Strong Asia Pacific Investment
2004 Ed. (3609)
Strong Blue Chip 100 Fund
2000 Ed. (3235, 3270)
Strong-Bridge
2011 Ed. (1131)
Strong Capital
1998 Ed. (2606)
Strong Capital Management
2004 Ed. (723)
2006 Ed. (3192)
Strong Capital Management Inc.,
    Medium-Capitalization Equity Com-
    posite
2003 Ed. (3129)
Strong Common Stock
1996 Ed. (2772)
1997 Ed. (2880)
1998 Ed. (2624)
Strong Corporate Bond
1997 Ed. (687, 2888, 2901)
1998 Ed. (2637)
1999 Ed. (745, 3537, 3548)
2000 Ed. (758)
2001 Ed. (3427)
Strong Corp. Bond
2000 Ed. (3265)
2002 Ed. (3414)
Strong Dividend Income
2003 Ed. (3512, 3553)
Strong Equity Income
1998 Ed. (2595)
2000 Ed. (3228, 3262)
Strong Financial Corp.
2005 Ed. (2206, 3218)
Strong Funds
1997 Ed. (2894)
Strong Government
1992 Ed. (3186)
Strong Government Sec.
1994 Ed. (2609, 2620)
1995 Ed. (2686)
Strong Government Securities
1990 Ed. (2375)
1996 Ed. (2779)
1997 Ed. (2890)
1999 Ed. (3553)
Strong Growth
1996 Ed. (2788)
2002 Ed. (2155, 2156)
Strong Growth & Income
1998 Ed. (2598)
Strong Growth & Income Investment
2002 Ed. (3416)
Strong Growth Investment
2004 Ed. (3598)
Strong High-Yield Bond
1998 Ed. (2599)
1999 Ed. (3538)
Strong High-Yield Municipal Bond
1999 Ed. (755, 3571)
Strong Income
1995 Ed. (2708)
Strong Institutional Bond
1999 Ed. (3550)
Strong Insured Municipal Bond
1994 Ed. (2622)
Strong International Bond
2000 Ed. (3292)
Strong Investment
1990 Ed. (2372)
1992 Ed. (3195)
Strong Large Company Growth Invest-
    ment
2006 Ed. (3627)
Strong Memorial
1999 Ed. (2752)
Strong Municipal
1992 Ed. (3168)
Strong Municipal Advantage
2001 Ed. (3443)

Strong Municipal Bond
1994 Ed. (2622)
1996 Ed. (2812)
1999 Ed. (755, 3571, 3573)
2000 Ed. (768)
Strong Municipal MMF
1992 Ed. (3095)
1996 Ed. (2672)
Strong Municipal Money Market Fund
1994 Ed. (2538, 2544)
Strong Opportunity
1996 Ed. (2800)
Strong Short-Term Bond
1990 Ed. (2376)
1995 Ed. (2682)
1997 Ed. (2886)
1999 Ed. (746)
2001 Ed. (3428)
Strong Short-Term High-Yield Bond
2000 Ed. (767, 3255)
Strong Short-Term High-Yield Bond Investment
2004 Ed. (696)
Strong Short-Term HY Bond
2000 Ed. (3254)
Strong Small Company Value
2006 Ed. (3644)
Strong Total Return
1990 Ed. (2394)
1995 Ed. (2704)
2001 Ed. (3437)
Strong Total Returns
2000 Ed. (3271)
Strong U.S. Treasury Money Fund
1994 Ed. (2537)
Strongbow
2002 Ed. (1050)
2014 Ed. (952)
2015 Ed. (983)
2016 Ed. (883, 884)
Strongco Corp.
2015 Ed. (4973)
Strongco Income Fund
2010 Ed. (1556)
Strongco Inc.
2006 Ed. (1631)
Strong/Corneliuson Capital
1995 Ed. (2359)
Stronghold Engineering Inc.
2007 Ed. (3535, 3536, 4402)
Strongsville Savings Bank
1998 Ed. (3138)
Stroock & Stroock & Lavan
1999 Ed. (3146, 4257)
2012 Ed. (3387)
Strottman Group
1993 Ed. (3064)
Stroucken; Albert
2010 Ed. (883)
Stroucken; Albert P. L.
2011 Ed. (838)
Stroud Consulting
2011 Ed. (1128, 1129, 1130, 1131,
1132, 1133, 1141)
2012 Ed. (1062, 1076)
2013 Ed. (1210)
2014 Ed. (1151)
2015 Ed. (1204)
The Stroud Group
1999 Ed. (4810)
Stroud International
2016 Ed. (1112)
Strouds
1990 Ed. (2115)
1992 Ed. (2526, 2527, 2532)
1994 Ed. (2134, 2135, 2139)
1997 Ed. (2323)
Strough Acura; Val
1991 Ed. (300)
1992 Ed. (405)
1993 Ed. (290)
Strough Mazda; Val
1993 Ed. (276)
The Strouse, Adler Co.
1999 Ed. (781, 3188)
Strouse, Greenberg & Co. Inc.
1989 Ed. (2285)
1990 Ed. (2955)
1991 Ed. (2806)
1992 Ed. (3615)
Stroybank Ltd.
1994 Ed. (442)
Struck against object
2004 Ed. (1)
Struck by object
2004 Ed. (1)
Structural Dynamics Research Corp.
1990 Ed. (348)
1991 Ed. (312)
Structural Group

2013 Ed. (1268)
2014 Ed. (1201)
2015 Ed. (1258)
2016 Ed. (1172)
Structural Group Inc.
2003 Ed. (1243)
2004 Ed. (1246)
2005 Ed. (1297)
2006 Ed. (1238, 1266)
2007 Ed. (1338, 1357)
2008 Ed. (1223, 1255, 1275, 1318,
1334)
2009 Ed. (1205, 1230)
2010 Ed. (1209, 1229, 1253)
2011 Ed. (1157, 1176, 1276, 1283,
1285)
2012 Ed. (1093, 1124)
2013 Ed. (1230)
2014 Ed. (1168)
Structural metal product manufacturing
2002 Ed. (2223)
Structural metal workers
1990 Ed. (2728)
2005 Ed. (3616)
Structural Preservation System Inc.
1994 Ed. (1145)
1996 Ed. (1141)
Structural Preservation Systems Inc.
1992 Ed. (1418)
1993 Ed. (1131)
1995 Ed. (1163)
1997 Ed. (1167)
1998 Ed. (944)
1999 Ed. (1366)
2000 Ed. (1258)
2001 Ed. (1472)
2002 Ed. (1232)
Structural shapes
2001 Ed. (4366)
The Structure Group
2008 Ed. (2125, 2127, 2128, 2130,
2131, 2132, 2133, 2134)
2009 Ed. (1650, 2110)
The Structure of Scientific Revolutions
2005 Ed. (715)
Structure Tone
2014 Ed. (1174, 1202)
2015 Ed. (1227, 1260)
2016 Ed. (1137)
Structure Tone Inc.
1997 Ed. (1137, 1151)
1998 Ed. (936)
1999 Ed. (1340, 1357)
2000 Ed. (1238, 1249)
2001 Ed. (1468)
2002 Ed. (1241, 1255, 1291)
2003 Ed. (1294, 1303, 2290)
2004 Ed. (1295, 1306)
2005 Ed. (1172, 1305, 1313)
2006 Ed. (1168, 1186, 1243, 1250,
1274, 1283, 1298, 1331)
2007 Ed. (1341, 1348, 1384)
2008 Ed. (1228, 1274, 1304, 1317,
1321, 1331)
2009 Ed. (1200, 1206, 1210, 1217,
1258, 1302, 1305, 1322, 4156)
2010 Ed. (1176, 1204, 1210, 1220,
1295, 1299, 1311)
2011 Ed. (1124, 1152, 1167, 1201,
1253, 1257, 1263, 1277, 1278,
1279, 1280)
2012 Ed. (1006, 1030, 1058, 1091,
1105, 1109, 1113, 1115, 1120)
2013 Ed. (1195, 1240, 1247)
2014 Ed. (1112, 1113, 1149, 1178,
1185)
2015 Ed. (1198, 1199, 1232, 1239)
2016 Ed. (1107, 1134, 1143, 1173,
1174, 1175, 1207)
Structure Tone Organization
2013 Ed. (1269)
Structured Materials Industries Inc.
2014 Ed. (4255)
Strumentimusali.net SRL
2015 Ed. (3746)
2016 Ed. (3654)
Strutt & Parker
2002 Ed. (51)
Stryker
2013 Ed. (1356)
2014 Ed. (3536, 3617)
2015 Ed. (3557, 3629)
2016 Ed. (3408, 3513)
Stryker Canada Inc.
2013 Ed. (1525)
2014 Ed. (1495)
2015 Ed. (1552)
2016 Ed. (1491)
Stryker Canada LP
2011 Ed. (1946)

2012 Ed. (1810)
Stryker Corp.
1993 Ed. (3465)
1995 Ed. (1245, 2537)
1996 Ed. (2600, 2601)
1997 Ed. (2747)
1998 Ed. (2458)
1999 Ed. (3340)
2001 Ed. (3266)
2002 Ed. (1573, 1729, 2830, 4172,
4351)
2003 Ed. (1498, 2690, 2957, 3356,
3358, 3359, 4538)
2004 Ed. (1607, 2798, 2803, 2810,
3420, 3421, 3422, 3423, 4488)
2005 Ed. (1608, 2229, 2230, 2791,
2795, 2803, 3433, 3434, 3435,
3437, 4503)
2006 Ed. (1421, 1494, 2761, 2766,
3445, 3446, 3448)
2007 Ed. (2228, 2773, 3464, 3465,
3467)
2008 Ed. (2898, 2910, 3638, 3840,
4526)
2009 Ed. (1889, 2948, 2966, 2967,
3702, 3704, 3887, 3896, 4557)
2010 Ed. (1427, 1824, 2883, 2906,
3617, 3618, 3619, 3622, 3798)
2011 Ed. (1429, 2870, 2877, 3553,
3619, 3620, 3621, 3794)
2012 Ed. (1705, 1706, 1707, 2807,
2814, 3615, 3616, 3619, 3621,
3622, 3627, 3784, 4555, 4674)
2013 Ed. (1862, 1863, 1865, 2876,
2885, 3210, 3614, 3672, 3673,
3677, 3678, 3679, 3684, 3852,
4515)
2014 Ed. (1794, 1795, 1797, 2908,
2914, 3222, 3607, 3608, 3611,
3612, 3613, 3614, 3619, 3781)
2015 Ed. (1835, 1836, 2954, 2961,
3285, 3619, 3620, 3623, 3624,
3625, 3626, 3631, 3801)
2016 Ed. (1792, 1797, 1799, 2886,
2895, 3126, 3504, 3505, 3508,
3509, 3510, 3515, 3714)
Stryker; Jon
2007 Ed. (4892)
2009 Ed. (4850)
2010 Ed. (4856)
2011 Ed. (4829)
Stryker; Jon L.
2005 Ed. (4849)
2006 Ed. (4904)
Stryker; Pat
2005 Ed. (4857)
2007 Ed. (2497, 4900)
2009 Ed. (4850, 4857)
2010 Ed. (4856)
2011 Ed. (4829)
2013 Ed. (4841)
2014 Ed. (4857)
2015 Ed. (4894)
Stryker; Ronald
2007 Ed. (4892)
Stryker; Ronda
2008 Ed. (4829)
2009 Ed. (4850)
2010 Ed. (4856)
2011 Ed. (4829)
2012 Ed. (4842)
2013 Ed. (4841)
2014 Ed. (4857)
2015 Ed. (4894)
2016 Ed. (4812)
Stryker; Ronda E.
2005 Ed. (4849)
2006 Ed. (4904)
STS Bank
1991 Ed. (506)
1992 Ed. (662)
1993 Ed. (474)
1994 Ed. (476)
1995 Ed. (466)
STS Consultants Ltd.
2003 Ed. (2355, 2356)
2006 Ed. (2454)
STS Group
2013 Ed. (2905)
STS Partners LP
2014 Ed. (2921)
2015 Ed. (2969)
STS Systems Ltd.
2003 Ed. (1114)
STSN
2006 Ed. (4705)
Stu Evans Lincoln-Mercury
1990 Ed. (346)
1991 Ed. (284, 309)
1996 Ed. (277)

Stuart A. Miller
2007 Ed. (1025)
2008 Ed. (2638, 2639)
2009 Ed. (2665)
Stuart Amor
1999 Ed. (2424)
Stuart Anderson
1991 Ed. (2873, 2883)
Stuart Anderson's
1990 Ed. (3006, 3007, 3008, 3010,
3023)
1992 Ed. (3709, 3718)
1993 Ed. (3017, 3024, 3035)
1995 Ed. (3122, 3128, 3138)
1996 Ed. (3217, 3219, 3220, 3223,
3224, 3225, 3226)
1997 Ed. (3318, 3320, 3333)
1999 Ed. (4070, 4072, 4074, 4079,
4080)
2000 Ed. (3793)
2001 Ed. (4066, 4067, 4069, 4073,
4075)
2002 Ed. (4006)
2006 Ed. (4136)
Stuart Anderson's Black Angus
2000 Ed. (3792)
2004 Ed. (4147)
Stuart Anderson's Black Angus & Cattle
Co.
2007 Ed. (4156)
Stuart Anderson's Black Angus/Cattle
Co.
1996 Ed. (3230)
Stuart Anderson's Restaurants
1994 Ed. (3070, 3075, 3088)
1998 Ed. (3066)
Stuart & Associates
2010 Ed. (4033, 4038, 4041)
2012 Ed. (4039, 4044)
2014 Ed. (4084)
Stuart & Associates Inc.
2016 Ed. (3975)
Stuart Berman
2006 Ed. (1003)
Stuart Chrysler-Dodge
1993 Ed. (268)
Stuart Epperson
2006 Ed. (2527)
Stuart Graham
2000 Ed. (2078)
Stuart Hall
1989 Ed. (2634)
1991 Ed. (3215)
1992 Ed. (4132)
1993 Ed. (3447)
1994 Ed. (1223)
1995 Ed. (3507)
1996 Ed. (3583, 3584)
1997 Ed. (3625, 3626)
1998 Ed. (3399)
1999 Ed. (4469, 4470)
Stuart Hall Executive Notepad
1990 Ed. (3431)
Stuart Insurance Group Ltd.
2010 Ed. (3212)
2012 Ed. (3133)
Stuart Krinsly
2003 Ed. (1546)
Stuart L. Melton
2007 Ed. (2500)
Stuart; Marty
1994 Ed. (1100)
Stuart Miller
2005 Ed. (967)
2006 Ed. (894)
Stuart Pulvirent
1993 Ed. (1787)
1994 Ed. (1770)
Stuart; Spencer
1990 Ed. (1710)
Stuart Vitamins
1994 Ed. (3633)
Stuart W. Connock
1991 Ed. (3209)
Stuart Weisbrod
1991 Ed. (1698)
1993 Ed. (1782)
1994 Ed. (1766)
1995 Ed. (1807)
Stuart Wheeler
2005 Ed. (3868)
Stuarts
1990 Ed. (1521)
The Stubbins Assoc. Inc.
1990 Ed. (278)
Stubbs Queensland
1996 Ed. (3270, 3272)
StubHub
2008 Ed. (4037, 4207)
Stuckey's Corp.

1991 Ed. (2865)
Stud Loan Marketing
1989 Ed. (2471)
Studebaker-Worthington Inc.
2005 Ed. (1538)
Student Advantage
2002 Ed. (2521)
Student Loan Corp.
1989 Ed. (1424, 1427)
1990 Ed. (1758, 1775)
1991 Ed. (1246, 1247)
1992 Ed. (2145)
2004 Ed. (2594, 2595)
2005 Ed. (2572, 2573, 2578, 2579)
2006 Ed. (380, 2580, 2581)
Student Loan Marketing Association
1989 Ed. (1425)
1990 Ed. (1357, 1777, 3244)
1991 Ed. (1714, 2301, 3094)
1992 Ed. (2146, 3317)
1993 Ed. (1854, 2755, 3226, 3227,
3251, 3266)
1994 Ed. (1843, 3224, 3227, 3245)
1995 Ed. (2434, 3312, 3325, 3338)
1996 Ed. (1325, 2474, 2476, 2477,
3413)
1997 Ed. (1291, 1383, 2005, 2618)
1998 Ed. (1136, 1690, 1691, 2347)
1999 Ed. (3176, 3475)
2000 Ed. (2923)
Student loans
1989 Ed. (1220)
Studeo
2006 Ed. (128)
Studer Group
2015 Ed. (1369)
2016 Ed. (1296)
Studio
2003 Ed. (2659)
Studio 6
2009 Ed. (3154)
Studio 33 (U.K.) Ltd.
2002 Ed. (2495)
Studio Gang Architects
2016 Ed. (210)
Studio IP Holdings
2016 Ed. (2985)
Studio Lambert
2011 Ed. (2617, 4672)
2012 Ed. (2558, 4686)
Studio Line
2001 Ed. (2642, 2643, 2644, 2645)
2008 Ed. (2870)
Studio Lukas
1997 Ed. (76)
Studio Marketing
2000 Ed. (192)
2001 Ed. (113, 124, 242)
2002 Ed. (85, 95, 212)
Studio Marketing Alliance
1992 Ed. (221)
Studio Marketing International
2001 Ed. (208)
2002 Ed. (180)
2003 Ed. (147)
Studio Marketing (JWT)
1999 Ed. (152)
2000 Ed. (170)
Studio Marketing Macedonia
2001 Ed. (163)
2002 Ed. (138)
Studio Moderna
2006 Ed. (44)
2007 Ed. (35, 54)
2010 Ed. (76)
Studio Movie Grill
2016 Ed. (3627)
Studio Southwest Architects
2012 Ed. (2402)
Studio West Inc. Architects
2008 Ed. (2520)
StudioPLUS Deluxe Studios
2002 Ed. (2643)
Studios Architecture
2005 Ed. (3165)
2006 Ed. (3166)
2007 Ed. (3200)
2008 Ed. (3342)
2009 Ed. (3415)
2010 Ed. (3351, 3353)
2011 Ed. (3308, 3310)
2012 Ed. (3291)
Studley
2002 Ed. (3912)
2011 Ed. (4149)
2012 Ed. (4183)
2013 Ed. (4169)
2014 Ed. (4187)
2015 Ed. (4168)
Studley Inc.; Julien J.

1990 Ed. (2954)
1992 Ed. (3614)
1994 Ed. (2998)
1995 Ed. (3060)
Studs-up Soccer
2008 Ed. (4812)
Study Island
2008 Ed. (2404)
StudyMode
2016 Ed. (1402)
Studyware ACT
1998 Ed. (848)
Stuff
2001 Ed. (3197)
2004 Ed. (149, 3333)
Stuff For Men
2003 Ed. (3275)
Stuff It Deluxe
1997 Ed. (1096)
Stuffed toys
1993 Ed. (1715)
1999 Ed. (4633)
Stuffed/plush toys
1998 Ed. (3605)
Stuffies
2015 Ed. (2335)
2016 Ed. (2288)
Stuffing
2002 Ed. (431)
Stuffing products
2003 Ed. (376)
Stulberg Equity Partners LLC
2002 Ed. (4737)
Stull, Stull & Brody
1995 Ed. (2411)
StumbleUpon
2012 Ed. (3597)
Stumpf; John
2009 Ed. (385)
2011 Ed. (820)
Stumpf; John G.
2011 Ed. (821, 824)
2015 Ed. (966)
Stumptown Coffee Roasters
2012 Ed. (1814)
Stupid White Men...and Other Sorry Ex-
cuses for the State of the Nation
2004 Ed. (742)
Sturdevant Refrigeration & Air Conditioning
2009 Ed. (1718, 1719)
Sturdivant
1993 Ed. (2323)
Sturge Aviation Syndicate Management
Ltd.
1993 Ed. (2456)
Sturge & Co.; 206, R. W.
1991 Ed. (2337)
Sturge & Co.; 210, R. W.
1991 Ed. (2338)
Sturge & Co.; 960, R. W.
1991 Ed. (2335)
Sturge Holdings Plc
1992 Ed. (2900)
Sturge Marine Syndicate Management
Ltd.
1992 Ed. (2895, 2896)
1993 Ed. (2453, 2454, 2458)
Sturge Non-marine Syndicate Management Ltd.
1992 Ed. (2895, 2897)
1993 Ed. (2453, 2455, 2458)
Sturgeon Electric Co.
1991 Ed. (1086)
1996 Ed. (1134)
2006 Ed. (1175, 1349)
2007 Ed. (1281)
2009 Ed. (1254)
2010 Ed. (1152)
2011 Ed. (1200)
2012 Ed. (1142)
2013 Ed. (1228)
2016 Ed. (1168)
Sturgill, Turner, Barker & Moloney PLLC
2008 Ed. (1880)
2009 Ed. (1835)
Sturgis Aviation Syndicate Management
Ltd.
1992 Ed. (2898)
Sturgis Community Credit Union
2002 Ed. (1833)
Sturm Financial Group Inc.
2005 Ed. (379)
2007 Ed. (357)
2008 Ed. (344)
Sturm Holding GmbH
2008 Ed. (3658)
Sturm Ruger
2013 Ed. (4518)

Sturm, Ruger
1993 Ed. (1863)
Sturm, Ruger & Co.
2004 Ed. (4534)
2005 Ed. (4476)
2012 Ed. (2772)
2013 Ed. (1575, 2842, 3145)
2015 Ed. (1593, 1596, 1888, 4471)
2016 Ed. (1519, 1851, 3424, 4376)
Sturm, Ruger & Co., Inc.
2013 Ed. (1571, 3880)
2014 Ed. (1542)
Sturza's Institutional Research
2006 Ed. (3203)
Stusid Bank
2014 Ed. (374)
2015 Ed. (409)
Stuttgart
1997 Ed. (3782)
Stuttgart, Germany
1992 Ed. (1165)
Stuttgart, West Germany
1991 Ed. (2632)
Stux; Ivan
1996 Ed. (1841)
Stuyvesant Capital
1991 Ed. (2224)
Stuyvesant Capital Mgmt.
2000 Ed. (2822)
Stuyvesant; Peter
1990 Ed. (152)
1991 Ed. (35)
STV
2013 Ed. (2554)
2015 Ed. (1198)
2016 Ed. (1106, 2477)
STV Architects
1994 Ed. (238)
STV Engineers Inc.
1989 Ed. (269)
1991 Ed. (1564)
STV Group
1995 Ed. (1700)
1996 Ed. (1682)
1997 Ed. (1763)
1998 Ed. (1456)
2004 Ed. (2335, 2356)
2008 Ed. (2531, 2533, 2535, 2538,
2539, 2570)
2009 Ed. (2578)
2010 Ed. (2494)
2011 Ed. (2502)
2012 Ed. (2383, 2385, 2397, 2422)
2013 Ed. (2592)
2014 Ed. (2487, 2525)
STV Group Inc.
2013 Ed. (2567)
2016 Ed. (2492)
STV Inc.
2008 Ed. (2511, 2523)
2009 Ed. (2521, 2542)
2010 Ed. (2438, 2452)
2011 Ed. (2444, 2461)
2012 Ed. (1031, 2367)
2014 Ed. (1937)
2015 Ed. (1984)
STV/Sanders & Thomas
1990 Ed. (285)
1992 Ed. (1969)
STW Fixed Income Advisors
1991 Ed. (2234)
STW Fixed Income Management Ltd.,
Fixed Income—Short Duration
2003 Ed. (3133)
STX Corp.
2012 Ed. (3077)
2013 Ed. (3155)
Stx Kiss Apple
1993 Ed. (837)
Stx Kiss Fire
1993 Ed. (837)
Stx Kiss Watermelon
1993 Ed. (837)
STX Offshore
2012 Ed. (3077)
2013 Ed. (3155)
2014 Ed. (3159)
STX Offshore & Shipbuilding Co., Ltd.
2010 Ed. (4802)
2011 Ed. (4749)
2012 Ed. (4765)
2013 Ed. (4737)
2014 Ed. (4786)
Stye
1995 Ed. (1599)
Stygienie
1995 Ed. (1599, 1757)
Styland Holdings
2002 Ed. (4423)
Style

1991 Ed. (1881)
1995 Ed. (1597, 1755, 1757)
Style at Home
2015 Ed. (3545, 3546)
2016 Ed. (3396, 3397, 3398)
Style Lab
2009 Ed. (3472, 4628)
Stylecraft Business Forms & Systems
2016 Ed. (3982)
Stylecraft Printing
2000 Ed. (913)
Styles on Video
1995 Ed. (3201)
Styling products
2001 Ed. (2636, 2637)
Stylo
1993 Ed. (259)
Stymiest; Barbara
2009 Ed. (4966, 4967)
2010 Ed. (4975)
Styrenebutadiene
1994 Ed. (3116)
Styria Medien
2008 Ed. (34)
Styx Advertising Agency
2000 Ed. (118)
2001 Ed. (156)
2002 Ed. (129)
Styx & Leo Burnett
2003 Ed. (96)
Suarez & Clavera Publicitarios
1996 Ed. (150)
1997 Ed. (156)
1999 Ed. (167)
Suarez & Clavera/D'Arcy
2002 Ed. (206)
2003 Ed. (177)
Suarez Fire Systems Inc.
2006 Ed. (2836, 3507, 4346)
Suarez Housing Corp.
2002 Ed. (2680)
2004 Ed. (1173)
2005 Ed. (1201)
Suarez; Luis
2016 Ed. (220)
Suat Gunsel
2008 Ed. (4862)
2009 Ed. (4886)
2012 Ed. (4882)
2013 Ed. (4866)
2014 Ed. (4880)
2015 Ed. (4918)
2016 Ed. (4834)
Suave
1991 Ed. (1879, 2714, 3114)
1992 Ed. (3400, 3403, 3946, 4236)
1993 Ed. (2814, 3297)
1994 Ed. (2812, 2814)
1995 Ed. (1549, 2901)
1996 Ed. (2071, 2550, 2983, 2985,
3416)
1997 Ed. (1589, 3059, 3061)
1998 Ed. (1354, 1893, 1895, 2803,
2804, 3291, 3306)
1999 Ed. (687, 2628, 2629, 3772,
3773, 4290, 4291, 4292)
2000 Ed. (4009, 4038, 4073, 4074)
2001 Ed. (1990, 2632, 2633, 3167,
3168, 4225, 4226, 4298, 4299,
4300)
2002 Ed. (2433, 2434, 2435, 2436,
2437, 2438)
2003 Ed. (645, 646, 647, 2001, 2648,
2649, 2650, 2653, 2654, 2657,
2658, 2659, 2660, 2669, 3264,
4426, 4465)
2004 Ed. (2785, 2786)
2006 Ed. (3800)
2007 Ed. (3811)
2008 Ed. (532, 2869, 2870, 2872,
2873, 3877)
2009 Ed. (2936, 3937)
2010 Ed. (2872)
2012 Ed. (3831)
2016 Ed. (2270)
Suave Herbal Care
2003 Ed. (2654)
Suave Naturals
2003 Ed. (4465)
2004 Ed. (658)
2008 Ed. (532)
2016 Ed. (2843, 2844)
Suave Naturals Hair
2016 Ed. (2842)
Suave Professionals
2016 Ed. (2842, 2843, 2844)
Suave Shoe Corp.
1990 Ed. (3273)
Suave Shoes Inc.
1990 Ed. (2016)

Suavitel
  2003 Ed. (2429)
Sub 4
  1990 Ed. (3339)
Sub-Saharan Africa
  1999 Ed. (1820)
Sub Sri Thai
  2014 Ed. (2036)
Sub Zero Ice Cream
  2011 Ed. (2127)
  2012 Ed. (1970)
  2013 Ed. (2130)
  2015 Ed. (3195)
  2016 Ed. (3052)
Subang Airport
  1996 Ed. (194)
Subang, Malaysia
  2009 Ed. (260)
Subaru
  1989 Ed. (308, 319, 320, 345)
  1990 Ed. (364, 367)
  1991 Ed. (326)
  1992 Ed. (438, 445, 455, 462)
  1993 Ed. (305, 330, 331)
  1994 Ed. (313, 319)
  1995 Ed. (312)
  1996 Ed. (322)
  1997 Ed. (292, 307)
  1998 Ed. (227)
  2000 Ed. (340)
  2001 Ed. (453, 3835)
  2002 Ed. (349, 365)
  2003 Ed. (304, 305, 306, 320, 321,
    322, 323, 328, 329, 330)
  2004 Ed. (289, 290, 292, 294, 295,
    297)
  2006 Ed. (317)
  2007 Ed. (313)
  2013 Ed. (238)
  2015 Ed. (279)
  2016 Ed. (275, 3466)
Subaru DL/GL, 4-WD
  1989 Ed. (342, 1671)
Subaru Impreza
  1997 Ed. (311)
Subaru Justy
  1992 Ed. (436, 485)
  1996 Ed. (2268)
Subaru Legacy
  1992 Ed. (452)
  1993 Ed. (327)
Subaru of America
  2015 Ed. (1899)
  2016 Ed. (1862)
Subaru of America Inc.
  1989 Ed. (2471)
  1990 Ed. (350, 352, 3244)
  1991 Ed. (314, 316, 3094)
  2004 Ed. (279)
  2007 Ed. (2887)
  2008 Ed. (3009)
  2009 Ed. (3095)
  2010 Ed. (3028)
  2011 Ed. (2997)
  2012 Ed. (2923)
  2013 Ed. (32, 3012)
  2014 Ed. (27, 50, 3021)
  2015 Ed. (3088)
Subaru of Indiana Automotive
  2008 Ed. (3546)
Subaru Sedan
  1989 Ed. (348)
Subaru XT Coupe
  1992 Ed. (485)
Subaru XT/XT6
  1992 Ed. (450)
Subassemblies & components
  1998 Ed. (2077)
Subcompact car
  2001 Ed. (502)
Subex
  2010 Ed. (4691)
  2011 Ed. (4643)
Subex Azure
  2009 Ed. (4670)
Subha V. Barry
  2012 Ed. (2156)
Subic Bay Naval Station
  1993 Ed. (2884)
Subir Raha
  2014 Ed. (934)
Subkhanberdin; Nurzhan
  2008 Ed. (4888)
  2009 Ed. (4908)
  2011 Ed. (4896)
  2012 Ed. (4905)
Sublime
  2003 Ed. (261)
Submarine
  1990 Ed. (3095)

Submarino
  2015 Ed. (2473)
Suboticanka
  2004 Ed. (80)
Subscription Reference
  2001 Ed. (976)
Subsea 7
  2012 Ed. (3895, 3926)
  2013 Ed. (1630, 3916)
  2014 Ed. (2475, 3861, 4014)
  2015 Ed. (3888)
  2016 Ed. (3798)
Subsea 7 SA
  2013 Ed. (3922)
  2014 Ed. (3867)
  2015 Ed. (3894)
Subsidization of child-care expenses
  1992 Ed. (2233)
Subsidization of elder-care expenses
  1992 Ed. (2233)
Substance abuse
  1992 Ed. (1939, 4430)
Substance abuse testing
  1992 Ed. (3829)
Substantial
  2014 Ed. (2092)
  2015 Ed. (2144)
The Subtle Knife
  2009 Ed. (579)
Subtv Oy
  2010 Ed. (1619)
  2011 Ed. (1628)
Suburban
  2001 Ed. (481)
Suburban Auto Imports
  1990 Ed. (334)
  1991 Ed. (301)
  1992 Ed. (406)
  1993 Ed. (291)
  1994 Ed. (260)
  1995 Ed. (259)
  1996 Ed. (263)
Suburban Automotive
  1999 Ed. (319)
Suburban Cablevision
  1995 Ed. (878, 882)
Suburban; Chevrolet
  2006 Ed. (3577)
Suburban Chrysler Jeep Dodge Inc.
  2013 Ed. (216)
The Suburban Collection
  2000 Ed. (333)
  2001 Ed. (454)
  2002 Ed. (369)
  2009 Ed. (2680)
  2013 Ed. (2651)
  2015 Ed. (2653)
Suburban Communication Corp.
  1998 Ed. (2680)
Suburban Extended Stay
  2009 Ed. (3154)
Suburban Home and Garden Show
  1998 Ed. (3608)
  1999 Ed. (4642)
Suburban Imports of Troy
  2013 Ed. (216)
Suburban Lodge
  2002 Ed. (2643)
Suburban Ostomy Supply Co.
  1998 Ed. (3178)
Suburban Propane
  1990 Ed. (2909)
  1995 Ed. (3001)
  1996 Ed. (3102)
  2000 Ed. (1316, 3622)
Suburban Propane LP
  2006 Ed. (4005)
  2007 Ed. (4039)
Suburban Propane Partners
  1998 Ed. (2932)
  1999 Ed. (3906)
Suburban Propane Partners, L. P.
  2002 Ed. (3799)
Suburban Propane Partners LP
  2000 Ed. (3623)
  2003 Ed. (3970)
  2004 Ed. (3973)
  2005 Ed. (3944)
  2006 Ed. (4013)
  2007 Ed. (4045)
  2008 Ed. (4081)
  2009 Ed. (4194)
  2010 Ed. (4129)
  2011 Ed. (4094)
  2012 Ed. (4128)
  2013 Ed. (4121)
  2014 Ed. (4136)
  2015 Ed. (4120)
  2016 Ed. (4034)
Suburban Propane/Petrolane

  1994 Ed. (2943)
Suburban Propane/Petroleum
  1997 Ed. (3180)
Suburban Security & Investigation
  Agency
  2000 Ed. (3905)
Suburban Subaru
  1995 Ed. (285)
Suburban Transit Corp.
  1989 Ed. (829)
  1990 Ed. (846)
  1991 Ed. (807)
  1992 Ed. (988)
  1994 Ed. (800)
  1995 Ed. (851)
  1996 Ed. (831)
  1997 Ed. (841)
  1998 Ed. (539)
Suburban/Petrolane
  1992 Ed. (3554)
  1993 Ed. (2925)
Suburbia
  2010 Ed. (638)
Suburbs
  2000 Ed. (2616)
Subversion
  2007 Ed. (1253)
  2008 Ed. (1144)
  2009 Ed. (1123)
  2010 Ed. (1106)
  2011 Ed. (1045)
  2012 Ed. (975)
Subway
  1990 Ed. (1850, 1853, 3015, 3019,
    3020)
  1992 Ed. (2122, 2219, 2220, 3704,
    3708, 3764)
  1993 Ed. (1901, 3014, 3015, 3016,
    3036, 3067)
  1994 Ed. (1909, 1910, 1913, 1914,
    3076, 3086, 3130)
  1995 Ed. (1939, 3121, 3132, 3179,
    3180)
  1996 Ed. (1964, 1965, 3227, 3229,
    3278)
  1997 Ed. (1832, 2052, 2058, 2078,
    2080, 2081, 2082, 2083, 2084,
    2085, 3310, 3375)
  1998 Ed. (1551, 1757, 1762, 1764,
    1765, 3050, 3073, 3074, 3124)
  1999 Ed. (2129, 2134, 2139, 2477,
    2507, 2511, 2522, 2523, 4050,
    4078, 4083, 4084, 4085, 4134)
  2000 Ed. (1911, 1912, 2246, 2267,
    2270, 3790)
  2001 Ed. (2405, 2407, 2410, 2529,
    2531, 4080)
  2002 Ed. (2237, 2357, 2358, 4091)
  2003 Ed. (881, 885, 2437, 2458,
    2459, 4130, 4132, 4134, 4135,
    4137, 4138, 4142, 4143, 4218,
    4221, 4222, 4223, 4225, 4226,
    4227)
  2004 Ed. (903, 905, 1377, 2575,
    2589, 2590, 4121, 4142, 4143,
    4144, 4145, 4242, 4243)
  2005 Ed. (893, 895, 2546, 2548,
    2549, 2554, 2564, 2568, 4080,
    4081, 4086, 4087, 4168, 4171,
    4172, 4173, 4175, 4176, 4655)
  2006 Ed. (808, 811, 2553, 2556,
    2561, 4131, 4132, 4133, 4134,
    4222, 4225, 4226)
  2007 Ed. (895, 898, 2529, 2530,
    2535, 4150, 4154, 4240, 4241)
  2008 Ed. (872, 874, 2657, 2658,
    2668, 2671, 2681, 4152, 4153,
    4185, 4192, 4193, 4194, 4271,
    4274, 4275, 4276)
  2009 Ed. (654, 691, 712, 882, 884,
    2685, 2686, 2692, 2693, 2696,
    4291, 4292, 4375, 4379, 4380)
  2010 Ed. (621, 833, 835, 2598, 2608,
    2609, 2610, 4255, 4257, 4258,
    4259, 4403, 4405, 4409, 4410,
    4411, 4413, 4414, 4415)
  2011 Ed. (557, 758, 760, 2580, 2581,
    2586, 2590, 2591, 2592, 2611,
    4228, 4253, 4254, 4255, 4257,
    4258, 4259, 4348, 4349, 4353,
    4355, 4356, 4357, 4358)
  2012 Ed. (536, 696, 698, 2527, 2528,
    2535, 4257, 4258, 4262, 4291,
    4294, 4295, 4296, 4298, 4299,
    4300, 4303, 4389, 4393, 4394,
    4396, 4397, 4398)
  2013 Ed. (639, 909, 912, 2659, 2662,
    2663, 4262, 4264, 4265, 4267,
    4358, 4361, 4362, 4364, 4365,
    4366)
  2014 Ed. (856, 859, 2610, 2613,

  2626, 4318, 4319, 4321, 4324,
    4410, 4411, 4415, 4416, 4417,
    4419, 4420, 4421)
  2015 Ed. (895, 897, 2656, 2659,
    4298, 4300, 4310, 4311, 4396,
    4397, 4400, 4401, 4402, 4403,
    4404, 4405, 4406, 4866)
  2016 Ed. (786, 791, 793, 2582, 2592,
    4203, 4205, 4206, 4208, 4246,
    4290, 4293, 4294, 4295, 4296,
    4297, 4298, 4299)
Subway Restaurants
  2007 Ed. (3213)
Subway Sandwiches
  1991 Ed. (1655, 1658, 1769, 1770,
    1774, 2865, 2866, 2868, 2877,
    2878, 2910)
  2000 Ed. (3799, 3800)
  2001 Ed. (4082, 4083)
Subway Sandwiches & Salads
  1989 Ed. (1488)
  1990 Ed. (1855)
  1992 Ed. (2224, 2230)
  2000 Ed. (3764, 3848)
  2002 Ed. (2241, 2252, 2253, 4027,
    4031, 4033, 4034)
Suby Von Haden & Associates
  1998 Ed. (5)
  2002 Ed. (12)
Suby, Von Haden & Associates, SC
  2004 Ed. (12)
  2005 Ed. (8)
  2006 Ed. (13)
  2007 Ed. (9)
  2008 Ed. (7)
  2009 Ed. (10)
  2010 Ed. (16, 19)
SubZero Constructors
  2005 Ed. (1164)
Sucaco
  1991 Ed. (2012, 2013)
Sucampo Pharmaceuticals Inc.
  2010 Ed. (2949)
Succeed Corp.
  2009 Ed. (1106)
  2010 Ed. (1088)
Success Financial Network
  2007 Ed. (4072)
Success Holdings
  1995 Ed. (2126)
Success is a Choice
  1999 Ed. (690)
Success Transformer
  2011 Ed. (1818)
SuccessFactors Inc.
  2010 Ed. (1534, 1535)
  2011 Ed. (1532, 1533)
  2014 Ed. (1068)
Successful Farming
  1999 Ed. (3748, 3758)
  2000 Ed. (3467, 3483)
  2001 Ed. (1053)
  2010 Ed. (4761)
  2011 Ed. (4714)
Successful Meetings
  1998 Ed. (2791)
  2000 Ed. (3482, 3483)
  2001 Ed. (249, 251)
  2005 Ed. (138)
  2007 Ed. (4797)
  2008 Ed. (4713)
  2009 Ed. (163, 4761)
SuccessLab Learning Centers
  2003 Ed. (3949)
Successories of Hawaii Inc.
  2006 Ed. (3509)
Suchard; Jacob
  1992 Ed. (1046)
Suchard; Jacobs
  1991 Ed. (1747)
  1992 Ed. (1495)
Sucoma
  2006 Ed. (4517)
Sucralfate
  1992 Ed. (1870)
Sucres et Dendrees
  1990 Ed. (1368)
Sucres et Denrees
  1994 Ed. (1373)
Sucrets
  1991 Ed. (3387, 3388)
  1992 Ed. (1248, 1249, 1262, 1263)
  1993 Ed. (1012)
  1996 Ed. (1029, 1030)
  1999 Ed. (1219)
  2000 Ed. (1133)
  2001 Ed. (1939)
  2002 Ed. (1803)
  2003 Ed. (1878)
Sucrets Spray/Gargle

1991 Ed. (3386)
1992 Ed. (1260)
Sud Americano
1990 Ed. (521)
2000 Ed. (490, 491, 492, 645)
2001 Ed. (613, 614, 615)
Sud Chemie
2010 Ed. (869)
2011 Ed. (797)
2012 Ed. (757)
2013 Ed. (959)
Sud-Chemie AG
2008 Ed. (918)
Sudafed
1991 Ed. (993, 994, 997, 998)
1992 Ed. (1244, 1245, 1253, 1256, 1257)
1993 Ed. (1008)
1994 Ed. (1037, 1574, 1576)
1995 Ed. (228, 1046, 2898)
1996 Ed. (1024, 1025, 1033)
1998 Ed. (788, 789)
1999 Ed. (255, 1218)
2000 Ed. (277, 1132, 1135)
2001 Ed. (1309, 1310)
2002 Ed. (1097, 1099, 1100)
2003 Ed. (1048, 1049, 1050)
2004 Ed. (1056, 1057)
2008 Ed. (1038)
2009 Ed. (2356)
2010 Ed. (2907)
Sudafed 30 mg Tablets 24s
1990 Ed. (1541)
Sudafed 30mg. tablets 24s
1990 Ed. (1082, 1540)
Sudafed Plus
1991 Ed. (997, 998)
Sudafed SA
1991 Ed. (993)
Sudamericano Bolsa
2007 Ed. (764)
Sudamex de Venezuela
1997 Ed. (906)
Sudamtex
1994 Ed. (868)
2000 Ed. (986)
Sudamtex-A
1996 Ed. (884)
Sudamtex-B
1996 Ed. (884)
Sudan
1989 Ed. (1219)
1991 Ed. (1642, 2826)
2001 Ed. (4312)
2003 Ed. (3759)
2004 Ed. (3784)
2005 Ed. (2038, 3702)
2006 Ed. (2134, 3184, 3791, 4418)
2007 Ed. (2259, 3789, 4480)
2008 Ed. (3863)
2009 Ed. (3922)
2010 Ed. (3840)
2011 Ed. (3843, 4484)
Sudan Commercial Bank
1989 Ed. (681)
Sudanese French Bank
2002 Ed. (651)
2003 Ed. (615)
2004 Ed. (624)
2005 Ed. (613)
2009 Ed. (540)
2010 Ed. (523)
2011 Ed. (452)
2012 Ed. (2591)
2013 Ed. (353)
2014 Ed. (371, 2663)
2015 Ed. (425, 2704)
2016 Ed. (2628)
Sudanese International Bank
1989 Ed. (681)
Sudanese Islamic Bank
2011 Ed. (452)
Sudarshan Chemical Industries
1996 Ed. (1600)
Sudbury Inc.
1990 Ed. (1307)
1992 Ed. (2595)
1993 Ed. (3467)
1994 Ed. (1237)
Sudbury, Ontario
2010 Ed. (3479)
The Suddath Companies
2008 Ed. (4768)
2009 Ed. (4800)
2010 Ed. (4817)
2011 Ed. (4776)
2012 Ed. (4798)
2013 Ed. (4759)
2014 Ed. (4810)
2015 Ed. (4845)

2016 Ed. (4749)
Suddath Cos.
2006 Ed. (4796)
2007 Ed. (4813)
2008 Ed. (4740)
2011 Ed. (4767)
2012 Ed. (4788)
2013 Ed. (4749)
2014 Ed. (4799)
2015 Ed. (4834)
2016 Ed. (4737)
Suddath Van
1998 Ed. (3636)
Sudden Change
1998 Ed. (3308)
2000 Ed. (4037)
2002 Ed. (1951)
Suddenlink Communications
2009 Ed. (850)
2010 Ed. (796)
2011 Ed. (721, 723)
Sudfed SA
1991 Ed. (994)
Sudier & Hennessey
1992 Ed. (117)
Sudikoff; Jeffrey
1995 Ed. (1717)
The Sudler Cos.
1997 Ed. (3261)
Sudler & Hennessey
1990 Ed. (57)
1991 Ed. (2398)
1992 Ed. (110)
1993 Ed. (67)
1994 Ed. (58)
1995 Ed. (33)
1996 Ed. (48)
1997 Ed. (57)
1998 Ed. (38, 51)
2000 Ed. (57)
2001 Ed. (212)
2002 Ed. (67)
2009 Ed. (126)
2010 Ed. (127)
2011 Ed. (45)
2012 Ed. (51)
2014 Ed. (70)
2015 Ed. (80)
Sudler & Hennessy
1999 Ed. (43)
Sudler Management Co., LLC
2002 Ed. (3925)
Sudthida Ratanarak
2016 Ed. (4882)
Sudwestdeutsche Landesbank
1991 Ed. (528)
1997 Ed. (516)
Sudzucker
1993 Ed. (1879)
1994 Ed. (1392, 1396)
1995 Ed. (1903)
2012 Ed. (2650)
Sudzucker Moldova SA
2014 Ed. (1567)
2015 Ed. (1618)
2016 Ed. (1544)
Sue Bee
2003 Ed. (2791, 3157)
Sue Bird
2005 Ed. (266)
Sue Brush
2009 Ed. (3713)
Sue Dodsworth
2012 Ed. (2158)
Suedzucker
2006 Ed. (2647)
2007 Ed. (2617)
2011 Ed. (2715)
Suedzucker AG
2001 Ed. (2468)
2004 Ed. (2653)
2014 Ed. (2712)
2015 Ed. (2761)
Suehrstedt; Wendy
2008 Ed. (4945)
Suez
1990 Ed. (3460)
1991 Ed. (731, 732)
1992 Ed. (915, 916)
1993 Ed. (731, 732, 1315)
1994 Ed. (740, 1369)
1996 Ed. (766)
2005 Ed. (1777, 2402, 2406, 2407, 2411, 2413, 4359)
2006 Ed. (1724, 1725, 1726, 2366, 2445, 2446, 3341)
2007 Ed. (1457, 1730, 1732, 1733, 2299, 2301, 2303, 2391, 2685, 2686, 2688)
2008 Ed. (1186, 1427, 1759, 1760,

1761, 2503, 2506, 2815)
2009 Ed. (1685, 1686, 1687, 2509, 2516, 2873, 2876)
2010 Ed. (1403, 1413, 1642, 1644, 1645, 1647, 2431, 2432, 2813)
2011 Ed. (2798)
2012 Ed. (1230)
Suez Canal Bank
1989 Ed. (455)
1990 Ed. (477)
1991 Ed. (428)
1992 Ed. (583)
1995 Ed. (404)
1996 Ed. (431)
1997 Ed. (396)
1999 Ed. (453)
2000 Ed. (445)
2002 Ed. (554)
2003 Ed. (485)
2004 Ed. (482)
2005 Ed. (488)
2006 Ed. (433)
2007 Ed. (434)
Suez, Egypt
2011 Ed. (3499)
Suez Environment North America
2016 Ed. (2537, 2551, 2552, 2553)
Suez Environnement
2008 Ed. (1186)
2011 Ed. (4406)
2012 Ed. (2724)
2013 Ed. (2801, 4827, 4828)
2014 Ed. (2838, 4841)
2015 Ed. (2878, 4878)
2016 Ed. (2808)
Suez Environnement SA
2009 Ed. (1161)
Suez; GDF
2011 Ed. (2798)
Suez Group
1992 Ed. (1620)
1995 Ed. (1396)
1996 Ed. (1347)
Suez Lyonnais des Eaux SA
2002 Ed. (762)
2003 Ed. (1456, 1682, 2286)
2004 Ed. (1486, 2322)
2005 Ed. (1502)
Suez Lyonnaise des Eaux
2000 Ed. (1434, 1435)
2001 Ed. (1707)
2007 Ed. (3987)
Suez Lyonnaise des Eaux SA
2001 Ed. (1550, 1709, 1710)
2002 Ed. (1436, 1656, 2125, 2127, 2128, 3220)
Suez Lyonnaise Group
2000 Ed. (1436)
Suez SA
2005 Ed. (1571)
2009 Ed. (1161)
Suffield Financial
1990 Ed. (1793)
Sufflok Bancorp
2008 Ed. (428)
Suffolk Bancorp
2003 Ed. (518)
2008 Ed. (372, 2369)
2009 Ed. (392, 394, 454)
2010 Ed. (431, 433)
2011 Ed. (356, 358)
2012 Ed. (357)
2013 Ed. (484)
Suffolk Capital
1995 Ed. (2356, 2360)
Suffolk Co. (NY) Suffolk Life Newspapers
2003 Ed. (3644)
Suffolk Construction
2013 Ed. (1195)
2014 Ed. (1112)
Suffolk Construction Co.
2002 Ed. (1253, 1262)
2004 Ed. (1311)
2007 Ed. (1352)
2009 Ed. (1357)
2010 Ed. (1204, 4080)
2011 Ed. (1205, 1294)
2012 Ed. (1109, 1110, 1113, 1116, 1120)
Suffolk County Clerk's Office
2007 Ed. (2801)
Suffolk County, NY
1991 Ed. (1370, 2511)
1992 Ed. (1720, 1724)
1994 Ed. (716, 1478, 2061)
1999 Ed. (1775)
2000 Ed. (1092, 2995)
2002 Ed. (2443)
2004 Ed. (794)

2009 Ed. (2887)
Suffolk County Water
1990 Ed. (2642)
Suffolk Credit Union
2005 Ed. (2073)
Suffolk Life Newspapers
2002 Ed. (3502)
Suffolk-Nassau, NY
1996 Ed. (3768)
Suffolk, NY
1990 Ed. (1441)
2000 Ed. (1604)
Suffolk University
2006 Ed. (700)
Sugamo Shinkin Bank
2003 Ed. (537)
Suganami Gakki Co., Ltd.
2015 Ed. (3747)
2016 Ed. (3655)
Sugar
1990 Ed. (1962, 2742)
1992 Ed. (2074)
1993 Ed. (2744, 2921)
1994 Ed. (2940)
1996 Ed. (3097, 3615)
1998 Ed. (2927, 3445)
2000 Ed. (2934, 3501, 3619)
2001 Ed. (551)
2003 Ed. (3939, 3940)
2008 Ed. (1094)
Sugar Babies
1997 Ed. (888)
Sugar, brown
2002 Ed. (4519)
2003 Ed. (4616)
Sugar Busters!
2000 Ed. (708)
2001 Ed. (985)
Sugar & confectionery products
1998 Ed. (29)
Sugar Daddy
1995 Ed. (893, 898)
Sugar, granulated
2002 Ed. (4519)
2003 Ed. (4616)
Sugar in the Raw
2015 Ed. (4582)
2016 Ed. (4501)
Sugar Knowledge International
2012 Ed. (2668)
Sugar Land, TX
2007 Ed. (2270, 3010)
Sugar Magnolia Homes
2009 Ed. (1145)
Sugar No. 11
1990 Ed. (1871)
Sugar, powdered
2002 Ed. (4519)
2003 Ed. (4616)
Sugar Puffs
1992 Ed. (1075)
Sugar; Sir Alan
2007 Ed. (4928)
2008 Ed. (4904)
Sugar substitutes
1996 Ed. (3092, 3093)
2002 Ed. (4519)
2003 Ed. (4616)
Sugar Twin
1994 Ed. (3471)
1995 Ed. (3539)
1996 Ed. (3624)
Sugarland
2010 Ed. (3714)
Sugarman; Jay
2006 Ed. (928)
SugarSync
2014 Ed. (3182, 4982)
Suggs; Terrell
2012 Ed. (216)
Sughrue Mion PLLC
2008 Ed. (3860, 4725)
2009 Ed. (3919, 4763)
2010 Ed. (3834)
2011 Ed. (3837)
2012 Ed. (3818)
2013 Ed. (3877)
2014 Ed. (3813)
2015 Ed. (3836)
2016 Ed. (3742)
Sugi
2016 Ed. (4519)
Sugi Pharmacy
2012 Ed. (3836)
2013 Ed. (3888)
Sugiyama; Katsuhiko
1996 Ed. (1872)
Sugraone
2001 Ed. (4871)
2002 Ed. (4967)

Suguros de Vida Suramericana SA
  2011 Ed. (1584)
Suh Kyung-Bae
  2008 Ed. (4851)
  2014 Ed. (4919)
  2015 Ed. (4959)
  2016 Ed. (4875)
Suh; Ndamuking
  2014 Ed. (195)
Suhdutsing Technologies LLC
  2008 Ed. (3737, 4433)
Sui Northern Gas
  1997 Ed. (2588)
  1999 Ed. (3132)
Sui Northern Gas Co
  2000 Ed. (2878)
Sui Northern Gas Pipelines Limited
  2000 Ed. (2879)
Sui Northern Gas Pipelines Ltd.
  2002 Ed. (3044, 3045, 4453)
  2006 Ed. (4527)
Sui Southern Gas
  1997 Ed. (2588, 2589)
  1999 Ed. (3132, 3133)
  2002 Ed. (4453)
Sui Southern Gas Company Limited
  2000 Ed. (2879)
Suicide
  2000 Ed. (1642, 1644, 1645)
Suicides
  1990 Ed. (1470, 1474)
  1992 Ed. (1765, 1766)
Suisan Group Inc.
  2006 Ed. (1746)
  2007 Ed. (1755)
  2008 Ed. (1783)
  2009 Ed. (1724)
  2010 Ed. (1672)
  2011 Ed. (1681)
  2012 Ed. (1532)
  2013 Ed. (1678)
  2014 Ed. (1630)
  2015 Ed. (1679)
  2016 Ed. (1624)
Suissa Miller
  2002 Ed. (137)
  2004 Ed. (106)
Suissa Miller Advertising Inc.
  2000 Ed. (125)
Suit
  1989 Ed. (1921)
Suite Francaise
  2009 Ed. (644)
Suite Properties Inc.
  2006 Ed. (3525)
Suitflow Ltd.
  1995 Ed. (1010)
Suits
  1990 Ed. (2506)
  2005 Ed. (1004, 1006, 1009)
Suitt Construction Company
  1990 Ed. (1044)
Suitt Construction Co. Inc.
  1991 Ed. (971)
  1992 Ed. (1205)
  1999 Ed. (1332)
Suiza Foods Corp.
  1999 Ed. (3602)
  2000 Ed. (1635, 1641)
  2001 Ed. (1973, 2476)
  2002 Ed. (1910, 2290, 2292, 2300)
  2003 Ed. (1883, 1960, 1961, 3412)
  2004 Ed. (1457)
Suiza Reinsurance
  1994 Ed. (2238)
Suize Brosr
  1991 Ed. (1352)
Suja
  2015 Ed. (2914)
Suja Essential
  2016 Ed. (621, 2783)
Suja Juice
  2016 Ed. (2836)
Sukanto Tanoto
  2009 Ed. (4865)
  2010 Ed. (4866, 4867)
  2011 Ed. (4854, 4855)
  2012 Ed. (4862)
  2013 Ed. (4877, 4878)
  2014 Ed. (4891, 4892)
  2015 Ed. (4930, 4931)
  2016 Ed. (4846, 4847)
Sukarnoputri; Megawati
  2006 Ed. (4986)
Sukhinichskii Kombikormovyi Zavod
  2016 Ed. (1987)
Sukhpal Ahluwalia
  2012 Ed. (2450)
Sukiya
  2015 Ed. (4303, 4304, 4305, 4306)

2016 Ed. (4163, 4168)
Sukosol; Kamala
  2010 Ed. (3966)
Sukot Construction Inc.
  2011 Ed. (1515)
Sukumvit Vechakit Co. Ltd.
  1993 Ed. (1275)
Sukut Construction Inc.
  2016 Ed. (1407)
Sul America
  2008 Ed. (3257)
  2010 Ed. (3247)
  2012 Ed. (3172)
Sul America Proventum FIF
  2003 Ed. (3616)
Sula
  2004 Ed. (745)
Sulaiman Al Muhaidib
  2013 Ed. (4298)
Sulaiman Al Rajhi
  2008 Ed. (4891)
  2009 Ed. (4911)
  2010 Ed. (4912, 4913)
  2011 Ed. (4898, 4900)
  2012 Ed. (4908, 4909)
  2013 Ed. (4904, 4918)
  2014 Ed. (4915)
  2015 Ed. (4955)
  2016 Ed. (4871)
Sulaiman Algosaibi
  2009 Ed. (4911)
  2010 Ed. (4912)
Sulaiman Bin Abdul Al Rajhi
  2005 Ed. (4886)
  2006 Ed. (4928)
  2007 Ed. (4921)
  2008 Ed. (4892)
Sulaiman; Lama
  2013 Ed. (3472)
Sulam; Marc
  1991 Ed. (1688)
  1993 Ed. (1820)
  1994 Ed. (1803)
  1995 Ed. (1841)
  1996 Ed. (1819)
  1997 Ed. (1867, 1893)
Sulayem; Sultan Ahmed Bin
  2013 Ed. (3490, 4719)
Sulcus Computer Corp.
  1994 Ed. (214)
Sulcus Cptr
  1996 Ed. (207)
Suleiman Kerimov
  2008 Ed. (4865, 4894)
  2009 Ed. (4914)
Sulfuric acid
  1990 Ed. (944)
  1991 Ed. (906)
  1992 Ed. (1104)
  1993 Ed. (899, 904)
  1994 Ed. (913)
  1995 Ed. (955)
  1996 Ed. (924, 953)
  1997 Ed. (956)
Suliman Olayan
  2003 Ed. (4895)
  2004 Ed. (4883)
Sulisto/BBDO
  1989 Ed. (117)
Sulliden Exploration Inc.
  2005 Ed. (1728)
Sullivan
  1995 Ed. (2429)
Sullivan Associates
  1992 Ed. (360)
  2006 Ed. (4356)
Sullivan; Barry F.
  1990 Ed. (458, 459, 973)
  1991 Ed. (402, 926, 1628)
Sullivan; Best of Ed
  2016 Ed. (2287)
Sullivan Broadcast Holdings
  2001 Ed. (1546)
Sullivan & Co.
  2000 Ed. (1867)
Sullivan & Cromwell
  1991 Ed. (2278, 2290)
  1992 Ed. (2827, 2844)
  1993 Ed. (2388, 2389, 2402)
  1994 Ed. (2355)
  1995 Ed. (2414, 2420)
  1997 Ed. (2600)
  1998 Ed. (2325, 2326, 2332)
  1999 Ed. (1431, 3142, 3143, 3144,
    3145, 3146, 3156, 4257)
  2000 Ed. (2892, 2893, 2901)
  2001 Ed. (561, 564, 565, 567, 1539,
    3051, 3058, 3086)
  2002 Ed. (1356, 1357, 1359, 1361,
    1373, 1374)

2003 Ed. (1393, 1394, 1400, 1401,
  1407, 1408, 1412, 1413, 1415,
  3176, 3177, 3178, 3186, 3188,
  3189, 3191)
2004 Ed. (1408, 1409, 1416, 1417,
  1437, 1438, 1440, 1446, 3225,
  3236, 3239)
2005 Ed. (1427, 1428, 1437, 1438,
  1439, 1440, 1444, 1450, 1454,
  1455, 1457, 3255)
2006 Ed. (1412, 1413, 3245)
Sullivan & Cromwell LLP
  2007 Ed. (3302, 3303, 3304, 3305,
    3306, 3321)
  2008 Ed. (1394, 1395, 3414, 3416,
    3425, 3426, 3427)
  2009 Ed. (3485, 3494)
  2010 Ed. (3417, 3426)
  2011 Ed. (3400, 3408, 3411)
  2012 Ed. (1228, 3372, 3387, 3411,
    3416, 3417, 3425, 3428)
  2013 Ed. (3442, 3451, 3453)
  2014 Ed. (34, 3442, 3452, 3454)
  2015 Ed. (37, 1350, 3473)
  2016 Ed. (36, 1281, 1282)
Sullivan; Dan
  1997 Ed. (2705)
Sullivan; David
  2005 Ed. (4892, 4896)
  2007 Ed. (4928, 4935)
  2008 Ed. (4904)
  2009 Ed. (4922)
Sullivan Dental Products
  1992 Ed. (3993)
Sullivan; G. C.
  2005 Ed. (2500)
Sullivan Graphics
  1991 Ed. (2766, 2767)
  1992 Ed. (3536, 3537)
  1993 Ed. (2919)
Sullivan Group
  2011 Ed. (3177)
  2012 Ed. (3134)
The Sullivan Group
  2015 Ed. (3385)
  2016 Ed. (3257)
Sullivan Higdon & Sink
  2003 Ed. (167)
  2012 Ed. (121, 122)
Sullivan International Group Inc.
  2006 Ed. (2501, 3972)
  2008 Ed. (3689)
Sullivan; John L.
  2006 Ed. (333)
Sullivan; Joseph A.
  2016 Ed. (2558)
Sullivan; Martin
  2010 Ed. (2561)
Sullivan; Mary
  2011 Ed. (4336)
Sullivan Payne Co.
  1990 Ed. (2262)
  1991 Ed. (2830)
  1992 Ed. (3659)
  1993 Ed. (2993)
  1994 Ed. (3041)
Sullivan Services Inc.
  1998 Ed. (3505)
Sullivan; Thomas C.
  2006 Ed. (2521)
Sullivan; Timothy W.
  2011 Ed. (826)
Sullivan; William P.
  2011 Ed. (844)
Sullivan & Worcester
  1990 Ed. (2415)
  1991 Ed. (2281)
SullivanCurtisMonroe Insurance Brokers
  2004 Ed. (3067)
  2005 Ed. (3077)
SullivanHayes Brokerage Corp.
  2002 Ed. (3909)
Sullivan/Luallin
  2010 Ed. (2896)
Sullivans Cleaning & Restoration Tech
    Inc.
  2006 Ed. (670, 671)
Sulloway & Hollis
  1999 Ed. (3154)
Sully County, SD
  1997 Ed. (1540)
  1999 Ed. (2831)
Sulpasteis-Comercio e Industria Produtos Alimentares Congelados, LDA
  2007 Ed. (1962)
  2008 Ed. (2055)
Sulphur Springs State Bank
  1989 Ed. (218)
Sultan Ahmed Bin Sulayem
  2013 Ed. (3490, 4719)

Sultan Bin Hamdoon Al Harthy
  2013 Ed. (3482)
Sultan bin Nasser Al Suwaidi
  2013 Ed. (3490)
Sultan Haji Hassanal Bolkiah
  2004 Ed. (4878)
  2005 Ed. (4880)
Sultan Haji Hassanal Bolkiah
    Mu'Izzaddin Waddaulah
  1993 Ed. (699)
Sultan Haji Hassanal Bolkiah
    Mu'Izzaddin Waddulah
  1994 Ed. (708)
Sultan Haji Hassanal Bolkiah Mu'Izzadin
    Waddaulah
  1992 Ed. (890)
Sultan Hassanal Bolkiah
  1989 Ed. (732)
  1990 Ed. (731, 3688)
  1991 Ed. (710, 3477)
Sultan; Osman
  2013 Ed. (4614)
Sultran Ltd.
  2011 Ed. (789)
Sulzer
  1997 Ed. (1745)
Sulzer Brothers
  1992 Ed. (1694)
  1993 Ed. (1406)
  1997 Ed. (1516)
Sulzer Group
  1989 Ed. (1656)
  2014 Ed. (2287)
Sulzer Medica
  2003 Ed. (4608)
Sulzer Medica Co. Ad
  1999 Ed. (2727)
Sulzer Medizinaltechnik AG
  1996 Ed. (2264)
Sulzer Rueti AG
  1996 Ed. (2558)
Sulzer-Rueti Textilmaschinen AG
  1994 Ed. (2422)
Sulzer Textil
  2000 Ed. (3001, 3002, 3031)
Sulzer Weise GmbH
  1996 Ed. (1332)
Sum Cheong International
  1996 Ed. (2139)
Suma Yonkers
  2000 Ed. (1625)
Suma Yonkers Credit Union
  2002 Ed. (1836)
  2003 Ed. (1896)
  2004 Ed. (1936)
  2005 Ed. (2063, 2076)
  2006 Ed. (2156, 2170)
  2008 Ed. (2208)
  2009 Ed. (2177, 3529)
  2010 Ed. (2124, 2143)
  2011 Ed. (2168)
  2014 Ed. (2192)
  2015 Ed. (2208)
  2016 Ed. (2179)
Sumber Alfaria Trijaya
  2012 Ed. (4347)
  2013 Ed. (4284)
Sumco
  2007 Ed. (2828)
Sumiferon
  1996 Ed. (1581)
Sumikin Bussan
  1996 Ed. (3412)
Sumimoto Bank Ltd.
  1999 Ed. (466)
Sumitoma Bank
  1991 Ed. (561)
  2000 Ed. (533)
Sumitomo
  2013 Ed. (255, 266)
  2014 Ed. (255, 268)
  2015 Ed. (297, 308)
  2016 Ed. (296, 306, 741)
Sumitomo Bakelite Co., Ltd.
  2002 Ed. (1003)
  2006 Ed. (858)
Sumitomo Bank California
  1989 Ed. (712)
  1990 Ed. (716)
Sumitomo Bank Ltd.
  1989 Ed. (561)
  1990 Ed. (297, 501, 502, 547, 594,
    595, 597, 603, 604, 605, 609, 617,
    1385, 1390, 1392, 1788, 1789,
    2436, 2437, 2438, 2773, 3223)
  1991 Ed. (221, 382, 448, 450, 508,
    509, 512, 514, 519, 548, 549, 551,
    553, 557, 558, 559, 562, 563, 575,
    576, 577, 1305, 1309, 1318, 1594,
    1720, 2300, 2301, 2304, 2305,

2678, 3073, 3235, 3278, 3400)
1992 Ed. (563, 603, 604, 628, 665,
666, 667, 672, 709, 710, 716, 717,
719, 721, 726, 728, 743, 744, 803,
1638, 1650, 1660, 3340, 3656,
4151, 4310)
1993 Ed. (377, 403, 424, 445, 476,
477, 484, 517, 518, 521, 527, 529,
532, 542, 543, 544, 1358, 1859,
2415, 2418, 2419, 2421, 2965,
3587)
1994 Ed. (479, 480, 483, 484, 518,
525, 526, 530, 531, 544, 545, 1365,
1409, 1411, 3013, 3255, 3550)
1995 Ed. (421, 462, 468, 469, 505,
506, 509, 510, 519, 520, 1434,
1444, 2433, 2434, 2437, 2438,
2439, 2442, 2838)
1996 Ed. (501, 502, 503, 504, 505,
506, 511, 557, 558, 561, 562, 573,
574, 1339, 1398, 1407, 1408, 2474,
2476, 2477, 2479, 2480, 2481,
2484, 2909, 3406, 3408, 3409,
3597, 3693, 3706, 3707)
1997 Ed. (514, 519, 1447, 1464,
2621, 2622, 2625, 3001, 3761)
1998 Ed. (292, 341, 351, 354, 355,
356, 357, 381, 382, 383, 1163,
2348, 2352, 3008)
1999 Ed. (516, 518, 520, 522, 523,
524, 550, 552, 553, 555, 563, 564,
565, 1667, 1691, 4614)
2000 Ed. (462, 528, 532, 534, 560,
562, 565, 574, 575, 576, 1474,
1493, 1497, 4262)
2001 Ed. (603, 630, 1768)
2002 Ed. (581, 595, 597, 3193)
2003 Ed. (553, 1437)
Sumitomo Bank of California
1989 Ed. (500)
1990 Ed. (513)
1991 Ed. (472)
1994 Ed. (393, 445, 3009)
1995 Ed. (388, 437, 471, 3066, 3067)
1996 Ed. (411, 464, 3163, 3164)
1999 Ed. (395)
Sumitomo Bank of California (San Francisco)
1991 Ed. (471)
Sumitomo Canada
1990 Ed. (1337)
1991 Ed. (748)
1994 Ed. (3659)
Sumitomo Chemical
2013 Ed. (944)
2014 Ed. (897)
2015 Ed. (925)
2016 Ed. (828, 837)
Sumitomo Chemical Co., Ltd.
1989 Ed. (894)
1990 Ed. (955)
1991 Ed. (909)
1992 Ed. (1113)
1993 Ed. (908, 914, 915)
1994 Ed. (923, 931)
1995 Ed. (959)
1996 Ed. (940, 1406)
1998 Ed. (1346)
1999 Ed. (1090)
2002 Ed. (246, 998, 1000, 1001,
1002, 1017)
2003 Ed. (945)
2004 Ed. (958)
2005 Ed. (951, 955)
2006 Ed. (852)
2007 Ed. (934, 935, 941, 942, 947,
949, 951, 953)
2008 Ed. (913, 914, 925, 926, 1842,
1843)
2009 Ed. (922, 1784, 1785, 1786,
1791)
2010 Ed. (864)
2011 Ed. (787, 797, 814)
2012 Ed. (740, 771, 787)
2013 Ed. (943, 945)
2014 Ed. (896, 898)
2015 Ed. (924)
2016 Ed. (827, 829)
Sumitomo Corp.
1989 Ed. (530, 2908)
1990 Ed. (1330, 1364, 1391, 1533,
3636)
1991 Ed. (1280, 1306, 1314, 1718,
3392)
1992 Ed. (2015, 2154)
1993 Ed. (921, 1277, 1311, 1346,
1356, 3047, 3261, 3263, 3269,
3578)
1994 Ed. (1363, 1400)
1995 Ed. (1349, 1429, 1430, 1441,
3152)

1996 Ed. (1394, 3730, 3829)
1997 Ed. (1356, 1450, 1461, 3352,
3878)
1998 Ed. (1157, 1165, 1557, 3572,
3610)
1999 Ed. (207, 280, 1581, 1619,
1659, 1662, 1674, 1689, 1692,
4107, 4301, 4602, 4645, 4760)
2000 Ed. (230, 1424, 1481, 1494,
1498, 2713, 3821, 4285, 4286)
2001 Ed. (1624, 1704, 1705, 1767,
2173, 3838)
2002 Ed. (1579, 1702, 1703, 4664)
2003 Ed. (4780)
2004 Ed. (1629, 4761)
2006 Ed. (4742)
2007 Ed. (4368, 4802, 4803)
2008 Ed. (4727)
2009 Ed. (4427, 4719, 4764)
2010 Ed. (4471, 4778)
2011 Ed. (1776, 4729)
2012 Ed. (4746, 4747)
2013 Ed. (812, 4703, 4705)
2014 Ed. (4025, 4061, 4470, 4755,
4757)
2015 Ed. (4776, 4778)
2016 Ed. (4680, 4682)
Sumitomo Corp. (UK) Ltd.
1991 Ed. (3479)
Sumitomo Corp. (UK) Pic
1995 Ed. (3650)
Sumitomo Corp. (UK) PLC
1994 Ed. (3565)
1997 Ed. (1419, 3783)
Sumitomo Denko
2015 Ed. (4063)
Sumitomo Electric
1989 Ed. (1655)
Sumitomo Electric Industries Ltd.
1989 Ed. (1289)
1990 Ed. (2176)
1991 Ed. (2423)
1992 Ed. (3032)
1993 Ed. (2539)
1994 Ed. (1585, 2484, 2486)
1995 Ed. (1626, 2550, 2552)
1996 Ed. (1764, 2613)
1997 Ed. (2755)
1999 Ed. (3350, 3358)
2000 Ed. (3087, 3093)
2002 Ed. (3309, 3318)
2007 Ed. (2349)
2010 Ed. (3643)
2011 Ed. (3648)
2012 Ed. (254, 257, 3649)
2013 Ed. (254, 263, 839, 3711)
2014 Ed. (254, 265, 3644, 4025)
2015 Ed. (296, 305, 3654)
2016 Ed. (295, 303, 3542)
Sumitomo Electric Industry
2016 Ed. (277)
Sumitomo Electric Wiring Systems
2014 Ed. (840)
Sumitomo Forest
2007 Ed. (2991)
2016 Ed. (3037)
Sumitomo Forestry Co., Ltd.
1992 Ed. (256)
1993 Ed. (162)
1994 Ed. (146)
1995 Ed. (164)
1997 Ed. (182)
1999 Ed. (200)
2000 Ed. (223)
2010 Ed. (4999)
2011 Ed. (4997)
2012 Ed. (4995)
2013 Ed. (4994)
2014 Ed. (4999)
2015 Ed. (5045)
2016 Ed. (4999)
Sumitomo Heavy Industries
1997 Ed. (1581)
2007 Ed. (2401)
2013 Ed. (3148)
Sumitomo Insurance Co.
1992 Ed. (2712)
Sumitomo Lie Insurance Co.
1990 Ed. (2278)
Sumitomo Life
1989 Ed. (1698)
1993 Ed. (2230, 2256, 2346)
1995 Ed. (1387, 2312)
Sumitomo Life Insurance
1989 Ed. (1746)
1991 Ed. (957, 2147)
1992 Ed. (1190, 2710)
1994 Ed. (990, 1364, 2236, 2265)
1996 Ed. (996, 1337, 2287, 2327)
1997 Ed. (2396, 2423, 2424)

1998 Ed. (2134, 2135)
1999 Ed. (2889, 2922, 2961)
2009 Ed. (3342)
2010 Ed. (3281)
Sumitomo Life Insurance Group
2001 Ed. (2885, 2925)
2002 Ed. (2823, 2940, 2942)
2003 Ed. (3000)
2004 Ed. (3115, 3117, 3211)
2005 Ed. (3121, 3227)
2006 Ed. (1772, 3127)
2007 Ed. (1801, 3160)
2008 Ed. (3309)
2009 Ed. (3372, 3375)
2010 Ed. (3309)
2011 Ed. (3272, 3276)
Sumitomo Marine
1990 Ed. (2259)
Sumitomo Marine & Fire
1996 Ed. (2292)
Sumitomo Marine & Fire Insurance Co.
Ltd.
1990 Ed. (2274)
1991 Ed. (2143)
1992 Ed. (2706)
1993 Ed. (2252)
1994 Ed. (2232)
1995 Ed. (2279)
1997 Ed. (2418)
1998 Ed. (2128)
1999 Ed. (2915)
Sumitomo Metal
1990 Ed. (2589)
Sumitomo Metal Ind.
1989 Ed. (2639)
Sumitomo Metal Industries
1990 Ed. (2545)
1991 Ed. (2423, 3401)
1992 Ed. (1681, 3032, 4309)
1993 Ed. (2539)
1994 Ed. (2476, 2478, 2486)
1995 Ed. (2544, 2546, 2552)
1996 Ed. (2607)
1997 Ed. (2751, 2757)
1998 Ed. (2467)
1999 Ed. (3346, 3351, 3358)
2000 Ed. (3083, 3093)
2001 Ed. (1505, 3076, 4944)
2002 Ed. (3311, 4432, 4433, 4434)
2003 Ed. (3377)
2004 Ed. (3442)
2005 Ed. (3456)
2006 Ed. (3464, 3465)
2007 Ed. (1581, 1582, 3490)
2009 Ed. (3730)
2012 Ed. (3353, 3650, 4542)
2013 Ed. (3423, 4496)
Sumitomo Metal Min.
1989 Ed. (2070)
Sumitomo Metal Mining
1990 Ed. (2545, 2717)
1995 Ed. (2552)
1996 Ed. (3707)
1997 Ed. (2757)
1999 Ed. (3358)
2004 Ed. (3693)
2007 Ed. (3490)
2012 Ed. (3653, 3682)
2016 Ed. (3534)
Sumitomo Metal Mining Co., Ltd.
2013 Ed. (3691)
2014 Ed. (3625)
2015 Ed. (3638)
2016 Ed. (3523)
Sumitomo Mitsui Banking Corp.
2004 Ed. (550, 552, 554, 567, 1740)
2005 Ed. (3938, 3941, 4582)
2007 Ed. (4659)
Sumitomo Mitsui Construction Co., Ltd.
2006 Ed. (1315, 2470)
2007 Ed. (2435)
2008 Ed. (2562)
2009 Ed. (2570)
2010 Ed. (1279, 2486)
2011 Ed. (2494)
2013 Ed. (2582)
Sumitomo Mitsui Financial
2016 Ed. (408, 414, 513)
Sumitomo Mitsui Financial Group
2014 Ed. (2888)
Sumitomo Mitsui Financial Group Inc.
2005 Ed. (533, 534, 535, 537, 553,
1811, 2588)
2006 Ed. (463, 465, 475, 1448, 1797,
1825, 1826, 1829)
2007 Ed. (474, 489, 490, 1786, 1837)
2008 Ed. (443, 454, 1818, 1867,
4537)
2009 Ed. (483, 1821)
2010 Ed. (465, 1762, 1765)

2011 Ed. (392, 1779)
2012 Ed. (320, 378, 380, 1629, 1633,
4570)
2013 Ed. (387, 388, 391, 1787, 1790)
2014 Ed. (398, 399, 404, 1717, 1720)
2015 Ed. (454, 455, 1760, 1762)
2016 Ed. (407, 1711, 1712)
Sumitomo Mitsui Trust
2012 Ed. (378)
2013 Ed. (388)
2014 Ed. (399)
2015 Ed. (455)
2016 Ed. (408, 414)
Sumitomo Mitsui Trust Bank
2016 Ed. (407)
Sumitomo Mutual Life
1994 Ed. (2327)
1995 Ed. (2391)
1996 Ed. (2423)
Sumitomo Precision Products
2003 Ed. (205)
Sumitomo Real Estate & Development
2007 Ed. (4091)
Sumitomo Reality & Development
2016 Ed. (4101)
Sumitomo Realty & Development Co.,
Ltd.
2001 Ed. (1622)
2012 Ed. (4199, 4203)
2013 Ed. (4181, 4193)
2014 Ed. (4198, 4211)
2015 Ed. (4178, 4192)
2016 Ed. (4095)
Sumitomo Rubber
1989 Ed. (2836)
2005 Ed. (3694)
Sumitomo Rubber Industries Ltd.
2001 Ed. (4540)
2002 Ed. (3720)
2006 Ed. (4749)
2007 Ed. (4756)
2008 Ed. (4678)
2009 Ed. (4721)
2010 Ed. (4384)
2011 Ed. (4329)
2012 Ed. (257, 4385, 4712, 4713)
2013 Ed. (254, 4354, 4665, 4675)
2014 Ed. (254, 4403, 4717, 4723)
2015 Ed. (296, 4391, 4729, 4741)
2016 Ed. (295, 4289, 4631, 4642,
4643)
Sumitomo Tire
2015 Ed. (4742)
2016 Ed. (4644)
Sumitomo Trust
2000 Ed. (4128)
2011 Ed. (382)
Sumitomo Trust & Banking Co.
1989 Ed. (479, 578, 592)
1990 Ed. (602)
1991 Ed. (520, 2304, 2305, 2308)
1993 Ed. (483, 485, 2414, 2418,
2422, 2969)
1994 Ed. (485)
1995 Ed. (2436)
1996 Ed. (2423)
1997 Ed. (2396)
1998 Ed. (2354)
2000 Ed. (2927)
2002 Ed. (594)
2004 Ed. (567)
2005 Ed. (553)
2006 Ed. (475)
2007 Ed. (489, 490)
2008 Ed. (454)
2009 Ed. (483)
2010 Ed. (465)
2011 Ed. (392, 1372)
2013 Ed. (387, 391)
2014 Ed. (398, 404)
2015 Ed. (454)
Sumitomo Trust & Banking Co. USA
1990 Ed. (654)
1991 Ed. (630)
Sumitomo Trust & Banking Group
2001 Ed. (2885)
2002 Ed. (2823)
2004 Ed. (3211)
2005 Ed. (3227)
Sumitomo Warehouse
2007 Ed. (4835)
Sumitomo/Dunlop
1990 Ed. (3597)
1995 Ed. (3615)
Sumltomo Bank of California
1997 Ed. (427)
Summa Bansander
2002 Ed. (3631)
2003 Ed. (3765)
2007 Ed. (3797)

Summa Health System
1995 Ed. (2631)
2006 Ed. (2918)
2008 Ed. (3059)
Summa Promet Energy
1992 Ed. (2443)
Summa Technologies Inc.
2008 Ed. (2037)
SummaCare
1999 Ed. (2646, 2647)
2008 Ed. (3647)
Summarecon Agung
2015 Ed. (1719)
2016 Ed. (1669)
Summarecon Agung Terbuka
2008 Ed. (1809)
Summer
2016 Ed. (3087)
Summer Dallas Markets
2004 Ed. (4755)
Summer Infant
2012 Ed. (2760, 2761, 2762)
2013 Ed. (2843, 2845)
2016 Ed. (3095)
Summer Isles Hotel
2014 Ed. (2045)
Summer Sister
2001 Ed. (986)
Summer Sisters
2000 Ed. (707)
Summer Street Research Partners
2007 Ed. (3271)
Summer XS
1993 Ed. (1080)
Summerfield Suites
2000 Ed. (2554)
Summerfield Suites Hotels
1992 Ed. (2496)
1997 Ed. (2293)
1998 Ed. (2017)
1999 Ed. (2777)
Summerhays Music
2006 Ed. (3542)
SummerHill Homes
2002 Ed. (2664)
2011 Ed. (1113)
Summerhouse Communications
1996 Ed. (2232)
Summerland & District Credit Union
2009 Ed. (1517)
2010 Ed. (1513)
2011 Ed. (1504)
2012 Ed. (1352, 1353)
2013 Ed. (1488, 2686)
2014 Ed. (1456)
Summerlin
1996 Ed. (3050)
Summers; Bob
2011 Ed. (3350)
Summer's Eve
2002 Ed. (2255)
2003 Ed. (2461)
Summers; Lawrence
2010 Ed. (702)
Summerset Professional Grills
2015 Ed. (1208)
Summerton; Rhys D.
2011 Ed. (3376)
Summerville Senior Living
2003 Ed. (291)
Summerwind Solar
2016 Ed. (4410, 4417)
Summey Building Systems
1990 Ed. (1174)
Summit
1991 Ed. (1724)
1992 Ed. (2156)
1993 Ed. (6)
1997 Ed. (806)
2001 Ed. (4424)
2002 Ed. (3396)
2009 Ed. (143)
Summit 7 Systems
2014 Ed. (4821)
Summit Associates Inc.
1997 Ed. (3261)
Summit Bancorp
1990 Ed. (637)
1997 Ed. (344)
1999 Ed. (427, 436, 439, 622, 4030)
2000 Ed. (428, 619, 647, 3744, 3745, 3746)
2001 Ed. (621, 622)
2002 Ed. (437)
Summit Bancshares Inc.
1999 Ed. (444)
2004 Ed. (644, 645)
2005 Ed. (633, 634)
Summit Bank
1992 Ed. (706)

1993 Ed. (515)
1994 Ed. (515)
1996 Ed. (637, 638)
1997 Ed. (577)
1998 Ed. (416, 424, 425)
1999 Ed. (609, 3432)
2000 Ed. (632)
2002 Ed. (626)
2005 Ed. (1065)
Summit Bank (Fort Wayne)
1991 Ed. (546)
Summit Bank, NJ
1995 Ed. (568)
Summit Brands
2016 Ed. (3361)
Summit Brewing Co.
1996 Ed. (2630)
Summit Builders
2006 Ed. (1174)
2007 Ed. (1280)
Summit Care Corp.
1999 Ed. (2643)
Summit, CO
1994 Ed. (339)
Summit Communications
1997 Ed. (871)
Summit Construction
2002 Ed. (2694)
Summit Container Corp.
2014 Ed. (3690)
2015 Ed. (3706)
Summit Contractors
2000 Ed. (1215)
2002 Ed. (1262)
2003 Ed. (1308)
2006 Ed. (1198)
Summit Credit Union
2004 Ed. (1996)
2005 Ed. (2138)
2006 Ed. (2154, 2233)
2007 Ed. (2154)
2008 Ed. (2269)
2009 Ed. (2256, 3528)
2010 Ed. (2209)
2011 Ed. (2227)
2012 Ed. (2089)
2013 Ed. (2275, 4706)
2014 Ed. (2209, 4759)
2015 Ed. (2273)
2016 Ed. (2244)
Summit Custom Homes
2016 Ed. (1716)
Summit Electric Supply Co.
2010 Ed. (1871)
2011 Ed. (1903)
2013 Ed. (1930)
2015 Ed. (1905)
2016 Ed. (1868)
Summit Energy
2006 Ed. (2433)
2007 Ed. (2379)
2008 Ed. (2495)
Summit Engineering
2014 Ed. (1417)
Summit Entertainment
2012 Ed. (3718)
2013 Ed. (3768)
2014 Ed. (3697)
Summit Financial Group Inc.
2002 Ed. (3548)
2004 Ed. (400, 402, 407)
Summit Grad Construction
1991 Ed. (1067)
Summit Group
2004 Ed. (1651)
The Summit Group Communications
2006 Ed. (128)
The Summit Group PLC
1994 Ed. (992, 1003)
1995 Ed. (1005, 1011, 1013, 1016)
2001 Ed. (4425)
Summit Health
1990 Ed. (2630, 2633, 2725)
1992 Ed. (3279)
1995 Ed. (2802)
Summit Health Inc.
2016 Ed. (1791)
Summit Healthcare Facilities
1999 Ed. (286)
2000 Ed. (312)
2001 Ed. (404)
2002 Ed. (1173)
Summit High Yield
1998 Ed. (2599)
1999 Ed. (754, 3538)
Summit High-Yield Return
1999 Ed. (3535)
Summit Homes
2000 Ed. (1221)
2002 Ed. (1198)

2003 Ed. (1180)
2004 Ed. (1186)
2005 Ed. (1186, 1188, 1212)
The Summit Hotel
1990 Ed. (2065)
Summit Hotel Management
1990 Ed. (2060)
1993 Ed. (2077)
Summit Hotel Properties Inc.
2012 Ed. (4429)
2013 Ed. (2052)
Summit Insured Equity
1998 Ed. (3765)
Summit Landscape Group LLC
2016 Ed. (138)
Summit Learning Services
2014 Ed. (2336)
Summit Marketing
2010 Ed. (3581)
2011 Ed. (3583)
Summit Mortgage
2007 Ed. (4081)
2008 Ed. (4113)
Summit, NJ
2000 Ed. (4369)
Summit Partners
1990 Ed. (3667)
1991 Ed. (3442)
1993 Ed. (3662)
1997 Ed. (3833)
1998 Ed. (3663, 3664, 3665)
Summit Place Mall
2000 Ed. (4028)
2001 Ed. (4252)
2002 Ed. (4280)
Summit Power
2011 Ed. (3490)
Summit Properties
1992 Ed. (1360, 1361, 1364, 1367)
1993 Ed. (1090)
1996 Ed. (1100)
1997 Ed. (1122)
1998 Ed. (874)
Summit REIT
2007 Ed. (4088)
2008 Ed. (4116)
Summit Rock Advisors
2015 Ed. (3423, 3424)
Summit Security Services Inc.
2008 Ed. (4418)
Summit Services Group
2005 Ed. (2887, 2888, 2958, 3253, 3665)
2006 Ed. (2778, 2783, 3240)
Summit Services Inc.
2001 Ed. (1821)
Summit State Bank
2012 Ed. (1366, 1375)
2013 Ed. (1452, 1467)
2014 Ed. (1413)
2015 Ed. (1473)
Summit Tech Consulting
2011 Ed. (2866)
Summit Timber
1998 Ed. (2424)
The Summit Tower
2007 Ed. (3381)
Summit Trust Co., N.J.
1989 Ed. (2147, 2155)
Summit Tx. Ex
1990 Ed. (2967)
SummitQwest
2011 Ed. (1131)
Summitt Forests Inc.
2004 Ed. (2679)
The Summons
2004 Ed. (739, 741, 743)
2005 Ed. (727)
Sumner Group Inc.
2008 Ed. (4430)
Sumner Murray Redstone
1991 Ed. (2461)
Sumner Redstone
2002 Ed. (3352)
2003 Ed. (4882)
2004 Ed. (4865)
2005 Ed. (970, 4851)
2006 Ed. (887, 4901)
2007 Ed. (977, 4896)
2008 Ed. (4825)
2009 Ed. (4848)
2010 Ed. (4855)
2011 Ed. (628)
2013 Ed. (4844)
2014 Ed. (4860)
2015 Ed. (4897)
2016 Ed. (4815)
Sumner Rider & Associates
1998 Ed. (1961)
SumoSalad

2009 Ed. (1499, 1500)
Sumsung Investment Trust Management Co.
2005 Ed. (3231)
Sumter Electric Cooperative Inc.
2002 Ed. (3881)
Sumter, SC
2002 Ed. (2118)
2011 Ed. (3480)
SumTotal Systems
2007 Ed. (1239)
The Sun
1989 Ed. (1142, 2210, 2211, 2212)
1990 Ed. (1860, 2837, 3136)
1991 Ed. (1183, 1192, 1204, 2697, 2731, 2738)
1992 Ed. (1495, 3363, 3438, 3457)
1993 Ed. (1208, 1215, 2851)
1994 Ed. (2208, 3676, 3677, 3678, 3679)
1995 Ed. (1473, 2251, 2570)
1996 Ed. (1435)
1997 Ed. (1318, 1497, 2133, 2709)
1998 Ed. (1069, 1122, 1186, 1253, 1823, 1824, 2845, 3770)
1999 Ed. (1723, 1824, 2584, 3470)
2000 Ed. (1653, 2320, 2638, 3378, 3997, 4441)
2001 Ed. (3544)
2002 Ed. (231, 3511, 3514)
2007 Ed. (700, 703, 724)
2008 Ed. (671, 675, 696)
2009 Ed. (678, 683, 704)
Sun Alliance
1990 Ed. (2277)
1992 Ed. (2708)
1993 Ed. (1324, 2255)
Sun Alliance and London Insurance
1990 Ed. (2242)
Sun Alliance & London Insurance PLC
1990 Ed. (2276, 2280)
1991 Ed. (2145)
Sun Alliance Portfolio
1997 Ed. (2914, 2916)
Sun Alliance Pygmalien Income
1997 Ed. (2917)
Sun America Securites
1997 Ed. (782)
Sun America Securities
1995 Ed. (800)
1996 Ed. (809, 3770)
Sun Art Retail Group
2014 Ed. (4512, 4520)
2015 Ed. (4324, 4519)
2016 Ed. (4513)
Sun Bae Kim
2000 Ed. (2061)
Sun Bancorp Inc.
1999 Ed. (540)
2002 Ed. (485)
2005 Ed. (357, 365)
Sun Bank
1989 Ed. (2141)
Sun Bank Capital Management
1993 Ed. (2298)
Sun Bank Capital Management Suntrust Corp. Equity
1994 Ed. (2310)
Sun Bank Investment Management Group
1989 Ed. (1800)
Sun Bank NA
1990 Ed. (423)
1991 Ed. (366)
1992 Ed. (511, 663)
1993 Ed. (475, 2871)
1994 Ed. (477)
1995 Ed. (467)
1996 Ed. (499)
Sun Bank NA (Orlando)
1991 Ed. (507)
Sun Bank/Miami NA
1993 Ed. (475)
1994 Ed. (477)
Sun Bank/South Florida NA
1995 Ed. (467)
1996 Ed. (499)
Sun Capital Bank
1996 Ed. (538)
Sun Capital Partners Inc.
2008 Ed. (2974)
2009 Ed. (3057, 4136, 4137)
2010 Ed. (2991, 4260, 4732)
2011 Ed. (2733, 2960, 2970)
2012 Ed. (2889, 4075)
2013 Ed. (1622, 2759, 2968)
2014 Ed. (1588, 2979)
2015 Ed. (1640, 3047)
2016 Ed. (1574, 2939)
Sun care products

2001 Ed. (1920)
Sun Carriers
1989 Ed. (2470)
Sun Chemical Corp.
1989 Ed. (1320, 1322)
1994 Ed. (2934)
1999 Ed. (3899)
2001 Ed. (2876, 2878)
2005 Ed. (946, 3041)
2006 Ed. (3044, 3045)
2007 Ed. (3077, 3078)
2008 Ed. (3218, 3219)
2009 Ed. (3277, 3278)
2010 Ed. (3202, 3203)
2011 Ed. (3166, 3167)
2012 Ed. (3122, 3123)
2013 Ed. (3207, 3208)
2014 Ed. (3219, 3220)
2015 Ed. (3282, 3283)
2016 Ed. (3122, 3123)
Sun Chips
1999 Ed. (4346)
Sun City West
1996 Ed. (3050)
Sun Coal
1992 Ed. (1233)
Sun Coast Resources
2015 Ed. (4096)
2016 Ed. (4009)
Sun Coast Resources Inc.
2006 Ed. (3541, 4380, 4987)
2007 Ed. (3526, 3603, 3604, 4984)
2008 Ed. (3690, 3734, 4984, 4986)
Sun Communities Inc.
1996 Ed. (2664)
1997 Ed. (2803)
1998 Ed. (2518)
1999 Ed. (3426)
2000 Ed. (3152)
2001 Ed. (4004)
2002 Ed. (1728)
2004 Ed. (4074)
2007 Ed. (2223)
2008 Ed. (2363)
Sun Company Inc.
1989 Ed. (2205)
1999 Ed. (3303)
Sun Co. Inc. Master Retirement Trust
1995 Ed. (2874)
1996 Ed. (2949)
Sun Computers Inc.
1992 Ed. (1336)
1993 Ed. (2583)
1994 Ed. (1098)
Sun Construction
2008 Ed. (3697)
Sun Country
1989 Ed. (2910, 2911)
1990 Ed. (3691)
1992 Ed. (4438, 4439, 4440, 4441)
1993 Ed. (3701)
1995 Ed. (3734)
2000 Ed. (4390)
2006 Ed. (227, 228)
2007 Ed. (233)
Sun Country Airlines
2013 Ed. (124)
2015 Ed. (147)
Sun Country Classic Cooler
1991 Ed. (3484, 3485, 3500, 3501,
3502)
Sun Country Homes
1998 Ed. (916)
2005 Ed. (1224)
Sun Country Industries Inc.
2006 Ed. (3529, 4368)
Sun Credit Union
2008 Ed. (2252)
2009 Ed. (2238)
2010 Ed. (2192)
Sun-Diamond Growers of California
1998 Ed. (1725)
Sun Dishwasher Products
1994 Ed. (983)
Sun Dishwater Detergent
1992 Ed. (1177)
Sun Distributors
1998 Ed. (2086)
Sun Distributors L. P.
1997 Ed. (2365)
Sun Distributors L.P.
1993 Ed. (2161)
1994 Ed. (2176)
1995 Ed. (2233)
Sun Dome
1989 Ed. (988)
Sun Drop
2013 Ed. (3831)
Sun-Drop
2003 Ed. (4471)

Sun-Drop/Diet Sun-Drop
1994 Ed. (3356)
Sun Eagle Corp.
1995 Ed. (1147)
2006 Ed. (3496, 4340)
2014 Ed. (2950)
2015 Ed. (3000)
Sun Earth Ceramics Ltd.
2002 Ed. (4425)
Sun East Federal Credit Union
1990 Ed. (1462)
1991 Ed. (1396)
1993 Ed. (1454)
1994 Ed. (1507)
1996 Ed. (1515)
Sun Electric
1989 Ed. (978)
1990 Ed. (1123, 1126)
1991 Ed. (1030)
Sun Energy Partners
1998 Ed. (3424)
SUN "F" REGATTA: CAP APPR
1994 Ed. (3617)
Sun Federal Credit Union
2011 Ed. (2210)
2012 Ed. (2071)
2013 Ed. (2253)
2014 Ed. (2185)
2015 Ed. (2249)
2016 Ed. (2220)
Sun Fon Construction
2015 Ed. (2057)
Sun Gard Investment Ventures Inc.
2011 Ed. (1604)
Sun Gro Horticulture I.F.
2007 Ed. (213)
Sun Gro Horticulture Income Fund
2008 Ed. (199)
2009 Ed. (222)
2010 Ed. (206)
2011 Ed. (1567)
Sun Group
1991 Ed. (2795)
Sun Guangxin
2003 Ed. (2411)
2004 Ed. (2535)
Sun Hawk Products
1992 Ed. (4369)
Sun Health Boswell Memorial Hospital
2006 Ed. (2899)
Sun Health Corp.
1997 Ed. (2260)
2002 Ed. (4062)
Sun Healthcare Group
2013 Ed. (2872, 3841)
2014 Ed. (2904, 3759)
Sun Healthcare Group Inc.
1998 Ed. (1905, 2691)
1999 Ed. (1552, 2640, 3636)
2000 Ed. (3361, 3624, 3747)
2001 Ed. (589, 1815, 2676)
2002 Ed. (2451)
2003 Ed. (1788, 2680, 2683, 3653)
2004 Ed. (1822, 2800, 3701)
2005 Ed. (1906, 3612)
2006 Ed. (1933)
2007 Ed. (3710)
2008 Ed. (3801)
2009 Ed. (3846)
2011 Ed. (2869, 3770)
2012 Ed. (1379, 1760, 2805, 3773)
2013 Ed. (1475)
Sun Holdings Inc.
2016 Ed. (2924, 3599)
Sun Holdings LLC
2009 Ed. (3046)
2010 Ed. (2970)
2011 Ed. (2933)
2012 Ed. (2866)
2014 Ed. (2955, 2958)
2015 Ed. (2796, 2989, 2991, 3021,
3025)
Sun Hua Enterprise Co. Ltd.
1992 Ed. (1705)
1994 Ed. (1463)
Sun Hung Kai International
1996 Ed. (3376)
1997 Ed. (766, 767, 769)
Sun Hung Kai Properties Ltd.
1989 Ed. (1125)
1990 Ed. (1377, 2045, 2048, 2958)
1991 Ed. (1300, 1302)
1992 Ed. (1632, 1634, 1635, 2438,
2439, 2442, 2444)
1993 Ed. (1329, 1330, 1644, 2058,
2060)
1994 Ed. (1385, 2077, 2078)
1995 Ed. (1351, 1412, 1413, 2128,
2130)
1996 Ed. (1371, 1373, 1374, 2136,

2137, 2141, 2143)
1997 Ed. (1423, 1424, 1426, 2247,
2248)
1999 Ed. (1324, 1580, 1647, 1648,
1649, 2715, 2716)
2000 Ed. (1204, 1445, 1449, 1450,
1451, 2493, 2494)
2001 Ed. (1614, 1615, 1723, 1724,
1725)
2002 Ed. (1580, 1665, 4421, 4422)
2003 Ed. (1690)
2006 Ed. (1641, 1752, 2896)
2007 Ed. (41, 1761)
2008 Ed. (45, 1788)
2009 Ed. (52, 1730, 4226)
2010 Ed. (62, 1678, 1679, 4163)
2011 Ed. (1692, 4161)
2012 Ed. (1544, 1545, 4197, 4199,
4202)
2013 Ed. (1692, 4179, 4193, 4196)
2014 Ed. (1642, 4196, 4211, 4213)
2015 Ed. (1684, 4176, 4192, 4195)
2016 Ed. (1636, 4093, 4110, 4114)
Sun Hung Kai Properties
1991 Ed. (1930, 1931)
Sun Hydraulics
2008 Ed. (4377)
2009 Ed. (4461)
2010 Ed. (4512)
2011 Ed. (4434, 4449)
2015 Ed. (1633, 3208)
2016 Ed. (1559, 3059)
Sun Hydraulics Corp.
2016 Ed. (3445)
Sun Ice
1992 Ed. (4279)
SUN Interbrew
2004 Ed. (1850)
2005 Ed. (746)
Sun International Hotels Ltd.
2003 Ed. (4572)
Sun King Brewing Co.
2015 Ed. (1712)
2016 Ed. (1660)
Sun Kyong Securities
1995 Ed. (3278)
Sun Kyung Limited
1989 Ed. (1133)
1990 Ed. (1393)
Sun Land Beef Co.
1993 Ed. (2520)
1994 Ed. (2457)
1995 Ed. (2525)
1996 Ed. (2589)
1997 Ed. (2733)
1998 Ed. (2453)
Sun Leisure
2002 Ed. (4752)
2004 Ed. (4841)
Sun Life
1992 Ed. (2679)
Sun life Assurance Co.
1993 Ed. (2208, 2209, 2213, 2215,
2216)
Sun Life Assurance Co. Canada
1992 Ed. (1186)
Sun Life Assurance Co. of Canada
1989 Ed. (923)
1990 Ed. (2241)
1991 Ed. (2094, 2101, 2103, 2104,
2105, 2110)
1992 Ed. (2659, 2660, 2661, 2669,
2672, 2673)
1993 Ed. (2220, 2221, 2222, 2226,
2228, 3278, 3655)
1994 Ed. (986, 2257, 2258, 2263)
1995 Ed. (2302, 2305, 2306, 2311)
1996 Ed. (2325, 2326, 3770)
1997 Ed. (1011, 2443, 2444, 2445,
2446, 2447, 2448, 2454, 2455)
1998 Ed. (2156, 2160, 2163, 2170)
1999 Ed. (2959)
2001 Ed. (1253, 2935)
2002 Ed. (2904)
2004 Ed. (3967)
2005 Ed. (3911)
2006 Ed. (3984)
2007 Ed. (4023)
2008 Ed. (2713)
2009 Ed. (2059)
2010 Ed. (1998, 3296, 4058)
2011 Ed. (2059, 4036)
2012 Ed. (1905, 4069)
2013 Ed. (1507, 3295, 3296, 3298)
Sun Life Assurance Company of CN
2000 Ed. (2686, 2687, 2692, 2693)
Sun Life Assurance of Canada
2013 Ed. (1512)
2014 Ed. (1481, 3323)
Sun Life Assurance of Canada USB

2002 Ed. (2934)
Sun Life Assurance Society
1990 Ed. (2242)
Sun Life Assurance Society PLC
1990 Ed. (2280)
Sun Life Canada
1994 Ed. (3268)
Sun Life Canada (U.S)
1995 Ed. (3349)
Sun Life CI Canadian Investment
2004 Ed. (3613, 3614)
Sun Life Discretionary Portfolio Account
1997 Ed. (2919)
Sun Life Financial
2013 Ed. (1505, 4516)
2014 Ed. (1460)
2015 Ed. (1516, 3373)
Sun Life Financial Group
2008 Ed. (3289)
2014 Ed. (3325)
Sun Life Financial Inc.
2002 Ed. (1607)
2005 Ed. (1712)
2006 Ed. (1598, 1614, 1619, 1620,
3899)
2007 Ed. (1617, 1626, 3158)
2008 Ed. (1615, 1623, 1626, 1627,
1646, 1647, 1649, 1653, 1745,
3308)
2009 Ed. (1549, 1566, 1572, 1578,
3313, 3320, 3370, 3371)
2010 Ed. (3256, 3257, 3285, 3286,
3308, 3312)
2011 Ed. (1544, 1554, 3220, 3221,
3270, 4560)
2012 Ed. (1389, 1390, 1391, 1398,
1402, 3189, 3222, 3223, 3238,
3243, 3244, 3247)
2013 Ed. (1493, 1511, 3029, 3279,
3286, 3297, 3317)
2014 Ed. (179, 3042, 3305, 3311,
3323, 3334, 4572)
2015 Ed. (1555, 3351, 3357, 3363)
2016 Ed. (3189, 3218, 3219)
Sun Life Financial Services
2005 Ed. (1486)
2007 Ed. (1630)
2008 Ed. (1635)
2009 Ed. (1570)
Sun Life Financial Services of Canada
Inc.
2003 Ed. (1639, 2482)
2004 Ed. (1662, 1666)
2005 Ed. (1719, 1720, 1723)
Sun Life Insurance (Canada) Ltd.
2013 Ed. (3298)
Sun Life of Canada Investment Management Ltd.
1989 Ed. (1786)
Sun Life of Canada (U.S.)
1989 Ed. (1683, 1686, 1687, 1688,
1701)
1990 Ed. (2236, 2238, 2239)
Sun Life & Provincial
2001 Ed. (1548)
Sun Life Securities
2002 Ed. (813, 814, 815, 816, 817,
818)
Sun-Life Stadium
2016 Ed. (4470)
Sun-Maid
1995 Ed. (3400, 3401)
Sun Media
2001 Ed. (1544)
2007 Ed. (4055)
2008 Ed. (4088)
2009 Ed. (4095, 4203)
2010 Ed. (4007, 4137)
Sun Microsystems Inc.
1989 Ed. (973, 974, 977, 1311, 1990,
2366, 2670)
1990 Ed. (1120, 1122, 1287, 1327,
1618, 1619, 2200, 2211, 2582,
2583, 2751, 2991, 3710, 3711)
1991 Ed. (358, 1022, 1211, 1520,
2463, 2464, 2651, 2655, 2660,
2841, 2851, 3516)
1992 Ed. (488, 1299, 1300, 1306,
1914, 3068, 3312, 3319, 4491,
4492)
1993 Ed. (1047, 1048, 1055, 1057,
1567, 1583, 1712, 2750, 2757,
3468)
1994 Ed. (1078, 1080, 1081, 1082,
1311, 2060, 2707, 2715, 3445)
1995 Ed. (1085, 1087, 1767, 2254,
2259, 2261)
1996 Ed. (1063, 1065, 1070, 2261,
3886)
1997 Ed. (1079, 1080, 1084, 1282,

1291, 1452, 3923)
1998 Ed. (821, 827, 830, 832, 833, 1050, 1533, 2700, 2703, 2719, 2720, 2721, 2722, 2723, 3359, 3413, 3416, 3771)
1999 Ed. (1259, 1261, 1263, 1264, 1265, 1267, 1273, 1283, 1485, 3641, 3643, 3644, 3648, 3671, 3672, 3673)
2000 Ed. (1157, 1160, 1161, 1162, 1164, 1751, 2643, 3367, 3368, 3388, 3389, 3758)
2001 Ed. (1344, 1347, 1348, 1349, 1350, 1363, 1600, 1603, 1647, 1648, 2860, 3187, 3534, 4209)
2002 Ed. (337, 916, 1133, 1134, 1135, 1136, 1139, 1141, 1499, 1562, 3484, 3485, 4876, 4994)
2003 Ed. (1087, 1089, 1092, 1094, 1098, 1099, 1100, 1101, 1125, 2181, 2895, 2943, 3751, 4566)
2004 Ed. (1102, 1105, 1106, 1110, 1114, 1117, 1118, 1119, 1135, 2489, 3001, 3016, 3662, 3776, 4497)
2005 Ed. (793, 1106, 1110, 1113, 1114, 1116, 1118, 1124, 1125, 1147, 1148, 1158, 1576, 1671, 1673, 1677, 1682, 1684, 2998, 3025, 3695, 4465)
2006 Ed. (692, 1101, 1103, 1106, 1108, 1111, 1136, 1137, 1141, 1142, 1148, 1578, 1587, 1771, 2992)
2007 Ed. (1204, 1210, 1212, 1215, 1245, 1250, 1255, 1263, 1442, 1477, 1611, 2893, 4565, 4569)
2008 Ed. (1113, 1119, 1145, 1155, 1159, 1471, 1594, 1600, 1603, 3014, 3196, 3202)
2009 Ed. (1091, 1092, 1098, 1124, 1127, 1128, 1138, 1520, 1537, 1541, 3100, 3255, 4366)
2010 Ed. (1072, 1078, 1079, 1082, 1111, 1114, 1115, 1531, 2017, 3033, 3162)
2011 Ed. (1011, 1021, 1050, 1053, 1054, 1527, 3002, 3830, 4732)
2012 Ed. (931, 976)
Sun Microsystems of Canada Inc.
2003 Ed. (1115)
2006 Ed. (2818)
SUN NY "B" COMPSS2: CA
1994 Ed. (3617)
Sun Pharma Industries
2013 Ed. (4008)
2016 Ed. (3904)
Sun Pharmaceutical Industries
2014 Ed. (1666)
2015 Ed. (1711)
2016 Ed. (1659, 3908)
Sun Pharmaceuticals
2014 Ed. (3953)
2015 Ed. (3995)
Sun Pharmaceuticals Inc.
2003 Ed. (2923, 4624, 4625, 4626, 4627)
Sun Pipe Line Co.
1996 Ed. (3042)
1997 Ed. (3122)
1998 Ed. (2862)
1999 Ed. (3834)
Sun Pipe Line Co. of Delaware
2001 Ed. (3802)
2003 Ed. (3878)
Sun Products Corp.
2014 Ed. (954, 2255)
2015 Ed. (2324)
2016 Ed. (893, 2278)
The Sun Products Corp.
2010 Ed. (930, 4066)
2011 Ed. (865)
2012 Ed. (814, 3495)
2013 Ed. (3879)
2014 Ed. (3815)
Sun Refining & Marketing Co.
1990 Ed. (1479)
1994 Ed. (2864)
Sun Resorts Ltd.
2002 Ed. (4443, 4444)
2006 Ed. (4520)
Sun Rise Department Store
1990 Ed. (1498)
1992 Ed. (1798)
Sun River Service Corp.
2007 Ed. (3585, 3586)
2008 Ed. (3725, 4419, 4976)
Sun Route Hotels
1990 Ed. (2091)
Sun-Sentinel
1998 Ed. (2681)
1999 Ed. (3618)

2000 Ed. (3337)
2002 Ed. (3508)
Sun Soy
2003 Ed. (677)
2004 Ed. (680)
2005 Ed. (673)
Sun State International Trucks LLC
2005 Ed. (173)
2008 Ed. (175)
Sun Television and Appliances
1996 Ed. (2128)
1997 Ed. (2237)
1998 Ed. (1955, 1957)
1999 Ed. (2694, 2696)
2000 Ed. (2481)
2001 Ed. (2217)
Sun Trust
1999 Ed. (394)
Sun Trust Bank
2000 Ed. (2925)
Sun Trust Banks, Inc.
1989 Ed. (373, 378, 386)
1990 Ed. (294)
1991 Ed. (374)
Sun Valley Masonry Inc.
1997 Ed. (1166)
1998 Ed. (950)
1999 Ed. (1371)
2000 Ed. (1263)
2001 Ed. (1477)
2002 Ed. (1293)
2003 Ed. (1306)
2004 Ed. (1309)
2005 Ed. (1283, 1286, 1316)
2006 Ed. (1253, 1256, 1286)
2007 Ed. (1363)
2008 Ed. (1181, 1260)
2009 Ed. (1236)
2010 Ed. (1235)
2011 Ed. (1183)
2012 Ed. (1130)
2013 Ed. (1276)
2014 Ed. (1209)
2015 Ed. (1267)
2016 Ed. (1182)
Sun Valley Solar Solutions
2016 Ed. (4417)
Sun Vet Business Park Condos
1991 Ed. (1044)
Sun Water Systems
2009 Ed. (1189)
Sun White Rice
2004 Ed. (89)
Sun World
1998 Ed. (1773, 1774, 1776)
Sun World International LLC
2012 Ed. (2096)
2013 Ed. (2282)
Sun Yad Plastic Co. Ltd.
1994 Ed. (1461)
Sun Yafang
2014 Ed. (4962)
2015 Ed. (5003)
2016 Ed. (4920)
Suna Kirac
2009 Ed. (4900)
2012 Ed. (4896)
2013 Ed. (4919)
2014 Ed. (4926)
2015 Ed. (4966)
2016 Ed. (4883)
SunAmerica Affordable Housing Partners Inc.
2000 Ed. (306)
2002 Ed. (323)
2003 Ed. (288, 289)
2004 Ed. (256)
2005 Ed. (258)
2006 Ed. (279, 281)
2007 Ed. (284)
2008 Ed. (259)
2009 Ed. (282)
2010 Ed. (268)
2011 Ed. (188)
2012 Ed. (195)
2013 Ed. (175)
2014 Ed. (182)
2015 Ed. (211)
Sunamerica Asset Management
2004 Ed. (711)
SunAmerica Federal Securities A
1998 Ed. (2638)
SunAmerica Financial Group
2013 Ed. (3304, 3307, 3308, 3320)
2014 Ed. (3327, 3328, 3330, 3331, 3332, 3336)
SunAmerica Financial Network
2000 Ed. (885)
2002 Ed. (788, 797, 798, 800, 801, 838)

SunAmerica Focused Dividend Strategy
2011 Ed. (3726)
SunAmerica Focused Small-Cap Value
2012 Ed. (4549)
SunAmerica GNMA
2003 Ed. (3527)
SunAmerica Growth & Income
2000 Ed. (3272)
SunAmerica Growth Opportunities
2001 Ed. (3442)
SunAmerica High Income A
1998 Ed. (2621)
SunAmerica High Yield
2006 Ed. (628)
2007 Ed. (645)
SunAmerica High Yield Bond
2008 Ed. (594)
SunAmerica Inc.
1994 Ed. (2250)
1995 Ed. (2293, 2300)
1996 Ed. (2319, 2322)
1997 Ed. (2435, 2442, 3641)
1998 Ed. (2131, 2175, 2176, 3418)
1999 Ed. (1478, 2442, 2944)
2001 Ed. (4667)
2003 Ed. (3554)
2004 Ed. (1503)
2005 Ed. (1519)
Sunamerica Life Insurance Co.
2007 Ed. (3153)
SunAmerica Precious Metal
1993 Ed. (2681)
SunAmerica Securities
1998 Ed. (529)
1999 Ed. (844, 846, 847, 848, 849, 850, 904)
2000 Ed. (843, 844, 845, 846, 847, 848)
2002 Ed. (789)
SunAmerica Senior Floating Rate Income
2011 Ed. (523)
SunAmerica Small Co Growth
2000 Ed. (3288)
SunAmerica Tax-Free STRIPES
1992 Ed. (4192)
SUNation Solar Systems
2016 Ed. (4425)
SunBank Capital
1993 Ed. (2321)
Sunbank STI Invst. Grade
1996 Ed. (2769)
Sunbeam
1990 Ed. (720, 1591, 1594, 1834, 2107, 2109, 2809)
1991 Ed. (1485, 1492, 1751, 1961, 1962)
1992 Ed. (875, 1886, 1891, 2201, 2517, 2518, 2523, 2538, 3402)
1993 Ed. (673, 1547, 1552, 1885)
1994 Ed. (2145, 2813)
1996 Ed. (779, 2201, 2986)
1997 Ed. (649, 2313, 2331, 3062)
1998 Ed. (105, 437, 494, 1787, 2045, 2046, 2050, 2342, 2806)
1999 Ed. (202, 685, 2454, 2804, 2808, 3168, 3774, 3775)
2000 Ed. (225, 702, 3507)
2002 Ed. (251, 348, 667, 720, 1092, 2070, 2073, 2074, 2697, 2699, 3047)
2003 Ed. (235, 2867)
2005 Ed. (2952, 2955)
2008 Ed. (1036)
2009 Ed. (3177, 3181, 3192)
2010 Ed. (3113)
2011 Ed. (2969, 3079)
2014 Ed. (718)
2015 Ed. (764, 765)
2016 Ed. (686, 687)
Sunbeam Americas Holdings LLC
2015 Ed. (1638)
2016 Ed. (1570)
Sunbeam-Oster
1993 Ed. (1388)
1994 Ed. (1442, 2125, 2128)
1995 Ed. (680, 1386, 1627, 1631, 1910, 2176, 2177, 2178, 2179, 2180, 2410)
1996 Ed. (2191, 2193)
1997 Ed. (682, 1686, 1690, 2050, 2311, 2312, 2590)
1998 Ed. (477, 1375, 1380, 1735, 1951, 2043, 2044, 2321)
1999 Ed. (737, 1940, 1946, 2476, 2692, 2802, 2803, 3134)
2000 Ed. (750, 1725, 1730, 2233, 2579, 2881)
Sunbeam Products Inc.
2005 Ed. (1255)

2007 Ed. (584)
Sunbeam/Charmglow
1994 Ed. (674)
Sunbean-Oster
2000 Ed. (2578)
Sunbelt
2003 Ed. (4456)
2008 Ed. (757)
2009 Ed. (752)
2014 Ed. (757, 2867)
2015 Ed. (792)
2016 Ed. (2827)
Sunbelt Automotive
2000 Ed. (332)
Sunbelt Bakery
2015 Ed. (2906, 2907)
2016 Ed. (2825, 2826)
Sunbelt Business Advisors Network
2005 Ed. (820)
2006 Ed. (746)
2007 Ed. (840)
Sunbelt Business Brokers
2016 Ed. (714)
Sunbelt Business Brokers Network
2002 Ed. (796)
2004 Ed. (801)
Sunbelt Cos.
1996 Ed. (816, 824, 825)
Sunbelt Federal Savings, FS8
1993 Ed. (3072, 3078, 3081, 3083, 3088, 3095)
Sunbelt Federal Savings FSB
1994 Ed. (528)
Sunbelt Granola Bars
2000 Ed. (2383, 4065)
Sunbelt Granola Naturals
1995 Ed. (3399)
Sunbelt National Mortgage
1998 Ed. (2526)
Sunbelt Nrsry
1996 Ed. (207)
Sunbelt Nursery
1992 Ed. (318, 1477)
Sunbelt Rentals
1998 Ed. (2345)
2014 Ed. (3471)
2015 Ed. (3488)
2016 Ed. (3338)
Sunbelt Savings
1989 Ed. (2359)
Sunbelt Savings Association
1989 Ed. (2823)
Sunbelt Savings FSB
1991 Ed. (3385)
1992 Ed. (725, 3772, 3783)
Sunbelt Software Distribution Inc.
2010 Ed. (1119)
The SunBlush Technologies Corp.
2001 Ed. (1655)
SunBridge Healthcare
2003 Ed. (1788, 2680)
2004 Ed. (1822, 2796)
2005 Ed. (1906, 2789)
2006 Ed. (3727)
Sunbridge Healthcare LLC
2014 Ed. (1869)
Sunbridge Regency Rehab Hospitals Inc.
2008 Ed. (1980)
2009 Ed. (1935)
2010 Ed. (1871)
SunBrite TV
2013 Ed. (203)
2014 Ed. (211)
SunBriteTV
2015 Ed. (233)
2016 Ed. (228)
Sunburst Bank
1992 Ed. (783)
1993 Ed. (572)
1994 Ed. (574)
1995 Ed. (549)
1996 Ed. (607)
Sunburst Bank (Grenada)
1991 Ed. (611)
Sunburst Hospitality Corp.
2001 Ed. (1810)
Suncare Dealerships
1990 Ed. (346)
1991 Ed. (309)
1992 Ed. (419)
1993 Ed. (303)
1994 Ed. (293)
1995 Ed. (297)
1996 Ed. (300)
1998 Ed. (296)
Suncare Respiratory Services Inc.
2003 Ed. (1697)
Suncharm
1994 Ed. (3360)

1996 Ed. (3480)
Sunchips
2002 Ed. (4300)
2003 Ed. (4453)
2009 Ed. (3847)
2016 Ed. (4386)
Suncoast Motion Picture Co.
1998 Ed. (3669, 3670, 3671)
1999 Ed. (4713)
2000 Ed. (4346)
2002 Ed. (4751)
2004 Ed. (2162, 4844)
Suncoast Post-Tension
2003 Ed. (1243)
2006 Ed. (1238)
2007 Ed. (1338)
2008 Ed. (1223)
2009 Ed. (1205)
2010 Ed. (1209)
Suncoast Post-Tension LP
2009 Ed. (1257)
Suncoast Savings
1990 Ed. (3122, 3131)
Suncoast Schools
2000 Ed. (1627)
Suncoast Schools Credit Union
2002 Ed. (1841, 1858)
2003 Ed. (1887, 1901, 1902, 1912)
2004 Ed. (1926, 1941, 1942, 1952)
2005 Ed. (2065, 2081, 2082, 2094)
2006 Ed. (2158, 2175, 2176, 2189)
2007 Ed. (2098, 2099, 2100, 2110)
2008 Ed. (2210, 2214, 2215, 2225)
2009 Ed. (2178, 2179, 2189, 2190,
   2198, 2209)
2010 Ed. (2125, 2127, 2149, 2150,
   2152, 2163)
2011 Ed. (2169, 2172, 2173, 2182)
2012 Ed. (2013, 2014, 2021, 2023,
   2032, 2033, 2042)
2013 Ed. (2214, 2219, 2224, 2268)
2014 Ed. (2145, 2156, 2202)
2015 Ed. (2209, 2220, 2266)
2016 Ed. (2191, 2237)
Suncoast Schools FCU
1999 Ed. (1800, 1801, 1805)
Suncoast Schools Federal Credit Union
1993 Ed. (1448)
1995 Ed. (1535, 1536)
1997 Ed. (1559, 1560, 1569)
1998 Ed. (1225, 1227, 1232)
2000 Ed. (1631)
2001 Ed. (1960)
2002 Ed. (1842)
2005 Ed. (2047, 2060, 2061)
Suncom Wireless
2009 Ed. (84)
SunCom Wireless Holdings Inc.
2010 Ed. (92)
SunConnect
1996 Ed. (1762)
Suncor
2014 Ed. (2560)
2016 Ed. (3558)
Suncor Energy
2013 Ed. (1503, 1505, 1518)
2014 Ed. (1469, 1474, 1476, 1486,
   3660)
2015 Ed. (1530, 1532, 1543, 3678,
   3683, 3938)
2016 Ed. (1470, 3561, 3566)
Suncor Energy Inc.
2002 Ed. (3675)
2003 Ed. (1631, 3822, 3823)
2004 Ed. (3852)
2005 Ed. (1567, 1648, 3485, 3763)
2006 Ed. (1451, 1542, 3485, 3845)
2007 Ed. (1445, 1572, 1625, 1631,
   1648, 3517, 3862, 3863, 4573)
2008 Ed. (1429, 1496, 1551, 1552,
   1553, 1554, 1555, 1624, 1642,
   1645, 3552, 3915, 3916, 3926)
2009 Ed. (1480, 1549, 1550, 1563,
   1574, 1575, 1577, 3619, 3982,
   3983, 3984)
2010 Ed. (807, 1465, 1466, 1467,
   1468, 1469, 1542, 1544, 1550,
   1551, 1561, 3541, 3891, 3892)
2011 Ed. (1467, 1544, 1546, 1553,
   1554, 1557, 2432, 2433, 3540,
   3903, 3904, 3906)
2012 Ed. (1239, 1303, 1305, 1306,
   1389, 1391, 1397, 1398, 1399,
   1402, 1405, 2355, 3532, 3670,
   3671, 3673, 3888, 3889, 3890)
2013 Ed. (1492, 1493, 1500, 1501,
   1508, 1509, 1511, 1519, 2527,
   2532, 3578, 3723, 3726, 3730,
   3953, 3954, 3973)
2014 Ed. (1291, 1448, 1451, 1460,

1461, 1467, 1468, 1478, 1479,
   1487, 2465, 2467, 3657, 3661,
   3898, 3899, 3915, 4009)
2015 Ed. (1353, 1504, 1505, 1507,
   1516, 1517, 1520, 1522, 1523,
   1533, 1535, 1542, 1544, 1555,
   2536, 3679, 3924, 3925)
2016 Ed. (1284, 1445, 1446, 1448,
   1457, 1458, 1472, 1475, 1477,
   1482, 1483, 2465, 3562, 3838,
   3839, 3840, 3841, 3842, 3843)
Suncor Energy-Natural Gas-America
   Inc.
2014 Ed. (1552, 2353, 2841, 4836)
2015 Ed. (1602, 2419, 2881, 4873)
Suncor Energy Products
2011 Ed. (4036)
2012 Ed. (4069)
2013 Ed. (1512)
2014 Ed. (1481)
Suncor Energy (USA) Inc.
2008 Ed. (1691, 3932)
2009 Ed. (1614, 4006)
2010 Ed. (1640)
2011 Ed. (1650)
2012 Ed. (1499)
SunCor Idaho LLC
2007 Ed. (1289)
Suncor Inc.
1990 Ed. (2844)
1991 Ed. (2729)
1992 Ed. (1601, 3437, 4160)
1993 Ed. (2841)
1996 Ed. (1314, 3015)
1998 Ed. (156, 164)
1999 Ed. (260)
Suncor Inc. Resources
1997 Ed. (3097)
Suncorp Credit Union
2012 Ed. (2017)
2013 Ed. (2206)
2015 Ed. (2198)
2016 Ed. (2171)
Suncorp Group
2014 Ed. (1387)
Suncorp Group Holdings
2015 Ed. (1926, 3332)
Suncorp-Metway
2002 Ed. (519, 523, 2269)
2003 Ed. (463)
2004 Ed. (449, 1647)
2005 Ed. (461, 1659)
2006 Ed. (414, 1553)
2007 Ed. (399)
2008 Ed. (381)
2009 Ed. (402)
2010 Ed. (378, 1382)
2011 Ed. (303)
2012 Ed. (3324)
2013 Ed. (477)
2014 Ed. (490)
2015 Ed. (551)
2016 Ed. (425)
Suncorp/GIO
2004 Ed. (3080)
SuncorpMetway
2001 Ed. (1956)
Sundance
1993 Ed. (685)
1994 Ed. (688)
2009 Ed. (4577)
2010 Ed. (4612)
Sundance Asset Management
1993 Ed. (2359)
Sundance Homes
1998 Ed. (897)
1999 Ed. (1327)
2000 Ed. (1208)
Sundance Products Group LLC
2008 Ed. (4132)
2009 Ed. (4241)
Sundance Products Inc.
2007 Ed. (4109)
Sundance State Bank
1998 Ed. (375)
Sundance Vacations
2009 Ed. (1999)
2011 Ed. (1699)
2012 Ed. (1552)
Sundara Inn & Spa
2015 Ed. (3166)
Sunday Communications Ltd.
2001 Ed. (3333)
Sunday; Delena
2012 Ed. (2157)
Sunday Express
2002 Ed. (3515)
Sunday magazine
1991 Ed. (736)
1996 Ed. (771)

1999 Ed. (992)
Sunday magazines
1995 Ed. (693)
1997 Ed. (35, 708)
Sunday Mail
2002 Ed. (3515)
Sunday Mail Scotland
2002 Ed. (233)
Sunday Mirror
2002 Ed. (3515)
Sunday-Network
2001 Ed. (39)
Sunday People
2002 Ed. (3515)
Sunday Telegraph
2002 Ed. (3515)
Sunday Times
2002 Ed. (231, 3515)
Sundia
2012 Ed. (2631)
Sundor Group
1990 Ed. (723)
Sundown
1990 Ed. (3486)
1992 Ed. (4161)
1996 Ed. (3605)
1998 Ed. (1273, 1357)
2000 Ed. (1669)
2001 Ed. (2009, 2010)
2002 Ed. (1974)
2003 Ed. (2063, 4856, 4857, 4859)
2004 Ed. (2100)
Sundown Herbals
2003 Ed. (4856)
Sundown Herbals Xtra
2003 Ed. (4856)
Sundown Naturals
2016 Ed. (4785)
Sundown State Bank
2010 Ed. (431)
2011 Ed. (356)
Sundown Sunblock
1993 Ed. (3482)
1997 Ed. (3658)
Sundowner Inns
1998 Ed. (2021)
Sundrug
2012 Ed. (3836)
2013 Ed. (3888)
2016 Ed. (4519)
Sundstrand Corp.
1989 Ed. (1916)
1990 Ed. (188)
1991 Ed. (178, 180)
1992 Ed. (248, 250)
1993 Ed. (156)
1994 Ed. (136, 138, 3049)
1995 Ed. (157, 1232)
1996 Ed. (168)
1997 Ed. (170, 171, 173)
1998 Ed. (92, 93, 95)
1999 Ed. (183, 184, 185, 1885)
2000 Ed. (213, 214, 217)
2005 Ed. (1492)
Sundsvall Vodka
2002 Ed. (4768, 4770)
Sundt
1989 Ed. (271)
2011 Ed. (1095)
Sundt Construction Inc.
2006 Ed. (1174, 1346)
2007 Ed. (1280, 1391)
2008 Ed. (1180, 1340)
2009 Ed. (1156, 1338, 2639, 2643)
2010 Ed. (1151, 1321, 2544)
2011 Ed. (1094, 1153, 1299)
2013 Ed. (1270)
2014 Ed. (1203)
2015 Ed. (1259, 1261)
2016 Ed. (1176)
The Sundt Cos. Inc.
2003 Ed. (1293)
2004 Ed. (1297)
SunDurance Energy
2013 Ed. (2529)
SunEdison
2016 Ed. (2339)
Sunetric
2011 Ed. (1676)
2013 Ed. (1674)
2014 Ed. (1626)
2016 Ed. (4421)
Sunfire
2001 Ed. (490)
2002 Ed. (387, 416)
Sunfire; Pontiac
2006 Ed. (315)
Sunflooring Inc.
1991 Ed. (1728)
Sunflower

1992 Ed. (3299)
Sunflower Carriers
2002 Ed. (3944)
2003 Ed. (4789, 4802)
Sunflower Farmers Market Inc.
2011 Ed. (4596)
Sunflower seeds
1996 Ed. (2858)
Sunflower Travel
1991 Ed. (27)
1992 Ed. (55)
1993 Ed. (32)
1994 Ed. (24)
Sunflower/pumpkin seeds
1997 Ed. (3531)
Sunflowers
1998 Ed. (1353, 2777)
2004 Ed. (2683)
Sunflowers, by Van Gogh
1989 Ed. (2110)
Sunfon Construction
2016 Ed. (2017)
Sung Foo Kee Holdings
1995 Ed. (2127)
Sung Jin Machinery
1999 Ed. (4166)
Sung Kwang Bend
2010 Ed. (1984)
SunGard
1999 Ed. (3065)
2013 Ed. (1205)
Sungard
2013 Ed. (4096)
Sungard Availability Services
2016 Ed. (1002)
SunGard Data Systems
2013 Ed. (2003)
2014 Ed. (1940)
2015 Ed. (3242)
2016 Ed. (3099)
SunGard Data Systems Inc.
2002 Ed. (2811)
2003 Ed. (1091, 2705, 2945)
2004 Ed. (1103, 1113, 1127)
2005 Ed. (1107, 1108, 1117, 1134,
   2825)
2006 Ed. (1107, 1150, 2807)
2007 Ed. (1441, 1442, 2570)
2009 Ed. (1104, 2765, 4163)
2010 Ed. (1086, 2689, 2690, 2691,
   2692, 2694, 4097)
2011 Ed. (1024, 2678, 2681, 4067)
2012 Ed. (950, 2607, 2611, 4101)
2013 Ed. (1094, 2005, 2698, 2710)
2014 Ed. (1054, 1942, 2682, 2693)
2015 Ed. (1988, 2726)
2016 Ed. (1961, 2649)
Sungard Date Systems
1995 Ed. (1308)
SunGard Shareholder Systems Inc.
2001 Ed. (3423, 3424)
Sungela; Melissa
2010 Ed. (2835)
Sungkyunkwan University
2014 Ed. (788)
Sunglass Hut
1997 Ed. (923, 2021, 3551)
Sunglass Hut International Inc.
2002 Ed. (3540)
2003 Ed. (3701)
Sunglass stores
1995 Ed. (3523)
Sunglasses
2001 Ed. (2088)
Sungmi Telecom Electronics Co.
2001 Ed. (4045)
SunGrad Consulting
2010 Ed. (1188)
SunGrad Consulting Services
2011 Ed. (1136)
Sunham Home Fashions
2007 Ed. (587)
SunHarvest Solar
2016 Ed. (4414, 4417)
SunHealth
1990 Ed. (2630)
SunHealth America
1990 Ed. (2632)
SunHealth Enterprises
1991 Ed. (2500, 2502)
1992 Ed. (3125, 3127)
Sunil Mittal
2006 Ed. (4926)
2007 Ed. (4914)
2008 Ed. (4841, 4879)
2009 Ed. (4902, 4903)
2010 Ed. (3959, 4877, 4903, 4904)
2011 Ed. (4891, 4892)
2012 Ed. (4899, 4900)
2013 Ed. (4875, 4876)

2014 Ed. (4890)
2015 Ed. (4928, 4929)
2016 Ed. (4844, 4845)
Suning
2012 Ed. (542)
2013 Ed. (659)
2014 Ed. (680)
Suning Appliance
2013 Ed. (4279)
2014 Ed. (4339, 4512, 4520)
2015 Ed. (4332, 4512)
2016 Ed. (4228, 4447, 4456)
Suning Appliance Chain Store
2012 Ed. (2900, 4334)
2013 Ed. (2503)
Suning Appliance Co., Ltd.
2009 Ed. (4328, 4329)
2010 Ed. (4344, 4345)
2011 Ed. (4295, 4296)
2012 Ed. (4337, 4340, 4348)
2013 Ed. (2507, 4325, 4327)
2014 Ed. (4376)
Suning Commerce Co., Ltd.
2016 Ed. (4248)
Suning Commerce Group Co.
2016 Ed. (4262)
Suniva Inc.
2012 Ed. (2484)
Sunjin
2007 Ed. (1982)
Sunkist
1991 Ed. (3453)
1992 Ed. (4020)
1994 Ed. (3360)
1996 Ed. (3480)
2006 Ed. (3728)
2007 Ed. (3711)
2008 Ed. (3802, 3803, 3805, 4456)
2009 Ed. (3848)
2011 Ed. (4479)
Sunkist Fiesta Bowl
1990 Ed. (1841)
Sunkist Growers Inc.
1990 Ed. (1023)
1993 Ed. (978)
1996 Ed. (997)
1998 Ed. (755, 2928)
2000 Ed. (1107)
2002 Ed. (4326)
Sunkist Light
2012 Ed. (2704)
2014 Ed. (2800)
Sunkist Orange
1990 Ed. (3314)
2003 Ed. (4471)
Sunkyong
1990 Ed. (1534)
1991 Ed. (1319)
1992 Ed. (1661, 1664)
1993 Ed. (977, 1362, 1505)
1997 Ed. (1469)
1999 Ed. (3808)
Sunkyong Securities
1994 Ed. (3192)
1997 Ed. (3484)
Sunland Credit Union
2002 Ed. (1832)
Sunley; John
2005 Ed. (927)
SunLife Assurance Co. of Canada
2008 Ed. (3297)
2009 Ed. (3357)
2011 Ed. (3256, 3257)
2012 Ed. (3233)
2013 Ed. (3312)
Sunlight
2001 Ed. (2034)
2002 Ed. (1989)
2003 Ed. (2077, 2078, 2079)
2008 Ed. (2347)
Sunlight Credit Union
2002 Ed. (1902)
2003 Ed. (1957)
Sunlight Federal Credit Union
2004 Ed. (1997)
2005 Ed. (2139)
2006 Ed. (2234)
2007 Ed. (2155)
2008 Ed. (2270)
2009 Ed. (2257)
2010 Ed. (2210)
2011 Ed. (2228)
2012 Ed. (2090)
2013 Ed. (2276)
2014 Ed. (2210)
2015 Ed. (2274)
2016 Ed. (2245)
Sunlight Saunas
2007 Ed. (1839)
2008 Ed. (1212, 1870)

Sunlight Systems
2006 Ed. (3358)
SunLink Health Systems
2003 Ed. (3464)
2007 Ed. (2935)
2008 Ed. (4359, 4379)
2013 Ed. (2840)
2015 Ed. (3721)
Sunmark
1996 Ed. (3683)
Sunmark Pixy Stix
1996 Ed. (870)
Sunnaa; Nasser
2013 Ed. (3477)
Sunny D
2011 Ed. (4627)
2015 Ed. (2843)
2016 Ed. (2774)
Sunny Delight
1995 Ed. (1947, 1948)
1996 Ed. (1981)
1998 Ed. (1778)
2000 Ed. (2282)
2001 Ed. (1011, 4310)
2002 Ed. (4327)
2003 Ed. (2578)
2007 Ed. (700)
2008 Ed. (669, 670, 671)
2011 Ed. (2776)
2015 Ed. (2842)
Sunny Delight Beverages Co.
2015 Ed. (2846)
2016 Ed. (2779)
Sunny Delight Fruit Drink
2006 Ed. (2672)
2007 Ed. (2656)
Sunny Farms
2014 Ed. (2338)
2015 Ed. (2404)
2016 Ed. (2347)
Sunny Farms Corp.
2014 Ed. (2339)
2015 Ed. (2405)
2016 Ed. (2348)
Sunny Jewelry Co.
1998 Ed. (2411, 2412, 2670)
Sunny Marketing Systems Inc.
2001 Ed. (4285)
2002 Ed. (4297)
Sunnybrook Health Sciences Centre
2009 Ed. (3151)
2012 Ed. (2995)
Sunnybrook Health Sciences Centre
Foundation
2012 Ed. (724)
SunnyD
2014 Ed. (2799)
2015 Ed. (2842, 2844)
2016 Ed. (2773, 2776)
Sunnyside Farms
2001 Ed. (3310)
2003 Ed. (3411)
Sunnyside Sports
2011 Ed. (1949)
Sunnyvale, CA
1999 Ed. (1176)
Sunoco
2013 Ed. (1397)
2014 Ed. (2540)
Sunoco APlus
2016 Ed. (799)
Sunoco Canada
1999 Ed. (1035)
Sunoco Inc.
1990 Ed. (1456)
2000 Ed. (1331, 3406, 3518, 3540)
2001 Ed. (1834, 3752, 3766, 3773)
2002 Ed. (1752, 2124, 3690, 3691)
2003 Ed. (1810, 1811, 2278, 2281,
2583, 3818, 3849, 3851)
2004 Ed. (1842, 1843, 3667, 3668,
3830, 3866)
2005 Ed. (1945, 1952, 2400, 3586,
3738, 3746, 3794, 3795)
2006 Ed. (349, 353, 1980, 1982,
1991, 2442, 2699, 2700, 3824,
3829, 3830, 3860, 3861)
2007 Ed. (297, 334, 337, 1549, 1952,
1956, 2694, 2695, 3838, 3846,
3848, 3863, 3874, 3889, 3890,
3891)
2008 Ed. (282, 321, 1486, 2041,
2049, 2819, 2820, 3896, 3934,
4496)
2009 Ed. (304, 342, 1377, 1378,
2003, 2012, 2878, 4008, 4009)
2010 Ed. (286, 1363, 1364, 1941,
1950, 3914, 3915)
2011 Ed. (209, 1351, 1994, 2003,
3933, 3934)

2012 Ed. (222, 843, 1216, 1217,
1842, 1851, 3865, 3931)
2013 Ed. (213, 1023, 1327, 1330,
1331, 1999, 2009, 3931, 3987)
2014 Ed. (220, 1261, 1938, 3048)
2015 Ed. (1320, 3114)
2016 Ed. (1234, 1235)
Sunoco Logistics
2013 Ed. (4809)
Sunoco Logistics Partners LP
2004 Ed. (3903, 3904)
2005 Ed. (3729, 3841, 3842)
2008 Ed. (3987, 3988)
2009 Ed. (4058, 4059)
2010 Ed. (3974, 3975)
2011 Ed. (1994, 3979, 3980)
2012 Ed. (3978, 3979)
2013 Ed. (4041, 4042)
2014 Ed. (1938, 3977, 3978)
2015 Ed. (4020, 4021)
2016 Ed. (1952, 1958, 3933, 3934)
Sunomarket
2013 Ed. (3809)
2015 Ed. (3757)
Sunopta
2006 Ed. (3365)
2009 Ed. (1556, 3226)
2010 Ed. (3159)
2011 Ed. (4557)
2012 Ed. (4567)
SunOpta Fruit Group
2009 Ed. (2840)
SunOpta Inc.
2015 Ed. (3201)
SunPower
2014 Ed. (2474, 2879, 4258)
2015 Ed. (2548)
Sunpower
2013 Ed. (2542)
SunPower Corp.
2008 Ed. (1587, 1595, 1606, 1607,
2458)
2009 Ed. (1522, 1525, 1534, 1544,
3019, 4559, 4570)
2010 Ed. (1527, 1528, 1534, 1535,
3532)
2011 Ed. (2383, 2823, 2824, 2830,
2834, 3531)
2012 Ed. (2196, 2342)
Sunrise
2007 Ed. (1864)
Sunrise Arkansas Inc.
2006 Ed. (3497, 4341)
Sunrise Assisted Living
2001 Ed. (1043)
2003 Ed. (291)
2004 Ed. (258)
2005 Ed. (265)
Sunrise Auto Partners L.P.
1992 Ed. (421)
Sunrise Bank
2015 Ed. (558)
Sunrise Banks, NA
2015 Ed. (359)
Sunrise Builders
2002 Ed. (2684)
2003 Ed. (1176)
Sunrise Construction Inc.
2009 Ed. (1720)
Sunrise Credit Services
1997 Ed. (1047)
Sunrise Electric Supply
2015 Ed. (2503)
Sunrise Engineering Inc.
2009 Ed. (2582, 2583)
2011 Ed. (2474)
The Sunrise Family of Companies
2010 Ed. (985)
Sunrise Gas System
2000 Ed. (2318)
Sunrise Growers/Frozsun Foods
2015 Ed. (2829)
Sunrise Healthcare Corp.
2001 Ed. (2676)
Sunrise Hospital & Medical Center LLC
2010 Ed. (1858)
2011 Ed. (1889)
2012 Ed. (1745)
2013 Ed. (1910)
2014 Ed. (1844)
2015 Ed. (1881)
Sunrise Ice Tea
2001 Ed. (24)
Sunrise Medical Consultants
2009 Ed. (1986, 1987, 1988)
Sunrise Medical Inc.
1994 Ed. (2669)
1995 Ed. (2085)
Sunrise Plywood Corp.
1992 Ed. (1705)

Sunrise Senior Living
2006 Ed. (2785, 4191, 4192)
2007 Ed. (2775, 2786)
2008 Ed. (2912)
2010 Ed. (2898)
2012 Ed. (2805)
2013 Ed. (2872)
2014 Ed. (2904)
2015 Ed. (218)
2016 Ed. (214)
Sunrise Senior Living Inc.
2016 Ed. (4096)
Sunrise Senior Living REIT
2009 Ed. (4225)
Sunrise System SP
2012 Ed. (2841)
Sunrise Systems SP
2011 Ed. (2906)
Sunrise Technologies
1993 Ed. (2010, 3335)
1994 Ed. (2018)
SunRx
2008 Ed. (2887, 4037)
Suns; Phoenix
2005 Ed. (646)
2006 Ed. (548)
2007 Ed. (579)
2008 Ed. (530)
2009 Ed. (565)
2010 Ed. (548)
2011 Ed. (476)
2012 Ed. (433)
2013 Ed. (546)
Sunscreen
2003 Ed. (4439)
Sunscreens & sunblocks
2002 Ed. (4285)
Sunset
2000 Ed. (3464)
2001 Ed. (3191, 4887)
2007 Ed. (150)
Sunset Farm Foods Inc.
2012 Ed. (3589)
2013 Ed. (3643)
The Sunset Freeway Corridor Area, OR
1996 Ed. (1604)
Sunset Marquis Hotel & Villa
2002 Ed. (2641)
Sunset Marquis Hotel & Villas
1998 Ed. (2012)
Sunset Sports
1989 Ed. (2522)
Sunset West Homes
2004 Ed. (1150)
2005 Ed. (1179)
Sunshine
1994 Ed. (1191)
2000 Ed. (3513)
2015 Ed. (1332)
2016 Ed. (1251)
Sunshine Biscuits
2016 Ed. (1255)
Sunshine Biscuits Inc.
1989 Ed. (357, 358, 361)
1992 Ed. (491)
1998 Ed. (265)
Sunshine Buscuits Inc.
1997 Ed. (1212, 1213)
Sunshine Cheez It
1995 Ed. (1207)
1997 Ed. (1217)
1999 Ed. (4346)
2001 Ed. (1495)
2002 Ed. (1339, 1340, 4300)
2009 Ed. (4485)
2014 Ed. (1270)
2015 Ed. (1331)
2016 Ed. (1250)
Sunshine Cheez-It Hot & Spicy
1997 Ed. (1217)
Sunshine Cheez It Party Mixes
2001 Ed. (4291)
Sunshine Cheez It Snack Mixes
2001 Ed. (4291)
Sunshine Cheez-It White Cheddar
1997 Ed. (1217)
Sunshine Cos. Inc.
2002 Ed. (2114)
Sunshine Crackers
1997 Ed. (1217)
Sunshine Foundation
1991 Ed. (1766)
Sunshine Group Ltd.
2002 Ed. (3915)
Sunshine Growers-Frozen Foods
2010 Ed. (2781)
Sunshine Jr. Stores
1990 Ed. (3704)
1991 Ed. (3512)
1994 Ed. (1183)

1996 Ed. (1172)
Sunshine Krispy
1995 Ed. (1207)
Sunshine Makers Inc.
2003 Ed. (995)
Sunshine Media Printing
1999 Ed. (3888)
Sunshine Mills Inc.
1997 Ed. (3069)
1998 Ed. (2813)
1999 Ed. (3786)
2003 Ed. (3804)
Sunshine Network
1992 Ed. (1034)
Sunshine Oyster
1995 Ed. (1208)
Sunshine Padrinos
1996 Ed. (3466)
Sunshine Polishing Systems Mobile Franchise
1990 Ed. (1851, 1852)
Sunshine State Credit Union
2002 Ed. (1839)
2004 Ed. (1939)
2005 Ed. (2080)
2006 Ed. (2168, 2174)
Sunshine State Industrial Park
2000 Ed. (2625)
Sunshine State International Park
2002 Ed. (2765)
Sunshine Terrace Foundation
2006 Ed. (2087)
Sunshine Wheat Wafers
1997 Ed. (1217)
Sunsight Instruments
2015 Ed. (4652)
Sunsilk
1992 Ed. (57)
2001 Ed. (2644, 2647)
2015 Ed. (2192)
Sunsource Health Products
1996 Ed. (3147)
1997 Ed. (3232)
1998 Ed. (2979)
Sunspun Food Service
1998 Ed. (1740)
Sunstall
2016 Ed. (4411, 4418)
Sunstar Gum
2014 Ed. (3827)
2015 Ed. (3852)
Sunstar Homes
2002 Ed. (2687)
2003 Ed. (1194)
2005 Ed. (1225)
Sunstar Inc.
1999 Ed. (1830)
Sunstate
1989 Ed. (242)
Sunstate Equipment Co.
2015 Ed. (3488)
2016 Ed. (3338)
Sunstate Finance
1990 Ed. (2047)
SunStone Behavioral Health
2005 Ed. (2889, 3948)
Sunstone Financial Group
2001 Ed. (3422)
Sunstone Hotel Investors Inc.
2004 Ed. (2940)
2008 Ed. (3073)
2014 Ed. (1437)
2015 Ed. (1482)
2016 Ed. (1400)
Sunstone Hotel Properties Inc.
2003 Ed. (4051)
Sunstore Solar
2016 Ed. (4408)
Sunstrand
1990 Ed. (184)
1994 Ed. (1731)
2000 Ed. (1692)
Sunsuper
2003 Ed. (3956)
2004 Ed. (3082)
2009 Ed. (4122)
Sunsuper Superannuation Fund
2015 Ed. (1451)
Suntan lotion/oil
1990 Ed. (1956)
Suntan preparations
2002 Ed. (4285)
Suntan products
2000 Ed. (4149)
Suntec Concrete
2013 Ed. (1265)
2014 Ed. (1197)
Suntec Concrete Inc.
2006 Ed. (1295)
2007 Ed. (1281, 1393)

2008 Ed. (1181, 1343)
2009 Ed. (1157, 1204, 1341)
2010 Ed. (1152, 1208, 1323)
2011 Ed. (1095)
2015 Ed. (1255, 1258)
2016 Ed. (1166, 1172)
Suntech
2012 Ed. (2361)
2013 Ed. (2541)
Suntech Power Holding Co., Ltd.
2009 Ed. (4571)
Suntel
2008 Ed. (87)
2010 Ed. (104)
Sunterra Corp.
2008 Ed. (1968)
2009 Ed. (1923)
Sunterra Farms
2011 Ed. (4006)
Suntiva Executive Consulting
2011 Ed. (701)
2012 Ed. (105, 4052)
Suntiva LLC
2012 Ed. (1184)
Suntori
1992 Ed. (941)
Suntory
2015 Ed. (669)
2016 Ed. (610, 666)
Suntory Beverage & Food
2016 Ed. (600, 1714)
Suntory Beverage & Food Ltd.
2015 Ed. (4416, 4571)
Suntory Group
2010 Ed. (69)
Suntory Holdings Ltd.
2011 Ed. (504)
2012 Ed. (469)
2013 Ed. (584)
2014 Ed. (598, 603)
2015 Ed. (668, 673)
2016 Ed. (609, 614)
Suntory International Corp.
1991 Ed. (725)
1993 Ed. (726)
2004 Ed. (56, 676)
2005 Ed. (665)
Suntory Ltd.
1989 Ed. (728)
1990 Ed. (729)
1991 Ed. (31, 3461, 3462, 3463)
1992 Ed. (60)
1993 Ed. (38)
1994 Ed. (29)
1995 Ed. (650, 714)
1996 Ed. (727)
1997 Ed. (660)
1998 Ed. (454, 2398)
1999 Ed. (713, 2460, 2466, 2484, 3637)
2000 Ed. (2224)
2001 Ed. (47)
2002 Ed. (2307)
2003 Ed. (670)
2004 Ed. (675)
2005 Ed. (668, 1462)
2006 Ed. (567)
2007 Ed. (49, 612, 614, 1514)
2008 Ed. (565, 1836, 1837, 1839, 1840, 1841, 1842, 1843)
2009 Ed. (591)
Suntory Water
2002 Ed. (753)
Suntory Water Group
2001 Ed. (996)
2003 Ed. (732, 737, 738, 739)
2005 Ed. (735)
Suntree-Oxford Associated Ltd.
2013 Ed. (1859)
Suntrition Inc.
2015 Ed. (3987)
Suntron Corp.
2004 Ed. (2240)
2006 Ed. (1235)
SunTrust
1989 Ed. (422)
2011 Ed. (382)
SunTrust Bank
2013 Ed. (303)
Suntrust Bank
1998 Ed. (360, 430)
2005 Ed. (640)
2006 Ed. (543)
2008 Ed. (524)
2013 Ed. (313)
2014 Ed. (327)
SunTrust Bank Central Florida
1997 Ed. (462)
1998 Ed. (348)
SunTrust Bank Florida

1998 Ed. (348)
SunTrust Bank Gulf Coast
1998 Ed. (348)
SunTrust Bank Miami
1998 Ed. (348)
SunTrust Bank Nashville NA
1997 Ed. (626)
SunTrust Bank South Florida
1998 Ed. (348)
SunTrust Bank South Florida NA
1997 Ed. (462)
SunTrust Bank Tampa Bay
1998 Ed. (348)
SunTrust Banks Inc.
1989 Ed. (673, 674, 675)
1990 Ed. (683, 684, 685, 1894)
1991 Ed. (379)
1992 Ed. (836, 3657)
1993 Ed. (412, 630, 2991, 3256)
1994 Ed. (634, 3033, 3034, 3035, 3039, 3250)
1995 Ed. (3085, 3329)
1996 Ed. (368, 371, 393, 619, 2479, 2481, 3178, 3185, 3599)
1997 Ed. (477, 2618, 2620, 3281, 3283)
1998 Ed. (1142)
1999 Ed. (436, 655, 3179, 4030, 4032)
2000 Ed. (382, 396, 425, 426, 428, 504, 618, 619, 1437, 3741, 3742, 3743)
2001 Ed. (585, 587, 595, 596, 650, 651, 763, 764, 4029, 4281)
2002 Ed. (444, 478, 487, 488, 489, 498, 643, 1120, 1660, 2578, 3391, 3947, 4874)
2003 Ed. (383, 428, 429, 432, 434, 435, 436, 438, 446, 631, 632, 1055, 3446)
2004 Ed. (362, 418, 422, 426, 428, 429, 430, 432, 434, 642, 643, 1064, 1533, 2863)
2005 Ed. (377, 381, 423, 428, 434, 436, 438, 440, 631, 632, 790, 1003, 1064, 1068, 2868, 3306, 4571)
2006 Ed. (375, 384, 386, 390, 392, 393, 394, 396, 399, 402, 1076, 1419, 2285)
2007 Ed. (354, 355, 358, 362, 369, 373, 375, 376, 377, 382, 387, 1184, 1738, 2561, 2867, 2888, 4652)
2008 Ed. (341, 342, 346, 349, 350, 357, 361, 363, 364, 365, 371, 442, 445, 1091, 1766, 2365, 2987)
2009 Ed. (361, 362, 363, 364, 367, 368, 373, 374, 377, 379, 380, 381, 387, 558, 1073, 1696, 1702, 3070)
2010 Ed. (339, 340, 341, 342, 345, 346, 354, 355, 359, 360, 361, 362, 542, 1652, 3001)
2011 Ed. (264, 265, 268, 269, 276, 277, 281, 282, 284, 285, 1661, 2675, 2968)
2012 Ed. (287, 289, 290, 291, 298, 304, 305, 306, 308, 309, 346, 428, 1509, 1513, 2905)
2013 Ed. (291, 292, 293, 294, 302, 315, 317, 318, 1651, 1656, 2147, 2989)
2014 Ed. (308, 309, 310, 316, 317, 329, 331, 332, 1610, 1615, 2080, 2997)
2015 Ed. (343, 344, 345, 346, 357, 358, 369, 371, 372, 1660, 2134, 3069)
2016 Ed. (336, 338, 339, 341, 348, 349, 357, 359, 360, 1601, 2113, 2961)
SunTrust Banks of Florida Inc.
2000 Ed. (526)
2002 Ed. (445)
2008 Ed. (345)
SunTrust Center
1998 Ed. (2695)
2000 Ed. (3364)
Suntrust EB Equity Inc.
1994 Ed. (579)
SunTrust Enterprise Information Services
2010 Ed. (2686)
SunTrust Foundation
2011 Ed. (2755)
2012 Ed. (2689)
SunTrust Mortgage
2006 Ed. (3565)
Sunwarrior
2014 Ed. (2702)
Sunway Holdings
2009 Ed. (754)

Sunwest Bank
2012 Ed. (355)
2013 Ed. (1462)
Sunwest Bank of Albuquerque NA
1991 Ed. (627)
1992 Ed. (801)
1993 Ed. (594)
1994 Ed. (599)
1995 Ed. (569)
1996 Ed. (639)
1997 Ed. (578)
1998 Ed. (417)
Sunwest Communications
2003 Ed. (4001)
2005 Ed. (3974)
Sunwest Credit Union
2002 Ed. (1847)
2004 Ed. (1946)
2005 Ed. (2087)
2006 Ed. (2182)
Sunwing
2005 Ed. (2776)
Sunwing Travel Group
2009 Ed. (2917)
SunWise I Portfolio Series Maximum Growth
2010 Ed. (2556)
SunWise II Portfolio Series Summit Maximum Growth
2010 Ed. (2556)
SUNY College at Geneseo
1992 Ed. (1269)
SUNY College of Arts & Sciences
1999 Ed. (1230)
2000 Ed. (1139)
SUNY College of Arts & Sciences-Genesco
1998 Ed. (801)
SUNY College of Arts & Sciences--Geneseo
2001 Ed. (1325)
Suomen Osuuskauppojen Keskuskunta
1993 Ed. (1309)
1997 Ed. (1396)
2009 Ed. (1663, 1667, 4325)
2011 Ed. (1630)
2012 Ed. (1481)
2013 Ed. (1611)
Suomen Osuuskauppojen Keskuskunta (Sok)
1989 Ed. (1114)
1990 Ed. (1360)
Suomen Pankki
2009 Ed. (441)
2010 Ed. (417)
2011 Ed. (342)
Suomen Tyovaen
1992 Ed. (661)
Suomi-Soffa
2010 Ed. (55)
Suominen
2015 Ed. (3778)
2016 Ed. (3692)
Suominen; J. W.
1992 Ed. (3272)
1995 Ed. (2789)
SUPA-Comp. Portugesa de Supermercados SA
1996 Ed. (1437)
Supalai
2012 Ed. (1940)
Super 8
1999 Ed. (2784)
2000 Ed. (2562)
2012 Ed. (2997, 3009)
2013 Ed. (3084, 3097)
2014 Ed. (3088)
2015 Ed. (3155)
2016 Ed. (3010)
Super 8 Motels Inc.
1990 Ed. (2069, 2086, 2088)
1991 Ed. (1951, 1954)
1992 Ed. (2476, 2489, 2494, 2499, 2500, 2501)
1993 Ed. (2095, 2096, 2097, 2098)
1994 Ed. (2096, 2111, 2112, 2119)
1995 Ed. (2163, 2164, 2165)
1996 Ed. (2183)
1997 Ed. (2295, 2298, 2299, 2302)
1998 Ed. (2015, 2023, 2027)
1999 Ed. (2776, 2782)
2001 Ed. (2790)
2002 Ed. (2644)
2003 Ed. (2852)
2004 Ed. (905, 2942)
2005 Ed. (2935, 2939)
2006 Ed. (2942, 2943)
2007 Ed. (2852, 2953, 2954)
2008 Ed. (2974, 3078, 3079)
2009 Ed. (3057, 3168, 3169)

2010 Ed. (2991, 3099, 3100)
2011 Ed. (3067, 3068)
2012 Ed. (3011)
2013 Ed. (3094)
2014 Ed. (3093)
2015 Ed. (3158)
2016 Ed. (3013)
Super A-Mart
2004 Ed. (3959)
Super Ahorro Pesos
2003 Ed. (3615)
Super al1loys
2007 Ed. (3701)
Super alloys
2006 Ed. (3707)
Super America Group
1998 Ed. (984)
Super Beta Prostate
2016 Ed. (2290)
Super Bowl
2009 Ed. (4512)
2013 Ed. (4475)
Super Bowl XII
1989 Ed. (2804)
"Super Bowl XII Game"
1992 Ed. (4246)
1995 Ed. (3581)
"Super Bowl XIII Game"
1992 Ed. (4246)
1995 Ed. (3581)
Super Bowl XIV
1989 Ed. (2804)
Super Bowl XIX
1989 Ed. (2804)
Super Bowl XL
2008 Ed. (4660)
Super Bowl XLI
2009 Ed. (4702)
Super Bowl XLIII
2011 Ed. (4673)
Super Bowl XVI
1989 Ed. (2804)
"Super Bowl XVI Game"
1992 Ed. (4246)
1995 Ed. (3581)
Super Bowl XVII
1989 Ed. (2804)
"Super Bowl XVII Game"
1992 Ed. (4246)
1995 Ed. (3581)
Super Bowl XVIII
1989 Ed. (2804)
Super Bowl XX
1989 Ed. (2804)
"Super Bowl XX Game"
1992 Ed. (4246)
1995 Ed. (3581)
Super Bowl XXI
1989 Ed. (2804)
Super Bowl XXIV Game
1992 Ed. (4252)
Super Bowl XXXIX
2007 Ed. (4740)
Super Bowl XXXVI
2004 Ed. (1009, 4685)
Super Bowl XXXVIII
2006 Ed. (4719)
Super Cheap Auto
2004 Ed. (4922)
Super Cheap Auto Group
2013 Ed. (4476)
Super Chief Credit Union
2002 Ed. (1866)
Super City
1991 Ed. (2633)
1992 Ed. (1825, 3283)
Super Corinex
1996 Ed. (1547)
Super Coups
2002 Ed. (1978)
2005 Ed. (126)
2006 Ed. (129)
Super D
2016 Ed. (1407)
Super Duper Video
1994 Ed. (3626)
Super Excavators Inc
1995 Ed. (1167)
Super Excavators Inc.
1991 Ed. (1086)
1994 Ed. (1153)
2000 Ed. (1270)
Super Food Services
1989 Ed. (1445, 1451)
1990 Ed. (1814, 1818)
1991 Ed. (1731, 1737, 3255)
1992 Ed. (2173, 2180)
1993 Ed. (3488)
1994 Ed. (1997, 2001, 2002, 3658)
1995 Ed. (2050, 2056, 2057)

1996 Ed. (2052, 2053, 3826)
1997 Ed. (3875)
1998 Ed. (1868, 1875)
Super Freakonomics
2011 Ed. (531)
Super Group
2015 Ed. (2018)
Super Iron Out
2016 Ed. (3360)
Super Kmart
2004 Ed. (4609)
2005 Ed. (4544)
2006 Ed. (4624)
Super Kmart Center
1994 Ed. (2154)
1995 Ed. (2196)
1997 Ed. (1627, 1629, 2343)
1999 Ed. (2820)
Super Kmart Centers
1996 Ed. (2214)
1998 Ed. (2065)
2000 Ed. (2595)
2001 Ed. (4403)
Super Lustrious; Revlon
2005 Ed. (3292)
Super Lustrous
2001 Ed. (1906, 1907)
Super Lustrous; Revlon
2006 Ed. (3286)
Super Mario 3
1993 Ed. (3600)
Super Mario 64
1999 Ed. (4712)
2000 Ed. (4345)
Super Mario All Stars
1995 Ed. (3637)
Super Mario Bros. II-Nintendo
1991 Ed. (3409)
Super Mario Galaxy 2
2012 Ed. (4825)
Super Nintendo
1993 Ed. (3600)
1994 Ed. (3557)
1996 Ed. (3721)
Super Nintendo Donkey Kong Country
1997 Ed. (3773)
Super Nintendo Mortal Kombat III
1997 Ed. (3773)
Super Nintendo Set with Mario All Star
1997 Ed. (3773)
Super Nintendo System with Donkey
Kong
1997 Ed. (3773)
Super Ordinex
1998 Ed. (1271, 1351)
Super Pharm
2005 Ed. (49)
2006 Ed. (56)
Super Poligrip
2003 Ed. (1991)
2014 Ed. (3827)
2015 Ed. (3852)
Super premium beers
1991 Ed. (744)
Super Premium & micro/specialty beer
2001 Ed. (675)
Super Rite Foods Inc.
1989 Ed. (1451, 2778)
1990 Ed. (1818, 3454)
1993 Ed. (3489)
1994 Ed. (1998, 2002, 2003)
1995 Ed. (2051, 2052, 2054, 2055)
1996 Ed. (2047, 2050, 2051)
Super Saver
1989 Ed. (1255, 2901)
The Super Show
1996 Ed. (3728)
2002 Ed. (4644)
2003 Ed. (4774)
Super Slim
2002 Ed. (2009, 2010)
Super Soaker 50
1993 Ed. (3599, 3600)
1994 Ed. (3557, 3558)
Super-Sol
1991 Ed. (3274)
2000 Ed. (4185)
2003 Ed. (4591)
2004 Ed. (54)
Super Sound Red Jeep
1997 Ed. (3773)
Super Store Industries
2000 Ed. (2387, 2388)
2014 Ed. (2782)
Super Suckers
1997 Ed. (1113)
Super Suppers
2008 Ed. (881, 3605)
2009 Ed. (891, 3673)
Super Talk! Barbie Sun Jammer 4x4

1999 Ed. (4640)
Super Target
2004 Ed. (4609, 4610)
2005 Ed. (4138, 4544, 4545)
2006 Ed. (4624)
Super Teen
1994 Ed. (2792)
Super Trust of Australia
2003 Ed. (3956)
2004 Ed. (3082, 3963)
Super TV
1999 Ed. (1006)
Super Valu Stores
1989 Ed. (1445, 1449, 1451, 2474, 2478)
1990 Ed. (1957, 3495)
1991 Ed. (1731, 1734, 1737, 1862, 2471, 3098, 3103, 3253, 3255)
1992 Ed. (2173, 2176, 2180, 2351, 3547, 3933, 3938, 4165)
1993 Ed. (1874, 1998, 3220, 3241, 3488, 3490, 3491)
1994 Ed. (1223, 1860, 1863, 1991, 1997, 1999, 2000, 2003, 2939, 3234, 3270, 3466, 3658)
Super Video Stores
1995 Ed. (3701)
1996 Ed. (3788)
1997 Ed. (3842, 3843)
Super Vision International Inc.
2002 Ed. (2489)
2003 Ed. (2714)
Super Wal-Mart
2004 Ed. (4640)
Super Wash
2004 Ed. (282)
2005 Ed. (290, 904)
2006 Ed. (311, 819)
2007 Ed. (308, 905)
2008 Ed. (295)
Super Wash Car Wash
2006 Ed. (363)
Super Wernets
2003 Ed. (1991)
Superalloys
2001 Ed. (1296, 3547, 4649, 4665)
Superama
2014 Ed. (690)
Superbanco
2005 Ed. (478)
"Superbowl"
1993 Ed. (3525)
"Superbowl XII"
1993 Ed. (3542)
"Superbowl XIII"
1993 Ed. (3542)
"Superbowl XVI"
1993 Ed. (3542)
"Superbowl XVII"
1993 Ed. (3542)
"Superbowl XX"
1993 Ed. (3542)
"Superbowl XXV"
1993 Ed. (3538)
"Superbowl XXV-Post Game 1"
1993 Ed. (3535)
Superbreak Mini-Holidays Ltd.
1993 Ed. (968)
Supercaic 4
1989 Ed. (2526)
Supercenters
2006 Ed. (4165)
Superchips
2005 Ed. (4743)
Superchurros
1995 Ed. (340)
Superclean
2006 Ed. (794, 795)
Superconductor
1989 Ed. (2343)
SuperCoups
2007 Ed. (122)
2008 Ed. (137)
2016 Ed. (801)
Supercuts
2003 Ed. (2675)
2004 Ed. (2789)
2005 Ed. (2780)
2006 Ed. (2752)
2007 Ed. (2759, 3827)
2008 Ed. (2876, 3887)
2009 Ed. (2938, 3950)
2010 Ed. (2874, 3862)
2011 Ed. (760, 2854, 3870)
2012 Ed. (698, 2785, 3849)
2013 Ed. (2852)
2014 Ed. (859, 2880)
2015 Ed. (897, 2918, 4866)
2016 Ed. (791, 2849)
Supercuts Holdings

2001 Ed. (2661)
SuperDimension
2012 Ed. (2848)
Superdrug
2001 Ed. (4574)
Superfish
2016 Ed. (1004, 1413, 2910, 4005)
Superfish Inc.
2016 Ed. (1414)
SuperFondo Acciones
2005 Ed. (3576)
Superford Financial
1992 Ed. (2441)
Superfos
1990 Ed. (3457)
1991 Ed. (1266)
Superfos AS
1995 Ed. (1371)
Superfos A/S - Koncern
1989 Ed. (1104)
Superfos ord.
1991 Ed. (1106)
Superfreakonomics
2011 Ed. (494)
Superfund Preferred
1996 Ed. (1060)
SuperGlass Windshield Repair
2002 Ed. (403, 2359)
2003 Ed. (350)
2004 Ed. (331)
2005 Ed. (333)
2006 Ed. (347)
2007 Ed. (332)
2008 Ed. (319)
2009 Ed. (341)
2010 Ed. (321)
2011 Ed. (245)
2012 Ed. (266, 701)
2013 Ed. (282)
2014 Ed. (286)
2015 Ed. (318)
Supergo
2006 Ed. (799)
SuperGraphics
2014 Ed. (4101)
SuperGreen Solutions
2015 Ed. (4463)
Supergroup
2016 Ed. (3757)
SuperH
2001 Ed. (3303)
Superia Radiatoren NV
2005 Ed. (1516)
Superior
2000 Ed. (498, 501)
2001 Ed. (683)
Superior Air Handling Corp.
2005 Ed. (1320)
2006 Ed. (1292, 1350)
2008 Ed. (1264)
2009 Ed. (1240)
2011 Ed. (1306)
2012 Ed. (1133)
2013 Ed. (1279)
2014 Ed. (1212)
2015 Ed. (1270)
Superior Automotive Group
2014 Ed. (1372, 1380)
Superior Bank
1994 Ed. (3142)
2010 Ed. (4417)
2011 Ed. (4361, 4362)
2012 Ed. (4401, 4402)
Superior Bank, FSB
1991 Ed. (2920)
1992 Ed. (3799)
1996 Ed. (3284)
1997 Ed. (3381)
1998 Ed. (3154, 3537, 3543)
1999 Ed. (4598)
2000 Ed. (4248)
2001 Ed. (4524, 4525, 4526, 4527)
2002 Ed. (4130, 4620)
Superior Brands
1993 Ed. (2817)
1994 Ed. (2832)
Superior Bulk Logistics
2006 Ed. (4657)
2007 Ed. (4677, 4849)
2008 Ed. (4588)
2009 Ed. (4632)
2010 Ed. (4821)
2011 Ed. (4770, 4780)
2012 Ed. (4615)
2013 Ed. (4562, 4764)
2014 Ed. (4617, 4815)
2015 Ed. (4616, 4850)
2016 Ed. (4535, 4754)
Superior Business Forms
1989 Ed. (831)

1990 Ed. (848)
1991 Ed. (810)
1992 Ed. (990)
1993 Ed. (787)
Superior Carpet Corp.
1996 Ed. (1923)
1997 Ed. (2016)
Superior Carriers
1997 Ed. (3809)
1998 Ed. (3639)
1999 Ed. (4533)
2001 Ed. (4441, 4645)
2003 Ed. (4790)
2005 Ed. (4591, 4592)
2006 Ed. (4809)
Superior Communications Inc.
2012 Ed. (3707)
2014 Ed. (3686)
Superior Concrete Contractors
2006 Ed. (1237)
Superior Construction Co.
2011 Ed. (1226)
Superior Consultant Co.
2006 Ed. (2774)
Superior Credit Union
2011 Ed. (2210)
2012 Ed. (2028)
2013 Ed. (2253)
2014 Ed. (2185)
2015 Ed. (2249)
2016 Ed. (2220)
Superior Design International Inc.
2002 Ed. (2538, 2561)
2003 Ed. (2746)
2006 Ed. (2836, 3530, 4369)
2007 Ed. (2840, 3583)
2008 Ed. (2959, 2966, 3724)
2009 Ed. (3046)
2010 Ed. (2970)
2011 Ed. (2933)
2012 Ed. (2866)
Superior Electrical Contractors Inc.
1999 Ed. (4813)
Superior Energy
1999 Ed. (2617, 4324)
2015 Ed. (1791)
Superior Energy Services
2015 Ed. (2072)
Superior Energy Services Inc.
2009 Ed. (2924)
2010 Ed. (2861, 3872)
2014 Ed. (1745)
2015 Ed. (3885, 4106)
2016 Ed. (3794)
Superior Essex Inc.
2007 Ed. (1190)
2008 Ed. (2418)
Superior Farms
1999 Ed. (3322, 3866)
2008 Ed. (3611)
2009 Ed. (3678)
2010 Ed. (3593, 3597)
2012 Ed. (3591)
2013 Ed. (3637, 3640, 3645)
2015 Ed. (3593)
Superior Federal Bank, FSB
2003 Ed. (4268, 4274)
Superior Foods Cos.
2014 Ed. (2783)
Superior Foods Inc.
2009 Ed. (2840)
Superior Forestry Service Inc.
2007 Ed. (2639)
Superior, FSB
2002 Ed. (4132)
Superior Graphite Co.
2003 Ed. (3308, 3309)
The Superior Group
2005 Ed. (3900)
2006 Ed. (3970)
Superior Industrial International Inc.
2007 Ed. (2230)
2008 Ed. (2370)
Superior Industries
1990 Ed. (391, 392)
1991 Ed. (343, 344)
1992 Ed. (471, 473, 476, 477)
Superior Industries International Inc.
1994 Ed. (327)
1997 Ed. (2387)
1999 Ed. (3266)
2004 Ed. (313)
2005 Ed. (312)
Superior Internet Solutions
2009 Ed. (4124)
Superior Maintenance Co.
2006 Ed. (3515, 4354)
Superior Mill Services
2016 Ed. (4781)
Superior Offshore International

2009 Ed. (4398)
Superior Oil Co.
1989 Ed. (1023)
1990 Ed. (1235)
Superior Plus
2010 Ed. (4595)
2011 Ed. (1561, 4926)
2015 Ed. (4973)
Superior Plus Corp.
2014 Ed. (1499)
2016 Ed. (2379)
Superior Plus Income Fund
2004 Ed. (3173)
2006 Ed. (4857)
2007 Ed. (4365, 4860)
2008 Ed. (4783, 4921)
2009 Ed. (4815, 4935)
2010 Ed. (4833, 4943)
2011 Ed. (4290)
Superior Pontiac
1995 Ed. (283)
Superior Printing Ink Co., Inc.
1994 Ed. (2934)
1999 Ed. (3899)
2001 Ed. (2876, 2878)
Superior Products
1990 Ed. (1839)
Superior Products Manufacturing Co.
1991 Ed. (1757)
1992 Ed. (2206)
1993 Ed. (1887)
1995 Ed. (1919)
1996 Ed. (1955)
1997 Ed. (2060)
2000 Ed. (2243)
Superior Products Marketing
1997 Ed. (2061)
Superior Seedless
2001 Ed. (4870)
2002 Ed. (4968)
Superior Services Inc.
1996 Ed. (2064, 2065, 2068)
1997 Ed. (2222, 2227)
2000 Ed. (1300)
Superior Staffing Services Inc.
2006 Ed. (3530)
Superior Super Concepts Inc.
2009 Ed. (4611)
Superior Surgical
1992 Ed. (1227)
1993 Ed. (997, 998)
1994 Ed. (1029, 1030)
Superior Surgical Manufacturing
1995 Ed. (1036)
Superior Telecom Inc.
1999 Ed. (2625)
Superior TeleCommunications Inc.
2001 Ed. (1258, 4449)
Superior TeleTec
1991 Ed. (1872, 3139)
1992 Ed. (2365, 3985)
1995 Ed. (214)
Superior Tomato & Avocado Co. Inc.
1995 Ed. (2107)
Superior Uniform Group
2016 Ed. (896, 1559)
Superior Video
2002 Ed. (4753)
2004 Ed. (4842)
Superior Warehouse
2004 Ed. (4642)
Superior Wash
2011 Ed. (220)
Superior Well Services Inc.
2007 Ed. (1954)
2008 Ed. (2038, 2042, 2043, 2044,
2050)
2009 Ed. (2001, 2007)
2010 Ed. (1945)
Superior Workforce Solutions Inc.
2016 Ed. (4951)
SuperK Supercenters
2005 Ed. (4543)
Superkings
2001 Ed. (1233)
Superlights
1991 Ed. (34)
Superman Returns
2008 Ed. (3756)
Superman/Batman Group
1996 Ed. (2959)
Supermarket
1990 Ed. (267, 1191, 2802)
Supermarket General
1990 Ed. (1040)
Supermarket News
2005 Ed. (830)
2006 Ed. (756)
2007 Ed. (158, 160)
2008 Ed. (815)

2009 Ed. (840)
2012 Ed. (658)
Supermarkets
1989 Ed. (1242, 1243)
1990 Ed. (722, 1193, 1432)
1991 Ed. (880, 1978)
1992 Ed. (3725, 4003)
1995 Ed. (678, 1533, 3402, 3506,
3545, 3710)
1996 Ed. (2987, 3467, 3797)
1997 Ed. (2065, 3057, 3716, 3849)
1998 Ed. (790, 791, 994, 1744, 1862,
1975, 2053, 2102, 3090, 3092,
3321, 3680)
1999 Ed. (2485, 3710, 3823, 4089,
4360, 4506)
2000 Ed. (3546, 3579, 3802, 3861,
4061, 4067)
2001 Ed. (681, 2813, 3522, 3784,
4436)
2002 Ed. (2719)
2004 Ed. (3892, 3893)
2005 Ed. (1602)
2007 Ed. (1516)
2008 Ed. (1161, 1498, 4020, 4702)
2011 Ed. (3776)
Supermarkets General Corp.
1989 Ed. (920)
1990 Ed. (1039, 2676, 3497)
1991 Ed. (947, 948, 949, 968, 969,
2578, 3258, 3260)
1992 Ed. (1183, 1203, 3217, 3547,
4168, 4169)
1993 Ed. (958, 2706, 3496)
1994 Ed. (1004, 1005, 2656, 3215)
1995 Ed. (2758)
1997 Ed. (3176, 3668)
Supermarkets General Holdings Corp.
1991 Ed. (947, 948)
1992 Ed. (4170, 4171)
1993 Ed. (979, 3221, 3497)
1996 Ed. (1427, 1929)
1997 Ed. (1287)
2007 Ed. (1913)
2008 Ed. (1976)
2009 Ed. (1930)
Supermarkets & grocery stores
2002 Ed. (2779, 2780)
Supermaterials
1996 Ed. (2104)
SuperMedia Inc.
2015 Ed. (348)
Supermedia Inc.
2012 Ed. (4166, 4168, 4675)
Supermercado Stock
2006 Ed. (74)
2007 Ed. (65)
Supermercados Amigo Inc.
2004 Ed. (1671, 1672, 4196)
Supermercados de Este
2005 Ed. (4117)
Supermercados Econo Inc.
2004 Ed. (1671, 1672, 4196)
2016 Ed. (1970)
Supermercados Grande/Catano
2006 Ed. (1999, 4168)
2007 Ed. (1964, 4189)
Supermercados La Favorita
1989 Ed. (1105)
2002 Ed. (4407, 4408)
2006 Ed. (4497, 4498)
Supermercados Maximo Inc.
2016 Ed. (4232)
Supermercados MR Special Inc.
2015 Ed. (2003)
2016 Ed. (1970)
Supermercados Mr. Special Inc.
2004 Ed. (4196)
2005 Ed. (4117)
2006 Ed. (2000, 4168)
2007 Ed. (1963, 4189)
2016 Ed. (4232)
Supermercados Peruanos
2011 Ed. (2005)
2012 Ed. (1854)
2013 Ed. (2012)
Supermercados Rey
2006 Ed. (73)
2007 Ed. (64)
Supermercados S-MART
2013 Ed. (1849)
2014 Ed. (1779)
2015 Ed. (1823)
Supermercados Selectos Inc.
2004 Ed. (4196)
Superna Business Consulting Inc.
2016 Ed. (1485, 3103)
Superna Inc.
2015 Ed. (1547)
Supernatural

2001 Ed. (3407)
Superpages.com
2011 Ed. (181)
SuperPetz
1999 Ed. (3792)
2001 Ed. (3734)
Superpremium
2005 Ed. (4948)
Superseal
2003 Ed. (1229)
2005 Ed. (1265)
2007 Ed. (3970)
SuperShuttle
2010 Ed. (294, 4785)
Supersol
1992 Ed. (58)
1994 Ed. (27)
2008 Ed. (50)
2009 Ed. (57)
2010 Ed. (67)
Supersonic SA
1996 Ed. (1413)
Supersorb Minerals
2002 Ed. (1582)
Superstar Investor
2002 Ed. (4832)
Superstay; Maybelline
2008 Ed. (3449)
Superstition Springs Auto Group
2008 Ed. (167)
Superstition Springs Chrysler Jeep
2007 Ed. (189)
Superstores
1993 Ed. (2563, 2742)
1995 Ed. (3506)
SuperTarget
1998 Ed. (2065)
1999 Ed. (2820)
2000 Ed. (2595)
2001 Ed. (4403)
2004 Ed. (4634)
2005 Ed. (4543)
2007 Ed. (4618)
2008 Ed. (4565)
2009 Ed. (4595)
2012 Ed. (3782)
2013 Ed. (3849)
2014 Ed. (3775)
2015 Ed. (3795)
2016 Ed. (3708)
Supertex
2009 Ed. (4458)
SuperValu
2014 Ed. (1335, 4330, 4932)
2015 Ed. (1390, 4354)
Supervalu
2013 Ed. (2008)
2014 Ed. (2294)
SuperValu Employees Credit Union
2004 Ed. (1935)
SuperValu Holdings Inc.
2001 Ed. (1795, 4829)
2007 Ed. (1883)
SuperValu Inc.
1994 Ed. (1244, 3216)
1995 Ed. (1884, 2050, 2052, 2056,
3298, 3533, 3728)
1996 Ed. (1421, 1930, 2046, 2048,
2052, 3621, 3822, 3824, 3825,
3826)
1997 Ed. (1481, 2027, 3672, 3674,
3675, 3873, 3874, 3875, 3876,
3877, 3880)
1998 Ed. (1177, 1719, 1869, 1875,
3450, 3452, 3453, 3709, 3710,
3712, 3713, 3714)
1999 Ed. (1707, 2464, 4519, 4755,
4757, 4758, 4759, 4762)
2000 Ed. (372, 1517, 2391, 2489,
4163, 4166, 4384, 4385, 4389)
2001 Ed. (1685, 1795, 2456, 2457,
2462, 4420, 4421, 4422, 4807,
4828, 4829)
2002 Ed. (1731, 2294, 4535, 4893,
4901, 4903)
2003 Ed. (1719, 1763, 1764, 2498,
2499, 4149, 4536, 4650, 4653,
4654, 4655, 4656, 4657, 4658,
4659, 4929, 4930, 4933, 4935,
4936)
2004 Ed. (1756, 1800, 1801, 2120,
4163, 4613, 4621, 4624, 4626,
4627, 4629, 4634, 4635, 4931,
4932, 4933, 4934, 4938, 4940,
4941)
2005 Ed. (1870, 1871, 1872, 1943,
2221, 2237, 2238, 4100, 4546,
4548, 4550, 4551, 4553, 4556,
4557, 4563, 4913, 4914, 4915,
4916)

2006 Ed. (1887, 1891, 1892, 2290, 2295, 2299, 2300, 2714, 4152, 4625, 4627, 4629, 4632, 4634, 4635, 4636, 4637, 4638, 4639, 4947, 4948)
2007 Ed. (909, 914, 1883, 1884, 1885, 2710, 4173, 4612, 4623, 4624, 4625, 4626, 4628, 4953, 4954, 4955)
2008 Ed. (1405, 1934, 1935, 1936, 1939, 1940, 3445, 3612, 4062, 4560, 4561, 4564, 4568, 4569, 4570, 4571, 4572)
2009 Ed. (1444, 1761, 1880, 1892, 1894, 1895, 1898, 1899, 1900, 2347, 2895, 3106, 3679, 4176, 4308, 4311, 4590, 4591, 4592, 4593, 4594, 4596, 4598, 4600, 4601, 4602, 4603, 4604, 4605, 4606, 4608, 4611, 4613, 4614, 4616, 4617, 4618, 4619, 4621)
2010 Ed. (849, 1828, 1831, 1834, 1836, 2272, 2845, 3039, 4286, 4288, 4292, 4624, 4625, 4626, 4627, 4628, 4629, 4630, 4631, 4632, 4633, 4634, 4635, 4636, 4644, 4645, 4646, 4647)
2011 Ed. (1424, 1857, 1859, 1862, 1865, 1867, 2278, 3601, 4280, 4476, 4580, 4581, 4583, 4584, 4585, 4586, 4587, 4588, 4589, 4591, 4596)
2012 Ed. (1374, 1712, 1714, 1718, 1721, 1723, 2170, 2750, 4587, 4588, 4590, 4594, 4596, 4597, 4598)
2013 Ed. (1869, 1872, 1877, 1880, 1882, 2371, 3024, 4530, 4537, 4541, 4542, 4543, 4545, 4549, 4551)
2014 Ed. (1801, 1804, 1809, 1812, 1814, 4113, 4595, 4598, 4599, 4600, 4603, 4606, 4608)
2015 Ed. (1842, 1844, 1849, 1852, 1854, 4594, 4595, 4596, 4603, 4604)
2016 Ed. (1805, 1815, 1816, 4516, 4517, 4525, 4526)
SuperValu Operations Inc.
2001 Ed. (1841)
SuperValu Retail
2003 Ed. (4651)
SuperValu Supermarkets
2008 Ed. (4567)
2009 Ed. (4597)
SuperValu Transportation Inc.
2004 Ed. (4764)
2005 Ed. (3929)
2006 Ed. (4064, 4851)
2007 Ed. (4111)
Supervalue
2000 Ed. (2385)
Suppiger; Erik L.
2011 Ed. (3359, 3375)
Supplemental Health Care
2011 Ed. (3769, 3771)
2013 Ed. (3837)
2014 Ed. (3757)
2016 Ed. (3694)
Supplemental Healthcare
2012 Ed. (3772, 3774)
Supplemental life insurance
1989 Ed. (2183)
Supplemental medical benefits
1989 Ed. (2183)
Supplements
1998 Ed. (3681)
2004 Ed. (3666)
Supplier
2005 Ed. (2684)
SupplierMarket.com
2001 Ed. (4759)
Supply Chain Management Inc.
2002 Ed. (1991)
2003 Ed. (1708)
Supply Music
2013 Ed. (3811)
2015 Ed. (3759)
2016 Ed. (3667)
Supply Source Inc.
2015 Ed. (3019)
SupplyCore
2005 Ed. (4092)
SupplyOn
2003 Ed. (2155)
Support devices
2004 Ed. (2617)
Support services
2009 Ed. (3819)
Support Services of America

2005 Ed. (4036)
Support specialist
2005 Ed. (2384)
Support System
1992 Ed. (3277)
Support Systems
1990 Ed. (2723)
1991 Ed. (2622)
Support Systems International
1990 Ed. (2528)
Support.com Inc.
2013 Ed. (1107, 1111)
2015 Ed. (1107)
Suppositories
1990 Ed. (1194)
Supranationals
1992 Ed. (2038, 2039)
Supre
2002 Ed. (3786)
Suprema
2015 Ed. (2036)
Suprema Specialties Inc.
2004 Ed. (2770)
Supreme Cable Manufacturing Co.
1989 Ed. (1127)
1990 Ed. (1381)
1991 Ed. (1303)
1992 Ed. (1637)
Supreme Corp
1990 Ed. (1397)
Supreme Corp.
1989 Ed. (1139)
Supreme Education Col.
2010 Ed. (93)
Supreme Gear Co.
2006 Ed. (3524, 4363)
2007 Ed. (3574, 4431)
Supreme Group Inc.
2011 Ed. (1099)
Supreme International Inc.
1994 Ed. (2049)
1996 Ed. (2109, 2889, 3823)
1997 Ed. (2223, 2977, 3872)
1998 Ed. (1938, 3711)
1999 Ed. (2675, 4756)
2000 Ed. (3033)
2001 Ed. (2716)
2002 Ed. (2564)
2006 Ed. (2832)
Supreme Janitorial & Maintenance Co. Inc.
1995 Ed. (2592)
1998 Ed. (2517)
1999 Ed. (3425)
Supreme Janitorial Service
2000 Ed. (4433)
Supreme Lending
2015 Ed. (1657)
Supreme Life Insurance Co. of America
1991 Ed. (2144)
1992 Ed. (2707)
1993 Ed. (2253)
Supreme Life Insurance Company of America
1990 Ed. (2275)
Supreme Life of America
1989 Ed. (1690)
Supreme Management & Service Co. Inc.
1994 Ed. (2533)
Supreme Protein
2016 Ed. (4384, 4395)
Supremex Income Fund
2011 Ed. (3804, 3817)
Supremex Inc.
2007 Ed. (3762, 3776)
2015 Ed. (3818)
Supremia International Inc.
2014 Ed. (3564)
Sur-Gro Plant Food
2013 Ed. (109)
2014 Ed. (116)
2015 Ed. (133)
2016 Ed. (139)
Sur La Table
2008 Ed. (865)
Sura Mahathip Co. Ltd.
1991 Ed. (1358)
1995 Ed. (1502)
1997 Ed. (1525)
Suraj Kalia
2011 Ed. (3363)
Suram Trading Corp.
1993 Ed. (2040)
1994 Ed. (2055, 2057)
1995 Ed. (2104, 2108, 2109, 3727)
1996 Ed. (2066, 2067, 3823)
1997 Ed. (3872)
1999 Ed. (4756)
2000 Ed. (4386)

2001 Ed. (2716)
Suramericana
2007 Ed. (3111)
2008 Ed. (1669, 3256)
2010 Ed. (3245)
Suramericana de Inversiones
2002 Ed. (4394, 4395, 4398)
Suramericana Vida
2007 Ed. (3111)
2008 Ed. (3256)
2010 Ed. (3245)
Suraminv
2006 Ed. (4493)
Surat District Co-Operative Milk Producers' Union Ltd.
2007 Ed. (3411)
Sure
1990 Ed. (3546)
1992 Ed. (1783, 3404)
1993 Ed. (1474)
1994 Ed. (1518, 2819)
1995 Ed. (1549)
1996 Ed. (1530, 2988)
1997 Ed. (1589)
1998 Ed. (1256, 1257)
1999 Ed. (3772, 3779)
2000 Ed. (1658, 1659, 3506)
2001 Ed. (1990)
2002 Ed. (3644)
2003 Ed. (2001, 2003)
2008 Ed. (711)
2009 Ed. (721)
2010 Ed. (644)
Sure 24 Hour Intensive Care
2001 Ed. (3726)
Sure Care
1999 Ed. (27)
2003 Ed. (14, 3775)
Sure Care Slip On
2003 Ed. (14)
Sure Steel Inc.
2006 Ed. (1172)
2011 Ed. (1091)
2013 Ed. (1264, 1281)
2014 Ed. (1214)
2015 Ed. (1272)
2016 Ed. (1187)
Sure Step
2002 Ed. (1972)
SURE Tire
2006 Ed. (4745)
SureBeam Corp.
2003 Ed. (4321)
SureCall
2016 Ed. (3615)
SureFire Commerce Inc.
2002 Ed. (1604)
2003 Ed. (2934, 2937)
SurePayroll
2007 Ed. (2357)
2008 Ed. (2480)
SurePoint Lending
2008 Ed. (1879)
2010 Ed. (1775)
Surepoint Services Inc.
2008 Ed. (1549)
Suretrade Inc.
2001 Ed. (2973, 4200)
suretrade.com
2001 Ed. (2974)
Surety Bank
1995 Ed. (494)
Surevue
1995 Ed. (2815)
Sureway Construction Group
2010 Ed. (1462)
2011 Ed. (1099)
SureWay Marketing Services
2014 Ed. (4079)
2015 Ed. (4064)
SureWay Printing & Graphics LLC
2010 Ed. (4023, 4025)
SureWest Communications
2004 Ed. (4584)
Surewest Financial Corp.
2016 Ed. (2002)
Surf
1990 Ed. (3548)
1991 Ed. (3324)
1992 Ed. (1175, 1799, 4234)
1993 Ed. (953)
1994 Ed. (981, 1525)
1995 Ed. (995, 1558)
1996 Ed. (1541)
1998 Ed. (746)
1999 Ed. (1181, 1837, 1839)
2000 Ed. (1095)
2001 Ed. (1241, 2000, 2001)
2002 Ed. (1961, 1963, 1965, 1966, 2227)

2003 Ed. (2040, 2043, 2044, 2045)
2004 Ed. (2093)
2005 Ed. (2197)
2006 Ed. (2258)
2007 Ed. (2197)
2008 Ed. (717, 2331)
2009 Ed. (2318)
2010 Ed. (2248)
Surf City Squeeze
2007 Ed. (3293)
2008 Ed. (2663, 3408)
2009 Ed. (3468)
2010 Ed. (3406)
2011 Ed. (3391)
2012 Ed. (3359)
2013 Ed. (3430)
2014 Ed. (3430)
2015 Ed. (3463)
2016 Ed. (3312)
Surface Doctor
1999 Ed. (2521)
Surface Mount Distribution, Inc.
2002 Ed. (2092)
Surface Protection Industries Inc.
1993 Ed. (2583)
1995 Ed. (2590)
1996 Ed. (2660)
1997 Ed. (2801)
1998 Ed. (2515)
1999 Ed. (3423)
Surface Specialists Systems Inc.
2002 Ed. (2288)
2003 Ed. (2123)
2010 Ed. (2299)
2011 Ed. (2297)
Surface Transportation Program
1993 Ed. (3619)
Surface water
2000 Ed. (3564)
Surfaces
2004 Ed. (4755)
Surfas Culinary District
2014 Ed. (2698)
2015 Ed. (2800)
SurfControl
2004 Ed. (2215)
Surfing the Internet
2000 Ed. (1048)
SurfStitch Pty. Ltd.
2013 Ed. (2899)
Surge
1999 Ed. (3597)
Surge Resources Inc.
2015 Ed. (1885)
2016 Ed. (1847)
Surgeon
1989 Ed. (2084, 2092, 2096)
2008 Ed. (3809)
"Surgeon General Candidate"
2016 Ed. (2283)
Surgeon, oral & maxillofacial
2008 Ed. (3809)
Surgeons
2005 Ed. (3626)
2009 Ed. (3862)
Surgery center
2001 Ed. (3598)
Surgery centers
2003 Ed. (2691)
Surgery, general
2004 Ed. (3900)
2006 Ed. (3907)
2008 Ed. (3985)
Surgery, orthopedic
2004 Ed. (3900)
2008 Ed. (3985)
Surgery, urgent/primary care
2001 Ed. (2686)
Surgetneftegas
2001 Ed. (1694)
Surgical
2007 Ed. (157)
Surgical appliances
1996 Ed. (2566)
Surgical Care Affiliates Inc.
1992 Ed. (2366, 3987)
1993 Ed. (2017, 3465)
1994 Ed. (2017, 2706)
1995 Ed. (1232, 2769)
1997 Ed. (1259, 2178, 3641)
Surgical Care Affiliates LLC
2010 Ed. (1457)
Surgical Health Corp.
1997 Ed. (1234, 2206)
Surgical, medical, and dental instruments
2001 Ed. (3604)
Surgical & medical instruments
1996 Ed. (2566)
2010 Ed. (3529, 3530)

2011 Ed. (3528, 3529)
Surgical technologists
1992 Ed. (3282)
Surgient Inc.
2006 Ed. (1130, 1131)
2008 Ed. (1134)
2009 Ed. (1113)
Surgutneftegas
2002 Ed. (1637, 4461, 4462, 4464)
2006 Ed. (2006)
2007 Ed. (3868)
2012 Ed. (3919)
2013 Ed. (3969)
2014 Ed. (3911, 3917, 4036, 4066)
2015 Ed. (3928, 3944, 3951)
2016 Ed. (3861, 3868)
Surgutneftegas OAO
2005 Ed. (3773, 3777)
2009 Ed. (3991)
Surgutneftegas Oil
2006 Ed. (2005)
2007 Ed. (1970)
Surgutneftegas; OJSC
2006 Ed. (1697, 4532, 4533)
2008 Ed. (1816, 1840, 2064, 2065,
2066, 3680, 3924, 3927)
2009 Ed. (2032, 2033, 3994)
2010 Ed. (1726, 1729, 1731, 1964,
1965, 1966, 3894, 3900)
2011 Ed. (2025, 2026, 3909, 3912)
2012 Ed. (1875, 3894)
2013 Ed. (2035, 2036, 3957)
2014 Ed. (1970, 1971)
2015 Ed. (2015, 2016)
2016 Ed. (1986, 1988)
Surgutneftegaz
1996 Ed. (3098)
2003 Ed. (1816, 3301, 3302)
2005 Ed. (1958, 3789)
2014 Ed. (2469)
Surgutneftegaz Holding
1997 Ed. (1502)
Surgutneftegaz; OAO
2008 Ed. (3577)
2009 Ed. (3648)
2010 Ed. (3566)
2011 Ed. (3569)
2012 Ed. (3562)
2013 Ed. (3599)
Surgutneftegaz; OJSC
2015 Ed. (2540)
2016 Ed. (2467)
Surgutneftgas
2011 Ed. (1725)
Suria
2000 Ed. (2885)
Surin Atkoon
2015 Ed. (4965)
Surinaamsche Bank NV
1989 Ed. (682)
1991 Ed. (667)
1993 Ed. (636)
1995 Ed. (612)
1997 Ed. (620)
Surinaamsche Bank NV (De)
1992 Ed. (840)
1994 Ed. (639)
1996 Ed. (686)
Surinam
2006 Ed. (235)
Surinam Airways
2013 Ed. (137)
Suriname
1992 Ed. (2361)
2001 Ed. (668)
2003 Ed. (654)
2004 Ed. (663)
2005 Ed. (647)
2006 Ed. (549)
2007 Ed. (583)
2008 Ed. (533)
2009 Ed. (568)
2010 Ed. (282, 551, 1063, 2405,
2589, 2840, 3400, 3749, 3838,
4842)
2011 Ed. (205, 477, 2406, 2822,
3388, 3749, 3841)
2012 Ed. (2199)
2013 Ed. (1067, 2386, 2830, 3826)
2014 Ed. (2222, 2323, 2871, 3178,
3748, 3749)
2015 Ed. (3772, 3773)
2016 Ed. (3687, 3688)
Suris; Oscar
2012 Ed. (2489)
SurLaTable.com
2013 Ed. (2475)
Surlean Foods
2010 Ed. (3591)
2011 Ed. (3598)

2016 Ed. (3443)
Surleon Foods
2012 Ed. (3580)
Surma; John
2011 Ed. (819, 853)
Surma; John P.
2008 Ed. (946)
2009 Ed. (945)
2010 Ed. (908)
2014 Ed. (2595)
2015 Ed. (2637)
SurModics Inc.
2002 Ed. (1502)
Surnitomo Corp.
2000 Ed. (4013)
Surplus Direct
1998 Ed. (3776)
1999 Ed. (3006, 4752)
Surrey Advertiser All Papers Group
2002 Ed. (3517)
Surrey Bank & Trust
2002 Ed. (3548, 3549)
2004 Ed. (402)
Surrey Credit Union
1990 Ed. (1459)
1992 Ed. (1755)
1993 Ed. (1451)
1995 Ed. (1537)
1997 Ed. (1571)
Surrey Metro Savings
2002 Ed. (1851)
Surrey Metro Savings Credit Union
1996 Ed. (1513)
1999 Ed. (1804)
Surry
1990 Ed. (2721)
Surteco AG
2006 Ed. (1736)
Surtigas SA ESP
2014 Ed. (1513)
Surveyor
1990 Ed. (2370)
Survivor
2006 Ed. (4719)
Survivor 2
2003 Ed. (4716)
Survivor: Heroes vs. Villains
2012 Ed. (4688)
Survivor: Nicaragua
2012 Ed. (4688)
Survivor: Pearl Islands
2005 Ed. (4665, 4666)
Survivor: Thailand
2004 Ed. (1916, 4450, 4692)
Survivors & Victims Empowered
2004 Ed. (935)
Surya Citra Televisi
2007 Ed. (44)
2008 Ed. (48)
2009 Ed. (55)
Surya N. Mohapatra
2011 Ed. (834)
Susa SA
1990 Ed. (24)
Susan Arnold
2006 Ed. (4974)
2007 Ed. (4974)
2008 Ed. (4948)
2009 Ed. (4971)
2010 Ed. (4980)
Susan Berresford
2004 Ed. (974)
2007 Ed. (3704)
2008 Ed. (3789)
2009 Ed. (3832)
Susan Boyle
2012 Ed. (3733, 3734)
Susan C. Kaplan
2009 Ed. (3442)
Susan Co
2014 Ed. (4910)
2015 Ed. (4950)
2016 Ed. (4866)
Susan D. Desmond-Hellman
2002 Ed. (4980)
Susan Decker
1993 Ed. (1775, 1821)
1994 Ed. (1759, 1804)
1995 Ed. (1800, 1842)
1996 Ed. (1775, 1820)
1997 Ed. (1894)
1998 Ed. (1665)
1999 Ed. (2255)
2000 Ed. (1979)
2005 Ed. (2513)
2006 Ed. (970)
2007 Ed. (1066)
2008 Ed. (968, 2636)
Susan Dell
2006 Ed. (3898)
Susannah Gray

Susan Desmond-Hellmann
2006 Ed. (2526)
2007 Ed. (2506, 4974)
2008 Ed. (2636)
Susan Dushock
1997 Ed. (1948)
1998 Ed. (1593, 1594)
1999 Ed. (2182)
Susan E. George
1990 Ed. (2660)
Susan E. Loggans & Associates
1990 Ed. (3706)
Susan Edwards
2009 Ed. (21)
2010 Ed. (30)
Susan Engel
2010 Ed. (2569)
Susan G. Komen for the Cure
2009 Ed. (3828)
2011 Ed. (1914, 1957, 1958, 1959,
1960, 1961)
2012 Ed. (1773, 1815, 1816, 1817,
1818, 1819)
Susan G. Wallace
1995 Ed. (933)
Susan Golding
1991 Ed. (2346)
Susan Graham
1999 Ed. (2311)
2000 Ed. (2087, 2093, 2130)
Susan Hirsch
1993 Ed. (1840)
1994 Ed. (1820)
1995 Ed. (1862)
Susan Hirt Hagen
2015 Ed. (4891)
2016 Ed. (4809)
Susan Ivey
2012 Ed. (4959)
2013 Ed. (4967)
Susan K. Lacey
1995 Ed. (2484)
Susan Kaplan
2011 Ed. (3330)
2012 Ed. (3317)
2013 Ed. (3389)
2014 Ed. (3391)
2015 Ed. (3425)
2016 Ed. (3285)
Susan Knight
2010 Ed. (2569)
Susan Leadem
1999 Ed. (2302)
2000 Ed. (2078, 2088)
Susan M. Ivey
2009 Ed. (1086)
2010 Ed. (898)
2011 Ed. (832)
Susan Niczowski
2007 Ed. (4985)
2008 Ed. (4991)
2009 Ed. (4985)
2010 Ed. (4992)
2012 Ed. (4986)
2013 Ed. (4987)
2014 Ed. (4992)
Susan Passoni
1996 Ed. (1798)
1997 Ed. (1871)
1998 Ed. (1678)
Susan Piel
2014 Ed. (3467)
Susan Planchon
1992 Ed. (2906)
Susan Powter's Stop the Madness
1997 Ed. (2389)
Susan Roth
1998 Ed. (1598)
1999 Ed. (429, 2144, 2184)
2000 Ed. (2048)
Susan S. Planchon
1991 Ed. (2345)
1993 Ed. (2464)
Susan S. Wang
1995 Ed. (983)
Susan Suminski
2000 Ed. (3160, 4428)
Susan T. Buffett
2004 Ed. (4871)
Susan Thompson Buffett
2002 Ed. (3364)
Susan Thompson Buffett Foundation
2011 Ed. (2754, 2758)
2012 Ed. (2688, 2692)
Susan Wojcicki
2015 Ed. (5009)
2016 Ed. (4926)
Susana Ornelas
1996 Ed. (1897)

2000 Ed. (1941)
Susanne Klatten
2008 Ed. (4867)
2009 Ed. (4888)
2010 Ed. (4889, 4899)
2011 Ed. (4878)
2012 Ed. (4887)
2013 Ed. (4871)
2014 Ed. (4885)
2015 Ed. (4924)
2016 Ed. (4840)
Sushi House
2003 Ed. (3322, 3324)
Sushi Samba
2011 Ed. (4242)
Susie Peterson Case
1990 Ed. (1769)
Susie Tompkins
1993 Ed. (3731)
1994 Ed. (3667)
Susilo Wonowidjojo
2011 Ed. (4854)
2012 Ed. (4861)
2013 Ed. (4877)
2014 Ed. (4891)
2015 Ed. (4930)
2016 Ed. (4846)
Susquehanna
1992 Ed. (3550)
1996 Ed. (3100)
Susquehanna-2
1990 Ed. (2722)
Susquehanna Bancshares Inc.
2001 Ed. (577)
Susquehanna Bank Center
2010 Ed. (260)
2011 Ed. (180, 181)
2012 Ed. (190)
2013 Ed. (171)
2014 Ed. (176)
2015 Ed. (205)
2016 Ed. (196)
Susquehanna Financial Group
2007 Ed. (3259)
Susquehanna Media
2001 Ed. (3960)
Susquehanna Radio
2001 Ed. (3961)
2002 Ed. (3894)
2003 Ed. (4034)
Susquehanna University
1994 Ed. (1044)
1996 Ed. (1041)
1997 Ed. (1057)
1998 Ed. (795)
1999 Ed. (1224)
2001 Ed. (1321)
Susquehanna Valley Credit Union
2010 Ed. (2142)
Sussan Corp.
2002 Ed. (2708)
2004 Ed. (1652, 3959)
Susse Chalet
1998 Ed. (2015)
Susser Holdings
2010 Ed. (844, 4215)
2011 Ed. (770, 1350, 1355)
2013 Ed. (1364, 1389)
Sussex County Credit Union
2002 Ed. (1854)
2003 Ed. (1911)
2004 Ed. (1951)
2005 Ed. (2093)
2006 Ed. (2188)
2007 Ed. (2109)
2008 Ed. (2224)
2009 Ed. (2207)
2010 Ed. (2161)
2011 Ed. (2181)
2012 Ed. (2041)
2013 Ed. (2221)
2014 Ed. (2153)
2015 Ed. (2217)
2016 Ed. (2188)
Sussman & Associates
2007 Ed. (3607)
Sussman Shank LLP
2015 Ed. (1971)
Sustacal
1996 Ed. (1548)
1999 Ed. (1844)
Sustainable Building Systems LLC
2014 Ed. (3640)
Sustainable Supply
2015 Ed. (4322)
Sustained Delightful/Bleach
1997 Ed. (1587)
Sustiva
2001 Ed. (2099)
Susumu Kato

1996 Ed. (1889)
Suter; Ryan
  2015 Ed. (223)
Suter & Suter Corp.
  1991 Ed. (1558)
  1995 Ed. (1692, 1693)
Sutherland
  1990 Ed. (841)
  1996 Ed. (818, 827)
Sutherland, Asbill & Brennan
  1990 Ed. (2413)
  1991 Ed. (2279)
  1992 Ed. (2828)
  1993 Ed. (2391)
  2001 Ed. (796)
Sutherland; Duke of
  2010 Ed. (4923)
  2012 Ed. (4923)
  2013 Ed. (4905)
Sutherland Global Services Inc.
  2007 Ed. (292, 3583)
  2008 Ed. (269, 271, 3724)
  2009 Ed. (1938, 4428)
  2012 Ed. (4062, 4064)
  2013 Ed. (4102, 4103)
  2014 Ed. (4119)
Sutherland Group Ltd.
  2001 Ed. (1036)
Sutherland; Kiefer
  2008 Ed. (2590)
  2010 Ed. (2521)
  2012 Ed. (2441)
Sutherland Lumber Co.
  1992 Ed. (2419)
  1993 Ed. (2047)
  1996 Ed. (2134)
  1998 Ed. (1969, 1974)
  2009 Ed. (3087, 3088)
  2010 Ed. (3018, 3019)
  2011 Ed. (2988)
  2012 Ed. (2913)
  2013 Ed. (3000)
  2014 Ed. (3009)
  2015 Ed. (3077)
  2016 Ed. (2975)
Sutherland Lumber Co., L.P.
  2001 Ed. (2728, 2729)
Sutherland; Matthew
  1996 Ed. (1910)
  1997 Ed. (2000)
Sutherland Media Productions Inc.
  2007 Ed. (3613)
Sutherland; Peter
  2009 Ed. (4905)
  2010 Ed. (4906)
Sutherlands
  1995 Ed. (846, 848)
Sutherlin Mazda
  1995 Ed. (275)
Sutherlin; Michael W.
  2011 Ed. (826)
Sutherlin Nissan
  1992 Ed. (393)
  1994 Ed. (278)
  1995 Ed. (281)
Sutherlin Nissan; George
  1996 Ed. (281)
Sutherlin Nissan Inc.; Jake
  1994 Ed. (278)
Sutong; Pan
  2016 Ed. (4843)
Sutro & Co.
  1996 Ed. (833, 3365)
  1999 Ed. (3013)
  2000 Ed. (2756)
Sutter Basin Corp., Ltd.
  2002 Ed. (3558, 3562, 3563)
  2004 Ed. (4583)
Sutter Capital Management LLC
  2004 Ed. (4696)
Sutter Davis Hospital
  2009 Ed. (3146)
  2013 Ed. (3076)
Sutter Fairfield Medical Campus
  2016 Ed. (1432)
Sutter General Hospital
  2014 Ed. (3079)
Sutter Health
  1990 Ed. (2051)
  1996 Ed. (2705)
  1997 Ed. (2163, 2257, 2830)
  1998 Ed. (2216, 2550)
  1999 Ed. (2987, 2989, 2990, 2992, 3465, 3467)
  2000 Ed. (3184, 3186)
  2001 Ed. (2670)
  2002 Ed. (3295)
  2003 Ed. (2683, 3469, 3470)
  2005 Ed. (2789, 2790, 2793, 3181)

2006 Ed. (2759, 2760, 2763, 3588, 3591)
  2007 Ed. (2770, 2779)
  2008 Ed. (2888, 2889, 2891, 3166, 3171)
  2009 Ed. (2951, 2952, 2955)
  2010 Ed. (2892, 3344)
  2013 Ed. (2870)
  2014 Ed. (2903, 4115, 4116, 4117)
  2015 Ed. (2947)
  2016 Ed. (1431, 1434, 2878)
Sutter Home
  1992 Ed. (4447, 4453, 4458, 4464)
  1993 Ed. (3704, 3714, 3721)
  1994 Ed. (3663)
  1995 Ed. (3738, 3750, 3757, 3758, 3760, 3766)
  1996 Ed. (3836, 3849, 3855, 3856, 3858, 3860, 3864, 3865)
  1997 Ed. (3885, 3897, 3901, 3902)
  1998 Ed. (3439, 3723, 3730, 3738, 3742, 3748, 3750, 3752)
  1999 Ed. (4772, 4784, 4785, 4788, 4793, 4794, 4796, 4799, 4800)
  2000 Ed. (4408, 4409, 4412, 4418, 4421, 4424, 4426)
  2001 Ed. (4843, 4846, 4874, 4877, 4878, 4885, 4886, 4888, 4893, 4902)
  2002 Ed. (4923, 4926, 4938, 4946, 4947, 4948, 4955, 4960)
  2003 Ed. (4947, 4950, 4963, 4965)
  2004 Ed. (4951, 4952, 4964)
  2005 Ed. (4931, 4932, 4949, 4953, 4956)
  2006 Ed. (4961, 4962, 4964)
  2007 Ed. (4967)
  2008 Ed. (4936, 4937, 4938)
  2009 Ed. (4957, 4958)
  2010 Ed. (4966, 4967)
  2011 Ed. (4952, 4953, 4954)
  2012 Ed. (4949, 4950)
  2013 Ed. (4943)
  2014 Ed. (4955, 4956)
  2015 Ed. (4995, 4996, 4997)
  2016 Ed. (4911, 4912, 4914)
Sutter Home Winery
  2000 Ed. (4396)
Sutter Home Wines
  1991 Ed. (3494, 3496)
Sutter Insurance Services Corp.
  1997 Ed. (902)
  1998 Ed. (639)
  1999 Ed. (1032)
  2000 Ed. (982)
Sutter Medical Center of Santa Rosa
  2013 Ed. (1474)
  2014 Ed. (1436)
  2015 Ed. (1497)
Sutter Santa Rosa Regional Hospital
  2016 Ed. (1433)
Sutter Securities
  1996 Ed. (2348, 2355)
  1997 Ed. (3457)
  2000 Ed. (2758)
  2003 Ed. (4352)
Sutter Solano Medical Center
  2012 Ed. (1378)
  2013 Ed. (1473)
  2014 Ed. (1435)
  2016 Ed. (1432)
Sutter VNA & Hospice
  2012 Ed. (2798)
Suttle; Philip
  1996 Ed. (1895)
Sutton Auto Team
  2015 Ed. (107)
  2016 Ed. (114)
Sutton; Cece
  2006 Ed. (4979, 4980)
  2009 Ed. (4967)
Sutton & Edwards
  1990 Ed. (1036)
  2000 Ed. (3710)
Sutton Food Inc.
  2006 Ed. (3499)
Sutton Ford Inc.
  2007 Ed. (3537)
  2009 Ed. (3757)
Sutton Healthcare Group
  1990 Ed. (3079)
Sutton Holdings Corp.
  1991 Ed. (3332)
  1993 Ed. (3545)
Sutton; Percy
  2012 Ed. (110)
Sutton; Peter
  1996 Ed. (1866)
Sutton Place Hotel Kempinski
  1993 Ed. (2094)

Sutton & Sons
  2015 Ed. (4792)
  2016 Ed. (4696)
Suttons Motors
  2002 Ed. (383, 3785)
  2004 Ed. (1651, 3957)
Suunto
  2009 Ed. (1665, 1666)
SUVA
  1990 Ed. (2244)
  1991 Ed. (2158)
Suven Life Sciences
  2016 Ed. (1655)
Suwaidi; Sultan bin Nasser Al
  2013 Ed. (3490)
Suwyn; Mark
  2006 Ed. (2523)
Suzannah Farms
  1992 Ed. (4487)
Suzanne Al Houby
  2013 Ed. (3484)
Suzanne Allford
  1995 Ed. (1726)
Suzanne Collins
  2015 Ed. (252)
Suzanne Cook
  1989 Ed. (1417)
  1993 Ed. (1816)
Suzanne Evans Coaching
  2014 Ed. (2334)
Suzanne Johnson
  2007 Ed. (2506)
Suzanne Nora Johnson
  2008 Ed. (2636)
Suzanne Somers
  2006 Ed. (2499)
Suzanne's Diary for Nicholas
  2004 Ed. (747)
Suzano
  1991 Ed. (2914)
  1992 Ed. (1580, 3767)
Suzano de Papel e Celulose
  2007 Ed. (3417)
Suzano Papel e Celulose
  2012 Ed. (3801)
Suzano Papel e Celulose SA
  2013 Ed. (3868)
Suzhou, China
  2006 Ed. (1012)
  2007 Ed. (1098)
  2010 Ed. (3475)
  2011 Ed. (3482)
Suzhou Dongshan Precision Manufacturing
  2012 Ed. (4442)
Suzhou Gold Mantis Construction Decoration
  2016 Ed. (1501)
Suzhou Industrial Township
  1996 Ed. (2262)
Suzhou Venture Group Co., Ltd.
  2010 Ed. (807, 1074, 2384)
Suzi Wan
  1994 Ed. (1881)
Suzion Energy Ltd.
  2014 Ed. (4759)
Suzlon Energy
  2009 Ed. (3590)
Suzlon Wind Energy Corp.
  2007 Ed. (4962)
Suzuka Circuit
  1999 Ed. (273)
  2000 Ed. (301)
  2002 Ed. (313)
  2003 Ed. (272)
  2005 Ed. (248)
  2006 Ed. (267)
  2007 Ed. (272)
Suzuken
  2006 Ed. (4951)
  2007 Ed. (4959)
  2012 Ed. (3969)
  2013 Ed. (4010)
  2014 Ed. (3952)
  2015 Ed. (3991)
  2016 Ed. (3906)
Suzuki
  1989 Ed. (308)
  1990 Ed. (359)
  1992 Ed. (57, 462, 463, 3119)
  1993 Ed. (2609)
  1994 Ed. (2569)
  1995 Ed. (2624)
  1996 Ed. (2702)
  1998 Ed. (2541)
  2000 Ed. (3172, 3173, 3174)
  2006 Ed. (317)
  2007 Ed. (313)
  2013 Ed. (238)
  2015 Ed. (279)

2016 Ed. (275)
Suzuki Cars of Tulsa Inc.
  1992 Ed. (413)
Suzuki; Hiroyuki
  1996 Ed. (1879)
Suzuki; Ichiro
  2005 Ed. (267)
  2013 Ed. (187)
Suzuki Motor
  2016 Ed. (277)
Suzuki Motor Corp.
  1989 Ed. (35)
  1990 Ed. (1668)
  2001 Ed. (3398, 3399)
  2002 Ed. (390)
  2003 Ed. (322)
  2004 Ed. (293, 299)
  2007 Ed. (317)
  2008 Ed. (4755)
  2009 Ed. (75)
  2010 Ed. (65)
  2012 Ed. (247)
  2013 Ed. (237)
  2014 Ed. (239)
  2015 Ed. (278)
  2016 Ed. (274)
Suzuki Northeast
  1990 Ed. (321)
Suzuki of Denville
  1992 Ed. (413)
Suzuki Swift
  1994 Ed. (306)
  2000 Ed. (335)
Suzuki Swift (1-L I-3 engine)
  1991 Ed. (353)
Suzuki Swift (1-L I-3 with A3 transmission)
  1991 Ed. (353)
Suzuki Swift (1.3 L I-4 engine)
  1991 Ed. (353)
Suzuki; Takayuki
  1996 Ed. (1882)
  1997 Ed. (1988)
Suzuki Wagon R
  1999 Ed. (339)
Suzuki X-90
  2001 Ed. (491)
Suzy Bogguss
  1995 Ed. (1120)
Suzy & Shier
  1997 Ed. (1033)
Suzy Shier
  1996 Ed. (1013)
SV Handelsbanken
  1996 Ed. (3589, 3590)
SV Holdings NV
  2000 Ed. (1522)
SVA CPAs
  2013 Ed. (16)
  2014 Ed. (12)
SVA Group
  2009 Ed. (2464)
SVA-NEC Group
  2009 Ed. (1095, 2476)
SVB Financial
  2011 Ed. (274)
  2014 Ed. (2677)
SVB Financial Group
  2009 Ed. (389, 390)
  2010 Ed. (367)
  2015 Ed. (355)
  2016 Ed. (346, 359)
SVC Hawaii Management Inc.
  2013 Ed. (1675)
SVC Management Hawaii LLC
  2013 Ed. (1670)
Svedka
  2015 Ed. (202)
  2016 Ed. (192, 193)
Svendborg A/S; D/S
  2005 Ed. (1475, 1483, 1562)
Svensk Exportkredit
  1990 Ed. (898)
  1991 Ed. (849)
  1992 Ed. (1056, 1057)
Svensk Exportkredit AB
  2009 Ed. (541)
  2010 Ed. (524)
  2011 Ed. (453)
Svenska Cellulosa
  1990 Ed. (1422, 3477)
  1992 Ed. (1692)
  1993 Ed. (1403)
  1999 Ed. (1738, 2495)
Svenska Cellulosa AB
  1994 Ed. (1452, 2730)
  1995 Ed. (1492, 2834)
  1997 Ed. (1515, 2996)
  2005 Ed. (1966)
  2006 Ed. (1794, 1797, 2024, 2026,

2027, 3402, 3806, 3807)
2007 Ed. (1514, 1803, 1804, 1805,
1994, 1995, 1996, 2988, 2989,
3814, 3817, 3818)
2008 Ed. (2090, 2091, 3108, 3582,
3883)
2009 Ed. (1788, 2066, 3623, 3653,
3916)
2010 Ed. (2004, 3571, 3823, 3826)
2011 Ed. (2065, 2066, 3574, 3820,
3821, 3822, 3823, 3824, 3862)
2012 Ed. (1082, 1906, 1908, 1909,
3035, 3537, 3567, 3805, 3806,
3807, 3808, 3809, 3838, 3841)
2013 Ed. (1219, 2071, 2073, 3589,
3603, 3867, 3869, 3870, 3871,
3872, 3882, 3900)
2014 Ed. (1159, 2005, 3798, 3800,
3801, 3802, 3817, 3833)
2015 Ed. (1213, 1214, 3821, 3842,
3858)
2016 Ed. (3729, 3732, 3748, 3768)
Svenska Cellulosa AB (SCA)
1996 Ed. (1449, 2905)
2001 Ed. (1857, 3630, 3631)
2002 Ed. (1773, 3579)
Svenska Cellulosa Aktiebolaget
1991 Ed. (1351)
1992 Ed. (1693)
2005 Ed. (3718)
Svenska Cellulosa Aktiebolaget (SCA)
2000 Ed. (1559)
2001 Ed. (1856)
2003 Ed. (1827)
2004 Ed. (1528)
Svenska Cellulosa's Bakab Energi
1995 Ed. (1243)
Svenska Handelsbanken
1989 Ed. (579, 684, 685)
1990 Ed. (572, 596, 690)
1991 Ed. (550, 554, 669, 1350, 3221)
1992 Ed. (842, 2004)
1993 Ed. (521, 522, 526, 639, 1404,
3460)
1994 Ed. (642, 1451, 3257, 3258)
1995 Ed. (614)
1996 Ed. (688, 1448, 1449)
1997 Ed. (622, 1514, 3636)
1999 Ed. (644, 1737, 1739, 4482)
2000 Ed. (558, 669, 1558, 1560,
4123)
2004 Ed. (524, 625)
2005 Ed. (614)
2006 Ed. (527, 2026, 2027, 4575)
2007 Ed. (557)
2008 Ed. (509)
2009 Ed. (541)
2010 Ed. (524)
2011 Ed. (453)
2012 Ed. (413)
2013 Ed. (464)
2014 Ed. (479, 704)
2015 Ed. (539, 557, 749)
2016 Ed. (491, 492, 493, 676)
Svenska Handelsbanken AB
2001 Ed. (1857, 1858)
2002 Ed. (652, 1773, 1775)
2003 Ed. (616, 1828)
2007 Ed. (1997)
2008 Ed. (2091)
2009 Ed. (542, 777, 2063, 2066)
2010 Ed. (525, 718, 2004)
2011 Ed. (454, 2066)
2012 Ed. (1909)
2013 Ed. (465, 860, 2074)
2014 Ed. (480, 2006)
2015 Ed. (540, 2051)
2016 Ed. (2013)
Svenska Massan
2010 Ed. (1999)
Svenska Spel
2001 Ed. (81)
2004 Ed. (87)
2005 Ed. (82)
2006 Ed. (91)
2007 Ed. (81)
2008 Ed. (88)
Svenska Statoil AB
1994 Ed. (3661)
Svenskt Stal AB
2006 Ed. (3402)
2008 Ed. (3582)
2009 Ed. (3653)
2010 Ed. (3571)
2011 Ed. (3574)
Sverdrup Corp.
1990 Ed. (280, 1168, 1666)
1992 Ed. (355, 1376, 1952, 1955)
1993 Ed. (246, 1102, 1607, 1610)
1994 Ed. (235, 1125, 1643)

1995 Ed. (237, 1140, 1675, 1678,
1682)
1996 Ed. (234, 1113, 1658, 1665)
1997 Ed. (265, 1139, 1736, 1743)
1998 Ed. (1437, 1444, 1448, 1450)
1999 Ed. (283, 1332, 2017, 2020,
2022, 2026, 2031)
2000 Ed. (314, 1237, 1793)
Sverdrup CRSS
2001 Ed. (1398)
Sveriges Bostadsfinansieringaktiebolag
2009 Ed. (541)
2010 Ed. (524)
2011 Ed. (453)
Sveriges Riksbank
2009 Ed. (541)
2010 Ed. (524)
2011 Ed. (453)
Svet I Zvuk, Russia
2013 Ed. (3807)
2015 Ed. (3755)
2016 Ed. (3663)
SVG Capital
2006 Ed. (4881)
2007 Ed. (3290)
SVI Holdings, Inc.
2002 Ed. (2481)
2003 Ed. (2726)
Sviaz-bank
2010 Ed. (510)
Sviluppo Intermediazioni Commission-
aria Di Borsa Spa-Sviluppo Intermediazioni Sp
1994 Ed. (2065)
Svizzera Italiana
1991 Ed. (670)
SVRN Medical Service
1997 Ed. (2554)
SVS Dayanikli Tuketim Mallari Pazar-
lama VE Ticaret Ltd. STI
2016 Ed. (2069)
SVSZ a.s. Kosice
2002 Ed. (4470)
SVT Inc.
2003 Ed. (2724)
Svyturys
2002 Ed. (4440, 4441)
Svyturys Utenos Alas
2006 Ed. (65)
Svyturys-Utenos Alus
2009 Ed. (66)
2010 Ed. (76)
SW
2001 Ed. (534)
SW Providence Strategy Income
1997 Ed. (2917)
SW Steakhouse
2008 Ed. (4147)
Swagbucks.com
2013 Ed. (1460)
2014 Ed. (1422)
Swagelok Co.
2001 Ed. (1254)
2005 Ed. (3461)
2010 Ed. (3160)
2013 Ed. (3612)
Swagelok Northwest
2014 Ed. (1925)
Swaggerty
2014 Ed. (4424)
2015 Ed. (4407)
2016 Ed. (4303)
Swaggerty Sausage Co.
2009 Ed. (4384)
Swaim Logistics
2014 Ed. (3522, 3682)
Swamy Advertising Associates; R. K.
1989 Ed. (116)
Swamy Advertising; R.K.
1990 Ed. (110)
Swamy/BBDO Advertising; R. K.
1991 Ed. (108)
1996 Ed. (97)
Swamy/BBDO; R. K.
1992 Ed. (159)
1993 Ed. (107)
1994 Ed. (94)
1997 Ed. (99)
Swan Employer Services
2015 Ed. (1429)
2016 Ed. (1352)
Swan National
1997 Ed. (2821)
1999 Ed. (3455)
Swan Pools
2006 Ed. (4649)
2007 Ed. (4648, 4649)
2008 Ed. (4580)
2014 Ed. (4615)
The Swan Princess

2001 Ed. (3391)
Swan; Robert
2010 Ed. (920)
Swan SA
2002 Ed. (3566)
Swank Frame
1992 Ed. (3303)
Swank Optic
1990 Ed. (2743)
1991 Ed. (2645)
Swanke Hayden Connell Architects
1989 Ed. (268)
1990 Ed. (278, 284)
1991 Ed. (253)
1992 Ed. (353)
1994 Ed. (233)
1996 Ed. (232, 236)
2005 Ed. (3164, 3168)
2011 Ed. (3313)
2014 Ed. (3372)
Swanke Hayden Connell Ltd.
1993 Ed. (244, 248)
1995 Ed. (240)
Swann; Kate
2006 Ed. (4985)
Swans Down
2015 Ed. (2745)
2016 Ed. (2675)
Swansea
2008 Ed. (4809)
Swanson
1990 Ed. (1856)
1993 Ed. (1905)
1994 Ed. (1921)
1995 Ed. (1892, 1941)
1997 Ed. (2091)
1998 Ed. (636)
1999 Ed. (2531)
2000 Ed. (2278, 2280)
2001 Ed. (2539, 2540)
2002 Ed. (2367)
2003 Ed. (861, 2559, 4483)
2004 Ed. (4455)
Swanson; David C.
2007 Ed. (1202)
2008 Ed. (1108)
Swanson Health Products
2013 Ed. (904)
Swanson Hungry-Man
2003 Ed. (2558)
2004 Ed. (2691)
2008 Ed. (2775)
Swanson Hungryman
2001 Ed. (2540)
2002 Ed. (2366)
Swanson Jr.; Robert
1996 Ed. (1711)
Swanson Natural Goodness
2004 Ed. (4455)
Swanson Rink Inc.
2005 Ed. (2439)
Swanson; Robert
2006 Ed. (917)
Swanson; Robert A.
1989 Ed. (1378, 1381)
Swanson Russell
2008 Ed. (194)
2014 Ed. (104)
2015 Ed. (118, 123)
2016 Ed. (125, 129, 131)
Swanson Russell Associates
1997 Ed. (51)
1998 Ed. (37)
2009 Ed. (209, 212, 215)
2010 Ed. (189, 192, 195, 196)
2011 Ed. (111, 113, 114, 117, 118)
2012 Ed. (118, 119, 124, 125)
2013 Ed. (98, 102, 103)
2014 Ed. (109)
2015 Ed. (120, 124)
2016 Ed. (126, 130)
Swanson; W. H.
2005 Ed. (2482)
Swanson; William H.
2007 Ed. (1029)
2011 Ed. (823)
2015 Ed. (968)
Swanson & Youngdale Inc.
1991 Ed. (1089)
1997 Ed. (1172)
1998 Ed. (952)
1999 Ed. (1373)
2000 Ed. (1265, 1271)
2001 Ed. (1479)
2002 Ed. (1295)
2003 Ed. (1309)
2004 Ed. (1312)
2005 Ed. (1318)
2006 Ed. (1288)
2007 Ed. (1365)

2008 Ed. (1262)
2009 Ed. (1238)
2010 Ed. (1237)
2011 Ed. (1185)
2012 Ed. (1132)
2013 Ed. (1278)
2015 Ed. (1269)
2016 Ed. (1184)
Swanty Chrysler-Plymouth-Dodge Inc.;
Martin
1994 Ed. (267)
Swarovski
2007 Ed. (1594)
2009 Ed. (765)
2010 Ed. (708)
Swarthmore
2004 Ed. (2844)
Swarthmore College
1989 Ed. (955)
1990 Ed. (1089)
1991 Ed. (1002)
1992 Ed. (1268)
1993 Ed. (1016)
1994 Ed. (1043)
1995 Ed. (1051, 1065)
1996 Ed. (1036)
1997 Ed. (1052, 1066)
1998 Ed. (798)
1999 Ed. (1227)
2000 Ed. (1136)
2001 Ed. (1316, 1318, 1328)
2007 Ed. (4597)
2008 Ed. (1057, 1067, 1068, 2972)
2009 Ed. (1030, 1031, 1040, 1044,
1045)
2010 Ed. (996, 999, 1006, 1010,
1011)
2011 Ed. (940, 944, 948, 2957)
2012 Ed. (858, 861)
The Swarthmore Group Inc.
2007 Ed. (197)
Swartout; Hank B.
2007 Ed. (2507)
2008 Ed. (2637)
Swartz; Jeffrey B.
2009 Ed. (2659)
Swartz; Jerome
1996 Ed. (966)
Swarup; Vishnu
1991 Ed. (1688)
1993 Ed. (1820)
1994 Ed. (1803)
Swarzedz
1994 Ed. (3648)
Swatch AG
1996 Ed. (2264)
Swatch Group AG
2009 Ed. (1191)
2010 Ed. (3207)
2011 Ed. (1145, 3171)
2012 Ed. (3127)
2013 Ed. (3212)
2014 Ed. (3224)
2015 Ed. (3287)
2016 Ed. (3128)
The Swatch Group Ltd.
2007 Ed. (2004, 3814)
2009 Ed. (2071, 2072)
2010 Ed. (719)
2011 Ed. (3862, 3868)
2012 Ed. (828, 3838, 3844)
2013 Ed. (862, 1005, 3882, 3904)
2014 Ed. (970, 3817, 3836, 4048)
2015 Ed. (1007, 3842, 3862)
2016 Ed. (911, 3748, 3771)
Swaziland
1992 Ed. (1730)
1995 Ed. (1517)
1996 Ed. (1476)
1997 Ed. (1541)
1999 Ed. (1780, 4662)
2000 Ed. (1609)
2001 Ed. (1946)
2002 Ed. (1811)
2004 Ed. (1918, 4597)
2005 Ed. (2053, 4531)
2006 Ed. (2146, 2336, 4612)
2007 Ed. (2090, 2267)
2008 Ed. (2200, 2402)
2009 Ed. (2401)
2010 Ed. (2314)
2012 Ed. (136, 627, 2139, 2755,
4252)
2013 Ed. (112, 768, 1071, 2344,
2830, 4216)
2014 Ed. (119, 793, 1030, 2274,
2871)
2015 Ed. (134, 2358, 2911)
2016 Ed. (140, 2302, 2832)

Swaziland Development & Savings
  Bank
  1991 Ed. (668)
  1992 Ed. (841)
  1993 Ed. (637)
  1994 Ed. (640)
  1995 Ed. (613)
  1996 Ed. (687)
  1997 Ed. (621)
  2013 Ed. (354)
  2014 Ed. (372)
  2015 Ed. (426)
Swaziland Property Investments Ltd.
  2002 Ed. (4482, 4483)
  2006 Ed. (4539)
Swazispa Holdings Ltd.
  2002 Ed. (4483)
  2006 Ed. (4539)
SWCA Environmental Consultants
  2004 Ed. (2357)
Swearingen Engineering & Technology
  1993 Ed. (1740)
Sweat; Keith
  1993 Ed. (1076, 1077)
Sweaters, pullovers, etc.
  1993 Ed. (1715)
Sweats & warm-ups
  2001 Ed. (1277)
SWECO
  2009 Ed. (2064)
Sweco
  2014 Ed. (2507)
  2016 Ed. (2503)
Sweco AB
  2009 Ed. (2067)
Swedbank
  1989 Ed. (575, 577, 685)
  1990 Ed. (690)
  1991 Ed. (669)
  1992 Ed. (842)
  1996 Ed. (688)
  1997 Ed. (622)
  2004 Ed. (524)
  2011 Ed. (454)
  2012 Ed. (413, 1457, 1909)
  2013 Ed. (421, 444, 446, 464, 465,
    860, 1592, 2074)
  2014 Ed. (440, 459, 461, 479, 480,
    2006)
  2015 Ed. (494, 517, 519, 539, 540,
    2051)
  2016 Ed. (448, 470, 472, 491, 492,
    2013)
Swedbank AB
  2008 Ed. (39, 88, 2091)
  2009 Ed. (44, 541, 777, 2066)
  2010 Ed. (54, 524, 718, 2004)
  2011 Ed. (453)
Swedbank AS
  2012 Ed. (1658)
  2013 Ed. (1812)
Swedbank Mortgage AB
  2009 Ed. (541)
  2010 Ed. (524)
  2011 Ed. (453)
SwedBank-Sparbankernas Bank
  1993 Ed. (639)
  1994 Ed. (642, 3258)
  1995 Ed. (614)
Sweden
  1989 Ed. (282, 363, 1178, 1179,
    1182, 1404, 2117, 2899, 2900)
  1990 Ed. (960, 984, 1259, 1260,
    1445, 1450, 1481, 1577)
  1991 Ed. (329, 848, 849, 930, 1177,
    1178, 1181, 1184, 1379, 1383,
    1820, 1825, 2493, 3270, 3465,
    3466)
  1992 Ed. (226, 227, 229, 316, 911,
    1029, 1040, 1120, 1373, 1485,
    1489, 1490, 1493, 1639, 1728,
    1736, 2358, 2566, 3276, 3348,
    3685, 3754, 4140, 4141, 4152,
    4187, 4412, 4413, 4472, 4489,
    4495)
  1993 Ed. (212, 917, 1035, 1046,
    1269, 1299, 1345, 1463, 1466,
    1540, 1542, 1596, 1724, 1743,
    1952, 2103, 2167, 2368, 2387,
    2482, 2950, 3053, 3455, 3476,
    3559, 3680, 3681)
  1994 Ed. (836, 854, 855, 857, 934,
    1230, 1234, 1349, 1533, 1699,
    2006, 2367, 2684, 2731, 2898,
    3476, 3643)
  1995 Ed. (345, 876, 899, 900, 1253,
    1723, 1744, 2000, 3520, 3605,
    3719)
  1996 Ed. (874, 942, 1221, 1495,

    1729, 1963, 2025, 2449, 3435,
    3763, 3809)
  1997 Ed. (896, 897, 1264, 1265,
    1267, 1268, 2147, 2475, 2997,
    2998, 3859, 3860, 3924)
  1998 Ed. (634, 635, 656, 1031, 1131,
    1431, 1838, 2707, 2743, 2745,
    3467, 3691)
  1999 Ed. (332, 1253, 1463, 1465,
    1753, 2596, 2825, 2826, 3004,
    3111, 3113, 3115, 3289, 3653,
    3696, 3698, 4734, 4801, 4802,
    4804)
  2000 Ed. (1064, 1321, 1322, 1585,
    1649, 2862, 2863, 3357, 4360)
  2001 Ed. (358, 386, 525, 704, 979,
    989, 1019, 1081, 1125, 1141, 1149,
    1171, 1259, 1338, 1340, 1342,
    1496, 1497, 1917, 1919, 1944,
    1983, 1984, 2005, 2008, 2038,
    2044, 2045, 2126, 2142, 2264,
    2379, 2412, 2443, 2444, 2543,
    2562, 2574, 2575, 2639, 2734,
    2735, 2799, 2821, 2825, 2835,
    3024, 3025, 3160, 3181, 3209,
    3227, 3298, 3305, 3315, 3387,
    3546, 3552, 3558, 3629, 3658,
    3644, 3691, 3694, 3783, 3825,
    3847, 3875, 3991, 4276, 4277,
    4378, 4500, 4566, 4569, 4596,
    4598, 4601, 4632, 4664, 4686,
    4687, 4705, 4715, 4831, 4904,
    4914, 4915, 4920, 4921, 4941)
  2002 Ed. (559, 561, 1409, 1410,
    1411, 1412, 1476, 1477, 1478,
    1810, 2424, 2426, 2755, 2756,
    2936, 2997, 3074, 3523, 4056,
    4378, 4380, 4773)
  2003 Ed. (493, 1084, 1085, 1430,
    1431, 1432, 1433, 1438, 1495,
    1974, 2053, 2151, 2227, 2233,
    2234, 2616, 2617, 2618, 2619,
    2620, 2641, 3023, 3154, 3155,
    3259, 3658, 4176, 4556, 4699,
    4700)
  2004 Ed. (1100, 1460, 1461, 1462,
    1463, 1525, 2096, 2170, 2737,
    2767, 3164, 3214, 3215, 3315,
    3321, 3396, 3688, 3703, 3769,
    3918, 4203)
  2005 Ed. (505, 747, 1122, 1476,
    1477, 1478, 1479, 1541, 2056,
    2200, 2536, 2537, 2538, 2763,
    3030, 3198, 3242, 3243, 3346,
    3403, 3603, 3614, 3686, 3864,
    4498, 4499, 4602, 4603, 4717)
  2006 Ed. (441, 1432, 1433, 1434,
    1435, 1442, 1443, 2124, 2150,
    2262, 2335, 2540, 2702, 2717,
    2824, 3188, 3227, 3228, 3273,
    3335, 3336, 3339, 3412, 3552,
    3705, 3731, 3780, 4083, 4574,
    4681, 4682)
  2007 Ed. (446, 2086, 2094, 2200,
    2524, 2827, 3291, 3292, 3393,
    3394, 3397, 3428, 3700, 3714,
    3777, 4412, 4413, 4414, 4417,
    4419, 4689, 4702)
  2008 Ed. (414, 1109, 1284, 1287,
    1291, 1412, 1413, 1414, 1415,
    1419, 2194, 2204, 2334, 2823,
    2949, 2950, 3209, 3406, 3502,
    3504, 3592, 4386, 4387, 4389,
    4391, 4392, 4519, 4627, 4630,
    4631, 4794)
  2009 Ed. (439, 1087, 1267, 1274,
    2170, 2321, 2379, 2380, 2381,
    2382, 2407, 2408, 2965, 3466,
    3567, 3569, 3662, 4464, 4465,
    4467, 4469, 4470, 4471, 4642,
    4643, 4644, 4663, 4666, 4668)
  2010 Ed. (281, 700, 1065, 1068,
    1263, 1270, 1386, 1631, 2113,
    2219, 2251, 2303, 2401, 2585,
    2837, 3151, 3336, 3379, 3380,
    3399, 3402, 3498, 3746, 3836,
    3837, 4187, 4515, 4518, 4670,
    4671, 4684, 4843)
  2011 Ed. (204, 626, 910, 1003, 1006,
    1213, 1220, 1375, 1641, 2237,
    2259, 2299, 2401, 2567, 2819,
    3327, 3328, 3382, 3387, 3390,
    3507, 3508, 3509, 3746, 3755,
    3819, 3839, 3840, 4199, 4452,
    4455, 4457, 4459, 4634, 4703,
    4802)
  2012 Ed. (218, 596, 601, 626, 925,
    926, 928, 1149, 1156, 1234, 1494,
    2094, 2100, 2206, 2333, 2514,
    2617, 3083, 3274, 3313, 3314,
    3347, 3501, 3751, 3820, 3821,

    4251, 4547, 4609, 4819, 4962)
  2013 Ed. (208, 733, 742, 767, 1069,
    1070, 1072, 1347, 1625, 2280,
    2288, 2389, 2513, 2644, 2687,
    2690, 2829, 3166, 3385, 3386,
    3417, 3519, 3873, 3875, 4215,
    4504, 4782, 4969)
  2014 Ed. (120, 759, 763, 842, 1028,
    1031, 1032, 1283, 2221, 2275,
    2326, 2456, 2672, 2870, 3171,
    3179, 3208, 3388, 3415, 3493,
    3809, 3811, 4229, 4548, 4828)
  2015 Ed. (135, 794, 799, 881, 1063,
    1066, 1347, 2285, 2359, 2525,
    2910, 3231, 3240, 3448, 3511,
    3834, 4219, 4863)
  2016 Ed. (60, 971, 974, 1266, 2460,
    2831, 3307, 3370)
Sweden; Kingdom of
  1992 Ed. (1056, 1057)
Sweden Mobilephones Accessories
  Kommanditbolag
  2016 Ed. (1536, 2012)
Swedish
  2000 Ed. (2889)
Swedish American Hospital
  1994 Ed. (153)
Swedish Communications
  1990 Ed. (153)
  1991 Ed. (153)
Swedish Cooperative Union
  2009 Ed. (97)
  2010 Ed. (105)
Swedish Fish
  2005 Ed. (859)
  2008 Ed. (838)
  2014 Ed. (830)
  2015 Ed. (870)
  2016 Ed. (757)
Swedish Health Services
  2001 Ed. (1896)
  2003 Ed. (1847)
  2004 Ed. (1882)
  2005 Ed. (1998)
  2006 Ed. (2099)
  2007 Ed. (2055)
  2008 Ed. (2164)
  2009 Ed. (2145)
  2010 Ed. (2085)
  2011 Ed. (2142)
  2012 Ed. (1987)
  2013 Ed. (2161)
  2015 Ed. (2148)
  2016 Ed. (2122)
Swedish House Mafia
  2015 Ed. (3728)
Swedish knona
  2008 Ed. (2275)
Swedish Match
  2002 Ed. (53)
  2007 Ed. (4775)
Swedish Match AB
  2011 Ed. (4701)
  2012 Ed. (4723)
  2013 Ed. (4677)
  2014 Ed. (4725)
  2015 Ed. (4744)
  2016 Ed. (4646)
Swedish Match North America Inc.
  2003 Ed. (967, 4753)
Swedish Medical Center
  2002 Ed. (2617)
  2012 Ed. (2954)
Swedish Motors
  1992 Ed. (3824)
Swedish Telecom Group
  1989 Ed. (966)
Swedish/Edmonds Hospital
  2013 Ed. (2167)
  2014 Ed. (2096)
  2015 Ed. (2151)
Swedish/Stevens Hospital
  2012 Ed. (1989)
Sweeney Conrad
  2015 Ed. (2)
Sweeney Enterprises
  2014 Ed. (3780)
  2015 Ed. (3800)
Sweeney; Jack
  2007 Ed. (384)
  2008 Ed. (369)
Sweeney; Jack A.
  2009 Ed. (385)
Sweeney PR
  1997 Ed. (3209)
  1999 Ed. (3949)
Sweeney; Sandi
  1989 Ed. (1417, 1418)
The Sweeper
  1998 Ed. (3677)

Sweepstakes
  1990 Ed. (1185, 3081)
  1992 Ed. (3762)
  1993 Ed. (2725)
Sweepstakes, games, contests
  1990 Ed. (3080)
Sweere; Lori
  2015 Ed. (2638)
Sweet 10
  1994 Ed. (3471)
Sweet Baby Ray's
  2015 Ed. (4487)
  2016 Ed. (4385)
Sweet Beginnings
  2008 Ed. (170)
Sweet Breath
  2000 Ed. (811)
  2003 Ed. (762)
  2008 Ed. (727)
Sweet Breath Sorbet
  2000 Ed. (811)
Sweet Briar College
  2008 Ed. (1069)
  2009 Ed. (1046)
  2010 Ed. (1012)
Sweet corn
  1996 Ed. (3774)
  1999 Ed. (4702)
Sweet Escapes Candy bar
  1998 Ed. (1726, 2668)
Sweet Frog Premium Frozen Yogurt
  2016 Ed. (798, 2769)
Sweet Home Alabama
  2005 Ed. (2259, 4832)
Sweet Life Foods
  1993 Ed. (3487, 3489)
  1994 Ed. (1998)
Sweet Lumber; R. L.
  1996 Ed. (816)
Sweet 'N Low
  1994 Ed. (3471)
  1995 Ed. (3539)
  1996 Ed. (3624)
  1997 Ed. (884, 885, 1606, 1607)
  2005 Ed. (858)
  2006 Ed. (1006)
  2008 Ed. (836)
Sweet-N-Tasty
  1995 Ed. (3400)
Sweet Oil
  1993 Ed. (1541)
Sweet One
  1994 Ed. (3471)
  1995 Ed. (3539)
Sweet Pea
  2012 Ed. (1627)
Sweet potatoes
  2004 Ed. (2003)
Sweet rolls
  2002 Ed. (425)
  2003 Ed. (2093)
  2005 Ed. (2045)
Sweet rolls, frozen
  1996 Ed. (2646)
Sweet Spot Marketing
  2014 Ed. (1721)
Sweet Success
  1997 Ed. (1610)
  2003 Ed. (2061)
Sweet Sue
  1998 Ed. (636)
Sweet Tarts
  1996 Ed. (870, 871)
  2001 Ed. (1120)
Sweet Tomatoes
  2006 Ed. (4114)
  2007 Ed. (4141)
  2008 Ed. (4155, 4167, 4168)
  2009 Ed. (4275)
  2011 Ed. (4222)
  2014 Ed. (4266)
  2015 Ed. (4247)
SweeTarts
  2016 Ed. (761)
Sweetarts
  1993 Ed. (834)
  1994 Ed. (847, 851)
  1995 Ed. (891, 896)
sweetFrog
  2015 Ed. (4260)
Sweetfrog Premium Frozen Yogurt
  2016 Ed. (2678)
Sweetgrass, MT
  1995 Ed. (2958)
  2005 Ed. (3877)
Sweetheart Cup Co.
  1992 Ed. (3474)
  2001 Ed. (4520)
  2003 Ed. (4734)
  2004 Ed. (4718)

2005 Ed. (4688)
Sweetheart Holdings Inc.
 2004 Ed. (2678)
 2005 Ed. (2670, 3680)
 2006 Ed. (1862, 4207)
 2007 Ed. (4217)
Sweetlake Chemicals Ltd.
 2009 Ed. (2670)
 2012 Ed. (2501)
 2013 Ed. (2924)
SweetMate
 1996 Ed. (3624)
Sweetnam; James E.
 2010 Ed. (178)
Sweetnam Jr.; Richard
 1993 Ed. (1773, 1796)
 1994 Ed. (1779)
SweetTarts
 2002 Ed. (936)
Sweetwater
 2013 Ed. (3799, 3800, 3803, 3804)
 2014 Ed. (3735, 3737, 3803)
 2015 Ed. (3748, 3750, 3751)
 2016 Ed. (3656, 3658, 3659)
Sweetwater Construction Corp.
 2016 Ed. (4776)
Sweetwater Sound
 2013 Ed. (3813)
 2014 Ed. (3739)
 2015 Ed. (3761)
 2016 Ed. (3669)
Sweetwater Sound Inc.
 1996 Ed. (2748)
 1997 Ed. (2863)
 1999 Ed. (3502)
 2000 Ed. (3220)
Swensen's
 1990 Ed. (3005)
 1991 Ed. (2870)
SwepDri Ltd.
 2006 Ed. (4482)
Swerdlin & Co.
 2004 Ed. (2682)
Swett & Crawford Group Inc.
 1991 Ed. (2089)
 1992 Ed. (2649)
 1993 Ed. (2192)
 1994 Ed. (2241)
 1995 Ed. (2289)
 1996 Ed. (2294)
 1997 Ed. (2429)
 1998 Ed. (2144)
 2002 Ed. (2854)
 2004 Ed. (3064)
 2005 Ed. (3075)
 2006 Ed. (3076)
 2008 Ed. (3244, 3245)
 2009 Ed. (3302, 3303, 3304)
 2011 Ed. (3194, 3195)
 2012 Ed. (3151, 3152)
 2013 Ed. (3229, 3337)
 2014 Ed. (3250, 3355)
SWG Credit Union
 2009 Ed. (329)
SWG & M Advertising Inc.
 2003 Ed. (215)
 2004 Ed. (171)
SWIECIE
 2006 Ed. (4889)
Swiffer
 2003 Ed. (976, 986)
 2009 Ed. (3196)
 2013 Ed. (3122)
 2016 Ed. (892)
Swift & Co.
 2004 Ed. (3407)
 2005 Ed. (1740, 3420)
 2006 Ed. (1658, 1661, 3430, 3431)
 2007 Ed. (1751, 2645)
 2008 Ed. (1687, 2756, 2784, 3609,
  3611, 3613, 3614, 3617, 3618,
  4052)
 2009 Ed. (2842, 3680)
Swift Co.
 1993 Ed. (3641)
 1997 Ed. (3808)
 2001 Ed. (476, 3853)
 2004 Ed. (1685)
 2005 Ed. (1743)
Swift Dodge
 1993 Ed. (268)
 1994 Ed. (267)
Swift Eckrich, Inc.
 1992 Ed. (2992, 2996, 2997, 3486,
  3510, 3512)
Swift Energy Co.
 1992 Ed. (317)
 2002 Ed. (2123)
 2003 Ed. (3828)
Swift Foods Co.

2005 Ed. (1743)
 2006 Ed. (1661)
Swift Inc.; Richard A.
 2008 Ed. (16)
Swift Logistics
 2015 Ed. (2296)
Swift; Taylor
 2010 Ed. (3713, 3714, 3715, 3717)
 2011 Ed. (3711, 3713, 3715)
 2012 Ed. (2440, 3733, 3734, 3736)
 2013 Ed. (1137, 2599, 2603, 3782,
  3783)
 2014 Ed. (3728, 3729, 3731)
 2015 Ed. (1135, 2601, 3730, 3731,
  3733)
 2016 Ed. (3639, 3640)
Swift Trade Inc.
 2005 Ed. (2776)
Swift Transportation
 2014 Ed. (4797, 4800)
 2015 Ed. (4832, 4835, 4853)
 2016 Ed. (2264, 4738, 4760)
Swift Transportation Co.
 2013 Ed. (4765, 4766, 4767)
 2014 Ed. (2760, 4809, 4816, 4817)
 2015 Ed. (2810, 2811, 4844, 4851,
  4852)
 2016 Ed. (1360, 2744, 4748, 4755,
  4756, 4757, 4758, 4759)
Swift Transportation Co., Inc.
 2013 Ed. (1411, 4754, 4755)
 2014 Ed. (1362, 4804, 4805)
 2015 Ed. (4839, 4840)
 2016 Ed. (4743, 4744)
Swift Transportation Corp.
 1993 Ed. (3633, 3636)
 1994 Ed. (3593, 3596, 3601)
 1995 Ed. (3515, 3672, 3675)
 1996 Ed. (3758)
 1998 Ed. (3634, 3635, 3641, 3643)
 1999 Ed. (4685, 4687, 4688, 4689)
 2000 Ed. (4313, 4319)
 2001 Ed. (4236, 4237)
 2002 Ed. (4665, 4691, 4693, 4694)
 2003 Ed. (4795, 4816, 4818, 4819)
 2004 Ed. (1623, 4763, 4780, 4791,
  4807, 4808, 4809, 4810)
 2005 Ed. (1649, 4749, 4753, 4756,
  4778, 4779, 4780, 4782)
 2006 Ed. (1544, 2664, 2665, 4799,
  4800, 4802, 4807, 4830, 4831,
  4850)
 2007 Ed. (1574, 1575, 2645, 2646,
  4816, 4817, 4823, 4844, 4850,
  4851, 4852, 4853, 4854)
 2008 Ed. (1557, 2772, 2773, 4736,
  4743, 4744, 4750, 4764, 4773,
  4774, 4775, 4776, 4777)
 2009 Ed. (1483, 2269, 2832, 2833,
  4121, 4795, 4805, 4806, 4807,
  4808, 4809)
 2010 Ed. (1473, 2776, 4054, 4792,
  4813, 4822, 4823, 4824, 4825,
  4826)
 2011 Ed. (1471, 2766, 4033, 4763,
  4771, 4772, 4782, 4783, 4784,
  4785, 4786)
 2012 Ed. (1311, 2694, 4066, 4785,
  4793, 4794, 4803, 4804, 4805,
  4806, 4807)
 2013 Ed. (1411)
 2014 Ed. (1362)
 2015 Ed. (1437)
SwiftRadius Inc.
 2011 Ed. (1540)
 2012 Ed. (1385)
Swiftradius Inc.
 2015 Ed. (1511)
Swilynn International Holdings
 1995 Ed. (2127)
Swim Ear
 1993 Ed. (1541)
 1996 Ed. (1601)
Swimming
 1992 Ed. (4048)
 1995 Ed. (3430)
 1998 Ed. (3355)
 1999 Ed. (4383)
 2000 Ed. (4090)
 2001 Ed. (4343)
Swimming (for fitness)
 1998 Ed. (3354)
Swimming pool
 2000 Ed. (3554)
Swimming pool chemicals
 1999 Ed. (4527)
Swimming pool equipment
 1999 Ed. (4527)
Swimming pool slides
 1999 Ed. (4527)

Swimming pools, in-ground
 1999 Ed. (4527)
Swimmming pools, above-ground
 1999 Ed. (4527)
SwimOutlet.com
 2013 Ed. (2470)
Swimwear
 2001 Ed. (1277)
Swinburn; Peter
 2011 Ed. (857)
 2012 Ed. (807)
Swindoll, Janzen, Hawk & Loyd LLC
 2010 Ed. (3)
 2011 Ed. (3)
Swinerton
 2014 Ed. (1112)
Swinerton Builders
 2009 Ed. (4125)
 2013 Ed. (1674)
 2015 Ed. (1222, 1469, 1674)
 2016 Ed. (1398, 1616)
Swinerton Builders Hawaii
 2014 Ed. (1626)
 2015 Ed. (1676)
Swinerton Inc.
 2002 Ed. (1246, 1276)
 2003 Ed. (1250, 1254, 1286, 1308)
 2004 Ed. (1261, 1267, 1272, 1291,
  1311)
 2005 Ed. (3910)
 2006 Ed. (1176, 1239, 1243, 1268,
  1283)
 2007 Ed. (1282, 1337, 1339, 1341,
  1350, 1352, 1355)
 2008 Ed. (1182)
 2009 Ed. (1158, 2637, 2638, 2643,
  2645, 3246)
 2010 Ed. (1153, 1175, 2542, 2543,
  2548, 2550, 3177)
 2011 Ed. (1097, 1123)
 2012 Ed. (1057, 1109, 3096)
 2013 Ed. (1231)
 2014 Ed. (1169)
 2015 Ed. (1266)
 2016 Ed. (1131, 1181)
Swinerton Renewable Energy
 2016 Ed. (4407, 4416, 4418)
Swinerton & Walberg
 1995 Ed. (1193)
 1996 Ed. (1167)
 1998 Ed. (973)
 2002 Ed. (1326)
Swinerton & Walberg Builders
 1992 Ed. (1437)
 1993 Ed. (1151)
 1997 Ed. (1197)
 1999 Ed. (1409)
Swing!
 2010 Ed. (560)
Swing Communication
 1999 Ed. (68)
 2000 Ed. (72)
Swing Communications
 2001 Ed. (116)
Swingster
 1991 Ed. (3174)
 1992 Ed. (4055)
 1993 Ed. (3375)
Swing/Videolab
 2001 Ed. (163)
Swink Fiehler & Co.
 2008 Ed. (279)
Swire
 2015 Ed. (2094)
 2016 Ed. (2072)
Swire Coca-Cola USA
 2012 Ed. (534)
 2013 Ed. (634)
Swire Cold Chain Logistics
 2016 Ed. (4792)
Swire Group
 1999 Ed. (2886)
Swire Pacific
 2016 Ed. (1636)
Swire Pacific 'A'
 1990 Ed. (2048)
 1991 Ed. (1931)
 1993 Ed. (2058)
 1995 Ed. (2128)
 1996 Ed. (2137, 2141)
 1997 Ed. (2248)
Swire Pacific Group Retirement
  Schemes
 1997 Ed. (2393)
Swire Pacific Ltd.
 1989 Ed. (1125)
 1990 Ed. (3641)
 1991 Ed. (1300, 1301, 1302, 1930,
  3416)
 1992 Ed. (1632, 1633, 1634, 1635,

2438, 2439, 2442, 2444, 4337)
 1993 Ed. (194, 1328, 1329, 1330,
  2060, 3613)
 1994 Ed. (180, 1384, 1385, 2077,
  2078, 3570)
 1995 Ed. (186, 1410, 1411, 1412,
  1413, 1577, 2130, 3654)
 1996 Ed. (1371, 1372, 1373, 1374,
  2136, 2138, 2143)
 1997 Ed. (1423, 1424, 1425, 1426,
  2247, 2554, 3788)
 1999 Ed. (1647, 1648, 1649, 1650,
  1887, 2715, 2716, 4653)
 2000 Ed. (1445, 1449, 1450, 1694,
  2493)
 2001 Ed. (1724)
 2002 Ed. (1665)
 2006 Ed. (1641, 1752)
 2010 Ed. (1678)
 2011 Ed. (2275)
 2012 Ed. (1544, 1545, 1610, 2145)
 2013 Ed. (831, 1692, 2350, 3162)
 2014 Ed. (1642, 2281, 4019)
 2015 Ed. (2366)
 2016 Ed. (2312)
Swire Properties
 2015 Ed. (4195)
Swire; Sir Adrian & Sir John
 2009 Ed. (4920)
 2010 Ed. (4924)
Swire & Sons Ltd.; John
 1990 Ed. (1032, 1033)
 1991 Ed. (958)
 1992 Ed. (1191, 1192, 1193, 1195,
  1199)
 1993 Ed. (965, 966, 967)
 1994 Ed. (991, 992, 995, 999, 1001)
 1995 Ed. (1004, 1005, 1012, 1014)
 1996 Ed. (3737)
 1997 Ed. (3793)
Swisher Hygiene Franchise Corp.
 2003 Ed. (772)
 2004 Ed. (782)
 2005 Ed. (768)
 2006 Ed. (675)
 2007 Ed. (771)
Swisher International Group Inc.
 2003 Ed. (967, 4754)
Swisher International Inc.
 1998 Ed. (3575)
 1999 Ed. (1143, 1144, 4512)
 2007 Ed. (223)
 2016 Ed. (3435)
Swisher & Sons; Jon
 1989 Ed. (2844)
Swisher Sweet Cigarillo 20/5
 1990 Ed. (985, 986)
Swisher Sweet Little Cigar 10/20
 1990 Ed. (986)
Swisher Sweet Tip Cigarillo 20/5
 1990 Ed. (985)
Swisher Sweets
 1995 Ed. (3620)
 2003 Ed. (966)
 2015 Ed. (984, 985)
 2016 Ed. (885, 886)
Swishers Sweets
 1998 Ed. (731, 3438)
Swiss
 1990 Ed. (3295)
 2001 Ed. (1173)
Swiss Air
 1991 Ed. (213)
 1994 Ed. (170)
 1995 Ed. (177)
 2000 Ed. (251, 257)
 2013 Ed. (136)
Swiss Airlines
 2010 Ed. (719)
Swiss Army
 2005 Ed. (4430)
 2006 Ed. (4446)
 2007 Ed. (4503)
 2008 Ed. (4480)
Swiss Bank Corp.
 1989 Ed. (686, 1348, 1360, 1368,
  2118, 2446, 2447, 2448, 2450,
  2452, 2455)
 1990 Ed. (691, 3227)
 1991 Ed. (504, 512, 519, 560, 670,
  722, 1353, 1354, 1586, 1592, 1597,
  1598, 1609, 2300, 2307, 2308,
  3067, 3069, 3071, 3278)
 1992 Ed. (658, 664, 666, 843, 905,
  1695, 1696, 1990, 1991, 2040,
  2041, 2638, 3898)
 1993 Ed. (468, 476, 477, 524, 528,
  640, 720, 1407, 1649, 1650, 1652,
  1653, 1654, 1655, 1659, 1664,
  1668, 1669, 1672, 1674, 1676,

1677, 1680, 1681, 1682, 1686,
1688, 1689, 1690, 1865, 2346,
2419, 2421, 2423, 3203, 3204,
3209)
1994 Ed. (472, 478, 479, 480, 521,
529, 643, 729, 773, 1454, 1455,
1632, 1673, 1674, 1681, 1683,
1689, 1690, 1696, 1706, 1707,
1708, 1709, 2290, 2326, 2736,
3188)
1995 Ed. (421, 462, 463, 468, 469,
502, 503, 574, 615, 1494, 1495,
1540, 1541, 1721, 1722, 2390,
2442, 2839, 3272)
1996 Ed. (495, 501, 502, 553, 689,
927, 1344, 1451, 1452, 1648, 1650,
1651, 1652, 1653, 1700, 1703,
1704, 1705, 1706, 2378, 2422,
2474, 2476, 2483, 3375, 3378,
3379, 3383, 3384)
1997 Ed. (460, 463, 465, 623, 1404,
1518, 1519, 2545, 2547, 2621,
2624)
1998 Ed. (349, 351, 378, 2356)
1999 Ed. (520, 551, 645, 1251, 1622,
1659, 1740, 1742, 3103, 3104,
3106, 3178, 3184, 3587)
2000 Ed. (521, 561, 670, 1561, 1563,
2849, 2856)
Swiss Bank Corporation
1992 Ed. (1996, 2005, 2011, 2012,
2013, 2019)
Swiss Bank Corp. International
1989 Ed. (1349, 1352, 1362, 1373,
1375)
Swiss Bank Corp. Investment Banking
1990 Ed. (1675, 1676, 1686, 1690,
1691, 1702)
Swiss Bank Corp.(Canada)
1996 Ed. (500)
Swiss Bank Group
1995 Ed. (728)
Swiss cheese
1993 Ed. (897)
2003 Ed. (929)
2004 Ed. (937)
2005 Ed. (929)
2006 Ed. (838)
2007 Ed. (919)
2008 Ed. (902)
2009 Ed. (910)
2010 Ed. (854)
2011 Ed. (778)
Swiss Colony
1992 Ed. (2957)
The Swiss Colony
2013 Ed. (893)
Swiss Creme
1995 Ed. (3692)
1998 Ed. (993)
Swiss franc
1990 Ed. (2742)
2006 Ed. (2239)
2007 Ed. (2159)
2008 Ed. (2273, 2275)
Swiss International Air Lines AG
2011 Ed. (148)
2012 Ed. (161)
2013 Ed. (135)
2014 Ed. (145)
2015 Ed. (165, 166)
Swiss International Air Lines Ltd.
2005 Ed. (221)
2006 Ed. (237, 238)
2007 Ed. (239)
2008 Ed. (218)
2009 Ed. (241)
Swiss International Airlines
2009 Ed. (2071)
Swiss International Hotels
1992 Ed. (2505)
Swiss Life
2016 Ed. (3221)
Swiss Life and Pension
1990 Ed. (2245)
1991 Ed. (2114)
Swiss Life Group
1999 Ed. (2919)
Swiss Life Holding
2007 Ed. (2003, 3159)
2008 Ed. (2094)
Swiss Life Insurance Group
2001 Ed. (3016)
Swiss Life Insurance & Pension
2001 Ed. (1861)
2002 Ed. (1776)
2006 Ed. (2031)
2007 Ed. (2001)
Swiss Life Rentenanstalt
2005 Ed. (1967)

Swiss Management Center
2011 Ed. (691)
Swiss Medica Inc.
2008 Ed. (2867)
Swiss Metro
1996 Ed. (2262)
Swiss Miss
1995 Ed. (1041)
1998 Ed. (442)
2001 Ed. (1997, 1998)
2003 Ed. (675, 2036)
Swiss Miss Light
2003 Ed. (2036)
Swiss Miss Pie Lover's
2001 Ed. (1997, 1998)
2003 Ed. (2036)
Swiss Mobiliar
1990 Ed. (2244)
1991 Ed. (2158)
Swiss National
1990 Ed. (2244)
1991 Ed. (2158)
Swiss Nestle
2011 Ed. (2730)
Swiss-O-Par
2001 Ed. (2649)
Swiss Prime Site
2013 Ed. (862)
2014 Ed. (4048, 4193)
2015 Ed. (4173)
2016 Ed. (4089)
Swiss PTT
1992 Ed. (4204)
1994 Ed. (3484)
1995 Ed. (3555)
Swiss Re
2000 Ed. (1561)
2001 Ed. (2953)
2009 Ed. (762, 763)
2011 Ed. (2068)
2013 Ed. (677, 3278)
2014 Ed. (706)
2015 Ed. (750, 3350, 3353)
2016 Ed. (677, 3133)
Swiss Re AG
2013 Ed. (3256)
2014 Ed. (3284, 3285)
2015 Ed. (3334, 3335)
2016 Ed. (3191, 3192)
Swiss Re America
2000 Ed. (3748)
2001 Ed. (4030, 4036)
Swiss Re Group
1991 Ed. (1353, 2133)
1993 Ed. (2994)
Swiss Re Life & Health America Inc.
2007 Ed. (3150, 3155)
2008 Ed. (3300, 3305)
2009 Ed. (3360, 3361, 3365)
2010 Ed. (3298)
2011 Ed. (3259, 3260, 3264)
2012 Ed. (3237)
2013 Ed. (3316)
Swiss Re Ltd.
2014 Ed. (3359)
2015 Ed. (3392)
2016 Ed. (3255, 3264)
Swiss Reinsurance
2016 Ed. (3272)
Swiss Reinsurance America Corp.
1998 Ed. (3037, 3038)
2002 Ed. (3951, 3953, 3958, 3959)
2003 Ed. (3014, 3015, 3016, 3017,
4995)
2004 Ed. (3137, 3138, 3139, 3140,
3141)
2005 Ed. (3145, 3146, 3147, 3148,
3149)
2007 Ed. (3184)
2009 Ed. (3402)
2010 Ed. (3337)
2011 Ed. (3294)
2012 Ed. (3275, 3276)
2014 Ed. (3368)
2016 Ed. (3274)
Swiss Reinsurance Co.
1990 Ed. (3478)
1991 Ed. (2132, 2829)
1995 Ed. (2281, 3087, 3088)
2001 Ed. (1861, 1862, 1863, 4038,
4040)
2002 Ed. (1776, 1778, 2917, 2966,
2968, 2972, 2973, 2974, 3952,
4486)
2003 Ed. (1830, 2990, 2992)
2004 Ed. (3097, 3103, 3105, 3107,
3109, 3130, 3131, 3142, 3143,
3144)
2005 Ed. (1967, 3108, 3110, 3112,
3138, 3139, 3153, 3154)

2006 Ed. (2028, 2030, 2031, 2032,
3094, 3145, 3146, 3147, 3150,
3151, 3154, 4540)
2007 Ed. (2000, 2001, 2002, 2003,
3113, 3139, 3142, 3144, 3181,
3182, 3187, 3188, 3990)
2008 Ed. (1424, 1496, 2093, 2094,
2095, 2096, 3290, 3292, 3294,
3329, 3330, 3332)
2009 Ed. (2069, 2070, 2071, 2073,
3316, 3349, 3352, 3354, 3399,
3400, 3401, 3405, 3407)
2010 Ed. (2007, 2008, 3288, 3291,
3293, 3333, 3334, 3335, 3340,
3342)
2011 Ed. (2070, 2071, 3214, 3217,
3218, 3290, 3291, 3297, 3301)
2012 Ed. (1910, 1911, 1912, 1913,
3173, 3174, 3179, 3187, 3225,
3228, 3230, 3269, 3270, 3279,
3280, 3284)
2013 Ed. (2076, 2079, 3247, 3253,
3255, 3296, 3304, 3307, 3309,
3353, 3358)
2014 Ed. (2012, 3273, 3282, 3327,
3330, 3332, 3369, 3371)
2015 Ed. (2056, 3324, 3333)
2016 Ed. (2016, 3178, 3188, 3196,
3277, 3279)
Swiss Reinsurance Co., Ltd.
2015 Ed. (2055)
2016 Ed. (2014)
Swiss Reinsurance Group
1992 Ed. (1695, 3660)
1994 Ed. (1454, 3042)
1995 Ed. (1494)
1996 Ed. (1451, 3188)
1997 Ed. (1517, 1518, 1519, 2546,
3293)
1998 Ed. (3039, 3040)
1999 Ed. (1740, 1742, 2918, 4033,
4035, 4036, 4037)
2000 Ed. (1563, 3749, 3750, 3752)
2003 Ed. (2979, 3013)
Swiss Reinsurance Ltd.
2013 Ed. (3354)
2015 Ed. (3402, 3404)
2016 Ed. (3275)
Swiss Telecom
1998 Ed. (2217)
Swiss Valley Farms Co.
1997 Ed. (177)
Swiss Volksbank
1989 Ed. (686)
1990 Ed. (691)
1991 Ed. (670)
1992 Ed. (843, 2005)
1993 Ed. (640, 720, 1664)
1994 Ed. (643, 729, 1683)
1995 Ed. (615, 1243)
Swiss Water Decaffeinated Coffee
2006 Ed. (1572, 1576)
Swissair
1990 Ed. (201, 219, 232, 236)
1991 Ed. (191, 193, 202, 1352)
1992 Ed. (282, 290, 292)
1993 Ed. (172, 192, 198)
1994 Ed. (171, 176, 180)
1995 Ed. (181, 186, 190)
1996 Ed. (176, 187)
1997 Ed. (207, 3792)
1999 Ed. (227, 230, 239)
2001 Ed. (306, 307, 308, 324)
Swissair Schweizerische Luftve Kehr
AG
2003 Ed. (4811)
Swisscom
2000 Ed. (4191)
2013 Ed. (677, 2613)
2014 Ed. (4013, 4047)
2015 Ed. (750, 4679, 4682)
2016 Ed. (677, 4588)
Swisscom AG
2001 Ed. (1862, 1863)
2002 Ed. (1778, 4486)
2003 Ed. (1830, 4608)
2004 Ed. (88)
2005 Ed. (83)
2006 Ed. (92, 1686, 2028, 2032,
4540)
2007 Ed. (82, 4714)
2008 Ed. (89)
2009 Ed. (98, 2072)
2010 Ed. (106, 2009, 2010)
2011 Ed. (4645)
2012 Ed. (4649, 4657)
2013 Ed. (4602)
2014 Ed. (4056, 4064, 4655)
2015 Ed. (4650)
2016 Ed. (4564)

Swisscom Mobile
2007 Ed. (4711)
Swisslog
2003 Ed. (3320)
2006 Ed. (1720)
2011 Ed. (1650)
Swisslog AG
2009 Ed. (3669)
2010 Ed. (1640, 3586)
2011 Ed. (3589)
2012 Ed. (3577)
2013 Ed. (3631)
2014 Ed. (3572)
2015 Ed. (3586)
2016 Ed. (3469)
Swisslog Healthcare Solutions
2012 Ed. (1499)
2013 Ed. (1633)
2014 Ed. (1597)
2016 Ed. (1590)
Swisslog Holding AB
2004 Ed. (3397)
2006 Ed. (3421)
2007 Ed. (1729, 3436)
2008 Ed. (1758, 4576)
2010 Ed. (4648)
Swisslog Holding AG
2004 Ed. (3317)
Swisslog North America
2003 Ed. (1680)
Swisslog Software
2003 Ed. (1123)
2006 Ed. (4646)
Swissotels
1991 Ed. (1941)
1992 Ed. (2485)
1993 Ed. (2083)
1996 Ed. (2180)
1997 Ed. (2294)
Swissotels Worldwide
1998 Ed. (2020)
2000 Ed. (2557)
Swisspers
2001 Ed. (1937)
2003 Ed. (1872)
Switch Card
1996 Ed. (1496)
*Switch: How to Change Things When
Change is Hard*
2012 Ed. (504, 513)
Switch Liberate Your Brand
2013 Ed. (3629)
Switch Media plc
2009 Ed. (3023)
Switchboard, Inc.
2002 Ed. (2520)
"Switched at Birth"
1993 Ed. (3537)
Switched on Media Pty. Ltd.
2013 Ed. (2899)
Switching power supplies
1995 Ed. (1094)
SwitchPoint LLC
2014 Ed. (2092)
2015 Ed. (2145)
Switzer Communications
2004 Ed. (4027)
Switzer Group
2007 Ed. (3194)
Switzerland
1989 Ed. (362, 565, 1178, 1179,
1182, 1279, 1284, 1400, 1402,
1865, 2957, 2965)
1990 Ed. (405, 960, 984, 1259, 1260,
1445, 1450, 1582, 1747, 1906,
1913, 1920, 1927, 1928, 1929,
1930, 1931, 2403, 3471, 3615,
3616, 3619, 3700)
1991 Ed. (516, 930, 1171, 1177,
1178, 1181, 1379, 1383, 1401,
1479, 1824, 1825, 1826, 1827,
1829, 1836, 1843, 1844, 2111,
2263, 3109, 3236, 3279, 3405,
3407, 3508)
1992 Ed. (226, 229, 230, 669, 723,
891, 1029, 1040, 1120, 1485, 1489,
1490, 1493, 1496, 1639, 1727,
1728, 1736, 2300, 2301, 2302,
2305, 2312, 2319, 2320, 2322,
2358, 2950, 3348, 3685, 4141,
4152, 4203, 4319, 4320, 4475)
1993 Ed. (479, 481, 700, 843, 917,
1046, 1202, 1203, 1269, 1299,
1345, 1422, 1467, 1717, 1730,
1957, 1958, 1959, 1960, 1961,
1962, 1969, 1976, 2229, 2368,
2482, 2950, 3476, 3558, 3559,
3723, 3726)
1994 Ed. (200, 311, 486, 709, 735,
836, 841, 855, 927, 934, 949, 957,

1230, 1349, 1484, 1488, 1489,
1530, 1533, 1979, 2006, 2008,
2367, 2684, 2747, 2898, 3450)
1995 Ed. (344, 663, 688, 876, 899,
967, 1244, 1252, 1516, 1520, 1521,
1743, 1744, 2005, 2012, 2019,
2020, 2021, 2024, 2872, 3520,
3605, 3773, 3776)
1996 Ed. (510, 761, 872, 942, 944,
1217, 1218, 1479, 1480, 1495,
1729, 2344, 2948, 3189, 3716,
3870)
1997 Ed. (287, 321, 474, 518, 896,
939, 966, 1008, 1264, 1265, 1267,
1268, 1544, 1545, 2475, 2555,
2561, 2566, 2571, 2573, 3000,
3292, 3634, 3767, 3768, 3912,
3924)
1998 Ed. (352, 634, 708, 819, 1030,
1031, 1131, 1431, 1526, 1846,
1847, 1848, 1850, 2192, 2461,
2744, 3589)
1999 Ed. (332, 1104, 1146, 1253,
1254, 1463, 1465, 1783, 1784,
2443, 3004, 3114, 3115, 3289,
3653, 3697, 3790, 4478, 4479,
4481, 4625, 4695, 4801, 4802,
4804)
2000 Ed. (1154, 1155, 1321, 1322,
1324, 1585, 1608, 1612, 1613,
2355, 2356, 2360, 2374, 2375,
2376, 2378, 2862, 2863, 3753,
4425)
2001 Ed. (291, 386, 390, 526, 625,
697, 704, 979, 1125, 1149, 1190,
1191, 1259, 1274, 1299, 1311,
1342, 1353, 1688, 1917, 1944,
1949, 1950, 2020, 2035, 2036,
2038, 2094, 2126, 2135, 2139,
2305, 2379, 2395, 2442, 2481,
2552, 2553, 2575, 2611, 2639,
2658, 2681, 2734, 2735, 2752,
2800, 2814, 2821, 2825, 3036,
3149, 3151, 3207, 3209, 3298,
3315, 3368, 3387, 3420, 3502,
3552, 3602, 3638, 3644, 3691,
3694, 3706, 3825, 3991, 4017,
4028, 4039, 4041, 4113, 4119,
4120, 4249, 4265, 4276, 4277,
4339, 4393, 4566, 4569, 4596,
4632, 4664, 4670, 4671, 4686,
4687, 4705, 4910, 4915, 4921,
4941)
2002 Ed. (559, 561, 780, 1409, 1410,
1411, 1419, 1475, 1476, 1477,
1478, 1486, 1682, 1809, 1814,
1823, 2412, 2413, 2426, 2752,
2756, 2757, 3099, 3101, 3183,
3523, 3596, 4055, 4056, 4378,
4974)
2003 Ed. (860, 950, 1085, 1430,
1432, 1433, 1495, 1879, 2217,
2227, 2233, 2234, 2483, 2616,
2617, 2619, 2620, 2623, 2624,
3023, 3259, 4176, 4191, 4556)
2004 Ed. (1041, 1460, 1461, 1462,
1525, 1909, 1921, 2170, 2737,
2740, 2767, 2814, 3315, 3396,
3918, 4203, 4217, 4738, 4751,
4820)
2005 Ed. (505, 1042, 1476, 1477,
1478, 1479, 1541, 2042, 2056,
2269, 2536, 2537, 2735, 2738,
2761, 2762, 2763, 3030, 3198,
3337, 3403, 3610, 3864, 4130,
4145, 4717, 4799, 4800, 4977)
2006 Ed. (656, 1051, 1213, 1432,
1434, 1443, 2124, 2138, 2150,
2335, 2540, 2702, 2703, 2716,
2717, 2824, 2985, 3325, 3335,
3412, 4176, 4193, 4321, 4573,
4681, 4682, 4769)
2007 Ed. (674, 1140, 2086, 2094,
2266, 2524, 2697, 2827, 3393,
4209, 4386, 4413, 4418, 4419,
4702, 4776)
2008 Ed. (414, 1020, 1109, 1412,
1415, 1422, 2194, 2204, 2398,
2399, 2400, 2823, 2824, 4387,
4389, 4390, 4391, 4393, 4627,
4631)
2009 Ed. (439, 1005, 1087, 2170,
2379, 2381, 2382, 2383, 2396,
2397, 2408, 2881, 2882, 3275,
3662, 4464, 4465, 4467, 4468,
4469, 4471, 4663, 4666, 4668)
2010 Ed. (700, 768, 970, 1061, 1068,
1378, 2113, 2219, 2303, 2308,
2309, 2401, 2406, 2819, 2837,
3170, 3336, 3379, 3836, 3837,
4187, 4389, 4515, 4516, 4517,

4518, 4519, 4520, 4521, 4522,
4581, 4684)
2011 Ed. (626, 685, 735, 897, 999,
1006, 2237, 2299, 2306, 2307,
2401, 2407, 2805, 2819, 3136,
3293, 3327, 3328, 3507, 3839,
3840, 4199, 4334, 4420, 4453,
4455, 4456, 4457, 4459, 4634,
4703)
2012 Ed. (596, 626, 928, 2093, 2100,
2204, 2206, 2617, 2620, 2752,
3083, 3274, 3313, 3820, 3821,
4251, 4547, 4627)
2013 Ed. (733, 767, 1072, 2279,
2288, 2385, 2389, 2513, 2687,
2690, 2826, 3166, 3169, 3385,
3386, 3873, 3875, 4215, 4567)
2014 Ed. (759, 792, 1031, 1032,
1283, 2213, 2221, 2322, 2326,
2456, 2672, 2675, 2870, 3171,
3208, 3387, 3388, 3809, 3811,
4229, 4548, 4622)
2015 Ed. (95, 794, 835, 881, 1066,
2285, 2396, 2525, 2716, 2719,
2910, 3231, 3832, 3834, 4219)
2016 Ed. (60, 716, 974, 2257, 2341,
2460, 2831, 3370, 3739, 4540)
Switzerland General
1990 Ed. (2244)
1991 Ed. (2158)
Switzerland Global Enterprise
2015 Ed. (3526)
Switzerland Life
1990 Ed. (2245)
1991 Ed. (2114)
Switzerland Stock Exchange
1997 Ed. (3631, 3632)
2001 Ed. (4379)
Switzerland Trade & Investment Promotion
2013 Ed. (3534)
Switzer's
1999 Ed. (1017)
Swix
1991 Ed. (3134)
1992 Ed. (3983)
1993 Ed. (3327)
Swoboda Hospitality Specialists
2008 Ed. (3071)
Swope Design Group Inc.
2008 Ed. (4963)
Swope Group
2008 Ed. (288)
Sword Group
2007 Ed. (1735)
2008 Ed. (1209, 1763)
Sword & Shield Enterprise Security Inc.
2008 Ed. (4295, 4607)
2009 Ed. (1349, 4823)
2010 Ed. (1333)
Swordfish
2002 Ed. (4086)
2003 Ed. (3454)
SWS Group Inc.
2005 Ed. (427)
2006 Ed. (2282, 2284)
SWS Re-Distribution Co.
2016 Ed. (3599)
SWYX Solutions AG
2009 Ed. (3269)
Sx3 Ltd.
2002 Ed. (2496)
SXC Health Solutions
2013 Ed. (2846)
2014 Ed. (2931)
SXC Health Solutions Corp.
2006 Ed. (2415, 2417)
2009 Ed. (2994, 2998)
2010 Ed. (1548, 1567, 4596)
2012 Ed. (1411, 1496, 2759, 2766,
2773, 2799)
2013 Ed. (1107, 1110, 1499, 1529,
1703, 1706, 2842, 2867, 2875)
Sy; Henry
2006 Ed. (4921)
2008 Ed. (4849)
2009 Ed. (4870)
2010 Ed. (3967, 4871, 4917)
2011 Ed. (4859, 4903)
2012 Ed. (4865, 4914)
2013 Ed. (4897, 4898)
2014 Ed. (4909, 4910)
2015 Ed. (4950, 4951)
2016 Ed. (4865, 4866)
Syarikat Takaful Malaysia Berhad
2009 Ed. (3318)
2010 Ed. (3251)
2014 Ed. (3283)
2015 Ed. (3336)
2016 Ed. (3195)

Sybari Software Inc.
2003 Ed. (2718)
Sybase Inc.
1993 Ed. (1568, 2008)
1995 Ed. (1097, 3517)
1996 Ed. (1073, 1212)
1997 Ed. (1087, 1107, 2211, 3294,
3411)
1998 Ed. (842, 844, 855, 3421, 3422)
1999 Ed. (1281, 1282, 4491, 4492)
2000 Ed. (1172, 1176)
2001 Ed. (1367, 1978)
2002 Ed. (4876)
2004 Ed. (2224)
2006 Ed. (1126, 1135, 1137, 1355,
4587)
2007 Ed. (4567)
2008 Ed. (1148)
2009 Ed. (1126, 1127, 3255)
2010 Ed. (1107, 3186)
2011 Ed. (1046, 3150)
2012 Ed. (951)
2013 Ed. (1932)
Sybil Mobley
1995 Ed. (1256)
Sybron
2001 Ed. (3265)
Sybron Dental Specialties Inc.
2008 Ed. (4668)
The Sycamore Group
2002 Ed. (2532)
Sycamore Networks
2001 Ed. (4185)
2002 Ed. (1385, 1530)
2008 Ed. (1913)
Sycamore Row
2015 Ed. (644, 645)
Sycamore Ventures/CitiGrowth Funds
2000 Ed. (4342)
Syco
2014 Ed. (3712)
2015 Ed. (3724)
Sycom
1993 Ed. (2962)
1995 Ed. (3062)
Syd Energi
2013 Ed. (1589)
Sydbank
1999 Ed. (501)
2000 Ed. (509)
2002 Ed. (550)
2003 Ed. (483)
2006 Ed. (1674)
2008 Ed. (1703)
2009 Ed. (1630)
2010 Ed. (1603)
2012 Ed. (339, 1456)
2013 Ed. (419, 420, 1591)
2014 Ed. (438, 439, 1557)
2015 Ed. (492, 493)
2016 Ed. (446)
Sydbank A/S
2011 Ed. (331)
Sydbank Group
2004 Ed. (479)
2005 Ed. (486)
2006 Ed. (432)
2007 Ed. (430)
2008 Ed. (404)
2009 Ed. (428, 429)
2010 Ed. (404, 405)
2011 Ed. (332)
Sydbank Soenderjyland
1995 Ed. (455)
Sydbank Soenderjylland
1993 Ed. (462)
1994 Ed. (467)
1996 Ed. (487)
1997 Ed. (450)
Sydkraft
1993 Ed. (3460)
1995 Ed. (1243)
Sydney
1992 Ed. (1166, 1399)
1997 Ed. (1004)
2000 Ed. (107, 3377)
Sydney Adventist Hospital
2004 Ed. (3955)
Sydney, Australia
1990 Ed. (1439)
1996 Ed. (979)
1999 Ed. (1177)
2001 Ed. (136, 348, 2816)
2002 Ed. (2747)
2006 Ed. (4182)
2008 Ed. (766)
2011 Ed. (2621, 2622, 2630)
2014 Ed. (2637, 2644)
2015 Ed. (2680, 2686)
2016 Ed. (2597, 2603)

Sydney Entertainment Centre
2011 Ed. (1074)
2012 Ed. (998)
2013 Ed. (1141)
2014 Ed. (1102)
2015 Ed. (1139)
Sydney Frank Importing
2004 Ed. (3265)
Sydney Futures Exchange
1993 Ed. (1915)
Sydney Harman
2005 Ed. (2512)
Sydney Mark Taper
1990 Ed. (457, 3686)
Sydney Smith Hicks
1991 Ed. (2160)
Sydney Stein Jr.
1994 Ed. (893)
Sydney Turf Club
2004 Ed. (3951)
Sydney; University of
2010 Ed. (1015)
Sydney Water
2001 Ed. (1630)
2002 Ed. (4708)
2004 Ed. (1643, 1646)
SydneyPLUS
2006 Ed. (3281)
Sydran Services
2003 Ed. (4139)
Syed Mokhtar Al Bukhary
2008 Ed. (4847)
2009 Ed. (4868)
2011 Ed. (4858)
2012 Ed. (4864)
2013 Ed. (3491, 4887)
2014 Ed. (4900)
2015 Ed. (4940)
2016 Ed. (4855)
Syed Mokhtar Albukhary
2006 Ed. (4917)
Syed; Waqar
2008 Ed. (2691)
Syfrets Merchant Bank Limited
1989 Ed. (718)
Syfrets Merchant Bank Ltd.
1991 Ed. (701)
Sygic a.s.
2012 Ed. (2841)
Sykes Communication
2000 Ed. (68)
Sykes Communications
1999 Ed. (64)
Sykes Enterprises
2002 Ed. (2491)
2003 Ed. (2732)
2010 Ed. (4585)
2011 Ed. (4548)
2014 Ed. (2877)
Sykes Enterprises Inc.
2013 Ed. (1106)
Sykes; Macrae
2011 Ed. (3360)
Sykes; Paul
2007 Ed. (4933)
2008 Ed. (4907)
Syl Saller
2006 Ed. (4984)
SyllogisTeks
2007 Ed. (3573)
Sylvain Massot
1999 Ed. (2303, 2307)
2000 Ed. (2079, 2083, 2090)
Sylvan Inc.
2004 Ed. (2756, 2757)
2005 Ed. (2751, 2752)
Sylvan Lawrence Co.
1997 Ed. (3273)
Sylvan Learning
2015 Ed. (2402)
Sylvan Learning Centers
2000 Ed. (2269)
2002 Ed. (2066, 2361)
2003 Ed. (2126)
2004 Ed. (2174)
2005 Ed. (2275)
2006 Ed. (2343)
2007 Ed. (2279)
2009 Ed. (2412)
2010 Ed. (2323)
2011 Ed. (2319)
2012 Ed. (2221)
2013 Ed. (2399)
Sylvan Learning Systems Inc.
1998 Ed. (1758)
2002 Ed. (4599)
Sylvania
1992 Ed. (1285)
2016 Ed. (3354)
Sylvania Double Life

2016 Ed. (3354)
Sylvania Super Saver
  2016 Ed. (3354)
Sylvanian Families
  1992 Ed. (4329)
  1995 Ed. (3645)
Sylvester St.
  1991 Ed. (2023)
Sylvester Stallone
  1989 Ed. (1347)
  1990 Ed. (1672)
  1992 Ed. (1982)
  1997 Ed. (1777)
Sylvester Street
  1990 Ed. (2179)
Sylvia Deutch
  1991 Ed. (2548)
Sylvia & Ed Hagenlocker
  2002 Ed. (979)
Sylvia Porter's Personal Finance
  1989 Ed. (179, 182, 2174, 2177)
Symantec
  2013 Ed. (1362, 3376)
  2014 Ed. (2546)
Symantec Antivirus (SAM)
  1995 Ed. (1098)
Symantec Corp.
  1993 Ed. (827)
  1996 Ed. (1628)
  1998 Ed. (855)
  1999 Ed. (1961)
  2002 Ed. (1158, 2075)
  2003 Ed. (4548)
  2004 Ed. (1122, 1123, 1125, 1341, 2215)
  2005 Ed. (1130, 1132, 1133, 1134, 1136, 1686, 4462)
  2006 Ed. (1119, 1120, 1122, 1123, 1124, 1126, 1127, 1129, 1422, 1427, 3693)
  2007 Ed. (154, 1227, 1228, 1230, 1232, 1233, 4590)
  2008 Ed. (1131, 1138, 1594, 1595, 1602, 1603, 1605, 2850)
  2009 Ed. (1107, 1108, 1117, 1443, 1539, 2901, 3101)
  2010 Ed. (1087, 1089, 1117, 1120, 3034)
  2011 Ed. (1027, 1028, 1055, 1056, 1424, 1528, 3003)
  2012 Ed. (953, 955, 957, 958, 969, 983, 2930)
  2013 Ed. (1096, 1098, 1100, 1102, 1114, 1123, 1124, 3019)
  2014 Ed. (1057, 1059, 1062, 1075, 3029, 4031)
  2015 Ed. (1094, 1096, 1099, 1113, 1125, 3096, 4428)
  2016 Ed. (1003, 1005, 1008, 1025, 1037)
Symantec SAM
  1998 Ed. (845)
Symbian
  2001 Ed. (1247, 1866)
  2015 Ed. (3709)
Symbility Solutions
  2014 Ed. (2922)
Symbility Solutions Inc.
  2016 Ed. (1011)
Symbiont Inc.
  2008 Ed. (3739, 4437)
Symbios Inc.
  2000 Ed. (1102)
Symbiotix Inc.
  2014 Ed. (1729)
Symbol Technologies Inc.
  1990 Ed. (1115, 1117, 1614, 1618, 1971, 3301)
  1991 Ed. (1019, 1023)
  1992 Ed. (1302, 1313, 1315, 1914)
  1993 Ed. (1053)
  1994 Ed. (2020)
  2000 Ed. (2461)
  2001 Ed. (659)
  2002 Ed. (913, 1144)
  2003 Ed. (1102, 1103, 1511, 2945, 4569)
  2004 Ed. (1120, 1121, 2224)
  2005 Ed. (1127, 1128)
  2006 Ed. (1115, 1116, 1117, 4459)
  2007 Ed. (1220, 1222, 2330, 4521, 4528, 4700)
  2008 Ed. (1123, 3222)
Symbolics
  1989 Ed. (973, 1311)
  1990 Ed. (1619)
Symbrio
  2014 Ed. (2003)
  2015 Ed. (2049)
Symetra Financial

2015 Ed. (2156, 2165)
  2016 Ed. (2130, 2136, 3174)
Symetra Financial Corp.
  2012 Ed. (1993, 3218)
  2013 Ed. (2183, 3290)
  2014 Ed. (2113, 3317)
  2015 Ed. (2167, 3362)
  2016 Ed. (3224)
Symetrics Industries
  1997 Ed. (2022, 2023)
Symmetricom
  2004 Ed. (4547)
  2011 Ed. (1533)
Symmetry Creative Production
  2009 Ed. (2404)
Symmetry Electronics Corp.
  2009 Ed. (2466)
Symmetry Medical
  2006 Ed. (2738)
  2007 Ed. (2724)
  2008 Ed. (2854)
Symmetry Partners
  2013 Ed. (3390)
Symons International Group
  1999 Ed. (2964)
Sympa Oy
  2012 Ed. (2842)
  2013 Ed. (2904)
Sympathy
  2004 Ed. (2758)
Sympatico
  2000 Ed. (2744)
Symphonic
  2002 Ed. (4754)
Symphony
  1989 Ed. (2526)
Symphony conductor
  1989 Ed. (2084)
Symphony Health Services LLC
  2006 Ed. (1862)
Symphony Health Solutions
  2016 Ed. (3463)
Symphony Management Ltd.
  1999 Ed. (1029)
  2000 Ed. (979)
  2001 Ed. (2920)
SymphonyIRI Group
  2012 Ed. (4233, 4253)
  2013 Ed. (4213, 4214)
SymphonyIRI Group Inc.
  2014 Ed. (4227, 4228)
Symrise GmbH
  2006 Ed. (858)
  2007 Ed. (944)
  2008 Ed. (921)
  2009 Ed. (929)
  2010 Ed. (869)
  2011 Ed. (797)
  2012 Ed. (757)
  2013 Ed. (959)
SYMS
  1989 Ed. (936)
  1990 Ed. (1053)
  1991 Ed. (979)
  1992 Ed. (1216)
  1999 Ed. (1875)
  2003 Ed. (1019)
  2004 Ed. (1021)
  2005 Ed. (1026)
  2006 Ed. (1039, 4157)
  2007 Ed. (1125)
  2008 Ed. (1007)
  2009 Ed. (895, 991)
  2010 Ed. (956)
  2011 Ed. (882)
  2012 Ed. (711)
Symvionics Inc.
  1999 Ed. (2674)
Symyx Technologies
  2004 Ed. (3774)
  2005 Ed. (3693)
  2009 Ed. (1534)
  2011 Ed. (4196)
Synapse Group Inc.
  2006 Ed. (4328)
Synapse Product Development
  2014 Ed. (2089)
  2015 Ed. (2143)
Synapse Technology, Inc.
  2002 Ed. (2530)
  2003 Ed. (2725)
Synaptics
  2013 Ed. (1453, 2894)
  2014 Ed. (1033, 1414)
  2015 Ed. (1067, 1474)
Synaptics Inc.
  2003 Ed. (2768)
  2011 Ed. (1524, 2839)
  2012 Ed. (2769)
Synaxis Group Inc.

2005 Ed. (3069)
Synaylia
  2007 Ed. (30)
Synbiotics Corp.
  1990 Ed. (889)
Sync Research
  1997 Ed. (3408)
Syncapse Corp.
  2013 Ed. (2839)
Syncera BV
  2007 Ed. (1906)
SyncForce BV
  2003 Ed. (2722)
Syncfusion
  2005 Ed. (1145)
  2007 Ed. (1248)
  2016 Ed. (1035)
Synchronoss
  2014 Ed. (2876)
Synchronoss Technologies
  2016 Ed. (1001, 1856)
Synchronoss Technologies Inc.
  2009 Ed. (1135)
  2010 Ed. (1095, 1119)
  2011 Ed. (2833)
Synchrony Bank
  2016 Ed. (333, 338, 355)
Synchrony Communications Inc.
  2001 Ed. (1872, 2852)
Synchrony Financial
  2016 Ed. (4310)
Synchrony Inc.
  2011 Ed. (4194)
Synchross Technologies Inc.
  2015 Ed. (1894)
Syncom
  2005 Ed. (176)
  2006 Ed. (189)
  2007 Ed. (195)
  2008 Ed. (178)
Syncom Venture Partners
  2009 Ed. (197)
  2010 Ed. (176)
  2011 Ed. (101)
  2012 Ed. (108)
  2013 Ed. (89)
  2015 Ed. (112)
Syncon Homes
  2004 Ed. (1141)
Syncor International Corp.
  1995 Ed. (2085)
Syncora Holdings Ltd.
  2012 Ed. (3195)
  2013 Ed. (3264)
  2014 Ed. (3292)
  2016 Ed. (3201)
Syncreon
  2015 Ed. (1753)
Syncrude
  2006 Ed. (3485)
  2016 Ed. (1446, 3561, 3562, 3566)
Syncrude Canada
  2013 Ed. (3973)
  2014 Ed. (3915)
  2015 Ed. (1536)
Syncrude Canada Ltd.
  2007 Ed. (3517, 3864)
  2008 Ed. (3916, 4050)
  2009 Ed. (3984)
  2010 Ed. (1469, 1998, 3892, 4059)
  2011 Ed. (1467, 2059, 3904, 4036, 4037)
  2012 Ed. (1306, 1905, 3670, 3671, 3673, 3890, 4070)
  2013 Ed. (1509)
  2014 Ed. (1478)
  2015 Ed. (1504, 1533)
  2016 Ed. (1445, 1474, 1475, 3841, 3842, 3843)
SynderGeneral
  1992 Ed. (259)
Syndero
  2011 Ed. (4273)
Syndicate Bank
  1989 Ed. (558)
  1992 Ed. (705)
  1997 Ed. (506)
  1999 Ed. (542)
  2000 Ed. (553)
Syndicate Systems Inc.
  1999 Ed. (4499)
  2000 Ed. (4134)
Syndicated Communications
  2005 Ed. (176)
  2006 Ed. (189)
  2007 Ed. (195)
  2008 Ed. (178)
Syndicated Communications (Syncom)
  2003 Ed. (218)
  2004 Ed. (174)

Syndicated television
  1997 Ed. (35)
  2001 Ed. (1078)
Syndicated TV
  1991 Ed. (736)
  1992 Ed. (919)
  1993 Ed. (737)
  1994 Ed. (744)
  1995 Ed. (693)
  1996 Ed. (771)
  1997 Ed. (708)
  1999 Ed. (992)
  2000 Ed. (939)
  2002 Ed. (61)
Syndication
  2000 Ed. (4216)
Syndication representative firms
  2005 Ed. (3988)
Synear Food
  2009 Ed. (2797)
Synergen Inc.
  1993 Ed. (1246, 1940)
  1996 Ed. (1211)
Synergetics USA Inc.
  2007 Ed. (2713, 2728, 2729)
  2008 Ed. (1950, 1951, 2847, 2858, 2859)
Synergic Resources Corp.
  1994 Ed. (2533)
  1995 Ed. (2592)
Synergie Communications
  1990 Ed. (156)
Synergie Saatchi & Saatchi
  2000 Ed. (74)
  2001 Ed. (118)
  2003 Ed. (75)
Synergistics Marketing Inc.
  2007 Ed. (152)
Synergy
  1994 Ed. (2943)
  1995 Ed. (3001)
  1996 Ed. (3102)
  2002 Ed. (212)
Synergy American Corporate Class
  2010 Ed. (2557)
Synergy American Fund
  2010 Ed. (2557)
Synergy Builders Inc.
  2015 Ed. (1693)
Synergy Canadian Class
  2006 Ed. (3663)
Synergy Canadian Growth
  2002 Ed. (3436)
Synergy Canadian Momentum
  2002 Ed. (3435, 3436)
Synergy Communications
  2003 Ed. (104)
Synergy Gas
  1990 Ed. (2909)
  1992 Ed. (3554)
Synergy Global Style Management Class
  2003 Ed. (3601)
Synergy Health
  2016 Ed. (2885)
Synergy Healthcare
  2006 Ed. (2784)
Synergy HomeCare
  2012 Ed. (114)
  2016 Ed. (121)
Synergy Homecare
  2016 Ed. (784)
Synergy Label
  2012 Ed. (4027)
Synergy Leo Burnett
  2003 Ed. (182)
Synergy One Credit Union
  2010 Ed. (2127)
  2011 Ed. (2169)
Synergy Resources Corp.
  2015 Ed. (3910, 3912)
Synergy Services Inc.
  2014 Ed. (1535)
Synergy Solutions Inc.
  2014 Ed. (4693)
Synergy Sponsorship
  2011 Ed. (65)
Synergy Trucking Ltd.
  2015 Ed. (1560, 4786)
  2016 Ed. (4689)
Syneron Dental Lasers
  2013 Ed. (2909)
Syneron Medical
  2006 Ed. (2732, 4254, 4255, 4256, 4259)
  2008 Ed. (2951, 2952)
Synesael; Colby A.
  2011 Ed. (3359)
Synetic Inc.
  1997 Ed. (2169)

2002 Ed. (1391)
Synex International Inc.
2015 Ed. (1557)
Syngenta
2014 Ed. (1932)
Syngenta AG
2002 Ed. (246)
2003 Ed. (945, 4608)
2004 Ed. (958, 967)
2005 Ed. (951)
2006 Ed. (858, 3403)
2007 Ed. (940, 941, 944, 951)
2008 Ed. (921, 3583)
2009 Ed. (929, 3654)
2010 Ed. (869, 877, 2010, 3572)
2011 Ed. (791, 796, 797, 801, 805, 812, 814, 1469, 3575)
2012 Ed. (749, 756, 757, 762, 767, 783, 786, 787, 3568)
2013 Ed. (861, 940, 941, 959, 968, 979, 982, 3604)
2014 Ed. (894, 912, 918, 920, 929, 931, 4055)
2015 Ed. (922, 941, 950, 952)
2016 Ed. (825, 843, 850, 860, 862)
Syngenta Corp.
2015 Ed. (1602)
2016 Ed. (1529)
Syngenta Cron Protection Canada Inc.
2008 Ed. (1612)
Syngenta Crop Protection LLC
2016 Ed. (138)
Syngenta Ltd.
2001 Ed. (276)
2004 Ed. (956)
Syngergy
1993 Ed. (2925)
Synhrgy HR Technologies
2003 Ed. (2733)
2005 Ed. (2366, 2368)
Synlait
2010 Ed. (2952)
2011 Ed. (2914)
Synlait Milk
2015 Ed. (2767)
Synn Resorts Ltd.
2008 Ed. (3081)
2009 Ed. (3171)
SYNNEX
2016 Ed. (985)
Synnex
2001 Ed. (2870)
2005 Ed. (4811)
2006 Ed. (1143, 2274, 2391, 2394, 3050)
2007 Ed. (1257, 4948)
2008 Ed. (1156, 1539, 1604, 3222)
2009 Ed. (1533, 1534, 4942)
2010 Ed. (642, 1531, 4681, 4949)
2011 Ed. (576, 1527, 1530, 1531, 4932)
2012 Ed. (561, 933, 936, 1373, 4933, 4935)
2013 Ed. (678)
SYNNEX Corp.
2013 Ed. (1126, 1465, 4930, 4931)
2014 Ed. (1087, 1438, 4937)
2015 Ed. (1498, 4978)
2016 Ed. (978, 1440, 4895)
Synnex Corp.
2013 Ed. (4929)
2016 Ed. (1438)
Synnex Information Technologies Inc.
2002 Ed. (2813)
2003 Ed. (2193, 2951)
2005 Ed. (2337)
Synnex Technology International
2001 Ed. (2182)
2002 Ed. (1921)
2006 Ed. (3404)
2012 Ed. (2325)
Synobsys BV
2014 Ed. (1839)
Synopsis Inc.
2006 Ed. (1420)
Synopsys Inc.
1993 Ed. (2033)
1994 Ed. (843, 2012, 2016, 3322, 3324)
1995 Ed. (3207)
1998 Ed. (1457)
1999 Ed. (1961)
2001 Ed. (4216)
2002 Ed. (2099)
2005 Ed. (1132, 1138, 1926, 1931)
2006 Ed. (1129, 4586, 4605)
2007 Ed. (1260)
2008 Ed. (1605)
2009 Ed. (1543)
2010 Ed. (1087)

SynOptics
1996 Ed. (246)
SynOptics Communication
1992 Ed. (3308)
Synoptics Communications
1993 Ed. (828, 1568, 2008, 2459)
1994 Ed. (1079, 1092, 1253, 2019, 2402, 2403)
1995 Ed. (1283, 1432, 2058, 2258, 2568)
Synova Inc.
2006 Ed. (3520, 4359)
2013 Ed. (183)
Synovate
2004 Ed. (4096)
2005 Ed. (4037)
2006 Ed. (4068, 4096)
2007 Ed. (4114, 4117)
2008 Ed. (4138, 4141)
2009 Ed. (4247, 4253)
2010 Ed. (2896, 4185, 4190)
2011 Ed. (3580, 4183, 4201)
2012 Ed. (4233, 4253)
2013 Ed. (4213, 4214)
Synovus Bank
2013 Ed. (289)
2014 Ed. (305)
2015 Ed. (341)
Synovus Financial Corp.
1992 Ed. (1462)
1994 Ed. (3250)
1995 Ed. (3329)
1997 Ed. (345, 1643)
1998 Ed. (283, 320, 1320)
1999 Ed. (397, 425, 439, 655, 4026)
2000 Ed. (427, 430, 3738, 3739, 3740)
2001 Ed. (577)
2002 Ed. (491, 1503)
2003 Ed. (424, 427, 449, 632, 1549)
2004 Ed. (1575)
2005 Ed. (448, 1253)
2006 Ed. (1212, 1490, 1728)
2008 Ed. (355, 371, 4264)
2009 Ed. (390, 4368)
2010 Ed. (341, 4395)
2011 Ed. (4340)
2012 Ed. (346)
2013 Ed. (302)
2014 Ed. (316)
2015 Ed. (357)
2016 Ed. (348)
Synta Pharmaceuticals
2013 Ed. (2841, 2849)
Synta Pharmaceuticals Corp.
2006 Ed. (4878)
2011 Ed. (1831, 1834)
Syntax-Brillian
2009 Ed. (2898)
2010 Ed. (2842)
Syntel
2013 Ed. (1095)
2014 Ed. (1034)
2015 Ed. (1068)
2016 Ed. (975, 1787)
Syntel Inc.
1998 Ed. (836)
1999 Ed. (1270, 2618, 2620, 4325, 4327)
2000 Ed. (4042)
2001 Ed. (1352)
2002 Ed. (1138)
2005 Ed. (4810)
2006 Ed. (3520, 4359)
2007 Ed. (290, 292, 3567)
2011 Ed. (2847)
2013 Ed. (1110)
Syntellect
1992 Ed. (4039)
Syntellect Interactive Services
2001 Ed. (4468)
Synteractive
2012 Ed. (3090)
SynTerra Corp.
2009 Ed. (2045)
2010 Ed. (1977)
2011 Ed. (2038)
2012 Ed. (1887)
Syntes Language Group Inc.
2010 Ed. (4064)
Syntex
1990 Ed. (1192, 1564)
1991 Ed. (1446, 1468, 1471, 2399)
1992 Ed. (1836, 1863, 1866, 3001)
1993 Ed. (827, 1350, 1506, 1510, 1512, 1518)
1994 Ed. (1556, 1614, 2461)
1995 Ed. (1585, 2529, 3447)
1996 Ed. (1191, 1192, 1193, 1200, 2084, 2837)

1997 Ed. (1660)
Synthelabo
1993 Ed. (3008)
Synthes
2013 Ed. (3852)
2014 Ed. (3781)
Synthes Inc.
2006 Ed. (2028)
2007 Ed. (2781)
2009 Ed. (3887)
2010 Ed. (2010, 3798)
2011 Ed. (2874, 3794)
2012 Ed. (2811, 3620, 3621, 3784)
2013 Ed. (862, 2866)
2014 Ed. (2899)
Synthes-Stratec Inc.
2005 Ed. (1467)
Synthesia Chemical Works
1994 Ed. (925)
Synthetic Genomics
2012 Ed. (2360)
Synthetic resins
2004 Ed. (2543, 2546, 2547, 2548)
Synthetic rubber and plastic
2001 Ed. (4389)
Synthetic vitamins
1991 Ed. (1456)
Synthite
2001 Ed. (2512)
Synthomer
2016 Ed. (838)
Synthon Hispania
2011 Ed. (2053)
2013 Ed. (2060)
Synthroid
1989 Ed. (2256)
1990 Ed. (2900)
1991 Ed. (2761, 2763)
1992 Ed. (3524, 3526)
1993 Ed. (2912, 2914)
1994 Ed. (2927, 2929)
1995 Ed. (1582, 1587, 2982, 2983, 2984)
1996 Ed. (1570, 3082, 3083, 3084)
1997 Ed. (1647, 1654, 3161, 3163)
1998 Ed. (2913, 2914, 2915)
1999 Ed. (1893, 1898, 3884, 3885, 3886)
2000 Ed. (1699, 3604, 3605, 3606)
2001 Ed. (2097)
2002 Ed. (3749)
2003 Ed. (2113, 2114, 2115, 2116)
2004 Ed. (2154, 2156)
2005 Ed. (2252, 2255, 2256)
2006 Ed. (2314, 2316)
2009 Ed. (2358)
2010 Ed. (2286)
Syntroleum Corp.
2008 Ed. (4530)
2013 Ed. (2849)
Synygy, Inc.
2003 Ed. (2728)
SYP
1989 Ed. (29)
Sypris Electronics LLC
2004 Ed. (2240)
2006 Ed. (1235)
Sypris Solutions
2014 Ed. (1730)
2016 Ed. (1729)
Sypris Solutions Inc.
2012 Ed. (1645)
Syracuse Label Co.
2009 Ed. (4105)
Syracuse Label & Surround Printing
2010 Ed. (4031)
Syracuse, NY
1990 Ed. (1077)
1999 Ed. (2813)
2005 Ed. (748, 2974)
2006 Ed. (2975)
2007 Ed. (2996)
2008 Ed. (3111, 3119, 4091)
2009 Ed. (3575)
2010 Ed. (3133)
2011 Ed. (3100)
2012 Ed. (4370)
Syracuse University
1997 Ed. (2632)
2002 Ed. (2062)
2006 Ed. (725)
2007 Ed. (1164)
2008 Ed. (771, 774)
2010 Ed. (756, 1014, 3449, 3450)
2011 Ed. (951, 3450)
Syrah
2001 Ed. (4861)
2003 Ed. (4966, 4967)
Syrah/French Syrah-Shiraz
2001 Ed. (4860)

2002 Ed. (4965, 4966)
Syria
1990 Ed. (1933)
1991 Ed. (1406, 1642, 1848)
1992 Ed. (350, 1775, 2331)
1993 Ed. (1465, 1960, 1965, 1972, 1979, 1985)
1995 Ed. (1545, 2008, 2015, 2022, 2027, 2034, 2038)
2001 Ed. (522, 2419, 3578, 3579, 3761)
2003 Ed. (2467, 3697, 3698, 3699)
2004 Ed. (2593, 3740, 3741, 3742)
2005 Ed. (2571, 3648, 3649, 3650)
2006 Ed. (2576, 3746, 3747, 3748)
2007 Ed. (2547, 3745, 3746, 3747, 4416)
2008 Ed. (2689, 3827, 3828)
2009 Ed. (2712, 3881, 3882)
2010 Ed. (1632, 2213, 2214, 2302, 2583, 2632, 3792, 3793, 4722)
2011 Ed. (205, 1642, 2230, 2231, 2298, 2402, 2565, 2615, 3789, 3790, 4200, 4635, 4680)
2012 Ed. (219, 1495, 2093, 2094, 2334, 2619, 4252, 4694, 4963)
2013 Ed. (209, 1626, 2279, 2280, 2514, 4216, 4656, 4970)
Syria Airways
2007 Ed. (83)
Syrian
1990 Ed. (3295)
Syrian Airways
2008 Ed. (90)
Syrian International Islamic Bank
2009 Ed. (2752)
2010 Ed. (2676)
2011 Ed. (2634, 2665)
2012 Ed. (2593)
2014 Ed. (2664)
2015 Ed. (2705)
2016 Ed. (2629)
Syrian Petroleum Co.
2009 Ed. (1812)
Syrian Qatar Takaful Insurance
2011 Ed. (2665)
2012 Ed. (2593)
Syrian Qatar Takful Insurance
2009 Ed. (2752)
SyriaTel
2004 Ed. (89)
2005 Ed. (84)
2006 Ed. (93)
2007 Ed. (83)
2008 Ed. (90)
2009 Ed. (99)
2010 Ed. (107)
Syron; Richard
2007 Ed. (996)
Syrris Ltd.
2014 Ed. (4246)
Syrup, berry/fruit
2002 Ed. (4540)
Syrup, chocolate
2002 Ed. (1959)
2003 Ed. (2039)
Syrup, table
2002 Ed. (4540)
Syrup/molasses
1992 Ed. (3548)
Syrups, soft drink
1999 Ed. (4509)
Sysco
2013 Ed. (1739, 1740)
2014 Ed. (1681)
2015 Ed. (1726, 4609)
2016 Ed. (2686)
SYSCO Corp.
2014 Ed. (3581)
2015 Ed. (3594)
2016 Ed. (3477)
Sysco Corp.
1989 Ed. (1445, 1449, 1451)
1990 Ed. (1837, 1839)
1991 Ed. (1731, 1734, 1737, 1757, 1758, 3084, 3098, 3105)
1992 Ed. (2173, 2176, 2180, 2206, 3938)
1993 Ed. (1874, 1887, 1888)
1994 Ed. (1860, 1863, 3216)
1995 Ed. (1884, 1919, 3298, 3728)
1996 Ed. (1456, 1930, 1955, 3824, 3825, 3826)
1997 Ed. (1524, 1642, 2027, 2060, 3873, 3874, 3875, 3880)
1998 Ed. (1189, 1719, 1724, 1740, 3709, 3712, 3713, 3714)
1999 Ed. (1746, 2464, 2482, 4757, 4758, 4759, 4762)

2000 Ed. (2221, 2242, 2244, 4384, 4385, 4389)
2001 Ed. (2456, 2457, 2462, 4807, 4828, 4829)
2002 Ed. (2003, 2294, 4893, 4901, 4903)
2003 Ed. (2169, 2498, 2499, 2510, 3338, 3339, 4873, 4929, 4930, 4933, 4935, 4936)
2004 Ed. (1870, 2124, 4613, 4621, 4624, 4764, 4931, 4932, 4933, 4934, 4938, 4940, 4941)
2005 Ed. (1978, 2237, 2238, 2622, 3925, 3928, 3929, 4546, 4550, 4553, 4913, 4914, 4915, 4916, 4920, 4921)
2006 Ed. (2044, 2047, 2299, 2300, 2618, 2714, 3999, 4002, 4003, 4219, 4625, 4629, 4632, 4886, 4947, 4948, 4953, 4954)
2007 Ed. (2014, 2017, 2227, 2232, 2709, 2710, 4034, 4037, 4235, 4614, 4634, 4878, 4953, 4954, 4955, 4960, 4961)
2008 Ed. (2111, 2115, 2838, 3613, 3617, 4062, 4065, 4266, 4269, 4563, 4574, 4813, 4926, 4929, 4931, 4932)
2009 Ed. (2092, 2095, 2101, 2348, 3680, 4176, 4179, 4181, 4370, 4373, 4608, 4610, 4946, 4947, 4951, 4953, 4954)
2010 Ed. (1438, 1715, 1718, 1720, 1721, 1723, 2033, 2034, 2037, 2043, 2273, 2718, 2834, 4111, 4114, 4116, 4397, 4400, 4642, 4953, 4954, 4955, 4961, 4962)
2011 Ed. (2091, 2094, 2100, 2277, 2279, 2761, 4079, 4082, 4084, 4342, 4345, 4582, 4595, 4937, 4938, 4939, 4945, 4946)
2012 Ed. (1934, 1939, 2169, 2750, 2751, 4110, 4113, 4115, 4589, 4606, 4939, 4944, 4945)
2013 Ed. (2097, 2098, 2103, 2370, 4106, 4109, 4111, 4543, 4544, 4548, 4553, 4932, 4933, 4936, 4937)
2014 Ed. (2029, 2030, 2035, 4122, 4125, 4127, 4600, 4602, 4605, 4610, 4939, 4940, 4943, 4944)
2015 Ed. (2076, 2078, 2084, 4106, 4109, 4111, 4596, 4598, 4602, 4606, 4980, 4983, 4984)
2016 Ed. (2044, 2047, 2061, 2065, 3481, 4018, 4024, 4517, 4521, 4524, 4528, 4897, 4900, 4901)
Sysco Grand Rapids LLC
2015 Ed. (4983)
2016 Ed. (4900)
Sysco Hampton Roads Inc.
2011 Ed. (2138, 4946)
2012 Ed. (1982, 4945)
Sysco West Coast Florida Inc.
2012 Ed. (1491)
Syscomm International Corp.
1990 Ed. (1036)
Sysgtems Electro Coating
2013 Ed. (79)
Syska & Hennessy
1990 Ed. (1667)
1992 Ed. (1956)
1993 Ed. (1611)
1994 Ed. (1641)
1995 Ed. (1680)
1996 Ed. (1663)
1997 Ed. (1741)
1999 Ed. (2018)
2000 Ed. (1794)
Syska Hennessy Group
2004 Ed. (2337, 2348)
2005 Ed. (2438)
2006 Ed. (2478)
2007 Ed. (2421, 2444)
2008 Ed. (2548, 2571)
2009 Ed. (2555, 2579)
2010 Ed. (2495)
2011 Ed. (2503)
2012 Ed. (2384, 2395, 2423)
2013 Ed. (2566, 2593)
2014 Ed. (2495, 2524, 2525)
2015 Ed. (2569, 2598)
2016 Ed. (2491, 2521)
SysKonnect
1996 Ed. (1762)
Sysmex
2007 Ed. (2784)
2009 Ed. (1492)
2015 Ed. (1877)
2016 Ed. (2884)
Sysml Partners

2008 Ed. (1149)
SYSPRO
2009 Ed. (1135)
SYSPRO Impact Software Inc.
2012 Ed. (988)
Syst
2013 Ed. (4329)
2014 Ed. (4380)
Systeam AB
2006 Ed. (2029)
2007 Ed. (1999)
2008 Ed. (2092)
Systech Retail Systems Inc.
2002 Ed. (2507)
System 7
1996 Ed. (1077)
System 7.x
1998 Ed. (845)
System Analysts
2000 Ed. (3363)
System B8 Mobler A/S
2006 Ed. (1676)
System Energy Resources Inc.
2001 Ed. (1797)
System Management ARTS Inc.
2001 Ed. (2856)
2005 Ed. (1139)
System One
1990 Ed. (239)
1992 Ed. (1326)
System Software Associates Inc.
1990 Ed. (2145)
1991 Ed. (1993)
1992 Ed. (2565)
1994 Ed. (2159, 3049)
System Studies & Simulation Inc.
2008 Ed. (3692, 4365, 4951)
System Technology Associates Inc.
1999 Ed. (2676, 2677)
System4
2008 Ed. (744, 881)
2009 Ed. (738, 891)
2010 Ed. (685)
2011 Ed. (613)
2012 Ed. (584, 696, 700)
2013 Ed. (2972, 3111)
2014 Ed. (743, 2983)
2015 Ed. (780, 898, 4866)
2016 Ed. (794)
Systematic Financial
1995 Ed. (2356, 2360, 2368)
Systematics
1990 Ed. (534, 535, 1119, 1781)
1991 Ed. (1034, 3376, 3378)
1993 Ed. (459)
1994 Ed. (464)
1996 Ed. (397, 2880)
Systemax
2013 Ed. (891)
2014 Ed. (2435)
2015 Ed. (2507)
2016 Ed. (2440)
Systemax Inc.
2002 Ed. (946)
2003 Ed. (4499)
2004 Ed. (101, 102, 4550)
2005 Ed. (98, 99, 2211)
Systembolaget AB
2013 Ed. (4343)
2014 Ed. (4394)
2016 Ed. (4279)
Systeme
1990 Ed. (1782)
1991 Ed. (1717)
1992 Ed. (1310)
Systeme U
1990 Ed. (1368)
1994 Ed. (1373)
1997 Ed. (1409)
Systeme U, Centrale Nationale
2016 Ed. (4265)
Systeme U Centrale Nationale SA
2009 Ed. (4944)
SysteMed
1995 Ed. (2496)
Systemic anti-arthritis
2000 Ed. (2322)
Systemic antiarthritics
1999 Ed. (1909)
Systemic fungicides
1998 Ed. (1327)
SystemicAntiarthritics
1999 Ed. (1907)
Systemix
1995 Ed. (3787)
Systemone
1989 Ed. (2315)
Systems Administrators Ltd.
2004 Ed. (2291)
2009 Ed. (3028)

Systems analyst
2004 Ed. (2286)
2005 Ed. (2384)
2011 Ed. (3782)
Systems analysts
1997 Ed. (1721)
2001 Ed. (3563, 3564)
Systems Application & Technologies Inc.
2012 Ed. (104)
Systems Application & Technology Inc.
2008 Ed. (3713, 4401)
Systems Center Inc.
1993 Ed. (1074, 1075)
Systems Electro Coating LLC
2016 Ed. (111)
Systems engineer
2011 Ed. (3783)
Systems Engineering Associates
1990 Ed. (1479)
Systems Engineering Technology Corp.
2002 Ed. (2542)
Systems Evolution Inc.
2015 Ed. (1204)
2016 Ed. (1112)
Systems Evolutions Inc.
2014 Ed. (1151)
Systems Implementers Inc.
2007 Ed. (3533)
Systems integration director
2004 Ed. (2286)
Systems integrators
1993 Ed. (3651)
1994 Ed. (2509)
Systems Made Simple
2015 Ed. (4857)
2016 Ed. (4765)
Systems Made Simple Inc.
2016 Ed. (1223)
Systems management
1999 Ed. (3009)
2005 Ed. (3666)
Systems Management American Corp.
1989 Ed. (734)
1990 Ed. (735)
Systems Management/Planning Inc.
2007 Ed. (1918)
2013 Ed. (1947)
Systems Publicity
1996 Ed. (3126)
1997 Ed. (3202)
Systems Research & Development Inc.
2006 Ed. (4365)
Systems Research Inc.
2001 Ed. (2311, 2312)
2002 Ed. (2172)
Systems Software Associates Inc.
2000 Ed. (1178)
Systems software engineer
2005 Ed. (2384)
Systems Source Inc.
2011 Ed. (4989)
2014 Ed. (4990)
Systems Technology Group Inc.
2007 Ed. (4427)
2008 Ed. (3715, 4404)
Systems West
2006 Ed. (2429)
Systems Xcellence Inc.
2002 Ed. (2506)
2003 Ed. (1086)
2007 Ed. (1234, 4577)
2008 Ed. (2944)
Systemsatics
1990 Ed. (1136)
Systemtrend Ltd.
1999 Ed. (1250)
Systime PLC
1990 Ed. (1350)
SYSTRA
2003 Ed. (2321)
2004 Ed. (2402)
2005 Ed. (2434)
2006 Ed. (2474)
2007 Ed. (2439)
2008 Ed. (2566)
2009 Ed. (2574)
2010 Ed. (2490)
2011 Ed. (2498)
2012 Ed. (2417)
2013 Ed. (2587)
SYSTRA-SOFRETU-SOFRERAIL
1997 Ed. (1760)
1998 Ed. (1455)
Systrand Manufacturing Corp.
1998 Ed. (3762)
1999 Ed. (4812)
2000 Ed. (4432)
2001 Ed. (3519, 4924)
2002 Ed. (4988)
2004 Ed. (3665, 4990)

2005 Ed. (3584, 4995)
2009 Ed. (3813)
2013 Ed. (3757)
2015 Ed. (3704)
2016 Ed. (3609)
Systrand Presta Engine Systems
2009 Ed. (3813)
Systrom; Kevin
2016 Ed. (720)
Syswin Inc.
2012 Ed. (4433)
Sytel Inc.
2001 Ed. (1248)
2004 Ed. (4985)
Sytex Group Inc.
2005 Ed. (1382)
Syva
1990 Ed. (2533)
1991 Ed. (2405)
1992 Ed. (3007)
Syva-30R System Plus Emit Assays/ IDM/Dat Workstation
1997 Ed. (2744)
Syva-Div. of Syntex Corp.
1996 Ed. (2593)
Syva/Dat
1996 Ed. (2594)
Syva/Dat/Syva Drugs of Abuse Testing
1997 Ed. (2744)
Syva/F/Syva Lab Solutions
1997 Ed. (2744)
Syva/Syntex
1995 Ed. (2534)
Szalay; Steve C.
1991 Ed. (2342)
Szalay; Steven C.
1992 Ed. (2903)
1993 Ed. (2461)
Szanca Solutions
2009 Ed. (1350)
Szandai Magtar Tarolo ES Kereskedo KFT
2016 Ed. (1638)
Szatmar Butorgyar Kft
2012 Ed. (1548)
2013 Ed. (1694)
Sze; David
2012 Ed. (4820)
2013 Ed. (4783)
2014 Ed. (4829)
Szulik; Matthew J.
2006 Ed. (1099)
2008 Ed. (1108)

T

T
2013 Ed. (4605)
T-1 Screen
1992 Ed. (4161)
T-3 Energy Services Inc.
2010 Ed. (2846, 2868)
T. A. Cooper
1991 Ed. (1618)
T. A. Ferguson, Jr.
2002 Ed. (2197)
T. A. Loving Co.
2011 Ed. (1259)
T. A. Renyi
2002 Ed. (2185)
2005 Ed. (2477)
T. A. S. Commercial Concrete
2006 Ed. (1289, 1295)
T. A. S. Commercial Concrete Construction
2003 Ed. (1243)
2004 Ed. (1246)
2007 Ed. (1366)
T. A. S. Commercial Concrete Construction LLC
2009 Ed. (1230)
2016 Ed. (1167)
T. A. S. Construction Inc.
1998 Ed. (944)
2002 Ed. (1232)
T. Anne Cox
1998 Ed. (1602)
1999 Ed. (2188)
2000 Ed. (1965)
T. B. Penich & Sons
2013 Ed. (1237)
T. B. Penick & Sons
2009 Ed. (1203)
2010 Ed. (1207)
2011 Ed. (1155)
2014 Ed. (1168)
T-Bills
1991 Ed. (2260)
T-Bonds

1990 Ed. (1871, 2742)
1993 Ed. (1914, 2744)
1994 Ed. (1939, 2699)
1995 Ed. (2813)
1996 Ed. (2872)
1999 Ed. (2565)
2001 Ed. (1332)
2003 Ed. (2601)
2004 Ed. (2715)
2005 Ed. (2705)
2006 Ed. (2681)
2007 Ed. (2671)
2008 Ed. (2802)
2009 Ed. (2859)
2010 Ed. (2797)
2011 Ed. (2784)
2012 Ed. (2714)
2013 Ed. (2794)
2014 Ed. (2830)
2015 Ed. (2870)
2016 Ed. (2803)
T-Bonds, CBOT
1996 Ed. (1996)
T-Bonds Day Trade
1997 Ed. (3178)
T. Boone Pickens
2009 Ed. (2715, 4847)
2011 Ed. (628, 4825)
T. Boone Pickens Foundation
2011 Ed. (2754)
T. Boone Pickens, Jr.
1991 Ed. (925)
T. B.'s Custom Woodworking Inc.
2010 Ed. (4998)
T. C. Clipper
1999 Ed. (2845)
T & C Credit Union
2002 Ed. (1872)
2003 Ed. (1926)
2005 Ed. (2108)
2006 Ed. (2203)
2007 Ed. (2124)
2008 Ed. (2239)
2009 Ed. (2225)
T & C Federal Credit Union
1990 Ed. (1461)
1991 Ed. (1395)
1992 Ed. (1756)
1993 Ed. (1453)
1994 Ed. (1506)
1995 Ed. (1539)
1996 Ed. (1514)
1997 Ed. (1572)
1998 Ed. (1231)
2001 Ed. (1963)
2002 Ed. (1856)
T & C Tower
1997 Ed. (839)
T. C. Ziraat Bankasi
1991 Ed. (681)
T-CAAN
2008 Ed. (117)
T. Costelloe & Co. Ltd.
1991 Ed. (960)
1992 Ed. (1196)
1993 Ed. (969)
T & D Holdings
2012 Ed. (3251)
2013 Ed. (3289)
2014 Ed. (3316)
2015 Ed. (3361)
2016 Ed. (3223, 3225)
T. D. Sanders & More
2008 Ed. (3719, 4970)
T. D. Wang Advertising Group
2016 Ed. (75)
T. Demir Dokum
1991 Ed. (2267)
T & E
2009 Ed. (4761)
T. E. Capps
2002 Ed. (2211)
2004 Ed. (2526)
2005 Ed. (2509)
T. E. Clarke
2003 Ed. (2403)
T. E. Products Pipeline Co. LP
2004 Ed. (3903)
2005 Ed. (3841)
2006 Ed. (3910)
T. E. S. Contract Services Inc.
2009 Ed. (2488)
T. Engen
2002 Ed. (2194)
T-Fal
1996 Ed. (2201)
1997 Ed. (2331)
1999 Ed. (2807, 2808)
2000 Ed. (2587)
2003 Ed. (1374)

2005 Ed. (1401, 2955)
2007 Ed. (1425)
2009 Ed. (1384)
2011 Ed. (1362)
T-Force
2014 Ed. (4657)
T-Formation
2009 Ed. (975)
2010 Ed. (938)
2011 Ed. (869)
2012 Ed. (823)
T. G. Bright & Co.
1994 Ed. (692)
T & G Constructors
2007 Ed. (3545, 4406)
T. G. I. Friday's
2002 Ed. (4013, 4032)
2003 Ed. (4078, 4097, 4106, 4107,
4109, 4110, 4121, 4136)
2004 Ed. (4127, 4137)
2005 Ed. (4052, 4062, 4063, 4064)
2006 Ed. (4104, 4115, 4130)
2007 Ed. (4142, 4148)
2008 Ed. (4157, 4169, 4170, 4181,
4182)
2009 Ed. (4265, 4276)
2010 Ed. (4205, 4221, 4222, 4223,
4224)
2011 Ed. (4211, 4223, 4224, 4225,
4226, 4227)
2012 Ed. (4271, 4272, 4273, 4303)
2013 Ed. (4238, 4239, 4240)
2014 Ed. (4276, 4289, 4290)
2015 Ed. (4279, 4280)
2016 Ed. (4183, 4184)
T. G. Lee
2001 Ed. (3309)
T. Garanti Bankasi
1994 Ed. (2335)
1996 Ed. (2433)
1997 Ed. (2576)
1999 Ed. (3120)
T. H. Agri-Chemicals Inc.
2013 Ed. (2283)
2014 Ed. (2217)
2015 Ed. (2671)
T. H. Bull & Sons Ltd.
1994 Ed. (994)
T. H. Callahan
2001 Ed. (2342)
T. H. Lee
1999 Ed. (1088)
T. H. Properties
2002 Ed. (1204)
2003 Ed. (1191)
2004 Ed. (1196)
2005 Ed. (1222)
T. Hasegawa
1997 Ed. (2013)
T. I.
2010 Ed. (3716, 3717)
2011 Ed. (3714, 3715)
T. I. Group plc
1997 Ed. (2754)
2001 Ed. (3282)
T Is Bank
1997 Ed. (2577)
2000 Ed. (2868, 2869)
T. Is Bankasi
1991 Ed. (2266, 2267)
1996 Ed. (2433, 2434)
1999 Ed. (3120, 3121)
T. Isbank
1993 Ed. (2369)
T. J. Adams Group LLC
2001 Ed. (2910)
T. J. Campbell
2016 Ed. (1113)
T. J. Cinnamon's Bakeries
1991 Ed. (2865)
T. J. Cinnamons Ltd.
1990 Ed. (1851)
1992 Ed. (2114)
1993 Ed. (1750)
2004 Ed. (353)
T. J. Engibous
2001 Ed. (2326)
2004 Ed. (2505)
2005 Ed. (2476, 2489)
T. J. Falk
2001 Ed. (2338)
2002 Ed. (2203)
2003 Ed. (2397)
2004 Ed. (2516)
2005 Ed. (2500)
T. J. Matthews
2005 Ed. (2479)
T. J. Max
2000 Ed. (1119)
T. J. Maxx

1989 Ed. (936)
1991 Ed. (979)
1992 Ed. (1216)
1995 Ed. (1028)
1996 Ed. (1007)
1998 Ed. (768)
1999 Ed. (1197)
2004 Ed. (3308)
2009 Ed. (655)
2015 Ed. (4350, 4379)
2016 Ed. (2964)
T. J. Maxx/Marshalls
2001 Ed. (1270)
T & J Meats
2009 Ed. (2345)
T. J. Morris Ltd.
2009 Ed. (4325)
T. J. T. Inc.
2004 Ed. (4551)
T. J. Usher
2001 Ed. (2333)
2002 Ed. (2198)
2003 Ed. (2393)
2004 Ed. (2521)
2005 Ed. (2505)
T. J. Wies Contracting Inc.
2009 Ed. (1299)
T. Joseph Semrod
1991 Ed. (1632)
T. K.
2009 Ed. (3735)
2010 Ed. (1984)
T & K Toka
2010 Ed. (3203)
2012 Ed. (3123)
2013 Ed. (3208)
2014 Ed. (3220)
2015 Ed. (3283)
2016 Ed. (3123)
T. Kurosawa & Co., Ltd.
2013 Ed. (3798)
2015 Ed. (3747)
2016 Ed. (3655)
T & L Golf
2002 Ed. (3227)
T. L. Harrison
2001 Ed. (2342)
T. L. James & Co. Inc.
1993 Ed. (1120)
1996 Ed. (1127)
T. L. Lay
2002 Ed. (2209)
2003 Ed. (2403)
T. L. Reece
2001 Ed. (2331)
2002 Ed. (2194)
2003 Ed. (2390)
2004 Ed. (2509)
2005 Ed. (2493)
T. L. White
2001 Ed. (2329)
2002 Ed. (2195)
2003 Ed. (2391)
2004 Ed. (2510)
T & M Associates
2002 Ed. (2153)
2008 Ed. (2521)
2010 Ed. (2450)
2011 Ed. (2459)
T. M. Donahue
2004 Ed. (2522)
T. M. Ryan
2001 Ed. (2335)
2002 Ed. (2199)
2003 Ed. (2376)
2004 Ed. (2497)
2005 Ed. (2481)
T. M. Solso
2006 Ed. (936)
2007 Ed. (1030)
T. Marzetti
2000 Ed. (1637, 4159)
2001 Ed. (2017, 2018)
2008 Ed. (2338)
T. Marzetti Co.
2014 Ed. (2766)
2015 Ed. (3830)
T. Michael Miller
2014 Ed. (941)
T Mobile
2014 Ed. (4673)
T-Mobile
2005 Ed. (738, 1601)
2006 Ed. (648)
2007 Ed. (93, 678, 686, 709, 730,
3620, 3621)
2008 Ed. (636, 682, 703, 1894, 3743)
2009 Ed. (690, 711, 3763, 4677)
2010 Ed. (141, 2089, 4690)
2011 Ed. (64, 562, 571, 3691, 4642)

2012 Ed. (4645)
2013 Ed. (649, 4605)
2014 Ed. (665)
2015 Ed. (91, 3708)
2016 Ed. (3466)
T-Mobile Austria GmbH
2011 Ed. (1489)
T-Mobile Deutschland
2005 Ed. (4986)
T-Mobile Makedonija AD
2014 Ed. (1566)
2015 Ed. (1617)
2016 Ed. (1543)
T-Mobile Polska
2015 Ed. (2977)
2016 Ed. (2912)
T-Mobile US
2015 Ed. (54, 85, 86, 87, 88, 89, 90,
98, 99, 4160)
2016 Ed. (89, 4074)
T-Mobile U.S. Inc.
2016 Ed. (963)
T-Mobile US Inc.
2015 Ed. (2157, 2158, 2162, 2163)
2016 Ed. (2123, 2131, 2134, 4576,
4915)
T-Mobile USA Inc.
2004 Ed. (1882)
2005 Ed. (1999, 4978)
2006 Ed. (803)
2007 Ed. (1943, 2056)
2008 Ed. (2102, 4942)
2009 Ed. (1592, 1593, 1857, 3262,
4959, 4963)
2010 Ed. (1051, 1682, 1789, 2028,
2086, 3193, 3373, 4971)
2011 Ed. (1814, 2085, 2142, 3022,
3156, 4638, 4652, 4961, 4962)
2012 Ed. (1424, 1672, 1987, 3112,
4640, 4657, 4955)
2013 Ed. (2161, 3039, 4637, 4796,
4813, 4947)
2014 Ed. (3052, 4957)
2015 Ed. (1056, 2149, 2294, 3118,
4676, 4998)
2016 Ed. (4586)
T. Murray
2001 Ed. (2320)
2002 Ed. (2185)
T & N Industries
1999 Ed. (1628)
T & N Ltd.
1997 Ed. (1418)
2001 Ed. (4381)
T & N PLC
1993 Ed. (2499)
1994 Ed. (2437)
1995 Ed. (2505)
1996 Ed. (2567)
1997 Ed. (2707)
1999 Ed. (1612, 3300)
T. N. Ward Co.
2009 Ed. (1320)
2010 Ed. (1254)
T-Netix Inc.
2002 Ed. (4568)
T-Notes
1993 Ed. (1914)
1996 Ed. (2872)
2001 Ed. (1332)
2003 Ed. (2601)
2004 Ed. (2715)
2005 Ed. (2705)
2006 Ed. (2681)
2007 Ed. (2671)
2008 Ed. (2802)
2009 Ed. (2859)
2010 Ed. (2797)
2011 Ed. (2784)
2012 Ed. (2714)
2013 Ed. (2794)
2014 Ed. (2830)
2015 Ed. (2870)
2016 Ed. (2803)
T-notes (5-year)
1999 Ed. (2565)
T-Notes (5 year), CBOT
1996 Ed. (1996)
T-notes (10-year)
1994 Ed. (1939, 2699)
1995 Ed. (2813)
1999 Ed. (2565)
T-Notes (10 Year), CBOT
1996 Ed. (1996)
T-Online
2001 Ed. (4778)
2005 Ed. (3197)
2007 Ed. (1236)
T-Online International AG
2004 Ed. (1132)

T-Pain
  2010 Ed. (3716)
T. R. Bates, Jr.
  2001 Ed. (2337)
T R Financial
  2000 Ed. (423)
T. R. French
  2003 Ed. (2373)
T. R. Hughes
  2002 Ed. (1208)
  2003 Ed. (1208)
  2004 Ed. (1215)
  2005 Ed. (1239)
T R Industrial & General
  1990 Ed. (2398)
T. R. Ricketts
  1991 Ed. (1618)
T-Rex
  1995 Ed. (2999)
T. Rowe Balanced
  2000 Ed. (3249)
T. Rowe Blue Chip Growth
  2002 Ed. (2158)
T. Rowe Hi Yield
  1999 Ed. (3547)
T. Rowe International
  1999 Ed. (3565)
T. Rowe International Stock
  2000 Ed. (3277)
T. Rowe Mid-Cap Growth
  2002 Ed. (2160)
T. Rowe Price
  1989 Ed. (2125, 2128)
  1990 Ed. (2331)
  1992 Ed. (2730, 3181)
  1993 Ed. (2282, 2668)
  1995 Ed. (2702)
  1996 Ed. (2786)
  1997 Ed. (2510, 2514, 2516, 2520,
    2524, 2532, 2894)
  1998 Ed. (2254, 2264, 2281, 2647,
    3100)
  1999 Ed. (3048, 3049, 3050, 3054,
    3059, 3062, 3527)
  2000 Ed. (1682, 2264, 2783, 2785,
    2794, 2830, 3280)
  2002 Ed. (4816)
  2003 Ed. (3485, 3501, 3517)
  2005 Ed. (3546, 3547)
  2006 Ed. (3599, 3600)
  2007 Ed. (3660, 3661, 3662, 3681)
  2008 Ed. (3763, 3764)
  2009 Ed. (3790)
  2010 Ed. (3719)
  2011 Ed. (2539, 3728, 3729, 3730,
    3738)
  2012 Ed. (2485, 3741, 3743)
T. Rowe Price Associates
  2015 Ed. (3762)
  2016 Ed. (3671, 3672)
T. Rowe Price Associates Inc.
  1991 Ed. (2208)
  1994 Ed. (2301, 2612)
  1995 Ed. (2071, 2383)
  2001 Ed. (2433, 3001, 3003, 3004,
    3005, 3687, 3689)
  2002 Ed. (1558, 2261, 3626, 3627,
    3628, 3629, 4733)
  2003 Ed. (3073, 3075, 4844)
  2004 Ed. (2043, 2044, 2045, 2046,
    3195, 3562)
  2005 Ed. (923, 2206)
  2006 Ed. (2268, 3601)
  2007 Ed. (2060, 2550, 3277)
  2008 Ed. (2315, 2317, 2318, 2693)
  2009 Ed. (2716)
  2010 Ed. (2641)
T. Rowe Price Balance
  1996 Ed. (2806)
T. Rowe Price Balanced
  1999 Ed. (3562)
T. Rowe Price Blue Chip Growth
  2006 Ed. (4564)
T. Rowe Price Capital Appreciation
  2003 Ed. (2367, 3486, 3515, 3520)
  2004 Ed. (2448, 3545, 3547, 3548,
    3577)
  2005 Ed. (3550)
  2006 Ed. (3603, 4554)
  2007 Ed. (2482, 4545)
  2008 Ed. (2612, 4512)
  2009 Ed. (4539)
T. Rowe Price Corporate Income
  1999 Ed. (743, 3536)
T. Rowe Price Corporate Income Fund
  2003 Ed. (3535)
T. Rowe Price Diversified Small-Cap
  Growth
  2016 Ed. (4489)
T. Rowe Price Dividend Growth

  1998 Ed. (2610)
  1999 Ed. (3516)
  2000 Ed. (3236)
T. Rowe Price Emerging Bond
  2003 Ed. (3618)
T. Rowe Price Emerging Europe &
  Mediterranean
  2007 Ed. (3663, 4541)
T. Rowe Price Emerging European &
  Mediterranean
  2008 Ed. (3772)
  2009 Ed. (3802)
T. Rowe Price Emerging Markets
  2009 Ed. (3785)
T. Rowe Price Emerging Markets Bond
  1999 Ed. (3581)
  2002 Ed. (726)
  2004 Ed. (3655)
  2008 Ed. (592, 594)
  2009 Ed. (619, 621, 3469)
  2011 Ed. (516, 522)
T. Rowe Price Emerging Markets Stock
  2005 Ed. (4494)
  2006 Ed. (4569)
  2008 Ed. (4514)
  2009 Ed. (3809)
  2010 Ed. (3739, 4575)
  2011 Ed. (3739)
  2012 Ed. (3738, 3747)
  2013 Ed. (3817)
T. Rowe Price Equity Income
  1992 Ed. (3192)
  1995 Ed. (2736)
  1996 Ed. (2756, 2764, 2777, 2792,
    2802)
  1997 Ed. (2885)
  1998 Ed. (2611)
  1999 Ed. (3510)
  2005 Ed. (4483)
  2006 Ed. (3613, 3683, 4559)
  2007 Ed. (3668, 4548)
  2009 Ed. (4547)
  2010 Ed. (4578)
  2011 Ed. (4543)
  2012 Ed. (4548)
T. Rowe Price Equity Index
  1999 Ed. (3558)
T. Rowe Price European Stock
  1998 Ed. (2635)
  1999 Ed. (3566)
  2004 Ed. (3636, 3648)
T. Rowe Price European Stock Fund
  2000 Ed. (3231)
T. Rowe Price Financial Services
  2004 Ed. (3587)
  2006 Ed. (3596)
T. Rowe Price Global Stock
  2010 Ed. (4577)
  2011 Ed. (4540)
T. Rowe Price Global Technology
  2006 Ed. (4571)
  2009 Ed. (3796)
  2012 Ed. (3740)
T. Rowe Price GNMA
  1995 Ed. (2744)
  1996 Ed. (2810)
  1997 Ed. (690)
  1999 Ed. (3554)
T. Rowe Price Group
  2013 Ed. (2612)
  2014 Ed. (2557)
T. Rowe Price Group Inc.
  2005 Ed. (2583, 3218)
  2006 Ed. (141, 398, 2107, 2290,
    2586)
  2007 Ed. (134, 2219, 2642)
  2008 Ed. (2169, 2359, 2695)
  2009 Ed. (2768, 3243, 3263)
  2010 Ed. (2218)
  2012 Ed. (1683, 1684, 4427)
  2013 Ed. (1835, 1837, 4394)
  2014 Ed. (1759, 1765, 1767, 4431)
  2015 Ed. (1802, 1808, 4413)
  2016 Ed. (1762, 1767, 4309)
T. Rowe Price Group Inc., Best After-
  Tax Strategy
  2003 Ed. (3139)
T. Rowe Price Group Inc., High Yield
  Fixed Income Strategy
  2003 Ed. (3122)
T. Rowe Price Group Inc., Mid-Cap
  Growth Strategy
  2003 Ed. (3130)
T. Rowe Price Group Inc., Municipal
  Short Intermediate
  2003 Ed. (3132, 3139)
T. Rowe Price Growth & Income
  1995 Ed. (2735)
  1998 Ed. (2623, 2631)
T. Rowe Price Growth Stock

  2006 Ed. (3625, 3683)
  2009 Ed. (4547)
T. Rowe Price Guaranteed Asset
  1990 Ed. (2342)
T. Rowe Price Health Sciences
  2001 Ed. (3439)
  2004 Ed. (3588)
  2006 Ed. (4562)
  2009 Ed. (3787, 3800)
T. Rowe Price High Yield
  1995 Ed. (2694, 2715)
  2004 Ed. (3221)
  2005 Ed. (703, 3248)
  2009 Ed. (3470)
T. Rowe Price High-Yield Fund
  2003 Ed. (698, 3530)
T. Rowe Price International
  1995 Ed. (2693, 2714)
  1998 Ed. (2617)
T. Rowe Price International Asia
  1995 Ed. (2728)
T. Rowe Price International Bond
  1989 Ed. (1853)
  1992 Ed. (3163, 3201)
  1994 Ed. (2645)
  1995 Ed. (2742)
  1996 Ed. (2756, 2770)
  1997 Ed. (691)
  2000 Ed. (761)
  2004 Ed. (719)
T. Rowe Price International Disc.
  1995 Ed. (2717)
T. Rowe Price International Discovery
  1992 Ed. (3182)
  2003 Ed. (3613)
  2004 Ed. (2477)
  2005 Ed. (4488, 4494)
  2006 Ed. (3670, 3678, 3679, 3681,
    4569)
  2009 Ed. (4540, 4545)
T. Rowe Price International Emerging
  Markets
  1999 Ed. (747, 748)
T. Rowe Price International Equity Index
  2009 Ed. (2652)
T. Rowe Price International European
  1998 Ed. (2612)
T. Rowe Price International Japan
  1996 Ed. (2790)
T. Rowe Price International Stock
  1989 Ed. (1850)
  1992 Ed. (3184, 3194)
  1997 Ed. (2870)
  2004 Ed. (3644, 4573)
  2006 Ed. (3673)
T. Rowe Price Japan
  2000 Ed. (3279)
  2004 Ed. (3609)
T. Rowe Price Latin America
  2003 Ed. (3619)
  2007 Ed. (3663, 3672, 4541)
  2008 Ed. (3772)
  2009 Ed. (3785, 3802, 3804, 4544)
  2011 Ed. (3734, 4537, 4541)
T. Rowe Price Latin America Fund
  2002 Ed. (3477)
T. Rowe Price Maryland Tax-Free Bond
  2004 Ed. (708)
T. Rowe Price Media & Telecom
  1999 Ed. (3578)
  2005 Ed. (3539)
  2009 Ed. (4543)
T. Rowe Price Mid-Cap Equity Growth
  2003 Ed. (3130)
T. Rowe Price Mid-Cap Growth
  2004 Ed. (3558)
  2005 Ed. (3551)
  2006 Ed. (3646)
  2007 Ed. (2488)
  2010 Ed. (4574, 4580)
  2011 Ed. (4536, 4544)
T. Rowe Price Mid-Cap Growth Adv.
  2003 Ed. (3130)
T. Rowe Price Mid-Cap Value
  2004 Ed. (3557)
  2006 Ed. (3603, 4554)
  2011 Ed. (4536)
T. Rowe Price Mid-Cap Value Fund
  2003 Ed. (3538)
T. Rowe Price New America
  1997 Ed. (2865)
T. Rowe Price New America Growth
  1995 Ed. (2713, 2734)
T. Rowe Price New American Growth
  1997 Ed. (2864)
T. Rowe Price New Asia
  1996 Ed. (2804)
  2004 Ed. (3609)
  2005 Ed. (3566)
  2006 Ed. (3661)

  2008 Ed. (4509)
  2009 Ed. (3803)
T. Rowe Price New Era
  1996 Ed. (2764)
  2003 Ed. (3544)
  2004 Ed. (3542, 3569)
  2005 Ed. (3542, 4492)
  2006 Ed. (3595, 4567)
  2009 Ed. (3793)
T. Rowe Price New Horizons
  1996 Ed. (2766)
  1997 Ed. (2864, 2865, 2880, 2972)
  1998 Ed. (2624)
  2004 Ed. (3576)
  2006 Ed. (3645)
T. Rowe Price New Income
  1992 Ed. (3164)
  1997 Ed. (2869)
  1998 Ed. (2616)
  2011 Ed. (518)
T. Rowe Price Real Estate
  2008 Ed. (3766)
  2012 Ed. (4211)
T. Rowe Price Science & Technology
  1992 Ed. (3182)
  1996 Ed. (2764, 2766)
  1997 Ed. (2864, 2865, 2877)
  1998 Ed. (2624)
  2003 Ed. (3513)
T. Rowe Price Short-Term Bond
  2003 Ed. (691)
  2011 Ed. (519)
T. Rowe Price Short-Term Bond Fund
  2003 Ed. (3539, 3546)
T. Rowe Price Small-Cap Stock
  1999 Ed. (3506, 3577)
  2004 Ed. (3576)
  2006 Ed. (3640)
  2011 Ed. (3731)
T. Rowe Price Small-Cap Value
  1998 Ed. (2608)
  1999 Ed. (3506)
  2003 Ed. (3516)
  2010 Ed. (4574, 4580)
  2011 Ed. (4544)
  2012 Ed. (4550)
  2013 Ed. (4507)
  2014 Ed. (3741, 4568)
  2015 Ed. (4562)
  2016 Ed. (4489)
T. Rowe Price Small Capital Value
  1995 Ed. (2676)
T. Rowe Price Spectrum
  2002 Ed. (3414)
T. Rowe Price Spectrum Growth
  2009 Ed. (3798)
T. Rowe Price Spectrum Income
  1996 Ed. (2757, 2783)
  1997 Ed. (2887)
  1998 Ed. (2594, 2641)
  1999 Ed. (743, 745)
  2004 Ed. (698)
T. Rowe Price Stable Value
  1996 Ed. (2769)
T. Rowe Price Stable Value Fund
  1995 Ed. (2072)
T. Rowe Price Summit GNMA
  1999 Ed. (751)
  2005 Ed. (693)
T. Rowe Price Summit Municipal Income
  1999 Ed. (755, 757, 3571)
  2000 Ed. (771)
  2007 Ed. (631)
  2008 Ed. (579, 603)
  2009 Ed. (608)
T. Rowe Price Summit Municipal Intermediate
  2011 Ed. (517)
T. Rowe Price Summit Municipal International
  1998 Ed. (2643)
T. Rowe Price T-F High Yield
  2006 Ed. (603)
T. Rowe Price T-F Income
  2005 Ed. (687)
  2006 Ed. (603)
T. Rowe Price T-F Short-Intermediate
  2003 Ed. (696)
  2005 Ed. (690)
T. Rowe Price Tax-Free High Yield
  1990 Ed. (2378)
  1995 Ed. (2689)
  1997 Ed. (2893)
  1999 Ed. (756)
  2000 Ed. (769)
  2007 Ed. (631)
  2008 Ed. (579)
  2009 Ed. (608, 3788)
T. Rowe Price Tax-Free Income

1995 Ed. (2746)
1996 Ed. (2812)
2006 Ed. (602)
T. Rowe Price Tax-Free Short-Intermed.
1996 Ed. (2796)
T. Rowe Price Tax-Free Short-
Intermediate
2007 Ed. (634)
2009 Ed. (611)
T. Rowe Price Total Equity Market Index
2009 Ed. (2649)
T. Rowe Price Treasury Long-Term
1997 Ed. (689, 2891)
1999 Ed. (749, 750)
T. Rowe Price U.S. Treas Long-Term
1999 Ed. (3552)
T. Rowe Price U.S. Treasury
2000 Ed. (3269)
T. Rowe Price U.S. Treasury Interm.
1996 Ed. (2811)
T. Rowe Price U.S. Treasury Intermediate
1999 Ed. (3555)
2000 Ed. (764)
2004 Ed. (694)
T. Rowe Price U.S. Treasury Long
2000 Ed. (762)
T. Rowe Price U.S. Treasury Long-Term
1995 Ed. (2745)
1996 Ed. (2811)
1999 Ed. (3555)
2002 Ed. (724)
2010 Ed. (594)
2016 Ed. (638)
T. Rowe Price Value
1999 Ed. (3520)
2016 Ed. (4487)
T. Rowe Price Virginia Tax-Free Bond
2004 Ed. (708)
T. Rowe Science & Tech.
1999 Ed. (3542)
2000 Ed. (3259, 3260, 3263)
T. Rowe Science & Technology
2002 Ed. (2160)
T. Rowe Sm. Cap Val.
1999 Ed. (3543)
T. Rowe Spectrum Inc.
2000 Ed. (3267)
T & S Brass & Bronze Works
2016 Ed. (3457)
T & S Corp.
1989 Ed. (127)
T. S. Expediting Services
2002 Ed. (4690)
2003 Ed. (4786)
T. S. Johnson
2004 Ed. (2506)
T. S. Lisenby
2003 Ed. (2401)
T. S. Nelson
2003 Ed. (2377)
2004 Ed. (2520)
T. S. Restaurants of Hawaii & California
2006 Ed. (1748)
2007 Ed. (1757)
2008 Ed. (1785)
2009 Ed. (1726)
2010 Ed. (1674)
2011 Ed. (1683)
2012 Ed. (1534)
T-shirts
1994 Ed. (732)
T-Shirts Plus
2002 Ed. (1080)
T. Sise Cam
1992 Ed. (2811)
1993 Ed. (2369)
1997 Ed. (2577)
T-Solutions Inc.
2008 Ed. (2157)
T. Spiegel
1991 Ed. (1618)
T. Stephen Johnson
1994 Ed. (1200)
T-Systems
2004 Ed. (883)
T-Systems Austria GmbH
2012 Ed. (1337)
2014 Ed. (1393)
T-Systems North America
2005 Ed. (4809)
2009 Ed. (4826)
A T & T
1999 Ed. (1516, 1548)
T. Troy Dixon
2013 Ed. (2683)
T. U. Parks Construction Co.
1996 Ed. (1131)
1998 Ed. (959)
1999 Ed. (1380)

2000 Ed. (2417)
T. V. D.
2002 Ed. (4457)
T. Viole Construction Co.
2015 Ed. (1196)
T. W. Frierson Contractor Inc.
2003 Ed. (1259)
2007 Ed. (1385)
T. Y. Tsai
2011 Ed. (4864)
2012 Ed. (4869)
2013 Ed. (4913)
T. Z. Group
2013 Ed. (936)
T2 Medical Inc.
1990 Ed. (1966, 1970, 1971, 1972,
3296, 3300, 3301, 3302)
1991 Ed. (1869, 1875, 1927, 3138,
3142)
1992 Ed. (1462, 1541, 2362, 2368,
2383, 2435, 3986, 3988, 3993)
1993 Ed. (2017, 2055, 3465)
1994 Ed. (1207, 2075, 2715)
1995 Ed. (1223, 1224, 2124)
1996 Ed. (1195, 2084)
1997 Ed. (1241)
T3
2016 Ed. (4949)
T3 Corp.
2004 Ed. (131)
2006 Ed. (3548, 4386)
T3 Entertainment Co., Ltd.
2010 Ed. (2922)
T3 Software Builders Inc.
2003 Ed. (2720)
T4F: Time For Fun
2011 Ed. (1064)
2012 Ed. (993)
2013 Ed. (1136)
2014 Ed. (1097)
2015 Ed. (1134)
2016 Ed. (1046)
T4G Ltd.
2014 Ed. (1455)
2015 Ed. (1511)
TA Associates
1990 Ed. (3667)
1991 Ed. (3442)
1998 Ed. (3663, 3664, 3665)
TA Associates & Management
2009 Ed. (1394)
TA Associates Realty
2000 Ed. (2808, 2838)
TA Holdings
1999 Ed. (4830)
2000 Ed. (4446)
TA IX, LP
2002 Ed. (4731)
TA Orange Co.
2005 Ed. (87)
Ta Tung Co. Ltd.
1989 Ed. (1166)
1990 Ed. (1426)
1991 Ed. (1357)
1992 Ed. (1697)
Ta Tung Electric
1991 Ed. (51)
TAA Distribution LLC
2006 Ed. (3538, 4376)
2007 Ed. (3597, 4444)
Taaka
1989 Ed. (2898)
1991 Ed. (1814, 1817)
1995 Ed. (3716)
1996 Ed. (3805, 3806)
1997 Ed. (3857, 3858)
1998 Ed. (3687, 3688, 3690)
1999 Ed. (4730, 4733)
2000 Ed. (4359)
2001 Ed. (4711, 4714)
2002 Ed. (294, 4772)
Taaka Vodka
2001 Ed. (3144)
Taamin Assurances Islamiques
2009 Ed. (2742)
2011 Ed. (2654)
2012 Ed. (2582)
TAAN
2005 Ed. (120)
2008 Ed. (117)
TAB
1989 Ed. (2516)
1990 Ed. (3320)
1996 Ed. (3478)
2002 Ed. (3078)
2004 Ed. (1645)
2005 Ed. (783)
Tab Energy
2008 Ed. (4490, 4493)
2009 Ed. (4523)

Tab Products
1991 Ed. (2638)
TAB WA
2002 Ed. (3078)
Tabacalera
1989 Ed. (729, 2845)
1990 Ed. (48)
1991 Ed. (1346, 1347)
1992 Ed. (1690)
1993 Ed. (1399, 1401, 3584)
Tabacalera Andina
1989 Ed. (1105)
Tabacalera Nacional
2002 Ed. (942)
Tabacalera SA
1989 Ed. (1162)
1990 Ed. (1419)
1994 Ed. (1450, 3547, 3548)
1995 Ed. (1488, 1490, 3625, 3627)
1996 Ed. (1447, 3703)
1997 Ed. (3759)
1999 Ed. (1734, 4612)
2000 Ed. (1556, 4259)
2001 Ed. (1851)
2003 Ed. (1825)
Tabacofina
1991 Ed. (18)
Tabacos del Paraguay
2005 Ed. (66)
2006 Ed. (74)
2014 Ed. (1932)
Tabak
1999 Ed. (3869)
2000 Ed. (3585)
2002 Ed. (3736)
Tabakprom
2000 Ed. (4261)
Tabaqueira-Em. Ind. de Tabacos Ep.
1995 Ed. (1477)
1996 Ed. (1437)
Tabaqueira-Em Ind. de Tabacos EP. SA
1999 Ed. (1726)
Tabaqueira-Em. Ind. e Tabacos Ep
1993 Ed. (1387)
Tabaqueira-Em Industria de Tabacos Ep
1994 Ed. (1441)
Tabaqueira - Empresa Industrial de Tabacos SA
1997 Ed. (1500)
2000 Ed. (1544)
2001 Ed. (1839)
Tabar Inc.
2010 Ed. (1420)
2011 Ed. (1423)
Tabari; Khaldoun
2013 Ed. (3477)
Tabby
1989 Ed. (2198)
Tabco
2010 Ed. (4011)
Tabco Business Forms Inc.
2012 Ed. (4017)
Tabcorp
2004 Ed. (1645)
Tabcorp Holdings Ltd.
2002 Ed. (1396, 1584, 3078)
2009 Ed. (3172, 3516, 4299)
2012 Ed. (680)
Table games
1990 Ed. (1873)
1992 Ed. (2256)
Table linens
2005 Ed. (2870)
Table or mantel clocks
1990 Ed. (1018)
Table Rock Community Bank
2014 Ed. (496)
Table spreads
1998 Ed. (1239)
Table Talk
1995 Ed. (2939)
2000 Ed. (369)
Table wine
1991 Ed. (3504, 3505, 3509, 3510,
3511)
2001 Ed. (4847, 4895, 4896, 4897,
4898, 4899, 4900, 4901, 4903)
Tableau Software
2012 Ed. (964, 968)
2013 Ed. (1107, 1111)
2014 Ed. (1071)
2015 Ed. (1104, 1108)
2016 Ed. (1009, 1019)
Tableau Software Inc.
2016 Ed. (2121)
Tablecloths
2001 Ed. (3039)
Tablegames
1990 Ed. (1872)
Tables

2000 Ed. (2289)
Tables, cocktail/end/sofa/coffee
1999 Ed. (2541, 2542)
Tabletop items
2005 Ed. (2961)
Tabletop, serving products and accessories
1991 Ed. (1977)
Taboola
2016 Ed. (2910)
Tabula
2013 Ed. (1090)
Tabula Inc.
2014 Ed. (3751)
TAC
2001 Ed. (3337)
TAC Automotive Group
1999 Ed. (4575)
2000 Ed. (4227)
2001 Ed. (4502)
2009 Ed. (1641)
TAC Staffing Services
2000 Ed. (4229)
TAC Transport LLC
2006 Ed. (3547, 4385)
Tacchini; Sergio
1993 Ed. (3376)
Tachi-S Co., Ltd.
2010 Ed. (2794)
2011 Ed. (2782)
Taci Oil International Trading & Supply
2015 Ed. (1614)
Tacit Knowledge Systems Inc.
2003 Ed. (1341)
Tacke; David R.
1990 Ed. (976, 1726)
Taco Bell
1990 Ed. (3013, 3024, 3026, 3542)
1991 Ed. (1658, 1659, 2448, 2449,
2867, 2877, 2879, 2886, 3319)
1992 Ed. (2124, 3060, 3061, 3707,
3720, 3721, 3722, 4229)
1993 Ed. (1752, 1757, 1886, 2558,
3013, 3037, 3530)
1994 Ed. (1748, 1884, 1885, 1909,
1910, 2504, 2506, 3069)
1995 Ed. (1776, 1781, 1911, 1914,
2565, 2566, 3114, 3569)
1996 Ed. (1754, 1759, 2626, 2627,
3210, 3229, 3283)
1997 Ed. (1832, 1836, 1840, 2052,
2058, 2081, 2082, 2776, 2777,
3310)
1998 Ed. (485, 1551, 1764, 1765,
2486, 3050, 3077, 3126, 3492)
1999 Ed. (775, 778, 2129, 2134,
2477, 2507, 2511, 2522, 2523,
3395, 3396, 4050, 4083, 4564)
2000 Ed. (1911, 1912, 2246, 2267,
2270, 3122, 3123, 3764, 3788)
2001 Ed. (2407, 2529, 3293, 4058,
4059, 4072, 4080)
2002 Ed. (2237, 2357, 2358, 3333,
4003, 4023, 4027, 4031)
2003 Ed. (2437, 2456, 2458, 4079,
4100, 4130, 4134, 4137, 4138,
4221, 4222, 4225)
2004 Ed. (903, 905, 1377, 2575,
2585, 2589, 4105, 4139, 4142,
4143, 4144, 4145)
2005 Ed. (2546, 2547, 2554, 2555,
2564, 2565, 4043, 4080, 4083,
4086, 4087, 4172, 4173, 4175,
4655)
2006 Ed. (2553, 2561, 2562, 2570,
4102, 4123, 4128, 4131, 4132,
4133, 4134)
2007 Ed. (2529, 2530, 2535, 2541,
4121, 4150, 4151, 4154)
2008 Ed. (2657, 2658, 2660, 2661,
2662, 2668, 2669, 2680, 2681,
4152, 4153, 4162, 4185, 4186,
4192, 4193, 4194)
2009 Ed. (2685, 2686, 2688, 2692,
2693, 2694, 2704, 2705, 4270,
4291, 4292)
2010 Ed. (2598, 2599, 2603, 2607,
2609, 2610, 2611, 2624, 2625,
4210, 4255, 4257, 4258, 4259,
4413, 4414)
2011 Ed. (2580, 2581, 2583, 2584,
2585, 2589, 2591, 2592, 2593,
2606, 2607, 4204, 4216, 4228,
4253, 4255, 4257, 4258, 4259,
4355, 4356)
2012 Ed. (2527, 2528, 2535, 2536,
4257, 4258, 4295, 4296, 4298,
4299, 4300, 4393, 4396, 4397)
2013 Ed. (2659, 2662, 2663, 2664,
4262, 4264, 4265, 4364, 4365)

2014 Ed. (2610, 2613, 2614, 4272,
4318, 4319, 4321, 4419, 4420)
2015 Ed. (2659, 2660, 2666, 3584,
3662, 3663, 3664, 3665, 3666,
3667, 4253, 4298, 4300)
2016 Ed. (59, 786, 2582, 2583, 2589,
2592, 3549, 3550, 3551, 3552,
3553, 3554, 4203, 4205, 4206)
Taco Bell Corp.
2013 Ed. (4232)
2014 Ed. (4280)
2015 Ed. (4262)
2016 Ed. (4167)
Taco Bell Home Originals
2014 Ed. (4747)
Taco Bell Restaurant
2000 Ed. (792)
2001 Ed. (1008)
Taco Bueno
1991 Ed. (2449)
2008 Ed. (2680, 2682)
2009 Ed. (2704, 2710)
2010 Ed. (2624)
2011 Ed. (2606)
2012 Ed. (2536)
Taco Bueno Restaurants
1990 Ed. (2569)
Taco Cabana
1994 Ed. (3087)
1995 Ed. (2566, 3391)
1996 Ed. (2627, 3211, 3212)
1997 Ed. (2777)
1998 Ed. (2486)
1999 Ed. (3396)
2000 Ed. (3123)
2002 Ed. (4023)
2003 Ed. (4078)
2004 Ed. (4139)
2005 Ed. (2558)
2006 Ed. (2574, 4123)
2007 Ed. (2545, 4151)
2008 Ed. (2680, 4186)
2009 Ed. (2704, 2710)
2010 Ed. (2624)
2011 Ed. (2606)
Taco Del Mar
2006 Ed. (2570)
2009 Ed. (2705)
Taco Holdings Ltd.
1993 Ed. (970)
Taco John International
1991 Ed. (2448, 2449)
Taco John's
1992 Ed. (3060, 3061, 3707)
1993 Ed. (2558)
1994 Ed. (2506)
1995 Ed. (2566)
1996 Ed. (2627)
1997 Ed. (2777)
1998 Ed. (2486)
1999 Ed. (3396)
2002 Ed. (4023)
2004 Ed. (4139)
2005 Ed. (2555)
2006 Ed. (2562, 4123)
2007 Ed. (4151)
2008 Ed. (2659, 2660, 2661, 2680,
4186)
2009 Ed. (2688, 2704)
2010 Ed. (2624)
2011 Ed. (2606)
2012 Ed. (2536)
2014 Ed. (4272)
2015 Ed. (4253)
Taco John's International Inc.
1990 Ed. (2569)
2002 Ed. (3333)
2003 Ed. (2456)
2004 Ed. (2585)
2005 Ed. (2565)
2010 Ed. (2625)
Taco John's Restaurants
2000 Ed. (2269, 3123)
The Taco Maker
2002 Ed. (3333)
2003 Ed. (2456)
2004 Ed. (2585)
2005 Ed. (2565)
2006 Ed. (2570)
2007 Ed. (2541)
Taco Metals Inc.
2015 Ed. (2744, 3189)
Taco sauce mix
2003 Ed. (1129)
Taco Time
1991 Ed. (2449)
1992 Ed. (3061, 3707)
1993 Ed. (2558)
1994 Ed. (2506)
1995 Ed. (2566)

1996 Ed. (2627)
1997 Ed. (2777)
1998 Ed. (2486)
1999 Ed. (3396)
2002 Ed. (4023)
2008 Ed. (2662, 2680, 2686)
2009 Ed. (2704)
2010 Ed. (2624)
2011 Ed. (2606)
Taco Time International Inc.
2002 Ed. (3333)
2004 Ed. (2585)
Taco Villa Inc.
1990 Ed. (2569)
1991 Ed. (2449)
1992 Ed. (3061)
Taco Viva Inc.
1990 Ed. (1245)
Tacoda
2007 Ed. (2324)
Tacoma
2000 Ed. (3572)
2001 Ed. (471, 473, 477)
Tacoma Rescue Mission
2011 Ed. (4178)
Tacoma Subaru
1992 Ed. (401)
1993 Ed. (286)
Tacoma; Toyota
2008 Ed. (4781)
2009 Ed. (4812)
2010 Ed. (4830)
Tacoma, WA
1990 Ed. (2884)
1992 Ed. (1389, 1396, 3055, 3492,
3494, 3496, 3498, 3500, 3501)
1993 Ed. (2542)
1994 Ed. (2897)
1995 Ed. (2187, 2957)
1996 Ed. (3056)
1997 Ed. (2072, 3524)
1999 Ed. (1149, 1349, 2096, 2493,
3858, 3860)
2000 Ed. (3574)
2001 Ed. (2281)
2002 Ed. (407, 2732)
2004 Ed. (2289)
2005 Ed. (338, 3338, 4802)
2006 Ed. (3327)
2007 Ed. (2998)
2008 Ed. (3113, 4015, 4016)
2009 Ed. (4087)
2010 Ed. (927, 3136, 3999)
2011 Ed. (3103, 4007)
2012 Ed. (4004)
2013 Ed. (4066)
2014 Ed. (4073, 4074)
2015 Ed. (4052, 4053, 4054, 4056,
4057)
2016 Ed. (3961, 3962, 3963)
Taconic Farms Inc.
2012 Ed. (3469)
2013 Ed. (3515)
TacoTime
2007 Ed. (2541)
2008 Ed. (2682)
2009 Ed. (2705)
2010 Ed. (2625)
2011 Ed. (2607)
2012 Ed. (2550)
2013 Ed. (2671)
2014 Ed. (2622)
2015 Ed. (2666)
2016 Ed. (2589)
Tactebel Engineering
2000 Ed. (1808)
Tactica Publicitaria
2002 Ed. (103)
2003 Ed. (68)
Tactical Commodity Fund
1995 Ed. (1080)
1999 Ed. (1249)
Tactical Duration
2003 Ed. (3115)
Tactical Futures Fund II
1995 Ed. (1080)
1999 Ed. (1249)
Tactical Highly Aggressive
1996 Ed. (1059)
Tactical Highly Aggressive Commodity
Fund
1999 Ed. (1249)
Tactical Investment
1997 Ed. (1073)
1999 Ed. (1246)
Tactical Medical Solutions
2014 Ed. (1979)
Tactical Stop-Loss LLC
2006 Ed. (1830)
2007 Ed. (1839)

Tactician
1993 Ed. (233)
TAD Resources International Inc.
1999 Ed. (4577)
Tada; Katsumi
2012 Ed. (4863)
Tadamon Islamic
2010 Ed. (118)
Tadamon Islamic Bank
1991 Ed. (666)
2000 Ed. (667)
2007 Ed. (556)
2008 Ed. (508)
2009 Ed. (540)
2010 Ed. (523)
2011 Ed. (452)
2013 Ed. (353)
2014 Ed. (371)
2015 Ed. (425)
Tadamon Islamic Bank of Sudan
2009 Ed. (2750)
2010 Ed. (2674)
2011 Ed. (2663)
2012 Ed. (2591)
2014 Ed. (2663)
2016 Ed. (2628)
Tadashi Ohta
1999 Ed. (2372)
2000 Ed. (2152)
Tadashi Yanai
2008 Ed. (4846)
2009 Ed. (4866, 4867)
2010 Ed. (4868, 4869, 4877)
2011 Ed. (4856, 4857)
2012 Ed. (4863)
2013 Ed. (4883)
2014 Ed. (4896)
2015 Ed. (4935)
2016 Ed. (4851)
Tadawul All Share Index
2008 Ed. (4503)
Tadhamon International Islamic Bank
2009 Ed. (2759)
2010 Ed. (2684)
2011 Ed. (2673)
2012 Ed. (2601)
2014 Ed. (2669)
2016 Ed. (2634)
Tadian Homes
2005 Ed. (1194)
2006 Ed. (1159)
Tadiran Ltd.
1999 Ed. (4540)
2004 Ed. (3032)
Tadpole Technology
1995 Ed. (3098)
Tae-Won; Chey
2011 Ed. (4862)
2012 Ed. (4868)
2013 Ed. (4909)
2014 Ed. (4919)
2015 Ed. (4959)
2016 Ed. (4875)
Taekwang Industrial Co., Ltd.
2010 Ed. (4726)
2011 Ed. (4685)
TAESA
2001 Ed. (316, 317)
Taesa Unt
2014 Ed. (4008)
Taewoong
2009 Ed. (3735)
Taff Housing Association
2008 Ed. (2131)
2013 Ed. (2110)
Taffy apple kits
2008 Ed. (841)
Taffy/candy apple kit
1999 Ed. (1019)
Tafneft
2008 Ed. (664)
TAG Associates
2015 Ed. (3424)
Tag Associates LLC
2009 Ed. (3443)
Tag Away
2015 Ed. (2332)
TAG Electric Co.
1991 Ed. (1907)
TAG Employer Services
2011 Ed. (2394)
2012 Ed. (2327)
Tag Heuer
2001 Ed. (1243)
TAG Holdings LLC
2006 Ed. (186)
2007 Ed. (192)
2009 Ed. (194, 196, 198)
2010 Ed. (175)
2011 Ed. (100)

2012 Ed. (107)
2013 Ed. (85, 86)
Tag Oil Ltd.
2013 Ed. (1499)
2014 Ed. (1466)
TAG Optics Inc.
2015 Ed. (4232)
Tag Recruitment Group Inc.
2010 Ed. (1463)
Tagamet
1989 Ed. (2254, 2256)
1990 Ed. (2898, 2900)
1992 Ed. (339, 1870, 1876)
1993 Ed. (1530, 2915)
1994 Ed. (2926)
1995 Ed. (1583)
1999 Ed. (279)
2001 Ed. (388)
Tagamet Family
1990 Ed. (2530)
1992 Ed. (1868)
Tagamet HB
1998 Ed. (173, 174, 175, 1350)
1999 Ed. (1905)
2000 Ed. (1703)
Tagamet HB/200
1998 Ed. (2669)
Tagamet HB200
2001 Ed. (387)
Tagamet tabs 300 mg
1990 Ed. (1572, 1573, 1574)
Taggart Foster Currence Gray Architects
Inc.
2009 Ed. (2525)
Taggart; Richard
2005 Ed. (986)
2006 Ed. (984)
2007 Ed. (1077)
2008 Ed. (962)
Tagged
2010 Ed. (3378)
2011 Ed. (3326)
2012 Ed. (3312, 3597)
2013 Ed. (3384)
2014 Ed. (3385)
Taghkanic Woodworking
2015 Ed. (5043)
Tah Hsin Securities Co., Ltd.
1990 Ed. (821)
Tah Tong Textile Co. Ltd.
1992 Ed. (4282)
1994 Ed. (3523)
Taha Mikati
2008 Ed. (4890)
2009 Ed. (4910)
2010 Ed. (4911)
2011 Ed. (4897)
2012 Ed. (4907)
2013 Ed. (4886)
2014 Ed. (4899)
2015 Ed. (4938)
2016 Ed. (4854)
TAHAL Consulting Engineers Ltd.
2004 Ed. (2403)
2005 Ed. (2435)
Tahera Diamond Corp.
2006 Ed. (4593)
Tahija; George & Sjakon
2010 Ed. (3960)
Tahir
2014 Ed. (4892)
2015 Ed. (4931)
2016 Ed. (4846, 4847)
Tahoe
2001 Ed. (481)
2015 Ed. (989)
2016 Ed. (890)
Tahoe; Chevrolet
2005 Ed. (4427, 4777, 4786)
2006 Ed. (3577, 4829, 4856)
2007 Ed. (4858)
2009 Ed. (4812)
2010 Ed. (4830)
Tahoe Savings & Loan Association,
FS&LA
1990 Ed. (3585)
Tahzoo
2016 Ed. (62)
Tai-Develop Textile Co. Ltd.
1994 Ed. (1033)
Tai Fung Bank
1991 Ed. (597)
1992 Ed. (765)
1993 Ed. (557)
1994 Ed. (559)
1995 Ed. (533)
1996 Ed. (591)
2002 Ed. (613)
2003 Ed. (578)
2015 Ed. (461)

Tai-I Electric Wire & Cable Co.
1992 Ed. (1700)
Tai Ping
2000 Ed. (2885)
Tai Sang Bank
1992 Ed. (607)
Tai Shih Textile Industry Corp.
1990 Ed. (3573)
Tai Tai Oral Liquid
2004 Ed. (49)
Tai Tong Textile Co., Ltd.
1990 Ed. (3571)
Tai Yau Bank
1992 Ed. (607)
Tai Yuen Textile Co. Ltd.
1990 Ed. (3571)
1992 Ed. (4282)
1994 Ed. (3523)
TAIB Bank
1996 Ed. (430)
1997 Ed. (395)
1999 Ed. (452)
2003 Ed. (465)
2004 Ed. (451)
Taicang, China
2012 Ed. (2502)
Taichung Commercial Bank
2010 Ed. (440, 443)
Taichung Machinery Works Co. Ltd.
1990 Ed. (2503)
1992 Ed. (2956)
1994 Ed. (2425)
Taiclet Jr.; James D.
2011 Ed. (816, 845)
2012 Ed. (789)
Taicom Systems Ltd.
1992 Ed. (1700)
1994 Ed. (1462, 1620)
Taiga Building Products Ltd.
2010 Ed. (1556, 2762)
2011 Ed. (2748, 4926)
2012 Ed. (2683)
2013 Ed. (1530, 2770)
2014 Ed. (2751)
2015 Ed. (2804)
Taiga Forest Products
2007 Ed. (1636, 1638)
Taih Yung Enterprise Co. Ltd.
1990 Ed. (1068)
1992 Ed. (1230)
1994 Ed. (1033)
Taiheiyo Cement
2013 Ed. (1192)
2014 Ed. (1143)
2015 Ed. (1193)
2016 Ed. (1065, 1103)
Taiheiyo Cement Corp.
2007 Ed. (1294)
2010 Ed. (692)
2011 Ed. (621)
2012 Ed. (591, 1053)
2013 Ed. (726)
2014 Ed. (748)
2015 Ed. (786)
Taiheiyo Cement USA Inc.
2010 Ed. (4609)
2011 Ed. (1806)
Taikichiro Mori
1990 Ed. (730)
1991 Ed. (709)
1992 Ed. (889)
1993 Ed. (698, 699)
1994 Ed. (707)
Taikisha Ltd.
1994 Ed. (1167)
1995 Ed. (1187)
1997 Ed. (1189)
1998 Ed. (968)
1999 Ed. (1401)
2000 Ed. (1288)
2002 Ed. (1318)
2003 Ed. (1332)
2004 Ed. (1331)
2005 Ed. (1336)
2006 Ed. (1315)
2008 Ed. (1301)
2009 Ed. (1286)
2010 Ed. (1279)
2011 Ed. (1232)
2012 Ed. (1161)
2013 Ed. (1297, 1298)
2014 Ed. (1230, 1231)
2015 Ed. (1289)
2016 Ed. (1203)
Tail
1990 Ed. (3330, 3338, 3341)
1991 Ed. (3169)
1992 Ed. (4050)
1993 Ed. (3376)
Tailisman Energy

2012 Ed. (3889)
Tailored clothing
2001 Ed. (1277)
Tailored Living
2016 Ed. (2969)
Tailored Printing Inc.
2010 Ed. (4016)
Tainan Business Bank
2007 Ed. (363)
2008 Ed. (351)
Tainan Group
2007 Ed. (84)
2008 Ed. (91)
Tainan Spinning Co.
1990 Ed. (3571)
1992 Ed. (4282)
1994 Ed. (3523, 3525)
Taio Cruz
2012 Ed. (3735)
Taio Paper Manufacturing Co. Ltd.
1991 Ed. (2671)
1992 Ed. (3334)
1993 Ed. (2766)
1994 Ed. (2728)
Taio Paper Mfg. Co. Ltd.
1990 Ed. (2764)
Taipei
1990 Ed. (861)
1997 Ed. (193)
Taipei Airport
1997 Ed. (223)
Taipei Bank
1993 Ed. (425, 641, 3502)
1994 Ed. (644, 1849)
1995 Ed. (616)
1996 Ed. (690)
2004 Ed. (526)
Taipei Business Bank
1992 Ed. (4189)
Taipei Fubon Bank
2010 Ed. (528)
2013 Ed. (400)
2014 Ed. (414)
2015 Ed. (471)
2016 Ed. (420)
Taipei Fund
1993 Ed. (2684)
Taipei International Airport
1993 Ed. (205, 1536, 1537, 1538)
Taipei, Taiwan
1991 Ed. (1365)
1994 Ed. (976)
2001 Ed. (348)
2009 Ed. (255)
2010 Ed. (247)
2013 Ed. (162)
2014 Ed. (166)
2015 Ed. (193)
2016 Ed. (2597)
Taipeibank
2000 Ed. (671)
2002 Ed. (654)
2005 Ed. (616)
Taipower
1993 Ed. (3268, 3272)
1994 Ed. (3259)
Taisei
1989 Ed. (1005)
1990 Ed. (1175, 1177, 1846)
1991 Ed. (1064)
1992 Ed. (1370, 1374, 1375, 3665,
4309)
1993 Ed. (1097)
1994 Ed. (1121)
1995 Ed. (1135)
1997 Ed. (1753)
1998 Ed. (535, 907, 965, 969, 1446)
1999 Ed. (1323, 1398, 1407, 2032,
2033)
2000 Ed. (1203, 1284, 1824)
2001 Ed. (1486)
2002 Ed. (1195, 1313, 1322, 1324)
2003 Ed. (1174, 1327)
2004 Ed. (1182, 1327)
2005 Ed. (1208, 1338, 1339)
2006 Ed. (1184, 1185, 1304, 1311,
1320)
2007 Ed. (1291, 1294)
2008 Ed. (1189, 1191, 1281, 1297)
2009 Ed. (1165, 1264, 1286)
2012 Ed. (1028)
2013 Ed. (1170)
2014 Ed. (1124)
2015 Ed. (1166)
2016 Ed. (1065, 1081)
Taishin
1999 Ed. (1798)
Taishin Bank
2008 Ed. (437, 438, 439)
2009 Ed. (463)

Taishin FHC
2009 Ed. (458)
Taishin Financial Holding
2007 Ed. (84)
2012 Ed. (3345)
Taishin Financial Holdings
2013 Ed. (3412)
2014 Ed. (3409)
2015 Ed. (3444)
2016 Ed. (3303)
Taisho
1989 Ed. (1280)
1990 Ed. (1571)
1991 Ed. (2146)
1992 Ed. (2712)
1997 Ed. (1664)
Taisho Marine
1990 Ed. (2259)
Taisho Marine & Fire Insurance Co. Ltd.
1990 Ed. (2274)
1991 Ed. (2143)
1992 Ed. (2706)
1993 Ed. (2252)
1994 Ed. (2232)
1995 Ed. (2279)
Taisho Pharmaceutical
2013 Ed. (4010)
2016 Ed. (3907)
Taisho Pharmaceutical Co., Ltd.
2007 Ed. (3942)
2012 Ed. (2180)
Tait & McLay
1996 Ed. (3127)
Tait Weller & Baker
2008 Ed. (278)
Taita Pharmaceutical
2004 Ed. (36)
Taitron Components Inc.
1996 Ed. (1631, 1632)
1998 Ed. (1414)
Taittinger
1996 Ed. (896, 905)
1997 Ed. (932)
1998 Ed. (679, 681, 682)
1999 Ed. (1062, 1067, 1068)
2000 Ed. (1009, 4422)
2001 Ed. (1151, 1160, 1162, 1163,
4889)
2002 Ed. (963, 968, 974, 4956)
2003 Ed. (900, 908)
2004 Ed. (924, 925)
2005 Ed. (916, 919)
2006 Ed. (829)
Taiwan
1989 Ed. (1181, 1284, 1390)
1990 Ed. (414, 1448, 1582, 1709,
1729, 1734, 1911, 1918, 1925,
1928, 1931, 1935, 3276, 3624,
3633)
1991 Ed. (164, 1381, 1400, 1401,
1402, 1479, 1650, 1834, 1841,
1844, 1850, 3267, 3268, 3269,
3357)
1992 Ed. (499, 891, 1068, 1234,
1390, 1490, 1732, 1733, 1759,
1760, 1880, 2070, 2072, 2075,
2079, 2080, 2081, 2083, 2170,
2250, 2251, 2310, 2317, 2327,
2333, 2807, 2808, 2853, 3276,
3957, 3973, 4184, 4185, 4186,
4324)
1993 Ed. (240, 844, 943, 1582, 1957,
1961, 1967, 1974, 1981, 1987,
2411, 2481, 2482, 3301, 3510,
3682, 3692)
1994 Ed. (200, 709, 730, 786, 1486,
1979, 2005, 2333, 2344, 2684,
3308, 3522, 3656)
1995 Ed. (310, 663, 997, 1038, 1518,
1657, 1658, 1734, 1736, 1737,
1742, 1745, 1746, 1749, 1785,
1962, 2010, 2017, 2019, 2029,
2036)
1996 Ed. (157, 929, 941, 1477, 1645,
1719, 2470, 2471, 3715, 3821)
1997 Ed. (204, 693, 824, 915, 917,
966, 1542, 1556, 1808, 1809, 1812,
1815, 2107, 2559, 2560, 2564,
2565, 2571, 2573, 3000, 3513,
3634)
1998 Ed. (708, 819, 1324, 1418,
1419, 1522, 1524, 1525, 1526,
1554, 1791, 1846, 2660, 2707,
2744, 2814)
1999 Ed. (182, 821, 1104, 1213,
1781, 2091, 2092, 2098, 2553,
2583, 3113, 3193, 3586, 3630,
3697, 4478, 4481, 4594, 4626,
4801, 4802)
2000 Ed. (1610, 1650, 1889, 1899,

2295, 2349, 2354, 2357, 2358,
2363, 2375, 2861, 2862, 2981,
3175, 4273, 4361)
2001 Ed. (509, 510, 671, 1140, 1935,
1947, 2126, 2127, 2128, 2362,
2364, 2365, 2366, 2367, 2371,
2372, 2693, 2695, 2697, 2699,
2700, 2968, 3367, 3410, 3967,
4318, 4372, 4426, 4427, 4598,
4648, 4716, 4904)
2002 Ed. (683, 737, 741, 1344, 1812,
3519, 3596, 4380, 4623, 4774,
4998)
2003 Ed. (461, 950, 1084, 1097,
1385, 1876, 1973, 1974, 2210,
2211, 2218, 2219, 2220, 2222,
2223, 2225, 2226, 2228, 2229,
3023, 4496, 4698, 4699)
2004 Ed. (733, 1100, 1400, 1907,
1919, 2822, 3394, 4459, 4814)
2005 Ed. (459, 747, 1421, 2039,
2054, 2530, 2531, 2532, 2533,
2538, 2822, 2823, 3401, 4404,
4586, 4587, 4788)
2006 Ed. (412, 656, 1028, 1406,
2135, 2147, 2327, 2537, 2803,
2804, 2805, 2810, 3273, 3410,
3553, 4421, 4652, 4653, 4859)
2007 Ed. (397, 748, 1438, 2083,
2091, 2262, 2795, 2796, 2797,
2802, 3427, 4485, 4488, 4670,
4671, 4862)
2008 Ed. (379, 2201, 2396, 3591,
4467, 4469, 4583, 4584)
2009 Ed. (401, 2382, 2394, 2407,
2408, 2679, 2965, 3374, 3661,
4250, 4467, 4500, 4502, 4626,
4627, 4645, 4646, 4647, 4656)
2010 Ed. (1061, 1066, 1377, 2107,
2219, 2306, 2579, 2584, 3836,
4518, 4522, 4542, 4544, 4655,
4656)
2011 Ed. (999, 1004, 1370, 2160,
2237, 2302, 2883, 3385, 3839,
4199, 4459, 4489, 4491, 4602,
4603, 4791, 4802)
2012 Ed. (926, 2100, 2198, 2508,
2620, 3088, 3820, 4251, 4819)
2013 Ed. (1070, 2288, 2383, 2643,
2690, 3875, 4215)
2014 Ed. (1029, 2221, 2320, 2601,
2675, 3179, 4229, 4828)
2015 Ed. (1064, 2285, 2644, 4219,
4863)
2016 Ed. (972, 2257)
Taiwan Advertising
1995 Ed. (131, 132)
1996 Ed. (145)
1997 Ed. (151)
Taiwan Aerospace
1993 Ed. (1199)
Taiwan; Bank of
2005 Ed. (616)
2006 Ed. (529)
2007 Ed. (559)
Taiwan Brother Industries Ltd.
1990 Ed. (2503)
Taiwan Business Bank
1999 Ed. (646)
2000 Ed. (671)
2003 Ed. (618)
2007 Ed. (474)
2008 Ed. (437, 438, 439)
2012 Ed. (415)
2013 Ed. (401)
2014 Ed. (415)
2015 Ed. (472)
2016 Ed. (421)
Taiwan Cellular Corp.
2004 Ed. (90)
Taiwan Cellular (Pacific)
2001 Ed. (3336)
Taiwan Cement
1989 Ed. (1165)
1990 Ed. (1425)
1991 Ed. (1356)
1992 Ed. (1698, 4189)
1993 Ed. (1409)
1994 Ed. (1457, 1464, 3472)
1995 Ed. (1497, 1498)
1996 Ed. (1454)
1997 Ed. (1520)
2000 Ed. (1566)
Taiwan Cement Co., Ltd.
2013 Ed. (864, 881)
2014 Ed. (4050, 4067)
Taiwan Cement Engineering Corporation
1992 Ed. (2956)
Taiwan Cooperative Bank

1993 Ed. (425)
1999 Ed. (646)
2000 Ed. (671)
2002 Ed. (574, 654)
2003 Ed. (618)
2004 Ed. (627)
2005 Ed. (616)
2006 Ed. (529)
2007 Ed. (559)
2008 Ed. (511)
2009 Ed. (545)
2010 Ed. (528)
2011 Ed. (457)
2012 Ed. (415)
2013 Ed. (400, 2705)
2014 Ed. (414, 2688)
2015 Ed. (471)
2016 Ed. (420)
Taiwan Cooperative Financial
2015 Ed. (2734)
2016 Ed. (421)
Taiwan Electric Co. Ltd.
1994 Ed. (2424)
Taiwan Family Mart
2012 Ed. (4363)
2013 Ed. (4295)
Taiwan First Investment & Trust
1995 Ed. (3283)
1999 Ed. (2894)
Taiwan Glass Ind. Corp.
1990 Ed. (2520)
Taiwan Glass Industries Corp.
1992 Ed. (2974)
Taiwan Glass Industry Corp.
2011 Ed. (785)
Taiwan International
1994 Ed. (3196)
1997 Ed. (3489)
Taiwan International Securities
1995 Ed. (3283)
Taiwan International Standard
1994 Ed. (1461, 1462, 1620)
Taiwan Janome Sewing Machine Co.
Ltd.
1990 Ed. (2503)
1992 Ed. (2956)
1994 Ed. (2425)
Taiwan Kao Co.
1989 Ed. (54)
1992 Ed. (82)
Taiwan Kolin Co.
1992 Ed. (82, 1933)
Taiwan Kumagai Co., Ltd.
1990 Ed. (1213)
Taiwan Life Insurance Corp.
1999 Ed. (4166)
2001 Ed. (2890)
Taiwan Machinery
1992 Ed. (4189)
1993 Ed. (3502)
Taiwan Mobile
2015 Ed. (4683)
2016 Ed. (4591)
Taiwan Mobile Co., Ltd.
2012 Ed. (4667)
2013 Ed. (4626)
2014 Ed. (4685)
2015 Ed. (4695)
2016 Ed. (4600)
Taiwan Nickel Refining
1992 Ed. (1705)
1994 Ed. (1463)
Taiwan Paper
1991 Ed. (3271)
Taiwan Power Co.
1995 Ed. (1498, 3338)
1997 Ed. (1438, 1522)
2000 Ed. (1566)
2001 Ed. (1614, 1864)
2002 Ed. (1780)
2004 Ed. (1864)
Taiwan Provincial Labor Insurance Bureau
1997 Ed. (2402)
Taiwan Pulp & Paper Corp.
1996 Ed. (3629)
Taiwan Ricoh Co. Ltd.
1990 Ed. (2520)
1992 Ed. (2974)
Taiwan Securities
1994 Ed. (3196)
1995 Ed. (3283)
1997 Ed. (3489)
Taiwan Semiconductor
1996 Ed. (1454)
2013 Ed. (1091)
Taiwan Semiconductor Manufacturing
2014 Ed. (4663)
2015 Ed. (4660)
2016 Ed. (1672, 2922, 4573)

Taiwan Semiconductor Manufacturing
Co., Ltd.
1997 Ed. (1520, 1521, 3682)
1998 Ed. (1532)
1999 Ed. (1566, 1568, 1569, 1571,
1576, 1577, 1743, 1744, 3298,
4530)
2000 Ed. (1564, 1565, 1569, 1570,
3035)
2001 Ed. (1627, 1746, 1865, 2871)
2002 Ed. (305, 1038, 1580, 1683,
2101, 3247, 4543, 4544, 4545)
2003 Ed. (1831, 2200, 2201, 2202,
2241, 2242, 2944, 3301, 3302,
3753, 4386, 4609)
2004 Ed. (884, 3778)
2005 Ed. (239, 3697, 4350)
2006 Ed. (1552, 2034, 2035, 3404,
4287, 4288, 4289, 4655)
2007 Ed. (1585, 2008, 4353, 4354)
2008 Ed. (2101, 3584, 4313)
2009 Ed. (2077, 2078, 3006, 3655,
4419, 4420)
2010 Ed. (2013, 2014, 2945, 4461)
2011 Ed. (2074, 2910, 4392)
2012 Ed. (671, 672, 1916, 1917,
2196, 2846, 3569, 4458, 4462,
4466)
2013 Ed. (863, 2082, 2922, 3611,
4426, 4429, 4430)
2014 Ed. (2015, 2939, 4456, 4458,
4459)
2015 Ed. (2059, 4452, 4454, 4455)
2016 Ed. (2019, 4341, 4346, 4350,
4351)
Taiwan Semiconductor Marketing
2015 Ed. (2988)
Taiwan Semiconductor Mfg.
2000 Ed. (1472, 1568)
Taiwan Stock Exchange
1997 Ed. (3632)
2016 Ed. (4484)
Taiwan Styrene Monomer Corp.
1992 Ed. (1704)
Taiwan Sugar Corp.
2000 Ed. (1566)
Taiwan Synthetic Rubber Corp.
1991 Ed. (3271)
1992 Ed. (1701, 1704)
2001 Ed. (4138)
Taiwan Tobacco & Wine
2001 Ed. (1615, 1617, 1618, 1626,
1864)
Taiwan Wacoal Co. Ltd.
1992 Ed. (1230)
1994 Ed. (1033)
Taiwan Zippers Co. Ltd.
1990 Ed. (2520)
1992 Ed. (2974)
Taiwanese American Credit Union
2005 Ed. (2074)
Taiyo
2000 Ed. (2224, 2713)
Taiyo Birdair Corp.
2006 Ed. (1291)
Taiyo Fishery
1989 Ed. (1459)
1990 Ed. (1831)
1992 Ed. (256, 1643, 1644, 1681)
1993 Ed. (162, 1276, 1343)
1994 Ed. (146)
1995 Ed. (164)
1999 Ed. (2466)
Taiyo Kobe
1989 Ed. (530)
1990 Ed. (1783, 1784)
Taiyo Kobe Bank
1989 Ed. (480)
1990 Ed. (297)
1991 Ed. (576)
1992 Ed. (1461)
1998 Ed. (1029)
Taiyo Mutual Life
1998 Ed. (2135)
Taiyo Yuden
1992 Ed. (4022)
Taizo Demura
2000 Ed. (2167)
Taj Group
1990 Ed. (2091)
Taj Lake Palace
2016 Ed. (3019)
Taj Mahal
1994 Ed. (871)
TAJ Technologies Inc.
2008 Ed. (3716, 4406)
Tajik Joint Stock Commercial Industrial
& Construction Bank
1997 Ed. (625)
Tajikistan

1991 Ed. (3157)
2001 Ed. (3275)
2002 Ed. (3302)
2003 Ed. (3362)
2004 Ed. (3428)
2005 Ed. (3444)
2006 Ed. (2715, 3453)
2007 Ed. (3476)
2008 Ed. (2192, 3650)
2009 Ed. (3715)
2010 Ed. (282, 769, 2582, 3169,
3381, 3633, 4672)
2011 Ed. (686, 3635, 4620)
2012 Ed. (627, 1235, 2509, 2518,
4626)
2013 Ed. (4566)
2014 Ed. (4621)
2016 Ed. (2564)
Tak Lee Bank
1989 Ed. (668)
Takafol
2009 Ed. (2756)
Takafol (UK) Ltd.
2011 Ed. (2669)
Takaful IBB Berhad
2009 Ed. (2723, 2726, 2731, 3318)
2011 Ed. (2641)
2012 Ed. (2568)
Takaful Ikhlas Sdn. Bhd.
2014 Ed. (3283)
2015 Ed. (3336)
2016 Ed. (3195)
Takahara; Keiichiro
2013 Ed. (4883)
2014 Ed. (4896)
2015 Ed. (4935)
2016 Ed. (4851)
Takahashi; Haruyuki
2010 Ed. (4564)
Takaki Nakanishi
1999 Ed. (2374, 2375)
2000 Ed. (2154)
Takao Kanai
1996 Ed. (1870)
1997 Ed. (1977)
1999 Ed. (2376)
2000 Ed. (2156)
Takara
2016 Ed. (600)
Takara Sake
2005 Ed. (4930)
2006 Ed. (4960)
Takara Sochu
1992 Ed. (4407)
Takarazuka Family Land
1995 Ed. (220)
Takasago
1999 Ed. (2444)
Takasago International
1998 Ed. (1698)
Takashi Hashimoto
1997 Ed. (1979)
1999 Ed. (2382, 2387)
2000 Ed. (2170)
Takashi Ito
2000 Ed. (2151)
Takashimaya
1994 Ed. (3113)
1995 Ed. (3158)
1997 Ed. (3354)
2000 Ed. (3824)
2006 Ed. (1793)
2007 Ed. (4204)
2012 Ed. (2125, 2126, 4356)
2013 Ed. (2318, 2319)
2014 Ed. (2250)
Takashimaya Co., Ltd.
2013 Ed. (4334)
2014 Ed. (4385)
2016 Ed. (4270)
Takashimaya (Singapore)
2012 Ed. (4361)
2013 Ed. (4293)
Takata Corp.
1998 Ed. (1139)
2000 Ed. (1432)
2011 Ed. (3826)
2012 Ed. (3812)
Takato Watabe
1999 Ed. (2379, 2380)
2000 Ed. (2159, 2160)
Takatoshi Yamamoto
1996 Ed. (1872, 1873, 1874)
1997 Ed. (1980, 1981)
1999 Ed. (2365, 2366, 2383)
2000 Ed. (2163, 2164, 2165)
Takayuki Suzuki
1996 Ed. (1882)
1997 Ed. (1988)
1999 Ed. (2388, 2389)

2000 Ed. (2172)
Take a Break
2000 Ed. (3494, 3497, 3503)
2002 Ed. (3635)
Take Control
2003 Ed. (3685)
Take Five
1996 Ed. (2554)
Take on the Street
2004 Ed. (734)
Take Shape For Life
2016 Ed. (2294)
Take That
2010 Ed. (1127)
2013 Ed. (1137, 1138, 3785)
Take-Two Interactive
2002 Ed. (2430)
Take-Two Interactive Software Inc.
2005 Ed. (4610)
2010 Ed. (4760)
2011 Ed. (4713)
2012 Ed. (4735)
2013 Ed. (4698)
2014 Ed. (4752)
TakeCare Health Plan
1993 Ed. (2021, 2023)
1995 Ed. (2083, 2091, 2093, 2443)
1996 Ed. (2095)
TakeCare Health Plan of Illinois Inc.
1996 Ed. (2096)
TakeCare Inc.
1994 Ed. (3442)
1996 Ed. (2084)
Takeda
1989 Ed. (1280)
1990 Ed. (1569, 1570, 1571)
1993 Ed. (914, 915, 921, 1517)
1999 Ed. (3428)
Takeda Chemical
1989 Ed. (1583)
1990 Ed. (955)
Takeda Chemical Industries
1989 Ed. (894)
1990 Ed. (949)
1991 Ed. (909, 1475)
1997 Ed. (959, 1664)
2001 Ed. (1198, 1616, 1768)
2002 Ed. (1705, 1706)
2003 Ed. (1728)
2006 Ed. (4774)
Takeda Pharmaceutical
2016 Ed. (3907)
Takeda Pharmaceutical Co., Ltd.
2006 Ed. (1829)
2007 Ed. (3942)
2008 Ed. (912, 3943)
2010 Ed. (1765)
2012 Ed. (3969)
2013 Ed. (4010)
2014 Ed. (3952)
2015 Ed. (3991)
2016 Ed. (3906)
Takeda Pharmaceuticals
2016 Ed. (48)
Takedown Twenty
2015 Ed. (645)
Takefuji
2007 Ed. (2548)
Takehara
2001 Ed. (1500)
Takei; Hiroko
2008 Ed. (4846)
2009 Ed. (4866)
2010 Ed. (4868)
2011 Ed. (4856)
Takei; Hirotomo
1991 Ed. (709)
Takei; Yasuo
2005 Ed. (4861)
2007 Ed. (4909)
Takemitsu Takizaki
2008 Ed. (4846)
2009 Ed. (4866, 4867)
2010 Ed. (4868, 4869)
2011 Ed. (4856, 4857)
2012 Ed. (4863)
2013 Ed. (4883)
2014 Ed. (4896)
2015 Ed. (4935)
2016 Ed. (4851)
Taken for a Ride: How Daimler-Benz
Drove Off with Chrysler
2006 Ed. (582)
Takenaka Corp.
1989 Ed. (1005)
1990 Ed. (1177)
1992 Ed. (1374, 1375, 3665)
1994 Ed. (1167)
1995 Ed. (1187)
1997 Ed. (1189, 1196, 1753)

1998 Ed. (965, 968, 1446)
1999 Ed. (1398, 1407, 2032, 2033)
2000 Ed. (1284, 1824)
2001 Ed. (1486)
2002 Ed. (1194, 1313, 1318, 1324)
2003 Ed. (1327)
2004 Ed. (1182, 1327, 1331)
2005 Ed. (1208, 1336)
2006 Ed. (1184, 1185, 1315)
2007 Ed. (1293)
2008 Ed. (1191, 1281, 1301, 1833, 1869)
2009 Ed. (1165, 1286, 1823)
2010 Ed. (1159, 1279, 1764)
2011 Ed. (1232)
2012 Ed. (1161)
2013 Ed. (1298)
2014 Ed. (1231, 1234)
2015 Ed. (1289)
2016 Ed. (1203)
Takenaka family
1993 Ed. (698)
Takenaka; Toichi
1994 Ed. (708)
Takenakeeurope GmbH
2008 Ed. (848)
Takeo Fukui
2010 Ed. (2559)
Takeshi Kurosawa
1999 Ed. (2371)
2000 Ed. (2151)
Taketa; Kelvin
2014 Ed. (2593)
Takhi Co.
2002 Ed. (4445)
Takii
1992 Ed. (3908)
Takizaki; Takemitsu
2008 Ed. (4846)
2009 Ed. (4866, 4867)
2010 Ed. (4868, 4869)
2011 Ed. (4856, 4857)
2012 Ed. (4863)
2013 Ed. (4883)
2014 Ed. (4896)
2015 Ed. (4935)
2016 Ed. (4851)
Takkt America
2013 Ed. (897)
Takuyama Soda
2001 Ed. (1226)
TAL Education Group
2012 Ed. (4432, 4434)
T.A.L. Investment
1989 Ed. (2143)
1990 Ed. (2362)
T.A.L. Investment Counsel Ltd.
1991 Ed. (2255)
1992 Ed. (2784)
1994 Ed. (2325)
1996 Ed. (2419, 2420)
Tal Liani
1999 Ed. (2361)
Talaat Mostafa Group Holding
2016 Ed. (1331)
Talaat Moustaf Group
2009 Ed. (43)
2010 Ed. (53)
Talal Abu-Ghazaleh International
1996 Ed. (19)
Talal Al Zain
2013 Ed. (3474)
Talanx
2014 Ed. (3275)
2015 Ed. (3326)
2016 Ed. (3180)
Talbots
2013 Ed. (905)
Talbots Inc.
1996 Ed. (1010)
1997 Ed. (1029)
1998 Ed. (767, 770)
1999 Ed. (1198, 1199)
2003 Ed. (1018)
2004 Ed. (992, 993, 1019)
2005 Ed. (1010, 1011, 1020, 4136)
2006 Ed. (1033, 1034, 4184)
2007 Ed. (1120, 1122)
2008 Ed. (1535, 1909)
2009 Ed. (896, 988, 989)
2010 Ed. (953, 954, 957, 1804)
2011 Ed. (1832)
The Talbots Inc.
2015 Ed. (2463)
Talbots.com
2007 Ed. (2320)
2008 Ed. (2446)
Talbott ARM
1995 Ed. (1770)
Talbott Vineyards

2013 Ed. (4941)
TALCO Plastics
1995 Ed. (3080)
1996 Ed. (3176)
1997 Ed. (3277)
1998 Ed. (3030)
The Tale of Despereaux
2010 Ed. (561)
Talecris Biotherapeutics
2012 Ed. (487)
Talegaen Insurance Groups
1996 Ed. (2304)
Talegen Holdings
1997 Ed. (1235)
Talegen Insurance Groups
1997 Ed. (2434)
1998 Ed. (2154)
1999 Ed. (2937)
Talend
2016 Ed. (1029)
The Talener Group
2014 Ed. (1870)
Talent Comunicacao
2002 Ed. (87)
Talent Connections
2009 Ed. (2484)
Talent Plus
2015 Ed. (1369)
2016 Ed. (1296)
Talent Tree Staffing Services
1998 Ed. (3506)
1999 Ed. (4576)
Talenter - Gestao De Projetos, LDA
2016 Ed. (1967)
Talenti
2014 Ed. (3127)
2015 Ed. (3191)
2016 Ed. (1802, 3046, 3047, 3051)
Talenti Gelato
2015 Ed. (3193)
Talentica Software Pvt. Ltd.
2016 Ed. (1014)
Talento Grey
2000 Ed. (102)
Talento Grey Publicidad
2001 Ed. (142)
2002 Ed. (115)
2003 Ed. (82)
Talento Publicidad
1995 Ed. (80)
1996 Ed. (94)
1997 Ed. (95)
1999 Ed. (97)
Talentsoft
2015 Ed. (2974)
Taleo Corp.
2006 Ed. (1625)
2008 Ed. (4317)
2013 Ed. (2840)
2014 Ed. (2876)
Tales of a Fourth Grade Nothing
1990 Ed. (981)
2004 Ed. (736)
The Tales of Beedle the Bard
2010 Ed. (560)
Talisen Technologies Inc.
2015 Ed. (3012)
Talisman
2006 Ed. (74)
2007 Ed. (65)
2008 Ed. (70)
2009 Ed. (79)
Talisman Energy
2013 Ed. (3954)
2014 Ed. (3872, 3899)
2015 Ed. (1533, 3925)
2016 Ed. (3840)
Talisman Energy Inc.
1997 Ed. (3095)
2002 Ed. (3675, 3676)
2003 Ed. (1634, 3822, 3823)
2004 Ed. (3852)
2005 Ed. (3763, 3774)
2006 Ed. (1630, 3845)
2007 Ed. (1637, 3862, 3864)
2008 Ed. (1551, 1552, 1553, 1554, 1555, 3915, 3916, 3921)
2009 Ed. (1480, 3982, 3984)
2010 Ed. (1465, 1467, 1468, 1469, 1558, 3891, 3892)
2011 Ed. (1467, 1559, 3903, 3904, 3908, 3915)
2012 Ed. (1305, 1408, 3888, 3890)
2013 Ed. (3953, 3973)
2014 Ed. (1291, 3898, 3915)
2015 Ed. (1353, 3924)
2016 Ed. (1284, 3838, 3841, 3842, 3843)
Talisman Engineering
2013 Ed. (821)

Talk America Holdings Inc.
2005 Ed. (2007, 4641)
2006 Ed. (4704)
Talk City
2000 Ed. (1753, 4340)
Talk Less, Say More
2011 Ed. (531)
Talk on the telephone
1992 Ed. (878)
Talk Radio U.K. AM
2001 Ed. (3980)
2002 Ed. (3896)
Talk Talk Group
2012 Ed. (4670)
Talkh chikher
2002 Ed. (4446)
Talking Book World
2002 Ed. (750)
2003 Ed. (892)
Talking Dirty with the Queen of Clean
2003 Ed. (722)
Talking Stick Resort
2016 Ed. (3601)
Talking Teletubbies Asst.
2000 Ed. (4276)
Talking to Heaven
2000 Ed. (708)
Talking Whiz Kid Power Mouse
1999 Ed. (4641)
Talking Whiz Kid Power Mouse Deluxe
1999 Ed. (4640)
TalkTalk
2016 Ed. (4591)
Talktalk Group
2015 Ed. (56)
TalkTalk Telecom
2015 Ed. (4646)
2016 Ed. (4559)
Talktalk Telecom
2016 Ed. (4574)
Tall; Harold R.
1991 Ed. (2547)
Talladega Nights: The Ballad of Ricky Bobby
2008 Ed. (3756)
Tallahassee, FL
1991 Ed. (2347)
1993 Ed. (2939)
2005 Ed. (2377)
2006 Ed. (3314)
2008 Ed. (3115)
2011 Ed. (2405)
Tallahassee-Leon Credit Union
2015 Ed. (2252)
Tallahassee Memorial HealthCare
2000 Ed. (2528)
2002 Ed. (2621)
Tallahassee Memorial Regional Medical Center
1998 Ed. (1990)
1999 Ed. (2748)
Tallan Inc.
2007 Ed. (4404)
Tallant; Shannon
2016 Ed. (3335)
Tallent Holdings PLC
1993 Ed. (974)
Talley Industries
1989 Ed. (1601)
Talley; Ronald
1990 Ed. (2285)
Tallink Grupp AS
2009 Ed. (1648)
2011 Ed. (1617)
2012 Ed. (1465)
2013 Ed. (1597)
Tallinn Business Bank Ltd.
1999 Ed. (508)
Tallinna Bank
1997 Ed. (457)
Tallinna Kaubamaja
2002 Ed. (4412)
2006 Ed. (4501)
Tallinna Kaubamaja AS
2009 Ed. (1648)
2011 Ed. (1617)
Tallinna Pank
2000 Ed. (519)
Tallow
1992 Ed. (3299)
Talman Home Federal Savings & Loan
1989 Ed. (2356)
1990 Ed. (3101)
Talman Home Federal Savings & Loan Association
1991 Ed. (2920, 3369, 3373)
1993 Ed. (3072, 3075, 3566, 3573)
Talman Home Federal Savings & Loans
1992 Ed. (4287)

Talman Home FS & LA
1992 Ed. (3772, 3799, 4288, 4290, 4292)
Talmer Bancorp
2015 Ed. (379)
Talmer Bank & Trust
2016 Ed. (3618)
Talon Energy Services
2016 Ed. (1467)
Talon Energy Services Inc.
2012 Ed. (1385)
2016 Ed. (1466)
Talon Inc.
1995 Ed. (1002)
1996 Ed. (989)
Talon Trading System
1993 Ed. (2923)
Talon/LPE
2007 Ed. (4015)
Talpa Productions
2015 Ed. (2674, 4713)
2016 Ed. (4616)
Talplin, Canida & Habacht
2000 Ed. (2806)
Talton; Fred W.
1991 Ed. (3210)
Talus
1999 Ed. (4793, 4794, 4799, 4800)
2000 Ed. (4417, 4418)
2001 Ed. (4885)
2002 Ed. (4946)
Talvest Global Health Care
2002 Ed. (3427, 3444, 3445)
2004 Ed. (3621)
2006 Ed. (3663)
Talvest Global Science & Technology
2001 Ed. (3473, 3474)
2002 Ed. (3444, 3445)
2003 Ed. (3577, 3578, 3579)
2004 Ed. (3621)
Talvest Global Small Cap
2003 Ed. (3573, 3574, 3575)
Talvest Millennium Next Generation
2001 Ed. (3475)
2004 Ed. (3618)
Talwalkars Better Value Fitness
2015 Ed. (1706)
TALX Corp.
2005 Ed. (1881, 1882, 4610)
2006 Ed. (1904, 1908, 1911, 2388, 4336)
2007 Ed. (2748)
2008 Ed. (4408)
Talyuan
1992 Ed. (4138)
TAM
2001 Ed. (333)
2004 Ed. (1780)
2008 Ed. (216)
TAM Airlines
2014 Ed. (137)
TAM-BAY Realty
1997 Ed. (3255)
1998 Ed. (2997, 3763)
1999 Ed. (4813)
Tam Holdings
2001 Ed. (317)
TAM Linhas Aereas
2009 Ed. (239, 240)
2010 Ed. (223, 224)
2011 Ed. (146, 147, 162)
2015 Ed. (169)
TAM Linhas Aereas SA
2005 Ed. (219)
2006 Ed. (235, 236)
2012 Ed. (158, 159, 174)
2013 Ed. (137, 138)
2014 Ed. (147, 148)
TAM Mercosur
2005 Ed. (219)
Tam Tam
2015 Ed. (1877)
Tam Tam Percusion SL
2013 Ed. (3809)
2015 Ed. (3757)
2016 Ed. (3665)
Tama Meat Packing Inc.
1992 Ed. (2992, 2995, 3486)
Tamagotchi Virtual Pet
1999 Ed. (4640, 4641)
Tamai; Shuichi
1997 Ed. (1990)
Taman Impian Jaya Ancol
1995 Ed. (220)
Tamano
2001 Ed. (1500, 1501)
Tamara Gustavson
2013 Ed. (4848)
2014 Ed. (4864)
2015 Ed. (4901)

2016 Ed. (4818)
Tamara Sload
1999 Ed. (2165)
Tamarack Valley Energy Ltd.
2016 Ed. (3837)
Tamaroff Automotive Group
1993 Ed. (303)
1998 Ed. (208)
1999 Ed. (319)
2000 Ed. (333)
2001 Ed. (454)
Tamaroff Buick Inc.
1990 Ed. (302)
1991 Ed. (273)
1996 Ed. (300)
Tamaroff Group
1990 Ed. (346)
1991 Ed. (309)
1992 Ed. (419)
1994 Ed. (293)
1995 Ed. (297)
Tamas-U.S. Ed.
1990 Ed. (3326)
Tamaulipas
2001 Ed. (2839)
Tamaulipas, Mexico
2011 Ed. (3497)
Tamayo Enterprises Inc.
2016 Ed. (1867)
Tambone Real Estate Development
Corp.
1998 Ed. (3004)
2000 Ed. (3719)
Tamboti
1995 Ed. (3062)
Tambrands Inc.
1989 Ed. (1629, 2188)
1990 Ed. (1295, 2128, 2807, 2810)
1991 Ed. (1976, 2359, 2711, 2712)
1992 Ed. (1517, 1523, 1526, 2125,
2537, 2940, 3395, 3397)
1993 Ed. (1225, 1704, 2472, 2809,
2810)
1994 Ed. (1262, 1263, 1264, 2809,
2810)
1995 Ed. (2766, 2897)
1996 Ed. (2831, 2980)
1997 Ed. (3056)
1998 Ed. (2677, 2807)
2004 Ed. (1519)
2005 Ed. (1535)
Tambun Indah Land
2015 Ed. (1800)
2016 Ed. (1754)
Tamedia
2004 Ed. (88)
2005 Ed. (83)
2006 Ed. (92)
2007 Ed. (82)
Tamera Blaylock
2000 Ed. (3160, 4428)
Tamerlin McClain
2000 Ed. (173)
Tamiami Automotive Group
1995 Ed. (255)
1996 Ed. (260, 2067)
1997 Ed. (289, 2223)
1998 Ed. (204)
1999 Ed. (318)
Tamil Nadu, India
2010 Ed. (3475)
Tamim; Lieutenant General Dahi Khal-
fan
2013 Ed. (3490)
Tamiment Resort & Conference Center
1999 Ed. (4048)
Tamir Cohen
1992 Ed. (167)
1999 Ed. (107)
2001 Ed. (150)
2002 Ed. (123)
2003 Ed. (90)
Tamir, Cohen (Jacobsen)
1989 Ed. (123)
1990 Ed. (117)
Tamir Cohen (Jacobsohn)
1993 Ed. (113)
1995 Ed. (88)
1996 Ed. (103)
Tamir Cohen (JWT)
2000 Ed. (112)
Tamoil Overseas Ltd.
2012 Ed. (1448)
2013 Ed. (1583)
Tamor
2003 Ed. (1230)
Tamoxifen
2001 Ed. (2102)
2002 Ed. (2048, 2049)
2003 Ed. (2107)

Tampa Armature Works Inc.
2006 Ed. (4346)
Tampa Bay 1
2003 Ed. (1554)
Tampa Bay Best B
1991 Ed. (2596)
Tampa Bay Buccaneers
2000 Ed. (2252)
2001 Ed. (4346)
2002 Ed. (4340)
2004 Ed. (2674)
2005 Ed. (2667)
2006 Ed. (2653)
2007 Ed. (2632)
2008 Ed. (2761)
2011 Ed. (2744)
2012 Ed. (2680)
Tampa Bay Fisheries
2014 Ed. (2794)
Tampa Bay, FL
1998 Ed. (2056)
2008 Ed. (4242)
Tampa Bay Interconnect
1991 Ed. (833, 841)
1992 Ed. (1018)
1994 Ed. (830)
Tampa Bay Lightning
1998 Ed. (3357)
Tampa Bay NW NT
1990 Ed. (2688)
Tampa Bay Performing Arts Center
2002 Ed. (4345)
2003 Ed. (4529)
2006 Ed. (1155)
2010 Ed. (1128)
2011 Ed. (1069, 1070)
Tampa Bay Rays
2013 Ed. (4480)
Tampa Bay Vending Inc.
2002 Ed. (4989)
Tampa Bay Water Agency
2001 Ed. (793)
Tampa Cargo
2008 Ed. (216)
Tampa City Center
1998 Ed. (2695)
2000 Ed. (3364)
Tampa Convention Center
1999 Ed. (1417)
2002 Ed. (1334)
Tampa Electric Co.
1998 Ed. (2965)
1999 Ed. (3965)
2000 Ed. (3675)
2002 Ed. (3881)
2011 Ed. (2336)
Tampa, FL
1990 Ed. (1467, 1656, 1950, 2486)
1991 Ed. (2631, 2756)
1992 Ed. (3045, 3046)
1993 Ed. (2465, 2939)
1994 Ed. (952, 3511)
1995 Ed. (331)
1996 Ed. (344, 2278, 2279, 2280)
1998 Ed. (246, 734, 739, 1234, 1857,
2475, 3587)
1999 Ed. (254, 2673, 3259)
2001 Ed. (2721, 2793)
2002 Ed. (2221)
2003 Ed. (3911, 4851)
2005 Ed. (2385)
2007 Ed. (3001, 3386)
2008 Ed. (3407, 3517)
2013 Ed. (3225)
2014 Ed. (753)
Tampa (FL) Flyer
2003 Ed. (3646)
Tampa General Hospital
1998 Ed. (1990)
1999 Ed. (2748)
2000 Ed. (2205, 2528)
2002 Ed. (2621)
Tampa International Airport
1998 Ed. (145)
1999 Ed. (248)
2000 Ed. (273)
2002 Ed. (275)
Tampa Piepline Corp.
2005 Ed. (3841)
Tampa Pipeline Corp.
2005 Ed. (3842)
2006 Ed. (3910, 3911)
2007 Ed. (3960, 3961)
2008 Ed. (3987, 3988)
2009 Ed. (4058, 4059)
2010 Ed. (3974)
2011 Ed. (3979)
2012 Ed. (3978)
2013 Ed. (4041)
2014 Ed. (3977)

2015 Ed. (4020)
2016 Ed. (3933)
Tampa-St. Petersburg-Clearwater
2000 Ed. (3835)
Tampa-St. Petersburg-Clearwater, FL
1990 Ed. (2111, 2546, 2563, 2565,
3112)
1991 Ed. (1965, 2933)
1992 Ed. (1086, 2287, 3752, 3809,
4403)
1993 Ed. (884, 1943, 2444, 2554,
3060, 3105, 3675, 3717)
1994 Ed. (717, 1971, 2129, 2536,
3121, 3151)
1995 Ed. (928, 1668, 1995, 2181,
2459, 3173, 3195, 3715, 3746,
3753)
1996 Ed. (2018, 2510, 3266, 3293,
3852)
1997 Ed. (940, 2315, 2772, 2775,
3365, 3390, 3900)
1998 Ed. (684, 1832, 3109, 3166,
3731)
1999 Ed. (1070, 2590, 2672, 3260,
4125, 4150, 4773)
2000 Ed. (2330, 3108, 3508, 3865,
4207, 4288, 4396)
2001 Ed. (2596, 3718, 4143, 4164,
4679, 4680, 4708, 4851, 4853)
2002 Ed. (2404, 4075, 4180, 4766,
4932, 4933)
2003 Ed. (2611, 3262, 4208, 4307,
4866)
2004 Ed. (2731, 3303, 4231, 4317,
4835, 4836, 4846, 4973)
2005 Ed. (4826, 4827, 4973, 4974)
2006 Ed. (3310, 4142)
2007 Ed. (4165)
2012 Ed. (4370, 4372)
2013 Ed. (3541)
Tampa-St. Petersburg, FL
1989 Ed. (1951)
1991 Ed. (1980, 1983)
1992 Ed. (1025, 3048)
1994 Ed. (831)
1996 Ed. (857, 3768)
1998 Ed. (585)
2001 Ed. (2834)
2002 Ed. (4744, 4745)
2003 Ed. (1136, 2863, 3162, 3383)
2004 Ed. (188, 226, 1162, 2948,
3216, 3219, 3367, 3373, 3374,
3449)
2005 Ed. (2972)
2007 Ed. (3360, 4175)
Tampa-St. Petersburg-Sarasota, FL
1991 Ed. (831)
1993 Ed. (816)
2005 Ed. (841)
2006 Ed. (767)
2010 Ed. (793)
2011 Ed. (720)
Tampa Tribune
1998 Ed. (2681)
1999 Ed. (3618)
2000 Ed. (3337)
2002 Ed. (3508)
Tampa/Hillsborough, FL
1990 Ed. (2484)
Tampa/Sarasota, FL
1993 Ed. (2071)
Tampax
1992 Ed. (2127, 3404)
1993 Ed. (1761)
1994 Ed. (1752, 2819)
1996 Ed. (2988, 3608)
1999 Ed. (3779)
2001 Ed. (2413)
2002 Ed. (2254, 3644)
2003 Ed. (2462, 2464)
2008 Ed. (2688)
2015 Ed. (2670)
2016 Ed. (2593)
Tampax Compak
2003 Ed. (2464)
Tampax Flushable
1997 Ed. (3055, 3666)
Tampax Flushables
1995 Ed. (3526)
Tampax Pearl
2015 Ed. (2670)
2016 Ed. (2593)
Tampax Satin
2003 Ed. (2464)
Tampax Tampons
1990 Ed. (3037)
Tampax Tampons, Super
1990 Ed. (3038, 3039)
Tampereen Alue.
1992 Ed. (661)

Tampereen Aluesaastopankki
1995 Ed. (466)
1996 Ed. (498)
Tampereen Seudun Osuuspankki
2009 Ed. (441)
2010 Ed. (417)
2011 Ed. (342)
Tamperen Aluesaastopankki
1993 Ed. (473)
1994 Ed. (475, 476)
Tampico
1998 Ed. (1778)
2013 Ed. (2780)
2014 Ed. (2798, 2799)
2015 Ed. (2840)
2016 Ed. (2771)
Tampico Beverages
2014 Ed. (2801)
2015 Ed. (2845)
2016 Ed. (2778)
Tampico Fruit Drink
2006 Ed. (2672)
2007 Ed. (2656)
2011 Ed. (2776)
Tampons
1991 Ed. (1457)
1994 Ed. (2808)
1996 Ed. (2976, 3609)
2002 Ed. (2257)
2003 Ed. (2466)
Tamro Corp.
2005 Ed. (1760)
Tamro Oyj
2012 Ed. (1481)
2013 Ed. (1611)
Tamrock Corp.
2005 Ed. (1760)
2006 Ed. (1703)
Tamron
2014 Ed. (840)
Tamsa
2001 Ed. (4377)
TAMSCO
1993 Ed. (2034, 2041)
1994 Ed. (2047, 2054)
tamu.edu
2001 Ed. (2965)
Tamweel
2009 Ed. (2727, 2755)
2010 Ed. (2679)
2011 Ed. (2668)
2012 Ed. (2596)
2014 Ed. (2666)
2016 Ed. (2631)
Tamxicos
2014 Ed. (4748)
Tamzin Hobday
1996 Ed. (1894)
Tan; Andrew
2010 Ed. (4917)
2011 Ed. (4903)
2012 Ed. (4865, 4914)
2013 Ed. (4897, 4898)
2014 Ed. (4909, 4910)
2015 Ed. (4950, 4951)
2016 Ed. (4865, 4866)
Tan Binh Import-Export
2014 Ed. (2073)
Tan Boy Tee
2010 Ed. (4872)
Tan Chong Motor Holdings
1992 Ed. (1668, 1669, 2824, 3979)
Tan Chong Motor Holdings Bhd.
1991 Ed. (1323, 3130)
1993 Ed. (1365)
1994 Ed. (1417)
The Tan Co.
2008 Ed. (4589)
2010 Ed. (4660)
2011 Ed. (4608)
Tan Hiep Phat Brewery Co.
2010 Ed. (117)
Tan; Hock E.
2005 Ed. (976)
Tan; Lucio
2006 Ed. (4921)
2008 Ed. (4849)
2009 Ed. (4870)
2010 Ed. (4871, 4917)
2011 Ed. (4859, 4903)
2012 Ed. (4865, 4914)
2013 Ed. (4897, 4898)
2014 Ed. (4909, 4910)
2015 Ed. (4950, 4951)
2016 Ed. (4865, 4866)
Tan Sin Mui
1999 Ed. (2426)
2000 Ed. (2186)
Tan; Vincent
1997 Ed. (849)

2011 Ed. (4858)
2012 Ed. (4864)
2013 Ed. (4887)
2014 Ed. (4900)
2015 Ed. (4940)
Tan Yu
1998 Ed. (464)
Tana
2003 Ed. (984, 985)
Tanabe
1990 Ed. (1571)
1993 Ed. (1517)
Tanabe Seiyaku
1991 Ed. (1475)
Tanac
1993 Ed. (2032)
1996 Ed. (2103)
Tanac/Commerce
1992 Ed. (2398)
Tanahashi; Yoshinori
1996 Ed. (1874)
Tanaka; Masahiro
2015 Ed. (220)
Tanaka X-Ray
1995 Ed. (1245)
Tanaka; Yoshikazu
2013 Ed. (4883)
Tanana Chiefs Conference
2003 Ed. (1604, 2274, 4395)
Tanayong
1994 Ed. (3157, 3158)
2002 Ed. (4489)
Tandberg
1994 Ed. (1512)
2010 Ed. (280, 1895)
2011 Ed. (203, 1926)
Tandberg ASA
2007 Ed. (1934)
2008 Ed. (2000)
2009 Ed. (1962)
Tandberg Television ASA
2008 Ed. (2000)
Tandem
1989 Ed. (1330, 1333)
1991 Ed. (2077)
1995 Ed. (2254, 2259, 2261)
1999 Ed. (2881)
Tandem Computers Inc.
1989 Ed. (968, 973, 974, 1052, 2306)
1990 Ed. (1120, 1129, 1619, 2211, 2582, 2583, 2991)
1991 Ed. (1021, 1022, 1026, 2463, 2464, 2851)
1992 Ed. (1309, 1519, 3080, 3081, 3681)
1993 Ed. (1057, 2574)
1994 Ed. (1078, 2204)
1996 Ed. (1065)
1997 Ed. (1080)
2002 Ed. (1456)
Tandem DDB
2000 Ed. (174)
Tandem DDB Needham
1989 Ed. (162)
1990 Ed. (151)
1992 Ed. (209)
1993 Ed. (137)
1994 Ed. (118)
1995 Ed. (127)
1997 Ed. (147)
1999 Ed. (156)
Tandem Diversified Program
2003 Ed. (3138)
Tandem Insurance Group
1991 Ed. (245, 2096)
1992 Ed. (337)
Tandem Staffing
2002 Ed. (4349)
Tandem, Staffing for Industry
2002 Ed. (4597)
Tanden Computers
1989 Ed. (1990)
Tandom Metallurgical
2016 Ed. (2073)
Tandon
1989 Ed. (980, 1324, 2308)
1990 Ed. (1125, 2199, 2571, 2572, 2994)
1991 Ed. (1022, 2454, 2455, 2850)
1993 Ed. (1055, 1577)
Tandy Brands Accessories Inc.
2002 Ed. (3558)
2011 Ed. (3437)
2012 Ed. (3454)
2013 Ed. (3498)
Tandy Computer
1990 Ed. (2209)
Tandy Corp.
1989 Ed. (976, 977, 1329, 1342, 1980, 1981, 2321, 2328, 2803)

1990 Ed. (1129, 1131, 1644, 2570, 2571, 2572, 3030, 3043)
1991 Ed. (870, 1018, 1026, 1109, 2075, 2453, 2454, 2456)
1992 Ed. (1077, 1306, 1936, 2426, 2427, 3065, 4034)
1993 Ed. (867, 1048, 2051, 2561, 2562, 2882)
1994 Ed. (1081, 1086, 2512, 2517, 3367)
1995 Ed. (1096)
1996 Ed. (894, 1090, 3147, 3237, 3239, 3246, 3485, 3487)
1997 Ed. (925, 2241, 3232, 3347, 3549, 3552, 3553)
1998 Ed. (1956, 1957, 1964, 2980, 3340, 3344, 3345, 3347)
1999 Ed. (1559, 2694, 4374)
2000 Ed. (3691)
2001 Ed. (1453, 2750, 2751, 4101)
Tandy Leather Factory
2016 Ed. (2036, 4445)
Tandy Leather Factory Inc.
2011 Ed. (2088)
Tandy Name Brand
1989 Ed. (264)
1990 Ed. (1646, 2031)
1991 Ed. (1541)
Tandycrafts
1994 Ed. (2666)
Tandy/Grid
1992 Ed. (3488, 3489)
1993 Ed. (2881)
Tandy/Grid/Victo
1993 Ed. (2566, 2567)
Tandy/Radio Shack
1990 Ed. (1140)
1994 Ed. (1084)
Tanenbaum-Harber Co., Inc.
2007 Ed. (3098)
Tanenbaum; Lawrence
2005 Ed. (4873)
Tanfield Group plc
2009 Ed. (321)
Tang Chern Co.
1992 Ed. (82)
Tang Industries Inc.
1993 Ed. (2582)
1994 Ed. (2531)
1995 Ed. (2589)
1996 Ed. (2659)
2009 Ed. (3716)
2010 Ed. (3634, 4086)
Tang-Martinez; Zuleyma
2013 Ed. (2960)
Tang; Tommy
1996 Ed. (1870)
1997 Ed. (1977)
Tang Yiu
2012 Ed. (4859)
2013 Ed. (4873, 4874)
2014 Ed. (4887, 4888)
Tanganda
2002 Ed. (4996)
2006 Ed. (4999)
Tanganyika Oil Co.
2005 Ed. (1704, 1730)
2006 Ed. (4492)
Tangelos
2005 Ed. (2693)
2006 Ed. (2668)
2007 Ed. (2651)
Tangentia
2014 Ed. (2922)
Tangentia Inc.
2015 Ed. (1528, 2915, 3244)
Tanger Factory Outlet Centers Inc.
2006 Ed. (2296)
2008 Ed. (2368)
Tanger Factory Outlet Stores
1999 Ed. (3663, 3664)
Tangerine Travel
2014 Ed. (2091)
Tangerines
2004 Ed. (2693, 2695)
2005 Ed. (2693)
2006 Ed. (2668, 2670)
2007 Ed. (2651, 2653)
Tangible
2013 Ed. (2325)
Tangible Group
2009 Ed. (2325)
2010 Ed. (2255)
Tangible Solutions
2005 Ed. (1655)
2006 Ed. (1555)
Tangipahoa County, LA
1996 Ed. (1473)
Tangipahoa Parish Teachers Credit Union

2009 Ed. (2185)
2010 Ed. (2136)
Tangle Ridge Canadian
2001 Ed. (4801)
"Tangled"
2016 Ed. (2928)
Tango
1992 Ed. (4020)
1994 Ed. (3360)
1996 Ed. (3480)
1999 Ed. (4366)
2001 Ed. (4310)
2002 Ed. (4327)
Tango and Cash
1992 Ed. (4399)
Tangoe
2008 Ed. (4647)
Tangshan
1992 Ed. (4138)
Tangshan Soda
2000 Ed. (4076)
Tanguay; Ray
2008 Ed. (2629)
Tangueray
1995 Ed. (1996, 1997)
Tanimura & Antle Inc.
2001 Ed. (282)
2003 Ed. (1958)
2004 Ed. (1999)
2005 Ed. (2140, 2141)
2006 Ed. (2235, 2236)
2007 Ed. (2156)
2010 Ed. (2216)
2012 Ed. (2095)
Taniwaki; Yuko
1996 Ed. (1876)
1997 Ed. (1983)
Tanjong plc
2012 Ed. (3460)
2013 Ed. (3503)
Tanjung; Chairul
2011 Ed. (4855)
2013 Ed. (4878)
2014 Ed. (4891, 4892)
2015 Ed. (4930, 4931)
2016 Ed. (4846, 4847)
Tank
2001 Ed. (4641, 4644)
Tank car
1997 Ed. (3240, 3241)
Tank cars
1999 Ed. (2530)
Tank- OG Ruteskibe I/S
2004 Ed. (4799)
Tankersley Foodservice LLC
2014 Ed. (1380)
Tanks, pipe
2001 Ed. (3844)
TankStar USA Inc.
2001 Ed. (4441, 4645)
2007 Ed. (4677)
2008 Ed. (4588, 4772)
2009 Ed. (4632, 4804)
2010 Ed. (4821)
2011 Ed. (4780)
2012 Ed. (4802)
Tanla Solutions Ltd.
2009 Ed. (3005)
Tanllinna Pank
1999 Ed. (508)
Tanner
2002 Ed. (15)
2007 Ed. (13)
2008 Ed. (11)
2009 Ed. (14)
2010 Ed. (26)
2011 Ed. (22)
2012 Ed. (27)
2013 Ed. (20)
2014 Ed. (2, 16)
2015 Ed. (17)
2016 Ed. (16)
Tanner Co.; O. C.
2005 Ed. (1990)
2006 Ed. (3366)
2007 Ed. (2046)
Tanner Manufacturing; O. C.
2005 Ed. (1990)
Tanner Recognition Co.; O. C.
2006 Ed. (2088)
2007 Ed. (2046)
Tanning products
1992 Ed. (3398)
1994 Ed. (2818)
1995 Ed. (1605)
Tanning Research Laboratories Inc.
2001 Ed. (4391)
2003 Ed. (2923, 4624, 4625, 4626, 4627)
Tanning Technology Corp.

2003 Ed. (1652)
Tanoesoedibjo; Hary
2014 Ed. (4892)
Tanoto; Sukanto
2009 Ed. (4865)
2010 Ed. (4866, 4867)
2011 Ed. (4854, 4855)
2012 Ed. (4862)
2013 Ed. (4877, 4878)
2014 Ed. (4891, 4892)
2015 Ed. (4930, 4931)
2016 Ed. (4846, 4847)
Tanox Inc.
2009 Ed. (3022)
Tanqueray
1989 Ed. (1509)
1990 Ed. (1896, 1897, 1898, 1899, 2456, 2462)
1991 Ed. (1810, 1814, 1815, 1816, 1817, 2326, 2331)
1992 Ed. (2285, 2288, 2289, 2290, 2291, 2883, 2885)
1993 Ed. (1942, 1947, 1948, 1949, 1950)
1994 Ed. (1970, 1972)
1995 Ed. (1992, 1998)
1996 Ed. (2017, 2019, 2020, 2021, 2022, 2023)
1997 Ed. (2139, 2142, 2143, 2144, 2145, 2661, 2662, 2663)
1998 Ed. (1829, 1834, 1835, 1836, 1837, 2388, 2389, 2390)
1999 Ed. (2589, 2592, 2593, 2594, 2595, 3230, 3231, 3233)
2000 Ed. (2332, 2334)
2001 Ed. (2599, 2600, 2601)
2002 Ed. (295, 2398, 2405, 2406, 2407, 2408)
2003 Ed. (2610, 2615)
2004 Ed. (2735, 2736)
2005 Ed. (2732)
Tanqueray Gin
1996 Ed. (2522, 2524)
2000 Ed. (2978)
2002 Ed. (3178)
Tanqueray London
1989 Ed. (1512, 1513)
Tanqueray Malacca
2000 Ed. (2332, 2333, 2334)
2001 Ed. (2599, 2600, 2601, 3131)
2002 Ed. (2398, 2405, 2406, 2407, 2408)
2003 Ed. (2610, 2615)
2004 Ed. (2735)
Tanqueray No Ten
2004 Ed. (2735)
Tanqueray Sterling
1992 Ed. (2881, 2889, 2891, 4407, 4408, 4409, 4410, 4411)
1993 Ed. (2448, 2449, 2450, 3679)
1994 Ed. (3641)
1995 Ed. (3716, 3717)
1996 Ed. (3804, 3805, 3806, 3807)
1997 Ed. (3855, 3858)
1998 Ed. (3687, 3690)
1999 Ed. (4730, 4731, 4733, 4736)
2000 Ed. (4359, 4362)
2001 Ed. (4707)
2002 Ed. (295, 4761)
2003 Ed. (4865)
2004 Ed. (4851)
Tanqueray Ten
2004 Ed. (2736)
Tanskrit
2000 Ed. (912, 914)
Tanti; Tulsi
2007 Ed. (4914)
2008 Ed. (4879)
2009 Ed. (4902)
Tantus Solutions Group Inc.
2015 Ed. (1524)
Tanworld
2010 Ed. (4660)
2011 Ed. (4608)
2012 Ed. (4616)
Tanzania
1994 Ed. (2007)
2000 Ed. (823)
2001 Ed. (1102, 1133)
2002 Ed. (682)
2003 Ed. (868)
2004 Ed. (889, 890)
2005 Ed. (875, 876)
2006 Ed. (797, 798)
2007 Ed. (886, 887)
2008 Ed. (863, 864)
2009 Ed. (869, 870)
2010 Ed. (815, 816, 2264, 2265, 2839)

CUMULATIVE INDEX 1989-2016

2011 Ed. (686, 743, 744, 2271, 2272, 3329)
2012 Ed. (2138, 2139, 3315, 4962)
2013 Ed. (2343, 2831, 4969)
2014 Ed. (2273, 2872, 4978)
2015 Ed. (2357, 2912, 3239, 5011)
2016 Ed. (2301, 4930)
Tanzania Breweries
2004 Ed. (91)
2005 Ed. (86)
2008 Ed. (92)
2009 Ed. (101)
2016 Ed. (1330)
Tanzania Cigarette Co.
2004 Ed. (91)
2005 Ed. (86)
Tanzania Investment Bank
1993 Ed. (642)
2000 Ed. (672)
Tanzanian Royalty Exploration Corp.
2007 Ed. (1620, 1650)
Tao Asian Bistro
2005 Ed. (4047)
2006 Ed. (4105)
2007 Ed. (4128, 4131)
2008 Ed. (4146, 4149)
2009 Ed. (4260)
2010 Ed. (4201)
2011 Ed. (4207)
2016 Ed. (4198)
TAO Inc.
1996 Ed. (2561)
Tao Las Vegas Restaurant & Nightclub
2008 Ed. (4146, 4148, 4149)
2009 Ed. (4259, 4260, 4261)
2010 Ed. (4199, 4200, 4201)
2011 Ed. (4207)
Tao New York
2016 Ed. (4198)
Tao Yuen Textile Co. Ltd.
1994 Ed. (3524)
Taos
1995 Ed. (3734, 3736, 3769)
Taos Ski Valley
2016 Ed. (4371)
Taos Wine Aperitif
1993 Ed. (3702)
TAP
1990 Ed. (220)
1993 Ed. (890)
2015 Ed. (754)
TAP Air Portugal
1997 Ed. (207)
TAP Pharmaceutical Products Inc.
2009 Ed. (4769)
Tap Pharmaceuticals Inc.
2007 Ed. (133)
Tap Tap Revenge 2
2011 Ed. (4959)
TAP-Transportes Aereos Portugueses
1994 Ed. (1441)
1995 Ed. (1477)
1996 Ed. (1437)
tap4fun Co., Ltd.
2016 Ed. (2909)
Tapal Tea
2001 Ed. (65)
Tape
2002 Ed. (3536)
2003 Ed. (3675)
2004 Ed. (2617)
Tape Recorder
1990 Ed. (3620)
Tape Ruvicha
2002 Ed. (4457)
Tape Services Inc.
2006 Ed. (4366)
2007 Ed. (4434)
2008 Ed. (4413)
Tape/mailing supplies
1999 Ed. (2713)
Taper; Sydney Mark
1990 Ed. (457, 3686)
Tapes
1995 Ed. (16)
TapeSolar Inc.
2015 Ed. (4237)
Tapestry
2006 Ed. (121)
2007 Ed. (113)
2012 Ed. (56)
2013 Ed. (2944)
2014 Ed. (2962)
2015 Ed. (3031)
2016 Ed. (2927)
Tapia; Eduardo
1996 Ed. (1850)
Tapistron International
1997 Ed. (2975)
Taplin Canida

2008 Ed. (2292)
Taplin, Canida & Habacht
1992 Ed. (2763)
1993 Ed. (2319, 2323, 2327)
1996 Ed. (2392, 2400)
1997 Ed. (2530)
2010 Ed. (3383)
Tapoco, Inc.
2001 Ed. (3867)
Tappan
1990 Ed. (3481, 3482)
1991 Ed. (1441, 2457, 3242, 3243)
1992 Ed. (3071, 4154, 4155, 4156, 4158)
2001 Ed. (3601)
Tappan, Jr.; David S.
1989 Ed. (1381)
1990 Ed. (1717)
TAPPICO
2016 Ed. (830)
Tapsa Advertising
1997 Ed. (147)
TAPSA Ayer
1991 Ed. (151)
1992 Ed. (209)
Tapsa/N. W. Ayer
1989 Ed. (162)
1990 Ed. (151)
1991 Ed. (151)
1993 Ed. (137)
1994 Ed. (118)
1995 Ed. (127)
1996 Ed. (141)
TAQA
2010 Ed. (2047)
2011 Ed. (2104)
2012 Ed. (1945)
2013 Ed. (685, 2109)
2014 Ed. (2042)
2016 Ed. (2071)
Taqua Systems
2002 Ed. (4564)
Tara Amaral
2012 Ed. (2156)
Tara Ford Inc.
2002 Ed. (2562)
Tara; Mehmet Sinan
2009 Ed. (4900)
2015 Ed. (4966)
Tara Products
1996 Ed. (3069, 3077, 3078)
1997 Ed. (3156, 3157)
Tara Road
2001 Ed. (984)
Tara; Sarik
2008 Ed. (4876)
2009 Ed. (4900)
2010 Ed. (4900)
2011 Ed. (4888)
2012 Ed. (4896)
2013 Ed. (4919)
2014 Ed. (4926)
2015 Ed. (4966)
2016 Ed. (4883)
Tara Sinha McCann-Erickson
1999 Ed. (100)
Taraabt; Adel
2013 Ed. (3481)
Tarantula Responsive Communications
2002 Ed. (4086)
Tarasoff; Barry
1991 Ed. (1676)
Tarchettic; Mark S.
2016 Ed. (3950)
Targa Resources
2013 Ed. (1389)
2015 Ed. (1398, 4023)
2016 Ed. (1328)
Targa Resources Corp.
2016 Ed. (2043)
Targa Resources Partners LP
2009 Ed. (1468, 2088, 4003)
2010 Ed. (1453, 3910. 4102)
2011 Ed. (4072)
2012 Ed. (1289, 3927)
2013 Ed. (3984)
2014 Ed. (3927)
2015 Ed. (3963)
2016 Ed. (3935)
Targacept Inc.
2009 Ed. (2910)
2010 Ed. (2854)
2011 Ed. (1917)
Targanta Therapeutics Inc.
2009 Ed. (4830)
Target
2013 Ed. (638, 2460, 4308, 4313, 4314, 4536)
2014 Ed. (89, 652, 676, 4351, 4352, 4353)

2015 Ed. (740, 4341, 4347, 4348, 4358, 4379)
2016 Ed. (2964, 4246, 4253)
Target Brands Inc.
2014 Ed. (2399)
Target Cafe
2014 Ed. (4307)
2015 Ed. (4293)
2016 Ed. (4197)
Target Center
2001 Ed. (4351)
2002 Ed. (4343)
Target Corp.
1989 Ed. (1244, 1249, 1250, 1251, 1253, 1254, 1258)
1990 Ed. (910, 911, 1510, 1511, 1512, 1513, 1515, 1516, 1517, 1519, 1520, 1524, 1525, 1526, 2029, 2116, 2122, 3031)
1992 Ed. (1811, 1812, 1813, 1818, 1819, 1820, 1822, 1823, 1824, 1826, 1827, 1829, 2422, 2423, 2527, 2528, 2530, 2539, 3733)
1993 Ed. (1493, 1494, 1495, 1498, 2111, 3368, 3649)
1995 Ed. (1021, 1077, 1570, 1571, 1572, 1574, 1575, 1957, 2119, 2123, 2186, 3144, 3145, 3644)
1996 Ed. (893, 1000, 1090, 1555, 1557, 1558, 1559, 2203, 3235, 3236, 3237, 3238, 3239, 3725)
1997 Ed. (91, 1594, 1622, 1623, 1624, 1625, 1627, 1628, 1629, 1630, 1631, 1824, 2241, 2318, 2321, 2332, 3341, 3342, 3344, 3345, 3780)
1998 Ed. (1263, 1293, 1294, 1295, 1296, 1302, 1306, 1307, 1308, 1309, 1310, 1311, 1312, 1964, 2054, 2314, 2315, 3090, 3094, 3602, 3606)
1999 Ed. (1244, 1835, 1868, 1869, 1871, 1876, 1880, 2703, 4091, 4096, 4097, 4099, 4636)
2000 Ed. (1113, 1661, 1683, 1684, 1685, 1686, 1688, 2488, 3547, 3803, 3806, 3807, 3809, 3812, 3813, 3814, 4219, 4282, 4348)
2001 Ed. (1260, 2027, 2028, 2030, 2031, 2032, 2033, 2741, 2745, 2746, 2747, 4090, 4091, 4098, 4107, 4108, 4722, 4723)
2002 Ed. (228, 1520, 1538, 1679, 1680, 1731, 1987, 1988, 2581, 2583, 2586, 2704, 2706, 3889, 4037, 4040, 4041, 4042, 4045, 4051, 4054, 4059, 4061, 4542, 4714)
2003 Ed. (193, 754, 897, 1012, 1016, 1534, 1745, 1763, 1764, 2068, 2069, 2070, 2071, 2072, 2074, 2075, 2428, 2495, 2767, 2784, 2870, 2873, 4145, 4146, 4163, 4164, 4165, 4166, 4167, 4168, 4169, 4170, 4172, 4173, 4177, 4178, 4183, 4184, 4186, 4187, 4188, 4563, 4629, 4631, 4647, 4663, 4671, 4824)
2004 Ed. (152, 764, 915, 916, 917, 1611, 1800, 1801, 2029, 2050, 2051, 2105, 2106, 2162, 2562, 2631, 2668, 2857, 2869, 2877, 2885, 2886, 2888, 2893, 2895, 2955, 2962, 3258, 3308, 3920, 4157, 4158, 4161, 4179, 4180, 4184, 4187, 4188, 4194, 4195, 4198, 4204, 4205, 4206, 4213, 4214, 4651, 4824, 4843)
2005 Ed. (906, 907, 908, 1027, 1569, 1636, 1870, 1871, 1872, 2165, 2166, 2209, 2357, 2375, 2390, 2619, 2864, 2875, 2880, 2957, 2969, 3244, 3290, 3332, 4093, 4094, 4097, 4099, 4101, 4102, 4104, 4105, 4106, 4114, 4115, 4116, 4119, 4120, 4126, 4132, 4133, 4134, 4138, 4140, 4141, 4589, 4807)
2006 Ed. (161, 821, 822, 824, 825, 826, 1453, 1511, 1525, 1793, 1887, 1889, 1891, 1892, 2269, 2270, 2271, 2272, 2293, 2403, 2431, 2615, 2871, 2881, 2882, 2883, 2887, 2890, 2952, 2964, 3282, 3320, 3948, 3954, 3958, 3962, 4145, 4146, 4149, 4151, 4153, 4155, 4159, 4160, 4161, 4162, 4166, 4167, 4170, 4177, 4178, 4180, 4181, 4187, 4447, 4448, 4654, 4870, 4886)
2007 Ed. (153, 909, 911, 913, 914,

916, 1555, 1815, 1883, 1884, 1885, 2205, 2206, 2207, 2208, 2354, 2376, 2591, 2863, 2875, 2876, 2880, 2909, 2969, 2981, 2983, 3241, 3350, 3382, 4168, 4169, 4172, 4173, 4177, 4178, 4180, 4181, 4182, 4183, 4184, 4185, 4187, 4191, 4199, 4200, 4201, 4202, 4203, 4504, 4675, 4788, 4870, 4878)
2008 Ed. (649, 890, 892, 894, 1054, 1516, 1520, 1524, 1536, 1922, 1934, 1935, 1936, 1937, 1938, 1939, 1940, 2319, 2321, 2342, 2343, 2344, 2345, 2486, 2728, 2982, 2995, 2996, 3000, 3093, 3102, 3103, 3369, 3446, 3507, 4209, 4210, 4213, 4214, 4215, 4219, 4220, 4221, 4223, 4224, 4225, 4228, 4234, 4235, 4236, 4238, 4483, 4585, 4706, 4797, 4813)
2009 Ed. (153, 160, 654, 899, 901, 903, 904, 907, 1027, 1028, 1447, 1450, 1454, 1464, 1800, 1849, 1892, 1894, 1895, 1896, 1897, 1898, 1899, 1900, 2309, 2331, 2332, 2333, 2334, 2491, 2783, 3064, 3080, 3084, 3184, 3185, 3197, 3198, 3522, 4301, 4304, 4305, 4308, 4309, 4310, 4311, 4312, 4313, 4314, 4322, 4330, 4331, 4332, 4335, 4336, 4337, 4340, 4605, 4613, 4621, 4630, 4745, 4746, 4747, 4748, 4750, 4751, 4822)
2010 Ed. (144, 151, 621, 623, 847, 849, 851, 995, 1429, 1433, 1437, 1449, 1472, 1828, 1830, 1831, 1832, 1833, 1834, 1835, 1836, 2038, 2241, 2259, 2260, 2261, 2262, 2403, 2716, 2997, 3012, 3016, 3110, 3116, 3122, 3124, 3371, 3451, 4282, 4283, 4286, 4287, 4288, 4289, 4290, 4291, 4292, 4294, 4346, 4347, 4348, 4350, 4352, 4353, 4354, 4361, 4554, 4635, 4636, 4637, 4638, 4644, 4658, 4754, 4756, 4757, 4759)
2011 Ed. (68, 75, 771, 773, 774, 928, 930, 933, 1434, 1438, 1451, 1737, 1807, 1840, 1857, 1858, 1859, 1861, 1862, 1863, 1864, 1865, 1866, 1867, 2266, 2267, 2268, 2269, 2403, 2404, 2701, 2965, 2985, 3080, 3083, 3091, 3452, 3676, 3677, 4274, 4275, 4278, 4279, 4280, 4281, 4282, 4283, 4285, 4286, 4297, 4298, 4299, 4301, 4303, 4304, 4476, 4511, 4596, 4605, 4712)
2012 Ed. (70, 77, 80, 113, 538, 710, 714, 715, 716, 854, 855, 856, 1268, 1271, 1284, 1374, 1378, 1664, 1712, 1713, 1714, 1716, 1717, 1718, 1719, 1720, 1721, 1722, 1723, 1997, 2133, 2134, 2135, 2136, 2137, 2463, 2786, 2896, 2911, 3782, 4309, 4310, 4314, 4315, 4316, 4317, 4319, 4320, 4321, 4322, 4350, 4351, 4352, 4353, 4354, 4355, 4517)
2013 Ed. (66, 74, 915, 917, 919, 920, 921, 1036, 1037, 1038, 1369, 1372, 1375, 1392, 1466, 1714, 1869, 1870, 1872, 1874, 1876, 1877, 1878, 1879, 1880, 1881, 1882, 2340, 2341, 2342, 2614, 2981, 2984, 2998, 3108, 3492, 3849, 4280, 4281, 4299, 4302, 4304, 4305, 4309, 4310, 4311, 4312, 4315, 4348, 4545)
2014 Ed. (85, 92, 827, 864, 865, 866, 1312, 1315, 1318, 1330, 1427, 1433, 1661, 1801, 1802, 1804, 1806, 1808, 1809, 1810, 1811, 1812, 1813, 1814, 2270, 2271, 2272, 2303, 2433, 2443, 2446, 2550, 2829, 2992, 3005, 3775, 4113, 4322, 4335, 4336, 4340, 4343, 4345, 4346, 4348, 4349, 4350, 4354, 4359, 4397, 4429, 4588, 4603)
2015 Ed. (87, 92, 98, 867, 902, 903, 1376, 1378, 1380, 1393, 1489, 1494, 1842, 1844, 1846, 1848, 1849, 1850, 1851, 1852, 1853, 1854, 2354, 2355, 2356, 2473, 2505, 2515, 2518, 2651, 3064, 3074, 3795, 4092, 4093, 4327,

4328, 4333, 4337, 4339, 4342,
4343, 4344, 4346, 4361, 4363,
4368, 4372, 4375, 4376, 4385,
4411, 4430, 4500, 4586, 4599)
2016 Ed. (88, 755, 1303, 1305, 1307,
1309, 1323, 1420, 1428, 1805,
1806, 1808, 1809, 1811, 1812,
1813, 1814, 1815, 1816, 2143,
2299, 2300, 2438, 2448, 2452,
2570, 2802, 2954, 2967, 2981,
3708, 4223, 4224, 4231, 4236,
4239, 4240, 4241, 4242, 4247,
4249, 4254, 4281, 4283, 4431,
4432, 4612)
Target DDB Needham
1997 Ed. (157)
1999 Ed. (168)
Target Discount Stores
2000 Ed. (26)
Target Freight Management
2015 Ed. (3537)
Target Intermediate-Term Bond
1998 Ed. (2641)
Target International Bond
2008 Ed. (607)
Target Investors
1993 Ed. (2296)
1995 Ed. (2356, 2360)
1996 Ed. (2396)
Target Mortgage-Backed Securities
1998 Ed. (2642)
Target (Saatchi)
1996 Ed. (90)
Target Saatchi & Saatchi
1999 Ed. (92)
2000 Ed. (98)
2001 Ed. (139)
2002 Ed. (112)
2003 Ed. (77)
Target shooting
1999 Ed. (4382, 4384)
Target Small Cap Value
2004 Ed. (3571)
2005 Ed. (3550)
2006 Ed. (3603, 4554)
2007 Ed. (4545)
2008 Ed. (4512)
2009 Ed. (4539)
2010 Ed. (4574)
Target Stores
1989 Ed. (867)
1990 Ed. (2121, 2132, 3028)
1991 Ed. (1421, 1423, 1424, 1425,
1429, 1430, 1431, 1432, 1433,
1435, 1436, 1437, 1440, 1919,
1920, 1970, 1971)
1992 Ed. (1814)
1994 Ed. (1009, 1538, 1540, 1541,
1542, 1545, 1546, 2132, 2135,
2137, 2148, 3093, 3452)
2002 Ed. (2055, 4039, 4747, 4750)
2008 Ed. (2493)
2009 Ed. (2500)
2010 Ed. (2415)
2014 Ed. (3429)
Target Stores, Mervyn's
1991 Ed. (1010)
Target Supercenters
2008 Ed. (4559)
Target; Team
2008 Ed. (2990)
2009 Ed. (3073)
Targetbase Marketing
1999 Ed. (1860)
2000 Ed. (1673)
2002 Ed. (1985)
2003 Ed. (2067)
Target.com
2003 Ed. (3049)
2005 Ed. (2326)
2009 Ed. (2442)
2010 Ed. (2364)
2011 Ed. (2360)
2012 Ed. (2284)
2013 Ed. (2462)
2015 Ed. (2466)
2016 Ed. (2411)
Targeted Genetics Corp.
2002 Ed. (2537)
Targetmatch.com
2003 Ed. (2712)
Targets Advertising
1989 Ed. (155)
1990 Ed. (146)
1991 Ed. (146)
1992 Ed. (203)
1993 Ed. (134)
1995 Ed. (120)
1996 Ed. (134)
1997 Ed. (140)

1999 Ed. (149)
Targets-Leo Burnett Advertising
2000 Ed. (166)
Targets-Leo Burnett Co.
2001 Ed. (205)
2002 Ed. (177)
2003 Ed. (144)
Targon
1999 Ed. (1828)
2002 Ed. (3404, 3405)
2003 Ed. (3460)
2008 Ed. (3761)
Targor
2001 Ed. (3836, 3837)
Tariko; Roustam
2011 Ed. (4907)
Tarivid
1992 Ed. (1841)
Tarjeta Naranja
2011 Ed. (1469)
2013 Ed. (1407)
Tarkett
1999 Ed. (2552)
Tarkett AB
1997 Ed. (2692)
Tarkett Regulan GMBH & Co KG
2000 Ed. (4243)
Tarkett Sommer AB
2002 Ed. (3218)
Tarkett Sommer SA
2004 Ed. (4716)
Tarlow
1991 Ed. (71)
Tarlow Advertising
1990 Ed. (65)
1991 Ed. (69)
Tarlow Group
1991 Ed. (135)
Tarlton Corp.
2008 Ed. (1314)
2010 Ed. (1292)
2011 Ed. (1248)
2016 Ed. (4973)
Tarmac
1989 Ed. (826)
1990 Ed. (1372)
1999 Ed. (1331, 1388, 1395, 1403)
Tarmac Holdings plc
2001 Ed. (1412)
Tarmac PLC
1991 Ed. (1065)
1992 Ed. (1372)
1993 Ed. (1099)
1994 Ed. (1122)
1996 Ed. (1110)
1997 Ed. (1133)
1998 Ed. (970)
2000 Ed. (1214)
Tarmin Inc.
2016 Ed. (1002)
Tarmiso & Co.
1999 Ed. (1246)
Taro Industries
1990 Ed. (2740)
1994 Ed. (2694)
Taro Pharmaceutical Industries
2015 Ed. (2943)
2016 Ed. (3890)
Taroko Textile Corp.
1992 Ed. (4284)
Tarpon Energy Services Ltd.
2008 Ed. (1547, 1548)
2009 Ed. (1477)
Tarpon Industries Inc.
2007 Ed. (4287)
The Tarquini Organization
1990 Ed. (283)
Tarr Jr.; R. J.
1996 Ed. (1713)
Tarragon
2007 Ed. (1300, 1305)
2009 Ed. (4573)
Tarragon Oil and Gas
1997 Ed. (1375)
Tarrant Apparel Group
2000 Ed. (3003)
Tarrant Co. Water Control & Imp. District, TX
1995 Ed. (3036)
Tarrant County Health Facilities Development Corp.
2000 Ed. (3197)
Tarrant County (Texas) Health Facilities
Development Corp.
1989 Ed. (739)
Tarrant County, TX
2003 Ed. (3436)
Tarrytown House Executive Conference
Center

1993 Ed. (2091)
1995 Ed. (2159)
Tarrytown House Executive Conferene
Center
1992 Ed. (2483)
Tarrytown, NY
2002 Ed. (1060)
Tarsadia Hotels
2012 Ed. (3703)
Tartan
2000 Ed. (2339)
Tartan Development Corp.
1991 Ed. (250)
Tartan Seamist
2000 Ed. (2339)
Tartu Flora AS
1997 Ed. (1384)
Taruta; Serhiy
2008 Ed. (4877)
2009 Ed. (4901)
"Tarzan"
2016 Ed. (2928)
Tarzan
2001 Ed. (3363, 3364, 3378, 3379)
2002 Ed. (3399)
2012 Ed. (2869)
TAS Commercial Concrete
2011 Ed. (1157)
TAS Commercial Concrete Construction
2009 Ed. (1204)
2010 Ed. (1208)
2011 Ed. (1153, 1156)
2014 Ed. (1168)
TAS Commercial Concrete Construction
LLC
2012 Ed. (1124)
2013 Ed. (1268)
2014 Ed. (1201)
2015 Ed. (1258)
2016 Ed. (1172)
TAS Commercial Concrete Construction
LP
2009 Ed. (1257)
2010 Ed. (1251)
2011 Ed. (1176, 1270)
T.A.S. Construction Inc.
1999 Ed. (1366)
2000 Ed. (1258)
2001 Ed. (1472)
TASA Worldwide
2001 Ed. (2310)
Tasc
2015 Ed. (2140)
TASC Inc.
2015 Ed. (1300)
2016 Ed. (1225)
Tasc Inc.
2014 Ed. (2118)
2015 Ed. (2171)
Tasca Lincoln-Mercury
1990 Ed. (331)
1995 Ed. (274)
Tasco Chemical Corp.
1994 Ed. (933)
Tasco; Frank J.
1989 Ed. (1741)
1990 Ed. (2271)
Taseko Mines
1997 Ed. (1376)
2007 Ed. (4577)
2010 Ed. (3682)
2011 Ed. (1566)
2012 Ed. (3669)
2014 Ed. (3656)
Taseko Mines Ltd.
2013 Ed. (1520, 1530, 4512)
Taser International Inc.
2006 Ed. (2732, 2738, 4578, 4582,
4584, 4590, 4601)
2007 Ed. (2726, 4394, 4572)
2008 Ed. (2856)
2012 Ed. (3520)
Tashima; Paul
2015 Ed. (3426)
Tashima; Paul G.
2012 Ed. (3319)
Taskasago International
1997 Ed. (2013)
Tasker; Peter
1996 Ed. (1867)
1997 Ed. (1995)
Tasktop Technologies
2013 Ed. (2893)
Tasktop Technologies Inc.
2014 Ed. (1456)
Tasly Pharmaceutical
2015 Ed. (3995)
2016 Ed. (3908)
Tasly Pharmaceutical Group
2016 Ed. (1501)

Tasman Steel Holdings
2015 Ed. (3576)
Tasmanian Seafoods
2003 Ed. (3958)
TASNEE
2012 Ed. (773)
2013 Ed. (946)
2014 Ed. (899)
2015 Ed. (926)
2016 Ed. (830)
Tasnee Petrochemical
2012 Ed. (755)
2013 Ed. (958)
Taspen
2001 Ed. (2884)
2002 Ed. (2822)
Tasplan Super
2003 Ed. (3958)
Tassani Communications
1990 Ed. (3706)
Taste Berries for Teens
2003 Ed. (709)
Taste Maker
1997 Ed. (2317)
1998 Ed. (2048)
Taste of Home
1998 Ed. (1278)
1999 Ed. (1853)
2015 Ed. (3549)
2016 Ed. (3400)
Taste of Mediterranean
2015 Ed. (2668)
2016 Ed. (2591)
TasteBreaks; Knorr
2008 Ed. (4464)
Tastee Freez
1990 Ed. (1750)
1991 Ed. (1657)
1992 Ed. (2113)
1993 Ed. (1759)
1994 Ed. (1750)
1995 Ed. (1783, 3123)
1997 Ed. (1842)
1999 Ed. (2136, 2524, 4087)
2002 Ed. (2723)
Tastee-Freez International Inc.
1998 Ed. (1766, 3076)
2000 Ed. (2273, 3775)
2001 Ed. (2534)
Tastee Freeze
2016 Ed. (800)
Tastee-Frez
1996 Ed. (1761)
Tastefully Simple
2004 Ed. (3944)
2005 Ed. (2625)
2006 Ed. (2621)
Tastemade
2016 Ed. (2704)
Tastemaker
1997 Ed. (2013)
1999 Ed. (1080, 3708)
Tasters Choice
1990 Ed. (3545)
1991 Ed. (990, 3323)
1992 Ed. (1239, 1240, 4233)
1993 Ed. (1004)
1994 Ed. (3499)
1995 Ed. (19, 649, 694, 3569)
1996 Ed. (723, 3654)
2003 Ed. (676, 1041)
2004 Ed. (2634, 2642)
2014 Ed. (994)
Tasters Choice Original Blend Instant
2002 Ed. (1089)
Tasty Baking Co.
1989 Ed. (358, 1143)
1992 Ed. (494)
1998 Ed. (259)
2003 Ed. (853)
Tasty Bird Foods
1992 Ed. (3075)
Tasty Bits from the Technology Front
2002 Ed. (4858)
Tasty Catering
2009 Ed. (1742)
2010 Ed. (1687)
2011 Ed. (1700)
2012 Ed. (1553)
2013 Ed. (1702)
2014 Ed. (1650)
Tasty Foods
2010 Ed. (1662)
2011 Ed. (1669)
2013 Ed. (1665)
2014 Ed. (1619)
2015 Ed. (1669)
Tastykake
1995 Ed. (341, 2939)
1996 Ed. (356, 358, 3464)

1998 Ed. (260, 261, 263)
1999 Ed. (366)
2000 Ed. (369, 370, 371, 4059, 4060)
2003 Ed. (852)
2008 Ed. (4445, 4449)
2014 Ed. (4487)
2015 Ed. (2382, 4483)
2016 Ed. (2328, 2329, 4379, 4390)
TAT Bank
2015 Ed. (2689)
2016 Ed. (2609)
Tat Hong
2009 Ed. (3233)
Tat Lee Bank
1990 Ed. (676)
1991 Ed. (659)
1992 Ed. (607, 832)
1993 Ed. (625)
1994 Ed. (630)
1995 Ed. (603)
1996 Ed. (673)
1997 Ed. (609)
1999 Ed. (635)
2000 Ed. (661)
Tata
1990 Ed. (1379, 1380)
1991 Ed. (962)
2006 Ed. (3760)
2013 Ed. (651, 3619)
2014 Ed. (668, 3556)
2015 Ed. (726, 4642)
2016 Ed. (664, 4553)
Tata Chemicals
1996 Ed. (754)
1997 Ed. (686)
Tata Communications
2015 Ed. (4683)
Tata Consultancy
2013 Ed. (1106)
2014 Ed. (1065)
2015 Ed. (1102)
2016 Ed. (1013)
Tata Consultancy Services
2013 Ed. (2613, 4592)
2014 Ed. (1072, 2565)
2015 Ed. (1109, 1709)
2016 Ed. (768, 992, 1020, 1656, 1657, 1659)
Tata Consultancy Services Ltd.
1994 Ed. (1095)
1997 Ed. (1106)
2006 Ed. (1765, 3038)
2007 Ed. (1772, 3070, 4806)
2008 Ed. (1802)
2009 Ed. (754, 1136, 1750, 2594, 3271, 3889)
2010 Ed. (1098, 1121, 1695, 2689, 2690, 2691, 2692, 3186, 3801)
2011 Ed. (1037, 1059, 1060, 2678, 3150, 3798)
2012 Ed. (939, 942, 986, 987, 1071, 1563, 2607)
2013 Ed. (1078, 1087, 1128, 1129, 1720, 2698)
2014 Ed. (1040, 1050, 1089, 1090, 1666, 2682)
2015 Ed. (1075, 1085, 1128, 1129, 2726, 3257)
2016 Ed. (982, 995, 1040, 1041, 2649)
Tata Electric
1997 Ed. (1429)
Tata Engineering
1995 Ed. (1416, 1417)
Tata Engineering & Locomotive
1992 Ed. (1636)
Tata Engineering & Locomotive
1992 Ed. (902, 903)
1993 Ed. (714, 715)
1994 Ed. (724)
1996 Ed. (754, 1378)
1997 Ed. (1429)
1999 Ed. (741, 742, 1654)
2000 Ed. (755, 1455, 1459)
Tata Engineering & Locomotive Co. (A)
1996 Ed. (753)
Tata Group
2006 Ed. (52)
2007 Ed. (43, 1773)
2008 Ed. (47)
2009 Ed. (54, 1801)
2010 Ed. (64)
2013 Ed. (1634, 4283)
Tata IBM
2000 Ed. (1177)
Tata Infotech
2000 Ed. (1177)
The Tata Iron & Steel Co., Ltd.
1992 Ed. (902, 1636)
1993 Ed. (714, 715)

1994 Ed. (724, 725)
1995 Ed. (1416, 1417)
1996 Ed. (753, 754, 755, 1378)
1997 Ed. (685, 686, 1429)
1999 Ed. (742, 1654)
2000 Ed. (755)
2006 Ed. (3384)
2007 Ed. (1583, 1772)
2008 Ed. (1802)
2009 Ed. (1748)
2010 Ed. (1694)
Tata Motors
2014 Ed. (54, 1666, 3156, 4245, 4785)
2015 Ed. (3216)
2016 Ed. (1659, 3071)
Tata Motors Ltd.
2006 Ed. (319, 3384)
2008 Ed. (847, 3562)
2009 Ed. (858, 3629, 4784)
2010 Ed. (2305, 3550)
2011 Ed. (3550)
2012 Ed. (241, 1562, 1563, 1564, 3543)
2013 Ed. (236, 1717, 1718, 3571)
2014 Ed. (238, 1664, 1665)
2015 Ed. (276, 1707, 1708, 1710)
2016 Ed. (272, 1656, 1658)
Tata Nano
2012 Ed. (551)
Tata Oils Mills
1989 Ed. (34)
Tata Power
2012 Ed. (2261, 2354, 2356)
Tata Power Co.
2015 Ed. (3958)
2016 Ed. (2404)
Tata Power Co., Ltd.
2013 Ed. (833, 2440)
Tata; Ratan
2012 Ed. (3824)
Tata Steel
2013 Ed. (1719)
Tata Steel Ltd.
2008 Ed. (3562)
2009 Ed. (3629)
2010 Ed. (1696, 1697, 1708, 3550, 3645, 3646)
2011 Ed. (1706, 1707, 3550, 3650, 3651)
2012 Ed. (1563, 1564, 3352, 3543, 3650, 3651, 4540)
2013 Ed. (1717, 1718, 3422, 3428, 3571, 3712, 3713, 3714, 4495, 4501)
2014 Ed. (1665, 3419, 3426, 3645, 3646, 4538, 4545)
2015 Ed. (1707, 1710, 3452, 3655, 3656, 4537)
2016 Ed. (1658, 3543, 3544, 3545, 4476)
Tata Tea
1991 Ed. (721)
1992 Ed. (902)
2000 Ed. (755)
Tata Unisys
1994 Ed. (1095)
1997 Ed. (1106)
TataConsultancy Services
2000 Ed. (1177)
Tate Chrysler-Plymouth
1991 Ed. (307)
Tate Dodge Inc.
1990 Ed. (341)
1991 Ed. (277)
Tate Hill Jacobs: Architects Inc.
2007 Ed. (3559)
Tate Hyundai
1990 Ed. (327)
Tate & Lyle
1991 Ed. (1747)
1993 Ed. (232)
1995 Ed. (1903)
1997 Ed. (659, 2042)
2005 Ed. (2650)
2006 Ed. (2645)
Tate & Lyle Industries Ltd.
2004 Ed. (2653)
Tate & Lyle plc
1990 Ed. (3554)
1992 Ed. (2196)
1998 Ed. (621)
1999 Ed. (2467)
2000 Ed. (2225)
2001 Ed. (2468)
2002 Ed. (2305, 4506)
2004 Ed. (3342)
2006 Ed. (1683, 2646)
2007 Ed. (2617, 2625, 2626)
2008 Ed. (2752)

2009 Ed. (2808, 2811)
2010 Ed. (2742)
2011 Ed. (1414, 1415, 2728)
2012 Ed. (2666)
2013 Ed. (2727)
2014 Ed. (2711, 2712, 2740)
2015 Ed. (2761)
2016 Ed. (2689, 2696)
Tate & Lyle Reinsurance Ltd.
1993 Ed. (847)
1994 Ed. (861)
1995 Ed. (903)
Tate Snyder Kimsey Architects
2007 Ed. (2405)
Tatham Euro RSCG
1994 Ed. (76)
1995 Ed. (56)
Tatham-Laird & Kudner
1989 Ed. (61, 65, 2973)
1990 Ed. (65, 87, 3704)
1991 Ed. (85, 3513)
1992 Ed. (4484)
1993 Ed. (3734)
Tatham Offshore
1997 Ed. (2975)
Tatham/RSCG
1992 Ed. (133)
1993 Ed. (86)
Tatitlek Corp.
2015 Ed. (2808)
2016 Ed. (2741)
Tatneft
2002 Ed. (4462, 4464)
2005 Ed. (3789)
2006 Ed. (2005)
2014 Ed. (1971)
2016 Ed. (1988)
Tatneft; OAO
2003 Ed. (3304)
2007 Ed. (1970, 4581)
2008 Ed. (2066, 3577)
2009 Ed. (3648)
2010 Ed. (1965, 3566, 3897)
2011 Ed. (3569)
2012 Ed. (1875, 3562, 3900, 3919)
2013 Ed. (849, 3599, 3969, 3975)
2014 Ed. (3911, 3918, 4036)
2015 Ed. (3944, 3952)
2016 Ed. (3861, 3869)
Tatonduk Outfitters Ltd.
2014 Ed. (1350)
2015 Ed. (1427)
2016 Ed. (1350)
Tatra Banka
2002 Ed. (645, 782)
2004 Ed. (489)
2006 Ed. (521, 655)
2007 Ed. (550)
2008 Ed. (502)
2009 Ed. (531, 532)
2010 Ed. (515, 516)
2011 Ed. (444, 445)
Tatra banka
2013 Ed. (458)
2014 Ed. (474)
2015 Ed. (533)
2016 Ed. (486)
Tatra Banka AS
1996 Ed. (674, 675)
1997 Ed. (610, 611)
1999 Ed. (636)
2001 Ed. (649)
Tatra Banks a.s.
1995 Ed. (604)
Tatsuo Kurokawa
1999 Ed. (2373)
2000 Ed. (2153)
Tattar Cutler-DBC
2004 Ed. (4023)
Tattar Cutler-LD & B Public Relations
1996 Ed. (3133)
1997 Ed. (3210)
1999 Ed. (3950)
Tattar Cutler-LD&B PR, Horsham
2000 Ed. (3664)
Tattar Cutler-LD&B Public Relations
1998 Ed. (2956)
Tattar Cutler—DBC Public Relations
2002 Ed. (3847)
2003 Ed. (3978, 4012)
Tattar Richards-DBC
2005 Ed. (3971)
Tattered Cover Bookstore
1995 Ed. (3794)
Tattersall's Holdings
2001 Ed. (1629)
Tattersall's Holdings Pty. Ltd.
2002 Ed. (3078, 3772)
2003 Ed. (3953, 3959)

2004 Ed. (1642, 1645, 3951, 3964, 3966)
2005 Ed. (1656, 3909)
Tattersalls Sweep
2001 Ed. (1632)
Tattersfield; Mike
2015 Ed. (959)
Tattinger
1999 Ed. (1065)
Tattly
2015 Ed. (2475)
Tatum; Channing
2015 Ed. (2599)
Tatung Co.
1989 Ed. (1165)
1990 Ed. (51)
1991 Ed. (1356, 3271)
1992 Ed. (1698, 1699, 1933, 2094, 2975, 4188)
1993 Ed. (1409)
1994 Ed. (2043)
1995 Ed. (1497)
1996 Ed. (3627)
1997 Ed. (1520)
1999 Ed. (1743)
2001 Ed. (1864)
2002 Ed. (4545)
Tatung Otis Elevator Co. Ltd.
1994 Ed. (1461, 2424)
Tauber Oil
2015 Ed. (2083, 3897)
2016 Ed. (2064, 3808)
Tauber Oil Co.
2009 Ed. (2088)
2010 Ed. (4102)
2011 Ed. (4072)
2015 Ed. (4096)
2016 Ed. (4009)
Taubman; A. Alfred
1991 Ed. (891, 1003, 2461)
Taubman; Alfred
2013 Ed. (4847)
Taubman Centers Inc.
1998 Ed. (1267)
1999 Ed. (4014)
2000 Ed. (3717, 3731)
2001 Ed. (4004, 4015)
2002 Ed. (1728)
2003 Ed. (4409)
2005 Ed. (1466, 4673)
2007 Ed. (4086)
The Taubman Co.
1990 Ed. (3283)
1991 Ed. (1051, 3118)
1992 Ed. (3958, 3959, 3970)
1993 Ed. (3311)
1998 Ed. (3022)
2009 Ed. (1643)
Taubman Company Inc.
1989 Ed. (2490)
Taubman; Robert S.
1995 Ed. (981)
Taubman; William
2014 Ed. (2596)
Taucher Y & R
1990 Ed. (101)
Taucher, Young & Rubicam
1992 Ed. (148)
1993 Ed. (98)
Tauck
2013 Ed. (1572, 2286)
2014 Ed. (2219)
2015 Ed. (2283)
2016 Ed. (2255, 4675)
Tauck Inc.
2014 Ed. (1541)
Tauhara North No. 2 Trust
2016 Ed. (3611)
Taunus Corp.
2004 Ed. (1917)
2005 Ed. (2052)
2006 Ed. (2145)
2007 Ed. (2089)
2012 Ed. (2012)
2014 Ed. (2132)
2015 Ed. (2197)
2016 Ed. (2169)
Taupa Lithuanian Credit Union
2003 Ed. (1889)
2010 Ed. (2141)
2014 Ed. (2152)
2015 Ed. (2216)
2016 Ed. (2187)
Tauranga; Port of
2015 Ed. (4800)
Taurel; S.
2005 Ed. (2501)
Taurel; Sidney
2005 Ed. (975)
2006 Ed. (902)

2007 Ed. (992, 1028)
2008 Ed. (937, 944, 950)
2009 Ed. (949)
Tauron Group
2014 Ed. (1953)
2015 Ed. (1997)
Tauron Polska Energia SA
2014 Ed. (2379)
2015 Ed. (2447)
Taurus
1989 Ed. (316)
1990 Ed. (355)
1998 Ed. (219, 220)
2001 Ed. (466, 467, 468, 469, 470,
471, 472, 473, 474, 479, 487, 533,
534, 3393)
2002 Ed. (380, 387, 409, 412)
Taurus Entertainment Cos., Inc.
2004 Ed. (4548, 4552, 4553)
Taurus; Ford
2005 Ed. (344, 345, 348)
2006 Ed. (358, 359)
2008 Ed. (332)
2011 Ed. (252)
Tauruslizenz GmbH
2007 Ed. (3454)
Tauruslizenz GmbH & Co. Kg
2005 Ed. (2940, 3282, 4090)
Tausche Martin Lonsdorf
1997 Ed. (59)
Tautas Partija
2005 Ed. (56)
Tavelli Mix
2003 Ed. (3615)
Tavelli Plus
2005 Ed. (3576)
Tavern on the Green
1990 Ed. (3002)
1991 Ed. (2860)
1992 Ed. (3687, 3689)
1993 Ed. (3010)
1994 Ed. (3053, 3055)
1995 Ed. (3101)
1996 Ed. (3195)
1997 Ed. (3302)
1998 Ed. (3049)
1999 Ed. (4056)
2000 Ed. (3772)
2001 Ed. (4052, 4053)
2002 Ed. (3994)
2003 Ed. (4087)
2005 Ed. (4047)
2006 Ed. (4105)
2007 Ed. (4123, 4131)
2008 Ed. (4149)
2009 Ed. (4258, 4259, 4261)
2010 Ed. (4198, 4199, 4200, 4201)
2011 Ed. (4207)
Tavernello
1996 Ed. (3856)
Tavero AG
2001 Ed. (4087)
2003 Ed. (2856)
Tavist
1994 Ed. (196)
1995 Ed. (227)
1996 Ed. (203)
1998 Ed. (788, 789)
1999 Ed. (255)
Tavist-1
1995 Ed. (228)
Tavist D
1996 Ed. (203, 1024, 1025)
1997 Ed. (1043)
Tawa Supermarket Inc.
2012 Ed. (3703)
2013 Ed. (3755)
2014 Ed. (3688)
Tawakkul Karman
2013 Ed. (3472, 3491)
Tax abatements
1992 Ed. (2909)
Tax & Accounting Sites Directory
2002 Ed. (4856)
Tax Centers of America
2008 Ed. (4592)
2009 Ed. (4636)
2010 Ed. (4664)
2011 Ed. (4612)
2012 Ed. (4618)
2013 Ed. (4564)
2014 Ed. (4619)
Tax credits
1992 Ed. (2909)
Tax Cut for Windows
1995 Ed. (1099)
Tax-Exempt Bond Fund of America
1998 Ed. (2639)
1999 Ed. (758)
Tax-exempt bonds

1991 Ed. (2260)
Tax exemptions
1993 Ed. (2467)
2000 Ed. (2997)
Tax filing
1992 Ed. (1753)
Tax-free municipals
1992 Ed. (730)
Tax-Free Trust of AZ
1996 Ed. (614)
Tax preparation assistance
1989 Ed. (2183)
Taxable Bond CTF
1994 Ed. (581)
Taxable Short-Term
1997 Ed. (569)
Taxable Total Return
1996 Ed. (626, 627)
Taxation
1993 Ed. (3693)
Taxation law
1997 Ed. (2613)
TaxCut.com
2002 Ed. (4856)
Taxes
1996 Ed. (3453)
Taxes, IRS penalties
1989 Ed. (1220)
Taxi
2001 Ed. (3382)
Taxicab
1995 Ed. (1533)
1996 Ed. (3795)
2001 Ed. (3559)
TaxOps
2014 Ed. (3)
2015 Ed. (3)
TaxOps LLC
2012 Ed. (1462)
TaxPlanet.com
2002 Ed. (4856)
2003 Ed. (3043)
TaxStream
2009 Ed. (1106)
The Taybum Group
1996 Ed. (2232)
The Tayburn Group
1999 Ed. (2836, 2838)
2001 Ed. (1444, 1446, 1447, 1448)
Tayeb; Ahmed Mohamed El
2013 Ed. (3475)
Tayer; Mattar Al
2013 Ed. (4719)
Taylor
1989 Ed. (2944)
1996 Ed. (3835)
2008 Ed. (4278)
2009 Ed. (3593, 4150, 4382, 4383)
2010 Ed. (3511, 4082)
2011 Ed. (4359)
2012 Ed. (4136, 4139, 4143, 4155,
4159, 4399)
2013 Ed. (4131, 4135, 4145, 4146,
4367)
2014 Ed. (4147, 4151, 4162, 4163,
4422)
2015 Ed. (4130, 4134, 4143, 4144)
2016 Ed. (4044, 4048, 4057, 4058)
Taylor, Ann
1994 Ed. (3099)
Taylor Bank; Cole
1994 Ed. (506)
Taylor Brown & Barnhill
1989 Ed. (160)
Taylor Building Corp. of America
2002 Ed. (2682)
2003 Ed. (1179)
Taylor California Cellars
1989 Ed. (2943, 2944)
1990 Ed. (3693)
1991 Ed. (3496, 3500)
1994 Ed. (3663)
1995 Ed. (3758)
Taylor Capital Group
2005 Ed. (365)
2008 Ed. (372)
Taylor; Charles E.
1989 Ed. (737)
Taylor Chrysler-Plymouth-Jeep
2002 Ed. (357)
Taylor Clark Architects Inc.
1991 Ed. (253)
1992 Ed. (359)
1993 Ed. (248)
1994 Ed. (237)
1995 Ed. (240)
Taylor Clark Ltd.
1991 Ed. (958)
Taylor Clark PLC
1992 Ed. (1193)

Taylor Dessert
2001 Ed. (4842)
2002 Ed. (4922)
2003 Ed. (4946)
2004 Ed. (4950)
2005 Ed. (4930)
2006 Ed. (4960)
Taylor Duane Barton & Gilman LLP
2011 Ed. (2019)
2012 Ed. (1867)
2013 Ed. (2026)
2014 Ed. (1961)
Taylor Electric Inc.
2006 Ed. (1350)
2010 Ed. (1324)
2011 Ed. (1304, 1307)
2012 Ed. (1182)
2013 Ed. (1264)
Taylor Electronics
2009 Ed. (2466)
Taylor; Elizabeth
1997 Ed. (1726)
2013 Ed. (907)
2014 Ed. (853)
2015 Ed. (889)
2016 Ed. (774)
Taylor Fladgate
1999 Ed. (4786, 4787)
2000 Ed. (4411)
2001 Ed. (4844, 4875)
2002 Ed. (4924, 4939, 4940)
2003 Ed. (4964)
2004 Ed. (4965, 4968)
2005 Ed. (4960)
Taylor Fresh Foods Inc.
2005 Ed. (194)
2010 Ed. (210, 2781)
2011 Ed. (131, 2770)
2012 Ed. (135, 2699)
2014 Ed. (118, 2774, 2805)
Taylor; George F.
1992 Ed. (531)
Taylor Gifts
1993 Ed. (3358)
Taylor; Glen
2005 Ed. (4855)
2006 Ed. (4909)
2007 Ed. (4904)
2008 Ed. (4833)
2009 Ed. (4853)
2011 Ed. (4823)
2012 Ed. (4851)
2013 Ed. (547)
Taylor II; R. Lee
1990 Ed. (1715)
Taylor Industries
1991 Ed. (2766)
Taylor; Jack
2012 Ed. (4851)
2013 Ed. (4848)
2014 Ed. (4864)
2016 Ed. (4818)
Taylor; Jack Crawford
2005 Ed. (4854)
2006 Ed. (4908)
2007 Ed. (4903)
2008 Ed. (4832)
2009 Ed. (4852)
2010 Ed. (4854)
2011 Ed. (4842)
Taylor; James
2012 Ed. (994)
Taylor Jeep-Eagle Inc.
1994 Ed. (273)
Taylor; Joseph
1997 Ed. (1932)
Taylor; Kenneth
2009 Ed. (386)
Taylor Lautner
2012 Ed. (2444)
2014 Ed. (2526)
Taylor; Leo J.
2006 Ed. (2525)
Taylor Lumber
1996 Ed. (3602)
Taylor Made
1991 Ed. (1855)
1992 Ed. (2338)
1993 Ed. (1991)
1996 Ed. (29, 2035)
1997 Ed. (2153, 2154)
1998 Ed. (25, 1856)
2002 Ed. (2416)
Taylor Made Golf Co.
2001 Ed. (2616)
Taylor; Michael
1997 Ed. (1958)
Taylor Morley
1998 Ed. (918)
Taylor-Morley Homes

2000 Ed. (1233)
2002 Ed. (1208)
2003 Ed. (1208)
2004 Ed. (1215)
2005 Ed. (1239)
Taylor Morrison
2009 Ed. (1172)
2010 Ed. (1166, 1167)
2011 Ed. (1112, 1114, 1117)
2012 Ed. (1035, 1037)
2015 Ed. (1188)
2016 Ed. (1099)
Taylor Morrison Home Corp.
2014 Ed. (1136)
2015 Ed. (1187)
2016 Ed. (1097)
Taylor Morrison Homes
2009 Ed. (1171)
Taylor; Neil
2009 Ed. (4905)
2010 Ed. (4906)
Taylor Nelson AGB PLC
1996 Ed. (2570)
Taylor Nelson Sofres
2000 Ed. (3041, 3043, 3044, 3045,
3046, 3048, 3049)
2002 Ed. (3255, 3258, 3259, 3260,
3261, 3262)
Taylor Nelson Sofres plc
2003 Ed. (4077)
2004 Ed. (4101)
2005 Ed. (1467)
2006 Ed. (4096)
2007 Ed. (4117)
2008 Ed. (4141)
2009 Ed. (4247, 4253)
2010 Ed. (4190)
Taylor Nelson Sofres USA
2003 Ed. (4069)
2004 Ed. (4096)
Taylor Nelson/MAS Group
1991 Ed. (2387)
Taylor New York
1989 Ed. (868)
Taylor Orchards
1998 Ed. (1776)
Taylor Packing Co. Inc.
1997 Ed. (2733)
1998 Ed. (2453)
2003 Ed. (3339)
Taylor; Phyllis M.
2007 Ed. (4907)
2008 Ed. (4836)
2009 Ed. (4856)
Taylor Publishing
2001 Ed. (3956)
Taylor-Rafferty Associates
1995 Ed. (3005)
1996 Ed. (3106, 3108)
Taylor Rental Corp.
1989 Ed. (1890)
1993 Ed. (2409)
1994 Ed. (2361)
Taylor Rental Corporation
1990 Ed. (2431)
1992 Ed. (2852)
Taylor Reserve Cream Sherry
2001 Ed. (4875)
2002 Ed. (4939, 4940)
Taylor Risk Consulting
2006 Ed. (4199)
2008 Ed. (4249)
2009 Ed. (4348)
Taylor Shellfish Farms Inc.
2003 Ed. (2491)
Taylor Sherry
1989 Ed. (2948)
Taylor-Smith Group
1997 Ed. (97)
Taylor Swift
2010 Ed. (3713, 3714, 3715, 3717)
2011 Ed. (3711, 3713, 3715)
2012 Ed. (2440, 3733, 3734, 3736)
2013 Ed. (1137, 2599, 2603, 3782,
3783)
2014 Ed. (3728, 3729, 3731)
2015 Ed. (1135, 2601, 3730, 3731,
3733)
2016 Ed. (3639, 3640)
Taylor United Inc.
2001 Ed. (2445)
Taylor University
1993 Ed. (1023)
1994 Ed. (1050)
1996 Ed. (1043)
1997 Ed. (1059)
1998 Ed. (794)
1999 Ed. (1223)
2001 Ed. (1320)
2008 Ed. (1058)

2009 Ed. (1032)
2010 Ed. (1000)
Taylor Whichard III
2007 Ed. (1076)
Taylor, Wilson H.
1991 Ed. (1633)
1992 Ed. (2064, 2713)
1993 Ed. (1706)
1994 Ed. (2237)
Taylor Wimpey
2014 Ed. (1120)
2015 Ed. (3181)
2016 Ed. (3035, 3038)
Taylor Wimpey plc
2012 Ed. (1049)
2016 Ed. (1087)
Taylor Wine
1991 Ed. (3496)
Taylor Woodrow Homes
2001 Ed. (1387)
2002 Ed. (2652, 2653)
2005 Ed. (1226)
2006 Ed. (1189)
Taylor Woodrow Inc.
1999 Ed. (1395)
2003 Ed. (1173)
2004 Ed. (1181)
2006 Ed. (1192, 1205)
2007 Ed. (1299, 1312)
Taylor Woodrow plc
1991 Ed. (1093)
2007 Ed. (2985, 2994)
TaylorMade-Adidas Golf Co.
2014 Ed. (2452)
Taylor's Inc.
1994 Ed. (733)
Taylors Pride
1994 Ed. (3546)
1995 Ed. (3624)
1996 Ed. (3700)
1998 Ed. (3579)
1999 Ed. (4608)
Tayseer Bank
2009 Ed. (2733)
2010 Ed. (2656)
2011 Ed. (2644)
2012 Ed. (2571)
Tazo
2010 Ed. (4675)
2011 Ed. (4623)
2013 Ed. (4581)
2014 Ed. (4641)
2015 Ed. (4628)
2016 Ed. (4546)
TB Wood's Corp.
2004 Ed. (2180)
2005 Ed. (2281, 2282)
TBA Global
2008 Ed. (3600)
2009 Ed. (2654)
2011 Ed. (3587)
2012 Ed. (3575)
2013 Ed. (3624)
2014 Ed. (3570)
TBA Global Events
2007 Ed. (2202)
TBC Bank
2004 Ed. (471)
2015 Ed. (514)
TBC Corp.
1990 Ed. (387)
1991 Ed. (337)
1992 Ed. (468)
1993 Ed. (341)
1994 Ed. (328)
1995 Ed. (325)
1996 Ed. (339)
1997 Ed. (316)
1998 Ed. (241)
1999 Ed. (349)
2004 Ed. (316)
2005 Ed. (315, 4698)
2006 Ed. (4745, 4750, 4751)
2013 Ed. (4668)
2014 Ed. (4718)
2015 Ed. (4733)
2016 Ed. (4634)
TBE Group
2009 Ed. (1150)
2010 Ed. (1144)
TBEA
2016 Ed. (2350)
TBG
2015 Ed. (2096)
TBG Landscape
2016 Ed. (3323)
TBG London
2009 Ed. (143)
TBH & Associates
2011 Ed. (1195)

TBI Construction LLC
2006 Ed. (1298)
TBI Corp.
1997 Ed. (1201)
Tbilcreditbank
2004 Ed. (471)
Tbiluniversalbank
2004 Ed. (471)
TBK AS
1991 Ed. (40)
TBNA
1989 Ed. (2338)
TBS
1991 Ed. (838)
1992 Ed. (1015)
1993 Ed. (822)
1994 Ed. (829)
1996 Ed. (854)
1997 Ed. (730, 870)
1998 Ed. (583, 589, 605)
2000 Ed. (943)
2001 Ed. (1089)
2006 Ed. (4711, 4713)
2007 Ed. (4732, 4733)
2008 Ed. (4654, 4655)
2009 Ed. (4696)
2011 Ed. (725)
2015 Ed. (866)
TBS Factoring Service
2016 Ed. (1930)
TBS Hotels
1997 Ed. (2012)
TBS International
2013 Ed. (4521)
TBS International Ltd.
2009 Ed. (4570)
TBS SuperStation
1992 Ed. (1022)
TBSC
2010 Ed. (4708, 4709)
2011 Ed. (4664, 4665)
TBWA
1989 Ed. (144)
1990 Ed. (135)
1992 Ed. (108, 112, 118, 168, 190)
TBWA Advertising
1989 Ed. (61, 65)
1990 Ed. (65)
1991 Ed. (66)
1993 Ed. (65)
1994 Ed. (56)
1995 Ed. (31)
1996 Ed. (46, 118)
TBWA Camara
2002 Ed. (206)
TBWA Espana
1999 Ed. (156)
TBWA Fong Haque & Soh
1999 Ed. (150)
TBWA France
2002 Ed. (110)
2003 Ed. (74)
TBWA GGT Simons Palmer
2001 Ed. (232)
2002 Ed. (204)
TBWA Groep
1991 Ed. (129)
TBWA Hund Lascaris
1999 Ed. (153)
TBWA Hunt Lascaris
2000 Ed. (171)
2001 Ed. (209)
2002 Ed. (181)
TBWA Netherlands
1999 Ed. (129)
2000 Ed. (147)
2001 Ed. (184)
2002 Ed. (155)
2003 Ed. (126)
TBWA Publicidad
2000 Ed. (81)
TBWA Singapore
2000 Ed. (168)
2003 Ed. (145)
TBWA Sofia
1999 Ed. (68)
2000 Ed. (72)
TBWA UK Group Ltd.
2001 Ed. (32)
2003 Ed. (72)
TBWA Worldwide
2000 Ed. (44, 52)
2001 Ed. (100)
2002 Ed. (71, 72, 74)
2003 Ed. (37, 38)
2004 Ed. (117)
2005 Ed. (116)
2006 Ed. (122)
2007 Ed. (116)
2008 Ed. (123)

2009 Ed. (128, 134)
2010 Ed. (134)
2011 Ed. (51, 52)
2012 Ed. (57, 59, 60)
2013 Ed. (60, 72)
2014 Ed. (66, 74, 78)
2015 Ed. (63, 67, 69)
2016 Ed. (66, 67, 71)
TBWA/Alfa Centrs
2003 Ed. (100)
TBWA/Athens
2002 Ed. (113)
2003 Ed. (78)
TBWA/Bratislava
2002 Ed. (179)
TBWA/Chiat/Day
1997 Ed. (43, 46, 159)
1998 Ed. (44, 45, 67, 3494)
1999 Ed. (48, 49, 119, 170)
2000 Ed. (125, 191)
2001 Ed. (222)
2002 Ed. (70, 137, 211)
2003 Ed. (176)
2004 Ed. (105, 133, 134)
TBWA/Costa Rica
2003 Ed. (61)
TBWA/El Salvador
2003 Ed. (70)
TBWA/EPG Publicidade
1999 Ed. (145)
2000 Ed. (162)
2001 Ed. (199)
2002 Ed. (170)
2003 Ed. (138)
TBWA/Guvatrak
2003 Ed. (71)
TBWA/GV Group
2000 Ed. (66)
TBWA/GV Group Belgium
2001 Ed. (110)
2002 Ed. (83)
2003 Ed. (49)
TBWA/Hager
1999 Ed. (151)
2000 Ed. (169)
TBWA/Hunt Lascaris Holdings
2003 Ed. (148)
TBWA/Istanbul
2003 Ed. (160)
TBWA/Jakarta
2003 Ed. (85)
TBWA/Korea
2000 Ed. (120)
2001 Ed. (158)
2002 Ed. (131)
2003 Ed. (149)
TBWA/Ljubljana
2003 Ed. (147)
TBWAManchester
2013 Ed. (57)
2014 Ed. (75)
TBWA/Peru
2002 Ed. (167)
2003 Ed. (135)
TBWA/PHS
2003 Ed. (73)
TBWAQ Chiat/Day
1999 Ed. (50)
TBWA/RAAD/AFYOUNI
2003 Ed. (98)
TBWA/RAAD/DAJANI
2003 Ed. (95)
TBWA/RIZK
2003 Ed. (101)
TBWA/Russia
2003 Ed. (143)
TBWA/Switzerland
2003 Ed. (153)
TBWA/Videvita
2003 Ed. (102)
TBWA/Viteri
2002 Ed. (103)
2003 Ed. (68)
TBWA/WorldHealth
2009 Ed. (126)
2010 Ed. (127)
TBWA/Zagreb
1999 Ed. (76)
2000 Ed. (82)
2003 Ed. (62)
TC Construction Co.
2009 Ed. (1243)
2010 Ed. (1242)
T&C Federal Credit Union
2000 Ed. (1630)
TC International Marketing Inc.
1992 Ed. (994)
T.C. Maskinfabrik APS
1996 Ed. (2612)
T.C. Pharmaceutical Industrial Co.

1991 Ed. (52)
TC PipeLines
2012 Ed. (2767)
2013 Ed. (2844, 2845, 2850)
TC PipeLines LP
2004 Ed. (2770, 2771, 2776, 3828, 3829)
2005 Ed. (3736, 3737)
2008 Ed. (1918)
TC Squared Marketing & Advertising Inc.
2007 Ed. (3599, 3600)
TC Transcontinental Printing
2014 Ed. (4086)
2015 Ed. (4069)
2016 Ed. (3977)
TC Ziraat Bankasi
1989 Ed. (701)
1990 Ed. (709)
1992 Ed. (855)
1993 Ed. (522)
1994 Ed. (656)
1995 Ed. (624)
1996 Ed. (700)
1997 Ed. (633)
1999 Ed. (673)
2000 Ed. (684)
2002 Ed. (572, 657)
2003 Ed. (623)
2004 Ed. (491, 528, 632)
2005 Ed. (504, 506, 528, 620)
2006 Ed. (467, 468, 533)
2007 Ed. (481, 564)
2008 Ed. (410, 446, 516)
2009 Ed. (550)
2010 Ed. (533)
2011 Ed. (462)
2013 Ed. (469, 475)
2014 Ed. (483)
2015 Ed. (544)
2016 Ed. (497)
TCA
2005 Ed. (2810)
2006 Ed. (2786)
2007 Ed. (2787)
TCA Architects Inc.
2015 Ed. (1472)
TCA Cable
1991 Ed. (837)
1998 Ed. (2440)
TCA Cable TV Inc.
1990 Ed. (3447)
1992 Ed. (1027, 2978)
1996 Ed. (1565)
2001 Ed. (1540, 1542)
TCB
2009 Ed. (2540)
TCB Oil Sheen Spray-25% Free, 16 oz.
1990 Ed. (1980)
TCBY
1990 Ed. (1752, 1753, 1754, 1756, 3019, 3020)
1991 Ed. (1657, 1770, 2865, 2877, 2878, 2885)
1992 Ed. (2113, 2117, 2118, 2119, 2564, 3714)
1993 Ed. (1755, 1759, 3022)
1994 Ed. (1750, 3078)
1995 Ed. (1774, 1777, 1779, 1783, 3123, 3132)
1996 Ed. (1751, 1752, 1756, 1757, 1761, 3218)
1997 Ed. (1842, 2093, 3319)
1999 Ed. (2136, 4081)
2000 Ed. (1913, 3786)
2002 Ed. (2721, 4012)
2003 Ed. (2877)
2008 Ed. (2372, 2373, 3126, 3127, 4160)
2009 Ed. (3213)
2011 Ed. (3111)
2016 Ed. (2769)
TCBY Enterprises Inc.
1990 Ed. (1302, 1750, 1968, 1969, 1976, 3004, 3298, 3299)
1991 Ed. (2859)
2003 Ed. (2880)
TCBY Systems LLC
2004 Ed. (2970)
TCBY Treats
1998 Ed. (1550)
2000 Ed. (2270)
2001 Ed. (2837)
2003 Ed. (2882)
TCBYs
1992 Ed. (3703)
TCC
1992 Ed. (2464, 2465, 2466)
1993 Ed. (2077, 2078, 2079)
TCC Beverages

2005 Ed. (1442, 1443, 4578, 4579, 4671)
2006 Ed. (4723)
2007 Ed. (3282, 4660, 4661)
2008 Ed. (3401)
2009 Ed. (3459)
2010 Ed. (3396)
2012 Ed. (3328)
2013 Ed. (3413)
2014 Ed. (3410)
TD U.S. RSP Index
2004 Ed. (2467)
TD Waterhouse
2012 Ed. (579)
2013 Ed. (715)
2014 Ed. (738)
TD Waterhouse Bank
2004 Ed. (2996)
2005 Ed. (2994)
2006 Ed. (2989)
TD Waterhouse Bank NA
2003 Ed. (2887)
2007 Ed. (3020)
TD Waterhouse Group Inc.
2001 Ed. (4183, 4200)
2002 Ed. (813, 814, 815, 816, 817, 818, 4868)
2005 Ed. (755, 2205)
2006 Ed. (660, 661, 2267)
2007 Ed. (2204, 4273)
TD Waterhouse Trade
2006 Ed. (662)
TD Waterhouse Trade Central
2007 Ed. (758, 761)
tdah! Digital Solutions
2001 Ed. (4747)
TDB American Express Bank
1992 Ed. (725)
TDB Communications
2007 Ed. (3525, 3556, 4421)
2008 Ed. (3710, 4395)
TDC
2004 Ed. (88)
2005 Ed. (34, 1753)
2006 Ed. (41)
TDC A/S
2006 Ed. (1675)
2007 Ed. (32, 56, 1441, 1679)
2008 Ed. (36, 1425, 1704, 3445, 4079, 4293)
2009 Ed. (42, 1631)
2010 Ed. (52, 1603)
2011 Ed. (1609)
2012 Ed. (1456)
2013 Ed. (1591)
2014 Ed. (1557)
2015 Ed. (1606, 4650)
TDC Group
2006 Ed. (1402, 1674)
2007 Ed. (1677)
2008 Ed. (1703)
2009 Ed. (1630)
TDCI Inc.
2013 Ed. (1108)
TDE
2014 Ed. (1401)
TDGCold Storage
1999 Ed. (1220)
TDH
1991 Ed. (3444)
1992 Ed. (4388)
1993 Ed. (3663)
TDH III Ltd.
1990 Ed. (3669)
TDI Industries
1999 Ed. (1475)
TDIndustries
2014 Ed. (1105, 3997)
2015 Ed. (1146, 4043, 4046)
2016 Ed. (1057, 1156, 1158, 1183)
TDIndustries Inc.
2015 Ed. (136, 1244, 4048)
2016 Ed. (1155, 3957)
TDIndustries Ltd.
1991 Ed. (1079)
1992 Ed. (1412)
1994 Ed. (1141)
1995 Ed. (1165)
1998 Ed. (954)
1999 Ed. (1375)
2000 Ed. (212, 1254)
2002 Ed. (1503)
2003 Ed. (1236, 1339, 1549)
2004 Ed. (1239, 1314, 1339, 1575)
2005 Ed. (1289, 1294, 1320, 1344, 1606)
2006 Ed. (1252, 1259, 1292, 1344, 2040)
2007 Ed. (1364, 1368, 1390, 3980)

2008 Ed. (1239, 1246, 1264, 1337, 4003)
2009 Ed. (1240, 2100, 4077)
2010 Ed. (1222, 1225, 1239)
2011 Ed. (135, 1184, 3999)
2012 Ed. (137, 1131, 1179, 1937, 3995, 3996)
2013 Ed. (113, 1252, 1277, 2100, 4060, 4061)
2014 Ed. (121, 1210, 3999, 4000)
2015 Ed. (1268, 4047)
2016 Ed. (3956)
TDK
2013 Ed. (2485)
2014 Ed. (2417)
2015 Ed. (2491)
2016 Ed. (2423, 2428)
TDK Corp.
1993 Ed. (1562, 2035, 3586)
1995 Ed. (679)
1996 Ed. (749, 750)
1997 Ed. (680, 681)
1998 Ed. (475, 476)
1999 Ed. (735, 736)
2000 Ed. (749)
2003 Ed. (2249)
2007 Ed. (2349)
2012 Ed. (2901, 2903)
TDK D
2002 Ed. (4755)
TDK H6 Ultimate
2002 Ed. (4755)
TDK Resource
2006 Ed. (2512)
TDK Revue
2002 Ed. (4755)
TDK Video Hi-Std T-120
1992 Ed. (1849)
TDL Group
2001 Ed. (4085)
2003 Ed. (4141)
2004 Ed. (4149)
2005 Ed. (4089)
2007 Ed. (2952, 4158)
2008 Ed. (3077, 4200)
TDOP Inc.
2001 Ed. (1673)
TDS
1990 Ed. (3516)
TDS Construction Inc.
2011 Ed. (1102)
2012 Ed. (1018)
TDU Concrete
2007 Ed. (1336)
2015 Ed. (1259)
TDX Indigo
2015 Ed. (2043)
TE Connectivity
2016 Ed. (997, 2357)
TE Connectivity Ltd.
2012 Ed. (2312, 2319)
2013 Ed. (2491, 2496, 3604)
2014 Ed. (2422, 2426)
2015 Ed. (2496, 2499, 4427)
2016 Ed. (2430, 2434)
Te Fare (La Maison)
1994 Ed. (2720)
TE Products Pipeline Co.
1998 Ed. (2860, 2865, 2866)
TE Products Pipeline Co. LP
1994 Ed. (2881)
1995 Ed. (2947)
1997 Ed. (3121, 3123)
1999 Ed. (3831, 3834)
2000 Ed. (2313, 2315)
2001 Ed. (3801)
2004 Ed. (3904)
Te Wananga o Aotearoa
2016 Ed. (3611)
Tea
1989 Ed. (731)
1990 Ed. (1962)
1993 Ed. (680, 3685)
1994 Ed. (3647)
1995 Ed. (644)
1996 Ed. (719, 721, 3611)
1998 Ed. (446)
1999 Ed. (699, 700)
2000 Ed. (711, 712)
2001 Ed. (687, 688, 2560)
2002 Ed. (687, 688, 689, 690, 692, 693, 694, 695, 697, 698, 699, 700, 701, 4309, 4720)
2003 Ed. (4833)
2004 Ed. (2648)
2007 Ed. (3694)
2008 Ed. (557)
Tea, apricot
1998 Ed. (3468)
Tea bags

2002 Ed. (4552)
2003 Ed. (4679)
Tea bags/instant tea
1998 Ed. (2498)
Tea, bergamot
1998 Ed. (3468)
Tea, cinnamon
1998 Ed. (3468)
Tea Collection
2009 Ed. (1189)
2013 Ed. (890)
Tea, ginger
1998 Ed. (3468)
Tea, herbal bags
2002 Ed. (4552)
Tea, lemon
1998 Ed. (3468)
Tea, liquid
2002 Ed. (4552)
2003 Ed. (4679)
Tea, mango
1998 Ed. (3468)
Tea, mint
1998 Ed. (3468)
Tea, mix
2002 Ed. (4552)
Tea, passionfruit
1998 Ed. (3468)
Tea Plantations
2000 Ed. (3309)
Tea, raspberry
1998 Ed. (3468)
Tea, ready-to-drink
1996 Ed. (2041, 3617)
1997 Ed. (3171)
1999 Ed. (4364)
Tea, RTD
1999 Ed. (705, 706)
Tea, strawberry
1998 Ed. (3468)
Tea Twister/Lemon Twister Cooler
1991 Ed. (3485, 3494)
Teach Away Inc.
2012 Ed. (2771)
2016 Ed. (3043)
Teach First
2010 Ed. (992)
2011 Ed. (926)
2012 Ed. (853)
2013 Ed. (1035)
Teach For America Inc.
2006 Ed. (1069)
2008 Ed. (1054)
2009 Ed. (1027, 2493)
2010 Ed. (993)
2011 Ed. (928, 2404)
2012 Ed. (854, 1766, 4674)
2013 Ed. (1036, 1943, 4646)
2014 Ed. (1882, 2332)
2015 Ed. (1919, 2398)
Teach for America Inc.
2013 Ed. (1038)
Teacher assistants
2001 Ed. (3563)
Teacher Credit Union
2004 Ed. (1967)
2005 Ed. (2109)
2006 Ed. (2204)
2007 Ed. (2125)
2008 Ed. (2240)
2009 Ed. (2226)
2010 Ed. (2180)
Teacher Insurance and Annuity Association
1999 Ed. (298)
Teacher Retirement of Texas
1993 Ed. (2777, 2781)
Teacher Retirement System of Texas
1989 Ed. (2162)
1990 Ed. (2781, 2784)
1991 Ed. (2687, 2692, 2694)
1992 Ed. (3356)
1994 Ed. (2770)
1996 Ed. (2940)
1998 Ed. (2762)
2000 Ed. (3432)
Teacher Training Agency
2002 Ed. (42)
Teacher's
1996 Ed. (2525)
1999 Ed. (3248)
2001 Ed. (3113)
2009 Ed. (3865)
2010 Ed. (256)
Teacher's aide
1989 Ed. (2085, 2087)
Teachers (college and university)
1991 Ed. (2629, 2630)
Teachers College; Columbia University
2004 Ed. (1061)

2005 Ed. (1063)
2007 Ed. (1181)
2008 Ed. (1089)
2009 Ed. (1066)
2010 Ed. (1034)
2011 Ed. (965)
Teachers Credit Union
1996 Ed. (1498)
1997 Ed. (1563)
2002 Ed. (1864, 1873, 1882)
2003 Ed. (1918, 1927, 1936)
2004 Ed. (1939, 1958, 1976)
2005 Ed. (2083, 2100, 2118)
2006 Ed. (2177, 2195, 2213)
2007 Ed. (2116, 2134)
2008 Ed. (2231, 2249)
2009 Ed. (330, 2216, 2235)
2010 Ed. (2138, 2169, 2170, 2189)
2011 Ed. (2188, 2207)
2012 Ed. (2048, 2068)
2013 Ed. (2230, 2250)
2014 Ed. (2162, 2182)
2015 Ed. (2226, 2246)
2016 Ed. (2197, 2217)
Teachers, elementary
2006 Ed. (3734)
2007 Ed. (3721, 3726)
2009 Ed. (3861)
2010 Ed. (3786)
Teachers, elementary school
2005 Ed. (3621, 3624)
Teachers Federal Credit Union
1993 Ed. (1450)
1996 Ed. (1498)
1998 Ed. (1226)
Teachers HC
2002 Ed. (3182)
Teachers Highland Cream
1992 Ed. (2892)
1994 Ed. (2394)
1996 Ed. (2526)
Teachers Insurance
1990 Ed. (2235)
1991 Ed. (2640)
1992 Ed. (2671)
2000 Ed. (3882, 3885)
Teachers Insurance and Annuity Association-College Retirement Equities Fund (TIAA-CREF)
2001 Ed. (2933, 4003, 4014, 4088, 4666, 4667, 4668)
2002 Ed. (728, 729, 1569, 2835, 2905, 2931, 2932, 2935, 2939, 2940, 2942, 3007, 3009, 3010, 3018, 3019, 3024, 3387, 3390, 3908, 3929, 3931, 3936, 3940, 3941, 3942, 4276)
2003 Ed. (448, 1988, 2259, 2991, 2994, 3000, 3068, 3069, 3071, 3073, 3076, 3077, 3078, 3079, 3081, 3086, 3087, 3109, 3111, 3441, 3442, 4055, 4058, 4844, 4981, 4982)
2004 Ed. (1615, 2042, 2270, 2271, 3102, 3111, 3112, 3114, 3115, 3117, 3178, 3209, 4082, 4086)
Teachers Insurance & Annuity
1989 Ed. (1679, 1681)
1990 Ed. (2231, 2233, 2243)
1991 Ed. (244, 245, 2095, 2099, 2112, 2113)
1992 Ed. (337, 2663, 2666, 2674, 2675, 2676, 2711, 4380, 4382)
1997 Ed. (2436, 2440, 2456)
Teachers Insurance & Annuity Assn.
1990 Ed. (2224)
Teachers Insurance & Annuity Assoc.
2000 Ed. (2699, 2700, 2706, 2707, 2708)
Teachers Insurance & Annuity Assoc. College Retirement Equities Fund
2000 Ed. (2843)
Teachers Insurance & Annuity Association
1993 Ed. (2206, 2207, 2208, 2209, 2217, 2218, 2258, 3652, 3654)
1994 Ed. (223, 2249, 2251, 2256, 2259, 2265, 2266, 3160)
1995 Ed. (222, 2292, 2294, 2298, 2301, 2314)
1996 Ed. (224, 242, 2283, 2288, 2305, 2307, 2308, 2309, 2311, 2320, 2323, 2328)
1998 Ed. (2158, 2167, 2171, 2174, 2178, 2179, 2185, 2186, 2187, 2193)
1999 Ed. (2947, 2948, 2949, 2955, 2956, 2957, 4171, 4172, 4173)
Teachers Insurance Annuity Association
1997 Ed. (3412)

Teachers Insurance & Annuity
  Association-College Retirement Equities Fund
  1994 Ed. (2318)
  1996 Ed. (2416)
  2005 Ed. (171, 1640, 3051, 3105,
    3114, 3115, 3118, 3119, 3211,
    3218, 3906)
  2006 Ed. (1529, 2725, 3118, 3120,
    3123, 3124, 3125, 3196)
  2007 Ed. (1559, 2563, 2715, 3130,
    3138, 3156, 3160, 3253)
  2008 Ed. (1475, 3306, 3309, 3379)
  2009 Ed. (3348, 3369, 3372, 3447,
    3451, 4231, 4232)
  2010 Ed. (3287, 3307, 3309, 3311,
    3392, 4166)
  2011 Ed. (3253, 3268, 3272, 3274)
  2012 Ed. (3224, 3240, 3241, 3248)
  2013 Ed. (3303, 3319, 3320, 3324)
  2014 Ed. (179, 180, 3326, 3336,
    3340)
  2015 Ed. (3369, 3371, 3374)
  2016 Ed. (205, 206, 3231, 3239,
    3243)
Teachers Insurance & Annuity
  Association-College Retirement Equity Fund
  1989 Ed. (1806)
  1990 Ed. (2354)
  1991 Ed. (2246)
  1992 Ed. (2774, 3362)
Teachers Insurance & Annuity Association of America
  1999 Ed. (3045)
  2001 Ed. (2934, 2937, 2938, 2943,
    2944)
  2007 Ed. (3146, 3149, 3152, 3153,
    3157)
  2008 Ed. (3296, 3299, 3302, 3303)
  2009 Ed. (3356, 3359, 3362, 3363,
    3368)
  2010 Ed. (3295, 3297, 3299, 3300,
    3306)
  2011 Ed. (3255, 3258, 3261, 3262,
    3263, 3269)
  2012 Ed. (3232, 3235)
  2013 Ed. (3311, 3313, 3314)
Teachers Insurance & Annuity Association of America (TIAA
  2002 Ed. (2920, 2921, 2926, 2927,
    2928)
  2006 Ed. (3122)
  2008 Ed. (3307)
Teachers, middle school
  2006 Ed. (3734)
  2007 Ed. (3726)
Teachers Mutual Bank
  2015 Ed. (570)
  2016 Ed. (516)
Teachers, postsecondary
  2005 Ed. (3621, 3626, 3629, 3631)
  2006 Ed. (3734, 3735)
  2007 Ed. (3721, 3723, 3727, 3728)
  2009 Ed. (3858, 3862, 3863)
  2010 Ed. (3786)
Teachers, preschool
  2005 Ed. (3623)
Teachers, primary, secondary & special
  education
  1993 Ed. (2739)
Teachers' Retirement System of Illinois
  1997 Ed. (3027)
Teachers' Retirement System of the
  State of Illinois
  1990 Ed. (2789)
  1992 Ed. (3361)
  1994 Ed. (2775)
  1996 Ed. (2946)
Teacher's Scotch Whiskey
  2008 Ed. (246)
  2009 Ed. (269)
Teachers, secondary
  2006 Ed. (3734)
  2007 Ed. (3721, 3726)
  2010 Ed. (3786)
Teachers, secondary school
  2005 Ed. (3621, 3624)
Teachers, self-enrichment education
  2005 Ed. (3627)
  2007 Ed. (3730)
Teachers, special education
  2005 Ed. (3621, 3624)
  2006 Ed. (3734)
Teaching
  2005 Ed. (1062)
  2006 Ed. (1070)
Tea/coffee, ready-to-drink
  2004 Ed. (888)
Teal, Becker & Chiaramonte, CPAs

2013 Ed. (2)
Teal Homes
  1998 Ed. (917)
Teal Homes/Centex Corp.
  2000 Ed. (1232)
Team
  2013 Ed. (774, 2092)
  2014 Ed. (2026)
The A Team
  2015 Ed. (3585)
Team Bancshares
  1992 Ed. (517, 518, 3921)
  1993 Ed. (654)
  1994 Ed. (340)
Team Bank
  1992 Ed. (848)
  1993 Ed. (644, 1744, 1745, 1747)
  1994 Ed. (1736, 1737, 1739)
Team Bank, NA
  1991 Ed. (676)
  1992 Ed. (724)
Team BBDO/Werbeagentur
  1994 Ed. (71)
  1996 Ed. (63)
  1997 Ed. (61)
  2000 Ed. (61)
The Team Brand Communication Consultants
  2011 Ed. (59)
Team Clean Inc.
  1995 Ed. (2592, 3797)
  1996 Ed. (2662)
  1997 Ed. (3919)
  1998 Ed. (2517, 3766)
  1999 Ed. (3425)
Team Concept Printing
  2015 Ed. (4081, 4083)
  2016 Ed. (3992, 3994)
Team Concept Printing & Thermography
  2013 Ed. (4079, 4082)
  2014 Ed. (4089)
  2016 Ed. (3984, 3997, 3998)
Team Detroit
  2012 Ed. (43)
TEAM Enterprises
  2013 Ed. (3624)
  2014 Ed. (3562)
Team Enterprises
  2011 Ed. (3587)
  2012 Ed. (3575)
  2014 Ed. (3570)
  2015 Ed. (81)
Team Epic
  2014 Ed. (3562, 3568)
Team Excel
  2002 Ed. (3373, 4986, 4987)
  2003 Ed. (3425, 3426, 4990)
  2004 Ed. (3494, 3495)
Team Extreme Marketing International
  2016 Ed. (1116)
Team Fishel
  2007 Ed. (1371)
  2008 Ed. (1267)
  2009 Ed. (1243)
  2010 Ed. (1242)
  2011 Ed. (1190)
  2012 Ed. (1136)
  2013 Ed. (1282)
  2014 Ed. (1215)
  2015 Ed. (1273)
  2016 Ed. (1188, 4955)
Team Health
  1998 Ed. (1982)
  1999 Ed. (2718, 2721, 2726, 2727)
  2000 Ed. (2497, 2498, 2504)
  2001 Ed. (2764, 2765, 2767)
  2002 Ed. (2592, 2594)
  2003 Ed. (2797, 2798)
  2005 Ed. (2359, 2885, 3665)
  2006 Ed. (2405, 2778)
  2008 Ed. (2905)
  2009 Ed. (2483, 2962)
  2010 Ed. (2393, 2901)
Team Health Ad
  2000 Ed. (2505)
  2001 Ed. (2768)
Team Health Holdings
  2014 Ed. (2019, 3961)
  2016 Ed. (3917)
Team Henry Enterprises
  2014 Ed. (98)
Team Henry Enterprises LLC
  2015 Ed. (2137)
Team Inc.
  1989 Ed. (153)
  2010 Ed. (4503)
  2011 Ed. (2853)
Team Industrial Services Inc.
  2014 Ed. (1198)
TEAM International Services Inc.

2015 Ed. (1103)
Team Lending Concepts LLC
  2004 Ed. (3970)
  2005 Ed. (3913)
Team LGM
  2002 Ed. (4085)
Team MHC
  2012 Ed. (4022, 4024, 4030, 4036,
    4041)
Team National Inc.
  2016 Ed. (2294)
Team Naturale II
  1995 Ed. (1600, 1758)
Team Nissan Inc.
  2016 Ed. (1853)
Team One
  1992 Ed. (112)
  2004 Ed. (134)
  2005 Ed. (102)
  2016 Ed. (2456)
Team One Advertising
  1993 Ed. (77)
  1995 Ed. (96)
  1996 Ed. (112)
  1997 Ed. (115)
  1998 Ed. (59)
  1999 Ed. (119)
  2000 Ed. (125, 191)
  2002 Ed. (137)
  2003 Ed. (30, 175)
  2006 Ed. (110)
Team-One Employment Specialists
  2007 Ed. (2833)
Team-One Staffing Services Inc.
  2002 Ed. (1077)
  2003 Ed. (3965)
Team Penske
  2015 Ed. (310)
  2016 Ed. (307)
Team Precision
  2009 Ed. (2103)
Team Recovery Inc.
  2016 Ed. (950)
Team Results, Inc.
  1997 Ed. (3701)
Team Services
  1995 Ed. (881)
Team Sledd
  2016 Ed. (1238, 1246, 1248)
Team Specialty Products
  2007 Ed. (3581, 4436)
  2008 Ed. (3723, 4416)
Team sports
  2000 Ed. (1048, 2919)
  2001 Ed. (4334)
Team sports goods
  2005 Ed. (4428)
Team TAG
  2015 Ed. (1475)
  2016 Ed. (1402)
Team Target
  2008 Ed. (2990)
  2009 Ed. (3073)
Team Tires Plus Ltd.
  2001 Ed. (4541, 4543)
  2002 Ed. (4625)
TeamBank
  1992 Ed. (2106, 2107)
Team/BBDO
  1989 Ed. (84)
  1992 Ed. (122, 140)
  1993 Ed. (92, 100)
  1994 Ed. (82)
  1999 Ed. (58)
Team/BBDO Group
  1989 Ed. (108)
  1990 Ed. (104)
Team/BBDO Group Denmark
  1989 Ed. (97)
  1990 Ed. (93)
Team/BBDO Group Germany
  1992 Ed. (150)
Team/BBDO Werbeagenfur
  1995 Ed. (47)
TeamExcel
  2006 Ed. (3503, 4343)
TeamHealth
  2010 Ed. (3614)
  2012 Ed. (2804)
  2013 Ed. (3835)
  2014 Ed. (3756, 4533)
  2015 Ed. (3780, 4533)
TeamNet International SA
  2010 Ed. (2943)
  2011 Ed. (2906)
  2012 Ed. (2841)
  2013 Ed. (2901)
Teamor, Lichko & Brown
  1999 Ed. (1942)
Teams

2005 Ed. (1603)
teamshare Inc.
  2001 Ed. (2857)
Teamsters
  1996 Ed. (3603)
Teamsters; Central States
  1996 Ed. (2939)
  1997 Ed. (3016)
  1998 Ed. (2773)
  1999 Ed. (3733)
  2000 Ed. (3440, 3441, 3450)
  2001 Ed. (3671, 3673, 3677, 3686)
  2002 Ed. (3608)
  2003 Ed. (3764)
  2007 Ed. (3795)
  2008 Ed. (2305, 3869)
  2009 Ed. (3926)
  2010 Ed. (3845)
  2011 Ed. (3847)
Teamsters, Central States SE & SW
  Areas Pension Funds
  1990 Ed. (2789)
  1997 Ed. (3027)
Teamsters, Central States, Southeast &
  Southwest Areas Pension Fund
  1991 Ed. (2686, 3412)
  1992 Ed. (3355, 4333)
  1993 Ed. (2780, 3607)
  1994 Ed. (2769, 2775, 3564)
  1996 Ed. (3729)
  1998 Ed. (2774, 3609)
  2000 Ed. (3451)
  2004 Ed. (3790)
Teamsters, Central States, Southeast &
  Southwest Areas Pension Fund,
  Rosemont, IL
  2000 Ed. (4283)
Teamsters Central States. Southeast &
  Southwest Areas Pension Funds
  1992 Ed. (3361)
Teamsters IBT Southeast & Southwest
  Areas Pension Fund
  1989 Ed. (2163, 2862)
  1990 Ed. (2783, 3628)
Teamsters Joint Council No. 25
  1991 Ed. (3411)
Teamsters Local 337
  1998 Ed. (2323)
  1999 Ed. (3139)
  2000 Ed. (2888)
Teamsters Union
  1999 Ed. (3845)
Teamsters; Western Conference
  1989 Ed. (2862)
  1990 Ed. (2783)
  1991 Ed. (2686, 3412)
  1992 Ed. (3355, 4333)
  1993 Ed. (2780, 3607)
  1994 Ed. (2769, 3564)
  1996 Ed. (2939, 3729)
  1998 Ed. (2774, 3609)
  2000 Ed. (3451)
  2007 Ed. (3795)
  2008 Ed. (3869)
  2009 Ed. (2286, 3926)
  2010 Ed. (3845)
  2011 Ed. (3847)
Teamsters, Western Conference, Seattle
  1989 Ed. (2163)
Teamsters, Western Conference, Seattle, WA
  2000 Ed. (4283)
Team/Young & Rubicam
  1990 Ed. (144)
  1991 Ed. (144)
  1992 Ed. (200)
  1993 Ed. (130)
  2000 Ed. (121, 123, 166, 186)
  2001 Ed. (132, 159, 161, 205)
  2002 Ed. (104, 132, 135, 177, 203)
  2003 Ed. (69, 98, 101, 144, 163)
Team/Young & Rubicam, UAE
  2001 Ed. (230)
Teardrop Golf Co.
  2001 Ed. (1666, 1668, 2616)
Tears Naturale
  1995 Ed. (1600, 1758)
  2003 Ed. (3780)
Tears Naturale II
  1997 Ed. (1817)
Teas
  2000 Ed. (2222)
  2004 Ed. (3666)
Teasdale
  2016 Ed. (1264)
Teather & Greenwood
  2001 Ed. (1036)
Teatro Abril
  2011 Ed. (1070)

2013 Ed. (1139)
Teatro Renault
2014 Ed. (1100)
2016 Ed. (1049)
Teatro Telcel
2016 Ed. (1049)
Teavana
2010 Ed. (4216)
Teavana Holdings Inc.
2015 Ed. (2471)
Teba Bank
2007 Ed. (552)
2008 Ed. (504)
2009 Ed. (535)
2010 Ed. (519)
2011 Ed. (448)
Tebar & Conde Publicidad
1995 Ed. (79)
Tebodin BV, Consultants & Engineers
2006 Ed. (2470)
Tebodin Consultants & Engineering
GmbH
2008 Ed. (2562)
2009 Ed. (2570)
2010 Ed. (2486)
Tebodin Consultants & Engineers
2012 Ed. (2413)
2013 Ed. (2582)
2014 Ed. (2511)
TEC
1989 Ed. (271)
2012 Ed. (948)
2013 Ed. (1092)
Tec de Monterrey
2011 Ed. (691)
TEC Laboratories
2006 Ed. (1967, 1969, 1970, 1971,
1972, 1973)
TEC-LINK
2006 Ed. (3513)
2007 Ed. (3555)
TEC Manufacturing & Distribution Services
2016 Ed. (2437)
TEC Utility Supply & Service
2015 Ed. (2503)
Tecate
1989 Ed. (780)
1990 Ed. (766, 767)
1991 Ed. (746)
1992 Ed. (937)
1993 Ed. (751)
1994 Ed. (753, 2440)
1995 Ed. (704, 711)
1996 Ed. (783, 786)
1997 Ed. (721, 724)
1998 Ed. (497, 507, 508)
1999 Ed. (818, 819)
2000 Ed. (812, 821, 822)
2001 Ed. (682, 683, 1024)
2002 Ed. (281)
2004 Ed. (668)
2005 Ed. (654, 655)
2006 Ed. (556, 557, 558)
2007 Ed. (592, 599, 600)
2008 Ed. (540, 543, 544)
2009 Ed. (574)
2010 Ed. (556)
2011 Ed. (485)
2012 Ed. (442)
2013 Ed. (554)
2014 Ed. (566, 570)
2015 Ed. (629, 636)
2016 Ed. (579, 586, 587)
Tech 4 Kids Inc.
2015 Ed. (1207)
Tech Center Employees Credit Union
2002 Ed. (1900)
Tech Coast Angels
2006 Ed. (4880)
2009 Ed. (4829)
Tech Data
2013 Ed. (1395)
2014 Ed. (4938)
2015 Ed. (4979)
2016 Ed. (1326, 4896)
Tech Data Corp.
1989 Ed. (1567, 2494)
1993 Ed. (1049)
1994 Ed. (1083, 1615)
1995 Ed. (1091, 3289, 3301, 3328)
1996 Ed. (1069, 1336)
1997 Ed. (1398)
1998 Ed. (1137, 1708)
1999 Ed. (1618, 1964, 1982, 2451)
2000 Ed. (1423, 1741, 1763, 2207,
3028, 4385)
2001 Ed. (1685, 1703, 2172, 2196,
2868, 3565, 3566, 4807, 4817)
2002 Ed. (1648, 1649, 2080, 2098,

2810, 4888, 4893, 4898, 4903)
2003 Ed. (1560, 1588, 1676, 1677,
2085, 2206, 2246, 3671, 3672,
4925, 4927, 4928, 4932)
2004 Ed. (1105, 1106, 1582, 1614,
1705, 1706, 2235, 2239, 2244,
4926, 4927, 4928, 4937)
2005 Ed. (1110, 1639, 1761, 1762,
1763, 1764, 2211, 2336, 4811,
4909, 4910, 4911)
2006 Ed. (1149, 1528, 1707, 1709,
1710, 2274, 2391, 2394, 3050,
4942, 4943, 4944)
2007 Ed. (1264, 1558, 1702, 1704,
1705, 2893, 4948, 4949, 4950,
4951)
2008 Ed. (1539, 1730, 1733, 1734,
3014, 3222, 4613, 4923, 4925)
2009 Ed. (1467, 1669, 1672, 1674,
3100, 4939, 4942, 4943)
2010 Ed. (1452, 1625, 1628, 1630,
3033, 4681, 4947, 4949, 4950)
2011 Ed. (1638, 1639, 1640, 3002,
4930, 4932, 4933, 4934)
2012 Ed. (1261, 1487, 1488, 1490,
1492, 1493, 2308, 2311, 2929,
4933, 4935, 4936)
2013 Ed. (1618, 1620, 1623, 1624,
2484, 2490, 3018, 3180, 4929,
4930, 4931)
2014 Ed. (1585, 1587, 1589, 1590,
2416, 2420, 3028, 4936, 4937)
2015 Ed. (1637, 1639, 1641, 2490,
2494, 3094, 3251, 4977, 4978)
2016 Ed. (1569, 1571, 1579, 1580,
1583, 1584, 2422, 2426, 4894,
4895)
Tech Data Germany AG
2004 Ed. (3331)
Tech Data Osterreich GmbH
2010 Ed. (1497)
2011 Ed. (1490)
2014 Ed. (1395)
2015 Ed. (1458)
Tech Development
1993 Ed. (2749)
Tech Excel
2008 Ed. (1144)
Tech & Learning
2015 Ed. (805)
Tech Mahindra
2008 Ed. (3834)
2009 Ed. (3889, 4670)
2010 Ed. (1095, 1099, 4691)
2011 Ed. (4643)
2016 Ed. (1020, 4683)
Tech-Marine Business Inc.
2007 Ed. (2051)
Tech. & Mgmt. Svcs. Corp.
2000 Ed. (2449, 2468)
Tech Pacific
2002 Ed. (4896)
2004 Ed. (4919)
Tech. Solutions of WPRW
1999 Ed. (3928)
Tech Support Guy
2005 Ed. (3192)
Tech-Sym Corp.
1990 Ed. (410)
1991 Ed. (358)
1993 Ed. (1567)
Tech Target.com
2003 Ed. (811)
Tech Valley Communications
2006 Ed. (3976)
Tech Web
1992 Ed. (3534, 3541)
2002 Ed. (4862)
Tech/Aid
1999 Ed. (4577)
Techcombank
2013 Ed. (404)
2014 Ed. (418)
2015 Ed. (475)
2016 Ed. (423)
TechCrunch
2012 Ed. (492, 493)
2013 Ed. (608, 610)
2014 Ed. (627, 628)
TechDemocracy
2008 Ed. (3182)
TechDemocracy LLC
2009 Ed. (3012)
TechExcel
2010 Ed. (1103)
2011 Ed. (1042)
2012 Ed. (972)
Techint
1992 Ed. (1430)

Techint Compagnia Tecnica Internazion-
ale
2004 Ed. (1324, 1332)
2005 Ed. (1330, 1335)
2006 Ed. (1303, 1314, 1316)
2008 Ed. (1286)
2009 Ed. (1269)
2010 Ed. (1265)
2011 Ed. (1215)
2012 Ed. (1151)
Techint Compania Tecnica Internacional
2003 Ed. (1324, 1333)
Techint Group
1991 Ed. (1095)
2009 Ed. (2570)
2010 Ed. (2486)
2013 Ed. (1288, 1297)
2014 Ed. (1221, 1230)
Techint Group of Construction
1993 Ed. (1145)
1994 Ed. (1162, 1649)
1999 Ed. (1390, 1406)
2000 Ed. (1279)
Techint Tecpetrol
2005 Ed. (3786)
2006 Ed. (3852)
2007 Ed. (3879)
2008 Ed. (3928)
Techint Tecpetrol SA
2009 Ed. (4000)
2010 Ed. (3907)
2011 Ed. (3926)
2012 Ed. (3912)
2013 Ed. (3965)
2014 Ed. (3908)
2015 Ed. (3936)
2016 Ed. (3855)
Techknits
1992 Ed. (1227)
Techlink Northwest
2008 Ed. (2480)
TechMD
2016 Ed. (1403)
Techna Glass International
2016 Ed. (318)
Technauts Inc.
2001 Ed. (2857)
Techne Corp.
1994 Ed. (2017)
2004 Ed. (682)
2005 Ed. (675)
2006 Ed. (1888, 1890)
2007 Ed. (622)
Techni-Glass
2005 Ed. (3377)
Technibilt/Cari-All
1999 Ed. (4499)
Technica Corp.
2001 Ed. (1355)
2002 Ed. (2539, 2540, 2541)
2003 Ed. (2748)
2005 Ed. (1357)
2006 Ed. (1370, 2831)
Technical Advertising
2001 Ed. (234)
Technical and how-to
1995 Ed. (2981)
Technical Communications Corp.
2012 Ed. (1686, 1693)
Technical Connections Inc.
1997 Ed. (1014, 2168)
1998 Ed. (1505)
1999 Ed. (2072)
2000 Ed. (1865)
2002 Ed. (2173)
Technical Consumer Products
2016 Ed. (3355)
Technical education
1990 Ed. (3089)
Technical Equipment Sales Co.
1999 Ed. (2845)
Technical & Management Services
Corp.
1995 Ed. (2098, 2105)
1996 Ed. (2106, 2113)
1997 Ed. (2213, 2221, 3495)
1998 Ed. (1927, 1941)
Technical Olympic SA
2005 Ed. (1782)
2007 Ed. (1747)
2008 Ed. (1773)
2009 Ed. (1712)
Technical Olympic USA Inc.
2005 Ed. (1182, 1193, 1216, 1221,
1231, 1232)
2008 Ed. (1198, 1731, 2850, 4522)
Technical & Project Engineering
2011 Ed. (1316, 4026, 4971)
2012 Ed. (4054)
Technical services

1989 Ed. (309)
2001 Ed. (2171)
Technical Solutions
2015 Ed. (4652)
Technical Solutions LLC
2009 Ed. (1644)
Technical specialists
1993 Ed. (2739)
Technical staff
2001 Ed. (2994)
Technical support specialist
2008 Ed. (3814)
Technical Tape
1990 Ed. (250)
Technical Training Inc.
2013 Ed. (4983)
Technical writer
2011 Ed. (3778)
Technical/copy writer
1989 Ed. (2093)
Technical/professional services
1993 Ed. (2046)
Technician Professionals
2014 Ed. (4821)
Technician Professionals LLC
2014 Ed. (1238)
Technicians
1994 Ed. (2587)
2000 Ed. (1787)
2007 Ed. (3737)
Technicoil Corp.
2006 Ed. (1631)
Technicolor
1999 Ed. (2053)
2016 Ed. (2027)
Technicon
1990 Ed. (2533)
1992 Ed. (3007)
Technicon Instruments
1993 Ed. (1514)
Technics
2000 Ed. (4121)
2008 Ed. (274)
Technigraphics Inc.
2006 Ed. (4352)
Techniker Krankenkasse
2010 Ed. (1653)
2011 Ed. (1662)
2012 Ed. (1514)
2013 Ed. (1657)
Technimmu 1/Technicon Immuno I Im-
munoassay System
1997 Ed. (2744)
Technip
1993 Ed. (1618)
1994 Ed. (1650)
1995 Ed. (1177, 1181, 1190, 1688)
1996 Ed. (1156, 1670)
1997 Ed. (1185, 1192)
1998 Ed. (967)
1999 Ed. (1390, 1391, 1393, 1400)
2000 Ed. (1275, 1280, 1282, 1287)
2006 Ed. (1299, 1301, 1304, 1305,
1314, 1321, 2462, 2468, 2469,
2473)
2007 Ed. (2427, 2433, 3869)
2008 Ed. (1278, 1288, 1290, 1300,
1307, 2554, 2560)
2009 Ed. (1261, 1265, 1268, 1269,
1271, 1273, 1285, 1292)
2010 Ed. (1257, 1260, 1261, 1265,
1267, 1278, 1285)
2011 Ed. (1211, 1215, 1217, 1219,
1231, 1238, 1656, 3882, 3910)
2012 Ed. (1147, 1150, 1151, 1153,
1155, 1160, 1167, 2411, 2412,
3895)
2013 Ed. (1294, 1299, 2543, 2581,
2584, 3916)
2014 Ed. (1220, 1221, 1232, 2475,
2510, 2513, 3861)
2015 Ed. (1278, 1279, 1281, 1290,
2549, 2584, 2587, 3888)
2016 Ed. (1193, 1194, 1196, 1200,
1204, 2496, 2500, 2509, 3798)
Technip Canada Ltd.
2012 Ed. (1385)
Technip-Coflexip
2004 Ed. (1320, 1324, 1325, 1330,
1336, 2390, 2391, 2396, 2397,
2398, 2401, 2404)
2005 Ed. (1326, 1329, 1330, 1331,
1332, 1335, 1341, 2422, 2428,
2429, 2430, 2433, 2436)
TECHNIP France
2002 Ed. (1304, 1309, 1311, 1317,
1319)
2003 Ed. (1320, 1325, 1331)
Technip USA Inc.
2016 Ed. (2054)

TechniSand Inc.
  2011 Ed. (3663)
  2012 Ed. (3663)
  2013 Ed. (3728)
Technitel Polska SJ
  2013 Ed. (2901)
Techno Coatings Inc.
  1999 Ed. (1373)
  2000 Ed. (1265, 1271)
  2001 Ed. (1479)
  2002 Ed. (1295)
  2003 Ed. (1309)
  2004 Ed. (1312)
  2005 Ed. (1318)
  2006 Ed. (1288)
  2007 Ed. (1365)
  2008 Ed. (1262)
  2009 Ed. (1238)
  2010 Ed. (1237)
  2011 Ed. (1185)
  2012 Ed. (1132)
  2013 Ed. (1278)
  2014 Ed. (1211)
  2015 Ed. (1269)
  2016 Ed. (1184)
Techno Design IP
  2009 Ed. (3011)
Techno Energy OOD
  2016 Ed. (1395)
Techno Semichem
  2009 Ed. (921)
Technobrands Inc.
  2006 Ed. (139)
  2007 Ed. (132)
Technogym
  2006 Ed. (1690)
Technologent
  2016 Ed. (4988)
Technology
  1990 Ed. (534)
  1995 Ed. (3395)
  1998 Ed. (607)
  1999 Ed. (1008)
  2000 Ed. (200, 905, 2617)
  2001 Ed. (246, 3585)
  2006 Ed. (834, 3258)
  2007 Ed. (2329)
  2008 Ed. (2454)
  2013 Ed. (1430)
  2014 Ed. (3156)
Technology Applications Inc.
  2004 Ed. (4655)
Technology Center of Silicon Valley
  1992 Ed. (4318)
Technology Concepts & Design Inc.
  2005 Ed. (1350)
Technology Group Solutions
  2013 Ed. (1791)
Technology Group Solutions LLC
  2016 Ed. (3594, 4961)
Technology Holdings Ltd.
  1994 Ed. (994)
  1995 Ed. (1015)
Technology in Medicine
  2005 Ed. (2884, 3438)
Technology Integration Group
  2006 Ed. (288, 3498, 4342)
  2007 Ed. (290, 291, 3535)
  2008 Ed. (269, 270, 3696)
  2009 Ed. (4125)
  2011 Ed. (1058)
  2012 Ed. (985)
  2013 Ed. (1126)
Technology & Management Associates
    Inc.
  2005 Ed. (3903, 4743)
Technology One
  2002 Ed. (1581)
Technology & Process Management As
  2016 Ed. (1912)
Technology Research Corp.
  2006 Ed. (4335, 4337)
  2008 Ed. (4377)
Technology Resources Industries
  1994 Ed. (2349)
  1996 Ed. (1396, 1416)
Technology Review
  2010 Ed. (4766)
  2011 Ed. (4719)
  2012 Ed. (4740)
Technology services
  2003 Ed. (2912, 2913)
Technology Solutions
  1993 Ed. (1103, 2007, 3334)
  1994 Ed. (1126)
  1998 Ed. (1926, 2938, 2939, 2942,
    2944)
Technology Support
  2006 Ed. (3762)
  2012 Ed. (4815)

Technology Support International
  2013 Ed. (4778)
Technology Ventures Inc.
  2006 Ed. (4794)
  2007 Ed. (3525, 3568)
Technology Works
  1993 Ed. (959, 1050, 3336)
  1994 Ed. (985, 3330)
Technomax
  2016 Ed. (3105)
Technopolice Bank
  1997 Ed. (531)
Technoquimicas
  1989 Ed. (28)
Technorati Inc.
  2007 Ed. (3053)
Technosoft Corp.
  2007 Ed. (3568, 4427)
  2015 Ed. (216)
Tech/Ops Landauer
  1991 Ed. (3147)
  1992 Ed. (3993)
Tech/Ops Laundauer
  1992 Ed. (1134)
Tech/Ops Sevcon
  1992 Ed. (318, 321)
  1994 Ed. (201)
  1996 Ed. (205)
  2005 Ed. (1860)
  2006 Ed. (1866)
  2009 Ed. (4473)
Techpack
  1992 Ed. (2963)
TechRadium
  2012 Ed. (636)
TechRepublic.com
  2002 Ed. (4878)
Techrp
  2007 Ed. (3601, 3602)
  2008 Ed. (3733, 4428, 4983)
TechSolCom
  2014 Ed. (3691)
  2015 Ed. (3707)
TechTarget
  2006 Ed. (753, 4878)
  2009 Ed. (841, 1882)
  2010 Ed. (782, 785)
  2011 Ed. (709, 712)
  2012 Ed. (653)
  2013 Ed. (797)
  2014 Ed. (814)
TechTarget.com
  2002 Ed. (914)
  2007 Ed. (846)
TechTarget's Searchstorage.com
  2004 Ed. (853)
Techtrans International Inc.
  1999 Ed. (4810)
Techtron Imaging Network
  1991 Ed. (3163)
  1992 Ed. (4033)
Techtronic Industries Co., Ltd.
  2007 Ed. (1582, 2868)
  2008 Ed. (3561)
  2009 Ed. (3628)
  2010 Ed. (3003, 3549)
  2011 Ed. (3549)
  2012 Ed. (3542)
  2013 Ed. (3587)
TechWeb
  2003 Ed. (811)
  2004 Ed. (853)
  2005 Ed. (827)
  2006 Ed. (753)
Techwell
  2008 Ed. (2458)
  2010 Ed. (4682)
Teck Bee Hang Co. Ltd.
  1991 Ed. (1358)
Teck Cominco Ltd.
  2005 Ed. (1667, 1668, 3485)
  2006 Ed. (1573, 1574, 1630)
  2007 Ed. (1648, 3517, 3518)
  2008 Ed. (1623, 3659, 3660)
  2009 Ed. (3725, 3744, 3745)
  2010 Ed. (1515, 1516, 3682, 3683,
    4055)
  2011 Ed. (1550)
Teck Corp.
  1990 Ed. (2586)
  1991 Ed. (2467)
  1992 Ed. (3086)
  1994 Ed. (2527)
  1996 Ed. (2033)
  1997 Ed. (2152)
  2002 Ed. (3738)
  2003 Ed. (2626)
  2016 Ed. (3565)
Teck Highland Valley Copper
  2014 Ed. (3668)

Teck Metals Ltd.
  2014 Ed. (3640)
Teck Resources
  2014 Ed. (1486)
  2015 Ed. (3653)
Teck Resources Inc.
  2015 Ed. (1520)
  2016 Ed. (1464)
Teck Resources Ltd.
  2011 Ed. (1508, 1509, 1560, 1561,
    1565, 3653, 3666, 3667, 4034)
  2012 Ed. (1237, 1356, 1357, 1404,
    3643, 3648, 3652, 3668, 3670,
    3671, 3672, 3673, 3674, 3679,
    4067)
  2013 Ed. (1350, 1513, 1514, 1519,
    3687, 3700, 3715, 3725, 3726,
    3729, 3730, 3734, 4512)
  2014 Ed. (1286, 1482, 1483, 3621,
    3647, 3660, 3661, 3664, 3665,
    3668)
  2015 Ed. (1356, 1537, 1538, 3588,
    3634, 3678, 3679, 3682, 3683,
    3684)
  2016 Ed. (1287, 1478, 3518, 3519,
    3561, 3562, 3566)
Tecmo Super Bowl
  1995 Ed. (3696)
Tecna Corp.
  2010 Ed. (3696)
Tecnica
  1991 Ed. (3132)
  1992 Ed. (3981)
Tecnicas Reunidas
  2013 Ed. (1299)
  2014 Ed. (1232)
  2015 Ed. (2584)
  2016 Ed. (2506)
Tecnicas Reunidas SA
  2009 Ed. (2569, 2573)
  2010 Ed. (1267, 1278, 2484, 2485,
    2489)
  2011 Ed. (1217, 2492, 2493, 2497)
  2012 Ed. (1153, 2411, 2416)
  2013 Ed. (1289, 2577, 2583, 2584)
  2014 Ed. (2512, 2513)
  2015 Ed. (2586, 2587)
  2016 Ed. (2508, 2509)
Tecnico Corp.
  1999 Ed. (2676)
Tecnimont SpA
  1999 Ed. (1406)
  2002 Ed. (1323)
  2003 Ed. (1325)
  2004 Ed. (1325)
Tecnoglass SA
  2013 Ed. (2822)
  2014 Ed. (2860)
  2015 Ed. (2901)
  2016 Ed. (2822)
Tecnologie Progetti Lavori SpA
  1992 Ed. (1431)
Tecnoquimicas
  2004 Ed. (37)
  2005 Ed. (30)
  2007 Ed. (28)
  2008 Ed. (33)
  2009 Ed. (38)
  2010 Ed. (48)
Tecnost
  2001 Ed. (1762)
  2002 Ed. (1701)
Tecnost (Olivetti)
  1990 Ed. (298)
  1991 Ed. (266)
Tecnova Electronics
  2015 Ed. (3569)
TECO
  1999 Ed. (1951)
Teco Arena
  2005 Ed. (4441)
Teco Electric & Machinery Co. Ltd.
  1994 Ed. (2424)
TECO Energy Inc.
  1989 Ed. (1300, 1301)
  1990 Ed. (1604, 1605)
  1991 Ed. (1501, 1502)
  1992 Ed. (2169)
  1993 Ed. (1559, 1869)
  1994 Ed. (1599, 1600, 1855, 1856)
  1995 Ed. (1641, 1642)
  1996 Ed. (1618, 1619, 1925, 1927)
  1997 Ed. (1697, 1698)
  1998 Ed. (1390, 1391)
  2000 Ed. (2205)
  2005 Ed. (2219, 2221, 2300, 4507)
  2006 Ed. (4466, 4470)
  2007 Ed. (2385)
  2010 Ed. (2016, 2342)
TECO Power Services Corp.

  2002 Ed. (1494)
TECSEC Inc.
  2001 Ed. (2857)
Tecstar Electro Systems Inc.
  2005 Ed. (1554)
Tecstar Inc.
  2000 Ed. (1106, 2406)
Tecsyn International
  1992 Ed. (1588)
TECSYS
  2009 Ed. (2994)
  2010 Ed. (2934)
Tecta America Corp.
  2002 Ed. (1296)
  2003 Ed. (1313)
  2004 Ed. (1313)
  2005 Ed. (1319)
  2006 Ed. (1291)
  2007 Ed. (1367)
  2008 Ed. (1263)
  2009 Ed. (1239, 1319, 1347, 4352)
  2010 Ed. (1238)
  2011 Ed. (1186, 1206, 1254, 1276,
    1283, 1285, 1291, 1297, 1303,
    1315)
  2012 Ed. (1170, 4381)
  2013 Ed. (4350)
  2014 Ed. (4399)
  2015 Ed. (4387)
  2016 Ed. (4285)
Tecta Solar
  2016 Ed. (4427)
Tectura
  2006 Ed. (4871)
  2008 Ed. (4607)
  2012 Ed. (29, 4816)
  2013 Ed. (4779)
  2014 Ed. (4822)
  2015 Ed. (4858)
Tecumseh Products Co.
  1989 Ed. (1651, 1654)
  1990 Ed. (844, 2174)
  1991 Ed. (800, 2021)
  1992 Ed. (981)
  1993 Ed. (772)
  1994 Ed. (791)
  1995 Ed. (1308, 2239)
  1996 Ed. (2243)
  1998 Ed. (2090)
  2001 Ed. (1049)
  2003 Ed. (779)
  2004 Ed. (3325, 3326)
  2005 Ed. (3350, 3351)
  2008 Ed. (3148)
Ted
  2014 Ed. (3699)
TED
  2003 Ed. (2485)
Ted Abrams
  2013 Ed. (3468)
Ted and Lin Arison
  1994 Ed. (892)
Ted Arison
  1989 Ed. (2751, 2905)
  1990 Ed. (2576, 2577)
  1991 Ed. (2461)
  1998 Ed. (686)
Ted Baker
  2016 Ed. (3757)
Ted Baker plc
  2008 Ed. (4230)
Ted Bates AB
  1989 Ed. (164)
  1990 Ed. (153)
Ted Bates A/S
  1989 Ed. (146)
  1990 Ed. (137)
Ted Bates Holding
  1990 Ed. (93, 104)
  1991 Ed. (91)
Ted Bates Ltd.
  1989 Ed. (121, 133)
  1990 Ed. (109)
Ted Bates Malaysia
  1990 Ed. (126)
Ted Bates New Zealand
  1989 Ed. (143)
  1990 Ed. (133)
  1991 Ed. (133)
Ted Bates S.A.
  1989 Ed. (87)
Ted Bates Werbeagentur
  1989 Ed. (108)
Ted Bates/Singapore
  1990 Ed. (147)
Ted Britt of Fairfax
  1990 Ed. (332)
Ted Burnett
  2005 Ed. (4871)
Ted Chapman

1992 Ed. (1098)
Ted Colangelo Associates
1989 Ed. (2352)
Ted Cunningham
2002 Ed. (3263)
Ted Lambert
2006 Ed. (3506, 4345)
Ted Lerner
2012 Ed. (430)
Ted Moudis Associates
2005 Ed. (3164)
2011 Ed. (3307, 3314)
2012 Ed. (3290)
2013 Ed. (3363)
2015 Ed. (3409)
Ted Rogers
1997 Ed. (3871)
1999 Ed. (1123)
2009 Ed. (2662)
Ted Stevens Anchorage International
Airport
2010 Ed. (245)
Ted Thomas Associates Inc.
1993 Ed. (127)
1998 Ed. (63)
Ted Turner
1993 Ed. (1693)
1999 Ed. (1072)
2004 Ed. (3890)
2005 Ed. (3832)
2008 Ed. (895)
Ted Waitt
1995 Ed. (1717)
1999 Ed. (2082, 2664)
2000 Ed. (1881, 2448)
2002 Ed. (4787)
2003 Ed. (4888)
2004 Ed. (4873)
Teddy Grahams
1992 Ed. (3219)
Teddy Grahams; Nabisco
2005 Ed. (1397)
Teddy Sagi
2014 Ed. (4894)
2015 Ed. (4933)
2016 Ed. (4849)
Tedral
1993 Ed. (252)
Ted's Montana Grill
2007 Ed. (4136, 4139)
Tee-Comm Electronics
1997 Ed. (1376)
Tee Jays Manufacturing Co. Inc.
2001 Ed. (1606)
Tee; Tan Boy
2010 Ed. (4872)
Teeco Pptys.
1990 Ed. (2967)
Teekay Corp.
2010 Ed. (1516)
2012 Ed. (1357)
2013 Ed. (1514)
2016 Ed. (3456)
Teekay Shipping Corp.
2003 Ed. (4572)
2005 Ed. (1564, 1664)
2006 Ed. (1572)
2008 Ed. (3923)
Teekey Shipping
2006 Ed. (1574)
Teel; Adrian G.
1991 Ed. (2342)
Teel; Joyce Raley
1994 Ed. (3667)
1995 Ed. (3788)
1996 Ed. (3876)
1997 Ed. (3916)
2006 Ed. (4913)
Teema Consulting Group
2015 Ed. (3187)
TEEMA Solutions Group
2014 Ed. (2922)
2015 Ed. (2981)
TEEMA Solutions Group Inc.
2016 Ed. (2916)
Teema Solutions Group Inc.
2014 Ed. (2875)
Teemu Selanne
2003 Ed. (298)
Teen Beat
1994 Ed. (2792)
Teen Challenge
2012 Ed. (729)
Teen Love: On Relationships
2003 Ed. (709)
Teen Machine
1994 Ed. (2792)
Teen People
2001 Ed. (258, 259)
2002 Ed. (3228)

Teen Vogue
2006 Ed. (134)
2007 Ed. (127, 167, 169)
2008 Ed. (150, 152)
Teena Lerner
1991 Ed. (1698)
1993 Ed. (1782)
1994 Ed. (1766)
1995 Ed. (1807)
1996 Ed. (1782)
Teenage Mutant Ninja Turtles
1992 Ed. (4397, 4398)
1993 Ed. (3599, 3600, 3602, 3603)
1994 Ed. (3558, 3561)
1996 Ed. (2490)
Teenage Mutant Ninja Turtles Mutations
1994 Ed. (3558)
Teenage Mutant Ninja Turtles: The
Movie
1994 Ed. (3630)
Teenage Mutant Turtles-Ultra
1991 Ed. (3409)
Teenage Ninja Turtles-Playmates
1991 Ed. (3409)
Teenage/Turtles
1992 Ed. (3112)
Teennage Mutant Ninja Turtles
1992 Ed. (4329)
Teeter Hang-Ups
2015 Ed. (2336)
Tefal
2000 Ed. (3036)
2001 Ed. (3216)
2002 Ed. (3234)
2004 Ed. (3358)
Tefal SA
1997 Ed. (2708)
1999 Ed. (3299)
TEG Federal Credit Union
2015 Ed. (2251)
TEG--The Environmental Group
1994 Ed. (2892)
1995 Ed. (1718)
1997 Ed. (1782)
1998 Ed. (943, 1492)
1999 Ed. (2060)
Tegal Corp.
1997 Ed. (3406)
Tegener
2002 Ed. (4389)
TEG/LVI Environmental Services Inc.
2000 Ed. (1861)
2002 Ed. (2152)
Tegra Polycarbonate Lenses
2001 Ed. (3594)
Tegrin
1992 Ed. (4236)
Tegut Gutberlet Stiftung & Co.
2013 Ed. (1658)
Teh Hong Piow
1997 Ed. (849)
2006 Ed. (4917)
2008 Ed. (4847)
2009 Ed. (4868)
2010 Ed. (4870)
2011 Ed. (4858)
2012 Ed. (4864)
2013 Ed. (4887)
2014 Ed. (4900)
2015 Ed. (4940)
2016 Ed. (4855)
Teheran
1990 Ed. (1011)
Teheran, Iran
1991 Ed. (940)
Tei-Fu; Chen
2010 Ed. (3965)
Teichert Inc.
2006 Ed. (1176)
2007 Ed. (1282)
Teichert Materials
2014 Ed. (4409)
Teichert & Son Inc.; A.
2005 Ed. (4167)
Teijin
1989 Ed. (894)
1993 Ed. (914)
1994 Ed. (931, 3521)
1995 Ed. (3606)
1996 Ed. (3681)
1998 Ed. (2876)
2001 Ed. (4513, 4514)
2006 Ed. (852, 2577)
2007 Ed. (953)
2012 Ed. (771)
2013 Ed. (943)
2014 Ed. (896)
Teijin Chemicals
2000 Ed. (3567)
Teijin Indonesia Fiber Corp.

1989 Ed. (1127)
1992 Ed. (1637)
Teijin Indonesia Fibre
1990 Ed. (1381)
1991 Ed. (1303)
Teijin
1993 Ed. (3560)
Teipn
1998 Ed. (2880)
The Teirney Group
2001 Ed. (3941)
TEISA
2015 Ed. (1979)
Teisa
2012 Ed. (1838)
Teixeira; Mark
2012 Ed. (432)
2013 Ed. (187)
Tejada; Celia
2008 Ed. (2990)
Tejarat Bank
2015 Ed. (2710)
2016 Ed. (2635)
Tejarat; Bank
2005 Ed. (547)
2006 Ed. (471)
2007 Ed. (484)
2008 Ed. (449)
Tejas Gas Corp.
1994 Ed. (1945)
1995 Ed. (1972, 3289, 3301)
1996 Ed. (1999, 2001, 3037, 3038)
1997 Ed. (2119, 3118, 3119)
1998 Ed. (1809, 1810, 1812, 2856, 2861)
1999 Ed. (2570, 2571, 2572, 2573, 2574, 3832)
Tejon Ranch
1990 Ed. (1302)
Tejoori
2009 Ed. (2755)
Tek
1999 Ed. (4616)
Tekel
2000 Ed. (4261)
Tekel 2000
1997 Ed. (995)
Tekelec
1993 Ed. (3697)
1994 Ed. (3044)
1996 Ed. (2886)
1997 Ed. (1713)
2004 Ed. (2773)
2005 Ed. (1089)
Tekgraf, Inc.
2002 Ed. (1611)
2003 Ed. (2708)
Tekhnologiya & Pitanie Ltd.
2015 Ed. (4268)
Tekmira Pharmaceuticals
2015 Ed. (1531, 3994)
Tekmira Pharmaceuticals Corp.
2015 Ed. (1545, 1559)
Tekni-Plex Inc.
2001 Ed. (4520)
2003 Ed. (4734)
2004 Ed. (4718)
2005 Ed. (4688)
2006 Ed. (4733)
2007 Ed. (4749)
2008 Ed. (4673)
2009 Ed. (4713)
2010 Ed. (4727)
2011 Ed. (4686)
2012 Ed. (4700)
2013 Ed. (4661)
Teknicks
2012 Ed. (1752)
2013 Ed. (1918)
Teknika HBA
2009 Ed. (2023)
Teknion Corp.
2007 Ed. (2662)
2008 Ed. (3142)
2009 Ed. (2850, 3226)
2012 Ed. (2711)
2013 Ed. (2785)
Teknion Furniture Systems Ltd.
2003 Ed. (1708)
Teknologisk Institut
2009 Ed. (1634)
2010 Ed. (1607)
Teknor Apex Co.
2011 Ed. (2021)
2013 Ed. (2028)
Teknowlegee Inc.
2008 Ed. (4963)
TekPartners
2016 Ed. (1558)
TekPartners/MedPartnersHIM

2014 Ed. (1580)
Teksavers
2009 Ed. (1089)
TekScape
2013 Ed. (3171)
TEKSER Construction Industry & Trading Inc.
2004 Ed. (1333)
Teksid Aluminum
2005 Ed. (325)
TekStaff IT Solutions Inc.
2015 Ed. (1528, 3186)
2016 Ed. (3043)
TEKsystems
2014 Ed. (1764)
2015 Ed. (1807, 4456)
2016 Ed. (4352)
TEKsystems Inc.
2006 Ed. (2429)
Tektronik
2014 Ed. (2926)
Tektronix Inc.
1989 Ed. (1313, 1316, 1326, 1332, 1333, 1667, 2304, 2312, 2362)
1990 Ed. (1622, 1630, 2216, 2217, 2901, 2986, 2989, 3108)
1991 Ed. (2079, 2080, 2646, 2842, 2843, 2930)
1992 Ed. (1524, 2641, 2642, 3804)
1993 Ed. (1384, 1564, 2181, 2182, 3103)
1994 Ed. (1085, 1438, 1607, 2212, 2213)
1995 Ed. (1093, 1472, 1650)
1998 Ed. (1401, 3162)
1999 Ed. (1974, 1975, 2896, 4146)
2000 Ed. (1750, 2647, 3862)
2001 Ed. (1358, 1831, 1832, 2892, 2893, 2894)
2002 Ed. (2830, 4364)
2003 Ed. (1806, 2241, 2244, 4302)
2004 Ed. (1839, 3029, 3030, 3031)
2005 Ed. (1939, 2339, 3044, 3045)
2006 Ed. (1976, 2073, 2386, 2394)
2007 Ed. (1947, 2330)
2008 Ed. (2029)
Tel America
2006 Ed. (3330)
Tel Aviv Ben Gurion Airport
2001 Ed. (2121)
Tel-Aviv, Israel
2009 Ed. (259)
2013 Ed. (166)
2014 Ed. (170)
Tel Aviv Stock Exchange
2016 Ed. (4484)
Tel-Aviv Stock Exchange
2015 Ed. (4547, 4554)
Tel Communications Inc.
2010 Ed. (1478)
Tel-Instrument Electronics Corp.
2004 Ed. (4587)
Tel-Save Holdings Inc.
1998 Ed. (3184)
Tel-Stock, Inc.
1990 Ed. (1214)
TELACU
1992 Ed. (2402)
2000 Ed. (3149)
TELACU Industries Inc.
1995 Ed. (2102, 3287)
1996 Ed. (2111, 3400)
1997 Ed. (2801, 3495)
1998 Ed. (2515, 3289)
1999 Ed. (2441, 3423)
2000 Ed. (2198)
2001 Ed. (2711)
2002 Ed. (2557, 3376)
2003 Ed. (3427)
2004 Ed. (2830)
2006 Ed. (2841)
2008 Ed. (2962)
2009 Ed. (3042)
2010 Ed. (2966)
2011 Ed. (2928)
2012 Ed. (2862)
2013 Ed. (2931)
2014 Ed. (2948, 2951)
2015 Ed. (2996, 3001)
TelAlaska
2010 Ed. (1459)
Telaleasing Enterprises Inc.
1992 Ed. (4207)
1993 Ed. (2775)
1994 Ed. (3493)
Telamon Corp.
2006 Ed. (288, 3512, 4351)
2007 Ed. (290, 291, 3553)
2008 Ed. (269, 270, 3708)
2009 Ed. (3760)

2010 Ed. (3695)
2011 Ed. (3690)
2013 Ed. (3752)
2014 Ed. (3685)
2015 Ed. (3701)
2016 Ed. (1667, 3585)
Telanetix Inc.
2012 Ed. (2852)
Telatron Marketing Group Inc.
1998 Ed. (3478)
1999 Ed. (4555)
2000 Ed. (4193)
Telcel
2005 Ed. (4986)
2008 Ed. (661)
2010 Ed. (639)
2011 Ed. (3691)
2012 Ed. (557)
2013 Ed. (657, 665, 4613)
2014 Ed. (674, 689, 1783)
2015 Ed. (729, 4656)
2016 Ed. (669, 4570)
Telcel Consultoria SA de CV
2012 Ed. (1657)
Telco
1991 Ed. (721)
1992 Ed. (84)
2002 Ed. (1584, 1589)
2008 Ed. (646)
Telco Construction Equipment
2009 Ed. (3590)
Telco Credit Union
2008 Ed. (2213)
2009 Ed. (2183, 2195)
Telco Sales Inc.
2008 Ed. (4951)
Telco Service America
1993 Ed. (2775)
Telcobuy.com
2003 Ed. (217)
Telcoe Credit Union
2002 Ed. (1833, 1844, 1848)
2003 Ed. (1903, 1907)
2004 Ed. (1947)
2005 Ed. (2078, 2088)
2006 Ed. (2183)
2007 Ed. (2104)
2008 Ed. (2219)
2009 Ed. (2202)
2010 Ed. (2156)
2011 Ed. (2177)
2012 Ed. (2037)
2013 Ed. (2210)
2014 Ed. (2141)
2015 Ed. (2205)
2016 Ed. (2176)
Telcoinabox
2009 Ed. (1499, 1500)
Telcom Credit Union
1990 Ed. (1461)
1991 Ed. (1395)
1992 Ed. (1756)
1993 Ed. (1453)
1994 Ed. (1506)
1995 Ed. (1539)
1996 Ed. (1514)
1997 Ed. (1572)
1998 Ed. (1231)
2000 Ed. (1630)
2001 Ed. (1963)
2002 Ed. (1856)
TelCom Semiconductor
1997 Ed. (3358)
Telcommunications
1990 Ed. (2751)
Telcordia Technologies Inc.
2011 Ed. (1034, 1038)
TelCove Inc.
2008 Ed. (1401)
Tele 2000
1999 Ed. (3187)
2000 Ed. (2933)
Tele-America Communications Corp.
1992 Ed. (4207)
Tele Business USA
1998 Ed. (3480)
Tele Centro Sul
2002 Ed. (4096)
Tele-Com-Liberty
1997 Ed. (727, 728)
1998 Ed. (510, 511)
1999 Ed. (822, 1499)
Tele-Com-TCI
1997 Ed. (727, 728)
1998 Ed. (510, 511)
1999 Ed. (822)
Tele-Com-TCI Ventures
1999 Ed. (822)
Tele-Comm
1999 Ed. (3312)

Tele-Communications "A"
1995 Ed. (3437)
Tele-Communications and Liberty Media
1995 Ed. (1221)
Tele-Communications Inc.
1989 Ed. (781, 782, 1039, 1046, 2670)
1990 Ed. (262, 779, 780, 781, 2507, 2752, 3255)
1991 Ed. (749, 750, 751, 834, 1009, 1164, 2373, 2390, 2654, 2659, 2660)
1992 Ed. (943, 944, 945, 1019, 1024, 1286, 1473, 3317, 3318, 3319)
1993 Ed. (753, 813, 814, 817, 1033, 1180, 1189, 2490, 2750, 2751, 2755, 2756, 2757, 3219, 3247, 3468, 3469)
1994 Ed. (759, 760, 832, 1064, 1220, 2426, 2427, 2428, 2444, 2705, 2707, 2708, 2712, 3226, 3241, 3445, 3446, 3447)
1995 Ed. (716, 717, 1076, 1228, 1229, 1235, 2510, 2821, 3288, 3321)
1996 Ed. (789, 790, 855, 858, 1193, 1194, 1207, 1319, 2578, 2888, 2890, 2891, 2893, 2894, 3594, 3595)
1997 Ed. (873, 874, 1378, 2697, 2699, 2716, 2718, 2976, 2978)
1998 Ed. (512, 588, 590, 593, 813, 1069, 1122, 1129, 1286, 2425, 2427, 2441, 2719, 2720, 2721, 2722, 2723, 2976, 3413, 3416)
1999 Ed. (998, 1243, 1486, 1595, 1863, 3287, 3290, 3307, 3309, 3310, 3671, 3672, 3673, 4546)
2000 Ed. (944, 1335, 1402, 1403, 3022, 3024, 3050, 3389, 3390, 4186, 4188)
2005 Ed. (1499, 1547)
Tele-Communications Inc. CI, A
1992 Ed. (3312, 3313)
Tele-Communications, Inc. Class A
1991 Ed. (2651, 2655, 2656)
Tele-Communications, Inc. (TCI)
2001 Ed. (1540, 1542, 1674, 3203)
2002 Ed. (1386, 1433, 1438)
2003 Ed. (1503)
2004 Ed. (1531)
Tele-Communications International
1997 Ed. (1322)
Tele-Consultants Inc.
2013 Ed. (2026)
Tele Danmark
1996 Ed. (1323)
1997 Ed. (1219, 1382, 3691)
1999 Ed. (1423, 1424, 1598, 1599)
2000 Ed. (1406, 1407)
Tele Danmark A/S
2001 Ed. (29, 1682, 1820)
2002 Ed. (1342, 1343, 1633, 1634)
2003 Ed. (4580)
Tele Danmark B
1997 Ed. (1218)
Tele Disc
1990 Ed. (2937)
Tele-Media
1998 Ed. (602)
Tele-Metropole Inc.
1992 Ed. (946)
1996 Ed. (791)
1997 Ed. (729)
Tele-Mobile Co.
2005 Ed. (3491)
Tele Norte Leste
2006 Ed. (1568)
Tele Norte Leste Participacoes SA
2003 Ed. (4574)
2007 Ed. (1603)
2008 Ed. (1581)
2009 Ed. (1514)
2010 Ed. (1509)
2011 Ed. (1502)
2012 Ed. (1349, 4574)
2013 Ed. (1442)
Tele-Rep 800
1994 Ed. (3485)
Tele Sudeste Celular Participacoes SA
2003 Ed. (4574)
Tele2
2004 Ed. (61, 63, 87)
2006 Ed. (44)
Tele2 AB
2003 Ed. (2942)
2004 Ed. (3023)
2005 Ed. (56, 58, 64, 1823)
2006 Ed. (65)
2007 Ed. (35, 56, 62)

2008 Ed. (39, 56, 58, 66)
2009 Ed. (44, 64, 66, 2067)
2010 Ed. (49, 54, 74, 76, 85, 105)
2012 Ed. (4650, 4666)
2013 Ed. (4603, 4624)
2014 Ed. (4656, 4684)
2015 Ed. (4651, 4694)
TeleBackup Exchangeco Inc.
2006 Ed. (4492)
Telebank
1998 Ed. (3529, 3569)
2001 Ed. (631)
Telebit
1992 Ed. (3822)
1998 Ed. (2429, 2519)
Telebras
1989 Ed. (1553)
1994 Ed. (3133, 3134)
1997 Ed. (1455, 1472, 3378, 3379)
1998 Ed. (1161)
1999 Ed. (1590, 1665, 1669, 4137, 4138)
2000 Ed. (1395, 1472, 1480, 3851, 3852)
2002 Ed. (4097, 4389)
Telebras HOLDRs
2003 Ed. (3636, 4574)
Telebras on
1997 Ed. (3379)
Telebras PN
1994 Ed. (3135)
1995 Ed. (3181, 3182)
1996 Ed. (1399, 3281, 3282, 3413)
Telebras Telecom. Brasileiras SA
1994 Ed. (1331, 1332, 1333)
1996 Ed. (1302, 1303, 1304, 1306)
Telebras Telecoms. Brasileiras S.A.
1990 Ed. (1335)
1992 Ed. (1582, 1583)
Telecable de Centro
1997 Ed. (878)
Telecare Corp.
1998 Ed. (2933)
2016 Ed. (4957, 4975)
Telecast
1990 Ed. (883)
Telecel
1999 Ed. (3250)
2000 Ed. (2984, 2985)
2002 Ed. (3185, 3186)
2004 Ed. (74)
2005 Ed. (66)
2010 Ed. (89)
2011 Ed. (571)
Telecel Comunicacoes Pessoais S.A.
2001 Ed. (69)
Telecel Latin America SA Inc.
2003 Ed. (4441)
Telecential
1996 Ed. (864)
TeleChem International
2005 Ed. (960)
TeleCIS Wireless
2007 Ed. (4968)
Telecity Group
2013 Ed. (1104, 2115, 2119)
2014 Ed. (1063)
2016 Ed. (1010, 1021)
Telecom
1989 Ed. (1102)
1992 Ed. (67, 76, 1459)
1995 Ed. (200)
1997 Ed. (828)
1999 Ed. (950)
2000 Ed. (896, 962)
2001 Ed. (25, 46, 1778, 2985)
2006 Ed. (665)
2014 Ed. (1357)
Telecom Americas
2004 Ed. (1548)
Telecom Arb. Stet
2002 Ed. (855)
Telecom Arg-Stet-France
2001 Ed. (12)
Telecom Arg Stet-France Telecom
1996 Ed. (811, 812)
1997 Ed. (827)
Telecom Argentina
1999 Ed. (949)
2000 Ed. (895, 896)
2005 Ed. (1845, 1846, 1847)
2006 Ed. (4599)
2007 Ed. (17)
2008 Ed. (22, 70)
2009 Ed. (25, 79)
2010 Ed. (35, 89)
Telecom Argentina Stet-France Telecom
1994 Ed. (787)
Telecom Argentina Stet-France Telecom, SA

2003 Ed. (4570)
Telecom Asia Corp.
1999 Ed. (4162)
Telecom Asia Corporation
2000 Ed. (1573, 3876)
Telecom Australia
1989 Ed. (22)
1990 Ed. (21)
1992 Ed. (40)
1993 Ed. (23)
1994 Ed. (13)
1995 Ed. (1353)
Telecom Austria
1998 Ed. (2217)
Telecom Brasil
2000 Ed. (3328)
Telecom Canada
1992 Ed. (4204)
Telecom Carso Global
2003 Ed. (1739, 1740, 1741)
2004 Ed. (1776, 1777, 1778, 1779)
2005 Ed. (1842, 1844)
Telecom Corp. of New Zealand
2015 Ed. (1929, 4663)
Telecom Corp. of New Zealand Ltd.
1992 Ed. (1458)
1994 Ed. (1432, 2670, 2671)
1995 Ed. (1467)
1996 Ed. (1429, 2844, 2845)
1997 Ed. (1490, 2939, 2940, 3695)
1999 Ed. (1715, 3622, 3623)
2000 Ed. (3331, 3332)
2001 Ed. (62, 1818)
2002 Ed. (1125, 1745, 3497, 3498)
2003 Ed. (1792, 4597)
2004 Ed. (68, 1826)
2005 Ed. (63)
2006 Ed. (70, 3703)
2007 Ed. (61)
2008 Ed. (64)
2009 Ed. (73, 1947)
2010 Ed. (83, 1884)
Telecom Egypt
2006 Ed. (43, 4499)
2007 Ed. (34)
2008 Ed. (38, 1710)
2009 Ed. (43, 1647)
2010 Ed. (53, 1612)
2011 Ed. (1616)
2012 Ed. (34, 1464, 4648)
2014 Ed. (1559)
2015 Ed. (1401)
2016 Ed. (1331)
Telecom Eireann
1990 Ed. (1386)
1992 Ed. (1651, 1652)
1993 Ed. (1352)
1997 Ed. (1457)
1999 Ed. (1684)
2001 Ed. (44)
Telecom equipment
1998 Ed. (1556)
Telecom Express
2000 Ed. (4196)
2002 Ed. (4571, 4574)
Telecom Italia
1996 Ed. (3651)
1997 Ed. (1460, 2578, 2579, 3499, 3691, 3692)
1998 Ed. (2217)
1999 Ed. (1686, 1687, 3122, 3123, 4287, 4289)
2000 Ed. (1487, 1488, 2870, 2871, 4191, 4192)
2009 Ed. (50, 116)
2012 Ed. (4660)
2013 Ed. (4640)
2014 Ed. (669, 2569, 4013, 4023)
2015 Ed. (727)
2016 Ed. (665)
Telecom Italia Capital
2005 Ed. (2146)
Telecom Italia Mobile
1997 Ed. (3691)
1999 Ed. (3123)
2000 Ed. (2870, 2871)
Telecom Italia Mobile SpA
2003 Ed. (1726, 1727)
2004 Ed. (1089)
2005 Ed. (4986)
2006 Ed. (1448)
2007 Ed. (1828, 4713)
Telecom Italia Mobile SpA (TIM)
2001 Ed. (1551, 1761, 1762)
2002 Ed. (1126, 1701)
Telecom Italia Rsp
2000 Ed. (2871)
Telecom Italia SpA
2000 Ed. (1486, 4006)
2001 Ed. (1759, 1760, 1761, 1762)

2002 Ed. (1126, 1700, 1701, 3216)
2003 Ed. (1429, 1670, 1726, 1727, 4592, 4704)
2004 Ed. (71, 1089, 1764, 3022, 4674)
2005 Ed. (50, 1475, 1483, 1562, 1830)
2006 Ed. (31, 57, 1093, 1448, 1820, 1821, 1822, 1823, 3230, 4700)
2007 Ed. (40, 48, 1826, 1828, 1829, 1830, 4713, 4714, 4718, 4719)
2008 Ed. (51, 1861, 1862, 1863, 1864, 4641)
2009 Ed. (58, 1816, 1817, 1818, 3764, 4680, 4681, 4684)
2010 Ed. (68, 1757, 1758, 1759, 4693, 4697)
2011 Ed. (1770, 1772, 4645, 4648, 4653)
2012 Ed. (1622, 1623, 1624, 4649, 4651, 4654, 4658)
2013 Ed. (1781, 1782, 1783, 4602, 4611, 4634, 4638)
2014 Ed. (1714, 1715, 4056, 4655)
2015 Ed. (1757, 1758, 4650)
2016 Ed. (1708, 1709, 4564)
Telecom Jamaica
2000 Ed. (2874, 2875)
Telecom NZ
2004 Ed. (1088)
Telecom Plus
2008 Ed. (4644)
2013 Ed. (2327, 2336)
2014 Ed. (2260, 2269)
2015 Ed. (2344, 2353)
2016 Ed. (2298, 4574)
Telecom Potential
1995 Ed. (3557)
1996 Ed. (3644)
2000 Ed. (4197, 4199)
Telecom Potential Group
1994 Ed. (3487)
Telecom Potential/iSky
2002 Ed. (4571, 4574, 4576, 4578)
Telecom Rentals
2012 Ed. (2851)
Telecom Service Centres
2002 Ed. (4571, 4577)
2010 Ed. (4702)
Telecom Services
1993 Ed. (44)
1994 Ed. (35)
Telecom USA
1990 Ed. (2488)
2005 Ed. (4655)
Telecom USA Direct
1991 Ed. (2357, 3282)
Telecomasia Corp.
1996 Ed. (1457, 3302)
1997 Ed. (1526, 3399, 3400, 3696)
1999 Ed. (4161)
2002 Ed. (4487)
Telecom/Cellular
2000 Ed. (1310)
Telecome Eireann
1990 Ed. (1387)
Telecommmunications
2000 Ed. (1351)
Telecommunication, data communication
2002 Ed. (2988)
Telecommunication engineering manager
2004 Ed. (2287)
Telecommunication engineering specialist
2004 Ed. (2287)
Telecommunication: long distance
1992 Ed. (4070)
Telecommunication services
2002 Ed. (2784)
2005 Ed. (3017)
TeleCommunication Systems Inc.
2013 Ed. (2711)
2014 Ed. (1240, 1244)
2016 Ed. (3580, 4302)
Telecommunication Systems Inc.
2006 Ed. (186)
2010 Ed. (4603)
2012 Ed. (963, 2768)
Telecommunications
1989 Ed. (1661)
1992 Ed. (4387)
1994 Ed. (2560)
1995 Ed. (1653)
1996 Ed. (1257)
1997 Ed. (1299, 1440, 1441, 1444, 2382, 2383, 2384, 2385, 2386)
1998 Ed. (572, 1073, 1074, 1075, 1155, 1371, 2077, 2097, 2098,

2099, 2100, 2101, 2750)
1999 Ed. (1008, 1480, 1482, 1514, 1557, 1676, 1677, 1678, 1679, 1680, 2867, 2868, 2869, 2870, 2871, 4341)
2000 Ed. (40, 938, 947, 1353, 1354, 1357, 2544, 2629, 2631, 2632, 2633, 2634, 2635)
2001 Ed. (729, 1077, 1964, 2175, 2176, 2177, 3201)
2002 Ed. (59, 225, 226, 234, 917, 919, 926, 1398, 1399, 1407, 1413, 1414, 1420, 1481, 1491, 2212, 2766, 2767, 2772, 2778, 2788, 2789, 2790, 2791, 2792, 2793, 2795, 2797, 3254, 3887, 3888, 4193, 4584, 4585, 4586, 4619)
2003 Ed. (22, 24, 1425, 1426, 1435, 1436, 1439, 1497, 1516, 1520, 1710, 2230, 2231, 2906, 2912)
2004 Ed. (100, 1455, 1456, 1465, 1469, 1546, 1558, 1572, 4049)
2005 Ed. (95, 852, 1480, 1481, 1485, 1599, 1600, 1602, 3005)
2006 Ed. (104, 834, 1425, 1436, 1437, 1440, 1444, 1486)
2007 Ed. (98, 1516, 2325)
2008 Ed. (109, 760, 1407, 1417, 1420, 1498, 2451, 3153, 3158)
2009 Ed. (119, 179, 1431)
2010 Ed. (120)
2011 Ed. (33)
2012 Ed. (42)
Telecommunications Brasileiras S.A.
2000 Ed. (282)
Telecommunications & electrical machinery
1994 Ed. (1729)
Telecommunications equipment
1989 Ed. (2646)
1990 Ed. (1733)
1991 Ed. (1637)
1992 Ed. (2084, 2085)
1993 Ed. (1726, 1727)
1994 Ed. (1732, 1733)
1995 Ed. (1738, 1754)
1996 Ed. (1728, 1734, 2468)
1999 Ed. (2093, 2104, 2848)
2000 Ed. (1892)
2006 Ed. (2535, 2536)
2007 Ed. (2518, 2521, 2522)
Telecommunications equipment & services
1997 Ed. (3165)
Telecommunications industry
1997 Ed. (3527)
Telecommunications Marketing Inc. (TMI)
1989 Ed. (2795)
Telecommunications of Jamaica
1994 Ed. (2339, 2340)
1996 Ed. (2437, 2438)
1997 Ed. (2582, 2583)
1999 Ed. (3126, 3127)
Telecommunications service providers
2005 Ed. (4815)
Telecommunications services
1990 Ed. (2183, 2186)
1991 Ed. (2027, 2055)
1992 Ed. (2629)
1999 Ed. (2100, 2863, 4286)
2002 Ed. (2780, 2785)
Telecommunications technology
1990 Ed. (165, 166)
Telecommunications & transport
1997 Ed. (2572)
TELECOMplus plc
2003 Ed. (2734)
Telecomunicaciones Movilnet CA
2001 Ed. (91)
Telecomunicacoes Brasileiras SA
2000 Ed. (3381)
Telecomunicacoes de Sao Paulo
1999 Ed. (1665)
2000 Ed. (1472)
Telecomunicacoes de Sao Paulo SA
2003 Ed. (4574)
Telecomunicacoes Moveis Nacionals
2006 Ed. (78)
Telecomunikacja Polska
2002 Ed. (1637)
Teleconcepts Corp.
1990 Ed. (251)
Teleconnect-Data Base Marketing
1989 Ed. (2795)
Teleconomy
2002 Ed. (3257, 3260)
Teleconsult Inc.
1997 Ed. (2215)
Telecorp

1992 Ed. (4039)
2002 Ed. (4572)
TeleCorp PCS Inc.
2004 Ed. (2769)
Telecredit
1992 Ed. (1747)
TeleDanmark
1996 Ed. (3312)
TeleDanmark A/S
2005 Ed. (3239)
Teledata
1993 Ed. (3513)
1994 Ed. (3487)
1995 Ed. (3557)
1996 Ed. (3643, 3644, 3646)
1997 Ed. (3702, 3703, 3705)
Teledata Informatics Ltd.
2009 Ed. (3005)
Teledoce
2005 Ed. (93)
Teledynamics
1996 Ed. (3645, 3646)
1997 Ed. (3704)
2000 Ed. (4200)
2002 Ed. (4579)
Teledyne
1989 Ed. (197, 874, 875, 882, 1259, 1260, 1330, 1332, 1653, 1743)
1990 Ed. (190, 931, 1529, 1530, 2273)
1991 Ed. (902, 1445)
1992 Ed. (252, 1105, 1519, 4059, 4062)
1993 Ed. (158, 901)
1994 Ed. (140, 1237)
1995 Ed. (160, 952)
1997 Ed. (183, 953, 1684)
1998 Ed. (1930)
2003 Ed. (235)
Teledyne Continental Motors
1995 Ed. (2429)
Teledyne Instruments
2016 Ed. (4032)
Teledyne Technologies Inc.
2003 Ed. (1965)
2004 Ed. (2323, 2324)
2005 Ed. (2149, 2415, 2416)
2007 Ed. (173)
2008 Ed. (157, 1357, 1359)
2009 Ed. (180, 1359)
2010 Ed. (160)
2014 Ed. (1441)
Teledyne WaterPik
2003 Ed. (3790)
TELEFBC
2006 Ed. (3283)
Telefonos de Mexico
1996 Ed. (3413)
Teleflex Automotive Group
2006 Ed. (339)
Teleflex Inc.
1989 Ed. (1143)
1993 Ed. (158)
1994 Ed. (140)
1995 Ed. (160)
2005 Ed. (2217)
2006 Ed. (2279, 2280)
2007 Ed. (2212)
2008 Ed. (2352)
Telefon AB L.M. Ericsson
1999 Ed. (2688)
Telefon AB/L. M. Ericsson
1995 Ed. (2495)
1996 Ed. (2559)
1997 Ed. (2696)
Telefonaktiebolaget LM Ericsson
1989 Ed. (966)
1990 Ed. (1108)
1999 Ed. (1738)
2000 Ed. (1559)
2001 Ed. (1696, 1820, 1856, 1857, 1858, 2214, 2868, 3229, 3649, 4213, 4916)
2002 Ed. (304, 1123, 1641, 1773, 1775, 2096, 2510, 2575, 3216, 3225, 3484, 3964, 4484, 4485, 4581)
2003 Ed. (1827, 1828, 2207, 2208, 2209, 2236, 2237, 2944, 3754, 4701, 4978)
2004 Ed. (1090, 2253, 3779, 4099, 4672)
2005 Ed. (1120, 1966, 3034, 3698, 4517, 4630, 4632, 4635)
2006 Ed. (1109, 1112, 1696, 1785, 2024, 2025, 2026, 2027, 4603, 4699)
2007 Ed. (1192, 1214, 1216, 1994, 1995, 1996, 1997, 1998, 2825, 3074, 3422, 4717)

2008 Ed. (1099, 2088, 2089, 2091, 3582)
2009 Ed. (184, 1078, 2060, 2061, 2062, 2063, 2064, 2065, 2066, 2474, 2600, 3006, 3653, 3818, 4671, 4672)
2010 Ed. (659, 661, 667, 1046, 1047, 2002, 2004, 2005, 2945, 3571, 4687)
2011 Ed. (86, 591, 596, 599, 976, 977, 1572, 2063, 2064, 2065, 2066, 2386, 2904, 3574, 3745, 4637)
2012 Ed. (91, 894, 895, 1906, 1907, 1908, 1909, 2318, 2839, 2846, 3567, 3750)
2013 Ed. (76, 859, 877, 1051, 1052, 2071, 2072, 2073, 2074, 2487, 2897, 2922, 3202, 3203, 3204, 3205, 3603, 3822)
2014 Ed. (1015, 1016, 2004, 2005, 2006, 2924, 3218, 3745, 4045)
2015 Ed. (1050, 1051, 2050, 2051, 2972, 3769)
2016 Ed. (958, 959, 2011, 2013, 2908, 3684)
Telefonasa
1992 Ed. (3765, 3766)
Telefones de Lisboa e Porto SA
1997 Ed. (1500)
Telefonica
1989 Ed. (966)
1990 Ed. (1108, 3476)
1991 Ed. (719, 1346, 1347)
1992 Ed. (900, 1690)
1993 Ed. (712, 713, 1199, 1399, 1400, 1401, 2937, 3254, 3272)
1999 Ed. (739, 740, 1735)
2000 Ed. (752, 753, 1555, 1557)
2005 Ed. (25)
2006 Ed. (665)
2008 Ed. (661)
2009 Ed. (676)
2014 Ed. (2569, 4013)
2015 Ed. (1346, 4654, 4677)
2016 Ed. (4559, 4584, 4587)
Telefonica Brasil
2014 Ed. (2569, 4661)
2015 Ed. (4658)
2016 Ed. (4571)
Telefonica Brasil SA
2014 Ed. (4671)
2015 Ed. (4679)
Telefonica CTC Chile
2007 Ed. (1850)
Telefonica Czech Republic
2015 Ed. (2977)
Telefonica de Argentina
1994 Ed. (787, 788)
1996 Ed. (811, 812)
1997 Ed. (827, 828)
1999 Ed. (949, 950)
2000 Ed. (895, 896)
Telefonica de Argentina SA
2002 Ed. (855, 1575, 1718)
2003 Ed. (4570)
2004 Ed. (1622, 1779, 1781)
2005 Ed. (1845, 1846, 1847)
Telefonica de El Salvador
2002 Ed. (4410, 4411)
Telefonica de Espana
1994 Ed. (722, 723, 1448, 1449, 1450, 2976, 3248)
1997 Ed. (683, 684, 1509, 1510, 1511, 3691)
1999 Ed. (278, 1734)
Telefonica de Espana SA
1995 Ed. (1488, 1490, 3327)
1996 Ed. (751, 752, 1227, 1445, 1447, 3405, 3650)
2002 Ed. (1126)
2003 Ed. (1825, 1826)
2012 Ed. (1900, 4651)
2013 Ed. (2063, 4611)
Telefonica de Espana SAU
2009 Ed. (4680)
Telefonica del Peru
1999 Ed. (3186, 3187)
2000 Ed. (2932, 2933)
2004 Ed. (1781)
2014 Ed. (1947)
Telefonica del Peru SA
2002 Ed. (1753)
2003 Ed. (4600)
2004 Ed. (1844)
Telefonica d'Espana
2000 Ed. (4204)
Telefonica Deutschland
2015 Ed. (4651)
2016 Ed. (4565)
Telefonica Deutschland Holding AG

2014 Ed. (4434)
Telefonica Ecuador
2012 Ed. (1463)
2013 Ed. (1595)
2014 Ed. (1558)
Telefonica El Salvador
2013 Ed. (1596)
Telefonica Germany GmbH
2013 Ed. (1657)
Telefonica Global Solutions
2014 Ed. (1946, 1994)
2015 Ed. (1992, 2041)
Telefonica Internacional
2011 Ed. (2054)
2013 Ed. (2060)
Telefonica Internacional SA
2011 Ed. (4647)
Telefonica International Wholesale Services
2013 Ed. (2060)
Telefonica Ireland
2013 Ed. (1772)
Telefonica Mexico
2011 Ed. (1845, 1847)
Telefonica Moviles
2005 Ed. (3035, 3038)
2006 Ed. (2021, 3038, 4538)
2007 Ed. (3621)
Telefonica Moviles Colombia SA
2011 Ed. (1584)
2012 Ed. (1422)
2013 Ed. (1545)
Telefonica Moviles Espana SA
2011 Ed. (4647)
Telefonica Moviles SA
2002 Ed. (2809, 2812, 2814)
2007 Ed. (685, 686, 1987, 3073, 4713)
2008 Ed. (2083, 3210)
2009 Ed. (3274)
Telefonica Movistar
2010 Ed. (2071)
2014 Ed. (1512)
2015 Ed. (1569, 1607)
Telefonica Movistar Ecuador
2011 Ed. (1796)
Telefonica Naciona
1989 Ed. (2793)
Telefonica Nacional
1990 Ed. (3515)
Telefonica Nacional de Espana
1990 Ed. (1420)
1991 Ed. (1348)
1992 Ed. (1691)
1994 Ed. (199)
1995 Ed. (1489)
1996 Ed. (1446)
1999 Ed. (1733)
Telefonica Nicaragua
2013 Ed. (1537, 1948)
Telefonica O2
2013 Ed. (2118, 4598)
Telefonica O2 Czech Republic
2014 Ed. (4661)
Telefonica O2 Czech Republic as
2009 Ed. (1625)
2011 Ed. (1603)
2012 Ed. (1449)
2013 Ed. (1584)
Telefonica O2 Germany
2010 Ed. (1653)
Telefonica O2 Germany GmbH
2011 Ed. (1662)
Telefonica O2 Ireland
2011 Ed. (1764)
2012 Ed. (1615)
Telefonica Panama
2013 Ed. (1537, 1993)
Telefonica Peru
2001 Ed. (66)
Telefonica SA
2000 Ed. (1556, 4006)
2001 Ed. (80, 1851, 1852, 1853, 1854)
2002 Ed. (721, 722, 1415, 1766, 1767, 1768, 2810, 3082, 3083, 3216, 4471, 4472, 4473, 4474, 4475, 4569)
2003 Ed. (4606, 4703)
2004 Ed. (24, 35, 71, 86, 4674)
2005 Ed. (28, 67, 81, 1964, 3036, 4633, 4634, 4636)
2006 Ed. (31, 34, 75, 90, 1093, 2018, 2019, 2021, 3039, 4538, 4697, 4698, 4700)
2007 Ed. (17, 26, 33, 65, 66, 80, 1443, 1987, 1988, 1989, 1990, 1991, 3071, 3073, 4713, 4714, 4718, 4719, 4720, 4721)
2008 Ed. (22, 33, 35, 37, 69, 71, 86,

106, 1410, 1418, 1717, 2083, 2084, 2085, 2086, 2280, 3210, 4641, 4643)
2009 Ed. (41, 78, 80, 95, 116, 1656, 2055, 2056, 2057, 2599, 3272, 3764, 4680, 4681, 4682, 4684)
2010 Ed. (46, 51, 88, 99, 103, 1409, 1616, 1994, 1995, 1996, 2503, 4693, 4695, 4697)
2011 Ed. (2056, 2057, 2058, 4645, 4648, 4650, 4653)
2012 Ed. (1656, 1657, 1901, 1902, 1903, 4552, 4649, 4654, 4655, 4658)
2013 Ed. (857, 1536, 1538, 1639, 1811, 2064, 2065, 2066, 4602, 4634, 4635, 4638)
2014 Ed. (1504, 1737, 1740, 1997, 1998, 1999, 4043, 4056, 4655, 4669, 4671, 4689)
2015 Ed. (1781, 1784, 2045, 2046, 4650, 4674, 4679, 4699)
2016 Ed. (1738, 2008, 2010, 4564, 4585, 4588, 4604)
Telefonica Servicios Comerciales
2013 Ed. (2013)
2015 Ed. (1991)
Telefonica Telecom SA
2011 Ed. (1584)
Telefonica UK Ltd.
2014 Ed. (2043)
Telefonica Venezolana CA
2015 Ed. (2117)
Telefonica Venezuela
2010 Ed. (2074)
2011 Ed. (2131)
2012 Ed. (1975)
2013 Ed. (2135)
2014 Ed. (2069)
Telefonos
1993 Ed. (3068, 3069)
1996 Ed. (3279)
1997 Ed. (2633, 2634, 3376)
Telefonos A
1991 Ed. (2912)
1994 Ed. (3131, 3132)
1996 Ed. (3280)
Telefonos A & B
1997 Ed. (3377)
Telefonos de Chile
1989 Ed. (1100)
Telefonos de Mexico
1989 Ed. (1140)
1991 Ed. (2450, 2451)
1992 Ed. (3063)
1993 Ed. (2559, 3117)
1994 Ed. (199, 2664, 3257, 3259, 3260)
1995 Ed. (1457, 2771, 3208, 3336, 3338, 3339)
1996 Ed. (204, 1399, 1419, 2838, 2843, 2895, 3410, 3414)
1997 Ed. (240, 1438, 1439, 1455, 1471, 1472, 1478, 1479, 2967)
1998 Ed. (1161, 2676)
1999 Ed. (1665, 1705)
2000 Ed. (1472, 1514, 1515)
Telefonos de Mexico, SA de CV
2001 Ed. (1746, 1778)
2002 Ed. (304, 1690)
2003 Ed. (1739, 1740, 1741, 1742, 1757, 1758, 3636, 3637, 4596, 4705)
2004 Ed. (1795, 4675)
2005 Ed. (1842, 1843, 1844, 1865, 4638)
2006 Ed. (1849, 1851, 1877, 1878)
2007 Ed. (1853, 1878)
2008 Ed. (1886)
Telefonos de Mexico, SA de CV--Telmex
2002 Ed. (1038, 1683, 1716, 1717, 1718, 1719, 1720, 1724, 1726, 2809)
2004 Ed. (1776, 1777, 1778)
2005 Ed. (61)
Telefonos de Venezuela
1993 Ed. (1175)
2008 Ed. (2150)
2009 Ed. (2133)
2010 Ed. (2075)
Telefonos Puerto Rico
1996 Ed. (1227)
Telefsnica
2006 Ed. (2020)
Telefunken
1992 Ed. (3917)
Telefunos
1991 Ed. (2911)
TeleFutura
2010 Ed. (2982)

2011 Ed. (2944)
2012 Ed. (2874)
2013 Ed. (2950)
Teleglobe Canada
1993 Ed. (3511)
Teleglobe Inc.
1999 Ed. (2667)
2000 Ed. (2458)
2001 Ed. (2864, 2865)
2004 Ed. (2825)
2005 Ed. (2830)
Teleglobe USA
2001 Ed. (4474)
The Telegraph
1995 Ed. (2773)
Telegroup Inc.
1997 Ed. (1010, 3526)
2001 Ed. (4475)
Teleindustria Ericsson
1996 Ed. (1732)
Telekom
1993 Ed. (2385, 2386)
1994 Ed. (2348)
1999 Ed. (1702, 3137)
2000 Ed. (2884)
2015 Ed. (725, 4681)
2016 Ed. (663, 4590)
Telekom Austria
2006 Ed. (4883)
2007 Ed. (24)
2008 Ed. (24, 29, 34)
2009 Ed. (39)
2010 Ed. (49)
2013 Ed. (1628)
Telekom Austria AG
2001 Ed. (1337, 1636)
2003 Ed. (1622)
2004 Ed. (26, 38, 83)
2005 Ed. (19, 31, 78, 1662)
2006 Ed. (38, 87, 1558, 1559, 1560)
2007 Ed. (77, 1593, 1595, 4714)
2008 Ed. (83, 1572)
2009 Ed. (92, 1504)
2010 Ed. (100, 1495)
2011 Ed. (1488)
2012 Ed. (1336, 1340)
2013 Ed. (1434)
Telekom Indonesia
2006 Ed. (1770)
2007 Ed. (1779)
2008 Ed. (1810)
2009 Ed. (1758)
2010 Ed. (1705)
2011 Ed. (1718)
2012 Ed. (1576)
2013 Ed. (1733)
2014 Ed. (1674)
2015 Ed. (1720)
2016 Ed. (1670)
Telekom Malaysia
1995 Ed. (1346, 1452, 1453, 1454, 1455, 3552)
1996 Ed. (1415, 1416, 2446, 2447)
1997 Ed. (1455, 1474, 2593, 3695)
1998 Ed. (1161)
1999 Ed. (1665, 1700, 4549)
2000 Ed. (1298, 1510, 1511, 4190)
2001 Ed. (1784, 1785)
2004 Ed. (65)
2005 Ed. (60)
2006 Ed. (67, 1860, 1861)
2007 Ed. (58, 1865)
2014 Ed. (4659)
2015 Ed. (4658)
2016 Ed. (4571)
Telekom Malaysia Berhad
2008 Ed. (60, 87, 1899)
2009 Ed. (68, 96, 1862)
2010 Ed. (78, 104)
Telekom Malaysia Berhad--Tm Touch
2001 Ed. (58)
Telekom Malaysia Bhd
2002 Ed. (3051)
2006 Ed. (4518)
Telekom Slovenije
2007 Ed. (77)
2008 Ed. (83)
2009 Ed. (92)
2010 Ed. (100)
Telekom Slovenije d.d.
2014 Ed. (1977)
2015 Ed. (2021)
2016 Ed. (1995)
Telekom Slovenije dd
2009 Ed. (2040)
2011 Ed. (2034)
Telekom Srbija AD
2014 Ed. (1569, 1573)
2015 Ed. (1620)
2016 Ed. (1546, 1552)

Telekom Srbije
2007 Ed. (74)
2010 Ed. (97)
Telekom Srpske a.d.
2014 Ed. (1564)
2015 Ed. (1615)
2016 Ed. (1541)
Telekomunikacja Polska
2004 Ed. (73)
2005 Ed. (69)
2006 Ed. (77, 1697, 1994)
2007 Ed. (68)
2008 Ed. (73)
2010 Ed. (91)
2011 Ed. (4645)
2012 Ed. (4649)
2013 Ed. (4602)
2014 Ed. (4655, 4661)
Telekomunikacja Polska SA
2002 Ed. (1755, 4780)
2004 Ed. (1846)
2006 Ed. (1694)
2007 Ed. (1690)
2008 Ed. (1720)
2009 Ed. (2016)
2011 Ed. (2008)
Telekomunikasi Indonesia
1999 Ed. (1579, 1656, 3124, 3125, 4494)
2000 Ed. (1465, 2872, 2873)
2001 Ed. (1739)
2002 Ed. (3031, 3032, 4479, 4480, 4481)
2009 Ed. (1495)
2014 Ed. (4661)
2015 Ed. (4658)
2016 Ed. (4571)
Telekomunikasi Indonesia Tbk
2006 Ed. (3231)
Telekomunikasi Indonesia Tbk.; Perusahaan Perseroan P.T.
2008 Ed. (4539)
Telekomunikasi Indonesia Tbk; PT
2013 Ed. (835)
Telekonumikasi Indonesia
2012 Ed. (1577)
Telelab
1993 Ed. (3513)
Teleline
1992 Ed. (3248)
Telelink
2016 Ed. (1466)
Telelogic
2008 Ed. (1149)
2009 Ed. (1130)
Telelogic AB
2005 Ed. (1144, 1150)
2006 Ed. (1133, 1139)
Telemar
2002 Ed. (1716, 1717, 4096, 4097)
2003 Ed. (1736, 1739)
2004 Ed. (1776)
2005 Ed. (1839, 1845)
2006 Ed. (4489)
Telemar Norte Leste
2004 Ed. (1772, 1773, 1774)
2005 Ed. (1563, 1564)
2014 Ed. (4661)
TeleMark Inc.
1997 Ed. (3699)
Telemarketers
2007 Ed. (3719)
2009 Ed. (3856)
Telemarketing
2004 Ed. (39)
2005 Ed. (32)
Telemarketing Concepts Inc.
1998 Ed. (3482)
Telemarketing Link
1996 Ed. (3645, 3646)
1997 Ed. (3704)
Telematics
1993 Ed. (2612, 3006)
Telematics International
1992 Ed. (3667, 3668)
Telematiques Services
2004 Ed. (93)
2005 Ed. (88)
Telemecanique
1994 Ed. (2214)
1995 Ed. (2264)
Telemecanique Mexico
1996 Ed. (1732)
Telemedia Inc.
1992 Ed. (3591)
1994 Ed. (2983)
1996 Ed. (3144)
Telemedia International Network
2001 Ed. (229)
Telemedicine

2002 Ed. (2599)
Telemedicine & Advanced Technology
  Research Center
  2012 Ed. (2742)
Telemedx Corp.
  1992 Ed. (2446)
  1996 Ed. (2144)
  1997 Ed. (2249)
Telemercado
  2001 Ed. (66)
  2005 Ed. (67)
  2006 Ed. (75)
TeleMessage
  2010 Ed. (2946)
Telemetry Systems Networks
  2002 Ed. (2490)
Telemig
  2003 Ed. (1736)
Telemundo
  2003 Ed. (753)
  2010 Ed. (2982)
  2011 Ed. (2944, 4669)
  2012 Ed. (2874, 4681)
  2013 Ed. (2950)
  2015 Ed. (3036, 4711)
  2016 Ed. (2932)
Telemundo Digital Network
  2016 Ed. (2937)
Telemundo Group
  1998 Ed. (3501)
Telemundo Holdings Inc.
  2004 Ed. (1557)
Telemundo Network
  2012 Ed. (2880)
TeleNav Inc.
  2009 Ed. (3018)
  2012 Ed. (4436)
Telenet
  1992 Ed. (4365)
Telenet Operaties
  2007 Ed. (21)
  2012 Ed. (32)
Telenet/US Sprint
  1990 Ed. (1645)
Telenex
  1993 Ed. (3697)
Telenor
  2006 Ed. (41, 99)
  2013 Ed. (672)
  2014 Ed. (698)
  2015 Ed. (743, 4674, 4680)
  2016 Ed. (672)
Telenor AS
  2004 Ed. (41, 50, 65, 69)
  2005 Ed. (44, 60, 64)
  2006 Ed. (51, 71, 1947, 1949, 1950,
    3757)
  2007 Ed. (42, 58, 62, 1930, 1933,
    4715)
  2008 Ed. (1996)
  2009 Ed. (1957, 4685)
  2011 Ed. (1929)
Telenor ASA
  2002 Ed. (4200)
  2005 Ed. (1918)
  2008 Ed. (36, 46, 60, 66, 68, 97,
    1999, 4539, 4642)
  2009 Ed. (42, 53, 68, 75, 77, 1959,
    1960, 1961, 3274, 3764)
  2010 Ed. (52, 63, 78, 85, 87, 97,
    1898)
  2011 Ed. (1930, 4646, 4647)
  2012 Ed. (1791, 4650)
  2013 Ed. (1962, 4603)
  2014 Ed. (1900, 4656)
  2015 Ed. (1945, 4651)
  2016 Ed. (1913, 4565)
Telenor DOO
  2014 Ed. (1568)
  2015 Ed. (1619)
  2016 Ed. (1545)
Telenor Konsern
  1999 Ed. (1717)
  2000 Ed. (1528)
Telenoticias
  1997 Ed. (3717)
Teleom Potential
  2000 Ed. (4196)
Teleopti
  2015 Ed. (2048)
Teleos plc
  2003 Ed. (2738)
Teleperformance
  2010 Ed. (4702)
  2013 Ed. (60)
  2014 Ed. (4692, 4693, 4694, 4695)
  2015 Ed. (4702, 4703, 4704, 4705)
Teleperformance Hellas
  2014 Ed. (1619)
Teleperformance Portugal

2015 Ed. (1998)
Teleperformance USA
  1997 Ed. (3700)
  1998 Ed. (3482)
  1999 Ed. (4555)
  2005 Ed. (4645, 4646)
  2014 Ed. (4690, 4691, 4692, 4693,
    4694, 4695)
  2015 Ed. (4700, 4701, 4702, 4703,
    4704, 4705)
Telephone
  1992 Ed. (89, 90, 917)
  1994 Ed. (743)
  1995 Ed. (692)
  1997 Ed. (707)
  1998 Ed. (23, 487)
  2000 Ed. (30, 38, 797)
  2001 Ed. (2216)
  2002 Ed. (1983)
  2007 Ed. (1322)
Telephone Answering Machine
  1990 Ed. (2803, 2804)
Telephone Auction Shopping
  1989 Ed. (848)
Telephone communications
  1995 Ed. (3314)
  2000 Ed. (39)
  2001 Ed. (94)
  2010 Ed. (1048, 1049, 2336, 2337,
    2808, 2809, 4789, 4790)
  2011 Ed. (982, 983, 2329, 2330,
    2790, 2791, 4736, 4737)
Telephone communications, except radio
  1989 Ed. (2475)
Telephone communications, except
  radio-telephone
  2000 Ed. (2628)
Telephone companies
  1991 Ed. (734, 2769)
  1992 Ed. (2629)
  1994 Ed. (1495)
  1999 Ed. (30, 696, 698, 1809, 1811)
Telephone Concepts Unlimited
  1997 Ed. (3701)
Telephone conversations
  2004 Ed. (4992)
Telephone credit cards
  1989 Ed. (2183)
Telephone Credit Union
  2001 Ed. (1962)
Telephone Credit Union of New Hampshire
  2002 Ed. (1879)
  2003 Ed. (1933)
  2004 Ed. (1973)
  2005 Ed. (2115)
  2006 Ed. (2210)
Telephone & Data System Inc.
  1995 Ed. (207, 212, 213)
Telephone & Data Systems
  2014 Ed. (2552)
Telephone & Data Systems American
  Paging
  1992 Ed. (3603)
Telephone & Data Systems Inc.
  1990 Ed. (3521)
  1991 Ed. (3285)
  1992 Ed. (1130, 4212)
  1993 Ed. (3517)
  1994 Ed. (3492)
  1996 Ed. (212, 1278)
  1997 Ed. (230, 234, 239)
  1998 Ed. (157, 161, 163)
  2000 Ed. (280, 289, 291)
  2001 Ed. (1597, 4456, 4457)
  2002 Ed. (306, 2004)
  2003 Ed. (1694, 4569, 4687, 4688)
  2004 Ed. (4976, 4977)
  2005 Ed. (4980, 4981, 4985)
  2006 Ed. (2282, 3550, 4968, 4969,
    4971)
  2007 Ed. (2228, 3618)
  2012 Ed. (4558)
Telephone directory
  1990 Ed. (2737)
Telephone Electronics Corp.
  2001 Ed. (1797)
  2003 Ed. (1766)
  2004 Ed. (1803)
  2005 Ed. (1874)
  2006 Ed. (1894)
Telephone Employees' Credit Union
  1997 Ed. (1565)
Telephone Information Services
  1994 Ed. (3487)
  1995 Ed. (3557)
  1996 Ed. (3643, 3644)
  1997 Ed. (3702, 3703)
Telephone installer/repairer

1989 Ed. (2086, 2090)
Telephone marketing
  2001 Ed. (2022, 2024)
Telephone Marketing Programs
  1989 Ed. (56, 68)
Telephone operator
  1989 Ed. (2087)
Telephone operators
  2004 Ed. (2290)
  2005 Ed. (3620)
Telephone Organization
  2001 Ed. (1879)
Telephone service
  1996 Ed. (770)
Telephone service, long distance
  1996 Ed. (860)
Telephone services
  2001 Ed. (4484)
  2004 Ed. (178)
  2005 Ed. (3988, 4653)
Telephone-station installers, repairers
  1989 Ed. (2078)
Telephone Switch Newsletter
  1993 Ed. (2363)
Telephone systems
  2005 Ed. (149)
Telephone usage
  2004 Ed. (4992)
Telephone utilities
  2006 Ed. (3294)
Telephone Workers' Credit Union
  2002 Ed. (1838, 1871)
  2003 Ed. (1899, 1925)
  2004 Ed. (1965)
  2005 Ed. (2107)
  2006 Ed. (2202)
  2007 Ed. (2123)
  2008 Ed. (2238)
Telephones
  1993 Ed. (735, 1715, 2048)
  1998 Ed. (2224)
  2001 Ed. (2732, 2733)
  2002 Ed. (3081)
  2003 Ed. (2770)
Telephones, wireless
  2001 Ed. (2732)
Telephony
  1999 Ed. (3757, 3758)
Telephony Online Update
  2005 Ed. (824)
Telephonyonline.com
  2004 Ed. (853)
Teleplan Consulting
  2015 Ed. (1944)
Teleplan International
  2002 Ed. (2519)
Teleplan International NV
  2003 Ed. (2722)
TelePlus LLC
  2010 Ed. (2958)
Teleport Communications Group Inc.
  1998 Ed. (3183, 3210)
Telepromos
  2010 Ed. (61)
TeleQuality Communications
  2013 Ed. (4644)
TeleQuest Teleservices
  1998 Ed. (3482)
Telerate
  1989 Ed. (1425)
  1991 Ed. (3332)
  1993 Ed. (2743)
Telerik
  2016 Ed. (1033)
Telerik Corp.
  2011 Ed. (2906)
Telerj Cellular
  2002 Ed. (4389)
Telerx
  2014 Ed. (4690, 4693)
  2015 Ed. (4700, 4703, 4705)
  2016 Ed. (4605, 4607, 4608)
Teles
  2002 Ed. (4097)
Telesat
  2012 Ed. (2838)
  2014 Ed. (2938)
  2015 Ed. (2987)
  2016 Ed. (1024, 2915, 2921, 4301)
Telesat Canada
  1992 Ed. (2399)
  2009 Ed. (4679)
Telesat Holding Inc.
  2011 Ed. (987)
  2012 Ed. (902)
  2013 Ed. (1059)
  2014 Ed. (1023)
  2015 Ed. (1059)
  2016 Ed. (966)
Telesat Holdings Inc.

2012 Ed. (1392)
  2016 Ed. (4560)
Telescope UK
  2002 Ed. (4572)
TeleService Resources
  1993 Ed. (3512)
  1994 Ed. (3485, 3486)
  1995 Ed. (3556)
  1996 Ed. (3641, 3642)
  1998 Ed. (3481)
TeleServices Direct
  1998 Ed. (3482)
  1999 Ed. (4556)
  2014 Ed. (4691, 4695)
  2015 Ed. (4701, 4705)
TeleSign
  2014 Ed. (1411)
Telesis Community Credit Union
  2005 Ed. (2084)
  2006 Ed. (2178)
  2009 Ed. (2177, 2179, 2182, 3918)
  2010 Ed. (2148)
  2012 Ed. (2020, 2031)
  2013 Ed. (2262)
Telesis Corp.
  2006 Ed. (3031)
  2007 Ed. (1394, 3064)
  2008 Ed. (1346, 3713, 4401)
Telesis Management Inc.
  1994 Ed. (1067)
Telesis Management Inc. (Leveraged)
  1995 Ed. (1079)
Telesmart
  2011 Ed. (2914)
Telesp
  1994 Ed. (3133, 3134)
  1997 Ed. (3378, 3379)
  1999 Ed. (4137, 4138)
  2000 Ed. (3851, 3852)
  2002 Ed. (1718, 4096, 4097, 4389)
  2003 Ed. (1739, 1740)
  2004 Ed. (1777)
  2005 Ed. (1845)
  2006 Ed. (4489)
Telesp Cellular
  2006 Ed. (1847)
Telesp Celular
  2004 Ed. (1780)
Telesp Celular Part
  2002 Ed. (4096)
Telesp Celular Participacoes SA
  2003 Ed. (4574)
Telesp PN
  1994 Ed. (3135)
  1995 Ed. (3181, 3182)
  1996 Ed. (3281, 3282)
Telesp. Telecom. Sao Paulo SA
  1996 Ed. (1302, 1303, 1304, 1305)
Telesp Telecoms. S. Paulo S.A.
  1990 Ed. (1334)
Telesp. Telecoms. Sao Paulo S.A.
  1992 Ed. (1581, 1584)
Telespazio
  1996 Ed. (1214)
Telespazio SpA
  2016 Ed. (4302)
TeleSpectrum Worldwide
  1998 Ed. (3184, 3483)
  1999 Ed. (4558)
  2000 Ed. (4194, 4195)
  2001 Ed. (4465, 4466)
  2005 Ed. (4649, 4650)
Telesphere
  1993 Ed. (215, 2470)
Telesphere Network
  1994 Ed. (2412)
TeleStar Marketing Inc.
  1997 Ed. (3701)
Telesystem International Wireless
  2000 Ed. (1399)
  2002 Ed. (4709)
  2003 Ed. (2142, 2930, 2931, 2939)
  2004 Ed. (40, 77)
  2005 Ed. (33, 72, 1729, 3037)
  2006 Ed. (40, 1452, 2814)
  2007 Ed. (2810)
Telesystems SLW Inc.
  1996 Ed. (2535)
Teletas
  1991 Ed. (2266)
TeleTech Holdings Inc.
  2001 Ed. (4463, 4465, 4468, 4469)
  2003 Ed. (1649, 1650)
  2004 Ed. (1680)
  2005 Ed. (1738)
  2006 Ed. (1649, 1652, 1657)
  2007 Ed. (1665)
  2008 Ed. (1681, 1685, 3188)
  2009 Ed. (1609)
  2010 Ed. (1587)

2011 Ed. (1589)
2012 Ed. (1432)
2013 Ed. (1560)
2014 Ed. (1530)
2015 Ed. (1581)
2016 Ed. (1509)
TeleTech Inc.
1996 Ed. (3641)
1998 Ed. (3481)
TeleTech International Holdings
1995 Ed. (2127)
1999 Ed. (4557)
Teletech Telecommunications
1992 Ed. (4206)
Teletronics
2016 Ed. (3451)
Teletubbies Plush Asst.
2000 Ed. (4276)
Televentas Shopping Network
1999 Ed. (4090)
2004 Ed. (2540)
Televerk/Direktorat
1994 Ed. (36)
Televerket
1989 Ed. (52, 1147)
1990 Ed. (1406)
1993 Ed. (52, 819, 1381)
1994 Ed. (1435)
1995 Ed. (1469, 1493)
1996 Ed. (1431)
2002 Ed. (1774)
2004 Ed. (1862)
Televeruet
1992 Ed. (80)
Televisa
1999 Ed. (3397)
2000 Ed. (3124)
2005 Ed. (61)
2014 Ed. (3596)
2015 Ed. (3609)
2016 Ed. (3492)
Televisa Group
2013 Ed. (41)
Televisa; Grupo
2006 Ed. (68, 1876, 1877, 1878)
2007 Ed. (59, 1877, 1878)
2014 Ed. (1784)
2015 Ed. (1826)
Televisa Interactive Media
2012 Ed. (2880)
2013 Ed. (2956)
Televisa SA; Grupo
2005 Ed. (3429)
2008 Ed. (61, 1926, 3630)
2009 Ed. (69, 1885)
2010 Ed. (79, 92, 1819, 3607)
2011 Ed. (1850, 3610)
2012 Ed. (1702)
Televisa, SAB; Grupo
2014 Ed. (4028)
Televisi Pendidikan Indonesia
2007 Ed. (44)
2008 Ed. (48)
2009 Ed. (55)
2010 Ed. (65)
Televisi Transformasi Indonesia
2007 Ed. (44)
2010 Ed. (65)
Televisiete
2010 Ed. (61)
Television
1992 Ed. (89, 90)
1993 Ed. (1941)
1995 Ed. (143, 144)
1996 Ed. (2466)
1997 Ed. (868, 2256)
1999 Ed. (30)
2001 Ed. (2022, 2024, 3245, 3246,
4876)
2002 Ed. (3882)
2003 Ed. (2758, 3480)
2005 Ed. (3988)
2007 Ed. (157, 2329)
2008 Ed. (2454)
Television, audio equipment
1989 Ed. (1663)
Television Azteca
2009 Ed. (69)
2010 Ed. (79)
Television Broadcasts
2009 Ed. (1493)
Television, cable
2003 Ed. (25)
2006 Ed. (762)
Television, cable & satellite
2005 Ed. (132, 3988)
Television cameras
1993 Ed. (1725)
Television, closed circuit
1996 Ed. (830)

Television Dirigida
2002 Ed. (4456)
Television equipment
2004 Ed. (2549)
Television, local
2002 Ed. (2569)
2004 Ed. (2841)
2005 Ed. (2850)
2006 Ed. (2853, 4715)
2007 Ed. (4734)
2008 Ed. (4657)
2009 Ed. (4698)
Television, national network
2003 Ed. (4515)
Television, national syndicated
2003 Ed. (4515)
Television, network
2002 Ed. (918, 4954)
2003 Ed. (25, 26, 817)
2004 Ed. (861)
2005 Ed. (835)
2006 Ed. (762, 4715)
2007 Ed. (4734)
2008 Ed. (4657)
2009 Ed. (4698)
Television, network/national
2002 Ed. (2569)
2004 Ed. (2841)
2005 Ed. (2850)
2006 Ed. (2853)
Television New Zealand
2015 Ed. (4663)
Television Production
1994 Ed. (3503)
Television receivers
1992 Ed. (2084)
Television, regional
2003 Ed. (4515)
Television South PLC
1995 Ed. (1246)
Television, spot
2002 Ed. (918, 4954)
2003 Ed. (25, 26, 817)
2004 Ed. (861)
2005 Ed. (835)
2006 Ed. (762)
Television stations
2008 Ed. (2454)
Television, syndicated
2003 Ed. (25, 26)
2006 Ed. (4715)
2007 Ed. (4734)
2008 Ed. (4657)
2009 Ed. (4698)
Television Week
2007 Ed. (4793)
Televisions
1993 Ed. (1727, 2048)
1994 Ed. (1733)
1998 Ed. (1953, 2224, 2439)
2001 Ed. (2730)
2005 Ed. (2858)
2006 Ed. (2536)
2007 Ed. (2522)
2008 Ed. (2646, 2650)
2009 Ed. (2678)
2011 Ed. (2555)
2012 Ed. (2507)
Televisions, DVD
2001 Ed. (2732)
Televisions, Satellite
2001 Ed. (2732)
Televisora Nacional
2007 Ed. (64)
Televisora National
2010 Ed. (88)
TeleVox Software Inc.
2006 Ed. (2757)
Telewest
1996 Ed. (864)
1997 Ed. (3691)
Telewest Communications
2000 Ed. (4129)
Telewest Communications plc
2002 Ed. (4420)
Telewest Global Inc.
2008 Ed. (1411)
Telex
1989 Ed. (973, 977, 1990, 2306)
1990 Ed. (1226)
1991 Ed. (1717)
1992 Ed. (1310)
Telex Audio
2000 Ed. (3176, 3221)
2001 Ed. (3409, 3411)
TelExpress Inc.
2007 Ed. (3585, 3586)
2008 Ed. (3725, 4976)
Telezoo.com
2001 Ed. (4766)

Telf. O2 Czech Republic
2016 Ed. (4571)
Telfair Forest Products LLC
2014 Ed. (2754)
2015 Ed. (2808)
Telfer; Ian
2009 Ed. (2662)
Telfer School of Management
2015 Ed. (830)
2016 Ed. (728)
Telfonica SA
2004 Ed. (1861)
Telford Homes
2010 Ed. (1173)
Telgian Inc.
2011 Ed. (636, 637)
Telgua
2009 Ed. (51)
2010 Ed. (61)
Telhio Credit Union
2002 Ed. (1885)
2003 Ed. (1892, 1939)
2004 Ed. (1930, 1979)
2005 Ed. (2070, 2121)
2006 Ed. (2164, 2216)
2007 Ed. (2137)
2008 Ed. (2252)
2009 Ed. (2238)
2010 Ed. (2192)
2011 Ed. (2210)
2012 Ed. (2071)
2013 Ed. (2253)
2014 Ed. (2185)
2015 Ed. (2249)
2016 Ed. (2220)
Telia
2004 Ed. (87)
2013 Ed. (676, 4625)
Telia AB
1996 Ed. (3737)
1997 Ed. (1512)
1999 Ed. (1738)
2000 Ed. (1559)
2001 Ed. (81)
2002 Ed. (1126)
2003 Ed. (1828)
2004 Ed. (1458, 1467, 1547)
Telia Mobile
2007 Ed. (1679)
Telia & Pavla/BBDO
2001 Ed. (125)
2002 Ed. (96)
2003 Ed. (63)
Telia Telecom
2001 Ed. (29)
TeliaSonera
2005 Ed. (38, 82)
2016 Ed. (676, 4580)
TeliaSonera AB
2006 Ed. (26, 45, 47, 65, 91, 98,
2026, 2027, 2801, 4575)
2007 Ed. (32, 35, 36, 38, 54, 56, 81,
1994, 1997, 4715, 4721)
2008 Ed. (36, 39, 40, 56, 58, 1725,
2091)
2009 Ed. (42, 45, 64, 66, 97, 2066,
4685)
2010 Ed. (52, 55, 57, 74, 76, 105,
2004, 2005, 4698)
2011 Ed. (2066, 4646, 4654)
2012 Ed. (1906, 1909, 4650, 4651,
4659, 4666)
2013 Ed. (859, 2071, 2074, 4603,
4611, 4624, 4639)
2014 Ed. (2006, 4656, 4672, 4684)
2015 Ed. (2051, 4651, 4694)
2016 Ed. (2013, 4565)
TeliaSonera Finans
2011 Ed. (2061)
TeliaSonera Finland Oyj
2009 Ed. (1663)
2011 Ed. (1630)
Telibrahma Convergent Communications Pvt. Ltd.
2013 Ed. (2907)
Teligence
2014 Ed. (618, 2928)
Teligent AB
2009 Ed. (3269)
Teligent Inc.
2001 Ed. (4452)
2004 Ed. (3342)
Telios Pharm
1996 Ed. (2887)
TeliPhone
2015 Ed. (2970)
Telison
2016 Ed. (2909)
Telkom
2006 Ed. (2009, 2010)

2007 Ed. (1975)
2008 Ed. (2072)
2009 Ed. (2043)
2010 Ed. (1974)
2012 Ed. (1885, 4664)
TELKOM Indonesia
2015 Ed. (753)
2016 Ed. (678)
Telkom Kenya
2007 Ed. (52)
2008 Ed. (54)
2010 Ed. (72)
Telkom Pension Fund
1999 Ed. (2888)
2001 Ed. (2884)
Telkom SA
2005 Ed. (4250, 4251, 4253)
Telkomsel
2010 Ed. (65)
2013 Ed. (40)
Telkonet Inc.
2010 Ed. (2949)
Tell Me Something
2001 Ed. (3379)
Tellabs Inc.
1992 Ed. (1293, 3675)
1993 Ed. (1045)
1994 Ed. (3048, 3049)
1995 Ed. (3516)
1996 Ed. (1274)
1997 Ed. (2977, 3639)
1998 Ed. (1050, 1881, 3410, 3411,
3476)
1999 Ed. (1476, 1542, 1961, 4387,
4486, 4544, 4545, 4548)
2000 Ed. (1737, 1738, 1739, 4189)
2001 Ed. (1667, 4449, 4453, 4455,
4456, 4457)
2002 Ed. (1122, 1528, 1570, 3248,
4561, 4563)
2003 Ed. (1593, 2244, 3631, 4547,
4688)
2004 Ed. (1082, 1083, 1085, 4493)
2005 Ed. (1093, 3593, 4466, 4469,
4470)
2007 Ed. (4520)
2008 Ed. (1098, 3782)
2010 Ed. (664)
2011 Ed. (596)
2012 Ed. (891)
2013 Ed. (1049)
Tellago
2014 Ed. (1058, 2943)
Tellep; Daniel
1992 Ed. (2058)
1995 Ed. (979)
1996 Ed. (963)
Tellepsen
2003 Ed. (1281, 1282)
2011 Ed. (1271)
Tellepsen Builders LP
2004 Ed. (1280)
Teller
2001 Ed. (593)
Teller/branch automation
1990 Ed. (531)
Telles; Cynthia A.
2012 Ed. (2883)
Telles; Marcel Herrmann
2008 Ed. (4854)
2009 Ed. (4880)
2010 Ed. (4881)
2011 Ed. (4869)
2012 Ed. (4877)
2013 Ed. (4859)
2014 Ed. (4873)
2015 Ed. (4911)
2016 Ed. (4827)
Tellier; Paul
2005 Ed. (2514)
Tellium Inc.
2002 Ed. (2522, 2527, 3539)
2003 Ed. (4319, 4322)
Tellurian Networks
2002 Ed. (2994)
Telluride Ski Resort
2004 Ed. (4428)
2005 Ed. (4377)
2006 Ed. (4327)
2007 Ed. (4391)
2008 Ed. (4342)
2009 Ed. (4447)
2010 Ed. (4490)
2011 Ed. (4425)
2012 Ed. (4479, 4480)
2013 Ed. (4443, 4444)
2014 Ed. (4474)
2015 Ed. (4468)
2016 Ed. (4370)
Tellza Communications Inc.

2016 Ed. (4560)
Telmap
2012 Ed. (2848)
2013 Ed. (2909)
The Telmarc Group
2000 Ed. (4342)
Telmex
1992 Ed. (1670, 3062)
1993 Ed. (2559, 2560)
1994 Ed. (2507, 2508)
1996 Ed. (2628, 2629)
1997 Ed. (2778, 2779, 2938)
1999 Ed. (3397, 3398)
2000 Ed. (3124, 3125, 4204)
2005 Ed. (1842, 1843, 1844)
2006 Ed. (1849, 1851, 1877, 1878)
2007 Ed. (1853, 1878)
2008 Ed. (1886)
2010 Ed. (639)
Telmex Internacional SAB de CV
2010 Ed. (1819)
Telmex; Telefonos de Mexico, SA de CV--
2005 Ed. (61)
Telocity Inc.
2001 Ed. (4673)
2002 Ed. (2476)
Telogis
2013 Ed. (1451)
Telogis Inc.
2014 Ed. (1412)
Telos Corp.
2005 Ed. (1362, 1382)
2006 Ed. (1366, 1371)
2007 Ed. (1403, 1409)
2008 Ed. (1365)
2009 Ed. (1366)
2010 Ed. (1350)
2011 Ed. (1338, 1344)
2012 Ed. (1203, 1209)
2013 Ed. (1317, 1322)
2014 Ed. (1251)
2015 Ed. (1304, 1308)
2016 Ed. (1223)
Telovations
2012 Ed. (4673)
Telsey; Dana
2011 Ed. (2970)
TelShop
1989 Ed. (848)
Telsim
2004 Ed. (94)
2005 Ed. (89)
Telsoft Corp.
2002 Ed. (1072)
2003 Ed. (3963)
Telsp Cellular
2006 Ed. (1845)
TelStar Associates Inc.
2006 Ed. (3510, 4349)
Telstar Records
2001 Ed. (14)
Telstra
2013 Ed. (641, 4596)
2014 Ed. (655)
2015 Ed. (92, 715, 4644, 4677)
2016 Ed. (656, 4587)
Telstra Corp., Ltd.
1997 Ed. (1360, 3694, 3695)
1998 Ed. (2217)
1999 Ed. (4164)
2000 Ed. (325, 326, 1386, 1387, 3332)
2001 Ed. (1616, 1626, 1627, 1628, 1629, 1630, 1632, 1633, 1634, 1635, 1818)
2002 Ed. (32, 345, 346, 1125, 1580, 1583, 1585, 1586, 1588, 1590, 1591, 1593)
2003 Ed. (1613, 1615, 1617, 1619, 1620, 4571)
2004 Ed. (25, 1088, 1633, 1639, 1640, 1642, 1643, 1743)
2005 Ed. (18, 1656, 1657, 1658, 1659, 1660, 1661)
2006 Ed. (24, 294, 651, 1552, 1553, 1554, 1557)
2007 Ed. (18, 1586, 1592, 4721)
2008 Ed. (23, 1566, 1569, 1752, 1753, 1756, 4537)
2009 Ed. (26, 1497, 1501, 1502, 4684)
2010 Ed. (36, 627, 1488, 1489, 1492, 4697)
2011 Ed. (1484, 1486, 4653)
2012 Ed. (1330, 1334, 4658)
2013 Ed. (814, 816, 878, 1428, 1431, 4638)
2014 Ed. (1387, 1390, 4002, 4004, 4671)

2015 Ed. (1450, 1454, 4679)
2016 Ed. (1375, 1378, 4588)
Telstra Mobilenet
2001 Ed. (3332)
TelTech Communications LLC
2006 Ed. (3503)
2007 Ed. (3540, 4403, 4989)
2008 Ed. (3699, 4373, 4955)
Teltex
2004 Ed. (82)
2005 Ed. (77)
Teltonika UAB
2008 Ed. (1888)
2009 Ed. (1848)
Teltran International Group Ltd.
2002 Ed. (3559)
Teltronics Inc.
1998 Ed. (1704)
The Telular Corp.
1996 Ed. (1722)
TELUS
2014 Ed. (4759)
2015 Ed. (720, 1520)
2016 Ed. (659)
Telus
2013 Ed. (4600)
2015 Ed. (752, 4647)
2016 Ed. (4561)
TELUS Communications Inc.
2005 Ed. (1965)
2006 Ed. (2023)
2007 Ed. (4023)
Telus Communications Inc.
2013 Ed. (1507)
2016 Ed. (1474)
TELUS Corp.
2013 Ed. (2896, 4599)
2014 Ed. (2923, 2932, 2938, 4675)
2015 Ed. (2971, 2982, 2987, 4686)
2016 Ed. (2907, 2921, 3110, 4592)
Telus Corp.
1994 Ed. (3491)
1996 Ed. (3648)
1997 Ed. (3707)
1999 Ed. (2667)
2001 Ed. (2865)
2002 Ed. (2502, 4709)
2003 Ed. (2142, 2932, 2933)
2005 Ed. (1666, 1667, 1668, 1719, 2833)
2006 Ed. (1541, 1573, 1574, 1630, 2812, 3040, 4694, 4793)
2007 Ed. (1445, 1571, 2804, 2806, 2810, 2823, 4729)
2008 Ed. (30, 645, 1429, 1657, 2930, 2938, 2948, 4648)
2009 Ed. (35, 1398, 2987, 2994, 2998, 4679, 4690)
2010 Ed. (45, 1515, 1516, 2927, 2931, 2934, 2938, 4055, 4593, 4598, 4703)
2011 Ed. (1508, 1509, 1550, 2890, 2894, 2898, 2903, 4034, 4658)
2012 Ed. (1356, 1357, 1408, 2827, 2829, 2833, 2838, 4067, 4566, 4647)
2013 Ed. (603, 821, 1513, 1514, 1528, 2914, 4615)
2014 Ed. (618, 1297, 1482, 1483, 1498, 2928, 4009, 4031, 4660)
2015 Ed. (1359, 1537, 1538, 2976, 4657, 4706)
2016 Ed. (1290, 1478, 2913, 4560)
Telus Field
2001 Ed. (4359)
TELUS Mobility
2003 Ed. (4697)
2005 Ed. (1965)
2006 Ed. (2023)
telus.net
2003 Ed. (3034)
Telvent Canada Ltd.
2006 Ed. (1605, 1606)
Telverket
1994 Ed. (45)
Telvista Inc.
2014 Ed. (4690, 4691, 4692, 4694, 4695)
2015 Ed. (4700, 4704, 4705)
Telxon Corp.
1990 Ed. (2579, 3555)
1991 Ed. (1019, 1023)
1996 Ed. (2535)
Temasek Holdings
1997 Ed. (2401)
1999 Ed. (2893)
2001 Ed. (2889)
Tembec Inc.
2000 Ed. (3410)
2001 Ed. (3627)

2002 Ed. (3518, 3576)
2003 Ed. (1640, 3723)
2007 Ed. (2636)
2008 Ed. (2762)
2009 Ed. (2820, 2821, 3913)
2010 Ed. (1556, 2761, 2763)
2011 Ed. (2747, 2749, 4555)
2013 Ed. (3865)
2016 Ed. (2733)
Temecula Valley Bancorp
2005 Ed. (4386)
2006 Ed. (451)
2007 Ed. (390, 462)
2008 Ed. (428)
2009 Ed. (454)
Temecula Valley Bank
2003 Ed. (507, 509)
Temerlin McClain
1994 Ed. (117)
1995 Ed. (126)
1996 Ed. (140)
1997 Ed. (77, 146)
1998 Ed. (66)
1999 Ed. (155)
2002 Ed. (184, 185)
2003 Ed. (174)
2004 Ed. (132)
Temirbank
2015 Ed. (458)
Temp
2016 Ed. (741)
Temp-Control Mechanical Corp.
2006 Ed. (1334)
2010 Ed. (1304)
2011 Ed. (1262)
2012 Ed. (1173)
Temp Tee
2001 Ed. (1945)
Temperature Control Inc.
2008 Ed. (1328)
Tempest Technologies
1989 Ed. (1566, 2500)
Tempest Technology
2002 Ed. (2494)
Temple Bar
2000 Ed. (3298, 3304)
Temple Hoyne Buell Theatre
2002 Ed. (4345)
2003 Ed. (4529)
2006 Ed. (1155)
2011 Ed. (1069)
Temple-Inland Forest Products Corp.
2003 Ed. (3265)
Temple-Inland Inc.
1989 Ed. (1008, 2111)
1990 Ed. (1158, 1188, 2760)
1991 Ed. (1070, 2384, 2667)
1992 Ed. (1381, 1383, 1385, 3327, 3338)
1993 Ed. (1110, 2497, 2762)
1994 Ed. (1127, 1129, 2721)
1995 Ed. (1143, 1144, 2832)
1996 Ed. (1117, 1118)
1997 Ed. (1144, 1145, 2068, 2993)
1998 Ed. (928, 930, 2424, 2731, 2739, 2740)
1999 Ed. (1347, 3682, 3687, 3700, 3701)
2000 Ed. (1244, 3397)
2001 Ed. (577, 1164, 1454, 3612, 3613, 3614)
2002 Ed. (2319, 2320, 2321, 3575, 3581)
2003 Ed. (1223, 1224, 3712, 3713, 3716, 3717, 3722)
2004 Ed. (1227, 1228, 1229, 1230, 2675, 3758, 3759, 3762)
2005 Ed. (1261, 1262, 1263, 1264, 1266, 3673, 3674, 3677, 3683, 3689)
2006 Ed. (1221, 1222, 1223, 1225, 1226, 3774, 3775)
2007 Ed. (1331, 1332, 1333, 3770, 3772, 3775)
2008 Ed. (1218, 3853)
2009 Ed. (1197, 2098, 3911)
2010 Ed. (1203, 2039, 3820)
2012 Ed. (3799)
2013 Ed. (3862, 3863)
Temple; Joseph G.
1991 Ed. (1621)
Temple Physicians Inc.
2000 Ed. (3545)
Temple Run
2013 Ed. (3759, 4945)
Temple; Shirley
2015 Ed. (2335)
Temple University
1996 Ed. (2464)
1997 Ed. (2609)

1998 Ed. (2340)
1999 Ed. (3166)
2000 Ed. (931, 2910)
2001 Ed. (3067)
2006 Ed. (4198, 4203)
2007 Ed. (2268)
2008 Ed. (771, 774, 3178)
2009 Ed. (790)
2010 Ed. (727, 758, 759)
2011 Ed. (638, 649, 3419)
2015 Ed. (815)
Temple University, Fox School of Business
2008 Ed. (792)
Temple University Health System
1998 Ed. (1996)
1999 Ed. (2753)
2000 Ed. (2533)
Temple University Hospital
2003 Ed. (2831)
Temple University Medical Practice
2000 Ed. (3545)
Templeton
1992 Ed. (3181)
Templeton Americas Government Secs
1999 Ed. (3581)
Templeton Canadian Bond
2001 Ed. (3482, 3483, 3484)
2002 Ed. (3456, 3457)
Templeton Capital Accum.
1995 Ed. (2679)
Templeton Capital Accumulation
1998 Ed. (2609)
Templeton Capital Accumulator
1996 Ed. (2775)
1997 Ed. (2876)
Templeton Developing Markets
1996 Ed. (2770)
2000 Ed. (3257)
Templeton Developing Markets I
1998 Ed. (2622)
1999 Ed. (3566)
Templeton Developing Markets II
1998 Ed. (2622)
Templeton Development Markets
1995 Ed. (2717, 2727)
Templeton Emerging Markets
2006 Ed. (2513)
Templeton Emerging Markets Income
2005 Ed. (3215)
Templeton For. Equity Inst.
1999 Ed. (3565)
Templeton Foreign
1990 Ed. (2393)
1991 Ed. (2558)
1992 Ed. (3151, 3178, 3194)
1993 Ed. (2652, 2661, 2692)
1994 Ed. (2605, 2638)
1995 Ed. (2679, 2693, 2699, 2714)
1996 Ed. (2770, 2775)
1997 Ed. (2870)
1998 Ed. (2617)
1999 Ed. (3565)
2000 Ed. (3277)
2005 Ed. (4490)
Templeton Global Bond
2005 Ed. (700)
2006 Ed. (624, 625, 626)
2008 Ed. (583, 593, 602)
2011 Ed. (522, 524)
Templeton Global Income Fund
1990 Ed. (1359, 3135, 3186)
Templeton Global Opp.
1994 Ed. (2616)
Templeton Global Opportunity
1993 Ed. (2672)
Templeton Global Opportunity I
1998 Ed. (2596, 2635)
Templeton Global Small Companies
2001 Ed. (3490)
Templeton Global Small Cos.
2007 Ed. (2493)
Templeton Global Smaller Companies
2004 Ed. (2478, 2479)
2006 Ed. (2513)
2008 Ed. (2623)
Templeton Global Smaller Company Growth I
1998 Ed. (2635)
Templeton Growth
1993 Ed. (2661, 2672)
1994 Ed. (2605, 2646)
1995 Ed. (2679, 2693, 2699, 2714, 2743)
1996 Ed. (2770, 2775)
1997 Ed. (2870)
1998 Ed. (2609)
Templeton Growth Fund
2003 Ed. (3543)
Templeton Growth I

1996 Ed. (2754)
1997 Ed. (2876, 2883)
1999 Ed. (3551)
Templeton Inst-Emerging Markets
2000 Ed. (3257)
Templeton Institutional Foreign Equity
1998 Ed. (2634)
Templeton International
1989 Ed. (2144)
1991 Ed. (2256)
1992 Ed. (2787, 2797, 2798)
1993 Ed. (2338, 2348, 2352, 2353)
2000 Ed. (2830)
Templeton International Stock
2006 Ed. (3663)
Templeton Int'l
1990 Ed. (2363)
Templeton Investment Counsel
1995 Ed. (2394)
1999 Ed. (3588)
Templeton Investment Mgmt. Co.
2000 Ed. (2852)
Templeton; Mark B.
2011 Ed. (843)
Templeton Mutual Beacon
2003 Ed. (3580, 3581)
2004 Ed. (2460, 2461)
Templeton Mutual Funds
1991 Ed. (2565)
Templeton; R. K.
2005 Ed. (2476)
2006 Ed. (941)
2007 Ed. (1036)
Templeton; Richard
2007 Ed. (1007)
2008 Ed. (939)
2010 Ed. (889)
Templeton; Richard K.
2007 Ed. (1032)
2008 Ed. (954, 959)
2009 Ed. (953, 961)
2010 Ed. (905)
2011 Ed. (842)
2015 Ed. (956, 970)
2016 Ed. (867)
Templeton Smaller Co.
1993 Ed. (2672)
Templeton Smaller Cos.
1994 Ed. (2605)
Templeton T-F
1992 Ed. (3095, 3168)
Templeton Tax-Free Money Fund
1994 Ed. (2538)
Templeton Value
1993 Ed. (2672)
Templeton World
1993 Ed. (2672)
1995 Ed. (2693, 2714, 2743)
1996 Ed. (2770)
1997 Ed. (2883)
2000 Ed. (3276, 3277)
Templeton World 1
1999 Ed. (3514)
Templeton World Fund I
1998 Ed. (2635)
Templeton World I
1997 Ed. (2876)
Templeton Worldwide
1994 Ed. (2330)
2001 Ed. (3005)
2002 Ed. (3027)
Templeton/FT Institutional Global Equity
2007 Ed. (752)
Templeton/Phoenix Templeton Investment Plus Stock
1994 Ed. (3613)
Tempo
1989 Ed. (316)
1990 Ed. (355)
1992 Ed. (341)
1998 Ed. (3509)
2001 Ed. (2220)
Tempo Advertising
1999 Ed. (147)
2000 Ed. (164)
2001 Ed. (203)
2002 Ed. (175)
2003 Ed. (142)
Tempo Scan Pacific
2004 Ed. (52)
2006 Ed. (53)
Tempo-Team
2010 Ed. (1502)
Temporary Housing Directory
2010 Ed. (4048, 4157, 4973)
Temporary Services Insurance Ltd.
2006 Ed. (3054)
2007 Ed. (3084)
2008 Ed. (3224)
2010 Ed. (3211)

2011 Ed. (3175)
Temporary Solutions Inc.
2006 Ed. (3545, 4383)
2007 Ed. (3608, 3609, 4451)
2008 Ed. (3737, 4433, 4988)
TemPositions Group of Companies
2012 Ed. (4468)
Tempra
1992 Ed. (23)
2002 Ed. (318)
TempStaff Inc.
2006 Ed. (3522, 4361)
2007 Ed. (3571, 4429)
2008 Ed. (3717, 4407)
Temptations; Whiskas
2014 Ed. (3845)
2015 Ed. (3870)
Tempted
2011 Ed. (493)
Tempu-Pedic
2009 Ed. (3670)
Tempur-Pedic
2005 Ed. (3410)
2011 Ed. (3590)
2014 Ed. (562)
2015 Ed. (626)
2016 Ed. (575)
Tempur-Pedic International Inc.
2006 Ed. (1844)
2008 Ed. (1885, 2989)
2009 Ed. (1838, 1841)
2012 Ed. (1645)
2013 Ed. (1803, 2784, 2993, 3560)
2014 Ed. (2811, 3000, 3537)
2015 Ed. (3558)
Tempur-Sealy International
2016 Ed. (1729)
Tempur Sealy International Inc.
2016 Ed. (1732, 2788, 2791)
Tempurpedic.com
2013 Ed. (2475)
Tempus Group plc
2000 Ed. (93)
2001 Ed. (32)
2002 Ed. (143)
2007 Ed. (112)
Tempus Software
1999 Ed. (2726)
2000 Ed. (2504)
Ten Alps Communications
2009 Ed. (141)
2010 Ed. (4140)
2011 Ed. (4140)
Ten Cate Nederland BV
1997 Ed. (3737)
1999 Ed. (4593)
The Ten Commandments
1998 Ed. (2536)
1999 Ed. (3446)
Ten Communications
2006 Ed. (113)
Ten High
1991 Ed. (727, 2317)
1992 Ed. (2869)
1993 Ed. (2446)
1994 Ed. (2391)
1995 Ed. (2472)
1996 Ed. (2521)
1997 Ed. (2660)
1998 Ed. (2376)
1999 Ed. (3208)
2000 Ed. (2948)
2001 Ed. (3142, 3147, 4788)
2002 Ed. (279, 287, 3107)
2003 Ed. (4902)
2004 Ed. (4892)
Ten Things I Wish I'd Known—Before I
Went Out into the Real World
2003 Ed. (707)
Ten Thousand Villages
2010 Ed. (4353)
2011 Ed. (4302)
2012 Ed. (4353)
2013 Ed. (4474)
2015 Ed. (4345)
Tenacious Holdings
2015 Ed. (2523)
Tenafly Foreign Cars
1991 Ed. (290)
Tenafly Foreign & Domestic Cars
1990 Ed. (313)
Tenaga Nasional
1994 Ed. (2349)
1995 Ed. (1452, 1454, 1455)
1996 Ed. (1416)
1998 Ed. (1161)
1999 Ed. (761, 1578, 1700, 1702)
2001 Ed. (1784, 1785)
2006 Ed. (1860)
2007 Ed. (1865)

2008 Ed. (1899)
2009 Ed. (1862)
2010 Ed. (1794)
2011 Ed. (1819)
2012 Ed. (1677)
2013 Ed. (842, 1829)
2014 Ed. (1758)
2015 Ed. (1801, 2446)
2016 Ed. (679, 1755, 2364, 2391)
Tenaga Nasional Berhad
1997 Ed. (1455, 1474)
2000 Ed. (1510)
2015 Ed. (2452)
Tenaga Nasional Bhd
2006 Ed. (4518)
Tenaga National
2006 Ed. (1861)
Tenant & Partner
2010 Ed. (2001)
2011 Ed. (2062)
2013 Ed. (2070)
2014 Ed. (2002)
2015 Ed. (1610, 2048)
Tenaquip Ltd.
2008 Ed. (2058)
Tenaris
2006 Ed. (665, 1857)
2007 Ed. (1861)
2008 Ed. (1893)
2014 Ed. (1357)
2015 Ed. (2395, 3529)
Tenaris Confab
2007 Ed. (1850)
Tenaris SA
2006 Ed. (1856, 3390)
2007 Ed. (4589)
2008 Ed. (1892, 3569, 4539)
2009 Ed. (1855, 1856, 3639, 3730,
3996)
2010 Ed. (1784, 1788, 3558, 3649)
2011 Ed. (1812, 1813, 3561, 3653)
2012 Ed. (1670, 1671, 3554, 3652,
3904)
2013 Ed. (1821, 1822, 2543, 3608,
3715, 3923)
2014 Ed. (1750, 2475, 3647, 3868)
2015 Ed. (1795, 2549, 3657, 3895)
2016 Ed. (1748, 3546)
Tenaris SpA
2014 Ed. (3623)
2015 Ed. (3636)
2016 Ed. (3521)
Tenaska Energy
2016 Ed. (2308)
Tenaska Energy Inc.
2008 Ed. (1961)
2009 Ed. (1915, 4154)
2010 Ed. (1848, 4085)
2011 Ed. (4058)
2012 Ed. (4090)
2013 Ed. (1904, 2347)
2014 Ed. (1836, 2277)
2015 Ed. (1874, 2362)
2016 Ed. (1838)
Tenaska Inc.
2008 Ed. (1400)
Tenaska Marketing Ventures
2004 Ed. (1810)
2005 Ed. (1893)
2006 Ed. (1915)
2008 Ed. (1961)
2009 Ed. (1915)
2010 Ed. (1848)
2016 Ed. (2839)
TenCate Advanced Composites USA
2016 Ed. (3419)
Tencent
2009 Ed. (1494)
2010 Ed. (1120, 1481)
2012 Ed. (551)
2013 Ed. (646, 660)
2014 Ed. (675, 4650)
2015 Ed. (731, 732, 3420, 4643)
Tencent Holdings
2016 Ed. (1501)
Tencent Holdings Ltd.
2010 Ed. (1679, 3200)
2011 Ed. (1040, 1059, 3164)
2012 Ed. (937, 942, 986, 1417)
2013 Ed. (1075, 1087, 1128, 1762)
2014 Ed. (1037, 1050, 1089)
2015 Ed. (1072, 1085, 1128)
2016 Ed. (979, 995, 1040)
Tencent/QQ
2012 Ed. (541)
2013 Ed. (658, 2921)
Tench Coxe
2003 Ed. (4847)
2004 Ed. (4828)
Tencor Instruments

1999 Ed. (1960, 1974)
Tendaire Industries Inc.
2006 Ed. (4378)
2007 Ed. (4446)
Tendence
2004 Ed. (4756, 4758)
Tender Bird
2002 Ed. (2369)
Tender Bison
2009 Ed. (2826)
Tender Chops
1990 Ed. (2821)
1992 Ed. (3412)
1993 Ed. (2819)
1994 Ed. (2831)
1996 Ed. (2993)
1997 Ed. (3072)
1999 Ed. (3789)
2002 Ed. (3655)
Tender Greens
2016 Ed. (4165)
Tender Vittles
1989 Ed. (2200)
1990 Ed. (2816)
1992 Ed. (3415)
1993 Ed. (2822)
1994 Ed. (2827, 2836)
1996 Ed. (2998)
1997 Ed. (3077)
1999 Ed. (3787)
2002 Ed. (3653)
Tendon disorders
1996 Ed. (3883, 3884)
Tendonitis
2002 Ed. (3529)
Tendyron Corp.
2013 Ed. (2898, 2902)
Tenega Nasional
1996 Ed. (2446)
2000 Ed. (1511)
Tenega Nasional Bhd
2002 Ed. (3051)
Tenega Nsional bhd
2009 Ed. (1814)
Tenennenbaum & Co.
1998 Ed. (1021)
Tenenor
2014 Ed. (4013)
TENERA Inc.
2003 Ed. (2945)
Tenet Credit Union
2003 Ed. (1898)
Tenet Health System QA Inc.
2004 Ed. (2797)
2005 Ed. (2790)
Tenet Healthcare
2013 Ed. (1361)
2014 Ed. (3038)
2015 Ed. (2959, 2967, 3104, 4425)
2016 Ed. (2893, 4319)
Tenet Healthcare Corp.
1996 Ed. (1269)
1997 Ed. (1317, 2180, 2181, 2182,
2824, 2825)
1998 Ed. (1053, 1340, 1901, 1903,
1908, 2549, 2550, 2933)
1999 Ed. (1477, 1552, 2639, 2641,
3461, 3463, 3907, 4216)
2000 Ed. (960, 2263, 2419, 2422,
3004, 3179, 3181, 3360, 3624,
3747)
2001 Ed. (1043, 1646, 1649, 2667,
2668, 2669, 2673, 2676, 2677,
2678, 2679)
2002 Ed. (2448, 2450, 2451, 2453,
3291, 3292, 3293, 4354, 4875)
2003 Ed. (2680, 2681, 2682, 2685,
2686, 2689, 2690, 2692, 2694,
2825, 3464, 3465, 3466)
2004 Ed. (2796, 2797, 2799, 2802,
2804, 2808, 2815, 2925, 2926,
2927, 3526)
2005 Ed. (2789, 2790, 2794, 2798,
2801, 2913, 2914, 2915, 4467)
2006 Ed. (2759, 2760, 2764, 2776,
2795, 2925, 4466, 4467, 4470,
4472, 4588, 4605)
2007 Ed. (1486, 2769, 2770, 2776,
2782, 2791, 2935, 4525, 4526,
4528, 4530, 4567, 4568, 4569)
2008 Ed. (1480, 1541, 2771, 2888,
2889, 2890, 2891, 2901)
2009 Ed. (1469, 2951, 2952, 2953,
2954, 2955, 2959, 2973, 4566)
2010 Ed. (1454, 2888, 2889, 2890,
2891, 2892, 2898, 2913, 3082)
2011 Ed. (1427, 1448, 2088, 2096,
2761, 2867, 2868, 2871, 2880)
2012 Ed. (2801, 2802, 2806, 2812,
2820, 3730)

2013 Ed. (2869, 2870, 2873, 2883, 2889, 3774)
2014 Ed. (2905, 2918, 3707)
2015 Ed. (2946, 2947, 2950, 2966, 3721)
2016 Ed. (2062, 2877, 2878, 2881, 2900)
Tenet Healthsystem Hospitals Inc.
2003 Ed. (1676, 2680, 2681)
Tenet Southern California
1999 Ed. (2987, 2990, 2992)
Tenex
2003 Ed. (1230)
Tenex Health Inc.
2016 Ed. (1415)
Teng Affiliated Cos.
2007 Ed. (1348)
2008 Ed. (2548)
2009 Ed. (2555, 2578)
2010 Ed. (2471)
Teng & Associates Inc.
2001 Ed. (405, 406, 407)
2006 Ed. (2454)
2008 Ed. (2533)
2009 Ed. (2529, 2541)
2011 Ed. (2454)
2012 Ed. (2371)
Tengasco inc.
2014 Ed. (3885)
Tengelmann
1993 Ed. (3050, 3498)
1994 Ed. (990, 1364, 3110, 3112)
1995 Ed. (1387, 3155, 3156, 3157)
1998 Ed. (668, 987, 3085, 3095)
1999 Ed. (4524, 4644)
Tengelmann Group
1989 Ed. (1867)
1990 Ed. (2404)
1991 Ed. (957, 2264, 3261)
1992 Ed. (1190, 2809, 3741)
1996 Ed. (996, 1337, 3244)
2000 Ed. (4284)
2001 Ed. (4613)
2003 Ed. (1687, 4779)
Tengelmann Gruppe
2001 Ed. (4102, 4103, 4114)
2002 Ed. (1076)
Tengelmann Warenhandelsgesellschaft
2006 Ed. (4945)
2009 Ed. (4944)
2011 Ed. (4935)
Tengelmann Warenhandelsgesellschaft KG
2006 Ed. (3991)
2013 Ed. (4330)
2014 Ed. (4381)
2016 Ed. (4266)
Tenglemann
1997 Ed. (3679)
Tenglong Aromatic PX (Xiamen) Co., Ltd.
2011 Ed. (785)
Tenix
2002 Ed. (3771, 3778)
2003 Ed. (3955)
2004 Ed. (3956, 3963)
Tenix Group
2016 Ed. (1380)
Tenly Properties Corp.
1998 Ed. (916)
Tenmast Software
2014 Ed. (1729)
Tennant
2016 Ed. (1801, 3059)
Tennant; Adrienne
2011 Ed. (3342)
Tennant Co.
2004 Ed. (2115)
Tennant; James R.
2007 Ed. (3974)
Tennant's Lager
2001 Ed. (685)
Tenneco
2014 Ed. (1322, 2556)
2015 Ed. (1389)
Tenneco Automotive Inc.
2001 Ed. (393, 1586, 2041)
2002 Ed. (397)
2003 Ed. (337, 339, 1590)
2004 Ed. (312, 314, 1608, 4544)
2005 Ed. (310, 313, 317, 1641, 2769)
2006 Ed. (328, 331, 332, 1521, 1530, 2725)
Tenneco Inc.
1989 Ed. (878, 882, 1260, 1500, 2166, 2207, 2225)
1990 Ed. (931, 937, 1228, 1249, 1477, 1529, 1530, 1883, 2172, 2673, 2834, 2842, 2852, 3445, 3562, 3563)

1991 Ed. (324, 902, 1234, 1445, 2018, 2019, 2020, 2736)
1992 Ed. (1105, 1770, 1834, 2592, 2593, 2594, 3297)
1993 Ed. (901, 1219, 1265, 1411, 1503, 2163, 2164, 2165, 3351)
1994 Ed. (916, 1283, 1465, 1550, 2180, 2182, 2183)
1995 Ed. (952, 1257, 1258, 1500, 2234, 2236, 2237, 2847, 2869)
1996 Ed. (1456, 2241, 2242, 2244)
1997 Ed. (953, 1379, 2367, 2369, 2371, 2822)
1998 Ed. (224, 696, 928, 929, 1124, 1130, 1319, 1843, 2539, 2540, 2708)
1999 Ed. (1596, 1886, 3456, 3457)
2000 Ed. (1021, 1404, 1693, 3171, 3436)
2001 Ed. (1676, 3625)
2002 Ed. (1460)
2003 Ed. (1481)
2004 Ed. (1511)
2005 Ed. (1527)
2007 Ed. (323, 1548, 1560)
2008 Ed. (309, 1530)
2009 Ed. (335)
2011 Ed. (1448)
2012 Ed. (252, 1281, 1282)
2013 Ed. (257, 1390)
2015 Ed. (299)
2016 Ed. (258, 298)
Tenneco Oil Norway A/S
1990 Ed. (1251)
Tenneco Packaging
1999 Ed. (1752, 2602, 3686, 3700)
2000 Ed. (1584, 2345, 3402)
2001 Ed. (3817)
Tennent's
1990 Ed. (768)
1991 Ed. (747)
1992 Ed. (2888)
Tennent's Lager
1994 Ed. (755)
2002 Ed. (686)
Tennent's Super
1994 Ed. (755)
1996 Ed. (787)
1999 Ed. (820)
Tennent's Vital
2013 Ed. (1142)
Tennessee
1989 Ed. (1669, 1737, 1898, 2613, 2617)
1990 Ed. (824, 2410, 2664, 3281, 3347, 3355, 3385, 3427, 3649)
1991 Ed. (787, 793, 2349, 2351, 2475, 2476, 2900, 3178, 3186, 3189, 3201, 3202, 3213)
1992 Ed. (973, 975, 978, 2098, 2099, 2919, 2922, 2925, 2968, 4074, 4076, 4077, 4083, 4117, 4128)
1993 Ed. (315, 2180, 2585, 2586, 3394, 3395, 3396, 3397, 3411, 3425, 3505)
1994 Ed. (2381, 3374, 3393, 3400, 3401, 3417, 3475)
1995 Ed. (675, 1764, 2462, 3471, 3472, 3488, 3502)
1996 Ed. (1737, 1738, 2090, 2504, 2511, 3175, 3522, 3545, 3552, 3553, 3569, 3579)
1997 Ed. (331, 1819, 2650, 2651, 3131, 3228, 3567, 3585, 3592, 3593, 3603, 3608)
1998 Ed. (1321, 2059, 2385, 2404, 2437, 2971, 3375, 3383, 3385, 3387, 3395, 3466, 3611)
1999 Ed. (392, 3226, 3227, 4431, 4432, 4444, 4448, 4449, 4452, 4459, 4464, 4466, 4537)
2000 Ed. (276, 1140, 2965, 3587, 3689, 4102, 4104, 4112, 4180, 4289)
2001 Ed. (273, 274, 284, 285, 362, 370, 371, 428, 429, 547, 666, 667, 721, 1124, 1126, 1127, 1245, 1262, 1263, 1266, 1267, 1289, 1290, 1427, 1439, 1491, 1942, 2055, 2131, 2219, 2357, 2380, 2385, 2386, 2387, 2388, 2389, 2392, 2399, 2521, 2522, 2566, 2567, 2604, 2662, 2689, 2805, 2806, 2807, 3027, 3028, 3069, 3070, 3092, 3093, 3094, 3095, 3169, 3175, 3213, 3214, 3307, 3321, 3338, 3339, 3385, 3400, 3414, 3576, 3577, 3617, 3620, 3639, 3653, 3660, 3661, 3662, 3663, 3781, 3782, 3804, 3880, 3888, 3904, 3916, 3963, 3964, 3965,

3966, 3969, 4018, 4239, 4241, 4242, 4258, 4259, 4286, 4360, 4515, 4516, 4517, 4531, 4532, 4536, 4552, 4726, 4727, 4741, 4799, 4832, 4932, 4934, 4937, 4938)
2002 Ed. (379, 450, 456, 459, 474, 773, 951, 1802, 1906, 2064, 2119, 2232, 2233, 2837, 2874, 2875, 2981, 3091, 3197, 3289, 3804, 4102, 4103, 4114, 4159, 4366, 4550, 4551, 4627, 4765)
2003 Ed. (380, 388, 389, 393, 396, 399, 407, 440, 2148, 2435, 2688, 3261, 3263, 3355, 4040, 4237, 4284, 4299, 4416, 4417, 4755)
2004 Ed. (348, 372, 375, 384, 386, 414, 415, 1072, 1904, 2294, 2295, 2570, 2571, 2987, 3038, 3087, 3088, 3090, 3294, 3311, 3312, 3313, 3418, 4292, 4293, 4302, 4303, 4510, 4515, 4735, 4901, 4905)
2005 Ed. (346, 391, 394, 396, 398, 422, 782, 2034, 2527, 2545, 2917, 3432, 4189, 4225, 4231, 4597, 4712)
2006 Ed. (383, 2130, 2552, 2756, 2790, 2983, 2987, 3097, 3098, 3109, 3130, 3132, 3443, 3906, 3982, 4014, 4665, 4764)
2007 Ed. (366, 2078, 2165, 2166, 2274, 2528, 3016, 3018, 3372, 3385, 3459, 4046, 4686, 4770, 4804)
2008 Ed. (2407, 2656, 2896, 2918, 3137, 3469, 3470, 3633, 4082, 4595, 4690, 4733)
2009 Ed. (2684, 3221, 3543, 3548, 3549, 3552, 3578, 3697, 4195, 4350, 4639, 4732, 4768, 4819)
2010 Ed. (823, 2106, 2319, 2320, 2328, 2329, 2574, 2597, 3148, 3150, 3154, 3361, 3447, 3465, 3468, 3469, 3471, 3613, 4130, 4666, 4668, 4740)
2011 Ed. (2159, 2315, 2316, 2324, 2325, 2551, 2579, 3115, 3117, 3120, 3316, 3447, 3464, 3468, 3471, 3472, 3496, 3616, 4095, 4615, 4617, 4700)
2012 Ed. (912, 2216, 2217, 2227, 2498, 2499, 2500, 2526, 2743, 3051, 3055, 3136, 3302, 3303, 3464, 3473, 3477, 3478, 3526, 3610, 4129, 4163, 4620, 4622, 4690, 4812)
2013 Ed. (299, 737, 1066, 2658, 2834, 3131, 3136, 3522, 3525, 3526, 3527, 3545, 3567, 3828, 4123, 4571, 4575, 4578, 4587, 4723, 4775, 4973)
2014 Ed. (230, 755, 2229, 2316, 2462, 3136, 3230, 3496, 3499, 3500, 3501, 3521, 4138, 4628, 4634, 4637)
2015 Ed. (265, 302, 790, 2544, 3280, 3514, 3516, 3517, 3518, 3536)
2016 Ed. (260, 712, 2023, 2024, 3120, 3373, 3374, 3375, 3376, 3387)
Tennessee at Chattanooga; University of
2008 Ed. (779)
2009 Ed. (793)
2010 Ed. (731)
Tennessee; Bank of
2011 Ed. (2077)
Tennessee Commerce
2013 Ed. (4521)
Tennessee Department of Economic & Community Development
2003 Ed. (3245)
Tennessee Eastman
1990 Ed. (3557)
1993 Ed. (922)
Tennessee Electric Co.
2011 Ed. (1268)
Tennessee Farmers Cooperative
2010 Ed. (205, 2631, 4455)
2011 Ed. (122, 128, 2614, 4391)
2012 Ed. (129, 2555, 4457)
2013 Ed. (108)
2014 Ed. (115)
2015 Ed. (130)
2016 Ed. (135)
Tennessee Farmers Mutual Insurance Co.
2016 Ed. (3264)
Tennessee Gas Pipeline Co.

1990 Ed. (1879, 1880)
1991 Ed. (1792, 1793, 1794, 1795, 1796, 1797)
1992 Ed. (2263, 2264, 2265, 2267)
1993 Ed. (1923, 1924, 1925, 1926, 1927)
1994 Ed. (1944, 1946, 1949, 1950, 1951, 1952, 1953, 1954)
1995 Ed. (1973, 1976, 1977, 1978, 1979, 1980, 1981)
1996 Ed. (2000, 2004)
1997 Ed. (2120, 2121, 2122, 2124)
1998 Ed. (1810, 1811, 1812, 1813, 1814)
1999 Ed. (2571, 2572, 2573, 2574)
2000 Ed. (2310, 2314)
2003 Ed. (3880, 3881)
Tennessee Health Care Network
2005 Ed. (2817)
Tennessee Housing Development Agency
2001 Ed. (926)
Tennessee Industrial Specialties Inc.
2008 Ed. (3733, 4983)
Tennessee-Knoxville; University of
2010 Ed. (753, 765)
Tennessee Oilers
2000 Ed. (2252)
Tennessee Performing Arts Center
1999 Ed. (1295)
2001 Ed. (4353)
Tennessee Pride
2002 Ed. (1329, 4098)
2008 Ed. (4278)
2009 Ed. (4381, 4382, 4383)
2011 Ed. (4359)
2012 Ed. (4399)
2013 Ed. (4367)
2014 Ed. (2781, 4422, 4424)
Tennessee Primary Care
1997 Ed. (2197)
Tennessee Restaurant Equipment
1996 Ed. (1956)
Tennessee River Co.
1993 Ed. (3690)
1998 Ed. (3703)
1999 Ed. (2117)
Tennessee System; University of
1995 Ed. (971)
1997 Ed. (970, 971)
2007 Ed. (1399)
2009 Ed. (1356)
2011 Ed. (1325)
Tennessee; University of
1996 Ed. (948, 949)
Tennessee Valley Authority
1991 Ed. (1144, 1274)
1999 Ed. (759, 1948, 3846)
2000 Ed. (773, 3440)
2001 Ed. (1876, 3553, 3672, 3870)
2002 Ed. (3607)
2003 Ed. (1833, 2138, 3634)
2004 Ed. (2028, 2313)
2005 Ed. (2394)
2006 Ed. (2038)
2008 Ed. (2105, 2302)
2009 Ed. (2080, 2429)
2010 Ed. (2023, 2349)
2011 Ed. (2080, 2343, 2856, 3768)
2012 Ed. (1924, 2249, 3692)
2013 Ed. (2084, 2425)
2014 Ed. (2361)
2015 Ed. (2427, 3694, 4429)
2016 Ed. (2022, 2373)
Tennessee Valley Credit Union
2002 Ed. (1893)
2003 Ed. (1947)
2004 Ed. (1987)
2005 Ed. (2129)
2006 Ed. (2224)
2007 Ed. (2145)
2008 Ed. (2260)
2009 Ed. (2246)
2010 Ed. (2200)
2011 Ed. (2218)
2012 Ed. (2079)
2013 Ed. (2265)
2014 Ed. (2199)
2015 Ed. (2263)
2016 Ed. (2234)
Tennessee Valley Federal Credit Union
2011 Ed. (2077)
Tennessee Valley Industrial Development Association
2002 Ed. (3878, 3879, 4710)
Tennessee Volunteers
2014 Ed. (2748)
Tennessee Wholesale Drug Co.
1995 Ed. (1586, 3729)
Tennessee Wildlife Resources Agency

2003 Ed. (2491, 2492)
2004 Ed. (2624, 2625)
2005 Ed. (2613, 2614)
2006 Ed. (2612)
2007 Ed. (2587, 2588)
2008 Ed. (2724, 2725)
2009 Ed. (2779, 2780)
2010 Ed. (2711, 2712)
Tennille; Bob Hope, Toni
1991 Ed. (1042)
Tennis
1989 Ed. (2523)
1994 Ed. (3369)
1998 Ed. (3354)
1999 Ed. (4816)
2000 Ed. (1048, 2919)
2003 Ed. (4525)
2006 Ed. (162)
Tennis courts
2000 Ed. (3554)
Tennis (Open)
1990 Ed. (3328)
Tennis shoes
1993 Ed. (257)
1994 Ed. (245)
2001 Ed. (426)
Tenon Group plc
2006 Ed. (6, 8)
2007 Ed. (6)
2008 Ed. (4)
2009 Ed. (7)
2010 Ed. (14)
2011 Ed. (11, 12, 13, 15)
Tenon Tours
2014 Ed. (4789)
Tenon USA Inc.
2006 Ed. (2657)
2008 Ed. (2765)
2009 Ed. (2824)
Tenore; Stephen P.
1995 Ed. (2484)
Tenormin
1989 Ed. (2254, 2256)
1990 Ed. (2898, 2900)
1991 Ed. (2761, 2763)
1992 Ed. (3526)
1993 Ed. (1530, 2914)
Tenormin tabs 50 mg
1990 Ed. (1572, 1573)
Tenrox Corp.
2003 Ed. (1116)
Tensilica
2003 Ed. (4381)
Tent Camping
2000 Ed. (4089)
Tenthwave Digital LLC
2014 Ed. (3563)
Teo Foong & Wong
1996 Ed. (22)
1997 Ed. (24)
TEO Lt.; AB
2009 Ed. (1845)
2011 Ed. (1802)
TEOCO Corp.
2002 Ed. (2535)
Teodoro Obiang Nguema Mbasogo
2007 Ed. (2703)
Tepavac Dragan I Ostali
2016 Ed. (1554)
TEPCO
2013 Ed. (2443, 2458)
2015 Ed. (2459)
2016 Ed. (2405)
Tepco
2007 Ed. (2305)
Tepeyac
2000 Ed. (2671)
Tepma
2006 Ed. (2544)
TEPPCO Crude Pipeline LLC
2003 Ed. (3882)
Teppco Partners
1992 Ed. (3833)
TEPPCO Partners LP
2005 Ed. (2231, 3779)
2006 Ed. (2296)
2007 Ed. (1559, 3884)
2008 Ed. (1540, 2363)
Tepper; David
2006 Ed. (2798)
2014 Ed. (2920)
2015 Ed. (2968)
2016 Ed. (2902)
Tepper School of Business
2015 Ed. (809)
2016 Ed. (725)
Tepper School of Business; Carnegie
Mellon University
2006 Ed. (710, 712, 728, 2859)

2007 Ed. (796, 813, 814, 815, 820,
821, 824)
2008 Ed. (182)
2009 Ed. (781)
2010 Ed. (725, 747, 752, 753, 757,
765)
2011 Ed. (640, 645, 647, 652, 658,
663, 664, 673, 674, 675, 676)
2012 Ed. (610)
2013 Ed. (750)
Teppo Crude Pipeline LP
2006 Ed. (3910)
Tequendama
2000 Ed. (690)
Tequi Loco Prepared Cocktail
2004 Ed. (1034)
Tequila
1997 Ed. (2671)
2001 Ed. (3124, 3125)
2002 Ed. (3132, 3133, 3142, 3143,
3167, 3168, 3169, 3170)
2008 Ed. (3451)
Tequila Manchester
2002 Ed. (1980)
Tequila Payne Stracey
2000 Ed. (1676)
Tequila Rose Liqueur
2001 Ed. (3109)
2002 Ed. (292, 3097)
2004 Ed. (3270)
Tequila UK
2002 Ed. (4087)
Tequila/London
2000 Ed. (3843, 3844)
2002 Ed. (1981)
2011 Ed. (60)
Tequita Wine Coolers
1991 Ed. (3485)
Tequiza
2003 Ed. (261)
2004 Ed. (4946)
2005 Ed. (3364, 4924, 4926)
TER
2012 Ed. (744)
TER Group
2013 Ed. (934)
Tera Capital Venture
2002 Ed. (3427, 3445)
2003 Ed. (3577, 3578, 3579)
Tera Global Technology
2003 Ed. (3577, 3578, 3605)
Terabeam Inc.
2007 Ed. (3688, 3689)
Teraco Inc.
2008 Ed. (4034)
2009 Ed. (4107)
2010 Ed. (4036)
2012 Ed. (4040)
2014 Ed. (4099)
2016 Ed. (3976)
Teradata
2014 Ed. (1085, 1907)
Teradata Corp.
1990 Ed. (1114, 1974, 1975, 3303)
1991 Ed. (1018, 1514)
1992 Ed. (1035)
1993 Ed. (1054, 1193, 3004)
2006 Ed. (692)
2010 Ed. (3186)
2012 Ed. (933, 983)
2013 Ed. (1081, 1124, 1963)
2014 Ed. (1043)
2015 Ed. (1078, 1125)
2016 Ed. (1037, 1919)
Teradyne
2014 Ed. (2878)
Teradyne Connection Systems Division
2005 Ed. (1272, 1277)
Teradyne Inc.
1989 Ed. (1309, 2304, 2312)
1990 Ed. (298, 1630, 2986, 2989,
3237)
1991 Ed. (266, 2843, 3083)
1992 Ed. (372, 3914)
1993 Ed. (2181, 3210)
1995 Ed. (3285)
1996 Ed. (3397)
1997 Ed. (1080)
1998 Ed. (832, 3275)
1999 Ed. (1263, 1974)
2000 Ed. (1747, 3862)
2001 Ed. (2192, 2892, 2893, 2894,
4219)
2002 Ed. (2470, 2830, 4172)
2003 Ed. (2957, 4543)
2004 Ed. (2181, 2238)
2005 Ed. (2282, 2835, 4346)
2006 Ed. (2826, 4249)
2007 Ed. (3082, 4345, 4527, 4569)
2008 Ed. (1912)

2012 Ed. (1693)
2013 Ed. (3211)
Teradyne Inc.-Connection Systems
1990 Ed. (2675)
Teraforce Technology
2003 Ed. (2946)
TeraGo Networks
2014 Ed. (1074)
Teralogic
2000 Ed. (1753, 4340)
Teran Publicidad
1995 Ed. (98)
Teran TBWA
1996 Ed. (114)
2001 Ed. (179)
2002 Ed. (149)
Teranet
2006 Ed. (2820)
2007 Ed. (2822)
2008 Ed. (2947)
2009 Ed. (2997)
2010 Ed. (2937)
2011 Ed. (2902)
2012 Ed. (2837)
2013 Ed. (2920)
2014 Ed. (2937)
2015 Ed. (2986)
2016 Ed. (2920)
Teranet Income Fund
2008 Ed. (2942)
2010 Ed. (2929)
Teranga Gold
2015 Ed. (3684)
Teranga Gold Corp.
2016 Ed. (4494)
Teranishi; Kiyotaka
1996 Ed. (1872)
1997 Ed. (1980)
Terapia Cluj-Napoca
2002 Ed. (4459)
Terapia SA
2015 Ed. (3992)
Terasen Gas
2006 Ed. (2023)
Terasen Inc.
2006 Ed. (1616, 1628, 1629)
2007 Ed. (1629, 1647, 2298, 2684)
Terasen Pipelines
2007 Ed. (3885)
Terashima; Noboru
1996 Ed. (1884)
1997 Ed. (1990)
TeraThink
2012 Ed. (3699, 4049)
TeraThink Corp.
2013 Ed. (3749)
2015 Ed. (2128)
2016 Ed. (2115)
Terayon
2003 Ed. (827)
Terayon Communication Systems
2001 Ed. (1645)
Terazosin
2002 Ed. (2049)
Tercel
2001 Ed. (476)
Tercera; La
1989 Ed. (27)
Terconazole
1996 Ed. (1572)
Terdyne
2000 Ed. (1750)
Teremok
2015 Ed. (4264, 4265)
Terence Conran
2010 Ed. (3006)
Terence Matthews
1999 Ed. (1124)
2005 Ed. (4874)
Terence O'Neil
1998 Ed. (1688)
Terence O'Neill
1999 Ed. (2357)
Terence York
1991 Ed. (1679)
Terenee Inc.
1999 Ed. (4336)
"Teresa"
2013 Ed. (2955)
Teresa Beck
2000 Ed. (1050)
Teresa Bozzelli
2012 Ed. (1077)
Teresa Bryce
2011 Ed. (4978)
Teresa Cascioli
2005 Ed. (4992)
2006 Ed. (4988)
2007 Ed. (4985)
2008 Ed. (4991)

Teresa Diaz Ellenburg
2010 Ed. (2560)
Teresa Matilde Solari Falabella
2014 Ed. (4876)
Teresa Ressel
2013 Ed. (4965)
Teresen
2006 Ed. (1574)
Terex
2014 Ed. (1327)
2015 Ed. (1145)
2016 Ed. (1055)
Terex Corp.
1991 Ed. (1211)
1992 Ed. (2595)
1993 Ed. (1416, 2165)
1994 Ed. (1469, 2184)
1998 Ed. (2088)
1999 Ed. (2850)
2001 Ed. (4153)
2002 Ed. (3249)
2004 Ed. (3328)
2005 Ed. (3353, 3355)
2006 Ed. (2995, 3344)
2007 Ed. (1674, 3031)
2008 Ed. (1510, 1530, 1531, 1697,
1698, 1699, 3530, 4525)
2009 Ed. (219, 1460, 1621, 1623,
3231)
2010 Ed. (199, 1174, 1597, 1599)
2011 Ed. (121, 1122, 1599, 1601)
2012 Ed. (128, 1050, 1445)
2013 Ed. (107, 1188, 1577, 1580)
2014 Ed. (114, 1138, 1547, 1549)
2015 Ed. (129, 1189, 1598, 1599)
2016 Ed. (1523, 3392)
Terex GB Ltd.
2016 Ed. (2088)
Teri Hatcher
2013 Ed. (2606)
Teris LLC
2007 Ed. (1578, 1711, 2288, 4020)
Teriyaki
2000 Ed. (4062)
Teriyaki Stix
2004 Ed. (2576)
Term
1990 Ed. (2230)
Terme Catez
1999 Ed. (3252, 3253)
Terme Eate
2000 Ed. (2987)
Terme Eatez
1997 Ed. (2675)
Termerlin McClain
1998 Ed. (2946)
Terminal Construction Corp.
2009 Ed. (1302)
2011 Ed. (1253)
2016 Ed. (1174)
Terminal de Contenedores de Carta-
gena
2015 Ed. (1570)
The Terminator
1994 Ed. (3630)
Terminator 2
1998 Ed. (2537)
2001 Ed. (2125)
Terminator 2: Jugement Day
1993 Ed. (3668)
Terminator 3: Rise of the Machines
2005 Ed. (3519, 3520)
Terminex Termite & Pest Control
2002 Ed. (3645)
Terminix International
1999 Ed. (2513, 2518)
Terminix International LP
2009 Ed. (3952)
2010 Ed. (3864)
2011 Ed. (3871)
2012 Ed. (3855)
2013 Ed. (3911)
2014 Ed. (3844)
2015 Ed. (3869)
2016 Ed. (3779)
Terminix Service
2009 Ed. (3952)
2010 Ed. (3864)
2011 Ed. (3871)
2012 Ed. (3855)
2013 Ed. (3911)
2014 Ed. (3844)
2015 Ed. (3869)
2016 Ed. (3779)
Terminix Termite & Pest Control
1999 Ed. (2509)
Termirbank
2001 Ed. (632)
The Termite Effect
2012 Ed. (507, 509)

Termoelektrane Nikola Tesla DOO
  2014 Ed. (1569)
  2015 Ed. (1620)
  2016 Ed. (1546)
Terna
  2012 Ed. (2267)
  2013 Ed. (837, 2441)
  2014 Ed. (2375, 4023)
  2015 Ed. (2442)
  2016 Ed. (2389)
Terna SpA
  2015 Ed. (2435)
Ternium
  2007 Ed. (1861)
  2008 Ed. (1893)
  2009 Ed. (1856)
  2010 Ed. (1784, 1788)
  2011 Ed. (1813)
  2012 Ed. (1671, 3355, 4543)
  2013 Ed. (1822, 3425, 4498)
  2014 Ed. (1357, 1750, 3422, 3640, 4541)
  2015 Ed. (1795, 3455, 4540)
  2016 Ed. (1748, 4479)
Ternium SA
  2008 Ed. (3569)
  2009 Ed. (1855, 3639)
  2010 Ed. (2590, 3558)
  2011 Ed. (3561)
  2012 Ed. (1670, 3554)
  2013 Ed. (1821, 3608)
Teroson
  1992 Ed. (24)
  1993 Ed. (16)
Terpel
  1989 Ed. (1102)
Terra
  2009 Ed. (3847)
  2012 Ed. (2880)
Terra Beata Farms Ltd.
  2015 Ed. (2760)
Terra Cair
  2015 Ed. (315)
  2016 Ed. (312)
Terra Construction Group
  2008 Ed. (1277)
Terra Encantada
  2000 Ed. (299)
  2001 Ed. (380)
Terra Engineering & Construction Corp.
  2007 Ed. (4455)
  2008 Ed. (4439)
Terra Haute, IN
  2008 Ed. (3511)
Terra Industries Inc.
  1994 Ed. (1753)
  1995 Ed. (1784)
  1997 Ed. (973, 1844)
  1998 Ed. (716, 1553)
  1999 Ed. (1113, 3366)
  2000 Ed. (1914)
  2001 Ed. (372, 1208, 1753)
  2004 Ed. (2591, 2592, 4550)
  2005 Ed. (2569, 2570, 4512)
  2006 Ed. (862)
  2008 Ed. (1856)
  2009 Ed. (919, 1806, 4570)
  2010 Ed. (868, 1750)
  2011 Ed. (796, 1762)
  2012 Ed. (756, 766, 1613)
Terra Insurance Co.
  1993 Ed. (852)
Terra International Inc.
  2001 Ed. (1753)
  2003 Ed. (1723)
  2008 Ed. (1856)
  2009 Ed. (1806)
  2010 Ed. (1750)
Terra Lycos
  2003 Ed. (2742)
  2004 Ed. (3152)
  2005 Ed. (3196)
  2006 Ed. (3187)
  2008 Ed. (2453)
Terra Mexico
  2013 Ed. (1850)
  2014 Ed. (1780)
  2015 Ed. (1824)
Terra Networks Peru
  2013 Ed. (2014)
Terra Networks, SA
  2001 Ed. (1854, 4189)
  2002 Ed. (721, 1483, 1768, 4471, 4472, 4474)
Terra Networks.com
  2009 Ed. (3435)
Terra Nitrogen
  1997 Ed. (1844)
  1998 Ed. (1553)
  2000 Ed. (1914)

2001 Ed. (1208)
2009 Ed. (4559)
2012 Ed. (2763)
Terra Nitrogen Co., LP
  2004 Ed. (2591, 2592)
  2005 Ed. (2569, 2570)
Terra Nova
  2000 Ed. (2988)
  2001 Ed. (2957, 2958)
  2003 Ed. (768)
  2005 Ed. (757, 759)
Terra Nova (Bermuda) Holdings Ltd.
  1998 Ed. (2107, 3179)
Terra Nova Financial
  2008 Ed. (738)
  2009 Ed. (737)
Terra Nova Trading
  2006 Ed. (663)
  2007 Ed. (762)
Terra Plant D.O.O.
  2016 Ed. (1535)
Terra - Telefonica
  2013 Ed. (2956)
  2014 Ed. (2973)
  2015 Ed. (3042)
  2016 Ed. (2937)
Terracare Associates
  2012 Ed. (3443)
  2013 Ed. (3463)
  2014 Ed. (3463)
  2016 Ed. (3323, 3330)
Terracare Landscape
  2015 Ed. (3479)
Terracon
  2000 Ed. (1843)
  2003 Ed. (2356, 2357)
  2004 Ed. (2338, 2372)
Terracon Consultants Inc.
  2009 Ed. (2581)
  2011 Ed. (2458)
  2012 Ed. (2369, 2375)
  2013 Ed. (2552)
  2014 Ed. (2483, 2485)
  2015 Ed. (2560, 2561)
  2016 Ed. (2475, 2478, 2482)
Terradigm Inc.
  2006 Ed. (3529)
Terrafix
  1992 Ed. (85)
TerraHealth Inc.
  2006 Ed. (2830)
  2008 Ed. (2954, 4042)
  2009 Ed. (3035)
  2011 Ed. (2929)
Terramar
  2012 Ed. (1789)
Terran Miller
  1997 Ed. (1926)
  1998 Ed. (1573)
  1999 Ed. (2160)
  2000 Ed. (1930)
Terran S. Peizer
  1993 Ed. (1194)
Terrance Hansen
  1990 Ed. (2482)
Terrance Smith
  2004 Ed. (2533)
Terrano Corp.
  1992 Ed. (3307)
Terranova Corp.
  1998 Ed. (3002)
Terrapro Group Inc.
  2014 Ed. (2874)
  2015 Ed. (1524, 2556, 2915)
  2016 Ed. (1455, 1465, 4355)
TerraVest Income Fund
  2008 Ed. (2975)
  2009 Ed. (1576, 3058)
  2011 Ed. (3523)
Terre Aux Boeufs Land Co., Inc.
  2004 Ed. (4586)
Terre Haute, IN
  1991 Ed. (2429)
  1992 Ed. (3735)
  1994 Ed. (3103)
  1995 Ed. (3148)
  1996 Ed. (3248)
  1997 Ed. (3349)
  1999 Ed. (2088, 2089, 3368, 3369)
  2000 Ed. (4369)
  2001 Ed. (2359)
  2002 Ed. (2713)
  2003 Ed. (4154)
  2004 Ed. (4169)
Terrell Crews
  2008 Ed. (962)
Terrell K. Crews
  2007 Ed. (2498)
Terrell Suggs
  2012 Ed. (216)

Terrence A. Elkes
  1989 Ed. (1377)
Terrence D. Daniels
  1991 Ed. (1621)
Terrence Larsen
  2000 Ed. (1880)
Terrence Murray
  1998 Ed. (289)
Terreson; Douglas
  1997 Ed. (1888)
TerreStar Corp.
  2011 Ed. (986)
  2013 Ed. (296)
Terrestris Development Co.
  1991 Ed. (3513)
  1992 Ed. (4484)
  1993 Ed. (3734)
  1994 Ed. (3669)
  1995 Ed. (3793)
Terri A. Dial
  2002 Ed. (4980)
Terri Breining
  2009 Ed. (3713)
Terri Caffery
  2000 Ed. (3160, 4428)
Terri D. Austin
  2012 Ed. (2166)
Terri Fisher
  2012 Ed. (4386)
Terri Lynn
  2009 Ed. (4490)
Terrian Barnes
  2012 Ed. (2156)
Terrik; Jeanne Gallagher
  1995 Ed. (1819)
Terrile; Jeanne Gallagher
  1991 Ed. (1679)
  1993 Ed. (1796)
  1994 Ed. (1779)
  1996 Ed. (1793)
  1997 Ed. (1867)
Terri's Consign & Design Furnishings
  2002 Ed. (2387)
Terrorism
  1992 Ed. (4430)
Terrorist attacks
  2003 Ed. (2980)
  2005 Ed. (882, 884, 2202, 2204)
  2009 Ed. (874, 875)
  2010 Ed. (819, 824)
  2011 Ed. (746, 751)
  2012 Ed. (683, 688)
  2014 Ed. (851)
Terry
  2002 Ed. (2694)
Terry College of Business; University of Georgia
  2010 Ed. (734)
Terry Cos.
  1996 Ed. (814, 824)
Terry E. Roberts
  1991 Ed. (2549)
Terry Fox Foundation
  2011 Ed. (776)
  2012 Ed. (722, 730)
Terry Gou
  2008 Ed. (4852)
  2009 Ed. (4874)
  2010 Ed. (4875)
  2011 Ed. (4863, 4864)
  2012 Ed. (3824, 4869)
  2013 Ed. (4913)
  2014 Ed. (4923)
  2015 Ed. (4963)
  2016 Ed. (4879)
Terry J. Lundgen
  2011 Ed. (841)
Terry J. Lundgren
  2007 Ed. (1102, 2503, 2505)
Terry; John
  2008 Ed. (4453)
  2009 Ed. (4492)
  2013 Ed. (190)
Terry K. Gilliam
  1992 Ed. (532)
Terry Lisenby
  2006 Ed. (977)
Terry Lundgren
  2006 Ed. (877)
  2007 Ed. (968)
  2009 Ed. (969, 2660)
  2010 Ed. (932)
Terry Matthews
  1997 Ed. (3871)
  2002 Ed. (4788)
Terry Matthews; Sir
  2005 Ed. (4888, 4893, 4896)
Terry Milholland
  2004 Ed. (976)
Terry-Peterson Residential

2003 Ed. (1170)
2004 Ed. (1178)
2005 Ed. (1205)
Terry S. Semel
  2006 Ed. (898, 935, 938)
  2007 Ed. (988, 1035)
  2008 Ed. (939, 945, 957)
Terry School of Business; University of Georgia
  2008 Ed. (792, 800)
  2009 Ed. (809, 817)
  2010 Ed. (758, 762, 766)
  2011 Ed. (669, 677)
Terry Schulte Chevrolet Geo
  1991 Ed. (270)
Terry Semel
  2003 Ed. (3021)
  2005 Ed. (2319)
Terry Sinclair
  1999 Ed. (2315)
  2000 Ed. (2103)
Terry Smith
  2007 Ed. (2462)
  2008 Ed. (2595)
Terry Tree Service LLC
  2009 Ed. (1938, 4428)
  2015 Ed. (1923)
Terry White Chemists
  2016 Ed. (1381)
Terry York Motor Cars
  1990 Ed. (316, 317, 329)
  1991 Ed. (293, 294)
  1992 Ed. (398, 399)
  1993 Ed. (283, 284)
  1994 Ed. (282)
  1995 Ed. (278)
  1996 Ed. (285)
Terry's All Gold
  2000 Ed. (1060)
Terumo
  2007 Ed. (2784)
  2016 Ed. (2884)
Tervis AS
  1997 Ed. (1384)
TES, The Employment Solution
  2015 Ed. (2981)
TES Litvinov
  1996 Ed. (863)
tesa tape Inc.
  2004 Ed. (19)
Tesco
  1990 Ed. (3053, 3055, 3499, 3500)
  1992 Ed. (4178)
  1993 Ed. (232, 742, 3046, 3049, 3609)
  1994 Ed. (3109, 3111, 3260, 3565)
  1995 Ed. (3339)
  1997 Ed. (1420, 3353)
  1999 Ed. (1641, 1643, 4100, 4110)
  2000 Ed. (1444, 4284)
  2001 Ed. (3402, 4574, 4577, 4578)
  2007 Ed. (685, 721, 739, 745, 746, 1446, 4203)
  2008 Ed. (650, 687, 690, 692, 708, 720, 4238)
  2009 Ed. (663, 696, 699, 717, 719, 730, 4337)
  2010 Ed. (629, 630, 643, 653, 3893)
  2011 Ed. (563, 577, 580, 582, 587, 588, 1405, 1410, 3907, 4304)
  2012 Ed. (550, 562, 563, 4355)
  2013 Ed. (669, 670, 692, 2733, 2740, 4314)
  2014 Ed. (694, 695, 714, 2720, 4352, 4353)
  2015 Ed. (734, 741, 759, 2768, 2775, 4348)
  2016 Ed. (683, 2698, 2705)
Tesco Bank
  2016 Ed. (503)
Tesco Distribution Ltd.
  2002 Ed. (4672)
  2004 Ed. (4797)
Tesco Global Aruhazak Zrt
  2009 Ed. (1733)
  2011 Ed. (1695)
Tesco Healthy Living/Eating
  2008 Ed. (720)
Tesco Ireland Ltd.
  2003 Ed. (1725, 4779)
Tesco Magazine
  2008 Ed. (3534)
Tesco plc
  1990 Ed. (3265)
  1991 Ed. (24, 740, 2893, 2897, 3110)
  1996 Ed. (3252, 3623, 3730)
  1997 Ed. (3783)
  2000 Ed. (1441, 1443, 4171, 4387)
  2001 Ed. (262, 1718, 1884, 1887, 1889, 4114, 4613, 4703, 4818)

2002 Ed. (52, 232, 1642, 1786, 1787, 1789, 1790, 1791, 1792, 4420, 4532, 4533, 4534, 4899)
2003 Ed. (1838, 4179, 4665, 4779)
2004 Ed. (1703, 1873, 2764, 4206, 4213, 4641)
2005 Ed. (1587, 1588, 1590, 1591, 1592, 1593, 1594, 1595, 1596, 1597, 1806, 1808, 1809, 1981, 1984, 1986, 1989, 4122, 4132, 4140, 4566, 4567, 4568, 4912)
2006 Ed. (55, 1472, 1476, 1478, 1481, 1714, 1786, 1789, 2057, 2058, 2059, 2063, 2065, 2068, 4177, 4178, 4179, 4187, 4641, 4642, 4643, 4644, 4645, 4647, 4945)
2007 Ed. (46, 1458, 1459, 1462, 1464, 1465, 1466, 1467, 1513, 1689, 1709, 1790, 1792, 1793, 1794, 1795, 1796, 1797, 2026, 2027, 2035, 2037, 2040, 2041, 2042, 2240, 2241, 4199, 4200, 4206, 4631, 4632, 4633, 4634, 4635, 4643, 4644)
2008 Ed. (49, 99, 134, 1452, 1455, 1456, 1458, 1460, 1461, 1496, 1738, 1828, 2121, 2122, 2123, 2124, 2135, 4234, 4235, 4240, 4573, 4574, 4575)
2009 Ed. (112, 113, 114, 664, 1195, 1420, 1423, 1424, 1425, 1426, 1427, 1428, 1429, 1658, 1679, 1775, 1776, 1779, 2112, 2113, 2114, 2115, 2117, 2122, 2348, 4324, 4326, 4330, 4341, 4607, 4608, 4609, 4610, 4622)
2010 Ed. (66, 115, 1199, 1391, 1392, 1395, 1397, 1399, 1400, 1411, 1635, 2049, 2050, 2052, 2055, 2056, 2273, 4323, 4346, 4350, 4369, 4639, 4640, 4641, 4642)
2011 Ed. (32, 937, 1403, 1404, 1406, 1407, 1409, 1411, 1412, 1414, 1622, 1645, 2105, 2106, 2107, 2109, 2111, 2276, 2279, 4293, 4297, 4299, 4305, 4590, 4591, 4592, 4593, 4595)
2012 Ed. (39, 40, 1242, 1243, 1248, 1251, 1604, 1946, 1947, 1948, 1951, 2128, 2167, 2173, 2751, 4319, 4342, 4350, 4351, 4366, 4599, 4603)
2013 Ed. (1634, 2111, 2121, 2122, 2123, 2128, 2324, 2375, 4309, 4345, 4347, 4533, 4535, 4552, 4553, 4556)
2014 Ed. (1689, 2057, 2058, 2063, 4348, 4396, 4593, 4609, 4610, 4612)
2015 Ed. (56, 1622, 1753, 2108, 2471, 2484, 4343, 4385, 4590, 4605, 4606, 4609)
2016 Ed. (1119, 1683, 1703, 2086, 4281, 4282, 4510, 4520, 4527, 4528, 4530)
Tesco Polska
2016 Ed. (1547)
Tesco (Polska) Sp Zoo
2012 Ed. (1858)
2013 Ed. (2018)
Tesco Stores
2013 Ed. (2463, 4286)
2014 Ed. (2393)
2015 Ed. (2467)
Tesco Stores Ltd.
1990 Ed. (3265)
1992 Ed. (51, 52, 100, 926, 1101, 1102, 1625, 3737, 3740, 4237)
1994 Ed. (3109)
1996 Ed. (3252, 3730)
1999 Ed. (1640, 4110)
2000 Ed. (1441, 1443, 4284, 4387)
2001 Ed. (1718, 4613, 4818)
2002 Ed. (4899)
2003 Ed. (1838)
2004 Ed. (4929)
2012 Ed. (1469, 2286, 4357)
2013 Ed. (1603)
Tesco Value
2009 Ed. (730)
2010 Ed. (653)
Tesco.com
2007 Ed. (732)
2008 Ed. (683, 704)
Tese; Vincent S.
1993 Ed. (3445)
Tesija; Kathryn
2015 Ed. (2638)
2016 Ed. (4928)
Tesla

2016 Ed. (2340)
Tesla Motors
2015 Ed. (4641, 4811)
2016 Ed. (255, 285, 2960, 3380, 3381)
Tesla Motors Inc.
2012 Ed. (4436)
2014 Ed. (2927)
2016 Ed. (253)
Teslar Trans OU
2016 Ed. (1533)
Tesoro
2014 Ed. (1328, 3879)
2015 Ed. (1321)
Tesoro Corp.
2005 Ed. (1164, 2837)
2006 Ed. (1499, 1521, 2831, 3819, 3830, 3861)
2007 Ed. (1531, 3608, 3832, 3838, 3846, 3848, 3889, 4451, 4564)
2008 Ed. (1515, 1540, 3737, 3894, 4433)
2009 Ed. (1446, 1460, 3958, 4008, 4009)
2010 Ed. (1428, 2043, 3869, 3914)
2011 Ed. (1722, 2094, 3879, 3933)
2012 Ed. (843, 3859, 3865, 3931)
2013 Ed. (1023, 2103, 3914, 3931, 3987)
2014 Ed. (1261, 2029, 2035, 3859, 3930)
2015 Ed. (2084, 3886, 3966, 3967)
2016 Ed. (2059, 3795, 3811, 3814, 3880)
Tesoro Hawaii Corp.
2001 Ed. (1722)
Tesoro Petroleum Corp.
1991 Ed. (1212)
1998 Ed. (2822)
1999 Ed. (3796)
2001 Ed. (1582)
2003 Ed. (3818, 3851, 4560)
2004 Ed. (1578, 3830, 3833, 3834, 3866)
2005 Ed. (1609, 1632, 3450, 3738, 3742, 3746, 3795, 4500)
Tesoro Refining & Marketing Co.
2005 Ed. (1973, 3793)
Tespe; Vincent
1991 Ed. (3211)
Tess
2003 Ed. (1517)
Tessa Complete Health Care Inc.
2003 Ed. (1511)
Tessada & Associates Inc.
2006 Ed. (2831)
Tessco Technologies
2014 Ed. (1010, 1760)
Tessco Technologies Inc.
2005 Ed. (4641)
2006 Ed. (2107, 4704)
Tessenderlo Chemie International SA
1999 Ed. (1082)
2001 Ed. (1222)
Tessenderlo Chemie SA
2006 Ed. (3372)
2008 Ed. (3549)
2009 Ed. (3614)
2010 Ed. (3538)
2011 Ed. (3537)
2012 Ed. (3529)
2013 Ed. (3575)
Tessera
2000 Ed. (4415, 4417, 4423)
Tessera Technologies
2013 Ed. (2848)
2016 Ed. (1441)
Tessera Technologies Inc.
2006 Ed. (2388, 2743, 2745)
2007 Ed. (2332, 2730)
2008 Ed. (1587, 1604, 1606, 1607, 1609, 2458, 2860)
2009 Ed. (4553)
2010 Ed. (4585)
2011 Ed. (1522, 1531, 4548)
Test & measurement equipment/services
1998 Ed. (2077)
Test & Measurement World
2008 Ed. (4709)
2009 Ed. (4754)
2010 Ed. (4762)
2011 Ed. (4716)
2012 Ed. (4737)
Testa Corp.
2005 Ed. (1310)
2006 Ed. (1280)
2007 Ed. (1359)
2009 Ed. (1231)

2010 Ed. (1230)
2011 Ed. (1177)
2012 Ed. (1125)
Testa Group; Armando
1996 Ed. (104)
1997 Ed. (106)
Testa Hurwitz
2004 Ed. (3229)
The Testament
2001 Ed. (984, 986)
Testing laboratories
2010 Ed. (4467)
2011 Ed. (4399)
Teteks Banka AD Skopje
1999 Ed. (583)
Teteks Tetovo
2002 Ed. (4442)
Tetley
1994 Ed. (693, 3477, 3478)
1995 Ed. (3547)
1996 Ed. (723, 725)
1998 Ed. (3441, 3469)
1999 Ed. (710)
2000 Ed. (4182)
2002 Ed. (703)
2003 Ed. (4676, 4678)
2005 Ed. (4605)
2008 Ed. (4599)
2009 Ed. (601)
2010 Ed. (585, 4675)
2011 Ed. (4623)
2013 Ed. (4581)
2014 Ed. (4641)
2015 Ed. (4628)
2016 Ed. (4546)
Tetley Tea Bags
1992 Ed. (887, 2192)
Tetley Tea Co.
1997 Ed. (2704)
Teton County Hospital District
2003 Ed. (1857)
2004 Ed. (1893)
2005 Ed. (2019)
2006 Ed. (2122)
2007 Ed. (2070)
2008 Ed. (2178)
2009 Ed. (2164)
2010 Ed. (2104)
2011 Ed. (2157)
2013 Ed. (2197)
Teton, WY
1994 Ed. (339)
Tetra Laval Group
2011 Ed. (3544)
Tetra Laval Holdings & Finance SA
2003 Ed. (2856)
Tetra Laval International SA
2007 Ed. (4922)
Tetra Laval SA
2005 Ed. (4887)
Tetra Pak
2007 Ed. (1998)
2011 Ed. (1769)
2012 Ed. (1621)
Tetra Pak AG
1994 Ed. (2730)
Tetra Pak Alfa-Laval
1994 Ed. (1895)
Tetra Pak Group
1993 Ed. (1197)
Tetra Pak Group AG
1996 Ed. (1453)
Tetra Pak Packaging Solutions
2013 Ed. (1780)
Tetra Park Packaging Solutions
2014 Ed. (1560)
Tetra Tech Inc.
1996 Ed. (3454)
1998 Ed. (1438, 1443)
1999 Ed. (2021, 2029)
2000 Ed. (1798, 1806, 1852, 1859)
2001 Ed. (2243, 2297, 2298, 4733)
2002 Ed. (2131, 2136, 2138, 2152)
2003 Ed. (2296, 2301, 2303)
2004 Ed. (1295, 1296, 1297, 1354, 2326, 2329, 2333, 2342, 2347, 2358, 2359, 2378, 2379, 2383, 2385, 2433, 2438, 2439, 2440, 2443)
2005 Ed. (1174, 1305, 1358, 1370)
2006 Ed. (1170, 1250, 1274, 1362, 2502, 2503, 2506)
2007 Ed. (1401, 2415, 2416, 2418, 2421, 2422, 2424, 2469, 2470, 2471, 2472, 2475, 2478, 4890)
2008 Ed. (1235, 2543, 2545, 2549, 2551, 2598, 2599, 2600, 2601, 2604, 2607, 4822)
2009 Ed. (1359, 2550, 2552, 2556, 2558, 2626, 2627, 2628, 2629,

2632, 2635, 2636)
2010 Ed. (772, 1179, 1343, 2466, 2468, 2472, 2474, 2475, 2531, 2532, 2535, 2538, 2539, 2541)
2011 Ed. (1127, 1328, 2481, 2482, 2483, 2532, 2533, 2534, 2535, 2536)
2012 Ed. (1194, 2389, 2390, 2392, 2393, 2394, 2396, 2398, 2407, 2410, 2468, 2469, 2471, 2472, 2476, 2477, 2478, 2479, 2483)
2013 Ed. (1197, 1310, 2561, 2563, 2564, 2565, 2568, 2569, 2570, 2576, 2579, 2588, 2616, 2618, 2619, 2620, 2621, 2622, 2624, 2625, 2627, 2628, 2631)
2014 Ed. (1244, 1246, 2489, 2490, 2492, 2493, 2494, 2497, 2498, 2499, 2505, 2508, 2517, 2577, 2578, 2579, 2580, 2581, 2583, 2585, 2586, 2589)
2015 Ed. (1202, 1300, 1302, 1304, 2564, 2566, 2567, 2568, 2571, 2572, 2579, 2582, 2585, 2589, 2591, 2617, 2618, 2619, 2620, 2621, 2623, 2625, 2626, 2629)
2016 Ed. (1110, 1215, 1217, 2486, 2490, 2493, 2494, 2501, 2504, 2507, 2510, 2513, 2514, 2541, 2542, 2543, 2544, 2545, 2547, 2549, 2550, 2553)
Tetra Technologies
2001 Ed. (3834)
Tetracycline NCI
1993 Ed. (1939)
Tetracyclines
1994 Ed. (228)
Tetraphase Pharmaceuticals
2016 Ed. (4496)
Tetraphase Pharmaceuticals Inc.
2016 Ed. (1775)
TetraSun Inc.
2015 Ed. (4230)
Tetsufumi Yamakawa
1997 Ed. (1994)
1999 Ed. (2364)
2000 Ed. (2146)
Teuber Jr.; William
2006 Ed. (968)
2007 Ed. (1064)
Teufel Landscape
2011 Ed. (3423, 3430)
2012 Ed. (3443)
2014 Ed. (3463)
2015 Ed. (3460)
Teutberg Business Forms
2000 Ed. (909)
Teva
1996 Ed. (3634, 3635)
1997 Ed. (3685, 3686)
1999 Ed. (4539)
2000 Ed. (2323, 4184, 4185)
2006 Ed. (4684)
2014 Ed. (3967, 3969)
2015 Ed. (4009, 4016)
Teva Pharm USA
1999 Ed. (1906)
Teva Pharmaceutical
1993 Ed. (2752, 3506)
1994 Ed. (2709, 2710, 3479, 3480)
1996 Ed. (2896)
1999 Ed. (3676, 3677, 4540)
Teva Pharmaceutical Industries
2014 Ed. (3958)
2016 Ed. (3899, 3914)
Teva Pharmaceutical Industries Ltd
2013 Ed. (4023)
Teva Pharmaceutical Industries Ltd.
1991 Ed. (3274, 3275)
1992 Ed. (4196, 4197)
1998 Ed. (2727, 2728)
2001 Ed. (1793, 2061, 2103)
2002 Ed. (1730, 2017, 3753, 4558, 4559)
2005 Ed. (239, 272, 3821)
2006 Ed. (1445, 1818, 1819, 3387, 3889)
2007 Ed. (1714, 1716, 1721, 1727, 1825)
2008 Ed. (1424, 1744, 1745, 1860, 3566, 3952, 3953, 3955, 3956)
2009 Ed. (604, 1815, 3636, 4026, 4029)
2010 Ed. (1754, 1755, 3555, 4600)
2011 Ed. (512, 1768, 3558, 3952, 3955, 3960, 3961, 3962, 3971, 4561)
2012 Ed. (1620, 3551, 3953, 3954, 3955, 3956, 3960, 3968)
2013 Ed. (1778, 3572, 4005, 4006,

4017, 4026, 4027)
2014 Ed. (1713)
2015 Ed. (1756, 4001)
2016 Ed. (1706)
Teva Pharmaceuticals
1995 Ed. (3516)
2000 Ed. (2321)
2013 Ed. (2774)
2015 Ed. (3998)
2016 Ed. (3912, 3922, 3927)
Teva Pharmaceuticals USA
1998 Ed. (1349)
2000 Ed. (740, 1712)
2012 Ed. (3495)
Teva Pharmaceuticals USA Inc.
2013 Ed. (3175)
Teva USA
1997 Ed. (2135)
Teva Women's Health
2016 Ed. (1125)
Teves
1992 Ed. (480)
Tewksbury Municipal Employees Credit
Union
2003 Ed. (1891)
Tewoo Group
2015 Ed. (1732)
Texaco
2015 Ed. (209)
2016 Ed. (209)
Texaco (Britain)
1991 Ed. (1283)
Texaco Canada
1989 Ed. (2038)
1990 Ed. (1340, 1661, 2844)
1991 Ed. (1136, 1144, 1147, 1154,
1170, 1183, 3331)
1992 Ed. (1495)
1993 Ed. (1208, 2843)
1994 Ed. (1236)
1995 Ed. (1255)
1996 Ed. (1224)
1997 Ed. (1260, 1270, 2115, 3100)
Texaco Chemical
1993 Ed. (1738, 2477)
Texaco Credit Card Services
1997 Ed. (2133)
1998 Ed. (1823)
Texaco Inc.
1989 Ed. (418, 1088, 1495, 1496,
1501, 1502, 2210, 2211, 2212,
2213, 2214, 2215, 2223, 2224)
1990 Ed. (1286, 1296, 1298, 1304,
1456, 1653, 1659, 1660, 1662,
1891, 1892, 2639, 2673, 2674,
2680, 2834, 2836, 2837, 2842,
2843, 2850, 2851, 2853, 2855,
2856, 2857, 3445)
1991 Ed. (1185, 2725)
1992 Ed. (1441, 1467, 1474, 1565,
2260, 2261, 2269, 2270, 2282,
3222, 3230, 3231, 3362, 3418,
3419, 3430, 3431, 3432, 3433,
3434, 3451, 4061)
1993 Ed. (365, 366, 1160, 1181,
1188, 1217, 1377, 1459, 1490,
1600, 1919, 1920, 1929, 1931,
2611, 2701, 2711, 2718, 2770,
2824, 2827, 2830, 2831, 2832,
2834, 2835, 2836, 2837, 2838,
2839, 2840, 2846, 2847, 2849,
2850)
1994 Ed. (358, 1179, 1180, 1181,
1182, 1184, 1185, 1186, 1187,
1189, 1212, 1221, 1257, 1430,
1629, 1942, 1943, 1956, 1957,
2579, 2661, 2842, 2843, 2844,
2845, 2846, 2847, 2848, 2849,
2850, 2851, 2852, 2855, 2856,
2857, 2858, 2862, 2863, 2867,
2868)
1995 Ed. (1203, 1222, 1228, 1237,
1280, 1466, 1567, 1970, 1971,
1982, 1983, 2491, 2763, 2908,
2909, 2911, 2912, 2913, 2914,
2915, 2916, 2917, 2918, 2919,
2920, 2922, 2923, 2924, 2927,
2929, 2930, 2931)
1996 Ed. (382, 383, 1171, 1199,
1208, 1428, 1997, 1998, 2005,
2006, 2827, 3004, 3006, 3007,
3008, 3009, 3010, 3011, 3012,
3013, 3016, 3017, 3018, 3021,
3022, 3024, 3026)
1997 Ed. (353, 354, 1210, 1245,
1248, 1489, 2116, 2118, 2125,
2126, 2932, 3083, 3084, 3086,
3087, 3088, 3089, 3090, 3091,
3092, 3093, 3094, 3098, 3099,
3101, 3102, 3106, 3108, 3109)

1998 Ed. (975, 1008, 1181, 1801,
1806, 1815, 1816, 1824, 2671,
2817, 2818, 2819, 2820, 2823,
2824, 2825, 2826, 2827, 2828,
2829, 2831, 2832, 2833, 2834,
2836, 2837, 2840)
1999 Ed. (390, 391, 1412, 1714,
1864, 2568, 2569, 2575, 2576,
3468, 3601, 3795, 3797, 3798,
3799, 3800, 3801, 3802, 3803,
3804, 3805, 3806, 3808, 3810,
3812, 3815, 3816)
2000 Ed. (390, 391, 1347, 1525,
2308, 2309, 2316, 2317, 3187,
3321, 3518, 3519, 3520, 3521,
3522, 3523, 3524, 3525, 3526,
3527, 3528, 3529, 3530, 3533,
3534, 3536, 3537)
2001 Ed. (389, 1817, 2578, 2579,
2582, 2584, 3403, 3739, 3740,
3741, 3742, 3743, 3744, 3745,
3746, 3749, 3751, 3752, 3753,
3754, 3762, 3766, 3774, 3775)
2002 Ed. (1395, 1457, 1618, 1621,
1741, 2389, 2390, 2391, 3233,
3537, 3663, 3665, 3667, 3668,
3669, 3670, 3671, 3672, 3673,
3674, 3681, 3683, 3684, 3685,
3686, 3687, 3688, 3690, 3692,
3693, 3697, 3698, 3699, 3700,
3701)
2003 Ed. (1422, 1513, 1575, 1790,
2279, 2604, 2605, 3808, 3809,
3831, 3832, 3833, 3834, 3838,
3839, 3841, 3842, 3850, 3855,
3859, 3860, 3861, 3862)
2004 Ed. (3818)
2005 Ed. (420, 1524, 3726)
2007 Ed. (364, 2657)
2008 Ed. (352, 2794)
2009 Ed. (2846)
2010 Ed. (348, 351)
2011 Ed. (273)
2012 Ed. (296)
2013 Ed. (298)
2015 Ed. (350)
2016 Ed. (345)
Texaco North Sea UK Co. Ltd.
1995 Ed. (3650)
Texaco Petroleum
1989 Ed. (1105)
Texaco Pipeline Inc.
1991 Ed. (2742, 2744, 2746, 2748)
1992 Ed. (3462, 3464, 3465, 3469)
1993 Ed. (2854, 2856, 2857, 2859,
2861)
1994 Ed. (2878, 2882, 2883)
1995 Ed. (2941, 2942, 2944, 2946,
2948, 2949)
1996 Ed. (3040, 3044)
1997 Ed. (3120, 3121, 3124, 3125)
1998 Ed. (2857, 2858, 2859, 2864)
1999 Ed. (3828, 3829, 3830, 3831)
2000 Ed. (2311)
Texaco Refining & Marketing Inc.
1994 Ed. (1965)
1995 Ed. (1991)
1996 Ed. (2013)
Texaco USA
1991 Ed. (2736)
Texaco Xpress Lube
2001 Ed. (531)
2002 Ed. (418)
2005 Ed. (349)
2006 Ed. (350, 361)
2007 Ed. (335, 346)
2008 Ed. (322, 333)
2009 Ed. (343)
Texan Ford - Katy
2004 Ed. (4803, 4804)
Texans Credit Union
2002 Ed. (1894)
2003 Ed. (1948)
2004 Ed. (1988)
2005 Ed. (2130)
2006 Ed. (2177, 2225)
2007 Ed. (2146)
2008 Ed. (2261)
2009 Ed. (761, 2247, 3772, 3918)
2010 Ed. (2126, 2201)
2011 Ed. (2219)
2012 Ed. (2080)
2013 Ed. (2266)
Texans; Houston
2005 Ed. (2667, 4437)
2006 Ed. (2653)
2007 Ed. (2632)
2008 Ed. (2761)
2009 Ed. (2817)
2010 Ed. (2758)
2011 Ed. (2744)

2012 Ed. (2681, 4521)
2013 Ed. (2767)
2014 Ed. (2749)
2015 Ed. (2802)
2016 Ed. (2732)
Texarkana, AR
2006 Ed. (1180)
2007 Ed. (4097)
2009 Ed. (4349)
Texarkana, TX
1999 Ed. (2089, 3369)
2009 Ed. (1151, 4349)
Texarkana, TX-AR
2001 Ed. (2359)
2003 Ed. (4195)
2005 Ed. (2028, 2031, 2976)
Texas
1989 Ed. (3, 4, 206, 310, 318, 741,
746, 869, 1190, 1507, 1649, 1650,
1887, 2241, 2529, 2530, 2532,
2551, 2565, 2618, 2787, 2846,
2847, 2895, 2913, 2914, 2928,
2934)
1990 Ed. (354, 356, 402, 435, 744,
759, 823, 824, 826, 827, 828, 829,
831, 832, 833, 834, 1237, 1746,
1748, 2021, 2147, 2409, 2450,
2575, 3068, 3110, 3279, 3280,
3282, 3344, 3360, 3362, 3367,
3372, 3376, 3378, 3379, 3380,
3383, 3385, 3389, 3391, 3392,
3394, 3395, 3396, 3398, 3399,
3400, 3401, 3402, 3403, 3404,
3405, 3406, 3407, 3408, 3411,
3413, 3415, 3416, 3506, 3606,
3692)
1991 Ed. (1, 186, 320, 322, 726, 786,
787, 791, 792, 793, 794, 795, 796,
797, 881, 1155, 1157, 1398, 1399,
1645, 1652, 1811, 1853, 2163,
2314, 2354, 2396, 2476, 2511,
2815, 2916, 3177, 3178, 3188,
3189, 3190, 3191, 3193, 3213,
3337, 3346, 3460, 3481, 3482,
3486, 3487)
1992 Ed. (1, 439, 441, 908, 933, 967,
969, 970, 971, 972, 974, 975, 977,
978, 1066, 1079, 1468, 1481, 1757,
1942, 2098, 2099, 2279, 2286,
2339, 2414, 2559, 2560, 2561,
2562, 2573, 2651, 2810, 2862,
2866, 2875, 2878, 2932, 2933,
3084, 3118, 3359, 3484, 3542,
3632, 3750, 3812, 3819, 4014,
4075, 4076, 4086, 4087, 4089,
4091, 4092, 4093, 4094, 4100,
4101, 4102, 4105, 4108, 4109,
4116, 4117, 4118, 4119, 4120,
4121, 4122, 4123, 4124, 4125,
4126, 4128, 4263, 4264, 4314,
4316, 4317, 4344, 4386, 4406,
4428, 4435, 4436, 4442, 4444,
4448, 4451, 4454, 4481)
1993 Ed. (724, 744, 870, 1190, 1195,
1220, 1501, 1734, 1735, 1946,
2125, 2126, 2127, 2128, 2151,
2153, 2426, 2437, 2440, 2460,
2608, 2710, 3058, 3108, 3222,
3353, 3398, 3400, 3401, 3402,
3408, 3409, 3410, 3413, 3416,
3417, 3424, 3425, 3426, 3427,
3428, 3429, 3430, 3431, 3432,
3433, 3434, 3435, 3439, 3440,
3441, 3505, 3547, 3548, 3661,
3678, 3691, 3698, 3699, 3703,
3706, 3709, 3712, 3715)
1994 Ed. (161, 678, 749, 1214, 1216,
1258, 1968, 2155, 2156, 2157,
2158, 2334, 2370, 2377, 2381,
2387, 2401, 2405, 2556, 2568,
3119, 3149, 3217, 3374, 3375,
3376, 3378, 3379, 3380, 3381,
3382, 3383, 3384, 3386, 3387,
3393, 3394, 3398, 3399, 3400,
3403, 3404, 3406, 3411, 3415,
3416, 3417, 3418, 3419, 3420,
3421, 3422, 3423, 3424, 3425,
3426, 3427, 3475, 3506, 3507,
3638)
1995 Ed. (918, 1230, 1231, 1281,
1762, 1764, 1993, 2114, 2199,
2200, 2201, 2202, 2204, 2269,
2449, 2458, 2462, 2468, 2479,
2481, 2623, 2799, 3171, 3192,
3299, 3448, 3449, 3451, 3452,
3453, 3454, 3455, 3456, 3458,
3459, 3465, 3469, 3470, 3471,
3474, 3477, 3482, 3486, 3487,
3488, 3489, 3490, 3491, 3492,
3493, 3494, 3495, 3496, 3498,
3501, 3502, 3591, 3592, 3665,

3712, 3732, 3733, 3741, 3743,
3748, 3751)
1996 Ed. (365, 898, 1201, 1203,
1237, 1644, 1720, 1721, 1737,
1738, 2015, 2216, 2217, 2218,
2219, 2220, 2495, 2504, 2506,
2511, 2516, 2536, 2701, 2856,
3254, 3255, 3264, 3292, 3511,
3512, 3522, 3524, 3526, 3527,
3528, 3530, 3531, 3532, 3533,
3534, 3535, 3536, 3538, 3539,
3545, 3546, 3550, 3551, 3552,
3555, 3558, 3563, 3567, 3568,
3569, 3570, 3571, 3572, 3573,
3574, 3575, 3576, 3577, 3581,
3667, 3668, 3743, 3798, 3831,
3832, 3840, 3843, 3847, 3850)
1997 Ed. (1, 331, 929, 1247, 1249,
1283, 1573, 1818, 1819, 2137,
2219, 2340, 2351, 2637, 2648,
2650, 2655, 2681, 2683, 2848,
3131, 3363, 3389, 3562, 3563,
3565, 3570, 3572, 3573, 3574,
3575, 3576, 3578, 3579, 3585,
3586, 3590, 3591, 3592, 3597,
3598, 3607, 3608, 3609, 3610,
3611, 3612, 3613, 3614, 3615,
3618, 3619, 3620, 3623, 3624,
3726, 3727, 3850, 3881, 3882,
3888, 3892, 3895, 3898, 3915,
36163)
1998 Ed. (210, 466, 473, 481, 671,
732, 1024, 1025, 1109, 1535, 1536,
1702, 1799, 1830, 1928, 1935,
1945, 2069, 2112, 2113, 2366,
2381, 2384, 2385, 2401, 2404,
2415, 2420, 2452, 2459, 2901,
2926, 2971, 3105, 3168, 3373,
3374, 3375, 3378, 3382, 3386,
3389, 3391, 3392, 3396, 3397,
3398, 3511, 3512, 3517, 3620,
3683, 3716, 3717, 3727, 3728,
3729, 3732, 3759)
1999 Ed. (392, 738, 798, 1058, 1145,
1209, 1211, 1457, 1458, 1535,
2587, 2681, 2911, 3196, 3217,
3219, 3221, 3223, 3224, 3226,
3258, 3271, 3272, 3892, 4121,
4152, 4401, 4413, 4414, 4415,
4416, 4417, 4419, 4422, 4423,
4431, 4432, 4434, 4435, 4436,
4437, 4438, 4439, 4442, 4443,
4446, 4452, 4455, 4456, 4457,
4458, 4459, 4460, 4462, 4464,
4467, 4581, 4582, 4664, 4726,
4764, 4775, 4776, 4777)
2000 Ed. (276, 751, 803, 1005, 1128,
1317, 1318, 1378, 1791, 1905,
1906, 2327, 2382, 2454, 2465,
2475, 2599, 2603, 2645, 2658,
2659, 2939, 2956, 2958, 2960,
2962, 2963, 2965, 3010, 3557,
3558, 3587, 3831, 3867, 4015,
4016, 4024, 4025, 4094, 4096,
4102, 4103, 4104, 4105, 4106,
4107, 4108, 4109, 4111, 4112,
4113, 4114, 4115, 4180, 4232,
4235, 4269, 4289, 4290, 4299,
4355, 4391, 4398, 4399, 4400,
4401)
2001 Ed. (1, 2, 9, 10, 273, 274, 277,
278, 284, 285, 340, 341, 361, 362,
371, 396, 397, 401, 402, 410, 411,
412, 413, 414, 415, 429, 547, 548,
549, 550, 660, 661, 666, 667, 720,
721, 722, 977, 978, 992, 993, 997,
998, 1006, 1007, 1014, 1028, 1029,
1030, 1031, 1050, 1051, 1084,
1085, 1086, 1087, 1106, 1107,
1109, 1110, 1123, 1124, 1158,
1201, 1202, 1262, 1263, 1266,
1267, 1268, 1269, 1284, 1287,
1293, 1294, 1295, 1304, 1305,
1345, 1346, 1361, 1372, 1373,
1375, 1376, 1377, 1378, 1396,
1397, 1400, 1411, 1415, 1416,
1418, 1419, 1421, 1423, 1424,
1425, 1426, 1427, 1428, 1429,
1430, 1431, 1432, 1433, 1434,
1435, 1436, 1437, 1438, 1439,
1440, 1441, 1492, 1934, 1941,
1942, 1967, 1968, 1975, 1976,
1979, 1980, 2048, 2049, 2050,
2051, 2053, 2055, 2056, 2111,
2112, 2131, 2143, 2144, 2149,
2150, 2151, 2152, 2218, 2219,
2234, 2235, 2260, 2261, 2266,
2286, 2287, 2356, 2357, 2360,
2361, 2368, 2380, 2381, 2385,
2390, 2396, 2397, 2398, 2399,

Texas at El Paso; University of
1994 Ed. (1058, 1900)
Texas-Austin, Cockrell School of Engineering; University of
2010 Ed. (2504)
2011 Ed. (2505)
2012 Ed. (2426)
Texas-Austin, McCombs School of Business; University of
2006 Ed. (724)
2007 Ed. (797, 808, 818)
2008 Ed. (772, 787, 789, 794, 795, 796)
2009 Ed. (785, 788, 789, 802, 806, 811, 812, 813)
2010 Ed. (725, 726, 741, 743, 745, 747, 750, 755, 756, 757, 758, 759, 760, 761, 762, 763, 764, 765, 766)
2011 Ed. (639, 644, 647, 651, 652, 654, 656, 658, 666, 671, 672, 673)
2012 Ed. (610, 612)
2013 Ed. (754)
2014 Ed. (774)
Texas, Austin; University of
2015 Ed. (4425)
Texas-Austin; University of
1991 Ed. (815, 917, 918, 1006, 1007, 1565, 1573, 1576, 2688)
1993 Ed. (797, 923, 1030, 1621, 1628)
2007 Ed. (809, 2446, 3329)
2008 Ed. (2575, 3430)
2009 Ed. (1033, 1066, 2585, 2601, 3504)
2010 Ed. (1013, 1026, 1034, 2505, 3434, 3450)
2011 Ed. (648, 950, 965, 2506, 3450)
2012 Ed. (864, 2886, 3434)
2015 Ed. (810, 816)
Texas Bank
1993 Ed. (505)
1994 Ed. (510)
Texas Bar Journal
2008 Ed. (4716)
Texas BBL
2010 Ed. (1165)
Texas Cap Value & Growth
2006 Ed. (3616, 3617, 3618)
Texas Capital Bancshares
2014 Ed. (338)
2015 Ed. (378)
2016 Ed. (566)
Texas Capital Bancshares Inc.
2005 Ed. (633, 634)
Texas Capital Value & Growth
1999 Ed. (3521, 3559, 3560)
2007 Ed. (2481)
2008 Ed. (2611)
Texas Children's Hospital
2002 Ed. (2606)
2003 Ed. (2810, 2824)
2004 Ed. (2914)
2005 Ed. (2900)
2006 Ed. (2907, 2924)
2007 Ed. (2926)
2008 Ed. (3049)
2009 Ed. (3135, 3150)
2010 Ed. (3081)
2011 Ed. (3038)
2012 Ed. (2956, 2957, 2958, 2959, 2960, 2961, 2963, 2964, 2965, 2966, 2990)
2013 Ed. (3046, 3047, 3049, 3050, 3051, 3052, 3054, 3055, 3056)
2015 Ed. (3145)
Texas Chiropractic College
1995 Ed. (1065)
Texas Christian University
1995 Ed. (937, 1069)
2006 Ed. (701, 716)
2007 Ed. (800, 802)
2008 Ed. (782)
Texas Christian University, Neeley School of Business
2006 Ed. (740)
Texas City, TX
1992 Ed. (3491, 3493)
2000 Ed. (3575)
2003 Ed. (3905, 3906, 3907, 3909, 3910)
2005 Ed. (2204)
Texas Commerce
1990 Ed. (703)
Texas Commerce Bank
1989 Ed. (218, 694, 695)
1991 Ed. (412, 2812)
Texas Commerce Bank Austin NA
1991 Ed. (2814)
Texas Commerce Bank Dallas NA
1991 Ed. (676)

Texas Commerce Bank NA
1990 Ed. (698)
1991 Ed. (676)
1992 Ed. (848)
1993 Ed. (355, 644)
1994 Ed. (378, 646, 2552)
1995 Ed. (365, 380, 384, 618)
1996 Ed. (403, 407, 416, 559, 692)
1997 Ed. (383, 627)
1998 Ed. (431)
1999 Ed. (405, 3433)
Texas Commerce Investment Management Co. Special Equity
1994 Ed. (2311)
Texas Commerce (Low vol.)
1989 Ed. (2154, 2157)
Texas County & District
2000 Ed. (3434)
2002 Ed. (3612)
2007 Ed. (2184)
2008 Ed. (2307, 2308)
2009 Ed. (2297, 2298)
Texas County & District Retirement System
2016 Ed. (4011)
Texas County District Retirement System
2014 Ed. (4115)
Texas Crushed Stone Co.
2010 Ed. (4611)
2011 Ed. (4567)
2012 Ed. (4582)
2013 Ed. (4527)
2015 Ed. (4580)
Texas, Dallas; State Fair of
1991 Ed. (1635)
Texas-Dallas; University of
2011 Ed. (644)
Texas Department of Criminal Justice
1994 Ed. (1889, 3070)
1995 Ed. (1917)
1996 Ed. (1953)
1997 Ed. (2056)
2001 Ed. (2486)
Texas Dept. of Criminal Justice
2000 Ed. (3617)
Texas Dow Employee Credit Union
1995 Ed. (1535)
Texas Dow Employees Credit Union
2002 Ed. (1894)
2003 Ed. (1948)
2004 Ed. (1988)
2005 Ed. (2130)
2006 Ed. (2225)
2007 Ed. (2146)
2008 Ed. (2261)
2009 Ed. (2247)
2010 Ed. (2201)
2011 Ed. (2219)
2012 Ed. (2080)
2013 Ed. (2266)
2014 Ed. (2200)
2015 Ed. (2209, 2264)
2016 Ed. (2180, 2235)
Texas Drug Warehouse
2000 Ed. (1716)
Texas Eastern Corp.
1989 Ed. (1048, 1494, 1500, 2035, 2463)
1990 Ed. (1876, 1883, 2670)
1991 Ed. (1140, 1156, 3331, 3333)
Texas Eastern Pipeline Co. of America
1989 Ed. (1498)
Texas Eastern Products Pipeline Co.
2003 Ed. (3878)
Texas Eastern Transmission Corp.
1989 Ed. (1497, 2233)
1990 Ed. (1881)
1991 Ed. (1793, 1794, 1795, 1796, 1797)
1992 Ed. (2263, 2264, 2265, 2267)
1993 Ed. (1923, 1924, 1925, 1926)
1994 Ed. (1944, 1947, 1949, 1950, 1952, 1953, 1954)
1995 Ed. (1975, 1976, 1977, 1978, 1979, 1980)
1996 Ed. (2001, 2002, 2003, 2004)
1997 Ed. (2120, 2121, 2122, 2123, 2124)
1998 Ed. (1810, 1811, 1812, 1813, 1814)
1999 Ed. (2571, 2572, 2574)
2000 Ed. (2310, 2312, 2314)
2003 Ed. (3880, 3881)
Texas-El Paso; University of
2007 Ed. (2446)
2008 Ed. (2575)
2009 Ed. (2601)
2010 Ed. (741, 2504)
2011 Ed. (651, 2505, 3418)

2012 Ed. (612, 2426)
2013 Ed. (754)
2014 Ed. (774)
2015 Ed. (816)
Texas Employees
1998 Ed. (2766)
2000 Ed. (3434)
2001 Ed. (3680)
2002 Ed. (3615)
2003 Ed. (1979)
2007 Ed. (2183)
2009 Ed. (2288)
Texas Energy Holdings
2010 Ed. (2417)
Texas Farm Bureau
2015 Ed. (3383)
Texas First National Bank
1995 Ed. (493)
Texas Fish & Game
1994 Ed. (2789)
Texas-Galveston; University of
2011 Ed. (3626)
Texas Gas Transmission Corp.
1989 Ed. (1499)
1990 Ed. (1881)
1991 Ed. (1797, 1798)
1992 Ed. (2264, 2266)
1997 Ed. (2120)
Texas Genco
2012 Ed. (1230)
Texas Genco Holdings Inc.
2006 Ed. (4725)
Texas Genro Holdings Inc.
2008 Ed. (1401)
Texas Giant
1995 Ed. (3166)
Texas Green Giant
2016 Ed. (2536)
Texas Health Center for Diagnostics & Surgery
2014 Ed. (2893, 2894)
Texas Health Flower Mound
2015 Ed. (2936, 2937)
Texas Health Harris Methodist Hospital
2013 Ed. (2862, 2863)
Texas Health Harris Methodist Hospital Southlake
2011 Ed. (2086)
2012 Ed. (1930, 2795)
2013 Ed. (2091)
2014 Ed. (2025)
2015 Ed. (2068)
Texas Health & Human Services
2006 Ed. (3950, 3952)
Texas Health Resources
1999 Ed. (3464)
2000 Ed. (3183)
2002 Ed. (3295, 4062)
2003 Ed. (1835, 2683)
2004 Ed. (1868, 2800)
2005 Ed. (1972, 1976, 2793)
2006 Ed. (2043, 2045, 3034, 3589)
2007 Ed. (2013, 2015)
2008 Ed. (2110, 2112)
2009 Ed. (2094, 2096, 3253)
2010 Ed. (2038, 2885, 3184)
2012 Ed. (2798)
2014 Ed. (2897)
2016 Ed. (2051, 2052, 2868, 3100)
Texas, Health Science Center at Houston; University of
2009 Ed. (3700)
Texas, Health Science Center at San Antonio; University of
2008 Ed. (3637)
2009 Ed. (3700)
Texas Health Science Center; University of
2011 Ed. (3626)
Texas Health Science Center; University of North
2007 Ed. (3462)
Texas Heart Institute at St. Luke's Episcopal Hospital
2013 Ed. (3058)
2014 Ed. (3060)
2015 Ed. (3125)
Texas Heart Institute-St. Luke's Episcopal
1999 Ed. (2730)
Texas Heart Institute—St. Luke's Episcopal Hospital
2000 Ed. (2509)
2002 Ed. (2601)
2003 Ed. (2819, 2831)
2004 Ed. (2911)
2005 Ed. (2897)
2006 Ed. (2903)
2007 Ed. (2922)
2008 Ed. (3045)

2009 Ed. (3131)
2010 Ed. (3063)
2011 Ed. (3034)
2012 Ed. (2972)
Texas Hold'em
2011 Ed. (4960)
Texas Home Care
1992 Ed. (52, 100, 3737)
Texas Homecare
1991 Ed. (24, 2893)
1993 Ed. (742, 3046)
Texas-Houston; University of
2008 Ed. (3637)
2011 Ed. (3626)
Texas Independent Bancshares
2005 Ed. (446, 453)
Texas Industries Inc.
1989 Ed. (865, 2637)
1990 Ed. (921, 1902, 3435)
1991 Ed. (3218)
1992 Ed. (2294)
1993 Ed. (1953)
1994 Ed. (1975)
1995 Ed. (949)
1997 Ed. (2148)
1998 Ed. (1840, 3123)
1999 Ed. (4471)
2000 Ed. (2337, 3323, 3847)
2001 Ed. (4367)
2002 Ed. (860, 3303, 3305)
2003 Ed. (778, 780, 2642, 4552, 4553)
2004 Ed. (792, 795, 1222, 1223, 4239, 4534, 4535)
2005 Ed. (776, 779, 1247, 1248, 1249, 3926, 4477)
2006 Ed. (683, 1206, 1207, 3472)
2007 Ed. (779, 1315, 3496)
2011 Ed. (4564)
2012 Ed. (4577)
Texas Instrument
1990 Ed. (3239)
Texas Instruments
2013 Ed. (2987, 4428, 4431)
2014 Ed. (3192)
2016 Ed. (4141, 4142)
Texas Instruments Inc.
1989 Ed. (1117, 1312, 1315, 1317, 1328, 2302, 2310, 2456, 2457, 2458)
1990 Ed. (408, 411, 1409)
1991 Ed. (249, 1523, 1525, 1526, 1527, 1537, 1539, 2839, 2847, 2854, 3080, 3081, 3082)
1992 Ed. (487, 1297, 1916, 1918, 1919, 1920, 1921, 3671, 3678, 3683, 3910, 3911, 3912, 3915, 3916, 3918)
1993 Ed. (1386, 1411, 1565, 1569, 1571, 1572, 1574, 1579, 1588, 3002, 3211, 3212, 3213, 3214)
1994 Ed. (1085, 1465, 1608, 1610, 1611, 1613, 1619, 2995, 3199, 3200, 3201, 3202, 3203, 3204, 3205)
1995 Ed. (1093, 1145, 1500, 1651, 1652, 1654, 1763, 1765, 2503, 3286)
1996 Ed. (1071, 1119, 1456, 1626, 1627, 1629, 2608, 3055, 3396, 3398, 3399)
1997 Ed. (1611)
1998 Ed. (1115, 1121, 1189, 1399, 1400, 1532, 2884, 3276, 3277, 3278, 3279, 3280, 3281, 3282, 3285)
1999 Ed. (1472, 1493, 1499, 1600, 1817, 1845, 1965, 3406, 3645, 4267, 4268, 4269, 4270, 4271, 4272, 4273, 4274, 4275, 4276, 4279, 4280, 4281, 4282)
2000 Ed. (307, 308, 1163, 1347, 1475, 1479, 1736, 1746, 1748, 1751, 2990, 3328, 3369, 3703, 3758, 3990, 3991, 3992, 3993, 3995, 3996, 3998, 3999, 4002, 4003)
2001 Ed. (1877, 2016, 2181, 2192, 2193, 2194, 2962, 3300, 3301, 4210, 4214, 4215, 4217, 4218)
2002 Ed. (1139, 1381, 4254, 4256, 4257, 4258)
2003 Ed. (1464, 1548, 1706, 1707, 1835, 2191, 2253, 2944, 3638, 3753, 4376, 4378, 4380, 4382, 4384, 4385, 4386, 4387, 4388, 4389, 4566, 4686)
2004 Ed. (1494, 1553, 1868, 2231, 2234, 3020, 3778, 4398, 4399, 4401, 4404, 4405)
2005 Ed. (1510, 1971, 1972, 1976,

2270, 2331, 2335, 3034, 3331,
3697, 4340, 4342, 4343, 4344,
4345, 4346, 4350, 4351, 4352)
2006 Ed. (1113, 1784, 1786, 1787,
1788, 1789, 2040, 2041, 2043,
2045, 2390, 2392, 2659, 3699,
4280, 4281, 4282, 4283, 4284,
4286, 4287, 4288, 4291, 4292)
2007 Ed. (1447, 1481, 1793, 1796,
2012, 2013, 2334, 2799, 4343,
4344, 4346, 4347, 4348, 4350,
4352, 4353, 4354, 4355, 4356)
2008 Ed. (1148, 1476, 1514, 1826,
1827, 1828, 1830, 1831, 1832,
2110, 2112, 2114, 2116, 2460,
4307, 4308, 4312, 4313, 4314,
4523, 4610)
2009 Ed. (1676, 2086, 2094, 2096,
2098, 2099, 2102, 2393, 2459,
2594, 3109, 3631, 3632, 4414,
4416, 4421)
2010 Ed. (2036, 2039, 2040, 2041,
2380, 2389, 3042, 4456, 4457,
4459)
2011 Ed. (2093, 2097, 2098, 2380,
2391, 2885, 3011, 3832, 4392,
4393, 4395)
2012 Ed. (931, 1932, 1933, 1935,
1936, 2310, 2321, 2823, 2938,
4458, 4459, 4460, 4462)
2013 Ed. (1080, 2095, 2096, 2098,
2099, 2489, 2915, 3027, 3614,
4423, 4427, 4429, 4430)
2014 Ed. (2030, 2419, 2929, 2939,
3039, 4454, 4457, 4458, 4459)
2015 Ed. (2077, 2080, 2493, 2501,
2979, 2988, 3105, 4449, 4453,
4454, 4455)
2016 Ed. (984, 2046, 2425, 2914,
2922, 3439, 4337, 4341, 4342,
4347, 4348, 4350, 4351)
Texas Instruments International Trade
Corp. Danmark
2005 Ed. (1753)
Texas Instruments (Philippines)
1991 Ed. (1336)
1992 Ed. (1684)
1994 Ed. (1440)
1995 Ed. (1474)
1997 Ed. (1498)
1999 Ed. (1724)
2001 Ed. (1619, 1835)
Texas Lawyer
2008 Ed. (4716)
Texas Light
1991 Ed. (703)
1992 Ed. (879, 880)
1993 Ed. (677)
1995 Ed. (643)
Texas Longhorns
2011 Ed. (2743)
2014 Ed. (2748)
Texas Lutheran College
1992 Ed. (1276)
1993 Ed. (1024)
1995 Ed. (1059)
1996 Ed. (1044)
1997 Ed. (1060)
1998 Ed. (797)
Texas Lutheran University
1999 Ed. (1226)
2001 Ed. (1323)
2008 Ed. (1066)
Texas, M. D. Anderson Cancer Center;
University of
2005 Ed. (1972, 2894, 2896, 2907)
2006 Ed. (2900, 2902, 2914, 2915)
2007 Ed. (2919, 2921)
2008 Ed. (3042, 3044, 3055, 3056,
3194)
2009 Ed. (2087, 3127, 3130, 3141,
3142, 3253)
2010 Ed. (3059, 3072, 3073)
2011 Ed. (2095, 3030, 3044, 3045)
2012 Ed. (2967, 2980, 2981)
2013 Ed. (3057, 3071, 3072)
Texas, McCombs School of Business;
University of
2005 Ed. (800, 810, 815)
Texas Medical Association PAC
1989 Ed. (2236, 2237)
1990 Ed. (2874)
Texas, Medical Branch at Galveston;
University of
2009 Ed. (3700)
2010 Ed. (2036, 3616)
2011 Ed. (2093, 3618)
2012 Ed. (3612)
Texas, Medical School at Houston; University of

2010 Ed. (3616)
2011 Ed. (3618)
2012 Ed. (3612)
Texas, Medical School at San Antonio;
University of
2010 Ed. (3616)
2011 Ed. (3618)
2012 Ed. (3612)
Texas Monthly
1997 Ed. (3040)
2015 Ed. (97)
Texas Municipal
1994 Ed. (2759, 2767)
1995 Ed. (2860)
1999 Ed. (3731)
2000 Ed. (3448)
2001 Ed. (3683)
2004 Ed. (2039)
Texas Municipal League Intergovern-
mental Employee Benefits Pool
2011 Ed. (4315)
Texas Municipal League Intergovern-
mental Risk Pool
2006 Ed. (4201)
2008 Ed. (4250)
2011 Ed. (4317, 4318)
Texas Municipal Retirement
2002 Ed. (3619)
2007 Ed. (2193)
2008 Ed. (2322, 2323)
2009 Ed. (2310, 2311)
Texas Mutual Insurance Co.
2012 Ed. (1929)
2014 Ed. (3352)
2015 Ed. (3383)
Texas National Bank
1993 Ed. (512)
Texas Oil & Gas Corp.
1991 Ed. (1798)
1997 Ed. (1260, 2115, 3100)
2005 Ed. (1511)
Texas Pacific Group
2002 Ed. (1454, 3230)
2003 Ed. (3211, 3279)
2004 Ed. (3255, 3341, 4684)
2005 Ed. (2737, 3372)
2008 Ed. (3399, 4079, 4293)
2011 Ed. (2733)
Texas Pacific Land Trust
1995 Ed. (1769, 1770)
1996 Ed. (1747, 1750)
1997 Ed. (1828, 1831)
1998 Ed. (1543, 1544)
1999 Ed. (2123, 2124)
2000 Ed. (1907)
Texas Panhandle
1992 Ed. (4023, 4429)
Texas Permanent School Fund
1989 Ed. (2164)
1990 Ed. (2785)
1991 Ed. (2688)
1992 Ed. (3357)
1993 Ed. (2782)
1994 Ed. (2771)
1996 Ed. (2941)
2000 Ed. (3431)
Texas Petrochemical
2013 Ed. (967)
Texas Petrochemicals Corp.
2001 Ed. (1185)
Texas Plywood
2016 Ed. (2865)
Texas Process Equipment
2002 Ed. (1994)
Texas Public Finance Authority
1991 Ed. (2526)
1993 Ed. (2616)
1997 Ed. (2844)
Texas Rangers
1998 Ed. (438, 3356)
2000 Ed. (703)
2001 Ed. (664)
2002 Ed. (4340)
2004 Ed. (656)
2012 Ed. (431)
2013 Ed. (544)
2014 Ed. (559)
2015 Ed. (622)
Texas Regents; University of
1993 Ed. (3100)
Texas Regional Bancshares Inc.
2004 Ed. (644, 645)
2005 Ed. (633, 634)
Texas Roadhouse
2004 Ed. (4147)
2005 Ed. (4060, 4061, 4063, 4081,
4082)
2006 Ed. (4109, 4127, 4128, 4129,
4130, 4136)
2007 Ed. (4156)

2008 Ed. (4164, 4197, 4198)
2009 Ed. (4272, 4295)
2010 Ed. (844, 4213, 4214, 4219,
4220, 4221, 4222, 4254, 4256)
2011 Ed. (4219, 4223, 4252, 4256,
4261)
2012 Ed. (4263, 4269, 4270, 4271,
4272, 4291, 4294, 4297)
2013 Ed. (4236, 4237, 4238, 4239,
4263)
2014 Ed. (1730, 4275, 4286, 4287,
4289)
2015 Ed. (4256, 4275, 4276, 4277,
4278, 4279, 4299)
2016 Ed. (4158, 4161, 4179, 4180,
4181, 4182, 4183, 4204)
Texas Roadhouse LLC
2005 Ed. (2660)
2006 Ed. (2650)
Texas-San Antonio; University of
2007 Ed. (799)
2008 Ed. (778)
2009 Ed. (792)
2010 Ed. (730, 741)
2011 Ed. (644, 651)
2012 Ed. (612, 2426)
2013 Ed. (754)
2014 Ed. (774)
2015 Ed. (816)
Texas Scottish Rite Hospital
2012 Ed. (2962)
Texas Scottish Rite Hospital for Children
2013 Ed. (3053)
Texas Southern University
2000 Ed. (2912)
Texas Southern University, Jones
School of Business
2010 Ed. (721, 730)
Texas, Southwestern Medical Center at
Dallas; University of
2008 Ed. (3637)
2009 Ed. (3700)
2010 Ed. (3616)
2011 Ed. (3618)
2012 Ed. (3612)
Texas Southwestern Medical Center;
University of
1991 Ed. (1767)
1992 Ed. (1280)
1994 Ed. (890, 1901)
Texas Southwestern Medical Center,
University of Dallas; University of
1992 Ed. (1093)
Texas Southwestern; University of
2011 Ed. (3626)
Texas Specialty Sands
2013 Ed. (3540)
Texas Stadium
2001 Ed. (4356)
2002 Ed. (4347)
Texas Star Bank State Savings Bank
2015 Ed. (560)
Texas State Aquarium
1992 Ed. (4318)
Texas State Fair
1996 Ed. (1718)
Texas; State Fair of
1992 Ed. (2066)
1993 Ed. (1709)
1994 Ed. (1725)
1995 Ed. (1733)
Texas State Lottery
1996 Ed. (2552)
1997 Ed. (2689)
2000 Ed. (3014)
Texas State Optical
2013 Ed. (3850)
2014 Ed. (3776)
Texas Stock Tab
1989 Ed. (832)
1990 Ed. (849)
1992 Ed. (991)
Texas System; University of
1992 Ed. (3357)
1993 Ed. (2782, 3100)
1994 Ed. (2771)
1997 Ed. (1064, 1065)
2008 Ed. (3864)
Texas Teachers
1994 Ed. (2752, 2756, 2758, 2766)
1995 Ed. (2848, 2849, 2852, 2856,
2859)
1996 Ed. (2922, 2923, 2926, 2929,
2936)
1997 Ed. (3010, 3011, 3015, 3017,
3024)
1998 Ed. (2756, 2759, 2767, 2772)
1999 Ed. (3718, 3720, 3723, 3724,
3727, 3728, 3732)
2000 Ed. (3429, 3434, 3438, 3449)

2001 Ed. (3664, 3666, 3672, 3679,
3681, 3685)
2002 Ed. (3601, 3603, 3614, 3616,
3617)
2003 Ed. (1976, 1980, 1981, 3762,
3763)
2004 Ed. (2024, 2027, 2029, 2030,
3788, 3789, 3791)
2007 Ed. (2182, 2183, 2191, 2192,
3793, 3794)
2008 Ed. (2296, 2297, 2298, 2313,
3867, 3868)
2009 Ed. (2288, 2289, 2291, 2292,
2296, 2297, 2304, 2305, 3925)
2010 Ed. (2233, 2234, 2235, 2238,
2239, 3843, 3844)
2011 Ed. (2250, 3845, 3846)
Texas Tech University
2000 Ed. (1837)
2001 Ed. (2259)
2006 Ed. (1071)
Texas Turnpike Authority
1991 Ed. (3421)
1998 Ed. (3616)
Texas; University of
1991 Ed. (2680, 2691)
1994 Ed. (2743)
1995 Ed. (1067)
1996 Ed. (2941)
2006 Ed. (730, 732, 735)
2009 Ed. (785)
2010 Ed. (3835)
2011 Ed. (3838)
2012 Ed. (3819)
2013 Ed. (3062)
2014 Ed. (3059, 3064, 3073)
2015 Ed. (2073, 3124, 3129, 3138)
2016 Ed. (2041, 2987, 2992, 3001)
Texas Utilities Co.
1989 Ed. (948, 949, 1291, 1302,
1303)
1990 Ed. (2926)
1991 Ed. (1493, 1503, 1504, 3089,
3097)
1992 Ed. (1562, 1892, 1904, 1905,
3924, 3932)
1993 Ed. (1268, 1553, 1560, 3221,
3268, 3292)
1994 Ed. (1590, 1601, 1602, 3284)
1995 Ed. (1335, 1643, 1644, 3338,
3363)
1996 Ed. (1289, 1608, 1609, 1620,
1621, 3136)
1997 Ed. (1349, 1691, 1699, 1700,
3213)
1998 Ed. (1374, 1384, 1392, 1393,
2963, 2964)
1999 Ed. (1555, 1947, 1948, 1952,
3846, 3961, 3963)
2000 Ed. (1328, 1731, 3672, 3674)
2001 Ed. (2148, 3944, 3945, 3948,
4663)
2002 Ed. (1422, 1442)
2003 Ed. (1440, 1462, 1505)
2004 Ed. (1466, 1492)
2005 Ed. (1482, 1508)
Texas Utilities Co., Martin Lake
1989 Ed. (950)
Texas Utilities Co., Monticello
1989 Ed. (950)
Texas Utilities Co. (TXU)
2002 Ed. (1782, 2127, 3875, 3877,
3880)
Texas Utilities Electric Co.
2001 Ed. (2154, 3868, 3870)
Texas Utilities Fuel Co.
1997 Ed. (2123)
Texas Utilities Mining Co, Martin Lake
Strip
1990 Ed. (1071)
Texas Utilities Mining Co.
1992 Ed. (1233)
1993 Ed. (1003)
1999 Ed. (1208)
2000 Ed. (1127, 1129)
Texas Vanguard Oil Co.
2004 Ed. (4588)
2006 Ed. (3837)
2009 Ed. (3972)
2011 Ed. (3893)
Texas Water Development Board
2000 Ed. (3680)
Texas Water Resources Finance Authority
1991 Ed. (2514, 2780)
Texas Woman's University
2009 Ed. (3520, 3708)
2010 Ed. (3449)
2011 Ed. (3449)

Texas Workers Compensation Assigned
  Risk
  1992 Ed. (3259)
Texas Workers' Compensation Assigned
  Risk Pool
  1995 Ed. (2786, 2787)
Texas Workers Compensation Insurance Fund
  1997 Ed. (3921)
Texasbanc FSB
  1992 Ed. (3782)
Texasgulf Inc.
  1990 Ed. (1250)
  2005 Ed. (1521)
Texeira Inc.
  1996 Ed. (2346)
  1997 Ed. (2474)
  1998 Ed. (2218)
  1999 Ed. (2994)
  2000 Ed. (2741)
Texfi
  1992 Ed. (4276, 4277, 4281)
Texfi Industries
  1991 Ed. (3349, 3350, 3360)
  2000 Ed. (3330)
Texfi Inudstries
  1990 Ed. (3570)
Texhong Textile Group
  2013 Ed. (1424)
Texins Credit Union
  1995 Ed. (1536)
  1996 Ed. (1512)
  1997 Ed. (1565)
TEXMAT
  2012 Ed. (4246)
TexMat LLC
  2015 Ed. (4237)
Texon
  2009 Ed. (2088)
  2010 Ed. (4102)
  2011 Ed. (4072)
Texon International plc
  2004 Ed. (3249)
Texport
  1992 Ed. (3441, 3444)
Text 100
  1994 Ed. (2963)
  1995 Ed. (3021)
  2000 Ed. (3649, 3651, 3654)
  2002 Ed. (3832)
  2003 Ed. (4004, 4017)
  2004 Ed. (3989, 4003, 4012, 4016,
    4027, 4029)
  2005 Ed. (3955, 3960, 3965, 3967,
    3972, 3973)
  2011 Ed. (4114)
  2013 Ed. (1931)
Text 100 Global PR
  2012 Ed. (4144)
Text 100 Global Public Relations
  2011 Ed. (4102, 4121, 4126)
  2012 Ed. (4132, 4147, 4156)
  2013 Ed. (4125, 4128, 4144, 4147)
  2014 Ed. (4140, 4155, 4161, 4164)
Text 100 Group
  1996 Ed. (3118, 3119)
  1997 Ed. (3195, 3196)
  1999 Ed. (3937)
Text 100 Public Relations
  2004 Ed. (3977, 3998, 4001, 4002,
    4026, 4028)
Text 1000
  2003 Ed. (4006)
Textile
  2008 Ed. (2646, 2647)
  2009 Ed. (2674)
Textile & apparel
  1995 Ed. (2445)
Textile, apparel and furnishings machine
  operators
  1989 Ed. (2082, 2083)
Textile & apparel products
  1996 Ed. (2488)
  1997 Ed. (2630)
Textile draw-out and winding-machine
  operators, tenders
  1989 Ed. (2079)
Textile, fiber, yarn, & woven fabric
  manufacturing
  2002 Ed. (2785)
Textile Machines Import-Export Co. Inc.
  1996 Ed. (2109)
Textile mill products
  1999 Ed. (1941, 2110, 2846)
  2001 Ed. (1639, 1758, 1838)
Textile, yarn, and fabrics
  1990 Ed. (1733)
Textiles
  1989 Ed. (2646)
  1990 Ed. (1273, 2183)

1991 Ed. (2029, 2031, 2033, 2035,
  2036, 2040, 2042, 2045, 3223)
1992 Ed. (1502, 2600, 2602, 2604,
  2607, 2609, 2611, 2612, 2615,
  2627, 2628)
1993 Ed. (1205, 1233, 1235, 1236,
  2501)
1994 Ed. (1272, 1273, 1276, 1277)
1995 Ed. (1296, 1299, 1303)
1996 Ed. (1232)
1998 Ed. (1040, 2064, 3117)
1999 Ed. (1473, 3301, 4132)
2000 Ed. (3842)
2001 Ed. (2378, 3797)
2006 Ed. (2536)
2007 Ed. (2519, 2522)
Textiles and rubber products
  1996 Ed. (1724)
Textiles, apparel
  1990 Ed. (3090)
Textiles & clothing
  1993 Ed. (3729)
Textilgruppe Hof
  1992 Ed. (3272)
Textkernel
  2009 Ed. (3011)
Textor; Donald
  1989 Ed. (1416, 1419)
  1993 Ed. (1814)
  1994 Ed. (1796, 1797)
  1995 Ed. (1834, 1835)
  1996 Ed. (1812, 1814)
  1997 Ed. (1886, 1887)
Textron
  2013 Ed. (4219)
  2014 Ed. (2536, 4256)
Textron Aerostructures
  1990 Ed. (3557)
Textron Automotive Co.
  1998 Ed. (100)
  1999 Ed. (195)
  2000 Ed. (219)
  2001 Ed. (272, 717, 718, 2874)
  2003 Ed. (341, 687)
Textron Automotive Co. de Mexico SA
  de CV
  2003 Ed. (3308, 3309)
Textron Automotive Trim Division
  2003 Ed. (3308, 3309)
Textron Fastening Systems
  2005 Ed. (1757)
Textron Inc.
  1989 Ed. (194, 196, 1259)
  1990 Ed. (187, 189, 1529)
  1991 Ed. (176, 178, 179, 181, 183,
    1189, 1328, 1445, 2577)
  1992 Ed. (242, 248, 249, 251, 253,
    1500, 1834, 3216)
  1993 Ed. (153, 157, 1212, 1374,
    1388, 1503, 2705)
  1994 Ed. (136, 137, 139, 141, 142,
    143, 1238, 1288, 1442, 1550)
  1995 Ed. (155, 156, 157, 158, 159,
    161, 162, 163, 1478)
  1996 Ed. (165, 166, 167, 169, 1438,
    2937)
  1997 Ed. (170, 171, 172, 175, 1501,
    2791)
  1998 Ed. (92, 93, 94, 97, 99, 224,
    1059, 1187, 1248, 1319)
  1999 Ed. (183, 184, 193, 194, 1727,
    1885, 1886)
  2000 Ed. (213, 214, 218, 1345, 1545,
    1692, 1693)
  2001 Ed. (263, 269, 1841, 1981,
    2039, 2040, 2041, 3674)
  2002 Ed. (239, 241, 242, 243, 1424,
    1757, 3609)
  2003 Ed. (199, 201, 210, 1342, 1814,
    1815, 1970, 2086, 2087, 2088,
    3747)
  2004 Ed. (159, 160, 161, 163, 165,
    1848, 1849, 2111, 2112, 3772)
  2005 Ed. (156, 157, 158, 161, 166,
    1956, 1957, 2148, 2215, 2216,
    2217, 3691)
  2006 Ed. (172, 177, 179, 2002, 2003,
    2245, 2277, 2278, 2280, 3363,
    4816)
  2007 Ed. (179, 185, 1468, 1546,
    1967, 1968, 2169, 2211, 2212)
  2008 Ed. (164, 1462, 2062, 2063,
    2284, 2352)
  2009 Ed. (182, 183, 188, 1142, 1359,
    2028, 2029, 2030, 2272, 2276,
    2277, 2338)
  2010 Ed. (162, 165, 167, 1343, 1961,
    1962, 1963, 2227, 2230, 2231,
    4798)

2011 Ed. (84, 89, 1343, 2021, 2023,
  2244)
2012 Ed. (85, 88, 1869, 1871, 1872,
  2108, 2142)
2013 Ed. (2028, 2032, 2033, 2301,
  2303, 2309, 2352)
2014 Ed. (1963, 1967, 1968, 2240,
  2241, 2245, 2283, 3018)
2015 Ed. (1303, 2010, 2012, 2013,
  2306, 2307, 2313, 2368, 3085,
  4815)
2016 Ed. (91, 92, 93, 105, 1981,
  1982, 1983, 2314, 4717)
Textron-Lycoming Division
  1990 Ed. (1743)
Textron Systems
  2016 Ed. (1760)
texturemedia
  2009 Ed. (131, 132)
  2010 Ed. (132, 133)
Teys Australia
  2015 Ed. (2758)
  2016 Ed. (1376, 1381, 2687, 2688)
Teys Bros.
  2002 Ed. (3775)
  2003 Ed. (3956)
  2004 Ed. (2652)
TF Investments Inc.
  1991 Ed. (1136)
  1995 Ed. (2444)
  1996 Ed. (2486)
  1997 Ed. (2629)
TF1
  1993 Ed. (820)
  2009 Ed. (1689)
TFA/Leo Burnett Technology
  2001 Ed. (211)
TFC Associates LLC
  2016 Ed. (4776)
TFM
  2002 Ed. (750)
TFS Financial
  2012 Ed. (2764)
TFSupplements
  2013 Ed. (2868)
T.G. Bright & Co.
  1992 Ed. (886)
TG Construction Inc.
  2004 Ed. (1249)
TG Lee
  2003 Ed. (3410)
TG North America Corp.
  2005 Ed. (326, 327)
TG Soda Ash
  1993 Ed. (3351)
TG Worldwide
  2002 Ed. (4677)
TGA Premier Junior Golf
  2012 Ed. (701, 2818)
  2013 Ed. (4037)
  2014 Ed. (3974)
  2015 Ed. (4017)
TGaS Advisors
  2010 Ed. (2887)
TGC Home
  2008 Ed. (4113)
TGC Industries
  2006 Ed. (2042)
  2007 Ed. (2713, 2731)
  2008 Ed. (2108, 2847, 2861, 2864,
    2865)
  2010 Ed. (4493, 4506, 4530)
  2011 Ed. (4430, 4470)
tgestiona
  2015 Ed. (1431, 1990)
TGF Tankdienstgesellschaft Frankfurt
  1992 Ed. (4433)
TGI
  2005 Ed. (3885)
TGI Friday's
  1990 Ed. (3010, 3021)
  1991 Ed. (2869, 2874, 2882)
  1992 Ed. (3709, 3717)
  1993 Ed. (3017, 3025, 3034)
  1994 Ed. (3075, 3089)
  1995 Ed. (3120, 3129, 3139)
  1996 Ed. (3216, 3231)
  1997 Ed. (2083, 3317, 3325, 3334)
  1998 Ed. (3063)
  1999 Ed. (3207, 4064, 4065)
  2000 Ed. (2947, 3781, 3782)
  2001 Ed. (3116, 4063, 4077, 4086)
  2002 Ed. (299, 3106, 4001)
  2003 Ed. (1030)
  2004 Ed. (1035)
  2008 Ed. (2790)
TGI Friday's Frozen Drinks
  1999 Ed. (3234)
  2000 Ed. (2971)
  2001 Ed. (3131, 3136)

2002 Ed. (3157)
TGIF
  1996 Ed. (2523)
TGM Associates
  1996 Ed. (2397)
  1999 Ed. (3080)
TGV Design & Marketing
  1999 Ed. (2838)
TGV Software
  1997 Ed. (3410)
T.H. Agri-Chemicals Inc.
  2016 Ed. (2252)
TH Properties
  1999 Ed. (1184, 4321)
THA Architecture
  2015 Ed. (212)
Tha Carter III
  2010 Ed. (3713)
Thacher Proffitt & Wood
  2001 Ed. (564)
  2008 Ed. (3417)
Thai Airways
  1992 Ed. (282, 300)
  1993 Ed. (194)
  2000 Ed. (251)
Thai Airways International
  1994 Ed. (179, 180, 3157)
  1995 Ed. (177, 186, 190, 1501, 1503)
  1996 Ed. (1457)
  1997 Ed. (1525, 3399)
  1999 Ed. (227, 239, 1575, 1747,
    4161)
  2000 Ed. (1574, 1577, 1578, 3875)
  2001 Ed. (301, 304, 305, 1619, 1879)
  2002 Ed. (4487)
  2008 Ed. (2118)
  2013 Ed. (139)
  2014 Ed. (149)
  2015 Ed. (162, 171)
  2016 Ed. (166, 171)
Thai Airways International Public Co.,
  Ltd.
  2005 Ed. (217, 226, 227)
  2006 Ed. (231, 232, 242, 243, 2048)
  2007 Ed. (235)
  2008 Ed. (215)
  2009 Ed. (237, 238)
  2010 Ed. (221, 222)
  2011 Ed. (144, 145)
  2012 Ed. (150, 151, 175, 1941)
  2013 Ed. (133)
  2014 Ed. (143)
  2015 Ed. (161)
  2016 Ed. (165)
Thai-Asia Fund
  1993 Ed. (2057)
Thai Asset Fund-Pref
  1993 Ed. (2057)
Thai baht
  2009 Ed. (2261)
Thai Beverage
  2010 Ed. (2045)
  2014 Ed. (1282, 2037)
  2016 Ed. (2067)
Thai Capital Management Co.
  1999 Ed. (2895)
Thai Carbon Black
  2008 Ed. (2117)
  2009 Ed. (921, 2103)
  2010 Ed. (2044)
Thai Carbon Black Public
  2007 Ed. (2018)
Thai Central Chemical
  1995 Ed. (1501)
Thai Central Chemicals Co. Ltd.
  1989 Ed. (1168)
  1990 Ed. (1428)
  1991 Ed. (1359)
  1992 Ed. (1706)
Thai Cold Rolled Steel Sheet Co.
  1997 Ed. (1825)
Thai Dann Bank
  1997 Ed. (628)
Thai Danu Bank
  1996 Ed. (693)
  1999 Ed. (647)
  2000 Ed. (673)
Thai Farmers Asset Management Co.
  1997 Ed. (2403)
  1999 Ed. (2895)
  2001 Ed. (2891)
  2002 Ed. (2829)
Thai Farmers Bank
  1989 Ed. (696)
  1990 Ed. (699)
  1991 Ed. (678, 2941)
  1992 Ed. (849)
  1993 Ed. (645)
  1994 Ed. (647, 3157)
  1995 Ed. (619)

1996 Ed. (693, 3302)
1997 Ed. (628, 1526)
1999 Ed. (647, 1748, 4161, 4162)
2000 Ed. (673, 1573, 1575, 1578, 3875, 3876)
2001 Ed. (1880)
2002 Ed. (575, 576, 577, 584, 655, 4487, 4488)
2003 Ed. (420, 619)
2004 Ed. (527, 628)
Thai Farmers Bank Public Co.
1997 Ed. (2403, 3399)
Thai Financial Syndicate
1989 Ed. (1785)
Thai Financial Trust
1989 Ed. (1785)
Thai Fund Inc.
1991 Ed. (2589)
Thai Hakuhodo
1992 Ed. (214)
1993 Ed. (141)
1994 Ed. (122)
1996 Ed. (146)
1997 Ed. (152)
1999 Ed. (162)
2000 Ed. (180)
Thai International
1992 Ed. (83, 290)
Thai Investment & Securities Co.
1989 Ed. (1785)
1996 Ed. (3394)
1997 Ed. (2403)
1999 Ed. (2895)
Thai Life Insurance Co.
1997 Ed. (2403)
1999 Ed. (2895)
2001 Ed. (2891)
Thai Military Bank
1989 Ed. (696)
1990 Ed. (699)
1991 Ed. (678, 2941)
1992 Ed. (849)
1993 Ed. (645)
1994 Ed. (647)
1995 Ed. (619)
1996 Ed. (693, 3303)
1997 Ed. (628)
1999 Ed. (647, 4162)
2000 Ed. (673)
2002 Ed. (584, 655, 4488, 4489)
2003 Ed. (420, 533, 534, 535, 619)
2004 Ed. (628)
2005 Ed. (617)
2006 Ed. (460, 461, 530)
2007 Ed. (472, 473, 474, 561)
2008 Ed. (513)
2009 Ed. (547)
Thai Nakarin Hospital
2012 Ed. (1940)
Thai Nondestructive Testing
2012 Ed. (1940)
Thai Oil Co., Ltd.
1991 Ed. (1358)
1992 Ed. (1707)
1993 Ed. (1412)
1994 Ed. (1466)
1995 Ed. (1502)
1997 Ed. (1525)
1999 Ed. (1747)
2000 Ed. (1577)
2001 Ed. (1879)
2006 Ed. (2048)
2007 Ed. (2019)
2008 Ed. (2118)
2009 Ed. (2104)
2010 Ed. (2045)
2011 Ed. (2102)
2012 Ed. (1941, 3923)
2013 Ed. (2105)
Thai Oil Public Co., Ltd.
2013 Ed. (3972)
2014 Ed. (3914)
2015 Ed. (3948)
2016 Ed. (3865)
Thai Petrochemical
1999 Ed. (1747)
Thai Petrochemical Industries
2007 Ed. (2019)
Thai Petrochemical Industry
1994 Ed. (1215)
2000 Ed. (1577)
2006 Ed. (4541)
Thai Petrochemical Industry PCL
2006 Ed. (3405)
Thai Plastic & Chemical
1990 Ed. (1429)
1991 Ed. (1358, 2941)
1992 Ed. (1706)
2007 Ed. (2018)
Thai Rayon

2010 Ed. (2044)
Thai Telephone & Telecom Public
1997 Ed. (3399)
Thai Telephone & Telecommunication
2002 Ed. (4489)
Thai Tinplate Manufacturing
1989 Ed. (1167)
1990 Ed. (1429)
1992 Ed. (1706)
1995 Ed. (1342)
Thai Union International
2007 Ed. (4265)
2008 Ed. (4284)
2009 Ed. (4393)
2010 Ed. (4440)
2011 Ed. (4385)
2012 Ed. (4425)
2013 Ed. (4392)
2014 Ed. (4428)
2015 Ed. (4410)
Thai Union Manufacturing Co. Ltd.
1992 Ed. (1707)
Thaicom PCL
2016 Ed. (966)
Thailand
1989 Ed. (1181, 2121)
1990 Ed. (241, 1448, 1582, 1911, 1918, 1925, 1935, 2148)
1991 Ed. (164, 1381, 1834, 1841, 1850, 3269, 3390)
1992 Ed. (1068, 1732, 1880, 2075, 2170, 2250, 2310, 2317, 2327, 2333, 2360, 3742, 3957, 3973, 3974, 4186, 4324)
1993 Ed. (844, 956, 1535, 1967, 1974, 1981, 1987, 2366, 2372, 2411, 2412, 3062, 3301, 3357, 3682)
1994 Ed. (1486, 1530, 2005, 2364, 3308)
1995 Ed. (3, 997, 1038, 1518, 1736, 1745, 1746, 1962, 2010, 2017, 2029, 2036)
1996 Ed. (157, 170, 1477)
1997 Ed. (204, 305, 915, 917, 1542, 1812, 2107, 2558, 2559, 2565, 2922, 3513)
1998 Ed. (1418, 1524, 1530, 1791, 2659, 2897, 2929)
1999 Ed. (182, 804, 821, 1207, 1781, 2090, 2553, 2583, 3203, 3790)
2000 Ed. (823, 1610, 2295, 2349, 2357, 2358, 2363, 2376, 2377)
2001 Ed. (509, 510, 1102, 1133, 1413, 1506, 1935, 1947, 1969, 2362, 2448, 2693, 3610, 3950, 4121, 4122, 4128, 4135, 4264, 4319, 4384, 4386, 4388, 4534, 4535, 4566)
2002 Ed. (683, 1812, 2410, 2423, 2424, 2509, 4624)
2003 Ed. (285, 461, 868, 1097, 1383, 1876, 2210, 2211, 2223, 2229, 2488, 3711, 4192, 4194, 4198, 4201, 4617, 4735, 4736)
2004 Ed. (889, 890, 1397, 1907, 1919, 2620, 3394, 3757, 4218, 4220, 4225, 4228, 4423, 4542, 4543, 4597, 4600, 4602, 4720, 4721, 4738, 4820)
2005 Ed. (256, 459, 863, 864, 875, 876, 1419, 2039, 2054, 2532, 2533, 2609, 2766, 2823, 3401, 3672, 4146, 4148, 4152, 4155, 4371, 4499, 4531, 4534, 4536, 4594, 4691, 4692, 4717, 4799, 4800)
2006 Ed. (276, 412, 797, 798, 1028, 1029, 1404, 2135, 2148, 2328, 2537, 2608, 2721, 2804, 2810, 2967, 3410, 3771, 4194, 4196, 4208, 4211, 4319, 4592, 4612, 4615, 4617, 4659, 4739, 4740, 4769)
2007 Ed. (281, 397, 886, 887, 1436, 2083, 2092, 2583, 2796, 2802, 3427, 3768, 3789, 4210, 4212, 4218, 4221, 4384, 4599, 4602, 4604, 4670, 4671, 4679, 4753, 4776, 4863)
2008 Ed. (257, 379, 863, 864, 1387, 2202, 2396, 2720, 2843, 3163, 3591, 3848, 4246, 4248, 4255, 4340, 4392, 4551, 4583, 4584, 4590, 4675, 4676, 4677, 4784)
2009 Ed. (280, 401, 869, 870, 1390, 2394, 2773, 2775, 3661, 3904, 4345, 4347, 4356, 4445, 4549, 4583, 4626, 4627, 4634, 4715, 4716, 4717, 4816)
2010 Ed. (267, 815, 816, 1375, 1378, 2107, 2306, 2707, 3814, 4375,

4377, 4382, 4486, 4617, 4655, 4656, 4661, 4729, 4730, 4731, 4834)
2011 Ed. (186, 743, 744, 1368, 2160, 2302, 2543, 2693, 2883, 3384, 3385, 3810, 4311, 4313, 4324, 4327, 4419, 4570, 4573, 4602, 4603, 4609, 4688, 4689, 4690, 4703, 4792)
2012 Ed. (2099, 2198, 3088, 4551)
2013 Ed. (2383)
2014 Ed. (2320)
Thailand Board of Investment
2014 Ed. (3509)
2015 Ed. (3524)
Thailand equities
1996 Ed. (2430)
Thailand; Government of
2005 Ed. (87)
2006 Ed. (96)
2007 Ed. (86)
2008 Ed. (93)
Thain; John
2007 Ed. (3223)
Thain; John A.
2009 Ed. (948)
Thaksin Shinawatra
2005 Ed. (4880)
2006 Ed. (4920)
2014 Ed. (4925)
2015 Ed. (4964, 4965)
2016 Ed. (4881, 4882)
Thakur Vaidyanaath Aiyar & Co.
1997 Ed. (10)
Thalden-Boyd-Emery Architects
2008 Ed. (3080)
Thales
2007 Ed. (180, 186, 3422)
2009 Ed. (2592)
Thales Air Defence
2006 Ed. (2061)
2007 Ed. (2033, 2039)
Thales Alenia Space
2009 Ed. (187)
2010 Ed. (166)
2011 Ed. (90)
2012 Ed. (96)
2013 Ed. (77)
2014 Ed. (96)
Thales Avionics Inc.
2016 Ed. (1424)
Thales Group
2005 Ed. (1361)
Thales North America Inc.
2009 Ed. (1362)
2010 Ed. (1345)
Thales SA
2003 Ed. (203, 206, 207, 1975, 2207, 3747)
2004 Ed. (166, 2253, 3772)
2005 Ed. (163, 166, 3691)
2010 Ed. (1647, 3207)
2011 Ed. (85, 86, 2386, 3171)
2012 Ed. (90, 93, 2114, 3127)
2013 Ed. (2298, 2299, 2308, 3212)
2014 Ed. (2236, 2237, 2244, 3224)
2015 Ed. (2301, 2302, 2312, 3287)
2016 Ed. (97, 98, 104, 2267, 2268, 3128)
Thales Systmes Aeroportes
2004 Ed. (3032)
Thales USA Inc.
2015 Ed. (4976)
2016 Ed. (4893)
Thalheimer, Richard
1990 Ed. (1719)
1991 Ed. (1626)
1992 Ed. (2056)
Thalhimer; Charles
1995 Ed. (936)
Thames Solar Electric
2016 Ed. (4408)
Thames Water plc
1997 Ed. (1781)
2008 Ed. (1418)
Thana One
1996 Ed. (3394)
1997 Ed. (3490)
Thanachart Bank
2015 Ed. (473)
Thanachart Capital
2013 Ed. (403)
2014 Ed. (417)
2015 Ed. (474)
2016 Ed. (422)
Thanh Nam Construction & Investment
2014 Ed. (2073)
Thani; Hamad Bin Khalifa Al
2009 Ed. (2889)
Thani; Sheikh Ahmed bin Jassim Al

2013 Ed. (3485, 3652)
Thani; Sheikh Khalid bin Khalifa Al
2013 Ed. (3485)
Thank You for Firing Me!
2012 Ed. (514)
Thanks A Dozen
2012 Ed. (4045)
Thanksgiving
1990 Ed. (1948)
1992 Ed. (2348)
2001 Ed. (2627)
Thann et Mulhouse
1999 Ed. (4605)
Thano Hasiotis
1999 Ed. (2269)
Thapar
1990 Ed. (1379, 1380)
1991 Ed. (962)
Tharaldson Enterprises Inc.
1994 Ed. (2092)
1995 Ed. (2147)
2000 Ed. (2534, 2535)
2001 Ed. (2776, 2777)
2002 Ed. (2626)
2005 Ed. (1917, 2921)
2006 Ed. (1946)
2007 Ed. (1929)
Tharaldson Lodging
2006 Ed. (2937)
Tharaldson Lodging Cos.
2007 Ed. (2948)
2008 Ed. (3073)
Tharaldson Motels Inc.
2001 Ed. (1824)
Tharaldson Property Management
1999 Ed. (2755)
That 70's Show
2000 Ed. (4217)
That Patchwork Place
1997 Ed. (3223)
That's Life
2000 Ed. (3503)
2001 Ed. (3375)
That's Plum's Song Music
2014 Ed. (3719)
That's Rentertainment
1995 Ed. (3700)
Thaver & Co; G.H.
1992 Ed. (193)
Thaver & Co.; G. H.
1993 Ed. (125)
1995 Ed. (109)
1997 Ed. (128)
Thaver; G. H.
1991 Ed. (138)
1996 Ed. (124)
Thaver; G.H.
1990 Ed. (138)
Thawadi; Hassan Al
2013 Ed. (3485)
Thaxton Investment Corp.
2001 Ed. (577)
Thayer Blum Funding II LLC
2004 Ed. (1885)
The Thayer Hotel
2005 Ed. (2938)
2006 Ed. (2940)
Thayer Media Inc.
2006 Ed. (4993)
Thayer School of Engineering: Dartmouth College
2009 Ed. (821)
THB Group Ltd.
2015 Ed. (3403)
2016 Ed. (3276, 3278)
THE One
2012 Ed. (1944)
2014 Ed. (2040)
2015 Ed. (2089)
The1stMovement
2012 Ed. (213, 4051)
2016 Ed. (1402)
The Theater at Madison Square Garden
2012 Ed. (1000)
2013 Ed. (1143)
2014 Ed. (1104)
2015 Ed. (1141)
2016 Ed. (1053)
Theater-in-box
2001 Ed. (2732)
Theatre Art House
2010 Ed. (53)
The Theatre at Madison Square Garden
1999 Ed. (1296)
2001 Ed. (4352)
2002 Ed. (4344)
2003 Ed. (4528)
2006 Ed. (1154)
Theatrical films/plays
1992 Ed. (2859)

Theca
2000 Ed. (475, 477)
Thecc SA
2011 Ed. (2131)
Theco
2007 Ed. (1383)
2008 Ed. (1320)
Thedacare Inc.
2003 Ed. (1854)
2004 Ed. (1890)
2005 Ed. (2016)
2006 Ed. (2119)
2007 Ed. (2067)
2008 Ed. (2175)
2009 Ed. (2158)
2010 Ed. (2099)
2011 Ed. (2152)
2012 Ed. (2002)
2013 Ed. (2191)
TheFind
2012 Ed. (3700, 4053, 4307)
TheFruitCompany.com
2007 Ed. (2316)
Theft
1990 Ed. (1463)
Theft of customer's money
1992 Ed. (963)
Theft of information or programs
1989 Ed. (967)
Theft of secrets
1992 Ed. (4430)
Theft of services
1989 Ed. (967)
TheGardenGates.com
2013 Ed. (2475)
TheHomeMag
2010 Ed. (128)
Theilmann; Michael T.
2008 Ed. (2635, 3120)
2011 Ed. (2546)
Their Eyes Were Watching God
2007 Ed. (4740)
Theis Precision Steel Corp.
2013 Ed. (1578)
Theisen; Henry J.
2012 Ed. (3988)
2014 Ed. (3990)
2016 Ed. (3950)
Thelen, Marrin, Johnson & Bridges
1990 Ed. (2426)
1991 Ed. (2292)
1992 Ed. (2845)
1993 Ed. (2404)
Thelen Reid
2005 Ed. (3257)
Themador
1995 Ed. (1576)
The?New York Times Co.
1990 Ed. (255, 259)
TheNextRound Inc.
2009 Ed. (2981)
The?Northern Trust Co.
1990 Ed. (2353)
TheNorthFace.com
2010 Ed. (2375)
Theo Albrecht
2005 Ed. (4877)
2006 Ed. (4924)
2007 Ed. (4912)
2008 Ed. (4865, 4867)
2009 Ed. (4888)
2010 Ed. (4889, 4895, 4899, 4905)
2011 Ed. (4878, 4886)
Theo Albrecht Jr.
2012 Ed. (4887)
2013 Ed. (4871, 4917)
2014 Ed. (4885)
2015 Ed. (4924)
2016 Ed. (4840)
Theo Epstein
2005 Ed. (785)
Theo H. Davies & Co. Ltd.
2003 Ed. (1689)
Theo & Karl Albrecht
2002 Ed. (706)
Theodoor Gilissen
1991 Ed. (782)
Theodor Geisel
2007 Ed. (891)
2009 Ed. (878)
2010 Ed. (828)
2011 Ed. (755)
2012 Ed. (691)
2013 Ed. (907)
2014 Ed. (853)
2015 Ed. (889)
2016 Ed. (774)
Theodor Seuss Geisel
2006 Ed. (802)
Theodore Bernstein

1999 Ed. (2172)
2000 Ed. (1943)
Theodore Cunningham
1998 Ed. (1517)
Theodore Diekel
1990 Ed. (1719)
Theodore F. Craver Jr.
2010 Ed. (908)
Theodore Goddard
1999 Ed. (3151)
Theodore H. Black
1991 Ed. (1632)
1993 Ed. (1705)
Theodore H. Silbert
1992 Ed. (531)
Theodore Lerner
2011 Ed. (4836)
2012 Ed. (4846)
2013 Ed. (4847)
2014 Ed. (4863)
2015 Ed. (4900)
2016 Ed. (4816)
Theodore M. Solso
2011 Ed. (826)
2012 Ed. (789)
Theodore N. Lerner
2009 Ed. (4851)
2010 Ed. (4858)
Theodore R. Johnson
1994 Ed. (891)
Theodore Rachmat
2014 Ed. (4892)
2015 Ed. (4931)
2016 Ed. (4847)
Theodore Semegran
1991 Ed. (1700)
1993 Ed. (1786)
1994 Ed. (1769, 1824)
1995 Ed. (1810, 1865)
1996 Ed. (1846)
Theodore Solso
2009 Ed. (951)
Theodore Venners
2007 Ed. (2509)
Theodore W. Waitt
1999 Ed. (2083)
2004 Ed. (4870)
Theodore Waitt
1998 Ed. (722, 1512)
2002 Ed. (3350)
2006 Ed. (4910)
Theodrine
1993 Ed. (252)
The?Ogilvy Group
1990 Ed. (115)
The Theory of the Leisure Class
2005 Ed. (719)
Theory & Practice of Investing
2003 Ed. (3025)
ThePlatform
2008 Ed. (3620)
thePlatform
2014 Ed. (2089)
Ther-A-Pedic
1997 Ed. (652)
2003 Ed. (3321)
2005 Ed. (3410)
Thera-Flu
2005 Ed. (1054)
Thera Med
2004 Ed. (2615)
Theraflu
1992 Ed. (1250)
1993 Ed. (1013)
1996 Ed. (1031)
1999 Ed. (1218)
2000 Ed. (277, 1135)
2001 Ed. (1310)
2002 Ed. (1099, 1100)
2003 Ed. (1048, 1049, 1050)
2004 Ed. (1057)
2008 Ed. (1038)
Theragran
1994 Ed. (3633)
Theragran Jr.
1991 Ed. (3453)
Theragran M
1996 Ed. (3796)
2003 Ed. (4858)
Therakos Inc.
1993 Ed. (704)
Theraldson Enterprises
1995 Ed. (2148)
Therapedia
2009 Ed. (3670)
Therapedic
2011 Ed. (3590)
2014 Ed. (562)
2015 Ed. (626)
2016 Ed. (575)

Therapeftiki Ltd.
2016 Ed. (1613)
Therapure Biopharma Inc.
2016 Ed. (1468, 3453)
Therasense Freestyle
2003 Ed. (2050)
TheraSense Inc.
2005 Ed. (1672, 1676)
Theratechnologies Inc.
2008 Ed. (1618, 1660)
2010 Ed. (1563)
TheraTx
1996 Ed. (2061, 3306, 3307, 3451,
3779, 3780)
Theravance
2014 Ed. (1442)
Theravance Inc.
2009 Ed. (3019)
Therber Brock
2001 Ed. (814)
There's a Business in Every Woman: A
7-Step Guide to Discovering, Starting, and Building the Business of
Your Dreams
2009 Ed. (636)
There's Something About Mary
2001 Ed. (4699, 4700)
Theresa Barrera
2013 Ed. (2959)
Theresa Chacopuios
2013 Ed. (3389)
2014 Ed. (3391)
2015 Ed. (3425)
Theresa Pan
2002 Ed. (3346)
Therese Murphy
1997 Ed. (1879)
Therese Virserius Design
2014 Ed. (3103)
Theresia Tolxdorff
2000 Ed. (2189)
Thergran-M 100s
1991 Ed. (3454)
Therm-O-Disc Inc.
1998 Ed. (1878, 1925)
Therma Corp.
2003 Ed. (1340)
2005 Ed. (1345)
2006 Ed. (1240, 1347)
2007 Ed. (1392)
2008 Ed. (1342)
2011 Ed. (1301)
2013 Ed. (1254)
Therma Digital Technologies LLC
2003 Ed. (1346)
Therma Silk
2003 Ed. (2648, 2657)
Therma-Tru Doors
2006 Ed. (4956)
2007 Ed. (4965)
ThermaCare
2004 Ed. (245, 247, 2128, 2615,
2616)
Thermador
1992 Ed. (1831, 3655)
1993 Ed. (1499, 2990, 3480)
1994 Ed. (1547, 3031, 3454)
1997 Ed. (1640)
Thermador/Waste King
1990 Ed. (1527, 1874, 2979)
1991 Ed. (1785, 2828)
Thermafil
1991 Ed. (1410)
Thermage Inc.
2009 Ed. (3019)
Thermagon
2000 Ed. (1099, 2398)
2002 Ed. (2815)
Thermal Bond
2000 Ed. (3353)
Thermal desorption
1992 Ed. (2378)
Thermal Energy International Inc.
2015 Ed. (857, 1547)
Thermal Line Windows Inc.
2006 Ed. (1945)
2007 Ed. (1928)
2008 Ed. (1994)
2009 Ed. (1955)
Thermal ribbons
1992 Ed. (3287)
Thermal Scientific
1989 Ed. (1120)
Thermal Transfer Inc.
2010 Ed. (1822)
Thermantiki S.A.
2001 Ed. (3190)
Thermasilk
2001 Ed. (2632, 2633, 4225, 4226)

2002 Ed. (2433, 2435, 2438)
2003 Ed. (2650, 2653, 2654, 2658,
2669)
2004 Ed. (2785)
2008 Ed. (2869, 2870, 2872)
Thermax
2009 Ed. (3233)
2010 Ed. (1483)
Thermedics Inc.
1999 Ed. (259)
Thermionic, cathode, photocathode
valves
1995 Ed. (1750)
Thermo Card
1992 Ed. (318)
Thermo Cardiosystems Inc.
1992 Ed. (321)
1997 Ed. (226, 1322, 3638, 3639)
2000 Ed. (279)
Thermo Ecotek Corp.
2000 Ed. (279)
Thermo Electron Corp.
1990 Ed. (1169)
1991 Ed. (1050)
1993 Ed. (2181)
1994 Ed. (2212)
1995 Ed. (1291, 1456, 3313)
1996 Ed. (1194, 1195, 3289, 3401)
1997 Ed. (1240, 1241, 2404, 3386,
3496)
1998 Ed. (1401, 1478, 2106, 3162,
3286)
1999 Ed. (1885, 1970, 1974, 2058,
2896, 3341, 4146)
2000 Ed. (1692, 1746, 1750, 2647,
3079)
2001 Ed. (2896, 3264)
2002 Ed. (2830, 4172, 4364)
2003 Ed. (1521, 2957, 4302, 4546)
2004 Ed. (1136, 2235, 2239, 3029,
3030, 3031, 4312)
2005 Ed. (2336, 2339, 3044, 3045,
3046, 4244)
2006 Ed. (2386, 2769, 3049, 4249)
2007 Ed. (1873, 2774, 4044, 4263)
2008 Ed. (1402, 4080)
Thermo Environmental Corp.
1992 Ed. (1477)
Thermo Fisher Scientific
2015 Ed. (1346, 2961, 3577, 3626,
3631, 4431)
2016 Ed. (2895, 4495)
Thermo Fisher Scientific Inc.
2008 Ed. (1914, 1917, 1921, 2904)
2009 Ed. (872, 1444, 1871, 1873,
1875, 1877, 1881, 1883, 3281,
4392, 4556)
2010 Ed. (818, 1799, 1802, 1805,
1807, 1809, 1813, 2845, 2847,
2906, 3206, 3207, 4439, 4582)
2011 Ed. (745, 1830, 1833, 1835,
1837, 1839, 1841, 2846, 2870,
2877, 3168, 3169, 3170, 3171,
3624, 4195, 4384, 4545)
2012 Ed. (682, 1262, 1688, 1689,
1691, 1692, 1695, 1696, 1697,
1699, 2807, 2814, 3124, 3125,
3126, 3127, 3362, 3624, 3626,
3627, 3813, 4243, 4424)
2013 Ed. (903, 1842, 1844, 1847,
2876, 2885, 3209, 3210, 3211,
3212, 3680, 3681, 3683, 4391)
2014 Ed. (1772, 1774, 1777, 2908,
3221, 3222, 3223, 3224, 3615,
3616, 3618, 4426)
2015 Ed. (1818, 1820, 1822, 2954,
3284, 3285, 3286, 3287, 3627,
3628, 3630, 4221, 4234, 4408)
2016 Ed. (1777, 1782, 1784, 2886,
3126, 3127, 3128, 3511, 3512,
3514, 4135, 4136, 4305)
Thermo Fisher Scientific LLC
2010 Ed. (3551)
Thermo Flux D.O.O. Jajce
2016 Ed. (1534)
Thermo Instrument Systems Inc.
1992 Ed. (1477, 2641)
1993 Ed. (2181)
1994 Ed. (2212)
1996 Ed. (211)
1998 Ed. (152, 156, 164)
1999 Ed. (260)
2000 Ed. (281, 284, 285)
Thermo Noran Inc.
2010 Ed. (2100)
2011 Ed. (2153)
2012 Ed. (2003)
2013 Ed. (2192)
Thermo Process Inc.
1992 Ed. (3480)

Thermo Process Systems, Inc.
1990 Ed. (254)
1991 Ed. (224, 227)
Thermo-Products
1990 Ed. (1862)
1991 Ed. (1778)
1992 Ed. (2243)
1993 Ed. (1909)
1994 Ed. (1926)
1995 Ed. (1950)
1997 Ed. (2096)
1998 Ed. (1780)
1999 Ed. (2540)
Thermo Remediation Inc.
2000 Ed. (1855)
Thermocontact
2006 Ed. (1727)
Thermodor
1992 Ed. (4158)
Thermoform Plastics Inc.
2001 Ed. (4519)
Thermogas
1994 Ed. (2943)
1996 Ed. (3102)
1997 Ed. (3180)
1998 Ed. (2932)
1999 Ed. (3906)
Thermogas Company
2000 Ed. (3623)
Thermogas/MAPCO
1995 Ed. (3001)
Thermolase
1997 Ed. (226)
Thermometers
2002 Ed. (2284)
Thermon Group Holdings Inc.
2016 Ed. (3427)
Thermoplastiki SA
2001 Ed. (3282)
2002 Ed. (3307)
ThermoPrc
1990 Ed. (248)
ThermoRetec Corp.
2001 Ed. (2289, 2300)
2002 Ed. (1239)
Thermos
1990 Ed. (720)
1993 Ed. (673)
1994 Ed. (674)
1997 Ed. (649)
1998 Ed. (437)
2003 Ed. (1229)
2005 Ed. (1265)
2007 Ed. (3970)
Thermos (Structo)
1992 Ed. (875)
Thermoscan
1996 Ed. (3683)
Thermosets
2001 Ed. (3814)
Thermoview Industries Inc.
2004 Ed. (786, 787)
2005 Ed. (772, 773, 2960)
2006 Ed. (2956)
Thermtech Holding AS
2010 Ed. (2953)
Thermwell Products Co.
2014 Ed. (2608)
2015 Ed. (2654, 3568)
2016 Ed. (2574, 3425)
Thermwood Corp.
1998 Ed. (155)
Theron; Charlize
2014 Ed. (2527)
2015 Ed. (2600)
TheSauce.com
2001 Ed. (4764)
Thesco Benefits
2002 Ed. (1217)
Thesco Benefits LLC
2004 Ed. (2269, 3067)
2006 Ed. (2419, 3078)
2007 Ed. (3098)
2008 Ed. (3239, 3246)
theScore
2016 Ed. (3495)
TheScore Inc.
2016 Ed. (1494)
TheStreet.com
2002 Ed. (4812, 4813)
2004 Ed. (3155)
The?Webb Companies
1990 Ed. (2959)
The?Wyatt Co.
1990 Ed. (1648)
*They Made America: Two Centuries of
Innovation from the Steam Engine
to the Search Engine*
2006 Ed. (588)
TheZeb.com

2006 Ed. (1100)
THF Realty Inc.
2007 Ed. (4379)
Thiara Brothers Orchards
1998 Ed. (1776)
Thibaud de Guerre
1999 Ed. (2418)
2000 Ed. (2180)
Thicke; Robin
2015 Ed. (3732)
Thickeners
1999 Ed. (1110)
Thiel Logistik AG
2006 Ed. (1856)
2008 Ed. (1892)
2011 Ed. (1812)
Thiel; Peter
2012 Ed. (4820)
2013 Ed. (4783)
2014 Ed. (4829)
2015 Ed. (4864)
Thielsch; Deborah
1991 Ed. (1679)
1993 Ed. (1796)
Thieme; Beth
2011 Ed. (2818)
Thieme Grafimedia Group
2009 Ed. (3692)
Thierry Desmarest
2006 Ed. (691)
Thierry Henry
2005 Ed. (268)
2006 Ed. (4397)
2008 Ed. (4453)
2009 Ed. (4492)
2012 Ed. (217)
Thin sliced steak
1990 Ed. (3095)
ThingMagic
2007 Ed. (1205)
Things Remembered
2009 Ed. (4577)
2010 Ed. (4612)
Things that Matter
2015 Ed. (646)
Think 360 Inc.
2008 Ed. (3594)
Think Credit Union
2005 Ed. (2109)
2006 Ed. (2204)
2007 Ed. (2125)
2008 Ed. (2240)
2009 Ed. (2226)
Think Finance
2014 Ed. (2873)
Think Light
1996 Ed. (1549)
Think Like a Billionaire; Trump:
2006 Ed. (635)
THINK Ltd.
2009 Ed. (3023, 3031)
Think Mutual Bank
2011 Ed. (416)
2012 Ed. (391)
Think New Ideas
1999 Ed. (102)
2000 Ed. (106)
Think Progress
2012 Ed. (492)
Think Quest
2002 Ed. (4829)
Think Signs LLC
2008 Ed. (3728, 4979)
Think Tank Systems
2002 Ed. (1067)
Think Twice
2011 Ed. (535)
Think3
2005 Ed. (2332)
ThinkGeek
2015 Ed. (2477)
ThinkGeek.com
2010 Ed. (2370)
2012 Ed. (2294)
Thinking Machines
1994 Ed. (3458)
Thinklite
2015 Ed. (2534)
thinkorswim
2006 Ed. (663)
2007 Ed. (760, 762)
2008 Ed. (738, 2340)
2009 Ed. (737)
2010 Ed. (677, 680, 681)
2011 Ed. (604, 607, 608)
2012 Ed. (574, 577)
2013 Ed. (710)
2014 Ed. (733, 736)
thinkorswim webtrader
2007 Ed. (761)

Thinkronize
2008 Ed. (2404)
Thinksoft Global Services
2016 Ed. (1655)
Thinkwrap Commerce
2014 Ed. (3588)
2015 Ed. (3602)
2016 Ed. (3495)
Thinkwrap Solutions Inc.
2015 Ed. (1547)
Thinsulate
2011 Ed. (202, 4526)
Thiokol
1992 Ed. (1535, 1537)
1993 Ed. (156, 927)
1994 Ed. (140, 940)
1995 Ed. (160, 972)
1996 Ed. (168)
1997 Ed. (170)
1998 Ed. (95)
Third Avenue
2010 Ed. (3723)
Third Avenue International Value
2006 Ed. (3681, 4563)
2007 Ed. (3669)
Third Avenue Real Estate Value
2004 Ed. (3568)
2005 Ed. (4493)
2006 Ed. (4568)
Third Avenue Small-Cap Value
2004 Ed. (3592)
Third Avenue Value
1996 Ed. (2799)
1997 Ed. (2880)
1998 Ed. (2608)
2002 Ed. (3425)
2004 Ed. (3536, 3537)
2005 Ed. (4491)
2006 Ed. (3615, 3616, 3618, 4565)
2008 Ed. (2611)
2009 Ed. (4539)
Third Avenue Value Fund
2004 Ed. (3578)
2006 Ed. (3605)
2007 Ed. (3665)
Third Avenue Value Institutional
2014 Ed. (4567)
Third Degree Advertising & Communications
2002 Ed. (2815)
Third Federal Savings
2012 Ed. (1483)
Third Federal Savings Bank
2000 Ed. (3857, 4251)
Third Federal Savings & Loan
2012 Ed. (1799)
2013 Ed. (1973)
2014 Ed. (1912)
2015 Ed. (1956)
Third Federal Savings & Loan Association
1991 Ed. (3370)
1998 Ed. (3134, 3137, 3561)
2002 Ed. (4123, 4125)
2003 Ed. (4266, 4269)
2011 Ed. (2967, 3121, 3698)
Third Federal Savings & Loan Association of Cleveland
2004 Ed. (2862, 2995)
2005 Ed. (2867, 2993)
2006 Ed. (2872, 2988)
2007 Ed. (2866, 3019)
2010 Ed. (3000, 3155)
2011 Ed. (1932)
2012 Ed. (2904, 3056, 3716)
2013 Ed. (2988, 3137, 3763)
Third Federal Savings & Loan, Cleveland
2003 Ed. (3444)
Third Millenium Russia
2004 Ed. (3649)
Third National Bank
1991 Ed. (675)
1992 Ed. (847)
1993 Ed. (643)
1994 Ed. (645)
1995 Ed. (617)
1996 Ed. (691)
Third-party marketers
2002 Ed. (2836)
Third Rock Ventures
2015 Ed. (695, 4641)
ThirdAge Media
2001 Ed. (4672)
*Thirteen Days: A Memoir of the Cuban
Missile Crisis*
2006 Ed. (576)
Thirteen/WNET
1996 Ed. (2853)
1997 Ed. (2951)

1999 Ed. (3628)
2000 Ed. (3352)
Thirty-One Gifts
2013 Ed. (2334, 2335)
2014 Ed. (2262, 2265, 2266, 2267,
2268)
2015 Ed. (2346, 2351, 2352)
2016 Ed. (2296)
Thirty-One Gifts LLC
2016 Ed. (2572, 4955)
Thirtysomething
1991 Ed. (3245)
Thiry; Kent
2009 Ed. (3707)
2010 Ed. (3625)
Thiry; Kent J.
2011 Ed. (834)
2012 Ed. (807)
2013 Ed. (986)
2014 Ed. (939, 943)
2015 Ed. (955, 967)
2016 Ed. (866)
This Country's Rockin
1991 Ed. (844)
This End Up
1999 Ed. (2562, 2564)
2000 Ed. (2302, 2305)
This Means War
2014 Ed. (3700, 3701, 3704)
This Old House
1999 Ed. (3754, 3763, 3765)
2000 Ed. (3479, 3490, 3492)
2001 Ed. (258, 259, 3191)
2003 Ed. (3273)
2004 Ed. (3338)
2007 Ed. (3402)
2013 Ed. (3556)
*This Time is Different: Eight Centuries
of Financial Folly*
2011 Ed. (533)
This Week
2009 Ed. (834)
THLG Kreston-M
1997 Ed. (19)
TH_NK Ltd.
2010 Ed. (2957)
Thohir; Garibaldi
2012 Ed. (4862)
Thoits Insurance Service Inc.
2011 Ed. (3191)
Thom Apple Valley Inc.
1999 Ed. (3321, 3322)
Thoma Cressey Equity Partners
2002 Ed. (4737)
Thoma; Jenifer
2010 Ed. (2835)
Thomas
1995 Ed. (3398)
2001 Ed. (545)
2004 Ed. (3163)
2008 Ed. (725)
2014 Ed. (290)
2015 Ed. (323, 324)
2016 Ed. (321)
Thomas A. Gerke
2009 Ed. (954)
2010 Ed. (913)
Thomas A. Greene & Co. Inc.
1990 Ed. (2262)
1991 Ed. (2830)
1992 Ed. (3659)
Thomas A. Gruber
1993 Ed. (1703)
Thomas A. Mason Co., Inc.
2015 Ed. (3023)
Thomas A. McDavid
2011 Ed. (3378)
Thomas A. McDonnell
2005 Ed. (2516)
2006 Ed. (2530)
2008 Ed. (958)
2009 Ed. (960)
2010 Ed. (913)
2011 Ed. (858)
2012 Ed. (808)
2013 Ed. (988)
2014 Ed. (946)
Thomas A. Renyi
2001 Ed. (2314, 2315, 2320)
2006 Ed. (934)
Thomas A. Renyl
2000 Ed. (386)
Thomas Agnew & Sons Ltd.
1994 Ed. (998)
Thomas and Dorothy Leavey Foundation
1990 Ed. (1848)
1994 Ed. (1058, 1900)
Thomas and Joseph Gambino
1994 Ed. (890)

Thomas Aquinas College
2008 Ed. (1069)
2009 Ed. (1046)
2010 Ed. (1012)
Thomas & Associates; Bob
1992 Ed. (3562)
1994 Ed. (2966)
1995 Ed. (3025)
1996 Ed. (3129)
Thomas Associates Inc.; Ted
1993 Ed. (127)
Thomas Associates (Ketchum)
1999 Ed. (3928)
Thomas Associates-Redwood City
1998 Ed. (2944)
Thomas Autoworld; Charlie
1996 Ed. (3766)
Thomas B. Kelley
1989 Ed. (1377)
Thomas Bagel Thins
2014 Ed. (290)
2015 Ed. (323, 324)
2016 Ed. (321)
Thomas' Bagel Thins
2013 Ed. (3831)
Thomas Bergsoe
1991 Ed. (91)
Thomas' Better Start
2012 Ed. (3755)
Thomas & Betts
2016 Ed. (3437)
Thomas & Betts Corp.
1989 Ed. (1932)
1990 Ed. (1625, 3233)
1991 Ed. (1027, 3082)
1992 Ed. (1883)
1993 Ed. (1049, 1546)
1994 Ed. (1083, 1583)
1995 Ed. (1499, 1625)
1996 Ed. (1606)
1997 Ed. (1685)
1998 Ed. (1373, 1401)
1999 Ed. (1484, 1970, 1972)
2000 Ed. (1748, 3323)
2001 Ed. (2136, 2137, 2138)
2002 Ed. (4365)
2003 Ed. (1833, 4546)
2004 Ed. (2183)
2005 Ed. (2284, 2286)
2006 Ed. (2347, 2348, 2349)
2007 Ed. (2284, 2285, 3424)
2008 Ed. (2418)
2009 Ed. (857)
2010 Ed. (804)
2011 Ed. (3829)
Thomas Bomar
1991 Ed. (1629)
Thomas Bradley
1990 Ed. (2525)
1991 Ed. (2395)
Thomas Brodin
1999 Ed. (2312)
2000 Ed. (2094, 2100)
Thomas Brown
1991 Ed. (1673, 1674)
1992 Ed. (2138)
1993 Ed. (1780)
1994 Ed. (1763, 1831)
1995 Ed. (1795, 1805)
1996 Ed. (1770, 1779)
1997 Ed. (1854)
1998 Ed. (1618)
1999 Ed. (2258)
Thomas C. Freyman
2009 Ed. (2663)
2011 Ed. (2547)
2012 Ed. (2493)
Thomas C. Gallagher
2011 Ed. (829)
Thomas C. Sullivan
2006 Ed. (2521)
Thomas Carroll Group
2007 Ed. (2022)
Thomas Chadwick
2000 Ed. (2140)
Thomas Chewning
2006 Ed. (997)
Thomas Chien
1996 Ed. (1912)
Thomas Cholnoky
1997 Ed. (1880)
1998 Ed. (1656)
1999 Ed. (2246)
2000 Ed. (2028)
Thomas Co.
2014 Ed. (1212)
Thomas-Conrad
1993 Ed. (1050)
Thomas Cook
1990 Ed. (3650, 3651, 3652)

1993 Ed. (3626)
1994 Ed. (3579)
2007 Ed. (734)
Thomas Cook Austria AG
2011 Ed. (1490)
Thomas Cook Group
2001 Ed. (4623)
2002 Ed. (54)
2011 Ed. (3077, 3446)
2013 Ed. (2124)
2014 Ed. (2059)
Thomas Cook Group plc
2012 Ed. (644, 3018, 3460, 3463, 3853)
2013 Ed. (785, 3503)
2014 Ed. (806)
2015 Ed. (851)
2016 Ed. (4365)
Thomas Cook Travel
1991 Ed. (967)
Thomas Cook Travel U.S.
1996 Ed. (3744)
Thomas Cuisine Management
2009 Ed. (2964)
Thomas D. and Virginia Cabot
1994 Ed. (893)
Thomas D. Soutter
1996 Ed. (1228)
Thomas & Davis Inc.
1996 Ed. (2348, 2355)
1999 Ed. (3018)
Thomas Denomme
1998 Ed. (1517)
1999 Ed. (2084)
2000 Ed. (1885)
Thomas Direct Sales Inc.
2007 Ed. (4992)
Thomas Doyle
1997 Ed. (1937)
Thomas Driscoll
1993 Ed. (1814)
1994 Ed. (1797)
1995 Ed. (1796, 1798, 1835)
1996 Ed. (1814)
1997 Ed. (1887)
1998 Ed. (1657)
1999 Ed. (2247)
2000 Ed. (2029)
Thomas Duryea Consulting Pty. Ltd.
2010 Ed. (2923)
Thomas E. Capps
2005 Ed. (2517)
2006 Ed. (2532)
2007 Ed. (1034)
Thomas E. Clarke
2003 Ed. (2410)
Thomas E. Prince
2007 Ed. (385)
Thomas E. Wilson
2004 Ed. (1371)
Thomas Edison
2006 Ed. (1450)
Thomas Erickson
1998 Ed. (1603)
Thomas Evans
2005 Ed. (984)
Thomas F. Farrell II
2008 Ed. (956)
2010 Ed. (908)
2011 Ed. (847)
2015 Ed. (972, 975)
2016 Ed. (872)
Thomas F. Frist Jr.
1994 Ed. (947, 1714)
2004 Ed. (4863)
2005 Ed. (4849)
Thomas F. Jasper
2009 Ed. (386)
Thomas F. Motamed
2011 Ed. (856)
Thomas Facciola
1996 Ed. (1771)
1998 Ed. (1598)
1999 Ed. (2184)
2000 Ed. (2048)
Thomas Ferguson Associates
2002 Ed. (158)
Thomas First
2008 Ed. (1405, 3445, 4079)
Thomas Flatley
2007 Ed. (4918)
Thomas Foods International
2016 Ed. (1382)
Thomas Forrester
2006 Ed. (980)
Thomas French Builders
2004 Ed. (1183)
Thomas Friedkin
2011 Ed. (4842)
2012 Ed. (4848)

2013 Ed. (4834)
2014 Ed. (4849)
Thomas Frist Jr.
2003 Ed. (4885)
2008 Ed. (4829)
2009 Ed. (4850)
2010 Ed. (4856)
2011 Ed. (4829)
2012 Ed. (4842)
2013 Ed. (4841)
2014 Ed. (4857)
2015 Ed. (4894)
2016 Ed. (4812)
Thomas G. Baker
2005 Ed. (976)
Thomas G. Cody
2009 Ed. (2661)
Thomas G. Dove
1992 Ed. (532, 1137)
Thomas G. Dundon
2016 Ed. (867)
Thomas G. Ferguson
1992 Ed. (117)
Thomas G. Ferguson Associates Inc.
1989 Ed. (141)
1990 Ed. (57)
1991 Ed. (69, 131, 2398)
1992 Ed. (185)
Thomas G. Gallagher Inc.
2016 Ed. (141)
Thomas G. Labrecque
1996 Ed. (381)
1998 Ed. (289)
1999 Ed. (386)
Thomas G. Lambrecque
2000 Ed. (386)
Thomas Gallagher
1997 Ed. (1916)
1998 Ed. (1681, 1682)
1999 Ed. (2275)
2000 Ed. (2057)
Thomas Glover Associates
2012 Ed. (1888)
Thomas Glover Associates Inc.
2013 Ed. (2045)
Thomas Golisano
1997 Ed. (1798, 1800)
1998 Ed. (1509)
2011 Ed. (4822)
Thomas Group
2008 Ed. (2108, 2535)
2009 Ed. (4453, 4456)
2010 Ed. (4494, 4508, 4530)
Thomas Grudnowski
2010 Ed. (2567)
Thomas H. Cruikshank
1995 Ed. (1732)
Thomas H. Dittmer
1994 Ed. (892)
Thomas H. Lee
1998 Ed. (224, 2105)
1999 Ed. (3185)
2003 Ed. (1505)
2004 Ed. (3255)
2006 Ed. (3276)
2008 Ed. (4293)
Thomas H. Lee Equity
1997 Ed. (2627)
Thomas H. Lee Equity Fund V LP
2016 Ed. (1776)
Thomas H. Lee Partners
2005 Ed. (3284)
2006 Ed. (3276)
2008 Ed. (4079)
Thomas Haffa
2004 Ed. (1549)
Thomas Hale Boggs Jr.
2002 Ed. (3211)
Thomas Hanley
1989 Ed. (1418)
1991 Ed. (1673)
1992 Ed. (2138)
1993 Ed. (1774, 1779)
1994 Ed. (1762, 1763, 1833, 1834)
1995 Ed. (1798, 1804, 1805)
1996 Ed. (1778, 1779)
1997 Ed. (1853, 1854)
1998 Ed. (1628)
1999 Ed. (2212, 2258)
2000 Ed. (1984, 1985)
Thomas; Harold L.
1992 Ed. (3137)
Thomas Havey LLP
2002 Ed. (8, 19)
2003 Ed. (6)
Thomas Hearty Grains
2014 Ed. (290)
2015 Ed. (323, 324)
2016 Ed. (321)
Thomas HJ Memorial Hospital Inc.

2012 Ed. (2000)
Thomas Hospital
2008 Ed. (3041)
2009 Ed. (3126)
2010 Ed. (3058)
2011 Ed. (3029)
2013 Ed. (3075)
Thomas & Howard Co., Inc.
1991 Ed. (971)
1998 Ed. (978)
2011 Ed. (1361)
Thomas & Howard Company, Inc.
1990 Ed. (1044)
Thomas & Howard of Hickory
1997 Ed. (1200, 1201, 1202, 1203)
1998 Ed. (983)
Thomas Hund
2007 Ed. (1040)
2010 Ed. (915)
Thomas Hyundai; Charlie
1994 Ed. (270)
Thomas Inc.; Albert D.
2005 Ed. (1162)
Thomas Industrial Coatings Inc.
2012 Ed. (1132)
2013 Ed. (1278)
2014 Ed. (1211)
2015 Ed. (1269)
2016 Ed. (1184)
Thomas Industrial Products Co. Inc.
1994 Ed. (2178)
Thomas Industries
1992 Ed. (2433)
1995 Ed. (2122)
Thomas Inglis
1999 Ed. (2356)
Thomas J. Bliley Jr.
1999 Ed. (3843, 3959)
Thomas J. Dyer Co.
2007 Ed. (1387)
Thomas J. Edelman
2006 Ed. (1097)
Thomas J. Engibous
2003 Ed. (4383)
Thomas J. Falk
2006 Ed. (941)
2007 Ed. (1036)
2009 Ed. (961)
2011 Ed. (836)
2015 Ed. (956)
Thomas J. Fitzpatrick
2005 Ed. (2517)
Thomas J. Flatley
2004 Ed. (4867)
2005 Ed. (4852)
2006 Ed. (4906)
Thomas J. Hansen
2010 Ed. (2564)
Thomas J. Keegan
2009 Ed. (3444)
2011 Ed. (3378)
Thomas J. Lipton Inc.
1992 Ed. (1616)
2008 Ed. (1696)
2009 Ed. (1620)
2010 Ed. (1596)
2011 Ed. (1598)
2012 Ed. (1444)
Thomas J. May
2011 Ed. (847)
Thomas J. McInerney
2016 Ed. (872)
Thomas J. Meredith
2000 Ed. (1051)
Thomas J. Neff
1991 Ed. (1614)
Thomas J. Peters
1995 Ed. (936)
Thomas J. Wilson II
2011 Ed. (856)
Thomas J. Wurtz
2008 Ed. (370)
Thomas Jefferson
2014 Ed. (578)
Thomas Jefferson University
1989 Ed. (1610)
1990 Ed. (2059)
1991 Ed. (1936)
1992 Ed. (2463)
1999 Ed. (3819)
2000 Ed. (3539)
2016 Ed. (1953)
Thomas Jefferson University Hospital
1999 Ed. (3819)
2000 Ed. (2521)
2002 Ed. (2607)
2003 Ed. (2811)
2004 Ed. (2915)
2005 Ed. (2901)
2014 Ed. (3068)

2015 Ed. (3133)
2016 Ed. (2996)
Thomas Jefferson University Hospitals
Inc.
2000 Ed. (3539)
2012 Ed. (1841)
Thomas Jefferson University, Jefferson
Medical College
2011 Ed. (3626)
Thomas Jones
1992 Ed. (2058)
2004 Ed. (176)
2005 Ed. (3200)
Thomas Kennedy
2001 Ed. (796)
Thomas & King of Arizona Inc.
2008 Ed. (1881)
2009 Ed. (1836)
2010 Ed. (1777)
2011 Ed. (1790)
2012 Ed. (1647)
2013 Ed. (1805)
2014 Ed. (1732)
2015 Ed. (1777)
2016 Ed. (1731)
Thomas Kitchen
2015 Ed. (974)
Thomas Klamka
2000 Ed. (1940)
Thomas Kraemer
2002 Ed. (2258)
Thomas Kurlak
1989 Ed. (1417)
1991 Ed. (1678, 1706)
1993 Ed. (1794)
1994 Ed. (1777)
1995 Ed. (1817)
1996 Ed. (1802)
1997 Ed. (1875)
1998 Ed. (1671)
1999 Ed. (2262)
2000 Ed. (2006)
Thomas Kwok
2009 Ed. (4863, 4864)
2010 Ed. (4865, 4877)
2012 Ed. (4860, 4872)
2013 Ed. (4874, 4916)
2014 Ed. (4887, 4888)
2015 Ed. (4926, 4927)
2016 Ed. (4842, 4843)
Thomas L. Cardella & Associates
2014 Ed. (4691)
Thomas L. Hazouri
1991 Ed. (2395)
1992 Ed. (2987)
Thomas L. Hefner
2005 Ed. (978)
Thomas L. Jacobs & Associates Inc.
1990 Ed. (1650)
Thomas Lee
1997 Ed. (2004)
1998 Ed. (1689)
1999 Ed. (2434)
2000 Ed. (2055)
2002 Ed. (3356)
Thomas Lofton
2004 Ed. (974)
Thomas Lord
1993 Ed. (893)
Thomas Lowder
2015 Ed. (954)
Thomas M. Coughlin
2007 Ed. (2503, 2505)
Thomas M. Duff
2007 Ed. (2500)
Thomas M. Hahn Jr.
1995 Ed. (978, 1727)
Thomas M. Ryan
2007 Ed. (1026)
2010 Ed. (899)
2011 Ed. (841)
Thomas M. Siebel
2003 Ed. (957)
2011 Ed. (4840)
Thomas & Mack Center
2001 Ed. (4351)
Thomas Madison Inc.
1999 Ed. (730, 3421, 4812)
2000 Ed. (742, 3145, 4432)
2001 Ed. (713, 4924)
2002 Ed. (717, 4988)
Thomas Marsico
2009 Ed. (1394)
Thomas Mayer
2000 Ed. (2074)
Thomas McLaughlin
2006 Ed. (978)
Thomas McNamara
2000 Ed. (2027)
Thomas Melo Souza

1999 Ed. (2412)
Thomas, Miller & Partners
2010 Ed. (2457)
Thomas, Miller & Partners PLLC
2012 Ed. (205, 211)
Thomas Nelson
1997 Ed. (1255)
2005 Ed. (730)
Thomas Ng
2010 Ed. (4844)
Thomas O. Hicks
1999 Ed. (3980)
Thomas O'Donnell
1998 Ed. (1608)
1999 Ed. (431, 434, 2146, 2149,
2206)
2000 Ed. (2045)
Thomas O'Donohoe
2007 Ed. (2465, 4920)
2008 Ed. (4884)
2010 Ed. (2527)
Thomas of Chiat/Day Advertising; Bob
1994 Ed. (2952)
Thomas O'Leary
1997 Ed. (1801)
Thomas P. Beck
1990 Ed. (2481)
1991 Ed. (2344)
Thomas P. MacMahon
2005 Ed. (1104)
2006 Ed. (930)
2007 Ed. (1202)
2008 Ed. (1108)
2009 Ed. (1086)
Thomas P. Pollock
1991 Ed. (1620)
Thomas Parker
1998 Ed. (1589)
1999 Ed. (2177)
2000 Ed. (1948)
Thomas; Patrick W.
2007 Ed. (2498, 2500)
Thomas & Perkins
2002 Ed. (99)
2003 Ed. (66)
Thomas; Peter
2007 Ed. (4935)
Thomas Pfyl
1999 Ed. (2429)
2000 Ed. (2189)
Thomas Phillips
1992 Ed. (2058)
Thomas Printworks
2016 Ed. (3990)
Thomas Pritzker
2003 Ed. (4885)
2004 Ed. (4869)
2005 Ed. (4854)
Thomas Publishing Co.
1999 Ed. (993, 4750)
Thomas R. Frey
1990 Ed. (2479)
1991 Ed. (2343)
Thomas R. Ricketts
1994 Ed. (1720)
1997 Ed. (981)
Thomas Register of American Manufacturers
2002 Ed. (4804)
Thomas Reprographics Inc.
2009 Ed. (4110)
2010 Ed. (4043)
2011 Ed. (4019)
2012 Ed. (4046)
2013 Ed. (4092)
2014 Ed. (4101)
2015 Ed. (4079)
Thomas Ricca Associates
1990 Ed. (1840)
1991 Ed. (1759)
1992 Ed. (2207)
Thomas; Richard L.
1996 Ed. (1715)
1997 Ed. (1803)
Thomas Ricketts
1993 Ed. (939)
Thomas Rizk
1999 Ed. (1126)
Thomas Russell
1990 Ed. (974)
1991 Ed. (927)
Thomas Ryan
2007 Ed. (1015)
2011 Ed. (822)
Thomas S. Byrne Ltd.
2012 Ed. (2858)
Thomas S. Gulotta
1991 Ed. (2343)
1992 Ed. (2904)
1993 Ed. (2462)

Thomas S. Murphy
1992 Ed. (2051)
1996 Ed. (966)
Thomas Saenz
2011 Ed. (2949)
Thomas Sandell
2010 Ed. (4897)
2011 Ed. (4884)
2012 Ed. (4893)
Thomas Schmidheiny
1992 Ed. (888)
2008 Ed. (4875)
2009 Ed. (4899)
2010 Ed. (4898)
2011 Ed. (4885)
2012 Ed. (4894)
2013 Ed. (4912)
2014 Ed. (4922)
2015 Ed. (4962)
2016 Ed. (4878)
Thomas Schneider
1999 Ed. (2081)
Thomas Shandell
1997 Ed. (1937)
1998 Ed. (1590)
1999 Ed. (2178)
2000 Ed. (1949)
Thomas Sheridan & Sons Ltd.
2003 Ed. (1725)
Thomas Siebel
2002 Ed. (2806, 3351)
2011 Ed. (775)
2012 Ed. (719)
Thomas Sign & Awning Co., Inc.
2006 Ed. (3507)
2008 Ed. (3703, 4378, 4957)
Thomas; Sir Stanley & Peter
2009 Ed. (4922)
2010 Ed. (4926)
Thomas Sobol
1991 Ed. (3212)
Thomas Sowanick
1993 Ed. (1845)
1998 Ed. (1565)
1999 Ed. (2276)
2000 Ed. (1954)
Thomas Sowanik
1997 Ed. (1951)
Thomas Spiegel
1990 Ed. (1712, 1723)
Thomas Staffing
2002 Ed. (4598)
Thomas Staffing Services, Inc.
1999 Ed. (4577)
Thomas Staggs
2006 Ed. (960)
2007 Ed. (1056)
2008 Ed. (967)
2010 Ed. (919)
Thomas; Stanley
2007 Ed. (4935)
Thomas; Stanley & Peter
2005 Ed. (4896)
Thomas Straumann
2012 Ed. (4894)
2013 Ed. (4912)
Thomas Taber & Drazen
2009 Ed. (131)
2010 Ed. (131, 132)
Thomas & the Big, Big Bridge
2008 Ed. (548)
Thomas Thornhill III
1995 Ed. (1817)
1996 Ed. (1802)
1997 Ed. (1875)
1998 Ed. (1671)
Thomas Toast R Cakes
1996 Ed. (357)
Thomas Toast'r Cakes
1998 Ed. (262)
Thomas Vann
2009 Ed. (385)
Thomas W. Hayes
1993 Ed. (3444)
1995 Ed. (3504)
Thomas W. Horton
2016 Ed. (867)
Thomas W. Ruff & Co.
1998 Ed. (2706)
Thomas W. Schini
1992 Ed. (533, 1140)
Thomas W. Toomey
2013 Ed. (986)
Thomas Walsh
1999 Ed. (2162)
2000 Ed. (1932)
Thomas Watts
2000 Ed. (2044)
Thomas Weisel Partners
2003 Ed. (1396)

Thomas White International
2006 Ed. (3190)
2009 Ed. (3807)
Thomas Wolzien
1996 Ed. (1783, 1805)
1997 Ed. (1859)
ThomasNet
2010 Ed. (786)
2011 Ed. (713)
2012 Ed. (658)
Thomason Ford Inc.; Dee
1995 Ed. (267)
Thomason Subaru
1993 Ed. (286)
1994 Ed. (284)
1995 Ed. (285)
Thomason Toyota Inc.
1994 Ed. (286)
ThomasRegional.com
2003 Ed. (811)
Thomaston Mills
1995 Ed. (3600)
Thomasville
1992 Ed. (2244)
1994 Ed. (1933, 1937)
1995 Ed. (1951)
1996 Ed. (1987)
1997 Ed. (2098, 2100)
2003 Ed. (2591)
2005 Ed. (2702)
2007 Ed. (2666)
2009 Ed. (2855)
2011 Ed. (2781)
Thomasville Bancshares
2003 Ed. (510)
Thomasville Home Furnishings
2002 Ed. (2584, 2585)
Thomasville Home Furnishings Stores
1999 Ed. (2563)
2013 Ed. (2791)
2014 Ed. (2826)
2015 Ed. (2867)
2016 Ed. (2799)
Thomasville-Lexington, NC
2012 Ed. (3497)
Thompson AIFE-MFP
1992 Ed. (142)
1993 Ed. (94)
1995 Ed. (66)
1996 Ed. (80)
1997 Ed. (80)
1999 Ed. (81)
2001 Ed. (130)
2002 Ed. (100)
2003 Ed. (67)
Thompson Bldg. Mat.
1990 Ed. (841)
Thompson Chicago; J. Walter
1995 Ed. (56)
Thompson Chilena; J. Walter
1989 Ed. (93)
1990 Ed. (88)
1991 Ed. (86)
1992 Ed. (134)
1993 Ed. (87)
1994 Ed. (77)
1996 Ed. (70)
Thompson Coburn LLP
2007 Ed. (1504)
Thompson Co.; Adforce-J. Walter
1991 Ed. (109)
Thompson Co. Argentina; J. Walter
1989 Ed. (82)
1990 Ed. (76)
1991 Ed. (73)
1992 Ed. (119)
1993 Ed. (79)
1994 Ed. (69)
1996 Ed. (61)
1997 Ed. (58)
Thompson Co. Australia; J. Walter
1994 Ed. (70)
1996 Ed. (62)
1997 Ed. (60)
Thompson Co. Chile; J. Walter
1997 Ed. (71)
Thompson Co. China; J. Walter
1994 Ed. (78)
1996 Ed. (71)
1997 Ed. (72)
Thompson Co. de Mexico; J. Walter
1989 Ed. (134)
1990 Ed. (127)
1991 Ed. (126)
1992 Ed. (179)
1993 Ed. (119)
1994 Ed. (101)
1996 Ed. (114)
1997 Ed. (117)
Thompson Co. Italiana; J. Walter

1992 Ed. (168)
1997 Ed. (106)
Thompson Co.; J. Walter
  1989 Ed. (63, 64, 66, 69, 74, 91, 108, 109, 114, 118, 152, 156, 168)
  1990 Ed. (58, 59, 60, 61, 62, 63, 64, 66, 68, 69, 72, 85, 86, 105, 109, 112, 148, 151, 156)
  1991 Ed. (83, 84)
  1992 Ed. (101, 102, 105, 106, 107, 109, 111, 113, 114, 115, 116, 118, 122, 131, 147, 151, 152, 153, 157, 162, 165, 175, 178, 180, 190, 195, 205, 209, 213, 214)
  1993 Ed. (59, 62, 64, 66, 68, 69, 70, 71, 72, 75, 76, 78, 85, 86, 93, 97, 100, 101, 102, 105, 111, 117, 118, 128, 136, 137, 140, 141, 142)
  1994 Ed. (75, 123)
  1995 Ed. (25, 26, 27, 28, 29, 30, 32, 34, 37, 38, 39, 40, 41, 42, 44, 55, 99)
  1996 Ed. (59, 100)
  1997 Ed. (37, 38, 39, 40, 42, 44, 46, 47, 48, 49, 50, 53, 54, 59, 81, 85, 90, 92, 96, 102, 118, 132, 139, 141, 147, 152)
Thompson Co. Korea; J. Walter
  1993 Ed. (116)
  1994 Ed. (99)
Thompson Co. Parintex; J. Walter
  1996 Ed. (129)
  1997 Ed. (133)
Thompson Co.; Partner-J. Walter
  1990 Ed. (81)
Thompson Co. Peruana; J. Walter
  1989 Ed. (150)
  1990 Ed. (141)
  1991 Ed. (141)
  1992 Ed. (196)
  1996 Ed. (127)
  1997 Ed. (131)
Thompson Co. Publicidade; J. Walter
  1989 Ed. (89, 153)
  1990 Ed. (83, 144)
  1991 Ed. (80, 144)
  1992 Ed. (200)
  1993 Ed. (84, 130)
  1994 Ed. (73, 111)
  1996 Ed. (130)
  1997 Ed. (67, 134)
Thompson Co. Taiwan; J. Walter
  1991 Ed. (155)
  1994 Ed. (121)
  1996 Ed. (145)
  1997 Ed. (151)
Thompson Co. USA; J. Walter
  1990 Ed. (94)
  1991 Ed. (85, 92)
  1992 Ed. (133, 141)
  1994 Ed. (68, 76, 83)
  1995 Ed. (65)
  1996 Ed. (79)
  1997 Ed. (56, 79)
Thompson Co. West; J. Walter
  1989 Ed. (173, 174)
  1990 Ed. (162)
  1991 Ed. (161)
  1992 Ed. (220)
  1994 Ed. (126)
  1995 Ed. (138)
  1996 Ed. (152)
  1997 Ed. (159)
Thompson Contracting Inc.
  2010 Ed. (1301)
Thompson Corp.
  1989 Ed. (1020)
  1995 Ed. (2444)
  1996 Ed. (2486)
  1997 Ed. (2629)
  1999 Ed. (3309)
Thompson Creek Metals
  2014 Ed. (3656)
Thompson Creek Metals Co.
  2008 Ed. (1404)
  2009 Ed. (1556, 1560, 4562)
  2010 Ed. (1547)
  2011 Ed. (1551, 3667)
  2013 Ed. (4511)
Thompson Creek Window Co.
  2013 Ed. (3005, 3115)
  2014 Ed. (3114)
  2016 Ed. (1098, 3031)
Thompson de Venezuela; J. Walter
  1989 Ed. (172)
  1990 Ed. (161)
  1991 Ed. (160)
  1992 Ed. (219)
  1993 Ed. (145)
  1994 Ed. (125)

Thompson Detroit; J. Walter
  1996 Ed. (115)
Thompson; Don
  2011 Ed. (103)
Thompson Dunavant plc
  2008 Ed. (2103)
Thompson Engineering Inc.
  2010 Ed. (2439, 2456)
Thompson; G. Kennedy
  2005 Ed. (1104)
  2006 Ed. (1099)
  2007 Ed. (1016, 1202)
  2008 Ed. (1108)
  2009 Ed. (1086)
Thompson; George
  1994 Ed. (1764, 1831)
Thompson Gray
  2016 Ed. (1210)
Thompson Group
  1995 Ed. (1546)
Thompson Hine
  2012 Ed. (3400)
  2014 Ed. (3448)
Thompson Hine LLP
  2007 Ed. (1506)
Thompson Hospitality
  2002 Ed. (710, 715)
  2004 Ed. (169)
  2005 Ed. (172, 173)
  2006 Ed. (185, 190, 3545, 4383)
  2007 Ed. (191, 3608)
  2008 Ed. (174, 179, 3737)
  2009 Ed. (193)
  2010 Ed. (172)
  2011 Ed. (96)
  2012 Ed. (103)
  2013 Ed. (2758)
  2014 Ed. (2742)
  2015 Ed. (2794)
  2016 Ed. (2724)
Thompson Hospitality Corp.
  2013 Ed. (78, 86)
  2015 Ed. (103, 109)
  2016 Ed. (110, 117, 3606)
Thompson Hospitality LP
  1995 Ed. (672)
  1996 Ed. (746)
  1998 Ed. (469)
Thompson Interior Savings Credit Union
  2005 Ed. (2585)
  2006 Ed. (2588)
Thompson International; J. Walter
  1997 Ed. (125)
Thompson International NZ; J. Walter
  1996 Ed. (120)
Thompson Italia; J. Walter
  1989 Ed. (124)
  1990 Ed. (118)
  1991 Ed. (116)
  1993 Ed. (114)
  1994 Ed. (97)
  1996 Ed. (104)
Thompson; James R.
  1992 Ed. (2344, 2345)
Thompson; John
  2005 Ed. (2318)
  2007 Ed. (1008)
Thompson; John & Jere
  1990 Ed. (1905)
  1991 Ed. (1823)
  1992 Ed. (2299)
  1993 Ed. (1956)
  1995 Ed. (2004)
Thompson; John W.
  2006 Ed. (918, 935)
  2007 Ed. (1035)
  2010 Ed. (179)
Thompson, Jr.; James R.
  1991 Ed. (1857)
Thompson; Ken
  2005 Ed. (2469)
  2007 Ed. (384)
Thompson Kenya Nairobi
  2001 Ed. (157)
  2002 Ed. (130)
  2003 Ed. (97)
Thompson & Knight
  1990 Ed. (2418)
  1991 Ed. (2284)
  1992 Ed. (2833)
  1993 Ed. (2396)
  2009 Ed. (3492)
  2010 Ed. (3422)
Thompson & Knight LLP
  2007 Ed. (3312)
  2012 Ed. (3413)
Thompson Lanka

1989 Ed. (163)
1990 Ed. (152)
1991 Ed. (152)
1992 Ed. (210)
1995 Ed. (128)
1997 Ed. (148)
1999 Ed. (157)
2000 Ed. (175)
2001 Ed. (214)
2002 Ed. (187)
2003 Ed. (151)
Thompson-McCully Cos.
  2002 Ed. (1418)
Thompson Medical
  1990 Ed. (878)
  1997 Ed. (2066)
Thompson New Zealand; J. Walter
  1991 Ed. (133)
  1993 Ed. (123)
Thompson Oldsmobile; Jack
  1995 Ed. (282)
  1996 Ed. (282)
Thompson Paraguay; J. Walter
  1996 Ed. (126)
Thompson PBE
  1997 Ed. (3358)
Thompson Plum Balanced
  2003 Ed. (3486)
Thompson Plumb Balanced
  2003 Ed. (3483, 3520)
  2004 Ed. (2448, 3547)
Thompson Plumb Balanced Fund
  2004 Ed. (3540)
Thompson Plumb Bond
  2008 Ed. (604)
  2009 Ed. (623)
  2011 Ed. (519)
Thompson Plumb Growth
  2003 Ed. (3489)
  2004 Ed. (2450, 3534, 3536, 3537)
  2005 Ed. (4480)
  2006 Ed. (3621, 3622, 3623, 4556)
  2007 Ed. (2484)
Thompson Plumb Growth Fund
  2003 Ed. (3532)
  2005 Ed. (3551)
  2006 Ed. (3605)
Thompson Publicadade; J. Walter
  1996 Ed. (68)
Thompson S.A.; J. Walter
  1989 Ed. (162)
  1996 Ed. (141)
Thompson Singapore; J. Walter
  1991 Ed. (147)
  1992 Ed. (204)
  1993 Ed. (135)
  1996 Ed. (135)
Thompson South Africa; J. Walter
  1989 Ed. (157)
  1991 Ed. (148)
Thompson; Tommy G.
  1991 Ed. (1857)
Thompson Toyota Inc.
  1992 Ed. (402)
  1993 Ed. (287)
  1994 Ed. (286)
Thompson, Unger & Plumb
  1992 Ed. (3160)
Thompson USA/Backer Spielvogel Bates; J. Walter
  1990 Ed. (13)
Thompson, Ventulett, Stainback & Associates
  1992 Ed. (353)
  1993 Ed. (244)
  1994 Ed. (233)
  1995 Ed. (235)
  1996 Ed. (232)
  1999 Ed. (284)
  2000 Ed. (310)
  2004 Ed. (2350)
  2008 Ed. (2517)
Thoms; Allen
  1993 Ed. (3445)
Thomsen; Linda Chatman
  2006 Ed. (4973)
Thomson and family; Kenneth
  2005 Ed. (4875)
Thomson Commodity Part. II
  1999 Ed. (1250)
Thomson & Co. Ltd.; D. C.
  1991 Ed. (958)
  1994 Ed. (991, 992, 993)
Thomson & Co. Ltd.; D.C.
  1992 Ed. (1202)
Thomson & Company Ltd.; D.C.
  1990 Ed. (1032, 1033)
Thomson Co. Paraguay; J. Walter
  1997 Ed. (130)
Thomson Consumer Electronics

1992 Ed. (2434)
1995 Ed. (3730)
Thomson Corp.
  1989 Ed. (2806)
  1991 Ed. (1016, 2388, 2788)
  1992 Ed. (1617, 1619, 1928)
  1993 Ed. (829, 1032, 1314, 1581, 2488, 3667, 3695)
  1994 Ed. (18, 1339, 2545, 2983, 3554)
  1995 Ed. (885, 1075, 3702)
  1996 Ed. (1309, 1310, 1311, 2579, 2673, 3144)
  1997 Ed. (880, 1072, 1235, 1370, 1371, 1372, 1373, 2724, 2805, 2942, 3844)
  1998 Ed. (608, 812, 1015, 1244, 1251, 1952, 2679, 2780, 3672)
  1999 Ed. (1009, 1242, 1448, 1592, 1593, 2693, 3308, 3311, 3430, 3743, 4714)
  2000 Ed. (963, 1151, 1400, 1401, 2479, 3154, 3463, 4265, 4347)
  2001 Ed. (1663, 1664, 1665, 3709, 3953)
  2002 Ed. (1462, 1487, 1605, 1606, 1609, 3269, 3282, 3885)
  2003 Ed. (1078, 1483, 1521, 1629, 1635, 1636)
  2004 Ed. (1513, 1666, 1668, 1670, 3413, 4040)
  2005 Ed. (1529, 1555, 1710, 1720, 1725, 1747, 3979, 3980)
  2006 Ed. (1421, 1424, 1600, 1612, 1616, 1618, 4019, 4491)
  2007 Ed. (734, 1627, 1629, 1639, 1641, 1712, 1715, 3456, 4049, 4365)
  2008 Ed. (1627, 1629, 1697, 1741, 1744, 4085, 4086, 4321)
  2009 Ed. (1621, 3693, 4199, 4200, 4424)
  2010 Ed. (1597, 4134, 4135)
Thomson Corporation
  1992 Ed. (3591)
Thomson Corp. (Australia)
  2004 Ed. (3938)
Thomson Corp. PLC
  1994 Ed. (2933)
Thomson-CSF
  1989 Ed. (200, 1338, 1340)
  1990 Ed. (1637, 1638)
  1991 Ed. (1404, 1407, 2372)
  1992 Ed. (2955)
  1993 Ed. (1468)
  1994 Ed. (1514)
  1996 Ed. (1521, 2559)
  1997 Ed. (2405)
  1999 Ed. (192, 1821)
  2000 Ed. (1646, 1651)
  2001 Ed. (270, 542)
  2002 Ed. (242, 1911, 2096, 2099)
Thomson; David
  2008 Ed. (4856, 4878, 4882)
  2009 Ed. (4882)
  2010 Ed. (4883, 4902)
  2011 Ed. (4871, 4899)
  2012 Ed. (4854, 4879)
  2013 Ed. (4851, 4861)
  2014 Ed. (4875)
  2015 Ed. (4913)
  2016 Ed. (4829)
Thomson Delaware Inc.
  2001 Ed. (3886)
Thomson Dialog
  2004 Ed. (2211)
Thomson-Elettronica
  1998 Ed. (2502)
Thomson Equity Income A
  1995 Ed. (2720)
Thomson Equity-Income B
  1995 Ed. (2720)
  1996 Ed. (2802)
Thomson family
  2008 Ed. (4855, 4900)
  2009 Ed. (4881, 4919)
  2010 Ed. (4882, 4923)
  2011 Ed. (4870)
  2012 Ed. (4878, 4923)
  2013 Ed. (4860, 4905)
  2014 Ed. (4874)
  2015 Ed. (4912)
  2016 Ed. (4828)
Thomson Financial
  2006 Ed. (1427)
Thomson (GE/RCA)
  1990 Ed. (890, 1098, 1367, 1944, 3674)
  1991 Ed. (1008, 3447)
  1992 Ed. (1036, 4395)

Thomson Group
1989 Ed. (26)
1990 Ed. (25)
1991 Ed. (20)
1992 Ed. (74)
1993 Ed. (26, 48)
1996 Ed. (30, 1522)
1997 Ed. (1582)
1998 Ed. (1250)
1999 Ed. (1822, 3312)
Thomson Holidays Ltd.
2001 Ed. (4623)
2002 Ed. (4675)
2004 Ed. (4798)
Thomson Horstmann
2004 Ed. (3196)
Thomson I-Watch
2002 Ed. (4839)
Thomson Investors Network
2002 Ed. (4861)
Thomson; Kenneth
2005 Ed. (4870, 4876, 4881)
2006 Ed. (4923, 4925)
2007 Ed. (4910, 4913, 4916)
Thomson; Kenneth R.
1989 Ed. (732)
1997 Ed. (673, 3871)
Thomson; Kenneth Roy
1990 Ed. (730)
1991 Ed. (709, 710, 1617, 3477)
1993 Ed. (698, 699)
Thomson; Le Groupe
1989 Ed. (1289)
Thomson Legal & Regulatory Inc.
2007 Ed. (1882)
2011 Ed. (1856)
2012 Ed. (1711)
2013 Ed. (1868)
2014 Ed. (1800)
2015 Ed. (1841, 4151)
Thomson Licensing Corp.
2004 Ed. (1695, 4041)
Thomson McKinnon
1989 Ed. (1754, 1859)
1990 Ed. (791, 2291, 2293)
Thomson McKinnon Securities
1990 Ed. (784, 786, 3153)
Thomson Medical Centre
2011 Ed. (2029)
Thomson MultiMedia Inc.
2003 Ed. (2232)
Thomson Multimedia SA
2002 Ed. (1109, 1131, 2096, 4754)
2003 Ed. (2207, 4584)
2004 Ed. (2253)
2005 Ed. (2865)
Thomson Newspapers
1989 Ed. (965, 1933)
1990 Ed. (1107, 2689)
Thomson North Sea Ltd.
1990 Ed. (1412)
Thomson Opportunity
1992 Ed. (3189)
1993 Ed. (2647)
Thomson Opportunity A
1993 Ed. (2679)
1994 Ed. (2625)
1995 Ed. (2703)
Thomson Opportunity B
1994 Ed. (2602, 2633)
1995 Ed. (2696)
Thomson & Portland
2000 Ed. (35, 3396)
Thomson Precious Metal B
1993 Ed. (2681)
Thomson Precious Metals A
1995 Ed. (2721)
Thomson Prometric
2006 Ed. (4296)
Thomson Reuters
2013 Ed. (3665, 3667, 3668)
2014 Ed. (660, 809, 2566, 3026,
3601)
2015 Ed. (698, 855, 3613, 3614,
4152, 4155)
2016 Ed. (641, 3497, 4067, 4069)
Thomson Reuters Corp.
2009 Ed. (1555, 1557)
2010 Ed. (1557, 1559, 1957, 2700,
3607, 3609, 3610, 4588)
2011 Ed. (561, 1408, 1558, 2526,
2687, 3611, 3612, 3613, 4134,
4135, 4139, 4404)
2012 Ed. (1239, 1403, 1578, 2615,
2934, 3607, 4165, 4166, 4170)
2013 Ed. (822, 1350, 1517, 1638,
2710, 3023, 3669, 4155, 4156,
4160)
2014 Ed. (1286, 1462, 2693, 3602,
4170, 4177)

2015 Ed. (2739, 3615, 4150, 4158)
2016 Ed. (1493, 2662, 3488, 4065,
4072)
Thomson Reuters (Legal) Inc.
2016 Ed. (1804)
Thomson SA
1989 Ed. (1118)
1990 Ed. (1366)
1991 Ed. (2372)
1992 Ed. (2955)
1994 Ed. (1215, 2423)
1995 Ed. (2495)
1996 Ed. (3404)
2006 Ed. (1421)
Thomson Safaris
2015 Ed. (4770)
Thomson-Shore Inc.
2000 Ed. (3609)
2001 Ed. (3891)
Thomson Tour Operators Ltd.
2002 Ed. (54)
Thomson Travel Group
2002 Ed. (4420)
Thomson Travel Group (Holdings) Ltd.
2001 Ed. (4623)
Thomson Travel Group plc
2000 Ed. (3893)
2001 Ed. (4623)
2002 Ed. (4675)
Thomson West
2008 Ed. (1933)
2009 Ed. (1891, 3117)
Thomson/RCA
2002 Ed. (2577)
Thomson/RCA Multimedia
2001 Ed. (2731)
Thomsons Online Benefits
2015 Ed. (2097)
2016 Ed. (2074)
Thon; Olav
2008 Ed. (4871)
2009 Ed. (4893)
2010 Ed. (4893)
2011 Ed. (4882)
2012 Ed. (4891)
2013 Ed. (4895)
2014 Ed. (4907)
Thongma Vijitpongpun
2012 Ed. (4870)
2014 Ed. (4925)
2015 Ed. (4965)
2016 Ed. (4882)
Thongthan; Wichai
2014 Ed. (4925)
Thonrburg International Value
2011 Ed. (3737)
Thor
2013 Ed. (3770, 3771, 3772)
Thor
1994 Ed. (2922, 2923)
1996 Ed. (3172, 3173)
1998 Ed. (3027, 3028, 3029)
Thor Bjorgolfsson
2007 Ed. (4934)
2008 Ed. (4901, 4908)
Thor Construction Inc.
2005 Ed. (173)
2008 Ed. (175)
2010 Ed. (173)
2011 Ed. (97)
2015 Ed. (104)
2016 Ed. (3597)
Thor Eaton
1997 Ed. (3871)
Thor Industries Inc.
1997 Ed. (3275)
1999 Ed. (4018)
2004 Ed. (278, 280, 340, 4544)
2005 Ed. (284, 286, 287, 339, 340)
2006 Ed. (304, 307, 309, 3579, 4057)
2007 Ed. (306, 2972, 4108)
2008 Ed. (294, 3097)
2009 Ed. (3189)
2012 Ed. (227)
2013 Ed. (222)
2015 Ed. (260)
2016 Ed. (253, 1664)
Thor: The Dark World
2015 Ed. (3718)
Thoratec
2014 Ed. (3604)
Thoratec Corp.
2005 Ed. (1678, 1679)
2010 Ed. (4589)
2012 Ed. (2769, 2799)
2013 Ed. (2867)
Thorens
2016 Ed. (240)
Thoresen Foundation
1994 Ed. (1058, 1900)

Thoresen Thai Agencies
1997 Ed. (3511)
2007 Ed. (1582)
2008 Ed. (2117)
Thorlakson; Allan
2005 Ed. (4867)
Thorleif Larsen & Co. Inc.
1993 Ed. (1137)
Thorleif Larsen & Son Inc.
1994 Ed. (1144)
1995 Ed. (1162)
1996 Ed. (1147)
1997 Ed. (1166)
1998 Ed. (950)
1999 Ed. (1371)
Thormodsgard; Diane
2009 Ed. (4967)
2011 Ed. (4973)
Thorn Americas
1998 Ed. (1790)
1999 Ed. (2550)
Thorn Apple Valley Inc.
1989 Ed. (1057, 1937)
1990 Ed. (2527)
1991 Ed. (1224, 1746)
1992 Ed. (1532)
1993 Ed. (1216, 3466)
1994 Ed. (1267, 1866, 1871, 1873,
1874, 2452, 2453, 2456, 2458,
2904, 2905, 2906, 2907, 3443)
1995 Ed. (1890, 1897, 2522, 2523,
2524, 2527, 2963, 2965, 2966,
2968)
1996 Ed. (1933, 1941, 2590, 3062)
1997 Ed. (2030, 3134)
1998 Ed. (2455)
1999 Ed. (3865, 3866)
2000 Ed. (3058, 3583, 3853)
Thorn Apple Valley, Smart Select
2001 Ed. (3182)
THORN Automated Systems Inc.
1992 Ed. (3826)
1993 Ed. (3115)
1995 Ed. (3212)
Thorn Emi
1989 Ed. (1626, 2228)
1990 Ed. (1139, 2861)
1994 Ed. (1671, 3247)
1997 Ed. (2726)
Thorn EMI PLC
1989 Ed. (1599)
1990 Ed. (2034)
1991 Ed. (1142, 2372)
1992 Ed. (1773, 3942)
1993 Ed. (3253)
Thorn Hill Printing
2012 Ed. (4019)
2013 Ed. (4079)
2014 Ed. (4080, 4089)
2016 Ed. (3972, 3998)
Thornburg Core Growth
2007 Ed. (4547)
Thornburg Global Value
2003 Ed. (3612)
Thornburg Income Intermediate Municipal A
1998 Ed. (2643)
Thornburg Income Limited Income A
1998 Ed. (2594, 2641)
Thornburg Intermediate Municipal A
1996 Ed. (2812)
Thornburg Intermediate Municipal National
1996 Ed. (2785)
Thornburg International Value
2006 Ed. (3675, 4566)
Thornburg Limited Income A
1999 Ed. (746)
Thornburg Limited-Term U.S. Government A
1996 Ed. (2810)
Thornburg Mortgage Inc.
2005 Ed. (3303)
2006 Ed. (4043, 4045)
2007 Ed. (4086)
2008 Ed. (4122)
2009 Ed. (4566, 4567)
2011 Ed. (270, 271, 272)
2012 Ed. (293, 295)
2013 Ed. (295, 297)
2014 Ed. (312)
2015 Ed. (347, 349)
2016 Ed. (344)
Thornburg Value
2002 Ed. (3416)
2003 Ed. (3488, 3489)
2005 Ed. (3581)
2006 Ed. (3684)
2008 Ed. (598)
Thorne; C. F.

2005 Ed. (2498)
Thorne Electric
1997 Ed. (2017)
1998 Ed. (1700)
1999 Ed. (2448)
2000 Ed. (2203)
2002 Ed. (2287)
Thorne Ernst & Whinney
1989 Ed. (6, 7)
Thorne Ernst & Whinney 5 Thorough-
ness and follow-through
1990 Ed. (3089)
Thornhill III; Thomas
1995 Ed. (1817)
1996 Ed. (1802)
1997 Ed. (1875)
Thornley; Anthony S.
2005 Ed. (2476, 2512)
2006 Ed. (2524)
Thornley; Evan
2005 Ed. (4862)
2006 Ed. (4922)
Thornton; Cornelius
1996 Ed. (1816)
1997 Ed. (1890)
Thornton; Cornelius (Perk)
1993 Ed. (1817)
1994 Ed. (1800)
1995 Ed. (1838)
Thornton; Felicia
2007 Ed. (3617)
Thornton; Grant
1992 Ed. (13)
1993 Ed. (4, 5, 6, 7, 8, 12)
1994 Ed. (1, 2, 3, 6)
1995 Ed. (4, 5, 6, 9, 10, 11, 12)
1996 Ed. (13, 14, 20)
1997 Ed. (8, 9, 17, 21, 22)
Thornton International; Grant
1996 Ed. (6, 11, 12)
1997 Ed. (6, 7, 16)
Thornton Jr.; Robert
2010 Ed. (3623)
Thornton Little Dragons Inc.
1996 Ed. (2815)
Thornton LLP; Grant
1996 Ed. (10)
Thornton Management Asia
1992 Ed. (2792, 2795)
Thornton New Tiger Malaysia
1996 Ed. (2817, 2818)
Thornton New Tiger Sri Lanka
1997 Ed. (2908)
Thornton Oliver Keller
2010 Ed. (1683)
Thornton Tomasetti
2012 Ed. (2383)
2014 Ed. (2525)
2015 Ed. (2597)
2016 Ed. (2520)
The Thornton-Tomasetti Group Inc.
2004 Ed. (2376)
2005 Ed. (2437)
2006 Ed. (2477)
2007 Ed. (2410, 2443)
2008 Ed. (2537, 2570)
2009 Ed. (2578)
2010 Ed. (2494)
2011 Ed. (2502)
Thorntons
2005 Ed. (4568)
2008 Ed. (714)
2009 Ed. (724, 4145)
2010 Ed. (648, 4077)
Thoroughbred Music
1993 Ed. (2643)
1994 Ed. (2596)
1999 Ed. (3500)
2000 Ed. (3218)
2001 Ed. (3415)
Thoroughly Modern Millie
2004 Ed. (4717)
Thorp & Co.
1999 Ed. (3932)
2002 Ed. (3819)
2003 Ed. (4002)
2004 Ed. (4009)
2005 Ed. (3963)
Thorp Reed & Armstrong LLP
2007 Ed. (1509)
Thor's Hammer Vodka
2004 Ed. (4850)
Thorsell, Parker
1995 Ed. (2360)
Thorson Buick-GMC Truck
1994 Ed. (263)
Thorson; Robert A.
2009 Ed. (386)
Thortec
1990 Ed. (2684)

Thortec International
1991 Ed. (2591)
Thos. S. Byrne Ltd.
2005 Ed. (1977)
2006 Ed. (2046)
2007 Ed. (2016)
2008 Ed. (2113, 2961)
2009 Ed. (2097, 3040)
2010 Ed. (2965)
2011 Ed. (2926)
2012 Ed. (2860)
2013 Ed. (2929)
2014 Ed. (2946)
2015 Ed. (2994, 3021)
2016 Ed. (3604)
Thought World
2015 Ed. (1449)
ThoughtWire
2016 Ed. (2905)
ThoughtWorks Studios
2012 Ed. (971)
A Thousand Barrels a Second: The Coming Oil Break Point & the Challenges Facing an Energy Dependent World
2008 Ed. (614)
Thousand Oaks, CA
1991 Ed. (938, 2004)
1992 Ed. (2578)
1993 Ed. (2143)
1995 Ed. (2216)
1996 Ed. (2225)
1999 Ed. (1176)
Thousand Oaks, Westlake Village, CA
1996 Ed. (1602)
A Thousand Points of Knowledge
2003 Ed. (2126)
2004 Ed. (2174)
A Thousand Splendid Suns
2009 Ed. (581, 642)
2010 Ed. (610)
Thousands of Videos
1996 Ed. (3786)
THQ
1997 Ed. (2715, 3649)
1999 Ed. (2617, 4324)
2001 Ed. (1577)
2003 Ed. (2603)
THQ Inc.
2013 Ed. (1099)
THR Enterprises Inc.
2005 Ed. (1994)
2006 Ed. (2094)
Threadless.com
2013 Ed. (2470)
Threadneedle Emerging Markets
2011 Ed. (3722)
Threads 4 Life Corp.
1994 Ed. (714)
1995 Ed. (671, 2590)
Threat Vector
2014 Ed. (577)
Three Barrels Brandy
2008 Ed. (246)
2009 Ed. (269)
Three Bears Alaska Inc.
2014 Ed. (1349)
2015 Ed. (1426)
2016 Ed. (1349)
Three Billion New Capitalists
2007 Ed. (652)
Three Cups of Tea
2010 Ed. (566, 612)
2011 Ed. (496, 544)
2012 Ed. (524)
Three D
1990 Ed. (2115)
Three-D Bed & Bath
1994 Ed. (2139)
Three Diamonds
1994 Ed. (3607)
Three Dog Logistics
2012 Ed. (3505, 4027, 4043)
Three Executive Campus
1998 Ed. (2696)
Three-Five Systems Inc.
1995 Ed. (203, 206)
1997 Ed. (2936)
2003 Ed. (2946)
2006 Ed. (1227)
Three Fodl Consultants LLC
2008 Ed. (3712, 4398, 4964)
Three Gorges Bank
2010 Ed. (438)
Three Gorges Dam
1996 Ed. (2262)
Three J's Construction
2004 Ed. (1183)
Three Junes
2005 Ed. (728)

Three Men and a Baby
1993 Ed. (3536)
Three Musketeers
1990 Ed. (895)
1993 Ed. (833)
1994 Ed. (846)
1997 Ed. (890, 891, 895, 983)
1998 Ed. (617, 618, 619, 620, 623, 630, 631)
1999 Ed. (1016, 1025, 1130, 1131)
2000 Ed. (1055, 1056, 1058)
2001 Ed. (1113)
2002 Ed. (1048, 1049)
2005 Ed. (996)
2016 Ed. (876, 877)
Three Olives
2004 Ed. (4851)
Three Pillar Global
2012 Ed. (636)
Three Quays Underwriting Management Ltd.
1992 Ed. (2895, 2897, 2900)
1993 Ed. (2453, 2455)
Three Quays Underwriting Management Ltd.; 190,
1991 Ed. (2338)
Three Quays Underwriting Management Ltd.; Non-marine 190,
1991 Ed. (2336)
Three-ring Portfolio, 2-pocket
1989 Ed. (2324, 2632, 2633)
1990 Ed. (3431)
Three Rivers Credit Union
2002 Ed. (1831, 1864)
2003 Ed. (1892, 1918)
2004 Ed. (1930, 1958)
2005 Ed. (2070, 2100)
2006 Ed. (2195)
2007 Ed. (2116)
2008 Ed. (2231)
2009 Ed. (2216)
2010 Ed. (2170)
2011 Ed. (2188)
2012 Ed. (2048)
2013 Ed. (2230)
2014 Ed. (2162)
Three Rivers Optical
2007 Ed. (3750, 3751)
Three Rivers Press
2007 Ed. (670)
2008 Ed. (629)
2010 Ed. (617)
2011 Ed. (549)
Three Simple Steps
2014 Ed. (639)
Three Sisters
2003 Ed. (4715)
Three Springs Scientific Inc.
2005 Ed. (1372)
Three Star Trucking Co.
2009 Ed. (3047)
2010 Ed. (2971)
2011 Ed. (2934)
2013 Ed. (2939)
2014 Ed. (2959)
2015 Ed. (2990, 3027)
Three Star Trucking Co., Inc.
2015 Ed. (3011)
Three Stooges
1990 Ed. (886)
The Three Tenors
1999 Ed. (1293)
2001 Ed. (1382)
Three Tenors in Concert
1994 Ed. (3630)
Three Tomatoes Catering
2007 Ed. (4987)
Three-Way Chevrolet
2005 Ed. (319)
Three Wishes
2007 Ed. (681)
ThreeBridge Solutions
2016 Ed. (1802)
Threewave Software Inc.
2010 Ed. (1513)
Threshold Pharmaceuticals Inc.
2008 Ed. (4530)
Threshold Technology
1997 Ed. (2202)
Thrift
1990 Ed. (1552)
1992 Ed. (1853, 1854)
1995 Ed. (1614)
1996 Ed. (1589, 1590, 1591, 1592)
Thrift Drug
1995 Ed. (1612)
1997 Ed. (1670, 1671, 1672, 1673, 1676, 1677, 1678)
1998 Ed. (1363, 1364, 1365, 1366)
1999 Ed. (1931)

Thrift Supervision; Office of
1992 Ed. (28)
Thrifts
2008 Ed. (1643)
Thriftway Drug Stores
1999 Ed. (1929)
2002 Ed. (2035)
Thrifty
1989 Ed. (1266, 1267, 1268)
1990 Ed. (382, 383, 384, 1552, 1555, 2621)
1991 Ed. (1439, 3164, 3168)
1992 Ed. (4047)
1993 Ed. (338, 1527, 1528)
1994 Ed. (3372)
1995 Ed. (322)
1996 Ed. (332, 333, 334, 335)
1997 Ed. (312, 313, 314)
1998 Ed. (235, 236, 238)
1999 Ed. (342, 343, 344)
2000 Ed. (351, 352, 353)
Thrifty Car Rental
1991 Ed. (333, 334)
Thrifty Car Sales Inc.
2004 Ed. (309, 913)
2005 Ed. (305)
Thrifty Drug
1991 Ed. (1459, 1460, 1462)
1992 Ed. (1859)
1994 Ed. (1570, 1571)
Thrifty Foods
2007 Ed. (2614)
2008 Ed. (1584, 2744)
2009 Ed. (2798)
2010 Ed. (2730)
Thrifty Inn
1999 Ed. (2774)
2000 Ed. (2551)
Thrifty Oil Co.
1990 Ed. (1023)
1998 Ed. (755)
Thrifty Payless
1996 Ed. (1434, 1585, 1589, 1590, 1592)
1997 Ed. (1496, 1670, 1671, 1672, 1673, 1676, 1677, 1678, 2026)
1998 Ed. (1185, 1363, 1364, 1365, 1366)
1999 Ed. (1931)
Thrifty Rent-A-Car System Inc.
2002 Ed. (363)
2003 Ed. (334, 336)
2004 Ed. (311)
2005 Ed. (307)
2006 Ed. (327)
2007 Ed. (319)
2008 Ed. (307)
2009 Ed. (328)
2010 Ed. (309)
2011 Ed. (231, 232)
2012 Ed. (249)
Thrify Car Rental
1992 Ed. (464)
Thriller, Michael Jackson
1990 Ed. (2862)
Thrillist Media Group
2014 Ed. (3595)
Thrillist.com
2012 Ed. (3597)
2013 Ed. (3657)
The Thrills
2011 Ed. (1067)
Thrive
1989 Ed. (2199)
1990 Ed. (2815)
Thrivent Financial
2012 Ed. (2485)
2013 Ed. (2634, 2635)
Thrivent Financial for Lutherans
2004 Ed. (1892, 3112)
2005 Ed. (3115, 3208)
2006 Ed. (3120)
2007 Ed. (3138)
2009 Ed. (3348)
2010 Ed. (3287)
2011 Ed. (3253, 4055)
2012 Ed. (3224, 4087)
2013 Ed. (1871, 2711, 3303)
2014 Ed. (1803, 3326)
2015 Ed. (1843, 2740, 3369)
2016 Ed. (1807, 2663, 3231)
Thrivent Investment Management
2004 Ed. (724)
Throat lozenges
2002 Ed. (1096)
2003 Ed. (1054)
The Throne of Fire
2013 Ed. (555)
Through My Eyes
2013 Ed. (567)

Thrun, Maatsch & Norberg
1996 Ed. (3287)
Thrun, Maatsch & Nordberg
1998 Ed. (3158)
1999 Ed. (4143)
2000 Ed. (3858)
2001 Ed. (841)
The Thrush Cos.
2002 Ed. (1170, 2654)
2003 Ed. (1137)
Thrustmaster of Texas
2010 Ed. (3531)
2011 Ed. (3530)
THSP Associates L.P./THSP Inc.
1996 Ed. (3666)
THT Best of America America's Vision
1997 Ed. (3817)
Thuga AG
2005 Ed. (2305)
Thugo AG
2005 Ed. (2410)
thuiszorg zleminckveld
2014 Ed. (1399)
Thulin; Inge
2016 Ed. (869)
Thulin; Inge G.
2015 Ed. (2633)
2016 Ed. (2559)
Thumb National Bank & Trust Co.
1989 Ed. (211)
Thunder Basin Coal Co.
1993 Ed. (1003)
Thunder Basin Coal Co., Black Thunder mine
1989 Ed. (950)
1990 Ed. (1071)
Thunder Bay, Ontario
2007 Ed. (3377)
Thunder Creek
2011 Ed. (869)
Thunder Energy
2007 Ed. (1637)
Thunder Energy Trust
2009 Ed. (1576)
Thunder Horse, Gulf of Mexico
2012 Ed. (3862)
Thunder House Online
1999 Ed. (102)
Thunder & Lightning
2008 Ed. (551)
Thunderbird
1992 Ed. (1008)
1999 Ed. (985)
2001 Ed. (4842)
2002 Ed. (4922)
2003 Ed. (4946)
2004 Ed. (4950)
2005 Ed. (808, 812, 4930)
2006 Ed. (713, 714, 723, 736, 4960)
2007 Ed. (799, 807, 831)
2008 Ed. (778, 786)
2009 Ed. (822)
Thunderbird, Garvin School of Business
2006 Ed. (710, 727, 740)
2007 Ed. (813, 822, 826)
Thunderbird Graduate School
2000 Ed. (921)
2001 Ed. (1059)
2002 Ed. (879)
Thunderbird Resorts
2008 Ed. (2591)
2010 Ed. (2522)
Thunderbird School of Global Management
2010 Ed. (748)
2011 Ed. (659)
2012 Ed. (608)
Thunderbird Stadium
1999 Ed. (1299)
2001 Ed. (4357, 4359)
Thunderbird University
2002 Ed. (902)
2003 Ed. (797)
2004 Ed. (815, 829, 831)
Thunderbirds
1995 Ed. (3645)
Thunderbolt
1995 Ed. (3166)
ThunderCat Technology
2015 Ed. (2130)
2016 Ed. (2110)
Thundercat Technology LLC
2016 Ed. (1231)
Thundercloud LLC
2006 Ed. (3525)
2007 Ed. (3575, 4432)
Thunderhead Ltd.
2008 Ed. (1134)
2009 Ed. (1115)
2010 Ed. (1096, 2940, 2950, 2957)

Thunderstone Software LLC
2006 Ed. (3030)
2007 Ed. (3063)
Thunderstorm
2014 Ed. (852)
Thuraya
2006 Ed. (100)
Thuringia, Germany
2010 Ed. (3487)
Thurlow Growth
2004 Ed. (3608)
2006 Ed. (2511)
Thurston Howell III
2008 Ed. (640)
2009 Ed. (657)
2010 Ed. (624)
2011 Ed. (559)
Thus
2002 Ed. (4573, 4574, 4575, 4576,
4577, 4579)
2006 Ed. (4703)
2007 Ed. (4722)
Thus Group
2007 Ed. (4723)
Thuston Howell III
2007 Ed. (682)
Thwing-Albert Instrument Co.
1994 Ed. (3672)
1995 Ed. (3797)
Thygerson; Kenneth J.
1991 Ed. (1621)
Thyroid
1996 Ed. (2560)
Thyroid products
2001 Ed. (2096)
Thyroid synthetic
2002 Ed. (3752)
Thyssen AG
1989 Ed. (1119)
1996 Ed. (1353, 2124, 2607)
1997 Ed. (2232)
2000 Ed. (2477)
2001 Ed. (3284)
2002 Ed. (3310)
Thyssen Group
1990 Ed. (1532)
1991 Ed. (1294)
Thyssen Handelsunion AG
1996 Ed. (3829)
1997 Ed. (3878)
1999 Ed. (4760)
Thyssen Handelsunion Aktien-
Gesellschaft
1991 Ed. (3479)
Thyssen Handelsunion Aktiengesellschaft
1995 Ed. (3730)
Thyssen Handelsunion Aktiengesellschaft (Konzern)
1992 Ed. (4432)
1994 Ed. (3660)
Thyssen Haniel Logistics
1999 Ed. (963)
Thyssen Holdings Corp.
2001 Ed. (1792, 3279)
Thyssen Inc.
1989 Ed. (2639)
1990 Ed. (2540, 3438)
1991 Ed. (1293, 1776)
1992 Ed. (1622, 1623, 2232)
1993 Ed. (1319, 1321, 1903, 3454)
1994 Ed. (1377, 2065, 2478, 3435)
1995 Ed. (1402, 2546, 3511)
1996 Ed. (1346)
1997 Ed. (1745, 2751)
1998 Ed. (1139, 1148, 2467)
1999 Ed. (2688, 2853, 3351, 3354)
2000 Ed. (1475, 2624, 3089)
2001 Ed. (1706)
2003 Ed. (3381, 3382)
Thyssen Inc. N.A.
1999 Ed. (1628)
2000 Ed. (1432)
Thyssen Inc. (North America)
2002 Ed. (3319)
Thyssen Industrie
1995 Ed. (2117)
Thyssen Industrie AG
1997 Ed. (2695)
1999 Ed. (3286)
2000 Ed. (3021)
2002 Ed. (3224)
Thyssen Industrie AG Konzern
1993 Ed. (2487, 3695)
1994 Ed. (2422)
Thyssen Industrie Aktiengesellschaft
1995 Ed. (2494)
Thyssen Krupp AG
2001 Ed. (1715, 4375)
2002 Ed. (2729, 2730, 4899)
2003 Ed. (2899)

2004 Ed. (3005)
2005 Ed. (3003)
2006 Ed. (2998, 2999)
Thyssen Krupp (Germany)
2000 Ed. (4119)
Thyssen Krupp Materials NA Inc.
2005 Ed. (3463)
2006 Ed. (3470)
Thyssen Krupp Stahl
1999 Ed. (4474)
Thyssen Krupp Stahl AG
2000 Ed. (3082)
2001 Ed. (3283, 4376)
2002 Ed. (3308)
Thyssen Krupp Steel
2004 Ed. (4539)
Thyssen Krupp USA Inc.
2003 Ed. (3378, 3379)
Thyssen Krupp Waupaca Inc.
2006 Ed. (2119)
2007 Ed. (2067)
Thyssen Maschinebau Gmbh
1991 Ed. (2371)
Thyssen Mining
2004 Ed. (1641)
Thyssen Precision Forge
2005 Ed. (3461)
Thyssen Production Systems
2001 Ed. (3185)
Thyssen Stahl AG
1996 Ed. (2606)
1997 Ed. (2750)
1999 Ed. (3345)
2000 Ed. (3082)
2002 Ed. (3308)
Thyssen Stahl Aktiengesellschaft
1994 Ed. (2477)
1995 Ed. (2545)
ThyssenKrupp
2013 Ed. (3429, 4502)
2014 Ed. (3427, 4546)
2015 Ed. (3459, 4544)
2016 Ed. (3544)
ThyssenKrupp AG
2006 Ed. (3381)
2007 Ed. (877, 1694, 3035, 3037,
3423, 3487)
2008 Ed. (1186, 2395, 3149, 3559)
2009 Ed. (1161, 1706, 1708, 2386,
2593, 3626, 3728, 3729)
2010 Ed. (1659, 3547, 3645, 3646,
3647)
2011 Ed. (1105, 1623, 1668, 1760,
3547, 3650, 3651, 3652)
2012 Ed. (1470, 1521, 1610, 2144,
2147, 3540, 3650, 3651)
2013 Ed. (1664, 2349, 3143, 3162,
3585, 3712, 3713)
2014 Ed. (2280, 3146, 3549, 3645,
3646)
2015 Ed. (2365, 3206, 3655)
2016 Ed. (2311, 3061, 3543)
ThyssenKrupp Automotive AG
2005 Ed. (326, 328)
2006 Ed. (342)
ThyssenKrupp Budd Canada
2007 Ed. (310)
ThyssenKrupp Budd Co.
2004 Ed. (1718)
2005 Ed. (1776)
ThyssenKrupp Elevator Americas
2014 Ed. (4128)
ThyssenKrupp Elevator Corp.
2004 Ed. (1242)
2005 Ed. (1292)
2006 Ed. (1262)
2009 Ed. (4186)
ThyssenKrupp Group BP
2009 Ed. (3570, 3571)
ThyssenKrupp Materials NA Inc.
2004 Ed. (1718, 3448)
2005 Ed. (1776, 3462)
2006 Ed. (3469)
2007 Ed. (3494)
2008 Ed. (3664)
2009 Ed. (3734)
ThyssenKrupp Materials North America
Inc.
2007 Ed. (3493)
2008 Ed. (3665)
2009 Ed. (3733)
2010 Ed. (3652, 3653)
2011 Ed. (3656)
2012 Ed. (3660)
2013 Ed. (3718)
2014 Ed. (3650)
2015 Ed. (3660)
2016 Ed. (3547)
ThyssenKrupp North America Inc.
2015 Ed. (3658, 3659)

2016 Ed. (3524, 3525)
Thyssenkrupp Steel AG
2004 Ed. (3441)
ThyssenKrupp USA Inc.
2004 Ed. (3443)
2006 Ed. (3466)
2007 Ed. (3491)
2008 Ed. (3662)
2009 Ed. (3570, 3571, 3731)
2010 Ed. (314, 3650, 3651)
2011 Ed. (3654)
2012 Ed. (3658)
2013 Ed. (3716)
2014 Ed. (3648)
TI
1991 Ed. (2075)
1992 Ed. (3975)
1993 Ed. (2881)
TI Automotive Ltd.
2010 Ed. (4068)
2013 Ed. (1856)
2014 Ed. (1786)
TI Group Automotive Systems.
2001 Ed. (1706)
TI Group Plc
1995 Ed. (2549)
1996 Ed. (1365, 2612)
1999 Ed. (3349)
2000 Ed. (3086)
TI Japan
1993 Ed. (1585)
TI Silencers
1990 Ed. (1251)
Tia Maria
1990 Ed. (2461, 2463)
1991 Ed. (2330)
1993 Ed. (2429)
TIAA
1992 Ed. (3549)
2000 Ed. (4021)
2007 Ed. (3146, 3149, 3152, 3153,
3157)
2008 Ed. (3296, 3299, 3302, 3303,
3307)
2009 Ed. (3356, 3359, 3362, 3363,
3368)
2010 Ed. (3295, 3297, 3299, 3300,
3304, 3306)
2011 Ed. (3255, 3258, 3261, 3262,
3263, 3269)
2012 Ed. (3232, 3235)
2013 Ed. (3311, 3313, 3314)
TIAA and CREF Retirement and Suppl.
Ret.
2000 Ed. (4338)
TIAA and CREF Retirement Ann. and
Suppl. Ret. Ann.
1999 Ed. (4699)
TIAA Consolidated
2009 Ed. (278)
TIAA-CREF
1989 Ed. (1809, 1813)
1990 Ed. (2357, 2360, 2790, 2791,
2792)
1991 Ed. (2249, 2251, 2696, 2698)
1992 Ed. (2776, 2777, 2781, 3260,
3353)
1993 Ed. (2778, 2786)
1994 Ed. (2321, 2751, 2753, 2755,
2759, 2761, 2764, 2767, 2776)
1995 Ed. (2379, 2382, 2383, 2388,
2848, 2855, 2857, 2858, 2860,
2861, 2864, 2873)
1996 Ed. (2922, 2924, 2928, 2930,
2934, 2937, 2947)
1997 Ed. (2426, 2507, 2508, 2510,
2513, 2515, 2552, 3010, 3012,
3014, 3018, 3020, 3022, 3025,
3028, 3817)
1998 Ed. (2137, 2263, 2296, 2297,
2301, 3656)
1999 Ed. (2923, 2943, 2945, 3041,
3049, 3051, 3053, 3058, 3060,
3067, 3105, 4700)
2000 Ed. (1525, 2672, 2694, 2695,
2773, 2784, 2786, 2787, 2793,
2795, 2798, 2835, 2836, 2837,
2838, 2839, 2840, 2841, 2850,
2851, 4327)
2004 Ed. (710)
2005 Ed. (171, 1640, 3051, 3105,
3114, 3115, 3118, 3119, 3211,
3218, 3906)
2006 Ed. (1529, 2725, 3118, 3120,
3123, 3124, 3125, 3196)
2007 Ed. (1559, 2563, 2715, 3130,
3138, 3156, 3160, 3253)
2008 Ed. (1475, 2609, 3306, 3309,
3379, 3765)
2009 Ed. (3348, 3369, 3372, 3447,

3451, 3452, 3791, 4231, 4232)
2010 Ed. (3287, 3307, 3309, 3311,
3392, 4166)
2011 Ed. (527, 3253, 3268, 3272,
3274)
2012 Ed. (3224, 3240, 3241, 3248)
2013 Ed. (612, 3303, 3319, 3320,
3324)
2014 Ed. (179, 180, 3326, 3336,
3340)
2015 Ed. (3230, 3369, 3371, 3374)
2016 Ed. (204, 205, 206, 2639, 2663,
3231, 3234, 3235, 3236, 3239,
3243, 3672)
TIAA-CREF Annuities
1996 Ed. (3771)
TIAA-CREF Asset Management
2008 Ed. (4125, 4126)
2009 Ed. (4236)
2010 Ed. (4168)
2011 Ed. (4169)
2012 Ed. (4217)
2013 Ed. (4203)
2014 Ed. (4220)
2015 Ed. (4205)
TIAA-CREF Bond Plus
2004 Ed. (692)
2005 Ed. (695)
TIAA-CREF Bond Plus-Retail
2006 Ed. (616, 617)
TIAA-CREF Institutional Equity Index
Institutional
2009 Ed. (2649)
TIAA-CREF Institutional Mid-Cap Value
Index Retirement
2010 Ed. (3728)
TIAA-CREF Institutional Mid-Cap Value
Retail
2010 Ed. (3728)
TIAA & CREF Retirement Ann. and
Suppl.
1998 Ed. (3655)
TIAA-CREF Short-Term Bond-Retail
2007 Ed. (640)
TIAA-CREF Social Choice Equity
2006 Ed. (4403)
TIAA-CREF Tax-Exempt Bond-Retail
2007 Ed. (632)
TIAA Family of Cos.
2011 Ed. (3266, 3267)
TIAA Group
2003 Ed. (2992, 2993, 2997)
Tiang; Yeoh
1997 Ed. (849)
Tianjin
2001 Ed. (1096, 2262, 3854, 3855)
Tianjin Bohai Chemical
2007 Ed. (937)
Tianjin Chase Sun Pharmaceutical Co.,
Ltd.
2011 Ed. (1581)
Tianjin, China
1995 Ed. (991)
2010 Ed. (3475)
2011 Ed. (3482)
2012 Ed. (3486)
2015 Ed. (4058)
2016 Ed. (3964)
Tianjin FAW
2007 Ed. (878)
Tianjin Jin Mei Beverage Co. Ltd.
2002 Ed. (4326)
Tianjin Minibus Works (Daihatsu)
1995 Ed. (308)
Tianjin Pipe Co.
2011 Ed. (2300)
Tianjin Soda Plant
2000 Ed. (4076)
Tianjin Zhong Xin
2000 Ed. (4035)
Tianmu Music
2015 Ed. (3740)
2016 Ed. (3648)
Tianqiao; Chen
2007 Ed. (2508)
Tiara Motor Coach
1992 Ed. (4368, 4370, 4372)
Tiara Motorcoach Corp.
1995 Ed. (3685, 3686, 3687, 3688)
TiasNimbas Business School
2014 Ed. (786)
2015 Ed. (829)
Tiawan
1992 Ed. (2297)
Tiazac
1999 Ed. (3325)
2000 Ed. (3063)
Tibard Ltd.
2008 Ed. (994, 4332, 4672)
Tibbet & Britten Group North America

2002 Ed. (1225)
Tibbett & Britten Group NA
    2003 Ed. (4873)
Tibbett & Britten Group plc
    2001 Ed. (4622)
Tibbett & Britten Ltd.
    1999 Ed. (963)
    2000 Ed. (4311)
    2002 Ed. (1792, 4672)
    2004 Ed. (4797)
Tibbett & Brittten Group North America
    2005 Ed. (3340)
Tibbetts Lumber
    2016 Ed. (2863)
Tibco
    2001 Ed. (1368)
    2007 Ed. (1247)
    2009 Ed. (1129, 1133)
    2010 Ed. (1108, 1113)
    2011 Ed. (1047, 1052)
TIBCO Partners
    2016 Ed. (4010)
TIBCO Software Inc.
    2001 Ed. (4187)
    2003 Ed. (1111)
    2005 Ed. (1149, 1347)
    2006 Ed. (1138)
    2007 Ed. (1252, 1260)
    2008 Ed. (1127, 1151, 1596)
Tiberti Construction Co.; J. A.
    2006 Ed. (1327)
Tibetan Freedom Concert
    1998 Ed. (867)
TIC Credit Union
    2002 Ed. (1859)
    2003 Ed. (1913)
    2004 Ed. (1953)
    2005 Ed. (2095)
    2006 Ed. (2190)
    2007 Ed. (2111)
    2008 Ed. (2226)
    2009 Ed. (2210)
    2010 Ed. (2164)
    2011 Ed. (2183)
    2012 Ed. (2043)
    2013 Ed. (2225)
    2014 Ed. (2157)
    2015 Ed. (2221)
TIC Equipment Co.
    2011 Ed. (1810)
    2012 Ed. (1667)
TIC Holdings Inc.
    2002 Ed. (1271, 1279, 1281, 1283,
        1285, 1286)
    2003 Ed. (1262, 1270, 1279, 1280,
        1281, 1289, 1291, 1297)
    2004 Ed. (1258, 1265, 1273, 1283,
        1284, 1292, 1294, 1300)
    2005 Ed. (1304, 1306, 1308, 1309)
    2006 Ed. (1249, 1273, 1275, 1277,
        1278)
    2007 Ed. (1346, 1347)
    2008 Ed. (1233, 1234)
    2009 Ed. (1215, 4129)
    2010 Ed. (1250, 1297, 4061)
TIC Properties
    2008 Ed. (4113)
Tic Tac
    1994 Ed. (852)
    1995 Ed. (892, 897)
    1998 Ed. (614, 3437)
    1999 Ed. (1020)
    2000 Ed. (974, 976)
    2001 Ed. (1122)
    2002 Ed. (786)
    2016 Ed. (688)
Tic Tacs
    1993 Ed. (835)
TIC United Corp.
    1996 Ed. (3630)
    2003 Ed. (4785)
TICKET
    2013 Ed. (1441)
The Ticket Experience
    2013 Ed. (4273)
Ticket Gold
    2009 Ed. (2919)
Ticket sales
    2003 Ed. (4510)
Ticket Software
    2010 Ed. (1088)
Ticket taker
    2008 Ed. (3810)
Ticketmaster Holding Group Ltd.
    1996 Ed. (997)
Ticketmaster Online
    1999 Ed. (3006, 4752)
Tickets, event
    2007 Ed. (2312)
Tickets.com, Inc.

2003 Ed. (2726)
Tickle Me Elmo
    1998 Ed. (3607)
Tickmark Solutions Inc.
    2002 Ed. (1155)
Tico Mixer Sherry
    1989 Ed. (2948)
Tico Musica SA
    2015 Ed. (3757)
Ticobingo
    1992 Ed. (44)
Ticona
    2000 Ed. (3559)
Ticonderoga Partners
    1999 Ed. (4707)
TICOR Title Insurance Co.
    1998 Ed. (2214)
    1999 Ed. (2985)
    2000 Ed. (2738)
    2002 Ed. (2982)
Ticor Title Insurance Cos.
    1990 Ed. (2265)
TIC—The Industrial Co. of Wyoming
        Inc.
    2006 Ed. (2123)
    2007 Ed. (2071)
    2008 Ed. (2179)
    2009 Ed. (2165)
    2010 Ed. (2105)
Tide
    1990 Ed. (13, 52, 1013, 3548)
    1991 Ed. (8, 54, 943, 3324)
    1992 Ed. (1173, 1174, 1175, 4234)
    1993 Ed. (952, 953)
    1994 Ed. (979, 980, 981, 2145)
    1995 Ed. (994, 995, 1558)
    1996 Ed. (981, 982)
    1997 Ed. (1005, 1006, 2330)
    1998 Ed. (744, 745, 746)
    1999 Ed. (1178, 1179, 1181, 1837)
    2000 Ed. (1094, 1095)
    2001 Ed. (1241, 2000, 2001)
    2002 Ed. (1961, 1962, 1963, 1965,
        1966)
    2003 Ed. (2040, 2041, 2043, 2044,
        2045)
    2004 Ed. (2092, 2093)
    2005 Ed. (2196, 2197)
    2006 Ed. (2256, 2257, 2258)
    2007 Ed. (2196, 2197)
    2008 Ed. (2329, 2330, 2331)
    2009 Ed. (671, 2317, 2318, 3194,
        3196)
    2010 Ed. (2247, 2248)
    2011 Ed. (573)
    2013 Ed. (3122)
    2014 Ed. (953, 2254)
    2015 Ed. (990, 2323)
    2016 Ed. (892, 2277)
Tide Dry Cleaners
    2014 Ed. (2309)
    2015 Ed. (2392)
    2016 Ed. (2336)
Tide Free
    2002 Ed. (1963, 1966)
Tide Laundry Soap
    1989 Ed. (2325)
    1990 Ed. (3036)
Tide Laundry Soap, 25-Lb.
    1990 Ed. (2129, 3040)
Tide Laundry Soap, 25 lbs. scented
    1989 Ed. (1630, 2323)
Tide Plus A Touch of Downy
    2015 Ed. (2323)
    2016 Ed. (2277)
Tide Plus Febreze
    2014 Ed. (2254)
    2015 Ed. (2323)
    2016 Ed. (2277)
Tide Pods
    2015 Ed. (3776)
Tide Simply Clean & Fresh
    2016 Ed. (2277)
Tidel Technologies Inc.
    2001 Ed. (435)
    2004 Ed. (263)
Tideland Royalty Trust
    1990 Ed. (3561)
Tidelands Bancshares
    2009 Ed. (2904)
    2010 Ed. (2848)
Tidelands Royalty Trust "B
    2004 Ed. (4587)
Tides Canada Foundation
    2012 Ed. (722)
The Tides Commodity Trading
    2011 Ed. (2039)
Tides Family Services Inc.
    2011 Ed. (2018)
    2013 Ed. (2025)

Tidewater
    2015 Ed. (1791)
Tidewater Inc.
    1994 Ed. (2840, 2841)
    1995 Ed. (2907)
    1996 Ed. (3003)
    1997 Ed. (3082)
    1998 Ed. (2816)
    1999 Ed. (1433, 3794)
    2001 Ed. (1780, 4626, 4627)
    2003 Ed. (4876)
    2004 Ed. (4857)
    2005 Ed. (3728, 4841, 4842)
    2006 Ed. (4894, 4895)
    2007 Ed. (4886)
    2008 Ed. (4818)
    2009 Ed. (4843)
    2010 Ed. (4849)
    2011 Ed. (4816, 4817)
    2012 Ed. (4835, 4836)
    2013 Ed. (4829, 4830)
    2014 Ed. (4844, 4845)
    2015 Ed. (4881)
    2016 Ed. (1745, 4799)
Tidy Building Service Inc.
    2006 Ed. (3516, 4355)
TIE Fighter
    1996 Ed. (1080)
Tie Fighter Campaign: Defender
    1997 Ed. (1102)
Tie-Scaping Unlimited Inc.
    2006 Ed. (4378)
    2007 Ed. (4446)
TIE/communications
    1989 Ed. (963, 1324, 2309, 2791)
    1990 Ed. (1106, 2987, 3511, 3522)
    1991 Ed. (1015)
    1992 Ed. (1294)
Tiedemanns-Joh H. Andersen ANS
    1999 Ed. (3299)
Tiedemanns-Joh. H. Andresen Ans
    1996 Ed. (2568)
    1997 Ed. (2708)
Tiempo Development LLC
    2013 Ed. (1108)
Tienda Inglesa
    2006 Ed. (102)
Tiendas Capri
    2005 Ed. (4117)
    2006 Ed. (4168)
    2007 Ed. (4189)
    2016 Ed. (4232)
Tiens
    2016 Ed. (2297)
Tiensen Marine
    1999 Ed. (4294)
Tier Technologies Inc.
    2005 Ed. (1679)
    2006 Ed. (3042)
Tierney; Fred
    2006 Ed. (348)
Tierney Group
    1997 Ed. (3187, 3210)
    1998 Ed. (2956)
    1999 Ed. (3950)
    2000 Ed. (3664)
Tierney & Partners
    1998 Ed. (63)
    1999 Ed. (142)
    2000 Ed. (159)
    2002 Ed. (3847)
Tierney Public Relations
    2005 Ed. (3950, 3951, 3953, 3965,
        3971)
Tierney Strategic Communications
    2003 Ed. (3973, 3974, 3975, 3976,
        3977, 3978, 3979, 4012)
    2004 Ed. (3975, 3976, 3986, 4012,
        4023)
TierOne Bank
    2007 Ed. (4243)
    2010 Ed. (4417)
    2011 Ed. (967, 4362)
TierOne Corp.
    2012 Ed. (294)
Tierra Verde (Gr)
    2001 Ed. (39)
Tierry de la Tour d'Artaise
    2011 Ed. (2973)
Tiesto
    2015 Ed. (3728)
Tiet Union Corp.
    1992 Ed. (1705)
Tieto Austria GmbH
    2012 Ed. (1338)
Tietoenator Oyj
    2002 Ed. (2468, 2469)
TIFF Investment Program International
        Equity
    1998 Ed. (2634)

Tiffany
    1990 Ed. (928, 3479)
    1993 Ed. (3364)
    1994 Ed. (3365)
    1995 Ed. (3423)
    1999 Ed. (4372)
    2010 Ed. (845, 3404)
    2014 Ed. (2404, 3525)
Tiffany Capital
    1993 Ed. (2319, 2323)
Tiffany & Co.
    1991 Ed. (2374)
    2002 Ed. (3037)
    2003 Ed. (3163, 4671)
    2004 Ed. (3217, 3218, 4469)
    2005 Ed. (1569, 3245, 3246, 4417,
        4421)
    2006 Ed. (4654)
    2007 Ed. (914, 4675)
    2008 Ed. (889, 3193, 4585)
    2009 Ed. (898, 3261, 4301, 4630)
    2010 Ed. (3192, 3507, 4658)
    2011 Ed. (3510, 4605)
    2012 Ed. (4497)
    2013 Ed. (895, 915, 4465)
    2014 Ed. (2553, 3428, 3429)
    2015 Ed. (4342)
Tiffin
    1998 Ed. (3028)
Tiffin Motor Homes Inc.
    1992 Ed. (3643)
    1993 Ed. (2985)
Tiffin, OH
    2015 Ed. (3533)
Tiffin St. Joseph Credit Union
    2004 Ed. (1937)
Tifflin
    1994 Ed. (2922)
TIFI Emerging Markets
    1998 Ed. (2617)
TIFI Foreign Equity
    1997 Ed. (2870)
    1998 Ed. (2617)
Tificorp
    1991 Ed. (2012)
Tifton, GA
    2008 Ed. (3509)
TIG Countrywide
    2001 Ed. (2955, 2957)
TIG Holdings Corp.
    1995 Ed. (2287, 2319, 3203)
    1997 Ed. (2459, 3401)
    1998 Ed. (2201)
TIG Insurance Co.
    2001 Ed. (2908)
    2004 Ed. (3135)
    2005 Ed. (3143)
TIG Reinsurance Co.
    1999 Ed. (2905)
    2000 Ed. (2660)
    2001 Ed. (2954, 2955, 4035)
Tiga
    1989 Ed. (2909)
Tigaraksa Satria
    2000 Ed. (2873)
Tiger Airways
    2012 Ed. (164)
    2013 Ed. (143)
Tiger Beer
    1990 Ed. (46)
    1991 Ed. (46)
    1992 Ed. (76)
    1993 Ed. (49)
    1994 Ed. (42)
    2009 Ed. (90)
    2014 Ed. (710)
Tiger Brands
    2014 Ed. (2713)
Tiger Brands Ltd.
    2006 Ed. (3399)
    2012 Ed. (3564)
    2013 Ed. (854, 3600)
Tiger Direct
    2014 Ed. (2403)
TIGER Drylac USA Inc.
    2013 Ed. (3858)
Tiger Electronics
    1997 Ed. (3778)
    1998 Ed. (3604)
    1999 Ed. (4637)
Tiger Global
    2015 Ed. (2969)
Tiger International
    1989 Ed. (223, 2467, 2470)
    1990 Ed. (198, 3242)
Tiger Management
    1996 Ed. (2099)
Tiger Natural Gas Inc.
    2006 Ed. (3534, 3689, 4373)
    2007 Ed. (3590, 3591, 3683)

2008 Ed. (1356, 3727, 3778, 4978)
Tiger Oates Ltd.
  2002 Ed. (1764)
  2004 Ed. (1855)
Tiger Oats
  1993 Ed. (1392)
  1995 Ed. (1484)
Tiger Ratan
  2015 Ed. (2969)
  2016 Ed. (2903)
Tiger-Rock Martial Arts International
  2013 Ed. (4038)
  2014 Ed. (3975)
Tiger Stadium
  2001 Ed. (4356, 4358)
Tiger Woods
  1998 Ed. (197)
  1999 Ed. (306)
  2000 Ed. (322)
  2001 Ed. (419, 1138)
  2002 Ed. (344, 2143, 2144)
  2003 Ed. (294, 2327, 2330)
  2004 Ed. (250, 2410, 2416)
  2005 Ed. (2443, 2444)
  2006 Ed. (292, 2485, 2488)
  2007 Ed. (294, 2450, 2451)
  2008 Ed. (272, 2580, 2586)
  2009 Ed. (294, 295, 296, 2607, 2613,
    4519)
  2010 Ed. (276, 2510, 2515, 4558)
  2011 Ed. (200, 629, 2512, 2517)
  2012 Ed. (215, 216, 2433, 2443)
  2013 Ed. (185, 186, 2599)
  2014 Ed. (192, 198)
  2015 Ed. (219, 225)
  2016 Ed. (215, 221)
TigerDirect.com
  2008 Ed. (2443)
  2009 Ed. (2448)
TigerGPS.com
  2009 Ed. (4303)
TigerLogic Corp.
  2010 Ed. (1122)
  2013 Ed. (1130)
  2014 Ed. (1091)
Tigers; Auburn
  2014 Ed. (2748)
Tigers; Louisiana State
  2011 Ed. (2743)
Tigers; Lousiana State
  2014 Ed. (2748)
TigerSpike Pty. Ltd.
  2009 Ed. (2983)
  2010 Ed. (2923)
Tights
  2002 Ed. (3768, 4038)
  2004 Ed. (4190)
TIGO
  2015 Ed. (1979)
Tigo
  2010 Ed. (104)
  2013 Ed. (1440)
  2015 Ed. (1463)
Tigo Paraguay
  2013 Ed. (1994)
Tigris Consulting
  2003 Ed. (2724)
The Tigris & Euphrates Bank for Invest-
    ment & Development
  2011 Ed. (2648)
  2012 Ed. (2575)
The Tigris & Eupohrates Bank for In-
    vestment & Development
  2010 Ed. (2660)
Tihipko; Serhiy
  2014 Ed. (4927)
  2015 Ed. (4967)
Tiida; Nissan
  2013 Ed. (276)
Tijuana
  1994 Ed. (2440)
Tijuana Flats
  2009 Ed. (4273)
Tijuana, Mexico
  1993 Ed. (2500, 2557)
  2012 Ed. (3502)
Tikkuria (Kemira)
  1997 Ed. (2982)
Tila "Tequila" Nguyen
  2011 Ed. (756)
Tilburg University
  2014 Ed. (786)
  2015 Ed. (829)
Tilbury
  1992 Ed. (1397)
Tilcon New York
  2015 Ed. (3568)
  2016 Ed. (3425)
Tilda Rice
  1999 Ed. (2474)

Tilden Car Care Centers
  2004 Ed. (328)
  2005 Ed. (331)
  2008 Ed. (317)
Tilden For Brakes Car Care Centers
  2002 Ed. (402)
Tile
  2015 Ed. (3774)
Tile Outlet Always in Stock
  2008 Ed. (2390)
  2009 Ed. (2371)
Tilex
  2001 Ed. (1238)
  2003 Ed. (986)
  2005 Ed. (1001)
Tilex Fresh Shower
  2001 Ed. (1238)
Tilford
  2003 Ed. (3958)
Tillamook
  1996 Ed. (920)
  1997 Ed. (947)
  1998 Ed. (690)
  2000 Ed. (1634, 1636, 4158)
  2001 Ed. (1080, 1169)
  2008 Ed. (820, 821, 900)
  2014 Ed. (823, 868, 869, 870)
  2015 Ed. (862, 904)
  2016 Ed. (750, 803, 804)
Tillamook Butter
  2003 Ed. (820)
Tillamook Country Creamery
  2003 Ed. (823)
Tillamook Country Smoker
  2009 Ed. (2343, 2344, 2345)
  2013 Ed. (4453)
  2014 Ed. (4490)
  2015 Ed. (4487)
  2016 Ed. (4385)
Tillamook County Creamery
  2008 Ed. (822, 901)
  2014 Ed. (824, 872, 873)
  2015 Ed. (863, 905)
  2016 Ed. (806)
Tillamook County Creamery Association
  2003 Ed. (926)
Tillamook Natural Cheese
  2003 Ed. (922, 924)
Tillan; Jose
  2013 Ed. (2961)
Tiller Corp.
  2003 Ed. (2258)
Tillerson; Rex
  2008 Ed. (936)
  2010 Ed. (886)
  2011 Ed. (851)
  2014 Ed. (762)
Tillerson; Rex W.
  2008 Ed. (959)
  2009 Ed. (759, 961)
  2011 Ed. (822)
  2012 Ed. (795)
  2014 Ed. (943)
  2015 Ed. (956, 969)
  2016 Ed. (867)
Tillet; Ron L
  1995 Ed. (3505)
Tillinghast
  1990 Ed. (3062)
  1991 Ed. (2899)
  1992 Ed. (3743)
  1993 Ed. (15, 3052)
  2009 Ed. (18, 20)
  2010 Ed. (28, 29)
Tillinghast Collins
  2001 Ed. (909)
Tillinghast Licht
  2001 Ed. (909)
Tillinghast; Marilyn
  2010 Ed. (2835)
Tillinghast-Towers Perrin
  1997 Ed. (3360)
  1998 Ed. (541, 3102)
  1999 Ed. (4113)
  2000 Ed. (3826)
  2001 Ed. (4123)
  2002 Ed. (4064)
Tillinghast/TPF&C
  1990 Ed. (2255)
Tillis; Pam
  1994 Ed. (1100)
Tillman; Harold
  2007 Ed. (4927)
Tillman; Robert
  2006 Ed. (891)
  2007 Ed. (2503)
Tillman; Robert L.
  2005 Ed. (1104)
  2006 Ed. (1099)
  2007 Ed. (1202)

Tillotson; Sandie
  1994 Ed. (3667)
Tilly's Inc.
  2015 Ed. (1483)
  2016 Ed. (1410)
Tilman J. Fertitta
  2002 Ed. (1040)
  2004 Ed. (2530)
Tilney Lumsden Shane
  1995 Ed. (2229)
Tilt
  2007 Ed. (263)
Tilt-Con Corp.
  2006 Ed. (1295)
  2009 Ed. (1201, 1204)
  2010 Ed. (1256)
  2011 Ed. (1156, 1206)
Tilted Kilt Franchise Operating
  2016 Ed. (4207)
Tilted Kilt Pub & Eatery
  2011 Ed. (4220)
  2012 Ed. (4264)
Tilton; Glenn
  2005 Ed. (982)
Tilton; Glenn F.
  2011 Ed. (846)
Tilton; Glenn T.
  2008 Ed. (948)
TIM
  1999 Ed. (1687, 3122)
  2000 Ed. (1487)
  2006 Ed. (1821)
  2007 Ed. (685, 686, 1851, 3621)
  2008 Ed. (3743)
  2009 Ed. (666, 3763)
  2013 Ed. (644, 4597)
Tim Adams
  2009 Ed. (3074)
Tim Allen
  2000 Ed. (1838)
  2014 Ed. (2532)
Tim Arnold and Associates
  1992 Ed. (3761)
Tim Arnold & Assocs.
  1990 Ed. (3088)
Tim-Bar Corp.
  2014 Ed. (1939)
Tim Belk
  2009 Ed. (3074)
  2011 Ed. (2975)
Tim Bennett
  2000 Ed. (2124)
Tim Bray
  2003 Ed. (4684)
Tim Clark
  2012 Ed. (2496)
Tim Collins
  2005 Ed. (3201)
Tim Cook
  2013 Ed. (741)
  2014 Ed. (762)
  2016 Ed. (721, 864)
Tim Donahue
  2005 Ed. (979)
Tim Duncan
  2013 Ed. (188)
Tim Harrington
  2010 Ed. (4391)
Tim Hearn
  2010 Ed. (910)
TIM Hellas Telecommunications
  2008 Ed. (44)
Tim Hill
  1990 Ed. (2479)
  1991 Ed. (2343)
  1992 Ed. (2904)
  1993 Ed. (2462)
Tim Horton Children's Foundation
  2012 Ed. (727)
Tim Horton Donuts
  1989 Ed. (1487)
  1990 Ed. (1854)
Tim Hortons
  1999 Ed. (4084, 4085)
  2000 Ed. (1913, 3799, 3800)
  2001 Ed. (4082, 4083)
  2002 Ed. (4012, 4033, 4034)
  2003 Ed. (4142, 4143)
  2004 Ed. (1049, 4121)
  2006 Ed. (1061)
  2007 Ed. (1150, 1631)
  2008 Ed. (644, 645, 1028, 1639,
    2372, 2373, 2658, 3126, 3127,
    4201, 4289)
  2009 Ed. (1012, 1014, 2686, 3211,
    4298)
  2010 Ed. (978, 3104, 4265)
  2011 Ed. (561, 2581, 2586, 2596,
    3074, 4228, 4264, 4265, 4266)
  2012 Ed. (552, 2528, 2529, 2530,

2539, 4263, 4303, 4304)
  2013 Ed. (686, 2659, 2667)
  2014 Ed. (296, 297, 298, 299, 300,
    708, 2610, 2617, 4314, 4315, 4479)
  2015 Ed. (331, 332, 333, 334, 335,
    336, 751, 2656, 2663, 4295, 4296,
    4474)
  2016 Ed. (326, 327, 328, 329, 330,
    331, 2586, 2592, 4010)
Tim Hortons Inc.
  2013 Ed. (1216, 4268)
  2014 Ed. (1155, 1292, 4284, 4285,
    4325)
  2015 Ed. (1209, 1354, 1520, 4301)
  2016 Ed. (1285, 1464)
Tim Howes
  2006 Ed. (1003)
Tim Kochis
  2009 Ed. (3440)
Tim Lewis Recruitment
  2007 Ed. (1219)
Tim Love
  1999 Ed. (2402)
Tim Luke
  2011 Ed. (3372)
Tim Manganello
  2010 Ed. (903)
Tim Martin
  2013 Ed. (4894)
Tim McGraw
  1999 Ed. (1294)
  2000 Ed. (1184)
  2001 Ed. (2354)
  2002 Ed. (1159, 1163)
  2009 Ed. (2611)
  2011 Ed. (3712)
  2014 Ed. (1098)
TIM Nordeste Telecommunication
  2007 Ed. (1851)
Tim O'Brien
  2011 Ed. (3339)
TIM Particacoes
  2009 Ed. (1843)
TIM Participacoes
  2014 Ed. (4662)
Tim Peru Sac
  2005 Ed. (67)
Tim Sisneros
  2011 Ed. (4336)
Tim Solso
  2008 Ed. (952)
TIM SpA
  2006 Ed. (3230)
Timbaland
  2010 Ed. (3716)
Timbar Packaging & Display
  2014 Ed. (1939)
Timber and forest products
  1990 Ed. (1273)
  1992 Ed. (1502)
  1994 Ed. (1240)
The Timber Co.
  1992 Ed. (2074)
  1993 Ed. (1711)
  2005 Ed. (1534)
Timber cutters
  2003 Ed. (3659)
  2005 Ed. (3616)
Timber-cutters and loggers
  1990 Ed. (2728)
Timber Press
  1997 Ed. (3223)
Timber Wolf Long Cut Wintergreen
  2003 Ed. (4449)
Timbercorp
  2002 Ed. (247, 1589)
Timbercreek Asset Management Inc.
  2013 Ed. (2838)
  2015 Ed. (2715)
Timberex Group SIA
  2016 Ed. (1739)
Timberhorn
  2015 Ed. (3245)
Timberlake; Justin
  2015 Ed. (3732, 3733)
  2016 Ed. (1047, 3641)
Timberlake; Justine
  2009 Ed. (2611)
Timberland Bancorp
  2014 Ed. (2106)
  2016 Ed. (366)
Timberland Bancorp Inc.
  2012 Ed. (1959)
The Timberland Co.
  1993 Ed. (260)
  1994 Ed. (3294)
  1997 Ed. (279)
  1998 Ed. (3349)
  1999 Ed. (1202, 4303, 4377)

2001 Ed. (424, 1280, 1281, 1811, 3080)
2003 Ed. (300, 1002, 1007, 1009, 1782, 3201, 3202)
2004 Ed. (1002, 1817, 3247, 3248, 4416, 4417, 4711, 4712)
2005 Ed. (272, 1019, 1020, 1901, 3272, 3273, 4366, 4367, 4683, 4684)
2006 Ed. (1025, 1026, 1027, 1927, 3263, 3264, 4310, 4446, 4729, 4730)
2007 Ed. (1110, 1114, 1115, 1116, 1447, 1912, 3335, 3336, 4503)
2008 Ed. (990, 993, 1433, 1972, 3435, 3436, 4480)
2009 Ed. (1927, 3509, 3510)
2010 Ed. (944, 1862, 3438, 3439)
2011 Ed. (202, 581, 1894, 3436, 3437, 4503, 4504, 4505, 4526)
2012 Ed. (832, 1750, 3453, 3454, 4512, 4513)
2013 Ed. (31, 1009, 1915, 3497, 3498)
2014 Ed. (3473, 3474)
Timberland Footwear
1999 Ed. (1203)
Timberland Investment Services
2000 Ed. (2820)
Timberland LLC
2014 Ed. (35)
2015 Ed. (3491, 3492)
2016 Ed. (3341, 3342)
Timberland Netherlands Inc.
2004 Ed. (1816)
2005 Ed. (1900)
2006 Ed. (1926)
Timberland Silvicultural Services Inc.
2001 Ed. (2503)
Timberland.com
2007 Ed. (2320)
Timberline Credit Union
2013 Ed. (2210)
2014 Ed. (2141)
2015 Ed. (2205)
2016 Ed. (2176)
Timberline Lodge
1995 Ed. (2158)
1996 Ed. (2171)
1998 Ed. (2014)
1999 Ed. (2768)
2000 Ed. (2543)
2007 Ed. (4118)
TimberWest Forest Corp.
2008 Ed. (1620)
2011 Ed. (1510, 2749)
Timberwolf
1995 Ed. (3166)
Timbiriche
2001 Ed. (1381)
Timbuk2 Designs Inc.
2016 Ed. (3444)
Timchenko; Gennady
2014 Ed. (4914)
2015 Ed. (4954)
2016 Ed. (4870)
TIMCO
1991 Ed. (2218)
Time
2013 Ed. (3556)
Time Advertising
2003 Ed. (32)
2004 Ed. (108)
2005 Ed. (104)
2006 Ed. (113)
2007 Ed. (102)
2008 Ed. (112)
2009 Ed. (122)
2010 Ed. (123)
2011 Ed. (41)
Time and Again
2003 Ed. (720)
The Time Bind: When Work Becomes Home & Home Becomes Work
2006 Ed. (590)
Time Computer
2002 Ed. (766)
Time Computers Ltd.
2002 Ed. (37, 230)
Time Definite Services Inc.
2010 Ed. (2971)
2011 Ed. (2934)
2013 Ed. (2939)
2014 Ed. (2959)
2015 Ed. (3005, 3027)
TIME dotCom
2016 Ed. (1370)
Time Engineering Inc.
1990 Ed. (348)
1991 Ed. (312)

Time Flies
1989 Ed. (745)
Time for Me
2008 Ed. (865)
Time Inc.
1989 Ed. (186, 188, 1934, 2264, 2265, 2268)
1990 Ed. (2801)
1991 Ed. (837, 1144, 3239)
1992 Ed. (3370, 3371, 3375, 3379, 3381, 3388, 3391, 3392, 3393)
1993 Ed. (2789, 2790, 2797, 2804)
1994 Ed. (2782, 2783, 2788, 2793, 2794, 2798, 2801, 2805)
1995 Ed. (1221, 1222, 1228, 1237, 1238, 2878, 3525)
1996 Ed. (2299, 2957, 2958, 2962, 2965, 2971)
1997 Ed. (3035, 3038, 3045, 3048, 3049, 3050)
1998 Ed. (1278, 1343, 2150, 2781, 2783, 2784, 2787, 2798, 2801)
1999 Ed. (2932, 3742, 3744, 3746, 3752, 3753, 3764, 3770)
2000 Ed. (203, 3459, 3461, 3462, 3472, 3475, 3476, 3493)
2001 Ed. (248, 257, 3192, 3194, 3196, 3710, 3887, 3953, 3954, 4887)
2002 Ed. (221, 1454, 3226)
2003 Ed. (191, 1474, 3274)
2004 Ed. (148, 1504, 3336)
2005 Ed. (136, 146, 1520, 3361, 3362)
2006 Ed. (146, 148, 150, 151, 154, 156, 158, 159, 3347)
2007 Ed. (138, 140, 142, 143, 148, 151, 168, 170, 715, 3403, 3404)
2008 Ed. (153, 3533)
2009 Ed. (174, 3596, 3600)
2010 Ed. (3514, 3518)
2014 Ed. (38)
2015 Ed. (41)
2016 Ed. (40)
Time Inc. Book Co.
1991 Ed. (2788)
Time Inc. Magazines
1991 Ed. (2709)
1992 Ed. (3390)
Time Insurance Co.
1993 Ed. (2197)
1998 Ed. (2188)
2001 Ed. (2950)
Time International
1990 Ed. (3326)
Time Life
1999 Ed. (777, 1005)
2000 Ed. (197)
Time Life Masterfile
1999 Ed. (1854)
Time Magazine
1999 Ed. (1853)
Time Management Strategies for Entrepreneurs
2014 Ed. (642)
Time Out
2000 Ed. (782)
Time Out Magazine
2006 Ed. (39)
Time Out New York
2009 Ed. (172)
2010 Ed. (156)
2011 Ed. (78)
Time Publishing Group
1992 Ed. (3590)
Time Savings & Loan Association
1990 Ed. (3104)
1991 Ed. (2922)
Time-share
1992 Ed. (3818)
A Time to Kill
1998 Ed. (2535)
The Time Traveler's Wife
2006 Ed. (640)
2011 Ed. (496, 544)
Time Trend Computers
2002 Ed. (1142)
Time Trend III
1992 Ed. (3551)
1997 Ed. (3178)
Time Warner
2013 Ed. (1942, 3666, 3668, 3768)
2014 Ed. (51, 2566, 3383, 3601, 3697)
2015 Ed. (83, 3122, 3613, 3614, 5015)
2016 Ed. (2981, 3497, 3498)
Time Warner Cable
2013 Ed. (3666, 3668, 4110)
2014 Ed. (2566, 3601)

2015 Ed. (864, 3613, 3614)
2016 Ed. (3497, 3498, 4021, 4025, 4783)
Time Warner Cable Group
1997 Ed. (874, 2697)
2001 Ed. (1083, 1091, 3203)
Time Warner Cable Group/ATC
1993 Ed. (817)
Time Warner Cable Inc.
1992 Ed. (1024)
1994 Ed. (832, 838)
1995 Ed. (878)
1996 Ed. (855, 858)
1998 Ed. (588, 590, 2425)
1999 Ed. (3287)
2002 Ed. (923, 924)
2003 Ed. (828, 830)
2004 Ed. (866)
2005 Ed. (842, 847)
2006 Ed. (768, 2264, 3554, 4882)
2007 Ed. (866)
2008 Ed. (827, 1697, 2073)
2009 Ed. (850, 1621, 2267, 3694)
2010 Ed. (796, 1597, 4109, 4110, 4126)
2011 Ed. (721, 723, 985, 2958, 3607, 3608, 3612, 4077, 4078, 4091, 4641)
2012 Ed. (73, 565, 571, 663, 897, 2887, 2949, 3600, 3602, 3607, 4108, 4109, 4124, 4644, 4677, 4680)
2013 Ed. (68, 700, 704, 706, 708, 3039, 3659, 3662, 3669, 4104, 4105, 4117, 4629, 4649)
2014 Ed. (87, 723, 727, 729, 732, 1020, 3052, 3597, 3602, 4120, 4121, 4132, 4667, 4699)
2015 Ed. (89, 773, 776, 778, 1055, 1056, 3118, 3610, 3611, 3615, 4104, 4105, 4116, 4669, 4710)
2016 Ed. (696, 697, 699, 962, 963, 3494, 3499, 4016, 4017, 4030, 4581, 4614)
Time Warner Cable Los Angeles
2010 Ed. (794)
Time Warner Cable New York & New Jersey
2005 Ed. (844)
Time Warner Cable of New York City
1998 Ed. (603)
1999 Ed. (1007)
2000 Ed. (959)
Time Warner Cable of New York & New Jersey
2010 Ed. (794)
Time Warner Cable of NYC/Brooklyn-Queens
1996 Ed. (866)
1997 Ed. (879)
Time Warner Cable of NYC/Manhattan
1996 Ed. (866)
1997 Ed. (879)
Time Warner City Cable Advertising
1992 Ed. (1018)
Time Warner CityCable
1998 Ed. (587, 601)
Time Warner CityCable Advertising
1994 Ed. (830)
1996 Ed. (856, 861)
Time Warner Companies Inc.
2001 Ed. (2193, 2194)
Time Warner Cos., Inc.
2003 Ed. (2190)
2004 Ed. (2233, 2234)
2005 Ed. (2334, 2335)
Time Warner Entertainment
1995 Ed. (1220)
1998 Ed. (588)
2003 Ed. (3449)
2005 Ed. (1571)
2007 Ed. (1194, 1672)
2008 Ed. (1100, 1697)
2009 Ed. (1079, 1621)
2010 Ed. (1050, 1597, 3705, 3706)
2011 Ed. (984)
Time Warner Entertainment-Advance
2001 Ed. (1091)
Time Warner Entertainment-Advance/Newhouse
2002 Ed. (924)
2003 Ed. (830)
Time Warner Entertainment Co.
2014 Ed. (3695, 3696)
2015 Ed. (1910)
Time Warner Entertainment Co. LP
2001 Ed. (3361, 3362)
2003 Ed. (3450)
2004 Ed. (3510, 3511)
2005 Ed. (3515, 3516)

2006 Ed. (3572, 3573)
Time Warner Inc.
1991 Ed. (167, 843, 1013, 1203, 1211, 1227, 2389, 2700, 2784, 2785, 2786, 3315, 3331)
1992 Ed. (1028, 3224, 4059)
1993 Ed. (19, 147, 811, 813, 823, 825, 2490, 2505, 2507, 2598, 2942, 3117, 3220, 3241, 3264, 3528)
1994 Ed. (758, 828, 833, 838, 839, 1205, 1213, 1225, 1671, 2426, 2427, 2444, 2561, 2739, 2979, 2980, 3216, 3234)
1995 Ed. (146, 682, 877, 882, 1261, 1319, 1716, 2510, 2511, 2613, 2764, 3041, 3043, 3044, 3343)
1996 Ed. (158, 757, 789, 1696, 1697, 2577, 2688, 2828, 3143, 3661)
1997 Ed. (871, 1236, 1246, 1253, 2818, 2933, 3034)
1998 Ed. (22, 28, 71, 74, 486, 510, 512, 593, 595, 596, 1042, 1286, 1471, 1473, 2427, 2441, 2533, 2672, 2780, 2786, 2976, 3499)
1999 Ed. (28, 177, 180, 824, 998, 1000, 1001, 1863, 2050, 2051, 2052, 3290, 3307, 3309, 3310, 3312, 3444, 3600, 3743, 3768, 3972)
2000 Ed. (23, 31, 202, 204, 206, 798, 825, 944, 945, 946, 948, 1839, 1840, 1841, 3022, 3024, 3050, 3320, 3458, 3463, 3683, 3684)
2001 Ed. (1033, 1071, 1092, 1257, 1547, 1587, 2193, 2194, 2271, 3202, 3208, 3230, 3231, 3247, 3248, 3250, 3709)
2002 Ed. (218, 219, 227, 1395, 1403, 2145, 2148, 2149, 3267, 3280, 3281, 3282, 3889)
2003 Ed. (727, 729, 825, 1422, 1513, 1790, 2190, 2191)
2004 Ed. (749, 751, 2233, 2234)
2005 Ed. (15, 16, 129, 133, 135, 150, 154, 730, 732, 850, 851, 1096, 1097, 1108, 1520, 1547, 1551, 1608, 1609, 1614, 1634, 1637, 1909, 1910, 2008, 2329, 2445, 2446, 2452, 2771, 3422, 3424, 3427, 3428, 3989, 4656, 4659)
2006 Ed. (20, 21, 22, 23, 101, 132, 135, 139, 144, 160, 166, 169, 633, 642, 644, 765, 769, 772, 1088, 1089, 1427, 1453, 1495, 1498, 1512, 1523, 1526, 1937, 1938, 2385, 2490, 2493, 2494, 2497, 2498, 3180, 3345, 3433, 3435, 3436, 3438, 3695, 3699, 4025, 4708, 4710, 4714, 4716)
2007 Ed. (15, 16, 126, 137, 152, 667, 669, 852, 859, 863, 867, 1194, 1195, 1482, 1527, 1531, 1556, 1920, 2326, 2453, 2454, 2456, 2458, 2459, 2896, 3220, 3401, 3447, 3448, 3449, 3456, 3690, 3986, 4280, 4737)
2008 Ed. (19, 20, 140, 141, 154, 156, 817, 824, 828, 830, 1100, 1101, 1402, 1405, 1477, 1514, 1515, 1987, 2450, 2453, 2589, 2593, 2594, 3018, 3531, 3625, 3682, 3688, 3755, 4093, 4094, 4651, 4652, 4656, 4659, 4808)
2009 Ed. (22, 23, 161, 162, 175, 178, 203, 846, 848, 852, 1079, 1080, 1446, 1675, 1940, 2617, 2618, 2621, 3105, 3594, 3690, 3694, 3753, 3777, 3779, 4205, 4693, 4694, 4695, 4697)
2010 Ed. (31, 33, 142, 153, 157, 158, 183, 798, 1050, 1051, 1422, 1428, 1877, 1880, 2518, 2519, 2524, 2525, 2526, 3038, 3608, 3609, 4138, 4705, 4710)
2011 Ed. (27, 28, 66, 77, 79, 81, 718, 726, 984, 985, 1722, 1907, 2519, 2520, 2524, 2525, 2526, 2855, 3007, 3516, 3607, 3608, 3611, 3612, 3684, 3703, 4138, 4139, 4660)
2012 Ed. (30, 31, 68, 79, 82, 565, 571, 662, 664, 896, 897, 1764, 2446, 2447, 2449, 2934, 3513, 3600, 3602, 3607, 3722, 4168, 4171, 4558, 4676, 4680)
2013 Ed. (35, 63, 73, 75, 704, 706, 708, 805, 806, 1056, 1938, 2609, 2610, 3023, 3554, 3659, 3662, 3667, 3669, 4648)
2014 Ed. (91, 93, 727, 729, 732, 825, 826, 1020, 1876, 2534, 2535, 2547,

3034, 3530, 3597, 3602, 4698)
2015 Ed. (96, 99, 773, 776, 778, 1056, 1911, 2610, 2611, 3100, 3610, 3611, 3615, 3697)
2016 Ed. (89, 696, 697, 699, 963, 1875, 2531, 2532, 3494, 3499)
Time Warner Network
2006 Ed. (3183, 3187)
2007 Ed. (3222, 3224, 3246)
2008 Ed. (3374)
2009 Ed. (3434)
Time Warner New York & New Jersey
2004 Ed. (867)
Time Warner of New York & New Jersey
2006 Ed. (770)
Time Warner Tampa Bay
2004 Ed. (867)
Time Warner Telecom Inc.
2001 Ed. (2422)
2002 Ed. (1622, 4568)
2003 Ed. (1643, 1648, 2709)
2005 Ed. (1090)
2008 Ed. (1680)
Time Warner (U.S.)
1991 Ed. (723)
Timeline
2001 Ed. (984)
Timeplex
1993 Ed. (2612)
The Times
1989 Ed. (2267)
2002 Ed. (231, 3514)
2007 Ed. (724)
2008 Ed. (696)
2009 Ed. (704)
2011 Ed. (583)
Times Mirror Cable
1992 Ed. (1024)
Times Mirror Cable Television
1993 Ed. (817)
Times Mirror Co.
1989 Ed. (1934)
1990 Ed. (2796, 2929, 2930, 2931, 2932, 2933, 3525)
1991 Ed. (2392, 2709, 2783, 2784, 2785, 2786, 2787, 2788)
1992 Ed. (1985, 2979, 2980, 3390, 3585, 3586, 3587, 3588, 3590, 3592)
1993 Ed. (811, 2505, 2507, 2803, 2941, 2942, 2943)
1994 Ed. (828, 2444, 2978, 2979, 2980, 2981)
1995 Ed. (877, 2510, 3038, 3039, 3040)
1996 Ed. (2846, 3139, 3141)
1997 Ed. (876, 1287, 1288, 1289, 1290, 2718, 2942, 3219, 3221)
1998 Ed. (512, 2440, 2679, 2711, 2972, 2973, 2975, 2976)
1999 Ed. (824, 3612, 3968, 3971, 3972)
2000 Ed. (1334, 1335, 1336, 1359, 3333, 3681, 3682)
2001 Ed. (1164, 3540, 3886, 3887, 3952)
2003 Ed. (910, 4022, 4023)
2005 Ed. (1529)
Times Mirror Magazines
1995 Ed. (3041, 3044)
2000 Ed. (3684)
Times Mirror (U.S.)
1991 Ed. (723)
Times of India
1995 Ed. (2773)
Times Printing Co.
1998 Ed. (2919)
Times Publishing Bhd.
1989 Ed. (1155)
1990 Ed. (1414)
1991 Ed. (1340)
1992 Ed. (1685)
TimesSquare Real Estate
2002 Ed. (3940)
TimeSys Corp.
2005 Ed. (1148)
Timetech Management Inc.
1995 Ed. (1079)
Timetech Partners
1993 Ed. (1044)
Timex
2001 Ed. (1243)
2005 Ed. (4429, 4430, 4431)
Timico Ltd.
2011 Ed. (2920)
Timing Device
1991 Ed. (2257)
Timing Techniques
1990 Ed. (2365)

Timis; Frank
2012 Ed. (4917)
The Timken Co.
2013 Ed. (3152, 3154, 3161)
2014 Ed. (3155, 3158)
2016 Ed. (3082)
Timken Co.
1989 Ed. (332, 333)
1990 Ed. (2171, 2502)
1991 Ed. (341, 342, 345, 346, 2370)
1992 Ed. (474, 475, 478, 479, 2953, 3216)
1993 Ed. (2705)
1998 Ed. (2091)
1999 Ed. (3359, 3365)
2000 Ed. (3095)
2001 Ed. (3189)
2003 Ed. (3269)
2004 Ed. (4535)
2005 Ed. (4476, 4477)
2006 Ed. (341, 3344)
2007 Ed. (2211, 3400, 3497)
2010 Ed. (804, 3163)
2011 Ed. (4194)
2012 Ed. (1793, 3638)
2013 Ed. (1966, 3157, 3697)
2014 Ed. (3162)
2015 Ed. (1886)
2016 Ed. (1848, 3531)
Timken US Corp.
2008 Ed. (1972)
2009 Ed. (1927)
2010 Ed. (1862)
Timken U.S. LLC
2014 Ed. (1850)
Timken Wuxi Bearing Co., Ltd.
2010 Ed. (2590)
Timminco Ltd.
2007 Ed. (1729)
2008 Ed. (1658)
2009 Ed. (1561, 1582)
2010 Ed. (1563)
Timmins Gold
2012 Ed. (3669)
Timmins Gold Corp.
2015 Ed. (1558)
Timmons; Jeff
2005 Ed. (796)
2006 Ed. (703)
Timmreck; Paul W.
1995 Ed. (3504)
Timoptic-XE
2000 Ed. (3379)
Timoptic/Timoptic-XE ophthalmic solution
1997 Ed. (2966)
Timor-Leste
2010 Ed. (282, 701, 769, 1063, 1064, 1067, 1387, 2220, 2264, 2265, 2302, 2580, 2582, 2589, 2840, 3400, 3749, 4721)
2011 Ed. (205, 686, 1001, 1002, 1005, 1376, 2238, 2271, 2272, 2298, 2304, 2562, 2564, 2571, 2821, 2822, 3329, 3388, 3749, 4679)
2012 Ed. (219, 627, 923, 924, 927, 1235, 2138, 2139, 2197, 2201, 2203, 2509, 2517, 2518, 2618, 2619, 2755, 3315, 3348, 3754, 3822, 4252, 4628)
2013 Ed. (209, 734, 768, 1068, 1348, 2289, 2343, 2344, 2382, 2639, 2647, 2648, 2688, 2689, 2830, 2831, 3387, 3418, 3826, 4216, 4503, 4568)
2014 Ed. (216, 793, 1027, 1030, 1284, 2273, 2274, 2319, 2597, 2606, 2673, 2674, 3389, 3416, 3749, 4547, 4623)
2015 Ed. (248, 836, 1062, 1348, 2357, 2358, 2640, 2642, 2649, 2717, 2718, 3773, 4622)
2016 Ed. (140, 970, 973, 1267, 2258, 2301, 2302, 2461, 3308, 3688, 3740)
Timotei
2001 Ed. (2640, 2641, 2646, 2650)
Timothy Boyle
2005 Ed. (4846)
Timothy Burns
1994 Ed. (1800, 1833)
1995 Ed. (1838)
1996 Ed. (1816)
Timothy Chan
2005 Ed. (2515)
2006 Ed. (2529)
Timothy Donahue
2004 Ed. (2486)
2005 Ed. (972)

Timothy Draper
2007 Ed. (4874)
Timothy Emanuels
2014 Ed. (3394)
Timothy F. Hagan
1995 Ed. (2484)
Timothy Geithner
2010 Ed. (702)
Timothy H. Callahan
2000 Ed. (1884)
Timothy Haahs & Associates Inc.
2009 Ed. (2518)
Timothy Headington
2011 Ed. (4834)
Timothy Heyman
1996 Ed. (1906)
Timothy J. Fenton
2011 Ed. (2547)
Timothy J. Fitzgerald
2009 Ed. (2663)
2010 Ed. (2564)
2011 Ed. (2547)
Timothy J. Naughton
2016 Ed. (872)
Timothy James Consulting
2014 Ed. (2045)
Timothy Koogle
2001 Ed. (1217)
2003 Ed. (958)
Timothy L. Main
2003 Ed. (3295)
Timothy Lee
2014 Ed. (2596)
Timothy Leuliette
2014 Ed. (940)
Timothy M. Donahue
2006 Ed. (922, 2532)
Timothy M. Manganello
2009 Ed. (946)
Timothy M. Ring
2011 Ed. (834)
Timothy Main
2005 Ed. (971)
2006 Ed. (886)
2008 Ed. (939)
Timothy Manganello
2007 Ed. (965)
2014 Ed. (940)
2015 Ed. (2639)
Timothy McCollum
1994 Ed. (1789)
1995 Ed. (1828)
1996 Ed. (1799, 1801)
Timothy McLevish
2007 Ed. (1068)
Timothy Moe
1997 Ed. (1959)
Timothy O'Toole
2010 Ed. (3625)
Timothy R. Eller
2006 Ed. (1201)
2007 Ed. (1036)
2008 Ed. (959)
2009 Ed. (961)
Timothy Ross
2000 Ed. (2059)
Timothy Sompolski
2009 Ed. (2661)
Timothy Taylor
1999 Ed. (2431)
2000 Ed. (2191)
Timothy W. Sullivan
2011 Ed. (826)
Timothy Wadhams
2011 Ed. (828)
Timothy Young
2014 Ed. (3467)
Timpany; Allen
2008 Ed. (2595)
Timpsoh
2005 Ed. (1980)
Timpson Ltd.
2004 Ed. (1872)
Timunox
1996 Ed. (1581)
Timur Goryaev
2007 Ed. (785)
Timur Kulibaev
2008 Ed. (4888)
2009 Ed. (4908)
2011 Ed. (4896)
2012 Ed. (4905)
2014 Ed. (4897)
2015 Ed. (4936)
2016 Ed. (4852)
Tin Roof Sundae
1990 Ed. (2144)
Tina Beattie
1996 Ed. (1854)

1997 Ed. (1965)
Tina Byles-Williams
2013 Ed. (2683)
Tina Fey
2010 Ed. (2514, 2520)
2011 Ed. (2516)
2012 Ed. (2442)
2013 Ed. (2606)
2014 Ed. (2533)
2015 Ed. (2606)
Tina Green
2007 Ed. (4924)
Tina Schiel
2016 Ed. (4928)
Tina Turner
1998 Ed. (867)
1999 Ed. (1292)
2002 Ed. (1161, 1163, 1164, 3413)
2011 Ed. (1066)
Tinactin
1992 Ed. (365, 2208)
1993 Ed. (255)
1996 Ed. (249, 1957)
1998 Ed. (1747)
1999 Ed. (305, 2486)
2000 Ed. (2247)
2001 Ed. (2491, 2492, 2494)
2002 Ed. (2317)
2003 Ed. (2537, 4429)
2004 Ed. (2672)
Tindall; Stephen
2008 Ed. (4848)
2010 Ed. (3956)
Tine Ba
2008 Ed. (66)
2009 Ed. (75)
2010 Ed. (85)
Tine Norske Meierier
2001 Ed. (63)
2005 Ed. (64)
2006 Ed. (71)
2007 Ed. (62)
Ting Hsin International Group
2015 Ed. (4259)
2016 Ed. (4164, 4169)
Ting Kong Stock Broker Co., Ltd.
1990 Ed. (821)
Tinghsin International Group
2012 Ed. (33)
2014 Ed. (53)
Tingley Concrete Construction
2007 Ed. (1358)
Tingyi (Cayman) Islands Holdings Corp.
2008 Ed. (3553)
2010 Ed. (579, 2735, 4743)
2011 Ed. (507, 2720, 4705)
2012 Ed. (3533)
2013 Ed. (3594)
Tingyi Holding
2012 Ed. (2647)
2013 Ed. (2746)
2014 Ed. (2726)
2015 Ed. (2781)
2016 Ed. (2711)
Tinhorn Creek
2014 Ed. (4951)
Tinicum Industrial Park
1991 Ed. (2024)
1992 Ed. (2598)
1994 Ed. (2190)
Tin.it
2002 Ed. (1417)
Tinker Air Force Base
1998 Ed. (2500)
Tinker Credit Union
1995 Ed. (1535)
2002 Ed. (1886)
2003 Ed. (1940)
2004 Ed. (1980)
2005 Ed. (2122)
2006 Ed. (2217)
2007 Ed. (2138)
2008 Ed. (2253)
2009 Ed. (2239)
2010 Ed. (2193)
2011 Ed. (2211)
2012 Ed. (2072)
2013 Ed. (2254)
2014 Ed. (2186)
2015 Ed. (2250)
2016 Ed. (2221)
Tinker; Dylan
1997 Ed. (1964)
Tinker Federal Credit Union
1997 Ed. (1568)
2011 Ed. (1939, 2675)
2012 Ed. (1802)
Tinkering Monkey
2015 Ed. (2479)
Tinkoff Credit Systems

2016 Ed. (442)
Tinley Park (IL) Star Newspapers
2003 Ed. (3645)
Tinley Park Star Newspapers
2002 Ed. (3503)
Tinning
2001 Ed. (4533)
2006 Ed. (4737)
2007 Ed. (4751)
Tinplate
2001 Ed. (4533)
2006 Ed. (4737)
2007 Ed. (4751)
Tinsley Advertising
1989 Ed. (106)
1998 Ed. (55, 3763)
1999 Ed. (89)
2000 Ed. (95)
2002 Ed. (108)
Tinsley H. Irvin
1990 Ed. (2271)
Tint World
2014 Ed. (283)
Tintas Renner
1997 Ed. (2983)
Tiny
2007 Ed. (700, 715)
Tiny Computers Ltd.
2002 Ed. (37, 230)
TIO Networks Corp.
2014 Ed. (1069, 1087)
2015 Ed. (1127)
2016 Ed. (1039)
Tio Pepe
1997 Ed. (3887)
2004 Ed. (4969)
2005 Ed. (4961)
Tio Pepe Dry Sherry
1989 Ed. (2947)
Tiong Hiew King
2006 Ed. (4917)
2008 Ed. (4847)
2009 Ed. (4868)
2011 Ed. (4858)
2012 Ed. (4864)
2013 Ed. (4887)
2014 Ed. (4900)
2015 Ed. (4940)
2016 Ed. (4855)
Tioxide
1999 Ed. (4605)
Tiphook Finance Corp.
1998 Ed. (478)
1999 Ed. (388)
Tiphook PLC
1995 Ed. (201, 2768)
Tippecanoe County, IN
1998 Ed. (2081)
Tippi Toes Dance
2016 Ed. (3930)
Tippie College of Business; University
of Iowa
2010 Ed. (729)
Tippie School of Management; University of Iowa
2010 Ed. (733)
Tippin; Aaron
1993 Ed. (1079)
1994 Ed. (1100)
The Tipping Point
2005 Ed. (719)
2007 Ed. (665)
2008 Ed. (624)
2009 Ed. (629)
*The Tipping Point: How Little Things
Can Make a Big Difference*
2006 Ed. (587)
Tipstjanst AB
1990 Ed. (49)
TIR
1999 Ed. (906, 925)
TIR Systems
2005 Ed. (1702, 1705, 1709)
2006 Ed. (1572)
2007 Ed. (2811)
Tira Wireless Inc.
2008 Ed. (2931)
2009 Ed. (2989)
Tiras Artisticas
1993 Ed. (22)
Tire Alliance Groupe LLC
2005 Ed. (4698)
Tire and rubber
1989 Ed. (1658)
1990 Ed. (2184, 2187)
1991 Ed. (2052, 2057, 3225)
Tire Centers Inc.
2001 Ed. (4546)
Tire Centers LLC
2005 Ed. (4698, 4699)

2006 Ed. (4754)
2007 Ed. (4760)
2008 Ed. (4683)
2009 Ed. (4724)
2010 Ed. (4733)
Tire Discounters Inc.
2014 Ed. (4718)
2015 Ed. (4733)
2016 Ed. (4634)
Tire Disposal & Recycling Inc.
2005 Ed. (4695)
Tire Distribution Systems Inc.
2001 Ed. (4546)
2005 Ed. (4699)
2006 Ed. (4754)
Tire Factory Groupe
2001 Ed. (4539)
Tire Group International
1997 Ed. (2215)
2000 Ed. (2467)
2005 Ed. (2529)
2007 Ed. (2517)
2008 Ed. (2645)
2009 Ed. (2673)
2010 Ed. (2575, 2576)
2012 Ed. (2868)
2013 Ed. (2941)
Tire Kingdom
2016 Ed. (4634)
Tire Kingdom Inc.
2001 Ed. (4541, 4543)
2005 Ed. (4697)
2006 Ed. (4753)
2007 Ed. (4759)
2008 Ed. (4682)
2009 Ed. (4723)
2010 Ed. (4732)
2011 Ed. (4691)
2012 Ed. (4714)
Tire Masters International LLC
2007 Ed. (2514)
Tire, muffler, tune-up shops
1994 Ed. (2179)
Tire One
2005 Ed. (4698)
Tire Rack Inc.
2006 Ed. (139)
2007 Ed. (132)
Tiree Facility Solutions Inc.
2006 Ed. (2747)
Tirello Jr.; Edward
1991 Ed. (1686)
1993 Ed. (1832)
Tires and tubes, rubber
2009 Ed. (2672)
TIRES Inc.
1992 Ed. (3747)
2000 Ed. (1898)
2005 Ed. (4695)
Tires Plus Total Car Care
2003 Ed. (4739)
2004 Ed. (4724)
Tirex-Petrol SA
2014 Ed. (1567)
2015 Ed. (1618)
2016 Ed. (1544)
Tiriac; Ion
2009 Ed. (4896)
2011 Ed. (4906)
2016 Ed. (4869)
Tirlemont
1992 Ed. (914)
1993 Ed. (730)
Tiroler Sparkasse
1995 Ed. (424)
2003 Ed. (464)
Tiroler Sparkasse Bank
1996 Ed. (448)
TIRR
1999 Ed. (2742)
2000 Ed. (2521)
TIRR, The Institute for Rehabilitation &
Research
2002 Ed. (2607)
2003 Ed. (2811)
2004 Ed. (2915)
2005 Ed. (2901)
2006 Ed. (2908)
2007 Ed. (2927)
2008 Ed. (3050)
2015 Ed. (3136)
2016 Ed. (2999)
TIRR, The Institute for Rehabilitation &
Research; Memorial Hermann
2009 Ed. (3136)
2010 Ed. (3067)
2011 Ed. (3039)
2012 Ed. (2977)
2013 Ed. (3069)
2014 Ed. (3071)

Tirreno
1996 Ed. (2869)
'Tis
2001 Ed. (985)
T.IS Bankasi
2002 Ed. (3030)
TIS Mortgage Investment Co.
2002 Ed. (3568)
Tisa British
1992 Ed. (70)
Tiscali
2005 Ed. (3197)
2008 Ed. (680, 701)
2009 Ed. (688, 709)
Tiscali SpA
2002 Ed. (1415)
2006 Ed. (1687, 1689)
Tisch Family; Laurence A.
1992 Ed. (1093, 1280)
Tisch Family; Preston Robert
1992 Ed. (1093, 1280)
Tisch Foundation
1989 Ed. (1478)
1995 Ed. (1070, 1928)
Tisch Hospital & Rusk Institute for Rehabilitation Medicine NYU Medical
Center
1993 Ed. (2076)
Tisch; Laurence
1996 Ed. (1713)
Tisch; Laurence A.
1993 Ed. (1700)
Tisch; Laurence A. and Preston R.
1991 Ed. (894)
Tisch; Preston R.
2006 Ed. (4898)
2007 Ed. (4893)
Tisch; Steve
2012 Ed. (2679)
Tischer Subaru
1991 Ed. (296)
1992 Ed. (401)
1993 Ed. (286)
Tischlerei Fine Woodworking LLC
2016 Ed. (4996)
TISCO
1991 Ed. (721)
1997 Ed. (3490)
TISCO Bank
2010 Ed. (530)
2011 Ed. (459)
Tisco Securities Co.
2001 Ed. (2891)
Tiseo
2014 Ed. (2763)
2015 Ed. (2816)
2016 Ed. (2749)
Tishcon
2000 Ed. (3148)
Tishman Construction
2015 Ed. (1260)
2016 Ed. (1134, 1175)
Tishman Construction Corp.
2002 Ed. (1182)
2005 Ed. (1250)
2006 Ed. (1186, 1209, 1331)
2007 Ed. (1316, 1384)
2008 Ed. (1168, 1171, 1175, 1206,
1317, 1321, 1331)
2009 Ed. (1183, 1200, 1300, 1302,
1305, 1321, 1322, 1338, 4156)
2010 Ed. (1175, 1204, 1289, 1293,
1295, 1299, 1311, 1321)
2011 Ed. (1123, 1152, 1244, 1251,
1253, 1257, 1273, 1277, 1278,
1279, 1280, 1299, 1312)
2012 Ed. (1030, 1057, 2376)
2013 Ed. (1269)
2014 Ed. (1202)
Tishman Hotel Corp.
1994 Ed. (2094)
1995 Ed. (2150)
1996 Ed. (2159)
1997 Ed. (2275)
1998 Ed. (1999)
1999 Ed. (2756)
2006 Ed. (2926)
Tishman Realty & Construction Co.
1990 Ed. (1181)
1992 Ed. (1376, 1437)
1993 Ed. (1102)
1994 Ed. (1125)
1995 Ed. (1140)
1996 Ed. (1113)
1997 Ed. (1139)
2000 Ed. (1237)
Tishman Speyer
2008 Ed. (3821, 4126)
2009 Ed. (4236)
Tishman Speyer Properties

1990 Ed. (2959)
1999 Ed. (4011)
2000 Ed. (3729)
Tishman West Cos.
1990 Ed. (2972)
Tisit
1993 Ed. (2776)
Tisit/Pfeiffer
1992 Ed. (3349)
Tissue Plasminogen Activator
1989 Ed. (2344)
Tisza, Ogilvy & Mather
1992 Ed. (208)
1993 Ed. (133)
1994 Ed. (113)
1995 Ed. (119)
Titaghur Jute
1990 Ed. (3464)
Titan
1996 Ed. (867)
2000 Ed. (780)
2003 Ed. (204)
2005 Ed. (1353, 1359, 1361, 1362,
1363, 1364, 2150, 2152, 2826)
2006 Ed. (1363, 1373, 1420, 2246)
2007 Ed. (1400, 1442)
2012 Ed. (4704, 4705, 4706)
2013 Ed. (4669, 4670, 4671)
2015 Ed. (4734, 4735, 4736)
2016 Ed. (4635, 4636, 4637)
Titan Cement Co.
1991 Ed. (261)
1992 Ed. (363, 364)
1994 Ed. (242, 243)
1996 Ed. (247, 248)
1999 Ed. (303)
2000 Ed. (320, 321)
Titan Cement Co. SA
2005 Ed. (1782)
2006 Ed. (1690)
2007 Ed. (1746)
2011 Ed. (631, 635)
Titan Contracting & Leasing
2004 Ed. (1244, 1339)
2008 Ed. (1337)
2009 Ed. (1221, 1335)
2011 Ed. (1174)
2012 Ed. (1122)
2013 Ed. (1252, 1255)
2014 Ed. (1189)
Titan Electric Co.
2015 Ed. (1149)
Titan Europe plc
2009 Ed. (321)
Titan Financial Services
1999 Ed. (3522, 3578)
2001 Ed. (3433)
Titan Industries
1997 Ed. (1429)
2012 Ed. (4346)
2013 Ed. (4283)
Titan International Inc.
2002 Ed. (1500)
2004 Ed. (4722, 4723)
2005 Ed. (4693, 4694)
2011 Ed. (3645)
Titan LED
2016 Ed. (3412)
Titan Machinery Inc.
2011 Ed. (1925)
2012 Ed. (1786)
2013 Ed. (1960)
2014 Ed. (1896)
2015 Ed. (1941)
2016 Ed. (1911, 2860)
Titan Medical Inc.
2015 Ed. (1559)
Titan Pharmaceuticals Inc.
2004 Ed. (4547)
Titan Propane LP
2007 Ed. (4045)
Titan Protection & Consulting
2015 Ed. (4419)
*Titan: The Life of John D. Rockefeller
Sr.*
2006 Ed. (581)
Titan Travel
2000 Ed. (35, 3396)
Titan Value Equities Group
1999 Ed. (846)
Titan Watches
1996 Ed. (1378)
1999 Ed. (1654)
2000 Ed. (1456, 1458, 1459, 1460)
Titanic
1999 Ed. (4721)
2001 Ed. (2125, 3412, 4693)
2004 Ed. (3513, 3516)
Titanic 3D
2014 Ed. (3703, 3704)

Titanium
  1992 Ed. (3647)
Titanium Logistics Inc.
  2015 Ed. (4786)
  2016 Ed. (4689)
Titanium Metals Corp.
  2006 Ed. (1653)
  2007 Ed. (4552, 4571, 4587)
  2008 Ed. (1684, 2108, 2865, 4532)
  2009 Ed. (2903, 2933, 3225)
  2011 Ed. (3645)
Title Boxing Club
  2015 Ed. (899, 4018)
  2016 Ed. (3931)
Title Wave Stores
  1993 Ed. (3666)
  1994 Ed. (3627, 3628)
  1995 Ed. (3202, 3697, 3698, 3699, 3700, 3701)
  1996 Ed. (3787, 3788)
Titleist
  1991 Ed. (1854, 3169, 3172)
  1992 Ed. (4050)
  1994 Ed. (3370)
  1996 Ed. (3493)
  1997 Ed. (3557)
  1998 Ed. (25)
  1999 Ed. (4378)
  2000 Ed. (4088)
  2002 Ed. (2416)
Titleist/Acushnet
  1992 Ed. (4053)
  1993 Ed. (1990, 3373)
Titleist/Foot-Joy
  1996 Ed. (29, 2035, 3491)
  1997 Ed. (2153, 2154, 3558)
Titleist/Footjoy
  1998 Ed. (1856)
Titlelst
  1992 Ed. (4045)
Titlist/Acushnet
  1992 Ed. (2337)
Tito Puente
  1995 Ed. (1715)
Titusville, FL
  1992 Ed. (3036)
TIVIT
  2012 Ed. (1654, 1655)
TiVo
  2015 Ed. (231)
Tivo
  2015 Ed. (1500)
TiVo Inc.
  2004 Ed. (864, 4561)
  2005 Ed. (839, 840)
  2006 Ed. (4882)
Tivoli
  2012 Ed. (1453)
  2013 Ed. (1589)
  2014 Ed. (1554, 1560)
  2015 Ed. (1608)
Tivoli Gardens
  1995 Ed. (217)
  1996 Ed. (216)
  1997 Ed. (247)
  1999 Ed. (269)
  2000 Ed. (297)
  2001 Ed. (377)
  2002 Ed. (308)
  2003 Ed. (273)
  2005 Ed. (249)
  2006 Ed. (268)
  2007 Ed. (273)
Tivoli Park
  1995 Ed. (219)
  1996 Ed. (218)
  1997 Ed. (250)
Tivoli Systems
  1996 Ed. (3455)
  1998 Ed. (1930)
Tixbit Oil & Chemicals OY
  2016 Ed. (1555)
Tixylix
  1996 Ed. (1033)
T.J. Cinnamons
  1990 Ed. (1752, 1754, 3011)
  1991 Ed. (2885)
  1992 Ed. (2119, 3714)
  1993 Ed. (3022)
  1994 Ed. (3078)
TJ International
  1996 Ed. (1109)
  1997 Ed. (1130)
TJ Maxx
  1990 Ed. (2117)
  1992 Ed. (1820, 3727, 4038)
  1993 Ed. (3039, 3365)
  1994 Ed. (1018, 1537, 3094)
  2007 Ed. (1127)
  2008 Ed. (1009)

2009 Ed. (993, 3184)
TJ Maxx/Marshalls
  2005 Ed. (1028)
TJ Systems
  1994 Ed. (2702)
TJH Medical Services
  2000 Ed. (2393)
Tjiwi Kimia
  1993 Ed. (2155)
  1996 Ed. (2435, 2436)
TJR Industries
  2002 Ed. (4645)
TJR Industries/The Woodworking Shows
  2003 Ed. (4777)
TJT Inc.
  1989 Ed. (2234)
TJX
  2000 Ed. (1113, 1118, 1513, 1689, 2394, 2396, 3803, 3811, 4085)
  2006 Ed. (4146)
  2012 Ed. (837)
  2013 Ed. (914, 1014, 1740)
  2014 Ed. (861)
  2015 Ed. (900, 1016)
  2016 Ed. (787, 918)
TJX Companies
  2015 Ed. (4520)
  2016 Ed. (4457)
The TJX Companies Inc.
  2001 Ed. (1260, 1271, 1272, 1789, 2027, 2746, 4322, 4323, 4324, 4325, 4326)
  2002 Ed. (1524, 1723, 2704, 4036, 4336)
  2003 Ed. (1010, 1011, 1016, 1018, 1019, 1020, 1021, 1022, 1559, 1755, 1756, 2870, 4167, 4184, 4501, 4505, 4563)
  2004 Ed. (992, 993, 1019, 1020, 1021, 1792, 1793, 2877, 2882, 2891, 2955, 3258, 4157, 4158, 4189, 4466, 4470, 4471, 4472, 4473)
  2005 Ed. (1010, 1011, 1025, 1026, 1801, 1857, 1863, 2878, 2957, 3290, 4108, 4414, 4418, 4419, 4420, 4425)
  2006 Ed. (822, 1033, 1034, 1035, 1036, 1039, 1775, 1868, 1869, 1870, 1871, 1872, 2952, 3282, 4184, 4431, 4433, 4434, 4435, 4443, 4444)
  2007 Ed. (909, 1120, 1121, 1122, 1125, 1530, 1871, 1872, 1873, 1874, 2969, 3350, 4169, 4493, 4500)
  2008 Ed. (890, 999, 1000, 1002, 1004, 1007, 1908, 1909, 1914, 1919, 1920, 1921, 1923, 3093, 3446, 4477)
  2009 Ed. (985, 986, 987, 989, 991, 1870, 1871, 1873, 1875, 1876, 1877, 1881, 3084, 3185, 3522, 4316, 4506, 4510)
  2010 Ed. (949, 950, 956, 1801, 1802, 1805, 1807, 1808, 1809, 1813, 1814, 2259, 2261, 3016, 3027, 3116, 3451, 4303, 4546, 4550)
  2011 Ed. (879, 880, 882, 1829, 1830, 1833, 1835, 1836, 1837, 1839, 1841, 1842, 2266, 2267, 2268, 2985, 2996, 3083, 4278, 4296, 4495, 4501, 4502, 4550)
  2012 Ed. (712, 838, 839, 841, 1241, 1688, 1689, 1691, 1692, 1693, 1695, 1696, 1697, 1699, 2122, 2124, 2133, 2134, 2135, 2911, 4314, 4498, 4508, 4557)
  2013 Ed. (917, 918, 920, 1015, 1016, 1021, 1842, 1844, 1846, 1847, 2320, 2323, 2340, 2998, 3038, 4299, 4468, 4472, 4489)
  2014 Ed. (862, 865, 980, 981, 986, 988, 1772, 1774, 1776, 1777, 2251, 2253, 2270, 3005, 4340, 4517)
  2015 Ed. (902, 1017, 1018, 1818, 1820, 1822, 2320, 2322, 3074, 4333, 4380, 4384, 4516)
  2016 Ed. (919, 920, 921, 925, 926, 927, 1777, 1780, 1782, 1784, 2965, 2967, 4231, 4240, 4267, 4452)
The TJX Companies, Inc.
  2014 Ed. (2553, 2570)
The TJX Cos.
  2014 Ed. (1326, 1778)
TJX Cos.
  1990 Ed. (1053, 1514, 1516, 1517)
  1991 Ed. (974, 3112)
  1992 Ed. (1211, 3944, 4072)

1994 Ed. (1015, 1019, 3367)
  1995 Ed. (1024, 1025, 1029, 3426)
  1996 Ed. (893, 1008, 1009, 1010, 1418, 3485, 3487)
  1997 Ed. (1028, 1029, 1030, 1477, 3552)
  1998 Ed. (767, 769, 770, 771, 772, 1046, 1047, 1060, 1062, 1114, 1175, 1298, 1305, 3080, 3344, 3345, 3346)
  1999 Ed. (1198, 1199, 1200, 1485, 1704, 1872, 1882, 4106, 4371, 4374, 4387)
  2005 Ed. (1569, 1858, 1861, 1862, 1864, 4136)
  2016 Ed. (4252)
TK B.D. Sovelj Skopje
  2002 Ed. (4442)
TK Constructors
  2004 Ed. (1159)
  2005 Ed. (1187)
TK Holdings Inc.
  2003 Ed. (342, 343)
  2006 Ed. (1020, 4727, 4728)
  2007 Ed. (1106, 4745, 4746)
  2008 Ed. (4669, 4670)
  2009 Ed. (4708, 4709)
  2010 Ed. (4724, 4725)
  2011 Ed. (4682)
  2012 Ed. (4696)
  2013 Ed. (4657)
  2014 Ed. (4709)
  2015 Ed. (4721)
  2016 Ed. (4623)
TK Maxx
  2007 Ed. (705)
  2008 Ed. (677)
  2009 Ed. (678, 686)
T.K. Tripps/Rock Ola Cafe
  1994 Ed. (3087)
TKC Communications Inc.
  2006 Ed. (1370)
  2007 Ed. (1408)
  2008 Ed. (1364)
TKC Communications LLC
  2007 Ed. (1412)
TKC Global Solutions LLC
  2014 Ed. (1250)
TKC International/Guerra & Associates
  1995 Ed. (2480)
TKH Group NV
  2009 Ed. (2475)
TKP Management BV
  2016 Ed. (1841)
TKS
  2015 Ed. (1526)
TL Ventures
  1998 Ed. (3667)
  1999 Ed. (1967, 4704, 4708)
  2000 Ed. (1535)
TLA Entertainment Group
  2016 Ed. (2980)
TLA Entertainment Group Inc.
  2004 Ed. (4844)
TLA Video
  1997 Ed. (3843)
TLA Video Management
  1998 Ed. (3671)
TLC
  2002 Ed. (1161)
TLC & Associates
  2016 Ed. (4606, 4608)
TLC Beatrice International Holdings Inc.
  1990 Ed. (735, 736, 2593)
  1991 Ed. (713, 2474)
  1992 Ed. (895, 3092)
  1993 Ed. (706, 2584)
  1994 Ed. (714, 715, 2532)
  1995 Ed. (671, 672, 2591)
  1996 Ed. (745, 746, 2661)
  1997 Ed. (677, 2802)
  1998 Ed. (469, 470, 2516)
  1999 Ed. (731, 3424, 4808)
  2000 Ed. (743, 3143, 3150)
TLC Engineering for Architecture
  2007 Ed. (2444)
  2008 Ed. (2516, 2571)
  2009 Ed. (2579)
  2011 Ed. (2503)
TLC Federal Credit Union
  2011 Ed. (1915, 1969, 1970, 1972)
TLC Group
  1989 Ed. (734)
TLC Laser Eye Centers Inc.
  2001 Ed. (1655)
TLC Vision Corp.
  2005 Ed. (1704, 1729)
Tlevisa
  1994 Ed. (2507)
  1996 Ed. (2628, 2629)

1997 Ed. (2778, 2779)
TLF Graphics
  2012 Ed. (4034, 4040)
TLF Graphics Inc.
  2013 Ed. (4070, 4084)
TLP, Inc.
  2000 Ed. (1675)
  2001 Ed. (3920)
TLP-Telefones de Lisboa e Porte Ep.
  1995 Ed. (1477)
TLP (Telefones de Lisboa E Porto) EP
  1994 Ed. (1441)
TLRC
  1999 Ed. (3982)
TLS.net Inc.
  2009 Ed. (1752)
TM Advertising
  2016 Ed. (3464)
TM Century Inc.
  2004 Ed. (4552)
TM Group
  1997 Ed. (2704)
TM Mobile Inc.
  2005 Ed. (3491)
TM & S Oil Co.
  1992 Ed. (1479)
TM Software
  2008 Ed. (1792)
TM Supermarkets
  1992 Ed. (88)
TMA Communications
  1999 Ed. (3940)
TMA List Brokerage & Management
  2005 Ed. (1994)
TMA Resources Inc.
  2011 Ed. (1036)
TMAD Taylor & Gaines
  2012 Ed. (2423)
  2013 Ed. (2593)
TMB Bank
  2007 Ed. (2019)
  2008 Ed. (2118)
  2010 Ed. (530)
  2011 Ed. (459)
  2013 Ed. (402)
  2014 Ed. (416)
  2015 Ed. (473)
  2016 Ed. (422)
TMBR/Sharp Drilling Inc.
  2004 Ed. (3831)
  2005 Ed. (3739, 3740)
TMC
  2013 Ed. (4748)
TMC Electronics Corp.
  1992 Ed. (2405, 2406)
TMC Healthcare
  2005 Ed. (1649)
  2006 Ed. (1544)
  2007 Ed. (1574)
  2008 Ed. (1557)
  2009 Ed. (1483)
  2010 Ed. (1473)
  2012 Ed. (1311)
  2013 Ed. (1411)
  2014 Ed. (1362)
  2015 Ed. (1437)
  2016 Ed. (1360)
TMC Orthopedic
  2010 Ed. (2029)
TMC Services
  2008 Ed. (3095)
TMC Transportation
  2014 Ed. (4798)
  2015 Ed. (4833)
  2016 Ed. (4736)
TMC Transportation Inc.
  2007 Ed. (4845)
  2008 Ed. (4767)
  2009 Ed. (4798)
  2010 Ed. (4815)
  2011 Ed. (4774)
  2012 Ed. (4796)
  2013 Ed. (4757)
  2014 Ed. (4807)
  2015 Ed. (4842)
  2016 Ed. (4746)
TMG Health Inc.
  2009 Ed. (3017)
  2010 Ed. (2954)
TMG Life
  1998 Ed. (172)
TMG Staffing Services Inc.
  2003 Ed. (1600)
  2004 Ed. (1617)
TMH Hotels
  1992 Ed. (2467)
TMI
  1993 Ed. (96, 134)
  1999 Ed. (84, 115, 117, 149, 159, 166)

2000 Ed. (123)
2001 Ed. (132, 159, 161, 205, 216, 230)
2002 Ed. (104, 128, 132, 135, 152, 177, 190, 203)
2003 Ed. (69, 95, 98, 101, 122, 144, 154, 163)
2008 Ed. (3720, 4971)
TMI Egypt
1996 Ed. (83)
TMI (JWT)
2000 Ed. (90, 121, 166, 186, 269)
TMI Kuwait
1996 Ed. (110)
TMI Lebanon
1996 Ed. (111)
TMI Saudi Arabia
1996 Ed. (134)
TMI UAE (JWT)
1996 Ed. (149)
TMK
2013 Ed. (3426, 4499)
TMK; OAO
2012 Ed. (3562)
2013 Ed. (3599)
TML Mortgage Solutions
2008 Ed. (132)
TMN
2001 Ed. (69)
2004 Ed. (74)
2009 Ed. (143)
TMN Group
2010 Ed. (138)
TMNG
2002 Ed. (2511)
tmo
2002 Ed. (1984)
TMP Associates Inc.
1992 Ed. (357)
1995 Ed. (238)
2000 Ed. (313)
2001 Ed. (409)
TMP Worldwide
1993 Ed. (74)
1994 Ed. (64)
1995 Ed. (24, 36)
1996 Ed. (39, 44, 55)
1997 Ed. (41, 52)
1998 Ed. (41, 47)
1999 Ed. (46, 52, 54)
2000 Ed. (50, 54, 57, 106)
2001 Ed. (99, 104, 148, 188, 241)
2002 Ed. (66)
2003 Ed. (34, 113, 116, 181, 1424, 1512, 4394)
2004 Ed. (101, 102, 104, 135, 858)
2006 Ed. (3418, 3420)
TMS International
2013 Ed. (2000, 2006, 2011)
2016 Ed. (3409)
TMS International Corp.
2016 Ed. (1957)
TMSF Holdings Inc.
2006 Ed. (2733, 2734)
TMX Group
2011 Ed. (4404)
2014 Ed. (4554, 4559, 4561)
2015 Ed. (4548, 4553, 4559, 4560)
TMZ.com
2012 Ed. (492)
2014 Ed. (627)
T&N
1992 Ed. (480, 2972)
TN Communications Group
1999 Ed. (84)
2001 Ed. (132)
TN Communications Group (DDB)
2000 Ed. (90)
TN Media
2000 Ed. (131, 133, 135, 136, 137, 138, 140)
2001 Ed. (165, 166, 171, 173, 174, 175, 176, 177)
2002 Ed. (144, 146, 147, 148, 174, 193, 194, 195, 196, 3278)
TN Ward Co.
2011 Ed. (1263)
TNA International Ltd
1999 Ed. (3905)
TNA International Ltd./TNA USA
2000 Ed. (3621)
TNB
1994 Ed. (2348)
1996 Ed. (2447)
1997 Ed. (2593)
1999 Ed. (3137)
TNC
1992 Ed. (4207)
TND
2000 Ed. (2884)

TNK
2005 Ed. (3789)
TNK-BP
2005 Ed. (1958)
2014 Ed. (1282)
TNK-BP Holding
2008 Ed. (2066)
2009 Ed. (2033)
2010 Ed. (1965)
2011 Ed. (2026, 2428)
2012 Ed. (1875, 3919)
2013 Ed. (2036, 3969)
2014 Ed. (1971, 3911)
TNK-BP Holding; OAO
2011 Ed. (1724, 2025)
2012 Ed. (1874)
2013 Ed. (849)
2014 Ed. (2469)
2015 Ed. (2540)
TNK-BP International
2013 Ed. (2035)
2014 Ed. (1970)
2015 Ed. (2015)
TNN
1990 Ed. (869)
1992 Ed. (1015)
1997 Ed. (730, 870)
1998 Ed. (589, 605)
TNN: The Nashville Network
1994 Ed. (829)
TNO
2009 Ed. (2591)
TNS Distribution
2015 Ed. (1750)
TNS Inc.
2005 Ed. (3039, 4041)
2006 Ed. (3042)
TNS Research International
2011 Ed. (3580)
TNS U.S.
2007 Ed. (4114)
2008 Ed. (4138)
2010 Ed. (4185)
TNS USA
2005 Ed. (4037)
2006 Ed. (4068)
TNT
1991 Ed. (839, 1253)
1992 Ed. (1015, 1022, 1613, 4243)
1993 Ed. (812, 822, 3472)
1996 Ed. (854)
1997 Ed. (730, 870)
1998 Ed. (116, 583, 589, 605)
2000 Ed. (943)
2001 Ed. (1089, 1615, 1618, 1619, 1628, 4496)
2003 Ed. (4714)
2004 Ed. (4691)
2005 Ed. (4663)
2006 Ed. (4711, 4713)
2007 Ed. (4732, 4733, 4739)
2008 Ed. (4654, 4655)
2009 Ed. (4696)
2010 Ed. (4708, 4709)
2011 Ed. (725, 4664, 4665, 4750)
2012 Ed. (4766)
2013 Ed. (4714)
2015 Ed. (866)
TNT Airways
2012 Ed. (155)
TNT Australia
2002 Ed. (1652)
2004 Ed. (1655)
TNT Express
2010 Ed. (1502)
2011 Ed. (1496)
2014 Ed. (4767)
TNT Express NV
2013 Ed. (117)
TNT Express W. W.
2013 Ed. (135)
TNT Freightways
1994 Ed. (3589)
1995 Ed. (3670)
1996 Ed. (3751, 3753, 3754)
1997 Ed. (3801, 3803, 3804)
TNT Holland Motor Express
1993 Ed. (3631, 3632)
1994 Ed. (3591, 3592)
1995 Ed. (3682)
TNT Logistics NA
2006 Ed. (4887)
2007 Ed. (4879)
TNT Logistics North America
2005 Ed. (3340)
2006 Ed. (4795)
2007 Ed. (3389, 4812)
2008 Ed. (4739)
TNT North America
2000 Ed. (4320)

TNT NV
2007 Ed. (2648, 4374, 4376, 4833)
2008 Ed. (1965, 4329, 4331)
2009 Ed. (1920, 4434, 4436, 4788)
2010 Ed. (1854, 1856, 3804)
2011 Ed. (631, 1887, 3801)
2012 Ed. (141, 1742, 3791, 4767)
2013 Ed. (4438, 4716)
TNT Original
2009 Ed. (849)
TNT Post
2015 Ed. (4795)
TNT Post Groep NV
2002 Ed. (2575)
TNT Post Group NV
2002 Ed. (4265)
TNT-Thomas Nationwide Transport
1990 Ed. (3646)
TNT (Turner Network Television)
1994 Ed. (829)
TNT U.K.
2015 Ed. (4789, 4795)
2016 Ed. (4699)
TNT UK Ltd.
2009 Ed. (2111)
TNT/GD Express
1998 Ed. (117)
Tnuva
1992 Ed. (58)
1993 Ed. (36)
1994 Ed. (27)
2004 Ed. (54)
2009 Ed. (57)
2010 Ed. (67)
Tnuva Dairy
1991 Ed. (29)
Tnuve
2001 Ed. (45)
To Heaven & Back
2014 Ed. (580)
To Kill a Mockingbird
2014 Ed. (579)
2015 Ed. (647)
A to Z Tire & Battery Inc.
2005 Ed. (4696)
2006 Ed. (4746)
Toa Corp.
2000 Ed. (1290)
2002 Ed. (1320)
2003 Ed. (1334)
TOA Fire & Marine Reinsurance Co. Ltd.
1999 Ed. (4035)
Toa Nenryo Kogyo K.K.
1990 Ed. (949)
Toa Steel
1999 Ed. (1565)
Toagosei Chemical
2001 Ed. (1226)
Toast 'em
1995 Ed. (3398)
Toaster oven
1991 Ed. (1964)
Toaster pastries
1994 Ed. (1993)
2002 Ed. (2293)
2003 Ed. (368, 4652)
Toaster Strudel
1995 Ed. (3398)
Toasters
1993 Ed. (2109)
2002 Ed. (2702)
Toastettes
1995 Ed. (3398)
Toastmaster
1990 Ed. (1594, 2001, 2107, 2141, 3483)
1991 Ed. (1492, 1961, 1962, 1990)
1992 Ed. (1891, 2394, 2517, 2518, 2557)
1993 Ed. (1552, 2026, 2119)
1994 Ed. (1589, 2043, 2126, 2127, 2152)
1995 Ed. (1631, 2178, 2179, 2194, 2410)
1997 Ed. (1690, 2200, 2311, 2312, 2342, 2590)
1998 Ed. (1380, 1921, 1951, 2044, 2321)
1999 Ed. (1946, 2658, 2692, 2803, 3134)
2000 Ed. (1730, 2579, 2881)
2001 Ed. (2811)
Tobacco
1989 Ed. (1661)
1990 Ed. (2183)
1991 Ed. (174, 2028, 2032, 2034, 2036, 2039, 2040, 2042, 2044)
1992 Ed. (2600, 2602, 2603, 2607, 2608, 2610, 2612, 2614, 4070)

1993 Ed. (1232, 1234, 1236, 1237, 1238, 1239, 1242, 1713, 3389)
1994 Ed. (1190, 1271, 1272, 1276, 1277, 1278, 1280, 1281)
1995 Ed. (1298, 1299, 1300, 1301, 1303)
1996 Ed. (1169)
1997 Ed. (1441, 1675)
1999 Ed. (1807)
2001 Ed. (3605, 3918, 4553)
2002 Ed. (2790, 2791)
2003 Ed. (3947, 3948)
2004 Ed. (2554)
2005 Ed. (1395, 1396)
2006 Ed. (834, 1385, 3009, 3010)
2007 Ed. (1422)
2008 Ed. (1643, 1821, 1822, 1823, 2651)
2009 Ed. (1770, 1771)
Tobacco and accessories
1995 Ed. (2049, 3721)
Tobacco Barn
2014 Ed. (4368)
2015 Ed. (4381)
2016 Ed. (4649)
Tobacco Central
2014 Ed. (4368)
2015 Ed. (4381)
2016 Ed. (4649)
Tobacco Central Inc.
2005 Ed. (4139)
2009 Ed. (4734)
Tobacco, chewing
2001 Ed. (4559)
2002 Ed. (1051)
2005 Ed. (2753, 2759)
Tobacco Connection
2014 Ed. (4368)
2015 Ed. (4381)
2016 Ed. (4649)
Tobacco Exporters International
2003 Ed. (967)
Tobacco industry
1998 Ed. (89, 3363)
Tobacco, loose leaf
1999 Ed. (4611)
Tobacco Manufacturers Association
2002 Ed. (53)
Tobacco, moist plug
1999 Ed. (4611)
Tobacco, plug
1999 Ed. (4611)
Tobacco product manufacturing
2002 Ed. (2785)
Tobacco products
1996 Ed. (2489)
1997 Ed. (2631)
1999 Ed. (1941, 2846)
2005 Ed. (1481, 4703)
Tobacco products manufacturing
2002 Ed. (2222)
Tobacco Root Mountain Care Center
2016 Ed. (1833)
Tobacco Root Mountains Care Center
2013 Ed. (1897)
2014 Ed. (1830)
Tobacco Sales
1999 Ed. (4829, 4830)
Tobacco, smoking
2001 Ed. (4559)
2002 Ed. (1051)
Tobacco Superstores
2014 Ed. (1379)
Tobacco Superstores Inc.
2005 Ed. (4139)
2009 Ed. (4734)
2014 Ed. (4368)
2015 Ed. (4381)
2016 Ed. (4649)
Tobacco, twist/roll
1999 Ed. (4611)
Tobacco Valley Lumber
1998 Ed. (2424)
Toback & Co.
1999 Ed. (24)
2000 Ed. (20)
Toback CPAs
1998 Ed. (19)
Tobacofina
1992 Ed. (41)
Tobar & Conde Publicidad
1996 Ed. (93)
1997 Ed. (94)
1999 Ed. (96)
Toben; Doreen
2006 Ed. (996)
2007 Ed. (1088)
Toberoff; Max
1991 Ed. (2296)
Tobey Maguire

2012 Ed. (2444)
Tobias Levkovich
  1995 Ed. (1831)
  1996 Ed. (1770, 1793, 1809)
  1997 Ed. (1867, 1883)
  1998 Ed. (1638, 1650)
  1999 Ed. (2225, 2240)
  2000 Ed. (2007, 2023)
  2004 Ed. (3168)
Tobii Technology
  2009 Ed. (3021)
  2010 Ed. (2955)
  2011 Ed. (2918)
Tobii Technology AB
  2009 Ed. (3001, 3010)
Tobin; James R.
  2009 Ed. (944)
  2010 Ed. (896)
Tobishima Corp.
  1993 Ed. (891)
  1995 Ed. (1352)
Tobu Railway
  2002 Ed. (1702)
  2012 Ed. (4182)
  2013 Ed. (4163)
  2014 Ed. (4181)
  2015 Ed. (4162)
Toby Keith
  1997 Ed. (1113)
  2006 Ed. (1157)
  2011 Ed. (3712)
Toby Radford
  2000 Ed. (2102)
Toby Redshaw
  2013 Ed. (2958)
TobyHanna Army Credit Union
  2011 Ed. (2171)
Tocai Friulano
  1996 Ed. (3837)
Tocars Inc.
  2005 Ed. (297)
Tocor II
  1993 Ed. (3113)
Tocqueville Gold
  2004 Ed. (3594, 3595)
  2005 Ed. (3559, 3561)
  2006 Ed. (3637, 3638, 3657)
  2012 Ed. (3739)
Tocqueville Gold Fund
  2009 Ed. (3794)
Tocqueville International Value
  2004 Ed. (3641)
  2006 Ed. (3676, 3677)
  2007 Ed. (2483)
Tocqueville Small Cap Value
  2003 Ed. (3506)
  2006 Ed. (4557)
Tod Holmes
  2005 Ed. (987)
  2007 Ed. (1057)
  2008 Ed. (963)
  2010 Ed. (915)
Toda Corp.
  1999 Ed. (1323, 1407)
"Today"
  1992 Ed. (4253)
  1995 Ed. (3585)
  2001 Ed. (4498)
Today Homes
  2004 Ed. (1168)
  2005 Ed. (1196)
"Today Show"
  1993 Ed. (3539)
Today Sotheby's International Realty
  2016 Ed. (2577)
Today's Department Store Co., Ltd.
  1990 Ed. (1498)
  1992 Ed. (1798)
Today's Man
  1999 Ed. (1877)
Today's Parent
  2016 Ed. (3396)
Today's Realtor
  1999 Ed. (292)
Today's Trucking Magazine
  2015 Ed. (804)
  2016 Ed. (722)
Today's Window Fashions
  2002 Ed. (4905)
  2003 Ed. (4940)
  2004 Ed. (4943)
  2007 Ed. (3193)
Todaytech Distribution
  2004 Ed. (4922)
The Todd-AO Corp.
  1999 Ed. (2053)
Todd B. Barnum
  2004 Ed. (2488)
Todd Bakar
  1996 Ed. (1770, 1800)

2000 Ed. (2004)
Todd Bault
  2011 Ed. (3365)
Todd Bergman
  1993 Ed. (1815)
Todd, Bremer & Lawson Inc.
  2016 Ed. (950)
Todd C. Weller
  2011 Ed. (3359)
Todd County, SD
  2002 Ed. (1806)
Todd D. Slater
  2011 Ed. (3346)
Todd DiScala
  2013 Ed. (3392)
Todd English
  2002 Ed. (986)
  2003 Ed. (931)
  2004 Ed. (939)
  2014 Ed. (876)
Todd Farha
  2009 Ed. (3314)
  2010 Ed. (3246)
Todd Hollowell
  2016 Ed. (1113)
Todd Hornbeck
  2015 Ed. (974)
Todd Investment Advisors
  1991 Ed. (2235)
Todd Market Timer
  1990 Ed. (2365)
Todd Martin
  2000 Ed. (2060)
Todd Nelson
  2006 Ed. (879)
  2007 Ed. (970)
Todd Oldham
  2010 Ed. (3005)
Todd Richter
  2000 Ed. (2015)
Todd; Robin
  2006 Ed. (4988)
  2007 Ed. (4985)
  2008 Ed. (4991)
  2009 Ed. (4985)
  2010 Ed. (4992)
Todd S. Nelson
  2005 Ed. (981, 2504)
Todd Shipyards
  1989 Ed. (2648, 2666)
  1990 Ed. (1303)
  2004 Ed. (2020)
  2009 Ed. (2126)
  2013 Ed. (2181)
Todd W. Herrick
  2007 Ed. (959)
Todd Wagner
  2011 Ed. (4845)
Toder; Jeffrey
  1997 Ed. (2002)
Todhunter Importers
  2003 Ed. (4211)
  2004 Ed. (4234)
Todhunter International Inc.
  2004 Ed. (3276, 3277)
  2005 Ed. (3293, 3294)
TodShp
  1990 Ed. (2683)
Toepfer; A. C.
  2006 Ed. (2541)
Toepfer Internationale Gruppe: Alfred C.
  1989 Ed. (961)
  1990 Ed. (1102)
Toepfer Verwaltungs Gmbh; Alfred C.
  1990 Ed. (3263)
Tofas Fobrika
  2000 Ed. (2869)
Tofas Oto Fabrika
  1997 Ed. (2576)
Tofas Oto Fabrikalri
  1996 Ed. (2433, 2434)
Tofas Oto Mobil Fabrikasi
  1994 Ed. (2335)
Tofias, Fleishman, Shapiro & Co.
  1998 Ed. (13)
  1999 Ed. (17)
  2000 Ed. (14)
Tofias, Fleishman, Shapiro & Co., PC
  2002 Ed. (16, 20)
Tofias PC
  2003 Ed. (5)
  2004 Ed. (11)
  2005 Ed. (7)
  2006 Ed. (12)
  2007 Ed. (8)
  2008 Ed. (6)
  2009 Ed. (9)
  2010 Ed. (18)
Togar Properties
  2004 Ed. (1196)

TogetherSoft
  2003 Ed. (2725)
  2004 Ed. (4829)
Togo
  2001 Ed. (2419)
Togo's
  1992 Ed. (2122, 3764)
  2015 Ed. (4396)
Togo's Eatery
  1991 Ed. (2910)
  1993 Ed. (3067)
  1995 Ed. (3180)
  2002 Ed. (4091)
  2003 Ed. (4227)
  2004 Ed. (4243)
  2005 Ed. (4176)
  2006 Ed. (4225)
  2008 Ed. (2662)
Togo's Franchisor LLC
  2011 Ed. (4350)
  2012 Ed. (4390)
  2013 Ed. (4359)
  2014 Ed. (4412)
  2015 Ed. (4398)
  2016 Ed. (4291)
Togs
  1994 Ed. (2198)
Togs Disposable Nappies
  1992 Ed. (2630)
Togut; David
  1996 Ed. (1799)
  1997 Ed. (1872)
Tohmatsu
  1996 Ed. (16, 17)
Tohmatsu & Co.
  1993 Ed. (9, 10)
  1997 Ed. (13, 14, 15)
  1999 Ed. (14)
Toho
  2007 Ed. (3452)
  2016 Ed. (3491)
Toho Gas
  2007 Ed. (2690)
  2016 Ed. (2812)
Toho Holdings
  2012 Ed. (3969)
  2013 Ed. (4010)
  2014 Ed. (3952)
  2015 Ed. (3991)
Toho Metals
  2001 Ed. (3076, 4944)
Tohoku Electric Power
  1989 Ed. (2263)
  1997 Ed. (3216)
  1998 Ed. (2967)
  1999 Ed. (3966)
  2000 Ed. (3676, 3677)
  2005 Ed. (2302)
  2007 Ed. (2305)
  2012 Ed. (2268)
  2013 Ed. (2442)
  2014 Ed. (2376, 4026, 4067)
  2015 Ed. (2443)
  2016 Ed. (2390, 2392)
Tohoku Semiconductor Corp.
  1995 Ed. (1765)
Tohono O'odham Nation
  1991 Ed. (257)
Tohtonku
  1994 Ed. (32)
  2006 Ed. (67)
Toichi Takenaka
  1994 Ed. (708)
Toil SpA
  2016 Ed. (1536, 1707)
Toilet bowl cleaners
  2000 Ed. (4155)
  2002 Ed. (1065)
Toilet bowl deodorizers
  2002 Ed. (254)
Toilet Duck
  1996 Ed. (983)
  2003 Ed. (987)
Toilet paper
  1994 Ed. (1996)
Toilet tissue
  1995 Ed. (3528)
  2001 Ed. (2085)
  2002 Ed. (1222, 4038)
  2005 Ed. (2757, 2760)
Toiletries
  1989 Ed. (2329)
  1990 Ed. (2152)
  1991 Ed. (1998)
  1992 Ed. (99, 2570)
  1995 Ed. (2998)
  1996 Ed. (1485, 2973, 3655)
  2000 Ed. (201)
  2001 Ed. (246)
  2003 Ed. (22)

2004 Ed. (100)
  2008 Ed. (2839)
  2009 Ed. (2896)
  2010 Ed. (2836)
Toiletries and cosmetics
  1990 Ed. (2149, 2150, 2151, 2153)
  1991 Ed. (1176, 1191, 1995, 1996, 1997, 1999)
  1992 Ed. (1502, 2567, 2568, 2569, 2571, 2572, 3394)
  1993 Ed. (735, 2132, 2133, 2134, 2135, 2136, 2137, 2806, 2808)
  1994 Ed. (1229, 1240, 2802, 2925)
  1995 Ed. (147, 2208, 2210, 2211, 2212, 2888, 2891, 2980)
  1997 Ed. (3051)
  1998 Ed. (586, 598, 2800)
  1999 Ed. (3767)
  2000 Ed. (40, 2629, 3460)
Toiletries & toilet goods
  1992 Ed. (32)
Toilets
  2001 Ed. (4743)
Toinaftate
  1992 Ed. (365)
Tokai
  1989 Ed. (530)
  1990 Ed. (1783, 1784)
  1992 Ed. (2154)
Tokai Bank
  1989 Ed. (477, 478, 531, 581, 1432)
  1990 Ed. (502, 594, 617, 1789, 2773)
  1991 Ed. (382, 448, 450, 508, 509, 512, 548, 557, 561, 562, 575, 576, 577, 1718, 1720, 2304, 2307)
  1992 Ed. (603, 604, 665, 666, 716, 721, 726, 743, 744)
  1993 Ed. (424, 477, 542, 543, 544, 1859, 2414, 2420, 2423)
  1994 Ed. (485, 544, 545)
  1995 Ed. (519, 520, 2437, 2439)
  1996 Ed. (507, 573, 574)
  1997 Ed. (471, 529)
  1998 Ed. (355, 3008)
  1999 Ed. (563, 564, 565)
  2000 Ed. (574, 575, 576, 3896)
  2001 Ed. (603, 629)
  2002 Ed. (595, 597, 4432, 4433)
  2003 Ed. (535, 553)
Tokai Bank of California
  1991 Ed. (594)
  1993 Ed. (554)
  1994 Ed. (556)
  1995 Ed. (530)
  1996 Ed. (587)
  1997 Ed. (543)
  1998 Ed. (390, 2515)
  1999 Ed. (581, 3423)
Tokai International
  1989 Ed. (1371)
Tokai Rubber Industries Ltd.
  2001 Ed. (393)
Tokai Tokyo Securities
  2006 Ed. (4510)
Tokai Trust of New York
  1995 Ed. (2365)
Tokal Bank of California
  2000 Ed. (3149)
Tokio
  1992 Ed. (2712)
Tokio Marine
  1990 Ed. (2259)
  2016 Ed. (3184)
Tokio Marine & Fire
  1996 Ed. (2292)
  1998 Ed. (2128)
  1999 Ed. (2913, 2915, 2921)
  2000 Ed. (2670)
The Tokio Marine & Fire Insurance Co., Ltd.
  1990 Ed. (2274)
  1991 Ed. (2143)
  1992 Ed. (2706)
  1993 Ed. (2252)
  1994 Ed. (2232)
  1995 Ed. (2279)
  1997 Ed. (2418)
  2003 Ed. (3012)
  2004 Ed. (3130)
  2005 Ed. (3151)
Tokio Marine Group
  2014 Ed. (3257)
  2016 Ed. (3163)
Tokio Marine Holding Group
  2013 Ed. (3334)
Tokio Marine Holdings Inc.
  2010 Ed. (3249)
  2011 Ed. (3218, 3290, 3292)
  2012 Ed. (1632, 3180, 3268, 3269, 3270, 3271)

2013 Ed. (1789, 3257, 3335, 3346, 3349, 3350, 3351)
2014 Ed. (1719, 3309, 3353, 3365, 3366, 3367)
2015 Ed. (3355, 3384, 3398)
2016 Ed. (3216, 3256, 3271)

Tokio Marine & Nichido Fire Insurance Co.
2011 Ed. (1373)

Tokio Marine & Nichido Systems Co., Ltd.
2010 Ed. (1760)

Tokio Marine Seguradora
2008 Ed. (3254)

Tokio Marine U.S. Group
2012 Ed. (3166)
2013 Ed. (3238)
2014 Ed. (3265)

Tokio Millennium Re Ltd.
2012 Ed. (3282)

Tokobank
1996 Ed. (666, 667)
1997 Ed. (604)
1999 Ed. (628)
2000 Ed. (653)

Tokos Medical Corp.
1993 Ed. (2055)
1994 Ed. (2075)
1995 Ed. (2124)

Tokuyama
2001 Ed. (3838)
2002 Ed. (1000)
2010 Ed. (867)
2011 Ed. (795)
2013 Ed. (957)

Tokyo
1989 Ed. (915)
1990 Ed. (861, 863, 865)
1991 Ed. (1365, 2146)
1997 Ed. (193, 1004, 2684, 2960, 2961)
2000 Ed. (107, 3374, 3375, 3377)

Tokyo Broadcasting System
1996 Ed. (792)
2001 Ed. (4493)
2007 Ed. (3452)
2016 Ed. (3491)

Tokyo Disney Sea
2006 Ed. (267, 269)
2007 Ed. (272, 275)

Tokyo Disneyland
1994 Ed. (219)
1995 Ed. (218, 220)
1996 Ed. (217, 220)
1997 Ed. (249, 252)
1998 Ed. (166)
1999 Ed. (270, 273)
2000 Ed. (298, 301)
2001 Ed. (379, 382)
2002 Ed. (310, 313)
2003 Ed. (272, 275)
2005 Ed. (248, 250)
2006 Ed. (267, 269)
2007 Ed. (272, 275)

Tokyo Disneysea
2003 Ed. (272)
2005 Ed. (248, 250)

Tokyo Dome
2010 Ed. (4565)
2011 Ed. (4527)
2016 Ed. (4471)

Tokyo Electric
1993 Ed. (3210)

Tokyo Electric Power
2013 Ed. (1425)
2016 Ed. (2392)

Tokyo Electric Power Co.
2016 Ed. (2466)

Tokyo Electric Power Co., Inc.
1989 Ed. (1131, 2263)
1990 Ed. (2927, 2928)
1991 Ed. (1251, 1281, 1309, 1315, 1318, 3400)
1992 Ed. (1655, 1660, 4310)
1993 Ed. (1358, 2937, 3587)
1994 Ed. (1409, 2976, 3550)
1995 Ed. (1388, 1444, 3035)
1996 Ed. (1338, 3137, 3706, 3707)
1997 Ed. (1357, 1464, 3216)
1998 Ed. (2967)
1999 Ed. (1565, 3966)
2000 Ed. (1493, 1497, 3676, 3677)
2001 Ed. (1620, 1764)
2002 Ed. (1708, 2127, 3880, 4432)
2003 Ed. (2143)
2005 Ed. (2302, 2304, 2306, 2407, 2411)
2006 Ed. (1825)
2007 Ed. (1833, 1835, 2302, 2303,

2304, 2386, 2392, 2688, 2689, 3987)
2008 Ed. (1867, 1868, 2430, 2432, 2818)
2009 Ed. (1821, 2435, 2436, 2875)
2010 Ed. (1765, 2353, 2355, 2815)
2011 Ed. (2349, 2351, 2801)
2012 Ed. (1629, 2264, 2268)
2013 Ed. (2442)
2014 Ed. (2376)
2015 Ed. (2443)
2016 Ed. (2390, 2397)

Tokyo Electron
2013 Ed. (1426)
2016 Ed. (987)

Tokyo Electron Ltd.
1990 Ed. (3237)
1991 Ed. (3083)
1992 Ed. (3914)
1995 Ed. (3285)
1996 Ed. (3397)
1998 Ed. (1534, 3275)
2000 Ed. (4263)
2001 Ed. (4219)
2007 Ed. (2828, 4353)
2012 Ed. (4463)
2013 Ed. (4422, 4429)
2014 Ed. (4453, 4458)
2015 Ed. (4448)
2016 Ed. (4340)

Tokyo Electron United
2003 Ed. (4377)

Tokyo Gas
2016 Ed. (2812)

Tokyo Gas Co.
1989 Ed. (2263)
1990 Ed. (2928)
2005 Ed. (2727, 2729, 2731, 3768, 3770, 3772)
2007 Ed. (2687, 2690)
2008 Ed. (2816)
2009 Ed. (2874)
2010 Ed. (2814)
2011 Ed. (2799)
2012 Ed. (2726, 2728, 2731)
2013 Ed. (2802, 2812, 2817, 2820)
2014 Ed. (2839, 2850, 2855)
2015 Ed. (2879, 2890, 2895)
2016 Ed. (2809, 2816, 2817)

Tokyo-Haneda
1992 Ed. (313)

Tokyo Haneda, Japan
2009 Ed. (255, 4960)
2010 Ed. (247)

Tokyo Hotel Chain Co. Ltd.
1994 Ed. (2109)

Tokyo International Airport
1991 Ed. (218)
1996 Ed. (199)

Tokyo International Financial Futures Exchange
1993 Ed. (1915)

Tokyo International Forum
2001 Ed. (4353)

Tokyo International, Japan
1990 Ed. (245)

Tokyo, Japan
1990 Ed. (866, 1439, 1870)
1991 Ed. (3249)
1992 Ed. (172, 1166, 1391, 1712)
1993 Ed. (1425)
1994 Ed. (976, 2895)
1995 Ed. (1869, 2564, 2956)
1996 Ed. (979, 2865)
1999 Ed. (1177)
2001 Ed. (136, 348, 2816)
2002 Ed. (109, 276, 277, 2747)
2003 Ed. (187, 256, 257)
2004 Ed. (224)
2005 Ed. (233, 2033)
2006 Ed. (249, 251, 4182)
2007 Ed. (260)
2008 Ed. (238, 766, 1819)
2009 Ed. (263, 1767)
2010 Ed. (1714, 3499, 3500)
2011 Ed. (171, 1729, 2621, 2630, 3786)
2012 Ed. (182, 184)
2013 Ed. (161, 162, 167)
2014 Ed. (127, 165, 166, 171, 2637, 2642)
2015 Ed. (192, 193, 197, 2680)
2016 Ed. (187, 189, 2597, 2603)

Tokyo Kogyo Auto Directors Assn.
1990 Ed. (2214)

Tokyo Leasing Co. Ltd.
1997 Ed. (2008)
1999 Ed. (2436)
2000 Ed. (2194)

Tokyo Marine & Fire

1998 Ed. (3040)

Tokyo-Mitsubishi Bank
2000 Ed. (4262)

Tokyo-Mitsubishi Bank Ltd.; Bank of
2006 Ed. (443)
2007 Ed. (449)

Tokyo Motors
1997 Ed. (3762)

Tokyo Narita, Japan
2009 Ed. (255, 261, 4960)
2010 Ed. (247, 250)
2011 Ed. (169)

Tokyo Nickel Co., Ltd.
2004 Ed. (3693)

Tokyo Printing Ink
2001 Ed. (2877)
2006 Ed. (3046)
2007 Ed. (3078)
2008 Ed. (3219)
2009 Ed. (3278)
2010 Ed. (3203)
2011 Ed. (3167)
2012 Ed. (3123)
2013 Ed. (3208)
2014 Ed. (3220)
2015 Ed. (3283)
2016 Ed. (3123)

Tokyo Sowa Bank
2002 Ed. (574)

Tokyo Stock Exchange
1993 Ed. (1915)
1997 Ed. (3632)
2001 Ed. (4379)
2009 Ed. (4532, 4533)
2016 Ed. (4486)

Tokyo Stock Exchange Group
2014 Ed. (4554, 4559, 4561)

Tokyo Tatemono
2007 Ed. (4091)
2016 Ed. (4095, 4101)

Tokyo; University of
2010 Ed. (1036)

Tokyo/Yokohama, Japan
1989 Ed. (2245)
1991 Ed. (940)

Tokyu
1990 Ed. (102, 1497)
2006 Ed. (1793)
2007 Ed. (1800, 1801, 4836)
2008 Ed. (4232)
2009 Ed. (4328, 4331)
2010 Ed. (4347)
2012 Ed. (4182)
2013 Ed. (4163)
2014 Ed. (4181)
2015 Ed. (4162)
2016 Ed. (4075, 4727)

Tokyu Advertising
1995 Ed. (92)
1996 Ed. (107)

Tokyu Agency
1989 Ed. (127)
1990 Ed. (121)
1991 Ed. (119)
1992 Ed. (171)
1993 Ed. (115)
1994 Ed. (98)
1997 Ed. (108)
1999 Ed. (111)
2000 Ed. (116)
2001 Ed. (154)
2002 Ed. (127)
2003 Ed. (94)

Tokyu Construction Co. Ltd.
1994 Ed. (1164)

Tokyu Corp.
2013 Ed. (4168)
2014 Ed. (4186)

Tokyu Department Store
2006 Ed. (4175)

Tokyu Fudosan
2016 Ed. (4095)

Tokyu Fudosan Holdings
2016 Ed. (4101)

Tokyu Hotel Chain Co. Ltd.
1990 Ed. (2082)
1991 Ed. (1950)
1992 Ed. (2486)
1993 Ed. (2093)
1995 Ed. (2162)
1997 Ed. (2288)

Tokyu Hotels International
1990 Ed. (2091, 2092)

Tokyu Land
2007 Ed. (4091)
2012 Ed. (4203)
2013 Ed. (4181)
2014 Ed. (4198)

Tokyu Tourist
1990 Ed. (3653)

Toledo Area Community Credit Union
2008 Ed. (2252)
2009 Ed. (2238)

Toledo Edison Co.
1990 Ed. (1241)

Toledo Hospital
2011 Ed. (1934)
2012 Ed. (1793)
2013 Ed. (1966)
2014 Ed. (1904)

Toledo; Isabel
2012 Ed. (2884)

Toledo, OH
1992 Ed. (1013, 2546)
1993 Ed. (2542)
1998 Ed. (2483)
2002 Ed. (2647)
2006 Ed. (3324)
2007 Ed. (2995)
2008 Ed. (3110, 3117)
2010 Ed. (3132, 3493)
2013 Ed. (3543)
2016 Ed. (3385)

Toledo Trust, Ohio
1989 Ed. (2159)

Toledo; University of
2010 Ed. (997)

Tolerance.org
2003 Ed. (3045)

Tolhurst
1997 Ed. (747, 748)

Tolina GmbH
2009 Ed. (3004)

Tolkien; J. R. R.
2006 Ed. (802)
2007 Ed. (891)
2011 Ed. (755)
2012 Ed. (691)

Tolko Industries
2016 Ed. (3456)

Tolko Industries Ltd.
2008 Ed. (2762)
2009 Ed. (2820, 2821, 3913)
2010 Ed. (2762, 2763)
2011 Ed. (2748)
2012 Ed. (2683)
2013 Ed. (2770)
2014 Ed. (2751)
2015 Ed. (2804)

Toll Brothers
2014 Ed. (1115)
2016 Ed. (1099, 3020)

Toll Brothers Inc.
1990 Ed. (1180)
1991 Ed. (1066)
1993 Ed. (2714)
1995 Ed. (1133)
1997 Ed. (1128)
1998 Ed. (885, 895, 914)
1999 Ed. (1316, 1330)
2000 Ed. (1206, 1228, 1229)
2001 Ed. (1405)
2002 Ed. (1172, 1188, 1189, 1204, 2657, 2668, 2669, 2685)
2003 Ed. (1141, 1142, 1160, 1162, 1191, 1200, 1203, 1204, 1214, 1645)
2004 Ed. (1140, 1145, 1166, 1196, 1205, 1206, 1207, 1210, 1211, 1221, 2946)
2005 Ed. (1194, 1198, 1222, 1231, 1232, 1246, 1256, 2948)
2006 Ed. (1194, 1195, 1197, 1203, 1216, 1520, 2959, 4580)
2007 Ed. (1274, 1304, 1307, 1309, 1310, 2963, 2964)
2008 Ed. (1167, 1198, 1201, 2040, 3087)
2009 Ed. (1148, 1175, 1178, 1180, 2002, 2005, 3175)
2010 Ed. (1164, 1165, 1167, 1170, 1940, 1943, 3108)
2011 Ed. (1112, 1117, 1997, 3078)
2012 Ed. (1034, 1035, 1037, 1844, 3020)
2013 Ed. (1184)
2014 Ed. (1136)
2015 Ed. (1184, 1185, 1187)
2016 Ed. (1097, 3022)

Toll; Bruce E.
1991 Ed. (1633)

Toll Holdings Ltd.
2002 Ed. (4674)
2004 Ed. (1655)
2009 Ed. (1503, 3584)
2011 Ed. (4752)
2013 Ed. (4709)

Toll Reimbursement Program
1993 Ed. (3619)

Toll; Robert

2006 Ed. (894, 939)
2007 Ed. (984)
2010 Ed. (885)
Toll; Robert I.
1991 Ed. (1633)
2007 Ed. (1025)
2008 Ed. (945, 947)
Tollgrade Communications Inc.
2000 Ed. (3387)
2002 Ed. (4502)
2007 Ed. (1950, 1953)
2012 Ed. (1848)
Tollman Hundley
1991 Ed. (1937)
Tollman-Hundley Hotels
1992 Ed. (2471)
Tolon Fashion Mall
2013 Ed. (2135)
2014 Ed. (2069)
Tolstedt; Carrie
2008 Ed. (4944)
2009 Ed. (4966, 4967)
2010 Ed. (4975, 4976)
2011 Ed. (4973)
2012 Ed. (4970)
2013 Ed. (4961)
2014 Ed. (4970)
2015 Ed. (5016)
2016 Ed. (4929, 4934)
Tolston Holdings LLC
2016 Ed. (111)
Toltest Inc.
2004 Ed. (1293)
2011 Ed. (1177)
2012 Ed. (1123, 1125)
Toltzis Communications Inc.
1994 Ed. (108)
Toluene
2000 Ed. (3562)
TolvuMyndir
2007 Ed. (1764)
Tom Benson
2014 Ed. (4865)
Tom Benson Industries Inc.
1992 Ed. (1420)
Tom Bishop
2005 Ed. (994)
Tom Bradley
1992 Ed. (2987)
1993 Ed. (2513)
Tom Brady
2013 Ed. (185, 189)
2014 Ed. (195)
2015 Ed. (222)
Tom Briggs
2012 Ed. (4386)
Tom Brown Inc.
2002 Ed. (3677)
2004 Ed. (1676, 1679)
2006 Ed. (1445, 4726)
Tom Casey
2007 Ed. (385)
Tom Clancy
2001 Ed. (430, 2269)
2002 Ed. (347)
2003 Ed. (302, 2330)
2004 Ed. (262, 2410)
Tom Colicchio
2010 Ed. (856)
2012 Ed. (4259)
Tom Condon
2003 Ed. (223, 227)
Tom Conophy
2012 Ed. (810)
Tom Cowie; Sir
2005 Ed. (3868)
Tom Cruise
1990 Ed. (2504)
1999 Ed. (2049)
2001 Ed. (8)
2002 Ed. (2141, 2144)
2006 Ed. (2488)
2007 Ed. (2451)
2008 Ed. (2579, 2580)
2009 Ed. (2605, 2607)
2010 Ed. (2508)
2011 Ed. (2510)
2012 Ed. (2431)
2014 Ed. (2526, 2528)
2015 Ed. (2599)
Tom Daschle
1994 Ed. (2890)
Tom Delay
1999 Ed. (3843, 3959)
Tom E. Dupree
2002 Ed. (1040)
2004 Ed. (2533)
Tom Endicott Isuzu
1992 Ed. (386)
1993 Ed. (272)

1994 Ed. (271)
1995 Ed. (272)
1996 Ed. (274)
Tom Farley
2016 Ed. (720)
Tom Fazio
1999 Ed. (2607)
2008 Ed. (2827)
Tom Foerster
1990 Ed. (2483)
1991 Ed. (2346)
1995 Ed. (2484)
Tom Gallagher
1993 Ed. (3443)
Tom Gores
2006 Ed. (4896)
2013 Ed. (547)
Tom Growney Equipment Inc.
2007 Ed. (4436)
Tom H. Barrett
1992 Ed. (2055)
Tom Hanks
2001 Ed. (8, 1138, 2269)
2003 Ed. (2327, 2328)
2004 Ed. (2408, 2416)
2005 Ed. (2443, 2444)
2008 Ed. (2579)
2009 Ed. (2605, 2613)
2010 Ed. (2508)
2011 Ed. (2510)
2012 Ed. (2431)
2013 Ed. (2597)
2014 Ed. (2526)
Tom Harris Cellular Ltd.
2013 Ed. (4270)
Tom Hunter
2005 Ed. (926, 927)
2006 Ed. (836)
Tom James Co.
2011 Ed. (1614)
2012 Ed. (1462)
2013 Ed. (1554)
Tom Jones
2005 Ed. (4896)
Tom Kirby
1997 Ed. (2705)
Tom LaSorda
2008 Ed. (2629)
Tom Lee Music Co.
2013 Ed. (3789, 3790)
2015 Ed. (3739)
2016 Ed. (3647)
Tom Lee Music Co., Ltd.
2013 Ed. (3796)
2015 Ed. (3761)
2016 Ed. (3669)
Tom Love
2016 Ed. (4817)
Tom Machin Contracting
2009 Ed. (4441)
Tom McMillen
1994 Ed. (845)
Tom O'Malia
2004 Ed. (819)
Tom Parker
1997 Ed. (1935)
Tom Parks
2011 Ed. (3378)
Tom Petty
1997 Ed. (1114)
Tom Ralston Concrete
2006 Ed. (1279)
2007 Ed. (1358)
Tom Scott
2008 Ed. (4006)
Tom Singh
2005 Ed. (4890)
2007 Ed. (4927)
2008 Ed. (4896, 4903)
Tom Tailor Zagreb D.O.O.
2016 Ed. (1535)
Tom Thumb Food & Pharmacy
2007 Ed. (4630)
Tom Tom NV
2008 Ed. (2951, 2952)
Tom W. Olofson
2005 Ed. (976, 977)
2009 Ed. (960)
2013 Ed. (988)
Tom Weiskopf
1999 Ed. (2607)
Tomac Corp.
2000 Ed. (1232)
2002 Ed. (1207)
TOMAC Homes
2003 Ed. (1205)
2004 Ed. (1212)
2005 Ed. (1236)
Toman
1999 Ed. (4645)

Toman; Richard J.
1992 Ed. (1139)
Tomar; Dr. Russell
2014 Ed. (3467)
Tomasello
1996 Ed. (3859)
Tomato
1997 Ed. (3832)
Tomato Bank
2003 Ed. (531)
Tomato paste
2002 Ed. (4715)
2003 Ed. (4827, 4828)
Tomato sauce
1990 Ed. (897)
2002 Ed. (4715)
2003 Ed. (4827, 4828)
Tomato sauce, canned
1994 Ed. (3647)
Tomatoes
1989 Ed. (1662)
1992 Ed. (2088, 2110, 4384)
1993 Ed. (1748, 1749)
1994 Ed. (1995)
1996 Ed. (3774)
1998 Ed. (3658)
1999 Ed. (1807, 4702)
2001 Ed. (2555, 4669)
2003 Ed. (3967, 3968)
2004 Ed. (2003)
2006 Ed. (4877)
2007 Ed. (4873)
Tomatoes, stewed
2002 Ed. (4715)
2003 Ed. (4827)
Tomatoes, whole
2002 Ed. (4715)
2003 Ed. (4828)
Tomatos
1990 Ed. (897)
Tomato/vegetable juice
1993 Ed. (3685)
2002 Ed. (2374)
Tomato/vegetable juice cocktail
2001 Ed. (2558)
Tombstone
1994 Ed. (2886)
1995 Ed. (1945, 2951)
1996 Ed. (3465, 3790, 3791)
1998 Ed. (1769, 3324, 3447)
2001 Ed. (2546)
2002 Ed. (4331)
2003 Ed. (2559, 2566)
2004 Ed. (2692)
2005 Ed. (2692)
2006 Ed. (2667)
2007 Ed. (2650)
2008 Ed. (2787, 2788)
2009 Ed. (2844)
2010 Ed. (2785)
2012 Ed. (2703)
2013 Ed. (2779)
2014 Ed. (2789, 2790, 2791)
2015 Ed. (2832, 2833)
2016 Ed. (2765, 2766)
Tombstone Snappy
1996 Ed. (3465)
Tome; Carol
2006 Ed. (963)
2007 Ed. (1060)
Tome; Carol B.
2010 Ed. (4990)
Tomel
1997 Ed. (3752)
Tomen
1993 Ed. (3261, 3269, 3270)
1994 Ed. (1411, 3255)
1995 Ed. (1349, 1441, 1443, 3152, 3334)
1996 Ed. (1339, 1407, 3406)
1997 Ed. (3352, 3784)
1998 Ed. (3610)
1999 Ed. (4107)
2000 Ed. (3821, 4285, 4286)
2002 Ed. (4664, 4895)
2006 Ed. (4510)
Tomkins
1994 Ed. (1206, 1227)
1996 Ed. (1388)
1998 Ed. (224)
2006 Ed. (2480)
2007 Ed. (1694, 2032, 2402)
Tomkins plc
2000 Ed. (2226)
2001 Ed. (2468)
2002 Ed. (1650, 2305)
2003 Ed. (4204, 4205)
Tomkinson; Joseph R.
2007 Ed. (1021)
Tomlinson Black

2008 Ed. (4104, 4105, 4107)
Tommie Copper
2015 Ed. (2341)
tommy
2001 Ed. (2527, 3703)
2003 Ed. (2545, 2551, 3778)
Tommy Armour
1993 Ed. (1991)
1996 Ed. (29, 2035)
1997 Ed. (2154)
Tommy Erixon
1999 Ed. (2425)
2000 Ed. (2185)
Tommy G. Thompson
1991 Ed. (1857)
tommy girl
2001 Ed. (2528, 3705)
2003 Ed. (2545)
Tommy Hilfiger
2001 Ed. (1995)
2003 Ed. (2869, 4587)
2005 Ed. (4429, 4430, 4431, 4686)
2006 Ed. (136, 1016)
2007 Ed. (716, 1100, 4747)
2008 Ed. (685)
2009 Ed. (694, 4710)
2010 Ed. (3004)
2011 Ed. (3082)
2015 Ed. (1014)
Tommy Hilfiger Mobile
2012 Ed. (2291)
Tommy J. Skudutis
2016 Ed. (3950)
Tommy Lasorda
1995 Ed. (1889)
Tommy Skudutis
2006 Ed. (3920)
2010 Ed. (3990)
Tommy Tang
1996 Ed. (1870)
1997 Ed. (1977)
1999 Ed. (2376, 2380)
2000 Ed. (2156, 2160)
Tommy Tompkins
1995 Ed. (2486)
Tommy.com
2007 Ed. (2320)
Tommyknocker Brewery
1999 Ed. (3401)
The Tommyknockers
1989 Ed. (744)
Tomnitz; Donald
2006 Ed. (894)
2007 Ed. (984)
2008 Ed. (935)
Tomnitz; Donald J.
2006 Ed. (933)
2007 Ed. (1025, 1036)
2008 Ed. (947, 959)
Tomo
1992 Ed. (1436)
Tomokazu Soejima
1999 Ed. (2393)
2000 Ed. (2175)
Tomony Holdings
2013 Ed. (389)
Tomorrow Never Dies
2001 Ed. (4695)
Tomorrow's Commodities
1990 Ed. (2364)
Tomosite Systems
1991 Ed. (2638)
TomoTherapy
2006 Ed. (592)
Tomoyasu Kato
1996 Ed. (1886)
1997 Ed. (1992)
1999 Ed. (2393)
2000 Ed. (2161, 2176)
Tomoyo Nonaka
2007 Ed. (4982)
Tompkins County Trust Co. Inc.
2000 Ed. (437)
Tompkins; Destin
2011 Ed. (3370)
Tompkins Financial Corp.
2011 Ed. (288)
2012 Ed. (312)
Tompkins; Susie
1993 Ed. (3731)
1994 Ed. (3667)
Tompkins; Tommy
1995 Ed. (2486)
Tomra
2015 Ed. (1943)
Tomra Systems
2006 Ed. (3757)
Tom's
2013 Ed. (4454)
2014 Ed. (4491)

2015 Ed. (4488)
2016 Ed. (4387)
Toms
1992 Ed. (341, 342, 343, 346, 1846)
2015 Ed. (1604)
Toms Foods Inc.
1992 Ed. (2230)
2006 Ed. (3365)
2007 Ed. (3418)
Tom's Hardware Guide
2005 Ed. (3195)
Tom's of Maine
2016 Ed. (1750, 2271, 3634)
Tom's of Maine Inc.
2003 Ed. (3460)
2004 Ed. (4742)
Toms River, NJ
1999 Ed. (1152, 2829)
2000 Ed. (1066, 2610)
2002 Ed. (1060)
Toms River (NJ) Ocean County Reporter
2003 Ed. (3644)
Tomson Asia Development Inc.
1994 Ed. (3008)
Tomson Pacific
1993 Ed. (2057, 2059)
Tomtom NV
2007 Ed. (2825)
2009 Ed. (1922, 3001, 3010, 3269)
Tomy
2016 Ed. (3095)
TOMY Co., Ltd.
1994 Ed. (3562)
1996 Ed. (3726)
2011 Ed. (4713)
2012 Ed. (4735)
TOMY Group Ltd.
2013 Ed. (4698)
2014 Ed. (4752)
Tomy Train Sets
1995 Ed. (3645)
Tomytime pre-school toys
1992 Ed. (4329)
Ton Long Knitwear Corp.
1990 Ed. (3572)
Tone
2003 Ed. (4466)
Tone Cool Records Inc.
2003 Ed. (2777)
Tone Island Mist
2003 Ed. (4466)
Tonen
1992 Ed. (1643)
1993 Ed. (1341)
1994 Ed. (1367, 2861)
Tonen General Sekiyu
2005 Ed. (3778, 3782)
2011 Ed. (2427, 3934)
2013 Ed. (3988)
2014 Ed. (3931)
Tonengen Sekiyu
2013 Ed. (2548)
TonenGeneral Sekiyu
2016 Ed. (3851, 3857)
Tonengeneral Sekiyu
2007 Ed. (3878, 3891)
TonenGeneral Sekiyu KK
2014 Ed. (2468)
Toner cartridges
2005 Ed. (2755)
Toners/developers
1992 Ed. (3287)
Tones
2014 Ed. (4522)
2015 Ed. (4522)
2016 Ed. (4458)
Toney Anaya
1995 Ed. (2480)
Tong; Lim Goh
2006 Ed. (4917, 4919)
2008 Ed. (4847)
Tong Yang
1995 Ed. (795, 796, 797, 798, 799)
Tong Yang Investment Bank
2012 Ed. (3341)
Tong Yang Orion Investment Trust Corp.
2002 Ed. (2824)
Tong Yang Securities
1996 Ed. (3390)
1997 Ed. (780, 3484)
Tonga
2006 Ed. (2148)
2007 Ed. (2092)
Tongaat
1990 Ed. (1418)
1991 Ed. (1345)
1993 Ed. (1395)
Tongass Credit Union
2002 Ed. (1846)

2003 Ed. (1905)
2004 Ed. (1945)
2005 Ed. (2086)
2006 Ed. (2181)
2007 Ed. (2102)
2008 Ed. (2217)
2009 Ed. (2200)
2010 Ed. (2154)
2011 Ed. (2175)
2012 Ed. (2035)
2013 Ed. (2208)
2014 Ed. (2139)
2015 Ed. (2203)
2016 Ed. (2174)
Tongda Group Holdings
2008 Ed. (1787)
Tongil
1993 Ed. (2384)
Tongling Nonferrous Metals
2015 Ed. (3635)
2016 Ed. (3520)
Tongyang Securities
1994 Ed. (3192)
Toni Mueller AG
1996 Ed. (1021)
Toni Sacconaghi
2003 Ed. (3057)
Tonia Jahshan
2016 Ed. (4991)
Tonics/other stimulants
2001 Ed. (2105)
"The Tonight Show"
2001 Ed. (4487, 4498)
Tonika Music BV
2013 Ed. (3806)
2015 Ed. (3753)
2016 Ed. (3661)
Tonka
1990 Ed. (3248)
1991 Ed. (2741, 3410)
1992 Ed. (1524, 3459, 4058, 4323,
4325, 4326)
1993 Ed. (3378, 3380, 3391, 3602)
1996 Ed. (3722)
1997 Ed. (3776)
1998 Ed. (3599)
1999 Ed. (4628)
2000 Ed. (4277)
2006 Ed. (4782)
2007 Ed. (4789)
2008 Ed. (4707)
2012 Ed. (4734)
Tonkon Torp LLP
2010 Ed. (1918)
Tonlin Department Store
1990 Ed. (1498)
1992 Ed. (1798)
Tonn & Blank Construction
2010 Ed. (1274)
2011 Ed. (1226)
Tonneson & Co.
1998 Ed. (13)
1999 Ed. (17)
Tonnies Fleishwerk
2011 Ed. (2730)
TononGeneral Sekiyu Corp.
2007 Ed. (3874)
Tons of Toys
1994 Ed. (3563)
Tonturi
1992 Ed. (2065)
Tony & Alba's Pizza & Pasta
2005 Ed. (3844)
Tony Alvarez
2007 Ed. (2496)
Tony Aquila
2016 Ed. (867)
Tony Attanasio
2003 Ed. (221)
Tony Blair
2005 Ed. (4879)
Tony Brennan
2000 Ed. (2070, 2181)
Tony Cardenas
2014 Ed. (2976)
Tony Crawford Construction
1991 Ed. (3122)
1992 Ed. (3963)
1993 Ed. (3307, 3309)
1994 Ed. (3299)
1995 Ed. (3375, 3376)
1997 Ed. (3516)
Tony DePaul & Son
1990 Ed. (1214)
Tony Dutt
2003 Ed. (222, 226)
Tony Farm SRL
2016 Ed. (1985)
Tony Franceschini
2007 Ed. (2507)

Tony Hawaii Automotive Group
2008 Ed. (1775, 1776)
Tony Jashanmal
2012 Ed. (2496)
Tony Jensen
2011 Ed. (4441)
Tony K. Brown
2010 Ed. (180)
Tony L. White
2005 Ed. (983, 2494)
Tony Laithwaite
2008 Ed. (4909)
Tony Little
1997 Ed. (2389)
Tony Robbins
1997 Ed. (2389)
Tony Roma's
1991 Ed. (2883)
1993 Ed. (3017, 3035)
1994 Ed. (3075, 3088)
1995 Ed. (3120, 3138)
1996 Ed. (3217, 3230)
1997 Ed. (3318, 3333)
1998 Ed. (3066)
1999 Ed. (4079, 4080)
2000 Ed. (3793)
2001 Ed. (4075)
2002 Ed. (4006, 4009)
2003 Ed. (4097, 4103)
2006 Ed. (4136)
Tony Roma's-A Place for Ribs
1992 Ed. (3718)
Tony Roma's Famous for Ribs
2000 Ed. (3792)
2002 Ed. (4029)
2004 Ed. (4147)
2007 Ed. (4156)
2008 Ed. (4164, 4197, 4198)
2009 Ed. (4272, 4295)
2010 Ed. (4213)
2011 Ed. (4261)
Tony Romo
2015 Ed. (222)
Tony Ryan
2007 Ed. (4918)
Tony Scott
2004 Ed. (976)
Tony Shiret
1999 Ed. (2346)
2000 Ed. (2134)
Tony Silverman
1999 Ed. (2349)
Tony Stewart
2010 Ed. (315)
2011 Ed. (239)
2012 Ed. (260)
2013 Ed. (267)
2014 Ed. (269)
2015 Ed. (226, 309)
2016 Ed. (217)
Tony Sun
2003 Ed. (4847)
Tony Tan Caktiong
2006 Ed. (4921)
2010 Ed. (4917)
2011 Ed. (4903)
2012 Ed. (4914)
2014 Ed. (4910)
2015 Ed. (4951)
2016 Ed. (4865, 4866)
Tony the Tiger
2007 Ed. (677)
Tony Wales
2002 Ed. (2477)
Tonya Harding
1997 Ed. (1725)
Tony's
1994 Ed. (2886)
1995 Ed. (1945, 2951)
1998 Ed. (1769, 3447)
2001 Ed. (2546)
2002 Ed. (4331)
2003 Ed. (2559, 2566)
2004 Ed. (2692)
2012 Ed. (2703)
2014 Ed. (2789, 2790)
2015 Ed. (2832, 2833)
Tony's Chocolonely
2015 Ed. (1878)
Tony's Restaurant & Catering
2014 Ed. (4305)
Too Big to Fall
2011 Ed. (529)
Too Inc.
2008 Ed. (997)
Too many line extensions
1990 Ed. (2678)
Too much debt
2005 Ed. (784)
Too Tarts SmartChoice

2014 Ed. (831)
Toober & Zots
1997 Ed. (3771)
Toocoo Media
2015 Ed. (2970)
Tooele Credit Union
2002 Ed. (1895)
2003 Ed. (1949)
2004 Ed. (1989)
2005 Ed. (2131)
2006 Ed. (2226)
2007 Ed. (2147)
2008 Ed. (2262)
2009 Ed. (2248)
2010 Ed. (2202)
Tooker; Gary L.
1997 Ed. (1803)
Tool steel
2001 Ed. (1296, 4665)
Tooley & Co.
1998 Ed. (3023)
1999 Ed. (4015)
2000 Ed. (3732)
Tools
1990 Ed. (842)
1993 Ed. (2501)
2000 Ed. (1898)
2008 Ed. (2439)
Tools, contractors'
1999 Ed. (3352)
Tools & dies
1999 Ed. (3427)
Tools, hand
2005 Ed. (2781)
Tools, hand and power
1991 Ed. (805)
1992 Ed. (986)
Tools, hardware
1990 Ed. (3091)
Tools, power
2005 Ed. (2781)
Toomey; Thomas W.
2013 Ed. (986)
TOON
2000 Ed. (943)
2010 Ed. (4708)
2011 Ed. (4664, 4665)
Tootal Group PLC
1991 Ed. (3356)
1993 Ed. (3557)
1997 Ed. (3737)
1999 Ed. (4593)
Tooth bleaching/whitening
2004 Ed. (2129)
Tooth Fairy
2011 Ed. (559)
Tooth whiteners
1995 Ed. (2903)
Toothbrushes
1994 Ed. (1993)
1998 Ed. (2810)
2000 Ed. (3511)
2001 Ed. (3713)
2002 Ed. (1913)
2003 Ed. (1999)
2004 Ed. (3804)
Toothbrushes, manual
2004 Ed. (4746)
Toothbrushes, power
2004 Ed. (4746)
Toothpaste
1991 Ed. (733)
1992 Ed. (91, 92, 3545)
1994 Ed. (2938)
1995 Ed. (2896, 2992, 2993)
1997 Ed. (3053, 3054)
2001 Ed. (3713)
2002 Ed. (1913)
2003 Ed. (1999)
2004 Ed. (3804, 4746)
Toothpaste/mouthwash
1992 Ed. (3548)
Toothpastes
1996 Ed. (2977, 3609)
Tootsie Bunch Pops
1994 Ed. (853)
Tootsie Pops
1994 Ed. (853)
1995 Ed. (893, 898)
2016 Ed. (756)
Tootsie Roll
1993 Ed. (830, 831, 834, 837, 3734)
1994 Ed. (851)
1995 Ed. (1896, 3793)
1997 Ed. (888)
1999 Ed. (1018)
2000 Ed. (968)
2001 Ed. (1119)
2002 Ed. (935)
2003 Ed. (1132)

2005 Ed. (859)
2014 Ed. (830)
Tootsie Roll Child's Play
1996 Ed. (870)
2001 Ed. (1120)
2002 Ed. (936)
Tootsie Roll Industries
2014 Ed. (951)
2015 Ed. (981)
2016 Ed. (881)
Tootsie Roll Industries Inc.
1990 Ed. (3705)
1991 Ed. (3513)
1992 Ed. (1041, 4484)
1994 Ed. (3669)
1996 Ed. (2831)
1997 Ed. (893)
2000 Ed. (970)
2003 Ed. (1134)
2004 Ed. (879, 880)
2005 Ed. (856, 857, 860, 997)
Tootsie Roll Pops
2001 Ed. (1119)
2008 Ed. (839)
2014 Ed. (828)
2015 Ed. (868)
2016 Ed. (756, 759)
Tootsie Rolls
1990 Ed. (896)
2008 Ed. (838)
Tootsie Rool Industries
2014 Ed. (833)
2015 Ed. (872)
2016 Ed. (762)
Tootsies
2006 Ed. (1038)
Top
2003 Ed. (982, 4750)
2016 Ed. (4656)
Top 40
2001 Ed. (3962)
Top Advertising Agency
2000 Ed. (127)
2001 Ed. (167)
2002 Ed. (139)
2003 Ed. (105)
Top Air Manufacturing
2000 Ed. (279)
Top Brands Inc.
2007 Ed. (3615, 3616, 4455)
2008 Ed. (3741, 4990)
Top Chef Cafe Steamers
2015 Ed. (2820)
2016 Ed. (2753)
Top Choice
1989 Ed. (2194)
1990 Ed. (2819)
1992 Ed. (3409)
1993 Ed. (2816)
1994 Ed. (2833)
1996 Ed. (2995)
1997 Ed. (3074)
Top Draw Inc.
2005 Ed. (125, 1690)
Top executives
1993 Ed. (3694)
Top Flight
1999 Ed. (4378)
2000 Ed. (4088)
Top Frontier Investment Holdings
2015 Ed. (1993)
2016 Ed. (1964)
Top GAS S.A.
2016 Ed. (1613)
Top Gun
1991 Ed. (3448, 3449)
1992 Ed. (4249)
Top Image Systems Ltd.
2011 Ed. (1036)
Top Innovations Inc.
2005 Ed. (1831)
Top International Hotels
1992 Ed. (2505)
Top Music
2013 Ed. (3805)
2015 Ed. (3752)
2016 Ed. (3660)
Top Notch Security Inc.
2016 Ed. (116)
Top of the Pops
2000 Ed. (3501)
Top Producer
2010 Ed. (4761)
2011 Ed. (4714)
Top Promotions Inc.
2012 Ed. (823)
Top Ram Project SRL
2016 Ed. (1985)
Top Shelf
1989 Ed. (2344)

Top Shelf Barkeeping at its Best
1990 Ed. (3626)
Top Shelf Entrees
1992 Ed. (3219)
Top Shop
2009 Ed. (694, 715)
Top Source Technologies Inc.
1997 Ed. (2020)
Top Speed
2001 Ed. (3514, 3515)
Top Stop Music
2014 Ed. (3721)
TOP Tankers Inc.
2006 Ed. (4256)
2007 Ed. (2722)
Top Tool Co.
2016 Ed. (3451)
Top Value Car & Truck Service Centers
2002 Ed. (402)
2003 Ed. (347)
Topa Equities Ltd.
1998 Ed. (271)
2001 Ed. (680)
2003 Ed. (659)
2004 Ed. (666)
2005 Ed. (653)
2006 Ed. (553)
2007 Ed. (593)
2008 Ed. (538)
2009 Ed. (572, 3524)
2010 Ed. (554, 3453)
2011 Ed. (481)
2012 Ed. (437)
2013 Ed. (551)
Topanga Plaza
1994 Ed. (3300)
1995 Ed. (3377)
Topaz Energy Ltd.
2011 Ed. (1764)
2012 Ed. (1615)
2014 Ed. (1706)
Topaz Energy & Marine
2006 Ed. (4526)
TOPCO Associates Inc.
1992 Ed. (1187)
1993 Ed. (962)
1994 Ed. (987)
1995 Ed. (1000)
1996 Ed. (987)
1997 Ed. (1012)
1998 Ed. (750)
2000 Ed. (1101)
2002 Ed. (1071, 1341)
2003 Ed. (1376, 1379)
2004 Ed. (1384, 1390)
2005 Ed. (1404, 1405, 1411)
2006 Ed. (1390, 1391, 1396, 1397)
2007 Ed. (1427, 1430)
2008 Ed. (1382)
2009 Ed. (1385)
2010 Ed. (1370)
2011 Ed. (1363)
TOPCO Associates LLC
2013 Ed. (1345)
Topco Associates LLC
2006 Ed. (3985)
2007 Ed. (4024)
2008 Ed. (4051)
2009 Ed. (4128)
2010 Ed. (4060)
2011 Ed. (4038)
2012 Ed. (4071)
2013 Ed. (1711)
2014 Ed. (1658)
2015 Ed. (1702)
2016 Ed. (1653)
TopCoder
2008 Ed. (4375)
2009 Ed. (1106)
Topcon
1992 Ed. (3300)
2016 Ed. (2884)
TOPCOR Companies LLC
2010 Ed. (1288)
2011 Ed. (1243)
2012 Ed. (1171)
Topcraft Precision Molders Inc.
2006 Ed. (3536)
Topeka, KS
2005 Ed. (2386, 3469)
2012 Ed. (4371)
2013 Ed. (4785)
Topf Initiatives
2008 Ed. (3808)
Topgallant Partners LLC
2006 Ed. (3527)
Topiary Capital Ltd.
2011 Ed. (3247)
Topicz Inc.
2015 Ed. (1325, 1329)

Topigen Pharmaceuticals Inc.
2009 Ed. (4830)
TOPIX
2006 Ed. (4592)
2008 Ed. (4503)
Toplin & Associates
1998 Ed. (2956)
1999 Ed. (3950)
2001 Ed. (3941)
2002 Ed. (3847)
2003 Ed. (4012)
2004 Ed. (4023)
2005 Ed. (3971)
Toplin & Assocs., Dresher
2000 Ed. (3664)
Topnotch at Stowe
2006 Ed. (4097)
Topo Chico
2011 Ed. (551)
2013 Ed. (632)
2014 Ed. (649)
2015 Ed. (709, 712)
2016 Ed. (648, 652, 654)
Toppan Forms
2007 Ed. (4368)
Toppan Printing
2016 Ed. (741)
Toppan Printing Co., Ltd.
1989 Ed. (2482)
1990 Ed. (2764, 2934)
1991 Ed. (2671)
1992 Ed. (3334)
1993 Ed. (2766)
1994 Ed. (2728)
1995 Ed. (2833)
1997 Ed. (2994, 3169, 3225)
1998 Ed. (2922, 2977)
1999 Ed. (3690, 3897, 3973)
2000 Ed. (3408, 3611, 3612)
2002 Ed. (3766)
2003 Ed. (4028)
2004 Ed. (4047)
2007 Ed. (3452, 4056)
2010 Ed. (4138)
2011 Ed. (4138)
2012 Ed. (4015, 4170, 4171)
2013 Ed. (4071, 4154, 4160)
2014 Ed. (4081, 4169, 4177, 4178)
2015 Ed. (4065, 4149, 4158, 4159)
2016 Ed. (4064, 4072, 4073)
Topper Detergent
2004 Ed. (89)
Toppers Pizza
2014 Ed. (3987)
2015 Ed. (4037)
2016 Ed. (3948)
Topping; Kenneth
1991 Ed. (2548)
1992 Ed. (3138)
Toppings
2003 Ed. (2039, 2564, 4492)
Toppings, refrigerated
2000 Ed. (4142)
Topps Baseball
1995 Ed. (3649)
Topps Basketball
1995 Ed. (3649)
Topps Bazooka
1997 Ed. (976)
Topps Bozooka
2000 Ed. (1041)
The Topps Co., Inc.
1989 Ed. (2367)
1990 Ed. (3634)
1992 Ed. (1041, 1044)
1993 Ed. (831)
1995 Ed. (3648)
2002 Ed. (936)
2003 Ed. (952)
2004 Ed. (879, 880)
2005 Ed. (856, 857, 962)
Topps Football
1995 Ed. (3649)
Topps Push Pop
2001 Ed. (1120)
2002 Ed. (936)
Topps Ring Pop
2001 Ed. (1120)
Topps/Bowman
1993 Ed. (3608)
Toprekiam/BBDO
1994 Ed. (93)
Topreklam Ltd.
1992 Ed. (158)
Topreklam/BBDO
1993 Ed. (106)
1995 Ed. (82)
1996 Ed. (96)
1997 Ed. (98)
Toprol XL

1994 Ed. (1560)
2005 Ed. (2252, 2256)
2006 Ed. (2314, 2316)
2009 Ed. (2358)
Tops
1990 Ed. (2026)
1994 Ed. (2404)
2001 Ed. (1277)
2005 Ed. (1004, 1005, 1006, 1009)
2008 Ed. (4572)
2009 Ed. (4604)
2010 Ed. (4633)
Tops Appliance
1996 Ed. (2128)
2000 Ed. (2481)
2001 Ed. (2217)
Tops Appliance City
1991 Ed. (248)
1992 Ed. (348, 1936, 2426, 2428)
1994 Ed. (229, 2071)
1997 Ed. (258, 1633, 2237)
1998 Ed. (1303, 1955)
1999 Ed. (1877, 2696)
Tops Appliances
1995 Ed. (2120)
Tops Friendly Markets
2013 Ed. (916)
2016 Ed. (1877)
Tops Market
1993 Ed. (1199)
Tops Markets
1992 Ed. (490)
1998 Ed. (1534)
2013 Ed. (4536)
Topshop
2007 Ed. (716, 737)
2008 Ed. (685, 706)
TopTier Software Inc.
2004 Ed. (1530)
TOR Minerals International Inc.
2008 Ed. (4429)
Tor Peterson
2014 Ed. (4861)
2015 Ed. (4898)
Torada
1989 Ed. (2809)
1990 Ed. (3558)
1992 Ed. (4262)
1993 Ed. (3546)
1994 Ed. (3505)
1995 Ed. (3590, 3594)
1996 Ed. (3670)
1997 Ed. (3729)
1998 Ed. (3508, 3509)
1999 Ed. (4579)
2000 Ed. (4233)
2001 Ed. (4503)
2002 Ed. (4604)
Torado
1996 Ed. (3671)
Toradol
1995 Ed. (1548)
Toradol IM
1995 Ed. (1548)
Toray
2013 Ed. (944)
2014 Ed. (897)
2015 Ed. (925)
2016 Ed. (828)
Toray Fib Tex
2001 Ed. (4513)
Toray Industries
2016 Ed. (837, 843)
Toray Industries Inc.
1989 Ed. (894)
1990 Ed. (955)
1991 Ed. (909)
1992 Ed. (1113)
1993 Ed. (914, 915, 3560)
1994 Ed. (923, 931, 3521)
1995 Ed. (959, 3606)
1996 Ed. (3681)
1997 Ed. (959)
1998 Ed. (2876, 2880)
1999 Ed. (1090)
2000 Ed. (1026)
2001 Ed. (1198, 4514)
2002 Ed. (1000, 1001, 1002)
2006 Ed. (852)
2007 Ed. (934, 935, 953)
2008 Ed. (913, 914)
2009 Ed. (922)
2010 Ed. (864)
2011 Ed. (787)
2012 Ed. (740, 828)
2013 Ed. (943)
2014 Ed. (896, 898)
2015 Ed. (924)
2016 Ed. (827, 829)
Toray Plastics America Inc.

1998 Ed. (2875)
TORC Oil & Gas Ltd.
2016 Ed. (3834, 3835, 3837)
Torch Energy Advisors Inc.
1997 Ed. (2702)
Torch Offshore Inc.
2003 Ed. (4322)
Torchmark Corp.
1989 Ed. (1680, 1682)
1990 Ed. (2232, 2234)
1991 Ed. (2098, 2100, 2141)
1992 Ed. (1469, 2665, 2668, 2704)
1993 Ed. (2219, 2251)
1994 Ed. (2230, 2250, 2254)
1995 Ed. (2293, 2300)
1996 Ed. (1213, 2319, 2322)
1997 Ed. (2442, 2702)
1998 Ed. (2175, 2176)
1999 Ed. (2944)
2004 Ed. (3060, 3061, 3078)
2005 Ed. (3071, 3072, 4163)
2006 Ed. (3119, 4217)
2007 Ed. (3132, 3137, 4233)
2008 Ed. (4265)
2009 Ed. (4369)
2010 Ed. (4396)
2011 Ed. (3252, 4341)
2012 Ed. (3218)
2013 Ed. (3290)
2014 Ed. (3317)
2015 Ed. (3362)
2016 Ed. (3224)
Torcon Inc.
1990 Ed. (1179)
2000 Ed. (1225)
2002 Ed. (1202, 1270)
2003 Ed. (1277)
2004 Ed. (1281)
2005 Ed. (1301)
2006 Ed. (1186)
2007 Ed. (1384)
2008 Ed. (1317, 1331)
2009 Ed. (1258, 1302)
2011 Ed. (1253)
2012 Ed. (1030)
Tore Electric
2008 Ed. (1318)
Toreador Resources Corp.
2003 Ed. (3828)
2004 Ed. (4549)
2006 Ed. (2042)
Torengos
2004 Ed. (4437)
Toresco Auto Group Inc.
1994 Ed. (1004)
Torex Gold Resources Inc.
2012 Ed. (1396)
Torex Retail
2006 Ed. (1146)
Torfs
2014 Ed. (1398)
Torino
1992 Ed. (739)
1993 Ed. (538)
1994 Ed. (540)
Torino Re
2001 Ed. (2953, 2959)
Torion Technologies Inc.
2010 Ed. (4186)
Torix General Contractors LLC
2008 Ed. (3697, 3700)
2009 Ed. (3759)
Torklift International
2015 Ed. (2144)
Torm
2007 Ed. (1677)
2010 Ed. (1603)
Torma Publicis FCB
1997 Ed. (88)
Tornado; Chevrolet
2013 Ed. (4771)
Tornadoes
2005 Ed. (885)
Tornel
2006 Ed. (4750, 4751)
Tornetta Realty Corp.
1989 Ed. (2285)
1990 Ed. (2955)
1991 Ed. (2806)
1992 Ed. (3615)
Tornier NV
2012 Ed. (4429, 4431)
Toro Co.
1990 Ed. (2110)
1991 Ed. (1963, 2470)
1992 Ed. (2520)
1993 Ed. (2105)
1994 Ed. (2128)
1995 Ed. (2180)
1996 Ed. (2193)

1997 Ed. (2313)
1998 Ed. (2046, 2342, 2343, 2344,
2545, 2546)
1999 Ed. (2804, 3169, 3170)
2000 Ed. (2914, 2915)
2002 Ed. (3061, 3062, 3063, 3064,
3066, 3067)
2003 Ed. (3270)
2004 Ed. (3327, 3328)
2005 Ed. (3352, 3353, 3355)
2006 Ed. (1889, 2995, 3344)
2007 Ed. (2972, 3031)
Toro LLC
2010 Ed. (1827)
2011 Ed. (1856)
2012 Ed. (1711)
Toro Rosso
2014 Ed. (270)
Toromont Industries
2015 Ed. (4973)
Toromont Industries Ltd.
2006 Ed. (1616, 1626, 1628)
2007 Ed. (1628, 1629, 1640, 1646,
3024, 4575)
2008 Ed. (1628, 1629, 1651, 1654,
4531, 4921)
2009 Ed. (3618, 4935)
2010 Ed. (4593, 4598)
2011 Ed. (4926)
2012 Ed. (1410)
2013 Ed. (3140)
2016 Ed. (4889)
Toronto
1997 Ed. (2684)
2000 Ed. (107, 2549)
Toronto Blue Jays
1995 Ed. (642)
1998 Ed. (438, 3358)
Toronto Board of Education
1990 Ed. (3605)
1992 Ed. (4311)
Toronto, Canada
1990 Ed. (1439)
1996 Ed. (2543)
2011 Ed. (1729)
Toronto; City of
1991 Ed. (3402)
Toronto Congress Centre
2001 Ed. (2352)
2003 Ed. (2414)
2005 Ed. (2520)
Toronto-Dominion Bank
1989 Ed. (1098)
1990 Ed. (517, 518, 561, 1340, 1780,
3605)
1991 Ed. (383, 474, 1265)
1992 Ed. (630, 631, 632, 715, 727,
1591, 1593, 1599, 2152, 3103,
4311, 4313)
1993 Ed. (447, 526, 1289, 1858,
2416, 2417, 2588, 2589)
1994 Ed. (447, 448, 1339, 1340,
1341, 2545, 2546)
1997 Ed. (429, 430, 431, 1372, 2009,
2625, 2806)
1999 Ed. (487, 488, 489, 2437, 2636,
3184, 3431, 3706, 4619)
2000 Ed. (482, 1400, 2924, 2925,
2929, 3154, 3155, 3413, 3414)
2001 Ed. (1533, 1660, 1663, 1664,
1665)
2002 Ed. (535, 1605, 1606, 1607,
2268, 4393)
2003 Ed. (473, 1629, 1631, 1635,
2482)
2004 Ed. (460, 1666, 1668, 1670)
2005 Ed. (364, 473, 1567, 1708,
1710, 1720, 1725)
2006 Ed. (423, 1598, 1600, 1612,
1618, 1620, 1627, 1629, 4491)
2007 Ed. (412, 414, 1617, 1625,
1627, 1633, 1634, 1639, 1641,
1645, 1712, 1720)
2008 Ed. (391, 392, 1615, 1624,
1627, 1634, 1641, 1642, 1645,
1647, 1649, 1653, 1741, 1748)
2009 Ed. (414, 415, 416, 1549, 1550,
1551, 1563, 1565, 1570, 1572,
1574, 1575, 1577, 2720, 4656)
2010 Ed. (391, 392, 1542, 1545,
1550, 1552, 1555, 1558, 1559,
1561, 1562, 2697, 4592)
2011 Ed. (315, 316, 1544, 1553,
1555, 1557, 1559, 1560, 1565)
2012 Ed. (331, 1233, 1391, 1397,
1399, 1402, 1404, 1405, 4559,
4566)
2013 Ed. (537, 543, 821, 1493, 1494,
1500, 1503, 1505, 1511, 1518,
1519, 2682, 4508, 4516)
2014 Ed. (553, 557, 558, 1285, 1290,

1461, 1462, 1467, 1474, 1479,
1486, 1487, 2636, 4569)
2015 Ed. (568, 616, 620, 1517, 1522,
1530, 1532, 1535, 1542, 1543,
1544, 1555, 2679, 4563, 4564)
2016 Ed. (514, 560, 561, 1283, 1458,
1459, 1464, 1470, 1472, 1477,
1482, 1483, 2606, 4490)
Toronto-Dominion Bank & Trust Co.
1995 Ed. (439, 440, 1875, 2435,
2438)
1996 Ed. (466, 467, 468, 1315, 1318,
1919, 2478, 2481, 2483, 2674)
1998 Ed. (2348, 2355)
Toronto Eaton Centre
1995 Ed. (3379)
Toronto Electric Commissioners
1994 Ed. (1594)
1996 Ed. (2038)
1997 Ed. (2156)
Toronto General & Western Hospital
Foundation
2012 Ed. (724)
Toronto Globe & Mail
1999 Ed. (3615)
2003 Ed. (3648)
Toronto; Government of Metro
1991 Ed. (3402)
Toronto Hydro Corp.
1997 Ed. (1826, 1827)
2007 Ed. (2298, 2684)
2008 Ed. (2428, 2813)
2009 Ed. (2431, 2872)
2010 Ed. (2350, 2812)
2012 Ed. (2254, 2723)
2013 Ed. (2448, 2809)
2014 Ed. (2382, 2847)
Toronto International Boat Show
2003 Ed. (4778)
2004 Ed. (4757)
2008 Ed. (4724)
2010 Ed. (4776)
2011 Ed. (4727)
Toronto International Home Furnishings
Market
2003 Ed. (4778)
Toronto Investment
1989 Ed. (2143)
Toronto Investment Management Inc.
1989 Ed. (1786)
1991 Ed. (2255)
1992 Ed. (2784)
Toronto Island
1995 Ed. (196)
Toronto Maple Leafs
1998 Ed. (1946)
2003 Ed. (4509)
2006 Ed. (2862)
2008 Ed. (646)
2009 Ed. (3056)
2010 Ed. (2990)
2011 Ed. (2959)
2012 Ed. (2888)
2013 Ed. (2965)
2014 Ed. (2978)
2015 Ed. (3046)
2016 Ed. (2938)
Toronto Mapleleafs
2001 Ed. (4347)
Toronto; Municipality of Metro
1994 Ed. (3553)
Toronto; Municipality of Metropolitan
1995 Ed. (3632)
Toronto National Post
2002 Ed. (3506)
2003 Ed. (3648)
Toronto, ON
1993 Ed. (2531)
2001 Ed. (4109, 4611)
2002 Ed. (109, 4646)
Toronto, ON, Canada
1992 Ed. (530, 2784, 3292)
1993 Ed. (2556)
Toronto, Ontario
2003 Ed. (187, 3251, 4775)
2004 Ed. (4753)
2005 Ed. (1785, 3476, 4734)
2006 Ed. (4785)
2008 Ed. (4721)
2009 Ed. (1767, 3560)
2010 Ed. (1714, 3481, 3500, 4360,
4773)
2011 Ed. (3485, 4724)
2012 Ed. (3488, 3489)
2013 Ed. (3524)
2014 Ed. (2641, 2642, 2644, 2738,
3498)
2015 Ed. (2684, 2686, 3515, 3521)
2016 Ed. (2601, 2603)
Toronto, Ontario, Canada

2011 Ed. (2622, 2626, 2627, 2630)
Toronto Raptors
2012 Ed. (433)
Toronto Region Research Alliance
2011 Ed. (3486)
Toronto, Rotman School of Business;
University of
2012 Ed. (615)
2013 Ed. (758)
Toronto, Rotman School of Management; University of
2010 Ed. (732, 767)
2012 Ed. (622)
Toronto Sportsmen's Show
2003 Ed. (4778)
2004 Ed. (4757)
Toronto Star
1999 Ed. (3615)
2002 Ed. (3506, 3507)
2003 Ed. (3648, 3649)
Toronto Stock Exchange
1997 Ed. (3632)
2008 Ed. (4501)
Toronto Sun
1999 Ed. (3615)
2002 Ed. (3506, 3507)
2003 Ed. (3648, 3649)
Toronto Sun Publishing
1992 Ed. (3591)
1994 Ed. (2983)
1996 Ed. (3144)
Toronto Transit Authority
1995 Ed. (852)
Toronto Transit Commission
1989 Ed. (830)
1990 Ed. (847)
1991 Ed. (808, 3402)
1992 Ed. (989)
1993 Ed. (786)
1994 Ed. (801)
1996 Ed. (832, 1062)
1997 Ed. (840)
1998 Ed. (538)
1999 Ed. (956)
2000 Ed. (900)
2002 Ed. (3904)
2006 Ed. (687, 1623)
2008 Ed. (756)
2009 Ed. (751)
2010 Ed. (696)
2011 Ed. (624)
2012 Ed. (594, 905, 906)
2013 Ed. (729, 1060, 1061)
2014 Ed. (751, 1024, 1025)
2015 Ed. (789, 1060)
2016 Ed. (709, 967, 968, 4690)
Toronto Trust Argentina
1997 Ed. (2907)
Toronto Trust Mutual Fund
1993 Ed. (2683)
Toronto; University of
1991 Ed. (3402)
1992 Ed. (4311)
1994 Ed. (819)
2005 Ed. (814)
2006 Ed. (726)
2007 Ed. (1166, 1170, 1171, 1172,
3469, 3470, 3471, 3472, 3473)
2008 Ed. (801, 1070, 1074, 1075,
1076, 1077, 1078, 3636, 3641,
3642, 4279)
2009 Ed. (1047, 1050, 1051, 1052,
1053, 1068, 3699, 3710, 4391)
2010 Ed. (1016, 1017, 1020, 1021,
1022, 3433, 3628)
2011 Ed. (952, 955, 956, 957, 3417,
3629)
2012 Ed. (872, 875, 876, 877, 2425,
3431, 3433, 3629, 3630)
2014 Ed. (781)
2015 Ed. (823)
Toronto Windfall Clothing Support Service
2012 Ed. (729)
Toronto/Buttonville
1995 Ed. (196)
Torotel Inc.
1994 Ed. (201)
2004 Ed. (4552)
2005 Ed. (1545)
2009 Ed. (1826)
Torpedo7
2009 Ed. (3015)
2010 Ed. (2952)
Torralta-Clube Internacional de Ferais
Sa
1995 Ed. (1380)
Torrance Memorial Medical Center
1997 Ed. (2261)
2006 Ed. (2917)

Torray
1994 Ed. (2617)
1999 Ed. (3561)
Torray Fund
1997 Ed. (2874, 2884, 2899)
1998 Ed. (2604)
1999 Ed. (3519)
2005 Ed. (3551)
2006 Ed. (3605, 3621)
Torre Lazur Healthcare Group
1999 Ed. (54)
Torre Lazur McCann Healthcare Worldwide
2000 Ed. (58)
2001 Ed. (212)
2002 Ed. (67)
2003 Ed. (35)
Torre Lazur McCarr Healthcare Worldwide
2000 Ed. (57)
Torre Propaganda Sancho
1989 Ed. (94)
Torrence, CA
1994 Ed. (2244)
Torrent Networking Technologies Corp.
2002 Ed. (1418)
Torreon, Mexico
1993 Ed. (2557)
2010 Ed. (3501)
Torreon/Gomez Palacio
1994 Ed. (2440)
Torres
2001 Ed. (2119)
Torres Advanced Enterprise Solutions
2010 Ed. (1334, 4044)
Torres; Arturo G.
1994 Ed. (2059, 2521, 3655)
1995 Ed. (2112, 2579, 3726)
Torres; Esteban E.
1992 Ed. (1039)
Torres; Fernando
2013 Ed. (190)
2014 Ed. (197)
2015 Ed. (224)
Torres; Jaime
2011 Ed. (2951)
Torres; Lauren
2011 Ed. (3340)
Torres Llompart, Sanchez Ruiz LLP
2007 Ed. (3596)
2008 Ed. (2056, 3730)
Torres Spanish
1989 Ed. (2942)
Torrey Dobson Homes
2003 Ed. (1149, 1205)
2004 Ed. (1151)
Torrey Hills Technologies
2011 Ed. (3530)
Torrey Homes
1998 Ed. (893)
2003 Ed. (1152, 1169)
2004 Ed. (1157, 1177, 1199)
2005 Ed. (1185, 1204, 1225)
Torrey Homes/D. R. Horton
2000 Ed. (1207)
Torridon plc
2002 Ed. (2497)
Torrington, CT
1990 Ed. (997)
2000 Ed. (1090, 3817)
Torry Hills Technologies
2011 Ed. (197, 4023)
Torstar Corp.
1989 Ed. (965)
1990 Ed. (1107)
1991 Ed. (1016, 2393)
1992 Ed. (1295, 3591)
1993 Ed. (2506)
1994 Ed. (2983)
1995 Ed. (2512)
1996 Ed. (2579, 3144)
1997 Ed. (2724)
1999 Ed. (3311)
2002 Ed. (3269)
2003 Ed. (1078)
2007 Ed. (4055)
2008 Ed. (4088)
2009 Ed. (4095, 4203)
2010 Ed. (4007, 4137, 4599)
2011 Ed. (4014, 4137)
2013 Ed. (1216, 4511)
2014 Ed. (4573)
2015 Ed. (4154)
2016 Ed. (3488, 4491)
Tortilla chips
1990 Ed. (3307, 3308)
1991 Ed. (3149)
1992 Ed. (3997)
1993 Ed. (3338)
1994 Ed. (3333, 3334, 3346, 3348)

1995 Ed. (3403, 3406)
1997 Ed. (3531)
2000 Ed. (4066)
2002 Ed. (2421, 4298)
2003 Ed. (4460, 4461)
Tortilla Inc.
2001 Ed. (2713)
Tortilla Land
2014 Ed. (4748)
2015 Ed. (4768)
2016 Ed. (4672)
Tortillas
2002 Ed. (3745)
2003 Ed. (3925)
Tortilla/tostada chips
2006 Ed. (4395)
Tortora; Rose Ann
1995 Ed. (1802)
Toru Nagai
1999 Ed. (2378)
2000 Ed. (2158)
Torvalds; Linus
2005 Ed. (785, 787)
Tory Ford
2000 Ed. (330)
Tory, Tory, DesLauriers & Binnington
1991 Ed. (2282)
1992 Ed. (2831, 2846)
1993 Ed. (2394, 2405)
1994 Ed. (2357)
1995 Ed. (2415)
1996 Ed. (2451)
1997 Ed. (2596)
1999 Ed. (3147)
Torys
2004 Ed. (1427, 1428)
2005 Ed. (1445)
Toscana Energy Income Corp.
2016 Ed. (3837)
Tosco Corp.
1989 Ed. (1055)
1990 Ed. (1298)
1991 Ed. (1222, 1548)
1992 Ed. (1522, 1530, 1946, 3427)
1993 Ed. (1291, 2833)
1994 Ed. (1343)
1995 Ed. (1270, 1283, 1368, 2754,
2910)
1996 Ed. (1268, 1320, 1388, 1646,
2821, 3005)
1997 Ed. (1379, 1727, 3085)
1998 Ed. (975, 1130, 2822)
1999 Ed. (1035, 1412, 1596, 2584,
3796, 3810)
2000 Ed. (1404, 2245, 2320, 3537,
3796)
2001 Ed. (1488, 1489, 1490, 1676,
2561, 3746, 3752, 3755, 3773)
2002 Ed. (1332, 1629, 2124, 3663,
3690, 3691)
2003 Ed. (1365, 1422, 1660, 3847,
3848, 3850)
2004 Ed. (1543, 1624, 3863)
2005 Ed. (1650, 3792)
Tosco Marketing Co. Inc.
2001 Ed. (1611)
Toshiba
1989 Ed. (1307, 1341, 2123, 2458,
2806)
1990 Ed. (1098, 1103, 1478, 1641,
2040, 2041, 2042, 2043, 2044,
2195, 2203, 2534, 2537, 2777,
2880, 2881, 3064, 3238, 3239,
3240, 3433, 3522, 3674)
1991 Ed. (249, 870, 1008, 1107,
1108, 1405, 1538, 1643, 2069,
2407, 2455, 2456, 2856, 3401,
3447)
1992 Ed. (55, 60, 1285, 1298, 1322,
1658, 1678, 1772, 1930, 1931,
1932, 1959, 2429, 2714, 2715,
2865, 3009, 3072, 3345, 3488,
3490, 3544, 3911, 3912, 3916,
3918, 4309, 4395)
1993 Ed. (38, 1032, 1274, 1357,
1359, 1461, 1584, 1586, 1587,
1612, 2176, 2530, 2561, 2562,
2565, 2566, 2567, 2568, 2569,
2772, 2881, 2882, 3007, 3212,
3214, 3667)
1994 Ed. (1063, 1735, 2518, 3629)
1995 Ed. (1442, 1543, 1626, 1683,
2252, 2453, 2503, 2573, 2575,
2576, 2845, 2846, 3100, 3286)
1996 Ed. (1067, 1071, 1744, 2260,
2595, 2608, 2633, 2635, 2639,
2917, 3055, 3194, 3396, 3398,
3399)
1997 Ed. (1072, 1109, 1581, 1584,
1714, 1744, 2745, 2783, 2787,

3007, 3251, 3252, 3253, 3492,
3493, 3494)
1998 Ed. (812, 1246, 1402, 1417,
1420, 2492, 2493, 2752, 2884,
3277, 3278, 3279, 3281, 3284,
3285)
1999 Ed. (1242, 1690, 1992, 1993,
1994, 1995, 2030, 2874, 2875,
2880, 2881, 3339, 3406, 3714,
3716, 3856, 4047, 4271, 4272,
4273, 4276, 4277, 4280, 4281,
4714)
2000 Ed. (307, 308, 1151, 1772,
1773, 1795, 3703, 3704, 3705,
3707, 3994, 3996, 3998, 3999,
4000, 4002, 4003, 4223, 4347,
4363)
2001 Ed. (30, 398, 1032, 1621, 1764,
1766, 2133, 2181, 3269, 3296,
3645, 3650, 3651, 4217, 4218)
2002 Ed. (1109, 1136, 1707, 1708,
2105, 2107, 2108, 3251, 3335,
3336, 3338, 3339, 4258, 4432,
4433, 4434, 4518)
2003 Ed. (2236, 2239, 2248, 2250,
3305, 3752, 3756, 3796, 4384,
4387, 4388)
2004 Ed. (42, 1117, 2255, 2256,
2261, 3362, 3777, 4404)
2005 Ed. (36, 1124, 1126, 2338,
2354, 2355, 2956, 3393, 3696,
3699, 4350, 4667)
2006 Ed. (43, 781, 1827, 2396, 2398,
2399, 2400, 3389, 4287, 4288)
2007 Ed. (34, 1212, 1835, 1838,
2343, 2345, 3071, 3074, 3782,
3823, 4354)
2008 Ed. (849, 1116, 1424, 1868,
2385, 2471, 2472, 2474, 2475,
2979, 2981, 3568, 3861, 4313,
4649, 4807)
2009 Ed. (1804, 1822, 2477, 2479,
2596, 3063, 3272, 3638, 3920,
4420)
2010 Ed. (637, 1076, 1406, 1763,
2385, 2388, 2996, 3557, 3832)
2011 Ed. (574, 1015, 1760, 1777,
2388, 3560, 3832, 3834)
2012 Ed. (556, 940, 1291, 1630,
1631, 2319, 2320, 2323, 3553,
3814, 4636)
2013 Ed. (654, 655, 2486, 2500,
3906)
2014 Ed. (671, 2429, 2568)
2015 Ed. (728, 3864, 4637)
2016 Ed. (667, 3072, 4554)
Toshiba America Business Solutions
2006 Ed. (4154, 4937)
2007 Ed. (4163, 4942)
Toshiba America Inc.
1994 Ed. (2936)
1999 Ed. (1968)
2001 Ed. (1347, 2194)
Toshiba American Business Solutions
Inc.
2006 Ed. (4793)
Toshiba Corp.
2013 Ed. (839, 875, 2485, 2496,
2497, 3592, 3876, 4592)
2014 Ed. (1049, 1428, 2417, 2426,
3550, 3812)
2015 Ed. (1490, 2491, 2499, 3573,
3835)
2016 Ed. (1424, 2423, 2434, 3741)
Toshiba Corp./Mitsui & Co.
1993 Ed. (1741)
Toshiba-JSW
2010 Ed. (3509)
Toshiba TEC
2014 Ed. (1052)
2015 Ed. (1090)
2016 Ed. (999)
Toshiba Tec
2011 Ed. (1022)
Toshiba/Audiovox
1994 Ed. (875)
Toshihiko Ginbayashi
1997 Ed. (1977)
1999 Ed. (2376)
2000 Ed. (2156)
Toshimaen Amusement Park
1995 Ed. (220)
1996 Ed. (220)
1997 Ed. (252)
1999 Ed. (273)
Toshinori Ito
1999 Ed. (2377)
2000 Ed. (2157)
Toshitaka Kitao
2010 Ed. (3961)

Toshoku Ltd.
1990 Ed. (3050)
Tosoh
1996 Ed. (1406)
2001 Ed. (1226)
2002 Ed. (1000, 1702)
2012 Ed. (771)
2013 Ed. (943)
2015 Ed. (924)
2016 Ed. (827)
Tostem Corp.
1996 Ed. (2613)
1998 Ed. (535, 907)
Tosti
1993 Ed. (879, 881)
2001 Ed. (1160, 1162, 1163)
2002 Ed. (968, 974)
Tosti Asti
1989 Ed. (872)
1991 Ed. (885)
1992 Ed. (1085)
1993 Ed. (883)
1995 Ed. (930)
1996 Ed. (909)
1997 Ed. (942)
1998 Ed. (682)
1999 Ed. (1068)
2001 Ed. (1151)
2002 Ed. (963)
2003 Ed. (900)
2004 Ed. (925)
2005 Ed. (917, 919)
2006 Ed. (829)
Tostitos
1994 Ed. (3341)
1995 Ed. (3396)
1996 Ed. (3466)
1997 Ed. (3532)
1998 Ed. (3126, 3320)
1999 Ed. (4344)
2000 Ed. (4064, 4267)
2001 Ed. (4290, 4579)
2002 Ed. (4299, 4640)
2003 Ed. (4454, 4455)
2004 Ed. (4438, 4439)
2005 Ed. (4387)
2006 Ed. (4393, 4776)
2007 Ed. (4460, 4783)
2008 Ed. (4443, 4701, 4703)
2009 Ed. (4489, 4742)
2010 Ed. (4533)
2013 Ed. (4695)
2014 Ed. (4744, 4745)
2015 Ed. (4765, 4766)
2016 Ed. (4668, 4669)
Tostitos BCS National Championships
2009 Ed. (4702)
Tostitos Cantina Tortilla Chips
2015 Ed. (3775, 3776)
2016 Ed. (3690)
Tostitos Gold
2008 Ed. (4703)
2009 Ed. (4742)
Tostitos Light
2008 Ed. (4703)
2009 Ed. (4742)
Tostitos Natural
2008 Ed. (4703)
2009 Ed. (4742)
2013 Ed. (4695)
2014 Ed. (4745)
Tostitos Scoops
2006 Ed. (4776)
2007 Ed. (4783)
2008 Ed. (4701, 4703)
2009 Ed. (4742)
2013 Ed. (4695)
2014 Ed. (4744, 4745)
2015 Ed. (4765, 4766)
2016 Ed. (4668, 4669, 4670)
Tostitos Wow!
2000 Ed. (4267)
2001 Ed. (4579)
2002 Ed. (4640)
TOT
2001 Ed. (3337)
Total
1990 Ed. (3540)
1992 Ed. (24, 1074, 1619, 4232)
1993 Ed. (16, 1314)
1994 Ed. (883, 1372)
1995 Ed. (1397, 2117, 2928)
1996 Ed. (765, 766, 1348, 2651)
1997 Ed. (702, 703, 1408, 1411)
1998 Ed. (1204)
1999 Ed. (773, 774, 1331, 1631,
1632, 3808, 3812)
2000 Ed. (790, 791, 1434, 1435,
2245)
2001 Ed. (1710)

2003 Ed. (1682)
2007 Ed. (2657)
2011 Ed. (3923)
2012 Ed. (3907)
2013 Ed. (648, 3981, 3982)
2014 Ed. (663, 3924)
2015 Ed. (724, 1735, 3959, 3960)
2016 Ed. (662, 3875)
Total 64 (German)
2000 Ed. (3495)
Total 64 Group
2000 Ed. (3495)
Total 64 (UK/US)
2000 Ed. (3495)
Total Access
1997 Ed. (3696)
Total Access Communication
2012 Ed. (1942)
Total Access Communication PCL
2014 Ed. (4666)
2015 Ed. (4668)
Total Access Communications
2004 Ed. (92)
2005 Ed. (87)
2006 Ed. (96)
2007 Ed. (86)
2008 Ed. (93)
2009 Ed. (102)
Total Access Communications plc
2010 Ed. (110)
Total Action Against Poverty in Roanoke Valley
1992 Ed. (1100)
Total Administrative Services Corp.
2015 Ed. (3312)
Total Armour
1994 Ed. (2450)
Total Attorneys Inc.
2011 Ed. (1570)
2012 Ed. (1411)
Total Beauty Media Group
2014 Ed. (3595)
Total Beverage Solution
2008 Ed. (2733)
Total Blue Cross/Blue Shield Association
1997 Ed. (2700)
Total Business Solutions Inc.
2002 Ed. (2526)
Total Cabling Solutions & Exabit Communication
2005 Ed. (1655)
Total Captive Solutions
2010 Ed. (3233)
Total Care Management
2010 Ed. (4177)
2011 Ed. (4176)
Total casino
1990 Ed. (1873)
Total Cereal
1993 Ed. (862)
Total-CFP
1990 Ed. (1367)
1992 Ed. (1617)
Total; Colgate
2008 Ed. (4699)
Total Compagnie Francaise des Petroles
1989 Ed. (1118)
1990 Ed. (1366)
Total Compagnie Francaise des Petroles SA
1994 Ed. (1371)
1995 Ed. (1398)
1996 Ed. (1349)
Total Computer Systems
2002 Ed. (2526)
Total Control
1999 Ed. (692)
Total Customer Care
2007 Ed. (3613)
Total Disposal Systems Inc.
2005 Ed. (1378)
Total E & P Norge AS
2006 Ed. (1947)
2008 Ed. (1996)
2009 Ed. (1957)
2011 Ed. (1929)
2012 Ed. (1790)
2013 Ed. (1961)
Total Employment Co.
2003 Ed. (1675)
Total Energy Services Trust
2006 Ed. (1617)
2008 Ed. (1619)
2010 Ed. (4597)
2011 Ed. (3907)
Total Energy Solutions LLC
2007 Ed. (1912)
Total Entertainment Center

2004 Ed. (4840)
Total Entertainment Restaurant Corp.
2004 Ed. (4433)
2005 Ed. (4378, 4384)
2006 Ed. (4330)
Total Family Solutions LLC
2016 Ed. (2980)
Total Fina Elf SA
2001 Ed. (3772)
2002 Ed. (304, 1007, 1008, 1015, 1016, 1638, 1640, 1656, 1658, 2125, 2390, 3243, 3246, 3683, 3684, 3685, 3686, 3687, 3688, 3692, 3693, 3696, 3700, 3701)
2003 Ed. (947, 1678, 1681, 1704, 2288, 3298, 3300, 3824, 3830, 3853, 3855, 3857, 4584)
2004 Ed. (962, 1702, 1709, 1710, 1716, 3359, 3361, 3853, 3857, 3859, 3868)
2005 Ed. (1758, 1759, 1777, 2407, 2409, 2411, 2412, 3020)
Total Fina SA
2001 Ed. (1711, 2583, 3836, 3837)
2002 Ed. (761, 762, 998, 1417, 3216, 3370)
Total Financial & Insurance Services Inc.
1998 Ed. (2125)
1999 Ed. (2910)
2000 Ed. (2665)
2002 Ed. (2864)
TOTAL Francaise des Petroles
1991 Ed. (1290)
1992 Ed. (1620)
Total Francaise Pet
1989 Ed. (1344)
Total-Francaise Petrol
1993 Ed. (1315, 1317)
Total Francaise Petroles
1991 Ed. (1291)
1994 Ed. (1370)
Total France
2007 Ed. (214, 1286, 1732, 3519)
Total France SA
2009 Ed. (223, 3746, 3987)
2011 Ed. (129, 3669, 3911)
Total Golf Adventures
2010 Ed. (2908)
Total Group
1994 Ed. (1369)
1995 Ed. (1396, 3604)
1996 Ed. (1347)
1997 Ed. (1410)
1999 Ed. (1633)
2000 Ed. (1436)
Total Group-Francaise des Petroles
1990 Ed. (2849)
Total Group PLC
2000 Ed. (4243)
Total Gym
2015 Ed. (2336, 2341)
2016 Ed. (2289)
Total Hair Barbie
1994 Ed. (3558)
Total Health
1990 Ed. (1999)
Total Health Care Inc.
1990 Ed. (1996)
1991 Ed. (1894)
1992 Ed. (2390)
1999 Ed. (2654)
2000 Ed. (2423, 2430)
Total Health Care Plan Inc.
2000 Ed. (2430)
Total Health Systems Inc.
1991 Ed. (1895)
1992 Ed. (2392)
Total Holdings USA Inc.
2005 Ed. (3727)
2008 Ed. (3893)
2009 Ed. (3957)
2011 Ed. (3879)
2012 Ed. (3858)
2013 Ed. (3913)
Total Home
2009 Ed. (4441)
Total horse parimutuels
1990 Ed. (1873)
Total Industrial Portfolio
2008 Ed. (4125)
Total Kamchatka
2000 Ed. (4353, 4354)
Total Kenya Ltd.
2006 Ed. (3685)
Total Logistic Control
2005 Ed. (4034)
2007 Ed. (4880)
2008 Ed. (4815)
2009 Ed. (4837)

Total Mars Ice Cream
2002 Ed. (2368)
Total Network Solutions Ltd.
2002 Ed. (2499)
Total Nigeria
2013 Ed. (1949)
Total Nigeria plc
2006 Ed. (4525)
Total Office Product Solutions LLC
2006 Ed. (3522)
Total parimutuels
1990 Ed. (1873)
Total Peintures
1997 Ed. (2982)
Total Petroleum
1990 Ed. (1661, 2844)
1991 Ed. (2729)
1992 Ed. (3437)
1993 Ed. (1033, 1290)
1994 Ed. (739, 740, 1064, 1342, 2065, 2865)
1995 Ed. (1285, 1367)
1997 Ed. (3097)
1999 Ed. (1461, 1626)
Total Petroleum (N.A.)
1990 Ed. (1099)
1991 Ed. (1009)
1992 Ed. (1286)
1996 Ed. (3015)
Total Petroleum (North America) Ltd.
1995 Ed. (1076)
1998 Ed. (813)
Total Pharmaceutical Care
1991 Ed. (1928)
Total PlayStation (German)
2000 Ed. (3495)
Total PlayStation (UK)
2000 Ed. (3496)
Total Printing Systems
2012 Ed. (4012, 4017)
2016 Ed. (3972)
Total Quality Logistics
2007 Ed. (4811)
2008 Ed. (4738)
2009 Ed. (2836)
2013 Ed. (1036, 1554)
2014 Ed. (1906)
2015 Ed. (1690, 1951, 2814)
2016 Ed. (1726, 1914, 1924, 2747)
Total Raffinage Distribution SA
1996 Ed. (3023)
1997 Ed. (3107)
1999 Ed. (3811)
2000 Ed. (3538)
2001 Ed. (3759)
2002 Ed. (3678)
2004 Ed. (3867)
Total Raffinage Marketing
2012 Ed. (133, 1505, 3677, 3896)
2013 Ed. (1644, 3962)
Total Recall
1992 Ed. (4397)
1994 Ed. (3630)
Total Renal Care Holdings Inc.
1997 Ed. (2183, 3402, 3406)
Total Research
2000 Ed. (3043)
Total Return
1998 Ed. (2616)
Total Return Stock
1994 Ed. (579)
1996 Ed. (624)
Total SA
2001 Ed. (1707, 3326)
2005 Ed. (956, 1765, 1766, 1767, 1773, 1813, 1819, 3390, 3392, 3764, 3784, 3785, 3796)
2006 Ed. (853, 860, 863, 1691, 1692, 1695, 1698, 1711, 1712, 1713, 1718, 1721, 1722, 1724, 1725, 1726, 1803, 3329, 3378, 3380, 3385, 3846, 3862, 3863, 4546, 4598)
2007 Ed. (214, 939, 945, 946, 952, 1286, 1687, 1688, 1691, 1693, 1706, 1707, 1708, 1713, 1716, 1722, 1725, 1726, 1728, 1730, 1731, 1732, 1733, 1783, 1810, 1814, 2387, 2388, 2392, 2394, 2395, 2396, 2397, 3416, 3519, 3867, 3868, 3873, 3876, 3877, 3892, 3893)
2008 Ed. (200, 917, 922, 923, 928, 1185, 1717, 1718, 1721, 1735, 1736, 1737, 1759, 1760, 1761, 1762, 1814, 1846, 2502, 2508, 3558, 3564, 3678, 3918, 3922, 3935, 3936)
2009 Ed. (223, 919, 926, 930, 931, 937, 1656, 1657, 1659, 1677, 1678,

1685, 1686, 1687, 1688, 1690, 1795, 1798, 1802, 2509, 2517, 2592, 3625, 3634, 3746, 3987, 3988, 3992, 3998, 4010, 4011, 4563)
2010 Ed. (866, 871, 878, 964, 1403, 1615, 1616, 1633, 1634, 1642, 1643, 1644, 1645, 1647, 1709, 1737, 1740, 2424, 2434, 3489, 3546, 3553, 3894, 3898, 3902, 3905, 3916, 3917, 4600)
2011 Ed. (129, 793, 799, 806, 890, 1620, 1621, 1624, 1626, 1643, 1644, 1653, 1654, 1655, 1656, 1750, 1753, 2428, 2438, 3546, 3556, 3669, 3909, 3911, 3912, 3916, 3920, 3924, 3935, 3936, 4561)
2012 Ed. (751, 759, 770, 845, 1468, 1473, 1475, 1504, 1506, 1507, 1586, 1587, 1601, 2351, 2362, 3539, 3548, 3882, 3894, 3897, 3901, 3903, 3905, 3908, 3933, 4552)
2013 Ed. (947, 948, 1025, 1604, 1606, 1635, 1639, 1643, 1645, 1646, 2535, 2547, 2549, 3584, 3617, 3957, 3964, 3976, 3978, 3983, 3989)
2014 Ed. (900, 901, 1570, 1574, 1602, 1603, 1604, 1691, 2469, 2479, 2481, 2560, 3548, 3553, 3901, 3907, 3919, 3921, 3922, 3926, 3932)
2015 Ed. (927, 1653, 1654, 2540, 2553, 2555, 3571, 3578, 3928, 3935, 3953, 3955, 3956, 3961, 3968)
2016 Ed. (831, 832, 1537, 1594, 1595, 1686, 2467, 2472, 3458, 3846, 3854, 3871, 3872, 3876, 3882)
Total Solutions Inc.
2007 Ed. (3530)
Total Sports
2002 Ed. (2529)
2003 Ed. (3054)
Total Sports & Fast Eddie's
2001 Ed. (4284)
Total System Services Inc.
1991 Ed. (1393, 1874, 3141)
1992 Ed. (1751)
1994 Ed. (1497)
1995 Ed. (1530, 1649)
1996 Ed. (397, 1492, 2880)
1997 Ed. (1554)
1998 Ed. (1146, 1206, 1533)
1999 Ed. (1791)
2000 Ed. (2402, 4046)
2005 Ed. (3027)
2006 Ed. (3035)
2008 Ed. (2926)
2010 Ed. (1651, 2115, 2689, 2692)
2011 Ed. (2165, 2678)
2012 Ed. (1510, 2607)
2013 Ed. (1653)
2014 Ed. (1612)
Total Systems Services Inc.
1990 Ed. (1455)
Total Technical Services Inc.
2006 Ed. (3519)
2016 Ed. (3608)
Total Technologies
1995 Ed. (2819)
Total Technology Solutions Group
2016 Ed. (738)
Total Temperature Instrumentation Inc.
2008 Ed. (4432)
Total Travel
1990 Ed. (3650)
Total Travel Management
1998 Ed. (3622)
2007 Ed. (3526, 3567, 3568, 4984)
2008 Ed. (3690, 3715, 4967, 4986)
Total Velvet
2002 Ed. (3585)
Total Wine & More
2016 Ed. (2144)
TotalFina Elf Belgium
2005 Ed. (1663)
TotalFinaElf Deutschland GmbH
2004 Ed. (4930)
TotalFinaElf Gaz et Electricite
2004 Ed. (3905)
TotalNet
2000 Ed. (2744)
TotalPDA Ltd.
2009 Ed. (3025)
Tote Bookmakers Ltd.
2009 Ed. (2111)

Tote plc
2013 Ed. (2124)
Totenko Co. Ltd.
1990 Ed. (2082)
Toter Inc.
2001 Ed. (4126, 4127)
2003 Ed. (3891)
2004 Ed. (3912)
2005 Ed. (3858)
2006 Ed. (3921)
2007 Ed. (3975)
2008 Ed. (3998)
2009 Ed. (4072)
2010 Ed. (3991)
2011 Ed. (3996)
2012 Ed. (3989)
2013 Ed. (4054)
2014 Ed. (3993)
2015 Ed. (4041)
2016 Ed. (3953)
Toth Brand Imaging
2003 Ed. (169, 170)
Toth Design & Advertising
1999 Ed. (130)
Totino's
1994 Ed. (2886)
1995 Ed. (1945, 2951)
1998 Ed. (1769, 3447)
2002 Ed. (4331)
2005 Ed. (2692)
2006 Ed. (2667)
2007 Ed. (2650)
2008 Ed. (2790)
2013 Ed. (2779)
Totino's Party Pizza
2014 Ed. (2790, 2791)
2015 Ed. (2833)
2016 Ed. (2766)
Totinos Party Pizza
2012 Ed. (2703)
2014 Ed. (2789)
2015 Ed. (2832)
2016 Ed. (2765)
Toto
2001 Ed. (3822)
2005 Ed. (1161)
2007 Ed. (1294)
2014 Ed. (3640)
2016 Ed. (1065)
Tottenham
2009 Ed. (705)
Totti; Francesco
2007 Ed. (4464)
Tottori Sanyo Electric Co. Ltd.
2001 Ed. (3114)
Tott's
1992 Ed. (1084)
1993 Ed. (873, 878, 879, 880, 881,
882)
1995 Ed. (921, 922, 923, 924, 926,
3768, 3769, 3770)
1996 Ed. (900, 901, 902, 903, 906,
3839, 3866, 3867, 3868)
1997 Ed. (931, 934, 936, 937, 938,
3886)
1998 Ed. (674, 676, 680, 681, 3442,
3724, 3752)
1999 Ed. (1065, 1066, 1067)
2000 Ed. (1008)
2001 Ed. (1150)
2002 Ed. (962)
2003 Ed. (899)
2004 Ed. (918)
2005 Ed. (909)
2006 Ed. (827)
Totts Champagne
1991 Ed. (884, 3500, 3501, 3502)
1992 Ed. (1082, 4461, 4462, 4463)
TOTVS
2014 Ed. (4233)
Touce Ross
1989 Ed. (12)
Touch
1997 Ed. (1115, 1116)
1998 Ed. (869)
Touch America Holdings Inc.
2004 Ed. (1808)
2005 Ed. (421)
Touch of Class
2013 Ed. (896)
Touch of Class Catalog
1994 Ed. (2134)
1997 Ed. (2324)
1998 Ed. (648)
Touch of Glass
2001 Ed. (1239)
Touche Ross
1989 Ed. (5, 6, 7, 8, 9, 10, 11)
1990 Ed. (1, 2, 3, 4, 5, 7, 9, 10, 12,
2255, 3703)

1992 Ed. (11, 12, 13)
1993 Ed. (5, 13, 3728)
1994 Ed. (3)
1995 Ed. (10)
1996 Ed. (13)
1997 Ed. (8, 9)
Touche Ross & Co.
1990 Ed. (6, 11, 855)
1991 Ed. (4, 5, 812, 1544)
Touche Ross & Co. Business Insurance
Consulting & Property Casualty Actuarial Services
1990 Ed. (3062)
Touche Ross Management Consultants
1990 Ed. (852)
TouchSensor Technologies, L.L.C.
2002 Ed. (2500)
Touchstar
2007 Ed. (4026)
Touchstone
2008 Ed. (2624, 2625)
Touchstone Advisor Variable annuity
Income Opp.
2000 Ed. (4331)
Touchstone Advisors
2009 Ed. (2650)
Touchstone Diversified Small Cap Value
2010 Ed. (3731)
Touchstone Emerging Growth
2006 Ed. (3642)
Touchstone Emerging Growth Fund
2003 Ed. (3508, 3541)
Touchstone Golf LLC
2015 Ed. (2743, 2744, 3188, 3189)
2016 Ed. (2673, 2674)
Touchstone International Equity
2004 Ed. (3650)
Touchstone Large Cap Growth
2006 Ed. (3629)
2008 Ed. (3773)
Touchstone Premium Yield Equity
2013 Ed. (4506)
Touchstone Sands Cap Select Growth
2008 Ed. (3774)
Touchstone Software Corp.
2009 Ed. (1119)
Touchstone Value Opportunities
2008 Ed. (2616)
2010 Ed. (3726)
Touchstone Variable Annuity Income
Opportunity
2000 Ed. (4331)
TouchSuite
2016 Ed. (1562, 1566)
Touchsuite
2015 Ed. (1095)
Toufexis; Nicholas
1991 Ed. (1682)
Tougaloo College
2008 Ed. (1068)
2009 Ed. (1045)
Tough Management: The 7 Winning
Ways to Make Tough Decisions...
2007 Ed. (658)
Tougher Industries Inc.
1997 Ed. (1169)
Toulantis; Marie
2007 Ed. (2506)
Toulon
1992 Ed. (675)
1993 Ed. (486)
Tour Andover Controls
2008 Ed. (4302)
Tour & Travel News
1993 Ed. (2799, 2800)
Tour & Travel News/TTG North America
1996 Ed. (2968, 2970)
Touraust Corp.
2004 Ed. (3949)
Toure; Yaya
2013 Ed. (190)
2014 Ed. (197)
2015 Ed. (224)
Touring motorcycle
1998 Ed. (2542)
Tourism
1993 Ed. (2377)
1997 Ed. (1723)
1998 Ed. (607)
Tourism Bank
2016 Ed. (2609)
Tourism Ireland
2012 Ed. (1616)
2013 Ed. (1773)
2014 Ed. (1708)
Tourism Victoria
2013 Ed. (1488)
Tourism Victoris
2013 Ed. (3042)

Touristik Union International GmbH &
Co. KG
2001 Ed. (4623)
Tourmaline Oil Corp.
2014 Ed. (1499)
2015 Ed. (1555)
2016 Ed. (3834)
Tournament Table 3-in-I game center
1994 Ed. (3557)
Tourneau
2014 Ed. (2404)
Tournigan Gold
2009 Ed. (1579)
Touro University
2016 Ed. (1432)
Tours
2005 Ed. (1604)
2006 Ed. (1487)
2007 Ed. (1517)
2008 Ed. (1499)
2009 Ed. (1432)
2010 Ed. (1415)
Toussaint Capital Partners LLC
2008 Ed. (185)
2009 Ed. (202)
2010 Ed. (182)
2011 Ed. (105)
2016 Ed. (119)
Tovarna Sladkorja
1999 Ed. (3252, 3253)
Tow; Leonard
1995 Ed. (980)
Towa Bank
2002 Ed. (574)
2003 Ed. (531)
2004 Ed. (547)
2005 Ed. (529)
2006 Ed. (458)
2009 Ed. (459, 460, 471)
2010 Ed. (440)
Towbin Dodge
2008 Ed. (4790)
Towelettes
2002 Ed. (2256)
Towelettes, disposable
1996 Ed. (3094)
Towelettes, pre-moistened
2002 Ed. (4092)
Towels
1999 Ed. (2759)
Tower
1990 Ed. (221, 228, 231)
1993 Ed. (1105)
2003 Ed. (1792)
2004 Ed. (1826)
2015 Ed. (3332)
Tower Air
1989 Ed. (243)
Tower Automotive Inc.
2001 Ed. (3220, 3221)
2003 Ed. (337)
2004 Ed. (3446)
2005 Ed. (3460)
2006 Ed. (3467)
2007 Ed. (365, 3492)
2008 Ed. (3663)
2009 Ed. (331, 3732, 4149)
2010 Ed. (310, 4081)
2014 Ed. (1788)
2015 Ed. (1830)
2016 Ed. (1791)
Tower Automotive LLC
2011 Ed. (3138)
2012 Ed. (3092)
Tower Bancorp
2014 Ed. (2876)
Tower Books
1994 Ed. (733)
Tower Casinos
2001 Ed. (1132)
Tower Cleaning Systems
1995 Ed. (1937)
1996 Ed. (1965)
1997 Ed. (2079)
2002 Ed. (856)
2003 Ed. (769)
2004 Ed. (779)
Tower Cloud
2015 Ed. (4652)
Tower Credit Union
2002 Ed. (1870)
2003 Ed. (1924)
2004 Ed. (1964)
2005 Ed. (2106)
2006 Ed. (2201)
2007 Ed. (2122)
2008 Ed. (2237)
2009 Ed. (2223)
2010 Ed. (2177)
2011 Ed. (2195)

2012 Ed. (2055)
2013 Ed. (2236)
2014 Ed. (2168)
2015 Ed. (2232)
2016 Ed. (2203)
Tower Federal Credit Union
2014 Ed. (2136)
2015 Ed. (2200)
2016 Ed. (2172)
Tower General Contractors
2010 Ed. (1524)
2011 Ed. (1519, 1804)
Tower Glass Inc.
1997 Ed. (2149)
2006 Ed. (1284)
2013 Ed. (2824)
2014 Ed. (2863)
2015 Ed. (2903. 2904)
2016 Ed. (2824)
Tower Group Inc.
2006 Ed. (2734)
2007 Ed. (2724)
2008 Ed. (2854)
2010 Ed. (1881, 2864)
2014 Ed. (3352)
Tower Homes
2007 Ed. (2022)
Tower International
2014 Ed. (3184)
Tower LA Municipal Income
1996 Ed. (614)
Tower Perrin
2000 Ed. (904)
Tower Realty Trust Inc.
1999 Ed. (4170)
Tower Records
1999 Ed. (3001, 3503)
Tower Records Japan
2013 Ed. (3651)
Tower Records/Video
1996 Ed. (2745, 3785, 3787, 3788,
3789)
1997 Ed. (3839, 3840, 3842, 3843)
1998 Ed. (3669, 3670, 3671)
1999 Ed. (4713)
2000 Ed. (4346)
2002 Ed. (4748)
Tower Rock Stone Co.
2010 Ed. (4611)
2011 Ed. (4567)
2012 Ed. (4582)
2013 Ed. (4527)
2014 Ed. (4586)
Tower Securities
1997 Ed. (2985)
Tower Video
1990 Ed. (3671, 3672)
1992 Ed. (4391, 4393, 4394)
1993 Ed. (3664, 3666)
1994 Ed. (3625, 3627, 3628)
1995 Ed. (3697, 3699, 3700, 3701)
TowerCo
2011 Ed. (4656)
The Towering World of Jimmy Choo
2011 Ed. (538)
Towers Perrin
1990 Ed. (854, 1649, 1650)
1993 Ed. (1104, 1590)
1994 Ed. (1622, 1623, 1624)
1995 Ed. (1142, 1661, 1662, 3086)
1996 Ed. (1638, 1639)
1997 Ed. (845, 1715, 1716, 3291)
1998 Ed. (542, 545, 546, 1422, 1423.
1424, 1425, 1426, 1427)
1999 Ed. (26, 960, 1997, 1998, 1999,
2000, 2001, 3065, 3066)
2000 Ed. (1774, 1775, 1776, 1777,
1778, 1779)
2001 Ed. (1052, 2221, 2222)
2002 Ed. (866, 1218, 2111, 2112,
2113)
2003 Ed. (804)
2004 Ed. (845, 2267, 2268)
2005 Ed. (2367, 2368, 2369)
2006 Ed. (2418)
2008 Ed. (14, 15, 2484)
2009 Ed. (17, 18, 20, 1185, 2489,
3404, 4135)
2010 Ed. (28, 29, 1187, 2399, 3338,
3520, 4066)
2011 Ed. (24, 25, 1135)
Towers Perrin Forster & Crosby
1989 Ed. (1007)
1990 Ed. (852)
1991 Ed. (812, 1543, 1544)
1992 Ed. (996, 1940, 1941)
Towers Perrin Reinsurance
1994 Ed. (3041)
1996 Ed. (3187)
1998 Ed. (3036)

2000 Ed. (3751)
2001 Ed. (4037)
2002 Ed. (3960)
2005 Ed. (3152)
2006 Ed. (3149)
2007 Ed. (3186)
2008 Ed. (3331)
2009 Ed. (3403, 3406)
2010 Ed. (3339, 3341)
2011 Ed. (3295, 3296, 3300)
Towers Perrin Risk Management
1996 Ed. (3258)
Towers Perrin/Tillinghast
1994 Ed. (3115)
1995 Ed. (3163)
Towers Watson
2012 Ed. (3278)
2013 Ed. (30)
2015 Ed. (26, 27)
2016 Ed. (23)
Towers Watson & Co.
2011 Ed. (2396)
2012 Ed. (3277, 3283)
2013 Ed. (3352, 3357, 3854)
2014 Ed. (3248, 3370, 3783)
2015 Ed. (846, 848, 3403, 3803)
2016 Ed. (3278, 3716)
Towie
2001 Ed. (2550)
Towle & Co., Micro-Small Cap Value
2003 Ed. (3118, 3134, 3137, 3140)
Towle/Johnson
1996 Ed. (2405)
Town Car
2001 Ed. (486, 505)
Town Center at Boca Raton
1998 Ed. (3299)
1999 Ed. (4309)
2000 Ed. (4029)
Town Center Group Inc.
2007 Ed. (2836)
2008 Ed. (2954)
Town & Country
1992 Ed. (3801)
1995 Ed. (1133)
1998 Ed. (2782, 2796, 2799)
2001 Ed. (488)
2006 Ed. (147)
2007 Ed. (139, 4673)
2009 Ed. (4628)
2010 Ed. (4657)
Town & Country Bank
1996 Ed. (678, 2640)
Town & Country Cedar Homes
2003 Ed. (1201)
2004 Ed. (1208)
Town & Country; Chevrolet
2013 Ed. (4772)
Town & Country; Chrysler
2007 Ed. (4858)
2008 Ed. (4765)
Town & Country Credit Union
1996 Ed. (1511)
2000 Ed. (221, 1629)
2002 Ed. (1869, 1884)
2003 Ed. (1938)
2004 Ed. (1963, 1978)
2005 Ed. (2105, 2120)
2006 Ed. (2200, 2215)
2007 Ed. (2121, 2136)
2008 Ed. (2236, 2251)
2009 Ed. (2222, 2237)
2010 Ed. (2176, 2191)
2011 Ed. (2194, 2209)
2012 Ed. (2054, 2070)
2013 Ed. (2235, 2252)
2014 Ed. (2167, 2184)
2015 Ed. (2231, 2248)
2016 Ed. (2202, 2219)
Town & Country Dealerships
2005 Ed. (1927, 1930)
2006 Ed. (1961, 1962, 1963)
2010 Ed. (1920, 1923)
Town & Country Electric
2006 Ed. (1339)
2009 Ed. (1318, 1319, 1347)
Town & Country Federal Credit Union
2014 Ed. (1752)
2015 Ed. (1797)
2016 Ed. (1750)
Town & Country Ford
1990 Ed. (342)
Town & Country Grocers/Hufford
2009 Ed. (4614)
Town & Country Haus Lizenzgeber
GmbH
2008 Ed. (1187)
Town & Country Home Builders
2004 Ed. (1141)
2005 Ed. (1163)

Town & Country Homes
1998 Ed. (897)
1999 Ed. (1327)
2000 Ed. (1186, 1187, 1208)
2001 Ed. (1390)
2002 Ed. (1183, 1200, 2658, 2659)
2003 Ed. (1153)
2004 Ed. (1158, 1189)
2005 Ed. (1186, 1198, 1215)
Town & Country Jeep-Eagle Inc.
1992 Ed. (388)
1993 Ed. (274)
1994 Ed. (273)
Town & Country Living
2007 Ed. (3296)
2009 Ed. (3472)
2010 Ed. (3408)
Town & Country Markets Inc.
2016 Ed. (3607)
Town & Country Resort & Convention
Center
2001 Ed. (2351)
Town Fair Tire Centers Inc.
2005 Ed. (4697)
2008 Ed. (4682)
2009 Ed. (4723)
2010 Ed. (4732)
2011 Ed. (4691)
2012 Ed. (4714)
2013 Ed. (4668)
2014 Ed. (4718)
2015 Ed. (4733)
2016 Ed. (4634)
Town Money Saver
2014 Ed. (2256)
Town Motor Car Corp.
1991 Ed. (302)
1992 Ed. (407)
1993 Ed. (292)
1994 Ed. (261)
1995 Ed. (260)
1996 Ed. (264)
Town Pump Inc.
2015 Ed. (1869)
Town Pump Inc. & Affiliates
2001 Ed. (1801)
2003 Ed. (1771)
2004 Ed. (1808)
2005 Ed. (1891)
2006 Ed. (1913)
2007 Ed. (1895)
2008 Ed. (1959)
2009 Ed. (1912)
Town Sports International Holdings Inc.
2015 Ed. (2964)
2016 Ed. (2898)
Town Sports International Inc.
2005 Ed. (2810)
2006 Ed. (2786)
2007 Ed. (2787)
2012 Ed. (2817)
2013 Ed. (2888)
2014 Ed. (2917)
Towne Air Freight
2003 Ed. (4785)
2011 Ed. (137)
2012 Ed. (139)
2013 Ed. (115)
2014 Ed. (123)
2015 Ed. (139)
2016 Ed. (144)
Towne Air Freight LLC
2007 Ed. (4848)
Towne Development
2003 Ed. (1170)
2004 Ed. (1178)
Towne Park
2012 Ed. (4062)
Towne, Ryan & Partners
2015 Ed. (3474)
Towne Silverstein & Rotter
1990 Ed. (73)
Towne, Silverstein, Rotter
1991 Ed. (62, 69)
TowneBank
2008 Ed. (524)
2009 Ed. (558)
2016 Ed. (2107)
Towneley Capital
2000 Ed. (2816)
TownePlace Suites
1998 Ed. (2022)
2009 Ed. (3154)
Towneplace Suites
2016 Ed. (783)
TownePlace Suites by Marriott
1999 Ed. (2777)
2000 Ed. (2554)
2002 Ed. (2643)
Towner Risk Management Ltd.

2001 Ed. (2919)
2006 Ed. (785)
2008 Ed. (856)
Towngas
2016 Ed. (2817, 3680)
Towngate
1997 Ed. (3130)
Towngate, FL
1998 Ed. (2871)
Townhouse
1996 Ed. (1174)
1999 Ed. (779, 1421)
2000 Ed. (1293)
2015 Ed. (1331)
2016 Ed. (1250)
Townsend
2008 Ed. (2290)
2009 Ed. (2280)
Townsend Agency
1997 Ed. (138)
2004 Ed. (4015)
Townsend & Bottum Family of Cos. Inc.
1991 Ed. (1099)
Townsend & Bottum Inc.
1990 Ed. (1211)
Townsend Hotel
1996 Ed. (2172)
1998 Ed. (2012)
1999 Ed. (2769)
2000 Ed. (2545)
Townsend & Townsend & Crew LLP
2009 Ed. (3919)
2010 Ed. (3834, 4777)
2011 Ed. (3836, 3837)
2012 Ed. (3817)
Townsend Tree Service
2009 Ed. (4182)
Townsends Inc.
1992 Ed. (3511)
1993 Ed. (2523, 2891)
1994 Ed. (2455, 2908, 2911)
1995 Ed. (2522, 2523, 2963, 2968)
1998 Ed. (2896)
2008 Ed. (3610)
2009 Ed. (3677, 3683, 3686)
2010 Ed. (3592, 3597, 3599)
Townshend: Charlotte
2009 Ed. (4918)
Townsley & Co.
2001 Ed. (1036)
Towsse-e Sanayeh Behshahr
2002 Ed. (4428, 4429, 4430)
Toxic agents
2005 Ed. (3619)
Toy Biz
1998 Ed. (3604)
1999 Ed. (4637)
Toy King/Toys & Gifts Outlet
1989 Ed. (2860)
Toy Liquidators
1992 Ed. (4330)
1994 Ed. (3563)
1995 Ed. (3646)
1996 Ed. (3727)
1997 Ed. (3781)
Toy Liquidators/Toys Unlimited
1993 Ed. (865)
Toy manufacturers
1991 Ed. (2059)
Toy & Sports Warehouse
1992 Ed. (4330)
Toy store chains
2000 Ed. (4281)
Toy stores
1995 Ed. (3707)
1998 Ed. (1797, 2102)
Toy Story
1997 Ed. (2817)
1998 Ed. (3673)
Toy Story 2
2001 Ed. (3363)
2002 Ed. (3399)
Toy Story 2 Read-Aloud Storybook
2001 Ed. (981)
Toy Story 3
2012 Ed. (3724, 3725)
Toy Story Animated Storybook
1998 Ed. (849)
Toy vehicles
2001 Ed. (4593, 4605)
Toyo
1990 Ed. (3597)
1991 Ed. (3392)
1996 Ed. (3693)
1997 Ed. (3751)
1999 Ed. (4602)
2001 Ed. (1501, 4542)
2006 Ed. (4741, 4742, 4743, 4747, 4748)
2007 Ed. (4757)

2008 Ed. (4679, 4680)
2009 Ed. (4718, 4719)
2012 Ed. (4707, 4708, 4710, 4711)
2013 Ed. (4666, 4667, 4672)
2014 Ed. (4719)
2015 Ed. (4731, 4732, 4737)
2016 Ed. (4632, 4633, 4638)
Toyo Cotton
2003 Ed. (1874)
Toyo Engineering Corp.
1992 Ed. (1427)
1993 Ed. (1142)
1996 Ed. (1152)
1997 Ed. (1181, 1192)
1999 Ed. (1402)
2000 Ed. (1276, 1287, 1289, 1809, 1819)
2002 Ed. (1305, 1317)
2003 Ed. (1333)
2005 Ed. (1330, 1331, 2429, 2433)
2006 Ed. (1304, 1316, 1323)
2009 Ed. (1294)
2010 Ed. (1265)
2011 Ed. (1215)
Toyo Ink
2001 Ed. (2876, 2877, 2878)
2006 Ed. (3045, 3046)
2007 Ed. (3078)
2008 Ed. (3219)
2009 Ed. (3278)
2010 Ed. (3203)
2011 Ed. (3167)
2012 Ed. (3123)
2013 Ed. (3208)
2014 Ed. (3220)
2015 Ed. (3283)
2016 Ed. (3123)
Toyo Ink America
2005 Ed. (3041)
2006 Ed. (3044)
2007 Ed. (3077)
2008 Ed. (3218)
2009 Ed. (3277)
2012 Ed. (3122)
Toyo Ink America LLC
2013 Ed. (3207)
2014 Ed. (3219)
2015 Ed. (3282)
Toyo Kogyo Co. Auto Dealers Assn.
1990 Ed. (19)
Toyo Kogyo Co. Auto Dealers Association
1991 Ed. (12)
1992 Ed. (36, 2637)
1994 Ed. (11, 2211)
Toyo Menka
1989 Ed. (2908)
Toyo Menka Kaisha Ltd.
1989 Ed. (1132)
1990 Ed. (1330, 1391, 3636)
1991 Ed. (1250, 1314, 1316)
1992 Ed. (1659, 3738, 4434)
1993 Ed. (3047)
1994 Ed. (3106)
1995 Ed. (3152)
Toyo Sash
1989 Ed. (826)
1994 Ed. (198)
Toyo Seikan
1989 Ed. (959)
1994 Ed. (2484)
1995 Ed. (2550)
1996 Ed. (2613)
1997 Ed. (2755)
2007 Ed. (1838)
2016 Ed. (3072)
Toyo Seikan Kaisha Ltd
1990 Ed. (2767)
Toyo Seikan Kaisha Ltd.
2012 Ed. (1086)
2013 Ed. (1223)
2014 Ed. (1163)
Toyo Suisan Kaisha
2016 Ed. (2695)
Toyo Tanso
2009 Ed. (3735)
Toyo Tire Holdings of America
2009 Ed. (4722)
Toyo Tire Holdings of Americas Inc.
2012 Ed. (4713)
2013 Ed. (4665)
2014 Ed. (4717)
2015 Ed. (4729)
2016 Ed. (4631)
Toyo Tire NA
2006 Ed. (3919)
Toyo Tire & Rubber Co.
2001 Ed. (4540)
2006 Ed. (3919)
Toyo Tire (U.S.A.)

2006 Ed. (4752)
2007 Ed. (4758)
2008 Ed. (4681)
Toyo Trust & Banking
1989 Ed. (479, 480, 578)
1990 Ed. (596)
1991 Ed. (449)
1992 Ed. (2026)
1997 Ed. (352, 2396, 2547)
1998 Ed. (377)
2000 Ed. (557)
2002 Ed. (594)
Toyo Trust Co. NY
1993 Ed. (596)
Toyo Trust Co. of N.Y.
1992 Ed. (803)
Toyobo Co., Ltd.
1990 Ed. (3568)
1991 Ed. (3355)
1992 Ed. (4278)
1993 Ed. (3556, 3560)
1994 Ed. (3519)
1995 Ed. (2791, 3603)
1997 Ed. (3736)
1999 Ed. (4592)
2000 Ed. (4242)
2001 Ed. (4513, 4514)
2006 Ed. (862)
2007 Ed. (950, 3821)
2008 Ed. (927)
2010 Ed. (4726)
2011 Ed. (4685)
2012 Ed. (4699)
2013 Ed. (4660)
2014 Ed. (4712)
2015 Ed. (4724)
Toyoda
2000 Ed. (3001, 3002, 3031)
Toyoda; Akio
2012 Ed. (3824)
2015 Ed. (798)
Toyoda Gosei
2004 Ed. (3908)
2006 Ed. (338)
Toyoda Gosei North America
2006 Ed. (339)
Toyoda Machine Works, Ltd.
2001 Ed. (3185)
Toyoda Machines
1993 Ed. (2484)
Toyoda; Shoichiro
2005 Ed. (789)
Toyoho
1989 Ed. (2820)
Toyo/Niihama
2001 Ed. (1500)
Toyopet Nagoya
1997 Ed. (293, 294)
Toyota
1989 Ed. (308, 314, 317, 320, 325, 326, 327, 1409, 1595)
1990 Ed. (56, 300, 343, 344, 353, 358, 359, 364, 367, 373, 2627, 3632)
1992 Ed. (57, 61, 68, 81, 431, 432, 437, 438, 442, 445, 455, 456, 460, 462, 463, 923, 2413, 3117, 4310, 4346, 4348, 4349)
1993 Ed. (20, 21, 23, 34, 35, 38, 45, 50, 53, 147, 265, 266, 305, 306, 307, 308, 310, 311, 316, 320, 330, 331, 334, 335, 337, 736, 1269, 1274, 1277, 1311, 1335, 1336, 1337, 1347, 1356, 1357, 1358, 1612, 2382, 2581, 2607, 3366, 3526, 3529, 3587)
1994 Ed. (317)
1995 Ed. (17, 302, 312, 690, 2241, 2587)
1996 Ed. (27, 309, 310, 315, 322, 768, 3748, 3749)
1997 Ed. (28, 290, 292, 300, 303, 307, 309, 705, 710)
1998 Ed. (24, 212, 218, 227, 485, 488, 3497, 3498, 3645)
1999 Ed. (323, 326, 334, 794)
2000 Ed. (25, 32, 338, 339, 340, 344, 358, 795, 800)
2001 Ed. (438, 457, 458, 459, 460, 461, 462, 463, 464, 465, 483, 535, 1009)
2002 Ed. (413, 414, 4703)
2003 Ed. (305, 306, 317, 333, 359, 360, 743, 745)
2004 Ed. (342, 756, 757)
2005 Ed. (279, 283, 342, 352, 741)
2006 Ed. (313, 317, 355, 356, 654, 2854, 4855)
2007 Ed. (309, 313, 315, 342, 680, 684, 691, 692, 694, 878)

2008 Ed. (139, 302, 329, 638, 639, 642, 643, 653, 654, 655, 656, 660)
2009 Ed. (160, 324, 353, 569, 656, 658, 670)
2010 Ed. (151, 328, 330, 626, 634, 637)
2011 Ed. (75, 230, 256, 560, 568, 574, 579)
2012 Ed. (232, 246, 277, 541, 556)
2013 Ed. (70, 238, 247, 249, 272, 274, 643, 654, 655, 658)
2014 Ed. (89, 246, 248, 249, 279, 657, 671, 672, 675, 717)
2015 Ed. (91, 267, 279, 289, 291, 718, 728, 731, 763)
2016 Ed. (86, 275, 286, 308, 657, 667, 668, 684, 685)
Toyota 4-Runner
1998 Ed. (234)
Toyota 4Runner
1999 Ed. (341, 4375)
2000 Ed. (4087)
2006 Ed. (3577)
Toyota Aichi
1997 Ed. (293, 294)
Toyota Astra Motor
1995 Ed. (1419)
1996 Ed. (1380)
1997 Ed. (1432)
1999 Ed. (1657)
2000 Ed. (1425, 1462, 1466, 1467)
Toyota Auto Dealers Assn.
1990 Ed. (19)
Toyota Auto Dealers Association
1991 Ed. (12)
1992 Ed. (36, 2637)
1994 Ed. (11, 2211)
Toyota Auto Directors Assn.
1990 Ed. (2214)
Toyota Bank
1996 Ed. (1408)
Toyota Boshoku Corp.
2009 Ed. (1824)
2010 Ed. (312)
2011 Ed. (235)
2012 Ed. (255, 257)
2013 Ed. (254, 264)
2014 Ed. (254, 266)
2015 Ed. (296, 306)
2016 Ed. (295)
Toyota Camry
1990 Ed. (360)
1991 Ed. (313)
1992 Ed. (429, 433, 435, 440, 452)
1993 Ed. (313, 314, 318, 327)
1994 Ed. (296, 300, 305, 318)
1995 Ed. (299, 301, 303, 318, 2111)
1996 Ed. (307, 311, 314, 317, 345)
1997 Ed. (296, 297, 301, 304, 323)
1998 Ed. (217, 226, 234)
1999 Ed. (325, 327, 329, 341, 357, 358)
2000 Ed. (343, 347, 360)
2003 Ed. (362)
2004 Ed. (346, 347, 350)
2005 Ed. (337, 344, 345, 348)
2006 Ed. (358, 359)
2007 Ed. (344)
2008 Ed. (298, 331, 332)
2009 Ed. (349, 355)
2010 Ed. (325, 332)
2011 Ed. (252)
2012 Ed. (272)
2013 Ed. (277)
2014 Ed. (275)
Toyota Canada Inc.
1992 Ed. (4431)
1994 Ed. (3659)
1996 Ed. (3828)
2009 Ed. (318)
2010 Ed. (294, 300, 4785)
2011 Ed. (222)
Toyota Carina
1990 Ed. (375)
Toyota cars & trucks
1993 Ed. (738)
Toyota cars, trucks & vans
1992 Ed. (920)
Toyota Celica
1992 Ed. (450, 454)
1993 Ed. (325)
1995 Ed. (3431)
1996 Ed. (348, 3764)
Toyota Center
1992 Ed. (402)
1993 Ed. (287)
2005 Ed. (4439)
Toyota Compact Truck
1990 Ed. (2017)
Toyota Corolla

1989 Ed. (348)
1990 Ed. (360, 375, 377, 381, 2017)
1992 Ed. (433, 435, 440, 449, 454)
1993 Ed. (313, 319, 322, 324)
1994 Ed. (305, 318)
1995 Ed. (305, 313, 318, 2111)
1996 Ed. (313, 314, 345, 3764)
1997 Ed. (304, 310, 323)
1998 Ed. (234)
1999 Ed. (327, 339, 341, 357)
2000 Ed. (346, 347, 360)
2003 Ed. (363)
2004 Ed. (346, 349)
2005 Ed. (344, 347)
2006 Ed. (315, 358, 360)
2007 Ed. (345)
2008 Ed. (298, 328, 332)
2009 Ed. (352)
2010 Ed. (325, 329)
2012 Ed. (272)
2013 Ed. (275, 277)
Toyota Corolla Deluxe
1992 Ed. (4362)
Toyota Corona
1990 Ed. (375)
Toyota Credit Corp.
1993 Ed. (1766)
Toyota Cressida
1989 Ed. (348)
1992 Ed. (435)
1993 Ed. (349)
Toyota Cressida 4-door
1991 Ed. (356)
Toyota Crown
1990 Ed. (375)
1997 Ed. (310)
Toyota Dealer Association
1998 Ed. (206)
Toyota Division
2005 Ed. (341)
Toyota Echo
2006 Ed. (315)
2008 Ed. (298)
Toyota Estima
1997 Ed. (310)
Toyota Express Lube
2006 Ed. (352)
Toyota Express Lube Plus
2006 Ed. (352)
Toyota Financial Services
2014 Ed. (2671)
Toyota (GB) Ltd.
2002 Ed. (48)
Toyota (Georgetown, No. 1)
1997 Ed. (320)
Toyota (Georgetown, No. 2)
1997 Ed. (320)
Toyota Highlander
2004 Ed. (4476)
2005 Ed. (4426)
Toyota Hilux
2004 Ed. (301)
2005 Ed. (295)
Toyota Industrial Equipment Manufacturing Inc.
2013 Ed. (3612)
Toyota Industries
2016 Ed. (277)
Toyota Industries Corp.
2006 Ed. (335, 1828)
2007 Ed. (317, 324)
2008 Ed. (312, 1869)
2009 Ed. (334, 1823)
2010 Ed. (313, 1764, 4828)
2011 Ed. (236, 1778, 4788)
2012 Ed. (256, 257, 1632, 4809)
2013 Ed. (254, 263, 265, 1789, 4769)
2014 Ed. (254, 265, 267, 1719, 4819)
2015 Ed. (296, 305, 307, 4855)
2016 Ed. (295, 303, 305, 4762)
Toyota Ipsum
1999 Ed. (339)
Toyota Lexus
1992 Ed. (75)
Toyota Mark II
1990 Ed. (375)
1997 Ed. (310)
1999 Ed. (339)
Toyota Matrix
2008 Ed. (298, 332)
2013 Ed. (275, 277)
Toyota Motor
2015 Ed. (1735)
Toyota Motor Corp.
1989 Ed. (21, 35, 36, 39, 41, 50, 53, 1131, 1132)
1990 Ed. (1363, 1382, 1384, 1390, 1392)
1991 Ed. (8, 28, 31, 40, 41, 45, 50, 52, 53, 54, 57, 221, 317, 319, 326,

328, 1250, 1251, 1280, 1281, 1282, 1287, 1288, 1304, 1305, 1314, 1315, 1316, 1317, 1318, 1553, 1582, 2271, 2494, 3235, 3307, 3400, 3425)
1992 Ed. (40, 60, 232, 918, 1568, 1569, 1612, 1614, 1638, 1640, 1650, 1655, 1657, 1658, 1659, 1660, 1678, 1959, 2818, 4151, 4223, 4225)
1993 Ed. (149)
1994 Ed. (9, 13, 26, 29, 35, 36, 37, 41, 43, 46, 47, 48, 129, 298, 302, 304, 308, 313, 315, 316, 742, 1319, 1320, 1363, 1365, 1390, 1391, 1393, 1394, 1401, 1409, 1410, 1411, 1645, 3501, 3550)
1995 Ed. (18, 23, 146, 148, 150, 306, 307, 314, 315, 316, 317, 670, 691, 1340, 1343, 1344, 1349, 1350, 1388, 1389, 1421, 1423, 1424, 1429, 1430, 1431, 1441, 1442, 1443, 1444, 1683, 2889, 3100, 3570, 3571)
1996 Ed. (28, 158, 161, 163, 305, 306, 319, 324, 326, 327, 328, 769, 775, 1338, 1339, 1383, 1385, 1386, 1394, 1398, 1405, 1407, 2974, 3597, 3656, 3660, 3706)
1997 Ed. (166, 168, 298, 308, 319, 1356, 1357, 1399, 1433, 1448, 1454, 1461, 1462, 1463, 1464, 1744, 1826, 3052, 3652, 3713, 3761)
1998 Ed. (71, 75, 86, 87, 214, 231, 232, 233, 243, 1157, 1158, 1162, 1165, 1166, 1168, 2320, 2435, 2557, 2786, 3425, 3491)
1999 Ed. (177, 178, 322, 335, 336, 337, 351, 352, 1566, 1569, 1572, 1573, 1576, 1580, 1581, 1619, 1660, 1662, 1663, 1666, 1674, 1675, 1681, 1682, 1689, 1690, 1691, 1692, 2030, 3116, 3768, 4496, 4567, 4614, 4615)
2000 Ed. (202, 356, 951, 1424, 1469, 1473, 1482, 1489, 1490, 1491, 1493, 1494, 1495, 1496, 1497, 1498, 1795, 2864, 3038, 3458, 3760, 4209, 4262, 4263)
2001 Ed. (13, 14, 22, 34, 35, 43, 47, 48, 52, 60, 64, 71, 74, 79, 85, 89, 453, 456, 506, 515, 1614, 1616, 1620, 1621, 1624, 1626, 1704, 1705, 1744, 1747, 1751, 1764, 1766, 1767, 1768, 1769, 2173, 2719, 3021, 3217, 3228, 3835, 4044, 4639)
2002 Ed. (32, 218, 219, 349, 366, 375, 381, 388, 390, 391, 392, 398, 1579, 1653, 1681, 1691, 1703, 1705, 1706, 1707, 1708, 1709, 2228, 2323, 2568, 3225, 3246, 3251, 3402, 3403, 4431, 4432, 4434, 4588, 4635, 4636, 4670)
2003 Ed. (17, 188, 189, 318, 332, 1522, 1523, 1524, 1525, 1526, 1545, 1678, 1679, 1713, 1715, 1718, 1728, 2326, 3148, 3284, 3300, 3305, 3458, 3748, 4076, 4593, 4815)
2004 Ed. (25, 28, 56, 60, 70, 76, 79, 97, 138, 142, 285, 286, 287, 305, 306, 883, 884, 1629, 1650, 1707, 1709, 1710, 1714, 1750, 1755, 2171, 2840, 3212, 3361, 3362, 3524, 3773, 4681, 4802)
2005 Ed. (15, 16, 18, 27, 48, 51, 55, 65, 71, 74, 91, 129, 133, 135, 288, 294, 298, 300, 301, 1765, 1766, 1767, 1771, 1774, 1800, 1813, 1814, 1815, 1816, 1818, 1821, 1822, 2270, 2329, 2846, 2847, 2848, 2849, 3328, 3330, 3331, 3392, 3393, 3522, 3523, 3692, 4657, 4767)
2006 Ed. (22, 24, 27, 33, 58, 62, 72, 80, 83, 96, 132, 135, 137, 144, 314, 320, 1466, 1468, 1469, 1470, 1482, 1550, 1711, 1712, 1713, 1719, 1774, 1784, 1788, 1789, 1801, 1802, 1803, 1805, 1806, 1825, 1826, 1827, 1828, 1829, 2484, 2847, 3225, 3329, 3351, 3385, 3389, 3580, 3581, 3582, 3583, 4510, 4603, 4647, 4709, 4774, 4852)
2007 Ed. (18, 49, 53, 63, 70, 73, 86, 126, 130, 314, 316, 317, 1327, 1448, 1580, 1584, 1585, 1692, 1706, 1707, 1708, 1808, 1810,

1812, 1813, 1815, 1816, 1817,
1833, 1834, 1835, 1837, 1923,
2846, 3416, 3646, 4557, 4645,
4716, 4830, 4855)
2008 Ed. (23, 30, 52, 55, 67, 76, 79,
93, 100, 133, 140, 287, 293, 296,
301, 1217, 1434, 1563, 1735, 1736,
1737, 1845, 1846, 1849, 1851,
1852, 1854, 1867, 1868, 1869,
3097, 3564, 3568, 3757, 3758,
4140, 4524, 4651, 4652, 4778)
2009 Ed. (26, 35, 45, 59, 63, 76, 84,
88, 99, 102, 111, 151, 155, 156,
157, 161, 308, 314, 322, 323, 755,
773, 1193, 1402, 1491, 1677, 1678,
1774, 1778, 1779, 1795, 1797,
1798, 1800, 1801, 1803, 1821,
1822, 1823, 2386, 2596, 3189,
3570, 3572, 3632, 3633, 3634,
3638, 3753, 3780, 3781, 4249,
4251, 4252, 4554, 4622, 4693,
4694, 4697, 4784, 4810)
2010 Ed. (36, 39, 55, 69, 73, 75, 86,
92, 96, 110, 142, 143, 145, 146,
147, 148, 152, 290, 296, 299, 302,
303, 305, 1197, 1406, 1482, 1633,
1634, 1737, 1739, 1740, 1742,
1743, 1744, 1745, 1746, 1762,
1763, 1764, 1765, 3119, 3552,
3553, 3557, 3688, 3708, 4705,
4706, 4710)
2011 Ed. (28, 67, 69, 70, 71, 76, 212,
218, 221, 226, 227, 228, 229, 255,
1478, 1482, 1643, 1644, 1726,
1728, 1750, 1753, 1755, 1756,
1758, 1777, 1779, 3552, 3555,
3556, 3560, 3705, 3826, 4660,
4661, 4666)
2012 Ed. (37, 74, 78, 229, 234, 242,
243, 245, 247, 276, 1079, 1320,
1328, 1601, 1603, 1629, 1630,
1631, 1633, 3545, 3547, 3548,
3553, 3726, 3812, 4247, 4676,
4764, 4771)
2013 Ed. (69, 71, 225, 237, 243, 244,
245, 248, 1420, 1427, 1635, 1758,
1759, 1787, 1788, 1789, 1790,
3592, 3613, 3616, 3617, 4648,
4649)
2014 Ed. (51, 83, 84, 88, 90, 233,
239, 243, 244, 245, 247, 1384,
1691, 1717, 1718, 1719, 1720,
2410, 2573, 3550, 3553, 3555,
4237)
2015 Ed. (55, 84, 85, 86, 88, 90, 92,
93, 269, 278, 285, 286, 287, 290,
865, 1650, 1760, 1761, 1762, 2485,
3573, 3578, 4225, 4709)
2016 Ed. (54, 55, 85, 256, 264, 274,
277, 281, 282, 283, 285, 287, 753,
1373, 1686, 1688, 1711, 1712,
1713, 2340, 3452, 3458, 4138,
4433, 4613, 4614)
Toyota Motor Corporation
1992 Ed. (2022)
Toyota Motor Credit Corp.
1991 Ed. (1666)
1995 Ed. (1788)
1996 Ed. (1766)
1997 Ed. (1845, 1846)
1998 Ed. (229)
2000 Ed. (1917)
Toyota Motor Engineering & Manufacturing Europe
2008 Ed. (1576)
Toyota Motor Engineering & Manufacturing North America Inc.
2008 Ed. (1882)
2009 Ed. (1837)
Toyota Motor Europe
2007 Ed. (1599)
Toyota Motor Europe Marketing & Engineering
2001 Ed. (1638)
2003 Ed. (1624)
2005 Ed. (1663)
2006 Ed. (1564)
Toyota Motor Europe Marketing & Engineering SA
1999 Ed. (1589)
Toyota Motor Europe SA
2012 Ed. (1346)
2013 Ed. (1438)
Toyota Motor Europe SA/NV
2011 Ed. (1498, 4935)
Toyota Motor Insurance Corp.
1990 Ed. (906)
1991 Ed. (857)
Toyota Motor Manufacturing
2005 Ed. (3332)

Toyota Motor Manufacturing Canada
Inc.
1996 Ed. (1745)
2006 Ed. (1605)
2007 Ed. (2260)
2009 Ed. (318)
2011 Ed. (1563)
2013 Ed. (1495)
2014 Ed. (1463)
Toyota Motor Manufacturing Kentucky
Inc.
2001 Ed. (1773)
2003 Ed. (1732, 1733)
2004 Ed. (1769, 1770)
2005 Ed. (1835, 1836)
2006 Ed. (1840)
2007 Ed. (1845)
2008 Ed. (1881)
2009 Ed. (1836)
2010 Ed. (1777)
2011 Ed. (1790)
2012 Ed. (1647)
2013 Ed. (1805)
2014 Ed. (1732)
2015 Ed. (1777)
2016 Ed. (1731)
Toyota Motor manufacturing KY
2000 Ed. (2880)
Toyota Motor Manufacturing North
America Inc.
2001 Ed. (1773)
2003 Ed. (1566, 1733)
2004 Ed. (1770, 4792)
2005 Ed. (1836, 4765)
2006 Ed. (1716, 1841, 3981, 4816)
2007 Ed. (1846, 2887, 4828)
Toyota Motor Manufacturing of Indiana
Inc.
2005 Ed. (1795)
2006 Ed. (1768)
Toyota Motor Manufacturing Texas Inc.
2016 Ed. (3443)
Toyota Motor Manufacturing USA Inc.
1992 Ed. (2102, 2103, 2104)
Toyota Motor Marketing Europe SA/NV
2008 Ed. (1576)
2009 Ed. (1509)
Toyota Motor North America
2014 Ed. (3055)
2015 Ed. (3122)
Toyota Motor North America Inc.
2006 Ed. (295, 296)
2007 Ed. (296, 297)
2008 Ed. (3682, 3684)
2012 Ed. (3701, 3702)
Toyota Motor Philippine Corp.
1997 Ed. (1498)
1999 Ed. (1724)
Toyota Motor Sales
1989 Ed. (319)
2002 Ed. (365)
Toyota Motor Sales USA Inc.
1996 Ed. (160)
1999 Ed. (179, 1531, 3456)
2000 Ed. (207, 1374, 3170)
2001 Ed. (1251, 1653, 2718, 3395,
4817)
2002 Ed. (1509, 3400)
2003 Ed. (304, 319, 320, 321, 322,
324, 325, 326, 327, 328, 329, 330,
331, 3457)
2004 Ed. (288, 289, 290, 291, 293,
294, 295, 296, 297, 298, 299,
3520)
2005 Ed. (3521)
2006 Ed. (3579)
2007 Ed. (302, 2887, 3645)
2008 Ed. (3009)
2009 Ed. (3095)
2010 Ed. (1416, 3028)
2011 Ed. (2997, 3138)
2012 Ed. (2923)
2013 Ed. (3012, 3173)
2014 Ed. (1594, 3021, 3184)
2015 Ed. (1644, 3088, 3246)
2016 Ed. (1587, 4687)
Toyota Motor (Thailand)
2001 Ed. (1879)
Toyota Motors Corp.
1990 Ed. (1428)
2005 Ed. (2851)
2010 Ed. (2975)
Toyota Motors (Thailand)
1991 Ed. (1359)
Toyota MR2
1990 Ed. (403)
1992 Ed. (453)
1993 Ed. (328)
Toyota Nagano
1997 Ed. (293, 294)

Toyota New Zealand
2015 Ed. (1925)
Toyota of Cerritos
1990 Ed. (322)
1991 Ed. (297)
1994 Ed. (286, 290)
1995 Ed. (287)
1996 Ed. (290, 301)
1998 Ed. (209)
1999 Ed. (320)
2000 Ed. (334)
2002 Ed. (352, 353)
2006 Ed. (298)
Toyota of Hollywood
1990 Ed. (322)
1991 Ed. (297)
1995 Ed. (287)
1996 Ed. (290)
1999 Ed. (320)
Toyota of Irving Inc.
2005 Ed. (273)
Toyota of North Hollywood
2002 Ed. (353, 370)
Toyota of Orange
1990 Ed. (322)
1991 Ed. (297)
1992 Ed. (402)
1995 Ed. (287)
Toyota Paseo
1994 Ed. (318)
1995 Ed. (318, 3431)
Toyota passenger cars
1991 Ed. (737)
Toyota Peugeot Citroen Automobile
Czech sro
2009 Ed. (1625)
2011 Ed. (1603)
Toyota Pickup
1992 Ed. (434)
1996 Ed. (2492)
2001 Ed. (477)
2010 Ed. (325)
Toyota RAV4
2001 Ed. (491)
2009 Ed. (4812)
2010 Ed. (4830)
2013 Ed. (4770, 4772)
Toyota RAV4 EV
2000 Ed. (335)
Toyota Research Institure of North
America
2015 Ed. (4238)
Toyota SA
1991 Ed. (47)
1992 Ed. (77)
Toyota Sapporo
1997 Ed. (293, 294)
Toyota Sienna
2008 Ed. (4781)
Toyota Sprinter
1990 Ed. (375)
1997 Ed. (310)
Toyota Starlet
1990 Ed. (375)
1997 Ed. (310)
1999 Ed. (339)
Toyota Supra
1989 Ed. (344)
1992 Ed. (453)
1993 Ed. (328)
Toyota T-100
1995 Ed. (3666)
Toyota T100
2001 Ed. (477)
Toyota Tacoma
1998 Ed. (234)
1999 Ed. (341)
2008 Ed. (4781)
2009 Ed. (4812)
2010 Ed. (4830)
Toyota Tercel
1989 Ed. (342, 1671)
1992 Ed. (449, 454)
1993 Ed. (322, 324)
1994 Ed. (318)
1995 Ed. (318, 2111)
Toyota Tsusho
2016 Ed. (3072)
Toyota Tsusho America Inc.
2014 Ed. (1733)
2015 Ed. (4423)
2016 Ed. (4317)
Toyota Tsusho Corp.
1990 Ed. (3636)
2007 Ed. (3490, 4802)
2012 Ed. (4746, 4747)
2013 Ed. (4703, 4705)
2014 Ed. (4755, 4757)
2015 Ed. (4776, 4778)
2016 Ed. (4680, 4682)

Toyota Tundra
2009 Ed. (4812)
2010 Ed. (4830)
toyota.com
2001 Ed. (4773)
Toys
1989 Ed. (2329)
1990 Ed. (721, 3035)
1992 Ed. (92)
1993 Ed. (1715, 2501)
1994 Ed. (2889)
1995 Ed. (692)
1996 Ed. (3610)
2001 Ed. (2988)
2004 Ed. (2551)
2005 Ed. (852)
2008 Ed. (2439, 2647)
2009 Ed. (2675)
2011 Ed. (2361)
Toys, action figure
2001 Ed. (4593)
Toys, activity
1999 Ed. (4633)
2001 Ed. (4593)
Toys and sporting equipment
1995 Ed. (3077)
Toys and sporting goods, durable
1996 Ed. (2473)
Toys and sporting goods, nondurable
1996 Ed. (2473)
Toys, cars/boats
1999 Ed. (4633)
Toys, educational
2001 Ed. (4605)
Toys & Games
1992 Ed. (2860, 3535)
2000 Ed. (1898)
Toys games
1991 Ed. (1428)
1992 Ed. (2858)
Toys & hobbies
2002 Ed. (2989)
Toys, infant/preschool
2001 Ed. (4593)
Toys 'N Toys 'N More
1992 Ed. (4330)
Toys, pegged
2001 Ed. (4605)
Toys Plus
1989 Ed. (2860)
Toys, plush
2001 Ed. (4593, 4605)
Toys, pre-school
1999 Ed. (4633)
Toys, preschool
2001 Ed. (4605)
Toys "R" Us Delaware Inc.
2010 Ed. (4284)
2011 Ed. (4276)
2012 Ed. (4311)
2013 Ed. (4288)
2014 Ed. (4337)
2015 Ed. (4329)
Toys "R" Us Holdings Inc.
2010 Ed. (2991)
2011 Ed. (2960)
2016 Ed. (2939)
Toys "R" Us Inc.
1989 Ed. (1249, 1250, 1251, 1253,
1254, 1257, 1258, 2321, 2322,
2328, 2860)
1990 Ed. (3049)
1991 Ed. (1427, 1431, 1432, 1433,
1435, 1436, 1437, 2889, 3092,
3164)
1992 Ed. (1077, 1816, 1819, 1820,
1822, 1823, 1824, 3730, 3733,
3739, 3927, 4034, 4038, 4330)
1993 Ed. (863, 864, 867, 1497, 2707,
3048, 3283, 3364, 3365)
1994 Ed. (1544, 1545, 3098, 3100,
3108, 3273, 3364, 3365, 3367,
3563)
1995 Ed. (1574, 3144, 3354, 3423,
3424, 3425, 3426, 3644, 3646)
1996 Ed. (893, 894, 1427, 1555,
3236, 3246, 3251, 3484, 3485,
3486, 3487, 3725, 3727)
1997 Ed. (925, 1316, 1402, 1488,
1622, 1631, 1632, 1635, 1639,
3344, 3347, 3355, 3548, 3549,
3550, 3552, 3553, 3780, 3781)
1998 Ed. (665, 1180, 1295, 1305,
1314, 3080, 3094, 3097, 3340,
3341, 3342, 3344, 3345, 3346,
3347, 3602, 3606)
1999 Ed. (1623, 1713, 1879, 1882,
4093, 4096, 4097, 4106, 4111,
4371, 4374, 4636, 4638)

2000 Ed. (1524, 3813, 4085, 4128, 4282)
2001 Ed. (1813, 4099, 4100, 4322, 4326)
2002 Ed. (1740, 4044, 4334, 4335, 4336)
2003 Ed. (1784, 1786, 4147, 4148, 4173, 4500, 4501, 4502, 4503, 4505)
2004 Ed. (906, 1819, 1820, 2879, 4159, 4160, 4466, 4468, 4470, 4472, 4473, 4474)
2005 Ed. (896, 1903, 1904, 4095, 4096, 4414, 4416, 4420, 4422, 4424, 4506, 4727)
2006 Ed. (1484, 1791, 1792, 1794, 1795, 1796, 1798, 1930, 1931, 4147, 4148, 4431, 4435, 4436, 4438, 4439, 4442, 4587)
2007 Ed. (1441, 1914, 1915, 4017, 4170, 4493, 4496, 4788)
2008 Ed. (885, 1449, 1978, 4211, 4706)
2009 Ed. (1933, 2616, 3515, 4155, 4306, 4333, 4506, 4743, 4750, 4751, 4752)
2010 Ed. (1866, 1869, 3443, 4087, 4284, 4285, 4349, 4546, 4752, 4754, 4759)
2011 Ed. (1441, 1456, 1647, 1898, 1901, 4028, 4059, 4276, 4277, 4495, 4712)
2012 Ed. (1289, 1754, 1758, 4055, 4064, 4091, 4311, 4312, 4344, 4499, 4733)
2013 Ed. (1921, 1925, 1928, 4269, 4288, 4289, 4469, 4473)
2014 Ed. (1860, 1864, 1866, 1867, 4328, 4337, 4338, 4518)
2015 Ed. (1896, 1900, 1902, 1903, 2520, 4315, 4329, 4517)
2016 Ed. (1860, 1863, 1865, 1866, 4212, 4225, 4453)
Toys "R" Us Japan
2012 Ed. (4327)
2013 Ed. (4287)
Toys & recreational products
1996 Ed. (1220)
Toys, ride-on
2001 Ed. (4593)
Toys/games/dolls
1992 Ed. (1817)
Toysrus.com
2001 Ed. (2992)
2002 Ed. (2473)
2006 Ed. (2377)
2011 Ed. (2371)
Toys/sporting goods
1994 Ed. (1271, 1272, 1273, 1279, 1280, 1281, 1729)
2001 Ed. (3918)
Tozour Energy Systems
2016 Ed. (4777)
Tozzini Freire Teixeira e Silva
2005 Ed. (1461)
TP Ltd.
1994 Ed. (994)
TPA Inc.
2000 Ed. (1093)
2001 Ed. (2914)
TPA of America Inc.
1989 Ed. (918)
TPC Group
2014 Ed. (2028, 3148)
TPC Printing & Packaging
2010 Ed. (3807)
TPF & C
1990 Ed. (851, 1648, 1651)
1993 Ed. (15, 1589, 1591, 1592)
TPF & C Reinsurance
1990 Ed. (2262)
1991 Ed. (1545, 2830)
1992 Ed. (3659)
1993 Ed. (2993)
TPG
2009 Ed. (3453)
2014 Ed. (3414)
TPG Architecture
2006 Ed. (3170)
2010 Ed. (3358)
2012 Ed. (3287, 3290)
2014 Ed. (3372, 3374)
2015 Ed. (3417)
TPG Architecture LLP
2006 Ed. (3163, 3171)
2007 Ed. (3197)
2008 Ed. (3339, 3347)
2009 Ed. (3412)
2010 Ed. (3350)
TPG Hospitality

2012 Ed. (2996, 3008)
2013 Ed. (3083, 3085)
2014 Ed. (3083)
2015 Ed. (3149)
2016 Ed. (3005)
TPG NV
2005 Ed. (4365)
2006 Ed. (1919, 1920, 1921, 4309, 4821)
2007 Ed. (4832)
TPG Partners
2009 Ed. (2648)
TPG Planning & Design
2005 Ed. (3161, 3169)
TPI
2011 Ed. (3797)
2012 Ed. (3787)
TPi Billing Solutions
2005 Ed. (2592)
TPI Enterprises
1998 Ed. (2726, 3412)
TPI Polene
1995 Ed. (1501)
TPI Restaurants
1991 Ed. (2884)
1993 Ed. (1899)
TPK
2015 Ed. (2495)
TPK Holding
2012 Ed. (4442)
2014 Ed. (2424)
2015 Ed. (2497)
TPL (Technologie Progetti Lavori-SpA)
1996 Ed. (1673, 1675, 1678)
TPMI/Macomber, Texstar Construction
1989 Ed. (2882)
TPN Register
2001 Ed. (4759)
TPSA
2001 Ed. (1694)
2006 Ed. (4889)
2015 Ed. (2977)
TPUSA Inc.
2014 Ed. (2066)
2015 Ed. (2114)
2016 Ed. (2095)
TPV Technology
2006 Ed. (3037)
2008 Ed. (3550)
2009 Ed. (1199, 2478, 3615)
2010 Ed. (3539)
2011 Ed. (1693, 3538)
TPV Technology Ltd.
2013 Ed. (1133)
2014 Ed. (1094)
2015 Ed. (1133)
2016 Ed. (1045)
TPW Management
2008 Ed. (2152)
2010 Ed. (2077)
TPW Management LLC
2011 Ed. (2134)
TQ Systems GmbH
2009 Ed. (3269)
TQ3 Travel Solutions GmbH
2009 Ed. (3514, 4786)
TQ3 Travel Solutions Nederland BV
2004 Ed. (4798)
T.R. Cos.
1993 Ed. (2039)
TR European Growth
2000 Ed. (3295, 3296)
TR Financial Corp.
1998 Ed. (3558)
1999 Ed. (4600)
T.R. Financial/Roosevelt Savings Bank
2000 Ed. (4250)
TR Ind
1999 Ed. (3138)
TR Price International Stock
1990 Ed. (2393)
Tr3s
2014 Ed. (2970)
2015 Ed. (3039)
2016 Ed. (2934)
Tra
2008 Ed. (25)
Traban, Burden & Charles
1996 Ed. (139)
Trac II Plus
2001 Ed. (3989, 3990)
Trace Communications
2010 Ed. (121)
Trace International Holdings Inc.
2001 Ed. (4132)
Trace3
2016 Ed. (1397)
Trace3 Inc.
2012 Ed. (1365)
2013 Ed. (1451)

2016 Ed. (1407)
Tracer
1994 Ed. (1529)
Tracer Industries Inc.
2015 Ed. (1244)
Tracey; Sandra R.
1990 Ed. (2480)
Tracey's Tax Service LLC
2015 Ed. (3023)
TracFone
2007 Ed. (3620)
2014 Ed. (4957)
2015 Ed. (3708, 4998)
TracFone Wireless
2016 Ed. (4915)
TracFone Wireless Inc.
2006 Ed. (1456)
2008 Ed. (4942)
Tracie McCormick Inc.
2016 Ed. (4740)
Tracinda Corp.
2003 Ed. (2840)
Track
2001 Ed. (422)
Track and field
2001 Ed. (4341, 4342)
Tracker
2001 Ed. (491)
TracMap
2011 Ed. (2914)
Tracor
1989 Ed. (1326)
1990 Ed. (1037)
1993 Ed. (369)
1996 Ed. (1628)
1998 Ed. (95, 1247)
1999 Ed. (185, 1957)
2000 Ed. (1760)
Tractebel
1990 Ed. (1333, 3456)
1991 Ed. (729, 730, 1260, 1555, 1558, 1562)
1992 Ed. (913, 914, 1579)
1993 Ed. (729, 1283, 1613, 3253)
1994 Ed. (737, 1329, 1330)
1997 Ed. (700, 1366, 1367, 3215)
1999 Ed. (771, 772, 1587, 1588)
2000 Ed. (788, 1392, 1394)
2004 Ed. (1775)
2006 Ed. (1564, 2366)
2007 Ed. (1599, 2299)
2015 Ed. (2446)
2016 Ed. (2391)
Tractebel Energia SA
2010 Ed. (2426)
2011 Ed. (2430)
2012 Ed. (2353)
2013 Ed. (2537)
Tractebel Engineering
1992 Ed. (1961)
1994 Ed. (1644, 1648)
1996 Ed. (1676)
1997 Ed. (1746, 1757, 1758)
1998 Ed. (1452)
2003 Ed. (2318)
2004 Ed. (2399)
2005 Ed. (2431)
2006 Ed. (1316, 2471)
2007 Ed. (2436)
2008 Ed. (1302, 2563)
Tractebel SA
1994 Ed. (3247)
1995 Ed. (1361, 3327)
1996 Ed. (763, 764, 1299, 1300, 1301, 3405)
2001 Ed. (1554, 1640, 1641)
2002 Ed. (759, 760)
2004 Ed. (884)
Tractebell
1995 Ed. (1359, 1360, 1693)
Traction Software Inc.
2006 Ed. (3020)
2007 Ed. (3053)
Tractor Supply
2014 Ed. (4516)
2015 Ed. (2064, 4515)
2016 Ed. (1319, 2031, 4449, 4450)
Tractor Supply Co.
2004 Ed. (4555, 4570)
2005 Ed. (4421)
2006 Ed. (2728)
2007 Ed. (4181, 4494, 4559, 4561)
2009 Ed. (4301)
2010 Ed. (4268, 4314, 4547, 4548, 4549)
2011 Ed. (2080, 4288, 4496, 4497, 4498)
2012 Ed. (4330, 4500, 4501, 4502)
2013 Ed. (914, 3001, 4331, 4466)
2014 Ed. (861, 3010, 4515)

2015 Ed. (2066, 3078, 4384)
2016 Ed. (2029, 2033, 2968, 4267)
Tractors Malaysia Holdings Bhd
1993 Ed. (1365)
Tracy Britt Cool
2015 Ed. (797)
Tracy Chapman
1994 Ed. (1100)
Tracy Gaffney
1999 Ed. (2169)
Tracy-Locke
1989 Ed. (161, 167)
1990 Ed. (150)
1991 Ed. (150)
1992 Ed. (207)
Tracy Locke Partnership
2004 Ed. (131, 132)
2005 Ed. (3405, 3406, 3408)
2006 Ed. (3414)
Tracy-Locke PR of Omnicom
1992 Ed. (3566)
1994 Ed. (2954)
Tracy-Locke/DDB Needham
1994 Ed. (117)
Tracy Peter
1998 Ed. (1573)
Tracy Savings
1990 Ed. (2476)
Tracy van Eck
1997 Ed. (1950)
1998 Ed. (1599)
1999 Ed. (2185, 2187)
2000 Ed. (1955, 1956)
Tracya Commerce
1997 Ed. (2012)
TracyLocke
2006 Ed. (3415, 3417, 3419)
2007 Ed. (3433)
2008 Ed. (3600)
2009 Ed. (3668)
2010 Ed. (3582)
2011 Ed. (3584, 3588)
2012 Ed. (3576)
2013 Ed. (3623, 3627)
2014 Ed. (3561, 3565, 3571)
Trada
2015 Ed. (60)
Tradavo
2013 Ed. (2717)
Trade
1989 Ed. (1866)
1994 Ed. (1625)
Trade books
2001 Ed. (976)
Trade, catering
1992 Ed. (1943)
Trade & Commerce Bank
1999 Ed. (490)
2000 Ed. (483)
Trade contractors
1993 Ed. (2152)
Trade Credit
2000 Ed. (4051)
The Trade Desk
2016 Ed. (2457, 2836)
Trade & Development Bank of Mongolia
1999 Ed. (593)
2000 Ed. (615)
Trade groups
2002 Ed. (4619)
Trade Images
2009 Ed. (4994, 4995)
Trade Indemnity Group
1993 Ed. (1324)
Trade & Investment South Africa
2015 Ed. (3523)
Trade Kings
2010 Ed. (119)
Trade magazines
1999 Ed. (992)
Trade Me Group
2015 Ed. (4334)
Trade Press Media Group Inc.
2011 Ed. (3515)
Trade Romania
2015 Ed. (3525)
Trade Secret Printing
2010 Ed. (4010, 4015, 4027)
Trade shows
1990 Ed. (2737)
1997 Ed. (848)
2000 Ed. (941, 3478)
Trade shows & exhibits
1997 Ed. (868, 2713)
Trade the Markets
2013 Ed. (2395)
Trade Trans Log SP. Z O.O.
2016 Ed. (1965)
TradeAir
2001 Ed. (4748)

Tradebonds.com
 2002 Ed. (4797)
Tradec
 2004 Ed. (2217)
Tradecorp
 2014 Ed. (1781)
TradeFinder
 1990 Ed. (1869)
Tradegro
 1990 Ed. (1418)
 1991 Ed. (1342, 1345)
 1993 Ed. (1392)
TradeInvestSA
 2013 Ed. (3531)
 2014 Ed. (3508)
TradeKing
 2007 Ed. (761)
 2008 Ed. (731, 737, 2340)
 2009 Ed. (737, 2328)
 2010 Ed. (679, 680, 681, 2257)
 2011 Ed. (607, 608, 2264)
 2012 Ed. (576, 577, 578, 2132)
 2013 Ed. (712, 713, 714, 2339)
 2014 Ed. (736, 737)
 2015 Ed. (779)
 2016 Ed. (700)
The Trademark Co.
 2013 Ed. (776)
The Trademark Co. PLLC
 2014 Ed. (4753)
 2015 Ed. (4774)
Trademark Concrete Systems
 2009 Ed. (1203)
 2010 Ed. (1207)
 2011 Ed. (1155)
 2013 Ed. (1237)
Trademarks/Brand Names
 1992 Ed. (2859)
tradeMonster
 2011 Ed. (607, 608)
 2012 Ed. (577, 578)
 2013 Ed. (713, 714)
 2014 Ed. (736, 737)
 2015 Ed. (779)
TradeOut.com Inc.
 2001 Ed. (4196, 4772)
Trader Bud's Westside Dodge
 1995 Ed. (263)
 1996 Ed. (270)
Trader Horn
 1992 Ed. (1936, 2426)
Trader Joe's
 2013 Ed. (4536)
Trader Joe's Co.
 1998 Ed. (755)
 2000 Ed. (1107)
 2002 Ed. (1078)
 2003 Ed. (3966)
 2004 Ed. (4642, 4646)
 2009 Ed. (2262, 4146, 4598, 4599,
  4605, 4611, 4614, 4617, 4620)
 2010 Ed. (4353, 4643, 4646, 4647)
 2011 Ed. (4594)
 2012 Ed. (4083, 4318)
 2013 Ed. (1468)
 2014 Ed. (1431, 4113, 4429)
 2015 Ed. (1493, 4411)
 2016 Ed. (1426)
Trader Publishing Co.
 2007 Ed. (3229)
Trader Vic's Corp.
 2004 Ed. (4131)
Trader.com NV
 2002 Ed. (4200)
Traders State Bank
 1994 Ed. (508)
TradersAccounting.com
 2002 Ed. (4807)
TradeStation
 2005 Ed. (757, 759)
 2006 Ed. (663)
 2007 Ed. (762)
TradeStation Group
 2010 Ed. (4512)
TradeStation Securities
 2008 Ed. (738)
 2009 Ed. (737)
 2010 Ed. (677, 678, 680, 681)
 2011 Ed. (604, 605, 607, 608)
 2012 Ed. (574, 575, 578)
 2013 Ed. (710, 711, 714)
 2014 Ed. (733, 734, 737)
 2015 Ed. (779)
 2016 Ed. (700)
TradeStreet
 2000 Ed. (2786)
 2001 Ed. (3004)
TradeStreet Investment
 2001 Ed. (3002)
TradeWeb

2001 Ed. (4754)
2003 Ed. (2168)
2004 Ed. (2222)
TradeWeb Group LLC
 2006 Ed. (1421)
TradeWeb LLC
 2006 Ed. (1427)
Tradewind Insurance Co.
 1995 Ed. (2326)
Tradewinds Airlines Inc.
 2005 Ed. (214)
Tradewinds Conversions Inc.
 1995 Ed. (3686)
Tradewinds Debt Strategies
 1998 Ed. (1923)
Tradewinds Island Resorts
 2002 Ed. (2648, 2650)
Tradex Canadian Growth
 2002 Ed. (3458, 3459)
 2003 Ed. (3592)
Tradex Equity Fund Ltd.
 2001 Ed. (3463)
Tradex International Inc.
 2007 Ed. (4440)
 2008 Ed. (3726, 4421)
TRADEX Technologies Inc.
 2002 Ed. (1384)
Trading
 1997 Ed. (1442, 1445, 2381, 2382,
  2383, 2385)
 1998 Ed. (1151, 1153, 1156, 2100)
 1999 Ed. (1679, 2870)
 2000 Ed. (2634)
 2002 Ed. (2792, 2794, 2796)
 2003 Ed. (1710)
 2004 Ed. (1746, 1749)
 2007 Ed. (3592, 3593, 4442)
 2008 Ed. (1820, 1821, 1825)
 2009 Ed. (1768, 1769, 1773)
Trading gain/loss
 1993 Ed. (3683)
Trading Spaces
 2006 Ed. (764)
Trading Technologies International Inc.
 2012 Ed. (3815)
Tradition Home
 1994 Ed. (2800)
Traditional Home
 1995 Ed. (2881)
 1996 Ed. (2961)
 2004 Ed. (3338)
 2006 Ed. (153)
 2007 Ed. (145, 3402)
 2014 Ed. (3532)
Traditional homemakers
 1993 Ed. (1107)
Traditional Medicinals
 2003 Ed. (4676, 4678)
 2008 Ed. (4599)
Traf-Tex
 2006 Ed. (3976)
Trafaigar House Property Inc.
 2000 Ed. (1229)
Trafalgar Associates
 2002 Ed. (1199)
Trafalgar Development Bank
 1997 Ed. (2583)
 2002 Ed. (3035)
 2003 Ed. (552)
Trafalgar Holdings Ltd.
 1990 Ed. (1266)
Trafalgar House
 1989 Ed. (2017)
 1993 Ed. (1094, 1096, 1099)
 1998 Ed. (902)
Trafalgar House Engineering & Construction
 1997 Ed. (1136, 1138, 1150, 1153,
  1158, 1180, 1181, 1182, 1183,
  1184, 1185, 1186, 1187, 1188,
  1190, 1192, 1193, 1194, 1195,
  1196, 1737, 1746, 1747, 1748,
  1749, 1750, 1751, 1752, 1754,
  1755, 1759)
Trafalgar House PLC
 1989 Ed. (1005)
 1990 Ed. (1177)
 1992 Ed. (1372)
 1994 Ed. (1122)
 1995 Ed. (1137)
 1996 Ed. (1110)
 1997 Ed. (1133)
 1999 Ed. (1330)
Trafalgar Housing-Preference Shares
 1990 Ed. (2046)
Trafalgar Industrial Park
 1994 Ed. (2188)
Traffic, burglary, fraud offenses
 1990 Ed. (1463)
Traffic Insurance Ltd.

2007 Ed. (3084)
2008 Ed. (3224)
2010 Ed. (3211)
2011 Ed. (3175)
2012 Ed. (3132)
Traffic management
 1999 Ed. (964)
Traffic Planning & Design Inc.
 2009 Ed. (2000)
 2010 Ed. (1938)
 2011 Ed. (1991)
 2012 Ed. (1840)
Trafficmaster
 2001 Ed. (1888)
Traffiq
 2012 Ed. (44, 3700, 4053)
Traffix
 2009 Ed. (4453, 4478)
Trafford Publishing
 2005 Ed. (2776)
 2006 Ed. (2746)
Trafigura Beheer BV
 2012 Ed. (1740, 4937)
 2013 Ed. (1906, 4925)
 2015 Ed. (1611)
 2016 Ed. (4008)
Trager; Steven
 2008 Ed. (2640)
Tragic Kingdom
 1998 Ed. (3025)
The Tragically Hip
 1997 Ed. (1112)
Trahan, Burden & Charles
 1998 Ed. (65)
 1999 Ed. (154)
Trail Master Vehicles Inc.
 1992 Ed. (4368, 4372)
TrailBlazer; Chevrolet
 2005 Ed. (4427, 4777, 4786)
 2006 Ed. (3577, 4829, 4856)
 2007 Ed. (4858)
 2008 Ed. (4765, 4781)
Trailblazer Pipeline Co.
 1998 Ed. (1814)
 1999 Ed. (2574)
Trailco Leasing
 1992 Ed. (4354)
Trailer Bridge Inc.
 2012 Ed. (4789)
 2013 Ed. (4750)
Trailer Life
 1997 Ed. (3046)
Trailer Transit
 2005 Ed. (4783)
Trailmobile
 1994 Ed. (3566)
 1999 Ed. (4649)
Trailmobile Canada
 2005 Ed. (4741)
Train
 2012 Ed. (995, 3737)
 2014 Ed. (3732)
Trainer Oldsmobile-Cadillac-Pontiac-
 GMC Truck Inc.
 1994 Ed. (279, 280, 713)
 1995 Ed. (669)
 1996 Ed. (743)
Trainer Pontiac
 1995 Ed. (296)
Training
 1993 Ed. (1597)
 2005 Ed. (3635, 3636)
 2008 Ed. (4714)
Training and development specialists
 2009 Ed. (3857)
Training & Development Corp.
 2001 Ed. (2223)
 2004 Ed. (1358)
Training + Development Magazine
 2008 Ed. (4714)
Training, onsite
 2005 Ed. (3618)
Training Programs
 2000 Ed. (1783)
Training specialist
 2011 Ed. (3779)
Training/education
 2001 Ed. (2969)
TrainingFolks International Holdings Inc.
 2015 Ed. (2399)
TrainingPro
 2008 Ed. (4113)
Trainor Glass Co.
 1997 Ed. (2149)
 1999 Ed. (2600)
 2000 Ed. (2343)
 2002 Ed. (1292)
 2003 Ed. (1304)
 2004 Ed. (1307)
 2005 Ed. (1314, 2733)

2006 Ed. (1284)
2007 Ed. (1362, 2696)
2008 Ed. (1259, 2821)
2009 Ed. (1235, 2879)
2010 Ed. (1234, 2818)
2011 Ed. (1181, 1283, 2804)
2012 Ed. (2737)
2013 Ed. (2823)
Trainor; Meghan
 2016 Ed. (3640)
Trains
 1992 Ed. (90)
Trak
 1991 Ed. (3134)
 1992 Ed. (3983)
 1993 Ed. (3327)
Trak Auto
 1989 Ed. (351, 1256)
 1990 Ed. (407)
 1991 Ed. (357)
 1992 Ed. (486)
 1994 Ed. (336)
 1995 Ed. (336)
 1996 Ed. (354)
 1997 Ed. (325)
 1998 Ed. (247)
 1999 Ed. (362)
 2001 Ed. (540)
Trammel Crow Co.
 1996 Ed. (3431)
Trammel Crow Residential
 2006 Ed. (1198)
 2007 Ed. (1305, 1306)
Trammell Crow Commpany-Commercial
 1990 Ed. (2959)
Trammell Crow Co.
 1989 Ed. (1003)
 1990 Ed. (1163, 2960, 2972, 3284,
  3285, 3289)
 1991 Ed. (1051, 1059, 1062, 1063,
  2810, 3119, 3125)
 1992 Ed. (1367, 3619, 3621, 3622,
  3633, 3960, 3967)
 1993 Ed. (2963, 2964, 2972, 3310,
  3311, 3313, 3314)
 1994 Ed. (1114, 3001, 3002, 3003,
  3004, 3022, 3304)
 1995 Ed. (3064, 3075, 3378)
 1997 Ed. (3257, 3260, 3272, 3274,
  3517)
 1998 Ed. (3003, 3006, 3017, 3020,
  3021)
 1999 Ed. (3996, 4013)
 2000 Ed. (3709, 3715, 3719, 3720,
  4018, 4031)
 2001 Ed. (4001, 4010, 4013, 4255)
 2002 Ed. (3911, 3912, 3921, 3922,
  3923, 3933, 3934, 3935, 4278)
 2003 Ed. (2888, 3670, 4049, 4051,
  4062, 4410)
 2004 Ed. (3726, 4067, 4075, 4088)
 2005 Ed. (2995, 3637, 4007, 4021)
 2006 Ed. (2794, 2990, 3738, 4052)
 2007 Ed. (3021, 4103)
 2008 Ed. (3139, 3821, 4123)
 2009 Ed. (3223, 3870)
 2010 Ed. (2912)
 2011 Ed. (3784)
 2012 Ed. (3779)
 2013 Ed. (3844)
 2014 Ed. (3169, 3766)
 2015 Ed. (3229, 3787)
 2016 Ed. (3085, 3701)
Trammell Crow Co.-Commercial
 1991 Ed. (2809)
Trammell Crow Co. M-Residential
 1990 Ed. (1164)
Trammell Crow Group
 1992 Ed. (3629)
Trammell Crow Healthcare
 2008 Ed. (2916)
Trammell Crow Healthcare Services
 2009 Ed. (2972)
Trammell Crow NE Inc.
 2000 Ed. (3730)
Trammell Crow NE Metro, Inc.
 2002 Ed. (3914)
Trammell Crow Residential
 1990 Ed. (1155)
 1991 Ed. (1047, 1054)
 1992 Ed. (1353, 1362, 1364, 2555)
 1993 Ed. (238, 239, 1090, 1095,
  2980)
 1994 Ed. (3023)
 1995 Ed. (1122, 1130)
 1996 Ed. (1096, 1097, 1100)
 1997 Ed. (1120, 1122, 1124)
 1998 Ed. (177, 880)
 1999 Ed. (1308, 1312, 1320)
 2000 Ed. (1194, 1198, 1199)

2002 Ed. (324, 325, 2655, 2662)
2003 Ed. (286, 287)
2004 Ed. (254, 255)
2005 Ed. (257)
2006 Ed. (278, 1192)
2009 Ed. (1171, 1172, 1173, 1176)
2010 Ed. (1165, 1168, 4181)
Trammo Inc.
2016 Ed. (1876, 1884)
Tramontano; Paul
2012 Ed. (3316)
Tranamerica Prem Bal Inv
2000 Ed. (3251)
Tranax Technologies Inc.
2004 Ed. (263)
Trancentrix
2006 Ed. (742)
Tranchant
2000 Ed. (992)
Trancontinental Gas Pipe Line Corp.
1997 Ed. (2120)
Trancos
2009 Ed. (120)
Trandes Corp.
1994 Ed. (2049, 2052, 2056)
1995 Ed. (2107)
1996 Ed. (2068)
1997 Ed. (2225)
2015 Ed. (3009)
Trane Credit Union
2002 Ed. (1901)
2003 Ed. (1956)
2004 Ed. (1996)
2005 Ed. (2138)
2006 Ed. (2233)
Trane Inc.
1990 Ed. (195, 196, 1861)
1993 Ed. (1908)
2001 Ed. (286)
2003 Ed. (1855)
2007 Ed. (2067)
2009 Ed. (207, 219, 1932, 3230, 3231, 3235)
2010 Ed. (3161)
Trane US Inc.
2010 Ed. (3161)
TraneOregon
2015 Ed. (1971)
Trango Tower
2002 Ed. (3532)
Tranquilizers
1994 Ed. (2463)
Tranquilizers - Minor
1990 Ed. (2531)
1991 Ed. (2401)
Trans Aire International Inc.
1992 Ed. (4370)
Trans-Arabian Investment Bank
1992 Ed. (582)
1994 Ed. (410)
1995 Ed. (403)
Trans-Atlantic Motors
1991 Ed. (290)
1992 Ed. (395)
Trans Avia Export
2012 Ed. (154)
Trans-Canada Bond
2001 Ed. (3482, 3483, 3484)
2002 Ed. (3455, 3456, 3457)
2003 Ed. (3587, 3588)
2004 Ed. (728, 729)
Trans-Canada Value
2002 Ed. (3460)
2003 Ed. (3590, 3591)
2004 Ed. (2472, 2473, 2474)
Trans-Continental
1992 Ed. (3540)
Trans Financial Bank
1998 Ed. (387, 2278)
Trans GS2 Canadian Balanced
2003 Ed. (3559, 3560)
2004 Ed. (3612)
Trans GS2 Canadian Equity
2004 Ed. (2472, 2473)
Trans GS2 U.S. 21st Century
2003 Ed. (3579)
2004 Ed. (3621)
Trans Healthcare
2006 Ed. (3727)
2007 Ed. (3710)
Trans Hex Group
1993 Ed. (2579)
Trans IMS Can-Daq 100
2003 Ed. (3579, 3603, 3604)
Trans IMS Canadian Growth
2003 Ed. (3590, 3591)
2004 Ed. (2472, 2473)
Trans IMS Information Technology
2004 Ed. (3632, 3633)
Trans Jones

1989 Ed. (734)
Trans Jones Inc./Jones Transfer Co.
1990 Ed. (735, 736)
1991 Ed. (713)
1992 Ed. (895)
Trans Leasing International Inc.
1992 Ed. (1130)
Trans Mountain Pipe Line
1990 Ed. (2854)
1992 Ed. (3455)
1994 Ed. (1955)
Trans-Natal
1995 Ed. (1040)
Trans Orient
2001 Ed. (82)
Trans-Pacific Lines
2003 Ed. (2419)
2004 Ed. (2539)
Trans Que & Maritimes Pipeline
1994 Ed. (1955)
Trans Sport
2002 Ed. (386)
Trans States
1998 Ed. (817)
Trans-Tel Central Inc.
2006 Ed. (3534, 4373)
2007 Ed. (3590, 3591, 4441)
Trans-Trade Inc.
2008 Ed. (2107)
2010 Ed. (2030)
Trans World Airlines Inc.
1989 Ed. (231, 232, 233, 236)
1990 Ed. (238, 1041)
1991 Ed. (969)
1992 Ed. (262, 270, 271, 283, 301, 1204)
1993 Ed. (183, 191, 196, 200, 979)
1994 Ed. (359, 360, 361, 1005)
1995 Ed. (174, 179, 1316, 1322, 1326, 1328, 1332, 2847, 2868, 2869, 3304, 3312)
1996 Ed. (180, 182, 186, 1260, 1284, 1422)
1997 Ed. (190, 199, 200, 202, 206, 235, 355, 356, 357, 1482)
1998 Ed. (112, 124, 125, 128, 129, 136, 140, 141, 142, 159, 160, 1054)
1999 Ed. (215, 218, 221, 223, 224, 261, 363)
2000 Ed. (236, 237, 238, 240, 241, 242, 243, 244, 245, 247, 248, 249, 250, 252, 253, 268, 283, 288, 4381)
2001 Ed. (294, 296, 310, 315, 318, 320, 337, 338, 1560, 1562, 1566)
2002 Ed. (257, 258, 260, 262, 265, 272, 307, 1512, 1513, 1544)
2003 Ed. (246)
2004 Ed. (206)
2005 Ed. (210)
Trans World Airways
2001 Ed. (312)
Trans World Communication Inc.
2003 Ed. (1364)
Trans World Entertainment Corp.
1996 Ed. (2745, 3486)
2000 Ed. (1314)
2003 Ed. (3208)
2006 Ed. (4436)
2010 Ed. (3011)
2011 Ed. (2980)
Trans World Music
1994 Ed. (3365)
1995 Ed. (3423)
Trans World, TWA
1991 Ed. (200)
Trans Zambezi Industries
2002 Ed. (4499)
TransAct Technologies
2015 Ed. (1067, 1593)
Transaction Information Systems Inc.
2001 Ed. (1248)
Transafrik International
2012 Ed. (152)
Transair Cargo
2012 Ed. (152)
TransAlliance
1998 Ed. (1396)
1999 Ed. (1954)
2000 Ed. (1732)
2001 Ed. (584, 2186)
TransAlta
2014 Ed. (1291)
TransAlta Corp.
1996 Ed. (1613)
1997 Ed. (1692)
2002 Ed. (4709)
2003 Ed. (2142)
2005 Ed. (1706)

2006 Ed. (1608)
2007 Ed. (2298, 2684)
2008 Ed. (2428, 2813, 3192)
2009 Ed. (2430, 2431, 2871, 2872)
2010 Ed. (2350, 2812)
2011 Ed. (2344, 2345, 2795, 2796)
2012 Ed. (2254, 2723)
2013 Ed. (2444, 2448, 2806, 2809)
2014 Ed. (2382, 2847, 4572)
2015 Ed. (1353, 4566)
2016 Ed. (1284, 4493)
TransAlta Utilities
1990 Ed. (1599, 2925)
1991 Ed. (2778)
1992 Ed. (1897)
1994 Ed. (1594)
1996 Ed. (1613)
1997 Ed. (1692)
Transam Partners Institutional Mid Value
2010 Ed. (3728)
Transam Special Natural Resources
1995 Ed. (2723)
TransAm Trucking
2003 Ed. (4789)
2008 Ed. (4133, 4134)
2009 Ed. (4242)
2010 Ed. (4173)
2011 Ed. (4174, 4175)
2012 Ed. (4225, 4226)
2013 Ed. (4210)
2014 Ed. (4224)
2015 Ed. (4212)
2016 Ed. (4131)
TransAm Trucking Inc.
2013 Ed. (4211)
2014 Ed. (4225)
2015 Ed. (4213)
2016 Ed. (4132)
Transamer Occidental Life
1993 Ed. (2214, 2216)
Transamerica Asset Management
2016 Ed. (635)
Transamerica Balanced Investment Growth
2001 Ed. (3457, 3458, 3459)
2002 Ed. (3428, 3429, 3430)
Transamerica BIG
2003 Ed. (3559, 3560)
2004 Ed. (3612, 3623)
Transamerica Cash Reserve
1992 Ed. (3100)
Transamerica Center
1990 Ed. (2732)
Transamerica Corp.
1989 Ed. (850)
1990 Ed. (888, 1777, 2272)
1991 Ed. (1714, 2085, 2140)
1992 Ed. (3763)
1993 Ed. (2250, 3066, 3246)
1994 Ed. (3129, 3246)
1995 Ed. (2326, 3214, 3320)
1996 Ed. (2282)
1998 Ed. (2172)
1999 Ed. (3064)
2000 Ed. (303, 2696, 3932)
2002 Ed. (1391)
2005 Ed. (1519)
Transamerica Finance Group Inc.
1991 Ed. (1663, 1664, 1665, 1667)
1992 Ed. (2130)
1993 Ed. (1765, 1767)
1995 Ed. (1787, 1789, 1790)
1996 Ed. (1765)
1997 Ed. (1845)
2000 Ed. (1916)
Transamerica Financial
1990 Ed. (1759, 1763)
1999 Ed. (839, 841, 842, 851, 861, 865, 2946)
2000 Ed. (833, 834, 837, 838, 839, 849, 850, 862, 865, 866)
2002 Ed. (790, 791, 792, 793, 794)
Transamerica Growsafe Canadian Balanced
2001 Ed. (3457, 3458, 3459)
2002 Ed. (3428, 3429, 3430)
Transamerica Growsafe Canadian Equity
2001 Ed. (3463, 3464, 3465)
2002 Ed. (3434, 3436)
Transamerica Growsafe US 21st Century Index
2001 Ed. (3473, 3474)
2002 Ed. (3445)
Transamerica Growth & Income A
1993 Ed. (2662)
TransAmerica Idex
2006 Ed. (3682)
Transamerica Income Shares Inc.

2005 Ed. (3214)
Transamerica Insurance Group
1995 Ed. (2324)
Transamerica Investment
1989 Ed. (2127)
1993 Ed. (2290)
2003 Ed. (3071)
Transamerica Investment Management
2008 Ed. (3377)
Transamerica Investment Services Inc.
1994 Ed. (2304, 2324, 2328)
1995 Ed. (2392)
1996 Ed. (2429)
1997 Ed. (2553)
1998 Ed. (2309)
1999 Ed. (3108)
Transamerica Life Canada
2007 Ed. (3158)
2008 Ed. (3308)
2009 Ed. (1554)
Transamerica Life Insurance Co.
2007 Ed. (3087)
2010 Ed. (3316, 3317, 3318)
2011 Ed. (3231, 3259, 3261, 3264)
2012 Ed. (3237)
2013 Ed. (3316)
Transamerica Occidental
1989 Ed. (1708, 1709)
1990 Ed. (2247, 2248, 2249)
1991 Ed. (2115, 2116, 2117)
Transamerica Occidental, California
1989 Ed. (1707)
Transamerica Occidental Life
1991 Ed. (2094, 2101, 2102)
1992 Ed. (2658, 2669, 2670)
1993 Ed. (2204, 2226, 2227)
1994 Ed. (2258, 2260)
1995 Ed. (2295, 2302, 2303)
1996 Ed. (2311, 2313, 2315, 2318)
1997 Ed. (2444, 2446)
1998 Ed. (2163, 2164, 2182, 2183, 2194, 3038, 3039)
1999 Ed. (2941, 2952, 2953)
2000 Ed. (2690, 2691, 2692, 2703, 2704)
2001 Ed. (2941, 2947)
2002 Ed. (2913, 2914, 2915, 2916)
2003 Ed. (2999)
Transamerica Occidental Life, Calif.
1989 Ed. (1683, 1684, 1685)
Transamerica Occidental Life. California
1990 Ed. (2236, 2237)
Transamerica Occidental Life Insurance Co.
2002 Ed. (2924, 2930)
2007 Ed. (3150, 3155)
2008 Ed. (3300, 3305)
2009 Ed. (3360, 3365)
Transamerica Pacific Insurance Co. Ltd.
2000 Ed. (982)
Transamerica Prem Agg Gr Inv
2000 Ed. (3245)
Transamerica Premier
2000 Ed. (3225)
Transamerica Premier Aggressive Growth
2000 Ed. (3244)
Transamerica Premier Aggressive Growth Investment
2004 Ed. (3589)
Transamerica Premier Balanced
1999 Ed. (3509, 3532)
2000 Ed. (3226, 3227, 3248)
Transamerica Premier Balanced Investment
2003 Ed. (3486)
2004 Ed. (2448)
Transamerica Premier Equity Investment
1999 Ed. (3560)
Transamerica Premier Small Co.
2000 Ed. (3225, 3286)
Transamerica Premier Small Company
2004 Ed. (3572)
Transamerica Pren Sm Co Inv
2000 Ed. (3288)
Transamerica Reinsurance
1991 Ed. (2829)
1995 Ed. (3087)
2002 Ed. (3952)
Transamerica Retirement Services
2008 Ed. (2767)
2009 Ed. (2825)
2010 Ed. (2773)
Transamerica Small Business Capital Inc.
2002 Ed. (1121, 4295)
Transamerica Spec. Emerging Growth B
1993 Ed. (2691)

Transamerica Special Emerging Growth
1994 Ed. (2637)
Transamerica Special High-Yield T/F
1992 Ed. (3147)
Transamerica Tax-Free Bond
1993 Ed. (2678)
Transamerica Tax-Free Bond A
1994 Ed. (2622)
1995 Ed. (2701, 2711)
Transamerica US Government Cash
Res
1996 Ed. (2667)
Transamerica U.S. Government Cash
Reserve
1992 Ed. (3094)
1994 Ed. (2537)
Transammonia Inc.
2009 Ed. (206, 4157)
2010 Ed. (187, 4088, 4089, 4090)
2011 Ed. (109, 4060)
2012 Ed. (116, 4092, 4093)
2013 Ed. (1940, 1945)
2014 Ed. (1879, 1884, 4117)
2015 Ed. (1915, 1921)
2016 Ed. (2839)
TransAsia Telecom Ltd.
2001 Ed. (3336)
Transat A. T. Inc.
2002 Ed. (1610)
2003 Ed. (4805)
Transat A.T.
2013 Ed. (4725)
2014 Ed. (4776)
Transat AT Inc.
1996 Ed. (3732)
1997 Ed. (3789)
2006 Ed. (1607)
2007 Ed. (4826)
2008 Ed. (4752)
2009 Ed. (4780)
2010 Ed. (4796)
2012 Ed. (4563, 4759)
2015 Ed. (4567)
Transatlantic
1993 Ed. (2992)
Transatlantic Bank
1996 Ed. (544)
1997 Ed. (503)
1998 Ed. (373, 397)
TransAtlantic Capital Co.
1999 Ed. (4007, 4308)
Transatlantic Holding
1994 Ed. (2276)
1995 Ed. (2318, 2321)
Transatlantic Holdings Inc.
1996 Ed. (2330)
1997 Ed. (2459, 2460)
1998 Ed. (2199, 2201)
1999 Ed. (2966)
2004 Ed. (2115, 3123)
2005 Ed. (3127)
2006 Ed. (3148)
2007 Ed. (1554, 3185, 3187, 3188)
2008 Ed. (2368)
2009 Ed. (3405, 3407)
2010 Ed. (3340, 3342)
2011 Ed. (3297, 3301, 4550)
2012 Ed. (3184, 3279, 3280, 3284,
4558)
2013 Ed. (3354, 3358)
2014 Ed. (3371)
2015 Ed. (3402, 3404)
2016 Ed. (3275, 3279)
TransAtlantic Petroleum
2010 Ed. (1548, 1568)
2011 Ed. (1562)
Transatlantic Reinsurance Co.
1990 Ed. (2261)
1991 Ed. (2829)
1995 Ed. (3087)
1999 Ed. (2905)
2000 Ed. (2660, 2680)
2001 Ed. (2907, 4030, 4036)
2002 Ed. (3948, 3949, 3951, 3953,
3959)
2003 Ed. (2971, 3015, 3016, 3017)
2004 Ed. (3056, 3138, 3139, 3140)
2005 Ed. (3067, 3146, 3147, 3148,
3149)
2007 Ed. (3184)
2016 Ed. (3274)
Transatlantic/Putnam
1994 Ed. (3040)
1996 Ed. (3186)
1998 Ed. (3037)
1999 Ed. (4033)
2000 Ed. (3748)
Transatlantic/Putnam Reinsurance
2014 Ed. (3368)
Transatlantic/Putnam Reinsurance Co.

2009 Ed. (3402)
2010 Ed. (3337)
2011 Ed. (3294)
2012 Ed. (3276)
Transavia
1990 Ed. (221, 231)
Transbank
2010 Ed. (1573)
2011 Ed. (1572)
2013 Ed. (1538, 1810)
Transbank SA
2014 Ed. (1504)
2015 Ed. (1562)
Transbrasil
2001 Ed. (316, 317)
TransCanada Corp.
2005 Ed. (1567, 1706, 2727, 2729,
3768, 3770)
2006 Ed. (1445, 1451)
2007 Ed. (3885)
2008 Ed. (1551, 1553, 1554, 3923)
2009 Ed. (1565, 3983, 3993)
2010 Ed. (1465, 1466, 1467, 1468,
1469, 1552, 1557, 2432, 3899,
3906, 4592)
2011 Ed. (1467, 1555, 2961, 3917,
3925, 3978)
2012 Ed. (1305, 1306, 1399, 2890,
3889, 3902, 3909)
2013 Ed. (1508, 1509, 1528, 2532,
2545, 2969, 3915, 3923, 3925,
3977)
2014 Ed. (1467, 1478, 2465, 2477,
2980, 3860, 3868, 3869, 3920)
2015 Ed. (1504, 1505, 1530, 1533,
2536, 2551, 3048, 3887, 3895,
3896, 3954)
2016 Ed. (1445, 1446, 1475, 3796,
3806, 3807, 3839, 3870)
TransCanada PipeLines
1990 Ed. (1661, 1882)
1992 Ed. (1596, 1601, 2268)
1994 Ed. (1955, 3556)
1996 Ed. (1311)
1997 Ed. (1813)
1999 Ed. (1592)
2000 Ed. (1398, 1401)
2001 Ed. (1660, 2375)
2002 Ed. (1609, 2127, 2128, 3689)
2003 Ed. (1639, 1703, 3846)
2005 Ed. (1648)
2006 Ed. (1542)
2010 Ed. (3976)
2011 Ed. (3981)
TransCanada Pipelines
2015 Ed. (4022)
Transcanal
1994 Ed. (1509)
Transcat
2016 Ed. (1870, 2349)
Transcat Inc.
2010 Ed. (4527)
2011 Ed. (4466)
Transcend
2012 Ed. (561)
Transcend Services Inc.
2009 Ed. (1693, 1695, 1697, 1698)
2011 Ed. (2825, 2837, 4431, 4436,
4439, 4442, 4444, 4450)
2012 Ed. (4482)
Transcend United Technologies
2013 Ed. (2906, 4778)
Transcendent Group
2013 Ed. (2070)
2014 Ed. (2003)
2015 Ed. (2049)
Transcendent One
2014 Ed. (2678)
Transcept Pharmaceuticals
2012 Ed. (2758, 2766, 2767)
Transcisco.A
1993 Ed. (215)
Transcisco.B
1993 Ed. (215)
Transco Energy
1989 Ed. (1500, 2035)
1990 Ed. (1876, 1883, 2670)
1991 Ed. (1786, 2573)
1992 Ed. (1562, 2262, 3212)
1993 Ed. (1922)
1994 Ed. (1945, 2651)
1995 Ed. (1972, 2752, 2906)
1996 Ed. (1999, 2819, 3037, 3038)
1997 Ed. (3119)
Transco Exploration Partners Ltd.
1991 Ed. (1185)
Transco Holdings plc
2003 Ed. (1670)
Transco Inc.
1989 Ed. (926)

1994 Ed. (282)
2009 Ed. (4176)
2011 Ed. (4079)
2012 Ed. (4110)
Transco plc
2004 Ed. (3491)
Transcom
2001 Ed. (4469)
Transcon
1989 Ed. (2466)
1990 Ed. (3256)
1991 Ed. (3093)
Transcontinental Affiliates Ltd.
1995 Ed. (1011)
Transcontinental Gas Pipe Line Corp.
1991 Ed. (1792, 1795, 1796, 1797,
1798)
1992 Ed. (2264, 2265, 2266, 2267)
1993 Ed. (1923, 1924, 1925, 1926,
1927)
1994 Ed. (1944, 1946, 1947, 1949,
1950, 1951, 1952, 1953, 1954)
1995 Ed. (1973, 1974, 1975, 1976,
1977, 1979, 1980, 1981)
1996 Ed. (2000, 2002, 2003, 2004)
1997 Ed. (2121, 2122, 2124)
1998 Ed. (1810, 1811, 1812, 1813,
1814)
1999 Ed. (2571, 2572, 2573, 2574)
2000 Ed. (2310, 2312, 2314)
2003 Ed. (3880, 3881)
Transcontinental Gas Pipeline Corp.
1989 Ed. (1497, 1498)
1990 Ed. (1879, 1880)
Transcontinental Inc.
2005 Ed. (3898)
2006 Ed. (3968, 3969)
2007 Ed. (4008, 4009, 4055)
2008 Ed. (4026, 4028, 4088)
2009 Ed. (4094, 4095, 4098, 4101,
4109, 4203)
2010 Ed. (3513, 4006, 4007, 4017,
4020, 4137)
2011 Ed. (3517, 4013, 4014, 4016,
4018, 4137)
2012 Ed. (4021, 4560, 4568)
2013 Ed. (4076)
2015 Ed. (4154)
Transcontinental Insurance Co.
2001 Ed. (2900)
Transcontinental Premedia Group
2008 Ed. (4035)
Transcontinental Printing Inc.
2001 Ed. (3901)
2005 Ed. (3899)
Transcontinental Refrigerated Lines Inc.
1998 Ed. (3031)
1999 Ed. (4019)
2000 Ed. (3734)
2002 Ed. (3944)
2008 Ed. (4134)
Transcor Astra Group SA/NV
2009 Ed. (1509)
2011 Ed. (1498)
Transcor Waste Services Inc.
1998 Ed. (1705)
TransCore
2002 Ed. (2137)
TransCreditBank
2010 Ed. (510)
Transcript North Adams
2006 Ed. (1867)
2007 Ed. (1870)
2010 Ed. (1800)
2011 Ed. (1828)
Transcription
2001 Ed. (2760)
Transcrypt International
1999 Ed. (4163)
TransDigm Group
2014 Ed. (2238)
2015 Ed. (1948, 3208)
Transdigm Group
2015 Ed. (2306)
TransDigm Group Inc.
2012 Ed. (83, 2781)
Transdigm Inc.
2005 Ed. (3284)
TransDimension
2007 Ed. (1203)
TranSearch International
1999 Ed. (2071)
2001 Ed. (2313)
Transeastern Homes
2002 Ed. (2677, 2681)
2003 Ed. (1161)
2004 Ed. (1169, 1174)
2005 Ed. (1197, 1200, 1202)
Transeastern Properties
2002 Ed. (2658, 2659)

2004 Ed. (1200, 1201)
2005 Ed. (1163, 1226)
Transelectrica SA
2009 Ed. (2031)
Transera
2007 Ed. (1196)
Transfer Solutions Inc.
2001 Ed. (3424)
Transfield
2002 Ed. (1179, 3771, 3772, 3773)
2003 Ed. (3953, 3955)
Transfield Holdings
2004 Ed. (1153, 1154, 3963)
Transfield Services (New Zealand)
2015 Ed. (1172)
Transforce Income Fund
2006 Ed. (1607, 3668, 4857)
2007 Ed. (4826, 4856, 4860)
2008 Ed. (1619, 4752, 4779, 4783)
2009 Ed. (4780, 4811, 4815)
2010 Ed. (4796, 4833)
TransForce Inc.
2002 Ed. (4695)
2006 Ed. (4853)
2010 Ed. (4597, 4829)
2011 Ed. (1561, 4744, 4772, 4789)
2012 Ed. (4759, 4792, 4794, 4810)
2013 Ed. (4725, 4745, 4748, 4753,
4754, 4755)
2014 Ed. (4776, 4795, 4798, 4803,
4804, 4805, 4809, 4817)
2015 Ed. (4797, 4829, 4833, 4838,
4839, 4844, 4852)
2016 Ed. (4734, 4736, 4742, 4743,
4748, 4756, 4757, 4758, 4759)
Transforce Inc.
2016 Ed. (4690)
Transformers
2009 Ed. (2367)
Transformers: Age of Extinction
2016 Ed. (3629, 3630)
Transformers: Dark of the Moon
2013 Ed. (3770, 3771, 3772)
Transformers: Revenge of the Fallen
2011 Ed. (3704)
Transformers/Beast Wars
2000 Ed. (4274, 4278, 4279)
TransGaming
2014 Ed. (3588)
2015 Ed. (3602)
2016 Ed. (3495)
TransGas Development Systems
2011 Ed. (3490)
TransGlobe Energy
2012 Ed. (4572)
2013 Ed. (2526)
2014 Ed. (1593, 2463)
Transglobe Energy
2014 Ed. (1445)
Transgulf Design & Advertising
1995 Ed. (135)
1997 Ed. (155)
Transgulf Design & Advertising (DDB)
1996 Ed. (149)
Transhex
1995 Ed. (2586)
TranSierra Capital, Value Added Municipal Bond Program
2003 Ed. (3132)
Transilvania
2006 Ed. (4530)
Transit
1990 Ed. (54)
2001 Ed. (3201)
Transition Lightweight Plastic Lenses
2001 Ed. (3594)
Transition Systems Inc.
1998 Ed. (1929, 3180)
Transition Therapeutics Inc.
2005 Ed. (1728)
2015 Ed. (1559)
Transitional Hospitals Corp.
1998 Ed. (2549)
Transitional Technology
1994 Ed. (985, 3330)
Transitions Optical
1999 Ed. (3659)
2001 Ed. (3593)
Transitlen/Transition lightweight plastic
lenses
1997 Ed. (2969)
Transkrit
1989 Ed. (832)
1990 Ed. (849)
1991 Ed. (809)
1992 Ed. (991)
1993 Ed. (788)
1994 Ed. (805)
1995 Ed. (856)
1999 Ed. (962)

TranslateMedia
  2012 Ed. (2840, 2850, 2855)
Translink
  2005 Ed. (1989, 2747)
  2006 Ed. (2068)
  2007 Ed. (2040)
  2008 Ed. (2123)
  2009 Ed. (2115)
  2010 Ed. (2050)
  2011 Ed. (2107)
  2012 Ed. (1948)
Translink/NITHC
  2013 Ed. (2123)
  2014 Ed. (2058)
Transmedia
  2004 Ed. (4009)
Transmedia Consolidated
  2005 Ed. (3963)
Transmedia Consultants
  2002 Ed. (3819)
TransMedia Group
  2011 Ed. (4118)
  2012 Ed. (4150)
  2013 Ed. (4134)
  2014 Ed. (4150)
  2015 Ed. (4133)
Transmedia Network
  1995 Ed. (2058)
  1997 Ed. (2936)
Transmedia Public Relations
  1998 Ed. (2948)
Transmerica Premier Bal Inv
  1999 Ed. (3534)
Transmerica Premier Equity
  1999 Ed. (3521)
Transmeridian
  2006 Ed. (228)
  2007 Ed. (233)
Transmile Air Service
  2012 Ed. (153)
Transmile Group
  1999 Ed. (4166)
  2008 Ed. (1898)
Transmission USA
  2006 Ed. (346)
  2007 Ed. (331)
  2008 Ed. (318)
  2009 Ed. (340)
  2010 Ed. (320)
  2011 Ed. (244)
  2012 Ed. (265)
  2013 Ed. (281)
  2014 Ed. (285)
  2015 Ed. (317)
  2016 Ed. (317)
Transmode Holding
  2009 Ed. (3021)
  2010 Ed. (2955)
  2011 Ed. (2918)
Transmode Systems AB
  2007 Ed. (1999)
TransMontaigne Inc.
  2001 Ed. (3802, 3803)
  2002 Ed. (1567, 1569, 1620, 1628,
    3712)
  2003 Ed. (1588, 1589, 1651, 1654,
    1656, 1657, 3845, 3879)
  2004 Ed. (1676, 1681, 1682, 1683,
    3668)
  2005 Ed. (1612, 1639, 1640, 1641,
    1734, 1741, 1743, 1745, 3791,
    3842)
  2006 Ed. (1528, 1529, 1530, 1650,
    1653, 1656, 1658, 1659, 1661,
    1663, 1781, 3857, 3911, 3912)
  2007 Ed. (1558, 1559, 1560, 1666,
    1667, 1669, 1670, 3866, 3884,
    3961)
  2008 Ed. (1682, 1686, 1691, 3988)
  2009 Ed. (1614, 4059, 4129)
  2010 Ed. (1591, 3975, 4061)
  2011 Ed. (1586, 4039)
  2012 Ed. (4072)
  2013 Ed. (1557, 3926)
  2014 Ed. (1527, 3870)
  2015 Ed. (1578, 3897)
TransMontaigne Oil
  1998 Ed. (151, 158)
  1999 Ed. (2570, 3833)
  2000 Ed. (3549, 3550)
  2001 Ed. (3767)
  2002 Ed. (3711)
TransMontaigne Partners LP
  2009 Ed. (1596)
Transnational Foods Inc.
  2006 Ed. (2830)
  2008 Ed. (2955)
  2010 Ed. (2960)
  2015 Ed. (3028)
Transnational Industries Inc.

  2002 Ed. (3562)
Transneft
  2014 Ed. (1971)
  2015 Ed. (2016)
  2016 Ed. (1988)
Transneft OAO; AK
  2012 Ed. (3904)
  2013 Ed. (3923)
  2014 Ed. (3868)
  2015 Ed. (3895)
  2016 Ed. (3806)
Transneft; OAO AK
  2015 Ed. (2533)
Transneft OJSC
  2009 Ed. (3993)
  2010 Ed. (3899)
  2011 Ed. (3917)
  2012 Ed. (3904)
  2013 Ed. (3923)
  2014 Ed. (3868)
  2015 Ed. (3895)
  2016 Ed. (3806)
Transnet
  1993 Ed. (1396)
  1995 Ed. (1486)
TransNet/TPI
  1996 Ed. (3053)
Transocean
  2014 Ed. (3211)
  2015 Ed. (3243, 3275, 3895)
  2016 Ed. (3101)
Transocean Inc.
  1999 Ed. (3662)
  2004 Ed. (4489)
  2005 Ed. (2393)
  2006 Ed. (1635, 2439, 3818, 4459)
  2007 Ed. (1552, 1651, 2382, 3835,
    4516, 4521)
  2008 Ed. (1534, 1661, 2498)
  2009 Ed. (1584, 2091, 2093, 3996,
    3999)
  2010 Ed. (2009, 2032, 2033, 3906)
  2011 Ed. (2090, 3878, 3887, 3925)
  2012 Ed. (3858, 3859, 3895, 3904,
    3909, 3921)
  2013 Ed. (2546, 3913, 3914, 3916,
    3925, 3971)
  2014 Ed. (2478, 3858, 3861, 3869,
    3913)
  2015 Ed. (2552, 3885, 3888, 3947)
  2016 Ed. (3794, 3798, 3864)
Transocean Offshore Inc.
  1998 Ed. (2821)
  2002 Ed. (1445)
  2003 Ed. (1465)
  2004 Ed. (1495)
  2005 Ed. (1511)
Transocean Sedco Forex Inc.
  2003 Ed. (1465, 2642, 3808, 3812,
    3815, 3817, 4535)
  2004 Ed. (1495, 2312, 2315)
  2005 Ed. (1511)
Transohio Federal Savings Bank
  1994 Ed. (3531)
Transohio Savings
  1991 Ed. (3371)
Transohio Savings Bank
  1993 Ed. (3072, 3087)
  1995 Ed. (508)
TransOK Gas LLC
  2004 Ed. (1837)
Transok Inc.
  1997 Ed. (2122)
Transora
  2003 Ed. (2180)
  2004 Ed. (2221)
Transpacific Development Co.
  1990 Ed. (2962)
  1994 Ed. (3006)
Transpacific Fund
  1991 Ed. (2368)
Transpacific Industries Group Finance
  2015 Ed. (1930)
Trans/Pacific Restaurants
  1991 Ed. (2939)
  1994 Ed. (3070, 3071)
Transparencies
  1992 Ed. (3287)
TransPerfect
  2015 Ed. (5035)
  2016 Ed. (4989)
TransPerfect Translation International
  Inc.
  2008 Ed. (3724, 4418, 4975)
TransPerfect Translations International
  Inc.
  2006 Ed. (3546, 4384)
  2007 Ed. (3584)
Transplace Inc.
  2003 Ed. (2174)

  2009 Ed. (2836)
  2011 Ed. (3152, 4735)
Transport Bank
  1993 Ed. (442)
  1995 Ed. (434)
Transport Corp. of America
  2002 Ed. (4693, 4694)
  2003 Ed. (4795)
Transport Data Sytems AS
  2010 Ed. (2953)
Transport equipment
  1992 Ed. (2093)
  1993 Ed. (2501)
Transport for London
  2011 Ed. (938)
  2016 Ed. (2079, 4688)
Transport Insurance Agency
  2004 Ed. (4434)
Transport Refrigeration Sales & Service
  Inc.
  2016 Ed. (1341)
Transport Service Co.
  1996 Ed. (3759)
  1998 Ed. (3639)
  1999 Ed. (4681)
  2002 Ed. (4547)
  2005 Ed. (4592)
Transport Society of Outaouais
  2005 Ed. (3489)
Transport & storage
  1997 Ed. (2556)
Transportadora de Electricidad SA
  2006 Ed. (4487)
Transportadora de Gas del Sur, SA
  2003 Ed. (4570)
Transportadora Gas del Sul
  1997 Ed. (827)
Transportadora Gas del Sur
  1999 Ed. (949)
Transportaion, ground
  1997 Ed. (1118)
Transportation
  1991 Ed. (1139, 1151, 1173)
  1992 Ed. (1491, 3476, 4482)
  1993 Ed. (2130, 2169, 2170, 2171,
    2172, 2173, 2174, 2867, 3231,
    3232, 3233, 3234, 3235, 3236,
    3237, 3238, 3239)
  1994 Ed. (1625, 2193, 2194, 2195,
    2196, 3206, 3207, 3208, 3209,
    3210, 3211, 3212, 3213, 3214)
  1995 Ed. (16, 1670, 2203, 2244,
    2245, 2246, 2247, 3290, 3291,
    3292, 3293, 3294, 3295, 3296,
    3310, 3311, 3395)
  1996 Ed. (2116, 2254, 2255, 2256,
    2257, 2908, 3458)
  1997 Ed. (867, 1142, 1580, 1644,
    2018, 2220, 2378, 3133)
  1998 Ed. (21, 150, 1371, 1933)
  1999 Ed. (1180, 2679, 2864, 2865,
    2933, 3008, 4341, 4554, 4821)
  2000 Ed. (1310, 2464, 3556, 3568)
  2001 Ed. (363, 364, 729, 1142, 1964,
    2021, 2177, 2703, 2706, 2707,
    3811, 3844)
  2002 Ed. (1220, 1482, 2543, 2547,
    2553, 2554)
  2003 Ed. (265, 1435, 1439, 2269,
    2753, 2910, 4445, 4446, 4447)
  2004 Ed. (155, 1464, 1469)
  2005 Ed. (852, 1470, 1480, 1481,
    1485, 2839, 2841, 3617, 3633,
    3634)
  2006 Ed. (257, 1436, 1440, 2749,
    2833, 3733)
  2007 Ed. (264, 1322, 2523, 2755,
    3732, 3733, 3734, 3735, 3736)
  2008 Ed. (1416, 1420, 2957)
  2009 Ed. (179, 3866, 3867, 3868,
    3869)
Transportation accidents
  1996 Ed. (1)
Transportation, air
  1997 Ed. (1118)
Transportation and communications
  1992 Ed. (1943)
Transportation and distribution
  1992 Ed. (1171)
Transportation and public utilities
  2001 Ed. (3560, 3561)
Transportation Bank
  1994 Ed. (441, 442)
Transportation Command; U.S.
  2008 Ed. (2927)
Transportation, communications and
  public utilities
  1996 Ed. (2663, 3874)
Transportation cost
  1995 Ed. (857)

Transportation Credit Union
  2002 Ed. (1857)
  2003 Ed. (1954)
  2004 Ed. (1994)
  2005 Ed. (2136)
  2006 Ed. (2231)
  2007 Ed. (2152)
  2008 Ed. (2267)
  2011 Ed. (2225)
  2012 Ed. (2087)
  2013 Ed. (2222)
  2014 Ed. (2154)
  2015 Ed. (2218)
  2016 Ed. (2189)
Transportation Engineering Inc.
  1999 Ed. (2676, 2677)
Transportation equipment
  1989 Ed. (1636)
  1990 Ed. (3091)
  1991 Ed. (2029, 2031, 2033, 2034,
    2037, 2039, 2042, 2045)
  1992 Ed. (2091, 2600, 2602, 2604,
    2605, 2607, 2609, 2615)
  1993 Ed. (1232, 1236, 1238, 1713)
  1994 Ed. (1273, 1275, 1277)
  1995 Ed. (1278, 1295, 1297, 1299,
    2446)
  1996 Ed. (2488, 2489)
  1997 Ed. (1717)
  1998 Ed. (1556)
  1999 Ed. (2866)
  2000 Ed. (1670)
  2001 Ed. (2021, 2376)
  2002 Ed. (2798)
  2003 Ed. (2909)
  2006 Ed. (834)
Transportation equipment manufacturers
  2001 Ed. (1639, 1677, 1726, 1838)
Transportation equipment manufacturing
  2010 Ed. (3772)
Transportation, except Airlines
  2000 Ed. (1670)
Transportation Gas del Sur
  2000 Ed. (895)
Transportation Group
  1991 Ed. (2202)
Transportation industry
  1993 Ed. (3729)
Transportation infrastructure
  2008 Ed. (1632)
Transportation Insight LLC
  2016 Ed. (1909)
Transportation Insurance Co.
  2001 Ed. (1730, 2900)
Transportation occupations, except motor vehicles
  1989 Ed. (2080)
Transportation Processing Systems
  2004 Ed. (3943)
Transportation, public
  2005 Ed. (134)
  2006 Ed. (138)
  2007 Ed. (131)
Transportation Security Administration
  2014 Ed. (2883, 3677)
  2015 Ed. (2927, 3693)
  2016 Ed. (3576)
Transportation services
  1989 Ed. (2647)
  1991 Ed. (2055)
  1997 Ed. (1613)
  1999 Ed. (2100, 4286)
Transportation & shipping
  2002 Ed. (1413, 1420)
Transportation; U.S. Department of
  2005 Ed. (2745, 2750)
  2006 Ed. (2706, 2711, 3293, 3493)
  2007 Ed. (2701, 2707, 3528)
  2008 Ed. (2830, 2835)
  2009 Ed. (2886, 2893)
  2010 Ed. (2823, 2831)
  2011 Ed. (2809, 2815, 3686)
  2012 Ed. (2741, 3693, 3695, 4965)
  2013 Ed. (3743, 3747)
  2014 Ed. (4764, 4981)
  2015 Ed. (2927, 5014)
Transportation/communications
  1995 Ed. (3785)
  1998 Ed. (3760)
Transportation/communications/public
  utilities
  1995 Ed. (1, 2670)
Transport/construction equipment,
  heavy
  1996 Ed. (1724)
Transporte de Productos de Exporta-
  cion Ltda.
  1995 Ed. (1450)
  1996 Ed. (1413)

Transportes Aereos Portugueses EP
  1989 Ed. (1153)
  1990 Ed. (1410)
  1999 Ed. (1726)
Transportes Aereos Portugueses SA
  1997 Ed. (1500)
  2000 Ed. (1544)
  2001 Ed. (1839)
  2003 Ed. (1812)
Transportes Aeroes Portugueses Ep
  1993 Ed. (1387)
Transportes Areos Portugueses SA
  2012 Ed. (1861)
  2013 Ed. (2020)
Transports Logistique Services SA
  2006 Ed. (1566)
Transpower New Zealand
  2015 Ed. (2537)
Transquest Inc.
  2010 Ed. (1333)
Transquest Technologies
  2000 Ed. (1865)
Transquest Ventures
  2002 Ed. (2173)
Transredes SA
  2006 Ed. (4487)
Transtar Credit Union
  2016 Ed. (2223)
TransTech
  1996 Ed. (2833)
TransTechnology Corp.
  2004 Ed. (2021, 3342)
TransTexas Gas Corp.
  1999 Ed. (1499)
  2003 Ed. (3837)
Transurban Group
  2013 Ed. (814, 816, 4709)
  2014 Ed. (4002)
TransWest Logistique Inc.
  2006 Ed. (1591)
Transwest Manufacturing
  2007 Ed. (3605, 3606, 4449)
Transwestern
  2011 Ed. (2085)
  2012 Ed. (1363, 1929, 3081, 3779)
  2013 Ed. (2090)
  2015 Ed. (1468, 2067)
  2016 Ed. (2034)
Transwestern Commercial Services
  2002 Ed. (3921, 4580)
  2004 Ed. (2997, 3726)
  2006 Ed. (3738)
  2013 Ed. (1649)
  2014 Ed. (1607)
  2015 Ed. (1891)
  2016 Ed. (1855)
Transwestern Investments Co.
  2000 Ed. (2815, 2820)
Transwestern Pipeline Co.
  1992 Ed. (2264)
  1995 Ed. (1978)
Transwestern Property Co.
  2000 Ed. (3732)
TransWestern Publishing Co.
  2003 Ed. (4708)
  2004 Ed. (4677)
TranSwitch Corp.
  2003 Ed. (1561)
  2004 Ed. (2778)
TransWood Carriers
  2012 Ed. (4615)
TransWood Carriers Inc.
  2014 Ed. (4815)
Transworld Bank
  1997 Ed. (3528)
Transworld Business Advisors
  2013 Ed. (732)
  2014 Ed. (757)
  2015 Ed. (792)
  2016 Ed. (714)
TransWorld Entertainment Corp.
  1999 Ed. (3674)
  2002 Ed. (4748)
  2009 Ed. (895, 896, 2616)
  2010 Ed. (264)
  2011 Ed. (185)
Transworld Home Health
  1996 Ed. (2886)
Transworld Oil
  1990 Ed. (2848)
Transworld Skateboarding
  2004 Ed. (140, 3333)
  2005 Ed. (145)
  2006 Ed. (162)
Transworld Snowboarding
  1997 Ed. (3037)
Transworld Videotron
  1997 Ed. (872)
TransX
  2006 Ed. (4853)

2007 Ed. (4856)
2008 Ed. (4779)
2009 Ed. (4811)
2010 Ed. (4829)
2011 Ed. (4789)
2012 Ed. (4810)
2013 Ed. (4745)
2015 Ed. (4835)
TransX Group of Companies
  2009 Ed. (1864)
TransX Ltd.
  2014 Ed. (4795)
  2015 Ed. (4829)
  2016 Ed. (4132, 4734)
Transylvania University
  1990 Ed. (1091)
  1992 Ed. (1274)
  1993 Ed. (1022)
  1994 Ed. (1049)
  1995 Ed. (1057)
Transystems Corp.
  2007 Ed. (3207)
Tranter Inc.
  2004 Ed. (3444)
Trapiche
  1999 Ed. (4791, 4798)
  2001 Ed. (4882)
  2002 Ed. (4944)
Trapper Keeper Portfolio, 3-ring,
  6-pocket
  1989 Ed. (2632)
  1990 Ed. (3431)
Trapper Keeper Refills
  1989 Ed. (2633)
  1990 Ed. (3430)
Trap/skeet shooting
  1999 Ed. (4384)
The Trase Miller Group
  1998 Ed. (3481)
Trash cans
  2003 Ed. (2676)
Trash collection
  1989 Ed. (1662)
Trash & recycling bins
  2002 Ed. (2445)
Trasta Komercbanka
  2000 Ed. (591)
  2011 Ed. (398)
Trasys
  2005 Ed. (3023)
Trataros Construction Inc.
  2004 Ed. (2748)
Trattoria de l'Arte
  2001 Ed. (4054)
Traulsen
  1990 Ed. (2977)
Trauma, repeated
  2005 Ed. (3619)
Trautman & Shreve Inc.
  2009 Ed. (1255)
Trav Corp.
  2000 Ed. (3358)
Travcoa
  2013 Ed. (4697)
Travcorps
  1996 Ed. (2857)
  1997 Ed. (2954)
Travcorps Recruitment
  1995 Ed. (2800)
  2000 Ed. (3359)
  2001 Ed. (3555)
Travel
  1992 Ed. (99)
  1996 Ed. (770)
  1997 Ed. (33)
  1998 Ed. (561)
  1999 Ed. (176)
  2000 Ed. (196, 201, 210, 2751, 3466,
    3471)
  2001 Ed. (2988)
  2002 Ed. (59, 216, 217, 225, 226,
    234, 3254, 3887, 3888, 4585)
  2004 Ed. (3334, 3335)
  2005 Ed. (3359)
  2007 Ed. (157, 2325)
  2008 Ed. (109, 2439, 2451)
  2009 Ed. (3598)
  2010 Ed. (120)
  2011 Ed. (33)
Travel 15 LLC
  2015 Ed. (5034)
Travel Agent
  1994 Ed. (2795, 2796, 2800)
  1996 Ed. (2968, 2970)
  1997 Ed. (3043)
  1998 Ed. (2789, 2790)
  1999 Ed. (3755, 3756)
  2000 Ed. (3482, 3484, 3485)
  2001 Ed. (249, 252)
  2004 Ed. (143, 856)

2005 Ed. (137, 138, 140)
2006 Ed. (4783)
2007 Ed. (159, 161, 4799)
2008 Ed. (143, 144, 145, 4718)
2009 Ed. (166)
Travel Agent Magazine
  2007 Ed. (4797)
Travel Agents International Inc.
  1996 Ed. (990)
Travel alarm clocks
  1990 Ed. (1018)
Travel Alberta
  2012 Ed. (1307)
Travel and adventure
  1995 Ed. (2981)
Travel, business conventions & meetings
  1990 Ed. (167)
  2000 Ed. (3466)
Travel by Dana
  2000 Ed. (4430)
  2002 Ed. (4677, 4986, 4987)
  2003 Ed. (4990)
  2004 Ed. (4988, 4989)
The Travel Channel (TWA)
  1989 Ed. (848)
Travel Connections Inc.
  2000 Ed. (4430)
  2002 Ed. (4677, 4986)
  2004 Ed. (4989)
Travel Connections of Denver Inc.
  2002 Ed. (4987)
  2003 Ed. (4990)
  2004 Ed. (4988)
  2006 Ed. (4992)
Travel Holiday
  1992 Ed. (3385)
  2000 Ed. (3490)
  2004 Ed. (149)
Travel, holidays and transport
  1993 Ed. (58)
Travel Hospitality Services
  2008 Ed. (2759)
  2009 Ed. (2814)
Travel, hotels & resorts
  1989 Ed. (192)
  1990 Ed. (178)
  1992 Ed. (238, 3394)
  1993 Ed. (2806, 2808)
  1994 Ed. (2802)
  1995 Ed. (147, 151, 2888, 2891)
  1996 Ed. (2973, 3655)
  1997 Ed. (3051, 3233)
  1998 Ed. (586, 598, 2800)
  1999 Ed. (30, 3767)
Travel Impressions Ltd.
  2010 Ed. (3054)
  2011 Ed. (3023)
  2012 Ed. (2950)
  2013 Ed. (3040)
  2014 Ed. (3054)
  2015 Ed. (3120)
Travel Leaders
  2010 Ed. (4811)
  2011 Ed. (4761)
  2012 Ed. (701, 4783)
  2013 Ed. (4744)
  2014 Ed. (4794)
  2015 Ed. (4828)
  2016 Ed. (4733, 4974)
Travel & Leisure
  1998 Ed. (2782)
  2006 Ed. (158)
  2007 Ed. (150)
Travel Network
  1995 Ed. (1936, 1938)
  1996 Ed. (1967)
  1999 Ed. (2508)
  2000 Ed. (2268)
  2001 Ed. (2530)
  2005 Ed. (4775)
  2006 Ed. (4827)
Travel One
  1996 Ed. (3742)
  1997 Ed. (3796)
  1998 Ed. (3621)
  1999 Ed. (4665, 4666)
  2000 Ed. (1110, 4301)
Travel programs
  1996 Ed. (865)
Travel reservations/information
  1995 Ed. (3577)
Travel retail
  1990 Ed. (165, 166)
Travel services
  1992 Ed. (1753)
  1999 Ed. (2100, 2863, 4286)
The Travel Society Inc.
  2002 Ed. (4677)
Travel Solutions Inc.

2006 Ed. (3492, 3533, 4372, 4987)
2007 Ed. (3526, 3588, 3589, 4984)
Travel Store
  1998 Ed. (3624)
  1999 Ed. (4667)
  2000 Ed. (4302)
Travel Time Travel Agency Inc.
  2008 Ed. (3729)
Travel & tourism
  1998 Ed. (89)
  1999 Ed. (1008, 2995)
Travel trade division
  1990 Ed. (2795)
Travel & transport
  1996 Ed. (3742)
  1997 Ed. (3796)
  1998 Ed. (3621)
  2000 Ed. (4300)
  2002 Ed. (56)
Travel & transportation
  1997 Ed. (164)
Travel Trust International
  1991 Ed. (825)
Travel Weekly
  1993 Ed. (2799)
  1994 Ed. (2795)
  1996 Ed. (2968, 2969)
  1997 Ed. (3043, 3047)
  1998 Ed. (2789, 2790)
  1999 Ed. (3755, 3756)
  2000 Ed. (3484, 3485)
  2001 Ed. (249, 252)
  2004 Ed. (143)
  2005 Ed. (137, 138)
  2007 Ed. (161)
  2008 Ed. (145)
  2009 Ed. (163, 165, 166, 840)
  2012 Ed. (658)
  2014 Ed. (820)
TravelAge
  1993 Ed. (2799)
TravelCenters of America
  2001 Ed. (1254)
  2003 Ed. (4149)
  2010 Ed. (846, 4215)
TravelCenters of America LLC
  2009 Ed. (1467)
  2010 Ed. (1452)
  2011 Ed. (209, 1454)
  2012 Ed. (1287)
  2013 Ed. (213, 1395)
  2014 Ed. (1333)
  2015 Ed. (255, 1396)
  2016 Ed. (248, 1326)
Traveler
  1990 Ed. (1791)
  1994 Ed. (2791)
Traveler Indemnity
  1990 Ed. (2260)
Travelers
  1989 Ed. (1426, 1679, 1681, 2134,
    2137)
  1990 Ed. (1152, 1774, 1792, 2193,
    2224, 2360)
  1991 Ed. (1721, 2251, 3085, 3086)
  1992 Ed. (2744)
  1993 Ed. (1853, 1855, 2011, 2188,
    2189, 2190, 2193, 2194, 2195,
    2200, 2201, 2205, 2206, 2207,
    2209, 2210, 2212, 2213, 2215,
    2217, 2218, 2220, 2221, 2222,
    2241, 2258, 2281, 2284, 2286,
    2287, 2291, 2301, 2302, 2312,
    2491, 2906, 2922, 3248, 3740)
  1994 Ed. (1224, 1844, 2294, 2303,
    2306, 3215, 3242)
  1995 Ed. (1220, 1229, 1274, 1878)
  1996 Ed. (1236, 1268, 2296, 2297,
    2472)
  1997 Ed. (1435, 2425, 2436, 3765)
  1998 Ed. (2128, 2295, 2298, 2300,
    3179, 3210)
  2000 Ed. (2714, 4410)
  2013 Ed. (3213)
  2014 Ed. (3308)
  2015 Ed. (3289, 3354)
  2016 Ed. (3136)
Travelers' accommodations
  2009 Ed. (3819)
Travelers Aid Society
  1995 Ed. (934)
Travelers Asset International
  1990 Ed. (902)
Travelers Bank & Trust, FSB
  2002 Ed. (4119, 4120, 4132)
  2003 Ed. (4259, 4262, 4263, 4274,
    4276)
Travelers Casualty Co. of Connecticut
  2003 Ed. (1659)
  2004 Ed. (1688)

2006 Ed. (1665)
2007 Ed. (1671)
2008 Ed. (1696)
2009 Ed. (1620)
Travelers Casualty & Surety Co.
2000 Ed. (2653)
Travelers Corp. International Equity Index
1994 Ed. (2315)
Travelers Corp. International Small Cap Index
1994 Ed. (2315)
Travelers Cos.
2014 Ed. (3227, 3231, 3245, 3262, 3299, 3303, 3346, 3356, 3361)
2015 Ed. (3291, 3299, 3315, 3344, 3346, 3379, 3389, 3394, 5046)
2016 Ed. (3260)
The Travelers Cos., Inc.
1989 Ed. (2132, 2133)
1990 Ed. (2325, 2326)
2008 Ed. (1935, 1936, 1937, 1938, 1939, 1940)
2009 Ed. (1894, 1895, 1896, 1897, 1898, 1900, 3310, 3341, 3387, 3390, 3399, 3400)
2010 Ed. (1427, 1830, 1831, 1832, 1833, 1834, 3214, 3235, 3249, 3276, 3280, 3325, 3328, 3333, 3334, 3335)
2011 Ed. (3178, 3206, 3213, 3218, 3245, 3283, 3286, 3290, 3291, 3292, 4550, 4805)
2012 Ed. (2451, 3137, 3138, 3165, 3170, 3180, 3190, 3211, 3260, 3262, 3265, 3268, 3269)
2013 Ed. (3029, 3214, 3215, 3237, 3243, 3257, 3259, 3272, 3336, 3343, 3345, 3346, 3349, 4806)
2014 Ed. (2541, 3233, 3234, 3257, 3264, 3269, 3285, 3287, 3300, 3354, 3362, 3364, 3365, 3366)
2015 Ed. (3318, 3335, 3355, 3378, 3386, 3395, 3398, 3401, 3405)
2016 Ed. (3139, 3141, 3143, 3144, 3151, 3163, 3164, 3165, 3170, 3192, 3196, 3213, 3215, 3216, 3248, 3258, 3266, 3267, 3270, 3271, 3272, 3280, 5000)
Travelers Cos., Inc.
2014 Ed. (3309)
Travelers Financial
2016 Ed. (2648)
Travelers Financial Group
2012 Ed. (2614)
2014 Ed. (2681)
Travelers Group
1993 Ed. (2199, 2238)
1994 Ed. (2278)
1996 Ed. (2827, 2828)
1997 Ed. (1275, 1276, 2426, 2509, 2933)
1998 Ed. (1041, 1043, 1696, 2198, 2200, 2672)
1999 Ed. (1444, 1492, 1537, 1543, 1544, 1714, 2435, 2442, 2914, 2923, 2965, 2982, 3600, 3601, 3604)
2000 Ed. (827, 1302, 1303, 1304, 1311, 1469, 1476, 2195, 2672)
2001 Ed. (1552)
2002 Ed. (438, 1394, 1431, 1434, 2975)
2003 Ed. (1451, 1454, 1508)
2004 Ed. (1481, 1484, 1536)
2005 Ed. (1497, 1500, 1551)
2009 Ed. (3287, 3308, 3338, 3393)
2012 Ed. (3139, 3140, 3141, 3142, 3143, 3166, 3196, 3212, 3257, 3258, 3263, 3264, 4997)
2013 Ed. (3217, 3218, 3219, 3220, 3221, 3238, 3265, 3273, 3329, 3330, 3342, 3344, 5001)
2014 Ed. (3236, 3237, 3238, 3239, 3240, 3265, 3293, 3301, 3302, 3347, 3363, 5000)
2015 Ed. (3294, 3295, 3296, 3297, 3298, 3340, 3345, 3380, 3396)
2016 Ed. (3146, 3147, 3148, 3149, 3150, 3202, 3214, 3249, 3269)
Travelers Haven
2012 Ed. (636)
Travelers Health Network
1990 Ed. (1999)
1991 Ed. (1895)
1992 Ed. (2392)
Travelers Home & Marine Insurance Co.
2010 Ed. (1596)
2011 Ed. (1598)
2013 Ed. (1576)

2014 Ed. (1546)
2015 Ed. (1597)
2016 Ed. (1522)
Travelers - In-Vest (VUL)
1991 Ed. (2150, 2151)
Travelers Indem Co.
2000 Ed. (2681)
Travelers Indemnity Co.
1991 Ed. (2122, 2124)
1992 Ed. (2688, 2695)
1993 Ed. (2184, 2233, 2234)
1994 Ed. (2216, 2270, 2272)
1996 Ed. (2270, 2338)
1997 Ed. (2410, 3921)
1998 Ed. (2114)
1999 Ed. (2900)
2002 Ed. (3957)
2003 Ed. (1659, 4993)
2004 Ed. (1688, 3132, 3134, 3136)
2005 Ed. (1746, 3140, 3144)
2006 Ed. (1665)
2008 Ed. (3319)
Travelers Indemnity Co. of Illinois
2001 Ed. (2900)
Travelers Insurance Companies
2009 Ed. (3289, 3290, 3291, 3292, 3293, 3309, 3323, 3339, 3385, 3386, 3394, 3395, 4999)
2010 Ed. (3216, 3217, 3218, 3219, 3220, 3236, 3264, 3277, 3321, 3322, 3329, 3330, 5003)
2011 Ed. (3180, 3181, 3182, 3183, 3207, 3226, 3246, 3279, 3280, 3287, 5000)
The Travelers Insurance Co.
1989 Ed. (1686, 1687, 1688)
1990 Ed. (2354)
1991 Ed. (2091, 2103, 2104, 2105, 2109, 2112, 2123, 2214, 2246)
1992 Ed. (2144, 2147, 2370, 2644, 2645, 2646, 2650, 2653, 2656, 2660, 2663, 2666, 2671, 2674, 2676, 2685, 2687, 2691, 2711, 2729, 2732, 2734, 2736, 2774, 2781, 3549, 4381)
1994 Ed. (223, 224, 2251, 2255, 2256, 2259, 2260, 2266, 2267, 2271, 2318, 3160)
1995 Ed. (2267, 2268, 2290, 2305, 2306, 2320, 2322, 3322, 3800)
1996 Ed. (2265, 2416)
1998 Ed. (2107, 2116, 2129, 2130, 2137, 2146, 2153, 2154, 2185, 2187, 2203, 2212, 3769)
2000 Ed. (2781, 3882)
2001 Ed. (2950)
2007 Ed. (3152, 3153)
2008 Ed. (3303)
Travelers Insurance Co., Life Department
2002 Ed. (2921, 2927, 2928)
Travelers Insurance Co. Life Dept.
2000 Ed. (2700, 2706, 2708)
2001 Ed. (2934, 2938, 2943)
Travelers Insurance DOM Small Cap Index
1994 Ed. (2314)
Travelers Insurance Group
1989 Ed. (1672, 1673, 1674, 1675, 1676, 1678, 1735, 2975)
1990 Ed. (2220, 2221, 2222, 2225, 2227, 2229, 3708)
1991 Ed. (2081, 2082, 2083, 2090, 2092, 2130, 2135)
1994 Ed. (2242, 2246, 2248, 2281, 3675)
1996 Ed. (2295, 2331, 2334, 3885)
1997 Ed. (2407, 2433, 2434, 2448, 3922)
1999 Ed. (2971, 2972, 3047)
2000 Ed. (2670, 2721, 2723)
2001 Ed. (1675)
2009 Ed. (3392, 4998)
2010 Ed. (3327)
2011 Ed. (3285)
Travelers Insurance Large Cap Index
1994 Ed. (2313)
Travelers Insurance VA Aggressive Stock Trust
1994 Ed. (2314)
Travelers Life & Annuity Co.
1993 Ed. (2209, 2379)
1999 Ed. (2949, 2955, 2957)
2001 Ed. (4668)
Travelers (Life Department)
1996 Ed. (2308, 2309, 2312, 2314)
Travelers Mortgage Services
1991 Ed. (2481, 2482)
1992 Ed. (3105)
Travelers PC Group

2000 Ed. (4438)
2002 Ed. (2838, 2839, 2840, 2841, 2842, 2866, 2867, 2878, 2894, 2898, 2949, 2959, 2960, 2976, 3486, 4991)
The Travelers Plan Administrators Inc.
1990 Ed. (1012)
1991 Ed. (941)
1992 Ed. (1169, 2697)
1993 Ed. (2244)
1994 Ed. (2284)
1995 Ed. (992)
1996 Ed. (980)
Travelers Property Casualty Corp.
2001 Ed. (1675, 2902, 2903, 2904, 2905, 2906, 2917, 2918, 4031)
2003 Ed. (1659)
2004 Ed. (1586, 1688, 1690, 3033, 3097, 3122, 3123, 4338, 4574)
2005 Ed. (1562, 1746, 1748, 1749, 3050, 3052, 3056, 3058, 3059, 3060, 3061, 3062, 3068, 3079, 3080, 3096, 3097, 3098, 3099, 3124, 3126, 3127, 3128, 3132, 3133, 3134, 3135, 3136, 3137, 4456, 4998)
2006 Ed. (1419, 1423, 1441, 1665, 3060, 3061, 3062, 3063, 3064, 3085, 3102, 3113, 3114, 3142, 3143, 4997)
2007 Ed. (4282)
Travelers Property/Casualty Group
1999 Ed. (2901, 2902, 2903, 2927, 2934, 2935, 2937, 2977, 2978, 2983, 2984, 4822)
2000 Ed. (2655, 2656, 2657, 2668, 2725, 2729, 2731, 2736, 2737)
Travelers Rlty. Inc.
1990 Ed. (2964)
Travelers (SA D), Conn.
1989 Ed. (2154)
Travelers Specialty Property & Casualty Corp.
2006 Ed. (1665)
2007 Ed. (1671)
2008 Ed. (1696)
2009 Ed. (1620)
Travelers Telecom
2000 Ed. (1106, 2406)
Travelers Universal Annty/G.T. Global Strategic Inc
2000 Ed. (4332)
Travelers Universal Annuity/Fidelity High Income
1997 Ed. (3824)
Travelers Universal Annuity/Travelers Capital App
2000 Ed. (4335)
Travelers Universal Travelers Aggressive Stock
1994 Ed. (3610)
Travelers Vintage VA G.T. Global Strategic Income
2000 Ed. (4332)
Travelers/Aetna Insurance Group
1999 Ed. (2913, 2921)
Travelers/Citigroup Cos.
2003 Ed. (2965, 2966, 2967, 2968, 2969, 2981, 2983, 2986, 2989, 3007, 3009, 4994, 4996)
2004 Ed. (3050, 3051, 3052, 3053, 3054, 3071, 3072, 3073, 3095, 3126, 3128, 4997)
Travelex
2001 Ed. (1881)
Travelex Australia
2004 Ed. (1644)
Travelgenio SL
2016 Ed. (2009)
Travel/Hotel
1991 Ed. (174)
Travelmasters Inc.
1990 Ed. (3650)
1991 Ed. (2473)
1992 Ed. (3091)
1994 Ed. (2531)
TravelNow.com Inc.
2002 Ed. (3559)
Travelocity
2001 Ed. (2991)
2003 Ed. (3055)
2005 Ed. (3193)
2007 Ed. (713, 3244)
2008 Ed. (3373)
2010 Ed. (3374)
Travelocity.com
2002 Ed. (2808, 2811)
2004 Ed. (3161)
Travelodge
1990 Ed. (2076, 2086, 2088)

1991 Ed. (1951, 1954)
1992 Ed. (2495)
1993 Ed. (2095, 2096)
1994 Ed. (2111)
1995 Ed. (2164)
1996 Ed. (2183)
1997 Ed. (2292, 2298)
1998 Ed. (2016)
1999 Ed. (2776, 2782)
2000 Ed. (2550, 2553)
2011 Ed. (585)
2015 Ed. (3158)
2016 Ed. (3013)
Travelodge Hotels Inc.
2001 Ed. (2790)
2002 Ed. (2644)
2003 Ed. (2852)
2004 Ed. (2942)
2005 Ed. (2939)
2006 Ed. (2942, 2943)
Travelodge UK
2015 Ed. (2109)
Travelplanet24 S.A.
2016 Ed. (1613)
Travelplanet.pl SA
2009 Ed. (3002)
Travelport
2014 Ed. (1611)
2015 Ed. (1655, 1661)
Travelport GDS
2010 Ed. (3185)
Travelport Inc.
2008 Ed. (3034, 3373, 4746, 4747)
2009 Ed. (3120, 4155, 4422, 4775, 4776)
2010 Ed. (3054, 4087, 4462, 4793, 4794)
2011 Ed. (3023, 3149, 4059, 4396, 4739)
2012 Ed. (2950, 4467)
2013 Ed. (3040)
2014 Ed. (3054)
Travelport Ltd.
2015 Ed. (3120)
Travelpro Luggage
1996 Ed. (3455)
The Travels of a T-Shirt in the Global Economy
2007 Ed. (655)
Travelscape.com
2001 Ed. (2991)
TravelStore
2014 Ed. (1411)
Travelzoo Inc.
2006 Ed. (4601)
2007 Ed. (2726, 4395, 4572)
2008 Ed. (2856, 4352)
2012 Ed. (4556, 4572)
Traverlers Indemnity
1990 Ed. (2251)
Travers, Collins & Co.
2011 Ed. (57)
2012 Ed. (67)
Traverse City, MI
1997 Ed. (3356)
2002 Ed. (2745)
2003 Ed. (3247)
2004 Ed. (3310)
2005 Ed. (3334)
2006 Ed. (3322)
Travir "Quality Bond"
1994 Ed. (3615)
Travis County, TX
1999 Ed. (1779, 2997)
2004 Ed. (2966)
2008 Ed. (3473)
2009 Ed. (2389)
Travis Credit Union
2016 Ed. (1432)
Travis Engen
2004 Ed. (2534)
2005 Ed. (2514)
Travis FCU
1999 Ed. (1799)
Travis Federal Credit Union
1998 Ed. (1224)
Travis Kalanick
2016 Ed. (720)
Travis, K.T. Oslin; Randy
1991 Ed. (1040)
Travis; Nigel
2007 Ed. (2512)
2008 Ed. (2640)
2009 Ed. (2666)
Travis Pattern & Foundry Inc.
2016 Ed. (3450)
Travis Perkins
2005 Ed. (780)
2006 Ed. (684, 1205)
2007 Ed. (4370)

Travis Perkins plc
2009 Ed. (749)
2010 Ed. (694)
2011 Ed. (622)
2012 Ed. (592)
2013 Ed. (3003, 3004)
2014 Ed. (3012, 3013)
2015 Ed. (3080, 3081)
2016 Ed. (2976, 2977)
Travis; Randy
1990 Ed. (1143)
1992 Ed. (1351)
Travis Software Corp.
2006 Ed. (2413, 2414)
2007 Ed. (2361, 2362)
Travis Tritt
1994 Ed. (1100)
Travis Wolff
2002 Ed. (24)
Travis, Wolff & Co.
2007 Ed. (12)
2008 Ed. (10)
2009 Ed. (13)
2010 Ed. (24)
TravisBilling
2008 Ed. (2483)
2009 Ed. (2487)
TravisCobra
2008 Ed. (2483)
2009 Ed. (2487)
TravisFlex
2008 Ed. (2483)
2009 Ed. (2487)
Travis/The Judds/Tammy Wynette;
Randy
1990 Ed. (1143)
TravisWolff
2003 Ed. (9)
2004 Ed. (15)
2005 Ed. (11)
2006 Ed. (16)
2011 Ed. (21)
2012 Ed. (26)
2013 Ed. (23)
2014 Ed. (19)
Trawinski; Ed
1991 Ed. (3211)
Tray
2013 Ed. (4074)
2014 Ed. (4084)
Trayer Engineering Corp.
2016 Ed. (3444)
Traylor Bros. Construction Co., Inc.
2007 Ed. (3553, 4411)
2008 Ed. (3708, 4385)
Traylor Bros. Inc.
1990 Ed. (1197)
2002 Ed. (1237)
2003 Ed. (765, 1256, 1287)
2004 Ed. (1258, 1273, 1290, 1298)
2005 Ed. (1300)
2006 Ed. (1269)
2011 Ed. (1242)
2013 Ed. (32)
2014 Ed. (27, 32)
2015 Ed. (30, 35)
2016 Ed. (30, 34)
TRC
2008 Ed. (2515)
TRC Companies Inc.
1998 Ed. (1484)
TRC Cos.
2016 Ed. (2543)
TRC Cos., Inc.
1997 Ed. (3132)
2004 Ed. (2440, 3921, 3922)
2005 Ed. (3870)
2007 Ed. (2418)
2009 Ed. (2555)
2010 Ed. (2471)
2015 Ed. (2564)
TRC Group
2014 Ed. (1388)
TRC/Putnam Reinsurance Co.
2012 Ed. (3275)
Treacher's; Arthur
1993 Ed. (3112)
1994 Ed. (3156)
1996 Ed. (3301)
Treacher's Fish & Chips; Arthur
1995 Ed. (3136, 3137, 3200)
Treacy Gaffney
1998 Ed. (1582)
2000 Ed. (1941)
Treadco Inc.
2001 Ed. (4546)
Treadmill
1999 Ed. (4386)
Treadmill Exercise
1997 Ed. (3561)

2000 Ed. (4089)
Treadmill Usage
1998 Ed. (3354)
Treadmills
1997 Ed. (3117)
Treadway Inns Partners
1992 Ed. (2499, 2501)
1993 Ed. (2097)
Treadway; Peter
1991 Ed. (1692)
1993 Ed. (1825)
1994 Ed. (1808, 1821)
1995 Ed. (1846, 1863)
1996 Ed. (1844)
Treadways Corp.
2006 Ed. (4745)
Treasure Chest Advertising
1990 Ed. (2212, 2904)
1991 Ed. (2767)
1992 Ed. (3537)
1996 Ed. (3089)
1997 Ed. (3167, 3170)
1998 Ed. (2923)
Treasure Island Corp.
1998 Ed. (1793)
1999 Ed. (2559)
2000 Ed. (2298)
2001 Ed. (1808, 1809, 2787)
2002 Ed. (2385)
2003 Ed. (1778, 2594)
2004 Ed. (1813)
Treasure Island LLC
2014 Ed. (1844)
2015 Ed. (1881)
2016 Ed. (1843)
Treasure Island Resort & Casino
2012 Ed. (677)
2013 Ed. (885)
2014 Ed. (847)
Treasure Trolls
1994 Ed. (3558)
Treasure Valley Renewable Resources
2007 Ed. (1289)
Treasurer
2004 Ed. (2278)
Treasuries
1992 Ed. (730)
Treasury Bank NA
2006 Ed. (392, 2873)
Treasury Bills
1991 Ed. (2262)
1993 Ed. (2364)
Treasury bills (3-month)
1992 Ed. (2804)
Treasury Department
1998 Ed. (2512)
Treasury Department Credit Union
2002 Ed. (1857)
2003 Ed. (1954)
2004 Ed. (1994)
2005 Ed. (2136)
2006 Ed. (2231)
2007 Ed. (2152)
2008 Ed. (2267)
2009 Ed. (2254)
2010 Ed. (2207)
2011 Ed. (2225)
2012 Ed. (2087)
2013 Ed. (2222)
2014 Ed. (2154)
2015 Ed. (2218)
2016 Ed. (2189)
Treasury G. Enterprise Co. Ltd.
1994 Ed. (3524)
Treasury Management Services
2006 Ed. (1082)
2007 Ed. (1187)
A Treasury of Curious George
2008 Ed. (548)
Treasury; U.S. Department of
2006 Ed. (3293)
Treasury; U.S. Department of the
2005 Ed. (2745, 2750)
2006 Ed. (2706, 2711)
2007 Ed. (2701, 2707)
2008 Ed. (2830, 2835)
2009 Ed. (2886, 2893)
2010 Ed. (2823, 2831)
2011 Ed. (2809, 2815)
2012 Ed. (2741)
2013 Ed. (3747)
2014 Ed. (3680)
Treasury Wine Estates
2012 Ed. (1377, 4948)
2013 Ed. (1472, 4942)
2014 Ed. (4953)
2015 Ed. (1496, 4993)
2016 Ed. (1430, 4909)
Treat Street
2002 Ed. (2251)

Treats
1990 Ed. (1854)
1991 Ed. (1773)
1992 Ed. (2227)
Trebjesa AD
2014 Ed. (1568)
Trebor Group Ltd.
1991 Ed. (961)
Tredegar Corp.
2004 Ed. (3910)
2005 Ed. (3855, 3856)
Tredegar Film
1998 Ed. (2873)
Tredegar Industries
1991 Ed. (2903)
1992 Ed. (3746)
1993 Ed. (3576)
1996 Ed. (2852)
1997 Ed. (1145)
1998 Ed. (929)
1999 Ed. (1346)
2001 Ed. (4139)
Tredegar (Molded Products Div.)
1993 Ed. (2868)
Tree Island Industries
2005 Ed. (1965)
2006 Ed. (2023)
Tree Island Steel
2015 Ed. (3647)
Tree Island Wire Income Fund
2006 Ed. (1572, 1611)
2008 Ed. (3657)
2009 Ed. (1576, 3726)
2010 Ed. (3642)
2011 Ed. (3646)
Tree Ripe
2005 Ed. (3657)
2013 Ed. (3851)
2014 Ed. (3778, 3779)
2016 Ed. (3710)
Tree Tech
2012 Ed. (3437)
Tree Top
1990 Ed. (723, 724)
1993 Ed. (688)
1996 Ed. (227)
2002 Ed. (2375)
2014 Ed. (2803)
TreeHill Logistics
2010 Ed. (4064)
TreeHouse Foods
2011 Ed. (2844)
Treesdale
2015 Ed. (1343)
TREF AS
1997 Ed. (1384)
Trefethen Family Vineyards
2015 Ed. (4992)
Trefler; Alan
2006 Ed. (2527)
Treiber Construction
2011 Ed. (1155)
Treichel; Rudy
2005 Ed. (796)
Trek Bicycles
2015 Ed. (3559)
Trek Equipment
2005 Ed. (2333)
Trek Resources Inc.
2006 Ed. (3823, 3837)
2007 Ed. (3853, 3854)
Trelawney Mining & Exploration Inc.
2012 Ed. (1396)
Trelleborg
1991 Ed. (1349, 1350, 3222)
1992 Ed. (1608, 1692, 4143)
1993 Ed. (1403, 3461)
1994 Ed. (3440)
1997 Ed. (3636)
2012 Ed. (4704, 4705, 4706)
2013 Ed. (4669, 4670, 4671)
2015 Ed. (4734, 4735, 4736)
2016 Ed. (4635, 4636, 4637)
Trelleborg AB
2001 Ed. (393)
2010 Ed. (4384)
2011 Ed. (4329)
2013 Ed. (4354)
Trelleborg Automotive
2005 Ed. (325)
Trellium Meats
1995 Ed. (2528)
Tremor Video Inc.
2015 Ed. (4417)
Tren Urbano
2000 Ed. (3102)
2002 Ed. (3905)
2005 Ed. (3992)
Trenam Kemker
2011 Ed. (1634)

2012 Ed. (1484)
2013 Ed. (1613)
2014 Ed. (1580)
Trencher's Fish & Chips; Arthur
1997 Ed. (3397)
Trend 1 Program
2003 Ed. (3112)
Trend Associates
1993 Ed. (1043)
Trend Homes
1998 Ed. (915)
2001 Ed. (1387, 1390)
2005 Ed. (1223, 1227)
2009 Ed. (1171)
Trend Homes of Arizona
1998 Ed. (874)
Trend Homes/Key
1999 Ed. (1337)
Trend-Lines
1996 Ed. (2059, 3443, 3449)
Trend Micro
2013 Ed. (1785)
2016 Ed. (986)
Trend Micro Inc.
2002 Ed. (1158)
2007 Ed. (1261)
2009 Ed. (659)
2010 Ed. (642, 1483, 1484, 1485)
2011 Ed. (1774)
Trend Motors Ltd.
1994 Ed. (287)
Trend Offset Printing
2010 Ed. (3513)
2011 Ed. (3517)
Trendlogic Associates Inc.
1994 Ed. (1067)
TrendMicro
2011 Ed. (576)
2012 Ed. (561)
2013 Ed. (678)
Trendstat Capital
1997 Ed. (2523)
Trendview Management
1999 Ed. (1245)
Trendway Corp.
2004 Ed. (1365)
Trendwest Resorts Inc.
2007 Ed. (1750)
TrendyMinds
2016 Ed. (1660)
Trenegy Inc.
2014 Ed. (2027)
TrenStar Inc.
2008 Ed. (1156)
Trent Bertrand
2014 Ed. (3467)
Trent University
2007 Ed. (1168)
2008 Ed. (1072, 1078, 1083, 1084)
2009 Ed. (1049, 1057, 1069)
2010 Ed. (1019)
2011 Ed. (954)
2012 Ed. (874)
Trenton-Ewing, NJ
2009 Ed. (4778)
2011 Ed. (3657)
Trenton, NJ
1990 Ed. (2164, 2167)
1991 Ed. (2008, 2011)
1992 Ed. (2582, 2585)
1993 Ed. (2147, 2150)
1994 Ed. (2163, 2171, 2173, 2491)
1995 Ed. (2221)
1996 Ed. (2230)
1997 Ed. (2359, 3303)
1998 Ed. (2481, 3057, 3706)
1999 Ed. (2672, 2673, 2833, 3259,
3260, 3389, 4057)
2000 Ed. (1070, 2605, 2615, 3118,
3765, 4364)
2002 Ed. (3332)
2003 Ed. (3390, 3394, 3395, 3400,
3405)
2004 Ed. (2984)
2005 Ed. (2030, 2377)
2006 Ed. (2973)
2007 Ed. (3001)
2008 Ed. (3115, 4039)
Trenton State College
1992 Ed. (1269)
1993 Ed. (1017)
1994 Ed. (1044)
1995 Ed. (1052)
1996 Ed. (1037)
1997 Ed. (1053)
Trenton State Prison
1999 Ed. (3902)
Trenwick America Re
2001 Ed. (2955)
Trenwick America Reinsurance Corp.

2002 Ed. (3953)
Trenwick Group Ltd.
  2003 Ed. (4573)
  2005 Ed. (421)
Trepca plc
  2014 Ed. (1571)
  2015 Ed. (1621)
  2016 Ed. (1548)
TresCom International Inc.
  1998 Ed. (2410)
Trescomp Inc.
  1997 Ed. (2222, 2227)
Trescon Corp.
  1991 Ed. (1086)
TRESemme
  2015 Ed. (2192)
Tresemme
  1991 Ed. (1879, 1880)
  2003 Ed. (2659)
  2008 Ed. (2870)
  2009 Ed. (2936)
  2010 Ed. (2872)
Tresemme Moisture Rich
  2016 Ed. (2843, 2844)
Tresor
  1995 Ed. (2875)
  1997 Ed. (3030)
  1999 Ed. (3739)
  2001 Ed. (2528)
  2003 Ed. (2545, 2552)
Trespass
  1989 Ed. (967)
Tressler Lutheran Services
  1990 Ed. (2724)
  1991 Ed. (2623)
Tretorn
  1991 Ed. (264)
  1992 Ed. (368)
Tretter-Gorman
  1992 Ed. (3580)
Tretter Group
  1998 Ed. (2958)
  1999 Ed. (3952)
Treuarbeit AG
  1990 Ed. (8)
Treuhand-Vereinigung
  1990 Ed. (8)
Treuverkehr AG
  1990 Ed. (8)
Trevelino/Keller Communications
  2012 Ed. (4146)
Trevellyan Subaru
  1994 Ed. (284)
Treveri Cellars
  2016 Ed. (4907)
Treves
  1997 Ed. (2106)
Treves (Ets.)
  1996 Ed. (1991)
Trevi Icos Corp.
  2002 Ed. (1290)
  2003 Ed. (1302)
  2006 Ed. (1282)
Treviicos
  2013 Ed. (1274)
Trevino & Associates Mechanical Inc.
  2004 Ed. (2829)
  2006 Ed. (2831)
Trevino; Rick
  1997 Ed. (1113)
Trevira
  1998 Ed. (2880)
Trevor Fetter
  2009 Ed. (3706)
  2010 Ed. (3623)
  2015 Ed. (956, 967)
  2016 Ed. (867)
Trevor Green
  2007 Ed. (4929)
  2008 Ed. (4905)
Trevor Harris
  2005 Ed. (3200)
Trevor Hemmings
  2005 Ed. (4892)
  2007 Ed. (2462, 4928)
  2008 Ed. (4904)
Trevor Rees-Jones
  2013 Ed. (4837)
Trevor Stewart Burton & Jacobsen
  1998 Ed. (2276, 2278)
Trevor Stewart Burton & Jacobsen,
  Equity—Top-Down Growth
  2003 Ed. (3126)
Trex
  2000 Ed. (1655)
  2002 Ed. (4288)
  2005 Ed. (3855)
  2006 Ed. (3919)
  2008 Ed. (3588)
  2010 Ed. (4603)

Trex Co.
  2013 Ed. (4043)
  2016 Ed. (3938)
Trex Medical
  1999 Ed. (3339)
  2000 Ed. (3078)
Trex Medical Diag Imaging Prods Service
  1999 Ed. (3338)
Trexmed & Services
  2001 Ed. (3270)
Trey Songz
  2012 Ed. (3735)
Treynor State Bank
  1993 Ed. (509)
  2012 Ed. (355)
  2014 Ed. (494)
TRG Holdings LLC
  2007 Ed. (2058)
Tri-Arc Financial Services Inc.
  2002 Ed. (2857)
TRi Architects
  2009 Ed. (2526)
Tri-Auto Enterprises
  2007 Ed. (99)
Tri-Cities Regional Airport
  2010 Ed. (246)
Tri-Cities, TN-VA
  2004 Ed. (3481)
Tri-City
  2001 Ed. (2909)
Tri City Bankshares
  2004 Ed. (404, 405)
  2012 Ed. (355)
Tri-City Brokerage Inc.
  1996 Ed. (2294)
  1997 Ed. (2429)
  1998 Ed. (2144)
  2002 Ed. (2854)
Tri-City Electrical Contractors Inc.
  2006 Ed. (1183, 1345)
  2008 Ed. (1277, 1339)
  2009 Ed. (1260, 1337)
  2010 Ed. (1256, 1320)
  2011 Ed. (1206, 1298)
  2016 Ed. (1165)
Tri-City Hospital District
  1997 Ed. (2267)
Tri-City Insurance Brokerage Inc.
  1995 Ed. (2289)
Tri-City Insurance Brokers Inc.
  1991 Ed. (2089)
  1992 Ed. (2649)
  1993 Ed. (2192)
  1994 Ed. (2241)
Tri-City Mechanical Inc.
  2003 Ed. (1240)
  2004 Ed. (1243)
  2006 Ed. (1175, 1349)
  2007 Ed. (1281, 1393)
  2008 Ed. (1181, 1343)
  2009 Ed. (1157)
  2010 Ed. (1152)
  2011 Ed. (1095, 1303)
Tri-City Medical Center
  2005 Ed. (1848)
Tri-Cor Industries Inc.
  1996 Ed. (2109)
  1997 Ed. (2225)
  1998 Ed. (1927, 1941)
  2000 Ed. (2449, 2468)
Tri-County Credit Union
  2002 Ed. (1830)
Tri-County Financial
  2009 Ed. (559, 2761)
Tri-County Financial Group
  2013 Ed. (484)
Tri County Metropolitan Transportation
  1991 Ed. (1886)
Tri-County Metropolitan Transportation
  Authority
  1996 Ed. (1062)
  1999 Ed. (3989)
Tri-County Metropolitan Transportation
  District of Oregon
  2001 Ed. (1831)
Tri County Rail Co.
  2006 Ed. (3520, 3689, 4359)
Tri County State Bank
  1989 Ed. (217)
Tri County Technology Center
  2012 Ed. (1803)
  2013 Ed. (1977)
  2014 Ed. (1916)
  2015 Ed. (1960)
Tri-Direct
  2000 Ed. (1677)
  2002 Ed. (1984)
The Tri-M Group
  2010 Ed. (1255, 1306)

The Tri-M Group LLC
  2011 Ed. (1204)
Tri-Marine International
  2006 Ed. (4250)
  2007 Ed. (4265)
  2008 Ed. (4284)
  2009 Ed. (4393)
  2010 Ed. (4440)
  2011 Ed. (4385)
  2012 Ed. (4425)
  2013 Ed. (4392)
  2014 Ed. (4428)
  2015 Ed. (4410)
  2016 Ed. (4306)
Tri Marine International Inc.
  2014 Ed. (2097)
  2015 Ed. (2152)
  2016 Ed. (2128)
Tri-Mount Development
  2002 Ed. (1188)
Tri Mount-Vincenti Cos.
  2000 Ed. (1212)
Tri-North Builders
  2009 Ed. (1346)
  2011 Ed. (1102)
Tri-Point Credit Union
  1996 Ed. (1508)
Tri-Point Medical Corp.
  1998 Ed. (3177)
TRI Pointe Homes Inc.
  2015 Ed. (1483)
  2016 Ed. (1410)
Tri Polyta
  1999 Ed. (3611)
Tri-Signal Integration Inc.
  2012 Ed. (4448)
  2013 Ed. (4412)
  2014 Ed. (4439)
Tri-Star
  1993 Ed. (2596)
  1996 Ed. (2690)
Tri-Star Power
  1997 Ed. (2589)
Tri-Star Shipping
  1997 Ed. (2589)
Tri-State Bank & Trust
  1993 Ed. (371, 504)
  1994 Ed. (507, 509, 510)
  1996 Ed. (535, 537)
  1997 Ed. (494, 496)
  1999 Ed. (541)
  2009 Ed. (456)
Tri-State Bank & Trust Co. (Haughton,
  LA)
  2000 Ed. (551)
Tri-State G & T Association
  2003 Ed. (1377)
  2004 Ed. (1385, 1386)
  2005 Ed. (1406, 1407)
  2006 Ed. (1392, 1393)
  2007 Ed. (1428)
  2015 Ed. (1337)
Tri-State Generation & Transmission
  Association Inc.
  2006 Ed. (3989)
  2007 Ed. (4027)
  2008 Ed. (4054)
Tri-State Glass Inc.
  1995 Ed. (1166)
  1997 Ed. (1170)
Tri-State Motor Transit Co.
  1991 Ed. (3432)
  1992 Ed. (4356)
  1993 Ed. (3637)
  1994 Ed. (3597)
Tri-State Utility Products Inc.
  2015 Ed. (2503)
  2016 Ed. (2437)
Tri-State Wholesale
  1998 Ed. (1870)
Tri-State Wholesale Associated Grocers
  1993 Ed. (3492)
Tri-States Glass Inc.
  1990 Ed. (1206)
  1991 Ed. (1087)
  1992 Ed. (1420)
  1993 Ed. (1133)
Tri Teleco
  2004 Ed. (91)
Tri-Union Seafoods
  2003 Ed. (863, 4312)
Tri-Valley Corp.
  2005 Ed. (3753, 3755)
  2006 Ed. (3823, 3837)
Tri-Valley Growers
  1998 Ed. (2928)
Tri-Vision International Ltd.
  2008 Ed. (2939)
Tri-W Equipment Rental
  1989 Ed. (1890)

Tri-West Ltd.
  1991 Ed. (1728)
Tri-Worth Solutions LLC
  2010 Ed. (1610)
Tria Laser
  2016 Ed. (2285)
Triad
  2013 Ed. (193, 199)
  2014 Ed. (201)
  2015 Ed. (228)
Triad Guaranty Inc.
  2013 Ed. (3331)
  2014 Ed. (3348)
Triad Hospitals Inc.
  2001 Ed. (2667)
  2002 Ed. (2451, 3291)
  2003 Ed. (2692, 2825, 3464, 3465)
  2004 Ed. (1579, 1590, 2926, 2927)
  2005 Ed. (2789, 2801, 2913, 2914,
    2915)
  2006 Ed. (2759, 2776, 2795, 2925,
    3586, 3587, 3588)
  2007 Ed. (1526, 2770, 2776, 2790,
    2791, 2935, 3460)
  2008 Ed. (1510, 2116, 2889, 2890,
    2901, 3634)
  2009 Ed. (2952, 2953, 2954, 2955)
  2010 Ed. (2902)
Triad Management Systems, Inc.
  2002 Ed. (2513)
Triad Mechanical Inc.
  2006 Ed. (1242)
Triad Semiconductor
  2014 Ed. (1038)
Triad Speakers
  2014 Ed. (207)
  2015 Ed. (234)
  2016 Ed. (229)
Triad System Corp.
  1991 Ed. (3334)
Triad Systems
  1989 Ed. (969)
  1990 Ed. (1115)
Triad Trading Fund LP
  2005 Ed. (1086)
Triad USA Marketing Group, Inc.
  2002 Ed. (3763)
Triad Web Design
  2012 Ed. (3700, 4053)
  2013 Ed. (3171)
Triada Holding
  2006 Ed. (4521)
Triage Consulting Group
  2006 Ed. (4329)
  2007 Ed. (4393)
  2009 Ed. (4449)
TRIAL
  2007 Ed. (4796)
  2008 Ed. (4716)
  2009 Ed. (4758)
  2010 Ed. (4768)
  2011 Ed. (4720)
  2012 Ed. (4741)
TrialCard Inc.
  2015 Ed. (4703)
Triaminic
  1991 Ed. (992, 994, 1367)
  1992 Ed. (1245, 1247, 1250, 1251,
    1264)
  1993 Ed. (1009, 1011)
  1996 Ed. (1024, 1026, 1028, 1032)
  2000 Ed. (277, 1135)
  2001 Ed. (1310)
  2002 Ed. (1098)
  2003 Ed. (1052)
Triaminicin
  1991 Ed. (995, 996, 997, 998)
Triamterene with HCTZ
  1998 Ed. (1825)
Trian Guaranty Inc.
  2012 Ed. (3259)
Trian Holdings
  1991 Ed. (2683)
Triangle
  1996 Ed. (3277)
  2002 Ed. (4085, 4087)
Triangle Aggregates LLC
  2013 Ed. (1404, 3728)
  2014 Ed. (1343, 3663)
  2015 Ed. (1420, 3681)
Triangle Comms
  2000 Ed. (3843)
Triangle Communications
  1997 Ed. (3374)
Triangle Construction & Maintenance
  Inc.
  2014 Ed. (2074)
Triangle Credit Union
  2002 Ed. (1879)
  2003 Ed. (1933)

2004 Ed. (1973)
2005 Ed. (2115)
2006 Ed. (2210)
2007 Ed. (2131)
2008 Ed. (2246)
2009 Ed. (2232)
2010 Ed. (2186)
2011 Ed. (2204)
2012 Ed. (2065)
2013 Ed. (2247)
2014 Ed. (2179)
2015 Ed. (2243)
2016 Ed. (2214)
Triangle Electronics Group Inc.
1998 Ed. (1415)
2001 Ed. (2200)
Triangle Ind. C1 A
1990 Ed. (2747)
Triangle Industries Inc.
1989 Ed. (1008, 1009, 1052, 1945, 1947)
1990 Ed. (2541, 2542)
1991 Ed. (1169)
Triangle Industries/National, American CAM
1991 Ed. (1145)
Triangle Pacific Corp.
1992 Ed. (2819)
1995 Ed. (3161)
2001 Ed. (2500)
Triangle Publications Inc.
1989 Ed. (932)
1990 Ed. (1228, 1229, 2795)
1991 Ed. (1161)
1992 Ed. (1473)
1993 Ed. (1180)
1994 Ed. (1220)
1995 Ed. (1236)
1996 Ed. (1207, 2578)
1997 Ed. (1253)
Triangle Reprographics
2009 Ed. (4110)
Triangle Sheet Metal Works Inc.
1991 Ed. (1081)
1992 Ed. (1414)
Triangle Tool Corp.
2004 Ed. (3913)
2006 Ed. (3922)
2008 Ed. (3746)
2009 Ed. (3767)
2012 Ed. (3990)
2013 Ed. (4055)
2014 Ed. (3994)
2015 Ed. (4042)
TriangleInd
1990 Ed. (2749)
Triarc
1995 Ed. (1386, 3597, 3599)
2000 Ed. (733)
Triarc Cos., Inc.
1996 Ed. (738, 3677, 3678, 3679)
1997 Ed. (837, 3734, 3735)
1998 Ed. (3067, 3518, 3519)
1999 Ed. (717, 4082, 4589)
2002 Ed. (4326)
2003 Ed. (2579, 4521, 4677)
2004 Ed. (4447, 4448)
2005 Ed. (2660, 2769)
2006 Ed. (2725)
2007 Ed. (2715, 2723)
2008 Ed. (2850, 2853)
2009 Ed. (897, 2901, 2902)
Triarco Industries, Inc.
2001 Ed. (994)
Trias Capital Mgmt.
2000 Ed. (2815, 2817)
Trias; Gerry R.
1991 Ed. (2344)
Tribal
2010 Ed. (2951)
Tribal DDB
2005 Ed. (115)
2006 Ed. (3420)
2007 Ed. (3434, 3435)
Tribalco LLC
2014 Ed. (1250)
Tribble Harris & Li
1991 Ed. (1558)
Tribble & Stephens Co.
1991 Ed. (3121, 3122, 3123)
1992 Ed. (3962, 3964)
1993 Ed. (3306, 3308, 3309)
1994 Ed. (3298, 3299)
1995 Ed. (3374)
Tribe As
2016 Ed. (1912)
Tribe Mediterranean Foods Inc.
2016 Ed. (2280)
Tribeca Strategic Advisors LLC
2011 Ed. (738)

Tribecca Corp.
2005 Ed. (1655)
Triborough Bridge
1997 Ed. (726)
Triborough Bridge and Tunnel Authority, New York
1992 Ed. (3487, 4032)
Triborough Bridge and Tunnel Authority, NY
1991 Ed. (2510, 3421)
Triborough Bridge & Tunnel Authority
1993 Ed. (2880, 3362, 3621, 3623)
1994 Ed. (3363)
1995 Ed. (3663)
1996 Ed. (3739)
1997 Ed. (3794)
Triborough Bridge & Tunnel, NY
1991 Ed. (2512)
Tribridge
2012 Ed. (29, 4816)
2013 Ed. (4779)
2014 Ed. (4822)
2015 Ed. (4858)
2016 Ed. (4766)
Tribulation Force
2003 Ed. (722)
Tribunal de Justica RS
2004 Ed. (3026)
Tribune Broadcasting
1990 Ed. (3550)
1992 Ed. (4256)
1993 Ed. (3544)
1996 Ed. (3664)
1998 Ed. (3501)
1999 Ed. (823, 4570)
2000 Ed. (4214)
2001 Ed. (4492)
2007 Ed. (4738, 4741)
2008 Ed. (4662)
2009 Ed. (4700)
2013 Ed. (4651)
2014 Ed. (4701)
Tribune Co.
1989 Ed. (2265, 2266, 2267)
1990 Ed. (2523, 2689)
1991 Ed. (2783, 2784, 2785, 2786)
1992 Ed. (1132, 3592)
1993 Ed. (752, 2941, 2942, 2943)
1994 Ed. (757, 2977, 2978, 2979, 2981)
1995 Ed. (2773)
1996 Ed. (2846, 3139, 3140, 3141)
1997 Ed. (2942, 3219, 3220, 3221, 3234, 3718, 3719, 3720, 3721)
1998 Ed. (512, 2440, 2679, 2972, 2973, 2974, 2975, 2976, 3500)
1999 Ed. (824, 3612, 3968, 3969, 3971, 3972, 4569)
2000 Ed. (825, 3333, 3681, 3682, 3683, 3693, 4213)
2001 Ed. (1033, 1601, 3231, 3247, 3248, 3540, 3952, 3960, 4490)
2002 Ed. (3280, 3283, 3286, 3287, 3288, 3883, 3884, 3885, 4582, 4603)
2003 Ed. (1483, 3346, 3351, 3641, 4022, 4023, 4024, 4025, 4026, 4027, 4712, 4713)
2004 Ed. (1513, 3409, 3411, 3415, 3683, 3684, 3685, 4040, 4041, 4045, 4046, 4560, 4689, 4690)
2005 Ed. (924, 1529, 3422, 3424, 3427, 3598, 3599, 3600, 3979, 3980, 3983, 3984, 4660, 4661, 4662)
2006 Ed. (3433, 3435, 3438, 3439, 3704, 4019, 4020, 4021, 4022, 4716, 4717, 4718)
2007 Ed. (3699, 4049, 4050, 4051, 4053, 4530, 4568, 4737)
2008 Ed. (3783, 4085, 4086, 4659, 4667)
2009 Ed. (3823, 4128, 4199, 4200, 4202, 4699)
2010 Ed. (349, 1724, 1727, 1728, 1729, 1730, 1731, 1732, 2516, 4060, 4073, 4134, 4711)
2011 Ed. (2518, 3752, 4045, 4134, 4135, 4667, 4668)
2012 Ed. (2445, 3757, 4079, 4165, 4166, 4678, 4679)
2013 Ed. (1708, 3653, 3832, 4155, 4156, 4650)
2014 Ed. (3591, 3753, 4170, 4171)
2015 Ed. (1699, 3604, 4150)
2016 Ed. (4065)
Tribune Media Services
1989 Ed. (2047)
Tribuno
2001 Ed. (4676)

2002 Ed. (4742)
2003 Ed. (4850)
2004 Ed. (4833)
2005 Ed. (4822, 4823)
The Tribus Co.
2002 Ed. (2858)
Tributaries
2013 Ed. (4950)
2014 Ed. (4958)
2015 Ed. (3056, 4999)
2016 Ed. (2946, 4916)
Tribute
2011 Ed. (495)
Trican Well Service
2006 Ed. (1632)
2007 Ed. (1569, 3865)
2008 Ed. (1619, 3917)
2009 Ed. (3985)
2010 Ed. (3893)
2011 Ed. (3905)
2012 Ed. (3891)
2014 Ed. (1469)
2015 Ed. (3939)
Trican Well Service Ltd.
2013 Ed. (4511)
Tricarico, Architect; Nicholas J.
2005 Ed. (3169)
2006 Ed. (3171)
Tricarico Architecture & Design
2007 Ed. (3205)
2008 Ed. (3347)
2009 Ed. (3420)
2010 Ed. (3358)
2013 Ed. (3371)
2014 Ed. (3381)
Tricentrol PLC
1989 Ed. (2665)
1990 Ed. (1251)
Trichet; Jean-Claude
2005 Ed. (3203)
2010 Ed. (702)
2012 Ed. (292)
Trico Homes Inc.
2007 Ed. (3378)
2008 Ed. (3497)
2009 Ed. (1476)
Trico Marine Services
2010 Ed. (2032)
Trico Products Corp.
1989 Ed. (331)
1990 Ed. (390, 392)
2008 Ed. (291, 4737)
Tricomi; Warren
2007 Ed. (2758)
Tricon Global Restaurants, Inc.
1999 Ed. (4082, 4489)
2000 Ed. (949, 1345, 1500, 2217, 2236, 2266, 3797, 4208, 4209)
2001 Ed. (39, 58, 70, 76, 1589, 1773, 4050, 4056, 4057, 4058, 4059, 4081)
2002 Ed. (1712, 2304, 2314, 3993, 3999, 4025, 4364, 4587, 4588)
2003 Ed. (841, 1578, 1590, 1733, 1734, 2525, 2534, 3209, 4079, 4080, 4091, 4105)
2004 Ed. (4129)
Tricon Global Restaurants of Canada Inc.
2001 Ed. (4085)
2003 Ed. (4141)
2004 Ed. (4149)
TriCon Technical Services Inc.
2010 Ed. (1463)
Tricor
2006 Ed. (2312)
Tricor America
2013 Ed. (4763)
2014 Ed. (4814)
Tricor America Inc.
1998 Ed. (1755)
1999 Ed. (2498)
2007 Ed. (4402)
2008 Ed. (270, 4371)
Tricore Reference Laboratories
2015 Ed. (1905)
2016 Ed. (1867)
Tridel
2009 Ed. (3483, 4219)
Tridel Enterprises
1990 Ed. (2961)
1992 Ed. (3624)
1994 Ed. (3005)
1996 Ed. (3162)
1997 Ed. (3258)
Trident
1993 Ed. (2701)
1994 Ed. (943)
1995 Ed. (889, 975)
1996 Ed. (955)

2003 Ed. (951)
2004 Ed. (876)
2005 Ed. (963)
2008 Ed. (931)
2012 Ed. (667)
2016 Ed. (863)
Trident Advantage
2003 Ed. (951)
Trident Capital
1999 Ed. (4706)
2000 Ed. (4341)
2002 Ed. (4736)
Trident Financial
1993 Ed. (1169)
1995 Ed. (1215)
Trident for Kids
2005 Ed. (963)
Trident Gum
1993 Ed. (929)
Trident Health Resources Inc.
2016 Ed. (4780)
Trident II
1992 Ed. (4427)
Trident Layers
2012 Ed. (3755)
Trident Microsystems Inc.
1994 Ed. (2009, 3045, 3317)
2008 Ed. (1587, 1606)
Trident NGL Holding
1996 Ed. (2823)
Trident Seafood Corp.
1998 Ed. (1734)
Trident Seafoods Corp.
1993 Ed. (960)
1996 Ed. (1950)
1997 Ed. (2049)
2006 Ed. (4250)
2007 Ed. (4265)
2008 Ed. (4284)
2009 Ed. (4393)
2010 Ed. (4440)
2011 Ed. (4385)
2012 Ed. (4425)
2014 Ed. (2097)
2015 Ed. (2152)
Trident Sugarless
2002 Ed. (1037)
Trident White
2008 Ed. (931)
2016 Ed. (863)
TridexCp
1989 Ed. (2664)
Tridion
2002 Ed. (2518)
TriEnda LLC
2011 Ed. (4686)
Triesco Insurance Services
2001 Ed. (2923)
Trieste
1992 Ed. (1398)
Triflualin
1999 Ed. (2663)
TriGem Ventures, Inc.
2002 Ed. (4435)
Trigon Associates
2016 Ed. (4987)
Trigon EPC
2009 Ed. (4131)
Trigon Healthcare Inc.
1998 Ed. (2107, 3179)
2001 Ed. (2675)
2004 Ed. (4556)
2005 Ed. (1486, 1542, 1558)
Triguboff; Harry
2008 Ed. (4842)
2009 Ed. (4860, 4876)
2010 Ed. (4862, 4878)
2011 Ed. (4867, 4868)
2012 Ed. (4873, 4874)
2013 Ed. (4855, 4856)
2014 Ed. (4869, 4870)
2015 Ed. (4907, 4908)
2016 Ed. (4823, 4824)
TriHealth
2013 Ed. (4963)
TriHealth Inc.
2004 Ed. (1833)
Trikaya Grey
1994 Ed. (94)
1995 Ed. (83)
1996 Ed. (97)
1997 Ed. (99)
Trikaya Grey First Serve
2002 Ed. (187)
2003 Ed. (151)
Trilithic
1995 Ed. (998, 3392)
Trillacorpe Construction
2013 Ed. (1304)
Trillacorpe/Bk LLC

2013 Ed. (1855)
The Trillion Dollar Meltdown
2010 Ed. (599, 601)
Trillium
2003 Ed. (1993)
Trillium Digital Systems
2002 Ed. (1154)
Trillium Farm Holdings
2014 Ed. (2337)
2015 Ed. (2403)
2016 Ed. (2346)
Trillium Financial Services Brokers
2015 Ed. (2715)
Trillium FSB Inc.
2016 Ed. (2640)
Trillium Meats
1993 Ed. (2524)
1994 Ed. (2912)
1995 Ed. (2969)
Trilogy Energy Corp.
2012 Ed. (1409)
Trilogy Energy Trust
2010 Ed. (4832)
Trilogy Health Services LLC
2009 Ed. (1835)
2010 Ed. (1776)
2014 Ed. (1728)
2016 Ed. (1726)
Trilogy Health Services Ohio LLC
2011 Ed. (1932)
Trilon Financial
1990 Ed. (1780)
1991 Ed. (474)
1992 Ed. (1593, 2152, 2153)
1993 Ed. (1858, 3575)
1994 Ed. (1341, 1847)
1996 Ed. (1314, 1918)
Trim
2003 Ed. (3623)
Trim-a-tree
2001 Ed. (2088)
Trim Engineering Ltd.
1995 Ed. (1010)
Trim Masters Inc.
2006 Ed. (341)
Trimac Corp.
1990 Ed. (3642)
1991 Ed. (3417)
1992 Ed. (4338, 4339)
1993 Ed. (3614, 3642)
1995 Ed. (3655)
1996 Ed. (3732, 3733)
1997 Ed. (3789, 3809)
1998 Ed. (3639)
1999 Ed. (4654, 4681)
2002 Ed. (1610)
Trimac Group
2008 Ed. (4588)
2011 Ed. (4770)
2012 Ed. (4615)
2013 Ed. (4562)
2014 Ed. (4617)
2015 Ed. (4616)
2016 Ed. (4535)
Trimac Group of Cos.
2009 Ed. (4632)
Trimac Transport
1994 Ed. (3571, 3602)
1999 Ed. (4533)
Trimac Transportation Inc.
1995 Ed. (3680)
1996 Ed. (3630, 3759)
2001 Ed. (4441, 4645)
2008 Ed. (4772)
Trimac Transportation Services
2006 Ed. (4853)
Trimac Transportation System
2000 Ed. (4320)
2002 Ed. (4695)
2004 Ed. (4775)
2005 Ed. (4591)
2006 Ed. (4657)
2007 Ed. (4677)
2009 Ed. (4804)
2010 Ed. (4821)
2011 Ed. (4780)
2012 Ed. (4802)
2013 Ed. (4764)
2014 Ed. (4815)
2015 Ed. (4850)
2016 Ed. (4754)
TriMaine Holdings Inc.
2004 Ed. (4585)
Trimaran Capital Partners
2005 Ed. (3284, 3936)
Trimark
2003 Ed. (1159)
Trimark Canadian Resources
2004 Ed. (3619)
2005 Ed. (3568)

Trimark Canadian Small Companies
2003 Ed. (3570, 3571, 3576)
2004 Ed. (3616, 3617)
TriMark Development
1997 Ed. (3259)
1998 Ed. (3007)
Trimark Discovery
2002 Ed. (3467, 3468)
Trimark Europlus
2006 Ed. (2513)
Trimark Fund
2003 Ed. (3573, 3574)
2004 Ed. (2478, 2479, 2480)
Trimark Homes
2005 Ed. (1193)
Trimark Hotel Corp.
1992 Ed. (2468, 2469)
1993 Ed. (2080, 2081)
Trimark Income Growth
2003 Ed. (3558, 3559)
2004 Ed. (3610, 3611)
Trimark Select Growth
2003 Ed. (3573, 3574)
2004 Ed. (2480)
Trimark-The Americas
2001 Ed. (3488, 3489)
TriMark USA Inc.
2005 Ed. (2623)
2006 Ed. (2619)
2007 Ed. (2593, 2595)
2008 Ed. (2729)
2009 Ed. (2784)
2010 Ed. (2717)
2011 Ed. (2702)
2012 Ed. (2629)
2013 Ed. (2714)
2014 Ed. (2697, 2699)
2015 Ed. (2799, 2800, 2801)
2016 Ed. (2729, 2731)
TriMas
1997 Ed. (2948)
Trimax
1995 Ed. (1582)
1997 Ed. (3161, 3162)
1999 Ed. (1898)
Trimble
2014 Ed. (96)
Trimble; Curtis
2006 Ed. (2579)
2011 Ed. (3366)
Trimble Navigation
2014 Ed. (2935)
Trimble Navigation Ltd.
1994 Ed. (2018)
2007 Ed. (2330)
2008 Ed. (1127)
2012 Ed. (2312)
2013 Ed. (2491)
2014 Ed. (2422)
2015 Ed. (2496)
2016 Ed. (2430)
Trimble & Nulan
1999 Ed. (4659)
Trimble; Simon
1994 Ed. (1798)
Trimble, Tate & Nulan
1993 Ed. (3622, 3625)
1995 Ed. (3664)
Trimedia
2004 Ed. (3985)
Trimedia Communication
1996 Ed. (144)
TriMedx
2009 Ed. (3701)
2012 Ed. (2804)
Trimegah
1997 Ed. (3473)
Trimel Pharmaceuticals Corp.
2013 Ed. (1532)
Trimeris Inc.
2002 Ed. (2530)
2011 Ed. (2836)
TriMet
2012 Ed. (906)
2013 Ed. (1061)
Trimethoprim/Sulfa
1999 Ed. (2585, 3885)
2000 Ed. (2325)
Trimex Group
2013 Ed. (931)
Trimin Capital
2007 Ed. (2853)
Triminicol
1991 Ed. (991)
Trimount Cos.
1998 Ed. (901)
Trimox
1993 Ed. (2913)
1994 Ed. (2928)
1995 Ed. (2982, 2983)

1996 Ed. (3082, 3083)
1997 Ed. (1647, 1653, 1654)
1998 Ed. (1825, 2913, 2914)
1999 Ed. (1893, 2585, 3884, 3885)
2000 Ed. (1699, 2324, 2325, 3604, 3605)
2001 Ed. (2101)
Trina Barrett
2007 Ed. (4920)
2008 Ed. (4884)
Trina Solar
2013 Ed. (1631)
Trina Solar Ltd.
2009 Ed. (2982)
2012 Ed. (2342)
2013 Ed. (2526)
Trinchero Family Estates
2001 Ed. (4840, 4841)
2002 Ed. (4913)
2003 Ed. (4959, 4961)
2004 Ed. (4962, 4963)
2005 Ed. (4946, 4947)
2006 Ed. (4959, 4963)
2007 Ed. (3216, 4966)
2008 Ed. (4935)
2009 Ed. (4956)
2010 Ed. (4965)
2011 Ed. (4949)
2012 Ed. (1377, 4948)
2013 Ed. (1472, 4942)
2014 Ed. (4953)
2015 Ed. (1496, 4993)
2016 Ed. (1430, 4909)
Trindle FSA MAAA; David B.
2008 Ed. (16)
TriNet Communications Inc.
2010 Ed. (2972)
2011 Ed. (2935)
2012 Ed. (2868)
2013 Ed. (2940)
2014 Ed. (2951, 2960)
TriNet VCO
2001 Ed. (1248)
Trinidad
1993 Ed. (3062)
1995 Ed. (3176)
1998 Ed. (3114)
1999 Ed. (4131)
2000 Ed. (3841)
2001 Ed. (4148)
Trinidad Aguirre
2010 Ed. (2560)
Trinidad Cement Co.
1994 Ed. (3580, 3581)
1996 Ed. (3745)
1997 Ed. (3797, 3798)
1999 Ed. (4668, 4669)
2002 Ed. (3033, 4679, 4680)
2006 Ed. (3232, 4485)
Trinidad Drilling
2010 Ed. (1462, 3893)
2011 Ed. (3905, 3907)
2012 Ed. (3891)
2015 Ed. (3939)
Trinidad Energy Services Income Trust
2008 Ed. (3917)
2009 Ed. (1556, 3985)
Trinidad & Tobago
1990 Ed. (1451)
1991 Ed. (1384)
1992 Ed. (1738, 2361, 3601)
1994 Ed. (1490, 3126)
1995 Ed. (1522)
1996 Ed. (1481, 3274)
1997 Ed. (1546, 3372)
1999 Ed. (1785)
2000 Ed. (1614)
2001 Ed. (511, 1951)
2002 Ed. (1820, 4080)
2004 Ed. (1922, 2765)
2005 Ed. (2057)
2006 Ed. (2151, 2333)
2007 Ed. (2095, 2264)
2008 Ed. (2205, 2397)
2009 Ed. (2395)
2010 Ed. (2211, 2220, 2307)
2011 Ed. (1000, 2229, 2238, 2303, 4635)
2012 Ed. (2091)
2013 Ed. (2277, 2289)
2014 Ed. (2211, 2222, 3172)
2015 Ed. (2275, 2286)
2016 Ed. (2246, 2258)
Trinidad & Tobago Methanol
1999 Ed. (3366)
Trinitas Hospital
2008 Ed. (1973)
Trinitas School of Nursing
2010 Ed. (3767)
2012 Ed. (3771)

Trinity Advisors
1993 Ed. (1043)
Trinity Broadcasting
1990 Ed. (3550)
2009 Ed. (4700)
Trinity Broadcasting Network
2006 Ed. (4717, 4718)
2007 Ed. (4741)
2008 Ed. (4662)
2010 Ed. (4711)
2011 Ed. (4668)
2012 Ed. (4679)
Trinity Builders
2002 Ed. (2689)
Trinity College
1992 Ed. (1273)
1993 Ed. (1021)
1995 Ed. (1056)
Trinity Communications Inc.
2004 Ed. (4690)
2005 Ed. (4661, 4662)
Trinity Construction Products Group
2012 Ed. (4578)
2013 Ed. (4524)
Trinity Contracting of Bowling Green LLC
2010 Ed. (1147)
Trinity Development
2002 Ed. (2683)
Trinity Episcopal Church
1995 Ed. (1927)
Trinity Furniture Inc.
2015 Ed. (3017)
Trinity Health
2002 Ed. (2619, 3290, 3292, 3917)
2003 Ed. (1796, 3463, 3466, 3469, 3470)
2004 Ed. (1831, 3526)
2005 Ed. (1916)
2006 Ed. (289, 1945, 2482, 3585, 3588)
2007 Ed. (1928, 3953)
2008 Ed. (1994, 2577, 2890, 3983)
2009 Ed. (1955, 2603, 2953, 2955)
2010 Ed. (1893, 2506, 2507, 2890)
2011 Ed. (1924, 2508)
2012 Ed. (1785, 2429)
2013 Ed. (1861, 1959)
2014 Ed. (1790, 1791, 1792, 1895)
2015 Ed. (1940)
2016 Ed. (1795, 1910)
Trinity Health Corp.
2014 Ed. (5, 2521, 4116)
2015 Ed. (5, 2595)
2016 Ed. (2518, 2519, 2838)
Trinity Homes
1998 Ed. (906)
2002 Ed. (1193)
2003 Ed. (1172)
2004 Ed. (1180)
Trinity Hospital
2014 Ed. (3058)
Trinity Industries
2015 Ed. (4576)
2016 Ed. (3069, 4715)
Trinity Industries Inc.
1989 Ed. (2283, 2872)
1990 Ed. (2945, 3643)
1991 Ed. (1877, 3414, 3419, 3420)
1992 Ed. (4335, 4341, 4342)
1993 Ed. (2165, 3611, 3615, 3616)
1994 Ed. (2184, 2185, 3568, 3573, 3574)
1995 Ed. (2238, 3657, 3658)
1996 Ed. (2242, 2244, 3734)
1997 Ed. (2367, 2369, 3790)
1998 Ed. (1022, 2088, 2089, 3615)
1999 Ed. (1489, 2850, 4655, 4693)
2000 Ed. (217, 4294)
2001 Ed. (4628, 4631)
2002 Ed. (4667)
2003 Ed. (4808)
2004 Ed. (3446, 4793)
2005 Ed. (3460, 4766)
2006 Ed. (4817)
2007 Ed. (3031, 3400, 4594, 4829)
2008 Ed. (4545)
2012 Ed. (4763)
2013 Ed. (4357, 4735)
2014 Ed. (4784)
2015 Ed. (4394, 4816)
2016 Ed. (4718, 4719)
Trinity Investment
1991 Ed. (2230)
Trinity Investment Management Corp.
1992 Ed. (2771)
1993 Ed. (2331)
1998 Ed. (2271)
1999 Ed. (3071)
2000 Ed. (2805)

2002 Ed. (3021)
Trinity Investment Mgmt. Corp.
 2000 Ed. (2857)
Trinity Land Development
 2008 Ed. (1195)
Trinity Mechanical Services
 2013 Ed. (1252)
Trinity Medical Center
 2001 Ed. (1823)
 2010 Ed. (1749)
 2011 Ed. (1761)
 2013 Ed. (1769)
 2014 Ed. (1703)
 2015 Ed. (1745)
 2016 Ed. (1697)
Trinity Mirror
 2006 Ed. (3442)
Trinity Mirror plc
 2007 Ed. (3454)
Trinity Money Management Inc.
 1993 Ed. (1037)
 1994 Ed. (1067)
Trinity Oaks
 2004 Ed. (4966)
 2005 Ed. (4957)
Trinity Regional Medical Center
 2010 Ed. (3058)
Trinity River Authority, TX
 1991 Ed. (2780)
Trinity Rock Island
 2013 Ed. (3073)
Trinity Solar
 2016 Ed. (4409, 4424)
Trinity Springs
 2005 Ed. (2625)
Trinity Steel Works LLC
 2014 Ed. (1145, 1146)
Trinity University
 1992 Ed. (1272)
 1993 Ed. (1020)
 1994 Ed. (1047)
 1995 Ed. (1055)
 1996 Ed. (1040)
 1997 Ed. (1056)
 1998 Ed. (803)
 1999 Ed. (1232)
 2001 Ed. (1327)
 2008 Ed. (1088)
 2009 Ed. (801, 1062)
 2010 Ed. (740, 1030)
 2012 Ed. (611)
 2014 Ed. (773)
 2015 Ed. (815)
Trinity Valley Teachers Credit Union
 2010 Ed. (2136)
Trinity Wiring & Security Solutions
 2014 Ed. (4442)
Trinkaus & Burhardt
 1990 Ed. (814)
Trinkaus & Burkhardt
 1989 Ed. (814, 1362)
 1990 Ed. (1682)
 1991 Ed. (1585)
 1992 Ed. (1998)
 1994 Ed. (1677)
Trinks GmbH
 2004 Ed. (4797)
Trinny & Susannah
 2009 Ed. (680)
Trinova Corp.
 1989 Ed. (1651, 1652)
 1990 Ed. (399, 2171, 2173, 2174)
 1991 Ed. (341, 342, 345, 346, 2021)
 1992 Ed. (474, 475, 478, 479)
 1998 Ed. (696)
Trintch Sys
 1996 Ed. (207)
Trintech
 2015 Ed. (1106)
 2016 Ed. (1018)
TrinTel Communications Inc.
 2005 Ed. (4984)
Trio Construction Services
 1991 Ed. (3122)
Trio-Tech International
 2005 Ed. (2281)
 2009 Ed. (1850, 4453, 4458)
 2010 Ed. (4509)
TrioDent
 2009 Ed. (3015)
 2010 Ed. (2952)
Triodos Bank
 2011 Ed. (420)
 2015 Ed. (522)
Triodos Bank NV
 2016 Ed. (1841)
TriOil Resources Ltd.
 2016 Ed. (3834)
Trion
 2005 Ed. (2370)

Trion Group Inc.
 2006 Ed. (2419)
 2008 Ed. (3239)
Trion Industries Inc.
 2006 Ed. (3930)
 2007 Ed. (3985)
Trios Associates
 2005 Ed. (3023)
TRIP
 2009 Ed. (239)
 2010 Ed. (223)
Trip Network
 2007 Ed. (3244)
TriPac
 1992 Ed. (2820)
TripAdvisor
 2005 Ed. (3193)
Tripap
 1999 Ed. (3703)
TriPath Imaging
 2003 Ed. (2725)
 2007 Ed. (2712)
 2008 Ed. (2846)
Tripath Technology Inc.
 2002 Ed. (2471, 2476)
 2006 Ed. (4606)
Tripathi; Ashish
 2011 Ed. (3345)
Trip.com
 2001 Ed. (2991)
 2002 Ed. (2076)
Tripictures
 2001 Ed. (3380)
Tripifoods Inc.
 1995 Ed. (1201)
 1997 Ed. (1201, 1207)
 1998 Ed. (979, 980)
 2011 Ed. (1360)
Triple A Custom Wood Design LLC
 2013 Ed. (4992)
Triple C Carwash
 2006 Ed. (364)
Triple Check Income Tax Service
 1990 Ed. (1852)
 1991 Ed. (1772)
 1992 Ed. (2222)
 1994 Ed. (1915)
Triple Creek Ranch
 2013 Ed. (3104)
 2014 Ed. (3102)
 2016 Ed. (3019)
Triple Crown Sports
 2002 Ed. (3943)
Triple Extra Large (20 ounces or more)
 1990 Ed. (2888)
Triple Five Group of Cos.
 2007 Ed. (4186)
Triple G Systems Group Inc.
 2003 Ed. (2931)
Triple H Advertising
 1996 Ed. (111)
 1999 Ed. (117)
Triple Nickel Tactical Supply
 2007 Ed. (3562, 4424)
Triple Paste
 2003 Ed. (2919)
Triple-S Inc.
 2005 Ed. (2817)
Triple-S Management Corp.
 2004 Ed. (1671, 3083)
 2005 Ed. (1954, 3088)
 2006 Ed. (1999, 3093)
 2007 Ed. (1964)
 2016 Ed. (1972, 1973)
Triple-S Propiedad Inc.
 2012 Ed. (3195)
Triple Sec
 2001 Ed. (3101)
 2002 Ed. (3087)
Triple T Hotel Management
 1992 Ed. (2464)
Triplefin
 2011 Ed. (3501)
 2012 Ed. (636)
TripleGood Group
 2013 Ed. (1786)
Tripler Army Medical Center
 2011 Ed. (3053)
 2012 Ed. (2991)
 2013 Ed. (3080)
 2015 Ed. (3146)
Triplex
 1992 Ed. (54, 3349)
Tripod
 2001 Ed. (4778)
 2015 Ed. (4063)
Tripoli, Libya
 1991 Ed. (1365)
 1993 Ed. (1425)
Tripos Inc.

2004 Ed. (1107)
 2005 Ed. (1111, 1881)
 2006 Ed. (1911)
Tripp Life
 2013 Ed. (2977)
Tripp Scott PA
 2012 Ed. (1484)
Tripp Trademark Homes
 2006 Ed. (1159)
Tripwire Inc.
 2002 Ed. (2531)
 2003 Ed. (2727)
 2005 Ed. (1347, 3902)
 2006 Ed. (1118)
 2012 Ed. (962)
TriQuest Precision Plastics
 2007 Ed. (3683, 4399)
TriQuint
 2005 Ed. (1925)
TriQuint Semiconductor
 2003 Ed. (1561)
 2008 Ed. (2139)
 2010 Ed. (2059)
 2011 Ed. (2114)
TRIRIGA Inc.
 2006 Ed. (1131)
TRIS3CT LLC
 2013 Ed. (1702)
Triscuit
 1999 Ed. (779, 1421)
 2000 Ed. (1293)
 2001 Ed. (1495)
 2002 Ed. (1340)
 2003 Ed. (1368, 1370)
 2004 Ed. (1380)
 2005 Ed. (1400)
 2006 Ed. (1387)
 2009 Ed. (1383)
 2010 Ed. (1369)
 2013 Ed. (1341)
 2014 Ed. (1270, 1271)
 2015 Ed. (1331, 1332)
 2016 Ed. (1250, 1251)
Triscuit Savory
 2007 Ed. (1424)
Trisha Yearwood
 1993 Ed. (1079)
Trism Inc.
 2002 Ed. (4688)
 2003 Ed. (4783)
Trism Specialized Carriers
 1995 Ed. (3677)
 2000 Ed. (4307)
TriStar
 1996 Ed. (2689, 2691)
 1997 Ed. (2819)
TriStar Health System
 2011 Ed. (3634)
TRISTAR Managed Care
 2012 Ed. (3130, 3131)
TriStar Oil & Gas Ltd.
 2010 Ed. (4057)
TriStar Pictures
 2000 Ed. (33, 793)
TRISTAR Risk Management
 2010 Ed. (3232, 3233)
 2011 Ed. (3204)
 2012 Ed. (3163)
Tristar Worldwide Chauffeur Services
 2016 Ed. (3362)
Trisul
 2012 Ed. (1655)
Tritech Precision Inc.
 2001 Ed. (1654)
Tritel Inc.
 2002 Ed. (1124)
Triton
 2004 Ed. (263)
Triton Energy
 1993 Ed. (2714)
 1995 Ed. (1307)
 1996 Ed. (1277)
 1997 Ed. (1322)
Triton Europe
 1993 Ed. (1323)
Triton Financial Corp.
 1992 Ed. (1597)
Triton Homes
 2009 Ed. (1145)
Triton Industries
 1990 Ed. (3569)
 1992 Ed. (4279)
Triton Network Systems Inc.
 2001 Ed. (435)
Triton PCS Holdings Inc.
 2004 Ed. (4558)
 2005 Ed. (4979)
Triton Products
 2010 Ed. (3531)
Tritt; Travis

1994 Ed. (1100)
TRIUM
 2012 Ed. (630)
 2013 Ed. (770)
 2014 Ed. (795)
 2015 Ed. (838)
 2016 Ed. (733)
Triumph
 2001 Ed. (3399)
Triumph Boats Inc.
 2006 Ed. (3921)
 2007 Ed. (3975)
 2009 Ed. (4072)
Triumph Composite Systems Inc.
 2016 Ed. (3450)
Triumph Foods
 2006 Ed. (2647)
 2007 Ed. (2627)
 2008 Ed. (4013)
 2009 Ed. (4085)
 2010 Ed. (3997)
 2011 Ed. (4005)
 2012 Ed. (4000)
 2013 Ed. (4064)
 2014 Ed. (4071)
 2015 Ed. (4051)
 2016 Ed. (3960)
Triumph Group
 2014 Ed. (1936, 3148)
 2015 Ed. (1983, 3208)
Triumph Group Inc.
 2004 Ed. (201, 202)
 2005 Ed. (204, 205)
 2010 Ed. (160)
 2012 Ed. (85)
 2016 Ed. (91)
Triumph International AG
 1989 Ed. (1109)
 1990 Ed. (1350)
Triumph International Ltd.
 1992 Ed. (1230)
 1994 Ed. (1033)
Triumph International Spiesshofer &
 Braun
 1993 Ed. (3557)
 1997 Ed. (1040)
Triumph Pharmaceuticals
 2016 Ed. (3634)
Triumph Pork Group, LLC
 2003 Ed. (3899)
Triumph Turbine Service Inc.
 2005 Ed. (1649)
Triumph-Universa AG
 1994 Ed. (1031)
Triumph-Universal AG
 1993 Ed. (999)
"Triunfo del Amor"
 2013 Ed. (2955)
Trivial Pursuit
 1991 Ed. (1784)
TriVIN Inc.
 2005 Ed. (2834)
Triwest Healthcare Alliance
 2013 Ed. (4792)
TriWest Healthcare Alliance Corp.
 2008 Ed. (1557)
 2009 Ed. (1483)
 2010 Ed. (1473)
 2011 Ed. (1471)
 2012 Ed. (1311)
 2013 Ed. (1411)
 2014 Ed. (1362)
TriWest Insurance Services Inc.
 1996 Ed. (2277)
 1997 Ed. (2415)
 1998 Ed. (2125)
 1999 Ed. (2910)
 2000 Ed. (2665)
Trix Pops
 1997 Ed. (2347)
Trix Rabbit
 2007 Ed. (677)
Trizec Canada Inc.
 2005 Ed. (1706, 1707, 1725)
 2006 Ed. (1608)
Trizec Corp.
 1990 Ed. (2961)
 1992 Ed. (3624)
 1994 Ed. (3005)
 1996 Ed. (3162)
 1997 Ed. (3258)
Trizec Properties Inc.
 2005 Ed. (2575)
 2006 Ed. (4054)
 2007 Ed. (4105)
 2008 Ed. (4126)
TrizecHahn Corp.
 1999 Ed. (3999, 4000)
 2002 Ed. (3919)
 2003 Ed. (4053)

The TriZetto Group
2002 Ed. (2480)
2003 Ed. (1505)
"TRL"
2001 Ed. (1094)
TRM Corp.
2006 Ed. (2075, 2084)
TRM Technologies
2006 Ed. (2819)
2007 Ed. (2821)
2008 Ed. (2946)
2012 Ed. (2836)
2015 Ed. (2985)
TRO
2009 Ed. (4363)
2010 Ed. (139)
2011 Ed. (61)
Tro Ford
1990 Ed. (3707)
TRO Jung/Brannen
2008 Ed. (3336)
2009 Ed. (284)
2010 Ed. (2457)
Trodat GmbH
2010 Ed. (1496)
2014 Ed. (1394)
Troh; Donald
1997 Ed. (1897)
Trois-Rivieres, Quebec
2006 Ed. (3317)
2009 Ed. (3559)
2010 Ed. (3480)
Trojan
1995 Ed. (1121)
1996 Ed. (767, 1583)
1997 Ed. (1115, 1116)
1998 Ed. (869, 870, 871, 932)
1999 Ed. (1303)
2002 Ed. (1166)
2003 Ed. (1130)
2015 Ed. (1142)
Trojan Enz
1997 Ed. (1115, 1116)
1998 Ed. (870, 871, 932)
1999 Ed. (1303)
2002 Ed. (1166)
2003 Ed. (1130)
Trojan enz lub 3s
1990 Ed. (733)
Trojan enz lub 12s
1990 Ed. (733)
Trojan-ENZ Lube
1995 Ed. (1121)
Trojan Extended Pleasure
2003 Ed. (1130)
Trojan Magnum
2002 Ed. (1166)
2003 Ed. (1130)
Trojan Natural Lamb
1995 Ed. (1121)
Trojan regular 12s
1990 Ed. (733)
Trojan Ribbed
1995 Ed. (1121)
Trojan Supra
2002 Ed. (1166)
2003 Ed. (1130)
Trojan Technologies Inc.
2006 Ed. (2813)
Trojan Ultra Pleasure
2002 Ed. (1166)
2003 Ed. (1130)
Trojans-enz
1992 Ed. (1400)
Trolitech AS
2005 Ed. (1145)
Trolli
2001 Ed. (1116, 1117, 1118)
Trolltech
2006 Ed. (1137)
2008 Ed. (1148)
Trombone
1999 Ed. (3504)
Trona Valley Community Credit Union
2007 Ed. (2155)
2008 Ed. (2270)
2009 Ed. (2257)
2010 Ed. (2145, 2210)
2011 Ed. (2228)
2012 Ed. (2090)
2013 Ed. (2276)
2014 Ed. (2210)
2015 Ed. (2274)
2016 Ed. (2245)
Trona Valley Credit Union
2002 Ed. (1902)
2003 Ed. (1957)
2004 Ed. (1997)
2005 Ed. (2139)
2006 Ed. (2234)

Troncalii Motors
1996 Ed. (295)
Trond Mohn
2016 Ed. (4862)
Trone Public Relations
2004 Ed. (4034)
Tronolane
1993 Ed. (2031)
1996 Ed. (2101)
Tronolane/Ross
1992 Ed. (2397)
Tronox
2014 Ed. (923)
Tronox LLC
2010 Ed. (1905)
2011 Ed. (1941)
2012 Ed. (1804)
2013 Ed. (1978)
2014 Ed. (1917)
2015 Ed. (1962)
Troon Construction
2009 Ed. (1146)
2011 Ed. (1082)
Troon Vineyard
2014 Ed. (4951)
Troop
1990 Ed. (290)
Troop, Meisinger, Steuber & Pasich
1999 Ed. (3153)
Troop Steuber Pasich Reddick & Tobey LLP
2000 Ed. (2899)
Trop World
1993 Ed. (855)
Trop World Casino & Entertainment Resort
1994 Ed. (871, 2123)
Trop50
2015 Ed. (2842, 2843)
2016 Ed. (2773, 2774)
Tropez
1999 Ed. (1756, 1757)
2000 Ed. (1588)
2001 Ed. (1912)
Trophy Homes
2002 Ed. (1209)
Trophy Nissan
1996 Ed. (281)
2005 Ed. (319)
2008 Ed. (310)
Tropic Freezer
1992 Ed. (2886)
Tropic Mechanical Contractors
2014 Ed. (2941)
Tropic Networks Inc.
2003 Ed. (4849)
Tropical Africa Bank
2013 Ed. (357)
2014 Ed. (375)
2015 Ed. (429)
Tropical Blend
1990 Ed. (3487)
Tropical Credit Union
2002 Ed. (1839)
Tropical FCU
1999 Ed. (1805)
Tropical Federal Credit Union
1998 Ed. (1232)
2000 Ed. (1631)
Tropical Financial Credit Union
2004 Ed. (1939)
2005 Ed. (2080)
2006 Ed. (2162)
Tropical Ford Inc.
1994 Ed. (713)
Tropical Freezes
1998 Ed. (3715, 3720, 3721, 3750, 3752)
1999 Ed. (4763, 4767, 4768, 4769, 4770, 4771, 4796, 4799, 4800)
2000 Ed. (4390, 4394, 4395)
2001 Ed. (4835)
Tropical Resorts International Inc.
2002 Ed. (3574)
Tropical Smoothie Café
2005 Ed. (3247)
2007 Ed. (3293)
Tropical Smoothie Cafe
2006 Ed. (3233)
2008 Ed. (3408)
2009 Ed. (3468)
2010 Ed. (3406)
2011 Ed. (3391)
2012 Ed. (3359)
2015 Ed. (3463, 4474)
2016 Ed. (3312, 4160)
Tropical Sportswear International Corp.
2004 Ed. (987)
2005 Ed. (1008)
Tropical Storm Allison

2005 Ed. (882)
2009 Ed. (3812)
2010 Ed. (3741)
2011 Ed. (3741)
2012 Ed. (3749)
Tropical storm Isidore
2005 Ed. (885)
Tropical Telco Federal Credit Union
1994 Ed. (1503)
Tropicana
1990 Ed. (723, 724, 1823)
1992 Ed. (2240, 2241, 3304)
1993 Ed. (690)
1994 Ed. (1922)
1995 Ed. (696, 1948)
1996 Ed. (1936, 1981, 2875)
1997 Ed. (2031, 2094)
1998 Ed. (1714)
1999 Ed. (2536)
2000 Ed. (2284, 2285)
2001 Ed. (3595, 4310)
2002 Ed. (4327)
2003 Ed. (4520)
2006 Ed. (572)
2007 Ed. (618)
2008 Ed. (567, 568, 722, 4492)
2009 Ed. (597, 598, 732, 4524)
2010 Ed. (582, 655, 4562)
2011 Ed. (510)
2012 Ed. (478, 479, 480)
2013 Ed. (594)
2014 Ed. (607, 4497)
2015 Ed. (679, 2842, 2843, 4497)
2016 Ed. (2773, 2774)
Tropicana Apple
1993 Ed. (689)
Tropicana Casino & Resort
1998 Ed. (2036)
1999 Ed. (1042, 2797)
2000 Ed. (2575)
2002 Ed. (2651)
Tropicana Dole Beverages
2014 Ed. (3780)
2015 Ed. (2846, 3800)
2016 Ed. (2779, 3713)
Tropicana Field
2002 Ed. (1334)
Tropicana Field (ThunderDome)
1999 Ed. (1417)
Tropicana Grapefruit
1993 Ed. (689, 696)
Tropicana Las Vegas Inc.
2012 Ed. (1745)
Tropicana Orange
1993 Ed. (689, 691, 692, 695, 696)
Tropicana Products Inc.
2003 Ed. (2502, 2524, 2579, 4472)
2016 Ed. (3445)
Tropicana Pure Premium
1998 Ed. (1778)
1999 Ed. (3660)
2002 Ed. (3541)
2003 Ed. (2578, 3702, 4469)
2004 Ed. (3746)
2005 Ed. (3656, 3657)
2006 Ed. (3755)
2007 Ed. (3754)
2008 Ed. (3831)
2009 Ed. (3885)
2010 Ed. (3796)
2013 Ed. (3851)
2014 Ed. (3777, 3778, 3779)
2015 Ed. (3797, 3798, 3799)
2016 Ed. (2775, 3710, 3711, 3712)
Tropicana Pure Premium Grovestand
1995 Ed. (2761)
1996 Ed. (2825)
Tropicana Pure Premium Orange Juice
2006 Ed. (2672)
2007 Ed. (2656)
2010 Ed. (2789)
2011 Ed. (2776)
Tropicana Pure Premium Plus
1999 Ed. (3660)
Tropicana Season's Best
1998 Ed. (1778)
1999 Ed. (3660)
Tropicana Sparklers
1993 Ed. (685)
1994 Ed. (688)
Tropicana Trop50
2012 Ed. (3755)
Tropicana Twister
1995 Ed. (1947)
1996 Ed. (1980)
1997 Ed. (2094)
2000 Ed. (2282)
2002 Ed. (2375)
Tropicana Twister Fruit Drinks
2006 Ed. (2671)

2007 Ed. (2654)
Tropicana Twister Soda
2007 Ed. (4473)
Tropicana/Dole
2001 Ed. (1000)
Tropico
2002 Ed. (285, 3093, 3095, 4070)
Tropics North Landscaping
2011 Ed. (3428)
Tropik Sun Fruit & Nut
2005 Ed. (855)
2006 Ed. (775)
2008 Ed. (842)
TropWorld
1990 Ed. (2097)
1991 Ed. (864)
1992 Ed. (2511)
TropWorld Casino & Entertainment Resort
1997 Ed. (912, 2308)
Trostel & Sons Co.; Albert
2005 Ed. (3272, 3273)
2006 Ed. (3263, 3264)
2007 Ed. (3335, 3336)
2008 Ed. (3435, 3436)
2009 Ed. (3509, 3510)
2010 Ed. (3438, 3439)
2011 Ed. (3436, 3437)
2012 Ed. (3453, 3454)
2013 Ed. (3497)
Troster Singer
1995 Ed. (754)
TRO/The Ritchie Organization
1989 Ed. (266)
1990 Ed. (277)
1993 Ed. (241)
1995 Ed. (233)
Trotman; Alex
1997 Ed. (981)
Trott; Donald
1991 Ed. (1691)
1993 Ed. (1824)
1994 Ed. (1807)
1995 Ed. (1845)
1996 Ed. (1823)
Trotter Construction Co.
2009 Ed. (3760)
Trouble
1992 Ed. (2257)
Trout
1992 Ed. (349)
2004 Ed. (2618)
2005 Ed. (2607, 2608)
2006 Ed. (2606, 2607)
2007 Ed. (2581, 2582)
Trout Jr.; Monroe
1997 Ed. (2004)
Trout Point Lodge of Nova Scotia
2014 Ed. (1472)
2015 Ed. (1527)
Trout Trading Co.
1993 Ed. (1038)
1994 Ed. (1067)
Troutman Sanders
2004 Ed. (3231)
2008 Ed. (3429)
2009 Ed. (3502)
Troutman Sanders LLP
2007 Ed. (3307)
Troutman, Sanders, Lockerman & Ashmore
1990 Ed. (2413)
1991 Ed. (2279)
1992 Ed. (2828)
1993 Ed. (2391)
1995 Ed. (14, 2430)
Troutt; Kenny
2005 Ed. (4843)
2011 Ed. (4841)
Troux Technologies
2009 Ed. (3022)
Trovan
2000 Ed. (3063)
Trover Health System
2011 Ed. (3050)
2012 Ed. (2987)
Trovit
2013 Ed. (2061)
2014 Ed. (1995)
2015 Ed. (2043)
Trow Global Holdings Inc.
2013 Ed. (2553)
Troy Aikman
1997 Ed. (1724)
2001 Ed. (420)
Troy Bowler
1999 Ed. (2284)
Troy Design Services
1989 Ed. (309)
Troy Ford

1991 Ed. (3515)
1992 Ed. (2408, 4485)
1993 Ed. (269, 303, 2037, 2039, 3735)
1994 Ed. (2053, 2055, 2057)
1995 Ed. (255, 2100, 2101, 2104, 2110)
1996 Ed. (260, 2066, 2067, 2110)
1997 Ed. (289, 2216, 2223, 2226, 2227)
1998 Ed. (204, 1934)
1999 Ed. (318, 2682)
2000 Ed. (2466, 2469)
Troy Madison Inn Inc.
2001 Ed. (4284)
Troy Manufacturing Inc.
2008 Ed. (2036)
2010 Ed. (1938)
Troy Motors Inc.
1994 Ed. (293, 3670)
1995 Ed. (297, 3795)
1996 Ed. (300, 3880)
1997 Ed. (3917)
1998 Ed. (208, 1942, 3762)
1999 Ed. (319, 2685, 4812)
2000 Ed. (333, 4432)
2001 Ed. (454, 2710, 4924)
2002 Ed. (2556, 4988)
2013 Ed. (2933, 4983)
Troy-Pioneer Group
1989 Ed. (926)
1990 Ed. (348)
1991 Ed. (312)
Troy Resources
2003 Ed. (1618)
Troy University
2010 Ed. (1031)
2011 Ed. (962)
Troy/Warren, MI
1990 Ed. (999, 1001)
1991 Ed. (939)
TRS Consulting Inc.
2011 Ed. (1316)
Tru & Associates Inc.
1995 Ed. (2109)
Tru Fit
2002 Ed. (2283)
2003 Ed. (2485)
2004 Ed. (2616)
Tru Fit Elasto Preene
2003 Ed. (2485)
Tru Green Landcare LLC
2005 Ed. (194)
2006 Ed. (206)
Tru Green Limited Partnership
2001 Ed. (280)
Tru Green LP
2001 Ed. (279)
2003 Ed. (233, 234)
2004 Ed. (192, 193)
2005 Ed. (193, 194)
2006 Ed. (205, 206)
2007 Ed. (215, 216)
2008 Ed. (201)
2009 Ed. (224)
2010 Ed. (209)
2011 Ed. (130)
2012 Ed. (134)
2013 Ed. (110)
Tru-Temper
1998 Ed. (2342)
Tru Wall Concrete
2006 Ed. (1237)
2009 Ed. (1201)
Tru-Wall Group
1990 Ed. (922)
Trubion Pharmaceuticals
2008 Ed. (2140)
2010 Ed. (2060)
2011 Ed. (2115)
Trublend; Cover Girl
2008 Ed. (2185)
TruCar Inc.
2014 Ed. (1422)
TruChoice Federal Credit Union
2016 Ed. (1751)
Truck, 2.5 to 5 tons
1992 Ed. (2073)
Truck drivers
1990 Ed. (2728)
1993 Ed. (2738)
2001 Ed. (3563)
2002 Ed. (3531)
2003 Ed. (3659)
2005 Ed. (3616, 3622, 3628, 3632)
2007 Ed. (3722)
2010 Ed. (3773, 3787)
2011 Ed. (3777)
2012 Ed. (3778)
2013 Ed. (3843)

2014 Ed. (3764)
Truck Insurance Exchange
1992 Ed. (2690)
1993 Ed. (1458, 2186, 2236)
1994 Ed. (2218, 2274)
1996 Ed. (2272, 2340)
1997 Ed. (2412, 2466)
1998 Ed. (2111, 2206)
1999 Ed. (2899, 2975)
2000 Ed. (2652, 2727)
2005 Ed. (3143)
Truck News on the Road
2015 Ed. (804)
2016 Ed. (722)
Truck products
1996 Ed. (353)
Truck trailers
1991 Ed. (2626)
Truck Underwriters Association
2001 Ed. (3085)
2003 Ed. (3204)
2004 Ed. (3250)
2005 Ed. (3274)
2006 Ed. (3265)
Truck World
2005 Ed. (4737)
Truckdrivers
1989 Ed. (2077)
Truckers Express Inc.
2008 Ed. (4767)
Trucking
1989 Ed. (1659, 1660)
2010 Ed. (1048, 1049, 2336, 2337, 2808, 2809, 4789, 4790)
2011 Ed. (982, 983, 2329, 2330, 2790, 2791, 4736, 4737)
Trucking and courier services, except air
1996 Ed. (3)
Trucking and shipping
1991 Ed. (2027, 2052, 2056, 3225)
1992 Ed. (2628)
Trucking and truck leasing
2004 Ed. (3013)
Trucking and trucking terminals
1990 Ed. (1657)
1994 Ed. (3327)
Trucking services
1996 Ed. (2)
Trucking & warehousing
1993 Ed. (2152)
Trucking/warehousing
1993 Ed. (2157)
Truckload
2001 Ed. (4641, 4644)
TruckMovers
2013 Ed. (1791)
TruckMovers.com
2014 Ed. (1721)
2015 Ed. (1763)
Trucks
1990 Ed. (3532)
1991 Ed. (3302)
1993 Ed. (1725)
2001 Ed. (1093, 4484, 4485)
2006 Ed. (4712)
Trucks 2.5 tons
1992 Ed. (2073)
Trucks and other vehicles
1991 Ed. (1637)
Trucks and trailers
1993 Ed. (2410)
1996 Ed. (2468)
Trucks & vans
1991 Ed. (734)
Truco Enterprises
2014 Ed. (4746)
2015 Ed. (4767)
2016 Ed. (4671)
Trud
2001 Ed. (3544)
True
1990 Ed. (988)
2002 Ed. (1111)
True 32 Custom Cabinetry
2008 Ed. (4994)
True Agency
2009 Ed. (121)
True Automation Inc.
2011 Ed. (1033)
True Believer
2007 Ed. (662)
True Compass
2011 Ed. (494)
True Drinks Holdings Inc.
2016 Ed. (1416)
True Energy Trust
2009 Ed. (1576)
The True Green Cos.
2011 Ed. (4472)

2012 Ed. (4487)
True Home Value Inc.
2010 Ed. (3021, 3118)
2011 Ed. (2990)
2012 Ed. (2916)
2013 Ed. (3005)
2014 Ed. (3114, 3115)
True Illusion
2001 Ed. (1904, 1905)
True Jackson, VP
2012 Ed. (2869)
True Lies
1996 Ed. (2687)
1997 Ed. (3845)
True Media
2014 Ed. (110)
True North
2000 Ed. (108)
True North Automation Inc.
2015 Ed. (842, 1513)
2016 Ed. (4355)
True North Communications (FCB)
1996 Ed. (40)
True North Communications Inc.
1996 Ed. (39, 42, 44, 45, 46, 47, 49, 50, 51, 52, 53, 54, 55, 57)
1998 Ed. (57, 58)
1999 Ed. (103, 104)
2000 Ed. (36, 109, 139)
2001 Ed. (96, 147, 170, 200)
2002 Ed. (62, 66, 120, 121, 143, 171)
2003 Ed. (1512)
True North Credit Union
2005 Ed. (2086)
2006 Ed. (2181)
2007 Ed. (2102)
2008 Ed. (2217)
2009 Ed. (2200)
2010 Ed. (2154)
2011 Ed. (2175)
2012 Ed. (2035)
2013 Ed. (2208)
2014 Ed. (2139)
2015 Ed. (2203)
2016 Ed. (2174)
True North Mortgage Inc.
2015 Ed. (1513, 2715)
2016 Ed. (1454, 2640)
True Partners
2011 Ed. (1128)
True Partners Consulting
2011 Ed. (1635)
2013 Ed. (1450)
2014 Ed. (1411)
2015 Ed. (1471)
True Partners Consulting LLC
2013 Ed. (1613)
2016 Ed. (1399)
True Religion Apparel
2013 Ed. (1453, 3880)
2014 Ed. (1414)
True Religion Apparel Inc.
2009 Ed. (1850, 2907)
2010 Ed. (2851)
2011 Ed. (872)
2012 Ed. (818, 825, 2760, 4482)
2013 Ed. (1001, 2843)
True Religion Brand Jeans
2010 Ed. (940)
True Religion Jeans
2014 Ed. (965)
2015 Ed. (1000)
True Suzuki
1990 Ed. (321)
True Value
2013 Ed. (3002)
2014 Ed. (3011)
2015 Ed. (3079)
True Value Co.
1992 Ed. (2539)
1993 Ed. (2111)
1994 Ed. (1911)
2000 Ed. (27)
2006 Ed. (1398, 1399, 4938)
2007 Ed. (1431, 4943)
2008 Ed. (4920)
2010 Ed. (4956)
2011 Ed. (2983, 4940)
2012 Ed. (4940)
True Value Corp.
2015 Ed. (1340)
True Value Hardware Stores
2000 Ed. (4220)
TrueBlue
2013 Ed. (2172)
2016 Ed. (743)
TrueBlue Inc.
2010 Ed. (774, 1429, 1433)
2011 Ed. (702, 1431, 1434)
2012 Ed. (1962)

Truecar
2016 Ed. (4311)
True.com
2007 Ed. (3239)
2008 Ed. (3368)
TrueCredit
2002 Ed. (4804)
Truell; Danny
1996 Ed. (1864)
1997 Ed. (1959)
Truesdell Corp.
2009 Ed. (1201)
Truett Hurst
2013 Ed. (4941)
Truffles
1993 Ed. (2431)
Truform
2004 Ed. (2615)
The TruGreen Cos.
2005 Ed. (3267)
2006 Ed. (3253)
2007 Ed. (3331)
2008 Ed. (3432)
2009 Ed. (3506)
2011 Ed. (3424, 3425, 3426, 3427, 3428, 3429, 3430, 3431)
2012 Ed. (3438, 3444, 3445)
2013 Ed. (3464)
2014 Ed. (3464)
2015 Ed. (3482)
2016 Ed. (3331)
TruGreen LandCare
2013 Ed. (3464, 4456)
2014 Ed. (3464)
2015 Ed. (3482)
2016 Ed. (3331)
TruGreen Lawncare & Landcare
2013 Ed. (3458)
2014 Ed. (3458)
2015 Ed. (3478)
2016 Ed. (3321, 3322, 3324, 3332)
TruGreen Ltd.
2008 Ed. (202)
2009 Ed. (225)
TruGreen LP
2010 Ed. (210)
2014 Ed. (117)
2015 Ed. (131)
2016 Ed. (137)
Trugreen LP
2016 Ed. (138)
TruGrocer Credit Union
2008 Ed. (2229)
2009 Ed. (2213)
2010 Ed. (2167)
2011 Ed. (2186)
2012 Ed. (2046)
2013 Ed. (2228)
2014 Ed. (2160)
2015 Ed. (2224)
2016 Ed. (2195)
Truity Credit Union
2015 Ed. (2250)
2016 Ed. (2221)
Trulaint Credit Union
2002 Ed. (1883)
2003 Ed. (1937)
The Truland Group Inc.
2015 Ed. (1264)
Truland Group of Cos.
2013 Ed. (1272, 1273)
2014 Ed. (1205)
2015 Ed. (1263)
2016 Ed. (1178)
Truland Systems Corp.
2009 Ed. (1329)
2010 Ed. (1255, 1290, 1314, 1327, 1331)
2011 Ed. (1204, 1245, 1284, 1285, 1309, 1313)
2012 Ed. (1126)
Truliant Credit Union
2004 Ed. (1977)
2005 Ed. (2119)
Truliant Federal Credit Union
2006 Ed. (2214)
2007 Ed. (2135)
2008 Ed. (2250)
2009 Ed. (2236)
2010 Ed. (2190)
2011 Ed. (2208)
2012 Ed. (2069)
2013 Ed. (2251)
2014 Ed. (2183)
2015 Ed. (2247)
2016 Ed. (2218)
Truline Industries Inc.
2014 Ed. (1914)
2015 Ed. (1958)
Trulite Glass & Aluminum Solutions

2014 Ed. (2861)
2015 Ed. (2902)
2016 Ed. (2822)
Truly International Holdings
2008 Ed. (1787)
Truly Nolen
2002 Ed. (3065)
2003 Ed. (3800)
2004 Ed. (3813)
2006 Ed. (3813)
2007 Ed. (3828)
2008 Ed. (3889)
Truly Nolen of America
2010 Ed. (3864)
Truman Arnold Cos.
2009 Ed. (4004)
2010 Ed. (3911)
2012 Ed. (3928)
2013 Ed. (1415, 3926)
2014 Ed. (3870)
2015 Ed. (3897)
2016 Ed. (3808)
The Truman Show
2001 Ed. (4699)
Truman State University
2001 Ed. (1324)
2008 Ed. (1085)
2009 Ed. (1059)
2010 Ed. (1027)
TruMark Financial Credit Union
2006 Ed. (2219)
2007 Ed. (2140)
2008 Ed. (2255)
2009 Ed. (2241)
2010 Ed. (2195)
2011 Ed. (2213)
2012 Ed. (1839, 2074)
2014 Ed. (1933)
Trumark Financial Credit Union
2013 Ed. (2258)
2014 Ed. (2190)
2015 Ed. (2254)
2016 Ed. (2225)
Trumbull, CT
1991 Ed. (938, 2004)
Trumbull Marriott Hotel
1990 Ed. (2066)
1996 Ed. (2173)
Trummer Travel Inc.
2004 Ed. (4779)
TruMoo
2014 Ed. (3752)
2015 Ed. (3670)
2016 Ed. (3556)
Trump Castle
1991 Ed. (864)
Trump; Donald
1990 Ed. (2577)
1993 Ed. (1693)
2008 Ed. (2584)
2009 Ed. (3765)
2010 Ed. (3698)
2011 Ed. (3692)
2012 Ed. (2439)
2013 Ed. (2604)
2014 Ed. (2531)
2015 Ed. (2604)
Trump; Donald J.
1991 Ed. (1140, 2640)
2005 Ed. (4844, 4852)
2006 Ed. (4906)
2007 Ed. (4902)
2008 Ed. (4830)
2009 Ed. (4851)
2010 Ed. (4857)
2011 Ed. (4836)
2012 Ed. (4846)
2013 Ed. (4847)
2014 Ed. (4863)
2015 Ed. (4900)
2016 Ed. (4816)
Trump Entertainment Resorts Inc.
2010 Ed. (263)
Trump Hotels, and Casinos & Resorts
1999 Ed. (2762)
Trump Hotels & Casino
1999 Ed. (2760)
Trump Hotels & Casino Resorts Inc.
2000 Ed. (2560)
2001 Ed. (1563, 1566, 2778, 2787)
2002 Ed. (1739, 2630)
2003 Ed. (1785, 2846)
2004 Ed. (2935, 2936, 2937)
2005 Ed. (2926, 2927)
2006 Ed. (1420)
Trump Hotels & Casinos
2000 Ed. (1361, 1362, 1363, 1364,
1365, 1367, 1368, 2540)
Trump: How to Get Rich
2006 Ed. (635)

Trump International Hotel Waikiki Beach
Walk
2012 Ed. (1525)
Trump Marina
2000 Ed. (2575)
Trump Marina Hotel & Casino
1999 Ed. (1042)
2002 Ed. (2651)
The Trump Organization
1991 Ed. (969)
1996 Ed. (998)
1997 Ed. (911, 1015)
1998 Ed. (756)
1999 Ed. (1188)
2000 Ed. (1108)
2009 Ed. (4157)
2010 Ed. (4089, 4090)
2012 Ed. (4093)
2013 Ed. (1940)
2014 Ed. (1879)
2015 Ed. (1915)
2016 Ed. (1876)
Trump Plaza
1990 Ed. (2097)
1991 Ed. (864)
1992 Ed. (2482, 2511)
1993 Ed. (855)
Trump Plaza Associates
1998 Ed. (3210)
2001 Ed. (1812)
2012 Ed. (1753)
Trump Plaza Associates, a New Jersey
General Partnership
2014 Ed. (1859)
2015 Ed. (1895)
Trump Plaza Associates New Jersey
Group
2013 Ed. (1920)
Trump Plaza Funding
1997 Ed. (2587)
Trump Plaza Hotel & Casino
1990 Ed. (2064)
1991 Ed. (1947)
1994 Ed. (871, 2104, 2123)
1995 Ed. (2158)
1996 Ed. (2171)
1997 Ed. (912, 2285, 2308)
1998 Ed. (2036)
1999 Ed. (2797)
2000 Ed. (2575)
2002 Ed. (2651)
Trump Plaza/World's Fair
1999 Ed. (1042)
Trump; Private Group-Donald
1991 Ed. (1156)
Trump Resorts
2002 Ed. (1518, 1544)
Trump Shuttle
1993 Ed. (202, 1105)
Trump Taj Mahal Associates Inc.
2001 Ed. (1812)
2003 Ed. (1783)
2004 Ed. (1818)
2005 Ed. (1902)
2006 Ed. (1929)
2007 Ed. (1913)
Trump Taj Mahal Casino
2000 Ed. (2575)
2002 Ed. (1335, 2651)
Trump Taj Mahal Casino Resort
1994 Ed. (2123)
1997 Ed. (912)
Trump Taj Mahal Inc.
1992 Ed. (2511, 4318)
1993 Ed. (855)
1999 Ed. (1042)
2001 Ed. (1812)
2003 Ed. (1783)
2008 Ed. (1976)
2009 Ed. (1930)
2010 Ed. (1865)
2011 Ed. (1897)
2012 Ed. (1753)
2013 Ed. (1920)
2014 Ed. (1859)
Trump: The Art of the Deal
2006 Ed. (638)
Trump: Think Like a Billionaire
2006 Ed. (635)
Trump Tower
1992 Ed. (1166)
Trumpet
1999 Ed. (3504)
Trumpf Inc.
2001 Ed. (3185)
Trump's Castle
1990 Ed. (2097)
1992 Ed. (2511)
Trump's Castle Casino Resort
1994 Ed. (2123)

1997 Ed. (912)
Trump's Castle Funding
1997 Ed. (2587)
Trunkbow International Holdings Ltd.
2012 Ed. (4429, 4431)
2013 Ed. (1109)
Trunkline Gas Co.
1993 Ed. (1924)
Trusco Capital
2002 Ed. (2350)
2003 Ed. (3074)
Trusco Sun Belt Equity
1994 Ed. (579, 580)
1996 Ed. (624, 625)
Truscott; William
2010 Ed. (2568)
TruServ Corp.
2000 Ed. (1101)
2001 Ed. (2747)
2002 Ed. (1071, 1341, 2706, 4894)
2003 Ed. (1376, 1380, 2085, 2782,
2873, 4923, 4924)
2004 Ed. (1391, 1392, 2108, 2879,
2885, 4916, 4917)
2005 Ed. (1412, 1413, 2211, 4905,
4906)
2006 Ed. (4936)
TruService Community Credit Union
2007 Ed. (2104)
2008 Ed. (2219)
2009 Ed. (2202)
2010 Ed. (2156)
Trusopt/Ophthalmic Solution
1997 Ed. (2966)
2000 Ed. (3379)
Trust
1989 Ed. (671)
Trust accounts
1997 Ed. (910)
Trust accounts of all banks
1992 Ed. (2640)
Trust Agents
2011 Ed. (531, 532)
Trust American Services
1992 Ed. (319)
The Trust Bank
1990 Ed. (655, 679, 681)
1992 Ed. (2985)
1993 Ed. (489)
1994 Ed. (491)
1995 Ed. (474, 2434, 2438, 2440,
2442)
1996 Ed. (515)
1997 Ed. (533)
1999 Ed. (568, 609)
2000 Ed. (580)
2002 Ed. (564, 599)
Trust Bank
2015 Ed. (394)
Trust Bank Algeria
2014 Ed. (350)
2015 Ed. (398)
2016 Ed. (373)
Trust Bank New Zealand
1992 Ed. (805)
1993 Ed. (598)
1994 Ed. (601)
1995 Ed. (572)
1996 Ed. (642)
1997 Ed. (582, 2939)
1999 Ed. (3623)
Trust Bank of Southland
1989 Ed. (642)
Trust Bank System
1990 Ed. (297)
Trust Company Bank
1990 Ed. (466, 579, 703)
1992 Ed. (681)
Trust Company Bank (Atlanta)
1991 Ed. (526)
Trust Co. Bank Corp. of New York
1999 Ed. (396, 428)
Trust Co. of Florida
2005 Ed. (365)
Trust Co. of New Jersey
1996 Ed. (637)
1997 Ed. (577)
1998 Ed. (416)
2005 Ed. (355)
Trust Co. of Oklahoma City
1992 Ed. (2755)
Trust Co. of the West
1992 Ed. (2738, 2769, 2773)
1993 Ed. (2285, 2289, 2328, 2332,
2335, 2336, 2338, 2339, 2343,
2352, 2353)
1994 Ed. (2316, 2324, 2328)
Trust Company of the West
2011 Ed. (4732)
Trust Co./West

1990 Ed. (2328, 2332)
1991 Ed. (2216)
Trust Condoms
2001 Ed. (50)
Trust for Credit Unions Government Securities
1998 Ed. (2650)
Trust for Credit Unions Mortgage Securities
1999 Ed. (752)
Trust for Credit Uns-Mortgage
2003 Ed. (3133)
The Trust for Public Land
1994 Ed. (907, 1905)
Trust Fund Advisors
1998 Ed. (2266)
2000 Ed. (2799)
Trust General Inc.
1990 Ed. (2957)
Trust Merchant Bank
2014 Ed. (352)
2015 Ed. (400)
Trust Services of America
1990 Ed. (704)
1993 Ed. (579)
TruStar Solutions
2005 Ed. (2366)
2006 Ed. (2409)
Trustbank
1989 Ed. (672)
1990 Ed. (680)
Trustbank Federal Savings Bank
1993 Ed. (3570, 3571)
Trustco Bank Corp.
2000 Ed. (2485)
TrustCo Bank Corp. NY
2008 Ed. (428)
2010 Ed. (366)
TrustCo Bank Corp. of NY
2002 Ed. (484)
Trustco Bank New York
1993 Ed. (382)
Trustco Desjardins
1990 Ed. (3659)
Trustcompany Bank
2000 Ed. (632)
Trustcorp Bank
1990 Ed. (2320)
Trustcorp. Inc.
1989 Ed. (403)
1990 Ed. (640, 3447)
1991 Ed. (395)
Trusted Mission Solutions
2015 Ed. (2130)
Trustee Bank Canterbury
1989 Ed. (642)
Trustee Savings Bank Dublin
1992 Ed. (735)
1994 Ed. (536)
Trustee Savings Bank England & Wales
1990 Ed. (584)
Trusteer
2015 Ed. (2974)
Trustees Commingled Int'l
1991 Ed. (2558)
Trustees Commingled-U.S.
1990 Ed. (2371)
Trustees International Equity
1990 Ed. (2393)
Trustees of Princeton University
2000 Ed. (3431)
Trusteq OY
2016 Ed. (1555)
Trusthouse
1993 Ed. (3264)
Trusthouse Forte
1989 Ed. (2297)
Trusthouse Forte Food Services
1991 Ed. (2865)
Trusthouse Forte Plc
1990 Ed. (2089, 2090, 2093)
1992 Ed. (2506, 2507)
1993 Ed. (2100)
Trusthouse Forte (UK) Ltd
1990 Ed. (2093)
Trusthouse Forte (UK) Ltd.
1993 Ed. (2100)
Trusthouse Forte/Exclusive
1992 Ed. (2485)
Trusthouse Services Group
2014 Ed. (2742)
2015 Ed. (2794)
2016 Ed. (2724)
Trustin Technology LLC
2004 Ed. (4434)
Trustmark Corp.
1995 Ed. (356)
1996 Ed. (375, 376)
1998 Ed. (330, 331)

1999 Ed. (438)
2000 Ed. (429, 430)
2005 Ed. (357)
Trustmark Insurance
1999 Ed. (2925)
Trustmark National Bank
1992 Ed. (783)
1993 Ed. (572)
1994 Ed. (366, 574)
1995 Ed. (549)
1996 Ed. (607)
1997 Ed. (561)
1998 Ed. (399)
Trustmark National Bank (Jackson)
1991 Ed. (611)
Trustmark National, Miss.
1989 Ed. (2154)
Trustone Financial Credit Union
2011 Ed. (2198)
2012 Ed. (2058, 2059)
2013 Ed. (2204, 2241)
2014 Ed. (2135, 2173)
2015 Ed. (2199, 2237)
2016 Ed. (2208)
TrustPower
2015 Ed. (2537)
TruTag Technologies
2016 Ed. (4140)
Truwest Credit Union
2005 Ed. (2087)
2006 Ed. (2182)
2007 Ed. (2103)
2008 Ed. (2218)
2009 Ed. (2201)
2010 Ed. (2155)
2011 Ed. (2176)
2012 Ed. (2036)
2013 Ed. (2209)
2014 Ed. (2140)
2015 Ed. (2204)
2016 Ed. (2175)
Truworths International
2014 Ed. (4339)
2015 Ed. (2025)
Truxpo 2004
2005 Ed. (4737)
TRW Automotive
2015 Ed. (3569)
2016 Ed. (255)
TRW Automotive Holdings
2013 Ed. (1362)
2014 Ed. (267, 1306, 1797, 2556)
2015 Ed. (307, 1389)
TRW Automotive Holdings Corp.
2006 Ed. (305, 310, 1881, 1882,
3395, 4815, 4816)
2007 Ed. (307, 323, 1528, 1880,
1881)
2008 Ed. (308, 309, 1929, 1930,
4753, 4754)
2009 Ed. (315, 332, 333, 1676, 1887,
1889, 1890, 4781, 4782)
2010 Ed. (297, 311, 312, 1822, 1825,
4797, 4798)
2011 Ed. (219, 234, 235, 1448, 1852,
1855, 4746)
2012 Ed. (228, 230, 251, 252, 254,
255, 258, 1263, 1267, 1281, 1704,
1706, 1708, 4762)
2013 Ed. (224, 227, 256, 257, 258,
264, 1857, 1860, 1863, 1866, 4734)
2014 Ed. (227, 229, 256, 257, 258,
261, 266, 1789, 1795, 1798, 4782,
4783)
2015 Ed. (264, 298, 299, 300, 306,
1831, 1834, 1836, 1838, 4814,
4815)
2016 Ed. (258, 297, 298, 299, 304,
1800, 4096)
TRW Automotive Inc.
2003 Ed. (344)
2004 Ed. (325)
2005 Ed. (324, 328, 1496, 3916)
2006 Ed. (338, 342)
2007 Ed. (325, 326)
2008 Ed. (314)
2010 Ed. (314, 4797)
2011 Ed. (238)
2012 Ed. (259)
2013 Ed. (260)
2014 Ed. (262)
2015 Ed. (4814)
2016 Ed. (4716)
TRW Inc.
1989 Ed. (337, 1227, 1312, 1315,
1331, 1332)
1990 Ed. (387, 1138, 1623, 1624,
1637, 1642, 2204)
1991 Ed. (1404, 1445, 1523, 1525,
1539, 2070, 2460)

1992 Ed. (465, 487, 1338, 1340,
1834, 1916, 1918, 2970, 3076,
4361)
1993 Ed. (341, 346, 1503, 1565,
1571, 1588, 2573, 2605)
1994 Ed. (326, 1075, 1077, 1237,
1436, 1550, 2206, 2566, 2567)
1995 Ed. (324, 1258, 1470, 2256,
2621, 2622)
1996 Ed. (331, 338, 342, 1230, 1432,
2698, 2699)
1997 Ed. (1278, 2791)
1998 Ed. (100, 224, 240, 244, 1183,
1319, 2539, 2540)
1999 Ed. (187, 195, 350, 353, 359,
361, 1720, 1886, 2120, 3456, 3457,
4043, 4545)
2000 Ed. (216, 219, 336, 357, 365,
1531, 1646, 1651, 1693, 3110,
3171)
2001 Ed. (272, 529, 537, 1555, 1672,
1828, 1981, 2039, 2040, 2041,
2226, 3395, 4320, 4462, 4617)
2002 Ed. (397, 399, 405, 1221, 1422,
1430, 1749, 1911, 3401)
2003 Ed. (313, 315, 338, 1343, 1349,
1350, 1351, 1352, 1359, 1362,
1440, 1450, 1801, 1802, 1964,
1965, 1966, 1967, 1968, 1969,
1975, 2086, 2087, 2088, 2729,
3748)
2004 Ed. (317, 1346, 1352, 1358,
1361, 1364, 1367, 1370, 1480,
2011, 2012, 2014, 2015, 2018,
2019, 2109, 2110, 2243, 2827,
4655)
2005 Ed. (1354, 1368, 1377, 1381,
1387, 1496, 1542, 1571, 2149,
2151, 2153, 2157, 2158, 4673)
TRW Inc., Electronic Products Inc.
1990 Ed. (1100)
TRW OSS Mexican Operations
2007 Ed. (3424)
TRW Space & Electronics Group
1996 Ed. (1519)
1998 Ed. (2413)
2000 Ed. (3004)
TRW Steering Wheel Systems
1999 Ed. (1630)
TRW Vehicle Safety Systems Inc.
2001 Ed. (3647)
2002 Ed. (3594)
Tryg-Baltica Forsikring
1999 Ed. (1424)
TRYGG-Hansa Spp
1994 Ed. (3257, 3259)
Trygghetsstifelsen
2013 Ed. (2070)
2014 Ed. (2003)
TrygVesta
2008 Ed. (1703)
2009 Ed. (1630)
2011 Ed. (1609)
Trykkompagniet
2009 Ed. (2920)
Trykkompagniet A/S
2009 Ed. (1635, 1660, 3692)
Tryllian
2002 Ed. (2518)
TS Industries
1989 Ed. (2672)
Ts-Personaldienstleistung Thomas Skur-
nia E.K.
2016 Ed. (1609)
TS Restaurants Management Inc.
2008 Ed. (1775, 1776)
TS Tech North America Inc.
2011 Ed. (237)
TSA
2007 Ed. (3422)
TSA Capital
1996 Ed. (2395)
TSA Capital Management
1989 Ed. (1803, 2139)
Tsai brothers
2011 Ed. (4863)
Tsai; Cheng-da
2011 Ed. (4864)
Tsai; Daniel
2016 Ed. (4879)
Tsai Eng Meng
2008 Ed. (4852)
2009 Ed. (4874)
2010 Ed. (4875)
2011 Ed. (4863, 4864)
2012 Ed. (4869)
Tsai Eng-Meng
2013 Ed. (4913)
2014 Ed. (4923)
2015 Ed. (4963)

2016 Ed. (4879)
Tsai Hong-tu
2008 Ed. (4852)
2009 Ed. (4874)
2011 Ed. (4864)
2016 Ed. (4879)
Tsai; Joseph
2015 Ed. (4913)
2016 Ed. (4829, 4842)
Tsai, Jr.; Gerald
1990 Ed. (1714)
Tsai; Richard
2016 Ed. (4879)
Tsai; T. Y.
2011 Ed. (4864)
2012 Ed. (4869)
2013 Ed. (4913)
Tsai; T.Y.
2015 Ed. (4963)
Tsai Wan-lin
1991 Ed. (710, 3477)
1992 Ed. (890)
1997 Ed. (673)
1998 Ed. (464)
2003 Ed. (4890)
2004 Ed. (4876)
Tsai Wan-Tsai
2008 Ed. (4852)
2009 Ed. (4874)
2010 Ed. (4875)
2011 Ed. (4863, 4864)
2012 Ed. (4869)
2013 Ed. (4913)
2014 Ed. (4923)
2015 Ed. (4963)
Tsakos Energy Navigation Ltd.
2006 Ed. (1740)
2007 Ed. (1748)
2008 Ed. (1774, 4757)
2009 Ed. (1713)
Tsan Kuenn 3C Mall
2010 Ed. (108)
Tsan Kunn
1999 Ed. (4297)
Tsang; Rita
2005 Ed. (4992)
2006 Ed. (4988)
Tsann Kuen
1996 Ed. (3422, 3423)
1997 Ed. (3506, 3507)
2001 Ed. (1670)
Tsann Kuen Enterprise
2012 Ed. (4363)
2013 Ed. (4295)
TSB
1990 Ed. (583)
1991 Ed. (1726)
1992 Ed. (1101, 1102)
TSB Bank
2002 Ed. (590)
2003 Ed. (548)
2015 Ed. (555, 556, 1926)
2016 Ed. (2607)
TSB Bank Channel Islands Ltd.
1993 Ed. (449)
1994 Ed. (450)
1995 Ed. (442)
1996 Ed. (471)
1997 Ed. (435)
1999 Ed. (492)
TSB Bank PLC
1996 Ed. (560)
TSB Channel Islands Ltd.
1991 Ed. (477)
1992 Ed. (635)
TSB England & Wales, PLC
1991 Ed. (532)
TSB Environmental Investor
2000 Ed. (3299)
TSB Group
1989 Ed. (545, 569, 579, 580)
1990 Ed. (297, 582, 606)
1991 Ed. (533)
1992 Ed. (686, 687)
1993 Ed. (493)
1994 Ed. (495, 902)
1995 Ed. (477)
1996 Ed. (521, 1355)
1997 Ed. (480, 516)
TSB Natural Resources
1995 Ed. (2747)
TSB Selector Account
1997 Ed. (2919)
TSB Selector Income Account
1997 Ed. (2918, 2919)
TSC
1991 Ed. (811)
TSC Band-All
2007 Ed. (836)
T.S.C. Consulting S.R.L.

2016 Ed. (1987)
Tschudin Associates Inc.; Dr. H.
1992 Ed. (994)
Tse Sui Luen
1990 Ed. (2049)
Tseng Laboratories
1991 Ed. (1875, 3138)
Tseng Labs.
1993 Ed. (3337)
TsentrEnergo
2006 Ed. (4544)
T/SF Communications Corp.
1999 Ed. (3745)
TSG 2010 Italia SRL
2016 Ed. (1707)
TSG Capital Group LLC
2003 Ed. (218)
2004 Ed. (174)
2005 Ed. (176)
TSG Industries Inc.
2009 Ed. (1235)
2010 Ed. (1302)
Tshuva; Yitzhak
2008 Ed. (4887)
2009 Ed. (4907)
2010 Ed. (4908)
2011 Ed. (4895)
2012 Ed. (4904)
2013 Ed. (4881)
2014 Ed. (4894)
2015 Ed. (4933)
2016 Ed. (4849)
TSI
2002 Ed. (1390)
2008 Ed. (3719, 4410)
TSI Communications Worldwide
2003 Ed. (3980, 4007)
TSI Graphics Inc.
2004 Ed. (3937)
2009 Ed. (4108)
TSI Soccer
1997 Ed. (3346)
TSI Solutions
2011 Ed. (2913)
TSI/Exterior Wall Systems Inc.
2005 Ed. (2733)
2011 Ed. (1181, 1313)
2014 Ed. (2862)
2015 Ed. (2903)
2016 Ed. (2823)
Tsim Sha Tsui Properties
1999 Ed. (1658)
Tsinghua University
2010 Ed. (1036)
2014 Ed. (795)
2015 Ed. (838)
2016 Ed. (733)
Tsingtao
2012 Ed. (446)
Tsingtao Brewery
2014 Ed. (4011)
2015 Ed. (651, 659)
2016 Ed. (599)
Tsingtao Brewery Co., Ltd.
1995 Ed. (708)
2007 Ed. (1589)
2012 Ed. (444, 1417)
TSL
1997 Ed. (3929)
2002 Ed. (4996, 4997)
TSM Tech
2009 Ed. (3735)
TSMC
2000 Ed. (4176, 4177)
TSN Inc.
1997 Ed. (2215)
1998 Ed. (2513)
2000 Ed. (3146, 4386)
2001 Ed. (2716)
2002 Ed. (2538, 2564, 3374)
2003 Ed. (2746, 3426)
2004 Ed. (3495)
2005 Ed. (3495)
2006 Ed. (3504)
TSO Muhendislik Proje Insaat OTO Ki-
ralama Ticaret VE Sanayi Ltd. STI
2016 Ed. (2069)
TSO3
2013 Ed. (2918)
Tsoi/Kobus & Associates
2005 Ed. (3166)
TSP
2011 Ed. (2039)
TSR Inc.
1998 Ed. (2725)
2000 Ed. (903, 1179)
2007 Ed. (3595, 4451)
2008 Ed. (4980)
2015 Ed. (1106)
TSS Photography

2008 Ed. (3981)
2009 Ed. (4053)
2011 Ed. (3974)
2012 Ed. (3976)
2015 Ed. (4463)
2016 Ed. (4364)
TSS-Radio
2011 Ed. (4273)
TSS-Seedmans
1990 Ed. (3057)
TST Solutions
2000 Ed. (4320)
TST/Impresio
2014 Ed. (4085)
TST/Impreso Inc.
1993 Ed. (788)
2005 Ed. (3886, 3887, 3888, 3889, 3895)
2006 Ed. (3966, 3967, 3971)
2007 Ed. (4007)
2008 Ed. (4027, 4029, 4031, 4033)
2009 Ed. (4100, 4102, 4104, 4106)
2010 Ed. (4019, 4024, 4034, 4042)
2012 Ed. (4023, 4045)
Tsubaki
2012 Ed. (551)
Tsubame
1996 Ed. (329)
Tsudakoma
2000 Ed. (3001, 3002, 3031)
Tsukuba Science City
1994 Ed. (2187)
Tsunami Capital Corp.
1995 Ed. (2497)
Tsuru
1996 Ed. (329)
Tsuru; Nissan
2005 Ed. (303)
2006 Ed. (322)
2008 Ed. (303)
2013 Ed. (276)
Tsuruha
2016 Ed. (4519)
Tsuruya Golf
2012 Ed. (4519)
2013 Ed. (4476)
Tsutomu Matsuno
1999 Ed. (2384)
2000 Ed. (2167)
Tsutsumi; Yoshiaki
1990 Ed. (730)
1991 Ed. (709)
1993 Ed. (698)
1994 Ed. (707)
1995 Ed. (664)
1997 Ed. (673)
Tsuyoshi Mochimaru
1999 Ed. (2375)
Tsvetan Kintisheff
2011 Ed. (3349)
TSX Corp.
1996 Ed. (209)
TSX Group Inc.
2009 Ed. (1559, 4532)
TSYS
1992 Ed. (1747)
TSYS Merchant Solutions
2016 Ed. (2167)
TSYS Prepaid
2006 Ed. (4296)
TSYS Total Solutions Inc.
2000 Ed. (4193)
TT Electronics
2006 Ed. (2402)
2007 Ed. (2350)
2016 Ed. (2429)
TT European Fund
2003 Ed. (3145)
T&T Foot Soak
1992 Ed. (2208)
TT Hellenic Postbank
2012 Ed. (350)
TT & T
1997 Ed. (3696)
TTC Inc.
2001 Ed. (2224)
2002 Ed. (2115)
2016 Ed. (2115)
TTG/TMAD Taylor & Gaines
2014 Ed. (2524)
TTI Environmental Inc.
2016 Ed. (4776)
TTI Inc.
1996 Ed. (1630, 1636)
1997 Ed. (1708, 1711)
1998 Ed. (1408, 1411, 1416)
1999 Ed. (1938, 1985, 1986)
2000 Ed. (1766, 1767)
2001 Ed. (2203, 2206, 2207, 2208, 2211, 2212, 2215)

2002 Ed. (2077, 2083, 2088, 2089, 2090, 2091, 2092, 2093, 2095)
2003 Ed. (2188)
2004 Ed. (2250, 2251, 2252, 4402)
2005 Ed. (2350, 2351, 2352, 4349)
2006 Ed. (2387)
2007 Ed. (2331, 2340)
2008 Ed. (2457, 2468, 2469, 2470)
2009 Ed. (2471, 2472, 2473)
TTI Newgen
2002 Ed. (2517)
TTK Prestige
2015 Ed. (1706)
TTM Technologies
2006 Ed. (2388)
2014 Ed. (1421, 2877, 4645)
2015 Ed. (4063)
TTM Technologies Inc.
2013 Ed. (1462)
TTolmex
1992 Ed. (1670)
1993 Ed. (2559)
1994 Ed. (2507)
1996 Ed. (2628, 2629)
1997 Ed. (2778)
TTolmex B2
1997 Ed. (2779)
T.Tom BG
2016 Ed. (1554)
Tttech Computertechnik AG
2006 Ed. (1561)
TTX Co.
2016 Ed. (4687)
TTXE
2006 Ed. (4794)
TTY Internet Solutions
2009 Ed. (3011)
Tu Hipoteca Facil
2011 Ed. (1848)
Tu; John
2011 Ed. (4838)
Tu-Ka Cellular Tokyo Inc.
2001 Ed. (3334)
Tualatin Valley Builders Supply
1996 Ed. (814)
Tuality Healthcare
2005 Ed. (1928, 1930)
Tuan Sing Holdings Ltd.
1993 Ed. (3323)
1996 Ed. (3439)
Tuba
1999 Ed. (3504)
Tuba City Regional Health Care
2006 Ed. (2780)
Tubacex
2008 Ed. (3658)
Tubby's Sub Shop Inc.
1995 Ed. (3134)
Tube City
2005 Ed. (3920)
Tube City IMS Corp.
2006 Ed. (3994)
Tube City IMS LLC
2010 Ed. (4096)
2011 Ed. (4066)
2012 Ed. (4100)
Tube City LLC
2005 Ed. (4031)
Tubelite
2015 Ed. (3661)
2016 Ed. (3548)
Tubemakers of Australia
1993 Ed. (3472)
TubeMogul
2016 Ed. (4496)
Tubes
1995 Ed. (3629)
Tubex injector
1992 Ed. (3278)
Tuborg
1992 Ed. (940)
Tubos de Acero de Mexico
1991 Ed. (231, 233)
2000 Ed. (285)
2003 Ed. (1738, 3306)
Tuboscope Inc.
2003 Ed. (1460)
2004 Ed. (1490)
2005 Ed. (1506)
Tuboscope Vetco International Corp.
1995 Ed. (1232)
TubosMex
1989 Ed. (2663)
Tub/tile/mildew cleaners, abrasive
1994 Ed. (978)
Tub/tile/mildew cleaners, non-abrasive
1994 Ed. (978)
TUC Brands
2014 Ed. (1490)
Tucci; J. M.

2005 Ed. (2497)
Tucci; Joseph
2006 Ed. (896, 2515)
2007 Ed. (986)
Tucci; Joseph M.
2007 Ed. (1032)
2008 Ed. (944)
2010 Ed. (905)
2011 Ed. (844)
2015 Ed. (970)
Tuck; Dartmouth College.
1991 Ed. (814)
Tuck Executive Program
2008 Ed. (182)
Tuck Fund; Katherine
1994 Ed. (1907)
Tuck In; Soong
1997 Ed. (2001)
Tuck School of Business
2014 Ed. (778)
2015 Ed. (821)
Tuck School of Business; Dartmouth College
2005 Ed. (800, 803)
2006 Ed. (693, 702, 707, 709, 711, 718, 727, 728, 2859)
2007 Ed. (798, 814, 815, 825, 2849)
2008 Ed. (182, 780, 787, 788)
2009 Ed. (802, 805, 818)
2010 Ed. (722, 728, 733, 736, 737, 739, 741, 749, 754)
2011 Ed. (651, 660, 665, 678, 687, 696)
2012 Ed. (606, 609, 613)
Tuck School of Business; Dartmouth University
2005 Ed. (2853)
Tuckamore Capital Management
2014 Ed. (2980)
Tucker
1993 Ed. (2110)
1994 Ed. (2147)
1995 Ed. (2185)
1996 Ed. (2202)
1998 Ed. (2051)
2003 Ed. (1229)
2005 Ed. (1265)
2007 Ed. (3970)
Tucker Alan Inc.
2002 Ed. (865)
Tucker, Albin & Associates Inc.
2012 Ed. (852)
2013 Ed. (1034)
2014 Ed. (1005)
2015 Ed. (1040)
2016 Ed. (949)
Tucker Anthony Inc.
1993 Ed. (2261, 2268)
1995 Ed. (2337)
1998 Ed. (2227, 2232)
2000 Ed. (2765)
Tucker, Anthony & R. L. Day Inc.
1991 Ed. (3052)
The Tucker Cos.
1993 Ed. (3305)
Tucker; Dwayne H.
2011 Ed. (2546, 3107)
Tucker Ellis
2014 Ed. (3448)
Tucker Ellis LLP
2015 Ed. (1957)
Tucker Ellis & West LLP
2013 Ed. (1974)
2014 Ed. (1913)
Tucker Federal Bank
1998 Ed. (3144, 3541)
Tucker Federal Mortgage
2001 Ed. (3353)
Tucker Group Inc.; F. A.
1995 Ed. (1167)
Tucker, Hank Williams Jr. & The Bama Band, Tanya
1991 Ed. (1040)
Tucker; John
1995 Ed. (1726)
Tucker; John J.
1994 Ed. (1712)
Tucker; Keith A.
2005 Ed. (2516)
2006 Ed. (2530)
Tucker; M.
1995 Ed. (1920)
Tucker Technology Inc.
2000 Ed. (1099, 2398)
2002 Ed. (2815)
2003 Ed. (3949)
Tucker Wayne & Co.
1997 Ed. (145)
Tucker Wayne/Luckie & Co.
1989 Ed. (159)

1990 Ed. (149)
1991 Ed. (149)
1992 Ed. (206)
1993 Ed. (73)
1994 Ed. (56, 63, 116)
1995 Ed. (35, 125)
1996 Ed. (56, 139)
1997 Ed. (51, 59)
Tucker/Hall Inc.
1998 Ed. (2949)
Tuckerman/State Street
2002 Ed. (3938, 3939)
Tucson, AZ
1990 Ed. (1004, 1149, 1467, 2910)
1991 Ed. (255, 1103)
1993 Ed. (1598, 2154)
1994 Ed. (952, 2039, 2149)
1995 Ed. (2187)
1996 Ed. (973, 2089, 2210, 3768)
1997 Ed. (2334, 2339, 3356)
1998 Ed. (2475)
1999 Ed. (356, 3374)
2000 Ed. (1065, 1087, 2993, 4287)
2005 Ed. (3064, 3324)
2007 Ed. (2998)
2008 Ed. (3113, 3479, 4349)
2009 Ed. (351, 2390)
2010 Ed. (327, 2408, 3136)
2011 Ed. (4308)
2012 Ed. (2548)
Tucson Electric
1989 Ed. (1304)
1990 Ed. (1608, 1609)
1991 Ed. (1506)
1992 Ed. (1907)
1994 Ed. (1604)
1996 Ed. (1623)
Tucson Electric Park
2005 Ed. (4443)
Tucson Electric Power Co.
1995 Ed. (1335, 1646)
Tucson Healthcare Affiliates Credit Union
2004 Ed. (1931)
Tucson Heart Hospital
2011 Ed. (3029)
Tucson Hearth Hospital
2009 Ed. (3126)
Tucson Medical Center
2006 Ed. (1544, 2921)
2007 Ed. (1574)
2008 Ed. (1557, 3064)
2009 Ed. (1483)
2010 Ed. (1473)
2011 Ed. (1471)
2012 Ed. (1311, 2989)
2013 Ed. (1411)
2014 Ed. (1362)
2015 Ed. (1437)
2016 Ed. (1360)
Tucson Realty & Trust Co.
1989 Ed. (271)
Tucson Unified School District
1991 Ed. (255)
Tudehope; Aidan & David
2005 Ed. (4862)
Tudor B.V.I. Futures
1993 Ed. (2684)
Tudor Insurance Co.
2006 Ed. (3100)
2010 Ed. (3261)
2011 Ed. (3224)
2013 Ed. (3262)
2014 Ed. (3290)
2016 Ed. (3199)
Tudor Investment Co.
1992 Ed. (2743)
1993 Ed. (1038)
Tudor Investments
2005 Ed. (3867)
Tudor Trust
1995 Ed. (1934)
1997 Ed. (945)
Tuesday Morning Corp.
1989 Ed. (1256)
1992 Ed. (1078, 2525)
1994 Ed. (887, 2134)
1995 Ed. (917)
1996 Ed. (895)
1997 Ed. (926)
1998 Ed. (666)
1999 Ed. (1053)
2004 Ed. (2103, 4825)
2005 Ed. (2207, 2208, 4812)
2006 Ed. (4876)
2008 Ed. (2116, 2345)
2009 Ed. (2102, 2334)
Tuesdays with Morrie
2000 Ed. (708)
2001 Ed. (985)

2003 Ed. (707, 719)
Tuff Shed Inc.
  2007 Ed. (2525)
  2008 Ed. (2653)
  2009 Ed. (2681)
  2010 Ed. (2591)
  2011 Ed. (2573)
Tuffy Associates Corp.
  2002 Ed. (400)
  2003 Ed. (348)
  2004 Ed. (329)
  2005 Ed. (331)
  2006 Ed. (345)
  2007 Ed. (330)
  2008 Ed. (317)
  2009 Ed. (339)
  2010 Ed. (319)
  2011 Ed. (243)
  2012 Ed. (264)
  2013 Ed. (280)
  2014 Ed. (284)
  2015 Ed. (317)
  2016 Ed. (315)
Tuffy Auto Service Centers
  2001 Ed. (2530)
Tufin
  2012 Ed. (2840, 2850)
  2013 Ed. (2909)
Tufin Technologies
  2012 Ed. (2848)
Tufts
  2005 Ed. (2852)
Tufts Associated Health Maintenance
  Organization
  2008 Ed. (2919, 3647)
  2009 Ed. (2974, 3711)
  2010 Ed. (2914, 3629)
  2011 Ed. (2881, 3630)
Tufts Health Plan
  2015 Ed. (1812)
Tufts Medical Center Inc.
  2011 Ed. (1828)
  2012 Ed. (1687)
Tufts Medical Center Parent Inc.
  2012 Ed. (1687)
  2013 Ed. (1841)
Tufts University
  1990 Ed. (1087)
  1995 Ed. (1070, 1928)
  2006 Ed. (2337)
  2007 Ed. (1164)
TUI
  2016 Ed. (4366)
TUI AG
  2006 Ed. (1772, 4821)
  2008 Ed. (1847)
  2009 Ed. (1759, 1796)
  2010 Ed. (1738)
  2011 Ed. (1751)
  2012 Ed. (645, 3460, 3854)
  2013 Ed. (787, 3503)
TUI Group
  2007 Ed. (2957, 2958, 3347)
TUI Group GmbH
  2002 Ed. (4675)
  2004 Ed. (4798)
  2005 Ed. (4769)
TUI Nederland NV
  2002 Ed. (4675)
TUI Travel
  2012 Ed. (161)
  2013 Ed. (135, 3507)
  2014 Ed. (3481)
  2016 Ed. (3350)
Tui Travel
  2013 Ed. (3087, 3501)
  2016 Ed. (4725)
TUI Travel plc
  2011 Ed. (3077, 3442, 3446, 4757)
  2014 Ed. (3478, 4788)
TUI UK Ltd.
  2012 Ed. (3460)
  2013 Ed. (3503)
TUI University
  2009 Ed. (799, 1065)
  2010 Ed. (738, 1033)
Tuition Reimbursement
  2000 Ed. (1783, 1784)
Tukaiz LLC
  2009 Ed. (4109)
TUKAtech Inc.
  2008 Ed. (986)
Tukman Capital
  2004 Ed. (3194)
Tulalip Resort Casino
  2016 Ed. (3607)
Tulalip Tribes Enterprises
  2015 Ed. (2151)
  2016 Ed. (2125)
Tulalp Tribes Enterprises

2012 Ed. (1989)
  2013 Ed. (2167)
  2014 Ed. (2096)
Tulane Medical Center Ltd.
  2001 Ed. (1779)
Tulane University
  1997 Ed. (2604)
  1998 Ed. (2336)
  1999 Ed. (3161)
  2000 Ed. (2905)
  2001 Ed. (3062)
  2004 Ed. (824)
  2007 Ed. (4597)
  2009 Ed. (801, 1065)
  2010 Ed. (740, 1033)
  2011 Ed. (638)
  2016 Ed. (1744)
Tulare County Credit Union
  2005 Ed. (2073)
  2012 Ed. (2019)
  2013 Ed. (2212)
Tulchinsky Stern & Co.
  2008 Ed. (3418)
Tulio
  2010 Ed. (1080)
  2011 Ed. (1019)
Tulip Dairy & Food Products Ltd.
  2002 Ed. (1970)
Tulip Telecommunication
  2010 Ed. (1481)
Tulip Trend Fund Ltd.
  2009 Ed. (1074)
Tulis; Daniel
  1994 Ed. (1794)
  1995 Ed. (1832)
Tullamore Dew
  1997 Ed. (2645)
  1998 Ed. (2375)
  2001 Ed. (4787)
  2002 Ed. (3105)
  2003 Ed. (4901)
  2004 Ed. (4891)
Tullett & Tokyo Forex International Ltd.
  1992 Ed. (1196)
Tullo Marshall Warren
  2009 Ed. (2325)
  2010 Ed. (2255)
  2013 Ed. (2325)
Tullow
  1997 Ed. (2575)
  1999 Ed. (3118)
Tullow Oil
  2000 Ed. (2866)
  2006 Ed. (3856)
  2007 Ed. (3882)
  2014 Ed. (2047, 2048, 2052, 2053,
    2054)
  2016 Ed. (3859)
Tullow Oil plc
  2009 Ed. (2515)
  2010 Ed. (1392, 1399, 3909)
  2011 Ed. (1407, 1409, 1411, 3928)
  2012 Ed. (1250, 3924, 3925)
  2013 Ed. (3952, 3974)
  2014 Ed. (3897, 3916)
  2015 Ed. (2533, 3923, 3949)
  2016 Ed. (3833)
Tully Construction Co.
  2006 Ed. (1331)
Tully; Daniel P.
  1993 Ed. (1696)
Tully-Wihr
  2014 Ed. (4094)
Tully-Wihr Co.
  2010 Ed. (4035, 4039)
  2012 Ed. (4016, 4038, 4042)
Tully's Coffee
  2008 Ed. (1029, 1031)
  2009 Ed. (1014, 3211)
  2010 Ed. (980, 3143)
  2011 Ed. (907, 3109)
  2014 Ed. (995)
Tulnoy Lumber
  1990 Ed. (841)
Tulsa
  2000 Ed. (3376)
Tulsa Community Foundation
  2010 Ed. (1052, 1053)
  2011 Ed. (988)
  2012 Ed. (903, 904)
Tulsa Co. Home Finance Authority,
  Okla.
  1990 Ed. (2648)
Tulsa Federal Employees Credit Union
  2002 Ed. (1886)
  2003 Ed. (1940)
  2004 Ed. (1980)
  2005 Ed. (2122)
  2006 Ed. (2217)
  2007 Ed. (2138)

2008 Ed. (2253)
  2009 Ed. (2239)
  2010 Ed. (2193)
  2011 Ed. (2211)
  2012 Ed. (2072)
  2013 Ed. (2254)
  2014 Ed. (2186)
  2015 Ed. (2250)
  2016 Ed. (2221)
Tulsa Municipal Airport Trust
  1993 Ed. (3624)
Tulsa, OK
  1993 Ed. (2154)
  1995 Ed. (875, 1622)
  1998 Ed. (3648)
  2000 Ed. (2886, 3107)
  2003 Ed. (3418, 3419, 3679, 3680,
    3681, 3682, 4054, 4871, 4872)
  2004 Ed. (1162, 3303, 3482, 3487,
    3488, 3736, 3737, 4081, 4852)
  2005 Ed. (3315, 3644, 3645, 4803)
  2006 Ed. (2975, 3304, 3742, 3743,
    4050, 4884, 4885)
  2007 Ed. (3012, 3368, 4094, 4098,
    4099, 4100)
  2008 Ed. (3112, 3510, 4119)
  2009 Ed. (3575)
  2010 Ed. (3493, 3677, 3678)
  2013 Ed. (3543)
  2014 Ed. (2621, 3519)
  2015 Ed. (3534)
  2016 Ed. (3385)
Tulsa (OK) State Fair
  1994 Ed. (1725)
Tulsa State Fair
  1990 Ed. (1727)
  1998 Ed. (1518)
  1999 Ed. (2086)
Tulsa Teachers Credit Union
  2002 Ed. (1886)
  2003 Ed. (1940)
  2004 Ed. (1980)
  2005 Ed. (2122)
  2006 Ed. (2217)
  2007 Ed. (2138)
  2008 Ed. (2253)
  2009 Ed. (2239)
  2010 Ed. (2193)
  2011 Ed. (2211)
  2012 Ed. (2072)
  2013 Ed. (2254)
  2014 Ed. (2186)
  2015 Ed. (2250)
  2016 Ed. (2221)
Tulsa Technology Center
  2011 Ed. (2311)
Tulsa Tube Bending Co.
  2011 Ed. (1940)
Tulsa World
  1993 Ed. (2723)
Tulsi Tanti
  2007 Ed. (4914)
  2008 Ed. (4879)
  2009 Ed. (4902)
Tultex
  1990 Ed. (3331)
  1991 Ed. (3165, 3171)
  1992 Ed. (4043, 4052)
  1993 Ed. (997, 998, 3372)
  1996 Ed. (3491)
  1997 Ed. (3558)
  1998 Ed. (3349)
  1999 Ed. (4377)
Tum-E Yummies
  2013 Ed. (2780)
  2014 Ed. (2798)
  2015 Ed. (2844)
  2016 Ed. (2776, 2777)
Tumazos; John
  1991 Ed. (1682, 1706, 1708)
  1993 Ed. (1799, 1812, 1826)
  1994 Ed. (1782, 1795, 1809)
  1995 Ed. (1798, 1822, 1833, 1847)
  1996 Ed. (1795, 1811, 1825)
  1997 Ed. (1885, 1899)
Tumbles, A Children's Gym; J. W.
  2008 Ed. (2913)
Tumbleweed Mexican Restaurant
  2000 Ed. (3762)
Tumblr
  2013 Ed. (2951, 3383)
  2014 Ed. (2968, 3385)
  2015 Ed. (3038, 3421)
Tumewu; Paulus
  2006 Ed. (4916)
Tumi Holdings Inc.
  2015 Ed. (3492)
  2016 Ed. (3342)
Tumors
  2005 Ed. (3619)

Tums
  1993 Ed. (236, 237)
  1994 Ed. (225, 226, 1573, 1575)
  1995 Ed. (224)
  1996 Ed. (225, 226)
  1997 Ed. (257)
  1998 Ed. (173, 174, 175, 1350)
  1999 Ed. (279)
  2000 Ed. (304)
  2001 Ed. (387, 388)
  2002 Ed. (322)
  2003 Ed. (283, 3781)
  2004 Ed. (250)
  2005 Ed. (255)
  2016 Ed. (2335)
Tums E-X
  1998 Ed. (173, 1350)
Tums EX
  2004 Ed. (251)
  2006 Ed. (274)
  2007 Ed. (279)
  2008 Ed. (2380)
  2016 Ed. (207, 2335)
Tums-Ex-Antacid
  2001 Ed. (387)
Tums Flavors 3s
  1992 Ed. (1846)
Tums Ultra
  2001 Ed. (387)
  2016 Ed. (207, 2335)
Tuna
  1990 Ed. (897)
  1992 Ed. (3816)
  1993 Ed. (3111)
  1994 Ed. (3155)
  1995 Ed. (3199)
  1996 Ed. (3300)
  1998 Ed. (3175)
  2001 Ed. (2439, 2440)
  2002 Ed. (4186)
  2003 Ed. (2490, 4314)
  2004 Ed. (2622)
  2005 Ed. (2611)
  2006 Ed. (2610)
  2007 Ed. (2585)
  2008 Ed. (2722)
  2009 Ed. (2777)
  2010 Ed. (2709)
  2011 Ed. (2695)
Tuna (canned)
  1991 Ed. (2938)
Tuncay Ozilhan
  2009 Ed. (4900)
  2010 Ed. (4900)
Tundra Process Solutions Ltd.
  2016 Ed. (1454, 4355)
Tundra Rose Construction
  2006 Ed. (3495, 4339)
  2007 Ed. (3531)
Tundra Semiconductor Corp.
  2006 Ed. (1452)
  2007 Ed. (1446, 2805, 2817)
  2008 Ed. (2943)
Tundra Technical Solutions
  2015 Ed. (2981, 3186)
  2016 Ed. (2916)
Tundra Technical Solutions Inc.
  2012 Ed. (2770)
Tundra Temporary Services Inc.
  2015 Ed. (3186)
Tundra; Toyota
  2009 Ed. (4812)
  2010 Ed. (4830)
Tune Ins
  2016 Ed. (1754)
Tunex Automotive Specialists
  2002 Ed. (400)
  2004 Ed. (328)
  2005 Ed. (331)
  2006 Ed. (345)
Tung; Chee Chen
  2012 Ed. (4859, 4860)
  2013 Ed. (4873)
Tung Ho Spinning, Weaving and Dyeing
  Co.
  1990 Ed. (3573)
  1992 Ed. (4284)
Tung Hung Construction Co., Ltd.
  1990 Ed. (2963)
Tung Mung Development Co. Ltd.
  1994 Ed. (1460)
Tung Mung Textile Co. Ltd.
  1992 Ed. (1701, 1702, 1703, 1704)
Tung Wing Steel Holdings
  1995 Ed. (2126)
Tunheim Group
  2002 Ed. (3840)
Tunheim Santrizos Co.
  1998 Ed. (2952)
  1999 Ed. (3946)

2000 Ed. (3660)
Tunica-Lula, MS
2010 Ed. (2801)
2011 Ed. (2786)
Tunis
1990 Ed. (221)
1994 Ed. (179)
Tunis Air
2009 Ed. (235)
Tunis International Bank
1999 Ed. (672)
2000 Ed. (683)
Tunisair
2002 Ed. (4492, 4493, 4494)
2006 Ed. (230, 4542)
2012 Ed. (148)
2015 Ed. (158)
Tunisia
1989 Ed. (362)
1990 Ed. (1446, 1912, 1919, 1926)
1991 Ed. (1380, 1642, 1835, 1842)
1992 Ed. (1729, 1731, 2311, 2318, 2328)
1993 Ed. (1968, 1975, 1982)
1994 Ed. (1485)
1995 Ed. (344, 1517, 2011, 2018, 2030, 2037)
1996 Ed. (1476, 3881)
1997 Ed. (1541, 3633)
1999 Ed. (1780)
2000 Ed. (823, 1609, 1896, 2352, 2353, 2359)
2001 Ed. (507, 508, 1946, 2419, 3578, 3579, 3580)
2002 Ed. (328, 329, 1811)
2003 Ed. (2467, 3694, 3698, 3699)
2004 Ed. (1918, 2593, 3738, 3741, 3742)
2005 Ed. (2053, 2571, 3646, 3649, 3650)
2006 Ed. (1029, 2152, 2329, 2334, 2576, 3744, 3747, 3748)
2007 Ed. (2096, 2547, 3743, 3746, 3747)
2008 Ed. (2206, 2401, 2689, 3825, 3827, 3828)
2009 Ed. (2398, 2712, 3879, 3881, 3882)
2010 Ed. (2310, 2583, 2632, 3790, 3792, 3793)
2011 Ed. (2565, 2615, 3387, 3787, 3789, 3790)
2012 Ed. (2093, 2512)
2013 Ed. (2642)
2015 Ed. (2643)
2016 Ed. (2565, 4931)
Tunisiair
2001 Ed. (303)
Tunisie Telecom
2007 Ed. (87)
2008 Ed. (94)
2009 Ed. (103)
2010 Ed. (111)
Tuntex
1992 Ed. (1230)
2006 Ed. (2577)
2007 Ed. (4672)
Tuntex Construction Co. Ltd.
1994 Ed. (1176)
Tuntex Distinct Corp.
1990 Ed. (1213, 1498)
1992 Ed. (1438, 1798)
1994 Ed. (3525)
Tunturi
1993 Ed. (1707)
Tuomey Healthcare System
2009 Ed. (2044)
Tupac Amaru, Peru
2000 Ed. (4238)
Tupac Shakur
2009 Ed. (878)
Tupelo Coliseum
1999 Ed. (1296)
Tupelo, MS
2002 Ed. (2745)
2006 Ed. (3322)
2007 Ed. (3384)
2008 Ed. (3509)
2009 Ed. (3574)
2010 Ed. (3492)
2015 Ed. (3533)
2016 Ed. (3384)
Tupelo Summer Furniture Market
2004 Ed. (4755)
Tupelo Winter Furniture Market
2004 Ed. (4755)
Tupper; Earl S.
1995 Ed. (939)
Tupperware
1993 Ed. (2868)

1996 Ed. (3625)
1998 Ed. (1048, 1962, 3103, 3458)
1999 Ed. (780, 1558, 1559, 2598, 2701, 3776, 4115, 4116)
2000 Ed. (3827, 4172)
2002 Ed. (2705)
2003 Ed. (744, 1229)
2004 Ed. (3909, 3910)
2005 Ed. (1265, 2967, 3855, 3856, 4162)
2006 Ed. (4216)
2007 Ed. (2975, 3970, 4232)
2008 Ed. (4263)
2009 Ed. (3193, 4367)
2010 Ed. (3121, 4394)
2011 Ed. (3088, 4339)
Tupperware Brands Corp.
2009 Ed. (3191, 3931, 4070)
2010 Ed. (1629, 3129, 3988)
2011 Ed. (1639, 2978, 3993)
2012 Ed. (1492, 2908, 3986, 4382, 4383)
2013 Ed. (1623, 2329, 2330, 2332, 2337, 2338, 2995, 4052)
2014 Ed. (1589, 2262, 2263, 2267, 2269, 3002, 3991, 4401)
2015 Ed. (2346, 2347, 2351, 2353, 3071, 4039, 4389)
2016 Ed. (2295, 2296, 2298, 2970, 3951)
Tupras
1994 Ed. (2335, 2336)
1996 Ed. (2433)
1997 Ed. (2576, 2577)
1999 Ed. (3120, 3121)
2000 Ed. (2868, 2869)
2002 Ed. (3030)
2006 Ed. (3229)
2010 Ed. (3915)
2011 Ed. (3934)
2012 Ed. (3932)
2013 Ed. (2548)
2014 Ed. (2480)
Tupras-Turkiye Petrol
2006 Ed. (2050)
2007 Ed. (2020)
2008 Ed. (2119)
2009 Ed. (2105)
Tura Machine Corp.
1994 Ed. (3672)
Turanalem Bank
2009 Ed. (61)
Turanbank
1996 Ed. (575)
Turbine Technologies Inc.
2016 Ed. (3592)
Turbo Auto Clean
1990 Ed. (2009)
Turbo C
1995 Ed. (1103)
Turbo C Visual Edition
1995 Ed. (1104)
Turbo Genset
2004 Ed. (4572)
Turbo Tax for Windows
1995 Ed. (1099)
Turbo Tax (MS-DOS)
1995 Ed. (1099)
TurboChef Technologies Inc.
2007 Ed. (2729)
2008 Ed. (2859)
2009 Ed. (1693, 1694)
TurboSquid
2015 Ed. (1786)
TurboTax
1996 Ed. (1076)
Turco
1990 Ed. (720)
Turco-(Charmglow)
1992 Ed. (875)
Turcotte & Turmel
1993 Ed. (2524, 2897)
Turf; Barbara
2008 Ed. (2990)
2009 Ed. (3073)
Turf Valley Hotel & Country Club
1993 Ed. (2092)
Turfer Sportswear
2006 Ed. (4376)
Turgay Ciner
2008 Ed. (4876)
Turi Josefsen
1993 Ed. (1696)
1994 Ed. (1715)
1995 Ed. (3786)
Turikye Vakiflar Bankasi
2013 Ed. (469)
Turin Suomalainen
1994 Ed. (475)
Turino Group Inc.

2014 Ed. (1961)
2015 Ed. (2008)
2016 Ed. (1979)
Turk Ekonomi Bankasi
2013 Ed. (469)
2014 Ed. (483)
2015 Ed. (544)
2016 Ed. (497)
Turk Hava Yollari
1996 Ed. (2433)
1997 Ed. (2576)
1999 Ed. (3120, 3121)
2000 Ed. (2868)
2002 Ed. (3030)
2013 Ed. (691)
2014 Ed. (711)
2015 Ed. (3496, 4824)
Turk Telekom
2010 Ed. (2046)
2011 Ed. (2103)
2013 Ed. (691)
2014 Ed. (711)
2015 Ed. (757)
Turk Telekomunikasyon
2011 Ed. (4645)
2012 Ed. (4649)
2013 Ed. (4602)
2014 Ed. (4655, 4661)
2015 Ed. (4650, 4658)
2016 Ed. (4564, 4571)
Turk Telekomunikasyon AS
2012 Ed. (1943, 4669)
2013 Ed. (2107, 4630)
2014 Ed. (2039, 4687)
2015 Ed. (2088, 4697)
2016 Ed. (2070, 4602)
Turk Ticaret Bankasi AS
1992 Ed. (856)
1993 Ed. (656)
1994 Ed. (657)
1995 Ed. (624, 625)
1996 Ed. (701)
Turkama & Co.
1991 Ed. (98)
Turkama & Kumppanit Oy
1989 Ed. (105)
1990 Ed. (101)
1992 Ed. (148)
1993 Ed. (98)
Turkcell
2004 Ed. (94)
2005 Ed. (89)
2006 Ed. (2050, 3229)
2007 Ed. (88, 2020, 4715)
2008 Ed. (97, 2119)
2009 Ed. (2105, 4682)
2010 Ed. (2046)
2011 Ed. (2103, 4646)
2013 Ed. (44, 691)
2014 Ed. (711)
2015 Ed. (757, 4682)
Turkcell Iletisim Hizmetleri AS
2006 Ed. (3040, 4604)
2012 Ed. (1943, 4650, 4669)
2013 Ed. (2107, 4603, 4630)
2014 Ed. (2039, 4656, 4687)
2015 Ed. (2088, 4651, 4697)
2016 Ed. (2070, 4565, 4602)
Turkey
1990 Ed. (241, 413, 1358, 1581, 1728, 1909, 1916, 1923, 1927, 1928, 1933)
1991 Ed. (259, 1406, 1827, 1832, 1839, 1848)
1992 Ed. (305, 362, 498, 2078, 2082, 2297, 2303, 2308, 2315, 2325, 2331)
1993 Ed. (1465, 1960, 1965, 1972, 1979, 1985, 2367, 3558)
1994 Ed. (956, 1515)
1995 Ed. (1038, 1735, 2008, 2015, 2022, 2027, 2034, 2038, 3626)
1996 Ed. (929, 941, 3435, 3714)
1997 Ed. (287, 2146, 3634)
1998 Ed. (1848, 1849, 3692)
1999 Ed. (1139, 1207, 1796, 2090, 3193, 4478, 4735)
2000 Ed. (823, 1650, 1890, 2351, 2354, 2365, 2370, 2371, 2376, 2377)
2001 Ed. (392, 395, 521, 522, 662, 1021, 1088, 1129, 1140, 1143, 1229, 1274, 1285, 1338, 1341, 1496, 1936, 1938, 1983, 1984, 1985, 2042, 2046, 2094, 2443, 2444, 2469, 2552, 2553, 2562, 2681, 2695, 2697, 2814, 2821, 2825, 3044, 3305, 3578, 3579, 3580, 3596, 3644, 3760, 3863, 4028, 4112, 4119, 4151, 4229, 4246, 4312, 4316, 4369, 4370,

4372, 4387, 4399, 4400, 4401, 4447, 4500, 4565, 4567, 4670, 4671, 4785)
2002 Ed. (2413, 3725, 4427)
2003 Ed. (290, 641, 873, 965, 1875, 1877, 1880, 2212, 2213, 3327, 3343, 3694, 3697, 3698, 3699, 4214, 4401, 4628, 4757, 4897, 4898, 4971)
2004 Ed. (253, 257, 655, 900, 979, 1906, 1908, 2822, 3738, 3740, 3741, 3742, 4237, 4413, 4601, 4605, 4606, 4607, 4608, 4657, 4739)
2005 Ed. (256, 259, 644, 862, 864, 890, 998, 2036, 2038, 2040, 2041, 2534, 2535, 2621, 2734, 2765, 2822, 3646, 3648, 3649, 3650, 3658, 4160, 4363, 4406, 4535, 4539, 4540, 4541, 4607, 4718, 4901)
2006 Ed. (276, 282, 545, 804, 1008, 2132, 2134, 2136, 2137, 2328, 2617, 2701, 2721, 2803, 2805, 2827, 2967, 3016, 3744, 3746, 3747, 3748, 3756, 4214, 4306, 4423, 4616, 4620, 4621, 4622, 4669, 4672, 4770, 4771, 4777, 4934)
2007 Ed. (281, 285, 577, 892, 1097, 2080, 2082, 2084, 2592, 2795, 2797, 2830, 3743, 3745, 3746, 3747, 3755, 4198, 4228, 4229, 4372, 4483, 4603, 4607, 4608, 4609, 4610, 4671, 4693, 4777, 4940)
2008 Ed. (257, 260, 528, 868, 975, 1415, 2190, 2191, 2455, 2822, 2843, 2950, 3825, 3827, 3828, 3832, 4258, 4327, 4555, 4556, 4557, 4584, 4597, 4602, 4694, 4917)
2009 Ed. (280, 283, 563, 879, 966, 2166, 2167, 2880, 3238, 3425, 3879, 3881, 3882, 3886, 4362, 4431, 4586, 4587, 4588, 4627, 4642, 4643, 4644, 4650, 4736, 4928)
2010 Ed. (267, 269, 546, 830, 925, 1258, 1387, 2108, 2109, 3747, 3790, 3792, 3793, 3797, 4389, 4474, 4620, 4621, 4622, 4623, 4656, 4678, 4742, 4932, 4933)
2011 Ed. (186, 189, 474, 757, 863, 1376, 2161, 2162, 3384, 3747, 3787, 3789, 3790, 3793, 4333, 4334, 4411, 4487, 4576, 4577, 4578, 4579, 4603, 4630, 4679, 4704, 4917, 4918)
2012 Ed. (1144, 4693, 4963)
2013 Ed. (2388, 4655, 4970)
2015 Ed. (135)
2016 Ed. (972)
Turkey, canned
1993 Ed. (3685)
Turkey Creek Snacks
2013 Ed. (4454)
2014 Ed. (4491)
2015 Ed. (4488)
2016 Ed. (4387)
Turkey, frozen
1996 Ed. (2646)
Turkey Hill
1993 Ed. (2121)
1996 Ed. (1977, 2215, 3632)
1997 Ed. (2093)
1998 Ed. (1770, 2072, 2073, 3441, 3469)
2000 Ed. (799, 2281, 2598, 2602, 4153)
2001 Ed. (2547, 2831)
2002 Ed. (2716)
2003 Ed. (2878)
2004 Ed. (2967)
2008 Ed. (3123)
2014 Ed. (2796, 3126)
2015 Ed. (3190)
2016 Ed. (3046)
Turkey Hill Dairy
2008 Ed. (3125)
2014 Ed. (3128)
Turkey Store
1996 Ed. (3465)
1998 Ed. (3324)
Turki bin Abdullah Al Dakhil
2013 Ed. (3652)
Turkish Air
2006 Ed. (238)
Turkish Airlines
2014 Ed. (2039)

2015 Ed. (152, 164, 165, 181, 182, 757)
2016 Ed. (157, 167, 2070)
Turkish Airlines Inc.
1996 Ed. (187)
2009 Ed. (242)
2010 Ed. (225, 226)
2011 Ed. (148, 149, 161, 162)
2012 Ed. (161, 162, 174, 175)
2013 Ed. (136)
2014 Ed. (146)
2015 Ed. (166)
2016 Ed. (168)
Turkish Bank
1999 Ed. (499)
2000 Ed. (507)
2005 Ed. (506)
Turkish Delight
2014 Ed. (1472)
2015 Ed. (1527)
Turkish Foreign Trade Bank; Disbank—
2005 Ed. (620)
2006 Ed. (533)
2007 Ed. (564)
Turkish lira
2009 Ed. (2260)
Turkish Petroleum Refineries Corp.
2002 Ed. (3692)
2003 Ed. (3302, 3303, 3853)
2010 Ed. (3915)
2011 Ed. (3934)
2012 Ed. (3932)
2013 Ed. (2548)
2014 Ed. (2480)
Turkiye Cumhuiriyeti Ziraat Bankasi
1994 Ed. (657)
Turkiye Cumhuriyet Merkez Bankasi
2004 Ed. (528)
Turkiye Cumhuriyeti Ziraat Bankasi
1989 Ed. (700)
1992 Ed. (856)
1993 Ed. (656)
1995 Ed. (625)
1996 Ed. (701)
1997 Ed. (634)
1999 Ed. (674)
2000 Ed. (737)
Turkiye Emlak
1991 Ed. (681)
Turkiye Emlak Bankasi
1992 Ed. (855, 856)
1997 Ed. (633, 634)
Turkiye Emlak Bankasi AS
1993 Ed. (656)
1994 Ed. (656, 657)
1995 Ed. (624, 625)
1996 Ed. (701)
1999 Ed. (674)
2000 Ed. (737)
Turkiye Finans Katilim Bankasi
2014 Ed. (2665)
2015 Ed. (2706)
2016 Ed. (2630)
Turkiye Finans Katolom Bankasa
2009 Ed. (2758)
2010 Ed. (2683)
2011 Ed. (2672)
2012 Ed. (2600)
Turkiye Garanti Bakasi
1999 Ed. (673)
Turkiye Garanti Bankasi
1994 Ed. (656, 657)
1997 Ed. (633, 634)
1999 Ed. (674)
2000 Ed. (684)
2002 Ed. (586, 657)
2003 Ed. (623)
2004 Ed. (632)
2005 Ed. (620)
2006 Ed. (533, 2050)
2007 Ed. (564, 2020)
2008 Ed. (410, 516, 2119)
2009 Ed. (550, 2105)
2010 Ed. (533, 2046)
2011 Ed. (462, 2103)
2012 Ed. (1943)
2013 Ed. (469, 470, 2107)
2014 Ed. (483, 484, 2039)
2015 Ed. (544, 545, 2088)
2016 Ed. (497, 498, 2070)
Turkiye Garanti Bankasi AS
1992 Ed. (856)
1993 Ed. (656)
1995 Ed. (624, 625)
1996 Ed. (700, 701)
2000 Ed. (737)
Turkiye Halk
1991 Ed. (681)
Turkiye Halk Bankasi
1992 Ed. (855, 856)

1997 Ed. (633)
1999 Ed. (673)
2005 Ed. (419, 540)
2006 Ed. (381, 468, 3229)
2007 Ed. (363, 469, 564)
2008 Ed. (351, 410, 434, 516)
2009 Ed. (458, 550, 2105)
2010 Ed. (533, 2046)
2011 Ed. (372, 462, 2103)
2012 Ed. (1943)
2013 Ed. (469, 470, 2107)
2014 Ed. (483, 484, 2039)
2015 Ed. (544, 545, 2088)
2016 Ed. (497, 498, 2070)
Turkiye Halk Bankasi AS
1993 Ed. (656)
1994 Ed. (657)
1995 Ed. (624, 625)
1996 Ed. (700, 701)
1997 Ed. (634)
1999 Ed. (674)
Turkiye Halk Bankasi (Foreign Relations)
2002 Ed. (586, 657)
2003 Ed. (623)
2004 Ed. (632)
2005 Ed. (528, 620)
2006 Ed. (457, 533)
Turkiye Halk Bankski
2000 Ed. (684)
Turkiye Halk Bankski AS
2000 Ed. (737)
Turkiye Ihracat Kredi Bankasi
1999 Ed. (674)
Turkiye Ihracat Kredi Bankasi AS
1997 Ed. (634)
2000 Ed. (737)
Turkiye Is Bankasi
1989 Ed. (700, 701)
1990 Ed. (709)
1991 Ed. (681)
1992 Ed. (855, 856)
1994 Ed. (656, 657)
1996 Ed. (700, 701)
1997 Ed. (633, 634)
1999 Ed. (673, 674)
2000 Ed. (684)
2002 Ed. (552, 657)
2003 Ed. (623)
2004 Ed. (491, 528, 632)
2005 Ed. (504, 620)
2006 Ed. (533, 2050)
2007 Ed. (564, 2020)
2008 Ed. (410, 516, 2119)
2009 Ed. (550, 2105)
2010 Ed. (2046)
2011 Ed. (2103)
2012 Ed. (1943)
2013 Ed. (469)
2014 Ed. (483)
2015 Ed. (544)
2016 Ed. (497)
Turkiye Is Bankasi AS
1993 Ed. (656)
1995 Ed. (624, 625)
2000 Ed. (737)
2010 Ed. (533)
2011 Ed. (462)
2013 Ed. (470, 2107)
2014 Ed. (484, 2039)
2015 Ed. (545, 2088)
2016 Ed. (498, 2070)
Turkiye Petrol Rafinerileri AS
2006 Ed. (3406)
2008 Ed. (3586)
2009 Ed. (3657)
2010 Ed. (3575)
2011 Ed. (3578)
2012 Ed. (3571)
2013 Ed. (3606)
2015 Ed. (2533)
Turkiye Petrolleri
1991 Ed. (1284)
Turkiye Sise ve Cam Fabrikalari AS
2010 Ed. (3575)
2011 Ed. (3578)
Turkiye Vakiflar
1991 Ed. (681)
2008 Ed. (2119)
2009 Ed. (2105)
2010 Ed. (2046)
2011 Ed. (2103)
Turkiye Vakiflar Bankasi
1992 Ed. (855, 856)
Turkiye Vakiflar Bankasi TAO
1993 Ed. (656)
1994 Ed. (657)
1995 Ed. (625)
1996 Ed. (701)
1997 Ed. (634)

1999 Ed. (674)
2000 Ed. (737)
2005 Ed. (419, 531, 532)
2006 Ed. (533)
2007 Ed. (564)
2008 Ed. (410, 516)
2009 Ed. (550)
2010 Ed. (533)
2011 Ed. (462)
Turkiye Vakiflar Bankasi TAO (Vakif-Bank)
2002 Ed. (657)
2003 Ed. (623)
2004 Ed. (528, 632)
Turkmenistan
2001 Ed. (4264)
2004 Ed. (4423)
2005 Ed. (4371)
2006 Ed. (2640, 4319)
2007 Ed. (4384)
2008 Ed. (4340)
2009 Ed. (4445)
2010 Ed. (4486)
2011 Ed. (4419)
2012 Ed. (2197)
2013 Ed. (2382)
2014 Ed. (2319, 2321)
Turks & Caicos
2006 Ed. (783)
Turks & Caicos Islands
2008 Ed. (851)
2010 Ed. (812, 3336)
2011 Ed. (737, 741, 3293)
2012 Ed. (674, 676, 3274)
Turlington Burns; Christy
2006 Ed. (2499)
Turn Media Platform
2012 Ed. (2304)
Turnauer; Max
2014 Ed. (4871)
2015 Ed. (4909)
Turnberry Capital Management LP
2003 Ed. (3119, 3122)
Turnberry Isle Resort & Club
1994 Ed. (2104)
1995 Ed. (2158)
1997 Ed. (2285)
1999 Ed. (2768)
2000 Ed. (2543)
Turnberry Isle Yacht and Country Club
1990 Ed. (2064)
Turnbull Ripley Design
2002 Ed. (1954)
Turnbull-Wahlert Construction
2009 Ed. (1146)
TurnCommerce Inc.
2009 Ed. (4132)
Turner; Andrew
2005 Ed. (2463)
2006 Ed. (2500)
2007 Ed. (2462)
2008 Ed. (2595)
Turner; B. Frank
1992 Ed. (1098)
Turner; B. Kevin
2005 Ed. (785)
Turner Barker Insurance
2013 Ed. (1824)
2014 Ed. (1752)
Turner Batson Architects PC
2008 Ed. (2512)
2009 Ed. (2522)
Turner Beverage Group
2001 Ed. (1003, 4306)
Turner; Billie B.
1993 Ed. (938)
Turner Broadcasting
1989 Ed. (255)
1990 Ed. (781, 3525)
1992 Ed. (322, 323, 943, 944, 945, 1291, 4145)
1993 Ed. (218, 219, 225, 753, 754, 3216, 3533)
1994 Ed. (206, 209, 213, 758, 759, 760, 762, 3503)
1995 Ed. (207, 208, 213, 716, 717, 1716, 3580)
1997 Ed. (228, 727, 728, 1236, 1239, 1778, 3717)
1998 Ed. (152, 1473)
2011 Ed. (3684)
2012 Ed. (3690)

2014 Ed. (38)
2015 Ed. (41)
2016 Ed. (40)
Turner Building Co.
2004 Ed. (1199)
Turner Construction
2016 Ed. (1106, 1137)
Turner Construction Co.
1990 Ed. (1176, 1195, 1196, 1210, 1211, 1212)
1991 Ed. (1099, 1100)
1992 Ed. (1371, 1434, 1435, 1437)
1993 Ed. (1098, 1149, 1150, 1151, 1153)
1994 Ed. (1156, 1157, 1174, 1175)
1995 Ed. (1125, 1136, 1141, 1175, 1176, 1193, 1194)
1996 Ed. (1098, 1106, 1108, 1167, 1168)
1997 Ed. (731, 1121, 1129, 1179, 1197, 1198, 2719)
1998 Ed. (904, 961, 973, 974)
1999 Ed. (1326, 1383, 1385, 1409, 1410)
2000 Ed. (1215, 1225, 1274)
2001 Ed. (1402, 1485)
2002 Ed. (1182, 1199, 1202, 1303, 1326, 2396)
2003 Ed. (1139)
2006 Ed. (1162, 1176, 1182, 1186, 1298, 1306, 1308, 1310, 1331, 1337, 1343)
2007 Ed. (1274, 1282, 1384, 1386)
2008 Ed. (1182, 1274, 1276, 1292, 1295, 1296, 1317, 1321, 1329, 1331, 1336)
2009 Ed. (1158, 1258, 1259, 1275, 1278, 1280, 1302, 1305, 1306, 1309, 1314, 1316, 1321, 1322, 1323, 1324, 1325, 1326, 1330, 1334, 1343, 1344)
2010 Ed. (1143, 1153, 1252, 1254, 1273, 1274, 1289, 1295, 1299, 1303, 1305, 1308, 1309, 1311, 1312, 1315, 1318, 1326, 1328, 1330, 1864, 2911)
2011 Ed. (1096, 1097, 1201, 1205, 1221, 1224, 1244, 1253, 1257, 1263, 1271, 1272, 1273, 1277, 1278, 1279, 1286, 1287, 1288, 1289, 1293, 1308, 1310, 1312)
2012 Ed. (1005, 1030, 1820)
2013 Ed. (1149, 1231, 1232, 1233, 1269)
2014 Ed. (1169, 1171, 1172, 1202)
2015 Ed. (1222, 1224, 1225, 1260, 1261, 3099)
2016 Ed. (1131, 1133, 1134, 1135, 1138, 1173, 1174, 1175, 1176)
Turner Construction Co. of Indiana LLC
2010 Ed. (1699)
2011 Ed. (1709)
Turner Consulting Inc.
2006 Ed. (3526)
2007 Ed. (3577, 4433)
2008 Ed. (3720, 4412)
The Turner Corp.
2013 Ed. (1150, 1235, 1240, 1243, 1244, 1247, 1248, 1275)
2014 Ed. (1112, 1149, 1174, 1178, 1181, 1182, 1185, 1186, 1208)
2015 Ed. (1157, 1198, 1199, 1227, 1232, 1233, 1235, 1236, 1239, 1240, 1266)
2016 Ed. (1069, 1107, 1143, 1144, 1146, 1147, 1150, 1151, 1181)
Turner Corp.
1989 Ed. (1002, 2467)
1990 Ed. (1160, 3246)
1991 Ed. (230, 1048, 1074, 3096)
1992 Ed. (324, 1354, 1359, 1376, 1424, 3931)
1993 Ed. (1085, 1087, 1100, 1115, 1138)
1994 Ed. (207, 1106, 1109, 1110, 1124, 1131, 1154)
1995 Ed. (209, 1123, 1124, 1127, 1139, 1149, 1156, 1173)
1996 Ed. (1105, 1111, 1112, 1113, 1121, 1122, 1148, 1654)
1997 Ed. (1126, 1127, 1137, 1138, 1139, 1150, 1151, 1157, 1177, 1732)
1998 Ed. (159, 513, 881, 882, 884, 891, 934, 935, 936, 1435, 2534)
1999 Ed. (1313, 1315, 1321, 1340, 1355, 1357, 1358, 1495, 2028)
2000 Ed. (287, 1196, 1200, 1238, 1240, 1246, 1247, 1249, 1256, 1805)

2001 Ed. (1398, 1402, 1462, 1463, 1468)
2002 Ed. (1175, 1212, 1213, 1228, 1229, 1236, 1241, 1242, 1245, 1246, 1247, 1251, 1253, 1255, 1262, 1270, 1280, 1282, 1291)
2003 Ed. (1139, 1244, 1245, 1247, 1249, 1250, 1254, 1255, 1258, 1259, 1260, 1264, 1265, 1267, 1277, 1294, 1303, 1308, 1316, 2290, 2291, 2292, 2630)
2004 Ed. (1143, 1247, 1248, 1250, 1252, 1256, 1257, 1259, 1261, 1262, 1263, 1267, 1268, 1270, 1272, 1281, 1289, 1295, 1306, 1311, 1316, 2748)
2005 Ed. (1166, 1172, 1173, 1279, 1298, 1299, 1301, 1302, 1313, 2418)
2006 Ed. (1162, 1168, 1169, 1239, 1243, 1245, 1246, 1248, 1250, 1267, 1268, 1271, 1274, 1283, 2792)
2007 Ed. (1274, 1337, 1339, 1341, 1343, 1344, 1348, 1350, 1352, 1355)
2008 Ed. (1174, 1222, 1224, 1228, 1230, 1231, 1235, 1237, 1238, 1240, 1241, 1242, 1244, 1247, 1252, 2915)
2009 Ed. (1206, 1210, 1212, 1213, 1217, 2281, 2637, 2638, 2640, 2641, 2642, 2971)
2010 Ed. (1143, 1146, 1176, 1210, 1213, 1215, 1216, 1220, 2542, 2543, 2544, 2545, 2546, 2547)
2011 Ed. (1084, 1085, 1089, 1124, 1158, 1160, 1162, 1163, 1167, 1182)
2012 Ed. (1005, 1006, 1057, 1058, 1059, 1094, 1097, 1099, 1100, 1102, 1105, 1107, 1108, 1109, 1110, 1112, 1113, 1115, 1116, 1120, 1129, 2376)
2013 Ed. (1149)
Turner Digital
2013 Ed. (3374)
Turner Emerging Growth Investment
2013 Ed. (3815)
Turner Financial Services
2004 Ed. (3587)
Turner Foundation
2002 Ed. (2333)
Turner; Fred L.
1991 Ed. (926)
The Turner Group
1992 Ed. (1402)
1999 Ed. (1354)
Turner Industries Group
2013 Ed. (1234)
2014 Ed. (1173)
2015 Ed. (4099)
2016 Ed. (4013)
Turner Industries Group LLC
2006 Ed. (1248, 1324, 1325)
2007 Ed. (1346, 1376, 1377, 1389)
2008 Ed. (1233, 1310, 1335)
2009 Ed. (1215, 1295, 1332, 1333)
2010 Ed. (1218, 1317)
2011 Ed. (1165, 1242, 1246, 1269, 1292)
2012 Ed. (1103)
2013 Ed. (1245)
2014 Ed. (1183)
2015 Ed. (1226, 1237)
2016 Ed. (1060, 1136, 1148)
Turner Industries Holding Co.
2004 Ed. (1142)
2005 Ed. (1165)
Turner Industries Holding Co. LLC
2004 Ed. (1278, 1279, 1285, 1287)
2005 Ed. (1303)
2006 Ed. (1272)
Turner Industries Ltd.
2001 Ed. (1395, 1401, 1466)
2002 Ed. (1238, 1266, 1268, 1269)
2003 Ed. (1138, 1248, 1252, 1275, 1276, 1281, 1284)
Turner Investment Partners
1995 Ed. (2359)
Turner; Jeffrey L.
2011 Ed. (858)
2014 Ed. (946)
Turner Micro Cap Growth
2003 Ed. (3507, 3551)
2004 Ed. (3575)
2005 Ed. (3559)
2006 Ed. (3642)
Turner Mid Cap Growth
2003 Ed. (3495)

Turner Neill Investment
1992 Ed. (2754, 2758, 2762, 2766)
Turner Network Television
1990 Ed. (880, 885)
Turner & Newall
1990 Ed. (1903)
Turner Padget Graham & Laney PA
2013 Ed. (3440)
Turner Professional Services
2004 Ed. (3944)
Turner Public Relations
2015 Ed. (4126, 4147)
2016 Ed. (4040, 4061)
Turner Public Relations Inc.
2007 Ed. (1684)
Turner Road Vintners
2001 Ed. (4840, 4841)
2002 Ed. (4913)
2003 Ed. (4959, 4961)
Turner; Robert E. (Ted)
2005 Ed. (4022)
Turner Small Cap
1997 Ed. (2905)
Turner Small Cap Growth
2006 Ed. (3646)
Turner Small Cap Value
2003 Ed. (3509)
2004 Ed. (2458)
Turner Sports
2011 Ed. (3324, 4807)
Turner Supply Co.
2006 Ed. (4338)
Turner; Ted
1993 Ed. (1693)
2005 Ed. (3832)
2008 Ed. (895)
Turner; Tina
2011 Ed. (1066)
Turner & Townsend plc
2013 Ed. (1291, 1292)
2014 Ed. (1224, 1225)
2015 Ed. (1283)
Turner Universal
2009 Ed. (1245, 1312, 1332)
Turner Universal Construction Co.
2006 Ed. (1341)
2008 Ed. (1327, 1335)
Turner; W. Bruce
1996 Ed. (1773, 1847)
1997 Ed. (1919)
Turner, Warren, Hwang & Conrad
2012 Ed. (7)
2013 Ed. (14)
2014 Ed. (10)
2015 Ed. (11)
2016 Ed. (10)
Turney; Sharen
2011 Ed. (4968, 4969)
Turning Leaf
1999 Ed. (4788, 4789, 4790, 4793, 4794, 4796, 4799, 4800)
2000 Ed. (4412, 4413, 4414, 4418, 4421, 4424, 4426)
2001 Ed. (4877, 4878, 4879, 4881, 4888, 4894)
2002 Ed. (4941, 4943, 4948, 4955, 4961)
2003 Ed. (4965)
2004 Ed. (4966)
2005 Ed. (4951, 4952, 4953, 4956, 4958)
Turning Myths into Money
2013 Ed. (619)
Turning Technologies
2009 Ed. (1106)
TurnKey
2006 Ed. (1160)
Turnkey
2015 Ed. (3760)
Turnkey Bonds
1997 Ed. (3178)
Turnpike Motors Auto Body
2013 Ed. (1572)
Turnstone Systems
2005 Ed. (4521)
Turquoise Hill Resources
2015 Ed. (3678)
Turquoise/aqua
1992 Ed. (427)
Turramurra Music
2013 Ed. (3787)
2015 Ed. (3736)
2016 Ed. (3645)
Turtle & Hughes Inc.
1992 Ed. (4487)
2001 Ed. (4925)
2006 Ed. (3528, 4367, 4987)
2007 Ed. (3580, 4992)
2008 Ed. (3722, 4973, 4986)
2009 Ed. (4992)

2012 Ed. (4991)
2013 Ed. (4985, 4986)
2014 Ed. (4988, 4991)
2015 Ed. (5034, 5035)
2016 Ed. (4986, 4989)
Turtle Mountain
2014 Ed. (2797)
2016 Ed. (2770)
Turtle Mountain Manufacturing Co.
2007 Ed. (3587, 4439)
Turtle Wax Inc.
1989 Ed. (338, 339)
1991 Ed. (338, 3514)
1992 Ed. (469, 470)
1993 Ed. (342, 343, 3733)
1994 Ed. (329, 330)
1995 Ed. (326)
1996 Ed. (3878)
1997 Ed. (318)
1998 Ed. (242)
2000 Ed. (355, 4431)
2001 Ed. (4744)
2006 Ed. (4989, 4990)
2007 Ed. (4986)
2010 Ed. (4993)
Turtle Wax Super Hard Shell
2001 Ed. (4744)
Turtle Wax Zip Wax
2001 Ed. (4744)
Turun Alueen
1992 Ed. (661)
Turun Alueen Saastopankki
1993 Ed. (473)
Turun Suomalainen
1992 Ed. (661)
Turun Suomalainen Saastopankki
1993 Ed. (473)
Turvatiimi Oyj
2009 Ed. (832, 1667)
Tusa; Steve
2011 Ed. (3352)
Tuscaloosa, AL
1991 Ed. (830)
1993 Ed. (815)
2008 Ed. (3511)
Tuscaloosa Steel Corp.
1999 Ed. (2115)
Tuscan Dairy Farms
2008 Ed. (3669)
Tuscan Electric Power
2010 Ed. (2333, 2805)
Tuscan Farms
2000 Ed. (3134)
2001 Ed. (3312)
2008 Ed. (3670)
Tuscany
1997 Ed. (3031)
Tuscany International Drilling
2014 Ed. (1447)
Tuscon, AZ
1998 Ed. (1857)
Tuskar Resources PLC
1993 Ed. (1534)
Tuskegee University
1994 Ed. (1058, 1900)
2000 Ed. (744)
2009 Ed. (200, 1039)
2010 Ed. (1005)
Tusker Lager
2001 Ed. (50)
Tusla (OK) State Fair
1991 Ed. (1635)
Tusonix
1990 Ed. (2002)
The Tussauds Group
2001 Ed. (378)
2002 Ed. (309)
2003 Ed. (274)
2005 Ed. (251)
2006 Ed. (270)
2007 Ed. (274)
Tustin Acura
1991 Ed. (300)
1992 Ed. (405)
Tustin Alfa Romeo
1995 Ed. (259)
Tustin Lexus
1994 Ed. (258)
Tustin Suzuki
1993 Ed. (302)
Tut Systems, Inc.
2001 Ed. (4182)
Tuthill; Jean H.
1991 Ed. (2345)
Tutor Doctor
2010 Ed. (2323)
2011 Ed. (2319)
2012 Ed. (2221)
2013 Ed. (2399)
2014 Ed. (2336)

2015 Ed. (2402)
2016 Ed. (2345)
Tutor Perini Building Corp.
2014 Ed. (1203)
Tutor Perini Corp.
2011 Ed. (1159, 1160, 1163, 1168, 1278, 2440)
2012 Ed. (1004, 1006, 1058, 1094, 1097, 1106, 1109, 1115, 1116, 1129, 2376)
2013 Ed. (1148, 1149, 1150, 1235, 1238, 1240, 1248, 1249, 1269, 1275)
2014 Ed. (1111, 1174, 1176, 1178, 1187, 1202)
2015 Ed. (1150, 1151, 1199, 1230, 1232, 1241)
2016 Ed. (1107, 1129, 1130, 1141, 1143, 1152)
Tutor-Saliba Corp.
1992 Ed. (1437)
1993 Ed. (1151)
1994 Ed. (1174)
1995 Ed. (1193)
1996 Ed. (1167)
1997 Ed. (1152, 1155, 1197)
1998 Ed. (941, 973)
1999 Ed. (1360, 1364, 1409)
2000 Ed. (1251, 1255)
2001 Ed. (1467)
2002 Ed. (1284, 1326)
2003 Ed. (1296)
2004 Ed. (1299)
2005 Ed. (1307)
Tutor Time Child Care Learning Center
1999 Ed. (1128)
Tutor Time Franchise LLC
2006 Ed. (1005)
2007 Ed. (1096)
Tutor Time Learning Centers LLC
2005 Ed. (995)
Tutor Time Learning Systems Inc.
2002 Ed. (1044)
2003 Ed. (962)
The Tutoring Center
2015 Ed. (2402)
Tutoring Club Inc.
2003 Ed. (2126)
2004 Ed. (2174)
2005 Ed. (904, 2275)
2006 Ed. (2343)
2007 Ed. (2279)
2008 Ed. (2412)
2009 Ed. (2412)
Tutoring Club LLC
2010 Ed. (2323)
2011 Ed. (2319)
2012 Ed. (2221)
2013 Ed. (2399)
2014 Ed. (2336)
Tutoris
2013 Ed. (1608)
Tutoris Oy
2010 Ed. (1619)
2011 Ed. (1628)
2012 Ed. (1479)
Tutta Bella Neapolitan Pizzeria
2012 Ed. (3981)
2015 Ed. (4027)
2016 Ed. (3939)
Tutti Fruitti Frozen Yogurt
2015 Ed. (4260)
Tuttle Publishing
2001 Ed. (3951)
Tutunska Banka AD Skopje
1999 Ed. (583)
2000 Ed. (599)
Tuxedo Park
2004 Ed. (734)
TV
2000 Ed. (4245)
TV 3
2004 Ed. (43)
2005 Ed. (37)
TV 4
2010 Ed. (2003)
TV A Brazil
1997 Ed. (877)
TV advertising
1990 Ed. (2737)
TV and radio, local
1992 Ed. (94)
TV and radio, national
1992 Ed. (94)
TV Asahi
2016 Ed. (3491)
TV Azteca
2003 Ed. (3353)
TV Azteca, SA
2003 Ed. (4596)

TV Azteca, SA de CV
  2004 Ed. (3417)
  2005 Ed. (3429)
TV Choice
  2008 Ed. (3534)
TV Crosswords
  1994 Ed. (2792)
TV game shows
  1995 Ed. (3577)
TV Guide
  1989 Ed. (181, 185, 2172, 2176,
    2180, 2181, 2182)
  1990 Ed. (884, 2801)
  1991 Ed. (2701, 2702, 2704, 2707,
    2710)
  1992 Ed. (3370, 3371, 3388)
  1993 Ed. (2789, 2790, 2791, 2794,
    2795, 2796, 2797, 2804, 2807)
  1994 Ed. (2782, 2783, 2784, 2787,
    2788, 2790, 2798, 2801, 2803,
    2804, 2805)
  1995 Ed. (2880, 2882, 2885, 2886,
    2887, 2890)
  1996 Ed. (2957, 2958, 2959, 2960,
    2962, 2964, 2965, 2971, 2972)
  1997 Ed. (3035, 3038, 3039, 3041,
    3045, 3048, 3049, 3050)
  1998 Ed. (70, 72, 1278, 1343, 2783,
    2784, 2787, 2797, 2798, 2801)
  1999 Ed. (1853, 3751, 3752, 3753,
    3764, 3766, 3769, 3770, 3771)
  2000 Ed. (203, 3461, 3462, 3472,
    3475, 3476, 3481, 3491, 3493)
  2001 Ed. (248, 257, 260, 1231, 3192,
    3194, 3195, 3196, 3198, 3709,
    3710, 3953)
  2002 Ed. (221, 3226)
  2003 Ed. (191, 3274, 3275)
  2004 Ed. (148, 3336, 3337)
  2005 Ed. (136, 146, 3361, 3362)
  2006 Ed. (149, 150, 152, 154, 159,
    3347)
  2007 Ed. (141, 144, 146, 170, 3403,
    3404)
  2008 Ed. (3533)
TV Guide International Inc.; Gemstar-
  2005 Ed. (2445, 2861)
  2006 Ed. (4585, 4588)
TV Hebdo
  2015 Ed. (3546)
TV Hits
  2000 Ed. (3501)
TV Host
  1990 Ed. (884)
TV Marketing
  2001 Ed. (25)
TV Markiza
  2001 Ed. (77)
  2007 Ed. (76)
TV Markza
  2005 Ed. (77)
TV Notas
  2011 Ed. (2941)
  2012 Ed. (2872)
  2013 Ed. (2948)
  2014 Ed. (2966)
  2015 Ed. (3035)
  2016 Ed. (2931)
TV Offer
  2009 Ed. (51)
TV Offer Panama
  2009 Ed. (78)
TV One
  2004 Ed. (43)
  2010 Ed. (173)
  2011 Ed. (97)
  2012 Ed. (104)
TV programs
  1992 Ed. (2859)
TV Promotion Group
  2004 Ed. (73)
TV Quick
  2000 Ed. (3494)
TV repairmen
  1991 Ed. (813, 2628)
TV Shop
  2009 Ed. (28)
TV Shopping
  2008 Ed. (69)
  2009 Ed. (78)
  2010 Ed. (88)
TV stations
  2005 Ed. (1470, 1481)
TV Store
  2001 Ed. (91)
TV Times
  2000 Ed. (3494)
TV Tip
  2005 Ed. (77)
  2006 Ed. (86)

  2007 Ed. (76)
T.V. Travel
  1990 Ed. (3652)
TV y Novelas
  2000 Ed. (4086)
  2009 Ed. (3597)
  2010 Ed. (2979)
  2011 Ed. (2941)
  2012 Ed. (2872)
  2013 Ed. (2948)
  2014 Ed. (2966)
  2015 Ed. (3035)
  2016 Ed. (2931)
TVA
  2001 Ed. (3868)
  2010 Ed. (3766)
TVA Fire & Life Safety Inc.
  2006 Ed. (4264, 4265)
  2007 Ed. (4292, 4293)
  2009 Ed. (763)
TVA Group
  2007 Ed. (1621)
  2010 Ed. (670, 1549)
  2011 Ed. (602, 4555, 4559, 4560)
  2012 Ed. (567, 3604, 4563, 4568)
  2013 Ed. (707, 3660)
  2014 Ed. (730)
  2015 Ed. (775)
Tvarski
  2002 Ed. (289)
TVB
  1999 Ed. (1647)
TVBS
  1999 Ed. (1006)
TVBS-N
  1999 Ed. (1006)
TVC One Inc.
  2014 Ed. (4092)
Tvedt Group Ltd.
  1993 Ed. (968)
Tverskaya
  2006 Ed. (4182)
TverUniversal Bank
  1995 Ed. (596)
TVH Acquisition
  1992 Ed. (1486)
TVI Corp.
  2005 Ed. (2013)
  2006 Ed. (2734)
TVI Pacific
  2012 Ed. (3669)
TVIS
  1999 Ed. (1006)
Tvisions, Inc.
  2002 Ed. (2521)
TVK
  1999 Ed. (947)
  2000 Ed. (893)
  2002 Ed. (854)
  2006 Ed. (664)
  2011 Ed. (794)
  2012 Ed. (752)
TVKO/Partners
  1996 Ed. (867)
TVKO/Top Rank
  1995 Ed. (881)
TVLogic
  2015 Ed. (2036)
TVM Techno Venture Management
  1995 Ed. (3695)
  1996 Ed. (3782)
  1998 Ed. (3666)
  1999 Ed. (4706)
TVNZ Advertising
  1992 Ed. (67)
  1993 Ed. (44)
TVNZ -- Music
  2001 Ed. (62)
Tvornica
  2004 Ed. (31)
Tvornica Duhana Rovinj
  2005 Ed. (24)
TVR Inc.
  2011 Ed. (1306)
tvsdesign
  2011 Ed. (190)
  2013 Ed. (3364)
TVTI
  2015 Ed. (3054)
TVVK ME
  1997 Ed. (1384)
TVX Broadcast Group Inc.
  1990 Ed. (3550)
TVX Gold Inc.
  1996 Ed. (2033)
  1997 Ed. (2152)
  2001 Ed. (4270)
  2002 Ed. (3738)
  2003 Ed. (2626)
  2004 Ed. (3681)

TW Classic Festival
  2015 Ed. (1140)
TW Food Services
  1993 Ed. (2381)
TW Holdings
  1991 Ed. (1731)
  1992 Ed. (2173, 3688, 3930)
  1993 Ed. (3031, 3290)
  1994 Ed. (1884, 3281)
  1995 Ed. (2443)
TW Services
  1989 Ed. (1445, 2463, 2472)
  1990 Ed. (1814, 1818, 3004, 3245,
    3253)
  1991 Ed. (3095)
  1992 Ed. (1439, 1460, 4025)
TW Telecom Holdings Inc.
  2011 Ed. (1592)
  2012 Ed. (1435)
  2013 Ed. (1566)
tw telecom Inc.
  2014 Ed. (1525)
TW Telecom LP
  2008 Ed. (1690)
  2009 Ed. (1613)
TWA
  1989 Ed. (234, 235, 238, 240, 241,
    243, 244)
  1990 Ed. (199, 200, 206, 207, 208,
    209, 213, 215, 216, 222, 224, 225,
    226, 227, 229, 233, 234, 235, 242,
    3541)
  1991 Ed. (189, 196, 197, 203, 204,
    208, 210, 211, 212, 3318)
  1992 Ed. (266, 278, 281, 284, 285,
    288, 289, 291, 295, 302, 303,
    1379)
  1993 Ed. (169, 170, 177, 188, 193,
    202, 1106)
  1994 Ed. (155, 162, 164, 165, 185)
  1995 Ed. (176, 182, 192)
  1996 Ed. (184, 191, 355, 1115)
  1997 Ed. (194, 196, 197, 198, 201,
    203, 218, 1330, 1332, 1336, 1340,
    1342, 1344, 1346, 1348)
  1998 Ed. (126, 127, 130, 131, 133,
    134, 248, 249, 250, 925, 1089,
    1090, 1091, 1093, 1094, 1095,
    1096, 1098, 1178)
  1999 Ed. (214, 216, 220, 222, 225,
    226, 229, 231, 245, 1518, 1520,
    1524, 1708)
  2001 Ed. (295)
TWA Airlines
  2003 Ed. (248)
TWA Credit Union
  1993 Ed. (1449)
TWA Services Inc.
  1994 Ed. (1102)
Twain Bank; Mark
  1997 Ed. (562)
Twain; Shania
  2006 Ed. (1157)
TWE Group
  2012 Ed. (3770)
Tweaker
  2014 Ed. (4530)
  2015 Ed. (677, 678, 4530)
  2016 Ed. (618, 619)
Tweddle Litho Co.
  1998 Ed. (2921)
  1999 Ed. (3895)
  2000 Ed. (3609)
  2001 Ed. (3891)
Tweed Associates Inc.; Gilbert
  1993 Ed. (1692)
  1994 Ed. (1711)
Tweedy Brown Global Value
  2000 Ed. (3237)
Tweedy Browne Amer. Value
  1999 Ed. (3520)
Tweedy, Browne Global Value
  1999 Ed. (3517)
  2003 Ed. (2364, 3529, 3611, 3614)
  2004 Ed. (2481, 3645, 3657)
  2005 Ed. (3575, 4484, 4488)
  2006 Ed. (3684, 4558)
  2011 Ed. (4540)
Tween Brands
  2009 Ed. (984)
  2010 Ed. (948)
Tweeter Center
  2003 Ed. (269)
Tweeter Center at the Waterfront
  2003 Ed. (269)
Tweeter Center for the Performing Arts
  2002 Ed. (4342)
  2003 Ed. (269)
Tweeter Home Entertainment
  2005 Ed. (2358)

Tweeter Home Entertainment Group
  2005 Ed. (4136)
  2006 Ed. (2404, 4184)
  2007 Ed. (2355, 2864, 2865)
  2008 Ed. (885, 1909, 2478)
  2009 Ed. (2481, 3068)
  2010 Ed. (2999)
Twelve Oaks Mall
  2000 Ed. (4028)
  2001 Ed. (4252)
  2002 Ed. (4280)
Twelve Sharp
  2008 Ed. (552)
  2009 Ed. (582)
Twentieth Centry Ultra
  1992 Ed. (3193)
Twentieth Century
  1993 Ed. (2668)
  1994 Ed. (2216)
Twentieth Century Balance Investors
  1995 Ed. (2739)
Twentieth Century Balanced
  1993 Ed. (2662, 2673)
Twentieth Century Balanced Investors
  1994 Ed. (2639)
Twentieth Century Fox
  1996 Ed. (2690, 2691)
  1997 Ed. (2816, 2819)
  1998 Ed. (2532, 2534)
  1999 Ed. (3442)
  2000 Ed. (3164)
  2001 Ed. (3359, 3360, 3377, 4694)
  2002 Ed. (3393, 3394, 3395, 3396)
  2003 Ed. (3451, 3452)
  2004 Ed. (3512, 4141)
  2007 Ed. (3640)
  2012 Ed. (3718)
  2016 Ed. (3624)
Twentieth Century Fox Film
  1991 Ed. (2487, 3086, 3097)
  1995 Ed. (1716)
Twentieth Century Fox International Inc.
  2001 Ed. (4702)
Twentieth Century Fox Television
  2012 Ed. (4682)
  2013 Ed. (2675)
  2014 Ed. (2693)
Twentieth Century Giftrust
  1991 Ed. (2555)
  1992 Ed. (3193)
  1993 Ed. (2650, 2658, 2669, 2680)
  1994 Ed. (2603)
  1995 Ed. (2676, 2696, 2724, 2737)
  1996 Ed. (2751, 2772, 2797)
  1997 Ed. (2872, 2880)
Twentieth Century Giftrust Investors
  1996 Ed. (2798)
Twentieth Century Growth
  1991 Ed. (2556, 2567)
  1993 Ed. (2659, 2670, 2688)
Twentieth Century Growth Investors
  1994 Ed. (2599, 2634)
Twentieth Century Industries
  1996 Ed. (2332)
Twentieth Century Insurance
  1996 Ed. (2270)
  1997 Ed. (2410, 2457)
  1998 Ed. (2114)
  1999 Ed. (2900)
Twentieth Century International
  1997 Ed. (2870)
Twentieth Century International Equity
  1996 Ed. (2804)
Twentieth Century Select
  1991 Ed. (2556)
  1992 Ed. (3149)
Twentieth Century Tax-Ex. Short Term
  1996 Ed. (2796)
Twentieth Century Ultra
  1993 Ed. (2646, 2648, 2658, 2669,
    2680, 2691)
  1995 Ed. (2676, 2690, 2691, 2696,
    2713, 2737)
  1996 Ed. (2766, 2768)
  1997 Ed. (2865, 2868)
  1998 Ed. (2607, 2615)
Twentieth Century Ultra Investors
  1994 Ed. (2599, 2637)
  1996 Ed. (2798, 2799)
Twentieth Century U.S. Government
  1996 Ed. (2767)
Twentieth Century Vista
  1993 Ed. (2658, 2691)
  1996 Ed. (2764)
  1997 Ed. (2864)
Twenty-First Century Fox
  2015 Ed. (1372, 2610)
  2016 Ed. (2531, 2532, 3494, 3499,
    4495)
Twenty-First Century Fox Inc.

2016 Ed. (1875, 3625, 3626, 4068, 4073)
Twenty-First Securities
1989 Ed. (1859)
TWFG Insurance Services
2016 Ed. (3262)
TWICE
2013 Ed. (803)
Twice
2010 Ed. (786)
Twickenham Stadium
2010 Ed. (4565)
2011 Ed. (4527)
Twigden Ltd.
1995 Ed. (1016)
Twigden PLC
1993 Ed. (971, 975)
1994 Ed. (1003)
Twigg; Weston
2011 Ed. (3371)
Twilight
2009 Ed. (579)
2010 Ed. (559, 561, 562, 2520)
2011 Ed. (489, 491)
2012 Ed. (447, 450)
2013 Ed. (560)
Twilight: Director's Notebook
2011 Ed. (490)
The Twilight Saga
2012 Ed. (3724)
The Twilight Saga: Breaking Dawn
2013 Ed. (3770, 3771, 3772)
2014 Ed. (3699)
The Twilight Saga: Eclipse
2012 Ed. (3725)
The Twilight Saga: Eclipse: The Official Illustrated Movie Companion
2012 Ed. (451)
The Twilight Saga: New Moon
2011 Ed. (3704)
Twilight Saga No. 2: New Moon
2012 Ed. (447, 450)
Twilight Saga No. 3: Eclipse
2012 Ed. (447, 450)
2013 Ed. (560)
The Twilight Saga No. 4: Breaking Dawn
2012 Ed. (447, 448, 451)
2014 Ed. (575)
Twilight Saga No. 4: Breaking Dawn
2013 Ed. (560, 564)
Twilight: The Complete Illustrated Movie Companion
2010 Ed. (562)
Twilio
2016 Ed. (2911, 4566)
Twin Capital
1993 Ed. (2322)
Twin Capital Management
1992 Ed. (2759, 2763)
Twin Capital Mortgage
2009 Ed. (2763)
Twin Cities Cable
1992 Ed. (1023)
Twin Cities Public Television
2006 Ed. (3718)
Twin City Co-Ops Credit Union
2002 Ed. (1873)
2003 Ed. (1927)
2004 Ed. (1967)
2005 Ed. (2109)
2006 Ed. (2204)
2007 Ed. (2125)
2008 Ed. (2240)
2009 Ed. (2226)
Twin City Electric LLC
2010 Ed. (1288)
2012 Ed. (1171)
Twin County Cable
1997 Ed. (871)
Twin County Credit Union
2003 Ed. (1953)
2004 Ed. (1993)
2005 Ed. (2135)
2006 Ed. (2230)
Twin County Grocers
1993 Ed. (3490, 3491)
1994 Ed. (1998, 1999, 2001, 2003)
1995 Ed. (1210, 2051, 2054, 2057)
1996 Ed. (1177, 1178, 2050, 2053)
1998 Ed. (1871, 1873)
2000 Ed. (2388, 2390)
Twin Disc Inc.
2015 Ed. (2182)
Twin Falls, ID
1996 Ed. (977)
1998 Ed. (245)
2004 Ed. (869)
2005 Ed. (838)
2006 Ed. (766)

2007 Ed. (864)
2008 Ed. (825)
2009 Ed. (847)
2010 Ed. (792)
Twin Mountain Construction II Co.
2009 Ed. (1303)
Twin Oaks
2015 Ed. (4273)
2016 Ed. (4170)
Twin Otter
1994 Ed. (187)
Twin Palms Pasadena
2002 Ed. (4035)
Twin Peaks
2014 Ed. (4278)
Twin Rivers Park Ltd.
2016 Ed. (1467)
Twin Rivers Plumbing Inc.
2010 Ed. (1304)
Twin States Federal Credit Union
2005 Ed. (308)
Twin Valley
2004 Ed. (4951, 4952)
2005 Ed. (4931, 4932)
2006 Ed. (4961, 4962)
Twin Valu
1991 Ed. (1992)
1994 Ed. (2154)
1995 Ed. (2196)
1996 Ed. (2214)
1997 Ed. (2343)
Twin Value
1991 Ed. (1991)
Twinem; Mary
2010 Ed. (2569)
2015 Ed. (2638)
Twinfast
1998 Ed. (1272, 1352)
Twinhead International Corp.
1992 Ed. (1700)
Twining
2009 Ed. (601)
Twinings
1994 Ed. (3478)
1995 Ed. (3547)
1999 Ed. (710)
2002 Ed. (703)
2003 Ed. (4676)
2008 Ed. (4599)
2010 Ed. (585, 4675)
2011 Ed. (4623)
2013 Ed. (4581)
Twinings of London
2014 Ed. (4641)
2015 Ed. (4628)
2016 Ed. (4546)
Twinings - U.K. & Ireland
2013 Ed. (2110)
2014 Ed. (2044)
Twinkies
2014 Ed. (4487)
2015 Ed. (4483)
2016 Ed. (4379)
Twinkle
2003 Ed. (983)
Twinlab
2000 Ed. (4091)
2001 Ed. (2015)
2003 Ed. (2108, 4857, 4860, 4861)
Twinlab Diet Fuel
2002 Ed. (4889, 4890)
2003 Ed. (2059)
Twinlab Metabolift
2002 Ed. (4889)
2003 Ed. (2059)
Twinlab Ripped Fuel
2002 Ed. (4889, 4890)
2003 Ed. (2059)
Twinnings
2005 Ed. (4605)
Twinpak Inc.
1996 Ed. (2900)
1999 Ed. (3840)
Twins
1991 Ed. (2488)
Twins Ballpark LLC
2013 Ed. (1883)
Twinstar Credit Union
2010 Ed. (2206)
2011 Ed. (2224)
2013 Ed. (2273)
Twist Marketing
2007 Ed. (1570)
Twisted
2016 Ed. (190)
Twisted Tea
2003 Ed. (261)
2015 Ed. (199)
Twisted Tea Hard Iced Tea
2015 Ed. (200)

Twister
1998 Ed. (2535, 2537, 3673, 3675)
Twister on Tuesday
2003 Ed. (713)
Twitch Interactive
2016 Ed. (4770)
Twitter
2010 Ed. (32, 3378)
2011 Ed. (3325, 3326)
2012 Ed. (655, 2875, 3091, 3306, 3311, 3312)
2013 Ed. (800, 2951, 3383, 3384)
2014 Ed. (817, 819, 2968, 3385)
2015 Ed. (762, 1501, 3038, 3421)
2016 Ed. (1006, 1442, 3098)
Twitter Inc.
2013 Ed. (3378)
2015 Ed. (4416)
Twix
1992 Ed. (1045)
1994 Ed. (856)
1996 Ed. (873)
1999 Ed. (785, 1025, 1026)
2000 Ed. (972, 1055)
2001 Ed. (1121)
2002 Ed. (1049, 1167)
2003 Ed. (963)
2004 Ed. (978)
2005 Ed. (996)
2008 Ed. (712)
2009 Ed. (722)
2010 Ed. (645)
2014 Ed. (949)
2015 Ed. (979)
2016 Ed. (876, 877)
Twix Caramel
1990 Ed. (895)
1997 Ed. (895)
2000 Ed. (1054)
Twizzler
1999 Ed. (1017, 1018)
2001 Ed. (1119)
2008 Ed. (837)
Twizzler Licorice
2004 Ed. (875, 876)
Twizzler Sours
2008 Ed. (837)
Twizzler Twerps
2008 Ed. (837)
Twizzlers
2003 Ed. (1131, 1132)
2006 Ed. (774)
2007 Ed. (871)
2008 Ed. (835)
2014 Ed. (829)
2015 Ed. (869)
2016 Ed. (760)
Twizzlers Cherry Kick
2014 Ed. (829)
2015 Ed. (869)
Twizzlers Nibs
2014 Ed. (829)
2015 Ed. (869)
2016 Ed. (760)
Twizzlers Pull 'n' Peel
2016 Ed. (760)
Twizzlers Pull n' Peel
2014 Ed. (829)
2015 Ed. (869)
Twizzlers Strawberry
1995 Ed. (891)
Two Commerce Square
1998 Ed. (2697)
2000 Ed. (3365)
Two Degrees Mobile Ltd.
2013 Ed. (2898)
Two Dogs
2003 Ed. (4942)
2004 Ed. (4946)
Two Fingers
1991 Ed. (3336)
1993 Ed. (3546)
1994 Ed. (3505)
1998 Ed. (3508, 3509)
1999 Ed. (4579)
2000 Ed. (4233)
2001 Ed. (4503)
2002 Ed. (4604)
The Two-Income Trap
2005 Ed. (722)
Two Liberty Place
1998 Ed. (2697)
2000 Ed. (3365)
Two Men & a Truck International
2014 Ed. (3706)
2015 Ed. (3720)
2016 Ed. (3635)
Two Men & a Truck International Inc.
2002 Ed. (4260)
2004 Ed. (4410)

2005 Ed. (4358)
2006 Ed. (4299)
2007 Ed. (4366)
2008 Ed. (4322)
2009 Ed. (3783)
2011 Ed. (4405)
2012 Ed. (4472)
2013 Ed. (4436)
2014 Ed. (4985)
2016 Ed. (4964)
Two of a Kind
2000 Ed. (4217)
Two Pesos
1990 Ed. (3561)
Two-pocket portfolio, 8.5 in. x 11 in.
1989 Ed. (2632, 2633)
Two Prudential Plaza
1998 Ed. (2695)
2000 Ed. (3364)
Two Shepherds
2014 Ed. (4951)
The Two Towers
2004 Ed. (745)
Two Valleys Olive Oil
2015 Ed. (3794)
Two-way radio
1998 Ed. (3205)
Two Weeks Notice
2005 Ed. (4832)
Two West Inc.
2014 Ed. (3566)
Two World Trade Center
1997 Ed. (939)
TWR
1993 Ed. (1382)
Twynam Agricultural Group
2002 Ed. (247, 3770)
2004 Ed. (1637, 3950, 3963)
TXI
2007 Ed. (4594)
2008 Ed. (4545)
Txirula
2016 Ed. (3665)
TxMQ Inc.
2016 Ed. (1873)
TXU Australia
2002 Ed. (4708)
2004 Ed. (1646)
2006 Ed. (1438)
TXU Corp.
2001 Ed. (1685, 4661)
2003 Ed. (2135, 2136, 2137, 2139, 2140, 2143, 2285, 2607)
2004 Ed. (2191, 2193, 2200, 2201, 2319, 4496)
2005 Ed. (1971, 2295, 2313, 2314, 2395, 2398, 2413)
2006 Ed. (1514, 1521, 2353, 2359, 2360, 2361, 2362, 2364, 2437, 2440, 2445, 2446, 2693, 2694, 2696, 4461, 4579, 4582, 4604)
2007 Ed. (1542, 1550, 2290, 2291, 2293, 2381, 2383, 2384, 2390, 2391, 4518, 4523)
2008 Ed. (1526, 2496, 2497, 2499, 2505, 2507, 2849)
2009 Ed. (1396, 2424, 2425, 2426, 2436, 2511, 2869)
TXU Electric Delivery
2007 Ed. (2297)
TXU Electric & Gas
2002 Ed. (3879, 4710)
TXU Energy
2005 Ed. (1576)
2012 Ed. (2235, 2718)
TXU Energy Retail Co.
2011 Ed. (3146)
TXU Europe Group plc
2002 Ed. (2832)
TXU Gas Co.
2005 Ed. (2716, 2717, 2718, 2719, 2723)
TXX Services
2000 Ed. (4434)
Ty-D-Bol
2003 Ed. (987)
Ty; George
2006 Ed. (4921)
2010 Ed. (4917)
2011 Ed. (4903)
2012 Ed. (4914)
2013 Ed. (4897)
2014 Ed. (4909, 4910)
2015 Ed. (4950, 4951)
2016 Ed. (4865, 4866)
Ty Govatos
1993 Ed. (1819)
1994 Ed. (1802)
1995 Ed. (1840)
1996 Ed. (1818)

1997 Ed. (1892)
1998 Ed. (1664)
1999 Ed. (2254)
2000 Ed. (2035)
2011 Ed. (3344)
Ty Pennington
2008 Ed. (2584)
T.Y. Tsai
2015 Ed. (4963)
Ty Warner
2011 Ed. (4832)
2012 Ed. (4846)
Tybouts Corner Landfill
1991 Ed. (1889)
Tybrin Corp.
2005 Ed. (1358)
2006 Ed. (1362, 1374)
2007 Ed. (1401, 1412)
Tycho Peterson
2011 Ed. (3363)
Tyco
1990 Ed. (2902)
1991 Ed. (2764)
1992 Ed. (4325)
1993 Ed. (3601)
1996 Ed. (3724)
1997 Ed. (3777, 3778, 3779)
1998 Ed. (3595, 3604)
1999 Ed. (4629, 4632)
Tyco Electronics Corp.
2003 Ed. (2190)
2004 Ed. (2233)
2005 Ed. (2279, 2334)
2006 Ed. (1715, 2389, 3980)
2007 Ed. (1952, 2333, 2334)
2008 Ed. (2459)
2009 Ed. (1513, 2278, 2458, 3615)
2010 Ed. (1505, 2379, 3539)
2011 Ed. (2379, 2382, 3538)
2012 Ed. (2309, 2459, 3568, 3813)
2013 Ed. (2488)
2014 Ed. (2418)
2015 Ed. (1985, 2492, 2493)
2016 Ed. (2424)
Tyco Fire & Security
2009 Ed. (4180, 4184)
Tyco Group
2001 Ed. (2136, 2137)
Tyco Healthcare
2009 Ed. (3705)
Tyco Healthcare Group LP
2003 Ed. (1755, 2955, 2956)
2005 Ed. (3042)
2006 Ed. (3047)
2007 Ed. (3079)
2010 Ed. (3204)
Tyco Integrated Security
2014 Ed. (4444, 4446)
2015 Ed. (4432, 4439, 4441)
2016 Ed. (4325, 4332, 4334)
Tyco International
2015 Ed. (4461)
2016 Ed. (4360)
Tyco International Ltd.
1995 Ed. (2235, 2547)
1996 Ed. (1241, 2243, 2609, 2610)
1997 Ed. (2368, 2752, 2753)
1998 Ed. (1052, 2091, 2434, 2468,
2469, 3603)
1999 Ed. (1469, 3347, 3348, 4637)
2000 Ed. (1328, 3034, 3084)
2001 Ed. (2191, 2192, 4214, 4215,
4380)
2002 Ed. (1039, 1179, 1443, 1444,
1446, 1599, 2079, 3495, 3496,
3567, 4355, 4358)
2003 Ed. (1421, 1424, 1463, 1466,
1476, 1645, 2086, 2087, 2088,
2194, 2253, 2729, 3148, 3289)
2004 Ed. (883, 1153, 1354, 1451,
1493, 1496, 1506, 1526, 1540,
2111, 2112, 2237, 2255, 2827,
3212, 3680, 4492, 4575)
2005 Ed. (1370, 1509, 1512, 1522,
1797, 2215, 2216, 2217, 2338,
2836, 4282)
2006 Ed. (1567, 2277, 2278, 2280,
2393, 2398, 3363, 3373)
2007 Ed. (1479, 1546, 1602, 2212,
2213, 2283, 2343, 3023)
2008 Ed. (1473, 1580, 2352, 2472,
3550, 3840, 4066, 4067)
2009 Ed. (1513, 1804, 2279, 2477,
3474, 3615, 4554)
2010 Ed. (1505, 2385, 2844, 3572)
2011 Ed. (1445, 1760, 3575)
2012 Ed. (1279, 1610, 2457)
2013 Ed. (3141, 3162, 3604, 4416)
2014 Ed. (2545, 3142, 3167, 4447)
2015 Ed. (3227, 4442)

2016 Ed. (4335)
Tyco International Management Co.
2015 Ed. (3561)
2016 Ed. (3413, 3414)
Tyco International (Pennsylvania) Inc.
2010 Ed. (2379)
Tyco International plc
2016 Ed. (4022)
Tyco International (U.S.) Inc.
2001 Ed. (1811, 3186, 3187)
2010 Ed. (4109, 4110, 4121)
2011 Ed. (4077, 4078, 4086)
2012 Ed. (3522, 4109, 4120)
2013 Ed. (3562)
2014 Ed. (3540, 3541)
2015 Ed. (3562)
Tyco International (US) Inc.
2013 Ed. (4113)
Tyco International (USA)
2004 Ed. (1816)
Tyco Laboratories
1989 Ed. (1917, 1945)
1990 Ed. (835, 1158, 1284, 2502,
2542)
1991 Ed. (798, 2370)
1992 Ed. (979, 2953, 3027)
1993 Ed. (1222, 1375, 2486, 2535,
2537, 3249)
1994 Ed. (1396, 1428, 2181, 2420,
2479, 2481)
1995 Ed. (2548)
Tyco Plastics & Adhesives Group
2001 Ed. (3817, 3818)
2003 Ed. (3890)
2004 Ed. (3907)
2006 Ed. (3918)
2007 Ed. (3972)
Tyco Plastics LP
2005 Ed. (3853)
Tyco Printed Circuit Group Inc.
2003 Ed. (1566, 1660, 2191)
Tyco Safety Products
2008 Ed. (4060, 4061, 4077)
2009 Ed. (4174, 4175, 4190)
Tyco Toys Inc.
1994 Ed. (3559)
1995 Ed. (3635, 3638, 3642, 3643)
2002 Ed. (1469)
2003 Ed. (1490)
2004 Ed. (1520)
TyCom Ltd.
2002 Ed. (4194, 4207)
Tyfield Importers
2003 Ed. (907)
Tykac; Pavel
2015 Ed. (4919)
2016 Ed. (4835)
Tylenol
1989 Ed. (256)
1990 Ed. (3547)
1991 Ed. (240)
1992 Ed. (23, 335, 1873, 4235)
1993 Ed. (14, 229, 1013, 1531)
1994 Ed. (220, 1573, 1575, 2812)
1995 Ed. (221, 228, 1607, 1608,
1618, 2898, 3526)
1996 Ed. (24, 222, 767, 1031, 1583,
3608)
1997 Ed. (253, 254, 3055, 3666)
1998 Ed. (168, 788, 789, 3492, 3495,
3496)
1999 Ed. (255, 274, 778, 1218, 4564)
2000 Ed. (277, 302, 1132, 1135)
2001 Ed. (383, 385, 1309, 1310)
2002 Ed. (314, 317, 318, 319, 320)
2003 Ed. (278, 279, 281, 1048, 1050,
1052, 2108)
2004 Ed. (246, 247, 1056, 2153)
2005 Ed. (254, 1054)
2006 Ed. (273)
2007 Ed. (278)
2008 Ed. (254, 255, 1038)
2009 Ed. (276, 656, 2356, 2357)
2010 Ed. (265)
2016 Ed. (201)
Tylenol Allergy
2002 Ed. (1100)
Tylenol Allergy Sinus
1994 Ed. (196)
1995 Ed. (227)
2002 Ed. (1099)
2003 Ed. (1049)
Tylenol Arthritis
2002 Ed. (320)
2003 Ed. (278)
2004 Ed. (245)
2008 Ed. (254)
Tylenol Caplets Extra Strength 24s
1992 Ed. (1846)
Tylenol Caplets Extra Strength 50S

1992 Ed. (1847)
Tylenol Caplets Extra Strength 100S
1992 Ed. (1847)
Tylenol Cold
2002 Ed. (1098, 1099, 1100)
2003 Ed. (1049)
2004 Ed. (1057)
Tylenol Drops 15ml
1990 Ed. (1539)
Tylenol Extra-Strength
1996 Ed. (24)
Tylenol Extra-Strength Caplets
1990 Ed. (3039)
1993 Ed. (1521, 1522)
Tylenol extra strength caplets 24
1991 Ed. (1451)
Tylenol Extra-Strength Caplets 24s
1990 Ed. (1539)
Tylenol extra strength caplets 50
1991 Ed. (1451, 1452)
Tylenol Extra-Strength Caplets 50s
1990 Ed. (1539, 1542, 1543, 1575)
Tylenol extra strength caplets 100
1991 Ed. (1452)
Tylenol Extra-Strength Caplets 100s
1990 Ed. (1539, 1543)
Tylenol Extra-Strength Tablets
1989 Ed. (2325, 2326)
1990 Ed. (3036, 3037, 3038)
Tylenol Extra-Strength Tablets 30s
1990 Ed. (1539, 1542, 1575)
Tylenol Extra-Strength Tablets 60s
1990 Ed. (1539)
Tylenol Extra-Strength Tablets 100s
1990 Ed. (1539, 1543)
Tylenol Flu
2002 Ed. (1098)
Tylenol Multi-Symptom Cold
1996 Ed. (1024)
Tylenol PM
1994 Ed. (221)
1999 Ed. (274)
2001 Ed. (385)
2002 Ed. (319, 320)
2003 Ed. (278)
2004 Ed. (245, 247)
2008 Ed. (254)
2009 Ed. (276)
2010 Ed. (265)
Tylenol Sinus
2002 Ed. (1099, 1100)
2003 Ed. (1049)
2004 Ed. (1057)
Tylenol Sinus/Cold/Allergy
2002 Ed. (1097)
Tylenol Tablets Extra Stength 100s
1992 Ed. (1847)
Tylenol w/Codeine
1990 Ed. (2899)
1991 Ed. (2762)
Tylenol w/codeine 3 tabs
1990 Ed. (1572)
Tylenol with Codeine
1989 Ed. (2254, 2255)
1992 Ed. (3525)
Tylenol with Codeine 3
2003 Ed. (2114, 2115)
Tylenol X Tabs
1990 Ed. (1566)
Tyler
1989 Ed. (878, 1316)
1990 Ed. (1625, 2541)
1991 Ed. (1212, 1218, 2421)
Tyler 2 Construction Inc.
2006 Ed. (3531)
Tyler & Co.
2000 Ed. (1868)
2005 Ed. (4030)
2010 Ed. (4171)
Tyler Perry
2008 Ed. (183)
2010 Ed. (2512, 2515, 2520)
2011 Ed. (2514, 2517)
2012 Ed. (2435, 2443)
2013 Ed. (2601, 2607)
2014 Ed. (2530)
2015 Ed. (2603)
2016 Ed. (2527)
Tyler Technologies
2013 Ed. (1823)
2014 Ed. (2026, 4463)
2015 Ed. (2069, 4457)
2016 Ed. (1001, 2036)
Tyler Technologies Inc.
2005 Ed. (4810)
2009 Ed. (1857)
2010 Ed. (1789)
2011 Ed. (1814, 2088)
2014 Ed. (1751)
2015 Ed. (1796)

2016 Ed. (1749)
Tyler, TX
2002 Ed. (1054)
2003 Ed. (4154)
2004 Ed. (4169)
2010 Ed. (2409)
Tyman
2016 Ed. (1066)
Tyme
2001 Ed. (584)
TyMetrix Inc.
2004 Ed. (2826)
2005 Ed. (2834)
Tymnet
1992 Ed. (4365)
Tymoshenko; Yulia
2007 Ed. (4983)
Tynan Motors
2004 Ed. (3957)
Tyndale
2003 Ed. (727, 729)
2004 Ed. (749, 751)
2012 Ed. (526)
2013 Ed. (627)
Tyndale House Publishers
2008 Ed. (3621)
2010 Ed. (4133)
Tyndall Bank International Ltd.
1992 Ed. (737)
1993 Ed. (536)
1994 Ed. (538)
1995 Ed. (514)
1996 Ed. (567)
1997 Ed. (524)
Tyndall Bank (Isle of Man) Ltd.
1991 Ed. (569)
Tyndall & Co. (Isle of Man) Limited
1989 Ed. (586)
Tyndall Credit Union
2002 Ed. (1858)
2003 Ed. (1912)
Tyndall FCU
1999 Ed. (1805)
Tyndall Federal Credit Union
1997 Ed. (1561)
1998 Ed. (1232)
2000 Ed. (1631)
Tyner Inc.; Richard
2007 Ed. (3570)
Tyneside
1992 Ed. (1031)
Tyonek Engineering & Agile Manufacturing LLC
2014 Ed. (1250)
Typhoo
1996 Ed. (725)
1999 Ed. (710)
2002 Ed. (703)
2009 Ed. (601)
2010 Ed. (585)
Typhoo Tea
1992 Ed. (887)
1994 Ed. (693)
Typhoon Bart
2002 Ed. (1986)
2005 Ed. (884)
Typhoon Lagoon
1993 Ed. (3688)
1994 Ed. (3654)
1995 Ed. (3725)
1996 Ed. (3819)
1997 Ed. (3868)
1998 Ed. (3701)
1999 Ed. (4622, 4745)
2000 Ed. (4374)
2001 Ed. (4736)
2002 Ed. (4786)
Typhoon Lagoon at Walt Disney World
2003 Ed. (4875)
2004 Ed. (4856)
2005 Ed. (4840)
2006 Ed. (4893)
2007 Ed. (4884)
Typhoon Mireille
2005 Ed. (884)
2009 Ed. (875)
2010 Ed. (824)
2011 Ed. (751)
2012 Ed. (688)
Typhoon Nari
2003 Ed. (2980)
Typhoon Shanshan
2009 Ed. (876)
Typhoon Vicki
2001 Ed. (1136)
Typists
2005 Ed. (3620)
Typist/word processor
1989 Ed. (2079, 2090, 2091, 2095)
Typopak S.A.

2001 Ed. (3900)
Typsa
2006 Ed. (2022)
2007 Ed. (1992)
2009 Ed. (2058)
Tyra Banks
2001 Ed. (3341)
2002 Ed. (3377)
2008 Ed. (183, 3745)
2009 Ed. (3765)
The Tyrconnell
1997 Ed. (2645)
1998 Ed. (2375)
Tyre & Rubber
1994 Ed. (3289, 3290)
The Tyree Organization Ltd.
2002 Ed. (1248)
Tyrell Corp.
2010 Ed. (1432)
Tyrolia
1991 Ed. (3131)
1992 Ed. (3980)
Tyson
1990 Ed. (2891)
1996 Ed. (1975)
1999 Ed. (4620)
2000 Ed. (2279)
2002 Ed. (1330, 2369)
2004 Ed. (1371)
2007 Ed. (679)
2012 Ed. (2639)
2016 Ed. (2686)
Tyson Any'tizers
2010 Ed. (3750)
Tyson Breeders Inc.
2001 Ed. (1612)
2003 Ed. (1610)
2004 Ed. (1626)
2008 Ed. (1560)
2009 Ed. (1486)
2010 Ed. (1477)
2014 Ed. (1376)
2015 Ed. (1442)
2016 Ed. (1366)
Tyson Chicken Inc.
2004 Ed. (3288, 3289)
2005 Ed. (3296, 3297)
2006 Ed. (3288, 3289)
2007 Ed. (3355, 3356)
2008 Ed. (3452, 3453)
2009 Ed. (3525, 3526)
2010 Ed. (3454, 3455)
2011 Ed. (3456)
2012 Ed. (3468)
2013 Ed. (3514)
2014 Ed. (3488, 3489)
2015 Ed. (3506, 3507)
2016 Ed. (3365, 3366)
Tyson Farms Inc.
2006 Ed. (3288)
2010 Ed. (1478, 3454, 3455)
Tyson Foods
2015 Ed. (1370)
2016 Ed. (2723)
Tyson Foods Corp.
2015 Ed. (2773)
2016 Ed. (2702)
Tyson Foods Inc.
1989 Ed. (273)
1990 Ed. (2526, 2527, 2890)
1991 Ed. (258, 1220, 1738, 1750, 3227)
1992 Ed. (2186, 2187, 2188)
1993 Ed. (1227, 1228, 1273, 1877, 1884, 2514, 2515, 2516, 2519, 2522, 2523, 2525, 2572, 2887, 2888, 2889, 2891, 2892, 2893, 2894, 2898)
1994 Ed. (1266, 1267, 1318, 1882, 2451, 2456, 2459, 2505, 2903, 2906, 2908, 2909, 3448)
1995 Ed. (1290, 1291, 1339, 1766, 1909, 2519, 2524, 2526, 2959, 2962, 2964, 2965, 2967)
1996 Ed. (1292, 1949, 2583, 2584, 2588, 2591, 3058, 3059, 3061, 3063, 3064)
1997 Ed. (1315, 1355, 2038, 2048, 2091, 2732, 2734, 2737, 3140, 3143, 3144, 3145)
1998 Ed. (1127, 1721, 1733, 2451, 2454, 2889, 2895, 2896)
1999 Ed. (1456, 1564, 2475, 3321, 3323, 3864, 3865)
2000 Ed. (1385, 2216, 2232, 3058, 3061, 3580, 3583)
2001 Ed. (1042, 1580, 1613, 2464, 2474, 2479, 3851)
2002 Ed. (1500, 1577, 2292, 2299, 2300, 3274, 3277)

2003 Ed. (1611, 1612, 2427, 2503, 2508, 2519, 2568, 3328, 3337, 3340, 3341, 3342, 3742)
2004 Ed. (1555, 1580, 1627, 1628, 2635, 2636, 2637, 2639, 2645, 2656, 3400, 3401, 3407, 3408, 4764)
2005 Ed. (1608, 1653, 1654, 1799, 2626, 2627, 2628, 2630, 2633, 2634, 2636, 2644, 2647, 2657, 3413, 3414, 3420, 3929)
2006 Ed. (1548, 1549, 2622, 2623, 2624, 2626, 2630, 2631, 2634, 2648, 3430, 3431, 3956, 3961, 4003)
2007 Ed. (1578, 1579, 2599, 2600, 2603, 2607, 2611, 2620, 2627, 2628, 3380, 4034)
2008 Ed. (1561, 1562, 2734, 2735, 2737, 2739, 2750, 2753, 2754, 2756, 2779, 2784, 3609, 3610, 3613, 3614, 3615, 3617, 3618, 3687, 4062)
2009 Ed. (1194, 1487, 1489, 2788, 2789, 2790, 2793, 2795, 2803, 2805, 2809, 2812, 2842, 3055, 3680, 4176, 4181)
2010 Ed. (1478, 1480, 2722, 2723, 2724, 2725, 2727, 2734, 2736, 2737, 2746, 2747, 2750, 2783, 3179, 3591, 3592, 3594, 3595, 3596, 4111)
2011 Ed. (1474, 1475, 1477, 2704, 2705, 2706, 2708, 2710, 2719, 2721, 2722, 2727, 2729, 2731, 2732, 2761, 2772, 3596, 4079, 4084)
2012 Ed. (1315, 1316, 1317, 1319, 1921, 2632, 2633, 2634, 2635, 2638, 2653, 2655, 2660, 2667, 2669, 2670, 2701, 3583, 4110, 4115)
2013 Ed. (1414, 1416, 1417, 1418, 1419, 2718, 2719, 2720, 2723, 2735, 2736, 2742, 2743, 2749, 2750, 2757, 3635, 3636, 3638, 3639, 3650, 4106, 4111)
2014 Ed. (1374, 1375, 1376, 1377, 1383, 2703, 2704, 2708, 2716, 2717, 2722, 2723, 2729, 2730, 2736, 2776, 2784, 3545, 3577, 3581, 4127)
2015 Ed. (1440, 1442, 1443, 1444, 2749, 2750, 2751, 2754, 2770, 2771, 2777, 2778, 2784, 2785, 2791, 2830, 2831, 3589, 3594)
2016 Ed. (1365, 1366, 1367, 1368, 2679, 2680, 2681, 2684, 2700, 2707, 2708, 2714, 2715, 2721, 2750, 2755, 2762, 2763, 3438, 3474, 3475, 3477, 3478, 3481, 3482, 3483)
Tyson Fresh Meats Inc.
2005 Ed. (1961, 1962, 2627)
2006 Ed. (2013, 2014)
2007 Ed. (1979, 1980)
2008 Ed. (2077, 2078, 2734)
2009 Ed. (2048, 2049, 2788)
2010 Ed. (1981, 1982)
2011 Ed. (2043)
2012 Ed. (1892, 2632)
2013 Ed. (2049, 2718)
2014 Ed. (1985, 1986)
2015 Ed. (2033, 2034, 2749)
2016 Ed. (2002, 2003, 2679)
Tyson; J. H.
2005 Ed. (2492)
Tyson; John
2006 Ed. (2627)
Tyson; Mike
1990 Ed. (1672, 2504)
1991 Ed. (1578)
1997 Ed. (278, 1725)
Tyson; Poppe
1989 Ed. (141)
Tyson Seafood Group
2001 Ed. (2446)
Tyssen Krupp Stahl AG
2004 Ed. (3441)
Tyssen Stahl AG
2001 Ed. (3283)
Tyumen Oil Co.
1999 Ed. (3813)
2007 Ed. (1961)
Tyumen's Comagroprombank
1993 Ed. (631)
Tywin Lannister
2015 Ed. (4905)
TZ Telecommunications Corp.
2009 Ed. (101)

2010 Ed. (109)
TZI
2000 Ed. (4445, 4446)
Tzipora Livni
2009 Ed. (4975)

U

U Build It Corp.
2002 Ed. (2059)
U-Can-Rent
1996 Ed. (1995)
U-Haul
1998 Ed. (3274)
2000 Ed. (3989)
2006 Ed. (1471)
U-Haul International Inc.
1989 Ed. (1890)
1990 Ed. (2431)
1992 Ed. (3909)
1996 Ed. (3395)
1999 Ed. (4266)
2001 Ed. (500)
2002 Ed. (57)
2003 Ed. (21, 346)
2006 Ed. (344)
2011 Ed. (242)
2012 Ed. (263)
2013 Ed. (279, 4791, 4792)
U-Lane-O Credit Union
2002 Ed. (1887)
2003 Ed. (1941)
2004 Ed. (1981)
U-Ming Marine Transport
2007 Ed. (1582)
U. R. M. Stores
1998 Ed. (1868)
U. S. B. Holding Co. Inc.
2003 Ed. (545)
U. S. Bancorp
1991 Ed. (693)
U. S. Bancorp Piper Jaffray
2004 Ed. (3171)
2005 Ed. (3206)
U. S. Cellular
1991 Ed. (1232)
U. S. Central Credit Union
2003 Ed. (1378)
U S F & G
1991 Ed. (2135)
U. S. Home
2004 Ed. (1220)
U S News & World Report
1990 Ed. (2798)
U. S. Postal Service
2003 Ed. (1709)
2004 Ed. (1751)
2005 Ed. (1817)
2006 Ed. (1775, 1804)
2007 Ed. (1811)
2008 Ed. (1850)
2009 Ed. (1799)
2010 Ed. (1741)
2011 Ed. (1754)
2012 Ed. (1604)
2013 Ed. (1760)
2014 Ed. (1693)
U. S. Robotics
1999 Ed. (4547)
U S S R
1990 Ed. (1449)
U S WEST Communications Group Inc.
2001 Ed. (1674)
2002 Ed. (2116, 4084)
U S WEST Communications, Inc.
2001 Ed. (1674)
2002 Ed. (4084)
U S WEST Inc.
2001 Ed. (1602, 1674, 4454, 4462, 4472, 4476, 4477, 4478)
2002 Ed. (1378, 1392, 2571)
2003 Ed. (1441)
2004 Ed. (1471)
2005 Ed. (1487, 1503, 1548)
U-Save
1994 Ed. (322)
1996 Ed. (333)
U-Save Auto Rental of America Inc.
2003 Ed. (334)
2004 Ed. (309)
2005 Ed. (305)
U-Save Car & Truck Rental
2009 Ed. (326)
2010 Ed. (307)
2011 Ed. (231)
U-Store-It
2000 Ed. (3989)
U-Verse
2016 Ed. (4783)

U1.net
2003 Ed. (2723)
U2
1990 Ed. (1142)
1994 Ed. (1099, 1101)
1995 Ed. (1119, 1714)
1999 Ed. (1292, 1293)
2000 Ed. (1182, 1183)
2001 Ed. (1380)
2003 Ed. (1127, 1128, 2327, 2330, 2332)
2004 Ed. (2410, 2412, 2416)
2005 Ed. (4884)
2007 Ed. (1267, 3658, 4917)
2008 Ed. (2580, 2583, 2586, 2587)
2009 Ed. (2611)
2011 Ed. (1065, 1066, 1067, 1068)
2012 Ed. (994, 2433, 2438, 2443)
2013 Ed. (1137, 1138, 2599, 2603, 2607, 3785, 4879)
U21
2008 Ed. (741)
2010 Ed. (684)
U21Global
2011 Ed. (691)
UA Cablesystems
1990 Ed. (870, 872)
UA Comm
1997 Ed. (876)
UAB Agrosfera
2016 Ed. (1536, 1741)
UAB Andrienas
2016 Ed. (1741)
UAB Bendida
2016 Ed. (1741)
UAB Conresta
2016 Ed. (1741)
UAB Ecoil
2016 Ed. (1741)
UAB Health System
2003 Ed. (3471)
UAB Koncernas Achemos Grupe
2011 Ed. (1802)
UAB Korelita
2009 Ed. (1848)
UAB Kumas
2016 Ed. (1741)
UAB Narbutas
2016 Ed. (1741)
UAB Omnitel
2009 Ed. (1845)
UAB Sanitex
2011 Ed. (1802)
UAB Saurama
2016 Ed. (1741)
UAB Senuku Prekybos Centras
2009 Ed. (1845)
2011 Ed. (1802)
UAB Sodrugestvo Baltija
2016 Ed. (1741)
UAB VP Market
2009 Ed. (1845)
UAC of Nigeria plc
2002 Ed. (1746)
2004 Ed. (1827)
UACJ
2016 Ed. (3534)
UAE
1992 Ed. (1731)
UAE National Election
2009 Ed. (107)
UAF Vie
2002 Ed. (2937)
UAL
2014 Ed. (1739)
UAL Corp.
1990 Ed. (212, 214, 217, 1229, 1285, 1325, 3242, 3249, 3637, 3638)
1991 Ed. (199, 825, 922, 1140, 1156, 1208, 3418)
1993 Ed. (187, 931, 934, 1264, 2532, 2533, 3379, 3458, 3610, 3612, 3620)
1994 Ed. (166, 167, 168, 181, 182, 944, 945, 2775, 3215, 3567, 3569, 3578)
1995 Ed. (172, 173, 174, 175, 185, 187, 188, 976, 977, 1664, 2541, 2542, 2867, 3435, 3653, 3656, 3662)
1996 Ed. (180, 181, 182, 183, 956, 1377, 2934, 2946, 3500, 3738)
1999 Ed. (215, 218, 219, 221, 226, 232, 1653)
2000 Ed. (236, 238, 239, 249, 250, 261, 264, 265, 1454)
2001 Ed. (292, 294, 299, 300, 311, 321, 330, 1731)
2002 Ed. (258, 260, 261, 263, 264, 266, 267, 1552, 1613, 1667)

2003 Ed. (239, 240, 242, 243, 244,
  247, 252, 1491, 1540, 1644, 1658,
  1695)
2004 Ed. (196, 197, 198, 199, 200,
  203, 207, 214, 220, 412, 4566)
2005 Ed. (199, 200, 201, 206, 209,
  211, 212, 228, 420)
2006 Ed. (165, 213, 214, 215, 216,
  222, 223, 244, 1512, 1771, 1791,
  1792, 1795, 1796, 1798)
2007 Ed. (156, 221, 222, 230, 231,
  238, 240, 246, 364, 1514, 1524,
  1798, 1799, 1801, 1802, 1803,
  1804, 1805, 2885)
2008 Ed. (217, 219, 220, 225, 235,
  352, 1443, 1444, 1445, 1446, 1447,
  1450, 1525, 1526, 1527, 1532,
  1535, 1811, 1837, 1840, 1841,
  1843, 3007)
2009 Ed. (234, 243, 247, 249, 1762,
  1763, 1764, 3093)
2010 Ed. (218, 227, 239, 240, 243,
  351, 1729, 3026)
2011 Ed. (138, 139, 141, 150, 163,
  166, 1741, 1743, 2760, 2761, 2995)
2012 Ed. (142, 143, 176, 179, 1556,
  2921)
2013 Ed. (140)
UAL Merchant Bank
  1991 Ed. (2416, 2417)
UAL Services
  2001 Ed. (271)
UAL/Pan Am Pacific Routes
  1991 Ed. (1145)
UAM
  2000 Ed. (2264)
UAM Acadian Emerging Markets Institutional
  2004 Ed. (3647)
UAM Cambiar Opportunity
  2003 Ed. (3489)
UAM FMA Small Company
  2000 Ed. (3224)
  2004 Ed. (3574)
UAM FMA Small Company Inst
  1999 Ed. (3529)
UAM FPA Crescent
  2003 Ed. (3483)
  2004 Ed. (3546, 3548)
UAM ICM Small Company
  1998 Ed. (2608)
UAP Holding Corp.
  2006 Ed. (4788, 4789)
  2007 Ed. (4801)
UAP Inc.
  1990 Ed. (2277, 2279, 3690)
  1992 Ed. (1618, 2708, 2709)
  1993 Ed. (731)
  1994 Ed. (739, 2235)
  1995 Ed. (1396, 2281)
  1996 Ed. (765)
  1997 Ed. (703, 1410, 2420, 2422,
    3500)
  2007 Ed. (4945)
  2016 Ed. (4889)
UAP-Union des Assurances
  1996 Ed. (1347)
UAP-Union des Assurances de Paris
  1990 Ed. (2278)
Uarco Inc.
  1992 Ed. (992)
  1993 Ed. (789, 2920)
  1994 Ed. (2429, 2932)
  1995 Ed. (2498)
Uark Credit Union
  2002 Ed. (1848)
  2003 Ed. (1907)
  2004 Ed. (1947)
  2005 Ed. (2088)
  2006 Ed. (2183)
Uas
  1993 Ed. (204)
UASC
  2004 Ed. (2538, 2539)
UAW-CIO Credit Union
  1996 Ed. (1507)
UAW Local 594
  2001 Ed. (3041)
UAW Local 600
  1998 Ed. (2323)
  2000 Ed. (2888)
  2001 Ed. (3041)
UAW Local 653
  2000 Ed. (2888)
UAW Local 900
  2000 Ed. (2888)
  2001 Ed. (3041)
UAW Local 1250
  2001 Ed. (3040)
UAW Local 1853 Credit Union

2006 Ed. (2161)
UAW Voluntary Community Action Program
  1993 Ed. (2872, 2873)
UB Networks
  1996 Ed. (1764)
UBA Cameroon
  2014 Ed. (346)
  2015 Ed. (387)
UBA Chad
  2015 Ed. (389)
UBA Congo
  2014 Ed. (353)
  2015 Ed. (401)
UBA DRC Congo
  2015 Ed. (400)
UBA Gabon
  2015 Ed. (393)
UBA Ghana
  2014 Ed. (349)
UBA Guinea
  2015 Ed. (396)
UBA Liberia
  2015 Ed. (410)
UBA Mozambique
  2015 Ed. (416)
UBA plc
  2002 Ed. (4450)
UBA Senegal
  2014 Ed. (369)
  2015 Ed. (422)
UBA Zambia
  2015 Ed. (430)
UBAE Arab German Bank
  1992 Ed. (590)
UBAF Arab American Bank
  1991 Ed. (2812)
  1992 Ed. (600)
UBAF Bank
  1992 Ed. (585)
  1993 Ed. (420)
  1994 Ed. (413)
  1995 Ed. (406)
  1996 Ed. (433)
  1997 Ed. (397, 398)
UBAF-U.de Banques Arabes & Fra-
  naises
  1992 Ed. (584)
UBCI
  2002 Ed. (4492)
  2006 Ed. (4542)
Ube
  2000 Ed. (3566)
Ube Industries Ltd.
  1989 Ed. (959)
  1993 Ed. (783)
  1994 Ed. (799)
  1995 Ed. (850)
  1996 Ed. (829, 940)
  2002 Ed. (1002)
Uber
  2015 Ed. (4811)
Uber Agency
  2013 Ed. (57)
  2014 Ed. (75)
Ubermind
  2013 Ed. (2159, 3620)
Uberrimae Fidei Insurance Co., Ltd.
  2006 Ed. (3055)
Uberrimae Fidel Insurance Co., Ltd.
  2007 Ed. (3085)
UBF
  1990 Ed. (3458)
UBH Manufacturing Ltd.
  2003 Ed. (1725)
UBI Banca
  2010 Ed. (463, 1757)
  2011 Ed. (390)
  2012 Ed. (377)
  2013 Ed. (437, 439)
  2014 Ed. (454, 456)
  2015 Ed. (510, 512)
  2016 Ed. (465, 466)
uBid
  2002 Ed. (2990)
ubid.com
  2001 Ed. (2979, 2981, 2984, 2993)
UbiquiSys
  2009 Ed. (4675)
UbiquiTel Inc.
  2007 Ed. (4970)
Ubiquiti Networks Inc.
  2014 Ed. (1440)
  2015 Ed. (1500)
  2016 Ed. (1441)
Ubisense
  2010 Ed. (2940, 2950, 2957)
Ubizen NV
  2002 Ed. (3565, 3566)
UBK Banka

1997 Ed. (2676)
UBK Banka dd Ljubljana
  1996 Ed. (676)
UBK Univerzaina Banka dd. Ljubljana
  1995 Ed. (605)
UBK Univerzalna Banka dd, Ljubljana
  1996 Ed. (677)
  1997 Ed. (613)
UBL Ameen
  2010 Ed. (2644)
UBM
  2016 Ed. (29, 32, 40, 3493)
UBM Financial
  2011 Ed. (274)
UBM plc
  2013 Ed. (3036)
  2014 Ed. (3050)
  2015 Ed. (3116)
Ubona Technologies Pvt. Ltd.
  2013 Ed. (2907)
UBP Capital Corp.
  1996 Ed. (3392)
UBreakIFix
  2015 Ed. (4322)
uBreakiFix
  2015 Ed. (4215)
  2016 Ed. (4134)
UBS
  1990 Ed. (555, 899)
  1991 Ed. (670, 1601)
  1993 Ed. (518, 524, 576, 578, 1650,
    1654, 1655, 1658, 1659, 1664,
    1667, 1668, 1669, 1670, 1671,
    1674, 2280, 2293, 2299, 2300,
    2978, 3123, 3163)
  1994 Ed. (521, 522, 3681)
  1996 Ed. (396, 1190, 1344, 1703,
    1704, 1859, 3323, 3324, 3375,
    3378, 3379, 3380, 3383, 3384,
    3385, 3387, 3389)
  1998 Ed. (1006, 1493, 1494, 1495,
    1496, 2243, 2246, 3206, 3215,
    3228, 3243, 3248, 3262, 3263,
    3267, 3269)
  2000 Ed. (524, 534, 559, 563, 1561,
    1563, 2847, 2848, 2849)
  2003 Ed. (2312)
  2006 Ed. (3592)
  2007 Ed. (648, 690, 698)
  2008 Ed. (368, 666)
  2009 Ed. (3463)
  2011 Ed. (379, 564, 578)
  2012 Ed. (560)
  2013 Ed. (466, 468, 677, 4395)
  2014 Ed. (481, 507, 509, 706, 3412)
  2015 Ed. (541, 543, 564, 573, 750)
  2016 Ed. (494, 495, 496, 513, 523,
    677)
UBS AG
  2001 Ed. (624, 627, 630, 653, 1861,
    1862, 1863, 2881, 3017, 3019)
  2002 Ed. (557, 578, 580, 581, 583,
    653, 663, 1403, 1483, 1776, 1778,
    2276, 2819, 3025, 3535, 4216,
    4486, 4500)
  2003 Ed. (490, 491, 494, 536, 539,
    542, 543, 617, 1454, 1830, 3099,
    4608)
  2004 Ed. (88, 488, 525, 552, 555,
    559, 560, 626, 1484, 2714, 2819,
    3206, 3208, 4326)
  2005 Ed. (164, 222, 299, 496, 508,
    527, 534, 535, 538, 541, 542, 615,
    706, 708, 753, 867, 952, 1142,
    1423, 1424, 1425, 1426, 1429,
    1430, 1431, 1434, 1435, 1441,
    1446, 1447, 1448, 1451, 1452,
    1453, 1460, 1500, 1811, 2147,
    2169, 2170, 2173, 2174, 2175,
    2177, 2178, 2181, 2182, 2183,
    2184, 2186, 2190, 2191, 2192,
    2193, 2195, 2301, 2588, 2819,
    3102, 3217, 3219, 3233, 3234,
    3235, 3237, 3238, 3249, 3430,
    3455, 3503, 3505, 3506, 3507,
    3687, 3716, 3767, 3819, 4252,
    4255, 4257, 4258, 4259, 4260,
    4263, 4264, 4265, 4266, 4267,
    4268, 4269, 4270, 4271, 4272,
    4273, 4276, 4277, 4278, 4295,
    4296, 4299, 4300, 4301, 4302,
    4303, 4304, 4305, 4306, 4308,
    4309, 4310, 4311, 4312, 4313,
    4314, 4315, 4316, 4319, 4321,
    4322, 4323, 4324, 4325, 4326,
    4327, 4328, 4330, 4331, 4332,
    4333, 4334, 4336, 4337, 4338,
    4339, 4348, 4615, 4616, 4631,
    4672)
  2006 Ed. (395, 437, 438, 443, 463,

466, 469, 470, 528, 659, 1408,
  1409, 1410, 1411, 1414, 1415,
  1416, 1799, 2028, 2030, 2031,
  2032, 2242, 2590, 2799, 3208,
  3209, 3212, 3218, 3223, 3224,
  3236, 3686, 3687, 3700, 3701,
  4251, 4261, 4277, 4278, 4279,
  4540, 4722, 4724)
2007 Ed. (439, 440, 441, 447, 449,
  476, 479, 482, 483, 558, 649, 751,
  1440, 1488, 1687, 1696, 1806,
  1809, 2000, 2001, 2002, 2003,
  2004, 2162, 2558, 2577, 2793,
  3250, 3255, 3276, 3278, 3279,
  3280, 3281, 3284, 3285, 3287,
  3288, 3289, 3295, 3630, 3632,
  3633, 3634, 3988, 4268, 4283,
  4286, 4288, 4289, 4298, 4299,
  4302, 4303, 4306, 4307, 4308,
  4309, 4311, 4313, 4314, 4315,
  4316, 4317, 4318, 4321, 4323,
  4324, 4325, 4326, 4327, 4328,
  4329, 4332, 4333, 4334, 4335,
  4336, 4338, 4339, 4340, 4341,
  4342, 4653)
2008 Ed. (409, 411, 441, 444, 447,
  448, 510, 730, 1390, 1391, 1392,
  1393, 1396, 1397, 1398, 1404,
  1475, 1717, 1844, 1848, 2094,
  2095, 2096, 2294, 2698, 2882,
  2922, 2923, 3398, 3400, 3404,
  3410, 4292, 4303, 4304, 4305,
  4306, 4617, 4666)
2009 Ed. (460, 466, 469, 472, 473,
  474, 475, 543, 544, 736, 756, 1393,
  1765, 1793, 2069, 2070, 2071,
  2073, 2118, 2284, 3454, 3455,
  3457, 3462, 4401, 4410, 4411,
  4412)
2010 Ed. (439, 441, 444, 446, 453,
  526, 527, 671, 673, 719, 1380,
  1410, 1706, 1732, 1734, 2007,
  2009, 2010, 2881, 3391, 3393,
  3394, 3398, 3407, 4447, 4453,
  4454)
2011 Ed. (337, 363, 366, 455, 456,
  603, 931, 2069, 2860, 3332)
2012 Ed. (342, 369, 573, 1229, 1911,
  1912, 1913, 2105, 3334, 3344,
  3360, 4441, 4455, 4456)
2013 Ed. (422, 709, 861, 1346, 2077,
  2079, 2293, 3411, 3416, 4402,
  4417, 4418)
2014 Ed. (441, 1281, 2010, 2231,
  3408, 4432, 4448, 4449)
2015 Ed. (495, 1345, 2055, 2056,
  3443, 3447, 4414, 4443)
2016 Ed. (449, 2014, 2016)
UBS AG Zurich
  2005 Ed. (495)
UBS Asset Management
  1994 Ed. (582, 2293)
  2002 Ed. (3014, 3027, 3908, 3931,
    3936, 3937, 3941)
  2003 Ed. (3103)
UBS Asset Management/Brinson Partners
  2003 Ed. (3082)
UBS Asset (New York)
  1996 Ed. (2386, 2388)
  1999 Ed. (3051)
UBS Bank USA
  2005 Ed. (368)
  2006 Ed. (371)
  2007 Ed. (354)
  2008 Ed. (341)
  2009 Ed. (361)
  2010 Ed. (339)
  2012 Ed. (3057)
  2013 Ed. (3138)
  2014 Ed. (3138)
  2015 Ed. (3198)
  2016 Ed. (3055)
UBS (Bearer)
  1996 Ed. (3889)
UBS Brinson
  2000 Ed. (2767, 2782, 2786, 2792,
    2800, 2827, 2831, 2833, 2850,
    2851, 2853, 2855)
  2001 Ed. (2879, 3003, 3688, 3992)
UBS Communications
  2007 Ed. (3986)
UBS Financial Services Inc.
  2005 Ed. (215, 293, 321, 543, 662,
    680, 756, 822, 848, 849, 949, 961,
    1021, 1119, 1137, 1177, 1178,
    2296, 2451, 2464, 2816, 2983,
    3054, 3117, 3206, 3221, 3222,
    3223, 3356, 3526, 3527, 3528,
    3529, 3530, 3531, 3590, 3684,
    3685, 3714, 3732, 3748, 3749,

3812, 4019, 4111, 4113, 4617,
4618, 4644, 4982)
2006 Ed. (3191)
2007 Ed. (3650, 3651, 3652, 3653,
3654, 3655, 4269, 4270, 4271,
4273, 4274, 4277)
2013 Ed. (1688, 1690)
2014 Ed. (1638)
UBS Global
2007 Ed. (647)
UBS Global Asset
2003 Ed. (3085, 3087, 3109, 3622)
2005 Ed. (3537)
UBS Global Asset Management
2005 Ed. (3211, 3213, 3228)
2006 Ed. (3214)
2012 Ed. (3748)
2016 Ed. (3673)
UBS Global Asset Management (Americas) Inc.
2004 Ed. (2036, 2037)
UBS Global Real Estate
2009 Ed. (4231, 4232)
2010 Ed. (4166)
UBS I
2000 Ed. (4447, 4448)
The UBS Institutional Consulting Group
2016 Ed. (3124)
UBS International
1996 Ed. (2404)
UBS Investment Bank
2005 Ed. (1433)
UBS Ltd./Union Bank Switzerland
1995 Ed. (1219, 1721, 1722, 3271,
3272)
UBS PACE Small-Medium Value Equity
2004 Ed. (3557)
UBS Pace Strategic Fixed Income
2004 Ed. (698)
UBS Pactual
2008 Ed. (3405)
2009 Ed. (3458, 3464)
2010 Ed. (3395)
UBS PaineWebber Inc.
2003 Ed. (3060, 3473, 3474, 3475,
3476, 3477, 3478)
2004 Ed. (3171, 3527, 3528, 3529,
3530, 3531, 3532, 4328, 4329,
4331, 4332)
2005 Ed. (755)
UBS Painewebber/Brinson
2003 Ed. (3554)
UBS Phillips & Drew
1990 Ed. (820, 1771)
1991 Ed. (778, 1712)
1992 Ed. (1995, 1996, 2011, 2013,
2028, 2029, 2030, 2036, 2037,
2041, 2044, 2139, 2785)
1993 Ed. (1685, 1686, 1687, 1688,
1689, 1690, 1846, 1848, 1849,
1850)
1994 Ed. (729, 773, 1701, 1702,
1838, 1839, 3191)
UBS Phillps & Drew
1992 Ed. (1999)
UBS Poland Service Centre
2014 Ed. (1951)
UBS Realty Investors
2004 Ed. (4086)
UBS Securities
1990 Ed. (3156, 3157, 3185)
1991 Ed. (2955, 2964, 3021)
1992 Ed. (1266, 3640)
1994 Ed. (773)
1995 Ed. (728)
1996 Ed. (1868, 3100)
1997 Ed. (458, 742, 743, 755, 756,
757, 759, 762, 764, 775, 793, 794,
795, 796, 797, 804, 805, 807, 809,
810, 811, 812, 813, 814, 817, 818,
819, 822, 1221, 1404, 1597, 1788,
1789, 1957, 1967, 1968, 1969,
1970, 1975, 3426, 3427, 3432,
3471, 3474, 3475, 3476, 3479,
3932)
1998 Ed. (322, 340, 518, 996, 997,
998, 1001, 1002, 1265, 3186, 3414)
1999 Ed. (9, 835, 866, 876, 882, 883,
885, 895, 905, 906, 907, 908, 909,
915, 916, 917, 918, 919, 921, 922,
923, 924, 925, 926, 927, 928, 929,
930, 931, 932, 934, 935, 936, 937,
938, 939, 940, 941, 943, 944, 945,
1435, 1622, 1740, 2065, 2278,
2296, 2321, 2322, 2323, 2324,
2325, 2363, 3026, 3027, 3030,
3036, 4183, 4188, 4228, 4239,
4253, 4255, 4258, 4259, 4262,
4266)
2005 Ed. (754)

UBS Securities (East Asia)
1997 Ed. (3488)
UBS Securities LLC
2005 Ed. (2707)
2006 Ed. (2682)
2007 Ed. (2672, 4272, 4275, 4277)
2008 Ed. (2803)
2009 Ed. (2860)
2010 Ed. (2798)
2011 Ed. (2785)
2012 Ed. (2715)
2013 Ed. (2795)
2014 Ed. (2831)
2015 Ed. (2871)
2016 Ed. (2804)
UBS US Small Cap Growth
2012 Ed. (4549)
UBS Warburg
2001 Ed. (1521, 2430)
2002 Ed. (439, 579, 727, 733, 734,
735, 736, 807, 808, 809, 810, 811,
812, 821, 824, 825, 831, 835, 836,
837, 845, 847, 848, 849, 850, 851,
852, 853, 1348, 1350, 1351, 1352,
1354, 1355, 1360, 1363, 1364,
1365, 1366, 1367, 1368, 1369,
1370, 1371, 1372, 1375, 1421,
1920, 1925, 1935, 1936, 1937,
1938, 1941, 1946, 1950, 2161,
2162, 2166, 2167, 2168, 2169,
2270, 2271, 2272, 2273, 2274,
2275, 3001, 3011, 3012, 3015,
3016, 3042, 3188, 3407, 3408,
3409, 3410, 3411, 3412, 4201,
4202, 4211, 4212, 4214, 4221,
4223, 4225, 4226, 4227, 4228,
4229, 4230, 4231, 4233, 4234,
4236, 4237, 4238, 4239, 4240,
4241, 4242, 4243, 4244, 4245,
4246, 4247, 4248, 4249, 4250,
4251, 4252, 4601, 4657, 4661,
4662, 4663)
2003 Ed. (1387, 1388, 1389, 1391,
1395, 1397, 1398, 1402, 1403,
1404, 1405, 1406, 1409, 1410,
1411, 1414, 1416, 1417, 1418,
2013, 2014, 2019, 2031, 2368,
2599, 3059, 3066, 3090, 3091,
3094, 3095, 3096, 3097, 3098,
4055, 4323, 4324, 4332, 4333,
4336, 4337, 4338, 4339, 4340,
4341, 4342, 4343, 4344, 4345,
4346, 4347, 4348, 4349, 4350,
4351, 4352, 4354, 4355, 4358,
4359, 4360, 4361, 4362, 4363,
4364, 4365, 4366, 4367, 4368,
4369, 4370, 4371, 4372, 4373,
4374, 4719)
2004 Ed. (1402, 1403, 1404, 1406,
1407, 1410, 1412, 1413, 1424,
1425, 1426, 1429, 1430, 1431,
1434, 1435, 1436, 1439, 1441,
1442, 1444, 1445, 1644, 2007,
2063, 2064, 2070, 2072, 2074,
2076, 2077, 2078, 2079, 2080,
2081, 2082, 2083, 2084, 2085,
2086, 2087, 2088, 2089, 2090,
2091, 3179, 3180, 3182, 3186,
3187, 3189, 3190, 3191, 3197,
3198, 3200, 3201, 3202, 3203,
3204, 3205, 3207, 3503, 3505,
4082, 4339, 4341, 4342, 4343,
4352, 4353, 4356, 4357, 4358,
4359, 4360, 4361, 4362, 4363,
4364, 4365, 4366, 4367, 4368,
4369, 4370, 4371, 4372, 4373,
4374, 4375, 4378, 4379, 4380,
4381, 4382, 4383, 4384, 4385,
4386, 4387, 4388, 4389, 4390,
4391, 4392, 4395, 4396, 4397,
4695)
2005 Ed. (1458, 4015, 4256)
UBS Warburg LLC
2004 Ed. (4330, 4333, 4335)
UBS Warburg PaineWebber
2002 Ed. (2817)
UBS Wealth Management
2010 Ed. (368)
2016 Ed. (2639)
UBS/Swiss Bank
1999 Ed. (512, 550)
UBuildIt
2005 Ed. (781)
2006 Ed. (685)
2007 Ed. (782)
2008 Ed. (754)
2009 Ed. (2373)
2016 Ed. (801)
UCA
1997 Ed. (3699)
UCA Computer Systems

2006 Ed. (3528, 4367)
UCA Systems
1990 Ed. (2289)
Ucak Servisi
1997 Ed. (2577)
Ucar Carbon
1993 Ed. (2035)
UCAR International Inc.
1998 Ed. (2091)
1999 Ed. (2851)
2001 Ed. (1556)
UCare Minnesota
2006 Ed. (3720, 3722)
UCB
1993 Ed. (730)
1998 Ed. (1346)
2000 Ed. (789)
2006 Ed. (1562, 2781)
2007 Ed. (1597, 1598)
2012 Ed. (1292, 1471, 1709)
2015 Ed. (1461)
2016 Ed. (1391)
UCB Group
2009 Ed. (602)
UCB SA
1999 Ed. (771, 772)
2002 Ed. (759, 760, 1596)
2006 Ed. (1430, 1563, 3372)
2008 Ed. (1575, 3549)
2009 Ed. (1508, 3614)
2010 Ed. (1500, 3538)
2011 Ed. (1495, 3537, 3949)
2012 Ed. (3529, 3949)
2013 Ed. (3575, 4007)
2014 Ed. (3951)
2015 Ed. (3989)
2016 Ed. (3902)
UCBH Holdings Inc.
2005 Ed. (426, 427)
2006 Ed. (400)
UCC
1992 Ed. (1241)
UCC Groep
2002 Ed. (4292)
UCC TotalHome
2002 Ed. (4260)
2004 Ed. (4410)
2005 Ed. (4358)
2006 Ed. (4299)
UCCnet
2004 Ed. (2221)
UCF Credit Union
2002 Ed. (1832)
Uchi Technologies
2008 Ed. (1898)
Uchikura; Eizo
1996 Ed. (1877)
Uchumi
2000 Ed. (3315)
Uchumi Supermarket Ltd.
2002 Ed. (3483)
Uchumi Supermarkets
1999 Ed. (3591)
UCI
2001 Ed. (3390)
UCI Distribution Plus
1998 Ed. (2465)
1999 Ed. (3343)
2000 Ed. (3080)
UCI Medical Center
2006 Ed. (2918)
UCLA
1989 Ed. (958)
UCLA Academic Health Facilities
2002 Ed. (2062)
UCLA (Anderson)
1992 Ed. (1009)
U.C.L.A. Bookstore
1989 Ed. (2518)
UCLA Health System
2014 Ed. (1425)
UCLA Health System Auxiliary
2015 Ed. (1487)
2016 Ed. (1417)
UCLA Medical Center
1999 Ed. (2728, 2731, 2732, 2733,
2734, 2735, 2737, 2738, 2743,
2744, 2745)
2000 Ed. (2508, 2510, 2511, 2512,
2513, 2514, 2515, 2516, 2517,
2520, 2522, 2523, 2524, 2530)
2002 Ed. (2600, 2602, 2603, 2604,
2605, 2608, 2609, 2613, 2614,
2615, 2616, 2622)
2003 Ed. (2805, 2806, 2807, 2808,
2809, 2812, 2813, 2815, 2817,
2818, 2820, 2821, 2823, 2831,
2833, 2834)
2004 Ed. (2908, 2909, 2910, 2912,
2913, 2916, 2917, 2918, 2919,

2921, 2922, 2923, 2924)
2005 Ed. (2894, 2895, 2896, 2898,
2899, 2902, 2903, 2904, 2905,
2907, 2908, 2909, 2910)
2006 Ed. (2900, 2901, 2902, 2904,
2905, 2906, 2909, 2910, 2911,
2912, 2914, 2915, 2916)
2007 Ed. (2919, 2920, 2921, 2923,
2924, 2925, 2928, 2929, 2931,
2933, 2934)
2008 Ed. (3042, 3043, 3045, 3046,
3047, 3048, 3051, 3052, 3053,
3056, 3057)
2009 Ed. (3127, 3129, 3132, 3133,
3134, 3137, 3138, 3139, 3142)
2010 Ed. (3065)
2011 Ed. (3036)
2012 Ed. (2974)
2013 Ed. (3065)
2014 Ed. (3067)
2015 Ed. (3132)
2016 Ed. (2995)
UCLA Medical Center (Jules Stein Eye
Institute)
1999 Ed. (2736)
UCLA Medical Center; Ronald Reagan
2010 Ed. (3059, 3061, 3062, 3063,
3064, 3068, 3069, 3070, 3072,
3073)
2011 Ed. (3031, 3032, 3033, 3034,
3035, 3040, 3041, 3042, 3044,
3045)
2012 Ed. (2967, 2968, 2969, 2970,
2972, 2973, 2978, 2979, 2981,
2982)
2013 Ed. (3057, 3058, 3059, 3060,
3061, 3063, 3064, 3067, 3070,
3072)
2014 Ed. (3059, 3060, 3062, 3063,
3065, 3072, 3074)
2015 Ed. (3127, 3128, 3130, 3131,
3137, 3139)
2016 Ed. (2990, 2991, 2993, 2994,
3000, 3002)
UCLA Medical Group
2011 Ed. (1525)
2012 Ed. (1371)
2013 Ed. (1463)
2014 Ed. (1425)
2015 Ed. (1487)
2016 Ed. (1417)
UCLA Neuropsychiatric Hospital
2000 Ed. (2519)
2002 Ed. (3801)
2003 Ed. (3971)
2004 Ed. (3974)
2005 Ed. (3947)
2006 Ed. (4016)
2007 Ed. (4048)
2008 Ed. (4084)
2009 Ed. (4197)
2010 Ed. (4132)
2011 Ed. (4097)
UCN Inc.
1992 Ed. (244)
UCO Bank
1989 Ed. (558)
1992 Ed. (705)
1993 Ed. (514)
1994 Ed. (513, 514)
1995 Ed. (495, 496)
1996 Ed. (547, 548)
1997 Ed. (506)
2013 Ed. (373)
Ucom
1997 Ed. (3696)
UCS Cleaning
2009 Ed. (866, 867)
UCSD Medical Center
1999 Ed. (2741)
2002 Ed. (2612)
2003 Ed. (2816)
2004 Ed. (2920)
2005 Ed. (2906)
2006 Ed. (2913)
UCSF Medical Center
2011 Ed. (1525)
2012 Ed. (1371)
UCSF Stanford Health Care
2000 Ed. (2529)
Uday Kotak
2016 Ed. (4845)
UDC
1991 Ed. (700)
UDC Homes
1996 Ed. (2836)
1997 Ed. (355)
1998 Ed. (915)
1999 Ed. (1337)
UDC-Universal Development

1994 Ed. (1113)
UDC-Universal Development L.P.
1993 Ed. (1194)
1995 Ed. (1129)
Udelhoven Oilfield System Service
2014 Ed. (1347)
2015 Ed. (1424)
2016 Ed. (1347)
Udenrigsministeriet
2009 Ed. (767, 1633)
2010 Ed. (710, 1606)
Udi's
2014 Ed. (2763)
2015 Ed. (324, 2816)
2016 Ed. (321, 2749)
Udi's Denver Co.
2014 Ed. (2767)
UDL Laboratories
2012 Ed. (2693)
L'udova banka
1996 Ed. (674)
2002 Ed. (645)
2006 Ed. (521)
L'Udova Banka as
2009 Ed. (531)
2010 Ed. (515)
UDR Inc.
2010 Ed. (268, 1586)
2011 Ed. (1586, 1588)
2016 Ed. (1504)
Udruzena Banka Hrvatske
1989 Ed. (717)
1990 Ed. (608, 719)
Udruzena Beogradska
1989 Ed. (717)
1991 Ed. (697)
1992 Ed. (871)
Udruzena Beogradska Banka
1990 Ed. (608)
Udruzena Hrvatske
1991 Ed. (697)
1992 Ed. (871)
UDS
1990 Ed. (2596)
1991 Ed. (2478)
UDSS
2015 Ed. (2995)
UDSS Inc.
2015 Ed. (3029)
UDV Classic Malts
2001 Ed. (2115)
UDV Ireland Group
2006 Ed. (1816)
UDV North America Inc.
2001 Ed. (3119, 3126, 3127, 3128, 3129, 3130)
2002 Ed. (3109, 3151, 3152, 3153, 3155)
2003 Ed. (1034, 2614, 3223, 3227, 3229, 3231, 4211, 4725, 4869)
UDV Operations Ireland Ltd.
2012 Ed. (1618)
2013 Ed. (1776)
UDV Wines
2001 Ed. (4840, 4841)
2002 Ed. (4913, 4962, 4964)
2003 Ed. (4959)
Udvar-Hazy; Steven
2005 Ed. (4854)
2006 Ed. (4908)
2008 Ed. (4832)
2011 Ed. (4821)
2012 Ed. (4851)
2013 Ed. (4848)
2014 Ed. (4864)
2015 Ed. (4901)
2016 Ed. (4818)
UE
1999 Ed. (3137)
"UEFA Champions League"
2013 Ed. (2954)
2014 Ed. (2971)
UEFA Champions League
2012 Ed. (2878)
2013 Ed. (4475)
Uehara Sei Shoji Co. Ltd.
1997 Ed. (2288)
1999 Ed. (2772)
2000 Ed. (2547)
Uehara; Shoji
2010 Ed. (3961)
Ueltschi; Albert
2011 Ed. (4821)
Ueltschi; Albert L.
1991 Ed. (1622, 1624)
UEM Land Holdings
2014 Ed. (1386)
UES
2006 Ed. (2005, 2006)
2007 Ed. (1970)

2008 Ed. (2066)
2009 Ed. (2033, 2436)
2010 Ed. (2351)
UES Inc.
2016 Ed. (3591, 4956)
UEX Corp.
2007 Ed. (4574)
2009 Ed. (1560)
UFA Co-operative Ltd.
2012 Ed. (4070)
2016 Ed. (4889)
Ufa Film und Fernseh GmbH
2003 Ed. (72)
Ufa-Theatre AG
2001 Ed. (3389)
UFC High Voltage
2003 Ed. (849)
"UFC On Fox Deportes Preliminary"
2015 Ed. (3040)
UFC Victory in Vegas
2003 Ed. (849)
UFCW
2009 Ed. (2196)
UFCW Credit Union
2010 Ed. (2151)
UFCW Industry
2008 Ed. (3869)
2009 Ed. (3926)
2010 Ed. (3845)
Uffman and Associates; E. A.
1997 Ed. (1048)
UFI Holdings
2005 Ed. (4339)
UFJ Bank
2009 Ed. (773)
UFJ Holding
2004 Ed. (550, 554, 567)
UFJ Holdings Inc.
2004 Ed. (1443, 1738, 4397)
2005 Ed. (533, 553, 1459)
2006 Ed. (462, 475, 1448, 1771)
2007 Ed. (474, 489, 1443, 1780)
UFJ Indonesia; Bank
2006 Ed. (456)
UFJ Nicos
2007 Ed. (2548)
UFP Eastern Division Inc.
2013 Ed. (4989)
UFP Technologies
2013 Ed. (1839, 3633)
UFP Technologies Inc.
2006 Ed. (1874)
2009 Ed. (1872)
2010 Ed. (4523)
2011 Ed. (4462)
Uft
1992 Ed. (1841)
Uganda
1995 Ed. (1043)
2001 Ed. (1308)
2002 Ed. (682)
2003 Ed. (1046)
2004 Ed. (1050, 1052, 1910)
2005 Ed. (875, 1051, 1053)
2006 Ed. (797, 1062, 1064, 2329, 2336)
2007 Ed. (886, 1151, 1153, 2267)
2008 Ed. (863, 1034, 2402)
2009 Ed. (869, 1017, 2401)
2010 Ed. (211, 815, 983, 1067, 1631, 2264, 2265, 2314, 2580, 2839, 3748)
2011 Ed. (132, 743, 911, 2271, 2272, 2310, 2407, 2821, 3748)
2012 Ed. (136, 2098, 2138, 2139, 2210, 2754, 3087, 3753, 4693)
2013 Ed. (112, 2343, 2393, 2831, 3825, 4655)
2014 Ed. (2273, 2330, 2872, 3748, 4707, 4978)
2015 Ed. (134, 2912, 3239, 3772, 5011)
2016 Ed. (140, 2833, 3687, 4930)
Uganda Breweries
2004 Ed. (95)
Uganda Commercial Bank Ltd.
1989 Ed. (702)
1991 Ed. (682)
1992 Ed. (857)
1993 Ed. (657)
1994 Ed. (658)
1995 Ed. (626)
2000 Ed. (685)
Uganda; Government of
2008 Ed. (96)
Uganda Telecom
2004 Ed. (95)
2008 Ed. (96)
2009 Ed. (105)
2010 Ed. (113)

UGAP
1990 Ed. (1945)
1992 Ed. (2343)
UGC Ltd.
1992 Ed. (1195)
1993 Ed. (976)
1994 Ed. (1001)
1995 Ed. (1014)
UGI Corp.
1989 Ed. (876)
1990 Ed. (935, 936)
1993 Ed. (2702)
1995 Ed. (2755)
1997 Ed. (2926)
1998 Ed. (2664)
1999 Ed. (3593)
2001 Ed. (2233, 3947)
2002 Ed. (2126)
2003 Ed. (3811)
2004 Ed. (2723, 2724)
2005 Ed. (2225, 2230, 2726)
2006 Ed. (2688, 2689, 2691, 2692)
2007 Ed. (2216, 2218, 2222, 2286, 2678, 2681, 2682)
2008 Ed. (2419, 2809, 2812)
2009 Ed. (2418, 2867)
2010 Ed. (2332, 2345, 2352, 2804, 4591)
2011 Ed. (2339, 2425)
2012 Ed. (2346, 2720)
2013 Ed. (2536)
2014 Ed. (2470, 2850)
2015 Ed. (2541, 2882)
2016 Ed. (2468, 2816)
UGilat/GTE Spacenet
1994 Ed. (3644)
UGL Services/DTZ
2014 Ed. (4219)
2015 Ed. (4204)
Ugly Duckling Corp.
2002 Ed. (1501)
Ugo Foods Group
2009 Ed. (2108)
UGS Corp.
2006 Ed. (1896)
2007 Ed. (1888)
UGS PLM Solutions
2006 Ed. (3276)
UHS
2014 Ed. (1877)
2015 Ed. (1912)
UHT/Fluid
2000 Ed. (3135)
UHY Advisors
2006 Ed. (3)
2007 Ed. (2)
2009 Ed. (1)
2010 Ed. (4)
UHY Advisors New England LLC
2009 Ed. (1618)
UIB Group
2012 Ed. (3278)
UIB Holdings Ltd.
2010 Ed. (3339, 3341)
2011 Ed. (3295, 3300)
2012 Ed. (3277, 3283)
2013 Ed. (3352, 3357)
2014 Ed. (3370)
2016 Ed. (3278)
UIB Holdings (U.K.) Ltd.
2015 Ed. (3403)
2016 Ed. (3276)
UIC
1992 Ed. (1686)
UICI
1998 Ed. (2176)
1999 Ed. (2944)
2006 Ed. (3090)
UID
2002 Ed. (4445)
UIHMO
1997 Ed. (2187)
Uinta Brewing Co.
1999 Ed. (3400, 3401)
2000 Ed. (3126)
Uinta County State Bank
1994 Ed. (508)
UIP
2001 Ed. (3377)
uiuc.edu
2001 Ed. (2965)
UJA-Fed Jewish Philanthropies
1992 Ed. (3255)
UJA Federation of Greater Washington
1993 Ed. (2732)
UJA Federation of Jewish Phil. of N.Y.
1992 Ed. (3269)
1993 Ed. (2732)
Ujaas Energy
2016 Ed. (1655)

UJA/Federation of New York
2012 Ed. (3765)
UJB
1992 Ed. (820, 2156)
UJB Financial Corp.
1991 Ed. (392)
1993 Ed. (614, 3283)
1994 Ed. (617, 3273)
1995 Ed. (587, 3354)
1996 Ed. (656)
UJB/Hackensack
1991 Ed. (625)
1992 Ed. (800)
Ujg
2006 Ed. (1922)
Ujjivan Financial Services Pvt. Ltd.
2015 Ed. (1705)
Ujpesti Varosgondnoksag Szolgaltato KFT
2016 Ed. (1638)
U.K.
1994 Ed. (841)
2000 Ed. (1032, 3355)
UK Commercial Property Trust
2016 Ed. (4122)
U.K. England
1990 Ed. (204, 205)
UK Grid
2012 Ed. (2855)
UK-iNvest
2002 Ed. (4826)
UK & Ireland
1990 Ed. (1906, 1913, 1920, 1927, 1929, 1931)
U.K. Mail Group
2015 Ed. (4795)
UK Mail Group
2016 Ed. (4703)
U.K. National Health Service
2013 Ed. (1634)
The U.K. National Lottery
2000 Ed. (3014)
U.K. pound
2008 Ed. (2273)
2009 Ed. (2261)
U.K. Trade & Invest
2015 Ed. (3526)
UK Trade & Investment
2008 Ed. (3520)
2010 Ed. (3485)
2011 Ed. (3488)
2012 Ed. (3492)
2013 Ed. (3534)
UKAMS
2000 Ed. (1677)
Ukani; Shaemin
2014 Ed. (4992)
2015 Ed. (5037)
Uken Games
2015 Ed. (3602)
Ukendt Annoncoer
2010 Ed. (52)
UKFast
2014 Ed. (2044)
Ukio bankas
1996 Ed. (586)
1999 Ed. (579)
2002 Ed. (4441)
2005 Ed. (498)
2009 Ed. (494)
2010 Ed. (476)
2011 Ed. (403)
Ukoil
1996 Ed. (3098)
Ukpeagvik Inupiat Corp.
2014 Ed. (1348)
2015 Ed. (1425)
2016 Ed. (1345, 1348)
Ukraine
1991 Ed. (3157)
1996 Ed. (3762)
1998 Ed. (123)
1999 Ed. (212, 1214, 2067, 4473)
2000 Ed. (2982, 3357)
2001 Ed. (1285, 1286, 1983, 1985, 2005, 3022, 3025, 3212, 3275, 3316, 3529, 3552, 4151, 4156, 4369, 4373, 4386, 4387, 4549, 4550)
2002 Ed. (3229, 3302, 3523, 4379)
2003 Ed. (1026, 2053, 2212, 2213, 3155, 3257, 3282, 3362, 3415, 3877, 4214, 4554, 4617, 4743, 4744)
2004 Ed. (1029, 1911, 2096, 3215, 3344, 3479, 3902, 4237, 4538, 4600, 4601, 4725, 4726)
2005 Ed. (862, 863, 864, 886, 1036, 2044, 2200, 2317, 2534, 3243, 3375, 3478, 3610, 3840, 4160,

4478, 4534, 4535, 4701, 4702)
2006 Ed. (801, 1045, 2262, 2331,
2640, 3228, 3353, 3479, 3909,
4214, 4478, 4502, 4615, 4616,
4756, 4757)
2007 Ed. (890, 920, 1133, 1439,
2200, 3292, 3407, 3510, 3956,
4198, 4229, 4536, 4603, 4762,
4763)
2008 Ed. (528, 823, 903, 1013, 1389,
2334, 3406, 3537, 3671, 3807,
4103, 4258, 4499, 4624, 4686,
4687)
2009 Ed. (563, 845, 911, 998, 1392,
2321, 2378, 3466, 3603, 3737,
3851, 4214, 4362, 4530, 4660,
4726, 4727)
2010 Ed. (546, 791, 855, 962, 1379,
1632, 2251, 3169, 3400, 3402,
3521, 3673, 3770, 3970, 4149,
4389, 4573, 4617, 4670, 4735,
4736)
2011 Ed. (474, 627, 717, 779, 889,
1642, 2259, 2327, 3135, 3388,
3390, 3525, 3659, 3774, 3977,
4148, 4334, 4535, 4573, 4619,
4694, 4695)
2012 Ed. (364, 597, 602, 2205, 3087,
3348, 4625)
2013 Ed. (209, 487, 1067, 2388,
2641, 3418, 4565)
2014 Ed. (498, 2325, 2599, 3416,
4620)
2015 Ed. (562, 1061, 3240, 3449,
4619)
2016 Ed. (969, 3308, 4539)
Ukrainian Cargo Airways
2012 Ed. (154)
Ukrainian Credit Bank
1999 Ed. (676)
2000 Ed. (686)
Ukrainian Credit Union
2010 Ed. (2129)
Ukrainian Innovation Bank
1999 Ed. (676)
2000 Ed. (686)
Ukrainian National Credit Union
2004 Ed. (1936)
2005 Ed. (2076)
2006 Ed. (2170)
2009 Ed. (3529)
2010 Ed. (2143)
2014 Ed. (2192)
2015 Ed. (2256)
2016 Ed. (2227)
Ukrainian Orthodox
2000 Ed. (1625)
Ukrainian Orthodox Credit Union
2002 Ed. (1836)
2003 Ed. (1896)
Ukrainian Self Reliance Credit Union
2005 Ed. (2076)
2006 Ed. (2170)
Ukrainian Selfreliance
2000 Ed. (1625)
Ukrainian SelfReliance Credit Union
2009 Ed. (3529)
2010 Ed. (2143)
2014 Ed. (2192)
2015 Ed. (2208, 2256)
2016 Ed. (2179, 2227)
Ukranian SelfReliance Credit Union
2012 Ed. (2020)
2013 Ed. (2213)
2014 Ed. (2144)
UKRD
1999 Ed. (3982)
Ukreximbank
1997 Ed. (636)
1999 Ed. (676)
2000 Ed. (686)
2010 Ed. (535)
2011 Ed. (464)
2014 Ed. (434, 485)
2015 Ed. (546)
2016 Ed. (499)
UkrGasBank
2015 Ed. (546)
2016 Ed. (499)
Ukrnafta
2002 Ed. (4495)
2006 Ed. (4544)
Ukrop's
2003 Ed. (4631)
UkrSibbank
2009 Ed. (552)
2010 Ed. (535)
2011 Ed. (464)
2013 Ed. (471)
Ukrsocbank

1993 Ed. (631)
Ukrsotsbank
2009 Ed. (552)
2010 Ed. (535)
2011 Ed. (464)
2013 Ed. (471)
2014 Ed. (485)
2015 Ed. (546)
2016 Ed. (499)
Ukrtelecom
2006 Ed. (4544)
Ukrzaliznytsia
2016 Ed. (1547)
UL-300 Plus
1995 Ed. (2316)
Ulaanbaatar Hotel
2002 Ed. (4445, 4446)
Ulay
1999 Ed. (3779)
Ulf Stromsten
2000 Ed. (2185)
Ulimate Doom Thy Flesh
1997 Ed. (1097)
Ulka Advertising
1989 Ed. (116)
1990 Ed. (110)
1991 Ed. (108)
1992 Ed. (159)
1993 Ed. (107)
1994 Ed. (94)
1995 Ed. (83)
1997 Ed. (99)
Ulka Advertising (Euro RSCG)
1996 Ed. (97)
Ulker
2004 Ed. (94)
2005 Ed. (89)
2006 Ed. (47, 98)
2007 Ed. (88)
2008 Ed. (95)
2009 Ed. (104, 1814)
2010 Ed. (112)
Ulker; Murat
2010 Ed. (4900)
2011 Ed. (4888)
2012 Ed. (4896)
2013 Ed. (4919)
2014 Ed. (4926)
2015 Ed. (4966)
2016 Ed. (4883)
Ullevi Stadion
2011 Ed. (4528)
2014 Ed. (4532)
Ullico Inc.
2011 Ed. (3151)
Ulliman Schutte Construction LLC
2016 Ed. (2537)
Ullman; Mike
2008 Ed. (959)
Ulnta County State Bank
1996 Ed. (536)
Ulrich; Jing
2010 Ed. (4983)
Ulrich; Robert
2007 Ed. (968)
2010 Ed. (2567)
Ulrich; Robert J.
2007 Ed. (2503, 2505)
2009 Ed. (2660)
Ulsan, South Korea
2002 Ed. (3730)
2003 Ed. (3914)
Ulster Bank
1990 Ed. (566, 1790)
1992 Ed. (2155)
1999 Ed. (558)
2006 Ed. (2064)
2015 Ed. (1752)
2016 Ed. (1702)
Ulster Bank Ireland Ltd.
2015 Ed. (509)
2016 Ed. (463)
Ulster Bank (Isle of Man) Ltd.
2000 Ed. (569)
Ulster Carpets
2005 Ed. (1983)
2007 Ed. (2036)
Ulster County, NY
1996 Ed. (1472)
Ult. Diamond Shamrock
2000 Ed. (3537)
Ulta
2010 Ed. (844)
Ulta Salon Cosmetics & Fragrance
2015 Ed. (1697, 4323)
Ulta Salon, Cosmetics & Fragrance
2013 Ed. (1706, 4274)
Ulta Salon, Cosmetics & Fragrance Inc.
2006 Ed. (4185)
Ulticom Inc.

2008 Ed. (1137)
UltiliCorp United
1996 Ed. (2822)
Ultima II
2001 Ed. (1913)
Ultimate
1989 Ed. (1319, 1321)
1990 Ed. (1119, 1135, 1136)
1991 Ed. (1036)
1992 Ed. (1332, 1333)
1993 Ed. (1073)
Ultimate Control
2008 Ed. (2984)
2009 Ed. (3066)
Ultimate Desktop Publisher
1997 Ed. (1091)
Ultimate Desktop Publisher Bundle
1996 Ed. (1077)
Ultimate Electronics Inc.
2003 Ed. (1646)
2004 Ed. (2852, 2853)
2005 Ed. (2358, 2860, 2861)
2006 Ed. (2404)
2007 Ed. (4973)
2008 Ed. (4943)
2009 Ed. (3068, 4964)
2010 Ed. (2999)
Ultimate Event
1991 Ed. (844)
The Ultimate Hits
2010 Ed. (3713)
Ultimate Pontiac Buick GMC Isuzu
2006 Ed. (183)
Ultimate Software
2002 Ed. (1152)
2008 Ed. (4345)
2009 Ed. (4448)
2010 Ed. (4491)
2011 Ed. (4426)
2013 Ed. (1360, 1615, 2508, 2511,
3467, 4646)
2014 Ed. (1302, 1305, 1582, 2451,
3180)
2015 Ed. (1367, 1634, 3241)
2016 Ed. (3098)
The Ultimate Software Consultants
2003 Ed. (3962)
The Ultimate Software Group Inc.
2009 Ed. (2913)
2010 Ed. (4502, 4505, 4512)
Ultimate Staffing Services
2015 Ed. (1972)
The Ultimate Weight Solution Food
Guide
2006 Ed. (639)
The Ultimate Weight Solution: The 7
Keys to Weight Loss Freedom
2006 Ed. (637)
Ultimo Ltd.
1990 Ed. (3706)
Ultimus, Inc.
2003 Ed. (2725)
UltOffice.com
2013 Ed. (2476)
Ultra
1999 Ed. (2806)
Ultra Bancorp
1994 Ed. (1223)
Ultra-Brite
1994 Ed. (3552)
1995 Ed. (3630)
1999 Ed. (1829, 4617)
2001 Ed. (4575)
2003 Ed. (4767, 4770)
Ultra Chroma Slim
2001 Ed. (2009, 2010)
Ultra Clean Cleaning & Restoration
2007 Ed. (883)
Ultra Clean Holdings Inc.
2006 Ed. (1580)
2007 Ed. (2728)
2008 Ed. (1587, 1590, 1595, 1605,
1606, 1608, 2858)
Ultra Doux
2001 Ed. (2640, 2641, 2646)
Ultra Electronics
2005 Ed. (168)
2006 Ed. (181, 182)
2007 Ed. (187, 188)
2014 Ed. (2055)
2016 Ed. (101)
Ultra Electronics Holdings
2001 Ed. (1886)
Ultra Electronics Holdings plc
2010 Ed. (170, 1399)
2011 Ed. (94)
2012 Ed. (100, 1243)
2013 Ed. (2297)
2014 Ed. (2235)
2015 Ed. (2300)

2016 Ed. (96)
Ultra Era
2002 Ed. (1962, 1965)
Ultra Food Mart
2004 Ed. (4636)
Ultra; Grupo
2014 Ed. (1403)
Ultra Japan ProFund
2007 Ed. (3663)
Ultra Norsk
2003 Ed. (237)
2008 Ed. (206)
Ultra Pampers
1989 Ed. (2325)
1990 Ed. (3036)
Ultra Pampers, Medium
1990 Ed. (3038)
Ultra Petroleum
2013 Ed. (3939, 3940, 3941)
2014 Ed. (3886, 3887)
Ultra Petroleum Corp.
2003 Ed. (1632, 3836)
2005 Ed. (3733)
2006 Ed. (3836, 3837, 4594)
2007 Ed. (1623, 2722, 2727, 3839,
3852, 3854, 4579)
2008 Ed. (2857, 3898, 3905, 3907)
2009 Ed. (1557, 2908, 3974)
2010 Ed. (1546, 2852, 3882, 3883)
2011 Ed. (1547, 2787, 3895)
2012 Ed. (2764, 3934)
2013 Ed. (1496, 3991)
2014 Ed. (3934)
Ultra Purex
2002 Ed. (1962, 1965, 1966)
Ultra Resources Inc.
2013 Ed. (1258)
Ultra Sheen
2001 Ed. (2634, 2635)
Ultra Slim Fast
1993 Ed. (1484, 1521, 1522, 1906)
1995 Ed. (1607, 3526)
1996 Ed. (1548, 3608)
1997 Ed. (1610, 3055, 3666)
1998 Ed. (1272, 1352)
1999 Ed. (1844)
2000 Ed. (27, 4220)
2002 Ed. (1976, 4891)
2003 Ed. (2060)
2004 Ed. (2098)
Ultra Slim Fast Chocolate 14 oz.
1992 Ed. (1847)
Ultra Slim-Fast Plus
1996 Ed. (1548)
1998 Ed. (1272, 1352)
Ultra Slim Fast Strawberry 14 oz.
1992 Ed. (1847)
Ultra Slim Fast Vanilla 14 oz.
1992 Ed. (1847)
Ultra Stores Inc.
2014 Ed. (3428)
Ultra Surf
2002 Ed. (1963)
Ultra T Disposable Nappies
1992 Ed. (2630)
Ultra Tide
2002 Ed. (1962, 1965)
Ultra Tide with Bleach
2002 Ed. (1963, 1966)
Ultra Wheels
2001 Ed. (4329)
UltraBrite
2000 Ed. (4264)
Ultrabursatiles
2007 Ed. (756)
2008 Ed. (735)
Ultradent Products Inc.
1995 Ed. (1547)
1996 Ed. (1523)
1997 Ed. (1586)
1999 Ed. (1825)
2000 Ed. (1654)
2001 Ed. (1987)
Ultraexpress
1989 Ed. (1590)
1990 Ed. (2013)
Ultraexpress Courier
1991 Ed. (1912)
Ultraflex Power Technologies
2015 Ed. (3560)
Ultragaz
2012 Ed. (1654)
Ultraject
1996 Ed. (2596)
Ultralife Batteries Inc.
2006 Ed. (2739)
Ultralow tar cigarettes
1990 Ed. (989)
Ultram
1999 Ed. (3325)

Ultram Tablets
 1997 Ed. (2741)
Ultramar Diamond Shamrock Corp.
 1998 Ed. (1082)
 1999 Ed. (1412)
 2000 Ed. (2245)
 2001 Ed. (1489, 1490, 3752, 3755)
 2002 Ed. (1332, 3690)
 2003 Ed. (1366)
 2011 Ed. (2093, 3931)
Ultramar Ltd.
 1994 Ed. (2650)
 1995 Ed. (1368, 2754)
 1996 Ed. (1646, 2821)
 2007 Ed. (3863)
 2008 Ed. (3916, 4049)
 2009 Ed. (3983, 3984, 4127)
 2010 Ed. (3892)
 2012 Ed. (3890)
 2013 Ed. (1495, 3973)
 2014 Ed. (1463, 3915)
 2015 Ed. (1536)
Ultramar Refinery
 2000 Ed. (3733)
UltraOTC ProFund
 2000 Ed. (3225)
Ultrapar Holdings
 2012 Ed. (1350)
 2013 Ed. (1443, 1444, 2539)
 2014 Ed. (1404, 1405, 2473)
 2015 Ed. (1465, 2546)
 2016 Ed. (1394)
Ultrapar Holdings Inc.
 2014 Ed. (3920)
 2015 Ed. (3954)
 2016 Ed. (3870)
Ultrapar Participacioes
 2014 Ed. (2844, 4842)
 2015 Ed. (2885, 4879)
 2016 Ed. (2811)
Ultrapar Participacoes
 2016 Ed. (1393, 3832)
Ultrapar Participacoes SA
 2011 Ed. (2432, 2433)
 2012 Ed. (2355, 2356)
 2013 Ed. (2527, 3977)
UltraPure Systems Inc.
 2006 Ed. (1634)
Ultrasis UK Ltd.
 2011 Ed. (1033)
Ultrasonic Transmission Media
 1996 Ed. (2596)
Ultrasound
 1990 Ed. (1501)
 1992 Ed. (3006)
Ultratech
 2014 Ed. (1421)
 2015 Ed. (1481, 4635)
Ultratech Cement
 2014 Ed. (1126)
 2015 Ed. (1170)
 2016 Ed. (1083)
Ultratech Inc.
 2005 Ed. (180)
Ultratech Stepper
 1996 Ed. (3256)
 1999 Ed. (3667)
Ultraviolet stabilizers
 1996 Ed. (3052)
Ultravist/X-ray contrast media
 1997 Ed. (2746)
UltrePet LLC
 2001 Ed. (3819)
Ultress
 2001 Ed. (2657)
Ulusoy Denizcilik A S
 2016 Ed. (2069)
UM
 2014 Ed. (80, 81)
 2015 Ed. (71, 72)
 2016 Ed. (72, 73)
UMA Goup
 1991 Ed. (1554)
Umami Burger
 2016 Ed. (4165)
UMASS Memorial Health Care Inc.
 2005 Ed. (1856)
 2006 Ed. (1867)
 2007 Ed. (1870)
 2008 Ed. (1907)
 2009 Ed. (1869)
 2010 Ed. (1800)
 2011 Ed. (1828, 3148, 3634)
 2012 Ed. (1687)
 2013 Ed. (1841)
 2014 Ed. (1771)
 2015 Ed. (1817)
 2016 Ed. (1776)
UMASS Memorial Hospital Inc.
 2003 Ed. (1754)

UMASS Memorial Hospitals Inc.
 2004 Ed. (1791)
 2005 Ed. (1856)
 2006 Ed. (1867)
 2007 Ed. (1870)
 2008 Ed. (1907)
 2009 Ed. (1869)
 2010 Ed. (1800)
 2011 Ed. (1828)
 2012 Ed. (1687)
 2013 Ed. (1841)
 2014 Ed. (1771)
 2015 Ed. (1817)
 2016 Ed. (1776)
UMB
 2007 Ed. (3213)
UMB AG
 2015 Ed. (2053)
UMB Bank
 2000 Ed. (2794)
UMB Bank NA
 1996 Ed. (608)
 1997 Ed. (562)
 1999 Ed. (3063)
 2001 Ed. (3505, 3506, 3507, 3508)
UMB Financial Corp.
 1996 Ed. (375, 376)
 1998 Ed. (292, 320)
 1999 Ed. (395, 425, 664)
 2000 Ed. (394, 420, 678, 680)
 2004 Ed. (420, 421)
 2005 Ed. (426, 427)
 2016 Ed. (566)
UMB Investment Advisors
 2007 Ed. (3251)
UMB Scout International
 2010 Ed. (4576)
UMB Scout Small Cap
 2006 Ed. (3603, 4554)
 2007 Ed. (4545)
UMB Scout Worldwide
 2000 Ed. (3237)
 2002 Ed. (2163)
 2005 Ed. (4484)
 2006 Ed. (3674, 4558)
Umbdenstock; Richard
 2010 Ed. (3624)
Umbra
 2007 Ed. (3971)
Umbro
 1992 Ed. (4055)
 1993 Ed. (3375)
 1999 Ed. (792, 4380)
 2006 Ed. (2969)
 2007 Ed. (3822)
UMC
 2004 Ed. (96)
 2005 Ed. (90)
 2006 Ed. (99, 4655)
 2009 Ed. (106)
UMC Children's Hospital
 2002 Ed. (2455)
UMC Group
 2006 Ed. (4289)
UMC Health System
 2009 Ed. (2084)
 2011 Ed. (2085)
 2012 Ed. (1929)
 2013 Ed. (2090)
 2014 Ed. (2024)
 2015 Ed. (2067)
 2016 Ed. (2034)
UMCPRINT - Universal MFG
 2016 Ed. (3979, 3982, 3984, 3997, 3998)
Umdasch AG
 2002 Ed. (2383)
 2004 Ed. (2708)
Umeco
 2006 Ed. (182)
 2007 Ed. (188)
Umeco plc
 2003 Ed. (209)
 2008 Ed. (4323)
 2009 Ed. (4426)
Umex
 2000 Ed. (3131)
UMI
 1991 Ed. (2551, 2552, 2553, 2554)
 1998 Ed. (1931)
 1999 Ed. (1270, 2669)
umich.edu
 2001 Ed. (2965)
Umicore
 2005 Ed. (1663)
 2013 Ed. (3714)
Umicore SA
 2006 Ed. (3372)
 2007 Ed. (1597)
 2008 Ed. (1575, 3549)

2009 Ed. (1508, 3614)
 2010 Ed. (3538)
 2011 Ed. (3537)
 2012 Ed. (1253, 1343, 3529)
 2013 Ed. (1355, 1435, 3575)
 2014 Ed. (1301, 1397)
 2015 Ed. (1363, 1461)
 2016 Ed. (1391)
Umilever
 2000 Ed. (4211)
Umniah
 2008 Ed. (53)
 2009 Ed. (60)
 2010 Ed. (70)
UMOE Consulting
 2010 Ed. (1896)
 2011 Ed. (1927)
Umoe Consulting
 2014 Ed. (1898)
 2015 Ed. (1943)
Umphrey; Walter
 1991 Ed. (2296)
 1997 Ed. (2612)
Umpqua Bank
 2005 Ed. (1928, 1929, 1931)
 2006 Ed. (1966)
 2007 Ed. (1943)
 2008 Ed. (2485)
 2009 Ed. (1437, 1994, 2490)
 2011 Ed. (1421, 2398)
 2012 Ed. (1256, 2330)
 2013 Ed. (1452, 2508)
 2014 Ed. (2670)
Umpqua Holdings
 2013 Ed. (2175)
 2014 Ed. (2102)
 2016 Ed. (366)
Umpqua Holdings Corp.
 2001 Ed. (571)
 2005 Ed. (1789, 1941, 2001)
 2007 Ed. (1947)
 2008 Ed. (2029)
UMR Inc.
 2010 Ed. (2398, 3230, 3231)
 2011 Ed. (3203)
 2012 Ed. (3160, 3162)
 2014 Ed. (3259, 3261)
 2015 Ed. (3311, 3312, 3313)
U.M.V. Corp. Bhd.
 1990 Ed. (1398)
 1991 Ed. (1323)
 1992 Ed. (1668)
UMW Holdings
 1992 Ed. (1668, 1669)
UMW Holdings Berhad
 1994 Ed. (1417)
 2008 Ed. (3570)
 2009 Ed. (3640)
 2010 Ed. (3559)
 2011 Ed. (3562)
 2012 Ed. (3555)
 2013 Ed. (3593)
UMW Holdings Bhd
 1990 Ed. (1398)
 1993 Ed. (1365)
 1995 Ed. (1453)
UMW Holdings (Mal)
 1991 Ed. (3233)
UMW Toyota Motor
 2000 Ed. (1295, 1297)
UMWA
 1994 Ed. (2757)
 1995 Ed. (2851)
 1997 Ed. (3016)
 1998 Ed. (2773)
UMWA Health & Retirement
 1999 Ed. (3733)
 2000 Ed. (3450)
 2001 Ed. (3686)
 2003 Ed. (3764)
 2011 Ed. (3847)
UMWA Health & Retirement Funds
 2004 Ed. (3790)
UMWA Health & Retirement Union
 2007 Ed. (3795)
 2008 Ed. (3869)
 2009 Ed. (3926)
UMWA Union
 1996 Ed. (2927, 2939)
Un. Dist. Boutari
 2001 Ed. (38)
"Una Familia con Suerte 2"
 2014 Ed. (2972)
Unadulterated Food Corp.
 1995 Ed. (2443)
Unanue & family; Joseph A.
 1995 Ed. (2112, 2579, 2580, 3726)
Unanue; Joseph A.
 1994 Ed. (2059, 2521, 3655)
Unarco Material Handling Inc.

2002 Ed. (4514)
Unasyn
 1995 Ed. (225)
Unaxis
 2007 Ed. (2825)
UNB Corp.
 2002 Ed. (486)
 2003 Ed. (516)
Unbounded Solutions
 2009 Ed. (3241, 4823)
Unbroken
 2013 Ed. (558, 565, 567)
UNC
 1990 Ed. (181, 182, 183, 185)
 1993 Ed. (2761)
 1998 Ed. (149)
Unclaimed Property Clearing House Inc.
 2007 Ed. (4082)
Uncle Ben's
 1996 Ed. (1948)
 2003 Ed. (2094, 3323, 3325, 4190)
 2008 Ed. (2730)
Uncle Ben's Oriental Sauces
 2002 Ed. (2312)
Uncle Ben's Rice
 1999 Ed. (2474)
 2002 Ed. (2312)
Uncle Chick's Carwash
 2006 Ed. (364)
Uncle Dan's
 2014 Ed. (4405, 4407)
Uncle Sam
 2010 Ed. (624)
Uncle Wally's
 2015 Ed. (327)
 2016 Ed. (324)
UncommonGoods.com
 2013 Ed. (2474)
Unconventional Success: A Fundamental Approach to Personal Investment
 2007 Ed. (656)
Under Armour
 2007 Ed. (2731, 2735, 4279, 4571)
 2008 Ed. (2861, 2865)
 2009 Ed. (4451, 4525, 4578)
 2010 Ed. (4552)
 2011 Ed. (4503, 4505, 4526)
 2012 Ed. (4511, 4513)
 2013 Ed. (4479)
 2014 Ed. (961, 1761, 3148)
 2015 Ed. (901, 1804, 4321)
 2016 Ed. (789, 899, 1767, 3466, 3758, 4217)
Under Armour Inc.
 2015 Ed. (993)
 2016 Ed. (898, 900, 1758, 1760)
Under Armour Performance Apparel
 2005 Ed. (1254, 3903)
Under Siege
 1995 Ed. (3703, 3708)
Under the Dome
 2011 Ed. (493)
 2012 Ed. (452)
Under the Tuscan Sun
 2000 Ed. (710)
Underalls
 1992 Ed. (2445)
Undergarments
 1989 Ed. (861, 1920)
 1990 Ed. (2505)
Underground Technologies
 2006 Ed. (1160)
 2007 Ed. (1272)
The Underground Trader
 2002 Ed. (4807)
Underground Vaults & Storage Inc.
 2006 Ed. (4353)
 2007 Ed. (4421)
Undertone
 2015 Ed. (1908)
Undertone Networks
 2011 Ed. (1913)
 2012 Ed. (1769)
Underwear
 1990 Ed. (3534)
 2004 Ed. (2553)
Underwear/apparel
 1991 Ed. (3304)
Underwood; Carrie
 2010 Ed. (3714, 3715)
 2012 Ed. (3734)
 2014 Ed. (3729)
Underwood-Memorial Hospital
 1999 Ed. (2602)
 2000 Ed. (2345)
Underwood Neuhaus
 1990 Ed. (3162)
Underwood, Neuhaus & Co.
 1991 Ed. (2173, 3040, 3041, 3062)

Underworld Awakening
2014 Ed. (3700)
Underwriters at Lloyds
1996 Ed. (2341)
1998 Ed. (2202)
Underwriters at Lloyds London
1996 Ed. (2341)
1997 Ed. (2467)
1998 Ed. (2202)
1999 Ed. (2970)
Underwriters Laboratories
1992 Ed. (3256)
1993 Ed. (251, 2728)
1995 Ed. (1766)
1997 Ed. (274)
Underwriters Laboratory
1990 Ed. (2718)
Underwriters Lloyds
1994 Ed. (2275)
2000 Ed. (2722)
Underwriters Lloyds, London
1992 Ed. (2680)
1993 Ed. (2237)
2000 Ed. (2722)
Underwriters Lloyds of London
1994 Ed. (2275)
Underwriters Reinsurance Co.
1999 Ed. (2905)
2000 Ed. (2660)
2001 Ed. (2953)
2002 Ed. (3950, 3953, 3958)
2003 Ed. (3014)
Underwriters Safety & Claims Inc.
2010 Ed. (3233)
2011 Ed. (3204)
Underwriting
1993 Ed. (3683)
Undiscovered Managers REIT
2003 Ed. (3117)
Undiscovered Managers REIT Institutional
2004 Ed. (2455)
Unefon SA de CV
2003 Ed. (4705)
2004 Ed. (4675)
2005 Ed. (4638)
UNEXIMBANK
1997 Ed. (603)
1999 Ed. (629)
Unforgiven
1995 Ed. (3703, 3708)
Ungaretti & Harris
2001 Ed. (3053)
Unger & Associates Inc.
1996 Ed. (1921)
1997 Ed. (2011)
Unger; Renee
2006 Ed. (4988)
2007 Ed. (4985)
2008 Ed. (4991)
Ungermann-Bass
1991 Ed. (2340)
1993 Ed. (2459)
1994 Ed. (2402, 2403)
Unggul Indahn Corp.
1992 Ed. (1637)
Unhappiness with management
1990 Ed. (1655)
Uni Boring Co., Inc.
1997 Ed. (2213, 2221)
2000 Ed. (2469)
2002 Ed. (2556)
2004 Ed. (2833)
2005 Ed. (2843)
2006 Ed. (2842)
2007 Ed. (2517)
Uni Charm
2016 Ed. (3755)
Uni-Charm
2006 Ed. (4091)
2007 Ed. (3821)
2012 Ed. (3038, 3845)
2013 Ed. (3886)
2014 Ed. (3820)
2015 Ed. (3845)
2016 Ed. (3751)
Uni Invest Akk.
1993 Ed. (1162)
Uni-Marts
1994 Ed. (1178, 1180, 1183)
1996 Ed. (1172)
1997 Ed. (1209)
1998 Ed. (984)
2003 Ed. (1366)
2004 Ed. (1373)
2005 Ed. (1393)
2006 Ed. (1383)
Uni-President
2014 Ed. (2716)
2015 Ed. (2770)

Uni-President Enterprises Corp.
2006 Ed. (94)
2009 Ed. (100)
2010 Ed. (108)
2012 Ed. (1917, 2668)
Uni-President Entertainments
2015 Ed. (2765)
2016 Ed. (2694)
Uni-Select
2006 Ed. (329)
2007 Ed. (320)
2010 Ed. (4596)
2011 Ed. (4559, 4926)
2012 Ed. (4568)
Uni-Select Inc.
2015 Ed. (4973)
2016 Ed. (4889)
UNI Storebrand
1996 Ed. (2876)
1997 Ed. (2970)
Uniao Bancos Brasileiros
2000 Ed. (584)
Uniao de Ancos Brasileiros
1992 Ed. (753)
Uniao de Bancos Brasileiros
1991 Ed. (586)
1999 Ed. (572)
2005 Ed. (562)
2006 Ed. (483, 1568, 3211, 3212)
2007 Ed. (408, 499, 502, 503, 506, 507, 1603, 3281)
2008 Ed. (459, 462, 463, 464, 465, 467, 1581)
2009 Ed. (1514)
2010 Ed. (470, 1509)
Uniao de Bancos Brasileiros SA (Unibanco)
2001 Ed. (604, 605, 633, 1643)
2002 Ed. (532, 605, 606, 1600)
2003 Ed. (471, 561, 563, 564, 4574)
Uniao de Bancos Brasileiros; Unibanco—
2004 Ed. (575)
2005 Ed. (470, 564)
2006 Ed. (421, 485)
2007 Ed. (409, 501, 3280, 3289, 4342)
2008 Ed. (388, 461, 3405)
2009 Ed. (410, 489)
2010 Ed. (387, 471)
Uniao de Bancos Brasilieros
1993 Ed. (531)
Uniao de Bancos Port
1991 Ed. (651)
Uniao de Bancos Portuguese
1992 Ed. (823)
Uniao de Bancos Portugueses
1993 Ed. (617)
1994 Ed. (621)
1995 Ed. (591)
1996 Ed. (660)
1997 Ed. (598)
Uniao y Refineria Piedade, SA
1995 Ed. (1906)
Uniarte SA
2007 Ed. (1992)
Unibail
2007 Ed. (4079)
Unibail-Rodamco
2010 Ed. (4165)
2011 Ed. (4164, 4167)
2012 Ed. (4196, 4199, 4201, 4212, 4215)
2013 Ed. (4178, 4193, 4199, 4201)
2014 Ed. (4195, 4216, 4218)
2015 Ed. (4175, 4199, 4202)
2016 Ed. (4092, 4115, 4121)
Uniball-Rodamco SE
2015 Ed. (4194)
Unibancal Corp.
2001 Ed. (578)
Unibanco
1989 Ed. (573, 600)
1990 Ed. (511)
1991 Ed. (466, 587)
1992 Ed. (624, 756, 1586)
1993 Ed. (441)
1994 Ed. (440, 1336)
1995 Ed. (433)
1996 Ed. (459)
1997 Ed. (422, 536)
1999 Ed. (481)
2000 Ed. (473, 476, 478, 590)
2005 Ed. (562, 3241)
2006 Ed. (483, 1568, 3211, 3212)
2007 Ed. (408, 499, 502, 503, 506, 507, 1603, 3281)
2008 Ed. (459, 462, 463, 464, 465, 467, 1581)
2009 Ed. (1514)

2010 Ed. (470, 639, 1383, 1509)
Unibanco AIG Seguros
2007 Ed. (3109)
2008 Ed. (3254)
2010 Ed. (3243)
Unibanco Group
1991 Ed. (1261)
1999 Ed. (1590)
2000 Ed. (1395)
Unibanco Holdings
1999 Ed. (4164)
Unibanco—Investship Corretora de Valores Mobiliarios
2008 Ed. (3400)
2009 Ed. (3458)
2010 Ed. (3395)
Unibanco—Uniao de Bancos Brasileiros
1999 Ed. (571, 573)
2000 Ed. (583, 585)
2004 Ed. (458, 498, 576)
2005 Ed. (470, 564)
2006 Ed. (421, 485)
2007 Ed. (409, 501, 3280, 3289, 4342)
2008 Ed. (388, 461, 3405)
2009 Ed. (410, 489)
2010 Ed. (387, 471)
Unibanctrust, IL
1989 Ed. (2148, 2152, 2156)
UniBank
1992 Ed. (2004)
1993 Ed. (1663, 1666)
2002 Ed. (2557)
2004 Ed. (468)
Unibank A/S
2000 Ed. (3017)
Unibank (Isle of Man) Ltd.
1993 Ed. (536)
UniBanka
2002 Ed. (4438, 4439)
2006 Ed. (521)
UNIBAR Maintenance Services Inc.
2007 Ed. (3568, 4427)
2008 Ed. (4404, 4967)
UNIBAR Services Inc.
2012 Ed. (103)
2013 Ed. (78)
Unibar Services Inc.
2013 Ed. (4983)
Unibel Co., Ltd.
2008 Ed. (62)
Uniboard Canada
1992 Ed. (1588)
2007 Ed. (3024)
2008 Ed. (3142)
UniBoring Co Inc.
2000 Ed. (2449)
UniBoring Co.
1995 Ed. (2100)
1997 Ed. (2223, 2225, 2706)
1998 Ed. (1927, 1938, 1941, 1942, 2432)
1999 Ed. (2665, 2675, 2680, 2685, 3296)
2000 Ed. (2468, 3033)
2001 Ed. (2226, 2710, 2712)
2002 Ed. (2546, 2558)
2004 Ed. (2830)
Unica Corp.
2005 Ed. (96)
2006 Ed. (2388)
2007 Ed. (1239)
2009 Ed. (2897)
2010 Ed. (2841)
Unica Installatiegroep BV
2007 Ed. (1906)
Unicaja
1994 Ed. (635)
Unicap
1994 Ed. (3633)
Unicap 100
2001 Ed. (3268)
UniCare
1999 Ed. (2964)
UniCare Health Facilities Inc.
1990 Ed. (2056)
Unicare Health Plans of the Midwest
2002 Ed. (2460)
Unicare Life & Health Insurance Co.
2000 Ed. (2701)
2008 Ed. (3273)
2009 Ed. (3330, 3331)
2011 Ed. (3231, 3232)
Unicare Pharmacy Group Ltd.
2007 Ed. (1823)
Unicarepharmacy
2011 Ed. (1764)
2012 Ed. (1615)
UniCarriers Americas Corp.
2015 Ed. (4855)

2016 Ed. (4762)
Unicash Financial Centres
2005 Ed. (928)
Unicbank Rt.
1993 Ed. (499)
1996 Ed. (530, 531)
UNICCO Service Co.
2002 Ed. (3933)
2005 Ed. (760, 761, 764)
2006 Ed. (666, 668)
UNICEF
1989 Ed. (2074)
1991 Ed. (2613)
1992 Ed. (3267)
1993 Ed. (2730)
1994 Ed. (910, 2677, 2678)
1995 Ed. (943, 2782, 2784)
1996 Ed. (911)
2010 Ed. (3762)
2012 Ed. (3769)
UNICEF; United States Fund for
2009 Ed. (3844)
2010 Ed. (3763)
Unicer
1989 Ed. (47)
Unicer-Bebidas de Portugal
2009 Ed. (83)
Unicer Distribucao de Bebidas SA
2008 Ed. (2055)
Unicer-Uniao Cervejeira
1992 Ed. (72)
1994 Ed. (2395)
Unichank Rt.
1994 Ed. (503)
Unicharm
2016 Ed. (1714)
Unichika
1992 Ed. (3274)
Uniclean Systems Inc.
1992 Ed. (2222, 2227)
Unico Security Services
2000 Ed. (3905)
Unicom Corp.
1996 Ed. (1608, 3136)
1997 Ed. (1349, 1691, 3213)
1998 Ed. (1118, 1384, 1385, 2963)
1999 Ed. (1486, 1554, 1555, 1947, 3961)
2000 Ed. (1731, 3672)
2001 Ed. (1046, 2148, 3944, 3945, 4663)
2002 Ed. (3876)
2005 Ed. (1508)
Unicombank
1996 Ed. (667)
Unicomp
1996 Ed. (2057, 2058, 3447, 3448)
Unicon International Inc.
2007 Ed. (3589)
2008 Ed. (4977)
UNICOR
2003 Ed. (1360)
2004 Ed. (1365)
2005 Ed. (1383)
Unicord
1995 Ed. (1342)
Unicord Public
1996 Ed. (3303)
1997 Ed. (3400)
UnicornHRO
2006 Ed. (2414)
2007 Ed. (2362)
Unicorp Canada
1990 Ed. (1531)
Unicorp Canada Corp. and Cara Oper. Ltd.
1991 Ed. (3332)
Unicorp Energy
1996 Ed. (1317, 2012)
2001 Ed. (1657)
UniCredit
2007 Ed. (1827)
2011 Ed. (364, 380)
2013 Ed. (652)
2014 Ed. (669, 4577)
2015 Ed. (727)
2016 Ed. (665)
UniCredit Banca Mobiliare SpA
2009 Ed. (480)
2010 Ed. (462)
2011 Ed. (389)
UniCredit Banca SpA
2009 Ed. (480)
2010 Ed. (462)
2011 Ed. (389)
UniCredit Bank
2009 Ed. (490)
2010 Ed. (472, 513)
2011 Ed. (398, 439)
UniCredit Bank Austria AG

2012 Ed. (1340)
2013 Ed. (1434)
UniCredit Bank Bulgaria
  2014 Ed. (432)
  2015 Ed. (488)
  2016 Ed. (441)
UniCredit Bank Czech Republic
  2011 Ed. (329)
  2015 Ed. (491)
UniCredit Bank Hungar
  2013 Ed. (434)
UniCredit Bank Hungary
  2009 Ed. (450)
  2010 Ed. (428, 429)
  2011 Ed. (353, 354)
  2014 Ed. (451)
  2015 Ed. (507)
  2016 Ed. (461)
UniCredit Bank Ireland
  2013 Ed. (436)
  2014 Ed. (453)
  2015 Ed. (509)
  2016 Ed. (463)
Unicredit Bank Ireland
  2016 Ed. (1702)
UniCredit Bank Luxembourg
  2015 Ed. (520)
  2016 Ed. (473)
UniCredit Bank Russia
  2013 Ed. (443, 455)
  2014 Ed. (457, 471)
  2015 Ed. (515, 529)
  2016 Ed. (483)
UniCredit Bank Serbia
  2016 Ed. (485)
UniCredit Bank Slovakia
  2011 Ed. (445)
  2015 Ed. (533)
UniCredit Bank Slovakia as
  2009 Ed. (531)
  2010 Ed. (515)
  2011 Ed. (444)
UniCredit Bank Srbija
  2013 Ed. (457)
  2014 Ed. (473)
UniCredit Bank Srbija AB
  2011 Ed. (442)
UniCredit Banka Slovenija
  2011 Ed. (446)
UniCredit Bulbank
  2010 Ed. (389)
  2011 Ed. (314)
  2013 Ed. (415)
UniCredit Bulbank AD
  2014 Ed. (458)
  2015 Ed. (516)
  2016 Ed. (469)
Unicredit Bulbank AD
  2009 Ed. (411)
  2010 Ed. (388)
  2011 Ed. (313)
  2012 Ed. (1359)
  2013 Ed. (1445)
UniCredit Czech Republic
  2013 Ed. (418)
UniCredit Group
  2014 Ed. (504, 1716)
  2016 Ed. (466)
Unicredit Group
  2011 Ed. (1719, 1745)
Unicredit Leasing
  2016 Ed. (288)
UniCredit Luxembourg
  2013 Ed. (447)
  2014 Ed. (462)
UniCredit SpA
  2007 Ed. (487)
  2008 Ed. (411, 452)
  2009 Ed. (435, 440, 480, 481, 1761, 1816, 1818)
  2010 Ed. (410, 416, 450, 462, 463, 1405, 1757, 1759)
  2011 Ed. (340, 370, 390, 1770, 1772)
  2012 Ed. (344, 376, 1622, 1624)
  2013 Ed. (437, 438, 442, 476, 837, 1781, 1783)
  2014 Ed. (454, 455, 489, 1714, 1715)
  2015 Ed. (510, 511, 550, 1757, 1758)
  2016 Ed. (465, 468, 504, 1708, 1709)
UniCredit Tiriac Bank
  2013 Ed. (454)
  2014 Ed. (470)
  2015 Ed. (528)
  2016 Ed. (482)
UniCredit Tiriac Bank SA
  2009 Ed. (526)
  2010 Ed. (506)
  2015 Ed. (516)
  2016 Ed. (469)
Unicredito Italiano

2003 Ed. (550, 1726)
2004 Ed. (493, 564)
2005 Ed. (550)
2006 Ed. (474, 1820, 1821, 1823, 3230)
2010 Ed. (1758)
2011 Ed. (337)
UniCredito Italiano Bank (Ireland) plc
  2011 Ed. (386)
UniCredito Italiano SpA
  2001 Ed. (1760, 1761, 1762)
  2002 Ed. (592, 1699, 1701)
  2004 Ed. (1459)
  2007 Ed. (441, 1443, 1826, 1829)
  2008 Ed. (1861, 1863)
  2009 Ed. (1396)
Unicru
  2005 Ed. (1932)
Unidanmark
  1993 Ed. (462, 1161, 1293)
  1997 Ed. (450, 1218, 1219)
  1999 Ed. (501, 1424, 1599)
  2000 Ed. (1407)
  2002 Ed. (1342, 1343)
UniDanmark A
  1994 Ed. (1195)
  1996 Ed. (1180)
Unidanmark A/S
  2000 Ed. (1406)
Unidanmark Group
  1994 Ed. (467)
  1995 Ed. (455)
  1996 Ed. (487, 1322)
  2000 Ed. (509)
  2002 Ed. (550)
Uniden
  1991 Ed. (870, 1109)
  1994 Ed. (875)
  1997 Ed. (3235)
  2000 Ed. (4202)
Unidine Corp.
  2008 Ed. (2733)
  2009 Ed. (2964)
Unieuro
  2013 Ed. (1779)
Unifi Inc.
  1990 Ed. (3570)
  1991 Ed. (3349, 3350, 3360)
  1992 Ed. (4270, 4272, 4276, 4277, 4281)
  1993 Ed. (2735, 3553, 3555)
  1994 Ed. (1266, 1433, 2683, 3512, 3513, 3515, 3517, 3518)
  1995 Ed. (1468, 2792, 2793, 2797, 2798, 3597, 3598, 3599, 3601, 3602)
  1996 Ed. (2259, 3677, 3678, 3679)
  1997 Ed. (837, 3734, 3735)
  1998 Ed. (1555, 3518, 3519, 3520, 3521)
  1999 Ed. (4589, 4590, 4591)
  2000 Ed. (4240, 4241)
  2001 Ed. (4139, 4506, 4509, 4510)
  2002 Ed. (4615, 4616)
  2003 Ed. (4730)
  2004 Ed. (4708)
  2005 Ed. (4679, 4680)
  2009 Ed. (3258)
  2011 Ed. (4683)
  2012 Ed. (4697)
  2013 Ed. (4658)
  2014 Ed. (4710)
  2016 Ed. (3447)
Unifi Network of PricewaterhouseCoopers
  2002 Ed. (1217, 1218)
Unified Data Products
  1989 Ed. (832)
  1990 Ed. (849)
Unified Energy System
  2002 Ed. (1637)
  2005 Ed. (1958)
Unified Energy System of Russia
  2007 Ed. (1811, 1969, 2300, 2304, 2689)
  2008 Ed. (1850, 2064, 2432, 2818)
  2009 Ed. (2514, 2515)
Unified Energy Systems
  1997 Ed. (1502)
  2001 Ed. (1694)
  2006 Ed. (1697)
Unified Energy Systems of Russia
  2006 Ed. (2005, 2006)
  2007 Ed. (1970)
  2008 Ed. (2066)
  2009 Ed. (2033, 2436)
  2010 Ed. (2351)
Unified Foodservice Purchasing Co-op
  2008 Ed. (1383)
  2009 Ed. (1386)

2010 Ed. (1371)
2011 Ed. (1364)
2012 Ed. (1227)
2015 Ed. (1342)
Unified Fund Services, Inc.
  2001 Ed. (3422)
Unified Grocers Inc.
  2010 Ed. (1532, 4955)
  2011 Ed. (1363, 1528, 4939)
  2012 Ed. (1226, 4083)
  2013 Ed. (1345, 4933)
  2014 Ed. (1278, 1431, 4940)
  2015 Ed. (1339, 1493)
Unified Payments
  2014 Ed. (2678)
Unified People's Credit Union
  2002 Ed. (1902)
  2003 Ed. (1957)
Unified Western Grocers Inc.
  2002 Ed. (1078, 1341, 4901)
  2003 Ed. (1376, 1379, 3966, 4929, 4930)
  2004 Ed. (1384, 1389, 1390, 4933, 4934)
  2005 Ed. (1405, 1410, 1411, 4915, 4916)
  2006 Ed. (1391, 1396, 1397, 4947, 4948)
  2007 Ed. (1427, 1430, 4954)
  2008 Ed. (1382)
  2009 Ed. (1385, 4146)
UniFirst
  2016 Ed. (907, 1557)
UniFirst Corp.
  2001 Ed. (3729)
  2004 Ed. (999, 1000, 3812)
  2005 Ed. (1014, 1015, 3394, 3720, 3721)
  2006 Ed. (3391, 3810, 3811)
  2007 Ed. (3827)
  2008 Ed. (1910, 3886, 3887)
  2009 Ed. (3949, 3950)
  2010 Ed. (3861, 3862)
  2011 Ed. (3869, 3870)
  2012 Ed. (3848, 3849)
  2013 Ed. (3908, 3909)
  2014 Ed. (3842)
  2015 Ed. (992)
  2016 Ed. (3775, 3776)
Uniflex
  1997 Ed. (229)
UniFocus
  2007 Ed. (2960)
Unifoods (Thailand) Co. Ltd.
  1991 Ed. (1358)
  1992 Ed. (1707)
Uniform Code Council
  1997 Ed. (273)
Uniform Division
  1997 Ed. (2702)
Uniform services
  2001 Ed. (2760)
Uniforms
  1994 Ed. (2686)
  2003 Ed. (2267)
Unifund
  2009 Ed. (2266)
Unifund Assurance Co.
  2008 Ed. (3235)
  2009 Ed. (3295)
  2010 Ed. (3222)
  2011 Ed. (3185)
  2012 Ed. (3144)
  2013 Ed. (3216)
  2014 Ed. (3235)
  2015 Ed. (3293)
  2016 Ed. (3145)
Unifund Group
  2005 Ed. (2143)
Unigate
  1990 Ed. (1829)
  1999 Ed. (1815)
Unigate Distribution Services Ltd.
  2002 Ed. (4672)
Unigate plc
  2000 Ed. (1639)
  2001 Ed. (1970)
  2002 Ed. (1908)
Unigel
  2013 Ed. (949)
Uniglo
  2006 Ed. (4173)
Uniglobe Travel
  1989 Ed. (1487)
  1990 Ed. (1854)
  1991 Ed. (1773)
  1998 Ed. (3624)
  1999 Ed. (4667)
Uniglobe Travel Designers
  2016 Ed. (3589)

Uniglobe Travel (Midwest) Inc.
  1998 Ed. (3623)
Uniglobe Travel (USA) LLC
  2000 Ed. (4302)
Uniglobe.com Inc.
  2002 Ed. (2484)
Uniglory Marine Corp.
  1990 Ed. (240)
UniGroup
  2015 Ed. (3259)
UniGroup Inc.
  1990 Ed. (3466)
  1995 Ed. (3669)
  1996 Ed. (3753)
  2000 Ed. (4317)
  2001 Ed. (2536)
  2003 Ed. (21)
  2005 Ed. (3918)
  2006 Ed. (3992, 4796)
  2007 Ed. (4029, 4813)
  2008 Ed. (3198, 4056, 4740)
  2009 Ed. (312, 3257, 4152, 4772, 4796)
  2010 Ed. (294, 3188, 4785, 4814, 4817, 4824, 4826)
  2011 Ed. (2767, 4735, 4764, 4767, 4776, 4784, 4786)
  2012 Ed. (4788, 4798, 4805, 4807)
  2013 Ed. (4749, 4759)
  2014 Ed. (4799, 4810)
  2015 Ed. (4834, 4845)
  2016 Ed. (4737, 4749)
UniHealth
  2001 Ed. (1070)
UniHealth America
  1990 Ed. (2632)
  1991 Ed. (2498, 2502)
  1992 Ed. (3123, 3127)
  1994 Ed. (2573)
  1995 Ed. (2628)
  1996 Ed. (2705)
  1997 Ed. (2163, 2257)
  1999 Ed. (2989)
UniHost
  1999 Ed. (2755, 2756)
  2000 Ed. (2534)
  2001 Ed. (2776)
Unijet
  2000 Ed. (35, 3396)
UNIK SA de CV
  1996 Ed. (331)
Unikeller Holding AG
  1991 Ed. (2385)
Unilab Corp.
  1994 Ed. (2020)
  1995 Ed. (2085)
  1998 Ed. (165)
  2003 Ed. (4319)
Unilab Group of Cos.
  2006 Ed. (76)
Unilever
  1989 Ed. (15, 22, 23, 24, 25, 26, 27, 28, 32, 34, 35, 37, 38, 41, 43, 47, 48, 50, 51, 1020, 1111)
  1990 Ed. (30, 1347, 1356, 1376, 1437, 1533, 1829, 1831, 3473, 3531, 3533)
  1991 Ed. (25, 237, 238, 1273, 1282, 1326, 1360, 1364, 1747, 2012, 2013, 2367, 2586, 3232, 3301, 3303)
  1992 Ed. (40, 43, 49, 51, 53, 64, 69, 70, 73, 74, 77, 78, 329, 330, 1603, 1625, 1671, 1780, 2200, 2809)
  1995 Ed. (18, 148, 691, 1406, 1420, 1422, 1431, 1894, 1903, 1905, 1944, 2762, 2889, 3411, 3572, 3573)
  1996 Ed. (31, 215, 1357, 1359, 1362, 1363, 1365, 1367, 1381, 1387, 1393, 1424, 1462, 1467, 1945, 1946)
  1997 Ed. (166, 243, 244, 963, 1420, 1421, 1486, 1535, 2042, 2046, 2930, 3380, 3715)
  1998 Ed. (596, 704, 1202, 1730, 1731, 3782)
  1999 Ed. (29, 177, 266, 267, 711, 1000, 1001, 1098, 1568, 1571, 1604, 1605, 1606, 1610, 1611, 1613, 1614, 1641, 1643, 1710, 1711, 1712, 1815, 1830, 1838, 2460, 2467, 2468, 2469, 2470, 3598, 3637, 3768, 3777, 4108, 4389, 4568)
  2000 Ed. (202, 945, 946, 1029, 1444, 1478, 1479, 1523, 1591, 1639, 2225, 3822)
  2001 Ed. (12, 13, 14, 15, 16, 17, 19, 20, 23, 24, 25, 26, 28, 29, 30, 31,

33, 35, 36, 38, 40, 41, 42, 43, 44,
46, 48, 49, 50, 52, 53, 54, 55, 56,
57, 60, 61, 62, 64, 65, 67, 68, 69,
71, 72, 73, 74, 77, 79, 80, 81, 82,
83, 84, 85, 86, 88, 89, 90, 92, 93,
1199, 1578, 1642, 1806, 1884,
1887, 1925, 1970, 1989, 1991,
1999, 2470, 3228, 3719)
2002 Ed. (32, 1403, 1908, 2309,
2310, 3220, 3643, 4490, 4491,
4589, 4789)
2003 Ed. (750, 2501, 2502, 2514,
2517, 2561, 2637, 2638, 3310,
3720, 3766, 3793, 3794, 4711)
2004 Ed. (21, 24, 25, 27, 28, 30, 31,
32, 33, 35, 38, 40, 41, 42, 43, 44,
45, 46, 47, 48, 50, 51, 52, 53, 55,
58, 59, 61, 63, 65, 66, 67, 68, 71,
72, 73, 74, 77, 78, 82, 83, 84, 86,
87, 90, 92, 93, 94, 95, 96, 97, 98,
138, 142, 2654, 3366, 3806, 3807,
3810, 4680, 4682, 4742)
2005 Ed. (17, 18, 20, 22, 23, 24, 25,
26, 28, 30, 33, 35, 37, 38, 39, 40,
41, 42, 44, 45, 46, 47, 48, 50, 53,
54, 56, 57, 58, 60, 61, 62, 63, 67,
68, 69, 72, 73, 74, 75, 77, 78, 79,
81, 82, 85, 87, 88, 89, 90, 91, 92,
93, 129, 873, 1596, 2644, 2646,
2648, 2650, 2657, 3399, 3715,
3717)
2006 Ed. (23, 24, 26, 28, 29, 30, 31,
32, 34, 37, 40, 41, 42, 45, 46, 47,
48, 49, 50, 51, 52, 53, 54, 57, 60,
61, 63, 64, 66, 67, 68, 69, 70, 74,
75, 76, 77, 78, 81, 82, 84, 86, 87,
88, 90, 91, 92, 94, 96, 97, 98, 99,
101, 102, 103, 105, 132, 142, 164,
1474, 1481, 1917, 2056, 2641,
2643, 2644, 2645, 2646, 2849,
3407, 3804, 3805, 4495)
2007 Ed. (17, 21, 23, 24, 26, 27, 29,
31, 33, 35, 36, 39, 40, 42, 43, 44,
45, 46, 48, 51, 52, 54, 58, 59, 60,
65, 66, 67, 68, 72, 78, 80, 81, 82,
84, 86, 88, 90, 91, 92, 93, 94, 95,
96, 97, 126, 135, 137, 155, 613,
1326, 1458, 1467, 1901, 1902,
1905, 2028, 2029, 2617, 2618,
2619, 2621, 2622, 2625, 2626,
2986, 3815, 3988, 4059, 4735,
4778)
2008 Ed. (19, 21, 22, 26, 28, 29, 31,
32, 33, 34, 35, 37, 40, 42, 43, 46,
47, 48, 49, 50, 51, 54, 56, 59, 60,
61, 62, 63, 64, 65, 68, 70, 71, 72,
73, 74, 77, 78, 80, 82, 84, 86, 87,
89, 91, 92, 93, 94, 95, 96, 97, 99,
100, 102, 103, 104, 105, 106, 107,
131, 140, 1452, 1965, 1966, 2121,
2748, 2751, 2752, 3105, 3587,
3880, 4653, 4658)
2009 Ed. (22, 25, 26, 30, 31, 33, 34,
36, 37, 38, 39, 41, 45, 48, 49, 51,
53, 54, 55, 56, 58, 61, 62, 63, 64,
67, 68, 69, 71, 72, 73, 74, 77, 79,
80, 81, 82, 84, 86, 87, 89, 91, 93,
96, 97, 100, 101, 102, 104, 105,
106, 107, 110, 113, 114, 115, 116,
117, 151, 161, 162, 755, 768, 2042,
2113, 2119, 2591, 2802, 2806,
2807, 2808, 3200, 3659, 3941,
4563, 4695)
2010 Ed. (31, 35, 40, 41, 42, 43, 46,
47, 48, 49, 51, 55, 58, 59, 60, 61,
63, 64, 65, 66, 68, 71, 72, 73, 74,
76, 77, 78, 79, 80, 81, 82, 87, 89,
90, 91, 94, 95, 97, 99, 101, 104,
105, 106, 108, 110, 112, 113, 114,
115, 116, 117, 119, 152, 153, 716,
1201, 1391, 1392, 1393, 1394,
1398, 1399, 1400, 1743, 1855,
2054, 2733, 2736, 2738, 2741,
2742, 3125, 3576, 3854, 3855,
4600)
2011 Ed. (27, 29, 30, 32, 76, 77, 792,
925, 1149, 1405, 1406, 2105, 2521,
2715, 2718, 2721, 2723, 2726,
2727, 2728, 2730, 3093, 3579,
3859, 3860, 3861, 3861, 3950, 4561)
2012 Ed. (32, 33, 35, 40, 68, 78, 79,
1242, 1243, 1244, 1245, 1247,
1248, 1249, 1251, 1743, 2640,
2648, 2654, 2655, 2656, 2659,
2660, 2666, 3034, 3572, 3833,
3834, 3835)
2013 Ed. (37, 38, 39, 40, 44, 63, 69,
71, 73, 589, 590, 1605, 1909, 2113,
2115, 2118, 2125, 2481, 2727,
2728, 2736, 2737, 2741, 2742,

2756, 3120, 3470, 3540, 3607,
3898)
2014 Ed. (52, 53, 54, 55, 90, 601,
602, 1842, 2047, 2710, 2711, 2712,
2715, 2717, 2718, 2721, 2722,
2741, 3551, 3821, 3831, 3838)
2015 Ed. (83, 93, 96, 671, 672, 1626,
1650, 1730, 1741, 1880, 2099,
2100, 2101, 2106, 2759, 2761,
2768, 2769, 2772, 2776, 2793,
3575, 3846, 3856, 4612)
2016 Ed. (55, 87, 589, 612, 613,
1551, 1842, 2077, 2079, 2084,
2261, 2271, 2689, 2691, 2696,
2698, 2699, 2701, 2706, 2845,
2846, 3752, 3767, 3768, 3773,
4533)
Unilever Bestfoods North America
2014 Ed. (2771, 3558, 4406, 4407,
4505, 4509)
2015 Ed. (3581, 4393, 4505, 4509)
2016 Ed. (3461, 4442)
Unilever Canada
1990 Ed. (1827)
1991 Ed. (1745)
2007 Ed. (1325)
2008 Ed. (1215)
2009 Ed. (1190, 3618)
2010 Ed. (1196)
Unilever Cert
1996 Ed. (214)
2000 Ed. (295)
Unilever-Chesebrough-Pond's
1991 Ed. (1145)
1993 Ed. (1421)
Unilever Combined
1990 Ed. (1342)
Unilever Credit Union
2015 Ed. (2256)
2016 Ed. (2179)
Unilever France
1997 Ed. (3500)
Unilever Ghana Ltd.
2002 Ed. (4418)
2006 Ed. (4505)
Unilever Group
2003 Ed. (1873)
2006 Ed. (1693)
2008 Ed. (561, 2746, 4693)
2009 Ed. (1191)
2015 Ed. (2771)
2016 Ed. (2700)
Unilever Home & Personal Care USA
2003 Ed. (648, 649, 650, 651, 652,
991, 1998, 2004, 2046, 2048, 2049,
2081, 2082, 2083, 2430, 2662,
2663, 2666, 2667, 2668, 3169,
3784, 4433, 4434, 4435, 4438,
4765, 4769)
Unilever Ice Cream USA
2009 Ed. (2839)
2010 Ed. (2780)
Unilever Indonesia
1989 Ed. (1127)
1990 Ed. (1381)
1991 Ed. (1303)
1992 Ed. (1637)
1993 Ed. (2155)
1994 Ed. (2337)
1995 Ed. (3151)
1997 Ed. (1431)
1999 Ed. (1656)
2000 Ed. (2873)
2009 Ed. (1495)
2010 Ed. (1486)
2012 Ed. (1577)
2014 Ed. (3824)
2015 Ed. (3849)
2016 Ed. (1690, 3756)
Unilever Indonesia Tbk
2006 Ed. (3231)
Unilever Italia
2013 Ed. (1779)
Unilever Jeronimo Martins
2015 Ed. (1998)
Unilever Nederland BV
1997 Ed. (1388, 2043)
1999 Ed. (1614, 2468)
Unilever New Zealand
2015 Ed. (1931)
Unilever Nigeria
2006 Ed. (4525)
Unilever Nigeria plc
2003 Ed. (4555)
Unilever NV
1989 Ed. (16, 31, 188, 1459, 1867)
1990 Ed. (21, 22, 23, 24, 25, 28, 29,
33, 35, 38, 39, 40, 42, 44, 45, 47,
48, 168, 170, 1250, 1400, 1401,
1434, 1533, 3323, 3538)

1991 Ed. (10, 166, 1169, 1185, 1269,
1325, 1327, 1748, 3311, 3313,
3314)
1992 Ed. (50, 232, 233, 1607, 1672,
2196, 4224, 4226, 4227)
1993 Ed. (21, 22, 23, 24, 25, 26, 27,
29, 30, 31, 33, 35, 37, 41, 42, 43,
47, 48, 50, 51, 53, 54, 147, 149,
226, 227, 1296, 1297, 1298, 1300,
1301, 1302, 1303, 1305, 1306,
1327, 1338, 1372, 1373, 1377,
1423, 1881, 1882, 1883, 2760,
3347, 3348, 3379, 3528)
1994 Ed. (12, 13, 14, 15, 18, 19, 21,
22, 23, 25, 26, 28, 32, 33, 34, 39,
43, 46, 47, 129, 742, 1353, 1354,
1355, 1357, 1359, 1425, 1426,
1427, 1879, 2578, 3500, 3502)
1995 Ed. (1377, 1378, 1379, 1381,
1382, 1462, 1463, 1464, 1902,
3435)
1996 Ed. (1330, 1331, 1333, 1425,
1426, 1944, 3500)
1997 Ed. (1388, 1390, 1391, 1393,
1394, 1484, 1487, 1576, 2043)
1998 Ed. (71, 595, 3361, 3490, 3499)
2000 Ed. (1411, 1412, 1413, 1415,
1521, 1522)
2001 Ed. (1689, 1691, 1693, 1697,
1805, 1807, 2845)
2002 Ed. (1468, 1473, 1643, 1644,
1736)
2003 Ed. (1444, 1467, 1489, 1496,
1669, 1776, 1777, 4581)
2004 Ed. (1474, 1497, 1519, 1701)
2005 Ed. (663, 1490, 1513, 1535,
1895, 2642, 4716)
2006 Ed. (565, 1918, 1921, 2639,
4768)
2007 Ed. (1899)
2008 Ed. (561, 1754, 1963, 2746,
4693)
2009 Ed. (590, 1918, 2786, 2800,
4735)
2011 Ed. (1885)
2012 Ed. (466, 1740, 2649, 4724)
2013 Ed. (576, 1906, 2731, 4679)
Unilever NV & PLC
1989 Ed. (36)
Unilever NV/PLC
1990 Ed. (34, 1354, 1355)
1991 Ed. (14, 15, 16, 17, 19, 21, 23,
26, 28, 30, 35, 36, 37, 39, 43, 44,
47, 48, 50, 52)
Unilever NV/Unilever PLC
1990 Ed. (2404)
Unilever Pakistan Ltd.
2006 Ed. (4527)
Unilever plc
1989 Ed. (1459)
1990 Ed. (2511)
1991 Ed. (1269, 1296, 1748, 2380)
1992 Ed. (1607, 2196)
1994 Ed. (9, 216, 217, 1352, 1353,
1354, 1355, 1357, 1359, 1383,
1391, 1401, 1869, 1879, 1880)
1995 Ed. (23, 146, 1374, 1376, 1378,
1379, 1382, 1409, 1902, 3574,
3575)
1996 Ed. (158, 1329, 1330, 1944,
2974, 3657, 3661)
1997 Ed. (659, 1385, 1386, 1387,
1389, 2043, 2044, 2045)
1998 Ed. (1012, 2786)
2000 Ed. (1416, 1418, 1443, 3458)
2001 Ed. (1697)
2002 Ed. (1008, 1016, 1393, 1483,
1639, 1643, 1644, 1735, 1786,
1787, 1790, 2307, 2308, 3245)
2003 Ed. (2515)
2004 Ed. (1873, 2655, 4048)
2005 Ed. (663, 1513, 2642, 4716)
2007 Ed. (1714, 1715, 1722, 1725,
1726, 1728)
2008 Ed. (1753, 1754, 2753, 2754,
3841)
2009 Ed. (1194, 1196, 2809, 3897)
2010 Ed. (1198, 1200, 2746)
2011 Ed. (1147, 1148, 2729)
2012 Ed. (1081, 1082, 2667)
2013 Ed. (1218, 1219, 2743)
2014 Ed. (1158, 1159, 2723)
2015 Ed. (1212, 1213, 2778)
2016 Ed. (1118, 2708)
Unilever PLC NV
1991 Ed. (1270, 1272)
1992 Ed. (1604, 1605, 1606)
1994 Ed. (1348, 1351, 1395)
1995 Ed. (1373, 1375)
1996 Ed. (1326, 1327, 1328)
Unilever U.K.

2012 Ed. (39)
Unilever UK Ltd.
2015 Ed. (56)
Unilever United States
2002 Ed. (4302)
2003 Ed. (680, 2569, 4678)
2008 Ed. (2781)
Unilever U.S.
1990 Ed. (3311)
1991 Ed. (3150, 3151)
1992 Ed. (1708, 3322)
1994 Ed. (1430, 2717, 3351, 3352)
1997 Ed. (2029)
1998 Ed. (3329)
1999 Ed. (4350)
2000 Ed. (4068)
2001 Ed. (3711)
2003 Ed. (2505)
2004 Ed. (2638)
2005 Ed. (2629)
2006 Ed. (2625)
2007 Ed. (2602)
2008 Ed. (2736)
2009 Ed. (2791)
Unilever USA
2014 Ed. (2782)
2015 Ed. (2828)
2016 Ed. (2760)
Unilevre
2015 Ed. (2110)
UniLink
2009 Ed. (4952)
Unilver
2004 Ed. (89)
2005 Ed. (84)
Unimac Graphics
2007 Ed. (4435)
UNIMAR
2011 Ed. (2914)
UniMas
2015 Ed. (3036, 4711)
2016 Ed. (2932)
Unimedia Inc.
1996 Ed. (3144)
Unimerco
2008 Ed. (1713)
2010 Ed. (1602)
Unimerco Group A/S
2007 Ed. (1681)
2008 Ed. (1706)
Unimicron
2005 Ed. (3884)
2006 Ed. (3947)
2007 Ed. (4004)
2008 Ed. (4022)
2015 Ed. (4063)
Unimicron Technology
2008 Ed. (1564)
Unimin Corp.
1990 Ed. (3094)
2001 Ed. (3324)
2003 Ed. (3416, 3417)
2004 Ed. (3483, 3484)
2005 Ed. (3480, 3481)
2006 Ed. (3481, 3482)
2007 Ed. (3511, 3512)
2008 Ed. (3674)
2009 Ed. (3740)
2010 Ed. (3679)
2011 Ed. (3662)
2012 Ed. (3662)
2015 Ed. (3680, 3681)
2016 Ed. (3563, 3564)
Unimit Engineering
2009 Ed. (2103, 3592)
2010 Ed. (2044)
Uninstaller
1996 Ed. (1082)
1997 Ed. (1090, 1093)
Unintentional injuries
2000 Ed. (1642)
Union
1990 Ed. (712)
2000 Ed. (689, 692, 693, 694)
2014 Ed. (75)
Union 3 Fashion SA
2001 Ed. (4511)
2002 Ed. (4618)
Union Acceptance Corp.
2005 Ed. (363)
Union Advertising
1989 Ed. (129)
Union Asia Finance
1989 Ed. (1785)
1991 Ed. (2942)
1992 Ed. (3824)
1994 Ed. (3158, 3197)
Union Assurance de Paris (Paris)
1991 Ed. (2159)
Union Assurances Paris

1993 Ed. (1316)
1994 Ed. (1370)
Union Bancaire en Afrique Centrale SA
1989 Ed. (503)
1991 Ed. (476)
1992 Ed. (634)
1993 Ed. (448)
1994 Ed. (449)
Union Bancaire pour le Comm. et
l'Industrie
2006 Ed. (532)
2007 Ed. (563)
2008 Ed. (515)
Union Bancaire pour le Commerce et
l'Industrie
2013 Ed. (356)
2014 Ed. (374)
Union bancaire pour le commerce et
l'industrie
2015 Ed. (409)
2016 Ed. (378)
Union Bancaire pour le Commerce et
l'Industrie SA
1993 Ed. (655)
1994 Ed. (655)
1995 Ed. (623)
1996 Ed. (699)
Union Bancaire pour le Commerce &
l'industrie
2010 Ed. (532)
Union Bancaire Privee
1994 Ed. (643)
1995 Ed. (615)
1996 Ed. (689)
1997 Ed. (623)
2000 Ed. (670)
2002 Ed. (653)
2003 Ed. (617)
2004 Ed. (525)
2005 Ed. (615)
2006 Ed. (528)
2012 Ed. (560)
Union Bancaire Privee Asset Management LLC
2004 Ed. (626, 2818, 2819)
2005 Ed. (2819)
2006 Ed. (2799)
2007 Ed. (2793)
2008 Ed. (2923)
Union BanCal Corp.
1999 Ed. (654)
Union Bancaria Hispano Marroqui SA
1989 Ed. (629)
Union Bancorp.
1989 Ed. (381)
1990 Ed. (415)
Union Bank
1989 Ed. (500, 511, 645)
1990 Ed. (513, 515, 516, 527, 528,
704, 716, 717, 718, 3478)
1991 Ed. (364, 472, 488, 489, 517,
693)
1992 Ed. (509, 564, 568, 628, 670,
867, 1497, 2150, 3627)
1993 Ed. (404, 406, 408, 445, 482,
578, 650, 2300, 2313, 2325, 2416,
2968)
1994 Ed. (396, 445, 487, 582, 652,
667, 3009)
1995 Ed. (377, 378, 391, 437, 3066)
1996 Ed. (391, 414, 464, 508, 539,
540)
1997 Ed. (383, 427, 472, 502, 3284)
1998 Ed. (372, 2350)
1999 Ed. (614)
2000 Ed. (2923)
2010 Ed. (466)
2011 Ed. (393)
2012 Ed. (381)
2013 Ed. (526, 2362)
2014 Ed. (1428, 2291, 2294)
2015 Ed. (1490, 2374, 2377, 2381)
2016 Ed. (1424, 2320, 2322)
Union Bank for Saving & Investment
2008 Ed. (455)
2009 Ed. (484)
Union Bank for Savings & Investment
1999 Ed. (566)
2000 Ed. (577)
Union Bank International Equity
1994 Ed. (2312)
Union Bank NA
2010 Ed. (198)
2011 Ed. (120)
2015 Ed. (342)
2016 Ed. (134, 337)
Union Bank Nigeria plc
2002 Ed. (4450)
Union Bank of California
1998 Ed. (310, 341, 358)

1999 Ed. (415, 525, 3316, 4030)
2000 Ed. (403, 3744, 3745)
2002 Ed. (249, 337, 505, 3371)
2003 Ed. (230, 569)
2005 Ed. (264, 3304, 3487, 3492)
2008 Ed. (3681)
2009 Ed. (2718, 3750, 3751, 3752,
3754)
Union Bank of Colombo Ltd.
1999 Ed. (640)
2000 Ed. (666)
Union Bank of Finland
1989 Ed. (529, 580, 1783)
1990 Ed. (544, 1361, 2317)
1991 Ed. (506, 1278, 1900, 1901)
1992 Ed. (662, 1611, 2395)
1993 Ed. (474, 2029)
1994 Ed. (476)
Union Bank of Finland, A
1992 Ed. (2396)
Union Bank of Hong Kong
1992 Ed. (607)
Union Bank of India
1996 Ed. (548)
1999 Ed. (542, 543)
2000 Ed. (553, 554)
2002 Ed. (569, 570)
2003 Ed. (528)
2004 Ed. (544)
2005 Ed. (525)
2006 Ed. (455)
2007 Ed. (466)
2008 Ed. (432)
2010 Ed. (436)
2011 Ed. (361)
2012 Ed. (361)
2013 Ed. (382, 384)
2014 Ed. (394, 395)
2015 Ed. (451)
2016 Ed. (405)
Union Bank of Israel
2003 Ed. (549)
2004 Ed. (563)
2005 Ed. (549)
2006 Ed. (473)
2007 Ed. (486)
2008 Ed. (451)
2009 Ed. (479)
2010 Ed. (461)
2011 Ed. (388)
2013 Ed. (523)
2014 Ed. (539)
2015 Ed. (605)
2016 Ed. (551)
Union Bank of Jamaica
2003 Ed. (552)
Union Bank of Nigeria
1991 Ed. (415, 416, 633)
1992 Ed. (574, 806)
1993 Ed. (414, 599)
1994 Ed. (602)
1995 Ed. (573)
1996 Ed. (643)
1997 Ed. (583)
1999 Ed. (613, 641)
2000 Ed. (439, 635)
2002 Ed. (628)
2003 Ed. (592)
2004 Ed. (600)
2005 Ed. (588, 612)
2006 Ed. (4525)
2007 Ed. (530, 555)
2008 Ed. (484, 507)
2009 Ed. (369, 464, 511, 539)
2010 Ed. (347, 492)
2013 Ed. (1950)
2016 Ed. (386)
Union Bank of Nigeria plc
2003 Ed. (4555)
Union Bank of Norway
1989 Ed. (575)
1990 Ed. (660)
1991 Ed. (636)
1993 Ed. (530, 602, 603)
1994 Ed. (605, 606)
1995 Ed. (576)
1996 Ed. (645, 646)
1997 Ed. (585)
1999 Ed. (616)
2000 Ed. (637)
2002 Ed. (630)
2003 Ed. (595)
2004 Ed. (602)
Union Bank of Norway (ABC Bank)
1992 Ed. (809)
Union Bank of Oman OSC
1989 Ed. (647)
1991 Ed. (640)
1992 Ed. (812)
Union Bank of Switzerland

1989 Ed. (568, 609, 686, 1350, 1351,
1352, 1355, 1360, 1368, 1371,
2447, 2448, 2449, 2450, 2451,
2452)
1990 Ed. (543, 595, 600, 605, 691,
692, 1423, 1675, 1676, 1677, 1684,
1686, 1690, 1692, 3218, 3219,
3220, 3221, 3227)
1991 Ed. (504, 510, 722, 1353, 1354,
1581, 1586, 1587, 1588, 1591,
1592, 1597, 3067, 3069)
1992 Ed. (658, 664, 710, 727, 843,
905, 1695, 1696, 1990, 1991, 1992,
1993, 2005, 2014, 2023, 2638,
2639, 3898, 3899, 3904, 3906)
1993 Ed. (468, 528, 532, 640, 720,
1407, 1649, 1652, 1680, 1684,
1865, 2346, 2420, 2421, 2422,
3129, 3203, 3209)
1994 Ed. (472, 478, 480, 484, 518,
529, 531, 643, 1454, 1455, 1632,
1672, 1673, 1674, 1683, 1686,
1688, 1692, 1693, 1694, 1696,
1698, 1700, 1704, 1706, 1707,
1709, 2326, 2327, 3682)
1995 Ed. (462, 463, 469, 502, 510,
615, 1494, 1495, 2390, 2391, 2435,
2438, 2440, 2441, 2442, 2843)
1996 Ed. (495, 496, 502, 506, 553,
689, 1451, 1452, 1652, 1700, 1706,
2422, 2423, 2478, 2481, 2483,
2484, 2910)
1997 Ed. (459, 460, 463, 470, 519,
623, 1517, 1518, 1519, 1728, 1730,
1784, 1790, 2545, 2547, 2619,
2624, 3002)
1998 Ed. (192, 349, 351, 354, 378,
379, 381, 1498, 1499, 1501, 2349,
2350)
1999 Ed. (511, 513, 514, 520, 522,
551, 553, 555, 645, 1436, 1742,
2011, 2012, 2069, 3103, 3104,
3106, 3175, 3176, 3178, 3181,
3183, 3587)
2000 Ed. (521, 522, 523, 530, 531,
532, 561, 670, 2856, 2924, 2929)
Union Bank of Switzerland AG
2001 Ed. (628, 3229)
Union Bank of Switzerland Banking
Group Ltd.
1991 Ed. (560)
Union Bank of Switzerland (Canada)
1996 Ed. (500)
Union Bank of Taiwan
2009 Ed. (461, 462, 463)
Union Bank of the Middle East
1989 Ed. (472)
Union Bank of the Philippines
1999 Ed. (623)
2002 Ed. (635)
2003 Ed. (599)
2004 Ed. (607)
2005 Ed. (597)
2006 Ed. (513)
2007 Ed. (541)
2008 Ed. (492)
2009 Ed. (520)
2010 Ed. (500)
2011 Ed. (430)
Union Bank Real Estate
1994 Ed. (2312)
Union Bank (San Francisco)
1991 Ed. (471)
Union Bank & Trust Co.
1989 Ed. (214)
1996 Ed. (392)
1998 Ed. (365)
2004 Ed. (542)
Union banka
1999 Ed. (500)
2003 Ed. (482)
Union Bankshares Corp.
2013 Ed. (541)
Union Banques Arabes Francaises
1995 Ed. (405)
1996 Ed. (432)
1999 Ed. (454)
Union Benefit Life
1989 Ed. (1691)
1991 Ed. (2106)
1993 Ed. (2224)
1995 Ed. (2308)
1997 Ed. (2451)
1998 Ed. (2165)
Union Boiler Co.
1992 Ed. (1412)
1997 Ed. (1163)
Union Building Trades Credit Union
2015 Ed. (2235)
2016 Ed. (2206)

Union Camp Corp.
1989 Ed. (1466, 2112, 2113)
1990 Ed. (2761, 2763, 2766)
1991 Ed. (2668, 2669, 2670)
1992 Ed. (1384, 1385, 3329, 3330,
3333, 3338)
1993 Ed. (2764, 2765)
1994 Ed. (2722, 2723, 2724, 2725,
2726)
1995 Ed. (2827, 2828, 2830, 2832)
1996 Ed. (2901, 2903)
1997 Ed. (2067, 2986, 2988, 2989,
2993)
1998 Ed. (930, 1750, 1751, 2424,
2731, 2736, 2737, 2739, 2740,
2741)
1999 Ed. (1752, 2489, 2490, 2491,
3687, 3688, 3689, 3701)
2000 Ed. (1584, 2241, 2254, 2256,
3405, 3407)
2001 Ed. (3625)
2003 Ed. (1480)
2004 Ed. (1510)
2005 Ed. (1526)
L'Union Canadienne
2005 Ed. (1698, 1713, 1714, 2372)
Union Carbide Canada
1990 Ed. (950)
1992 Ed. (1114)
Union Carbide Corp.
1989 Ed. (878, 884, 886, 889, 1049,
1320, 2882)
1990 Ed. (930, 937, 941, 942, 943,
945, 946, 947, 957, 961, 1890,
1987, 2780, 2877, 3448, 3660)
1991 Ed. (234, 900, 903, 904, 905,
907, 908, 910, 913, 914, 1328,
1788, 1790, 2590, 2681, 2693,
2753)
1992 Ed. (328, 1103, 1106, 1107,
1109, 1111, 1112, 1115, 1122, 1125,
1499, 3229, 3231, 3346)
1993 Ed. (674, 898, 900, 903, 905,
906, 907, 916, 925, 1211, 1212,
1291, 1374, 1938, 2869, 3317,
3318, 3319)
1994 Ed. (912, 914, 917, 918, 920,
932, 936, 1206, 1238, 1343, 2744)
1995 Ed. (948, 950, 953, 954, 956,
958, 968, 1258, 1368)
1996 Ed. (922, 923, 925, 926, 928,
945, 1230, 1285, 1320, 2915)
1997 Ed. (951, 954, 955, 957, 958,
967, 3005)
1998 Ed. (692, 693, 694, 697, 698,
699, 700, 701, 702, 703, 709, 1130,
2751, 2875)
1999 Ed. (1078, 1080, 1083, 1084,
1085, 1086, 1105, 3708, 3850)
2000 Ed. (1017, 1020, 1022, 1023,
1024, 1033, 1404)
2001 Ed. (1176, 1177, 1178, 1181,
1209, 1676, 4235)
2002 Ed. (987, 988, 992, 995, 1018,
1629, 3591, 3965)
2003 Ed. (1422, 1660, 4070)
2004 Ed. (1689)
2005 Ed. (1502)
Union Central Life Ins
1998 Ed. (3653)
The Union Central Life Insurance Co.
1998 Ed. (172)
2004 Ed. (3112)
Union Cervecera
1992 Ed. (942)
Union Colony Bank
2008 Ed. (1672, 1673)
Union-Comercial
2001 Ed. (654, 655, 656)
Union Congolaise de Banques
1997 Ed. (441)
Union Congolaise de Banques S.A.
1989 Ed. (508)
Union Congolaise de Banques (UCB)
1995 Ed. (448)
1996 Ed. (477)
Union Construction & Investment
2009 Ed. (4536)
Union County College
1998 Ed. (808)
1999 Ed. (1236)
Union County Jail
1999 Ed. (3902)
Union County, KY
1998 Ed. (783, 2319)
Union County Savings Bank
1993 Ed. (596)
1998 Ed. (3529)
Union County Utilities Authority, NJ
1993 Ed. (2624)

Union de Bananeros Ecuatorianos
2006 Ed. (2545)
Union de Banques Arabes et Francaises
1993 Ed. (419)
2006 Ed. (444)
2007 Ed. (450)
2008 Ed. (416)
2009 Ed. (444, 461, 462)
2010 Ed. (420)
2011 Ed. (345)
Union de Banques Arabes et Francaises (UBAF)
1994 Ed. (412)
2003 Ed. (496)
Union de Cervecerias Peruanas B & J
2004 Ed. (71)
2005 Ed. (67)
Union de Cervecerias Peruanas Backus
y Johnston
2006 Ed. (75)
2007 Ed. (66)
Union de Garantie et de Placement
1993 Ed. (1660)
Union des Assurances de Paris
1990 Ed. (2284)
1992 Ed. (1621)
1993 Ed. (1860, 2256)
1994 Ed. (1848, 2236, 2327)
1995 Ed. (1397, 1876, 2390, 2391)
1996 Ed. (1920, 2287, 2422)
1997 Ed. (2425, 2545)
1999 Ed. (1659, 2982)
L'Union des Assurances de Paris Iard
1993 Ed. (2254)
Union des Banques Populaires du
Rwanda
1993 Ed. (621)
Union Discount
1992 Ed. (1627)
Union Electric
1989 Ed. (1296, 1297)
1990 Ed. (1600)
1991 Ed. (1497, 1498, 1806)
1992 Ed. (1898, 1899)
1993 Ed. (1557, 3281, 3463)
1994 Ed. (1595, 1596, 3271)
1995 Ed. (1637, 1638, 3352)
1996 Ed. (1614, 1615)
1997 Ed. (1693, 1694, 3214)
1998 Ed. (1386, 1387)
1999 Ed. (1949)
Union Electric Development Corp.
2004 Ed. (1804)
2005 Ed. (1875)
2007 Ed. (1888)
2008 Ed. (1943)
2009 Ed. (1903)
2010 Ed. (1839)
2011 Ed. (1870)
2012 Ed. (1726)
2013 Ed. (1889)
Union Electrica Fenosa
1991 Ed. (1346)
1994 Ed. (723)
2002 Ed. (1768)
Union Electrica Fenosa SA
1997 Ed. (1508)
2001 Ed. (1853)
Union Energy
1994 Ed. (1964)
1996 Ed. (2012)
Union Enterprises
1990 Ed. (2925)
Union Equity
1992 Ed. (3264)
2007 Ed. (4081)
Union Equity Co-op Exchange
1990 Ed. (1947, 3244)
Union Equity Co-Operative Exchange
1991 Ed. (1858, 3094)
Union Europeenne de CIC
1995 Ed. (472)
1996 Ed. (512)
1997 Ed. (475)
1999 Ed. (527)
2000 Ed. (535)
Union Federal Bank
1994 Ed. (3530)
Union Federal Bank of Indianapolis
2002 Ed. (4131)
2003 Ed. (4275)
2004 Ed. (1063)
2005 Ed. (1067)
2006 Ed. (1075)
2007 Ed. (467, 1183, 4260)
Union Federal Savings Bank
1990 Ed. (3118)
1993 Ed. (3567)
1998 Ed. (3544)

2010 Ed. (4419)
Union Fenosa
2002 Ed. (722)
2010 Ed. (1995, 1996, 2355)
Union Fenosa SA
2004 Ed. (884)
Union Fidelity Life
1997 Ed. (2449, 2450)
1998 Ed. (531, 2159, 2161)
1999 Ed. (948)
2000 Ed. (2684, 2685)
Union Fidelity Life Insurance Co.
2000 Ed. (894)
2002 Ed. (2906)
Union Foods Inc.
2003 Ed. (3744)
Union Gabonaise de Banque
1992 Ed. (679)
1993 Ed. (488)
1994 Ed. (490)
1996 Ed. (514)
1997 Ed. (476)
2000 Ed. (537)
2003 Ed. (497)
2004 Ed. (532)
2005 Ed. (511)
2008 Ed. (417)
2009 Ed. (445)
2010 Ed. (421)
2011 Ed. (346)
Union Gabonaise de Banque SA
1989 Ed. (538)
1991 Ed. (524)
Union Gas
1990 Ed. (1888)
1991 Ed. (2729)
1992 Ed. (2276)
1994 Ed. (1964)
1996 Ed. (2012)
1997 Ed. (2132)
2008 Ed. (2428, 2813)
2009 Ed. (2431, 2872)
2011 Ed. (2345, 2796)
2015 Ed. (2444, 2883)
Union General Hospital
2009 Ed. (3146)
Union Health Service Inc.
1995 Ed. (2093)
Union Health Services Inc.
2002 Ed. (2460)
Union Internationale de Banques
2000 Ed. (683)
Union Internationale de Banques SA
1992 Ed. (854)
1993 Ed. (655)
1994 Ed. (655)
Union Investment Management Ltd. Diversified
2003 Ed. (3112)
Union Labor Life
1990 Ed. (2971)
1991 Ed. (2096, 2820)
1992 Ed. (3636)
1993 Ed. (2976)
1994 Ed. (3018)
1995 Ed. (3074)
1996 Ed. (3168)
1998 Ed. (3015)
1999 Ed. (3095)
2000 Ed. (2836)
2002 Ed. (3390, 3940)
2003 Ed. (3442)
Union Labor Life Insurance
1997 Ed. (3270)
Union Local 400
1998 Ed. (2323)
Union Local 594
1998 Ed. (2323)
Union Local 653
1998 Ed. (2323)
Union Local 900
1998 Ed. (2323)
Union Memorial Hospital
2008 Ed. (3064)
2010 Ed. (3078, 3080)
Union Miniere
1995 Ed. (1359)
1997 Ed. (701)
Union Miniere SA
2000 Ed. (3082)
2004 Ed. (3441)
Union Musical
2015 Ed. (3757)
Union Mutual Insurance Co.
2015 Ed. (2120)
Union Nacional de Empresas
1999 Ed. (3684, 3685)
2000 Ed. (3401)
Union National Bancorp
2001 Ed. (570)

Union National Bank
1992 Ed. (818)
1996 Ed. (442)
2000 Ed. (455, 687)
2001 Ed. (4282)
2002 Ed. (658)
2003 Ed. (625)
2004 Ed. (634)
2005 Ed. (622)
2006 Ed. (535)
2007 Ed. (566)
2008 Ed. (519)
2009 Ed. (464, 553, 2106)
2010 Ed. (536)
2011 Ed. (465, 2104)
2012 Ed. (316, 419, 421, 1945)
2013 Ed. (371, 534, 536, 2109)
2014 Ed. (385, 552, 2042)
2015 Ed. (441, 615)
2016 Ed. (396, 559)
Union National Bank of Indianapolis
2005 Ed. (4181, 4182)
2006 Ed. (4234)
Union National Bank & Trust Co.
1998 Ed. (3318)
Union National Life Insurance Co.
1991 Ed. (2106)
1992 Ed. (2662)
1993 Ed. (2224)
Union National Life, Tex.
1989 Ed. (1690)
Union of American Hebrew Congrega-
tion
1999 Ed. (298, 299)
Union Oil
1993 Ed. (2770)
Union Oil Co. of California
2003 Ed. (3809)
Union Oil of California (Unocal Corp.)
2003 Ed. (3422)
Union Pacific
2013 Ed. (4732)
2014 Ed. (4781)
2015 Ed. (4431, 4806, 4808, 4813)
2016 Ed. (4709, 4711, 4714)
Union Pacific Corp.
1989 Ed. (2281, 2282, 2283, 2867,
2868)
1990 Ed. (2944, 2945, 2946, 3637,
3638)
1991 Ed. (2798, 2799, 2800, 3413,
3415, 3418)
1992 Ed. (3612)
1993 Ed. (2871, 2956, 2957, 2958,
3288, 3610, 3612)
1994 Ed. (2990, 2991, 2992, 2993,
3221, 3279, 3567, 3569)
1995 Ed. (2044, 3054, 3055, 3056,
3057, 3337, 3360, 3653, 3656)
1996 Ed. (1435, 3155, 3156, 3157,
3158, 3666)
1998 Ed. (1186, 2989, 2990, 2992,
2993, 2994, 2995, 3614)
1999 Ed. (3984, 3985, 3986, 3987,
3988, 4652)
2000 Ed. (3699, 3700, 3701)
2001 Ed. (3981, 3982, 3983, 3984,
3985, 4616)
2002 Ed. (1470, 1733, 3899, 3900,
3903, 4885)
2003 Ed. (1491, 1773, 1774, 1775,
4035, 4036, 4037, 4038, 4039,
4041, 4042, 4801)
2004 Ed. (1521, 1810, 1811, 4055,
4056, 4057, 4058, 4059, 4060,
4062, 4774, 4785, 4788)
2005 Ed. (1537, 1893, 1894, 3993,
3994, 3995, 3996, 3997, 3998,
4749, 4756, 4758, 4759)
2006 Ed. (1915, 1916, 4029, 4030,
4031, 4032, 4033, 4802, 4805,
4807, 4812)
2007 Ed. (223, 1897, 1898, 4064,
4065, 4066, 4067, 4068, 4821,
4823, 4834)
2008 Ed. (1961, 1962, 3026, 4098,
4099, 4101, 4750)
2009 Ed. (1405, 1409, 1915, 1916,
1917, 2835, 4209, 4210, 4211,
4212, 4213, 4771, 4768)
2010 Ed. (1438, 1718, 1719, 1722,
1848, 1849, 1850, 3047, 4144,
4145, 4146, 4148, 4784, 4803,
4805)
2011 Ed. (1879, 1881, 3016, 4144,
4145, 4146, 4741, 4754)
2012 Ed. (1736, 1737, 1738, 1739,
2943, 4176, 4177, 4178, 4179,
4181, 4756, 4772, 4808)
2013 Ed. (1901, 1902, 1903, 1905,

3032, 4164, 4165, 4166, 4167,
4168, 4489, 4720, 4728, 4731,
4804)
2014 Ed. (1833, 1834, 1835, 1837,
2554, 2571, 3045, 4182, 4183,
4184, 4185, 4186, 4772, 4779,
4780)
2015 Ed. (1871, 1872, 1873, 1875,
2812, 3111, 4163, 4164, 4165,
4166, 4167, 4799, 4809, 4812,
4865)
2016 Ed. (1835, 1836, 1837, 1839,
2745, 4076, 4077, 4078, 4079,
4080, 4324, 4704, 4712, 4713)
Union Pacific Fund for Effective Government
1992 Ed. (3475)
Union Pacific Railroad Co.
1996 Ed. (3159)
1997 Ed. (1275, 1497, 3242, 3243,
3244, 3245, 3246, 3247, 3250)
2001 Ed. (1802, 1803, 3983, 3984)
2003 Ed. (1773, 4036, 4037)
2004 Ed. (1810, 4057, 4058)
2005 Ed. (1893, 3995, 3996)
2006 Ed. (1915, 3320, 4029, 4030)
2007 Ed. (1897, 4064, 4065)
2008 Ed. (1961, 4098, 4099)
2009 Ed. (1915, 4209, 4210)
2010 Ed. (1848, 4144, 4145)
2011 Ed. (1879, 4144, 4145, 4803,
4806)
2012 Ed. (4176)
2013 Ed. (4164)
2014 Ed. (1833, 4182, 4183)
2015 Ed. (1872, 4163, 4164)
2016 Ed. (1836, 4076, 4077)
Union Pacific Resources
1992 Ed. (3431)
1993 Ed. (2836)
1994 Ed. (2848)
1995 Ed. (2914, 2917)
1996 Ed. (1998, 3007, 3010)
1997 Ed. (3093, 3404)
1998 Ed. (2662, 2665, 2829)
1999 Ed. (3413, 3796, 3803)
2000 Ed. (3136, 3137)
Union Pacific Resources Group Inc.
2000 Ed. (2316, 3527)
2001 Ed. (2582, 2584, 3320, 3743,
3744)
2002 Ed. (2389, 2391)
Union Packaging LLC
2015 Ed. (104)
Union Panhandle Corp.
2005 Ed. (1466)
Union Petrochemical
1997 Ed. (3683)
2013 Ed. (933)
Union Planters Corp.
1994 Ed. (347, 348, 365, 3283)
1995 Ed. (356, 492, 3362)
1996 Ed. (360, 3183)
1997 Ed. (333)
1998 Ed. (270, 292)
1999 Ed. (438, 669)
2000 Ed. (394, 3745)
2003 Ed. (1834)
2004 Ed. (366, 642, 643)
2005 Ed. (631, 632)
Union Planters Holding Corp.
2002 Ed. (445)
2003 Ed. (631, 632, 4557)
Union Planters National Bank
1991 Ed. (675)
1992 Ed. (847)
1993 Ed. (643)
1994 Ed. (645)
1995 Ed. (617)
1996 Ed. (691)
1997 Ed. (626)
1998 Ed. (313, 314, 430)
2000 Ed. (398, 416)
2001 Ed. (641, 650, 651)
2002 Ed. (248, 483)
2003 Ed. (229)
2004 Ed. (184, 185)
2005 Ed. (190, 191, 382)
2006 Ed. (202, 203, 376)
Union Properties
2006 Ed. (4545)
Union Revolutionaire de Banques
1994 Ed. (443)
Union Revolutionaire de Banques
1993 Ed. (443)
1995 Ed. (435)
1996 Ed. (462)
Union S & L (New Orleans, LA)
1991 Ed. (2918)
Union Sanitary District, Fremont, CA

1990 Ed. (1484)
Union Savings Bank
2003 Ed. (478)
2004 Ed. (473, 4719)
2005 Ed. (451, 481)
2006 Ed. (428)
2007 Ed. (424)
2015 Ed. (380)
Union Security Life Insurance Co.
1992 Ed. (2647)
1994 Ed. (2252, 2253)
1997 Ed. (2449, 2450)
1998 Ed. (2159, 2161)
2000 Ed. (2684, 2685)
2002 Ed. (2906, 2907)
Union Senegalaise de Banque pour le
  Commerce et l'Industrie SA
1991 Ed. (657)
Union Senegalaise de Banque pour le
  Commerce et l'Industrie S.A.
1989 Ed. (666)
Union Square Cafe
1994 Ed. (3092)
Union State Bank
1996 Ed. (542)
1997 Ed. (180, 501)
1998 Ed. (371)
Union Station
1989 Ed. (2518)
1996 Ed. (1094)
Union Tank Car Co.
2006 Ed. (2326)
Union Telephone Co.
2012 Ed. (1749)
2013 Ed. (1914)
2016 Ed. (1847, 1848)
Union Texas
1989 Ed. (1991, 1992, 2209)
1990 Ed. (2584, 2585)
Union Texas Petroleum
1989 Ed. (1050, 1055)
1990 Ed. (2833, 2835)
1991 Ed. (1548, 2465, 2466, 2731)
1992 Ed. (1946, 2632, 3082, 3083,
  3427, 3438)
1993 Ed. (1224, 1226, 1304, 2492,
  2575, 2576, 2833)
1994 Ed. (1628, 2429, 2524, 2525)
1995 Ed. (2498, 2581, 2582, 2910)
1996 Ed. (1646, 2821, 3005)
1997 Ed. (3085)
1998 Ed. (1434, 2507, 2822)
1999 Ed. (3412)
2005 Ed. (3372)
Union Texas Petroleum Holdings Inc.
1994 Ed. (926, 2854)
Union Texas Petroleum Ltd
1990 Ed. (1350)
Union Textile Industries Corp. Ltd.
1989 Ed. (1167)
1990 Ed. (1429)
Union Togolaise de Banque
1996 Ed. (694)
1997 Ed. (629)
2000 Ed. (674)
2003 Ed. (620)
2004 Ed. (629)
Union Togolaise de Banque SA
1989 Ed. (697)
1992 Ed. (850)
1993 Ed. (646)
1994 Ed. (648)
1995 Ed. (620, 621)
1999 Ed. (648)
Union Tool
2009 Ed. (3592)
Union Trades Credit Union
2010 Ed. (2141)
Union Trust BAnk
2015 Ed. (423)
Union Trust Co.
1991 Ed. (485)
1992 Ed. (643)
1993 Ed. (456)
1994 Ed. (459)
1995 Ed. (449)
Union Underwear Co.
2001 Ed. (1773, 4507, 4508)
2003 Ed. (4727)
2004 Ed. (4709)
2005 Ed. (4681, 4682)
2006 Ed. (4727)
2007 Ed. (1845, 4745)
2008 Ed. (4669)
2009 Ed. (4708)
2010 Ed. (4724)
2011 Ed. (4682)
2012 Ed. (4696)
2013 Ed. (4657)
2014 Ed. (4709)

2015 Ed. (4721)
2016 Ed. (4623)
Union Valley
1992 Ed. (319)
Union Veneers plc
2004 Ed. (3320)
Union Wholesale Co.
2010 Ed. (1255)
Union Wine
2016 Ed. (4907)
Union Yes Credit Union
2016 Ed. (2206)
Union Zairoise de Banques SARL
1991 Ed. (698)
UnionBanCal Corp.
1998 Ed. (292)
2000 Ed. (428)
2001 Ed. (657, 658)
2003 Ed. (422, 425, 633, 634)
2004 Ed. (646, 647)
2005 Ed. (448, 635, 636, 1685)
2007 Ed. (383, 386)
2009 Ed. (391)
UnionBank of Philippines
2014 Ed. (407)
2015 Ed. (464)
UnionBank of Swaziland Ltd.
1994 Ed. (640)
1995 Ed. (613)
Unionbay
2001 Ed. (1264, 1265)
Unione di Banche Italiane
2009 Ed. (480, 481)
2010 Ed. (462)
2011 Ed. (389)
UnionFed Financial
1996 Ed. (2836)
Unipac Credit Union
2004 Ed. (1927)
Unipar
1992 Ed. (3768)
Unipetrol
2000 Ed. (3585)
2002 Ed. (3736, 3737)
2006 Ed. (3946)
2015 Ed. (3574)
Unipetrol as
2006 Ed. (1694)
2007 Ed. (1690)
2009 Ed. (1625)
2011 Ed. (1603)
2012 Ed. (1449)
2013 Ed. (1584)
Unipetrol Rafinerie as
2009 Ed. (1625)
Uniphar Group
2006 Ed. (1817)
UniPHARM Wholesale Drugs Ltd.
2008 Ed. (1584)
Uniphase Corp.
2002 Ed. (1422, 1452)
2003 Ed. (1440, 1472)
2004 Ed. (1466, 1502)
2005 Ed. (1482, 1518)
Uniplast-Pierson Group
1998 Ed. (2873)
Unipol
2012 Ed. (3182)
2013 Ed. (3250)
2016 Ed. (1709)
Unipol Gruppo
2014 Ed. (1714, 3276)
2015 Ed. (3327)
2016 Ed. (3181)
UniPrint
2012 Ed. (4007)
Uniprise Inc.
2004 Ed. (1799)
Uniprix
2002 Ed. (2040)
2003 Ed. (2103)
2014 Ed. (2301)
2015 Ed. (2384)
Uniprix Group
2007 Ed. (4188)
2008 Ed. (4226)
UNIPRO Food Service Inc.
2007 Ed. (1432)
Unipro Group
2006 Ed. (106)
Uniprop
1991 Ed. (2477)
1992 Ed. (3093)
1993 Ed. (2587)
1994 Ed. (2534)
1995 Ed. (2593)
1996 Ed. (2664)
1997 Ed. (2803)
1998 Ed. (2518)
1999 Ed. (3426)

2000 Ed. (3152)
Uniqa
2006 Ed. (1558)
2007 Ed. (1593)
2008 Ed. (1572)
2010 Ed. (1495)
2011 Ed. (1488)
UNIQA Versicherungen AG
2007 Ed. (1595, 4090)
2012 Ed. (1336, 3171)
2013 Ed. (1433, 3246)
2014 Ed. (1392, 3272)
2015 Ed. (1455, 3323)
2016 Ed. (1388, 3176)
UNIQLO
2015 Ed. (4326)
2016 Ed. (4221)
Uniqlo
2012 Ed. (542, 552, 555, 834)
2013 Ed. (653, 659, 1012)
2014 Ed. (687, 976)
2015 Ed. (730, 1014)
2016 Ed. (667)
Unique
1989 Ed. (2198)
Unique Broadband Systems Inc.
2002 Ed. (1604)
2003 Ed. (1640, 2931, 2934, 2936)
Unique Interim
2010 Ed. (1992)
Unique International
2001 Ed. (4279)
Unique Mailing Services Inc.
2006 Ed. (288, 3511, 4350)
Unique Properties LLC
2002 Ed. (3909)
Unique Squared
2013 Ed. (3802, 3803)
2014 Ed. (3736, 3737, 3738)
2015 Ed. (3749, 3750, 3751)
2016 Ed. (3657, 3658, 3659)
Unique Transportation Systems
1991 Ed. (3429)
UniqueSquared.com
2013 Ed. (4273)
UniQuest International
2009 Ed. (4240)
Unires
2001 Ed. (2505)
Uniroyal
1992 Ed. (4298)
1993 Ed. (3578)
2006 Ed. (4743, 4744, 4748, 4750,
  4751)
2008 Ed. (4679, 4680)
2009 Ed. (4718, 4720)
2012 Ed. (4709)
Uniroyal Chemical
1997 Ed. (3359)
1999 Ed. (2538)
Uniroyal Chemicals
1991 Ed. (2375)
Uniroyal Goodrich
1991 Ed. (2683, 2684, 2903)
Uniroyal Goodrich Canada
1992 Ed. (1185)
1993 Ed. (961)
1994 Ed. (309)
Uniroyal Goodrich Tire
1992 Ed. (3352)
1993 Ed. (2785)
1994 Ed. (2750)
1995 Ed. (2847)
Uniroyal Plastics
1997 Ed. (3029)
Uniroyal Technology Corp.
2001 Ed. (3818)
Uniroyal Tire & Rubber
1989 Ed. (2836)
Uniroyal/BF Goodrich
1990 Ed. (3597)
UniSea
2003 Ed. (2523)
UNIServe Online
2003 Ed. (3034)
Unishippers Association Inc.
2009 Ed. (831)
Unishippers Global Logistics
2015 Ed. (2814)
2016 Ed. (782)
Unishippers Global Logistics LLC
2010 Ed. (3803)
2011 Ed. (3800)
2012 Ed. (3790)
2013 Ed. (3856)
2015 Ed. (3807)
2016 Ed. (3720)
Unismack S.A.
2016 Ed. (1613)
Unisol 4 Saline Solution Twinpak

1990 Ed. (1546, 1547)
Unisom
1991 Ed. (3136, 3137)
Unison Software Inc.
1998 Ed. (2724)
Unison Systems Inc.
2003 Ed. (3963)
Unisonic
2000 Ed. (4202)
Unisono Soluciones de Negocio SA
2014 Ed. (1576)
Unisource
1999 Ed. (1723)
2000 Ed. (1534)
Unisource Worldwide Inc.
1998 Ed. (2702, 2845)
2000 Ed. (3540)
2001 Ed. (1834)
2006 Ed. (4003)
2009 Ed. (3892, 4139)
2010 Ed. (3805, 4071)
2011 Ed. (3802, 4043)
2012 Ed. (3792, 4077)
2013 Ed. (1652, 3632)
2014 Ed. (1611, 3573)
2015 Ed. (1661, 3251, 3587)
Unispar
1992 Ed. (616)
Unisphere Networks Inc.
2004 Ed. (2243)
Unispond, Inc.
1990 Ed. (1504, 1506)
Unister GmbH
2014 Ed. (1576)
Unistraw International
2008 Ed. (1571)
UniSuper
2003 Ed. (3953, 3959)
2004 Ed. (3082)
2009 Ed. (4122)
2015 Ed. (1451)
Unisys Corp.
1989 Ed. (1142)
1990 Ed. (534, 535, 1121, 1124,
  1129, 1131, 1612, 1627, 1629,
  1633, 1644, 2190, 2201, 2206,
  2489, 2735, 2901, 2990, 2992)
1991 Ed. (1025, 1026, 1028, 1031,
  1032, 1033, 1206, 1209, 1227,
  1235, 1237, 1526, 1528, 1540,
  2063, 2068, 2072, 2311, 2358,
  2637, 2697, 2738, 2839, 2848,
  3377, 3467)
1992 Ed. (1300, 1307, 1311, 1316,
  1319, 1320, 1321, 1343, 1528,
  1556, 1557, 1771, 1919, 1921,
  1929, 2631, 2633, 2939, 3363,
  3457, 3671, 3679, 4072)
1993 Ed. (1047, 1054, 1060, 1062,
  1063, 1064, 1219, 1261, 1385,
  1572, 1574, 1583, 1712, 1898,
  2177, 2381, 2562, 2565, 2573,
  2851, 3002, 3391)
1994 Ed. (1077, 1078, 1080, 1081,
  1085, 1087, 1088, 1265, 1291,
  1300, 1310, 1439, 1613, 2201,
  2202, 2203, 2206, 2207, 2208,
  2517, 2713, 3678)
1995 Ed. (1085, 1087, 1092, 1093,
  1319, 1473, 1542, 1655, 2251,
  2253, 2255, 2256, 2259, 2261,
  3446)
1996 Ed. (1063, 1072, 1271, 1435,
  2261, 2949, 3886)
1997 Ed. (1078, 1306, 3029, 3645)
1998 Ed. (717, 820, 823, 826, 830,
  1123, 1134, 2520, 2845, 3360,
  3424)
1999 Ed. (1115, 1258, 1259, 1260,
  1266, 1283, 1289, 1480, 1482,
  1486, 1498, 1501, 1557, 1957,
  1960, 1976, 2876, 2878, 3429,
  3643, 4388, 4493)
2000 Ed. (1039, 1159, 1162, 1173,
  1174, 1333, 1468, 1758, 2638,
  2639, 3153, 3540, 4125)
2001 Ed. (1347, 1349, 1350, 1379,
  1743, 2184)
2002 Ed. (1132, 1148, 1626, 4879)
2003 Ed. (803, 1087, 1090, 1091,
  1120, 1344, 1345, 1357, 1358,
  2705, 3303)
2004 Ed. (1107, 1108, 1113, 1133,
  1345, 1361, 1364, 2824, 3015,
  3018, 4655)
2005 Ed. (1111, 1112, 1117, 1156,
  1377, 2825, 2826, 3024, 3025,
  3027, 4039)
2006 Ed. (780, 1107, 1150, 1376,
  2807, 3032, 3760, 3952, 3956,

3960, 4469, 4793)
2007 Ed. (1265, 1402, 1414, 1476,
1524, 2891, 3068, 3758, 4525,
4526, 4530, 4566, 4568, 4569)
2008 Ed. (1359, 1371, 1447, 1448,
1470, 2926, 3013, 3196, 4799)
2009 Ed. (1358, 1371, 3099, 3267,
4423)
2010 Ed. (1342, 1357, 1384, 3032,
3197)
2011 Ed. (1327, 1330, 1448, 3001,
3160)
2012 Ed. (1193, 1196, 2928)
2013 Ed. (3017)
2014 Ed. (3027)
2015 Ed. (3094)
2016 Ed. (1218)
Unisys Corp. Government Systems
Group
2007 Ed. (2052)
Unisys Corp. Master Pension Trust (1)
1995 Ed. (2874)
Unisys Federal Credit Union
1990 Ed. (1461)
1991 Ed. (1395)
1992 Ed. (1756)
Unisys International Services Ltd.
1995 Ed. (1380)
Unisys Worldwide Telesales Services
2001 Ed. (4464, 4467)
Unisys/Burroughs
1992 Ed. (1309, 1310)
Unit
2004 Ed. (2773)
2005 Ed. (1554)
2006 Ed. (3822)
2007 Ed. (3837)
2009 Ed. (2930)
Unit 4
2002 Ed. (4292)
Unit Gas Transmission Co.
2005 Ed. (2722)
Unit Trust of India
1997 Ed. (2394)
2001 Ed. (2883)
2002 Ed. (2821)
2005 Ed. (3226)
Unit4
2015 Ed. (4610)
Unit4 R & D
2012 Ed. (1788)
Unitas
1996 Ed. (498, 2100)
1997 Ed. (461, 2203, 2204)
Unitas Global
2015 Ed. (1471)
2016 Ed. (1399)
Unitas Group
1994 Ed. (1360)
1995 Ed. (1384)
Unitas Group (Union Bank of Finland)
1995 Ed. (466)
UNITE
2000 Ed. (3450)
Unite Group
2016 Ed. (4122)
Unitec Technologies
1995 Ed. (1542)
Unitech
2008 Ed. (175)
2010 Ed. (1486)
United
1989 Ed. (240)
1990 Ed. (206, 208, 209, 226, 3516)
1992 Ed. (266, 278, 280, 284, 287,
288, 289, 291, 303, 1379, 4431)
1995 Ed. (182, 184, 192)
1996 Ed. (184)
1998 Ed. (248, 249, 250, 2618)
1999 Ed. (220, 222)
2001 Ed. (295)
2013 Ed. (125, 151)
2014 Ed. (135, 155)
2015 Ed. (148, 178)
2016 Ed. (153, 177)
United Acquisition Corp.
2003 Ed. (1663)
2004 Ed. (1695)
2005 Ed. (1751)
2006 Ed. (1672)
2007 Ed. (1676)
2008 Ed. (1702)
2009 Ed. (1629)
2010 Ed. (1601)
United Advertising Co.
1989 Ed. (166)
1990 Ed. (155)
1992 Ed. (213)
1993 Ed. (140)
1995 Ed. (131, 132)

United AG Cooperative
1995 Ed. (2053)
1998 Ed. (1868)
United Agri Products
2009 Ed. (4182)
United Air Lines
2013 Ed. (120, 152)
2014 Ed. (130)
2015 Ed. (144)
2016 Ed. (149)
United Air Lines Employee CU
1999 Ed. (1803)
United Air Lines Employees Credit
Union
1992 Ed. (1754)
1994 Ed. (1502, 1505)
1996 Ed. (1497, 1499, 1500, 1501,
1512)
2001 Ed. (1960)
United Air Lines Inc.
1989 Ed. (1191)
1992 Ed. (277)
2001 Ed. (292, 293, 296, 297, 298,
313, 315, 318, 319, 322, 323, 324,
325, 326, 327, 328, 329, 331, 332,
335, 337, 338, 1731, 2224, 2482,
3830)
2002 Ed. (257, 259, 262, 265, 268,
269, 272, 1612, 1623, 1916, 2115)
2003 Ed. (18, 239, 240, 241, 245,
246, 248, 250, 251, 253, 1695,
2268, 2275)
2004 Ed. (196, 197, 205, 206, 208,
211, 212, 213, 215, 216, 221, 222,
2306)
2005 Ed. (199, 200, 208, 210, 220,
224, 229, 230, 2390)
2006 Ed. (213, 214, 218, 221, 224,
240, 245, 246, 248, 1638, 2431)
2007 Ed. (221, 222, 226, 229, 242,
247, 248)
2008 Ed. (211, 213, 221, 226, 227,
1687)
2009 Ed. (232, 233, 245, 250, 251,
252, 253, 2500)
2010 Ed. (216, 217, 236, 241, 242,
244)
2011 Ed. (138, 139, 140, 159, 164,
165, 167)
2012 Ed. (142, 143, 144, 172, 177,
178, 180)
2013 Ed. (118, 119)
2014 Ed. (128, 129)
2015 Ed. (142, 143)
United Airlines
1989 Ed. (234, 235, 236, 238, 241,
243, 244)
1990 Ed. (199, 200, 202, 213, 215,
216, 218, 222, 223, 224, 225, 227,
229, 230, 233, 234, 235, 237, 242,
1100, 1460, 3541)
1991 Ed. (189, 190, 192, 194, 196,
197, 198, 200, 201, 203, 204, 206,
207, 208, 209, 210, 211, 212, 213,
923, 1010, 3318, 3413, 3415)
1992 Ed. (265, 270, 271, 272, 274,
297, 1129, 1469, 3361, 4059, 4260)
1993 Ed. (169, 170, 173, 175, 177,
181, 183, 186, 188, 189, 190, 191,
193, 194, 195, 196, 197, 199, 200,
202, 1034, 1106, 1738, 1740, 3221)
1994 Ed. (153, 154, 155, 158, 160,
162, 164, 165, 169, 172, 173, 174,
175, 177, 183, 185, 190, 1065)
1995 Ed. (176, 177, 178, 179, 189,
1077, 1538)
1996 Ed. (173, 174, 175, 185, 186,
189, 190, 191, 355, 1115)
1997 Ed. (189, 190, 192, 194, 195,
196, 197, 198, 199, 200, 201, 202,
203, 206, 209, 210, 211, 212, 213,
215, 216, 217, 218, 977, 1287,
1291, 1333, 1428, 3022, 3027)
1998 Ed. (112, 114, 121, 124, 125,
126, 127, 128, 129, 130, 131, 132,
133, 134, 135, 136, 138, 139, 140,
141, 142, 565, 718, 818, 925, 1057,
1065, 1144, 1148)
1999 Ed. (209, 214, 216, 223, 224,
225, 227, 228, 229, 231, 233, 234,
235, 236, 237, 238, 240, 241, 242,
243, 244, 245, 363, 1244)
2000 Ed. (228, 229, 231, 233, 234,
237, 240, 241, 242, 243, 244, 245,
246, 247, 248, 251, 252, 253, 254,
255, 257, 258, 259, 262, 263, 266,
267, 268, 1042, 1785, 3436, 4381)
2006 Ed. (4805)
2014 Ed. (126, 127, 128)
2014 Ed. (162, 3019)

2015 Ed. (149, 174, 179, 188, 189,
2073, 3086)
2016 Ed. (173, 178, 183, 184, 2041,
4324)
United Airlines-50% Reservation System
1990 Ed. (1138)
United Airlines Employees
1990 Ed. (1458)
1992 Ed. (3262)
2000 Ed. (1627)
United Airlines Employees' Credit Union
1993 Ed. (1447, 1449, 1452)
1995 Ed. (1534)
1997 Ed. (1558, 1562, 1564, 1569)
1998 Ed. (1220, 1221, 1223, 1227,
1230)
2002 Ed. (1841, 1842, 1863)
2003 Ed. (1901, 1917)
2004 Ed. (1941, 1957)
2005 Ed. (2060, 2061, 2077, 2081,
2099)
United Airlines Employees CU
1999 Ed. (1800)
United Airlines Inc.
2015 Ed. (142, 143, 172, 182, 183,
184)
2016 Ed. (147, 148, 1651, 3966,
4687)
United Airlines Terminal for Tomorrow
1989 Ed. (2337)
United America
1996 Ed. (2299, 2300)
United American
1993 Ed. (2197, 2198)
1998 Ed. (2151)
1999 Ed. (2930)
United American Healthcare
1997 Ed. (1281)
United American Insurance Co.
1991 Ed. (2097)
2000 Ed. (2676)
2001 Ed. (2932)
2002 Ed. (2889)
2007 Ed. (3123)
2008 Ed. (3273, 3274)
2009 Ed. (3330)
2011 Ed. (3231)
United American Nurses
2009 Ed. (3478)
2011 Ed. (3393)
United Arab Bank
1990 Ed. (473)
1995 Ed. (628)
2014 Ed. (547)
United Arab Emirates
1990 Ed. (1447)
1991 Ed. (1385)
1992 Ed. (350, 498, 1740, 3450)
1993 Ed. (1921, 2848)
1994 Ed. (956, 1491, 1958, 2008,
2859, 2860)
1995 Ed. (344, 1523, 2925, 2926)
1996 Ed. (426, 1482, 3019, 3020,
3025)
1997 Ed. (1547, 2568, 3104, 3105,
3924)
1998 Ed. (2830)
1999 Ed. (1786)
2000 Ed. (1615, 1891)
2001 Ed. (1128, 1952, 2373, 2586,
3765, 4265, 4371)
2002 Ed. (328, 329, 1816, 1821)
2003 Ed. (586, 1881)
2004 Ed. (1923)
2005 Ed. (581, 2058, 4373)
2006 Ed. (501, 1029, 1213, 2152,
2334, 4591)
2007 Ed. (521, 674, 2096, 2265,
2830)
2008 Ed. (478, 1931, 2206, 2401,
2455, 3212, 3213, 4386, 4625,
4626, 4793, 4794)
2009 Ed. (505, 2398, 2725, 3425,
3541, 3542, 4470, 4645, 4646,
4647, 4661, 4662)
2010 Ed. (2112, 2310, 2587, 4519,
4673, 4674)
2011 Ed. (999, 1004, 2231, 2237,
2308, 2567, 2569, 2819, 3328,
4456, 4621, 4622)
2012 Ed. (601, 2093, 2094, 2207,
2514, 2516, 2752, 3314, 4627,
4628)
2013 Ed. (742, 2279, 2280, 2390,
2829, 4567, 4568)
2014 Ed. (763, 2213, 2214, 2327,
2602, 2870, 3179, 4622, 4623,
4828)
2015 Ed. (799, 1063, 2277, 2278,

2285, 2645, 2910, 3240, 4621,
4622, 4863)
2016 Ed. (971, 972, 1585, 2248,
2249, 2257, 2460, 2566, 4540,
4622)
United Arab Emirates Free Zone
2015 Ed. (3523)
United Artist Entertainment
1992 Ed. (1019, 3108)
United Artist Theatre Co. Inc.
2002 Ed. (4084)
United Artists
1989 Ed. (255)
1990 Ed. (261, 262, 780)
1992 Ed. (1021, 1030)
1993 Ed. (817, 821, 1189)
United Artists Communications, Inc.
1990 Ed. (263)
1991 Ed. (1009)
1992 Ed. (1286)
United Artists Communications Inc. and
Cinema International Corp.
1990 Ed. (1251)
United Artists Entertainment
1991 Ed. (834, 1203, 1579, 3087)
1992 Ed. (1027, 1983)
United Artists Theater Circuit Inc.
2001 Ed. (3388)
United Artists Theaters
1999 Ed. (1461, 3451)
United Artists Theatre Circuit Inc.
1990 Ed. (2610)
1994 Ed. (2428)
1995 Ed. (2443)
United Artists Theatre Co.
2001 Ed. (3389)
United Asian Bank
1989 Ed. (613)
1991 Ed. (601)
United Asset Management Corp.
1995 Ed. (2379, 2382)
1998 Ed. (2265, 2297, 3100)
1999 Ed. (2142, 3039, 3042, 3062)
2000 Ed. (2774)
United Auto Group Inc.
1998 Ed. (205, 3183)
1999 Ed. (317)
2000 Ed. (329, 332)
2001 Ed. (451, 452, 539)
2002 Ed. (351, 364, 371, 372)
2003 Ed. (308, 310, 311, 1582, 4390)
2004 Ed. (267, 270, 276, 277, 340,
341)
2005 Ed. (274, 275, 280, 281, 282,
339, 340, 1756, 4161, 4421)
2006 Ed. (296, 297, 301, 302, 303,
4215)
2007 Ed. (297, 298, 299, 301, 1531,
1548, 4231)
2008 Ed. (282, 283, 289, 290, 1930,
4205, 4260)
2009 Ed. (304, 4364)
United Auto Workers
1996 Ed. (3603)
1999 Ed. (3845)
2011 Ed. (3393)
2012 Ed. (3361)
2013 Ed. (3432)
2014 Ed. (3432)
United Auto Workers Local 594
1999 Ed. (3139)
United Auto Workers Local 600
1999 Ed. (3139)
United Auto Workers Local 900
1999 Ed. (3139)
United Auto Workers of America
1991 Ed. (3411)
United Bancorp. of Wyoming
2009 Ed. (453)
United Bancshares Inc.
2002 Ed. (3549)
United Bank
1989 Ed. (219, 649)
1992 Ed. (814, 833)
1993 Ed. (608)
1994 Ed. (611)
1995 Ed. (581)
1996 Ed. (566, 651)
2004 Ed. (484, 518, 604)
2005 Ed. (492, 640)
2006 Ed. (510, 543)
2007 Ed. (535, 2561)
2008 Ed. (489)
2009 Ed. (518)
2010 Ed. (377, 497)
2011 Ed. (427)
2013 Ed. (337, 530)
2014 Ed. (356, 549)
2015 Ed. (405, 612)
2016 Ed. (556)

United Bank Card
2007 Ed. (2565)
2008 Ed. (2704, 4037)
United Bank for Africa
1989 Ed. (643)
1992 Ed. (574, 806)
1993 Ed. (599)
1994 Ed. (602)
1995 Ed. (573)
1996 Ed. (643)
1997 Ed. (388, 583)
1999 Ed. (446, 613, 614)
2000 Ed. (635)
2002 Ed. (628)
2003 Ed. (592)
2004 Ed. (600)
2005 Ed. (588)
2007 Ed. (530)
2009 Ed. (511)
2010 Ed. (84, 369, 492, 1885)
2011 Ed. (291, 422)
2013 Ed. (348)
2014 Ed. (366)
2015 Ed. (418, 1403)
2016 Ed. (382, 386)
United Bank for Africa plc
2002 Ed. (1746)
2004 Ed. (1827)
United Bank of Africa
1991 Ed. (633)
2000 Ed. (439)
United Bank of Denver
1993 Ed. (383, 454)
United Bank of Denver NA
1991 Ed. (483)
1992 Ed. (640)
United Bank of Finland
1991 Ed. (2415)
United Bank of India
1994 Ed. (513)
1995 Ed. (495)
1996 Ed. (547)
1997 Ed. (506)
1999 Ed. (543)
2000 Ed. (554)
United Bank of Iowa
1997 Ed. (501)
United Bank of Kuwait
1989 Ed. (457)
1990 Ed. (479)
1991 Ed. (430)
1992 Ed. (585)
1993 Ed. (420)
1994 Ed. (413)
1995 Ed. (406)
1996 Ed. (433)
1997 Ed. (398)
1999 Ed. (455)
United Bank of Michigan
1993 Ed. (508)
1996 Ed. (541)
United Bank of Philadelphia
1996 Ed. (2662)
1998 Ed. (2517)
1999 Ed. (3425)
2000 Ed. (3151)
2007 Ed. (464)
United Bank of Trinidad & Tobago Ltd.
1991 Ed. (679)
United Bank & Trust Co.
1991 Ed. (485)
1997 Ed. (500)
1998 Ed. (370, 3314)
2007 Ed. (464)
United Bankers' Bank
2013 Ed. (304)
2015 Ed. (359)
United Banking Co.
1993 Ed. (511)
United Banks of Colorado
1989 Ed. (383)
1990 Ed. (717)
1992 Ed. (867)
United Bankshares
2004 Ed. (420, 421)
2005 Ed. (426, 427)
2010 Ed. (542)
2016 Ed. (349)
United Basalt Products Ltd.
2006 Ed. (4520)
United Behavioral Systems
1996 Ed. (2561)
United Beverages Sales Ltd.
2003 Ed. (1725)
United Bilt Homes, Inc.
2002 Ed. (2663)
United Biscuits
1990 Ed. (1249, 1829)
1991 Ed. (1747)
1995 Ed. (1903)

1996 Ed. (1176)
2009 Ed. (3658)
2011 Ed. (1413, 1415)
United Biscuits (Holdings) PLC
1990 Ed. (1412)
1991 Ed. (1337)
United Biscuits PLC
1993 Ed. (1389)
1997 Ed. (2044)
United Bldg.
1991 Ed. (2653)
United BMW Gwinnett
2013 Ed. (219)
United BMW Roswell
2013 Ed. (219)
United Bond
1990 Ed. (2376)
1991 Ed. (2561)
1993 Ed. (2664)
United Brands
1989 Ed. (1936, 1937)
1990 Ed. (2526, 2527)
1991 Ed. (2684)
United Brotherhood Credit Union
2002 Ed. (1879)
2003 Ed. (1933)
United Brotherhood of Carpenters &
Joiners of America
1995 Ed. (1262)
United Building Maintenance Inc.
2013 Ed. (2934)
2014 Ed. (2942, 2953)
2015 Ed. (2991, 3005)
United Building Society
1989 Ed. (45)
United Bulgarian Bank
1996 Ed. (460)
1997 Ed. (423, 424)
1999 Ed. (483)
2002 Ed. (533)
2003 Ed. (472)
2005 Ed. (471)
2006 Ed. (422)
2007 Ed. (410)
2009 Ed. (412)
2010 Ed. (389)
2011 Ed. (314)
2014 Ed. (432)
2015 Ed. (488)
2016 Ed. (441)
United Bulgarian Bank AD
2009 Ed. (411)
2010 Ed. (388)
United Bulgarian Bank Plc
1995 Ed. (434)
United Business & Industry Credit Union
2010 Ed. (2137, 2140)
United Business Media LLC
2010 Ed. (3051)
2011 Ed. (3020)
2012 Ed. (2947)
2013 Ed. (31, 34)
2014 Ed. (26, 30, 38)
2015 Ed. (29, 33, 41)
United Business Media plc
2003 Ed. (3272, 3350)
2004 Ed. (3413)
2007 Ed. (852, 3451, 3454)
United Business Networks
2009 Ed. (4133)
United Cable
1990 Ed. (868, 870, 872)
United Cable of Los Angeles
1994 Ed. (838)
United Cable Television
1989 Ed. (782)
1990 Ed. (779, 781)
United Cable TV
1989 Ed. (781)
1997 Ed. (876)
United California Bank
2003 Ed. (229, 230)
United Can
1992 Ed. (1048)
United Canadian Shares
1992 Ed. (4279)
United Capital Bank
2014 Ed. (371)
2015 Ed. (425)
United Capital Bank Sudan
2010 Ed. (2674)
2011 Ed. (2663)
2012 Ed. (2591)
2014 Ed. (2663)
2015 Ed. (2689, 2704)
2016 Ed. (2628)
United Capital Corp.
2000 Ed. (286)
United Care
1990 Ed. (2631)

United Carolina Bancshares
1998 Ed. (266, 269, 1320)
United Carolina Bank
1991 Ed. (634)
1992 Ed. (807)
1993 Ed. (600)
1994 Ed. (603)
1995 Ed. (575)
1996 Ed. (644)
1997 Ed. (584)
1998 Ed. (420)
United Center
2003 Ed. (4527)
United Cerebral Palsy Association
1989 Ed. (2074)
1994 Ed. (906)
1995 Ed. (940, 2779)
1997 Ed. (2949)
United Cerebral Palsy Associations
1991 Ed. (898, 2618)
1996 Ed. (914)
2005 Ed. (3606)
United Cerebral Palsy of Oregon &
Southwest Washington
2012 Ed. (1773)
United Check Cashing
1999 Ed. (2512, 2516)
2002 Ed. (982)
2003 Ed. (921)
2010 Ed. (853)
2011 Ed. (777)
2012 Ed. (731)
2013 Ed. (923)
2014 Ed. (2691)
United Chiropractic
1990 Ed. (1852)
United Church Homes
1990 Ed. (2724)
1991 Ed. (2623)
United Cities Gas Co.
1995 Ed. (1974)
United Coatings
1992 Ed. (3325)
United Coconut Planters
1989 Ed. (655)
1990 Ed. (670)
United Coconut Planters Bank
1991 Ed. (649)
1992 Ed. (821)
1993 Ed. (615)
1994 Ed. (618)
1995 Ed. (588)
1996 Ed. (657)
1997 Ed. (595, 2400)
1999 Ed. (623, 2892)
2000 Ed. (648)
2001 Ed. (2888)
2002 Ed. (635)
2003 Ed. (599)
2004 Ed. (607)
2005 Ed. (597)
United Colors of Benetton
2003 Ed. (2057)
United Commercial Bank Ltd.
1995 Ed. (427)
1999 Ed. (475)
2000 Ed. (467, 3026)
United Communications Inc.
1997 Ed. (2687, 3701)
2006 Ed. (3515, 4354)
2007 Ed. (3558, 3559, 4422)
2008 Ed. (3711, 4396, 4963)
United Community Banks
2014 Ed. (556)
United Community Credit Union
2002 Ed. (1896)
2003 Ed. (1950)
2004 Ed. (1990)
2005 Ed. (2132)
2006 Ed. (2227)
2007 Ed. (2148)
2008 Ed. (2263)
2009 Ed. (2249)
2010 Ed. (2203)
2011 Ed. (2221)
United Community Financial Corp.
2001 Ed. (571, 4280)
2006 Ed. (4725)
United Company RUSAL plc
2012 Ed. (189, 1875)
2013 Ed. (170, 2036)
2014 Ed. (175)
2015 Ed. (204)
2016 Ed. (195)
United Concordia Cos., Inc.
1999 Ed. (1832)
2009 Ed. (3319)
2010 Ed. (3255)
2012 Ed. (3188)
United Consulting

2010 Ed. (1699)
United Consumers Club, Inc.
1998 Ed. (1793)
1999 Ed. (2559)
2000 Ed. (2298)
United Continental
2013 Ed. (141, 157, 158)
2014 Ed. (151, 156, 161)
United Continental Holdings
2013 Ed. (140, 154, 155, 156, 1365,
1713)
2014 Ed. (150, 158, 159, 160, 1335,
1660, 1686)
2015 Ed. (173, 187)
2016 Ed. (172, 180, 181, 182, 1320)
United Continental Holdings Inc.
2012 Ed. (145, 147, 163)
2013 Ed. (118, 119, 121, 123, 142,
150, 1714, 3010)
2014 Ed. (128, 129, 131, 133, 153,
154, 1657)
2015 Ed. (142, 143, 145, 146, 176,
1696, 1701, 1704)
2016 Ed. (147, 148, 150, 151, 175,
1647, 1651, 1654)
United Cooperative
2012 Ed. (132)
2013 Ed. (4419)
2014 Ed. (4450)
2015 Ed. (4445)
2016 Ed. (4336)
United Corp.
2014 Ed. (2074)
United Cos. Financial
1995 Ed. (2819, 3516)
United Cos. Life Insurance Co.
1998 Ed. (3653)
United Counties Bancor
1996 Ed. (360)
United Counties Trust Co.
1990 Ed. (650)
1992 Ed. (803)
United Country Real Estate
2009 Ed. (4218)
2010 Ed. (4152)
2011 Ed. (763, 4152)
2012 Ed. (4186)
United Credit Bank
2004 Ed. (468)
The United Credit Union
2014 Ed. (2208)
United Credit Union
2006 Ed. (2172)
2009 Ed. (2225)
2010 Ed. (2179)
2011 Ed. (2197)
2012 Ed. (2057)
2013 Ed. (2240)
2014 Ed. (2172)
2015 Ed. (2236)
2016 Ed. (2207)
United Daily News
1993 Ed. (54)
1995 Ed. (3552)
United Dairy Farmers
2006 Ed. (2063)
United Dairy Farmers Inc.
2014 Ed. (1906)
2015 Ed. (1951)
2016 Ed. (1924)
United Daniels Securities Inc.
1993 Ed. (708)
United Defense Industries
2003 Ed. (3208)
2005 Ed. (160, 2007, 2162)
2006 Ed. (176, 2250)
2008 Ed. (4615)
United Dental Care
1997 Ed. (2183, 3402)
United Development Co. PSC
2013 Ed. (2023)
United Develpment Co. PSC
2013 Ed. (4189)
United Distillers
1994 Ed. (3509)
1999 Ed. (1609, 2591, 3210, 4156,
4157, 4729)
2000 Ed. (4358)
United Distillers Canada
1997 Ed. (2669, 2672)
United Distillers Glenmore
1996 Ed. (2498, 3801)
1997 Ed. (2141, 3854)
United Distillers PLC
1990 Ed. (1413)
1993 Ed. (1389)
United Distillers USA
1998 Ed. (1833, 3686)
2000 Ed. (2331)
United Distillers & Vintners Ltd.

2001 Ed. (360, 2118, 2119, 2120, 2468, 4902)
2002 Ed. (34, 224)
United Dominion
1995 Ed. (3069)
United Dominion Industries Ltd.
1995 Ed. (2792)
1996 Ed. (1316, 1564)
United Dominion Realty Trust Inc.
1998 Ed. (177, 178, 3001)
1999 Ed. (3998)
2000 Ed. (305, 306)
2002 Ed. (323, 325, 1556, 3927, 3928)
2003 Ed. (287, 289, 4059)
2004 Ed. (255, 256, 2126)
2005 Ed. (257, 258, 2220, 2231)
2006 Ed. (278, 280, 281, 2282, 2296)
2007 Ed. (282, 283, 284, 2228)
2008 Ed. (258, 259)
2009 Ed. (281, 282)
United Dominions Trust
1990 Ed. (1787)
United Drug
2016 Ed. (4520)
United Educators Insurance Risk Retention Group Inc.
1991 Ed. (857)
1992 Ed. (1061)
1993 Ed. (852)
1994 Ed. (866)
1995 Ed. (908)
1996 Ed. (881)
1997 Ed. (904)
1998 Ed. (641)
1999 Ed. (1033)
2000 Ed. (983)
United Emergency Services
2005 Ed. (2359, 2885)
United Energy Corp.
2005 Ed. (1917)
2006 Ed. (1946, 3535, 4374)
2007 Ed. (1929)
2010 Ed. (1894)
2011 Ed. (1925)
United Energy Systems
1996 Ed. (3098)
United Engineers Bhd
2000 Ed. (1510)
United Engineers & Constructioners International Inc.
1992 Ed. (1950, 1951)
United Engineers & Constructions International Inc.
1992 Ed. (1948)
United Engineers & Constructors
1990 Ed. (1479, 1667)
1992 Ed. (1365, 1406, 1956, 1969)
1994 Ed. (1123, 1135, 1154, 1633, 1638, 1641)
United Engineers & Constructors International Inc.
1991 Ed. (1550)
1993 Ed. (1093, 1101, 1119, 1121, 1601, 1602, 1605, 1606, 1611)
United Engineers & Constructors Intl. Inc.
1990 Ed. (1664)
United Engineers (M) Bhd
2002 Ed. (3052)
United Engineers (Malaysia)
1995 Ed. (1341)
United Enterprise Fund LP
2006 Ed. (189)
2008 Ed. (178)
United Envelope Cincinnati
2010 Ed. (4029)
United Envelope LLC
2012 Ed. (4032)
United Export Import Bank
1997 Ed. (604)
1999 Ed. (628)
2000 Ed. (653)
United Express/Air Wisconsin
1993 Ed. (190)
1994 Ed. (169)
1995 Ed. (178)
United Farm & Ranch Management
1999 Ed. (2121, 2124)
United Farmers of Alberta
2003 Ed. (1381)
United Farmers of Alberta Co-operative
2001 Ed. (1499)
2006 Ed. (1401)
2007 Ed. (1434)
2008 Ed. (1385, 4050, 4921)
2009 Ed. (1388, 4935)
2010 Ed. (1373, 4059)
2011 Ed. (1366, 4037, 4290)
2013 Ed. (1344)

2014 Ed. (1277)
United Farmers of Alberta Co-Operative Ltd.
2016 Ed. (136)
United Feature Syndicate
1989 Ed. (2047)
United Federal
1990 Ed. (2472)
United Federal Savings & Loan Association
1990 Ed. (3104)
1991 Ed. (2922)
United Finance Co.
2010 Ed. (2666)
2011 Ed. (2655)
2012 Ed. (2583)
United Financial
2003 Ed. (525)
United Financial Bancorp
2010 Ed. (1803)
United Financial Mortgage Corp.
2005 Ed. (633, 634)
2006 Ed. (1636, 1637)
2007 Ed. (1652)
United Financial Services Group
2004 Ed. (936)
2005 Ed. (928)
2006 Ed. (837)
2007 Ed. (918)
United Fire & Casualty
1991 Ed. (1877)
United Flour Mill Co. Ltd.
1989 Ed. (1168)
1990 Ed. (1428)
1991 Ed. (1359)
1992 Ed. (1706)
United Food and Commercial Workers
1996 Ed. (3603)
United Food & Commercial Workers 876
1998 Ed. (2323)
1999 Ed. (3139)
2000 Ed. (2888)
2001 Ed. (3041)
United Food & Commercial Workers 880
2001 Ed. (3040)
United Food & Commercial Workers International Union
1991 Ed. (3411)
United Food & Commercial Workers Union
1999 Ed. (3845)
United Food Group LLC
2008 Ed. (3609)
United Foods Inc.
2008 Ed. (2782)
2014 Ed. (2795)
United Forming Inc.
2003 Ed. (1243)
2004 Ed. (1246)
2005 Ed. (1297)
2006 Ed. (1266)
2007 Ed. (1357)
2008 Ed. (1255, 1293, 1324, 1339)
2009 Ed. (1202, 1230, 1276, 1307, 1337)
2010 Ed. (1206, 1229, 1271, 1301, 1320)
2011 Ed. (1154, 1176, 1206, 1260, 1297, 1298)
2012 Ed. (1093, 1124, 1138, 1180)
2013 Ed. (1268)
United Foundation
1991 Ed. (3436)
United Funds
1996 Ed. (2786)
United Gas Pipe Line Co.
1991 Ed. (1797, 1798)
1992 Ed. (2265, 2266)
1995 Ed. (1979)
United Gas Pipeline
1994 Ed. (1944)
United General Title Insurance Co.
1999 Ed. (2985)
United Georgian Bank Corp.
2004 Ed. (471)
United Gold & Government
1995 Ed. (2732)
United Grain Growers Ltd.
1990 Ed. (1947)
2002 Ed. (1610, 4392)
2003 Ed. (4805)
United Grocers
1993 Ed. (3487)
1995 Ed. (1210, 2053)
1996 Ed. (1177, 1178)
1998 Ed. (1870)
United Grocers, Portland
2000 Ed. (2390)

United Guaranty Residential Insurance
1989 Ed. (1711)
United Gulf Bank
1989 Ed. (582)
1994 Ed. (410, 431)
1995 Ed. (403, 426)
1996 Ed. (430, 451)
1997 Ed. (395, 414)
1999 Ed. (452, 474)
2000 Ed. (444, 466)
2002 Ed. (526, 582)
2003 Ed. (465, 537)
2004 Ed. (451)
2005 Ed. (463)
2006 Ed. (416)
2007 Ed. (401)
2008 Ed. (383)
2009 Ed. (405)
2010 Ed. (374, 381)
2011 Ed. (306)
2013 Ed. (521)
2014 Ed. (537)
United Hardware Distributing Co.
1992 Ed. (2374)
United Health
1991 Ed. (2625)
1992 Ed. (2458, 3280)
1993 Ed. (2073)
1994 Ed. (2089)
1995 Ed. (2144, 2801)
1996 Ed. (2155)
United Health of Wisconsin
1999 Ed. (2646, 2647)
United Health Plan/Watts Health Foundation
1990 Ed. (1997)
United Health Service
1999 Ed. (2752)
United HealthCare
1990 Ed. (1989)
1991 Ed. (1893)
1992 Ed. (2383, 2384, 2386)
1993 Ed. (2017, 2018, 2020, 2021, 3465)
1994 Ed. (2030, 2031, 2033, 3219, 3442, 3443)
1995 Ed. (1270, 2081, 2083, 2090, 3301, 3304, 3517)
1996 Ed. (1242, 1243, 1244, 1246, 1247, 1272, 1421, 2077, 2078, 2079, 2081, 2084, 2085, 2086, 2088)
1997 Ed. (1255, 1259, 1292, 1481, 2178, 2180, 2181, 2182, 2184, 2188, 2191, 2270, 2387, 2700, 3641)
1998 Ed. (1047, 1177, 1901, 1903, 1904, 1905, 1915, 2691, 3650)
1999 Ed. (1494, 1669, 1707, 2639, 2640, 2641, 2928, 2929, 3292, 4487)
2000 Ed. (1332, 1517, 2419, 2421, 2422, 2438, 2439)
2001 Ed. (2673, 2678, 2679, 2688, 3874)
2002 Ed. (2448)
United HealthCare Corp, Minneapolis, MN
2000 Ed. (2429)
United HealthCare Corp./FOCUS
1996 Ed. (3080)
United Healthcare Insurance Co.
2000 Ed. (2675)
2001 Ed. (2929, 2931)
2002 Ed. (2887, 2888, 2893)
2007 Ed. (3122, 3126, 3153, 3154)
2008 Ed. (3272, 3276, 3303, 3304)
2009 Ed. (3329, 3331, 3333, 3363, 3364)
2010 Ed. (3300, 3301)
2011 Ed. (3230, 3232, 3234, 3262, 3263)
2012 Ed. (3236)
2013 Ed. (3315)
United Healthcare Insurance Company of Illinois
2001 Ed. (3873)
United HealthCare of Arizona Inc.
2005 Ed. (2817)
United Healthcare of Florida Inc.
1999 Ed. (2655)
2000 Ed. (2435)
2002 Ed. (2462)
United Healthcare of Illinois Inc.
1998 Ed. (1916)
1999 Ed. (2653)
2000 Ed. (2433, 3601)
2001 Ed. (2687)
United HealthCare of the Midwest, Inc.
2000 Ed. (2430)

United Healthcare Services Inc.
2001 Ed. (1070, 1795)
2003 Ed. (1763, 2325)
2004 Ed. (1800, 2407)
United HealthServ
1990 Ed. (2051)
United Hospital Center Inc.
2001 Ed. (1898)
2003 Ed. (1852)
2004 Ed. (1888)
2005 Ed. (2014)
2006 Ed. (2116)
2007 Ed. (2065)
United Hospitals Inc.
1989 Ed. (1610)
1990 Ed. (2059)
1991 Ed. (1936)
1992 Ed. (2463)
United Human Capital Solutions
2007 Ed. (1944)
2009 Ed. (1988, 1990)
2010 Ed. (1926, 1928, 1930)
United Illuminating Co.
1989 Ed. (1298, 1299)
1990 Ed. (1602)
1991 Ed. (1488)
United Income
1989 Ed. (1850)
1990 Ed. (2368, 2385)
1991 Ed. (2560)
1992 Ed. (3153, 3192)
1993 Ed. (2653, 2663, 2690)
1994 Ed. (2607)
1995 Ed. (2681)
1996 Ed. (2802)
2000 Ed. (3228, 3229)
United Income A
1999 Ed. (3545)
United Income Fund
2001 Ed. (3432)
United Industrial Corp.
1990 Ed. (1536)
1991 Ed. (3130)
1993 Ed. (3323)
1994 Ed. (3311)
1996 Ed. (3439)
1997 Ed. (3520)
1999 Ed. (4317)
United Industrial Corporation Warrant 1998
1997 Ed. (3520)
United Industries Corp.
2002 Ed. (4437)
2003 Ed. (2953)
United Information Group Ltd.
2000 Ed. (3755)
2002 Ed. (3255)
United Inns
1990 Ed. (2060, 2061)
1995 Ed. (2767)
1996 Ed. (2835)
The United Insurance Co.
1989 Ed. (1689)
2009 Ed. (2727)
2010 Ed. (2648)
United Insurance Co. of America
1991 Ed. (2097, 2107)
1993 Ed. (2225)
1995 Ed. (2309)
1997 Ed. (2452)
1998 Ed. (2162)
2000 Ed. (2688)
2002 Ed. (2910)
United Insurance Consultants Inc.
1997 Ed. (3360)
1998 Ed. (3102)
United Insurance Cos.
1997 Ed. (2442)
United International Growth
1989 Ed. (1850)
1990 Ed. (2393)
1995 Ed. (2738)
2000 Ed. (3237)
United International Pictures
2001 Ed. (3380)
2002 Ed. (39)
United International Securities Ltd.
1993 Ed. (1275)
1994 Ed. (1321)
United Internet
2007 Ed. (1236)
2011 Ed. (1031)
2014 Ed. (1064)
2015 Ed. (1101)
2016 Ed. (1012, 4593)
United Internet AG
2008 Ed. (1771, 3208)
United Inv High Inc
1990 Ed. (3663)
United Israel Appeal

1992 Ed. (3255)
United Israel Appeal of Canada
  2009 Ed. (908)
United Jersey
  1990 Ed. (650, 1795)
  1991 Ed. (1724)
United Jersey Bank
  1993 Ed. (578, 593)
  1994 Ed. (355, 598)
  1995 Ed. (361, 568)
  1996 Ed. (637, 638)
  1997 Ed. (577)
United Jersey Bank Central NA
  1994 Ed. (598)
  1996 Ed. (638)
United Jersey Banks
  1989 Ed. (400, 622)
  1990 Ed. (442, 638, 669)
United Jewelers
  1990 Ed. (1524)
United Jewish Appeal
  1991 Ed. (896, 897, 899, 2613, 2615, 2619)
  1992 Ed. (3255)
  1993 Ed. (896, 1701, 2730)
  1994 Ed. (899, 904, 909, 910, 2677, 2678)
  1995 Ed. (943, 1931, 2782)
  1996 Ed. (912)
  1997 Ed. (944)
  2000 Ed. (3341, 3352)
United Jewish Appeal-Federation of Jewish Philanthropies of New York
  1998 Ed. (2687)
  1999 Ed. (3628)
United Jewish Communities
  2003 Ed. (3651)
  2004 Ed. (3698)
  2005 Ed. (3607, 3608)
  2006 Ed. (3709)
  2007 Ed. (3703)
  2008 Ed. (3795, 3796, 3797)
  2009 Ed. (3840, 3841)
United Jewish Federation of MetroWest
  1993 Ed. (2732)
United Jewish Welfare Fund of Toronto
  2009 Ed. (908)
  2012 Ed. (722)
United Kingdom
  1989 Ed. (229, 230, 349, 565, 1178, 1179, 1182, 1389, 1390, 1515, 1517, 1518, 2641, 2900, 2957)
  1990 Ed. (203, 405, 741, 742, 778, 960, 1252, 1253, 1259, 1260, 1263, 1264, 1445, 1450, 1481, 1577, 1582, 1736, 1747, 1901, 1965, 3074, 3503, 3508, 3610, 3611, 3612, 3613, 3616, 3617, 3618, 3619)
  1991 Ed. (165, 222, 329, 352, 516, 930, 1171, 1172, 1177, 1178, 1181, 1184, 1379, 1383, 1400, 1401, 1402, 1408, 1641, 1819, 1820, 1821, 2263, 2493, 2908, 3108, 3109, 3267, 3268, 3269, 3270, 3279, 3287, 3357, 3358, 3406, 3407)
  1992 Ed. (225, 226, 228, 229, 230, 268, 269, 498, 669, 723, 891, 906, 907, 911, 1029, 1040, 1120, 1234, 1373, 1390, 1485, 1489, 1490, 1493, 1496, 1713, 1727, 1736, 1759, 1776, 2046, 2068, 2070, 2072, 2079, 2080, 2081, 2082, 2252, 2293, 2296, 2297, 2319, 2320, 2566, 2806, 2854, 3445, 3450, 3543, 3599, 3685, 3724, 3755, 4139, 4141, 4184, 4185, 4186, 4187, 4203, 4238, 4239, 4320, 4321, 4322, 4413, 4495)
  1993 Ed. (146, 171, 178, 179, 201, 345, 481, 700, 721, 722, 727, 857, 917, 920, 1035, 1202, 1203, 1206, 1209, 1299, 1422, 1463, 1466, 1467, 1535, 1540, 1582, 1678, 1717, 1719, 1720, 1722, 1723, 1724, 1730, 1731, 1732, 1743, 1932, 1952, 1957, 1959, 1962, 1969, 1976, 2000, 2028, 2129, 2412, 2481, 2482, 3302, 3455, 3456, 3510, 3595, 3596, 3597, 3681, 3723)
  1994 Ed. (156, 184, 200, 311, 335, 486, 730, 731, 735, 786, 854, 855, 927, 934, 949, 957, 1230, 1231, 1234, 1349, 1484, 1488, 1489, 1515, 1516, 1530, 1533, 1581, 1699, 1932, 1958, 1974, 1983, 2130, 2364, 2747, 3126, 3436, 3643, 3651)

  1995 Ed. (170, 191, 663, 688, 689, 710, 876, 899, 900, 967, 997, 1247, 1249, 1252, 1253, 1520, 1521, 1593, 1657, 1658, 1734, 1735, 1737, 1768, 1961, 2000, 2005, 2012, 2019, 2023, 2024, 2031, 2872, 3169, 3634, 3719, 3776)
  1996 Ed. (363, 761, 762, 872, 874, 942, 944, 1217, 1218, 1221, 1222, 1226, 1479, 1480, 1495, 1719, 1726, 1729, 1963, 2025, 2344, 2449, 2551, 2948, 3189, 3692, 3714, 3715, 3716, 3881, 37173)
  1997 Ed. (287, 321, 474, 518, 693, 699, 723, 725, 823, 824, 896, 897, 939, 966, 1264, 1265, 1267, 1268, 1544, 1545, 1557, 1578, 1791, 1808, 1809, 2108, 2117, 2147, 2562, 2566, 2691, 2786, 2999, 3079, 3080, 3292, 3509, 3634, 3767, 3768, 3769, 3860)
  1998 Ed. (115, 123, 352, 484, 632, 633, 634, 635, 656, 708, 819, 1030, 1031, 1032, 1033, 1367, 1369, 1418, 1419, 1431, 1522, 1524, 1525, 1527, 1528, 1530, 1732, 1791, 1792, 1803, 1838, 1846, 1849, 1860, 2192, 2209, 2223, 2312, 2421, 2461, 2660, 2707, 2742, 2749, 2814, 2929, 3589, 3590, 3591, 3592, 3593, 3691)
  1999 Ed. (212, 332, 770, 804, 1104, 1207, 1213, 1462, 1463, 1464, 1465, 1783, 1784, 1796, 2005, 2015, 2090, 2091, 2092, 2094, 2101, 2103, 2105, 2106, 2108, 2443, 2488, 2553, 2554, 2596, 2611, 2612, 2613, 2825, 2826, 2884, 2936, 3004, 3111, 3114, 3115, 3273, 3283, 3284, 3289, 3342, 3449, 3586, 3629, 3630, 3695, 3790, 4329, 4348, 4368, 4479, 4480, 4481, 4594, 4624, 4625, 4626, 4734, 4801, 4802, 4804)
  2000 Ed. (787, 808, 820, 1064, 1321, 1322, 1323, 1324, 1608, 1612, 1613, 1649, 1650, 1889, 1890, 1891, 1899, 1901, 2295, 2335, 2355, 2356, 2375, 2377, 2863, 2983, 3011, 3175, 3354, 3753, 4271, 4272, 4273, 4360)
  2001 Ed. (291, 358, 386, 525, 526, 625, 662, 697, 704, 979, 989, 1004, 1005, 1019, 1020, 1097, 1125, 1128, 1129, 1149, 1174, 1190, 1191, 1242, 1259, 1274, 1283, 1285, 1299, 1300, 1311, 1338, 1340, 1353, 1414, 1496, 1497, 1688, 1917, 1918, 1919, 1949, 1950, 1982, 1983, 1984, 1992, 2002, 2008, 2023, 2035, 2036, 2042, 2044, 2047, 2094, 2104, 2127, 2128, 2134, 2139, 2142, 2147, 2163, 2232, 2263, 2264, 2278, 2305, 2364, 2365, 2366, 2367, 2369, 2371, 2372, 2373, 2379, 2395, 2412, 2469, 2481, 2489, 2543, 2562, 2574, 2575, 2602, 2611, 2639, 2658, 2681, 2734, 2735, 2752, 2799, 2800, 2814, 2821, 2835, 2970, 3020, 3022, 3036, 3044, 3075, 3112, 3149, 3160, 3200, 3207, 3227, 3241, 3298, 3305, 3315, 3316, 3367, 3368, 3370, 3410, 3420, 3502, 3529, 3552, 3629, 3638, 3694, 3706, 3760, 3761, 3763, 3764, 3783, 3825, 3847, 3859, 3875, 3967, 3987, 3991, 4039, 4041, 4112, 4113, 4120, 4134, 4136, 4155, 4229, 4246, 4265, 4267, 4276, 4339, 4373, 4378, 4387, 4393, 4440, 4483, 4495, 4500, 4548, 4565, 4566, 4569, 4596, 4597, 4598, 4632, 4651, 4652, 4655, 4664, 4687, 4690, 4705, 4715, 4716, 4732, 4831, 4904, 4915, 4936)
  2002 Ed. (301, 559, 561, 737, 738, 739, 740, 741, 742, 743, 744, 745, 746, 747, 758, 780, 781, 1344, 1409, 1410, 1411, 1412, 1419, 1474, 1475, 1476, 1477, 1478, 1479, 1486, 1651, 1682, 1809, 1814, 1823, 2409, 2412, 2413, 2424, 2425, 2509, 2751, 2752, 2753, 2754, 2755, 2756, 2757, 2900, 2936, 2997, 3073, 3075, 3099, 3100, 3101, 3181, 3520, 3595, 3596, 3723, 3961, 3967,

  4055, 4056, 4057, 4058, 4081, 4378, 4623, 4773, 4774)
  2003 Ed. (249, 266, 641, 824, 930, 949, 950, 1036, 1085, 1096, 1430, 1431, 1432, 1433, 1438, 1494, 1495, 1879, 1881, 1973, 1974, 2129, 2149, 2151, 2216, 2217, 2218, 2219, 2220, 2221, 2222, 2224, 2225, 2227, 2228, 2233, 2234, 2483, 2616, 2618, 2620, 2624, 2641, 3200, 3213, 3257, 3258, 3259, 3333, 3415, 3629, 3755, 3826, 3877, 3918, 4043, 4176, 4191, 4199, 4200, 4216, 4401, 4423, 4672, 4698, 4699, 4700, 4897, 4970)
  2004 Ed. (210, 231, 655, 733, 863, 938, 1041, 1042, 1044, 1460, 1461, 1462, 1463, 1468, 1524, 1525, 1909, 1921, 2178, 2202, 2737, 2740, 2767, 2768, 2821, 3164, 3243, 3244, 3259, 3315, 3393, 3396, 3403, 3479, 3676, 3769, 3855, 3918, 3931, 4063, 4203, 4217, 4226, 4227, 4238, 4413, 4426, 4601, 4652, 4738, 4816, 4817, 4991)
  2005 Ed. (505, 644, 837, 853, 861, 862, 930, 1036, 1042, 1043, 1045, 1476, 1477, 1478, 1479, 1484, 1540, 1541, 2042, 2056, 2269, 2278, 2530, 2536, 2537, 2538, 2621, 2738, 2763, 2764, 2821, 3101, 3198, 3269, 3291, 3337, 3400, 3403, 3416, 3478, 3591, 3686, 3766, 3864, 3881, 3999, 4130, 4145, 4153, 4154, 4166, 4363, 4373, 4375, 4478, 4535, 4590, 4790, 4791, 4901, 4997)
  2006 Ed. (441, 545, 763, 773, 839, 1010, 1051, 1052, 1055, 1213, 1432, 1433, 1434, 1435, 1439, 1442, 1443, 2124, 2138, 2150, 2332, 2335, 2346, 2372, 2537, 2538, 2539, 2540, 2617, 2703, 2718, 2719, 2720, 2802, 2824, 2985, 3116, 3261, 3273, 3285, 3325, 3350, 3409, 3412, 3426, 3479, 3691, 3770, 3780, 3928, 3941, 4034, 4176, 4193, 4209, 4210, 4221, 4306, 4321, 4324, 4573, 4616, 4656, 4682, 4738, 4769, 4777, 4861, 4862, 4934, 4995)
  2007 Ed. (446, 577, 748, 862, 869, 1140, 1141, 2086, 2094, 2263, 2266, 2282, 2310, 2524, 2697, 2711, 2794, 2827, 3334, 3352, 3379, 3406, 3426, 3428, 3686, 3767, 3777, 3983, 3999, 4070, 4209, 4219, 4220, 4237, 4372, 4386, 4389, 4412, 4414, 4415, 4417, 4419, 4603, 4676, 4702, 4752, 4776, 4996)
  2008 Ed. (823, 831, 1020, 1021, 1109, 1279, 1280, 1289, 1291, 1412, 1413, 1414, 1415, 1419, 1421, 1422, 2194, 2204, 2398, 2399, 2400, 2417, 2438, 2626, 2824, 2845, 2949, 2950, 3209, 3434, 3503, 3590, 3592, 3780, 3847, 4018, 4270, 4327, 4386, 4388, 4389, 4391, 4393, 4627, 4630, 4675, 4995)
  2009 Ed. (845, 853, 1005, 1006, 1087, 1263, 1274, 2170, 2380, 2383, 2385, 2396, 2397, 2416, 2440, 2653, 2679, 2725, 2882, 3340, 3374, 3508, 3660, 3662, 3815, 3903, 4089, 4250, 4374, 4431, 4464, 4465, 4466, 4467, 4469, 4470, 4471, 4641, 4663, 4667, 4715, 4996)
  2010 Ed. (800, 970, 971, 1066, 1270, 1383, 2018, 2303, 2308, 2309, 2331, 2361, 2558, 2584, 2819, 2838, 3151, 3279, 3336, 3437, 3498, 3743, 3813, 3970, 4001, 4189, 4401, 4474, 4488, 4515, 4517, 4518, 4520, 4521, 4659, 4729, 4843, 4932, 5000)
  2011 Ed. (728, 897, 898, 900, 910, 1004, 1212, 1220, 1641, 2299, 2307, 2357, 2556, 2557, 2561, 2566, 2805, 2820, 3248, 3293, 3328, 3435, 3453, 3743, 3809, 3819, 4009, 4310, 4325, 4326, 4346, 4411, 4420, 4423, 4452, 4454, 4455, 4457, 4458, 4607, 4688, 4703, 4998)
  2012 Ed. (364, 626, 925, 926, 1156,

  1494, 2206, 2508, 2513, 2617, 2620, 2753, 3214, 3274, 3314, 3501)
  2013 Ed. (666, 767, 1069, 1070, 1072, 1625, 2389, 2643, 2687, 2828, 3386, 3519, 3775, 3778, 3873)
  2014 Ed. (792, 1028, 1029, 1031, 1032, 1591, 2326, 2466, 2601, 2602, 2672, 2869, 3208, 3493, 3708, 3711, 3809)
  2015 Ed. (94, 835, 1064, 1066, 1642, 2644, 2716, 2909, 3723, 3832, 4243)
  2016 Ed. (58, 972, 974, 1585, 2830, 3739)
United Kingdom Can
  1998 Ed. (1539)
United Kingdom; Government of the
  2005 Ed. (92)
  2006 Ed. (101)
United Kingdom & Ireland
  1991 Ed. (1824, 1826, 1828, 1829, 1836)
  1992 Ed. (2300, 2302, 2304, 2305, 2312, 2322)
  2000 Ed. (2360)
United Laboratories
  1991 Ed. (42)
  1992 Ed. (71)
  1993 Ed. (46)
  1994 Ed. (38)
  2001 Ed. (67)
  2004 Ed. (72)
  2005 Ed. (68)
  2007 Ed. (67)
  2008 Ed. (72)
  2009 Ed. (81)
  2010 Ed. (90)
United Malayan Banking Corp.
  1989 Ed. (613)
  1991 Ed. (601)
  1992 Ed. (769, 770)
  1993 Ed. (561)
  1994 Ed. (563)
  1995 Ed. (539)
  1996 Ed. (597)
  1997 Ed. (551)
United Management Systems PLC
  1995 Ed. (1010)
United Marketing Solutions Inc.
  2002 Ed. (68)
United McCann-Erickson
  1989 Ed. (166)
United Medical Corp.
  1995 Ed. (1240)
  2002 Ed. (3802)
United Medical Credit
  2016 Ed. (1415)
United Merchandise & Manufacturers
  1989 Ed. (880)
United Merchant Finance
  1992 Ed. (3020, 3021)
United Merchants
  1989 Ed. (2817)
  1990 Ed. (3564, 3566)
  1991 Ed. (3354)
United Merchants Finance
  1991 Ed. (2411, 2412)
United Merchants & Manufacturers
  1990 Ed. (939, 3565)
  1991 Ed. (1237, 3348, 3353)
  1992 Ed. (4146, 4274, 4275)
United Merchants Manufacturers
  1989 Ed. (2814)
United Merchants & Mfrs.
  1989 Ed. (2816)
United Meridan Corp.
  1998 Ed. (3408)
United Meridian
  1998 Ed. (2674)
United Methodist
  1997 Ed. (3022)
  2000 Ed. (3433)
United Methodist Church
  1994 Ed. (895)
  1998 Ed. (2763, 2769, 2770)
  1999 Ed. (3722, 3729, 3730)
  2000 Ed. (3446, 3447, 3754)
  2001 Ed. (3668, 3682, 3684)
  2002 Ed. (3618, 3620)
  2003 Ed. (1986, 1987, 3761)
  2004 Ed. (2040, 2041, 3787)
  2007 Ed. (2176, 2194, 3791)
  2008 Ed. (2319, 2321, 3865)
  2009 Ed. (2309, 3923)
  2010 Ed. (2241, 3841)
The United Methodist Church of the Resurrection
  2008 Ed. (4137)

United Methodists
1994 Ed. (2755, 2761, 2764)
1995 Ed. (2855, 2858)
1996 Ed. (2928, 2934)
1997 Ed. (3014)
United Mexican States
2005 Ed. (3240)
United Micro Electronics
2000 Ed. (4176, 4177)
2001 Ed. (1627, 1865)
2014 Ed. (4663)
2016 Ed. (4573)
United Microelectronics Corp.
1999 Ed. (1744, 4531)
2002 Ed. (305, 2101, 4543, 4544,
4545)
2003 Ed. (1702, 1831, 2200, 2201,
2241, 2242, 3301, 3753, 4386,
4609)
2005 Ed. (239)
2006 Ed. (2034, 2035, 4093)
2007 Ed. (2008, 4353)
2009 Ed. (1095, 2476)
2013 Ed. (863, 4426)
United Microelectronics Corp. (UMC)
1997 Ed. (1521)
2002 Ed. (1683, 2808, 2812, 2814)
United Mine Workers 1974 Pens
1992 Ed. (3261)
United Mine Workers of America
1998 Ed. (2322)
United Mine Workers of America Health
& Retirement Funds
1989 Ed. (2163, 2862)
1990 Ed. (2783, 3628)
1991 Ed. (2686, 3412)
1992 Ed. (3355, 4333)
1993 Ed. (2780, 3607)
1994 Ed. (2769, 3564)
1996 Ed. (3729)
1998 Ed. (3609)
2000 Ed. (3451)
United Mine Workers of America Health
& Retirement Funds, Washington,
DC
2000 Ed. (4283)
United Mine Workers of American
Health & Retirement Funds
1998 Ed. (2774)
United Missouri
1992 Ed. (522, 525)
United Missouri Bancshares
1989 Ed. (623)
1993 Ed. (378, 3281)
1994 Ed. (347, 348, 366, 3271)
1995 Ed. (356, 3352)
United Missouri Bank NA
1993 Ed. (573)
1994 Ed. (575)
1995 Ed. (550)
2001 Ed. (859)
United Missouri Bank of Kansas City
NA
1991 Ed. (612)
1992 Ed. (548, 784)
United Mizrahi Bank
1989 Ed. (587)
1990 Ed. (614)
1991 Ed. (570)
1992 Ed. (738)
1993 Ed. (537)
1994 Ed. (539)
1995 Ed. (515)
1996 Ed. (568)
1997 Ed. (525)
1999 Ed. (559)
2000 Ed. (570)
2002 Ed. (574, 591)
2003 Ed. (549)
2004 Ed. (563)
2005 Ed. (549)
2006 Ed. (473, 1818)
2007 Ed. (486)
United Mobile Homes Inc.
2004 Ed. (2126, 3496)
2005 Ed. (3496, 3497)
2006 Ed. (2296)
United Municipal Bond
1990 Ed. (2389)
1992 Ed. (3156, 3187, 3200)
1993 Ed. (2667)
1994 Ed. (2611)
1997 Ed. (692, 2904)
United Municipal Bond A
1998 Ed. (2639)
1999 Ed. (757)
United Municipal High Income
1995 Ed. (2689, 2701)
1996 Ed. (2762, 2785, 2812)
1997 Ed. (2893)

United Municipal High Income A
1998 Ed. (2602)
1999 Ed. (756, 3571, 3572)
2000 Ed. (768, 769)
United Municipal High Income Fund
1998 Ed. (2644)
United Musical Instruments
1994 Ed. (2589, 2590)
1995 Ed. (2672)
United Musical Instruments USA Inc.
1992 Ed. (3143, 3144)
United Mutual Life
1989 Ed. (1691)
United Mutual Life Insurance Co.
1993 Ed. (2253)
United National Bancorp
2002 Ed. (499)
2005 Ed. (355, 356)
United National Bank
1995 Ed. (634)
1996 Ed. (710)
1997 Ed. (645)
1998 Ed. (435)
1999 Ed. (609)
United National Corp.
1990 Ed. (650)
2002 Ed. (443)
2003 Ed. (540, 541)
2004 Ed. (543, 557, 558)
2005 Ed. (378, 539, 540)
2006 Ed. (467)
2007 Ed. (465, 469, 477, 480)
2008 Ed. (434, 442, 445)
2009 Ed. (453, 458, 467, 470)
2010 Ed. (438, 447, 451)
2011 Ed. (367, 371)
2012 Ed. (356)
2013 Ed. (483)
2014 Ed. (340)
2015 Ed. (380)
United National Insurance Co.
1991 Ed. (2087)
1992 Ed. (2648)
1993 Ed. (2191)
1994 Ed. (2240)
1995 Ed. (2288, 2326)
1996 Ed. (2293)
1997 Ed. (2428)
1998 Ed. (2145)
1999 Ed. (2926)
2001 Ed. (2927, 2928)
2002 Ed. (2876)
2004 Ed. (3089, 3132, 3134)
2005 Ed. (3095, 3142)
2006 Ed. (3099)
2014 Ed. (3291)
2015 Ed. (3338)
2016 Ed. (3199)
United National Party
2008 Ed. (87)
United Nations
1994 Ed. (2755)
1995 Ed. (2858)
1996 Ed. (2928, 2933)
1997 Ed. (3014)
1999 Ed. (3726)
2000 Ed. (1626, 3430, 3448)
2007 Ed. (89)
United Nations Credit Union
1996 Ed. (1506)
1998 Ed. (1215, 1219)
2002 Ed. (1838, 1840, 1882)
2003 Ed. (1900, 1936)
2004 Ed. (1976)
2005 Ed. (2118)
2006 Ed. (2213)
2007 Ed. (2134)
2008 Ed. (2249)
2009 Ed. (2235)
2010 Ed. (2138, 2189)
2011 Ed. (2207)
2012 Ed. (2068)
2013 Ed. (2250)
2014 Ed. (2170, 2182)
2015 Ed. (2234, 2246)
2016 Ed. (2205, 2217)
United Nations Development Corp., NY
2000 Ed. (2621)
United Nations Joint Staff
1998 Ed. (2763)
1999 Ed. (3722)
2000 Ed. (3433, 3447)
2001 Ed. (3668)
2003 Ed. (3761)
2007 Ed. (3791)
2008 Ed. (3865)
2009 Ed. (3923)
2010 Ed. (3841)
United Nations Joint Staff Pension Fund
1990 Ed. (2791)

1991 Ed. (2696)
1992 Ed. (3362)
2004 Ed. (2025, 2026, 3787)
United Natural Foods
2013 Ed. (1742)
2014 Ed. (1966, 1968, 4939)
2015 Ed. (4980)
2016 Ed. (4897)
United natural Foods
2013 Ed. (2031)
United Natural Foods Inc.
2003 Ed. (2498, 2499)
2004 Ed. (4632, 4633)
2005 Ed. (4551, 4560, 4561, 4916)
2006 Ed. (1493, 4630, 4947, 4948)
2007 Ed. (2709, 4953, 4954)
2008 Ed. (2838, 4563, 4926)
2009 Ed. (1622, 2895, 4946)
2010 Ed. (1598, 2834, 4955)
2011 Ed. (2022, 4939)
2012 Ed. (1869)
2013 Ed. (2028, 4933)
2014 Ed. (1963, 4940)
2015 Ed. (2010, 2013)
2016 Ed. (1981, 1983)
United Negro College Fund
1993 Ed. (888, 1028)
1994 Ed. (908, 1055)
1996 Ed. (916)
2000 Ed. (3344)
2002 Ed. (2348, 2349)
United Neighborhood Houses of New
York City
1994 Ed. (1902)
United New Concepts
1993 Ed. (2669, 2680)
1994 Ed. (2637)
1995 Ed. (2737)
United New Concepts Fund
2000 Ed. (3286)
United News & Media
2000 Ed. (4133)
United News & Media plc
1999 Ed. (3308, 3896)
2000 Ed. (3610)
2001 Ed. (247, 3709, 3900, 3953)
2002 Ed. (3282, 3762)
United Newspaper
1991 Ed. (2394)
United Newspapers PLC
1996 Ed. (3088)
United of Omaha
1997 Ed. (256, 361)
1998 Ed. (2258)
United of Omaha Life
1989 Ed. (1688)
United Oil
2014 Ed. (1431)
United Online Inc.
2004 Ed. (3663)
United Orient Bank
1989 Ed. (506)
United Overseas Bank
1989 Ed. (569, 668)
1990 Ed. (677)
1991 Ed. (659, 2274, 3129)
1992 Ed. (832, 2823, 3978)
1993 Ed. (625, 1391, 3322)
1994 Ed. (524, 630, 1444, 3310)
1995 Ed. (603, 1480, 1481, 3282)
1996 Ed. (555, 673, 1439, 1440,
3393, 3438)
1997 Ed. (609, 1504, 1505, 3488,
3519)
1999 Ed. (635, 1730, 1731, 4316)
2000 Ed. (527, 661, 1548, 1551)
2001 Ed. (1843, 1844)
2002 Ed. (515, 518, 644, 1763, 4468)
2003 Ed. (607, 1818)
2004 Ed. (448, 521, 616)
2005 Ed. (460, 606)
2006 Ed. (520, 2007, 2008, 4326)
2007 Ed. (549, 1974)
2008 Ed. (440, 501, 2070)
2009 Ed. (530, 2037)
2010 Ed. (514, 1971)
2011 Ed. (443, 2032)
2012 Ed. (319, 321, 1881, 1882)
2013 Ed. (372, 396, 690, 2041)
2014 Ed. (402, 409, 710, 1976)
2015 Ed. (459, 466, 2020)
2016 Ed. (1992)
United Overseas Bank Asset Management
1997 Ed. (2401)
United Overseas Bank Group
1991 Ed. (451)
United Overseas Bank Ltd.
2013 Ed. (4706)
2014 Ed. (410)

2015 Ed. (467)
2016 Ed. (416)
United Overseas Bank (Malaysia)
2007 Ed. (516)
2008 Ed. (473)
2009 Ed. (499)
2010 Ed. (482)
2011 Ed. (410)
United Overseas Bank Malaysia
2015 Ed. (462)
United Overseas Bank (Thai)
2008 Ed. (513)
2009 Ed. (547)
2010 Ed. (530)
2011 Ed. (459)
United Overseas Bank Thailand
2014 Ed. (416)
United Overseas Land
1992 Ed. (1686)
United Pacific Life
1993 Ed. (2380, 3295)
United Pacific Life Insurance Co.
1992 Ed. (2676)
United Palm Oil Industry
2014 Ed. (2036)
United Pan-Europe Communications NV
2001 Ed. (1642)
United PanAm Financial
1999 Ed. (2674)
2000 Ed. (2198)
2001 Ed. (2711)
2002 Ed. (2557)
2006 Ed. (2841)
United PanAm Financial Group
2000 Ed. (2462)
United Paper Mills
1990 Ed. (3458)
1991 Ed. (1276, 1900)
1992 Ed. (2395)
1993 Ed. (2029)
1997 Ed. (2074)
United Paper Mills, K
1991 Ed. (1901)
United Parcel
1990 Ed. (1019)
United Parcel Service
2013 Ed. (1714)
United Parcel Service Co.
2014 Ed. (1699)
2015 Ed. (1741)
United Parcel Service Inc.
1989 Ed. (920, 929, 2868)
1990 Ed. (41, 1038, 3637, 3638)
1991 Ed. (38, 949, 967, 3413, 3415,
3418)
1992 Ed. (66, 1181, 1182, 1183,
3217, 3475, 4334, 4336, 4340,
4343, 4357)
1993 Ed. (169, 733, 734, 739, 743,
957, 958, 2759, 2871, 3230, 3242,
3256, 3610, 3612, 3620, 3635,
3644)
1994 Ed. (153, 745, 746, 984, 2656,
2716, 3250, 3261, 3567, 3569,
3578, 3590, 3595)
1995 Ed. (1321, 1327, 2757, 2823,
3309, 3329, 3340, 3653, 3662,
3669)
1996 Ed. (173, 985, 1250, 1283,
1350, 1743, 2824, 2898, 3415,
3738, 3753)
1997 Ed. (189, 190, 214, 1009, 1296,
1412, 2372, 2928, 2980, 3136,
3805)
1998 Ed. (109, 114, 116, 117, 567,
571, 749, 1099, 1100, 1106, 1112,
1142, 1169, 2411, 2667, 2729,
2730, 2888, 3628, 3642)
1999 Ed. (207, 210, 211, 224, 989,
990, 991, 1038, 1185, 1541, 1634,
1670, 1824, 3596, 3678, 3679,
3680, 3681, 3861, 4301, 4678,
4683)
2000 Ed. (28, 228, 229, 230, 234,
246, 260, 1100, 1381, 1477,
3393, 3394, 3395, 3576, 4013,
4221, 4308, 4314, 4316)
2005 Ed. (171, 195, 196, 197, 212,
225, 739, 740, 832, 1580, 1582,
1583, 1584, 1585, 1586, 1597,
1617, 1619, 1624, 1633, 1636,
1779, 1780, 1803, 1804, 1805,
1806, 1807, 1808, 1809, 1810,
2375, 2685, 2686, 2687, 2688,
3178, 3370, 3371, 3667, 4364,
4365, 4445, 4451, 4748, 4750,
4754, 4759)
2006 Ed. (209, 210, 211, 223, 241,
758, 759, 1464, 1483, 1500, 1503,
1506, 1511, 1525, 1730, 1731,

1783, 1784, 1787, 1789, 1790,
2340, 2422, 2664, 2665, 3763,
3764, 4308, 4309, 4798, 4799,
4805, 4812, 4813, 4850, 4886)
2007 Ed. (218, 219, 231, 243, 837,
851, 855, 856, 858, 1449, 1454,
1455, 1456, 1490, 1513, 1532,
1536, 1540, 1555, 1737, 1738,
1790, 1791, 1792, 1794, 1795,
1796, 1797, 2366, 2645, 2646,
3759, 3760, 3986, 4282, 4373,
4374, 4376, 4810, 4815, 4816,
4821, 4834, 4848, 4851, 4852,
4853, 4854, 4878)
2008 Ed. (205, 222, 805, 818, 846,
1441, 1484, 1516, 1520, 1524,
1536, 1765, 1766, 1826, 1830,
1832, 1833, 1834, 2276, 2486,
2772, 2773, 3026, 4066, 4067,
4072, 4328, 4329, 4331, 4527,
4742, 4743, 4771, 4774, 4775,
4776, 4777, 4813)
2009 Ed. (246, 829, 842, 1403, 1407,
1408, 1409, 1447, 1450, 1454,
1464, 1675, 1696, 1700, 1701,
1702, 1774, 1775, 1776, 1777,
1778, 1779, 1780, 1781, 1782,
2491, 2832, 2833, 2835, 3113,
3890, 3891, 4180, 4434, 4436,
4774, 4788)
2010 Ed. (237, 622, 774, 1425, 1429,
1433, 1437, 1449, 1650, 1651,
1652, 1812, 2092, 2403, 2776,
2777, 3047, 3802, 3804, 4115,
4119, 4477, 4792, 4804, 4805,
4820, 4823, 4824, 4825, 4826)
2011 Ed. (558, 702, 715, 1387, 1395,
1396, 1400, 1401, 1431, 1434,
1438, 1439, 1451, 1659, 1660,
1661, 1720, 1730, 1731, 1732,
1734, 1735, 1736, 1737, 1738,
2403, 2766, 2767, 3016, 3152,
3799, 3801, 4083, 4412, 4735,
4741, 4753, 4754, 4769, 4771,
4779, 4783, 4784, 4785, 4786)
2012 Ed. (140, 141, 157, 638, 660,
1268, 1271, 1284, 1509, 1511,
1512, 1513, 1698, 1997, 2465,
2694, 2695, 2943, 3789, 3791,
4114, 4118, 4756, 4758, 4770,
4772, 4792, 4793, 4801, 4804,
4805, 4806, 4807)
2013 Ed. (116, 117, 778, 818, 846,
875, 1369, 1372, 1375, 1392, 1651,
1654, 1655, 1656, 2775, 2776,
3032, 3855, 3857, 4110, 4438,
4720, 4729, 4731, 4753, 4754,
4763, 4767)
2014 Ed. (124, 126, 800, 1299, 1312,
1315, 1318, 1330, 1610, 1613,
1614, 1615, 1661, 2554, 2571,
2759, 2760, 3045, 3786, 3787,
4126, 4772, 4780, 4803, 4804,
4814, 4817)
2015 Ed. (140, 141, 149, 844, 845,
1361, 1376, 1378, 1380, 1393,
1660, 1663, 1664, 1665, 2810,
2811, 2812, 3111, 3259, 3806,
3808, 4110, 4795, 4799, 4808,
4810, 4812, 4838, 4839, 4849,
4852, 4853)
2016 Ed. (145, 146, 154, 739, 740,
1292, 1303, 1305, 1307, 1309,
1323, 1601, 1603, 1605, 1608,
1733, 2743, 2744, 2745, 3106,
3719, 3721, 4021, 4025, 4687,
4693, 4699, 4704, 4711, 4713,
4740, 4742, 4743, 4753, 4756,
4757, 4758, 4759, 4760)
United Parcel Service, Inc. New York
Corp.
1994 Ed. (3604)
1995 Ed. (3678)
2001 Ed. (2535, 2536)
2003 Ed. (2554)
United Parcel Service Inc. (NY)
1991 Ed. (948)
1996 Ed. (3755)
United Parcel Service, Inc. OH
1990 Ed. (1021, 1022)
1991 Ed. (947, 948)
2003 Ed. (2554)
United Parcel Service Inc. (Ohio)
1994 Ed. (3604)
1995 Ed. (3678)
1996 Ed. (3755)
2001 Ed. (1250, 2535, 2536)
2005 Ed. (1779)
2006 Ed. (1730)
United Parcel Service, Inc. (UPS)
2001 Ed. (290, 313, 326, 332, 335,

1074, 1250, 1251, 1572, 1589,
1598, 1604, 1713, 2172, 2196,
2535, 2536, 3830, 4188, 4233,
4236, 4237, 4722, 4723)
2002 Ed. (1505, 1545, 1674, 2075,
3214, 3569, 3572, 3573, 4265,
4885)
2003 Ed. (241, 1563, 1585, 1684,
1685, 1785, 1987, 2184, 2259,
2268, 2554, 2555, 3707, 3708,
3709, 4788, 4791, 4796, 4812,
4816, 4818, 4873)
2004 Ed. (194, 195, 217, 1592, 1594,
1611, 1722, 1723, 2041, 2687,
2688, 2689, 2690, 3752, 3753,
4414, 4576, 4772, 4777, 4788)
United Parcel Service of America Inc.
1989 Ed. (2867)
1990 Ed. (1021, 1037, 1281)
1991 Ed. (947, 948, 1137)
2000 Ed. (935)
2006 Ed. (1638)
2007 Ed. (1653)
United Parcel Service of America, Inc.
(UPS)
2001 Ed. (4770)
2002 Ed. (1533, 1660, 1739, 3570,
4599, 4685)
2004 Ed. (4781)
United Parcel Service of New York Inc.
2012 Ed. (2694)
2013 Ed. (2775)
2014 Ed. (2759, 2760)
United Parcel Service Trucking
1999 Ed. (4686)
United Parcel Service Worldwide Logistics
1997 Ed. (1824)
United Phone Book Advertisers
1989 Ed. (2502)
United Plastic Recycling Inc.
2011 Ed. (4173)
United Plumbing Services
1997 Ed. (2224)
United Poultry Corp.
1996 Ed. (3823)
1997 Ed. (3872)
1998 Ed. (1940, 3711)
1999 Ed. (2683)
United Poultry/Belca Foodservice
1995 Ed. (3727)
United Power
2002 Ed. (4451, 4452)
United Power Association
2001 Ed. (2146)
United Presbyterian Residence
2000 Ed. (3362)
United Propane Gas
2014 Ed. (4136)
United Propane Gas Inc.
2010 Ed. (4129)
2011 Ed. (4094)
2012 Ed. (4128)
United Property Management
1999 Ed. (4009, 4012)
United Pulp & Paper Co.
1991 Ed. (3130)
United Realty
2000 Ed. (3710)
2002 Ed. (4437)
United Recovery System LP
2009 Ed. (1021)
United Recruiters
2006 Ed. (2429)
United Rental Highway Technologies
Inc.
2008 Ed. (1732)
2009 Ed. (1671)
2011 Ed. (1637)
United Rentals
2014 Ed. (3471)
2015 Ed. (1392, 3488, 3489, 3490)
2016 Ed. (1319, 1322, 2837, 3338,
3339, 3340, 4022)
United Rentals Highway Technologies
Inc.
2008 Ed. (3543)
2009 Ed. (3610)
United Rentals Inc.
1999 Ed. (3171)
2000 Ed. (1300, 2916)
2002 Ed. (1400)
2004 Ed. (1610, 3245, 3246)
2005 Ed. (1084, 1635, 2770, 3270,
3271)
2006 Ed. (1524, 2726, 4790)
2007 Ed. (2716, 4360)
2008 Ed. (4077, 4726)
2009 Ed. (4178)
2010 Ed. (4125)

2013 Ed. (4795)
United Reprographic Services Inc.
2005 Ed. (2837)
United Retail
2003 Ed. (1023)
2004 Ed. (1022)
United Retail Group Inc.
1999 Ed. (1856)
2005 Ed. (1029)
2006 Ed. (1040)
2007 Ed. (1128)
2008 Ed. (1010)
2009 Ed. (994)
2016 Ed. (1859)
United Retail Inc.
2015 Ed. (1895)
United Retirement
1996 Ed. (2806)
United Risk Solutions
2008 Ed. (2021, 2022, 2023, 2024,
2025, 2026)
2009 Ed. (1984, 1986, 1987, 1988,
1990)
United Road Service
2008 Ed. (4770)
2009 Ed. (4802)
2010 Ed. (4819)
United Road Services Inc.
2004 Ed. (4771)
2005 Ed. (4747)
2006 Ed. (4797)
2007 Ed. (4814)
2008 Ed. (4741)
2011 Ed. (4738, 4778)
2012 Ed. (4791, 4800)
2013 Ed. (4752, 4762)
2014 Ed. (4802, 4813)
2015 Ed. (4837, 4848)
2016 Ed. (4741, 4752)
United Saudi Bank
2000 Ed. (453, 656)
United Saudi Comm.
1991 Ed. (438)
United Saudi Commercial Bank
1989 Ed. (466)
1990 Ed. (489)
1993 Ed. (622)
1994 Ed. (420, 627)
1995 Ed. (413, 598, 599)
1996 Ed. (440, 668, 669)
1997 Ed. (405, 605)
1999 Ed. (462, 630)
United Savers
1990 Ed. (1793)
United Savers Bancorp
1990 Ed. (453)
United Savings
1989 Ed. (2359)
1990 Ed. (2473, 2477)
United Savings Association of Texas
1991 Ed. (3385)
United Savings Bank
1990 Ed. (463, 1794, 3119, 3128)
1992 Ed. (799)
United Savings Bank FSB
1990 Ed. (2471, 3119, 3132)
United Savings Credit Union
2002 Ed. (1884)
United Savings & Loan Association
1990 Ed. (428, 3580)
United Savings of America
1990 Ed. (3101)
1991 Ed. (2920)
1992 Ed. (3799, 4287)
United Savings of Texas, FSB
1993 Ed. (3073)
United Scaffolding Inc.
2006 Ed. (1326)
2008 Ed. (1311)
2009 Ed. (1296)
United Science & Technology A
1998 Ed. (2640)
United Scrap Metal Inc.
2007 Ed. (4986)
2010 Ed. (4993)
2011 Ed. (4990)
2013 Ed. (4980)
United Security Bancshares Inc.
2002 Ed. (3550, 3552, 3555)
2015 Ed. (351, 352, 353, 354)
United Security Bank
1997 Ed. (497)
2003 Ed. (522, 524)
United Security Bank NA
1993 Ed. (505)
United Security Industries
1992 Ed. (3825)
1993 Ed. (3114)
1994 Ed. (3161)
United Ser. Gold Shares

1992 Ed. (3172)
United Ser. World Gold
1992 Ed. (3172)
United Service Association for Health
Care
1996 Ed. (242)
United Service Automobile Association
2003 Ed. (1835)
2004 Ed. (1868)
2005 Ed. (1972)
2013 Ed. (3341)
2014 Ed. (3360)
United Service Funds-income
1990 Ed. (2368)
United Services Auto
1991 Ed. (2126)
1992 Ed. (2690)
United Services Auto Association
1993 Ed. (2183, 2186, 2236)
1996 Ed. (243, 2269, 2272, 2336,
2340)
2000 Ed. (2650, 2652, 2724, 2727)
2002 Ed. (2872)
2003 Ed. (3010)
2004 Ed. (3133)
2008 Ed. (3321)
United Services Automobile
2016 Ed. (3265)
United Services Automobile Association
1990 Ed. (1045, 2507)
1991 Ed. (2373)
1994 Ed. (241, 2215, 2218, 2270,
2274, 2426, 2427, 2676)
1995 Ed. (249, 2778)
1997 Ed. (274, 2409, 2412, 2462,
2466, 2697, 2699)
1998 Ed. (2111, 2118, 2200, 2204,
2206)
1999 Ed. (295, 1863, 2899, 2904,
2973, 2975, 3287)
2000 Ed. (2733, 3022, 3024)
2001 Ed. (1877, 3202, 3203, 3208)
2002 Ed. (2962, 2965)
2006 Ed. (2043)
2007 Ed. (2013)
2008 Ed. (2110)
2009 Ed. (2094)
2010 Ed. (2036)
2011 Ed. (2093)
2012 Ed. (1257, 1597, 3815)
2013 Ed. (1358, 2096, 3343)
2014 Ed. (3362)
2015 Ed. (2077, 3395)
2016 Ed. (2046, 3267)
United Services Automobile Association
Group
2008 Ed. (3322)
2009 Ed. (3288)
2010 Ed. (3215, 3276)
United Services Automobile Association
(USAA)
2001 Ed. (2898, 2899, 2901, 2902,
2903, 2904, 2906)
United Services Gold Shares
1993 Ed. (2682)
1994 Ed. (2626, 2630)
1995 Ed. (2732)
United Services Government Security
Saving
1996 Ed. (2667)
United Services World Gold
1997 Ed. (2879)
United Shipping Solutions
2006 Ed. (3765)
2007 Ed. (905, 3761)
2008 Ed. (881, 3836)
United Shipping & Technology Inc.
2004 Ed. (2769, 2771)
United Shoreline Credit Union
2005 Ed. (2071)
United Solar Ovonic
2008 Ed. (2394)
United Space Alliance
2006 Ed. (178)
2007 Ed. (184)
2008 Ed. (163)
2009 Ed. (187)
2010 Ed. (166)
2011 Ed. (90)
2012 Ed. (96)
United Space Alliance LLC
2001 Ed. (1877)
2012 Ed. (1489)
2013 Ed. (1619)
2014 Ed. (1586)
2016 Ed. (1570)
United Spirit Center
2005 Ed. (4444)
United Spirits
2016 Ed. (599)

United Sporting Companies Inc.
2015 Ed. (2032)
2016 Ed. (2001)
United Staffing
1993 Ed. (959, 3336)
United Staffing Systems Inc.
2007 Ed. (3583, 3584, 4437)
2008 Ed. (3724, 4362, 4418, 4975)
United States
1989 Ed. (198, 282, 324, 349, 565,
982, 1178, 1182, 1279, 1394, 1397,
1398, 1399, 1401, 1402, 1403,
1405, 1407, 2202, 2641, 2957)
1990 Ed. (203, 405, 960, 1445, 1452,
1577, 1709, 1732, 1734, 1736,
1878, 1907, 1914, 1921, 1927,
1929, 1930, 1931, 1937, 1964,
1965, 2829, 3439, 3471, 3508)
1991 Ed. (165, 259, 329, 352, 934,
1379, 1386, 1408, 1479, 1641,
1791, 1799, 1824, 1825, 1826,
1828, 1830, 1837, 1851, 1868,
2111, 2276, 2493, 2754, 2915,
2936, 3108, 3109, 3236, 3279,
3287, 3358, 3507)
1993 Ed. (171, 201, 240, 700, 727,
857, 920, 943, 956, 1035, 1046,
1269, 1345, 1463, 1465, 1466,
1467, 1535, 1540, 1596, 1716,
1717, 1719, 1720, 1722, 1723,
1724, 1731, 1732, 1743, 1921,
1928, 1932, 1957, 1958, 1959,
1961, 1963, 1970, 1977, 1988,
2000, 2028, 2052, 2103, 2167,
2229, 2374, 2378, 2387, 2476,
2483, 2845, 2848, 2950, 3053,
3321, 3357, 3456, 3476, 3510,
3558, 3559, 3682, 3723, 3724,
3725)
1994 Ed. (156, 184, 253, 709, 836,
857, 949, 957, 1484, 1489, 1492,
1515, 1516, 1581, 1958, 1979,
1980, 1983, 1987, 2006, 2008,
2264, 2359, 2465, 2513, 2731,
2747, 2859, 2860, 2898, 3308,
3450, 3522)
1995 Ed. (170, 191, 345, 663, 683,
713, 900, 967, 1516, 1521, 1524,
1739, 1743, 1744, 1749, 1768,
1785, 2006, 2013, 2019, 2020,
2021, 2023, 2025, 2032, 2040,
2925, 2926, 3169, 3418, 3421,
3616, 3626, 3775, 3776)
1996 Ed. (26, 854, 874, 944, 1480,
1483, 1645, 1726, 1729, 1730,
1731, 2344, 2449, 2551, 2647,
2948, 3019, 3020, 3189, 3434,
3692, 3715, 3716, 3717, 3762,
3814, 3871, 3881)
1997 Ed. (288, 518, 697, 725, 897,
939, 966, 1545, 1548, 1557, 1578,
1791, 1812, 1815, 2475, 2555,
2557, 2558, 2559, 2560, 2561,
2562, 2563, 2564, 2565, 2566,
2567, 2568, 2569, 2570, 2571,
2573, 2691, 2748, 2786, 2922,
2997, 2998, 2999, 3000, 3104,
3105, 3266, 3292, 3509, 3739,
3770)
1998 Ed. (115, 123, 230, 632, 633,
635, 656, 708, 785, 819, 856, 1241,
1324, 1367, 1369, 1526, 1527,
1528, 1554, 1803, 1846, 1847,
1849, 1850, 1851, 1852, 1853,
1854, 1860, 2192, 2209, 2223,
2363, 2421, 2461, 2659, 2660,
2742, 2743, 2744, 2745, 2749,
2830, 2877, 2897, 2929, 3304,
3589, 3590, 3591, 3592, 3593,
3773)
1999 Ed. (190, 191, 212, 256, 803,
821, 1104, 1207, 1212, 1214, 1254,
1353, 1784, 1787, 2005, 2015,
2090, 2091, 2106, 2606, 2611,
2612, 2613, 2825, 2826, 2884,
2936, 3004, 3113, 3192, 3193,
3273, 3279, 3283, 3284, 3289,
3449, 3586, 3695, 3696, 3697,
3698, 3790, 3848, 4348, 4368,
4473, 4478, 4479, 4480, 4481,
4594, 4624, 4625, 4626, 4803,
4804)
2000 Ed. (1154, 1155, 1608, 1613,
1616, 2354, 2362, 2372, 2373,
2374, 2375, 2377, 2378, 2379,
2861, 2862, 3571, 3753, 4183,
4271, 4272, 4273)
2001 Ed. (367, 373, 395, 523, 524,
663, 1082, 1101, 1137, 1143, 1174,
1190, 1191, 1286, 1299, 1300,
1301, 1303, 1342, 1414, 1502,

1509, 1936, 1938, 1950, 1953,
1992, 2005, 2020, 2023, 2104,
2126, 2127, 2128, 2134, 2147,
2163, 2232, 2263, 2264, 2278,
2419, 2448, 2449, 2451, 2489,
2611, 2614, 2615, 2694, 2695,
2696, 2697, 2724, 2759, 2970,
3022, 3025, 3045, 3075, 3181,
3199, 3200, 3207, 3240, 3241,
3244, 3316, 3343, 3370, 3387,
3410, 3502, 3530, 3531, 3558,
3579, 3581, 3596, 3609, 3629,
3659, 3694, 3763, 3764, 3821,
3823, 3824, 3825, 3859, 3865,
3950, 3967, 4039, 4041, 4121,
4134, 4136, 4137, 4151, 4155,
4156, 4266, 4267, 4269, 4309,
4317, 4319, 4371, 4372, 4373,
4383, 4384, 4386, 4387, 4388,
4390, 4398, 4400, 4402, 4426,
4427, 4428, 4440, 4483, 4495,
4567, 4590, 4597, 4648, 4651,
4652, 4655, 4656, 4690, 4785,
4831, 4914, 4943)
2002 Ed. (301, 302, 303, 679, 1344,
1345, 1346, 1486, 1682, 1809,
1810, 1814, 1822, 2164, 2412,
2413, 2415, 2425, 2426, 2509,
2900, 2997, 3073, 3074, 3075,
3101, 3229, 3519, 3595, 3596,
3724, 3961, 3967, 4055, 4056,
4057, 4058, 4283, 4379, 4380,
4427, 4623, 4707, 4998, 4999)
2003 Ed. (249, 266, 267, 268, 290,
544, 593, 641, 824, 851, 860, 871,
873, 930, 949, 950, 1026, 1036,
1038, 1084, 1085, 1382, 1386,
1875, 1877, 1879, 2053, 2129,
2149, 2151, 2467, 2483, 2488,
2489, 2493, 2618, 2619, 2623,
2624, 2627, 2702, 2795, 3023,
3155, 3167, 3200, 3213, 3259,
3431, 3629, 3630, 3658, 3695,
3698, 3703, 3710, 3755, 3759,
3826, 3877, 3892, 3918, 4176,
4192, 4199, 4200, 4202, 4214,
4216, 4422, 4423, 4425, 4495,
4497, 4554, 4556, 4617, 4618,
4628, 4667, 4672, 4700, 4757,
4822, 4898, 4970, 4971, 4972,
5000)
2004 Ed. (210, 231, 232, 233, 237,
257, 655, 806, 807, 863, 873, 874,
897, 900, 938, 1029, 1041, 1042,
1043, 1044, 1046, 1100, 1395,
1396, 1401, 1905, 1906, 1908,
1909, 1924, 2096, 2178, 2202,
2593, 2620, 2621, 2626, 2740,
2741, 2745, 2767, 2768, 2814,
2821, 2822, 2823, 2905, 3164,
3215, 3223, 3243, 3244, 3259,
3315, 3321, 3339, 3393, 3402,
3403, 3406, 3479, 3499, 3676,
3677, 3703, 3739, 3741, 3747,
3756, 3769, 3784, 3863, 3902,
3915, 3917, 3918, 3919, 3931,
4237, 4238, 4425, 4426, 4427,
4458, 4462, 4463, 4538, 4598,
4599, 4600, 4601, 4602, 4603,
4604, 4606, 4608, 4650, 4652,
4739, 4751, 4814, 4816, 4817,
4820, 4821, 4888, 4999)
2005 Ed. (237, 238, 240, 259, 589,
643, 644, 747, 791, 792, 837, 853,
861, 862, 886, 890, 930, 1036,
1042, 1043, 1044, 1045, 1047,
1122, 1418, 1422, 2035, 2037,
2038, 2040, 2042, 2059, 2200,
2269, 2278, 2317, 2571, 2609,
2610, 2616, 2735, 2738, 2742,
2761, 2762, 2763, 2764, 2821,
2822, 2824, 2883, 3030, 3101,
3198, 3243, 3252, 3269, 3291,
3337, 3346, 3363, 3400, 3415,
3416, 3419, 3478, 3499, 3591,
3592, 3603, 3614, 3647, 3649,
3658, 3671, 3686, 3702, 3766,
3840, 3860, 3863, 3864, 3865,
3881, 4130, 4146, 4153, 4154,
4156, 4160, 4166, 4374, 4375,
4376, 4403, 4407, 4408, 4409,
4410, 4411, 4478, 4498, 4532,
4533, 4534, 4535, 4536, 4537,
4538, 4540, 4542, 4570, 4586,
4587, 4590, 4718, 4788, 4790,
4791, 4801, 4901, 5000)
2006 Ed. (258, 259, 260, 282, 506,
544, 545, 656, 763, 773, 801, 804,
839, 931, 1011, 1045, 1051, 1052,

1053, 1055, 1057, 1213, 1403,
1407, 2131, 2133, 2134, 2136,
2138, 2153, 2237, 2262, 2335,
2346, 2372, 2538, 2539, 2576,
2608, 2609, 2614, 2702, 2703,
2704, 2716, 2717, 2718, 2719,
2720, 2802, 2803, 2805, 2806,
2828, 2895, 2985, 3116, 3188,
3228, 3239, 3261, 3285, 3325,
3335, 3336, 3339, 3350, 3409,
3425, 3426, 3429, 3479, 3556,
3691, 3692, 3705, 3731, 3745,
3747, 3756, 3768, 3780, 3791,
3848, 3909, 3923, 3927, 3928,
3929, 3941, 4176, 4194, 4209,
4210, 4212, 4214, 4221, 4323,
4324, 4325, 4420, 4424, 4425,
4426, 4427, 4428, 4478, 4573,
4613, 4614, 4615, 4616, 4617,
4618, 4619, 4621, 4623, 4651,
4652, 4653, 4656, 4681, 4682,
4771, 4777, 4859, 4861, 4862,
4866, 4934, 5000)
2007 Ed. (265, 266, 267, 285, 531,
576, 577, 748, 862, 869, 890, 892,
920, 1133, 1140, 1141, 1142, 1143,
1145, 1435, 1439, 2079, 2081,
2082, 2084, 2086, 2097, 2200,
2263, 2266, 2282, 2310, 2547,
2583, 2584, 2590, 2697, 2699,
2711, 2794, 2795, 2797, 2798,
2831, 2917, 3292, 3298, 3334,
3352, 3393, 3394, 3397, 3406,
3426, 3440, 3441, 3444, 3510,
3626, 3686, 3687, 3700, 3714,
3744, 3746, 3755, 3765, 3777,
3789, 3871, 3956, 3976, 3982,
3983, 3984, 3999, 4210, 4219,
4220, 4222, 4227, 4228, 4229,
4237, 4388, 4389, 4390, 4412,
4414, 4415, 4417, 4418, 4419,
4484, 4486, 4487, 4488, 4489,
4490, 4536, 4600, 4601, 4602,
4603, 4604, 4605, 4606, 4608,
4610, 4651, 4670, 4671, 4676,
4702, 4762, 4777, 4862, 4864,
4865, 4868, 4940, 5000)
2008 Ed. (248, 251, 260, 485, 527,
528, 823, 831, 867, 868, 903, 1013,
1020, 1021, 1022, 1024, 1109,
1279, 1280, 1283, 1284, 1287,
1289, 1386, 1389, 1989, 2190,
2191, 2194, 2207, 2334, 2397,
2398, 2417, 2438, 2456, 2626,
2689, 2720, 2721, 2727, 2823,
2824, 2826, 2841, 2842, 2924,
3038, 3214, 3215, 3406, 3411,
3434, 3448, 3590, 3619, 3671,
3747, 3780, 3781, 3807, 3826,
3827, 3832, 3845, 3863, 3920,
3999, 4018, 4103, 4246, 4256,
4258, 4270, 4341, 4386, 4388,
4389, 4391, 4392, 4466, 4468,
4469, 4499, 4549, 4550, 4551,
4552, 4554, 4556, 4558, 4582,
4583, 4584, 4587, 4591, 4597,
4627, 4628, 4629, 4686, 4694,
4785, 4786, 4789, 4917, 5000)
2009 Ed. (271, 272, 283, 512, 562,
563, 845, 853, 877, 879, 911, 998,
1005, 1006, 1007, 1009, 1087,
1262, 1263, 1266, 1267, 1270,
1272, 1389, 1392, 2166, 2167,
2321, 2377, 2379, 2382, 2383,
2385, 2395, 2396, 2408, 2416,
2440, 2653, 2712, 2773, 2774,
2775, 2776, 2782, 2881, 2882,
2884, 2980, 3123, 3275, 3340,
3374, 3428, 3429, 3466, 3479,
3508, 3523, 3544, 3545, 3660,
3687, 3737, 3768, 3815, 3816,
3851, 3880, 3881, 3886, 3901,
3922, 3990, 4073, 4089, 4214,
4250, 4345, 4357, 4362, 4374,
4446, 4464, 4466, 4467, 4470,
4471, 4499, 4501, 4502, 4530,
4581, 4582, 4583, 4584, 4585,
4587, 4589, 4625, 4626, 4627,
4631, 4635, 4641, 4663, 4664,
4665, 4666, 4726, 4736, 4817,
4818, 4820, 4928, 5001)
2010 Ed. (258, 259, 269, 545, 546,
768, 791, 800, 827, 830, 855, 962,
970, 971, 972, 974, 1061, 1065,
1066, 1068, 1258, 1259, 1262,
1263, 1266, 1268, 1374, 1379,
1386, 2108, 2109, 2219, 2251,
2303, 2308, 2311, 2331, 2361,
2401, 2406, 2558, 2580, 2581,
2584, 2632, 2707, 2708, 2714,
2819, 2821, 2838, 2920, 3056,

3151, 3279, 3380, 3402, 3411,
3437, 3452, 3498, 3600, 3601,
3602, 3673, 3701, 3743, 3744,
3747, 3770, 3791, 3792, 3797,
3811, 3836, 3840, 3896, 3970,
3992, 4001, 4149, 4187, 4189,
4375, 4383, 4389, 4401, 4487,
4488, 4489, 4515, 4517, 4518,
4520, 4521, 4522, 4541, 4543,
4544, 4573, 4581, 4615, 4616,
4618, 4619, 4621, 4623, 4653,
4655, 4656, 4659, 4684, 4721,
4735, 4742, 4835, 4836, 4839,
4843, 4933, 5005)
2011 Ed. (178, 179, 189, 473, 474,
685, 717, 728, 754, 757, 779, 889,
896, 897, 898, 899, 900, 902, 999,
1003, 1004, 1006, 1208, 1209,
1212, 1213, 1216, 1218, 1367,
1371, 2161, 2162, 2237, 2259,
2299, 2306, 2309, 2327, 2357,
2401, 2407, 2543, 2562, 2563,
2566, 2615, 2693, 2694, 2700,
2805, 2807, 2820, 2884, 3027,
3248, 3390, 3395, 3435, 3453,
3507, 3508, 3509, 3602, 3603,
3605, 3659, 3696, 3743, 3744,
3774, 3788, 3789, 3793, 3807,
3819, 3839, 3843, 3914, 3977,
3997, 4001, 4009, 4148, 4199,
4311, 4325, 4326, 4328, 4332,
4333, 4334, 4346, 4422, 4423,
4424, 4452, 4453, 4454, 4455,
4457, 4458, 4459, 4488, 4490,
4491, 4492, 4535, 4571, 4572,
4574, 4575, 4577, 4579, 4601,
4602, 4603, 4607, 4634, 4694,
4704, 4791, 4793, 4794, 4797,
4802, 4918, 5001)
2012 Ed. (626, 928, 1144, 1145,
1148, 1149, 1152, 1154, 2204,
2208, 2333, 2509, 2510, 2513,
2752, 2753, 3214, 3501, 3820,
4251, 4440)
2013 Ed. (666, 1072, 2291, 2385,
2391, 2639, 2640, 2643, 2828,
2829, 3519, 3778, 3875, 4215)
2014 Ed. (1031, 1032, 2322, 2328,
2466, 2597, 2598, 2601, 2672,
2869, 3711, 4229, 4828)
2015 Ed. (94, 95, 1066, 2640, 2641,
2644, 2716, 2719, 2909, 3723,
4219, 4243, 4863)
2016 Ed. (58, 60, 972, 974, 2830,
2831)
United States Air Force Academy
1991 Ed. (2928)
2008 Ed. (2573)
United States Automobile Association
1998 Ed. (2427)
United States Bakeries
2008 Ed. (726)
United States Bancorp
2002 Ed. (3947)
United States, border region
1998 Ed. (1900)
United States Cellular Corp.
1998 Ed. (157, 161, 655)
2000 Ed. (289)
2001 Ed. (1139)
2002 Ed. (4977)
United States, central region
1998 Ed. (1900)
United States Cold Storage
2001 Ed. (4724, 4725)
2006 Ed. (4888)
2007 Ed. (4815)
2008 Ed. (4815)
2009 Ed. (4837)
United States Cold Storage & Swire
2010 Ed. (4846)
2011 Ed. (4812)
2012 Ed. (4828)
United States Committee for UNICEF
1995 Ed. (1933)
United States Construction
2011 Ed. (1082)
United States Department of Agriculture
2002 Ed. (1023, 1024, 1025, 1026,
1027, 1028, 2420, 3962, 3972,
3986, 3987, 3988, 3989)
2003 Ed. (2634)
United States Department of Commerce
2002 Ed. (1024, 1026, 1028, 3962,
3972, 3987, 3989)
2003 Ed. (2634)
United States Department of Defense
2002 Ed. (1023, 1024, 1025, 1026,
1027, 1028, 3962, 3986, 3987,
3988, 3989)

2003 Ed. (2634)
United States Department of Energy
2002 Ed. (1023, 1024, 1025, 1026, 1027, 1028, 2116, 3962, 3972, 3986, 3987, 3988, 3989)
United States Department of Health & Human Services
2002 Ed. (3962, 3972, 3987, 3988, 3989)
2003 Ed. (2634)
United States Department of Justice
2003 Ed. (2634)
United States Department of State
2003 Ed. (2634)
United States Department of the Interior
2002 Ed. (1028, 3972, 3986, 3987, 3988)
2003 Ed. (2634)
United States Department of the Treasury
2003 Ed. (2634)
United States Department of Transportation
2002 Ed. (3972, 3986, 3987, 3989)
2003 Ed. (2634)
United States Department of Veteran Affairs
2002 Ed. (2420)
United States Department of Veterans Affairs
2002 Ed. (3292, 3293, 3296, 3988)
2003 Ed. (2634, 3465, 3466, 3470, 3471)
United States, east north central region
1998 Ed. (1865)
United States Exploration Inc.
2004 Ed. (2776, 2777, 3842)
2005 Ed. (3739, 3754, 3755)
2006 Ed. (4010)
2009 Ed. (3965)
United States F & G
1992 Ed. (2686, 2688)
United States F & G Group
1989 Ed. (1673, 1674, 1675, 1735)
1992 Ed. (2645, 2650, 2684, 2698)
1995 Ed. (2328)
1996 Ed. (2333)
1999 Ed. (2927)
United States F&G Co.
2000 Ed. (2681)
United States F&G Group
1990 Ed. (2222, 2225, 2264)
2000 Ed. (2737)
United States Fidelity & Guaranty Co.
1991 Ed. (2122, 2124)
1994 Ed. (2216, 2272, 2280)
2003 Ed. (2970, 2985)
United States Fidelity & Guaranty Group
1991 Ed. (2090, 2129)
1998 Ed. (2213)
United States Fiduciary & Guaranty Co.
2002 Ed. (3955)
United States Filter Corp.
1996 Ed. (1290)
2005 Ed. (1517)
United States Fund for UNICEF
2009 Ed. (3844)
2010 Ed. (3763)
United States General Services Administration
2002 Ed. (2420)
United States Government
2003 Ed. (2276)
United States, Gulf region
1998 Ed. (1900)
United States Gypsum Co.
2001 Ed. (1145)
2003 Ed. (4613)
2004 Ed. (4591)
2005 Ed. (4524)
2010 Ed. (4608)
United States Health Care Financing Administration
2002 Ed. (868)
United States Hispanic Chamber of Commerce
1996 Ed. (242)
1999 Ed. (298)
United States Holocaust Memorial Museum
1994 Ed. (893)
1995 Ed. (935)
United States Industries Inc.
2002 Ed. (3316)
United States Lawns
2002 Ed. (3065)
United States Life (NYC)
1994 Ed. (2267)
United States Lime & Minerals

2004 Ed. (3485, 3486)
2005 Ed. (3482, 3483)
2008 Ed. (4364, 4429)
2010 Ed. (4530)
2011 Ed. (4434, 4470)
United States, mid-Atlantic region
1998 Ed. (1865)
United States, Middle Western
2003 Ed. (450, 4843)
2004 Ed. (4537)
United States Military Academy
2008 Ed. (2573)
United States, mountain region
1998 Ed. (1865)
United States National Bank
1989 Ed. (648)
1990 Ed. (662)
1991 Ed. (641)
1992 Ed. (562, 813)
1994 Ed. (145, 385, 392, 610)
1995 Ed. (580)
1996 Ed. (650)
1998 Ed. (423)
United States National Bank of Oregon
1995 Ed. (380, 387)
1996 Ed. (2475, 2482)
1999 Ed. (4334)
United States Naval Academy
2008 Ed. (2573)
United States Navy
2006 Ed. (2809)
United States, New England Area
2003 Ed. (4843)
United States, North Central
2003 Ed. (450)
United States, north central region
1998 Ed. (3584)
United States, Northeastern
2003 Ed. (450)
United States, northeastern region
1998 Ed. (3584)
United States, northern region
1998 Ed. (1900)
United States Olympic Committee
2010 Ed. (3759)
United States, Pacific region
1998 Ed. (1865)
United States Paging
1996 Ed. (3150)
United States Playing Card
1992 Ed. (3529)
United States Postal Service
1998 Ed. (109, 116, 719, 1080, 1118, 1169, 2888)
2002 Ed. (244, 1612, 1687, 2418, 2420, 3371, 3573, 4265)
2003 Ed. (3424, 3709)
United States Postal Service--Colorado/Wyoming District
2003 Ed. (2276)
United States Seafoods LLC
2015 Ed. (2743, 2744, 3188, 3189)
2016 Ed. (2673, 2674)
United States Seamless
2013 Ed. (3005)
2014 Ed. (3115)
2015 Ed. (3177)
United States Seamless Inc.
2003 Ed. (888)
2004 Ed. (907)
2005 Ed. (897)
2006 Ed. (812)
2007 Ed. (900)
2008 Ed. (875)
2009 Ed. (885)
2011 Ed. (761)
2012 Ed. (699)
2013 Ed. (4440)
United States Senate Credit Union
2002 Ed. (1857)
2003 Ed. (1954)
2006 Ed. (2231)
2007 Ed. (2152)
2009 Ed. (2196, 2254)
2010 Ed. (2151, 2207)
2011 Ed. (2225)
2012 Ed. (2087)
2013 Ed. (2222)
2014 Ed. (2154)
2015 Ed. (2218)
2016 Ed. (2189)
United States Services Automobile Association
1992 Ed. (2959)
United States, south Atlantic region
1998 Ed. (1865)
United States, south central region
1998 Ed. (3584)
United States, Southeastern
2003 Ed. (450, 4843)

United States, southeastern region
1998 Ed. (1900)
United States, Southern
2004 Ed. (4537)
United States, southern region
1998 Ed. (3584)
United States, Southwestern
2003 Ed. (450)
United States Steel Corp.
2002 Ed. (1445)
2003 Ed. (1465, 3369, 3374, 3850, 4552, 4553)
2004 Ed. (1495, 1843, 3430, 3431, 3434, 3436, 3437, 3438, 4533, 4536)
2005 Ed. (1511, 1942, 1947, 1948, 1950, 1952, 3445, 3446, 3449, 3450, 3451, 3453, 3454, 4458, 4474, 4475)
2006 Ed. (1502, 1979, 1982, 1983, 1985, 1987, 1988, 1989, 1990, 1991, 3422, 3454, 3455, 3458, 3460, 3461, 3462, 3463, 3471, 3484, 4465)
2007 Ed. (1952, 1955, 1956, 3477, 3478, 3483, 3484, 3495, 3516, 4524, 4555)
2008 Ed. (2041, 2042, 2046, 2047, 2048, 2049, 2050, 3651, 3652)
2009 Ed. (2003, 2004, 2008, 2009, 2010, 2011, 2012, 3260, 3717, 3718, 3721, 3724)
2010 Ed. (1425, 1939, 1941, 1942, 1944, 1945, 1947, 1948, 1949, 1950, 1951, 3191, 3635, 3636, 3639, 3641, 3643)
2011 Ed. (1720, 1994, 2002, 2003, 3637, 3638, 3641, 3643, 3644, 3648)
2012 Ed. (1842, 1847, 1850, 1851, 1852, 3354, 3633, 3634, 3638, 3640, 3641, 3649, 4536)
2013 Ed. (1999, 2009, 3424, 3692, 3693, 3697, 3701, 3708, 3711, 4497)
2014 Ed. (1938, 1943, 3421, 3626, 3627, 3631, 3641, 3644, 4540)
2015 Ed. (1985, 1989, 3454, 3639, 3640, 3644, 3651, 3654, 4539)
2016 Ed. (1952, 1959, 1962, 3441, 3526, 3527, 3531, 3539, 3542, 4478)
United States Sugar Corp.
1991 Ed. (956)
1996 Ed. (992)
2001 Ed. (282)
2003 Ed. (1958, 1959)
2005 Ed. (2140)
2006 Ed. (2235)
2007 Ed. (2156)
United States Surgical Corp.
1993 Ed. (1216, 1222, 1348, 2016, 2529, 3465, 3466, 3471)
1998 Ed. (3423)
2012 Ed. (1445, 3125)
United States Tobacco Inc.
1989 Ed. (2843)
United States Trust Co.
1992 Ed. (543, 774, 2982, 2985)
2001 Ed. (595, 596, 763, 764)
United States Trust Co. of New York
1994 Ed. (388, 583)
1995 Ed. (365)
1996 Ed. (406, 2581)
2001 Ed. (642)
United States Trust Company of New York
1995 Ed. (383)
United States Trust Co. of NY
1992 Ed. (558)
United States, west north central region
1998 Ed. (1865)
United States, west south central region
1998 Ed. (1865)
United States, Western
2003 Ed. (450)
2004 Ed. (4537)
United States, western region
1998 Ed. (3584)
United Stationers Inc.
1989 Ed. (2480)
1990 Ed. (1528)
2000 Ed. (1359)
2001 Ed. (2841, 2842)
2002 Ed. (913, 1524, 4898)
2003 Ed. (2085, 2889, 2890, 4927, 4928)
2004 Ed. (1078, 1577, 2108, 3728, 3729, 3731, 4927, 4928)

2005 Ed. (1082, 1084, 3638, 3639, 4910, 4911)
2006 Ed. (800, 1080, 2274, 4943, 4944)
2007 Ed. (889, 4950)
2008 Ed. (866)
2009 Ed. (872, 1445, 4942)
2010 Ed. (818, 4949)
2011 Ed. (745, 4932)
2012 Ed. (682, 4935)
2013 Ed. (903, 4930)
2014 Ed. (4937)
2015 Ed. (4978)
2016 Ed. (4895)
United Stationers Supply Co.
1998 Ed. (2699)
2013 Ed. (3172, 3180)
United Steel Workers of America
1991 Ed. (3411)
1998 Ed. (2322)
United Steelworkers
2009 Ed. (3478)
2011 Ed. (3393)
2012 Ed. (3361)
2013 Ed. (3432)
2014 Ed. (3432)
United Steelworkers of America
1996 Ed. (3602)
United Sugars Corp.
2013 Ed. (95)
2014 Ed. (102)
United Sumatra Plantations
1992 Ed. (1637)
United Suppliers Inc.
2014 Ed. (102, 1704)
2015 Ed. (116, 1335, 1746)
2016 Ed. (122, 1698)
United Surgical Partners International
2010 Ed. (2902)
2014 Ed. (3707)
2015 Ed. (3721)
United Sweetener
1990 Ed. (3502)
United Systems Technology Inc.
2004 Ed. (4553)
United Taconite LLC
2006 Ed. (3456)
United Talent Agency
2011 Ed. (4606)
2012 Ed. (4614)
2013 Ed. (94)
2014 Ed. (101)
2015 Ed. (115)
United Technologies
2014 Ed. (2230, 2536)
2016 Ed. (95, 108)
United Technologies Automotive Inc.
1996 Ed. (331, 342)
1998 Ed. (100)
2001 Ed. (3647)
United Technologies (Carrier)
1991 Ed. (1989)
1992 Ed. (2556)
United Technologies (Carrier, BDP)
1991 Ed. (1777)
1992 Ed. (2242)
United Technologies Corp.
1989 Ed. (194, 195, 196, 1002, 1386, 1388, 2166)
1990 Ed. (187, 188, 189, 192, 1160, 1403, 1477, 2177, 2935, 2983)
1991 Ed. (176, 179, 180, 181, 183, 184, 324, 1234, 1328, 1329, 1403, 1638, 2789, 2836)
1992 Ed. (242, 249, 250, 251, 253, 259, 260, 261, 1770, 2069, 3077)
1993 Ed. (153, 157, 159, 160, 164, 165, 1219, 1231, 1291, 1374, 1460, 1710, 1898, 2118, 2573, 2868, 2945, 3470)
1994 Ed. (137, 138, 139, 141, 143, 144, 148, 149, 1270, 1343, 1513, 1925, 2151, 2761)
1995 Ed. (155, 158, 159, 161, 163, 167, 1294, 1368, 1546, 1949, 3045)
1996 Ed. (165, 167, 169, 1320, 1518, 1520, 1522, 3145)
1997 Ed. (170, 171, 172, 175, 184, 185, 1379, 1582, 2095, 3226)
1998 Ed. (92, 93, 94, 96, 97, 99, 106, 107, 1057, 1130, 1244, 1245, 1248, 1251, 1779, 1922)
1999 Ed. (183, 184, 186, 193, 194, 195, 203, 204, 1596, 1819, 1885, 2539, 2659, 3112)
2000 Ed. (213, 214, 215, 218, 226, 227, 1404, 1646, 1647, 1648, 1651, 1692, 2286, 2442)
2001 Ed. (263, 264, 265, 266, 267,

1550, 1676, 1981, 2267, 3674, 4617, 4618)
2002 Ed. (239, 241, 242, 243, 252, 1426, 1629, 1911, 2376, 2377, 2465, 2701, 3609)
2003 Ed. (197, 198, 199, 200, 201, 202, 203, 206, 207, 210, 1342, 1351, 1352, 1446, 1660, 1661, 1662, 1964, 1966, 1967, 1968, 1969, 1975, 3747, 4806, 4807)
2004 Ed. (157, 158, 159, 160, 161, 162, 163, 164, 165, 166, 882, 1349, 1370, 1476, 1689, 1690, 1691, 2009, 2010, 2014, 2015, 2016, 2018, 2019, 3153, 3772, 4776, 4792)
2005 Ed. (155, 156, 157, 158, 159, 160, 161, 163, 166, 167, 868, 1365, 1391, 1492, 1747, 1748, 1749, 2148, 2153, 2154, 2155, 2157, 2158, 2997, 2998, 3691, 4675)
2006 Ed. (171, 172, 174, 175, 177, 179, 180, 777, 1379, 1501, 1666, 1667, 1668, 2243, 2244, 2245, 2248, 2991, 2992, 4600)
2007 Ed. (174, 175, 176, 177, 178, 179, 181, 183, 185, 1268, 1417, 1672, 1673, 1674, 2167, 2168, 2169, 2172, 2187, 2213, 2905, 3025, 3026, 4586)
2008 Ed. (158, 159, 160, 162, 164, 846, 1162, 1347, 1357, 1373, 1462, 1697, 1698, 1699, 1854, 2282, 2284, 2287, 2295, 2300, 3027, 3143, 3144, 3199)
2009 Ed. (181, 182, 183, 186, 188, 189, 1142, 1351, 1355, 1359, 1374, 1621, 1622, 1623, 2270, 2271, 2272, 2275, 2276, 2277, 3228, 3229, 4558)
2010 Ed. (161, 162, 164, 165, 167, 169, 1135, 1335, 1339, 1343, 1360, 1597, 1598, 1599, 2225, 2227, 2230, 2231, 2268, 3048, 3161, 3162)
2011 Ed. (82, 83, 84, 88, 89, 91, 93, 1318, 1324, 1328, 1348, 1599, 1600, 1601, 2242, 2243, 2244, 2247, 2249, 2275, 3017, 3126, 3127, 3554, 4086)
2012 Ed. (85, 86, 88, 95, 97, 99, 1186, 1190, 1194, 1213, 1274, 1443, 1445, 1446, 1447, 1582, 2106, 2107, 2108, 2111, 2116, 2142, 2143, 2147, 2465, 2944, 3060, 3061, 3546, 3811, 4120, 4758, 4964)
2013 Ed. (1306, 1308, 1318, 1573, 1574, 1577, 1579, 1580, 2301, 2302, 2303, 2309, 2310, 2313, 2348, 2352, 2357, 3033, 4219, 4733, 4734)
2014 Ed. (97, 1239, 1242, 1544, 1547, 1548, 1549, 2239, 2240, 2241, 2245, 2246, 2248, 2278, 2283, 2289, 2558, 3046, 3152, 3153, 4256)
2015 Ed. (102, 1297, 1300, 1595, 1598, 1599, 2305, 2306, 2307, 2313, 2314, 2315, 2318, 2363, 2368, 2373, 3112, 3212, 3213)
2016 Ed. (91, 92, 93, 105, 106, 109, 1212, 1215, 1219, 1520, 1521, 1523, 1524, 1525, 2267, 2268, 2309, 2314, 2319, 3067, 3068, 4321)
United Technologies Research Center
2016 Ed. (4137)
United Technology Corp.
2007 Ed. (1468)
United Technology Research Center
2015 Ed. (4230)
United Telecom
1992 Ed. (3584, 3933, 3938, 4199, 4212)
1993 Ed. (3241, 3508)
United Telecommunications Inc.
1990 Ed. (1287, 3241, 3248, 3253, 3517, 3521)
1991 Ed. (1142, 1308, 3098, 3103, 3277, 3285)
1994 Ed. (1213)
United Telephone Credit Union
1996 Ed. (1504, 1505)
1998 Ed. (1216, 1217)
2003 Ed. (1888, 1895)
2004 Ed. (1932)
United Teletech Credit Union
2002 Ed. (1880)
2003 Ed. (1934)
2004 Ed. (1974)

2005 Ed. (2116)
2006 Ed. (2211)
United Teletech Financial Credit Union
2007 Ed. (2132)
2008 Ed. (2247)
2009 Ed. (2233)
2010 Ed. (2187)
2011 Ed. (2205)
2012 Ed. (2066)
2013 Ed. (2248)
2014 Ed. (2180)
2015 Ed. (2244)
2016 Ed. (2215)
United Television Inc.
1992 Ed. (1986)
1993 Ed. (1636)
United Texas Tranmission Corp.
1991 Ed. (1798)
United Therapeutics
2005 Ed. (682, 2013)
2006 Ed. (596)
2007 Ed. (625)
2008 Ed. (575)
2009 Ed. (4472)
2013 Ed. (1832, 2867)
2014 Ed. (615, 1760, 1761, 2900)
2015 Ed. (1804, 2943)
United Therapeutics Corp.
2013 Ed. (602)
2014 Ed. (617)
2015 Ed. (687)
2016 Ed. (627)
United Title Co.
1990 Ed. (2265)
United Tobacco
1990 Ed. (47)
1994 Ed. (43)
United Tobacco S.A.
1989 Ed. (50)
United Tractors
1992 Ed. (1637)
1995 Ed. (1419)
1996 Ed. (1380)
1999 Ed. (1574, 1657)
2000 Ed. (1425, 1462, 1466)
2013 Ed. (836)
2014 Ed. (3156)
2015 Ed. (3216)
2016 Ed. (3071)
United Transport Union
1999 Ed. (3845)
United Trust NY
1994 Ed. (586)
United Underwriters Insurance
2005 Ed. (3081)
United Universal Joint-Stock Bank
2004 Ed. (468)
United Urban Investment
2016 Ed. (4117)
United Utilities
2005 Ed. (2308)
2006 Ed. (2368)
2007 Ed. (2306)
2015 Ed. (2878, 4878)
2016 Ed. (2808, 2813)
United Utilities Group plc
2011 Ed. (2797)
2012 Ed. (2263, 2275, 2727, 2733)
2013 Ed. (2451, 2454, 2814, 2816)
2014 Ed. (2385, 2386, 2852, 2854)
2015 Ed. (2453, 2455, 2892, 2894)
2016 Ed. (2398, 2401)
United Utilities plc
2001 Ed. (3949)
2005 Ed. (2404)
2006 Ed. (2697)
2007 Ed. (2685, 2691)
2008 Ed. (2433)
United Van Lines
1991 Ed. (2496)
1992 Ed. (3121)
1993 Ed. (2610, 3643)
1994 Ed. (2571, 3603)
1995 Ed. (2626, 3681)
1996 Ed. (3760)
1997 Ed. (3810)
1998 Ed. (2544, 3636)
1999 Ed. (3459, 4676)
2000 Ed. (3177)
2002 Ed. (3406)
2003 Ed. (4784)
2004 Ed. (4768)
2005 Ed. (4745)
United Van Lines LLC
2007 Ed. (4846)
2008 Ed. (4768)
2009 Ed. (4800)
United Vanguard
1990 Ed. (2391)
United Vermont Bancorporation

1992 Ed. (1479)
United Video Cable
1997 Ed. (871)
United Virginia Bank
1989 Ed. (707)
United Virginia Bankshares, Inc.
1989 Ed. (431)
United Vision Group
1997 Ed. (1010, 3526)
United Vision Logistics
2013 Ed. (4748, 4757)
2014 Ed. (4798)
2015 Ed. (4833)
2016 Ed. (4736)
United Vision Logistics Holding Corp.
2014 Ed. (4807)
2016 Ed. (4746)
United Vision Logistics Inc.
2015 Ed. (4842)
United Waste Systems Inc.
1995 Ed. (1223)
1997 Ed. (1240, 1241)
United Water
2002 Ed. (4711)
United Water Resources
2000 Ed. (3678)
United Way
1991 Ed. (3436)
1992 Ed. (3268)
1993 Ed. (2731)
2007 Ed. (3706)
2008 Ed. (3788, 3793)
2009 Ed. (3831, 3836, 3842)
2010 Ed. (3761)
2011 Ed. (3760, 3765)
2012 Ed. (3768)
United Way Community Services
1998 Ed. (2686)
1999 Ed. (3627)
2000 Ed. (3351)
2001 Ed. (3550)
2002 Ed. (3522)
United Way Crusade of Mercy
1991 Ed. (3436)
1993 Ed. (2731)
1994 Ed. (2679)
1995 Ed. (2785)
1997 Ed. (2950)
United Way for Southeast Michigan
1992 Ed. (3268)
1993 Ed. (2731)
United Way for Southeastern Michigan
1995 Ed. (2785)
1997 Ed. (2950)
United Way Inc. Los Angeles, CA
1994 Ed. (2679)
1995 Ed. (2785)
United Way Metropolitan Atlanta
1994 Ed. (2679)
1995 Ed. (2785)
United Way of Calgary & Area
2012 Ed. (722)
United Way of Central Indiana
1992 Ed. (1100)
1993 Ed. (895)
1995 Ed. (1931)
2002 Ed. (2348, 2349)
United Way of Delaware Inc.
1997 Ed. (2950)
United Way of Franklin County
1997 Ed. (2950)
United Way of Greater Rochester
1993 Ed. (895)
United Way of Greater Toronto
2009 Ed. (908)
2012 Ed. (722)
United Way of King County
2013 Ed. (2158)
United Way of Lake County Inc.
2016 Ed. (4011)
United Way of Massachusetts Bay
1991 Ed. (3436)
1992 Ed. (3268)
United Way of Metropolitan Atlanta
1991 Ed. (3436)
1993 Ed. (2731)
1997 Ed. (2950)
United Way of National Capital Area
1994 Ed. (2679)
1995 Ed. (2785)
United Way of New York City
1992 Ed. (3268)
1993 Ed. (2731)
1994 Ed. (2679)
1997 Ed. (2950, 2951)
1998 Ed. (2687)
1999 Ed. (3628)
2000 Ed. (3352)
2006 Ed. (3714)
United Way of Rhode Island

2009 Ed. (2025)
2011 Ed. (2019)
2012 Ed. (1867)
2014 Ed. (1960)
2015 Ed. (2007)
2016 Ed. (1978)
United Way of Southeast Pennsylvania
1991 Ed. (3436)
1992 Ed. (3268)
1993 Ed. (2731)
United Way of Southeastern Michigan
1994 Ed. (2679)
United Way of Southeastern Pennsylvania
1994 Ed. (2679)
1995 Ed. (2785)
1997 Ed. (2950)
United Way of Texas Gulf Coast
1991 Ed. (3436)
1992 Ed. (3268)
United Way of the Alberta Capital Region
2012 Ed. (722)
United Way of the Bay Area
1992 Ed. (3268)
1993 Ed. (2731)
1994 Ed. (2679)
1995 Ed. (2785)
1997 Ed. (2950)
United Way of the Capital Area
1997 Ed. (2950)
United Way of the Greater Los Angeles Area
1997 Ed. (2950)
United Way of the Lower Mainland
2011 Ed. (776)
2012 Ed. (730)
United Way of the National Capital Area
1991 Ed. (3436)
1992 Ed. (3268)
1993 Ed. (2731)
1997 Ed. (2950)
United Way of the Texas Gulf Coast
1993 Ed. (2731)
1994 Ed. (2679)
1995 Ed. (2785)
1997 Ed. (2950)
United Way of Tri State Inc.
1991 Ed. (3436)
1994 Ed. (2679)
1995 Ed. (2785)
United Way Services
1991 Ed. (3436)
1992 Ed. (3268)
1993 Ed. (2731)
1995 Ed. (936)
United Ways of Tri-State
1997 Ed. (2950)
United Westburne
1991 Ed. (2790)
1994 Ed. (3659)
1996 Ed. (3828)
United Western Bancorp Inc.
2008 Ed. (1674)
2010 Ed. (1584)
2014 Ed. (313)
United Western Bank
2009 Ed. (422)
2010 Ed. (398)
2011 Ed. (4361)
United Wholesale Mortgage
2016 Ed. (3618, 3619, 3621, 3623)
United Wisconsin Life Insurance Co.
2000 Ed. (2682)
2002 Ed. (2893)
United Wisconsin Services
1997 Ed. (2184)
United World Chinese
1996 Ed. (690)
United World Chinese Commercial Bank
1991 Ed. (552, 554)
1992 Ed. (845)
1993 Ed. (425, 522, 641)
1994 Ed. (644)
1995 Ed. (616)
1997 Ed. (624)
1999 Ed. (469, 646)
2002 Ed. (654)
2003 Ed. (618)
2004 Ed. (627)
2005 Ed. (616)
United World Chinese Commerical
1999 Ed. (1797)
UnitedAuto Group Inc.
2001 Ed. (444, 445, 447, 449, 450)
UnitedGlobalCom Inc.
2002 Ed. (1624, 4568)
2003 Ed. (1505, 1642, 1650, 2709)
2004 Ed. (865, 1584, 1680)
2005 Ed. (839, 840, 1738, 3426)

2006 Ed. (1647, 1648, 1649, 1654)
UnitedGlobalCom.Inc
 2002 Ed. (1553)
UnitedHealth
 2013 Ed. (2882, 2887)
 2014 Ed. (2916)
 2015 Ed. (2963)
 2016 Ed. (2892, 2897)
UnitedHealth Group
 2013 Ed. (3302)
 2015 Ed. (3321)
 2016 Ed. (3194)
UnitedHealth Group Inc.
 2000 Ed. (2426, 2427, 2428, 3598)
 2001 Ed. (1684, 2675)
 2002 Ed. (1731, 2450, 2453, 2886, 2905)
 2003 Ed. (1560, 1763, 1764, 2152, 2325, 2682, 2685, 2686, 2689, 2690, 2694, 3277, 3278, 3354, 4565)
 2004 Ed. (1582, 1801, 2799, 2802, 2804, 2808, 2810, 2815, 2925, 2926, 3340, 4490, 4498, 4545, 4576)
 2005 Ed. (1464, 1486, 1631, 1633, 1871, 1872, 2792, 2794, 2796, 2798, 2803, 2913, 2914, 3365, 3368, 4471, 4522)
 2006 Ed. (1419, 1441, 1891, 1892, 2762, 2764, 2767, 2770, 2775, 2779, 2781, 3106, 3107, 4473, 4580, 4607)
 2007 Ed. (1450, 1451, 1453, 1456, 1884, 1885, 2766, 2772, 2773, 2777, 2782, 2783, 3104, 3120, 3121, 4531, 4557)
 2008 Ed. (1935, 1936, 1937, 1938, 1939, 1940, 3251, 3267, 3268, 3270, 3277, 3289, 3536, 4523, 4528)
 2009 Ed. (1761, 1894, 1895, 1896, 1897, 1898, 1899, 1900, 2948, 2967, 3312, 3324, 3325, 3327, 3328, 3334, 3347)
 2010 Ed. (1830, 1831, 1832, 1833, 1834, 1835, 1836, 2902, 2906, 3041, 3241, 3265, 3266, 3267, 3268, 3286)
 2011 Ed. (1859, 1861, 1862, 1863, 1864, 1865, 1866, 1867, 2870, 2877, 3010, 3212, 3227, 3228, 3229, 3235, 3236, 3237)
 2012 Ed. (1714, 1716, 1717, 1718, 1719, 1720, 1721, 1722, 1723, 2458, 2807, 2814, 2937, 3168, 3197, 3198, 3199, 3200, 3201, 3216, 3223, 3517, 3518)
 2013 Ed. (1872, 1874, 1876, 1877, 1878, 1879, 1880, 1881, 1882, 2876, 2885, 3026, 3241, 3266, 3267, 3268, 3280, 3348, 3558, 3559)
 2014 Ed. (1802, 1804, 1806, 1808, 1809, 1810, 1811, 1812, 1813, 1814, 2908, 2914, 3037, 3267, 3294, 3295, 3296, 3306, 3534, 3535)
 2015 Ed. (1844, 1846, 1848, 1849, 1850, 1851, 1852, 1854, 2954, 2961, 3103, 3316, 3341, 3342, 3352, 3400, 3555, 3556)
 2016 Ed. (1808, 1809, 1811, 1812, 1813, 1814, 1815, 1816, 2886, 2895, 3138, 3168, 3190, 3203, 3204, 3205, 3206, 3207, 3209, 3406, 3407)
UnitedHealthcare
 2007 Ed. (2792)
 2009 Ed. (2976, 4091)
 2010 Ed. (4003)
 2016 Ed. (3134)
UnitedHealthcare Insurance Co.
 2002 Ed. (3742)
 2008 Ed. (2920)
 2009 Ed. (2975)
 2010 Ed. (2915)
 2012 Ed. (2821)
 2013 Ed. (2890)
UnitedHealthCare of Colorado Inc.
 2002 Ed. (2461)
 2003 Ed. (2700, 3921)
UnitedHealthcare of Florida Inc.
 2000 Ed. (2431)
UnitedHealthcare of Illinois Inc.
 2002 Ed. (2460, 3741)
UnitedHealthcare of Nevada
 2016 Ed. (1845)
UnitedHealthcare of New England
 2008 Ed. (3632)
 2009 Ed. (3696)

2010 Ed. (3611)
UnitedHealthcare of New York Inc.
 2002 Ed. (2464, 3744)
UnitedHealthcare of Utah Inc.
 2006 Ed. (3111)
UnitedHealthcare Vision
 2010 Ed. (3343)
UniTek USA
 2011 Ed. (1086)
UNITEL
 1998 Ed. (3480)
Unites States
 2001 Ed. (662)
Unites States, Northeastern
 2004 Ed. (4537)
Unitex
 1991 Ed. (2013)
Unithai Line
 1997 Ed. (3511)
Uniti Corp.
 2016 Ed. (1850)
Unitika Ltd.
 1990 Ed. (3568)
 1991 Ed. (3355)
 1992 Ed. (4278)
 1993 Ed. (3556)
 1994 Ed. (3519, 3521)
 1995 Ed. (3603)
 1996 Ed. (3681)
 1997 Ed. (3736)
 1999 Ed. (4592)
 2001 Ed. (4514)
Unitil Corp.
 2012 Ed. (1750)
 2015 Ed. (1890)
 2016 Ed. (1854)
Unitka Ltd.
 2000 Ed. (4242)
Unitrend
 1999 Ed. (60)
 2001 Ed. (107)
 2002 Ed. (80)
 2003 Ed. (46)
Unitrend (McCann)
 2000 Ed. (63)
Unitrends
 2015 Ed. (2028)
 2016 Ed. (1997)
Unitrin Group Consolidated
 2009 Ed. (3367)
Unitrin Inc.
 1992 Ed. (2703, 3932)
 1994 Ed. (2229)
 1995 Ed. (2276, 2278)
 1996 Ed. (1202, 2284, 2285)
 1997 Ed. (2416, 2417)
 1998 Ed. (2129, 2130)
 1999 Ed. (2914)
 2004 Ed. (2116, 3034)
 2005 Ed. (2231)
 2006 Ed. (2298)
 2009 Ed. (2339)
Unitronix
 1989 Ed. (271)
 1993 Ed. (2749)
Unitros Chile
 1990 Ed. (88)
 1993 Ed. (87)
Unitus Community Credit Union
 2006 Ed. (2218)
 2007 Ed. (2139)
 2008 Ed. (2254)
 2009 Ed. (2240)
 2010 Ed. (2194)
 2011 Ed. (2212)
 2012 Ed. (2073)
 2013 Ed. (1985, 2257)
 2014 Ed. (2189)
 2015 Ed. (2253)
 2016 Ed. (2224)
Unity Bank
 1989 Ed. (451, 468, 681)
The Unity Council
 2006 Ed. (2843)
Unity Health Center
 2012 Ed. (1802)
Unity International Group
 2010 Ed. (1296, 1300, 1313)
 2011 Ed. (1254, 1258, 1282, 1283)
 2012 Ed. (1177)
 2013 Ed. (1261)
 2014 Ed. (1195)
 2015 Ed. (1253)
Unity Management
 1991 Ed. (2223)
 1999 Ed. (3076)
Unity Mutual Life Insurance Co.
 1992 Ed. (2662)
Unity Wireless Corp.
 2004 Ed. (2781, 2782)

UnityPoint Health
 2015 Ed. (1745, 1746)
 2016 Ed. (1697, 1698)
Univa Inc.
 1996 Ed. (1315, 1317, 1943)
Univance Telecommunications Inc.
 2002 Ed. (3374)
 2003 Ed. (3426)
 2004 Ed. (3495)
Univanich Palm Oil
 2011 Ed. (2101)
Univar
 1989 Ed. (889, 2654)
 1990 Ed. (946, 3250)
 1993 Ed. (907, 3295)
 1994 Ed. (917, 921, 3287)
 1995 Ed. (957)
 2012 Ed. (745, 748, 4055)
 2013 Ed. (934, 937, 938)
 2014 Ed. (888, 890, 891, 892)
 2015 Ed. (916, 919, 920)
 2016 Ed. (819, 820, 821)
Univar Canada
 2016 Ed. (3456)
Univar Canada Ltd.
 2016 Ed. (4889)
Univar Europe
 1996 Ed. (933)
UniVar Life
 1991 Ed. (2118)
Univar NV
 2004 Ed. (955)
 2007 Ed. (938)
 2008 Ed. (916)
 2009 Ed. (924)
Univar USA Inc.
 2008 Ed. (2165)
 2009 Ed. (2146)
Univas
 1990 Ed. (103)
Univax Biologies
 1993 Ed. (3113)
Univec Inc.
 2006 Ed. (3518)
Univeristy of Chicago Hospitals
 1999 Ed. (2731)
Univeristy of Michigan
 1991 Ed. (814)
Univeristy of Michigan Medical Center
 1999 Ed. (2733)
Univeristy of North Florida
 1999 Ed. (1234)
Univeristy of Texas
 1991 Ed. (2680)
Univers-All Life 2000
 1991 Ed. (2119)
Univers Saatchi & Saatchi
 1999 Ed. (109)
 2000 Ed. (114)
 2001 Ed. (152)
 2002 Ed. (125)
 2003 Ed. (92)
Univers-Sons.com
 2013 Ed. (3794)
 2015 Ed. (3742)
Universal
 1989 Ed. (2837, 2838, 2839)
 1990 Ed. (1101, 2230, 3598, 3599, 3600, 3601, 3602)
 1991 Ed. (2487, 3393, 3394, 3395, 3396, 3397)
 1992 Ed. (3110, 3111, 3984, 4301, 4302, 4303, 4304, 4305)
 1993 Ed. (1216, 1413, 3580, 3581, 3582, 3583, 3584)
 1994 Ed. (1467, 3540, 3541, 3542, 3543, 3544, 3548, 3648)
 1995 Ed. (1504, 3618, 3619, 3621, 3622, 3627)
 1996 Ed. (2689, 2690, 2691, 3696, 3697, 3698, 3699, 3704, 3817)
 1997 Ed. (1334, 2112, 3755, 3756, 3757, 3758, 3863, 3864)
 1998 Ed. (91, 2534, 3574, 3576, 3577, 3578)
 1999 Ed. (2444, 3445, 3904, 4606, 4607, 4610, 4715, 4740)
 2000 Ed. (1655, 4256, 4257, 4371)
 2001 Ed. (3358, 4497, 4551, 4560, 4563, 4828)
 2002 Ed. (1523, 3394, 4628, 4630)
 2003 Ed. (3451, 3452, 3479, 4748, 4752, 4935)
 2004 Ed. (2116, 4728, 4729, 4732, 4734, 4940)
 2005 Ed. (4705, 4706, 4709, 4711, 4920)
 2006 Ed. (3408, 3574, 3575, 4759, 4761, 4762, 4763, 4953)
 2007 Ed. (3639, 4767, 4769, 4960)

2008 Ed. (41, 2370, 3752, 3753, 4931)
 2009 Ed. (2363, 2364, 2365, 3776, 3778, 4832, 4833, 4834, 4953)
 2010 Ed. (3707, 4961)
 2011 Ed. (2139, 3702, 4709, 4945)
 2012 Ed. (3721, 4944)
 2013 Ed. (2148)
Universal 1 Credit Union
 2002 Ed. (1885)
 2003 Ed. (1939)
 2004 Ed. (1979)
 2005 Ed. (2121)
 2006 Ed. (2216)
 2007 Ed. (2137)
 2008 Ed. (2252)
 2009 Ed. (2238)
 2010 Ed. (2192)
 2012 Ed. (2071)
Universal Access
 2002 Ed. (2500, 2527)
 2003 Ed. (2182)
Universal Access Global Holdings Inc.
 2004 Ed. (4580)
Universal Am-Can Ltd.
 1995 Ed. (3672)
Universal American
 2013 Ed. (1745)
Universal American Financial Corp.
 1998 Ed. (3418)
 2004 Ed. (2770)
 2007 Ed. (2750, 4233)
 2008 Ed. (4265)
 2009 Ed. (4369)
 2010 Ed. (3237, 3265, 4396)
 2011 Ed. (3229, 4341)
 2012 Ed. (1281, 3198, 4554)
Universal American Financial Group
 2002 Ed. (2917)
Universal American Mortgage
 2003 Ed. (3443)
 2006 Ed. (3561)
Universal American Mortgage Co.
 2016 Ed. (3622)
Universal Amphitheatre
 1999 Ed. (1291)
 2001 Ed. (4352)
 2002 Ed. (4342)
 2003 Ed. (269)
 2006 Ed. (1154)
Universal Appliances
 1993 Ed. (2056)
Universal Avionics Systems Corp.
 2000 Ed. (2399, 2450)
Universal Bank NA
 2002 Ed. (440)
 2003 Ed. (377)
Universal Bank Public Ltd.
 2009 Ed. (424)
 2010 Ed. (400)
 2011 Ed. (327)
Universal Bank Trust of Nigeria
 2004 Ed. (600)
Universal Bioenergy Inc.
 2014 Ed. (1424)
Universal Builders
 2002 Ed. (1201)
Universal Care
 2002 Ed. (2463)
Universal Cement Corp. Ltd.
 1994 Ed. (1460)
Universal City Cinemas at Universal City Walk
 1997 Ed. (2820)
Universal City Cinemas at Universal CityWalk
 2000 Ed. (3167)
Universal City Development Partners II Ltd.
 2007 Ed. (270, 1703)
 2008 Ed. (253, 1732)
 2009 Ed. (274, 1671)
Universal City Development Partners Ltd.
 2003 Ed. (1675)
 2004 Ed. (1704)
 2005 Ed. (242, 1762)
 2006 Ed. (263, 1708)
 2011 Ed. (183)
 2012 Ed. (192)
 2013 Ed. (172, 173)
 2014 Ed. (177, 178)
 2015 Ed. (206, 207)
 2016 Ed. (197)
Universal City Florida Partners
 2001 Ed. (1702)
 2013 Ed. (1619)
 2014 Ed. (1586)
 2015 Ed. (1638)
 2016 Ed. (1570)

Universal City Nissan
1990 Ed. (311)
1991 Ed. (288)
1992 Ed. (380, 393)
1993 Ed. (279)
1994 Ed. (278)
1995 Ed. (281)
1996 Ed. (281, 301)
1998 Ed. (209)
1999 Ed. (320)
2000 Ed. (334)
2002 Ed. (360, 362, 370)
2004 Ed. (4822, 4823)
2006 Ed. (4867, 4868)
Universal City Studios Inc.
2001 Ed. (1652)
2003 Ed. (1626)
2004 Ed. (1658)
2005 Ed. (1680)
2006 Ed. (1585)
2007 Ed. (1609)
2008 Ed. (1597)
2009 Ed. (1535)
2010 Ed. (1529)
Universal Cleaning Specialists
2007 Ed. (884)
2008 Ed. (861, 862)
Universal Co-op Credit Union
2004 Ed. (1983)
2005 Ed. (2125)
2006 Ed. (2220)
2007 Ed. (2141)
2008 Ed. (2256)
2009 Ed. (2242)
2010 Ed. (2196)
2011 Ed. (2214)
2012 Ed. (2075)
2013 Ed. (2259)
2014 Ed. (2191)
2015 Ed. (2255)
2016 Ed. (2226)
Universal Compression Holdings Inc.
2004 Ed. (3245, 3246)
2005 Ed. (3270, 3271)
Universal Computer Systems Inc.
2008 Ed. (1400)
Universal Concerts
1999 Ed. (3905)
2000 Ed. (3621)
Universal Construction Co.
2009 Ed. (1245, 1312, 1332)
2011 Ed. (1241, 1267, 1292)
Universal Constructors
1998 Ed. (872, 875, 880)
1999 Ed. (1310)
Universal Converter
2003 Ed. (2057)
Universal Corp.
2013 Ed. (4692, 4936)
2014 Ed. (4943)
2015 Ed. (4748, 4983)
2016 Ed. (4651, 4900)
Universal Credit Union
2005 Ed. (2137)
2006 Ed. (2232)
2007 Ed. (2153)
2008 Ed. (2268)
2009 Ed. (2255)
2011 Ed. (2226)
2012 Ed. (2088)
2013 Ed. (2274)
2015 Ed. (2272)
2016 Ed. (2243)
Universal Data
2015 Ed. (1787)
Universal Data Systems
1990 Ed. (2595)
Universal Develop.
1990 Ed. (2966)
Universal Die & Stampings Inc.
2008 Ed. (3741, 4990)
Universal Electric Construction Co.
1995 Ed. (1167)
Universal Electronics
1994 Ed. (2009, 2013, 2015, 3317,
3319, 3323)
2016 Ed. (2418)
Universal Electronics Inc.
2015 Ed. (1483)
2016 Ed. (1408)
Universal Engineering Sciences Inc.
2006 Ed. (2452)
2008 Ed. (2516)
2009 Ed. (2527)
2010 Ed. (2445)
Universal Fidelity Life Insurance Co.
1997 Ed. (1254)
Universal Foods
1993 Ed. (1416)
1994 Ed. (684, 1469)

1995 Ed. (1506)
1996 Ed. (1939)
1998 Ed. (1698)
Universal Forest Products Inc.
1990 Ed. (843)
1991 Ed. (806)
1992 Ed. (987)
1993 Ed. (782)
1994 Ed. (798)
1996 Ed. (2902)
1997 Ed. (2991)
1998 Ed. (883)
1999 Ed. (1314)
2001 Ed. (2498, 2499, 2501)
2003 Ed. (2539, 2540, 2541, 3266)
2004 Ed. (783, 793, 2676, 2677,
2678, 3319, 3435, 3765)
2005 Ed. (769, 777, 2668, 2669,
2670, 3341, 3342, 3450, 3680)
2006 Ed. (677, 680, 682, 2655, 3332,
3333, 3459, 3776)
2007 Ed. (778, 2635, 3022, 3390,
3391, 3773)
2008 Ed. (751, 2356, 2358, 2362,
3527, 3528)
2009 Ed. (1889, 3586, 3587, 3909,
4993)
2010 Ed. (3505, 3506, 4956)
2011 Ed. (3505, 4940)
2012 Ed. (3507, 4940, 4992)
2013 Ed. (4989, 4990, 4991)
2014 Ed. (4995, 4996)
2015 Ed. (5041, 5042)
2016 Ed. (4994, 4995)
Universal Forest Products Midwest Co.,
Inc.
2004 Ed. (3319)
Universal Furniture Ltd.
1990 Ed. (1863)
1991 Ed. (1170)
2003 Ed. (2584)
2004 Ed. (2697)
2005 Ed. (2696)
2006 Ed. (2674)
2007 Ed. (2659)
2008 Ed. (2795)
2009 Ed. (2847)
2010 Ed. (2790)
2011 Ed. (2777)
2012 Ed. (2707)
2013 Ed. (2782)
2014 Ed. (2810)
2015 Ed. (2852)
2016 Ed. (2787)
Universal Future
2001 Ed. (3463, 3464, 3465)
Universal Group Inc.
2016 Ed. (1973)
Universal Health
1990 Ed. (1989, 2964)
1991 Ed. (1893)
1993 Ed. (2018)
2016 Ed. (1960)
Universal Health Alliance Corp.
2003 Ed. (1608)
Universal Health Realty
1993 Ed. (2971)
Universal Health Realty Income
2004 Ed. (2126)
2005 Ed. (2231)
Universal Health Realty Income Trust
2006 Ed. (2296)
2007 Ed. (2223)
2008 Ed. (2363, 2369)
Universal Health Realty Inc. Trust
2002 Ed. (1556)
Universal Health Services
2013 Ed. (3774)
2014 Ed. (3038, 3707)
2015 Ed. (3104, 3721)
Universal Health Services Inc.
1992 Ed. (2384, 3132)
1997 Ed. (2825)
1998 Ed. (2933, 3184)
1999 Ed. (3461, 3907)
2000 Ed. (3179, 3624)
2001 Ed. (1043, 2667, 3923)
2002 Ed. (1772, 2451, 3291, 3802)
2003 Ed. (2692, 2825, 3464, 3465,
3467)
2004 Ed. (1609, 2925, 2926, 2927)
2005 Ed. (2801, 2913, 2914, 2915)
2006 Ed. (2763, 2776, 2795, 2925,
3019, 3586)
2007 Ed. (2769, 2776, 2791, 2935)
2008 Ed. (2899, 2901)
2009 Ed. (2959, 2973)
2010 Ed. (2898, 2913, 3082)
2011 Ed. (2871, 2880, 3634)

2012 Ed. (1844, 2806, 2812, 2820,
3611, 3730)
2013 Ed. (2003, 2869, 2873, 2883,
2889, 3670)
2014 Ed. (1940, 2902, 2905, 2913,
2918, 2919)
2015 Ed. (2946, 2950, 2959, 2966,
2967)
2016 Ed. (2881, 2893, 2900, 2901)
Universal Health Systems
1998 Ed. (2549)
Universal Home Entertainment
2001 Ed. (2122, 4691, 4692)
Universal Hotels
1990 Ed. (2060)
1992 Ed. (2468, 2469)
1993 Ed. (2077)
Universal Housing Corp.
2002 Ed. (1180)
2003 Ed. (1151)
2004 Ed. (1155)
2005 Ed. (1182)
Universal Insurance Group
2004 Ed. (3083)
2005 Ed. (3088)
2006 Ed. (3093)
2007 Ed. (1964)
Universal Insurance Holdings
2011 Ed. (4433, 4436, 4443, 4444,
4449)
Universal International
1998 Ed. (666)
Universal International Insurance Ltd.
2010 Ed. (3212)
2011 Ed. (3176)
2012 Ed. (3133)
Universal International Reinsurance Co.,
Ltd.
2006 Ed. (3055)
2007 Ed. (3085)
2008 Ed. (3225)
Universal Jet
2014 Ed. (3522)
Universal K Ltd.
2009 Ed. (3002)
Universal Leaf
1989 Ed. (2843)
2005 Ed. (3332)
Universal Leaf Tobacco International
Inc.
2010 Ed. (2081, 4961, 4962)
Universal Lending Corp.
2002 Ed. (3386)
Universal Life Insurance Co.
1990 Ed. (2275)
1991 Ed. (2106, 2144)
1992 Ed. (2662, 2707)
1993 Ed. (2223, 2224, 2253)
1994 Ed. (2233)
1995 Ed. (2280, 2308)
1996 Ed. (2286)
1997 Ed. (2419, 2451)
1998 Ed. (2132, 2165)
1999 Ed. (2916)
2000 Ed. (2669, 2689)
2003 Ed. (2976)
2004 Ed. (3079)
Universal Life, Tenn.
1989 Ed. (1690)
Universal Logistics Services Inc.
2008 Ed. (3692, 4365)
Universal Manufacturing
2009 Ed. (3917, 4103)
2010 Ed. (4027)
2012 Ed. (4029)
2013 Ed. (4078, 4079)
2014 Ed. (4089)
Universal McCann
2001 Ed. (165, 166, 171, 172, 173,
174, 175, 176, 177, 178, 235)
2002 Ed. (142, 144, 145, 147, 174,
193, 194, 195, 196, 3279)
2003 Ed. (108, 110, 111, 112, 113,
114, 115, 116, 117, 118, 119, 120)
2004 Ed. (119, 121, 122)
2010 Ed. (136)
2011 Ed. (54, 55)
2012 Ed. (63, 64)
Universal McCann Worldwide
2005 Ed. (122, 123, 124)
2006 Ed. (125, 126, 127, 3432)
2007 Ed. (119, 120, 121)
2008 Ed. (126, 127, 128)
2009 Ed. (137, 139)
Universal Media Studios
2012 Ed. (4682)
2013 Ed. (2675)
Universal Medical Bldgs.
1989 Ed. (1566)
Universal Medical Buildings

1989 Ed. (1569, 2496, 2500)
1990 Ed. (1167)
1991 Ed. (250, 1057)
1992 Ed. (352)
1993 Ed. (242)
1994 Ed. (232)
Universal Mediterranea
2005 Ed. (249)
Universal Modern Industries
1997 Ed. (242)
Universal Motown Republic Group
2010 Ed. (3712)
2011 Ed. (3709)
2012 Ed. (3732)
Universal Music
2005 Ed. (1980)
2014 Ed. (3715, 3717, 3719, 3721,
3723, 3725)
2015 Ed. (3727)
Universal Music-Brentwood-Benson Music Publishing
2014 Ed. (3714)
Universal Music Corp.
2014 Ed. (3724)
2015 Ed. (3726)
Universal Music Group Nashville
2015 Ed. (3725)
2016 Ed. (3637)
Universal Music U.K. Group
2002 Ed. (46)
Universal Music-Z Songs
2014 Ed. (3718)
Universal-Musica Unica Publishing
2014 Ed. (3720)
Universal Orlando Resort
2016 Ed. (1561)
Universal Parts Co., Inc.
2006 Ed. (3532)
Universal Pictures Distribution
1999 Ed. (3442)
2000 Ed. (3164)
2002 Ed. (3393)
2012 Ed. (3718)
2015 Ed. (3713)
Universal Pictures Inc.
1998 Ed. (2532)
2000 Ed. (33, 793)
2001 Ed. (4702)
2010 Ed. (2520)
Universal Press Syndicate
1989 Ed. (2047)
Universal Protection Service
1993 Ed. (3114)
1994 Ed. (3161)
1995 Ed. (3211)
Universal Re-Insurance Co., Ltd.
2006 Ed. (3055)
2007 Ed. (3085)
2008 Ed. (3225)
2010 Ed. (3212)
2011 Ed. (3176)
2012 Ed. (3133)
Universal Republic
2010 Ed. (3711)
2012 Ed. (3731)
2013 Ed. (3780)
Universal Rightfield Property Holdings
1999 Ed. (3821)
Universal Robina Corporation
2000 Ed. (1540)
Universal Roofers Builders Inc.
1990 Ed. (1205)
Universal Roofers Inc.
1991 Ed. (1084)
Universal Savings Bank FA
1990 Ed. (2475)
Universal Scientific Industrial Co., Ltd.
2002 Ed. (1226)
2004 Ed. (1112, 2238, 2240, 2859)
2005 Ed. (1272, 1274, 1277, 1278,
2356)
2006 Ed. (1228, 1229, 1231, 2401)
2010 Ed. (2387)
Universal Security Instruments Inc.
2008 Ed. (4363, 4400)
2009 Ed. (4472)
Universal Security Systems
2000 Ed. (3906)
Universal Semiconductor Inc.
1999 Ed. (1988)
2000 Ed. (1768)
2005 Ed. (2345)
2008 Ed. (2466)
2009 Ed. (2469)
Universal Services of America
2011 Ed. (1515)
2012 Ed. (1363)
2013 Ed. (4102)
2014 Ed. (4119)
2016 Ed. (1407)

Universal Stainless
2006 Ed. (1985)
2007 Ed. (1954)
Universal Stainless & Alloy
1997 Ed. (3358)
Universal Stainless & Alloy Products Inc.
2004 Ed. (4534)
2008 Ed. (2038, 2044, 2045, 4424)
2012 Ed. (1843, 1846, 1847, 1848)
Universal Studios Florida
1992 Ed. (4318)
1993 Ed. (228, 3358)
1994 Ed. (218, 219, 1887, 3361)
1995 Ed. (215, 218, 1916)
1996 Ed. (217, 219, 3481)
1997 Ed. (245, 249, 251)
1998 Ed. (166)
1999 Ed. (270, 272, 4622)
2000 Ed. (296, 298, 300)
2001 Ed. (379, 381)
Universal Studios Hollywood
1991 Ed. (239)
1992 Ed. (331, 4026)
1993 Ed. (228, 2596, 2597, 3524)
1994 Ed. (218, 219, 3361)
1995 Ed. (215)
1996 Ed. (219)
1997 Ed. (251)
1998 Ed. (167)
1999 Ed. (268)
2000 Ed. (296, 300)
2001 Ed. (381)
2002 Ed. (312)
2003 Ed. (277)
2004 Ed. (244)
2005 Ed. (253)
2006 Ed. (272)
2007 Ed. (277)
Universal Studios Hollywood/City Walk
2000 Ed. (3733)
Universal Studios Home Video
2001 Ed. (4697)
Universal Studios Inc.
1997 Ed. (245, 248, 2054, 2816, 2819)
1998 Ed. (167)
2000 Ed. (3733)
2001 Ed. (378, 1652, 3359, 3360, 3361, 3362)
2002 Ed. (310, 312, 3395, 3396)
2003 Ed. (277, 1626, 3449)
2004 Ed. (244, 1658, 3512, 4141)
2005 Ed. (253, 1680, 3517)
2006 Ed. (272, 1585)
2007 Ed. (277, 1609, 3638, 3640)
2008 Ed. (1597, 3751)
2009 Ed. (1535, 3775)
2010 Ed. (1529, 3706)
Universal Studios Japan
2003 Ed. (272, 275)
2005 Ed. (248, 250)
2006 Ed. (267, 269)
2007 Ed. (272, 275)
Universal Studios Recreation Group
2002 Ed. (309)
2003 Ed. (274)
2005 Ed. (251)
2006 Ed. (270)
2007 Ed. (274)
Universal Studios Tour
1990 Ed. (264, 3325)
1991 Ed. (3156)
Universal System
1994 Ed. (2941)
Universal Systems & Technology
2003 Ed. (214)
2008 Ed. (175)
Universal Technical Institute
2005 Ed. (2772, 2773, 2775)
Universal Technical Services
2006 Ed. (3360)
2007 Ed. (3414)
Universal Textile Co.
1992 Ed. (4284)
Universal Transport
2006 Ed. (4809)
Universal Truckload
2015 Ed. (4830)
Universal Truckload Services
2015 Ed. (1829)
Universal Truckload Services Inc.
2011 Ed. (4766)
2012 Ed. (4787, 4789)
2013 Ed. (4750)
2014 Ed. (4800)
2015 Ed. (4835, 4840)
Universal Understanding
2013 Ed. (4778)
2014 Ed. (4821)

Universal Understanding Inc.
2014 Ed. (1238)
Universal Underwriters Group
2008 Ed. (1403)
Universal Vending Management
2008 Ed. (4415)
Universal Voltronics Corp.
1992 Ed. (321)
Universal World Science & Technology
2001 Ed. (3473, 3474)
Universale
1993 Ed. (3671)
1994 Ed. (3631)
Universale-Bau
1991 Ed. (3233)
1992 Ed. (4401)
Universale-Bau AG
1993 Ed. (3672)
UniversalPegasus International
2016 Ed. (2480)
UniversalPegasus International Inc.
2016 Ed. (2491)
Universe Partners L.P.
1995 Ed. (2096)
Universico Group Ltd.
2001 Ed. (2913)
Universidad Interamericana de Puerto Rico
2005 Ed. (1731, 4357)
2006 Ed. (4298)
Universidad Siglo 21
2014 Ed. (1355)
Universitas
2007 Ed. (765)
Universitat St. Gallen
2012 Ed. (629)
2013 Ed. (765, 771)
2014 Ed. (790, 796)
2015 Ed. (833, 839)
2016 Ed. (734)
Universite de Laval
1993 Ed. (807)
Universite de Sherbrooke
1993 Ed. (807)
1994 Ed. (819)
1995 Ed. (871)
Universite du Quebec a Montreal
2012 Ed. (878, 3430, 3432)
Universite Laval
1995 Ed. (871)
Universities
1991 Ed. (3250)
1994 Ed. (2742)
2001 Ed. (4042)
2007 Ed. (3717)
2009 Ed. (3854)
Universities & colleges
2002 Ed. (3973, 3974, 3979)
Universities Research Association Inc.
1992 Ed. (3256)
2011 Ed. (2147)
2012 Ed. (1994)
2013 Ed. (2184)
2014 Ed. (2114)
2015 Ed. (2169)
2016 Ed. (2140)
Universities Superannuation
1996 Ed. (2944)
Universities Superannuation Scheme
1990 Ed. (2788)
University at Buffalo
2008 Ed. (777)
University at Buffalo Health Sciences
2008 Ed. (2408)
University Avenue Canadian
2001 Ed. (3485, 3486, 3487)
2002 Ed. (3458, 3459, 3460)
2003 Ed. (3590, 3591)
2004 Ed. (2472, 2473)
University Avenue Canadian Small Cap
2003 Ed. (3596, 3597, 3598)
2004 Ed. (3629, 3630)
University Avenue World
2002 Ed. (3439)
University Bank Islamic Financial Corp.
2009 Ed. (2757)
2010 Ed. (2681)
2011 Ed. (2670)
2012 Ed. (2598)
2014 Ed. (2668)
2015 Ed. (2709)
2016 Ed. (2633)
University Bank & Trust Co.
1989 Ed. (636)
1990 Ed. (647)
University Cadillac
1994 Ed. (264)
1995 Ed. (266)
1996 Ed. (267)
University City Science Center

1991 Ed. (2022)
1992 Ed. (2596)
1995 Ed. (2242)
1996 Ed. (2251)
University College London
2010 Ed. (1025, 1035)
University Coop
2014 Ed. (2400)
University Corporation for Atmospheric Research
2008 Ed. (1670, 1671)
2009 Ed. (1592, 1593)
University Credit Union
2003 Ed. (1897)
2005 Ed. (2075)
2006 Ed. (2169)
2007 Ed. (2121)
2008 Ed. (2236, 2261)
2009 Ed. (2222, 2247)
2010 Ed. (2176, 2201)
2011 Ed. (2194, 2219)
2012 Ed. (2054, 2080)
2013 Ed. (2235, 2266)
2014 Ed. (2167, 2200)
2015 Ed. (2231, 2252, 2264)
2016 Ed. (2202, 2223, 2235)
University Directories LLC
2011 Ed. (930)
2012 Ed. (855)
2013 Ed. (1037)
University Electric
2014 Ed. (4355)
2015 Ed. (4364)
University Estadual de Campinas
2004 Ed. (3026)
University Estadual de Londrina
2004 Ed. (3026)
University FCU
2000 Ed. (1622)
University Federal
1991 Ed. (3445)
University Federal Savings Assn.
1991 Ed. (3363)
University First Credit Union
2011 Ed. (2220)
2012 Ed. (2081)
2013 Ed. (2270)
2014 Ed. (2204)
2015 Ed. (2268)
2016 Ed. (2239)
University; George Washington
1989 Ed. (2903)
University, Harvard
1992 Ed. (1282)
University Health Alliance
2011 Ed. (1674, 1686)
University Health Network
2009 Ed. (3151)
University Health Resources Inc.
2001 Ed. (1712)
University Health System
2012 Ed. (4749)
2016 Ed. (4683)
University Health Systems of Eastern Carolina Inc.
2005 Ed. (1911)
2013 Ed. (1951)
2014 Ed. (1887)
2015 Ed. (1933)
University Healthcare System LC
2001 Ed. (1779)
2003 Ed. (1747)
2004 Ed. (1782)
2005 Ed. (1848)
2006 Ed. (1854)
2007 Ed. (1857)
2008 Ed. (1889)
2009 Ed. (1852)
2010 Ed. (1785)
2011 Ed. (1809)
2015 Ed. (1788)
2016 Ed. (1742)
University HealthSystem Consortium
2015 Ed. (3275)
2016 Ed. (3102, 3115, 3116)
University HealthSystem Consortium Services Corp.
1999 Ed. (2637)
University Hospital
1999 Ed. (2741)
2000 Ed. (2520)
2002 Ed. (2611, 2612)
2003 Ed. (2815, 2816, 2822)
2004 Ed. (2920)
University Hospital Health System Inc.
2016 Ed. (2838)
University Hospital Pilsen
2011 Ed. (3054)
University Hospitals
2009 Ed. (2949)

2010 Ed. (3344)
2011 Ed. (3302)
2013 Ed. (2884)
2015 Ed. (2960)
2016 Ed. (3004)
University Hospitals Health System
1999 Ed. (2991)
2003 Ed. (1840)
2005 Ed. (1919)
2006 Ed. (1953)
2007 Ed. (1936)
2008 Ed. (2004)
2009 Ed. (1966)
2010 Ed. (1899)
2011 Ed. (1934)
2012 Ed. (2994)
2013 Ed. (3082)
2014 Ed. (3082)
2015 Ed. (3148)
2016 Ed. (3003)
University Hospitals of Cleveland
2000 Ed. (2518)
2002 Ed. (2606)
2003 Ed. (2810)
2004 Ed. (2914)
2007 Ed. (1936, 2899)
2008 Ed. (2004)
2009 Ed. (1966)
2010 Ed. (1899)
2011 Ed. (1934)
2012 Ed. (1793)
2013 Ed. (1966)
2014 Ed. (1904)
2015 Ed. (1949)
2016 Ed. (1920)
University Hospitals of Geneva
2011 Ed. (3054)
University Instructors
2008 Ed. (2404, 4042)
University Mall
1998 Ed. (3299)
1999 Ed. (4309)
University Mechanical Contractors Inc.
2006 Ed. (1348, 1351)
2009 Ed. (1207)
2010 Ed. (1329)
2012 Ed. (1121, 1178, 1183)
2013 Ed. (1266)
University Mechanical & Engineering Contractors Inc.
1990 Ed. (1201, 1208)
2006 Ed. (1175)
2008 Ed. (1181)
University Medical Center
2001 Ed. (1610)
2003 Ed. (1607, 2830)
2008 Ed. (3059, 3063)
2009 Ed. (3144, 3148)
2010 Ed. (3075)
2011 Ed. (3047)
2012 Ed. (2984)
2016 Ed. (1845)
University Medical Center Freiburg
2011 Ed. (3054)
University Medicine Foundation Inc.
2012 Ed. (1865)
2013 Ed. (2024)
2014 Ed. (1959)
2015 Ed. (2006)
2016 Ed. (1977)
University Motors
1995 Ed. (669)
1996 Ed. (743)
University National Bank
2005 Ed. (523)
University National Bank of Lawrence
2005 Ed. (520)
University of Adelaide
2002 Ed. (1103)
2010 Ed. (1015)
University of Akron
2005 Ed. (799)
2006 Ed. (706)
University of Alabama
2009 Ed. (1033)
University of Alabama at Birmingham
2016 Ed. (1342)
University of Alabama at Huntsville
1993 Ed. (889, 1018, 1028)
University of Alabama-Birmingham
2000 Ed. (3066)
2001 Ed. (3258)
2006 Ed. (3590)
2009 Ed. (3708)
2011 Ed. (963)
2012 Ed. (879)
University of Alabama Hospital at Birmingham
1999 Ed. (2728, 2743)
2000 Ed. (2522)

2002 Ed. (2608)
2003 Ed. (2812, 2830, 2831, 2833, 2834, 2835)
2004 Ed. (2916)
2005 Ed. (2902)
2006 Ed. (2909)
2007 Ed. (2922, 2928)
2008 Ed. (3051)
2009 Ed. (3137)
2010 Ed. (3068)
2011 Ed. (3040)
University of Alabama in Huntsville
1994 Ed. (1045)
1995 Ed. (1053)
University of Alabama School of Medicine
1999 Ed. (3328)
University of Alabama-Tuscaloosa
2006 Ed. (701, 716, 720)
2007 Ed. (794, 802, 805)
2008 Ed. (769, 782, 784)
2009 Ed. (779, 795, 796)
University of Alabama-Tuscaloosa, Manderson Graduate School of Business
2010 Ed. (734)
University of Alaska
2003 Ed. (2272)
University of Alaska at Fairbank
1993 Ed. (1020)
University of Alberta
1993 Ed. (807)
2002 Ed. (903)
2006 Ed. (1541, 1543)
2007 Ed. (1166, 1169, 1170, 1171, 1172, 1571, 1573, 3469, 3470, 3471, 3472, 3473)
2008 Ed. (1070, 1073, 1075, 1076, 1077, 1550, 1556, 3636, 3641, 4279)
2009 Ed. (1047, 1050, 1051, 1052, 1053, 1068, 1479, 1481, 3699, 3710, 4391)
2010 Ed. (1016, 1017, 1020, 1021, 1022, 1464, 1470, 3433, 3628)
2011 Ed. (952, 955, 956, 957, 959, 1465, 1468, 3417, 3629)
2012 Ed. (872, 875, 876, 877, 1303, 1308, 2425, 3431, 3433, 3629, 3630)
2014 Ed. (781, 1448, 1480)
University of Arizona
1989 Ed. (958)
1997 Ed. (853, 862, 2609)
1998 Ed. (554)
1999 Ed. (976)
2000 Ed. (922)
2001 Ed. (1060)
2002 Ed. (880, 894, 3984)
2004 Ed. (820, 823)
2005 Ed. (797, 798)
2006 Ed. (704, 705, 725)
2007 Ed. (809, 3462)
2008 Ed. (771, 774, 3637)
2009 Ed. (780, 790)
2010 Ed. (724, 727, 1013, 3616)
2011 Ed. (638, 649, 950, 3618)
University of Arizona at Eller
1993 Ed. (799)
University of Arizona, Eller
1995 Ed. (865)
1996 Ed. (840)
University of Arizona, Eller School of Business
2008 Ed. (796)
2009 Ed. (813)
2010 Ed. (745, 747, 756, 762)
2011 Ed. (656, 658, 673)
University of Arizona, James E. Rogers College of Law
2007 Ed. (3329)
2008 Ed. (3430)
2009 Ed. (3504)
2010 Ed. (3434)
University of Arizona Press
2011 Ed. (528)
University of Arkansas
2006 Ed. (1071)
2015 Ed. (4237)
University of Arkansas at Monticello
1990 Ed. (1084)
University of Arkansas-Fayetteville
2006 Ed. (700)
2007 Ed. (793)
University of Arkansas-Fayetteville, Walton College of Business
2010 Ed. (721)
University of Arkansas for Medical Sciences
2011 Ed. (3148)

University of Auckland
2004 Ed. (1060)
2010 Ed. (1015)
University of Bath
2014 Ed. (791)
University of Bridgeport
2013 Ed. (751)
University of Bristol
2010 Ed. (1025)
University of British Columbia
1994 Ed. (819)
2002 Ed. (903, 904, 906)
2003 Ed. (790, 792)
2004 Ed. (838)
2007 Ed. (1166, 1169, 1170, 1171, 1172, 3469, 3470, 3471, 3472, 3473)
2008 Ed. (1070, 1073, 1075, 1076, 1077, 3636, 3641, 3642)
2009 Ed. (1047, 1050, 1051, 1052, 1053, 1068, 3699, 3710)
2010 Ed. (1016, 1017, 1020, 1021, 1022, 3433, 3628)
2011 Ed. (952, 955, 956, 957, 3417, 3629)
2012 Ed. (872, 875, 876, 877, 2425, 3431, 3433, 3629, 3630)
2014 Ed. (781)
2015 Ed. (823)
University of British Columbia, Sauder Business School
2009 Ed. (820)
2011 Ed. (682)
2012 Ed. (615)
2013 Ed. (758)
University of British Columbia, Sauder School of Business
2007 Ed. (812)
University of Calfornia at San Diego
1999 Ed. (1237)
University of Calgary
1994 Ed. (819)
2002 Ed. (904)
2006 Ed. (1543)
2007 Ed. (1573, 3473)
2008 Ed. (1076, 1556, 3636)
2009 Ed. (1053, 1481, 3699, 3710)
2010 Ed. (1470, 3433, 3628)
2011 Ed. (1468, 3629)
2012 Ed. (1308, 2425, 3433, 3629)
2014 Ed. (1480)
University of Calgary, Alberta
2003 Ed. (791)
2004 Ed. (838)
University of Calgary, Haskayme School of Business
2004 Ed. (838)
University of California
1990 Ed. (1092)
1993 Ed. (3099, 3100)
1994 Ed. (1713, 2743, 2755, 2759, 2764)
1995 Ed. (2858, 2860, 3189)
1996 Ed. (2928, 2930, 3286)
1997 Ed. (1062, 1064, 3014, 3018, 3022, 3383)
1998 Ed. (2763, 2771)
1999 Ed. (3722, 3731)
2000 Ed. (916, 918, 919, 920, 921, 922, 923, 924, 925, 927, 1143, 1827, 1828, 1829, 1830, 1831, 1832, 1833, 1834, 1835, 1836, 3431, 3433, 3448)
2001 Ed. (2589, 2590, 3668, 3683, 3923)
2002 Ed. (3296, 3619, 3802)
2003 Ed. (3467, 3471, 3761)
2004 Ed. (828, 3787)
2005 Ed. (3905)
2006 Ed. (3590, 3784, 3785, 3978)
2007 Ed. (2185, 2193, 3791, 4017)
2008 Ed. (2322, 3864, 3865, 4044)
2009 Ed. (2295, 2297, 2308, 2309, 2310, 3923)
2010 Ed. (2234, 2240, 3835, 3841)
2011 Ed. (3838)
2012 Ed. (3819)
2013 Ed. (4099)
2015 Ed. (816)
2016 Ed. (732)
University of California at Berkeley
1990 Ed. (1086)
1993 Ed. (804, 923, 924, 1030, 1031, 1621, 1623, 1624, 1626, 1627, 1628, 1629, 1630, 1631, 1632)
1994 Ed. (937, 938, 1654, 1657, 1658, 1659, 1660, 1661, 1663, 1664, 1665)
1995 Ed. (969, 970, 1064, 1071, 1072, 1701, 1704, 1705, 1706,

1707, 1708, 1709, 1710, 1711, 1712, 2422, 2424)
1996 Ed. (837, 946, 947, 1050, 1051, 1683, 1686, 1687, 1688, 1689, 1690, 1691, 1692, 1693, 1694, 2457, 2459, 2461)
1997 Ed. (850, 861, 968, 969, 1068, 1069, 1764, 1768, 1769, 1770, 1771, 1773, 1774, 1775, 1776, 2604, 2606, 2607)
1998 Ed. (548, 559, 712, 713, 809, 811, 1461, 1462, 1463, 1464, 1465, 1466, 1467, 1468, 1469, 2334, 2336, 2337, 2338)
1999 Ed. (969, 972, 974, 975, 978, 980, 1107, 1109, 1238, 1239, 2037, 2038, 2039, 2040, 2041, 2042, 2043, 2044, 2045, 2046, 3158, 3161, 3163, 3164)
University of California at Berkeley, Haas
1994 Ed. (813)
1996 Ed. (847)
University of California at Davis
1996 Ed. (1695)
1997 Ed. (1766)
1998 Ed. (1459)
University of California at Irvine
1999 Ed. (974)
University of California at Irvine Center for Health Education
2008 Ed. (1597)
2009 Ed. (1535)
2010 Ed. (1529)
University of California at Los Angeles
1994 Ed. (937, 938, 1060, 3046)
1995 Ed. (858, 969, 970, 1071, 1072, 3091)
1996 Ed. (849, 946, 947, 1050, 1051, 2458)
1997 Ed. (857, 859, 968, 969, 1068, 1069, 2603, 2606)
1998 Ed. (550, 556, 713, 807, 809, 2335, 2339, 3161)
1999 Ed. (969, 971, 972, 973, 975, 976, 977, 978, 1107, 1109, 1235, 1238, 1239, 3159, 3163, 3328, 3329, 3331, 3335)
University of California at Los Angeles, Anderson
1994 Ed. (814)
1995 Ed. (860)
University of California at Los Angeles Medical Center
1994 Ed. (890, 2090)
University of California at San Diego
1993 Ed. (889)
1994 Ed. (938)
1995 Ed. (970, 1072, 3091)
1996 Ed. (947, 1051, 1685)
1997 Ed. (1067, 1767, 3297)
1998 Ed. (810, 1460, 3046)
1999 Ed. (2036, 3329, 4046)
2000 Ed. (1037, 1146, 3066, 3067)
University of California at San Francisco
1995 Ed. (1073, 3095)
1996 Ed. (1048, 3192)
1997 Ed. (1067, 3297)
1999 Ed. (3327, 3328, 3329, 3330, 3331, 3332, 3333, 3335)
University of California at San Francisco Medical Center
1999 Ed. (2745)
University of California at Santa Barbara
1996 Ed. (949)
1998 Ed. (711)
1999 Ed. (2044)
University of California, Berkeley
2014 Ed. (778)
2015 Ed. (820)
2016 Ed. (1422)
University of California-Berkeley
1989 Ed. (842, 954)
2000 Ed. (1035, 1036, 2907)
2001 Ed. (1054, 1056, 1059, 1061, 1062, 1063, 1065, 1330, 2247, 2249, 2250, 2251, 2252, 2253, 2254, 2255, 2256, 2257, 2258, 3059, 3062, 3064, 3065)
2002 Ed. (873, 875, 877, 878, 881, 882, 884, 886, 887, 888, 890, 891, 895, 897, 900, 1030, 1031, 1033, 1034, 3980, 3984, 3985)
2003 Ed. (788, 4074)
2004 Ed. (810, 820, 821, 823, 2405, 2844)
2005 Ed. (797, 2852)
2006 Ed. (721, 730, 731, 735, 3951, 3957, 3960, 3962)
2007 Ed. (800, 802, 803, 804, 806,

1165, 1181, 2447, 3330)
2008 Ed. (776, 779, 781, 785, 1062, 1089, 2574, 2576, 3431)
2009 Ed. (779, 791, 798, 1033, 1038, 1066, 2585, 2602, 3505)
2010 Ed. (1004, 1014, 1034, 2498, 2505, 3435, 4004)
2011 Ed. (648, 941, 951, 965, 2506, 3420)
2012 Ed. (866, 867, 868)
2015 Ed. (809)
University of California, Berkeley, Haas School of Business
2013 Ed. (756)
University of California-Berkeley, Haas School of Business
2005 Ed. (800)
2006 Ed. (712)
2007 Ed. (808, 810, 814, 815, 816, 817, 819, 821)
2008 Ed. (770, 772, 773, 780, 787, 788, 791, 793, 794, 795, 798, 800)
2009 Ed. (788, 802, 805, 808, 810, 811, 812, 815, 817)
2010 Ed. (722, 723, 725, 726, 728, 734, 737, 741, 742, 744, 745, 746, 748, 749, 750, 751, 754, 756, 757, 759, 760, 761, 763, 764, 766)
2011 Ed. (639, 645, 647, 651, 652, 653, 655, 656, 657, 659, 660, 661, 662, 665, 668, 671, 672, 675, 677, 687, 692, 693, 694, 696)
2012 Ed. (607, 610)
2013 Ed. (750)
University of California-Berkley
2000 Ed. (1147, 1148, 2905)
2003 Ed. (789)
2004 Ed. (828, 3241)
2005 Ed. (801, 1063, 2440)
University of California-Davis
2002 Ed. (3982)
2006 Ed. (713)
2007 Ed. (800)
2008 Ed. (779)
2009 Ed. (793)
2010 Ed. (731, 3616)
University of California, Haas School of Business
2014 Ed. (774)
University of California-Irvine
2001 Ed. (1060)
2002 Ed. (902)
2006 Ed. (735)
2007 Ed. (832)
2012 Ed. (1374)
2013 Ed. (1466)
2014 Ed. (1427)
2015 Ed. (1489)
2016 Ed. (1420)
University of California-Irvine, Henry Samueli School of Engineering
2007 Ed. (2446)
2008 Ed. (2575)
2009 Ed. (2601)
University of California-Irvine, Merage School of Business
2007 Ed. (821)
2010 Ed. (732)
University of California, Los Angeles
2013 Ed. (770)
2014 Ed. (795)
2015 Ed. (838)
2016 Ed. (733)
University of California-Los Angeles
1990 Ed. (1096, 2999)
1993 Ed. (923, 924, 1029, 1030, 1031, 3000)
2000 Ed. (1036, 1144, 1146, 1148, 2903, 2912, 3066, 3067, 3069, 3759)
2001 Ed. (1056, 1057, 1058, 1059, 1061, 1063, 1064, 1066, 3060, 3068, 3252, 3253, 3254, 3258, 3259, 3261)
2002 Ed. (875, 876, 877, 878, 879, 881, 883, 899, 900, 1030, 3982, 3985)
2003 Ed. (788, 794, 4074)
2004 Ed. (820, 1061, 2844)
2005 Ed. (1063, 2852)
2006 Ed. (713, 715, 717, 719)
2007 Ed. (800, 801, 803, 804, 806, 1181, 3329)
2008 Ed. (776, 781, 1062, 1089, 3430)
2009 Ed. (780, 794, 1033, 1038, 1042, 1066, 3709)
2010 Ed. (724, 1004, 1034, 3626)
2011 Ed. (941, 965, 3418)
2012 Ed. (864, 2886, 3434)

2014 Ed. (771)
2015 Ed. (807, 809)
2016 Ed. (727)
University of California-Los Angeles,
Anderson School
2003 Ed. (800)
University of California-Los Angeles,
Anderson School of Business
2005 Ed. (813, 815)
2006 Ed. (722)
2007 Ed. (796, 810)
2009 Ed. (786, 787, 824)
2010 Ed. (733)
2011 Ed. (645, 646, 690)
University of California-Los Angeles,
Anderson School of Management
2009 Ed. (825)
2010 Ed. (742, 744, 746, 752, 770)
2011 Ed. (639, 652, 655, 657, 661,
699)
2012 Ed. (631)
2013 Ed. (748, 750, 752)
University of California-Los Angeles,
David Geffen School of Medicine
2007 Ed. (3953)
2008 Ed. (3983)
2011 Ed. (3975)
University of California, Los Angeles
Medical Center
2016 Ed. (2987, 2989)
University of California-Los Angeles
Medical Center
2004 Ed. (2813)
University of California-Los Angeles,
School of Medicine
2005 Ed. (3835)
2006 Ed. (3903)
University of California Regents
1993 Ed. (3100)
1996 Ed. (3286)
1997 Ed. (3383)
University of California-San Diego
1990 Ed. (1086, 1096, 2999, 3092)
1995 Ed. (1703, 1713)
2000 Ed. (3759)
2001 Ed. (2249, 3254, 3258)
2002 Ed. (3981, 3983, 3984, 3985)
2003 Ed. (4074)
2004 Ed. (2844)
2005 Ed. (3439)
2007 Ed. (1164, 1165)
2008 Ed. (1062, 1065)
2009 Ed. (804, 1038)
2010 Ed. (1004, 1008)
University of California San Diego
Health System
2014 Ed. (1425)
University of California, San Diego
Medical Center
2007 Ed. (2932)
2008 Ed. (3054)
2009 Ed. (3140)
2010 Ed. (3071)
2014 Ed. (3080)
2015 Ed. (3135)
2016 Ed. (2998)
University of California-San Diego Medical Center Hillcrest
2011 Ed. (3047)
2012 Ed. (2984)
University of California, San Francisco
2016 Ed. (1421, 1422)
University of California-San Francisco
2000 Ed. (3065, 3066, 3067, 3068,
3070, 3071, 3072, 3074)
2001 Ed. (3252, 3253, 3254, 3255,
3256, 3258, 3260, 3261)
2002 Ed. (3982)
2003 Ed. (4074)
2004 Ed. (3424)
2005 Ed. (3439, 3440)
2007 Ed. (3468)
2008 Ed. (3640)
2009 Ed. (3709)
2010 Ed. (1013, 3626, 3627, 3768)
2011 Ed. (950, 3627, 3628, 3772)
2012 Ed. (3612)
University of California, San Francisco
Medical Center
1999 Ed. (2728, 2729, 2731, 2732,
2735, 2736, 2741)
2000 Ed. (2511, 2514, 2515, 2517,
2520, 2524)
2002 Ed. (2604, 2609, 2610, 2616)
2003 Ed. (2808, 2812, 2813, 2814,
2816, 2818, 2821, 2823, 2833,
2834)
2004 Ed. (2910, 2912, 2916, 2917,
2918, 2920, 2923, 2924)
2005 Ed. (2896, 2898, 2900, 2902,

2903, 2904, 2906, 2910)
2006 Ed. (2900, 2904, 2909, 2910,
2911, 2913, 2916)
2007 Ed. (2923, 2924, 2928, 2929,
2930, 2932)
2008 Ed. (3042, 3043, 3044, 3046,
3047, 3051, 3053, 3054, 3057)
2009 Ed. (3128, 3130, 3132, 3133,
3137, 3140, 3142)
2010 Ed. (3059, 3060, 3062, 3064,
3065, 3068, 3071, 3073)
2011 Ed. (3030, 3031, 3032, 3033,
3035, 3036, 3040, 3041, 3042,
3043, 3045)
2012 Ed. (2967, 2968, 2971, 2973,
2974, 2976, 2978, 2979, 2981,
2982)
2013 Ed. (3057, 3059, 3062, 3063,
3064, 3065, 3067, 3070, 3072)
2014 Ed. (3061, 3066, 3072)
2015 Ed. (3124, 3126, 3128, 3129,
3130, 3131, 3134, 3137, 3139)
2016 Ed. (2987, 2989, 2992, 2993,
2994, 2997, 3000, 3001, 3002)
University of California-San Francisco,
School of Medicine
2005 Ed. (3835)
2006 Ed. (3903)
University of California-Santa Barbara
2001 Ed. (2256)
University of California System
1995 Ed. (1049)
2003 Ed. (1343, 1351, 1353)
2004 Ed. (1343, 1353, 1356, 1370)
2005 Ed. (1349, 1369, 1391)
2006 Ed. (1357, 1360, 1379)
2007 Ed. (1396, 1399)
2008 Ed. (1349, 1353)
2009 Ed. (1352, 1356)
2010 Ed. (1336, 1340)
2011 Ed. (1325)
2012 Ed. (1191)
University of California-UCLA Medical
Center
1993 Ed. (2074)
1995 Ed. (2145)
1996 Ed. (2156)
1997 Ed. (2271)
1998 Ed. (1993)
1999 Ed. (2749)
University of Cambridge
2010 Ed. (1025, 1035)
2014 Ed. (791)
2015 Ed. (834)
University of Cambridge, Judge Business School
2011 Ed. (680)
2012 Ed. (622)
2013 Ed. (766)
University of Central Florida
1998 Ed. (806)
1999 Ed. (1234)
2000 Ed. (1141)
2002 Ed. (1107)
2007 Ed. (2446)
2008 Ed. (758, 2575, 3639)
2009 Ed. (753, 2601)
2010 Ed. (699, 2504, 3835)
2011 Ed. (2505)
2012 Ed. (2426, 3819)
2016 Ed. (4152)
University of Chicago
1989 Ed. (842)
1990 Ed. (1087, 1088, 1092)
1993 Ed. (794, 796, 797, 798, 923,
924, 1015, 1030, 1031, 2407)
1994 Ed. (806, 807, 808, 818, 937,
938, 1042, 2358)
1995 Ed. (858, 861, 869, 870, 970,
1050, 1072, 2422)
1996 Ed. (837, 838, 839, 849, 1035,
2457, 2458, 2463)
1997 Ed. (850, 851, 852, 860, 2602,
2603)
1998 Ed. (548, 549, 551, 558, 560,
2334)
1999 Ed. (969, 970, 972, 973, 974,
977, 979, 982, 3158, 3331)
2000 Ed. (916, 917, 919, 923, 925,
926, 927, 928, 2903, 2909, 2911)
2001 Ed. (1054, 1055, 1057, 1061,
1063, 1064, 1065, 3059)
2002 Ed. (873, 874, 876, 877, 881,
884, 898, 1031, 1034)
2003 Ed. (789, 1353)
2004 Ed. (828, 829, 1353, 3241)
2005 Ed. (801, 803, 810, 811, 815,
1369, 3266)
2006 Ed. (702, 708, 709, 710, 712,
717, 718, 719, 721, 728, 732, 734,
1360, 2858, 3785)

2007 Ed. (796, 798, 803, 810, 818,
820, 830, 832, 834, 1165, 1399,
3330)
2008 Ed. (770, 776, 780, 788, 1059,
1353, 3431)
2009 Ed. (782, 786, 791, 796, 805,
818, 823, 824, 1034, 1035, 3505)
2010 Ed. (723, 728, 735, 1001, 1014,
1026, 1035, 3435)
2011 Ed. (945, 948, 951, 2957, 3420)
2012 Ed. (864, 2886)
2014 Ed. (768, 778, 794, 795, 4254)
2015 Ed. (807, 808, 809, 820, 821,
837, 838)
2016 Ed. (725, 732, 733)
University of Chicago, Booth School of
Business
2010 Ed. (742, 743, 744, 746, 750,
754)
2011 Ed. (641, 652, 654, 655, 657,
661, 665, 678, 687, 690, 695, 696,
698)
2012 Ed. (606, 607, 609, 613, 630)
2013 Ed. (748, 756, 770)
University of Chicago, Europe Campus
2005 Ed. (811)
University of Chicago Hospital
1990 Ed. (2054)
University of Chicago Hospitals
1994 Ed. (2088)
1995 Ed. (2141)
1996 Ed. (2153)
1997 Ed. (2268)
1998 Ed. (1987)
1999 Ed. (2729, 2732, 2746)
2000 Ed. (2508, 2510, 2511, 2525)
2001 Ed. (2769, 2770, 2771)
2002 Ed. (2600, 2609, 2610, 2618)
2003 Ed. (2805, 2813, 2823)
2004 Ed. (2908, 2913, 2917)
2005 Ed. (2894, 2903)
2006 Ed. (2910)
2007 Ed. (2919, 2929)
2008 Ed. (3042, 3052, 3059)
University of Chicago Medical Center
2009 Ed. (3127, 3128, 3138)
2010 Ed. (3069)
2011 Ed. (3041)
2012 Ed. (2969)
2013 Ed. (3060)
University of Chicago School of Business
1997 Ed. (865)
University of Cincinnati
1999 Ed. (3333)
2000 Ed. (3071)
2001 Ed. (3256)
2004 Ed. (825, 826, 827)
University of Cincinnati Hospital
1997 Ed. (2263)
University of Cincinnati Medical Center
LLC
2015 Ed. (1949)
2016 Ed. (1920)
University of Colorado
1998 Ed. (712, 811, 2336)
1999 Ed. (1107, 1109, 1238, 1239)
2000 Ed. (1035, 1036, 1147, 1148,
3066)
2001 Ed. (1330)
2002 Ed. (1030, 1031, 1033, 1034,
2418, 3981, 3984)
2003 Ed. (2276)
2005 Ed. (2391)
2006 Ed. (2432)
2007 Ed. (809, 2377)
2008 Ed. (1687, 2494)
2009 Ed. (2501)
2010 Ed. (2416)
2011 Ed. (2419)
2012 Ed. (2341)
2013 Ed. (2516)
2014 Ed. (2458)
2015 Ed. (812, 2528)
University of Colorado at Boulder
1995 Ed. (2424)
1996 Ed. (2459)
1997 Ed. (2604)
1999 Ed. (3161)
2000 Ed. (2905)
2002 Ed. (1104)
University of Colorado at Colorado
Springs
2002 Ed. (1104)
University of Colorado at Denver
2002 Ed. (1104)
University of Colorado-Boulder
2001 Ed. (3062)
2004 Ed. (821)
2005 Ed. (798)

2006 Ed. (705)
University of Colorado Credit Union
2002 Ed. (1839, 1852)
2003 Ed. (1909)
2004 Ed. (1939, 1949)
2005 Ed. (2080, 2091)
2006 Ed. (2174, 2186)
2007 Ed. (2107)
University of Colorado-Denver
2004 Ed. (825, 2307)
2006 Ed. (706)
2008 Ed. (3639)
2009 Ed. (801, 3708)
2010 Ed. (740, 3626)
2011 Ed. (3627)
2012 Ed. (611)
2014 Ed. (773)
University of Colorado Federal Credit
Union
2002 Ed. (1855)
University of Colorado Health
2016 Ed. (1517)
University of Colorado Health Sciences
Center
1999 Ed. (3329, 3330, 3333)
2000 Ed. (3068)
2001 Ed. (3255, 3256)
2005 Ed. (3439)
University of Colorado Hospital
2002 Ed. (2617)
2005 Ed. (2906)
2006 Ed. (2913)
2007 Ed. (2931, 2932)
2008 Ed. (3054)
2009 Ed. (3140)
2012 Ed. (2976)
2014 Ed. (3070)
2015 Ed. (3135)
2016 Ed. (2998)
University of Colorado Hospital Authority
2001 Ed. (1673)
2003 Ed. (1655)
2004 Ed. (1684)
2005 Ed. (1742)
2007 Ed. (1668)
2008 Ed. (1690)
2009 Ed. (1613)
2013 Ed. (1566)
University of Colorado Hospital Foundation
2012 Ed. (1435)
University of Colorado Insurance Corp.
1993 Ed. (851)
1994 Ed. (864)
University of Connecticut
2006 Ed. (716)
2007 Ed. (802, 3329)
2008 Ed. (782, 800, 3430)
2010 Ed. (766)
2013 Ed. (751)
2014 Ed. (770)
University of Connecticut Health Center
1994 Ed. (890)
2008 Ed. (1696)
2009 Ed. (1620)
University of Connecticut Research &
Development Corp.
2010 Ed. (1596)
2011 Ed. (1598)
2012 Ed. (1444)
2013 Ed. (1576)
2014 Ed. (1546)
2015 Ed. (1597)
University of Dayton
1993 Ed. (1019)
1996 Ed. (949, 1039)
1997 Ed. (971, 1055)
1998 Ed. (711, 800)
1999 Ed. (1108, 1229)
2000 Ed. (1138)
2001 Ed. (1324)
2008 Ed. (774)
2009 Ed. (790)
2010 Ed. (727)
2011 Ed. (649)
University of Dayton Research Institute
2011 Ed. (4188)
2014 Ed. (4235)
University of Delaware
1990 Ed. (1487)
1995 Ed. (971)
1996 Ed. (948)
1997 Ed. (1065)
1999 Ed. (1106, 1108, 2037)
2000 Ed. (1828)
2001 Ed. (2250)
2002 Ed. (1029, 1032)
University of Denver
2002 Ed. (1104)
2006 Ed. (715, 729, 2431)

2007 Ed. (801, 1164, 2376)
2009 Ed. (785, 786)
2010 Ed. (2415)
2011 Ed. (2418)
2012 Ed. (2340)
2013 Ed. (2515)
2014 Ed. (1538)
2015 Ed. (812, 1590)
University of Denver, Daniels School of
 Business
2006 Ed. (740)
2007 Ed. (815, 826)
University of Edinburgh
2010 Ed. (1025)
2013 Ed. (766)
University of El Valle
1994 Ed. (1906)
University of Evansville
1995 Ed. (1054)
1996 Ed. (1039)
2009 Ed. (1059)
University of Florida
1994 Ed. (889, 1056, 2743)
1995 Ed. (2428)
1996 Ed. (2463)
1997 Ed. (2608)
1998 Ed. (806, 2339)
1999 Ed. (1234, 2044, 2046, 3165)
2000 Ed. (1141, 1836, 2909)
2001 Ed. (2256, 2258, 3066)
2002 Ed. (867, 902, 1107)
2004 Ed. (827)
2006 Ed. (714)
2007 Ed. (1163, 4597)
2008 Ed. (758, 783, 1065)
2009 Ed. (753, 1042, 2586, 2601)
2010 Ed. (699, 761, 764, 766, 1008,
 1013, 2504)
2011 Ed. (947, 950, 2505)
2012 Ed. (857, 863, 864, 871, 2426,
 2886)
2015 Ed. (4222)
University of Florida, Frederic G. Levin
 College of Law
2007 Ed. (3329)
2008 Ed. (3430)
2010 Ed. (3434)
2011 Ed. (3418)
2012 Ed. (3434)
University of Florida Health
2015 Ed. (3255)
University of Florida, Hough Graduate
 School of Business
2010 Ed. (741)
University of Florida; Shands at the
2006 Ed. (2922)
University of Georgia
2006 Ed. (716, 1071, 4203)
2007 Ed. (802, 1163)
2008 Ed. (782, 1065)
2009 Ed. (795, 1033, 1042)
2010 Ed. (1008, 1014)
2011 Ed. (947, 951)
2012 Ed. (863)
University of Georgia, Terry
1993 Ed. (804)
1994 Ed. (817)
University of Georgia, Terry College of
 Business
2010 Ed. (734)
University of Georgia, Terry School of
 Business
2008 Ed. (792, 800)
2009 Ed. (809, 817)
2010 Ed. (758, 762, 766)
2011 Ed. (669, 677)
University of Guam
2005 Ed. (1367)
University of Guelph
2007 Ed. (1166, 1167, 1170, 1171,
 1172, 1173, 1174, 1175)
2008 Ed. (1070, 1071, 1074, 1075,
 1076, 1077, 1082)
2009 Ed. (1047, 1048, 1050, 1051,
 1052, 1056, 1067)
2010 Ed. (1017, 1018, 1020, 1021,
 1022)
2011 Ed. (953, 955, 956, 957)
2012 Ed. (872, 873, 875, 876, 877)
University of Hartford
2015 Ed. (813)
University of Hawaii
2013 Ed. (1681)
2014 Ed. (1633)
2015 Ed. (1682)
2016 Ed. (1627)
University of Hawaii Credit Union
2002 Ed. (1861)
2003 Ed. (1915)
2004 Ed. (1955)

2005 Ed. (2097)
2006 Ed. (2192)
2007 Ed. (2113)
2008 Ed. (2228)
2009 Ed. (2212)
2010 Ed. (2166)
2011 Ed. (2185)
2012 Ed. (2045)
2013 Ed. (2227)
2014 Ed. (2159)
2015 Ed. (2223)
2016 Ed. (2194)
University of Hawaii Foundation
2007 Ed. (1751)
2013 Ed. (1674)
2016 Ed. (1619)
University of Hawaii System
2006 Ed. (1745)
2007 Ed. (1754)
2008 Ed. (1782)
2009 Ed. (1723)
2010 Ed. (1671)
2011 Ed. (1680)
2012 Ed. (1531, 1541)
University of Hong Kong
1997 Ed. (2393)
1999 Ed. (2886)
2001 Ed. (2882)
2010 Ed. (1036)
2011 Ed. (684)
2013 Ed. (759)
2014 Ed. (782)
2015 Ed. (824)
University of Houston
1990 Ed. (2053)
1993 Ed. (1028, 1897)
1994 Ed. (889, 1055, 1056)
1995 Ed. (1063, 2425)
1996 Ed. (2460, 2462)
1997 Ed. (968, 969, 1068, 1069,
 2605, 2606)
1998 Ed. (2337)
1999 Ed. (3162, 3163)
2000 Ed. (2906, 2907)
2001 Ed. (3063, 3064)
2005 Ed. (799)
2006 Ed. (706)
2009 Ed. (790)
2010 Ed. (727)
2011 Ed. (649, 3419)
University of Houston, Bauer College of
 Business
2009 Ed. (785)
University of Houston-Clear Lake
2008 Ed. (3639)
2012 Ed. (611, 879)
2014 Ed. (773)
2015 Ed. (815)
University of Houston, University Park
2001 Ed. (3068)
University of Houston-Victoria
2008 Ed. (778)
2009 Ed. (792)
University of Houston, Victoria School of
 Business Administration
2010 Ed. (730, 739)
University of Idaho Regents
2001 Ed. (804)
University of Illinois
1997 Ed. (1063)
2000 Ed. (917, 1826, 1828, 1829,
 1830, 1831, 1832, 1833, 1835,
 1836)
2002 Ed. (885, 886, 892)
2011 Ed. (3626)
2012 Ed. (3819)
University of Illinois at Chicago
1990 Ed. (1086)
2002 Ed. (899)
University of Illinois at Chicago Medical
 Center
1996 Ed. (2153)
1997 Ed. (2268)
1998 Ed. (1987)
1999 Ed. (2746)
2000 Ed. (2525)
2001 Ed. (2770)
University of Illinois at Urbana-
 Champaign
1993 Ed. (797, 1621, 1623, 1624,
 1626, 1627, 1628, 1629, 1630,
 1632)
1994 Ed. (807, 1058, 1654, 1658,
 1659, 1660, 1661, 1663, 1664,
 1665, 1713, 1900)
1995 Ed. (870, 1701, 1705, 1706,
 1707, 1708, 1710, 1711, 1712,
 1713)
1996 Ed. (838, 1683, 1687, 1688,

1689, 1690, 1692, 1693, 1694,
 1695)
1997 Ed. (851, 968, 1068, 1764,
 1766, 1769, 1770, 1771, 1772,
 1774, 1775, 1776, 2632)
1998 Ed. (549, 1459, 1462, 1463,
 1464, 1465, 1467, 1468, 1469,
 3161)
1999 Ed. (970, 2035, 2037, 2038,
 2039, 2040, 2041, 2042, 2044,
 2045, 2046)
2000 Ed. (1035, 1147)
University of Illinois-Chicago
2004 Ed. (824, 825, 826, 827)
2006 Ed. (706)
2008 Ed. (774, 3637)
2009 Ed. (780, 3700)
2010 Ed. (724, 1013, 3616, 3768)
2011 Ed. (950, 3618, 3772)
2012 Ed. (3612)
University of Illinois-Urbana-Champaign
2001 Ed. (1055, 1330, 2247, 2248,
 2250, 2251, 2252, 2253, 2254,
 2256, 2257, 2258)
2002 Ed. (874, 1033, 3980, 3981,
 3983)
2004 Ed. (2405, 2669)
2005 Ed. (2440)
2006 Ed. (714)
2007 Ed. (818, 1163, 2447)
2008 Ed. (789, 792, 1062, 2574,
 2576)
2009 Ed. (806, 809, 1038, 2585,
 2602, 3520)
2010 Ed. (729, 743, 755, 757, 758,
 766, 1004, 1031, 2498, 2505, 3449,
 3450)
2011 Ed. (654, 666, 669, 2506, 3449,
 3450)
2012 Ed. (865, 871, 2427)
University of Iowa
1999 Ed. (3330, 3334)
2000 Ed. (2908, 3072, 3073)
2001 Ed. (3253, 3255, 3257)
2002 Ed. (901)
2005 Ed. (3439)
2006 Ed. (725, 3960)
2009 Ed. (778, 779)
2010 Ed. (3626)
2011 Ed. (3627)
University of Iowa Community
2000 Ed. (1624)
University of Iowa Community Credit
 Union
2002 Ed. (1865)
2003 Ed. (1919)
2004 Ed. (1959)
2005 Ed. (2101)
2006 Ed. (2196)
2007 Ed. (2117)
2009 Ed. (2217)
2010 Ed. (2171)
2011 Ed. (2189)
2012 Ed. (2049)
2013 Ed. (2231)
2014 Ed. (2163)
2015 Ed. (2227)
2016 Ed. (2198)
University of Iowa Hospital
1995 Ed. (2143)
University of Iowa Hospitals & Clinics
1999 Ed. (2736, 2737, 2738)
2000 Ed. (2515, 2516, 2517)
2001 Ed. (1752)
2002 Ed. (2605, 2613, 2614)
2003 Ed. (1722, 2809, 2817, 2818)
2004 Ed. (1759, 2913, 2921, 2922)
2005 Ed. (1826, 2899, 2907, 2908)
2006 Ed. (1811, 2905, 2906, 2914)
2007 Ed. (1818, 2924, 2925, 2933)
2008 Ed. (3047, 3048, 3055)
2009 Ed. (3133, 3141)
2010 Ed. (3065, 3072)
2011 Ed. (3036, 3037, 3044)
2012 Ed. (2974, 2975, 2980)
2013 Ed. (3065, 3071)
2014 Ed. (3067, 3073)
2015 Ed. (3132)
2016 Ed. (2995, 3001)
University of Iowa, Tippie College of
 Business
2010 Ed. (729)
University of Iowa, Tippie School of
 Management
2010 Ed. (733)
University of Kansas
1993 Ed. (889)
2007 Ed. (3462)
2010 Ed. (1014)
2011 Ed. (951)

University of Kansas Hospital
2012 Ed. (2988)
2013 Ed. (3078)
University of Kansas Hospital Authority
2004 Ed. (1766)
2005 Ed. (1832)
2006 Ed. (1837)
2007 Ed. (1842)
2008 Ed. (1876)
2009 Ed. (1830)
2010 Ed. (1771)
2011 Ed. (1783)
2012 Ed. (1639)
2013 Ed. (1796)
University of Kansas Medical Center
2012 Ed. (611)
University of Kentucky
2009 Ed. (3144)
2010 Ed. (1013)
2011 Ed. (950)
University of Kentucky Credit Union
2002 Ed. (1867)
2003 Ed. (1921)
2004 Ed. (1961)
2005 Ed. (2103)
2006 Ed. (2198)
2007 Ed. (2119)
2008 Ed. (2234)
2009 Ed. (2219)
2010 Ed. (2173)
2011 Ed. (2191)
2012 Ed. (2051)
2013 Ed. (2233)
2014 Ed. (2165)
2015 Ed. (2229)
2016 Ed. (2200)
University of Kentucky Hospital
2001 Ed. (1772)
2003 Ed. (1732)
2005 Ed. (1835)
2006 Ed. (1840)
2007 Ed. (1845)
2008 Ed. (1881)
2009 Ed. (1836)
University of Kentucky Hospital Auxiliary
 Inc.
2010 Ed. (1777)
2011 Ed. (1790)
University of La Verne
2000 Ed. (930)
2003 Ed. (800)
2011 Ed. (699)
2012 Ed. (631)
2014 Ed. (771)
University of Laval
2007 Ed. (1169, 1179, 3469, 3473)
2008 Ed. (1073, 1078, 1079, 3636,
 3641, 3642, 4279)
2009 Ed. (1054, 1068, 4391)
2010 Ed. (1021, 1023, 3432)
2011 Ed. (958, 959, 3416)
2012 Ed. (876, 878, 3430, 3432,
 3630)
University of LaVerne
2009 Ed. (825)
University of Leicester
2011 Ed. (691)
University of Lethbridge
2008 Ed. (1083)
2009 Ed. (1049, 1069)
2010 Ed. (1019)
2011 Ed. (954)
2012 Ed. (874)
University of London
2006 Ed. (726, 727)
2007 Ed. (812, 813)
University of Louisiana-Lafayette
2010 Ed. (3767)
University of Louisville
2004 Ed. (825, 827)
2008 Ed. (771)
2014 Ed. (773)
University of Maine Credit Union
2002 Ed. (1869)
2003 Ed. (1923)
2004 Ed. (1963)
2005 Ed. (2105)
University of Manchester
2007 Ed. (812)
2010 Ed. (1025)
2015 Ed. (4222)
University of Manitoba
2002 Ed. (903, 904)
2008 Ed. (1074, 3642)
2010 Ed. (3433)
2011 Ed. (958)
University of Manitoba, Asper School of
 Business
2004 Ed. (838)
University of Mary Washington

2008 Ed. (1087)
2009 Ed. (1061)
2010 Ed. (1029)
University of Maryland
1993 Ed. (926)
1998 Ed. (712, 811, 2335, 2336)
1999 Ed. (3159, 3161, 3162)
2000 Ed. (929, 2903, 2905, 2906)
2001 Ed. (2488, 3060, 3062, 3063)
2004 Ed. (2669)
2009 Ed. (799)
2010 Ed. (738)
2011 Ed. (650, 691, 3419)
2012 Ed. (2427)
University of Maryland at Baltimore
1995 Ed. (2423, 2425)
1996 Ed. (2458, 2459, 2460)
1997 Ed. (2603, 2604, 2605)
University of Maryland at College Park
1996 Ed. (946, 1050)
1997 Ed. (968, 1068)
1999 Ed. (1107, 1238, 2035, 2036)
University of Maryland-Baltimore
2010 Ed. (1013, 3768)
2011 Ed. (950, 3772)
University of Maryland-College Park
1993 Ed. (923, 1030)
1994 Ed. (937, 939)
2001 Ed. (1060)
2002 Ed. (880)
2004 Ed. (820, 822, 823)
2005 Ed. (797)
2006 Ed. (704)
2008 Ed. (778)
2010 Ed. (1008, 3450)
2011 Ed. (947, 3450)
2012 Ed. (863, 871)
2014 Ed. (2117)
University of Maryland-College Park,
Smith School of Business
2010 Ed. (747, 756, 762, 765)
2011 Ed. (658)
University of Maryland Medical Center
1994 Ed. (1901)
2009 Ed. (3148)
2010 Ed. (3079)
2014 Ed. (3065)
University of Maryland Medical System
2016 Ed. (1763)
University of Maryland Medical System
Corp.
2001 Ed. (1786)
2003 Ed. (1751, 2834, 2836)
2004 Ed. (1788)
2005 Ed. (1853)
2006 Ed. (1862)
2007 Ed. (1867)
2008 Ed. (1902)
2009 Ed. (1865)
University of Maryland, Smith School of
Business
2006 Ed. (722, 740)
2007 Ed. (796)
2011 Ed. (640)
University of Marymount-College Park
2007 Ed. (799)
University of Massachusetts
1990 Ed. (2053)
1995 Ed. (969, 1071)
2001 Ed. (2488)
2004 Ed. (2669)
2012 Ed. (3771)
2013 Ed. (3836)
University of Massachusetts-Amherst
2004 Ed. (822)
2006 Ed. (719, 720)
2007 Ed. (804, 805)
2008 Ed. (779, 783, 784, 785)
2009 Ed. (793, 1065)
2010 Ed. (1033)
2011 Ed. (964)
University of Massachusetts at Worcester
2000 Ed. (3072)
University of Massachusetts-Boston
2010 Ed. (1031)
University of Massachusetts, Isenberg
School of Management
2009 Ed. (783)
2010 Ed. (731)
University of Massachusetts Memorial
Health Care
2003 Ed. (2836)
University of Massachusetts-Worcester
2001 Ed. (3253)
2005 Ed. (3439)
2010 Ed. (3626)
2011 Ed. (3627)
University of Medicine & Dentistry of
New Jersey

2008 Ed. (3983)
2009 Ed. (4054)
2011 Ed. (3975)
2012 Ed. (2756)
2013 Ed. (2836)
University of Melbourne
2002 Ed. (1103, 3964)
2004 Ed. (1060, 4100)
2010 Ed. (1015)
2011 Ed. (684)
University of Memphis
2006 Ed. (714)
2012 Ed. (611)
University of Miami
1993 Ed. (889)
1995 Ed. (2428)
1996 Ed. (2463)
1997 Ed. (2608)
1998 Ed. (805, 2339)
1999 Ed. (1233, 3165, 3328)
2000 Ed. (929, 1142, 2515, 2909,
2912)
2001 Ed. (1066, 3066, 3068)
2002 Ed. (867, 1106, 2614)
2003 Ed. (2818, 2836)
2004 Ed. (2922)
2006 Ed. (3019)
2007 Ed. (826, 3052, 3329)
2008 Ed. (758, 3166, 3172, 3177,
3178, 3179, 3180, 3181, 3430)
2009 Ed. (753, 3504)
2010 Ed. (699, 3434)
2011 Ed. (651, 3418)
2012 Ed. (612, 3434)
2013 Ed. (754)
2014 Ed. (774, 3067)
2015 Ed. (816, 3132)
2016 Ed. (1572)
University of Miami Bascom Palmer Eye
Institute
1999 Ed. (2736)
University of Miami, Jackson Memorial
Hospital
1999 Ed. (2728, 2735)
2003 Ed. (2822, 2832, 2833)
University of Miami, Leonard M. Miller
School of Medicine
2008 Ed. (3637)
2009 Ed. (3700)
2010 Ed. (3616)
2011 Ed. (3618)
2012 Ed. (3612)
University of Miami, School of Business
2005 Ed. (800)
2006 Ed. (724)
University of Miami, School of Business
Administration
2007 Ed. (808)
2008 Ed. (787)
2009 Ed. (802)
University of Michigan
1989 Ed. (958)
1990 Ed. (856, 1096, 2999)
1993 Ed. (795, 796, 802, 806, 1029,
1621, 1622, 1626, 1628, 1629,
1631, 2407, 3000)
1994 Ed. (806, 810, 811, 818, 1060,
1654, 1655, 1660, 1661, 1662,
1664, 1665, 1713, 2358, 2743,
3046)
1995 Ed. (858, 859, 862, 864, 866,
1073, 1701, 1702, 1707, 1708,
1709, 1712, 2422, 3091, 3095)
1997 Ed. (855, 858, 862, 864, 1065,
1067, 1764, 1765, 1771, 1772,
1773, 1775, 1776, 2602, 2603,
2607, 2632, 3297)
1998 Ed. (552, 555, 560, 810, 1458,
1464, 1465, 1466, 1468, 1469,
2334, 2335, 2338, 3046)
1999 Ed. (2036, 2038, 2039, 2040,
2041, 2042, 2043, 2044, 2045,
2046, 4046)
2000 Ed. (916, 917, 918, 919, 920,
921, 922, 923, 924, 925, 926, 927,
928, 1146, 1826, 1827, 1829, 1830,
1831, 1832, 1833, 1834, 1835,
1836, 2908, 2911, 3069, 3070,
3759)
2001 Ed. (2229)
2002 Ed. (885, 886, 887, 890, 891,
892, 893, 895, 896, 2349, 3980,
3981, 3982, 3985)
2003 Ed. (788, 793, 4074)
2004 Ed. (812, 813, 814, 815, 816,
817, 818, 829)
2005 Ed. (804, 809)
2006 Ed. (717, 719, 730, 731, 737,
738, 3785, 3948, 3957)
2007 Ed. (827, 828, 832, 834, 1165)

2008 Ed. (3864)
2009 Ed. (801, 823, 1646)
2010 Ed. (740, 1026)
2011 Ed. (638, 648, 3838, 4198)
2012 Ed. (611, 614, 867, 868, 871,
879)
2013 Ed. (1861)
2014 Ed. (773, 1788, 1792)
2015 Ed. (807, 808, 809, 821, 1830,
4238)
University of Michigan-Ann Arbor
1989 Ed. (842)
1990 Ed. (1092)
1999 Ed. (3164)
2001 Ed. (1054, 1055, 1056, 1057,
1058, 1059, 1061, 1062, 1063,
1064, 1065, 1066, 2247, 2248,
2249, 2251, 2252, 2253, 2254,
2255, 2256, 2257, 2258, 3059,
3060, 3065, 3066, 3067, 3255,
3259, 3260, 3261)
2002 Ed. (873, 874, 875, 876, 878,
879, 880, 881, 882, 883, 884)
2003 Ed. (789)
2004 Ed. (1061, 2405, 3241, 3424)
2005 Ed. (801, 1063, 2440, 3266,
3440)
2007 Ed. (803, 1181, 2447, 3330)
2008 Ed. (772, 776, 779, 789, 791,
793, 794, 795, 797, 1062, 1089,
2574, 2576, 3431, 3639, 3640)
2009 Ed. (788, 791, 806, 808, 810,
811, 812, 1033, 1038, 1066, 2585,
2602, 3505)
2010 Ed. (725, 1004, 1013, 1014,
1034, 2498, 2499, 2505, 3435,
3450, 3768)
2011 Ed. (647, 668, 670, 671, 672,
674, 950, 951, 2506, 3420, 3450,
3628, 3772)
2012 Ed. (610)
2014 Ed. (768)
2016 Ed. (725)
University of Michigan-Ann Arbor, Ross
School of Business
2010 Ed. (723, 732, 742, 743, 744,
748, 749, 750, 751, 752, 755, 757,
759, 760, 761, 762, 763, 764)
2011 Ed. (641, 645, 652, 653, 654,
655, 659, 660, 661, 662, 663, 664,
692, 693, 694)
2012 Ed. (607)
University of Michigan at Ann Arbor
1996 Ed. (842, 845, 848, 849, 1048,
1683, 1684, 1689, 1690, 1691,
1694, 2457, 2461, 3192)
1999 Ed. (969, 970, 971, 973, 974,
975, 977, 979, 1237, 2035, 3158,
3327, 3331, 3332)
University of Michigan C. S. Mott Children's Hospital
2012 Ed. (2959)
2013 Ed. (3047)
University of Michigan-Dearborn
2011 Ed. (2504)
University of Michigan Health System
2000 Ed. (2526)
2001 Ed. (2229, 2772)
2002 Ed. (2619)
2009 Ed. (1646)
University of Michigan Health Systems
1998 Ed. (1988)
University of Michigan Hospitals
1990 Ed. (2055)
1993 Ed. (2072)
1995 Ed. (2142)
1996 Ed. (2154)
1997 Ed. (2263, 2269)
University of Michigan Hospitals &
Health Centers
2006 Ed. (2918)
2008 Ed. (3059)
2009 Ed. (3144)
2010 Ed. (3075)
2012 Ed. (2980)
2013 Ed. (3071)
University of Michigan Hospitals &
Health System
2008 Ed. (3055)
2009 Ed. (3141)
2010 Ed. (3061, 3069, 3072)
University of Michigan Medical Center
1999 Ed. (2738, 2742, 2743, 2745)
2000 Ed. (2512, 2517, 2522)
2002 Ed. (2602, 2607, 2610, 2613)
2003 Ed. (2806, 2814, 2817, 2821,
2831, 2834, 2835)
2004 Ed. (2908, 2909, 2920, 2921,
2924)

2005 Ed. (2894, 2895, 2906, 2907,
2910)
2006 Ed. (2900, 2901, 2913, 2914)
2007 Ed. (2919, 2920, 2927, 2933)
University of Michigan Medical School
2016 Ed. (2834)
University of Michigan, Michigan Business School
2006 Ed. (724)
University of Michigan Physicians
2015 Ed. (2913)
University of Michigan, Ross School of
Business
2006 Ed. (702, 707, 709, 710, 711,
727, 728)
2007 Ed. (795, 796, 797, 808, 814,
815, 816, 817, 823, 824)
2008 Ed. (770, 773)
2009 Ed. (789, 824)
2010 Ed. (722, 726, 728, 737)
2011 Ed. (688, 689, 690)
2013 Ed. (748, 750)
University of Minnesota
1989 Ed. (1477)
1990 Ed. (1094, 1095, 1096, 2999)
1993 Ed. (926, 1029, 3000)
1994 Ed. (939, 1060, 1657, 2743,
3046)
1995 Ed. (865, 971, 1066, 1073,
1704, 3091, 3095)
1996 Ed. (948, 949, 1048, 3192)
1997 Ed. (853, 862, 970, 971, 1067,
1768, 3297)
1998 Ed. (554, 710, 711, 810, 1461,
3046)
1999 Ed. (1106, 1108, 1237, 4046)
2000 Ed. (922, 1034, 1037, 1146,
1828, 1835, 3759)
2001 Ed. (850)
2002 Ed. (894, 1029, 1032, 3982)
2006 Ed. (3784, 3957, 3961)
2007 Ed. (829)
2010 Ed. (1013, 3626)
2011 Ed. (950, 1858)
2012 Ed. (865, 866, 1713)
2013 Ed. (1870)
2014 Ed. (1802)
University of Minnesota Amplatz Children's Hospital
2012 Ed. (2964)
University of Minnesota at Duluth
1999 Ed. (3334)
University of Minnesota at Twin Cities
1993 Ed. (799, 1632)
1996 Ed. (1686)
1999 Ed. (974, 976, 2037, 2045)
University of Minnesota at Twin Cities,
Carlson
1996 Ed. (840)
University of Minnesota, Carlson School
of Business
2007 Ed. (796)
University of Minnesota-Duluth
2000 Ed. (3073)
2001 Ed. (3257)
2005 Ed. (3439)
University of Minnesota-Morris
2008 Ed. (1061)
University of Minnesota-Twin Cities
2001 Ed. (1060, 2250, 2257, 3255)
2002 Ed. (880)
2004 Ed. (825)
2014 Ed. (772)
2015 Ed. (814)
University of Minnesota-Twin Cities,
Carlson School of Business
2008 Ed. (796)
2009 Ed. (813)
2010 Ed. (747, 762)
2011 Ed. (658, 673)
2012 Ed. (633)
University of Minnesota-Twin Cities,
Carlson School of Management
2013 Ed. (753)
University of Mississippi
2006 Ed. (4203)
2008 Ed. (768)
2009 Ed. (778)
University of Mississippi Medical Center
2006 Ed. (1893)
2007 Ed. (1886)
2008 Ed. (1941)
2009 Ed. (1901, 3144)
2010 Ed. (1837)
2011 Ed. (1868)
2012 Ed. (1724)
2014 Ed. (1818, 1820)
2015 Ed. (1858, 1860)
2016 Ed. (1817, 1819)
University of Missouri

2000 Ed. (3068)
2006 Ed. (3960, 3961)
2010 Ed. (740)
2011 Ed. (964)
2012 Ed. (611, 879, 4006)
2013 Ed. (4072)
2014 Ed. (4082)
University of Missouri at Columbia
1999 Ed. (3160, 3330)
University of Missouri at Kansas City
1993 Ed. (889)
University of Missouri-Columbia
2000 Ed. (2904)
2001 Ed. (3061, 3255)
2005 Ed. (3439)
2006 Ed. (3957)
University of Missouri Hospital North
2002 Ed. (2455)
University of Missouri-Kansas City
2011 Ed. (942)
University of Montana
2009 Ed. (1043)
2010 Ed. (1009)
University of Montreal
2007 Ed. (1169, 1171, 1179, 3469, 3473)
2008 Ed. (1073, 1074, 1079, 3636, 3641, 3642)
2009 Ed. (1053, 1054, 1068, 3699, 4391)
2010 Ed. (1016, 1023, 1024, 3432)
2011 Ed. (958, 959, 3416)
2012 Ed. (878, 3430, 3432, 3630)
University of Navarra, IESE Business School
2011 Ed. (688, 689, 694)
University of Nebraska
2011 Ed. (641, 645)
University of Nebraska Credit Union
2016 Ed. (2212)
University of Nebraska Medical Center
2003 Ed. (2823, 2832)
University of Nebraska-Omaha
2011 Ed. (3449)
University of Nevada
2009 Ed. (787)
2011 Ed. (646)
University of Nevada, Las Vegas
2016 Ed. (1845)
University of Nevada-Las Vegas
1990 Ed. (2053)
University of Nevada-Reno
2013 Ed. (750)
University of New Brunswick
1993 Ed. (807)
2003 Ed. (790, 792)
2004 Ed. (835)
2007 Ed. (1167)
2008 Ed. (1071, 1081, 1082)
2009 Ed. (1048, 1055, 1056, 1067)
2010 Ed. (1018, 1024)
2011 Ed. (953)
2012 Ed. (873, 3433)
University of New Brunswick, St. John
2002 Ed. (905)
2003 Ed. (790, 792)
University of New England
1994 Ed. (1048)
1995 Ed. (1056)
University of New Hampshire
2006 Ed. (725)
University of New Hampshire, Whittemore School of Business and Economics
1989 Ed. (839)
University of New Haven
2013 Ed. (751)
University of New Mexico
1996 Ed. (2458)
1997 Ed. (2603)
1998 Ed. (2335)
1999 Ed. (3159, 3330, 3334)
2000 Ed. (2903, 3068, 3072, 3073)
2001 Ed. (3060, 3068, 3255, 3257)
2002 Ed. (900)
2003 Ed. (788)
2007 Ed. (3462)
2008 Ed. (2575, 3430, 3637)
2009 Ed. (2601, 3504, 3700)
2010 Ed. (2504, 3434, 3616)
2011 Ed. (2505, 3418, 3618)
2012 Ed. (2426, 3434, 3612)
2015 Ed. (816)
University of New Mexico, Anderson School of Management
2011 Ed. (651)
2012 Ed. (612)
2013 Ed. (754)
2014 Ed. (774)
University of New Mexico, Graduate

School of Management
2005 Ed. (800)
2006 Ed. (724)
University of New Mexico Hospitals
2014 Ed. (3106)
2015 Ed. (3148)
2016 Ed. (3003)
University of New Mexico, Robert O. Anderson School of Management
2007 Ed. (808)
University of New South Wales
2002 Ed. (1103)
2004 Ed. (1060, 4100)
2010 Ed. (1015)
University of North Carolina
1990 Ed. (856)
1993 Ed. (806)
1994 Ed. (818, 1713)
2002 Ed. (886)
2006 Ed. (731, 3948)
2011 Ed. (3838)
2012 Ed. (611)
2014 Ed. (773)
2015 Ed. (810)
University of North Carolina-Asheville
2008 Ed. (1061)
University of North Carolina at Chapel Hill
1997 Ed. (2632)
1999 Ed. (982, 3330, 3334)
2001 Ed. (1066)
University of North Carolina-Chapel Hill
2000 Ed. (1833, 3068, 3072, 3073)
2001 Ed. (2254, 3253, 3255, 3257)
2002 Ed. (876)
2003 Ed. (788, 794, 795, 796, 797)
2004 Ed. (830)
2005 Ed. (797, 798, 3439)
2006 Ed. (704, 705, 715, 720, 723, 725, 3957)
2007 Ed. (801, 1163)
2008 Ed. (781, 1062, 1065, 3639)
2009 Ed. (780, 797, 800, 801, 1033, 1038, 1042, 1065, 3708)
2010 Ed. (724, 740, 1004, 1008, 1013, 3450, 3626, 3768)
2011 Ed. (941, 947, 950, 3450, 3627, 3772)
2012 Ed. (863, 879)
University of North Carolina-Chapel Hill, Kenan-Flagler School of Business
2005 Ed. (800, 803, 810, 813, 814, 815)
2006 Ed. (724)
2007 Ed. (795, 814, 833, 834)
2008 Ed. (772, 794, 795)
2009 Ed. (788, 811, 812, 824)
2010 Ed. (725, 732, 736, 739, 756, 757, 760, 761, 763)
2011 Ed. (639, 647, 651, 654, 655, 671, 672, 692)
2012 Ed. (608, 610)
University of North Carolina Hospitals
2001 Ed. (1821)
2003 Ed. (2807, 2822, 2823)
University of North Dakota
1999 Ed. (3334)
2000 Ed. (3073)
2001 Ed. (3257)
2008 Ed. (774)
2009 Ed. (790)
2011 Ed. (942)
University of North Florida
1998 Ed. (806)
2000 Ed. (1141)
2002 Ed. (1107)
University of North Texas
1994 Ed. (896, 1057)
2005 Ed. (799)
2006 Ed. (706)
2009 Ed. (1063, 3520)
2010 Ed. (3449)
2011 Ed. (3449)
University of North Texas Health Science Center
2007 Ed. (3462)
University of Northern British Columbia
2007 Ed. (1168)
2008 Ed. (1072)
2009 Ed. (1049, 1069)
2010 Ed. (1019)
2011 Ed. (954)
2012 Ed. (874)
University of Northern Colorado
2002 Ed. (1104)
2008 Ed. (2409)
University of Notre Dame
1995 Ed. (3189)
1996 Ed. (2464)
1997 Ed. (2609)

1998 Ed. (2340, 3161)
1999 Ed. (3166)
2000 Ed. (2910)
2001 Ed. (1317, 2488, 3067)
2004 Ed. (830, 832, 2669)
2005 Ed. (2852)
2006 Ed. (725, 2858)
2007 Ed. (2268)
2010 Ed. (2315)
2011 Ed. (648, 693)
2015 Ed. (810)
University of Notre Dame, Mendoza School of Business
2006 Ed. (707)
2007 Ed. (795, 797, 815, 829)
2008 Ed. (773, 777)
2009 Ed. (789)
2010 Ed. (726, 755)
2011 Ed. (653, 692, 694)
2012 Ed. (608)
University of Oklahoma
1994 Ed. (1666)
1996 Ed. (948)
1997 Ed. (970)
1998 Ed. (710)
1999 Ed. (1106, 2047)
2000 Ed. (1034, 1837)
2001 Ed. (2259)
2006 Ed. (3952, 3957, 3961)
2009 Ed. (2601)
2010 Ed. (727)
2011 Ed. (4012, 4185)
2012 Ed. (4006, 4007)
2013 Ed. (4072, 4073)
2014 Ed. (4082, 4083)
2015 Ed. (4066, 4067)
2016 Ed. (3973, 3974)
University of Ontario Institute of Technology
2011 Ed. (959)
University of Oregon
1996 Ed. (2459)
1998 Ed. (2336)
1999 Ed. (3161)
2004 Ed. (824, 826, 827, 1061)
2005 Ed. (799, 1063)
2006 Ed. (706, 3960)
2007 Ed. (802)
2008 Ed. (782)
2009 Ed. (795, 1066)
2011 Ed. (965)
University of Otago
2010 Ed. (1015)
University of Ottawa
2002 Ed. (905)
2003 Ed. (791)
2008 Ed. (1074, 1078, 3642, 4279)
2009 Ed. (1068, 3699, 3710, 4391)
2010 Ed. (3432, 3433, 3628)
2011 Ed. (3416, 3417, 3629)
2012 Ed. (3430, 3431, 3432, 3433, 3630)
2015 Ed. (830)
2016 Ed. (728)
University of Oxford
1994 Ed. (1906)
2010 Ed. (1025, 1035)
2014 Ed. (780)
2016 Ed. (724, 726)
University of Oxford (England)
1995 Ed. (1933)
University of Oxford, Said Business School
2007 Ed. (811)
University of Pennsylvania
1989 Ed. (1477, 1610)
1990 Ed. (1094, 2059)
1993 Ed. (924, 926, 1031, 2407)
1994 Ed. (938, 1713)
1995 Ed. (858, 969, 970, 1063, 1066, 1071, 1072, 2422)
1996 Ed. (837, 947, 1051)
1997 Ed. (850, 851, 852, 854, 855, 857, 860, 861, 862, 969, 1063, 1069, 2602)
1998 Ed. (548, 549, 550, 551, 552, 553, 555, 558, 559, 560, 712, 713, 809, 811)
1999 Ed. (969, 970, 971, 972, 973, 974, 975, 976, 977, 978, 979, 982, 1228, 2036, 3158, 3327, 3329, 3331, 3332, 3333, 3335, 3819)
2000 Ed. (916, 917, 918, 919, 920, 921, 922, 923, 924, 926, 927, 928, 931, 1035, 1036, 1137, 1147, 1148, 1827, 3065, 3067, 3069, 3070, 3071, 3074, 3539)
2001 Ed. (1054, 1055, 1056, 1057, 1058, 1059, 1060, 1061, 1062, 1064, 1065, 1319, 2249, 3252,

3254, 3256, 3258, 3259, 3260, 3261)
2002 Ed. (873, 874, 875, 876, 877, 878, 879, 880, 881, 882, 883, 884, 885, 886, 887, 888, 889, 890, 891, 892, 893, 895, 896, 897, 1030, 1031, 1034, 3982)
2003 Ed. (789, 794, 796)
2004 Ed. (828, 829, 1061, 3241, 3424, 4661)
2005 Ed. (801, 1063, 3266, 3440)
2006 Ed. (721, 730, 732, 734, 736, 739, 2337, 3019)
2007 Ed. (806, 1181, 2848, 3052, 3330, 3468)
2008 Ed. (181, 776, 783, 785, 1059, 1064, 3166, 3169, 3176, 3181, 3431, 3640)
2009 Ed. (778, 791, 798, 1035, 1041, 1058, 1066, 2403, 3505, 3708, 3709, 3827)
2010 Ed. (1001, 3435, 3627, 3768)
2011 Ed. (648, 945, 946, 3420, 3627, 3628, 3772)
2012 Ed. (614, 860, 862, 879, 2211, 3089)
2013 Ed. (3170)
2014 Ed. (768, 778, 794, 795, 3211, 4115, 4117)
2015 Ed. (806, 807, 810, 820, 821, 837, 838)
2016 Ed. (725, 732, 733, 1953, 4011, 4012, 4319)
University of Pennsylvania Health System
1998 Ed. (1996)
1999 Ed. (2753)
2000 Ed. (2533)
2016 Ed. (3106)
University of Pennsylvania Health System Physicians
2000 Ed. (3545)
University of Pennsylvania; Hospital of the
2005 Ed. (2896, 2898, 2905, 2907)
2006 Ed. (2902)
2009 Ed. (3128, 3141)
2010 Ed. (3060, 3069, 3070, 3071, 3072)
2011 Ed. (3031, 3034, 3041, 3043, 3044)
2012 Ed. (2969, 2972, 2976, 2980, 2982)
2013 Ed. (3058, 3060, 3067, 3068, 3071)
2014 Ed. (3073)
2015 Ed. (3138)
University of Pennsylvania; Hospitals of the
2016 Ed. (2990, 2991, 2992, 2994, 2998, 3002)
University of Pennsylvania, School of Medicine
2007 Ed. (3953)
University of Pennsylvania, Wharton
1993 Ed. (796, 797, 798, 800, 802, 804, 805, 806)
1994 Ed. (806, 807, 808, 809, 811, 813, 814, 815, 817, 818)
1995 Ed. (860, 861, 863, 866, 867, 869, 870)
1996 Ed. (838, 839, 841, 842, 844, 845, 846, 847, 848, 849)
University of Pennsylvania, Wharton School
1989 Ed. (842)
2013 Ed. (747, 748, 749)
University of Pennsylvania, Wharton School of Business
2004 Ed. (823)
2005 Ed. (798, 803, 804, 805, 806, 807, 809, 815)
2006 Ed. (693, 702, 707, 708, 709, 710, 711, 712, 718, 728)
2007 Ed. (797, 798, 810, 814, 818, 820, 822, 825, 828, 830, 834)
2008 Ed. (770, 772, 773, 780, 788, 789, 790, 791, 792, 793, 794, 795, 797, 798, 800)
2009 Ed. (788, 789, 805, 806, 807, 808, 809, 810, 811, 812, 814, 815, 817, 818, 823, 824)
2010 Ed. (721, 723, 725, 726, 728, 737, 743, 744, 745, 746, 747, 748, 749, 750, 751, 752, 753, 754, 755, 756, 757, 758, 759, 760, 761, 762, 763, 764, 766)
2011 Ed. (647, 654, 655, 656, 657, 658, 659, 660, 661, 662, 663, 664, 665, 666, 667, 668, 669, 670, 671,

672, 674, 675, 677, 678, 687, 688,
689, 690, 695, 696, 698)
2012 Ed. (606, 607, 608, 609, 610,
613, 628, 630)
2013 Ed. (756, 769, 770)
University of Phoenix
2000 Ed. (930)
2002 Ed. (1106)
2009 Ed. (799, 804, 1063, 1064)
2010 Ed. (738, 1031, 1032, 3767)
2011 Ed. (650, 962, 963)
2012 Ed. (633, 1524, 1528, 1538)
2013 Ed. (1673, 1976)
University of Phoenix Online
2004 Ed. (3021)
2005 Ed. (2773, 2774, 2775, 3035)
University of Pittsburgh
1997 Ed. (862, 2632)
1999 Ed. (3335)
2000 Ed. (3074)
2002 Ed. (901)
2006 Ed. (1072)
2007 Ed. (829)
2008 Ed. (2409)
2010 Ed. (3450)
2011 Ed. (949, 3450)
2016 Ed. (1954)
University of Pittsburgh Medical Center
1999 Ed. (2738)
2000 Ed. (2517)
2002 Ed. (2609, 2613, 3801)
2003 Ed. (2817, 2832, 2835, 2836,
3971)
2004 Ed. (2917, 2921)
2005 Ed. (2907)
2006 Ed. (2914, 3903, 4016)
2007 Ed. (2767, 2770, 2919, 2933,
4048)
2008 Ed. (3055, 3194, 3983)
2009 Ed. (3129, 3137, 3141, 3253,
4054)
2010 Ed. (3061, 3062, 3066, 3068,
3072, 3184, 4132)
2011 Ed. (2868, 3032, 3033, 3037,
3040, 3043, 3044, 3148, 3157,
3975, 4097)
2012 Ed. (2756, 2801, 2802, 2970,
2971, 2975, 2976, 2978, 2980,
3113, 4131)
2013 Ed. (1999, 2836, 2869, 2870,
3060, 3061, 3062, 3064, 3066,
3068, 3070, 3071, 4124)
2014 Ed. (3062, 3063, 3064, 3065,
3066, 3068, 3069, 3070, 3073,
4139)
2015 Ed. (3127, 3128, 3129, 3131,
3134, 3135, 3137, 3138, 3255,
3263, 4121)
2016 Ed. (2834, 2990, 2992, 2998,
3000, 3001, 4035)
University of Portland
1997 Ed. (1056)
1998 Ed. (803)
1999 Ed. (1232)
2001 Ed. (1327)
2004 Ed. (824, 825)
2005 Ed. (799)
2006 Ed. (706)
2008 Ed. (1088)
2009 Ed. (794, 1062)
2010 Ed. (1030)
University of Portland, Pamplin School
of Business
2010 Ed. (733)
University of Prince Edward Island
2007 Ed. (1168)
2008 Ed. (1072, 1084)
2009 Ed. (1049, 1069)
2010 Ed. (1019)
2011 Ed. (954)
2012 Ed. (874)
University of Puerto Rico
1990 Ed. (2644)
1998 Ed. (3159)
University of Puerto Rico, Rio Piedras
1990 Ed. (1084)
University of Puget Sound
1993 Ed. (1020)
1994 Ed. (1047)
1995 Ed. (1055)
University of Quebec
2003 Ed. (791)
2009 Ed. (1053)
University of Queensland
2002 Ed. (1103)
2004 Ed. (1060)
2010 Ed. (1015)
University of Redlands
1993 Ed. (1020)
1996 Ed. (1040)

1997 Ed. (1056)
1998 Ed. (803)
1999 Ed. (1232)
2001 Ed. (1327)
2008 Ed. (1088)
2009 Ed. (804, 1062)
2010 Ed. (1030)
University of Regina
2007 Ed. (1167)
2008 Ed. (1071, 1081, 1082)
2009 Ed. (1048, 1056, 1067)
2010 Ed. (1018)
2011 Ed. (953)
2012 Ed. (873)
University of Rhode Island
1990 Ed. (1086)
University of Richmond
1993 Ed. (1018)
1994 Ed. (1045)
1995 Ed. (1053)
1996 Ed. (1038)
1997 Ed. (1054)
1998 Ed. (802)
1999 Ed. (1231)
2001 Ed. (1326)
University of Richmond, Robins School
of Business
2009 Ed. (781)
2011 Ed. (640)
University of Rochester
1999 Ed. (3331)
2001 Ed. (1065)
2002 Ed. (900)
2003 Ed. (788, 796)
2005 Ed. (794, 811)
2006 Ed. (700)
2007 Ed. (793, 809)
2008 Ed. (768)
2009 Ed. (778)
2014 Ed. (769)
2015 Ed. (811)
University of Rochester, Simon School
of Business
2006 Ed. (722)
2008 Ed. (777)
University of San Diego
1993 Ed. (1020)
1994 Ed. (1047)
1995 Ed. (1055)
2009 Ed. (804)
2011 Ed. (3419)
University of San Francisco
2006 Ed. (714)
2007 Ed. (799)
2011 Ed. (3418)
2012 Ed. (3434)
University of Sao Paulo (Brazil)
1995 Ed. (1933)
University of Saskatchewan
2007 Ed. (1169, 3469, 3473)
2008 Ed. (1073, 3636, 3641)
2009 Ed. (3699)
2010 Ed. (1017, 3628)
2011 Ed. (952, 955, 956, 3629)
2012 Ed. (872, 876, 3629)
University of Scranton
1996 Ed. (1037)
1997 Ed. (1053)
1998 Ed. (801)
1999 Ed. (1230)
2000 Ed. (1139)
2001 Ed. (1325)
2008 Ed. (1086)
2009 Ed. (1060)
2010 Ed. (1028)
University of Sherbrooke
2007 Ed. (1166, 1169, 1170, 1171,
1179, 3469)
2008 Ed. (1070, 1073, 1075, 1076,
1078, 1079, 3641, 4279)
2009 Ed. (1047, 1050, 1051, 1054)
2010 Ed. (1017, 1020, 1021, 1023,
3432)
2011 Ed. (952, 956, 958, 3416)
2012 Ed. (876, 878, 3430, 3432,
3630)
University of South Alabama
1997 Ed. (1065)
2009 Ed. (1064)
2010 Ed. (1032)
2011 Ed. (963)
University of South Carolina
1993 Ed. (800)
1994 Ed. (809)
1995 Ed. (863)
1996 Ed. (841)
1998 Ed. (553)
1999 Ed. (975, 1108)
2000 Ed. (921)
2001 Ed. (1059)

2002 Ed. (879, 893)
2004 Ed. (831)
2009 Ed. (3520)
2010 Ed. (3449)
University of South Carolina at Columbia
1997 Ed. (854)
University of South Carolina-Columbia
2004 Ed. (821)
University of South Carolina-Columbia,
Moore School of Business
2008 Ed. (793)
2009 Ed. (810)
2010 Ed. (748, 758, 759)
2011 Ed. (659, 670)
University of South Carolina, Darla
Moore School of Business
2008 Ed. (777)
University of South Dakota
1999 Ed. (3334)
2001 Ed. (3257)
2013 Ed. (3836)
University of South Florida
1998 Ed. (806)
1999 Ed. (1234)
2000 Ed. (1141)
2002 Ed. (867, 1107)
2008 Ed. (758)
2009 Ed. (753, 1065, 3520)
2010 Ed. (699, 724, 1033)
2016 Ed. (1573)
University of South Florida Center for
Entrepreneurship
2009 Ed. (780)
University of Southern California
1990 Ed. (1095)
1993 Ed. (889, 893, 2616)
1995 Ed. (1070, 1928)
1996 Ed. (844)
1997 Ed. (1063, 2605)
1998 Ed. (807, 2339)
1999 Ed. (970, 971, 1235)
2000 Ed. (917, 918, 925, 929, 930,
1144, 3733)
2001 Ed. (1055, 1056, 1063, 1066,
3068)
2002 Ed. (874, 875, 885, 889, 893,
899, 900, 902, 3983)
2003 Ed. (788, 794, 1745)
2004 Ed. (822, 2405)
2005 Ed. (798, 2440)
2006 Ed. (717)
2007 Ed. (2447)
2008 Ed. (2576)
2009 Ed. (780, 1849, 2586, 2602,
3504)
2010 Ed. (724, 727, 1014, 2499)
2011 Ed. (638, 649, 951, 1807, 2504,
2506)
2012 Ed. (1664, 3819)
2013 Ed. (1470)
2014 Ed. (771, 1433)
2015 Ed. (807)
2016 Ed. (727)
University of Southern California, Gould
School of Law
2007 Ed. (3329)
2010 Ed. (3434)
2011 Ed. (3418)
2012 Ed. (3434)
University of Southern California Hospital
2003 Ed. (2818)
University of Southern California, Marshall School of Business
2003 Ed. (800)
2005 Ed. (800)
2006 Ed. (724)
2007 Ed. (814, 831, 834)
2008 Ed. (772, 789, 790)
2009 Ed. (786, 787, 788, 807, 824,
825)
2010 Ed. (725, 732, 742, 743, 745,
748, 755, 756, 759, 766, 770)
2011 Ed. (646, 647, 652, 654, 656,
659, 666, 667, 670, 690, 699)
2012 Ed. (608, 610, 631)
2013 Ed. (748, 752)
University of Southern Mississippi
2011 Ed. (3449)
University of St. Francis
2009 Ed. (1065)
2010 Ed. (1033)
2011 Ed. (964)
University of St. Gallen
2014 Ed. (783)
2015 Ed. (825)
2016 Ed. (726)
University of St. Thomas
1997 Ed. (863)

1999 Ed. (1229)
2000 Ed. (1138)
2001 Ed. (1324)
2002 Ed. (899)
2004 Ed. (821)
2006 Ed. (3719)
2014 Ed. (772)
2015 Ed. (814, 815)
University of St. Thomas, Opus College
of Business
2012 Ed. (633)
2013 Ed. (753)
University of Stellenbosch
2011 Ed. (683)
University of Strathclyde
2015 Ed. (834)
University of Sydney
2002 Ed. (1103)
2003 Ed. (4075)
2004 Ed. (1060, 4100)
2010 Ed. (1015)
University of Tampa
1998 Ed. (805)
1999 Ed. (1233)
2000 Ed. (1142)
2002 Ed. (1106)
University of Tasmania
2003 Ed. (4075)
University of Tennessee
1996 Ed. (948, 949)
1998 Ed. (710, 711)
2002 Ed. (901)
University of Tennessee at Chattanooga
2008 Ed. (779)
2009 Ed. (793)
2010 Ed. (731)
University of Tennessee, Chattanooga
1989 Ed. (840)
University of Tennessee-Knoxville
2010 Ed. (753, 765)
University of Tennessee Medical Center
2003 Ed. (2833, 2836)
University of Tennessee System
1995 Ed. (971)
1997 Ed. (970, 971)
2007 Ed. (1399)
2009 Ed. (1356)
2011 Ed. (1325)
University of Texas
1989 Ed. (2164)
1990 Ed. (2785)
1993 Ed. (926)
1994 Ed. (2743)
1995 Ed. (932, 1067, 1068)
1996 Ed. (2941)
2000 Ed. (917, 918, 922, 929, 1143,
1826, 1828, 1829, 1830, 1831,
1832, 1833, 1837)
2002 Ed. (885, 886, 888, 889, 894,
895)
2004 Ed. (928)
2006 Ed. (730, 732, 735)
2009 Ed. (785)
2010 Ed. (3835)
2011 Ed. (3838)
2012 Ed. (3819)
2014 Ed. (3059, 3064, 3073)
2015 Ed. (2073, 3124, 3129, 3138)
2016 Ed. (2041, 2987, 2992, 3001)
University of Texas-Arlington
2008 Ed. (3639)
2009 Ed. (3708)
University of Texas at Austin
1993 Ed. (795)
1994 Ed. (807, 817, 937, 939, 1654,
1658, 1666)
1995 Ed. (865, 870, 969, 970, 971,
1071, 1072, 1701, 1705, 1708)
1996 Ed. (838, 840, 946, 947, 948,
949, 1050, 1051, 1683, 1687, 1690,
2463, 2464)
1997 Ed. (851, 853, 862, 968, 969,
970, 971, 1068, 1069, 1769, 1772,
2608, 2609, 2632)
1998 Ed. (549, 554, 710, 712, 811,
1462, 2337, 2339, 2340)
1999 Ed. (970, 971, 976, 1106, 1108,
2035, 2037, 2038, 2039, 2040,
2042, 2047, 3163, 3165)
2000 Ed. (1034, 1037)
University of Texas at Dallas
1994 Ed. (1058, 1900)
University of Texas at El Paso
1994 Ed. (1058, 1900)
University of Texas, Austin
2015 Ed. (4425)
University of Texas-Austin
1993 Ed. (797, 923, 1030, 1621,
1628)
2000 Ed. (2904, 2907, 2909, 2912)

2001 Ed. (1055, 1056, 1060, 1066, 2247, 2248, 2250, 2251, 2252, 2253, 2254, 2259, 3064, 3066, 3067, 3068)
2002 Ed. (874, 875, 880, 900, 1029, 1032, 3980, 3983, 3984)
2003 Ed. (788)
2004 Ed. (822, 2405, 2844)
2007 Ed. (809, 2446, 3329)
2008 Ed. (2575, 3430)
2009 Ed. (1033, 1066, 2585, 2601, 3504)
2010 Ed. (1013, 1026, 1034, 2505, 3434, 3450)
2011 Ed. (648, 950, 965, 2506, 3450)
2012 Ed. (864, 2886, 3434)
2015 Ed. (810, 816)
University of Texas-Austin, Cockrell School of Engineering
2010 Ed. (2504)
2011 Ed. (2505)
2012 Ed. (2426)
University of Texas-Austin, McCombs School of Business
2006 Ed. (724)
2007 Ed. (797, 808, 818)
2008 Ed. (772, 787, 789, 794, 795, 796)
2009 Ed. (785, 788, 789, 802, 806, 811, 812, 813)
2010 Ed. (725, 726, 741, 743, 745, 747, 750, 755, 756, 757, 758, 759, 760, 761, 762, 763, 764, 765, 766)
2011 Ed. (639, 644, 647, 651, 652, 654, 656, 658, 666, 671, 672, 673)
2012 Ed. (610, 612)
2013 Ed. (754)
2014 Ed. (774)
University of Texas-Dallas
1989 Ed. (840)
2011 Ed. (644)
University of Texas-El Paso
2007 Ed. (2446)
2008 Ed. (2575)
2009 Ed. (2601)
2010 Ed. (741, 2504)
2011 Ed. (651, 2505, 3418)
2012 Ed. (612, 2426)
2013 Ed. (754)
2014 Ed. (774)
2015 Ed. (816)
University of Texas-Galveston
2011 Ed. (3626)
University of Texas Health Science Center
2011 Ed. (3626)
University of Texas, Health Science Center at Houston
2009 Ed. (3700)
University of Texas, Health Science Center at San Antonio
2008 Ed. (3637)
2009 Ed. (3700)
University of Texas-Houston
2008 Ed. (3637)
2011 Ed. (3626)
University of Texas, M. D. Anderson Cancer Center
2002 Ed. (2600, 2603)
2003 Ed. (2805, 2807, 2817)
2004 Ed. (1868, 2908, 2910, 2921)
2005 Ed. (1972, 2894, 2896, 2907)
2006 Ed. (2900, 2902, 2914, 2915)
2007 Ed. (2919, 2921)
2008 Ed. (3042, 3044, 3055, 3056, 3194)
2009 Ed. (2087, 3127, 3130, 3141, 3142, 3253)
2010 Ed. (3059, 3072, 3073)
2011 Ed. (2095, 3030, 3044, 3045)
2012 Ed. (2967, 2980, 2981)
2013 Ed. (3057, 3071, 3072)
University of Texas, McCombs School of Business
2005 Ed. (800, 810, 815)
University of Texas, M.D. Anderson Cancer Center
1999 Ed. (2729, 2734, 2738)
2000 Ed. (2508, 2513, 2517, 2523)
2013 Ed. (3062)
University of Texas Medical Branch
2015 Ed. (4425)
University of Texas, Medical Branch at Galveston
2009 Ed. (3700)
2010 Ed. (2036, 3616)
2011 Ed. (2093, 3618)
2012 Ed. (3612)
University of Texas, Medical School at Houston

2010 Ed. (3616)
2011 Ed. (3618)
2012 Ed. (3612)
University of Texas, Medical School at San Antonio
2010 Ed. (3616)
2011 Ed. (3618)
2012 Ed. (3612)
University of Texas Regents
1993 Ed. (3100)
University of Texas-San Antonio
2007 Ed. (799)
2008 Ed. (778)
2009 Ed. (792)
2010 Ed. (730, 741)
2011 Ed. (644, 651)
2012 Ed. (612, 2426)
2013 Ed. (754)
2014 Ed. (774)
2015 Ed. (816)
University of Texas Southwest Medical Center-Dallas
1999 Ed. (3332, 3335)
University of Texas Southwestern
2000 Ed. (3070, 3074)
2011 Ed. (3626)
University of Texas Southwestern Medical Center
1994 Ed. (890, 1901)
1995 Ed. (933, 1926)
University of Texas, Southwestern Medical Center at Dallas
2008 Ed. (3637)
2009 Ed. (3700)
2010 Ed. (3616)
2011 Ed. (3618)
2012 Ed. (3612)
University of Texas Southwestern Medical Center-Dallas
2001 Ed. (3260, 3261)
University of Texas System
1993 Ed. (2782, 3100)
1994 Ed. (2771)
1995 Ed. (932, 1068)
1997 Ed. (1064, 1065)
1998 Ed. (2761)
2000 Ed. (3431)
2008 Ed. (3864)
University of Texas System Board of Regents
1999 Ed. (4144)
University of the Ozarks
2008 Ed. (1063)
2009 Ed. (1039)
2010 Ed. (1005)
University of the South
1995 Ed. (1065)
University of Tokyo
2010 Ed. (1036)
University of Toledo
2010 Ed. (997)
University of Toronto
1990 Ed. (3605)
1993 Ed. (807)
1994 Ed. (819)
1995 Ed. (871)
2002 Ed. (904, 905, 906, 907, 909, 910)
2004 Ed. (839, 841)
2005 Ed. (814)
2006 Ed. (726)
2007 Ed. (1166, 1170, 1171, 1172, 3469, 3470, 3471, 3472, 3473)
2008 Ed. (801, 1070, 1074, 1075, 1076, 1077, 1078, 3636, 3641, 3642, 4279)
2009 Ed. (1047, 1050, 1051, 1052, 1053, 1068, 3699, 3710, 4391)
2010 Ed. (1016, 1017, 1020, 1021, 1022, 3433, 3628)
2011 Ed. (952, 955, 956, 957, 3417, 3629)
2012 Ed. (872, 875, 876, 877, 2425, 3431, 3433, 3629, 3630)
2014 Ed. (781)
2015 Ed. (823)
University of Toronto, Joseph L. Rotman School of Business
2003 Ed. (791)
2004 Ed. (833, 834, 836)
University of Toronto, Rotman School of Business
2012 Ed. (615)
2013 Ed. (758)
University of Toronto, Rotman School of Management
2010 Ed. (732, 767)
2012 Ed. (622)
University of Tulsa
2000 Ed. (1037, 1837)

2001 Ed. (2259)
University of Utah
1994 Ed. (896, 1057)
2004 Ed. (824, 825)
2006 Ed. (715)
2007 Ed. (801)
2008 Ed. (781)
2009 Ed. (800)
2010 Ed. (2072)
2011 Ed. (4193)
University of Utah Credit Union
2002 Ed. (1895)
2003 Ed. (1949)
2004 Ed. (1989)
2005 Ed. (2131)
2006 Ed. (2226)
2007 Ed. (2147)
2008 Ed. (2262)
2009 Ed. (2248)
2010 Ed. (2202)
University of Utah, Eccles School of Business
2010 Ed. (739)
University of Utah Hospital Inc.
2001 Ed. (1890)
2003 Ed. (1840)
2004 Ed. (1874)
2005 Ed. (1990)
2006 Ed. (2088)
2007 Ed. (2046)
2008 Ed. (2148)
2009 Ed. (2131)
University of Utah Hospitals & Clinics
2011 Ed. (2129)
2012 Ed. (1972)
2013 Ed. (2131)
2015 Ed. (2113)
2016 Ed. (2094)
University of Vermont
1999 Ed. (3334)
2009 Ed. (793)
2010 Ed. (3626)
2011 Ed. (3627)
University of Victoria
2002 Ed. (903)
2003 Ed. (792)
2012 Ed. (730)
University of Virginia
1990 Ed. (856)
1993 Ed. (2407)
1994 Ed. (889, 1056, 2358)
1995 Ed. (2427)
1996 Ed. (837, 2457, 2461, 2463)
1997 Ed. (1065, 2602, 2607, 2608)
1998 Ed. (560, 2334, 2338, 2339)
1999 Ed. (969, 980, 3158, 3164, 3165)
2000 Ed. (920, 2908, 2909, 2911)
2001 Ed. (1058, 1317, 3059, 3065, 3066)
2002 Ed. (878, 886)
2003 Ed. (789)
2004 Ed. (3241)
2005 Ed. (3266)
2006 Ed. (713, 715, 716, 720, 723, 729, 3948)
2007 Ed. (802, 805, 1163, 3330)
2008 Ed. (782, 784, 1062, 1065, 3431)
2009 Ed. (791, 794, 795, 796, 797, 800, 1033, 1038, 1042, 3505)
2010 Ed. (1004, 1008, 3435)
2011 Ed. (648, 941, 947, 3420)
2012 Ed. (863)
2014 Ed. (768)
2015 Ed. (810, 816)
University of Virginia-Charlottesville
2004 Ed. (822)
University of Virginia, Darden
1993 Ed. (801, 805, 806)
University of Virginia, Darden School of Business
2005 Ed. (803, 804)
2006 Ed. (707, 709, 711)
2007 Ed. (798, 815, 827)
2009 Ed. (818, 823)
2010 Ed. (728, 733, 734, 735, 736, 739, 749, 757, 760, 761)
2011 Ed. (653, 660, 678, 694)
2013 Ed. (754)
2014 Ed. (774)
University of Virginia Health Sciences Center
2000 Ed. (2510)
2002 Ed. (2610)
2003 Ed. (2814, 2822)
2004 Ed. (2918)
University of Virginia, McIntire School of Business
2007 Ed. (797)

2008 Ed. (772, 773)
2009 Ed. (788, 789)
2010 Ed. (725, 726)
2011 Ed. (647)
2012 Ed. (610)
University of Virginia Medical Center
2001 Ed. (1894)
2003 Ed. (1844)
2004 Ed. (1879)
2005 Ed. (1995, 2904)
2006 Ed. (2095, 2911)
2007 Ed. (2052, 2930)
2008 Ed. (2158, 3043)
2009 Ed. (2138, 3128)
2010 Ed. (3060)
2011 Ed. (2137)
2012 Ed. (1981)
2013 Ed. (2145)
2015 Ed. (2132)
University of WA
2002 Ed. (1103)
2004 Ed. (1060)
University of Washington
1989 Ed. (958)
1990 Ed. (1096, 2999)
1993 Ed. (893, 1029, 1625, 3000)
1994 Ed. (1656)
1995 Ed. (1073, 3091, 3095)
1996 Ed. (1048, 2459, 3192)
1997 Ed. (1067, 1767, 2604, 3297)
1998 Ed. (810, 3046)
1999 Ed. (1237, 2036, 2039, 3161, 3328, 3330, 3331, 3332, 3333, 3334, 3335, 4046)
2000 Ed. (1146, 1827, 1830, 3065, 3066, 3067, 3068, 3069, 3070, 3071, 3072, 3073, 3074, 3759)
2001 Ed. (2249, 2252, 3252, 3253, 3254, 3255, 3256, 3257, 3258, 3259, 3260, 3261)
2002 Ed. (3981, 3982, 3985)
2004 Ed. (831)
2005 Ed. (3439, 3440)
2006 Ed. (3951, 3957, 3962)
2007 Ed. (833, 1163, 3468)
2008 Ed. (771, 777, 1065, 1089, 3640)
2009 Ed. (794, 1033, 1042, 1066, 3709, 4092)
2010 Ed. (759, 1013, 1034, 3450, 3626, 3627, 3768, 4004)
2011 Ed. (638, 947, 950, 965, 3450, 3627, 3628, 3772, 4011)
2012 Ed. (863)
2013 Ed. (4072)
2014 Ed. (4082)
2015 Ed. (2168, 4066)
2016 Ed. (729, 2138, 3973)
University of Washington at St. Louis
1997 Ed. (1062)
University of Washington, Foster School of Business
2009 Ed. (787)
2010 Ed. (733)
2013 Ed. (750)
University of Washington Medical Center
1999 Ed. (2730, 2737, 2741, 2742, 2745)
2000 Ed. (2508, 2516, 2517, 2521)
2002 Ed. (2605, 2607)
2003 Ed. (2809, 2811)
2004 Ed. (2915)
2005 Ed. (2899, 2901, 2904, 2910)
2006 Ed. (2900, 2901, 2906, 2908, 2910, 2911, 2916)
2007 Ed. (2920, 2925, 2927, 2930, 2933)
2008 Ed. (3042, 3048, 3050, 3055, 3057)
2009 Ed. (3127, 3130, 3136)
2010 Ed. (3059, 3067)
2011 Ed. (3030, 3039)
2012 Ed. (2967, 2977)
2013 Ed. (3057, 3059, 3069)
2014 Ed. (3059, 3061, 3071)
2015 Ed. (3124, 3126, 3136)
2016 Ed. (2987, 2989, 2999)
University of Washington School of Medicine
2005 Ed. (3835)
2006 Ed. (3903)
2007 Ed. (3953)
2009 Ed. (4054)
University of Washington-Seattle
2003 Ed. (4074)
2012 Ed. (879)
University of Waterloo
2007 Ed. (1166, 1167, 1170, 1171, 1172, 1173, 1174, 1175)

2008 Ed. (1070, 1071, 1075, 1076, 1077, 1081, 1082)
2009 Ed. (1047, 1048, 1050, 1051, 1052, 1056, 1067)
2010 Ed. (1016, 1017, 1018, 1020, 1021, 1022)
2011 Ed. (952, 953, 955, 956, 957)
2012 Ed. (872, 873, 875, 876, 877, 2425)
University of West Alabama
2009 Ed. (1063)
2010 Ed. (1031)
2011 Ed. (962)
University of West Florida
1998 Ed. (806)
1999 Ed. (1234)
2000 Ed. (1141)
2002 Ed. (1107)
University of West Georgia
2009 Ed. (792)
University of Western Australia
2003 Ed. (4075)
2010 Ed. (1015)
University of Western Ontario
1993 Ed. (807)
1994 Ed. (819)
1995 Ed. (871)
2002 Ed. (910)
2004 Ed. (839, 841)
2006 Ed. (726)
2007 Ed. (831, 1166, 1169, 1172, 3469, 3473)
2008 Ed. (801, 1070, 1073, 1074, 1077, 1078, 3636, 3641, 3642, 4279)
2009 Ed. (1047, 1052, 1053, 1068, 3699, 3710, 4391)
2010 Ed. (1016, 1020, 1022, 3628)
2011 Ed. (952, 955, 957, 3417, 3629)
2012 Ed. (872, 875, 877, 3431, 3433, 3629, 3630)
2014 Ed. (780, 781)
2015 Ed. (823)
2016 Ed. (724)
University of Western Ontario, Ivey School of Business
2007 Ed. (813)
2009 Ed. (822)
2010 Ed. (767)
2011 Ed. (694)
2012 Ed. (615, 622)
2013 Ed. (758)
University of Western Ontario, Richard Ivey School of Business
2003 Ed. (790, 791)
2004 Ed. (833, 834, 836)
University of Windsor
1993 Ed. (807)
2008 Ed. (1071, 1078, 1081, 1082)
2009 Ed. (1048, 1056, 1067)
2010 Ed. (1018)
2011 Ed. (953)
2012 Ed. (873, 3433)
University of Winnipeg
2007 Ed. (1179)
2008 Ed. (1079, 1083)
2009 Ed. (1049, 1054)
2010 Ed. (1019, 1023)
2011 Ed. (954)
2012 Ed. (874, 878)
University of Wisconsin
1993 Ed. (926)
1994 Ed. (1713, 2743)
1995 Ed. (3091)
1996 Ed. (847)
1997 Ed. (1063)
2000 Ed. (1034, 1035, 1036, 1146, 1147, 1148, 1828, 1834, 1836, 3068, 3759)
2001 Ed. (1330)
2002 Ed. (886, 897)
2010 Ed. (3835)
2011 Ed. (3838)
2012 Ed. (865, 866, 3819)
2016 Ed. (2838)
University of Wisconsin at Madison
1993 Ed. (804, 1029, 1629, 1632, 3000)
1994 Ed. (813, 817, 939, 1060, 1657, 1665, 3046)
1995 Ed. (971, 1073, 1704, 1712, 3095)
1996 Ed. (1048, 1686, 1694, 3192)
1997 Ed. (861, 970, 971, 1067, 1768, 1776, 2632, 3297)
1998 Ed. (559, 710, 712, 713, 809, 810, 811, 1461, 1469, 3046, 3161)
1999 Ed. (1237, 2037, 2039, 2043, 2046, 4046)
University of Wisconsin Credit Union

2004 Ed. (1996)
2005 Ed. (2138)
2006 Ed. (2233)
2007 Ed. (2154)
2008 Ed. (2269)
2009 Ed. (2256)
2010 Ed. (2209)
2011 Ed. (2227)
2012 Ed. (2089)
2013 Ed. (2275)
2014 Ed. (2198, 2209)
2015 Ed. (2262, 2273)
2016 Ed. (2233, 2244)
University of Wisconsin Hospital & Clinics
2001 Ed. (1900)
2003 Ed. (1854, 2833, 2834, 2836)
2004 Ed. (1890)
2005 Ed. (2016)
2006 Ed. (2119)
2007 Ed. (2067)
2008 Ed. (2175)
2009 Ed. (2158)
2010 Ed. (2099)
2011 Ed. (2152)
2012 Ed. (2002, 4971, 4974)
2013 Ed. (2191)
2014 Ed. (3106)
2015 Ed. (2177)
University of Wisconsin Hospital & Clinics Authority
2016 Ed. (2152)
University of Wisconsin Hospitals
2013 Ed. (3108)
University of Wisconsin-Madison
1990 Ed. (1094, 1096, 2999)
1995 Ed. (1066)
2001 Ed. (2250, 2255, 2258)
2002 Ed. (1029, 1032, 1033, 3981, 3982, 3984, 3985)
2003 Ed. (4074)
2004 Ed. (1061)
2005 Ed. (1063, 3439)
2006 Ed. (3784, 3785, 4203)
2007 Ed. (1181)
2008 Ed. (777, 792, 800, 1062, 1089)
2009 Ed. (809, 817, 1038)
2010 Ed. (758, 761, 766, 1004, 1034, 3450)
2011 Ed. (669, 677, 965, 3450)
2012 Ed. (612, 863)
University of Wisconsin-Milwaukee
2008 Ed. (2409)
2010 Ed. (3767)
University of Wisconsin-Stout
1990 Ed. (2053)
University of Wollongong
2002 Ed. (3964)
University of Wyoming
2011 Ed. (3491)
University Physicians Hospital
2012 Ed. (1726)
2013 Ed. (1889)
2014 Ed. (1822)
2015 Ed. (1862)
2016 Ed. (1823)
University Physicians Network IPA
2000 Ed. (2618)
University Physicians of Brooklyn
2000 Ed. (2618)
University Press
2001 Ed. (976)
University Savings
1989 Ed. (2359)
University Savings Assn.
1990 Ed. (3578)
University Savings Bank
1990 Ed. (3454)
University School
2015 Ed. (1957)
University Stadium
1999 Ed. (1299)
University Support Services Inc.
1997 Ed. (2848)
1999 Ed. (3475)
University System of Georgia
2015 Ed. (3263)
University Title Co.
2010 Ed. (2030)
2011 Ed. (2087)
2012 Ed. (1931)
2013 Ed. (2093)
2014 Ed. (2027)
2015 Ed. (2070)
2016 Ed. (2037)
UniversityAngels.com
2002 Ed. (4860)
Univesal Leaf
1989 Ed. (960)
Univest Corp. of Pennsylvania

1999 Ed. (622)
2000 Ed. (647)
2002 Ed. (3551, 3552, 3557)
2004 Ed. (401, 404, 405, 408, 409)
Univest Corporation of Pennsylvania
2010 Ed. (1937)
2011 Ed. (1990)
Univision
1995 Ed. (2443, 3576)
1997 Ed. (3721)
2009 Ed. (4700)
2010 Ed. (2982, 4711)
2011 Ed. (2944, 4663, 4668, 4669)
2012 Ed. (2874, 4681)
2013 Ed. (2950)
2015 Ed. (3036, 4711)
2016 Ed. (2932)
Univision 41 WXTV/Univision Television Group
2000 Ed. (4224)
Univision Communications
2000 Ed. (4213)
2001 Ed. (4490)
2002 Ed. (3286, 4582)
2003 Ed. (766, 767, 3351, 4712)
2004 Ed. (777, 778, 4054, 4689, 4690)
2005 Ed. (749, 750, 1098, 1465, 2446, 2849, 3427, 3991, 4660, 4661, 4662)
2006 Ed. (1092, 2490, 2494, 2850, 2852, 3438, 4716, 4717, 4718)
2007 Ed. (749, 2453, 2455, 2456, 2844, 3445, 3449, 4062, 4737, 4738)
2008 Ed. (2588, 2969, 2970, 4659)
2009 Ed. (152, 153, 154, 156, 2614, 3049, 4156, 4207, 4699)
2010 Ed. (2516)
2011 Ed. (2518, 4667)
2012 Ed. (2880, 4678, 4679)
2013 Ed. (2956, 3653, 4651)
2014 Ed. (2973, 3591, 4701)
2015 Ed. (3604)
2016 Ed. (3485)
Univision Communications Inc.
2013 Ed. (4650)
2014 Ed. (4700)
Univision Deportes
2016 Ed. (2934)
Univision Digital Network
2015 Ed. (3042)
2016 Ed. (2937)
Univision Holdings
1999 Ed. (4569)
Univision Station Group
1992 Ed. (4256)
1993 Ed. (3544)
1996 Ed. (3664)
Univision Television Group Inc.
2007 Ed. (4741)
2008 Ed. (4662)
Univision.com
2009 Ed. (3435)
2010 Ed. (2983)
Univlever
2000 Ed. (2227)
UnivStdMed
1996 Ed. (2884)
Uniworld Boutique River Cruise Collection
2013 Ed. (2286)
2014 Ed. (2219)
2015 Ed. (2283)
2016 Ed. (2255)
UniWorld Group
1995 Ed. (2591)
1996 Ed. (745)
1997 Ed. (677)
1998 Ed. (470)
1999 Ed. (64)
2000 Ed. (68, 3150)
2001 Ed. (213)
2002 Ed. (69, 711)
2003 Ed. (31, 215)
2004 Ed. (107, 171)
2005 Ed. (103, 174)
2006 Ed. (112, 187)
2007 Ed. (101, 193)
2008 Ed. (111, 176)
2009 Ed. (121, 195)
2010 Ed. (122, 174)
2011 Ed. (40, 99)
2012 Ed. (46, 106)
2014 Ed. (62)
2015 Ed. (74)
2016 Ed. (74)
UniWorld Group Inc.
2013 Ed. (81)
2015 Ed. (105)

2016 Ed. (112)
Uniworld Holdings
1993 Ed. (2056, 2059)
1995 Ed. (2129)
1996 Ed. (2142)
Uniworld Investments
1992 Ed. (2441)
Uniwyo Credit Union
2002 Ed. (1902)
2003 Ed. (1957)
2004 Ed. (1997)
2005 Ed. (2139)
2006 Ed. (2234)
2007 Ed. (2155)
2008 Ed. (2270)
2009 Ed. (2257)
2010 Ed. (2210)
2011 Ed. (2228)
2012 Ed. (2090)
2013 Ed. (2276)
2014 Ed. (2210)
2015 Ed. (2274)
2016 Ed. (2245)
Unix
1990 Ed. (3709)
1992 Ed. (1331)
2001 Ed. (3533)
Unjust Deserts: How the Rich are Taking Our Common Inheritance
2010 Ed. (601)
Unleashed
2005 Ed. (963)
Unleashed by Petco
2015 Ed. (3883)
Unlimited Construction Services Inc.
2011 Ed. (1676, 1682)
2012 Ed. (1533)
UnlockDates.com
2002 Ed. (4823)
UNM Hospitals
2012 Ed. (4971)
UNMarketing
2012 Ed. (510)
Unmistakably Premier Homes
2002 Ed. (2688)
2003 Ed. (1155)
2004 Ed. (1160)
2005 Ed. (1188)
Uno a Erre Italia SpA
2004 Ed. (3358)
Uno Chicago Grill
2005 Ed. (3845)
2006 Ed. (3916, 4115, 4124, 4126)
2007 Ed. (3967, 4152)
2008 Ed. (3993, 4157, 4183, 4184)
2009 Ed. (4064)
2010 Ed. (3982, 4205)
2015 Ed. (4257)
Uno; Fiat
2005 Ed. (296)
Uno Mille
2002 Ed. (385)
Uno Tax Accountants
1993 Ed. (9)
Uno Upholstery Retailers
2002 Ed. (45, 232)
Unocal Corp.
1989 Ed. (2204, 2205, 2209)
1990 Ed. (1456, 1892, 2674, 2835, 2837, 2843, 2852, 2853, 2855, 2856, 2857)
1991 Ed. (347, 349, 845, 1204, 1549, 1787, 1789, 1801, 1807, 2715, 2716, 2721, 2722, 2724, 2730, 2731, 2736, 2737)
1992 Ed. (3426)
1993 Ed. (826, 1286, 1600, 1919, 1920, 1929, 1931, 2824, 2830, 2839, 2844, 2847)
1994 Ed. (926, 1337, 1628, 1629, 1942, 1943, 1956, 1957, 1965, 2413, 2850, 2851, 2854, 2858, 2867)
1995 Ed. (961, 1363, 1970, 1971, 1982, 1983, 1991, 2488, 2754, 2918, 2921, 2924, 2930)
1996 Ed. (1271, 1997, 1998, 2005, 2006, 2013, 2548, 3008, 3012, 3018, 3024)
1997 Ed. (1727, 2116, 2118, 2125, 2126, 2133, 2688, 3089, 3091, 3094, 3101, 3108)
1998 Ed. (1115, 1124, 1801, 1806, 1815, 1816, 1823, 1824, 2414, 2823, 2828)
1999 Ed. (1493, 1499, 1501, 2569, 2575, 2576, 3413, 3651, 3797, 3804)
2000 Ed. (2309, 2316, 2317, 3136, 3137)

2001 Ed. (372, 2579, 2582, 2584, 3320, 3739)
2002 Ed. (1526, 1603, 2389, 2391, 3366, 3664, 3674, 4351)
2003 Ed. (1746, 2279, 2605, 3809, 3813, 3817, 3819, 3833, 3861, 4538)
2004 Ed. (2721, 2722, 3819, 3826, 3827, 3835, 3836, 3838, 3840, 3841, 3845, 3847, 3849, 3872, 3873)
2005 Ed. (2711, 2712, 3734, 3735, 3743, 3744, 3745, 3750, 3751, 3756, 3758, 3759, 3760, 3773, 3777, 3800, 3801)
2006 Ed. (1494, 2686, 2687, 3819, 3825, 3827, 3833, 3838, 3840, 3842, 3867, 3868)
2007 Ed. (1443, 2677, 3850, 3851, 3855, 3859, 3872, 3897, 3898)

UNOVA Inc.
2001 Ed. (3185)
2005 Ed. (1116)

Unovalores
2008 Ed. (741)
2010 Ed. (684)

Unplugged
2007 Ed. (96)

Unpopped popcorn
1990 Ed. (3307, 3308)
1991 Ed. (3149)
1992 Ed. (3997)

Unprepared meat/seafood, frozen
2001 Ed. (2078)

UNR Industries
1989 Ed. (2648)
1990 Ed. (1303)

Unreliable new product research
1990 Ed. (2678)

Unruh; James A.
1995 Ed. (1732)

Unsalted
1990 Ed. (2878, 2879, 2887)

Unternehmensgruppe Tengelmann
2005 Ed. (1758, 4122, 4912)

Untied States Cellular Corp.
2000 Ed. (280)

Untouchables
1992 Ed. (4249)

Unum
1989 Ed. (1680)
1990 Ed. (1792, 2232)
1991 Ed. (1722, 2098)
1994 Ed. (1850, 2250, 2254, 3266)
1995 Ed. (2300, 2305, 2307, 3347)
1996 Ed. (1414, 2291)
2000 Ed. (1509, 2696)
2001 Ed. (1782)
2002 Ed. (1389, 1453)
2009 Ed. (1857, 3320, 3321)
2010 Ed. (1789, 2019)
2011 Ed. (1814, 2076)
2012 Ed. (1672)
2013 Ed. (1823)
2014 Ed. (1751)
2015 Ed. (1796)
2016 Ed. (1749)

Unum Group
2008 Ed. (2106)
2009 Ed. (2083, 3346, 3347, 3351)
2010 Ed. (2026, 3187, 3194, 3290)
2011 Ed. (2083, 3208, 3252, 3254, 4011)
2012 Ed. (1927, 1928, 3218, 3219, 3227, 3238)
2013 Ed. (2087, 2089, 3290, 3291, 3306, 3317)
2014 Ed. (1308, 2021, 2023, 2541, 3317, 3319, 3329, 3334)
2015 Ed. (2064, 2066, 3362, 3365, 3370)
2016 Ed. (2031, 2033, 3138, 3224, 3228, 3232, 3237)

Unum Insurance Group
2010 Ed. (3256, 3257, 3285, 3286)
2011 Ed. (3220, 3221)
2012 Ed. (3189, 3222, 3223, 3231)
2013 Ed. (3301, 3302, 3310)
2014 Ed. (3324, 3325, 3333)

UNUM Life
1989 Ed. (1702, 1704)
1993 Ed. (2196, 2219, 2220, 2222, 3276)
1998 Ed. (1173, 2141, 2142, 2143, 2148, 2149, 2156, 2160, 2181)
1999 Ed. (1699, 2120, 2925, 2931, 2944, 2950, 2951)

UNUM Life Assurance Co. of America
2011 Ed. (3257)
2012 Ed. (3233)

2013 Ed. (3312)

UNUM Life Insurance Co. of Amer
2000 Ed. (2686, 2687)

Unum Life Insurance Co. of America
1992 Ed. (2659, 2661, 2665, 2668)
1997 Ed. (1473, 2447)
2000 Ed. (2682, 2701, 2702)
2001 Ed. (1782, 2939, 2940, 2949)
2002 Ed. (2893, 2908, 2909, 2916, 2922, 2923)
2003 Ed. (1749)
2004 Ed. (1785)
2005 Ed. (1851)
2006 Ed. (1858)
2007 Ed. (1862, 3147, 3148)
2008 Ed. (1896, 3272, 3297, 3298)
2009 Ed. (1859, 3329, 3332, 3357, 3383)
2010 Ed. (1791, 3319)
2011 Ed. (1816, 3230, 3256)
2012 Ed. (1674)
2013 Ed. (1825)
2014 Ed. (1753)
2015 Ed. (1798)
2016 Ed. (1752)

UNUM Life of America
1996 Ed. (2298)

UnumProvident Corp.
2001 Ed. (1582, 2918)
2002 Ed. (1781, 2886, 2905, 2933, 2935)
2003 Ed. (1834, 2958, 2959, 2979, 2991, 2995, 3002)
2004 Ed. (1867, 3033, 3100, 3101, 3102, 3103, 3104, 3113)
2005 Ed. (1970, 2604, 3050, 3103, 3104, 3105, 3106, 3107, 3112, 3113, 3116, 3118)
2006 Ed. (2039, 3118, 3119, 3121, 3123)
2007 Ed. (1489, 2011, 3132, 3141, 3165, 3166, 3167)
2008 Ed. (1483, 1894, 3314, 3315)

UnumProvident-Enrollment Services
2007 Ed. (2360)

UnumProvident Group
2007 Ed. (3135, 3136)
2008 Ed. (3288, 3289)

UnumProvident Life
2010 Ed. (3305)

UnumProvident Life Consolidated
2009 Ed. (3367)

Unviersity of Washington Medical Center
1999 Ed. (2729)

Unwired Group Ltd.
2008 Ed. (2928)

Unwired Planet
2000 Ed. (1753, 4340)
2001 Ed. (1247, 1866)

Unwired Planet Inc.
2015 Ed. (1104, 1105, 1130)

UNX Energy Corp.
2012 Ed. (1396)

Uny
1994 Ed. (3113)
2000 Ed. (3824)
2006 Ed. (1791, 1793, 1796, 1797, 4175)
2009 Ed. (4318)
2012 Ed. (1225, 2125, 4326, 4327, 4356, 4507)
2013 Ed. (1328, 2319, 4277, 4285, 4287)

UNY Co., Ltd.
2013 Ed. (4334)
2014 Ed. (4385)

Uny Co., Ltd.
2015 Ed. (4263)

UNY Group Holdings Co.
2016 Ed. (4270)

Unyson Logistics
2016 Ed. (1127)

UNYT
1989 Ed. (2046)
1990 Ed. (2688)
1991 Ed. (2596)

UOAM
2010 Ed. (3432)
2011 Ed. (3416)

UOB
2000 Ed. (4034)

UOB Asset Management
1999 Ed. (2893)
2001 Ed. (2889)

UOL Group
2012 Ed. (4207)
2014 Ed. (4207)

Uoma Oy
2012 Ed. (2842)

UOP
1995 Ed. (2919)

UOP Credit Union
2010 Ed. (2135)

Up
2004 Ed. (3533)
2011 Ed. (3704)

Up Island
1999 Ed. (692)

Up with People
1993 Ed. (895)
1994 Ed. (1906)

Upa-d3digital Print Server
2000 Ed. (3077)

Upbancorp Inc.
2002 Ed. (3549)
2004 Ed. (407)

UPC
2015 Ed. (4672)
2016 Ed. (4583)

Upchurch Plumbing Inc.
2010 Ed. (1291)
2011 Ed. (1247)
2012 Ed. (1172)

Updates.com
2002 Ed. (4862)

Updike, Kelly & Spellacy
1998 Ed. (2575)

Updown
1992 Ed. (3205)

Upgarage Corp.
2013 Ed. (1786)

Upholstery cleaners
1990 Ed. (1955)

UPI Energy LP
2007 Ed. (3863)

Upjohn Co.
1989 Ed. (1273)
1990 Ed. (275, 1559, 1564, 1565, 2529, 2723, 2779)
1991 Ed. (1464, 1466, 1468, 1472, 2399, 2622, 2682)
1992 Ed. (1842, 1861, 1862, 1863, 1864, 1865, 1867, 1872, 3001, 3347, 3908)
1993 Ed. (824, 895, 1368, 1458, 1511, 1515, 2774, 3458)
1994 Ed. (10, 1196, 1421, 1552, 1554, 1561, 2210, 2461, 2745, 3438)
1995 Ed. (1458, 1580, 2529, 2844)
1996 Ed. (1420, 1567, 1568, 1576, 2597, 2916)
1997 Ed. (1236, 1239, 1246, 1252, 1259, 1660, 2178, 3006)
1998 Ed. (1018, 2753)
1999 Ed. (1452, 3715)
2000 Ed. (1311)

Upjohn International Inc.
2001 Ed. (1791)

Uplander; Chevrolet
2008 Ed. (299)

UPM
2011 Ed. (3821, 3822)

UPM-Kymenne
1997 Ed. (2071)

UPM-Kymmene
2014 Ed. (3802)
2015 Ed. (3824)

UPM-Kymmene Corp.
1998 Ed. (2746)
1999 Ed. (1616, 1617, 2496, 2661, 2662, 3694)
2000 Ed. (1420, 1421, 1422, 2257)
2001 Ed. (1700, 1701, 1820, 3630, 3631)
2003 Ed. (1428, 3728)
2008 Ed. (3557)

UPM-Kymmene Oyj
2000 Ed. (2443, 2444, 3409)
2001 Ed. (1698, 3628)
2002 Ed. (1646, 1647, 2468, 2469, 3577, 3578, 3579)
2003 Ed. (1505, 1674, 4583)
2004 Ed. (3768)
2005 Ed. (1760, 3688)
2006 Ed. (1701, 1702, 1703, 1704, 2801, 3379, 3781, 3782)
2007 Ed. (1697, 1698, 1700, 2637, 3779)
2008 Ed. (1724, 1725, 1727, 3856)
2009 Ed. (1662, 1663, 1666, 3624, 3916)
2010 Ed. (1620, 1623, 3545, 3823, 3824, 3825)
2011 Ed. (1629, 1630, 1632, 2750, 3545, 3818, 3820, 3823)
2012 Ed. (1480, 1482, 2684, 3538, 3802, 3803, 3804, 3805, 3806, 3807, 3808)

2013 Ed. (1610, 2769, 3583, 3867, 3868, 3869, 3870)
2014 Ed. (1577, 1578, 2750, 3790, 3791, 3798, 3799, 3800, 3801)
2015 Ed. (1628, 2803, 3812, 3813, 3821, 3822, 3823)
2016 Ed. (1556, 2734, 3725, 3729, 3730, 3731, 3732)

UPMC
2010 Ed. (2889)
2016 Ed. (1954)

UPMC Community Provider Services
2012 Ed. (4227)
2013 Ed. (4212)
2014 Ed. (4226)
2015 Ed. (4214)
2016 Ed. (4133)

UPMC Group
2011 Ed. (3760)

UPMC Health Plan
2008 Ed. (2919, 3632)

UPMC Health System
2002 Ed. (339, 3295)
2003 Ed. (292, 3467, 3470)
2004 Ed. (2800)
2005 Ed. (2793, 3155)
2006 Ed. (2763, 3034, 3724)

UPMC Presbyterian
2012 Ed. (2992)
2013 Ed. (1999, 2870)
2014 Ed. (3081)
2015 Ed. (2947)
2016 Ed. (2878)

UPN
1998 Ed. (3502)
2000 Ed. (4216)

UPN-Kymenne
1999 Ed. (2495)

Upper Deck
1990 Ed. (3634)
1993 Ed. (3608)
1995 Ed. (3648)

Upper Deck Baseball
1995 Ed. (3649)

Upper Deck Basketball
1995 Ed. (3649)

Upper management
2001 Ed. (2994)

Upper Occoquan Sewerage Authority, VA
1998 Ed. (2969)

Upper Peninsula Power Co.
2012 Ed. (1704)

Uppercase Living
2012 Ed. (1078)

Uppindo/IDFC
1989 Ed. (1780)

Uproar PR
2016 Ed. (1560)

UPS
1991 Ed. (205, 207)
1992 Ed. (286)
1994 Ed. (150, 178, 3230)
2000 Ed. (3318, 3412)
2005 Ed. (171, 195, 196, 197, 212, 225, 739, 740, 832, 1580, 1582, 1583, 1584, 1585, 1586, 1597, 1617, 1619, 1624, 1633, 1636, 1779, 1780, 1803, 1804, 1805, 1806, 1807, 1808, 1809, 1810, 2375, 2685, 2686, 2687, 2688, 3178, 3370, 3371, 3667, 4364, 4365, 4445, 4451, 4748, 4750, 4754, 4759)
2006 Ed. (209, 210, 211, 223, 241, 758, 759, 1464, 1483, 1500, 1503, 1506, 1511, 1525, 1730, 1731, 1783, 1784, 1787, 1789, 1790, 2340, 2422, 2664, 2665, 3763, 3764, 4308, 4309, 4798, 4799, 4805, 4812, 4813, 4850, 4886)
2007 Ed. (218, 219, 231, 243, 837, 851, 855, 856, 858, 1449, 1454, 1455, 1456, 1490, 1513, 1532, 1536, 1540, 1555, 1737, 1738, 1790, 1791, 1792, 1794, 1795, 1796, 1797, 2366, 2645, 2646, 3759, 3760, 3986, 4282, 4373, 4374, 4376, 4810, 4815, 4816, 4821, 4834, 4848, 4851, 4852, 4853, 4854, 4878)
2008 Ed. (205, 222, 805, 818, 846, 1441, 1484, 1516, 1520, 1524, 1536, 1765, 1766, 1826, 1830, 1832, 1833, 1834, 2276, 2486, 2772, 2773, 3026, 4066, 4067, 4072, 4328, 4329, 4331, 4527, 4742, 4743, 4771, 4774, 4775, 4776, 4777, 4813)
2009 Ed. (246, 829, 842, 1403, 1407,

1408, 1409, 1447, 1450, 1454,
1464, 1675, 1696, 1700, 1701,
1702, 1774, 1775, 1776, 1777,
1778, 1779, 1780, 1781, 1782,
2491, 2832, 2833, 2835, 3113,
3890, 3891, 4180, 4434, 4436,
4774, 4788)
2010 Ed. (237, 622, 774, 1425, 1429,
1433, 1437, 1449, 1650, 1651,
1652, 1812, 2092, 2240, 2241,
2403, 2776, 2777, 3047, 3802,
3804, 4115, 4119, 4477, 4792,
4804, 4805, 4820, 4823, 4824,
4825, 4826)
2011 Ed. (558, 702, 715, 1387, 1395,
1396, 1400, 1401, 1431, 1434,
1438, 1439, 1451, 1659, 1660,
1661, 1720, 1730, 1731, 1732,
1734, 1735, 1736, 1737, 1738,
2403, 2766, 2767, 3016, 3152,
3799, 3801, 4083, 4412, 4735,
4741, 4753, 4754, 4769, 4771,
4779, 4783, 4784, 4785, 4786)
2012 Ed. (140, 141, 157, 537, 638,
660, 1268, 1271, 1284, 1509, 1511,
1512, 1513, 1698, 1997, 2465,
2694, 2695, 2943, 3789, 3791,
4114, 4118, 4756, 4758, 4770,
4772, 4792, 4793, 4801, 4804,
4805, 4806, 4807)
2013 Ed. (116, 117, 637, 778, 818,
846, 875, 1369, 1372, 1375, 1392,
1651, 1654, 1655, 1656, 2775,
2776, 3032, 3855, 3857, 4110,
4438, 4720, 4729, 4731, 4732,
4753, 4754, 4763, 4767)
2014 Ed. (124, 126, 800, 1299, 1312,
1315, 1318, 1330, 1610, 1613,
1614, 1615, 1661, 1699, 2554,
2571, 2759, 2760, 3045, 3786,
3787, 4126, 4772, 4780, 4781,
4803, 4804, 4814, 4817)
2015 Ed. (140, 141, 149, 844, 845,
1361, 1376, 1378, 1380, 1393,
1660, 1663, 1664, 1665, 1741,
2810, 2811, 2812, 3111, 3259,
3806, 3808, 4110, 4795, 4799,
4806, 4808, 4810, 4812, 4813,
4838, 4839, 4849, 4852, 4853)
2016 Ed. (145, 146, 154, 739, 740,
1292, 1303, 1305, 1307, 1309,
1323, 1601, 1603, 1605, 1608,
1733, 2743, 2744, 2745, 3106,
3719, 3721, 4021, 4025, 4687,
4693, 4699, 4704, 4709, 4711,
4713, 4714, 4740, 4742, 4743,
4753, 4756, 4757, 4758, 4759,
4760)
UPS Air
2008 Ed. (235)
UPS Airlines
2011 Ed. (160, 162)
2012 Ed. (173, 179)
2013 Ed. (126, 127, 128, 153)
2014 Ed. (136, 137, 138, 157)
2015 Ed. (153, 154, 155, 172, 180)
2016 Ed. (158, 159, 160, 172, 179)
UPS Airlines WorldPort
2008 Ed. (2394)
UPS Capital Corp.
2010 Ed. (775, 1650)
UPS Domestic Package
2009 Ed. (4806, 4807, 4808, 4809)
UPS Express Critical
2013 Ed. (115)
2014 Ed. (123)
2015 Ed. (139)
UPS Foundation
2001 Ed. (2516)
2002 Ed. (978)
UPS Freight
2008 Ed. (4763, 4769, 4780)
2009 Ed. (2140, 4794, 4801)
2010 Ed. (4812)
2011 Ed. (4762, 4768)
2012 Ed. (4784, 4790)
2013 Ed. (4751, 4761)
2014 Ed. (4801, 4812)
2015 Ed. (4836, 4847)
2016 Ed. (4739, 4751)
UPS Inc.
2014 Ed. (3202)
UPS Logistics
2002 Ed. (1225)
2003 Ed. (2174)
UPS Logistics Group
2001 Ed. (3161)
2004 Ed. (4767, 4791)
2005 Ed. (4744, 4763)
2006 Ed. (4795)
UPS of America Inc.

2001 Ed. (1130)
The UPS Store
2005 Ed. (895, 3880)
2006 Ed. (808, 811, 3940)
2007 Ed. (895, 898, 3998)
2008 Ed. (874, 4017, 4221)
2009 Ed. (4088)
2010 Ed. (835, 4000)
2011 Ed. (4008)
2012 Ed. (4005)
2013 Ed. (4067)
2014 Ed. (4075)
2015 Ed. (4059)
2016 Ed. (3965)
The UPS Store/Mail Boxes Etc.
2013 Ed. (4798)
UPS Supply Chain Services
2006 Ed. (4887)
2007 Ed. (4879)
2008 Ed. (4814)
UPS Supply Chain Solutions
2005 Ed. (3340)
2006 Ed. (4795)
2007 Ed. (1334, 1335, 2648, 3389,
4812)
2008 Ed. (3525, 4739)
2009 Ed. (2834, 3585, 4836, 4838,
4839)
2011 Ed. (1151, 4765)
2012 Ed. (1089, 1090, 4829)
2013 Ed. (1225, 1226, 2777, 2778)
2014 Ed. (1165, 1166, 2761, 2762)
2015 Ed. (1219, 1220, 2813, 2815,
3538)
2016 Ed. (1127, 3389, 4793, 4794)
UPS (U.K.)
2013 Ed. (4712)
UPS Worldwide Logistics
2000 Ed. (4311)
Upsala Sparbank
1993 Ed. (638)
Upsher-Smith Labs
2016 Ed. (4788)
Upshot
2001 Ed. (3912)
2008 Ed. (3594)
2011 Ed. (1700)
2012 Ed. (1553)
Upside
2001 Ed. (254, 255)
2004 Ed. (145, 146)
Upside Software Inc.
2005 Ed. (125, 1688, 1690, 1691,
1692)
2006 Ed. (1540)
2010 Ed. (2926)
Upstarts
2011 Ed. (531)
The Upstate Alliance
2014 Ed. (3507)
Upstate Forever
2011 Ed. (3759)
Upstate Medical University
2014 Ed. (1877)
2015 Ed. (1912)
Upstream LLC
2012 Ed. (1785)
UpStream Software
2007 Ed. (1224)
Uptime Software
2011 Ed. (1033)
Upton & Fuller, McCann
1997 Ed. (161)
Upton & Fulton, McCann
1999 Ed. (173)
2000 Ed. (194)
2001 Ed. (244)
2002 Ed. (214)
2003 Ed. (184)
Upton; Kate
2016 Ed. (3616, 3617)
Uptown Cheapskate
2014 Ed. (984)
2015 Ed. (1020)
2016 Ed. (923)
Uptown Federal Savings & Loan
1989 Ed. (2356)
Upward Sports
2011 Ed. (4178)
2012 Ed. (4229)
Ural Nickel
2004 Ed. (3695)
Ural Siberian Bank
2005 Ed. (602)
2007 Ed. (546)
Ural SI
2004 Ed. (1850)
Ural Tire Plant
2001 Ed. (4545)
Uralkali

2009 Ed. (4565)
2012 Ed. (778, 1233)
2014 Ed. (905, 907)
2015 Ed. (931)
2016 Ed. (836)
Uralkali; OJSC
2012 Ed. (749)
2013 Ed. (941)
2014 Ed. (894)
2015 Ed. (922)
2016 Ed. (825)
Uralkaliy
2011 Ed. (791, 794)
2012 Ed. (752)
Uramiuim Resources Inc.
1991 Ed. (1165)
Uranium One
2013 Ed. (3723)
2016 Ed. (3558)
Uranium One Inc.
2014 Ed. (3664)
Uranium Participation
2009 Ed. (1562)
Uranium Resources Inc.
2011 Ed. (2823, 2824, 2830)
UrAsia Energy Ltd.
2007 Ed. (1620, 1649)
2008 Ed. (1659)
Urata & Sons Cement
2009 Ed. (1203)
2010 Ed. (1205)
2013 Ed. (1237)
Urban
2001 Ed. (3962)
2007 Ed. (4091)
Urban Active
2014 Ed. (2917)
Urban Airship
2013 Ed. (1986)
Urban areas
2000 Ed. (2616)
Urban Concrete Contractors
2006 Ed. (1289)
2007 Ed. (1366)
2009 Ed. (1204, 1257)
2010 Ed. (1251)
2011 Ed. (1153, 1154, 1156, 1176,
1270)
Urban Contemporary Interconnect
1992 Ed. (1018)
Urban Engineers Inc.
1996 Ed. (1682)
1999 Ed. (2034)
2010 Ed. (1937)
2011 Ed. (1990)
Urban Engineers of New York PC
2011 Ed. (1905)
2015 Ed. (1906)
Urban Farmer
2012 Ed. (3436)
2015 Ed. (3460, 3479)
Urban Foundation/Engineering Co.
2005 Ed. (1312)
Urban Futures Inc.
1991 Ed. (2170)
Urban Girl
2015 Ed. (2480)
Urban Health Plan Inc.
2008 Ed. (2964)
2011 Ed. (2929)
Urban Impact Recycling Ltd.
2009 Ed. (1517)
Urban Investment Group
2016 Ed. (4090)
Urban Latino Magazine
2002 Ed. (2540)
Urban Lending Solutions
2013 Ed. (79, 80)
2015 Ed. (103, 104)
2016 Ed. (110)
Urban Outfitters
2013 Ed. (898)
2014 Ed. (961)
2015 Ed. (997, 1000)
2016 Ed. (902, 907, 918, 925)
Urban Outfitters Inc.
1998 Ed. (3086)
2003 Ed. (1024)
2004 Ed. (999, 1000, 1023)
2005 Ed. (1014, 1015, 1022, 1030,
4505)
2006 Ed. (1027, 1036, 1041, 2728,
2884, 4157, 4584)
2007 Ed. (912, 1116, 1123, 1129,
2718, 2727, 2752, 2879, 4492,
4561)
2008 Ed. (887, 888, 889, 893, 993,
997, 1006, 1011, 2857, 2997)
2009 Ed. (898, 902, 977, 984, 995)

2010 Ed. (845, 850, 940, 948, 959,
3013)
2011 Ed. (872, 885, 2984)
2012 Ed. (825, 4313)
2013 Ed. (1001)
2015 Ed. (2463)
Urban planner
2004 Ed. (2275)
2011 Ed. (3780)
Urban Retail Properties
1997 Ed. (3272, 3517)
1998 Ed. (3017, 3300)
2000 Ed. (3728, 4022)
2001 Ed. (4010)
2002 Ed. (3934)
2003 Ed. (4061, 4410, 4411)
2004 Ed. (4091)
2006 Ed. (4314)
2007 Ed. (4380)
Urban Science
2002 Ed. (2514)
Urban Shopping Centers Inc.
1996 Ed. (3430)
1999 Ed. (4311)
2000 Ed. (4031)
2001 Ed. (4255)
2002 Ed. (4278)
Urban Substructures Inc.
1990 Ed. (1204)
1991 Ed. (1082)
1992 Ed. (1415)
1993 Ed. (1128)
Urban Systems Ltd.
2006 Ed. (1596, 4297)
2007 Ed. (3378)
2008 Ed. (3488, 3494, 3495, 3497,
3498)
2010 Ed. (1538)
Urban Television Network Corp.
2006 Ed. (3526)
Urban Trust Bank
2012 Ed. (314)
Urban Waxx
2015 Ed. (1971)
UrbanAmerica LP
2009 Ed. (197)
2010 Ed. (176)
2011 Ed. (101)
UrbanAmerica Principals III LLC
2012 Ed. (108)
2013 Ed. (89)
2015 Ed. (112)
2016 Ed. (120)
UrbanCode
2010 Ed. (1103)
2011 Ed. (1042)
2012 Ed. (972)
Urbanears
2014 Ed. (2403)
Urbieta Enterprises
1999 Ed. (4090)
Urbieta Jr.; Ignacio
2011 Ed. (2924)
Urbieta Oil Inc.
2008 Ed. (2954, 2968)
2009 Ed. (3048)
2010 Ed. (2962)
2011 Ed. (2927)
2012 Ed. (2861)
Urbis
2006 Ed. (1030)
URC
2013 Ed. (205, 3512)
2014 Ed. (213, 3486)
2015 Ed. (246)
2016 Ed. (241, 2941)
Urdang & Associates
1996 Ed. (2412)
1998 Ed. (2280, 3014)
1999 Ed. (3080, 3093)
2000 Ed. (2828)
2002 Ed. (3938)
Urdang & Associates Real Estate
2000 Ed. (2820)
Urdang; E. Scott
1995 Ed. (2357, 2377)
Urethanes
2000 Ed. (3569)
Uribe & Acociados; Jaime
1989 Ed. (94)
Uribe & Asociados; Jaime
1990 Ed. (90)
1991 Ed. (88)
1996 Ed. (73)
Urinalysis
1990 Ed. (1501)
Urinary test strips
1994 Ed. (1528)
Urix
1992 Ed. (4039)

Urker Cosmetik
  2004 Ed. (58)
  2005 Ed. (53)
URM Stores
  2004 Ed. (1389)
  2005 Ed. (1410)
  2006 Ed. (1396)
  2015 Ed. (1339)
URM Stores Inc.
  2014 Ed. (2097)
  2015 Ed. (2152)
  2016 Ed. (2126)
Urologix, Inc.
  2003 Ed. (2721)
URS Consultants Inc.
  1990 Ed. (280, 1666)
  1991 Ed. (251)
  1992 Ed. (351, 355, 1955)
  1993 Ed. (241, 246, 1610)
  1994 Ed. (235, 1643)
  1995 Ed. (237, 1682)
  1996 Ed. (234, 1665)
  1997 Ed. (260, 265, 1139, 1743)
URS Corp.
  2001 Ed. (1403, 1404, 2288, 2291,
    2294, 2295, 2296, 2297, 2298,
    2300)
  2002 Ed. (330, 1172, 1176, 1214,
    1239, 2129, 2130, 2131, 2132,
    2133, 2135, 2137, 2138, 2139,
    2153)
  2003 Ed. (1140, 1146, 1248, 1251,
    2289, 2291, 2293, 2295, 2296,
    2297, 2298, 2300, 2302, 2303,
    2304, 2308, 2314, 2355, 2356,
    2357)
  2004 Ed. (1144, 1148, 1149, 1251,
    1253, 1329, 2323, 2324, 2325,
    2326, 2327, 2328, 2329, 2330,
    2331, 2332, 2333, 2335, 2336,
    2338, 2339, 2340, 2341, 2342,
    2343, 2345, 2346, 2347, 2348,
    2349, 2352, 2353, 2354, 2355,
    2356, 2358, 2359, 2364, 2366,
    2368, 2369, 2370, 2372, 2373,
    2374, 2375, 2376, 2377, 2380,
    2381, 2383, 2384, 2386, 2389,
    2395, 2432, 2433, 2434, 2435,
    2436, 2438, 2439, 2440, 2441,
    2443, 2444, 2446)
  2005 Ed. (1167, 1169, 1170, 1171,
    1173, 1174, 1250, 1334, 1358,
    1363, 2415, 2416, 2417, 2420,
    2424, 2425, 2427, 2430, 2437)
  2006 Ed. (1163, 1165, 1166, 1167,
    1169, 1170, 1209, 1362, 2450,
    2456, 2461, 2467, 2477, 2502,
    2503, 2504, 2505, 2506)
  2007 Ed. (220, 1316, 1401, 2399,
    2404, 2406, 2407, 2408, 2409,
    2410, 2411, 2413, 2415, 2416,
    2417, 2418, 2419, 2420, 2422,
    2423, 2424, 2426, 2432, 2443,
    2469, 2470, 2471, 2472, 2473,
    2474, 2475, 2478, 2764, 4360)
  2008 Ed. (207, 1163, 1178, 1357,
    2282, 2511, 2513, 2515, 2521,
    2522, 2523, 2529, 2531, 2532,
    2533, 2534, 2535, 2536, 2538,
    2539, 2540, 2542, 2543, 2545,
    2546, 2547, 2549, 2550, 2551,
    2553, 2559, 2570, 2598, 2599,
    2600, 2601, 2602, 2603, 2604,
    2607, 2880)
  2009 Ed. (1143, 1150, 1208, 1214,
    1216, 1359, 1362, 2519, 2521,
    2524, 2534, 2540, 2545, 2549,
    2550, 2551, 2552, 2553, 2554,
    2556, 2557, 2558, 2559, 2561,
    2567, 2578, 2582, 2583, 2626,
    2627, 2628, 2629, 2630, 2631,
    2632, 2635, 2944)
  2010 Ed. (1136, 1146, 1157, 1175,
    1177, 1178, 1179, 1217, 1219,
    1277, 1336, 1340, 1343, 1346,
    1426, 1428, 2436, 2438, 2441,
    2444, 2450, 2451, 2452, 2458,
    2461, 2465, 2466, 2467, 2468,
    2469, 2470, 2472, 2473, 2474,
    2475, 2477, 2483, 2486, 2487,
    2493, 2494, 2532, 2533, 2534,
    2535, 2538, 2539, 2540, 2541)
  2011 Ed. (192, 1087, 1089, 1125,
    1126, 1127, 1162, 1164, 1166,
    1321, 1325, 1328, 2440, 2444,
    2447, 2450, 2459, 2460, 2461,
    2467, 2472, 2477, 2478, 2479,
    2481, 2482, 2483, 2485, 2488,
    2491, 2493, 2494, 2502, 2508,
    2509, 2532, 2533, 2535, 2536,
    4803, 4804)

  2012 Ed. (198, 1009, 1011, 1012,
    1044, 1059, 1060, 1095, 1101,
    1104, 1187, 1191, 1194, 2365,
    2367, 2374, 2378, 2379, 2380,
    2381, 2382, 2383, 2385, 2386,
    2387, 2389, 2390, 2391, 2392,
    2394, 2396, 2397, 2398, 2400,
    2404, 2407, 2410, 2413, 2420,
    2422, 2429, 2430, 2468, 2469,
    2470, 2471, 2472, 2474, 2475,
    2476, 2477, 2478, 2479, 2480,
    2481, 4823)
  2013 Ed. (9, 10, 179, 1196, 1197,
    1242, 1246, 1308, 2551, 2558,
    2560, 2561, 2562, 2563, 2564,
    2565, 2567, 2568, 2569, 2570,
    2572, 2575, 2576, 2579, 2582,
    2589, 2592, 2595, 2596, 2616,
    2618, 2619, 2620, 2621, 2622,
    2623, 2624, 2625, 2626, 2627,
    2628, 2630, 4789, 4790, 4791,
    4796, 4802)
  2014 Ed. (5, 6, 187, 1108, 1112, 1115,
    1148, 1179, 1180, 1184, 1242,
    1429, 2482, 2487, 2489, 2490,
    2491, 2492, 2493, 2494, 2496,
    2497, 2498, 2499, 2501, 2504,
    2506, 2508, 2511, 2515, 2516,
    2518, 2521, 2522, 2523, 2525,
    2575, 2577, 2578, 2579, 2580,
    2581, 2582, 2583, 2584, 2585,
    2586, 2587, 2588, 3033)
  2015 Ed. (6, 215, 1148, 1153, 1157,
    1198, 1200, 1201, 1202, 1233,
    1234, 1237, 1238, 1277, 1300,
    1304, 1491, 2557, 2563, 2564,
    2565, 2566, 2567, 2568, 2570,
    2571, 2572, 2573, 2575, 2580,
    2582, 2585, 2590, 2592, 2596,
    2597, 2614, 2615, 2617, 2618,
    2619, 2620, 2621, 2622, 2623,
    2624, 2625, 2626, 2627, 2628,
    3099)
  2016 Ed. (213, 1069, 1106, 1108,
    1109, 1110, 1192, 1215, 2495,
    2497, 2502, 2504, 2507, 2512,
    2518, 2519, 2520, 2538, 2539,
    2541, 2542, 2543, 2544, 2545,
    2546, 2547, 2548, 2549, 2550,
    2551)
URS Electronics
  2009 Ed. (2466)
URS Energy & Construction Inc.
  2012 Ed. (1032)
  2013 Ed. (1182)
  2014 Ed. (1134)
  2015 Ed. (1182)
  2016 Ed. (1094)
URS Federal Services
  2014 Ed. (32)
  2015 Ed. (35)
URS Federal Services International Inc.
  2014 Ed. (1904)
  2015 Ed. (1949)
  2016 Ed. (1765, 1766, 1920, 2519)
URS Greiner Inc.
  1998 Ed. (182, 1437, 1442, 1443)
  1999 Ed. (283, 285, 1339, 2017,
    2031)
  2000 Ed. (1806, 1807)
  2001 Ed. (2290, 2292)
URS Greiner Woodward-Clyde
  1999 Ed. (2019, 2020, 2021, 2026,
    2027, 2029)
  2000 Ed. (1237, 1793, 1796, 1797,
    1798, 1803, 1804, 1816, 1843,
    1851, 1853)
  2001 Ed. (403, 2238, 2244)
URS Greiner Woodward-Clyde Design,
    Inc.
  2001 Ed. (2237, 2245)
Urs Schwarzenbach
  2005 Ed. (4893)
Urstadt Biddle Properties
  2005 Ed. (4380)
Ursula Burns
  2010 Ed. (4980)
  2011 Ed. (4979, 4987)
  2012 Ed. (4968, 4976)
  2013 Ed. (4966, 4979)
  2014 Ed. (4968, 4976)
Ursula Hauser
  2013 Ed. (180)
Ursula M. Burns
  2010 Ed. (180)
  2011 Ed. (103, 825)
Uruguay
  1989 Ed. (1180)
  1990 Ed. (1451)
  1991 Ed. (1384, 1843)

  1992 Ed. (1738, 1739, 2319, 2361,
    2854)
  1993 Ed. (2412)
  1994 Ed. (1490)
  1995 Ed. (1522, 3578, 3773)
  1996 Ed. (1481)
  1997 Ed. (1546)
  1999 Ed. (1785)
  2000 Ed. (1614, 4425)
  2001 Ed. (511, 512, 1951, 2156,
    4121, 4265, 4398, 4591, 4592,
    4910, 4936)
  2002 Ed. (1820, 4974)
  2003 Ed. (4192)
  2004 Ed. (1910, 1922, 3395, 4218,
    4991)
  2005 Ed. (2043, 3402, 4146, 4538,
    4977, 4997)
  2006 Ed. (2333, 3411, 4194, 4321,
    4619, 4995)
  2007 Ed. (2264, 3429, 4210, 4606,
    4996)
  2008 Ed. (2397, 4244, 4246, 4554,
    4995)
  2009 Ed. (2395, 4345, 4585, 4996)
  2010 Ed. (1062, 2307, 4374, 4375,
    4619, 4722, 5000)
  2011 Ed. (1000, 1641, 2303, 4309,
    4311, 4420, 4575, 4680, 4998)
  2012 Ed. (1494, 2200, 3084, 3754,
    4376, 4694)
  2013 Ed. (1625, 2387, 4656)
  2014 Ed. (1591, 2275, 2324, 3172)
  2015 Ed. (3232, 4720)
  2016 Ed. (4622)
Uruguay Mineral Exploration Inc.
  2006 Ed. (4492)
Uruguay XXI
  2015 Ed. (3527)
URW 831 Members Credit Union
  2006 Ed. (2165, 2167)
URW Community Credit Union
  2009 Ed. (2192)
U.S.
  1992 Ed. (225, 226, 228, 229, 230,
    362, 723, 891, 1049, 1152, 1296,
    1373, 1446, 1639, 1713, 1727,
    1741, 1776, 2078, 2170, 2171,
    2300, 2301, 2302, 2304, 2306,
    2313, 2323, 2329, 2336, 2361,
    2807, 2950, 3141, 3276, 3348,
    3446, 3449, 3450, 3452, 3453,
    3543, 3555, 3599, 3600, 3685,
    3806, 3807, 3974, 4021, 4139,
    4141, 4152, 4194, 4238, 4239,
    4474, 4495)
  1995 Ed. (997)
  2000 Ed. (1032, 1649, 3011, 3094,
    3175, 3357, 4033)
U.S. 1 Industries
  2011 Ed. (4773)
  2012 Ed. (4789)
  2013 Ed. (4750)
  2014 Ed. (4800)
U.S. 3 Bridge
  1997 Ed. (726)
U.S. 101 Bridge
  1997 Ed. (726)
U.S. Administrators Inc.
  1989 Ed. (918)
  1990 Ed. (1012)
U.S. AgBank, FCB
  2006 Ed. (1390, 1394, 1395)
  2007 Ed. (1429)
US Air
  1989 Ed. (234, 235, 236, 238)
U.S. Air Force
  1990 Ed. (1166, 1835)
  1991 Ed. (2622)
  1992 Ed. (3277)
  1994 Ed. (2685, 2686)
  2001 Ed. (2862, 4461)
  2005 Ed. (2746)
  2007 Ed. (3528)
  2008 Ed. (3691)
  2011 Ed. (3686)
  2012 Ed. (3695)
  2013 Ed. (3743, 3744, 3747)
  2014 Ed. (3677, 3680)
  2015 Ed. (2927, 3693, 3698, 5014)
  2016 Ed. (2857, 3576, 3577, 3578,
    4933)
U.S. Air Force Academy
  2009 Ed. (1043, 2584)
  2010 Ed. (1009, 2497)
  2011 Ed. (939, 941)
  2012 Ed. (857)
U.S. Air Force APF Food Operations
  1997 Ed. (2055)
  1998 Ed. (1739)

  2000 Ed. (2237)
  2001 Ed. (2485)
U.S. Air Force CIO Office
  2007 Ed. (2564)
U.S. Air Force Clubs
  1998 Ed. (1739)
  2000 Ed. (2237)
  2001 Ed. (2485)
U.S. Air Force Clubs Branch
  1994 Ed. (1888)
  1995 Ed. (1913, 1918)
  1997 Ed. (2055)
U.S. Air Force Engineering and Ser-
    vices Centers
  1991 Ed. (1753)
U.S. Air Force Food & Clubs Branch
  1996 Ed. (1952)
U.S. Air Force HQ USAF/LEE
  1991 Ed. (1056)
U.S. Air Force Medical Center Keesler
  2011 Ed. (3053)
  2012 Ed. (2991)
  2013 Ed. (3080)
U.S. Air Force Morale, Welfare, Recre-
    ation & Service Agency
  1994 Ed. (1888)
  1995 Ed. (1913, 1918)
U.S. Air Force Morale, Welfare, Recre-
    ation Service Agency
  1996 Ed. (1952)
U.S. Air Force Open Mess System
  1990 Ed. (1835)
  1991 Ed. (1753)
U.S. Air Force Restaurants & Snack
    Bars
  1997 Ed. (2055)
US Air Group
  1990 Ed. (214)
  1998 Ed. (3424)
U.S. Airways
  2016 Ed. (183)
US Airways
  2015 Ed. (172, 182)
US Airways Credit Union
  2002 Ed. (1888)
  2003 Ed. (1942)
  2004 Ed. (1982)
  2005 Ed. (2124)
US Airways Express
  2001 Ed. (333)
  2006 Ed. (228)
U.S. Airways Group
  2014 Ed. (1308)
  2015 Ed. (181, 186)
US Airways Group
  2014 Ed. (1327)
U.S. Airways Group Inc.
  2016 Ed. (147)
US Airways Group Inc.
  1999 Ed. (214, 1498, 4485)
  2000 Ed. (236, 237, 259, 261, 262,
    263, 264, 265, 1471, 1581, 4292)
  2001 Ed. (294, 296, 297, 298, 299,
    300, 311, 315, 318, 321, 322, 323,
    325, 327, 328, 329, 330, 337, 338,
    1895, 4616)
  2002 Ed. (257, 258, 260, 261, 262,
    263, 264, 265, 268, 269, 272, 1517,
    1544, 1795, 1916)
  2003 Ed. (242, 243, 244, 246, 247,
    248, 250, 251, 253, 1845, 1846,
    4544, 4547, 4801)
  2004 Ed. (198, 200, 203, 204, 206,
    207, 208, 211, 212, 215, 216, 221,
    222, 412, 1880, 1881)
  2005 Ed. (201, 206, 207, 210, 211,
    212, 220, 224, 229, 1626, 1641,
    1996, 1997, 2005, 2006)
  2006 Ed. (214, 215, 216, 217, 220,
    221, 222, 223, 224, 240, 242, 245,
    382, 2096, 4824)
  2007 Ed. (221, 228, 229, 230, 231,
    242, 1576, 2053, 2885)
  2008 Ed. (208, 209, 212, 213, 221,
    226, 227, 228, 229, 232, 233, 234,
    235, 1513, 1558, 1559, 3007)
  2009 Ed. (229, 230, 233, 234, 252,
    253, 1416, 1484, 1485, 3093)
  2010 Ed. (215, 217, 218, 236, 241,
    242, 243, 244, 1474, 1476, 1724,
    1726, 1727, 1728, 1729, 1730,
    1732, 3026)
  2011 Ed. (139, 140, 141, 159, 164,
    166, 167, 1472, 1473, 1739, 1742,
    2995)
  2012 Ed. (142, 144, 145, 147, 172,
    177, 178, 179, 180, 1276, 1281,
    1289, 1309, 1312, 1314, 1594,
    2921)
  2013 Ed. (118, 119, 120, 121, 123,

140, 141, 152, 157, 1397, 1408,
1412, 1413, 1750, 3010)
2014 Ed. (130, 131, 133, 150, 151,
156, 1358, 1363, 1365, 3019)
2015 Ed. (144, 173, 174, 179, 1438,
3086)
2016 Ed. (172, 173, 178, 1361)
U.S. Airways Inc.
2016 Ed. (147)
US Airways Inc.
1999 Ed. (215, 216, 220, 222, 225,
226, 228, 229, 231, 236, 237, 242,
244, 245, 1479, 1480, 1483, 1484,
1485, 1491, 1495, 1749, 3819,
4652)
2000 Ed. (233, 238, 239, 240, 241,
242, 243, 244, 245, 247, 248, 249,
250, 252, 253, 266, 267, 268, 3539,
4381)
2001 Ed. (295, 1894, 1895)
2002 Ed. (259)
2003 Ed. (245)
2004 Ed. (205, 1880)
2005 Ed. (208)
2006 Ed. (218)
2007 Ed. (226)
2008 Ed. (209, 211, 1558)
2009 Ed. (230, 232, 1484)
2010 Ed. (215, 216, 1474)
2011 Ed. (139, 1472)
2012 Ed. (142, 143, 1312)
2013 Ed. (118, 119, 1412)
2014 Ed. (129, 1363)
2015 Ed. (143, 1438)
US Airways Magazine
2009 Ed. (171, 173)
US Airways Pilots Plan
2005 Ed. (3703)
U.S. Alberici Construction Co. Inc.
1997 Ed. (1179)
U.S. Alliance Group Inc.
2012 Ed. (4098)
2013 Ed. (1461)
U.S. Aluminum
2015 Ed. (3661)
2016 Ed. (3548)
U.S. Aluminum Services
2011 Ed. (1082)
US and others
1992 Ed. (2714, 2715)
US Appraisal Group
2013 Ed. (4177)
U.S. Armed Forces
1989 Ed. (2525)
U.S. Army
1991 Ed. (2622)
1992 Ed. (3277)
1994 Ed. (2685)
2001 Ed. (2862, 4461)
2004 Ed. (2842)
2005 Ed. (2746)
2006 Ed. (3493)
2007 Ed. (3528)
2010 Ed. (3833)
2011 Ed. (3686, 3835)
2012 Ed. (3816)
U.S. Army Armament Research Development & Engineering Center
2011 Ed. (2810)
U.S. Army Center of Excellence
1992 Ed. (2204)
U.S. Army Center of Excellence, Sub-
sistence
1994 Ed. (1888)
1995 Ed. (1913, 1918)
1996 Ed. (1952)
1997 Ed. (2055)
2000 Ed. (2237)
2001 Ed. (2485)
U.S. Army Center of Excellence, Substi-
nence
1998 Ed. (1739)
U.S. Army Community & Family Support
1992 Ed. (2204)
1994 Ed. (1888)
1995 Ed. (1913, 1918)
U.S. Army Community & Family Support
Centers
1990 Ed. (1835)
1991 Ed. (1753)
1996 Ed. (1952)
1997 Ed. (2055)
1998 Ed. (1739)
2000 Ed. (2237)
2001 Ed. (2485)
U.S. Army Corps of Engineers
1990 Ed. (1166)
2012 Ed. (3692, 4965)
2013 Ed. (3743, 4976)
2014 Ed. (3676, 3677, 4981)

2015 Ed. (3694, 5014)
2016 Ed. (3577, 3578)
U.S. Army Corps of Engineers Resource Management Office (CERM-
FC)
1991 Ed. (1056)
U.S. Army ERDC
2012 Ed. (4246)
U.S. Army Fort Huachuca
1991 Ed. (255, 257)
U.S. Army Medical Department
1995 Ed. (1918)
1996 Ed. (1952)
U.S. Army Officers and Enlisted Club
System
1990 Ed. (1835)
U.S. Army Reserve Med/National Guard
2001 Ed. (3555)
U.S. Army Troop Support Agency
1990 Ed. (1835)
1991 Ed. (1753)
U.S. Baird Employees Credit Union
2005 Ed. (308)
U.S. Bancorp
1989 Ed. (404, 432, 713)
1990 Ed. (716, 717, 718)
1992 Ed. (867)
1993 Ed. (264, 377, 666, 3287)
1994 Ed. (250, 251, 667, 3035, 3278)
1995 Ed. (253, 254, 3359)
1996 Ed. (257, 258, 359)
1997 Ed. (334, 345, 1496, 3283)
1998 Ed. (270, 280, 283, 329, 332,
389, 1185)
1999 Ed. (313, 371, 372, 374, 380,
427, 595, 596, 1707, 2121, 2122,
2123, 2124, 2698)
2000 Ed. (327, 328, 379, 383, 385,
392, 393, 422, 426, 432, 618, 620,
679, 1517, 2484, 3737, 3741, 3742,
3743, 4053)
2001 Ed. (432, 433, 574, 578, 582,
636, 637, 638, 735, 736, 739, 740,
750, 751, 754, 774, 775, 802, 805,
818, 819, 832, 836, 848, 852, 860,
872, 888, 920, 943, 951, 952, 956,
960, 1955, 3210, 4029, 4281)
2002 Ed. (432, 437, 438, 498, 503,
1731)
2003 Ed. (429, 438, 446, 449, 452,
629, 630, 1558, 1764)
2004 Ed. (418, 423, 432, 434, 440,
441, 601, 638, 639, 1578, 1740,
1801, 4372)
2005 Ed. (373, 376, 377, 423, 429,
438, 440, 449, 452, 490, 590, 627,
628, 790, 1002, 1003, 1064, 1615,
1802, 1871, 1872, 2046, 2604,
2866, 3306, 4385, 4386, 4522)
2006 Ed. (384, 387, 396, 399, 402,
405, 507, 1499, 1513, 1776, 1890,
1891, 1892, 3682)
2007 Ed. (370, 380, 382, 387, 389,
390, 532, 1785, 1884, 1885)
2008 Ed. (358, 371, 372, 426, 486,
1816, 1935, 1936, 1937, 1938,
1939, 1940, 2198)
2009 Ed. (371, 374, 387, 389, 391,
392, 395, 451, 513, 1446, 1764,
1894, 1895, 1896, 1897, 1898,
1900, 2175, 4551)
2010 Ed. (353, 355, 364, 455, 493,
1830, 1831, 1832, 1833, 1834,
1835, 1836, 2118, 3282)
2011 Ed. (277, 285, 286, 375, 423,
1859, 1861, 1862, 1863, 1864,
1865, 1866, 1867, 2166)
2012 Ed. (307, 309, 310, 370, 1584,
1714, 1716, 1717, 1718, 1719,
1720, 1721, 1722, 1723, 2790)
2013 Ed. (316, 318, 322, 324, 325,
493, 542, 1872, 1874, 1876, 1877,
1878, 1879, 1880, 1881, 1882,
2859)
2014 Ed. (330, 332, 336, 338, 342,
505, 557, 1682, 1685, 1804, 1806,
1808, 1809, 1810, 1811, 1812,
1813, 1814, 2541)
2015 Ed. (360, 370, 372, 376, 378,
382, 569, 621, 1731, 1844, 1846,
1848, 1849, 1850, 1851, 1852,
1854, 4197)
2016 Ed. (350, 358, 360, 365, 367,
515, 567, 1678, 1808, 1809, 1811,
1812, 1813, 1814, 1815, 1816,
2165)
US Bancorp Leasing & Financial
2003 Ed. (570, 571, 572)
U.S. Bancorp Piper Jaffray Inc.

2001 Ed. (558, 742, 748, 757, 759,
760, 761)
2003 Ed. (3060, 3473, 3474, 3475,
3476)
2004 Ed. (3529)
2005 Ed. (3175)
U.S. Bank
2000 Ed. (220)
2001 Ed. (641, 4002)
2002 Ed. (544, 1121, 4293, 4296)
2004 Ed. (184, 185, 356, 358, 362,
364, 365, 366, 422, 424, 425, 426,
427, 428, 429, 430, 1064, 1065,
2863, 2996)
2012 Ed. (298, 382)
2013 Ed. (307, 326, 4803)
2014 Ed. (320, 2130)
2015 Ed. (361, 383, 574)
2016 Ed. (368, 2124)
U.S. Bank NA
1999 Ed. (399, 402, 403, 404, 405,
411, 412, 413, 415, 416, 417, 418,
421)
2000 Ed. (398, 401, 402, 403, 408,
409, 410, 412, 413, 419, 1907)
2002 Ed. (248, 249, 478, 479, 487,
489, 643, 1120, 2578)
2003 Ed. (229, 230, 379, 383, 385,
386, 387, 428, 430, 431, 432, 433,
434, 435, 436, 477, 1055, 1056,
2771)
2005 Ed. (190, 191, 367, 381, 384,
385, 428, 430, 431, 432, 433, 434,
435, 436, 1068, 1069, 2868, 2994)
2006 Ed. (202, 203, 375, 378, 379,
386, 388, 389, 390, 391, 392, 393,
394, 1076, 1077, 2873, 2989)
2007 Ed. (209, 210, 355, 358, 361,
362, 369, 371, 372, 373, 375, 376,
377, 431, 1184, 1185, 2867, 3020)
2008 Ed. (196, 197, 340, 346, 349,
350, 357, 359, 360, 361, 363, 364,
365, 399, 1090, 1091, 2987, 4397)
2009 Ed. (217, 218, 360, 364, 367,
368, 373, 375, 376, 377, 379, 380,
381, 422, 1072, 1073, 3070)
2010 Ed. (197, 198, 338, 340, 342,
344, 345, 346, 354, 356, 357, 358,
359, 360, 361, 362, 398, 1041,
1042, 3001)
2011 Ed. (119, 120, 262, 264, 265,
267, 268, 269, 276, 278, 279, 280,
281, 282, 283, 284, 968, 969,
2968)
2012 Ed. (126, 127, 284, 286, 287,
289, 290, 291, 299, 300, 301, 302,
303, 304, 305, 306, 882, 883,
2905)
2013 Ed. (105, 106, 286, 288, 289,
291, 292, 293, 294, 309, 310, 311,
312, 313, 314, 315, 1041, 1042,
2989)
2014 Ed. (112, 305, 307, 308, 309,
310, 323, 324, 325, 326, 327, 328,
329, 335, 1006, 1007, 2997)
2015 Ed. (127, 338, 340, 341, 343,
344, 345, 346, 363, 364, 365, 366,
367, 368, 369, 1042, 1043, 3069)
2016 Ed. (133, 333, 336, 338, 339,
340, 341, 351, 352, 353, 354, 355,
356, 357, 951, 952, 2961)
US Bank of Idaho
1998 Ed. (296, 362)
1999 Ed. (198)
U.S. Bank of Washington
1992 Ed. (255)
1993 Ed. (402, 664, 2420)
1997 Ed. (179, 377, 644, 2621, 2623)
1999 Ed. (198, 3180)
U.S. Bank of Washington NA
1991 Ed. (489, 689)
1992 Ed. (562, 864)
1994 Ed. (145, 392, 664)
1995 Ed. (380, 387, 633)
1996 Ed. (410, 709)
1998 Ed. (103, 296, 434, 2352)
U.S. Bank Trust
2001 Ed. (595, 596, 763, 764)
US Bankcard Services Inc.
2008 Ed. (269, 270, 3696)
U.S. Banknote Corp.
1994 Ed. (2020)
U.S. Behavioral Health
1996 Ed. (2561)
U.S. Bell
1996 Ed. (3650)
U.S. Biosci
1996 Ed. (208)
U.S. Bioscience
1994 Ed. (204, 214)

1997 Ed. (231)
U.S. Border Patrol
1991 Ed. (257)
2014 Ed. (3675)
U.S. Boston G & I
1992 Ed. (3191)
U.S. Boston Growth & Income
1993 Ed. (2689)
U.S. Bureau of Engraving & Printing
2001 Ed. (1686)
2003 Ed. (1850)
2005 Ed. (2002)
U.S. Bureau of Labor Statistics
2002 Ed. (4821)
U.S. Bureau of Land Management
2012 Ed. (4387)
2013 Ed. (4356)
2014 Ed. (4408)
2015 Ed. (4394)
U.S. Bureau of the Census
1991 Ed. (2769)
U.S. Business Advisor
2003 Ed. (3037)
U.S. Business Brokers
1997 Ed. (843)
1998 Ed. (540)
1999 Ed. (958)
U.S. Cable
1992 Ed. (1030)
U.S. Cable Group
1998 Ed. (602)
US Can
1992 Ed. (1048)
1998 Ed. (929)
1999 Ed. (1346)
U.S Capital Equipment Leasing Inc.
2016 Ed. (4988)
U.S. Cellular
2013 Ed. (1985)
2014 Ed. (1924, 4957)
2015 Ed. (3708, 4998)
2016 Ed. (4915)
U.S. Cellular Corp.
1990 Ed. (1302)
1992 Ed. (1131, 2565)
1993 Ed. (933, 1246, 3517)
1994 Ed. (2159, 3492)
1996 Ed. (888)
1997 Ed. (239)
1998 Ed. (156, 1889, 2076)
2000 Ed. (999)
2001 Ed. (1667, 4456)
2002 Ed. (306)
2003 Ed. (4688, 4980)
2004 Ed. (4976, 4977)
2005 Ed. (1927, 4979, 4980, 4981,
4985)
2006 Ed. (803, 1960, 1962, 1963,
1964, 1965, 1966, 3550, 4968,
4969, 4971)
2007 Ed. (1943, 3618, 3620)
2008 Ed. (2014, 2015, 2016, 2017,
2018, 2019, 4261, 4942)
2009 Ed. (1977, 1980, 1981, 1982,
1983, 4365, 4959, 4963)
2010 Ed. (1916, 4392, 4971)
2011 Ed. (1939, 4337, 4961, 4962)
2012 Ed. (1802)
2013 Ed. (4800)
U.S. Census Bureau
2002 Ed. (4821)
2014 Ed. (3677)
U.S. Central Credit Union
2004 Ed. (1383, 1387, 1388)
2005 Ed. (1404, 1408, 1409)
2006 Ed. (1390, 1394, 1395)
2007 Ed. (1429)
2013 Ed. (2203)
2014 Ed. (2133)
U.S. Chamber of Commerce
1996 Ed. (242, 244)
1997 Ed. (273, 275)
1999 Ed. (298, 299)
U.S. China Mining Group Inc.
2014 Ed. (1441)
US China Region Opportunity
1998 Ed. (2646)
U.S. Clearing
2000 Ed. (1097)
U.S. Coast Guard
1990 Ed. (1835)
2000 Ed. (2237)
2013 Ed. (3744)
U.S. Coast Guard Academy
2009 Ed. (1036)
2010 Ed. (1002)
2012 Ed. (857)
U.S. Commercial Corp., SA de CV
2004 Ed. (4207)
2005 Ed. (4137)

US Committee for UNICEF
  1996 Ed. (913)
  2000 Ed. (3349)
U.S. Communications
  1992 Ed. (3758)
U.S. Computer Group
  1999 Ed. (2623, 2670)
  2000 Ed. (1167)
U.S. Concrete Inc.
  2001 Ed. (1579)
  2006 Ed. (4000)
  2007 Ed. (4035)
  2011 Ed. (4080)
  2012 Ed. (4111)
  2015 Ed. (4107)
  2016 Ed. (4019)
US Core Plus Fixed Income
  2003 Ed. (3113)
U.S. Cotton
  2003 Ed. (1873)
U.S. Credit Union
  2002 Ed. (1873)
  2003 Ed. (1927)
  2004 Ed. (1967)
  2005 Ed. (2109)
  2006 Ed. (2204)
  2007 Ed. (2125)
  2008 Ed. (2240)
  2009 Ed. (2226)
  2010 Ed. (2180)
  2011 Ed. (2198)
  2012 Ed. (2058, 2059)
  2013 Ed. (2241)
  2014 Ed. (2173)
  2015 Ed. (2237)
  2016 Ed. (2208)
U.S. Customs
  1992 Ed. (2635)
U.S. Customs & Border Patrol
  2015 Ed. (3693)
  2016 Ed. (3576)
U.S. Customs & Border Protection
  2005 Ed. (1061)
  2006 Ed. (1069)
  2007 Ed. (1161)
U.S. Customs Service
  1991 Ed. (257)
U.S. Dairy Producers
  2000 Ed. (211)
US DataPort Inc.
  2003 Ed. (1553, 1554)
U.S. Defense Intelligence Agency
  2009 Ed. (2887)
U.S. Defense Logistics Agency
  2003 Ed. (4873)
  2008 Ed. (2831)
U.S. Delivery Systems
  1996 Ed. (1194)
  1997 Ed. (3522)
U.S. Department of Agriculture
  2004 Ed. (2755)
  2005 Ed. (2745, 2750)
  2006 Ed. (1069, 2706, 2711, 3293)
  2007 Ed. (1161, 2058, 2059, 2448,
    2449, 2701, 2707)
  2008 Ed. (1054, 2830, 2835)
  2009 Ed. (2886, 2893)
  2010 Ed. (2823, 2831)
  2011 Ed. (2809, 2815)
  2012 Ed. (2741)
  2015 Ed. (2927, 3694)
U.S. Department of Agriculture Food &
    Nutrition Service
  1990 Ed. (1836, 3107)
  1991 Ed. (1756)
U.S. Department of Commerce
  2001 Ed. (4461)
  2004 Ed. (2755)
  2006 Ed. (2706, 3293)
  2007 Ed. (2701)
  2008 Ed. (2830)
  2009 Ed. (2886, 3756)
  2010 Ed. (2823, 3691)
  2011 Ed. (2809, 3686)
  2012 Ed. (2741)
  2013 Ed. (3743)
  2014 Ed. (3680)
  2015 Ed. (3698)
U.S. Department of Defense
  2001 Ed. (4461)
  2004 Ed. (1576, 2755)
  2005 Ed. (2745, 2750)
  2006 Ed. (2706, 2711, 3293, 3493)
  2007 Ed. (2701, 2707, 3528)
  2008 Ed. (2830, 2835, 3691)
  2009 Ed. (2886, 2893, 2940)
  2010 Ed. (2823, 2831, 2876, 3691)
  2011 Ed. (2809, 2815, 2856, 3686)
  2012 Ed. (2741, 2787, 3692, 3693,
    3695, 4965)

  2013 Ed. (2854, 3743, 3747)
  2014 Ed. (3675, 3676, 3677, 3680)
  2015 Ed. (3693, 3694, 3695, 3698)
  2016 Ed. (3576)
U.S. Department of Education
  2006 Ed. (3493)
  2008 Ed. (3691)
  2009 Ed. (3756)
  2012 Ed. (2787)
  2013 Ed. (2854, 3742)
  2014 Ed. (2883)
  2016 Ed. (3578)
U.S. Department of Energy
  1990 Ed. (1166)
  1991 Ed. (1056)
  2001 Ed. (4461)
  2005 Ed. (2745)
  2009 Ed. (3756)
  2010 Ed. (3691, 3833)
  2011 Ed. (3835)
  2012 Ed. (3692, 3695, 3816, 4965)
  2013 Ed. (3747, 4976)
  2014 Ed. (3676, 3680, 4981)
  2015 Ed. (2927, 3695, 3698)
  2016 Ed. (2857, 3577, 3578)
U.S. Department of Health & Human
    Services
  2004 Ed. (2755)
  2005 Ed. (2750)
  2006 Ed. (2711, 3293, 3493)
  2007 Ed. (2707)
  2008 Ed. (2835, 3691, 4611)
  2009 Ed. (2893, 2940)
  2010 Ed. (2831, 3833)
  2011 Ed. (2815, 3835)
  2012 Ed. (3691, 3816)
U.S. Department of Homeland Security
  2005 Ed. (2750, 3177)
  2006 Ed. (1142, 2706, 2711)
  2007 Ed. (2701, 2707)
  2008 Ed. (2830, 2835)
  2009 Ed. (2886, 2887, 2893, 3756)
  2010 Ed. (2823, 2831, 2876, 3691)
  2011 Ed. (2809, 2815, 2856)
  2012 Ed. (2741, 3695, 4965)
  2013 Ed. (3744, 3747)
  2014 Ed. (3680)
  2015 Ed. (3698)
U.S. Department of Housing & Urban
    Development
  2005 Ed. (2746)
  2010 Ed. (2824)
  2013 Ed. (3744)
U.S. Department of Justice
  2001 Ed. (4461)
  2004 Ed. (2755)
  2005 Ed. (2745, 2750)
  2006 Ed. (2706, 2711)
  2007 Ed. (2701, 2707)
  2008 Ed. (2830, 2835)
  2009 Ed. (2886, 2887, 2893)
  2010 Ed. (2823, 2831)
  2011 Ed. (2809, 2815)
  2012 Ed. (2741, 2787)
  2014 Ed. (3675)
U.S. Department of Labor
  2009 Ed. (2940)
  2010 Ed. (2876)
  2011 Ed. (2856)
  2012 Ed. (3691)
  2013 Ed. (3742, 3744)
  2015 Ed. (3695)
U.S. Department of State
  2004 Ed. (2755)
  2005 Ed. (2750)
  2006 Ed. (2711)
  2007 Ed. (2707)
  2008 Ed. (1047, 1049, 1050, 2487,
    2835)
  2009 Ed. (1029, 2893)
  2010 Ed. (2831)
  2011 Ed. (2404, 2815)
  2012 Ed. (2787, 3691, 4965)
  2013 Ed. (2854, 3742, 4100)
  2014 Ed. (3675)
  2016 Ed. (2857, 4933)
U.S. Department of the Army Staff's
    Chief Information Officer
  2007 Ed. (2564)
U.S. Department of the Interior
  2004 Ed. (2755)
  2005 Ed. (2745, 2750)
  2006 Ed. (2706, 2711)
  2007 Ed. (2701, 2707)
  2008 Ed. (2830, 2835)
  2009 Ed. (2886, 2893)
  2010 Ed. (2823, 2831)
  2011 Ed. (2809, 2815)
  2012 Ed. (2741)
U.S. Department of the Treasury

  2004 Ed. (2755)
  2005 Ed. (2745, 2750)
  2006 Ed. (2706, 2711)
  2007 Ed. (2701, 2707)
  2008 Ed. (2830, 2835)
  2009 Ed. (2886, 2893)
  2010 Ed. (2823, 2831)
  2011 Ed. (2809, 2815)
  2012 Ed. (2741)
  2013 Ed. (3747)
  2014 Ed. (3680)
U.S. Department of Transportation
  2001 Ed. (4461)
  2004 Ed. (2755)
  2005 Ed. (2745, 2750)
  2006 Ed. (2706, 2711, 3293, 3493)
  2007 Ed. (2701, 2707, 3528)
  2008 Ed. (2830, 2835)
  2009 Ed. (2886, 2893)
  2010 Ed. (2823, 2831)
  2011 Ed. (2809, 2815, 3686)
  2012 Ed. (2741, 3693, 3695, 4965)
  2013 Ed. (3743, 3747)
  2014 Ed. (4764, 4981)
  2015 Ed. (2927, 5014)
U.S. Department of Treasury
  2001 Ed. (4461)
  2006 Ed. (3293)
U.S. Department of Veteran Affairs
  1998 Ed. (2554)
  2000 Ed. (3179, 3181, 3182, 3184,
    3185, 3360)
  2001 Ed. (2668, 2669, 2670, 3164)
  2015 Ed. (3695)
U.S. Department of Veterans Affairs
  1996 Ed. (2706)
  1997 Ed. (2179, 2828)
  2004 Ed. (2755, 3526)
  2005 Ed. (2745, 2750)
  2006 Ed. (2706, 2711, 3587, 3588,
    3590)
  2007 Ed. (2701, 2707)
  2008 Ed. (2830, 2835)
  2009 Ed. (2886, 2893, 2940)
  2010 Ed. (2823, 2831)
  2011 Ed. (2809, 2815, 2856, 3686)
  2012 Ed. (2159, 2741, 3695)
  2013 Ed. (2854, 3742)
  2014 Ed. (2883, 3675)
  2015 Ed. (2927)
  2016 Ed. (2857)
U.S. Dept. of Veterans Affairs
  1999 Ed. (3463, 3465, 3466)
U.S. Diagnostic
  1999 Ed. (2450)
  2000 Ed. (2210)
U.S. Diagnostic Labs
  1998 Ed. (1706)
U.S. Dismantlement Corp.
  1990 Ed. (1203)
  1991 Ed. (1088)
  1992 Ed. (1421)
  1993 Ed. (1134)
  1994 Ed. (1151)
  1996 Ed. (1146)
  1997 Ed. (1175)
  1998 Ed. (945)
U.S. Dismantlement/Integrated Waste
  1995 Ed. (1171)
US Dollar
  1992 Ed. (2025)
U.S. Dollar Index
  1993 Ed. (2744)
U.S. Ecology
  2014 Ed. (2111)
  2015 Ed. (2160)
  2016 Ed. (743, 2133)
U.S. Employees Credit Union
  1996 Ed. (1508)
  2009 Ed. (2188, 2196)
  2010 Ed. (2151)
U.S. Energy Corp.
  1989 Ed. (2671)
  2004 Ed. (3485, 3486)
U.S. Energy Development
  2011 Ed. (2420)
U.S. Energy Services
  2011 Ed. (1086)
U.S. Engineering Co.
  1995 Ed. (1160, 1174)
  1996 Ed. (1135, 1149)
  2003 Ed. (1337)
  2004 Ed. (1337)
  2006 Ed. (1258)
  2007 Ed. (1387)
  2008 Ed. (1245, 4002)
  2009 Ed. (1221, 1255)
  2010 Ed. (1224)
  2011 Ed. (1200, 1274)
  2012 Ed. (1114, 1142, 3994)

  2013 Ed. (1228, 1255, 4056, 4059)
  2014 Ed. (1189, 3995, 3998)
  2015 Ed. (1248, 4043, 4046)
  2016 Ed. (1168, 1183, 3936, 3937)
U.S. Engineering Inc.
  2016 Ed. (1158)
U.S. Enginnering
  2013 Ed. (1250)
U.S. Enginnering Co.
  2015 Ed. (1242)
  2016 Ed. (1153)
U.S. Environmental Protection Agency
  1993 Ed. (2876)
  2011 Ed. (2856)
  2012 Ed. (3692)
  2013 Ed. (3744, 4976)
  2014 Ed. (2883)
  2015 Ed. (5014)
U.S. Equities Realty Inc.
  1997 Ed. (3272)
  1998 Ed. (3017)
  2000 Ed. (3728)
U.S. Equities Realty LLC
  2001 Ed. (4010)
  2002 Ed. (3934)
U.S. F & G Group
  1993 Ed. (2184, 2189, 2193, 2233,
    2234, 2240, 2246, 2682, 2693,
    3277, 3391)
  2001 Ed. (4033)
U.S. Facilities Corp.
  1996 Ed. (3666)
U.S. farmland
  1990 Ed. (2402)
U.S. Federal Bureau of Investigation
  2005 Ed. (3181)
U.S. Federal Credit Union
  2013 Ed. (2204)
  2014 Ed. (2135)
  2015 Ed. (2199)
U.S. federal government
  2011 Ed. (1858)
  2012 Ed. (1713)
  2013 Ed. (1870)
  2014 Ed. (1802)
U.S. Federal Reserve System
  2014 Ed. (1317, 1324, 1696)
U.S. Fidelity & Guaranty
  1996 Ed. (2270, 2338)
  1999 Ed. (2976)
U.S. Fidelity & Guaranty Group
  1997 Ed. (1476, 2459, 2461, 2464,
    2471)
U.S. Filter Corp.
  1999 Ed. (1500, 2058)
  2000 Ed. (1846, 1848, 1849, 1856,
    1857, 1858)
  2001 Ed. (996, 2288, 2289, 2292,
    2293, 2301, 2302)
  2004 Ed. (2433, 2434, 2435, 2441,
    2443, 2444, 2445, 2446)
  2006 Ed. (2503, 2504, 2505, 2506,
    2507)
U.S. Fleet Leasing
  1990 Ed. (2617)
  1993 Ed. (2602, 2604)
  1994 Ed. (2565)
  1995 Ed. (2620)
U.S. Food service Inc.
  2005 Ed. (3925)
U.S. Foods
  2015 Ed. (4980)
  2016 Ed. (1650, 4897)
US Foods
  2013 Ed. (1711)
  2014 Ed. (1658)
  2015 Ed. (1702)
  2016 Ed. (1653)
U.S. Foods Inc.
  2013 Ed. (1708, 2715, 4095)
  2014 Ed. (1655, 2701, 4943)
  2015 Ed. (1699, 2747, 4106, 4111,
    4983)
  2016 Ed. (1649, 2677, 4018, 4024,
    4901)
US Foodservice Holding Co.
  2008 Ed. (1903)
  2009 Ed. (1866)
U.S. Foodservice Inc.
  2013 Ed. (4106, 4111)
  2014 Ed. (4122, 4127)
US Foodservice Inc.
  1996 Ed. (1955)
  1997 Ed. (2060)
  2000 Ed. (1358, 1512, 2242, 2244)
  2001 Ed. (1787, 2456, 2457, 4828)
  2003 Ed. (1565, 1566, 1752, 4935,
    4936)
  2004 Ed. (1789, 4940)
  2005 Ed. (1539, 1854, 2622, 4920)

2006 Ed. (1863, 2618, 3999, 4953)
2007 Ed. (1868, 4034, 4960)
2008 Ed. (1903, 4062, 4266, 4931)
2009 Ed. (1866, 2785, 4147, 4176, 4181, 4370, 4953)
2010 Ed. (1796, 2718, 2719, 4060, 4073, 4111, 4116, 4397, 4961)
2011 Ed. (4038, 4045, 4079, 4084, 4342, 4945)
2012 Ed. (4071, 4079, 4110, 4115, 4944)
2013 Ed. (4936)
US Freightways
1998 Ed. (3627, 3629, 3630)
1999 Ed. (4672, 4673, 4675)
2000 Ed. (4306, 4309, 4317)
U.S. Futures Exchange
2010 Ed. (2799)
2011 Ed. (970)
U.S. Gas & Electric
2011 Ed. (2420)
2015 Ed. (1630)
U.S. General Services Administration
2014 Ed. (3675)
U.S. General Services Administration (GSA)
1991 Ed. (1056)
US Glob Accolade Regent East
2004 Ed. (3647)
US Global Acc MegaTrend
2006 Ed. (3624)
U.S. Global Accolade Eastern European
2009 Ed. (3802)
U.S. Global Accolade Regent Eastern European
2008 Ed. (3770, 3772)
U.S. Global China Region Opportunity
2008 Ed. (3768)
US Global Eastern European
2006 Ed. (3597)
2009 Ed. (4544)
US Global Global Resources
2004 Ed. (3566)
2006 Ed. (3639)
US Global Gold Shares
1999 Ed. (3582)
2004 Ed. (3566)
2006 Ed. (3638, 3639)
U.S. Global Investment World Precious Minerals
2004 Ed. (3566)
2008 Ed. (3771)
U.S. Global Investments China Region Opportunity Fund
2005 Ed. (3570)
U.S. Global Investors
2008 Ed. (4520, 4529, 4538)
2009 Ed. (2907)
2010 Ed. (2851)
U.S. Global Investors Accolade E. European
2007 Ed. (3674, 3676)
U.S. Global Investors Eastern European
2006 Ed. (3655, 3656, 3657)
U.S. Global Investors Global Resources
2008 Ed. (3770)
2009 Ed. (3802)
2010 Ed. (3729)
U.S. Global Investors Gold Shares
2008 Ed. (3770, 4511)
U.S. Global Investors World Gold
2000 Ed. (3294)
U.S. Global Investors World Precious Minerals
2005 Ed. (3560, 3561)
2006 Ed. (3657)
2008 Ed. (3770, 4511)
U.S. Global Leaders Growth
1999 Ed. (3521)
2003 Ed. (3488)
US Global Resources
2007 Ed. (3664)
2009 Ed. (3793, 4546)
US Global World Precious Minerals
2006 Ed. (3638, 3639)
2009 Ed. (3794)
U.S. Gold
2008 Ed. (1678, 1680)
2012 Ed. (4572)
U.S. Gold Investors Gold & Precious Metals
2012 Ed. (3739)
US Gold Shares
1991 Ed. (2569)
1992 Ed. (3174)
1995 Ed. (2718, 2721)
1997 Ed. (2906)
1998 Ed. (2656)
U.S. Government
2013 Ed. (67, 2516)

2014 Ed. (86, 1375, 2458)
2015 Ed. (2528)
U.S. government
1989 Ed. (2277)
1991 Ed. (175, 1994, 2791)
1992 Ed. (3595)
1993 Ed. (1897, 2952)
1994 Ed. (945, 2742, 2986)
1995 Ed. (977, 1559, 3048)
1996 Ed. (957, 1542, 3147)
1997 Ed. (978, 1600, 3232)
1999 Ed. (1117, 1210, 3716, 3976, 3977)
2000 Ed. (1042)
2001 Ed. (2589, 2590)
2004 Ed. (154, 871, 1698, 2307, 4052)
2005 Ed. (1755, 2391, 2849)
2006 Ed. (1638, 2432, 2850)
2007 Ed. (1653, 2377)
2008 Ed. (2494)
2009 Ed. (155, 157, 1646, 1755, 2501, 3051)
2010 Ed. (148, 183, 1702, 2416, 2973, 2975)
2011 Ed. (66, 70, 1713, 2419, 2936, 2937)
2012 Ed. (68, 72, 2341)
2013 Ed. (63, 66, 1727, 1861)
U.S. Government Accountability Office
2009 Ed. (2887)
U.S. Government Office of Personnel Management
1990 Ed. (1743)
U.S. Government Printing Office
2009 Ed. (4092, 4093)
2010 Ed. (4004, 4005)
2011 Ed. (4011, 4012)
2012 Ed. (4006, 4007)
2013 Ed. (4072, 4073)
2014 Ed. (4082, 4083)
2015 Ed. (4066, 4067)
2016 Ed. (3973, 3974)
U.S. Government Securities
1993 Ed. (2365)
1995 Ed. (2687)
1997 Ed. (2891)
U.S. Government Securities Fund
1994 Ed. (2537, 2609)
U.S. Government; Twentieth Century
1996 Ed. (2767)
U.S. Gypsum
1996 Ed. (3812)
1999 Ed. (2117)
U.S. Health Corp.
1990 Ed. (2634)
1991 Ed. (2504)
1992 Ed. (3129)
1994 Ed. (2575)
1995 Ed. (2630)
1996 Ed. (2708)
1997 Ed. (2827)
1998 Ed. (2551)
U.S. Healthcare
1989 Ed. (1579)
1990 Ed. (1989)
1991 Ed. (1893)
1992 Ed. (2381, 2383, 2384, 2391, 2392)
1993 Ed. (1348, 2017, 2018, 2019, 2020, 2021, 2024, 2750, 3225, 3226, 3462, 3468)
1994 Ed. (2030, 2031, 2033, 2041, 2042, 2706, 2708, 2712, 3222, 3224, 3442, 3443)
1995 Ed. (1433, 2082, 2083, 2090, 2094, 2822, 3288, 3304, 3306, 3312)
1996 Ed. (1243, 1246, 1247, 2077, 2078, 2079, 2081, 2085, 2086, 2088, 2259, 2888)
1997 Ed. (1289, 2180, 2181, 2182, 2184, 2189, 2191, 2700, 2701, 2978)
1998 Ed. (1013, 1026, 1027, 1903, 1915, 1919, 1920, 2428)
U.S. Hispanic Chamber of Commerce
1997 Ed. (273)
U.S. Home Corp.
1989 Ed. (1001)
1990 Ed. (1159)
1991 Ed. (1047, 1054, 1058, 1988)
1992 Ed. (1353, 1358, 1363, 1366, 4058)
1993 Ed. (1083, 1086, 1089, 1095, 3378, 3380, 3391)
1994 Ed. (1105, 1111, 1113)
1995 Ed. (1122, 1126, 1129, 1134)
1996 Ed. (1097, 1101, 1102, 1103, 1107, 1132)

1997 Ed. (1119, 1120, 1123, 1124, 1134)
1998 Ed. (876, 877, 878, 879, 887, 888, 889, 890, 900, 903, 908)
1999 Ed. (1308, 1309, 1310, 1311, 1316, 1317, 1318, 1319, 1320, 1329)
2000 Ed. (1190, 1191, 1192, 1197, 1198, 1199, 1211)
2001 Ed. (1391, 1392, 1393, 2803)
2002 Ed. (1180, 1187, 1189, 1203, 2670, 2673, 2676, 2679, 2685)
2003 Ed. (1151, 1157, 1159, 1162, 1164, 1165, 1177, 1184, 1189, 1190, 1206, 1213, 1214)
2004 Ed. (1155, 1163, 1165, 1169, 1170, 1172, 1173, 1179, 1195, 1197, 1214, 1221)
2005 Ed. (1182, 1191, 1193, 1197, 1200, 1201, 1206, 1221, 1223, 1237, 1238, 1244, 1246)
2006 Ed. (1162)
U.S. Home Group
2000 Ed. (1193)
2001 Ed. (1394)
U.S. Home Systems Inc.
2005 Ed. (2959)
2006 Ed. (2955)
2007 Ed. (2971)
2008 Ed. (3096)
2011 Ed. (3085)
2012 Ed. (3025)
2013 Ed. (3115, 4993)
2014 Ed. (3116, 4998)
U.S. HomeCare Corp.
1992 Ed. (2436)
U.S. Homesystems Inc.
2009 Ed. (3089, 3188)
2010 Ed. (3118)
U.S. House of Representatives
2006 Ed. (3293)
U.S. Immigration & Naturalization Service
2005 Ed. (1061)
U.S. Income Fund
1995 Ed. (2729)
U.S. Industries Inc.
1997 Ed. (1130, 2240, 2752)
1998 Ed. (1963, 2468, 2469)
1999 Ed. (1314, 3347, 3348)
2000 Ed. (1366, 3084, 3085)
2001 Ed. (2040, 2041, 2895, 2896, 3286, 3822)
2002 Ed. (3317)
2003 Ed. (2775, 2955, 3380)
2004 Ed. (2875, 2876)
US Interactive
2000 Ed. (1109, 2408)
2001 Ed. (4190)
2002 Ed. (2533)
U.S. Internal Revenue Service
2002 Ed. (4821)
2012 Ed. (2159)
2016 Ed. (1734)
U.S. Internetworking
2000 Ed. (1753, 4340)
U.S. Investigation Services Inc.
2013 Ed. (1319)
2014 Ed. (1253)
2015 Ed. (1310)
2016 Ed. (1225)
U.S. Joint Forces Command Joint Knowledge Development & Distribution Capability
2011 Ed. (2810)
US JVC Corp. -New
1993 Ed. (1359)
U.S. Land Resources LP
1997 Ed. (3261)
U.S. Lawns
2003 Ed. (3196)
2004 Ed. (3242)
2005 Ed. (3268)
2006 Ed. (3254)
2007 Ed. (3332)
2009 Ed. (3507)
2010 Ed. (3436)
2011 Ed. (3422, 3423, 3425, 3428)
2012 Ed. (3438, 3441, 3444, 3446)
2013 Ed. (3457, 3464, 3466)
2014 Ed. (3457, 3458, 3464, 3466)
2015 Ed. (3460, 3465, 3477, 3478, 3481, 3482, 3484)
2016 Ed. (3309, 3313, 3321, 3322, 3325, 3326, 3327, 3328, 3331, 3333)
U.S. LBM Holdings
2013 Ed. (725)
2016 Ed. (2861, 2862, 2863)
U.S. LEC Corp.

2008 Ed. (4520)
U.S. Life Credit Life Insurance
1992 Ed. (2647)
U.S. Light Energy
2016 Ed. (4413, 4425)
U.S. Lighting Tech
2012 Ed. (3521)
U.S. Lighting Technologies
2012 Ed. (4098)
2013 Ed. (1461)
U.S. Liquids Inc.
2004 Ed. (236)
U.S. Logistics
2015 Ed. (3537)
U.S. Long Distance
1995 Ed. (2069)
U.S. M1A1
1992 Ed. (3078)
U.S. Manufacturing Corp.
2005 Ed. (327)
U.S. Marine Corps
1990 Ed. (1835)
1991 Ed. (1753)
1992 Ed. (2204)
1994 Ed. (1888)
1995 Ed. (1913, 1918)
1996 Ed. (1952)
1997 Ed. (2055)
2001 Ed. (2485)
U.S. Marine Corps, Fac. & Svcs. Div.
1990 Ed. (1166)
U.S. Marine Corps Food Service Section
1998 Ed. (1739)
2000 Ed. (2237)
U.S. Marine Corps Morale, Welfare & Recreation Supply
1996 Ed. (1952)
U.S. Marine Corps Morale, Welfare & Recreation Support
1995 Ed. (1913, 1918)
U.S. Marine Corps MWR Support Activity
1998 Ed. (1739)
2000 Ed. (2237)
2001 Ed. (2485)
U.S. Marines
2015 Ed. (5014)
U.S. Marketing & Promotions
2001 Ed. (3912)
2002 Ed. (1077)
2003 Ed. (3965)
2006 Ed. (3419)
U.S. Marshals
2000 Ed. (4349)
US Media Consulting
2011 Ed. (39)
U.S. Merchant Marine Academy
2009 Ed. (1036)
2010 Ed. (1002)
2012 Ed. (857)
U.S. Metro Group Inc.
2008 Ed. (270, 3696, 4371)
U.S. Military Academy
2009 Ed. (1030, 1037, 1045, 1046, 2584)
2010 Ed. (996, 1003, 1011, 1012, 2497)
2011 Ed. (939, 941)
2012 Ed. (857, 865)
U.S. Multi Cap Value Equity
2003 Ed. (3120)
US Nanocorp. Inc.
2004 Ed. (2826)
U.S. National Bank
1993 Ed. (395, 402, 607)
1997 Ed. (589)
U.S. National Bank of Galveston
1999 Ed. (440)
2000 Ed. (433)
U.S. National Bank of Oregon
1991 Ed. (2646)
1993 Ed. (2420)
U.S. National, Galveston, Texas
1989 Ed. (2151)
US National Guard
1990 Ed. (2723)
U.S. National Institutes of Health
2015 Ed. (3695)
U.S. National/Oregon (Qualivest)
1989 Ed. (2145, 2149)
U.S. Naval Academy
2009 Ed. (1037, 1045, 2584)
2010 Ed. (1003, 1011, 2497)
2011 Ed. (941)
2012 Ed. (857)
U.S. Naval Facilities Engineering Command
1990 Ed. (1166)
1991 Ed. (1056)

U.S. Naval Sea Systems Command
1991 Ed. (2271)
1992 Ed. (2818)
1993 Ed. (2382)
U.S. Navy
1991 Ed. (2622)
1992 Ed. (3277)
1994 Ed. (2685, 2686)
1996 Ed. (2857)
2001 Ed. (2862, 4461)
2007 Ed. (3528)
2009 Ed. (3756)
2010 Ed. (3691, 3833)
2011 Ed. (3686, 3835)
2012 Ed. (2159, 2742, 3691, 3693,
3695, 3816, 4750, 4965)
2013 Ed. (2854, 3743, 3744, 3747,
4706, 4976)
2014 Ed. (3677, 3680, 4981)
2015 Ed. (3694, 3698, 5014)
U.S. Navy Club System
1995 Ed. (1913, 1918)
1996 Ed. (1952)
1997 Ed. (2055)
U.S. Navy Exchange Service Command
1998 Ed. (1739)
U.S. Navy Food Service Systems
1990 Ed. (1835)
1992 Ed. (2204)
1994 Ed. (1888)
1995 Ed. (1913, 1918)
1996 Ed. (1952)
U.S. Navy Food Service Systems Office
1991 Ed. (1753)
U.S. Navy MWR Division
1998 Ed. (1739)
2000 Ed. (2237)
U.S. Navy Officer's and Enlisted Club
System
1991 Ed. (1753)
1994 Ed. (1888)
U.S. Navy Officer's and Enlisted Clubs
1992 Ed. (2204)
U.S. New Mexico Credit Union
2002 Ed. (1881)
2003 Ed. (1935)
2004 Ed. (1975)
2005 Ed. (2117)
2006 Ed. (2212)
2007 Ed. (2133)
2008 Ed. (2248)
2009 Ed. (2234)
2010 Ed. (2188)
2011 Ed. (2206)
2012 Ed. (2067)
2013 Ed. (2249)
2014 Ed. (2181)
2015 Ed. (2245)
2016 Ed. (2216)
U.S. News & World Report
1991 Ed. (2707)
1992 Ed. (3393)
1993 Ed. (2789, 2790, 2792, 2797,
2804)
1994 Ed. (2782, 2783, 2798, 2801,
2805)
1995 Ed. (2886)
1996 Ed. (2965, 2971)
1998 Ed. (2798)
1999 Ed. (1853)
2006 Ed. (151, 154, 156)
2007 Ed. (143, 146)
U.S. News/The Atlantic
1995 Ed. (2878)
U.S. Nonwovens Corp.
2016 Ed. (3096)
U.S. Nuclear Regulatory Commission
2011 Ed. (2856)
2015 Ed. (3695)
2016 Ed. (3578)
U.S. Nursing Corp.
2006 Ed. (4456)
2008 Ed. (4494)
U.S. Nutrition Inc.
2016 Ed. (4392)
U.S. Office Products Co.
1997 Ed. (1240, 1241)
1998 Ed. (1023)
1999 Ed. (1440, 1493, 1515, 1603,
3640)
2000 Ed. (1410, 2395)
2001 Ed. (1687)
2003 Ed. (1851, 3280)
U.S. Oil
2010 Ed. (3911)
U.S. Olympic Committee
1994 Ed. (904)
US Oncology Holdings Inc.
2010 Ed. (2904)
2011 Ed. (3946)

2012 Ed. (3945)
US Oncology Inc.
2004 Ed. (3748, 3749)
2005 Ed. (3663, 3664)
2006 Ed. (3759, 3761, 4010)
2007 Ed. (3757)
2008 Ed. (3833)
2009 Ed. (2088, 3125, 4168)
2010 Ed. (3057, 4102, 4104)
2011 Ed. (3028, 4072, 4073)
2012 Ed. (2953, 4105)
US Online
2000 Ed. (2746)
U.S. Patent Office
2013 Ed. (4976)
U.S. Patent & Trademark Office
2002 Ed. (4821)
2003 Ed. (3039)
2012 Ed. (2161)
2014 Ed. (2883)
U.S. Perishables
2015 Ed. (3537)
U.S. Personnel Inc.
2002 Ed. (3559)
U.S. Pharmacia International Inc.
2008 Ed. (73)
U.S. Pharmacist
2009 Ed. (4760)
2010 Ed. (4770)
U.S. Philips
1990 Ed. (2778)
1993 Ed. (2772)
U.S. Phillips
1995 Ed. (2938)
U.S. Physical Therapy
2014 Ed. (2026, 2895)
2016 Ed. (2036, 2870)
U.S. Post Office
1991 Ed. (1994)
U.S. Postal Service
1989 Ed. (1202)
1990 Ed. (1166)
1991 Ed. (257, 1056, 3478)
1992 Ed. (29)
1996 Ed. (1235)
1997 Ed. (1449, 3136)
1999 Ed. (1038, 1554, 1670, 3681,
3861)
2000 Ed. (26, 27, 28, 29, 198, 1042,
1477, 3576, 4219, 4220, 4221)
2001 Ed. (290)
2004 Ed. (1698, 3492, 3753)
2005 Ed. (171, 1624, 1755, 2745,
3492, 3620, 3905, 3906, 4365)
2006 Ed. (1511, 1794, 1797, 2432,
2706, 2809, 3493, 3978, 3979,
4308, 4309)
2007 Ed. (1490, 1540, 1801, 2377,
2701, 3528, 4017, 4018, 4235,
4374, 4376)
2008 Ed. (1444, 1448, 1484, 1524,
2494, 2830, 3691, 4044, 4045,
4329, 4331)
2009 Ed. (1454, 1646, 2501, 2835,
2886, 3756, 4115, 4118, 4434)
2010 Ed. (1437, 1706, 2416, 2823,
2876, 3691, 4051, 4052, 4477)
2011 Ed. (1438, 1747, 2419, 2809,
3686, 4029, 4030, 4412)
2012 Ed. (2741, 2787, 3695, 4058,
4059)
2013 Ed. (1375, 1744, 1747, 3742,
3747, 4099, 4100, 4438)
2014 Ed. (3680)
2015 Ed. (1736, 3698)
2016 Ed. (1794, 2745)
U.S. Postal Service--Colorado/Wyoming
District
2004 Ed. (2307)
2005 Ed. (2391)
U.S. Premium Beef Ltd.
2006 Ed. (206)
2007 Ed. (215, 216)
2008 Ed. (202)
2009 Ed. (225)
U.S. Premium Beef LLC
2010 Ed. (210)
2011 Ed. (131)
2012 Ed. (135)
2013 Ed. (110, 111)
2014 Ed. (117, 118)
US Premium Beef LLC
2014 Ed. (1823)
U.S. Preventive Medicine Inc.
2009 Ed. (3326)
U.S. Prime Property Inc.
2000 Ed. (4023)
U.S. Printing Ink
1994 Ed. (2934)
U.S. Range

1990 Ed. (3484)
US Real Estate Securities Fund
2003 Ed. (3117)
U.S. Realty Advisors
1997 Ed. (2523, 2543)
U.S. Rentals
1989 Ed. (1890)
1990 Ed. (2431)
1992 Ed. (2852)
1993 Ed. (2409)
1994 Ed. (2361)
1995 Ed. (2431)
1996 Ed. (2467)
1997 Ed. (2615)
1998 Ed. (2345)
1999 Ed. (3171)
US Retail Partners LLC
2003 Ed. (1419)
U.S. Risk Insurance Group Inc.
2001 Ed. (2909)
2005 Ed. (3076)
2006 Ed. (3077)
2008 Ed. (3244, 3245)
2009 Ed. (3303, 3304)
2011 Ed. (3177)
2012 Ed. (3151, 3152)
2013 Ed. (3229, 3337)
2014 Ed. (3355)
2015 Ed. (3303, 3387)
2016 Ed. (3156, 3259)
U.S. Rlty. Ptnrs.
1990 Ed. (2967)
U.S. Robotics Corp.
1990 Ed. (2595)
1994 Ed. (2159, 3049)
1997 Ed. (1083, 1319, 2208, 3638,
3646)
1998 Ed. (153, 831, 1146, 1889,
2076, 2402, 2519, 2708, 2714,
3410)
1999 Ed. (1956, 2879, 3255)
2005 Ed. (1509)
U.S. Satellite Broad
1997 Ed. (727)
U.S. Savings Bank of Washington
1998 Ed. (364, 366, 3529, 3570)
U.S. savings bonds
1991 Ed. (2260)
U.S. Secret Service
2015 Ed. (3693)
2016 Ed. (3576)
U.S. Securities & Exchange Commission
2002 Ed. (4821)
U.S. Senate
2006 Ed. (3293)
U.S. Services Automobile Association
1993 Ed. (2490)
U.S. Shelter Corp.
1992 Ed. (3633)
U.S. Shoe Apparel
1995 Ed. (1024, 1029)
U.S. Shoe Corp.
1989 Ed. (933, 934, 2485)
1990 Ed. (3059, 3273)
1991 Ed. (978)
1992 Ed. (1211)
1994 Ed. (1015, 1019, 3294, 3295,
3367)
1996 Ed. (1008, 1009)
1997 Ed. (1030, 3725)
2002 Ed. (1428)
2003 Ed. (1448)
2004 Ed. (1478)
2005 Ed. (1494)
U.S. Shoe (Lens Crafters)
1991 Ed. (2644)
U.S. Shoe Specialty Retail
1992 Ed. (1217)
U.S. Shop
1993 Ed. (3300)
U.S. Silica Co.
1990 Ed. (3094)
U.S. Silica Holdings
2015 Ed. (1803, 4471)
2016 Ed. (1100, 1764, 4376)
U.S. Silica Holdings Inc.
2016 Ed. (3564)
U.S. Small Business Administration
2002 Ed. (4821)
U.S. Smokeless Tobacco Brands Inc.
2010 Ed. (4737, 4738)
US Sprint
1993 Ed. (3511, 3673)
U.S. Sprint Communication Co.
1990 Ed. (18, 2213)
US Sprint Communications Co.
1991 Ed. (1142, 2357)
U.S. stamps
1990 Ed. (2402)

U.S. Steel
2015 Ed. (1833)
U.S. Steel Canada
2010 Ed. (4572)
U.S. Steel Corp.
1989 Ed. (1023)
1990 Ed. (2847)
1991 Ed. (1153)
1992 Ed. (1457)
1993 Ed. (1002, 2946, 3450)
1997 Ed. (1260, 2115, 3100, 3628)
1998 Ed. (3405)
1999 Ed. (4472, 4474)
2016 Ed. (3428)
U.S. Steel Fairless Works
1999 Ed. (948)
2000 Ed. (894)
U.S. Steel Group
1994 Ed. (3430)
U.S. Steel Group of USX Corp.
1999 Ed. (3359, 3361, 3362, 3363)
2000 Ed. (3095, 3096, 3097, 3098,
3101)
2001 Ed. (3285)
U.S. Steel Kosice sro
2009 Ed. (2039)
2011 Ed. (2033)
U.S. Steel Mining Company Inc.
1989 Ed. (952)
U.S. stocks
2001 Ed. (2525)
U.S. Stone Container Corp./Marubeni/
CVG-Proforca
1995 Ed. (1766)
U.S. Sugar Corp.
2001 Ed. (281)
U.S. Surgical
1992 Ed. (1515, 3226, 4179)
1994 Ed. (212, 1254, 2017, 2032,
2468, 2469, 2698)
1995 Ed. (2537, 2812)
1996 Ed. (3510)
1997 Ed. (240, 2967, 3643)
1998 Ed. (1049, 3507)
1999 Ed. (728, 4387, 4492)
U.S. Surgical Corp
2000 Ed. (739)
U.S. T-bonds
1993 Ed. (1916)
U.S. Tactical Response & Information
Service LLC
2014 Ed. (1342)
2015 Ed. (1419)
2016 Ed. (1340)
US Tech Solutions Inc.
2007 Ed. (3064)
2009 Ed. (3012, 3241)
U.S. Technology Resources LLC
2006 Ed. (2757)
U.S. Tele-Comm Inc.
1992 Ed. (4207)
1993 Ed. (2775)
U.S. Telecom Inc.
2001 Ed. (1771)
2003 Ed. (1730)
2004 Ed. (1767)
2005 Ed. (1833)
2006 Ed. (1838)
2007 Ed. (1843)
U.S. Tennis Open
2016 Ed. (4463)
U.S. Timberlands Co., LP
2004 Ed. (2676)
U.S. Timberlands Klamath Falls LLC
2001 Ed. (2503)
2003 Ed. (2544)
2004 Ed. (2680)
U.S. Timberlands Services Co. LLC
2003 Ed. (2544)
2004 Ed. (2680)
U.S. Tobacco Co.
1989 Ed. (2504, 2781, 2842, 2844)
1998 Ed. (3575)
U.S. Transcarbon LLC
2009 Ed. (919)
U.S. Translation Co.
2008 Ed. (3735, 4431)
U.S. Transportation Command
2008 Ed. (2927)
U.S. Travel
1993 Ed. (3626)
1994 Ed. (3579)
1996 Ed. (3742, 3744)
U.S. Trust
1990 Ed. (657)
1992 Ed. (3175)
1993 Ed. (383, 385, 398, 564, 652,
2313, 2509, 2510)
1994 Ed. (653, 2447)
1997 Ed. (2516)

1998 Ed. (293, 320, 426, 2658)
1999 Ed. (393, 425, 665)
2000 Ed. (392, 393, 420, 427, 678)
2001 Ed. (571)
2002 Ed. (433, 434, 436, 437)
2006 Ed. (428, 1961)
2007 Ed. (424)
2012 Ed. (298)
U.S. Trust Co. of New York
2000 Ed. (2803)
Us Two
2015 Ed. (3408)
2016 Ed. (3281)
US Unwired Inc.
2004 Ed. (1449)
U.S. Venture Inc.
2015 Ed. (2178, 4103)
2016 Ed. (2153, 2159)
U.S. Venture Partners
1999 Ed. (1967, 4704)
2004 Ed. (4831)
2005 Ed. (4819)
2008 Ed. (4805)
U.S. Veterans Administration
1990 Ed. (1166)
1991 Ed. (1056)
U.S. Veterans Affairs Department
2008 Ed. (2891)
2009 Ed. (2954, 2955)
2010 Ed. (2891, 2892)
U.S. Videotel
1992 Ed. (4216)
U.S. Virgin Islands
1990 Ed. (3648)
1994 Ed. (1508)
2000 Ed. (4252)
2001 Ed. (4585, 4586)
U.S. Vision
2004 Ed. (3744, 3745)
2005 Ed. (3655)
Us Weekly
2004 Ed. (3333)
2006 Ed. (133, 3346, 3348)
2007 Ed. (127, 146, 167, 169)
2009 Ed. (3600)
2010 Ed. (3518)
2015 Ed. (3552)
2016 Ed. (3403)
U.S. West Communications
1991 Ed. (2646)
1999 Ed. (4543)
U.S. West Inc.
1989 Ed. (1087, 2260, 2261, 2789, 2796)
1990 Ed. (1653)
1991 Ed. (1009, 2776, 2777, 2779, 3276, 3284)
1992 Ed. (1564, 3582, 3583, 3584, 4063, 4198, 4208)
1993 Ed. (821, 1033, 2934, 2935, 3247, 3383, 3508, 3514, 3515, 3516)
1994 Ed. (3490)
1995 Ed. (1076, 1220, 1261, 1273, 1275, 3034, 3297, 3321, 3439, 3549, 3558, 3559)
1996 Ed. (888, 1192, 1319, 1736, 1742, 2547, 2937, 3501, 3636, 3637, 3647)
1998 Ed. (813, 1007, 1015, 2980, 3364, 3471, 3473, 3476, 3484)
1999 Ed. (1243, 1448, 1461, 1595, 3308, 3717, 3977, 4392, 4542, 4546, 4548, 4559, 4562)
2000 Ed. (1308, 1336, 1402, 1403, 2644, 3690, 4186, 4188, 4205)
U.S. West Inc.-Domestic Cellular
1997 Ed. (1237)
U.S. West Media Group
1997 Ed. (727, 728, 876, 1235, 1237, 1238, 1378, 3231, 3687, 3689, 3706)
1998 Ed. (510, 511, 512, 590, 593, 1066, 1129, 2976, 3487)
1999 Ed. (998, 1459, 1557)
U.S. West New Vector
1991 Ed. (871)
US West New Vector Group
1991 Ed. (872, 3285)
US WEST NewVector Group
1990 Ed. (3521)
1992 Ed. (4212)
1994 Ed. (877)
U.S. World Gold
1995 Ed. (2721)
U.S. Xpress Enterprises
2013 Ed. (4755)
2014 Ed. (4805)
2015 Ed. (2296, 4840)
2016 Ed. (2264, 4744)

U.S. Xpress Enterprises Inc.
2002 Ed. (4692, 4693, 4694)
2004 Ed. (4808)
2005 Ed. (2689, 4779)
2006 Ed. (4800)
2007 Ed. (4817)
2008 Ed. (4736, 4744, 4764)
2009 Ed. (2269, 4795, 4805)
2010 Ed. (4100, 4813, 4814, 4822, 4825)
2011 Ed. (4735, 4763, 4772, 4782, 4785, 4786)
2012 Ed. (4785, 4794, 4803, 4806)
2013 Ed. (4765, 4766, 4767)
2014 Ed. (4809, 4816)
2015 Ed. (4844, 4851)
2016 Ed. (4748, 4755, 4759)
U.S. Xpress Inc.
1992 Ed. (4354)
1999 Ed. (4688, 4689)
2000 Ed. (4313, 4319)
2003 Ed. (1832, 4795)
2004 Ed. (1865, 4780)
2005 Ed. (1968, 4753)
2007 Ed. (4850)
2008 Ed. (4773)
USA
1989 Ed. (2964)
1990 Ed. (1481, 3503, 3699)
1991 Ed. (838, 839)
1992 Ed. (4489)
1998 Ed. (583, 589, 605)
2000 Ed. (820, 943)
2001 Ed. (1089)
2006 Ed. (4711, 4713)
2007 Ed. (4732, 4733)
2008 Ed. (4654, 4655)
2009 Ed. (4696)
2010 Ed. (4708, 4709)
2011 Ed. (4664, 4665)
2015 Ed. (866, 986)
2016 Ed. (887)
USA 3000
2006 Ed. (227)
2007 Ed. (233)
USA 3000 Airlines
2013 Ed. (124)
U/SA A Investment Federal Securities GNMA
1996 Ed. (2810)
USA Baby
2002 Ed. (1045)
2003 Ed. (884)
2004 Ed. (909)
2005 Ed. (900)
USA Bncp.
1993 Ed. (2749)
USA Broadcasting Inc.
1999 Ed. (4570)
2000 Ed. (4214)
2001 Ed. (4492)
USA Classic
1996 Ed. (2887)
USA Credit Union
2002 Ed. (1872)
2003 Ed. (1926)
2004 Ed. (1966)
2005 Ed. (2108)
2006 Ed. (2203)
2007 Ed. (2124)
2008 Ed. (2239)
2009 Ed. (2225)
2010 Ed. (2127, 2179)
2011 Ed. (2169)
2012 Ed. (2023)
USA Detergents, Inc.
1999 Ed. (1838)
2001 Ed. (1999)
2002 Ed. (1967)
2003 Ed. (991, 2046, 2048, 2049, 2081, 2082, 2083, 2430)
USA Direct
1995 Ed. (2250)
USA Domestic Package
2009 Ed. (4803)
USA Drug
2013 Ed. (2368)
USA Education, Inc.
2002 Ed. (1219)
2003 Ed. (1215)
2004 Ed. (2124)
USA-Elk Hills
2001 Ed. (1553)
USA Enterprise Services LLC
2012 Ed. (1933)
USA Federal Credit Union
1993 Ed. (1453)
1994 Ed. (1506)
1995 Ed. (1539)
1996 Ed. (1514)

1997 Ed. (1572)
1998 Ed. (1231)
2000 Ed. (1630)
2001 Ed. (1963)
2002 Ed. (1856)
U.S.A. Floral Products Inc.
2000 Ed. (1300)
USA Funding Inc.
1999 Ed. (4006, 4306)
2000 Ed. (3724, 4017)
USA Funds
2009 Ed. (1949)
2011 Ed. (3766)
USA Gold
2004 Ed. (4736)
2005 Ed. (4713)
2006 Ed. (4765)
2007 Ed. (4771)
2008 Ed. (4691)
2009 Ed. (4733)
2010 Ed. (4741)
USA H & W Network
2005 Ed. (3883)
USA Health Network Co. Inc.
1996 Ed. (3079)
1997 Ed. (3159)
USA HealthNet
1993 Ed. (2906, 2908)
USA Home Entertainment
2001 Ed. (4697)
USA Insulation
2012 Ed. (2189)
2013 Ed. (3006)
2014 Ed. (3015)
USA Interactive
2004 Ed. (778, 1577, 1579, 1603, 1609, 2229)
USA Jet
2006 Ed. (227)
2007 Ed. (233)
USA Lending
2006 Ed. (2594)
USA Logistic Carriers LLC
2008 Ed. (2967)
2009 Ed. (2670, 3047)
2010 Ed. (2575, 2576, 2971)
2011 Ed. (2934)
USA Managed Care Organization Inc.
2005 Ed. (3883)
USA Mobil Communications
1992 Ed. (3603)
USA Mobile Communications Holdings
1996 Ed. (3150)
USA Mobility Inc.
2006 Ed. (4704)
USA Network
1990 Ed. (869, 880, 885)
1992 Ed. (1022)
1993 Ed. (812)
1994 Ed. (829)
1995 Ed. (3787)
1997 Ed. (730, 870)
1998 Ed. (593)
1999 Ed. (998)
2011 Ed. (725)
USA Networks Inc.
2000 Ed. (1840)
2001 Ed. (1546, 2271, 3248, 3250)
2002 Ed. (2145, 2147)
2003 Ed. (766, 767, 827, 1427, 1556, 2339, 2343, 3349)
2004 Ed. (1557)
USA Petroleum Corp.
1989 Ed. (922)
USA Plan/High Income
1992 Ed. (4373)
USA Polymer Corp.
2001 Ed. (3819)
USA Rapha
1993 Ed. (2065, 2066)
1994 Ed. (2086, 2087)
USA Remediation Services Inc.
2002 Ed. (1231)
2003 Ed. (1242)
2004 Ed. (1245)
2005 Ed. (1296)
USA Risk Group
2006 Ed. (784)
2007 Ed. (879)
2008 Ed. (852)
2009 Ed. (862, 864)
2010 Ed. (809, 811)
2011 Ed. (738, 740)
2012 Ed. (675)
2014 Ed. (844)
2015 Ed. (883)
USA Risk Group (Bermuda) Ltd.
2008 Ed. (857)
USA Risk Group (Cayman) Ltd.
2008 Ed. (858)

USA Risk Group of Vermont Inc.
2006 Ed. (791, 3052)
2008 Ed. (859)
USA Staffing Inc.
2007 Ed. (4420)
USA Today
1992 Ed. (3237, 3238)
1993 Ed. (2724)
1996 Ed. (2847, 2962)
1997 Ed. (2943)
1998 Ed. (3778)
1999 Ed. (995, 2759, 3614)
2000 Ed. (3334)
2002 Ed. (3501)
2003 Ed. (812, 3643)
2005 Ed. (828)
2006 Ed. (754, 757)
2007 Ed. (847, 850)
2008 Ed. (759, 813, 3367)
2009 Ed. (838, 3824)
2010 Ed. (783, 3752, 3753)
2011 Ed. (80, 708, 3753, 3754)
2012 Ed. (652, 3758, 3759)
2013 Ed. (796, 3833)
2014 Ed. (813, 3754)
2015 Ed. (3777)
USA Truck Inc.
1998 Ed. (3640, 3641)
2000 Ed. (4315)
2003 Ed. (4804)
2005 Ed. (2689)
USA Video Interactive Corp.
2003 Ed. (1633, 1638)
USA Waste Services Inc.
1995 Ed. (2062, 3382)
1998 Ed. (1058, 3286, 3698)
1999 Ed. (1499, 1500, 2058, 4390, 4742, 4743)
2002 Ed. (1442)
2003 Ed. (1462)
2004 Ed. (1492)
2005 Ed. (1508)
USA Weekend
1991 Ed. (2705)
1995 Ed. (2885)
1996 Ed. (2972)
1997 Ed. (3039, 3045)
1998 Ed. (1343, 2787, 2798)
1999 Ed. (3764, 3770)
2000 Ed. (3461, 3493)
2005 Ed. (136, 146)
2006 Ed. (149, 155, 159)
2007 Ed. (141, 148, 151, 170)
2008 Ed. (153)
2009 Ed. (174)
USA Workers Injury Network
1996 Ed. (3080)
1997 Ed. (3160)
USA800 Inc.
2014 Ed. (4690)
2016 Ed. (4605, 4607)
USAA
1992 Ed. (2643, 2655)
1995 Ed. (2287, 3363, 3774)
1996 Ed. (2282)
1999 Ed. (2965, 2969, 3527)
2000 Ed. (2717, 2720)
2001 Ed. (1877)
2002 Ed. (2950)
2003 Ed. (1835, 2325, 3005, 3008)
2004 Ed. (2407, 3124, 3127)
2005 Ed. (2206, 2442, 3128)
2006 Ed. (2268)
2008 Ed. (2198, 2276, 3173)
2010 Ed. (2118)
2011 Ed. (862, 2166)
2012 Ed. (1483, 3089, 3113, 3139, 3140, 3141, 3143, 3212, 3264, 4823)
2013 Ed. (990, 3170, 3217, 3218, 3219, 3221, 3273, 3344, 4789, 4796, 4811)
2014 Ed. (1303, 2032, 2130, 2670, 3181, 3213, 3236, 3237, 3238, 3240, 3301, 3363)
2015 Ed. (1365, 2081, 2713, 3243, 3274, 3275, 3294, 3295, 3296, 3298, 3396, 3401, 4865)
2016 Ed. (2165, 2638, 3100, 3115, 3134, 3146, 3147, 3148, 3150, 3269, 3272, 4772)
USAA Balanced Strategy
2003 Ed. (3483, 3520)
USAA Capital Growth
2008 Ed. (598)
USAA Casualty
1993 Ed. (2184)
1996 Ed. (2270)
1997 Ed. (2409, 2410)
1998 Ed. (2114)

1999 Ed. (2900)
USAA Casualty Insurance Co.
1994 Ed. (2216)
2000 Ed. (2653)
USAA Emerging Markets
2012 Ed. (3738)
USAA Extended Market Index
2008 Ed. (2618)
USAA Federal Savings Bank
1990 Ed. (434, 3580)
1992 Ed. (506)
1993 Ed. (353, 3090, 3091, 3096, 3567)
2005 Ed. (3304)
2006 Ed. (403)
2012 Ed. (311)
2013 Ed. (323)
2014 Ed. (337)
2015 Ed. (377)
USAA Financial Services
2011 Ed. (4805, 4806)
USAA Foundation, A Charitable Trust
2001 Ed. (2515)
2002 Ed. (976)
USAA FSB
1992 Ed. (3792)
1998 Ed. (3130, 3131, 3133, 3143, 3145, 3567)
2002 Ed. (4119, 4120, 4122, 4123, 4130, 4132, 4136)
2003 Ed. (4262, 4263, 4264, 4265, 4266, 4274, 4276, 4279)
2004 Ed. (2862, 2995, 4247, 4250, 4280, 4281, 4282, 4283, 4284, 4286, 4287, 4289)
2005 Ed. (2867, 2993, 4180, 4183, 4213, 4214, 4215, 4216, 4217, 4218, 4219, 4220, 4222)
2006 Ed. (2872, 2988, 4232, 4235, 4238, 4239, 4240, 4241, 4243, 4244, 4245, 4247)
2007 Ed. (2866, 3019, 4246, 4249, 4252, 4253, 4254, 4255, 4257, 4258, 4259, 4261)
2009 Ed. (4389, 4390)
2010 Ed. (3000, 3703, 4419, 4422, 4423, 4425, 4426, 4427, 4428, 4429, 4430, 4432, 4434, 4435, 4436, 4437)
2011 Ed. (2967, 3121, 3698, 4364, 4367, 4368, 4369, 4370, 4371, 4372, 4373, 4374, 4375, 4376, 4377, 4379, 4380, 4381, 4382)
2012 Ed. (2904, 3056, 3716, 4404, 4407, 4408, 4409, 4410, 4411, 4412, 4413, 4414, 4415, 4416, 4417, 4419, 4420, 4421, 4422)
2013 Ed. (2988, 3137, 3763, 4369, 4370, 4371, 4373, 4374, 4375, 4377, 4380, 4381, 4382, 4383, 4384, 4385, 4386, 4387, 4388, 4390)
USAA GNMA
1999 Ed. (751)
2000 Ed. (764)
USAA GNMA Trust
2005 Ed. (693)
2006 Ed. (612, 613)
2007 Ed. (637)
2008 Ed. (587)
2009 Ed. (614)
USAA Gold
1990 Ed. (2373)
USAA Group
1989 Ed. (1672, 1674, 1676)
1990 Ed. (2220, 2221, 2227)
1991 Ed. (2082, 2083, 2092)
1992 Ed. (2644, 2646, 2656)
1993 Ed. (2188, 2190, 2201)
1994 Ed. (2219, 2221, 2246)
1995 Ed. (2266)
1996 Ed. (2301, 2335, 2337)
1997 Ed. (2406, 2408, 2431, 2465)
1998 Ed. (2115, 2117, 2152, 2198)
1999 Ed. (2901, 2903, 2934, 2979)
2000 Ed. (2655, 2657)
2002 Ed. (2839, 2840, 2841, 2842, 2894, 3486)
2003 Ed. (2965, 2966, 2967, 2969, 2986)
2004 Ed. (3050, 3051, 3052, 3054, 3095)
2005 Ed. (3057, 3058, 3059, 3060, 3061, 3063, 3098, 3099)
2006 Ed. (3060, 3061, 3062, 3063, 3065, 3113, 3114)
2007 Ed. (3088, 3089, 3090, 3091, 3093, 3127, 3128)
2008 Ed. (1490, 3229, 3230, 3231, 3232, 3234, 3282)
2009 Ed. (2262, 3289, 3290, 3291,

3292, 3294, 3338, 3339, 3390, 4080)
2010 Ed. (2218, 3216, 3217, 3218, 3219, 3221, 3277, 3325)
2011 Ed. (2236, 3179, 3180, 3181, 3182, 3184, 3245, 3246, 3283)
2012 Ed. (3262)
2013 Ed. (3342)
USAA Growth Fund
2008 Ed. (4517)
USAA High-Yield
1990 Ed. (2377)
USAA Income
2011 Ed. (518)
USAA Income Stock
1994 Ed. (2636)
1995 Ed. (2736)
USAA Income Strategy
1999 Ed. (3536)
2000 Ed. (756, 3253)
USAA Insurance Group
2012 Ed. (3138, 3211)
2013 Ed. (3215, 3272, 3345)
2014 Ed. (3234, 3300, 3361, 3364)
2015 Ed. (3394)
2016 Ed. (3144, 3212, 3213, 3236, 3266, 3270)
USAA Intermediate Term
2000 Ed. (770)
USAA International
1994 Ed. (2638)
1999 Ed. (3568)
USAA Investment
1998 Ed. (2605, 2628, 2658)
USAA Investment GNMA
1995 Ed. (2685)
1996 Ed. (2759, 2779)
1997 Ed. (690, 2890)
USAA Investment International
1995 Ed. (2738)
USAA Investment Management
2004 Ed. (3637)
2011 Ed. (520)
2013 Ed. (612)
USAA Life
1989 Ed. (1701, 1703)
1998 Ed. (172, 2167)
1999 Ed. (2940)
USAA Life Group
2014 Ed. (3331)
USAA Life Insurance Co.
1995 Ed. (2298)
1997 Ed. (2440, 2457)
2001 Ed. (2936, 2951)
2002 Ed. (2934)
USAA Money Market Fund
1994 Ed. (2539)
USAA Mutual Short-Term Bond
1998 Ed. (2649)
USAA Mutual—Growth
2003 Ed. (3514)
USAA NASDAQ-100 Index
2016 Ed. (4488)
USAA Precious Metals & Minerals
2004 Ed. (3594, 3595)
2005 Ed. (3559, 3561)
2006 Ed. (3637, 3638, 3657)
2008 Ed. (3770)
2009 Ed. (3794, 4546)
2012 Ed. (3739)
USAA Precious Metals & Minerals Retail
2011 Ed. (3734, 3736)
USAA Real Estate Co.
2012 Ed. (3081, 3082)
2013 Ed. (3164, 3844)
2014 Ed. (3169, 3170, 3766)
2015 Ed. (3229, 3230, 3787)
2016 Ed. (3086)
USAA S & P 500 Index-Member
2007 Ed. (3666)
USAA Short-Term Bond
2011 Ed. (519)
USAA Tax-Exempt
1992 Ed. (3168)
USAA Tax-Exempt California Bond
1992 Ed. (3146)
USAA Tax-Exempt Intermediate
2003 Ed. (694)
2004 Ed. (702)
USAA Tax-Exempt Intermediate-Term
1998 Ed. (2643)
2005 Ed. (703)
2006 Ed. (630)
2008 Ed. (601)
2011 Ed. (517)
USAA Tax-Exempt Long-Term
1999 Ed. (757)
2000 Ed. (771)
2005 Ed. (687)

2006 Ed. (602, 603)
2007 Ed. (603)
2008 Ed. (579, 603)
2009 Ed. (608)
USAA Tax Exempt MMF
1996 Ed. (2672)
USAA Tax-Exempt Money Market Fund
1992 Ed. (3095, 3101)
1994 Ed. (2538, 2544)
USAA Tax-Exempt Short-Term
1996 Ed. (2796)
2003 Ed. (696)
2004 Ed. (707)
2005 Ed. (690)
USAA World Growth Fund
2010 Ed. (4577)
2011 Ed. (4540)
USAble Life Insurance Co.
2014 Ed. (1378)
USA/Docufinish
2016 Ed. (3998)
USAF
2013 Ed. (4099, 4100)
U.S.A.F. Clubs Branch
1992 Ed. (2204)
U.S.A.F. Engineering and Service s. Center
1992 Ed. (2204)
USAgencies Credit Union
2013 Ed. (2212)
Usaha Bersama Sekuritas
1997 Ed. (3473)
Usain Bolt
2015 Ed. (219)
USAir
1989 Ed. (240)
1990 Ed. (206, 207, 208, 209, 213, 223, 242)
1991 Ed. (196, 197, 200, 203, 204, 207, 208, 3318, 3418)
1992 Ed. (266, 270, 271, 272, 274, 276, 278, 279, 280, 281, 283, 284, 285, 287, 288, 289, 291, 299, 301, 303, 1379, 1560, 3934, 4334, 4336)
1993 Ed. (177, 183, 186, 187, 188, 189, 190, 191, 193, 195, 196, 197, 199, 200, 202, 843, 1067, 1106, 3294, 3610, 3612)
1994 Ed. (162, 164, 165, 169, 172, 173, 174, 175, 177, 183, 185, 190, 323, 3284)
1996 Ed. (173, 184, 185, 186, 189, 190, 191, 355, 1115)
1997 Ed. (194, 195, 196, 197, 198, 203, 206, 209, 213, 215, 218)
1998 Ed. (124, 125, 130, 131, 132, 133, 134, 135, 136, 137, 140, 141, 142, 248, 249, 250, 925, 1048)
1999 Ed. (218, 219, 221, 223, 224, 363)
USAir Group
1989 Ed. (231, 232, 233, 1046, 2461)
1990 Ed. (211, 212, 217, 1287, 3248, 3637)
1991 Ed. (198, 199, 201, 825, 3413, 3415)
1992 Ed. (277)
1994 Ed. (166, 167, 168, 181, 182, 1215, 3215, 3286, 3567, 3569)
1995 Ed. (172, 173, 174, 175, 176, 178, 179, 182, 184, 185, 187, 192, 3365, 3653)
1996 Ed. (180, 181, 182, 183, 1260, 1284, 1286, 1459)
1997 Ed. (199, 200, 201, 202, 1291, 1330, 1342, 1528, 2587, 3645)
1998 Ed. (126, 127, 128, 129, 1089, 1090, 1098, 1191, 1318, 3359, 3614)
USAir Shuffle
1996 Ed. (191)
USAir Shuttle
1994 Ed. (185)
1995 Ed. (192)
USAirways Attache Magazine
1999 Ed. (3765)
USAlliance Credit Union
2002 Ed. (1838)
2003 Ed. (1899)
Usama Fayyad
2013 Ed. (3477)
uSamp
2013 Ed. (1450)
2014 Ed. (1411, 1422)
USANA
2013 Ed. (2333)
2014 Ed. (2269)
2015 Ed. (2353)
2016 Ed. (2298)
USANA Health Science

2005 Ed. (4505)
USANA Health Sciences
2014 Ed. (2452)
Usana Health Sciences
2005 Ed. (2775)
2006 Ed. (2743, 2745, 3365)
2007 Ed. (4395)
2016 Ed. (2456)
USA/Super D
2002 Ed. (2031)
2006 Ed. (2308)
USAT Corp.
2008 Ed. (3725, 4976)
usatoday.com
1999 Ed. (4754)
U.S.B. Holding Co., Inc.
2000 Ed. (286)
USB Securities
1997 Ed. (803)
USBid.com
2001 Ed. (4751)
USC Credit Union
2002 Ed. (1832)
USC Eye Institute
2016 Ed. (2995)
USC Medical Center
2002 Ed. (2614)
USC Medical Center; L.A. County
1996 Ed. (2156)
USC University Hospital
2004 Ed. (2922)
2005 Ed. (2908)
2006 Ed. (2905)
2007 Ed. (2924)
2008 Ed. (3047)
2009 Ed. (3133)
2010 Ed. (3065)
2011 Ed. (3036)
2012 Ed. (2974)
2013 Ed. (3065)
2014 Ed. (3067)
2015 Ed. (3132)
USCO Logistics
2004 Ed. (1530)
USCO Logistics Services
2001 Ed. (4723)
USDA Food & Nutrition Service
1991 Ed. (2929)
USDA Food & Nutrition Services
1992 Ed. (2205, 3705)
USEC Inc.
2001 Ed. (2233)
2002 Ed. (3711)
2004 Ed. (953, 3485, 3486)
2005 Ed. (2414, 3482, 3483)
2006 Ed. (2115, 2326, 2447, 3319)
2007 Ed. (2398, 3480)
2008 Ed. (1901, 2509, 3645, 3654)
2009 Ed. (3720)
2010 Ed. (3638)
2012 Ed. (3635, 3636)
2013 Ed. (3694, 3695, 4221)
2014 Ed. (3628, 3629, 4258)
2015 Ed. (3642)
2016 Ed. (343, 3529)
Used-car dealers
2010 Ed. (4279, 4280)
2011 Ed. (4271, 4272)
Usedomer Baderbahn GmbH
2006 Ed. (4821)
User interface design
2001 Ed. (2165)
User Technology Associates Inc.
2005 Ed. (1374)
User Telecommunications & Technologies
2009 Ed. (4688)
Userful Corp.
2007 Ed. (1570)
UserLand Software
2006 Ed. (3020)
USF Bestway
1998 Ed. (3641)
1999 Ed. (4684, 4685)
2000 Ed. (4315)
USF Corp.
2005 Ed. (2685, 2686, 4749, 4750, 4758, 4778, 4779, 4780, 4782)
2006 Ed. (2664, 4802, 4811, 4830, 4831)
2007 Ed. (2645, 4857)
2008 Ed. (2772)
2009 Ed. (2832)
2011 Ed. (2766)
2012 Ed. (2694)
2013 Ed. (2775)
2014 Ed. (2759)
USF Distribution Services
2003 Ed. (4782, 4803)
2005 Ed. (4783)

USF Dugan
  1999 Ed. (4687)
USF & G
  1990 Ed. (2253)
  1991 Ed. (1725, 2081)
  1992 Ed. (3934)
  1994 Ed. (2277, 3267)
  1995 Ed. (2319, 3303, 3348)
  1996 Ed. (1247, 1417, 2330)
  1998 Ed. (1174, 2208)
  1999 Ed. (1703, 2984)
USF & G Sugar Bowl
  1990 Ed. (1841)
USF Holding Corp.
  2011 Ed. (4945)
  2012 Ed. (4944)
  2013 Ed. (4936)
  2014 Ed. (4943)
  2015 Ed. (4983)
USF Holland
  1998 Ed. (3644)
  1999 Ed. (4690)
  2000 Ed. (4321)
  2004 Ed. (4769)
  2005 Ed. (4784)
USF Logistics
  2002 Ed. (1225)
USF LTL Group
  2006 Ed. (4854)
USF LTL Trucking
  2007 Ed. (4847)
USF Reddaway Inc.
  2004 Ed. (4790)
  2005 Ed. (4762)
  2006 Ed. (4836, 4839, 4840, 4841, 4849)
USfalcon Inc.
  2008 Ed. (3725)
  2009 Ed. (3036)
  2010 Ed. (1349)
  2011 Ed. (2922)
  2012 Ed. (1202, 2858)
  2013 Ed. (1316)
  2014 Ed. (1250)
  2015 Ed. (3017)
USF&G
  1989 Ed. (1732, 1733)
USF&G Group
  2000 Ed. (2736)
USFI
  2013 Ed. (4074, 4075)
USFilter Corp.
  2005 Ed. (3930)
USFreightways Corp.
  2001 Ed. (2535, 4236, 4237, 4640)
  2002 Ed. (4665, 4683, 4685, 4686, 4698)
  2003 Ed. (2554, 2555, 4791, 4816, 4817, 4818, 4819)
  2004 Ed. (2687, 2688, 4774, 4777, 4785, 4807, 4808, 4809, 4810)
USG Annuity & Life
  1996 Ed. (2311)
  1998 Ed. (170, 2173)
USG Corp.
  1989 Ed. (822, 823, 865, 1516)
  1990 Ed. (1902)
  1991 Ed. (799, 875, 876)
  1992 Ed. (980, 1069, 1070, 1132, 1528, 2294, 4060)
  1993 Ed. (718, 771, 774, 859, 934, 1953, 3378, 3380, 3391)
  1994 Ed. (789, 790, 792, 879, 1975)
  1995 Ed. (681, 842, 843, 844, 912, 1286, 1287)
  1996 Ed. (813, 828, 889)
  1997 Ed. (829, 836, 918, 2148, 3645)
  1998 Ed. (532, 533, 657, 658, 1840)
  1999 Ed. (951, 952, 1049, 1491, 1493, 1499)
  2000 Ed. (897, 898, 2337)
  2001 Ed. (1047, 1048, 1049, 1144, 1145, 2463)
  2002 Ed. (859, 860, 3249)
  2003 Ed. (773, 778, 780, 4612, 4613)
  2004 Ed. (783, 792, 793, 795, 898, 899, 1608, 4590, 4591)
  2005 Ed. (769, 776, 777, 779, 888, 889, 4523, 4524)
  2006 Ed. (677, 680, 683, 1521, 4584, 4608, 4609)
  2007 Ed. (776, 777, 779, 1524)
  2008 Ed. (750, 751, 1530, 4543, 4544)
  2009 Ed. (745, 746, 1745, 4574, 4575)
  2010 Ed. (693, 1690, 4607, 4608)
  2011 Ed. (4563, 4564)
  2012 Ed. (4577, 4579)
  2013 Ed. (4522, 4523, 4525)

  2014 Ed. (4582, 4583)
  2015 Ed. (4575, 4577)
  2016 Ed. (4498, 4499)
USG Finance Professionals
  2015 Ed. (1878)
USG Legal Professionals
  2015 Ed. (1878)
USG Marketing, Communication & Sales Professionals
  2015 Ed. (1878)
USG People
  2012 Ed. (4528)
USG People Austria GmbH
  2010 Ed. (1497)
  2012 Ed. (1338)
USgift.com
  2001 Ed. (4769)
Ushahidi
  2012 Ed. (3306)
Ushdev International
  2012 Ed. (1322)
Usher
  2008 Ed. (3810)
  2010 Ed. (3716)
  2011 Ed. (3718, 3719)
  2012 Ed. (3735, 3736)
  2013 Ed. (1137, 3784)
Usher; T. J.
  2005 Ed. (2505)
Usher Transport
  2005 Ed. (4781)
Usher's
  1989 Ed. (2364)
  1992 Ed. (3808)
  1993 Ed. (3104)
  2001 Ed. (4163)
  2002 Ed. (286, 4173)
  2003 Ed. (4306)
  2004 Ed. (4316)
Usher's Green Stripe
  1990 Ed. (3111, 3114)
  1991 Ed. (2932)
Ushijima; Arthur
  2014 Ed. (2593)
uShip
  2012 Ed. (3505)
USI Electronics
  2009 Ed. (2466, 2467)
USI Holdings Corp.
  2006 Ed. (3072, 3073)
  2007 Ed. (3095)
  2008 Ed. (3236, 3237)
  2009 Ed. (3307)
  2010 Ed. (3234)
  2011 Ed. (3192, 3198, 3205)
  2012 Ed. (3156, 3164)
  2013 Ed. (3233, 3236)
  2014 Ed. (3255, 3263)
  2015 Ed. (3308)
  2016 Ed. (3154, 3161)
USI Inc.
  2016 Ed. (3262)
USI Insurance Services Corp.
  1999 Ed. (2906, 2907)
  2000 Ed. (2661, 2662, 2663)
  2002 Ed. (2853, 2856, 2858, 2859, 2860, 2861, 2863)
  2004 Ed. (3062, 3063, 3068)
  2005 Ed. (3073)
USI Insurance Services LLC
  2015 Ed. (3258)
USI of Southern California Insurance Services Inc.
  2002 Ed. (2864)
USIC LLC
  2016 Ed. (4020)
USIC Locating Services
  2012 Ed. (4116)
uSight
  2006 Ed. (1118, 3972)
Usiminas
  1997 Ed. (3378, 3379)
  2006 Ed. (1568, 4599)
  2009 Ed. (4564)
  2013 Ed. (1627)
Usiminas PN
  1994 Ed. (3135)
  1995 Ed. (3181)
  1996 Ed. (3282)
  1999 Ed. (4138, 4472, 4475)
Usiminas Siderurgicas de Minas Gerais SA
  2007 Ed. (1603)
  2008 Ed. (1581)
  2009 Ed. (1514)
  2010 Ed. (807)
  2011 Ed. (1502)
  2012 Ed. (1349, 3350, 3358, 4538, 4541)
  2013 Ed. (3420, 4493)

  2014 Ed. (3417, 4536)
Usiminas Usinas Siderurgicas MG SA
  1992 Ed. (1581, 1583)
  1994 Ed. (1331)
  1996 Ed. (1302, 1303)
Usinas Siderurgicas de Minas Gerais SA
  2006 Ed. (3374)
  2008 Ed. (3551)
  2009 Ed. (3616)
  2010 Ed. (3540)
  2011 Ed. (3539)
  2012 Ed. (3530)
  2013 Ed. (3577)
Usine Et Fonderie Arthur Martin
  1993 Ed. (1305)
Usinor
  1999 Ed. (3346, 3351, 4472, 4474)
  2000 Ed. (3083)
Usinor (France)
  2000 Ed. (4119)
Usinor SA
  2001 Ed. (4375, 4376)
  2002 Ed. (3311)
  2003 Ed. (3377)
  2004 Ed. (4539)
Usinor-Sacilor
  1990 Ed. (1367, 3438)
  1991 Ed. (3220)
  1992 Ed. (1617, 1619, 4432)
  1993 Ed. (1314, 1317, 3454, 3695)
  1994 Ed. (1371, 1372, 2478, 3435, 3660)
  1995 Ed. (1398, 2546, 3511, 3730)
  1996 Ed. (1349, 2606, 2607)
  1997 Ed. (2750, 2751)
  1998 Ed. (1148, 2467, 3405)
Usinor-Salsinor
  1990 Ed. (1944)
Usinternetworking Inc.
  2001 Ed. (4451)
  2008 Ed. (3172, 3175)
Usko Ltd.
  2002 Ed. (3040)
USL Capital
  1996 Ed. (2696, 2697)
  1998 Ed. (388)
USLIFE Corp.
  1989 Ed. (1680)
  1990 Ed. (2232)
  1991 Ed. (2098, 2100)
  1992 Ed. (2665)
  1998 Ed. (1028)
USLIFE Credit Life
  1994 Ed. (2252, 2253)
  1995 Ed. (2285)
  1996 Ed. (2321)
  1997 Ed. (2435, 2449, 2450)
  1998 Ed. (2159, 2161)
  2000 Ed. (2684, 2685)
USM Inc.
  2011 Ed. (3421, 3422, 3425, 3427, 3431)
  2012 Ed. (3438, 3444, 4487)
  2013 Ed. (3457, 3458)
USM Services
  2013 Ed. (3464)
  2014 Ed. (3464)
Usmanov; Alisher
  2009 Ed. (4917)
  2011 Ed. (4910)
  2012 Ed. (4918, 4921)
  2013 Ed. (4901, 4903, 4917)
  2014 Ed. (4913, 4914)
  2015 Ed. (4954)
  2016 Ed. (4870)
USMD Holdings Inc.
  2016 Ed. (2039)
USMotivation
  2006 Ed. (4347)
  2007 Ed. (4407)
USN Communications Inc.
  2000 Ed. (1043)
USPHS Alaska Native Medical Center
  2013 Ed. (1405)
  2014 Ed. (1352)
  2015 Ed. (1429)
  2016 Ed. (1352)
Usphs Alaska Native Medical Center
  2010 Ed. (1460)
  2011 Ed. (1461)
  2012 Ed. (1300)
USPS Express Mail
  1994 Ed. (150)
USS
  2001 Ed. (1765)
  2016 Ed. (4229)
U.S.S. Lafayette
  2002 Ed. (2880)
USS-POSCO

  2003 Ed. (3423)
USS-USX Corp/Gary Works
  2000 Ed. (2619)
Ussery Motors; Bill
  1993 Ed. (277)
  1994 Ed. (276)
  1995 Ed. (279)
  1996 Ed. (279)
USS/Kobe Steel Co.
  1993 Ed. (1738)
U.S.S.R.
  1989 Ed. (349, 363, 2957)
  1990 Ed. (1476, 1481, 1736, 1878, 1965, 3433, 3699)
  1992 Ed. (2082, 3449, 3450, 3452, 3453, 4139)
  1993 Ed. (171, 201, 240, 1067, 1463, 1722, 1921, 1932, 2845, 3455, 3456, 3681, 3692, 3723, 3725)
  1994 Ed. (2264)
  1995 Ed. (1751, 1752, 1753)
  2001 Ed. (1133, 1938, 2451, 3045, 3531, 3558, 3987, 4398, 4400, 4401, 4402)
  2003 Ed. (868, 1036, 1877, 2488, 2493, 3167, 3658, 4043, 4497, 4628)
  2004 Ed. (890, 1044, 1908, 2620, 2626, 3223, 3703, 4063, 4463, 4604, 4606, 4607, 4608, 4657)
  2005 Ed. (876, 1045, 2040, 2609, 2610, 2616, 3252, 3291, 3614, 4408, 4538, 4540, 4541, 4542, 4607, 4801)
  2006 Ed. (798, 1055, 2136, 2608, 2609, 2614, 3239, 3285, 3731, 4034, 4425, 4619, 4621, 4622, 4623, 4866)
  2007 Ed. (887, 2084, 2583, 2584, 2590, 3298, 3352, 3714, 4606, 4608, 4609, 4610, 4868)
  2008 Ed. (864, 2191, 2721, 2727, 3411, 3448, 4554, 4556, 4557, 4558, 4591)
  2009 Ed. (870, 2167, 2776, 2782, 3479, 3523, 4585, 4587, 4588, 4589, 4635)
  2010 Ed. (816, 2109, 2714, 3411, 3452, 4619, 4621, 4622, 4623)
  2011 Ed. (744, 2162, 2700, 3395, 3453, 4575, 4577, 4578, 4579)
U.S.S.R. and Eastern Europe
  1992 Ed. (3294, 3295)
USSR & satellites
  1990 Ed. (3439)
UST Enterprises Inc.
  2007 Ed. (4765)
  2008 Ed. (4689)
  2009 Ed. (4729)
UST Excelsior Tax-Exempt Long Term
  1997 Ed. (2893)
UST Global
  2016 Ed. (767)
UST Inc.
  1989 Ed. (1051, 2837, 2839)
  1990 Ed. (1536, 3598, 3601)
  1991 Ed. (1216, 1217, 1234, 3393, 3394, 3395, 3396, 3397)
  1992 Ed. (1526, 1527, 4301, 4302, 4303, 4304, 4305)
  1993 Ed. (1224, 1225, 1226, 1227, 3580, 3581, 3582, 3583)
  1994 Ed. (1262, 1263, 1264, 1266, 1403, 2665, 3540, 3541, 3542, 3543, 3544)
  1995 Ed. (1286, 1287, 1288, 1433, 2766, 3618, 3619, 3621, 3622)
  1996 Ed. (1285, 1397, 2259, 2831, 3696, 3697, 3698, 3699)
  1997 Ed. (1334, 1453, 2387, 3755, 3756, 3757, 3758)
  1998 Ed. (1044, 1048, 1160, 2677, 3574, 3576, 3577, 3578)
  1999 Ed. (395, 661, 1478, 1483, 1664, 4606, 4607, 4610)
  2000 Ed. (1471, 4256, 4257)
  2001 Ed. (4551, 4560, 4563)
  2002 Ed. (1547, 2295, 4352, 4628, 4630)
  2003 Ed. (3302, 3303, 4533, 4537, 4557, 4746, 4748, 4749, 4752)
  2004 Ed. (4728, 4729, 4730, 4731, 4732, 4733, 4734)
  2005 Ed. (2232, 4459, 4704, 4705, 4706, 4707, 4708, 4709, 4710, 4711, 4714)
  2006 Ed. (2297, 2635, 4462, 4758, 4759, 4760, 4761, 4762, 4763, 4766, 4767)
  2007 Ed. (223, 4764, 4765, 4768, 4769, 4772, 4773)

2008 Ed. (4688, 4689, 4692)
2009 Ed. (4552, 4728, 4729, 4730)
2010 Ed. (1598, 4587, 4604, 4737, 4738, 4747)
2011 Ed. (4696)
2012 Ed. (4716)
UST LLC
2013 Ed. (4680)
2014 Ed. (4726, 4727)
2015 Ed. (4745)
2016 Ed. (4647, 4648)
UST Master Business & Industry
1995 Ed. (2726)
UST Master Communications & Entertainment
1995 Ed. (2726)
UST Master: Environmental
1995 Ed. (2719)
UST Master Equity
1996 Ed. (612)
UST Master - Equity Fund
1994 Ed. (583, 585)
UST Master Government Money Fund
1992 Ed. (3094)
UST Master Income & Growth
1994 Ed. (583, 585, 2614)
1996 Ed. (2801)
UST Master International
1995 Ed. (556)
1996 Ed. (616)
UST Master Long-Term Tax-Exempt
1993 Ed. (2698)
1994 Ed. (2611)
UST Master Managed Income
1990 Ed. (2376)
1993 Ed. (2664, 2685)
1996 Ed. (615)
UST Master Managed Inc.
1992 Ed. (3154)
UST Master Short-Term Tax-Exempt
1992 Ed. (3101)
UST Master-Short-Term Tax Exempt Securities
1996 Ed. (622)
UST Master Tax-Exempt-Long
1990 Ed. (2377)
UST Master Tax-Exempt Long Term
1991 Ed. (2564)
1992 Ed. (3146, 3186, 3200)
1997 Ed. (2904)
UST Master T/E Long-Term
1995 Ed. (2701, 2711, 3542)
1996 Ed. (614)
Ustanicka ulica
2014 Ed. (3703)
Ustian; D. C.
2005 Ed. (2484)
Ustian; Daniel C.
2010 Ed. (893)
2011 Ed. (829)
USTravel Systems
1990 Ed. (3651, 3652)
USTrust
1994 Ed. (369, 372, 566)
1995 Ed. (542)
1996 Ed. (601)
1997 Ed. (554)
1998 Ed. (394)
USURF America Inc.
2004 Ed. (864)
USWeb
2000 Ed. (106)
2001 Ed. (2967)
USWeb-CKS
2001 Ed. (148, 1547)
USX Corp.
1989 Ed. (1260, 2207, 2225, 2644, 2657, 2673)
1990 Ed. (1346, 1530, 1875, 1877, 2540, 2674, 2834, 2836, 2841, 2855, 2856, 2857, 3438)
1991 Ed. (234, 1445, 1548, 2480, 2590, 2721, 2730, 2737, 3220)
1992 Ed. (2261, 2269, 2270, 3418, 3429, 3431, 3433, 3440, 4135)
1993 Ed. (719, 1385, 2831, 2844, 2850, 3452)
1994 Ed. (1283, 1439, 2843, 2863)
1995 Ed. (1473, 2909, 2927)
1996 Ed. (1435, 3004, 3022)
1997 Ed. (1497, 3084, 3106)
1998 Ed. (531, 1186, 2820, 2836, 3406)
1999 Ed. (1723, 3795, 3810)
2000 Ed. (1534, 3441, 3519, 3537)
2001 Ed. (1834, 3753, 3754, 4375)
2002 Ed. (1752, 3690, 3693)
2003 Ed. (1810, 3808, 3809)
USX-Delhi
1996 Ed. (1999)

1997 Ed. (2119)
1998 Ed. (1809)
1999 Ed. (2570)
USX-Marathon Group
1993 Ed. (1600, 1929, 1931, 2824, 2827, 2836, 2840)
1994 Ed. (2846, 2848, 2849, 2867, 2868)
1995 Ed. (2912, 2913, 2915, 2930, 2931)
1996 Ed. (3026)
1997 Ed. (3087, 3088, 3108)
1998 Ed. (2827, 2828, 2837)
1999 Ed. (3799, 3802, 3815)
2000 Ed. (3406, 3525, 3526, 3528)
2001 Ed. (2561, 3740, 3741, 3742, 3743, 3746, 3751, 3752, 3762, 3774, 3775)
2002 Ed. (3662, 3667, 3669, 3670, 3671, 3672, 3673, 3674, 3681, 3698, 3699)
2003 Ed. (2605, 3831, 3832, 3838, 3839, 3840, 3842, 3860, 3862)
USX (oil & gas segment)
1989 Ed. (1495, 1501, 1502, 2212, 2215)
1991 Ed. (1789, 1800, 1801, 2725)
USX-U. S. Steel Group
1998 Ed. (3402, 3404)
USX (United States)
2000 Ed. (4119)
USX-United States Steel Group
2002 Ed. (1769, 3303, 3313, 3322, 3663)
USX-U.S. Steel
1995 Ed. (3508, 3509)
1996 Ed. (3585)
2000 Ed. (4118)
USX-U.S. Steel Group
1993 Ed. (3448, 3451)
1994 Ed. (3431, 3432, 3433)
1997 Ed. (3627, 3629)
1998 Ed. (2471, 2509)
1999 Ed. (3357, 3414)
2000 Ed. (3092, 3138)
2001 Ed. (1215, 4367, 4368)
UT Automotive Inc.
2000 Ed. (219)
UT-Battelle LLC
2004 Ed. (1865)
2005 Ed. (1968)
2006 Ed. (2037)
2007 Ed. (2009)
2008 Ed. (2104)
2009 Ed. (2079)
2010 Ed. (2022)
2011 Ed. (2079)
2012 Ed. (1923)
2013 Ed. (2083)
2014 Ed. (2017)
2015 Ed. (2061)
2016 Ed. (2021)
UT Electronic Controls
2010 Ed. (3551)
UTA
1994 Ed. (172, 173, 174, 175, 177, 178)
Utah
1989 Ed. (2562, 2615, 2787)
1990 Ed. (365, 760, 2411, 2448, 3360, 3373, 3374, 3388, 3397, 3416, 3422, 3427)
1991 Ed. (788, 2162, 2351, 2354, 3175, 3187, 3192, 3193, 3196, 3200, 3206, 3208, 3214, 3345)
1992 Ed. (1942, 2334, 2915, 2925, 2926, 2929, 3084, 4074, 4087, 4090, 4095)
1993 Ed. (3394, 3399, 3403, 3442, 3732)
1994 Ed. (2414, 3377, 3390, 3391)
1995 Ed. (1669, 3450, 3463, 3492, 3496, 3500)
1996 Ed. (36, 3514, 3529, 3543, 3573, 3580)
1997 Ed. (3147, 3227, 3566, 3568, 3571, 3574, 3583, 3612, 3622, 3785)
1998 Ed. (466, 472, 2059, 3381, 3382, 3385, 3395, 3466)
1999 Ed. (1848, 1996, 2812, 3595, 3975, 4402, 4404, 4408, 4424, 4430, 4439, 4451, 4454)
2000 Ed. (3688, 4095, 4097, 4179)
2001 Ed. (992, 993, 1109, 1288, 1290, 2356, 2357, 2537, 2613, 3172, 3294, 3313, 3314, 3328, 3383, 3738, 3771, 3849, 3898, 4228, 4260, 4261, 4273, 4331, 4406, 4412, 4414, 4720)

2002 Ed. (441, 446, 447, 449, 452, 462, 463, 465, 495, 1904, 2624, 2875, 3197, 3198, 3367, 4101, 4104, 4106, 4107, 4141, 4142, 4143, 4144, 4145, 4146, 4154, 4157, 4158, 4160, 4167, 4286, 4369, 4372, 4778)
2003 Ed. (380, 390, 391, 392, 393, 395, 404, 405, 406, 407, 408, 409, 410, 440, 1057, 1063, 1064, 1066, 1068, 2145, 2146, 2147, 2148, 2688, 2829, 2838, 2884, 3235, 3237, 3895, 4231, 4234, 4235, 4236, 4237, 4238, 4245, 4246, 4285, 4288, 4294, 4400, 4418, 4419)
2004 Ed. (367, 368, 369, 370, 371, 374, 376, 377, 379, 380, 382, 385, 413, 414, 437, 438, 439, 1068, 1071, 1075, 1077, 2295, 2296, 2572, 2929, 3291, 3292, 3489, 3923, 4256, 4257, 4262, 4263, 4272, 4294, 4296, 4298, 4300, 4301, 4412, 4499, 4502, 4513, 4519)
2005 Ed. (386, 387, 388, 393, 395, 398, 399, 400, 443, 444, 445, 1072, 1076, 1081, 2916, 2919, 2987, 3298, 3299, 3318, 3484, 3871, 4186, 4187, 4188, 4190, 4197, 4198, 4205, 4209, 4229, 4231, 4233, 4362)
2006 Ed. (2358, 2755, 2986, 3934, 3982, 3983, 4305, 4476, 4996)
2007 Ed. (2273, 2292, 2371, 2520, 3017, 3210, 3515, 3824, 3992, 4021, 4371, 4997)
2008 Ed. (2424, 2641, 2896, 3136, 3271, 3278, 3280, 3351, 3885, 4009, 4326, 4996)
2009 Ed. (2399, 2406, 2668, 2831, 2888, 3220, 3335, 3336, 3430, 3537, 3948, 4430, 4997)
2010 Ed. (822, 2312, 2318, 2328, 2329, 2340, 2357, 2418, 2572, 2827, 2880, 3022, 3145, 3149, 3153, 3269, 3274, 3360, 3409, 3460, 4473, 4680, 4716, 4838, 5002)
2011 Ed. (736, 2314, 2324, 2325, 2334, 2353, 2421, 2549, 2811, 2862, 2991, 3112, 3116, 3119, 3238, 3243, 3315, 3463, 3464, 3476, 4410, 4613, 4632, 4674, 4796, 4999)
2012 Ed. (673, 674, 686, 910, 2215, 2223, 2227, 2243, 2278, 2280, 2345, 2735, 2743, 2792, 2917, 3048, 3052, 3054, 3135, 3202, 3209, 3300, 3301, 3473, 3474, 4632, 4813, 4996)
2013 Ed. (299, 1156, 2422, 2517, 2832, 3135, 3270, 3522, 3523, 3525, 3828, 3840, 4040, 4574, 4587, 4998, 5000)
2014 Ed. (621, 623, 755, 843, 845, 2229, 2316, 2461, 2462, 3135, 3229, 3297, 3497, 3499, 3589, 4624, 4631)
2015 Ed. (790, 882, 2293, 2393, 2397, 2529, 3197, 3280, 3519, 3767, 4623, 4625)
2016 Ed. (712, 769, 2338, 2342, 2462, 3054, 3120, 3682, 4015, 4541, 4543)
Utah Associated Municipal Power System
1991 Ed. (2781)
Utah; Bank of
2006 Ed. (539)
Utah Community Bank
2008 Ed. (430)
2009 Ed. (455)
Utah Community Credit Union
2002 Ed. (1895)
2003 Ed. (1949)
2004 Ed. (1989)
2005 Ed. (2131)
2006 Ed. (2226)
2007 Ed. (2147)
2008 Ed. (2262)
2009 Ed. (2248)
2010 Ed. (2202)
2011 Ed. (2220)
2012 Ed. (2081)
2013 Ed. (2270)
2014 Ed. (2204)
2015 Ed. (2268)
2016 Ed. (2239)
Utah County, UT
1994 Ed. (2407)

1995 Ed. (2483)
2009 Ed. (2391)
Utah Credit Union; University of
2005 Ed. (2131)
2006 Ed. (2226)
2007 Ed. (2147)
2008 Ed. (2262)
2009 Ed. (2248)
2010 Ed. (2202)
Utah Department of Transportation
2007 Ed. (1314)
Utah, Eccles School of Business; University of
2010 Ed. (739)
Utah First Credit Union
2012 Ed. (2081)
2013 Ed. (2270)
2014 Ed. (2204)
2015 Ed. (2268)
Utah Hospital Inc.; University of
2005 Ed. (1990)
2006 Ed. (2088)
2007 Ed. (2046)
2008 Ed. (2148)
2009 Ed. (2131)
Utah Hospitals & Clinics; University of
2011 Ed. (2129)
2012 Ed. (1972)
2013 Ed. (2131)
2015 Ed. (2113)
2016 Ed. (2094)
Utah Housing Finance Agency
2001 Ed. (930)
Utah International Inc.
1992 Ed. (1503)
Utah Jazz
1998 Ed. (439)
2000 Ed. (704)
2001 Ed. (4345)
Utah Medical
1994 Ed. (2706)
Utah Medical Insurance Association
2006 Ed. (3111)
Utah Power & Light
1989 Ed. (1304)
Utah Power & Light Employees Credit Union
2004 Ed. (1989)
2005 Ed. (2131)
2006 Ed. (2226)
2007 Ed. (2147)
2008 Ed. (2262)
2009 Ed. (2248)
2010 Ed. (2202)
2011 Ed. (2220)
2012 Ed. (2081)
2013 Ed. (2270)
2014 Ed. (2204)
2015 Ed. (2268)
2016 Ed. (2239)
Utah State Board of Regents
2001 Ed. (930)
Utah TA
1993 Ed. (785)
Utah Transit Authority
2005 Ed. (1990)
2007 Ed. (1314)
2009 Ed. (1081)
2010 Ed. (1054)
2011 Ed. (990)
2012 Ed. (906)
2013 Ed. (1061)
2014 Ed. (1025)
Utah; University of
1992 Ed. (1093)
1994 Ed. (896, 1057)
2006 Ed. (715)
2007 Ed. (801)
2008 Ed. (781)
2009 Ed. (800)
2010 Ed. (2072)
2011 Ed. (4193)
Utama Banking Group
2003 Ed. (582)
2004 Ed. (399)
2005 Ed. (536, 539)
Utama Wardley
1996 Ed. (3391)
1997 Ed. (3485)
UTC-Carrier Corp.
2016 Ed. (3437)
UTC Retail
2016 Ed. (1886)
UTC/Carrier
2002 Ed. (1111)
Utd. Engineers
1993 Ed. (2386)
UTD Merchants
1992 Ed. (3227)
UTE

2006 Ed. (102)
Utelcom Inc.
  2001 Ed. (1771)
  2003 Ed. (1730)
  2004 Ed. (1767)
  2005 Ed. (1833)
  2006 Ed. (1838)
  2007 Ed. (1843)
Utell
  2004 Ed. (2933)
  2005 Ed. (2924, 2932)
  2006 Ed. (2929)
Utemuratov; Bulat
  2009 Ed. (4908)
  2013 Ed. (4884)
  2014 Ed. (4897)
  2015 Ed. (4936)
  2016 Ed. (4852)
Utendahl Capital Management LP
  2002 Ed. (712)
  2003 Ed. (216)
  2004 Ed. (172)
  2007 Ed. (197)
  2008 Ed. (180)
  2009 Ed. (199)
  2010 Ed. (177)
  2011 Ed. (102)
Utendahl Capital Partners
  1998 Ed. (471)
Utendahl Capital Partners LP
  1999 Ed. (732)
  2000 Ed. (745)
  2002 Ed. (718)
  2003 Ed. (219)
  2004 Ed. (177)
  2005 Ed. (178)
  2006 Ed. (192)
  2007 Ed. (198)
  2008 Ed. (185)
  2009 Ed. (202)
  2010 Ed. (182)
  2011 Ed. (105)
Utenriksdepartementet
  2009 Ed. (1959)
uTest
  2014 Ed. (1084, 2873, 3182, 3683)
  2015 Ed. (1122, 2914)
  2016 Ed. (1034)
utexas.edu
  2001 Ed. (2965)
UTGR Inc.
  2010 Ed. (1960)
  2011 Ed. (2020)
UTi
  2007 Ed. (4879)
  2008 Ed. (4814)
UTI Chemical Inc.
  1993 Ed. (1194)
UTI Energy
  1998 Ed. (151, 158)
UTI Mastershares
  1994 Ed. (725)
UTI (U.S.) Holdings Inc.
  2013 Ed. (4718)
  2015 Ed. (1974, 4794)
  2016 Ed. (1941, 4698)
UTi Worldwide
  2014 Ed. (4834)
  2015 Ed. (4870, 4871)
  2016 Ed. (3389, 4794)
UTI Worldwide Inc.
  2013 Ed. (4717, 4718)
  2014 Ed. (4769, 4770)
  2015 Ed. (4793, 4794)
UTi Worldwide Inc.
  2006 Ed. (3318, 3320)
  2007 Ed. (218, 3759)
  2009 Ed. (2836, 4771, 4836, 4838, 4839)
  2010 Ed. (4784, 4847)
  2011 Ed. (4813)
  2012 Ed. (1089, 4829)
  2013 Ed. (1225)
  2014 Ed. (1165)
  2015 Ed. (1219)
  2016 Ed. (1127)
Utica District Telephone Employees Credit Union
  2009 Ed. (2185)
Utica Gas & Electric Employees Credit Union
  2011 Ed. (2170)
  2012 Ed. (2024)
Utica National Insurance Group
  2013 Ed. (3334)
Utica, NY
  1989 Ed. (1612)
  2010 Ed. (797, 3474)
  2011 Ed. (3479)
  2012 Ed. (2549)

Utica Packing Co.
  1989 Ed. (927, 2332)
  1990 Ed. (1828)
  1991 Ed. (1746)
  1992 Ed. (2992, 3486)
Utica-Rome, NY
  2004 Ed. (4221)
  2012 Ed. (4371)
UtilCorp United
  1991 Ed. (2575)
UtiliCorp United Inc.
  1989 Ed. (1297, 2036)
  1990 Ed. (1601, 2671)
  1994 Ed. (1312, 2653)
  1995 Ed. (2752, 2755, 2906)
  1996 Ed. (2819)
  1997 Ed. (1285, 1313, 1482, 1727, 2926)
  1998 Ed. (1178, 2661, 2664)
  1999 Ed. (1500, 1515, 1708, 2573, 3593, 3961)
  2000 Ed. (1519, 1731, 3672)
  2001 Ed. (1799, 2148, 3945, 4662, 4663)
  2002 Ed. (1525, 1732, 2126, 3875, 3880)
  2003 Ed. (1768, 2136, 2137, 2280, 2286, 4561)
UtiliCorp.
  1993 Ed. (2702)
UtiliCorp. United
  1992 Ed. (3214)
Utilisima
  2014 Ed. (2970)
  2015 Ed. (3039)
Utilities
  1989 Ed. (1661)
  1990 Ed. (3090)
  1991 Ed. (1000)
  1993 Ed. (2169, 2170, 2171, 2172, 2173, 2174, 3231, 3232, 3233, 3234, 3235, 3236, 3237, 3238, 3239)
  1994 Ed. (2193, 2194, 2195, 2196, 3206, 3207, 3208, 3209, 3210, 3211, 3212, 3213, 3214)
  1995 Ed. (2203, 2244, 2245, 2246, 2247, 3290, 3291, 3292, 3293, 3294, 3295, 3296, 3310, 3311, 3395)
  1996 Ed. (2254, 2255, 2256, 2257)
  1997 Ed. (1142, 2018)
  1999 Ed. (1008)
  2001 Ed. (1964, 2177, 2178)
  2002 Ed. (1414)
  2004 Ed. (1464, 1465, 1530)
  2005 Ed. (1470, 1481, 1485, 1572)
  2006 Ed. (1425, 1436, 1437, 1454, 2509, 3258)
  2007 Ed. (3732, 3733, 3734, 3735)
  2008 Ed. (1407, 1416, 1432, 1820, 1825)
  2009 Ed. (1768, 1772, 1773, 3866, 3867, 3868, 3869)
Utilities Employees Credit Union
  2002 Ed. (1888)
  2003 Ed. (1942)
  2004 Ed. (1982)
  2005 Ed. (2069, 2124)
  2006 Ed. (2219)
  2007 Ed. (2140)
  2008 Ed. (2255)
  2009 Ed. (2241)
  2010 Ed. (2195)
  2011 Ed. (2213)
  2012 Ed. (2026, 2028, 2074)
  2013 Ed. (2238, 2258)
  2014 Ed. (2170, 2190)
  2015 Ed. (2234, 2254)
  2016 Ed. (2205, 2225)
Utilities failure
  1990 Ed. (1141)
Utilities, gas
  2008 Ed. (1633)
Utilities, gas & electric
  2000 Ed. (2635)
  2002 Ed. (2768, 2770, 2778, 2788, 2793, 2794, 2795, 2796, 2797)
  2003 Ed. (2902)
  2004 Ed. (1744, 1746, 1748)
Utilities maintenance
  1995 Ed. (2816)
  1996 Ed. (2881)
Utility Choice LLP
  2006 Ed. (3541, 4380)
Utility Choice LP
  2007 Ed. (3603, 3604, 4448)
The Utility Co.
  1990 Ed. (2615, 2616)
  1991 Ed. (2568)

1994 Ed. (3566)
  1999 Ed. (4649)
  2010 Ed. (840)
  2012 Ed. (704)
  2013 Ed. (4591)
Utility Construction Co., Inc.
  2008 Ed. (3694, 4952)
Utility Contracting Co.
  2003 Ed. (1318)
Utility District Credit Union
  2009 Ed. (329)
  2010 Ed. (2122)
  2012 Ed. (2019)
Utility Engineering Corp.
  2004 Ed. (2344)
Utility meter readers
  2004 Ed. (2290)
Utility Partnership Ltd.
  2003 Ed. (2736)
Utility Risk Management Corp.
  2014 Ed. (4239)
Utility Services Associates Construction Co., Inc.
  2006 Ed. (3534)
  2007 Ed. (3590, 4441)
Utility Services Inc.
  2004 Ed. (1832)
  2005 Ed. (1917)
  2006 Ed. (1281, 1296, 1946)
  2007 Ed. (1360, 1371, 1929)
  2008 Ed. (1995)
  2009 Ed. (1956)
Utility Trailer Manufacturing
  2005 Ed. (4741)
Utillbill Pty. Ltd.
  2011 Ed. (2887)
UTILX Corp.
  1993 Ed. (1132)
  1994 Ed. (1153)
  1995 Ed. (1167)
  1996 Ed. (1142)
  1997 Ed. (1171)
  1999 Ed. (1378)
  2000 Ed. (1270)
  2001 Ed. (1483)
  2002 Ed. (1300)
  2003 Ed. (1318)
  2004 Ed. (1318)
UTL Corp.
  1990 Ed. (410)
  1991 Ed. (358)
  1992 Ed. (1477)
Utlix Corp.
  1998 Ed. (957)
Utne Reader
  1992 Ed. (3384)
  1994 Ed. (2793)
Utopia Home Care
  2000 Ed. (3148)
uTouch
  2015 Ed. (2342)
Utrecht-America Holdings
  2014 Ed. (337)
  2015 Ed. (377)
Utrecht-America Holdings Inc.
  2001 Ed. (2502)
  2003 Ed. (2543)
Utrikesdepartementet
  2009 Ed. (777, 2063)
  2010 Ed. (718)
UTS Energy Corp.
  2003 Ed. (1632)
  2006 Ed. (1604, 1633)
  2007 Ed. (1649)
  2008 Ed. (4057)
Utsick Presents; Jack
  2006 Ed. (1152)
  2007 Ed. (1266)
UTStarcom
  2002 Ed. (4192)
  2003 Ed. (2643, 2645, 2942)
  2004 Ed. (1083)
  2005 Ed. (1091, 1092, 1094, 1674, 3033, 4610)
  2006 Ed. (1086, 2395, 3696, 4586)
  2007 Ed. (1191, 4701)
  2010 Ed. (667)
  2011 Ed. (596, 599)
Utt; William P.
  2011 Ed. (828)
Uttam Galva
  2012 Ed. (671)
Uttara Bank Ltd.
  1991 Ed. (458)
  1992 Ed. (614)
  1993 Ed. (432)
  1994 Ed. (432)
  1995 Ed. (427)
  1997 Ed. (415)
  2000 Ed. (467)

Utterly Butterfly
  1999 Ed. (1816)
UTV
  2007 Ed. (2034, 2037, 2039)
Utvegsbanki Islands
  1989 Ed. (555)
Utvegsbanki Islands HF (Fisheries Bank of Iceland)
  1991 Ed. (541)
Utz
  1999 Ed. (3863)
  2000 Ed. (3577, 3578, 4063)
  2001 Ed. (3860, 3861)
  2002 Ed. (3733)
  2003 Ed. (3919)
  2004 Ed. (3932)
  2006 Ed. (4392)
  2007 Ed. (4459)
  2008 Ed. (4021, 4442)
  2009 Ed. (4090, 4485, 4486, 4487, 4488)
  2013 Ed. (4068, 4455)
  2014 Ed. (4076, 4077, 4489, 4492)
  2015 Ed. (4060, 4061, 4486, 4488, 4489, 4490)
  2016 Ed. (3967, 3968, 4383, 4387, 4388, 4389)
Utz Pork Rinds
  2014 Ed. (4491)
UTZ Potato Chips
  1997 Ed. (3137, 3138, 3533)
Utz Quality Foods
  2014 Ed. (4078, 4486)
  2015 Ed. (4062, 4482, 4491)
  2016 Ed. (3970, 4400, 4401)
Utz Quality Foods Inc.
  2003 Ed. (3920, 4458)
  2014 Ed. (1939)
  2015 Ed. (1986)
  2016 Ed. (1956)
UUNet Technologies
  1997 Ed. (3409)
  1998 Ed. (1930)
UV absorbers
  1999 Ed. (1110)
UV Color Inc.
  1999 Ed. (3887, 3888)
Uvistat
  2001 Ed. (4397)
UW Credit Union
  2002 Ed. (1901)
  2003 Ed. (1956)
UXC Eclipse
  2015 Ed. (4858)
  2016 Ed. (4766)
Uzagromprombank
  1997 Ed. (640)
Uzbek Stock-Commercial Industrial Construction Bank
  1997 Ed. (640)
Uzbekistan
  1991 Ed. (3157)
  1999 Ed. (2606)
  2000 Ed. (2379)
  2001 Ed. (1936, 2614, 3343, 4264)
  2002 Ed. (2415, 4705)
  2003 Ed. (1875, 2627, 3431)
  2004 Ed. (1905, 1906, 2741, 2745, 4423)
  2005 Ed. (2035, 2037, 2038, 2742, 3499, 4371)
  2006 Ed. (2131, 2133, 2134, 2331, 2704, 3556, 4319)
  2007 Ed. (2079, 2081, 2082, 2699, 3626, 4384)
  2008 Ed. (2190, 2826, 4340)
  2009 Ed. (2166, 2884, 4445)
  2010 Ed. (2108, 2821, 4486)
  2011 Ed. (2161, 2304, 2807, 4419)
  2012 Ed. (2197)
  2013 Ed. (2382)
  2014 Ed. (2319)
Uzbekistan Airways
  2012 Ed. (154)
Uzjilsberbank
  2003 Ed. (635)
Uzmevasabzavotbank
  2002 Ed. (4498)
Uzpromstroybank
  2002 Ed. (4498)
  2003 Ed. (635)

V

V. A. Gierer Jr.
  2002 Ed. (2210)
  2004 Ed. (2525)
  2005 Ed. (2508)
V. A. Reid & Associates

1999 Ed. (3090)
V. Ann Hailey
2006 Ed. (1002)
V Band
1989 Ed. (1568, 2495)
V. D. Coffman
2001 Ed. (2317)
2002 Ed. (2184)
2003 Ed. (2378)
2004 Ed. (2498)
2005 Ed. (2482)
V. E. Grijalva
2001 Ed. (2337)
V-Empower Inc.
2009 Ed. (3009, 4403)
2010 Ed. (2949)
V for Vendetta
2008 Ed. (3754)
V. G. Reed & Sons
2006 Ed. (4354)
2007 Ed. (4422)
V & J Foods Inc.
1995 Ed. (672)
1996 Ed. (746)
1998 Ed. (469)
V & J Holding Co. Inc.
2002 Ed. (715)
V & J Holding Cos., Inc.
2009 Ed. (193)
2010 Ed. (172)
2011 Ed. (96)
2012 Ed. (103)
2013 Ed. (78)
2015 Ed. (103)
2016 Ed. (110)
V & J Holding LLC
2008 Ed. (174)
V & J Holdings Cos., Inc.
2003 Ed. (213)
2004 Ed. (169)
2005 Ed. (172)
2006 Ed. (185)
2007 Ed. (191)
V. K. Verma & Co.
2002 Ed. (1669)
2004 Ed. (1733)
V. Kafkas SA
2015 Ed. (1669)
V. Kann Rusmussen Industri A/S
1996 Ed. (2555)
V. Keeler & Associates Inc.
2006 Ed. (3516)
V. M. Prabhu
2002 Ed. (2193)
V. Mueller
1994 Ed. (3470)
V. Ouya Music
2015 Ed. (3740)
2016 Ed. (3648)
V & P Midlands Ltd.
1992 Ed. (1197)
V. Prem Watsa
2012 Ed. (804)
V & S
1996 Ed. (3773)
1997 Ed. (3831)
V & S Variety
1994 Ed. (3620)
1995 Ed. (3690)
V-Soft Consulting Group Inc.
2006 Ed. (3515)
2007 Ed. (3558, 3559, 4422)
2008 Ed. (3711, 4396, 4963)
2016 Ed. (3596)
V-SPAN
2000 Ed. (1109, 2408)
2002 Ed. (2533)
2003 Ed. (2728)
V. Suarez & Co.
2004 Ed. (1671, 4924)
2005 Ed. (1954, 4907)
2006 Ed. (1999, 2000, 4939)
2007 Ed. (1963, 1964, 4946)
2016 Ed. (1973, 4890)
V. Suarez Employees Credit Union
2013 Ed. (2259)
2014 Ed. (2191)
2015 Ed. (2255)
2016 Ed. (2226)
V. T. Inc.
1999 Ed. (317)
2001 Ed. (439, 440, 443, 444, 445, 446, 447, 448, 449, 451, 452)
V Tech
2003 Ed. (3797)
V-Tech Solutions Inc.
2007 Ed. (3612, 4453)
V. V. Sivakumar
1997 Ed. (1973)
V2K, The Virtual Window Fashion Store

2004 Ed. (4943)
2005 Ed. (3158)
2006 Ed. (3159)
2007 Ed. (3193)
V2K, Window Decor & More
2008 Ed. (3335)
2009 Ed. (3409)
V8
2010 Ed. (2787)
2011 Ed. (2775)
V8 Splash
2001 Ed. (1000)
2002 Ed. (2375)
2003 Ed. (2578)
2011 Ed. (4628)
2012 Ed. (2704)
2013 Ed. (2780)
2014 Ed. (2798, 2799)
2015 Ed. (2840, 2844)
2016 Ed. (2771, 2776)
V8 Splash Smoothies
2012 Ed. (2704)
2014 Ed. (2800)
V8 Splash Tomato/Vegetable Juice
2006 Ed. (2671)
V8 Tomato/Vegetable Juice
2006 Ed. (2671)
V8 Tomato/Vegetable Juice/Cocktail
2007 Ed. (2654)
V8 V Fusion
2011 Ed. (2775)
V8 V-Fusion
2014 Ed. (2800, 2803)
V8 V-Fusion Light
2014 Ed. (2799)
2015 Ed. (2840)
2016 Ed. (2771)
V70
2001 Ed. (534)
VA Boston Healthcare System
2015 Ed. (3147)
VA Caribbean Healthcare System
2015 Ed. (3147)
VA Central California Healthcare System
2010 Ed. (1521)
Va. Fibre
1993 Ed. (1417)
VA Greater Los Angeles Healthcare System
2002 Ed. (2622)
2015 Ed. (3147)
VA Long Beach Healthcare System
2015 Ed. (3147)
VA Medical Center-Long Beach
1992 Ed. (2460)
1993 Ed. (2074)
1994 Ed. (2090)
1995 Ed. (2145)
1996 Ed. (2156)
1997 Ed. (2271)
1998 Ed. (1993)
1999 Ed. (2749)
2000 Ed. (2530)
VA Medical Center-Sepulveda
1992 Ed. (2460)
1993 Ed. (2074)
VA Medical Center-West L.A.
1994 Ed. (2090)
VA Medical Center-West Los Angeles
1992 Ed. (2460)
1993 Ed. (2074)
1995 Ed. (2145)
1996 Ed. (2156)
1997 Ed. (2271)
1998 Ed. (1993)
1999 Ed. (2749)
2000 Ed. (2530)
VA mortgages, overpayments
1989 Ed. (1220)
VA North Texas Health Care System
2015 Ed. (3147)
VA Software
2005 Ed. (1144)
2006 Ed. (1133)
2007 Ed. (1255)
VA Stahl
1999 Ed. (4722, 4723)
2000 Ed. (1390, 4351, 4352)
2002 Ed. (4756)
VA Tech
2000 Ed. (1390)
VA Technologie
2000 Ed. (4352)
VA Technologie AG
2002 Ed. (1190, 4756)
2004 Ed. (3441)
2005 Ed. (1662)
2006 Ed. (1560)
2007 Ed. (1595)

Va Technologie Aktiengesellschaft
2000 Ed. (1214)
VA Technologies
1997 Ed. (3846, 3847)
1999 Ed. (4722, 4723)
2000 Ed. (4351)
VA Vendee
1998 Ed. (792, 3024)
Vaagen Bros. Lumber
1998 Ed. (2424)
Vaal Reefs
1990 Ed. (1938)
1991 Ed. (1852)
1995 Ed. (2041)
Vaal Reefs Exploration & Mining Co. Ltd.
1991 Ed. (2270)
1992 Ed. (2816, 3314)
1993 Ed. (1989, 2376)
1996 Ed. (2443)
Vaalco Energy
2006 Ed. (2738, 2739)
2007 Ed. (2734, 2735)
2008 Ed. (2852)
2009 Ed. (4482)
VABank
1999 Ed. (676)
2000 Ed. (686)
Vacasa
2016 Ed. (4005, 4726)
Vacasa Rentals
2016 Ed. (1939)
Vacation
2000 Ed. (1781)
Vacation Break USA Inc.
1998 Ed. (2724)
Vacations
1995 Ed. (3389)
Vacaville, CA
1992 Ed. (2578)
Vaccines
1999 Ed. (4710)
Vacharaphol; Praneetsilpa
2011 Ed. (4865)
2013 Ed. (4914)
Vaco
2009 Ed. (2484)
VACO Los Angeles LLC
2011 Ed. (1805)
2012 Ed. (1663)
2013 Ed. (1454)
2014 Ed. (1415)
2015 Ed. (1475)
2016 Ed. (1402)
Vaco Orange County LLC
2016 Ed. (1415)
Vaco Orlando
2015 Ed. (1632)
Vaco Orlando LLC
2013 Ed. (1614)
Vaco Richmond LLC
2013 Ed. (2144)
2014 Ed. (2078)
2015 Ed. (2130)
Vacuum cleaners
2005 Ed. (2961)
Vacuum extraction
1992 Ed. (2378)
Vacuums
2005 Ed. (2755)
Vacuums & carpet cleaners
2002 Ed. (2702)
Vaden Isuzu
1992 Ed. (386)
Vadera; Sanjay
2007 Ed. (2465)
Vadim Novinsky
2014 Ed. (4927)
2015 Ed. (4967)
Vadim Shvetsov
2007 Ed. (785)
Vadim Zlotnikov
1998 Ed. (1671)
2003 Ed. (3057)
VAE
2014 Ed. (98, 4821)
VAE Inc.
2013 Ed. (1305)
Vag
1992 Ed. (68, 80)
2010 Ed. (107)
Vagelos, MD; P. Roy
1996 Ed. (962)
Vagelos; P. Roy
1990 Ed. (975, 1724)
1991 Ed. (928, 1630)
1992 Ed. (1142, 2050, 2061)
1993 Ed. (940, 1705)
1994 Ed. (950)
Vagelos; Roy

1989 Ed. (1383, 2339)
1990 Ed. (971)
Vagisil
1993 Ed. (3650)
2002 Ed. (2255)
2003 Ed. (2461)
Vagistat 1
2002 Ed. (2255)
2003 Ed. (2461)
Vagit Alekperov
2006 Ed. (4929)
2007 Ed. (785, 4912)
2008 Ed. (4894)
2009 Ed. (4914)
2010 Ed. (4918)
2011 Ed. (4907, 4908)
2012 Ed. (4918)
2013 Ed. (4903)
2014 Ed. (4914)
2015 Ed. (4954)
2016 Ed. (4870)
Vahli Inc.
2004 Ed. (2109)
Vahostav
1999 Ed. (805, 806)
2000 Ed. (809)
VAHSBC Investor Fixed Income
2004 Ed. (692)
Vail
1994 Ed. (1102)
Vail Banks Inc.
2006 Ed. (1653)
2008 Ed. (1682)
Vail, CO
1990 Ed. (3293)
1993 Ed. (3324)
2002 Ed. (4284)
Vail Corp.
2016 Ed. (1513)
Vail Mountain
2004 Ed. (4428)
2005 Ed. (4377)
2006 Ed. (4327)
2007 Ed. (4391)
2008 Ed. (4342)
2009 Ed. (4447)
2010 Ed. (4490)
2011 Ed. (4425)
2012 Ed. (4479, 4480)
2013 Ed. (4443)
2014 Ed. (4474)
2015 Ed. (4468)
2016 Ed. (4370)
Vail Mountain Lodge & Spa
2011 Ed. (3064)
Vail Resorts Inc.
2003 Ed. (1650, 1658)
2004 Ed. (1680, 4093, 4094)
2005 Ed. (4029)
2006 Ed. (1651, 1652, 1660)
2007 Ed. (1668)
2008 Ed. (1687)
2010 Ed. (3084, 3442, 4192)
2011 Ed. (1586, 3057)
2013 Ed. (3172, 3185)
2014 Ed. (3202)
2015 Ed. (4426)
Vaino; Andrew
2011 Ed. (3368)
Vaisystems Group
2003 Ed. (2238)
Vakaru Bankas
1997 Ed. (542)
Vakaru Skirstomieji Tinklai
2006 Ed. (4516)
VakifBank
1994 Ed. (656)
1999 Ed. (673)
2000 Ed. (684)
2005 Ed. (419, 531, 532)
2006 Ed. (533)
2007 Ed. (564)
2008 Ed. (410, 516)
2009 Ed. (550)
2010 Ed. (533)
2011 Ed. (462)
2012 Ed. (418, 1943)
2013 Ed. (469, 470, 2107)
2014 Ed. (483, 484, 2039)
2015 Ed. (544, 545, 2088)
2016 Ed. (497, 498, 2070)
Vaklyrie Enterprises LLC
2014 Ed. (2084)
Vakson
2008 Ed. (98)
Vakuutososakeyhtio Sampo
2000 Ed. (2443)
Vakuutusosakeyhtio Pohjola
2000 Ed. (2443)
Vakuutusosakeyhtio Sampo

1999 Ed. (2662)
Vakuutusosakeyhtio Sampo A
2000 Ed. (2444)
Vakuutusosakeyhtio Sampo Oyj
2002 Ed. (2469)
Val-Chris Investments Inc.
2016 Ed. (3620)
Val Gooding
2006 Ed. (4978)
Val-Pak Direct Marketing System Inc.
2002 Ed. (1978)
Val-Pak Direct Marketing Systems Inc.
2003 Ed. (185)
2004 Ed. (136)
2005 Ed. (126)
2006 Ed. (129)
2007 Ed. (122)
2008 Ed. (137)
2009 Ed. (158)
2010 Ed. (149)
2011 Ed. (73)
2012 Ed. (75)
2013 Ed. (45)
2014 Ed. (2256)
Val Reefs Mining & Exp.
1990 Ed. (1416)
Val Soranno Keating
2013 Ed. (4965)
Val Strough Acura
1991 Ed. (300)
1992 Ed. (405)
1993 Ed. (290)
Val Strough Mazda
1993 Ed. (276)
Valassis
2004 Ed. (755)
2014 Ed. (31)
2015 Ed. (34)
Valassis Communications
2013 Ed. (66)
2014 Ed. (85)
Valassis Communications Inc.
1994 Ed. (133, 1263, 2930)
1995 Ed. (150, 1287, 2986, 2988)
1996 Ed. (161, 2576, 3089)
1997 Ed. (3170)
1998 Ed. (2921, 2974)
1999 Ed. (3895, 3969)
2000 Ed. (3609)
2001 Ed. (3251, 3891)
2002 Ed. (3284, 3288)
2003 Ed. (23, 3350)
2004 Ed. (3934, 3935)
2005 Ed. (3892, 3893)
2006 Ed. (115, 131, 1879, 2421, 3968)
2007 Ed. (125, 4008)
2009 Ed. (1640, 4098, 4101)
2010 Ed. (4017, 4020)
2011 Ed. (4016, 4018)
2012 Ed. (2777, 2919, 3085, 4021, 4168)
2013 Ed. (3008, 4076)
2014 Ed. (3017, 4086)
2015 Ed. (4069)
Valassis Coupons
1999 Ed. (775)
2000 Ed. (792)
2001 Ed. (1008)
2002 Ed. (763)
2003 Ed. (742)
Valassis Inserts
1990 Ed. (2212)
1991 Ed. (170)
1992 Ed. (235, 3537)
1993 Ed. (151, 2919)
1998 Ed. (485)
Valassis/Livonia
1992 Ed. (3539)
Valbon
1989 Ed. (2943)
1990 Ed. (3696)
Valcan-Hart
1990 Ed. (3483)
Valco (Mining) Inc.
2007 Ed. (3479)
ValCom Computer Center (Omaha, NE)
1991 Ed. (1037)
ValCom Computer Centers
1989 Ed. (984)
Valcon Acquisition BV
2008 Ed. (1425, 3445, 4079)
Valdes Zacky Associates
2000 Ed. (55)
Valdese
2000 Ed. (4244)
Valdese Weavers Inc.
1995 Ed. (3607)
1996 Ed. (3682)
Valdez

1996 Ed. (3739)
Valdez; Abelardo
1995 Ed. (2480)
Valdez, AK
1991 Ed. (2756)
1994 Ed. (2406)
1995 Ed. (2482)
1996 Ed. (2537)
2003 Ed. (3904)
Valdez Office Environments Inc.
1996 Ed. (3234)
1997 Ed. (3339)
Valdez & Torry Advertising
1999 Ed. (163)
2001 Ed. (225)
2002 Ed. (198)
2003 Ed. (158)
Valdez & Torry Advertising (Grey)
2000 Ed. (181)
Valdosta, GA
2008 Ed. (3511)
2009 Ed. (3576)
2010 Ed. (4193)
2013 Ed. (4226)
Vale
2009 Ed. (3727)
2013 Ed. (644, 3737)
2014 Ed. (658. 3417, 3666, 3670, 4536)
2015 Ed. (3450, 3685, 4535)
2016 Ed. (3567, 4474)
Vale Canada
2013 Ed. (3734)
2014 Ed. (3668)
Vale Canada Ltd.
2016 Ed. (3519)
Vale de Rio Doce
2002 Ed. (1716, 4096)
Vale do Rio Doce
1989 Ed. (1096)
1991 Ed. (1284)
1992 Ed. (1580, 1641, 1642, 3767)
1997 Ed. (3378, 3379)
1999 Ed. (1590, 4137, 4138)
2000 Ed. (1395, 3851, 3852)
2002 Ed. (4097, 4389)
2006 Ed. (1568, 4092)
Vale do Rio Doce SA; Companhia
2007 Ed. (1603, 1604)
2008 Ed. (1581, 3659)
2009 Ed. (1514, 1515, 1682, 1764, 1844, 3616, 3748, 3749, 3994, 3997, 4555)
2010 Ed. (1509, 1510, 1511, 1638, 1711, 3540, 3644, 3646, 3649, 3900, 4601)
2011 Ed. (1502, 1503, 1649, 1725, 1797, 1799, 2301. 3539, 3651, 3653, 3918)
2012 Ed. (1656)
Vale Fertilizantes
2013 Ed. (949)
2014 Ed. (1739)
Vale Inco Ltd.
2010 Ed. (3683)
2011 Ed. (4036)
Vale R. Doce
1991 Ed. (2913)
1992 Ed. (3768)
1994 Ed. (3133, 3134)
1995 Ed. (3181, 3182)
Vale R. Doce PN
1994 Ed. (3135)
1996 Ed. (3281, 3282)
Vale Rio Doce
2003 Ed. (1625)
Vale SA
2011 Ed. (732, 3670, 3921)
2012 Ed. (1349, 1350, 1351, 1578, 1656, 1657, 3530, 3648, 3650, 3679, 3680, 3681, 3906)
2013 Ed. (817, 819, 870, 1442, 1443, 1638, 1639, 1640, 1754, 3577, 3710, 3712, 3738)
2014 Ed. (1402, 1403, 1404, 1675, 1740, 3173, 3426, 3645, 3659. 3671, 4233, 4545)
2015 Ed. (1464, 1465, 1721, 1784, 3458, 3655, 3689, 4543)
2016 Ed. (1393, 1394, 1738, 3543, 3572, 4482)
Valeant
2016 Ed. (3921, 3922, 3925)
Valeant Pharmaceuticals
2015 Ed. (1522)
2016 Ed. (1470)
Valeant Pharmaceuticals International
2016 Ed. (4495)
Valeant Pharmaceuticals International
Inc.

2005 Ed. (2246)
2012 Ed. (1408)
2014 Ed. (1466, 1498, 4010)
2015 Ed. (1555)
2016 Ed. (1483, 1493, 2873)
Valecha Engineering Ltd.
2002 Ed. (4425)
Valejo-Fairfield, CA
2006 Ed. (2974)
2007 Ed. (3002)
Valenc. CFM
1994 Ed. (723)
Valencia
1992 Ed. (1398)
Valencia Community College
2002 Ed. (1105)
Valencia Industrial Center
1990 Ed. (2180)
Valencia, Perez & Echeveste
2003 Ed. (3983)
Valencia y Asociados
1997 Ed. (82)
1999 Ed. (83)
Valenciana de Cementos
1994 Ed. (1206)
Valener Inc.
2015 Ed. (4022)
Valens
2016 Ed. (2910)
Valent Pharmaceuticals International
Inc.
2013 Ed. (2875)
Valentina
1996 Ed. (3663)
Valentina Matviyenko
2010 Ed. (4986)
Valentine-Radford Advertising
1994 Ed. (63)
Valentine Radford Communications
1993 Ed. (73)
1995 Ed. (35)
1996 Ed. (56)
1997 Ed. (51)
1998 Ed. (37, 51)
1999 Ed. (42)
Valentine Radford Inc.
1989 Ed. (59)
1991 Ed. (66)
1992 Ed. (108)
1996 Ed. (2246)
Valentine's Day
1990 Ed. (1948)
1992 Ed. (2348)
1999 Ed. (1023)
2001 Ed. (2627)
2003 Ed. (854)
2004 Ed. (2759)
2012 Ed. (3723)
Valentino Rossi
2007 Ed. (294)
2015 Ed. (226)
Valenzuela Capital Partners LLC
2010 Ed. (3383)
Valenzuela Engineering Inc.
1997 Ed. (1149, 2215)
Valeo
2016 Ed. (267)
Valeo Inc.
1990 Ed. (400)
1992 Ed. (480)
1993 Ed. (344)
1999 Ed. (350, 361)
2000 Ed. (1432)
2001 Ed. (537, 1706)
2002 Ed. (405)
2004 Ed. (323, 324, 1718)
2005 Ed. (324, 325, 1776)
2011 Ed. (237)
Valeo North America
1996 Ed. (1346)
Valeo SA
2004 Ed. (320)
2005 Ed. (323)
2012 Ed. (253, 255)
2013 Ed. (253, 264)
2014 Ed. (253, 261, 266)
2015 Ed. (295, 306)
2016 Ed. (294, 304)
Valeo Vision SA
2006 Ed. (1566)
Valeo Weight Lifting Belt
1994 Ed. (1724)
Valepar
2005 Ed. (1563)
Valepar SA
2005 Ed. (1564)
Valerian
1996 Ed. (2102)
2000 Ed. (2445, 2447)
Valerian LLC

2007 Ed. (1684)
2008 Ed. (1709)
Valerian root
1998 Ed. (1924)
Valerie Garcia Houts
2015 Ed. (3425)
Valerie Grillo
2015 Ed. (3044)
Valerie Wilson Travel Inc.
2001 Ed. (4925)
Valero
2015 Ed. (3918)
2016 Ed. (3828)
Valero Benicia Refinery
2013 Ed. (1473)
2014 Ed. (1435)
2016 Ed. (1432)
Valero Corner Store
2014 Ed. (1261)
Valero Energy
2013 Ed. (1367)
2014 Ed. (1686)
2015 Ed. (1379, 1383, 1397, 2071, 2531. 3902)
2016 Ed. (1327, 3812)
Valero Energy Corp.
1992 Ed. (1946)
1994 Ed. (1628)
1995 Ed. (1242, 2910)
1996 Ed. (3005)
1997 Ed. (1727)
1999 Ed. (1500)
2002 Ed. (1526, 1569, 3690)
2003 Ed. (1596, 1703, 2278, 2281. 3819, 3848, 3849, 3850, 3851)
2004 Ed. (953, 1374, 1376, 1588, 1870, 3667, 3668, 3830, 3865, 3866)
2005 Ed. (1467, 1609, 1611, 1799, 1973. 1978, 3585, 3586, 3738. 3778, 3782, 3793, 3794, 3795, 4506)
2006 Ed. (349, 353, 1382, 1490, 1494, 1495, 1521, 2040, 2044, 2047, 2442, 2699, 2700, 3824, 3826, 3829, 3830, 3858, 3859, 3860, 3861, 3862, 4461, 4464, 4465, 4473, 4604)
2007 Ed. (334, 337, 1519, 1520, 1527, 1549, 1789, 1800, 2014, 2017, 2389, 2694, 2695, 2753, 3838, 3843, 3846, 3848, 3874, 3886, 3887, 3889, 3890, 3891, 3892, 3893, 4521, 4523, 4559, 4560)
2008 Ed. (1502, 1511, 1517, 1521, 2111, 2115, 2485, 2503, 2819, 2820, 3544, 3896, 3931, 3932, 3933, 3934, 3936, 4527)
2009 Ed. (342, 996, 1376, 1377, 1441, 1446, 1448, 1451, 1675, 2095, 2101, 2510, 2878, 3611, 3966, 4005, 4006, 4007, 4008, 4009)
2010 Ed. (960, 1362, 1363, 1366, 1428, 1430, 1434, 1436, 2037, 2043, 2425, 2989, 3489, 3535, 3875, 3912, 3913, 3914, 3915, 3916)
2011 Ed. (886, 1350, 1355, 1432, 1433, 1435, 1436, 1722, 2094, 2100, 3534, 3885, 3931, 3932, 3933)
2012 Ed. (843, 1215, 1216, 1217, 1934, 1939, 3865, 3922, 3929, 3930, 3931, 3932)
2013 Ed. (1023, 1327, 1329, 1330, 2097, 2101, 2103, 2548, 3565, 3930, 3931, 3934, 3985, 3986, 3987, 3988, 3989)
2014 Ed. (1313, 1316, 2029, 2033, 2035, 2467, 2480, 3544, 3875, 3879, 3928, 3929, 3930, 3931, 3932)
2015 Ed. (1377, 1381, 2078, 2082, 2084, 2538, 2554, 3566, 3900, 3901, 3904, 3964, 3965, 3966, 3967, 3968)
2016 Ed. (1304, 1308, 1311, 2047, 2059, 2063, 2065, 2465, 3422, 3810, 3811, 3814, 3878, 3879, 3880, 3881, 3882)
Valero Energy Inc.
2016 Ed. (1460, 3839)
Valero GP Holdings LLC
2008 Ed. (3987)
2009 Ed. (4058)
Valero LP
2004 Ed. (3831, 3832)
2005 Ed. (3739, 3740)

2007 Ed. (3960)
2008 Ed. (3987)
2009 Ed. (4058)
Valero Natural Gas Partners L.P.
1995 Ed. (1242)
Valero Refining
2001 Ed. (1185, 3773)
Valero Transmission Co. LP
1992 Ed. (2266)
1993 Ed. (1926)
Valet Mennen Baby Magic
2003 Ed. (2917)
Valet Pepto Bismol
2003 Ed. (3782)
Valgrind
2009 Ed. (1132)
Valhalla Inn
2005 Ed. (2930)
Valhalla Rising
2003 Ed. (716)
Valhi
2013 Ed. (4518)
Valhi Inc.
1989 Ed. (1039, 2665)
1990 Ed. (2830, 2831)
1991 Ed. (2720)
1992 Ed. (1115, 1128)
1993 Ed. (719, 928)
2002 Ed. (1550)
2004 Ed. (4544)
2013 Ed. (4520)
Valia
1997 Ed. (3026)
Valiant Holding
2012 Ed. (414)
2013 Ed. (467)
2014 Ed. (482)
2015 Ed. (542)
2016 Ed. (495)
Valiant Holding, Berne
2005 Ed. (507, 615)
VALIC
1993 Ed. (3655)
1998 Ed. (3656)
2001 Ed. (4667)
VALIC Company I NASDAQ-100 Index
2016 Ed. (4488)
VALIC I Health Sciences
2009 Ed. (3800)
VALIC Portfolio Director (Q) AGS Social
Awareness
1997 Ed. (3823)
VALIC Portfolio Director (Q) AGS T.
Rowe Price Growth
1997 Ed. (3822)
VALIC Portfolio Director (Q) AGS T.
Rowe Science & Technology
1997 Ed. (3827)
VALIC Retirement Plans
1997 Ed. (2259)
Valid Logic
1990 Ed. (1111, 1112)
Valid Logic Systems
1990 Ed. (1115, 1117)
1991 Ed. (1019, 1023)
1992 Ed. (1333, 2540, 2576, 3033,
3042, 3684)
Validea
2002 Ed. (4853)
Validus DC Systems LLC
2016 Ed. (1522, 1523, 2424)
Valio
1989 Ed. (29)
1993 Ed. (28)
1997 Ed. (1576)
2001 Ed. (35)
2004 Ed. (44)
2005 Ed. (38)
2006 Ed. (45)
2007 Ed. (36)
2009 Ed. (45)
2010 Ed. (55)
Valkyrie Enterprises LLC
2013 Ed. (2142)
2014 Ed. (2076)
2015 Ed. (2128)
Valkyries Petroleum
2007 Ed. (1624)
Vallares
2013 Ed. (4404)
Valle Fantastico
2007 Ed. (276)
Valle Hovin
2010 Ed. (4565)
Valle Hovin Stadium
1999 Ed. (1299)
2002 Ed. (4348)
Vallejo, CA
1989 Ed. (1611)
1999 Ed. (1162, 2809)

2005 Ed. (2378)
2010 Ed. (3474)
2011 Ed. (3479)
Vallejo-Fairfield, CA
2005 Ed. (2973)
2009 Ed. (3770)
2014 Ed. (278)
Vallejo-Fairfield-Napa, CA
1990 Ed. (2155)
1991 Ed. (2001, 2426)
1992 Ed. (2540, 2576, 3033, 3042)
1993 Ed. (2114, 2140, 2541, 2547)
1994 Ed. (975, 2163, 2491, 2497)
2002 Ed. (2459)
2003 Ed. (2699)
2005 Ed. (2975, 3324)
Valletta; Bank of
2006 Ed. (498, 4519)
2007 Ed. (517)
Valley Bakers Cooperative Association
2016 Ed. (1263)
Valley Bancorp
1994 Ed. (3288)
1995 Ed. (3367)
2006 Ed. (4254, 4257, 4259)
Valley Bank
1989 Ed. (204)
2013 Ed. (2142)
2014 Ed. (2076)
2015 Ed. (2128)
Valley Bank of Commerce
2009 Ed. (453)
Valley Bank of Nevada
1991 Ed. (622)
1992 Ed. (797)
1993 Ed. (355, 588)
Valley Car Wash
2006 Ed. (365)
Valley Community Bank
2004 Ed. (400)
Valley Credit Union
2011 Ed. (2171)
Valley Crest Cos.
2006 Ed. (1183, 1307, 1345)
Valley Crest Tree Co.
2001 Ed. (2502)
2004 Ed. (2679)
2007 Ed. (2639)
2008 Ed. (2764)
2009 Ed. (2823)
2015 Ed. (2807)
Valley Electric Company of Mt. Vernon
Inc.
2009 Ed. (1331, 1345)
2010 Ed. (1316, 1329)
2011 Ed. (1290, 1311)
2012 Ed. (1178, 1183)
Valley Emergency Physicians Medical
Group
2014 Ed. (2893)
Valley Federal Credit Union of Montana
2002 Ed. (1876)
2003 Ed. (1930)
2004 Ed. (1970)
2005 Ed. (2112)
2006 Ed. (2207)
2007 Ed. (2128)
2008 Ed. (2243)
2009 Ed. (2229)
2010 Ed. (2183)
2011 Ed. (2201)
2012 Ed. (2062)
2013 Ed. (2244)
2014 Ed. (2176)
2015 Ed. (2240)
2016 Ed. (2211)
Valley Federal Savings
1992 Ed. (4292)
Valley Federal Savings & Loan Association
1989 Ed. (2459)
Valley Fence Co.
2006 Ed. (3529, 4368)
2008 Ed. (3723, 4416)
Valley Fidelity, Tenn.
1989 Ed. (2155)
Valley Financial Corp.
2003 Ed. (510, 512)
Valley First Credit Union
2002 Ed. (1830)
2004 Ed. (1933)
Valley Forge
1991 Ed. (343)
2011 Ed. (3726)
Valley Forge Asset Management
1999 Ed. (3076)
Valley Forge Convention and Exhibit
Center
1990 Ed. (1219)
Valley Forge Convention Center

1996 Ed. (1173)
Valley Forge Convention Center &
Sheraton Valley Forge
1999 Ed. (1419)
Valley Forge Corporate Center
2000 Ed. (2626)
Valley Forge Executive Mall
1990 Ed. (2181)
Valley Forge Fund
2004 Ed. (3546)
Valley Forge Life
1995 Ed. (2297)
1997 Ed. (2439)
1999 Ed. (2938, 2939)
Valley Forge Life Insurance Co.
1998 Ed. (2157, 2166, 2170, 2188)
2000 Ed. (2691, 2693)
2002 Ed. (2913, 2914, 2916, 2924)
2003 Ed. (2999)
Valley Foundation; Wayne and Gladys
1992 Ed. (2216)
Valley Group
1999 Ed. (2964)
Valley Health Credit Union
1998 Ed. (1218)
Valley Health System
2008 Ed. (1973)
2009 Ed. (1928)
2016 Ed. (1845)
Valley Healthcare Systems
2008 Ed. (2887)
Valley Hospital
1990 Ed. (2057)
2000 Ed. (2531)
2003 Ed. (2274, 2693)
Valley Independent Bank
2006 Ed. (203)
Valley Isle Motors Ltd.
2006 Ed. (1748)
2007 Ed. (1757)
2008 Ed. (1785)
2009 Ed. (1726)
Valley Life & Casualty Insurance
1993 Ed. (2223)
Valley Management Group
2009 Ed. (3583)
Valley Medical Center
2011 Ed. (2864)
2012 Ed. (2794, 2796)
2013 Ed. (2158, 2861)
Valley National Bancorp
1997 Ed. (3280)
1998 Ed. (324, 330, 1011, 3035)
1999 Ed. (427, 437, 609)
2000 Ed. (422, 429, 430, 632)
2004 Ed. (640, 641)
2005 Ed. (629)
2009 Ed. (395, 451)
Valley National Bank
1989 Ed. (476)
1990 Ed. (500, 717)
1993 Ed. (379, 395, 402, 423, 593,
596, 666, 3244)
1994 Ed. (598)
1995 Ed. (568)
1996 Ed. (637, 638)
1997 Ed. (577)
1998 Ed. (416)
2004 Ed. (417)
Valley National Bank (Glendale)
1991 Ed. (473)
Valley National Bank of Arizona
1989 Ed. (203, 205)
1991 Ed. (185)
1992 Ed. (255, 555, 562, 602)
1994 Ed. (355, 385, 392, 425, 667)
Valley National Bank (Phoenix)
1991 Ed. (447)
Valley National Corp.
1989 Ed. (423, 424, 713, 714, 2974)
1990 Ed. (514, 718)
1991 Ed. (495)
1994 Ed. (340)
Valley National Eightball Association
1999 Ed. (297)
Valley National Gases Inc.
2008 Ed. (4424)
Valley National (II), Ariz.
1989 Ed. (2156)
Valley Oak Systems Inc.
2005 Ed. (3081)
2006 Ed. (3086)
2007 Ed. (4213)
Valley Oak Systems LLC
2006 Ed. (4202)
Valley of Silence
2008 Ed. (553)
Valley One Community Credit Union
2016 Ed. (2187)
Valley Paint Manufacturing Co.

2016 Ed. (2095)
Valley Pride
1995 Ed. (3400)
Valley Production Credit Association
2000 Ed. (222)
Valley Resources Inc.
2002 Ed. (1522, 2004)
Valley River Inn
2010 Ed. (1923)
Valley Roz Orchards Inc.
2001 Ed. (281)
2003 Ed. (1958)
2005 Ed. (2140)
2006 Ed. (2235)
2007 Ed. (2156)
2012 Ed. (2095)
Valley Services
2006 Ed. (4381)
Valley Services Inc.
2013 Ed. (2758)
Valley State Bank
1989 Ed. (207)
Valley Vet Supply
2013 Ed. (899)
Valley View Casino Center
2013 Ed. (1141)
2014 Ed. (1102)
Valley View Hospital
2006 Ed. (2920)
Valleycrest Cos.
2004 Ed. (192, 193)
2005 Ed. (193, 194, 3267)
2006 Ed. (205, 1177, 3253)
2007 Ed. (1283, 3331)
2008 Ed. (1183, 3432)
2009 Ed. (1159, 3506, 4182)
2012 Ed. (4487)
2015 Ed. (1182)
2016 Ed. (1094)
ValleyCrest Landscape Cos.
2011 Ed. (3431)
2012 Ed. (3438, 3444)
2013 Ed. (3457, 3458, 3464, 4456)
2014 Ed. (3457, 3458, 3464)
2015 Ed. (3477, 3478, 3482)
2016 Ed. (3321, 3322, 3331)
Valleylab
1999 Ed. (1461)
ValliCorp Holdings Inc.
1998 Ed. (266)
The Vallis Cos.
2005 Ed. (3251, 3885, 3888, 3889,
3897)
2006 Ed. (3964, 3966)
Vallo Meijerien Keskusosuuslilke
1997 Ed. (1396)
Vallourec
1990 Ed. (3469)
1994 Ed. (2415)
1995 Ed. (2492)
2007 Ed. (2400, 4580)
Vallourec SA
2008 Ed. (1723)
2009 Ed. (1661)
2011 Ed. (3131)
2012 Ed. (3071)
2013 Ed. (827, 875, 3159)
Vallouree
1992 Ed. (4149)
Valmet
1991 Ed. (1276, 1283)
1999 Ed. (2661, 2662)
Valmet Oyj
2000 Ed. (2444)
Valmex Corporativo
2003 Ed. (3620)
Valmieras SS
2002 Ed. (4438, 4439)
Valmieras SSR
2006 Ed. (4515)
Valmont
2010 Ed. (4584)
2011 Ed. (4547)
Valmont Industries Inc.
1990 Ed. (3435)
1991 Ed. (3218)
1992 Ed. (1561, 4136)
1993 Ed. (1543)
2004 Ed. (3328)
2005 Ed. (3352, 3353)
2010 Ed. (1847)
2011 Ed. (1878, 1879)
2012 Ed. (1735, 1736)
2013 Ed. (1900, 1901)
2014 Ed. (1832, 1833, 3649)
2015 Ed. (1871, 1872, 3659)
2016 Ed. (1835, 1836, 3525)
Valo Finnish Cooperative
1992 Ed. (48)
Valoilles UNIVAL Poultry

1994 Ed. (2460, 2912)
1995 Ed. (2528, 2969)
Valois
1992 Ed. (2971)
1993 Ed. (2498)
1994 Ed. (2438)
Valois (Cie Financiere du)
1995 Ed. (2506)
Valois (Compagnie Financiere Du)
1991 Ed. (2385)
Valor Brands
2016 Ed. (3096)
Valor Financial Group Inc.
1994 Ed. (2056)
1995 Ed. (1877)
Valor Global
2016 Ed. (3601)
Valor Insurance & Financial Services
1996 Ed. (1921)
1997 Ed. (2011)
2000 Ed. (2198)
Valor Telecommunications LLC
2011 Ed. (1475)
2012 Ed. (1317)
2013 Ed. (1418)
2014 Ed. (1377)
2015 Ed. (1443)
Valorapolo
2008 Ed. (736)
Valorem Demographic Trends
2001 Ed. (3464, 3465)
Valorem Global Equity-Value
2002 Ed. (3461, 3462, 3463)
2003 Ed. (3599, 3600, 3601)
Valorem U.S. Equity
2003 Ed. (3606, 3607, 3608)
Valorem US Equity-Value
2002 Ed. (3472, 3473, 3474)
Valores Bancolombia
2010 Ed. (675)
Valores Bavaria
2002 Ed. (4395, 4397, 4399)
Valores Bolivariano
2007 Ed. (757)
2010 Ed. (676)
Valores Industriales
1991 Ed. (2450)
Valores Mexicanos
2007 Ed. (763)
2008 Ed. (739)
2010 Ed. (682)
Valores Security
2007 Ed. (755)
2008 Ed. (734)
2010 Ed. (674)
Valpacifico
2007 Ed. (757)
2008 Ed. (736)
2010 Ed. (676)
Valpak Direct Marketing Systems
2015 Ed. (57)
2016 Ed. (56)
Valparaiso
1992 Ed. (1392)
Valparaiso University
1992 Ed. (1271)
1993 Ed. (1019)
1994 Ed. (1046)
1995 Ed. (1054)
1996 Ed. (1039)
1997 Ed. (1055)
1998 Ed. (800)
1999 Ed. (1229)
2000 Ed. (1138)
2001 Ed. (1324)
2006 Ed. (701)
2007 Ed. (794)
2008 Ed. (1085)
2009 Ed. (1059, 2403, 3827)
2010 Ed. (1027)
Valpey Fisher Corp.
2010 Ed. (1804)
Valrhona
2014 Ed. (1600)
Valspar Corp.
1990 Ed. (946, 2757, 2758)
1991 Ed. (800, 908, 2666)
1992 Ed. (981, 1112, 2162, 3324,
3325, 3326)
1993 Ed. (772, 907, 2761)
1994 Ed. (791, 921, 2719)
1995 Ed. (957, 2825)
1996 Ed. (951, 1023)
1997 Ed. (974, 2981)
1998 Ed. (715, 2734)
1999 Ed. (1113)
2000 Ed. (3398)
2001 Ed. (3608)
2002 Ed. (988)
2003 Ed. (773, 779)

2004 Ed. (952, 1032, 2120, 3754,
3755)
2005 Ed. (943, 1039, 3669, 3670)
2006 Ed. (1048, 3766, 3767)
2007 Ed. (921, 957, 1137, 3763,
3764)
2008 Ed. (905, 1017, 3843, 3844)
2009 Ed. (1002, 3899, 3900)
2010 Ed. (967, 3809, 3810)
2011 Ed. (893, 3805, 3806)
2012 Ed. (848, 3793)
2013 Ed. (1028, 3858, 3859)
2014 Ed. (992, 3788, 3789)
2015 Ed. (1026, 3809, 3811)
2016 Ed. (931, 3722, 3724)
Valu-Trac Investment
1996 Ed. (2393, 2405)
1997 Ed. (2539)
Valuation Management Group
2013 Ed. (4177, 4977)
2014 Ed. (4194, 4982)
ValuCare
1994 Ed. (2036)
1995 Ed. (2087)
Value
1994 Ed. (323, 324)
1996 Ed. (332, 334, 335)
1997 Ed. (312, 313)
1998 Ed. (235, 236)
1999 Ed. (346)
Value-Added Communications
1994 Ed. (2009, 2013, 3317, 3319)
Value added remarketers
1994 Ed. (2509)
Value added resellers
1993 Ed. (3651)
Value America
2001 Ed. (2971)
2002 Ed. (2990)
Value Behavioral Health
1996 Ed. (2561)
Value Bond Investing
2003 Ed. (3119, 3123)
Value City
1994 Ed. (1537, 1934, 1938)
1995 Ed. (1963, 1965, 2447)
1996 Ed. (1586, 1982, 1992)
1997 Ed. (1634, 1668, 2097, 2109)
1998 Ed. (1308, 1309, 1784, 1796,
2314, 2315)
1999 Ed. (2560, 2561)
2000 Ed. (2299, 2301, 2303, 2304)
Value City Arena
2005 Ed. (4444)
Value City Department Stores Inc.
2001 Ed. (2028)
2002 Ed. (1987, 1988)
2003 Ed. (2072, 2074)
2004 Ed. (2106, 4825)
2005 Ed. (906, 2209)
2006 Ed. (824, 2272)
2007 Ed. (2208)
2008 Ed. (2345)
2009 Ed. (2334)
Value City Depot
1998 Ed. (1360)
Value Contrarian Canadian Equity
2001 Ed. (3464)
Value Equity E
1994 Ed. (579)
Value Health Inc.
1998 Ed. (1028)
Value Investors Club
2003 Ed. (3025)
Value Line Aggressive Income
1992 Ed. (3166)
1997 Ed. (2903)
1998 Ed. (2621)
1999 Ed. (3539)
Value Line Asset
1996 Ed. (2418, 2656, 3877)
Value Line Asset Allocation
1997 Ed. (2899)
1998 Ed. (2604)
1999 Ed. (3526, 3531)
2000 Ed. (3242)
Value Line Cash Fund
1992 Ed. (100)
Value Line Convertible
1999 Ed. (3563)
Value Line Emerging Opportunities
2004 Ed. (2457)
Value Line Income
1993 Ed. (2663)
2000 Ed. (3229, 3262)
2001 Ed. (3431)
2003 Ed. (3525)
Value Line Income Fund
2000 Ed. (3261)
Value Line Income & Growth

2010 Ed. (4574)
Value Line Inc.
1989 Ed. (2503)
1990 Ed. (3305)
2002 Ed. (4836)
2004 Ed. (4042)
2005 Ed. (3981)
Value Line Investment Survey
1992 Ed. (2800)
1993 Ed. (2363)
Value Line Leverage Growth
2000 Ed. (3223)
Value Line Leveraged Growth
2000 Ed. (3244, 3246)
Value Line Leveraged Growth Investors
1999 Ed. (3530)
Value Line OTC Special Situations
1992 Ed. (2800, 2802)
1993 Ed. (2361)
Value Line Premier Growth
2010 Ed. (3727)
Value Line Special Situations
1999 Ed. (3528, 3529)
2006 Ed. (3614, 3615)
Value Line U.S. Government
1990 Ed. (2387)
Value Line U.S. Government Securities
1990 Ed. (2375, 2380, 2603)
Value Line U.S. Multinational Co.
2000 Ed. (3271)
Value Merchant
1995 Ed. (2768)
Value Merchants
1994 Ed. (1538, 2667)
Value Music Concepts
2004 Ed. (4840)
Value Payment Systems
2015 Ed. (2722, 4094)
Value Place
2016 Ed. (783)
Value Rx Pharmacy Program Inc.
1999 Ed. (2643)
Value television (VTV)
1989 Ed. (848)
ValueAct Capital Partners
2003 Ed. (1511)
valueamerican.com
2001 Ed. (2977)
ValueClick Inc.
2004 Ed. (101)
2005 Ed. (98)
2007 Ed. (104, 2730, 4697)
2008 Ed. (1596, 2860, 3643)
2009 Ed. (2916, 2984, 3008)
ValueClick Networks
2011 Ed. (2377)
2012 Ed. (2304)
2013 Ed. (2480)
ValueClink Media
2007 Ed. (2324)
Valued Naturals
2016 Ed. (4396)
Valuemark Healthcare Systems
1999 Ed. (3907)
ValueOptions Inc.
2005 Ed. (2364, 2365)
2006 Ed. (2407, 2408)
2008 Ed. (4058)
2010 Ed. (2395)
ValuePlus (VL)
1991 Ed. (2118)
ValueQuest
1996 Ed. (2392, 2396, 2404)
ValueRx
1991 Ed. (2760)
ValueStocks.net
2002 Ed. (4853)
Valuevision
2003 Ed. (827)
ValuJet
1997 Ed. (195, 3638)
1999 Ed. (231, 1456)
Valupage.com
2000 Ed. (2753)
ValuPlus (SPVL)
1991 Ed. (2120)
ValuRx (Accuscript)
1995 Ed. (2496)
Valve
2003 Ed. (3348)
2009 Ed. (3033)
2011 Ed. (1628)
Valverde Construction Inc.
1993 Ed. (1132)
1994 Ed. (1153)
1998 Ed. (957)
2005 Ed. (1323)
2006 Ed. (1296)
Valves, pumps & hydraulics
1995 Ed. (1259)

Valvoline
1989 Ed. (338, 339)
1990 Ed. (388)
1991 Ed. (338)
1992 Ed. (469, 470)
1993 Ed. (342, 343)
1994 Ed. (329, 330)
1995 Ed. (326)
1996 Ed. (340, 341)
1997 Ed. (317, 318)
1998 Ed. (239, 242)
1999 Ed. (347, 348, 3277)
2000 Ed. (355, 3015)
2001 Ed. (3392)
Valvoline Express Care
2003 Ed. (364)
2005 Ed. (349)
2006 Ed. (350, 361)
2007 Ed. (335, 346)
2008 Ed. (322, 333)
2009 Ed. (343)
Valvoline Instant Oil
2001 Ed. (531)
Valvoline Instant Oil Change
1990 Ed. (406)
1998 Ed. (1763)
2002 Ed. (404, 418)
2003 Ed. (355, 364)
2004 Ed. (339)
2005 Ed. (335, 349)
2006 Ed. (350, 351, 361)
2007 Ed. (335, 346)
2008 Ed. (322, 333)
2009 Ed. (343)
2014 Ed. (273)
2015 Ed. (311)
2016 Ed. (316)
Valvoline Instant Oil Change Franchising Inc.
1994 Ed. (1912)
Valvoline Multi Viscosity
2001 Ed. (3392)
Vampire Academy No. 6: Last Sacrifice
2012 Ed. (449)
Van America Inc.
1993 Ed. (2985, 2986)
Van American Inc.
1992 Ed. (4368)
Van American/Trans Con
1992 Ed. (4372)
Van Ameringen; Hedwig
1994 Ed. (892)
Van Andel Arena
1999 Ed. (1297)
2001 Ed. (4354)
2002 Ed. (4346)
2003 Ed. (4530)
2006 Ed. (1156)
2010 Ed. (1130)
2011 Ed. (1073)
2013 Ed. (1141)
Van Andel; Jay
2006 Ed. (4908)
Van Beurden; Ben
2013 Ed. (966)
Van Boerum & Frank Associates
2006 Ed. (2481)
Van Bortel Motorcar
1996 Ed. (288)
Van Boxtel Ford Inc.
2005 Ed. (4805)
Van Boxtel Ford Jeep
2006 Ed. (4867)
Van Camp Seafood
1996 Ed. (875)
Van Campen Comstock
2006 Ed. (3631)
Van Cott, Bagley, Cornwall & McCarthy
PC
2006 Ed. (3252)
Van Daele Development
2002 Ed. (2673)
Van Darn & Krusinga
2007 Ed. (766, 767)
Van de Kamp's
2008 Ed. (2789)
Van DeKamps
2002 Ed. (2370)
Van DeKamps Crispy & Healthy
2002 Ed. (2370)
Van den Bergh Foods Ltd.
1991 Ed. (1746)
1998 Ed. (1138)
2002 Ed. (41, 49, 55, 4591)
Van Den Brink; Dolf
2014 Ed. (761)
van den Ende; Joop
2008 Ed. (4870)
Van Der Hagen Enterprises
2016 Ed. (4082)

Van Der Moolen
  2001 Ed. (4279)
  2005 Ed. (3597)
Van der Pyl-Chee; Charlene
  2007 Ed. (2549)
Van Deventer; Robert W.
  1994 Ed. (1068)
Van Doren; Dirk
  1997 Ed. (1935, 1946)
Van Dorn Co.
  1994 Ed. (1225)
Van Dusen; Lori
  2013 Ed. (3389)
  2016 Ed. (3285)
Van Dyke Dodge, Inc.
  1990 Ed. (2007, 2010, 2011, 2012)
Van Eck Asia Dynasty
  2001 Ed. (3445)
Van Eck Chubb Global Income A
  2000 Ed. (761)
Van Eck Global Balanced
  2000 Ed. (3284)
Van Eck Global Balanced A
  1999 Ed. (3570)
Van Eck Global Lenders
  2001 Ed. (3435)
Van Eck Gold/Resources
  1989 Ed. (1846, 1849)
Van Eck International Investment Gold
  2011 Ed. (3734, 3736)
Van Eck International Investors
  1994 Ed. (2626)
  1995 Ed. (2718, 2721, 2731)
Van Eck International Investors A
  1997 Ed. (2879)
Van Eck International Investors Gold
  2004 Ed. (3566, 3594)
  2005 Ed. (3555, 3561)
  2006 Ed. (3638, 3657)
  2008 Ed. (3770, 4511)
van Eck; Tracy
  1997 Ed. (1950)
Van Eck Troika Dialog
  2004 Ed. (3647)
Van Eck World Income
  1992 Ed. (3153, 3163, 3185, 3186, 3201)
  1993 Ed. (2699)
  1994 Ed. (2645)
Van Eck/Chubb Government Securities
  1999 Ed. (3553)
Van Eck/Chubb Total Return
  1999 Ed. (3508, 3562)
Van Eerdon Trucking Co.
  2005 Ed. (2690)
Van Genechten
  2000 Ed. (3403)
  2001 Ed. (3611)
Van Gundy; Stan
  2013 Ed. (545)
Van Haften
  1991 Ed. (782)
Van Halen
  1997 Ed. (1114)
  2014 Ed. (1098)
Van Halen's Monsters of Rock
  1990 Ed. (1142, 1144)
Van Handel; Michael
  2005 Ed. (987)
  2006 Ed. (953)
  2007 Ed. (1048)
  2010 Ed. (915)
Van Harte & Lingsma
  2010 Ed. (1852)
  2011 Ed. (1883)
Van Harte & Lingsma BV
  2014 Ed. (1839)
Van Heising
  2007 Ed. (3641)
Van Hesser
  2000 Ed. (1926)
Van Heusen
  1992 Ed. (1228, 3952)
  1993 Ed. (865, 985, 995)
  1994 Ed. (1027)
  1995 Ed. (1034)
  1997 Ed. (1039)
  2012 Ed. (816)
Van Heusen Factory Store
  1991 Ed. (2649)
Van Horn Construction Inc.
  2007 Ed. (1374)
  2008 Ed. (1271)
  2011 Ed. (1196)
Van Horn Inc.
  2015 Ed. (4445)
  2016 Ed. (4336)
Van Horn State Bank
  1997 Ed. (504)
  1998 Ed. (374)

Van Houten; Andrew
  1997 Ed. (1936)
Van Houtte Inc.
  2006 Ed. (1452)
Van Kampen
  2003 Ed. (3502, 3554)
  2005 Ed. (691, 3547)
  2006 Ed. (610, 3599)
  2008 Ed. (609, 2625, 3763)
  2011 Ed. (2540, 3728)
Van Kampen-AC High-Yield Municipal A
  1999 Ed. (756)
Van Kampen Agg Growth
  2000 Ed. (3245)
Van Kampen Aggressive Growth
  2000 Ed. (3244)
Van Kampen Am Cap Aggr Grth A
  1999 Ed. (3528)
Van Kampen American
  1997 Ed. (2530)
  1999 Ed. (3100, 3583)
Van Kampen American Capital
  1998 Ed. (2278, 2306)
  2000 Ed. (3963)
Van Kampen-American Capital Exchange
  1998 Ed. (2601, 2651)
Van Kampen American Capital Harbor A
  1999 Ed. (3563)
Van Kampen American Capital Real Estate A
  1998 Ed. (2648)
Van Kampen American Capital Real Estate B
  1998 Ed. (2648)
Van Kampen Asset Management
  2010 Ed. (2551)
Van Kampen California Insured Tax-Free
  2004 Ed. (699)
Van Kampen Comstock
  2003 Ed. (3493)
Van Kampen Comstock Fund
  2000 Ed. (3236)
Van Kampen Emerging Growth
  2004 Ed. (3553)
Van Kampen Emerging Markets
  2001 Ed. (3429)
Van Kampen Emergingging Growth
  2000 Ed. (3281)
Van Kampen Equity & Income
  2005 Ed. (4483)
  2006 Ed. (4559)
Van Kampen Equity Income
  2003 Ed. (3486)
  2004 Ed. (3547, 3549)
Van Kampen Exchange
  2006 Ed. (3626)
Van Kampen Global Franchise
  2003 Ed. (3612)
Van Kampen Growth
  2002 Ed. (3421)
Van Kampen Growth & Income
  2011 Ed. (3726)
Van Kampen Harbor
  2002 Ed. (725, 726)
  2003 Ed. (690, 692)
Van Kampen High Yield Municipal
  2007 Ed. (643)
Van Kampen High-Yield Municipal A
  2000 Ed. (768, 769)
Van Kampen Investment Advisory Corp.
  2000 Ed. (2845)
Van Kampen Investments
  2011 Ed. (1372)
Van Kampen Merritt Cos. Inc.
  1996 Ed. (2400, 2487)
Van Kampen Merritt Inc.
  1993 Ed. (762)
  1995 Ed. (758)
Van Kampen Merritt Insured T/F Income
  1992 Ed. (4193)
Van Kampen Merritt T-F
  1992 Ed. (3168)
Van Kampen Merritt T/F High Income
  1992 Ed. (3147)
Van Kampen Municipal Income
  1993 Ed. (2678)
Van Kampen Prime Rate
  1998 Ed. (2649)
Van Kampen Prime Rate Income
  2001 Ed. (3451)
Van Kampen Prime Rate Income Trust
  2000 Ed. (759)
Van Kampen Sen Floating Rate
  2000 Ed. (3253)
Van Kampen Small Cap Value
  2008 Ed. (4515)
Van Kampen Tax-Free High Income A

  1995 Ed. (2711)
Van Kampen Technology
  2003 Ed. (2360)
Van Kampen U.S. Government A
  1994 Ed. (2600)
Van Kasper & Co.
  2001 Ed. (931)
Van Kempen Exchange
  2011 Ed. (3724)
van Kuller; Kurt
  1997 Ed. (1948)
Van Lanschot
  2012 Ed. (3339)
  2013 Ed. (449, 3406)
  2014 Ed. (464)
  2015 Ed. (522)
  2016 Ed. (476)
van Lanschot; F.
  1990 Ed. (645)
Van Lanschot, S.H'bosch; F.
  1991 Ed. (619)
Van Leer Containers
  1992 Ed. (1386)
Van Leer Holding Inc.
  2001 Ed. (3624)
  2003 Ed. (3714)
Van line & specialized transport
  1999 Ed. (4300)
Van Meer Capel
  1990 Ed. (818)
Van Melle
  2000 Ed. (970, 977)
  2001 Ed. (18)
Van Melle Mentos
  1997 Ed. (887)
Van Meter Insurance Group
  2016 Ed. (1727)
Van Metre Cos.
  2015 Ed. (1185)
Van Morrison
  2005 Ed. (4884)
  2007 Ed. (4917)
  2008 Ed. (2587)
Van Munching & Co. Inc.
  1991 Ed. (745)
  1993 Ed. (749)
Van Note; William
  1993 Ed. (2639)
Van Raak Trading
  2016 Ed. (1390)
Van Rensselaer; Stephen
  2006 Ed. (4914)
  2008 Ed. (4837)
Van Saun; Bruce
  2008 Ed. (370)
  2009 Ed. (386)
Van Scoyoc Associates
  2006 Ed. (3295)
  2009 Ed. (3531)
  2012 Ed. (3470)
  2014 Ed. (3490)
  2015 Ed. (3508)
  2016 Ed. (3367)
Van Shelton; Ricky
  1994 Ed. (1100)
Van Tuyl Group
  2009 Ed. (309)
  2010 Ed. (291, 4390)
  2011 Ed. (213, 4335)
  2012 Ed. (224)
  2013 Ed. (214)
  2014 Ed. (218, 223)
  2015 Ed. (253, 258)
  2016 Ed. (246, 251)
van Vissingen; Frits Fentener
  1992 Ed. (888)
Van Wagoner Emerging Growth
  2000 Ed. (3230, 3245)
  2002 Ed. (4505)
  2003 Ed. (2360)
  2004 Ed. (3591, 3607, 3608)
  2006 Ed. (2511, 3612, 3660)
  2007 Ed. (3679, 4549)
  2008 Ed. (3768)
Van Wagoner Growth Opportunities
  2007 Ed. (3679)
Van Wagoner Micro-Cap
  2000 Ed. (3288)
Van Wagoner Mid Cap Growth
  2003 Ed. (2360)
  2004 Ed. (3605, 3606)
Van Wagoner Post Venture
  2000 Ed. (3230, 3274)
  2002 Ed. (4505)
  2003 Ed. (2360)
  2004 Ed. (3591, 3607, 3608)
Van Wagoner Small-Cap Growth
  2007 Ed. (3679)
Van Wagoner Technology
  2000 Ed. (3230, 3290)

  2003 Ed. (2360)
Van Waters & Rogers
  1995 Ed. (2232)
  1999 Ed. (1094)
  2002 Ed. (1006)
Van Winkle; Scott
  2011 Ed. (3351)
Van Winkle; Sharyl
  1997 Ed. (1939, 1943)
Vanasse Hangen Brustlin Inc.
  2006 Ed. (2478)
  2010 Ed. (2444)
Vanavil Dyes & Chemicals
  1996 Ed. (1600)
Vanbots Construction Corp.
  2009 Ed. (1251)
  2010 Ed. (1248)
VanBoxtel Ford Jeep
  2002 Ed. (361, 362)
Vance Bell
  2011 Ed. (2973)
VanceInfo Technologies
  2013 Ed. (1631, 4589)
Vanchai Chirathivat
  2006 Ed. (4920)
Vanci (Beijing) Technology Co., Ltd.
  2011 Ed. (2886)
Vancity
  2005 Ed. (473)
  2006 Ed. (423)
  2007 Ed. (412, 3378)
  2008 Ed. (391)
  2009 Ed. (414)
  2011 Ed. (1379)
  2012 Ed. (1237)
Vancity Credit Union
  2008 Ed. (3488, 3496, 3497, 3498)
Vanco
  2006 Ed. (4702, 4703)
  2007 Ed. (4723)
  2009 Ed. (4686)
Vanco de Santander
  1996 Ed. (1446)
Vancomycin
  1992 Ed. (1870)
Vancor
  2000 Ed. (3361)
Vancouver
  1992 Ed. (530)
  2000 Ed. (275)
Vancouver Airport Authority
  2013 Ed. (4696)
  2015 Ed. (4769)
Vancouver, BC
  1993 Ed. (2531)
  2000 Ed. (2549)
  2001 Ed. (4109)
  2008 Ed. (4016)
  2009 Ed. (4087)
  2010 Ed. (3999)
Vancouver, British Columbia
  1993 Ed. (2556)
  2003 Ed. (3251)
  2005 Ed. (1785, 3476)
  2008 Ed. (766, 3489)
  2009 Ed. (3560)
  2010 Ed. (3481, 4360)
  2011 Ed. (3485, 4007)
  2012 Ed. (3488)
  2015 Ed. (3515, 4055, 4056)
  2016 Ed. (3961, 3962)
Vancouver Canucks
  1998 Ed. (3358)
  2009 Ed. (3056)
  2010 Ed. (2990)
  2011 Ed. (2959)
  2012 Ed. (2888)
  2013 Ed. (2965)
  2014 Ed. (2978)
  2015 Ed. (3046)
  2016 Ed. (2938)
Vancouver City Savings
  2002 Ed. (1851)
Vancouver City Savings Credit Union
  1990 Ed. (1459)
  1992 Ed. (1755)
  1993 Ed. (1451)
  1995 Ed. (1537)
  1996 Ed. (1513)
  1997 Ed. (1571)
  1999 Ed. (1804)
  2001 Ed. (1498)
  2005 Ed. (473, 2090, 2585)
  2006 Ed. (423, 1400, 1602, 1606, 1624, 2185, 2588)
  2007 Ed. (412, 1433, 2106)
  2008 Ed. (391, 1384, 2221)
  2009 Ed. (414, 1387, 2204)
  2010 Ed. (1372, 2158, 2698)
  2011 Ed. (1365, 1550, 2685)

2012 Ed. (1395, 2614)
2013 Ed. (1343, 1349, 1498, 2697)
2014 Ed. (1276, 1285, 2681)
2015 Ed. (1352, 1520, 2725)
2016 Ed. (1283, 1464, 2170, 2648)
Vancouver City Savings Credit Union (VanCity)
2002 Ed. (535)
2003 Ed. (473)
2004 Ed. (460)
Vancouver Economic Commission
2015 Ed. (3521)
Vancouver Economic Development Commission
2011 Ed. (3486)
2012 Ed. (3489)
Vancouver Foundation
2009 Ed. (909)
2010 Ed. (852)
2011 Ed. (776, 2759)
2012 Ed. (722, 730)
Vancouver Home & Interior Design Show
2008 Ed. (4724)
Vancouver International
1995 Ed. (196)
Vancouver International Airport Authority
2005 Ed. (3490)
2010 Ed. (4751)
2011 Ed. (4711)
Vancouver International Auto Show
2008 Ed. (4724)
Vancouver International Boat Show
2008 Ed. (4724)
2010 Ed. (4776)
2011 Ed. (4727)
Vancouver Marriott Pinnacle
2008 Ed. (1583)
Vancouver Marriott Pinnacle Downtown Hotel
2009 Ed. (1516)
Vancouver Port Authority
2004 Ed. (2753)
2006 Ed. (2709)
2007 Ed. (2704)
Vancouver Province
1999 Ed. (3615)
2002 Ed. (3506, 3507)
2003 Ed. (3648, 3649)
Vancouver Sun
1999 Ed. (3615)
2002 Ed. (3506)
2003 Ed. (3648)
Vancouver, WA
1994 Ed. (2495)
2008 Ed. (3113)
Vanda Pharmaceuticals Inc.
2008 Ed. (4287)
Vandalism
2000 Ed. (1632)
Vanden Bosch; John
1990 Ed. (2659)
1991 Ed. (2549)
Vanderbilt
1990 Ed. (2793, 2794)
1992 Ed. (3367)
1993 Ed. (2788)
1995 Ed. (2875, 2876)
1996 Ed. (2951)
1997 Ed. (3032)
1998 Ed. (1353, 2777, 2779)
1999 Ed. (3737)
2000 Ed. (3456)
2001 Ed. (3698)
Vanderbilt by Gloria Vanderbilt
2001 Ed. (3704)
2003 Ed. (2549)
Vanderbilt; Cornelius
2006 Ed. (4914)
2008 Ed. (4837)
Vanderbilt; Gloria
1994 Ed. (2777)
Vanderbilt Industrial Park
1990 Ed. (2179)
1991 Ed. (2023)
Vanderbilt Mortgage & Finance Inc.
2005 Ed. (361)
2008 Ed. (2102)
Vanderbilt Owen Graduate School of Management
2010 Ed. (721, 722)
Vanderbilt Plaza, Nashville
1990 Ed. (2080)
Vanderbilt University
1999 Ed. (3329)
2003 Ed. (796, 799)
2004 Ed. (832, 1061)
2005 Ed. (794, 814, 1063)
2007 Ed. (833, 1181)
2009 Ed. (778)

2010 Ed. (1034, 2025)
2011 Ed. (965)
2013 Ed. (2083)
2014 Ed. (2017)
2016 Ed. (2024)
Vanderbilt University Hospital & Clinic
2002 Ed. (2611)
2004 Ed. (2919)
Vanderbilt University Medical Center
2005 Ed. (2894)
2006 Ed. (2912)
2009 Ed. (3130, 3139)
2010 Ed. (3062, 3070, 3073, 4101)
2011 Ed. (3042, 3045)
2012 Ed. (2979, 2981)
2013 Ed. (3072)
2014 Ed. (3070, 3073, 3074)
2015 Ed. (3130, 3135, 3138, 3139)
2016 Ed. (2993)
Vanderbilt University, Owen School of Business
2006 Ed. (740)
Vanderbilt University, Owen School of Management
2010 Ed. (732)
Vanderbilt University, Peabody College
2008 Ed. (1089)
2009 Ed. (1066)
Vanderburgh County, IN
1998 Ed. (2081, 2082, 2083)
Vandercar; Eric
1997 Ed. (1955)
Vanderford & Associates Inc.
2011 Ed. (1781)
Vanderhaeghe; Lorna
2015 Ed. (5037)
VanderHouwen & Associates Inc.
2016 Ed. (4971)
Vanderlande Industries BV
2003 Ed. (3320)
2004 Ed. (3397)
2007 Ed. (3436)
2008 Ed. (3602)
2009 Ed. (3669)
2010 Ed. (3586)
2011 Ed. (3589)
2012 Ed. (3577)
2013 Ed. (3631)
2014 Ed. (3572)
2015 Ed. (3586)
2016 Ed. (3469)
Vandervort, Hill & Gosdeck
1996 Ed. (2533)
Vanderweil Engineers
2005 Ed. (2438)
2010 Ed. (2495)
2011 Ed. (2450)
2015 Ed. (2598)
2016 Ed. (2491, 2521)
Vanderweil Engineers; R. G.
2006 Ed. (2478)
2007 Ed. (2444)
Vandeventer Black LLP
2013 Ed. (2142)
2014 Ed. (2076)
The Vandiver Group
1999 Ed. (3952)
2000 Ed. (3666)
2002 Ed. (3849)
2003 Ed. (4015)
2004 Ed. (4019)
2005 Ed. (3969)
VanDykes.com
2011 Ed. (2369)
Vanellis Greek & Italian Restaurant
2007 Ed. (3965)
Vanenburg Business Solutions
2002 Ed. (1152)
Vanessa Castagna
2003 Ed. (2408)
Vanessa-Mae Nicholson
2007 Ed. (4925)
Vanessa Wilson
1996 Ed. (1848)
1997 Ed. (1920)
1998 Ed. (1648)
1999 Ed. (2238)
2000 Ed. (2021)
Vangard Group
1992 Ed. (990)
Vangent Inc.
2008 Ed. (1365, 1366)
2009 Ed. (1366)
2010 Ed. (1350)
2011 Ed. (1338)
2012 Ed. (1203)
2013 Ed. (1317)
Vanguard
1990 Ed. (2334)
1992 Ed. (3181)

1993 Ed. (716, 2291, 2312, 2316, 2320, 2324, 2339, 2655, 2656, 2664, 2665, 2667, 2668, 2675, 2678, 2689, 2694, 2696, 2697, 2698)
1995 Ed. (2071, 2354, 2358, 2362, 2366, 2387, 2702)
1996 Ed. (3172)
1999 Ed. (3523, 3524)
2002 Ed. (4816)
2003 Ed. (3501, 3517)
2005 Ed. (3547)
2006 Ed. (3599, 4289)
2008 Ed. (731, 3765)
2009 Ed. (2762, 3792)
2013 Ed. (2339)
Vanguard 500
2008 Ed. (3769)
Vanguard 500 Index
2000 Ed. (3222, 3234, 3264)
2001 Ed. (3452)
2002 Ed. (2158)
2003 Ed. (2361, 2365, 3518, 3519)
2004 Ed. (2464, 3586)
2005 Ed. (3558)
2006 Ed. (3613)
2007 Ed. (3668)
2008 Ed. (4510)
2009 Ed. (3797)
Vanguard 500 Index Investment
2004 Ed. (3550, 3579)
2005 Ed. (2465)
2006 Ed. (2510, 3611, 3620)
2008 Ed. (2610, 4513)
2009 Ed. (4542)
Vanguard Admiral Interm-Term
2000 Ed. (3269)
Vanguard Admiral Intermediate Treasury
1997 Ed. (2890)
2000 Ed. (764)
Vanguard Admiral Long
1995 Ed. (2709)
Vanguard Admiral Long Term
2000 Ed. (3269)
Vanguard Admiral Long-Term Treasury
1997 Ed. (689, 2891, 2902)
1999 Ed. (749, 750)
Vanguard Admiral Long Treasury
2000 Ed. (762)
Vanguard Admiral Short-Term Treasury
1997 Ed. (2889)
1998 Ed. (2650)
1999 Ed. (752)
2000 Ed. (765)
Vanguard Admiral/US Treasury MMP
1996 Ed. (2667)
Vanguard Airlines, Inc.
2002 Ed. (1916)
Vanguard Asset Allocation
1997 Ed. (2884, 2899)
1999 Ed. (3526, 3531)
2000 Ed. (3242, 3249)
Vanguard Balanced Index
1999 Ed. (3562)
2000 Ed. (3249)
2003 Ed. (2365)
Vanguard Balanced Index Investment
2004 Ed. (3550)
2005 Ed. (3545)
2006 Ed. (3598)
Vanguard Bond Index Intermediate Term
2000 Ed. (757)
Vanguard Bond Index Long Term
1999 Ed. (743, 744, 3536)
2000 Ed. (756, 758)
Vanguard Bond Index Short Term
2000 Ed. (759)
Vanguard Bond Index-Total Bd Market
2001 Ed. (3451)
Vanguard Bond Index Total Bond
2000 Ed. (757)
Vanguard Bond Market
1992 Ed. (3154, 3166)
Vanguard CA Tax-Free Insured Long Term
1992 Ed. (4192)
Vanguard California Insured Intermediate
2003 Ed. (695)
Vanguard California Intermediate Tax-Exempt Investment
2004 Ed. (706)
2005 Ed. (689)
Vanguard California Long-Term Tax-Exempt Investment
2006 Ed. (606, 607)
2009 Ed. (610)
Vanguard Calvert Social Index
2006 Ed. (4404)

Vanguard Capital Opportunity
2003 Ed. (3495, 3497, 3536)
2004 Ed. (2453, 3593)
2011 Ed. (3725)
Vanguard Capital Opportunity Investment
2004 Ed. (3556)
2005 Ed. (3550)
2016 Ed. (4488)
Vanguard Cellular Systems
1990 Ed. (1302)
1991 Ed. (1232)
1993 Ed. (1246)
1995 Ed. (2796)
Vanguard Cleaning Systems
2002 Ed. (856, 2359)
2003 Ed. (769, 889)
2004 Ed. (779)
2005 Ed. (765)
2006 Ed. (672)
2007 Ed. (768)
2008 Ed. (744)
2009 Ed. (738)
2010 Ed. (685, 833, 836, 837)
2011 Ed. (613, 758, 762)
2012 Ed. (584, 696, 698, 700, 701, 2185)
2013 Ed. (909, 2972, 3111)
2014 Ed. (743, 856, 2983)
2015 Ed. (780, 895, 898, 3051)
2016 Ed. (701, 786, 794, 2942)
Vanguard CNMA
2002 Ed. (723)
Vanguard Computers Inc.
2006 Ed. (3549, 4387)
2007 Ed. (3615)
Vanguard Convertible Securities
1994 Ed. (2606, 2617, 2640)
1995 Ed. (2740)
1996 Ed. (2807)
2002 Ed. (725, 726)
2003 Ed. (690, 692)
Vanguard Diehards
2003 Ed. (3025)
Vanguard Direct
2009 Ed. (4099)
2010 Ed. (4009, 4018, 4021, 4026, 4028, 4032, 4033, 4038, 4039, 4041)
2011 Ed. (4017)
2012 Ed. (4022, 4024, 4030, 4031, 4035, 4038, 4041, 4042, 4044)
2013 Ed. (4077, 4080, 4081, 4085, 4087, 4088, 4089, 4090)
2014 Ed. (4087, 4090, 4094, 4096)
2015 Ed. (4070, 4071, 4073, 4074, 4075, 4076, 4077)
2016 Ed. (3978, 3983, 3986, 3987, 3988, 3999)
Vanguard Distributors Inc.
2006 Ed. (3508)
Vanguard Dividend Growth
2011 Ed. (4543)
2012 Ed. (4548)
2013 Ed. (4505)
2014 Ed. (4566)
2015 Ed. (4561)
2016 Ed. (4487)
Vanguard Emerging Markets Index-Investment
2010 Ed. (4575)
2011 Ed. (4537)
Vanguard Emerging Markets Stock Index
2000 Ed. (3257)
2001 Ed. (3429)
2011 Ed. (3721, 3722)
Vanguard Emerging Markets Stock Index Investment
2005 Ed. (3541)
Vanguard Emerging Stock Markets Index-Investment
2011 Ed. (4539)
Vanguard Energy
1992 Ed. (3176)
2003 Ed. (3544)
2005 Ed. (4492)
2006 Ed. (4567)
Vanguard Energy Fund Investment
2005 Ed. (3542)
2006 Ed. (3595)
2009 Ed. (3793)
Vanguard Energy Fund Investor
2004 Ed. (3542)
Vanguard Energy Investment
2007 Ed. (3675)
Vanguard Equity Income
1997 Ed. (2885, 2900)
1999 Ed. (3510)
2000 Ed. (3228)

2003 Ed. (2367)
Vanguard Equity Income Investment
2004 Ed. (3583)
Vanguard Europe Stock Index Fund
2000 Ed. (3278)
Vanguard European Index
2000 Ed. (3276)
Vanguard European Stock Index
2004 Ed. (3648)
Vanguard European Stock Index Investment
2004 Ed. (3636)
2006 Ed. (4550)
2007 Ed. (3666)
2008 Ed. (4505)
2009 Ed. (3789)
Vanguard Explorer
1996 Ed. (2766)
2002 Ed. (2160)
Vanguard Explorer Fund Investment
2004 Ed. (3570)
2005 Ed. (3550)
Vanguard Extended Duration Treasury Index
2016 Ed. (638)
Vanguard Extended Duration Treasury Index Institutional
2010 Ed. (594)
2013 Ed. (615)
Vanguard Extended Market Index-Investment
2004 Ed. (3550)
2005 Ed. (3545)
2007 Ed. (2488)
2009 Ed. (3789)
2010 Ed. (3718)
Vanguard F. I. Interm. T U.S. Treasury
1996 Ed. (2811)
Vanguard Federal Money Market
2000 Ed. (3283)
Vanguard Fiduciary Trust Co.
2006 Ed. (1981)
2007 Ed. (1951)
2008 Ed. (2040)
2009 Ed. (2002)
2010 Ed. (1940)
2011 Ed. (1993)
2015 Ed. (1984)
Vanguard Fixed GMNA
2000 Ed. (764)
Vanguard Fixed GNMA
1996 Ed. (2759)
1997 Ed. (2890)
1998 Ed. (2642)
1999 Ed. (751)
Vanguard Fixed-High Yield
1996 Ed. (2761)
2001 Ed. (3451)
Vanguard Fixed High-Yield Corporate
1997 Ed. (2892)
Vanguard Fixed Inc Hi Yield
1991 Ed. (2563)
Vanguard Fixed Inc Inv Grade
1991 Ed. (2561)
Vanguard Fixed Income GNMA
1992 Ed. (3188, 3198)
1994 Ed. (2609, 2642)
1995 Ed. (2744)
Vanguard Fixed Income Investment Grade
1992 Ed. (3154)
Vanguard Fixed Income L-T U.S.
1994 Ed. (2643)
Vanguard Fixed Income L-T U.S. Treasury
1996 Ed. (2811)
Vanguard Fixed Income Long-Term Treasury
1995 Ed. (2745)
Vanguard Fixed Income S-T U.S. Treasury
1996 Ed. (2811)
Vanguard Fixed Income Short Term
1990 Ed. (2376)
1992 Ed. (3164)
Vanguard Fixed Intermediate Treasury
1997 Ed. (2890)
2000 Ed. (764)
Vanguard Fixed Investment Grade
1994 Ed. (2608)
Vanguard Fixed Long-Term Corporate
1997 Ed. (2888, 2901)
1999 Ed. (743)
2000 Ed. (758)
2001 Ed. (3427)
Vanguard Fixed Long-Term Corp.
1995 Ed. (2684)
1996 Ed. (2758)
Vanguard Fixed Long Term Treasury

1995 Ed. (2709)
1997 Ed. (2891, 2902)
2000 Ed. (762)
Vanguard Fixed Long-Term U.S. Treasury
1999 Ed. (749, 750)
Vanguard Fixed Short Term
1995 Ed. (2685)
Vanguard Fixed Short-Term Corporate
1996 Ed. (2763)
1997 Ed. (2886)
2001 Ed. (3428, 3451)
Vanguard Fixed Short-Term Federal
1997 Ed. (2889)
2000 Ed. (765)
Vanguard Fixed Short-Term Treasury
1997 Ed. (2889)
2000 Ed. (765)
2001 Ed. (3450)
Vanguard Fixed Short-Term U.S. Treasury
1999 Ed. (752)
Vanguard Fixed/Income High-Yield Corporate
1999 Ed. (3539)
Vanguard Fixed/Income Interm. U.S. Treasury
1999 Ed. (3555)
Vanguard Fixed/Income Long-Term Corporate
1999 Ed. (744)
Vanguard Fixed/Income Long-Term Corporate Bond
1999 Ed. (3536)
Vanguard Fixed/Income Long-Term U.S. Treasury
1999 Ed. (3555)
Vanguard Fixed/Income Short-Term U.S. Treasury
1999 Ed. (3555)
Vanguard Florida Long-Term Tax-Exempt
2004 Ed. (708)
Vanguard Funds Inflation Protection
2004 Ed. (721)
Vanguard Funds Long-Term Treasury
2004 Ed. (721)
2007 Ed. (645)
Vanguard Global Asset Allocation
2000 Ed. (3284)
Vanguard Global Equity
2004 Ed. (3645)
2005 Ed. (3575)
2006 Ed. (4552)
2007 Ed. (2493, 4543)
2008 Ed. (2623, 4508)
2009 Ed. (4541)
Vanguard Global Equity Fund
2003 Ed. (3543)
Vanguard Global Services Inc.
2007 Ed. (2738)
Vanguard GNMA
1990 Ed. (2387, 2603)
1994 Ed. (2600)
1996 Ed. (2779)
1997 Ed. (690)
2001 Ed. (3451)
2002 Ed. (3415)
2004 Ed. (717, 3586)
2005 Ed. (703, 3558)
2006 Ed. (623, 630)
2008 Ed. (584)
Vanguard GNMA Fund
2003 Ed. (697)
Vanguard GNMA Fund Investment
2004 Ed. (712, 3582)
2005 Ed. (693)
2006 Ed. (612, 613)
2007 Ed. (637)
2008 Ed. (587)
2009 Ed. (614)
Vanguard Group
2013 Ed. (613, 3814)
2014 Ed. (39, 3740)
2015 Ed. (42)
2016 Ed. (41, 636, 2554, 3670, 3671, 3673)
The Vanguard Group Inc.
1991 Ed. (810)
1992 Ed. (2741, 2752, 2756, 2760, 2764, 3157)
1994 Ed. (2302, 2306, 2612, 2623)
1996 Ed. (2347, 2377, 2379, 2381, 2385, 2390, 2414, 2786)
1997 Ed. (2510, 2512, 2513, 2515, 2520, 2524, 2528, 2532, 2894)
1998 Ed. (2225, 2257, 2262, 2266, 2267, 2281, 2282, 2283, 2284, 2286, 2293, 2296, 2304, 2591,

2618, 2627, 2628, 2629, 2645, 2647, 3100)
1999 Ed. (961, 1115, 3041, 3049, 3054, 3055, 3056, 3062, 3064, 3066, 3067, 3068, 3081, 3083, 3094, 3109, 3110, 3527)
2000 Ed. (1039, 2264, 2767, 2773, 2774, 2782, 2784, 2788, 2789, 2790, 2791, 2798, 2831, 2832, 2833, 2856, 2860, 3280)
2001 Ed. (1833, 2726, 3019, 3453, 3455, 3687, 3688)
2002 Ed. (1493, 2350, 2804, 3005, 3006, 3010, 3017, 3018, 3019, 3023, 3024, 3025, 3419, 3626, 3627, 3628, 3629)
2003 Ed. (1809, 1988, 3064, 3065, 3073, 3074, 3079, 3083, 3084, 3110, 3111, 3622)
2004 Ed. (1841, 2042, 2043, 2044, 2045, 2046, 3192, 3208, 3209, 3562, 3786)
2005 Ed. (437, 1944, 2206, 3212, 3218, 3595)
2006 Ed. (398, 1978, 1981, 2268, 2659, 3193, 3194, 3196, 3197)
2007 Ed. (1951, 2204, 2642, 3252, 3253, 3254, 3287)
2008 Ed. (2040, 2315, 2316, 2317, 2318, 2341, 3169, 3378, 3380, 3404)
2009 Ed. (2002, 2329, 3243, 3263, 3446, 3447, 3448, 3451, 3452, 3457)
2010 Ed. (1940, 3174, 3372, 3387, 3388, 3391, 3392, 3393, 3720, 3721, 4782)
2011 Ed. (1993, 3381, 4733)
2012 Ed. (1841, 2603, 3113, 3323, 3746, 4750)
2013 Ed. (31, 34, 1998, 3415)
2014 Ed. (26, 1937, 3412)
2015 Ed. (29, 1984, 3446)
2016 Ed. (29, 1951, 2639, 3305)
Vanguard Group of Investment Cos. Inc.
1991 Ed. (2565)
1998 Ed. (717, 2310)
VanGuard Group of Printing Companies
1989 Ed. (831)
1990 Ed. (848)
Vanguard Growth
1999 Ed. (3541)
Vanguard Growth & Income
1999 Ed. (3556, 3558)
2000 Ed. (3236)
2002 Ed. (2158)
Vanguard Growth & Income Investment
2004 Ed. (3583)
Vanguard Growth Index
2000 Ed. (3239)
Vanguard Growth Index Fund
2000 Ed. (3256)
Vanguard Growth Index Investment
2004 Ed. (3550)
Vanguard Guard
2010 Ed. (2686)
Vanguard Health Care
2003 Ed. (3519)
2004 Ed. (3565, 3567, 3586)
2005 Ed. (3558, 4487)
2006 Ed. (3613, 3635, 3636, 4562)
2007 Ed. (3668)
2008 Ed. (3769)
Vanguard Health Care Investment
2005 Ed. (3544)
Vanguard Health Care Investor
2004 Ed. (3544)
Vanguard Health Systems
2013 Ed. (2089, 2889, 3774)
2014 Ed. (2023, 2918, 3707)
2015 Ed. (2966, 3104, 3255)
Vanguard Health Systems Inc.
2003 Ed. (2825)
2004 Ed. (2927)
2005 Ed. (2915)
2006 Ed. (2925)
2007 Ed. (2791, 2935)
2009 Ed. (3125, 4166)
2010 Ed. (3057, 3082, 4100, 4101)
2011 Ed. (3028, 4070, 4071)
2012 Ed. (2953, 3730, 4104)
2015 Ed. (2066)
Vanguard Hi Yield Stock
1992 Ed. (3172)
Vanguard High Yield Corp
2000 Ed. (3255, 3265)
Vanguard High Yield Corporate
1996 Ed. (2781)
1997 Ed. (500, 2867, 2868)
2000 Ed. (766)

2002 Ed. (723)
2003 Ed. (698)
Vanguard High-Yield Corporate Investment
2004 Ed. (3221)
2006 Ed. (3235)
Vanguard High Yield Corp.
1990 Ed. (2388)
1996 Ed. (2765)
2002 Ed. (3414)
Vanguard High Yield Corp. Investment
2006 Ed. (623)
Vanguard High Yield Stock
1989 Ed. (1850)
Vanguard High-Yield Tax-Exempt
2003 Ed. (693)
2011 Ed. (517)
Vanguard High-Yield Tax-Exempt Admiral
2008 Ed. (601)
Vanguard High-Yield Tax-Exempt Fund Investment
2009 Ed. (3788)
Vanguard High-Yield Tax-Exempt Investment
2004 Ed. (701)
2006 Ed. (604, 605)
2007 Ed. (632)
2008 Ed. (580)
2009 Ed. (609)
Vanguard Index
1996 Ed. (2769)
Vanguard Index 500
1995 Ed. (2690)
1996 Ed. (2768)
1998 Ed. (2607)
1999 Ed. (3541, 3544, 3558)
Vanguard Index Market Portfolio
1997 Ed. (2869)
Vanguard Index Plus
2002 Ed. (2160)
Vanguard Index Small Cap Stock
1999 Ed. (3577)
Vanguard Index Value
1999 Ed. (3558)
Vanguard Industries
1994 Ed. (2923)
Vanguard Inflation-Protected Secure Investment
2009 Ed. (620)
Vanguard Inflation-Protected Securities
2004 Ed. (719)
2005 Ed. (703)
2006 Ed. (630)
2009 Ed. (622)
2010 Ed. (593)
2011 Ed. (525)
Vanguard Inflation-Protected Securities Investment
2007 Ed. (638)
2008 Ed. (588)
2009 Ed. (615)
Vanguard Ins. Long-Term Tax-Exempt Admiral
2008 Ed. (601)
Vanguard Inst. Index
1999 Ed. (3541, 3544)
2002 Ed. (2158)
Vanguard Institute Index
1996 Ed. (2768)
1997 Ed. (2868)
Vanguard Institutional Index
2000 Ed. (3263, 3264)
Vanguard Institutional MMP
1992 Ed. (3098)
1994 Ed. (2541)
1996 Ed. (2666, 2670)
Vanguard Insured Long-Term Tax-Exempt
2003 Ed. (693)
2004 Ed. (703)
Vanguard Insured Long-Term Tax-Exempt Investment
2004 Ed. (701)
2005 Ed. (688)
2006 Ed. (604, 605)
2007 Ed. (632)
2008 Ed. (580)
2009 Ed. (609)
Vanguard Intermediate Bond Index Investment
2005 Ed. (695)
2006 Ed. (616, 617)
2007 Ed. (639)
2008 Ed. (589)
2009 Ed. (616)
Vanguard Intermediate Corporate Investment
2005 Ed. (695)

Vanguard Intermediate Investment
  Grade Investment
  2006 Ed. (617)
  2007 Ed. (639)
  2008 Ed. (589)
  2009 Ed. (616)
Vanguard Intermediate Tax-Exempt
  2001 Ed. (3451)
Vanguard Intermediate Tax-Exempt Investment
  2005 Ed. (688)
  2006 Ed. (605)
Vanguard Intermediate-Term Bond Index
  2000 Ed. (756)
  2003 Ed. (700)
Vanguard Intermediate-Term Bond Index Investment
  2004 Ed. (714)
Vanguard Intermediate-Term Investment
  Grade
  2011 Ed. (518)
Vanguard Intermediate-Term Tax-
  Exempt
  2003 Ed. (694)
  2004 Ed. (717)
  2005 Ed. (701, 703)
  2006 Ed. (630)
  2008 Ed. (584)
  2011 Ed. (517)
Vanguard Intermediate-Term Tax-
  Exempt Investment
  2004 Ed. (702)
Vanguard Intermediate-Term Treasury
  2003 Ed. (702)
Vanguard Intermediate-Term Treasury
  Investment
  2004 Ed. (694, 716)
Vanguard Intermediate-Term U.S. Treasury
  2004 Ed. (718, 719, 720)
Vanguard Intermediate Treasury Admiral
  2008 Ed. (600)
Vanguard Intermediate Treasury Investment
  2005 Ed. (697)
  2006 Ed. (620, 621)
  2007 Ed. (641)
  2008 Ed. (591)
  2009 Ed. (618)
Vanguard International Equity European
  2000 Ed. (3231)
Vanguard International Equity Index European
  1998 Ed. (2612)
  1999 Ed. (3512, 3566, 3567)
Vanguard International Equity Index Pacific
  1996 Ed. (2790)
Vanguard International Explorer
  2004 Ed. (2477)
  2005 Ed. (3573)
  2006 Ed. (3670, 3679)
  2010 Ed. (4576)
  2011 Ed. (4538)
Vanguard International Growth
  1995 Ed. (2693, 2714)
  1996 Ed. (2770)
  1998 Ed. (2617)
  1999 Ed. (3565, 3568)
  2000 Ed. (3277)
  2002 Ed. (2163)
  2003 Ed. (2363)
  2005 Ed. (4490)
  2006 Ed. (3673, 4566)
  2009 Ed. (3797)
  2011 Ed. (3737)
Vanguard International Growth Portfolio
  1997 Ed. (2870)
Vanguard International Value
  2003 Ed. (2363)
  2004 Ed. (3638)
  2005 Ed. (3573)
  2006 Ed. (3673, 4551)
  2007 Ed. (4542)
  2008 Ed. (4506)
  2009 Ed. (4540)
  2010 Ed. (4576)
  2011 Ed. (4538)
Vanguard Investment Contract Trust
  1995 Ed. (2072)
Vanguard Investment Index
  1998 Ed. (2615)
Vanguard Life Income
  1998 Ed. (2594)
Vanguard LifeStrategy Income
  2009 Ed. (616)
Vanguard Limited Term Tax-Exempt
  2003 Ed. (696)

Vanguard Limited Term Tax-Exempt Investment
  2004 Ed. (707)
  2005 Ed. (690)
  2006 Ed. (608, 609)
  2007 Ed. (634)
  2008 Ed. (582)
  2009 Ed. (611)
Vanguard Long-Term Bond Index
  2002 Ed. (724)
  2004 Ed. (713, 718, 719, 720)
  2005 Ed. (694)
  2006 Ed. (614, 615)
  2007 Ed. (638)
  2008 Ed. (588)
  2009 Ed. (615)
Vanguard Long-Term Bond Index Fund
  2003 Ed. (699, 3535)
Vanguard Long-Term Bond Index Investment
  2006 Ed. (624)
  2016 Ed. (638)
Vanguard Long-Term Corporate
  1997 Ed. (687, 2866, 2869)
Vanguard Long-Term Corporate Bond
  2003 Ed. (699, 3528)
  2004 Ed. (720)
Vanguard Long-Term Corporate Investment
  2004 Ed. (713)
  2005 Ed. (694)
Vanguard Long-term Corp.
  1995 Ed. (2692, 2716)
  1999 Ed. (3547)
Vanguard Long-Term Government Bond
  Index I
  2016 Ed. (638)
Vanguard Long-Term Investment Grade
  Investment
  2006 Ed. (614, 615, 616)
  2007 Ed. (638)
  2008 Ed. (588)
  2009 Ed. (615)
Vanguard Long-Term Tax Exempt
  2003 Ed. (693)
  2004 Ed. (704)
Vanguard Long-Term Tax-Exempt Investment
  2004 Ed. (701)
  2005 Ed. (688)
  2006 Ed. (604, 605)
  2007 Ed. (632)
  2008 Ed. (580)
  2009 Ed. (609)
Vanguard Long-Term Treas.
  2002 Ed. (3414, 3415)
Vanguard Long-Term Treasury
  1997 Ed. (689, 2866)
  2000 Ed. (763, 3266)
  2003 Ed. (702)
Vanguard Long-Term Treasury Investment
  2004 Ed. (716)
  2005 Ed. (697)
  2006 Ed. (620, 621)
  2007 Ed. (641)
  2008 Ed. (591)
  2009 Ed. (618)
  2013 Ed. (615)
  2016 Ed. (638)
Vanguard Long-Term U.S. Treasury
  2002 Ed. (724)
  2004 Ed. (718, 719, 720)
  2010 Ed. (594)
Vanguard Massachusetts Tax-Exempt
  2006 Ed. (606)
Vanguard Mid-Cap Growth
  2011 Ed. (4536)
Vanguard Mid-Cap Index
  2009 Ed. (3786)
Vanguard Mid-Cap Index-Investment
  2011 Ed. (3723)
Vanguard MMR Federal
  1992 Ed. (3094)
Vanguard MMR Prime
  1992 Ed. (3096)
Vanguard MMR/Federal Portfolio
  1994 Ed. (2537)
  1996 Ed. (2667)
Vanguard MMR/Prime Port
  1996 Ed. (2671)
Vanguard MMR/Prime Portfolio
  1994 Ed. (2543)
Vanguard Money Market Reserve Prime
  1992 Ed. (3099, 3100)
Vanguard Morgan Growth Investment
  2004 Ed. (3583)
Vanguard Muni Bond/MMP
  1996 Ed. (2672)
Vanguard Muni High Yield

1991 Ed. (2564)
Vanguard Muni High Yield Bond
  1990 Ed. (2389)
Vanguard Municipal Bond-High-Yield
  1990 Ed. (2378)
Vanguard Municipal Bond Money Market Portfolio
  1992 Ed. (3101)
Vanguard Municipal Bond/MMP
  1994 Ed. (2538, 2544)
Vanguard Municipal High Yield
  1994 Ed. (2611, 2644)
  1995 Ed. (2746)
  1996 Ed. (2762)
  1997 Ed. (2893)
  1999 Ed. (758, 3572)
  2000 Ed. (771)
Vanguard Municipal Ins. Long-Term
  1995 Ed. (2746)
  1998 Ed. (2639)
Vanguard Municipal Insured Long Term
  1992 Ed. (4193)
  1996 Ed. (2762)
  1997 Ed. (692, 2893)
  2000 Ed. (771)
Vanguard Municipal Intermediate-Term
  1995 Ed. (2689)
  1996 Ed. (2762, 2785, 2812)
  1998 Ed. (2643)
Vanguard Municipal L-T
  1994 Ed. (2644)
Vanguard Municipal Long Term
  1995 Ed. (2746, 3542)
  1996 Ed. (2762)
  1997 Ed. (692, 2893)
  1998 Ed. (2639)
  1999 Ed. (757, 3572)
  2000 Ed. (771)
Vanguard Municipal Short Term
  1989 Ed. (1854)
  1996 Ed. (2796)
Vanguard Natural Resources LLC
  2009 Ed. (2910, 2911, 2912)
  2010 Ed. (2032, 2854, 2855, 2856)
Vanguard New Jersey Long-Term Tax-
  Exempt
  2004 Ed. (708)
Vanguard New Jersey Long-Term Tax-
  Exempt Investment
  2004 Ed. (706)
  2005 Ed. (689)
  2006 Ed. (606, 607)
  2007 Ed. (633)
  2008 Ed. (581)
  2009 Ed. (610)
Vanguard New York Long-Term Tax-
  Exempt Investment
  2004 Ed. (706)
  2005 Ed. (689)
  2006 Ed. (606)
Vanguard NJ Insured Long-Term Tax-
  Exempt
  2003 Ed. (695)
Vanguard NJ T/F Insured Long Term
  1992 Ed. (3146, 4192)
Vanguard NY Insured Long-Term Tax-
  Exempt
  2003 Ed. (695)
Vanguard Ohio Long-Term Tax-Exempt
  2004 Ed. (708)
Vanguard PA T/F Insured Long Term
  1992 Ed. (4192)
Vanguard Pacific Stock Index Investment
  2004 Ed. (3609)
  2007 Ed. (3666)
  2009 Ed. (3789)
Vanguard Pennsylvania Insured Long-
  Term Tax-Exempt
  2003 Ed. (695)
Vanguard Pennsylvania Long-Term Tax-
  Exempt
  2004 Ed. (708)
Vanguard Pennsylvania Long-Term Tax-
  Exempt Investment
  2004 Ed. (706)
  2005 Ed. (689)
  2006 Ed. (606, 607)
  2007 Ed. (633)
  2008 Ed. (581)
  2009 Ed. (610)
Vanguard Precious Metals & Minerals
  Investment
  2007 Ed. (3674, 3675)
Vanguard Preferred Stock
  1999 Ed. (3537)
Vanguard Prime Money Market
  2000 Ed. (3283)
Vanguard Primecap

1996 Ed. (2752, 2764, 2766, 2773,
  2788)
  1997 Ed. (2881)
  1999 Ed. (3519, 3541, 3542, 3543,
  3561)
  2000 Ed. (3263)
  2004 Ed. (3558)
  2006 Ed. (3613, 3626, 3627)
  2007 Ed. (3668)
  2008 Ed. (2615)
Vanguard Primecap Core
  2009 Ed. (4547)
  2010 Ed. (4578)
Vanguard PRIMECAP Core Investment
  2016 Ed. (4488)
Vanguard Primecap Fund
  2003 Ed. (2367, 3495)
Vanguard PRIMECAP Investment
  2016 Ed. (4488)
Vanguard Primecap Investment
  2008 Ed. (4513)
Vanguard REIT Index
  2003 Ed. (3545)
Vanguard REIT Index-Investment
  2006 Ed. (3598)
  2009 Ed. (3795)
  2011 Ed. (3723)
Vanguard Selected Value
  2006 Ed. (4554)
  2007 Ed. (4545)
  2008 Ed. (4512)
  2009 Ed. (4539, 4548)
  2010 Ed. (4580)
  2011 Ed. (4544)
  2012 Ed. (4550)
  2013 Ed. (4507)
  2014 Ed. (4568)
  2015 Ed. (4562)
  2016 Ed. (4489)
Vanguard Selected Value Fund
  2003 Ed. (3538)
Vanguard Short-Term Bond Index
  2004 Ed. (693)
Vanguard Short-Term Bond Index Fund
  2003 Ed. (701, 3539, 3546)
Vanguard Short-Term Bond Index Investment
  2004 Ed. (715)
  2005 Ed. (696)
  2006 Ed. (618, 619)
  2007 Ed. (640)
  2008 Ed. (590)
  2009 Ed. (617)
Vanguard Short-Term Corporate
  1996 Ed. (2767, 2769, 2782)
  1997 Ed. (2869)
  2002 Ed. (723)
  2004 Ed. (717)
Vanguard Short-Term Corporate Fund
  2003 Ed. (701, 3539)
Vanguard Short-Term Corporate Investment
  2005 Ed. (696)
Vanguard Short-Term Corp.
  1999 Ed. (3549)
Vanguard Short-Term Federal
  1996 Ed. (2778)
  2003 Ed. (701)
  2004 Ed. (695)
Vanguard Short-Term Federal Investment
  2004 Ed. (715)
  2005 Ed. (696)
  2006 Ed. (619)
  2009 Ed. (617)
Vanguard Short-Term Investment-Grade
  2006 Ed. (623)
  2007 Ed. (640)
  2008 Ed. (584, 590)
  2011 Ed. (519, 525)
  2012 Ed. (499)
  2013 Ed. (614)
  2014 Ed. (632)
  2015 Ed. (697)
  2016 Ed. (637)
Vanguard Short-Term Investment Grade
  Investment
  2006 Ed. (618, 619)
Vanguard Short-Term Tax-Exempt
  2003 Ed. (696)
Vanguard Short-Term Tax-Exempt Investment
  2006 Ed. (608, 609)
  2008 Ed. (582)
  2009 Ed. (611)
Vanguard Short-Term Treasury
  1996 Ed. (2778)
  2003 Ed. (702)
Vanguard Short-Term Treasury Investment

2004 Ed. (716)
2005 Ed. (697)
2006 Ed. (621)
2007 Ed. (641)
2009 Ed. (618)
Vanguard Small-Cap Growth Index-Investment
2011 Ed. (3723)
Vanguard Small-Cap Index
2009 Ed. (3786)
Vanguard Small-Cap Index-Investment
2004 Ed. (3550)
2005 Ed. (3545)
2006 Ed. (3598, 3640)
2010 Ed. (3718)
Vanguard SP Port-Health
1992 Ed. (3176)
Vanguard Spec. Port.-Gold
1989 Ed. (1849)
Vanguard Special Gold
1994 Ed. (2626)
Vanguard Special-Gold & Precious Metals
1990 Ed. (2373)
Vanguard Specialized Energy
1995 Ed. (2723)
Vanguard Specialized Gold
1995 Ed. (2718, 2721)
Vanguard Specialized Gold & Precious Metals
1997 Ed. (2879)
Vanguard Specialized Health
1995 Ed. (2722)
2000 Ed. (3289)
2001 Ed. (3439, 3440)
Vanguard Specialized Health Care
1992 Ed. (3148, 3158)
Vanguard Specialized Utilities Income
1997 Ed. (2878)
Vanguard STAR
1992 Ed. (3195)
1996 Ed. (2806)
Vanguard STAR Fund
2004 Ed. (3540)
2007 Ed. (4538)
2008 Ed. (4504)
2009 Ed. (3784)
Vanguard Strategic Equity
2005 Ed. (3550)
2006 Ed. (3603, 4554)
2007 Ed. (4545)
2008 Ed. (2617, 4512)
2009 Ed. (4539)
Vanguard Tax-Managed Capital Appreciation Investment
2005 Ed. (3556)
2006 Ed. (3610)
2009 Ed. (3789)
Vanguard Tax-Managed Growth & Income Investment
2005 Ed. (3556)
2006 Ed. (3610)
2008 Ed. (3767)
Vanguard Tax-Managed International
2011 Ed. (3737)
Vanguard Tax-Managed Small-Cap Investment
2006 Ed. (3610)
Vanguard Technol International
1989 Ed. (2503)
Vanguard Total Bd
2002 Ed. (723)
Vanguard Total Bond Market
1999 Ed. (3549)
2000 Ed. (3266)
Vanguard Total Bond Market Index
2003 Ed. (700)
2004 Ed. (717)
2005 Ed. (702)
2006 Ed. (623, 629)
2008 Ed. (584)
2009 Ed. (3786)
Vanguard Total Bond Market Index Investment
2004 Ed. (714, 3582)
2005 Ed. (695)
Vanguard Total Bond Mkt Inst'l
2000 Ed. (3266)
Vanguard Total International Stock Index
2009 Ed. (3789)
2011 Ed. (3737)
Vanguard Total Market Index
2000 Ed. (3267)
2002 Ed. (3415)
Vanguard Total Stock Market
2003 Ed. (3519)
2004 Ed. (3586)
2005 Ed. (3558)
2008 Ed. (3769)

Vanguard Total Stock Market Index
2009 Ed. (3786, 3797)
Vanguard Total Stock Market Index Investment
2004 Ed. (3550)
2005 Ed. (3545)
2006 Ed. (3598)
2008 Ed. (4513)
2009 Ed. (4542)
Vanguard Total Stock VPR
2004 Ed. (3172)
Vanguard Treasury Money Market
2000 Ed. (3283)
Vanguard Trustees Commingled-International
1992 Ed. (3184)
Vanguard University of Southern California
2008 Ed. (1066)
2009 Ed. (1043)
2010 Ed. (1009)
Vanguard U.S. Growth
1996 Ed. (2764)
1998 Ed. (2623)
2000 Ed. (3239, 3259, 3263)
Vanguard U.S. Treasury
1992 Ed. (3199)
Vanguard Value Index-Investment
2010 Ed. (3718)
Vanguard Variable Annuity Plan Equity Income
1997 Ed. (3823)
Vanguard Variable Annuity Plan Equity Index
2000 Ed. (4336)
Vanguard Wellesley
1996 Ed. (2771)
Vanguard Wellesley Income
1997 Ed. (2871)
1999 Ed. (3550)
2003 Ed. (2366)
Vanguard Wellesley Income Investment
2004 Ed. (3540, 3546, 3549)
2005 Ed. (3538)
2006 Ed. (3593, 4549)
2007 Ed. (4538)
2008 Ed. (4504)
2009 Ed. (3784)
Vanguard Wellington
1995 Ed. (2739)
1996 Ed. (2771, 2806)
1997 Ed. (2871, 2884)
1998 Ed. (2614)
1999 Ed. (3508, 3533)
2000 Ed. (3222, 3249, 3250)
2005 Ed. (4483)
2006 Ed. (4559)
2008 Ed. (3769)
Vanguard Wellington Fund
2003 Ed. (2366, 3519)
Vanguard Wellington Fund Investment
2004 Ed. (3540)
2006 Ed. (4549)
2007 Ed. (4538)
2008 Ed. (4504)
Vanguard Wellington Investment
2004 Ed. (3549)
2008 Ed. (4513)
Vanguard Windsor
1995 Ed. (2690)
1996 Ed. (2768)
1997 Ed. (2868)
1998 Ed. (2607, 2615, 2623)
1999 Ed. (3544)
2000 Ed. (3264)
2002 Ed. (2159)
2003 Ed. (3492)
2004 Ed. (3586, 3590)
2005 Ed. (3558)
2009 Ed. (3797, 4542)
Vanguard Windsor Fund
2003 Ed. (3519, 3534)
Vanguard Windsor Fund Investment
2004 Ed. (3583)
Vanguard Windsor II
1996 Ed. (2768)
1997 Ed. (2882, 2897)
1999 Ed. (3516, 3543, 3558)
2000 Ed. (3222)
Vanguard Windsor II Investment
2004 Ed. (3583)
2008 Ed. (4513)
Vanguard World Fund-International Gr.
1989 Ed. (1850)
Vanguard World International
1992 Ed. (3194)
Vanguard World International Growth
1994 Ed. (2632)
1997 Ed. (2875)
Vanguard World U.S. Growth

1994 Ed. (2634)
Vanguard/Windsor-I
1998 Ed. (2631)
Vanich Chaiyawan
2014 Ed. (4924, 4925)
2015 Ed. (4964, 4965)
2016 Ed. (4881, 4882)
Vanidades
2005 Ed. (3360)
2009 Ed. (3597)
2010 Ed. (2979)
2011 Ed. (2941)
2012 Ed. (2872)
2013 Ed. (2948)
2014 Ed. (2966)
2015 Ed. (3035)
2016 Ed. (2931)
Vanidades Continental
1990 Ed. (3326)
Vanier BF & Services
1994 Ed. (805)
Vanier Business Forms & Services
1995 Ed. (856)
Vanier Graphics
1989 Ed. (832)
1990 Ed. (849)
1991 Ed. (809)
1992 Ed. (991)
1993 Ed. (788)
Vanik Inc.
1997 Ed. (1071)
2002 Ed. (4477, 4478)
Vanilla
1990 Ed. (2144)
2001 Ed. (2832)
2011 Ed. (4625)
Vanilla Drumstick
1998 Ed. (2067)
Vanilla Fields
1996 Ed. (2950)
1997 Ed. (3032)
1998 Ed. (1353, 2777, 2779)
1999 Ed. (3737, 3738)
2000 Ed. (3456, 3457)
2001 Ed. (3700, 3701, 3704)
2002 Ed. (671)
Vanilla Fudge
1990 Ed. (2144)
Vanilla Musk
1999 Ed. (3738)
Vanilla/Chocolate
2001 Ed. (2832)
Vanir Construction Management Inc.
1995 Ed. (1141)
Vanish
2002 Ed. (2227)
2003 Ed. (987)
2009 Ed. (727)
2010 Ed. (651)
Vanity Fair
2013 Ed. (3556)
Vanity Fair
1989 Ed. (178, 182, 183, 184, 2173, 2177, 2178, 2179)
1990 Ed. (2798)
1991 Ed. (2705)
1992 Ed. (3379)
1994 Ed. (2785, 2794)
1997 Ed. (1039)
2001 Ed. (248)
2002 Ed. (3228)
2003 Ed. (4668)
2005 Ed. (130, 1017)
2006 Ed. (133, 147, 155, 1023, 3284)
2007 Ed. (139, 147, 1112, 3351)
2008 Ed. (991, 3447)
2012 Ed. (3466)
2016 Ed. (3734)
Vanity Fair Brands LP
2010 Ed. (934)
2011 Ed. (866)
2012 Ed. (819)
2013 Ed. (994)
2016 Ed. (897)
Vanity Fair Intimates Inc.
2001 Ed. (1278)
2003 Ed. (1003)
2004 Ed. (997)
2005 Ed. (1012)
Vankamp American Growth A
1998 Ed. (2603)
VanKampen Real Estate Securities
2008 Ed. (3762)
Vann; Thomas
2009 Ed. (385)
Vann's
2014 Ed. (2447, 4364)
2015 Ed. (2519, 4373)
2016 Ed. (2453)
Vanquis Bank

2016 Ed. (2168)
Vans
2001 Ed. (423)
2002 Ed. (4275)
2003 Ed. (301)
2004 Ed. (261, 4416, 4417)
2005 Ed. (270, 271, 4367)
2006 Ed. (293)
2008 Ed. (273)
2009 Ed. (297)
2010 Ed. (279)
2015 Ed. (996)
2016 Ed. (901)
VanSant Dugdale Advertising
1989 Ed. (151)
1990 Ed. (142)
Vanson Enterprises Inc.
2016 Ed. (4952)
Vanstar Corp.
1995 Ed. (1115)
1998 Ed. (1929, 3180)
Vanstron/O'Brien Inc.
2009 Ed. (1153)
Vantage
1989 Ed. (907)
1992 Ed. (1147)
2013 Ed. (3512)
2014 Ed. (3486)
2015 Ed. (3504)
2016 Ed. (3359)
Vantage Apparel
2009 Ed. (975)
2010 Ed. (938)
Vantage Credit Union
2004 Ed. (1969)
2005 Ed. (2111)
2006 Ed. (2206)
2007 Ed. (2127)
2008 Ed. (2242)
2009 Ed. (2228)
2010 Ed. (2182)
2011 Ed. (2200)
2012 Ed. (2061)
2013 Ed. (2243)
2014 Ed. (2175)
2015 Ed. (2239)
2016 Ed. (2210)
Vantage Homes
2002 Ed. (1208)
2004 Ed. (1150)
2005 Ed. (1179)
Vantage Media
2009 Ed. (120)
Vantage Media LLC
2009 Ed. (2984, 3008)
2010 Ed. (2948)
Vantage Point Bank
2012 Ed. (358)
Vantage Point Energy Inc.
1994 Ed. (1226)
Vantage Public Relations
2016 Ed. (4047)
Vantage West Credit Union
2008 Ed. (2218)
2009 Ed. (2201)
2010 Ed. (2155)
2011 Ed. (2176)
2012 Ed. (2036)
2013 Ed. (2209)
2014 Ed. (2140)
2015 Ed. (2204)
2016 Ed. (2175)
Vantage Woodwork Inc.
2008 Ed. (4994)
Vantagepoint Broad Market Index
2009 Ed. (2649)
Vantagepoint Mid/Small Company Index
2008 Ed. (2618)
Vantagepoint Model Savings Oriented Growth
2008 Ed. (604)
VantagePoint Venture Partners IV, LP
2002 Ed. (4731)
Vantage/Raylee Homes
2007 Ed. (1297, 1298)
Vanteon Corp.
2015 Ed. (1908)
2016 Ed. (1871)
Vantico International SARL
2007 Ed. (1860)
Vantique Inc.
1995 Ed. (3685)
Vantis
1999 Ed. (4278)
2000 Ed. (4001)
2001 Ed. (3910)
Vantis plc
2006 Ed. (7)
2011 Ed. (9, 12)
Vantive Corp.

2001 Ed. (1366)
Vanuatu
  2006 Ed. (2148)
  2009 Ed. (2168)
Vanum Construction Inc.
  2003 Ed. (4441)
Vaopto LLC
  2015 Ed. (1881)
  2016 Ed. (1843)
Vapor Products
  2006 Ed. (212)
Vapores
  1994 Ed. (3131)
Vaporizers/Hot Water Bottles
  1992 Ed. (1871)
Vaporizing products
  2002 Ed. (1096)
VAPR Credit Union
  2002 Ed. (1889)
  2003 Ed. (1943)
  2004 Ed. (1983)
  2005 Ed. (2125)
  2006 Ed. (2220)
  2007 Ed. (2141)
  2008 Ed. (2256)
  2009 Ed. (2242)
  2010 Ed. (2196)
  2011 Ed. (2214)
  2012 Ed. (2075)
  2013 Ed. (2259)
  2014 Ed. (2191)
  2015 Ed. (2255)
  2016 Ed. (2226)
Vapro Publicidad
  1989 Ed. (172)
  1990 Ed. (161)
  1997 Ed. (157)
  2000 Ed. (189)
Vaquera Construction Co.
  1989 Ed. (1590)
Vaquero Energy
  2005 Ed. (1709)
VAR Business
  2004 Ed. (852)
VAR Investors: Hi Inc. Bond
  1992 Ed. (4375)
Var Investors: World Equity
  1992 Ed. (4379)
Varazdinska Banka
  1997 Ed. (444, 445)
  2002 Ed. (547)
Varazdinska Banka DD
  1999 Ed. (498)
Varazdinska Banks dd
  1995 Ed. (451)
  1996 Ed. (481)
VARBusiness
  1992 Ed. (3389)
  1993 Ed. (2800)
  1994 Ed. (2796)
  1998 Ed. (2793, 2794)
  1999 Ed. (3760, 3762)
  2000 Ed. (3486, 3487)
  2005 Ed. (141, 142, 143)
  2007 Ed. (163, 845)
  2008 Ed. (147)
  2009 Ed. (167, 169)
  2010 Ed. (3517)
Varco Inc.
  1993 Ed. (2492)
Varco International Inc.
  1999 Ed. (3603)
  2000 Ed. (3323)
  2003 Ed. (3810)
  2004 Ed. (2312, 2315, 3822, 3823)
  2005 Ed. (1506, 2393, 2396, 2397,
    3728, 3730, 3731)
  2006 Ed. (2434, 2438, 2439, 3820,
    3821, 3822)
Vard
  1990 Ed. (3474)
  1991 Ed. (1333, 2647, 2648)
  1992 Ed. (3305)
Vard A
  1993 Ed. (2746)
Varde Bank
  1993 Ed. (462)
  1994 Ed. (467)
Varde Investments (Ireland) Ltd.
  2016 Ed. (1700)
Vardy
  2006 Ed. (324)
Vardy; Dr. Peter
  2006 Ed. (836)
Vardy; Sir Peter
  2005 Ed. (927)
Varela
  1989 Ed. (28)
  2002 Ed. (4396)
Varen Technologies Inc.

2012 Ed. (1184)
Varga: Paul
  2007 Ed. (2512)
  2008 Ed. (2640)
  2009 Ed. (2666)
  2012 Ed. (2494)
  2013 Ed. (2637)
  2014 Ed. (2592)
  2015 Ed. (2634)
Vargas; Bernardo
  1996 Ed. (1858)
Vargi; Murat
  2010 Ed. (4900)
Vari-Life International Inc.
  2004 Ed. (3245, 3246)
Vari-Vest II
  1991 Ed. (2118)
Variable Annuity
  1991 Ed. (3438)
Variable Annuity-2
  1997 Ed. (3815)
Variable annuity career agents
  1999 Ed. (4698)
Variable Annuity Life
  1993 Ed. (3292)
  1994 Ed. (2259, 3284)
  1995 Ed. (3363)
  1998 Ed. (170, 2258, 2260, 3654)
Variable Annuity Life Insurance Co.
  1996 Ed. (2151, 2385)
  1997 Ed. (2258, 2512, 3830)
  2008 Ed. (3303)
Variable Intensity Polymerizer
  2001 Ed. (1988)
Variable Life
  1991 Ed. (2118)
Variable Life-1
  1997 Ed. (3813)
Variable Life Plus
  1991 Ed. (2120)
Variable Mat. Bond F
  1994 Ed. (581, 582)
Variable Mat Bond Fund
  1996 Ed. (626, 627)
Variable Single Premium Life
  1991 Ed. (2120)
Variable Universal Life
  1991 Ed. (2119)
Varian Associates
  1989 Ed. (1667)
  1990 Ed. (1628, 1632, 2510, 2989,
    2995)
  1991 Ed. (1524, 1527, 2843, 2847,
    3083)
  1992 Ed. (1499, 1917, 1920, 3678)
  1993 Ed. (1570, 3210)
  1994 Ed. (1607, 1609)
  1999 Ed. (1974, 1975, 3341)
  2000 Ed. (1750, 3079, 3862)
Varian Inc.
  1989 Ed. (2304)
  1990 Ed. (3237)
  1992 Ed. (3914)
  1995 Ed. (1650, 3285)
  1996 Ed. (3397)
  2003 Ed. (204, 208)
  2005 Ed. (1275, 2339)
  2006 Ed. (1228, 1234, 4370)
Varian Inc. Electronics Manufacturing
  2004 Ed. (3419)
Varian Medical Systems
  2014 Ed. (3614)
Varian Medical Systems Inc.
  2006 Ed. (3446)
  2007 Ed. (2766, 3465)
  2008 Ed. (2910)
  2009 Ed. (2948)
  2010 Ed. (2903)
  2011 Ed. (2875)
  2012 Ed. (3613)
  2013 Ed. (3671)
  2014 Ed. (3606)
  2015 Ed. (3618)
  2016 Ed. (3502)
Varian Semiconductor Equipment Asso-
    ciates Inc.
  2005 Ed. (2835)
  2006 Ed. (1866, 1875, 2826)
  2007 Ed. (4345)
  2008 Ed. (1906, 1912, 1915, 3644)
  2009 Ed. (1883, 3273, 3475, 4413)
  2012 Ed. (1693)
Varicent Software Inc.
  2012 Ed. (2770, 2828, 2852)
  2013 Ed. (2838)
Variety
  2005 Ed. (139, 140)
  2007 Ed. (160, 4793)
  2008 Ed. (144)
  2009 Ed. (840)

2010 Ed. (786)
  2011 Ed. (713)
  2012 Ed. (658)
Variety meats
  2001 Ed. (3242, 3243)
Variety pack
  1991 Ed. (3149)
Variety packs
  1990 Ed. (3307, 3308)
  1992 Ed. (3997)
  2003 Ed. (4461)
Variety shows
  1996 Ed. (865)
Variety stores
  1998 Ed. (1862)
  2000 Ed. (39, 2628)
  2001 Ed. (94, 4602, 4603)
Variety Wholesalers Inc.
  1997 Ed. (3831)
  1998 Ed. (3657)
  1999 Ed. (4701)
  2005 Ed. (4812)
  2006 Ed. (4876)
  2011 Ed. (4284)
Variety/One-price stores
  2001 Ed. (2813)
Variflex
  1996 Ed. (2885)
  2001 Ed. (4329)
Variflex (SPVA)
  1991 Ed. (3439)
Variflex Variable Annuity
  1991 Ed. (3438)
Varig
  1990 Ed. (199, 200, 202)
  1991 Ed. (189, 190, 213)
  1992 Ed. (292)
  1993 Ed. (181)
  1994 Ed. (155)
  1996 Ed. (174, 175)
  1998 Ed. (112)
  2004 Ed. (763)
  2006 Ed. (236)
  2007 Ed. (237)
  2008 Ed. (216)
Varig Group
  2009 Ed. (240)
Varig SA Viacao Aerea Riograndense
  1994 Ed. (1335)
  1996 Ed. (1306)
Varilux Co Ad
  2001 Ed. (3594)
Varilux Comfort
  1999 Ed. (3658)
Varilux Corp.
  1992 Ed. (3302)
  1995 Ed. (2814)
  1996 Ed. (2873)
  1997 Ed. (2968)
  1999 Ed. (3659)
  2001 Ed. (3593)
Varilux Infinity
  1992 Ed. (3303)
Varilux Lens 1 to Infinity
  1995 Ed. (2815)
  1996 Ed. (2874)
  1997 Ed. (2969)
Vario Holding AG
  2001 Ed. (1860)
Varios Grafica
  2009 Ed. (25)
  2010 Ed. (35)
Varios Particulares
  2010 Ed. (89)
Varistar Corp.
  2004 Ed. (1832)
  2005 Ed. (1917)
  2006 Ed. (1946)
  2007 Ed. (1929)
  2008 Ed. (1995)
  2009 Ed. (1956)
Varity Corp.
  1989 Ed. (1930)
  1990 Ed. (2517)
  1991 Ed. (2383)
  1992 Ed. (1879)
  1993 Ed. (3380)
  1994 Ed. (1396, 1580, 2428, 2566)
  1995 Ed. (324, 2621, 2622)
  1996 Ed. (338, 1595, 2699)
  1997 Ed. (315)
  1998 Ed. (224)
Varkki Chacko
  1997 Ed. (1927, 1935)
  1998 Ed. (1574, 1589)
  1999 Ed. (2161, 2176, 2177)
  2000 Ed. (1931, 1948)
Varlen Corp.
  1997 Ed. (2702)
Varmatex

2000 Ed. (3031)
Varnatex
  2000 Ed. (3001, 3002)
Varnell Enterprises
  1998 Ed. (2931)
Varner Baltija
  2001 Ed. (54)
Varner Miller Associates
  2008 Ed. (3732, 4982)
Varnish & shellac
  2002 Ed. (2445)
Varo Inc.
  1989 Ed. (1308)
  1990 Ed. (2681)
Varolii Corp.
  2015 Ed. (2143)
Varonis Systems Inc.
  2016 Ed. (1018)
Varrow
  2012 Ed. (3090, 4815)
The Varsity
  2001 Ed. (4051)
Varsity Blues
  2001 Ed. (4700)
Varsity Brands Inc.
  2005 Ed. (3936)
Varsity Ford
  1990 Ed. (307)
  1991 Ed. (268, 309)
  1992 Ed. (416, 419)
  1993 Ed. (298, 303)
  1994 Ed. (293)
  1995 Ed. (267, 294, 297)
  1996 Ed. (271, 297)
Varsity Group Inc.
  2004 Ed. (1804, 4549)
  2005 Ed. (1875, 2012)
Vartec
  2001 Ed. (2870)
Vartec Telecom Inc.
  2005 Ed. (3921, 4639)
  2006 Ed. (163)
VASCO Data Security
  2008 Ed. (2458)
VASCO Data Security International Inc.
  2007 Ed. (2735, 3689)
  2008 Ed. (2865)
  2009 Ed. (2923, 4463)
  2010 Ed. (2860, 4501, 4502, 4506,
    4514, 4682)
  2011 Ed. (2844, 4437, 4451)
  2014 Ed. (1068)
Vasco Rossi
  2016 Ed. (1048)
Vasconcellos; Paulo
  1996 Ed. (1855)
Vascular Solutions
  2004 Ed. (4549)
  2012 Ed. (2768)
Vaseline
  1996 Ed. (2549)
  2002 Ed. (3644)
  2003 Ed. (4426, 4428, 4432)
  2006 Ed. (3331)
  2008 Ed. (4344)
Vaseline Intensive Care
  1994 Ed. (675, 676, 3312)
  1998 Ed. (2808)
  1999 Ed. (686)
  2000 Ed. (705, 4038)
  2001 Ed. (665, 1933, 3167, 3168)
  2002 Ed. (669)
  2003 Ed. (642, 644, 3264)
  2004 Ed. (4430)
  2008 Ed. (531, 4343)
Vaseline Intensive Care Aloe & Lanolin
  1996 Ed. (2550)
Vaseline Intensive Care Lotion
  1990 Ed. (2805, 2806)
Vaseline Intensive Care Lotion, 15 oz.,
    regular
  1989 Ed. (2184, 2185)
Vaseline Intensive Care Regular
  1996 Ed. (2550)
  1998 Ed. (1354, 3306)
Vaseline Petroleum Jelly
  2001 Ed. (1933)
Vasella; Daniel
  2006 Ed. (691)
Vasilico Cement Works Ltd.
  2006 Ed. (4496)
Vasogen Inc.
  2008 Ed. (4541)
Vasomedical, Inc.
  2003 Ed. (2718)
Vasotec
  1991 Ed. (2763)
  1992 Ed. (1876, 3526)
  1993 Ed. (1530, 2912, 2914, 2915)
  1994 Ed. (2926, 2927, 2929)

1995 Ed. (1583, 2982, 2984)
1996 Ed. (1569, 3082, 3084)
1997 Ed. (1647, 1648, 3161, 3163)
1998 Ed. (2913, 2915, 2916)
1999 Ed. (1891, 1892, 1893, 1898, 1908, 3884, 3886)
2000 Ed. (1708, 3606)
2001 Ed. (2109, 2110)
2003 Ed. (2116)
Vasquera Construction Co.
1990 Ed. (2013)
Vassar College
1992 Ed. (1268)
1993 Ed. (891)
1995 Ed. (1065)
2008 Ed. (1067)
2010 Ed. (1006, 1010)
2012 Ed. (861)
Vassarette
1997 Ed. (1026)
Vassiliko Cement Works Ltd.
2002 Ed. (4404)
Vastar Resources
1997 Ed. (1453)
1998 Ed. (1160)
Vastera
2003 Ed. (2174)
2004 Ed. (2220)
2005 Ed. (1252)
Vasudeva; Nishi
2016 Ed. (4939)
Vat19
2014 Ed. (2404)
Vatryggingarfelag Islands hf.
2006 Ed. (4506)
Vattenfall AB
2005 Ed. (1799)
2006 Ed. (2024, 2025)
2007 Ed. (1995)
2008 Ed. (2088, 2089)
2009 Ed. (2060, 2061, 2433, 2600)
2010 Ed. (2002, 2351)
2011 Ed. (2063, 2064, 2347, 2426)
2012 Ed. (1906, 1907, 2262, 2347)
2013 Ed. (2071, 2072, 2450, 2530)
2014 Ed. (2004)
2015 Ed. (2050)
2016 Ed. (2011)
Vattenfall A/S
2005 Ed. (3239)
Vatter Gruppe
1998 Ed. (1976)
Vaudoise Life
1990 Ed. (2245)
1991 Ed. (2114)
Vaughan; Gregory
2006 Ed. (658, 3189)
2007 Ed. (3248, 3249)
2008 Ed. (3376)
2009 Ed. (3441)
2010 Ed. (3382)
2011 Ed. (3331)
2015 Ed. (3426)
Vaughan Industries Ltd.
2002 Ed. (2498)
Vaughan, Ontario
2010 Ed. (3479)
Vaughan; Richard
2006 Ed. (972)
Vaughn; Mo
2006 Ed. (291)
Vaughn; Vince
2009 Ed. (2605)
Vaugn Street Music
2014 Ed. (3718)
Vault
2008 Ed. (4456)
Vault Zero
2008 Ed. (4456)
Vault.com
2002 Ed. (4802)
Vaultus
2003 Ed. (4973)
Vault/Vault Zero
2009 Ed. (3821)
vAuto
2011 Ed. (1026)
2012 Ed. (952)
Vauxhall
1990 Ed. (2624)
1996 Ed. (324)
2007 Ed. (714, 735)
2009 Ed. (714)
2013 Ed. (229)
Vauxhall Astra
1992 Ed. (446, 459)
1993 Ed. (321)
1994 Ed. (314)
2004 Ed. (302)
2005 Ed. (296)

Vauxhall Cavalier
1992 Ed. (459)
1994 Ed. (314)
Vauxhall Masterhire
1997 Ed. (2821)
1999 Ed. (3455)
Vauxhall Motors Ltd.
1990 Ed. (31)
2000 Ed. (34)
2002 Ed. (48, 49, 55, 230, 237, 3892, 4591)
2007 Ed. (91)
2008 Ed. (133)
2009 Ed. (111)
Vauxhall Nova
1991 Ed. (323)
1992 Ed. (446, 459)
1994 Ed. (314)
Vauxhall/Opel
1991 Ed. (327)
Vavasi Telegence
2011 Ed. (733)
Vavoom
1991 Ed. (1880)
Vavrinek Trine Day & Co.
2000 Ed. (21)
2003 Ed. (11)
2004 Ed. (17)
2006 Ed. (18)
2007 Ed. (14)
Vavrinek, Trine, Day & Co. LLP
2002 Ed. (26, 27)
VAW Aluminium AG
1999 Ed. (3345)
2000 Ed. (3082)
2004 Ed. (3441)
Vaw Aluminum AG
2001 Ed. (3283)
2002 Ed. (3308)
Vaynerchuk; Gary
2011 Ed. (756)
Vayu
2013 Ed. (1774)
VAZ
1991 Ed. (2494)
Vazquez; Raul
2012 Ed. (599)
VBB Viag-Bayernwerk-
    Beteiligungsgesellschaft mbH
1996 Ed. (3829)
VBB Viag-Bayernwerk-GmbH
1997 Ed. (3878)
VBIF Total Market Ind.
1998 Ed. (2616)
VBrick Systems Inc.
2006 Ed. (1353, 2822)
VBT Bicycling & Walking Vacations
2014 Ed. (4751)
2015 Ed. (4771)
2016 Ed. (4675)
VBV - Vorsorgekasse AG
2015 Ed. (1459)
VC3 Inc.
2012 Ed. (1887)
VCA Antech Inc.
2003 Ed. (4321)
2004 Ed. (193)
2005 Ed. (194)
2006 Ed. (206)
2007 Ed. (215, 216)
2008 Ed. (201, 202)
2009 Ed. (224, 225)
2010 Ed. (209, 210)
2011 Ed. (130, 131)
2012 Ed. (134, 135)
2013 Ed. (110, 111)
2014 Ed. (117, 118)
2015 Ed. (131, 132)
2016 Ed. (137, 138)
Vcapital.com
2002 Ed. (4860)
VCBO
2016 Ed. (2482)
VCBO Architecture
2008 Ed. (266, 267)
2009 Ed. (290, 291)
2010 Ed. (274)
2014 Ed. (2486)
VCBO Architecture LLC
2006 Ed. (287)
VCC
2006 Ed. (1306, 1342)
2007 Ed. (1374)
2008 Ed. (1271)
2009 Ed. (1249, 1333)
2011 Ed. (1102, 1103, 1196)
2012 Ed. (1018, 1019)
2014 Ed. (1367)
VCCP
2013 Ed. (56)

2014 Ed. (73)
2015 Ed. (66)
2016 Ed. (63)
Vcenergy
2016 Ed. (1390)
VCG Holding Corp.
2010 Ed. (1584)
VCI Inc.
2002 Ed. (2539, 2540)
VCom
2007 Ed. (4711)
vCORE Technology Partners
2016 Ed. (4765)
VCR
2001 Ed. (2781)
VCR Tapes
1992 Ed. (1817)
VCRs
1993 Ed. (1725, 1941, 2048)
2001 Ed. (2730)
2006 Ed. (2536)
2007 Ed. (2522)
2008 Ed. (2646, 2650)
2009 Ed. (2678)
2011 Ed. (2555)
2012 Ed. (2507)
VCRs, TVs, consumer electronics, re-
    corded music, videotapes
1995 Ed. (3077)
VCS Inc.
1990 Ed. (2749)
VCS & O Asset Management
1991 Ed. (2236)
vCustomer Corp.
2006 Ed. (741, 3972)
VDI Enis Trade, S.R.O.
2016 Ed. (1526)
VDK Frozen Foods
2001 Ed. (2475)
VDK Spaarbank
1996 Ed. (454)
VDL Groep BV
2009 Ed. (1922)
Veal
1992 Ed. (2355)
2001 Ed. (3237, 3238, 3239)
2003 Ed. (3327, 3343)
2005 Ed. (3417, 3418)
2006 Ed. (3427, 3428)
2007 Ed. (3442, 3443)
Veba
1989 Ed. (2263)
1990 Ed. (1371, 3461)
1991 Ed. (1293, 1294, 1295, 1775, 1776)
1992 Ed. (1623, 1624, 2231, 2232, 3942)
1993 Ed. (1298, 1320, 1321, 1902, 1903, 3252, 3262, 3263, 3264, 3265)
1995 Ed. (1375, 1377, 1378, 1382, 1400, 1401, 1402, 3326, 3341, 3343)
1999 Ed. (1636)
2000 Ed. (1439)
Veba AG
1989 Ed. (1119)
1990 Ed. (1370)
1994 Ed. (1350, 1359, 1375, 1376, 1377, 1918, 1919, 3246)
1996 Ed. (1328, 1333, 1352, 1353, 1970, 1971, 3403)
1997 Ed. (1387, 1388, 1390, 1394, 1413, 1415, 2086, 2087, 3107, 3499)
1999 Ed. (1605, 1610, 1635, 1638, 2525, 2526, 4289)
2000 Ed. (1411, 1415, 1418, 1438, 2274)
2001 Ed. (1697, 1714, 1715, 1716, 2845)
2002 Ed. (1417, 1644, 1663, 2096, 2364, 4414)
2003 Ed. (1687)
2005 Ed. (1570)
VEBA Aktiengesellschaft
1991 Ed. (3107)
VEBA Electronics, Inc.
1999 Ed. (1983, 1984, 1987, 1989, 1991)
2000 Ed. (1761, 1762, 1764, 1765, 1769, 1771)
2001 Ed. (2182, 2183, 2202, 2203, 2204, 2206, 2210, 2211, 2212, 2215)
Veba Group
1990 Ed. (1532)
1996 Ed. (1351, 3407, 3409)
1997 Ed. (1414, 3784)
1998 Ed. (3610)

1999 Ed. (1637, 4645)
2000 Ed. (1440, 4285, 4286)
Veba Oel AG
1996 Ed. (3023)
1999 Ed. (3811)
2000 Ed. (3538)
2001 Ed. (3759)
2002 Ed. (3678)
2005 Ed. (192, 1195, 3486)
2006 Ed. (204, 1181, 3487)
VEBA's Preussen Elektra
1996 Ed. (1214)
VECA Electric & Communications
2011 Ed. (1290, 1311)
VECA Electric Co., Inc.
2009 Ed. (1345)
2012 Ed. (1178, 1183)
Vecchio; Leonardo Del
2009 Ed. (4891)
2010 Ed. (4891)
2011 Ed. (4880)
2012 Ed. (4889)
2013 Ed. (4882)
2014 Ed. (4895)
2015 Ed. (4934)
2016 Ed. (4850)
Vecellio & Grogan Inc.
2003 Ed. (1289)
2010 Ed. (4611)
2011 Ed. (4567)
2012 Ed. (4582)
2013 Ed. (4527)
2014 Ed. (4586)
2015 Ed. (4580)
Vecima Networks
2008 Ed. (2937)
2009 Ed. (1111)
2010 Ed. (1092)
2011 Ed. (1030)
2012 Ed. (960, 2829)
2014 Ed. (1074)
2015 Ed. (1112)
Vecima Networks Inc.
2014 Ed. (618, 2928)
2015 Ed. (1557, 2976)
"Vecinos I"
2016 Ed. (2935)
"Vecinos II"
2016 Ed. (2935)
Veco Alaska Inc.
2003 Ed. (1605)
2004 Ed. (1620)
Veco Corp.
1991 Ed. (219)
1993 Ed. (960, 2921)
2001 Ed. (1609)
2002 Ed. (1271)
2003 Ed. (1606, 2311)
2004 Ed. (1282, 2346, 2361, 2362, 2364, 2365, 2377, 2392)
2005 Ed. (1328, 2424)
2006 Ed. (2464)
2007 Ed. (2417, 2429)
2008 Ed. (1545, 1546, 2544, 2556)
2009 Ed. (1474, 1475, 2564)
2010 Ed. (1460, 1461)
2011 Ed. (1461)
2013 Ed. (1405)
2014 Ed. (1352, 1353)
2015 Ed. (1429, 1430)
VECO Operations
2001 Ed. (1608)
2003 Ed. (1603, 3422)
Vector
2007 Ed. (763)
2010 Ed. (682)
2015 Ed. (2537, 2974)
Vector Aerospace
2011 Ed. (4559, 4744)
Vector Arena
2014 Ed. (1102)
2015 Ed. (1139)
Vector Commodity Services Ltd.
1997 Ed. (1074)
Vector Fondo de Crecimiento
2005 Ed. (3580)
Vector Group
2013 Ed. (2851)
Vector Group Ltd.
2004 Ed. (4728, 4729)
2005 Ed. (4705, 4706)
2010 Ed. (4738)
2011 Ed. (4697)
2012 Ed. (4717)
2013 Ed. (4681, 4683)
2014 Ed. (4727)
2015 Ed. (4746)
2016 Ed. (4648)
Vector Informatik
2015 Ed. (1608)

Vector Research Inc.
2000 Ed. (2459)
2001 Ed. (2698)
2002 Ed. (2514)
Vector Securities International Inc.
1995 Ed. (2353)
1996 Ed. (2372)
1997 Ed. (2505)
1998 Ed. (2252)
Vector Security
2014 Ed. (4442)
Vector Security Inc.
2001 Ed. (4201, 4202)
2002 Ed. (4204)
2003 Ed. (4327, 4328)
2005 Ed. (4290, 4291, 4292)
2006 Ed. (4268, 4269, 4270, 4271, 4272, 4273)
2007 Ed. (4294, 4295, 4296)
2008 Ed. (4296, 4297, 4298, 4299, 4300, 4301)
2009 Ed. (4404, 4405, 4406, 4407)
2010 Ed. (4450)
2011 Ed. (4389)
2012 Ed. (4448, 4449, 4450, 4451)
2013 Ed. (4412, 4413, 4414, 4415)
2014 Ed. (4443, 4444, 4445, 4446)
2015 Ed. (4432, 4438, 4439, 4440, 4441)
2016 Ed. (4331, 4332, 4333, 4334)
VectorCSP
2009 Ed. (1350)
VecTour Inc.
2002 Ed. (863)
Vectra
1995 Ed. (1677)
2002 Ed. (385)
Vectra Technologies Inc.
1996 Ed. (1660)
1997 Ed. (1738)
1999 Ed. (3675)
VectraBank Colorado
2002 Ed. (544)
2003 Ed. (477)
2005 Ed. (480)
VectraBank Colorado NA
2007 Ed. (431)
Vectren Corp.
2003 Ed. (3811, 3814)
2004 Ed. (3670)
2005 Ed. (2291, 2294, 2403, 2405, 3587, 3588)
2006 Ed. (2354, 2357)
2013 Ed. (1731)
Vectron International Inc.
2015 Ed. (1886)
2016 Ed. (1848)
Vectuel
2012 Ed. (2843)
Vectura
2016 Ed. (3909)
Vedanta Resources
2006 Ed. (3489)
2007 Ed. (3520, 3521)
2011 Ed. (3668)
2012 Ed. (3676)
2013 Ed. (3722)
2016 Ed. (3568)
Vedanta Resources plc
2012 Ed. (3657, 3686)
2013 Ed. (3709)
2014 Ed. (3642)
2015 Ed. (3652)
2016 Ed. (3540)
Vedder Price
2012 Ed. (3376)
VEDICSOFT
2012 Ed. (1751)
Vedicsoft Solutions Inc.
2011 Ed. (1896)
Vedior Professional Services
2006 Ed. (4358)
Vee-Jay Cement
2013 Ed. (1229)
Vee-Jay Cement Contracting Co.
2011 Ed. (1249)
Vee Quiva Hotel & Casino
2016 Ed. (3601)
Veeco Instruments Inc.
1997 Ed. (3358)
2000 Ed. (2460, 3000)
2002 Ed. (2526)
2004 Ed. (3030)
2005 Ed. (1466, 3045)
2015 Ed. (4242)
Veerkam Musica
2016 Ed. (3660)
Veerkam Palacio de la Musica
2013 Ed. (3805)
2015 Ed. (3752)

Veerkamp Mesones
2013 Ed. (3805)
2015 Ed. (3752)
Veetids
1997 Ed. (3162)
1998 Ed. (1825, 2914)
1999 Ed. (2585)
VeeV Acai Spirit
2013 Ed. (2717)
Veeva Systems Inc.
2016 Ed. (1019)
Veg All
2014 Ed. (4824)
Veg All Homestyle
2014 Ed. (4824)
Vega
1999 Ed. (1278)
2015 Ed. (2760)
Vega Asset Management
2005 Ed. (2820)
2006 Ed. (2800)
Vega Enterprises Inc.
1995 Ed. (3727)
1996 Ed. (3823)
Vega; Ralph de la
2009 Ed. (2656)
2010 Ed. (2988)
VegaOlmosPonce
2002 Ed. (76)
A Vegas Expression
2006 Ed. (3526)
2007 Ed. (3577, 4433)
Vegas Sands Inc.
2007 Ed. (1908)
Vegetable combinations & sauce, frozen
1994 Ed. (1994)
Vegetable juice
1991 Ed. (1864)
2003 Ed. (2580, 2581)
Vegetable juice/cocktail
2008 Ed. (2793)
The Vegetable Oil Industries
2009 Ed. (4537)
Vegetable Oil Packing
2015 Ed. (2123)
Vegetable/cooking oil
1999 Ed. (2104)
Vegetables
1999 Ed. (3408)
2000 Ed. (3619)
2002 Ed. (2217, 3491)
2003 Ed. (2573, 3941, 3942)
2008 Ed. (2732, 2839)
2009 Ed. (2896)
2010 Ed. (2836)
Vegetables, canned
1996 Ed. (3091, 3092, 3093)
1998 Ed. (2927, 3445)
2003 Ed. (3939, 3940)
Vegetables, fresh
1992 Ed. (3220)
1994 Ed. (1995)
1998 Ed. (2497)
Vegetables, fresh and frozen
1992 Ed. (2084)
Vegetables, frozen
1994 Ed. (1733, 2940, 3460)
1995 Ed. (2997)
1996 Ed. (3091, 3092, 3093, 3097, 3615)
1998 Ed. (2497)
1999 Ed. (2532)
2001 Ed. (2078)
Vegetables, frozen plain
1998 Ed. (2927, 3445)
Vegetables, mixed
2003 Ed. (2573)
2008 Ed. (2791)
Vegetables, plain
1998 Ed. (1768)
Vegetables, prepared
2008 Ed. (2791)
Vegetables, prepared frozen
1994 Ed. (3460)
Vegetables, shelf-stable
1994 Ed. (2940)
1995 Ed. (2997)
1996 Ed. (3097, 3615)
Vegetables, shelved
1993 Ed. (2921)
Vegetables/cheese sauce
1990 Ed. (1953)
Vegetables/grains, dry
2001 Ed. (2078)
Vegetarian Times
2000 Ed. (3473)
Veggie Grill
2016 Ed. (4165)
Vehicle dispatchers and starters
1990 Ed. (2729)

Vehicle parts
1992 Ed. (2071)
Vehicle wash aids
1992 Ed. (1170)
Vehicles
2005 Ed. (4728)
2011 Ed. (2554, 2555)
2012 Ed. (2506, 2507)
Vehicles, hybrid-fuel
1996 Ed. (2104)
Vehicles, parts and engines
1995 Ed. (1738)
Veho
1992 Ed. (48)
1993 Ed. (28)
Veidt; Adrian
2010 Ed. (624)
2011 Ed. (559)
Veikkaus
2004 Ed. (44)
2005 Ed. (38)
2006 Ed. (45)
2007 Ed. (36)
Veit & Co.
2014 Ed. (1207)
2015 Ed. (1265)
2016 Ed. (1180)
Veitsch-Radex AG
1999 Ed. (1585)
Veitscher
1993 Ed. (3671)
Veitscher Magnesitwerke
1991 Ed. (3452)
1992 Ed. (4401)
Vejrup Andels Grovvareforening A.M. B.A.
2016 Ed. (1531)
Vekselberg; Viktor
2006 Ed. (4929)
2008 Ed. (4894)
2011 Ed. (4907)
2012 Ed. (4918)
2013 Ed. (4903)
2014 Ed. (4914)
2015 Ed. (4954)
2016 Ed. (4870)
Velamints
1994 Ed. (852)
1997 Ed. (886)
1999 Ed. (1020)
2000 Ed. (974)
2001 Ed. (1122)
2005 Ed. (858)
Velan Inc.
1989 Ed. (1930)
1992 Ed. (1588)
2008 Ed. (1622)
Velan Valve Corp.
2004 Ed. (1878)
2006 Ed. (2092)
2007 Ed. (2050)
2013 Ed. (2139)
Velasco; German Larrea Mota
2013 Ed. (4851)
Velazquez; David M.
2009 Ed. (2656)
2012 Ed. (2489)
Velcom GSM
2005 Ed. (22)
Veldheer, Long, Mackay & Bernecker Group
2016 Ed. (3124)
Velerlan
1992 Ed. (3002)
Vellano Bros. Inc.
1997 Ed. (1171)
Vellutino & CIA SA
1995 Ed. (1450)
1996 Ed. (1413)
VeloBind Inc.
1992 Ed. (1478)
Velocity Credit Union
2014 Ed. (2025)
Velocity Express Corp.
2004 Ed. (4772)
2005 Ed. (4748)
2006 Ed. (4798)
2007 Ed. (4815, 4848)
2008 Ed. (4072, 4742)
2010 Ed. (4119, 4818)
2011 Ed. (4769, 4779)
2012 Ed. (4118, 4792)
Velocity Global Logistics Inc.
2008 Ed. (3713, 4401, 4965)
The Velocity Manifesto
2013 Ed. (625)
Velocity Print Solutions
2010 Ed. (4040, 4042)
Velocity Sports & Entertainment
2005 Ed. (3407, 3408)

2006 Ed. (3416, 3417)
2008 Ed. (3594)
2010 Ed. (3583)
2011 Ed. (3585, 3587)
Velocity11
2006 Ed. (3358)
Velocys
2016 Ed. (3801)
Velonews
1992 Ed. (3384)
VelopA
2010 Ed. (1852)
Veloxion
2012 Ed. (3521)
Velti
2014 Ed. (1068)
Veluchamy Enterprises Inc.
2006 Ed. (3499, 3500)
2007 Ed. (3537)
2009 Ed. (3757)
2010 Ed. (3692)
2011 Ed. (3687)
VELUX America Inc.
2016 Ed. (4906)
Velveeta
2001 Ed. (1167)
2003 Ed. (3323)
2008 Ed. (2730)
Vemaks
2004 Ed. (64)
2005 Ed. (59)
Vemma
2015 Ed. (2350)
Vemma Nutrition Co.
2016 Ed. (1358)
Venable
2003 Ed. (3192, 3194)
2007 Ed. (3325)
2012 Ed. (3429)
2014 Ed. (3439, 3448)
2015 Ed. (3471)
2016 Ed. (3318)
Venable, Baetjer & Howard
1990 Ed. (2414)
1991 Ed. (2280)
1992 Ed. (2829)
1993 Ed. (2392, 2940)
2001 Ed. (833)
Venable LLP
2008 Ed. (3419)
2010 Ed. (4777)
2012 Ed. (4745)
2013 Ed. (4701)
2015 Ed. (4774)
2016 Ed. (3344)
Venables Bell & Partners
2011 Ed. (34)
Venator Global Athletic Group
2002 Ed. (4273, 4274)
Venator Group Inc.
2001 Ed. (1271, 1272, 4096, 4323, 4324, 4325, 4326)
2003 Ed. (1010, 1011, 4405, 4406)
Venator Group Retail Inc.
2001 Ed. (1271)
2003 Ed. (1010)
Vencap Equities Albert Ltd.
1990 Ed. (3666)
Vencap Equities Alberta
1992 Ed. (4389)
Vencemos
1992 Ed. (1062)
1993 Ed. (854)
1994 Ed. (868)
1999 Ed. (1037)
2000 Ed. (985, 986)
Vencemos Tipi
2002 Ed. (941, 942)
Vencemos Tipo I
1996 Ed. (883, 884)
Vencor Inc.
1994 Ed. (2669)
1995 Ed. (2769, 3516)
1996 Ed. (2841)
1997 Ed. (1259, 2178, 2825)
1998 Ed. (1172, 2691)
1999 Ed. (1552, 1694, 3636)
2000 Ed. (1500)
2001 Ed. (1043, 1773, 2676, 2677)
2003 Ed. (1733, 2680)
Vencor International
2007 Ed. (1849)
Vencore
2016 Ed. (2118)
Vencor/Kindred Healthcare
2003 Ed. (3653)
Vend food
2002 Ed. (4725)
Vendange
1999 Ed. (4785, 4793)

2000 Ed. (4409, 4417)
2001 Ed. (4843, 4846, 4874)
2002 Ed. (4923, 4926, 4938)
2003 Ed. (4947, 4950)
Vendco Trucking Inc.
2003 Ed. (1779)
Vended food
1989 Ed. (2883)
1990 Ed. (3665)
Vendell Healthcare
1998 Ed. (2933)
Vendex
1989 Ed. (43)
Vendex International
1993 Ed. (1373, 3609)
1994 Ed. (34, 1427)
Vendex International Group
1990 Ed. (3054)
Vendex International Nv
1990 Ed. (1400, 3263)
1995 Ed. (1464)
1996 Ed. (1426)
Vendex KBB
2005 Ed. (62)
Vendex KBB N.V.
2001 Ed. (61)
Vendex KBB NV; Koninklijke
2006 Ed. (69)
Vending
1995 Ed. (3402)
1998 Ed. (3321, 3336)
1999 Ed. (4360)
2000 Ed. (3579, 4061, 4067)
2002 Ed. (2719)
Vending food
2003 Ed. (4834, 4837)
Vending Machine
1990 Ed. (1191)
Vending machines
1992 Ed. (4003)
1996 Ed. (3467)
1997 Ed. (997)
2008 Ed. (1161, 4020, 4702)
Vending/OCS distributors
2003 Ed. (4836)
Vendome Luxury Group
1997 Ed. (2693)
1999 Ed. (3280)
2000 Ed. (3018)
Vendor credit
1996 Ed. (3456, 3457)
Vendor Inc.
2002 Ed. (2451)
Vendor Managed Solutions Inc.
2013 Ed. (4983)
Vendormate
2012 Ed. (952)
VendTek Systems
2013 Ed. (1113)
2014 Ed. (1073)
Vendtek Systems Inc.
2013 Ed. (1126)
2015 Ed. (1127)
2016 Ed. (1039)
Vendustry Inc.
2014 Ed. (2875)
Veneable, Baetjer & Howard
1997 Ed. (3218)
Venegas Engineering & Management &
  Construction
2006 Ed. (2830)
Venegas Engineering Management &
  Construction
2010 Ed. (2960)
Veneman Music
1993 Ed. (2640, 2641, 2642, 2643)
1994 Ed. (2593, 2594, 2596)
1995 Ed. (2674, 2675)
1996 Ed. (2747, 2748)
1997 Ed. (2863)
1999 Ed. (3502)
2000 Ed. (3220)
Venepal
1991 Ed. (858)
1992 Ed. (1062)
1993 Ed. (854)
Venet Advertising
1989 Ed. (57, 141)
Venet Advertising/NJ
1991 Ed. (131)
1992 Ed. (185)
The Venet Cos. Inc.
1993 Ed. (121)
The Venetian
2016 Ed. (1845)
Venetian
2001 Ed. (2801)
Venetian Casino Resort Inc.
2010 Ed. (1858)
2011 Ed. (1889)

2012 Ed. (1745)
Venetian Casino Resort LLC
2003 Ed. (1778)
2004 Ed. (1813)
2005 Ed. (1896)
2006 Ed. (1923)
2007 Ed. (1907)
2008 Ed. (1968)
2009 Ed. (1923)
2013 Ed. (1910)
2014 Ed. (1844)
2015 Ed. (1881)
2016 Ed. (1843)
Venetian Resort Hotel Casino
2005 Ed. (2518)
Venezia
1993 Ed. (538)
Venezia Inc.
2013 Ed. (4764)
Venezolana de Cementos
1991 Ed. (858)
1997 Ed. (906)
1999 Ed. (1036)
Venezolano de Credito
2000 Ed. (691)
2001 Ed. (656)
2015 Ed. (601)
Venezuela
1989 Ed. (1180, 1518)
1990 Ed. (1451, 1475, 1878, 1908,
  1915, 1922, 1937, 2829)
1991 Ed. (1384, 1791, 1831, 1838,
  1847)
1992 Ed. (499, 1738, 2083, 2095,
  2307, 2314, 2324, 2330, 3141,
  3449, 3450, 3755, 4240)
1993 Ed. (345, 858, 1921, 1964,
  1971, 1978, 1984, 2848, 3062)
1994 Ed. (200, 1490, 2359, 2859,
  2860, 3126)
1995 Ed. (310, 1522, 1736, 1740,
  1741, 1742, 1961, 2007, 2014,
  2026, 2033, 2925, 2926, 3176,
  3578, 3634)
1996 Ed. (762, 1481, 2647, 3019,
  3020, 3274, 3662)
1997 Ed. (1546, 1604, 3104, 3105,
  3372, 3769)
1998 Ed. (2363, 2830, 3114)
1999 Ed. (385, 1763, 1785, 2105,
  2554, 3115, 4131, 4477)
2000 Ed. (689, 692, 694, 1901, 2348,
  2361, 2368, 2369, 2863, 3841)
2001 Ed. (367, 511, 512, 518, 654,
  655, 656, 1227, 1341, 2156, 2369,
  2873, 3024, 3299, 3763, 3765,
  3846, 4148, 4309, 4315, 4591,
  4592)
2002 Ed. (302, 303, 679, 2424, 3725)
2003 Ed. (267, 1045, 1385, 2052,
  2214, 2215, 2216, 3154, 3826)
2004 Ed. (232, 1400, 1910, 3214,
  3395, 3855, 4460, 4461, 4540,
  4542)
2005 Ed. (238, 1421, 2539, 2540,
  2734, 2765, 3021, 3242, 3402,
  3766, 4405, 4406, 4497, 4499,
  4798)
2006 Ed. (259, 1406, 2328, 2701,
  2825, 3015, 3016, 3227, 3411,
  3848, 4508)
2007 Ed. (266, 1438, 1854, 2258,
  2829, 3049, 3291, 3429, 3871,
  4482)
2008 Ed. (248, 2822, 3160, 3163,
  3593, 3920, 4519, 4622)
2009 Ed. (271, 2880, 3238, 3663,
  3990, 4658)
2010 Ed. (258, 701, 1062, 1064,
  1377, 1632, 2211, 2212, 2250,
  2405, 2582, 2583, 3169, 3748,
  3749, 3838, 3896)
2011 Ed. (178, 627, 909, 1000, 1001,
  1002, 1370, 1376, 1642, 2229,
  2232, 2238, 2258, 2304, 2406,
  2557, 2561, 2563, 2564, 2565,
  3135, 3748, 3749, 3841, 3914,
  4486, 4487)
2012 Ed. (923, 924, 1235, 2091,
  2092, 2098, 2101, 2199, 2203,
  2511, 3084, 3087, 3348, 3753,
  3754, 3822)
2013 Ed. (734, 1067, 1068, 2277,
  2278, 2289, 2384, 2386, 2640,
  2641, 3167, 3168, 3825, 3826,
  3874)
2014 Ed. (760, 1026, 1027, 2211,
  2212, 2222, 2321, 2323, 2598,
  2599, 3172, 3178, 3748, 3749,
  3810)
2015 Ed. (795, 1061, 1062, 2275,

2276, 2286, 2641, 2642, 3232,
  3239, 3772, 3773, 3833)
2016 Ed. (717, 969, 970, 2246, 2247,
  2258, 2564, 3308, 3687, 3688,
  3740)
Venezuela; Republic of
2005 Ed. (3240)
Venezuelan bolivar
2006 Ed. (2238)
2007 Ed. (2158)
2008 Ed. (2273)
Venezuelan Council for Investment Promotion
2015 Ed. (3527)
Vengroff Williams & Associates Inc.
2001 Ed. (1313)
2012 Ed. (1491)
2013 Ed. (1621)
VenGrowth Capital Funds
1990 Ed. (3670)
Venice, FL
2009 Ed. (4344)
Venice Foundation
1998 Ed. (1756)
1999 Ed. (2502)
2000 Ed. (2262)
Venice, Italy
1992 Ed. (1165)
Venice Regional Medical Center
2008 Ed. (3041)
2009 Ed. (3126)
2010 Ed. (3058)
2011 Ed. (3029, 3046)
2012 Ed. (2955, 2983)
Venners; Theodore
2007 Ed. (2509)
Venntronix Corp.
1994 Ed. (2052)
Venoco Inc.
2009 Ed. (3986)
2010 Ed. (2961, 2962)
2011 Ed. (2923, 2927)
2012 Ed. (2861)
2013 Ed. (2930)
2014 Ed. (2947, 3690)
2015 Ed. (1583, 2995, 3002, 3706)
Veno's
1996 Ed. (1033)
Venrock Associates
1998 Ed. (3664)
2000 Ed. (1526)
2002 Ed. (4735)
2004 Ed. (4831)
2005 Ed. (4819)
2006 Ed. (4880)
Vensecar International
2013 Ed. (137)
Venta Financial Group Inc.
2014 Ed. (2941, 2942)
Ventana
1991 Ed. (1947)
1995 Ed. (2155)
1998 Ed. (3666)
Ventana Country Inn Resort
1999 Ed. (2768)
Ventana Growth Fund
1994 Ed. (3621)
1995 Ed. (3695)
Ventana Growth Funds
1996 Ed. (3782)
Ventana Inn
1992 Ed. (2482, 3686)
1993 Ed. (2090)
1994 Ed. (2104, 3051)
1996 Ed. (2171)
1997 Ed. (2285)
1998 Ed. (2014)
Ventana Medical Systems Inc.
2006 Ed. (3444, 4676)
2008 Ed. (4367)
Ventas
2013 Ed. (1368)
2014 Ed. (4212)
2015 Ed. (4202)
Ventas Inc.
2006 Ed. (4045, 4581)
2007 Ed. (4086)
2008 Ed. (1885)
2009 Ed. (1841)
2011 Ed. (4165, 4166)
2012 Ed. (1645, 4188, 4213, 4531)
2013 Ed. (4180, 4184)
2014 Ed. (4197, 4201, 4217)
2015 Ed. (4177, 4181, 4200, 4201)
2016 Ed. (4094, 4116, 4120)
Ventel
2001 Ed. (59)
Ventera Corp.
2002 Ed. (2534)
2003 Ed. (2743)

Ventilation
2001 Ed. (2779)
Venting Inn
1995 Ed. (2158)
Ventro
2001 Ed. (2180, 4768)
Ventspils Nafta
2002 Ed. (4438, 4439)
2006 Ed. (4515)
Ventura
2001 Ed. (4470)
2002 Ed. (4573, 4575, 4576, 4577,
  4579)
2010 Ed. (4702)
Ventura Associates International LLC
2014 Ed. (3569)
Ventura, CA
1990 Ed. (1483)
1995 Ed. (2221)
1999 Ed. (2684)
2003 Ed. (3241, 3394, 3395, 3405)
2006 Ed. (2974)
2007 Ed. (3002)
Ventura County, CA
1992 Ed. (1719)
1999 Ed. (2687, 3393)
Ventura County Fairgrounds
1989 Ed. (867)
Ventura County Star
1998 Ed. (78, 79, 80)
Ventura Entertainment Enterprises
2009 Ed. (156)
2010 Ed. (147)
Ventura Foods
2014 Ed. (3771)
2015 Ed. (3790)
2016 Ed. (3704)
Ventura Foods LLC
2003 Ed. (3312, 3688, 3689)
2011 Ed. (4065)
2012 Ed. (4099)
2013 Ed. (1469)
2014 Ed. (1432)
2016 Ed. (1427)
Ventura Unified School District
2006 Ed. (2337)
Ventura/San Diego
1990 Ed. (3063)
Venture Account-Equity
1990 Ed. (3664)
Venture capital
2000 Ed. (4051)
2001 Ed. (707)
2006 Ed. (698)
2007 Ed. (791, 792)
2008 Ed. (760, 761)
Venture Capital Bank
2010 Ed. (2648)
Venture Catalyst Inc.
2005 Ed. (1544)
The Venture Corp.
1989 Ed. (1251)
1990 Ed. (1511, 1517, 1520)
1991 Ed. (1423)
1992 Ed. (1812)
1993 Ed. (1493, 3649)
1994 Ed. (1540)
1995 Ed. (1570, 1575, 1596, 1606)
1996 Ed. (1557, 1558)
1998 Ed. (1293, 1294, 1306, 1308,
  1309, 1312, 2314, 2315)
1999 Ed. (1868)
2001 Ed. (488, 2874)
2002 Ed. (386)
2005 Ed. (1270, 1278, 2356)
2006 Ed. (1227, 1229, 1231, 1232,
  1233, 1234, 2401)
2010 Ed. (2387, 4030)
2012 Ed. (4017, 4025, 4033)
2013 Ed. (4069, 4083)
Venture Electrical Contractors Inc.
2016 Ed. (1161, 2153)
Venture Global LNG
2016 Ed. (3380)
Venture Holdings Co., LLC
2004 Ed. (3972, 4223)
2005 Ed. (3916)
Venture Holdings Corp.
2004 Ed. (4223)
Venture Holdings Trust
2001 Ed. (1256)
2006 Ed. (2863)
Venture Income Plus
1994 Ed. (2621)
1996 Ed. (2795, 2808)
Venture Industries
2004 Ed. (321)
Venture Link
2001 Ed. (1765)
Venture Mold & Engineering Corp.

2006 Ed. (4207)
Venture Muni Plus
1991 Ed. (2564)
Venture Municipal Plus
1992 Ed. (3147)
1996 Ed. (2785, 2796, 2812)
Venture Production
2007 Ed. (3882)
Venture Seismic Ltd.
1997 Ed. (3404)
Venture Stores
1991 Ed. (1919)
1992 Ed. (2422)
1994 Ed. (1565)
1996 Ed. (1584, 1586)
1997 Ed. (1594, 1623, 1624, 1628, 1630, 1668)
1998 Ed. (1263)
Venture Technologies Group
2010 Ed. (4449)
Venture Variable Annuity Global Government Bond
1997 Ed. (3826)
Venture Variable Annuity Manu Inv Tr
Strategic Bond
2000 Ed. (4329)
Venture Vision Manu Inv Tr Strategic
Bond
2000 Ed. (4329)
VentureBeat
2013 Ed. (608, 610)
VentureHighway.com
2002 Ed. (4860)
Ventures West Management
1990 Ed. (3666)
1992 Ed. (4389)
Venturi Rauch and Scott Brown
1990 Ed. (285)
1991 Ed. (254)
Venturi, Scott Brown & Associates Inc.
1997 Ed. (269)
Venue Suite
2000 Ed. (3077)
Venues
2005 Ed. (4446)
Venus
2003 Ed. (3616)
Venus and Adonis
1994 Ed. (2720)
Venus de Milo
2001 Ed. (4052)
Venus de Milo Restaurant
2007 Ed. (4123, 4124)
2009 Ed. (4259, 4261)
2010 Ed. (4199, 4200)
Venus Devine; Gillette
2008 Ed. (2875)
Venus; Gillette
2008 Ed. (2875)
Venus Pro. Formula Range
2001 Ed. (50)
Venus Williams
2001 Ed. (418)
2002 Ed. (343)
2003 Ed. (293)
2004 Ed. (259)
2005 Ed. (266)
2007 Ed. (293)
2010 Ed. (278)
2013 Ed. (191)
Venuti Woodworking Inc.
2007 Ed. (4995)
2008 Ed. (4994)
VEO
2005 Ed. (2303)
Veolia
2013 Ed. (4828)
Veolia Environment North America
2015 Ed. (2613, 2615, 2619, 2622,
2625, 2626, 2627, 2628, 2629)
Veolia Environmental Services North
America Corp.
2007 Ed. (4881)
2008 Ed. (4076, 4816)
2009 Ed. (4189, 4840)
2010 Ed. (4124, 4848)
2011 Ed. (2331, 4089, 4814)
2012 Ed. (4123, 4831)
2013 Ed. (4116, 4824)
2014 Ed. (2352, 2840, 4835, 4838)
2015 Ed. (2418, 2880, 4872)
2016 Ed. (2361)
Veolia Environnement
2005 Ed. (2402, 2404, 2406)
2014 Ed. (2572)
Veolia Environnement North America
2009 Ed. (2629, 2631, 2632, 2633,
2944)
2010 Ed. (2532, 2533, 2534, 2535,
2536, 2540)

2011 Ed. (2534, 2535, 2536, 2537)
2012 Ed. (2470, 2471, 2472, 2473,
2479, 2480, 2482)
Veolia Environnement SA
2006 Ed. (1693, 1714, 2366)
2007 Ed. (2299, 2301, 2304, 2685,
2686, 2689)
2008 Ed. (1812, 2432, 2603, 2604,
2605, 2815, 2818, 2880, 4821)
2009 Ed. (1690, 2432, 2434, 2435,
2592, 2873, 2875, 2876)
2010 Ed. (713, 1646, 1647, 2353,
2813, 2815)
2011 Ed. (2348, 2349, 2797, 2800,
2801, 2803)
2012 Ed. (1505, 2263, 2347, 2348,
2349, 2724, 2725, 2727)
2013 Ed. (1644, 2435, 2449, 2454,
2530, 2621, 2623, 2624, 2627,
2628, 2629, 2630, 2801, 2810,
2816, 4827)
2014 Ed. (2370, 2386, 2579, 2582,
2585, 2586, 2587, 2588, 2838,
2854, 4841)
2015 Ed. (2436, 2455, 2878, 2894,
4878)
2016 Ed. (2383, 2401, 2808)
Veolia North America
2016 Ed. (2537, 2539, 2546, 2547,
2549, 2550, 2551, 2552)
Veolia Transportation Inc.
2010 Ed. (3456)
2011 Ed. (3458, 3459)
2012 Ed. (3471)
2013 Ed. (3517)
2014 Ed. (3491)
2015 Ed. (3509, 3510)
2016 Ed. (3368, 3369)
Veolia Water North America Caribbean
2007 Ed. (1711, 2288, 4020)
Veolia Water North America Northeast
LLC
2008 Ed. (2422)
2009 Ed. (2421)
2010 Ed. (1637, 2339, 4050)
2011 Ed. (1647, 2332, 4028)
2012 Ed. (1498, 2237, 4057)
2013 Ed. (1637, 2414, 2804, 4098,
4822)
Veolia Water North America-Northeast
LLC
2013 Ed. (2097)
Veolia Water North America Operating
Services Inc.
2007 Ed. (2468, 2472, 2474, 2475,
2476, 2764, 4889)
Ver. Energiebedrijven Van Het Schelde
Ebes Nv
1989 Ed. (1095)
Vera
2002 Ed. (757)
Vera Bradley Inc.
2012 Ed. (4432, 4434)
2014 Ed. (3474)
2015 Ed. (3492)
2016 Ed. (3342)
Vera Laboratories Ltd.
2002 Ed. (4425)
Vera Wang
2009 Ed. (3073)
Veracity Entertainment
2014 Ed. (3718)
Veracode
2010 Ed. (1112)
2011 Ed. (1051)
2016 Ed. (1034)
Veracruz, Mexico
2003 Ed. (3916)
Verafin Inc.
2014 Ed. (1455)
2015 Ed. (1511)
2016 Ed. (1452)
Veragon
1994 Ed. (985, 1532, 3330)
Veramark Technologies Inc.
2013 Ed. (1934)
Veranda
2003 Ed. (3273)
2007 Ed. (3402)
Verasun Energy Corp.
2009 Ed. (2905, 2906, 2909)
2010 Ed. (861, 1982, 2849, 2850,
2853)
2011 Ed. (2044)
2012 Ed. (1893)
2013 Ed. (2050)
Veratec
1991 Ed. (2620)
1992 Ed. (3271, 3273)
1993 Ed. (2733, 2734)

1994 Ed. (2682)
1995 Ed. (2788, 2790)
1996 Ed. (2854)
1997 Ed. (2952)
1998 Ed. (2689)
1999 Ed. (3631)
Verb Exchange Inc.
2012 Ed. (1355)
Verbatim
1993 Ed. (2035)
Verbinski; Gore
2009 Ed. (2609)
Verbund
1991 Ed. (1256)
1993 Ed. (3671, 3672)
1994 Ed. (3631, 3632)
1996 Ed. (3793)
1997 Ed. (3846, 3947)
1999 Ed. (4722)
2000 Ed. (1390)
2002 Ed. (4756)
2006 Ed. (4883)
Verbund AG
2012 Ed. (1336, 2263, 2727)
2013 Ed. (1433)
2014 Ed. (1392)
2015 Ed. (1455)
Verbund, Austrian Electric
2006 Ed. (1558)
2007 Ed. (1593)
2008 Ed. (1572, 2431, 2817)
2009 Ed. (1504)
2010 Ed. (1495)
2011 Ed. (1488)
Verbund Kat A
1996 Ed. (3792)
1999 Ed. (4723)
2000 Ed. (4351, 4352)
Verdegaal Brothers Inc.
2013 Ed. (2674)
Verdi Consulting
2014 Ed. (98)
Verdi Spumante
2001 Ed. (1151)
2002 Ed. (963)
2003 Ed. (900)
2004 Ed. (925)
2005 Ed. (917, 919)
2006 Ed. (829)
Verdix Corp.
1990 Ed. (412)
1992 Ed. (488)
Vere (Holdings) Ltd.; William
1995 Ed. (1016)
Veredus
2015 Ed. (1630)
Veredus Corp.
2012 Ed. (1484)
2013 Ed. (1613)
Vereinigte Elekt
1997 Ed. (3215)
Vereinigte Energiewerke
1996 Ed. (1214)
Vereinte Versicherungen
1999 Ed. (2920)
Verelan
1994 Ed. (1560, 2462)
1995 Ed. (1590)
1996 Ed. (1578)
Verelan Caps
1992 Ed. (1868)
Verelan Tablets
1996 Ed. (2152)
1997 Ed. (1656, 2259)
Veremos Todo Niurka Bobby
2006 Ed. (2856)
Verengo
2016 Ed. (4409, 4410)
Verenigde Spaarbank
1990 Ed. (645)
1991 Ed. (619, 620)
1992 Ed. (794, 795)
1993 Ed. (585, 586)
1994 Ed. (592)
Verenigte Spaarbank
1994 Ed. (593)
Veresen
2014 Ed. (1446)
Veresen Inc.
2015 Ed. (4022)
Verevskiy; Andrey
2012 Ed. (4897)
2013 Ed. (4920)
2014 Ed. (4927)
Verex Assurance
1989 Ed. (1711)
Vergara; Sofia
2014 Ed. (2533, 4963)
2015 Ed. (2606, 5004)
2016 Ed. (2530, 4921)

The Verge
2014 Ed. (627)
VeriChip
2009 Ed. (4398)
Verico Premiere Mortgage Centre Inc.
2015 Ed. (2715)
Veridian Corp.
2004 Ed. (4830)
Veridian Credit Union
2007 Ed. (2117)
2008 Ed. (2232)
2009 Ed. (2217)
2010 Ed. (2171)
2011 Ed. (2189)
2012 Ed. (2049)
2013 Ed. (2231)
2014 Ed. (2163)
2015 Ed. (2227)
2016 Ed. (2198)
Veridian Homes
2009 Ed. (1144)
Veridian Systems Group
2002 Ed. (2514)
Verifone
1993 Ed. (2740)
1994 Ed. (2692, 2706)
1996 Ed. (366)
VeriFone Holdings Inc.
2007 Ed. (4279)
Verify Inc.
2007 Ed. (3063)
Verikkaus
1989 Ed. (29)
Verint Systems
2013 Ed. (2840)
Verint Systems Inc.
2008 Ed. (4615)
Verio
2001 Ed. (4192)
2002 Ed. (916, 1622, 2486)
2004 Ed. (1717)
2007 Ed. (1729)
2008 Ed. (1758)
2009 Ed. (4824)
Veris
2015 Ed. (1607)
Veris Consulting Inc.
2013 Ed. (2144)
Veris Group
2015 Ed. (2137)
VeriSign
2015 Ed. (1096)
VeriSign Inc.
2002 Ed. (2471, 2483)
2003 Ed. (1458, 1576, 1592, 2161,
2703, 2731)
2004 Ed. (1488, 2215, 3149, 3150,
4661)
2005 Ed. (1154, 1504, 1671, 1673,
1684, 3171, 3172, 3174, 3196)
2006 Ed. (1143, 1512, 1577, 1582,
3040, 3175, 3177)
2007 Ed. (3068, 4590)
2008 Ed. (1138, 3203)
2010 Ed. (2017)
2012 Ed. (953, 969)
Verisity Ltd.
2003 Ed. (4320)
Verisk Analytics
2014 Ed. (802, 4468)
2015 Ed. (846, 4462)
2016 Ed. (4361)
VeriStor Systems
2008 Ed. (3182)
2015 Ed. (1657)
2016 Ed. (1599)
Verit Ind
1989 Ed. (2664)
Verit Industries
1989 Ed. (2669)
1994 Ed. (2428)
VERITAAQ
2015 Ed. (2981)
2016 Ed. (2916)
Veritable LP
2009 Ed. (3443)
2010 Ed. (3384)
2011 Ed. (3333)
2013 Ed. (3390)
Veritas
2000 Ed. (89)
Veritas Capital Inc.
2004 Ed. (2010)
2005 Ed. (1377, 2148)
Veritas Capital Management LLC
2007 Ed. (2852)
2008 Ed. (1358, 1366, 2974)
2009 Ed. (3057)
2010 Ed. (2991)
Veritas Publicitaria

1989 Ed. (101)
1990 Ed. (96)
Veritas Re
  2001 Ed. (2955, 2957)
Veritas Software Corp.
  1998 Ed. (1885)
  1999 Ed. (1445, 2616, 2618, 4323, 4325, 4485)
  2001 Ed. (1351, 1577, 2866, 4380)
  2002 Ed. (1502, 1548, 4356, 4357, 4359, 4360, 4361)
  2003 Ed. (1109, 1111, 1121, 1550, 2240, 2622, 4539)
  2004 Ed. (1123, 1124, 1126, 2257, 2739)
  2005 Ed. (1130, 1131, 1132, 1133, 1136, 1156, 2737, 4517)
  2006 Ed. (1119, 1120, 1122, 1123, 1422, 4463, 4583)
  2007 Ed. (1258)
Veritas Supply
  2007 Ed. (3604)
Veritas Venture Capital Management Ltd.
  1999 Ed. (4705)
Veritas Vineyard & Winery
  2013 Ed. (4941)
Veritas/O & M
  1995 Ed. (69)
  1996 Ed. (82)
Veritas/Ogilvy & Mather
  1992 Ed. (143)
  1993 Ed. (95)
  1997 Ed. (82)
  1999 Ed. (83)
Veritas/Ogilvy & Mather
  1991 Ed. (95)
Verite Inc.
  2006 Ed. (3543, 4381)
  2007 Ed. (3605, 3606, 4449)
  2008 Ed. (3735, 4431, 4987)
Verity Credit Union
  2006 Ed. (2159)
Verity Inc.
  1997 Ed. (3409)
  2006 Ed. (3028)
Verizon
  2002 Ed. (4565)
  2003 Ed. (743, 4694)
  2004 Ed. (755, 756, 4671)
  2005 Ed. (738, 741, 4629)
  2006 Ed. (648, 4695)
  2007 Ed. (678, 680, 2175, 2176, 2178, 2182, 2184, 2186, 2190, 2194, 3222, 3792, 4712)
  2008 Ed. (139, 636, 638, 639, 3866, 4639)
  2009 Ed. (160, 654, 2312, 3924, 4677)
  2010 Ed. (151, 621, 2232, 2235, 2241, 2243, 3373, 3842, 4690)
  2011 Ed. (75, 2252, 3844, 4642)
  2012 Ed. (77, 558, 4645, 4660)
  2013 Ed. (70, 640, 667, 696, 2000, 2007, 2008, 2010, 4633, 4640, 4641)
  2014 Ed. (89, 654, 684, 4670, 4673)
  2015 Ed. (91, 714, 735, 4672, 4678, 4681)
  2016 Ed. (86, 655, 670, 4583, 4590, 4683)
Verizon Business Global LLC
  2011 Ed. (2137)
  2012 Ed. (1981)
  2013 Ed. (2145)
Verizon Center
  2011 Ed. (1071)
  2014 Ed. (1101)
  2016 Ed. (1050)
Verizon Communications
  2013 Ed. (4110, 4708)
  2014 Ed. (33, 1881, 2552, 4126, 4762)
  2015 Ed. (4110)
  2016 Ed. (85, 748, 4915)
Verizon Communications Enterprise Solutions
  2005 Ed. (4809)
Verizon Communications Inc.
  2002 Ed. (60, 228, 915, 1540, 1541, 1542, 1543, 1555, 1564, 1739, 1741, 1743, 2810, 2812, 2814, 3233, 3889, 4562, 4563, 4566, 4567, 4569, 4570, 4580, 4711, 4883)
  2003 Ed. (16, 17, 193, 1075, 1072, 1073, 1076, 1101, 1551, 1562, 1564, 1568, 1572, 1584, 1594, 1705, 1712, 1785, 1790, 1791, 1977, 1978, 1982, 1984, 1985,

1987, 2948, 3288, 3754, 3760, 4029, 4030, 4032, 4562, 4691, 4692, 4693, 4696, 4702, 4703, 4704, 4706, 4707, 4708)
  2004 Ed. (22, 23, 152, 156, 857, 859, 1086, 1087, 1347, 1579, 1593, 1595, 1599, 1600, 1601, 1602, 1824, 1825, 2025, 2026, 2031, 2033, 2039, 2040, 2041, 2845, 3022, 3351, 3785, 4051, 4484, 4663, 4664, 4665, 4666, 4667, 4668, 4669, 4670, 4673, 4674, 4676, 4677, 4681, 4688)
  2005 Ed. (16, 150, 154, 831, 832, 1096, 1097, 1098, 1355, 1360, 1388, 1620, 1798, 1909, 1910, 1976, 2008, 2232, 3026, 3380, 3381, 3923, 3924, 3935, 3989, 4515, 4619, 4620, 4621, 4622, 4623, 4624, 4625, 4626, 4627, 4633, 4634, 4639, 4652)
  2006 Ed. (20, 21, 22, 163, 166, 169, 758, 759, 1088, 1089, 1092, 1364, 1365, 1378, 1446, 1483, 1532, 1778, 1937, 1938, 2045, 2105, 2385, 2850, 3034, 3039, 3276, 3291, 3292, 3361, 3362, 3695, 3932, 3997, 3998, 4009, 4025, 4686, 4687, 4688, 4689, 4690, 4691, 4692, 4693, 4696, 4697, 4698, 4706, 4709)
  2007 Ed. (15, 16, 70, 154, 851, 854, 857, 858, 859, 860, 1193, 1194, 1195, 1475, 1535, 1920, 1921, 2015, 2326, 2910, 3071, 3246, 3415, 3522, 3620, 3690, 4032, 4524, 4588, 4705, 4706, 4708, 4709, 4710, 4718, 4719, 4720, 4726, 4728, 4730)
  2008 Ed. (19, 20, 75, 154, 156, 816, 817, 818, 896, 1100, 1101, 1179, 1347, 1350, 1362, 1372, 1469, 1519, 1987, 1988, 2112, 2449, 2452, 3033, 3681, 4060, 4078, 4093, 4094, 4261, 4496, 4521, 4635, 4637, 4640, 4641, 4643, 4651, 4652, 4942)
  2009 Ed. (22, 23, 84, 152, 153, 154, 155, 156, 175, 178, 842, 843, 1079, 1080, 1155, 1351, 1373, 1439, 1940, 1943, 1945, 2096, 2152, 2455, 2939, 3119, 3272, 3750, 3751, 4174, 4175, 4185, 4191, 4205, 4206, 4365, 4674, 4676, 4681, 4683, 4684, 4687, 4693, 4694, 4697, 4826)
  2010 Ed. (31, 33, 143, 144, 146, 147, 148, 157, 158, 183, 788, 789, 798, 1050, 1051, 1149, 1335, 1344, 1359, 1430, 1434, 1455, 1733, 1877, 1880, 1882, 2038, 2092, 2376, 2975, 3053, 3193, 3687, 4109, 4110, 4120, 4126, 4141, 4142, 4392, 4400, 4689, 4692, 4693, 4694, 4695, 4697, 4700, 4705, 4706, 4707, 4710)
  2011 Ed. (27, 28, 67, 68, 69, 70, 71, 72, 79, 81, 715, 726, 984, 985, 986, 1092, 1318, 1347, 1907, 1910, 2375, 2378, 2936, 2937, 3022, 3156, 3676, 3682, 3684, 4077, 4078, 4085, 4091, 4141, 4142, 4337, 4345, 4639, 4641, 4644, 4648, 4650, 4653, 4660, 4661, 4662, 4666, 4733)
  2012 Ed. (30, 31, 69, 70, 71, 72, 73, 74, 80, 82, 113, 660, 663, 664, 896, 897, 1186, 1212, 1269, 1272, 1764, 1767, 1768, 1772, 1989, 1997, 2302, 2949, 3112, 3687, 3688, 3694, 3698, 3701, 4108, 4109, 4119, 4125, 4174, 4641, 4642, 4644, 4646, 4654, 4655, 4658, 4676, 4677, 4750)
  2013 Ed. (35, 36, 64, 65, 67, 68, 69, 74, 75, 700, 1055, 1056, 1306, 1309, 1310, 1324, 1370, 1373, 1938, 1941, 1944, 1946, 2186, 2292, 2361, 2479, 3740, 3741, 3745, 3746, 4104, 4105, 4118, 4161, 4612, 4616, 4629, 4634, 4635, 4638, 4645, 4648, 4649, 4806)
  2014 Ed. (51, 83, 84, 87, 88, 92, 93, 821, 1019, 1020, 1239, 1244, 1245, 1258, 1316, 1876, 1880, 1883, 1885, 2117, 2291, 2293, 2410, 3052, 3674, 3678, 3679, 4120, 4121, 4133, 4179, 4664, 4667, 4669, 4671, 4678, 4680, 4689, 4698, 4699)

2015 Ed. (55, 85, 86, 88, 89, 99, 113, 1055, 1056, 1297, 1301, 1314, 1346, 1372, 1911, 1917, 1920, 1922, 2294, 2374, 2376, 2485, 3118, 3265, 3696, 3697, 4104, 4105, 4117, 4160, 4661, 4669, 4673, 4674, 4677, 4679, 4689, 4699, 4709, 4710, 4865, 5017)
  2016 Ed. (54, 89, 962, 963, 1212, 1216, 1219, 1230, 1310, 1875, 1882, 1883, 1885, 2143, 2320, 2416, 4016, 4017, 4021, 4025, 4031, 4074, 4322, 4436, 4575, 4581, 4584, 4585, 4587, 4588, 4596, 4604, 4613, 4772)
Verizon Data Services
  2009 Ed. (4673)
Verizon Foundation
  2005 Ed. (2676)
  2010 Ed. (2769)
  2011 Ed. (2755)
  2012 Ed. (2689)
Verizon International Teleservices
  2008 Ed. (848)
Verizon Logistics
  2007 Ed. (4033, 4043)
Verizon New England Inc.
  2003 Ed. (1755)
  2004 Ed. (1792)
Verizon Telecom
  2008 Ed. (3201)
  2009 Ed. (3262)
Verizon Theatre
  2012 Ed. (1000)
  2013 Ed. (1143)
  2015 Ed. (1141)
Verizon West Virginia Inc.
  2003 Ed. (1853)
  2004 Ed. (1889)
  2005 Ed. (2015)
  2006 Ed. (2117)
Verizon Wireless
  2002 Ed. (4977)
  2003 Ed. (742, 1783, 4690, 4975, 4976, 4977, 4980)
  2004 Ed. (1819, 3154)
  2005 Ed. (3026, 4622, 4978, 4986)
  2006 Ed. (803, 1091, 3979)
  2007 Ed. (3621, 4805)
  2008 Ed. (2971, 3166, 3169, 3180, 3201, 3743, 4734)
  2009 Ed. (3763, 4769, 4959, 4963)
  2010 Ed. (993, 995, 3373, 4971)
  2011 Ed. (566, 567, 571, 928, 933, 3691, 4961, 4962)
  2012 Ed. (193, 711, 854, 856, 2326, 3089, 3112, 3113, 4640, 4955)
  2013 Ed. (1036, 1038, 2506, 3170, 3193, 4947)
  2014 Ed. (861, 2448, 3181, 3214, 4652, 4957)
  2015 Ed. (900, 1346, 2520, 3708, 4645, 4998)
  2016 Ed. (3116, 4558)
Verizon Wireless Arena
  2005 Ed. (4441)
  2006 Ed. (1156)
Verizon Wireless Music Center
  2003 Ed. (269)
  2011 Ed. (180)
  2012 Ed. (190)
Verizon Wireless Service
  2002 Ed. (763)
Verlagsgruppe Bertelsmann International GmbH
  1994 Ed. (2933)
  1995 Ed. (2987)
Verlagsgruppe Georg von Holtzbrinck GmbH
  2003 Ed. (727, 729)
  2004 Ed. (749, 751)
  2005 Ed. (730, 732)
  2006 Ed. (642, 644)
  2007 Ed. (667, 669)
  2008 Ed. (626, 628)
  2009 Ed. (646, 648)
Verlander; Justin
  2016 Ed. (216)
Verlo Inc.
  2003 Ed. (1680)
Verlo Mattress Factory Stores
  1999 Ed. (2563)
  2002 Ed. (2387)
  2003 Ed. (2590)
  2007 Ed. (2670)
Vermeer Manufacturing Co.
  2015 Ed. (1745)
  2016 Ed. (1697)
Vermilion Energy
  2015 Ed. (3940)

Vermilion Energy Trust
  2007 Ed. (1621)
  2012 Ed. (1392)
Vermilion Oil & Gas Netherlands BV
  2015 Ed. (1877)
Vermillion Bancshares Inc.
  2005 Ed. (378)
Vermillion Energy Trust
  2009 Ed. (1398)
Vermillion, SD
  2010 Ed. (4272)
  2011 Ed. (4203)
Vermillionville
  1992 Ed. (4318)
Vermont
  1989 Ed. (1508, 1888, 1897, 1987, 2534, 2562, 2563, 2893, 2914, 2927, 2931)
  1990 Ed. (2867, 3352, 3358, 3359, 3382, 3386, 3412, 3414, 3418, 3420, 3422, 3424, 3507, 3677)
  1991 Ed. (2161, 2352, 3196, 3198, 3205, 3347, 3459, 3482, 3488, 3492)
  1992 Ed. (2574, 2857, 2863, 2916, 2917, 2921, 2922, 2924, 2929, 2934, 2968, 4088, 4098, 4104, 4405, 4436, 4443, 4445, 4452, 4455, 4457)
  1993 Ed. (871, 2427, 2710, 3406, 3412, 3437, 3442, 3699, 3707, 3713, 3716, 3719, 3732)
  1994 Ed. (2371, 3339, 3396, 3639)
  1995 Ed. (363, 2450, 3461, 3467, 3468, 3473, 3713, 3733, 3740, 3744, 3752, 3754, 3755)
  1996 Ed. (899, 2496, 3174, 3517, 3520, 3521, 3523, 3541, 3548, 3549, 3554, 3578, 3799, 3832, 3841, 3844, 3851, 3853, 3854)
  1997 Ed. (930, 2638, 3227, 3566, 3581, 3588, 3589, 3882, 3889, 3891, 3899)
  1998 Ed. (673, 2970, 3377, 3390, 3465, 3717, 3735, 3736, 3737)
  1999 Ed. (1859, 3197, 3268, 4420, 4421, 4465, 4468, 4765, 4782)
  2000 Ed. (1792, 2452, 3006, 3007, 4100, 4110, 4393, 4405, 4407)
  2001 Ed. (1157, 1159, 2360, 2361, 2437, 2691, 3294, 4273, 4274, 4409, 4431, 4682, 4684, 4837, 4839, 4865, 4869, 4919, 4923)
  2002 Ed. (469, 470, 471, 475, 476, 477, 492, 493, 496, 959, 961, 1114, 1115, 1118, 1119, 2067, 2068, 2953, 3112, 3124, 3252, 3708, 4107, 4109, 4110, 4115, 4141, 4158, 4160, 4167, 4168, 4169, 4170, 4739, 4741, 4909, 4911, 4915, 4920, 4921)
  2003 Ed. (400, 403, 409, 412, 416, 417, 418, 905, 1065, 1066, 1067, 1068, 2128, 2829, 3874, 4231, 4233, 4234, 4235, 4246, 4251, 4253, 4254, 4255, 4256, 4289, 4296, 4298, 4853, 4945, 4957)
  2004 Ed. (381, 389, 390, 391, 394, 395, 396, 397, 922, 1026, 1073, 1075, 1076, 1077, 2022, 2186, 2187, 2293, 2317, 2806, 3426, 3480, 3898, 3899, 4263, 4273, 4274, 4275, 4276, 4302, 4304, 4306, 4307, 4512, 4529, 4530, 4654, 4838, 4904, 4949, 4960, 4979, 4993)
  2005 Ed. (409, 410, 414, 415, 416, 913, 1079, 1080, 1081, 2276, 2277, 2525, 2528, 2786, 2917, 3837, 3838, 4198, 4206, 4207, 4208, 4209, 4237, 4239, 4240, 4723, 4829, 4929, 4943, 4944)
  2006 Ed. (783, 2344, 2345, 2980, 3480, 3726, 3904, 3905, 4474, 4666)
  2007 Ed. (2272, 2273, 2280, 2281, 3709, 3954)
  2008 Ed. (851, 2415, 2416, 2436, 2437, 2897, 2906, 3004, 3278, 3279, 3984)
  2009 Ed. (2405, 2406, 2414, 2415, 2438, 2439, 2503, 2667, 2945, 3285, 3335, 3550, 3553, 3579)
  2010 Ed. (812, 1059, 2317, 2318, 2325, 2326, 2327, 2359, 2360, 2411, 2414, 2420, 2571, 2592, 2595, 2879, 3269, 3360, 3448, 3470, 3497, 3612, 3631, 3709, 3996, 4536, 4569, 4570, 4716, 4968)

2011 Ed. (736, 737, 741, 997, 2313, 2314, 2321, 2322, 2323, 2355, 2356, 2414, 2417, 2423, 2548, 2574, 2577, 2861, 3315, 3448, 3615, 3632, 3706, 4004, 4445, 4474, 4532, 4674, 4957)
2012 Ed. (273, 673, 674, 676, 921, 2214, 2215, 2224, 2225, 2281, 2335, 2338, 2344, 2497, 2521, 2524, 2525, 2736, 2791, 3135, 3203, 3204, 3205, 3301, 3465, 3609, 3632, 3727, 4485, 4489, 4534, 4689, 4951)
2013 Ed. (736, 1155, 1386, 2396, 2421, 2517, 2521, 2522, 2704, 3043, 3132, 3134, 3720, 3827, 4039, 4122, 4435, 4447, 4491, 4572, 4776, 4971, 4972, 4997, 4999)
2014 Ed. (276, 843, 845, 2461, 3134, 3229, 3750, 3765, 4137, 4478, 4625, 4629)
2015 Ed. (882, 884, 2529, 4473)
2016 Ed. (769, 2462, 3379, 4378, 4542)
Vermont American
1990 Ed. (2501)
Vermont College of Fine Arts
2014 Ed. (2071)
2015 Ed. (2120)
2016 Ed. (2103)
Vermont Composites Inc.
2004 Ed. (1877)
Vermont Credit Union
2002 Ed. (1896)
2003 Ed. (1950)
2004 Ed. (1990)
2005 Ed. (2132)
2006 Ed. (2227)
2007 Ed. (2148)
2008 Ed. (2263)
2009 Ed. (2249)
2010 Ed. (2203)
2011 Ed. (2221)
2012 Ed. (2082)
2013 Ed. (2271)
2014 Ed. (2205)
2015 Ed. (2269)
2016 Ed. (2240)
Vermont Development Credit Union
2002 Ed. (1829, 1830)
2003 Ed. (1890, 1895)
2004 Ed. (1928, 1929, 1990)
2005 Ed. (2067, 2068, 2075, 2132)
2006 Ed. (2161, 2168, 2169, 2227)
Vermont Economic Development Authority
2001 Ed. (934)
2016 Ed. (2103)
Vermont Education Health Initiative
2011 Ed. (4315, 4318)
Vermont Electric Power Co., Inc.
2010 Ed. (2077)
2011 Ed. (2133)
2012 Ed. (1978)
Vermont Energy Investment Corp.
2012 Ed. (1977)
2013 Ed. (2136)
2014 Ed. (2070)
2015 Ed. (2119)
2016 Ed. (2102)
Vermont Federal Bank
1997 Ed. (642)
1998 Ed. (3568)
Vermont Foodbank
2014 Ed. (2071)
Vermont Fund Advisors
2001 Ed. (935)
Vermont Health & Education Buildings Agency
2001 Ed. (934)
Vermont Housing Finance Agency
2001 Ed. (934)
Vermont Insurance Management Inc.
1990 Ed. (907)
1991 Ed. (856)
1993 Ed. (853)
1994 Ed. (867)
1995 Ed. (909)
1996 Ed. (882)
1997 Ed. (903)
1998 Ed. (642)
1999 Ed. (1034)
2000 Ed. (984)
Vermont Insurance Maritime Indemnity & Suretyship Co.
1991 Ed. (857)
Vermont Law School
1995 Ed. (2424)
1996 Ed. (2459)

1997 Ed. (2604)
1998 Ed. (2336)
1999 Ed. (3161)
2000 Ed. (2905)
2001 Ed. (3062)
Vermont Municipal Bond Bank
2001 Ed. (934)
Vermont Mutual Insurance Group
2008 Ed. (2155)
Vermont National Bank
1997 Ed. (642)
Vermont Office of Child Support; State of
2005 Ed. (2827)
Vermont Public Radio
2014 Ed. (2071)
2015 Ed. (2120)
Vermont Pure
2000 Ed. (724, 733)
2002 Ed. (753)
2003 Ed. (732)
2005 Ed. (735)
Vermont Pure Holdings
1999 Ed. (717, 722)
2000 Ed. (729)
Vermont State Employees Credit Union
2002 Ed. (1896)
2003 Ed. (1950)
2004 Ed. (1990)
2005 Ed. (2132)
2006 Ed. (2227)
2007 Ed. (2148)
2008 Ed. (2263)
2009 Ed. (2249)
2010 Ed. (2203)
2011 Ed. (2221)
2012 Ed. (2082)
2013 Ed. (2271)
2014 Ed. (2205)
2015 Ed. (2269)
2016 Ed. (2240)
Vermont Studio Center
1995 Ed. (935)
Vermont; University of
2009 Ed. (793)
2010 Ed. (3626)
2011 Ed. (3627)
Vermont Yankee Corp.
1994 Ed. (3623)
Vermont Yankee Nuclear Power Corp.
1997 Ed. (3835)
2011 Ed. (2136)
2012 Ed. (1980)
2013 Ed. (2139)
Vermont Yankee Nuclear Power Corp. Employee Benefit Trust
2010 Ed. (2079)
VermonTeddyBear.com
2007 Ed. (2318)
VermontTeddyBear.com
2013 Ed. (2474)
Vermouth
2001 Ed. (4895, 4896, 4898, 4899, 4900, 4901)
2002 Ed. (4949, 4951, 4952, 4953)
Vermouth/Aperitif
2001 Ed. (4847, 4903)
Vermylen; David B.
2010 Ed. (2564)
Verna Gibson
1992 Ed. (4496)
Vernadero Group Inc.
2016 Ed. (4778)
Vernalis
2006 Ed. (3897)
2007 Ed. (3948)
Verne G. Istock
1997 Ed. (981)
2001 Ed. (2314, 2315)
Vernier Software & Technology
2009 Ed. (1985)
2010 Ed. (1918)
2011 Ed. (1949, 1963)
2012 Ed. (1813, 1820)
Vernitron Corp.
1997 Ed. (1257)
Vernon, CA
1994 Ed. (2406)
1995 Ed. (2482)
1996 Ed. (2537)
Vernon County, LA
1996 Ed. (1474)
Vernon G. Baker II
2011 Ed. (1374)
Vernon Hill II
2004 Ed. (969)
2007 Ed. (1017)
2008 Ed. (941)
Vernon Jordan
2004 Ed. (176)

Vernon; Lillian
1991 Ed. (868)
1992 Ed. (2056)
Vernon Plack
2008 Ed. (2691)
Vernon R. Loucks Jr.
1990 Ed. (973, 1720)
1991 Ed. (926)
1992 Ed. (1143, 2059)
1998 Ed. (1516)
Vernon; Stephen
2009 Ed. (4905)
2010 Ed. (4906)
Vernon W. Hill II
2007 Ed. (1020)
Vernon W. Hill III
2004 Ed. (968)
2005 Ed. (973)
Vernon Wright
2006 Ed. (991)
Vero Beach, FL
1990 Ed. (997, 998)
2000 Ed. (1090, 3817)
2005 Ed. (3467)
Veron; Juan
2005 Ed. (4895)
Verona, Vicenza & Belluno
1993 Ed. (538)
Verona Vicenza Belluno & Ancona
1992 Ed. (739)
Verona, Vicenza, Belluno e Ancona
1994 Ed. (540)
Veronica Roth
2016 Ed. (245)
Veronis, Suhler & Associates Inc.
2001 Ed. (1513, 1516)
Verrill Dana
2014 Ed. (3440)
Versa-Flex III
1995 Ed. (2316)
Versa; Nissan
2013 Ed. (275)
Versa Services
1994 Ed. (2110)
Versa Systems Ltd.
2003 Ed. (1086)
VersaCold
2009 Ed. (4837)
2010 Ed. (4846, 4847)
2011 Ed. (4812)
2012 Ed. (4828)
Versacold Group
2001 Ed. (4724, 4725)
2006 Ed. (4888)
2007 Ed. (4880)
2008 Ed. (4815)
Versacold Income Fund
2009 Ed. (4424)
VersaCold Logistics Services
2011 Ed. (4813)
2012 Ed. (4829)
2016 Ed. (4792)
Versailles
1992 Ed. (675)
1993 Ed. (486)
Versant Corp.
2006 Ed. (1139)
2011 Ed. (4444, 4446)
Versant Ventures
2003 Ed. (4848)
2006 Ed. (4880)
VersaPay Corp.
2011 Ed. (2841)
2012 Ed. (2771)
Versar Inc.
1997 Ed. (3132)
2006 Ed. (2106)
2007 Ed. (2063)
2010 Ed. (4494, 4531)
2011 Ed. (4429, 4471)
Versata Inc.
2002 Ed. (4192)
VersaTel Telecom
2001 Ed. (4183)
Versatel Telecom International NV
2002 Ed. (2519)
Versatile Bond Portfolio
1996 Ed. (2782)
Versatile Mobile Systems (Canada) Ltd.
2006 Ed. (2821)
Versatile Systems
2015 Ed. (1112)
Versatile Systems Inc.
2007 Ed. (1235)
2008 Ed. (1132, 1133)
2009 Ed. (1110, 1111)
2010 Ed. (1091, 1092)
2011 Ed. (1030)
2012 Ed. (960, 2829)
Versature

2014 Ed. (1490)
Versed Syrup
2001 Ed. (2099)
Versicor
2008 Ed. (4615)
Version 1
2014 Ed. (1706)
2015 Ed. (1748)
Version Tracker
2005 Ed. (3187)
VersionOne
2012 Ed. (971)
Verslunarbanki Islands FF (Iceland Bank of Commerce Ltd.)
1991 Ed. (541)
Verso Paper Corp.
2009 Ed. (3905, 4166)
2010 Ed. (4446)
2011 Ed. (2081, 3823, 4071)
2016 Ed. (2030)
Verso Technologies Inc.
2006 Ed. (4606)
Verspieren
2011 Ed. (3197)
Versus Technology Inc.
1994 Ed. (2428)
Vertel Corp.
2000 Ed. (3003)
Vertex
2000 Ed. (3586)
2002 Ed. (4571, 4573, 4574, 4575, 4576, 4577, 4579)
2010 Ed. (4702)
2016 Ed. (3921, 3922, 3923, 3929)
Vertex Aerospace LLC
2010 Ed. (1837)
2011 Ed. (139, 1868, 1869)
2012 Ed. (143, 1724, 1725)
Vertex Balanced Fund
2003 Ed. (3558, 3559, 3560)
2006 Ed. (3664)
Vertex Body Sciences
2015 Ed. (2748)
Vertex Fund
2006 Ed. (3667)
Vertex Fund Limited Partnership Inc.
2003 Ed. (3573, 3574, 3575, 3583)
Vertex GmbH
2016 Ed. (1387)
Vertex Interactive
2003 Ed. (1123)
Vertex Pharmaceuticals
2007 Ed. (3461, 4532, 4562)
2010 Ed. (1803)
2014 Ed. (617)
2015 Ed. (687, 688)
2016 Ed. (627, 628)
Vertex Pharmaceuticals Inc.
2014 Ed. (2318)
Vertex Pharmacteuticals
2015 Ed. (689)
2016 Ed. (629)
VERTEX Solutions, Inc.
2003 Ed. (2743)
Vertica
2014 Ed. (1556)
Vertical Communications
2008 Ed. (1136)
Vertical Construction
2009 Ed. (1277)
Vertical Marketing
1998 Ed. (3478)
Vertical Worship Songs
2014 Ed. (3714, 3715)
VerticalNet
2001 Ed. (2164, 2180, 4184, 4186, 4451)
Vertiglo
2013 Ed. (181, 1097)
Vertis Communications
2008 Ed. (4026, 4028, 4035)
2009 Ed. (4098)
2010 Ed. (4017, 4020)
2011 Ed. (4016, 4018)
2012 Ed. (4021, 4046)
2013 Ed. (4076)
Vertis Holdings Inc.
2006 Ed. (1863)
2007 Ed. (1868)
2010 Ed. (1796)
Vertis Inc.
2003 Ed. (3308, 3309, 3933, 3934, 3935)
2004 Ed. (3937, 3942)
2005 Ed. (3898, 3899)
2006 Ed. (111, 116, 3968, 3969)
2007 Ed. (105, 2883, 4008, 4009)
2008 Ed. (3005)
2009 Ed. (3091, 3664, 4147)
2010 Ed. (3024, 3577, 4079)

1871

2011 Ed. (2993)
2012 Ed. (2919)
Verus Global
2014 Ed. (1523)
Verus Global Inc.
2013 Ed. (1554)
VerveLife
2008 Ed. (3595)
Verwaltungs- & Privat
1991 Ed. (592)
Verwaltungs & Privat Bank
1992 Ed. (761)
1993 Ed. (553)
1995 Ed. (529)
1996 Ed. (585)
1997 Ed. (541)
1999 Ed. (578)
2000 Ed. (596)
2002 Ed. (610)
2003 Ed. (575)
2004 Ed. (583)
2005 Ed. (572)
2006 Ed. (493)
2007 Ed. (514)
2008 Ed. (471)
2009 Ed. (493)
2010 Ed. (475)
2011 Ed. (402)
Verwaltungs-und Privat-Bank A.G.
1989 Ed. (608)
The Very Big Corporation of America
2010 Ed. (1432)
The Very Hungry Caterpillar
1990 Ed. (979)
2008 Ed. (548)
2015 Ed. (640)
Very Old Barton
1989 Ed. (748)
"Very Rest of Ed Sullivan"
1993 Ed. (3535)
Very Special Arts
1994 Ed. (892)
1995 Ed. (935)
Veryfine
1990 Ed. (723)
1992 Ed. (2240)
1993 Ed. (688, 689, 690, 691, 692, 693, 694, 696)
1997 Ed. (2094)
Veryfine Fruit20
2010 Ed. (618)
Veryfine Products Inc.
2004 Ed. (674)
Vesta Corp.
2003 Ed. (2727)
2005 Ed. (2592, 3904)
2006 Ed. (2594, 3977)
Vesta Fire Insurance Corp.
1999 Ed. (2905)
2001 Ed. (4033)
Vesta Fire Insurance Corporation
2000 Ed. (2680)
Vesta Homes
2005 Ed. (1220)
Vesta Insurance Group
2000 Ed. (2718)
2002 Ed. (2951)
Vestar
1993 Ed. (2748)
Vestar Capital Partners
2003 Ed. (3211)
2006 Ed. (3619)
2010 Ed. (2902)
Vestar Development Co.
2006 Ed. (4313)
2009 Ed. (4439)
Vestas Aircoil AS
1997 Ed. (1381)
Vestas Americas A/S
2010 Ed. (3509)
Vestas-Scandinavian Wind Technology
A/S
2006 Ed. (1676)
Vestas Wind Systems
2002 Ed. (1343)
2008 Ed. (1703)
2009 Ed. (1630)
2015 Ed. (2412)
2016 Ed. (2356)
Vestas Wind Systems A/S
2006 Ed. (1682)
2007 Ed. (4962)
2008 Ed. (3555)
2009 Ed. (767, 1633, 1634, 2590, 3622)
2010 Ed. (710, 805, 1603, 1606, 1607, 2304, 3544)
2011 Ed. (731, 1609, 2439, 3543)
2012 Ed. (1292, 1456, 1471, 1709, 2231, 2359, 2364, 3536)

2013 Ed. (1591, 2524, 2542, 3581)
2014 Ed. (1557, 2474)
2015 Ed. (1606)
2016 Ed. (1532)
VESTAX Securities
1999 Ed. (846)
2000 Ed. (841)
Vestcom International Inc.
2014 Ed. (1370, 1372)
Vestcor Cos.
2000 Ed. (3719)
2002 Ed. (3922)
Vestel
2007 Ed. (38, 88)
Vestel A.S.
2008 Ed. (95)
2009 Ed. (104)
Vestel Elektronok Sanayi ve Ticaret AS
2010 Ed. (3575)
2011 Ed. (3578)
2012 Ed. (3571)
2013 Ed. (3606)
Vestimenta
2006 Ed. (1030)
Vestmark Inc.
2009 Ed. (2981)
Vesuvius
2016 Ed. (3073)
Vesuvius Companies
2001 Ed. (4025)
Vesuvius plc
2014 Ed. (3425, 4544)
Vet
2002 Ed. (3657)
VetDepot.com
2013 Ed. (4273)
Veteran Affairs; U.S. Department of
2015 Ed. (3695)
Veteran Corps of America
2012 Ed. (1185)
2016 Ed. (2115)
Veterans Administration
1990 Ed. (2056)
1991 Ed. (1753)
1992 Ed. (2204)
1995 Ed. (1048, 3076)
1998 Ed. (2512)
Veterans Administration Hospital Hines
1990 Ed. (2054)
Veterans Administration; U.S.
1991 Ed. (1056)
Veterans Affairs Credit Union; Department of
2009 Ed. (2254)
Veterans Affairs; Department of
1994 Ed. (1888, 2576)
1995 Ed. (1666, 1913, 1918, 2631)
1996 Ed. (1952)
1997 Ed. (2055)
Veterans Affairs Department; U.S.
2008 Ed. (2891)
2009 Ed. (2954, 2955)
2010 Ed. (2891, 2892)
Veterans Affairs Health Care Network
1999 Ed. (2645)
Veterans Affairs Medical Center
1997 Ed. (2272)
Veterans Affairs; U.S. Department of
2005 Ed. (2745, 2750)
2006 Ed. (2706, 2711, 3587, 3588, 3590)
2007 Ed. (2701, 2707)
2008 Ed. (2830, 2835)
2009 Ed. (2886, 2893, 2940)
2010 Ed. (2823, 2831)
2011 Ed. (2809, 2815, 2856, 3686)
2012 Ed. (2159, 2741, 3695)
2013 Ed. (2854, 3742)
2014 Ed. (2883, 3675)
2015 Ed. (2927)
2016 Ed. (2857)
Veterans Canteen Service
1995 Ed. (1918)
1996 Ed. (1952)
Veterans Enterprise Technology Solutions Inc.
2015 Ed. (2137)
Veterans Health Administration
2010 Ed. (2824)
Veterans Health Care Network
1998 Ed. (1909)
Veterans Memorial Auditorium
1996 Ed. (1173)
Veterans of Foreign Wars of the U.S.
1998 Ed. (1280)
Veterans Stadium
1989 Ed. (986)
2001 Ed. (4356, 4358)
Veterinarian
1992 Ed. (3406, 3407)

2011 Ed. (3781)
Veterinarians
2009 Ed. (3859)
Veterinary Cancer Group Inc.
2011 Ed. (1517)
Veterinary Center of America
1997 Ed. (1256)
Veterinary Centers of America Inc.
2001 Ed. (280)
2003 Ed. (234)
The Veterinary Cooperative
2016 Ed. (1263)
Veterinary services
1997 Ed. (1722)
Veterinary technologists & technicians
2009 Ed. (3859)
Vetora LLC
2014 Ed. (2065)
Vets
1989 Ed. (2196)
1990 Ed. (2822)
Vets First Choice
2014 Ed. (799)
2015 Ed. (843)
VetsAmerica Business Consulting Inc.
2014 Ed. (1238)
Vetta Sports
2014 Ed. (48)
2015 Ed. (51)
2016 Ed. (50)
Vettel; Sebastian
2015 Ed. (226)
Veuve Clicquot
1996 Ed. (896)
1998 Ed. (675, 679, 681, 682, 3751)
1999 Ed. (1062, 1065, 1067, 1068, 4797)
2000 Ed. (1008)
2001 Ed. (1160, 1161, 1162, 1163)
2002 Ed. (968, 969, 972, 974)
2015 Ed. (4994)
Veuve Clicquot Ponsardin
2016 Ed. (4913)
Veuve Clicquot/La Grande Dame
2000 Ed. (1009)
2001 Ed. (1151)
2002 Ed. (963)
2003 Ed. (900)
2004 Ed. (925)
2005 Ed. (916, 919)
2006 Ed. (829)
Veuve Cliquot
1997 Ed. (927, 942)
Veuve du Vernay
2005 Ed. (916)
Vevo
2012 Ed. (3091, 4824)
2013 Ed. (4815)
VF Asia Ltd.
2011 Ed. (4732)
VF Corp.
1989 Ed. (941, 942, 943, 944)
1990 Ed. (1062, 1063, 1064, 1066)
1991 Ed. (980, 981, 982, 983, 984, 985)
1992 Ed. (1219, 1220, 1221, 1222, 1223, 1224, 1225, 1226, 1227, 1646)
1993 Ed. (990, 991, 992, 996, 1000, 1264)
1994 Ed. (1021, 1022, 1023, 1024, 1025, 1028, 1029, 1030, 1032)
1995 Ed. (1030, 1031, 1032, 1033, 1036, 1039)
1996 Ed. (1014, 1015, 1016, 1017, 1018, 1020, 1022)
1997 Ed. (1034, 1035, 1036, 1037, 1038, 3558)
1998 Ed. (775, 776, 777, 778, 779, 780)
1999 Ed. (781, 1201, 1202, 1204, 1205, 3188, 4303, 4377)
2000 Ed. (1121, 1123, 1124, 1527)
2001 Ed. (1275, 1278, 1279, 1280, 1281, 1822, 4513)
2002 Ed. (1081, 1083, 1747)
2003 Ed. (1003, 1004, 1006, 1008, 1009, 1794, 1795)
2004 Ed. (997, 998, 999, 1000, 1002, 1003, 1005, 1008, 1829, 1830)
2005 Ed. (1012, 1013, 1014, 1015, 1016, 1017, 1018, 1019, 1912, 1914, 1915, 4433)
2006 Ed. (1020, 1021, 1022, 1023, 1024, 1025, 1026, 1217, 1944, 4729, 4730)
2007 Ed. (129, 1106, 1107, 1108, 1110, 1112, 1113, 1114, 1115, 1927, 3809)
2008 Ed. (987, 988, 989, 990, 991,

992, 1992, 1993, 3189)
2009 Ed. (970, 971, 972, 973, 974, 976, 980, 1952, 1954, 3248, 3931, 4437, 4552)
2010 Ed. (934, 935, 936, 937, 939, 941, 942, 943, 1887, 1888, 1890, 1891, 1892, 3849, 4479)
2011 Ed. (866, 867, 868, 871, 873, 874, 875, 1733, 1734, 1735, 1738, 1919, 1920, 1923, 3855, 4414)
2012 Ed. (819, 820, 821, 822, 824, 828, 829, 830, 831, 1780, 1781, 1782, 1783, 1784, 3829, 4477)
2013 Ed. (994, 995, 996, 997, 1000, 1005, 1006, 1007, 1008, 1952, 1953, 1954, 1956, 1957, 3891, 4439)
2014 Ed. (956, 957, 958, 959, 960, 964, 970, 971, 972, 973, 1681, 1682, 1888, 1889, 1890, 1892, 1893, 3825, 4471)
2015 Ed. (992, 993, 994, 995, 996, 999, 1000, 1006, 1007, 1008, 1009, 1010, 1726, 1728, 1934, 1936, 1938, 3850, 4465, 4568)
2016 Ed. (897, 898, 899, 900, 901, 904, 906, 907, 911, 912, 913, 1891, 1903, 1904, 1906, 1907, 1908, 3758, 3771)
VF Credit Association FCU
2000 Ed. (1622)
VF Factory Outlet
1996 Ed. (2878)
VF Imagewear (East) Inc.
2007 Ed. (2052)
2008 Ed. (2158)
2009 Ed. (2138)
2013 Ed. (2145)
2015 Ed. (2132)
VF Imagewear (West) Inc.
2003 Ed. (1003)
VF International Ltd.
1993 Ed. (970)
VF Intimates LP
2008 Ed. (988)
2009 Ed. (970)
VF Jeanswear LP
2004 Ed. (997)
2005 Ed. (1012)
2006 Ed. (1020)
2007 Ed. (1106)
2008 Ed. (988)
2009 Ed. (970)
2010 Ed. (934)
2011 Ed. (866)
2012 Ed. (819)
2013 Ed. (994)
2014 Ed. (956)
2015 Ed. (992)
2016 Ed. (897)
VF Knitwear
2001 Ed. (4348)
VF Workwear Inc.
2001 Ed. (1278)
VFA Inc.
2009 Ed. (1115, 1118)
2015 Ed. (1106)
VFISF Long-Term Corporate
1998 Ed. (2616)
VFISF Short-Term Corporate
1998 Ed. (2616)
VGH & UBC Hospital Foundation
2011 Ed. (776)
2012 Ed. (730)
VGI Global Media
2016 Ed. (2066)
VG's Food Center Inc.
2009 Ed. (4612)
2010 Ed. (4643)
VH-1
1993 Ed. (822)
VHA Inc.
1999 Ed. (2637)
2005 Ed. (1414, 1415)
2007 Ed. (1432)
2008 Ed. (1383, 3173, 3175)
2009 Ed. (1386)
2010 Ed. (1371)
2011 Ed. (1364, 2864)
2012 Ed. (1227)
VHA Long Term Care
1993 Ed. (242)
VHQ Entertainment
2004 Ed. (4842)
VHS Blank Videotape
1989 Ed. (2325, 2326)
1990 Ed. (3036)
VHS Cleaning Services
2008 Ed. (861)
VHSP

2002 Ed. (3786)
2004 Ed. (4714)
VI-Sol
1991 Ed. (3453)
VIA
2015 Ed. (3065, 3067)
2016 Ed. (2955, 2957, 2958)
Via
2002 Ed. (2516)
2003 Ed. (169, 170)
2004 Ed. (127, 128)
The Via Agency
2016 Ed. (3464)
Via Christi Health
2016 Ed. (1721)
Via Christi Health System
2004 Ed. (2813)
Via Christi Hospitals Wichita Inc.
2014 Ed. (1723)
2015 Ed. (1768)
2016 Ed. (1719)
Via Christi Regional Medical Center Inc.
2001 Ed. (1770)
2003 Ed. (1729)
2004 Ed. (1766)
2005 Ed. (1832)
2006 Ed. (1837)
2007 Ed. (1842)
2008 Ed. (1876)
2009 Ed. (1830)
2010 Ed. (1771)
2011 Ed. (1783)
2012 Ed. (1639)
2013 Ed. (1796)
Via Metropolitan Transit
1991 Ed. (1885)
VIA Networks
2001 Ed. (4672, 4673)
Via Rail Canada
1992 Ed. (2341, 4339)
1993 Ed. (3614)
1994 Ed. (1985, 3571)
1995 Ed. (3655)
1996 Ed. (2037, 3732, 3733)
1997 Ed. (3789)
1999 Ed. (4654)
2001 Ed. (1661)
2004 Ed. (2753)
2005 Ed. (2748)
2006 Ed. (2709)
2007 Ed. (2704)
2008 Ed. (2833)
2009 Ed. (2891)
2010 Ed. (2829)
2011 Ed. (2813)
2012 Ed. (2745)
2013 Ed. (2826)
Via Sistina/Via Condotti
1992 Ed. (1166)
VIA Technologies Inc.
2002 Ed. (2808)
2005 Ed. (4249)
Via Training
2006 Ed. (4678)
Viaamse Media Maatschappij
2010 Sol. (41)
2011 Ed. (30)
2012 Ed. (32)
Viacao Aerea Rio-Grandense, S.A.
(Varig)
2001 Ed. (316, 317)
Viacao Aerea Sao Paulo S/A (VASP)
2001 Ed. (310, 316, 317, 320)
Viacom
2013 Ed. (3768)
2014 Ed. (3516, 3697)
Viacom Digital
2008 Ed. (4808)
2009 Ed. (3434)
Viacom Entertainment
2006 Ed. (2496)
Viacom Inc.
1989 Ed. (781, 782, 1020, 1046)
1990 Ed. (779, 781, 868, 877, 1104)
1991 Ed. (228, 749, 750, 751, 1013,
3088, 3090, 3330)
1992 Ed. (322, 326, 943, 944, 945,
1291, 3602)
1993 Ed. (218, 219, 222, 225, 753,
3533)
1994 Ed. (206, 208, 209, 213, 758,
759, 760, 3503)
1995 Ed. (207, 208, 210, 211, 213,
716, 717, 878, 1716, 2511, 3049,
3580)
1996 Ed. (212, 789, 790, 1191, 1192,
1193, 1239, 1268, 1272, 1274,
1696, 1697, 2578, 2866, 2867)
1997 Ed. (228, 230, 231, 232, 234,
235, 236, 237, 238, 239, 727, 728,

2169, 3234, 3238, 3720)
1998 Ed. (74, 152, 154, 156, 157,
159, 160, 161, 162, 163, 164, 510,
511, 593, 602, 1051, 1053, 1060,
1471, 1473, 2981, 3500)
1999 Ed. (260, 261, 822, 998, 1668,
2050, 2051, 2052, 2625, 3174,
3309, 3310, 3312, 3977, 4569)
2000 Ed. (280, 281, 283, 284, 287,
288, 289, 290, 291, 944, 1839,
1840, 1841, 3690, 4215)
2001 Ed. (1335, 1336, 2271, 3087,
3231, 3250)
2002 Ed. (235, 1393, 1433, 1485,
1532, 1742, 2145, 2147, 2148,
2149, 3267, 3280, 3281, 3284,
3285, 3286, 3287, 3889, 3890,
4582, 4588)
2003 Ed. (196, 829, 1072, 1073,
1421, 1423, 1453, 1503, 1547,
1560, 1586, 2339, 2343, 2344,
3346, 3347, 3351, 3352, 4032,
4033, 4712, 4713, 4720)
2004 Ed. (34, 156, 778, 868, 871,
1086, 1087, 1483, 1531, 1570,
1612, 1824, 2420, 2421, 2422,
3412, 3414, 3415, 3416, 4051,
4582, 4689, 4690)
2005 Ed. (749, 750, 845, 1096, 1097,
1499, 1520, 1529, 1547, 1637,
1909, 2445, 2446, 2452, 3425,
3427, 3428, 3989, 4660, 4661,
4662)
2006 Ed. (169, 170, 765, 1088, 1089,
1937, 2490, 2493, 2494, 2497,
2498, 3436, 4025, 4028, 4466,
4467, 4470, 4602, 4607, 4716,
4717, 4718)
2007 Ed. (172, 852, 863, 1482, 1780,
2454, 2456, 2458, 2896, 3447,
3448, 3449, 3456, 4062, 4737)
2008 Ed. (824, 1401, 1477, 2589,
2594, 3018, 3625, 3755)
2009 Ed. (846, 905, 2617, 2618,
3105, 3689, 3690, 3694, 3777,
3779)
2010 Ed. (2518, 2519, 2525, 3038,
3606)
2011 Ed. (718, 2519, 2520, 2525,
3007, 3607, 3610, 3612, 3703)
2012 Ed. (565, 571, 662, 2446, 2447,
2449, 2934, 3600, 3607, 3722,
4680)
2013 Ed. (704, 706, 708, 805, 2609,
2610, 3023, 3659, 3669)
2014 Ed. (727, 729, 732, 825, 2534,
2535, 3034, 3597, 3602)
2015 Ed. (773, 776, 778, 2610, 2611,
3100, 3610, 3615, 4428)
2016 Ed. (696, 697, 699, 2531, 2532,
3494, 3499, 4322)
Viacom Int.
1990 Ed. (2440)
Viacom Media Networks
2014 Ed. (38)
2015 Ed. (41)
2016 Ed. (40)
Viacom Online
2004 Ed. (3152)
2006 Ed. (3183, 3187)
2007 Ed. (3222)
Viacom rt
1996 Ed. (208)
Viacom Television Stations Group
2007 Ed. (4741)
2008 Ed. (4662)
Viacom/Paramount
1996 Ed. (2577)
Viacore
2003 Ed. (2167)
2004 Ed. (2217)
2006 Ed. (4296)
Viactiv
2003 Ed. (2063)
Viad Corp.
1998 Ed. (696, 1736)
1999 Ed. (2480, 2481)
2000 Ed. (1021, 1366, 2240, 3384)
2001 Ed. (1611, 2040, 3599, 4059)
2002 Ed. (3545)
2003 Ed. (2086, 2087, 3704)
2004 Ed. (3748, 3749)
2005 Ed. (2213, 2768, 3663, 3664)
2006 Ed. (2724, 3759)
2007 Ed. (2714, 2715)
2009 Ed. (2900)
Viadent
1993 Ed. (1470, 3589)
1994 Ed. (2570)
1996 Ed. (1529)
1999 Ed. (1828, 3458)

2003 Ed. (3461)
2008 Ed. (3761)
Viador Inc.
2002 Ed. (2483)
Viads Marketing & Events Group
2015 Ed. (1437)
2016 Ed. (1360)
Viaflex Contains
1990 Ed. (1566)
Viag
1989 Ed. (2017)
1990 Ed. (2928)
1994 Ed. (2477, 2478)
1995 Ed. (2545, 2546)
1998 Ed. (1147)
2000 Ed. (4285, 4286)
Viag AG
1996 Ed. (1214, 2606, 2607)
1997 Ed. (2750)
1999 Ed. (3345)
2000 Ed. (3082)
2002 Ed. (3308)
Viag Interkom
2001 Ed. (3340)
2002 Ed. (1416)
Viagra
2000 Ed. (3063)
2001 Ed. (2066, 2067, 2068, 2099)
2002 Ed. (2019)
2005 Ed. (3815)
2006 Ed. (3881)
2007 Ed. (3910)
2011 Ed. (2287)
2012 Ed. (2181)
ViaHealth
2002 Ed. (339)
2003 Ed. (292)
Viaje Liqueur
1996 Ed. (2500)
Viaka Vodka
2002 Ed. (292)
Viala Kft.
2012 Ed. (2841)
Viamericas Corp.
2009 Ed. (3009)
Vianett AS
2010 Ed. (2953)
Vianini
1992 Ed. (1436)
Viant Corp.
2001 Ed. (2866, 4190)
ViaSat Inc.
2003 Ed. (2189)
2005 Ed. (4610)
2006 Ed. (1367, 4228)
2007 Ed. (4242)
2008 Ed. (4606, 4634)
2009 Ed. (3617)
2015 Ed. (1298, 1304)
2016 Ed. (1213, 1218, 1219)
Viasat Inc.
2014 Ed. (1240, 1244)
VIASOFT
1998 Ed. (2725)
Viaspace Inc.
2013 Ed. (1462)
Viasystems
2005 Ed. (3884)
Viasystems Group Inc.
2004 Ed. (2241, 2243, 2259, 2260)
2005 Ed. (1271, 1273)
2006 Ed. (1232)
ViaSystems Holding
2008 Ed. (4616)
Viatech Inc.
1989 Ed. (2655, 2663, 2668)
1994 Ed. (2020)
Viatel Inc.
2001 Ed. (4474)
Viavarejo
2014 Ed. (1739)
ViaWest
2008 Ed. (1673)
ViaWest Inc.
2014 Ed. (1520)
ViaWest Internet
2002 Ed. (2991)
ViaWest Internet Services Inc.
2007 Ed. (1683)
2008 Ed. (1672)
2010 Ed. (1608)
Vibco Vibrators Inc.
2011 Ed. (2018)
Vibe
1997 Ed. (3037, 3042, 3046)
1998 Ed. (2785, 2799)
1999 Ed. (3746)
2000 Ed. (746, 3464, 3477)
2001 Ed. (3191)
Vibes Media

2008 Ed. (3595)
2009 Ed. (120)
Vibhavadi Medical Center
2016 Ed. (2066)
Vibra Healthcare
2012 Ed. (4227)
2013 Ed. (4212)
2014 Ed. (4226)
2015 Ed. (4214)
2016 Ed. (3695, 4133)
Vibra Healthcare LLC
2014 Ed. (1939)
2015 Ed. (1986)
2016 Ed. (1956)
Vibracoustic Worldwide
2001 Ed. (393)
Vibrant Media
2008 Ed. (110)
2009 Ed. (3014)
Vibrating Twister
2015 Ed. (2342)
Vibroplant USA
1992 Ed. (2852)
1993 Ed. (2409)
Vic De Zen
2005 Ed. (2514, 3857)
Vic Fazio
1994 Ed. (845)
Vic Wertz Distributing Co.
1990 Ed. (3707)
Vical
1995 Ed. (3201)
ViCare
2011 Ed. (1608)
Vicari; Andrew
2005 Ed. (4896)
Vice
2012 Ed. (3515)
2015 Ed. (3548)
2016 Ed. (3399)
Vice
2016 Ed. (59)
Vice Fund
2006 Ed. (3634)
2007 Ed. (3670)
Vice Versa/Y & R
1995 Ed. (136)
1996 Ed. (150)
2000 Ed. (187)
Vice Versa/Young & Rubicam
1993 Ed. (144)
1997 Ed. (156)
1999 Ed. (167)
Vicente Fernandez
2002 Ed. (1160)
Vicenti, Lloyd & Stutzman
2015 Ed. (2)
2016 Ed. (2)
Viceroy Resource
2003 Ed. (2626)
2005 Ed. (1664)
Vichai Maleenont
2006 Ed. (4920)
2011 Ed. (4865)
2012 Ed. (4870)
2013 Ed. (4914)
2014 Ed. (4924)
2015 Ed. (4964)
2016 Ed. (4881)
Vichal Srivaddhanaprabha
2015 Ed. (4965)
2016 Ed. (4882)
Vichon
2000 Ed. (4417)
Vichon Mediterranean
2005 Ed. (4966)
Vichy
1990 Ed. (3294)
2015 Ed. (2188)
Vicinity.com
2002 Ed. (4878)
Viciunai ir Partneriai UAB
2009 Ed. (1848, 3692)
Vick; Michael
2007 Ed. (294)
2013 Ed. (189)
Vickers & Benson
1989 Ed. (91)
1990 Ed. (157)
2000 Ed. (75, 76)
Vickers & Benson Advertising Ltd.
1991 Ed. (83, 84)
1992 Ed. (215)
1997 Ed. (70)
1999 Ed. (70, 71)
Vickers & Benson Cos. Ltd.
1990 Ed. (85)
2000 Ed. (76)
Vickers Defense Systems
1992 Ed. (1773, 3078)

Vickers Shipbuilding Ltd.
1992 Ed. (1773)
Vicki Peters
2005 Ed. (4992)
2006 Ed. (4988)
Vickilyn Hammer
1990 Ed. (850)
Vicks
1992 Ed. (1265)
1993 Ed. (1007)
1994 Ed. (1037, 1575)
1995 Ed. (1046, 1618)
1996 Ed. (1033)
2002 Ed. (2998)
2003 Ed. (3627)
2009 Ed. (2356)
Vicks 44
1993 Ed. (1010)
Vicks Chloraseptic
2003 Ed. (1878)
Vicks DayQuil
2016 Ed. (946)
Vicks Dayquil
2002 Ed. (1098)
2003 Ed. (1049, 1052)
Vicks Formula 44
1996 Ed. (1024)
1998 Ed. (788, 789)
2003 Ed. (1051)
Vicks Formula 44D
2002 Ed. (1095)
2003 Ed. (1051)
Vicks Formula 44E
2002 Ed. (1095)
2003 Ed. (1051)
Vick's Inhaler
2000 Ed. (1134)
2001 Ed. (3518)
Vicks NyQuil
2016 Ed. (946)
Vicks Nyquil
2002 Ed. (1098)
2003 Ed. (1052)
2004 Ed. (1055, 1057)
Vicks Pediatric Formula 44E
2003 Ed. (1051)
Vicks Sinex
2002 Ed. (2998)
2003 Ed. (3627)
Vicks Vapo Steam
2002 Ed. (2998)
2003 Ed. (3627)
Vicksburg Chrysler Dodge Jeep Inc.
2009 Ed. (191)
Vicodin Extra Strength
1996 Ed. (1524)
1997 Ed. (1587)
Vicom/FCB
1989 Ed. (60, 173)
1991 Ed. (2398)
1992 Ed. (110, 117)
1993 Ed. (67)
1995 Ed. (33)
Vicon
1999 Ed. (258)
Vicon Industries
2011 Ed. (4428, 4466)
Vicon Publishing Inc.
2011 Ed. (3515)
Viconet
2002 Ed. (2994)
Vicoprofen
1999 Ed. (1826)
2000 Ed. (1655)
Vicor Corp.
1993 Ed. (3211)
2005 Ed. (3394)
2006 Ed. (3391)
2008 Ed. (1910)
2011 Ed. (1832)
2012 Ed. (1700)
Vicorp Restaurants Inc.
1994 Ed. (3085)
1995 Ed. (3131)
1996 Ed. (3228)
2003 Ed. (895)
2008 Ed. (4054)
VicRoads
2001 Ed. (1630)
2002 Ed. (1593)
2004 Ed. (1153, 1643)
Vic's
1996 Ed. (3054)
2009 Ed. (4082)
Victoire
1990 Ed. (2279)
Victor
1991 Ed. (2455)
2003 Ed. (2952)
Victor Bohuslavsky

2007 Ed. (1896)
Victor Chandler
2007 Ed. (4933)
2008 Ed. (4907)
Victor Co Japan
1989 Ed. (1626)
Victor Co. of Japan Ltd.
1990 Ed. (1668)
1994 Ed. (1322)
Victor Company of Japan, Ltd. (JVC)
2001 Ed. (1032, 1103)
2002 Ed. (929, 1131, 4754)
Victor Fung
2011 Ed. (4837, 4852)
2012 Ed. (4843, 4859)
2013 Ed. (4842, 4873)
2014 Ed. (4858, 4887)
2015 Ed. (4895, 4926)
2016 Ed. (4813)
Victor J. Salgado & Associates Inc.
2005 Ed. (3088)
Victor Kramer Co.
2001 Ed. (3050)
2002 Ed. (2597)
2003 Ed. (2802)
Victor Li
2005 Ed. (4863)
Victor Onward
1994 Ed. (3291, 3292)
Victor Onward Textile
1996 Ed. (3421)
Victor Pinchuk
2008 Ed. (4877)
2009 Ed. (4901)
2010 Ed. (4901)
2011 Ed. (4889)
2012 Ed. (4897)
2013 Ed. (4920)
2014 Ed. (4927)
2015 Ed. (4967)
2016 Ed. (4884)
Victor Posner
1990 Ed. (1722)
1992 Ed. (2060)
1993 Ed. (1703)
1994 Ed. (1722)
1996 Ed. (1914)
Victor Printing Inc.
2008 Ed. (4030)
Victor; Richard
1996 Ed. (1789)
Victor Securities
2016 Ed. (2642)
Victor State Bank
1996 Ed. (539)
Victoria
1991 Ed. (2703, 2708)
1992 Ed. (3376, 3379, 3382)
1994 Ed. (962)
2001 Ed. (683)
Victoria Advocat
1989 Ed. (2052)
Victoria Advocate
1990 Ed. (2691, 2694, 2698, 2702)
1991 Ed. (2597, 2598, 2602, 2607)
1992 Ed. (3244)
Victoria Azarenka
2014 Ed. (199)
Victoria Bank & Trust Co.
1992 Ed. (543)
1994 Ed. (646)
1995 Ed. (618)
1996 Ed. (692)
1997 Ed. (627)
Victoria Barge Canal Park
1994 Ed. (2189)
1996 Ed. (2249)
1997 Ed. (2375)
Victoria, BC
1991 Ed. (830)
Victoria Beckham
2009 Ed. (680, 687)
Victoria Beckman
2016 Ed. (2533)
Victoria, British Columbia
2005 Ed. (3476)
2011 Ed. (3484)
Victoria Foundation
1995 Ed. (1930)
Victoria International
1995 Ed. (196)
Victoria Jackson Cosmetics
1997 Ed. (2389, 2390)
Victoria Santaella
1999 Ed. (2414)
Victoria School of Business Administration; University of Houston
2010 Ed. (730, 739)
Victoria Sopik
2013 Ed. (4987)

2014 Ed. (4992)
2016 Ed. (4991)
Victoria Times-Colonist
2002 Ed. (3509, 3510)
Victoria, TX
1990 Ed. (874)
2004 Ed. (4151)
2005 Ed. (2031, 3473)
2014 Ed. (3520)
Victoria University
2007 Ed. (1167, 1172, 1173, 1174, 1175)
2008 Ed. (1071, 1077, 1081, 1082)
2009 Ed. (1048, 1050, 1052, 1056, 1067)
2010 Ed. (1018, 3433)
2011 Ed. (953, 3417)
2012 Ed. (873, 3431)
Victoria; University of
2012 Ed. (730)
Victoriabank
2004 Ed. (469)
2015 Ed. (514)
The Victorian Internet: The Remarkable
Story of the Telegraph & the 19th
Century On-Line Pioneers
2006 Ed. (588)
Victorian WorkCover
2004 Ed. (1631)
Victoria's Secret
1998 Ed. (652, 1277)
1999 Ed. (1852)
2006 Ed. (3284)
2007 Ed. (1104, 3351)
2008 Ed. (532, 985, 3447, 4343)
2009 Ed. (993)
2012 Ed. (539, 817, 3466)
2013 Ed. (905)
2014 Ed. (960, 961)
2015 Ed. (996, 997)
2016 Ed. (901, 902)
victoriassecret.com
2001 Ed. (2980, 2983)
"Victorious"
2013 Ed. (2945)
2014 Ed. (2963)
Victorious
2012 Ed. (2869)
Victor's House of Music
1994 Ed. (2593, 2595)
1995 Ed. (2675)
1996 Ed. (2748)
1997 Ed. (2863)
1999 Ed. (3502)
2000 Ed. (3220)
Victory
1990 Ed. (2977)
Victory at Sea
1992 Ed. (4396)
Victory Belt
2016 Ed. (647)
Victory Capital Management
2012 Ed. (2487)
2013 Ed. (617)
2016 Ed. (640, 3670, 3674)
Victory Diversified
1996 Ed. (612)
Victory Diversified A
1998 Ed. (2623)
Victory Diversified Stock
2003 Ed. (3488)
2006 Ed. (3621, 3683)
Victory Established Value
2003 Ed. (3515)
Victory Government Mortgage
1996 Ed. (2780)
Victory Life Insurance Co.
1993 Ed. (2223)
Victory National Municipal Bond
2004 Ed. (703)
Victory OH Regional Stock
1996 Ed. (612)
Victory Packaging
2016 Ed. (3966)
Victory Personnel Services Inc.
2008 Ed. (3741, 4439)
2015 Ed. (3705)
Victory Small Company Opportunity
2006 Ed. (3650)
Victory Supermarket
2004 Ed. (4628)
Victory Ventures
2000 Ed. (1526)
Victrex
2005 Ed. (959)
2006 Ed. (866, 867)
2007 Ed. (955, 956)
2008 Ed. (930)
2009 Ed. (940)
2010 Ed. (881, 1392)

2011 Ed. (811)
2013 Ed. (2116)
2015 Ed. (2102)
2016 Ed. (838, 2081, 2082)
Victrex plc
2012 Ed. (786, 1243, 1250)
2013 Ed. (940)
2014 Ed. (893)
2015 Ed. (921)
2016 Ed. (823)
Victron Inc.
2004 Ed. (2238, 3419)
2005 Ed. (1277)
2006 Ed. (1234)
2007 Ed. (291, 3535, 4402)
Vicwest Income Fund
2008 Ed. (2975)
2009 Ed. (3726)
2010 Ed. (3642)
2011 Ed. (3646)
Vicwest Inc.
2015 Ed. (3647)
Vida Corp.
2007 Ed. (3110)
2008 Ed. (3255)
Vida Salvaje
2010 Ed. (2986)
2011 Ed. (2947)
Vidal Partnership
2004 Ed. (115)
2005 Ed. (114)
2006 Ed. (114, 121)
2007 Ed. (103)
2008 Ed. (113, 122)
2009 Ed. (123)
2010 Ed. (124)
2011 Ed. (42)
2012 Ed. (48, 55, 56)
2013 Ed. (2943, 2944)
Vidal Sasson
2011 Ed. (3852)
Vidal Sassoon
1989 Ed. (2189)
1990 Ed. (1981, 2809)
1991 Ed. (1879, 2713)
1992 Ed. (3401, 3402, 4236)
1993 Ed. (2813)
1994 Ed. (2813, 2815)
1995 Ed. (2902)
1996 Ed. (2984, 2986)
1997 Ed. (3060, 3062)
1998 Ed. (2805, 2806, 3291)
1999 Ed. (2628, 2629, 3774, 3775)
2000 Ed. (3507)
2001 Ed. (2631)
2003 Ed. (2654, 2657, 2660, 3790)
2005 Ed. (3707)
2007 Ed. (3807)
2009 Ed. (3936)
Vidal Sassoon Pro Series
2015 Ed. (3776)
Vidal Sassoon Shampoo
1990 Ed. (2805)
Vidal Sassoon Shampoo, 20 oz.
1989 Ed. (2184)
Vidal Sassoon Wash & Go
1992 Ed. (3404)
1996 Ed. (2988)
Vidalfa
2007 Ed. (3111)
2008 Ed. (3256)
2010 Ed. (3245)
Videk
2007 Ed. (1918)
Videk Inc.
2013 Ed. (1947)
Video
2007 Ed. (157)
Video, audio, and computer equipment
1996 Ed. (2473)
Video, audio, and computer products
1998 Ed. (927)
Video & Audio Center
2013 Ed. (2983)
2014 Ed. (2986, 2994)
2015 Ed. (3054, 3065, 3066)
2016 Ed. (2955, 2956)
Video banking
1996 Ed. (859)
Video Biz
1989 Ed. (2888)
Video Business
2001 Ed. (250, 251)
2004 Ed. (144)
2007 Ed. (4793)
Video cassette rentals
1990 Ed. (1959)
1991 Ed. (1864)
Video Central
1992 Ed. (4391, 4392, 4393)

1993 Ed. (3664, 3666)
1994 Ed. (3625, 3627)
Video check-out
1994 Ed. (2101)
Video Checkout
1994 Ed. (3626)
Video City
1994 Ed. (3626)
1995 Ed. (3698)
1996 Ed. (3786, 3789)
1997 Ed. (3840)
2000 Ed. (4346)
2002 Ed. (4751)
Video classics
1993 Ed. (3669, 3670)
Video Connection
1990 Ed. (3673)
1992 Ed. (4391)
1993 Ed. (3664)
1994 Ed. (3625)
1995 Ed. (3697, 3701)
1996 Ed. (3785, 3788)
1997 Ed. (3839, 3843)
2001 Ed. (2123)
Video Data Services
1990 Ed. (1851)
2002 Ed. (3706)
Video Depot
1995 Ed. (3698)
Video Display
2006 Ed. (4335)
Video equipment
2005 Ed. (2858)
Video Express
1995 Ed. (3698)
1996 Ed. (3787)
Video Ezy Australasia Pty. Ltd.
2002 Ed. (4752)
2004 Ed. (4841)
Video Factory
1996 Ed. (3787)
VIDEO FARM
2002 Ed. (4870)
Video Future
2002 Ed. (4752)
Video Galaxy
1989 Ed. (2888)
1990 Ed. (3672)
1991 Ed. (3446)
1992 Ed. (4391, 4394)
1993 Ed. (3664)
1996 Ed. (3787, 3789)
1997 Ed. (3840, 3842)
1998 Ed. (3669, 3671)
Video game hardware/software
1998 Ed. (1953)
Video game modules/cartridges
2005 Ed. (2858)
Video game software
2005 Ed. (2858)
Video games
1995 Ed. (3577)
1996 Ed. (2345, 2473)
2001 Ed. (2781, 4593)
2008 Ed. (2439)
2011 Ed. (2361)
2012 Ed. (2285)
Video Gaming Technologies Inc.
2007 Ed. (3412, 4011)
2008 Ed. (3541)
Video Giant
1996 Ed. (3786)
Video Giant/Park/Zone
1992 Ed. (4393)
Video goods
2007 Ed. (1321)
Video Headquarters
2002 Ed. (4753)
Video Hut
1993 Ed. (3665)
1994 Ed. (3626, 3627, 3628)
1997 Ed. (3842, 3843)
1998 Ed. (3668)
Video Library
1995 Ed. (3698)
Video Lottery Technologies
1993 Ed. (2007, 3334)
Video Network Communications
2003 Ed. (2742)
Video Networks
2007 Ed. (2173)
Video One
2001 Ed. (2123)
Video Only
2014 Ed. (2438)
2015 Ed. (2510)
2016 Ed. (2443)
Video Paradise
1990 Ed. (3673)
Video phones

1996 Ed. (859)
Video Powerstore
1996 Ed. (3786)
Video products
2005 Ed. (2753)
Video recording of employee performance
2004 Ed. (4992)
Video Research
1990 Ed. (3000, 3001)
1996 Ed. (3191)
1997 Ed. (3296)
1998 Ed. (3041)
2000 Ed. (3755)
Video, sell-through
1998 Ed. (1953)
Video Shopping Mall
1989 Ed. (848)
Video specialty stores
1995 Ed. (678, 3707)
Video Star Entertainment
1998 Ed. (3668)
Video Station
1998 Ed. (3669)
Video Store
1990 Ed. (3671, 3672)
1991 Ed. (3446)
1997 Ed. (3044)
2001 Ed. (250)
2005 Ed. (139, 140)
Video surveillance
2001 Ed. (2216)
2003 Ed. (4331)
2004 Ed. (4992)
Video tape previews
2001 Ed. (95)
Video Tape Town
1995 Ed. (3701)
Video tapes, blank
1998 Ed. (1953)
2002 Ed. (2084)
2003 Ed. (2769)
Video tapes, prerecorded
2002 Ed. (2084)
2003 Ed. (2769)
Video Technology
1992 Ed. (2441)
1997 Ed. (3778)
1998 Ed. (3604)
1999 Ed. (4637)
Video to Rol
1993 Ed. (3665)
1996 Ed. (3789)
Video Tyme
1998 Ed. (3668)
Video Update
1990 Ed. (3671)
1991 Ed. (3446)
1994 Ed. (3625)
1995 Ed. (3697)
1997 Ed. (3839, 3841)
1998 Ed. (3668, 3670)
1999 Ed. (4713)
2000 Ed. (4346)
2002 Ed. (4751)
Video Update Canada
2002 Ed. (4753)
Video USA
1997 Ed. (3840)
Video Vault
1996 Ed. (3786)
Video Warehouse
2002 Ed. (4751)
2004 Ed. (4840, 4844)
Video Watch
1996 Ed. (3785, 3786, 3787)
Video Watch/Video Tyme
1993 Ed. (3665)
Video World
1998 Ed. (3668)
Video Xpress
1991 Ed. (3446)
1992 Ed. (4391)
1993 Ed. (3664)
1995 Ed. (3697)
Video Zone
2002 Ed. (4753)
VideOcart
1995 Ed. (2820)
Videocassette players
1994 Ed. (2101)
Videocassette recorders
2003 Ed. (2763)
Videocassette tapes
1996 Ed. (3610)
Videocassettes
1994 Ed. (1993, 2101)
2005 Ed. (2858)
Videocine
2001 Ed. (59)

Videocon
1993 Ed. (33)
Videocon Industries
2009 Ed. (1095, 2476)
Videocon International
2000 Ed. (1458)
Videogames
2001 Ed. (3245, 3246)
Videoland
1996 Ed. (3786)
1997 Ed. (3842, 3843)
2002 Ed. (4752)
2004 Ed. (4841)
Videology Imaging Solutions
2006 Ed. (4376)
Videomaker
1994 Ed. (2789)
Videos
1996 Ed. (2122)
1999 Ed. (4314)
2003 Ed. (4514, 4643)
2006 Ed. (104)
2007 Ed. (98, 2329)
2008 Ed. (109, 2439, 2454)
2009 Ed. (119)
2011 Ed. (2361)
2012 Ed. (2285)
Videos, new releases
1993 Ed. (3669, 3670)
Videosmith
1994 Ed. (3628)
1995 Ed. (3700)
1996 Ed. (3788, 3789)
Videotapes
1992 Ed. (89, 90)
1993 Ed. (1594)
Videotapes, blank
2001 Ed. (2733)
Videotapes, prerecorded
2001 Ed. (2733)
Videotheque
1992 Ed. (4393, 4394)
1993 Ed. (3666)
1994 Ed. (3627, 3628)
1995 Ed. (3699)
Videotron
1992 Ed. (1030)
1993 Ed. (821)
1996 Ed. (864)
2010 Ed. (670, 2938)
2011 Ed. (2903)
2012 Ed. (2838)
2014 Ed. (2938)
2015 Ed. (2987)
Videotron Ltee.
2003 Ed. (828)
2004 Ed. (866)
2005 Ed. (842)
2009 Ed. (3691)
2013 Ed. (707, 3660)
2014 Ed. (730)
Videotron/Wireless Holding
1999 Ed. (999)
Videre Group
2002 Ed. (20)
The Videre Group, LLP
2002 Ed. (17)
Viderity
2015 Ed. (1295)
2016 Ed. (1210)
Videsh Sanchar Nigam Ltd.
1997 Ed. (685)
1999 Ed. (1579, 4494)
2000 Ed. (754)
2001 Ed. (1733, 1734)
2002 Ed. (4424)
2003 Ed. (4588)
Videsh Sanchar Nigam (VSNL)
2002 Ed. (1921)
Vidya Chhabria
2009 Ed. (4979)
Vie Construction
2002 Ed. (1170, 2654)
Vie de France
1989 Ed. (356)
Vie de France Bakery & Cafe
1991 Ed. (2865)
Vie de France Yamazaki
2012 Ed. (3520)
Vie-Del Co.
1993 Ed. (3705)
1994 Ed. (3664)
1998 Ed. (3722)
1999 Ed. (4772)
Vie-Del Company
1991 Ed. (3491)
2000 Ed. (4396)
Vien Thong A Import-Export Trading Production Corp.
2013 Ed. (4297)

Vienna, Austria
1991 Ed. (2632)
1992 Ed. (1166, 2717, 3292)
2002 Ed. (2750)
2004 Ed. (3305)
2011 Ed. (2624, 2629)
2014 Ed. (626, 2643)
2015 Ed. (2685)
Vienna Beef Ltd.
2011 Ed. (3593)
Vienna General Hospital
2011 Ed. (3054)
Vienna Insurance
2011 Ed. (3214)
Vienna Insurance Group
2008 Ed. (24, 1572)
2009 Ed. (1504)
2010 Ed. (1495)
2011 Ed. (1373, 1488)
2012 Ed. (1336, 3171)
2013 Ed. (1433, 3246)
2014 Ed. (1392, 3272)
2015 Ed. (1455, 3323)
2016 Ed. (1388, 3176)
Vienna sausage
2002 Ed. (3746)
Vienna Sausage Manufacturing Co.
1993 Ed. (2515, 2893)
Vienna Systems
2000 Ed. (1168)
Vier Jahreszeiten
1990 Ed. (2096)
1991 Ed. (1956)
1992 Ed. (2509, 2510)
1993 Ed. (2102)
1995 Ed. (2175)
1996 Ed. (2185, 2188)
1997 Ed. (2305)
1999 Ed. (2789)
Vieri; Christian
2006 Ed. (4397)
Vietcombank
2013 Ed. (404)
2014 Ed. (418)
2015 Ed. (475)
2016 Ed. (423, 2106)
Vietin Bank
2015 Ed. (2126)
2016 Ed. (424, 2106)
VietinBank
2013 Ed. (404)
2014 Ed. (418)
2015 Ed. (475)
2016 Ed. (397, 423)
Vietnam
1990 Ed. (1911, 1918, 1925, 2148)
1991 Ed. (259, 1406, 1834, 1841, 1850)
1992 Ed. (362, 2310, 2317, 2327, 2333, 3454, 3742, 3973)
1993 Ed. (1465, 1967, 1974, 1981, 1987)
1995 Ed. (1544, 1745, 1746, 2010, 2017, 2029, 2036)
1997 Ed. (204, 305)
1999 Ed. (821)
2000 Ed. (823, 2349, 2357, 2358, 2363)
2001 Ed. (1506, 2838, 3659, 3697, 4121, 4122, 4128, 4135, 4264, 4446)
2002 Ed. (683, 4624)
2003 Ed. (1383, 1881, 4192, 4194, 4198, 4201)
2004 Ed. (1397, 3792, 4218, 4220, 4225, 4228, 4423, 4656)
2005 Ed. (864, 1419, 3704, 4146, 4148, 4152, 4155, 4371, 4594, 4606)
2006 Ed. (1062, 1064, 1404, 2148, 2967, 4194, 4196, 4208, 4211, 4319, 4592, 4659, 4671)
2007 Ed. (1151, 1153, 1436, 2092, 3798, 4198, 4210, 4212, 4218, 4221, 4384, 4679, 4692, 4762)
2008 Ed. (1032, 1034, 1387, 2202, 3160, 4246, 4248, 4255, 4340, 4590, 4601, 4624, 4686)
2009 Ed. (1015, 1017, 1390, 2378, 4345, 4347, 4356, 4445, 4634, 4641, 4649, 4660, 4726)
2010 Ed. (981, 983, 1375, 2583, 4375, 4377, 4382, 4486, 4661, 4677, 4735)
2011 Ed. (908, 911, 999, 1368, 2565, 2570, 3135, 3849, 4311, 4313, 4324, 4327, 4419, 4609, 4629, 4694)
2013 Ed. (2647)
2014 Ed. (2605, 3178)

Vietnam Advertising
2000 Ed. (190)
Vietnam Bank for Agriculture & Rural
Development
2015 Ed. (2125)
Vietnam Beer & Beverage Co., Ltd.
2015 Ed. (2124)
Vietnam Brewery Ltd.
2001 Ed. (92)
2006 Ed. (103)
2007 Ed. (97)
2008 Ed. (107)
2009 Ed. (117)
2010 Ed. (117)
Vietnam Container Shipping
2013 Ed. (2140)
2014 Ed. (2073)
2015 Ed. (2123)
Vietnam Dairy Products JSC
2015 Ed. (2124)
Vietnam Electricity
2015 Ed. (2125)
Vietnam Eximbank
2010 Ed. (541)
2011 Ed. (470)
2013 Ed. (404)
2014 Ed. (418)
2015 Ed. (475)
2016 Ed. (423)
Vietnam Export Import Commercial
Joint Stock Bank
2015 Ed. (2124)
Vietnam Export-Import Commercial
Joint-Stock Bank
2000 Ed. (696)
Vietnam Industrial & Commercial Bank
2004 Ed. (651)
2007 Ed. (470, 573)
Vietnam International Bank
2014 Ed. (418)
Vietnam Investment & Development
Bank
2004 Ed. (651)
2008 Ed. (523)
2013 Ed. (404)
Vietnam Ministry of Planning & Investment
2010 Ed. (3476)
Vietnam Mobile Telephone Services Co.
2008 Ed. (107)
Vietnam National Coal & Mineral Industries Holding Corp., Ltd.
2015 Ed. (2125)
Vietnam National Oil & Gas Group
2015 Ed. (2125)
Vietnam National Petroleum Group
2015 Ed. (2125)
Vietnam Post & Telecom Corp.
2009 Ed. (117)
Vietnam Posts & Telecommunications
Group
2015 Ed. (2125)
Vietnam Technological & Commercial
Joint Stock Bank
2015 Ed. (2124)
Vietnam Veterans Memorial
1990 Ed. (2666)
Vietnamese dong
2006 Ed. (2238)
2007 Ed. (2158)
2009 Ed. (2260)
Vietor; Richard
1991 Ed. (1703)
1993 Ed. (1791)
1994 Ed. (1774)
1995 Ed. (1857)
Viettel Group
2015 Ed. (2125)
Viewlogic
1994 Ed. (843)
1996 Ed. (2885)
Viewlogic Systems
1992 Ed. (1673)
1997 Ed. (1105, 2209, 3299, 3647)
1998 Ed. (1457)
Viewpointe Archive Services LLC
2007 Ed. (4438)
ViewSonic Corp.
1999 Ed. (3423)
2000 Ed. (3149)
2001 Ed. (2870)
2002 Ed. (1078, 2083, 3376)
2003 Ed. (2951, 3427, 3966)
2007 Ed. (3450)
2012 Ed. (3707)
2014 Ed. (3686)
Vighnesh Padiachy
1999 Ed. (2341)
2000 Ed. (2128)
Vigilant Management

2016 Ed. (1467)
Viglen Ltd.
1995 Ed. (1009)
Vigliotta Recycling Corp.
2001 Ed. (4285)
2002 Ed. (4297)
Vignette Corp.
2001 Ed. (1872, 2164, 2852, 2866,
4184, 4187)
2004 Ed. (2206)
2006 Ed. (3028)
2007 Ed. (3061)
Vignola; Margo
1993 Ed. (1800)
1994 Ed. (1783)
1995 Ed. (1823)
1996 Ed. (1796)
1997 Ed. (1869)
Vigo
2003 Ed. (3738)
Vigo Importing Co.
2003 Ed. (1371, 3741)
Vigoro Corp.
1993 Ed. (928, 1762)
1994 Ed. (942, 1753)
1995 Ed. (974, 1784)
1996 Ed. (951)
1997 Ed. (974)
2001 Ed. (3325)
Viherjuuri Saatchi & Saatchi
2001 Ed. (135)
2002 Ed. (107)
Vijay & Bikhu Patel
2007 Ed. (2464)
Vijay Jayant
2000 Ed. (2044)
Vijaya Bank
1992 Ed. (606)
Vijitpongpun; Thongma
2012 Ed. (4870)
2014 Ed. (4925)
2015 Ed. (4965)
2016 Ed. (4882)
Vik; Alexander
2015 Ed. (4947)
2016 Ed. (4862)
Vik Brothers Insurance Group
1999 Ed. (2967)
Vikas Nath
1999 Ed. (2358)
Vikas WSP
2015 Ed. (1706)
Vikin Fjord
1989 Ed. (2897)
1991 Ed. (3461, 3463, 3464)
Viking
2008 Ed. (625, 637)
2012 Ed. (525)
Viking Communications Ltd.
1996 Ed. (2918)
Viking Energy Royalty Trust
2007 Ed. (4576)
Viking Ferries
1996 Ed. (1596, 1597, 1598, 1599)
Viking Ferry Line
1993 Ed. (1536, 1537, 1538)
Viking Freight
1998 Ed. (3637)
2000 Ed. (4321)
Viking Freight System
1999 Ed. (4677, 4690)
Viking Line
1990 Ed. (1580)
1997 Ed. (1679)
2001 Ed. (2414)
Viking Manufacturing Co. Inc.
1992 Ed. (4207)
1994 Ed. (3493)
Viking Office Products, Inc.
1996 Ed. (3432)
1997 Ed. (2957)
1998 Ed. (2699, 2701)
1999 Ed. (1044, 3640, 3642)
2000 Ed. (993, 995, 3023)
2001 Ed. (1134)
Viking River Cruises
2013 Ed. (2286)
2014 Ed. (2219)
2015 Ed. (2283)
2016 Ed. (2255)
Viking Yacht Co.
1998 Ed. (536)
2014 Ed. (2608)
2015 Ed. (3568)
2016 Ed. (3425)
Vikings; Minnesota
2012 Ed. (2679)
Vikram Pandit
2011 Ed. (819, 850)
Vikram S. Pandit

2010 Ed. (900, 907)
Vikram Sahu
2000 Ed. (2095)
Vikrant Bhargava
2007 Ed. (4933)
2008 Ed. (4907)
Viktor Rashnikov
2011 Ed. (4908)
Viktor Shvets
1997 Ed. (1960)
1999 Ed. (2279, 2288)
2000 Ed. (2059)
Viktor Vekselberg
2006 Ed. (4929)
2008 Ed. (4894)
2011 Ed. (4907)
2012 Ed. (4918)
2013 Ed. (4903)
2014 Ed. (4914)
2015 Ed. (4954)
2016 Ed. (4870)
Viktron Technologies
1990 Ed. (2002)
Vila & Son Landscape Corp.
2009 Ed. (3040)
Vila & Son Landscaping Corp.
2011 Ed. (3428)
2012 Ed. (3441)
2013 Ed. (3461)
Vila & Sons Landscaping Corp.
2011 Ed. (3394, 3422, 3425)
2012 Ed. (3438)
2013 Ed. (3457)
Vilaniaus Bankas
1999 Ed. (579, 580)
Vilant Systems Oy
2010 Ed. (2941)
2011 Ed. (2907)
Vilas-Fischer Associates
1994 Ed. (2309)
The Vile Village
2003 Ed. (712)
Vilenzo International
2001 Ed. (1261)
The Villa
1989 Ed. (2234)
2004 Ed. (743)
Villa d'Este
1994 Ed. (3052)
1995 Ed. (2173)
Villa Enterprises
2002 Ed. (3717)
2012 Ed. (2553)
2013 Ed. (4048)
Villa Enterprises Management Ltd. Inc.
1994 Ed. (2884)
Villa Florence Hotel
1995 Ed. (2157)
Villa Ford Inc.
2012 Ed. (4985)
2014 Ed. (4990)
2016 Ed. (4988)
Villa & Hut
2008 Ed. (1571)
Villa & Hut Kafe
2009 Ed. (1499)
Villa Lighting Supply Inc.
2015 Ed. (2503)
Villa Manor Care Center
2002 Ed. (3526)
Villa Maria Hospital
2003 Ed. (4067)
Villa Marin GMC Inc.
1994 Ed. (257)
Villa Morra Shipping
2015 Ed. (1979)
Villa Nicola
1995 Ed. (1889)
Villa Oceania
2001 Ed. (39)
Villa Pizza
1996 Ed. (3045)
1997 Ed. (3126)
1998 Ed. (2869)
2009 Ed. (2708)
Villa Pizza/Cozzoli's Pizzeria
2003 Ed. (2454)
Villa Roma Resort & Country Club
1999 Ed. (4048)
Villa Rosa, Santa Barbara. CA
1992 Ed. (877)
Villacero
2013 Ed. (3707)
Village Auto Group
2001 Ed. (712)
2002 Ed. (709)
Village Bath
1994 Ed. (675)
Village Builders
1998 Ed. (905)

1999 Ed. (1333)
2000 Ed. (1216)
2002 Ed. (1192, 2692)
2003 Ed. (1171)
2005 Ed. (1206)
Village Farms Income Fund
2009 Ed. (222)
2010 Ed. (206)
2011 Ed. (1567)
Village Ford Inc.
2001 Ed. (454)
2002 Ed. (369)
Village Green Cos.
2000 Ed. (3718)
2002 Ed. (2662)
Village Homes
1999 Ed. (1329)
2007 Ed. (2525)
Village Homes of Colorado Inc.
2002 Ed. (2676)
2003 Ed. (1159, 3961, 3964)
2004 Ed. (1165, 3968)
2005 Ed. (1193, 3912)
2006 Ed. (3986)
Village Inn
1993 Ed. (2862)
1994 Ed. (3090)
1995 Ed. (3117)
1999 Ed. (4066)
2000 Ed. (3785)
2001 Ed. (4065)
2003 Ed. (4098)
2007 Ed. (4144)
2008 Ed. (4159, 4175, 4176)
2009 Ed. (4280)
2010 Ed. (4207, 4235)
2014 Ed. (4268)
2015 Ed. (4249)
2016 Ed. (4159)
Village Inn, Bakers Square
1990 Ed. (3022)
Village Inn Pancake Houses
1991 Ed. (2865, 2881)
Village Inn Restaurants
2006 Ed. (820)
2009 Ed. (892)
Village Naturals
1999 Ed. (686)
2000 Ed. (705)
2001 Ed. (665)
2002 Ed. (669)
2003 Ed. (642)
2008 Ed. (531)
Village Office Supply & Furniture
2007 Ed. (3543)
Village Pantry LLC
2016 Ed. (1909)
Village Pourhouse
2010 Ed. (1873, 1874)
Village Roadshow Corp.
2001 Ed. (14. 3365, 3388)
Village Saab
1996 Ed. (287)
Village Super Market Inc.
2004 Ed. (4632, 4633)
2005 Ed. (4560, 4561)
2008 Ed. (2838)
2009 Ed. (2895, 4615, 4619)
2010 Ed. (2834)
Village Ventures
2005 Ed. (4818)
2009 Ed. (4829)
2010 Ed. (4845)
Village Warner Group
2002 Ed. (32)
Villager
1995 Ed. (1034)
2001 Ed. (488)
Villager Franchise Systems
2002 Ed. (2643)
The Villages
2002 Ed. (1203)
2005 Ed. (1221)
Villages BanCorp
2014 Ed. (339)
The Villages of Lake-Sumter
1997 Ed. (3130)
2004 Ed. (1140)
2005 Ed. (1226)
2012 Ed. (1036)
2013 Ed. (1187)
2015 Ed. (1186)
The Villages Regional Hospital
2008 Ed. (188)
2009 Ed. (205)
Villagio Inn & Spa
2012 Ed. (1377)
2013 Ed. (1472)
2015 Ed. (1496)
2016 Ed. (1430)

Villagran; Rafael
1995 Ed. (1812)
Villain; Jean Paul
2012 Ed. (2496)
Villains
2010 Ed. (3403)
Villains Vault
2010 Ed. (3403)
Villanova University
1992 Ed. (1269)
1993 Ed. (1017)
1994 Ed. (1044)
1995 Ed. (1052)
1996 Ed. (1037)
1997 Ed. (1053)
1998 Ed. (801)
1999 Ed. (1230, 1824)
2000 Ed. (931, 1139, 1653)
2001 Ed. (1325)
2006 Ed. (701)
2007 Ed. (794)
2008 Ed. (1086, 2573)
2009 Ed. (781, 1060, 2584)
2010 Ed. (1028, 2315, 2497)
Villanueva & Associates; Moya
1995 Ed. (2480)
Villanueva; Daniel D.
1994 Ed. (2059, 2521, 3655)
1995 Ed. (2579, 3726)
Villar; Manuel
2011 Ed. (4903)
The Villas of Grand Cypress
1992 Ed. (2482)
Villela; Ana Lucia de Mattos Barretto
2012 Ed. (4877)
2013 Ed. (4859)
Villeroy & Boch
1990 Ed. (3593, 3594)
Villeroy & Boch AG
2001 Ed. (3822)
2004 Ed. (4593)
Villiger Export
2001 Ed. (2113)
Vilnaius Bankas
2002 Ed. (527)
Vilniaus Bankas
1997 Ed. (542)
2000 Ed. (597)
2001 Ed. (606)
2002 Ed. (611, 4440, 4441)
2003 Ed. (576)
2006 Ed. (494)
Vilnius Bankas Commercial Bank
1996 Ed. (586)
Vimal
2001 Ed. (17)
VimHR
2016 Ed. (4778)
Vimpel-Communication
2009 Ed. (3273, 4571)
2010 Ed. (71, 95)
2011 Ed. (2026, 4646, 4649)
2012 Ed. (1233, 4662)
Vimpel Communications
2003 Ed. (2942, 2949, 4603)
2004 Ed. (3019)
2005 Ed. (3033)
2008 Ed. (78, 4642)
2009 Ed. (87, 106)
VimpelCom
2004 Ed. (1850)
2007 Ed. (3069, 4715)
2009 Ed. (3273, 4571, 4682)
2010 Ed. (71, 95)
2011 Ed. (2026, 4646, 4649)
2012 Ed. (1233, 4662)
Vimpelcom
2015 Ed. (4682)
VimpelCom Ltd.
2013 Ed. (1909, 4618)
2014 Ed. (1842, 4679)
2015 Ed. (1611, 4690)
2016 Ed. (4597)
Vin Diesel
2016 Ed. (2524)
Vin Lux Fine Wine Transport
2011 Ed. (2273, 4921)
Vin Och Sprit
2001 Ed. (2118, 2120)
Vina Concha y Toro
2000 Ed. (733)
Vina Santa Carolina
2000 Ed. (4415, 4423)
2001 Ed. (4882, 4883, 4890)
2002 Ed. (4944, 4945, 4957)
2005 Ed. (4965)
Vinamilk Co.
2007 Ed. (97)
2008 Ed. (107)
2009 Ed. (117)

2010 Ed. (117)
Vincam Group Inc.
1991 Ed. (1906)
1992 Ed. (2401, 2404, 2406, 2407)
1993 Ed. (2038)
1994 Ed. (2049, 2051, 2057)
1995 Ed. (2108, 3287)
1996 Ed. (991, 2066, 2067, 2110, 3400)
1997 Ed. (2216, 2223, 2226, 3495)
1998 Ed. (1934, 1938, 3289)
1999 Ed. (2674, 2675, 2682, 4284)
Vincam Human Resources
1998 Ed. (1429)
Vince Gill
1993 Ed. (1079)
1994 Ed. (1100)
1997 Ed. (1113)
1999 Ed. (1294)
Vince Vaughn
2009 Ed. (2605)
Vincent Berger
2003 Ed. (4685)
Vincent Bollore
2014 Ed. (4884)
Vincent Breitenbach
2000 Ed. (1924)
Vincent C. Schoemehl, Jr.
1991 Ed. (2395)
Vincent C. Smith
2002 Ed. (3351)
Vincent Camuto
1999 Ed. (1122, 4302)
Vincent Chan
2000 Ed. (2071)
Vincent F. Orza Jr.
2004 Ed. (2533)
Vincent Fea
1997 Ed. (1925)
1998 Ed. (1572)
1999 Ed. (2159)
2000 Ed. (1929)
Vincent Giordano Corp.
2012 Ed. (3588)
2013 Ed. (3642)
Vincent J. Galifi
2006 Ed. (3920)
2007 Ed. (3974)
2013 Ed. (4051)
2014 Ed. (3990)
2016 Ed. (3950)
Vincent J. Naimoli
1989 Ed. (1382)
1990 Ed. (1721)
Vincent Jackson
2015 Ed. (222)
Vincent L. Gregory, Jr.
1990 Ed. (1725)
1991 Ed. (1633)
Vincent Lecavalier
2014 Ed. (196)
2015 Ed. (223)
Vincent Mordrel
1999 Ed. (2326)
Vincent; Roy
2006 Ed. (2518)
Vincent S. Tese
1993 Ed. (3445)
Vincent Tan
1997 Ed. (849)
2011 Ed. (4858)
2012 Ed. (4864)
2013 Ed. (4887)
2014 Ed. (4900)
2015 Ed. (4940)
Vincent Tespe
1991 Ed. (3211)
Vincent Van Gogh Vodka
2003 Ed. (4870)
VincentBenjamin
2015 Ed. (3187)
VINCI
2002 Ed. (1304, 1307, 1311, 1313, 1314, 1315, 1319, 1321, 1322)
2003 Ed. (1174, 1320, 1323, 1327, 1328, 1329, 1331, 1333, 1335, 1336)
2004 Ed. (1182, 1320, 1323, 1326, 1327, 1328, 1332, 1334, 1335, 1336)
2005 Ed. (1208, 1326, 1328, 1329, 1332, 1333, 1337, 1341)
2006 Ed. (1184, 1185, 1299, 1301, 1302, 1305, 1311, 1312, 1316, 1318, 1319, 1320, 1321, 1683, 1685)
2007 Ed. (1287, 1288, 1290, 1291, 1293)
2008 Ed. (1186, 1189, 1191, 1278, 1282, 1285, 1290, 1297, 1298,

1302, 1304, 1305, 1306, 1307, 1762)
2009 Ed. (1161, 1163, 1165, 1166, 1261, 1265, 1268, 1282, 1283, 1287, 1289, 1290, 1291, 1292, 1688)
2010 Ed. (1157, 1158, 1159, 1160, 1257, 1261, 1264, 1269, 1275, 1276, 1277, 1280, 1282, 1283, 1284, 1285, 1645)
2011 Ed. (1104, 1105, 1107, 1108, 1109, 1207, 1211, 1214, 1228, 1229, 1230, 1233, 1235, 1236, 1237, 1238, 1653)
2012 Ed. (1020, 1021, 1023, 1025, 1026, 1027, 1143, 1147, 1150, 1155, 1157, 1158, 1159, 1164, 1165, 1166, 1167, 1505, 1507)
2013 Ed. (1165, 1166, 1171, 1177, 1178, 1180, 1284, 1286, 1287, 1293, 1294, 1295, 1296, 1297, 1300, 1302, 1303, 1644, 1646)
2014 Ed. (1122, 1123, 1130, 1132, 1217, 1219, 1220, 1226, 1227, 1228, 1229, 1230, 1233, 1235, 1236)
2015 Ed. (1163, 1164, 1177, 1180, 1275, 1277, 1278, 1284, 1285, 1287, 1291, 1293, 1294)
2016 Ed. (1078, 1079, 1089, 1092, 1190, 1193, 1199, 1200, 1201, 1205, 1207, 1208)
Vinci
2013 Ed. (1167, 1181, 1643)
2014 Ed. (1133, 1602)
2015 Ed. (1165, 1176, 1181, 1653)
2016 Ed. (1080, 1088, 1093, 1594)
VINCI Construction SA
2011 Ed. (1105)
Vinci SA
2006 Ed. (204, 1181, 3487)
2008 Ed. (1411)
Vinciquerra; Mike
2011 Ed. (3360)
Vincit
2013 Ed. (1608)
Vincit Oy
2012 Ed. (1479)
Vincor International
2007 Ed. (608)
2008 Ed. (560, 4668)
Vincristine
1990 Ed. (274)
Vineberg; Gary
1993 Ed. (1773)
1994 Ed. (1822)
1996 Ed. (1845)
1997 Ed. (1918)
Vineet Nagrani
1999 Ed. (2355)
2000 Ed. (2141)
Vinegar
2003 Ed. (1129)
Vineland Board of Education
2002 Ed. (2062)
Vineland Industrial Park
1992 Ed. (2597)
Vineland-Millville-Bridgeton, NJ
2004 Ed. (4221)
Vineland, NJ
2005 Ed. (1059, 3316)
2006 Ed. (1067, 3305)
2007 Ed. (1159)
2008 Ed. (1052, 3467)
2009 Ed. (1025, 3546)
2010 Ed. (991, 3466)
2011 Ed. (3469)
Vineshlorgbank-Bank for Foreign Trade
1997 Ed. (604)
Vineyard National Bancorp
2006 Ed. (452, 2734)
2007 Ed. (2718, 2719, 2721, 2737)
2010 Ed. (4606)
Vineyard Networks Inc.
2013 Ed. (2893)
Vineyard Oil & Gas Co.
2004 Ed. (3842, 3843)
2005 Ed. (3753, 3754)
Vineyard Services
2016 Ed. (3032)
Vineyard Vines
2007 Ed. (1323)
2008 Ed. (1212)
Vineyards of E & J Gallo
2001 Ed. (4843, 4879, 4881, 4886, 4894)
2002 Ed. (4961)
2005 Ed. (4955, 4957)
Vineyards of Ernest & Julio Gallo
2001 Ed. (4846)

2002 Ed. (4923, 4926, 4938, 4941, 4943, 4947)
2003 Ed. (4947, 4950)
Viniar; David
2005 Ed. (985)
2006 Ed. (952)
2007 Ed. (1047)
2008 Ed. (970)
2010 Ed. (922)
Viniberg; Gary
1995 Ed. (1864)
Vinmar International
2015 Ed. (4096)
Vinnie Mac
1999 Ed. (1221, 4016)
Vinny Smith
2002 Ed. (4787)
2003 Ed. (4888)
2004 Ed. (4873)
Vino Farms Inc.
1998 Ed. (1774)
Vino Italian
1997 Ed. (3906, 3910)
Vino Italian Wines
1996 Ed. (3859)
Vino Noceto
2015 Ed. (4990)
Vinod Khosla
2002 Ed. (4730)
2003 Ed. (4847)
2004 Ed. (4828)
2005 Ed. (4817)
2006 Ed. (4879)
Vinod Sehgal
1999 Ed. (2411)
VinoPRO
2015 Ed. (1477)
Vinprom Peshtera
2006 Ed. (32)
2007 Ed. (24)
Vinson & Elkins
1990 Ed. (2420)
1991 Ed. (2287, 2782)
1992 Ed. (2837)
1993 Ed. (2398, 2627, 3101)
1995 Ed. (3188)
1997 Ed. (2341, 2843, 2847, 2849, 3795)
1998 Ed. (2061, 2573, 2574, 3158, 3617)
1999 Ed. (3484, 3967, 4143)
2000 Ed. (3196, 3198, 3200, 3679, 3858, 4298)
2001 Ed. (744)
2003 Ed. (3171, 3172, 3174)
2009 Ed. (3492)
2010 Ed. (3422)
2011 Ed. (3406)
Vinson & Elkins LLP
2007 Ed. (3316, 3649)
2008 Ed. (3416, 3418, 3419)
2012 Ed. (3414, 4438)
Vintage
1995 Ed. (686)
1998 Ed. (482)
1999 Ed. (767)
2001 Ed. (999)
2002 Ed. (754)
2003 Ed. (730)
2004 Ed. (752)
2005 Ed. (733)
2006 Ed. (645)
2007 Ed. (670)
2008 Ed. (629)
2009 Ed. (649)
2010 Ed. (617)
2011 Ed. (549)
2012 Ed. (529)
2013 Ed. (630)
2016 Ed. (647)
Vintage Aggessive Growth
2004 Ed. (3597)
Vintage Aggressive Growth
2004 Ed. (3598)
Vintage Homes
2000 Ed. (1221)
2003 Ed. (1180)
Vintage Inn
2016 Ed. (1430)
Vintage IT Services
2013 Ed. (2093)
2014 Ed. (2027)
2016 Ed. (2037)
Vintage Petroleum Inc.
2004 Ed. (3833, 3834)
2005 Ed. (3742)
2007 Ed. (3852, 3854, 4562)
Vintage Sonoma
2012 Ed. (1366)
Vinten Group

1996 Ed. (1356)
Vintners International
1990 Ed. (3695)
1991 Ed. (3490, 3491)
1992 Ed. (4453, 4473)
1993 Ed. (3705, 3714, 3721)
1994 Ed. (3664)
1995 Ed. (3739, 3750)
The Vinyl Siding Guys
2009 Ed. (4441)
Viognier
1996 Ed. (3837)
2003 Ed. (4969)
Viohalco
1991 Ed. (260)
2006 Ed. (1739)
2007 Ed. (1747)
Viohalco SA
2008 Ed. (1773, 3560)
2009 Ed. (1712, 3627)
2010 Ed. (3548)
2011 Ed. (1672, 3548)
2012 Ed. (3541)
2013 Ed. (3586)
Violence
2005 Ed. (3617)
2006 Ed. (3733)
Violent acts
1997 Ed. (1580)
Violent crime
1992 Ed. (4430)
Violets Are Blue
2003 Ed. (716)
Violin Memory Inc.
2015 Ed. (4417)
Violy Byorum & Partners LLC
2002 Ed. (1377)
Viomell SA
2001 Ed. (4133)
2002 Ed. (4068)
VIOXX
2014 Ed. (4821)
Vioxx
2001 Ed. (2067)
2002 Ed. (2019, 2022, 2023)
2003 Ed. (2111, 2114, 2115)
2005 Ed. (3815)
2006 Ed. (3882)
VIP
2014 Ed. (2800)
VIP Airfreight Pty. Ltd.
1997 Ed. (191)
VIP Bates Publicidad
1996 Ed. (82)
1997 Ed. (82)
1999 Ed. (83)
2000 Ed. (89)
2001 Ed. (131)
2002 Ed. (103)
2003 Ed. (68)
VIP BSB Publicidad
1993 Ed. (95)
1995 Ed. (69)
VIP Distributing Inc.
2007 Ed. (4399)
VIP Foodservice
2006 Ed. (1748)
2007 Ed. (1757)
2008 Ed. (1785)
2009 Ed. (1726)
2012 Ed. (1534)
2013 Ed. (1680)
2014 Ed. (1632)
2015 Ed. (1681)
2016 Ed. (1626)
VIP Gold
1995 Ed. (2815)
VIP Gold; XL/Vipgold/XL Gold
1996 Ed. (2874)
VIP International Corp.
2002 Ed. (2639)
2003 Ed. (2848)
2004 Ed. (2939)
2005 Ed. (2924, 2932)
2006 Ed. (2929)
VIP Investment Corp.
2006 Ed. (2936)
VIP Net GSM
2007 Ed. (29)
VIP Publicidad
1991 Ed. (95)
1992 Ed. (143)
VIPdesk
2006 Ed. (741)
Vipont
1990 Ed. (2750)
Vipont Pharmaceuticals
1989 Ed. (2501)
Vipont/Viadent
1991 Ed. (2495)

Vips
2015 Ed. (4307, 4308)
Vipshop Holdings
2014 Ed. (4433)
Vipshop Holdings Ltd.
2014 Ed. (2925)
VIQ Solutions Inc.
2009 Ed. (2988)
Vira Manufacturing
2007 Ed. (4595)
Viracept
1999 Ed. (1890)
Viracon
2013 Ed. (2822)
2014 Ed. (2860)
2015 Ed. (2901)
2016 Ed. (2821)
Viraivaidya; Mechai
2010 Ed. (3966)
Viral agents
1995 Ed. (1908)
Viral Loop
2011 Ed. (530, 534)
Viratek
1989 Ed. (2672)
1993 Ed. (2748)
Virchow, Krause & Co.
2011 Ed. (207)
Virchow, Krause & Co. LLP
2002 Ed. (12, 19)
2003 Ed. (6)
2004 Ed. (12)
2005 Ed. (8)
2006 Ed. (13)
2007 Ed. (9)
2008 Ed. (7)
2009 Ed. (10)
2010 Ed. (16, 19)
Virco Manufacturing Corp.
2000 Ed. (286)
2002 Ed. (1523)
2007 Ed. (2662)
Virgin
1999 Ed. (1255, 4367, 4732)
2001 Ed. (3390)
2003 Ed. (746)
2007 Ed. (730, 1692)
2008 Ed. (703)
2009 Ed. (711)
2011 Ed. (583, 585, 1413)
Virgin 1215 AM
2001 Ed. (3980)
2002 Ed. (3896)
Virgin America
2013 Ed. (124, 3010)
2014 Ed. (134, 3019)
2015 Ed. (147, 3086)
2016 Ed. (152, 4311)
Virgin America Inc.
2011 Ed. (2995)
2012 Ed. (164, 2305, 2921)
2013 Ed. (143)
2015 Ed. (144)
2016 Ed. (149)
Virgin Atlantic
1999 Ed. (239)
2007 Ed. (239, 720)
2008 Ed. (689)
2009 Ed. (698)
2014 Ed. (2054, 3085, 3477)
Virgin Atlantic Airways
2013 Ed. (139)
2014 Ed. (149)
2015 Ed. (171)
2016 Ed. (171)
Virgin Atlantic Airways Ltd.
2001 Ed. (307, 309, 334)
2002 Ed. (54)
2004 Ed. (209)
2008 Ed. (218)
2009 Ed. (241)
2010 Ed. (225)
Virgin Australia
2013 Ed. (134, 145, 147, 148, 149)
Virgin Blue
2003 Ed. (745)
2004 Ed. (757)
Virgin Blue Holdings Ltd.
2007 Ed. (250, 251, 252, 253, 254, 255)
2008 Ed. (228, 230, 231, 232)
2010 Ed. (228, 229, 230, 231, 232, 233, 234)
2011 Ed. (152, 153, 154, 155, 156, 157)
2012 Ed. (151, 166, 168, 169, 170)
Virgin Communications Ltd.
1994 Ed. (1002)
1995 Ed. (1011)
Virgin Express Holdings plc

2001 Ed. (4620)
2002 Ed. (4675)
Virgin Group
2001 Ed. (4703)
2007 Ed. (2042)
2010 Ed. (720)
Virgin Island Government Hospital & Health Facilities Corp.
2014 Ed. (2074)
Virgin Island Water & Power Authority
2014 Ed. (2074)
Virgin Islands
1989 Ed. (1514)
1990 Ed. (3075)
1997 Ed. (2563)
2010 Ed. (812)
2011 Ed. (737, 741)
2012 Ed. (674, 676)
2014 Ed. (845)
Virgin Islands; British
2006 Ed. (783, 2716)
2008 Ed. (851)
Virgin Islands Community Bank
2001 Ed. (568)
Virgin Media
2008 Ed. (1513)
2009 Ed. (699, 709, 4674, 4676)
2010 Ed. (4689)
2011 Ed. (2260, 4639)
2012 Ed. (41, 571, 2128, 4642, 4670)
2013 Ed. (4598, 4633, 4645)
2014 Ed. (4653, 4680)
2015 Ed. (56, 1346, 4672, 4677, 4682)
2016 Ed. (4583)
Virgin Media Inc.
2013 Ed. (2324, 4612, 4616)
2014 Ed. (2547, 4664, 4678)
2015 Ed. (4661)
Virgin Media Television Ltd.
2009 Ed. (108)
Virgin Megastore
2009 Ed. (4577)
2010 Ed. (4612)
Virgin MegaStores
2002 Ed. (4748)
Virgin Mobile
2007 Ed. (4722)
Virgin Mobile Holdings (UK)
2006 Ed. (4703)
Virgin Mobile Holdings (U.K.) plc
2007 Ed. (3620, 4724)
2008 Ed. (1452, 1459, 4644)
Virgin Mobile USA LLC
2008 Ed. (4942)
Virgin Money
2008 Ed. (132, 136)
2009 Ed. (148, 150)
Virgin Music
2007 Ed. (3215)
Virgin Radio
2009 Ed. (673)
Virgin Records
2002 Ed. (46)
2008 Ed. (134)
Virgin Trains
2002 Ed. (54)
2008 Ed. (101)
2014 Ed. (4765)
2015 Ed. (4785)
Virgin United
2011 Ed. (775)
Virginia
1989 Ed. (1190, 1737, 1899, 1906, 2545, 2613, 2620)
1990 Ed. (823, 824, 825, 829, 830, 831, 832, 833, 858, 2147, 2664, 3279, 3280, 3281, 3282, 3349, 3350, 3358, 3374, 3389, 3413, 3415, 3423, 3606)
1991 Ed. (786, 789, 794, 795, 797, 1811, 2163, 2349, 2351, 2352, 3187, 3199)
1992 Ed. (1, 972, 976, 2098, 2099, 2286, 2340, 2586, 2915, 2923, 2926, 2933, 2968, 3542, 3819, 4074, 4080, 4113)
1993 Ed. (724, 1734, 1735, 1946, 2151, 3394, 3395, 3422)
1994 Ed. (749, 977, 2381, 2382, 2556, 3374, 3413, 3426, 3427)
1995 Ed. (244, 675, 1762, 1764, 2204, 2462, 2463, 2608, 3484, 3497, 3499, 3732, 3743)
1996 Ed. (36, 1737, 2091, 2504, 2511, 2512, 3254, 3514, 3565, 3831, 3843)
1997 Ed. (1, 1818, 2219, 2650, 2651, 2681, 2844, 3147, 3562, 3565, 3568, 3605, 3881, 3892)

1998 Ed. (179, 1109, 1928, 1935, 1977, 2385, 2386, 2401, 2404, 2406, 2415, 2417, 2418, 2883, 3376, 3379, 3380, 3388, 3396, 3397, 3716, 3728)
1999 Ed. (392, 981, 1211, 1535, 1996, 2681, 3226, 3227, 3258, 3267, 3269, 3270, 3975, 4404, 4432, 4451, 4455, 4764, 4776)
2000 Ed. (1128, 1378, 1905, 2452, 2454, 2465, 2645, 2965, 2966, 3688, 4095, 4102, 4106, 4107, 4108, 4109, 4110, 4115, 4180, 4269, 4289, 4391, 4400)
2001 Ed. (284, 660, 1028, 1029, 1030, 1031, 1050, 1051, 1244, 1262, 1284, 1287, 1288, 1289, 1290, 1304, 1345, 1346, 1372, 1373, 1375, 1376, 1419, 1422, 1423, 1429, 1434, 1435, 1980, 2051, 2112, 2150, 2151, 2218, 2219, 2260, 2261, 2286, 2287, 2385, 2386, 2387, 2389, 2390, 2391, 2394, 2421, 2566, 2577, 2684, 2705, 2758, 2824, 2998, 3000, 3049, 3093, 3098, 3175, 3236, 3328, 3330, 3354, 3356, 3523, 3538, 3577, 3583, 3584, 3640, 3643, 3654, 3708, 3782, 3785, 3787, 3790, 3815, 3888, 3903, 3966, 4006, 4171, 4173, 4175, 4176, 4198, 4231, 4232, 4243, 4253, 4254, 4305, 4412, 4443, 4444, 4445, 4459, 4460, 4481, 4488, 4489, 4517, 4536, 4552, 4584, 4599, 4615, 4637, 4658, 4719, 4721, 4735, 4739, 4740, 4799, 4800, 4838, 4866, 4927, 4928, 4929, 4931, 4937)
2002 Ed. (447, 448, 449, 452, 460, 462, 464, 466, 467, 472, 474, 492, 493, 668, 1115, 1824, 2069, 2403, 2548, 2549, 2552, 2574, 2736, 2737, 2738, 2739, 2740, 2741, 2742, 2746, 2882, 2883, 2947, 2979, 2980, 3114, 3120, 3126, 3127, 3129, 3198, 3200, 3212, 3239, 3600, 3901, 4101, 4106, 4107, 4108, 4109, 4111, 4146, 4147, 4148, 4154, 4163, 4165, 4373, 4374, 4376, 4537, 4627, 4732, 4778, 4910, 4917)
2003 Ed. (354, 380, 390, 397, 398, 399, 401, 402, 412, 414, 440, 443, 444, 1025, 1060, 1061, 1065, 2145, 2424, 2582, 2688, 2751, 2884, 3235, 3237, 3243, 3248, 3249, 3250, 3252, 3255, 3256, 3758, 4233, 4234, 4237, 4238, 4239, 4241, 4242, 4245, 4246, 4248, 4257, 4286, 4295, 4297, 4298, 4299, 4300, 4408, 4412, 4413, 4755, 4914)
2004 Ed. (359, 367, 368, 369, 371, 374, 383, 384, 385, 387, 388, 393, 436, 438, 439, 1028, 1069, 1074, 1091, 1098, 2023, 2294, 2536, 2537, 2971, 2972, 2975, 2976, 3092, 3146, 3275, 3291, 3293, 3301, 3313, 3673, 3674, 3783, 3933, 4252, 4256, 4257, 4258, 4260, 4261, 4264, 4265, 4267, 4272, 4277, 4295, 4303, 4305, 4309, 4419, 4510, 4735, 4901, 4905)
2005 Ed. (370, 386, 387, 388, 390, 397, 399, 400, 405, 412, 442, 444, 1034, 1073, 1078, 2786, 2840, 2937, 2984, 3299, 3318, 3319, 3335, 3701, 4184, 4185, 4189, 4190, 4191, 4193, 4194, 4195, 4200, 4210, 4227, 4228, 4238, 4241, 4242, 4601, 4712, 4940)
2006 Ed. (1043, 2755, 2834, 2981, 3069, 3104, 3156, 3256, 3259, 3298, 3299, 3307, 3323, 3790, 3945, 3982, 3983, 4334, 4663, 4666, 4764, 4791, 4864, 4996)
2007 Ed. (341, 1131, 1198, 2272, 2520, 2838, 3009, 3014, 3210, 3360, 3371, 3385, 3647, 3788, 4003, 4021, 4022, 4683, 4687, 4770, 4997)
2008 Ed. (327, 1012, 1104, 2642, 2958, 3129, 3130, 3133, 3134, 3266, 3351, 3457, 3471, 3482, 3512, 3759, 3862, 4048, 4356, 4593, 4596, 4690, 4729, 4996)
2009 Ed. (997, 1022, 1082, 2405, 2831, 2877, 3038, 3214, 3215, 3216, 3217, 3430, 3476, 3537,

3548, 3549, 3554, 3577, 3578,
3782, 3921, 4119, 4243, 4452,
4637, 4640, 4732, 4765, 4768,
4997)
2010 Ed. (961, 988, 1055, 2312,
2317, 2880, 3145, 3146, 3147,
3360, 3409, 3460, 3461, 3469,
3472, 3496, 3710, 3839, 4175,
4504, 4665, 4669, 4740, 4779,
4838, 5002)
2011 Ed. (887, 916, 993, 2313, 2862,
3112, 3113, 3114, 3315, 3463,
3464, 3466, 3468, 3471, 3472,
3496, 3502, 3707, 3842, 4031,
4440, 4614, 4615, 4616, 4618,
4700, 4730, 4796, 4950, 4951,
4999)
2012 Ed. (909, 917, 2214, 2243,
2792, 3049, 3050, 3301, 3473,
3474, 3476, 3477, 3478, 3483,
3500, 3728, 4061, 4619, 4621,
4624, 4690, 4813, 4996)
2013 Ed. (1064, 1158, 2397, 2833,
3129, 3130, 3271, 3522, 3523,
3525, 3526, 3527, 3528, 3545,
3828, 3830, 4434, 4446, 4490,
4577, 4580, 4724, 4776, 5000)
2014 Ed. (95, 623, 755, 2316, 2331,
2461, 3496, 3497, 3500, 3501,
3521, 3765, 4636, 4639, 4640)
2015 Ed. (101, 790, 2293, 2393,
2529, 2631, 3516, 3517, 3518,
3536, 4053, 4054, 4055, 4056,
4101, 4627)
2016 Ed. (94, 3375, 3376, 3961,
3962, 4015, 4545)
Virginia Beach Department of Economic
Development
2005 Ed. (3320)
Virginia Beach-Norfolk-Newport News,
VA
2009 Ed. (2388)
2011 Ed. (3492)
Virginia Beach-Norfolk-Newport News,
VA-NC
2005 Ed. (3322)
2006 Ed. (3315)
2008 Ed. (4100)
Virginia Beach-Norfolk, VA
2007 Ed. (2997, 3004)
Virginia Beach, VA
1994 Ed. (970, 2584)
1998 Ed. (740, 1235)
2007 Ed. (3001)
2010 Ed. (2825, 4372)
Virginia Beach/Chesapeake, VA
1990 Ed. (999, 1001, 2484)
1991 Ed. (939)
Virginia Commerce Bancorp
2003 Ed. (524)
2005 Ed. (2590)
2006 Ed. (452, 2593)
2008 Ed. (2701)
2009 Ed. (559, 2761)
2010 Ed. (542)
2012 Ed. (428)
Virginia Commonwealth University
2009 Ed. (801, 3708)
2010 Ed. (740)
2012 Ed. (611, 879)
2014 Ed. (773)
Virginia Commonwealth University
Health System
2013 Ed. (2147)
2014 Ed. (2080)
2015 Ed. (2134)
2016 Ed. (2113)
Virginia Credit Union
2016 Ed. (2639)
Virginia Credit Union Inc.
2002 Ed. (1898)
2003 Ed. (1952)
2004 Ed. (1992)
2005 Ed. (2134)
2006 Ed. (2229)
2007 Ed. (2150)
2008 Ed. (2265)
2009 Ed. (2251, 2252)
2010 Ed. (2205)
2011 Ed. (2223)
2012 Ed. (2084, 2603)
2013 Ed. (2272)
2014 Ed. (2206)
2015 Ed. (2270)
2016 Ed. (2241)
Virginia, Darden School of Business;
University of
2005 Ed. (803, 804)
2006 Ed. (707, 709, 711)
2007 Ed. (798, 815, 827)

2009 Ed. (818, 823)
2010 Ed. (728, 733, 734, 735, 736,
739, 749, 757, 760, 761)
2011 Ed. (653, 660, 678, 694)
2013 Ed. (754)
2014 Ed. (774)
Virginia, Darden; University of
1992 Ed. (997)
1993 Ed. (801, 805, 806)
Virginia Department of Corrections
2001 Ed. (2486)
Virginia Department of Transportation
2010 Ed. (2080)
2011 Ed. (2137)
2012 Ed. (1981)
2013 Ed. (2145)
2015 Ed. (2132)
2016 Ed. (2111)
Virginia Dept. of Corrections
2000 Ed. (3617)
Virginia Dept. of Mental Health, Mental
Retardation & Substance Abuse
Services
1999 Ed. (3907)
Virginia Economic Development Partnership
2003 Ed. (3245)
Virginia Electric & Power Co.
1998 Ed. (1374)
2001 Ed. (1895, 2154, 3870)
Virginia Farm Bureau Group
2002 Ed. (2951)
Virginia Financial Group Inc.
2005 Ed. (357, 2590)
2006 Ed. (2593)
2008 Ed. (2701)
Virginia First Savings
1998 Ed. (3569)
Virginia Gas Co.
2002 Ed. (1381)
Virginia Gentleman
1989 Ed. (752)
1991 Ed. (1816)
Virginia Gold
2016 Ed. (4657)
Virginia Gold Mines Inc.
2006 Ed. (1604, 1633)
Virginia Halas McCaskey
2012 Ed. (2679)
Virginia Homes
2003 Ed. (1156)
2004 Ed. (1161)
Virginia Housing Development Agency
1999 Ed. (2818)
Virginia Housing Development Authority
1994 Ed. (3363)
1995 Ed. (2192)
1996 Ed. (2211, 2725)
1997 Ed. (2340)
1998 Ed. (2062)
1999 Ed. (3475)
2000 Ed. (3205)
2001 Ed. (938)
Virginia Insurance Reciprocal
2002 Ed. (3956)
Virginia Iron Industries
1992 Ed. (2102, 2103)
Virginia M. Rometty
2015 Ed. (970)
Virginia Mason Medical Center
2001 Ed. (1896)
2003 Ed. (1847)
2005 Ed. (1998)
2006 Ed. (2099)
2007 Ed. (2055)
2008 Ed. (2164)
2009 Ed. (2145)
2010 Ed. (2085)
2012 Ed. (1987)
2013 Ed. (2161)
Virginia, McIntire School of Business;
University of
2007 Ed. (797)
2008 Ed. (772, 773)
2009 Ed. (788, 789)
2010 Ed. (725, 726)
2011 Ed. (647)
2012 Ed. (610)
Virginia Medical Center; University of
2005 Ed. (1995, 2904)
2006 Ed. (2095, 2911)
2007 Ed. (2052, 2930)
2008 Ed. (2158, 3043)
2009 Ed. (2138, 3128)
2010 Ed. (3060)
2013 Ed. (2145)
2015 Ed. (2132)
Virginia Military Institute
1990 Ed. (1086)
2008 Ed. (1061)

2009 Ed. (1037)
2010 Ed. (1003)
2011 Ed. (941)
Virginia Polytechnic Institute
2012 Ed. (867, 2427)
Virginia Public Building Authority
1995 Ed. (2650)
1998 Ed. (2563)
Virginia Public School Authority
1993 Ed. (3099)
1996 Ed. (3286)
1998 Ed. (3159)
2000 Ed. (3859)
Virginia Public Schools Authority
2001 Ed. (938)
Virginia Retirement
1995 Ed. (2863)
1996 Ed. (2935)
2000 Ed. (3436, 3437, 3441, 3444)
2001 Ed. (3669, 3678)
2002 Ed. (3604, 3613, 3617)
2003 Ed. (1981)
2004 Ed. (2027, 2030)
2007 Ed. (2175, 2178, 2180, 2182,
2185, 2189)
2008 Ed. (2295, 2297, 2305, 2306,
2311)
2009 Ed. (2286, 2287, 2288, 2296,
2300, 2309)
2010 Ed. (2232, 2241)
Virginia Retirement System
1997 Ed. (3023)
Virginia Rometty
2014 Ed. (4968)
2015 Ed. (5009)
2016 Ed. (4926, 4927)
Virginia S. Nelson
1995 Ed. (937, 1069)
Virginia Slims
1990 Ed. (56, 992, 993)
1991 Ed. (57, 932)
1992 Ed. (1147, 1151)
1994 Ed. (955)
1995 Ed. (986)
1997 Ed. (985)
1998 Ed. (728, 729, 730)
2000 Ed. (1061)
2001 Ed. (1230)
2002 Ed. (4629)
2003 Ed. (971, 4751, 4756)
2004 Ed. (4736)
2005 Ed. (4713)
2006 Ed. (4765)
2007 Ed. (4771)
2008 Ed. (976, 4691)
2009 Ed. (4733)
2010 Ed. (4741)
2015 Ed. (988)
2016 Ed. (889)
Virginia Slims Lights Menthol
1997 Ed. (988)
1999 Ed. (1138)
2000 Ed. (1063)
Virginia Society of Certified Public Accountants
2013 Ed. (2144)
Virginia Sprinkler Corp.
2003 Ed. (1232)
2004 Ed. (1235)
2006 Ed. (1242, 1344)
Virginia State Lottery Department
2001 Ed. (376)
Virginia Stowers
2006 Ed. (3898)
Virginia Supplemental Retirement System
1991 Ed. (2691)
Virginia Surety Co.
2003 Ed. (4993)
2012 Ed. (3285)
2013 Ed. (3359)
Virginia Tech
1999 Ed. (2043)
2000 Ed. (1826, 1834)
2001 Ed. (2255)
2010 Ed. (2499)
2011 Ed. (2504)
Virginia Tech Hydro
2008 Ed. (2164)
2009 Ed. (2145)
Virginia University
2002 Ed. (898)
2004 Ed. (810, 812, 813, 814, 815,
816, 817, 830)
Virginia; University of
1991 Ed. (892, 2295)
1992 Ed. (1006, 2848)
1993 Ed. (2407)
1994 Ed. (889, 1056, 2358)
1995 Ed. (2427)

1996 Ed. (837, 2457, 2461, 2463)
1997 Ed. (1065, 2602, 2607, 2608)
2005 Ed. (3266)
2006 Ed. (713, 715, 716, 720, 723,
729, 3948)
2007 Ed. (802, 805, 1163, 3330)
2008 Ed. (782, 784, 1062, 1065,
3431)
2009 Ed. (791, 794, 795, 796, 797,
800, 1033, 1038, 1042, 3505)
2010 Ed. (1004, 1008, 3435)
2011 Ed. (648, 941, 947, 3420)
2012 Ed. (863)
2015 Ed. (810, 816)
Virginia West University Hospitals Inc.
2012 Ed. (2000)
virginia.edu
2001 Ed. (2965)
Virgin.net
2008 Ed. (701)
Virgo Health Ltd.
2014 Ed. (2045)
Viridan
2005 Ed. (1984, 1985)
2006 Ed. (2063)
Viridian
2005 Ed. (1988, 1989)
2006 Ed. (2067, 2068, 2369)
2007 Ed. (2035, 2036, 2039, 2307)
2009 Ed. (2112, 2120)
Viridian Energy
2013 Ed. (2335)
2016 Ed. (2294)
Viridien Technologies Inc.
2001 Ed. (1871, 2851)
VirnetX Holding
2012 Ed. (4572)
ViroLogic Inc.
2005 Ed. (934)
Viromed
1991 Ed. (995)
1993 Ed. (1013)
ViroPharma
2007 Ed. (4552, 4587)
2009 Ed. (3017, 4561)
2010 Ed. (2954)
2011 Ed. (2917)
2012 Ed. (4633)
Virpie
2009 Ed. (2484)
2010 Ed. (3172)
Virtek Vision International
2002 Ed. (2504)
2006 Ed. (2813)
2007 Ed. (2812)
Virtela Communications
2003 Ed. (1074)
Virtua Health
2000 Ed. (2533)
Virtual Brokers
2013 Ed. (715)
2014 Ed. (738)
Virtual Chip Exchange
2004 Ed. (2217)
Virtual Dr.
2002 Ed. (4862)
Virtual Enterprises
2002 Ed. (1142)
Virtual Fleet Supervisor
2016 Ed. (1004)
Virtual Flowers
1999 Ed. (3006, 4752)
Virtual Health Inc.
2004 Ed. (1818)
Virtual Instruments
2013 Ed. (2837)
2014 Ed. (2873)
Virtual IT Ltd.
2009 Ed. (3029, 3031)
Virtual Media, Inc.
2003 Ed. (2708)
Virtual Properties Realty
2014 Ed. (1605)
2015 Ed. (1655)
2016 Ed. (1597)
Virtual Radiologic
2015 Ed. (3255)
Virtual reality
1996 Ed. (2345)
Virtual Sales Group Corp.
2007 Ed. (3562, 4424)
Virtual Window Fashion Store; V2K,
The
2005 Ed. (3158)
2006 Ed. (3159)
2007 Ed. (3193)
VirtualBank
2002 Ed. (4841)
Virtualosity Solutions
2012 Ed. (213, 4051)

VirtualThere Inc.
2005 Ed. (2777)
Virtuoso Xenon Power System
2001 Ed. (1988)
Virtuoz
2011 Ed. (2908)
2012 Ed. (2843)
Virtus
2011 Ed. (521, 3740)
Virtus Investment
2010 Ed. (596)
2012 Ed. (498)
Virtus Investment Partners
2012 Ed. (4556)
2013 Ed. (3816)
2015 Ed. (1596, 2721, 2917)
2016 Ed. (640, 2555, 2644, 2837, 3674)
Virtus Multi-Sector Short-Term Bond
2011 Ed. (519)
Virtus Small-Cap Sustainable Growth
2013 Ed. (4506)
Virtusa
2014 Ed. (1034)
2015 Ed. (1068)
2016 Ed. (975)
Virtusa Corp.
2013 Ed. (1095, 1839)
2014 Ed. (1769)
2015 Ed. (1811)
2016 Ed. (1770)
Virtutone Networks
2013 Ed. (2895)
Viru Olu
2004 Ed. (43)
Virumaa Kommertspank
1997 Ed. (457)
Viruscan
1997 Ed. (1099)
1998 Ed. (846)
Vis-Com Inc.
2009 Ed. (1304)
Visa
2013 Ed. (695, 786, 790, 2685)
2014 Ed. (685, 691, 716, 808, 2696)
2015 Ed. (736, 739, 852, 856)
2016 Ed. (744, 745)
Visa Corp.
2013 Ed. (1476)
Visa Delta Shopping Card
1996 Ed. (1496)
Visa Inc.
1989 Ed. (1183, 1436)
1990 Ed. (1457, 1799)
1992 Ed. (1752)
1993 Ed. (1443)
1994 Ed. (1500)
1995 Ed. (349, 1528, 1531)
1996 Ed. (34, 1490, 1493, 3053)
1997 Ed. (1555)
1998 Ed. (491, 1213, 1694)
1999 Ed. (1792)
2000 Ed. (1618, 1619, 1620)
2001 Ed. (1954, 2989)
2002 Ed. (1817, 1819)
2003 Ed. (1884, 4641)
2004 Ed. (1913, 1914)
2005 Ed. (2049, 2600, 2602)
2006 Ed. (2142, 2143, 2144)
2007 Ed. (2088)
2008 Ed. (2197)
2009 Ed. (1433, 2174)
2010 Ed. (1426, 1518, 2115, 2116, 2643, 2694, 2696, 2704, 4444, 4445, 4601)
2011 Ed. (381, 566, 567, 1440, 2165, 2633, 2679, 2681, 2682, 2689, 2692, 2829)
2012 Ed. (1275, 2011, 2561, 2608, 2609, 2611, 2613, 2621, 2623, 3815, 4554, 4569)
2013 Ed. (779, 1380, 2201, 2699, 2700, 2709, 2713, 4513)
2014 Ed. (1429, 1681, 2131, 2683, 2685, 2690, 2692, 2695, 4574)
2015 Ed. (1385, 1491, 1726, 2196, 2727, 2730, 2736, 2738, 2740, 2742, 4424, 4568)
2016 Ed. (740, 1315, 1693, 2166, 2167, 2650, 2654, 2659, 2661, 2665, 4495)
Visa International
1998 Ed. (1214, 2979)
1999 Ed. (3976)
2001 Ed. (1074)
2002 Ed. (2267)
2003 Ed. (20, 2481)
2004 Ed. (857, 1915, 2614)
2005 Ed. (832, 1605, 2051, 2605, 4452)

2006 Ed. (758, 2603)
2007 Ed. (1518)
Visa USA Inc.
2000 Ed. (954)
2003 Ed. (815)
2005 Ed. (2604)
2006 Ed. (141)
2007 Ed. (134)
Visage
1998 Ed. (3308)
2000 Ed. (185, 4037)
Visage Mobile
2007 Ed. (4968)
Visalia, CA
2005 Ed. (1057, 4792)
2006 Ed. (2449, 4863)
2007 Ed. (1157)
2008 Ed. (1040)
2009 Ed. (1023)
2010 Ed. (207, 989, 2705, 2765)
2011 Ed. (917)
Visalia Community Bank
2011 Ed. (1520)
Visalia-Porterville, CA
2009 Ed. (351)
2012 Ed. (275)
2014 Ed. (278)
Visalia-Tulare, CA
2003 Ed. (231, 232)
Visalia-Tulare-Porterville, CA
2004 Ed. (189, 190)
2005 Ed. (4796)
Visalia/Tulare/Portersville, CA
2000 Ed. (1076, 4365)
ViSalus
2013 Ed. (2335)
2014 Ed. (2265, 2266)
VisaNet Acquiring Services
1991 Ed. (1393)
1992 Ed. (1751)
VisaNet Peru
2013 Ed. (2014)
2014 Ed. (1946)
2015 Ed. (1992)
Visant Corp.
2008 Ed. (4028)
2009 Ed. (3664)
2010 Ed. (3577)
2011 Ed. (3532)
2012 Ed. (3522)
2013 Ed. (3562, 3563)
2014 Ed. (3541)
2015 Ed. (3562, 4069)
2016 Ed. (3414, 3977)
Visant Holding Corp.
2007 Ed. (3414)
2008 Ed. (3543)
2009 Ed. (3610)
Viscoat
1992 Ed. (3301)
1994 Ed. (2697)
Viscoelastic solution
1995 Ed. (2810)
The Viscusi Group Inc.
1993 Ed. (1692)
1995 Ed. (1724)
1998 Ed. (1507)
2000 Ed. (1867)
2002 Ed. (2176)
Vishal Retail
2012 Ed. (4346)
Vishay
1990 Ed. (1620)
Vishay Intertech
1994 Ed. (1083)
Vishay Intertechnology Inc.
1990 Ed. (1615)
1991 Ed. (1518, 1522)
1992 Ed. (1908, 1909, 1915)
1993 Ed. (1049, 1563)
1999 Ed. (1972)
2000 Ed. (1748)
2003 Ed. (4379)
2004 Ed. (2181, 4401)
2005 Ed. (2282, 3047, 4340, 4344)
2006 Ed. (2349, 2391, 2395, 4280, 4283)
2007 Ed. (2284)
Vishnu Swarup
1991 Ed. (1688)
1993 Ed. (1820)
1994 Ed. (1803)
Visiak Security Systems
2000 Ed. (3906)
Visible Genetics Inc.
2003 Ed. (2941)
Visible Technologies
2011 Ed. (1026)
VISICU Inc.
2008 Ed. (2887)

2009 Ed. (3009)
Visine
1995 Ed. (1597, 1601, 1755, 1759)
1997 Ed. (1817)
2003 Ed. (1220, 3780)
Visine 0.5 oz.
1990 Ed. (1575)
Visine AC
1995 Ed. (1601, 1759)
Visine Allergy
1997 Ed. (1817)
Visine Extra
1995 Ed. (1601, 1759)
Visine Eye Drops 0.5 oz.
1990 Ed. (1546, 1547)
Visine Long Lasting
1997 Ed. (1817)
Visine Long Lasting Relief
1995 Ed. (1601)
Visio
1999 Ed. (2616, 2618, 4323, 4325)
2000 Ed. (1742, 2399, 2450)
2014 Ed. (1061)
2015 Ed. (1098)
2016 Ed. (1007)
Visio Financial Services
2016 Ed. (3620)
Visiocorp Holding USA LLP
2011 Ed. (4564)
Vision
2010 Ed. (615)
2011 Ed. (547)
2012 Ed. (527)
2016 Ed. (645)
Vision Automotive Group
2005 Ed. (1907)
Vision Care Inc.
2002 Ed. (3743)
Vision Critical
2010 Ed. (2928)
2011 Ed. (2891)
2014 Ed. (1073)
2015 Ed. (1110, 1111)
Vision Ease Lens
2015 Ed. (3260)
Vision Expo
1999 Ed. (3659)
2001 Ed. (3593)
Vision Fitness
2001 Ed. (2349)
Vision Graphics
2013 Ed. (4092)
2015 Ed. (4079)
Vision impairment
1995 Ed. (2078)
Vision in White
2011 Ed. (496)
Vision Information Technologies Inc.
2005 Ed. (2837)
2013 Ed. (1855, 2933)
2015 Ed. (2998)
2016 Ed. (2923)
Vision Integrated Graphics Group
2014 Ed. (4101)
2015 Ed. (4079)
Vision Integrated Graphics Group LLC
2016 Ed. (3990)
Vision International
2012 Ed. (4046)
Vision IT
2007 Ed. (2833)
Vision Logistics Holding Co.
2011 Ed. (4766, 4774)
2012 Ed. (4787, 4796)
Vision One Credit Union
2012 Ed. (2031)
2013 Ed. (2262)
2014 Ed. (2195)
Vision Opportunity Capital
2010 Ed. (2917)
Vision Point of Sale, Inc.
2002 Ed. (2501)
Vision products
1994 Ed. (2028)
Vision Service Plan
2006 Ed. (1489, 1492)
2007 Ed. (1519, 1522, 2899)
2008 Ed. (1504, 3021)
2009 Ed. (1532, 1964)
Vision Software Tools Inc.
2001 Ed. (2859)
Vision Source
2015 Ed. (3796)
Vision Source LP
2016 Ed. (3709)
Vision Systems
2003 Ed. (1621)
Vision Systems Automation
2013 Ed. (2982, 2985)
Vision Systems Group

2005 Ed. (1129)
Vision Systems & Technology Inc.
2005 Ed. (1346)
Vision-The Inter-American Magazine
1994 Ed. (2791)
Vision Twenty-One
2000 Ed. (2206)
The Vision Web
2002 Ed. (2519)
Visionary Design Systems
1998 Ed. (606)
Visionary Integration Professionals
2009 Ed. (4824)
Visionary Solutions
2007 Ed. (4811)
2008 Ed. (4738)
2009 Ed. (4773)
VisionChina Media
2015 Ed. (4573)
VisionCor Inc.
2008 Ed. (4976)
Visioneering
1993 Ed. (1037, 1038)
Visioneering R. & D. Co.
2006 Ed. (1082)
Visioneering Research & Development Co.
1992 Ed. (2743)
2008 Ed. (1096)
Visionexpo
1999 Ed. (3658)
2001 Ed. (3594)
VisionFactory, Inc.
2002 Ed. (2529)
VisionIT
2008 Ed. (2955)
2009 Ed. (3036, 3041)
2011 Ed. (2922)
2012 Ed. (2858)
2013 Ed. (2925, 2938)
2014 Ed. (2942, 2958)
2015 Ed. (3011, 3026)
Visions
1995 Ed. (2001)
1996 Ed. (2026, 3625)
1998 Ed. (3458, 3459)
1999 Ed. (2599)
2003 Ed. (1374)
Visions Credit Union
2002 Ed. (1882)
2003 Ed. (1936)
2004 Ed. (1976)
2005 Ed. (2118)
2006 Ed. (2213)
2007 Ed. (2134)
2008 Ed. (2249)
2009 Ed. (2235)
2010 Ed. (2189)
2011 Ed. (2207)
2012 Ed. (2068)
2013 Ed. (2250)
2014 Ed. (2182)
2015 Ed. (2246)
2016 Ed. (2217)
Visionscapes
2012 Ed. (3436)
Visionworks of America Inc.
2016 Ed. (3709)
Visipaque Injection
2000 Ed. (3077)
VisiTech PR
2006 Ed. (1681)
2007 Ed. (1684)
Visitel--Telemedia Service
2001 Ed. (42)
Visiting Angels
2003 Ed. (220)
2004 Ed. (179)
2005 Ed. (179)
2006 Ed. (194)
2007 Ed. (200)
2008 Ed. (187)
2009 Ed. (204)
2010 Ed. (184)
2011 Ed. (106)
2012 Ed. (114)
2013 Ed. (91)
2014 Ed. (100)
2015 Ed. (114)
2016 Ed. (121)
Visiting Angels of Newton & Canton
2016 Ed. (1773)
Visiting Angels Senior Homecare
2015 Ed. (1473)
Visiting Nurse Association Inc.
2001 Ed. (1892)
2003 Ed. (1842)
2007 Ed. (2049)
2008 Ed. (2153)
2009 Ed. (2136)

2010 Ed. (2078)
2011 Ed. (2135)
2012 Ed. (1979)
2013 Ed. (2138)
2015 Ed. (2121)
2016 Ed. (2104)
Visiting Nurse Association of Central
Jersey
2014 Ed. (3007)
Visiting Nurse Association of Central
New Jersey
1999 Ed. (2706)
Visiting Nurse Association of Cleveland
2001 Ed. (3549)
The Visiting Nurse Association of
Greater Philadelphia
1999 Ed. (2708)
Visiting Nurse Association of Southeast
Michigan
1999 Ed. (2707)
2000 Ed. (2491)
2001 Ed. (2753)
2002 Ed. (2589)
Visiting Nurse Service of New York
2009 Ed. (3844)
Visiting Nurse Service of New York
Home Care
2014 Ed. (3007)
2016 Ed. (2972)
Visma Severa
2013 Ed. (1609)
Visma Software AS
2015 Ed. (1127)
2016 Ed. (1039)
Vison & Elkins LLP
2007 Ed. (2904)
Visonworks of America Inc.
2014 Ed. (3776)
2015 Ed. (3796)
Vista
1990 Ed. (3326)
1991 Ed. (2753)
1993 Ed. (580, 2660, 2671, 2679)
1995 Ed. (1208)
2005 Ed. (3360)
Vista American Stock
2002 Ed. (3449, 3450, 3451)
Vista Balanced A
1996 Ed. (623)
1999 Ed. (3562)
Vista Balanced B
1996 Ed. (623)
Vista Capital Growth
1994 Ed. (2603)
Vista Capital Growth A
1996 Ed. (612)
Vista Center Corporate Park
2000 Ed. (2625)
Vista Chemical
1989 Ed. (1054)
1990 Ed. (935, 936, 939, 967, 968,
1297)
1991 Ed. (920, 1216)
1992 Ed. (1128, 1529)
Vista Del Sol LNG Terminal LP
2006 Ed. (849, 3319)
Vista Diversified
2002 Ed. (3429)
Vista Equity Income A
1999 Ed. (3510, 3511)
Vista Equity Partners
2009 Ed. (197)
2010 Ed. (176)
2011 Ed. (101)
2012 Ed. (108)
2013 Ed. (89)
2015 Ed. (112)
2016 Ed. (120, 4010)
Vista Eyecare Inc.
2002 Ed. (3540)
Vista Fds: Growth & Income
1991 Ed. (2569)
Vista Ford
1996 Ed. (301)
1998 Ed. (209)
2000 Ed. (334)
Vista Ford, Isuzu, Lexus, Lincoln, Mercury
2002 Ed. (370)
Vista (Fund E)/World Bond
1992 Ed. (4373)
Vista Global MMF/Institution Shares
1996 Ed. (2669)
Vista Group
1990 Ed. (1245, 3667)
Vista Growth & Income
1994 Ed. (2604)
1995 Ed. (2698)
Vista Growth & Income A
1996 Ed. (611, 613)

Vista Health Plan
1991 Ed. (1896)
1992 Ed. (2393)
Vista Host
1992 Ed. (2464)
Vista Imaging Services
2012 Ed. (2800)
Vista Isuzu
1992 Ed. (386)
Vista Life Insurance Co.
1998 Ed. (2191)
1999 Ed. (2960)
2000 Ed. (2710)
2001 Ed. (2948)
Vista: NY Money Market; VISTA
1993 Ed. (2686)
Vista NY Tax-Free Income A
1996 Ed. (614)
Vista Organization Partnership Ltd.
1992 Ed. (1479)
Vista Physician Search & Consulting
2015 Ed. (4533)
Vista Polymers
1990 Ed. (2877)
Vista Premier Global Money Market
1992 Ed. (3096)
Vista Projects Ltd.
2015 Ed. (2556)
Vista Short-Term Bond
1996 Ed. (2763, 2782)
Vista Short Term Bond Fund
1996 Ed. (621)
Vista Short Term Bond Fund I
1998 Ed. (412)
Vista Small Capital Equity A
1998 Ed. (400)
Vista Staffing Solutions
2014 Ed. (4533)
Vista Tax-Free Income
1994 Ed. (2611, 2622)
1995 Ed. (2701, 2711, 2746, 3542)
Vista Tax-Free Income A
1996 Ed. (614)
Vista Technologies Inc.
1996 Ed. (2109)
1998 Ed. (1932, 1936)
Vista Technology Inc.
2003 Ed. (1364)
Vistacare Communications Services of
Canada Inc.
2014 Ed. (1471)
VistaFund 1 American Stock
2003 Ed. (3580, 3581, 3582)
2004 Ed. (2462)
VistaFund 1 Diversified
2003 Ed. (3558)
VistaFund 2 American Stock
2004 Ed. (2462)
VistaFund 2 Equity
2003 Ed. (3594)
Vistafund Bond 2
2001 Ed. (3484)
Vistafund Capital Gains Growth 1
2001 Ed. (3485, 3486, 3487)
Vistafund Capital Gains Growth 2
2001 Ed. (3485, 3486, 3487)
Vistafund Equity 1
2001 Ed. (3491)
Vistafund Equity 2
2001 Ed. (3491)
Vistakon
1990 Ed. (1186)
Vistant Corp.
2007 Ed. (3413)
2008 Ed. (3542)
2009 Ed. (3609)
Vistant Holding Corp.
2007 Ed. (3413)
2008 Ed. (3542)
2009 Ed. (3609)
VistaPrint Ltd.
2005 Ed. (834)
2007 Ed. (4006, 4357)
2008 Ed. (4025, 4036)
2009 Ed. (4302, 4931)
2010 Ed. (1799, 1814)
2011 Ed. (1827, 1836, 1842)
2012 Ed. (1686, 3085, 4019, 4021,
4023)
2013 Ed. (4076)
2014 Ed. (4086)
2015 Ed. (4069)
2016 Ed. (3977)
VistaPrint USA
2007 Ed. (4010)
Vistar Corp.
2007 Ed. (4025)
2008 Ed. (4052)
2009 Ed. (4129, 4130, 4945)
VistaRMS Inc.

2003 Ed. (3950)
2006 Ed. (3545, 4383)
VistaVu Solutions
2016 Ed. (4765)
Vistawall Group
2002 Ed. (3320)
Vistech Software Ltd.
2002 Ed. (2496)
Visteon
2015 Ed. (298, 300, 1372)
Visteon Automotive Systems
1999 Ed. (353, 361, 3303)
2000 Ed. (357, 3153)
2001 Ed. (528, 529, 537, 2236)
2002 Ed. (405)
Visteon Corp.
2002 Ed. (399, 2154, 4668)
2003 Ed. (315, 316, 337, 338, 339,
340, 344, 1760, 1761, 4809, 4810)
2004 Ed. (281, 284, 312, 314, 317,
320, 323, 325, 1699, 1797, 1798,
3027)
2005 Ed. (289, 292, 310, 313, 316,
318, 324, 328, 1756, 1867, 1868,
3040, 4465, 4468, 4764, 4765,
4768)
2006 Ed. (310, 312, 328, 330, 331,
332, 342, 1530, 1792, 1795, 1882,
3043, 4467, 4470, 4815, 4819)
2007 Ed. (303, 307, 323, 325, 326,
1798, 1799, 1802, 1805, 1880,
1881, 2887, 4827, 4828, 4831)
2008 Ed. (309, 314, 1443, 1444,
1445, 1446, 1447, 1449, 1450,
1835, 1838, 1839, 1840, 1842,
1843, 3009, 4756)
2009 Ed. (315, 1411, 1413, 1414,
1418, 3095)
2010 Ed. (297, 3028, 4801)
2011 Ed. (219, 2997)
2012 Ed. (252, 2923)
2013 Ed. (257, 1857, 3012)
2014 Ed. (3021)
2015 Ed. (3088)
2016 Ed. (298)
Vistorm Ltd.
2002 Ed. (2495)
Vistula
1997 Ed. (3864)
Visual Apex
2008 Ed. (1110)
Visual Awareness Technologies & Consultants Inc.
2016 Ed. (4978)
Visual Circuits
2003 Ed. (2721)
Visual Defence
2009 Ed. (2996)
2010 Ed. (2936)
2011 Ed. (2901)
2014 Ed. (2922, 2936)
2015 Ed. (2985)
2016 Ed. (2919)
The Visual Image Inc.
2002 Ed. (3706)
2003 Ed. (3873)
Visual Innovations Co.
2016 Ed. (3586)
Visual Networks, Inc.
2002 Ed. (2513, 2528)
Visual Numerics Inc.
2005 Ed. (1145)
2006 Ed. (1134)
Visual Sports Solutions
2014 Ed. (4831)
2015 Ed. (4868)
Visual Technologies Inc.
2005 Ed. (2834)
VisuaLabs Inc.
2003 Ed. (1638)
VisualHCS
2008 Ed. (2483)
VisualHCS Benefit Administration Software
2009 Ed. (2487)
VisualWorks! Inc.
2003 Ed. (2717)
Visudyne
2002 Ed. (3754)
Visx Inc.
2000 Ed. (2402, 4046)
2001 Ed. (3587)
ViSX Systems Inc.
2009 Ed. (2989)
Visy Industries
1998 Ed. (2748)
2002 Ed. (3771, 3772, 3789)
2003 Ed. (3952, 3953, 3959)
2004 Ed. (3767, 3964, 3965, 3966)
2005 Ed. (3909)

2009 Ed. (4122)
2015 Ed. (1451)
2016 Ed. (1376, 1384)
VIT 500 Portfolio
1998 Ed. (2615)
Vit B Comp C 60s
1991 Ed. (3454)
Vita
1990 Ed. (2245)
1991 Ed. (2114)
Vita Coco
2016 Ed. (2780)
Vita Drinks
1989 Ed. (33)
1990 Ed. (32)
Vita Food Products
2003 Ed. (4313)
Vita K Solution
2003 Ed. (4431)
Vita Life Beteiligungs Verwaltungs
GmbH
2005 Ed. (1662)
Vitabath
1994 Ed. (676)
VitaCare
1999 Ed. (2629)
Vitaco Health Group
2015 Ed. (933)
Vitacost.com
2006 Ed. (4144)
2013 Ed. (904)
Vitacost.com Inc.
2015 Ed. (2474)
Vitae
2010 Ed. (1851)
Vitafusion
2016 Ed. (4785, 4787)
Vitafusion Power C
2016 Ed. (4785)
Vital 4U Screamin Energy
2013 Ed. (593)
2015 Ed. (677)
Vital Farms
2014 Ed. (2702)
2015 Ed. (2748)
Vital Images Inc.
2002 Ed. (3559)
2003 Ed. (2721)
2005 Ed. (2332)
2007 Ed. (2712)
2008 Ed. (2846, 4405)
2009 Ed. (4475)
Vital Insight Group
2012 Ed. (2828)
Vital Processing Services LLC
1999 Ed. (1791)
Vitale, Caturano & Co.
1998 Ed. (13)
1999 Ed. (17)
2000 Ed. (14)
2010 Ed. (21)
Vitale, Caturano & Co. PC
2002 Ed. (16)
2003 Ed. (5)
2004 Ed. (11)
2005 Ed. (7)
2006 Ed. (12)
2007 Ed. (8)
2008 Ed. (6)
2009 Ed. (9)
2010 Ed. (18)
Vitale; David J.
1996 Ed. (1716)
Vitalink Communications
1991 Ed. (2340)
Vitalite
1994 Ed. (1511)
1996 Ed. (1517)
1999 Ed. (1816)
Vitalite Margarine
1992 Ed. (1761)
Vitaliy Hayduk
2008 Ed. (4877)
2009 Ed. (4901)
Vitalon Foods Co. Ltd.
1992 Ed. (1702, 1704, 1705)
1994 Ed. (1464)
Vitals
2013 Ed. (2868)
2014 Ed. (2901)
VitalSmarts
2007 Ed. (1318)
2011 Ed. (2128)
2012 Ed. (1971)
VitalWorks Inc.
2004 Ed. (2826)
Vitamin A-beta carotene
1994 Ed. (3636)
Vitamin A/Beta Carotene supplements
1995 Ed. (1605)

Vitamin B
  1994 Ed. (3636)
  2004 Ed. (2101)
Vitamin B-100 Complex
  2001 Ed. (4704)
Vitamin B-complex
  2001 Ed. (4704)
  2004 Ed. (2101)
Vitamin B Complex with C
  2002 Ed. (4758)
Vitamin B6
  2001 Ed. (4704)
Vitamin B12
  2001 Ed. (4704)
Vitamin C
  1994 Ed. (3636, 3637)
  2001 Ed. (4704)
  2004 Ed. (2101)
Vitamin C with Rose Hips
  2001 Ed. (4704)
Vitamin Cottage Natural Food Markets
  Inc.
  2006 Ed. (2549)
  2007 Ed. (2525)
  2008 Ed. (2653)
  2009 Ed. (2681)
  2010 Ed. (2591)
  2012 Ed. (2520)
  2013 Ed. (2653)
Vitamin E
  1994 Ed. (3636, 3637)
  2001 Ed. (4704)
  2004 Ed. (2101)
Vitamin E supplements
  1995 Ed. (1605, 2903)
Vitamin E/D-Alpha
  2001 Ed. (4704)
Vitamin E/D-Alpha/Tocopheryl
  2001 Ed. (4704)
Vitamin E/DL-Alpha
  2001 Ed. (4704)
Vitamin Shoppe
  2006 Ed. (2636)
  2013 Ed. (904)
Vitamin Water
  2014 Ed. (647)
Vitamin Water Zero
  2014 Ed. (647)
Vitamin World
  2006 Ed. (2636)
  2008 Ed. (2337)
Vitamins
  1992 Ed. (1871)
  1994 Ed. (2808)
  1995 Ed. (2896, 2994)
  1996 Ed. (1561, 2041, 2045, 2979,
    3090, 3095, 3096)
  1997 Ed. (1674, 3054, 3058, 3172,
    3174, 3175)
  1998 Ed. (3681)
  2000 Ed. (1715, 3618)
  2001 Ed. (2014, 2083, 2084, 2085,
    2106, 2107)
  2002 Ed. (2029, 2039, 3769)
  2003 Ed. (3945, 3946)
  2004 Ed. (3666, 3751)
  2005 Ed. (3708)
Vitamins and supplements, natural
  1993 Ed. (2811)
Vitamins, children's flavored chewable
  2002 Ed. (4758)
Vitamins, letter
  2004 Ed. (2102)
Vitamins & minerals
  1996 Ed. (2646)
Vitamins, minerals, supplements
  2001 Ed. (2105)
Vitamins, multiple
  2002 Ed. (4758)
  2003 Ed. (4862)
Vitamins & supplements
  2002 Ed. (3636, 3637)
Vitamins, synthetic
  1993 Ed. (2811)
Vitamins & tonics
  1996 Ed. (2976, 2978, 3094)
Vitaminshoppe.com
  2001 Ed. (2079)
Vitamins/mineral supplements
  2000 Ed. (3510)
Vitamins/tonics, liquid & powder
  2002 Ed. (4758)
Vitaminwater
  2012 Ed. (481)
vitaminwater Energy
  2015 Ed. (710)
vitaminwater Essential
  2015 Ed. (710)
vitaminwater Power-C
  2015 Ed. (710)

vitaminwater Revive
  2015 Ed. (710)
vitaminwater XXX
  2015 Ed. (710)
vitaminwater XXX Zero
  2015 Ed. (710)
vitaminwater Zero
  2015 Ed. (710)
Vitamite
  2003 Ed. (677)
Vitamix Corp.
  2015 Ed. (1956)
Vitari
  2015 Ed. (1943)
Vitarroz Bravos
  1996 Ed. (1174)
Vitas Healthcare
  2016 Ed. (2971)
Vitec
  2016 Ed. (2523)
Vitec Group
  1997 Ed. (1417)
Vitec Videocom Ltda. Costa Rica
  2013 Ed. (1582)
Vitech America, Inc.
  1998 Ed. (1880, 1884)
  2001 Ed. (3297)
Vitek; Radovan
  2015 Ed. (4919)
  2016 Ed. (4835)
Viteknologies Pty. Ltd.
  2010 Ed. (2923)
Vitelco Employees Credit Union
  2002 Ed. (1897)
  2003 Ed. (1951)
  2004 Ed. (1991)
  2005 Ed. (2133)
  2006 Ed. (2228)
  2007 Ed. (2149)
  2008 Ed. (2264)
  2009 Ed. (2250)
  2010 Ed. (2204)
  2011 Ed. (2222)
  2012 Ed. (2083)
  2013 Ed. (2269)
  2014 Ed. (2203)
  2015 Ed. (2267)
  2016 Ed. (2238)
VitelFlbr
  1990 Ed. (2750)
Viteri TBWA
  2001 Ed. (131)
Viterra
  2013 Ed. (2745)
Viterra Energy Services AG
  2005 Ed. (1474)
Viterra Inc.
  2010 Ed. (206, 1549, 1554)
  2011 Ed. (1556, 1567)
  2012 Ed. (1401, 2644)
  2013 Ed. (1510, 1529)
  2015 Ed. (1536)
  2016 Ed. (136)
Vitesse Semiconductor Corp.
  2000 Ed. (2397, 2402, 4046)
  2001 Ed. (1577)
  2002 Ed. (1548)
  2003 Ed. (4541, 4543, 4544)
  2004 Ed. (2772, 2775)
VitesseLearning
  2007 Ed. (2271)
Vitetta
  2002 Ed. (335)
Vitetta Group
  1992 Ed. (360)
  1993 Ed. (249)
  1994 Ed. (238)
  1995 Ed. (241)
  1996 Ed. (237)
  1997 Ed. (269)
  1998 Ed. (189)
  1999 Ed. (291)
  2000 Ed. (316)
Vitetta Group PC
  1990 Ed. (285)
  1991 Ed. (254)
Vitex agnus castus
  2000 Ed. (2447)
Vitex Systems
  2015 Ed. (3067)
  2016 Ed. (2958)
Vitners Cool Ranch
  2009 Ed. (3849)
Vito J. Fossella Jr.
  2003 Ed. (3893)
Vito Rodriguez Rodriguez
  2014 Ed. (4908)
  2015 Ed. (4949)
  2016 Ed. (4864)
Vitol Gas & Electric LLC

  1999 Ed. (3962)
Vitol Group
  2006 Ed. (3991)
Vitol Holding BV
  1999 Ed. (4761)
  2008 Ed. (1963)
  2009 Ed. (1918, 4944)
  2011 Ed. (1621, 1885, 4935)
  2012 Ed. (1467, 1740)
  2013 Ed. (1602, 1906)
Vitol SA
  1990 Ed. (1891, 2848)
  1992 Ed. (3443)
  1995 Ed. (3731)
Vitra Impex SRL
  2016 Ed. (1985)
Vitran Corp.
  2000 Ed. (4320)
  2002 Ed. (4695)
  2003 Ed. (4805)
  2004 Ed. (235)
  2006 Ed. (4853)
  2007 Ed. (4826, 4856)
  2008 Ed. (4752, 4779)
  2009 Ed. (4780, 4811)
  2010 Ed. (4829)
  2011 Ed. (4789)
  2012 Ed. (4810)
  2013 Ed. (4725, 4745)
  2014 Ed. (4795)
Vitran Express
  2003 Ed. (4785)
  2006 Ed. (4841)
Vitreous plumbing
  1991 Ed. (2626)
Vitria Technology
  2001 Ed. (1247, 1866, 4187)
Vitro
  1991 Ed. (2450, 2451)
  1992 Ed. (1670, 3062, 3063)
  1993 Ed. (2560)
  1994 Ed. (2508)
  1996 Ed. (349)
  2007 Ed. (1878)
Vitro Robertson
  1997 Ed. (138)
Vitro S.A.
  1991 Ed. (3332)
Vitro SA de CV
  2005 Ed. (3395)
  2006 Ed. (3392)
Vitro Vidrio y Cristal
  2014 Ed. (1781)
Vitronics Corp.
  1999 Ed. (2671)
Vitros ECI Immunodiagnostic System
  2000 Ed. (3075)
Vitros EDI/Vitros ECI Immunodiagnostic
  System
  1999 Ed. (3336)
Vitros Systems/Family of Lab Products
  2000 Ed. (3075)
Vitrum Glass Group
  2015 Ed. (2901)
  2016 Ed. (2821)
Vitruvio Leo Burnett
  2001 Ed. (210)
Vittecoq; Gerard R.
  2009 Ed. (2663)
Vittel
  2002 Ed. (757)
  2007 Ed. (675)
  2009 Ed. (652)
  2011 Ed. (554)
Vittorio De Zen
  2005 Ed. (4869)
Vitus Energy LLC
  2016 Ed. (1350)
Viva
  1996 Ed. (2907)
  2003 Ed. (3735)
  2008 Ed. (3857)
Viva Aerobus
  2014 Ed. (148)
Viva Energy Australia
  2016 Ed. (822, 3452)
Viva GyM
  2014 Ed. (1946)
  2015 Ed. (1992)
Viva La Vida or Death & All His Friends
  2010 Ed. (3713)
Viva La Volley
  2008 Ed. (4812)
Viva Optique
  1995 Ed. (2814)
Viva Vision
  2010 Ed. (3603)
Viva Zapata
  2016 Ed. (2669)
Vivamedia Inc.

  2008 Ed. (3709, 4394)
Vivanno Banana Chocolate
  2012 Ed. (2704)
  2014 Ed. (2800)
Vivanno Strawberry Banana
  2012 Ed. (2704)
  2014 Ed. (2800)
Vivarin
  1995 Ed. (2898)
Vivartia
  2010 Ed. (60)
Vivat Holdings
  1990 Ed. (3465)
Vivaterra.com
  2009 Ed. (2450)
Vivax Pro Painting
  2012 Ed. (1003)
Vive
  2003 Ed. (2648, 2649, 2657, 2660)
  2008 Ed. (2869, 2872)
Vive Latino Festival
  2014 Ed. (1103)
  2015 Ed. (1140)
Vive Wireless
  2015 Ed. (1053)
Vivechrom
  2010 Ed. (1662)
  2013 Ed. (1665)
Vivek Chaand Sehgal
  2016 Ed. (4824)
Vivek Juneja
  2000 Ed. (2045)
Vivek Paul
  2005 Ed. (2469)
Vivelle Dop
  2001 Ed. (2642, 2644, 2645)
Vivendi
  2000 Ed. (1434, 1435, 1824)
  2001 Ed. (36, 1578, 1692, 1707,
    1709, 1710, 1711)
  2002 Ed. (1195)
  2008 Ed. (41, 62)
  2009 Ed. (46)
  2010 Ed. (56, 1643)
  2011 Ed. (4648)
  2014 Ed. (4658)
  2015 Ed. (4653)
  2016 Ed. (2535, 4567, 4585)
Vivendi Games
  2010 Ed. (4760)
Vivendi SA
  2002 Ed. (753, 761, 762, 1403, 1417,
    1451, 1656, 1659, 2127, 3216)
  2003 Ed. (1471, 1682, 3280)
  2004 Ed. (1501)
  2005 Ed. (1517)
  2008 Ed. (3558)
  2009 Ed. (3625, 4680)
  2010 Ed. (3546)
  2011 Ed. (2936, 2937, 3546, 3609,
    3612, 4647)
  2012 Ed. (569, 1504, 3539, 3549,
    3605, 3607, 4651, 4680)
  2013 Ed. (703, 708, 1355, 1643,
    3584, 3618, 3656, 3669, 4611)
  2014 Ed. (2566, 3548, 3554, 3594,
    3602)
  2015 Ed. (3579, 3607, 3615)
  2016 Ed. (3459, 3489, 3499)
Vivendi Universal
  2003 Ed. (3449)
  2007 Ed. (37, 2896)
Vivendi Universal Entertainment
  2006 Ed. (1423, 1453)
Vivendi Universal Entertainment LLP
  2004 Ed. (3511)
  2005 Ed. (3516)
  2006 Ed. (3573)
  2007 Ed. (3638)
  2008 Ed. (3751)
  2009 Ed. (3775)
  2010 Ed. (3706)
Vivendi Universal SA
  2002 Ed. (1639, 1658, 3287)
  2003 Ed. (264, 732, 1174, 1523,
    1681, 2144, 2187, 2339, 3298,
    3347, 3450, 3637, 4584)
  2004 Ed. (41, 45, 69, 1452, 1534,
    1556, 1738, 2420, 2422, 3359,
    3414, 3416, 3514, 4574)
  2005 Ed. (39, 1475, 1562, 1777,
    1797, 2452, 4359)
  2006 Ed. (1093, 1453, 1688, 1693,
    1724, 2498, 3380)
  2007 Ed. (2460, 3455, 3456, 4713)
  2009 Ed. (3694)
  2010 Ed. (3609)
Vivere Health
  2016 Ed. (2020)
Vivian

2002 Ed. (4907)
Vivian Scott
  1997 Ed. (2705)
Vivian; Winterstorm
  2005 Ed. (884)
Vivibanco
  2012 Ed. (426)
Vivien Solari
  2008 Ed. (4898)
Vivigen Inc.
  1991 Ed. (2652)
Vivint
  2013 Ed. (2982, 4411)
  2014 Ed. (2993, 4442)
  2015 Ed. (3065, 4437)
  2016 Ed. (2955, 4330)
Vivint Inc.
  2012 Ed. (1971, 4447, 4449, 4450,
    4451)
  2013 Ed. (2133, 4413, 4414, 4415)
  2014 Ed. (2067, 4444, 4445, 4446)
  2015 Ed. (3249, 4102, 4439, 4440,
    4441)
  2016 Ed. (2096, 2097, 2099, 4332,
    4333, 4334)
Vivint Solar
  2016 Ed. (4409)
Vivisimo Inc.
  2006 Ed. (3025)
  2007 Ed. (3058)
Vivitar
  1991 Ed. (846)
  1994 Ed. (2873, 2874)
  1995 Ed. (2937)
  1996 Ed. (868, 3035)
  1998 Ed. (610, 611)
  1999 Ed. (1012, 1013)
  2000 Ed. (966)
Vivo
  2007 Ed. (23)
  2008 Ed. (28)
  2009 Ed. (1843)
  2010 Ed. (43)
  2012 Ed. (543)
  2013 Ed. (644, 4597)
  2014 Ed. (658)
Vivo-Favor Forbundet
  1993 Ed. (52)
  1994 Ed. (45)
Vivonet Canada Inc.
  2013 Ed. (2893)
VivoPools
  2015 Ed. (4614)
Vivus
  1996 Ed. (3307, 3780)
ViXS Systems
  2007 Ed. (3446)
Vizcaya
  1990 Ed. (265)
Vizeum
  2013 Ed. (3663)
Vizible Corp.
  2009 Ed. (2989)
Vizio Inc.
  2009 Ed. (1089, 1149)
  2010 Ed. (1070, 2378, 2924, 3697,
    4047)
  2011 Ed. (1086, 1143, 3870, 4065)
  2012 Ed. (2307, 3703, 4055, 4063,
    4099)
  2013 Ed. (1469, 3755, 4588)
  2014 Ed. (1432, 3688, 4644)
  2015 Ed. (4632)
  2016 Ed. (1427, 2904)
Viziya Corp.
  2015 Ed. (1100)
  2016 Ed. (1011)
Vizury Interactive Solutions Pvt. Ltd.
  2015 Ed. (2973)
VJAA
  2011 Ed. (193, 196)
VJS Construction Services Inc.
  2009 Ed. (1346)
VKR Holdings A/S
  2011 Ed. (4948)
  2012 Ed. (4947)
  2013 Ed. (4940)
  2014 Ed. (4950)
  2015 Ed. (4989)
Vladimir Jaros
  1999 Ed. (2295)
Vladimir Jones
  2010 Ed. (130)
  2011 Ed. (4993)
  2012 Ed. (53, 4989)
  2013 Ed. (50, 4988)
  2014 Ed. (4993)
  2015 Ed. (5038)
Vladimir Kim
  2008 Ed. (4880, 4888)

2009 Ed. (4908)
  2011 Ed. (4896, 4910)
  2012 Ed. (4905)
  2013 Ed. (4884)
  2014 Ed. (4897)
  2015 Ed. (4936)
  2016 Ed. (4852)
Vladimir Lisin
  2006 Ed. (4929)
  2007 Ed. (785)
  2008 Ed. (4894)
  2009 Ed. (4914)
  2010 Ed. (4918)
  2011 Ed. (4886, 4908)
  2012 Ed. (4895, 4918)
  2013 Ed. (4903)
  2014 Ed. (4914)
  2015 Ed. (4954)
  2016 Ed. (4870)
Vladimir Patanin
  2000 Ed. (735)
Vladimir Potanin
  2006 Ed. (4929)
  2008 Ed. (4894)
  2009 Ed. (4914)
  2011 Ed. (4907, 4908)
  2012 Ed. (4895, 4918)
  2013 Ed. (4903)
  2014 Ed. (4914)
  2015 Ed. (4954)
  2016 Ed. (4870)
Vladimir Putin
  2012 Ed. (3825)
  2013 Ed. (3493)
  2014 Ed. (3469)
  2015 Ed. (3486)
  2016 Ed. (3336)
Vladmir Kim
  2008 Ed. (4901)
Vlasic
  2000 Ed. (2279)
Vlasic Foods Inc.
  1990 Ed. (1828)
  1991 Ed. (1746)
Vlasic Foods International Inc.
  2001 Ed. (2478)
  2003 Ed. (2560, 2562, 4228)
VLC
  2011 Ed. (1883)
Vlerick Leuven Gent Management
    School
  2011 Ed. (679, 680, 696)
VLink Inc.
  2013 Ed. (1572)
  2014 Ed. (1543)
VLSI
  1998 Ed. (3279)
VLSI Technology
  1990 Ed. (1630, 2986, 2996, 3239)
  1991 Ed. (2854)
  1992 Ed. (3673, 3674, 3683)
  1993 Ed. (3005, 3213)
  1999 Ed. (4276)
  2000 Ed. (307, 308, 3998, 3999)
Vm Materiaux
  2006 Ed. (1727)
VM Software
  1990 Ed. (3305)
Vmark Inc.
  1997 Ed. (3294)
  2012 Ed. (3704)
  2013 Ed. (3748)
VMC
  2010 Ed. (3679, 3680)
  2011 Ed. (1884, 3662)
VMC Behavioral Healthcare Services
  2002 Ed. (2852)
  2005 Ed. (2364)
  2006 Ed. (2407)
VME
  1996 Ed. (2245)
VMF Estates
  2016 Ed. (4908)
VMI Epe Holland BV
  2001 Ed. (4130)
VMI Foundation Inc.
  1997 Ed. (1065)
VML
  2006 Ed. (4329)
  2014 Ed. (31)
  2015 Ed. (34)
  2016 Ed. (33)
VMS
  2002 Ed. (1067)
  2008 Ed. (1805)
  2009 Ed. (1752)
VMS MobiFone
  2010 Ed. (117)
VMS Realty Partners
  1990 Ed. (2350, 2954)

1991 Ed. (1937)
VMW MobiFone
  2009 Ed. (117)
VMWare
  2016 Ed. (4770)
VMware
  2013 Ed. (1096, 1116, 1478)
  2014 Ed. (1057)
  2015 Ed. (1094, 1118, 1738)
  2016 Ed. (1003, 1030, 1690)
VMware Inc.
  2006 Ed. (1427)
  2007 Ed. (1255)
  2009 Ed. (1534, 1544, 4397, 4399)
  2010 Ed. (1098, 1527)
  2011 Ed. (1037)
  2012 Ed. (933, 936, 4573, 4821)
  2013 Ed. (1098, 1106, 1114, 2847)
  2014 Ed. (1059, 1065, 1075)
  2015 Ed. (1096, 1102, 1113)
  2016 Ed. (1005, 1025)
VMX
  1991 Ed. (3467)
  1992 Ed. (4414, 4415)
VNA Care
  1999 Ed. (2708)
Vnesheconombank
  2004 Ed. (558, 612)
  2005 Ed. (602)
  2007 Ed. (546)
  2008 Ed. (497)
  2009 Ed. (527)
Vneshtorgbank
  1996 Ed. (665, 666)
  1999 Ed. (628, 629)
  2005 Ed. (494)
  2006 Ed. (436)
  2007 Ed. (546)
Vneshtorgbank Bank for Foreign Trade
  2000 Ed. (653)
  2002 Ed. (553, 585, 640)
  2003 Ed. (489, 537, 604)
  2004 Ed. (557, 612)
  2005 Ed. (499, 503, 602)
  2007 Ed. (443, 445)
  2008 Ed. (497)
Vneshtorgbank of Russia
  1995 Ed. (595)
Vneshtorgbank Russia
  1997 Ed. (603)
Vnomics Corp.
  2016 Ed. (1886)
VNU Business Information Services
  1995 Ed. (3089)
  1996 Ed. (3190)
VNU Expositions Inc.
  2002 Ed. (4645)
  2003 Ed. (4777)
  2004 Ed. (4754)
  2005 Ed. (4736)
  2006 Ed. (4787)
  2008 Ed. (4723)
VNU Inc.
  2002 Ed. (3253)
  2003 Ed. (3350, 4069, 4077)
  2004 Ed. (4096)
  2005 Ed. (4037)
  2006 Ed. (4068)
VNU International BV
  1997 Ed. (3168)
VNU Marketing Information Services
  1997 Ed. (3295)
  1998 Ed. (3042)
  1999 Ed. (4041, 4042)
  2000 Ed. (3755, 3756)
VNU NV
  2001 Ed. (61)
  2002 Ed. (1425, 1462, 1487)
  2003 Ed. (1476)
  2004 Ed. (1506, 3413, 4101)
  2005 Ed. (1522, 1772, 4041)
  2006 Ed. (1430, 1717, 4096)
  2007 Ed. (3454, 4114, 4117)
  2008 Ed. (1425, 3445, 4079, 4141)
VNU USA, Inc.
  2001 Ed. (4608)
VNU Verenigde Nederl. Uitgeversbebri-
    jen BV
  1997 Ed. (3168)
VNU World Directories
  2006 Ed. (1430)
VO5
  1999 Ed. (2628)
  2003 Ed. (2648)
VO5; Alberto
  2008 Ed. (2869)
VOA Associates
  1999 Ed. (289)
  2000 Ed. (310)
  2001 Ed. (407)

2002 Ed. (333)
  2009 Ed. (3173)
  2011 Ed. (3069)
  2015 Ed. (3406)
VocaLink
  2010 Ed. (2686)
Vocalocity
  2012 Ed. (4673)
VocalTec Communications
  2000 Ed. (1168)
Vocollect
  2007 Ed. (1203)
Vocon
  2009 Ed. (3410)
  2011 Ed. (3314)
  2012 Ed. (3298)
  2013 Ed. (3371)
  2015 Ed. (3406)
VocRehab Vermont
  2010 Ed. (2077)
Vocus Communications Ltd.
  2012 Ed. (2824, 2825, 2849)
  2013 Ed. (2899)
Vocus Inc.
  2009 Ed. (2897)
  2010 Ed. (2841)
Vodaci Technologies
  2006 Ed. (3513, 4352)
Vodacom
  2007 Ed. (1976)
  2008 Ed. (84, 92)
  2009 Ed. (93, 101, 2041, 2042)
  2010 Ed. (101, 109)
  2015 Ed. (755)
  2016 Ed. (681)
Vodacom Group
  2004 Ed. (84)
  2006 Ed. (88, 95)
  2007 Ed. (78, 85)
  2014 Ed. (4005, 4039, 4662)
  2015 Ed. (2025, 4659)
  2016 Ed. (4572)
Vodacom Group Ltd.
  2015 Ed. (2027)
Vodafone
  1993 Ed. (3473)
  2000 Ed. (3692, 4129)
  2004 Ed. (758)
  2007 Ed. (685, 709, 730, 746, 3621)
  2008 Ed. (650, 682, 703, 3743)
  2009 Ed. (663, 668, 690, 711, 719,
    3763)
  2010 Ed. (629, 632, 635, 643)
  2011 Ed. (563, 569, 570, 571, 587,
    588, 3691)
  2012 Ed. (562, 4660)
  2013 Ed. (664, 669, 692, 4632, 4640,
    4641)
  2014 Ed. (694, 714, 4670, 4673)
  2015 Ed. (741, 759, 4671, 4678,
    4681)
  2016 Ed. (683, 4582, 4590)
Vodafone AirTouch plc
  2001 Ed. (1139, 1337, 1551, 1696,
    1885, 2860)
  2002 Ed. (1126, 1403, 1415, 1685,
    1785, 3215, 3217, 4419)
  2005 Ed. (1570)
Vodafone Albania Sh.a.
  2014 Ed. (1563)
  2015 Ed. (1614)
  2016 Ed. (1540)
Vodafone Australasia Pty. Ltd.
  2001 Ed. (3332)
Vodafone Australia
  2004 Ed. (1088, 4100)
Vodafone Egypt Telecommunications
  2006 Ed. (4499)
Vodafone Espana
  2010 Ed. (1991)
  2011 Ed. (2052)
Vodafone Group
  1996 Ed. (1234, 1359, 1362)
  1997 Ed. (3691)
  1999 Ed. (3604)
  2000 Ed. (2643, 2644)
  2001 Ed. (1719, 1743)
  2014 Ed. (4013, 4053)
Vodafone Group plc
  2002 Ed. (55, 304, 1379, 1383, 1386,
    1423, 1437, 1485, 1638, 1686,
    1693, 1788, 2810)
  2003 Ed. (1420, 1428, 1442, 1443,
    1457, 1503, 1701, 1839, 2948,
    3636, 3637, 4610, 4703, 4704,
    4974)
  2004 Ed. (48, 50, 55, 63, 68, 1089,
    1448, 1472, 1473, 1487, 1531,
    1707, 1715, 1716, 1738, 3022,
    3024, 4673, 4674)

2005 Ed. (36, 42, 44, 50, 58, 63, 81, 239, 1463, 1474, 1488, 1489, 1503, 1547, 1765, 1772, 1773, 1797, 1799, 1812, 4516, 4633, 4634, 4640)
2006 Ed. (43, 49, 51, 55, 57, 62, 70, 78, 1093, 1472, 1479, 1481, 1691, 1698, 1711, 1718, 1771, 2054, 2057, 2058, 2060, 3328, 4546, 4697, 4698, 4702, 4703)
2007 Ed. (20, 31, 34, 40, 42, 46, 48, 53, 61, 69, 81, 93, 1466, 1467, 1693, 1706, 1780, 2026, 2027, 2031, 2042, 4588, 4713, 4715, 4718, 4720, 4721, 4722, 4724)
2008 Ed. (25, 35, 38, 44, 46, 49, 51, 52, 55, 64, 74, 86, 103, 134, 1418, 1735, 1811, 1817, 2121, 2122, 2124, 4096, 4641, 4643, 4644)
2009 Ed. (29, 41, 43, 50, 53, 56, 58, 63, 73, 83, 95, 1759, 2113, 2114, 2117, 3764, 4563, 4680, 4681, 4683, 4685, 4686)
2010 Ed. (39, 51, 53, 60, 63, 66, 68, 77, 97, 103, 112, 1391, 1411, 1413, 1616, 1713, 2049, 2052, 2055, 2056, 4693, 4695, 4696, 4698, 4699)
2011 Ed. (1403, 1406, 1625, 1626, 1722, 2105, 2106, 2109, 2110, 2111, 4646, 4647, 4648, 4650, 4652, 4654, 4655)
2012 Ed. (34, 1245, 1468, 1475, 1607, 1946, 1947, 1949, 1950, 1951, 4636, 4650, 4651, 4654, 4655, 4659, 4670, 4671)
2013 Ed. (1606, 2121, 2122, 2126, 2127, 2128, 3202, 3203, 3204, 3205, 4598, 4603, 4611, 4631, 4634, 4635, 4639)
2014 Ed. (1574, 2057, 2061, 2062, 2063, 3218, 4056, 4653, 4656, 4669, 4672, 4688, 4689)
2015 Ed. (1626, 2108, 2111, 2112, 2294, 4646, 4651, 4674, 4680, 4698, 4699)
2016 Ed. (2086, 2089, 2092, 4559, 4565, 4585, 4589, 4603, 4604)
Vodafone Holding GmbH
2005 Ed. (4986)
Vodafone KK
2008 Ed. (1418)
Vodafone New Zealand
2015 Ed. (4663)
Vodafone Pacific
2002 Ed. (1125, 1592)
Vodafone-Panafon Hellenic Telecommunications
2009 Ed. (1712)
2011 Ed. (1672)
Vodafone Panafon SA
2006 Ed. (290, 1739)
Vodafone plc
2007 Ed. (1461)
2008 Ed. (1455)
2013 Ed. (44, 1640, 2117)
2014 Ed. (2569)
2015 Ed. (4673)
2016 Ed. (1692, 3613, 4584, 4587)
Vodafone Retail Ltd.
2002 Ed. (35, 3892)
Vodafone Romania SA
2011 Ed. (2024)
2015 Ed. (1625)
Vodafone Spain
2013 Ed. (2058)
Vodasoft Call Center Solutions
2012 Ed. (2854)
Vodianova; Natalia
2008 Ed. (4898)
2009 Ed. (3766)
2011 Ed. (3693)
2016 Ed. (3617)
Vodka
2001 Ed. (3124, 3125, 3150)
2002 Ed. (282, 3132, 3133, 3142, 3143, 3168, 3169, 3170)
Vodni Stavby Praha
1999 Ed. (3870)
Voest-Alpine AG
1990 Ed. (1332)
2006 Ed. (1560, 3371)
2007 Ed. (1595)
2008 Ed. (3548)
2009 Ed. (3613)
2010 Ed. (3537)
2011 Ed. (3536)
2012 Ed. (3528)
2013 Ed. (3574)
Voest-Alpine Co.

2007 Ed. (1594)
2008 Ed. (850)
Voest-Alpine Stahl AG
1993 Ed. (1282)
1997 Ed. (1363)
1999 Ed. (1585)
2005 Ed. (1662)
Voestalpine
2013 Ed. (3689)
2014 Ed. (3623)
2015 Ed. (3636)
2016 Ed. (3521)
voestalpine
2006 Ed. (1558, 4883)
2007 Ed. (1593)
2008 Ed. (1572)
2009 Ed. (1504, 2588)
2010 Ed. (1495, 2500)
2011 Ed. (1488, 3647)
2012 Ed. (1336, 3645)
2013 Ed. (1433)
2014 Ed. (1392)
2015 Ed. (1455)
2016 Ed. (1388)
Voestalpine AG
2008 Ed. (1573)
2009 Ed. (1505)
2011 Ed. (1492)
2012 Ed. (1340, 3537)
2013 Ed. (1434, 3589)
Voestalpine Stahlhandel GmbH
2011 Ed. (1492)
Vogel; Harold
1991 Ed. (1695)
1993 Ed. (1808)
1995 Ed. (1830)
1996 Ed. (1807)
1997 Ed. (1881)
Vogel; Jacqueline Mars
1989 Ed. (1989)
1990 Ed. (731, 2578)
1991 Ed. (710, 2462, 3477)
1992 Ed. (3079)
1993 Ed. (699)
1994 Ed. (708)
1995 Ed. (2580)
Vogels
1993 Ed. (2578)
1995 Ed. (2584)
VOGT Electronic AG
2004 Ed. (1084, 2232, 2859)
2005 Ed. (1271, 1273)
2006 Ed. (1230, 1234, 1235)
Vogtle
1998 Ed. (3401)
Vogue
1991 Ed. (2710, 3246)
1992 Ed. (3375, 3387, 3392)
1993 Ed. (2802, 2807)
1994 Ed. (2797, 2803, 2804)
1995 Ed. (2890)
2000 Ed. (3480, 3502)
2001 Ed. (260)
2004 Ed. (147)
2005 Ed. (145)
2006 Ed. (146, 147, 155, 157)
2007 Ed. (138, 139, 147, 149, 168)
2008 Ed. (151, 3532)
2009 Ed. (172, 3595)
2010 Ed. (156)
2011 Ed. (78)
2013 Ed. (3556)
2015 Ed. (97)
Vogue Furniture/Perspectives in Laminate Inc.
2000 Ed. (4054)
Vogue International
2016 Ed. (2845, 2846)
"The Voice"
2013 Ed. (2946, 4652)
2014 Ed. (2964)
2015 Ed. (3033)
2016 Ed. (2929)
Voice 2 Voice Ltd.
2013 Ed. (2913)
Voice Communications Corp.
1998 Ed. (2680)
1999 Ed. (3617)
2000 Ed. (3336)
2001 Ed. (3542)
Voice mail
1994 Ed. (2101)
2001 Ed. (2216)
2004 Ed. (4992)
Voice-Mail Broadcast Corp.
2005 Ed. (4649)
Voice Media
2002 Ed. (4571, 4575, 4576)
Voice of Teachers for Education/Com-

mittee on Political Education of N.Y. State U
1993 Ed. (2872)
Voice of the Shuttle
2003 Ed. (3035)
Voice Over Garden
2014 Ed. (644)
Voice-Tel Voice Messaging Network
1995 Ed. (1938)
Voicecom
2005 Ed. (1554)
Voicelink Data Services
1992 Ed. (4205)
Voices.com
2015 Ed. (842)
VoiceStream Wireless Corp.
2001 Ed. (2866)
2002 Ed. (1395, 4977)
2003 Ed. (1513, 2744, 4975, 4976, 4977, 4980)
2004 Ed. (859)
2005 Ed. (831, 1489)
Voicetek
1992 Ed. (4039)
Voiceworks BV
2013 Ed. (2910)
Voila
2001 Ed. (4777)
Voinovich Cos.
1993 Ed. (244)
Voinovich; George V.
1993 Ed. (1994)
Voit
1991 Ed. (1634)
1992 Ed. (2065)
1993 Ed. (1707)
1998 Ed. (3350)
The Voit Cos.
1994 Ed. (3006)
1998 Ed. (3023)
1999 Ed. (3996, 4015)
2000 Ed. (3732)
Vojta; George J.
1989 Ed. (417)
Vojtech Kraus
1999 Ed. (2295)
Vojvodjanska
1989 Ed. (572)
Vojvodjanska Banka
1990 Ed. (719)
1995 Ed. (638)
1997 Ed. (607)
2000 Ed. (658)
2002 Ed. (664)
2003 Ed. (638)
2004 Ed. (486, 615, 652)
Vojvodjanska Banka - Udruzena Banks
1993 Ed. (669)
Vojvodjanska U.B.
1991 Ed. (697)
1992 Ed. (871)
Vojyodjanska Banka-udruzena
1989 Ed. (717)
Vok Dams Gruppe
2009 Ed. (2654)
Volaris
2011 Ed. (147)
2012 Ed. (159)
2013 Ed. (138)
2014 Ed. (148)
2015 Ed. (169)
2016 Ed. (169, 170)
Vola.ro Student Adventure SRL
2013 Ed. (2901)
2014 Ed. (2926)
Volatility Breakout
1990 Ed. (1869)
Volatility Movement
1992 Ed. (3551)
Volatility System
1994 Ed. (2941)
1995 Ed. (2999)
Volcan
2000 Ed. (2933)
2002 Ed. (1715)
Volcan Cia. Minera
2009 Ed. (1843)
Volcan Compania Minera
2011 Ed. (2006)
Volcano Corp.
2014 Ed. (2876)
Volcker; Paul
2012 Ed. (598)
Volcom Inc.
2007 Ed. (2733)
Voldwagen Stamm
1989 Ed. (325)
Volga-Dnepr Airlines
2012 Ed. (154)
Volga Telecom

2004 Ed. (1850)
Volk Advertising; John
1994 Ed. (63)
Volk Co.; John
1993 Ed. (73)
Volker; James
2016 Ed. (866)
Volker Stevin Nederland BV
1997 Ed. (1194)
Volkert & Associates Inc.
2008 Ed. (2512, 2526)
2009 Ed. (2522, 2538)
2010 Ed. (2439, 2456)
2011 Ed. (2445, 2456, 2465, 2466)
Volkert Inc.
2012 Ed. (200, 206, 2370)
Volksbank
2009 Ed. (1504)
2010 Ed. (1495)
2011 Ed. (326, 1488)
2012 Ed. (325, 1336)
2013 Ed. (1433)
2014 Ed. (1392)
2015 Ed. (1455)
Volksbank Malta
2009 Ed. (501)
2010 Ed. (484)
Volksbank Slovensko as
2011 Ed. (444)
Volksbanken
1989 Ed. (483)
1990 Ed. (506)
Volkskas
1989 Ed. (671, 672)
1990 Ed. (680)
1991 Ed. (415)
Volkskas Bank
1990 Ed. (679, 681)
1992 Ed. (574, 833)
Volkskas Group
1991 Ed. (660)
Volkskas Merchant Bank
1991 Ed. (2416, 2417)
1993 Ed. (2532, 2533)
Volkswagen
1989 Ed. (317, 319, 1111, 1135)
1990 Ed. (363, 364, 367, 373, 1347, 1354, 1363, 2627, 3461, 3631)
1991 Ed. (22, 23, 40, 47, 48, 49, 326, 328, 332, 1269, 1271, 1272, 1273, 1287, 1293, 1295, 1360, 2367, 2494)
1992 Ed. (50, 77, 78, 448, 455, 457, 458, 460, 461, 1603, 1605, 1606, 1622, 1624, 2231, 2232, 3117)
1993 Ed. (29, 30, 45, 51, 320, 330, 331, 334, 335, 712, 1297, 1298, 1300, 1301, 1319, 1903, 2607)
1994 Ed. (313)
1995 Ed. (309, 312, 314, 315, 316, 317, 1374, 1375, 1376, 1377, 1378, 1381, 1382, 1400, 1402, 3097, 3659)
1996 Ed. (319, 323, 326, 327, 328, 330, 751, 1327, 1328)
1997 Ed. (306, 307, 308, 309, 319, 2388)
1998 Ed. (225, 227, 231, 232, 233, 243, 1139, 1537, 1538, 2557)
1999 Ed. (333, 334, 335, 336, 337, 351, 352, 790, 794, 1604, 1605, 1606, 1608, 1610, 1614, 1635, 1636, 1637, 1638, 2883, 4656)
2000 Ed. (356, 474, 475)
2002 Ed. (414, 417)
2003 Ed. (305, 306, 333, 746, 751)
2004 Ed. (758, 761)
2006 Ed. (317)
2007 Ed. (313, 688, 689)
2008 Ed. (652, 705)
2009 Ed. (714)
2011 Ed. (579)
2013 Ed. (235, 247, 249, 649)
2014 Ed. (52, 90, 246, 248, 249, 657, 665, 666, 1299)
2015 Ed. (93, 275, 289, 291, 718, 725, 1361, 1735)
2016 Ed. (55, 271, 286, 663, 1688)
Volkswagen AG
1989 Ed. (31, 51, 53)
1990 Ed. (22, 23, 28, 47, 48, 50, 1356)
1994 Ed. (14, 22, 44, 303, 308, 310, 315, 722, 738, 1350, 1351, 1352, 1353, 1354, 1357, 1359, 1375, 1377, 1919, 3575)
1995 Ed. (307)
1996 Ed. (1329, 1330, 1333, 1353, 1971, 3735)
1997 Ed. (1386, 1387, 1388, 1390,

1393, 1394, 1413, 2087, 3791)
1999 Ed. (2526)
2000 Ed. (1411, 1413, 1415, 1416,
1418, 1438, 1473, 3029, 3038)
2001 Ed. (15, 18, 19, 20, 28, 33, 34,
37, 43, 63, 78, 80, 81, 506, 515,
519, 520, 528, 1578, 1689, 1691,
1695, 1705, 1714, 1715, 1751,
2845, 3217, 3228, 3229, 3835)
2002 Ed. (375, 381, 388, 390, 391,
392, 393, 398, 1639, 1640, 1645,
1655, 1661, 1662, 1664, 2364,
3220, 3244, 3402, 3403, 4416,
4417, 4472, 4506, 4670)
2003 Ed. (318, 332, 1525, 1669,
1671, 1672, 1687, 2326, 3299,
3458)
2004 Ed. (26, 30, 32, 45, 47, 55, 86,
88, 98, 138, 285, 286, 287, 306,
884, 1701, 1702, 1703, 1711, 1724,
3360, 3524)
2005 Ed. (19, 25, 33, 41, 81, 83, 92,
288, 294, 298, 300, 301, 302, 1759,
1767, 1768, 1781, 2270, 3020,
3391, 3522)
2006 Ed. (25, 29, 31, 40, 48, 90, 92,
101, 137, 314, 320, 321, 1692,
1693, 1695, 1713, 1714, 1732,
1733, 1734, 3225, 3341, 3378,
3381, 3581, 3582, 4085)
2007 Ed. (19, 30, 31, 32, 39, 48, 80,
82, 92, 130, 312, 314, 316, 1327,
1688, 1689, 1691, 1708, 1709,
1741, 1742, 1787, 3423, 4716)
2008 Ed. (24, 26, 35, 36, 40, 42, 66,
82, 86, 88, 90, 102, 287, 293, 296,
301, 848, 1718, 1719, 1721, 1737,
1738, 1768, 1769, 3559, 4755)
2009 Ed. (27, 31, 41, 45, 48, 58, 75,
95, 97, 98, 111, 114, 308, 314, 320,
322, 323, 1657, 1658, 1659, 1678,
1703, 1704, 1705, 1706, 3626,
3780, 3781, 4252)
2010 Ed. (37, 41, 51, 55, 58, 103,
105, 106, 107, 116, 290, 296, 299,
302, 303, 305, 1197, 1404, 1615,
1616, 1634, 1656, 1657, 1658,
1735, 2304, 3547, 3553, 3708,
4589, 4800)
2011 Ed. (30, 212, 218, 221, 224,
225, 226, 227, 229, 255, 1384,
1395, 1396, 1397, 1398, 1399,
1400, 1401, 1402, 1621, 1622,
1624, 1625, 1666, 1667, 3547,
3556, 3705)
2012 Ed. (32, 35, 229, 234, 237, 238,
240, 242, 243, 245, 276, 1079,
1467, 1468, 1469, 1473, 1474,
1518, 1519, 1520, 3540, 3548,
3726)
2013 Ed. (225, 231, 234, 239, 243,
244, 245, 248, 1602, 1603, 1604,
1605, 1634, 1635, 1661, 1662,
1663, 1664, 1758, 1763, 3585,
3617, 4218)
2014 Ed. (233, 235, 237, 243, 244,
245, 247, 1570, 1616, 1617, 1618,
1689, 1691, 1693, 1697, 2573,
3549, 3553, 4237, 4243)
2015 Ed. (269, 271, 274, 285, 286,
287, 290, 1611, 1622, 1650, 1666,
1667, 1668, 1736, 1740, 2394,
3572, 3578, 4225)
2016 Ed. (256, 267, 270, 281, 282,
283, 287, 1270, 1271, 1273, 1551,
1610, 1611, 1612, 1683, 1686,
1691, 2339, 2340, 3458, 4433)
Volkswagen Aktiengesellschaft (Konzern)
1992 Ed. (1607)
Volkswagen-Audi
1992 Ed. (49)
Volkswagen-Audi Espana SA
2014 Ed. (1994)
2015 Ed. (2042)
Volkswagen Bank Gesellschaft Mit Beschraenkter Haftung
2001 Ed. (2432)
Volkswagen Beetle
2005 Ed. (303)
Volkswagen Bora
2013 Ed. (276)
Volkswagen Brasil S.A.
1990 Ed. (1336)
1992 Ed. (1581, 1583, 1585)
Volkswagen Bruxelles SA
1996 Ed. (1301)
1997 Ed. (1365)
1999 Ed. (1589)
2000 Ed. (1393)
Volkswagen Caddy
2004 Ed. (301)

Volkswagen Canada
1992 Ed. (4431)
Volkswagen de Mexico
1989 Ed. (1140)
2006 Ed. (2548)
Volkswagen do Brasil
1989 Ed. (1096)
1990 Ed. (1395)
2006 Ed. (2542)
Volkswagen Financial Services AG
2013 Ed. (1658)
Volkswagen Fox
1993 Ed. (325)
Volkswagen Gallery
1992 Ed. (403)
Volkswagen Gol
2004 Ed. (302)
2005 Ed. (296)
2013 Ed. (276)
Volkswagen Golf
1992 Ed. (436)
1996 Ed. (2268)
2004 Ed. (302)
2005 Ed. (296)
2013 Ed. (275)
Volkswagen Golf/GTI
1993 Ed. (325)
Volkswagen Group
1990 Ed. (368)
1991 Ed. (1294)
1992 Ed. (1623)
1996 Ed. (1351)
1997 Ed. (1414)
2000 Ed. (1440)
Volkswagen Group AG
2016 Ed. (3381)
Volkswagen Group of America
2010 Ed. (3488)
2012 Ed. (1501)
Volkswagen Group of America Inc.
2013 Ed. (3012)
2014 Ed. (3021)
2015 Ed. (3088)
Volkswagen Jetta
1991 Ed. (353)
1992 Ed. (449)
1993 Ed. (325)
2004 Ed. (307)
2005 Ed. (303)
2006 Ed. (322)
2008 Ed. (298, 303)
2013 Ed. (276)
Volkswagen Jetta 4-door
1991 Ed. (356)
Volkswagen Leasing GmbH
2016 Ed. (288)
Volkswagen Mexico
2007 Ed. (1850)
Volkswagen of America
2016 Ed. (1588)
Volkswagen of America Inc.
1993 Ed. (1312)
1994 Ed. (1366)
1996 Ed. (1346)
1999 Ed. (1628)
2000 Ed. (1432)
2001 Ed. (1706)
2002 Ed. (365)
2003 Ed. (319, 320, 321, 322, 323,
324, 325, 326, 327, 328, 329, 330)
2004 Ed. (288, 289, 290, 291, 292,
294, 295, 296, 297, 298, 1718)
2005 Ed. (1776)
2006 Ed. (1471)
2007 Ed. (2887)
2008 Ed. (188, 3009)
2009 Ed. (3095)
2010 Ed. (2093, 3028)
2011 Ed. (2997)
2012 Ed. (2923)
Volkswagen of Downtown L.A.
1991 Ed. (298)
1992 Ed. (403)
Volkswagen of Van Nuys Inc.
1995 Ed. (291)
Volkswagen Passat
1992 Ed. (452)
1993 Ed. (327)
Volkswagen Pointer
2004 Ed. (307)
2005 Ed. (303)
2006 Ed. (322)
2008 Ed. (303)
Volkswagen Polo Classic
2005 Ed. (295)
Volkswagen Quantum
1992 Ed. (450)
Volkswagen Santa Monica
1990 Ed. (323)
1991 Ed. (298)

1992 Ed. (403)
1993 Ed. (288)
1994 Ed. (287)
1995 Ed. (291)
1996 Ed. (291)
Volkswagen Skovakia
2015 Ed. (3574)
2016 Ed. (3455)
Volkswagen Slovakia AS
2008 Ed. (1720)
2009 Ed. (2039)
2011 Ed. (2033)
2012 Ed. (1883)
2013 Ed. (2042)
Volkswagen-Springfield
1994 Ed. (287)
1995 Ed. (291)
1996 Ed. (291)
Volkswagen St.
1991 Ed. (1776)
Volkswagen Type 1
2004 Ed. (307)
Volkswagen U.K. Ltd.
2002 Ed. (48)
Volkswagen Vanagon
1993 Ed. (349)
Volkswagenwerk
1990 Ed. (372)
Volkswagenwerk Ag
1989 Ed. (1106, 1110, 1119, 1144)
1990 Ed. (1348, 1351, 1353, 1370)
1992 Ed. (3594)
1993 Ed. (1302, 1306, 1321, 2952)
Volkswagern Group of America Inc.
2010 Ed. (4800)
Volkswagon
2001 Ed. (455)
Volleyball
1992 Ed. (4048)
1994 Ed. (3369)
1999 Ed. (4383, 4816)
2001 Ed. (422, 4342)
Vollmen Public Relations
2011 Ed. (4115)
2012 Ed. (4145)
Vollmer
2001 Ed. (3935)
2003 Ed. (3993, 3996)
2004 Ed. (4030)
2005 Ed. (3974)
Vollmer Associates LLP
2008 Ed. (2511, 2523)
Vollmer PR
2000 Ed. (3657)
Vollmer Public Relations
1999 Ed. (3942)
2002 Ed. (3815, 3820, 3821)
2003 Ed. (4003)
2004 Ed. (3997)
2005 Ed. (3953, 3958)
2011 Ed. (4127)
Volmac
1991 Ed. (237)
Volmar Construction Inc.
2009 Ed. (1258)
Voloridge Trading LP
2016 Ed. (2903)
VOLPAT
1992 Ed. (3551)
1993 Ed. (2923)
1996 Ed. (3099)
Volt Information Sciences Inc.
1991 Ed. (3104, 3334)
1997 Ed. (3724)
1998 Ed. (3504)
1999 Ed. (1481, 4572, 4573)
2000 Ed. (1179, 1747, 1759, 4225,
4226)
2001 Ed. (4501)
2002 Ed. (4595, 4596)
2003 Ed. (4717, 4718)
2004 Ed. (4693, 4694)
2005 Ed. (819, 4668, 4669)
2006 Ed. (4720, 4721)
2007 Ed. (4743)
2008 Ed. (1092, 3188)
2009 Ed. (3247, 3704)
2010 Ed. (3178, 4720)
2011 Ed. (4678)
Volt Services Group
2002 Ed. (4598)
2006 Ed. (2430)
Volt Temporary Services
1999 Ed. (4577)
2000 Ed. (4230)
Voltaire
2009 Ed. (3001, 3007, 3010)
2010 Ed. (2946)
2011 Ed. (2911)
Voltaren

1993 Ed. (1530)
Voltaren Ophthalmic Solution
2000 Ed. (3379)
Volten Oph
1995 Ed. (2810)
Volterra Semiconductor
2006 Ed. (4254, 4255, 4259)
2007 Ed. (2731)
2008 Ed. (2861)
2012 Ed. (2765)
2013 Ed. (4420)
2014 Ed. (1414, 4451)
Voltire
2001 Ed. (4545)
Voluforms
2000 Ed. (906)
2012 Ed. (4031, 4038, 4042)
2013 Ed. (4074)
2014 Ed. (4084)
2015 Ed. (4068)
2016 Ed. (3975)
Volum; Maybelline
2008 Ed. (2186)
Volume Express
2001 Ed. (2382, 2383)
Volume Factor
1990 Ed. (2365)
Volume Public Relations
2009 Ed. (4133)
Volume Reversal Daily OEX
1990 Ed. (2365)
Volume Services America Holdings Inc.
2001 Ed. (375)
2003 Ed. (270, 271)
2004 Ed. (238)
2005 Ed. (241)
Volume Services America Inc.
2001 Ed. (375, 2484)
2003 Ed. (270, 2526, 2533)
2004 Ed. (238, 2665, 2666)
2005 Ed. (241, 2662, 2663)
2006 Ed. (262)
2007 Ed. (269)
Volume Services Inc.
2000 Ed. (2238)
2008 Ed. (252, 253)
2009 Ed. (273, 274)
2012 Ed. (191)
Volume Shoe
1993 Ed. (3365)
Voluminous
2001 Ed. (2382, 2383)
Volunteer Corporate Credit Union
2013 Ed. (2206)
2014 Ed. (2134)
2015 Ed. (2198)
2016 Ed. (2171)
Volunteer Hospitals of America
2002 Ed. (57)
Volunteer Site Industrial Park
2002 Ed. (3532)
Volunteer State Bank
2015 Ed. (559)
Volunteers of America
1994 Ed. (241, 904, 2676)
1995 Ed. (249, 943, 2778, 2782)
1996 Ed. (243, 912)
1997 Ed. (274)
1999 Ed. (295)
2006 Ed. (3721)
2012 Ed. (3762)
Volunteers; Tennessee
2014 Ed. (2748)
Volusion
2010 Ed. (1088, 1094)
2011 Ed. (1035)
Volver A Empezar
1996 Ed. (3663)
Volvic
2002 Ed. (757)
2007 Ed. (675)
2008 Ed. (634)
2009 Ed. (652)
2011 Ed. (554)
Volvo
1990 Ed. (363, 364, 367, 372, 1028,
1422, 3477, 3631)
1991 Ed. (318, 326, 327, 1349, 1351,
3221, 3222)
1992 Ed. (68, 80, 455, 457, 1482,
1483, 1618, 1692, 1693, 4142,
4143, 4349)
1993 Ed. (52, 312, 330, 331, 333,
1269, 1403, 1404, 3460, 3461)
1994 Ed. (45, 299, 303, 304, 313,
1451, 1452, 1453, 3439, 3440,
3584)
1995 Ed. (300, 306, 311, 1491, 1492)
1996 Ed. (305, 321, 322, 1341, 1449,
3589, 3590)

1997 Ed. (290, 292, 298, 299, 303, 306, 1401, 1435, 1513, 1515, 2229, 3635, 3636)
1998 Ed. (211, 212, 214, 227, 228, 3625)
1999 Ed. (322, 333, 334, 790, 794, 1621, 1737, 1738, 4288, 4482, 4483)
2000 Ed. (337, 349, 1427, 1558, 1559, 4123, 4304)
2001 Ed. (455, 484)
2002 Ed. (389, 417)
2003 Ed. (305, 357, 361)
2004 Ed. (343)
2005 Ed. (343)
2006 Ed. (357)
2007 Ed. (343)
2008 Ed. (330)
2009 Ed. (354)
2010 Ed. (331)
2014 Ed. (704)
2015 Ed. (749, 1144)
2016 Ed. (676, 1056)
Volvo 70 series
2001 Ed. (489)
2004 Ed. (345)
Volvo 240
1993 Ed. (349)
Volvo 240 series
1992 Ed. (451)
Volvo 240GL Wagon
1992 Ed. (4362)
Volvo 440
1991 Ed. (323)
Volvo 700
1990 Ed. (1110)
Volvo 700 series
1993 Ed. (326)
Volvo 740 series
1992 Ed. (451)
1993 Ed. (329)
1994 Ed. (312)
Volvo 850
1995 Ed. (313)
Volvo 740/760
1993 Ed. (349)
Volvo 740/760 4-door
1991 Ed. (356)
Volvo 740/760 SW wagon
1992 Ed. (484)
Volvo A Fria
1989 Ed. (325)
Volvo; AB
1989 Ed. (52)
1990 Ed. (49)
1991 Ed. (49)
2000 Ed. (4124)
2003 Ed. (1827)
2005 Ed. (1495, 1966, 3522)
2006 Ed. (782, 2024, 2025, 2026, 2027, 3402, 3581, 3582)
2007 Ed. (875, 1598, 1716, 1726, 1727, 1781, 1994, 1995, 1996, 1997, 1998, 2400, 2972, 3034, 3037, 3646)
2008 Ed. (847, 1755, 1756, 2088, 2089, 2090, 2091, 3582, 3758)
2009 Ed. (320, 2060, 2061, 2062, 2064, 2066, 2600, 3236, 3653, 3781)
2010 Ed. (2002, 2004, 2005, 3168, 3571)
2011 Ed. (225, 2063, 2064, 2066, 3131, 3134, 3574)
2012 Ed. (238, 242, 1588, 1593, 1596, 1906, 1907, 1909, 3069, 3074, 3567)
2013 Ed. (239, 2071, 2072, 2074, 3144, 3158, 3163, 3603)
2014 Ed. (2004, 2006, 3147, 3164, 3168)
2015 Ed. (2050, 2051, 3207, 3223, 3228)
2016 Ed. (2011, 2013, 3062, 3084)
Volvo Car Corp.
1992 Ed. (1482, 1618)
2008 Ed. (2088)
2009 Ed. (2060, 2064)
Volvo Cars
2001 Ed. (1638)
Volvo Cars Belgium
2008 Ed. (4222)
Volvo Cars Europe Coordination NV
1997 Ed. (1392)
Volvo Cars Europe Industry NV
1997 Ed. (1365)
1999 Ed. (1589)
2000 Ed. (1393)
Volvo Cars Japan
1997 Ed. (294)

The Volvo Collection
1990 Ed. (324)
Volvo Construction Equipment
2009 Ed. (3590)
2015 Ed. (1145)
2016 Ed. (1055)
Volvo Ghent
2002 Ed. (1498)
Volvo-GM
1991 Ed. (3424)
1992 Ed. (1804, 4350)
1995 Ed. (3667)
1996 Ed. (3747)
1998 Ed. (3646)
Volvo GM Heavy Truck
1993 Ed. (3628)
1994 Ed. (3583)
Volvo Group
1990 Ed. (368)
1991 Ed. (1350)
1996 Ed. (1448)
1997 Ed. (1514)
1999 Ed. (1739)
2000 Ed. (1560)
Volvo Group in Greensboro
2016 Ed. (3447)
Volvo IT
2009 Ed. (2065)
Volvo Koncernen
1989 Ed. (1163)
1990 Ed. (1421)
1993 Ed. (1405)
1995 Ed. (1493)
Volvo Lastvagnar AB
1997 Ed. (1512)
1999 Ed. (1738)
2000 Ed. (1559)
Volvo Nashua
1995 Ed. (292)
Volvo of Lisle
1990 Ed. (324)
1991 Ed. (299)
1992 Ed. (404)
1995 Ed. (292)
Volvo of Nashua
1994 Ed. (288)
1996 Ed. (292)
Volvo of Richardson
1996 Ed. (292)
Volvo Personvagnar AB
1989 Ed. (1163)
1990 Ed. (1421)
1993 Ed. (1405)
1994 Ed. (1453)
1995 Ed. (1493)
1996 Ed. (1450)
1997 Ed. (1512)
1999 Ed. (1738)
2000 Ed. (1559)
2001 Ed. (1856)
2003 Ed. (1827)
2004 Ed. (4795)
2005 Ed. (1966)
2006 Ed. (2024)
Volvo Rents
2006 Ed. (4299)
2007 Ed. (4366)
2008 Ed. (4322)
2009 Ed. (4339, 4425)
2011 Ed. (4405)
2014 Ed. (3471)
The Volvo Store
1996 Ed. (292)
Volvo Treasury AB
2009 Ed. (541)
2010 Ed. (524)
2011 Ed. (453)
Volvo, truck & bus operations
1992 Ed. (1482)
Volvo Truck Corp.
1990 Ed. (3654)
2011 Ed. (2063)
Volvo Trucks North America
2002 Ed. (2734)
Volvo Village
1995 Ed. (292)
Volvokoncemen
1997 Ed. (1512)
Volvo/Renault
1992 Ed. (4347)
Volvoville U.S.A.
1990 Ed. (324)
1991 Ed. (299)
1992 Ed. (404)
1993 Ed. (289)
1994 Ed. (288)
1995 Ed. (292)
1996 Ed. (292)
Vomela Specialty Co.
2007 Ed. (4402)

Vomittag Associates
2000 Ed. (1167, 1179)
Von Broembsen Marson Leo Burnett
2001 Ed. (244)
2002 Ed. (214)
2003 Ed. (184)
VON Daniken Fashion GmbH
2016 Ed. (2015)
von Finck; August
2008 Ed. (4867)
Von Furstenberg; Diane
1991 Ed. (3512)
Von Furstenberg Studio; Diane
1989 Ed. (2973)
1990 Ed. (3704)
1991 Ed. (3512)
Von Hoffmann
2001 Ed. (3956)
Von Holtzbrinck GmbH & Co; George
1996 Ed. (3088)
von Holtzbrinck GmbH; Verlagsgruppe Georg
2005 Ed. (730, 732)
2006 Ed. (642, 644)
2007 Ed. (667, 669)
2008 Ed. (626, 628)
2009 Ed. (646, 648)
von Pierer; Heinrich
2006 Ed. (691)
Von Roll AG
1994 Ed. (2483)
Von Roll SA Departement Tuyaux Pression
1994 Ed. (2483)
Von Rumohr; Cai
1991 Ed. (1671)
1993 Ed. (1776)
1994 Ed. (1760)
1995 Ed. (1801)
1996 Ed. (1776)
1997 Ed. (1851)
Von Schledorn Ltd.; Ernie
1991 Ed. (270)
Vonage
2006 Ed. (4878)
2007 Ed. (678)
2008 Ed. (636)
Vonage Holdings Corp.
2007 Ed. (2326)
2008 Ed. (817, 2449, 2452, 4291, 4640, 4653)
Vongkusolkit; Isara
2011 Ed. (4865)
2012 Ed. (4870)
2013 Ed. (4914)
VonKids Inc.
2013 Ed. (2839)
Von's
1989 Ed. (922)
1990 Ed. (1507)
1991 Ed. (1422, 1860, 3256, 3257, 3258, 3259)
1992 Ed. (1828, 4166, 4167)
1993 Ed. (1492, 1496, 3493, 3494)
1994 Ed. (1288, 1539, 1990, 2413, 3459, 3464, 3465, 3467)
1995 Ed. (343, 1569, 2488, 3524, 3527, 3531, 3532)
1998 Ed. (1711, 3451, 3454, 3455, 3456)
2004 Ed. (4642)
Vons
2015 Ed. (4354)
Vons, a Safeway Co.
2007 Ed. (4637, 4638, 4640, 4641)
The Vons Companies
1990 Ed. (2491)
1992 Ed. (3739, 4169)
The Vons Cos., Inc.
1989 Ed. (2776)
1990 Ed. (3248, 3491, 3496)
1992 Ed. (4168, 4170)
1993 Ed. (3495, 3497)
1996 Ed. (1556, 2548, 3612, 3613, 3614, 3619, 3620)
1997 Ed. (2688, 3660, 3676)
1998 Ed. (2414, 3444, 3449)
2003 Ed. (1627, 4635)
2009 Ed. (1849)
2011 Ed. (1807)
Vons Grocery Co.
1990 Ed. (3262)
1997 Ed. (329, 2026, 3670, 3671, 3673)
1998 Ed. (264)
1999 Ed. (368)
Vontobel
2012 Ed. (560)
Vontobel EuroPacific
1995 Ed. (2738)

Vontobel Group
1999 Ed. (3102)
Vontobel U.S. Value
1999 Ed. (3516)
2004 Ed. (2452)
Vontoble International Bond
2000 Ed. (3292)
VooDoo BBQ & Grill
2012 Ed. (2552)
2013 Ed. (2673)
VoodooPC
2006 Ed. (1540)
Vopak
2011 Ed. (4750)
2012 Ed. (4766)
2013 Ed. (4714)
2014 Ed. (4767)
2015 Ed. (4788)
2016 Ed. (4692)
Vopak NV; Royal
2014 Ed. (4773)
Vora Group
2016 Ed. (3590)
Voralberger Landes- und Hypotheken-bank
2003 Ed. (464)
Vorarlberger Illwerke AG
2011 Ed. (1492)
Vornado Realty
2016 Ed. (4098)
Vornado Realty Trust
1995 Ed. (3069, 3373, 3378)
1996 Ed. (3427)
1998 Ed. (3297, 3301)
1999 Ed. (4000, 4003)
2000 Ed. (3722, 3727)
2001 Ed. (4007, 4009)
2002 Ed. (3930)
2003 Ed. (4060)
2004 Ed. (4079, 4084, 4085)
2005 Ed. (4009, 4011, 4017, 4018)
2006 Ed. (4042, 4044, 4054)
2007 Ed. (3738, 4083, 4084, 4085, 4105)
2008 Ed. (4115, 4126)
2009 Ed. (1941, 4222, 4226)
2010 Ed. (4162, 4164, 4168)
2011 Ed. (4166, 4169)
2012 Ed. (2455, 4190, 4200, 4205, 4214, 4217)
2013 Ed. (4184, 4188, 4194, 4200, 4203)
2014 Ed. (2549, 4201, 4206, 4217, 4220)
2015 Ed. (4186, 4205)
2016 Ed. (3701, 4103, 4120, 4125)
Voronezhshina
2001 Ed. (4545)
Vorst Nationaal
2016 Ed. (1053)
Vortex Industries Inc.
2007 Ed. (3536)
2008 Ed. (4954)
2014 Ed. (4990)
Vorwerk & Co. KG
2013 Ed. (2327, 2330)
2014 Ed. (2260, 2263, 2265, 2268)
2015 Ed. (2344, 2347, 2349, 2352)
2016 Ed. (2295, 2297)
Vorys, Sater, Seymour & Pease
2001 Ed. (562)
Vorys Sater Seymour & Pease LLP
2007 Ed. (1507)
VOS Construction
2016 Ed. (1383)
VOS Group Stores
2009 Ed. (4612)
Vosges Hant-Chocolat
2007 Ed. (2598)
Vostok Gas Ltd.
2009 Ed. (2514, 2515)
2010 Ed. (2430)
Votan Leo Burnett
1999 Ed. (152)
2000 Ed. (170)
Votan Leo Burnett Advertising
2001 Ed. (208)
2002 Ed. (180)
2003 Ed. (147)
Votorantim
2007 Ed. (754, 1604)
2008 Ed. (733)
2010 Ed. (673)
Votorantim Cement North America
2011 Ed. (4080)
2012 Ed. (4111)
2014 Ed. (4123)
2015 Ed. (4107)
2016 Ed. (4019)
Votorantim; Grupo

2012 Ed. (1654, 1657)
Votorantim Metals Niquel
  2009 Ed. (1843)
Vought Aircraft
  2005 Ed. (4767)
Vought Aircraft Industries
  2005 Ed. (1975)
  2006 Ed. (3318, 4818)
  2010 Ed. (159)
Vought Heritage Federal Credit Union
  1994 Ed. (1503)
Vovici Corp.
  2011 Ed. (1035)
Vox Group
  1996 Ed. (3242)
Vox Medica
  1999 Ed. (142)
  2000 Ed. (159)
  2005 Ed. (108)
  2008 Ed. (115)
VOX Network Solutions
  2012 Ed. (4673)
Vox Printing
  2015 Ed. (1960)
Vox Printing Inc.
  2011 Ed. (1940)
  2012 Ed. (1803)
Vox Prism
  1994 Ed. (2962)
  1995 Ed. (3017)
Vox Vodka
  2003 Ed. (4870)
  2004 Ed. (4850)
Voxar
  2003 Ed. (2735)
Voxdata
  2016 Ed. (4609, 4610)
VOXDATA Solutions Inc.
  2014 Ed. (4694, 4695)
voxeljet AG
  2015 Ed. (4415)
Voya Financial
  2016 Ed. (2663, 3232, 3296, 3299)
Voya Financial Inc.
  2016 Ed. (204, 3236)
Voyage Credit Union
  2014 Ed. (2197)
  2015 Ed. (2261)
  2016 Ed. (2232)
Voyager
  2001 Ed. (488)
  2002 Ed. (4702)
Voyager; Chrysler
  2005 Ed. (304)
  2006 Ed. (323)
  2008 Ed. (304)
Voyager Investments Ltd.
  1995 Ed. (1013)
Voyager Life Insurance Co.
  1998 Ed. (2161)
Voyager Life of South Carolina
  1989 Ed. (1685)
Voyager.net
  2001 Ed. (4450)
Voyageur Asset
  1993 Ed. (2326)
Voyageur Asset Management
  1998 Ed. (2272)
Voyageur Asset Management Inc., Mid-
    cap Growth Equity
  2003 Ed. (3130)
Voyageur Enterprises, Ltd.
  1989 Ed. (829)
  1990 Ed. (846)
  1991 Ed. (807)
Voyageur Fund: U.S. Government Se-
    curities
  1993 Ed. (2685)
Voyageur National High Yield A
  1998 Ed. (2644)
Voyageur National Insured Tax Free A
  1997 Ed. (2904)
Voyageur U.S. Government
  1992 Ed. (3165)
Voyageur U.S. Government Securities A
  1997 Ed. (2890)
Voyenno-Strakhovaya
  1995 Ed. (2283)
Voyles Acura; Ed
  1994 Ed. (259)
  1996 Ed. (262)
Voyles Acura; Ed K.
  1995 Ed. (258)
Voyles Chrysler-Plymouth; Ed
  1995 Ed. (262)
  1996 Ed. (269)
Voyles Honda; Ed
  1994 Ed. (269)
Voyles Oldsmobile; Ed

1990 Ed. (302)
Voyles Oldsmobile-Hyundai-Sterling; Ed
  1992 Ed. (394)
Voyles Oldsmobile Sterling; Ed
  1991 Ed. (273)
VP
  2016 Ed. (1547)
VP Bank
  2009 Ed. (117)
VP Bank Group
  2013 Ed. (445)
  2014 Ed. (460)
  2015 Ed. (518)
  2016 Ed. (471)
VP Market
  2004 Ed. (63)
  2005 Ed. (58)
  2006 Ed. (65)
  2007 Ed. (54, 56)
  2008 Ed. (56, 58)
VP Market; UAB
  2009 Ed. (1845)
VP Planner
  1989 Ed. (2526)
VPCInnovations
  2016 Ed. (980)
VPE Public Relations
  2011 Ed. (4120)
VPM Funding Co.
  1998 Ed. (1695)
  1999 Ed. (2441)
  2000 Ed. (2198)
VPS C-Store Holding LLC
  2012 Ed. (4095)
  2013 Ed. (1958)
VPS Convenience Store Group LLC
  2014 Ed. (1894)
  2015 Ed. (1939)
VPV Euro RSCG
  1996 Ed. (87)
VPV Euro RSCG Oy
  1997 Ed. (88)
  1999 Ed. (88)
  2000 Ed. (94)
VPX Redline
  2014 Ed. (605)
  2015 Ed. (2325)
VPX Redline Power Rush
  2012 Ed. (4523)
  2013 Ed. (593, 4485)
  2014 Ed. (4530)
  2015 Ed. (677, 678, 2325)
VPX Redline Xtreme
  2015 Ed. (2325)
  2016 Ed. (2279)
VR Business Brokers
  1995 Ed. (853)
  2002 Ed. (796)
  2003 Ed. (806)
  2004 Ed. (801)
VR Business Brokers Franchise Net-
    work
  1996 Ed. (833)
  1997 Ed. (843)
  1998 Ed. (540)
  1999 Ed. (958)
VR Global Partners LP
  2013 Ed. (2892)
  2014 Ed. (2921)
Vratsinas Construction Co.
  2000 Ed. (4026, 4027)
  2002 Ed. (1276)
  2003 Ed. (1310, 1311, 1312)
  2004 Ed. (1289)
VRB Bancorp
  2000 Ed. (552)
Vreme
  2007 Ed. (57)
  2009 Ed. (67)
Vreme Newspaper
  2008 Ed. (59)
Vreobecna uverova banka
  2006 Ed. (655)
VRG-Groep
  1995 Ed. (2834)
VRG Linhas Aereas
  2011 Ed. (147)
VRH Construction Corp.
  2002 Ed. (1234)
  2003 Ed. (1247)
  2004 Ed. (1250)
Vrij Lokers Onderwijs Voor Jouw
    Toekomst
  2016 Ed. (1390)
Vriti Infocom Pvt. Ltd.
  2012 Ed. (2844)
Vroom Vroom Vroom Pty. Ltd.
  2010 Ed. (2923)
VRS Co.
  2010 Ed. (4011, 4023, 4025)

2012 Ed. (4017, 4026, 4028)
VRx
  2014 Ed. (2901)
  2015 Ed. (2944)
VS 2x VIX Short Term
  2014 Ed. (4580)
VS & A
  2001 Ed. (4608)
V's Barbershop Franchise
  2014 Ed. (2880)
VS Services
  1990 Ed. (2083, 2084)
  1992 Ed. (2487)
VSB Bank N.V.
  1996 Ed. (630)
VSB Groep
  1995 Ed. (562)
  1996 Ed. (631)
  1997 Ed. (572)
VSC Corp.
  2005 Ed. (1281)
  2007 Ed. (2580)
  2008 Ed. (1227, 2719)
  2009 Ed. (1209, 2772)
  2010 Ed. (1212)
  2011 Ed. (1309)
VSC Fire & Security
  2012 Ed. (1096, 3992)
  2013 Ed. (1239, 4057)
  2014 Ed. (1177, 3996)
  2015 Ed. (1231, 4044)
  2016 Ed. (1142, 2667)
VSC Fire & Security Inc.
  2016 Ed. (2666)
VSE Corp.
  2005 Ed. (2012)
  2006 Ed. (1365, 1366, 1367, 2106)
  2007 Ed. (2063)
  2008 Ed. (1360)
  2009 Ed. (1359, 1361, 1362, 2915,
    4451)
  2010 Ed. (1343, 1346, 1355)
  2011 Ed. (1328, 1331, 1343, 4804)
  2012 Ed. (1194, 1197, 1208)
  2013 Ed. (1308)
VSEL
  1997 Ed. (1583)
Vseobecna Uverova banka
  1993 Ed. (469)
  1994 Ed. (462, 463)
  1997 Ed. (433, 434, 610, 611)
  1999 Ed. (491, 636)
  2000 Ed. (484, 662)
  2001 Ed. (649)
  2002 Ed. (645, 783)
  2003 Ed. (608)
  2004 Ed. (617)
  2005 Ed. (77, 607)
  2006 Ed. (521)
  2007 Ed. (550)
  2008 Ed. (502)
  2009 Ed. (531, 532)
  2010 Ed. (515, 516)
  2011 Ed. (445)
Vseobecna uverova banka
  2013 Ed. (458)
  2014 Ed. (474)
  2015 Ed. (533)
  2016 Ed. (486)
Vseobecna Uverova Banka AS
  1995 Ed. (441, 604)
  1996 Ed. (470, 674, 675)
Vseobecna Uverova Banka General
    Credit Bank
  1992 Ed. (653)
VSI
  2006 Ed. (666)
VSI Magazines
  1995 Ed. (3525)
VSL Corp.
  1995 Ed. (1163)
  1996 Ed. (1141)
  1997 Ed. (1167)
  1998 Ed. (944)
  1999 Ed. (1366)
VSM MedTech
  2007 Ed. (4578)
VSP Global
  2016 Ed. (1434)
VSP Optical Laboratories
  2006 Ed. (3753, 3754)
  2007 Ed. (3752, 3753)
VSP Vision Care
  2010 Ed. (3343)
VSR Financial Services
  1999 Ed. (853, 854, 855, 856, 857,
    858, 859, 860)
  2000 Ed. (851, 852, 854, 855, 856,
    857, 858, 859, 860, 861)
  2002 Ed. (802, 803, 804, 805, 806)

VST Consulting
  2010 Ed. (3172)
Vsterreichische Volksbanken
  2008 Ed. (1572)
Vstream
  2001 Ed. (4673)
VSV
  2000 Ed. (809, 810)
VSZ
  1999 Ed. (805, 806)
  2002 Ed. (782, 784)
VT Group
  2006 Ed. (182)
  2007 Ed. (188)
  2014 Ed. (1244, 1245, 1246)
VT Holding
  2001 Ed. (4279)
VT Inc.
  1996 Ed. (3766)
  1998 Ed. (205)
  2000 Ed. (329)
  2002 Ed. (350, 351, 364)
  2004 Ed. (277)
  2005 Ed. (281, 282, 4161)
  2006 Ed. (302, 303, 333, 4215)
  2007 Ed. (300, 301, 4231)
  2008 Ed. (289, 290, 4260)
  2009 Ed. (4364)
VT Industries Inc.
  2012 Ed. (4994)
  2013 Ed. (4993)
VTB Bank
  2009 Ed. (437, 438, 527, 2033)
  2010 Ed. (414, 415, 508, 1965)
  2011 Ed. (338, 339, 439, 2026)
  2012 Ed. (404, 405)
  2013 Ed. (443, 456, 693, 2036)
  2014 Ed. (434, 457, 472, 1971)
  2015 Ed. (489, 515, 530, 531, 744,
    2016)
  2016 Ed. (443, 484, 1986, 1988)
VTB-Bank
  2013 Ed. (455)
  2014 Ed. (471)
  2015 Ed. (529)
  2016 Ed. (483)
VTB Bank Ukraine
  2014 Ed. (485)
  2015 Ed. (546)
VTC Inc.
  1994 Ed. (2285)
Vtech
  1996 Ed. (3726)
VTech Holdings Ltd.
  2007 Ed. (3072)
  2009 Ed. (3271)
VTLS Inc.
  1991 Ed. (2310, 2311)
  1994 Ed. (2522)
  2004 Ed. (3256)
  2006 Ed. (3279)
VTN Nevada
  2006 Ed. (2456)
VTR
  2011 Ed. (1572)
  2013 Ed. (1538)
  2014 Ed. (1504)
VTT
  2009 Ed. (1666)
  2010 Ed. (2502)
VUB
  1999 Ed. (805, 806)
  2000 Ed. (809, 810)
Vueling Airlines
  2015 Ed. (166)
Vueling Airlines SA
  2011 Ed. (152)
  2012 Ed. (167)
VuePoint
  2002 Ed. (2525)
VUKI
  2002 Ed. (785)
Vukile Property Fund
  2015 Ed. (1402)
Vulcan Capital Management
  2006 Ed. (4010)
Vulcan Chemicals
  1993 Ed. (922)
Vulcan Construction Materials LP
  2001 Ed. (3324, 3325)
  2003 Ed. (3416, 3417)
  2004 Ed. (3483, 3484)
  2005 Ed. (1644, 3480, 3481)
Vulcan Corp.
  1990 Ed. (3275)
The Vulcan Group
  1996 Ed. (1144)
  1999 Ed. (1373)
Vulcan-Hart
  1990 Ed. (2744, 2745, 3484)

Vulcan Industrial Contractors
2016 Ed. (4950)
Vulcan Industrial Contractors Co.
2011 Ed. (1193)
Vulcan International
1993 Ed. (2009)
Vulcan Life Insurance Co. Inc.
2001 Ed. (1736)
Vulcan Materials
2015 Ed. (1154)
2016 Ed. (1067)
Vulcan Materials Co.
1989 Ed. (822, 876, 877, 881, 901, 1991, 1992)
1990 Ed. (835, 844, 933, 934, 938, 968, 1158, 2584, 2585)
1991 Ed. (798, 800, 901, 2465, 2466)
1992 Ed. (979, 981, 1110, 3082, 3083)
1993 Ed. (772, 859, 902, 1271, 2575, 2576, 2874)
1994 Ed. (789, 791, 879, 915, 1315, 2524, 2525)
1995 Ed. (842, 912, 951, 961, 1337, 2581, 2582, 2921)
1996 Ed. (889, 2648)
1997 Ed. (918, 952, 2792, 2793)
1998 Ed. (657, 658, 695, 2507, 2508)
1999 Ed. (1049, 3412, 3413)
2000 Ed. (898, 1019, 3136)
2001 Ed. (1047, 1048, 1049, 1183, 1221, 1607, 2815, 3324, 3325)
2002 Ed. (859, 860, 1172, 4088, 4510, 4511)
2003 Ed. (773, 778, 779, 780, 1601, 2874, 3416, 3417, 4217, 4614, 4615)
2004 Ed. (792, 795, 1222, 1223, 1618, 2109, 2110, 4239, 4590, 4591, 4592, 4594)
2005 Ed. (776, 779, 1247, 1248, 1249, 1644, 2213, 2214, 4167, 4523, 4524, 4525, 4526, 4527)
2006 Ed. (681, 683, 1206, 1207, 1208, 1534, 4609, 4610)
2007 Ed. (776, 779, 1276, 1315, 1564, 3511, 3512, 4594)
2008 Ed. (750, 1188, 1205, 1544, 3674, 3675, 4545)
2009 Ed. (1143, 1472, 3740, 3741, 4576)
2010 Ed. (693, 1458, 3679, 3680, 4402, 4609, 4610, 4611)
2011 Ed. (1088, 1459, 3662, 3663, 4347, 4565, 4566, 4567)
2012 Ed. (1010, 1299, 3662, 3663, 4387, 4388, 4578, 4579, 4580, 4581, 4582)
2013 Ed. (1154, 1404, 3727, 3728, 4356, 4357, 4524, 4525, 4526)
2014 Ed. (1343, 3662, 3663, 4408, 4409, 4584, 4585)
2015 Ed. (1407, 1408, 1409, 1410, 1420, 3680, 3681, 4394, 4395, 4576, 4577, 4578, 4579)
2016 Ed. (1336, 1341, 3563, 3564, 4499)
Vulcan Painters Inc.
1992 Ed. (1422)
1997 Ed. (1172)
2008 Ed. (1262, 1270)
Vulcan Products Co.
2008 Ed. (3738, 4435)
Vulcraft
2002 Ed. (3320)
Vum Groep
2009 Ed. (31)
Vumbacco; Joseph
2009 Ed. (3706)
Vung Tau, Vietnam
2012 Ed. (2502)
Vuse
2016 Ed. (888)
Vutec
2013 Ed. (204)
2014 Ed. (212)
2015 Ed. (243)
2016 Ed. (238)
Vuz-Bank
2005 Ed. (493, 502)
Vuzix Corp.
2009 Ed. (3013)
Vuzrazhdane Commercial Bank
1994 Ed. (441)
VV-Auto
1993 Ed. (28)
Vviss Spol SRO
2001 Ed. (4819)
VVL/BBDO
1989 Ed. (87)

VVV Corp.
2007 Ed. (766, 767)
VW
2007 Ed. (315)
2008 Ed. (302)
2009 Ed. (324)
2011 Ed. (230)
2012 Ed. (246)
2013 Ed. (643)
VW Beetle
1990 Ed. (376)
VW Golf
1990 Ed. (361, 376)
1993 Ed. (323)
1995 Ed. (313)
VW Golf/Jetta
1990 Ed. (369, 371, 374, 377, 381)
VW Group
1989 Ed. (326)
VW Jetta
1990 Ed. (376)
VW of Downtown Los Angeles
1990 Ed. (323)
VW Parati
1990 Ed. (361)
VW Passat
1990 Ed. (370)
VW Polo
1990 Ed. (370)
1996 Ed. (320)
VW Santana
1990 Ed. (361)
VW Voyage
1990 Ed. (361)
VW/Audi
1990 Ed. (2624)
2000 Ed. (340)
VWR
1993 Ed. (2529)
1994 Ed. (2469)
1995 Ed. (2537)
1996 Ed. (2601)
VWR Funding
2016 Ed. (2308)
VWR Funding Inc.
2010 Ed. (4097, 4935)
2011 Ed. (4067)
2012 Ed. (4101)
2013 Ed. (2005, 2347)
2014 Ed. (1942, 2277)
2015 Ed. (1988, 2362)
2016 Ed. (1961)
VWR International
2013 Ed. (897)
2014 Ed. (4114)
VWR International Inc.
2009 Ed. (3249, 4163, 4930)
2010 Ed. (2902, 3180)
VWR International LLC
2012 Ed. (682)
VWR Scientific Products Corp.
1998 Ed. (1843, 3287)
1999 Ed. (2602, 4283)
2000 Ed. (2345)
VXI Global Solutions
2012 Ed. (4062)
VXI Global Solutions Inc.
2014 Ed. (4690, 4692, 4693, 4694, 4695)
2015 Ed. (4700, 4702, 4703, 4704, 4705)
2016 Ed. (4605, 4606, 4607, 4608, 4609, 4610)
Vycon
2012 Ed. (2343)
Vympelcom
2006 Ed. (4533)
Vynamic
2013 Ed. (1210)
2014 Ed. (1151)
2015 Ed. (1204)
2016 Ed. (1112)
Vype High School Sports Magazine
2010 Ed. (128)
Vysis Inc.
2003 Ed. (4568)
Vystar Credit Union
2004 Ed. (1942, 1952)
2005 Ed. (2047, 2082, 2094)
2006 Ed. (2176, 2189)
2007 Ed. (2100, 2110)
2008 Ed. (2215, 2225)
2009 Ed. (2190, 2198, 2209)
2010 Ed. (2152, 2163)
2011 Ed. (2182)
2012 Ed. (2015, 2021, 2042)
2013 Ed. (2224)
2014 Ed. (2145, 2156)
2015 Ed. (2220)
2016 Ed. (2191)

Vytorin
2007 Ed. (3911, 3912)
2009 Ed. (2358)
Vytra Healthcare
2000 Ed. (1105)
Vzajemna Zdravstvena Zavarovalnica d.v.z.
2015 Ed. (3329)
2016 Ed. (3183)

W

w
1998 Ed. (2782, 2799)
1999 Ed. (3746)
2006 Ed. (147, 155)
2007 Ed. (147)
2015 Ed. (3548)
W. A. and Deborah Moncrief
1994 Ed. (890)
W. A. Botting Co.
2008 Ed. (1248)
2009 Ed. (1223)
W. A. Bottling Co.
2007 Ed. (3978)
W. A. Chester LLC
2004 Ed. (1318)
2008 Ed. (1267)
2009 Ed. (1243)
2011 Ed. (1190)
2012 Ed. (1136)
2013 Ed. (1282)
2014 Ed. (1215)
2015 Ed. (1273)
W. A. Gubert
2001 Ed. (2320)
W. A. Ligon
2003 Ed. (2380)
W. A. McCollough
2001 Ed. (2318)
2003 Ed. (2380)
W. A. Rasic Construction Co.
2014 Ed. (1215)
2015 Ed. (1273)
2016 Ed. (1188)
W. A. Wise
2001 Ed. (2344)
2002 Ed. (2211)
2003 Ed. (2407)
W. Alan McCollough
2007 Ed. (2503)
W. Alton Jones Foundation
2002 Ed. (2328, 2333)
W. Apfelbaum
2001 Ed. (2340)
W. August Hillenbrand
1996 Ed. (962)
W. B. Doner & Co.
1989 Ed. (98, 159)
1991 Ed. (92, 149)
1992 Ed. (141, 206)
1993 Ed. (93)
1994 Ed. (83, 116)
1995 Ed. (65, 125)
1996 Ed. (79, 139)
1997 Ed. (79, 145)
1998 Ed. (53, 65)
1999 Ed. (80, 154)
2001 Ed. (128, 129)
2004 Ed. (114)
2005 Ed. (113)
W. B. Guimarin & Co.
2006 Ed. (1336)
2008 Ed. (1325)
2009 Ed. (1308)
2010 Ed. (1302)
2011 Ed. (1266)
W. B. Harrison Jr.
2001 Ed. (2320)
2002 Ed. (2185)
2003 Ed. (2372)
2004 Ed. (2492)
W. Bell
1989 Ed. (860)
1990 Ed. (915)
W. Bell & Co.
1990 Ed. (914)
1991 Ed. (866, 867)
1992 Ed. (1065)
W. Benjamin Moreland
2011 Ed. (845)
W. Bradley Electric
2013 Ed. (1449)
2014 Ed. (1410)
2015 Ed. (1470, 5036)
2016 Ed. (4990)
W. Bradley Electric Inc.
2016 Ed. (4976)
W. Brown & Associates

2011 Ed. (3177)
W. Brown & Associates Insurance Services
2008 Ed. (3228)
2012 Ed. (3134)
W. Bruce Turner
1996 Ed. (1773, 1847)
1997 Ed. (1919)
1998 Ed. (1641, 1649)
1999 Ed. (2229)
2000 Ed. (2011)
W. C Bradley
1992 Ed. (875)
1993 Ed. (673)
W. C. Brown Jr.
1994 Ed. (896, 1057)
W-C Designs
2010 Ed. (4657)
W. C. Heraeus GmbH
2011 Ed. (86, 2386)
W. C. Springer
2001 Ed. (2328)
W. C. Steere Jr.
1998 Ed. (724)
1999 Ed. (1126)
2000 Ed. (1046)
2001 Ed. (2325)
2002 Ed. (2190)
2003 Ed. (2398)
W. C. Weldon
2004 Ed. (2517)
2005 Ed. (2501)
W. C. Wood
1994 Ed. (2072)
1995 Ed. (2121)
1997 Ed. (2238)
1998 Ed. (1959)
2000 Ed. (2487)
2002 Ed. (2579)
W. Cavanaugh III
2001 Ed. (2344)
2004 Ed. (2526)
2005 Ed. (2509)
W. D. & H. O. Wills
1993 Ed. (3472)
W. D. Malone
2004 Ed. (2492)
W. Douglas Parker
2016 Ed. (867)
W. E. Bassett
2002 Ed. (2318)
W. E. Bower Associates Inc.
2013 Ed. (113)
W. E. Bowers
2009 Ed. (1329)
2010 Ed. (1290, 1314, 1327, 1331)
2011 Ed. (1284, 1313)
2013 Ed. (1277)
W. E. Bowers Associates Inc.
2006 Ed. (1340)
2007 Ed. (1388)
2008 Ed. (1253, 1332)
2009 Ed. (1327)
2011 Ed. (1281)
2012 Ed. (1176)
2013 Ed. (1251, 1255)
W. E. Brown Associates Inc.
2013 Ed. (1253)
2014 Ed. (1188)
W. E. Given Contracting Inc.
2008 Ed. (3728, 4423)
W. E. Greehey
2004 Ed. (2512)
2005 Ed. (2496)
W. E. O'Neil
2014 Ed. (1113)
W. E. O'Neil Construction Co.
1990 Ed. (1176)
1993 Ed. (1098, 1149)
1994 Ed. (1156)
1995 Ed. (1136, 1175)
2002 Ed. (1182, 1233)
2003 Ed. (1246)
2009 Ed. (1278)
W. E. O'Neill Construction Co.
1990 Ed. (1210)
2001 Ed. (1470)
W. E. Reed III
1999 Ed. (1127)
W. E. Rose Building Enterprises
1997 Ed. (1122)
W. Edmund Clark
2012 Ed. (803)
W. Eisenberg
2003 Ed. (2380)
W. F. Hecht
2003 Ed. (2407)
2005 Ed. (2509)
W & G Baird
2006 Ed. (2061)

W. G. Bares
  2006 Ed. (2521)
W. G. Mills Inc.
  2011 Ed. (1205)
W. G. & & Sons Construction Co.
  2010 Ed. (1838)
W. G. Tomko Inc.
  2010 Ed. (1225, 1306)
  2011 Ed. (1264)
W. G. Tomko & Sons Inc.
  2003 Ed. (1338)
  2004 Ed. (1338)
W. G. Wade Shows
  1995 Ed. (910)
  1999 Ed. (1039)
W. G. Yates & Sons Construction Co.
  2008 Ed. (1942)
  2009 Ed. (1902)
  2011 Ed. (1869)
  2012 Ed. (1725)
  2013 Ed. (1887)
W. Gale Weston
  1997 Ed. (3871)
W. Galen Weston
  2012 Ed. (804)
W. H. Brady Co.
  1997 Ed. (1642)
W. H. Breshears Inc.
  2008 Ed. (3696, 4371, 4954)
W. H. Clark
  1992 Ed. (1143, 2059)
W-H Energy Services Inc.
  2009 Ed. (4561)
W. H. Joyce
  2001 Ed. (2323)
  2006 Ed. (2520)
W. H. Linder & Associates Inc.
  2008 Ed. (2518, 2526)
W. H. Longfield
  2005 Ed. (2501)
W. H. Newbold's Son & Co.
  1993 Ed. (768)
  1996 Ed. (810)
  1998 Ed. (530)
W. H. Newbold's Son & Co. Inc./Hopper
    Soliday & Co. Inc.
  1991 Ed. (783)
W. H. Newbold's Son's & Co.
  1994 Ed. (784)
W & H Pacific
  2006 Ed. (2453, 2455)
  2009 Ed. (2536, 2543)
W. H. Reaves
  1993 Ed. (2297)
W. H. Smith
  1992 Ed. (3737)
W. H. Smith Retail
  1995 Ed. (3420)
W. H. Swanson
  2001 Ed. (2317)
  2002 Ed. (2184)
  2005 Ed. (2482)
W. H. Webb
  2002 Ed. (2210)
  2003 Ed. (2405)
W. Hare & Son Inc.
  2015 Ed. (5029)
  2016 Ed. (4947)
W Holding Co.
  2002 Ed. (501)
  2003 Ed. (451)
  2004 Ed. (420, 421, 1671, 2606)
  2005 Ed. (426, 427, 1954, 2586)
  2006 Ed. (400, 1999, 2589, 4583)
  2007 Ed. (1964, 2557)
  2009 Ed. (4566)
  2011 Ed. (290, 435)
W. Howard Lester
  1992 Ed. (2056)
W. I. Carr
  1993 Ed. (1639, 1640, 1642, 1643,
    1644, 1645, 1646, 1647)
  1994 Ed. (781, 3186)
  1995 Ed. (764, 775, 776, 780, 781,
    782, 783, 784, 785, 786, 787, 788,
    789, 795, 796, 797, 798, 799, 802,
    811, 812, 813, 814, 815, 825, 827,
    828, 829, 830, 831, 832, 833, 834,
    835, 836, 837, 838, 839, 840, 841)
  1996 Ed. (1851)
  1997 Ed. (743, 756, 758, 760, 761,
    762, 763, 764, 765, 766, 769, 777,
    779, 781, 785, 793, 794, 795, 796,
    797, 803, 804, 805, 807, 808, 809,
    810, 811, 812, 813, 814, 815, 816,
    817, 818, 819, 820, 821, 822)
  1999 Ed. (915, 916, 917, 918, 919,
    921, 922, 923, 924, 925, 926, 927,
    928, 929, 930, 931, 932, 933, 934,

  935, 936, 937, 939, 940, 941, 942,
    943, 944, 945)
W. I. Carr (Far East)
  1997 Ed. (1957)
W. I. Simonson Automotive Family of
    Dealerships
  2002 Ed. (4990)
W. J. Bradley Mortgage Capital LLC
  2016 Ed. (3622)
W. J. Carroll
  2003 Ed. (2381)
W. J. Corrigan
  2001 Ed. (2326)
W. J. Deutsch & Sons Ltd.
  2006 Ed. (4967)
W. J. Deutsch & Sons Ltd./Winesellers
  2003 Ed. (4960)
  2004 Ed. (4975)
  2005 Ed. (4976)
W. J. Farrell
  2001 Ed. (2331)
  2003 Ed. (2390)
  2004 Ed. (2509)
  2005 Ed. (2493)
W. J. Hagerty & Sons Ltd. Inc.
  2003 Ed. (992, 993)
W. J. McNerney Jr.
  2003 Ed. (2375)
  2004 Ed. (2496)
  2005 Ed. (2480)
W. J. Sanders III
  2001 Ed. (2326)
  2003 Ed. (2386)
W. J. Schoen
  2003 Ed. (2377)
W. J. Shaw
  2001 Ed. (2327)
  2003 Ed. (2388)
W. Jackson & Sons
  1991 Ed. (1086)
  1992 Ed. (1419)
W. Jackson & Sons Construction
  1993 Ed. (1132)
  1994 Ed. (1153)
W. James Farrell
  1998 Ed. (1516)
  2002 Ed. (2194, 2213)
  2005 Ed. (966)
  2006 Ed. (901, 936)
W. James McNerney Jr.
  2006 Ed. (885, 2520, 2522)
  2007 Ed. (2499, 2500, 2501)
  2008 Ed. (951, 2631, 2632)
  2009 Ed. (950, 959)
  2010 Ed. (902, 911)
  2011 Ed. (821, 823, 856)
  2012 Ed. (806)
W. James McNerney, Jr.
  2015 Ed. (968)
W. K. Kellogg Foundation
  1989 Ed. (1469, 1470, 1471, 1478,
    2165)
  1991 Ed. (1003, 1765, 1767, 2689)
  1992 Ed. (1100, 2214, 2215, 2216,
    3358)
  1993 Ed. (890, 895, 1895, 1896,
    1897, 2783)
  1994 Ed. (1058, 1897, 1898, 1900,
    1906, 2772)
  1995 Ed. (1070, 1928, 1931, 1933)
  1999 Ed. (2499, 2500, 2501)
  2001 Ed. (2517, 2518, 3780)
  2002 Ed. (2325, 2326, 2327, 2328,
    2329, 2331, 2335, 2337, 2340,
    2342)
  2004 Ed. (2681)
  2005 Ed. (2677)
  2008 Ed. (2766)
  2010 Ed. (2770)
  2011 Ed. (2754, 2756)
  2012 Ed. (2688, 2690)
W. L. Butler Construction Inc.
  2011 Ed. (1102, 1103)
  2012 Ed. (1018, 1019)
W. L. Gore
  1999 Ed. (1475)
  2005 Ed. (1980)
W. L. Gore & Asociados
  2015 Ed. (2044)
W. L. Gore & Associates GmbH
  2013 Ed. (1659)
W. L. Gore & Associates Inc.
  2000 Ed. (1785)
  2003 Ed. (1996)
  2006 Ed. (1489, 1491, 1670, 2053)
  2007 Ed. (1519, 1521, 2023, 2024)
  2008 Ed. (1501, 1503, 1716, 2120,
    2128, 2131, 2132)
  2009 Ed. (1436, 1627, 1649, 2109,
    4707)

  2010 Ed. (1641, 4067, 4723)
  2011 Ed. (1420, 1652, 4681)
  2012 Ed. (1258, 1503, 2332, 4695)
  2013 Ed. (1599, 1642, 2512, 3632)
  2014 Ed. (1304, 1552, 1561, 1601,
    1676, 3536, 3573)
  2015 Ed. (1366, 1609, 1652, 1722,
    3557, 3587)
  2016 Ed. (3408, 3470)
W. L. Gore & Associates Scandinavia
  2013 Ed. (2070)
  2014 Ed. (2002)
  2015 Ed. (2048)
W. L. Gore & Associates Scandinavia
    AB
  2010 Ed. (2001)
  2011 Ed. (2062)
W. L. Gore & Associati Srl
  2010 Ed. (1756)
  2011 Ed. (1769)
  2012 Ed. (1621)
  2013 Ed. (1780)
W. L. Hailey & Co. Inc.
  2003 Ed. (1287)
  2004 Ed. (1292)
W. L. Kiely III
  2004 Ed. (2501)
W. L. Roenigk Inc.
  2016 Ed. (4970)
W L Weller
  1999 Ed. (3238, 3241)
  2001 Ed. (4805, 4806)
W. L. Wood
  1993 Ed. (2053)
W. Lawrence Cash
  2006 Ed. (964)
  2007 Ed. (1061)
  2008 Ed. (966)
  2010 Ed. (918)
W. Lee Flowers & Co.
  2012 Ed. (4103)
  2014 Ed. (1984)
  2015 Ed. (2032)
W. Leonard
  2003 Ed. (2388)
  2005 Ed. (2491)
W. M. Jordan Co.
  2009 Ed. (1325, 1343)
  2010 Ed. (1326)
  2011 Ed. (1308)
  2015 Ed. (2127)
W. M. Keck Foundation
  1991 Ed. (894)
  1999 Ed. (2503)
  2002 Ed. (2331, 2334)
W. M. Street
  2003 Ed. (2382)
W. M. Wrigley, Jr.
  1991 Ed. (1216)
W. Michael Blumenthal
  1990 Ed. (1725)
  1991 Ed. (1623, 1627, 1633)
W. O. Bankston Lincoln-Mercury
  1995 Ed. (274)
W. O. Corp.
  2003 Ed. (2491)
W. O. Grubb Steel Erection Inc.
  1998 Ed. (956)
  2002 Ed. (1299)
W. P. Carey & Co.
  1997 Ed. (3271)
  1998 Ed. (2274, 3012)
  1999 Ed. (3098, 4171, 4173)
W. P. Carey School of Business; Ari-
    zona State University
  2009 Ed. (803)
W. P. Kinnune
  2001 Ed. (2338)
  2002 Ed. (2203)
  2003 Ed. (2396)
W. P. Stewart & Co. Ltd.
  2003 Ed. (4573)
W. P. Stewart & Co. Ltd., Equity-Growth
    Stocks
  2003 Ed. (3126)
W. P. Weeks
  2003 Ed. (2402)
W. Paul Fitzgerald
  1995 Ed. (983)
W - Personal Service, S.R.O.
  2016 Ed. (1526)
W. R. Adams Co.
  1996 Ed. (1130)
  1997 Ed. (1159)
  1998 Ed. (949)
  1999 Ed. (1381)
  2000 Ed. (2418)
  2001 Ed. (2672)
W & R Barnett
  2016 Ed. (2090)

W. R. Berkley Corp.
  2002 Ed. (1531)
  2004 Ed. (3123)
  2005 Ed. (3126, 3127)
  2006 Ed. (3090, 3140, 4580)
  2007 Ed. (2741, 3102, 3107, 3173)
  2008 Ed. (1699, 3249)
  2010 Ed. (3214, 3220, 3237, 5003)
  2011 Ed. (3178, 3183, 3251)
  2012 Ed. (1443, 3260)
  2013 Ed. (3336)
  2014 Ed. (3233, 3354)
  2015 Ed. (3386)
  2016 Ed. (3143, 3258)
W. R. Berkley Group
  2004 Ed. (3040)
W. R. Grace
  1989 Ed. (878, 883)
  1990 Ed. (932, 937, 943, 945, 947,
    957, 961, 2510)
  1992 Ed. (1108, 1125)
  1994 Ed. (918, 919, 920, 932, 936,
    940, 1208, 1237, 1362, 1854, 1855,
    1856, 2744)
  1995 Ed. (954, 956, 968, 972, 1271,
    1386)
  1997 Ed. (972, 1273, 2019)
W. R. Grace & Co.
  1990 Ed. (951, 1232)
  1991 Ed. (901, 904, 905, 907, 910,
    913, 914, 1149)
  1992 Ed. (3321, 3474)
  1993 Ed. (902, 903, 905, 906, 916,
    925, 1211, 1310, 2773)
  1995 Ed. (1257, 1258, 1882)
  1996 Ed. (922, 925, 945, 1229, 1230,
    1234, 1336, 1924, 1927, 2915)
  1997 Ed. (954, 957, 967, 1314, 1398,
    3005)
  1998 Ed. (694, 699, 700, 709, 714,
    1042, 1063, 1064, 1065, 1137,
    2751)
  1999 Ed. (16, 1080, 1083, 1105,
    1491, 2451, 3708, 3713)
  2001 Ed. (1177, 1213)
  2002 Ed. (3231, 3591)
  2003 Ed. (938)
  2004 Ed. (949)
  2005 Ed. (938, 939, 1515, 1527,
    2768, 2769)
  2006 Ed. (2724, 2725, 3408, 4601)
  2007 Ed. (1457, 3425)
  2008 Ed. (3588)
  2011 Ed. (1823, 4184)
  2014 Ed. (1759)
  2015 Ed. (1802)
  2016 Ed. (1762)
W. R. Huff
  2002 Ed. (3622)
  2004 Ed. (2035)
W. R. Johnson
  2001 Ed. (2328)
  2002 Ed. (2192)
  2003 Ed. (2389)
W. R. Kelso Co., Inc.
  1998 Ed. (953)
  1999 Ed. (1374)
  2001 Ed. (1480)
  2002 Ed. (1296)
  2003 Ed. (1313)
  2004 Ed. (1313)
  2005 Ed. (1319)
W. R. Lazard & Co.
  1991 Ed. (2173, 3045, 3051)
  1993 Ed. (708, 1851, 2265, 2271)
  1995 Ed. (2340)
  1996 Ed. (2418, 2655, 2656, 2657,
    2658, 2711, 3352, 3877)
  1997 Ed. (2476, 2480, 2481, 2484)
W. R. Lazard Freres & Co.
  1991 Ed. (1111, 1115, 1120, 1121,
    1122, 1126, 1132, 1596, 2167,
    2169, 2172, 2175, 2180, 2201,
    2208, 2509, 2522, 2977, 2981,
    2982, 2989, 2994, 3005, 3032,
    3033, 3048)
W. R. Lazards Freres & Co.
  1991 Ed. (1127)
W. R. Sanders
  2001 Ed. (2338)
  2002 Ed. (2203)
  2003 Ed. (2397)
  2004 Ed. (2516)
W & R Science & Technology
  2002 Ed. (4505)
W. R. Starkey Mortgage
  2011 Ed. (1612)
W. R. Taylor
  2001 Ed. (887)
W. Rafal; John

2015 Ed. (3422)
2016 Ed. (3283)
W. Randolph Baker
2005 Ed. (988)
2006 Ed. (949)
2007 Ed. (1044)
W. Roy Smith
1991 Ed. (2345)
1992 Ed. (2906)
1993 Ed. (2464)
W. S. Badcock
1990 Ed. (1866)
1991 Ed. (3240)
1992 Ed. (2253)
1994 Ed. (1934, 1938)
1995 Ed. (1963, 1965, 2447)
1996 Ed. (994, 1992)
1997 Ed. (2097)
1999 Ed. (2560)
W. S. Griffith & Co.
1999 Ed. (839, 841, 842, 851, 852, 861, 865)
W. S. Laidlaw
2001 Ed. (2333)
2002 Ed. (2198)
W. S. Shanahan
2001 Ed. (2339)
2002 Ed. (2204)
2003 Ed. (2397)
W. S. Stavropoulos
2001 Ed. (2323)
2002 Ed. (2188)
2006 Ed. (2519, 2520, 2522)
2007 Ed. (2499, 2501)
2008 Ed. (2631)
W. S. Stravropoulos
2004 Ed. (2503)
2005 Ed. (2487)
W. Scott Harkonen
2003 Ed. (681)
W. Scott Simon
1998 Ed. (1613)
1999 Ed. (2200)
2000 Ed. (1961, 1973)
W. Stancil Starnes
2015 Ed. (954)
W. T. Andrew Co.
1991 Ed. (3515)
W. T. Esrey
2004 Ed. (2522)
2005 Ed. (2506)
W. T. Kerr
2004 Ed. (2518)
W & T Offshore Inc.
2006 Ed. (2745)
2007 Ed. (2732, 2735, 3852, 3854)
2008 Ed. (3907)
2009 Ed. (3964)
2013 Ed. (3941)
2014 Ed. (3887)
W. Thomas Forrester
2007 Ed. (1074)
W. Todd Bassett
2007 Ed. (3704)
W. V. Hickey
2003 Ed. (2385)
2005 Ed. (2488)
W. V. Richerson Co.
1998 Ed. (910)
W & W
2016 Ed. (3193)
W & W Architectural Metals Inc.
2007 Ed. (3533)
W. W. Clyde & Co.
2005 Ed. (1306)
W. W. George
2003 Ed. (2398)
W & W Glass
2008 Ed. (1322, 1333, 1334)
W & W Glass LLC
2007 Ed. (2696)
2008 Ed. (2821)
2009 Ed. (1235, 1328, 2879)
2010 Ed. (1234, 1300, 1313, 2818)
2011 Ed. (1181, 1258, 1282, 2804)
2012 Ed. (1177, 2737, 2738)
2013 Ed. (1261, 2823, 2824)
2014 Ed. (1195, 2862, 2863)
2015 Ed. (1253, 2903, 2904)
2016 Ed. (1164, 2823, 2824)
W & W Glass Systems Inc.
1999 Ed. (2600)
2002 Ed. (1292)
2003 Ed. (1304)
2004 Ed. (1307)
2005 Ed. (1314, 2733)
2006 Ed. (1284)
2007 Ed. (1362)
2008 Ed. (1259)
W. W. Grainger

2013 Ed. (897, 1388, 1712)
2014 Ed. (1659, 3026)
2015 Ed. (3093)
W. W. Grainger Inc.
1989 Ed. (1287, 1288)
1990 Ed. (1528, 1585, 1586)
1991 Ed. (1481, 1483, 2017)
1992 Ed. (1882, 1884, 2590, 2591)
1993 Ed. (1543, 2161, 2162)
1994 Ed. (1582, 1584, 2176, 2177)
1995 Ed. (1625, 2232, 2233)
1997 Ed. (913, 2365, 2698, 3497, 3498)
1998 Ed. (651, 2086, 2426, 3287, 3290)
1999 Ed. (993, 1043, 2847, 3288, 4283, 4285, 4750)
2000 Ed. (993)
2001 Ed. (1134, 2767, 2841, 2842, 4222, 4722, 4723, 4816)
2002 Ed. (1993, 4888, 4894)
2003 Ed. (870, 2160, 2204, 2889, 2890, 2891, 4394, 4536, 4923, 4924, 4926)
2004 Ed. (894, 2120, 2210, 2790, 2791, 2998, 4759, 4760, 4916, 4917)
2005 Ed. (880, 2211, 2782, 2783, 2996, 4738, 4739, 4740, 4905, 4906)
2006 Ed. (2274, 4154, 4788, 4789, 4790, 4886, 4936, 4937, 4938, 4941)
2007 Ed. (4358, 4360, 4801, 4878, 4943, 4944, 4947)
2008 Ed. (2463, 3140, 4726, 4813, 4920)
2009 Ed. (2465, 3224, 4932, 4933)
2010 Ed. (804, 805, 3157, 4584, 4941, 4960)
2011 Ed. (1733, 1738, 3123, 4400, 4547, 4924, 4944)
2012 Ed. (1274, 1554, 1579, 1584, 1585, 1587, 2231, 3058, 4469, 4928, 4943)
2013 Ed. (2405, 2408, 2501, 3139, 4433, 4926, 4927)
2014 Ed. (2343, 2346, 2406, 2431, 3139, 4330, 4467, 4932, 4933, 4934, 4936)
2015 Ed. (2409, 2412, 2474, 2502, 3199, 3251, 4431, 4461, 4974, 4975, 4976, 4977)
2016 Ed. (2354, 2356, 2436, 3056, 4360, 4891, 4892, 4894)
W W Group Inc.
1991 Ed. (3515)
W. W. McGuire
2002 Ed. (2207)
W. W. Murdy
2003 Ed. (2392)
2004 Ed. (2511)
2005 Ed. (2495)
W. W. Nicholson
1995 Ed. (1232)
W. W. Norton & Co.
2011 Ed. (528)
W. W. Smith Charitable Trust
1991 Ed. (1768)
1992 Ed. (2217)
W & W Steel Co.
2006 Ed. (1328)
W. W. Trainger
1995 Ed. (3315)
W. W. Webber LLC
2011 Ed. (1269)
W W Wood Products Inc.
2016 Ed. (2669)
W & W - Wustenrot
2012 Ed. (3332)
2013 Ed. (3399)
2014 Ed. (3399)
2015 Ed. (3432)
2016 Ed. (3292)
W2O Group
2014 Ed. (4140, 4152, 4154, 4158, 4161, 4165)
2015 Ed. (4122, 4130, 4135, 4137, 4139, 4142, 4145, 4146)
2016 Ed. (4036, 4041, 4044, 4049, 4051, 4052, 4053, 4056, 4059, 4060)
W3C
2005 Ed. (1153)
WA Botting Co.
2006 Ed. (1348, 1351)
WA Bottling Co.
2009 Ed. (1248)
WA Meat Exports
2004 Ed. (4923)

WA Newspapers
2002 Ed. (4617)
2004 Ed. (3938)
Waadt
1994 Ed. (2239)
Waban Inc.
1992 Ed. (3944)
1996 Ed. (1418, 2133)
1997 Ed. (1636, 2243, 2244)
1998 Ed. (1175, 1304, 1971, 1972)
1999 Ed. (1878)
Wabash
1994 Ed. (3566)
Wabash College
2009 Ed. (1030)
Wabash County Farm Bureau
2000 Ed. (1629)
Wabash County Farm Bureau Credit Union
1996 Ed. (1511)
2000 Ed. (221)
2002 Ed. (1864)
2003 Ed. (1918)
Wabash MPI
2001 Ed. (2875)
Wabash National Corp.
1997 Ed. (316)
1998 Ed. (241)
1999 Ed. (4649)
2005 Ed. (1794, 4741)
2011 Ed. (1711)
2015 Ed. (260)
2016 Ed. (253)
Wabash Valley Power Association
2009 Ed. (1949)
WABC
1991 Ed. (3329)
1992 Ed. (4257)
1994 Ed. (3504)
1995 Ed. (3053, 3588)
1996 Ed. (3154, 3664)
1997 Ed. (3723)
1998 Ed. (2988, 3503)
1999 Ed. (4571)
2000 Ed. (3697)
WABC-AM
1997 Ed. (3239)
WABC-TV/Disney
2000 Ed. (4224)
WABCO Holdings
2015 Ed. (298)
WABCO Holdings Inc.
2016 Ed. (3410)
WABI America Inc.
2010 Ed. (1143, 1637, 1838, 4050)
Wabros Engros AG
1994 Ed. (3661)
Wabtec Corp.
2004 Ed. (4055, 4056)
2005 Ed. (3993, 3994)
2007 Ed. (1954)
2010 Ed. (1939, 1942, 1946, 1951)
2012 Ed. (4763)
2013 Ed. (4735)
2015 Ed. (4816)
2016 Ed. (4718)
Waccamaw Corp.
1994 Ed. (3368)
1995 Ed. (3427)
1996 Ed. (3488, 3489)
1997 Ed. (3554)
1998 Ed. (3343)
1999 Ed. (4373)
2001 Ed. (2744)
Wace; Ian
2008 Ed. (4902)
Wace USA
1993 Ed. (3363)
1995 Ed. (3422)
1996 Ed. (3482)
Wach'alal/TBWA
2001 Ed. (141)
2002 Ed. (114)
2003 Ed. (79)
Wachner, Linda
1994 Ed. (3667)
1995 Ed. (3786, 3788)
1996 Ed. (3875, 3876)
Wachner; Linda J.
1991 Ed. (3512)
1993 Ed. (3730, 3731)
1997 Ed. (982, 3916)
Wachovia Bank
1993 Ed. (412, 489, 526, 600, 630, 2421, 2423, 2735, 2991, 3180, 3285)
1994 Ed. (634)
1995 Ed. (2438)
1996 Ed. (2481)
1999 Ed. (3314)

2000 Ed. (401, 402, 408, 410, 419, 2922, 2924, 2927, 2930)
2001 Ed. (4003)
2005 Ed. (640)
2006 Ed. (543, 3558, 3563)
2008 Ed. (2707)
2009 Ed. (2718)
Wachovia Bank, FSB
2010 Ed. (4423, 4424)
Wachovia Bank NA
2002 Ed. (478, 480, 482, 643, 1120, 2725)
2003 Ed. (383, 1055, 2887)
2004 Ed. (184, 185, 358, 362, 363, 365, 366, 419, 422, 424, 425, 426, 427, 428, 429, 430, 1064, 1065, 1828, 2996)
2005 Ed. (190, 368, 369, 381, 382, 383, 384, 385, 424, 425, 428, 430, 431, 432, 434, 435, 436, 1068, 1069, 1911, 2868, 2994)
2006 Ed. (202, 371, 372, 375, 376, 377, 378, 379, 385, 386, 388, 389, 390, 392, 393, 394, 1076, 1077, 1940, 2873, 2989)
2007 Ed. (209, 354, 355, 358, 359, 360, 361, 362, 368, 369, 371, 372, 373, 375, 376, 377, 1184, 1185, 1924, 2867, 3020)
2008 Ed. (196, 341, 342, 346, 347, 348, 349, 350, 356, 357, 359, 360, 361, 363, 364, 365, 1090, 1091, 1990, 2987, 3138)
2009 Ed. (217, 361, 362, 364, 365, 366, 367, 368, 372, 373, 375, 376, 377, 379, 380, 381, 1072, 1073, 1950, 3070, 3222)
2010 Ed. (197, 339, 340, 342, 343, 345, 346, 353, 354, 360, 1041, 1042, 1886, 3001, 3156)
2011 Ed. (119, 264, 265, 266, 267, 268, 269, 275, 276, 278, 279, 280, 281, 282, 283, 284, 968, 969, 2968, 3122)
2012 Ed. (297)
2013 Ed. (306)
Wachovia Bank of Georgia NA
1994 Ed. (249, 491)
1995 Ed. (474)
1996 Ed. (256, 515)
1997 Ed. (284, 477)
1998 Ed. (201, 360)
Wachovia Bank of North Carolina NA
1994 Ed. (603, 2683)
1995 Ed. (575)
1996 Ed. (644)
1997 Ed. (584)
1998 Ed. (420)
Wachovia Bank of South Carolina NA
1996 Ed. (680)
1997 Ed. (615)
1998 Ed. (428)
Wachovia Bank & Trust
1989 Ed. (644)
Wachovia Bank & Trust Co. NA
1989 Ed. (203)
1990 Ed. (656)
1991 Ed. (634)
1992 Ed. (807)
1999 Ed. (403, 3313)
Wachovia Capital Markets LLC
2007 Ed. (4272, 4277)
Wachovia Center
2006 Ed. (1153)
2011 Ed. (1071)
Wachovia Corp.
1994 Ed. (349, 352, 3033, 3034, 3035, 3275)
1995 Ed. (2793, 2794, 2798, 3356)
1996 Ed. (555, 1242, 1430, 2477, 2485, 2855, 3177, 3178, 3179, 3180)
1997 Ed. (2617, 2622, 2624, 2625, 2626, 2728, 3290)
1998 Ed. (291, 329, 1182, 1207, 2352, 2353)
1999 Ed. (312, 394, 666, 1716, 3063, 3176, 3181, 3182, 3183, 3184, 4030)
2000 Ed. (432, 1527, 3744)
2001 Ed. (431, 569, 578, 650, 651)
2002 Ed. (1747)
2003 Ed. (437, 439, 446, 452, 543, 546, 631, 632, 1422, 1427, 1557, 1569, 1598, 1795, 3033, 4334, 4335, 4350, 4534)
2004 Ed. (418, 423, 432, 434, 440, 441, 555, 560, 601, 642, 643, 1543, 1739, 1828, 1830, 2848, 4355, 4370, 4376, 4378, 4394, 4576)
2005 Ed. (361, 362, 363, 366, 373,

376, 377, 423, 429, 438, 447, 449,
452, 490, 538, 542, 590, 631, 632,
790, 1002, 1003, 1064, 1911, 1912,
1913, 1914, 1915, 2441, 2442,
2866, 3306, 3504, 4015, 4258,
4260, 4261, 4262, 4266, 4267,
4278, 4279, 4311, 4320, 4335,
4460, 4571, 4572, 4573, 4574,
4575, 4576, 4989)
2006 Ed. (277, 279, 384, 385, 387,
395, 396, 399, 401, 402, 405, 466,
507, 1422, 1423, 1940, 1942, 1943,
1944, 2241, 4051, 4276, 4982)
2007 Ed. (284, 367, 368, 370, 378,
380, 382, 386, 387, 479, 532, 650,
651, 751, 857, 916, 1473, 1526,
1924, 1926, 1927, 2559, 2561,
3255, 3631, 4101, 4310, 4314,
4322, 4337, 4652, 4653, 4654,
4655, 4656, 4657, 4666, 4667)
2008 Ed. (259, 345, 355, 356, 358,
366, 486, 524, 730, 1402, 1405,
1427, 1467, 1990, 1992, 1993,
2196, 2322, 2354, 2694, 4120,
4303)
2009 Ed. (281, 363, 372, 374, 382,
387, 513, 514, 558, 736, 1950,
1952, 1954, 2172, 2307, 2310,
2946, 3243, 3471, 4229, 4230,
4409, 4554)
2010 Ed. (341, 353, 355, 368, 493,
542, 671, 1383, 1886, 1890, 1891,
3282, 3365, 4447)
2011 Ed. (275, 603, 1918, 4162)
2012 Ed. (297, 428, 1779)
2013 Ed. (306, 1951)
2014 Ed. (319, 1887)
2015 Ed. (1933)
Wachovia Equity Fund
2000 Ed. (3282)
The Wachovia Foundation Inc.
2010 Ed. (2769, 2771)
Wachovia Insurance Services Inc.
2005 Ed. (3069)
2007 Ed. (3095)
2008 Ed. (3236)
Wachovia Leasing
2006 Ed. (4820)
Wachovia Mortgage FSB
2010 Ed. (3702, 3703, 4418, 4420,
4421, 4422, 4423, 4424, 4428,
4431, 4432, 4433, 4434, 4435,
4436, 4437)
2011 Ed. (4380, 4382)
Wachovia Securities Financial Holdings
LLC
2016 Ed. (2111)
Wachovia Securities Inc.
2001 Ed. (748, 883, 884, 916, 924,
4382)
2003 Ed. (4055)
2004 Ed. (4082, 4327, 4328, 4329,
4331, 4332, 4334, 4335)
2005 Ed. (3527)
2007 Ed. (1768, 3651, 4290)
2008 Ed. (2160)
Wachovia Securities LLC
2007 Ed. (4235, 4269, 4270, 4271,
4273, 4274, 4276, 4277)
2008 Ed. (4264)
2009 Ed. (3454, 4368)
2010 Ed. (2881, 4395, 4654)
2011 Ed. (4340)
Wachovia Special Value
2000 Ed. (3224)
Wachovia Special Value A
1999 Ed. (3506)
Wachovia Special Values Fund
2000 Ed. (3287)
The Wachovia Wells Fargo Foundation
Inc.
2011 Ed. (2757)
2012 Ed. (2691)
Wachowski; Andy
2005 Ed. (786)
Wachowski; Larry
2005 Ed. (786)
Wachtell, Lipton, Rosen & Katz
1993 Ed. (2389)
1998 Ed. (2325, 2326)
1999 Ed. (3142, 3143, 3144, 3145)
2000 Ed. (2892, 2893)
2001 Ed. (561, 563, 564, 565, 567)
2002 Ed. (1359, 1373, 1374)
2003 Ed. (1393, 1400, 1401, 1412,
1413, 1415, 3176, 3177, 3189)
2004 Ed. (1416, 1417, 1438, 1440)
2005 Ed. (1437, 1438, 1439, 1440,
1454, 1455, 1457, 3255)
2006 Ed. (3245)

2007 Ed. (3302, 3303, 3304, 3306)
2008 Ed. (3414, 3425, 3426, 3427)
2009 Ed. (3485, 3494)
2010 Ed. (3417)
2011 Ed. (3400, 3408)
2012 Ed. (1228, 3411, 3416, 3417,
3425)
2013 Ed. (3451, 3453)
2014 Ed. (3452, 3454)
2015 Ed. (1350, 1351)
2016 Ed. (1281, 1282)
Wachter National Network Services
2006 Ed. (4360)
The Wackenhut Corp.
1991 Ed. (2943, 3104)
1999 Ed. (2449)
2000 Ed. (2204, 3384)
2001 Ed. (3599)
2002 Ed. (3545, 3546)
2003 Ed. (802, 3704, 3705)
2004 Ed. (1357)
Wackenhut Resources Inc.
2002 Ed. (2114)
Wackenhut Security
2000 Ed. (3905)
Wacker
2001 Ed. (1225)
Wacker-Chemie
1993 Ed. (3317, 3318, 3319)
2002 Ed. (1009, 1017)
Wacker Chemie AG
2008 Ed. (919, 920, 921)
2009 Ed. (927, 929)
2010 Ed. (867, 869)
2011 Ed. (795, 1013, 2387)
2012 Ed. (749, 754, 755)
2013 Ed. (941, 942, 957)
Wacker-Chemie GmbH
2006 Ed. (855, 858)
2007 Ed. (942, 944)
Wacker-Chimie
2002 Ed. (1007)
Wacker Siltronic AG
2000 Ed. (3030)
Wackerle; Frederick W.
1991 Ed. (1614)
Wackrow; Ron
2011 Ed. (2972)
Waco-Temple-Bryan, TX
2014 Ed. (2621)
Waco Tribune-Herald
1990 Ed. (2702)
Waco, TX
1998 Ed. (579)
2005 Ed. (3325)
2012 Ed. (4371)
Wacoal Corp.
1999 Ed. (781, 3188)
2000 Ed. (4242)
WACOM
2015 Ed. (1759)
Wacom
1997 Ed. (1105)
Waconia, MN
1994 Ed. (2406)
Wadah Khanfar
2013 Ed. (3484)
Waddell; Frederick H.
2011 Ed. (824, 856)
Waddell; M. Keith
2006 Ed. (953)
2007 Ed. (1048)
Waddell & Reed
1993 Ed. (2321)
1998 Ed. (2592, 2628, 2629, 2653)
2003 Ed. (3501, 3502)
2006 Ed. (3682)
2007 Ed. (2480, 3659, 3661)
2009 Ed. (2646, 2647, 3790, 3791,
3810)
2010 Ed. (3719, 3720, 3721, 3738)
2011 Ed. (3729)
2012 Ed. (497, 2486, 3741, 3742,
3746)
Waddell & Reed Advanced Asset Strategy
2004 Ed. (2448)
Waddell & Reed Advanced Global Bond
2003 Ed. (3546)
Waddell & Reed Advanced High Income
2014 Ed. (633)
Waddell & Reed Advanced International
Growth
2004 Ed. (3642, 3644)
Waddell & Reed Advanced Science &
Technology
2003 Ed. (3511, 3552)
2004 Ed. (3565, 3569)
Waddell & Reed Advantage Core Investment

2006 Ed. (3620)
Waddell & Reed Advantage International Growth
2006 Ed. (3673)
Waddell & Reed Advantage New Concept
2006 Ed. (3645)
Waddell & Reed Advantage Science &
Technology
2006 Ed. (3635, 3636)
Waddell & Reed Financial Inc.
2004 Ed. (2777, 3176, 3177)
2005 Ed. (3215, 3216)
2009 Ed. (1826, 1827, 1828, 1833)
2011 Ed. (1786)
2012 Ed. (1636, 1642)
2015 Ed. (1764, 1765, 1770)
Waddell & Reed Growth
1996 Ed. (2788)
1997 Ed. (2873)
2000 Ed. (3240)
Waddell & Reed Investment Management
2004 Ed. (3562)
2013 Ed. (3816)
2015 Ed. (3762)
2016 Ed. (3671, 3672, 3674)
Waddell & Reed Ivy
2005 Ed. (3574)
Waddington Galleries Ltd.
1994 Ed. (996, 1000, 1003)
Waddington; John
1997 Ed. (1417)
Waddulah; Sultan Haji Hassanal Bolkiah
Mu'Izzaddin
1994 Ed. (708)
Wade; Dwyane
2009 Ed. (295)
2013 Ed. (188)
2014 Ed. (194)
2015 Ed. (221)
2016 Ed. (218)
Wade Ford Inc.
2007 Ed. (189)
2008 Ed. (166, 167)
2009 Ed. (192)
2010 Ed. (171)
2011 Ed. (95)
2012 Ed. (102)
2013 Ed. (83)
2015 Ed. (107)
2016 Ed. (114)
Wade Jurney Homes
2011 Ed. (1119)
Wade Lagrone
2003 Ed. (2150)
Wade Shows
1997 Ed. (907)
1998 Ed. (646)
2000 Ed. (987)
2005 Ed. (2523)
Wade Shows; W. G.
1995 Ed. (910)
Wade Trim
2004 Ed. (2373)
2009 Ed. (1643)
Wadhams; Timothy
2011 Ed. (828)
Wadhwani; Romesh
2011 Ed. (4840)
Wading pools
1999 Ed. (4527)
Wadleigh, Starr, Peters, Dunn & Chiesa
1999 Ed. (3154)
Wadman Corp.
2008 Ed. (1344)
2009 Ed. (1342)
2010 Ed. (1322, 1325)
2011 Ed. (1300, 1305)
WADO-AM
1990 Ed. (2591, 2940)
1991 Ed. (2472, 2796)
1992 Ed. (3088)
1994 Ed. (2530, 2987)
1995 Ed. (2588, 3050)
1996 Ed. (2653, 3151)
1997 Ed. (2800, 3236)
Wadsworth Brothers Construction
2013 Ed. (1236)
Wadsworth & Co. (Holdings) Ltd.; Roger
1993 Ed. (969)
Wafabank
1989 Ed. (463, 629)
1990 Ed. (486)
1991 Ed. (435)
1992 Ed. (591)
1994 Ed. (417)
1995 Ed. (410)
1996 Ed. (437, 610)
1997 Ed. (564, 908, 909)

1999 Ed. (459, 594, 1040, 1041)
2000 Ed. (450, 616, 990, 991)
2002 Ed. (623, 944, 945)
2003 Ed. (588)
2004 Ed. (594)
2005 Ed. (583)
2006 Ed. (406, 502, 796)
Wafer Technology
2002 Ed. (1494)
Wafers, toast & bread sticks
1999 Ed. (1422)
Wafers/toast
2002 Ed. (1336)
Waffle House
2013 Ed. (4246, 4247, 4248, 4249,
4250, 4258)
2014 Ed. (4297, 4298, 4299, 4300,
4301)
2015 Ed. (4287, 4288, 4289, 4290,
4291, 4292)
2016 Ed. (4191, 4192, 4193, 4194,
4195, 4196)
Waffle House Inc.
1990 Ed. (3022)
1991 Ed. (2881)
1992 Ed. (3719)
1993 Ed. (3033)
1994 Ed. (3072, 3090)
1995 Ed. (3117, 3140)
1996 Ed. (3213, 3232)
1997 Ed. (3335)
1999 Ed. (4066, 4069, 4073)
2000 Ed. (3784)
2003 Ed. (4098, 4112, 4113, 4114,
4115, 4116, 4117)
2004 Ed. (4132)
2005 Ed. (4065, 4066, 4067, 4068,
4069)
2006 Ed. (4117)
2007 Ed. (4144)
2008 Ed. (4175, 4176)
2009 Ed. (4280)
2010 Ed. (4230, 4231, 4232, 4233,
4234, 4235)
2011 Ed. (4235, 4236, 4237, 4238)
2012 Ed. (2671, 4278, 4279, 4280,
4281, 4282)
Waffle irons
1996 Ed. (2192)
Waffles
2003 Ed. (2563)
Waffles, french toast, pancakes, frozen
1994 Ed. (3460)
Waffles/pancakes
1989 Ed. (1463)
Wag.com
2014 Ed. (2401)
Wage/pay increases
1991 Ed. (2025)
WageWorks
2014 Ed. (4433)
WageWorks Inc.
2007 Ed. (2357)
2008 Ed. (2480)
2009 Ed. (3018)
Wagg; J. Henry Schoder
1990 Ed. (2313)
Wagg; J. Henry Schroder
1991 Ed. (1594)
1992 Ed. (1484)
1993 Ed. (1173, 1174, 1198, 1668)
Wagg; Schroder
1989 Ed. (1349)
Waggener Edstrom
2000 Ed. (3628, 3630, 3638, 3671)
2001 Ed. (3930)
2002 Ed. (3812, 3823, 3832, 3851,
3874)
2003 Ed. (3990, 3996, 4006, 4017,
4020)
2004 Ed. (3989, 3996, 4000, 4003,
4011, 4028, 4029, 4030, 4033,
4035, 4036)
2005 Ed. (3955, 3960, 3962, 3964,
3973, 3974, 3977)
2012 Ed. (4132, 4140, 4144)
2013 Ed. (4125, 4136, 4147)
2014 Ed. (4152)
Waggener Edstrom Communications
2015 Ed. (4122, 4135, 4148)
2016 Ed. (4036, 4037, 4063)
Waggener Edstrom Worldwide
2010 Ed. (1911)
2011 Ed. (4103)
2012 Ed. (4133)
2014 Ed. (4140, 4141, 4164)
2015 Ed. (4123, 4145)
2016 Ed. (4059)
Waggin Train
2016 Ed. (3782, 3788)

Waggin' Train
2014 Ed. (3852)
Waggin' Train Jerky Tenders
2014 Ed. (3846)
Waggoner Edstrom
2004 Ed. (4002)
Waggoner Engineering Inc.
2008 Ed. (2519)
2009 Ed. (2532)
2010 Ed. (2448)
2011 Ed. (2457)
2012 Ed. (207)
The Waggoners Trucking
2002 Ed. (4689)
2005 Ed. (1891)
2006 Ed. (1913, 4797, 4809, 4846)
2007 Ed. (1895, 4814, 4843)
2008 Ed. (4741, 4770)
2009 Ed. (4802)
2010 Ed. (4819)
2011 Ed. (4738, 4778)
2012 Ed. (4791, 4800)
2013 Ed. (4752, 4762)
2014 Ed. (4802, 4813)
2015 Ed. (4837, 4848)
2016 Ed. (4752)
Wagler Homes
2003 Ed. (1155)
2004 Ed. (1160)
Wagman Cos.
2015 Ed. (1980)
2016 Ed. (1948)
Wagner, 1910; Honus
1991 Ed. (702)
Wagner Brake
1995 Ed. (335)
Wagner & Brown
1990 Ed. (3556)
Wagner Capital Management
1993 Ed. (2334, 2342)
Wagner; Glenn
1993 Ed. (1844)
Wagner Investment
1995 Ed. (2365)
Wagner Investment Management Inc.
2010 Ed. (3397)
Wagner; J. Peter
2005 Ed. (4817)
2006 Ed. (4879)
Wagner; Todd
2011 Ed. (4845)
Wagon Industrial Holdings PLC
1997 Ed. (2106)
1999 Ed. (2552)
2000 Ed. (2294)
Wagon Industrial Ltd.
2000 Ed. (2294)
2001 Ed. (2571)
Wagon-Lits
1992 Ed. (1482)
Wagon plc
2001 Ed. (2571)
2002 Ed. (2383)
Wagoner Jr.; G. Richard
2005 Ed. (984)
2006 Ed. (874)
Wagoner; Richard
2010 Ed. (2561)
Wagons-Lits
1991 Ed. (1258)
Wagons-Lits Hotel
1990 Ed. (2089)
Wagons-Lits Hotels
1990 Ed. (2090)
Wagons-lits Travel USA
1994 Ed. (3579)
Wagstaff Inc.
2016 Ed. (3450)
Wagstaff's House of Toyota
1990 Ed. (305)
1991 Ed. (270)
Wah Ha Realty Co. Ltd.
1990 Ed. (2046)
1994 Ed. (1321)
WAH Industries
1992 Ed. (1366)
Wah Kwong Shipping
1992 Ed. (2440)
Wah Lee Industrial Corp.
1992 Ed. (1703)
Wahaha
2012 Ed. (483)
Wahaha A.D Calcium Milk
2001 Ed. (24)
Wahda Bank
2013 Ed. (339)
Wahedna Ltd.
1997 Ed. (128)
Wahedna/D'Arcy
2002 Ed. (164)

2003 Ed. (132)
Wahedna/DMB & B
1999 Ed. (138)
2000 Ed. (155)
2001 Ed. (193)
Wahid Butt
1996 Ed. (1908)
Wahid Butt; Abdul
1997 Ed. (1999)
Wahl
1994 Ed. (1588)
1995 Ed. (1630)
1998 Ed. (1378)
1999 Ed. (1944)
2000 Ed. (1728)
2002 Ed. (2071)
Wahlberg; Mark
2013 Ed. (2597)
2015 Ed. (2599)
2016 Ed. (2524)
Wahlstrom & Co.
1989 Ed. (140)
1999 Ed. (52)
2000 Ed. (54)
2001 Ed. (241)
Wahlstrom Group
2003 Ed. (181)
2004 Ed. (135)
Wahner; James
1990 Ed. (2482)
Wahweap Lodge & Marina
1994 Ed. (1102)
Waianae Coast Comprehensive Health
Center
2011 Ed. (1673, 1677)
Waihee III; John D.
1992 Ed. (2345)
Waikato Tainui
2016 Ed. (3611)
Waikele Center
1996 Ed. (2878)
Waikiki, HI
1998 Ed. (736, 2003)
Wailea Golf LLC
2007 Ed. (1758)
2014 Ed. (1634)
Waill; David
1997 Ed. (1938)
Wainfleet - Alumina, Sociedade Unipes-
soal Lda
2012 Ed. (1861)
2013 Ed. (2020)
Wainoco Oil
1991 Ed. (3229)
Wainscott, NY
2010 Ed. (3137)
The Wait Disney Co.
1994 Ed. (212, 1215, 1669, 1671,
1887, 2098, 2100, 2413, 2561,
2562, 2698, 3228, 3441, 3503)
Wait Disney World's Magic Kingdom,
EPCOT Center, Disney-MGM Studios Theme Park
1994 Ed. (3361)
Waitaki International
1989 Ed. (2284)
1990 Ed. (3470)
1991 Ed. (1330)
Waiter
2008 Ed. (3810)
Waiters
2005 Ed. (3628, 3629, 3631)
2007 Ed. (3723, 3728, 3729)
2009 Ed. (3863, 3864)
2010 Ed. (3787)
Waiters & waitresses
1993 Ed. (2738)
Waiter/waitress
1989 Ed. (2077, 2085)
The Waiting Game
2015 Ed. (58)
Waiting to Exhale
1998 Ed. (3674)
2001 Ed. (3412)
Waitress
1993 Ed. (3727)
2008 Ed. (3810)
Waitresses
2005 Ed. (3628, 3629, 3631)
2007 Ed. (3723, 3728, 3729)
2009 Ed. (3863, 3864)
2010 Ed. (3787)
Waitrose
2008 Ed. (708, 720)
2009 Ed. (717, 730)
2010 Ed. (653)
2012 Ed. (563)
2013 Ed. (670)
2014 Ed. (695)
Waitrose (John Lewis Partnership)
1990 Ed. (3500)

Waitrose Supermarkets
2001 Ed. (2836)
Waitt; Ted
1995 Ed. (1717)
Waitt; Theodore
2006 Ed. (4910)
Waiver of permits
1992 Ed. (2909)
Waiward Steel Fabricators Ltd.
2009 Ed. (1476)
Wajax Corp.
1990 Ed. (3690)
2003 Ed. (3361)
2012 Ed. (4562)
2015 Ed. (4973)
Wajax Income Fund
2010 Ed. (4832)
2011 Ed. (4926)
Wakabayashi; Hideki
1996 Ed. (1873)
1997 Ed. (1981)
Wakatu Inc.
2016 Ed. (3611)
Wake County Economic Development
2004 Ed. (3302)
2005 Ed. (3320)
Wake County, NC
1995 Ed. (1512)
2008 Ed. (3473)
2009 Ed. (2389)
Wake County Public School System
1989 Ed. (2284)
Wake Forest Baptist Medical Center
2015 Ed. (3130)
2016 Ed. (1890, 1896)
Wake Forest University
1992 Ed. (1270)
1993 Ed. (1018)
1994 Ed. (1045)
1995 Ed. (1053)
1999 Ed. (3331)
2000 Ed. (3069)
2001 Ed. (3259)
2004 Ed. (821)
2005 Ed. (798)
2006 Ed. (705)
Wake Forest University, Babcock
Graduate School of Management
2007 Ed. (795)
Wake Forest University, Babcock
School of Business
2007 Ed. (826)
2009 Ed. (784)
2011 Ed. (643)
Wake Forest University Baptist Medical
Center
2010 Ed. (1886)
2011 Ed. (1918)
2012 Ed. (1779)
2013 Ed. (1951)
2014 Ed. (1887)
2015 Ed. (1933)
2016 Ed. (1890)
Wake Medical Center
1989 Ed. (2284)
1991 Ed. (2501)
1992 Ed. (3126)
1995 Ed. (2631)
1996 Ed. (2706)
1997 Ed. (2828)
Wake-up system
1994 Ed. (2101)
Wakefern
2014 Ed. (4594)
2015 Ed. (4591, 4604)
2016 Ed. (4526)
Wakefern Food Corp.
1990 Ed. (1041, 1957, 2676, 3492,
3495)
1991 Ed. (1862, 2578, 3251, 3253,
3255)
1992 Ed. (2351, 3547, 4165)
1993 Ed. (979, 1998, 3487, 3488,
3489, 3491, 3492)
1994 Ed. (1005, 1991, 1997, 1999,
2000, 2001, 2002, 2003, 3658)
1995 Ed. (1017, 1210, 2050, 2051,
2054, 2055, 2056, 2057, 2758)
1996 Ed. (998, 1177, 1178, 2046,
2047, 2050, 2051, 2052, 2053,
3822)
1997 Ed. (1015, 3876, 3877)
1998 Ed. (756, 1869, 1871, 1872,
1873, 1874, 1875, 2667, 3710)
1999 Ed. (1188, 3596, 4755)
2000 Ed. (1108, 2384, 2385, 2386,
2387, 2388, 2389, 2391, 3318)
2002 Ed. (1341, 1739)
2003 Ed. (1376, 1379, 1785)
2004 Ed. (1384, 1389, 1390, 4634)

2005 Ed. (1405, 1410, 1411, 4920)
2006 Ed. (1391, 1396, 1397, 4953)
2007 Ed. (1427, 1430, 4960)
2008 Ed. (1382, 2997)
2009 Ed. (1385, 4606, 4615)
2010 Ed. (1370)
2011 Ed. (1363)
2012 Ed. (1226, 1751, 1754)
2013 Ed. (1345, 1916, 1927)
2014 Ed. (1278, 1866, 4117)
2015 Ed. (1336, 1339, 1896)
2016 Ed. (1257, 1260, 1860, 1865,
2839, 4505)
Wakefern/Shop Rite
1991 Ed. (3260)
The Wakefield Corp.
2010 Ed. (1307)
Wakefield, MA
1990 Ed. (2159)
1991 Ed. (938, 2004)
1992 Ed. (2578)
Wakelight Technologies Inc.
2011 Ed. (1675)
2012 Ed. (1526)
2013 Ed. (1689)
2014 Ed. (1625)
Wakely Actuarial Services Inc.
2009 Ed. (19)
2015 Ed. (25)
2016 Ed. (21)
WakeMed Health & Hospitals
2010 Ed. (4781)
2014 Ed. (4759)
2016 Ed. (1897, 1900)
Wakenfern Food Corp.
1995 Ed. (2757)
Waking Ned Devine
2001 Ed. (3366)
Wako
1997 Ed. (775)
Wako Securities
1989 Ed. (817)
1990 Ed. (817)
Wal Beteiligungs GmbH
2005 Ed. (2587)
Wal-Mark Contracting Group
2008 Ed. (1277)
Wal-Mart
1989 Ed. (866, 867, 1244, 1249,
1250, 1251, 1252, 1253, 1254,
1256, 1257, 1258)
1990 Ed. (1510, 1511, 1512, 1513,
1514, 1515, 1516, 1517, 1519,
1520, 1522, 1523, 1524, 1525,
2116, 2121, 2122, 2132, 3028,
3029, 3031, 3044, 3045)
1991 Ed. (879, 1052, 1199, 1236,
1242, 1421, 1423, 1424, 1425,
1426, 1427, 1429, 1430, 1431,
1432, 1433, 1434, 1435, 1436,
1437, 1439, 1440, 1450, 1919,
1920, 1921, 1970, 1971, 2887,
2888, 2889, 2895, 3092, 3155,
3226, 3227, 3241)
1992 Ed. (1076, 1507, 1512, 1542,
1544, 1548, 1550, 1792, 1811,
1812, 1813, 1814, 1815, 1816,
1818, 1819, 1820, 1821, 1822,
1823, 1824, 1826, 1827, 1829,
1844, 1845, 2105, 2422, 2423,
2527, 2528, 2530, 2539, 3726,
3729, 3730, 3732, 3733, 3741,
3925, 3927, 4025, 4144, 4364)
1997 Ed. (1639)
1998 Ed. (1127, 2054)
1999 Ed. (1505, 1539, 4488)
2000 Ed. (1113, 1661, 1683, 1685,
1686, 1687, 1688, 2300, 2483,
2488, 2581, 3412, 3547, 3803,
3804, 3807, 3808, 3809, 3810,
3811, 3812, 3813, 3814, 3815,
4169, 4282, 4348)
2001 Ed. (4090)
2002 Ed. (4040)
2003 Ed. (4165)
2004 Ed. (4187)
2005 Ed. (4106, 4655)
2006 Ed. (2854, 4162)
2007 Ed. (692, 696, 4185, 4203)
2008 Ed. (656, 663, 2971, 4220,
4238)
2009 Ed. (666, 674, 4312, 4337)
2010 Ed. (151, 623, 640, 3371, 4289)
2011 Ed. (75)
2012 Ed. (77, 538, 4320)
2013 Ed. (70, 638, 640, 2460, 4308,
4313)
2014 Ed. (652, 654, 4351, 4352)
2015 Ed. (91, 714, 735, 4341, 4347,
4348, 4358, 4379)

2016 Ed. (86, 655, 670, 2964, 4246, 4253)
Wal-Mart Canada
2014 Ed. (1481, 4342)
2015 Ed. (1536)
Wal-Mart Canada Corp.
2005 Ed. (1714, 1715, 2471)
2006 Ed. (1591)
2009 Ed. (1553, 4126, 4319)
2010 Ed. (1464, 4058, 4316)
2011 Ed. (1465)
2013 Ed. (1495)
2014 Ed. (1463)
2016 Ed. (1459, 1460, 4215)
Wal-Mart (China) Investment
2013 Ed. (3127, 4279)
Wal-Mart de Mexico
2002 Ed. (1716, 1719, 1720, 1724, 1726)
2003 Ed. (1741, 1757, 1758, 4180)
2004 Ed. (1778)
2014 Ed. (1783, 2567)
2015 Ed. (4269)
Wal-Mart de Mexico, SA de CV
2004 Ed. (1795, 4207)
2005 Ed. (1843, 1844, 1865, 4137)
2006 Ed. (1849, 1851, 1877)
2007 Ed. (1853)
2008 Ed. (1886)
2009 Ed. (1844, 4336)
2010 Ed. (1820, 4354)
2011 Ed. (632, 734, 1797, 4303)
2012 Ed. (1656)
Wal-Mart de Mexico, S.A. de C.V. (Walmex)
2001 Ed. (1778)
Wal-Mart de Mexico, SAB de CV
2012 Ed. (4354)
2013 Ed. (3471, 4312)
2014 Ed. (4350)
2015 Ed. (4346)
Wal-Mart Discount Cities
1995 Ed. (1077)
The Wal-Mart Effect: How the World's Most Powerful Company Really Works—and How It's Transforming the American Economy
2008 Ed. (616)
The Wal-Mart Foundation Inc.
2001 Ed. (2516)
2002 Ed. (978)
2005 Ed. (2676)
2010 Ed. (2771)
2011 Ed. (2757)
2012 Ed. (2691)
Wal-Mart (including Sam's Club)
2000 Ed. (3806)
Wal-Mart Mexico
2009 Ed. (757)
Wal-Mart Neighborhood Market
2006 Ed. (4637, 4638)
2007 Ed. (4624, 4625)
2008 Ed. (4569, 4570)
2009 Ed. (4601, 4602)
2010 Ed. (4630, 4631)
Wal-Mart Puerto Rico Inc.
2015 Ed. (2003)
2016 Ed. (1970)
Wal-Mart Stores
2014 Ed. (2399)
2015 Ed. (1735)
2016 Ed. (83, 84)
Wal Mart Stores Inc.
2013 Ed. (4545)
Wal-Mart Stores Inc.
1989 Ed. (1245, 1248, 2320, 2322, 2327, 2465, 2813)
1990 Ed. (1162, 2811, 3324, 3451)
1992 Ed. (231)
1993 Ed. (148, 781, 863, 864, 866, 1243, 1244, 1247, 1248, 1249, 1250, 1253, 1254, 1255, 1266, 1270, 1493, 1494, 1495, 1496, 1497, 1498, 1520, 1741, 2111, 2175, 2424, 2716, 2720, 3040, 3041, 3042, 3048, 3050, 3215, 3219, 3224, 3227, 3228, 3230, 3245, 3267, 3368, 3377, 3458, 3464, 3471, 3649)
1994 Ed. (885, 886, 1009, 1065, 1246, 1247, 1248, 1249, 1255, 1284, 1285, 1286, 1290, 1292, 1293, 1297, 1303, 1309, 1313, 1388, 1389, 1399, 1538, 1540, 1541, 1542, 1543, 1544, 1545, 1546, 1565, 1567, 2132, 2135, 2137, 2148, 2668, 2749, 3093, 3095, 3096, 3098, 3101, 3102, 3108, 3112, 3220, 3226, 3227, 3228, 3230, 3239, 3257, 3260,

3261, 3438, 3441, 3448, 3449, 3452)
1995 Ed. (916, 1021, 1265, 1266, 1267, 1268, 1306, 1309, 1310, 1311, 1313, 1314, 1320, 1335, 1336, 1434, 1570, 1571, 1572, 1573, 1574, 1575, 1596, 1606, 1767, 1957, 1967, 2119, 2123, 2186, 2772, 3143, 3144, 3145, 3146, 3147, 3154, 3156, 3302, 3307, 3309, 3319, 3336, 3339, 3340, 3433, 3519, 3644)
1996 Ed. (893, 1000, 1090, 1248, 1250, 1265, 1266, 1267, 1276, 1279, 1282, 1287, 1288, 1289, 1292, 1555, 1557, 1558, 1559, 1560, 1565, 1584, 1586, 2203, 2837, 2838, 2839, 2842, 2843, 3235, 3236, 3237, 3238, 3239, 3240, 3241, 3245, 3247, 3251, 3253, 3410, 3415, 3498, 3591, 3593, 3725)
1997 Ed. (350, 921, 922, 924, 1296, 1307, 1310, 1312, 1324, 1327, 1351, 1355, 1449, 1594, 1622, 1623, 1624, 1625, 1626, 1627, 1628, 1629, 1630, 1631, 1632, 1633, 1636, 1642, 1665, 1668, 1811, 1824, 2241, 2318, 2321, 2332, 2937, 2938, 3341, 3342, 3343, 3344, 3345, 3348, 3354, 3637, 3780)
1998 Ed. (652, 663, 664, 665, 667, 668, 772, 1080, 1083, 1087, 1088, 1112, 1116, 1169, 1263, 1293, 1294, 1295, 1296, 1297, 1298, 1302, 1304, 1305, 1306, 1307, 1308, 1309, 1310, 1311, 1312, 1314, 1359, 1360, 1703, 1964, 2314, 2315, 2675, 2676, 3078, 3079, 3082, 3083, 3089, 3090, 3094, 3095, 3096, 3602, 3606)
1999 Ed. (1200, 1517, 1538, 1541, 1546, 1548, 1549, 1564, 1660, 1670, 1835, 1868, 1869, 1870, 1871, 1872, 1876, 1879, 1880, 1882, 1922, 1928, 2703, 4091, 4092, 4093, 4094, 4095, 4096, 4097, 4098, 4099, 4103, 4105, 4112, 4524, 4618, 4636, 4694)
2000 Ed. (1118, 1339, 1344, 1349, 1377, 1380, 1381, 1382, 1385, 1470, 1477, 1481, 1684, 1689, 1690, 3325, 3816, 3818, 3823, 4092, 4171)
2001 Ed. (532, 1260, 1574, 1583, 1584, 1585, 1589, 1590, 1591, 1592, 1593, 1594, 1596, 1598, 1599, 1604, 1612, 1613, 1685, 1741, 1744, 1747, 1748, 1749, 2027, 2028, 2030, 2031, 2032, 2033, 2086, 2087, 2124, 2174, 2741, 2745, 2746, 2747, 2748, 2749, 4091, 4092, 4093, 4094, 4095, 4097, 4098, 4103, 4104, 4105, 4107, 4108, 4116, 4423)
2002 Ed. (751, 868, 980, 1039, 1422, 1464, 1520, 1533, 1534, 1535, 1536, 1538, 1539, 1541, 1542, 1543, 1545, 1546, 1554, 1555, 1557, 1560, 1572, 1577, 1621, 1673, 1677, 1678, 1681, 1686, 1687, 1691, 1987, 1988, 2004, 2055, 2286, 2581, 2583, 2586, 2696, 2704, 2706, 3916, 4037, 4039, 4041, 4042, 4043, 4045, 4051, 4054, 4059, 4060, 4061, 4534, 4535, 4542, 4714, 4747, 4750)
2003 Ed. (897, 898, 1012, 1016, 1440, 1485, 1524, 1525, 1529, 1544, 1545, 1562, 1563, 1564, 1567, 1568, 1570, 1571, 1572, 1573, 1574, 1575, 1580, 1585, 1587, 1591, 1603, 1610, 1611, 1612, 1647, 1658, 1709, 1711, 1713, 1715, 1716, 1718, 1720, 2068, 2069, 2070, 2071, 2072, 2074, 2075, 2428, 2495, 2767, 2780, 2784, 2866, 2870, 2873, 3640, 4145, 4146, 4149, 4163, 4164, 4166, 4167, 4168, 4169, 4170, 4171, 4172, 4173, 4177, 4178, 4179, 4183, 4184, 4185, 4186, 4187, 4188, 4559, 4563, 4567, 4629, 4630, 4647, 4653, 4663, 4671, 4824, 4873)
2004 Ed. (915, 916, 917, 1466, 1515, 1569, 1576, 1592, 1593, 1594, 1595, 1597, 1598, 1599, 1600, 1601, 1602, 1605, 1606, 1611,

1613, 1626, 1627, 1628, 1677, 1750, 1751, 1752, 1753, 1755, 1757, 2103, 2104, 2105, 2106, 2119, 2123, 2134, 2140, 2141, 2142, 2143, 2162, 2562, 2631, 2668, 2712, 2764, 2857, 2877, 2882, 2885, 2886, 2888, 2889, 2893, 2894, 2895, 2954, 2955, 2962, 3258, 3679, 3920, 4157, 4158, 4161, 4163, 4179, 4180, 4198, 4204, 4205, 4206, 4213, 4214, 4554, 4557, 4564, 4582, 4629, 4643, 4651, 4764, 4824, 4843)
2005 Ed. (906, 907, 908, 925, 1027, 1482, 1531, 1569, 1578, 1617, 1618, 1619, 1620, 1621, 1622, 1623, 1624, 1627, 1628, 1629, 1630, 1633, 1636, 1638, 1652, 1653, 1654, 1735, 1800, 1812, 1813, 1814, 1816, 1817, 1818, 1819, 1820, 1821, 1822, 1824, 1825, 1877, 1913, 1976, 2207, 2208, 2209, 2224, 2228, 2237, 2238, 2243, 2357, 2358, 2375, 2390, 2619, 2704, 2864, 2875, 2876, 2880, 2954, 2957, 2969, 3182, 3244, 3290, 3332, 3596, 3655, 3925, 3929, 3932, 4093, 4094, 4099, 4100, 4101, 4104, 4107, 4114, 4115, 4116, 4119, 4120, 4124, 4126, 4132, 4133, 4134, 4135, 4138, 4140, 4141, 4501, 4504, 4546, 4550, 4553, 4557, 4567, 4589, 4807)
2006 Ed. (161, 821, 822, 823, 824, 825, 826, 835, 1142, 1449, 1457, 1465, 1466, 1470, 1482, 1500, 1503, 1504, 1505, 1506, 1507, 1508, 1509, 1510, 1511, 1515, 1516, 1518, 1519, 1525, 1527, 1531, 1532, 1547, 1548, 1549, 1646, 1651, 1784, 1800, 1801, 1803, 1804, 1805, 1807, 1808, 1809, 1898, 1942, 2045, 2269, 2270, 2271, 2272, 2287, 2288, 2293, 2299, 2300, 2403, 2422, 2431, 2615, 2851, 2852, 2871, 2881, 2882, 2883, 2887, 2890, 2949, 2952, 2964, 3282, 3318, 3320, 3491, 3698, 3702, 3951, 3954, 3958, 3962, 3999, 4003, 4006, 4026, 4145, 4146, 4151, 4152, 4153, 4160, 4166, 4167, 4170, 4177, 4178, 4179, 4180, 4181, 4183, 4187, 4447, 4448, 4607, 4625, 4629, 4632, 4634, 4635, 4643, 4647, 4654, 4870, 4886)
2007 Ed. (153, 339, 909, 910, 911, 913, 916, 1126, 1497, 1532, 1533, 1534, 1535, 1536, 1537, 1538, 1539, 1540, 1543, 1544, 1545, 1547, 1555, 1557, 1561, 1577, 1578, 1579, 1653, 1807, 1808, 1810, 1811, 1812, 1816, 1817, 1890, 2015, 2205, 2206, 2207, 2208, 2217, 2221, 2226, 2354, 2366, 2376, 2591, 2760, 2842, 2846, 2863, 2875, 2876, 2880, 2967, 2969, 2981, 2983, 3241, 3350, 3382, 3524, 3697, 3698, 3740, 4034, 4040, 4168, 4169, 4172, 4173, 4177, 4180, 4181, 4182, 4187, 4191, 4199, 4200, 4201, 4202, 4206, 4504, 4506, 4588, 4596, 4617, 4623, 4645, 4675, 4788, 4870, 4878)
2008 Ed. (325, 890, 891, 892, 894, 896, 1008, 1161, 1448, 1451, 1491, 1516, 1517, 1518, 1519, 1520, 1521, 1522, 1523, 1524, 1528, 1536, 1538, 1542, 1560, 1561, 1562, 1687, 1846, 1849, 1850, 1922, 1945, 2112, 2342, 2343, 2344, 2345, 2357, 2361, 2366, 2486, 2493, 2728, 2877, 2970, 2982, 2991, 2995, 2996, 3000, 3090, 3093, 3102, 3103, 3369, 3446, 3612, 3681, 3682, 3688, 3822, 4062, 4075, 4171, 4209, 4210, 4213, 4214, 4223, 4224, 4225, 4228, 4234, 4235, 4236, 4483, 4485, 4564, 4568, 4585, 4706, 4797, 4813)
2009 Ed. (151, 154, 347, 899, 900, 901, 903, 907, 992, 1195, 1447, 1448, 1449, 1450, 1451, 1452, 1453, 1454, 1457, 1459, 1464, 1466, 1470, 1482, 1486, 1487,

1488, 1489, 1675, 1755, 1795, 1798, 1799, 1880, 1905, 2087, 2096, 2152, 2331, 2332, 2333, 2334, 2491, 2500, 2783, 2857, 2941, 3049, 3064, 3080, 3082, 3084, 3179, 3184, 3185, 3197, 3198, 3522, 3602, 3679, 3750, 3751, 3871, 4176, 4181, 4188, 4277, 4304, 4305, 4308, 4309, 4310, 4313, 4314, 4322, 4330, 4332, 4335, 4336, 4340, 4516, 4594, 4598, 4599, 4600, 4605, 4606, 4611, 4612, 4613, 4614, 4615, 4616, 4617, 4618, 4619, 4620, 4621, 4622, 4630, 4745, 4747, 4750, 4751, 4822)
2010 Ed. (32, 153, 847, 848, 849, 851, 1149, 1199, 1429, 1430, 1431, 1433, 1434, 1435, 1436, 1437, 1441, 1442, 1443, 1444, 1446, 1449, 1451, 1455, 1472, 1477, 1478, 1479, 1480, 1571, 1702, 1735, 1736, 1737, 1739, 1740, 1741, 1743, 1744, 1746, 1747, 1812, 2038, 2092, 2259, 2260, 2261, 2262, 2403, 2415, 2716, 2989, 2997, 3012, 3016, 3110, 3116, 3122, 3124, 3451, 3686, 3687, 3688, 4111, 4116, 4123, 4142, 4282, 4283, 4286, 4287, 4290, 4291, 4292, 4314, 4346, 4348, 4350, 4352, 4354, 4361, 4554, 4587, 4604, 4628, 4635, 4636, 4637, 4638, 4643, 4644, 4645, 4646, 4647, 4658, 4754, 4755, 4756, 4759)
2011 Ed. (66, 69, 77, 771, 772, 773, 774, 1092, 1431, 1432, 1433, 1434, 1435, 1436, 1437, 1438, 1442, 1443, 1444, 1446, 1451, 1453, 1457, 1470, 1474, 1475, 1476, 1477, 1713, 1730, 1749, 1750, 1753, 1754, 1755, 1757, 1759, 1840, 1858, 2095, 2266, 2267, 2268, 2269, 2403, 2418, 2701, 2761, 2783, 2855, 2965, 2981, 2985, 3080, 3083, 3091, 3452, 3601, 3673, 3682, 3684, 4079, 4084, 4088, 4142, 4229, 4274, 4275, 4278, 4279, 4281, 4282, 4283, 4288, 4297, 4298, 4299, 4301, 4303, 4511, 4584, 4596, 4605, 4712)
2012 Ed. (31, 40, 71, 79, 664, 710, 712, 713, 714, 715, 716, 717, 1241, 1268, 1269, 1270, 1271, 1272, 1273, 1277, 1278, 1284, 1286, 1290, 1310, 1315, 1316, 1317, 1318, 1319, 1378, 1579, 1601, 1603, 1604, 1607, 1698, 1713, 1920, 1997, 2104, 2125, 2133, 2134, 2135, 2136, 2137, 2340, 2463, 2786, 2896, 2911, 3045, 3102, 3694, 3702, 3782, 3783, 4110, 4115, 4122, 4309, 4310, 4313, 4314, 4315, 4316, 4317, 4319, 4322, 4330, 4334, 4350, 4351, 4352, 4354, 4517, 4594, 4676)
2013 Ed. (35, 915, 917, 919, 920, 921, 922, 1369, 1370, 1371, 1372, 1373, 1375, 1376, 1377, 1378, 1382, 1383, 1384, 1385, 1392, 1394, 1409, 1416, 1417, 1418, 1419, 1472, 1473, 1474, 1714, 1727, 1735, 1758, 1759, 1760, 1827, 1870, 2030, 2051, 2147, 2163, 2164, 2292, 2319, 2340, 2341, 2342, 2361, 2367, 2481, 2515, 2981, 2984, 2998, 3183, 3745, 3764, 3849, 3850, 4106, 4111, 4115, 4161, 4280, 4281, 4299, 4302, 4304, 4305, 4309, 4310, 4312, 4315, 4345, 4348, 4530, 4559, 4793)
2014 Ed. (827, 862, 863, 864, 865, 866, 867, 1312, 1313, 1314, 1315, 1316, 1318, 1319, 1320, 1323, 1325, 1330, 1332, 1359, 1374, 1375, 1376, 1377, 1383, 1538, 1661, 1689, 1690, 1691, 1692, 1693, 1756, 1802, 1982, 2080, 2270, 2271, 2272, 2303, 2433, 2443, 2446, 2550, 2567, 2829, 2992, 3005, 3137, 3429, 3679, 3775, 3776, 4113, 4122, 4127, 4179, 4322, 4335, 4336, 4340, 4343, 4345, 4346, 4348, 4349, 4350, 4354, 4359, 4363, 4397, 4499, 4500, 4588, 4603)
2015 Ed. (87, 867, 902, 903, 1088,

1376, 1377, 1378, 1379, 1380,
1381, 1382, 1383, 1388, 1393,
1395, 1434, 1440, 1442, 1443,
1444, 1489, 1496, 1590, 1736,
1742, 2134, 2354, 2355, 2356,
2376, 2386, 2473, 2484, 2505,
2515, 2518, 2651, 3064, 3074,
3078, 3697, 3795, 3796, 4092,
4093, 4106, 4111, 4114, 4160,
4327, 4328, 4333, 4337, 4339,
4343, 4344, 4346, 4361, 4363,
4368, 4372, 4375, 4376, 4380,
4385, 4430, 4499, 4500, 4586,
4599)
2016 Ed. (755, 1119, 1303, 1304,
1305, 1306, 1307, 1308, 1309,
1310, 1311, 1312, 1314, 1317,
1318, 1323, 1325, 1355, 1362,
1365, 1366, 1367, 1368, 1420,
1430, 1517, 1665, 1683, 1686,
1687, 1688, 1694, 1852, 1892,
1893, 1894, 1896, 2027, 2041,
2048, 2051, 2113, 2125, 2126,
2143, 2299, 2300, 2332, 2408,
2438, 2448, 2452, 2570, 2802,
2954, 2965, 2967, 2968, 3024,
3708, 3709, 4018, 4024, 4074,
4223, 4224, 4231, 4236, 4239,
4240, 4241, 4242, 4243, 4249,
4252, 4254, 4281, 4323, 4323,
4431, 4432, 4435, 4505, 4522)
Wal-Mart Stores Inc. (Fayetteville, NC)
1996 Ed. (1743)
Wal-Mart Stores Inc. (Hope Mills, NC)
1996 Ed. (1743)
Wal-Mart Stores Inc. (Raymond, NH)
1996 Ed. (1743)
Wal-Mart Stores Inc. (Statesboro, GA)
1996 Ed. (1743)
Wal-Mart Stores (U.K.) Ltd.
2012 Ed. (4342)
2013 Ed. (4292)
Wal-Mart Supercenter
1992 Ed. (1825)
1994 Ed. (2154)
1995 Ed. (2196)
2000 Ed. (2595)
2001 Ed. (4403)
2007 Ed. (4621, 4630, 4637)
Wal-Mart Supercenters
1996 Ed. (2214)
1997 Ed. (1627, 1629, 2343, 3672, 3677)
1998 Ed. (1302, 2065, 3450)
1999 Ed. (1876, 2820, 4518, 4519)
2000 Ed. (372, 4166)
2003 Ed. (4650, 4656)
2004 Ed. (4609, 4610, 4626, 4634)
2005 Ed. (4544, 4545, 4556)
2006 Ed. (4624)
2007 Ed. (4618)
2008 Ed. (4559, 4565)
2009 Ed. (4595)
Wal-Mart Supercenters/Hypermart
1998 Ed. (3449)
Wal-Mart Tire & Lube Express
2006 Ed. (352)
Wal-Mart.com
2009 Ed. (2442)
2010 Ed. (2364)
2011 Ed. (2360)
2012 Ed. (2284)
2013 Ed. (2462)
2015 Ed. (2466)
2016 Ed. (2411)
Walboro Automotive
1997 Ed. (2804)
Walbridge
2012 Ed. (1057)
2014 Ed. (1112)
2015 Ed. (1224)
Walbridge Aldinger
1989 Ed. (926)
1990 Ed. (1211)
1991 Ed. (1099, 3121)
1992 Ed. (1189, 1435)
1993 Ed. (963, 1085, 1150)
1994 Ed. (989, 1157)
1995 Ed. (1176)
1996 Ed. (1131, 1150)
1997 Ed. (1160, 1179)
1998 Ed. (959, 961)
1999 Ed. (1332, 1380, 1385)
2000 Ed. (1200, 1274, 4026, 4027)
2001 Ed. (1465, 1485)
2002 Ed. (1213, 1236, 1259, 1303)
2003 Ed. (1249, 1269, 1297)
2004 Ed. (1252, 1272, 1300)
2005 Ed. (1302)
2006 Ed. (1271, 1315)

2008 Ed. (1240)
2009 Ed. (2680)
2011 Ed. (1241)
2013 Ed. (2651)
Walbridge Contracting Inc.
1996 Ed. (3428, 3429)
1997 Ed. (3515, 3516)
1998 Ed. (904)
Walbro Corp.
1989 Ed. (333)
1990 Ed. (394, 395, 396)
1991 Ed. (342, 345, 346)
1992 Ed. (475, 478, 479)
Walbro Engine Management
2004 Ed. (1623)
Walburg State Bank
1996 Ed. (540)
Walcott Jr.; Roger B.
2010 Ed. (2570)
Waldbaum's
1990 Ed. (2489)
1991 Ed. (2358)
1992 Ed. (2939)
1993 Ed. (2471)
2004 Ed. (4644)
Waldbillig & Besteman
1990 Ed. (3079)
Waldemar S. Nelson & Co.
2008 Ed. (2518, 2526)
2009 Ed. (2531, 2538)
Walden; Baroness Howard de
2009 Ed. (4918)
2010 Ed. (4922)
2012 Ed. (4922)
2013 Ed. (4902)
Walden Energy LLC
2007 Ed. (3590, 3591, 4441)
2008 Ed. (3727, 4978)
Walden Group of Venture Capital Funds
1999 Ed. (1967, 4704)
Walden Residential Properties Inc.
1999 Ed. (3998)
Walden Rhines
2006 Ed. (2523)
Walden Social Balanced
2006 Ed. (4399)
Walden Social Balanced Fund
2007 Ed. (4466)
Walden Social Equity
2006 Ed. (4403)
Walden University
2009 Ed. (799, 1063, 1064, 1065, 2586)
2010 Ed. (738, 1031, 1032, 1033)
2011 Ed. (650, 691, 962, 963, 964)
2012 Ed. (633)
2013 Ed. (753)
2014 Ed. (772)
2015 Ed. (814)
Waldenbooks
1992 Ed. (1077)
1993 Ed. (867)
1994 Ed. (733)
1999 Ed. (1856)
Waldinger Corp.
1994 Ed. (1149)
2012 Ed. (1117, 1175)
2013 Ed. (1250, 1256)
2014 Ed. (1190)
2015 Ed. (1248)
2016 Ed. (1153, 1159)
Waldman; Michael
1993 Ed. (1843)
Waldman; Robert
1997 Ed. (1933)
Waldner Co.; D.
1991 Ed. (2638)
Waldner Financial
1994 Ed. (1070)
Waldoch Crafts Inc.
1992 Ed. (4371)
1995 Ed. (3686)
Waldorf-Astoria Hotel
1993 Ed. (2089)
1995 Ed. (2157)
1996 Ed. (2170)
1999 Ed. (2798)
Waldorf Corp.
1992 Ed. (3328)
1999 Ed. (3686)
Waldorf Towers
1990 Ed. (2071)
Waldron; John
2009 Ed. (3440)
Waldrop Heating & Air Conditioning Inc.
2008 Ed. (1325)
Waldrop Mechanical Services
2009 Ed. (1308)
2010 Ed. (1302)
2011 Ed. (1266)

Walgreen
1989 Ed. (1263, 1264, 2974)
1990 Ed. (1549, 1550, 1555, 1556, 1557, 1563)
1991 Ed. (1425, 1426, 1450, 1459, 1460, 1462, 1463, 1467)
1997 Ed. (2026)
1998 Ed. (1296, 1297, 1359, 1360, 1361, 1362, 1363, 1364, 1365, 1366, 1711, 2054)
1999 Ed. (1414, 1870, 1921, 1922, 1924, 1925, 1926, 1927, 1928, 1929, 1930, 1931, 2462)
2000 Ed. (950, 1690, 1702, 1714, 1716, 1717, 1718, 1719, 1720, 2219, 2266, 2420)
2001 Ed. (2081, 2082, 2086, 2087, 2090, 2091, 2092, 2093, 2747, 4093, 4095, 4096, 4404)
2002 Ed. (1613, 1667, 2030, 2031, 2032, 2033, 2034, 2035, 2037, 2041, 2042, 2706, 4042, 4043, 4524, 4526, 4532)
2003 Ed. (897, 898, 1528, 1532, 1535, 1695, 1696, 2095, 2096, 2097, 2098, 2099, 2100, 2101, 2104, 2105, 2782, 2784, 2873, 4147, 4148, 4183, 4185, 4563, 4640, 4648)
2004 Ed. (916, 1731, 1732, 2130, 2131, 2132, 2134, 2135, 2136, 2137, 2138, 2140, 2141, 2142, 2143, 2144, 2145, 2146, 2877, 2886, 2891, 4159, 4160, 4197, 4613, 4620, 4621, 4622, 4624, 4641)
2005 Ed. (907, 1579, 1597, 1732, 1791, 1792, 1803, 1806, 1807, 1810, 2235, 2236, 2237, 2238, 2239, 2240, 2241, 2243, 4095, 4096, 4502, 4546, 4549, 4550, 4552, 4553, 4566)
2006 Ed. (79, 822, 823, 825, 826, 1639, 1762, 1763, 1783, 1786, 1787, 1788, 1790, 2299, 2300, 2301, 2302, 2303, 2304, 2305, 2306, 2307, 2885, 4147, 4148, 4151, 4152, 4166, 4177, 4625, 4628, 4629, 4631, 4632, 4641, 4642)
2007 Ed. (909, 910, 911, 913, 1161, 1654, 1769, 1770, 1790, 1791, 1793, 1794, 1795, 1796, 1797, 1815, 2232, 2233, 2234, 2235, 2236, 2237, 2238, 2239, 2878, 2909, 2981, 4170, 4171, 4173, 4187, 4197, 4199, 4202, 4553, 4554, 4570, 4613, 4614, 4615, 4616, 4627, 4633, 4635)
2008 Ed. (75, 890, 891, 892, 894, 1054, 1491, 1663, 1799, 1800, 1829, 1922, 2374, 2375, 2376, 2377, 2998, 3032, 3102, 4211, 4212, 4214, 4221, 4223, 4233, 4234, 4526, 4562, 4573, 4575)
2009 Ed. (84, 899, 900, 901, 903, 1027, 1028, 1195, 1585, 1744, 1745, 1746, 2347, 2348, 2349, 2350, 2351, 2352, 2939, 3082, 3118, 3197, 4306, 4307, 4308, 4313, 4340, 4550, 4557, 4592, 4593, 4607, 4609, 4610, 4745, 4746, 4747, 4748)
2010 Ed. (92, 847, 848, 849, 851, 994, 995, 1199, 1572, 1689, 1691, 1812, 2272, 2273, 2274, 2275, 2276, 2277, 2278, 2279, 3014, 3124, 4268, 4284, 4285, 4286, 4292, 4350, 4361, 4582, 4626, 4639, 4641, 4642, 4754, 4755, 4756, 4757)
2011 Ed. (771, 772, 773, 774, 1571, 1702, 1703, 1704, 1840, 2277, 2278, 2279, 2280, 2281, 2282, 2283, 2855, 3091, 4276, 4277, 4283, 4299, 4545, 4582, 4583, 4591, 4593, 4595)
2012 Ed. (708, 712, 713, 714, 715, 716, 717, 1413, 1555, 1557, 1558, 1559, 2168, 2169, 2170, 2171, 2172, 2173, 2174, 2175, 2176, 2177, 3102, 4311, 4312, 4317, 4319, 4351, 4555, 4586, 4589, 4590, 4601, 4603)
2013 Ed. (4536)
2014 Ed. (2391, 4594)
2015 Ed. (740, 4352)
Walgreen Boots Alliance
2016 Ed. (2334, 4529)
Walgreen Co.
2013 Ed. (917, 918, 919, 920, 921,

922, 1705, 1707, 1710, 1713, 1714, 2367, 2369, 2370, 2371, 2372, 2373, 2374, 2375, 3183, 4288, 4289, 4305, 4309, 4345, 4348, 4544, 4549, 4554, 4556)
2014 Ed. (862, 863, 864, 865, 866, 867, 1653, 1654, 1657, 1660, 2302, 2303, 2304, 2305, 2306, 2307, 2400, 2437, 4337, 4338, 4348, 4397, 4499, 4500, 4602, 4606, 4611, 4612)
2015 Ed. (87, 902, 903, 1696, 1698, 1701, 1704, 2385, 2386, 2387, 2388, 2389, 2390, 2509, 3254, 4092, 4329, 4330, 4339, 4343, 4375, 4376, 4500, 4598, 4603, 4607, 4609)
2016 Ed. (1119, 1651, 2332, 2333, 2442, 4225, 4226, 4240, 4241, 4242, 4243, 4283, 4432, 4434, 4521, 4530)
Walgreen Corp.
2015 Ed. (4093)
Walgreen Eastern Co., Inc.
2004 Ed. (4159, 4160)
2005 Ed. (4095, 4096)
2006 Ed. (4147, 4148)
2007 Ed. (4170)
Walgreen Eastern Co. Inc. New York
2011 Ed. (1702, 4277)
Walgreens
1989 Ed. (1266, 1267, 1268)
1990 Ed. (3028, 3029)
1992 Ed. (1135, 1136, 1815, 1844, 1845, 1852, 1853, 1854, 1855, 1856, 1857, 1859, 1860, 3733, 3739)
1993 Ed. (1495, 1496, 1519, 1520, 1527, 1528)
1994 Ed. (1542, 1543, 1564, 1565, 1567, 1569, 1570, 1571)
1995 Ed. (1572, 1573, 1596, 1606, 1611, 1612, 1613, 1614, 1616)
1996 Ed. (1559, 1560, 1584, 1585, 1586, 1589, 1590, 1591, 1592, 1929)
1997 Ed. (1625, 1626, 1665, 1668, 1672, 1673, 1676, 1677, 1678)
1998 Ed. (663)
2000 Ed. (1686, 1687, 1721, 1722, 3412, 3547, 3809)
2010 Ed. (623)
2012 Ed. (538)
2013 Ed. (638, 4308, 4313)
2014 Ed. (652, 4351)
2015 Ed. (4341, 4347)
2016 Ed. (4246, 4253)
Walgreens Boots Alliance Inc.
2016 Ed. (1647, 1648, 1654, 2331, 4525)
Walgreens Co.
2014 Ed. (4345)
2016 Ed. (2856, 4683)
Walgreens Health Initiatives
2003 Ed. (2786)
2004 Ed. (2897)
Walgreens Mobile
2012 Ed. (2291)
Walgreens.com
2007 Ed. (2316)
2010 Ed. (3370)
2012 Ed. (2289)
Walid Al Ibrahim
2013 Ed. (3486, 3652)
Walid Alomar & Associates LLC
2002 Ed. (1450)
2003 Ed. (1470)
2004 Ed. (1500)
2005 Ed. (1516)
Walk the Line
2008 Ed. (2386, 2387)
Walker
1997 Ed. (2669, 2672)
2011 Ed. (1128, 1130, 1133)
2016 Ed. (3615)
Walker Art Center
2006 Ed. (3718)
Walker & Associates Inc.
2006 Ed. (3531, 4370)
2007 Ed. (3585, 3586, 4438)
Walker; B. B.
1990 Ed. (1067)
Walker Breweries Ltd.; Brent
1994 Ed. (1356)
Walker Builders
1997 Ed. (833)
Walker Cancer Research Institute
1996 Ed. (918)
Walker; Clay
1996 Ed. (1094)

1997 Ed. (1113)
Walker College of Business; Appalachian State University
2010 Ed. (733)
Walker & Co. Brands
2016 Ed. (4251)
Walker Co. Inc.; J. F.
1993 Ed. (1154, 1155)
1994 Ed. (1177)
1995 Ed. (1195, 1200)
1997 Ed. (1200)
Walker Diving Underwater Construction LLC
2016 Ed. (4776)
Walker; Don
2007 Ed. (1030)
2009 Ed. (951)
Walker; Donald
2008 Ed. (2637)
2010 Ed. (903)
2012 Ed. (802, 803)
Walker; Donald J.
2008 Ed. (3997)
2009 Ed. (4071)
2010 Ed. (3990)
2011 Ed. (3995)
2012 Ed. (3988)
2013 Ed. (4051)
2014 Ed. (3990)
2016 Ed. (3950)
Walker Drug
1998 Ed. (1331, 1332)
1999 Ed. (1896)
Walker & Dunlop
2012 Ed. (4209)
2016 Ed. (2644)
Walker Engineering Inc.
2010 Ed. (1251)
2011 Ed. (1270)
2012 Ed. (1174)
2014 Ed. (1198)
2015 Ed. (1256)
Walker family
2005 Ed. (4892)
2007 Ed. (4928)
2008 Ed. (4904)
Walker Family Auto Group
2006 Ed. (183)
2008 Ed. (166)
Walker Financial Partners LLC
2013 Ed. (1450)
Walker Furniture
1999 Ed. (2562)
2000 Ed. (2305)
2014 Ed. (2819)
Walker George Films
2010 Ed. (2634, 4714)
Walker Group
1993 Ed. (2996)
1999 Ed. (287)
Walker; Ira
2010 Ed. (3382)
2011 Ed. (3331)
Walker; Jacquie
2009 Ed. (1187)
Walker; James
1996 Ed. (1856)
Walker; Jim
1996 Ed. (1852)
1997 Ed. (1958)
Walker; L.A.
2015 Ed. (2638)
2016 Ed. (4928)
Walker Media
2008 Ed. (130)
2009 Ed. (144)
2010 Ed. (140)
2011 Ed. (63)
2013 Ed. (3663)
2014 Ed. (3599)
Walker Methodist Residence & Health Services
1990 Ed. (2724)
Walker Parking Consultants
1989 Ed. (269)
Walker; PHH
1990 Ed. (2287)
Walker; R. A.
2015 Ed. (969)
Walker Sands Communications
2015 Ed. (4128)
Walker & Sons; Hiram
1996 Ed. (2498)
1997 Ed. (2141, 2640)
Walker & Sons (Holdings) Ltd.; C.
1991 Ed. (961)
Walkergroup/CNI
1997 Ed. (262)
Walkers
2001 Ed. (1011)

2002 Ed. (767, 4301)
2008 Ed. (721, 723)
2009 Ed. (731, 733)
2010 Ed. (654, 656)
2011 Ed. (582)
Walkers Baked
2010 Ed. (654)
Walkers Crisps
1991 Ed. (1743)
1992 Ed. (925, 2192, 4006)
1993 Ed. (1879)
1994 Ed. (748, 2004, 3349)
1996 Ed. (776, 3468)
1999 Ed. (174, 783, 789)
Walkers Doritos
2010 Ed. (654)
Walkers Potato Crisps
1999 Ed. (4347)
Walkers Potato Heads
2008 Ed. (721)
Walkers Quavers
2010 Ed. (654)
Walkers Sensations
2008 Ed. (721)
2009 Ed. (731)
2010 Ed. (654)
Walkers Shortbread Ltd.
2008 Ed. (2747)
Walking
1992 Ed. (4048)
1993 Ed. (2793)
1994 Ed. (2786)
2001 Ed. (4343)
The Walking Magazine
1995 Ed. (2881)
Walking shoes
1993 Ed. (257)
1994 Ed. (245)
2001 Ed. (426)
Wall
2000 Ed. (3403)
Wall Data
1995 Ed. (2059, 2062, 3380, 3382)
1996 Ed. (1290)
WALL-E
2010 Ed. (2291)
Wall, Einhorn & Chernitzer PC
2010 Ed. (2)
2011 Ed. (2)
2012 Ed. (2)
Wall Financial Corp.
2006 Ed. (1608)
2010 Ed. (1155, 4160)
2012 Ed. (1015, 4193)
2015 Ed. (1167, 4180)
Wall Machinery Inc.
2004 Ed. (1875)
Wall Printing Co.
2010 Ed. (4012)
Wall Street
1991 Ed. (2567)
Wall Street Access
2003 Ed. (768)
2006 Ed. (2267)
Wall Street Associates
1990 Ed. (2346)
1992 Ed. (2770)
1994 Ed. (2308)
A Wall Street Century
2002 Ed. (4854)
Wall Street City
2002 Ed. (4792, 4836, 4853)
Wall Street City ProSearch
2002 Ed. (4852)
Wall Street Deli
1997 Ed. (3311, 3312, 3332)
Wall Street Electronica
1999 Ed. (862, 3002)
2003 Ed. (768)
Wall Street Electronics
2006 Ed. (662)
Wall Street Equity Brokers Inc.
1999 Ed. (4006, 4306)
Wall Street Financial Group
2008 Ed. (2718)
2009 Ed. (2771)
Wall Street Fund
2004 Ed. (3538, 3597)
2006 Ed. (3614)
Wall Street Generalist
1992 Ed. (2802)
The Wall Street Journal
1989 Ed. (2180)
1992 Ed. (3237, 3238)
1993 Ed. (2724)
1995 Ed. (2892)
1996 Ed. (2847, 2962)
1997 Ed. (2943)
1998 Ed. (83)
1999 Ed. (3614)

2000 Ed. (3334)
2001 Ed. (3543)
2002 Ed. (914, 3501, 4811)
2003 Ed. (807, 812, 3643)
2004 Ed. (849, 854)
2005 Ed. (828)
2006 Ed. (754, 757)
2007 Ed. (847, 850, 4795)
2008 Ed. (759, 813, 4710)
2009 Ed. (838, 841, 3824)
2010 Ed. (785, 3367, 3752, 3753, 4763)
2011 Ed. (80, 712, 3753, 3754, 4717)
2012 Ed. (657, 3758, 3759, 4743)
2013 Ed. (802, 3833, 4699)
2014 Ed. (819, 3754)
2015 Ed. (3777)
The Wall Street Journal Guide to Understanding Money and Investing
1999 Ed. (691)
Wall Street Journal Interactive Edition
2002 Ed. (4799)
The Wall Street Journal Office Network
2012 Ed. (654)
2013 Ed. (799)
2014 Ed. (816)
The Wall Street Journal Radio Network
2004 Ed. (850)
2005 Ed. (823)
Wall Street Money Machine
1999 Ed. (690)
Wall Street Network Solutions
2014 Ed. (4657)
2015 Ed. (4652)
Wall Street Research Net
2002 Ed. (4861)
A Wall Street Revolt
2016 Ed. (642)
Wall to Wall
2010 Ed. (2634, 4714)
2011 Ed. (2617, 4672)
Wall to Wall Sound & Video
1991 Ed. (1542)
1992 Ed. (1937, 2425)
Wallace
2000 Ed. (3608)
Wallace Computer Services Inc.
1990 Ed. (2736)
1991 Ed. (2636)
1992 Ed. (992, 3285, 3286, 3528, 3534)
1993 Ed. (789, 2740, 2741)
1994 Ed. (2692, 2693)
1998 Ed. (2920, 2923)
1999 Ed. (3642, 3891)
2000 Ed. (3613)
2001 Ed. (3565, 3566, 3902)
2002 Ed. (1523, 3764)
2003 Ed. (804, 3671, 3672, 3930, 3934, 3935)
2004 Ed. (845, 3728, 3729, 3936, 3942)
2005 Ed. (1549)
Wallace Cos.; G. C.
2007 Ed. (2405, 2407)
2008 Ed. (2520, 2529)
2009 Ed. (2533, 2545)
2010 Ed. (2449, 2461)
2011 Ed. (2458)
Wallace D. Malone Jr.
2001 Ed. (2314)
Wallace & de Mayo Pc
2001 Ed. (1315)
Wallace Engineering
2014 Ed. (1916)
2015 Ed. (1960)
Wallace; Fannie
1995 Ed. (933)
Wallace Ford Inc.
1995 Ed. (267)
Wallace Ford Subaru
1990 Ed. (307)
Wallace Home Communities
2003 Ed. (1162)
Wallace Inc.; G. C.
2006 Ed. (2456)
Wallace Malone Jr.
2006 Ed. (927)
Wallace McCain
2005 Ed. (4866, 4875, 4876)
2008 Ed. (4856)
2010 Ed. (4883)
Wallace-Reader's Digest Fund; DeWitt
1992 Ed. (1280)
1994 Ed. (1902, 1904, 1906)
Wallace-Reader's Digest Fund Inc.; Lila
1993 Ed. (891)
1994 Ed. (1902, 1903)
1995 Ed. (1930)
Wallace Roberts & Todd

1990 Ed. (285)
1991 Ed. (254)
1992 Ed. (360)
1993 Ed. (249)
1995 Ed. (241)
1997 Ed. (269)
1998 Ed. (189)
1999 Ed. (291)
2000 Ed. (316)
Wallace, Susan G.
1995 Ed. (933)
Wallace's
2013 Ed. (4454)
2014 Ed. (4491)
2015 Ed. (4488)
Wallach; Andrew
1991 Ed. (1710)
Wallach Co.
2000 Ed. (377)
Wallachs
1992 Ed. (3727)
1993 Ed. (3039)
1994 Ed. (3094)
Wallboard Systems Hawaii
2006 Ed. (1743)
2007 Ed. (1752)
Wallenius Holdings Inc.
2005 Ed. (1348)
Wallenius Wilhelmsen Lines Americas LLC
2004 Ed. (1342)
Wallenius Wilhelmsen Lines AS
2004 Ed. (4799)
Walleniusrederierna AB
2002 Ed. (4673)
Waller
2015 Ed. (3469)
2016 Ed. (3316)
Waller Lansden Dortch & Davis
2008 Ed. (3415)
2009 Ed. (3484)
2010 Ed. (3415)
2011 Ed. (3398)
Waller Lansden Dortch & Davis PLLC
2007 Ed. (1510)
Waller Sutton Management Group
2000 Ed. (1526)
Waller Truck Co.
2005 Ed. (2690)
Wallet Works
1993 Ed. (865)
Wallonia, Belgium
2014 Ed. (626)
Wallpaper
2000 Ed. (3499)
2005 Ed. (2781)
Wall's
1990 Ed. (3335)
2009 Ed. (726)
2010 Ed. (650)
WallStreet-E
2012 Ed. (2132)
WallStreet*E
2006 Ed. (2267)
2007 Ed. (2203)
2008 Ed. (2340)
2009 Ed. (2328)
Wallwood Consultants
2006 Ed. (1082)
Wallwood Furniture Ltd.
2012 Ed. (4993)
Wally McCarthy's Oldsmobile
1995 Ed. (282)
Walman Optical
2001 Ed. (3591, 3592)
2006 Ed. (3751, 3752)
2007 Ed. (3750, 3751, 3752, 3753)
Walmark
2008 Ed. (35)
Walmart
2011 Ed. (556, 575, 4285, 4304)
2012 Ed. (4355)
2013 Ed. (664, 4314)
2014 Ed. (684, 3010, 4353)
2015 Ed. (740)
Walmart de Mexico y Centroamerica
2013 Ed. (843)
2014 Ed. (4027)
Walmart Stores
2016 Ed. (88)
Walmart.com
2001 Ed. (2977, 2982)
2003 Ed. (3049)
2005 Ed. (2326)
2009 Ed. (2452)
2010 Ed. (2373)
2011 Ed. (2373)
2012 Ed. (2288, 2299)
2013 Ed. (2465)
2015 Ed. (2469)

2016 Ed. (2413)
Walmex
  2014 Ed. (4339)
  2015 Ed. (4332)
  2016 Ed. (4228)
Walnut Asset
  1993 Ed. (2323)
Walnut Creek
  2001 Ed. (4845)
  2002 Ed. (4925)
  2005 Ed. (4965)
Walnut Creek, CA
  1993 Ed. (2143)
  1994 Ed. (2165)
  1995 Ed. (2216)
  1996 Ed. (1604, 2225)
  1997 Ed. (2353)
  2010 Ed. (4373)
Walnut Crest
  1995 Ed. (3772)
  1998 Ed. (3754)
  2003 Ed. (4948)
  2004 Ed. (4971)
Walnut Grove Correctional Facility
  2001 Ed. (854)
Walnut Street Securities Inc.
  1999 Ed. (850)
  2002 Ed. (789, 797, 800)
Walnuts
  1993 Ed. (1748, 2736)
  1994 Ed. (2687)
Walpole Inc.
  2005 Ed. (4781)
Walser Chrysler-Plymouth Inc.
  1992 Ed. (412)
Walsh America/PMSI
  1993 Ed. (2503)
Walsh, Amicucci & Pantaleo
  2015 Ed. (3474)
Walsh College
  1997 Ed. (863)
  2009 Ed. (1639)
Walsh & Co.; Mark J.
  1995 Ed. (1078)
  1997 Ed. (1074)
Walsh Construction
  2015 Ed. (2142)
Walsh Construction Co.
  2006 Ed. (1308, 1310, 1337)
  2007 Ed. (1386, 1943)
  2008 Ed. (1295, 1296, 1329, 2015, 2019)
  2009 Ed. (1278, 1280, 1309, 1316, 1977, 1978, 1983)
  2010 Ed. (1273, 1274, 1303, 1309)
  2011 Ed. (1224, 1226, 1261, 1272, 1273, 1288, 1289)
  2013 Ed. (1232, 1985)
  2014 Ed. (1171, 1925, 2091)
  2015 Ed. (1224)
  2016 Ed. (1133, 1173)
Walsh Construction Co. of Illinois
  1994 Ed. (1156)
  1995 Ed. (1136, 1175)
Walsh; Dan
  2016 Ed. (4805)
The Walsh Group
  2013 Ed. (1230, 1235)
  2014 Ed. (1168)
The Walsh Group Ltd.
  2013 Ed. (1238, 1249, 1708, 2617, 2629, 2631)
  2014 Ed. (1176, 1187, 1655, 2576, 2587, 2588, 2589)
  2015 Ed. (1230, 1241, 1699, 2627, 2629)
  2016 Ed. (1141, 1152, 1649, 2551, 2553)
Walsh Group Ltd.
  1992 Ed. (1371, 1434)
  1999 Ed. (1326, 1360, 1383)
  2000 Ed. (1251, 1255, 3717)
  2001 Ed. (1467)
  2002 Ed. (1182, 1237, 1260, 1261, 1279, 1284, 1285, 1286, 1287)
  2003 Ed. (1138, 1256, 1271, 1287, 1289, 1295, 1296, 1297, 1298, 1299, 2745)
  2004 Ed. (774, 1285, 1292, 1299, 1300, 1301, 1302, 1311)
  2005 Ed. (1307, 1308, 1309)
  2006 Ed. (1238, 1241, 1251, 1276, 1277, 1278, 1354)
  2007 Ed. (1338, 1340, 1349, 1352, 1355)
  2008 Ed. (1223, 1226, 1236, 2605, 4051)
  2009 Ed. (1200, 1203, 1205, 1208, 1218, 2633, 2634, 2643, 4128, 4141)

2010 Ed. (1204, 1209, 1211, 1221, 2536, 2548, 4073)
2011 Ed. (1152, 1157, 1159, 1168, 2537, 4045)
2012 Ed. (1005, 1091, 1093, 1095, 1099, 1106, 1107, 1112, 1116, 2473, 2475, 2483, 4079)
2013 Ed. (1144, 1149)
2014 Ed. (1106, 1111)
2015 Ed. (1147, 1151)
Walsh, Higgins & Co.
  1998 Ed. (3003)
Walsh International
  1995 Ed. (2508, 3089, 3090)
  1997 Ed. (2710, 3296)
Walsh International/PMSI
  1996 Ed. (2569, 3190, 3191)
Walsh; Matt
  2016 Ed. (4805)
Walsh Painting Inc.; Hartman
  1992 Ed. (1422)
Walsham Brothers & Co. Ltd.
  1992 Ed. (1196, 2899)
  1995 Ed. (1004, 1009)
Walsh/PMSI
  1994 Ed. (2442)
Walsin Lihwa Electric Wire & Cable
  1992 Ed. (1701, 1704)
Walt A. Buckhanan
  2012 Ed. (2157)
Walt & Co. Communications
  2002 Ed. (3812)
Walt Disney
  2013 Ed. (3666, 3668)
  2014 Ed. (3601)
  2015 Ed. (3613, 3614)
  2016 Ed. (3497, 3498)
Walt Disney Attractions
  2001 Ed. (378)
  2002 Ed. (309)
  2003 Ed. (274)
  2005 Ed. (251)
  2006 Ed. (270)
  2007 Ed. (274)
The Walt Disney Co.
  2016 Ed. (3353)
Walt Disney Co.
  1989 Ed. (255)
  1990 Ed. (261, 262, 263, 3243)
  1991 Ed. (234, 1579, 2391, 2392, 2881, 3089, 3105, 3226, 3399)
  1992 Ed. (2979)
  1993 Ed. (224, 719, 1635, 1636, 2596, 2597, 2598, 3228, 3262, 3267, 3268, 3379, 3470, 3524, 3533)
  1995 Ed. (2615, 3307)
  1996 Ed. (2490, 2689, 2690)
  1997 Ed. (29, 31, 167, 246, 706, 727, 1236, 1238, 1239, 1245, 1246, 1250, 1251, 1349, 1369, 1400, 1402, 1403, 1405, 1778, 1779, 2054, 2283, 2688, 2719, 2818, 3713, 3718)
  1998 Ed. (22, 28, 74, 90, 486, 510, 1009, 1016, 1017, 1047, 1066, 1070, 1105, 1128, 1471, 1473, 1703, 2346, 2414, 2533, 2534, 2710, 2980, 2982, 3119, 3407, 3491, 3501)
  1999 Ed. (28, 180, 181, 998, 1443, 1449, 1451, 1472, 1591, 1620, 1623, 1624, 1625, 1669, 2050, 2051, 2052, 3174, 3307, 3309, 3310, 3444, 3445, 3977, 3978, 4566, 4567, 4569)
  2000 Ed. (23, 31, 204, 206, 798, 944, 948, 960, 961, 1377, 1396, 1426, 1429, 1430, 1431, 1839, 1840, 1841, 2238, 2920, 3004, 3050, 3693, 4208, 4211, 4213)
  2001 Ed. (1646, 1647, 1648, 1649, 1652, 1653, 2271, 2272, 2273, 3230, 3231, 3250, 3361, 3362, 3960, 4490)
  2002 Ed. (33, 235, 751, 1433, 1494, 1495, 1521, 1522, 1602, 1603, 2145, 2147, 2148, 2149, 3267, 3280, 3281, 3285, 3286, 3287, 3496, 3604)
  2003 Ed. (16, 19, 192, 194, 195, 766, 767, 829, 833, 839, 844, 1072, 1073, 1453, 1627, 1628, 1746, 2339, 2343, 2344, 3022, 3210, 3346, 3347, 3352, 4032, 4033, 4710, 4712)
  2004 Ed. (21, 22, 23, 151, 152, 156, 240, 241, 868, 871, 1086, 1087, 1554, 1659, 1660, 2420, 2421, 2422, 3409, 3411, 3412, 3414,

3415, 3416, 3514, 4051, 4680, 4689)
2005 Ed. (15, 16, 150, 154, 243, 244, 845, 850, 851, 1096, 1097, 1499, 1555, 1680, 1681, 1687, 1809, 2445, 2446, 2452, 3425, 3426, 3427, 3428, 3989, 4282, 4656, 4657, 4658, 4659, 4660)
2006 Ed. (20, 21, 22, 23, 160, 166, 169, 657, 765, 772, 1088, 1089, 1585, 1586, 1590, 2490, 2492, 2493, 2494, 2497, 2498, 2850, 3433, 3434, 3435, 3436, 3437, 3438, 4025, 4028, 4708, 4714, 4716)
2007 Ed. (15, 16, 152, 749, 787, 852, 863, 1194, 1195, 1454, 1482, 1513, 1609, 1610, 1612, 1791, 1792, 1793, 1794, 1795, 1796, 1797, 2453, 2454, 2455, 2456, 2458, 2459, 2896, 3447, 3448, 3456, 4062, 4737, 4741)
2008 Ed. (19, 20, 156, 763, 824, 830, 1044, 1045, 1047, 1049, 1050, 1100, 1101, 1440, 1477, 1597, 1598, 1610, 1826, 1827, 1828, 1829, 1830, 1831, 1832, 1833, 1834, 1852, 2449, 2452, 2487, 2588, 2589, 2593, 2594, 3018, 3624, 3625, 3626, 3630, 3755, 4093, 4094, 4521, 4659, 4662)
2009 Ed. (22, 23, 155, 175, 178, 846, 852, 1079, 1080, 1403, 1404, 1405, 1406, 1407, 1409, 1410, 1535, 1536, 1539, 1547, 1675, 1851, 2493, 2617, 2618, 2621, 3105, 3689, 3690, 3693, 3694, 3777, 3779, 4205, 4206, 4699)
2010 Ed. (31, 33, 145, 158, 798, 1050, 1051, 1438, 1529, 1530, 1532, 1536, 1715, 1716, 1717, 1718, 1719, 1720, 1721, 1722, 1723, 2376, 2518, 2519, 2524, 2525, 2989, 3038, 3605, 3609, 3688, 4141, 4142)
2011 Ed. (27, 28, 81, 718, 726, 984, 985, 1382, 1385, 1386, 1387, 1388, 1389, 1390, 1391, 1392, 1393, 1394, 1402, 1439, 1525, 1526, 1528, 1534, 1731, 1734, 1736, 1737, 1738, 1808, 2375, 2519, 2520, 2524, 2525, 2958, 3007, 3607, 3608, 3612, 3703, 4141, 4142, 4667)
2012 Ed. (30, 82, 565, 566, 662, 664, 896, 897, 1274, 1321, 1369, 1371, 1372, 1374, 1380, 1381, 1579, 1580, 1581, 1582, 1583, 1584, 1586, 1587, 1665, 2302, 2446, 2447, 2449, 2460, 2786, 2887, 2934, 3600, 3602, 3603, 3607, 3722, 4678, 4680, 4961)
2013 Ed. (75, 701, 704, 708, 805, 806, 1055, 1056, 1379, 1458, 1463, 1464, 1466, 1476, 1479, 1480, 1738, 1739, 1740, 1741, 1742, 2479, 2609, 2610, 3023, 3659, 3662, 3669, 3768, 4650)
2014 Ed. (88, 93, 724, 727, 732, 825, 826, 1019, 1020, 1419, 1425, 1426, 1427, 1433, 1439, 1443, 1444, 1681, 1683, 1684, 1694, 1699, 2534, 2535, 2547, 2566, 3034, 3383, 3597, 3602, 3697, 4700)
2015 Ed. (90, 99, 771, 773, 778, 1055, 1056, 1349, 1384, 1479, 1487, 1488, 1489, 1499, 1502, 1503, 1724, 1726, 1727, 1729, 1730, 1731, 1737, 1739, 1741, 2485, 2610, 2611, 3100, 3610, 3611, 3615, 4426)
2016 Ed. (694, 696, 699, 962, 963, 1269, 1270, 1272, 1273, 1274, 1275, 1276, 1277, 1278, 1279, 1280, 1313, 1404, 1418, 1420, 1443, 1444, 1675, 1676, 1677, 1678, 1679, 1680, 1681, 1689, 1693, 2416, 2531, 2532, 3494, 3499, 4320, 4770)
Walt Disney Internet Group
  2003 Ed. (3020)
Walt Disney Parks & Resorts LLC
  2008 Ed. (3195)
Walt Disney Parks & Resorts U.S. Inc.
  2012 Ed. (191)
  2013 Ed. (172)
  2014 Ed. (177)
  2015 Ed. (206)
  2016 Ed. (197)
Walt Disney Resort & Attractions
  1997 Ed. (248)

Walt Disney Studios
  2009 Ed. (3776)
  2010 Ed. (3707)
Walt Disney Studios Motion Pictures
  2012 Ed. (3718)
  2014 Ed. (3694)
  2015 Ed. (3713)
  2016 Ed. (3624)
Walt Disney World Co.
  1990 Ed. (265, 266)
  1992 Ed. (332, 333)
  2001 Ed. (375, 376, 1702)
  2003 Ed. (270, 271, 1675)
  2004 Ed. (238, 239, 1704)
  2005 Ed. (241, 242, 1762)
  2006 Ed. (262, 263, 1708)
  2007 Ed. (269, 270, 1703)
  2008 Ed. (252, 253, 1732)
  2009 Ed. (273, 274, 1671)
  2010 Ed. (261, 262, 1627)
  2011 Ed. (182)
Walt Disney World Dolphin Hotel
  2000 Ed. (2538)
Walt Disney World Resort
  2016 Ed. (199, 1561)
Walt Disney World Resorts
  1996 Ed. (2176)
  1997 Ed. (2290)
  1998 Ed. (2020)
  1999 Ed. (2780)
  2000 Ed. (2558)
  2006 Ed. (2941)
Walt Disney World Swan & Dolphin
  1998 Ed. (2030, 2035)
  1999 Ed. (2791, 2795)
  2000 Ed. (2568, 2574)
  2002 Ed. (2648, 2650)
  2005 Ed. (2519)
  2015 Ed. (46)
Walt Disney World Swan & Dolphin Hotel
  2001 Ed. (2351)
  2003 Ed. (2413)
  2004 Ed. (2945)
Walt Disney World/Disneyland
  1993 Ed. (733, 734, 739, 743)
Walt Disney World/Epcot
  1990 Ed. (264)
Walt Disney World/Epcot Center
  1989 Ed. (2518)
  1990 Ed. (3325)
  1991 Ed. (3156)
Walt Disney World/Epcot Center/Disney-MGM Studios
  1992 Ed. (4026)
  1993 Ed. (3358)
  1995 Ed. (3420)
Walt Disney World's Magic Kingdom
  1992 Ed. (331)
  1993 Ed. (228)
Walt Disney World's Magic Kingdom, EPCOT Center, Disney-MGM Studios Theme Park
  1991 Ed. (239)
  1994 Ed. (218, 219)
Walt Disney's World on Ice
  1993 Ed. (1080)
Walt Whitman Bridge rechecking
  2000 Ed. (1227)
WALTEK Inc.
  1993 Ed. (1133, 1954)
  1994 Ed. (1152, 1976)
  1995 Ed. (2002)
  1996 Ed. (1143, 2027)
  1997 Ed. (1170)
Walter Alessandrini
  2002 Ed. (3346)
Walter and Leonore Annenberg
  1994 Ed. (892)
Walter Annenberg
  1994 Ed. (1055)
  1998 Ed. (686)
  2002 Ed. (3352)
  2003 Ed. (4882)
  2004 Ed. (4865)
  2008 Ed. (895)
Walter B. Jones
  2003 Ed. (3893)
Walter Bau AG
  2002 Ed. (1312, 1320)
  2003 Ed. (1336)
  2004 Ed. (1167)
Walter C. Rakowich
  2011 Ed. (857)
Walter Construction
  2002 Ed. (1179, 1256, 1261, 1592)
Walter Corp.; Jim
  1989 Ed. (823, 1516)
  1990 Ed. (1029, 1030, 3553)
  1991 Ed. (954)

Walter E. Smithe Furniture
1999 Ed. (2562)
2000 Ed. (2305)
Walter Energy
2013 Ed. (2526)
Walter Energy Inc.
2012 Ed. (3637, 3664, 3665)
2013 Ed. (3731)
2014 Ed. (1343)
2015 Ed. (1025, 1407, 1420)
2016 Ed. (930, 1341)
Walter F. Williams
1990 Ed. (1717)
Walter Faria
2015 Ed. (4911)
Walter, Franklin B.
1991 Ed. (3212)
Walter Gibb
2002 Ed. (979)
Walter H. Annenberg
1990 Ed. (731)
1992 Ed. (1093, 1096)
1993 Ed. (888, 1028)
2001 Ed. (3779)
Walter Haefner
2008 Ed. (4875)
2009 Ed. (4899)
2010 Ed. (4898)
2011 Ed. (4885)
2012 Ed. (4894)
2013 Ed. (4912)
Walter Homes Inc.; Jim
1989 Ed. (1003)
1990 Ed. (1155)
1991 Ed. (1047, 1988)
1992 Ed. (1353, 1363, 2555)
1993 Ed. (1083)
1994 Ed. (1105)
1995 Ed. (1122)
1996 Ed. (1102, 1103)
Walter Industries Inc.
1993 Ed. (964, 1310)
1994 Ed. (1362)
1995 Ed. (1003, 1386)
1996 Ed. (990)
1999 Ed. (2454)
2001 Ed. (3286, 4367, 4368)
2003 Ed. (2086, 2087)
2004 Ed. (2111, 2112)
2005 Ed. (2215, 2216, 2217)
2006 Ed. (2280)
2007 Ed. (777, 1550, 2212)
2008 Ed. (2352)
2009 Ed. (1670)
Walter Investment Management Corp.
2016 Ed. (3041)
Walter J. McCarthy, Jr.
1990 Ed. (1718)
Walter J. Sanders III
2002 Ed. (2182, 2191)
Walter J. Zable
2005 Ed. (976, 977)
2011 Ed. (628)
Walter; John R.
1993 Ed. (938)
1997 Ed. (1803)
Walter K. Knorr
1995 Ed. (2669)
Walter Kaye Associates Inc.
1991 Ed. (2139)
1992 Ed. (2702)
Walter Knorr
1991 Ed. (2547)
1992 Ed. (3137)
Walter Kwok
2003 Ed. (4890)
2004 Ed. (4876)
2009 Ed. (4863, 4864)
2010 Ed. (4865, 4877)
2016 Ed. (4842, 4843)
Walter; Mark
2016 Ed. (4809)
Walter Mueller AG
1994 Ed. (2415)
Walter O. Boswell Memorial Hospital
1997 Ed. (2264, 2266, 2267)
Walter P. Havenstein
2011 Ed. (823)
Walter P. Moore
2009 Ed. (2579)
2010 Ed. (2495)
2011 Ed. (2503)
Walter P. Moore & Associates Inc.
2009 Ed. (2518)
2010 Ed. (2435)
Walter Piecyk
2011 Ed. (3376)
Walter; R. D.
2005 Ed. (2481)
Walter R. Garrison

1992 Ed. (2064)
1999 Ed. (2085)
Walter R. Young, Jr.
1997 Ed. (981)
Walter Rakowich
2006 Ed. (1001)
Walter Reed Army Medical Center
2011 Ed. (3053)
2012 Ed. (2991)
Walter Reed National Military Medical
Center
2013 Ed. (3080)
2015 Ed. (3146)
Walter; Robert
2005 Ed. (969)
2006 Ed. (893)
2007 Ed. (983)
Walter; Robert D.
2007 Ed. (1020)
Walter, Roberta
1995 Ed. (1823)
1996 Ed. (1796)
Walter Scheller III
2015 Ed. (954)
Walter Scott
2011 Ed. (4844)
Walter Scott International
1992 Ed. (2793)
Walter Scott Jr.
2002 Ed. (3349)
2004 Ed. (4866)
Walter Stoeppelwerth
1996 Ed. (1850)
1999 Ed. (2292)
Walter, Thomas, & Raymond Kwok
2005 Ed. (4861)
Walter & Turnbull
2002 Ed. (4)
Walter Umphrey
1991 Ed. (2296)
1997 Ed. (2612)
2002 Ed. (3072)
Walter V. Shipley
1989 Ed. (1381)
1990 Ed. (458, 459)
1991 Ed. (1625)
1994 Ed. (357)
1996 Ed. (381)
1998 Ed. (289)
1999 Ed. (386)
2000 Ed. (386)
2001 Ed. (2315)
Walter Williams
1990 Ed. (2285)
Walter Young
2001 Ed. (1220)
Walter Young Jr.
1998 Ed. (723)
Walter Zable
2006 Ed. (3931)
Walters Industries
1996 Ed. (993, 995)
Walters Special; Barbara
1992 Ed. (4248)
Walters & Wolf
1993 Ed. (1954)
1994 Ed. (1976)
1995 Ed. (2002)
1997 Ed. (2149)
1998 Ed. (948)
1999 Ed. (1370, 2600)
2000 Ed. (1262)
2001 Ed. (1476)
2003 Ed. (1304)
2004 Ed. (1307)
2005 Ed. (2733)
2006 Ed. (1284)
2007 Ed. (1362, 2696)
2008 Ed. (1259, 2821)
2009 Ed. (1235, 2879)
2010 Ed. (1234, 2818)
2011 Ed. (1098, 1181, 2804)
2012 Ed. (1013, 2737, 2738)
2013 Ed. (2823, 2824)
2014 Ed. (2862, 2863)
2015 Ed. (1251, 2903, 2904)
2016 Ed. (1162, 2823, 2824)
Walters & Wolf Glass
2005 Ed. (1314)
Walthausen Small Cap Value
2012 Ed. (4549)
Walton; Alice
2010 Ed. (4860)
2011 Ed. (4837, 4846)
2012 Ed. (4840, 4853)
2013 Ed. (4833, 4838)
2014 Ed. (4848, 4853)
2015 Ed. (4885, 4890)
2016 Ed. (4803, 4808)
Walton; Alice L.

1994 Ed. (708)
2005 Ed. (4858, 4860, 4883)
2006 Ed. (4911, 4915)
2007 Ed. (4906, 4908)
2008 Ed. (4835, 4839)
2009 Ed. (4852, 4858)
2010 Ed. (4861)
2011 Ed. (4847)
2012 Ed. (4855)
2013 Ed. (4852)
2014 Ed. (4867)
2015 Ed. (4904)
2016 Ed. (4820)
Walton; Christy
2007 Ed. (4906, 4908)
2008 Ed. (4835, 4839)
2009 Ed. (4852, 4858)
2010 Ed. (4860, 4861)
2011 Ed. (4837, 4846, 4847)
2012 Ed. (4840, 4853, 4855, 4901)
2013 Ed. (4833, 4838, 4852)
2014 Ed. (4848, 4853, 4867)
2015 Ed. (4885, 4890, 4904, 4971)
2016 Ed. (4803, 4808, 4820, 4888)
Walton College of Business; University
of Arkansas-Fayetteville
2010 Ed. (721)
Walton Construction Co.
2006 Ed. (1324)
2008 Ed. (1314)
2009 Ed. (1315, 1333)
2011 Ed. (1242)
Walton E. Burdick
1994 Ed. (1712)
Walton family
1995 Ed. (664)
2004 Ed. (3890)
2005 Ed. (3832)
2006 Ed. (3898)
2007 Ed. (3949)
2008 Ed. (3979, 4881)
2010 Ed. (3955)
Walton Family Foundation Inc.
2002 Ed. (2334)
2012 Ed. (2692)
Walton & Family; Sam
1990 Ed. (3687)
Walton family; Sam
1989 Ed. (2905)
Walton; Helen R.
1994 Ed. (708)
2005 Ed. (4858, 4860, 4883)
2006 Ed. (4911, 4915)
2007 Ed. (4906)
2008 Ed. (4831)
Walton International Group Inc.
2011 Ed. (4157)
Walton Isaacson
2012 Ed. (106)
2013 Ed. (81)
2015 Ed. (74, 105)
2016 Ed. (112)
Walton; James
2016 Ed. (4888)
Walton; James C.
1994 Ed. (708)
Walton; Jim
2014 Ed. (4867)
2015 Ed. (4904)
2016 Ed. (4820)
Walton; Jim C.
2013 Ed. (4852)
Walton; Jim. C.
2005 Ed. (4858, 4860, 4883)
2006 Ed. (4911, 4915)
2007 Ed. (4906, 4908)
2008 Ed. (4835, 4839)
2009 Ed. (4852, 4858)
2010 Ed. (4860, 4861)
2011 Ed. (4837, 4846, 4847)
2012 Ed. (4840, 4853, 4855)
2013 Ed. (4833, 4838)
2014 Ed. (4848, 4853)
2015 Ed. (4885, 4890)
2016 Ed. (4803, 4808)
Walton; John T.
1994 Ed. (708)
2005 Ed. (4858, 4860, 4883)
2006 Ed. (4911, 4915)
Walton Johnson & Co.
2000 Ed. (745)
Walton; Jon
2008 Ed. (3120)
2009 Ed. (3208)
2010 Ed. (3140)
2011 Ed. (3107)
Walton; Jon D.
2008 Ed. (2635)
2010 Ed. (2563)
2011 Ed. (2546)

Walton Labs
1990 Ed. (2140)
1992 Ed. (2556)
1993 Ed. (2118)
1994 Ed. (2151)
Walton; Robson
2005 Ed. (4882)
Walton; S. Robson
1994 Ed. (708)
2005 Ed. (4858, 4860, 4883)
2006 Ed. (4911, 4915, 4927)
2007 Ed. (4906, 4908, 4915)
2008 Ed. (4835, 4839)
2009 Ed. (4852, 4858)
2010 Ed. (4860, 4861)
2011 Ed. (4837, 4846, 4847)
2012 Ed. (4840, 4853, 4855)
2013 Ed. (4838, 4852)
2014 Ed. (4848, 4853)
2015 Ed. (4885, 4890, 4904)
2016 Ed. (4803, 4808, 4820)
Walton; Sam
1989 Ed. (732, 1986, 2751)
2005 Ed. (974)
Walton; Sam Moore
1990 Ed. (731, 2576)
1991 Ed. (710, 3477)
1993 Ed. (699)
Walton; Samuel
2010 Ed. (891)
Walton Street Capital
2000 Ed. (2808)
Waltrip Racing; Michael
2009 Ed. (336)
2010 Ed. (316)
2011 Ed. (240)
2012 Ed. (261)
Walvax Biotechnology Co., Ltd.
2015 Ed. (1565)
Walwyn
1992 Ed. (958, 964)
Walz Certified Mail Solutions
2010 Ed. (773, 3697, 4047)
Walz Group Inc.
2012 Ed. (964)
Wambold; R. L.
2005 Ed. (2488)
Wambold; Richard
2005 Ed. (966)
2006 Ed. (911)
2007 Ed. (1001)
Wambold; Richard L.
2005 Ed. (3857)
2009 Ed. (4071)
2010 Ed. (3990)
2011 Ed. (3995)
2012 Ed. (3988)
Wamego City Hospital
2012 Ed. (2797)
2013 Ed. (2865)
2014 Ed. (2894, 2896)
WAMR-FM
1997 Ed. (2800, 3236)
1998 Ed. (2511, 2986)
1999 Ed. (3419, 3979)
2000 Ed. (3142)
2001 Ed. (3970)
2002 Ed. (3895)
2003 Ed. (4498)
2004 Ed. (4464, 4465)
2005 Ed. (4412, 4413)
2006 Ed. (4430)
2008 Ed. (4470)
2009 Ed. (4503)
WAMR-FM, WRTO-FM, WQBA-AM,
WAQI-AM
2000 Ed. (3695)
Wamsutta
2006 Ed. (2951)
2007 Ed. (2968)
2008 Ed. (3092)
2012 Ed. (3024)
The Wamu Theater at Madison Square
Garden
2010 Ed. (1132)
2011 Ed. (1076, 1077)
Wan Hai
2003 Ed. (2418, 2419)
Wan Hai Lines Ltd.
2004 Ed. (2538, 2539)
Wan Hai Steamship Co., Inc.
1990 Ed. (240)
Wan-lin; Tsai
1991 Ed. (710, 3477)
1992 Ed. (890)
1997 Ed. (673)
Wan-Tsai; Tsai
2008 Ed. (4852)
2009 Ed. (4874)
2010 Ed. (4875)

2011 Ed. (4863, 4864)
2012 Ed. (4869)
2013 Ed. (4913)
2014 Ed. (4923)
2015 Ed. (4963)
Wana
2010 Ed. (81)
Wanadoo
2001 Ed. (4777)
2005 Ed. (3197)
Wanadoo SA
2006 Ed. (1431, 1438)
Wanadoo SA; Groupe
2005 Ed. (1155)
The Wanamaker Building
2000 Ed. (3365)
Wand Partners
1999 Ed. (4707)
Wanda State Bank
1989 Ed. (212)
Wandell; Keith
2015 Ed. (2635)
2016 Ed. (2560)
Wandell; Keith E.
2011 Ed. (829)
Wander AG
1992 Ed. (1116)
WANdisco
2009 Ed. (1123)
2016 Ed. (1014)
Wanek; Rod & Todd
2011 Ed. (2974)
Wang
1990 Ed. (2190, 2206)
Wang; Anthony W.
1991 Ed. (1627)
1992 Ed. (2057)
1993 Ed. (1702)
Wang; Charles B.
1991 Ed. (1627)
1992 Ed. (2057)
1993 Ed. (1702)
1997 Ed. (982)
Wang; Cher
2011 Ed. (4863, 4864)
2012 Ed. (4869)
2013 Ed. (4913)
2014 Ed. (4923)
Wang; Chien-Ming
2010 Ed. (3965)
Wang Chuanfu
2011 Ed. (4850, 4851)
2012 Ed. (4857)
Wang Dongming
2014 Ed. (932)
Wang Fengying
2016 Ed. (4939)
Wang; Gary
2008 Ed. (4852)
Wang Jianlin
2011 Ed. (4850)
2012 Ed. (4858)
2014 Ed. (4877, 4878)
2015 Ed. (4915, 4916)
2016 Ed. (4831, 4832)
Wang; Jun
2015 Ed. (797)
Wang Laboratories
1989 Ed. (975, 976, 2103, 2311)
1990 Ed. (1121, 1140, 2735, 2993)
1991 Ed. (236)
1992 Ed. (320, 323, 1300, 1307,
1536, 1555, 1556, 1557, 3080,
3081, 3681, 4072)
1993 Ed. (216, 219, 1047, 1260,
1261, 1262, 1263, 1367, 2574,
3380)
1994 Ed. (203, 209, 214, 359, 360,
361, 1291, 1294, 1296, 1298, 1300,
1302, 1304, 1306, 1308, 1310,
1314, 1420, 2207, 3444)
1995 Ed. (1456)
1997 Ed. (1087)
1998 Ed. (820, 844)
1999 Ed. (1282, 1976)
2000 Ed. (1754)
Wang Laboratories (Taiwan) Ltd.
1990 Ed. (1132, 1737)
1992 Ed. (1323, 1324)
Wang Labs
1989 Ed. (2667)
Wang Labs B
1990 Ed. (249)
1991 Ed. (223)
Wang; Nina
2008 Ed. (4844)
Wang; Roger
2009 Ed. (4849)
2010 Ed. (4853)
2013 Ed. (4838)

Wang; Shab
1995 Ed. (1826)
Wang; Susan S.
1995 Ed. (983)
Wang Tien Woolen Textile Co. Ltd.
1990 Ed. (3572)
1992 Ed. (4283)
1994 Ed. (3524)
Wang; Vera
2009 Ed. (3073)
Wang Wenyin
2016 Ed. (4831, 4832)
Wang Xiaochu
2012 Ed. (3824)
Wang Xingchun
2012 Ed. (4876)
Wang; Y. C.
2009 Ed. (4874)
Wang; YC
2007 Ed. (4909)
2008 Ed. (4852)
Wang Yung-tsai
2012 Ed. (4869)
2013 Ed. (4913)
2014 Ed. (4923)
2015 Ed. (4963)
Wangard Partners Inc.
2006 Ed. (3549, 4387)
2015 Ed. (3705)
Wanger Asset Management LP
1999 Ed. (3583)
Wangtek
1994 Ed. (1512)
Wanhua Chemical Group
2015 Ed. (942)
Wanigas Credit Union
2002 Ed. (1838)
2003 Ed. (1899)
Wankie
1997 Ed. (3930)
Wankie Colliery
1999 Ed. (4830)
Wannahaves
2002 Ed. (2518)
Wansley
1992 Ed. (1896)
Want-Want
2011 Ed. (576)
2012 Ed. (561)
2013 Ed. (678)
Want Want China
2012 Ed. (2647)
2013 Ed. (2746)
2014 Ed. (2726)
2015 Ed. (2781)
2016 Ed. (2711)
The Wanted
2014 Ed. (3732)
A Wanted Man
2015 Ed. (647)
Wantful
2014 Ed. (2404)
Wanzek Construction Inc.
2010 Ed. (1893)
2012 Ed. (1785)
2013 Ed. (1959)
2014 Ed. (1895)
Wapakoneta, OH
2006 Ed. (3067)
2007 Ed. (3384)
2010 Ed. (3492)
2012 Ed. (3146, 3497)
2013 Ed. (3223)
2014 Ed. (3242)
Waqar Syed
2008 Ed. (2691)
WAQI-AM
1990 Ed. (2591, 2940)
1991 Ed. (2472, 2796)
1994 Ed. (2530)
1996 Ed. (2653, 3151)
1997 Ed. (2800, 3236)
2005 Ed. (4412)
WAQI-AM/WRTO-FM
1994 Ed. (2987)
1995 Ed. (2588, 3050)
WAQI (AM)/WXDJ (FM)
1992 Ed. (3088)
WAQY-FM
1992 Ed. (3605)
War Amputations of Canada
2012 Ed. (723)
The War for Wealth: The Truth about
Globalization
2010 Ed. (608)
War Horse
2014 Ed. (571)
War of the Worlds
2007 Ed. (3642)
War on Want

2007 Ed. (702)
2008 Ed. (673)
2009 Ed. (681)
War veterans
1997 Ed. (3684)
Warady & Davis
2016 Ed. (2)
Warady & Davis LP
2015 Ed. (1693)
Warb Pincus Small Company Value
Common
1998 Ed. (2603)
Warba Bank
2016 Ed. (2609, 2620)
Warba Investment Co.
2010 Ed. (2648)
Warbasse Co-operative Credit Union
2003 Ed. (1890)
2004 Ed. (1928, 1929)
Warbucks Industries
2010 Ed. (1432)
Warbucks; Oliver "Daddy"
2007 Ed. (682)
2008 Ed. (640)
Warbug Investment Management International
1995 Ed. (2395)
Warbug Pincus Japan
2000 Ed. (3230)
Warburg
1989 Ed. (815)
1990 Ed. (1772)
Warburg; Bacto, Allain/S. G.
1991 Ed. (776)
Warburg Brinckmann
1990 Ed. (814)
Warburg & Co.; S. G.
1990 Ed. (1797, 1798)
Warburg & Co.; SG
1989 Ed. (1373, 1375)
Warburg Dillon Read
2000 Ed. (775, 777, 867, 868, 869,
871, 872, 874, 876, 877, 884, 887,
892, 2058, 2073, 2107, 2108, 2109,
2110, 2111, 2145, 2768, 3417,
3419, 3420, 3880, 3881, 3903,
3961, 3962, 3986, 3987, 3988)
2001 Ed. (961, 962, 963, 964, 965,
966, 967, 968, 969, 970, 971, 972,
973, 974, 975, 1037, 1196, 1517,
1518, 1519, 1523, 1524, 1525,
1526, 1528, 1531, 1532, 1535,
1536, 1538, 2426, 2427, 2429)
2002 Ed. (1358)
Warburg Fixed Income Common
1998 Ed. (2641)
Warburg Group PLC; S. G.
1994 Ed. (781, 1679, 1691, 1693,
1694, 1695, 1698, 1703, 1838,
1839, 2290, 2474, 3187, 3188)
1996 Ed. (1189, 1190, 1202, 1359,
1364, 1860, 1861, 1862, 1863,
3379, 3386, 3387, 3413)
Warburg Group; S. G.
1991 Ed. (3070, 3071)
1997 Ed. (480)
Warburg Group; S.G.
1996 Ed. (521)
Warburg Growth & Income
1995 Ed. (2678)
Warburg Investment
1991 Ed. (2218)
1995 Ed. (2371)
Warburg Pincus
1998 Ed. (2285, 2628, 2654)
2003 Ed. (4848)
2005 Ed. (3284, 4819)
2006 Ed. (3276)
2014 Ed. (3414)
Warburg Pincus Adv Japan Growth
2000 Ed. (3279)
Warburg Pincus Asset Management
1999 Ed. (3073)
Warburg Pincus Cap App Adv
2000 Ed. (3282)
Warburg Pincus Cap App Com
2000 Ed. (3282)
Warburg Pincus Emerging Growth
1999 Ed. (3577)
Warburg Pincus Fixed Income
1999 Ed. (3537)
Warburg Pincus Fixed Income Common
1996 Ed. (2783)
1999 Ed. (745)
Warburg Pincus Glb Post Venture
2000 Ed. (3291)
Warburg Pincus Global Fixed Income
1999 Ed. (3579)
Warburg Pincus Global Income
1996 Ed. (2809)

Warburg Pincus Growth & Income
1995 Ed. (2704)
1996 Ed. (2774, 2789)
Warburg Pincus Health Sciences
2001 Ed. (3439)
Warburg Pincus Institutional Japan
2001 Ed. (3503)
Warburg Pincus Interm. Maturity Gov.
1999 Ed. (3555)
Warburg Pincus Intermediate Maturity
Government
1996 Ed. (2779)
Warburg Pincus International Equity
1994 Ed. (2638)
Warburg Pincus International Equity
Common
1995 Ed. (2738)
Warburg Pincus International Partners,
LP
2002 Ed. (4731)
Warburg Pincus Japan Growth Cm.
2001 Ed. (3503)
Warburg Pincus Japan Small Company
Cm.
2001 Ed. (3503)
Warburg Pincus LLC
2008 Ed. (3399)
2009 Ed. (3453)
Warburg Pincus Ventures Inc.
1990 Ed. (3668)
1991 Ed. (3441, 3443)
1993 Ed. (3662)
1994 Ed. (3621, 3622)
1997 Ed. (2627)
1998 Ed. (3663, 3665)
Warburg; S. G.
1990 Ed. (899, 1683, 1699, 1700,
1704, 2313, 2771, 3225)
1991 Ed. (777, 778, 782, 850, 852,
1111, 1112, 1113, 1115, 1120, 1121,
1122, 1123, 1125, 1126, 1127,
1128, 1130, 1131, 1132, 1133,
1587, 1592, 1594, 1599, 1612,
1613, 3076)
1992 Ed. (1484, 2139, 2140, 2141,
2785, 3897)
1993 Ed. (493, 1173, 1174, 1198,
1639, 1641, 1642, 1643, 1645,
1646, 1658, 1660, 1667, 1668,
1669, 1670, 1674, 1675, 1846,
1847, 1849, 1850, 1851, 3201,
3202, 3205)
1994 Ed. (495, 1201, 1202, 1203)
1995 Ed. (752, 764, 771, 775, 776,
777, 778, 779, 790, 793, 795, 796,
799, 801, 804, 822, 825, 826, 832,
833, 834, 835, 836, 837, 838, 839,
841, 1219, 1719, 3274, 3275, 3276)
Warburg Securities
1989 Ed. (1421)
1990 Ed. (815)
Warburg Securities (Japan); S. G.
1996 Ed. (1868)
Warburg Securities; S. G.
1990 Ed. (1771)
1991 Ed. (1712)
1992 Ed. (1055, 1990, 2027, 2040,
3900)
1996 Ed. (1851, 1859)
Warburg; SG
1989 Ed. (1351, 1352, 1353, 1356,
1357, 1358, 1368, 1372, 2447,
2448, 2450, 2455)
1990 Ed. (1675, 1679)
1992 Ed. (1993, 1999, 2011, 2013,
2014, 2018, 2019)
Warburg Small Company Value
1998 Ed. (2593)
Warburg Soditic; S. G.
1991 Ed. (1597)
Warburg Soditic; SG
1989 Ed. (1360)
Warburtons
2008 Ed. (710, 723)
2009 Ed. (720, 733, 3658)
2010 Ed. (656)
Warby Parker
2016 Ed. (4251)
Warcraft II
1998 Ed. (850)
Warcraft II: Tides of Darkness
1998 Ed. (847, 851)
Warcraft III Battle Chest
2008 Ed. (4810)
Ward & Associates Inc.
1991 Ed. (3063)
1993 Ed. (708)
Ward; Brian A.
2011 Ed. (3378)
Ward Creative Communications

2000 Ed. (3657)
2002 Ed. (3820)
2003 Ed. (4003)
2004 Ed. (4030)
2005 Ed. (3974)
Ward Creative Communications Inc.
2016 Ed. (4060)
Ward; Daniel
1997 Ed. (1934)
Ward Dingmann
2007 Ed. (4161)
Ward; Gemma
2009 Ed. (3766)
Ward Howell Corp.
1990 Ed. (1710)
1995 Ed. (1724)
Ward Howell International
1991 Ed. (1616)
1992 Ed. (2048)
1993 Ed. (1691, 1692)
1994 Ed. (1711)
1996 Ed. (1707)
1997 Ed. (1792, 1793, 1795)
1998 Ed. (1504, 1506)
1999 Ed. (2071, 2073)
2000 Ed. (1863)
Ward; Jonathan P.
1997 Ed. (1804)
Ward; Leo
2005 Ed. (4884)
Ward; M. J.
2005 Ed. (2503)
Ward M. Klein
2011 Ed. (836)
Ward Mallette
1989 Ed. (6)
Ward Mallette/BDO
1989 Ed. (7)
Ward; Michael
2011 Ed. (3338)
Ward; Michael J.
2008 Ed. (951, 2639)
2011 Ed. (846)
Ward; Mike
2011 Ed. (2974)
Ward; Sears, Penney,
1991 Ed. (2061)
Ward Transportation Research
2008 Ed. (3390)
Ward Trucking
2015 Ed. (4830)
Ward Trucking Corp.
2003 Ed. (4785)
Ward White
1991 Ed. (1168)
Wardair
1990 Ed. (3642)
Ward/Kraft Inc.
2016 Ed. (3979)
Wardley
1989 Ed. (1779)
1992 Ed. (3020)
Wardley Corporate Finance
1994 Ed. (3185)
1995 Ed. (3267)
1996 Ed. (3376)
Wardley Investment
1993 Ed. (2307, 2359)
Wardley Investment Services
1991 Ed. (2220, 2228)
1992 Ed. (2747, 2794)
Wardley Investment Services HK
1992 Ed. (2791, 2792, 2795)
Wardley J. Capel
1995 Ed. (764, 770, 771, 774, 775,
777, 778, 779, 785, 788, 790, 791,
792, 793, 794, 795, 796, 804, 817,
820, 821, 822, 823, 825, 826, 840)
Wardley Selection Hong Kong Equity
1990 Ed. (2399)
Wardoken Holdings Ltd.
1993 Ed. (975)
Wardrop Engineering Inc.
2011 Ed. (1563)
Ward's
1989 Ed. (1183)
1992 Ed. (236, 1794, 1795, 1796,
1837, 1838, 3725)
Ward's Auto World
2011 Ed. (4715)
Ward's AutoWorld
2007 Ed. (4790)
Wards Cove Packing Co.
2003 Ed. (2523)
Ware Malcomb
2007 Ed. (1684)
2008 Ed. (3336)
2009 Ed. (3410)
Wareforce Inc.
1995 Ed. (3796)

1997 Ed. (3918)
1998 Ed. (3764)
1999 Ed. (1274, 4814)
Warehouse club
1989 Ed. (1255, 2501, 2901)
1990 Ed. (3680)
1991 Ed. (1993, 3468, 3469, 3470)
1992 Ed. (4416, 4417, 4419)
1993 Ed. (3684)
1994 Ed. (3645, 3646)
1995 Ed. (3720, 3722)
1996 Ed. (3815, 3816)
2001 Ed. (3784)
Warehouse clubs
1990 Ed. (2119)
1991 Ed. (1967, 1978)
1992 Ed. (2524, 3406, 3407, 3725)
1993 Ed. (2742)
1994 Ed. (2068)
1995 Ed. (3402, 3545, 3707)
1996 Ed. (1985, 1986, 3467)
1997 Ed. (650, 2102)
1998 Ed. (2053, 3321)
1999 Ed. (3823)
2000 Ed. (3579, 4061, 4067, 4348)
2001 Ed. (681, 2813, 4111)
2003 Ed. (4836)
2004 Ed. (3892, 3893)
2006 Ed. (4165)
2008 Ed. (1161, 4020, 4702)
Warehouse Demo Service Inc.
2003 Ed. (1847)
2004 Ed. (1882)
2005 Ed. (1998)
The Warehouse Group
2002 Ed. (1745, 2708, 3497)
2003 Ed. (1792)
2004 Ed. (1652, 1826)
2006 Ed. (70, 3703)
2007 Ed. (61)
2008 Ed. (64)
2009 Ed. (73)
2010 Ed. (83)
2012 Ed. (4359)
2013 Ed. (4290)
2015 Ed. (1925, 1927, 4334)
Warehouse Ltd.
1992 Ed. (67)
1993 Ed. (44)
1994 Ed. (35)
2001 Ed. (62)
2004 Ed. (68)
2005 Ed. (63)
Warehouse management
1995 Ed. (857)
Warehouse Solutions
2013 Ed. (776)
Warehouse stores
1997 Ed. (2319)
Warehouse wholesale clubs
1991 Ed. (880)
Warehouse/price clubs
2002 Ed. (749)
Warehousing
1999 Ed. (964)
Waremart Inc.
2001 Ed. (1729)
Waren Acquisition
2006 Ed. (2781)
Warenhandels AG; Spar Osterreichische
2005 Ed. (1662)
Warewashing detergents
1992 Ed. (1170)
Warf Holdings
1996 Ed. (1373)
Wargny
1989 Ed. (813)
1990 Ed. (813)
Warhol; Andy
2007 Ed. (891)
2009 Ed. (878)
2010 Ed. (828)
Warid Telecommunication Pvt.
2009 Ed. (77)
Wariner; Steve
1992 Ed. (1351)
1993 Ed. (1079)
1994 Ed. (1100)
1997 Ed. (1113)
Waring
1990 Ed. (739, 2107, 2109)
1991 Ed. (717, 1961, 1962)
1992 Ed. (899, 2517, 2518)
1993 Ed. (711)
1994 Ed. (721, 2126, 2127)
1995 Ed. (680, 2177, 2178)
1997 Ed. (682, 2311, 2312)
1998 Ed. (477, 2044)
1999 Ed. (737, 2803)

2000 Ed. (750, 2579)
2002 Ed. (720)
Warmington Group of Cos.
2016 Ed. (1407)
Warmington Homes
1994 Ed. (1117)
Warmington Homes California
2001 Ed. (1388, 1389)
2006 Ed. (1190)
Warnaco Group Inc.
1989 Ed. (942)
1990 Ed. (1060)
1993 Ed. (990)
1994 Ed. (1022, 1023)
1995 Ed. (1031, 1032)
1996 Ed. (1014, 1019)
1997 Ed. (1035, 1037, 1038)
1998 Ed. (776, 777, 778, 780, 1053)
1999 Ed. (781, 1201, 1202, 1205,
3188, 4303, 4808)
2000 Ed. (1121, 1123, 1124, 4429)
2001 Ed. (1275, 1278, 1279)
2002 Ed. (1081, 1512, 1516, 1519,
1544, 4984)
2003 Ed. (1003, 1004, 1006, 1536,
1537, 1539, 1540, 1542, 1543)
2004 Ed. (997, 998, 1005)
2005 Ed. (1008, 1016, 1018)
2006 Ed. (1018, 1020, 1022, 1026)
2007 Ed. (1106, 1115)
2008 Ed. (989)
2009 Ed. (971)
2010 Ed. (935, 2843)
2011 Ed. (867, 875)
2012 Ed. (820, 822, 831, 1765)
2013 Ed. (995, 997)
2014 Ed. (957)
Warnaco Inc.
1990 Ed. (1059)
1991 Ed. (983, 3512)
1992 Ed. (1531, 2961, 4480)
2001 Ed. (1278)
2002 Ed. (1083)
2003 Ed. (1003, 1004)
2004 Ed. (997, 998)
2005 Ed. (1012, 1013)
2006 Ed. (1020, 1021)
2007 Ed. (1106)
Warner
1989 Ed. (2228)
1990 Ed. (868, 877)
1996 Ed. (2744)
1999 Ed. (4715)
2003 Ed. (730)
2004 Ed. (752)
2005 Ed. (731, 733)
2006 Ed. (643, 645)
2007 Ed. (670)
2008 Ed. (627, 629)
2009 Ed. (2363, 2364, 2365, 4832,
4833, 4834)
Warner Books
1989 Ed. (743)
2004 Ed. (748)
2006 Ed. (641)
2007 Ed. (666)
2008 Ed. (625)
Warner Bros.
1991 Ed. (2487, 2739, 3330)
1992 Ed. (3110, 3111)
1993 Ed. (2596, 2597, 3524)
1997 Ed. (28, 705, 2816, 2819)
1998 Ed. (2532, 2534)
1999 Ed. (3442, 3445)
2000 Ed. (3165)
2001 Ed. (3358, 3359, 3360, 3377,
3380, 3390, 4497, 4694)
2002 Ed. (3394, 3395, 3396)
2003 Ed. (3451, 3452)
2004 Ed. (3512, 4141)
2005 Ed. (3517)
2006 Ed. (3574, 3575)
2007 Ed. (3639, 3640)
2008 Ed. (3752, 3753)
2009 Ed. (3776, 3778)
2010 Ed. (3707)
2011 Ed. (3702, 3709)
2012 Ed. (3721, 3732)
2013 Ed. (3666, 3668, 3780)
2014 Ed. (3601, 3713)
2015 Ed. (3613, 3614, 3725)
2016 Ed. (3497, 3498, 3637)
Warner Bros. Consumer Products
2013 Ed. (3511)
2014 Ed. (3485)
2015 Ed. (3502)
2016 Ed. (3353)
Warner Bros. Distributors
2009 Ed. (108)
Warner Bros. Domestic Theatrical Distribution

2000 Ed. (3164)
2002 Ed. (3393)
2012 Ed. (3718)
2013 Ed. (3765)
2014 Ed. (3694)
2015 Ed. (3713)
2016 Ed. (3624)
Warner Bros. Entertainment
2005 Ed. (3516)
Warner Bros. Entertainment Group
2006 Ed. (2496)
Warner Bros. Entertainment Inc.
2013 Ed. (1463)
2014 Ed. (1425)
Warner Bros. International
2001 Ed. (4702)
Warner Bros. Movie World
1999 Ed. (269)
Warner Bros. Television Productions
2012 Ed. (4682)
2015 Ed. (2672)
Warner Brothers
1994 Ed. (2562)
1995 Ed. (2615)
1996 Ed. (2689, 2690, 2691)
1999 Ed. (1788)
2000 Ed. (33, 793)
"Warner Brothers Volume 28"
1993 Ed. (3532)
Warner Cable Communications
1990 Ed. (870, 872)
1991 Ed. (834)
1992 Ed. (1019)
Warner Center Marriott Hotel
1994 Ed. (2105)
Warner Center Plaza & Business Park
1990 Ed. (2180)
Warner-Chappell
1990 Ed. (2663)
Warner Chilcott
2006 Ed. (2062, 2064, 2781)
2014 Ed. (1593, 2900)
Warner Chilcott Holdings
2008 Ed. (4289)
Warner Chilcott plc
2013 Ed. (3590)
Warner Chilcott UK
2006 Ed. (2067)
Warner Communications Inc.
1989 Ed. (255)
1990 Ed. (261, 262, 263, 1104, 2861)
1991 Ed. (1144, 1147, 1153, 1154,
1158, 1159, 1163, 2390, 2391,
2392, 3331)
1992 Ed. (1021, 1457, 1458, 1461,
1467, 1470, 1471, 1475, 1480)
1993 Ed. (814, 1178, 1182, 1188,
1196)
1994 Ed. (1212, 1217, 1218, 1222)
1995 Ed. (1221, 1222, 1228, 1238)
1996 Ed. (1199, 1209, 2578)
1997 Ed. (876, 1245, 1261)
2001 Ed. (3887)
2004 Ed. (3511)
2005 Ed. (1520, 3516)
Warner Electric Holdings Inc.
2003 Ed. (1844)
Warner-Elektra-Atlantic
2003 Ed. (3479)
Warner Fertilizer Co.
2013 Ed. (2674)
2014 Ed. (2628)
2015 Ed. (2671)
2016 Ed. (2594)
Warner; H. Ty
2005 Ed. (4850)
2006 Ed. (4905)
2007 Ed. (4901)
2008 Ed. (4828)
Warner Home Video
2001 Ed. (2122, 4691, 4692, 4697)
Warner III; Douglas A.
1994 Ed. (357)
Warner Insurance Services Inc.
1995 Ed. (2070)
Warner-Lambert Co.
1989 Ed. (1272, 1273, 1276, 2277)
1990 Ed. (969, 1488, 1558, 1560,
1561, 1564, 2779)
1991 Ed. (1409, 1464, 1466, 1468,
1469, 1471, 2682, 2791, 2792,
3313)
1992 Ed. (1044, 1778, 1862, 1863,
1864, 1865, 1866, 1869, 1874,
3347, 3396, 3595, 4059, 4226,
4227)
1993 Ed. (830, 831, 1376, 1509,
1510, 1511, 1512, 2707, 2771,
2774, 2952, 3528)
1994 Ed. (1261, 1429, 1551, 1553,

1554, 1555, 1556, 1558, 1875,
2034, 2665, 2745, 2986, 3502)
1995 Ed. (22, 1426, 1433, 1465,
1579, 1581, 1584, 1585, 2084,
2766, 2844, 3048, 3573, 3575)
1996 Ed. (1214, 1567, 1573, 1574,
2916, 3147, 3161)
1997 Ed. (1488, 1646, 1649, 1651,
1652, 2135, 3006, 3232)
1998 Ed. (621, 1180, 1328, 1330,
1333, 1335, 1348, 2753, 2979)
1999 Ed. (1713, 1830, 1897, 1900,
1901, 1902, 1903, 1919, 2642,
3715, 3976)
2000 Ed. (1524, 1695, 1697, 1698,
1700, 1702, 1711, 2420, 3424,
3691)
2001 Ed. (1179, 1587, 2054, 2059,
2060, 2077, 2461, 2674, 3647)
2002 Ed. (1392, 1520, 1521, 1522,
2002, 2024, 2027, 3593)
2003 Ed. (952, 1133, 1134, 3871)
2005 Ed. (1463, 1488, 1507, 1547,
1548)
Warner-Lambert Co.'s American Chicle
Group
1993 Ed. (929)
Warner Lambert Consumer
1995 Ed. (1547)
1996 Ed. (1523)
Warner-Lambert Consumer Healthcare
2002 Ed. (50)
2003 Ed. (1997, 1998, 2674, 3462,
3786, 4048, 4433, 4769)
Warner-Lambert Ireland
2006 Ed. (1816)
2007 Ed. (1823)
Warner Music
1996 Ed. (3032)
Warner Music Group
2005 Ed. (1549)
2006 Ed. (1453, 2491, 3276)
2007 Ed. (2456)
2008 Ed. (2588, 3626)
2009 Ed. (90)
2010 Ed. (98)
2014 Ed. (2535)
Warner Norcross & Judd LLP
2001 Ed. (562)
2009 Ed. (1643)
Warner Press, Inc.
1992 Ed. (3532)
Warner Robins, GA
2010 Ed. (928)
2013 Ed. (4788)
Warner Robins Oldsmobile-Cadillac-
Pontiac-GMC Inc.
1998 Ed. (467)
Warner Robins Oldsmobile-Cadillac-
Pontiac-GMC Truck Inc.
1997 Ed. (675)
1999 Ed. (729)
Warner; Sobani
1996 Ed. (1899)
Warner Sogefilms
2001 Ed. (3380)
Warner-Tamerlane Publishing Corp.
2014 Ed. (3716, 3720, 3722, 3724)
2015 Ed. (3726)
Warner TV
2007 Ed. (3216)
Warner; Ty
2011 Ed. (4832)
2012 Ed. (4846)
Warner Vision
2003 Ed. (728)
Warner/Chappell Music
2014 Ed. (3715, 3717, 3721, 3723,
3725)
2015 Ed. (3727)
WarnerIns
1996 Ed. (2833)
Warners
1997 Ed. (1039)
1998 Ed. (774)
1999 Ed. (1203)
2000 Ed. (1122)
2001 Ed. (1276)
2007 Ed. (3351)
2008 Ed. (3447)
2012 Ed. (3466)
Warners' Stellian Appliance
2014 Ed. (4355)
2015 Ed. (4364)
Warnock Chevrolet; Don
1991 Ed. (311)
Warnock Chrysler-Plymouth; Don
1990 Ed. (340)
Warnock Dodge
1990 Ed. (347)

1991 Ed. (311)
Warnock Jeep-Eagle Inc.
1992 Ed. (388)
1993 Ed. (274)
Warrant officer
1989 Ed. (2088)
Warrant Petrofina
1991 Ed. (730)
Warrantech Corp.
1992 Ed. (1673)
Warranty Holdings Group Ltd.
1994 Ed. (997)
Warren Averett
2013 Ed. (17)
2014 Ed. (13)
2015 Ed. (14)
2016 Ed. (13)
Warren, Averett, Kimbrough & Marino
2011 Ed. (20)
2012 Ed. (25)
Warren Averett LLC
2015 Ed. (1415)
2016 Ed. (1337)
Warren B. Kanders
2008 Ed. (2638, 2639)
Warren Buffet
1999 Ed. (2075)
2005 Ed. (982)
2007 Ed. (3949)
2008 Ed. (3979)
Warren Buffett
1990 Ed. (3687)
1993 Ed. (1693)
1996 Ed. (1711)
1997 Ed. (673, 1798)
1998 Ed. (464, 1509)
1999 Ed. (726, 4746)
2000 Ed. (734, 1871, 1872, 1883,
4375)
2015 Ed. (798)
Warren Corp.; George E.
1989 Ed. (929)
1990 Ed. (1038)
1995 Ed. (1003)
1996 Ed. (990)
Warren Credit Union
2002 Ed. (1902)
2003 Ed. (1957)
2004 Ed. (1997)
2005 Ed. (2139)
2006 Ed. (2234)
2007 Ed. (2155)
2008 Ed. (2270)
2009 Ed. (2257)
2010 Ed. (2210)
2011 Ed. (2228)
2012 Ed. (2090)
2013 Ed. (2276)
2014 Ed. (2210)
2015 Ed. (2274)
2016 Ed. (2245)
Warren D. Knowlton
2012 Ed. (3988)
Warren Dove International Pty. Ltd.
1997 Ed. (191)
Warren E. Buffett
1994 Ed. (1716)
1995 Ed. (664, 1729, 1731)
2004 Ed. (3213, 4872, 4874, 4881,
4882)
2005 Ed. (978, 4860, 4882, 4883)
2006 Ed. (4915)
2007 Ed. (1020, 4908, 4915, 4916)
2008 Ed. (4839, 4881, 4882)
2009 Ed. (759, 4858, 4904)
2010 Ed. (702, 4861, 4905)
2011 Ed. (4847, 4893)
2012 Ed. (600, 4855, 4901)
2013 Ed. (4852, 4924)
2014 Ed. (4867, 4931)
2015 Ed. (4904, 4971)
2016 Ed. (4820, 4888)
Warren East
2012 Ed. (791)
2014 Ed. (936)
Warren Edward Buffet
2006 Ed. (3898)
Warren Edward Buffett
1991 Ed. (2461)
2001 Ed. (705, 4745)
2002 Ed. (706, 3361)
2003 Ed. (787, 4887, 4889, 4894)
2005 Ed. (788, 4858)
2006 Ed. (689, 932, 940, 3262, 4911,
4927)
2007 Ed. (1022, 4906)
2008 Ed. (943, 4835)
2009 Ed. (943, 4855)
2010 Ed. (894, 3955, 4860)
2011 Ed. (818, 4818, 4846)

2012 Ed. (791, 4838, 4853)
2013 Ed. (984, 4832, 4833)
2014 Ed. (936, 4847, 4848)
2015 Ed. (953, 4884, 4885)
2016 Ed. (864, 4802, 4803)
Warren Eisenberg
2003 Ed. (954)
2004 Ed. (2529)
Warren Equipment Co.
2010 Ed. (3160)
Warren Equities Inc.
2009 Ed. (4004, 4164)
2010 Ed. (3911, 4098)
Warren F. Cooper
1994 Ed. (1712)
1995 Ed. (1726)
Warren Flick
2000 Ed. (1885)
Warren; Frank
2010 Ed. (829)
Warren; G.E.
1992 Ed. (3442)
Warren Henry Infiniti
1995 Ed. (271)
1996 Ed. (295)
Warren Henry Jaguar
1995 Ed. (276)
1996 Ed. (275)
Warren Henry Motors Inc.
1990 Ed. (303, 305)
Warren Henry Range Rover
1992 Ed. (398)
Warren Henry Volvo
1990 Ed. (324)
1991 Ed. (299)
1992 Ed. (404)
1993 Ed. (289)
1996 Ed. (292)
Warren J. Spector
1995 Ed. (1728)
Warren Jenson
2006 Ed. (990)
2007 Ed. (1083)
Warren Kantor
1995 Ed. (983)
Warren; Kelcy
2011 Ed. (4825)
2016 Ed. (4807)
Warren; Kevin
2010 Ed. (178)
Warren L. Batts
1996 Ed. (1715)
Warren Medical Research Center; William K.
1989 Ed. (1477)
Warren, MI
2007 Ed. (3013)
2009 Ed. (2495)
Warren Paving Inc.
2008 Ed. (1313)
Warren; Rick
2008 Ed. (280)
Warren Rupp Inc.
2014 Ed. (3552)
Warren; S. D.
1996 Ed. (2906)
Warren Sapp
2003 Ed. (297)
Warren Spector
2005 Ed. (2510)
Warren Staley
2006 Ed. (2627)
Warren Transport Inc.
2010 Ed. (4815)
Warren Tricomi
2007 Ed. (2758)
Warren-Troy-Farmington Hills, MI
2012 Ed. (4814)
Warren Trust; F. R. & J. C.
2005 Ed. (375)
Warrenton Copper LLC
2011 Ed. (3640)
Warres
2001 Ed. (4844)
2002 Ed. (4924)
2004 Ed. (4968, 4970)
2005 Ed. (4960, 4962)
2006 Ed. (4965)
Warre's Warrior
1997 Ed. (3887)
Warrior Group Inc.
2007 Ed. (3604, 4448)
2010 Ed. (173)
2011 Ed. (97)
Warriors; Golden State
2013 Ed. (546)
2014 Ed. (560)
2015 Ed. (623)
2016 Ed. (570)
The Warrior's Way

2012 Ed. (3723)
Warrnambool Cheese & Butter
2004 Ed. (2652)
Warsaw, Poland
2005 Ed. (3313)
2010 Ed. (3483)
2011 Ed. (2623)
2013 Ed. (4401)
2014 Ed. (2638)
2015 Ed. (2681)
2016 Ed. (2598)
Warsaw Stock Exchange
2014 Ed. (4549, 4552)
Warshavsky Freilich Dover
1989 Ed. (123)
1990 Ed. (117)
1993 Ed. (113)
1995 Ed. (88)
1997 Ed. (105)
1999 Ed. (107)
Warshavsky Freilich Dover (Grey)
1996 Ed. (103)
Warshawsky/Whitney
1990 Ed. (916)
1991 Ed. (868)
Wart removers
1995 Ed. (2903)
Warta
2001 Ed. (2926)
2015 Ed. (3328)
2016 Ed. (3182)
Wartburg College
2008 Ed. (1058)
Warteck
1991 Ed. (703)
Warthog plc
2002 Ed. (2495)
Wartsila Corp.
1991 Ed. (1276)
2010 Ed. (1620, 3545)
2011 Ed. (1629, 3545)
2012 Ed. (1480, 3538)
2013 Ed. (1610, 3583)
2014 Ed. (1577)
2015 Ed. (1628)
2016 Ed. (1556)
Wartsila S 1
1993 Ed. (2030)
Wartsila V 1
1993 Ed. (2030)
Warwick Baker O'Neill
2000 Ed. (41, 3474)
Warwick Business School
2011 Ed. (680)
2012 Ed. (620)
2013 Ed. (766)
2014 Ed. (791)
2015 Ed. (834)
Warwick; George Burns/Bob Hope. Dionne
1991 Ed. (1042)
Warwick International Hotels
2014 Ed. (3091, 3092)
Warwick Municipal Employees Credit
Union
2005 Ed. (2071)
Warwick Plumbing & Heating Corp.
2014 Ed. (3997)
Warwicks UK
2002 Ed. (1954)
Was; Don
1995 Ed. (1118, 1120)
Wasatch Advisors
2009 Ed. (3445)
Wasatch Advisors Mid-Capital
1997 Ed. (2896)
Wasatch Aggressive Equity
1993 Ed. (2687)
1994 Ed. (2633)
1995 Ed. (2733)
Wasatch Bancorp
1995 Ed. (492)
Wasatch Core Growth
2002 Ed. (3423)
2003 Ed. (3504, 3505, 3506)
2004 Ed. (3572, 3574, 3575)
2006 Ed. (3641, 3642)
Wasatch Electric
2006 Ed. (1350)
Wasatch Emergency Physicians
2010 Ed. (2072)
2011 Ed. (2129)
Wasatch Emerging Markets Small Cap
2012 Ed. (4549)
Wasatch Growth
1994 Ed. (2634)
Wasatch-Hoisington U.S. Treasury
1999 Ed. (3552)
2010 Ed. (594)
Wasatch-Holsington U.S. Treasury

2013 Ed. (615)
2016 Ed. (638)
Wasatch-Hosington U.S. Treasuries
2000 Ed. (762)
Wasatch-Hosington U.S. Treasury
2000 Ed. (763)
Wasatch Income
1992 Ed. (3169)
Wasatch Micro Cap
1999 Ed. (3576)
2003 Ed. (2359, 3507, 3508, 3549, 3550, 3551)
2004 Ed. (2457, 3572, 3575, 3593)
2005 Ed. (3559)
2006 Ed. (3647, 3648)
2007 Ed. (2491)
2013 Ed. (3815)
2015 Ed. (3763)
Wasatch Micro Cap Fund
2000 Ed. (3224)
2011 Ed. (4539)
Wasatch MicroCap Value
2008 Ed. (4515)
Wasatch Mountain Credit Union
1996 Ed. (1508)
Wasatch Peaks Credit Union
2016 Ed. (2239)
Wasatch Property Management
2007 Ed. (1314)
Wasatch Small Cap Growth
2003 Ed. (3507, 3508)
2004 Ed. (2457, 3574)
2006 Ed. (3646, 3647)
Wasatch Small Cap Value
2003 Ed. (3509, 3550)
2004 Ed. (2458, 3575)
2006 Ed. (3652)
Wasatch Ultra Growth
2003 Ed. (3547)
2004 Ed. (2457)
2006 Ed. (3646)
Wasatch U.S. Treasury
2004 Ed. (721)
2007 Ed. (645)
Wasco Inc.
1997 Ed. (1166)
1998 Ed. (950)
1999 Ed. (1371)
2000 Ed. (1263)
2001 Ed. (1477)
2002 Ed. (1293)
2006 Ed. (1286)
2008 Ed. (1260)
2009 Ed. (1236)
2010 Ed. (1235, 1291)
2011 Ed. (1183, 1268)
2012 Ed. (1130, 1170)
2013 Ed. (1276)
2014 Ed. (1209)
Waseda Academy
2009 Ed. (2402)
Wash A Bye
2000 Ed. (367)
Wash Depot
1999 Ed. (1035)
2005 Ed. (350)
Wash & Go
1994 Ed. (2819)
Wash N Go Car Wash
2006 Ed. (363)
Wash Tub Car Wash
2005 Ed. (350)
Washburn Piano Co.
1997 Ed. (2862)
Washington
1989 Ed. (1736, 2533, 2539, 2541, 2612, 2619, 2787, 2913, 2914, 2927, 2928)
1990 Ed. (365, 826, 996, 2147, 2411, 2493, 2494, 2575, 2655, 2889, 3347, 3348, 3349, 3355, 3356, 3360, 3361, 3364, 3365, 3373, 3376, 3383, 3387, 3388, 3404, 3413, 3415, 3426, 3427, 3692)
1991 Ed. (325, 786, 795, 2161, 2353, 2354, 2362, 3178, 3184, 3185, 3192, 3201, 3202, 3213, 3337, 3338, 3345, 3481, 3482, 3486, 3487, 3488, 3492)
1992 Ed. (444, 967, 972, 1757, 1942, 2334, 2810, 2924, 2928, 2930, 2944, 4074, 4076, 4081, 4082, 4085, 4095, 4098, 4105, 4111, 4112, 4263, 4264, 4428, 4435, 4436, 4442, 4443, 4445, 4448, 4452, 4457)
1993 Ed. (363, 2153, 2437, 2438, 2614, 3403, 3406, 3413, 3419, 3420, 3427, 3438, 3505, 3547, 3548, 3661, 3691, 3698, 3699,

3703, 3706, 3707, 3709, 3713, 3719)
1994 Ed. (870, 2334, 2387, 2388, 2414, 3391, 3396, 3403, 3409, 3410, 3414, 3419, 3475, 3506, 3507)
1995 Ed. (244, 1067, 2468, 2469, 3463, 3467, 3480, 3481, 3485, 3490, 3496, 3591, 3592, 3732, 3733, 3740, 3741, 3743, 3744, 3754, 3755, 3801)
1996 Ed. (1721, 2516, 2517, 3174, 3254, 3255, 3512, 3515, 3525, 3543, 3548, 3559, 3561, 3562, 3566, 3578, 3581, 3667, 3831, 3840, 3841, 3843, 3844, 3853, 3854)
1997 Ed. (996, 1573, 2655, 2656, 3574, 3583, 3588, 3601, 3602, 3606, 3610, 3623, 3726, 3888, 3889, 3891, 3892)
1998 Ed. (179, 725, 2381, 2406, 2452, 2970, 3377, 3378, 3380, 3388, 3511, 3728, 3732, 3735, 3737)
1999 Ed. (2811, 2812, 3140, 3219, 3220, 3223, 3377, 3975, 4403, 4404, 4405, 4408, 4409, 4410, 4412, 4420, 4430, 4440, 4441, 4535, 4582, 4776, 4777)
2000 Ed. (235, 2506, 2536, 2586, 2958, 2959, 2962, 3007, 3008, 3688, 3771, 3819, 4095, 4099, 4232, 4400, 4401)
2001 Ed. (273, 341, 361, 362, 401, 402, 428, 429, 549, 660, 703, 719, 720, 721, 722, 978, 1006, 1079, 1107, 1232, 1305, 1361, 1371, 1397, 1415, 1421, 1423, 1425, 1426, 1428, 1431, 1432, 1433, 1436, 1437, 1438, 1440, 1492, 1979, 2053, 2287, 2360, 2361, 2368, 2396, 2397, 2418, 2472, 2541, 2542, 2544, 2545, 2556, 2557, 2576, 2591, 2613, 2626, 2689, 2690, 3043, 3172, 3174, 3175, 3204, 3205, 3224, 3263, 3294, 3338, 3385, 3414, 3418, 3545, 3571, 3582, 3584, 3616, 3619, 3620, 3642, 3643, 3732, 3733, 3770, 3771, 3787, 3789, 3899, 3993, 4000, 4018, 4019, 4158, 4171, 4172, 4173, 4174, 4175, 4176, 4211, 4231, 4232, 4260, 4261, 4273, 4274, 4328, 4331, 4332, 4409, 4412, 4460, 4480, 4581, 4582, 4583, 4600, 4614, 4615, 4643, 4654, 4659, 4660, 4719, 4721, 4728, 4729, 4738, 4739, 4740, 4741, 4742, 4782, 4796, 4797, 4798, 4866, 4868, 4912, 4913, 4923, 4927, 4931, 4935)
2002 Ed. (463, 468, 469, 668, 869, 950, 1824, 1904, 2008, 2011, 2067, 2119, 2590, 2624, 2849, 2875, 2946, 3079, 3111, 3116, 3118, 3122, 3127, 3128, 3200, 3201, 3202, 3213, 3341, 3632, 3734, 3901, 4074, 4104, 4112, 4156, 4161, 4164, 4166, 4195, 4196, 4333, 4369, 4520, 4606, 4765, 4776, 4778, 4779, 4892, 4917, 4918)
2003 Ed. (408, 410, 411, 442, 444, 786, 969, 1060, 1082, 1083, 2127, 2145, 2146, 2147, 2148, 2829, 2838, 2884, 2988, 3003, 3238, 3355, 3895, 4250, 4284, 4287, 4288, 4292, 4293, 4418, 4419, 4723, 4896, 4909, 4910, 4912, 4955)
2004 Ed. (436, 805, 980, 1026, 1092, 1093, 1094, 1095, 1096, 1097, 2023, 2175, 2293, 2295, 2296, 2297, 2301, 2303, 2304, 2305, 2805, 2929, 2977, 2988, 3057, 3088, 3096, 3120, 3121, 3275, 3290, 3293, 3418, 3477, 3478, 3480, 3923, 4262, 4266, 4270, 4292, 4296, 4297, 4303, 4499, 4500, 4501, 4502, 4503, 4505, 4512, 4515, 4517, 4518, 4521, 4523, 4654, 4701, 4818, 4819, 4884, 4886, 4887, 4899, 4900, 4903, 4904, 4993, 4994, 4995)
2005 Ed. (370, 398, 400, 401, 443, 782, 843, 1100, 1101, 2919, 3301, 3871, 3882, 4201, 4203, 4204, 4229, 4234, 4597, 4794, 4795, 4899, 4900, 4940, 4941)

2006 Ed. (1094, 1095, 1096, 2358, 2755, 2980, 2986, 2987, 3069, 3098, 3136, 3156, 3480, 3943, 3982, 4332, 4665, 4865, 4932, 4933, 4996)
2007 Ed. (1200, 1201, 2273, 2292, 3009, 3017, 3018, 3210, 3372, 3824, 4001, 4396, 4686, 4866, 4938, 4939)
2008 Ed. (1106, 1107, 2424, 2437, 2648, 3129, 3136, 3137, 3271, 3351, 3859, 3885, 4355, 4595, 4915, 4916)
2009 Ed. (350, 1084, 1085, 2376, 2406, 2423, 2439, 2676, 2831, 3219, 3220, 3221, 3430, 3476, 3537, 3577, 3948, 4119, 4243, 4452, 4639, 4926, 4927)
2010 Ed. (326, 822, 926, 1057, 2300, 2312, 2340, 2357, 2360, 2418, 2572, 2578, 2594, 2774, 3138, 3152, 3153, 3154, 3274, 3360, 3409, 3460, 3461, 3495, 4002, 4004, 4005, 4175, 4504, 4668, 4930, 4931)
2011 Ed. (253, 749, 995, 2334, 2353, 2356, 2421, 2549, 2553, 2576, 2764, 3105, 3118, 3119, 3120, 3243, 3315, 3463, 3476, 4010, 4011, 4012, 4031, 4440, 4613, 4617, 4915, 4916, 4950, 4951)
2012 Ed. (274, 686, 687, 907, 919, 2194, 2243, 2280, 2281, 2498, 2505, 2735, 2918, 3042, 3049, 3054, 3055, 3136, 3209, 3300, 3301, 3474, 3479, 4164, 4484, 4611, 4622, 4623)
2013 Ed. (737, 739, 1065, 2168, 2315, 2422, 2832, 3129, 3135, 3136, 3271, 3523, 3720, 3828, 3830, 4153, 4569, 4570, 4571, 4574, 4578, 4579, 4773, 4995, 4996, 4997)
2014 Ed. (95, 277, 2098, 3135, 3136, 3297, 4477, 4624, 4626, 4627, 4628, 4631, 4632, 4633, 4637, 4638)
2015 Ed. (101, 2153, 2543, 2544, 3197, 3520, 4472, 4623, 4625, 4626)
2016 Ed. (94, 2126, 2471, 2568, 3054, 4377, 4541, 4543, 4544, 4902)
Washington Adventist Hospital
1997 Ed. (2266)
Washington Analysis Corp.
2007 Ed. (3272)
Washington-Arlington-Alexandria, DC-MD-VA-WV
2007 Ed. (217, 3366, 4057, 4809, 4877)
2008 Ed. (3458, 3464, 3477, 4089)
2009 Ed. (3534, 4351, 4767, 4777)
Washington-Arlington-Alexandria, DC-VA
2007 Ed. (3360, 3387)
2008 Ed. (3508)
2010 Ed. (3491)
2011 Ed. (3492)
2012 Ed. (2339)
Washington-Arlington-Alexandria, DC-VA-MD
2013 Ed. (3541)
Washington-Arlington-Alexandria, DC-VA-MD-WV
2006 Ed. (261, 676, 1019, 2620, 2673, 2698, 2868, 3473, 3474, 3475, 3476, 3477, 3478, 3578, 3796, 4024, 4098, 4141, 4143)
2007 Ed. (268, 772, 1105, 2374, 2597, 2658, 2692, 2858, 3498, 3499, 3500, 3501, 3502, 3503, 3643, 4120, 4164, 4166)
2011 Ed. (3657, 4270)
2012 Ed. (3697)
Washington & Associates Inc.; L.
1995 Ed. (2592)
1996 Ed. (2662)
Washington at St. Louis; University of
1997 Ed. (1062)
Washington Bancorp
2002 Ed. (3553)
Washington Banking
2013 Ed. (2172)
2015 Ed. (2161, 2165)
Washington Banking Co.
2012 Ed. (1963)
Washington Beef, Inc.
2002 Ed. (3276)
The Washington Blade

1995 Ed. (2879)
Washington; Booker T.
1994 Ed. (2233)
Washington Cable Supply Inc.
2001 Ed. (714)
Washington California Public Power System
1995 Ed. (1628)
Washington Capital
1993 Ed. (2326)
1996 Ed. (2408, 2678)
2002 Ed. (3940)
Washington Capitals
2000 Ed. (2476)
Washington Closure Co.
2004 Ed. (1727)
2005 Ed. (1786)
2006 Ed. (1757)
2007 Ed. (1765)
2008 Ed. (1793)
2009 Ed. (1738)
2010 Ed. (1684)
2011 Ed. (1697)
The Washington Consulting Group
2015 Ed. (3009)
Washington Consulting Group Inc.
1990 Ed. (2003, 2014)
Washington Cos.
2009 Ed. (2336)
2010 Ed. (2267)
Washington DC
1989 Ed. (2, 276, 284, 727, 738, 843, 844, 845, 846, 847, 910, 913, 917, 993, 1265, 1491, 1492, 1560, 1588, 1625, 1627, 1628, 1643, 1644, 1645, 1646, 1647, 1903, 1908, 1909, 1950, 1956, 1958, 1959, 2051, 2317, 2537, 2538, 2542, 2545, 2550, 2554, 2559, 2560, 2774, 2906, 2932, 2933, 2936)
1990 Ed. (301, 365, 401, 738, 876, 1002, 1008, 1054, 1055, 1150, 1218, 1466, 1553, 1656, 1867, 1868, 1895, 1958, 1986, 2072, 2111, 2123, 2124, 2125, 2126, 2133, 2160, 2161, 2162, 2163, 2164, 2165, 2166, 2167, 2223, 2429, 2442, 2447, 2485, 2493, 2546, 2550, 2551, 2554, 2555, 2556, 2557, 2661, 2867, 3003, 3047, 3048, 3070, 3112, 3418, 3523, 3524, 3526, 3527, 3528, 3529, 3530, 3535, 3536, 3702)
1991 Ed. (275, 325, 348, 515, 715, 716, 826, 827, 828, 831, 832, 882, 883, 976, 977, 1102, 1455, 1782, 1783, 1863, 1888, 1940, 1965, 1972, 1973, 1974, 1975, 1983, 2006, 2007, 2008, 2009, 2010, 2011, 2084, 2347, 2427, 2430, 2431, 2432, 2433, 2550, 2857, 2861, 2864, 2890, 2892, 2901, 2933, 3248, 3296, 3297, 3298, 3299, 3300, 3457, 3489)
1992 Ed. (237, 347, 374, 482, 668, 896, 897, 898, 1010, 1011, 1012, 1014, 1017, 1025, 1026, 1080, 1086, 1153, 1155, 1159, 1213, 1214, 1440, 1797, 1850, 2100, 2254, 2255, 2287, 2352, 2377, 2387, 2514, 2521, 2535, 2536, 2550, 2552, 2553, 2580, 2581, 2582, 2583, 2584, 2585, 2717, 2849, 2864, 2877, 2907, 3043, 3044, 3045, 3046, 3048, 3049, 3050, 3051, 3054, 3056, 3057, 3058, 3059, 3090, 3140, 3236, 3290, 3292, 3399, 3617, 3618, 3623, 3630, 3661, 3692, 3693, 3694, 3695, 3696, 3697, 3700, 3702, 3734, 3736, 3752, 3809, 3953, 4159, 4217, 4218, 4219, 4220, 4221, 4222, 4403, 4446, 4449, 4450, 4456)
1993 Ed. (267, 347, 370, 480, 709, 773, 808, 816, 818, 871, 884, 944, 949, 989, 1158, 1424, 1478, 1525, 1913, 1943, 1999, 2015, 2106, 2107, 2108, 2138, 2145, 2146, 2147, 2148, 2149, 2150, 2439, 2444, 2540, 2543, 2544, 2546, 2550, 2551, 2552, 2553, 2812, 2953, 3012, 3043, 3045, 3060, 3105, 3299, 3481, 3518, 3519, 3520, 3521, 3522, 3523, 3606, 3675, 3708, 3710, 3711, 3717, 3719)
1994 Ed. (256, 332, 482, 718, 719, 720, 820, 821, 822, 824, 826, 827, 951, 963, 965, 968, 971, 1017, 1103, 1188, 1524, 1566, 1935,

1936, 1971, 1992, 2129, 2142,
2143, 2169, 2170, 2171, 2172,
2173, 2174, 2372, 2378, 2383,
2386, 2472, 2494, 2499, 2500,
2501, 2502, 2811, 3056, 3057,
3058, 3059, 3066, 3067, 3068,
3104, 3105, 3121, 3151, 3293,
3325, 3456, 3494, 3495, 3496,
3497, 3498, 3511)
1995 Ed. (242, 246, 257, 328, 676,
677, 872, 874, 920, 928, 1026,
1027, 1202, 1555, 1609, 1668,
1964, 1966, 1995, 2048, 2080,
2181, 2183, 2184, 2205, 2219,
2220, 2221, 2222, 2223, 2451,
2459, 2464, 2467, 2558, 2560,
2561, 2562, 2563, 2571, 2665,
2900, 3102, 3103, 3104, 3105,
3111, 3112, 3113, 3149, 3150,
3173, 3195, 3369, 3522, 3544,
3562, 3563, 3564, 3565, 3566,
3567, 3633, 3651, 3715, 3735,
3742, 3745, 3746, 3747, 3753)
1996 Ed. (35, 37, 239, 261, 343, 509,
747, 748, 897, 907, 975, 1011,
1012, 1170, 1537, 1587, 1993,
1994, 2018, 2040, 2076, 2194,
2198, 2199, 2208, 2228, 2229,
2230, 2231, 2497, 2510, 2513,
2518, 2537, 2539, 2571, 2572,
2573, 2574, 2575, 2620, 2622,
2623, 2624, 2634, 2982, 3197,
3198, 3199, 3200, 3209, 3249,
3250, 3266, 3293, 3425, 3604,
3653, 3802, 3834, 3842, 3845,
3846, 3852)
1997 Ed. (270, 291, 322, 473, 678,
679, 869, 940, 1000, 1001, 1031,
1032, 1117, 1211, 1596, 1669,
2110, 2111, 2140, 2162, 2176,
2315, 2326, 2327, 2335, 2337,
2356, 2357, 2358, 2359, 2360,
2361, 2362, 2639, 2649, 2652,
2657, 2712, 2720, 2721, 2722,
2723, 2758, 2759, 2760, 2762,
2764, 2766, 2768, 2769, 2771,
2773, 2774, 2775, 2784, 2959,
3066, 3303, 3306, 3307, 3313,
3350, 3351, 3365, 3390, 3512,
3657, 3710, 3853, 3883, 3890,
3893, 3894, 3900)
1998 Ed. (359, 474, 580, 592, 673,
684, 734, 735, 741, 793, 1521,
1547, 1746, 1831, 1832, 1935,
2004, 2359, 2365, 2378, 2379,
2380, 2383, 2386, 2405, 2418,
2419, 2420, 2438, 2473, 2476,
2478, 2479, 2480, 2926, 2983,
3051, 3055, 3057, 3058, 3106,
3109, 3166, 3167, 3296, 3376,
3384, 3386, 3390, 3394, 3464,
3465, 3472, 3489, 3512, 3587,
3612, 3684, 3685, 3718, 3725,
3726, 3731, 3733, 3734, 3735,
3736, 3737)
1999 Ed. (526, 733, 734, 797, 1059,
1060, 1070, 1158, 1167, 1172,
1175, 1846, 1859, 2126, 2590,
2681, 2689, 2714, 2758, 2832,
3195, 3211, 3212, 3213, 3214,
3215, 3271, 3272, 3375, 3376,
3379, 3380, 3381, 3382, 3383,
3384, 3385, 3386, 3387, 3388,
3390, 3391, 3392, 3853, 4040,
4051, 4055, 4057, 4125, 4150,
4646, 4647, 4728, 4766, 4773,
4774, 4778, 4779, 4807)
2000 Ed. (318, 331, 359, 747, 748,
802, 1006, 1010, 1072, 1082, 1085,
1091, 1115, 1117, 1662, 1713,
1790, 1908, 2306, 2330, 2392,
2416, 2465, 2537, 2580, 2589,
2604, 2605, 2606, 2607, 2637,
2938, 2950, 2951, 2952, 2953,
2954, 2955, 2996, 3051, 3052,
3053, 3054, 3055, 3105, 3106,
3109, 3110, 3111, 3112, 3113,
3114, 3115, 3116, 3117, 3119,
3120, 3121, 3508, 3726, 3765,
3766, 3770, 3835, 3865, 4014,
4207, 4270, 4357, 4392, 4396,
4397, 4402, 4403)
2001 Ed. (416, 715, 765, 1013, 1155,
2080, 2277, 2280, 2596, 2721,
2783, 2793, 2796, 2818, 2819,
3102, 3120, 3121, 3291, 3292,
3718, 4049, 4089, 4143, 4164,
4678, 4679, 4680, 4708, 4734,
4790, 4791, 4792, 4793, 4836,
4848, 4849, 4850, 4851, 4852,

4853, 4854, 4855, 4856, 4919,
4923)
2002 Ed. (229, 255, 336, 441, 464,
466, 467, 470, 471, 472, 475, 476,
477, 719, 770, 772, 774, 921, 959,
961, 966, 1094, 1112, 1117, 1119,
1169, 1223, 1904, 1905, 1906,
2028, 2068, 2117, 2119, 2351,
2352, 2400, 2402, 2404, 2549,
2624, 2625, 2627, 2733, 2848,
2879, 2895, 2996, 3092, 3112,
3114, 3123, 3124, 3126, 3136,
3137, 3138, 3139, 3140, 3200,
3201, 3202, 3268, 3326, 3524,
3708, 3735, 3804, 3805, 3891,
3893, 4050, 4071, 4073, 4075,
4103, 4115, 4142, 4143, 4144,
4152, 4158, 4160, 4161, 4165,
4166, 4167, 4168, 4169, 4170,
4176, 4178, 4180, 4367, 4528,
4554, 4590, 4593, 4605, 4607,
4706, 4734, 4739, 4741, 4743,
4744, 4745, 4762, 4764, 4766,
4775, 4776, 4777, 4912, 4914,
4919, 4920, 4921, 4927, 4928,
4929, 4930, 4931, 4932, 4933,
4934, 4935)
2003 Ed. (231, 260, 309, 352, 353,
397, 401, 411, 412, 413, 414, 415,
416, 417, 418, 705, 756, 758, 776,
777, 784, 832, 901, 903, 905, 997,
998, 999, 1000, 1005, 1013, 1014,
1015, 1031, 1047, 1057, 1064,
1066, 1067, 1068, 1081, 1082,
1088, 1143, 1144, 1148, 2006,
2007, 2128, 2255, 2256, 2257,
2338, 2346, 2349, 2424, 2468,
2469, 2494, 2587, 2595, 2596,
2606, 2611, 2613, 2632, 2633,
2639, 2640, 2684, 2687, 2698,
2764, 2765, 2773, 2778, 2779,
2787, 2828, 2838, 2839, 2862,
2863, 2885, 2886, 2928, 3162,
3220, 3228, 3238, 3313, 3314,
3315, 3316, 3317, 3318, 3319,
3384, 3385, 3386, 3387, 3388,
3390, 3391, 3392, 3393, 3394,
3395, 3396, 3397, 3398, 3399,
3400, 3401, 3402, 3403, 3404,
3405, 3406, 3407, 3408, 3409,
3456, 3652, 3660, 3661, 3662,
3663, 3664, 3665, 3666, 3667,
3668, 3669, 3769, 3770, 3874,
3896, 4031, 4081, 4082, 4083,
4084, 4090, 4152, 4153, 4155,
4156, 4157, 4158, 4159, 4161,
4162, 4174, 4175, 4181, 4208,
4210, 4235, 4236, 4244, 4247,
4250, 4251, 4253, 4254, 4255,
4256, 4290, 4297, 4307, 4309,
4391, 4392, 4403, 4512, 4636,
4637, 4638, 4639, 4680, 4709,
4724, 4797, 4798, 4821, 4843,
4851, 4853, 4866, 4868, 4905,
4906, 4907, 4913, 4914, 4943,
4953, 4956, 4957, 4987)
2004 Ed. (189, 226, 227, 268, 332,
333, 334, 335, 336, 337, 359, 390,
391, 392, 393, 395, 396, 397, 437,
731, 732, 766, 768, 776, 790, 791,
803, 804, 848, 870, 922, 926, 984,
985, 988, 989, 990, 991, 994, 995,
996, 1001, 1011, 1012, 1015, 1016,
1017, 1018, 1036, 1054, 1066,
1075, 1076, 1077, 1092, 1094,
1101, 1109, 1138, 1139, 1146,
1147, 2022, 2048, 2052, 2176,
2263, 2264, 2265, 2266, 2418,
2419, 2598, 2599, 2601, 2602,
2627, 2630, 2696, 2702, 2710,
2711, 2731, 2733, 2749, 2750,
2751, 2752, 2760, 2761, 2762,
2763, 2795, 2801, 2850, 2851,
2854, 2855, 2865, 2866, 2872,
2873, 2874, 2880, 2887, 2898,
2900, 2901, 2929, 2930, 2947,
2951, 2952, 2979, 2981, 3216,
3219, 3262, 3280, 3282, 3294,
3297, 3299, 3309, 3314, 3368,
3369, 3370, 3371, 3372, 3375,
3377, 3378, 3379, 3380, 3381,
3382, 3383, 3384, 3385, 3386,
3388, 3389, 3390, 3391, 3392,
3450, 3451, 3452, 3453, 3454,
3457, 3458, 3459, 3460, 3461,
3462, 3463, 3464, 3465, 3466,
3467, 3468, 3469, 3470, 3471,
3472, 3473, 3474, 3475, 3519,
3700, 3704, 3705, 3706, 3707,
3708, 3709, 3710, 3711, 3712,
3713, 3714, 3715, 3716, 3717,

3718, 3719, 3720, 3721, 3722,
3723, 3724, 3725, 3795, 3796,
3799, 3800, 3898, 3899, 3924,
4050, 4087, 4102, 4103, 4104,
4109, 4110, 4111, 4112, 4113,
4116, 4150, 4152, 4153, 4155,
4156, 4164, 4166, 4167, 4168,
4170, 4171, 4172, 4173, 4174,
4175, 4177, 4178, 4191, 4199,
4200, 4201, 4202, 4210, 4211,
4231, 4233, 4253, 4266, 4270,
4271, 4272, 4273, 4274, 4275,
4276, 4298, 4305, 4307, 4317,
4319, 4406, 4407, 4408, 4409,
4415, 4418, 4478, 4479, 4611,
4612, 4616, 4617, 4618, 4619,
4658, 4679, 4702, 4753, 4765,
4782, 4783, 4819, 4834, 4835,
4836, 4838, 4846, 4848, 4896,
4897, 4904, 4905, 4947, 4954,
4955, 4956, 4959, 4960, 4972,
4973)
2005 Ed. (370, 402, 406, 408, 411,
414, 415, 416, 442, 841, 881, 883,
910, 913, 921, 1056, 1070, 1077,
1079, 1080, 1081, 1099, 1100,
2276, 2277, 2376, 2919, 2920,
2986, 2988, 3300, 3310, 3611,
3837, 3838, 3872, 4186, 4199,
4203, 4204, 4206, 4207, 4208,
4209, 4231, 4238, 4240, 4608,
4654, 4734, 4793, 4794, 4816,
4825, 4826, 4827, 4829, 4927,
4935, 4936, 4937, 4938, 4942,
4943, 4944, 4972, 4973, 4974,
4983)
2006 Ed. (748, 749, 767, 1094, 2344,
2345, 2982, 2983, 3259, 3298,
3310, 3312, 3726, 3905, 3935,
3974, 3975, 4666, 4673, 4707,
4785, 4864, 4865, 4970)
2007 Ed. (271, 775, 1109, 1198,
2270, 2272, 2280, 2281, 2601,
2664, 2693, 2860, 3015, 3016,
3504, 3505, 3506, 3507, 3508,
3509, 3644, 3709, 3954, 3993,
4013, 4014, 4125, 4174, 4176,
4230, 4687, 4694, 4731, 4866)
2008 Ed. (767, 977, 1104, 2415,
2416, 3118, 3134, 3135, 3278,
3473, 3515, 3516, 3518, 3519,
3800, 3984, 4010, 4039, 4040,
4041, 4348, 4351, 4357, 4596,
4603, 4650, 4721, 4729, 4731,
4787, 4996)
2009 Ed. (1022, 1082, 2326, 2388,
2405, 2415, 2503, 2667, 2831,
2945, 3207, 3217, 3218, 3298,
3335, 3467, 3874, 4113, 4114,
4245, 4640, 4651, 4692, 4765,
4819, 4965, 4997)
2010 Ed. (208, 697, 793, 988, 1055,
1057, 1137, 1138, 2256, 2317,
2326, 2334, 2335, 2357, 2411,
2414, 2420, 2517, 2577, 2636,
2637, 2706, 2715, 2766, 2806,
2807, 2825, 2826, 2879, 2886,
2921, 3023, 3138, 3147, 3150,
3225, 3238, 3239, 3269, 3271,
3275, 3526, 3612, 3631, 3654,
3655, 3656, 3657, 3658, 3659,
3660, 3661, 3662, 3663, 3664,
3665, 3667, 3668, 3669, 3671,
3709, 3775, 3776, 3777, 3778,
3779, 3780, 3782, 3783, 3784,
3785, 3996, 4046, 4143, 4153,
4154, 4182, 4194, 4195, 4270,
4271, 4273, 4274, 4275, 4276,
4296, 4297, 4298, 4299, 4300,
4301, 4304, 4305, 4306, 4307,
4309, 4311, 4312, 4313, 4318,
4319, 4320, 4321, 4322, 4324,
4325, 4326, 4327, 4328, 4329,
4330, 4331, 4332, 4333, 4334,
4335, 4336, 4337, 4338, 4339,
4340, 4341, 4342, 4343, 4355,
4357, 4359, 4360, 4362, 4363,
4364, 4365, 4366, 4367, 4368,
4464, 4465, 4536, 4669, 4669,
4704, 4716, 4779, 4787, 4788,
4837, 4968, 5002)
2011 Ed. (720, 736, 916, 993, 995,
2263, 2313, 2322, 2353, 2410,
2414, 2417, 2423, 2552, 2861,
2992, 3105, 3114, 3117, 3188,
3238, 3240, 3244, 3460, 3466,
3615, 3632, 3658, 3706, 4004,
4022, 4180, 4445, 4474, 4618,
4631, 4659, 4674, 4730, 4795,
4957, 4999)
2012 Ed. (673, 907, 908, 909, 914,

917, 919, 2131, 2214, 2224, 2226,
2335, 2338, 2344, 2504, 2521,
2735, 2791, 2918, 3042, 3050,
3053, 3147, 3202, 3204, 3210,
3609, 3632, 3727, 4060, 4164,
4230, 4485, 4489, 4624, 4631,
4689, 4812, 4951, 4996)
2013 Ed. (736, 738, 1064, 1155,
1157, 1386, 2315, 2521, 2522,
2670, 2704, 2833, 3044, 3132,
3133, 3134, 3224, 3270, 3720,
3827, 3828, 3839, 4039, 4101,
4122, 4153, 4434, 4447, 4572,
4573, 4580, 4584, 4585, 4724,
4787, 4971, 4998, 4999, 5000)
2014 Ed. (752, 843, 2620, 3243,
3298, 4118)
2015 Ed. (882, 4100)
2016 Ed. (710, 4014)
Washington, DC-Arlington, VA
1990 Ed. (2566, 2567)
1991 Ed. (2437, 2438, 2439, 2440)
Washington, DC-Baltimore, MD
2001 Ed. (3727)
Washington, DC-MD-VA
1989 Ed. (1952, 1960, 1961, 1962,
1963, 1964, 1965, 1966, 1967)
1990 Ed. (2154, 2155, 2548, 2549,
2558, 2559, 2560, 2561, 2562,
2563, 2564, 2565)
1991 Ed. (1982, 2000, 2424, 2425,
2435, 2436, 2441, 2442, 2443,
2444, 2445, 2446)
1992 Ed. (2542, 2575, 3035, 3040,
3041)
1993 Ed. (707, 2139, 2545)
1994 Ed. (2162, 2488, 2489, 2490,
2492)
1995 Ed. (230, 231, 2113, 2539,
3778)
Washington DC-MD-VA-WV
1995 Ed. (2213, 2553, 2554, 2555,
2557)
1996 Ed. (2222, 2615, 2616, 2617,
2619)
2000 Ed. (1070, 2614, 4364)
2001 Ed. (2757)
2002 Ed. (376, 1086, 2045, 2301,
2382, 2395, 2444, 2458, 3325,
3328, 3331, 3997, 3998, 4052,
4053, 4287)
2004 Ed. (796, 1006, 2423, 2424,
2426, 2646, 2706, 2719, 2809,
2860, 2983, 3522, 4185, 4186,
4435)
2005 Ed. (2454, 2455, 2457, 2990,
3472)
Washington D.C. Metropolitan Area
Transit Authority
1992 Ed. (4031)
1993 Ed. (785, 3361)
Washington (DC) Suburban Sanitary
Commission
1992 Ed. (4030)
Washington D.C. Suburban Sanitary
Commisssion
1993 Ed. (3360)
Washington, D.C./Baltimore
1990 Ed. (917)
Washington; Dennis
2010 Ed. (4852)
2012 Ed. (4843)
2013 Ed. (4842)
2014 Ed. (4858)
2015 Ed. (4895)
2016 Ed. (4813)
Washington; Denzel
2008 Ed. (183, 2579)
2009 Ed. (201)
Washington Department of Printing
2009 Ed. (4092, 4093)
Washington Dulles
1994 Ed. (192)
Washington-Dulles Airport
2001 Ed. (1339)
Washington Dulles International Airport
2008 Ed. (236)
Washington; Earl S.
1989 Ed. (737)
Washington Federal
2013 Ed. (2172)
2016 Ed. (366)
Washington Federal Inc.
1996 Ed. (3687)
1997 Ed. (3745)
2003 Ed. (422)
2004 Ed. (646, 647)
2005 Ed. (635, 636)
2006 Ed. (2079)
2009 Ed. (2125)

2010 Ed. (2065)
2011 Ed. (2120)
2012 Ed. (1959, 1963)
Washington Federal Savings
1992 Ed. (3775, 4291)
2005 Ed. (3304)
Washington Federal Savings & Loan
1993 Ed. (3070, 3075, 3087, 3295, 3567, 3568)
1994 Ed. (3141, 3226, 3530, 3532, 3533, 3536)
1995 Ed. (3288, 3366, 3609, 3612)
Washington Federal Savings & Loan Association
1994 Ed. (3287)
1998 Ed. (3129, 3138, 3526, 3570)
2002 Ed. (4118, 4126)
2003 Ed. (4261, 4270)
2004 Ed. (4244, 4245)
2005 Ed. (4177, 4178)
2006 Ed. (4229, 4230)
2007 Ed. (4243, 4244)
2010 Ed. (4416, 4417)
2011 Ed. (4361, 4362, 4363, 4378)
2012 Ed. (3715, 4401, 4402, 4403, 4418)
Washington, Foster School of Business; University of
2009 Ed. (787)
2010 Ed. (733)
2013 Ed. (750)
Washington Foundation Inc.; Dennis & Phyllis
2011 Ed. (2755)
2012 Ed. (2689)
Washington Gas & Light
1993 Ed. (1934, 2702)
Washington Gas Light Co.
1991 Ed. (1803, 2575)
1992 Ed. (2272, 3214, 3467)
1994 Ed. (2653)
1995 Ed. (2755)
1996 Ed. (2822)
1997 Ed. (2123, 2926)
1998 Ed. (1808, 2664)
1999 Ed. (2578, 3593)
2001 Ed. (1687)
2005 Ed. (2724)
2010 Ed. (2091)
2011 Ed. (2148)
2012 Ed. (1192)
2013 Ed. (2185)
2014 Ed. (2115)
2015 Ed. (2170)
2016 Ed. (2141)
Washington Government Environmental Services Co.
2010 Ed. (1162, 1979)
2011 Ed. (1111, 2041)
Washington Group International Inc.
2002 Ed. (331, 1175, 1212, 1214, 2132, 2134)
2003 Ed. (1186, 1187, 1244, 1245, 1249, 1251, 1252, 1256, 1261, 1262, 1263, 1266, 1267, 1269, 1271, 1272, 1273, 1280, 1296, 1298, 1320, 1330, 1333, 1691, 1692, 2292, 2294, 2298, 2299, 2302, 2745)
2004 Ed. (1191, 1192, 1247, 1249, 1252, 1253, 1254, 1258, 1265, 1266, 1272, 1273, 1275, 1283, 1286, 1301, 1329, 1335, 1604, 1727, 1728, 1729, 2325, 2326, 2329, 2331, 2343, 2344, 2352, 2354, 2356, 2358, 2363, 2367, 2369, 2381, 2432, 2433, 2442, 2443, 2444, 2446, 2828)
2005 Ed. (1169, 1171, 1173, 1174, 1217, 1218, 1298, 1300, 1302, 1304, 1307, 1308, 1334, 1340, 1787, 2156, 2415, 2416, 2417, 2418, 2438)
2006 Ed. (1165, 1167, 1169, 1170, 1187, 1188, 1241, 1244, 1246, 1247, 1249, 1268, 1269, 1270, 1271, 1273, 1313, 1757, 1758, 2071, 2450, 2459, 2502, 2503, 2506)
2007 Ed. (220, 1277, 1340, 1342, 1345, 1347, 1765, 1766, 2043, 2399, 2419, 2471, 2475, 2764, 2765)
2008 Ed. (207, 1178, 1226, 1229, 1232, 1234, 1294, 1299, 1302, 1341, 1793, 1794, 2136, 2536, 2546, 2600, 2601, 2602, 2604, 2881)
2009 Ed. (758, 1284, 1356, 1738,

1739, 2571, 2628, 2629, 2632, 2634, 2944)
2010 Ed. (1340, 1684, 2069)
2011 Ed. (1110, 1697, 2124)
Washington Group International LLC
2003 Ed. (1820)
Washington Group International (Ohio Corp.) Inc.
2003 Ed. (1186, 1187)
2004 Ed. (1191, 1192)
2005 Ed. (1217, 1218)
2006 Ed. (1187, 1188)
2007 Ed. (1295, 1296)
2008 Ed. (1193, 1194)
2009 Ed. (1168, 1169)
2010 Ed. (1161, 1162)
Washington Group International (Ohio Corporation) Inc.
2004 Ed. (1728)
2005 Ed. (1787)
2006 Ed. (1758)
2007 Ed. (1766)
2008 Ed. (1794)
2009 Ed. (1739)
Washington Health Care Facilities Authority
1995 Ed. (2648)
Washington Health Care Services
2006 Ed. (3724)
Washington Hispanic
2009 Ed. (3825)
2010 Ed. (2981)
2011 Ed. (2943)
2012 Ed. (2873)
2013 Ed. (2949)
2014 Ed. (2967)
Washington Homes
1998 Ed. (902)
1999 Ed. (1330)
2000 Ed. (1213)
2002 Ed. (1189, 2660)
2003 Ed. (1214)
2004 Ed. (1221)
2005 Ed. (1246)
Washington Hospital Center Corp.
2014 Ed. (2114, 2115)
2015 Ed. (2169)
2016 Ed. (2140)
Washington Hospital Center Inc.
1989 Ed. (2903)
1990 Ed. (3682)
1991 Ed. (1444, 3473)
1992 Ed. (4423)
1993 Ed. (1502)
2003 Ed. (1850)
2004 Ed. (1885)
2005 Ed. (2002)
2006 Ed. (2103, 2922)
2007 Ed. (2058)
2008 Ed. (2167)
2009 Ed. (2150)
2010 Ed. (2090)
2011 Ed. (2147)
2012 Ed. (1994)
Washington, IN
2011 Ed. (4203)
Washington Insurance Co.; Booker T.
1990 Ed. (2275)
1991 Ed. (2108, 2144)
1992 Ed. (2707)
1993 Ed. (2253)
1995 Ed. (2280)
1996 Ed. (2286)
1997 Ed. (2419)
Washington International
2001 Ed. (351)
Washington Iron Works
1990 Ed. (1207)
1993 Ed. (1129)
1994 Ed. (1146)
1995 Ed. (1161)
1999 Ed. (1377)
2008 Ed. (1266)
2010 Ed. (1241)
Washington & Jefferson College
2006 Ed. (1072)
2011 Ed. (949)
Washington; Keith
2016 Ed. (3335)
Washington; Kerry
2016 Ed. (2530)
Washington Lawyer
2008 Ed. (4716)
Washington & Lee
1999 Ed. (1227)
Washington & Lee University
2001 Ed. (1328)
2009 Ed. (1030, 1040)
2010 Ed. (1006)
2012 Ed. (861)

Washington Liftruck Inc.
2007 Ed. (3610, 3611, 4452)
Washington Medical Center; University of
2005 Ed. (2899, 2901, 2904, 2910)
2006 Ed. (2900, 2901, 2906, 2908, 2910, 2911, 2916)
2007 Ed. (2920, 2925, 2927, 2930, 2933)
2008 Ed. (3042, 3048, 3050, 3055, 3057)
2009 Ed. (3127, 3130, 3136)
2010 Ed. (3059, 3067)
2011 Ed. (3030, 3039)
2012 Ed. (2967, 2977)
2013 Ed. (3057, 3069)
2014 Ed. (3059, 3061, 3071)
2015 Ed. (3124, 3126, 3136)
2016 Ed. (2987, 2989, 2999)
Washington Memorial Parkway; George
1990 Ed. (2666)
Washington Metro Area Transit Authority
2004 Ed. (1360)
Washington Metropolitan Area Transit Authority
1989 Ed. (830)
1991 Ed. (808, 3160)
1992 Ed. (989)
1993 Ed. (786)
1994 Ed. (801, 802, 2408)
1995 Ed. (852)
1996 Ed. (832)
1997 Ed. (840)
1998 Ed. (537, 538, 2403)
1999 Ed. (956, 3989)
2000 Ed. (900, 2994)
2001 Ed. (1686, 3158)
2002 Ed. (3905)
2003 Ed. (1850)
2004 Ed. (3295)
2005 Ed. (2002, 3309)
2006 Ed. (687, 2103, 3296, 3297)
2008 Ed. (756, 2167)
2009 Ed. (751, 2150)
2010 Ed. (696, 2090)
2011 Ed. (624, 2147)
2012 Ed. (594, 905, 1994, 3471)
2013 Ed. (729, 1060, 2184)
2014 Ed. (1024, 2114, 3492)
2015 Ed. (1060, 2169, 2170, 3510)
2016 Ed. (967, 968)
Washington Metropolitan Area Transportation Authority
1990 Ed. (847)
Washington Mint
1998 Ed. (75)
Washington, MN
1991 Ed. (1368)
Washington MSB
1997 Ed. (380)
1999 Ed. (398)
2000 Ed. (417)
2002 Ed. (249, 3391)
2006 Ed. (203)
Washington Music Center
1993 Ed. (2640, 2641, 2642, 2643)
1994 Ed. (2592, 2593, 2594, 2596)
1995 Ed. (2673, 2674, 2675)
1996 Ed. (2746, 2747, 2748)
1997 Ed. (2861, 2862, 2863)
1999 Ed. (3500, 3502)
2000 Ed. (3218, 3220)
2001 Ed. (3415)
2013 Ed. (3802, 3803, 3804)
2014 Ed. (3736, 3737, 3738)
2015 Ed. (3749, 3750, 3751)
2016 Ed. (3657, 3658, 3659)
Washington Mutual Bank
1997 Ed. (3740, 3741)
2001 Ed. (3345, 3352)
2002 Ed. (3382, 3383, 3384, 3385, 3392)
2003 Ed. (424, 451, 3434, 3435, 3443, 3444, 3445, 3446, 3447, 3448, 4229, 4230, 4258, 4259, 4260, 4261, 4263, 4264, 4266, 4267, 4268, 4269, 4270, 4271, 4272, 4273, 4274, 4275, 4277, 4278, 4279, 4280, 4281)
2005 Ed. (3501)
2006 Ed. (539, 3558, 3559, 3560, 3561, 3562, 3563)
2007 Ed. (1182, 1183, 2866, 3019, 3629, 3635, 3636, 4243, 4244, 4245, 4246, 4247, 4248, 4249, 4250, 4251, 4252, 4253, 4254, 4255, 4256, 4257, 4258, 4259, 4260, 4261)
2009 Ed. (2718, 4388, 4389, 4390)
Washington Mutual Bank, FA

2001 Ed. (3350)
2002 Ed. (4099, 4100, 4117, 4120, 4121, 4122, 4123, 4124, 4125, 4126, 4127, 4128, 4129, 4130, 4133, 4134, 4135, 4136, 4137, 4138, 4139)
2004 Ed. (1062, 1063, 2862, 2995, 3502, 3506, 3507, 4244, 4245, 4246, 4247, 4248, 4249, 4250, 4278, 4279, 4281, 4282, 4284, 4285, 4286, 4287, 4288, 4289)
2005 Ed. (1066, 1067, 2867, 2993, 3502, 3510, 3511, 4177, 4178, 4179, 4181, 4182, 4183, 4211, 4212, 4214, 4215, 4216, 4217, 4218, 4219, 4220, 4221, 4222)
2006 Ed. (1074, 1075, 2872, 2988, 3569, 3570, 3571, 4229, 4230, 4231, 4233, 4234, 4235, 4236, 4237, 4240, 4241, 4242, 4243, 4244, 4245, 4246, 4247)
Washington Mutual Bank FSB
2006 Ed. (1074, 3569, 4236, 4242)
2007 Ed. (1182, 3629, 4250, 4256)
2009 Ed. (4388)
Washington Mutual Inc.
1992 Ed. (4290)
1995 Ed. (2690, 3609, 3611)
1999 Ed. (547, 1444, 1477, 1515, 1750, 3439, 3440, 4595, 4596, 4597)
2000 Ed. (1582, 2199, 3388, 4246, 4247)
2001 Ed. (437, 575, 581, 582, 585, 586, 3344, 3348, 3351, 4159, 4160, 4521, 4522, 4523)
2002 Ed. (444, 504, 1525, 1561, 1796, 2003, 3380, 3388, 3389, 4171, 4354, 4501, 4622, 4978)
2003 Ed. (1555, 1849, 2471, 3432, 4282, 4283, 4301, 4564, 4981, 4982)
2004 Ed. (417, 418, 423, 434, 441, 601, 1450, 1743, 1884, 2116, 2118, 2610, 2611, 3501, 4310)
2005 Ed. (364, 366, 373, 376, 377, 429, 452, 590, 1003, 1550, 1581, 1585, 1615, 1802, 2000, 2221, 2223, 2584, 2594, 2595, 2600, 3302, 3305, 3488, 3500, 3509, 4243, 4522, 4689, 4690)
2006 Ed. (387, 507, 2071, 2072, 2076, 2077, 2078, 2082, 2084, 2101, 2283, 2285, 2297, 2587, 2850, 3490, 3557, 3564, 3565, 3566, 3567, 3568, 4248, 4468, 4734, 4735)
2007 Ed. (368, 370, 382, 532, 857, 1473, 2043, 2044, 2057, 2214, 2225, 2260, 2556, 3380, 3522, 3627, 3628, 3634, 4101, 4262)
2008 Ed. (356, 358, 486, 896, 2136, 2138, 2141, 2142, 2146, 2166, 2354, 2365, 2697, 2712, 3681, 3748, 3749, 4510)
2009 Ed. (372, 374, 513, 2125, 2126, 2130, 2147, 2148, 3243, 3263, 3769, 4387, 4572)
2010 Ed. (348, 349, 350, 355, 493, 2058, 2061, 2062, 2068, 2069, 3365, 3686, 3690)
2011 Ed. (270, 272, 2113, 2116, 2117, 2123, 2124)
2012 Ed. (293, 295)
2013 Ed. (295, 297)
2014 Ed. (312)
2015 Ed. (347, 349)
2016 Ed. (342, 344)
Washington Mutual Investor
1992 Ed. (3150)
Washington Mutual Investors
1990 Ed. (2392)
1991 Ed. (2557)
1997 Ed. (2882, 2897)
1998 Ed. (2607)
1999 Ed. (3516)
2000 Ed. (3222, 3236)
2001 Ed. (3452)
2003 Ed. (2361, 3518, 3519)
2004 Ed. (2464)
2005 Ed. (2465, 4483)
2006 Ed. (2510, 4559)
2008 Ed. (2610)
Washington Mutual Savings
1993 Ed. (3216, 3295, 3573)
2000 Ed. (3158, 3159, 3161, 3162)
Washington Mutual Savings Bank
1990 Ed. (715)
1994 Ed. (340, 3141, 3287, 3526, 3533, 3535)
1995 Ed. (3366, 3608, 3610)

1996 Ed. (3684, 3685, 3686, 3687, 3688, 3689)
1997 Ed. (3744, 3745, 3746, 3747)
1998 Ed. (268, 270, 295, 300, 1082, 1192, 2528, 3523, 3525, 3527, 3531, 3532, 3533, 3534, 3535, 3536, 3570)
1999 Ed. (3435, 3441)
Washington National
1989 Ed. (245)
Washington National, Ill.
1989 Ed. (1689)
Washington National Insurance Co.
1991 Ed. (2107)
Washington Nationals
2007 Ed. (578)
2008 Ed. (529)
2016 Ed. (569)
Washington Post
2013 Ed. (3833)
2014 Ed. (3754)
2015 Ed. (3777)
The Washington Post Co.
1989 Ed. (2902, 2973)
1990 Ed. (2522, 2692, 2693, 2697, 2703, 2704, 2706, 3683)
1991 Ed. (1444, 2392, 2603, 2604, 2606, 2609, 2783, 2785, 2787, 3472)
1992 Ed. (3589)
1993 Ed. (752, 1295, 1502, 1506, 2724, 2803, 2942, 2944)
1994 Ed. (828, 1347, 2977, 2979, 2982)
1995 Ed. (877, 1372, 3038, 3042)
1996 Ed. (2846, 3140, 3142)
1997 Ed. (2943, 3222)
1998 Ed. (81, 83, 84, 85, 2440, 2974, 2975)
1999 Ed. (3613, 3614, 3969, 4809)
2000 Ed. (3334, 4429)
2001 Ed. (261, 1687, 3247, 3248)
2002 Ed. (3501, 3504, 3510, 3883, 3884)
2003 Ed. (1851, 3643, 3647, 4024, 4025, 4026, 4027)
2004 Ed. (1886, 3409, 3411, 4042, 4043, 4045, 4046)
2005 Ed. (2003, 3422, 3424, 3600, 3981, 3982, 3983, 3984)
2006 Ed. (769, 2104, 3437, 3440, 3704, 4021, 4022, 4023)
2007 Ed. (2059, 3453, 4050, 4051, 4053)
2008 Ed. (759, 2168, 3623, 3628, 4086, 4087)
2009 Ed. (2151, 3824, 4200, 4201)
2010 Ed. (2090, 2091, 3752, 3753, 4135, 4139)
2011 Ed. (80, 1450, 2147, 2148, 2149, 3753, 3754, 4135)
2012 Ed. (1994, 1995, 1998, 2218, 3758, 3759, 4166, 4168)
2013 Ed. (2184, 2185)
2014 Ed. (2114, 2115)
2015 Ed. (2169, 2170)
Washington Post Co.
2013 Ed. (4155, 4156)
2014 Ed. (3050, 4171)
2015 Ed. (3116, 4151)
Washington Post Writers Group
1989 Ed. (2047)
Washington Public Power Supply System
1991 Ed. (1486, 2510, 2533)
1993 Ed. (1548, 3359)
1999 Ed. (1943)
2000 Ed. (1727)
Washington Real Estate Investment
1991 Ed. (2816)
Washington Real Estate Investment Trust
1992 Ed. (3628)
2008 Ed. (4118)
Washington Redskins
2000 Ed. (2252)
2001 Ed. (4346)
2003 Ed. (4522)
2004 Ed. (2674)
2005 Ed. (2667, 4437, 4449)
2006 Ed. (2653)
2007 Ed. (2632)
2008 Ed. (2761)
2009 Ed. (2817, 4521)
2010 Ed. (2758)
2011 Ed. (2744)
2012 Ed. (2681, 4521)
2013 Ed. (2767)
2014 Ed. (2749)
2015 Ed. (2802)

2016 Ed. (2732)
Washington Regional Medical System
2014 Ed. (1369, 1380)
Washington REIT
1994 Ed. (1289, 3000)
2002 Ed. (1556)
Washington Research
2008 Ed. (3387)
Washington; Robin
2010 Ed. (918)
Washington Savannah River Co.
2010 Ed. (1978)
Washington Savings Bank
2007 Ed. (463)
Washington Savings & Loan
1991 Ed. (3370)
Washington School Employees Credit Union
2002 Ed. (1899)
2003 Ed. (1953)
Washington School of Medicine; University of
2005 Ed. (3835)
2006 Ed. (3903)
2007 Ed. (3953)
2009 Ed. (4054)
Washington-Seattle; University of
2012 Ed. (879)
Washington Square
1989 Ed. (2127)
Washington Square Press
2008 Ed. (629)
2009 Ed. (649)
2010 Ed. (617)
2011 Ed. (549)
2012 Ed. (529)
Washington Square Securities
1999 Ed. (839, 841, 842, 851, 852, 861, 865)
2000 Ed. (833, 834, 837, 838, 839, 849, 850, 862, 865, 866)
2002 Ed. (790, 791, 792, 793, 794, 795)
Washington State
2016 Ed. (2125)
Washington State Board
1994 Ed. (2760)
1997 Ed. (3019, 3024)
1998 Ed. (2765, 2766)
1999 Ed. (3723, 3724)
2000 Ed. (3435, 3438, 3444)
2001 Ed. (3669, 3675, 3678, 3681)
2002 Ed. (3610, 3611, 3613, 3617)
2003 Ed. (1982, 1983, 1984)
2007 Ed. (2178, 2179, 2180, 2185, 2188, 2190, 2193)
2008 Ed. (2309, 2310, 2322, 2323)
2009 Ed. (2292, 2294, 2299, 2301, 2303, 2308, 2311)
2010 Ed. (2232, 2237, 2240, 2242)
2011 Ed. (2251)
Washington State Department of Labor & Industries
2007 Ed. (2801)
Washington State Department of Printing
2006 Ed. (3950, 3953, 3954, 3962)
2012 Ed. (4006, 4007)
2013 Ed. (4072, 4073)
Washington State Employees Credit Union
1997 Ed. (1561)
2002 Ed. (1835, 1899)
2003 Ed. (1953)
2004 Ed. (1993)
2005 Ed. (2135)
2006 Ed. (2230)
2007 Ed. (2151)
2008 Ed. (2266)
2009 Ed. (2253, 3773)
2010 Ed. (2206)
2011 Ed. (2224)
2012 Ed. (2085)
2013 Ed. (2273)
2014 Ed. (2207)
2015 Ed. (2271)
2016 Ed. (2242)
Washington State Housing Finance Committee
2001 Ed. (942)
Washington State Housing Financial Commission
1993 Ed. (2619)
Washington State Investment Board
1991 Ed. (2691, 2693, 2695)
2004 Ed. (2030, 2031, 2032, 2033)
Washington State University
1990 Ed. (2053)
2016 Ed. (729)

Washington Sub. Sanitary Distributor, MD
1991 Ed. (2780)
Washington Suburban Sanitary Commission
1991 Ed. (3159)
2014 Ed. (2350, 2837)
2016 Ed. (2359)
Washington Suburban Sanitary District, MD
1997 Ed. (3217)
Washington Suburban Sanitation District
1991 Ed. (2514)
Washington Suburbs Sanitary District
1993 Ed. (2938)
Washington Technology Industry Association
2013 Ed. (2158)
Washington, The Evergreen State Magazine
1992 Ed. (3385)
Washington Trust Bank
2010 Ed. (1683)
2012 Ed. (1826)
Washington Trust Bond
1994 Ed. (2310)
Washington Trust Common Stock
1994 Ed. (2310)
The Washington Trust Co.
2013 Ed. (2024)
2014 Ed. (1959)
2015 Ed. (2005)
2016 Ed. (1976)
Washington Trust Co.
1993 Ed. (510)
Washington University
1989 Ed. (958, 1477, 2164)
1991 Ed. (1003, 1767, 2402, 2688)
1992 Ed. (3357)
1993 Ed. (2782)
1995 Ed. (1049, 1064)
1997 Ed. (1064)
1999 Ed. (3327, 3332, 3333, 3335)
2000 Ed. (1143, 3070)
2002 Ed. (2348, 2349, 3982)
2005 Ed. (1877)
2006 Ed. (1898)
2007 Ed. (1890)
2008 Ed. (1945)
2009 Ed. (1905, 3128, 3131, 3132, 3133, 3139, 3140, 3141)
2010 Ed. (3060, 3063, 3064, 3070, 3072)
2011 Ed. (3035, 3038, 3042, 3043, 3044)
2012 Ed. (2961, 2962, 2963, 2966, 2968, 2973, 2975, 2979, 2980, 2982)
2013 Ed. (3052, 3053, 3054, 3055, 3063, 3066, 3068, 3071)
2014 Ed. (795, 3059, 3064, 3065, 3066, 3068, 3069, 3070, 3073, 3074)
2015 Ed. (810, 838, 3135)
2016 Ed. (733, 1825, 2998)
Washington University; George
1992 Ed. (1008)
Washington University Health Plan; George
1994 Ed. (2036)
Washington University in St. Louis
2000 Ed. (3065, 3071)
2001 Ed. (3060, 3252, 3254, 3256, 3260)
2004 Ed. (3424)
2005 Ed. (3440)
2007 Ed. (3468)
2008 Ed. (3640)
2009 Ed. (3709)
2010 Ed. (3627)
Washington University Law School; George
2010 Ed. (3434)
Washington University, Missouri
1991 Ed. (892)
Washington; University of
1991 Ed. (891, 2402)
1992 Ed. (1094, 1974, 3663)
1993 Ed. (893, 1029, 1625, 3000)
1994 Ed. (1656)
1995 Ed. (1073, 3091, 3095)
1996 Ed. (1048, 2459, 3192)
1997 Ed. (1067, 1767, 2604, 3297)
2005 Ed. (3439, 3440)
2006 Ed. (3951, 3957, 3962)
2007 Ed. (833, 1163, 3468)
2008 Ed. (771, 777, 1065, 1089, 3640)
2009 Ed. (794, 1033, 1042, 1066, 3709, 4092)

2010 Ed. (759, 1013, 1034, 3450, 3626, 3627, 3768, 4004)
2011 Ed. (638, 947, 950, 965, 3450, 3627, 3628, 3772, 4011)
2012 Ed. (863)
2013 Ed. (3059, 4072)
2014 Ed. (4082)
2015 Ed. (2168, 4066)
2016 Ed. (729, 2138, 3973)
Washington University, Olin School of Business
2008 Ed. (777)
2009 Ed. (782)
2010 Ed. (736)
Washington University School of Medicine
1991 Ed. (1767)
Washington University-St. Louis
1990 Ed. (1095, 2785)
2006 Ed. (701, 720)
2007 Ed. (794, 805)
2008 Ed. (769, 784)
2009 Ed. (779, 797)
2011 Ed. (3628)
Washington University-St. Louis, Olin School of Business
2011 Ed. (652)
2012 Ed. (608)
Washington vs. Miami
1992 Ed. (4162)
Washington Water
1989 Ed. (1304)
1991 Ed. (1505)
1994 Ed. (1603)
Washington Water Power Co.
1992 Ed. (1888, 1906)
2000 Ed. (3673)
Washington Water Power Co. Lewiston
1991 Ed. (1489)
Washington Water Power Co., Spokane
1991 Ed. (1489)
Washington Wizards
2000 Ed. (704)
2001 Ed. (4345)
2003 Ed. (4508)
2004 Ed. (657)
Washington/Caraway
1992 Ed. (2246)
WashingtonPost
1990 Ed. (2929, 2931, 2932, 2933, 3525)
Washinton National Cathedral
1992 Ed. (4318)
Washkewicz; D. E.
2005 Ed. (2480)
Washkewicz; Donald E.
2011 Ed. (826)
Washoe County, NV
2008 Ed. (3478)
2009 Ed. (2391)
Washoe County Schools
2008 Ed. (4280)
Washtenaw County, MI
1999 Ed. (1779, 2997)
2009 Ed. (2887)
Wasington, DC
2000 Ed. (1158)
Wasmer Schroeder & Co.
2013 Ed. (3390)
Wasp & hornet killer
2002 Ed. (2816)
Wasserman; Bert W.
1997 Ed. (979)
Wasserman; Lew and Edie
1994 Ed. (892)
Wasserman Media Group
2014 Ed. (3570)
Wasserott's
1991 Ed. (1928)
Wasserstein Perella
1990 Ed. (2295)
1991 Ed. (1111, 1112, 1116, 1118, 1119, 1121, 1122, 1126, 1127, 1130, 1132, 1133)
1992 Ed. (1453, 1454, 1455, 1495)
1993 Ed. (1164, 1167, 3147)
1995 Ed. (749, 1213, 1255)
1996 Ed. (1186)
1998 Ed. (1000, 1037)
Wasserstein Perella & Co.
2003 Ed. (1502)
Wasserstein, Perella & Great APT
1991 Ed. (1183)
1994 Ed. (1236)
1996 Ed. (1185, 1224)
Wasserstein Perella & Great Atlantic Pacific Tea Co.
1997 Ed. (1270)
Wasserstein Perella Group
2001 Ed. (1515, 1518)

2002 Ed. (439, 1353, 4602)
2003 Ed. (1414)
Wasserstein Perella/NWP
1993 Ed. (1170, 3125)
The Wasserstrom Co.
1990 Ed. (1839)
1997 Ed. (2060, 2061)
1999 Ed. (2482)
2000 Ed. (2243)
2005 Ed. (2623)
2006 Ed. (2619)
2007 Ed. (2593, 2595)
2008 Ed. (2729)
2009 Ed. (2784)
2010 Ed. (2717)
2011 Ed. (2702)
2012 Ed. (2629)
2013 Ed. (2714)
2014 Ed. (2697, 2699)
2015 Ed. (2799, 2801)
2016 Ed. (2729, 2731)
Wasserstrom Co.
2016 Ed. (2572)
The Wasserstrom Cos.
1991 Ed. (1757)
1992 Ed. (2206)
1993 Ed. (1887)
1995 Ed. (1919)
1996 Ed. (1955)
Wasson, TX
2012 Ed. (3862)
Waste
2007 Ed. (2309)
Waste Connections Inc.
2005 Ed. (4836)
2006 Ed. (4007, 4890)
2007 Ed. (2467, 4041, 4881)
2008 Ed. (4076, 4816)
2009 Ed. (4840)
2010 Ed. (4124, 4848)
2011 Ed. (4089, 4814)
2012 Ed. (4123, 4831)
2013 Ed. (4116, 4824)
2014 Ed. (4131, 4838)
2015 Ed. (4115, 4875)
2016 Ed. (4029, 4796)
Waste, food
1992 Ed. (3651, 3652, 3653)
Waste King
1992 Ed. (2258)
1993 Ed. (1917)
1994 Ed. (1940)
1995 Ed. (1969)
1997 Ed. (2114)
Waste Management
2016 Ed. (1299)
Waste Management Canada
2007 Ed. (2479)
Waste Management Employees' Better
Government Fund
1992 Ed. (3475)
Waste Management Holdings Inc.
2001 Ed. (4661)
2003 Ed. (2135)
2004 Ed. (2189)
2005 Ed. (2288)
2006 Ed. (2351)
2007 Ed. (2287)
2008 Ed. (2421)
2009 Ed. (2420)
Waste Management Inc.
1989 Ed. (2465, 2476, 2479)
1990 Ed. (2875, 3257, 3259)
1991 Ed. (1446, 2752, 3092, 3100,
3105, 3226, 3399)
1992 Ed. (1133, 1136, 1836, 3478,
3479, 3935, 3939, 4144, 4312)
1993 Ed. (935, 1506, 2875, 3228,
3262, 3464, 3592)
1994 Ed. (944, 1207, 2891, 3231,
3441, 3555)
1995 Ed. (3341)
1999 Ed. (948, 1486, 1501, 1556,
1557, 2058, 2060, 4742, 4743)
2000 Ed. (894, 1358, 1861, 2394,
4004, 4372)
2001 Ed. (2304, 2760, 4661, 4733)
2002 Ed. (1510, 1525, 2151, 4782,
4783)
2003 Ed. (1521, 2135, 2136, 4874)
2004 Ed. (1554, 2189, 3921, 3922,
4853)
2005 Ed. (821, 1508, 2288, 2770,
3869, 3870, 3923, 3924, 3933,
4836, 4837)
2006 Ed. (745, 747, 1078, 1079,
2351, 2352, 3997, 3998, 4007,
4890, 4891, 4892)
2007 Ed. (841, 1531, 1922, 2287,
2288, 2467, 4032, 4033, 4041,

4358, 4810, 4881, 4882, 4883)
2008 Ed. (1092, 2421, 3028, 4060,
4061, 4066, 4067, 4076, 4816)
2009 Ed. (2420, 4174, 4175, 4180,
4189, 4840, 4841)
2010 Ed. (772, 1448, 2033, 2528,
3188, 4109, 4110, 4115, 4124,
4471, 4583, 4848)
2011 Ed. (2331, 4077, 4078, 4083,
4089, 4400, 4407, 4546, 4814,
4815)
2012 Ed. (2236, 4108, 4109, 4114,
4123, 4469, 4830, 4831, 4832,
4833)
2013 Ed. (2413, 2803, 3172, 4104,
4105, 4110, 4116, 4433, 4811,
4821, 4823, 4824, 4825, 4826)
2014 Ed. (2352, 2840, 4120, 4121,
4126, 4131, 4467, 4835, 4837,
4838, 4839, 4840)
2015 Ed. (2418, 2630, 2880, 3121,
4104, 4105, 4110, 4115, 4461,
4872, 4874, 4875, 4876, 4877)
2016 Ed. (2361, 4016, 4017, 4023,
4029, 4360, 4795, 4796, 4797,
4798)
Waste Management International
1994 Ed. (3650)
Waste Management of Los Angeles
2002 Ed. (2152)
Waste Management of North America
Inc.
2001 Ed. (4661)
2003 Ed. (2135)
Waste Management of Tennessee Inc.
2007 Ed. (2287)
Waste Management of Virginia Inc.
2014 Ed. (2352, 2840, 4835)
Waste Management of Washington Inc.
2016 Ed. (2123)
Waste Management Recycle America
LLC
2010 Ed. (4172)
2011 Ed. (4173)
2012 Ed. (4224)
2013 Ed. (4209)
Waste Management/Recycle America
1995 Ed. (3080)
1996 Ed. (3176)
1997 Ed. (3277)
1998 Ed. (3030)
Waste Management/WMX Technologies
Inc.
1998 Ed. (1492)
Waste, oil
1992 Ed. (3645)
Waste Paper
2000 Ed. (1897)
Waste Pro
2016 Ed. (1576)
Waste Services Inc.
2007 Ed. (3534, 4401)
Waste Technology Corp.
1997 Ed. (2023)
Waste, yard
1992 Ed. (3645, 3651, 3652, 3653)
Wastewater
2000 Ed. (3565)
2001 Ed. (2303)
Wastren Advantage
2009 Ed. (2624)
2014 Ed. (2574)
Wasu Media
2016 Ed. (3492)
Watabank
1997 Ed. (402)
Watanabe Ing
2001 Ed. (800)
Watanabe; Katsuaki
2009 Ed. (759)
Watanabe; Kitaro
1990 Ed. (730)
1993 Ed. (698)
Watani-UAE
2009 Ed. (107)
2010 Ed. (114)
Watania Co-operative Insurance Co.
2009 Ed. (2722)
2010 Ed. (2644)
2011 Ed. (2634)
Wataniya Telecom
2004 Ed. (60)
2005 Ed. (55)
2007 Ed. (53)
2008 Ed. (21, 55)
2009 Ed. (24, 63)
2010 Ed. (34, 73)
Watch television
1992 Ed. (878)

Watch Tower Bible & Tract Society of
Canada
2012 Ed. (728)
Watchdog Patrols
2000 Ed. (3905)
Watchell Lipton Rosen & Katz
1999 Ed. (1431)
Watches
1990 Ed. (1578)
1992 Ed. (2951)
1998 Ed. (2316)
1999 Ed. (1934)
2001 Ed. (2733)
2005 Ed. (2961)
Watchfire
2008 Ed. (1150)
Watchguard Technologies Inc.
2015 Ed. (845, 2149)
2016 Ed. (2123)
WatchGuard Technologies, Inc.
2003 Ed. (2744)
Watco Companies, LLC
2016 Ed. (4687)
Water
1992 Ed. (3477)
1996 Ed. (721, 3611)
2000 Ed. (716)
2001 Ed. (2303)
2002 Ed. (687, 688, 689, 692, 693,
694, 695, 697, 698, 699, 700, 701,
2421, 3488, 4309)
Water and Sewage Businesses of England & Wales
1991 Ed. (740)
Water Authorities
1991 Ed. (25)
Water Authorities Flotation/Share Offer
1991 Ed. (740)
Water Auths. Share Offer
1991 Ed. (1726)
Water Babies
1994 Ed. (3457)
1997 Ed. (711, 3659)
1998 Ed. (1358, 3432)
2001 Ed. (4392)
Water, bottled
1993 Ed. (680, 681)
1997 Ed. (3171, 3173)
1998 Ed. (445, 1727, 1728, 2498)
2002 Ed. (2422)
2003 Ed. (3940)
2004 Ed. (888, 2129, 3666)
2007 Ed. (3694)
Water conditioners
1993 Ed. (3685)
Water conditioning
2006 Ed. (4220)
2007 Ed. (4236)
Water Country USA
1989 Ed. (2904)
1990 Ed. (3685)
1992 Ed. (4425)
1995 Ed. (3725)
1996 Ed. (3819)
1997 Ed. (3868)
1998 Ed. (3701)
1999 Ed. (4745)
2001 Ed. (4736)
2002 Ed. (4786)
2003 Ed. (4875)
2004 Ed. (4856)
2005 Ed. (4840)
2006 Ed. (4893)
2007 Ed. (4884)
Water Country USA, VA
2000 Ed. (4374)
Water County USA, Williamsburg, VA
1991 Ed. (3476)
Water filter
1991 Ed. (1964)
Water for Elephants
2009 Ed. (584, 644)
2010 Ed. (612)
2013 Ed. (555, 559, 569)
Water Furnace Renewable Energy
2015 Ed. (1210)
Water heating
2001 Ed. (2779)
Water ices
1993 Ed. (1479)
Water management
1999 Ed. (1112)
Water Mill, NY
2007 Ed. (3000)
2009 Ed. (3206)
2010 Ed. (3137)
2013 Ed. (3125)
Water, non-sparkling
1993 Ed. (723)
Water Pik

1994 Ed. (2813)
1996 Ed. (2984)
1998 Ed. (2805)
2000 Ed. (3507)
2007 Ed. (3807)
2009 Ed. (3192, 3936)
2011 Ed. (2969, 3852)
Water Pik Systems
1992 Ed. (1779)
Water & Power Credit Union
2006 Ed. (2167)
Water Pumps & Parts
1990 Ed. (397)
Water purifiers & filters
2002 Ed. (2707)
Water Services Corp.
2012 Ed. (1679)
2013 Ed. (1830)
Water Sewage Businesses
1991 Ed. (3326)
Water & Sewer Authority; District of Columbia
2011 Ed. (2328, 2789)
2012 Ed. (2235, 2718)
Water, sewer, & utility lines
2010 Ed. (1139, 1140)
2011 Ed. (1080, 1081)
Water Share Offer
1991 Ed. (24, 3326)
Water, sparkling
1993 Ed. (723)
2003 Ed. (741)
Water, sparkling/carbonated
2005 Ed. (2756)
Water sports
2005 Ed. (4428)
Water, still
2003 Ed. (741)
Water supply, sewerage, and drainage
services
2002 Ed. (2785)
Water transportation
2001 Ed. (1727)
2002 Ed. (2225)
Water treatment
2001 Ed. (4154)
2006 Ed. (4220)
2007 Ed. (4236)
Water treatments
1999 Ed. (946)
Water World
1989 Ed. (2904)
1990 Ed. (3685)
1992 Ed. (4425)
Water2Water
2001 Ed. (4753)
Water/beverages
1998 Ed. (2497)
The Waterboy
2001 Ed. (4699)
Waterbury Connecticut Teachers Credit
Union
2002 Ed. (1853)
2003 Ed. (1910)
2004 Ed. (1950)
2011 Ed. (2180)
2012 Ed. (2040)
2013 Ed. (2218)
2014 Ed. (2149)
2015 Ed. (2213)
2016 Ed. (2184)
Waterbury Republican American
1989 Ed. (2065)
1990 Ed. (2711)
Watercolor Inn & Resort
2010 Ed. (3095)
2011 Ed. (3064)
Waterfield Financial
1998 Ed. (2522)
2002 Ed. (3386)
Waterford
1997 Ed. (709)
2003 Ed. (4670)
2005 Ed. (4588)
2007 Ed. (4674)
2009 Ed. (3521, 4629)
2011 Ed. (3451, 4604)
Waterford at Blue Lagoon
2002 Ed. (3533)
Waterford Foods PLC
1997 Ed. (1457)
1999 Ed. (1684)
Waterford Glass
1991 Ed. (1476, 1477)
1992 Ed. (1877)
1993 Ed. (1533)
Waterford Hotel Group
1993 Ed. (2080)
Waterford Wedgewood
1992 Ed. (1878)

1994 Ed. (1578, 1579)
1999 Ed. (3117, 3118)
Waterford Wedgewood PLC
1993 Ed. (1534)
Waterford Wedgwood
1996 Ed. (2431, 2432)
1997 Ed. (2574, 2575)
Waterford-Wedgwood plc
2001 Ed. (3822)
Waterford.com
2007 Ed. (2319)
The Waterfront
1991 Ed. (2858)
1992 Ed. (3687)
Waterfront Media
2007 Ed. (3232)
Waterfront Plaza Management
2016 Ed. (4962)
WaterFurnace Renewable Energy
2011 Ed. (1144, 2896)
2012 Ed. (2831)
2013 Ed. (2918)
Watergames
1991 Ed. (1784)
Waterhouse
1993 Ed. (2748)
1999 Ed. (862, 1867, 3002, 4476)
Waterhouse Securities
2000 Ed. (1682)
waterhouse.com
2001 Ed. (2974)
Water/ice conditioning and distribution
2001 Ed. (4154)
Waterlink Inc.
2001 Ed. (2289, 2302)
Waterloo-Cedar Falls
2005 Ed. (3065)
Waterloo-Cedar Falls, IA
1992 Ed. (3037)
1993 Ed. (2548)
1994 Ed. (2493)
2005 Ed. (3474)
2007 Ed. (842)
2008 Ed. (4092)
2009 Ed. (3576)
Waterloo, IA
2010 Ed. (2410)
2013 Ed. (3521)
Waterloo Police Credit Union
2005 Ed. (308)
Waterloo; University of
2007 Ed. (1166, 1167, 1170, 1171, 1172, 1173, 1174, 1175)
2008 Ed. (1070, 1071, 1075, 1076, 1077, 1081, 1082)
2009 Ed. (1047, 1048, 1050, 1051, 1052, 1056, 1067)
2010 Ed. (1016, 1017, 1018, 1020, 1021, 1022)
2011 Ed. (952, 953, 955, 956, 957)
2012 Ed. (872, 873, 875, 876, 877, 2425)
Waterman LeMan Rhapsody
2000 Ed. (3425)
Watermark Communities Inc.
2002 Ed. (1191)
Watermark Communities (WCI)
2001 Ed. (1388)
Watermelon
1992 Ed. (2239)
1996 Ed. (1978)
2001 Ed. (1216)
Watermelons
1999 Ed. (2534)
2001 Ed. (3272)
2004 Ed. (2003)
Watermill Express LLC
2010 Ed. (842)
2011 Ed. (768)
2012 Ed. (706)
2013 Ed. (910)
WaterPik
2005 Ed. (2952, 3707)
Waterplay Solutions Corp.
2013 Ed. (1160, 3570)
Waterproofing companies
1999 Ed. (1812)
Waters; Bert
1992 Ed. (3138)
Waters Corp.
2003 Ed. (2131, 2133, 2197)
2004 Ed. (1136, 2239)
2005 Ed. (2339)
2006 Ed. (1870, 2386)
2008 Ed. (1919, 1920)
2009 Ed. (1876)
2010 Ed. (1808)
2011 Ed. (1834, 1835, 1836)
2012 Ed. (1693, 3126, 3362, 3624, 3626)

2013 Ed. (3211, 3680, 3681, 3683)
2014 Ed. (3615, 3616, 3618)
2015 Ed. (3627, 3628, 3630, 4234)
2016 Ed. (3127, 3511, 3512, 3514, 4147)
Water's Edge
2001 Ed. (4054)
Waters McPherson McNeill
1993 Ed. (3625)
The Waters of Nazareth Music
2015 Ed. (3727)
Waters; Roger
2013 Ed. (1137)
2014 Ed. (1098, 1099)
The Waters Senior Living & Shelter Corp.
2016 Ed. (4965)
Watershed Communications
2012 Ed. (4161)
Waterside Capital Corp.
2004 Ed. (4549)
Waterstone Financial Inc.
2011 Ed. (2824)
2015 Ed. (2182, 2185)
Watertown Metal Products
1990 Ed. (1874, 3480)
1991 Ed. (1785)
1992 Ed. (2258, 4157)
1993 Ed. (1917, 3479)
1994 Ed. (1940, 3453)
1995 Ed. (3521)
1997 Ed. (2114, 3654)
1998 Ed. (1800, 3430)
1999 Ed. (2567, 4504)
2000 Ed. (2307, 4138)
2002 Ed. (4517)
Watertown Municipal Credit Union
1996 Ed. (1509)
Waterville Valley Resort Nordic Center
2015 Ed. (4470)
2016 Ed. (4375)
Waterville Valley Ski Resort
2014 Ed. (4475)
2015 Ed. (4469)
2016 Ed. (4374)
Water/wastewater
2004 Ed. (1308)
Water/wastewater treatment
2005 Ed. (1315)
2006 Ed. (1285)
Waterway Car Wash Inc.
2006 Ed. (365)
The Waterways at Bay Pointe
1990 Ed. (1146)
1991 Ed. (1045)
Waterworld
1997 Ed. (2817)
Wates Building Group Ltd.
1993 Ed. (973)
1995 Ed. (1013)
Wates City of London Prop.
1993 Ed. (1323)
1999 Ed. (1644)
Watford City Bancshares
2014 Ed. (340)
2015 Ed. (380)
Watford; Michael D.
2009 Ed. (942)
2010 Ed. (909)
WATG
2012 Ed. (2381)
WATG/Wimberly Interiors
2014 Ed. (3103)
Watier; Lise
2008 Ed. (4991)
2009 Ed. (4985)
2010 Ed. (4992)
2012 Ed. (4986)
Watkings-Johnson
1989 Ed. (2310)
Watkins
1993 Ed. (3640)
1997 Ed. (3806)
1998 Ed. (3638)
2016 Ed. (4403)
Watkins Associated Industries
2012 Ed. (4226)
2013 Ed. (4211)
Watkins Cadillac-GMC Truck Inc.; Jerry
1991 Ed. (712)
Watkins; James
1989 Ed. (2341)
Watkins-Johnson
1989 Ed. (1328)
1990 Ed. (1617)
1991 Ed. (1519, 2847)
1992 Ed. (1920, 3678)
1993 Ed. (1579)
Watkins Ludlam
2001 Ed. (853)

Watkins Meegan
2011 Ed. (18)
2012 Ed. (22)
2013 Ed. (15)
2014 Ed. (11)
2015 Ed. (12)
Watkins, Meegan, Drury & Co.
2010 Ed. (21)
Watkins Motor Lines Inc.
1994 Ed. (3600)
1995 Ed. (3679, 3682)
1996 Ed. (3756)
1998 Ed. (3644)
1999 Ed. (4680, 4690)
2000 Ed. (4313, 4321)
2002 Ed. (4696)
2003 Ed. (4785)
2004 Ed. (4769)
2005 Ed. (4784)
2006 Ed. (4838, 4842, 4854)
2007 Ed. (4847, 4857)
2008 Ed. (3198, 4763, 4769, 4780)
Watkins & Shepard Trucking Inc.
2003 Ed. (4785)
2005 Ed. (1890)
2008 Ed. (1958)
2009 Ed. (1911)
2010 Ed. (1844)
2011 Ed. (1875)
2012 Ed. (1732)
2013 Ed. (1896)
Watonwan Farm Service
2010 Ed. (204, 2832)
2012 Ed. (131)
2013 Ed. (109)
2014 Ed. (116, 4450)
2015 Ed. (133, 4445)
2016 Ed. (139)
WATS
1991 Ed. (2356)
Wats Marketing
1992 Ed. (4206)
1993 Ed. (3512)
1994 Ed. (3485, 3486)
WATS Marketing of America, Inc.
1989 Ed. (2795)
Watsa; Prem
2015 Ed. (796)
2016 Ed. (719)
Watsa; V. Prem
2012 Ed. (804)
Watsco Inc.
2003 Ed. (4561)
2004 Ed. (788, 789)
2005 Ed. (774, 775)
2006 Ed. (208, 3926, 4790)
2008 Ed. (1163, 4726)
2010 Ed. (1136)
Watson
2000 Ed. (2323)
Watson; Emma
2009 Ed. (2610)
Watson; Eric
2008 Ed. (4848)
Watson Industrial Center South
1990 Ed. (2180)
Watson Investment Partners
1998 Ed. (1923)
Watson; John
2006 Ed. (969)
2013 Ed. (741)
Watson; John S.
2015 Ed. (969)
Watson Laboratories
2000 Ed. (2321)
Watson Land Co.
1990 Ed. (2972)
1994 Ed. (3006)
1995 Ed. (3064)
1997 Ed. (3260)
1998 Ed. (3006)
1999 Ed. (3996)
2000 Ed. (3720)
2002 Ed. (3563, 3923)
Watson Lane and Keene
1990 Ed. (3088)
Watson Motor Co. Inc.
2001 Ed. (1815)
Watson Pharmaceuticals
2013 Ed. (4001)
2014 Ed. (2758)
2016 Ed. (1125)
Watson Pharmaceuticals Inc.
1997 Ed. (1259, 2178, 2977)
2001 Ed. (2061, 2103)
2002 Ed. (2017, 3753)
2004 Ed. (2151, 3874, 3880)
2005 Ed. (2246, 2247, 3803, 3805, 3807, 3810)
2007 Ed. (3908)

2008 Ed. (3952)
2010 Ed. (2845, 3923)
2011 Ed. (3961, 3968)
2012 Ed. (3953)
2013 Ed. (4005, 4029, 4031, 4033, 4034)
2014 Ed. (3967, 3969, 3971, 3972)
Watson Realty
1997 Ed. (3255)
1998 Ed. (2997)
Watson & Son
2010 Ed. (2952)
Watson Ward Albert Varndell
1991 Ed. (1419)
1993 Ed. (1487)
Watson Wyatt & Co. Holdings
2003 Ed. (2644)
2005 Ed. (1252)
2006 Ed. (1211, 4725)
Watson Wyatt Investment
2008 Ed. (2710, 2711)
Watson Wyatt Worldwide Inc.
1996 Ed. (836)
1997 Ed. (847, 1715, 1716, 3360)
1998 Ed. (541, 1422, 1423, 1425, 1426, 3102)
1999 Ed. (26, 1997, 1999, 2000, 3065, 4113)
2000 Ed. (1774, 1776, 1777)
2001 Ed. (1442, 1443, 2221, 2222)
2002 Ed. (1218, 2111, 2112, 2113)
2004 Ed. (2267, 2268)
2005 Ed. (2367, 2369)
2006 Ed. (2418)
2007 Ed. (1320)
2008 Ed. (803, 1210, 2314, 2484)
2009 Ed. (827, 2306, 2489)
2010 Ed. (772, 2399, 2869)
Watson's Personal Care Store Philippines
2012 Ed. (4360)
2013 Ed. (4291)
Watson's Personal Care Stores
2012 Ed. (4357)
2013 Ed. (4286)
Watt Enterprises
1995 Ed. (3065)
Watt Indstries Inc.
1992 Ed. (1362)
Watt Industries Inc.
1990 Ed. (1170, 1171)
1991 Ed. (1058)
1994 Ed. (3007)
Watt, Roop & Co.
1992 Ed. (3575)
1994 Ed. (2969)
1995 Ed. (3005, 3029)
1996 Ed. (3106, 3108, 3132)
Watt, Tieder, Hoffar & Fitzgerald
2003 Ed. (3192)
2007 Ed. (3324)
Wattana Engineering
1991 Ed. (1067)
WattBox
2016 Ed. (2951)
Watteredge Inc.
2014 Ed. (1914)
Watterson Construction Co.
2014 Ed. (1344)
2015 Ed. (1421)
2016 Ed. (1344)
Wattles
1994 Ed. (35)
Watts; Claire
2008 Ed. (2990)
Watts Communications, Inc.
2001 Ed. (4469)
Watts Constructors
2009 Ed. (1718, 1719)
2010 Ed. (1666)
2011 Ed. (1674, 1688)
2012 Ed. (1525, 1527, 1539)
Watts Industries Inc.
2004 Ed. (3029, 3030)
Watts Mechanical Services Ltd.
2011 Ed. (1463)
Watts; R. Wayne
1995 Ed. (2485)
Watts Water Technologies Inc.
2005 Ed. (3394)
2006 Ed. (3391)
2008 Ed. (1910)
Waukegan, IL
2007 Ed. (2269)
Waukegan/Deerfield/North Chicago, IL
1992 Ed. (3291)
Waukesha County, WI
1994 Ed. (239, 1480)
Wausau
1999 Ed. (3701)

2000 Ed. (28, 4221)
Wausau Benefits Inc.
2006 Ed. (3106)
Wausau Homes Inc.
1990 Ed. (1174)
1991 Ed. (1061)
1992 Ed. (1369)
1993 Ed. (1092)
1994 Ed. (1116)
1995 Ed. (1132)
2006 Ed. (3355)
2008 Ed. (3538)
2009 Ed. (3604)
2010 Ed. (3522, 3700)
Wausau Insurance Cos.
2009 Ed. (2160)
Wausau Lloyds
1997 Ed. (2467)
Wausau-Mosinee Paper Corp.
2004 Ed. (2115, 3760, 3763, 3764, 3766)
2005 Ed. (3675, 3678, 3679, 3681)
2006 Ed. (3773, 3777)
Wausau Paper Corp.
2012 Ed. (4992)
2013 Ed. (4991)
Wausau Paper Mills
1994 Ed. (2725)
Wausau Papers of New Hampshire Inc.
2006 Ed. (1926)
2007 Ed. (1911)
2008 Ed. (1971)
2009 Ed. (1926)
2010 Ed. (1861)
Wausau-Rhinelander, WI
2004 Ed. (869)
2006 Ed. (766)
Wausau, WI
1994 Ed. (2245)
2001 Ed. (2822)
2008 Ed. (4728)
2009 Ed. (4349)
Wauwatosa Savings Bank
1998 Ed. (3571)
Wave
2015 Ed. (989)
2016 Ed. (890)
Wave Credit Union
2003 Ed. (1944)
2004 Ed. (1984)
2005 Ed. (2126)
2006 Ed. (2221)
2007 Ed. (2142)
2008 Ed. (2257)
2009 Ed. (2243)
2010 Ed. (2197)
2011 Ed. (2215)
2012 Ed. (2076)
2013 Ed. (2261)
2014 Ed. (2194)
2015 Ed. (2258)
2016 Ed. (2229)
Wave Dispersion Technologies
2009 Ed. (4403)
Wave setting products
2002 Ed. (2439)
2003 Ed. (2670)
Wave Systems Corp.
2014 Ed. (1069, 1091)
2015 Ed. (1130)
Wavecom SA
2001 Ed. (4191)
2002 Ed. (4509)
2003 Ed. (2942)
WaveRider Communications Inc.
2005 Ed. (2776)
Waverley Australasian Gold
1995 Ed. (2747)
Waverley Canadian Balanced Growth
1992 Ed. (3210)
Waverley Penny Share
1996 Ed. (2814)
Waverly Australasian Gold
1997 Ed. (2913)
Waverly Global Bond
1997 Ed. (2913)
Waverly Group Inc.
2013 Ed. (1887)
Waverly Inc.
1999 Ed. (3745)
Waverty's Furniture Stores
1998 Ed. (88)
Wavesat Telecom Inc.
2002 Ed. (2485)
WaveTec Vision Systems Inc.
2015 Ed. (1485)
2016 Ed. (1409)
Wavex Technology Ltd.
2009 Ed. (3029, 3031)
Wavin AG

1996 Ed. (2568)
1997 Ed. (2708)
Wavve Telecommunications Inc.
2002 Ed. (1604)
Wavy Lay's
1996 Ed. (3057)
1997 Ed. (3138)
1999 Ed. (3863)
2000 Ed. (3578)
2001 Ed. (3860, 3861)
2002 Ed. (3733)
2003 Ed. (3919)
2004 Ed. (3932)
2006 Ed. (3942, 4393)
2007 Ed. (4000, 4460)
2008 Ed. (4019, 4021, 4443)
2009 Ed. (4090, 4489)
2010 Ed. (4533)
2013 Ed. (4068)
2014 Ed. (4076, 4077)
2015 Ed. (4060, 4061)
2016 Ed. (3967, 3968)
Wawa
2013 Ed. (1335)
2014 Ed. (1265)
2015 Ed. (4297, 4354)
2016 Ed. (1239, 1240, 1241, 1242, 1243, 1244)
Wawa Food Markets
2000 Ed. (2234)
2002 Ed. (1331)
2004 Ed. (1372)
Wawa Inc.
1989 Ed. (932)
1990 Ed. (1043)
1994 Ed. (1886)
1995 Ed. (1915)
1997 Ed. (2053)
1998 Ed. (758)
1999 Ed. (1189)
2000 Ed. (1110, 2245)
2001 Ed. (1488)
2006 Ed. (1381, 4128)
2007 Ed. (1419)
2008 Ed. (1375, 1376)
2009 Ed. (1379, 2894, 4163)
2010 Ed. (2833, 4097)
2011 Ed. (1354, 2817, 4067)
2012 Ed. (2749, 4101, 4292)
2013 Ed. (269, 1326, 1329, 2005)
2014 Ed. (272, 1260, 1942)
2015 Ed. (1316, 1317, 1988)
2016 Ed. (1232, 1961)
Wawanesa Murual Insurance Co.
1999 Ed. (2980)
Wawanesa Mutual Insurance Co.
1990 Ed. (2256)
1991 Ed. (2131)
1992 Ed. (2692, 2694)
1993 Ed. (2242)
1995 Ed. (2325)
1996 Ed. (2342, 2343)
1997 Ed. (2468)
2006 Ed. (3066)
2007 Ed. (3094, 3179)
2008 Ed. (3235, 3327)
2009 Ed. (3295, 3396, 3397)
2010 Ed. (3222, 3331)
2011 Ed. (3185)
2012 Ed. (3144)
2013 Ed. (3216)
2014 Ed. (3235)
2015 Ed. (3293)
2016 Ed. (3145, 3253)
Wax Box Fire Log Corp.
2016 Ed. (2669)
Wax containers
1999 Ed. (1015)
Wax Vac
2015 Ed. (2332, 2342)
Waxes
2001 Ed. (538, 2652)
2005 Ed. (309)
Waxing the City
2016 Ed. (3778)
Waxman Industries Inc.
1993 Ed. (1088)
1994 Ed. (1112)
1995 Ed. (1128)
1997 Ed. (2702)
Waxman; Scott
2012 Ed. (3319)
The Way We Live Now
2006 Ed. (578)
Wayans Family
2009 Ed. (201)
Wayfair
2016 Ed. (789, 4217)
Wayfair.com
2015 Ed. (2479)

Wayfield Foods Inc.
2010 Ed. (4637)
Waylon Co.
1992 Ed. (3756)
Waylon Jennings
1994 Ed. (1100)
Wayman; Robert
2006 Ed. (968)
Waymouth Resources Ltd.
2006 Ed. (4482)
Wayn-Tex Inc.
1994 Ed. (2428)
Wayne Allard
2003 Ed. (3894)
Wayne and Gladys Valley Foundation
1992 Ed. (2216)
Wayne Angell
1997 Ed. (1956)
1998 Ed. (1611)
Wayne Automatic Fire Sprinkers
2014 Ed. (1177)
Wayne Automatic Fire Sprinklers
2004 Ed. (1235)
2007 Ed. (2580)
2008 Ed. (2719)
2009 Ed. (2772)
2012 Ed. (3992)
2013 Ed. (4057)
2014 Ed. (3996)
2015 Ed. (4044)
2016 Ed. (1142, 2667)
Wayne Automatic Fire Sprinklers Inc.
2016 Ed. (2666)
Wayne Bancorp Inc.
1999 Ed. (540)
Wayne Brothers Inc.
2006 Ed. (1333)
2008 Ed. (1325)
2009 Ed. (1308)
2010 Ed. (1301, 1302)
Wayne; Bruce
2007 Ed. (682)
2008 Ed. (640)
2009 Ed. (657)
2010 Ed. (624)
2011 Ed. (559)
2012 Ed. (540)
2013 Ed. (4853)
2015 Ed. (4905)
Wayne Community Living Services
1998 Ed. (2686)
1999 Ed. (3627)
2000 Ed. (3351)
Wayne & Co.; Tucker
1997 Ed. (145)
Wayne County
2000 Ed. (271)
Wayne County Economic Development Growth Engine
2012 Ed. (3484)
Wayne County Employees' Retirement System
1999 Ed. (3734)
2001 Ed. (3693)
Wayne County Government
2000 Ed. (1663)
Wayne County, MI
1992 Ed. (1714, 1715, 1721, 1724)
1993 Ed. (1426, 1432, 1435)
1994 Ed. (1475, 1482)
1995 Ed. (1510, 1514)
1996 Ed. (1468)
1999 Ed. (1769, 1771, 1773, 1774, 1778, 4630)
2002 Ed. (1804, 2044, 2394, 2647, 4048)
2004 Ed. (2718)
Wayne Crouse Inc.
2009 Ed. (4845)
Wayne Engineering Corp.
2006 Ed. (4352)
Wayne Farms
1995 Ed. (2522, 2523, 2962, 2963, 2968)
1996 Ed. (2584, 2585, 3059, 3060, 3063)
1998 Ed. (2895)
Wayne Farms LLC
2008 Ed. (3610, 3618)
2009 Ed. (3677, 3686)
2010 Ed. (3592, 3599)
2011 Ed. (3594, 3604)
2013 Ed. (3636)
Wayne Farms/Dutch Quality House
2003 Ed. (3341)
Wayne Gretsky
1996 Ed. (250)
Wayne Gretzky
1997 Ed. (278)
Wayne Harris

2005 Ed. (2470)
Wayne Homes
2003 Ed. (1155)
Wayne Hood
1994 Ed. (1806)
1995 Ed. (1844)
1996 Ed. (1822)
1997 Ed. (1896)
Wayne Hughes
1998 Ed. (3707)
Wayne Huizenga
2002 Ed. (3347)
Wayne Hummer
1996 Ed. (2393, 2401, 2409)
1997 Ed. (2527, 2531, 2535)
Wayne Hummer Growth
2006 Ed. (3640)
Wayne Hummer Growth Fund
2003 Ed. (3490, 3525, 3533)
Wayne Hummer Management
1998 Ed. (2288, 2289)
Wayne J. Griffin Electric Inc.
2008 Ed. (1324)
2009 Ed. (1307)
2010 Ed. (1301)
2011 Ed. (1260)
2012 Ed. (1138)
Wayne L. Sterling
1993 Ed. (3445)
Wayne Lee Sterling
1991 Ed. (3211)
Wayne Lincoln-Mercury
1995 Ed. (274)
1996 Ed. (277)
Wayne M. Perry
1991 Ed. (1620)
Wayne, MI
1989 Ed. (1175, 1177, 1926)
1990 Ed. (1440)
1991 Ed. (1369, 1371, 1375, 2005)
1993 Ed. (336)
2000 Ed. (1597, 1599, 1601, 1602, 1605, 1607, 2437)
Wayne Newton
1991 Ed. (844)
1994 Ed. (1100)
Wayne Our County Teachers Credit Union
1995 Ed. (1539)
Wayne Out County Teachers Credit Union
1990 Ed. (1461)
1991 Ed. (1395)
1992 Ed. (1756)
1993 Ed. (1453)
1994 Ed. (1506)
1996 Ed. (1514)
1997 Ed. (1572)
1998 Ed. (1231)
2000 Ed. (1630)
2001 Ed. (1963)
Wayne Pace
2006 Ed. (960)
2007 Ed. (1056)
Wayne Poultry
1992 Ed. (2989, 2990, 3506, 3507, 3511)
1993 Ed. (2523, 2891)
1994 Ed. (2452, 2453, 2904, 2905, 2908)
Wayne Reaud
1997 Ed. (2612)
2002 Ed. (3072)
Wayne Rooney
2008 Ed. (4453)
2012 Ed. (217)
2013 Ed. (190)
2014 Ed. (197)
2015 Ed. (224)
2016 Ed. (220)
Wayne Sales
2006 Ed. (2518)
Wayne Smith
2006 Ed. (892)
2007 Ed. (982)
2008 Ed. (937)
2009 Ed. (3706)
2010 Ed. (887, 3623)
Wayne State University
1990 Ed. (1500)
1991 Ed. (1415)
1992 Ed. (1800)
1993 Ed. (1480)
1994 Ed. (1526)
1995 Ed. (1559)
1996 Ed. (1542)
1997 Ed. (863, 1600)
2001 Ed. (2225)
2004 Ed. (1698)
2011 Ed. (3626)

Wayne T. Smith
2011 Ed. (834)
Wayne Trademark
2008 Ed. (4032)
Wayne W. Murdy
2004 Ed. (1099)
2006 Ed. (1097)
2009 Ed. (956)
2010 Ed. (912)
Waynesboro Du Pont Employees Credit Union
2004 Ed. (1992)
Waynesboro Hospital
2010 Ed. (2884)
Wayne/West Chester/Malvern, PA
1992 Ed. (3291)
Waypoint Bank
2006 Ed. (3571)
Waypoint Financial Corp.
2004 Ed. (420, 421)
2005 Ed. (426, 427)
Waypoint Homes
2016 Ed. (1411)
Wayport
2003 Ed. (2171)
Wayside Technology
2013 Ed. (891)
Wayside Technology Group
2009 Ed. (4477)
Wayss & Freytag
1999 Ed. (1394)
Wayss & Freytag AG
2000 Ed. (1292)
Wayzata Investment Partners LLC
2015 Ed. (2796)
WB
1998 Ed. (3502)
1999 Ed. (825)
2000 Ed. (4216)
W.B. Doner & Co.
1990 Ed. (94, 149)
2000 Ed. (86)
WB Engineers/Consultants
2008 Ed. (2515)
WB Holdings
2008 Ed. (4943)
2009 Ed. (4964)
WB Music Corp.
2014 Ed. (3716, 3720, 3722, 3724)
2015 Ed. (3726)
WBBA
2008 Ed. (2892)
WBEB-FM 101.1
2000 Ed. (3698)
WBK
1996 Ed. (3817)
1997 Ed. (3863, 3864)
1999 Ed. (4739, 4740)
2000 Ed. (4370)
WBL Corp.
1996 Ed. (3437)
WBLS
1990 Ed. (2942)
1992 Ed. (3607)
1993 Ed. (2955)
1994 Ed. (2989)
1995 Ed. (3053)
1996 Ed. (3154)
WBPromotion
2013 Ed. (776)
WBPromotions
2013 Ed. (182)
W/Brasil
1995 Ed. (52)
1996 Ed. (68)
1999 Ed. (67)
W/Brasil Publicidade
1992 Ed. (128)
1993 Ed. (84)
1994 Ed. (73)
1997 Ed. (67)
WBS Connect
2011 Ed. (3137)
WBT Systems
2002 Ed. (2496)
W.C. Bradley
1990 Ed. (720)
WC Kickboxing
2003 Ed. (849)
W.C. Wood
1999 Ed. (2699)
WCBS
1990 Ed. (2942)
1991 Ed. (2797, 3329)
1992 Ed. (3607, 4257)
1993 Ed. (2955)
1994 Ed. (2989, 3504)
1995 Ed. (3053, 3588)
1996 Ed. (3154, 3664)
1997 Ed. (3723)

1999 Ed. (3983)
2000 Ed. (3697)
WCBS-FM
1997 Ed. (3239)
1998 Ed. (2985, 2988, 3503)
WCBS/CBS Inc.
1999 Ed. (4571)
WCE/NWO Revenge
2000 Ed. (4345)
WCG
2012 Ed. (4132, 4140)
2013 Ed. (4125, 4136, 4141, 4144)
WCG International
2007 Ed. (1606)
2008 Ed. (1583)
WCG International HR Solutions
2008 Ed. (3494)
WCI
1990 Ed. (197, 1046, 1047, 1527, 2035, 2574, 2978, 3481, 3482, 3681)
1991 Ed. (187, 1441)
1992 Ed. (2820)
2000 Ed. (1188, 1189)
WCI Cabinet Group
1992 Ed. (2819)
WCI Canada Inc.
1990 Ed. (1024)
WCI Communities
1998 Ed. (3005)
2000 Ed. (1215)
2002 Ed. (2677)
2003 Ed. (1161, 1162, 1164, 1165)
2004 Ed. (1169, 1170, 1172, 4340)
2005 Ed. (1197, 1200, 1202, 1214, 1256)
2006 Ed. (1192, 1195, 1216)
2007 Ed. (1299, 4555)
2008 Ed. (1199, 1731, 4522)
2009 Ed. (1176)
2011 Ed. (1113)
WCI Disposer
1990 Ed. (1874)
WCI Financial Corp.
1990 Ed. (1652)
WCI Holding Corp.
1991 Ed. (1188, 1189)
1992 Ed. (1500)
WCI Holdings Corp.
1993 Ed. (979)
WCI Steel
1997 Ed. (3630)
W.C.I./WALTEK Inc.
1995 Ed. (1166)
WCMQ-AM
1997 Ed. (2800)
WCMQ (AM & FM)
1990 Ed. (2591, 2940)
1991 Ed. (2472, 2796)
WCMQ-AM/FM
1992 Ed. (3088)
1994 Ed. (2530, 2987)
WCMQ-FM
2005 Ed. (4412)
WCMQ-FM & AM
1997 Ed. (3236)
WCN Bancorp Inc.
1999 Ed. (540)
2000 Ed. (552)
WCRS
1992 Ed. (152, 153)
2009 Ed. (140)
2010 Ed. (137)
2011 Ed. (58)
2013 Ed. (56)
2014 Ed. (73)
2015 Ed. (66)
2016 Ed. (63)
WCRS Group
1989 Ed. (109)
1990 Ed. (113)
WCRS Group PLC
1989 Ed. (104)
1990 Ed. (99, 100)
1991 Ed. (110)
WCRS Worldwide
1990 Ed. (102)
WCSX
1999 Ed. (3981)
2001 Ed. (3973)
WCTC-AM
1990 Ed. (2941)
WCW
1995 Ed. (881)
1996 Ed. (867)
WCW Halloween Havoc '92
1994 Ed. (840)
"WCW Thunder"
2001 Ed. (1094)
WD-40 Co.

1994 Ed. (2011, 2702, 3320)
2005 Ed. (938)
WD-40 Company
1991 Ed. (2374)
WD Enterprise Inc.
2006 Ed. (3514, 4353)
2007 Ed. (3556, 4421)
2008 Ed. (3710, 4395)
WD Partners
2005 Ed. (4118)
2007 Ed. (4190)
2008 Ed. (2530, 4227)
2009 Ed. (4321)
2012 Ed. (2386)
2014 Ed. (186)
WDAS-FM 105.3
2000 Ed. (3698)
WDCW
2014 Ed. (1411)
WDEK-FM
2005 Ed. (4412)
WDF Inc.
2009 Ed. (1328)
WDFA Marketing
2012 Ed. (44, 3700, 4047, 4053)
WDHA-FM
1990 Ed. (2941)
WDPA
2002 Ed. (4086)
W.E. Bowers & Associates Inc.
2014 Ed. (4000)
W.E. Bowers Associates Inc.
2014 Ed. (1190)
We Buy Guitars
2013 Ed. (3802)
2015 Ed. (3749)
2016 Ed. (3657)
We The People Forms & Service Centers USA Inc.
2002 Ed. (912)
2003 Ed. (806)
2004 Ed. (846)
2005 Ed. (820)
2006 Ed. (746)
We The People USA Inc.
2007 Ed. (840)
We Toss 'em Pizza Factory
2002 Ed. (4021)
We Were the Mulvaneys
2003 Ed. (723, 725)
Wealth and Democracy
2004 Ed. (734)
Wealth Concepts Financial Group
2014 Ed. (1517)
Wealth Concepts LLC
2011 Ed. (1613)
2013 Ed. (1550)
Wealth Managing Partners
2015 Ed. (1675)
2016 Ed. (1633)
Wealth Managing Partners Inc.
2012 Ed. (1526, 1540)
Wealth Monitors
1989 Ed. (1847)
The Wealth of Nations
2005 Ed. (713)
2006 Ed. (577)
2009 Ed. (629)
Wealth Strategy Partners LLC
2013 Ed. (1672)
Wealth & Tax Advisory Services
2007 Ed. (2)
Wealthclasses
2014 Ed. (2334)
Wealthpire
2013 Ed. (3657)
The Wealthy Freelancer
2012 Ed. (505, 509)
Wean Inc.
1993 Ed. (2480)
Weapons in home
1990 Ed. (845)
Wearables
1999 Ed. (4132)
WearEver-Proctor Silex
1990 Ed. (1080, 1591, 1594, 2107)
WearGuard Business Buyers
1998 Ed. (1274)
1999 Ed. (1849)
Wearne Associates
1999 Ed. (3940)
Wearne Brothers
1992 Ed. (1685)
1993 Ed. (1390)
1994 Ed. (1443)
1995 Ed. (1342, 1479)
Weather
2000 Ed. (4218)
2001 Ed. (1142, 3585)
The Weather Channel

2007 Ed. (3236)
2008 Ed. (3365)
2010 Ed. (3368)
2011 Ed. (4959)
The Weather Co.
2014 Ed. (2412)
2016 Ed. (3106, 3486)
Weather Investments
2012 Ed. (1233)
Weather programs
1996 Ed. (865)
Weather Prophets Inc.
2007 Ed. (1188)
Weather Shield Windows & Doors
2006 Ed. (4956)
2008 Ed. (4934)
Weatherby Healthcare
2013 Ed. (2862, 2863)
2014 Ed. (2893, 2894)
2015 Ed. (2936, 2937)
Weatherby Locums
2012 Ed. (2795)
"Weathercenter"
2001 Ed. (1100)
Weather.com
1999 Ed. (4754)
2001 Ed. (4774)
2002 Ed. (4838)
2007 Ed. (3245)
2012 Ed. (659)
2013 Ed. (798)
Weatherford BMW
1992 Ed. (408)
1993 Ed. (293)
1994 Ed. (262)
Weatherford Canada Ltd.
2011 Ed. (3905)
Weatherford International
2014 Ed. (2540)
2016 Ed. (3802)
Weatherford International Ltd.
1995 Ed. (1232)
2001 Ed. (3757, 3758)
2003 Ed. (3810, 3812, 3815)
2004 Ed. (2312, 2315, 3820, 3821)
2005 Ed. (3729)
2006 Ed. (3822, 4004)
2007 Ed. (1602, 3835, 4038, 4516)
2008 Ed. (1580, 4073)
2009 Ed. (1513, 2091, 3962)
2010 Ed. (3829)
2011 Ed. (3828, 3878, 3887)
2012 Ed. (3867, 3921)
2013 Ed. (2546, 3918, 3971)
2014 Ed. (2478, 3863, 3913)
2015 Ed. (2552, 3947)
2016 Ed. (3864)
Weatherford International LLC
2015 Ed. (4112)
2016 Ed. (4026)
Weatherford International plc
2016 Ed. (2053)
Weatherford Motors Inc.
1990 Ed. (336)
1991 Ed. (303)
1995 Ed. (264)
Weatherford U.S. LP
2007 Ed. (3491, 3492)
2008 Ed. (3662)
2009 Ed. (3731, 4186)
2010 Ed. (3650, 4121)
2011 Ed. (4086)
2012 Ed. (4120)
2013 Ed. (3716, 4113)
2014 Ed. (4128)
2015 Ed. (3658)
2016 Ed. (3524)
Weatherford/Enterra
1999 Ed. (3794)
Weatherhead School of Management; Case Western Reserve University
2011 Ed. (641)
Weatherhead School of Management; Case Western University
2008 Ed. (775)
Weatherly Asset Management
1999 Ed. (3091)
Weathernews
2015 Ed. (1759)
Weatherstone; Dennis
1990 Ed. (458, 459)
1991 Ed. (402)
1994 Ed. (389)
Weathersure Systems Inc.
2009 Ed. (1256)
Weathervane Seafood Restaurants
2002 Ed. (4028)
Weathfrd
1989 Ed. (2663)
Weaver

2002 Ed. (2369)
2011 Ed. (21)
2012 Ed. (26)
2013 Ed. (23)
2014 Ed. (19)
2015 Ed. (20)
2016 Ed. (19)
Weaver-Bailey Contractors Inc.
  2007 Ed. (1374)
  2008 Ed. (1271)
  2009 Ed. (1249)
  2011 Ed. (1196)
Weaver Brothers
  2015 Ed. (2403)
  2016 Ed. (2346)
Weaver C. Barksdale
  1992 Ed. (2766)
  1993 Ed. (2325)
Weaver Fine Furniture & Cabinets Inc.
  2011 Ed. (4996)
Weaver, Harriet A. Nietert
  1994 Ed. (900)
Weaver & Tidwell
  1998 Ed. (19)
  2000 Ed. (20)
Weaver & Tidwell LLP
  1999 Ed. (24)
  2002 Ed. (24)
  2005 Ed. (11)
  2006 Ed. (16)
  2007 Ed. (12)
  2008 Ed. (10, 279)
  2009 Ed. (13)
  2010 Ed. (24, 25, 27)
Weaver & Todwell LLP
  2003 Ed. (9)
  2004 Ed. (15)
WEAZ
  1990 Ed. (2943)
Web Express Printing
  2000 Ed. (911)
Web media, portal/search engine
  2002 Ed. (2988)
Web media, streaming
  2002 Ed. (2988)
Web Performance
  2014 Ed. (1084)
Web Services Interoperability Organization
  2005 Ed. (1153)
Web Stalker
  2002 Ed. (4870)
Web Street Inc.
  2002 Ed. (1611)
Web Street Securities
  1999 Ed. (862, 3002)
  2001 Ed. (2973)
WebArchitects
  2009 Ed. (3011)
Webaroo Technology India Pvt. Ltd.
  2013 Ed. (2907)
Webasto AG
  2007 Ed. (1744)
Webasto BV
  2014 Ed. (1839)
Webasto Roof Systems
  2004 Ed. (322)
webauction.com
  2001 Ed. (2993)
Webb Companies
  1990 Ed. (1163, 2960)
  1991 Ed. (1051)
Webb Co.; Jervis B.
  1989 Ed. (925, 928)
Webb Construction; Del E.
  1989 Ed. (1010)
Webb Corp.; Del
  1996 Ed. (1099)
Webb; Del E.
  1989 Ed. (1001)
Webb Institute of Naval Architecture
  1997 Ed. (1066)
Webb Interactive Services
  2003 Ed. (1653)
Webb Memorial Hospital; Del E.
  1997 Ed. (2264)
Webber
  2013 Ed. (1234)
  2014 Ed. (1173)
Webber; Andrew Lloyd
  2008 Ed. (2583)
Webber; Chris
  2006 Ed. (291)
Webber College
  2002 Ed. (867)
Webber Farms
  2002 Ed. (1329)
Webber Group
  1997 Ed. (3182, 3186, 3189)
Webber Group Europe

1997 Ed. (3200)
The Webber Hospital Association
  2006 Ed. (1858)
Webber Hospital Association
  2016 Ed. (2972)
Webber LLC
  2015 Ed. (1226)
  2016 Ed. (1136)
WebbMason Inc.
  2009 Ed. (4099)
  2010 Ed. (4018, 4021, 4026, 4030, 4032, 4033, 4035, 4038, 4041)
  2011 Ed. (4017)
  2012 Ed. (4022, 4024, 4030, 4033, 4035, 4036, 4038, 4041, 4042)
  2013 Ed. (4069, 4077, 4080, 4083, 4085, 4087, 4089, 4090)
  2014 Ed. (4087, 4090, 4092, 4094, 4097)
  2015 Ed. (4070, 4071, 4072, 4073, 4074, 4075, 4076, 4077)
  2016 Ed. (3978, 3980, 3983, 3987, 3988, 3999)
WebCentral
  2005 Ed. (1655)
Webco Printing co.
  2006 Ed. (4364)
WebCOBRA.com
  2008 Ed. (2483)
  2009 Ed. (2487)
Web.com
  2000 Ed. (3608)
  2009 Ed. (2456)
  2010 Ed. (2377)
Webcor Builders
  2016 Ed. (1131)
Webcor Builders Inc.
  2003 Ed. (1265, 1303, 1308, 2630)
  2004 Ed. (1256, 1311)
  2006 Ed. (1176)
  2007 Ed. (1282, 1337, 1352, 2412)
  2008 Ed. (1182)
  2009 Ed. (1158, 3246)
  2010 Ed. (1153, 2542, 2543, 2548, 2550, 3177)
  2011 Ed. (1085, 1097, 1182, 3141)
  2012 Ed. (1112)
  2013 Ed. (1231)
  2014 Ed. (1169)
Webcor Concrete
  2006 Ed. (1177, 1238, 1289)
  2007 Ed. (1338, 1366)
  2008 Ed. (1183, 1223)
  2009 Ed. (1159, 1205)
  2010 Ed. (1154, 1209)
  2011 Ed. (1098, 1157)
  2013 Ed. (1230)
  2014 Ed. (1168)
Webcor Construction LP
  2016 Ed. (1131)
Webcraft Technologies Inc.
  1990 Ed. (2212)
  1998 Ed. (2924)
  1999 Ed. (3898)
  2000 Ed. (3614, 3615)
Webcrafters Inc.
  1992 Ed. (3533)
  2008 Ed. (4027)
WEBCRAWLER
  1997 Ed. (3926)
  1998 Ed. (3775, 3779, 3780)
  1999 Ed. (32)
WebDeveloper.com
  2002 Ed. (4808)
Weber; Charlotte Colket
  2005 Ed. (4843)
Weber; Donald R.
  1989 Ed. (1741)
  1990 Ed. (2271)
Weber Group
  1994 Ed. (2948, 2951)
  1995 Ed. (3005, 3010)
  1996 Ed. (3105, 3110)
  1998 Ed. (1926, 2934, 2942, 2944)
  1999 Ed. (3921, 3928)
Weber Group of WPRW
  2000 Ed. (3638)
Weber Liebfraumilch
  1990 Ed. (3697)
Weber; Lisa
  2010 Ed. (4975)
Weber; Mark
  2007 Ed. (1102)
  2009 Ed. (2659)
Weber-O'Connor Home Management
  1998 Ed. (3018)
Weber PR Worldwide
  2000 Ed. (3625, 3626, 3642, 3643, 3652, 3654, 3656)
Weber PR Worldwide, Cambridge

2000 Ed. (3644)
Weber Public Relations Worldwide
  1999 Ed. (3908, 3909, 3910, 3927, 3934, 3935, 3937, 3938, 3939)
  2000 Ed. (3627, 3645)
  2001 Ed. (3928, 3929, 3930, 3931, 3933, 3937, 3940, 3942)
  2002 Ed. (3806, 3809, 3810, 3812, 3817, 3818, 3819, 3824, 3832, 3841, 3844, 3850, 3874)
Weber Shandwick
  2011 Ed. (34, 35, 36, 37, 38, 978, 979, 980, 981, 4098, 4099, 4100, 4101, 4103, 4119, 4128)
  2012 Ed. (4133, 4151)
  2013 Ed. (2156)
  2014 Ed. (106, 108, 109, 2090, 4141, 4142)
  2015 Ed. (59, 120, 122, 123, 124, 2089, 2142, 4123, 4124)
  2016 Ed. (61, 128, 4037, 4038)
Weber Shandwick Worldwide
  2002 Ed. (3807, 3845, 3855, 3857, 3858, 3859, 3860, 3862, 3864, 3865, 3866, 3867, 3868, 3869, 3870, 3871, 3872, 3873)
  2003 Ed. (3994, 3996, 3997, 3998, 4002, 4003, 4005, 4008, 4009, 4015, 4017, 4018, 4019, 4020, 4021)
  2004 Ed. (3977, 3979, 3980, 3981, 3984, 3987, 3991, 3992, 3993, 3994, 3996, 4000, 4001, 4002, 4004, 4007, 4010, 4013, 4014, 4017, 4020, 4026, 4028, 4033, 4035, 4037)
Weber Shandwick/Rogers & Cowan
  2002 Ed. (3838)
Weber; Shea
  2014 Ed. (196)
  2015 Ed. (223)
Weber-Stephen
  1990 Ed. (720)
  1991 Ed. (1676)
  1992 Ed. (875)
  1993 Ed. (673. 1803)
  1994 Ed. (674)
  1997 Ed. (649)
  1998 Ed. (437)
  1999 Ed. (685)
  2000 Ed. (702)
  2002 Ed. (667)
Weber/RBB
  1999 Ed. (3932)
  2000 Ed. (3648)
Weber's Inn
  1990 Ed. (2066)
  1991 Ed. (1949)
  1993 Ed. (2092)
  1994 Ed. (2106)
  1999 Ed. (2763)
  2002 Ed. (2636)
  2005 Ed. (2930)
  2006 Ed. (2933)
Weber's White Trucks Inc.
  2006 Ed. (4385)
  2007 Ed. (4453)
WebEx
  2003 Ed. (3044)
  2005 Ed. (3194)
WebEx Communications Inc.
  2005 Ed. (1138)
  2006 Ed. (4677)
  2007 Ed. (3054, 4696)
  2008 Ed. (1590, 1608, 4609)
WebFlyer
  2002 Ed. (4859)
Webhelp
  2004 Ed. (2781, 2782)
  2008 Ed. (1722, 1763, 2868, 3208)
  2009 Ed. (1660, 1691, 2920)
  2010 Ed. (2942)
  2012 Ed. (1476)
Webhelp SAS
  2013 Ed. (1642)
WebHouse
  2010 Ed. (3172)
WebiMax
  2014 Ed. (59)
Webjet
  2015 Ed. (1453)
Webloyalty.com
  2007 Ed. (2824)
Webmaster
  2008 Ed. (3818)
WebMD
  2001 Ed. (1547)
  2002 Ed. (1384)
  2003 Ed. (2170, 2703, 2723)
  2005 Ed. (2802)

2006 Ed. (2777)
  2010 Ed. (3370)
WebMD Health Corp.
  2007 Ed. (3232)
  2008 Ed. (3362)
  2009 Ed. (2897)
  2010 Ed. (2841)
  2011 Ed. (2835, 2850, 3154)
  2012 Ed. (4482)
WebMD Magazine
  2015 Ed. (3550)
  2016 Ed. (3401)
WebMergers.com
  2002 Ed. (4808)
WebMethods
  2001 Ed. (1870, 2850)
  2002 Ed. (4192)
  2004 Ed. (1341, 2223)
  2005 Ed. (1149, 3039)
  2006 Ed. (1138, 3042)
  2008 Ed. (1151)
  2009 Ed. (1129)
Webmonkey
  2002 Ed. (4805)
Webolutions
  2011 Ed. (1614)
Webolutions Inc.
  2014 Ed. (1523)
Webprint
  2011 Ed. (2913)
WebPromote
  1999 Ed. (1858)
Webridge
  2003 Ed. (2727)
WEBS Austria
  2001 Ed. (3501)
WEBS Belgium
  2001 Ed. (3501)
WEBS Japan
  2001 Ed. (3504)
WEBS Spain
  2001 Ed. (3501)
WEBS Sweden
  2001 Ed. (3500)
WEBS Switzerland
  2001 Ed. (3501)
WebSafe Shield
  2012 Ed. (4446)
Websense Inc.
  2005 Ed. (4611)
  2006 Ed. (4335, 4336, 4676)
  2007 Ed. (4696)
  2008 Ed. (4370)
WebServe, Inc.
  2002 Ed. (2530)
Webshed Ltd.
  2003 Ed. (2739, 2740, 2741)
Website Magazine
  2012 Ed. (4740)
Website Pros
  2009 Ed. (2904)
  2010 Ed. (2848)
WEBSPAN
  2000 Ed. (2746)
WebsPlanet
  2013 Ed. (2909)
webstakes.com
  2001 Ed. (2995, 2996)
Webstep
  2010 Ed. (1896)
  2011 Ed. (1927)
  2012 Ed. (1788)
  2014 Ed. (1898)
  2015 Ed. (1610, 1942)
Webster & Anderson
  1998 Ed. (2577)
Webster Bank
  1998 Ed. (3127, 3138, 3144, 3539)
  2002 Ed. (4117, 4118, 4123, 4131, 4135)
  2003 Ed. (478, 4260, 4266, 4273, 4275, 4278)
  2004 Ed. (473, 1062, 1063, 2862, 2995, 3502, 3507, 4278, 4284, 4285, 4286, 4287)
  2005 Ed. (481, 1066, 1067, 3511, 4220)
  2006 Ed. (428)
  2007 Ed. (424)
Webster Clothes Inc.
  1992 Ed. (1476)
Webster County, KY
  1998 Ed. (783, 2319)
Webster Data Communication Inc.
  2008 Ed. (2157)
Webster Financial Corp.
  2000 Ed. (2485)
  2001 Ed. (437)
  2005 Ed. (365, 4689)
Webster Group International, Inc.

2003 Ed. (2730)
Webster Parish, LA
1993 Ed. (1433)
Webster Plastics Inc.
2004 Ed. (3365)
Webster & Sheffield
1991 Ed. (2535)
1999 Ed. (3967)
Webster Trucking Corp.
2010 Ed. (4173)
2011 Ed. (4781)
2012 Ed. (4795)
2013 Ed. (4756)
2014 Ed. (4806)
Webster University
1997 Ed. (863)
2004 Ed. (829)
2009 Ed. (799, 804)
2010 Ed. (738)
2011 Ed. (650)
2015 Ed. (812)
WebSurveyor Corp.
2006 Ed. (2094)
Websurveyor.com
2006 Ed. (1118)
WebTalkGuys
2004 Ed. (3163)
WebTech Wireless Inc.
2007 Ed. (1235)
2008 Ed. (1618, 1660, 2937)
Webtrade Ltd.
2003 Ed. (2716)
Webtrend
1998 Ed. (2919)
WebTrends Corp.
2001 Ed. (2859)
2002 Ed. (1551, 2531)
2003 Ed. (2727)
Webvan
2003 Ed. (2185)
Webvan Group
2001 Ed. (4183, 4672, 4673)
Webzen
2006 Ed. (4537)
WeChat
2015 Ed. (4633)
2016 Ed. (4551)
Weck Corp.
1998 Ed. (3081)
1999 Ed. (4090)
Weck; Edward
1994 Ed. (3470)
Wedco
1989 Ed. (2663)
Wedco Technology
1989 Ed. (2668)
The Wedding
2003 Ed. (706)
Wedding Crashers
2007 Ed. (3642)
2008 Ed. (2386, 2387)
Wedding Planner
2003 Ed. (3454)
The Wedding Singer
2000 Ed. (4349)
WeddingPaperDivas.com
2012 Ed. (2294)
Wedel
1994 Ed. (3648)
1996 Ed. (3817)
1999 Ed. (4739)
WEDGE Capital
1991 Ed. (2223, 2231)
WEDGE Capital Mgmt.
1990 Ed. (2338, 2345)
Wedgestone Financial
1990 Ed. (2682, 2684)
1999 Ed. (3266)
Wedgewood Capital
1993 Ed. (2327)
1995 Ed. (2364)
1996 Ed. (2392, 2400)
Wedgstone Fincl.
1990 Ed. (2965)
Wedgwood
2003 Ed. (4670)
2005 Ed. (4588)
2007 Ed. (4674)
2011 Ed. (4604)
WedgwoodUSA.com
2007 Ed. (2319)
Wee Cho Yaw
2006 Ed. (4918, 4919)
2008 Ed. (4850)
2009 Ed. (4871, 4872)
2010 Ed. (3963, 4872, 4873)
2011 Ed. (4860, 4861)
2012 Ed. (4866, 4867)
2013 Ed. (4906, 4907)
2014 Ed. (4916, 4917)

2015 Ed. (4956, 4957)
2016 Ed. (4872)
Wee; Cho Yaw
2016 Ed. (4873)
Wee Ewe & Loke
1996 Ed. (22)
Wee-Fits
1995 Ed. (1562)
Wee Hur Holdings
2015 Ed. (2018)
Wee; Lee Seng
2006 Ed. (4918, 4919)
2008 Ed. (4850)
2009 Ed. (4871)
2010 Ed. (4872)
2011 Ed. (4860)
2012 Ed. (4866)
2013 Ed. (4906)
Wee Watch Private Home Day Care
2002 Ed. (1044)
Weed Eater
1998 Ed. (2341, 2342)
1999 Ed. (3168)
Weed Man
1992 Ed. (2227)
2002 Ed. (3065)
2003 Ed. (3196)
2004 Ed. (3242)
2005 Ed. (3267, 3268)
2006 Ed. (3253, 3254)
2007 Ed. (3331, 3332)
2008 Ed. (3432, 3433)
2009 Ed. (3506)
2010 Ed. (3436)
2011 Ed. (3424, 3432)
2012 Ed. (3437, 3444, 3445)
2013 Ed. (3458, 3464, 3465, 3466)
2014 Ed. (3458, 3459, 3461, 3464, 3465, 3466)
2015 Ed. (3478, 3482, 3483, 3484)
2016 Ed. (3322, 3324, 3326, 3327, 3331, 3332, 3333)
Weeden & Co.
2000 Ed. (880)
2005 Ed. (3594)
The Week
2007 Ed. (128, 169)
2008 Ed. (152)
2009 Ed. (673)
2011 Ed. (3519, 3520)
Weekend Executive Program; Duke University, Fuqua School of Business
2005 Ed. (815)
Weekend Shopper
1993 Ed. (148)
A Weekend with Warren Buffett and Other Shareholder Meeting Adventures
2009 Ed. (640)
Weekends Only Furniture Outlet
2014 Ed. (2824)
Weekes Construction Inc.
1991 Ed. (3122)
1992 Ed. (3963)
1993 Ed. (3307, 3309)
1994 Ed. (3299)
Weekley
1998 Ed. (899, 905)
Weekley Homes
1993 Ed. (1096)
Weekley Homes; David
1994 Ed. (1117)
Weeklies, semi-weeklies, tri-weeklies
1995 Ed. (143)
The Weekly News
1995 Ed. (2879)
Weekly World News
2001 Ed. (258, 259)
Weeks Marine Inc.
2002 Ed. (1243, 1260, 1265)
2003 Ed. (1270)
2004 Ed. (1273)
2016 Ed. (2543)
Weeks; Robert G.
1996 Ed. (967)
Weeks; Wendell
2013 Ed. (985)
Weeks; Wendell P.
2009 Ed. (953)
2011 Ed. (844)
Weese & Associates Ltd.; Harry
1992 Ed. (356)
Weetabix
1991 Ed. (1743)
1992 Ed. (1075, 2192)
1994 Ed. (884)
1996 Ed. (892)
1999 Ed. (1051)
2002 Ed. (41, 956)

2008 Ed. (718)
2009 Ed. (728)
2010 Ed. (646)
2011 Ed. (582)
Weezevent
2016 Ed. (2910)
WEG
2014 Ed. (4233)
Weg
2014 Ed. (2421)
2015 Ed. (2495)
2016 Ed. (2427)
WEG Equipamentos Eletricos
2011 Ed. (632)
2013 Ed. (3471)
Wegagen Bank
2011 Ed. (336)
2013 Ed. (337)
2014 Ed. (356)
2015 Ed. (405)
Wege Foundation
2002 Ed. (2341)
Wegman; Colleen
2007 Ed. (4161)
Wegman's
1989 Ed. (1207)
1994 Ed. (3468)
Wegmans Food Markets
2013 Ed. (1943, 2510)
2015 Ed. (1919, 4591)
2016 Ed. (1294)
Wegmans Food Markets Inc.
1995 Ed. (3538)
2001 Ed. (4696)
2002 Ed. (4529)
2003 Ed. (4629, 4630, 4631, 4632, 4662, 4664)
2004 Ed. (1575, 4623, 4637, 4638)
2005 Ed. (1606, 3182, 4565)
2006 Ed. (1489, 1490, 1934)
2007 Ed. (1519, 1520)
2008 Ed. (1501, 1502, 2276, 4239)
2009 Ed. (1434, 1435, 1942, 4339, 4619)
2010 Ed. (1417, 1879, 4088, 4647)
2011 Ed. (1417, 1419, 1909, 3434, 4060)
2012 Ed. (1254, 1255, 1257, 2331, 2332, 2749, 3447, 4092, 4602)
2013 Ed. (1357, 1358, 1945, 2511, 2614, 3467, 4529, 4542, 4555)
2014 Ed. (1302, 1303, 1884, 4327, 4429, 4587)
2015 Ed. (1365, 1921, 4314, 4411, 4585)
2016 Ed. (1884, 4211, 4504)
WEGX
1990 Ed. (2943)
Wei Chang Co.
1990 Ed. (51)
Wei Christianson
2010 Ed. (4979)
Wei Chuan Food Co.
1991 Ed. (51)
WEI Holdings Inc.
1994 Ed. (2428)
Wei; Huang
2009 Ed. (4862)
Wei Ing-Chou
2011 Ed. (4863)
Wei Jianjun
2014 Ed. (4878)
2015 Ed. (4915, 4916)
2016 Ed. (4832)
Weiant; William
1991 Ed. (1674)
Weibel
1989 Ed. (868, 2944)
Weibel Vineyards
2003 Ed. (906)
2004 Ed. (923)
2005 Ed. (914)
2006 Ed. (828)
Weibo Group
2016 Ed. (2339)
Weichai Power
2013 Ed. (3142)
2014 Ed. (3145, 3156)
2015 Ed. (3205, 3216)
2016 Ed. (3060)
Weichai Power Co., Ltd.
2011 Ed. (1583)
2012 Ed. (1420, 3067)
Weichert Commercial, Realtors
1989 Ed. (2285)
1990 Ed. (2949, 2955)
1991 Ed. (2806)
1992 Ed. (3615)
2002 Ed. (3914)
Weichert Real Estate Affiliates Inc.

2006 Ed. (819, 4038)
2007 Ed. (4078)
2008 Ed. (4111)
2009 Ed. (4218)
2010 Ed. (4152)
2011 Ed. (4152)
2012 Ed. (4186)
2013 Ed. (4170)
2014 Ed. (4209)
2015 Ed. (4189)
2016 Ed. (4107)
Weichert Realtors
1989 Ed. (2286)
1995 Ed. (3059)
2000 Ed. (3716)
2004 Ed. (4069, 4071)
2005 Ed. (4001, 4002)
2006 Ed. (4036, 4037)
2007 Ed. (4076, 4077)
Weichuan Foods Corp.
1989 Ed. (54)
Weid Insurance Co. Inc.
1993 Ed. (851)
Weideman; Chris
2015 Ed. (797)
Weider
1991 Ed. (1634)
1992 Ed. (2065, 4043)
Weider Exercise Equipment
1994 Ed. (1724)
Weider; Harriett M.
1995 Ed. (2484)
Weider Health & Fitness Inc.
1997 Ed. (2628)
Weider Nutrition International Inc.
2001 Ed. (2015)
2003 Ed. (4861)
2006 Ed. (2090)
Weider/Weslo
1993 Ed. (1707)
1996 Ed. (3491)
Weidleplan Consulting GmbH
1997 Ed. (1748)
Weidlinger Associates
2008 Ed. (2571)
2009 Ed. (2579)
Weidman; Daniel N.
2009 Ed. (945)
Weidman; David N.
2007 Ed. (1036, 2499)
2008 Ed. (2630, 2632)
2009 Ed. (961, 2658)
2010 Ed. (2562)
2012 Ed. (2491)
Weidner Center for the Arts
2001 Ed. (4353)
2002 Ed. (4345)
2003 Ed. (4529)
Weifu High-Technology
2007 Ed. (1589)
2013 Ed. (1421, 1424)
Weight control
2001 Ed. (2107)
2004 Ed. (2099)
Weight control candy/tablets
2002 Ed. (2050, 2051, 3768)
Weight control/nutritionals
2002 Ed. (1975)
Weight loss
2004 Ed. (3751)
Weight loss centers
2001 Ed. (2011)
The Weight Loss Cure "They" Don't Want You to Know About
2009 Ed. (583, 643)
Weight loss/protein products
1997 Ed. (3171, 3173)
Weight Watcher Double Fudge Bar
1990 Ed. (2143)
Weight Watchers
1990 Ed. (1856, 3713)
1992 Ed. (921, 2190, 2238)
1993 Ed. (1878, 1906, 2122)
1994 Ed. (1868, 1924)
1995 Ed. (1041, 1941, 1942, 1943)
1996 Ed. (1975)
1997 Ed. (2091, 2350)
1998 Ed. (254)
1999 Ed. (2533)
2000 Ed. (3479, 3492)
2003 Ed. (2559)
2005 Ed. (131, 147)
2006 Ed. (134, 3348)
2008 Ed. (716)
2009 Ed. (726, 856)
2010 Ed. (647, 650, 3370)
2014 Ed. (292, 2548, 2769)
2015 Ed. (2820)
2016 Ed. (2753)
Weight Watchers International Inc.

2001 Ed. (3728)
2003 Ed. (3798)
2004 Ed. (3811, 3812)
2005 Ed. (3720, 3721, 4508)
2006 Ed. (2737, 3810, 3811)
2007 Ed. (3826, 3827)
2008 Ed. (3886, 3887)
2009 Ed. (3949, 3950)
2010 Ed. (3861, 3862)
2011 Ed. (3869, 3870)
2012 Ed. (3848, 3849)
2013 Ed. (3908, 3909)
2014 Ed. (3841)
2015 Ed. (3866)
2016 Ed. (3775)
Weight Watchers Smart Ones
1996 Ed. (2825)
2000 Ed. (2280)
2001 Ed. (2540)
2002 Ed. (2367)
2008 Ed. (2775, 3121)
Weight Watchers Smart Ones Morning
Express
2014 Ed. (2781)
2015 Ed. (2827)
Weight Watchers (UK)
2009 Ed. (145)
The Weightless World
2000 Ed. (780)
Weightlifting
1996 Ed. (3036)
The Weightman Group
1989 Ed. (151)
1991 Ed. (142)
1992 Ed. (197)
1993 Ed. (127)
1994 Ed. (108)
1998 Ed. (63)
1999 Ed. (142)
2000 Ed. (159)
Weightnian Group
1990 Ed. (142)
WeightWatchers
2002 Ed. (1960)
Weil; Ernst
1991 Ed. (928, 1620)
1992 Ed. (2051)
Weil, Gotshal & Manges
1990 Ed. (2412, 2424)
1991 Ed. (2290)
1992 Ed. (2825, 2844)
1993 Ed. (2402)
1994 Ed. (2355)
1995 Ed. (2412, 2414, 2420)
1996 Ed. (2450, 2455)
1997 Ed. (2595, 2600)
1998 Ed. (2325, 2326, 2332, 2711)
1999 Ed. (3156)
2000 Ed. (2901)
2001 Ed. (3051, 3058, 3086)
2004 Ed. (3226)
2015 Ed. (1350)
Weil, Gotshal & Manges LLP
2003 Ed. (1394, 3172, 3173, 3178,
3186, 3188, 3191)
2004 Ed. (1408, 1409, 3236, 3239)
2005 Ed. (1427, 1428, 1439, 3254,
3256)
2006 Ed. (1412, 1413, 3243, 3245,
3246, 3247)
2007 Ed. (3305)
2008 Ed. (1394, 3414, 3419)
2009 Ed. (3482, 3485)
2010 Ed. (3413, 3417, 3425)
2011 Ed. (3397, 3400)
2012 Ed. (1228, 3410, 3411, 3428)
2013 Ed. (3442)
2014 Ed. (3435, 3442)
2015 Ed. (3473)
Weil; Howard
2008 Ed. (3384)
Weil; Richard M.
2013 Ed. (986)
Weili Dai
2008 Ed. (4883)
Weill and family, Michel David
1991 Ed. (2265)
1992 Ed. (2143)
Weill; Sandy
2005 Ed. (788)
Weill; Sanford I.
1993 Ed. (937, 1695)
1994 Ed. (947, 950, 1714, 1717)
1995 Ed. (978, 980, 982, 1727, 1730)
1996 Ed. (959, 960, 964, 966, 1709,
1712)
1997 Ed. (982, 1796, 1799, 1802)
2005 Ed. (980, 2474, 2475, 2490,
2510)
Weiman Lemon Oil

2003 Ed. (980)
Weinbach; Arthur
2006 Ed. (882)
2007 Ed. (973)
Weinbach; Lawrence A.
2006 Ed. (933)
Weinberg Foundation; Harry & Jeanette
1992 Ed. (2215)
2008 Ed. (4128)
Weinberg & Green
1990 Ed. (2414)
1991 Ed. (2280)
1992 Ed. (2829)
1993 Ed. (2392)
Weiner Allianz
1997 Ed. (3847)
Weiner & Associates; S. R.
2006 Ed. (4315)
Weiner Staddtwerke
1999 Ed. (1585)
Weinerberger
1996 Ed. (3793)
2000 Ed. (4351)
Weinerberger Baustoff
1997 Ed. (3846, 3847)
1999 Ed. (4722, 4723)
Weinerschnitzel
1996 Ed. (3278)
Weingardner & Hammons
1995 Ed. (2148)
Weingart Foundation
1990 Ed. (1848)
1993 Ed. (890, 895)
1999 Ed. (2503)
Weingarten Realty
1989 Ed. (2287)
1992 Ed. (3616, 3628)
1993 Ed. (2961)
2010 Ed. (4614)
2011 Ed. (4170, 4569)
2012 Ed. (4218, 4585)
2013 Ed. (4204)
2014 Ed. (4221)
2015 Ed. (4206)
Weingarten Realty Investors
1990 Ed. (2956)
1991 Ed. (2808, 2816)
1994 Ed. (1289, 3000)
1995 Ed. (3069, 3373, 3378)
1996 Ed. (3427)
1998 Ed. (3297, 3301)
2000 Ed. (4018, 4020)
2016 Ed. (4124, 4126)
Weingarten Realty Management Co.
1996 Ed. (3431)
Weinger, Norman
1991 Ed. (1687, 1708, 1709)
1993 Ed. (1833)
Weinstein Co.
2008 Ed. (3752, 3753, 3755)
2009 Ed. (3777)
2013 Ed. (3768)
2014 Ed. (3697)
Weinstein; Paul
1996 Ed. (1800)
Weintraub; Jay
1997 Ed. (1923)
Weintraub; Mark
2011 Ed. (3352)
Weir
2006 Ed. (2480)
2016 Ed. (2523)
Weir Auto Sales
1990 Ed. (340)
Weir & Co. Ltd.; Andrew
1991 Ed. (958)
1995 Ed. (1013)
Weir & Company Ltd.; Andrew
1990 Ed. (1033)
Weir Group
2007 Ed. (2403)
2008 Ed. (2510)
2009 Ed. (2520)
2010 Ed. (2437)
2011 Ed. (1409, 2443)
2013 Ed. (2115, 2550)
2014 Ed. (2519)
2015 Ed. (2594)
2016 Ed. (2516)
The Weir Group plc
2006 Ed. (1476, 2451)
Weir Group plc
2014 Ed. (3163)
Weir Welding Co.
2008 Ed. (1318)
2010 Ed. (1296)
Weirton Steel Corp.
1989 Ed. (1343)
1990 Ed. (1654)
1993 Ed. (1415, 2946)

1995 Ed. (1664)
1997 Ed. (3628, 3630)
2001 Ed. (1898, 1899)
2003 Ed. (1852, 1853, 3369)
2004 Ed. (1888, 1889, 3435)
2005 Ed. (2014, 2015, 3450)
2014 Ed. (2122)
2015 Ed. (2176)
2016 Ed. (2150)
Weirton-Steubenville, WA-OH
2009 Ed. (4349)
Weirton-Steubenville, WV-OH
2006 Ed. (2971)
2007 Ed. (2999)
2008 Ed. (3114, 4728)
Weirton, WV
2007 Ed. (1159)
2008 Ed. (1052)
2009 Ed. (1025, 2497)
2010 Ed. (991, 2410)
Weis Builders Inc.
2004 Ed. (1289)
2007 Ed. (1352)
2012 Ed. (1018)
Weis; David
1989 Ed. (860)
1990 Ed. (915)
1991 Ed. (866, 867)
1992 Ed. (1065)
Weis Market Inc.
2010 Ed. (4647)
Weis Markets Inc.
1989 Ed. (1556, 2776, 2778)
1990 Ed. (1963, 3491, 3494)
1991 Ed. (1860, 3252, 3254)
1992 Ed. (2350, 4163, 4164)
1993 Ed. (3486)
1994 Ed. (1990, 3459, 3461)
2003 Ed. (4633, 4645)
2004 Ed. (4621, 4931, 4932)
2005 Ed. (4913, 4914)
2007 Ed. (2709)
2009 Ed. (4619)
2013 Ed. (2002)
Weisbrod; Stuart
1991 Ed. (1698)
1993 Ed. (1782)
1994 Ed. (1766)
1995 Ed. (1807)
Weise; Frank
2006 Ed. (2528)
Weise III; Frank
2006 Ed. (875)
Weisenburger; Randall
2006 Ed. (985)
2007 Ed. (1078)
2008 Ed. (967)
2010 Ed. (919)
Weiser LLP
2004 Ed. (13)
2005 Ed. (9)
2006 Ed. (14)
2007 Ed. (10)
2008 Ed. (8)
2009 Ed. (11)
2010 Ed. (13, 20)
2011 Ed. (8)
WeiserMazars
2012 Ed. (23)
2013 Ed. (18)
2014 Ed. (14)
2015 Ed. (15)
2016 Ed. (14)
WeiserMazars LLP
2015 Ed. (250, 251)
2016 Ed. (244)
Weishar; Greg
2013 Ed. (2637)
2014 Ed. (2592)
Weiss & Co. LLP
2014 Ed. (1650)
2015 Ed. (1693)
Weiss Insurance Agencies Inc.
2001 Ed. (2911)
Weiss; Keith
2011 Ed. (3373)
Weiss Offshore (Global Hedged)
1995 Ed. (2095)
Weiss Peck & Greer
1995 Ed. (2355, 2359)
1998 Ed. (2264)
1999 Ed. (3059)
2000 Ed. (2794)
Weiss, Peck & Greer Venture Partners
2001 Ed. (3002)
Weiss Research Hotline
1990 Ed. (2367)
Weiss, Rifkind, Wharton & Garrison;
Paul
1996 Ed. (2455)

Weissberg; Lawrence
1992 Ed. (533)
Weitek
1990 Ed. (2985)
1991 Ed. (3143)
1992 Ed. (3668)
Weitnauer Trading
1997 Ed. (1680)
1999 Ed. (247)
The Weitz Co.
1991 Ed. (1051)
1996 Ed. (1131)
1998 Ed. (959)
1999 Ed. (1380)
2001 Ed. (1255)
2002 Ed. (1262)
2003 Ed. (1312)
2006 Ed. (1174, 1346)
2007 Ed. (1280)
2008 Ed. (1180, 1222, 1244)
2009 Ed. (1156, 1200, 1253, 4143)
2010 Ed. (1151, 1204, 1250, 3723,
4075)
2011 Ed. (1199)
The Weitz Co., LLC
2012 Ed. (1112, 1113, 1116)
2014 Ed. (1113)
Weitz Hickory
1999 Ed. (3560)
2000 Ed. (3240)
2006 Ed. (3615, 3618)
2012 Ed. (4549)
Weitz Partners Value
2000 Ed. (3311)
2003 Ed. (3481)
2004 Ed. (3534)
2006 Ed. (3615)
Weitz Partners Value Fund
2005 Ed. (3551)
2006 Ed. (3605)
2007 Ed. (3665)
Weitz Series-Hickory Fund
2000 Ed. (3256)
Weitz Series-Value
2000 Ed. (3256)
Weitz Short-Intermediate Income
2011 Ed. (519)
Weitz Value
1999 Ed. (3520)
2000 Ed. (3240)
2002 Ed. (3422)
2003 Ed. (3481)
2004 Ed. (3534, 3536)
2006 Ed. (3615)
Weitz Value Fund
2004 Ed. (3577, 3578)
2005 Ed. (3551)
2006 Ed. (3605)
Weitzer Homebuilders
1998 Ed. (1706)
Wejchert; Jan
2008 Ed. (4872)
2009 Ed. (4894)
Wek; Alek
2008 Ed. (4898)
Welbilt
1991 Ed. (964, 966)
1998 Ed. (1951)
1999 Ed. (1217, 2692)
2002 Ed. (1110)
WELBRO Building Corp.
2000 Ed. (1215)
Welch Allyn
1992 Ed. (2973)
2001 Ed. (659)
Welch; David
2015 Ed. (974)
Welch Foods
2014 Ed. (2801, 2804)
2015 Ed. (2845, 2846, 3462)
2016 Ed. (2778, 2779, 3311)
Welch Foods Inc.
1998 Ed. (2928)
2003 Ed. (669, 2579, 3158, 3159)
Welch Foundation; Robert A.
1989 Ed. (1476)
Welch; Jack
1990 Ed. (971)
2006 Ed. (1450, 3262)
2009 Ed. (2612)
Welch Jr.; John
1997 Ed. (1796)
Welch Jr.; John F.
1989 Ed. (1376, 1379)
1993 Ed. (936)
1995 Ed. (980)
Welchade
2003 Ed. (674)
Welchman Consulting
2007 Ed. (3051)

Welch's
1990 Ed. (724)
1992 Ed. (2240, 2241)
1994 Ed. (1922)
1996 Ed. (1979)
1997 Ed. (2584)
2002 Ed. (2375)
2003 Ed. (674, 3156, 3157)
2011 Ed. (2775)
2012 Ed. (478)
2014 Ed. (2799, 2803)
2015 Ed. (2840, 2842, 2843, 3461)
2016 Ed. (2771, 2773, 2774, 3310)
Welch's Foods
1990 Ed. (723)
Welch's Fruit Drink
2006 Ed. (2672)
2007 Ed. (2656)
2011 Ed. (2776)
Welch's Grape Juice
2006 Ed. (2671)
2007 Ed. (2654)
Welch's Natural
2015 Ed. (3461)
2016 Ed. (3310)
Welcome Home
1997 Ed. (3359)
Welcomemat Services
2016 Ed. (56)
Weld Insurance Co. Inc.
1995 Ed. (906)
Weldbend Corp.
2007 Ed. (223)
Welder Dynamic
1996 Ed. (1547)
Welders
2007 Ed. (3737)
Welding
2000 Ed. (3090)
Welding Equipment & Supply Corp.
2006 Ed. (4344)
Welding materials
2001 Ed. (1296)
Weldon, Sullivan, Carmichael & Co.
1993 Ed. (708)
Weldon; W. C.
2005 Ed. (2501)
Weldon; William
2007 Ed. (994)
2011 Ed. (822)
Weldon; William C.
2007 Ed. (1028)
2008 Ed. (950)
2009 Ed. (949)
2010 Ed. (901)
2011 Ed. (821, 831)
2012 Ed. (794)
2015 Ed. (960)
Weldwood
1990 Ed. (1845)
Weldwood of Canada
1990 Ed. (1337)
1991 Ed. (1764, 2366)
1992 Ed. (2212, 2213)
1993 Ed. (1894, 2478)
1994 Ed. (1894, 1896)
1996 Ed. (1962)
1997 Ed. (2070)
1998 Ed. (1754)
2005 Ed. (1965)
2006 Ed. (2023)
Welfare Client Data Systems Consortium
2010 Ed. (2824)
Welinder AB
1996 Ed. (143)
Welk Vacation Villas; Lawrence
1991 Ed. (3389)
Welkin Mechanical
2015 Ed. (4043, 4044, 4883)
2016 Ed. (2667, 3936, 4801)
Well Care HMO Inc./Staywell Health
Plan
2002 Ed. (2462)
Well Child
2016 Ed. (4963)
Well Fargo
2008 Ed. (368)
2009 Ed. (384)
2010 Ed. (363)
2011 Ed. (378)
2012 Ed. (373)
2013 Ed. (498)
2014 Ed. (511)
2015 Ed. (575)
2016 Ed. (520)
Well Fargo & Co.
2005 Ed. (360)
2009 Ed. (1482)
Well Fargo Insurance Inc.

2002 Ed. (2856, 2857)
Well, Gotshal & Manges
1993 Ed. (2388)
Well Holding AG Co.
1999 Ed. (3299)
Well-Phone Securities Co., Ltd.
1990 Ed. (821)
Well staffed
1992 Ed. (571)
Wella
1990 Ed. (1437)
1993 Ed. (1423)
Wella AG
2003 Ed. (3794)
2004 Ed. (3810)
2005 Ed. (1552, 4675)
2006 Ed. (3805)
Wella Group
1997 Ed. (1535)
2001 Ed. (1925, 3719)
WellAdvantage
2016 Ed. (1757, 4942)
Wella/Muehlens/Sebastian
1996 Ed. (1467)
Wellback Holdings
1996 Ed. (2140)
Wellborn Cabinet Inc.
2009 Ed. (3473)
The Wellbridge Co.
2005 Ed. (2810, 3912)
2006 Ed. (2786)
2007 Ed. (2787)
WellCare Health Plans
2006 Ed. (3444)
2007 Ed. (3121)
2008 Ed. (2899, 3635)
2009 Ed. (1411, 1413, 1414, 1415,
1416, 1417, 1418)
2010 Ed. (3265)
2011 Ed. (1426, 1740, 3229)
2012 Ed. (2693, 3198)
2013 Ed. (1745, 2774)
2015 Ed. (3342)
2016 Ed. (3406, 3407)
Wellcare Health Plans
2014 Ed. (1590)
WellCare Health Plans Inc.
2013 Ed. (3266)
2014 Ed. (3294)
2015 Ed. (3341)
2016 Ed. (1583, 3203)
Wellcare Health Plans Inc.
2015 Ed. (1641)
2016 Ed. (1584)
Wellcare Heath Plans
2013 Ed. (1389)
Wellcem As
2016 Ed. (1912)
WellChoice Inc.
2004 Ed. (4338)
2005 Ed. (3103, 3104)
2006 Ed. (2770, 3107)
2007 Ed. (2775, 3120)
Wellco
1992 Ed. (3956)
Wellco Energy Services Trust
2006 Ed. (3668)
Wellco Enterprises
1990 Ed. (1067)
1991 Ed. (3360)
Wellcome
1990 Ed. (1372, 1993)
1992 Ed. (2935)
1993 Ed. (3008, 3473)
1994 Ed. (199, 1558, 2871)
1995 Ed. (201, 2770, 3098)
1996 Ed. (1214, 1391, 1392)
1997 Ed. (1452, 1660)
2012 Ed. (36)
Wellcome Foundation Ltd.
1999 Ed. (1609)
2000 Ed. (1412, 1414)
Wellcome PLC
1995 Ed. (2770)
Wellcome Supermarket
2001 Ed. (39)
Wellcome Trust
1995 Ed. (1934)
1997 Ed. (945)
Welldog
2015 Ed. (2534)
Welle Gesellschaft Mit Beschraenkter
Haftung & Co. Kommanditgesell-
schaft
1991 Ed. (1781)
1994 Ed. (1931)
Wellements Baby Move Constipation
2015 Ed. (3233)
2016 Ed. (3088)
Wellements Co.

2015 Ed. (3236)
2016 Ed. (3091)
Weller; Edward
1993 Ed. (1771, 1823)
1994 Ed. (1806)
Weller; Robert
2011 Ed. (4441)
Weller; Todd C.
2011 Ed. (3359)
Weller; WL
1989 Ed. (751)
Wellesley College
1989 Ed. (955)
1990 Ed. (1089, 1093)
1991 Ed. (1002)
1992 Ed. (1268)
1993 Ed. (1016)
1994 Ed. (1043)
1995 Ed. (1051, 1065)
1996 Ed. (1036)
1997 Ed. (1052)
1998 Ed. (798)
1999 Ed. (1227)
2000 Ed. (1136)
2001 Ed. (1316, 1318)
2008 Ed. (1057, 1067)
2009 Ed. (1030, 1031, 1040, 1044)
2010 Ed. (996, 999, 1006, 1010)
2011 Ed. (939, 940, 944)
Wellesley Income
1991 Ed. (2566)
1992 Ed. (3153)
Wellfleet
1995 Ed. (3517)
1996 Ed. (1763, 3260, 3261)
Wellfleet Communications
1994 Ed. (2016, 2018, 2019, 3324)
1995 Ed. (1086, 2067, 2069)
1996 Ed. (3259)
Welling & Co. Inc.
1990 Ed. (1206)
1991 Ed. (1087)
1992 Ed. (1420)
Wellington
1990 Ed. (2372)
1992 Ed. (1399, 2737, 3152, 3195)
1993 Ed. (2662)
2000 Ed. (2788, 2988)
2008 Ed. (2291, 2294, 2315)
2009 Ed. (2281, 2283, 2285)
Wellington Denahan-Norris
2011 Ed. (4967, 4969)
2012 Ed. (4959)
2013 Ed. (4967)
Wellington Fund
1990 Ed. (2394)
Wellington Insurance Co.
1991 Ed. (2131)
Wellington Management Co.
1991 Ed. (2242)
1993 Ed. (2295, 2329)
1994 Ed. (2307)
1998 Ed. (2262, 2297, 2310)
1999 Ed. (3042, 3054, 3110)
2000 Ed. (2858)
2001 Ed. (3001, 3002, 3004, 3005)
2002 Ed. (3621)
2005 Ed. (3583)
2006 Ed. (3193)
2007 Ed. (3252)
Wellington Management Co. LLC
2011 Ed. (2760)
Wellington Management Co. LLP
2000 Ed. (2860)
2002 Ed. (2350, 3419)
2003 Ed. (3069, 3074, 3622)
2004 Ed. (2034, 2035, 2037, 3194,
3196)
Wellington Management Company, LLP
2000 Ed. (2830)
Wellington Management Co./Thorndike
Doran Paine & Lewis
1989 Ed. (1802, 2138)
Wellington, New Zealand
2016 Ed. (2597)
Wellington Power Corp.
2012 Ed. (1092)
Wellington Regional Medical Center
2006 Ed. (2919)
2008 Ed. (3060)
Wellington Trust (Divers. gro.)
1989 Ed. (2148)
Wellington Underwriting
2006 Ed. (3096)
2007 Ed. (3117)
Wellington Underwriting Agencies Ltd.
1992 Ed. (2895, 2896, 2898, 2900)
1993 Ed. (2453, 2454, 2456, 2458)
Wellington Underwriting Agencies Ltd.;
97,

1991 Ed. (2335)
Wellington Underwriting Agencies Ltd.;
406,
1991 Ed. (2337)
Wellington Underwriting Agencies Ltd.;
448,
1991 Ed. (2337)
Wellington Underwriting Agencies Ltd.;
Marine 448,
1991 Ed. (2336)
Wellington West Capital Inc.
2008 Ed. (1900)
Wellman Inc.
1989 Ed. (2645)
1992 Ed. (1128, 1522)
1993 Ed. (928)
1994 Ed. (942)
1998 Ed. (2875, 2880)
1999 Ed. (2115)
2001 Ed. (3819)
2004 Ed. (4707, 4708)
2005 Ed. (4679, 4680)
2011 Ed. (1869)
Wellman Plastics Recycling LLC
2014 Ed. (1979)
Wellmark Healthnetwork Inc.
1999 Ed. (3881)
2000 Ed. (3601)
Wellmark Inc.
2000 Ed. (2676)
2001 Ed. (2932)
2015 Ed. (3258)
Wellnder
1995 Ed. (129)
Wellness
2001 Ed. (3598)
Wellness Corporate Solutions
2014 Ed. (98)
Wellness program
1994 Ed. (2806)
Wellnet Corp.
2010 Ed. (2947)
WellPoint
2013 Ed. (2882, 2887)
2014 Ed. (2298, 2916)
2015 Ed. (2381, 2928, 2963, 3342,
4867)
2016 Ed. (2326, 2858)
Wellpoint Dental Services
1999 Ed. (1832)
WellPoint Health
1995 Ed. (2081, 2083)
1996 Ed. (2078, 2084, 2086)
1998 Ed. (1901, 1903, 1904, 1905,
2131)
1999 Ed. (2639, 2640, 2641)
WellPoint Health Network
1994 Ed. (2030)
WellPoint Health Networks Inc.
1997 Ed. (1259, 2178, 2180, 2181,
2184)
2000 Ed. (2419, 2422)
2001 Ed. (2673, 2675)
2002 Ed. (1603, 2448, 2450, 4978)
2003 Ed. (1746, 2685, 2689, 2690,
3277, 3278, 4981, 4982)
2004 Ed. (2802, 2808, 2810, 2815,
3340, 4498, 4545, 4556, 4984)
2005 Ed. (1562, 1687, 2792, 2794,
2796, 2798, 2803, 3365, 3368,
4353, 4354, 4463, 4471)
2006 Ed. (1419, 1423, 1441, 2770,
2780, 4580)
WellPoint Inc.
1995 Ed. (3515)
2006 Ed. (1769, 2762, 2764, 2767,
2779, 3106, 3107)
2007 Ed. (1527, 1529, 1777, 2766,
2767, 2772, 2773, 2782, 2783,
2903, 3104, 3120, 3121, 4519,
4522, 4531)
2008 Ed. (1511, 1808, 1813, 2883,
2895, 3021, 3251, 3270, 3277,
3536)
2009 Ed. (1756, 1757, 2948, 2967,
3312, 3319, 3325, 3327, 3328,
3334)
2010 Ed. (1703, 1704, 2906, 3208,
3241, 3255, 3265, 3266, 3267,
3268, 3343)
2011 Ed. (1430, 1716, 1717, 2870,
2877, 3010, 3212, 3229, 3235,
3236, 3237, 3682)
2012 Ed. (1568, 1569, 1572, 1573,
1574, 2786, 2807, 2814, 2937,
3168, 3188, 3197, 3198, 3199,
3200, 3201, 3216, 3517, 3518)
2013 Ed. (1723, 1729, 1730, 2876,
2885, 3241, 3266, 3267, 3268,
3280, 3348, 3558, 3559)

2014 Ed. (1667, 1672, 2908, 2914, 3215, 3294, 3295, 3306, 3534, 3535)
2015 Ed. (1713, 1716, 1718, 2954, 2961, 3276, 3341, 3352, 3555, 3556, 4424)
2016 Ed. (1662, 2886, 2895, 3190, 3204, 4318)
Wellpoint Inc.
2015 Ed. (3316)
Wellpoint Systems
2013 Ed. (1504)
WellPoint Systems Inc.
2005 Ed. (1690)
2010 Ed. (1462)
Wells Bank of Platte City
2013 Ed. (486)
2014 Ed. (497)
Wells Blue Bunny
2014 Ed. (2796, 3126)
2015 Ed. (2838, 3190)
2016 Ed. (2768, 3046)
Wells' Blue Bunny
1995 Ed. (1946)
1996 Ed. (1976, 1977)
1997 Ed. (2350)
1998 Ed. (2070, 2071)
2000 Ed. (2281, 2597, 2598, 2600, 2601, 2602, 4152, 4153)
2001 Ed. (2830, 2831, 2833)
2002 Ed. (2716)
2003 Ed. (2876, 2878)
2004 Ed. (2967)
2008 Ed. (3123)
Wells Bluebunny
2000 Ed. (799)
Wells, Coleman & Co. LLP
2013 Ed. (2144)
Wells College
1992 Ed. (1098)
Wells Dairy
2014 Ed. (3128, 3129)
Wells' Dairy
1999 Ed. (2822)
2002 Ed. (2718)
2008 Ed. (3124, 3125, 4998)
2009 Ed. (2264, 4143)
2010 Ed. (2221, 4075)
Wells Dairy Yoplait
2015 Ed. (2838)
Wells Enterprises
2015 Ed. (3192)
Wells Enterprises Inc.
2014 Ed. (2782)
2015 Ed. (2828, 2839)
2016 Ed. (2770)
Wells Fargo
2013 Ed. (303, 326, 496, 1382, 1757, 2685)
2014 Ed. (500, 506, 510, 1323, 1429, 1439)
2015 Ed. (383, 564, 571, 574, 1491, 1499, 1731)
2016 Ed. (368, 510, 518, 521, 522, 523, 568)
Wells Fargo Advantage C & B Mid Cap Value
2008 Ed. (4515)
Wells Fargo Advantage Capital Growth Investment
2007 Ed. (2485)
Wells Fargo Advantage Corp. Bond Advantage
2009 Ed. (623)
Wells Fargo Advantage Discovery
2013 Ed. (4507)
2014 Ed. (4568)
2015 Ed. (4562)
Wells Fargo Advantage Inflation-Protected Bond
2008 Ed. (607)
Wells Fargo Advantage Intermediate Tax-Free Investment
2008 Ed. (601)
Wells Fargo Advantage Municipal Bond Investment
2008 Ed. (601)
Wells Fargo Advisors
2012 Ed. (573)
2013 Ed. (709)
Wells Fargo Advisors LLC
2013 Ed. (1889)
2014 Ed. (1626, 1822, 4436)
2015 Ed. (1862, 4418)
2016 Ed. (1823, 4312)
Wells Fargo Alarm Services
1992 Ed. (3826)
1993 Ed. (3115)
1995 Ed. (3212)
1996 Ed. (3309)

1997 Ed. (3414, 3415)
1998 Ed. (3201, 3202, 3204)
1999 Ed. (4200, 4201, 4203)
2000 Ed. (3906)
Wells Fargo Arena
2005 Ed. (4441)
Wells Fargo Bank
1989 Ed. (562, 574)
1990 Ed. (1744, 2620)
1991 Ed. (185, 1392, 1512)
1997 Ed. (179, 285, 338, 351, 359, 360, 364, 365, 367, 368, 370, 371, 372, 373, 374, 375, 377, 378, 379, 380, 381, 385, 409, 427, 1703, 2807, 3280)
1998 Ed. (103, 201, 203, 274, 294, 295, 296, 297, 299, 300, 301, 303, 304, 306, 307, 308, 310, 311, 313, 314, 315, 316, 318, 341, 1397, 1958, 2442, 2444, 2446, 2524, 3315, 3316, 3317)
1999 Ed. (198, 316, 376, 380, 381, 398, 399, 401, 403, 404, 405, 408, 409, 411, 412, 413, 415, 418, 419, 420, 421, 1793, 1955, 3178, 3180, 3181, 3432, 3433, 3434, 4334)
2000 Ed. (220, 379, 381, 398, 399, 401, 402, 403, 405, 408, 410, 412, 415, 416, 417, 418, 419, 1733, 4021)
2001 Ed. (432, 2187)
2002 Ed. (3947, 4296)
2003 Ed. (229, 230, 383, 386, 387, 428, 430, 432, 434, 435, 436, 1055, 1762, 1885, 3435, 3448)
2004 Ed. (184, 185, 357, 358, 362, 422, 424, 426, 428, 429, 430, 1064, 1065, 2863, 4326)
2006 Ed. (3558, 3559, 3560, 3561, 3562, 3563)
2007 Ed. (4652, 4654)
Wells Fargo Bank Alaska NA
2007 Ed. (1566)
2008 Ed. (1545)
2009 Ed. (1474)
2010 Ed. (1460)
2011 Ed. (1461)
2012 Ed. (1300)
2013 Ed. (1405)
Wells Fargo Bank Arizona
1998 Ed. (309)
Wells Fargo Bank Colorado
1998 Ed. (345)
Wells Fargo Bank Income Stock
1994 Ed. (2310)
Wells Fargo Bank International
2013 Ed. (436)
Wells Fargo Bank Minnesota, N.A.
2002 Ed. (505)
Wells Fargo Bank NA
1989 Ed. (203, 205, 365, 425, 436)
1990 Ed. (421, 461, 462, 465, 513, 515, 516)
1991 Ed. (362, 364, 401, 405, 409, 410, 1922, 1923, 2484, 2811)
1992 Ed. (255, 371, 505, 509, 515, 527, 528, 541, 542, 545, 549, 550, 555, 557, 558, 559, 560, 562, 563, 564, 565, 566, 567, 570, 628, 1911, 2107, 2430, 3627)
1993 Ed. (224, 264, 351, 352, 354, 355, 356, 357, 359, 360, 361, 362, 372, 374, 375, 380, 381, 386, 389, 391, 392, 393, 395, 396, 397, 399, 400, 402, 403, 404, 405, 406, 407, 410, 411, 412, 445, 528, 648, 650, 666, 1745, 2289, 2298, 2603, 2965, 2968, 2970, 2991, 3066, 3246)
1994 Ed. (145, 250, 341, 343, 344, 346, 350, 354, 356, 363, 368, 371, 378, 379, 380, 381, 382, 383, 385, 386, 387, 389, 390, 392, 393, 394, 395, 396, 397, 398, 400, 401, 403, 445, 578, 667, 1039, 1605, 2300, 2552, 2553, 3009, 3012)
1995 Ed. (253, 348, 351, 362, 368, 369, 371, 372, 374, 375, 376, 377, 378, 380, 381, 382, 384, 385, 387, 388, 389, 390, 391, 393, 395, 437, 1047, 2540, 2596, 2604, 2605, 2611, 3066, 3178)
1996 Ed. (257, 367, 380, 389, 390, 393, 398, 399, 400, 401, 405, 407, 408, 410, 411, 412, 413, 414, 416, 418, 419, 464, 1625, 2378, 2399, 2676, 3163, 3177, 3599)
2001 Ed. (1652)
2002 Ed. (248, 249, 478, 480, 487, 489, 505, 506, 508, 643, 1120, 2578, 3391)
2005 Ed. (190, 191, 368, 369, 381,

384, 385, 428, 430, 432, 434, 435, 436, 480, 1068, 1069, 1680, 2390, 2868, 3501)
2006 Ed. (202, 203, 371, 372, 375, 378, 379, 386, 388, 389, 390, 391, 392, 393, 394, 1076, 1077, 2013, 2873, 2989)
2007 Ed. (209, 210, 354, 355, 358, 361, 362, 369, 371, 372, 373, 374, 375, 376, 377, 431, 1184, 1185, 1609, 2867, 3020)
2008 Ed. (196, 197, 341, 342, 346, 348, 349, 350, 357, 359, 360, 361, 362, 363, 364, 365, 399, 1090, 1091, 1597, 2987, 3138, 4397)
2009 Ed. (217, 218, 361, 362, 364, 366, 367, 368, 373, 375, 376, 377, 378, 379, 380, 381, 422, 1072, 1073, 1535, 2500, 3070, 3222)
2010 Ed. (197, 198, 340, 342, 344, 345, 346, 354, 356, 357, 358, 359, 360, 361, 362, 398, 1041, 1042, 1529, 3001)
2011 Ed. (119, 120, 262, 264, 265, 267, 268, 269, 276, 278, 279, 280, 281, 282, 283, 284, 968, 969, 1525, 2968, 3122)
2012 Ed. (126, 127, 284, 285, 286, 287, 288, 289, 290, 291, 299, 300, 301, 302, 303, 304, 305, 306, 882, 883, 1371, 2905, 3057)
2013 Ed. (105, 106, 286, 287, 288, 289, 290, 291, 292, 293, 294, 309, 310, 311, 312, 313, 314, 315, 1041, 1042, 1463, 2989, 3138)
2014 Ed. (112, 113, 302, 303, 304, 305, 306, 307, 308, 309, 310, 323, 324, 325, 326, 327, 328, 329, 335, 1006, 1007, 1425, 2997, 3138)
2015 Ed. (127, 128, 338, 339, 340, 341, 342, 343, 344, 345, 346, 363, 364, 365, 366, 367, 368, 369, 1042, 1043, 1487, 3069, 3198)
2016 Ed. (133, 134, 333, 334, 335, 336, 337, 338, 339, 340, 341, 351, 352, 353, 354, 355, 356, 357, 951, 952, 1417, 2961, 3055)
Wells Fargo Bank NA (San Francisco)
1991 Ed. (471)
Wells Fargo Bank New Mexico NA
2003 Ed. (230)
Wells Fargo Bank Northwest NA
2003 Ed. (230)
2006 Ed. (378, 379)
2013 Ed. (291)
Wells Fargo Bank NW NA
2006 Ed. (539)
Wells Fargo Bank of Arizona
1999 Ed. (414)
Wells Fargo Bank of Colorado
1998 Ed. (301)
Wells Fargo Bank of Minnesota
2004 Ed. (428)
Wells Fargo Bank of Minnesota NA
2003 Ed. (434)
Wells Fargo Bank South Central
2013 Ed. (294)
Wells Fargo Bank Taxable Interm Bond
1994 Ed. (2312)
Wells Fargo Bank Taxable Total Return
1994 Ed. (2312)
Wells Fargo Bank Texas
1998 Ed. (301, 431)
Wells Fargo Bank Texas NA
2010 Ed. (2036)
Wells Fargo Bank West
2003 Ed. (477, 2771, 3434)
2004 Ed. (2863)
Wells Fargo Bank West, N.A.
2002 Ed. (505, 544)
2004 Ed. (2306)
Wells Fargo Center
2013 Ed. (1140)
2014 Ed. (1101)
2015 Ed. (1138)
Wells Fargo CMO
2002 Ed. (4276)
2003 Ed. (448)
Wells Fargo & Co.
1989 Ed. (367, 378, 381, 415, 426, 429, 437, 500, 699, 1810, 1812, 1813)
1990 Ed. (294, 419, 438, 439, 443, 701, 704, 1266, 2356, 2357, 2361, 3093)
1991 Ed. (361, 374, 376, 407, 2249, 2252, 2909)
1992 Ed. (536)
1994 Ed. (251, 351, 362, 377, 586, 587, 650, 652, 3129, 3221, 3240)

1995 Ed. (254, 358, 367, 370, 553, 555, 3320)
1996 Ed. (258, 371, 617, 618, 697, 3178, 3179, 3500)
1997 Ed. (286, 341, 345, 517, 566, 567, 1238, 1248, 1288, 1353, 3281, 3282)
1998 Ed. (202, 268, 270, 275, 278, 280, 281, 282, 283, 284, 288, 292, 317, 320, 326, 327, 328, 404, 405, 406, 491, 1007, 1047, 1694, 2103, 3361)
1999 Ed. (313, 373, 382, 395, 400, 422, 435, 445, 595, 596, 597, 654, 1492, 2698, 4022, 4023, 4024, 4025, 4026, 4333, 4335, 4389)
2000 Ed. (327, 328, 375, 382, 383, 385, 396, 425, 426, 504, 505, 566, 618, 619, 620, 621, 636, 679, 682, 2484, 3742, 4053)
2001 Ed. (431, 433, 572, 581, 582, 583, 585, 586, 587, 594, 597, 598, 636, 637, 638, 639, 640, 1647, 1648, 1649, 3348, 4002, 4029, 4281)
2002 Ed. (438, 444, 488, 498, 580, 583, 629, 1121, 1561, 1602, 4874)
2003 Ed. (426, 429, 437, 438, 446, 449, 454, 539, 541, 543, 546, 571, 594, 629, 630, 1628, 2152, 3033)
2004 Ed. (418, 419, 423, 432, 434, 440, 441, 555, 560, 601, 638, 639, 1660, 2118, 4394, 4406, 4576)
2005 Ed. (355, 356, 359, 373, 376, 377, 423, 424, 429, 438, 440, 447, 449, 452, 538, 542, 590, 627, 628, 753, 790, 1002, 1003, 1064, 1497, 1673, 1674, 1675, 1677, 1683, 1685, 1687, 1926, 2046, 2048, 2145, 2205, 2223, 2270, 2866, 3179, 3306, 4282, 4335, 4385, 4386)
2006 Ed. (384, 385, 387, 395, 396, 399, 402, 405, 466, 469, 507, 659, 835, 1455, 1493, 1578, 1579, 1581, 1583, 1588, 1589, 1590, 2241, 2285, 3072, 3073, 3075, 3079, 4276)
2007 Ed. (367, 368, 370, 378, 380, 382, 386, 387, 475, 479, 483, 532, 751, 916, 1473, 1608, 1609, 1612, 2161, 2225, 2914, 3095, 3522, 4337)
2008 Ed. (355, 356, 358, 366, 371, 444, 486, 731, 896, 1467, 1585, 1586, 1588, 1589, 1591, 1597, 1610, 2196, 2198, 2341, 2365, 2712, 3036, 3236, 3237, 3240, 3241, 3242, 3243, 3681, 4120)
2009 Ed. (371, 372, 374, 382, 387, 389, 391, 395, 451, 513, 906, 907, 1521, 1523, 1524, 1526, 1528, 1535, 1547, 2172, 2175, 2329, 3121, 3301, 3754, 4080, 4229, 4409)
2010 Ed. (352, 353, 355, 364, 449, 454, 457, 493, 1383, 1450, 1472, 1518, 1519, 1520, 1522, 1529, 1536, 1682, 2118, 2415, 2989, 3174, 3282, 4601, 4654)
2011 Ed. (198, 275, 277, 285, 286, 363, 368, 369, 374, 377, 423, 1428, 1442, 1446, 1452, 1457, 1470, 1512, 1516, 1534, 1752, 1803, 2166, 2418, 2860, 2958, 3024, 3139, 3157, 3673, 3677, 3685, 4162, 4163)
2012 Ed. (214, 297, 298, 307, 309, 310, 313, 367, 369, 372, 718, 1285, 1290, 1310, 1360, 1369, 1381, 1661, 2340, 2451, 2613, 2951, 3285, 4209, 4210, 4569)
2013 Ed. (184, 306, 316, 318, 322, 324, 325, 489, 490, 492, 495, 497, 542, 1374, 1376, 1393, 1409, 1458, 1480, 2051, 2147, 2515, 3041, 3359, 4197)
2014 Ed. (87, 317, 319, 330, 332, 336, 338, 342, 501, 502, 504, 508, 557, 1317, 1319, 1324, 1331, 1359, 1419, 1444, 1538, 1982, 2080, 2130, 3055, 3137, 3228, 4214, 4215)
2015 Ed. (358, 360, 370, 372, 376, 378, 382, 565, 566, 568, 572, 621, 1370, 1382, 1387, 1394, 1395, 1434, 1479, 1503, 1590, 1734, 2714, 3122, 3290, 4197, 4198, 5015)
2016 Ed. (349, 350, 358, 360, 365, 367, 511, 512, 514, 519, 567, 1310,

1314, 1317, 1318, 1324, 1325, 1355, 1362, 1404, 1421, 1429, 1439, 1444, 1678, 1681, 1684, 1685, 1692, 1694, 1892, 1893, 1894, 2168, 2981, 3045, 3140, 4782)

Wells Fargo Corp.
1989 Ed. (374, 375, 376, 377, 422, 713, 714, 2125, 2126, 2132, 2136)
1990 Ed. (416, 418, 716, 717, 718, 1779, 1799, 2323, 2325, 2326, 2328, 2330, 2331, 2363)
1991 Ed. (265, 371, 413, 472, 693, 2208, 2209, 2213, 2216, 2256)
1992 Ed. (502, 507, 537, 538, 539, 648, 715, 852, 867, 2150, 2151, 2738, 2776, 2777, 2778, 2779, 2782, 2856, 3656, 3657, 3763)
2000 Ed. (397, 431, 436, 563, 1396, 3737)
2002 Ed. (4840)
2005 Ed. (490, 2602)
2007 Ed. (2184, 2193)
2008 Ed. (2302, 2308, 2322, 2699)
2009 Ed. (2298, 2310, 2718, 2721)
2010 Ed. (2643, 3365)
2011 Ed. (364, 383, 384, 2252, 2633)
2012 Ed. (297, 366, 549, 2561)
2013 Ed. (306)
2014 Ed. (319)
Wells Fargo Defined Contribution Trust Co.
1996 Ed. (2415)
Wells Fargo Disability Management
2010 Ed. (3233)
2012 Ed. (3162)
Wells Fargo Diversified Bond
2002 Ed. (3415)
Wells Fargo Diversified Bond Fund
2003 Ed. (3535)
Wells Fargo Diversified Equity
2002 Ed. (2158)
Wells Fargo Education Financial Services
2004 Ed. (1858)
2005 Ed. (1961)
2006 Ed. (2013)
2007 Ed. (1979)
Wells Fargo EF
2003 Ed. (570, 572)
Wells Fargo Equity Income
2001 Ed. (3432)
2002 Ed. (2159)
Wells Fargo Financial
2010 Ed. (2686)
Wells Fargo Foundation
2005 Ed. (2675)
2010 Ed. (2769, 2771)
2011 Ed. (2755, 2757)
2012 Ed. (2689, 2691)
Wells Fargo Funds Management
2004 Ed. (3639)
2014 Ed. (3740)
2016 Ed. (2555)
Wells Fargo Guard Services
1991 Ed. (2943)
1992 Ed. (3825)
1993 Ed. (3114)
1994 Ed. (3161)
1995 Ed. (3211)
1997 Ed. (3413)
1998 Ed. (3185)
1999 Ed. (4175)
2000 Ed. (3905, 3907)
Wells Fargo Home Mortgage Inc.
2002 Ed. (3382, 3383, 3385, 3386, 3388, 3389)
2003 Ed. (3433, 3434, 3435, 3443, 3444, 3445, 3446, 3447, 3448)
2005 Ed. (3302, 3330, 3501, 3509)
2006 Ed. (3565, 3566, 3567, 3568)
2008 Ed. (3749)
Wells Fargo Home Mortgage of Hawaii LLC
2012 Ed. (1527)
Wells Fargo Index Allocation
2001 Ed. (3454)
Wells Fargo Institutional Trust
1993 Ed. (2295)
1994 Ed. (2307)
Wells Fargo Insurance Brokerage, Inc.
2004 Ed. (3068)
Wells Fargo Insurance Group
2011 Ed. (3226)
2012 Ed. (3196)
2013 Ed. (3265)
2014 Ed. (3293)
2015 Ed. (3340)
2016 Ed. (3202)
Wells Fargo Insurance Inc.

2002 Ed. (2853)
2005 Ed. (3069)
Wells Fargo Insurance Services
2009 Ed. (3305, 3307)
2010 Ed. (3228, 3229, 3234)
2011 Ed. (3192, 3199, 3200, 3202, 3205)
2012 Ed. (3153, 3154, 3155, 3156, 3159, 3164)
2013 Ed. (3226)
2014 Ed. (3246)
2015 Ed. (3300)
2016 Ed. (3152)
Wells Fargo Insurance Services Inc.
2014 Ed. (3247)
Wells Fargo Insurance Services USA
2013 Ed. (1452)
2014 Ed. (1413)
2015 Ed. (1473)
Wells Fargo Insurance Services USA Inc.
2013 Ed. (3230, 3232, 3233, 3235, 3236)
2014 Ed. (3249, 3254, 3255, 3256, 3263)
2015 Ed. (3302, 3307, 3308)
2016 Ed. (3155, 3160, 3161, 3162)
Wells Fargo Investment
1989 Ed. (2133)
1997 Ed. (2533)
Wells Fargo Investment Advisor
1992 Ed. (2772, 4073)
Wells Fargo Investment Advisor Index
1994 Ed. (2310)
Wells Fargo Investment Advisors
1989 Ed. (1800, 1802, 1804, 2138, 2141)
1990 Ed. (2334, 2337, 2341, 2344, 2347, 2352)
1991 Ed. (2217, 2225, 2229, 2242, 2244)
1993 Ed. (3392)
Wells Fargo Investments LLC
2004 Ed. (4327, 4334)
2007 Ed. (4269, 4276)
Wells Fargo Large Company Growth
2006 Ed. (3625)
Wells Fargo LifePath 2040
2001 Ed. (3454)
Wells Fargo Minnesota
2011 Ed. (1858)
2012 Ed. (1713)
2013 Ed. (1870)
2014 Ed. (1802)
Wells Fargo National Ltd. Tax-Free
2001 Ed. (726)
Wells Fargo Nikko
1992 Ed. (2730, 2731, 2735, 2740, 2744, 2756, 2760, 2786, 2788, 2789, 3351)
1993 Ed. (2282, 2283, 2292, 2293, 2304, 2312, 2316, 2320, 2329, 2347, 2349, 2350)
1994 Ed. (2295, 2296, 2297, 2301, 2302, 2306, 2329, 2331, 2332)
1996 Ed. (2347, 2374, 2375, 2380, 2381, 2383, 2385, 2388, 2389, 2390, 2394, 2398, 2402, 2414, 2425, 2427, 2428)
Wells Fargo Nikko Investment Advisors
1994 Ed. (2316, 2320, 2321, 2324)
1995 Ed. (2378, 2379, 2381, 2382, 2383, 2388)
Wells Fargo Private Client Services
2010 Ed. (368)
Wells Fargo Realty
1990 Ed. (2971)
1992 Ed. (2750, 3637)
1995 Ed. (3073)
Wells Fargo Savings Bank
2010 Ed. (2077)
2011 Ed. (2134)
Wells Fargo Securities
1998 Ed. (519)
2004 Ed. (1423)
2011 Ed. (3332)
2012 Ed. (4613)
2013 Ed. (2859, 4561)
2014 Ed. (2888, 4616)
2015 Ed. (2932, 4615)
2016 Ed. (2867)
Wells Fargo SIFE Special Financial Services
2006 Ed. (3635)
Wells Fargo Small Cap Value
2013 Ed. (3815)
Wells Fargo Small Company Index
1992 Ed. (3171)
Wells Fargo Third Party Administrators
2010 Ed. (3233)

2012 Ed. (3162)
Wells Fargo Tower
1990 Ed. (2732)
Wells Fargo/Crocker National
1991 Ed. (1145)
Wells; Frank G.
1990 Ed. (1713)
1991 Ed. (1620)
1992 Ed. (2051)
Wells Publishing Inc.
2009 Ed. (4204)
Wells Real Estate Funds
2006 Ed. (4054)
2007 Ed. (4105)
2008 Ed. (4126)
2009 Ed. (4236)
Wells, Rich, Green
1989 Ed. (2973)
Wells Rich Green BDDP
1996 Ed. (51)
Wells, Rich, Greene
1989 Ed. (57, 63, 69, 79, 144, 145)
1990 Ed. (63, 64, 71, 134, 136, 3704)
1991 Ed. (58, 59, 62, 65, 69, 132, 136, 3512)
1992 Ed. (186, 191)
Wells Rich Greene BDDP
1993 Ed. (62, 68, 76, 122)
1994 Ed. (59, 66, 67, 84, 105)
1995 Ed. (34, 40, 67, 104)
1996 Ed. (49, 81)
1997 Ed. (48)
1998 Ed. (35, 597)
Wells, Rich, Greene/Worldwide
1989 Ed. (142)
1990 Ed. (132)
Wells River Savings Bank
2012 Ed. (1978)
2013 Ed. (2137)
2014 Ed. (2071)
Wells; William
2007 Ed. (1050)
WellsColeman
2016 Ed. (2110)
WellsFargo & Co.
1999 Ed. (615)
Wellso; Carmel
1997 Ed. (1961)
WellsPark Group
1998 Ed. (3298)
Wellspring Capital Management LLC
2010 Ed. (4260)
Wellspring & Stockamp, Huron Healthcare
2012 Ed. (2803)
WellStar Health System
2006 Ed. (1729, 3590)
2012 Ed. (4974)
2014 Ed. (42, 4973)
2015 Ed. (45, 1365, 1659, 2933, 5019)
2016 Ed. (44, 4937)
Wellsville Carpet Town
2014 Ed. (2822, 2824)
Welocalize.com
2003 Ed. (2720)
Welsh, Carson, Anderson & Stowe
1990 Ed. (3668)
1997 Ed. (2627)
1998 Ed. (2105, 3663)
2005 Ed. (1486, 1529, 1542, 3284)
2006 Ed. (4010)
2010 Ed. (2902)
Welsh Money
1995 Ed. (2361)
Welsh Water
1993 Ed. (1323)
Welspun
2009 Ed. (3182, 4432)
Welspun India Ltd.
2010 Ed. (3003)
Welspun US
2009 Ed. (3180)
Welspun USA
2010 Ed. (3112, 3114, 4475)
Weltman, Weinberg & Reis Co.
2009 Ed. (1020, 1021)
Weltman, Weinberg & Reis Co., LPA
2001 Ed. (1315)
2006 Ed. (4372)
The Weltz Co. Inc.
2002 Ed. (2396)
The Weltz Group LLC
2004 Ed. (1316)
Wema Bank
1997 Ed. (583)
1999 Ed. (613)
2000 Ed. (635)
2005 Ed. (588)
Wembley

2001 Ed. (1888)
2009 Ed. (1843)
Wembley Arena
2006 Ed. (1156)
2010 Ed. (1130)
2011 Ed. (1073)
Wembley plc
2006 Ed. (1420)
Wembley Stadium
1999 Ed. (1300)
2001 Ed. (4358)
2002 Ed. (4347)
2011 Ed. (4528)
2013 Ed. (4487)
Wen
2015 Ed. (2329, 2341)
2016 Ed. (2284)
Wen Chi Chen
2011 Ed. (4863)
Wen; Liu
2015 Ed. (3711)
2016 Ed. (3617)
Wenatchee, WA
2012 Ed. (2554)
Wenchi Chen
2011 Ed. (4864)
2012 Ed. (4869)
2013 Ed. (4913)
2014 Ed. (4923)
Wendcentral Corp.
2014 Ed. (40)
2015 Ed. (43)
2016 Ed. (42)
Wendco de Puerto Rico Inc.
2016 Ed. (4232)
Wendel
1997 Ed. (3863)
2012 Ed. (3331)
2013 Ed. (3398, 3618)
2014 Ed. (3398)
2015 Ed. (3430)
Wendel Barr
2010 Ed. (180)
Wendel Energy Services
2008 Ed. (2495)
Wendel GmbH
1996 Ed. (2469)
Wendell H. Ford
1994 Ed. (2890)
1999 Ed. (3844, 3960)
Wendell P. Weeks
2009 Ed. (953)
2011 Ed. (844)
Wendell Weeks
2013 Ed. (985)
Wendover Financial Services Corp.
2001 Ed. (3349)
WendPartners
2014 Ed. (40)
2015 Ed. (43)
2016 Ed. (42)
Wendt; Henry
1990 Ed. (1725)
Wendy Beal Needham
1991 Ed. (1672)
Wendy Beale Needham
1993 Ed. (1778)
1994 Ed. (1761)
1995 Ed. (1803)
1996 Ed. (1777, 1828)
1997 Ed. (1857, 1952)
1998 Ed. (1626)
1999 Ed. (2211)
2000 Ed. (1982, 1983)
Wendy L. Simpson
1993 Ed. (3730)
Wendy Lopez & Associates Inc.
1998 Ed. (1932)
Wendy McCaw
2002 Ed. (3364)
Wendy McDonald
2003 Ed. (4989)
2004 Ed. (4987)
Wendy Nicholson
2011 Ed. (3357)
Wendy Suehrstedt
2008 Ed. (4945)
Wendy Wong
2000 Ed. (2059)
Wendy's
1990 Ed. (1749, 1752, 1753, 1754, 1755, 1756, 3024, 3026, 3542)
1991 Ed. (1658, 1659, 1883, 2867, 2879, 2886, 3319)
1992 Ed. (2115, 2121, 2124, 2372, 3720, 3721, 4229)
1994 Ed. (1748, 1884, 1885, 1909, 1910, 2022, 2023, 3054, 3069, 3085)
1995 Ed. (1773, 1775, 1778, 1781,

1911, 1914, 2074, 2075, 2076, 3114)
1996 Ed. (1759)
1997 Ed. (1832, 2058, 2081, 2082, 2172, 2173, 3310)
1998 Ed. (3492)
1999 Ed. (775, 778, 4564)
2000 Ed. (1911, 1912, 2246, 2270, 2413, 2414, 3764, 3778, 3799)
2001 Ed. (2402, 2403, 2407, 4068, 4082)
2002 Ed. (2237, 2238)
2003 Ed. (2437, 2438, 2439, 2458, 4130, 4134, 4137, 4142, 4221, 4222, 4223, 4224, 4225, 4226)
2004 Ed. (755, 2575)
2005 Ed. (738, 2546, 2564, 4086, 4087, 4171, 4172, 4173, 4174, 4175)
2006 Ed. (648, 2553, 2557, 2561, 2566, 4131, 4132, 4133, 4134)
2007 Ed. (2529, 2530, 2534, 2537, 4150, 4154)
2008 Ed. (2657, 2658, 2661, 2665, 2668, 2675, 2676, 2681, 4152, 4153, 4156, 4185, 4192, 4193, 4194)
2009 Ed. (2685, 2686, 2688, 2690, 2692, 2693, 2700, 4264, 4291, 4292)
2010 Ed. (632, 2598, 2599, 2601, 2603, 2605, 2607, 2608, 2609, 2610, 2620, 4204, 4255, 4257, 4258, 4259, 4412, 4413, 4414)
2011 Ed. (2580, 2581, 2582, 2583, 2585, 2587, 2589, 2590, 2591, 2592, 2600, 4210, 4255, 4257, 4258, 4259, 4354, 4355, 4356)
2012 Ed. (2527, 2528, 2532, 2535, 4295, 4296, 4298, 4299, 4300, 4395, 4396, 4397)
2013 Ed. (2659, 2660, 2662, 2663, 4262, 4264, 4265, 4363, 4364, 4365)
2014 Ed. (2611, 2613, 2881, 4318, 4321, 4418, 4419, 4420)
2015 Ed. (2656, 2657, 2659, 2919, 2923, 2924, 2925, 4298, 4300)
2016 Ed. (2580, 2582, 2851, 2853, 2854, 2855, 4203, 4205, 4206)
The Wendy's Co.
2013 Ed. (31, 34)
2014 Ed. (26, 30, 40, 2744, 4322, 4323)
2015 Ed. (29, 33, 43)
2016 Ed. (29, 32, 42)
Wendy's International Inc.
1989 Ed. (1488)
1990 Ed. (1836, 1855)
1991 Ed. (1884, 2859, 2874)
1992 Ed. (2205, 2230, 2373, 3688, 3704, 3705, 3715, 3722, 4060)
1993 Ed. (1751, 1754, 1757, 1886, 1901, 2012, 3011, 3013, 3031, 3037)
1995 Ed. (1939, 3131)
1996 Ed. (1753, 1756, 1758, 1951, 1969, 2072, 2073, 3210, 3228, 3229)
1997 Ed. (2051, 2052, 2085, 3327)
1998 Ed. (1551, 1736, 1764, 1765, 1897, 1898, 2346, 3050, 3067, 3068, 3073, 3074)
1999 Ed. (2129, 2134, 2477, 2480, 2481, 2507, 2522, 2523, 2632, 2633, 4050, 4082, 4083, 4085)
2000 Ed. (949, 2217, 2236, 2240, 2267)
2001 Ed. (4050, 4081)
2002 Ed. (763, 2235, 2239, 2243, 2294, 2314, 3993, 3999, 4025, 4027, 4031, 4033)
2003 Ed. (2525, 2534, 3209, 4091, 4092, 4105)
2004 Ed. (34, 2581, 2582, 2589, 2664, 2667, 3253, 3254, 4107, 4108, 4117, 4129, 4143, 4144, 4145, 4684)
2005 Ed. (247, 2547, 2550, 2554, 2562, 2658, 2661, 2666, 3278, 3280, 4044, 4045, 4046, 4049, 4054)
2006 Ed. (2649, 2651, 2652, 4103, 4107, 4108)
2007 Ed. (25, 2630, 2949, 3343, 4122, 4127, 4133)
2008 Ed. (30, 1535, 2758, 4154, 4171, 4172, 4667)
2009 Ed. (4277, 4278)
2010 Ed. (4263)
2013 Ed. (4233)

Wendy's Old Fashioned Hamburgers
2001 Ed. (2408, 4080)
2003 Ed. (2453, 4138)
2004 Ed. (4142)
2005 Ed. (4080)
2011 Ed. (2603, 4228)
2014 Ed. (4306, 4319)
Wendy's Restaurant
2000 Ed. (792)
2001 Ed. (1008)
Wendy's Restaurants
1989 Ed. (753)
1991 Ed. (13, 738)
Wendy's Supa Sundaes
2004 Ed. (3954)
Wendy's/Arby's Group Inc.
2010 Ed. (4202)
2011 Ed. (770, 2733, 2828, 2829, 4208, 4229, 4230)
2012 Ed. (2671, 4256, 4260)
2013 Ed. (2760, 4233)
Wendy's/Arby's Restaurants LLC
2012 Ed. (4302)
2013 Ed. (4233, 4267)
2014 Ed. (4324)
2016 Ed. (4208)
Weng Hang Bank
1996 Ed. (591)
Wengen; Liang
2009 Ed. (4862)
2010 Ed. (4864)
2011 Ed. (4851)
2012 Ed. (4857, 4858)
2013 Ed. (4863, 4864)
2014 Ed. (4877, 4878)
Wenner
2010 Ed. (3514)
Wenner Media LLC
2009 Ed. (3594)
2011 Ed. (3516)
2012 Ed. (3513)
2013 Ed. (3554)
2014 Ed. (3530)
Wenrong; Shen
2010 Ed. (4864)
Wensauer DDB Needham
1994 Ed. (89)
Wensmann Homes
2002 Ed. (1200)
2003 Ed. (1183)
2004 Ed. (1189)
2005 Ed. (1215)
Wente Bros.
1999 Ed. (4791, 4798)
Wente Brothers
1998 Ed. (3745, 3753)
2000 Ed. (4415)
2001 Ed. (4882, 4890)
2002 Ed. (4944, 4957)
Wenterthur
1999 Ed. (2919)
The Wentworth Co. Inc.
1994 Ed. (1710)
1999 Ed. (2073)
2000 Ed. (1866)
Wentworth Douglass Hospital
2016 Ed. (1852)
Wentworth-Douglass Hospital
2007 Ed. (1911)
2008 Ed. (1971)
2009 Ed. (1926)
2010 Ed. (1861)
2011 Ed. (1893)
2012 Ed. (1749)
2013 Ed. (1914)
2014 Ed. (1849)
2015 Ed. (1885)
2016 Ed. (1847)
Wentworth Technologies Co., Ltd.
2006 Ed. (3922)
2008 Ed. (3746)
2009 Ed. (3767)
2012 Ed. (3990)
2013 Ed. (4055)
Wenyin; Wang
2016 Ed. (4831, 4832)
Wenz-Neely of Shandwick
1992 Ed. (3579)
Wenzhou, China
2006 Ed. (1012)
Weokie Credit Union
2002 Ed. (1886)
2003 Ed. (1940)
2004 Ed. (1980)
2005 Ed. (2122)
2006 Ed. (2217)
2007 Ed. (2138)
2008 Ed. (2253)
2009 Ed. (2239)
2010 Ed. (2193)

2011 Ed. (2211)
2012 Ed. (2072)
2013 Ed. (2254)
2014 Ed. (2186)
2015 Ed. (2250)
2016 Ed. (2221)
Wequassett Resort & Golf Club
2015 Ed. (1813)
2016 Ed. (1772, 4686)
WER Architects/Planners
2008 Ed. (2514)
2009 Ed. (2525)
Werbeagentur Wirz
1989 Ed. (84)
1990 Ed. (78)
1991 Ed. (75)
1992 Ed. (122)
1993 Ed. (82)
1994 Ed. (71)
1995 Ed. (47)
1996 Ed. (63)
Werbowy; Daria
2009 Ed. (3766)
2011 Ed. (3693)
Werchester County, NY
1997 Ed. (1540)
Were and Son; JB
1990 Ed. (810)
Were; J. B.
1991 Ed. (775)
1993 Ed. (1638)
1995 Ed. (765, 766, 767, 768, 769)
1997 Ed. (744, 745, 746, 747, 748)
Were; J. S.
1995 Ed. (806, 807, 808, 809, 810)
1997 Ed. (788, 789, 791, 792)
We're Rolling Pretzel Co.
2004 Ed. (354)
2005 Ed. (354)
2006 Ed. (369)
Were & Son; J. B.
1996 Ed. (1851)
Wereldhave
1991 Ed. (237)
Wermlandsbanken
1991 Ed. (669)
1992 Ed. (842)
Werner-3
2001 Ed. (3366)
Werner Enterprises
2016 Ed. (2264)
Werner Enterprises Inc.
1991 Ed. (3430)
1992 Ed. (4355)
1993 Ed. (3282, 3632, 3636, 3641)
1994 Ed. (3272, 3591, 3592, 3596, 3601)
1995 Ed. (3671, 3673, 3675)
1996 Ed. (3758)
1997 Ed. (3804, 3808)
1998 Ed. (3630, 3634, 3635, 3640, 3641)
1999 Ed. (4673, 4684, 4685, 4688, 4689)
2000 Ed. (4319)
2001 Ed. (4236)
2002 Ed. (4693, 4694)
2003 Ed. (4795, 4816, 4818)
2004 Ed. (1810, 2689, 2690, 4774, 4780, 4785)
2005 Ed. (1893, 2687, 2688, 2689, 4753, 4756, 4758, 4782)
2006 Ed. (1915, 4800, 4807, 4811, 4814, 4830, 4831)
2007 Ed. (1897, 4808, 4817, 4823, 4842, 4844, 4850, 4854)
2008 Ed. (1961, 4744, 4764, 4773, 4776, 4777)
2009 Ed. (1915, 2269, 4795, 4805, 4809)
2010 Ed. (1848, 4813, 4822, 4825)
2011 Ed. (1879, 1880, 2767, 4763, 4765, 4772, 4782, 4784, 4785, 4787, 4803)
2012 Ed. (1736, 2695, 4785, 4794, 4803, 4805, 4806, 4807)
2013 Ed. (1901, 4755, 4765, 4766, 4767, 4804)
2014 Ed. (1833, 4805, 4809, 4816, 4817)
2015 Ed. (3259, 4840, 4844, 4851, 4852)
2016 Ed. (4744, 4748, 4755, 4756, 4758, 4759)
Werner Global Logistics
2015 Ed. (2296)
Werner Kluge; John
1992 Ed. (890)
Werner; Richard
1997 Ed. (1994)

Werner Transportation Inc.
2004 Ed. (1810)
Wernet's
2008 Ed. (2324)
Wert; Michael L.
1997 Ed. (1802)
Wertenberger, R. J.
1992 Ed. (534)
Wertheim Schroder
1990 Ed. (1770)
1991 Ed. (1676, 1695, 1696, 3013)
1992 Ed. (1453, 1455, 2721, 3880)
1996 Ed. (1774)
Wertheim Schroder Group
1994 Ed. (1201, 1202, 1835)
Wertheim Schroeder Group
1993 Ed. (1851)
Wertheimer; Alain
2012 Ed. (4886)
2013 Ed. (4870)
2014 Ed. (4884)
2015 Ed. (4923)
2016 Ed. (4839)
Wertheimer; Alain & Gerard
2008 Ed. (4866)
2009 Ed. (4887)
2010 Ed. (4888)
2011 Ed. (4877)
Wertheimer; Gerard
2012 Ed. (4886)
2013 Ed. (4870)
2014 Ed. (4884)
2015 Ed. (4923)
2016 Ed. (4839)
Wertheimer; Stef
2008 Ed. (4887, 4892)
2009 Ed. (4907)
2010 Ed. (4908)
2011 Ed. (4895)
2012 Ed. (4904)
2013 Ed. (4881)
2014 Ed. (4894)
2015 Ed. (4933)
2016 Ed. (4849)
Wertheim/Schroeder
1995 Ed. (1219, 1799)
Werther's
1997 Ed. (886)
1999 Ed. (1018)
2001 Ed. (1119)
2002 Ed. (935)
2003 Ed. (1132)
2008 Ed. (836, 839)
Werther's Original
2014 Ed. (828, 831)
2015 Ed. (868)
2016 Ed. (756)
Wertz & Co.
2011 Ed. (1514)
Wertz Distributing Co.; Vic
1990 Ed. (3707)
Wertz; Lucille
1992 Ed. (1095)
Wes-Garde Components Group Inc.
1997 Ed. (1712)
2004 Ed. (2251)
2005 Ed. (2351)
2008 Ed. (2467)
WesBanco
2002 Ed. (484)
2006 Ed. (459)
2010 Ed. (1939, 1945, 1946)
2012 Ed. (1848)
Wescam Inc.
2002 Ed. (2504)
Wescast Industries
2007 Ed. (310)
2008 Ed. (297)
2009 Ed. (319)
2010 Ed. (301)
2011 Ed. (223)
2012 Ed. (235)
2013 Ed. (242)
2014 Ed. (242)
WESCO
1995 Ed. (2232)
Wesco Aircraft Holdings
2015 Ed. (2299)
Wesco Distribution Inc.
1997 Ed. (2365)
1998 Ed. (2086)
1999 Ed. (2847)
2000 Ed. (2622, 3026)
2008 Ed. (2463)
Wesco Financial Corp.
1995 Ed. (1307)
1996 Ed. (1277)
2000 Ed. (289)
2004 Ed. (4584, 4588, 4589)
2005 Ed. (2220)

2007 Ed. (2228)
2008 Ed. (2371)
WESCO International
2015 Ed. (4975)
Wesco International
2013 Ed. (897)
2014 Ed. (4574)
2015 Ed. (1391)
WESCO International Inc.
2002 Ed. (1993, 4894)
2003 Ed. (2204, 2205, 4923, 4924)
2004 Ed. (2183, 2998, 4916, 4917)
2005 Ed. (1950, 2212, 2283, 2284, 2996, 4905, 4906)
2006 Ed. (1521, 1979, 1984, 1986, 1988, 1989, 1990, 2275, 4788, 4789, 4936, 4938)
2007 Ed. (874, 1548, 1955, 4560, 4801, 4944)
2008 Ed. (847, 1530, 2038, 2043, 2044, 2048, 2050, 4726)
2009 Ed. (2011, 2013, 2465, 4933)
2010 Ed. (804, 818, 1949, 1951, 4941)
2011 Ed. (745, 2002, 4924)
2012 Ed. (682, 1848, 1850, 3058, 4928)
2013 Ed. (903, 2501, 3139, 4926)
2014 Ed. (2431, 3139, 4933)
2015 Ed. (2502, 3199, 4974)
2016 Ed. (2436, 3056, 4891)
Wesco International Inc.
2016 Ed. (1959)
Wescom Central Credit Union
2009 Ed. (330, 2178)
2010 Ed. (2120, 2125, 2157)
2011 Ed. (2178)
2012 Ed. (2038)
2013 Ed. (2216)
2014 Ed. (2147)
2015 Ed. (2211)
2016 Ed. (2182)
Wescom Credit Union
1998 Ed. (1226, 1233)
2002 Ed. (1850)
2003 Ed. (1908)
2004 Ed. (1948)
2005 Ed. (2089)
2006 Ed. (2158, 2162, 2184)
2007 Ed. (2098, 2105)
2008 Ed. (2210, 2220)
2009 Ed. (2203, 2220)
2010 Ed. (2174)
2011 Ed. (2192)
2012 Ed. (2052)
2013 Ed. (2205, 2214)
2014 Ed. (2137)
2015 Ed. (2201)
Wescom CU
1999 Ed. (1800)
WesCorp Credit Union
2012 Ed. (2017)
Wescorp Credit Union
2013 Ed. (2203)
2014 Ed. (2133)
WesCorp Federal Credit Union
2003 Ed. (1378)
2004 Ed. (1383, 1387, 1388)
2005 Ed. (1404, 1408, 1409)
2006 Ed. (1390, 1394, 1395)
2007 Ed. (1429)
Wesdome Gold Mines
2007 Ed. (1624)
Wesely Medical Center LLC
2003 Ed. (1729)
2004 Ed. (1766)
2005 Ed. (1832)
WESERI Corp.
2006 Ed. (3526)
Wesfarmers
2015 Ed. (4346, 4349)
2016 Ed. (4252)
Wesfarmers Ltd.
2002 Ed. (4895)
2004 Ed. (1632, 4918)
2005 Ed. (1657, 1661)
2006 Ed. (3370)
2007 Ed. (1587)
2008 Ed. (3547)
2009 Ed. (3612)
2010 Ed. (872, 1488, 1489, 3536, 4308, 4344)
2011 Ed. (800, 1484, 1486, 1648, 1649, 1721, 3535, 4295, 4303)
2012 Ed. (530, 760, 1330, 1334, 1335, 2125, 2751, 3527, 4326, 4327, 4328, 4348, 4354, 4359, 4591, 4592)
2013 Ed. (814, 816, 872, 962, 1428, 1431, 1432, 2319, 2503, 3573,

4277, 4278, 4287, 4290, 4312, 4318, 4327, 4531, 4540, 4553)
2014 Ed. (915, 1387, 1390, 4369, 4378, 4589, 4610)
2015 Ed. (937, 1450, 1454, 4587, 4606)
2016 Ed. (846, 1375, 1378, 4255, 4506, 4528)
Wesfarmers/Bunnings
2006 Ed. (4173)
Wesla Credit Union
2002 Ed. (1868)
2003 Ed. (1922)
Wesley A. Coleman
2010 Ed. (2563)
Wesley Card
2005 Ed. (988)
2006 Ed. (947)
Wesley College, Mississippi
1990 Ed. (1085)
Wesley G. Bush
2011 Ed. (823)
2015 Ed. (975)
2016 Ed. (872)
Wesley Hotel Group
1992 Ed. (2469)
Wesley Industries Inc.
1998 Ed. (468)
2000 Ed. (3145)
2002 Ed. (717)
Wesley International Inc.
1999 Ed. (730, 3421)
2000 Ed. (742)
2001 Ed. (713)
Wesley J. Howe
1989 Ed. (1383)
1990 Ed. (975, 1724)
1991 Ed. (1630)
Wesley-Jessen
1990 Ed. (1186)
1999 Ed. (3659)
2001 Ed. (3593)
Wesley Maat
1998 Ed. (1658)
1999 Ed. (2248)
Wesley Medical Center LLC
2006 Ed. (1837)
Wesley; N. H.
2005 Ed. (2480)
Wesley Woods Homes
1994 Ed. (1902)
Wesleyan College
1992 Ed. (1274)
1994 Ed. (1043, 1049)
1995 Ed. (1057)
2000 Ed. (1136)
2008 Ed. (1069)
2009 Ed. (1046)
2010 Ed. (1012)
Wesleyan School Inc.
2016 Ed. (1598)
Wesleyan University
1989 Ed. (955)
1990 Ed. (1089, 1093)
1991 Ed. (1002)
1992 Ed. (1268)
1993 Ed. (1016, 1022)
1995 Ed. (1051)
1996 Ed. (1036)
2001 Ed. (1318, 1328)
2007 Ed. (4597)
2008 Ed. (181, 1057)
2010 Ed. (1010)
Weslo
1991 Ed. (1634)
1992 Ed. (2065)
1996 Ed. (3490)
WesMark Growth
2003 Ed. (3489)
WesMark Growth Fund
2003 Ed. (3532)
WesMark Small Company Growth
2010 Ed. (3730)
Wessanen
1992 Ed. (1476)
Wessanen USA
1993 Ed. (2709)
1994 Ed. (2658)
1995 Ed. (2760, 2762)
1997 Ed. (2930)
Wessel & Co.
2012 Ed. (3, 1840)
2013 Ed. (3)
2014 Ed. (3, 1935)
2015 Ed. (1982)
Wessex Technology Opto-Electronic Products
2002 Ed. (2498)
Wessex Water
1993 Ed. (1323)

1996 Ed. (1367)
Wesson
2003 Ed. (3684, 3686)
2014 Ed. (3769)
2015 Ed. (3788)
2016 Ed. (3702)
Wesson; Roger L.
1992 Ed. (531)
West 49 Inc.
2007 Ed. (1624)
West 57th
1990 Ed. (3551)
West African Portland Co. plc
2002 Ed. (4450)
West Alabama; University of
2009 Ed. (1063)
2010 Ed. (1031)
2011 Ed. (962)
West Anaheim Medical Center
2010 Ed. (3076)
2013 Ed. (3075)
West Asset Management
2009 Ed. (1021)
West Baking Co.
1989 Ed. (356)
West Bancorp
2002 Ed. (443)
West Bancorporation
2004 Ed. (541)
West Bend
1990 Ed. (1080, 1081, 1591)
1991 Ed. (1485, 1751)
1992 Ed. (1242, 1243, 1886, 2201)
1993 Ed. (1005, 1006, 1547, 1885)
1994 Ed. (1035, 1036, 1586, 1883)
1995 Ed. (1045, 1627, 1910)
1997 Ed. (1041, 1042, 2050, 2312)
1998 Ed. (786, 787, 1735, 1951, 2044)
1999 Ed. (1216, 1217, 2476, 2692, 2803)
2000 Ed. (1130, 1131, 2233, 2579)
2002 Ed. (348, 1092, 1093, 2074, 2699)
West Bend Mutual Insurance Co.
2015 Ed. (4098)
West Berlin
1992 Ed. (2717)
West Bromwich
2000 Ed. (3855)
West Bromwich Building Society
2012 Ed. (2597)
2013 Ed. (475)
West Building Materials
1996 Ed. (820, 821)
West Central
2000 Ed. (4161)
West Central Cooperative
2011 Ed. (2816)
2012 Ed. (2747)
2014 Ed. (116)
2015 Ed. (133)
2016 Ed. (4336)
West Central United States
2002 Ed. (680, 756, 2373, 3141, 4318, 4341, 4553, 4936)
West Chevrolet
2002 Ed. (361)
West Coast
2001 Ed. (3176, 3177)
West Coast Bancorp
2013 Ed. (500, 541)
2014 Ed. (2102)
West Coast Bank
2005 Ed. (1929)
2011 Ed. (120)
West Coast Engineering
1999 Ed. (1990)
2000 Ed. (1770)
2001 Ed. (2200, 2201)
2002 Ed. (2094)
West Coast Enterprises
1998 Ed. (1888)
West Coast Entertainment
1998 Ed. (3670)
1999 Ed. (4713)
2000 Ed. (4346)
2002 Ed. (4751)
2004 Ed. (4840)
West Coast Life
1999 Ed. (2938, 2942)
West coast softwood
2005 Ed. (3343)
2006 Ed. (3334)
2007 Ed. (3392)
2011 Ed. (3506)
West Coast, U.S.
2005 Ed. (2268)
West Coast Video
1989 Ed. (2888)

1990 Ed. (1020, 1851, 3304, 3671, 3673)
1991 Ed. (1770, 1771)
1994 Ed. (3624, 3625)
1995 Ed. (3697, 3700)
1996 Ed. (3785)
1997 Ed. (3839)
2001 Ed. (2123)
West Coast/National
1991 Ed. (3446)
1992 Ed. (4391)
1993 Ed. (3664)
The West Co. iNC.
1998 Ed. (1878)
West Corp.
1989 Ed. (1143)
1992 Ed. (3474)
1994 Ed. (959, 2586)
1997 Ed. (990)
1998 Ed. (1925)
2005 Ed. (871, 1464, 1690, 1691, 4165)
2006 Ed. (4219)
2007 Ed. (4235)
2008 Ed. (4079, 4269)
2009 Ed. (4154, 4373)
2010 Ed. (4085, 4400)
2011 Ed. (1879, 4058, 4345)
2012 Ed. (1736, 4055, 4064, 4090)
2013 Ed. (1901, 1904, 4103, 4811)
2014 Ed. (1833, 1836, 4119)
2015 Ed. (1872, 1874)
2016 Ed. (1836)
West Cost/National
1990 Ed. (3672)
West Covina Mitsubishi
1990 Ed. (310)
West Covina Nissan
1991 Ed. (288)
1992 Ed. (393)
West; Dave
2008 Ed. (4909)
West; David
2007 Ed. (1058)
West Des Moines State Bank
1996 Ed. (537)
1997 Ed. (496)
2005 Ed. (1065)
West Edmonton Mall
2007 Ed. (4186)
West Electric Group Inc.
2009 Ed. (1254)
West Electric & Machine Co.
2007 Ed. (4454)
West Elm
2009 Ed. (3073)
West Energy
2006 Ed. (1604, 1633)
2007 Ed. (4574)
West Europe
2001 Ed. (1098)
West Fab Manufacturing Ltd.
2014 Ed. (2875)
West Florida Natural Gas Co.
1998 Ed. (1822, 2966)
1999 Ed. (2582)
West Florida Regional Medical Center
2000 Ed. (2527)
2002 Ed. (2620)
West Fraser Inc.
2010 Ed. (2767)
West Fraser Mills
1991 Ed. (2366)
2005 Ed. (1965)
2006 Ed. (2023)
West Fraser (South) Inc.
2004 Ed. (2679, 2680)
2005 Ed. (2671, 2672)
2008 Ed. (2764, 2765)
2009 Ed. (2823, 2824)
West Fraser Timber
2016 Ed. (3565)
West Fraser Timber Co.
2015 Ed. (2805)
2016 Ed. (2733)
West Fraser Timber Co., Ltd.
1992 Ed. (2212)
1993 Ed. (1894, 2478)
1994 Ed. (1896)
1996 Ed. (1960, 1962)
1997 Ed. (2070, 2076, 2995)
1998 Ed. (1754)
1999 Ed. (2497, 3691)
2002 Ed. (3576)
2003 Ed. (3723)
2005 Ed. (1668)
2006 Ed. (1627)
2007 Ed. (2636, 4575)
2008 Ed. (1623, 2762)
2009 Ed. (2820, 2821, 3913)

2010 Ed. (1515, 1516, 2761, 2762, 2763, 4055)
2011 Ed. (1508, 1509, 2747, 2748, 4034)
2012 Ed. (1357, 2683)
2013 Ed. (1514, 2770, 3865)
2014 Ed. (1483, 1499, 2751)
2015 Ed. (1538, 2804)
West; Gary
2008 Ed. (2634)
West Georgia; University of
2009 Ed. (792)
West Germany
1989 Ed. (229, 230, 254, 282, 324, 349, 363, 565, 982, 1178, 1179, 1182, 1279, 1284, 1389, 1390, 1395, 1397, 1398, 1399, 1400, 1401, 1402, 1403, 1406, 1407, 1408, 1517, 1518, 1865, 2202, 2638, 2819, 2956, 2957)
1990 Ed. (203, 204, 205, 241, 405, 414, 741, 742, 746, 778, 960, 984, 1252, 1253, 1259, 1260, 1263, 1264, 1445, 1450, 1481, 1582, 1729, 1736, 1747, 1901, 1964, 1965, 2403, 3076, 3235, 3471, 3508, 3610, 3611, 3612, 3613, 3615, 3616, 3617, 3618, 3619, 3624, 3694, 3699)
1991 Ed. (165, 222, 329, 352, 728, 934, 1171, 1172, 1177, 1178, 1181, 1379, 1383, 1401, 1408, 1479, 1641, 1650, 1819, 1820, 1821, 1868, 2111, 2263, 2276, 2493, 3108, 3109, 3236, 3267, 3268, 3269, 3279, 3287, 3357, 3358, 3405, 3406, 3407, 3466, 3506, 3507)
1992 Ed. (225, 226, 227, 228, 268, 269, 891, 906, 907, 911, 1390, 1489, 1490, 1639, 1713, 1737, 1776, 2296, 2807, 2853, 2854, 2936, 2937, 3141, 3276, 3599, 3685, 3806, 3807, 4139, 4140, 4141, 4152, 4184, 4185, 4186, 4322, 4413, 4474)
1993 Ed. (943, 1202, 1203, 1206, 1209, 1463, 1466, 1730, 2483)
1994 Ed. (735)
2001 Ed. (2365)
West Group
2001 Ed. (3956)
West Hills Development
1999 Ed. (1338)
West Hills Homes Inc.
1998 Ed. (916)
West Houston Infiniti Inc.
1995 Ed. (271)
West Indian manatee
1996 Ed. (1643)
West Indian Tobacco Corp.
1994 Ed. (3580)
1996 Ed. (3745, 3746)
1997 Ed. (3797)
West Indies & Grey
1989 Ed. (154)
1990 Ed. (145)
1991 Ed. (145)
1992 Ed. (201)
1993 Ed. (131)
1994 Ed. (112)
1995 Ed. (117)
1996 Ed. (131)
1997 Ed. (135)
1998 Ed. (64)
1999 Ed. (146)
2000 Ed. (163)
2001 Ed. (201)
West Interactive Corp.
2011 Ed. (1879)
West Japan Railway
2016 Ed. (4727)
West Japan Railway Co.
1997 Ed. (3250)
1998 Ed. (2995)
1999 Ed. (3988)
2000 Ed. (3701)
2002 Ed. (1702, 3903)
2003 Ed. (4042)
2007 Ed. (4836)
2012 Ed. (4181, 4182)
2013 Ed. (4163, 4168)
2014 Ed. (4181, 4186)
2015 Ed. (4162, 4167)
2016 Ed. (4075, 4080)
West Japan Railways
1992 Ed. (3612)
West Jersey Clinical Associates
2000 Ed. (3545)
West Jersey Health System

1989 Ed. (1610)
1990 Ed. (2057, 2059)
1991 Ed. (1936)
1992 Ed. (2461, 2463)
1999 Ed. (1011, 2750)
2000 Ed. (965, 2531)
West Jet
2008 Ed. (644)
West; John
1994 Ed. (858)
West; Kanye
2010 Ed. (3716)
2011 Ed. (3711, 3714, 3715)
2013 Ed. (2602, 3784)
2014 Ed. (1098, 3727)
West Kootenay Power & Light
1992 Ed. (1897)
West L.A. Music
1993 Ed. (2642)
1994 Ed. (2594)
1995 Ed. (2674, 2675)
1996 Ed. (2748)
1997 Ed. (2863)
1999 Ed. (3502)
2000 Ed. (3220)
West Lafayette, IN
2002 Ed. (1057)
West LB
2000 Ed. (1862)
2010 Ed. (444)
West LB Bank
1991 Ed. (529)
West LB International
1989 Ed. (609)
West Liberty Foods LLC
2008 Ed. (3616)
2009 Ed. (3681, 3684)
2010 Ed. (3595, 3598)
2011 Ed. (3597, 3600)
2012 Ed. (3581, 3584, 3587)
2013 Ed. (3641)
2014 Ed. (3579, 3582, 3584)
2015 Ed. (3599)
2016 Ed. (3478, 3480)
West Lights
1997 Ed. (334, 990)
West Marine
2011 Ed. (4515)
2012 Ed. (4518)
West; Mary
2008 Ed. (4883)
West Maui Community Credit Union
2009 Ed. (2185)
2010 Ed. (2136)
West Maui Resort Partners LP
2006 Ed. (1748)
2007 Ed. (1757)
2008 Ed. (1785)
2009 Ed. (1726)
West Menasha Products Corp.
2007 Ed. (2640)
West Monroe Partners
2009 Ed. (1184, 1185, 1186)
2011 Ed. (1130)
2013 Ed. (2156)
2014 Ed. (2090)
2015 Ed. (1203, 2142)
2016 Ed. (1111)
West Music Co.
2013 Ed. (3799)
West Newton Savings
1992 Ed. (533)
West North Central U.S.
2008 Ed. (3483)
West of Eden: The End of Innocence of Apple Computer
1991 Ed. (708)
West One Bancorp
1994 Ed. (366, 667, 3252)
1995 Ed. (3331)
1997 Ed. (334)
West One Bank
1992 Ed. (555, 562)
1993 Ed. (377, 402, 501, 3258)
1996 Ed. (359, 533, 709, 2475, 2482)
1997 Ed. (644)
West One Bank-Idaho
1991 Ed. (185)
1992 Ed. (255, 700)
1995 Ed. (387)
1996 Ed. (410)
1997 Ed. (179, 377, 492)
1998 Ed. (103)
West One Bank-Idaho NA
1994 Ed. (145, 392, 505)
1995 Ed. (488)
West One Bank Idaho NA (Boise)
1991 Ed. (542)
West One Bank, Washington
1994 Ed. (369, 372, 664)

1995 Ed. (633)
West Pacific Consulting Group Managed Services Inc.
2014 Ed. (1456)
West Palm Beach Auditorium
1999 Ed. (1296)
West Palm Beach-Boca Raton-Delray Beach, FL
1989 Ed. (1957)
1990 Ed. (2552)
1991 Ed. (1547, 2428)
1992 Ed. (3052, 3691)
1993 Ed. (2547, 2554)
1994 Ed. (2495)
West Palm Beach-Boca Raton, FL
1991 Ed. (1984)
1995 Ed. (3108)
1996 Ed. (2223, 2618, 3203, 3768)
1997 Ed. (2355, 2761, 2772)
1998 Ed. (2481, 3057, 3706)
1999 Ed. (2833, 3389, 4057)
2000 Ed. (2615, 3108, 3118, 3765)
2001 Ed. (2274, 2280, 2284, 4922)
2002 Ed. (870, 2731, 2763, 3332, 3726)
2003 Ed. (2348, 2349, 2352, 3400)
2004 Ed. (981, 3465)
2005 Ed. (2383, 2457, 2460)
2006 Ed. (3313)
2007 Ed. (3360)
2008 Ed. (3457)
West Palm Beach, CA
2008 Ed. (3517)
West Palm Beach, FL
1990 Ed. (2485)
1991 Ed. (1979)
1992 Ed. (1356, 3036)
1993 Ed. (2112)
1995 Ed. (2191)
1998 Ed. (246)
2000 Ed. (1092, 2995, 3104)
2001 Ed. (2721, 2796)
2004 Ed. (3382)
2005 Ed. (2376, 2378, 2385, 3323, 4834)
2006 Ed. (4884)
2011 Ed. (2410)
West Palm Beach-Fort Pierce, FL
1998 Ed. (591)
West Palm Beach-Ft. Pierce, FL
1996 Ed. (3204)
2002 Ed. (922)
2003 Ed. (845)
2004 Ed. (872)
2005 Ed. (846)
2006 Ed. (771)
2007 Ed. (868)
West Palm Beach-Ft. Pierce-Vero Beach, FL
1992 Ed. (3701)
1994 Ed. (3063)
1995 Ed. (3109)
West Palm Beach Rolls-Royce
1996 Ed. (286)
West Palm Reach-Boca Raton-Delray Beach, FL
1995 Ed. (1667)
West Penn Allegheny Health System
2006 Ed. (3724)
West Penn Allegheny Health Systems Inc.
2003 Ed. (1809)
West Pharmaceutical Services Inc.
2001 Ed. (1461)
2004 Ed. (3909)
2005 Ed. (3855)
2008 Ed. (3635)
2012 Ed. (4384)
2013 Ed. (4353)
2015 Ed. (4390)
2016 Ed. (4288)
West Point
2009 Ed. (1030, 1037, 1045, 1046, 2584)
2010 Ed. (1003, 1011, 1012, 2497)
West Point Credit Union
2002 Ed. (1828)
West Point Pepperell Inc.
1989 Ed. (944, 1600, 1601, 2814, 2815, 2816, 2817)
1990 Ed. (1058, 1893, 2037, 3270, 3564, 3565, 3566, 3567)
1991 Ed. (1235, 3348, 3351, 3353)
1992 Ed. (1535, 1537, 4271, 4272, 4273, 4275)
1993 Ed. (865, 1318, 3552, 3553, 3554)
1994 Ed. (1374, 3512, 3513, 3514, 3516)
1995 Ed. (1319, 2504, 3598)

2005 Ed. (1533)
West Point Pharma
1995 Ed. (1590)
West Point Products
2007 Ed. (4454)
West Point Realty Inc.
2000 Ed. (4057)
West Point Stevens
1995 Ed. (1399, 3597)
West Publishing Corp.
1997 Ed. (1235)
1999 Ed. (1441)
2005 Ed. (1529, 1869)
2006 Ed. (1886)
2007 Ed. (1882)
2010 Ed. (1827, 3051)
2011 Ed. (1856)
2012 Ed. (1711)
2013 Ed. (1868)
2014 Ed. (1800)
2015 Ed. (1841)
2016 Ed. (1804)
West; Roderick K.
2010 Ed. (178)
West Side Car Wash
2006 Ed. (363, 364)
West Side Story soundtrack
1990 Ed. (2862)
West South Central U.S.
2008 Ed. (3483)
West Street Capital
2011 Ed. (2961)
West Suburban Bancorp Inc.
2010 Ed. (433)
2011 Ed. (358)
West Suburban Bank
2001 Ed. (611)
West Telemarketing Corp.
1992 Ed. (4206)
1994 Ed. (3485)
1996 Ed. (3641, 3642)
1997 Ed. (3697)
1998 Ed. (3479)
2001 Ed. (1802)
2003 Ed. (1772)
2005 Ed. (1892)
2006 Ed. (1914)
West Telemarketing Outbound
1995 Ed. (3556)
West TeleServices Corp.
1998 Ed. (3481, 3483)
1999 Ed. (4555, 4557, 4558)
2000 Ed. (4193, 4195)
2001 Ed. (4463, 4466, 4468)
West Tennessee Healthcare
1999 Ed. (3466)
2000 Ed. (3185)
2002 Ed. (3296)
2003 Ed. (3471)
West Texas Credit Union
2002 Ed. (1829, 1830)
2005 Ed. (2067, 2068)
2009 Ed. (2183, 2186, 2187, 3528)
2010 Ed. (2144, 2145)
West-Ukrainian Commercial Bank
1997 Ed. (636)
West United States
2002 Ed. (680, 756, 2373, 3141, 4318, 4341, 4553, 4936)
West USA Realty Inc.
2008 Ed. (4104)
West Valley Construction Co.
2011 Ed. (1190)
2012 Ed. (1136)
2013 Ed. (1282)
2014 Ed. (1215)
2015 Ed. (1273)
2016 Ed. (1188)
West Venture Development Co.
1992 Ed. (1361)
1995 Ed. (3065)
West Venture Homes
1997 Ed. (3259)
1998 Ed. (3007)
West Virginia
1989 Ed. (201, 1642, 1736, 1898, 1900, 2242, 2531, 2533, 2539, 2564, 2612)
1990 Ed. (760, 2410, 2430, 2448, 2493, 2512, 3346, 3351, 3362, 3381, 3393, 3406, 3410, 3414, 3426, 3427)
1991 Ed. (789, 2162, 3180, 3201, 3202, 3206)
1992 Ed. (967, 976, 2573, 2857, 2916, 2922, 2926, 2930, 2933, 4084, 4088, 4103, 4109)
1993 Ed. (413, 3411, 3417, 3440)
1994 Ed. (977, 2535, 3388, 3401, 3407, 3421)

1995 Ed. (1669, 3460, 3472, 3473, 3478, 3500)
1996 Ed. (36, 3516, 3540, 3553, 3554, 3559)
1997 Ed. (3148, 3228, 3567, 3569, 3580, 3593, 3594, 3599, 3603)
1998 Ed. (179, 210, 2416, 2420, 2438, 2971, 3375, 3376, 3380, 3394, 3395, 3466)
1999 Ed. (1209, 1211, 1859, 4440, 4447, 4448, 4449, 4453, 4460, 4461, 4466, 4468, 4536, 4537)
2000 Ed. (1128, 1791, 3689, 4096, 4115)
2001 Ed. (361, 362, 371, 1284, 1287, 1288, 1289, 1290, 1420, 2581, 2604, 2824, 3295, 3327, 3328, 3748, 4223, 4253)
2002 Ed. (450, 458, 468, 474, 1112, 1114, 1115, 2738, 3735, 3804, 3805, 4102, 4103, 4115, 4140, 4141, 4144, 4377, 4706)
2003 Ed. (393, 1025, 1058, 1067, 2145, 2146, 2147, 2148, 2828, 2886, 3237, 3250, 3256, 4040, 4231, 4234, 4236, 4246, 4256, 4284, 4290, 4821)
2004 Ed. (377, 379, 380, 381, 382, 395, 413, 437, 776, 1027, 1028, 2175, 2176, 2805, 2981, 3275, 3292, 3489, 4252, 4263, 4276, 4292, 4298, 4300, 4307, 4516, 4519, 4530, 4819, 4994)
2005 Ed. (395, 414, 1034, 1080, 1081, 2987, 2988, 4184, 4185, 4204, 4209, 4227, 4231, 4241, 4722, 4794)
2006 Ed. (1043, 2358, 2707, 2983, 3257, 4014)
2007 Ed. (1131, 2292, 2308, 3016, 4046)
2008 Ed. (1012, 1107, 2424, 2435, 3004, 3135, 3266, 3281, 3482, 4082)
2009 Ed. (997, 2423, 2441, 2945, 3090, 3218, 3477, 3553, 3579, 4195, 4244)
2010 Ed. (961, 1058, 1059, 1060, 2319, 2320, 2327, 2340, 2358, 2362, 2421, 2572, 2573, 2595, 2596, 2879, 3022, 3139, 3148, 3149, 3150, 3270, 3361, 3410, 3497, 3984, 4130, 4176, 4183, 4569, 4680)
2011 Ed. (887, 996, 997, 998, 2315, 2316, 2323, 2334, 2354, 2358, 2424, 2549, 2550, 2577, 2578, 2861, 2991, 3106, 3115, 3116, 3117, 3239, 3316, 4095, 4181, 4632)
2012 Ed. (920, 921, 922, 2216, 2217, 2243, 2278, 2280, 2345, 2498, 2499, 2524, 2525, 2791, 2917, 3043, 3051, 3052, 3053, 3135, 3302, 3303, 3481, 3485, 4129, 4231, 4632, 4689)
2013 Ed. (736, 1386, 2520, 2704, 2835, 3131, 3732, 3827, 3829, 4123, 4435, 4586, 4724, 4973, 4995, 4997)
2014 Ed. (756, 4138, 4640)
2015 Ed. (791, 3519, 3767)
2016 Ed. (713, 2151, 2568, 3682)
West Virginia Central Credit Union
2005 Ed. (2137)
2010 Ed. (2208)
2011 Ed. (2226)
2012 Ed. (2088)
2013 Ed. (2274)
2014 Ed. (2208)
2015 Ed. (2272)
2016 Ed. (2243)
West Virginia Credit Union
2003 Ed. (1955)
2004 Ed. (1995)
2005 Ed. (2137)
2006 Ed. (2232)
2007 Ed. (2153)
2008 Ed. (2268)
2009 Ed. (2255)
2010 Ed. (2208)
2011 Ed. (2226)
2012 Ed. (2088)
2013 Ed. (2274)
2014 Ed. (2208)
2015 Ed. (2272)
2016 Ed. (2243)
West Virginia Housing Development Fund
2001 Ed. (946)

West Virginia & Indiana Coal Holding Co.
2006 Ed. (1046, 2116, 2117)
West Virginia Public Energy Authority
1991 Ed. (2529)
West Virginia School Employees Credit Union
2002 Ed. (1900)
2003 Ed. (1955)
2004 Ed. (1995)
West Virginia United Health System Inc.
2011 Ed. (2151)
2012 Ed. (2001)
2016 Ed. (2151)
West Virginia University
2007 Ed. (794, 2446)
2008 Ed. (769)
2009 Ed. (779)
2010 Ed. (722)
2013 Ed. (92)
West Virginia University Hospitals
2013 Ed. (2189, 2190)
West Virginia University Hospitals Inc.
2001 Ed. (1898)
2003 Ed. (1852)
2004 Ed. (1888)
2005 Ed. (2014)
2006 Ed. (2116)
2007 Ed. (2065)
2008 Ed. (2173)
2009 Ed. (2156)
2010 Ed. (2097)
2011 Ed. (2150)
2014 Ed. (2122)
2015 Ed. (2175)
2016 Ed. (2150, 2151)
West Virginia Water Development Authority
2001 Ed. (946)
West Wholesale Drug Co.
2003 Ed. (1626)
The West Wing
2003 Ed. (808, 4715, 4716)
2004 Ed. (300, 4686, 4687)
Westaff
2000 Ed. (4230)
2006 Ed. (2430)
Westaim
2003 Ed. (2938, 2940, 2941)
2007 Ed. (2805, 2814)
Westaim Corp.
2015 Ed. (3388)
WestAir
1991 Ed. (1017)
1993 Ed. (1105)
WestAir Holdings
1992 Ed. (3919)
1993 Ed. (3226)
WestAM
2002 Ed. (3014)
2003 Ed. (3085)
Westam Mortgage Financial
1995 Ed. (1048, 3076)
WestAmerica Bancorp
1995 Ed. (214)
2000 Ed. (422, 429)
2002 Ed. (500)
2005 Ed. (450)
2006 Ed. (404)
2007 Ed. (389)
2008 Ed. (428)
2009 Ed. (389, 392, 394)
2010 Ed. (366)
2011 Ed. (288)
2012 Ed. (312, 1375)
Westamerica Bancorp
2013 Ed. (1467)
2014 Ed. (1430)
2015 Ed. (1492)
2016 Ed. (1425)
Westamerica Bancorporation
2004 Ed. (646, 647)
2005 Ed. (635, 636)
2010 Ed. (367)
2011 Ed. (289)
Westamerica Bank
1998 Ed. (341)
2014 Ed. (1435)
Westar Capital
1996 Ed. (3782)
Westar Energy Inc.
2004 Ed. (1767)
2005 Ed. (1834, 2314)
2006 Ed. (1831, 1834)
2008 Ed. (1873, 2426)
2009 Ed. (1828)
2010 Ed. (1769, 1774)
2013 Ed. (1792, 1793, 1799)
2014 Ed. (1726)
2015 Ed. (1765)

Westar Financial Services Inc.
2002 Ed. (3559)
Westar Mining
1994 Ed. (2527)
Westar Security
1998 Ed. (3202, 3204)
Westat Inc.
1990 Ed. (2980, 3000)
1991 Ed. (2386, 2835)
1992 Ed. (2976, 3662)
1993 Ed. (2503, 2995)
1994 Ed. (2442)
1995 Ed. (2508, 3089)
1996 Ed. (2569, 3190)
1997 Ed. (2710, 3295)
1998 Ed. (2436, 3042)
1999 Ed. (3304, 4042)
2000 Ed. (3041, 3042, 3756)
2001 Ed. (4046, 4047)
2002 Ed. (3253)
2003 Ed. (4069, 4077)
2004 Ed. (1356, 4096, 4101)
2005 Ed. (1372, 4037, 4041)
2006 Ed. (4068, 4096)
2007 Ed. (4114, 4117)
2008 Ed. (1366, 1369, 4138, 4141)
2009 Ed. (1369, 4253)
2010 Ed. (1353, 4185, 4190)
2011 Ed. (1342, 4183, 4201)
2012 Ed. (1207, 4233, 4253)
2013 Ed. (1321, 4213, 4214)
2014 Ed. (1255, 4227, 4228)
2015 Ed. (1312, 4217, 4218)
2016 Ed. (1227, 3462, 3463)
Westavco
1992 Ed. (1237)
Westbay Distributors
2001 Ed. (360)
Westborough Buick Pontiac GMC Inc.
2008 Ed. (166)
Westbridge Capital
1998 Ed. (3417)
1999 Ed. (3611)
Westbridge Printing Services, Inc.
2002 Ed. (3763)
Westbrook Homes
2005 Ed. (1179)
Westbrook Partners
2000 Ed. (2808, 2838, 2839, 2840)
2002 Ed. (3908, 3939)
2003 Ed. (3087)
Westbrook Partners L.L.C.
2000 Ed. (2829)
Westbrook Real Estate Partners
1999 Ed. (3074)
Westbrooke Communities
2002 Ed. (1199)
2003 Ed. (1161, 1166)
2004 Ed. (1169)
Westbrooke Homes
2004 Ed. (1188)
2005 Ed. (1202, 1214)
Westbrooke Hospitality
1992 Ed. (2464, 2468, 2469)
Westburne Inc.
2000 Ed. (2622)
2002 Ed. (1993, 3301)
Westbury
1993 Ed. (1324)
Westbury Bancorp Inc.
2016 Ed. (2161)
Westbury Canadian Life
2002 Ed. (3431, 3432, 3433)
Westbury Canadian Life B
2001 Ed. (3460, 3461, 3462)
Westbury Music Fair
1999 Ed. (1295)
2001 Ed. (4353)
2006 Ed. (1155)
Westcap Investor
2000 Ed. (2816)
Westchester County
1991 Ed. (3478)
Westchester County Medical Center
1997 Ed. (2264, 2266)
Westchester County, NY
1993 Ed. (1430)
1994 Ed. (239, 1474, 1480)
1999 Ed. (2831)
2002 Ed. (1808)
2003 Ed. (3437)
Westchester Medical Center
2001 Ed. (2773)
Westchester-Mid Hudson Valley, NY
2005 Ed. (3642)
Westchester Modular Homes
2011 Ed. (3695)
Westchester, NY
1990 Ed. (1483)
1991 Ed. (1370, 1374)

1995 Ed. (2808)
1998 Ed. (2058)
2000 Ed. (1603, 2612)
2001 Ed. (1940)
Westchester Surplus Lines
2010 Ed. (3259)
Westchester Surplus Lines Insurance Co.
2011 Ed. (3222, 3223, 3224)
2012 Ed. (3191, 3192, 3194)
2013 Ed. (3260, 3261)
2014 Ed. (3288, 3289)
2015 Ed. (3337)
2016 Ed. (3197, 3198)
Westco Group Inc.
1995 Ed. (2517)
Westco Savings Bank FSB
1990 Ed. (3121)
Westcoast Energy
2015 Ed. (4022)
2016 Ed. (3565)
Westcoast Energy Inc.
1990 Ed. (1882)
1992 Ed. (1597, 2268)
1994 Ed. (1955)
1996 Ed. (1316)
2002 Ed. (3689)
2003 Ed. (3846)
2005 Ed. (1667, 3491)
2009 Ed. (2430, 2871)
2010 Ed. (1515, 3976, 4055)
2011 Ed. (1508, 1509, 3981, 4034)
2012 Ed. (1356, 1357, 4067)
2013 Ed. (1513, 1514)
2014 Ed. (1482, 1483)
2015 Ed. (1537, 1538)
2016 Ed. (2379)
WestCoast Hospitality Corp.
2005 Ed. (2925)
Westcoast Ltd.
2012 Ed. (1476)
Westcoast Savings
1990 Ed. (3123)
Westcon Group
2005 Ed. (4811)
Westconsin Credit Union
1996 Ed. (1511)
2002 Ed. (1901)
2003 Ed. (1956)
2004 Ed. (1996)
2005 Ed. (2138)
2006 Ed. (2233)
2007 Ed. (2154)
2008 Ed. (2269)
2009 Ed. (2256)
2010 Ed. (2209)
2011 Ed. (2227)
2012 Ed. (2089)
2013 Ed. (2275)
2014 Ed. (2209)
2015 Ed. (2273)
2016 Ed. (2244)
WestCor Construction
2009 Ed. (1301)
Westcor Partners
1992 Ed. (3959, 3969)
2003 Ed. (4409)
Westcore Bonds Plus
1996 Ed. (615)
Westcore Equity Income
1993 Ed. (2674)
Westcore Flex Income
2008 Ed. (596)
Westcore Flexible Income
2007 Ed. (3294)
2008 Ed. (583, 3409)
Westcore: GNMA
1993 Ed. (2685)
Westcore Growth
2006 Ed. (3622)
Westcore Growth & Income Fund
2003 Ed. (3490, 3533)
Westcore International Small Cap
2014 Ed. (4567)
Westcore International Term Bond
1993 Ed. (2675)
Westcore Long-Term Bond
1995 Ed. (2708)
1996 Ed. (615)
1997 Ed. (687, 2901)
1998 Ed. (402, 403)
1999 Ed. (3536, 3550)
Westcore Mid-Cap Value
2009 Ed. (3799)
Westcore MIDCO Growth
1993 Ed. (580, 2647)
1995 Ed. (2734)
Westcore Midco Growth Institutional
1996 Ed. (612)
Westcore Money Market Fund

1992 Ed. (3098)
1994 Ed. (2542)
Westcore Plus Bond
2008 Ed. (597)
2009 Ed. (623)
Westcore Small-Cap Opportunity
2009 Ed. (3801)
Westcore Treasury MMF
1996 Ed. (2667)
Westcorp
1992 Ed. (4291)
1995 Ed. (3303)
2003 Ed. (4282, 4283)
2004 Ed. (4310)
2005 Ed. (448, 4243)
2006 Ed. (4248)
2007 Ed. (386, 2555)
Westdeutsche Genossenschafts-
Zentralbank
1997 Ed. (516)
Westdeutsche Landesbank
1989 Ed. (542, 578)
1990 Ed. (580)
1992 Ed. (683, 719)
Westdeutsche Landesbank Giro
2000 Ed. (538)
Westdeutsche Landesbank Gironzen-
trale
1999 Ed. (528, 529)
Westdeutsche Landesbank Giroz
1996 Ed. (517)
Westdeutsche Landesbank Girozent.
1995 Ed. (475)
Westdeutsche Landesbank Girozentrale
1990 Ed. (581, 1682)
1991 Ed. (528, 1583, 1585)
1993 Ed. (491)
1994 Ed. (493)
1997 Ed. (478, 513, 2546, 2621)
1998 Ed. (2347)
1999 Ed. (3182, 3184)
2000 Ed. (776, 2929)
2001 Ed. (624, 627, 628, 1533)
2002 Ed. (563, 3189, 3190, 3191,
3192, 3195, 3196, 3793, 3794)
2003 Ed. (498)
2004 Ed. (533)
2005 Ed. (512, 533, 3939, 3942,
3943)
2006 Ed. (459, 461, 462)
2007 Ed. (471, 473, 474)
2008 Ed. (418)
2009 Ed. (446, 447)
2010 Ed. (422)
Westdeutsche Landesbanke Girozentrale
1989 Ed. (1362)
Westdeutsche Landsbank Girozentrale
2000 Ed. (530, 560)
Westdeutsche Lotterie GmbH & Co.
1996 Ed. (2552)
Westec Security Group
1998 Ed. (3204)
Westec Security Inc.
1992 Ed. (3827)
1993 Ed. (3115)
1995 Ed. (3212)
1996 Ed. (3309)
1997 Ed. (3414)
1999 Ed. (4203)
Westech International Inc.
2006 Ed. (3529, 4368)
2007 Ed. (3581, 3582, 4436)
Westel 900
2001 Ed. (40)
Westel Insurance Co.
1990 Ed. (906)
Westel Mobil
2004 Ed. (50)
Westel Mobile Telecommunications Co.
2005 Ed. (44)
Westen Washington Fair
2005 Ed. (2524)
Wester Digital
1989 Ed. (1327)
Westerly Community Credit Union
2002 Ed. (1890)
2003 Ed. (1944)
2004 Ed. (1984)
2005 Ed. (2126)
2006 Ed. (2221)
2007 Ed. (2142)
2008 Ed. (2257)
2009 Ed. (2243)
2010 Ed. (2197)
2011 Ed. (2215)
2012 Ed. (2029, 2076)
2013 Ed. (2261)
2014 Ed. (2194)
2015 Ed. (2258)

2016 Ed. (2229)
Western
1999 Ed. (1371)
2007 Ed. (3620)
2016 Ed. (2668)
Western Airlines
1989 Ed. (236)
Western Alliance Bancorp
2015 Ed. (381)
Western Allied Corp.
2011 Ed. (1170)
Western Altas
1998 Ed. (2816)
Western and Southern
1989 Ed. (1689)
Western Areas
1990 Ed. (1938)
1993 Ed. (1989)
Western Asset
1989 Ed. (2128)
1995 Ed. (2363)
2004 Ed. (2035)
2008 Ed. (2292, 2316)
2009 Ed. (2282, 2285)
Western Asset Core Fund
2003 Ed. (3531)
Western Asset Core Plus Bond
2008 Ed. (597)
Western Asset Core Plus Inst.
2003 Ed. (691)
Western Asset Global High Yield Bond
2014 Ed. (633)
Western Asset High Yield
2008 Ed. (596)
Western Asset Management Co.
1991 Ed. (2226, 2234)
1992 Ed. (2757, 2765)
1994 Ed. (2328)
1996 Ed. (2429)
1997 Ed. (2553)
1998 Ed. (2309)
1999 Ed. (3081, 3085)
2001 Ed. (3689)
2002 Ed. (3622, 3627)
2011 Ed. (1803)
2012 Ed. (1661)
Western Asset Management U.S. Core
Full
2007 Ed. (752)
Western Asset Mgmt.
2000 Ed. (2779, 2810, 2813)
Western Athletic Club
2005 Ed. (2810)
2007 Ed. (2787)
2012 Ed. (2817)
Western Athletic Clubs
2006 Ed. (2786)
2013 Ed. (2888)
2014 Ed. (2917)
2015 Ed. (2964)
Western Atlas Inc.
1996 Ed. (3002, 3003)
1997 Ed. (3081, 3082)
1998 Ed. (2821)
1999 Ed. (3794, 3797)
2001 Ed. (1553)
2005 Ed. (1511)
Western Atlas International
2001 Ed. (1680)
2003 Ed. (1667)
Western Australia; Bank of
2006 Ed. (414)
2007 Ed. (399)
Western Australia; University of
2010 Ed. (1015)
Western Australia—BankWest; Bank of
2005 Ed. (461)
Western Auto
1989 Ed. (351, 1252)
1990 Ed. (407, 1514, 1515)
1991 Ed. (357, 1542)
1992 Ed. (486, 1077, 1937, 2425)
1993 Ed. (867)
1994 Ed. (336, 1911)
1995 Ed. (336)
1999 Ed. (362, 1856)
Western Auto Supply Co. Inc.
1996 Ed. (354, 894)
1997 Ed. (325, 925)
1998 Ed. (247)
2001 Ed. (496)
Western Auto/Part America
2001 Ed. (540)
Western Bagel
2001 Ed. (545)
Western Bank
1994 Ed. (2550)
1995 Ed. (491)
Western banks
1992 Ed. (2624)

Western Benefit Solutions LLC
2008 Ed. (3239, 3246)
Western Building Maintenance
2006 Ed. (670)
Western Canada Farm Progress Show
2003 Ed. (4778)
2010 Ed. (4776)
2011 Ed. (4727)
Western Canadian Coal Corp.
2010 Ed. (1514)
2011 Ed. (1507, 3666)
Western Capital Investment
1992 Ed. (4292)
1993 Ed. (3218, 3247)
Western Carolina University
1990 Ed. (1084)
2010 Ed. (731)
Western Carpet & Linoleum Co.
1993 Ed. (1866)
Western Chemical
1997 Ed. (3869)
Western Co-operative Fertilizers
2001 Ed. (1499)
2007 Ed. (1434)
Western Coal Corp.
2011 Ed. (1566)
2012 Ed. (1355, 1358, 1392, 3672,
3674)
2013 Ed. (3729)
Western Community Bank
1996 Ed. (546)
1997 Ed. (505)
Western Co. of North America
1989 Ed. (2208)
Western Company of North America
1990 Ed. (3562)
Western Conference of Teamsters Pension Trust
2004 Ed. (2027, 3790)
Western Conference Teamsters
2001 Ed. (3680, 3686)
2002 Ed. (3615)
2003 Ed. (1979, 3764)
2007 Ed. (3795)
2008 Ed. (3869)
2009 Ed. (2286, 3926)
2010 Ed. (3845)
2011 Ed. (3847)
Western Conference Teamsters Union
1996 Ed. (2927)
Western Construction Group
2007 Ed. (1363)
2008 Ed. (1260)
2009 Ed. (1236)
2010 Ed. (1235)
2011 Ed. (1183)
2012 Ed. (1130)
2013 Ed. (1276)
2014 Ed. (1209)
2015 Ed. (1267)
2016 Ed. (1182)
Western Cooperative Credit Union
1996 Ed. (1511)
2000 Ed. (221, 1629)
2002 Ed. (1884)
2003 Ed. (1938)
2004 Ed. (1978)
2005 Ed. (2120)
2006 Ed. (2215)
2007 Ed. (2136)
2008 Ed. (2251)
2009 Ed. (2237)
2010 Ed. (2191)
2011 Ed. (2209)
2012 Ed. (2070)
2013 Ed. (2252)
2014 Ed. (2184)
2015 Ed. (2248)
2016 Ed. (2219)
Western Corporate Federal Credit
Union
2010 Ed. (3174)
2011 Ed. (3139)
Western Credit Union
2010 Ed. (2120)
Western Dairy Transport LLC
2012 Ed. (4802)
Western Dairymen Cooperative
1990 Ed. (1026)
Western Data Systems
1999 Ed. (1287)
Western Dealerships
2006 Ed. (1973)
Western Deep Levels
1990 Ed. (1938)
1991 Ed. (1852)
1993 Ed. (1989)
1995 Ed. (2041)
Western Development Corp.
1990 Ed. (3286)

1992 Ed. (3620, 3959, 3970)
1993 Ed. (3304, 3305, 3311)
Western Digital
2014 Ed. (4574)
2015 Ed. (1086)
2016 Ed. (996, 1321)
Western Digital Corp.
1989 Ed. (1319, 2302, 2667)
1990 Ed. (1625, 1626, 1631, 2996)
1991 Ed. (2854)
1992 Ed. (320, 1312, 1314, 1832,
1833, 3682, 3683)
1993 Ed. (1052)
1994 Ed. (1265, 1548, 2666)
1998 Ed. (822, 1062, 2674, 3408,
3410)
1999 Ed. (1262, 1268, 1269, 1276,
1496, 2880)
2000 Ed. (1165, 1169, 1739, 1740,
1752)
2001 Ed. (1357)
2002 Ed. (2104)
2003 Ed. (1090, 1104)
2004 Ed. (1111, 1114, 3021, 3023,
3024)
2005 Ed. (1109, 1115, 1116, 1118)
2006 Ed. (1116, 1117, 1149)
2007 Ed. (1209, 1222, 1264, 4695)
2008 Ed. (1113, 4605)
2009 Ed. (1097, 1102, 1103, 1539,
4652)
2010 Ed. (1084, 4588, 4681)
2011 Ed. (1017, 1023, 1447, 1528)
2012 Ed. (949, 990, 991, 992, 1261,
1282, 1379, 1922, 3519, 4554)
2013 Ed. (1088, 1093, 1131, 1132,
1133, 1475, 3149, 3560)
2014 Ed. (1053, 1092, 1093, 1094,
1437, 3152)
2015 Ed. (1091, 1131, 1132, 1133,
1482, 3212)
2016 Ed. (984, 1000, 1043, 1044,
1045, 1408, 3067)
Western Energy Co.
1990 Ed. (1069)
1993 Ed. (1003)
2011 Ed. (1876)
2012 Ed. (1733)
Western Energy Co., Rosebud
1989 Ed. (950)
Western Energy Co., Rosebud No. 6
mine
1990 Ed. (1071)
Western Energy Services
2013 Ed. (1481)
2014 Ed. (1447)
Western Energy Services Corp.
2016 Ed. (3836)
Western Europe
1992 Ed. (1235, 3294, 3295, 3555)
1993 Ed. (1721, 2483, 2845, 3350)
1994 Ed. (1728)
1995 Ed. (1751, 1752, 1753, 1785)
1996 Ed. (325, 1466, 3662)
1997 Ed. (1806, 3249, 3739)
1998 Ed. (1554, 1807, 2735, 2815,
2877)
1999 Ed. (199, 1820, 4039, 4118,
4827)
2000 Ed. (3548, 3830, 4040, 4343)
2001 Ed. (368, 516, 517, 728, 3857,
4483)
2002 Ed. (1022, 2164, 4323, 4324)
2008 Ed. (728)
Western Evangelical Seminary
1995 Ed. (1927)
Western Express
2006 Ed. (4809)
Western Express Inc.
2016 Ed. (4966)
Western Exterminator Co.
2009 Ed. (3952)
2010 Ed. (3864)
2011 Ed. (3871)
Western Family Holding Co.
2015 Ed. (1339)
Western Farm Credit Bank
2003 Ed. (1378)
2004 Ed. (1383, 1387, 1388)
2005 Ed. (1404, 1408, 1409)
Western Federal
1990 Ed. (2470, 3118)
Western Federal Credit Union
1998 Ed. (1233)
2009 Ed. (2220)
2011 Ed. (2192)
2012 Ed. (2052)
2014 Ed. (2137)
2015 Ed. (2201)
Western Federal Savings

1992 Ed. (3105)
Western Federal Savings & Loan Association
1989 Ed. (2823)
1990 Ed. (3592)
1991 Ed. (2481, 2482)
1994 Ed. (2551, 3144)
Western Federal Savings & Loan Association of Marin
1990 Ed. (1246)
Western Financial Bank
2007 Ed. (388)
Western Financial Bank, FSB
2002 Ed. (4119, 4127, 4129, 4130)
2003 Ed. (4262, 4273, 4274, 4276)
2004 Ed. (3502, 4247, 4280, 4285, 4286, 4288, 4289)
2005 Ed. (3502, 4180, 4213, 4218, 4219, 4222)
2006 Ed. (4232, 4238, 4243, 4244, 4247)
2007 Ed. (4246, 4252, 4257, 4258)
Western Financial Group Inc.
2011 Ed. (2684, 3288)
Western Financial Savings, Bank
1992 Ed. (3791)
Western Forest Products
2015 Ed. (2805)
Western Forest Products Inc.
2008 Ed. (1636)
2009 Ed. (2820, 3913)
2010 Ed. (2761, 2762, 2763)
2011 Ed. (2747, 2748, 2749)
2012 Ed. (2683)
2013 Ed. (2770, 3865)
2014 Ed. (2751)
2015 Ed. (2804)
2016 Ed. (2733)
Western Freight Solutions Ltd.
2015 Ed. (4786)
2016 Ed. (4689)
Western Futures Fund II
1995 Ed. (1081)
Western Gas Partners LP
2010 Ed. (4444, 4445)
Western Gas Resources Inc.
1996 Ed. (1999)
1997 Ed. (2119)
1998 Ed. (1809, 2856)
1999 Ed. (1243, 2570, 3832, 3833)
2000 Ed. (3549, 3550)
2001 Ed. (3767)
2002 Ed. (1563, 1569, 1620, 1628, 3711, 3712)
2003 Ed. (1589, 1642, 1651, 1654, 1657, 3845)
2004 Ed. (1676, 1679, 1681, 1683, 3669, 3670, 3842, 3843, 3862)
2005 Ed. (1739, 3588, 3746, 3753, 3754, 3791)
2006 Ed. (3829, 3835, 3836, 3857, 3912)
2007 Ed. (1666, 3838, 3852, 3853, 3866, 3884)
2008 Ed. (3905, 3906)
Western Governors University
2009 Ed. (1063)
2010 Ed. (1031)
2011 Ed. (962)
2016 Ed. (729)
Western Graphics
2012 Ed. (4010, 4013)
2013 Ed. (4093)
2014 Ed. (4105)
2015 Ed. (4083)
Western Greenbrier NB
1990 Ed. (467)
The Western Group
1990 Ed. (1200)
1992 Ed. (1418, 1425)
1993 Ed. (1131, 1137, 1139)
1994 Ed. (1144, 1145)
1995 Ed. (1162, 1163)
1996 Ed. (1141, 1147)
1997 Ed. (1166, 1167)
1998 Ed. (944, 950)
1999 Ed. (1366)
2000 Ed. (1258, 1263)
2001 Ed. (1472, 1477)
2002 Ed. (1232, 1293)
2003 Ed. (1306)
2004 Ed. (1309)
2005 Ed. (1284, 1286, 1316)
2006 Ed. (1254, 1256, 1286)
Western; Gulf
1989 Ed. (2269, 2270, 2271, 2272, 2273, 2274, 2360)
Western Hemisphere
1989 Ed. (1864)
Western Home Center

1995 Ed. (849)
Western Industrial Contractors
2005 Ed. (4993, 4994)
2006 Ed. (4991, 4992)
Western Initiative Media Worldwide
2000 Ed. (130, 131, 132, 133, 134, 135, 136, 138, 140)
2001 Ed. (3249)
Western International Media
1996 Ed. (997)
Western Investment Real Estate Trust
1991 Ed. (2816)
Western Kentucky University
2009 Ed. (3520)
2010 Ed. (3449)
Western Lakota Energy Services Inc.
2007 Ed. (1569)
Western Lloyds
1994 Ed. (2275)
Western Manufacturing
2015 Ed. (1506)
Western Manufacturing Ltd.
2014 Ed. (2875)
Western Maryland College
1991 Ed. (888)
Western Maryland Health Systems Inc.
2001 Ed. (1786)
Western Metals
2004 Ed. (1631)
Western Micro Technology Inc.
1991 Ed. (1532)
1996 Ed. (1631, 1634)
Western Mining Corp. Holdings
1991 Ed. (1255, 3264, 3265)
Western Mining Corporation Holdings
1990 Ed. (2588)
Western Mining Corp., Ltd.
1990 Ed. (1331, 2589)
1992 Ed. (1575, 4181, 4182)
1993 Ed. (261, 262, 1280)
1994 Ed. (1324)
1995 Ed. (1355)
1996 Ed. (1295)
1997 Ed. (282, 283, 1362)
1999 Ed. (311)
2000 Ed. (326)
2004 Ed. (3689)
Western Mining Corp. (USA)
2002 Ed. (4084)
Western Multiplex Corp.
2005 Ed. (1553)
Western National
1996 Ed. (2319, 2322)
1997 Ed. (256, 361, 2442)
1998 Ed. (2175, 3418)
Western National Bancorp
1995 Ed. (492)
Western National Bank
2005 Ed. (191)
Western National Group
2011 Ed. (1115)
Western National Life Insurance Co.
2011 Ed. (3258)
Western National Property Management
2002 Ed. (324)
Western National Title Insurance Co.
2006 Ed. (3111)
Western New York Contractors Inc.
2009 Ed. (1167)
Western Ontario, Ivey School of Business; University of
2007 Ed. (813)
2009 Ed. (822)
2010 Ed. (767)
2011 Ed. (694)
2012 Ed. (615, 622)
2013 Ed. (758)
Western Ontario; University of
1994 Ed. (819)
2006 Ed. (726)
2007 Ed. (831, 1166, 1169, 1172, 3469, 3473)
2008 Ed. (801, 1070, 1073, 1074, 1077, 1078, 3636, 3641, 3642, 4279)
2009 Ed. (1047, 1052, 1053, 1068, 3699, 3710, 4391)
2010 Ed. (1016, 1020, 1022, 3628)
2011 Ed. (952, 955, 957, 3417, 3629)
2012 Ed. (872, 875, 877, 3431, 3433, 3629, 3630)
2014 Ed. (780, 781)
2015 Ed. (823)
2016 Ed. (724)
Western Pacific Housing
2000 Ed. (1188, 1189, 3721)
2002 Ed. (1197, 1210, 2671, 2675, 3924)
2003 Ed. (1178, 1188, 1211)

2004 Ed. (1185, 1193, 1194, 1213, 1214)
2005 Ed. (1211, 1219, 1237, 1238, 1242)
Western Pacific Mutual Insurance Co.
1993 Ed. (851)
1994 Ed. (864)
1995 Ed. (906)
Western Petroleum Trading Ltd.
2002 Ed. (4512)
Western Platinum Ltd.
2004 Ed. (3696)
Western Power
2002 Ed. (4708)
2004 Ed. (1646)
Western Power Products Inc.
2004 Ed. (1890)
2005 Ed. (2016)
2006 Ed. (2119)
2007 Ed. (2067)
2008 Ed. (2175)
2009 Ed. (2158)
Western Publishing Co.
1990 Ed. (2932)
1992 Ed. (3533, 3589)
1995 Ed. (2988)
1996 Ed. (3089)
Western Publishing Group
1997 Ed. (2715, 3224, 3649)
Western Pulp LP
2005 Ed. (1965)
2006 Ed. (2023)
Western Quality Pig Producers Ltd.
1995 Ed. (1016)
Western Refining
2014 Ed. (1327)
2015 Ed. (3966)
2016 Ed. (1300, 1319)
Western Refining Inc.
2008 Ed. (2495, 4043)
2009 Ed. (1444, 4008)
2010 Ed. (2428, 2429, 3914)
2011 Ed. (3932, 3933)
2012 Ed. (1281, 3930)
2013 Ed. (3986)
2014 Ed. (3929)
2015 Ed. (3965)
2016 Ed. (1233, 3879)
Western Reserve
1997 Ed. (2438)
1999 Ed. (2938)
Western Reserve Area Agency on Aging
2001 Ed. (3549)
Western Reserve Life
2001 Ed. (3455)
Western Reserve Life Assurance
1993 Ed. (2379)
Western Reserve Life - Equity Protector (VUL)
1991 Ed. (2153)
Western Reserve Life Insurance
1998 Ed. (2188)
Western Reserve WRL Freedom Growth
1994 Ed. (3611)
Western Resources Inc.
1994 Ed. (1244, 2653, 3263)
1995 Ed. (1335, 1637, 3344)
1996 Ed. (1614, 2009)
1997 Ed. (1693, 1694, 2122, 2123)
1998 Ed. (1021, 1387)
2000 Ed. (3673)
2002 Ed. (1556)
2003 Ed. (1730)
Western River Conservancy
2012 Ed. (1775)
Western Roofing Service
1994 Ed. (1148)
Western Roofing Services
1997 Ed. (1168)
1999 Ed. (1374)
2000 Ed. (1266)
2001 Ed. (1480)
Western Roofing Systems
2006 Ed. (4205)
2008 Ed. (4251, 4252)
Western S & L
1989 Ed. (2827)
Western Savings & Loan
1990 Ed. (1328, 2682, 3582)
Western Savings & Loan Assn.
1991 Ed. (2591, 3363)
Western Savings & Loan Association
1990 Ed. (420, 3251, 3254)
Western Silver Corp.
2004 Ed. (1665)
2007 Ed. (1649)
Western Sizzlin
1990 Ed. (3009, 3012, 3023)
1994 Ed. (3077, 3088)

1995 Ed. (3122, 3138)
1996 Ed. (3217, 3230)
1997 Ed. (3318, 3333)
2000 Ed. (3792, 3793)
2001 Ed. (4075)
2002 Ed. (4006, 4018, 4021, 4029)
2003 Ed. (4102)
2004 Ed. (4126, 4148)
2005 Ed. (4088)
2006 Ed. (4114, 4137)
2007 Ed. (4141, 4157)
2008 Ed. (4167, 4168, 4199)
2009 Ed. (4275, 4296)
2010 Ed. (4262)
2011 Ed. (4222, 4262)
Western Sizzlin' Steak House
1991 Ed. (2883)
1992 Ed. (3713, 3718)
1993 Ed. (3021, 3035)
1998 Ed. (3066)
1999 Ed. (4079, 4080)
Western SL
1990 Ed. (2684)
Western Solutions Inc.
2005 Ed. (2427)
Western & Southern Financial Group
2005 Ed. (3115)
2006 Ed. (3120)
2007 Ed. (3138)
2009 Ed. (3348)
2010 Ed. (3287)
2011 Ed. (3253)
2012 Ed. (3224)
2013 Ed. (3303)
2014 Ed. (3326)
Western & Southern Life
1989 Ed. (1707, 1709)
1990 Ed. (2249)
Western-Southern Life Assurance
1989 Ed. (1708)
Western & Southern Life Insurance
1991 Ed. (2107)
1993 Ed. (2225)
1995 Ed. (2309)
1997 Ed. (2452)
1998 Ed. (2162)
2000 Ed. (2688)
2002 Ed. (2910)
The Western & Southern Life Insurance Co.
2016 Ed. (3231)
Western & southwestern banks
1990 Ed. (2183)
Western Springs Bancorp Inc.
2005 Ed. (2869)
Western Staff Services
2000 Ed. (4228)
Western Star
1998 Ed. (3646)
2000 Ed. (4304)
Western Star Truck Holdings
1998 Ed. (155)
Western States Envelope & Label
2005 Ed. (3888, 3889)
2006 Ed. (3966)
2007 Ed. (4007)
2008 Ed. (4027)
2009 Ed. (3917, 4100)
2010 Ed. (4019, 4029)
2012 Ed. (4023, 4032)
2013 Ed. (4078, 4082)
2014 Ed. (4088, 4098)
2016 Ed. (3979, 3981, 3984)
Western States Insurance Agency
2013 Ed. (1986)
Western Steer
1992 Ed. (3713)
Western Steer Family Steakhouses
1990 Ed. (3023)
The Western Sugar Co.
2002 Ed. (1654)
Western Summit Constructors Inc.
2004 Ed. (1292, 1300, 1302)
2006 Ed. (2507)
2007 Ed. (2468, 2476)
2009 Ed. (2625)
Western Sun Credit Union
1996 Ed. (1510)
Western Surety Co.
1993 Ed. (2245)
Western Sydney Health
2002 Ed. (1130)
2004 Ed. (1649)
Western Tag & Printing
2009 Ed. (4097, 4107)
2012 Ed. (4027)
2013 Ed. (4070)
2014 Ed. (4080)
Western Teamsters
1994 Ed. (2757)

1995 Ed. (2851)
1997 Ed. (3016)
1998 Ed. (2773)
1999 Ed. (3733)
2000 Ed. (3450)
Western Temporary Services
2005 Ed. (1377)
Western Union
2014 Ed. (802, 807, 1539, 2131)
2015 Ed. (846, 853)
2016 Ed. (4358)
The Western Union Co.
1990 Ed. (2191)
1991 Ed. (3228, 3234, 3277)
1992 Ed. (1934, 4146)
2008 Ed. (1675, 1676, 1688)
2009 Ed. (906, 1456, 1469, 1598,
  1599, 1607, 1608, 1610, 1611,
  1612, 1616, 2765)
2010 Ed. (1585, 1586, 1588, 1589,
  1592, 1593, 2115, 2694)
2011 Ed. (1441, 1587, 1588, 1590,
  1591, 1594, 2681)
2012 Ed. (718, 1276, 1429, 1430,
  1431, 1433, 1434, 1438, 2608,
  2611, 2621)
2013 Ed. (1381, 1556, 1558, 1559,
  1561, 1564, 1569, 2699, 2709)
2014 Ed. (1322, 1526, 1528, 1529,
  1531, 1534, 1540, 2690)
2015 Ed. (1577, 1580, 1582, 1585,
  1591, 2736)
2016 Ed. (1505, 1508, 1510, 1512,
  1518, 2659)
Western Union; Eastlink,
1991 Ed. (3450)
Western Union Financial Services
2015 Ed. (4424)
Western Union Financial Services Inc.
2005 Ed. (1742, 1744)
2006 Ed. (1660, 1662)
2007 Ed. (1668)
2010 Ed. (1590)
2011 Ed. (1592)
2012 Ed. (1435)
2013 Ed. (1566)
2014 Ed. (1535)
2015 Ed. (1586)
2016 Ed. (1513)
Western United Electric Supply Corp.
2015 Ed. (2503)
2016 Ed. (2437)
Western United Investment Co. Ltd.
1993 Ed. (965, 966, 976)
1994 Ed. (992, 995, 1000, 1001)
1995 Ed. (1005, 1008, 1013, 1014)
Western University
2002 Ed. (903, 904, 905, 906, 907)
Western U.S. banks
1994 Ed. (2192)
Western Utility Contractors Inc.
1991 Ed. (1086)
1992 Ed. (1419)
Western Vermont Health Care Corp.
2011 Ed. (2136)
Western Vista Credit Union
2002 Ed. (1902)
2003 Ed. (1957)
2004 Ed. (1997)
2005 Ed. (2139)
2006 Ed. (2234)
2007 Ed. (2155)
2008 Ed. (2270)
2009 Ed. (2257)
2010 Ed. (2210)
2011 Ed. (2228)
2012 Ed. (2090)
2013 Ed. (2276)
2014 Ed. (2210)
2015 Ed. (2274)
2016 Ed. (2245)
Western Washington Fair
1992 Ed. (2066)
1993 Ed. (1709)
1995 Ed. (1733)
1996 Ed. (1718)
1997 Ed. (1805)
1999 Ed. (2086)
2000 Ed. (1888)
2001 Ed. (2355)
2002 Ed. (2215)
2003 Ed. (2417)
2007 Ed. (2513)
Western Washington Fair, Puyallup
1991 Ed. (1635)
Western Washington Fair (The Puyallup
  Fair)
1998 Ed. (1518)
Western Washington University
2013 Ed. (2165)

Western Waste Industries
1995 Ed. (1232, 3080)
1996 Ed. (3176)
1997 Ed. (3277)
1998 Ed. (3030)
Western Waterproofing Co.
1994 Ed. (3670)
Western Wats Center Inc.
2010 Ed. (2072)
2011 Ed. (2129)
2012 Ed. (1972)
2013 Ed. (2131)
Western Wireless Corp.
2001 Ed. (1139)
2002 Ed. (4977)
2003 Ed. (4980)
2004 Ed. (26)
2005 Ed. (4979, 4985)
2006 Ed. (2075, 2083, 2084, 3038,
  3550, 4971)
Western Wireless International
2005 Ed. (78)
2007 Ed. (19)
Western World Insurance Co.
2010 Ed. (3261)
2011 Ed. (3224)
2012 Ed. (3193)
2013 Ed. (3262)
2014 Ed. (3290)
Westernbank
2005 Ed. (1954)
Westernbank Puerto Rico
1999 Ed. (396)
2000 Ed. (395, 424)
WesternOne Equity Income Fund
2014 Ed. (1501)
WesternOne Inc.
2015 Ed. (1160, 1558)
Westerra Credit Union
2008 Ed. (2222)
2009 Ed. (2205, 2208)
2010 Ed. (2159, 2162)
2011 Ed. (2179)
2012 Ed. (1459, 2039)
2013 Ed. (2217)
2014 Ed. (2148)
2015 Ed. (2212)
2016 Ed. (2183)
Westervelt Co.
2011 Ed. (2751)
2012 Ed. (2686)
2013 Ed. (2772)
WestEx Inc.
2003 Ed. (4785)
Westfair Foods Ltd.
1994 Ed. (1878)
1997 Ed. (2041)
1998 Ed. (1740)
1999 Ed. (1736)
2005 Ed. (1648)
2008 Ed. (1550)
2009 Ed. (1479)
2010 Ed. (1464)
Westfalenbank
1994 Ed. (528)
Westfalische Hypothekenbank
2000 Ed. (1862)
Westfarm Foods
2005 Ed. (1403)
2008 Ed. (822)
Westfield
1991 Ed. (3126)
1996 Ed. (3430)
1997 Ed. (3514, 3517)
1998 Ed. (3298, 3300)
1999 Ed. (4307, 4311)
2000 Ed. (4022)
2002 Ed. (4278, 4279)
2003 Ed. (4065, 4410, 4411)
2004 Ed. (4091)
2007 Ed. (1587)
2010 Ed. (4481)
Westfield America Inc.
2005 Ed. (4025)
2006 Ed. (4055)
2007 Ed. (4106)
2008 Ed. (4127)
Westfield America Trust
2002 Ed. (3800)
2004 Ed. (1654)
2005 Ed. (1466)
Westfield Capital Management
1998 Ed. (2276, 2277)
Westfield Companies
2001 Ed. (1254)
Westfield Financial Inc.
2009 Ed. (1874)
2010 Ed. (1806)
Westfield Group
2006 Ed. (1438)

2008 Ed. (1566, 2002, 4335)
2009 Ed. (1497, 4226)
2010 Ed. (1489, 4165)
2011 Ed. (4167)
2012 Ed. (4191, 4199, 4215)
2013 Ed. (4171, 4193, 4201)
2014 Ed. (4188, 4218)
2015 Ed. (4169, 4202)
Westfield Holdings Ltd.
2000 Ed. (4019, 4031)
2001 Ed. (4250, 4255)
2002 Ed. (3800)
2012 Ed. (1331)
Westfield Homes
2003 Ed. (1164, 1165, 1194)
2004 Ed. (1172, 1199)
2005 Ed. (1200, 1201, 1225)
Westfield Homes USA
2002 Ed. (2653, 2679, 2680, 2687)
Westfield Labs
2016 Ed. (4251)
Westfield LLC
2009 Ed. (4237, 4579, 4580)
2010 Ed. (4169, 4613, 4614)
2011 Ed. (4170, 4569)
2012 Ed. (4218, 4585)
2013 Ed. (4204)
2014 Ed. (4221)
2015 Ed. (4206)
2016 Ed. (4126)
Westfield Retail Trust
2013 Ed. (815, 4171)
2014 Ed. (4188)
2015 Ed. (4169)
Westfield Trust
1993 Ed. (3472)
Westfields International Conference
  Center
1996 Ed. (2166)
Westgate Chrysler Jeep Dodge
2009 Ed. (4990)
2015 Ed. (5029)
2016 Ed. (4947)
Westgate Inc.
2007 Ed. (1378)
Westgate Mall
2001 Ed. (4251)
Westgate Resorts
2016 Ed. (1576)
Westgate Vacation Villas
1991 Ed. (3389)
Westgate/HFI
2010 Ed. (3971)
Westglow Resort & Spa
2015 Ed. (3166)
WestGroup Inc.
1996 Ed. (139)
1998 Ed. (55)
Westhoff; Dale
1997 Ed. (1954)
Westica Ltd.
2003 Ed. (2735)
Westin
1990 Ed. (2085)
1999 Ed. (2778, 2785, 2792)
2001 Ed. (2780)
2005 Ed. (2931)
2006 Ed. (2934)
2007 Ed. (2945)
Westin Bonavendure Hotels & Suites
1999 Ed. (2796)
Westin Bonaventure Hotal and Suites
2000 Ed. (2573)
The Westin Bonaventure Hotel & Suites
1998 Ed. (2034)
2000 Ed. (1185)
2002 Ed. (1168, 2649)
Westin Bonaventure Hotels & Suites
1999 Ed. (2794)
The Westin Diplomat Resort & Spa
2004 Ed. (2945)
2005 Ed. (2519)
The Westin Dublin
2013 Ed. (1773)
2015 Ed. (1749)
Westin Galleria
2005 Ed. (2938)
Westin Harbour Castle
2003 Ed. (2415)
2005 Ed. (2521)
Westin Homes
2013 Ed. (1186)
Westin Hotel Chicago
1997 Ed. (2301)
Westin Hotel, O'Hare
1995 Ed. (198)
The Westin Hotel Tabor Center Denver
2002 Ed. (2645)
Westin Hotels
1991 Ed. (1955)

1995 Ed. (2161, 2172)
2000 Ed. (2548)
2014 Ed. (3104, 4320)
Westin Hotels & Resorts
1990 Ed. (1226, 2075)
1991 Ed. (1941)
1992 Ed. (2485, 2498, 2508)
1993 Ed. (2083, 2101)
1994 Ed. (2113, 2121)
1996 Ed. (2176, 2187)
1997 Ed. (2290, 2306)
1998 Ed. (2011, 2020, 2022, 2024,
  2031)
1999 Ed. (2770, 2773, 2780)
2000 Ed. (2558, 2569)
2004 Ed. (2944)
2006 Ed. (2941)
Westin Kauai
1996 Ed. (2165)
The Westin Los Angeles Airport
1999 Ed. (2796)
2000 Ed. (2573)
2002 Ed. (2649)
Westin Michigan Avenue Chicago
1999 Ed. (2787)
We,stin Santa Clara
2006 Ed. (2940)
Westin SFO
2002 Ed. (2636)
Westinghouse
1989 Ed. (1227, 1287, 1288, 1331,
  1332, 2123)
1990 Ed. (1585, 1586, 1987)
1998 Ed. (1069, 1119, 1122, 1372,
  2755)
1999 Ed. (2052, 4691, 4692)
2005 Ed. (3289)
2008 Ed. (2980)
2009 Ed. (3521)
2011 Ed. (3451)
Westinghouse Air Brake Technologies
  Corp.
2009 Ed. (857, 2007)
2010 Ed. (1419)
Westinghouse Credit Corp.
1990 Ed. (1760, 1763)
1993 Ed. (845, 1767, 2414, 2418)
1994 Ed. (2739)
Westinghouse Electric Co.
1989 Ed. (1312, 1315)
1990 Ed. (1587, 1623, 1624, 1642)
1991 Ed. (1148, 1189, 1404, 1481,
  1482, 1483, 1523, 1525, 1539,
  2392, 2683, 2823, 2902, 3155)
1992 Ed. (1500, 1882, 1883, 1884,
  1916, 1918, 2979, 2980, 3076,
  4025)
1993 Ed. (752, 1212, 1219, 1265,
  1385, 1543, 1546, 1569, 1571,
  1588, 2573, 2784, 2785)
1994 Ed. (757, 1237, 1238, 1245,
  1283, 1308, 1439, 1582, 1583,
  1585, 1608, 1610, 1619, 2767)
1995 Ed. (715, 1258, 1473, 1624,
  1626, 1651, 1652, 2864, 2867,
  2868)
1996 Ed. (1229, 1230, 1435, 1607,
  1626, 1627)
1997 Ed. (728, 1236, 1246, 1272,
  1273, 1314, 1497, 1684, 1705,
  1706, 3018, 3234, 3718, 3720)
1998 Ed. (511, 1042, 1186, 1400,
  1471, 2771, 2982)
1999 Ed. (1472, 2050, 3308, 3310)
2005 Ed. (1514, 1517)
2006 Ed. (3994)
2007 Ed. (1951)
2008 Ed. (1424, 2034)
2009 Ed. (2386)
2010 Ed. (4096)
2011 Ed. (1993, 4066)
2012 Ed. (1841, 4100)
2013 Ed. (1998, 2001)
2014 Ed. (1937)
2016 Ed. (1955)
Westinghouse Electric Defense
1997 Ed. (1235)
Westinghouse Government Service Co.
2004 Ed. (1192, 1856, 1857)
2005 Ed. (1218, 1959, 1960)
2006 Ed. (1188, 2011, 2012)
Westinghouse Government Service Co.
  LLC
2003 Ed. (1186, 1809)
2004 Ed. (1191)
2005 Ed. (1217)
2006 Ed. (1187)
Westinghouse Government Services
  LLC
2003 Ed. (1691)

Westinghouse-Group W
1995 Ed. (3049)
Westinghouse Savannah River Co. Inc.
2001 Ed. (1847)
Westinghouse Security Systems
1995 Ed. (3212)
1996 Ed. (3309)
1997 Ed. (3414, 3415)
Westinghouse/CBS
1997 Ed. (3237)
Westingthouse Electric
2005 Ed. (3920)
WestJet
2013 Ed. (686)
2014 Ed. (708)
2015 Ed. (751)
WestJet Airlines
2013 Ed. (4725)
2014 Ed. (4776)
2015 Ed. (4797)
WestJet Airlines Ltd.
2003 Ed. (4805)
2005 Ed. (218)
2006 Ed. (233, 234, 1602, 1625)
2007 Ed. (236, 249, 1631, 4826)
2008 Ed. (228, 230, 231, 232, 233, 234, 1639, 4752)
2009 Ed. (4780)
2010 Ed. (228, 229, 230, 231, 232, 233, 234, 4796)
2011 Ed. (151, 152, 153, 154, 155, 156, 157, 4743, 4744)
2012 Ed. (165, 166, 167, 168, 169, 170, 1410, 4759)
2013 Ed. (144, 145, 146, 147, 148, 149)
2014 Ed. (1499)
2015 Ed. (3200)
2016 Ed. (4492, 4690)
Westlake
1999 Ed. (3850)
Westlake Chemical
2014 Ed. (882, 884)
2015 Ed. (911, 913)
2016 Ed. (813, 816)
Westlake Chemical Corp.
2008 Ed. (905)
2009 Ed. (919)
2011 Ed. (804, 813)
2012 Ed. (766)
2013 Ed. (967)
Westlake Hardware
1993 Ed. (781)
Westlake Polymers Corp.
2001 Ed. (3848)
Westlake Reed Leskosky
2014 Ed. (188)
2015 Ed. (212)
2016 Ed. (210)
Westlake Reed Leskovky
2012 Ed. (2402)
WestLake Solutions Inc.
2001 Ed. (1355)
Westlake, TX
2012 Ed. (3047)
Westland
1991 Ed. (1898)
Westland Co-operative Dairy Co.
2015 Ed. (2767)
Westland Group
1999 Ed. (2660)
Westland Group PLC
1992 Ed. (1773)
Westland Shopping Center
2000 Ed. (4028)
2001 Ed. (4252)
2002 Ed. (4280)
Westland/Utrecht
1991 Ed. (619)
Westland/Utrecht Hypo
1990 Ed. (645)
1992 Ed. (795)
1993 Ed. (586)
1994 Ed. (593)
1995 Ed. (562)
1996 Ed. (631)
1997 Ed. (572)
1999 Ed. (606)
WestlandUtrecht Hypotheekbank NV
2011 Ed. (419)
WestLB
1992 Ed. (1998)
1993 Ed. (1657, 1671, 1672, 1676)
1994 Ed. (1677, 1690)
1995 Ed. (2840)
1999 Ed. (895, 896)
2000 Ed. (3417, 3419, 3421)
2001 Ed. (607)
2005 Ed. (512, 533, 3939, 3942, 3943)

2006 Ed. (459, 461, 462)
2007 Ed. (471, 473, 474)
2008 Ed. (418)
2009 Ed. (446, 447)
2010 Ed. (422)
WestLB Group
1997 Ed. (3001)
WestLB Panmure
2001 Ed. (1037)
Westlife
2007 Ed. (4920)
2008 Ed. (4884)
Westman Group Inc.
2005 Ed. (1721)
Westmark Credit Union
2002 Ed. (1862)
2003 Ed. (1916)
2004 Ed. (1956)
2005 Ed. (2098)
2006 Ed. (2193)
2007 Ed. (2114)
2008 Ed. (2229)
2009 Ed. (2213)
2010 Ed. (2167)
2011 Ed. (2186)
2012 Ed. (2046)
2013 Ed. (2228)
2014 Ed. (2160)
2015 Ed. (2224)
2016 Ed. (2195)
Westmark Group Holdings Inc.
1997 Ed. (1254)
Westmark Hotels
2003 Ed. (2851)
Westmark International
1990 Ed. (2532)
1991 Ed. (2403, 2404, 2849)
1992 Ed. (3004, 3005, 3011, 3680)
1993 Ed. (2528)
Westmark Realty Advisors
1998 Ed. (2294, 3013, 3014, 3016)
1999 Ed. (3093, 3096, 3097)
Westmin Resources
1991 Ed. (2467)
1992 Ed. (1597, 3086)
Westminster Buick-Pontiac-GMC
2005 Ed. (169)
Westminster College
1992 Ed. (1273, 1275)
1993 Ed. (1021)
1994 Ed. (1048, 1050)
1995 Ed. (1056)
Westminster Communications Group
1997 Ed. (3198, 3202)
Westminster; Duke of
2007 Ed. (4923)
2009 Ed. (4917)
2010 Ed. (4921)
2012 Ed. (4921)
2013 Ed. (4901)
2014 Ed. (4913)
Westminster Holdings
2000 Ed. (4320)
2002 Ed. (4695)
Westminster Homes
2002 Ed. (2686, 2687)
2003 Ed. (1168, 1185, 1194)
2004 Ed. (1157, 1176, 1199)
2005 Ed. (1191, 1192, 1203, 1225)
Westminster Savings
2002 Ed. (1851)
Westminster Savings Credit Union
2005 Ed. (2585)
2006 Ed. (2588)
2012 Ed. (2614)
2013 Ed. (2697)
2014 Ed. (2681)
2015 Ed. (2725)
Westminster School
1999 Ed. (4145)
Westminster U.SA Ltd.
2002 Ed. (1218)
Westmont Hospitality
2000 Ed. (2535)
2005 Ed. (2921)
Westmont Hospitality Group
1998 Ed. (1998, 2001)
1999 Ed. (2755, 2756)
2000 Ed. (2534)
2001 Ed. (2776, 2777)
2002 Ed. (2626)
2008 Ed. (3073)
2009 Ed. (3161, 3162, 3165)
2010 Ed. (3092, 3096)
2011 Ed. (3065)
2012 Ed. (3007, 3008)
Westmoreland Coal Co.
1989 Ed. (947, 1991, 1992)
1990 Ed. (1073, 2584, 2585)
1991 Ed. (988, 1213, 2465, 2466)

1992 Ed. (1232, 3083, 4062)
1993 Ed. (3382)
1995 Ed. (3434, 3438, 3447)
2003 Ed. (1653)
2004 Ed. (1024, 1025)
2005 Ed. (1032, 1033, 1734)
2006 Ed. (1645)
Westmoreland Health System
2006 Ed. (3724)
Westmoreland, Larson
1999 Ed. (3944)
2000 Ed. (3660)
Westmount Moving & Warehousing
2015 Ed. (4786)
WestNet Learning Technologies
2003 Ed. (3963)
Westnghouse Security Systems
1997 Ed. (3416)
Westofen Gesellschaft Mit Beschraenkter Haftung
1991 Ed. (1781)
Weston
1996 Ed. (2248, 3050)
1997 Ed. (3130)
Weston Dealerships
2006 Ed. (1967, 1969, 1970, 1971, 1972)
2007 Ed. (1944)
Weston, FL
1998 Ed. (2871)
Weston Foods
1998 Ed. (3325)
2000 Ed. (373)
2012 Ed. (2697)
2016 Ed. (2750)
Weston Foods Inc.
2014 Ed. (2765)
Weston Foundation; Garfield
1997 Ed. (945)
Weston; Galen
1991 Ed. (1617)
2005 Ed. (4866, 4875, 4876, 4881)
2006 Ed. (4923, 4925)
2007 Ed. (4910, 4913)
2008 Ed. (4855, 4856, 4878)
2009 Ed. (4881, 4882)
2010 Ed. (4882, 4883, 4902)
2011 Ed. (4870, 4871)
2012 Ed. (4878, 4879, 4921)
2013 Ed. (4860, 4861, 4901)
2014 Ed. (4874, 4875)
2015 Ed. (4912, 4913)
2016 Ed. (4828, 4829)
Weston Gallery
1998 Ed. (2854)
Weston; Garfield
1992 Ed. (888)
Weston; George
1989 Ed. (1097)
1990 Ed. (1339, 1408, 1738, 1827, 3051)
1991 Ed. (1262, 1263, 1264, 1745, 2642)
1992 Ed. (1587, 1596, 1598, 1600, 2195)
1993 Ed. (1287, 3591)
1994 Ed. (1338, 1878, 1879, 3554)
1995 Ed. (1364, 1366)
1996 Ed. (1308, 1309, 1312, 1943)
2005 Ed. (926, 927)
2006 Ed. (836)
2007 Ed. (917, 4927)
2008 Ed. (897, 4903)
2012 Ed. (4921)
2013 Ed. (4901)
Weston Hicks
1996 Ed. (1773, 1806, 1848)
1997 Ed. (1880)
1998 Ed. (1656)
1999 Ed. (2246)
2000 Ed. (2028)
Weston; Hilary
2007 Ed. (4918, 4919)
2008 Ed. (4899)
2012 Ed. (4902)
2013 Ed. (4879)
Weston Holdings Ltd.; George
1991 Ed. (1748)
Weston; Josh S.
1991 Ed. (1632)
1992 Ed. (2063)
Weston, Jr.; Galen
2015 Ed. (796)
2016 Ed. (719)
Weston Medical Group
2003 Ed. (2737)
Weston Medical Group plc
2002 Ed. (2493)
Weston Presidio Capita
1997 Ed. (3833)

Weston Presidio Capital IV, LP
2002 Ed. (4731)
Weston Solutions Inc.
2004 Ed. (2445)
2005 Ed. (1370)
2006 Ed. (1247, 1270, 1313)
2007 Ed. (1345)
2008 Ed. (1777, 1778)
2009 Ed. (1718, 1719)
2010 Ed. (1217, 1667)
2011 Ed. (1164, 1675, 1689)
2012 Ed. (1101)
2013 Ed. (1242)
2015 Ed. (1234)
Weston Twigg
2011 Ed. (3371)
Weston; W. Gale
1997 Ed. (3871)
Weston; W. Galen
2012 Ed. (804)
Weston Wear Inc.
2016 Ed. (3444)
Westower
1999 Ed. (2614, 4322)
2000 Ed. (278)
Westpac
1989 Ed. (482, 532)
1990 Ed. (551, 557, 559)
2006 Ed. (651)
2010 Ed. (627)
2013 Ed. (480, 641)
2014 Ed. (655)
2015 Ed. (554, 715)
2016 Ed. (428, 656)
Westpac Bank-Papua New Guinea-Ltd.
1994 Ed. (613)
Westpac Bank-PNG-Limited
1989 Ed. (651)
Westpac Bank-PNG-Ltd.
1991 Ed. (644)
Westpac Banking Corp.
1989 Ed. (481, 1372)
1990 Ed. (1331)
1991 Ed. (383, 384, 452, 453, 560, 1254, 1255, 1589, 2170, 2308, 3264, 3265)
1992 Ed. (605, 608, 727, 1574, 1575, 4181, 4182)
1993 Ed. (261, 262, 426, 427, 528, 610, 1279, 1280, 1665, 1688)
1994 Ed. (247, 248, 426, 427, 529, 1323)
1995 Ed. (422, 423, 1354, 1355, 2440, 2839)
1996 Ed. (254, 255, 446, 447, 1294, 1295)
1997 Ed. (282, 283, 411, 412)
1999 Ed. (310, 311, 467, 471, 1583, 1584)
2000 Ed. (325, 326, 464, 1386, 1387)
2001 Ed. (1628, 1631, 1633, 1634, 1635, 1818, 1956)
2002 Ed. (345, 346, 519, 520, 521, 523, 524, 1583, 1585, 1588, 1590, 1650, 2269)
2003 Ed. (463, 1617, 1619, 4571)
2004 Ed. (449, 495, 1630, 1638, 1639, 1642, 1647)
2005 Ed. (461, 1656, 1657, 1658, 1659, 1660, 1661, 3938, 3939, 4577)
2006 Ed. (294, 413, 414, 1553, 1554)
2007 Ed. (398, 399, 1586, 1592, 4658, 4659)
2008 Ed. (380, 381, 1566, 1569)
2009 Ed. (402, 465, 1497, 1501, 1502)
2010 Ed. (378, 456, 1488, 1489, 1492)
2011 Ed. (299, 303, 376, 1484, 1486)
2012 Ed. (320, 321, 322, 371, 1330, 1331, 1334)
2013 Ed. (374, 477, 478, 494, 814, 816, 870, 873, 1428, 1431)
2014 Ed. (387, 490, 491, 1301, 1387, 1390)
2015 Ed. (442, 551, 552, 556, 570, 1363, 1450, 1454, 1926)
2016 Ed. (398, 425, 426, 1375, 1378, 2607)
Westpac Banking Group
1997 Ed. (1361, 1362)
2000 Ed. (1388)
Westpac Financial Planning
2015 Ed. (2712)
2016 Ed. (2637)
Westpac Investment Management
1993 Ed. (2358, 2359)
1997 Ed. (2391, 2399)
2001 Ed. (2880)

Westpac New Zealand
  2015 Ed. (555)
  2016 Ed. (505)
Westpac Pacific Foods
  1996 Ed. (2050)
Westpac Savings Bank Ltd.
  1990 Ed. (505)
Westpac Singapore
  1992 Ed. (3020, 3025)
WestPack
  2005 Ed. (4730, 4732)
Westpactrust Centre
  2001 Ed. (4352)
Westpeak
  1997 Ed. (2522, 2526)
Westpeak Investment Advisors
  1998 Ed. (2271)
  2000 Ed. (2803, 2805)
  2001 Ed. (3690)
Westpeak Investment Advisors LP
  2002 Ed. (3013, 3021)
WestPoint Financial Group
  2010 Ed. (1699)
  2011 Ed. (1709)
  2012 Ed. (1566)
  2014 Ed. (1648)
  2015 Ed. (1690)
Westpoint Group
  2005 Ed. (1220)
WestPoint Home
  2007 Ed. (581, 584, 585, 586, 588, 3959)
  2009 Ed. (1070, 3180, 3181, 3182, 4432)
  2010 Ed. (1037, 3112, 3113, 3114, 4475)
WestPoint Stevens Inc.
  1995 Ed. (3599)
  1996 Ed. (3677, 3678, 3679)
  1997 Ed. (837, 3734, 3735)
  1998 Ed. (776, 1555, 3518, 3519, 3520, 3521)
  1999 Ed. (4589, 4590, 4591)
  2000 Ed. (2585, 4240, 4241)
  2001 Ed. (4506, 4508, 4509, 4510)
  2002 Ed. (4615, 4616)
  2003 Ed. (1216, 4727, 4728, 4729, 4730, 4731, 4733)
  2004 Ed. (4707, 4708, 4709, 4710, 4713)
  2005 Ed. (4681, 4682, 4685)
  2006 Ed. (2950, 4728, 4731)
Westport Asset Management
  1993 Ed. (2337)
  2004 Ed. (3196)
Westport Credit Union
  2009 Ed. (2195)
The Westport Fund
  2003 Ed. (3497)
  2011 Ed. (3727)
Westport Homes
  2009 Ed. (1145)
Westport Innovations Inc.
  2004 Ed. (4572)
  2005 Ed. (1665, 1669, 4511)
  2006 Ed. (1571, 1575)
  2007 Ed. (2808)
  2008 Ed. (2925, 2931)
  2011 Ed. (1379, 2896)
  2012 Ed. (2831)
  2013 Ed. (1350, 1499, 1529, 2918)
  2014 Ed. (618, 1293, 1501, 2928)
  2015 Ed. (2976)
Westport Resources Corp.
  2002 Ed. (1619)
  2004 Ed. (1676, 3825)
Westport Select Cap
  2011 Ed. (3727)
Westport Small Cap
  2003 Ed. (3506)
Westrian Group Inc.
  2004 Ed. (2357)
Westridge Capital Management
  1992 Ed. (2770)
Westrope
  2008 Ed. (3245)
  2009 Ed. (3303, 3304)
  2011 Ed. (3194, 3195)
  2012 Ed. (3151, 3152)
  2013 Ed. (3229, 3337)
  2014 Ed. (3250, 3355)
  2015 Ed. (3387)
Westrore Modern Value Equity
  1996 Ed. (613)
Westrum Development
  2002 Ed. (1204)
Westshore Terminals
  2010 Ed. (4832)
Westshore Terminals Income Fund
  2006 Ed. (3668)

  2010 Ed. (1517)
  2011 Ed. (4744)
  2012 Ed. (1358)
Westshore Terminals Investment
  2015 Ed. (4797)
Westside Distributors
  1993 Ed. (2583)
Westside Industrial Park
  2000 Ed. (2625)
  2002 Ed. (2765)
Westside Lexus
  1994 Ed. (258)
  1995 Ed. (273)
  1996 Ed. (294)
Weststar Bank Holding Co.
  2014 Ed. (340)
  2015 Ed. (380)
Weststar Credit Union
  2002 Ed. (1878)
  2003 Ed. (1932)
  2004 Ed. (1972)
  2005 Ed. (2114)
  2006 Ed. (2209)
  2007 Ed. (2130)
  2008 Ed. (2245)
  2009 Ed. (2231)
  2010 Ed. (2185)
  2011 Ed. (2203)
  2012 Ed. (2064)
  2013 Ed. (2246)
  2014 Ed. (2178)
  2015 Ed. (2242)
  2016 Ed. (2213)
Westvaco Corp.
  1989 Ed. (2112, 2113)
  1990 Ed. (2763, 2766)
  1991 Ed. (2668, 2669)
  1992 Ed. (3329, 3330)
  1993 Ed. (2764)
  1994 Ed. (2723, 2725, 2726, 2732)
  1995 Ed. (2504, 2827, 2828, 2832)
  1996 Ed. (2901, 2902, 2906)
  1997 Ed. (1810, 2988, 2991, 2993)
  1998 Ed. (1752, 2736, 2738, 2740)
  1999 Ed. (1553, 2491, 3688, 3689, 3701)
  2000 Ed. (1894, 3404)
  2001 Ed. (1044, 1454, 3612, 3613, 3641, 4933)
  2002 Ed. (2321, 3575, 3580, 3583)
  2003 Ed. (3712, 3713, 3717, 3722, 3726)
  2010 Ed. (1876)
  2011 Ed. (3812)
Westward Seafood
  2003 Ed. (2523)
Westway Ford
  1990 Ed. (325)
  1995 Ed. (267)
  1996 Ed. (271)
  2005 Ed. (319)
Westway Ford-Isuzu
  1992 Ed. (381)
Westway Isuzu
  1993 Ed. (272)
  1994 Ed. (271)
WestWayne
  1998 Ed. (37, 65)
  1999 Ed. (42, 89, 154)
  2000 Ed. (172)
  2002 Ed. (64, 108, 182, 183)
  2003 Ed. (30, 171, 172)
  2004 Ed. (130)
  2005 Ed. (102, 109)
  2006 Ed. (110, 119)
  2007 Ed. (108)
  2008 Ed. (116)
Westwind Wood Specialties Inc.
  2006 Ed. (4994)
Westwood
  1999 Ed. (777, 1005)
  2005 Ed. (3289)
  2009 Ed. (3521)
Westwood Balanced Retail
  1999 Ed. (3508)
Westwood Computer Corp.
  2006 Ed. (1374, 1380)
  2007 Ed. (1412, 1418)
Westwood Equity Fund Retail
  1998 Ed. (2631)
The Westwood Group
  2004 Ed. (4586)
  2007 Ed. (1318)
Westwood Holdings Group Inc.
  2012 Ed. (1932)
  2013 Ed. (2095)
Westwood Insurance Agency
  2016 Ed. (3262)
Westwood; Lee
  2014 Ed. (198)

Westwood Management
  1998 Ed. (2276)
Westwood Mgmt.
  2000 Ed. (2804)
Westwood One Inc.
  1991 Ed. (2795)
  1992 Ed. (1986)
  1993 Ed. (1636, 3533)
  1996 Ed. (2576)
  2001 Ed. (3960)
  2002 Ed. (3285)
  2003 Ed. (4033, 4548)
  2004 Ed. (777, 1457)
  2005 Ed. (749)
  2006 Ed. (657, 2492, 3439, 4028)
  2007 Ed. (3451, 4062)
  2009 Ed. (4207)
Westwood Savings & Loan Association
  1990 Ed. (3585)
Westwood Shipping
  2004 Ed. (2541, 2542)
Westworth Technologies Co., Ltd.
  2004 Ed. (3913)
Wet as a Fish Music
  2014 Ed. (3715)
Wet Ink Red Music
  2014 Ed. (3719)
Wet 'n' Wild
  1994 Ed. (3654)
  1996 Ed. (3819)
  1997 Ed. (1531, 2635, 2923, 3868)
  1998 Ed. (1194, 1355, 2361, 2362, 3701)
  1999 Ed. (2112, 2113, 2114, 3189, 3190, 4622, 4745)
  2000 Ed. (1588, 1590, 1903, 1904, 2936, 3313)
  2001 Ed. (1907, 2384, 3514, 3515, 4736)
  2002 Ed. (4786)
  2003 Ed. (3217, 3624, 3625, 4875)
  2004 Ed. (4856)
  2005 Ed. (4840)
  2006 Ed. (4893)
  2007 Ed. (4884)
  2008 Ed. (3777)
Wet 'n Wild - Arlington
  1993 Ed. (3688)
Wet 'N Wild Emerald Point
  2006 Ed. (4893)
  2007 Ed. (4884)
Wet 'N Wild, FL
  2000 Ed. (4374)
Wet 'n Wild - Garland
  1993 Ed. (3688)
Wet 'N Wild - Las Vegas
  1993 Ed. (3688)
  1995 Ed. (3725)
Wet 'N Wild, NV
  2000 Ed. (4374)
Wet 'N Wild - Orlando
  1993 Ed. (3688)
  1995 Ed. (3725)
Wet Ones
  2001 Ed. (3342)
  2002 Ed. (3379)
  2003 Ed. (2921, 3430)
Wet process chemicals
  2001 Ed. (1207)
Wet Seal
  2013 Ed. (998)
Wet Seal Inc.
  1994 Ed. (3099)
  2000 Ed. (2405, 4049)
  2001 Ed. (4323, 4325)
  2003 Ed. (1024)
  2004 Ed. (1023)
  2005 Ed. (1011, 1030)
  2006 Ed. (1041)
  2007 Ed. (1129)
  2008 Ed. (997, 1011)
  2009 Ed. (984, 995)
  2010 Ed. (948, 959)
  2011 Ed. (885, 3147)
  2012 Ed. (825, 3102)
Wet & Wild
  1995 Ed. (1507, 2899)
  1999 Ed. (1757, 1759, 1760)
Wet Willie
  1993 Ed. (1079)
WetFeet.com
  2002 Ed. (4801, 4802)
  2003 Ed. (3042)
Wetherby Building Systems
  2015 Ed. (2097)
Wetherill Associates Inc.
  1994 Ed. (3672)
  1995 Ed. (3797)
  1997 Ed. (3919)
  1998 Ed. (3766)

  1999 Ed. (4815)
  2000 Ed. (4436)
Wetherspoon plc; J. D.
  2006 Ed. (2944, 4138)
Wetlands
  1997 Ed. (1176)
Wet'n Wild
  1999 Ed. (4745)
Wet'n'Wild
  2001 Ed. (1910, 3516)
Wetta; James
  2012 Ed. (598)
Wetterau Bakery Products
  1989 Ed. (356)
Wetterau Inc.
  1989 Ed. (1445, 1449, 1451)
  1990 Ed. (1957, 3495)
  1991 Ed. (1731, 1734, 1737, 1862, 3253, 3255)
  1992 Ed. (2173, 2176, 2180, 2351, 4165)
  1993 Ed. (1874, 1998, 3488, 3490)
  1994 Ed. (1223, 1991, 1997, 1999, 2000, 3658)
Wetzel's Pretzels
  1999 Ed. (2521)
  2001 Ed. (2533)
  2002 Ed. (429, 2360)
  2003 Ed. (374, 896, 4094)
  2004 Ed. (354)
  2005 Ed. (354)
  2006 Ed. (369)
  2007 Ed. (352)
  2008 Ed. (337)
  2009 Ed. (359)
  2010 Ed. (337)
  2011 Ed. (261, 769)
  2012 Ed. (283, 707)
  2013 Ed. (285)
  2014 Ed. (301, 858)
  2015 Ed. (337)
  2016 Ed. (332)
Wetzler; James W.
  1993 Ed. (3443)
  1995 Ed. (3505)
WEVE TV
  2006 Ed. (2011)
Weveel
  2016 Ed. (1116)
WEX Inc.
  2014 Ed. (1755)
Wex Inc.
  2015 Ed. (1799)
  2016 Ed. (1753)
The Wexford Group International
  2008 Ed. (2288)
Wexler and Wexler
  2001 Ed. (1315)
Wexner; Leslie
  1989 Ed. (2751, 2905)
  2005 Ed. (4843)
  2006 Ed. (4902)
  2007 Ed. (4897)
  2008 Ed. (4826)
  2011 Ed. (4820)
  2015 Ed. (4890)
  2016 Ed. (4808)
Wexner; Leslie H.
  1991 Ed. (891, 1003, 1626)
  1993 Ed. (888, 1028)
  1994 Ed. (889, 893, 1056)
  2007 Ed. (1020)
  2011 Ed. (841)
Wexner; Leslie Herbert
  1989 Ed. (1986)
Wexpro
  2013 Ed. (3939, 3940)
  2015 Ed. (3910, 3912)
  2016 Ed. (3820, 3821)
Weyco
  1993 Ed. (1417)
Weyco Group Inc.
  1994 Ed. (3294)
  2005 Ed. (2225, 2230)
Weyenberg Manufacturing
  1990 Ed. (3273)
Weyenhaeuser
  2001 Ed. (3641)
Weyerhaeuser
  2014 Ed. (2549)
Weyerhaeuser Canada
  2001 Ed. (1664)
  2005 Ed. (1666)
Weyerhaeuser Co.
  1989 Ed. (1465, 1466, 1914, 1915)
  1990 Ed. (843)
  1991 Ed. (806, 1417, 1761, 1762, 1763, 2366, 2646, 2672)
  1992 Ed. (987, 1384, 1385, 2209,

2210, 2211, 2212, 3329, 3331, 3338)
1993 Ed. (782, 1414, 1890, 1891, 1892, 1893, 1894, 2478, 2763, 3689)
1994 Ed. (798, 1468, 1891, 1892, 1893, 1895, 1896, 2722, 2723, 2724, 2727)
1995 Ed. (1275, 1505, 1763, 1922, 1923, 1925, 2826, 2827, 2832, 2836)
1996 Ed. (1460, 1958, 1959, 1961, 1962, 2901, 2902)
1997 Ed. (1529, 1810, 2067, 2068, 2069, 2075, 2076, 2986, 2987, 2988, 2989, 2990, 2991, 2992, 2993)
1998 Ed. (1192, 1750, 1751, 1752, 1753, 1754, 2736, 2737, 2738, 2739, 2740, 2741, 2746, 2747)
1999 Ed. (1750, 1752, 1885, 2489, 2490, 2491, 2496, 2497, 3687, 3688, 3689, 3693, 3700)
2000 Ed. (1582, 1584, 1894, 2241, 2254, 2256, 2257, 3405, 3407, 3411)
2001 Ed. (1897, 2500, 2501, 3614, 3621, 3622, 3623, 3626, 3635, 4933)
2002 Ed. (1467, 1796, 2319, 2320, 2321, 2322, 3518, 3581, 3582, 3583, 3584, 4872)
2003 Ed. (1480, 1488, 1522, 1848, 1849, 2427, 2538, 2541, 2542, 3265, 3266, 3715, 3717, 3718, 3721, 3725, 3729, 3730, 3733)
2004 Ed. (1452, 1510, 1518, 1883, 1884, 2006, 2561, 2676, 2677, 2678, 3318, 3319, 3760, 3765, 3766, 3770, 4698)
2005 Ed. (1526, 1534, 1999, 2000, 2668, 2669, 2670, 3341, 3342, 3675, 3680, 3681, 3682, 3688, 3689)
2006 Ed. (1483, 2071, 2072, 2073, 2076, 2077, 2078, 2082, 2100, 2101, 2654, 2655, 3332, 3333, 3422, 3459, 3773, 3776, 3777, 3778, 3781, 3782, 4004)
2007 Ed. (1513, 2043, 2044, 2056, 2057, 2633, 2634, 2635, 2638, 3390, 3391, 3771, 3772, 3773, 3774, 3778, 3779, 4038)
2008 Ed. (2136, 2138, 2141, 2142, 2146, 2165, 2166, 2763, 2764, 2765, 3851, 3852, 3855, 3856, 4073)
2009 Ed. (904, 1409, 2124, 2126, 2130, 2146, 2147, 2148, 2819, 2822, 2823, 2824, 3909, 3910, 3915, 3916)
2010 Ed. (2058, 2062, 2068, 2069, 2086, 2087, 2088, 2760, 2764, 2767, 2768, 3819, 3822, 3824, 3825, 4956, 4999)
2011 Ed. (1088, 2113, 2117, 2123, 2124, 2143, 2144, 2145, 2746, 2751, 2752, 2826, 2827, 3815, 3823, 3824, 4940, 4997)
2012 Ed. (1586, 1956, 1959, 1961, 1966, 1967, 1988, 1990, 1991, 1993, 2682, 2685, 2686, 2687, 3800, 3808, 4214, 4940, 4992, 4995)
2013 Ed. (2162, 2169, 2171, 2173, 2177, 2178, 2180, 2183, 2771, 2772, 2773, 3866, 3871, 3872, 4184, 4200, 4991, 4994)
2014 Ed. (2094, 2099, 2105, 2106, 2108, 2110, 2113, 2752, 2753, 2754, 3797, 3802, 4201, 4996, 4999)
2015 Ed. (1349, 2149, 2155, 2156, 2157, 2162, 2164, 2167, 2806, 2807, 2808, 3820, 3824, 3825, 4181, 5042, 5045)
2016 Ed. (2130, 2131, 2135, 2137, 2737, 2738, 2739, 2740, 2741, 4098, 4995, 4999)
Weyerhaeuser Corp.
2015 Ed. (4201)
Weyerhaeuser Distribution Inc.
2003 Ed. (1683)
Weyerhaeuser; Frederick
2006 Ed. (4914)
2008 Ed. (4837)
Weyerhaeuser International Inc.
2012 Ed. (4937)
2013 Ed. (4925)
Weyerhaeuser Mortgage Co.
1989 Ed. (2006)

1990 Ed. (2601)
1991 Ed. (1660)
Weyerhaeuser (private labels)
1990 Ed. (1502, 1842, 1843, 1844, 2499, 2500)
Weyerhaeuser Real Estate Co.
1990 Ed. (1155, 1171)
1991 Ed. (1047, 1058, 1063, 1988)
1992 Ed. (1353, 1360, 1362, 1363, 1366, 2555)
1993 Ed. (1083, 1089, 1095)
1994 Ed. (1105, 1113, 1119)
1995 Ed. (1122, 1129, 1130, 1134)
1996 Ed. (1097, 1099, 1101, 1102, 1103)
1998 Ed. (878)
2001 Ed. (1387)
2005 Ed. (1182, 1210, 1242, 1243, 1246)
2015 Ed. (1185)
Weyerhaeuser Realty Investors
2002 Ed. (4737)
Weyerhaeuser Recycling
2005 Ed. (4032)
Weyerhaeuser/MacMillan Bloedel
2001 Ed. (3630, 3631)
Weyerhauser Co.
2008 Ed. (3020)
2009 Ed. (3107, 4993)
2010 Ed. (3040)
2011 Ed. (3009)
2012 Ed. (2936)
2013 Ed. (3025)
2014 Ed. (3036)
2015 Ed. (2650, 3102)
W.F. Holt Co.
1989 Ed. (1010)
WFAN-AM
1998 Ed. (2985)
WFC Holdings Corp.
2004 Ed. (4436)
WFI
2008 Ed. (4638)
WFI Industries
1997 Ed. (1374)
WFS Financial Inc.
2002 Ed. (501)
2004 Ed. (2596, 2597)
2005 Ed. (2574, 2575, 2578, 2579)
2006 Ed. (2580, 2581)
WG Global Inc.
2009 Ed. (4130)
2010 Ed. (4062)
W.G. Valenzuela Drywall Inc.
1997 Ed. (2215)
WG Yates & Sons Construction Co.
2010 Ed. (1341)
WGB Construction
1998 Ed. (895)
WGBH
1991 Ed. (894)
WGBH Educational Foundation
2008 Ed. (3791)
WGBH Educational Foundation (Boston)
1995 Ed. (1930)
WGI
2005 Ed. (1721)
WGI Heavy Minerals Inc.
2004 Ed. (1665)
WGL Holdings Inc.
2004 Ed. (2723, 2724, 3669, 3670)
2005 Ed. (2003, 2414, 2713, 2714, 2726, 3588)
2006 Ed. (2447, 2688, 2689, 2692)
2007 Ed. (2059, 2398, 2682)
2008 Ed. (2168, 2509)
2009 Ed. (2151, 2418, 2867)
2010 Ed. (1419, 2091)
2011 Ed. (2148)
2012 Ed. (1995)
2013 Ed. (2185)
2014 Ed. (2115)
2015 Ed. (2170)
2016 Ed. (2141)
WGN
1997 Ed. (730)
WGN-AM
1992 Ed. (3604)
1998 Ed. (583, 2985)
WGNB Corp.
2003 Ed. (524)
WGTY-FM
1992 Ed. (3605)
WGUL FM Inc.
2001 Ed. (3979)
WGZ-Bank Ireland plc
2006 Ed. (472)
2007 Ed. (485)
2008 Ed. (450)
2009 Ed. (477)

WH Group
2016 Ed. (3960)
WH Moore Co.
2007 Ed. (1289)
W.H. Newbold's Son & Co. Inc.
1989 Ed. (820)
1990 Ed. (819)
W.H. Newbold's Son & Co./Hopper Soliday & Co. Inc.
1992 Ed. (962)
WH Smith
2007 Ed. (726)
2011 Ed. (4307)
2012 Ed. (4368)
2013 Ed. (4463)
WH Smith Group PLC
2001 Ed. (1888, 4703)
WH Smith plc
2006 Ed. (1687)
Whaite & Associates; Franklin
1995 Ed. (138)
Whaite & Associates (Lintas); Franklin
1996 Ed. (151)
Whale Rider
2005 Ed. (3518)
Whalers
2005 Ed. (4158)
Whaley & Sons Inc.
2006 Ed. (4379)
Whanin Pharmaceutical
2008 Ed. (2079)
Wharf (Holdings)
2015 Ed. (1685)
Wharf Holdings
2015 Ed. (4195)
The Wharf (Holdings) Ltd.
1990 Ed. (2048)
1991 Ed. (1950)
1992 Ed. (1632, 2439, 2442, 2486)
1993 Ed. (2093)
1994 Ed. (1385, 1402, 2077, 2109)
1995 Ed. (1412, 1413, 1577, 2130, 2162, 3514)
1996 Ed. (1374, 1375, 2136, 2143)
1997 Ed. (1426, 2247, 2248)
2004 Ed. (49)
2012 Ed. (2145)
2013 Ed. (2350)
Wharf (Wheelock)
1995 Ed. (1341)
Wharfside Wine PLC
1993 Ed. (970)
Whart
1989 Ed. (1125)
Wharton
1990 Ed. (856, 857, 858, 859, 860)
The Wharton School
1992 Ed. (1008)
Wharton School
2015 Ed. (806, 807, 821)
Wharton School of Business
1993 Ed. (794)
2011 Ed. (648)
2014 Ed. (768, 778, 794, 795)
2015 Ed. (810, 820, 837, 838)
2016 Ed. (725, 732, 733)
Wharton School of Business; University of Pennsylvania
2005 Ed. (803, 804, 805, 806, 807, 809, 815)
2006 Ed. (693, 702, 707, 708, 709, 710, 711, 712, 718, 728)
2007 Ed. (797, 798, 810, 814, 818, 820, 822, 825, 828, 830, 834)
2008 Ed. (770, 772, 773, 780, 788, 789, 790, 791, 792, 793, 794, 795, 797, 798, 800)
2009 Ed. (788, 789, 805, 806, 807, 808, 809, 810, 811, 812, 814, 815, 817, 818, 823, 824)
2010 Ed. (721, 723, 725, 726, 728, 737, 743, 744, 745, 746, 747, 748, 749, 750, 751, 752, 753, 754, 755, 756, 757, 758, 759, 760, 761, 762, 763, 764, 766)
2011 Ed. (647, 654, 655, 656, 657, 658, 659, 660, 661, 662, 663, 664, 665, 666, 667, 668, 669, 670, 671, 672, 674, 675, 677, 678, 687, 688, 689, 690, 695, 696, 698)
2012 Ed. (606, 607, 608, 609, 610, 613, 628, 630)
2013 Ed. (756, 769, 770)
Wharton School, University of Pennsylvania
1997 Ed. (865)
Wharton School; University of Pennsylvania
2013 Ed. (747, 748, 749)
Wharton-Smith Inc.

2002 Ed. (1283)
2011 Ed. (1265, 1633)
Wharton; University of Pennsylvania
1991 Ed. (814)
What Color Is Your Parachute?
2003 Ed. (721)
2004 Ed. (744)
2006 Ed. (638)
2008 Ed. (547)
2009 Ed. (576)
2010 Ed. (558)
What Color Is Your Parachute 1999
2001 Ed. (987)
What Color Is Your Parachute 2000
2001 Ed. (987)
What Do Babies Do? What Do Toddlers Do?
1990 Ed. (978)
What Investors Really Want
2012 Ed. (518)
What Lies Beneath
2002 Ed. (3397)
What Management Is
2004 Ed. (734)
What Should I Do with My Life?
2005 Ed. (726)
What to Expect When You're Expecting
2004 Ed. (745)
What Works on Wall Street
2005 Ed. (716)
Whataburger
1990 Ed. (1982)
1991 Ed. (1883, 1884)
1992 Ed. (2121, 2372, 2373)
1993 Ed. (2012)
1994 Ed. (2022, 2023)
1995 Ed. (2075, 2076)
1996 Ed. (2073)
1997 Ed. (2172, 2173)
1998 Ed. (1898)
1999 Ed. (2632, 2633)
2000 Ed. (2413, 2414, 3778)
2001 Ed. (2402, 2403)
2002 Ed. (2236, 2238, 2239, 2243)
2003 Ed. (2438, 2439, 4223, 4224, 4226)
2004 Ed. (2582)
2005 Ed. (4171, 4172, 4174)
2006 Ed. (2566)
2007 Ed. (2537)
2008 Ed. (2660, 2665, 2675, 2676, 4156)
2009 Ed. (2687, 2689, 2690, 2700, 4264)
2010 Ed. (2600, 2605, 2620, 4204, 4252, 4410, 4411, 4412)
2011 Ed. (2582, 2584, 2587, 2600, 4210, 4354)
2012 Ed. (2532, 4395)
2013 Ed. (2660, 4361, 4362, 4363)
2014 Ed. (2611, 2881, 4415, 4418)
2015 Ed. (2657, 2919, 2920, 2921, 2922, 2923, 2924, 2925, 4297)
2016 Ed. (2580, 2850, 2851, 2852, 2853, 2854, 2855)
Whatcom County, WA
2013 Ed. (2165)
Whatcom Educational Credit Union
2004 Ed. (1939)
2005 Ed. (2078, 2080)
2006 Ed. (2174)
2016 Ed. (2242)
Whatcom Farmers Co-Op
2014 Ed. (2095)
Whatevernet Computing SA
2006 Ed. (1998)
2007 Ed. (1962)
?Whatif! Ltd.
2004 Ed. (1872)
Whatman
2006 Ed. (2784)
2007 Ed. (2785)
What's Heaven?
2001 Ed. (981)
What's New in Computing
1995 Ed. (2893)
What's on TV
2000 Ed. (3494, 3497)
2002 Ed. (3635)
2008 Ed. (3534)
What's the Story Morning Glory
1998 Ed. (3025)
What's Wrong with Timmy?
2003 Ed. (712)
WhatsApp
2016 Ed. (4770)
Wheat
1993 Ed. (1714)
1996 Ed. (1516)
2008 Ed. (1093, 2646)

Wheat and meslin
1992 Ed. (2071)
Wheat First
1990 Ed. (2304, 2309, 2312)
1995 Ed. (1215)
1996 Ed. (1181, 1182)
Wheat First Butcher & Singer
1991 Ed. (2182, 2183, 2185, 2188,
2947, 2948, 2960, 3014, 3015)
1993 Ed. (3122, 3177, 3178)
1998 Ed. (530, 2232)
1999 Ed. (920, 3016)
Wheat First Butcher Singer
1995 Ed. (816)
1996 Ed. (810)
1997 Ed. (3454)
2000 Ed. (2760)
Wheat First Securities
1989 Ed. (1772, 1777, 2389, 2390,
2400, 2403, 2417, 2441, 2442,
2443)
1990 Ed. (3142, 3143, 3152, 3153,
3163, 3170, 3200, 3204)
1991 Ed. (2990, 2993, 3040, 3041,
3051, 3060)
1998 Ed. (996)
2001 Ed. (557)
Wheat Thins
1999 Ed. (779, 1421)
2000 Ed. (1293)
2001 Ed. (1495)
2002 Ed. (1340)
2003 Ed. (1368, 1370)
2004 Ed. (1380)
2005 Ed. (1400)
2006 Ed. (1387)
2007 Ed. (1424)
2008 Ed. (1381)
2009 Ed. (1383)
2010 Ed. (1369)
2013 Ed. (1341)
2014 Ed. (1270, 1271)
2015 Ed. (1331, 1332)
2016 Ed. (1250, 1251)
Wheat, winter
1999 Ed. (1807)
Wheaties
1990 Ed. (3540)
1991 Ed. (3322)
1992 Ed. (4232)
Wheatland Enterprises Inc.
2012 Ed. (3472)
2013 Ed. (3518)
2014 Ed. (3492)
Wheatlands Administrative Services Inc.
2011 Ed. (1783)
Wheaton
1993 Ed. (2865)
1998 Ed. (3636)
Wheaton Academy
2011 Ed. (4383)
2012 Ed. (4423)
Wheaton Franciscan Healthcare
2015 Ed. (2179, 4098)
2016 Ed. (2154, 2155)
Wheaton Franciscan Services
1991 Ed. (2624)
1992 Ed. (3279)
2002 Ed. (339)
2003 Ed. (292)
2006 Ed. (289)
Wheaton Industries
1992 Ed. (2295, 3473)
1999 Ed. (4676)
Wheaton River Minerals
2005 Ed. (1665, 1670)
2006 Ed. (1429, 1572, 1576, 3486,
4593)
2007 Ed. (2698)
Wheaton Van Lines
1996 Ed. (3760)
1997 Ed. (3810)
2002 Ed. (3406)
2003 Ed. (4784)
2007 Ed. (4846)
2008 Ed. (4768)
2009 Ed. (4800)
2010 Ed. (4817)
2011 Ed. (4767, 4776)
2012 Ed. (4788, 4798)
2013 Ed. (4749)
2014 Ed. (4799)
2015 Ed. (4834)
Wheaton Van Lines Inc.
2013 Ed. (4759)
2014 Ed. (4810)
2015 Ed. (4845)
2016 Ed. (4749)
Wheaton World Wide Moving
2016 Ed. (4737)

Whedon; Joss
2015 Ed. (2603)
2016 Ed. (2527)
Wheeting/BE Intelligencer News-
Register Telegraph
1990 Ed. (2700, 2702)
Wheel
2002 Ed. (1952, 1955, 1956)
Wheel Fun Rentals
2004 Ed. (4092)
2006 Ed. (4056)
2007 Ed. (4107)
2008 Ed. (4130)
2009 Ed. (4239)
2010 Ed. (4170)
2011 Ed. (4171)
2012 Ed. (4219)
2015 Ed. (4463)
Wheel of Fortune
1992 Ed. (4244)
1995 Ed. (3579)
2000 Ed. (4222)
"Wheel of Fortune (Weekend)"
1993 Ed. (3532)
Wheelabrator
1999 Ed. (3604)
Wheelabrator Connecticut Inc.
2014 Ed. (1546, 2352, 2840, 4835)
2015 Ed. (1597, 2418, 2880, 4872)
2016 Ed. (1522, 2361)
Wheelabrator Group Inc.
1991 Ed. (2656, 2659)
2002 Ed. (1439)
2003 Ed. (1459)
2004 Ed. (1489)
2005 Ed. (1505)
Wheelabrator Technologies Inc.
1990 Ed. (2875)
1991 Ed. (1048, 1050, 2823)
2001 Ed. (1811)
2003 Ed. (1782)
2004 Ed. (1817)
2005 Ed. (1505, 1901)
2006 Ed. (1927)
2007 Ed. (1912)
2008 Ed. (1972)
2009 Ed. (1927)
Wheelchair Getaways Inc.
2002 Ed. (2452)
2003 Ed. (891)
Wheeler Bros., Inc.
2016 Ed. (3966)
Wheeler; Carol
2009 Ed. (386)
Wheeler; Foster
1996 Ed. (1098)
Wheeler Group Inc.
1994 Ed. (2428)
Wheeler; Jonathan
2008 Ed. (3120)
Wheeler; Maureen
2013 Ed. (4894)
Wheeler Mission Ministries Inc.
1995 Ed. (1927)
Wheeler; Stuart
2005 Ed. (3868)
Wheeler Trigg Kennedy LLP
2006 Ed. (1680)
2007 Ed. (1683)
2008 Ed. (1708)
2009 Ed. (1637)
2010 Ed. (1608)
Wheeler Trigg O'Donnell LLP
2011 Ed. (1612)
2012 Ed. (1460)
2013 Ed. (1550, 3435)
2014 Ed. (1520)
2015 Ed. (3468)
Wheeler; William
2007 Ed. (1067)
2008 Ed. (970)
2010 Ed. (922)
Wheeling Hospital Inc.
2001 Ed. (1898)
2004 Ed. (1888)
2011 Ed. (2150)
2012 Ed. (2000)
Wheeling Intelligencer-News Register
1991 Ed. (2600, 2602)
Wheeling Jesuit University
2001 Ed. (1326)
Wheeling-Nisshin Inc.
2008 Ed. (2174)
2009 Ed. (2157)
2010 Ed. (2098)
2011 Ed. (2151)
2012 Ed. (2001)
2014 Ed. (2122)
2016 Ed. (2151)
Wheeling-Pittsburgh Corp.

1990 Ed. (3434)
1991 Ed. (3216)
1992 Ed. (4133)
1993 Ed. (1194, 1415, 2946)
1995 Ed. (1289, 2767)
2005 Ed. (2015)
2006 Ed. (1979, 1985, 1988, 1990,
2117, 3472)
2007 Ed. (2066, 3496, 4572)
2008 Ed. (2038, 2043, 2045, 2174,
3666)
2009 Ed. (2157)
2010 Ed. (2098)
Wheeling-Pittsburgh Steel Corp.
1991 Ed. (1215)
1997 Ed. (3009)
2001 Ed. (1899)
2003 Ed. (1853)
2004 Ed. (1889)
2005 Ed. (1943, 2015)
2006 Ed. (2117)
2007 Ed. (2066)
2008 Ed. (2174)
2009 Ed. (2157)
2010 Ed. (2098)
Wheeling, WV
1993 Ed. (2548)
1994 Ed. (825)
2006 Ed. (2971)
2007 Ed. (2999)
2010 Ed. (3494)
2013 Ed. (3544)
Wheeling, WV-OH
1992 Ed. (3037)
1995 Ed. (3779)
2005 Ed. (2976)
Wheeling/BE Intelligencer News-
Register
1989 Ed. (2054)
Wheelock
1996 Ed. (1396)
Wheelock & Co.
2012 Ed. (4197)
2013 Ed. (4179)
2014 Ed. (4196)
2015 Ed. (4176)
2016 Ed. (4093)
Wheels for the World
2005 Ed. (710, 722)
Wheels Group
2005 Ed. (1724)
Wheels Inc.
1990 Ed. (2617)
1993 Ed. (2602, 2604)
1994 Ed. (2565)
1995 Ed. (2620)
1996 Ed. (2696, 2697)
2001 Ed. (3382)
2003 Ed. (804)
2007 Ed. (4824)
2009 Ed. (3247)
2010 Ed. (3178)
2011 Ed. (3142)
2016 Ed. (290, 291)
The Wheels on the Bus (Pete the Cat)
2015 Ed. (641)
Wheelwriter
1992 Ed. (1935, 2097)
Whelan Chevrolet; Buff
1991 Ed. (309)
1992 Ed. (419)
1993 Ed. (303)
Whelan Financial
2001 Ed. (739, 740, 875, 891)
Whelan's International Co., Inc.
2005 Ed. (761, 762, 763, 764)
2006 Ed. (667, 668)
When Genius Failed: The Rise & Fall of
Long-Term Capital Management
2006 Ed. (589)
When I Get Bigger
2004 Ed. (736)
When the Machine Stopped: A Caution-
ary Tale from Industrial America
1991 Ed. (708)
When You Are Engulfed in Flames
2010 Ed. (611)
Where are the Customers' Yachts?
2006 Ed. (589)
Where Da Kasz at Music
2014 Ed. (3723)
Where Do Balloons Go?
2003 Ed. (714)
Where Guestbook
2016 Ed. (3401)
Where in the USA is Carmen Sandi-
ego?
1995 Ed. (1101, 1105)
1996 Ed. (1079)

Where in the World is Carmen Sandi-
ego?
1995 Ed. (1101, 1105)
1996 Ed. (1079, 1084)
1997 Ed. (1101)
1998 Ed. (849)
Where in the World is Carmen Sandi-
ego? Junior Edition
1997 Ed. (1102)
Where Magazine
2016 Ed. (3401)
Where the Heart Is
2001 Ed. (988)
Where the Red Fern Grows
1990 Ed. (982)
Where the Sidewalk Ends
1990 Ed. (980)
2001 Ed. (980)
Where the Suckers Moon: The Life &
Death of an Advertising Campaign
2010 Ed. (600)
Where the Wild Things Are
1990 Ed. (979)
2001 Ed. (982)
2011 Ed. (491)
2014 Ed. (574)
Wherehouse Entertainment Inc.
1990 Ed. (1647, 2030)
1994 Ed. (2428, 3624)
1995 Ed. (2443)
1996 Ed. (2745)
1997 Ed. (357)
2002 Ed. (4748)
Where's My Water?
2013 Ed. (3760, 4946)
Where's Spot?
1990 Ed. (978)
WhereScape Inc.
2009 Ed. (1113)
Whet Travel
2016 Ed. (4726)
WHF
2000 Ed. (3047)
WHG Development Co. LLC
2003 Ed. (1854)
2004 Ed. (1890)
Which?
2011 Ed. (583)
Which Wich
2016 Ed. (785)
Which Wich?
2011 Ed. (4220)
Which Wich Superior Sandwiches
2016 Ed. (4291)
Which Wich? Superior Sandwiches
2009 Ed. (4376)
2010 Ed. (4406)
2011 Ed. (4350)
2012 Ed. (4390)
2013 Ed. (4359)
Whichard III; Taylor
2007 Ed. (1076)
Whidbey General Hospital
2013 Ed. (2163)
Whidbey Island Bank
2005 Ed. (380)
2013 Ed. (2163)
Whidbey Sun & Wind
2016 Ed. (4429)
While America Aged
2010 Ed. (601)
While I Was Gone
2003 Ed. (722)
While Oil Co.
2006 Ed. (3522, 4361)
Whink
2016 Ed. (3360)
Whink Products Co.
2016 Ed. (3361)
Whipped topping
1994 Ed. (3460)
Whipping cream
2002 Ed. (984)
Whipple, Kinsell & Co.
1996 Ed. (2348, 2355)
WhippleWood CPAs PC
2011 Ed. (3)
Whippoorwill Associates
1993 Ed. (2339)
Whips Carpentry U.S. LLC
2015 Ed. (1438, 2853)
Whirlpool
2014 Ed. (1327)
Whirlpool Corp.
1989 Ed. (273, 1622)
1990 Ed. (197, 1046, 1047, 1527,
1623, 2035, 2038, 2103, 2104,
2110, 2112, 2978, 2979, 3481,
3661, 3681)

1991 Ed. (19, 187, 258, 972, 973, 1441, 1523, 1525, 1924, 1958, 1959, 1960, 1963, 1966, 2825, 2828, 3242, 3243, 3471)
1992 Ed. (258, 261, 1206, 1207, 1830, 1831, 1916, 1918, 2431, 2515, 2516, 2520, 3649, 3650, 3655, 4154, 4155, 4158, 4420, 4421)
1993 Ed. (165, 166, 981, 982, 1368, 1499, 1569, 1571, 2053, 2104, 2105, 2569, 2988, 2990, 3480, 3648, 3686)
1994 Ed. (149, 1007, 1008, 1421, 1547, 1608, 1610, 1619, 2072, 2124, 2125, 2128, 2518, 3030, 3031, 3454, 3609, 3649)
1995 Ed. (1019, 1020, 1458, 1576, 1651, 1652, 2121, 2176, 2180, 2577, 3082, 3083, 3723)
1996 Ed. (1420, 1626, 1627, 2190, 2191, 2193, 2195)
1997 Ed. (185, 1017, 1018, 1480, 1640, 1705, 1706, 2238, 2310, 2313, 2314, 2789, 3278, 3279, 3655, 3865)
1998 Ed. (107, 759, 1176, 1252, 1315, 1398, 1400, 2042, 2045, 2046, 2496, 3032, 3033, 3429, 3697)
1999 Ed. (204, 1190, 1345, 1706, 1823, 1883, 1968, 1969, 2801, 2804, 3407, 4020, 4021, 4502, 4503, 4741)
2000 Ed. (227, 1111, 1243, 1516, 1652, 1691, 1744, 1745, 2212, 2577, 2582, 3130, 3735, 3736, 4136, 4137, 4366)
2001 Ed. (286, 287, 288, 1453, 1792, 2037, 2191, 2193, 2194, 2736, 2737, 2808, 2809, 3304, 3600, 3601, 4027, 4731)
2002 Ed. (253, 1079, 1727, 1912, 1990, 2074, 2079, 2082, 2313, 2695, 2699, 2700, 2701, 3340, 3945, 3946, 4515, 4516, 4781)
2003 Ed. (744, 914, 1216, 1760, 1761, 2190, 2191, 2194, 2196, 2772, 2774, 2864, 2865)
2004 Ed. (1225, 1590, 1797, 1798, 2233, 2234, 2237, 2242, 2868, 2870, 2871, 2878, 2949, 2950, 2953, 2957, 2959, 4484)
2005 Ed. (739, 1255, 1257, 1868, 2334, 2335, 2338, 2341, 2949, 2950, 2951, 2953, 2956, 2962, 2964, 2967, 3181)
2006 Ed. (143, 780, 1881, 1882, 2389, 2390, 2393, 2397, 2878, 2948, 2957, 2959, 2961)
2007 Ed. (876, 1324, 1880, 1881, 2333, 2334, 2339, 2872, 2900, 2965, 2966, 2975, 2977, 2978, 2990, 3212)
2008 Ed. (1214, 1510, 1929, 1930, 2348, 2459, 2460, 2988, 2992, 3032, 3088, 3089, 3097, 3668, 3835, 4548)
2009 Ed. (1193, 1887, 1890, 2458, 2459, 2460, 2463, 3072, 3076, 3114, 3176, 3178, 3189, 3192, 3193, 3572)
2010 Ed. (1201, 1822, 1824, 1825, 2379, 2380, 2381, 2383, 2386, 2388, 3008, 3048, 3109, 3111, 3119, 3121, 3128, 3490)
2011 Ed. (634, 1146, 1852, 1855, 2379, 2380, 2381, 2384, 2389, 2969, 2977, 3017, 3081, 3089, 3096)
2012 Ed. (1704, 1706, 1707, 1708, 2229, 2230, 2309, 2310, 2313, 2907, 2908, 2944, 3022, 3023, 3029, 3036)
2013 Ed. (1860, 1863, 1865, 1866, 2404, 2406, 2407, 2488, 2489, 2495, 2993, 2995, 3033, 3110, 3121, 3123, 3492, 3494, 4224)
2014 Ed. (1789, 1795, 1797, 1798, 2342, 2344, 2345, 2418, 2419, 2425, 2539, 3000, 3002, 3046, 3108, 3109, 3122)
2015 Ed. (1831, 1836, 1838, 2408, 2410, 2411, 2492, 2493, 2498, 3071, 3112, 3170, 3171, 3183)
2016 Ed. (1792, 1797, 1799, 1800, 2353, 2355, 2424, 2425, 2433, 2970, 3025, 3039)
Whirlpool (Kenmore)
1991 Ed. (3437)
1992 Ed. (4363)

Whirlpool Mexico SA de CV
2010 Ed. (1816)
2011 Ed. (1846)
Whirlpool of India
2013 Ed. (3469)
Whirlpool SSC Ltd.
2013 Ed. (1773)
2015 Ed. (1750)
Whiskas
1992 Ed. (925, 2356, 3413, 3414, 3417)
1993 Ed. (2820, 2821)
1995 Ed. (19, 694)
1996 Ed. (776, 2996, 3000)
1997 Ed. (3075)
1999 Ed. (789, 3780, 3791)
2002 Ed. (3647, 3658)
2003 Ed. (3801)
2008 Ed. (719)
2009 Ed. (729)
2010 Ed. (652)
Whiskas Cat Food
1994 Ed. (748, 2004, 2834, 2838)
Whiskas Supermeat
1992 Ed. (926, 4237)
Whiskas Temptations
2014 Ed. (3845)
2015 Ed. (3870)
2016 Ed. (3781)
Whiskas Temptations Cheezy Middles
2015 Ed. (3870)
2016 Ed. (3781)
Whiskas Temptations Mixups
2014 Ed. (3845)
2015 Ed. (3870)
2016 Ed. (3781)
Whiskas Temptations Natural
2014 Ed. (3845)
2015 Ed. (3870)
Whiskas Temptations Tumblers
2016 Ed. (3781)
Whisker Lickins
1992 Ed. (3416)
1993 Ed. (2823)
1994 Ed. (2837)
1996 Ed. (2999)
1997 Ed. (3078)
1999 Ed. (3782)
2002 Ed. (3649)
2014 Ed. (3845)
2015 Ed. (3870)
2016 Ed. (3781)
Whisker Lickins Crunch Lovers
2014 Ed. (3845)
2015 Ed. (3870)
2016 Ed. (3781)
Whisker Lickins Tender Moments
2014 Ed. (3845)
2015 Ed. (3870)
2016 Ed. (3781)
Whiskers & Paws Catering Inc.
2002 Ed. (3660)
Whiskey
1997 Ed. (2671)
2002 Ed. (3087, 3098, 3143)
2008 Ed. (3451)
Whiskey blends
2002 Ed. (3167, 3169, 3170)
Whiskey Specialty
2001 Ed. (3101, 3111)
Whiskey straights
2002 Ed. (3142, 3167, 3168, 3169, 3170)
Whiskeytown-Shasta-Trinity National Recreation Area
1999 Ed. (3705)
Whisky
1992 Ed. (2076)
Whispering Pines at Colonial Woods
1991 Ed. (1045)
Whispering Pines Colonial Woods
1990 Ed. (1146)
Whistl U.K.
2016 Ed. (4699, 4708)
The Whistleblower: Confessions of a Healthcare Hitman
2008 Ed. (612)
Whistler Blackcomb Holdings Inc.
2013 Ed. (1172, 4183, 4696)
2014 Ed. (4749)
2015 Ed. (4769)
Whistler/Blackcomb, BC, Canada
1993 Ed. (3324)
Whitacre Jr.; E. E.
2005 Ed. (2506)
Whitacre Jr.; Edward
2006 Ed. (923)
2007 Ed. (1013)
2008 Ed. (940)
Whitacre Jr.; Edward E.

2007 Ed. (1033)
2008 Ed. (955)
Whitacre Logistics
2015 Ed. (3537)
Whitaker, Curls, Levine & Webster
1996 Ed. (2732)
Whitaker Foundation
2002 Ed. (2326, 2331)
Whitbread
1990 Ed. (3463)
1992 Ed. (1645, 1646)
1993 Ed. (750, 1340, 1342, 1344, 2700)
1994 Ed. (756, 2647)
1995 Ed. (641)
1996 Ed. (1367)
1997 Ed. (2670)
1999 Ed. (1728)
2006 Ed. (3275)
2015 Ed. (2103)
Whitbread Beer Co.
2002 Ed. (34)
Whitbread Group plc
2004 Ed. (2653)
2005 Ed. (2945, 3283)
2006 Ed. (2945, 3274)
2007 Ed. (3349)
Whitbread Inns
2001 Ed. (2490)
Whitbread plc
2001 Ed. (4087)
2003 Ed. (2856)
2007 Ed. (2956, 4159)
2009 Ed. (3174, 3519)
2010 Ed. (3107, 3446)
2011 Ed. (3077, 3446)
2012 Ed. (1242, 1246, 1247, 1249, 3018, 3463)
2013 Ed. (3087, 3501)
2014 Ed. (3085, 3097, 3477, 3478, 4788)
2015 Ed. (3151, 3162, 3163, 3495, 4259, 4270, 4272, 4822)
2016 Ed. (4164, 4209, 4210, 4725)
Whitbred
2012 Ed. (1251)
Whitcom/Executone Metro
1991 Ed. (2639)
White
1991 Ed. (351)
1992 Ed. (4331)
2001 Ed. (536)
2002 Ed. (4937)
2005 Ed. (1102)
White; Alicia
2008 Ed. (4899)
White Barn Candle Co.
2015 Ed. (1949)
2016 Ed. (1920)
White; Ben
2007 Ed. (2462)
White bread
1992 Ed. (2355)
White Cap Industries, Inc.
2001 Ed. (1650)
White Cap ORCO Construction Supply
2012 Ed. (4331)
White & Case
1992 Ed. (2826, 2839)
1995 Ed. (2420)
1996 Ed. (2455)
1998 Ed. (2324)
1999 Ed. (3141)
2000 Ed. (2891)
2001 Ed. (3057)
2004 Ed. (3226)
White & Case LLP
2001 Ed. (3085)
2002 Ed. (3797)
2003 Ed. (3170, 3188, 3191, 3205)
2004 Ed. (1446, 3224, 3239, 3250)
2005 Ed. (3254, 3256, 3274)
2006 Ed. (3243, 3246, 3247, 3265)
2007 Ed. (3301, 3305, 3317, 3337)
2008 Ed. (3428)
2009 Ed. (3493, 3495)
2010 Ed. (3423, 3424, 3426, 3440)
2011 Ed. (3407, 3409, 3411, 3438)
2012 Ed. (3376, 3406, 3418, 3455)
2013 Ed. (3443, 3499)
2014 Ed. (3443, 3450, 3475)
2015 Ed. (3493, 3494)
2016 Ed. (3319, 3343)
White & Case1 International
2003 Ed. (3183)
White Castle
1990 Ed. (1755, 1982)
1991 Ed. (1884)
1992 Ed. (2116, 2121, 2373)
1993 Ed. (1752, 2012)

1994 Ed. (2022, 2023)
1995 Ed. (2074, 2075, 2076)
1996 Ed. (2072, 2073)
1997 Ed. (2172)
1999 Ed. (2633)
2000 Ed. (2413, 2414, 3778)
2001 Ed. (2402)
2002 Ed. (2238, 2243)
2003 Ed. (2438, 2439, 4224, 4226)
2004 Ed. (2582)
2005 Ed. (4171, 4174)
2006 Ed. (2566)
2007 Ed. (2537)
2008 Ed. (2659, 2675, 2676)
2009 Ed. (4264)
2010 Ed. (2600, 4412)
2011 Ed. (2582, 2583, 4354)
2012 Ed. (4395)
2013 Ed. (4363)
2014 Ed. (2780, 2881, 4418)
2015 Ed. (2826, 2923)
2016 Ed. (2758, 2853)
White Castle Food Products
2016 Ed. (2764)
White Castle System
1990 Ed. (1983)
2014 Ed. (2778)
2015 Ed. (2824)
White Cheddar Popcorn
1995 Ed. (2955)
White collar crime
1992 Ed. (4430)
White & Co.
2015 Ed. (4801)
White & Co. of CI Group
1996 Ed. (3134)
1997 Ed. (3211)
White Construction Co. Inc.
2003 Ed. (214)
White Cromer Bellack/Omnicom
1993 Ed. (2932)
White Cromer of Omnicom
1994 Ed. (2971)
1995 Ed. (3031)
White; Daryl J.
1997 Ed. (979)
White; David
2009 Ed. (3706)
2010 Ed. (3623)
White; Dean
2016 Ed. (4818)
White Diamonds
1996 Ed. (2950)
1998 Ed. (1353, 2777, 2779)
1999 Ed. (3737, 3738, 3739)
2000 Ed. (3456, 3457)
2001 Ed. (2528)
2003 Ed. (2548)
2005 Ed. (2681)
2006 Ed. (2661)
2007 Ed. (2644)
White Electronic Designs Corp.
2004 Ed. (4660)
White; Eugene R.
1989 Ed. (1376)
White Flint Mall/Democracy Blvd. Area, MD
1996 Ed. (1602)
White Glass Lending
2016 Ed. (3620)
White GMC
1993 Ed. (3627)
1994 Ed. (3582)
White Hen
2007 Ed. (1421)
White Hen Pantry
2002 Ed. (1331)
2003 Ed. (1367)
2004 Ed. (1372, 1375)
2005 Ed. (1394)
2006 Ed. (1381)
2007 Ed. (1419)
2008 Ed. (1375, 1376)
2009 Ed. (1379)
White; Herbye
1992 Ed. (3139)
White Horse
1989 Ed. (2363)
1990 Ed. (3113)
1993 Ed. (3110)
1997 Ed. (3393)
2003 Ed. (4304)
2004 Ed. (4314)
White Horse Scotch Whisky
1994 Ed. (2394)
White House
2007 Ed. (4596)
White House Office
2006 Ed. (3293)
White Iliffe

2004 Ed. (4)
White Inc.; Barclay
1990 Ed. (1212)
White Inc.; J. J.
1997 Ed. (1198)
White Isuzu; Sam
1990 Ed. (328)
1991 Ed. (281)
1992 Ed. (381, 386)
1993 Ed. (272)
1994 Ed. (271)
1995 Ed. (272)
1996 Ed. (274)
White; John
2008 Ed. (2629)
White; Joyce
1997 Ed. (1945)
White-Leasure Development Co. Ltd.
1992 Ed. (3970)
White; Les
1995 Ed. (2668)
White; Leslie R.
1992 Ed. (3136)
1993 Ed. (2638)
White Lightning
2002 Ed. (765, 1050)
White Lily
2015 Ed. (2745)
2016 Ed. (2675)
White Linen
1990 Ed. (2794)
1992 Ed. (3367)
1999 Ed. (3739)
White Lodging Services Corp.
2005 Ed. (2921)
2006 Ed. (2926)
2007 Ed. (2936)
2008 Ed. (3065)
2009 Ed. (3166)
2010 Ed. (3097)
2011 Ed. (3065)
2012 Ed. (2996, 3008)
2013 Ed. (3083, 3085)
2014 Ed. (3083)
2015 Ed. (3149)
2016 Ed. (3005)
White Malaga
2001 Ed. (4870)
2002 Ed. (4968)
White Marine Inc.; C.
2007 Ed. (3566)
White Martins
1992 Ed. (1580)
1993 Ed. (909)
White men
1992 Ed. (2049)
White metal
2001 Ed. (4533)
White metallic
1992 Ed. (425)
White; Miles D.
2007 Ed. (1028)
2008 Ed. (950)
2009 Ed. (949, 959)
2010 Ed. (901, 911)
2011 Ed. (821, 831, 856)
2012 Ed. (806)
White Motor City; Sam
1992 Ed. (380, 394)
White Mountain
1989 Ed. (2910, 2911)
1990 Ed. (3691)
1991 Ed. (3484)
1992 Ed. (4438)
1993 Ed. (3701, 3702)
1995 Ed. (3734)
White Mountain Insurance
2014 Ed. (3226)
White Mountain Reinsurance Group Ltd.
2011 Ed. (3298)
White Mountains Insurance Group Ltd.
2003 Ed. (1506)
2004 Ed. (3071, 3072)
2005 Ed. (3125)
2006 Ed. (1567, 3135, 3140)
2007 Ed. (1602, 3170)
2008 Ed. (1580, 3317, 4653)
2009 Ed. (3310, 3386)
2010 Ed. (3322)
2011 Ed. (1500, 3280)
2012 Ed. (3258)
2013 Ed. (1533, 3330)
2014 Ed. (3347)
2015 Ed. (3378, 3380)
2016 Ed. (1850, 3249)
White; O. Wendell
1992 Ed. (3136)
White Oak Growth Stock
1999 Ed. (3561)
2002 Ed. (3417)

2004 Ed. (3589)
White Oak Select Growth
2007 Ed. (4549)
White Oak Semiconductor
1998 Ed. (1532)
White Oak Telecom Inc.
1999 Ed. (2677)
White Oaks Conference Resort & Spa
2006 Ed. (1591)
White Oldsmobile; Sam
1990 Ed. (312)
1991 Ed. (289)
1993 Ed. (280)
1994 Ed. (279)
White Owl
1998 Ed. (731, 3438)
2003 Ed. (966)
2015 Ed. (984)
2016 Ed. (885)
White; Peggy
2007 Ed. (3223)
White pepper
1998 Ed. (3348)
White Pine
2016 Ed. (4373)
White pine
2005 Ed. (3344)
2006 Ed. (3337)
2007 Ed. (3395)
White Plains, NY
2004 Ed. (848)
White Rain
1990 Ed. (1981)
1991 Ed. (1879, 1881, 2714)
1992 Ed. (3403)
1993 Ed. (2814)
1994 Ed. (2812, 2814)
1995 Ed. (2901)
1996 Ed. (2985)
1997 Ed. (3059)
1998 Ed. (2804, 3291)
1999 Ed. (687, 3773)
2003 Ed. (2659)
2008 Ed. (3877)
White Rain Classic Care
2003 Ed. (2653)
White Rain Extra Body
1990 Ed. (3269)
White Reisling
2001 Ed. (4872, 4873)
2002 Ed. (4969, 4970)
White Riesling
1996 Ed. (3837)
2003 Ed. (4968, 4969)
White River Corp.
1999 Ed. (2625)
White River Health System
2014 Ed. (1369, 1379)
White Rock Rum
2004 Ed. (4235)
White Rock State Bank
1998 Ed. (365)
White Rock Tequila
2004 Ed. (4704)
White Rose Food Corp.
1993 Ed. (3489)
1994 Ed. (2001)
1995 Ed. (2051)
White Sands Credit Union
2002 Ed. (1881)
2003 Ed. (1935)
2004 Ed. (1975)
2005 Ed. (2117)
2006 Ed. (2212)
2007 Ed. (2133)
2008 Ed. (2248)
2009 Ed. (2234)
2010 Ed. (2188)
2011 Ed. (2206)
2012 Ed. (2067)
2013 Ed. (2249)
2014 Ed. (2181)
2015 Ed. (2245)
2016 Ed. (2216)
White Sands FCU
2000 Ed. (1622)
White; Shaun
2013 Ed. (186)
White Shoulders
1996 Ed. (2950)
White Sox; Chicago
2010 Ed. (547)
2011 Ed. (475)
2012 Ed. (431)
2013 Ed. (544)
White Springs Agricultural Chemicals Inc.
2003 Ed. (3417)
White-Spunner Construction
2014 Ed. (1340)

White-Spunner Construction Inc.
2007 Ed. (1373)
2008 Ed. (1269)
2009 Ed. (1245, 2645)
2011 Ed. (1103, 1192, 1246)
White Stag
1990 Ed. (3337)
1991 Ed. (3173)
1992 Ed. (4054)
1993 Ed. (3374)
White & Steele PC
2005 Ed. (3262)
White Suit
2001 Ed. (3382)
White Swan
1990 Ed. (1837)
1991 Ed. (1758)
1993 Ed. (1887, 1888)
2001 Ed. (2550)
White Swan/Watson Food Service
1995 Ed. (1919)
White; Tony L.
2005 Ed. (983, 2494)
White Van Real Estate Services LP
2014 Ed. (1416)
White Water
1989 Ed. (2904)
1990 Ed. (3685)
1992 Ed. (4425)
1993 Ed. (3688)
1994 Ed. (3654)
1995 Ed. (3725)
1996 Ed. (3819)
1997 Ed. (3868)
1998 Ed. (3701)
1999 Ed. (4745)
White Water, GA
2000 Ed. (4374)
White Water, Marietta, GA
1991 Ed. (3476)
White Wave Inc.
2003 Ed. (3412)
2008 Ed. (822, 3669)
White Wave Silk
2005 Ed. (673, 3477)
White-Westinghouse
1991 Ed. (2825, 3242, 3471)
1992 Ed. (85, 258, 1830, 3649, 4154, 4155, 4420)
2001 Ed. (287, 288, 4731)
2003 Ed. (2865)
2007 Ed. (2965)
2009 Ed. (3176)
White-Westingthouse
2005 Ed. (2953)
White wheat
2001 Ed. (4783, 4784)
White & White Health Care
1991 Ed. (1928)
White & Williams
1998 Ed. (2333)
1999 Ed. (3157)
2000 Ed. (2902)
White Wing
2015 Ed. (4768)
White Wings
2015 Ed. (2745)
2016 Ed. (2675)
White women
1992 Ed. (2049)
White Zinfandel
2005 Ed. (4948)
Whitebread Plc
2000 Ed. (2566)
Whiteco Outdoor
1998 Ed. (91)
Whiteco Outdoor Advertising
2001 Ed. (1544)
Whitefish Credit Union
2007 Ed. (2128)
2008 Ed. (2243)
2009 Ed. (2229)
2010 Ed. (2124, 2183)
2011 Ed. (2168, 2201)
2012 Ed. (2016, 2062)
2013 Ed. (2213, 2244)
2014 Ed. (2176)
2015 Ed. (2240)
2016 Ed. (2211)
Whitefish Credit Union Association
2002 Ed. (1876)
2003 Ed. (1930)
2004 Ed. (1970)
2005 Ed. (2112)
2006 Ed. (2207)
Whiteford, Taylor & Preston
1990 Ed. (2414)
1991 Ed. (2280)
1992 Ed. (2829)
1993 Ed. (2392)

Whitehall
1990 Ed. (1565)
1991 Ed. (1472)
1992 Ed. (1867)
Whitehall Funds
2002 Ed. (323, 324)
2003 Ed. (287, 289)
2004 Ed. (255, 256)
Whitehall Jewellers Inc.
2004 Ed. (3217, 3218)
2005 Ed. (3245, 3246)
Whitehall Laboratories
1995 Ed. (1589)
1997 Ed. (1655, 2066)
Whitehall Labs
1991 Ed. (1882)
Whitehall, New Hope, PA
1992 Ed. (877)
Whitehall Quantitative Long Short
2003 Ed. (3129)
Whitehall Real Estate
2000 Ed. (306)
Whitehall-Robbins
2002 Ed. (3084)
Whitehall-Robins Healthcare
2003 Ed. (282, 284, 1053, 2109, 3788, 4436, 4861)
Whitehall Specialties
2014 Ed. (871)
Whitehead Foundation; Joseph B.
1994 Ed. (1907)
Whitehead Mann Pendleton James
2002 Ed. (2175)
Whitehill; Clark
1997 Ed. (8, 9)
Whitehill Technologies
2009 Ed. (1115)
Whitehouse Imported
1991 Ed. (294)
Whitehouse & Sons Co.; Irvin H.
1992 Ed. (1422)
1994 Ed. (1142)
1995 Ed. (1168)
1996 Ed. (1144)
Whitehouse & Sons; I. H.
1991 Ed. (1089)
Whiteman, Osterman & Hanna
1996 Ed. (2533)
WhitePages Inc.
2014 Ed. (2091)
2015 Ed. (2144)
Whitepages.com Inc.
2007 Ed. (99)
2008 Ed. (3620)
2009 Ed. (3033)
Whiterain
2000 Ed. (4074)
Whites
1993 Ed. (2594)
Whitesell Construction Co., Inc.
1990 Ed. (1212)
Whitesnake
1990 Ed. (1144)
WhiteWave Foods
2016 Ed. (2261)
Whitewave Foods Co.
2014 Ed. (3489, 3653, 3654)
2015 Ed. (3671, 3672)
2016 Ed. (3557)
Whitfield Inc.
1998 Ed. (2236)
Whiting
2001 Ed. (2440)
2003 Ed. (2490)
2004 Ed. (2622)
2005 Ed. (2611)
2006 Ed. (2610)
2007 Ed. (2585)
2008 Ed. (2722)
2009 Ed. (2777)
2010 Ed. (2709)
2011 Ed. (2695)
Whiting Oil & Gas Exploration
2007 Ed. (3866)
2009 Ed. (3986)
Whiting Petroleum
2014 Ed. (1533, 2463)
2015 Ed. (1584)
Whiting Petroleum Corp.
2006 Ed. (1653, 3823)
2007 Ed. (1662, 3839)
2008 Ed. (1682)
2011 Ed. (1588)
2012 Ed. (3893)
2013 Ed. (3929)
2014 Ed. (1529, 3874)
2015 Ed. (1580, 3899)
Whiting Refinery Credit Union
2009 Ed. (2181)
Whiting; Richard M.

2010 Ed. (2570)
Whiting-Turner Contracting
2014 Ed. (1106)
2015 Ed. (1147)
2016 Ed. (1058)
The Whiting Turner Contracting Co.
2013 Ed. (1270)
The Whiting-Turner Contracting Co.
1990 Ed. (1037)
1992 Ed. (3962, 3963)
1993 Ed. (3306, 3307)
1995 Ed. (3374, 3375)
1996 Ed. (3428, 3429)
1997 Ed. (1137, 3515, 3516)
2000 Ed. (1256, 4026, 4027)
2001 Ed. (1398, 1468)
2002 Ed. (1213, 1245, 1247, 1274,
1276, 1278, 1291)
2003 Ed. (1258, 1259, 1260, 1281,
1286, 1288, 1310, 1311, 1312,
2290)
2004 Ed. (1259, 1261, 1263, 1272,
1275, 1289, 1291, 1306)
2005 Ed. (1172, 1279)
2006 Ed. (1168, 1239, 1243, 1245,
2792)
2007 Ed. (1337, 1339, 1341, 1355)
2008 Ed. (1222, 1224, 1228, 1230,
1240, 1241, 1244, 1247, 1252,
1274, 1315, 2915)
2009 Ed. (1141, 1206, 1210, 1217,
1258, 1320, 1321, 1322, 1323,
1324, 1325, 1326, 1343, 2971,
4147)
2010 Ed. (1134, 1176, 1213, 1220,
1252, 1254, 1289, 1295, 1311,
1312, 1326, 1330, 2544, 2911,
4079)
2011 Ed. (1079, 1084, 1085, 1096,
1102, 1103, 1124, 1158, 1160,
1167, 1182, 1201, 1203, 1244,
1259, 1271, 1278, 1279, 1280,
1294, 1308, 1312, 1823, 4052)
2012 Ed. (1002, 1005, 1006, 1018,
1019, 1058, 1094, 1097, 1105,
1107, 1108, 1115, 1116, 1120, 1129,
1682, 2376, 2377, 4084)
2013 Ed. (1149, 1150, 1195, 1240,
1275, 1834, 1836)
2014 Ed. (1111, 1113, 1149, 1172,
1178, 1182, 1185, 1203, 1208,
1766)
2015 Ed. (1151, 1199, 1225, 1232,
1236, 1240, 1266, 1809)
2016 Ed. (1107, 1130, 1135, 1138,
1143, 1147, 1150, 1151, 1173,
1181, 1768, 2484)
Whiting-Turner Contracting Co.
2014 Ed. (1174)
2015 Ed. (1227)
2016 Ed. (1137, 1761, 1766)
The Whiting-Turner Contraction Co.
2000 Ed. (1249)
Whiting USA Trust
2010 Ed. (4445)
Whitlatch & Co.
2002 Ed. (2688)
2003 Ed. (1155)
2004 Ed. (1160)
2005 Ed. (1188)
Whitley Penn
2009 Ed. (13)
2010 Ed. (24)
2011 Ed. (21)
2012 Ed. (26)
2013 Ed. (23)
2014 Ed. (1, 19)
2015 Ed. (1, 20)
2016 Ed. (19)
Whitlock
1989 Ed. (351)
1990 Ed. (407)
1991 Ed. (357, 1438, 1439)
1992 Ed. (486)
Whitman
1990 Ed. (1290, 1530, 1812)
1991 Ed. (1445)
1992 Ed. (1834, 1869, 2187)
1993 Ed. (682, 932)
1994 Ed. (683, 685, 686, 698, 699,
705, 1392, 1861, 3355)
1995 Ed. (645, 646, 647, 3414)
1996 Ed. (718, 720, 722, 731, 738,
3472)
1997 Ed. (655, 656, 657, 664, 672,
3540)
1998 Ed. (443, 447, 448, 456, 458,
1319, 3338)
1999 Ed. (701, 702, 709)
2000 Ed. (714, 719)
2001 Ed. (689, 1003, 2041, 4306)

2002 Ed. (691)
Whitman Breed
2001 Ed. (780)
Whitman Breed Abbott & Morgan
1998 Ed. (2084)
1999 Ed. (2817)
2000 Ed. (2620)
Whitman; Burke
2006 Ed. (964)
2007 Ed. (1061)
2010 Ed. (3623)
Whitman College
2009 Ed. (1030)
Whitman; Margaret
2005 Ed. (971)
2011 Ed. (817, 4845)
Whitman; Margaret C.
2005 Ed. (976, 978)
2014 Ed. (937, 938, 945)
2015 Ed. (970)
Whitman; Margaret (Meg) C.
2006 Ed. (898, 935, 2526, 4913,
4975, 4983)
2007 Ed. (988, 2506, 4907, 4975,
4981, 4983)
2008 Ed. (942, 2636, 4836, 4883,
4948)
2009 Ed. (2660, 4856, 4971)
Whitman; Meg
2005 Ed. (787, 2319, 2513, 4990)
2013 Ed. (4966)
2014 Ed. (4968, 4976)
2015 Ed. (5024, 5026, 5027)
2016 Ed. (4941)
Whitman & Ransom
1996 Ed. (2731)
Whitman, Requardt & Associates LLP
2016 Ed. (2481)
Whitman's
2005 Ed. (858)
2006 Ed. (1007)
2015 Ed. (871)
2016 Ed. (878)
Whitman's Chocolates
2015 Ed. (875)
2016 Ed. (882)
Whitman's Sampler
2006 Ed. (1006)
2015 Ed. (871)
2016 Ed. (878)
Whitmire Distribution
1993 Ed. (1513)
1995 Ed. (1586, 3729)
Whitmire Drug Distribution Corp.
1994 Ed. (1557)
Whitmire; Kathryn J.
1990 Ed. (2525)
1991 Ed. (2395)
1992 Ed. (2987)
1993 Ed. (2513)
Whitmire; Melburn
1997 Ed. (1797)
Whitmor
2003 Ed. (1230)
2005 Ed. (1267)
2007 Ed. (3971)
Whitney & Co.
2004 Ed. (3255)
Whitney & Co.; J. H.
1990 Ed. (3668)
1991 Ed. (1166, 3443)
Whitney Group
1991 Ed. (1616)
1993 Ed. (1692)
2002 Ed. (2172)
Whitney Holding Corp.
1989 Ed. (676)
1990 Ed. (686)
1998 Ed. (292, 320, 331)
1999 Ed. (438)
2000 Ed. (430)
Whitney Houston
1989 Ed. (1347)
1997 Ed. (1726)
Whitney Johnson
1999 Ed. (2409)
Whitney MacMillan
2010 Ed. (4854)
2011 Ed. (4819)
2012 Ed. (4841)
2013 Ed. (4839)
2014 Ed. (4855)
2015 Ed. (4892)
2016 Ed. (4810)
Whitney National Bank
1992 Ed. (762)
1993 Ed. (555)
1994 Ed. (557)
1995 Ed. (531)
1996 Ed. (588)

1997 Ed. (544)
1998 Ed. (391)
Whitney National Bank (New Orleans)
1991 Ed. (595)
Whitney National Bank of Florida
2015 Ed. (341, 344, 345, 346, 363,
367, 368, 1042)
2016 Ed. (339, 340, 341, 351, 356,
951)
Whitney Stevens
1990 Ed. (1714)
Whittaker
1990 Ed. (935, 936, 940)
1992 Ed. (248)
1993 Ed. (828, 1212)
1994 Ed. (1238)
1998 Ed. (918)
Whittaker Group Healthcare Search
Consultants
2010 Ed. (4171)
Whittaker Homes
2002 Ed. (1208)
2003 Ed. (1208)
2004 Ed. (1215)
2005 Ed. (1239)
Whittaker Homes/Fortress Group
2000 Ed. (1233)
Whittard of Chelsea
2005 Ed. (4568)
Whittemore Center Arena
2003 Ed. (4528)
Whittier College
1989 Ed. (956)
1990 Ed. (1090)
1993 Ed. (1020)
1994 Ed. (1047)
1995 Ed. (1055)
Whittier Energy
2007 Ed. (2725)
2008 Ed. (2855, 3898)
Whittier Family Foundation
1999 Ed. (2503)
Whittle Communications
1990 Ed. (2795)
Whittle Communications LP
1993 Ed. (1177)
Whittlesey & Hadley
2000 Ed. (14)
2013 Ed. (21)
2014 Ed. (17)
2015 Ed. (18)
2016 Ed. (17)
Whittlesey Jaguar
1992 Ed. (387)
1993 Ed. (273)
Whittman-Hart Inc.
1994 Ed. (1126)
1997 Ed. (846, 1140)
1998 Ed. (543)
1999 Ed. (959)
2000 Ed. (902)
2001 Ed. (1550)
Whitwam; D. R.
2005 Ed. (2483)
Whitworth; Charles
1997 Ed. (1974)
Whitworth College
1996 Ed. (1040)
1998 Ed. (803)
2008 Ed. (1088)
2009 Ed. (1062)
Whitworth University
2010 Ed. (1030)
WHK Group
2009 Ed. (3)
The Who
1991 Ed. (1039, 1041)
1998 Ed. (867)
*Who Controls the Internet? Illusions of a
Borderless World*
2008 Ed. (617)
Who Framed Roger Rabbit?
1991 Ed. (2488, 3448)
1992 Ed. (4398)
1995 Ed. (3704)
Who Moved My Cheese?
2001 Ed. (985)
2003 Ed. (707, 717, 719)
2004 Ed. (740, 742)
2005 Ed. (726)
Who Says Elephants Can't Dance?
2004 Ed. (734)
2006 Ed. (575)
The Who: "Tommy"
1991 Ed. (844)
The Whole Child Learning Co.
2009 Ed. (2411)
2010 Ed. (2322)
2011 Ed. (2318)
Whole Foods

2008 Ed. (649)
2013 Ed. (2725)
2015 Ed. (1739, 2757)
Whole Foods Market
2013 Ed. (4536)
2014 Ed. (1677, 1680, 2032, 4327,
4594)
2015 Ed. (1389, 1725, 1727, 2081,
4314)
2016 Ed. (4211, 4511)
Whole Foods Market Inc.
1994 Ed. (2010, 3318)
2003 Ed. (1645)
2004 Ed. (4632, 4633, 4636, 4646)
2005 Ed. (4560, 4561, 4563)
2006 Ed. (1490, 2040, 2300, 2636,
2714, 4174, 4629, 4630, 4636,
4637, 4638, 4639)
2007 Ed. (1520, 1551, 2232, 2234,
2238, 2709, 2710, 4614, 4615,
4616, 4624, 4625, 4626, 4627,
4628)
2008 Ed. (1441, 1501, 1502, 2485,
2838, 3019, 4233, 4527, 4540,
4562, 4569, 4570, 4571, 4572,
4574)
2009 Ed. (1435, 2098, 2100, 2339,
2347, 2490, 2895, 3474, 4329,
4592, 4593, 4598, 4601, 4602,
4603, 4604, 4605, 4611, 4614,
4615, 4620, 4621)
2010 Ed. (2272, 4626, 4629, 4630,
4631, 4632, 4633, 4635, 4636,
4637, 4646, 4647)
2011 Ed. (1419, 2277, 2278, 2398,
4530, 4580, 4581, 4582, 4583,
4585, 4586, 4587, 4588, 4589,
4596)
2012 Ed. (1255, 1257, 1581, 1585,
1586, 1935, 2169, 2170, 2330,
2463, 2750, 4573, 4588, 4589,
4590, 4594, 4595, 4596, 4597,
4598, 4601, 4602, 4606)
2013 Ed. (1356, 1358, 1741, 1742,
2098, 2370, 2371, 2374, 2508,
2614, 4537, 4542, 4543, 4544,
4548, 4549, 4551, 4554, 4555)
2014 Ed. (1287, 1683, 1684, 2030,
2550, 4382, 4429, 4500, 4595,
4599, 4600, 4602, 4605, 4606,
4608, 4611)
2015 Ed. (1729, 1730, 2079, 4411,
4594, 4595, 4596, 4598, 4602,
4603, 4604, 4607)
2016 Ed. (1680, 2045, 4505, 4515,
4516, 4517, 4521, 4524, 4525,
4526, 4529)
Whole Foods Markets
2010 Ed. (844)
Whole Latte Love
2009 Ed. (4339)
Whole life
1990 Ed. (2230)
WholeFruit
2016 Ed. (3047)
Wholefruit
2014 Ed. (3127)
2015 Ed. (3191)
Wholesale
1991 Ed. (1138, 1173)
1992 Ed. (4482)
1994 Ed. (803)
1997 Ed. (2220)
1999 Ed. (2679, 3008)
2000 Ed. (2464)
2001 Ed. (2703, 2706, 2707)
2002 Ed. (2543, 2547, 2551, 2553,
2554)
2003 Ed. (2754)
2005 Ed. (1557, 2839, 2841)
2006 Ed. (834, 2833)
2007 Ed. (2523, 3732, 3733, 3734,
3735)
2008 Ed. (2957)
2009 Ed. (3866, 3867, 3868, 3869)
Wholesale Carrier Services
2006 Ed. (4705)
Wholesale Club
1989 Ed. (1255, 2901)
1990 Ed. (3679, 3680)
1991 Ed. (1438, 3468, 3469, 3470)
1992 Ed. (1825, 4416, 4419)
1997 Ed. (3862)
Wholesale clubs
1995 Ed. (678, 3506)
1997 Ed. (881)
1998 Ed. (994, 2317)
Wholesale Depot
1992 Ed. (4416, 4417)
1993 Ed. (3684)

1994 Ed. (3645, 3646)
1995 Ed. (3720, 3722)
1996 Ed. (3815)
1997 Ed. (3862)
Wholesale & distribution
1990 Ed. (1233, 1257, 1261, 1262, 1272)
1991 Ed. (1150, 1152, 1175, 1179)
1992 Ed. (1464, 1491)
1993 Ed. (1204, 1213)
1994 Ed. (1209, 1210, 1211, 1232, 1233, 1239)
1995 Ed. (1225, 1226, 1227, 1250, 1251, 1260)
1996 Ed. (1196, 1215, 1219, 1220, 1231)
1997 Ed. (1242, 1262)
1998 Ed. (607, 1014, 1020, 1034, 1035, 1036, 1039)
1999 Ed. (1447, 1453, 1466, 2864, 2865, 2933, 4554, 4821)
2000 Ed. (1307, 1325)
2002 Ed. (1480, 1488, 1998, 1999)
Wholesale Electric Caribe Inc.
2008 Ed. (2056, 3730)
Wholesale Electric Supply of Houston LP
2006 Ed. (3541, 4380, 4987)
Wholesale Fasteners Inc.
1999 Ed. (2845)
Wholesale groceries
1996 Ed. (3)
Wholesale Log Homes
2003 Ed. (1201)
2004 Ed. (1208)
Wholesale, nondurable goods
1997 Ed. (2630)
Wholesale & retail trade
1997 Ed. (2556)
Wholesale trade
1990 Ed. (1224, 1254, 1255)
1995 Ed. (1, 2670, 3785, 3789, 3791)
1996 Ed. (2253, 2663, 2908, 3458, 3874)
1997 Ed. (1613, 1644, 2018, 2378)
1999 Ed. (1506, 1507, 1512, 1513)
2000 Ed. (1670, 2627)
2001 Ed. (2021, 3561)
2003 Ed. (2269, 2753, 2910, 4445, 4446, 4447)
Wholesale trade, durable goods
2001 Ed. (1637, 1639, 1677, 1681, 1699, 1708, 1720, 1726, 1727, 1754, 1757, 1758, 1781, 1804, 1837, 1838, 1855, 1859, 1883)
Wholesale trade, nondurable goods
1995 Ed. (2445, 2446)
2001 Ed. (1637, 1639, 1677, 1681, 1699, 1708, 1720, 1726, 1727, 1754, 1757, 1758, 1781, 1804, 1825, 1837, 1838, 1859)
Wholesaler
1997 Ed. (1301, 1302, 1440, 1442, 1443)
Wholesale/retail trade
1993 Ed. (2046)
Wholesalers
1991 Ed. (1978)
1996 Ed. (1251, 1252, 1253)
1998 Ed. (1077, 1078, 1152, 1154, 1933, 3760)
2000 Ed. (1356, 2211)
2002 Ed. (2787, 2788, 2796)
2010 Ed. (3772)
2011 Ed. (3776)
Wholesalers, diversified
2002 Ed. (2774)
2003 Ed. (2903, 2907)
2004 Ed. (3013)
2006 Ed. (3001, 3002, 3006, 3007)
2007 Ed. (3039, 3041, 3045)
2008 Ed. (3151, 3152, 3153, 3157)
Wholesalers, electronics and office equipment
2002 Ed. (2774, 2775, 2776)
2003 Ed. (2907)
2005 Ed. (3011)
2006 Ed. (3001)
Wholesalers, food & grocery
2002 Ed. (2770, 2774, 2775)
2003 Ed. (2901, 2902, 2907)
2005 Ed. (3006, 3010, 3011)
2006 Ed. (3008)
2007 Ed. (3040)
Wholesalers, health care
2002 Ed. (2766, 2767, 2770, 2774, 2775, 2776)
Wholesalers, healthcare
2003 Ed. (2900, 2902, 2906, 2908)
2004 Ed. (3006, 3007, 3008, 3012)

2005 Ed. (3004)
2006 Ed. (3000, 3006)
2007 Ed. (3046)
Wholesales Clubs
2000 Ed. (3861)
Wholesaling
1991 Ed. (1187)
2002 Ed. (1399, 1413, 1420, 1481, 1489)
Wholesaling, durable goods
2003 Ed. (1426, 1435, 1439, 1516)
2004 Ed. (1464, 1469, 1527)
2005 Ed. (1471, 1480, 1485, 1543, 1561)
2006 Ed. (1440)
2008 Ed. (1408, 1416, 1420, 1426)
Wholesaling, nondurable goods
2003 Ed. (1435)
2004 Ed. (1464, 1469)
Wholesome & Hearty
1995 Ed. (2819)
Wholesome & Hearty Foods Co.
1997 Ed. (1277, 1279, 1282)
2008 Ed. (2777)
Wholesome Sweeteners
2016 Ed. (4500)
Wholey
2002 Ed. (2370)
Whoopi Goldberg
2001 Ed. (7)
Whooping crane
1996 Ed. (1643)
Whoppers
1997 Ed. (892)
Whoppers Malted Milk Balls
1989 Ed. (856, 857)
Whoppers Malted Milk Balls, 13-Oz. Carton
1990 Ed. (893)
Who's That Knocking on Christmas Eve?
2004 Ed. (737)
"Who's the Boss?"
1993 Ed. (3535)
1997 Ed. (3722)
WHOT-FM
1992 Ed. (3605)
WHPacific Inc.
2010 Ed. (2451)
2012 Ed. (201)
WHR Architects Inc.
2012 Ed. (1046)
WHTZ
1990 Ed. (2942)
1991 Ed. (2797)
1992 Ed. (3607)
1993 Ed. (2955)
1994 Ed. (2989)
1995 Ed. (3053)
1996 Ed. (3154)
1999 Ed. (3983)
2000 Ed. (3697)
WHTZ-FM
1990 Ed. (2941)
1997 Ed. (3239)
WHU Beisheim School of Management
2015 Ed. (839)
2016 Ed. (734)
WHV Short/Intermediate Fixed Income
2003 Ed. (3133)
WHX Corp.
2002 Ed. (3314, 3323, 3324)
2004 Ed. (4532, 4533)
2005 Ed. (4474, 4475)
Why
2010 Ed. (118)
Why Do You Love Me?
2001 Ed. (981)
Why Most Things Fail: Evolution, Extinction & Economics
2008 Ed. (610)
Why Some Companies Emerge Stronger & Better from a Crisis
2007 Ed. (658)
Why USA
2005 Ed. (4003)
Whybin TBWA
2003 Ed. (127)
Whyte; Gregory
1996 Ed. (1804)
1997 Ed. (1877)
Whyte & Mackay
1996 Ed. (2526)
Whyte & MacKay Special
1992 Ed. (2892)
Whyte & Mackay Special Whisky
1994 Ed. (2394)
WI Carr
1990 Ed. (816)
1991 Ed. (779)

WI Carr Industries
1996 Ed. (3377)
1999 Ed. (872, 873, 874, 875, 876, 877, 878, 879, 880, 881, 882, 883, 884, 885, 886, 887, 888, 889, 890, 891, 905, 906, 907, 909)
Wi-LAN Inc.
2002 Ed. (2505, 2507, 2508)
2003 Ed. (2938)
2007 Ed. (2809)
2008 Ed. (1618, 1660, 2937)
2014 Ed. (2874)
2015 Ed. (1968)
2016 Ed. (1487)
W.I. Simonson Automotive Family of Dealerships
2003 Ed. (4991)
W.I. Simonson Inc.
2000 Ed. (4435)
Wible; Anthony
2006 Ed. (2579)
Wibroe Duckert & Partners
1994 Ed. (82)
1995 Ed. (64)
1997 Ed. (78)
Wibroe Duckert & Partners (Lowe)
1996 Ed. (78)
WIC Western International Communications Ltd.
1992 Ed. (946)
1994 Ed. (761)
1996 Ed. (791)
1997 Ed. (729, 2724)
Wichai Thongthan
2014 Ed. (4925)
'wichcraft
2010 Ed. (4216)
Wichita Eagle-Beacon
1991 Ed. (2597)
Wichita Falls, KS
1994 Ed. (3064)
Wichita Falls Record News
1991 Ed. (2602)
Wichita Falls Record News, Times
1991 Ed. (2597)
1992 Ed. (3240)
Wichita Falls, TX
1992 Ed. (3698)
1995 Ed. (3110)
1996 Ed. (3205)
2005 Ed. (2976, 2977)
2008 Ed. (4728)
2009 Ed. (4349)
2013 Ed. (4788)
Wichita-Hutchinson, KS
2004 Ed. (3482)
2014 Ed. (2621)
Wichita, KS
1992 Ed. (1163, 2547, 3047)
2000 Ed. (2886, 3107)
2003 Ed. (3676, 3677)
2005 Ed. (2379)
2007 Ed. (2995)
2008 Ed. (3110, 4091)
2009 Ed. (3575, 3875, 3877, 3878, 4228)
2010 Ed. (3132)
2011 Ed. (2405, 3099)
2012 Ed. (4370, 4372)
Wichita Public Schools
2016 Ed. (1721)
Wichita State University
2004 Ed. (825)
Wichitpan Construction
1991 Ed. (1067)
Wickaninnish Inn Ltd.
2012 Ed. (4731)
Wicked
2005 Ed. (4687)
2007 Ed. (665)
2008 Ed. (624)
Wickens Tutt Southgate
1996 Ed. (2233)
1999 Ed. (2841)
Wickersham Hunt Schwantner
1999 Ed. (50)
Wickes
1990 Ed. (1866)
1992 Ed. (1535, 1537, 4271, 4273)
1993 Ed. (978, 3552, 3554, 3560)
1999 Ed. (2709)
2004 Ed. (789)
2008 Ed. (679)
2013 Ed. (4463)
Wickes Cos. Inc.
1989 Ed. (1040, 2321)
1990 Ed. (838, 1271, 1652)
1991 Ed. (801, 804, 3351)
2002 Ed. (1466)
Wickes Furniture

1992 Ed. (2253)
1995 Ed. (1963, 1965, 2447)
1998 Ed. (1789)
Wickes Lumber
1990 Ed. (838, 839, 840, 1025)
1991 Ed. (801, 803, 804, 952)
1992 Ed. (984, 985, 2419)
1993 Ed. (775, 778, 2047)
1994 Ed. (794, 795, 2076)
1995 Ed. (845, 847, 2125)
1996 Ed. (814, 815, 817, 819, 821, 2133)
1997 Ed. (830, 832, 2244)
1998 Ed. (1969, 1970, 1972, 1974)
2003 Ed. (2762)
2004 Ed. (2849)
2005 Ed. (2857)
Wickliff & Hall
2000 Ed. (3679)
Wickoff Color
2001 Ed. (2878)
Wicks 'n' Sticks
1993 Ed. (3358)
2002 Ed. (2397)
2003 Ed. (2608)
2004 Ed. (2729)
Wick's Pizza Parlor & Pub
2011 Ed. (3985)
2012 Ed. (3981)
2013 Ed. (4044)
2014 Ed. (3982)
WICOMT
2001 Ed. (4635)
Wicor
1991 Ed. (2575)
1997 Ed. (2926)
1998 Ed. (2664)
1999 Ed. (3593)
Widden; S.B.
1992 Ed. (794)
Wide Open Spaces
2001 Ed. (3407, 3408)
The Wide Window
2003 Ed. (710)
2004 Ed. (735)
Widen Enterprises Inc.
2009 Ed. (4108)
Widener & Boyce
2003 Ed. (1170)
Widener University
1996 Ed. (2460)
1997 Ed. (2605)
1999 Ed. (3162)
2000 Ed. (931, 2906)
2001 Ed. (3063)
2011 Ed. (942)
WideOpenWest Cleveland LLC
2013 Ed. (1975)
2014 Ed. (1914)
WidePoint Corp.
2015 Ed. (1107)
Wideroe
1989 Ed. (242)
Widespace
2016 Ed. (1536, 2012, 2910)
Widjaja; Eka Tjipta
2006 Ed. (4916)
2010 Ed. (4866)
2011 Ed. (4854)
2012 Ed. (4861)
2013 Ed. (4877)
2014 Ed. (4891)
2015 Ed. (4930)
2016 Ed. (4846)
Widlak; David A.
1992 Ed. (533)
Widmann, Siff & Co.
1990 Ed. (2322)
Widmer
1999 Ed. (4792)
2008 Ed. (541)
Widmer Brewing
1992 Ed. (3064)
1999 Ed. (3402, 3403)
Widmer Bros. Brewing Co.
2000 Ed. (3128)
Widmer Brothers Brewing Co.
1998 Ed. (2488)
Widmer Hefeweizen
2006 Ed. (555)
2007 Ed. (595)
2010 Ed. (557)
2011 Ed. (484, 486)
2012 Ed. (441)
Widmers
1997 Ed. (3903)
1998 Ed. (3746)
2006 Ed. (671)
The Widmeyer-Baker Group, Inc.
2001 Ed. (3926)

Widmeyer Communications
  2003 Ed. (3986)
  2004 Ed. (4038)
  2005 Ed. (3951, 3978)
  2011 Ed. (4112, 4133)
  2012 Ed. (4142, 4162)
  2014 Ed. (4160, 4167)
Widney plc
  2009 Ed. (3591)
A Widow for One Year
  2000 Ed. (707)
Wie; Michelle
  2005 Ed. (266)
  2007 Ed. (3617)
  2009 Ed. (293, 295)
Wiebe & Associates CPA, LLP
  2008 Ed. (1593)
  2009 Ed. (1531)
  2010 Ed. (1525)
WiebeTech LLC
  2005 Ed. (1347)
Wiebke
  2002 Ed. (4907)
Wieczynski; Steven M.
  2011 Ed. (3356)
Wieden & Kennedy
  1989 Ed. (173)
  1991 Ed. (71, 3317)
  1992 Ed. (4228)
  1993 Ed. (77, 127)
  1994 Ed. (126)
  1995 Ed. (138)
  1996 Ed. (152)
  1997 Ed. (159)
  1998 Ed. (67)
  1999 Ed. (129, 170)
  2000 Ed. (191)
  2005 Ed. (109)
  2006 Ed. (119)
  2007 Ed. (108)
  2008 Ed. (116)
  2012 Ed. (43)
Wieden + Kennedy
  2004 Ed. (105)
Wieder, Harriet M.
  1990 Ed. (2483)
  1991 Ed. (2346)
Wiehoff; John P.
  2010 Ed. (893)
  2011 Ed. (846)
  2012 Ed. (789)
Wielkopolski Bank Kreditowy Spolka
    Akcyjna w Poznaniu
  1994 Ed. (619, 620)
Wielkopolski Bank Kredytowy
  1995 Ed. (589)
  1999 Ed. (624)
Wien; Byron
  1997 Ed. (1910)
Wiener Allianz
  1991 Ed. (3452)
  1992 Ed. (4401)
  1993 Ed. (3672)
  1996 Ed. (3793)
Wiener Enterprises Inc.
  1990 Ed. (3278)
Wiener Stadtische
  2006 Ed. (1558)
  2007 Ed. (1593)
Wiener Stadtische AG
  2007 Ed. (1595, 4090)
Wiener Stadtische Allgemeine Versich-
    erung AG
  2006 Ed. (1560)
  2008 Ed. (1573)
  2009 Ed. (1505)
Wiener Stadtwerke
  1990 Ed. (1332)
  1995 Ed. (1358)
  1997 Ed. (1363)
  2000 Ed. (1389)
Wiener Stadtwerke Holding AG
  2001 Ed. (1636)
  2003 Ed. (1622)
Wienerberger
  1992 Ed. (4400)
  1993 Ed. (3671)
  1994 Ed. (3631, 3632)
  1996 Ed. (3792)
  2000 Ed. (1390, 4352)
  2006 Ed. (4883)
  2007 Ed. (1594)
Wienerberger AG
  2006 Ed. (3371)
  2008 Ed. (3548)
  2009 Ed. (3613)
  2010 Ed. (3537)
  2011 Ed. (3536)
  2012 Ed. (3528)
Wienerberger Baustoff

  1991 Ed. (3233)
Wienerberger Baustoffind
  1992 Ed. (4401)
  1993 Ed. (3672)
Wienerschnitzel
  1991 Ed. (2910)
  1992 Ed. (3764)
  1993 Ed. (3067)
  1994 Ed. (3130)
  1995 Ed. (3179, 3180)
  1997 Ed. (3375)
  1998 Ed. (3124)
  1999 Ed. (4134)
  2000 Ed. (3848)
  2002 Ed. (2249)
  2003 Ed. (2452)
  2004 Ed. (2686, 4242)
  2005 Ed. (2682)
  2006 Ed. (2663, 4225)
  2007 Ed. (2543, 4240)
  2008 Ed. (4271, 4274, 4275)
  2009 Ed. (4375)
  2010 Ed. (4403)
  2011 Ed. (4348)
Wiese
  2000 Ed. (640, 643, 646)
  2001 Ed. (646, 647, 648)
Wiese; Christoffel
  2012 Ed. (4919)
  2013 Ed. (4908)
  2014 Ed. (4918)
  2015 Ed. (4906, 4958)
  2016 Ed. (4821, 4874)
Wiesner Inc.; John
  1994 Ed. (257)
  1995 Ed. (268, 272)
Wiesner Pontiac
  1991 Ed. (291)
Wietek
  1991 Ed. (1870)
Wifac
  2016 Ed. (1390)
Wigan
  2007 Ed. (704)
  2009 Ed. (684)
Wigder; William
  1993 Ed. (1818)
  1994 Ed. (1801)
  1995 Ed. (1839)
  1996 Ed. (1817)
  1997 Ed. (1891)
Wiggin
  2010 Ed. (3430)
Wiggin & Nourie
  1999 Ed. (3154)
Wiggins; Linda
  2011 Ed. (2818)
Wiggins; Stephen F.
  1995 Ed. (1717)
Wiggins Teape Appleton
  1992 Ed. (1482)
The Wiggles
  2001 Ed. (2270)
Wiggs Maskiner AB
  2016 Ed. (2012)
Wight & Co.
  1992 Ed. (356)
Wightman; Maurice
  2015 Ed. (3485)
Wigoder; Charles
  2005 Ed. (2463)
  2006 Ed. (836)
Wigwam Inc.
  1990 Ed. (318)
  1991 Ed. (295)
Wigwam Resort
  1998 Ed. (2012)
Wihuri Oy
  2001 Ed. (4133)
  2004 Ed. (4224)
Wii
  2011 Ed. (3323, 4808, 4810)
  2012 Ed. (956)
Wii Fit Plus with Balance Board
  2012 Ed. (4825)
Wii Play W
  2012 Ed. (4826)
Wijeyrij Mahadeva
  2004 Ed. (969)
Wikileaks
  2012 Ed. (2305)
Wikimedia Foundation
  2013 Ed. (3374)
  2015 Ed. (3419)
Wikipedia
  2008 Ed. (649, 654, 3354, 3374)
  2009 Ed. (3434)
Wiko Plus SP. Z O.O.
  2016 Ed. (1965)
Wikoff Color

  2001 Ed. (2876)
  2005 Ed. (3041)
  2006 Ed. (3044, 3045)
  2007 Ed. (3077)
  2008 Ed. (3218)
  2009 Ed. (3277)
  2010 Ed. (3202)
  2011 Ed. (3166)
  2012 Ed. (3122)
Wikoff Color Corp.
  2013 Ed. (3207)
  2014 Ed. (3219)
  2015 Ed. (3282)
  2016 Ed. (3122)
Wiktor/Leo Burnett
  1999 Ed. (151)
  2000 Ed. (169)
Wiktor/Leo Burnett Advertising
  2001 Ed. (207)
  2002 Ed. (179)
  2003 Ed. (146)
Wil-Shar Erectors Inc.
  2010 Ed. (1147)
Wil-Shar Inc.
  2011 Ed. (4319)
  2012 Ed. (1140)
Wilamette Industries
  1990 Ed. (2500)
WILAN
  2014 Ed. (1074)
  2015 Ed. (1112)
WiLAN
  2013 Ed. (2895)
Wilan Inc.
  2016 Ed. (1485)
Wilard Agri-Service
  2013 Ed. (109)
  2014 Ed. (116)
  2015 Ed. (133)
Wilbanks, Smith & Thomas
  1997 Ed. (2531, 2535)
  1998 Ed. (2288, 2290)
  1999 Ed. (3088)
  2000 Ed. (2822, 2824)
Wilber National Bank
  1993 Ed. (510)
Wilberly Allison Tong & Goo
  2006 Ed. (3160, 3169)
  2007 Ed. (3203)
Wilbert Holliman
  2004 Ed. (2527)
Wilbert Inc.
  2003 Ed. (4734)
  2004 Ed. (4718)
  2005 Ed. (4688)
  2008 Ed. (4673)
  2009 Ed. (4713)
  2010 Ed. (4727)
Wilbert Life Insurance Co.
  1995 Ed. (2310)
  2002 Ed. (2911)
Wilbert Plastic Services
  2006 Ed. (4733)
  2007 Ed. (4749)
Wilbur; Elliot
  2011 Ed. (3368)
Wilbur-Ellis Co.
  2005 Ed. (3910)
  2009 Ed. (206, 4182)
  2010 Ed. (187, 200, 204, 205, 2217,
    2631, 4455)
  2011 Ed. (109, 122, 127, 128, 2235,
    2614, 4391)
  2012 Ed. (116, 129, 131, 132, 2097,
    2555, 4457)
  2013 Ed. (108, 924)
  2014 Ed. (115, 877)
  2015 Ed. (130, 906)
  2016 Ed. (135, 808, 1435, 2577)
Wilburton State Bank
  2010 Ed. (435)
  2011 Ed. (360)
  2012 Ed. (359)
Wilcon Homes
  2002 Ed. (51)
Wilcox & Gibbs
  1992 Ed. (1884)
Wilcox Group Architects
  2010 Ed. (2442)
Wilcox Inc.
  1993 Ed. (2993)
  1995 Ed. (3086)
Wilcox Memorial Hospital
  2006 Ed. (1744)
  2007 Ed. (1753)
  2016 Ed. (1620)
Wilcox Professional Services LLC
  2008 Ed. (4404)
Wild Apple Graphics Ltd.
  2012 Ed. (1978)

  2013 Ed. (2137)
  2014 Ed. (2071)
  2015 Ed. (2120)
Wild Bills
  2014 Ed. (4490)
  2015 Ed. (4487)
  2016 Ed. (4385)
Wild Bill's Tobacco
  2016 Ed. (4649)
Wild Bills Tobacco
  2014 Ed. (4368)
  2015 Ed. (4381)
Wild Bird Centers of America Inc.
  2002 Ed. (3659)
  2003 Ed. (3806)
  2004 Ed. (3816)
  2005 Ed. (3723)
  2006 Ed. (3815)
  2008 Ed. (3891)
Wild Birds Unlimited
  2002 Ed. (3659)
  2003 Ed. (3806)
  2004 Ed. (3816)
  2005 Ed. (3723)
  2006 Ed. (3815)
  2007 Ed. (3829)
  2008 Ed. (3891)
  2009 Ed. (3954)
  2010 Ed. (3865)
  2011 Ed. (3874)
  2012 Ed. (3857)
  2013 Ed. (3912)
  2014 Ed. (3857)
  2015 Ed. (3882)
  2016 Ed. (3793)
Wild Cherry Pepsi
  2003 Ed. (4473)
  2007 Ed. (4473)
Wild Creations
  2012 Ed. (1888)
  2013 Ed. (4273)
Wild Dunes Resort
  2009 Ed. (3164)
Wild Goose Brewing Co.
  1998 Ed. (2489)
Wild Hogs
  2009 Ed. (2366)
Wild Horse Pass Hotel & Casino
  2016 Ed. (3601)
Wild Irish Rose
  1995 Ed. (3761, 3762)
  1996 Ed. (3861, 3863)
  1997 Ed. (3908)
Wild Oats Markets Inc.
  1997 Ed. (3346)
  2004 Ed. (1680, 4633)
  2005 Ed. (1734, 4560, 4561)
  2006 Ed. (2636)
  2008 Ed. (1678, 4569, 4570, 4571)
Wild Places
  1994 Ed. (874)
Wild River
  1989 Ed. (2904)
  1990 Ed. (3685)
Wild River, Laguna Hills, CA
  1991 Ed. (3476)
Wild Rivers
  1997 Ed. (3868)
  1998 Ed. (3701)
Wild Rose Meats Inc.
  2008 Ed. (1549)
Wild Turkey
  1989 Ed. (748, 752)
  1991 Ed. (727, 2317)
  1992 Ed. (2869)
  1993 Ed. (2446)
  1994 Ed. (2391)
  1995 Ed. (2472)
  1996 Ed. (2521)
  1997 Ed. (2644, 2660)
  1998 Ed. (2376)
  1999 Ed. (3208, 3235, 3236, 3237,
    3238, 3242)
  2000 Ed. (2948, 2975)
  2001 Ed. (4788)
  2002 Ed. (284, 3107)
  2003 Ed. (4902, 4919)
  2004 Ed. (4892, 4908)
Wild Turkey Bourbon
  2002 Ed. (3159, 3161, 3162)
Wild Turkey Liqueur
  1996 Ed. (2501)
  1998 Ed. (2372)
Wild Vines
  2003 Ed. (4965)
Wild Water Kingdom
  1989 Ed. (2904)
Wild West
  1998 Ed. (3607)
Wild Wooly

1997 Ed. (3771)
Wildbird
1994 Ed. (2789)
WildCard Systems Inc.
2007 Ed. (4406)
Wildcat Discovery
2013 Ed. (4594)
Wildcat Mountain
2015 Ed. (4469)
2016 Ed. (4374)
Wilde; Mark W.
2011 Ed. (3352)
Wilde Sapte
1992 Ed. (15)
Wilde Toyota
2013 Ed. (218, 220)
Wildell Gruppen
2003 Ed. (152)
Wilder; C. John
2005 Ed. (989)
2006 Ed. (924, 941)
2007 Ed. (1014)
2008 Ed. (936)
Wilder Foundation; Amherst H.
1989 Ed. (1476)
Wilder; John
2006 Ed. (939)
Wilder; L. Douglas
1992 Ed. (2345)
1993 Ed. (1994)
Wilder-Manley Associates, Inc.
1990 Ed. (3289)
Wilderness Safaris
2013 Ed. (4697)
2015 Ed. (4770)
2016 Ed. (4674)
The Wilderness Society
1991 Ed. (1580)
1992 Ed. (254, 1987)
1993 Ed. (1637)
Wilderness Travel
2016 Ed. (4675)
Wildflower International
2014 Ed. (2954)
2015 Ed. (3015, 3025)
Wildflower International Ltd.
2006 Ed. (3540, 4379)
Wildlife
1995 Ed. (2989)
Wildlife Conservation Society
2000 Ed. (3342)
Wildman & Sons Imported Wines
1989 Ed. (2940)
Wildman & Sons Ltd.; Frederick
2005 Ed. (4976)
Wildwater Kingdom
1990 Ed. (3685)
1992 Ed. (4425)
1993 Ed. (3688)
1994 Ed. (3654)
1995 Ed. (3725)
Wildwater Kingdom, Allentown, PA
1991 Ed. (3476)
Wildwoods Convention Center
2002 Ed. (1335)
Wilens; Jacqueline
2011 Ed. (3330)
Wilentz, Goldman & Spitzer
1989 Ed. (1884)
1990 Ed. (2423)
1991 Ed. (2289)
1992 Ed. (2843)
1993 Ed. (2401)
1995 Ed. (2419)
1998 Ed. (2331)
1999 Ed. (3155)
2000 Ed. (2900)
Wilentz, Goldman & Spitzer, PA
2002 Ed. (3060)
Wilentz, Goldman & Spitzer PC
1994 Ed. (2354)
1997 Ed. (2599)
Wiley Enterprises
2005 Ed. (1209)
Wiley; M. E.
2005 Ed. (2498)
Wiley Rein
2009 Ed. (3494)
2012 Ed. (3369, 3429)
2014 Ed. (3439)
2015 Ed. (3471)
2016 Ed. (3318)
Wiley Rein & Fielding
2007 Ed. (3326)
Wiley & Sons Inc.; John
2005 Ed. (3981)
2006 Ed. (1928, 4023)
2007 Ed. (4054)
2008 Ed. (3623)
2009 Ed. (3689)

2010 Ed. (598, 3605)
Wilf Corp.; Elias
1993 Ed. (1866)
1995 Ed. (1879)
Wilf; Zygi
2012 Ed. (2679)
Wilford Hall Medical Center
2011 Ed. (3053)
2012 Ed. (2991)
Wilfred Corrigan
1997 Ed. (1800)
Wilfred J. Corrigan
2003 Ed. (4383)
Wilfrid Laurier University
1995 Ed. (871)
2002 Ed. (903, 904)
2007 Ed. (1168, 1176, 1177, 1178)
2008 Ed. (1072, 1084)
2009 Ed. (1049, 1057)
2010 Ed. (1019)
2011 Ed. (954)
2012 Ed. (874)
Wilhelm A. Mallory
1990 Ed. (1714)
Wilhelm Construction Co.; F. A.
2006 Ed. (1310, 1337)
2008 Ed. (1296, 1329)
2009 Ed. (1280, 1316)
2010 Ed. (1274)
2011 Ed. (1226)
2012 Ed. (1093)
Wilhelmsen; Arne
2008 Ed. (4871)
2009 Ed. (4893)
2010 Ed. (4893)
2011 Ed. (4882)
2012 Ed. (4891)
2013 Ed. (4895)
2014 Ed. (4907)
2015 Ed. (4947)
2016 Ed. (4862)
Wilhelmsen; Gjert
2016 Ed. (4862)
Wilhold
2001 Ed. (2631)
Wiliangye Yibin
2012 Ed. (464)
2013 Ed. (571)
Wilke-Thompson Capital Management
1993 Ed. (2333)
Wilkerson & Co.
1998 Ed. (2706)
Wilkerson Corp.
2002 Ed. (1654)
Wilkes Barre-Scranton, PA
2002 Ed. (922)
2003 Ed. (845)
2004 Ed. (872)
Wilkes Bashford
2006 Ed. (1038)
Wilkes McClave III
2003 Ed. (1546)
Wilkie Farr & Gallagher
1998 Ed. (2573)
1999 Ed. (3484)
2000 Ed. (3198)
2002 Ed. (1359)
Wilkin & Guttenplan
2012 Ed. (2)
2013 Ed. (2)
Wilkin & Guttenplan PC
2008 Ed. (1974)
2009 Ed. (1929)
2010 Ed. (1864)
2011 Ed. (1896)
2012 Ed. (1752)
2013 Ed. (1918)
2015 Ed. (1893)
2016 Ed. (1857)
Wilkins Area Industrial Development
Authority, PA
1993 Ed. (2619)
Wilkins Buick, Inc.
1990 Ed. (337)
1991 Ed. (304)
Wilkins Jr.; Rayford
2010 Ed. (178)
Wilkins Kennedy
2011 Ed. (10)
2012 Ed. (13)
Wilkins; Scott
1996 Ed. (1900)
Wilkinson
1994 Ed. (2997)
Wilkinson Barker Knauer
2012 Ed. (3369)
Wilkinson Boyd Asset Mgmt.
1990 Ed. (2336)
Wilkinson; Peter
2007 Ed. (4933)

2008 Ed. (4907)
Wilkinson Sword
1990 Ed. (2947, 2948)
Wilks; Dan
2013 Ed. (4846)
2014 Ed. (4862)
2015 Ed. (4899)
Wilks; Farris
2013 Ed. (4846)
2014 Ed. (4862)
2015 Ed. (4899)
Wilks Masonry Corp.
2002 Ed. (1293)
2005 Ed. (1316)
2006 Ed. (1286)
2007 Ed. (1363)
2009 Ed. (1236)
2011 Ed. (1183)
2012 Ed. (1130)
2013 Ed. (1276)
Will County, IL
2008 Ed. (4732)
Will & Grace
2002 Ed. (4583)
2003 Ed. (4715, 4716)
2004 Ed. (3515, 3808, 4692)
2005 Ed. (4665)
Will Greer
2012 Ed. (4386)
Will Hill Ltd.
2005 Ed. (2940, 3282, 4090)
Will; Montford S.
2009 Ed. (3444)
2010 Ed. (3385)
Will Smith
2005 Ed. (2443)
2008 Ed. (183)
2009 Ed. (201)
2010 Ed. (2508)
2011 Ed. (2510)
2012 Ed. (2436)
2013 Ed. (2597)
2014 Ed. (2526)
2015 Ed. (2599)
2016 Ed. (2524)
William P. Foley III
2002 Ed. (1040)
Willaim W. McGuire
2008 Ed. (945)
Willamette
1999 Ed. (1752)
2000 Ed. (1584)
Willamette Industries Inc.
1989 Ed. (1915, 2112)
1990 Ed. (1844, 2761, 2762)
1991 Ed. (1762, 2668, 2670)
1992 Ed. (2210, 3329, 3332, 3333, 3338)
1993 Ed. (1384, 1417, 1891, 2765)
1994 Ed. (1438, 1892, 2726)
1995 Ed. (1472, 1763, 2827, 2828, 2830)
1996 Ed. (1434, 2901, 2902)
1997 Ed. (1235, 1496, 2068, 2986, 2988, 2989, 2991)
1998 Ed. (1185, 1752, 2736, 2737, 2738, 2739)
1999 Ed. (1553, 1722, 2491, 3688, 3689, 3700, 3701)
2000 Ed. (1533, 3405, 3407)
2001 Ed. (1832, 3621, 3622, 3623, 3626, 4933)
2002 Ed. (1751, 2319, 2320, 2321, 3581, 3583, 3584)
2003 Ed. (1808, 2538, 2541, 3715, 3717, 3718)
2005 Ed. (1526)
Willamette University
2000 Ed. (2904)
2001 Ed. (3061)
Willamette University College of Law
1999 Ed. (3160)
Willamette University, George H. Atkinson Graduate School of Management
1989 Ed. (841)
Willamette Valley Vineyards
2016 Ed. (1117)
Willard C. Butcher
1989 Ed. (417)
1990 Ed. (458, 459)
The Willard Inter-Continental
1990 Ed. (2102)
1992 Ed. (2481)
Willard Inter-Continental Hotel
1991 Ed. (1946)
1993 Ed. (2089)
1997 Ed. (2284)
Willard; Miriam Cutler
1993 Ed. (1801)

1994 Ed. (1783, 1784)
1995 Ed. (1868)
1997 Ed. (1869)
Willard Oberton
2011 Ed. (819, 850)
2012 Ed. (789)
2013 Ed. (983)
2015 Ed. (959)
Willbros Group Inc.
2003 Ed. (4599)
2004 Ed. (1279, 1280, 2364)
2005 Ed. (1303)
2006 Ed. (1272)
2009 Ed. (2090)
2010 Ed. (1218, 1261, 2031, 2032)
2011 Ed. (1165, 1211)
2012 Ed. (1104, 1147, 4112)
2016 Ed. (2475, 2480)
Willburton State Bank
2009 Ed. (456)
Willcox Inc.
1991 Ed. (2830)
1992 Ed. (3659)
1994 Ed. (3041)
Willcox Inc. Reinsurance Intermediaries
1996 Ed. (3187)
1997 Ed. (3291)
1998 Ed. (3036)
Willcox & Savage
1995 Ed. (2651)
Willem II Extra Senoritas
2001 Ed. (2116)
Willem II Half Corona
2001 Ed. (2114)
Willem P. Roelandts
2006 Ed. (2524)
2007 Ed. (2502)
Willens; Jacqueline
2012 Ed. (3317)
Willens; Robert
1994 Ed. (1836)
1995 Ed. (1854)
1996 Ed. (1832)
1997 Ed. (1905)
Willert Home Products
2003 Ed. (996)
Willey Brothers Inc.
2006 Ed. (4366)
Willey; R. C.
1996 Ed. (1983)
willhaben internet service GmbH
2012 Ed. (1339)
2014 Ed. (1396)
willhaben internet service GmbH & Co. KG
2015 Ed. (1458)
willhaben.at
2011 Ed. (1491)
Willi Liebherr
2016 Ed. (4878)
William A. Anders
1994 Ed. (947, 1714)
William A. Berry & Son Inc.
2009 Ed. (2637, 2641)
William A. Cook
2004 Ed. (4863)
2005 Ed. (4849)
2006 Ed. (4904)
William A. Cooper
1994 Ed. (1720)
William A. Osborn
2010 Ed. (2564)
William A. Robinson
1990 Ed. (3084, 3085)
William A. Roskin
2006 Ed. (2525)
2007 Ed. (2504)
William A. Roskinsr
2005 Ed. (2511)
William Ackman
2016 Ed. (2902, 4809)
William Acquavella
2013 Ed. (180)
William Anders
1995 Ed. (979, 980)
William Andrew
2012 Ed. (801)
William B. Chappell
2011 Ed. (3351, 3357)
William B. Harrison Jr.
2005 Ed. (2474)
2007 Ed. (1027)
William B. Keene
1991 Ed. (3212)
William B. May Co.
2000 Ed. (3714)
2001 Ed. (3997)
2002 Ed. (3915)
William B. Moore
2012 Ed. (808)

2013 Ed. (988)
William B. Snyder
1990 Ed. (1719)
1991 Ed. (1626)
William B. Ziff
1990 Ed. (2577)
William Baird plc
1991 Ed. (986)
1992 Ed. (1229)
1993 Ed. (999)
1994 Ed. (1031)
1995 Ed. (1037)
1996 Ed. (1021)
1999 Ed. (1206)
2000 Ed. (1125)
2001 Ed. (1282)
2002 Ed. (1087)
William Barron Hilton
2007 Ed. (4899)
2010 Ed. (3955)
2011 Ed. (4830)
William Beaumont Army Medical Center
2011 Ed. (3053)
2012 Ed. (2991)
2013 Ed. (3080)
2015 Ed. (3146)
William Beaumont Hospital Inc.
1990 Ed. (2055)
1993 Ed. (2072)
1995 Ed. (2142)
1996 Ed. (2154)
1997 Ed. (2269)
1998 Ed. (1988)
1999 Ed. (3462)
2000 Ed. (2526)
2001 Ed. (1791, 2228, 2772)
2002 Ed. (2619)
2003 Ed. (1759)
2004 Ed. (1796)
2005 Ed. (1866)
2006 Ed. (1880)
2007 Ed. (1879)
2008 Ed. (1928, 3062)
2009 Ed. (1886)
2010 Ed. (1821)
2011 Ed. (1851)
William Beaumont Hospitals
1991 Ed. (1933)
1992 Ed. (2457)
William Bee Ririe Hospital
2012 Ed. (2993)
William Belchere
1999 Ed. (2284)
2000 Ed. (2064)
William Belew
2005 Ed. (3183)
William Bernbach
2000 Ed. (37)
William Bernstein
2004 Ed. (3168)
William Bird
2000 Ed. (1979)
William Blair
1989 Ed. (1761)
1990 Ed. (2293)
William Blair Capital
1997 Ed. (3833)
William Blair & Co.
1994 Ed. (2292)
1995 Ed. (2353)
1996 Ed. (2372, 3365)
1997 Ed. (2505)
1998 Ed. (2252, 2270, 3176)
2001 Ed. (560, 810)
William Blair & Co. LLC
2000 Ed. (2769)
2002 Ed. (2999, 4234)
William Blair Growth
1996 Ed. (2752, 2773)
William Blair Income
1996 Ed. (2783)
William Blair Income Fund
1999 Ed. (746)
William Blair International Growth
2002 Ed. (2163, 3476)
2003 Ed. (3613)
2004 Ed. (2477, 3638, 3640, 3643)
2006 Ed. (3674, 3675)
William Blair International Growth Fund
2003 Ed. (3529)
William Blair Small Cap Growth
2006 Ed. (4570)
2007 Ed. (2491)
2008 Ed. (2621)
William Boyd
2007 Ed. (4899)
William Brown
1998 Ed. (1685)
William C. Cobb
2014 Ed. (946)

2015 Ed. (973)
William C. Ford Jr.
2006 Ed. (936)
2007 Ed. (1030)
William C. France Jr.
2002 Ed. (3347)
William C. Steere Jr.
1996 Ed. (962)
William C. Weldon
2007 Ed. (1028)
2008 Ed. (950)
2009 Ed. (949)
2010 Ed. (901)
2011 Ed. (821, 831)
2012 Ed. (794)
2015 Ed. (960)
William Cable
1995 Ed. (936)
William Candelaria
2013 Ed. (2962)
William Carter Co.
1996 Ed. (999)
1997 Ed. (1019)
William Cavanaugh III
2005 Ed. (1104)
2006 Ed. (1099)
William Cheng
1997 Ed. (849)
William Cibes
1995 Ed. (3504)
William Clay Ford
2002 Ed. (979, 3347)
William Clay Ford Jr.
2005 Ed. (984)
2014 Ed. (2596)
2015 Ed. (2639)
William Connor
2012 Ed. (4843)
2013 Ed. (4842)
William Conway Jr.
2014 Ed. (3392)
William Cook
2002 Ed. (3354)
2007 Ed. (4899)
2008 Ed. (4829)
2009 Ed. (4850)
2010 Ed. (4856)
2011 Ed. (4829)
2012 Ed. (4842)
William Cook Advertising
1989 Ed. (158, 159)
1990 Ed. (149)
William Cook Agency Inc.
1991 Ed. (149)
1992 Ed. (206)
1998 Ed. (55)
1999 Ed. (89)
2000 Ed. (95)
William Cooper
2006 Ed. (927)
2007 Ed. (1017)
William Cos.
1996 Ed. (1999)
William Cox Ireland Ltd.
2008 Ed. (1859)
William Craig Dobbs
2014 Ed. (3394)
William Creighton
2013 Ed. (4894)
William Curtin
1993 Ed. (1843)
1997 Ed. (1951)
1998 Ed. (1565)
William D. Schaefer
1993 Ed. (1994)
William D. Smithburg
1993 Ed. (938)
1996 Ed. (1715)
William D. Winer Inc.
1993 Ed. (2342)
William D. Zollars
2005 Ed. (2516)
2006 Ed. (2530)
2008 Ed. (958)
2009 Ed. (960)
2010 Ed. (913)
William Dale
1990 Ed. (850)
1999 Ed. (2351)
2000 Ed. (2138)
William Davidson
1998 Ed. (686)
William de Winton
2000 Ed. (2116)
William Dean Singleton
2007 Ed. (2497)
2009 Ed. (4857)
William Deatherage
2000 Ed. (2056)
William Demant

2007 Ed. (2781)
2011 Ed. (2874)
2012 Ed. (2811)
2013 Ed. (2866)
2014 Ed. (2899)
2015 Ed. (2942)
William Demant Holding
2006 Ed. (1402)
William Dillard II
2007 Ed. (2503)
William Ding Lei
2005 Ed. (2515)
2006 Ed. (2529)
2007 Ed. (2508)
William Donald Schaefer
1992 Ed. (2344)
1995 Ed. (2043)
William Douglas McAdams Inc.
1989 Ed. (60)
1990 Ed. (67)
1991 Ed. (68, 2398)
1997 Ed. (57)
William Doyle
2007 Ed. (2501)
2008 Ed. (2633, 2637)
2012 Ed. (803)
2016 Ed. (865)
William Drewry
1999 Ed. (2255)
2000 Ed. (2036)
William E. Connor & Associates Ltd.
2013 Ed. (788)
2015 Ed. (1214)
William E. Conway Jr.
2009 Ed. (4859)
2010 Ed. (4928)
2011 Ed. (4913)
William E. Greehey
2006 Ed. (937)
2007 Ed. (960, 1031)
William E. Simon & Sons
1998 Ed. (3666)
1999 Ed. (4234, 4706)
2000 Ed. (4342)
William E. Simon & Sons LLC
2000 Ed. (4341)
2002 Ed. (4736)
William E. Simon & Sons Municipal Securities Inc.
2000 Ed. (3971)
William Edward Simon
1990 Ed. (2578)
1991 Ed. (2462)
1992 Ed. (3079)
William Erbey
2015 Ed. (4891)
William Esrey
2001 Ed. (1217)
William Esty
1989 Ed. (135)
William Esty Co. Inc. Advertising
1989 Ed. (98)
William F. Aldinger
2000 Ed. (1884)
2002 Ed. (2213)
William F. Andrews
1998 Ed. (1135)
William F. LaVecchia
1992 Ed. (2903)
1993 Ed. (2461)
William F. Poe
1989 Ed. (1741)
1990 Ed. (2271)
William F. Rolinski
2004 Ed. (2533)
William Farley
1990 Ed. (3554)
1994 Ed. (1721)
1996 Ed. (1715)
1998 Ed. (1516)
2000 Ed. (1884)
2002 Ed. (1466)
2003 Ed. (1487)
2004 Ed. (1517)
2005 Ed. (1533)
William Fatt
2004 Ed. (2534)
William Fish
1993 Ed. (1844)
1997 Ed. (1947)
William Fisher
2007 Ed. (4897)
2008 Ed. (4831)
2009 Ed. (4849)
2010 Ed. (4853)
2016 Ed. (4817)
William & Flora Hewlett Foundation
1992 Ed. (1100)
2002 Ed. (2332)
2005 Ed. (2677)

2008 Ed. (2766)
2010 Ed. (2770, 2772)
2011 Ed. (2756, 2758)
2012 Ed. (2690, 2692)
William Ford
2009 Ed. (4828)
2010 Ed. (4844)
William Ford & Family
1990 Ed. (3687)
William France Jr.
2007 Ed. (4904)
William Fricks
1999 Ed. (1120)
William Fry
2005 Ed. (1444, 1445)
William Fung
2010 Ed. (4865)
2011 Ed. (4852, 4853)
2012 Ed. (4859, 4860)
2013 Ed. (4873, 4874)
2014 Ed. (4887)
2015 Ed. (4926)
William G. Demmert
1991 Ed. (3212)
William G. Mays
1999 Ed. (2055)
William G. McEwan
2004 Ed. (971, 1667)
William Gallagher
1999 Ed. (2379)
2000 Ed. (2159)
William Gates
1997 Ed. (1798)
1998 Ed. (464, 686, 1509, 1510)
William Genco
1990 Ed. (1766)
1991 Ed. (1688)
1992 Ed. (2135, 2137)
1993 Ed. (1820)
1994 Ed. (1803)
1995 Ed. (1841)
1996 Ed. (1819)
1997 Ed. (1893)
1998 Ed. (1605)
1999 Ed. (2227)
2000 Ed. (2009)
William Grant
1991 Ed. (2931)
2000 Ed. (2941)
William Grant & Sons
1990 Ed. (1033)
2001 Ed. (360, 2120, 3119)
2002 Ed. (3109, 3152)
2003 Ed. (3231, 4310)
2004 Ed. (4320, 4974)
2005 Ed. (4975)
William Grants
2001 Ed. (2118, 3113)
2002 Ed. (3182)
William Green
2007 Ed. (973)
2008 Ed. (939)
2010 Ed. (889)
William Greene
2011 Ed. (3336)
William Gross
2010 Ed. (702)
William Gruwell
2006 Ed. (333, 334)
William H. Bickell
2003 Ed. (1803)
2004 Ed. (1836)
William H. Cosby Jr.
1990 Ed. (1672)
1991 Ed. (1578)
1994 Ed. (1667)
William H. Gates
1994 Ed. (890, 1716, 1718)
1999 Ed. (727, 1072, 2075, 2076, 2082, 2664, 4746)
William H. Gates III
1995 Ed. (664, 1717, 1731)
1996 Ed. (961)
1997 Ed. (673)
1999 Ed. (726)
2001 Ed. (705, 4745)
2002 Ed. (706, 2806, 3361)
2003 Ed. (787, 4684, 4887, 4889, 4894)
2004 Ed. (3890, 4872, 4874, 4881, 4882)
2005 Ed. (788, 4858, 4860, 4882, 4883)
2006 Ed. (689, 1450, 3262, 3898, 4911, 4915, 4927)
2007 Ed. (4906, 4908, 4915, 4916)
2008 Ed. (4835, 4837, 4839, 4881, 4882)
2009 Ed. (759, 4855, 4858, 4904)

2010 Ed. (891, 2897, 4860, 4861, 4905)
2011 Ed. (4846, 4847, 4893)
2012 Ed. (3825, 4847, 4853, 4855, 4901)
2013 Ed. (3493, 4833, 4850, 4852, 4924)
2014 Ed. (3469, 4848, 4866, 4867, 4931)
2015 Ed. (3486, 4885, 4903, 4904, 4971)
2016 Ed. (3336, 4803, 4820, 4888)
William H. Joyce
2007 Ed. (2498)
William H. Lewis
2016 Ed. (870)
William H. Rincker
1992 Ed. (534)
William H. Spence
2015 Ed. (972)
William H. Swanson
2007 Ed. (1029)
2011 Ed. (823)
2015 Ed. (968)
William Hartnett
2005 Ed. (3183)
William Hermandez
2006 Ed. (954)
2007 Ed. (1050)
William Hewlett
1989 Ed. (2751, 2905)
1998 Ed. (686)
1999 Ed. (2082, 2664)
2000 Ed. (1881, 2448)
2002 Ed. (3350)
2008 Ed. (895)
William Hickey
2006 Ed. (911)
William Hill
2005 Ed. (2945, 3283)
2006 Ed. (3275)
2007 Ed. (731)
William Hill Bookmakers
2009 Ed. (147)
2010 Ed. (141)
2011 Ed. (64)
William Hill Organization Ltd.
2012 Ed. (3460)
2013 Ed. (2796, 3503)
2014 Ed. (2832)
2015 Ed. (2872)
2016 Ed. (2805)
William Hill plc
2006 Ed. (1684)
2007 Ed. (1784, 2959, 3349)
2008 Ed. (3083)
William Hilton
2012 Ed. (4851)
William Hoffmann
2000 Ed. (1952)
William Holland
1997 Ed. (980)
William Ingassia
1998 Ed. (1574)
William Ingrassia
1997 Ed. (1927)
William J. Avery
2000 Ed. (1887)
William J. Catacosinos
1991 Ed. (1625)
1994 Ed. (1718)
William J. Cibes
1993 Ed. (3444)
William J. Clinton
2012 Ed. (719)
William J. Clinton Foundation
2010 Ed. (3759)
2012 Ed. (719)
William J. Conaty
1995 Ed. (1726)
1996 Ed. (2989)
1997 Ed. (3068)
William J. DeLaney
2011 Ed. (833)
William J. Doyle
2008 Ed. (2631)
William J. Holcombe
1992 Ed. (2063)
William J. Inman
2006 Ed. (2532)
William J. Spector
2005 Ed. (2512)
William J. Stromberg
2016 Ed. (2558)
William Jewell College
1989 Ed. (956)
William Jovanovich
1989 Ed. (1382)
1990 Ed. (1721)
1991 Ed. (1629)

1993 Ed. (1703)
William K. Warren Medical Research Center
1989 Ed. (1477)
William K. Woodruff
1992 Ed. (3880)
William Keitel
2005 Ed. (993)
2006 Ed. (994)
2007 Ed. (1086)
2008 Ed. (969)
2010 Ed. (921)
William Kelley
2000 Ed. (1876)
William Kellogg
2006 Ed. (4902)
2008 Ed. (4826)
2009 Ed. (4849)
William Klesse
2011 Ed. (820)
2013 Ed. (985)
William Koch
2012 Ed. (4839)
2013 Ed. (4837)
William L. Bucknall Jr.
2008 Ed. (2635)
William L. Davis
2000 Ed. (1884)
William L. Hawthorne III
2012 Ed. (2157)
William L. Parsons
1991 Ed. (2344)
William L. Rouse, Jr.
1992 Ed. (1138)
William L. Westerman
1999 Ed. (2079)
William Landers
1999 Ed. (2408)
William Laurent
1999 Ed. (2415)
William Lawson's
1996 Ed. (2525)
William Leach
1991 Ed. (1681, 1708)
1993 Ed. (1798)
1994 Ed. (1781)
1995 Ed. (1821)
1996 Ed. (1794)
1997 Ed. (1868)
1999 Ed. (2228)
2000 Ed. (2010)
William Lehman Buick
1990 Ed. (337)
1991 Ed. (304)
1992 Ed. (409)
William Lehman Mitsubishi
1994 Ed. (277)
1995 Ed. (280)
1996 Ed. (280)
William Lewis
1991 Ed. (2554)
William Lyon Companies
1990 Ed. (1155)
William Lyon Co.
1990 Ed. (1171)
1992 Ed. (1353, 1362, 1363, 1366, 1367, 2555)
1994 Ed. (1113, 1114, 1119)
1995 Ed. (1134)
William Lyon Cos.
1991 Ed. (1047, 1058, 1059, 1062, 1063, 1988)
1993 Ed. (1083, 1089, 1095)
William Lyon Homes
2000 Ed. (3721)
2001 Ed. (1389)
2002 Ed. (1210, 2672, 2673, 2675)
2003 Ed. (1188, 1189, 1206)
2004 Ed. (1194, 1218, 4074)
2005 Ed. (1242, 4006, 4007)
2006 Ed. (1190)
2007 Ed. (1269, 2737)
2009 Ed. (1170, 1175)
2010 Ed. (1163, 1164)
2011 Ed. (1112)
2012 Ed. (1034)
2015 Ed. (4573)
William Lyons Homes Inc.
2015 Ed. (1483)
2016 Ed. (1408)
William M. Bird & Co., Inc.
1999 Ed. (2447)
2000 Ed. (2202)
William M. Davidson
2004 Ed. (4864)
2005 Ed. (4855)
2006 Ed. (4909)
2007 Ed. (4904)
2008 Ed. (4833)
2009 Ed. (4853)

2010 Ed. (4858)
William M. Landuyt
2006 Ed. (2521)
William M. Mercer Companies LLC
2001 Ed. (2222)
William M. Mercer Cos. Inc.
1995 Ed. (854, 1661, 1662)
1996 Ed. (836, 1638, 1639)
1998 Ed. (1422, 1423, 1424, 1425, 1426, 1427)
1999 Ed. (26, 1997, 1998, 1999, 2000, 2001)
2001 Ed. (1442, 1443, 2221)
William M. Mercer Cos. LLC
2002 Ed. (2111, 2113)
William M. Mercer Inc.
1990 Ed. (852)
1991 Ed. (1543)
1992 Ed. (1940)
1993 Ed. (15, 1589, 1590, 1591, 1592)
1994 Ed. (1622, 1623, 1624)
1997 Ed. (1715, 1716)
2000 Ed. (1774, 1775, 1776, 1777, 1778, 1779)
2002 Ed. (1218, 2112)
William M. Mercer LLC
2002 Ed. (866)
William M. Mercer Meidinger Hansen Inc.
1990 Ed. (1650, 1651)
1991 Ed. (1544, 1545)
William M. Young Co.
1994 Ed. (797)
1995 Ed. (849)
William Macaulay
2014 Ed. (3392)
William Marsh Rice University
2010 Ed. (3835)
William & Mary; College of
2006 Ed. (720)
2007 Ed. (805, 832)
2008 Ed. (784)
2009 Ed. (797)
William McCormick Jr.
1992 Ed. (1144)
1993 Ed. (939)
1994 Ed. (948)
2001 Ed. (1220)
William McDonough
2005 Ed. (3204)
William McGrath
1996 Ed. (1912)
1997 Ed. (2002)
William McGuire
2000 Ed. (1878)
2005 Ed. (969)
2007 Ed. (993)
2008 Ed. (937)
William McGuire, CEO
2000 Ed. (2425)
William McKee
2006 Ed. (992)
2007 Ed. (1085)
2008 Ed. (966)
William McKnight
2005 Ed. (974)
William McLaughlin II
1992 Ed. (1137)
William & Melinda Gates
2005 Ed. (3832)
2007 Ed. (3949)
2008 Ed. (3979)
2010 Ed. (3955)
2011 Ed. (775)
2012 Ed. (719)
William Melton
1990 Ed. (2285)
William Mercer Inc.
1990 Ed. (1648)
William Mills Agency
2005 Ed. (3959)
William Mills & Associates
2002 Ed. (3808)
William Mitchell College of Law
1996 Ed. (2464)
1998 Ed. (2340)
2000 Ed. (2910)
William Morean
2002 Ed. (3350)
2005 Ed. (4850)
William Morrison
1990 Ed. (3500)
William Morse Davidson
2002 Ed. (3345)
2003 Ed. (4881)
William Motto
2008 Ed. (2634)
William Murray
1994 Ed. (1715)

1996 Ed. (1710)
William Osborn
2009 Ed. (385)
William Overholt
1999 Ed. (2283)
William P. Clements, Jr.
1990 Ed. (1946)
1991 Ed. (1857)
1992 Ed. (2345)
William P. Foley II
2008 Ed. (957, 2638, 2639)
2009 Ed. (2665)
William P. Lauder
2010 Ed. (898)
William P. Noglows
2006 Ed. (2521)
2007 Ed. (2500)
William P. Stiritz
1990 Ed. (1713)
1991 Ed. (1623)
1993 Ed. (937, 1695)
William P. Sullivan
2011 Ed. (844)
William P. Utt
2011 Ed. (828)
William Paley
1992 Ed. (1096)
2000 Ed. (37)
William Parsons
1992 Ed. (2906)
1993 Ed. (2464)
William Pecoriello
2000 Ed. (1986)
William Penn Foundation
1990 Ed. (1849)
1991 Ed. (1768)
1992 Ed. (2217)
1994 Ed. (1904)
1999 Ed. (2504)
2002 Ed. (2334)
William Penn Interest Income Government Securities
1996 Ed. (2780)
William Penn Life
1995 Ed. (2297)
William Penn Quality Income
1996 Ed. (2784)
William Perez
2007 Ed. (964)
William; Prince
2007 Ed. (4925)
William Pulte
2007 Ed. (4902)
William R. Armstrong
2011 Ed. (3374)
William R. Berkley
1998 Ed. (720, 2138)
2010 Ed. (909)
2011 Ed. (837)
William R. Biggs,/Gilmore Associates
1990 Ed. (67)
William R. Brown Jr.
1993 Ed. (2639)
1995 Ed. (2669)
William R. Flough & Co.
1991 Ed. (3063)
William R. Harker
2011 Ed. (1374)
William R. Hewlett
2001 Ed. (3779)
William R. Hough & Co.
1991 Ed. (2173)
1993 Ed. (2269, 3198)
1997 Ed. (2479)
1998 Ed. (2233, 3254)
1999 Ed. (3020, 4243, 4245)
2000 Ed. (3979, 3981)
2001 Ed. (794, 795, 830, 916, 923, 924, 4382)
2002 Ed. (4234)
2003 Ed. (4352)
2004 Ed. (4372)
2005 Ed. (4313)
William R. Johnson
2011 Ed. (832)
2014 Ed. (2595)
The William R. Kenan, Jr. Charitable Trust
1995 Ed. (1070, 1928)
William R. Klesse
2008 Ed. (953)
2009 Ed. (952)
2015 Ed. (969)
William Rabin
1997 Ed. (1872)
1998 Ed. (1603, 1634)
1999 Ed. (2220)
2000 Ed. (1998)
William Randol
1989 Ed. (1418)

1993 Ed. (1815)
1994 Ed. (1798)
1995 Ed. (1836)
1996 Ed. (1813)
1997 Ed. (1888)
William Raveis Real Estate Inc.
2011 Ed. (4150)
William Rawn Associates
2012 Ed. (199)
2014 Ed. (188)
2015 Ed. (212)
2016 Ed. (210)
William Reed
1997 Ed. (1924)
1998 Ed. (1566)
1999 Ed. (2153)
2000 Ed. (1923)
William Rhodes
1998 Ed. (1515)
William Rhodes III
2013 Ed. (983)
William Roelandts
2003 Ed. (961)
William Rubin
1999 Ed. (2189)
William Rudolphsen
2007 Ed. (1090)
William Ryan
2008 Ed. (2637)
William S. Demchak
2015 Ed. (2637)
William S. Heys
2000 Ed. (1886)
William S. Kellogg
2004 Ed. (4868)
2005 Ed. (4853)
William Schreyer
1993 Ed. (936, 937, 940, 1695)
William Shanahan
1996 Ed. (1710)
2000 Ed. (1880)
William Shatner
2008 Ed. (2590)
2010 Ed. (2521)
William Siedenburg
1989 Ed. (1419)
William Silverman & Co.
1994 Ed. (2969)
1995 Ed. (3029)
1996 Ed. (3132)
1997 Ed. (3209)
1998 Ed. (2937, 2955)
William Simon
1989 Ed. (1422)
William Smith
1991 Ed. (1690)
1993 Ed. (1823)
1994 Ed. (1806)
William Smithburg
1999 Ed. (2077)
William Stavropoulos
2005 Ed. (965)
2006 Ed. (881)
William Stone
2006 Ed. (2527)
William T. Esrey
2003 Ed. (4695)
William T. Heard
2006 Ed. (333, 334)
William T. Holland
2004 Ed. (971, 1667)
William T. McCormick
1997 Ed. (981)
William T. McCormick, Jr.
1990 Ed. (1715)
William T. Morrow
2011 Ed. (845)
William T. Randall
1991 Ed. (3212)
William Taubman
2014 Ed. (2596)
William Teuber Jr.
2006 Ed. (968)
2007 Ed. (1064)
William Truscott
2010 Ed. (2568)
William V. Hickey
2011 Ed. (3995)
2012 Ed. (3988)
2014 Ed. (3990)
William Van Note
1993 Ed. (2639)
William Vere (Holdings) Ltd.
1995 Ed. (1016)
William W. Davis Sr.
1999 Ed. (2055)
William W. McGuire
2006 Ed. (903, 938)
William Weiant
1991 Ed. (1674)

William Weldon
2007 Ed. (994)
2011 Ed. (822)
William Wells
2007 Ed. (1050)
William Wheeler
2007 Ed. (1067)
2008 Ed. (970)
2010 Ed. (922)
William Wigder
1993 Ed. (1818)
1994 Ed. (1801)
1995 Ed. (1839)
1996 Ed. (1817)
1997 Ed. (1891)
1999 Ed. (2250)
2000 Ed. (2032)
William Wilson & Associates
2005 Ed. (1530)
William Wrigley
1989 Ed. (1378)
2013 Ed. (4839)
William Wrigley Jr.
1990 Ed. (1825)
1992 Ed. (1041, 1044, 1526, 2174, 2181)
1993 Ed. (831, 929, 1225, 1877)
2000 Ed. (2221, 3691)
2002 Ed. (3353)
2003 Ed. (4880)
2004 Ed. (4862)
2005 Ed. (4848)
2006 Ed. (4903)
2007 Ed. (4898)
2009 Ed. (2663)
2011 Ed. (4828)
William Wrigley Jr. Co.
2015 Ed. (874)
2016 Ed. (763)
William Yarmuth
2012 Ed. (2494)
William Young
1989 Ed. (1418)
1991 Ed. (1700, 1708)
1993 Ed. (1786)
1994 Ed. (1769)
1995 Ed. (1798, 1810)
1996 Ed. (1785)
1997 Ed. (1861)
1998 Ed. (1651)
1999 Ed. (2241)
2000 Ed. (1993)
Williamette Industries
1995 Ed. (2504)
2000 Ed. (2256)
Williams
1989 Ed. (1494)
1990 Ed. (1876)
1991 Ed. (1786)
1992 Ed. (2259)
1994 Ed. (1981)
1996 Ed. (1433, 2032, 3037, 3038)
1997 Ed. (1287, 1288, 1495, 3118, 3119)
1998 Ed. (2040)
2000 Ed. (1532, 3518, 3549, 3550)
2001 Ed. (3946, 3947, 3948)
2014 Ed. (270)
Williams; Allison
1991 Ed. (2178)
Williams; Andy
1989 Ed. (990)
Williams & Bailey
2002 Ed. (3721)
Williams Benator & Libby
2016 Ed. (3)
Williams Blackstock Architects
2008 Ed. (2512)
2012 Ed. (200)
Williams Blackstock Architects PC
2009 Ed. (2522)
2015 Ed. (1418)
Williams Blackstone Architects PC
2010 Ed. (2439)
2011 Ed. (2445)
Williams BMW
2003 Ed. (747)
Williams Brothers Construction Co.
2002 Ed. (1254)
2007 Ed. (1349)
2009 Ed. (1314)
2010 Ed. (1308)
Williams Brothers Engineering Co.
1991 Ed. (1559)
Williams; Bryan "Birdman"
2014 Ed. (3733)
2016 Ed. (3643)
The Williams Capital Group
2000 Ed. (745)
The Williams Capital Group LP

1999 Ed. (732)
2002 Ed. (718)
2003 Ed. (219)
2004 Ed. (177)
2005 Ed. (178)
2006 Ed. (192)
2007 Ed. (198)
2008 Ed. (185)
2009 Ed. (202)
2010 Ed. (182)
2011 Ed. (105)
2012 Ed. (112)
2013 Ed. (88)
2015 Ed. (111)
2016 Ed. (118, 119)
Williams Chicken
2008 Ed. (171)
Williams; Clay
2010 Ed. (917)
Williams College
1989 Ed. (955)
1990 Ed. (1089, 1093)
1991 Ed. (1002)
1992 Ed. (1268)
1993 Ed. (1016)
1994 Ed. (1043)
1995 Ed. (1051)
1996 Ed. (1036)
1997 Ed. (1052)
1998 Ed. (798)
1999 Ed. (1227)
2000 Ed. (1136)
2001 Ed. (1316, 1318, 1328)
2008 Ed. (1057, 1067, 1068)
2009 Ed. (1030, 1031, 1040, 1044, 1045)
2010 Ed. (996, 999, 1006, 1010, 1011)
2011 Ed. (939, 940, 944, 948, 2957)
2012 Ed. (858, 861, 864, 2886)
Williams Communications Group Inc.
2001 Ed. (4457)
2004 Ed. (412, 3682)
Williams Communications Solutions
1999 Ed. (4561)
The Williams Companies Inc.
2001 Ed. (1830, 3766, 3767, 4661)
2002 Ed. (1185, 1750, 3711, 3712, 3876)
2003 Ed. (1584, 1804, 1805, 2141, 2259, 2280, 3845, 4538)
2004 Ed. (1447, 1837, 1838, 2109, 2110, 2314, 3862, 3869, 4571, 4579)
2005 Ed. (1467, 1612, 1632, 1923, 1924, 2214, 2395, 2398, 2399, 2402, 2413, 3752, 3754, 3759, 3797, 4457)
2006 Ed. (1529, 1773, 1957, 1958, 1959, 2352, 2437, 2440, 2446, 3830, 3836, 3841, 3864, 3913, 4461, 4468)
2007 Ed. (1939, 1940, 1941, 2288, 2381, 2383, 2906, 3684, 3835, 3858, 3963, 4523)
2008 Ed. (1479, 2009, 2010, 2011, 2496, 2507, 2848, 3029, 3911, 3923)
2009 Ed. (1443, 1460, 1972, 1973, 1975, 2425, 2434, 2505, 2865, 3115, 3978, 3993, 4012)
2010 Ed. (1906, 1907, 1909, 2332, 2344, 2422, 2432, 2802, 2803, 2804, 3887, 3899, 3918, 3921)
2011 Ed. (1939, 1941, 1942, 1945, 2338, 2340, 2425, 2787, 2788, 3887, 3899, 3917, 3937)
2012 Ed. (1802, 1805, 1807, 1808, 2346, 2716, 2717, 3864, 3867, 3880, 3902, 3934)
2013 Ed. (1981, 1983, 2536, 2545, 2798, 2799, 3917, 3918, 3919, 3945, 3991)
2014 Ed. (1920, 1922, 2470, 2477, 3862, 3863, 3864)
2015 Ed. (1965, 1967, 2541, 2551, 3889, 3890, 3891, 4423)
2016 Ed. (1299, 1933, 1935, 2468, 3800, 3802, 3803, 3806, 4317)
Williams Companies Inc.
2014 Ed. (3920)
2015 Ed. (3954)
Williams & Connolly
2012 Ed. (3377)
Williams Controls
2013 Ed. (2175)
2014 Ed. (2102)
Williams Cos.
2014 Ed. (3868)
2015 Ed. (3896)
2016 Ed. (3807)

The Williams Cos., Inc.
1989 Ed. (2035)
1990 Ed. (1883, 2670)
1991 Ed. (2573)
1992 Ed. (2262, 3212)
1993 Ed. (1918, 1922)
1994 Ed. (1941, 1945, 2651, 3277)
1995 Ed. (1972, 2752, 2906, 3358)
1996 Ed. (2819)
1997 Ed. (2119, 2925)
1998 Ed. (1068, 1184, 1809, 2663, 2856, 2861, 2964)
1999 Ed. (1721, 2570, 3349, 3832, 3833, 3964)
2005 Ed. (1573)
2014 Ed. (1328)
Williams Cos., Inc.
2014 Ed. (1917, 1918)
2015 Ed. (1963)
2016 Ed. (1932)
Williams Energy
1998 Ed. (2725)
Williams Energy Group
2003 Ed. (1804)
Williams Energy Partners L.P.
2003 Ed. (4320)
Williams Energy Services LLC
2005 Ed. (1923)
Williams; Evan
1997 Ed. (2660)
2011 Ed. (629, 756)
2012 Ed. (599)
Williams Express
2003 Ed. (4171)
Williams & Fudge Inc.
2011 Ed. (914)
2012 Ed. (851)
2013 Ed. (1032)
2014 Ed. (1003)
2015 Ed. (1039)
2016 Ed. (948)
Williams; Geisha
2013 Ed. (2958)
Williams & Gilmore
1999 Ed. (2843)
Williams; Gretchen Minyard
1993 Ed. (3731)
1994 Ed. (3667)
1995 Ed. (3788)
1996 Ed. (3876)
1997 Ed. (3916)
The Williams Group
1998 Ed. (956)
1999 Ed. (1377)
2000 Ed. (1269)
2001 Ed. (1482)
2002 Ed. (1299)
2003 Ed. (1317)
2005 Ed. (1322)
2006 Ed. (1294)
2007 Ed. (1370)
2008 Ed. (1266)
2011 Ed. (1189)
2012 Ed. (1135)
2013 Ed. (1281)
2014 Ed. (1214)
2015 Ed. (1272)
2016 Ed. (1187)
Williams Group International Inc.
2002 Ed. (1263, 1266, 1281)
2003 Ed. (1231, 1266, 1272, 1339)
2004 Ed. (1234, 1238, 1253, 1275, 1284, 1317, 1339)
Williams & Harris
1998 Ed. (1376)
1999 Ed. (2817)
Williams Holdings
1991 Ed. (1286)
1992 Ed. (1608, 3325, 3728)
1999 Ed. (1434)
Williams Holdings of Delaware Inc.
2001 Ed. (1829, 1830)
Williams Holdings PLC
1994 Ed. (2483)
1996 Ed. (2612)
1997 Ed. (2754)
Williams Industries Inc.
1990 Ed. (1207)
1991 Ed. (1083)
1992 Ed. (1416)
1993 Ed. (1129)
1994 Ed. (1146)
1995 Ed. (1161)
1996 Ed. (1140)
1997 Ed. (1164)
Williams Interactive LLC
2016 Ed. (2673)
Williams International
2001 Ed. (1829)
2009 Ed. (1643)

Williams International Ventures Co.
2004 Ed. (1836, 3903, 3904)
2005 Ed. (3239)
Williams; James B.
1992 Ed. (1137)
Williams; Jane
2016 Ed. (3285)
Williams & Jensen
2006 Ed. (3295)
2014 Ed. (3490)
2015 Ed. (3508)
2016 Ed. (3367)
Williams; Jerry O.
1989 Ed. (737)
Williams; Joseph D.
1991 Ed. (1630)
1992 Ed. (1142, 2050)
Williams Jr. & Bama Band; Hank
1990 Ed. (1143)
Williams, Jr.; Daivd S.
1991 Ed. (2549)
Williams, Jr.; Hank
1991 Ed. (844)
1993 Ed. (1079)
1997 Ed. (1113)
Williams Jr. & The Bama Band; Hank
1992 Ed. (1351)
Williams Jr. & The Bama Band, Tanya
Tucker, Hank
1991 Ed. (1040)
Williams Lake Fibreboard Ltd.
1997 Ed. (1827)
1998 Ed. (1539)
Williams; Mario
2014 Ed. (195)
Williams, Morgan
2013 Ed. (3445)
Williams Mullen
2008 Ed. (3429)
2009 Ed. (3502)
Williams Natural Gas Co.
1991 Ed. (1796)
Williams Office Furniture; C. J.
1991 Ed. (2638)
Williams Partners LP
2009 Ed. (2909, 2910)
2010 Ed. (2853, 2854)
2011 Ed. (2837)
2013 Ed. (1979)
2014 Ed. (1918)
2015 Ed. (1963)
2016 Ed. (1932)
Williams Pipe Line Co.
1989 Ed. (2232)
1990 Ed. (2869)
1991 Ed. (2742, 2746, 2747, 2748)
1992 Ed. (3462, 3468, 3469)
1993 Ed. (2854, 2859, 2860)
1994 Ed. (2875, 2878, 2879, 2881)
1995 Ed. (2941, 2944, 2947, 2948)
1996 Ed. (3039, 3041, 3042)
1997 Ed. (3122, 3123, 3124)
1998 Ed. (2859, 2860, 2864, 2865)
1999 Ed. (3830, 3831, 3834, 3835)
2000 Ed. (2311)
2001 Ed. (3800, 3802, 3803)
2003 Ed. (3882)
Williams Pipeline Partners
2010 Ed. (4445)
Williams Plant Services LLC
2011 Ed. (2751)
Williams plc
2000 Ed. (2648)
2001 Ed. (2897)
2003 Ed. (3280)
Williams Production RMT Co.
2009 Ed. (2864)
Williams-Progressive Life & Accident
Insurance Co.
1994 Ed. (2233)
1995 Ed. (2280)
1996 Ed. (2286)
1997 Ed. (2419)
1998 Ed. (2132)
1999 Ed. (2916)
2000 Ed. (2669)
2002 Ed. (714)
2003 Ed. (2976)
2004 Ed. (3079)
2006 Ed. (3092)
Williams; Randa
2014 Ed. (4852)
2015 Ed. (4889)
2016 Ed. (4807)
Williams Real Estate Co.
1997 Ed. (3273)
1998 Ed. (3019)
Williams Refining & Marketing LLC
2004 Ed. (1866)
Williams & Richardson Co. Inc.

1991 Ed. (714)
Williams; Robert
1996 Ed. (1714)
Williams; Ronald
2009 Ed. (3314)
2010 Ed. (179, 887, 3246)
Williams; Ronald A.
2008 Ed. (945, 950)
Williams Sausage Co.
2014 Ed. (3582)
Williams Scotsman International Inc.
2008 Ed. (2169)
Williams; Serena
2005 Ed. (266)
2007 Ed. (293)
2009 Ed. (293)
2010 Ed. (278)
2013 Ed. (191)
2014 Ed. (199)
Williams-Sonoma
2013 Ed. (896, 914)
2015 Ed. (3075)
Williams-Sonoma Inc.
1990 Ed. (928, 3479)
1997 Ed. (2332)
1998 Ed. (2054)
1999 Ed. (4372)
2000 Ed. (3807)
2001 Ed. (2749, 4099)
2002 Ed. (2587, 4542)
2003 Ed. (2772, 2774, 4671)
2004 Ed. (2882, 2894, 2895, 2949,
2950, 2962, 4651)
2005 Ed. (2704, 2949, 2950, 2969,
4127, 4589)
2006 Ed. (2680, 2881, 2888, 2889,
2964, 4439, 4654)
2007 Ed. (2669, 2873, 2874, 2881,
2882, 2981, 2984, 4162, 4495,
4499, 4675)
2008 Ed. (2800, 2991, 2993, 2994,
2995, 3000, 3001, 3002, 3098,
3102, 3104, 4476, 4585)
2009 Ed. (2857, 3078, 3079, 3084,
3085, 3086, 3184, 3197, 3199,
4509, 4630)
2010 Ed. (2796, 3010, 3011, 3016,
3017, 3124, 4549, 4658)
2011 Ed. (2979, 2980, 2986, 3091,
4605)
2012 Ed. (2909, 2910)
2013 Ed. (2792, 2793, 2996, 2997)
2014 Ed. (2821, 2827, 2828, 2829,
3003, 3004)
2015 Ed. (2479, 2866, 2868, 2869,
3072, 3073, 4380)
2016 Ed. (2800, 2801, 2802, 2962,
2963, 2965)
Williams-Sonoma.com
2006 Ed. (2381)
2009 Ed. (2450)
2013 Ed. (2475)
Williams-Sonoma.Home
2008 Ed. (2445)
Williams Telecommunications Group
1993 Ed. (2470)
1994 Ed. (2412)
Williams Television Time
1994 Ed. (3671)
1995 Ed. (3796)
1996 Ed. (3882)
1997 Ed. (3918)
Williams; Venus
2005 Ed. (266)
2007 Ed. (293)
2010 Ed. (278)
2013 Ed. (191)
Williams; Walter
1990 Ed. (2285)
Williams; Walter F.
1990 Ed. (1717)
Williams Worldwide Inc.
1998 Ed. (3764)
1999 Ed. (4814)
Williamsburg Bridge
1997 Ed. (726)
Williamsburg Homes
2002 Ed. (1184)
Williamsburg Hospital Inpatient Facility
2002 Ed. (2455)
Williamsburg Inn
1991 Ed. (1947)
Williamsburg National Bank
2006 Ed. (453)
2007 Ed. (464)
Williamsburg, VA
2002 Ed. (1057)
Williamsburgh Savings Bank
1992 Ed. (4293)
WilliamsGroup International

2005 Ed. (1287, 1288, 1289, 1295,
1344)
Williamsom
1999 Ed. (2540)
Williamson
1990 Ed. (1589, 1862)
1991 Ed. (1484, 1778)
1992 Ed. (1885, 2243)
1993 Ed. (1909)
1994 Ed. (1926)
1995 Ed. (1950)
1997 Ed. (2096)
1998 Ed. (1780)
Williamson; Brown
1989 Ed. (908)
Williamson; Bruce
2015 Ed. (974)
Williamson County, TN
1995 Ed. (1509)
2009 Ed. (2391)
Williamson-Dickie Manufacturing Co.
1996 Ed. (1003)
2009 Ed. (4707)
2010 Ed. (4723)
Williamson; Donald E.
1995 Ed. (3503)
Williamson Printing
2008 Ed. (4036)
2009 Ed. (4109)
Williamsport, PA
2013 Ed. (3544)
Williamsport Sun Gazette
1989 Ed. (2053)
1990 Ed. (2695, 2699)
1991 Ed. (2599, 2608)
1992 Ed. (3245)
Williard Inc.
1994 Ed. (1149, 1155)
1995 Ed. (1165)
Willicox Inc. Reinsurance Intermediaries
1990 Ed. (2262)
Willie D. Davis
1998 Ed. (1135)
Willie E. Gary
2002 Ed. (3071)
Willie Nelson
1992 Ed. (1351)
1994 Ed. (1100)
1995 Ed. (1118, 1120)
1997 Ed. (1113)
Willie Wilson
1989 Ed. (719)
Williford, Gearhart & Knight Inc.
2008 Ed. (2519)
2009 Ed. (2532)
Willimantic Waste Paper Co., Inc.
2006 Ed. (3505)
Willingness to fight for customer
1990 Ed. (3089)
Williowbridge Associates
1997 Ed. (1073)
Willis
2001 Ed. (2909)
Willis; Christopher
1994 Ed. (1824)
1995 Ed. (1865)
1996 Ed. (1846)
Willis College of Business, Health &
Technology
2015 Ed. (830)
2016 Ed. (728)
Willis Corroon Corp.
1992 Ed. (2699, 2700, 2701)
2000 Ed. (2666)
2001 Ed. (2910)
Willis Corroon Corp. of Illinois
1998 Ed. (2123)
1999 Ed. (2908)
Willis Corroon Corp. of Los Angeles
1997 Ed. (2415)
1998 Ed. (2125)
1999 Ed. (2910)
2000 Ed. (2665)
Willis Corroon Corp. of Michigan
1998 Ed. (2127)
1999 Ed. (2912)
2001 Ed. (2913)
Willis Corroon Corp. of Ohio
2001 Ed. (2912)
Willis Corroon Group Ltd.
1997 Ed. (1418, 2414)
2001 Ed. (4037)
Willis Corroon Group PLC
1994 Ed. (2224, 2225, 2226, 2227)
1996 Ed. (2274, 2275, 2276, 2277)
1998 Ed. (2120, 2121, 2124)
1999 Ed. (2906, 2907, 2909)
2000 Ed. (2661, 2662, 2663, 2664)
Willis Corroon Management (Cayman)
Ltd.

1996 Ed. (878)
1997 Ed. (899)
Willis Corroon Management Ltd.
1996 Ed. (880)
1997 Ed. (901)
1998 Ed. (640)
1999 Ed. (1030, 1031)
2000 Ed. (980, 984)
Willis Corroon Management (Vermont)
Ltd.
1997 Ed. (903)
1998 Ed. (642)
1999 Ed. (1034)
Willis Corroon PLC
1993 Ed. (15, 1191, 2247, 2248,
2249, 2457)
1995 Ed. (2270, 2271, 2272, 2273)
Willis Dawson Holdings Ltd.
1992 Ed. (1193)
Willis Faber
1990 Ed. (2270)
1992 Ed. (1482, 1486)
Willis Faber Holding Inc.
1992 Ed. (2649)
1993 Ed. (2192)
Willis Faber Holdings Inc.
1991 Ed. (2089)
Willis Faber North America Inc.
1996 Ed. (3187)
1997 Ed. (3291)
1998 Ed. (3036)
Willis Faber PLC
1991 Ed. (2138, 2339)
1992 Ed. (2899)
Willis Faber Reinsurance
2000 Ed. (3751)
Willis Global Captive Management
2012 Ed. (675)
2014 Ed. (844)
2015 Ed. (883)
Willis Gradison
1999 Ed. (3254)
Willis Group Holdings Ltd.
2003 Ed. (4320)
2004 Ed. (3062, 3063, 3066, 3068)
2005 Ed. (3073, 3074, 3078)
2006 Ed. (3072, 3073, 3075, 3079)
2007 Ed. (881, 3095, 3097)
2008 Ed. (3236, 3237, 3240, 3241,
3242, 3243, 3284)
2009 Ed. (3301, 3305, 3307)
2010 Ed. (3228, 3229, 3234, 3237)
2011 Ed. (1766, 3192, 3197, 3198,
3200, 3202, 3205, 3249)
2012 Ed. (3153, 3157)
2013 Ed. (3226, 3231)
2014 Ed. (3246, 3253)
2015 Ed. (3300, 3306)
2016 Ed. (3159)
Willis Group Holdings PLC
2012 Ed. (3155, 3156, 3159, 3164)
2013 Ed. (3232, 3233)
2014 Ed. (3254, 3255)
2015 Ed. (3302, 3307, 3308)
2016 Ed. (3155, 3160, 3161)
Willis Group Holdings plc
2013 Ed. (3235, 3236)
2014 Ed. (3252, 3256, 3263)
2015 Ed. (3305)
2016 Ed. (3152, 3158, 3162)
Willis Group Ltd.
2002 Ed. (2853, 2856, 2859, 2860,
2861, 2863)
Willis IV; Carles
2012 Ed. (2495)
Willis IV; Charles
2011 Ed. (4441)
2013 Ed. (2638)
2014 Ed. (2594)
2015 Ed. (2636)
2016 Ed. (2561)
Willis-Knighton Medical Center
2001 Ed. (1779)
2008 Ed. (3058, 3064)
Willis Lease
2011 Ed. (4435, 4446)
Willis Lease Finance Corp.
2004 Ed. (3245, 3246)
2005 Ed. (3270, 3271)
2012 Ed. (1375)
2013 Ed. (1467)
2014 Ed. (1430)
2015 Ed. (1492)
2016 Ed. (1425)
Willis Management
2001 Ed. (2923)
2006 Ed. (784, 789)
2007 Ed. (879)
2008 Ed. (852, 855)
2009 Ed. (862, 864)

2010 Ed. (809, 811)
2011 Ed. (738, 740)
Willis Management (Bermuda) Ltd.
2001 Ed. (2920)
Willis Management (Cayman) Ltd.
2001 Ed. (2921)
2006 Ed. (787)
2008 Ed. (858)
Willis Management (Dublin) Ltd.
2006 Ed. (790)
Willis Management (Guernsey) Ltd.
2006 Ed. (788)
2008 Ed. (3381)
Willis Management (Vermont) Ltd.
2006 Ed. (791)
2008 Ed. (859)
Willis North America Inc.
2011 Ed. (3193)
2012 Ed. (3149)
2014 Ed. (3247)
2015 Ed. (3301)
2016 Ed. (3153)
Willis of Illinois Inc.
2002 Ed. (2862)
Willis Re
2002 Ed. (3960)
2005 Ed. (3152)
2006 Ed. (3149)
2007 Ed. (3186)
2008 Ed. (3331)
2009 Ed. (3403, 3406)
2010 Ed. (3339, 3341)
2011 Ed. (3295, 3296, 3300)
2012 Ed. (3277, 3283)
2013 Ed. (3352, 3357)
2014 Ed. (3370)
2015 Ed. (3403)
2016 Ed. (3276, 3278)
Willis Reinsurance
2009 Ed. (3404)
2010 Ed. (3338)
2012 Ed. (3278)
Willis Shaw Express Inc.
1998 Ed. (3031)
2007 Ed. (4111)
Willis Stein & Partners
2006 Ed. (2863)
2007 Ed. (2852)
Willis Stein & Partners III LP
2004 Ed. (1449)
Willis Stein & Partners LP
2001 Ed. (4675)
Willis Stein & Partners Management III
    LLC
2008 Ed. (2974)
2009 Ed. (3057)
2011 Ed. (2960)
2012 Ed. (2889)
2013 Ed. (2968)
2014 Ed. (2979)
Williston Telephone Co.
2014 Ed. (1980)
Willkie Farr & Gallagher
1991 Ed. (1487, 2534, 2535, 2782)
1993 Ed. (1549, 2627)
1995 Ed. (1629)
1996 Ed. (2455)
1998 Ed. (2326, 3617)
1999 Ed. (1942, 3142)
2000 Ed. (1726)
2001 Ed. (877)
2008 Ed. (3418)
Willliams plc
2002 Ed. (3307)
Willman; Barry
1993 Ed. (1805)
1994 Ed. (1823, 1834)
1995 Ed. (1826)
1997 Ed. (1873, 1876)
Willoughby; Robert
2011 Ed. (3350)
Willow Brook Foods Inc.
2008 Ed. (3616)
Willow Grove Bank
2000 Ed. (3857, 4251)
Willow Grove Park
1989 Ed. (2493)
1990 Ed. (3292)
1991 Ed. (3127)
Willow Re
2011 Ed. (3247)
Willowbridge Associates
1993 Ed. (1036)
1994 Ed. (1068)
1997 Ed. (1073)
1999 Ed. (1251)
2005 Ed. (1087)
Willowbridge Associates Inc. (Siren)
1996 Ed. (1055)
Willowbrook Mall

1989 Ed. (2492)
Willowglen
2016 Ed. (1754)
Willowglen MSC
2012 Ed. (1676)
2015 Ed. (1800)
WillowTree Apps Inc.
2015 Ed. (2137)
2016 Ed. (2115)
Wills Eye Hospital
1999 Ed. (2736)
2000 Ed. (2515)
2002 Ed. (2614)
2003 Ed. (2818)
2004 Ed. (2922)
2005 Ed. (2908)
2006 Ed. (2905)
2007 Ed. (2924)
2008 Ed. (3047)
2009 Ed. (3133)
2010 Ed. (3065)
2011 Ed. (3036)
2012 Ed. (2974)
2013 Ed. (3065)
2014 Ed. (3067)
2015 Ed. (3132)
2016 Ed. (2995)
Wills Faber North America Inc.
1995 Ed. (3086)
Wills Faber P.L.C.
1990 Ed. (2465)
Wills; W. D. & H. O.
1993 Ed. (3472)
Willston Wildcatters Oil
1997 Ed. (1374)
Willumstad; Robert
2005 Ed. (2510)
Willumstad; Robert B.
2005 Ed. (2512)
Willy Wonka
2007 Ed. (677, 682)
Willy Wonka Nerds
1996 Ed. (870)
Wilma; Hurricane
2009 Ed. (874, 875, 3209, 3812)
2010 Ed. (819, 824, 3141, 3741)
2011 Ed. (746, 751, 3108)
2012 Ed. (683, 688, 3044)
2014 Ed. (851)
Wilma South Corp.
1998 Ed. (3004)
Wilmar
2011 Ed. (3401)
2013 Ed. (690, 3619)
2014 Ed. (710, 3556)
Wilmar International Ltd.
2009 Ed. (2037)
2010 Ed. (1971, 1972, 2741)
2011 Ed. (1720, 2030, 2031, 2032,
    2722, 2724, 2726)
2012 Ed. (1879, 1880, 1881, 2654,
    2657, 2659, 2665)
2013 Ed. (852, 2039, 2040, 2041,
    2738, 2741, 2754, 2756)
2014 Ed. (1974, 1975, 1976, 2719,
    2721, 2733, 2741)
2015 Ed. (2019, 2020, 2773, 2788,
    2793)
2016 Ed. (1991, 1992, 2702, 2718,
    2723)
Wilmer Cutler
2014 Ed. (3445)
Wilmer, Cutler
2003 Ed. (3179)
Wilmer, Cutler & Pickering
1990 Ed. (2428)
1991 Ed. (2294)
1992 Ed. (2847)
1993 Ed. (2406)
1994 Ed. (2352)
2001 Ed. (567)
2003 Ed. (3193, 3195)
2004 Ed. (3240)
Wilmer Cutler Pickering Hale & Dorr
2007 Ed. (3326, 3327)
Wilmer Cutler Pickering Hale & Dorr
    LLP
2007 Ed. (3308, 3328)
2009 Ed. (3482)
2012 Ed. (3402, 3407, 3414, 4438)
2014 Ed. (3454)
Wilmer Eye Institute
2005 Ed. (2908)
2006 Ed. (2905)
2007 Ed. (2924)
2008 Ed. (3047)
2009 Ed. (3133)
2010 Ed. (3065)
2011 Ed. (3036)
2012 Ed. (2974)

2013 Ed. (3065)
2014 Ed. (3067)
2015 Ed. (3132)
2016 Ed. (2995)
WilmerHale
2009 Ed. (3503)
2011 Ed. (1911)
2012 Ed. (3368, 3369, 3429)
2014 Ed. (3439)
2015 Ed. (3471)
2016 Ed. (3318)
Wilmers; R. G.
2005 Ed. (2477)
Wilmers; Robert G.
2011 Ed. (824)
Wilmington
2009 Ed. (2646)
Wilmington Capital Management
2014 Ed. (1475)
Wilmington, DE
1989 Ed. (827)
1996 Ed. (3631)
1998 Ed. (246)
2016 Ed. (711)
Wilmington (DE) Dialog
2003 Ed. (3645)
Wilmington, DE-Newark, MD
2001 Ed. (2281)
Wilmington Dialog
2002 Ed. (3503)
Wilmington Funds
2009 Ed. (612, 3791)
2010 Ed. (592, 3740)
2011 Ed. (527, 2541)
2012 Ed. (497, 3746)
Wilmington, IL
1989 Ed. (2906)
Wilmington Insurance Co.
2006 Ed. (3506, 4345)
2007 Ed. (3544, 4405)
Wilmington-Jacksonville, NC
2002 Ed. (4289)
Wilmington, NC
1992 Ed. (3690)
1998 Ed. (246, 743, 2057)
1999 Ed. (2127, 4052)
2000 Ed. (1909, 3767)
2004 Ed. (4115)
2006 Ed. (1180)
2008 Ed. (3466, 3479)
2009 Ed. (3540)
2010 Ed. (927, 3464)
2012 Ed. (2503)
2014 Ed. (2627)
Wilmington-Newark, DE
1998 Ed. (2483)
2002 Ed. (2627, 2732)
Wilmington-Newark, DE-MD
2005 Ed. (2030, 2387)
Wilmington Partnership Corp.
1993 Ed. (889, 892)
Wilmington Savings Fund Society
2011 Ed. (966, 3699)
2012 Ed. (880, 3717)
2013 Ed. (1039, 3764)
Wilmington Trust
1989 Ed. (1805)
1990 Ed. (637, 703)
1991 Ed. (496, 2245)
1992 Ed. (649, 2773, 2983, 3656)
1993 Ed. (379, 460)
1994 Ed. (349, 364, 465, 2317, 3032)
1995 Ed. (367, 454, 3084)
1996 Ed. (485, 2415, 3177)
1997 Ed. (449, 1643)
1998 Ed. (293, 334, 346, 2305)
1999 Ed. (393, 441)
2000 Ed. (392, 393, 678, 2485, 2842,
    2930)
2003 Ed. (1663)
2004 Ed. (636, 637, 1694)
2005 Ed. (625, 626)
2009 Ed. (371, 395)
Wilmington Trust, Del.
1989 Ed. (2155)
Wilmington Trust, FSB
2010 Ed. (1040)
2011 Ed. (967)
2012 Ed. (881, 4404)
Wilmington/Rodney
2008 Ed. (586, 2608)
Wilmorite Inc.
1992 Ed. (3959, 3969)
1993 Ed. (3304)
Wilmot State Bank
1997 Ed. (180)
Wilmott State Bank (Wilmot, SD)
2000 Ed. (551)
Wilsenach Group; Louis
1993 Ed. (136)

1994 Ed. (115)
Wilshire
1995 Ed. (2359)
2008 Ed. (2290, 2314)
2009 Ed. (2280, 2306)
Wilshire 5000
1993 Ed. (2363)
Wilshire 5000 Stock Index
2005 Ed. (4518)
Wilshire Asset
1989 Ed. (2126)
1990 Ed. (2330)
1992 Ed. (2731)
1994 Ed. (2302)
1996 Ed. (2381)
1997 Ed. (2513)
1998 Ed. (2257)
1999 Ed. (3056)
2000 Ed. (2790)
Wilshire Asset Management
1993 Ed. (3392)
Wilshire Associates
2008 Ed. (2710, 2711)
Wilshire Bancorp
2007 Ed. (390)
2008 Ed. (372, 428)
2009 Ed. (394)
Wilshire Courtyard
1990 Ed. (2732)
Wilshire Financial
2000 Ed. (3392)
Wilshire Grand Hotel
2002 Ed. (2649)
Wilshire Homes
2002 Ed. (2691, 2693)
2003 Ed. (1150, 1210)
2004 Ed. (1152, 1217)
2005 Ed. (1241, 3373)
Wilshire State Bank
1995 Ed. (3394)
1997 Ed. (3528)
1998 Ed. (3317)
2000 Ed. (4056)
2002 Ed. (4296)
2003 Ed. (519, 521)
2006 Ed. (452)
2008 Ed. (4397)
2011 Ed. (405)
2012 Ed. (388)
2014 Ed. (321)
Wilshire Target Large Company Growth
2000 Ed. (3239)
Wilshire Technology
1996 Ed. (210)
Wilson
1990 Ed. (3329, 3330, 3342)
1991 Ed. (1854, 1855, 3165, 3166,
    3170, 3174)
1992 Ed. (2337, 2338, 4042, 4043,
    4044, 4045, 4051, 4055)
1993 Ed. (1990, 1991, 3367, 3373,
    3375)
1994 Ed. (3370, 3371)
1995 Ed. (3428)
1996 Ed. (29, 2035, 3491, 3492,
    3493)
1997 Ed. (1023, 2153, 2154, 3556,
    3557)
1998 Ed. (25, 763, 764, 1856, 3004,
    3350, 3351)
1999 Ed. (4378, 4379)
2000 Ed. (1114, 4088)
2002 Ed. (2416)
2005 Ed. (4432)
2006 Ed. (4445, 4446)
2007 Ed. (4502, 4503)
The Wilson Agency LLC
2014 Ed. (1346)
2015 Ed. (1423)
2016 Ed. (1346)
Wilson & Associates
1990 Ed. (2286)
1992 Ed. (2716)
1993 Ed. (243)
1998 Ed. (2029)
1999 Ed. (2788)
2000 Ed. (2567)
2001 Ed. (2798)
2002 Ed. (2646)
2003 Ed. (2855)
2004 Ed. (2943)
2005 Ed. (3167, 3168)
2006 Ed. (3160, 3168, 3169, 3174)
2007 Ed. (2955, 3196, 3202, 3203,
    3208)
2008 Ed. (3080, 3338, 3344, 3345,
    3349)
2009 Ed. (3418)
Wilson Associates
2009 Ed. (3170, 3417, 3421)

2010 Ed. (3101, 3355, 3356, 3359)
2011 Ed. (3069, 3305, 3312)
2012 Ed. (3012, 3295, 3296)
2013 Ed. (3105, 3366, 3369)
2014 Ed. (3103, 3379)
2015 Ed. (3412, 3415)
Wilson & Associates Inc.; Jim
1992 Ed. (3969)
Wilson Associates International; Lynn
1992 Ed. (2716)
1993 Ed. (243)
Wilson Associates/Creative Environs;
Lynn
1990 Ed. (2286)
Wilson & Becks
1995 Ed. (673)
Wilson Boney & Sons Inc.
2001 Ed. (1783)
2003 Ed. (1750)
2004 Ed. (1785, 1786)
2005 Ed. (1851, 1852)
2006 Ed. (1858, 1859)
2010 Ed. (1791, 1792)
2011 Ed. (1816)
2012 Ed. (1674)
Wilson Bowden
2006 Ed. (1204)
2007 Ed. (2994)
2008 Ed. (1204)
2009 Ed. (1182)
Wilson & Chan
2013 Ed. (3441)
2014 Ed. (3441)
2015 Ed. (3472)
Wilson; Charles
1990 Ed. (2288, 2290)
Wilson; Chip
2013 Ed. (4861)
2014 Ed. (4874, 4875)
Wilson College
1992 Ed. (1273)
Wilson & Co.
2007 Ed. (2406)
2008 Ed. (2522)
2009 Ed. (2534)
2010 Ed. (2451)
Wilson Co.; Ray
1994 Ed. (1174)
1995 Ed. (1193)
1996 Ed. (1167)
Wilson Construction Co.
2009 Ed. (1977)
2011 Ed. (1950)
Wilson; David
1996 Ed. (1854)
1997 Ed. (1965)
Wilson Electric
2016 Ed. (4406, 4411, 4417)
Wilson Electric Services Corp.
2006 Ed. (1175, 1349)
2007 Ed. (1281, 1393)
2008 Ed. (1181, 1343)
2009 Ed. (1157)
2010 Ed. (1152)
2011 Ed. (1095, 1302)
2014 Ed. (1197)
2015 Ed. (1255)
2016 Ed. (1166)
Wilson Electronics
2016 Ed. (3615)
Wilson, Elser, Moskowitz, Eldelman &
Dicker
1996 Ed. (2533)
Wilson Engineering; H. F.
2008 Ed. (4960)
Wilson Foods Corp.
1989 Ed. (1936, 1937)
1990 Ed. (2527)
1991 Ed. (1750)
1992 Ed. (2199)
Wilson Ford
1989 Ed. (285)
1990 Ed. (309)
Wilson; Gary
1991 Ed. (1620)
Wilson Group Ltd.
1995 Ed. (1011)
Wilson H. Taylor
1991 Ed. (1633)
1992 Ed. (2064, 2713)
1993 Ed. (1706)
1994 Ed. (2237)
1998 Ed. (720, 2138)
1999 Ed. (2080, 2085)
2000 Ed. (1887)
2002 Ed. (2873)
Wilson Harnell Group
1999 Ed. (106)
2000 Ed. (111)
2001 Ed. (149)

Wilson & Hartnell
1989 Ed. (122)
Wilson Hartnell Advertising
1990 Ed. (116)
Wilson Hartnell Group
1991 Ed. (114)
1992 Ed. (166)
1993 Ed. (112)
1995 Ed. (87)
1996 Ed. (102)
1997 Ed. (104)
2002 Ed. (122)
2003 Ed. (89)
Wilson Harvey
2000 Ed. (1679)
2002 Ed. (1980)
Wilson-Heirgood Associates
2005 Ed. (1935)
Wilson & Horton
1992 Ed. (3233)
1993 Ed. (2721, 2722)
1994 Ed. (2670, 2671)
1996 Ed. (2844, 2845)
1997 Ed. (2939, 2940)
1999 Ed. (3622)
2000 Ed. (3331)
2015 Ed. (1925)
Wilson Hotel Management
1992 Ed. (2465)
Wilson II; Thomas J.
2011 Ed. (856)
Wilson Inc.; Oliver T.
2008 Ed. (15)
Wilson Industries
2003 Ed. (2891)
2008 Ed. (3140)
2009 Ed. (3224)
2010 Ed. (3157)
2011 Ed. (3123)
2012 Ed. (3058)
Wilson Insurance Ltd.
2013 Ed. (1487)
Wilson; J. Tylee
1989 Ed. (1377)
Wilson, Kemp & Associates Inc.
1990 Ed. (2320)
1991 Ed. (2205)
1995 Ed. (2389)
1996 Ed. (2421)
1998 Ed. (2307)
1999 Ed. (3101)
2000 Ed. (2846)
2001 Ed. (3018)
2002 Ed. (3022)
Wilson Legal Solutions
2015 Ed. (3245)
Wilson; Leslie Alan
2011 Ed. (4867)
Wilson; Lynn
1996 Ed. (3713)
Wilson McHenry
1998 Ed. (2937)
1999 Ed. (3928)
2000 Ed. (3629, 3645)
2002 Ed. (3812)
2003 Ed. (3990, 4016)
Wilson McHenry Co.-San Mateo
1998 Ed. (2944)
Wilson; Michael
2010 Ed. (910)
2011 Ed. (855)
Wilson, NC
2003 Ed. (3247)
Wilson Office Interiors
2004 Ed. (170)
Wilson; Pete
1992 Ed. (1038)
1993 Ed. (1994)
1995 Ed. (2043)
Wilson Pontiac-GMC Truck-Mazda Inc.;
Porterfield
1990 Ed. (734, 737)
1991 Ed. (714)
Wilson Price Barranco Blankenship &
Billingsley PC
2013 Ed. (1401)
Wilson; Roy J.
2009 Ed. (3208)
Wilson Sonsini
2004 Ed. (3229)
2005 Ed. (3258)
Wilson Sonsini Goodrich & Rosati
1993 Ed. (2404)
2002 Ed. (1356, 1357)
2003 Ed. (1393, 1394)
2004 Ed. (1408, 1409, 3232)
2005 Ed. (1427, 1428, 3261)
2006 Ed. (1412, 1413, 3248)
2007 Ed. (3309, 3323)
2008 Ed. (1394, 1395, 3419)

2012 Ed. (3401, 3414, 3419, 4438)
2013 Ed. (3436)
2014 Ed. (3436)
2015 Ed. (1350, 3470)
2016 Ed. (3317)
Wilson, Sonsini, Goodrich & Rosati Professional Corp.
2004 Ed. (3251)
Wilson Sonsini Goodrich & Rosati Professional Group
2015 Ed. (3494)
Wilson Sporting Goods
1996 Ed. (3490)
Wilson; Stephen
2013 Ed. (983)
Wilson; Stephen R.
2011 Ed. (827)
Wilson Supply
2006 Ed. (208, 3926)
Wilson Taylor
2000 Ed. (1878, 2425)
Wilson Trucking Corp.
2003 Ed. (4785)
Wilson; Vanessa
1996 Ed. (1848)
1997 Ed. (1920)
Wilson; Willie
1989 Ed. (719)
WilsonHCG
2013 Ed. (1613)
WilsonMiller Inc.
2004 Ed. (2357)
2006 Ed. (2452)
2008 Ed. (2516, 2528)
2009 Ed. (2527)
2010 Ed. (2445, 2460)
2011 Ed. (2452)
Wilsons
2015 Ed. (1525, 1534)
2016 Ed. (1476)
Wilsons Fuel Co., Ltd.
2009 Ed. (1963)
Wilsons, The Leather Experts
2002 Ed. (3076)
2003 Ed. (3203)
2006 Ed. (4157)
WilTel
1995 Ed. (2487)
Wilton Group PLC
1994 Ed. (997)
Wilton Labs
1991 Ed. (1989)
Wilton Telephone Co.
2014 Ed. (1849)
2015 Ed. (1885)
Wiltshire & Grannis
2012 Ed. (3369)
Wilverman; Henry R.
2006 Ed. (935)
Wily Technology Inc.
2005 Ed. (1151)
2006 Ed. (1140)
Wilzig; Siggi
1992 Ed. (2062)
Wim Van Der Leegte
2016 Ed. (4859)
Wimberley Allison Tong & Goo
2007 Ed. (2955)
2008 Ed. (3080)
2009 Ed. (3170)
2010 Ed. (3101)
2011 Ed. (3069)
2012 Ed. (3012)
Wimberly Allison Tong & Goo
1993 Ed. (244)
1998 Ed. (2029)
2001 Ed. (2798)
2002 Ed. (2646)
2003 Ed. (2855)
2004 Ed. (2350, 2943)
2006 Ed. (3168)
2007 Ed. (286, 288, 3202)
2008 Ed. (262, 264, 3349)
2009 Ed. (285)
2010 Ed. (270, 3347)
2011 Ed. (190)
Wimberly Allison Tong Goo
2000 Ed. (2567)
Wimbledon Class C
1999 Ed. (1249)
The Wimbley Group
1999 Ed. (64)
2000 Ed. (68)
2002 Ed. (711)
2003 Ed. (31)
Wimm-Bill-Dann
2004 Ed. (78)
2005 Ed. (73)
Wimm-Bill-Dann Foods
2006 Ed. (82)

2007 Ed. (72)
2008 Ed. (78)
2009 Ed. (87)
2010 Ed. (95)
Wimms-Bill-Dann Foods
2012 Ed. (1233, 2648)
2013 Ed. (2728)
Wimpey
1994 Ed. (1380)
1999 Ed. (2140)
Wimpey; G.
2005 Ed. (1245)
2006 Ed. (1204)
2007 Ed. (1312)
Wimpey Homes
2002 Ed. (51)
Wimpey PLC; George
1992 Ed. (1372, 1428)
1996 Ed. (1162)
1997 Ed. (1182)
Wimpy
2015 Ed. (4266, 4309)
The Wimpy Kid Do-It-Yourself Book
2015 Ed. (640)
The Wimpy Kid Movie Diary
2012 Ed. (449)
Wimpy's
1990 Ed. (3025)
Win 4
1996 Ed. (2554)
WIN Corp.
2004 Ed. (3951)
WIN Home Inspection
2008 Ed. (173)
2009 Ed. (2368)
2010 Ed. (2292)
2011 Ed. (2290)
2013 Ed. (3007, 4798)
2014 Ed. (3016)
2015 Ed. (3083)
2016 Ed. (781, 2979)
WIN Laboratories
1993 Ed. (1050)
Win-Mar Freight Management Inc.
2012 Ed. (2770)
Win Wholesale
2009 Ed. (4160)
2010 Ed. (4093)
2011 Ed. (4063)
Winalot
2002 Ed. (765, 3658)
2008 Ed. (719)
2009 Ed. (729)
2010 Ed. (652)
Winalot Prime dog food
1992 Ed. (3417)
Winalta Inc.
2011 Ed. (1144, 3524)
2015 Ed. (1210)
Winbond
1997 Ed. (3253)
1998 Ed. (3284)
Winbond Electronics Corp.
1992 Ed. (1700)
2000 Ed. (4177)
2002 Ed. (1921, 4543, 4544, 4545)
2003 Ed. (1700, 1702, 2201)
2007 Ed. (3417)
Wincanton
2007 Ed. (4838)
2013 Ed. (4712)
2015 Ed. (4789, 4795)
2016 Ed. (4693, 4699)
Wincanton Logistics
1999 Ed. (963)
Winchell's
1994 Ed. (3078)
Winchells Donut
1990 Ed. (2967)
Winchell's Donut House
1990 Ed. (1851)
1991 Ed. (1657, 1771)
1992 Ed. (2113)
1998 Ed. (3048)
2002 Ed. (2005)
2011 Ed. (907, 3109)
Winchell's Donut Houses
1989 Ed. (2666)
1990 Ed. (1750)
Winchester
1998 Ed. (731, 3438)
2003 Ed. (966)
Winchester 10/20
1990 Ed. (986)
Winchester Capital Management
1994 Ed. (2308)
Winchester College
1999 Ed. (4145)
Winchester Homes
1998 Ed. (902)

1999 Ed. (1330)
2000 Ed. (1213)
2003 Ed. (1151, 1214)
2004 Ed. (1155, 1221)
2005 Ed. (1182, 1246)
2006 Ed. (1158)
Winchester Hospital
2011 Ed. (1838, 4970)
2013 Ed. (3075)
2015 Ed. (1812)
2016 Ed. (1771)
Winchester Regional Health System Inc.
2005 Ed. (1995)
Winchester, VA
2010 Ed. (4272)
2011 Ed. (3495, 4203)
2014 Ed. (3520)
Winchester, VA-WV
2012 Ed. (3499)
WinCo Foods
2014 Ed. (2455)
2015 Ed. (2524)
2016 Ed. (2459)
WinCo Foods Inc.
2003 Ed. (1692)
2004 Ed. (1728)
2005 Ed. (1787)
2006 Ed. (1758)
2009 Ed. (4140, 4599, 4617)
2010 Ed. (4072, 4646)
2011 Ed. (4044)
2012 Ed. (4078)
2013 Ed. (1697, 4529)
2014 Ed. (1645, 4587)
2015 Ed. (1687, 4585)
2016 Ed. (1640, 4504)
WinCo Foods LLC
2007 Ed. (1766)
2010 Ed. (1685)
2012 Ed. (1551)
2013 Ed. (1699)
2014 Ed. (1647)
2015 Ed. (1689)
2016 Ed. (1642, 1643)
WinCo Holdings Inc.
2007 Ed. (1766)
2010 Ed. (1685)
2011 Ed. (1698)
2012 Ed. (1551)
2013 Ed. (1699)
2014 Ed. (1647)
2015 Ed. (1689)
2016 Ed. (1642)
Winco Masonry LP
2008 Ed. (1260)
Wincor
2004 Ed. (263)
Wincor Nixdorf
2001 Ed. (435)
2015 Ed. (2726)
Wincor Nixdorf AG
2006 Ed. (1736)
2008 Ed. (1771, 3208)
Wind
2007 Ed. (2309)
WIND-AM
1996 Ed. (2653, 3151)
1997 Ed. (2800, 3236)
2005 Ed. (4412)
WIND-AM/WOJO-FM
1992 Ed. (3088)
1994 Ed. (2530, 2987)
1995 Ed. (2588, 3050)
Wind Crest
2010 Ed. (1608)
2013 Ed. (1549)
Wind River Systems Inc.
1997 Ed. (2208, 3646)
2005 Ed. (1148, 1676)
2006 Ed. (1137)
2007 Ed. (1250)
2008 Ed. (1148)
2009 Ed. (1127)
2011 Ed. (1008)
Wind Telecomunicazioni SpA
2010 Ed. (60, 68)
WIND-WOJO (AM & FM)
1990 Ed. (2591, 2940)
1991 Ed. (2472, 2796)
Windblown Cross Country
2015 Ed. (4470)
2016 Ed. (4375)
Windemere
1999 Ed. (2631)
Windes & McClaughry Accountancy
Corp.
2013 Ed. (1451)
2014 Ed. (1412)
Windex
1990 Ed. (1013)

1991 Ed. (943)
1992 Ed. (1173, 1174)
1993 Ed. (952)
1994 Ed. (979, 980)
1995 Ed. (994)
1996 Ed. (981, 982)
1997 Ed. (1005, 1006)
1998 Ed. (744, 745)
1999 Ed. (1178, 1179)
2000 Ed. (1094)
2001 Ed. (1239)
2003 Ed. (986)
2005 Ed. (1001)
Windex Outdoor
2001 Ed. (1239)
Windfall Films
2011 Ed. (2617, 4672)
Windham Brannon
2013 Ed. (2)
2016 Ed. (18)
Windham Capital Management
1993 Ed. (2334)
Windham & McDonald Construction
2007 Ed. (4214)
Windhaven Investment Management
Inc.
2013 Ed. (3390)
Windkits LLC
2013 Ed. (3539)
Windmere
1990 Ed. (2809)
1991 Ed. (2713)
1992 Ed. (3402)
1993 Ed. (2813)
1994 Ed. (1588, 2815)
1995 Ed. (1630, 2902)
1996 Ed. (2984, 2986)
1997 Ed. (3060)
1998 Ed. (1892, 1896, 1951, 2805,
2806)
1999 Ed. (2692, 3775)
2000 Ed. (2411, 2412)
2002 Ed. (2441)
Windmill
2003 Ed. (4857)
Windmill International
2005 Ed. (2159)
Windmills of the Gods
1989 Ed. (744)
Windom State Bank
1989 Ed. (212)
Windor Builders Supply
1997 Ed. (834)
Window Butler
2002 Ed. (4904)
2003 Ed. (4939)
Window cleaners
2002 Ed. (1065)
Window coverings, hard
2004 Ed. (2864)
Window Gang
2002 Ed. (2360, 4904)
2003 Ed. (4939)
2004 Ed. (4942)
2005 Ed. (4922)
2006 Ed. (4955)
2007 Ed. (4963)
2008 Ed. (4933)
2010 Ed. (4963)
2011 Ed. (4947)
2012 Ed. (4946)
2013 Ed. (4938)
2014 Ed. (4948)
2015 Ed. (4987)
2016 Ed. (4904)
Window Genie
2003 Ed. (4939)
2004 Ed. (4942)
2005 Ed. (4922)
2006 Ed. (4955)
2011 Ed. (4947)
2012 Ed. (4946)
2013 Ed. (4938)
2014 Ed. (4948)
2015 Ed. (4987)
2016 Ed. (4904)
Window People" Inc.; Castle "The
2005 Ed. (2959)
Window World
2016 Ed. (1098)
Window World Inc.
2005 Ed. (2960)
2006 Ed. (2956)
2008 Ed. (3003)
2009 Ed. (3089)
2010 Ed. (3021)
2011 Ed. (2990)
2012 Ed. (2916)
2013 Ed. (3005)
2014 Ed. (3114, 3115, 3116)

2015 Ed. (3177, 3178)
2016 Ed. (3031, 3032)
Window World of Baton Rouge
2013 Ed. (3005)
2014 Ed. (3114)
2015 Ed. (3177)
2016 Ed. (1098)
Window/glass cleaners
1994 Ed. (978)
Windowizards
2006 Ed. (2955)
Windowlizards
2012 Ed. (3025)
Windows
1992 Ed. (1331)
1996 Ed. (2970)
1997 Ed. (1104, 3039)
1998 Ed. (841)
1999 Ed. (1278)
Windows 95
1997 Ed. (1090)
1998 Ed. (854)
Windows 2000
2001 Ed. (254, 255)
Windows 2000 Magazine
2004 Ed. (146)
Windows Live
2011 Ed. (3324, 4807)
2012 Ed. (3311, 4824)
2013 Ed. (3383)
Windows Live Home
2011 Ed. (3326)
Windows Live Profile
2012 Ed. (2875)
2013 Ed. (2951)
Windows Live Search
2008 Ed. (3355)
Windows Live Spaces
2008 Ed. (3357, 3370)
Windows Magazine
1998 Ed. (70, 1276, 2795)
1999 Ed. (1851, 3749)
2000 Ed. (3468, 3469)
Windows; Microsoft
2015 Ed. (3709)
Windows NT
2001 Ed. (3533)
Windows NT Systems
1999 Ed. (1858)
Windows on the World
1992 Ed. (3689)
1994 Ed. (3055)
2000 Ed. (3772)
2001 Ed. (4053, 4054)
2002 Ed. (3994)
Windows phone
2013 Ed. (2481)
Windows Sources
1998 Ed. (1276, 2793)
1999 Ed. (3749)
Windows Update
2005 Ed. (3187)
Windows/door installation & service
1999 Ed. (697, 1810, 1812, 2712)
Windows/Word
1992 Ed. (1334)
1993 Ed. (1071)
1994 Ed. (1094)
1995 Ed. (1112)
1996 Ed. (1088)
WindowWizards
2012 Ed. (2916)
Windshield Washer Fluids
2001 Ed. (538)
Windsong
2001 Ed. (3699)
Windsor
1994 Ed. (2601)
1997 Ed. (3903)
1998 Ed. (3746)
2002 Ed. (2690)
Windsor Court
1990 Ed. (2073)
1995 Ed. (2156)
Windsor Court Hotel
1990 Ed. (2094, 2101)
2005 Ed. (2928)
Windsor Court Hotel, New Orleans
1990 Ed. (2079)
Windsor Design-Build
2007 Ed. (1271)
Windsor Energy Corp.
1994 Ed. (1226)
Windsor Essex Economic Development
Corp.
2013 Ed. (3529)
Windsor Foods
2008 Ed. (2785)
2009 Ed. (2843)
2010 Ed. (2784)

2011 Ed. (2773)
2012 Ed. (2700, 2702)
2014 Ed. (2777, 2785)
Windsor Fund
1990 Ed. (2392)
Windsor Hill Music
2014 Ed. (3714)
Windsor II
1994 Ed. (2601)
Windsor Lloyds
1997 Ed. (2467)
1998 Ed. (2202)
Windsor, ON
2002 Ed. (2647)
Windsor, ON, Canada
1993 Ed. (336)
Windsor, Ontario
2013 Ed. (3524)
Windsor Supreme
1989 Ed. (1895)
1990 Ed. (2453, 2458)
1991 Ed. (2319)
1992 Ed. (2871)
1993 Ed. (2435)
1994 Ed. (2385)
1995 Ed. (2466)
1996 Ed. (2515)
1997 Ed. (2654)
1998 Ed. (2374)
1999 Ed. (3205)
2000 Ed. (2945, 2975)
2001 Ed. (4789, 4801, 4802)
2002 Ed. (291, 3103, 3144, 3148)
2003 Ed. (4903, 4918)
2004 Ed. (4893, 4907)
Windsor; University of
2008 Ed. (1071, 1078, 1081, 1082)
2009 Ed. (1048, 1056, 1067)
2010 Ed. (1018)
2011 Ed. (953)
2012 Ed. (873, 3433)
Windsor Vineyards
2007 Ed. (888)
Windsor Window Co.
2010 Ed. (1684)
WindsorEssex Economic Development
Corp.
2016 Ed. (3377)
Windstar
2001 Ed. (488, 3394, 4638)
2002 Ed. (386, 4699, 4702)
Windstar Cruises
2013 Ed. (2287)
2015 Ed. (2284)
2016 Ed. (2256)
Windstar; Ford
2005 Ed. (291, 304)
Windstream
2014 Ed. (1383, 2552)
2015 Ed. (4683)
Windstream Corp.
2008 Ed. (1532, 4637)
2009 Ed. (3271)
2010 Ed. (1421, 1478)
2011 Ed. (1475, 4639)
2012 Ed. (1315, 1317, 4641, 4642)
2013 Ed. (1416, 1418, 4612, 4616)
2014 Ed. (1374, 1377, 4664, 4678)
2015 Ed. (1440, 1443, 4689)
Windstream Holdings Inc.
2015 Ed. (1444)
2016 Ed. (1367, 1368)
Windvest Corp.
2016 Ed. (3620)
Windward Consulting Group
2007 Ed. (1394)
Windward Homes
2003 Ed. (1165)
2004 Ed. (1173, 1200, 1201)
2005 Ed. (1201)
Windward Islands Bank Ltd.
1989 Ed. (634)
Windy Hill Pet Food Co.
1999 Ed. (3786)
Wine
1989 Ed. (731)
1992 Ed. (2283)
1993 Ed. (680, 681)
1994 Ed. (682)
1995 Ed. (644)
1996 Ed. (719)
1998 Ed. (3433, 3462)
1999 Ed. (699, 700, 705, 706, 707,
4508)
2000 Ed. (711, 712, 717, 4143)
2001 Ed. (356, 357, 686, 687, 688,
690, 691, 692, 693, 694, 700,
2551)
2002 Ed. (282, 687, 688, 689, 690,
692, 693, 694, 695, 697, 698, 764,

2374, 4309, 4527, 4949, 4950,
4951, 4952, 4953)
2004 Ed. (888, 2133, 2555, 2556)
Wine by Joe
2013 Ed. (4941)
Wine Cellars of E & J Gallo
1995 Ed. (3738)
1996 Ed. (3836)
1998 Ed. (3730)
1999 Ed. (4785)
Wine coolers
1989 Ed. (2966, 2967, 2968)
1991 Ed. (3504, 3505, 3509, 3510,
3511)
1992 Ed. (4469, 4471, 4476, 4477,
4478)
2001 Ed. (4847, 4895, 4896, 4898,
4899, 4900)
2002 Ed. (282, 4949, 4951, 4952)
Wine, dessert & fortified
1992 Ed. (4469, 4471, 4476, 4477,
4478)
Wine, domestic
2003 Ed. (4962)
Wine, domestic dinner/table
1993 Ed. (3685)
Wine, flavored
2003 Ed. (4962)
The Wine Group
1989 Ed. (2929)
1991 Ed. (3490, 3491)
1992 Ed. (4453)
1993 Ed. (3705, 3714, 3721)
1994 Ed. (3664)
1995 Ed. (3739, 3750)
1996 Ed. (3849)
1997 Ed. (3897)
1998 Ed. (3722, 3738)
1999 Ed. (4772, 4784)
2000 Ed. (4396, 4408)
2001 Ed. (4840, 4841)
2002 Ed. (4913)
2003 Ed. (4854, 4958, 4959, 4961)
2004 Ed. (4839, 4961, 4962, 4963)
2005 Ed. (4830, 4945, 4946, 4947,
4976)
2006 Ed. (4959, 4963)
2007 Ed. (4966)
2008 Ed. (4935)
2009 Ed. (4956)
2010 Ed. (4965)
2011 Ed. (4949, 4956)
2012 Ed. (4948)
2013 Ed. (4942)
2014 Ed. (4953)
2015 Ed. (4993)
2016 Ed. (4909)
Wine, imported
2003 Ed. (4962)
Wine, kosher
1992 Ed. (4469, 4471, 4476, 4477,
4478)
Wine, non-alcoholic
1993 Ed. (3685)
1994 Ed. (3647)
Wine, refreshment
1992 Ed. (4469, 4471, 4476, 4477,
4478)
Wine; Scott
2014 Ed. (941)
2015 Ed. (959)
Wine, sparkling/champagne
1993 Ed. (3685)
Wine Spectator
1992 Ed. (3384)
2000 Ed. (3473)
Wine, table
1992 Ed. (4469, 4471, 4476, 4477,
4478)
Wine World
1993 Ed. (3721)
Wine World Estates
1995 Ed. (3750)
1996 Ed. (3849)
1997 Ed. (3897)
1998 Ed. (1774, 3738)
Wine.com
2007 Ed. (888)
2009 Ed. (2445)
2012 Ed. (2289)
Wine.com Inc.
2014 Ed. (2400)
WineCommune
2009 Ed. (2787)
2010 Ed. (2721)
Winegardner & Hammons
1990 Ed. (2060, 2061)
1992 Ed. (2464, 2465, 2466, 2470,
2471)
1993 Ed. (2077, 2078, 2079)

1994 Ed. (2092, 2093, 2094)
1995 Ed. (2149, 2150)
1996 Ed. (2158, 2159)
1997 Ed. (2275, 2276, 2277)
1998 Ed. (1999, 2001)
1999 Ed. (2756)
2000 Ed. (2535)
Winegars Supermarket Inc.
2009 Ed. (4621)
Winehouse; Amy
2009 Ed. (687)
Wines
2002 Ed. (2217)
Wines of France
1995 Ed. (3769, 3770)
1996 Ed. (3865)
1997 Ed. (3911)
Wines of France Promotion
1998 Ed. (3751)
Wines of Italy
1995 Ed. (3766)
1996 Ed. (3865)
1998 Ed. (3751)
Wines of Portugal
2002 Ed. (4962, 4963)
Wines of Spain
2002 Ed. (4962, 4963)
WineStyles Inc.
2007 Ed. (4195)
2008 Ed. (4231)
2009 Ed. (4327)
2011 Ed. (4294)
WinFax Pro
1996 Ed. (1082)
Winfrey; Oprah
1990 Ed. (2504)
1991 Ed. (1578)
1992 Ed. (1982)
1993 Ed. (1633)
1994 Ed. (1667)
1995 Ed. (1714)
1997 Ed. (1777)
2005 Ed. (2443, 2444, 4990)
2006 Ed. (2485, 2487, 2488, 2499,
4913, 4977, 4983)
2007 Ed. (2450, 2451, 4907, 4977,
4981, 4983)
2008 Ed. (183, 2580, 2585, 2586,
4836, 4883, 4948)
2009 Ed. (201, 2607, 2613, 4856,
4971)
2010 Ed. (2510, 2515, 3698, 4980)
2011 Ed. (2512, 2517, 3692, 4979)
2012 Ed. (110, 2433, 2436, 2439,
2443, 4958, 4976, 4984)
2013 Ed. (2599, 2604, 2607, 4959)
2014 Ed. (2528, 2531, 4968)
2015 Ed. (2601, 2604, 5009)
2016 Ed. (2526, 2528, 4926)
Wing
2015 Ed. (76)
2016 Ed. (2926)
Wing Commander
1995 Ed. (1083)
Wing Commander III
1996 Ed. (1080)
Wing Commander III (MS-DOS)
1996 Ed. (1083)
Wing Hang Bank
1996 Ed. (529)
2000 Ed. (547)
2004 Ed. (538)
2005 Ed. (517)
2006 Ed. (448)
2007 Ed. (459)
2008 Ed. (423)
2010 Ed. (427)
2011 Ed. (352)
2012 Ed. (354)
2013 Ed. (381)
2014 Ed. (392, 393)
2015 Ed. (449)
2016 Ed. (397)
Wing Hung Kee
1990 Ed. (2047)
Wing Latino Group
2002 Ed. (172)
2003 Ed. (33, 81, 139)
2004 Ed. (115)
Wing; Lim Kok
2010 Ed. (3962)
Wing Lung Bank
1989 Ed. (553)
1991 Ed. (539)
1992 Ed. (695, 696)
1993 Ed. (498)
1994 Ed. (501)
1995 Ed. (485)
1996 Ed. (529)
1997 Ed. (488)

1999 Ed. (535)
2003 Ed. (501)
2004 Ed. (538)
2005 Ed. (517)
2006 Ed. (448)
2007 Ed. (459)
2008 Ed. (423)
2010 Ed. (427)
2011 Ed. (352)
Wing-Merrill
1994 Ed. (1316)
Wing On Group
1989 Ed. (33)
1990 Ed. (32)
Wing Sale
2016 Ed. (3358)
Wing Song
1990 Ed. (2793)
Wing Tai Holdings
1999 Ed. (4317)
Wing Tal
1997 Ed. (3520)
Wing Zone
2008 Ed. (2663)
2012 Ed. (2533)
Wing Zone Franchise Corp.
2003 Ed. (2450)
2005 Ed. (2561)
2006 Ed. (2567)
2007 Ed. (2538)
2008 Ed. (2677)
2009 Ed. (2701)
2010 Ed. (2622)
Wingate Dunross Inc.
1997 Ed. (1795)
1998 Ed. (1506)
1999 Ed. (2073)
2000 Ed. (1866)
2002 Ed. (2174)
Wingate Inn
1998 Ed. (2025)
2001 Ed. (2780)
Winged Foot Golf Course (West)
2000 Ed. (2381)
Winger's Diner
2002 Ed. (4024)
2003 Ed. (4129)
Winger's Grill & Bar
2008 Ed. (4187)
2009 Ed. (4286)
Wingfoot Commercial Tire Systems
2009 Ed. (312, 4772)
Wingfoot Commercial Tire Systems LLC
2005 Ed. (4699)
2006 Ed. (4754)
2007 Ed. (4760, 4810)
2008 Ed. (4683)
2009 Ed. (4724)
2010 Ed. (4733)
2011 Ed. (4693)
2012 Ed. (4715)
2013 Ed. (4676)
2014 Ed. (4724)
2015 Ed. (4743)
WingGate Travel Inc.
2009 Ed. (1825)
2010 Ed. (1767)
2011 Ed. (1781)
Winglatino
2008 Ed. (113)
Wingo
2009 Ed. (121)
2010 Ed. (122)
2011 Ed. (40)
2012 Ed. (46)
2014 Ed. (62)
2015 Ed. (74)
2016 Ed. (74)
Wings BBDO
1990 Ed. (126)
1991 Ed. (125)
1992 Ed. (178)
1993 Ed. (118)
Wings Corporacion Mexicana de Res-
taurantes
2003 Ed. (1738)
Wings Corp.
2004 Ed. (52)
2005 Ed. (46)
2006 Ed. (53)
2007 Ed. (44)
2008 Ed. (48)
Wings Financial Credit Union
2006 Ed. (2204)
2007 Ed. (2125)
2008 Ed. (2240)
2009 Ed. (2226)
2010 Ed. (2180)
2011 Ed. (2198)
2012 Ed. (2058, 2059)

2013 Ed. (2241)
2014 Ed. (2173)
2015 Ed. (2237)
2016 Ed. (2208)
Wings Financial Federal Credit Union
2013 Ed. (2204)
2014 Ed. (2135)
2015 Ed. (2199)
Wings Holdings Inc.
1991 Ed. (1136, 3331)
1995 Ed. (2444)
1996 Ed. (2486)
1997 Ed. (2629)
Wings Over...
2008 Ed. (2677)
2009 Ed. (2701)
2010 Ed. (2622)
Wingspan
2001 Ed. (631)
Wingspan Portfolio Advisors
2015 Ed. (2722)
Wingstop
2006 Ed. (4110, 4111, 4112)
2007 Ed. (4137)
2008 Ed. (2663, 2686)
2011 Ed. (4212, 4234)
2012 Ed. (2533, 4266)
2013 Ed. (4230)
2014 Ed. (4271)
2015 Ed. (2658, 4252, 4281, 4282,
4283, 4284, 4285, 4286, 4297)
2016 Ed. (2581, 4185, 4186, 4187,
4188, 4189, 4190, 4202)
Wingstop Restaurants
2013 Ed. (4229)
2014 Ed. (4277)
2015 Ed. (4258)
2016 Ed. (4161)
Wingstop Restaurants Inc.
2002 Ed. (2246)
2003 Ed. (893, 2450)
2004 Ed. (913, 2579)
2005 Ed. (2561)
2006 Ed. (2567)
2007 Ed. (2538)
2008 Ed. (2677)
2009 Ed. (2701)
2010 Ed. (2622)
2011 Ed. (2602)
2012 Ed. (2546, 4262)
2013 Ed. (2668)
2014 Ed. (2618)
2015 Ed. (2664)
2016 Ed. (2587)
Wingsung Stationery
1994 Ed. (3289, 3290)
Winius-Brandon Advertising
1990 Ed. (150)
WinJack Inc.
1990 Ed. (2682)
Wink Chevrolet; Bill
1990 Ed. (306, 339, 346)
Wink Chevrolet/General Motors Corp.;
Bill
1989 Ed. (927)
Wink Cos. LLC
2008 Ed. (2518, 2526)
2009 Ed. (2531, 2538)
2010 Ed. (2447, 2448, 2456)
2011 Ed. (2456, 2457, 2465)
Winkhaus GmbH
2013 Ed. (3707)
Winkler County Credit Union
2009 Ed. (2187)
Winkler County State Bank
1998 Ed. (365)
Winkler; Craig
2005 Ed. (4862)
2006 Ed. (4922)
Winkler Family
2008 Ed. (4911)
Winky
2001 Ed. (1997, 1998)
WinMagic
2014 Ed. (2936)
Winmark
2013 Ed. (1867, 4271)
2015 Ed. (1839, 4316)
2016 Ed. (1801, 4445)
Winn-Dixie
1989 Ed. (866, 867)
1990 Ed. (3028, 3029, 3498)
1992 Ed. (489, 1814, 1815, 2168,
2350, 3547, 4163, 4166, 4167,
4169, 4171)
1998 Ed. (1296)
2000 Ed. (4167, 4168)
2002 Ed. (4525)
2004 Ed. (4625)
2005 Ed. (4554)

2006 Ed. (4633)
2007 Ed. (4619)
2008 Ed. (4566)
Winn-Dixie Stores Inc.
1989 Ed. (1556, 2775, 2777)
1990 Ed. (1807, 1808, 1809, 3324, 3497)
1991 Ed. (1425, 1426, 1729, 1730, 1860, 2896, 3155, 3252, 3254, 3256, 3257, 3258)
1992 Ed. (2169)
1993 Ed. (1495, 1496, 1869, 1870, 1997, 2871, 3255, 3486, 3493, 3494, 3495, 3496, 3497)
1994 Ed. (1539, 1542, 1543, 1854, 1855, 1856, 1990, 2939, 3108, 3249, 3459, 3461, 3464, 3465, 3466, 3467)
1995 Ed. (343, 1569, 1572, 1573, 1882, 3154, 3328, 3339, 3446, 3524, 3527, 3531, 3532, 3533, 3535)
1996 Ed. (1336, 1556, 1559, 1560, 1924, 1925, 1927, 1929, 3414, 3606, 3612, 3613, 3614, 3619, 3620, 3621)
1997 Ed. (329, 921, 922, 1398, 1625, 1626, 2019, 2026, 2790, 3071, 3176, 3660, 3667, 3668, 3670, 3672, 3673, 3674, 3675, 3676, 3677, 3678)
1998 Ed. (264, 665, 1137, 1703, 1708, 1711, 3443, 3444, 3449, 3450, 3451, 3452, 3453, 3454, 3455, 3456, 3457)
1999 Ed. (368, 1414, 1618, 1921, 2449, 2451, 2452, 2462, 4515, 4518, 4519, 4520, 4521, 4522, 4523)
2000 Ed. (372, 1423, 1714, 2204, 2207, 2219, 4166, 4169)
2001 Ed. (436, 1703, 4404, 4416, 4417, 4418, 4419, 4420, 4421, 4422)
2002 Ed. (1567, 1648, 1649, 4361, 4524, 4526, 4529, 4530, 4531, 4535)
2003 Ed. (1541, 1676, 1677, 4633, 4634, 4635, 4640, 4645, 4648, 4649, 4651, 4653, 4654, 4655, 4657, 4658, 4659, 4660, 4661, 4664)
2004 Ed. (1614, 1705, 1706, 2964, 4566, 4613, 4614, 4615, 4620, 4621, 4622, 4624, 4627, 4629, 4630, 4631, 4635, 4637, 4638, 4647)
2005 Ed. (1639, 1761, 1763, 1764, 1913, 2237, 4467, 4508, 4546, 4547, 4548, 4549, 4552, 4553, 4557, 4558, 4559, 4562, 4563, 4565)
2006 Ed. (1528, 1707, 1709, 1710, 1942, 4175, 4626, 4628, 4631, 4635, 4636, 4637, 4639, 4640)
2007 Ed. (365, 1558, 1560, 1702, 1704, 1705, 2234, 4582, 4584, 4611, 4616, 4623, 4624, 4626, 4628)
2008 Ed. (885, 1539, 1734, 3612, 4568, 4571, 4572)
2009 Ed. (894, 1467, 1669, 1674, 2347, 2900, 3679, 4593, 4600, 4603, 4604)
2010 Ed. (1630, 2272, 2844, 4626, 4632, 4633, 4635, 4636)
2011 Ed. (1427, 1640, 2278, 3601, 4476, 4581, 4583, 4588)
2012 Ed. (1493, 1589, 2170, 4588, 4590)
2013 Ed. (1624, 2368, 2371, 4542, 4549)
Winn State Bank & Trust Co.
1994 Ed. (508)
WinnCompanies
2006 Ed. (277)
2007 Ed. (282)
2008 Ed. (258)
2009 Ed. (281)
2011 Ed. (187)
2012 Ed. (194)
2013 Ed. (174)
2014 Ed. (181)
2015 Ed. (210)
Winncrest Homes
2002 Ed. (2674)
2005 Ed. (1238)
Winnebago
1994 Ed. (2523)
1998 Ed. (3028)
Winnebago Industries

2016 Ed. (3632)
Winnebago Industries Inc.
1990 Ed. (2976)
1992 Ed. (3642, 3643, 4371)
1993 Ed. (2983, 2985)
1994 Ed. (2922, 3026)
1995 Ed. (3078)
1996 Ed. (3171, 3173)
2004 Ed. (278, 280, 3496, 3497)
2005 Ed. (284, 286, 1826, 3496, 3497)
2006 Ed. (304, 307, 1493)
2008 Ed. (1855)
2009 Ed. (1805)
Winnemucca, NV
1997 Ed. (999)
Winnepeg Free Press
2003 Ed. (3649)
Winnepeg Stadium
1999 Ed. (1299)
Winner & Associates
2002 Ed. (3838)
Winner; Michael
2009 Ed. (680)
Winner Nissan
1991 Ed. (288)
Winners
2012 Ed. (544)
2014 Ed. (679)
Winneshiek Medical Center
2006 Ed. (2920)
Winnfield Life Insurance Co.
1994 Ed. (2233)
1995 Ed. (2280)
1996 Ed. (2286)
1997 Ed. (2419)
1998 Ed. (2132)
1999 Ed. (2916)
2000 Ed. (2669)
2002 Ed. (714)
2003 Ed. (2976)
2004 Ed. (3079)
Winnie Johnson-Marquart
2006 Ed. (4905)
2007 Ed. (4901)
2008 Ed. (4911)
2009 Ed. (4859)
2010 Ed. (4928)
2011 Ed. (4832, 4913)
2012 Ed. (4844)
2013 Ed. (4843)
2014 Ed. (4859)
2015 Ed. (4896)
2016 Ed. (4814)
Winnie the Pooh
1992 Ed. (1064)
1997 Ed. (1101)
1998 Ed. (848)
2001 Ed. (4606, 4607)
2006 Ed. (649)
Winnie the Pooh Bounce Around Tigger
2000 Ed. (4276)
Winning
2007 Ed. (652)
Winning Strategies Public Relations
2011 Ed. (4123)
2012 Ed. (4154)
Winnipeg
1992 Ed. (530)
Winnipeg Foundation
2009 Ed. (909)
2010 Ed. (852)
2011 Ed. (2759)
Winnipeg Free Press
2002 Ed. (3507)
Winnipeg, Manitoba
1993 Ed. (2556)
2003 Ed. (3251)
2005 Ed. (3327, 3476)
2006 Ed. (3316)
2010 Ed. (3478)
2011 Ed. (3484)
2015 Ed. (3515)
Winnipeg, MB
2000 Ed. (2549)
2001 Ed. (4109)
Winnipeg Stadium
2002 Ed. (4348)
Winnipeg; University of
2007 Ed. (1179)
2008 Ed. (1079, 1083)
2009 Ed. (1049, 1054)
2010 Ed. (1019, 1023)
2011 Ed. (954)
2012 Ed. (874, 878)
Winnover
1992 Ed. (2394)
Winn's
1994 Ed. (3620)
1995 Ed. (3690)

1996 Ed. (3773)
1997 Ed. (3831)
Winn's Stores
1992 Ed. (4383)
Winona Pure
2014 Ed. (3770)
2015 Ed. (3789)
2016 Ed. (3703)
Winona PVD
2016 Ed. (3451)
Winpak Ltd.
1996 Ed. (2900)
2007 Ed. (3762, 3776)
2008 Ed. (3839, 3854)
2009 Ed. (3895, 3914)
2010 Ed. (3808, 3821)
2011 Ed. (3804, 3817)
2015 Ed. (3818)
Winpak Portion Packaging Inc.
2015 Ed. (4725)
2016 Ed. (4627)
Winpar Holdings Ltd.
2006 Ed. (4482)
Winrich Capital Mgmt.
1990 Ed. (2336)
WINS
1990 Ed. (2942)
1991 Ed. (2797)
1992 Ed. (3607)
1993 Ed. (2955)
1994 Ed. (2989)
1996 Ed. (3154)
1999 Ed. (3983)
2000 Ed. (3697)
WINS-AM
1997 Ed. (3239)
1998 Ed. (2985, 2988)
Winshuttle
2015 Ed. (2093)
WinsLoew
1997 Ed. (2099)
Winslow Capital
1996 Ed. (2396)
1997 Ed. (2522, 2526)
Winslow Green Growth Fund
2004 Ed. (4445)
2006 Ed. (4409)
2007 Ed. (4469)
Winsor; Bill
2011 Ed. (2972)
Winspec West Manufacturing Inc.
2002 Ed. (4290)
2003 Ed. (4441)
2004 Ed. (4434)
Winstar Communications, Inc.
2001 Ed. (1039)
2002 Ed. (1124, 1530, 2524)
WinstarComm
1996 Ed. (2885)
Winstead, McGuire, Sechrest & Minick
1990 Ed. (2418)
1991 Ed. (2284)
1992 Ed. (2833)
Winston
1989 Ed. (907)
1990 Ed. (992, 993)
1991 Ed. (932)
1992 Ed. (75, 1147, 1151)
1993 Ed. (941)
1994 Ed. (953, 955, 960)
1995 Ed. (985, 986)
1996 Ed. (971)
1997 Ed. (985)
1998 Ed. (727, 728, 729, 730)
1999 Ed. (1135, 1140)
2000 Ed. (1061)
2001 Ed. (1230)
2002 Ed. (4629)
2003 Ed. (970, 971, 4751, 4756)
2004 Ed. (4736)
2005 Ed. (4713)
2006 Ed. (4765)
2007 Ed. (4771)
2008 Ed. (976, 4691)
2009 Ed. (4733)
2010 Ed. (4741)
2013 Ed. (4688, 4693)
2014 Ed. (4739)
2015 Ed. (988, 4756, 4760)
2016 Ed. (889)
Winston 100s
1989 Ed. (904)
Winston 100s, Carton
1990 Ed. (990)
Winston Churchill
2006 Ed. (1450)
Winston Furniture
1995 Ed. (3161)
Winston Kings
1989 Ed. (904, 905)

Winston Kings, Carton
1989 Ed. (2323)
1990 Ed. (990, 991)
Winston Koh
1999 Ed. (2284)
Winston Lights
1995 Ed. (985)
Winston Lights 100s
1989 Ed. (904)
Winston Lights 100s, Carton
1990 Ed. (990)
Winston Pittman Enterprise
2006 Ed. (184)
2007 Ed. (189, 190)
2008 Ed. (167)
2009 Ed. (192)
2010 Ed. (171)
2011 Ed. (95)
2012 Ed. (102)
2013 Ed. (83)
2015 Ed. (107)
Winston Pittman Enterprises
2003 Ed. (211)
Winston Salem City Employees Credit Union
2009 Ed. (2183)
Winston-Salem Industries for the Blind, Inc.
2016 Ed. (894)
Winston-Salem, NC
2003 Ed. (1136)
2009 Ed. (3540)
2010 Ed. (3464)
Winston Salem/Forsyth County Schools
2008 Ed. (4280)
Winston & Stawn
1991 Ed. (2283)
Winston & Strawn
1990 Ed. (2417)
1992 Ed. (2832)
1993 Ed. (2395, 3622)
1995 Ed. (2416)
1996 Ed. (2452)
1997 Ed. (2597)
1998 Ed. (2327)
1999 Ed. (3148)
2000 Ed. (2894)
2001 Ed. (3054)
2002 Ed. (3056)
2003 Ed. (3190)
2004 Ed. (3238, 3251)
2005 Ed. (3533)
Winston & Strawn LLP
2005 Ed. (3275)
2006 Ed. (3249, 3266)
2007 Ed. (3310)
2008 Ed. (3420)
2010 Ed. (3418, 3419, 3441)
2011 Ed. (3402, 3439)
2012 Ed. (3421, 3456)
2013 Ed. (3445)
2014 Ed. (3476)
2015 Ed. (3494)
Wintec Industries
2001 Ed. (2870)
2002 Ed. (2083)
Wintec Software Corp.
2008 Ed. (3739, 4437)
Wintegra
2008 Ed. (2951, 2952)
2009 Ed. (3007)
The Winter Construction Co.
2009 Ed. (1229)
Winter Dallas Markets
2004 Ed. (4755)
Winter-eez
2001 Ed. (389)
The Winter Group of Cos.
2004 Ed. (1251)
Winter of the World
2014 Ed. (577)
Winter Olympics
2008 Ed. (4660)
Winter Park, CO
1990 Ed. (3293)
Winter Park Recreation Association
1994 Ed. (1102)
Winter Park Resort
2002 Ed. (4284)
2004 Ed. (4428)
2005 Ed. (4377)
2006 Ed. (4327)
2007 Ed. (4391)
2008 Ed. (4342)
2009 Ed. (4447)
Winter Park Resort/Mary Jane
2010 Ed. (4490)
2011 Ed. (4425)
2012 Ed. (4479, 4480)
2013 Ed. (4443)

2014 Ed. (4474)
2015 Ed. (4468)
2016 Ed. (4370)
Winter storm
2005 Ed. (882)
Winterfresh
2003 Ed. (951)
Winterthur Swiss Insurance Co. Ltd.
1998 Ed. (2210)
Winterthur Versicherungen
1991 Ed. (3517, 3518)
Wintermans Caf Cream
2001 Ed. (2113)
Wintermans Half Corona
2001 Ed. (2114)
Winterpark Investment Group
1990 Ed. (1078)
Winterstorm
2005 Ed. (885)
Winterstorm Anna
2005 Ed. (885)
Winterstorm Daria
2005 Ed. (884)
Winterstorm Lothar
2005 Ed. (884)
Winterstorm Vivian
2005 Ed. (884)
Winterthur
1990 Ed. (2244, 2258, 2277)
1991 Ed. (2158)
1992 Ed. (1695, 2708, 4498)
1993 Ed. (1407, 2260)
1994 Ed. (1454, 1455, 2238, 2239)
1995 Ed. (1494, 2281)
1996 Ed. (2289)
1999 Ed. (1742, 2918, 2982)
Winterthur Group
1991 Ed. (1353)
1996 Ed. (1451)
1997 Ed. (1517, 1519)
Winterthur Insurance
1990 Ed. (3478)
1997 Ed. (2546)
Winterthur Life
1990 Ed. (2245)
1991 Ed. (2114)
Winterthur Re of America
2001 Ed. (2953, 2954, 2955)
Winterthur Schweiz. Versicherungs-Ges.
1990 Ed. (3714)
Winterthur Schweizerische Versicherungs
2008 Ed. (1410)
Winterthur Schweizerische Versicherungs Ges
1995 Ed. (2282)
Winterthur Swiss Group
1990 Ed. (2227)
Winterthur U.S. Holdings Inc.
2010 Ed. (1382)
Winterthur Versicherungen
1990 Ed. (2284)
Winterthur Versicherungs-Gesellschaft
1993 Ed. (3742)
Winterthur (Winterthur)
1991 Ed. (2159)
Winthrop
1991 Ed. (2407)
1992 Ed. (3009)
1994 Ed. (2466)
Winthrop Aggressive Growth
1995 Ed. (2676)
Winthrop Financial
1991 Ed. (247)
Winthrop Financial Associates
1993 Ed. (238, 2972)
1998 Ed. (178)
Winthrop Focus Aggressive Growth
1996 Ed. (2799)
Winthrop Focus Fixed Income
1992 Ed. (3154, 3164)
Winthrop Focus Fixed Inc.
1994 Ed. (2608, 2619)
Winthrop Rockefeller
2002 Ed. (3359)
2003 Ed. (4878)
Winthrop Stimson Putnam & Roberts
2001 Ed. (800)
Winthrop University Hospital
1997 Ed. (2267)
Winthrop & Weinstine
2001 Ed. (563)
Wintor Swan Associates Inc.
1998 Ed. (2921)
Wintor Swan Associates LLC
2000 Ed. (3609)
2001 Ed. (3891)
Wintrust Financial Corp.
2009 Ed. (470, 471)

WinWholesale Inc.
2006 Ed. (208, 3926)
2008 Ed. (3140)
2009 Ed. (3224, 4934)
2010 Ed. (3180, 4942)
2011 Ed. (3144, 4925)
WinWire Technologies Inc.
2015 Ed. (4857)
WinyStyles Inc.
2008 Ed. (881)
Wipe New
2015 Ed. (2332)
Wipfli
2012 Ed. (19, 29, 4816)
2013 Ed. (16, 4779)
2014 Ed. (12)
2015 Ed. (7, 16)
2016 Ed. (12)
Wipfli LLP
2005 Ed. (8)
2006 Ed. (13)
2007 Ed. (9)
2008 Ed. (2, 7)
2009 Ed. (10)
2010 Ed. (16, 19)
Wipfli Uhlrich & Bertelson LLP
2009 Ed. (2)
Wipfli Ullrich Bertelson LLP
2002 Ed. (12, 19)
2003 Ed. (6)
2004 Ed. (12)
Wipfli, Ullrich & Bertelson LLP
2006 Ed. (4)
Wipro
2014 Ed. (1072, 4005, 4021)
2015 Ed. (1109)
2016 Ed. (1020)
Wipro Infotech
2010 Ed. (1080, 1081, 1124)
2011 Ed. (1019, 1020, 1063)
Wipro Ltd.
1997 Ed. (1106)
2000 Ed. (1177)
2001 Ed. (1735)
2002 Ed. (4424)
2003 Ed. (2947, 4588)
2005 Ed. (3037, 4808)
2006 Ed. (1753, 3351, 3760, 4507)
2007 Ed. (1237, 1717, 1773)
2008 Ed. (1138, 1139, 1142, 1746, 2577)
2009 Ed. (754, 1117, 1682, 2603, 4670, 4672)
2010 Ed. (1098, 1099, 1638, 1697, 4687, 4691)
2011 Ed. (630, 1059, 1648, 2508, 4637, 4643)
2012 Ed. (939, 942, 967, 986, 987, 1071, 1563, 2429)
2013 Ed. (1078, 1087, 1124, 1128, 1129, 1205, 3203, 3204, 3469)
2014 Ed. (1040, 1050, 1089, 1090, 2559, 2565, 3218)
2015 Ed. (1075, 1125, 1129)
2016 Ed. (982, 3097)
Wipro Technologies
2007 Ed. (3758)
2008 Ed. (2886, 3834)
2009 Ed. (3889)
2010 Ed. (3801)
2011 Ed. (2899, 3798)
2012 Ed. (2834, 3788, 4749)
2013 Ed. (2919)
2014 Ed. (2933, 3785)
2015 Ed. (2983)
2016 Ed. (2918)
Wipro Technologies Ltd.
2016 Ed. (3104)
Wire covering
1992 Ed. (3747)
Wire-Rite Inc.
2014 Ed. (1192)
2015 Ed. (1250)
Wireamerica Inc.
2002 Ed. (710)
Wired
1997 Ed. (3044)
1998 Ed. (2782, 2794)
2000 Ed. (3468, 3469)
2001 Ed. (254, 255, 3193)
2007 Ed. (162, 164, 165, 1218)
2008 Ed. (148, 149, 1122)
2009 Ed. (167, 168, 169, 170)
2010 Ed. (155, 4766)
2011 Ed. (4719)
2012 Ed. (3515, 4740)
2013 Ed. (803)
2016 Ed. (3399)
Wired Flare Inc.
2016 Ed. (1467)

Wired telecommunications carriers
2007 Ed. (3716)
2009 Ed. (3853)
Wired Ventures
2001 Ed. (1541)
@Wireless
2001 Ed. (4220)
2004 Ed. (1544, 4978)
2005 Ed. (4987)
2006 Ed. (4972)
Wireless Broadcasting System
1997 Ed. (872, 3914)
1999 Ed. (999)
Wireless Cable of Atlanta
1997 Ed. (872)
Wireless Communications
2014 Ed. (190, 1979, 4333)
2015 Ed. (2028)
Wireless communications
2005 Ed. (3014)
Wireless company store
1999 Ed. (1047)
Wireless Connection Inc.
2006 Ed. (4364)
Wireless Dimensions
2005 Ed. (4987)
@ Wireless Enterprises Inc.
2006 Ed. (1935)
Wireless Evolution
2008 Ed. (4638)
Wireless Facilities Inc.
2002 Ed. (2481)
2004 Ed. (2769)
Wireless Festival
2011 Ed. (1075)
2012 Ed. (999)
Wireless Knowledge, Inc.
2002 Ed. (4976)
Wireless Matrix Corp.
2003 Ed. (4697)
2005 Ed. (2829, 4511)
Wireless One Inc.
1997 Ed. (872)
1999 Ed. (999)
Wireless Retail
2005 Ed. (3904, 4092)
Wireless service provider
1999 Ed. (1047)
Wireless service providers
2005 Ed. (4815)
Wireless Systems
2004 Ed. (3970)
Wireless telecommunication services
2008 Ed. (1630)
Wireless Telecommunications
1996 Ed. (209)
Wireless telecommunications carriers
2009 Ed. (3855)
Wireless telephone services
2006 Ed. (4712)
Wireless Toys
2005 Ed. (4987)
2006 Ed. (4972)
2007 Ed. (4972)
2008 Ed. (4941)
2009 Ed. (4962)
Wireless Toyz
2008 Ed. (4647)
2010 Ed. (4970)
Wireless World Wide Inc.
2008 Ed. (4239)
2009 Ed. (4339)
Wireless Zone
2002 Ed. (2110)
2003 Ed. (4979)
2004 Ed. (4978)
2005 Ed. (4987)
2006 Ed. (4972)
2007 Ed. (4972)
2008 Ed. (4941)
2009 Ed. (4962)
2010 Ed. (4970)
2011 Ed. (765)
2012 Ed. (703)
2013 Ed. (2505)
2014 Ed. (2439)
2015 Ed. (2511)
2016 Ed. (2444)
Wiremen's Credit Union
1998 Ed. (1216)
2002 Ed. (1827, 1837)
2004 Ed. (1938)
Wiremens Credit Union
2013 Ed. (2239)
The Wiremold Co.
2003 Ed. (1502)
Wirex
2002 Ed. (3778)
Wiring, components and equipment
1993 Ed. (2737)

Wiring design/protection
1993 Ed. (2737)
Wiring devices & switches
2001 Ed. (3274)
2005 Ed. (3443)
Wirth Business Credit
2010 Ed. (2693)
Wirth; Iwan
2013 Ed. (180)
Wirtschafts-und Privatbank
1992 Ed. (905, 2005)
1993 Ed. (720, 1664)
1994 Ed. (1683)
Wirtz Corp.
2009 Ed. (3524)
2010 Ed. (3453)
Wirz; Adolf
1989 Ed. (165)
1990 Ed. (154)
Wirz Advertising
1991 Ed. (154)
1992 Ed. (212)
1993 Ed. (139)
2003 Ed. (153)
Wirz Werbeagentur
1997 Ed. (61)
1999 Ed. (58)
2001 Ed. (105)
2002 Ed. (78)
2003 Ed. (44)
Wirz Werbeagentur Gesellschaft
2000 Ed. (61)
Wirz Werbeberatung
1994 Ed. (120)
1995 Ed. (130)
1996 Ed. (144)
1997 Ed. (150)
1999 Ed. (160)
2000 Ed. (177)
2001 Ed. (217)
2002 Ed. (189)
WIS-PAK
2007 Ed. (1432)
Wis-Pak Foods Inc.
2014 Ed. (2787)
Wis-Pak-Foods Inc.
1993 Ed. (2517, 2518, 2895, 2896)
1996 Ed. (2585, 3060)
Wisan, Smith, Racker & Prescott LLP
2006 Ed. (19)
wisc.edu
2001 Ed. (2965)
Wisco Envelope
2009 Ed. (3917)
2010 Ed. (4029)
2012 Ed. (4032)
Wisco WRCA Co. Ltd.
2008 Ed. (3667)
Wisconsin
1989 Ed. (206, 1736, 2535, 2546, 2612, 2616, 2619)
1990 Ed. (366, 759, 2575, 3353, 3355, 3356, 3365, 3377, 3381, 3387, 3393, 3404, 3405, 3420, 3421, 3422, 3423, 3425)
1991 Ed. (793, 1645, 2353, 3184, 3185, 3187, 3196, 3199, 3200, 3204, 3214)
1992 Ed. (933, 2573, 2586, 2862, 2863, 2917, 2920, 2928, 2930, 2934, 2945, 2946, 2968, 3359, 4074, 4081, 4083, 4103, 4117, 4120)
1993 Ed. (363, 413, 744, 1735, 2426, 2427, 2441, 2442, 2443, 2777, 3394, 3395, 3407, 3425, 3427, 3428)
1994 Ed. (870, 2370, 2371, 2376, 2379, 2380, 3374, 3388, 3417, 3419, 3420)
1995 Ed. (947, 2449, 2450, 2457, 2460, 2461, 3460, 3488, 3491)
1996 (1720, 1737, 2495, 2496, 2507, 2508, 2509, 3511, 3517, 3523, 3540, 3549, 3569, 3572)
1997 Ed. (2219, 2637, 2638, 2647, 3147, 3227, 3564, 3566, 3568, 3580, 3589, 3607, 3608, 3611, 3621, 3786, 3850, 3951)
1998 Ed. (472, 725, 1536, 1935, 2366, 2367, 2383, 2452, 2970, 3377, 3378, 3381, 3390, 3465, 3683, 3684)
1999 Ed. (738, 798, 799, 1077, 2681, 3140, 3196, 3197, 3217, 3218, 3222, 3892, 3975, 4404, 4405, 4413, 4422, 4441, 4445, 4446, 4452, 4461, 4535)
2000 Ed. (751, 803, 804, 1140, 2465, 2939, 2940, 2956, 2957, 2961,

3008, 3009, 3688, 4095, 4097,
 4113, 4179, 4356)
2001 Ed. (277, 278, 354, 667, 702,
 703, 720, 722, 1006, 1007, 1014,
 1015, 1079, 1106, 1107, 1109,
 1123, 1124, 1294, 1295, 1305,
 1345, 1371, 1417, 1422, 1436,
 1439, 1440, 1507, 1966, 1967,
 1968, 2053, 2143, 2234, 2235,
 2389, 2394, 2436, 2437, 2459,
 2460, 2467, 2471, 2472, 2520,
 2521, 2522, 2523, 2541, 2542,
 2544, 2545, 2556, 2557, 2566,
 2604, 2620, 2662, 2664, 2805,
 2807, 2823, 2824, 3026, 3027,
 3069, 3070, 3071, 3078, 3079,
 3092, 3093, 3103, 3104, 3173,
 3175, 3223, 3287, 3288, 3313,
 3314, 3396, 3400, 3401, 3557,
 3597, 3606, 3615, 3616, 3617,
 3618, 3619, 3620, 3632, 3633,
 3636, 3637, 3662, 3663, 3730,
 3787, 3815, 3816, 3827, 3883,
 3888, 3892, 3893, 3894, 3895,
 3903, 3906, 3907, 4026, 4150,
 4157, 4158, 4223, 4238, 4239,
 4241, 4242, 4256, 4257, 4274,
 4286, 4287, 4327, 4328, 4331,
 4332, 4360, 4361, 4363, 4429,
 4430, 4431, 4571, 4582, 4637,
 4710, 4729, 4730, 4735, 4794,
 4795, 4832, 4930, 4932, 4934)
2002 Ed. (273, 368, 469, 770, 771,
 772, 773, 948, 950, 951, 952, 1118,
 1177, 1347, 1825, 2067, 2447,
 2549, 2746, 2837, 2953, 3088,
 3090, 3091, 3110, 3115, 3121,
 3123, 3127, 3252, 3273, 3341,
 3528, 3632, 3734, 4101, 4106,
 4107, 4140, 4147, 4162, 4163,
 4164, 4333, 4377, 4762, 4764,
 4992)
2003 Ed. (442, 757, 758, 1032, 1033,
 1083, 1384, 2127, 2424, 2433,
 2678, 2687, 3222, 3293, 3459,
 3657, 4040, 4232, 4233, 4239,
 4248, 4249, 4286, 4299, 4414,
 4415, 4868, 4908, 4911, 4992)
2004 Ed. (378, 381, 390, 767, 768,
 775, 895, 896, 980, 1398, 1399,
 2000, 2175, 2176, 2563, 2572,
 2793, 2805, 3038, 3263, 3264,
 3278, 3282, 3355, 3478, 3525,
 3702, 4251, 4258, 4264, 4294,
 4295, 4297, 4302, 4303, 4308,
 4503, 4506, 4510, 4513, 4517,
 4518, 4519, 4523, 4528, 4529,
 4530, 4654, 4847, 4848, 4898,
 4902, 4980, 4996)
2005 Ed. (403, 405, 1071, 1073,
 1420, 2276, 2543, 2545, 2785,
 3383, 3524, 3613, 3882, 3945,
 4185, 4191, 4197, 4598, 4722)
2006 Ed. (1405, 2344, 2550, 2552,
 3059, 3131, 3367, 3584, 3730,
 3904, 3943, 4764)
2007 Ed. (1437, 2520, 2526, 2528,
 2763, 3419, 3648, 3713, 4001)
2008 Ed. (1388, 2415, 2654, 2656,
 2897, 3279, 3545, 3760, 3806)
2009 Ed. (1391, 2668, 2682, 2684,
 3296, 3850, 4244)
2010 Ed. (1376, 2572, 2593, 2594,
 2597, 2827, 2878, 3223, 3270,
 3271, 3274, 3497, 3769, 4002)
2011 Ed. (1369, 2549, 2575, 2576,
 2579, 2811, 2859, 3186, 3239,
 3240, 3243, 3473, 3773, 4010,
 4614)
2012 Ed. (2498, 2522, 2526, 2743,
 3145, 3203, 3204, 3209, 3482,
 4377, 4611, 4619)
2013 Ed. (738, 1157, 2517, 2658,
 3222, 3516, 3567, 4122, 4435,
 4972)
2014 Ed. (3134, 3241, 3297, 3503,
 4137, 4625, 4640)
2015 Ed. (2632, 3520)
Wisconsin at Madison; University of
 1993 Ed. (804, 1029, 1629, 1632,
 3000)
 1994 Ed. (813, 817, 939, 1060, 1657,
 1665, 3046)
 1995 Ed. (971, 1073, 1704, 1712,
 3095)
 1996 Ed. (1048, 1686, 1694, 3192)
 1997 Ed. (861, 970, 971, 1067, 1768,
 1776, 2632, 3297)
Wisconsin Bell Inc.
 2008 Ed. (2175)
 2009 Ed. (2158)

2010 Ed. (2099)
2012 Ed. (2002)
2013 Ed. (2191)
2015 Ed. (2177)
2016 Ed. (2152)
Wisconsin Board
 1994 Ed. (2758, 2763, 2770)
 1999 Ed. (3726)
 2000 Ed. (3439)
Wisconsin Built Inc.
 2014 Ed. (4997)
Wisconsin Center District
 2001 Ed. (954)
Wisconsin Central
 1994 Ed. (2994)
Wisconsin Cheseman
 1992 Ed. (2957)
Wisconsin; Children's Hospital of
 2006 Ed. (2924)
 2012 Ed. (2959)
Wisconsin Credit Union; University of
 2005 Ed. (2138)
 2006 Ed. (2233)
 2007 Ed. (2154)
 2008 Ed. (2269)
 2009 Ed. (2256)
 2010 Ed. (2209)
 2011 Ed. (2227)
 2012 Ed. (2089)
 2013 Ed. (2275)
 2014 Ed. (2198, 2209)
 2015 Ed. (2262, 2273)
 2016 Ed. (2233, 2244)
Wisconsin Dairies Cooperative
 1993 Ed. (1416)
 1997 Ed. (177)
Wisconsin Energy Corp.
 1989 Ed. (1297)
 1990 Ed. (1601)
 1991 Ed. (1497, 1498)
 1992 Ed. (1898, 1899)
 1993 Ed. (1557)
 1994 Ed. (1595, 1596)
 1995 Ed. (1637, 1638)
 1996 Ed. (1614, 1615)
 1997 Ed. (1693, 1694)
 1998 Ed. (1386, 1387)
 1999 Ed. (1949)
 2002 Ed. (1556, 1797)
 2003 Ed. (1856)
 2004 Ed. (1891, 1892)
 2005 Ed. (2017, 2018, 2295)
 2006 Ed. (2121)
 2007 Ed. (2286, 2293, 2385, 2678)
 2008 Ed. (2176)
 2009 Ed. (2159)
 2010 Ed. (2099, 2100, 2343, 2433,
 2810)
 2011 Ed. (2152, 2155, 2437, 2792)
 2012 Ed. (2002, 2003, 2007, 2277,
 2359, 2721)
 2013 Ed. (2191, 2192, 2195, 2807)
 2014 Ed. (2126, 2363, 2845)
 2015 Ed. (2177, 2180, 2183, 2429,
 2886)
 2016 Ed. (2158, 2375, 2396, 2814)
Wisconsin Gas
 1998 Ed. (1808)
Wisconsin Health & Education Agency
 2001 Ed. (846, 954)
Wisconsin Health & Education Facilities
 Authority
 1990 Ed. (2649)
 1993 Ed. (2618)
 1996 Ed. (2727)
Wisconsin Health & Educational Facilities Authority
 2000 Ed. (3197)
Wisconsin Health & Educational Facilities Authority-I
 1999 Ed. (3483)
Wisconsin Homes Inc.
 1992 Ed. (3517)
 1993 Ed. (2901)
 1994 Ed. (2921)
 1995 Ed. (2974)
 1997 Ed. (3155)
 1998 Ed. (2899)
 1999 Ed. (3871)
Wisconsin Hospital & Clinics Authority;
 University of
 2016 Ed. (2152)
Wisconsin Hospital & Clinics; University
 of
 2005 Ed. (2016)
 2006 Ed. (2119)
 2007 Ed. (2067)
 2008 Ed. (2175)
 2009 Ed. (2158)
 2010 Ed. (2099)

2011 Ed. (2152)
2012 Ed. (2002, 4971, 4974)
2013 Ed. (2191)
2014 Ed. (3106)
2015 Ed. (2177)
Wisconsin Hospitals; University of
 2013 Ed. (3108)
Wisconsin Housing & Economic Development Agency
 2001 Ed. (954)
Wisconsin Housing & Economic Development Auth.
 1990 Ed. (2139)
Wisconsin Housing & Economic Development Authority
 1995 Ed. (2192)
 1998 Ed. (2062)
Wisconsin Investment
 1997 Ed. (3017)
 1998 Ed. (2759, 2767, 2772)
 1999 Ed. (3720, 3732)
 2000 Ed. (3429, 3435, 3438, 3449)
Wisconsin Investment Board
 1989 Ed. (2162)
 1990 Ed. (2784)
 1991 Ed. (2687, 2690, 2694)
 1992 Ed. (3356)
 1993 Ed. (2781)
 1995 Ed. (1262, 2852, 2862)
 1996 Ed. (2940)
 1998 Ed. (2762)
 2000 Ed. (3432)
 2001 Ed. (3664, 3671, 3674, 3681)
 2002 Ed. (3601, 3606, 3609, 3615)
 2003 Ed. (1976, 1977, 1979, 3763)
 2004 Ed. (2025, 2027, 3789)
 2007 Ed. (2177, 2181, 2192, 3793,
 3794)
 2008 Ed. (2297, 2298, 2299, 2304,
 2307, 3867, 3868)
 2009 Ed. (2288, 2289, 2290, 2295,
 2297, 2305, 2307)
 2010 Ed. (2233, 2234, 2236, 2239,
 3844)
 2011 Ed. (2250, 3846)
Wisconsin Investment Trust
 2001 Ed. (3685)
Wisconsin-Madison; University of
 1991 Ed. (824, 916, 1004, 1572,
 2833)
 1992 Ed. (1005, 1281, 1978, 3669)
 1995 Ed. (1066)
 2005 Ed. (1063, 3439)
 2006 Ed. (3784, 3785, 4203)
 2007 Ed. (1181)
 2008 Ed. (777, 792, 800, 1062, 1089)
 2009 Ed. (809, 817, 1038)
 2010 Ed. (758, 761, 766, 1004, 1034,
 3450)
 2011 Ed. (669, 677, 965, 3450)
 2012 Ed. (612, 863)
Wisconsin-Milwaukee; University of
 2008 Ed. (2409)
 2010 Ed. (3767)
Wisconsin Oven Corp.
 2008 Ed. (4439)
Wisconsin Packing Co. Inc.
 1992 Ed. (2992, 3486)
Wisconsin Physicians Service Insurance
 Co.
 2012 Ed. (3179)
Wisconsin Physicians Service Insurance
 Corp.
 2013 Ed. (3269)
 2015 Ed. (3343)
 2016 Ed. (3210)
Wisconsin Power & Light Corp.
 1989 Ed. (1297)
 1997 Ed. (2129)
 1998 Ed. (1820)
Wisconsin Public Service
 1989 Ed. (2036)
 1990 Ed. (2671)
 1991 Ed. (1498)
 1995 Ed. (1638)
Wisconsin River Cooperative
 2013 Ed. (2674)
 2014 Ed. (2628)
Wisconsin School of Business
 2011 Ed. (692)
Wisconsin State Board
 1995 Ed. (2859)
 1996 Ed. (2926, 2929, 2933)
 1997 Ed. (3015)
Wisconsin State Fair
 2001 Ed. (2355)
Wisconsin; University of
 1991 Ed. (2680)
 1994 Ed. (1713, 2743)
 1995 Ed. (3091)

1996 Ed. (847)
1997 Ed. (1063)
2010 Ed. (3835)
2011 Ed. (3838)
2012 Ed. (865, 866, 3819)
2016 Ed. (2838)
Wisdom
 2001 Ed. (4574)
Wisdom IT Ltd.
 2002 Ed. (2497)
The Wisdom of Crowds
 2006 Ed. (634, 635)
The Wisdom of Menopause
 2004 Ed. (742)
Wisdom & Warter Sherry
 2005 Ed. (4961)
Wisdom Wein Cohen Interiors
 1990 Ed. (2287)
Wise
 1993 Ed. (3345)
 1994 Ed. (2902)
 1996 Ed. (3054, 3057)
 1997 Ed. (3137, 3138)
 1999 Ed. (3862, 3863)
 2000 Ed. (3577, 3578)
 2001 Ed. (3860, 3861)
 2002 Ed. (3733)
 2003 Ed. (3919)
 2004 Ed. (3932)
 2009 Ed. (4082)
 2013 Ed. (4063)
 2014 Ed. (4070)
 2015 Ed. (4050)
 2016 Ed. (3959)
Wise Business Forms Inc.
 2005 Ed. (3885, 3888, 3890)
 2006 Ed. (3966, 3967)
 2007 Ed. (4007)
 2008 Ed. (4027, 4031, 4033)
 2009 Ed. (4100, 4104, 4106)
 2010 Ed. (4019, 4034, 4040)
Wise Cheez Doodles
 2006 Ed. (4390)
 2007 Ed. (4457)
 2008 Ed. (4440)
 2009 Ed. (4485)
 2014 Ed. (4489)
 2015 Ed. (4486)
 2016 Ed. (4383)
Wise Components Inc.
 2008 Ed. (2464)
Wise Cos.; Lloyd A.
 1996 Ed. (260)
 1997 Ed. (289)
Wise Foods
 2014 Ed. (4486)
 2015 Ed. (4482)
 2016 Ed. (4400)
Wise Foods Inc.
 2003 Ed. (3920, 4457, 4458)
Wise; Frank
 1992 Ed. (3139)
Wise; Frederick
 1997 Ed. (1921)
Wise Inc.; Lloyd A.
 1990 Ed. (2015)
 1992 Ed. (2402)
 1995 Ed. (255, 2110)
Wiseman
 2010 Ed. (649)
Wiseman; Eric
 2009 Ed. (969)
 2010 Ed. (932)
Wiseman; Eric C.
 2011 Ed. (836)
Wiseman-Hughes Enterprises
 2003 Ed. (1153)
Wiseman; Mark
 2015 Ed. (796)
 2016 Ed. (719)
Wiser Co.
 1997 Ed. (2672)
 2011 Ed. (2466)
WISErg
 2016 Ed. (2704)
Wish-Bone
 2001 Ed. (4152)
Wishbone
 2014 Ed. (4404)
 2015 Ed. (4392)
Wishmaster 2
 2001 Ed. (4698)
Wisk
 1990 Ed. (3548)
 1991 Ed. (3324)
 1992 Ed. (1175, 1799, 4234)
 1993 Ed. (953)
 1994 Ed. (979, 981)
 1995 Ed. (994, 995, 1558)
 1996 Ed. (982)

1997 Ed. (1005)
1998 Ed. (745, 746)
1999 Ed. (1181, 1837)
2000 Ed. (1095)
2001 Ed. (1241, 2000, 2001)
2002 Ed. (1961, 1962, 1963, 1965, 1966)
2003 Ed. (2040, 2041, 2044, 2045)
2004 Ed. (2092)
2005 Ed. (2196)
2006 Ed. (2256)
2008 Ed. (2329)
Wisk Liquid Detergent, 128-Oz.
1989 Ed. (1630)
1990 Ed. (2129)
Wiskocil; Angiolona
2011 Ed. (2952)
Wismer Broadcasting
2001 Ed. (3974)
Wismilak Inti Makmur
2016 Ed. (1669)
Wiss & Co.
1992 Ed. (19)
1993 Ed. (11)
Wiss, Janney, Elstner Associates
2004 Ed. (2357)
2008 Ed. (2537, 2538)
2011 Ed. (2470)
2012 Ed. (2383)
2014 Ed. (2487, 2525)
2016 Ed. (2520)
Wissahickon Realty
1991 Ed. (2807)
Wist Supply & Equipment Co., Inc.
2006 Ed. (4340)
Wisteria
2013 Ed. (896)
Wisteria.com
2007 Ed. (2319)
Wistron Corp.
2006 Ed. (1236)
2007 Ed. (2344, 2348)
2008 Ed. (2473)
2009 Ed. (2078)
2010 Ed. (2015, 3200, 3573)
2011 Ed. (1016, 2075, 3164, 3576)
2012 Ed. (941, 947, 3569)
2013 Ed. (1082, 1085, 2081, 3611)
2014 Ed. (1045, 1048, 2014)
2015 Ed. (1080, 1083)
2016 Ed. (989, 993)
Wit Capital Group Inc.
2001 Ed. (1258, 4672)
Witan
1990 Ed. (2398)
1991 Ed. (2259)
1992 Ed. (3204)
1993 Ed. (2700)
1994 Ed. (2647)
1995 Ed. (2748)
1996 Ed. (2816)
1997 Ed. (2920)
Witaschek; Estate of Emert and Edna
1991 Ed. (888)
Witch & Wizard
2011 Ed. (490)
2013 Ed. (564)
Witch & Wizard No. 2: The Gift
2012 Ed. (449)
Witco Corp.
1989 Ed. (901, 2205, 2209)
1998 Ed. (1054)
1999 Ed. (1080, 1105, 3708)
2000 Ed. (1033, 1038, 3555)
With Fire & Sword
2001 Ed. (3378)
Withers
2009 Ed. (3497)
Witherspoon; Reese
2009 Ed. (2606)
2010 Ed. (2509)
2011 Ed. (2511)
2012 Ed. (2432)
2013 Ed. (2598)
2014 Ed. (2527)
Withington Girls School
1999 Ed. (4145)
Withlacoochee River Electric Cooperative
1998 Ed. (2965)
1999 Ed. (3965)
2000 Ed. (3675)
2002 Ed. (3881)
Without a Trace
2005 Ed. (4666)
Withum, Smith & Brown
1998 Ed. (14)
1999 Ed. (18)
2000 Ed. (15)
2002 Ed. (17)

WithumSmith + Brown
2002 Ed. (20)
2008 Ed. (1973)
2009 Ed. (1928)
2010 Ed. (1863)
2012 Ed. (1)
2013 Ed. (1)
2014 Ed. (1, 14)
2015 Ed. (1)
WithumSmith + Brown PC
2010 Ed. (1)
2012 Ed. (1751)
2013 Ed. (1916)
2014 Ed. (1855)
2015 Ed. (1891, 1906)
2016 Ed. (1855)
WithumSmith+Brown
2016 Ed. (14)
Witkowski; Damian
2011 Ed. (3340)
WITL-AM/FM
1992 Ed. (3605)
Witmark
1994 Ed. (872)
1999 Ed. (1055)
Witness
1993 Ed. (3536)
WiTricity
2013 Ed. (4730)
Witt Associates
1991 Ed. (1615)
Witt Co.; Eli
1993 Ed. (1154, 1156)
1994 Ed. (1177)
1995 Ed. (1195, 1196, 1197, 1200, 1201)
1997 Ed. (1200, 1201, 1202, 1203, 1205)
Witt Mares
2008 Ed. (13)
Wittenberg; Richard
1991 Ed. (2342)
Wittenberg University
1990 Ed. (1091)
1992 Ed. (1275)
1993 Ed. (1023)
1994 Ed. (1050)
1995 Ed. (1058)
Wittenburg, Deloney & Davidson Inc. Architects
2008 Ed. (2514)
2009 Ed. (2525)
2010 Ed. (2442)
2011 Ed. (2448)
Witter Futures & Currency Management; Dean
1994 Ed. (1068)
Witter Inc.; William D.
1993 Ed. (2342)
Witter & Lester
2006 Ed. (1082)
Wittington Investments Ltd.
1996 Ed. (1944)
1997 Ed. (2043)
1999 Ed. (2468)
2000 Ed. (2226)
2001 Ed. (2468)
2002 Ed. (2305)
Witt/Kieffer
2002 Ed. (2172)
2005 Ed. (4030)
2006 Ed. (4058)
2008 Ed. (4131)
2009 Ed. (4240)
2010 Ed. (4171)
2011 Ed. (4172)
2012 Ed. (4223)
2015 Ed. (4211)
Witt/Kieffer Ford Hadelman & Lloyd
1996 Ed. (1708)
1997 Ed. (1792)
Witt/Kieffer Ford Hadelman Lloyd Corp.
1998 Ed. (1504)
Witt/Kieffer Ford Hadelman Lloyd Corp.
2000 Ed. (1864)
2001 Ed. (2311, 2312)
Wittman-Hart
1993 Ed. (1103)
Witz; Marion
2013 Ed. (4987)
2014 Ed. (4992)
WIV Wein
2014 Ed. (2266)
WIV Wein International
2013 Ed. (2327)
2014 Ed. (2260)
The Wiz
1990 Ed. (1647, 2026, 2030)
1991 Ed. (1542)
1992 Ed. (1937, 2425, 2428)

1994 Ed. (2071)
1995 Ed. (2120)
1996 Ed. (160)
1998 Ed. (87)
Wiz Khalifa
2013 Ed. (3784)
Wizard
2003 Ed. (237)
Wizard of Oz
1991 Ed. (3448)
wizards.com
2001 Ed. (4776)
Wizz Air
2010 Ed. (228)
Wizzard Software Corp.
2008 Ed. (1139, 1140)
2009 Ed. (2007)
2010 Ed. (1945)
2011 Ed. (1998, 1999)
W.J. Sanders III
2001 Ed. (2316)
WJLB
2001 Ed. (3973)
WJLB-FM
1999 Ed. (3981)
WJR
2001 Ed. (3973)
WJR-AM
1992 Ed. (3604)
1999 Ed. (3981)
WJZZ-FM 106.1
2000 Ed. (3698)
W.K. Kellogg Foundation
1990 Ed. (1847, 2786)
2000 Ed. (2259, 2260)
WKF & C Agency Inc.
2008 Ed. (3228)
2011 Ed. (3177)
2012 Ed. (3134)
WKIF-FM
2005 Ed. (4412)
WKQI
2001 Ed. (3973)
WKQI-FM
1999 Ed. (3981)
WKSP
2003 Ed. (90)
WKSZ
1990 Ed. (2943)
WKT Restaurant Corp.
2004 Ed. (1769)
WKTU
1998 Ed. (2988)
1999 Ed. (3983)
2000 Ed. (3697)
WKTU-FM
2015 Ed. (3037)
WKXW-FM
1990 Ed. (2941)
WL Homes
2000 Ed. (1188, 1189)
WL Homes LLC
2007 Ed. (1306)
WL Plastics Corp.
2015 Ed. (4024)
W.L. Weller
1989 Ed. (748, 751, 752)
2001 Ed. (3139)
Wlaschek; Karl
2008 Ed. (4860)
2009 Ed. (4878)
2010 Ed. (4879)
2011 Ed. (4848)
2012 Ed. (4875)
2013 Ed. (4857)
2014 Ed. (4871)
2015 Ed. (4909)
2016 Ed. (4825)
WLEY
2003 Ed. (4498)
WLEY-FM
2004 Ed. (4464, 4465)
2005 Ed. (4412, 4413)
2006 Ed. (4430)
WLJ Capital
2001 Ed. (738)
WLK Group
1992 Ed. (3761)
WLPU Consultants
1991 Ed. (1555, 1557)
WLR Foods Inc.
1992 Ed. (3511)
1993 Ed. (2523, 2891)
1994 Ed. (2908)
1995 Ed. (2962)
1996 Ed. (1938, 1940, 2584, 2585, 3059, 3060, 3063)
1997 Ed. (2035, 3143)
1998 Ed. (2449, 2450, 2891, 2892, 2895, 2896)

WLTW
1990 Ed. (2942)
1991 Ed. (2797)
1992 Ed. (3607)
1993 Ed. (2955)
1994 Ed. (2989)
1995 Ed. (3053)
1996 Ed. (3154)
2000 Ed. (3697)
WLTW-FM
1997 Ed. (3239)
1998 Ed. (2985, 2988)
1999 Ed. (3983)
WM Advisors Inc.
2009 Ed. (1395)
Wm. Armstrong
2015 Ed. (4801)
WM Balanced Portfolio
2001 Ed. (3454)
Wm. Blair
1992 Ed. (1451)
Wm. Blair Small Cap Growth
2006 Ed. (3648, 3649)
Wm. Bolthouse Farms Inc.
2001 Ed. (282)
2004 Ed. (1999)
2005 Ed. (2141)
2006 Ed. (2236)
2007 Ed. (2157)
2008 Ed. (2272)
2009 Ed. (2259)
WM Conservative Group Portfolio
2001 Ed. (3454)
WM-data
2009 Ed. (2065)
WM Group
2006 Ed. (3682)
2008 Ed. (3764, 3776)
WM Group High Yield
2008 Ed. (596)
WM Group of Funds
2003 Ed. (3482, 3502, 3503)
2004 Ed. (3561, 3563)
2005 Ed. (3546)
WM Growth
2000 Ed. (3274)
WM Growth Fund
2000 Ed. (3241)
WM Growth Fund A
2000 Ed. (622)
WM Growth Fund B
2000 Ed. (622)
WM Growth Fund of the Northwest
2002 Ed. (3423)
WM High Yield
2008 Ed. (583, 593, 599)
W.M. Keck Foundation
1990 Ed. (1848)
Wm. Morrison Supermarkets
2016 Ed. (4520)
Wm. Morrison Supermarkets plc
2005 Ed. (1590, 1591, 1595, 1596, 4568)
2006 Ed. (1431, 1438, 1682, 1684, 4644, 4645)
2007 Ed. (1782, 2240, 2241, 4196, 4631, 4632, 4634, 4644)
2008 Ed. (4232)
2011 Ed. (1414, 1415, 2276, 4305, 4590, 4592)
2012 Ed. (1246, 2167, 4366, 4599)
2013 Ed. (4347, 4533, 4535, 4552, 4553)
2014 Ed. (4396, 4591, 4593, 4609)
2015 Ed. (56, 4590, 4605)
2016 Ed. (4282, 4510, 4527)
WM Northwest Fund
2000 Ed. (3240)
WM Small Cap Stock
2004 Ed. (3607)
WM Small Cap Value
2007 Ed. (3673)
WM West Coast Equity
2004 Ed. (3534, 3536)
2006 Ed. (3615)
Wm. Wrigley Jr. Co.
1989 Ed. (1447)
1990 Ed. (1812)
1991 Ed. (1732, 1738)
1994 Ed. (1263, 1266, 1866, 1871, 3502)
1995 Ed. (1287, 1290, 1885, 1890, 1896, 3573)
1996 Ed. (1931, 1933, 3661)
1997 Ed. (2028, 2030, 3715)
1998 Ed. (621, 1718, 1720)
1999 Ed. (2459, 2460, 2464, 3637)
2001 Ed. (18, 26, 31, 49, 54, 56, 57, 72, 73, 75, 78, 2462)
2002 Ed. (1558, 2295)

2003 Ed. (952, 1133, 2510, 2521)
2004 Ed. (29, 31, 33, 49, 73, 78, 90, 879, 880, 2121, 2640, 2647)
2005 Ed. (22, 24, 26, 43, 69, 72, 73, 85, 90, 856, 857, 865, 962, 2226, 2631, 2637)
2006 Ed. (28, 30, 32, 50, 60, 81, 82, 94, 99, 776, 1760, 2291, 2421, 2628, 2631, 2632, 2635, 2642, 4869)
2007 Ed. (22, 24, 38, 51, 77, 84, 135, 873, 2219, 2227, 2596, 2605, 2608, 2609)
2008 Ed. (27, 29, 56, 59, 80, 83, 91, 843, 1160, 2731)
2009 Ed. (30, 32, 61, 67, 855, 3606)
2011 Ed. (2054)
Wm. Wrigley Jr., Co.
2014 Ed. (836)
WMATA
2016 Ed. (3368)
WMC
1994 Ed. (248)
1996 Ed. (254, 255)
1999 Ed. (310, 1583)
2002 Ed. (3368)
2003 Ed. (1613, 4571)
2004 Ed. (3490)
WMC Resources Ltd.
2005 Ed. (1658, 1659, 1661)
2012 Ed. (1230)
WME Entertainment
2011 Ed. (4606)
2012 Ed. (4614)
2013 Ed. (94)
2014 Ed. (101)
2015 Ed. (115)
WMG Acquisition Corp.
2008 Ed. (4086)
2009 Ed. (4200)
2010 Ed. (4135)
2011 Ed. (4135)
2012 Ed. (4166)
2013 Ed. (4156)
WMGK-FM 102.9
2000 Ed. (3698)
WMGQ-FM
1990 Ed. (2941)
WMMR
1990 Ed. (2943)
WMMR-FM
1992 Ed. (3604)
Wmode Inc.
2016 Ed. (3614)
WMS Industries Inc.
1993 Ed. (2714)
2004 Ed. (240)
2009 Ed. (2923)
2011 Ed. (3149)
WMS LLC
2005 Ed. (359)
WMS Partners
2015 Ed. (3423)
WMT Supercenters
2005 Ed. (4543)
WMX Technologies
1995 Ed. (1239, 3298, 3313, 3519)
1996 Ed. (1377, 1565, 3401, 3407, 3818)
1997 Ed. (1781, 3496, 3866)
1998 Ed. (1478, 3286, 3698)
WMXD
1999 Ed. (3981)
WMXV
1994 Ed. (2989)
WNB Bancshares
2009 Ed. (453)
2014 Ed. (340)
WNBC
1991 Ed. (3329)
1992 Ed. (4257)
1994 Ed. (3504)
1995 Ed. (3588)
1996 Ed. (3664)
1997 Ed. (3723)
1998 Ed. (3503)
1999 Ed. (4571)
WNBC/General Electric Co.
2000 Ed. (4224)
WNET
1991 Ed. (3329)
1992 Ed. (4257)
1994 Ed. (3504)
1995 Ed. (3588)
1996 Ed. (3664)
1997 Ed. (3723)
1998 Ed. (3503)
1999 Ed. (4571)
WNET/Educational Broadcasting Corp.
2000 Ed. (4224)

WNEW
1991 Ed. (2797)
1992 Ed. (3607)
WNIC
2001 Ed. (3973)
WNIC-FM
1999 Ed. (3981)
WNJR-AM
1990 Ed. (2941)
WNJU
1991 Ed. (3329)
1992 Ed. (4257)
1994 Ed. (3504)
1995 Ed. (3588)
WNNE-TV Inc.
2006 Ed. (2091, 2092)
WNNK-FM
1992 Ed. (3605)
WNSR
1991 Ed. (2797)
1993 Ed. (2955)
WNYW
1991 Ed. (3329)
1992 Ed. (4257)
1994 Ed. (3504)
1995 Ed. (3588)
1996 Ed. (3664)
1997 Ed. (3723)
1998 Ed. (3503)
1999 Ed. (4571)
WNYW/Fox Broadcasting Co.
2000 Ed. (4224)
Wobble Works
2015 Ed. (3774)
WOBM-FM
1990 Ed. (2941)
Woburn, MA
1992 Ed. (2380)
Woburn National Bank
1997 Ed. (502)
Wocester Telegraph Gazette
1989 Ed. (2064)
Woertz; Pat
2005 Ed. (4990)
2006 Ed. (4983)
2007 Ed. (4981)
Woertz; Patricia
2008 Ed. (4948, 4950)
2009 Ed. (4971, 4981, 4983)
2010 Ed. (4980, 4990)
2011 Ed. (4966, 4969, 4979)
2012 Ed. (4968, 4976)
2013 Ed. (4966)
2014 Ed. (4976)
2015 Ed. (5024, 5026, 5027)
2016 Ed. (4941)
Woertz; Patricia A.
2010 Ed. (911)
2011 Ed. (856)
Wofford College
1992 Ed. (1274)
1993 Ed. (1022)
1994 Ed. (1049)
1995 Ed. (937, 1057, 1069)
WOGL-FM 98.1
2000 Ed. (3698)
Wohl
1990 Ed. (1593)
Wohl Inc.; Lawrence B.
1993 Ed. (1135)
Wohlforth Argetsinger
2001 Ed. (768)
Wohlforth Argetsinger Johnson Brecht
1991 Ed. (1987, 2524)
Wohlforth, Argetsinger, Johnson & Brecht
1997 Ed. (2341)
2000 Ed. (2593)
Wohlforth Vassar
2001 Ed. (768)
Wohzforth, Argetsinger, Johnson & Brecht
1999 Ed. (2843)
Wojcicki; Susan
2015 Ed. (5009)
2016 Ed. (4926)
WOJO-FM
1996 Ed. (2653, 3151)
1997 Ed. (2800, 3236)
1998 Ed. (2511, 2986)
1999 Ed. (3419, 3979)
2000 Ed. (3142)
2001 Ed. (3970)
2002 Ed. (3895)
2003 Ed. (4498)
2004 Ed. (4464)
2005 Ed. (4412)
2008 Ed. (4470)
2009 Ed. (4503)
WOJO-FM, WIND-AM, WLXX-AM

2000 Ed. (3695)
Wok in a Box
2009 Ed. (1499)
Wolanchuk, The Wolanchuk Report; Don
1990 Ed. (2366)
Wold Trona Project
2002 Ed. (3532)
Wolf
1990 Ed. (2745, 3484)
2000 Ed. (3378)
Wolf; Andrew P.
2011 Ed. (3350)
Wolf Blass
2010 Ed. (257)
Wolf Block Schorr & Solis-Cohen
1989 Ed. (1885)
1990 Ed. (2425)
1991 Ed. (2291, 2535)
1993 Ed. (2403)
1998 Ed. (2333)
1999 Ed. (3157)
2000 Ed. (2902)
Wolf, Block, Schorr & Solls-Cohen
1994 Ed. (2356)
1995 Ed. (2421)
Wolf Blumberg Krody
1990 Ed. (3078, 3083)
Wolf; Charles
1993 Ed. (1804)
1994 Ed. (1788)
1995 Ed. (1827)
Wolf & Co.
1998 Ed. (13)
1999 Ed. (17)
2000 Ed. (14)
2003 Ed. (5)
2004 Ed. (11)
2005 Ed. (7)
2006 Ed. (12)
2007 Ed. (8)
2008 Ed. (6)
2009 Ed. (9)
2010 Ed. (18)
2011 Ed. (17)
2012 Ed. (21)
2013 Ed. (21)
2014 Ed. (2, 17)
2015 Ed. (18)
2016 Ed. (17)
Wolf & Co., PC
2002 Ed. (16)
Wolf Creek Ski Area
2012 Ed. (4480)
2013 Ed. (4444)
Wolf D. Barth Co. Inc.
1989 Ed. (932)
Wolf; Dale
2009 Ed. (3314)
2010 Ed. (3246)
Wolf; Dick
2008 Ed. (2582)
2013 Ed. (2601)
2014 Ed. (2530)
Wolf Electronics
2005 Ed. (2333)
Wolf Financial Group
1995 Ed. (2820)
Wolf Group
2004 Ed. (106)
Wolf Group Integrated Communications
2000 Ed. (76)
Wolf; Henry
2006 Ed. (945)
Wolf Olins
1996 Ed. (2234, 2236)
Wolf Popper Ross Wolf & Jones
1995 Ed. (2411)
Wolf; Siegfried
2005 Ed. (3857)
2006 Ed. (2528, 3920)
2007 Ed. (3974)
2008 Ed. (3997)
2009 Ed. (951, 4071)
2010 Ed. (903, 3990)
2011 Ed. (3995)
2012 Ed. (802, 803, 3988)
2013 Ed. (4051)
Wolf; Stephen M.
1992 Ed. (1142, 2050)
1993 Ed. (936, 938, 1698)
1994 Ed. (1717)
Wolf Trap Farm Park
2001 Ed. (374)
Wolf Trap Farm Park, Filene Center
2003 Ed. (269)
Wolf Ventures
2004 Ed. (4832)
Wolf, Webb, Burk & Campbell
1990 Ed. (2335, 2338)

1991 Ed. (2222)
Wolfe County, KY
2002 Ed. (1806)
Wolfe LLC
2014 Ed. (4330, 4932)
Wolfe; Stephen
1996 Ed. (1879)
1997 Ed. (1879)
Wolfensohn; James D.
1993 Ed. (1171)
1994 Ed. (1201, 1202)
1997 Ed. (1220, 1221, 1224, 1226, 1227, 1228)
Wolfensonn; James D.
1993 Ed. (1166)
Wolfenstein 3-D/Spear of Destiny
1995 Ed. (1102)
Wolfetrade Consulting
2008 Ed. (3695, 4369, 4953)
Wolff Center for Entrepreneurship
2010 Ed. (727)
2011 Ed. (649)
Wolff & Monier Inc.
1991 Ed. (1079)
Wolff Olins
1990 Ed. (1670, 2170)
1991 Ed. (2014)
1992 Ed. (2588)
1993 Ed. (2158)
1994 Ed. (2175)
1995 Ed. (2225, 2227)
1999 Ed. (2837)
2002 Ed. (1952, 1953)
Wolff & Samson
1995 Ed. (2231)
1998 Ed. (3617)
1999 Ed. (4659)
2001 Ed. (873)
Wolff Steel Ltd.
1993 Ed. (971)
Wolfgang
2012 Ed. (689)
Wolfgang Leitner
2014 Ed. (4871)
2015 Ed. (4909)
2016 Ed. (4825)
Wolfgang Puck
2001 Ed. (1175)
2002 Ed. (986)
2003 Ed. (931)
2004 Ed. (939)
2006 Ed. (1058)
2007 Ed. (1146, 1148)
2008 Ed. (844, 904, 1026)
2009 Ed. (912)
2010 Ed. (856)
2014 Ed. (876)
Wolfgang Puck Express
2010 Ed. (3985)
2011 Ed. (3991)
Wolfgang Puck Gourmet Express
2009 Ed. (4067)
Wolfgang Puck Grand Cafe
2007 Ed. (4124, 4130)
2009 Ed. (4261)
2010 Ed. (4200)
Wolfgang Puck's
2004 Ed. (4455)
The Wolfman
2012 Ed. (3723)
Wolfmother
2012 Ed. (995)
Wolfon Foundation
1995 Ed. (1934)
Wolford
1998 Ed. (1976)
Wolford Law Firm
2015 Ed. (3474)
Wolfschmidt
1989 Ed. (2896, 2898)
1990 Ed. (3676)
1991 Ed. (3455, 3456)
1992 Ed. (4402)
1993 Ed. (3674)
1994 Ed. (3640)
1996 Ed. (3800)
1997 Ed. (2668, 3852)
1998 Ed. (3682)
1999 Ed. (4724)
2000 Ed. (2979, 4353, 4354)
2001 Ed. (3146, 4706)
2002 Ed. (291, 3179, 4760)
2003 Ed. (4864)
2004 Ed. (4845)
2005 Ed. (4833)
Wolfson Microelectronics
2006 Ed. (1114)
2007 Ed. (2832)
Wolk & Genter
2004 Ed. (3227)

Wolleben; Michael
2011 Ed. (3370)
Wollert-Elmendorff
1990 Ed. (8)
Wolohan Lumber
1990 Ed. (928, 3479)
1994 Ed. (795)
1995 Ed. (847)
1997 Ed. (2245, 2246)
2003 Ed. (2762)
2004 Ed. (786, 787, 2849)
2005 Ed. (2857)
Wolseley
1997 Ed. (1132)
1999 Ed. (4760)
2005 Ed. (780)
2014 Ed. (2276)
2015 Ed. (1197, 2361)
2016 Ed. (1105, 2307, 4892)
Wolseley Canada
2006 Ed. (208, 3926)
Wolseley Investment Inc.
2004 Ed. (4925)
2005 Ed. (4908)
Wolseley Investments Inc.
2004 Ed. (4926)
2005 Ed. (1996, 4909)
2006 Ed. (2096, 4941, 4942)
2007 Ed. (2053, 4947, 4948)
2008 Ed. (4922, 4923)
2009 Ed. (4938, 4939)
2010 Ed. (2081, 4946, 4947)
2011 Ed. (1647, 2138, 4028, 4929, 4930)
2012 Ed. (4932)
2013 Ed. (4928)
2014 Ed. (4935)
2015 Ed. (4976)
2016 Ed. (4893)
Wolseley North America
2009 Ed. (4188)
2010 Ed. (4123)
Wolseley plc
2006 Ed. (684, 1205, 1476, 1481, 3407)
2007 Ed. (781, 1462, 4367, 4370, 4802)
2008 Ed. (753, 1406, 3140, 3587, 4929)
2009 Ed. (3224, 3659, 4951)
2010 Ed. (1738, 3157, 3510, 3576)
2011 Ed. (1751, 3123, 3513, 3579, 4406, 4935)
2012 Ed. (592, 3058, 3511, 3572, 4473, 4746)
2013 Ed. (1193, 1194, 3139, 3552, 4432)
2014 Ed. (1144, 3139, 3528, 4465)
2015 Ed. (1194, 3199, 3542, 4460)
2016 Ed. (1104, 3056, 3393, 4356)
Woltas; Clayton
1997 Ed. (980)
Wolter & Dros Bv Indenieursbureau
1993 Ed. (1304)
Wolters Kluwer
1994 Ed. (1403)
1997 Ed. (1453)
1999 Ed. (1441, 3896)
2015 Ed. (698)
2016 Ed. (641)
Wolters Kluwer Espana
2010 Ed. (1991)
2011 Ed. (2052)
2013 Ed. (2058)
Wolters Kluwer NV
1996 Ed. (1397, 3088)
2002 Ed. (1487, 3762)
2003 Ed. (1498)
2008 Ed. (3572)
2009 Ed. (133, 3642)
2010 Ed. (3561, 4138)
2011 Ed. (3564, 3609, 4138)
2012 Ed. (3557, 4170, 4171, 4172)
2013 Ed. (845)
2014 Ed. (3594, 4174, 4177, 4178)
2015 Ed. (4158, 4159)
2016 Ed. (4072, 4073)
Woltra
1994 Ed. (3314)
Wolverhampton & Dudley
2001 Ed. (2490)
2006 Ed. (4139)
2007 Ed. (4160)
Wolverhampton Express & Star
2002 Ed. (3516)
Wolverine
2001 Ed. (424)
2006 Ed. (649)
Wolverine Exploration Company
1990 Ed. (2754)

Wolverine Ford Truck Sales Inc.
1995 Ed. (3795)
Wolverine Human Services
1999 Ed. (3627)
Wolverine Packing Co.
1990 Ed. (1828)
1991 Ed. (1746)
1996 Ed. (2585, 3060)
1998 Ed. (2449, 2450, 2891, 2892)
2011 Ed. (3593, 3595)
2013 Ed. (2651)
Wolverine Solutions Group
2016 Ed. (3992, 3994)
Wolverine Steel Erectors Inc.
2009 Ed. (1153)
Wolverine Truck Sales Inc.
1992 Ed. (4485)
1993 Ed. (3735)
1999 Ed. (4812)
2002 Ed. (4988)
Wolverine Tube Inc.
1997 Ed. (2948)
1998 Ed. (2684)
1999 Ed. (3625)
2004 Ed. (1393, 1394)
2005 Ed. (1416, 1417)
2010 Ed. (1458)
2011 Ed. (1459)
2012 Ed. (1299)
2013 Ed. (1404)
Wolverine World Wide Inc.
1990 Ed. (3273)
1994 Ed. (3294)
2001 Ed. (3080, 3081)
2002 Ed. (4274)
2003 Ed. (3201, 3202)
2004 Ed. (3247, 3248, 4416, 4417, 4711, 4712)
2005 Ed. (272, 3272, 3273, 4366, 4367, 4684)
2006 Ed. (3263, 3264, 4730)
2007 Ed. (3335, 3336, 3417)
2008 Ed. (3435, 3436, 3872)
2009 Ed. (3509, 3510, 3931)
2010 Ed. (3438, 3439)
2011 Ed. (3436, 3437)
2012 Ed. (3453, 3454)
2013 Ed. (3497, 3498)
2014 Ed. (3473, 3474)
2015 Ed. (3491, 3492)
2016 Ed. (900, 3341, 3342)
Wolverine Worldwide
2015 Ed. (4321)
Wolverines; Michigan
2014 Ed. (2748)
Wolzien; Thomas
1996 Ed. (1783, 1805)
1997 Ed. (1859)
Womack Army Medical Center
2013 Ed. (3080)
2015 Ed. (3146)
Woman
1992 Ed. (3382)
2000 Ed. (3494, 3503)
Woman & Home
1996 Ed. (2975)
The Woman in Me
1998 Ed. (3025)
Woman Reading, by Braque
1989 Ed. (2110)
Woman Seated in a Garden
2008 Ed. (268)
Womanco Inc.
2004 Ed. (1013, 1014)
2005 Ed. (1023)
2006 Ed. (1031, 1032)
2007 Ed. (1118, 1119)
2008 Ed. (999)
2009 Ed. (985)
Woman's Day
1991 Ed. (2704)
1992 Ed. (2380, 3383)
1993 Ed. (2796)
1994 Ed. (2784, 2785, 2790)
1995 Ed. (2884, 2887)
1996 Ed. (2963)
1997 Ed. (3050)
1998 Ed. (1343, 2801)
1999 Ed. (1857, 3751)
2000 Ed. (3480)
2001 Ed. (3191, 3198)
2002 Ed. (3226)
2003 Ed. (3274)
2004 Ed. (3337)
2005 Ed. (3362)
2006 Ed. (146, 149, 150, 152, 3347)
2007 Ed. (138, 141, 142, 144, 151, 3404, 4994)
2008 Ed. (153, 3533)
2009 Ed. (174, 3596, 3600)

2010 Ed. (3516)
2011 Ed. (3518)
2012 Ed. (3514)
2013 Ed. (3555)
2014 Ed. (3531)
2015 Ed. (3547, 3551, 3552)
2016 Ed. (3402)
Woman's Hospital
2014 Ed. (2892)
2015 Ed. (2935)
Woman's Hospital Foundation
1997 Ed. (2261)
Woman's Own
2000 Ed. (3494, 3503)
Woman's Weekly
2000 Ed. (3503)
Woman's World
1992 Ed. (3383)
1993 Ed. (2791, 2796)
1994 Ed. (2784, 2790, 2799)
1999 Ed. (3751)
2001 Ed. (3195)
2004 Ed. (3337)
2015 Ed. (3552)
2016 Ed. (3403)
Woman's/man's suit
1989 Ed. (862)
Wombie Carlyle
2005 Ed. (3257)
Womble Carlyle Sandridge & Rice PLLC
2001 Ed. (565)
2005 Ed. (1438)
2013 Ed. (3440)
WOMC
2001 Ed. (3973)
WOMC-FM
1999 Ed. (3981)
Women
1998 Ed. (2506)
Women Don't Ask: Negotiation & the Gender Divide
2006 Ed. (582)
Women, Food & God
2012 Ed. (454, 522)
Women Incorporated
1998 Ed. (193)
Women & Infants Hospital of Rhode Island
2001 Ed. (1840)
2003 Ed. (1813)
2004 Ed. (1847)
2005 Ed. (1955)
2006 Ed. (2001)
2007 Ed. (1966)
2008 Ed. (2061)
2009 Ed. (2027)
2010 Ed. (1960)
2011 Ed. (2020)
2012 Ed. (1868)
2013 Ed. (2027)
2014 Ed. (1962)
2015 Ed. (2009)
2016 Ed. (1980)
Women Lead the Way
2011 Ed. (535)
Women Moving Millions
2011 Ed. (775)
Women's
2007 Ed. (166)
Women's Bank
1995 Ed. (493)
Women's blouses/shirts
1989 Ed. (1236)
1991 Ed. (1428)
Women's Clothing
1989 Ed. (1236)
Women's cosmetics & toiletries
1990 Ed. (1578)
Women's Day
1999 Ed. (3771)
Women's dresses
1989 Ed. (1662)
Women's Equity
2006 Ed. (4403)
Womens Equity Mutual
2006 Ed. (3623)
Women's fragrances
1990 Ed. (1578)
Women's Health
2001 Ed. (3598)
2010 Ed. (3515)
2011 Ed. (3519, 3521)
2015 Ed. (3548)
Women's Health Boutique Franchise System Inc.
2002 Ed. (2452)
2003 Ed. (891)
2004 Ed. (910)
2005 Ed. (901)

2006 Ed. (816)
The Women's Hospital
2012 Ed. (2795)
2013 Ed. (2862, 2863)
2014 Ed. (2893, 2894)
2015 Ed. (2936, 2937)
Womens Hospital & Regional Medical Center
2005 Ed. (1998)
Women's jeans
1989 Ed. (1236)
1991 Ed. (1428)
1992 Ed. (1817)
Women's Lingerie/Sleepwear
1989 Ed. (1236)
Womens Marketing Inc.
2006 Ed. (160)
2007 Ed. (152)
Women's publications
2004 Ed. (3334, 3335)
Women's replaceable razors & blades
1995 Ed. (1605)
Women's shoes/boots
1989 Ed. (1236)
1992 Ed. (1817)
Women's suits
1989 Ed. (1662)
Women's sweaters
1989 Ed. (1236)
Women's wear
2004 Ed. (2552)
Women's Wear Daily
2007 Ed. (849)
2008 Ed. (143, 145, 815)
2009 Ed. (164, 166, 840)
2010 Ed. (154)
Women's Workout World
1990 Ed. (3706)
Women's World
1996 Ed. (2959)
won; Korean
2008 Ed. (2274)
won; South Korean
2008 Ed. (2275)
Wonder
2015 Ed. (640)
Wonder
1996 Ed. (779)
1998 Ed. (494)
2008 Ed. (725)
2012 Ed. (2639)
2014 Ed. (718)
2015 Ed. (764)
Wonder Bread
2006 Ed. (2713)
2007 Ed. (2612)
2008 Ed. (2741)
Wonder Curl
2001 Ed. (2382, 2383)
Wonder Light
1996 Ed. (779)
The Wonder Years
2016 Ed. (2287)
Wonder Years
1991 Ed. (3245)
1992 Ed. (4247)
Wonderful
2014 Ed. (3760, 3761)
2015 Ed. (3784, 3785)
2016 Ed. (3697, 3698, 3699)
Wonderful Pistachios
2012 Ed. (3755)
2013 Ed. (3842)
Wonderful Snack
2013 Ed. (3842)
Wonderful Town
2005 Ed. (4687)
Wonderland Homes Inc.
2006 Ed. (3987)
Wonderware
1997 Ed. (2209, 3647)
Wong; Andrea
2007 Ed. (3617)
Wong & Associates Ltd.; M. K.
1989 Ed. (1786)
Wong; Cho Tak
2010 Ed. (3957)
Wong, Doody, Crandall, Wiener
2013 Ed. (1450)
Wong Kwong Yu
2006 Ed. (2529)
2007 Ed. (2508)
2008 Ed. (4843)
2009 Ed. (4861, 4862)
2010 Ed. (4863)
Wong Liu & Partners
1997 Ed. (19)
Wong & Partners; Chia
1996 Ed. (22)
Wong & Partners; Soh

1996 Ed. (22)
Wong, Wong & Associates
2013 Ed. (3441)
2014 Ed. (3441)
2015 Ed. (3472)
Wong Wong Products
2009 Ed. (52)
WONGDOODY
2011 Ed. (1804)
2012 Ed. (1662)
2016 Ed. (1399)
Wong's Electronics Co., Ltd.
2006 Ed. (1233)
Wonka; Willy
2007 Ed. (682)
Wonowidjojo; Susilo
2011 Ed. (4854)
2012 Ed. (4861)
2013 Ed. (4877)
2014 Ed. (4891)
2015 Ed. (4930)
2016 Ed. (4846)
Woo Ho; Doreen
2006 Ed. (4980)
2007 Ed. (4978)
2008 Ed. (4945)
2009 Ed. (4967)
Woo; Lui Che
2013 Ed. (4873, 4874)
2014 Ed. (4887, 4888)
2015 Ed. (4926, 4927)
2016 Ed. (4842, 4843)
Woo; Peter
2009 Ed. (4863, 4864)
2010 Ed. (4865)
2011 Ed. (4852, 4853)
2012 Ed. (4859, 4860)
2013 Ed. (4874)
2014 Ed. (4887, 4888)
2015 Ed. (4926, 4927)
2016 Ed. (4842, 4843)
Woobang Housing & Construction
1999 Ed. (4167)
Wood
1990 Ed. (2052)
1992 Ed. (3703)
1995 Ed. (1912, 3132)
1996 Ed. (1954, 2145)
1997 Ed. (2057, 2250)
1998 Ed. (1738, 1978, 3699)
1999 Ed. (2720, 3763)
2000 Ed. (2235, 2499)
2001 Ed. (2483, 2484)
2003 Ed. (2526, 2527, 2528, 2529, 2530)
2007 Ed. (2309)
2008 Ed. (2647)
2009 Ed. (2674, 2675)
Wood-Armfield/Utility Craft
1998 Ed. (1788)
1999 Ed. (2558)
Wood Asset Management
1999 Ed. (3088)
Wood Buffalo, Alberta
2010 Ed. (3481)
2011 Ed. (3485)
2015 Ed. (3515)
Wood Buffalo Housing & Development Corp.
2006 Ed. (1540)
2007 Ed. (1570)
Wood chips
2002 Ed. (2277)
Wood Colony Woodworks
2009 Ed. (4994, 4995)
Wood Corp.; A. J.
1989 Ed. (2795)
Wood County Community Credit Union
2005 Ed. (2071)
Wood County, WI
1996 Ed. (1473)
Wood; David D.
1991 Ed. (2345)
1995 Ed. (2486)
Wood, Dawson, & Hellman
1993 Ed. (1549, 2615, 3625)
Wood Dawson Smith & Hellman
1990 Ed. (2292)
1991 Ed. (1487, 2531)
The Wood Dining Services Inc.
2002 Ed. (2593, 2595)
2003 Ed. (2533)
Wood Flooring International
2005 Ed. (4092)
Wood Group
2014 Ed. (3897)
Wood Group; J.
2005 Ed. (3790)
Wood Group Mustang
2013 Ed. (2559, 2562)

2014 Ed. (2488, 2491)
Wood Group Mustang Inc.
2015 Ed. (2565)
2016 Ed. (2054, 2487, 2501, 2514)
Wood Group plc; John
2013 Ed. (3922)
Wood Gundy
1989 Ed. (812, 1355, 1859)
1990 Ed. (811, 822)
1991 Ed. (1119, 1588, 2965)
1992 Ed. (2000)
1993 Ed. (762, 1659)
1994 Ed. (1681)
Wood Harbinger
2014 Ed. (2091)
Wood Holdings Ltd.; F. E.
1995 Ed. (1015)
Wood & Huston Bank
1989 Ed. (213)
Wood in the rough
1993 Ed. (1714)
Wood; James
1989 Ed. (1383)
1990 Ed. (972, 1724)
1991 Ed. (924, 1630, 1632)
1992 Ed. (1141, 1145, 2061, 2063)
1993 Ed. (940, 1705)
Wood; John
2012 Ed. (719)
Wood millwork
2004 Ed. (2556)
Wood-Mode Inc.
1992 Ed. (2819)
2007 Ed. (3297)
Wood Motors; James
1994 Ed. (257, 291)
1995 Ed. (268)
1996 Ed. (299)
Wood Partners
2006 Ed. (1192, 1198)
2007 Ed. (1297, 1299, 1302, 1305)
2008 Ed. (1197, 1199)
2009 Ed. (1171, 1176)
2010 Ed. (1165, 1168, 4181)
Wood, Patel & Associates Inc.
2007 Ed. (2404)
2008 Ed. (2513)
2009 Ed. (2524)
2010 Ed. (2441)
Wood Porsche; John
1993 Ed. (282)
1994 Ed. (281)
Wood product manufacturing
2002 Ed. (2223)
Wood products
1990 Ed. (842)
1991 Ed. (805)
1992 Ed. (986)
1993 Ed. (779)
1995 Ed. (1754)
Wood Products Credit Union
2002 Ed. (1887)
2003 Ed. (1941)
2004 Ed. (1981)
Wood pulp
2002 Ed. (2216)
2004 Ed. (2543, 2545, 2547)
2008 Ed. (2651)
Wood, Rafalsky & Wood
2003 Ed. (3187)
2004 Ed. (3237)
Wood; Robert
2007 Ed. (1009)
Wood Rodgers Inc.
2009 Ed. (2533)
Wood; Sir Ian
2007 Ed. (4926)
2008 Ed. (4900)
2009 Ed. (4919)
2010 Ed. (4923)
2011 Ed. (2527)
2012 Ed. (4923)
2013 Ed. (4905)
Wood Tech Industries
2005 Ed. (4996)
Wood; W. C.
1994 Ed. (2072)
1997 Ed. (2238)
Wood, Williams, Rafalsky & Harris
1991 Ed. (1987, 2015)
1993 Ed. (2160)
1995 Ed. (673, 1629, 2193, 2649)
1996 Ed. (2212, 3740)
1997 Ed. (2843)
Woodard & Curran
2012 Ed. (1673)
Woodard & Curran Inc.
2014 Ed. (32)
Woodard; Paul L.
1992 Ed. (3139)

Woodbine Centre
1995 Ed. (3379)
Woodbolt International
2015 Ed. (2068)
Woodbrass.com
2013 Ed. (3794)
2015 Ed. (3742)
2016 Ed. (3650)
Woodbridge
1996 Ed. (3836)
1997 Ed. (3885)
1998 Ed. (3439, 3723, 3730, 3747)
1999 Ed. (4785, 4793)
2000 Ed. (4409, 4413, 4419, 4422)
2001 Ed. (4843, 4846, 4874, 4883, 4885, 4891, 4893)
2002 Ed. (4923, 4926, 4938, 4945, 4946, 4958, 4960)
2003 Ed. (4947, 4950, 4965)
2004 Ed. (4951, 4952, 4966)
2005 Ed. (4931, 4932, 4951, 4952, 4955, 4958)
2006 Ed. (4961, 4962)
Woodbridge Associates
2004 Ed. (1178)
Woodbridge by Robert Mondavi
2008 Ed. (4936, 4938)
2009 Ed. (4958)
2010 Ed. (4967)
2011 Ed. (4952, 4953, 4954)
2012 Ed. (4949)
2013 Ed. (4943)
2014 Ed. (4955, 4956)
2015 Ed. (4995, 4996, 4997)
2016 Ed. (4911, 4912, 4914)
Woodbridge Capital
1994 Ed. (2295)
1995 Ed. (2374)
Woodbury Business Systems
1990 Ed. (848)
1991 Ed. (810)
1992 Ed. (990)
1993 Ed. (787)
Woodbury (Long Island), NY
1990 Ed. (871, 873)
Woodbury University
2003 Ed. (800)
2012 Ed. (631)
Woodchem
2001 Ed. (2505)
Woodchester
1991 Ed. (1476)
1992 Ed. (1877, 1878)
1993 Ed. (1533)
Woodchester Investments
1994 Ed. (1578, 1579)
1996 Ed. (2431)
Woodchester Investments PLC
1993 Ed. (1534)
Woodchuck
2001 Ed. (3117)
2002 Ed. (3108)
2005 Ed. (999)
2006 Ed. (1009)
2014 Ed. (952)
2015 Ed. (982, 983)
2016 Ed. (883, 884)
Woodcock Washburn Kurtz Mackiewicz & Norris
2003 Ed. (3171, 3172)
Woodcraft Franchise Corp.
2002 Ed. (957)
2003 Ed. (892)
2004 Ed. (4749)
2005 Ed. (4726)
2006 Ed. (4781)
2007 Ed. (4787)
Woodcraft Franchise LLC
2008 Ed. (4705)
2009 Ed. (4749)
2010 Ed. (4758)
Woodcraft Industries Inc.
2012 Ed. (4994)
2013 Ed. (4993)
Woodcraft Supply
1998 Ed. (1973)
Wooddale Church
2008 Ed. (4137)
Wooden on Leadership
2007 Ed. (658)
Woodesign
2007 Ed. (4995)
Woodfield Ford
1990 Ed. (345)
1991 Ed. (308)
Woodfield Hyundai
1991 Ed. (280)
Woodfield Mall
2003 Ed. (4407)
2006 Ed. (4311)

Woodfin Suite Hotels
1998 Ed. (2017)
Woodfin/Woodfield Suites
1994 Ed. (2116)
Woodford Capital
1995 Ed. (2357, 2361)
1997 Ed. (2526)
Woodforest Financial Group
2005 Ed. (451)
2008 Ed. (431)
2009 Ed. (453)
2010 Ed. (432)
2011 Ed. (287, 357)
2012 Ed. (311)
Woodforest Financial Group Inc.
2014 Ed. (340)
Woodgate Village
1990 Ed. (1146)
Woodgate Village Condominium
1991 Ed. (1045)
The Woodhouse Day Spa
2015 Ed. (3868)
2016 Ed. (3778)
Woodhull; John
1996 Ed. (963)
The Wooditch Co.
2016 Ed. (1403)
Woodland Bank
2015 Ed. (560)
Woodland Cabinetry Inc.
2005 Ed. (4996)
Woodland Construction
2006 Ed. (1295)
2009 Ed. (1204)
2010 Ed. (1208)
2013 Ed. (1265)
Woodland Falls Corporate Park
1998 Ed. (2696)
Woodland Group
2015 Ed. (4796, 4805)
The Woodlands
1996 Ed. (3050)
The Woodlands Business Complex
1994 Ed. (2188)
Woodlands Credit Union
2004 Ed. (1973)
2005 Ed. (2072, 2115)
2006 Ed. (2166, 2210)
2007 Ed. (2131)
2008 Ed. (2246)
2009 Ed. (2232)
2010 Ed. (2186)
2011 Ed. (2204)
2012 Ed. (2065)
2013 Ed. (2247)
2014 Ed. (2179)
The Woodlands Executive Conference Center
1996 Ed. (2171)
Woodloch Pines Resort
2008 Ed. (3076)
Woodman Accident & Life
1999 Ed. (2925)
Woodman's Markets
2013 Ed. (4550)
Woodmark Hotel
1999 Ed. (2769)
2000 Ed. (2545)
The Woodmark Hotel at Carillon Point
1996 Ed. (2172)
Woodmark Hotel on Lake Washington
1998 Ed. (2012)
Woodmen of the World
1989 Ed. (1707)
1990 Ed. (2247)
Woodmen of the World Life Insurance
1993 Ed. (1459)
Woodmen of the World Life Society
1996 Ed. (1972, 2318)
Woodmen of World Life Insurance
1992 Ed. (3261)
Woodmere Rehab & HCC
2000 Ed. (3362)
Woodpecker
2001 Ed. (3117)
2002 Ed. (1050, 3108)
2005 Ed. (999)
2006 Ed. (1009)
Woodruff Arts Center Inc.; Robert W.
2005 Ed. (3605)
Woodruff Foundation; Robert W.
1994 Ed. (1897, 1902, 1905)
1995 Ed. (1926, 1932)
2012 Ed. (2688)
Woodruff-Sawyer & Co.
2012 Ed. (1367)
Woodruff Sweitzer
2011 Ed. (111, 113, 114, 117)
2012 Ed. (118, 119, 121, 124)
2013 Ed. (97, 98, 100, 102)

2014 Ed. (103, 105, 107, 109)
2015 Ed. (117, 119, 121, 124, 126)
2016 Ed. (123, 125, 127, 128, 132)
Woodruff; William K.
 1992 Ed. (3880)
Woods Bowman
 1995 Ed. (2486)
Woods Co. Inc.; John P.
 1992 Ed. (3659)
 1993 Ed. (2993)
 1994 Ed. (3041)
 1995 Ed. (3086)
 1996 Ed. (3187)
 1997 Ed. (3291)
Woods Hole Oceanographic Institution
 1994 Ed. (894)
Woods Holmes; Wesley
 1994 Ed. (1902)
Woods Services
 1998 Ed. (531)
 1999 Ed. (948)
 2000 Ed. (894)
Woods Staton
 2013 Ed. (4865)
 2014 Ed. (4879)
Woods; Tiger
 2005 Ed. (2443, 2444)
 2006 Ed. (292, 2485, 2488)
 2007 Ed. (294, 2450, 2451)
 2008 Ed. (272, 2580, 2586)
 2009 Ed. (294, 295, 296, 2607, 2613, 4519)
 2010 Ed. (276, 2510, 2515, 4558)
 2011 Ed. (200, 629, 2512, 2517)
 2012 Ed. (215, 216, 2433, 2443)
 2013 Ed. (185, 186, 2599)
 2014 Ed. (192, 198)
 2015 Ed. (219, 225)
 2016 Ed. (215, 221)
Woodside Group Inc.
 2002 Ed. (2652)
 2005 Ed. (1183, 1210, 1237)
 2007 Ed. (1306)
Woodside Homes
 1994 Ed. (1117, 1118)
 1998 Ed. (919)
 1999 Ed. (1334)
 2000 Ed. (1234)
 2002 Ed. (1209)
 2003 Ed. (1206, 1209)
 2004 Ed. (1213, 1216)
 2005 Ed. (1240)
Woodside Homes of California
 2002 Ed. (2674)
 2005 Ed. (1183, 1237)
Woodside Homes of Nevada
 2003 Ed. (1177)
 2004 Ed. (1184)
 2005 Ed. (1210)
Woodside Petroleum
 2013 Ed. (3950)
 2014 Ed. (3895)
 2015 Ed. (3922)
 2016 Ed. (3831)
Woodside Petroleum Ltd.
 1999 Ed. (1583)
 2002 Ed. (3368)
 2003 Ed. (1613, 3821)
 2004 Ed. (1639, 3490, 3851)
 2005 Ed. (3762)
 2006 Ed. (3844)
 2007 Ed. (1587, 2396, 3861)
 2008 Ed. (3914)
 2009 Ed. (3981)
 2010 Ed. (1489, 3890)
 2011 Ed. (2431, 3902, 3919)
 2012 Ed. (3884, 3885, 3900)
 2013 Ed. (2544, 3949)
 2014 Ed. (2476, 3894)
 2015 Ed. (2550, 3921, 3952)
 2016 Ed. (3830)
Woodside Ranch Resort
 1994 Ed. (2104)
Woodside Travel Management Corp.
 1991 Ed. (825)
Woodstock '99
 2001 Ed. (1382)
Woodstock's Pizza
 2005 Ed. (3844)
 2007 Ed. (3966)
 2008 Ed. (3992)
 2010 Ed. (3981)
 2011 Ed. (3985)
 2012 Ed. (3981)
 2013 Ed. (4044)
 2014 Ed. (3982)
 2015 Ed. (4027)
 2016 Ed. (3939)
Woodstream
 1991 Ed. (1165)

2003 Ed. (2953)
Woodtronics Inc.
 2010 Ed. (4998)
 2014 Ed. (4997)
Woodward Academy Inc.
 2013 Ed. (1647)
 2014 Ed. (1605)
 2015 Ed. (1655)
 2016 Ed. (1597)
Woodward Bond
 1994 Ed. (587)
 1998 Ed. (402)
Woodward-Clyde Consultants
 1991 Ed. (1564)
 1992 Ed. (1969)
 1998 Ed. (1475)
Woodward-Clyde Group Inc.
 1994 Ed. (988)
 1996 Ed. (1662)
 1997 Ed. (1734, 1761)
 1998 Ed. (1438)
 1999 Ed. (2057)
Woodward Government Fund
 1992 Ed. (3094)
Woodward Governor Co.
 2003 Ed. (204, 208)
 2004 Ed. (3029, 3030)
 2005 Ed. (3044, 3045)
Woodward, Hobson & Fulton LLP
 2009 Ed. (1835)
Woodward & Lothrop Inc.
 1989 Ed. (2902)
 1990 Ed. (3683)
 1995 Ed. (1552, 1553, 1958)
 1996 Ed. (384, 386, 1534, 1990)
 1997 Ed. (1593, 2104)
Woodward & Lothrup
 1991 Ed. (1968, 3472)
Woodward Opportunity
 1994 Ed. (583, 585)
Woodward's Ltd.
 1990 Ed. (1496)
 1992 Ed. (1594, 1793)
 1994 Ed. (1523)
Woodwide Group
 2005 Ed. (1240)
Woodwide Haulage
 2015 Ed. (4796)
Woodwind & Brasswind
 1995 Ed. (2675)
Woodworking
 1993 Ed. (17)
 1998 Ed. (21)
The Woodworking Shows
 2004 Ed. (4754)
Woody Creek, CO
 2016 Ed. (3042)
Woody's Chicago Style
 2006 Ed. (2663)
Woody's Hot Dogs
 2004 Ed. (2686)
 2005 Ed. (2682)
WO/Ogilvy & Mather
 1997 Ed. (94)
 1999 Ed. (96)
Wook; Chung Tae
 1996 Ed. (1890)
 1997 Ed. (1996)
Wook.pt
 2014 Ed. (2402)
Wool and mohair
 1996 Ed. (1516)
Woolco Canada
 1995 Ed. (3153)
Woolite
 2003 Ed. (978, 2042)
 2005 Ed. (198)
 2008 Ed. (2329)
Woolite Heavy Traffic
 2003 Ed. (978)
Woolpert; Bruce
 2005 Ed. (2468)
Woolpert Inc.
 2015 Ed. (2559)
Woolrich
 1990 Ed. (3333, 3335)
 1991 Ed. (3171)
 1992 Ed. (4052)
 1993 Ed. (3372)
Woolsey Brothers Farm Supply Inc.
 2013 Ed. (109)
 2014 Ed. (116)
 2015 Ed. (133)
 2016 Ed. (139)
Woolwich
 1990 Ed. (3103)
 1992 Ed. (3801)
 2000 Ed. (540)
 2002 Ed. (659)
Woolwich Building Society

1993 Ed. (3575)
 1994 Ed. (3537)
 1995 Ed. (3185, 3613)
 1996 Ed. (3690)
Woolwich Equitable Building Society
 1990 Ed. (1786)
 1991 Ed. (1719)
Woolworth
 1990 Ed. (3056)
 1992 Ed. (67, 4383)
 1993 Ed. (1191, 3300)
 1995 Ed. (1277, 3145, 3297, 3425, 3426, 3690)
 1999 Ed. (1199, 1504, 1519, 1582, 1584, 1879, 4099, 4371)
Woolworth Corp.; F. W.
 1989 Ed. (22, 45)
 1990 Ed. (1496, 1508, 1509, 2121, 2132, 3049, 3052, 3060, 3274)
 1991 Ed. (24, 740, 978, 1427, 2893, 2894, 2896, 3115, 3326)
 1992 Ed. (1793, 3954)
 1993 Ed. (44)
 1994 Ed. (13, 885, 1019, 1523, 1567, 2137, 3098, 3295, 3367, 3452, 3620)
 1995 Ed. (1395)
 1996 Ed. (893, 1286, 1293, 1294, 1536, 3242, 3243, 3246, 3251, 3426, 3485, 3773)
 1997 Ed. (1342, 1360, 1361, 1632, 1639, 1665, 3345, 3347, 3355, 3549, 3551, 3643, 3644, 3831)
Woolworth Mexicana
 1995 Ed. (3159)
Woolworth Specialty
 1996 Ed. (3487)
 1998 Ed. (3344)
 1999 Ed. (4374)
Woolworth Stores
 1992 Ed. (926, 3737, 4237)
 1993 Ed. (742, 3046)
Woolworths
 1989 Ed. (754)
 1990 Ed. (2116)
 1995 Ed. (1353)
 2000 Ed. (1388)
 2001 Ed. (14, 1629, 1632, 1633, 4115, 4703)
 2002 Ed. (32, 1586, 1590, 1591, 2304)
 2003 Ed. (1620)
 2004 Ed. (25, 1632, 1640, 1642, 1648)
 2005 Ed. (18, 1656)
 2006 Ed. (24, 294, 651, 1553, 1554, 1557)
 2007 Ed. (18, 726, 1586, 1587, 1592, 4634)
 2008 Ed. (23, 677, 1566, 1569, 1570)
 2009 Ed. (26, 686, 707, 1497, 1501, 1502, 1503, 2348, 4318, 4329, 4610)
 2010 Ed. (36, 627, 1488, 1489, 1492, 1494, 2273, 4308, 4640, 4642)
 2011 Ed. (1484, 1486, 1487, 2279, 4592, 4595)
 2012 Ed. (542, 1330, 1331, 1334, 2173, 2751, 4326, 4327, 4328, 4591, 4592, 4603)
 2013 Ed. (641, 659, 2740, 4290)
 2014 Ed. (655, 676, 2720, 4339, 4352, 4353)
 2015 Ed. (92, 715, 730, 755, 2775, 4332, 4348)
 2016 Ed. (656, 681, 2705, 4228)
Woolworths Holdings Ltd.
 2012 Ed. (4349)
 2013 Ed. (853, 4331, 4340)
 2016 Ed. (4276)
Woolworths Ltd.
 2013 Ed. (872, 1428, 1431, 2375, 4277, 4278, 4287, 4318, 4531, 4540, 4553, 4556)
 2014 Ed. (1387, 1390, 4369, 4589, 4610, 4612)
 2015 Ed. (1450, 1454, 4587, 4606, 4609)
 2016 Ed. (1375, 1378, 4255, 4506, 4528, 4530)
Woolworths New Zealand Group
 2015 Ed. (1929, 4334)
 2016 Ed. (1887)
Woolworths plc
 2002 Ed. (46)
Woongjim ThinkBig
 2008 Ed. (1564)
Woongjin ThingBig
 2008 Ed. (2079)
Woori America Bank

2015 Ed. (379)
Woori Bank
 2004 Ed. (620)
 2005 Ed. (610, 3231)
 2006 Ed. (524)
 2007 Ed. (553)
 2008 Ed. (505)
 2009 Ed. (536)
 2016 Ed. (418)
Woori Finance Holdings
 2014 Ed. (1687)
Woori Finance Holdings Co., Ltd.
 2007 Ed. (1985, 4589)
 2008 Ed. (2082)
 2009 Ed. (2053)
 2010 Ed. (1985, 1986)
 2011 Ed. (2048)
 2012 Ed. (1897, 3341)
 2013 Ed. (2056, 3409, 3416)
 2014 Ed. (3406)
 2015 Ed. (3441)
Woori Financial Group
 2010 Ed. (520)
 2011 Ed. (449)
 2012 Ed. (321)
 2013 Ed. (374, 398)
 2014 Ed. (387, 411)
 2015 Ed. (442, 468)
 2016 Ed. (398, 417)
Wooster, OH
 2008 Ed. (3509)
 2009 Ed. (3574)
 2010 Ed. (3492)
 2011 Ed. (3493)
 2012 Ed. (3497)
 2013 Ed. (3542)
 2014 Ed. (3518)
 2015 Ed. (3533)
 2016 Ed. (3384)
Woot
 2010 Ed. (4281)
 2014 Ed. (2401)
Woqod
 2013 Ed. (683)
WOR
 1990 Ed. (2942)
 1991 Ed. (2797)
 1992 Ed. (3607)
 1993 Ed. (2955)
 1995 Ed. (3053)
 1998 Ed. (2988)
 1999 Ed. (3983)
Worcester Common Fashion Outlet
 1996 Ed. (2878)
Worcester County, MA
 1994 Ed. (2407)
 1995 Ed. (2483)
 1996 Ed. (2538)
Worcester Creameries Corp.
 2012 Ed. (3469)
Worcester Credit Union
 2002 Ed. (1829, 1830)
Worcester Episcopal Housing Co.
 2013 Ed. (1841)
Worcester Fire Department Credit Union
 2003 Ed. (1886)
 2004 Ed. (1925, 1940)
 2005 Ed. (2062, 2064)
 2006 Ed. (2155, 2157)
 2009 Ed. (329)
 2010 Ed. (2141)
 2015 Ed. (2251)
Worcester, MA
 1992 Ed. (2546)
 1996 Ed. (2089)
 2008 Ed. (3115)
 2011 Ed. (3100)
Worcester, MA/CT
 2002 Ed. (2459)
Worcester Polytechnic Institute
 1992 Ed. (1269)
 1993 Ed. (1017)
 1994 Ed. (1044)
 1995 Ed. (1052)
 2006 Ed. (713, 717)
 2007 Ed. (800)
 2008 Ed. (779)
 2009 Ed. (783, 786)
 2010 Ed. (731)
 2011 Ed. (642, 645)
 2013 Ed. (750)
Worcester Telegraph Gazette
 1989 Ed. (2065)
 1990 Ed. (2710, 2711)
Worcester's Centrum Center
 1999 Ed. (1297)
Worcester's Centrum Centre
 2001 Ed. (4354)
 2002 Ed. (4346)
 2003 Ed. (4530)

Worchester, MA
  1995 Ed. (988, 2666)
WORCO Marketing Resources
  1990 Ed. (3084)
Word for Windows
  1996 Ed. (1075, 1086)
Word in Office Windows
  1996 Ed. (1075)
Word Macro
  1999 Ed. (1290)
Word Macro Concept
  1999 Ed. (1290)
Word Macro MDMA
  1999 Ed. (1290)
Word Macro Npad
  1999 Ed. (1290)
Word MacroWazzu
  1999 Ed. (1290)
Word Music
  2014 Ed. (3715)
Word Music LLC
  2014 Ed. (3714)
Word processing
  1990 Ed. (532, 533)
  1993 Ed. (2564)
Word processing/customer correspon-
    dence
  1995 Ed. (2567)
Word processors
  2005 Ed. (3620)
Word Pro's Business Systems
  1991 Ed. (1038)
Word Write Communications
  2016 Ed. (4054)
Wordley Production
  2014 Ed. (75)
WordPerfect
  1990 Ed. (2002)
  1992 Ed. (1334, 4490)
  1993 Ed. (1071, 1072)
  1994 Ed. (1094, 3673)
  1995 Ed. (1114, 2255)
  1996 Ed. (1075, 1088)
  1997 Ed. (1104, 1261)
WordPerfect 6.0 Version Upgrade
  1995 Ed. (1103)
WordPerfect for DOS
  1996 Ed. (1086)
WordPerfect for Windows
  1995 Ed. (1109)
  1996 Ed. (1075, 1086)
WordPerfect for Windows Upgrade
  1995 Ed. (1104)
  1996 Ed. (1082)
WordPerfect Office
  1994 Ed. (1621)
WordPerfect Planperfect
  1995 Ed. (1108)
WordPerfect Upgrade
  1995 Ed. (1098)
WordPress.com
  2008 Ed. (3357)
Words With Friends Free
  2012 Ed. (4953)
Wordstar
  1992 Ed. (4490)
  1995 Ed. (1107)
Wordsworth Typing & Editing Services
  2006 Ed. (3544, 4382)
  2007 Ed. (4450)
Work
  1992 Ed. (878)
Work-at-home companies
  1999 Ed. (698, 1811)
Work at Play Media Labs Ltd.
  2012 Ed. (3118)
Work Energy Extra Strength
  2015 Ed. (4530)
Work & Family Benefits Inc.
  2005 Ed. (2362)
@Work Group
  2014 Ed. (4534)
  2015 Ed. (4534)
  2016 Ed. (4472)
Work Options Group
  2009 Ed. (1637)
Work-related injuries
  1995 Ed. (3798)
The Workbasket
  1993 Ed. (2798, 2801)
  1994 Ed. (2791)
Workbench
  1993 Ed. (2801)
  1994 Ed. (2791)
Workbrain Corp.
  2004 Ed. (2219)
  2005 Ed. (2777)
  2007 Ed. (1234, 2738, 2818)
  2008 Ed. (1132, 2944)

Workday
  2014 Ed. (1442, 4433)
  2015 Ed. (1501)
  2016 Ed. (1442, 3098)
Workday Inc.
  2015 Ed. (1104, 1108)
  2016 Ed. (1019)
Workers: An Archaeology of the Indus-
    trial Age
  2006 Ed. (579)
Workers Bank
  1994 Ed. (2340)
Workers compensation
  1995 Ed. (2323)
  1997 Ed. (1176)
  2002 Ed. (2833, 2954, 2964)
  2005 Ed. (3130)
  2006 Ed. (4067)
  2007 Ed. (4113)
Workers Compensation Board
  2005 Ed. (2747)
  2006 Ed. (2708)
Workers' Compensation Board, Alberta
  2006 Ed. (1543)
  2007 Ed. (1573)
  2008 Ed. (1556)
  2009 Ed. (1481)
  2010 Ed. (1470)
  2011 Ed. (1468)
  2012 Ed. (1307, 1308)
  2014 Ed. (1480)
Workers compensation risk financing
  2002 Ed. (3530)
Workers' Credit Union
  2002 Ed. (1871)
  2003 Ed. (1925)
  2004 Ed. (1965)
  2005 Ed. (2107)
  2006 Ed. (2202)
  2007 Ed. (2123)
  2008 Ed. (2238)
  2009 Ed. (2224)
  2010 Ed. (2178)
  2011 Ed. (2196)
  2012 Ed. (2056)
  2013 Ed. (2237)
  2014 Ed. (2169)
  2015 Ed. (2233)
  2016 Ed. (2204)
WorkFlow Management Inc.
  2005 Ed. (3893)
  2006 Ed. (4010)
WorkflowOne
  2008 Ed. (4026)
  2012 Ed. (4022, 4024, 4030, 4031,
    4033, 4035, 4036, 4038, 4041)
  2013 Ed. (4074)
Workforce Inc.
  2008 Ed. (3718, 4409, 4969)
Workforce Management
  2008 Ed. (4714)
WorkForce Software
  2016 Ed. (1017)
Workforce Solutions Group
  2010 Ed. (2397)
Workforce Solutions Inc.
  2006 Ed. (4012)
Workforce Solutions of Central Texas
  2011 Ed. (2086)
Workgroup Solutions
  1998 Ed. (606)
Working
  2005 Ed. (721)
Working Assets Citizens Balanced
  1996 Ed. (2813)
Working Assets - Citizens Balanced
    Fund
  1995 Ed. (2730)
Working Assets Citizens Growth
  1996 Ed. (2813)
Working Assets - Citizens Income Fund
  1995 Ed. (2730)
Working Assets Funding Service Inc.
  2008 Ed. (3033)
Working conditions
  1993 Ed. (1593)
The Working Group Inc.
  2016 Ed. (1011)
Working In
  2010 Ed. (2952)
Working Media Group
  2011 Ed. (39)
Working Mother
  2006 Ed. (145)
  2015 Ed. (3549)
  2016 Ed. (3400)
Working: People Talk about What They
    Do All Day & How They Feel about
    What They Do
  2006 Ed. (590)

Work/Life Benefits
  2005 Ed. (2360, 2361, 2362)
Workman
  2007 Ed. (670)
  2008 Ed. (629)
  2009 Ed. (648)
  2010 Ed. (616)
  2011 Ed. (548)
  2012 Ed. (528)
  2013 Ed. (629)
Workman Nydegger
  2006 Ed. (3252)
  2011 Ed. (3836)
  2012 Ed. (3817)
Workmen's Circle Credit Union
  2014 Ed. (2144)
WORKplace
  1991 Ed. (2633)
  1992 Ed. (3283)
  1994 Ed. (2690)
  1995 Ed. (2804)
Workplace Integrators
  2006 Ed. (186)
Workplace Resource
  2014 Ed. (4984)
  2015 Ed. (5028, 5038)
  2016 Ed. (4946)
Workplace Resource LLC
  2016 Ed. (4949)
Workplace Safety & Insurance Board
  2009 Ed. (2890)
  2010 Ed. (2828)
  2011 Ed. (2812)
  2013 Ed. (1506)
  2016 Ed. (1473)
Workplace Seminars
  2000 Ed. (1780)
WorkPlace USA
  2003 Ed. (1294, 3670)
Workpoint Entertainment
  2014 Ed. (2036)
  2015 Ed. (2085)
The Works
  2016 Ed. (3360)
Works Applications Co., Ltd.
  2010 Ed. (1760)
  2011 Ed. (1774)
  2012 Ed. (1626)
  2013 Ed. (1785)
The Works Consultancy
  2002 Ed. (4086)
The Works Corp.
  2006 Ed. (4144)
The Works Limeosol
  2016 Ed. (3360)
WorkSafeBC
  2016 Ed. (2648)
Workscape
  2004 Ed. (2219)
Workscapes Inc.
  2016 Ed. (4952)
Works.com
  2001 Ed. (4759, 4765)
Workshops/seminars
  1995 Ed. (1665)
Workspace Group
  2016 Ed. (4084, 4119)
WorkSpan
  2008 Ed. (4714)
Workstream
  2007 Ed. (2816)
Worktank Creative Media
  2005 Ed. (3404)
Worktec
  2005 Ed. (763)
Workway
  2011 Ed. (2394)
Workz.com
  2001 Ed. (4765)
World
  1992 Ed. (3724)
  1997 Ed. (3736)
  1999 Ed. (4592)
  2000 Ed. (4242)
  2012 Ed. (842)
  2013 Ed. (1017)
World Access
  2001 Ed. (4450)
World Access Service Corp.
  2001 Ed. (4464, 4467)
World Ag Expo
  2002 Ed. (4644)
  2003 Ed. (4774)
  2004 Ed. (4752)
  2005 Ed. (4733)
World Air Holdings Inc.
  2006 Ed. (2723)
World Airways Inc.
  2005 Ed. (213)
  2006 Ed. (225)

  2007 Ed. (232)
World Almanac
  2003 Ed. (730)
The World Almanac and Book of Facts
    1999
  2001 Ed. (987)
The World Almanac and Book of Facts
    2000
  2001 Ed. (987)
The World Almanac & Book of Facts
  2003 Ed. (721)
  2004 Ed. (744)
  2008 Ed. (547)
  2009 Ed. (576)
  2010 Ed. (558)
  2011 Ed. (488)
The World Almanac for Kids
  2004 Ed. (744)
World Asset
  1997 Ed. (2521, 2525, 2537)
  1999 Ed. (3086, 3101)
World Asset Management
  1998 Ed. (2307)
  2000 Ed. (2801)
  2001 Ed. (3018)
World Assset Management
  2000 Ed. (2846)
World Bank
  1991 Ed. (848, 849, 1274)
  1992 Ed. (1056, 1057)
  1994 Ed. (2755, 2763)
  1995 Ed. (1561, 1723, 2858, 2862)
  1996 Ed. (2928)
  1997 Ed. (3014)
  1998 Ed. (1268, 2763)
  1999 Ed. (3722)
  2000 Ed. (3433)
  2001 Ed. (3668)
  2002 Ed. (3195)
  2003 Ed. (1980, 3761)
  2004 Ed. (2029, 3787)
  2007 Ed. (3791)
  2008 Ed. (3865)
  2009 Ed. (3923)
  2010 Ed. (3841)
  2013 Ed. (804)
World Bank Group
  2015 Ed. (4066)
  2016 Ed. (2140, 3973, 3974)
World Bank/IBRD
  1990 Ed. (898)
  1994 Ed. (519)
World Business Chicago
  2007 Ed. (3373)
  2008 Ed. (3472)
  2009 Ed. (3555)
  2010 Ed. (3473)
  2012 Ed. (3484)
  2013 Ed. (3530)
  2015 Ed. (3522)
  2016 Ed. (3378)
World Carpets
  1992 Ed. (1063)
"World Championship Wrestling"
  2001 Ed. (4486)
"World Class Championship Wrestling"
  2001 Ed. (1094)
World Class Conferencing Inc.
  2008 Ed. (3705)
World Color
  1998 Ed. (2920, 2923)
World Color Holding Co.
  2012 Ed. (4165)
World Color Press
  1990 Ed. (2903, 2904)
  1991 Ed. (2766, 2767)
  1992 Ed. (3530, 3536, 3537, 3538)
  1993 Ed. (2492, 2918, 2919, 2920)
  1994 Ed. (2429, 2932)
  1995 Ed. (2986, 2988)
  1996 Ed. (3087, 3089)
  1997 Ed. (3167, 3170)
  1999 Ed. (1045, 3889, 3891)
  2000 Ed. (3613, 3682)
  2001 Ed. (3902, 3952, 3956)
World Computers
  1990 Ed. (1140)
  1991 Ed. (1038)
World Consortium of Companies
  1998 Ed. (754)
World Denim Bar at American Rag
  2010 Ed. (3403)
World Development
  2003 Ed. (1137)
  2004 Ed. (1141)
  2005 Ed. (4004)
World Duty Free Group
  2016 Ed. (185)
World Famous
  1992 Ed. (3749)

1993 Ed. (3057)
1994 Ed. (3122)
1995 Ed. (3170)
1996 Ed. (3267)
1997 Ed. (3366)
1998 Ed. (3108)
1999 Ed. (4124)
2000 Ed. (3834)
2002 Ed. (288)
World Financial Capital Bank
2013 Ed. (2131)
World Financial Network National Bank
1992 Ed. (514)
1996 Ed. (361)
World Finer Foods Inc.
2003 Ed. (3743)
2004 Ed. (1593, 1713, 1869, 3948, 4941)
World Fresh Market LLC
2014 Ed. (2074)
World Fuel Services
2013 Ed. (1365)
2014 Ed. (1687, 3048, 4513)
2015 Ed. (3114, 4513)
2016 Ed. (4448)
World Fuel Services Corp.
2004 Ed. (3821)
2005 Ed. (3729, 4906)
2006 Ed. (1495, 1497, 1528, 1529, 1530, 4936, 4938)
2007 Ed. (835, 1527, 1548, 1558, 1559, 1702, 1705, 4944)
2008 Ed. (803, 808, 1511, 1539, 1540, 1541, 1730, 1734, 2851, 3901)
2009 Ed. (1442, 1467, 1468, 1469, 1669, 1674, 2902, 2921, 4933)
2010 Ed. (778, 1419, 1424, 1446, 1452, 1453, 1454, 1625, 1628, 1630, 2847, 4941, 4962)
2011 Ed. (1430, 1449, 1454, 1455, 1638, 1640, 4924, 4946)
2012 Ed. (637, 640, 1266, 1282, 1287, 1288, 1490, 1493, 3847, 3850, 4928, 4945)
2013 Ed. (777, 780, 1367, 1395, 1396, 1616, 1618, 1620, 1624, 4926, 4937)
2014 Ed. (1311, 1333, 1334, 1585, 1587, 1590, 4514, 4933, 4944)
2015 Ed. (1375, 1396, 1397, 1637, 1639, 1641, 4514, 4974, 4984)
2016 Ed. (1326, 1327, 1569, 1571, 1579, 1580, 1582, 1584, 4449, 4891, 4901)
World Fund Vontobel U.S. Value
1997 Ed. (2897)
World Funds Newport Tiger
1995 Ed. (2728)
World Gym
2003 Ed. (896)
2005 Ed. (2811)
2006 Ed. (2787)
World Harvest Mission
2011 Ed. (4178)
2012 Ed. (4229)
World Heart
2007 Ed. (4578)
World income
1989 Ed. (1845)
World Income Fund
1992 Ed. (3180)
World Index
1989 Ed. (2641)
1993 Ed. (843)
World Inspection Network
2002 Ed. (2056)
2003 Ed. (2120)
2004 Ed. (2163)
2005 Ed. (2261)
2006 Ed. (2319)
2007 Ed. (2250)
2008 Ed. (2388)
World International Holdings
1992 Ed. (1632)
World Invest
1993 Ed. (2351)
The World Is Flat
2007 Ed. (652, 663)
2008 Ed. (554, 622)
The World Is Flat: A Brief History of the Twenty-First Century
2007 Ed. (655)
The World Is Not Enough
2001 Ed. (3364, 3366)
World Journal
2001 Ed. (3543)
World Kitchen
2016 Ed. (4398)
World Kitchen LLC

2010 Ed. (3179)
World Kitchens
2009 Ed. (2343)
2013 Ed. (4453)
2014 Ed. (4490)
2015 Ed. (4487)
2016 Ed. (4385)
World Media Enterprises Inc.
2015 Ed. (1871)
World Minerals Inc.
2001 Ed. (3324)
2004 Ed. (3483)
World Monitor Trust
2005 Ed. (1085, 1086)
World Music
2013 Ed. (3807)
2015 Ed. (3755)
2016 Ed. (3663)
World Music Theatre
1999 Ed. (1291)
2001 Ed. (374)
World Net Services Inc.
2006 Ed. (3186)
World News
2001 Ed. (3585)
2002 Ed. (4838)
"World News Tonight"
1992 Ed. (4254)
1993 Ed. (3540)
1995 Ed. (3586)
World News.com
2002 Ed. (4828)
World of Warcraft
2008 Ed. (4810)
World Oil Corp.
2014 Ed. (1431)
World Omni Financial Corp.
1998 Ed. (229)
2005 Ed. (361)
World Pac Paper
2011 Ed. (98, 4024)
World Pac Paper LLC
2016 Ed. (111, 3590)
World Point Terminals
2009 Ed. (1579)
World Properties International
2008 Ed. (4111)
World Relief
2012 Ed. (2598)
World Resource Institute
1995 Ed. (1932)
World Resources Institute
2004 Ed. (931)
World Sand Hill Portfolio Manager
2000 Ed. (3293)
World Savings
1991 Ed. (2919)
1992 Ed. (3774, 3775, 3776, 3777, 3784, 3785, 3786, 3794, 3798, 4286)
2006 Ed. (3558, 3562)
World Savings, A FS & LA
1993 Ed. (3074, 3075, 3076, 3077, 3084, 3085, 3086, 3093, 3094, 3097)
World Savings Bank
1998 Ed. (3132, 3135, 3140, 3141, 3146, 3147, 3528, 3529, 3534, 3535, 3536, 3556)
2003 Ed. (3434, 3447, 3448, 4229, 4230, 4258, 4264, 4265, 4267, 4268, 4269, 4272, 4273, 4277, 4279, 4281)
World Savings Bank FSB
1997 Ed. (3742)
2001 Ed. (3350)
2002 Ed. (4099, 4100, 4121, 4124, 4125, 4128, 4129, 4133, 4134, 4136, 4138, 4139)
2004 Ed. (2862, 2995, 3502, 3506, 4246, 4248, 4249, 4250, 4278, 4282, 4283, 4284, 4285, 4287, 4289)
2005 Ed. (2867, 2993, 3501, 3502, 3510, 4179, 4181, 4182, 4183, 4211, 4215, 4216, 4217, 4220, 4221, 4222)
2006 Ed. (2872, 2988, 3570, 4231, 4233, 4234, 4235, 4236, 4240, 4241, 4242, 4245, 4247)
2007 Ed. (431, 2866, 3019, 3635, 4245, 4247, 4248, 4249, 4250, 4254, 4255, 4256, 4259, 4261)
2008 Ed. (399)
2009 Ed. (422, 4388, 4389, 4390)
2010 Ed. (398)
World Savings FS & LA
1991 Ed. (3362, 3375)
World Savings, FS & LA (Oakland, CA)
1991 Ed. (3364, 3365)

World Savings, FS&LA
1989 Ed. (2822)
World Savings & Loan
1995 Ed. (2611)
World Savings & Loan Association
1993 Ed. (3564, 3565, 3566)
1994 Ed. (3527, 3528)
1996 Ed. (3684, 3685)
1997 Ed. (3740, 3741)
1998 Ed. (3132, 3135, 3136, 3137, 3140, 3141, 3142, 3146, 3147, 3148, 3149, 3150, 3151, 3156, 3524, 3530, 3531, 3532, 3534, 3535, 3536, 3538)
World Savings & Loan Federal Savings Association
2002 Ed. (4622)
World Savings & Loan Association, A Federal Savings & Loan
1990 Ed. (3096, 3097, 3098, 3100, 3576, 3577, 3583)
World Securities
2002 Ed. (803, 804, 805)
World Series
1993 Ed. (3525, 3538)
2007 Ed. (4740)
The World Shoe Association Show
2012 Ed. (4744)
World Swan & Dolphin
2015 Ed. (46)
World Technologies Management Inc.
2006 Ed. (3509, 4348)
World Telecom Group
2008 Ed. (4647)
World Tennis
1989 Ed. (184, 2179)
1990 Ed. (2799)
World Third Millennium Russia
2008 Ed. (3770)
The World Time Server
2002 Ed. (4845)
World Title Co.
1990 Ed. (2265)
World Trade Center International Exhibition & Convention Center
2001 Ed. (2353)
2003 Ed. (2416)
2005 Ed. (2522)
World Trade Center, Veracruz
2003 Ed. (2416)
2005 Ed. (2522)
World Trade Centre
1996 Ed. (2139, 2142)
World Travel & Incentives Inc.
1996 Ed. (3400)
World Travel Incentives Inc.
1995 Ed. (3287)
World Travel Partner I LLC
2007 Ed. (1736)
World Travel Partners
1994 Ed. (3579)
1996 Ed. (3742)
1998 Ed. (3622)
1999 Ed. (4665, 4666)
2000 Ed. (4301)
World Travel Partners Group Inc.
2007 Ed. (1736, 4820)
2008 Ed. (1764)
2009 Ed. (1699)
2010 Ed. (1649)
2011 Ed. (1658)
2014 Ed. (1612)
2015 Ed. (1662)
2016 Ed. (1604)
World TV
2004 Ed. (37)
World Vision
1992 Ed. (1097)
1996 Ed. (913)
2000 Ed. (3349)
2002 Ed. (3776)
2004 Ed. (3955)
2007 Ed. (3706)
2010 Ed. (3761)
2011 Ed. (3765)
2012 Ed. (3767, 3768)
World Vision Canada
2009 Ed. (908)
2012 Ed. (726)
World Vision of Britain
2002 Ed. (42)
World War Z
2015 Ed. (3718)
World Wide
1995 Ed. (335)
World Wide Security
2000 Ed. (3906)
World Wide Stereo
2007 Ed. (2865)
2013 Ed. (2983)

2014 Ed. (2994)
2015 Ed. (3066)
2016 Ed. (2956)
World Wide Technology
2013 Ed. (1891, 4646)
2015 Ed. (3243, 3257, 3273, 3274, 4632)
2016 Ed. (2904)
World Wide Technology Inc.
2000 Ed. (743, 3143)
2001 Ed. (714)
2002 Ed. (716)
2003 Ed. (217, 1348, 1354, 1356, 2730)
2004 Ed. (173, 1344)
2005 Ed. (173, 175, 1352, 1392)
2006 Ed. (188, 190, 1374, 1380, 3492, 3523, 3992, 4362)
2007 Ed. (194, 196, 1418, 3526, 3572, 4029)
2008 Ed. (177, 179, 1370, 1374, 3690, 3718, 4056, 4801)
2009 Ed. (196, 1375, 4152, 4936)
2010 Ed. (175, 1355, 1361, 4084, 4944)
2011 Ed. (100, 1344, 1349, 4057, 4927)
2012 Ed. (107, 1209, 1214, 4930)
2013 Ed. (79, 86, 1325, 1893, 4588)
2014 Ed. (1259, 1288, 1305, 1824, 1826, 2451, 3180)
2015 Ed. (103, 109, 1315, 1864, 1866, 3241)
2016 Ed. (110, 117, 1228, 1231, 1826, 1829, 3098)
World Wide Web Communications
2000 Ed. (4383)
World Wide Web Consortium
2006 Ed. (1142)
2014 Ed. (1086)
2016 Ed. (1038)
World Wildlife Fund
1991 Ed. (1580)
1993 Ed. (1637)
1994 Ed. (907)
1995 Ed. (944, 2783)
1996 Ed. (915)
2000 Ed. (3342)
2004 Ed. (931)
2009 Ed. (3834, 3838)
World Wildlife Fund Canada
2012 Ed. (721)
World Wildlife Fund & The Conservation Foundation
1992 Ed. (254, 1097)
World Wildlife Fund/The Conservation Foundation
1992 Ed. (1987)
World Wrestling Entertainment Inc.
2005 Ed. (243, 244)
"World Wrestling Federation"
2001 Ed. (1094)
World Wrestling Federation Enterprises
2001 Ed. (1579)
World Wrestling Federation Entertainment Inc.
2004 Ed. (240, 241)
Worldcolor
2011 Ed. (3517, 4016)
Worldcom Exchange Inc.
2006 Ed. (3527, 4366)
2007 Ed. (3578, 4434)
Worldcom Group
1995 Ed. (720, 3003)
WorldCom Inc.
1992 Ed. (4365)
1997 Ed. (1317, 3641, 3688)
1998 Ed. (1007, 1009, 1010, 1051, 1054, 1061, 1066, 1069, 1119, 2409, 2720, 2721, 3411, 3416)
1999 Ed. (1443, 1444, 1449, 1451, 1481, 1497, 3669, 3670, 3671, 4548, 4559)
2000 Ed. (1302, 3388, 3389, 3390, 4187)
2001 Ed. (4473)
2002 Ed. (925, 1437, 1685, 4355, 4562, 4565, 4567, 4569, 4570, 4587, 4589, 4883)
2003 Ed. (843, 844, 1072, 1073, 1076, 1457, 1584, 1586, 1766, 4547, 4687, 4688, 4690, 4691, 4692, 4694, 4696, 4702, 4703)
2004 Ed. (32, 412, 1364, 1368, 1487, 1803, 2306, 3662, 3664, 4664, 4665, 4667, 4673)
2005 Ed. (420, 851, 1389, 1503, 1996, 2770, 2848)
2006 Ed. (3255)
2007 Ed. (364)

2008 Ed. (352)
2010 Ed. (348, 351)
2011 Ed. (270, 273)
2012 Ed. (293, 296)
2013 Ed. (295, 298)
2014 Ed. (312)
2015 Ed. (347, 350)
2016 Ed. (342, 345)
Worldcorp
1990 Ed. (210)
1991 Ed. (2587)
1992 Ed. (3919)
WorldDoc
2009 Ed. (2950)
WorldEvents Group
2009 Ed. (2654)
Worldgroup
1989 Ed. (2656)
Worldhotels
2014 Ed. (3091, 3092)
Worldinvest
1990 Ed. (902)
1992 Ed. (2745, 2787, 2794)
1993 Ed. (2348)
1994 Ed. (2330)
1996 Ed. (2403)
2003 Ed. (1417)
WorldLink
2014 Ed. (4987)
Worldlink Media Sales LLC
2006 Ed. (3498, 4342)
WorldlLink
2009 Ed. (4991)
2011 Ed. (4995)
2012 Ed. (4990)
WorldlyInvestor.com
2002 Ed. (4826, 4827, 4866)
Worldmark Group
1991 Ed. (954)
WorldPages.com
2002 Ed. (4848)
Worldpay
2015 Ed. (2094)
2016 Ed. (2072)
WorldRes
2001 Ed. (4756)
Worlds of Curis' Simply Satin Cosmetics
1994 Ed. (1470)
Worlds of Wonder
1989 Ed. (2656)
Worldsites
2002 Ed. (2360, 2992)
WorldSpace Inc.
2004 Ed. (59)
2008 Ed. (4530)
Worldspan
1992 Ed. (1326)
Worldspan LP
2001 Ed. (4636)
2004 Ed. (2903)
2009 Ed. (3254)
Worldspan Technologies Inc.
2006 Ed. (4293)
2007 Ed. (2912)
2008 Ed. (3034, 3195)
2009 Ed. (3120)
Worldtex
1996 Ed. (2833)
WorldTravel Partners
1997 Ed. (3796)
1998 Ed. (3621)
WorldTravel Partners-BTI
2000 Ed. (4300)
WorldVentures
2014 Ed. (2266)
Worldview Travel
2016 Ed. (4988)
Worldwide Capital Management
2008 Ed. (1096)
Worldwide Clinical Research
2010 Ed. (1767)
2011 Ed. (1781)
Worldwide Express
2002 Ed. (3571)
2003 Ed. (4402)
2004 Ed. (846)
2005 Ed. (820)
2006 Ed. (3765)
2007 Ed. (3761)
2008 Ed. (3836)
2012 Ed. (3790)
2013 Ed. (3856)
2016 Ed. (2747)
Worldwide Facilities Inc.
2016 Ed. (3156, 3259)
Worldwide Grinding Systems
1995 Ed. (2497)
Worldwide Information Network Systems Inc.
2012 Ed. (104)

Worldwide Partners
2005 Ed. (120)
2008 Ed. (117)
Worldwide Recruitment Solutions
2015 Ed. (2098)
Worldwide Refinishing Systems Inc.
1992 Ed. (2223)
Worldwide Restaurant Concepts Inc.
2003 Ed. (896)
WorldWide Retail Exchange
2003 Ed. (2180)
Worldwide Wine & Spirits
2010 Ed. (1767)
2011 Ed. (1781)
WorldWideWelding Inc.
2007 Ed. (3599, 4445)
Worldwise
2014 Ed. (3851)
2015 Ed. (3876)
2016 Ed. (3787)
WorldxChange Communications Inc.
2001 Ed. (4474)
Worley
2002 Ed. (3784)
2004 Ed. (3961)
Worley Catastrophe Response
2015 Ed. (4099)
Worley & Obetz Inc.
2014 Ed. (1939)
2015 Ed. (1986)
2016 Ed. (1956)
WorleyParsons Group Inc.
2011 Ed. (2480)
2012 Ed. (2388, 2391)
2013 Ed. (2559, 2562)
2014 Ed. (2488, 2491)
2015 Ed. (2562, 2565)
2016 Ed. (2483, 2487)
WorleyParsons Ltd.
2007 Ed. (2419, 2425, 2433, 2436, 2438)
2008 Ed. (1308, 1309, 2546, 2552, 2555, 2560, 2563, 2565, 2568)
2009 Ed. (1293, 1294, 2553, 2560, 2562, 2563, 2564, 2568, 2571, 2573, 2576)
2010 Ed. (1286, 1287, 2463, 2476, 2477, 2479, 2480, 2484, 2487, 2489, 2492)
2011 Ed. (1239, 1240, 2484, 2485, 2487, 2488, 2492, 2495, 2497, 2500)
2012 Ed. (1168, 1169, 2403, 2404, 2407, 2408, 2411, 2412, 2414, 2419, 2474)
2013 Ed. (815, 1291, 1432, 2571, 2572, 2573, 2576, 2581, 2583, 2584, 2585, 2616)
2014 Ed. (1224, 1225, 1391, 2500, 2501, 2502, 2503, 2505, 2510, 2512, 2513, 2514, 2575)
2015 Ed. (1277, 1282, 1283, 2574, 2575, 2576, 2577, 2578, 2579, 2583, 2584, 2586, 2587, 2588)
2016 Ed. (1192, 1197, 1198, 2496, 2497, 2498, 2499, 2500, 2501, 2505, 2506, 2508, 2509, 2510)
The Wormald Cos.
2008 Ed. (1164)
Worms & Cie
2002 Ed. (3247)
Woronka; Chris
2011 Ed. (3356)
WorshipTogether.com Songs
2014 Ed. (3714)
Worsley Operating Corp.
2010 Ed. (4092)
2011 Ed. (4062)
Worst; Ryan L.
2011 Ed. (3356)
Worth
1991 Ed. (3166)
1992 Ed. (1479)
1995 Ed. (2881)
1996 Ed. (2961, 2967)
1997 Ed. (3046)
1998 Ed. (2785)
Worth & Co.
2008 Ed. (1253, 1332)
2009 Ed. (1327, 1329)
2010 Ed. (1306, 1314)
2011 Ed. (1264, 1281)
2012 Ed. (1176)
2013 Ed. (1266)
2014 Ed. (1199)
2016 Ed. (1154, 1185, 4801)
Worth Construction Co.
2006 Ed. (1298)
2008 Ed. (1274)
2010 Ed. (1252)

2011 Ed. (1201)
Worth Dying For
2013 Ed. (568)
Wortham Foundation
1994 Ed. (1903)
Worthen Banking Corp.
1989 Ed. (368)
1995 Ed. (211)
1996 Ed. (360)
1997 Ed. (236)
Worthen National Bank of Arkansas
1995 Ed. (419)
1996 Ed. (445)
Worthing Jackman
2007 Ed. (1057)
Worthington
1996 Ed. (1056)
1997 Ed. (1074, 3628)
2008 Ed. (2738)
Worthington; Cal
1990 Ed. (309)
1992 Ed. (375)
Worthington Chevrolet
1990 Ed. (309)
1992 Ed. (375)
Worthington Custom Plastics
1993 Ed. (2868)
Worthington Cylinders Austria
2011 Ed. (1489)
Worthington Cylinders GmbH
2010 Ed. (1496)
2012 Ed. (1337)
2014 Ed. (1394)
2015 Ed. (1457)
Worthington Industries Inc.
1989 Ed. (2636, 2637)
1990 Ed. (3434, 3435, 3436)
1991 Ed. (3217, 3218)
1992 Ed. (4134, 4136)
1993 Ed. (3448, 3451)
1994 Ed. (3431, 3432, 3433)
1995 Ed. (3509, 3510)
1996 Ed. (3585, 3586)
1997 Ed. (3630)
1998 Ed. (2471, 2509, 3403)
1999 Ed. (3357, 3414, 4471)
2000 Ed. (3092, 3138)
2001 Ed. (3289, 4367, 4368)
2002 Ed. (1769, 3223, 3303, 3304, 3312, 3314, 3315, 3321, 3323, 3324)
2003 Ed. (3363, 3369, 3370, 3373, 3374, 3381, 4552, 4553)
2004 Ed. (2125, 3435, 3436, 3437, 3438, 4534, 4535)
2005 Ed. (3450, 3451, 3452, 3453, 4476, 4477)
2006 Ed. (3455, 3458, 3459, 3460, 3461, 3462)
2007 Ed. (3478, 3481, 3484, 3485)
2010 Ed. (3158)
2012 Ed. (3639)
2016 Ed. (3430)
Worthington; Sam
2012 Ed. (2444)
Worthington Steel Co.
1999 Ed. (3354)
2002 Ed. (3319)
2003 Ed. (3382)
2004 Ed. (3448)
2005 Ed. (3462, 3463)
2006 Ed. (3469, 3470)
2007 Ed. (3493, 3494)
2008 Ed. (3664, 3665)
2009 Ed. (3734)
2014 Ed. (3650)
2015 Ed. (3660)
2016 Ed. (3547)
Wortman; Glenn
2011 Ed. (3354)
Wortmann GmbH & Co. Internationale Schuhproduktionen
1996 Ed. (2469)
Worx
2014 Ed. (605)
Worx Energy
2013 Ed. (4485)
2014 Ed. (4530)
2015 Ed. (678)
Worx Energy Extra Strength
2015 Ed. (677)
Wotif.com
2010 Ed. (1491)
Wotsits
1992 Ed. (4006)
1994 Ed. (3349)
1996 Ed. (3468)
1999 Ed. (4347)
2002 Ed. (4301)
2008 Ed. (721)

2009 Ed. (731)
Wound care
2006 Ed. (2897)
Wounded Warrior Project
2012 Ed. (3761)
Woven wool cardigans
1992 Ed. (2076)
Wow-1Day! Painting Inc.
2014 Ed. (1456)
WOW Global Corp.
2007 Ed. (3594, 3595)
2008 Ed. (3729, 4980)
WOW! Internet Cable Phone
2014 Ed. (1532)
WOW! Magazine
1992 Ed. (3384)
Wow (NZ) Supermarkets
2012 Ed. (4359)
Wow Tools Inc.
2009 Ed. (1119)
Wowprime
2015 Ed. (2057)
Wozniacki; Caroline
2013 Ed. (191)
2014 Ed. (199)
WP Capital
1996 Ed. (2393, 2401)
WPAT
1990 Ed. (2942)
1991 Ed. (2797)
1992 Ed. (3607)
1993 Ed. (2955)
1994 Ed. (2989)
WPAT-AM
1990 Ed. (2941)
WPAT-FM
1990 Ed. (2941)
2004 Ed. (4465)
2005 Ed. (4412, 4413)
2006 Ed. (4430)
2009 Ed. (4503)
2010 Ed. (2984)
2011 Ed. (2945)
2012 Ed. (2876)
2013 Ed. (2952)
2014 Ed. (2969)
WPCG
2015 Ed. (2981)
2016 Ed. (2916)
WPEN
1990 Ed. (2943)
WPEN-AM 950
2000 Ed. (3698)
WPG Core Bond
2000 Ed. (3253)
2004 Ed. (694)
WPG Dividened Income
1993 Ed. (2674)
WPG Divident Income
1990 Ed. (2368)
WPG Growth & Income
1999 Ed. (3515, 3556)
2000 Ed. (3272)
WPG Holdings
2013 Ed. (2493)
2014 Ed. (2424)
2015 Ed. (2497)
2016 Ed. (2432)
WPG Tudor
2006 Ed. (3640)
WPGC-FM
1992 Ed. (3604)
WPI Group Inc.
1999 Ed. (2671)
WPIX
1991 Ed. (3329)
1992 Ed. (4257)
1994 Ed. (3504)
1995 Ed. (3588)
1996 Ed. (3664)
1997 Ed. (3723)
1998 Ed. (3503)
1999 Ed. (4571)
WPIX/Tribune Broadcasting Co.
2000 Ed. (4224)
WPL Holdings
1990 Ed. (1601)
1991 Ed. (1167)
1992 Ed. (1899)
1993 Ed. (1557)
1994 Ed. (1596)
1995 Ed. (1638)
1996 Ed. (1615)
1997 Ed. (1694)
1998 Ed. (1387)
1999 Ed. (1949)
WPLJ
1995 Ed. (3053)
1996 Ed. (3154)
1998 Ed. (2988)

WPLJ-FM
1997 Ed. (3239)
WPP
1990 Ed. (1670)
1992 Ed. (1291)
1995 Ed. (2509)
2013 Ed. (58, 3664)
2014 Ed. (76, 3600)
WPP Group
1990 Ed. (1276, 2170)
1994 Ed. (96, 2443, 2662)
1997 Ed. (55, 87, 101, 103, 2725, 3500)
1998 Ed. (50, 57, 58)
1999 Ed. (34, 103)
2000 Ed. (93, 109, 139, 1471)
2005 Ed. (100, 119)
2014 Ed. (2046, 2053)
2015 Ed. (2095)
WPP Group of Companies
2000 Ed. (108)
WPP Group plc
1989 Ed. (120)
1990 Ed. (113, 115)
1991 Ed. (110, 112)
1992 Ed. (161, 163, 164, 2589)
1993 Ed. (109, 110, 2504)
1995 Ed. (73, 85, 86)
1996 Ed. (60, 99, 101, 1355)
1999 Ed. (87, 104, 4288)
2000 Ed. (4007)
2001 Ed. (32, 147, 170, 200)
2002 Ed. (120, 121, 143, 171, 1642, 1790, 1792, 1982, 3822)
2003 Ed. (72, 86, 88, 109, 1476)
2004 Ed. (111, 118, 120, 1506)
2005 Ed. (118, 121, 1522, 1981, 4359)
2006 Ed. (108, 123, 124, 2057, 3295, 3441, 3442, 4300)
2007 Ed. (112, 115, 117, 118, 1715, 3445, 3455, 3456, 3457, 3458)
2008 Ed. (124, 125, 2121, 3623, 3631)
2009 Ed. (135, 136, 2113, 3689, 3693, 3695)
2010 Ed. (135, 1398, 3610)
2011 Ed. (53, 934, 2105, 3609, 3613)
2012 Ed. (58, 61, 1617, 3605, 3608)
2013 Ed. (59, 61, 1775, 3656)
2014 Ed. (77, 79, 3594)
2015 Ed. (68, 70, 3607)
2016 Ed. (70, 3468, 3489)
WPP Group USA
2004 Ed. (844)
2005 Ed. (818)
2006 Ed. (744)
2007 Ed. (838, 2883)
2008 Ed. (3005)
2009 Ed. (3091)
2010 Ed. (3024)
2011 Ed. (2993)
2012 Ed. (2919)
2013 Ed. (3008)
2014 Ed. (3017)
WPP Health Care
2007 Ed. (106)
WPP Healthcare
2005 Ed. (107)
2006 Ed. (117)
2008 Ed. (114)
WPP plc
2004 Ed. (4101)
2012 Ed. (54, 3606)
2013 Ed. (55, 3658)
2014 Ed. (2566)
2016 Ed. (3487, 3493)
Wpromote
2009 Ed. (120)
2016 Ed. (3464)
Wpromote Inc.
2013 Ed. (1450)
2014 Ed. (1411)
WPS - Medicare MAC J5 A
2015 Ed. (2177)
WPS Resources Corp.
1996 Ed. (1615)
2002 Ed. (2126)
2004 Ed. (2114, 2319)
2005 Ed. (1612, 2018, 2219)
2006 Ed. (2120, 2121, 2281, 2359, 2440)
2007 Ed. (2068, 2069, 2224, 2286, 2293, 2381, 2383, 2678)
2008 Ed. (2354, 2364, 2496)
WPST-FM
1990 Ed. (2941)
WPT Enterprises Inc.
2006 Ed. (4256)
WPX Delivery Solutions LLC

2007 Ed. (4452)
2008 Ed. (4435)
WPX Energy Inc.
2014 Ed. (2834, 3891)
2015 Ed. (2874)
2016 Ed. (2806)
WQBA-AM
1997 Ed. (2800, 3236)
2005 Ed. (4412)
WQBA-AM & FM
1990 Ed. (2591, 2940)
1991 Ed. (2472, 2796)
1995 Ed. (2588, 3050)
1996 Ed. (2653, 3151)
WQBA-AM/FM
1992 Ed. (3088)
1994 Ed. (2530, 2987)
WQCD
1996 Ed. (3154)
1999 Ed. (3983)
WQHT
1990 Ed. (2942)
1991 Ed. (2797)
1992 Ed. (3607)
1993 Ed. (2955)
1994 Ed. (2989)
1995 Ed. (3053)
1996 Ed. (3154)
1998 Ed. (2988)
1999 Ed. (3983)
2000 Ed. (3697)
WQHT-FM
1997 Ed. (3239)
WR Berkley
1992 Ed. (2683)
1993 Ed. (2239)
W.R. Berkley Group
2014 Ed. (3239)
W.R. Berkley Insurance Group
2015 Ed. (3297)
W.R. Grace
1992 Ed. (1107)
2000 Ed. (3423)
W.R. Grace & Co.
1998 Ed. (1708)
WR Hambrecht Co.
2002 Ed. (4860)
W.R. Kelso Co. Inc.
2000 Ed. (1266)
W.R. Lazard
1990 Ed. (2331, 2337)
WR Lazard & Co.
1990 Ed. (2350)
1992 Ed. (2765)
1993 Ed. (3193)
WR Lazard, Laidlaw & Mead Inc.
1998 Ed. (2231)
WR Starkey Mortgage
2008 Ed. (1673)
WR Starkey Mortgage LLP
2008 Ed. (1672)
WR Systems Ltd.
2014 Ed. (2075)
2015 Ed. (2127)
WRA Environmental Consultants
2015 Ed. (1473)
Wraase; Dennis
2005 Ed. (982)
Wraase; Dennis R.
2009 Ed. (955)
Wragg & Casas Public Relations
1998 Ed. (2948, 2949)
1999 Ed. (3932)
2000 Ed. (3648)
2002 Ed. (3819)
2003 Ed. (4002)
2004 Ed. (4009)
2005 Ed. (3963)
Wrangell Fisheries Inc.
2005 Ed. (1646)
Wrangell-St. Elias National Park
1990 Ed. (2667)
Wrangell-St. Elias National Preserve
1990 Ed. (2667)
Wrangler
1989 Ed. (945)
1990 Ed. (2405, 2406)
1992 Ed. (1228)
1993 Ed. (983, 984, 985, 986, 987, 994, 995)
1994 Ed. (1011, 1012, 1013, 1026, 1027)
1995 Ed. (1022, 1023, 1034)
1996 Ed. (1002, 1004, 1005, 1019, 2439)
1997 Ed. (1020, 1023, 1024, 1026, 1039)
1998 Ed. (760, 761, 763, 764, 765)
1999 Ed. (791, 1191, 1192, 1193, 1194, 1196, 3128)

2000 Ed. (1112, 1114)
2001 Ed. (491)
2005 Ed. (1017)
2006 Ed. (1015, 1016, 1023)
2007 Ed. (1100, 1101, 1103, 1104, 1112)
2008 Ed. (982, 983, 984, 985, 991)
2009 Ed. (974)
2010 Ed. (933, 937)
2012 Ed. (815, 816, 817)
Wrapping materials
2003 Ed. (3947, 3948)
Wrapping materials/bags
2001 Ed. (2084)
Wrath of the Titans
2014 Ed. (3700, 3701, 3702, 3703)
Wray; C. J.
1997 Ed. (3368, 3370)
Wray; Ed
2009 Ed. (2623)
Wray Industries
2016 Ed. (4429)
WRD Consulting
1992 Ed. (1452)
Wrecking Corp. of America St. Louis Inc.
1991 Ed. (1088)
Wren; John
2007 Ed. (1003)
2008 Ed. (938)
2010 Ed. (888)
Wren; John D.
2011 Ed. (839)
Wren Underwriting Agencies Ltd.
1992 Ed. (2896, 2898, 2900)
1993 Ed. (2456, 2458)
Wren Underwriting Agencies Ltd.; 431,
1991 Ed. (2335)
Wren Underwriting Agencies Ltd.; 800
1991 Ed. (2335)
Wrengate Ltd.
2009 Ed. (2116)
Wrestlemania X-Seven
2003 Ed. (847)
Wrestling
1990 Ed. (3328)
2001 Ed. (1099)
Wrestling events
1994 Ed. (837)
Wrestling: No Way Out
2003 Ed. (847)
WRG Design
2010 Ed. (2454)
WRG LLC
2016 Ed. (4967)
WRIF
1999 Ed. (3981)
2001 Ed. (3973)
Wright
2002 Ed. (423)
2008 Ed. (335)
2012 Ed. (280)
2013 Ed. (283)
2014 Ed. (287, 288)
2015 Ed. (319, 320)
2016 Ed. (319)
Wright; A. J.
2007 Ed. (1125)
2008 Ed. (1007)
2009 Ed. (991)
2010 Ed. (956)
2011 Ed. (882)
Wright; Bob
2005 Ed. (2469)
Wright Brand Foods
2014 Ed. (289)
2015 Ed. (321)
2016 Ed. (320)
Wright Brothers, The Building Co.
2008 Ed. (1294)
2009 Ed. (1277)
2011 Ed. (1223)
Wright Business Graphics
2000 Ed. (913)
2005 Ed. (3886, 3891)
2008 Ed. (4024, 4031, 4033)
2016 Ed. (3979, 3982, 3984, 3997, 3998)
Wright; Chris
2005 Ed. (4891)
Wright Construction Ltd.
2009 Ed. (1154)
Wright Contracting
2014 Ed. (1417)
Wright Current Income
1995 Ed. (2744)
1999 Ed. (3554)
Wright; Don
2005 Ed. (2514)
Wright Engineered Plastics

2016 Ed. (3419)
Wright Engineers
2007 Ed. (2405)
2008 Ed. (2520)
2009 Ed. (2533)
Wright Enterprises
2014 Ed. (4089, 4099)
Wright Enterprises, a Holding Co.
2012 Ed. (4032, 4037)
2013 Ed. (4078, 4082, 4086)
2014 Ed. (4088, 4095, 4098)
Wright Enterprises Holding Co.
2010 Ed. (4034)
Wright EquiFund
2000 Ed. (3278)
Wright EquiFund-H.K. National Fidelity Equity
1996 Ed. (2804)
Wright EquiFund Mexico
1999 Ed. (3518, 3564)
Wright Equifund: Mexico National
1997 Ed. (2906, 2908)
Wright Equity Hong Kong
1995 Ed. (2728)
1998 Ed. (2646)
Wright Equity Mexico
1998 Ed. (2636)
Wright Express
2013 Ed. (774)
2014 Ed. (4463)
Wright Express Corp.
2007 Ed. (4281)
2008 Ed. (1894)
2011 Ed. (1817)
2012 Ed. (1675)
2013 Ed. (1826)
2014 Ed. (1754)
Wright; Felix E.
2005 Ed. (978, 2483)
Wright Ford Young & Co.
2013 Ed. (1455)
Wright Government Obligations
1995 Ed. (2745)
Wright Investors' Service
1997 Ed. (2516)
2002 Ed. (4826)
Wright; John D.
2011 Ed. (855)
Wright; Jon
2010 Ed. (2527)
Wright; Julie M.
1993 Ed. (3445)
Wright; Laura
2007 Ed. (1041, 4974)
2008 Ed. (964)
2010 Ed. (916)
Wright Line LLC
2006 Ed. (4358)
2007 Ed. (4426)
Wright Managed U.S. Treasury
1997 Ed. (689)
Wright Medical
2010 Ed. (3798)
2011 Ed. (3794)
2012 Ed. (3784)
2015 Ed. (3801)
Wright Medical Technologies
2013 Ed. (3852)
Wright; Michael
2013 Ed. (4855, 4856)
Wright; Michelle
1994 Ed. (1100)
Wright Mutual Insurance Co.
1995 Ed. (2310)
Wright Patman Congressional Credit Union
2002 Ed. (1857)
2003 Ed. (1954)
2004 Ed. (1994)
2005 Ed. (2136)
Wright-Patt Credit Union
1994 Ed. (1504)
2002 Ed. (1885)
2003 Ed. (1939)
2004 Ed. (1979)
2005 Ed. (2121)
2006 Ed. (2216)
2007 Ed. (2137)
2008 Ed. (2252)
2009 Ed. (2238)
2010 Ed. (2192)
2011 Ed. (2210)
2012 Ed. (2071)
2013 Ed. (2253)
2014 Ed. (2185)
2015 Ed. (2249)
2016 Ed. (2190, 2220, 2233)
Wright-Patterson Air Force Base
2016 Ed. (1923)
Wright Runstad & Co.

1993 Ed. (2963)
1994 Ed. (3001)
Wright Selected Blue Chip Equity
2006 Ed. (3640)
Wright Total Return
2000 Ed. (756)
Wright U.S. Treasury
1999 Ed. (3555)
Wright; Vernon
2006 Ed. (991)
Wrightbus
2007 Ed. (2034)
Wright's Farm Restaurant
2014 Ed. (4281)
2015 Ed. (4273)
2016 Ed. (4170)
Wrigley
1990 Ed. (969)
1994 Ed. (849)
1998 Ed. (622, 623)
2006 Ed. (774)
2007 Ed. (871)
2008 Ed. (714, 835)
2009 Ed. (724)
2010 Ed. (648)
2011 Ed. (565, 573)
2012 Ed. (667)
Wrigley Chewing Gum
1995 Ed. (698, 1548)
Wrigley Espana
2013 Ed. (2060)
2014 Ed. (1994)
2015 Ed. (2042)
Wrigley Extra
1996 Ed. (955)
Wrigley Field
2014 Ed. (4532)
Wrigley Gum
1991 Ed. (1410)
Wrigley Innovation Center
2004 Ed. (2663)
Wrigley Jr. Co.; Wm.
1989 Ed. (1447)
1990 Ed. (1812)
1991 Ed. (1216, 1732, 1738)
1994 Ed. (1263, 1266, 1866, 1871,
3502)
1995 Ed. (1287, 1290, 1885, 1890,
1896, 3573)
1996 Ed. (1931, 1933, 3661)
1997 Ed. (2028, 2030, 3715)
2005 Ed. (22, 24, 26, 43, 69, 72, 73,
85, 90, 856, 857, 865, 962, 2226,
2631, 2637)
2006 Ed. (28, 30, 32, 50, 60, 81, 82,
94, 99, 776, 1760, 2291, 2421,
2628, 2631, 2632, 2635, 2642,
4869)
2007 Ed. (22, 24, 38, 51, 77, 84, 135,
873, 2219, 2227, 2596, 2605, 2608,
2609)
2008 Ed. (27, 29, 56, 59, 80, 83, 91,
843, 1160, 2731)
2009 Ed. (30, 32, 61, 67, 855, 3606)
2011 Ed. (2054)
Wrigley Jr., Co.; Wm.
2014 Ed. (836)
Wrigley Jr.; William
1990 Ed. (1825)
1992 Ed. (1041, 1044, 1526, 2174,
2181)
1993 Ed. (831, 929, 1225, 1877)
2005 Ed. (4848)
2006 Ed. (4903)
2007 Ed. (4898)
2009 Ed. (2663)
2011 Ed. (4828)
Wrigley Spearmint
1996 Ed. (954)
Wrigley; William
1989 Ed. (1378)
2013 Ed. (4839)
Wrigley's
1991 Ed. (1741)
1993 Ed. (740)
1998 Ed. (3496)
2015 Ed. (2757)
2016 Ed. (2686)
Wrigley's 5 Cobalt
2016 Ed. (863)
Wrigley's 5 Rain
2016 Ed. (863)
Wrigley's Big Red
1997 Ed. (975)
1999 Ed. (1116)
2000 Ed. (1040)
2002 Ed. (1037)
Wrigley's Double Mint
2002 Ed. (1037)
2016 Ed. (863)

Wrigley's Doublemint
1997 Ed. (975)
1999 Ed. (1116)
Wrigley's Doublemint Gum
2000 Ed. (1040)
Wrigley's Eclipse
2004 Ed. (875, 876)
2005 Ed. (963)
2008 Ed. (931)
2016 Ed. (863)
Wrigley's Extra
1993 Ed. (838)
1999 Ed. (785, 1026)
2000 Ed. (1041)
2002 Ed. (1167)
2004 Ed. (876)
2005 Ed. (963)
2008 Ed. (931)
2016 Ed. (863)
Wrigley's Extra Sugarless
2002 Ed. (1037)
Wrigley's Freedent
1997 Ed. (975)
2000 Ed. (1040)
Wrigley's Juicey Fruit
2002 Ed. (1037)
Wrigley's Juicy Fruit
1997 Ed. (975)
1999 Ed. (1116)
Wrigley's Juicyfruit Gum
2000 Ed. (1040)
Wrigley's Spearmint
1997 Ed. (975)
1999 Ed. (1116)
2000 Ed. (1040)
Wrigley's Winterfresh
1997 Ed. (975)
1999 Ed. (1116)
2002 Ed. (1037)
Wrigley's Winterfresh Gum
2000 Ed. (1040)
The Wrinkle Cure
2004 Ed. (747)
A Wrinkle in Time
1990 Ed. (982)
2009 Ed. (580)
WriteNow
1995 Ed. (1098)
Writers, artists, photographers, enter-
tainers, athletes, and designers
1998 Ed. (1326, 2694)
Writing
1994 Ed. (2066)
Writing instruments
1996 Ed. (2221)
1998 Ed. (3117)
1999 Ed. (2713, 4132)
2000 Ed. (3842)
2001 Ed. (3569)
2005 Ed. (4473)
Writtle Holdings
2015 Ed. (2096)
WRKO-AM
1992 Ed. (3604)
WRKS
1990 Ed. (2942)
1991 Ed. (2797)
1992 Ed. (3607)
1993 Ed. (2955)
1994 Ed. (2989)
1995 Ed. (3053)
1996 Ed. (3154)
1998 Ed. (2988)
1999 Ed. (3983)
2000 Ed. (3697)
WRKS-FM
1997 Ed. (3239)
WRL Freedom Attainer
1997 Ed. (3828)
WRL Freedom Attainer Annuity Emerging Growth
1997 Ed. (3818)
WRL Freedom Attainer Annuity Growth
1997 Ed. (3822)
WRL Freedom Bellwether Annuity
Emerging Growth
1997 Ed. (3818)
WRL Freedom Bellwether & Conqueror
1997 Ed. (3828)
WRL Freedom Conqueror Annuity
Emerging Growth
1997 Ed. (3818)
WRL Freedom Plus
1991 Ed. (2120)
WRL Freedom Variable Annuity Emerging Growth
1997 Ed. (3818)
WRMA-FM
1997 Ed. (2800, 3236)
1998 Ed. (2511, 2986)

1999 Ed. (3419, 3979)
2000 Ed. (3142)
2001 Ed. (3970)
2002 Ed. (3895)
2003 Ed. (4498)
2004 Ed. (4464, 4465)
2005 Ed. (4412, 4413)
2006 Ed. (4430)
WRMA-FM, WXDJ-FM, WCMQ-AM,
WCMQ-FM
2000 Ed. (3695)
WRNS Studio
2015 Ed. (212)
WRQ Inc.
2002 Ed. (4882)
WRR Environmental Services Co.
2007 Ed. (4455)
WRSystems Ltd.
2013 Ed. (2141)
WRT Energy Corp.
1997 Ed. (2975)
1998 Ed. (478)
WRTO-FM
1994 Ed. (2530)
1996 Ed. (2653, 3151)
1997 Ed. (2800, 3236)
2005 Ed. (4412)
WS Atkins
2003 Ed. (2313)
WS Atkins plc
2004 Ed. (2387, 2389, 2398)
2005 Ed. (2421, 2430, 2434)
2006 Ed. (2051, 2460, 2461, 2466,
2470, 2474)
2007 Ed. (2426, 2431, 2439)
2008 Ed. (2553, 2566)
2009 Ed. (1293, 1294, 2561, 2566)
2010 Ed. (2477)
2011 Ed. (1240)
2012 Ed. (2409, 2410, 2416)
2013 Ed. (2571, 2578, 2579, 2587)
2014 Ed. (2500, 2507, 2508, 2516)
2015 Ed. (2574, 2581, 2590)
WS Construction
2005 Ed. (1175)
2006 Ed. (1172)
WS Consulting
2016 Ed. (1593)
WS Teleshop
2001 Ed. (21)
WSA Distributing Inc.
2014 Ed. (2951)
2015 Ed. (3001)
The WSA Show
2010 Ed. (4772)
2011 Ed. (4723)
WSB Financial Group
2008 Ed. (2143)
2010 Ed. (2063)
2011 Ed. (2118)
WSFS Financial Corp.
2005 Ed. (450)
WSI Digital Marketing
2015 Ed. (4639)
2016 Ed. (2917)
WSI Industries
2010 Ed. (4525)
2011 Ed. (4434, 4464)
WSI Internet
2004 Ed. (3151)
2005 Ed. (3173)
2006 Ed. (3181)
2007 Ed. (901, 906)
2008 Ed. (880)
2009 Ed. (886, 890)
2010 Ed. (840)
2011 Ed. (766)
2012 Ed. (704)
2013 Ed. (4591)
2014 Ed. (4646)
*The WSJ Guide to the 50 Economic
Indicators That Really Matter*
2013 Ed. (619)
WSJ.com
2003 Ed. (811)
2004 Ed. (849)
2006 Ed. (753)
WSKP-FM
1997 Ed. (2800, 3236)
WSKQ
1999 Ed. (3983)
2000 Ed. (3697)
WSKQ (AM)
1990 Ed. (2591, 2940)
1991 Ed. (2472, 2796)
WSKQ-AM 6 FM
1996 Ed. (2653)
WSKQ-AM & FM
1995 Ed. (2588, 3050)
1996 Ed. (3151)

WSKQ-AM/FM
1992 Ed. (3088)
1994 Ed. (2530, 2987)
WSKQ-FM
1997 Ed. (2800, 3236, 3239)
1998 Ed. (2511, 2986, 2988)
1999 Ed. (3419, 3979)
2000 Ed. (3142)
2001 Ed. (3970)
2002 Ed. (3895)
2003 Ed. (4498)
2004 Ed. (4464, 4465)
2005 Ed. (4412, 4413)
2006 Ed. (4430)
2008 Ed. (4470)
2009 Ed. (4503)
2010 Ed. (2984)
2011 Ed. (2945)
2012 Ed. (2876)
2013 Ed. (2952)
2014 Ed. (2969)
2015 Ed. (3037)
2016 Ed. (2933)
WSKQ-FM, WPAT-FM
2000 Ed. (3695)
WSM Industries Inc.
2016 Ed. (4982)
WSM Sponsorship
2011 Ed. (65)
WSO2
2009 Ed. (1129)
2010 Ed. (1113)
2011 Ed. (1052)
2014 Ed. (1078)
WSP
2005 Ed. (733)
2007 Ed. (670)
2016 Ed. (2476, 2477, 2478)
WSP Flack+Kurtz
2013 Ed. (2593)
WSP + Genivar
2015 Ed. (2580, 2581, 2590, 2591)
WSP Global Inc.
2016 Ed. (1075, 2502, 2503, 2505)
WSP Group
2016 Ed. (2521)
WSP Group plc
2004 Ed. (2394)
2005 Ed. (2425, 2426, 2430)
2006 Ed. (2466, 2470)
2007 Ed. (2430, 2431, 2435)
2008 Ed. (2557, 2558, 2562)
2009 Ed. (2566, 2570)
2010 Ed. (2476, 2481, 2482, 2486)
2011 Ed. (2484, 2489, 2490, 2494,
2498)
2012 Ed. (2409)
2013 Ed. (2577, 2578, 2580)
2014 Ed. (2507)
WSP Hawaii Inc.
2014 Ed. (1639)
WSP USA
2011 Ed. (2444, 2450, 2459, 2461,
2478)
2014 Ed. (2487, 2524)
2015 Ed. (2598)
WSR Group
1994 Ed. (336)
1995 Ed. (336)
1996 Ed. (354)
1997 Ed. (325)
WST Growth
2004 Ed. (3602)
WSYX-TV
2001 Ed. (1545)
W.T. Andrew Co.
1990 Ed. (3707)
WTA/Arjomari
1992 Ed. (3336)
WTBS
1990 Ed. (869)
1993 Ed. (812)
WTC Industries Inc.
2004 Ed. (4588)
WTD Industries Inc.
1991 Ed. (2366)
1992 Ed. (2212, 3332)
1993 Ed. (1894, 2478)
WTG - Importacao E Exportacao, Uni-
pessoal, LDA
2016 Ed. (1967)
WTI Inc.
2014 Ed. (1416)
WTMI
2006 Ed. (3509, 4348)
WTTW of Chicago and WNET of New
York
1992 Ed. (1096)
Wu-Fu Chen
2002 Ed. (2150)

Wu-Mart Group
2014 Ed. (4376, 4378)
Wu Whei Industrial Co. Ltd.
1990 Ed. (1068)
1992 Ed. (1230)
Wu Xiaoling
2009 Ed. (4973)
Wu Yajun
2011 Ed. (4851)
2012 Ed. (4857, 4858)
2013 Ed. (4863, 4864)
2014 Ed. (4877, 4878, 4962)
2015 Ed. (5003)
2016 Ed. (4920)
Wu; Yi
2006 Ed. (4986)
2007 Ed. (4983)
2008 Ed. (4950)
2009 Ed. (4973, 4983)
Wu Yijian
2003 Ed. (2411)
Wuestenrot & Wuertembergische
2008 Ed. (1768, 3258)
Wuhan
1992 Ed. (4138)
2001 Ed. (3856)
Wuhan Boiler Co.
2009 Ed. (3590)
Wuhan Dongxihu Brewery
1995 Ed. (708)
Wuhan Guoce Nordic New Energy Co.,
Ltd.
2013 Ed. (2902)
Wuhan Iron & Steel Co., Ltd.
2008 Ed. (4533)
2009 Ed. (1590)
Wuhan Iron & Steel (Group) Corp.
2012 Ed. (1326, 3351, 4539)
2013 Ed. (3421, 4494)
2014 Ed. (3418, 4537)
2015 Ed. (3451, 4536)
2016 Ed. (4475)
Wuhan Yinkeke Music
2013 Ed. (3791)
Wuhann
2001 Ed. (1096)
Wuhu Shunrong Auto Parts
2013 Ed. (4405)
Wulff; Kurt
1989 Ed. (1417)
Wuliangye
2013 Ed. (169)
Wuliangye Yibin
2014 Ed. (583, 590)
2015 Ed. (651, 659)
2016 Ed. (591, 599)
Wuling Motors
2014 Ed. (4785)
Wunderman
2003 Ed. (2067)
2005 Ed. (3406)
2006 Ed. (2266, 3415, 3418)
2007 Ed. (2202, 3432)
2008 Ed. (2339, 3597, 3598, 3599,
3601)
2009 Ed. (124, 2324, 3666, 3667)
2010 Ed. (125, 2254, 3580, 3582)
2011 Ed. (43, 2261, 2262, 3582,
3584)
2012 Ed. (49, 2129, 2130, 3574)
2013 Ed. (2325, 3621, 3625)
2014 Ed. (65, 67, 68, 2257, 2258,
3559, 3565, 3566)
2015 Ed. (73, 77, 78, 79, 860, 2326,
2327)
2016 Ed. (77, 78, 79, 2281, 2282)
Wunderman Cato Johnson
1994 Ed. (1534, 3128)
1995 Ed. (24, 36, 1563, 1564, 1565,
1566)
1996 Ed. (1551, 1552, 1553, 1554,
3276)
1997 Ed. (52, 1615, 1616, 1617,
1619, 3374)
1998 Ed. (45, 47, 1284, 1285, 1288)
1999 Ed. (50, 52, 1860, 1861, 1862)
2000 Ed. (1671, 1672, 1673, 1674,
1677, 1680)
2001 Ed. (3920)
Wunderman Cato Johnson (Hutchins Y
& R)
1996 Ed. (55)
Wunderman Cato Johnson Worldwide
1994 Ed. (64)
1996 Ed. (1550)
1997 Ed. (1614)
Wunderman Health
2016 Ed. (80)
Wunderman Interactive
2007 Ed. (3434)

Wunderman Worldwide
1989 Ed. (56, 68)
1990 Ed. (1503, 1504, 1505, 1506)
1991 Ed. (1419, 1420)
1992 Ed. (1805, 1807, 1808)
1993 Ed. (1487, 1488, 1489)
Wunsch Americana Foundation
1989 Ed. (1476)
Wurldtech Security Technologies
2015 Ed. (842, 1560)
Wurmser O & M
2000 Ed. (101)
2001 Ed. (141)
2002 Ed. (114)
2003 Ed. (79)
Wurth
2012 Ed. (3058)
Wurth Group
2013 Ed. (3139)
2014 Ed. (3139)
2015 Ed. (3199)
2016 Ed. (3056)
The Wurth Group of North America
2009 Ed. (3224)
2010 Ed. (3157)
2011 Ed. (3123)
Wurth Hellas
2011 Ed. (1669)
2013 Ed. (1665)
Wurth Industry
2008 Ed. (3140)
Wurth; Reinhold
2008 Ed. (4867)
2009 Ed. (4888)
2010 Ed. (4889)
2011 Ed. (4878)
Wurtz; Thomas J.
2008 Ed. (370)
Wushun Petrochemical
1995 Ed. (960)
WUSL
1990 Ed. (2943)
WUSL-FM 98.9
2000 Ed. (3698)
Wustenrot Holding
1996 Ed. (3411)
Wustenrot & Wurttembergische
2001 Ed. (2959)
Wusthof
2011 Ed. (2239, 3392)
WUSY-FM
1992 Ed. (3605)
Wuxi, China
2006 Ed. (1012)
2007 Ed. (1098)
WuXi PharmaTech
2009 Ed. (4397)
WVIV-AM/FM
2005 Ed. (4412)
WVS Financial
2010 Ed. (1946)
2013 Ed. (2006)
W&W Glass Systems, Inc.
2000 Ed. (2343)
W.W. Grainger
2000 Ed. (940)
W.W. Grainger, Inc.
2000 Ed. (2622, 3023, 4004, 4378)
The WW Group Inc.
1990 Ed. (3707)
1992 Ed. (4485)
1996 Ed. (3880)
1997 Ed. (3917)
2004 Ed. (4990)
2005 Ed. (4995)
W.W. Smith Charitable Trust
1990 Ed. (1849)
WWAV
1994 Ed. (1534)
WWAV North
1995 Ed. (1563)
WWAV Rapp Collins
1995 Ed. (1563)
1996 Ed. (1551)
1997 Ed. (1615)
2000 Ed. (1676)
2001 Ed. (2025)
2002 Ed. (204)
WWAV Rapp Collins (London)
2002 Ed. (1979, 1981)
WWAV Rapp Collins North
2002 Ed. (1979)
WWAV Rapp Collins West
2000 Ed. (1679)
WWD
2007 Ed. (4799)
2008 Ed. (4718)
2010 Ed. (786)
2011 Ed. (713)
2013 Ed. (803)

WWDB
1990 Ed. (2943)
WWDB Health and Fitness Fair
1998 Ed. (3608)
"WWE"
2013 Ed. (2945)
"WWE Entertainment"
2014 Ed. (2963)
WWE Entertainment
2008 Ed. (826)
2009 Ed. (849)
2010 Ed. (795)
WWE SmackDown
2006 Ed. (2855)
2007 Ed. (2845)
WWF
1995 Ed. (881)
1996 Ed. (867)
2000 Ed. (4274, 4278, 4279)
2001 Ed. (4606, 4607)
WWF Magazine
2001 Ed. (3191)
WWF Paper
1989 Ed. (932)
1998 Ed. (758)
1999 Ed. (1189)
2000 Ed. (1110)
WWF Range
1994 Ed. (3562)
WWF Royal Rumble
1994 Ed. (840)
1995 Ed. (880)
WWF Royal Rumble '96
1998 Ed. (3677)
WWF Royal Summerslam '92
1994 Ed. (840)
WWF Summerslam
1995 Ed. (880)
WWF Suomi
2013 Ed. (1609)
WWF Survivor Series
1995 Ed. (880)
WWF Survivor Series '92
1994 Ed. (840)
WWF Warzone
2000 Ed. (4345)
WWF Wrestlemania
1995 Ed. (880)
WWF Wrestlemania VIII
1994 Ed. (840)
WWF Wrestler
1995 Ed. (3645)
WWI Resources Ltd.
2008 Ed. (1658)
WWJ
2001 Ed. (3973)
WWJ-AM
1999 Ed. (3981)
WWL Houses SIA
2016 Ed. (1739)
WWOR
1991 Ed. (3329)
1992 Ed. (4257)
1994 Ed. (3504)
1995 Ed. (3588)
1996 Ed. (3664)
1997 Ed. (3723)
1998 Ed. (3503)
1999 Ed. (4571)
WWOR/Chris-Craft Industries
2000 Ed. (4224)
WWP Group PLC
1991 Ed. (3332)
WWPR
1990 Ed. (2942)
WWW Internet
2000 Ed. (3290)
www.adobe.com
1999 Ed. (4751)
www.cnn.com
1999 Ed. (4751)
www.excite.com
1999 Ed. (4751)
www.microsoft.com
1999 Ed. (4751)
www.usatoday.com
1999 Ed. (4751)
www.yahoo.com
1999 Ed. (4751)
WXDJ-FM
1997 Ed. (2800, 3236)
2005 Ed. (4412)
2008 Ed. (4470)
2009 Ed. (4503)
WXKS-FM
1992 Ed. (3604)
WXLX-AM
1997 Ed. (2800, 3236)
WXNY-FM

2012 Ed. (2876)
2013 Ed. (2952)
2014 Ed. (2969)
2015 Ed. (3037)
2016 Ed. (2933)
WXRK
1995 Ed. (3053)
1999 Ed. (3983)
2000 Ed. (3697)
WXRK-FM
1997 Ed. (3239)
1998 Ed. (2985)
WXRX
1994 Ed. (2989)
WXTU
1990 Ed. (2943)
WXTU-FM 92.5
2000 Ed. (3698)
WXTV
1991 Ed. (3329)
1992 Ed. (4257)
1994 Ed. (3504)
1995 Ed. (3588)
1996 Ed. (3664)
1997 Ed. (3723)
1998 Ed. (3503)
1999 Ed. (4571)
Wyandot Lake
1995 Ed. (3725)
Wyandotte County, KA
1991 Ed. (2526)
Wyandotte Net Tel
2007 Ed. (1408)
2008 Ed. (1364)
Wyandotte Telephone Co.
2016 Ed. (1931)
Wyant Data Systems Inc.
2006 Ed. (3988)
Wyatt Cafeterias
1990 Ed. (1654)
1991 Ed. (2880)
1992 Ed. (3711, 3716)
1993 Ed. (3032)
Wyatt Inc.
1989 Ed. (1007)
1990 Ed. (3062)
1991 Ed. (1543, 1544, 1545, 2899)
1992 Ed. (1940, 1941, 3743)
1993 Ed. (15, 1589, 1590, 1591,
1592, 3052)
1994 Ed. (1143)
1995 Ed. (854, 1661, 1662, 3163)
1996 Ed. (1638, 1639, 3258)
2003 Ed. (1319)
2005 Ed. (1324)
2006 Ed. (1297)
2011 Ed. (1264)
Wyatt International
2001 Ed. (234)
Wyatt Johnson Automotive Group
2016 Ed. (4966)
Wyatt Seal Inc.
1994 Ed. (2178)
Wyatt Tarrant
2001 Ed. (820)
Wyatt, Tarrant & Combs
1998 Ed. (2577)
Wyatt's
1990 Ed. (3017)
Wyatt's Cafeterias
1994 Ed. (3091)
1996 Ed. (3233)
1997 Ed. (3336)
Wyborowa
1993 Ed. (3679)
1994 Ed. (3641)
1995 Ed. (3716)
1999 Ed. (3249)
2001 Ed. (4707)
Wyborowa Orange
1999 Ed. (4725)
WYCD
1999 Ed. (3981)
2001 Ed. (3973)
Wyche Fowler Jr.
1994 Ed. (2890)
Wycliff
2005 Ed. (909)
2006 Ed. (827)
Wycliffe Bible Translators
2000 Ed. (3350)
2008 Ed. (1505)
Wycliffe Bible Translators of Canada
2012 Ed. (728)
Wyder's
2001 Ed. (3117)
2002 Ed. (3108)
2005 Ed. (999)
2006 Ed. (1009)
Wyders

2014 Ed. (952)
2015 Ed. (983)
Wyeth
2003 Ed. (1578, 1786, 3867, 3870, 4537)
2004 Ed. (72, 942, 943, 966, 1552, 1603, 1819, 1820, 2148, 2149, 3874, 3875, 3876, 3877, 3878, 3879, 3880, 3881, 3887, 4483)
2005 Ed. (68, 932, 933, 944, 1176, 1801, 1802, 1903, 1904, 2244, 2245, 3802, 3803, 3804, 3805, 3806, 3809, 3810, 3814, 3816, 3820, 3822, 3990, 4039)
2006 Ed. (76, 841, 842, 847, 1173, 1930, 1931, 3869, 3870, 3871, 3873, 3874, 3876, 3877, 3878, 3883, 3884, 3885, 3889, 3890, 4710)
2007 Ed. (922, 923, 929, 1279, 1494, 1914, 1915, 3902, 3904, 3905, 3907, 3908, 3914, 3920, 3921, 3924, 3925, 3927, 3930, 3931, 3932, 3937, 3938, 3939, 3944, 3945)
2008 Ed. (906, 907, 910, 1488, 1977, 1978, 2321, 3185, 3842, 3948, 3954, 3957, 3960, 3961, 3963, 3963, 3964, 3967, 3969, 3971, 3972, 3973, 3974, 3975, 4267, 4653)
2009 Ed. (914, 915, 918, 1931, 1933, 2309, 3244, 3898, 4019, 4021, 4027, 4030, 4032, 4036, 4038, 4041, 4042, 4044, 4045, 4046, 4371, 4695)
2010 Ed. (90, 858, 859, 861, 1619, 1866, 1869, 2241, 2284, 2885, 3175, 3831, 3925, 3927, 3929, 3931, 3933, 3938, 3939, 3940, 3941, 3942, 3945, 3946, 3947, 3948, 3949, 4398)
2011 Ed. (780, 781, 784, 1898, 2286, 3947, 3954, 3961, 3963, 3966, 3969, 3970, 4343)
2012 Ed. (732)
Wyeth-Ayerst
1990 Ed. (1192, 2529)
1991 Ed. (2399)
1992 Ed. (3277)
1994 Ed. (1559, 2461)
1995 Ed. (1589, 1590, 2138, 2529, 2799)
1996 Ed. (1576, 1577, 2597, 2856)
1998 Ed. (717, 1253, 1349)
1999 Ed. (1824, 1911, 2726, 3326)
2000 Ed. (3064)
2001 Ed. (2063, 2064)
Wyeth-Ayerst Global Pharmaceuticals
2000 Ed. (740, 1712)
Wyeth-Ayerst Laboratories Inc.
1997 Ed. (1655, 2709, 2740, 2953)
2000 Ed. (1653)
Wyeth Baby Milks
1992 Ed. (2630)
Wyeth Canada
2007 Ed. (936)
2008 Ed. (915)
2009 Ed. (923)
2010 Ed. (865)
Wyeth LLC
2013 Ed. (926)
2014 Ed. (879)
2015 Ed. (908)
2016 Ed. (810)
Wyeth Pharmaceuticals
2007 Ed. (4805)
2008 Ed. (4734)
2009 Ed. (4769)
2010 Ed. (3924, 3934, 4782)
2011 Ed. (2865, 3942, 3956)
2015 Ed. (2809)
Wygod; Martin J.
1992 Ed. (2061, 2062)
1993 Ed. (937, 1695)
1994 Ed. (947, 950, 1714, 1723)
WYHY Credit Union
2002 Ed. (1902)
2003 Ed. (1957)
2004 Ed. (1997)
2005 Ed. (2139)
2006 Ed. (2234)
2007 Ed. (2155)
2008 Ed. (2270)
2009 Ed. (2257)
2010 Ed. (2210)
2011 Ed. (2228)
2012 Ed. (2090)
2013 Ed. (2276)
2014 Ed. (2210)
2015 Ed. (2274)

2016 Ed. (2245)
Wyle
2013 Ed. (4790, 4791)
Wyle Corp.
2013 Ed. (4794)
Wyle Electronics
1989 Ed. (1335)
1996 Ed. (1630, 1631, 1632, 1634, 1635)
1997 Ed. (1708, 1710, 1712)
1998 Ed. (1403, 1404, 1405, 1406, 1409, 1410, 1412, 1414)
1999 Ed. (1964, 1982)
Wyle Inc.
2014 Ed. (1251, 1252)
2015 Ed. (1308, 1309)
2016 Ed. (1223, 1224)
Wyle Laboratories Inc.
1989 Ed. (1334, 1336, 1337)
1990 Ed. (1635, 1636, 3234)
1991 Ed. (1533, 1534)
1992 Ed. (1927)
1993 Ed. (1580)
1996 Ed. (2562)
2009 Ed. (1366)
2010 Ed. (1350)
2011 Ed. (1338)
2012 Ed. (1203)
2013 Ed. (1317, 1318)
Wyler's Mrs. Grass
2003 Ed. (4485)
Wylers Mrs. Grass
2014 Ed. (4502)
2015 Ed. (4502)
2016 Ed. (4438)
Wyler's Soup Starter
2003 Ed. (4485)
Wylie Steel Fabricators
2008 Ed. (1328)
Wyly; Sam
1990 Ed. (976, 1726)
Wyman, Bautzer, Christensen, Kuchel & Silbert
1990 Ed. (2421)
Wyman, Bautzer, Kuchel & Silbert
1992 Ed. (2841)
Wyman-Gordon Co.
1992 Ed. (273)
1998 Ed. (98, 1249)
Wyman Group; Oliver
2009 Ed. (1184)
Wymer Brownlee
2013 Ed. (1977)
WYMV
2001 Ed. (3973)
Wyn Ellis
1999 Ed. (2350)
Wyndcrest Holdings LLC
2005 Ed. (4673)
Wyndham
1991 Ed. (1941)
1994 Ed. (2113)
2001 Ed. (2791)
2002 Ed. (2637)
2003 Ed. (2847)
2004 Ed. (2938)
Wyndham Anatole Dallas
2000 Ed. (2538)
2001 Ed. (2351)
Wyndham Anatole Hotel
2003 Ed. (2413)
2004 Ed. (2945)
2005 Ed. (2519)
Wyndham Baking Co.
1992 Ed. (495, 496)
Wyndham Beach Resort
2006 Ed. (2939)
Wyndham Bel Age
2007 Ed. (2951)
Wyndham Bristol Place
2007 Ed. (2944)
Wyndham Buttes
2007 Ed. (2951)
Wyndham El San Juan Hotel
2006 Ed. (4097)
2007 Ed. (4118)
Wyndham Franklin Plan
1991 Ed. (1957)
Wyndham Franklin Plaza
1990 Ed. (1219, 2099)
Wyndham Franklin Plaza Hotel
1992 Ed. (2513)
1998 Ed. (2038)
2000 Ed. (2576)
Wyndham Garden Hotels
1998 Ed. (2019)
Wyndham Gardens
1997 Ed. (2291)
Wyndham Grand Pittsburgh Downtown
2016 Ed. (3602)

Wyndham Hotel at Lost Angeles Airport
1999 Ed. (2796)
Wyndham Hotel Corp.
1998 Ed. (2000)
Wyndham Hotel Group
2008 Ed. (3072)
2009 Ed. (3161)
2010 Ed. (3091)
2011 Ed. (3066)
2012 Ed. (3010)
2013 Ed. (3098)
2014 Ed. (3096, 3101)
2015 Ed. (3161)
2016 Ed. (3014)
Wyndham Hotels & Resorts
1997 Ed. (2277, 2290)
1999 Ed. (2780)
2000 Ed. (2558)
2016 Ed. (793)
Wyndham Insurance Co., Ltd.
2008 Ed. (3225)
Wyndham Insurance Co. (SAC) Ltd.
2011 Ed. (3176)
2012 Ed. (3133)
Wyndham International Inc.
2001 Ed. (2778, 2787)
2002 Ed. (2630, 2638)
2003 Ed. (2841, 2842, 2844, 2845, 2846)
2004 Ed. (2906, 2936, 2937, 4075)
2005 Ed. (2768, 2892, 2921, 2927, 2929, 4007)
2006 Ed. (2724, 2930, 2932)
2007 Ed. (2902)
2008 Ed. (3023)
2009 Ed. (3110)
Wyndham Northwest
2006 Ed. (2940)
Wyndham Northwest Chicago
2007 Ed. (2951)
Wyndham Worldwide
2013 Ed. (1740, 1743, 1922)
2014 Ed. (1684, 1855, 1861, 2298, 2544)
2015 Ed. (1389, 2381, 3157)
2016 Ed. (2325, 2326, 2858, 3012)
Wyndham Worldwide Corp.
2009 Ed. (1932, 3157)
2010 Ed. (3043, 3086, 3105)
2011 Ed. (1899, 3012, 3057, 3075)
2012 Ed. (2887, 2939, 3000, 3001, 3015, 3017)
2013 Ed. (3028, 3089, 3090, 3099, 3100)
2014 Ed. (3041, 3089, 3098, 3099)
2015 Ed. (3107, 3156, 3163)
2016 Ed. (3011, 3015, 3017)
Wyndham Worldwide Operations Inc.
2011 Ed. (1897)
Wynfield Inns
1999 Ed. (2774)
WYNK-AM/FM
1992 Ed. (3605)
Wynn; Elaine
2015 Ed. (4893)
2016 Ed. (4811)
Wynn Las Vegas
2015 Ed. (4426)
2016 Ed. (1845, 4320)
Wynn Las Vegas LLC
2008 Ed. (1968)
2009 Ed. (1923)
2010 Ed. (1858)
Wynn; Peg
2009 Ed. (2661)
Wynn Resorts
2013 Ed. (888, 1741, 1913, 3091)
2014 Ed. (1846, 1848, 3090)
2015 Ed. (1391, 3157)
2016 Ed. (1297, 3012)
Wynn Resorts Ltd.
2007 Ed. (2675, 4556)
2009 Ed. (275)
2010 Ed. (263, 3105)
2011 Ed. (184, 1890, 1891, 3012, 3057, 3075, 3441, 4758)
2012 Ed. (678, 680, 681, 1746, 1747, 2939, 3000, 3016, 3458, 4780)
2013 Ed. (886, 887, 889, 1911, 1912, 3028, 3089, 3100, 3505, 4741)
2014 Ed. (848, 849, 850, 1845, 1847, 3041, 3099, 3480, 4791)
2015 Ed. (886, 887, 888, 1882, 1883, 1884, 3107, 3154, 3164, 3498, 4825)
2016 Ed. (771, 772, 773, 1844, 1846, 3016, 4729)
Wynn; Stephen
2007 Ed. (4899)
2008 Ed. (4832)

2010 Ed. (885)
2011 Ed. (4830)
2012 Ed. (4850)
2013 Ed. (4840)
2014 Ed. (4856)
2015 Ed. (4893)
2016 Ed. (4811)
Wynn; Stephen A.
1994 Ed. (947, 1714)
Wynn; Steven
2005 Ed. (4844)
The Wynning Experience
2006 Ed. (3522)
Wynn's International Inc.
1989 Ed. (331)
1990 Ed. (390)
Wynonna
1996 Ed. (1094)
Wyoming
1989 Ed. (1888, 1900, 1998, 2539, 2551, 2563, 2564, 2615, 2787)
1990 Ed. (2868, 3354, 3357, 3360, 3362, 3370, 3373, 3376, 3377, 3382, 3396, 3397, 3406, 3412, 3414, 3418, 3419, 3420, 3421, 3422, 3507)
1991 Ed. (2162, 3192, 3195, 3196, 3197, 3198, 3205, 3206, 3207, 3208, 3213, 3347)
1992 Ed. (2857, 2876, 2880, 2916, 2917, 2918, 2920, 2922, 2926, 2930, 2933, 2934, 3090, 4083, 4089, 4090, 4098, 4099, 4104, 4109, 4114, 4128)
1993 Ed. (2427, 2438, 2442, 3395, 3398, 3399, 3406, 3412, 3440, 3442, 3505, 3732)
1994 Ed. (2371, 2376, 2379, 2380, 2388, 2414, 2535, 3376, 3377, 3396, 3402, 3421, 3475)
1995 Ed. (2450, 2457, 2460, 2461, 2469, 3449, 3450, 3467, 3473)
1996 Ed. (2496, 2507, 2508, 2509, 2517, 3175, 3513, 3515, 3517, 3518, 3520, 3528, 3529, 3548, 3554, 3579, 3580)
1997 Ed. (2638, 2647, 2656, 3147, 3568, 3570, 3571, 3588, 3594, 3622, 3785)
1998 Ed. (1321, 2367, 2382, 2383, 3383, 3512, 3611)
1999 Ed. (1209, 1211, 3197, 3220, 3222, 4401, 4405, 4420, 4453, 4454, 4535)
2000 Ed. (1128, 1791, 2940, 2959, 2961, 2966, 4096, 4115, 4180)
2001 Ed. (1284, 1289, 3104, 3123, 3524, 3526, 3527, 3573, 3574, 3736, 3737, 3738, 3747, 3768, 3769, 4228, 4411, 4797, 4800, 4830, 4923)
2002 Ed. (446, 455, 457, 458, 464, 465, 470, 471, 475, 476, 477, 492, 493, 668, 1114, 1115, 1118, 1119, 2008, 2119, 2230, 2231, 3088, 3090, 3111, 3113, 3114, 3122, 3123, 3125, 3126, 3199, 3201, 3213, 3805, 4102, 4103, 4115, 4140, 4144, 4157, 4165, 4166, 4168, 4169, 4170, 4371, 4372, 4520, 4776, 4779)
2003 Ed. (412, 413, 416, 417, 418, 443, 444, 1025, 1033, 1058, 1067, 1082, 1083, 2127, 2145, 2146, 2147, 2148, 2582, 3222, 3238, 3628, 4040, 4252, 4253, 4254, 4255, 4256, 4284, 4290, 4400, 4724, 4912, 4914)
2004 Ed. (376, 391, 392, 394, 395, 396, 397, 413, 438, 1028, 1038, 1067, 1076, 1094, 1095, 1096, 2022, 2175, 2294, 2295, 2310, 2318, 2568, 2569, 2572, 2726, 2806, 3264, 3282, 3293, 3675, 3837, 3897, 4266, 4273, 4274, 4275, 4276, 4292, 4298, 4302, 4307, 4412, 4513, 4514, 4515, 4517, 4654, 4702, 4903, 4905)
2005 Ed. (406, 407, 408, 409, 413, 414, 415, 416, 444, 445, 1034, 1071, 1077, 1080, 1100, 1101, 2525, 2528, 2917, 3301, 3318, 3589, 3836, 4186, 4187, 4198, 4205, 4206, 4207, 4208, 4209, 4225, 4231, 4233, 4240, 4362, 4601, 4723)
2006 Ed. (1043, 1096, 2344, 2358, 2755, 2980, 2986, 2987, 3690, 4305, 4332, 4661, 4664, 4665)
2007 Ed. (1131, 2273, 2280, 2292, 2308, 2371, 3017, 3018, 3372,

3685, 4371, 4396, 4682, 4684,
4686)
2008 Ed. (1012, 2414, 2415, 2416,
2424, 2434, 2435, 2436, 3136,
3137, 3280, 3779, 4326, 4355,
4594, 4595)
2009 Ed. (997, 2399, 2406, 2413,
2414, 2415, 2423, 2438, 2441,
2504, 2667, 2877, 3034, 3217,
3219, 3220, 3221, 3296, 3552,
3553, 3814, 4244, 4350, 4430,
4452, 4638, 4639, 4766)
2010 Ed. (961, 1059, 2318, 2324,
2325, 2326, 2340, 2359, 2362,
2411, 2414, 2419, 2421, 2571,
2577, 2596, 2959, 3145, 3147,
3152, 3153, 3154, 3448, 3471,
3612, 3631, 3709, 3742, 3996,
4176, 4473, 4504, 4536, 4569,
4570, 4666, 4667, 4668, 4780,
4838, 4968)
2011 Ed. (887, 997, 2314, 2320,
2321, 2322, 2334, 2355, 2358,
2414, 2417, 2422, 2424, 2548,
2552, 2578, 2921, 3112, 3114,
3118, 3119, 3120, 3448, 3474,
3476, 3615, 3632, 3706, 3742,
4004, 4410, 4440, 4474, 4532,
4613, 4615, 4616, 4617, 4731,
4796, 4957)
2012 Ed. (273, 910, 911, 921, 2215,
2222, 2223, 2224, 2243, 2280,
2335, 2338, 2345, 2497, 2504,
2525, 2736, 2856, 3048, 3050,
3054, 3055, 3205, 3465, 3480,
3609, 3632, 3727, 4484, 4489,
4534, 4620, 4621, 4622, 4623,
4689, 4812, 4951)
2013 Ed. (736, 1065, 1155, 1156,
1386, 2422, 2517, 2521, 2522,
2657, 2704, 2832, 2833, 3043,
3132, 3135, 3136, 3568, 3721,
3732, 3827, 4040, 4122, 4435,
4446, 4491, 4571, 4574, 4575,
4576, 4578, 4579, 4773, 4776,
4971, 4997, 4999)
2014 Ed. (276, 2229, 2331, 2461,
3135, 3136, 3503, 3504, 4137,
4477, 4624, 4628, 4631, 4633,
4634, 4635, 4637, 4638, 4946)
2015 Ed. (2293, 2397, 2529, 3197,
3767, 4472, 4623, 4625, 4626,
4986)
2016 Ed. (2342, 2462, 2471, 3054,
3682, 4377, 4541, 4543, 4544,
4903)
Wyoming Community Development
Agency
2001 Ed. (958)
Wyoming Employees Credit Union
2002 Ed. (1902)
2003 Ed. (1957)
2004 Ed. (1997)
2005 Ed. (2139)
2006 Ed. (2234)
2007 Ed. (2155)
Wyoming Machinery Co., Inc.
2003 Ed. (1858)
2004 Ed. (1894)
2005 Ed. (2020)
2006 Ed. (2123)
2007 Ed. (2071)
2008 Ed. (2179)
2009 Ed. (2165)
2010 Ed. (2105)
Wyoming Medical Center Inc.
2001 Ed. (1902, 1903)
2003 Ed. (1857)
2004 Ed. (1893, 1894)
2005 Ed. (2019, 2020)
2006 Ed. (2122, 2123)
2007 Ed. (2070, 2071)
2008 Ed. (2178, 2179)
2009 Ed. (2164, 2165)
2010 Ed. (2104, 2105)
2011 Ed. (2157)
2012 Ed. (2008, 2009)
2013 Ed. (2197, 2198)
2014 Ed. (2128)
2015 Ed. (2186, 2187)
2016 Ed. (2162)
Wyoming Municipal Power Agency
2001 Ed. (958)
Wyoming Student Loan Agency
2001 Ed. (958)
Wyoming; University of
2011 Ed. (3491)
Wyrill; Mark
1996 Ed. (1911)
1997 Ed. (2001)
Wyse

1989 Ed. (2308)
1995 Ed. (2259)
Wyse Advertising
1991 Ed. (71)
1997 Ed. (44)
Wyse Landau
2002 Ed. (3846)
Wyse Technology
1989 Ed. (970, 971, 980, 1311)
1990 Ed. (1113, 1118, 1122, 1127,
1327, 1976, 2202, 2684, 2997)
1991 Ed. (1024, 1029, 2853)
1992 Ed. (1312, 1314, 1925, 3068,
3682)
Wyse Technology Taiwan Ltd.
1990 Ed. (1132, 1737)
1992 Ed. (1323, 1324, 2094)
WYSP
1990 Ed. (2943)
WYSP-FM 94.1
2000 Ed. (3698)
Wyss; David
1991 Ed. (2160)
Wyss; Hansjoerg
2016 Ed. (4812)
Wyss; Hansjorg
2009 Ed. (4899)
2010 Ed. (4898)
2011 Ed. (4885)
2012 Ed. (4894)
2013 Ed. (4912)
2014 Ed. (4922)
2015 Ed. (4962)
2016 Ed. (4878)
Wyss Institute
2014 Ed. (4249)
Wyss Institute for Biologically Inspired
Engineering
2015 Ed. (4237)
WZMQ-FM
1997 Ed. (2800, 3236)

X

X-Box
2006 Ed. (1121)
X-EETO Inc.
2007 Ed. (2836)
"The X-Files"
1999 Ed. (4718)
2000 Ed. (4222)
2001 Ed. (4486, 4487, 4498, 4499)
X-Men
1995 Ed. (3696)
2002 Ed. (3397)
X-Men: Days of Future Past
2016 Ed. (3629, 3630)
X-Men: The Last Stand
2008 Ed. (3754, 3756)
X-nth
2012 Ed. (2381, 2423)
X-Out
2015 Ed. (2330)
X-ray equipment
1992 Ed. (3831)
X-ray machines
1992 Ed. (3006)
X-Ray Telescope
1992 Ed. (4027)
X-Trail; Nissan
2005 Ed. (304)
2006 Ed. (323)
2008 Ed. (304)
X-treme Geek
2009 Ed. (871)
X-Wing
1995 Ed. (1083, 1102)
X-Wing Collector's CD
1996 Ed. (1080)
X-Wing Collector's CD (MPC)
1996 Ed. (1083)
X-Wing Collector's Edition
1998 Ed. (850)
X-Wing Mission 1, Imperial Pursuit
1995 Ed. (1083)
X-Wing Mission 2, B-Wing
1995 Ed. (1083, 1102)
X2: X-Men United
2005 Ed. (3519, 3520)
X5 Retail Group
2012 Ed. (4605)
2013 Ed. (4547)
2014 Ed. (4604)
2015 Ed. (4601)
2016 Ed. (4523)
X5 Retail Group NV
2013 Ed. (4339)
2014 Ed. (4378, 4390)
2016 Ed. (4275)

X14
2001 Ed. (1238)
X.25
1993 Ed. (1065)
X86
2001 Ed. (3303)
Xaar
2016 Ed. (2429)
Xactly Corp.
2012 Ed. (964, 4822)
Xalatan Solution
2000 Ed. (3379)
2001 Ed. (3588)
Xalkis Cement
1991 Ed. (260)
Xamarin
2014 Ed. (1078)
2015 Ed. (1121)
2016 Ed. (1033)
Xanasa
2005 Ed. (1157)
Xanax
1989 Ed. (2254, 2255, 2256)
1990 Ed. (2898, 2899, 2900)
1991 Ed. (2761, 2762, 2763)
1992 Ed. (3524, 3525)
1993 Ed. (2912, 2913)
1994 Ed. (2927, 2928, 2929)
1995 Ed. (1583, 1587, 2982, 2983,
2984)
1996 Ed. (1579)
Xanga.com
2007 Ed. (3227)
2008 Ed. (3370)
Xansa
2006 Ed. (1146)
2007 Ed. (1262)
Xantech
2013 Ed. (201)
2014 Ed. (209)
2015 Ed. (237)
2016 Ed. (232)
Xanterra Parks & Resorts Inc.
2011 Ed. (4040)
2012 Ed. (4073)
2013 Ed. (1562)
2014 Ed. (1532)
Xantrex Technology Inc.
2003 Ed. (4849)
2007 Ed. (2811)
2008 Ed. (1622, 2934)
2009 Ed. (1562)
2010 Ed. (2931)
2011 Ed. (2894)
XAPT Hungary Kft
2008 Ed. (1790)
2009 Ed. (1734)
Xavier Becerra
2013 Ed. (2963)
Xavier Niel
2012 Ed. (4886)
2013 Ed. (4870)
2014 Ed. (4884)
2015 Ed. (4923)
2016 Ed. (4839)
Xavier University
1997 Ed. (1055)
1998 Ed. (800)
1999 Ed. (1229)
2000 Ed. (744, 1138)
2001 Ed. (1324)
2008 Ed. (1085)
2009 Ed. (801, 1059)
2010 Ed. (1027)
Xavier University of Lousiana
2009 Ed. (200)
XBox
2007 Ed. (1229)
2008 Ed. (1129)
2010 Ed. (32, 3377)
2011 Ed. (3323, 4808)
2012 Ed. (956, 4734)
Xbox
2013 Ed. (1103, 1127)
2014 Ed. (1088)
Xbox 360
2011 Ed. (4808, 4810)
Xbox; Microsoft
2005 Ed. (4725)
2006 Ed. (4779)
2007 Ed. (4785)
2008 Ed. (4704)
2009 Ed. (4744)
2010 Ed. (4753)
XCAN Grain Pool Ltd.
2001 Ed. (1499)
2003 Ed. (1381)
Xcare.Net Inc.
2002 Ed. (1619)
Xcel Credit Union

2008 Ed. (2211)
Xcel Energy
2015 Ed. (1590, 2457, 2896)
2016 Ed. (1517, 2403)
Xcel Energy Inc.
2002 Ed. (1527, 1731, 3630, 3877)
2003 Ed. (1704, 1764, 2137, 2138,
2139, 2140, 2285, 2607)
2004 Ed. (1800, 1801, 2191, 2193,
2200, 2201, 2313, 2725)
2005 Ed. (1573, 1870, 2290, 2292,
2293, 2295, 2300, 2314)
2006 Ed. (1887, 2353, 2356)
2007 Ed. (1883, 2378, 2913, 3065)
2008 Ed. (1935, 1938, 2500, 3192,
3202)
2009 Ed. (1894, 2419, 2424, 2868,
2869, 3251)
2010 Ed. (1830, 1833, 1835, 2016,
2343, 2354, 2810, 2816)
2011 Ed. (1857, 1859, 1861, 1864,
1865, 3005, 3146)
2012 Ed. (718, 1241, 1712, 1714,
1716, 1717, 1721, 2932)
2013 Ed. (1869, 1872, 1874, 1876,
1878, 1879, 1880, 4803)
2014 Ed. (1804, 1806, 1808, 1810,
1811)
2015 Ed. (1846, 1848, 1851)
2016 Ed. (1809, 1811, 1813, 1814)
Xcel Energy Services Inc.
2011 Ed. (1856, 1857)
2012 Ed. (1712)
Xcel Energy Wholesale Group Inc.
2004 Ed. (1800)
2005 Ed. (1870, 2289)
XCEL Solutions Corp.
2009 Ed. (3012)
Xcelecom Inc.
2004 Ed. (1304)
2005 Ed. (1311)
2006 Ed. (1281)
2007 Ed. (1360)
Xcelsior Brewery
1989 Ed. (758)
XCGM Construction
2012 Ed. (1327)
Xchanging Claims Services
2011 Ed. (3203)
XCiting Autos Inc.
2007 Ed. (1736)
XCL Financial Services
1990 Ed. (2009)
1992 Ed. (2403)
XCL Ltd.
1997 Ed. (231, 232, 237)
1998 Ed. (154, 160, 162)
1999 Ed. (261)
XCMG
2014 Ed. (841, 3527)
XCMG Construction Machinery
2012 Ed. (3067)
XCMG Group
2016 Ed. (1055)
XCOR Aerospace
2009 Ed. (4773)
Xcyte Therapies Inc.
2006 Ed. (4260)
Xebia
2015 Ed. (1652)
Xebia BV
2014 Ed. (1839)
Xebio
2012 Ed. (4519)
2013 Ed. (4476)
Xelic Inc.
2014 Ed. (1886)
XELR8 Holdings Inc.
2009 Ed. (1602)
Xen Gladstone
2000 Ed. (2182)
Xenadrine EFX
2004 Ed. (2097)
Xenadrine RFA-1
2004 Ed. (2097, 2098)
Xenadrine RFA1
2003 Ed. (2059)
Xenel Industries Ltd.
1994 Ed. (3139)
Xenical
2001 Ed. (2068)
2002 Ed. (2023)
Xenon Genetics Inc.
2003 Ed. (4849)
Xenon Project International
2014 Ed. (189, 4333)
XenoPort Inc.
2009 Ed. (1544, 1545, 2914, 2915,
3019)
2011 Ed. (2823)

Xenos Group Inc.
2002 Ed. (2507)
Xental DM Inc.
2005 Ed. (4650)
Xentel DM Inc.
2001 Ed. (4465)
2005 Ed. (4511)
2011 Ed. (4403)
Xentity Corp.
2015 Ed. (3002)
Xerium Technologies
2015 Ed. (4573)
Xerium Technologies Inc.
2011 Ed. (4683)
2012 Ed. (4697)
2013 Ed. (4658)
2014 Ed. (4710)
Xero Ltd.
2012 Ed. (2824, 2849)
Xerographic Solutions Inc.
2009 Ed. (4952)
Xerox
2013 Ed. (3846)
2014 Ed. (1310, 3767, 4651)
2015 Ed. (5013)
Xerox "1":LA GRO & INC
1994 Ed. (3619)
Xerox Canada Inc.
1989 Ed. (1589)
1990 Ed. (2005)
1992 Ed. (2399)
1994 Ed. (2048)
1996 Ed. (2107)
1997 Ed. (2214)
1999 Ed. (2668)
2003 Ed. (1115)
2006 Ed. (2818)
2007 Ed. (2820)
2008 Ed. (2932, 2945)
2009 Ed. (2995)
2010 Ed. (2935)
2011 Ed. (2897, 2899)
2012 Ed. (2834)
2013 Ed. (2919)
2014 Ed. (2933)
2015 Ed. (2983)
2016 Ed. (2918)
Xerox Co.
2014 Ed. (2889)
2015 Ed. (2948)
Xerox Corp.
1989 Ed. (976, 1317, 1318, 1342,
1733, 2010, 2100, 2101, 2311,
2362, 2971)
1990 Ed. (1129, 1131, 1627, 1629,
1638, 1644, 1742, 2190, 2206,
2216, 2990, 2993, 3108)
1991 Ed. (38, 1026, 1033, 1107,
1108, 1328, 1526, 1528, 1540,
1643, 2072, 2080, 2635, 2839,
2852, 2930)
1992 Ed. (1306, 1448, 1919, 1921,
1929, 2236, 2631, 2642, 2970,
3284, 3288, 3671, 3804)
1993 Ed. (1048, 1063, 1064, 1163,
1291, 1374, 1572, 1574, 1904,
2182, 2947, 3002, 3103)
1994 Ed. (1081, 1088, 1269, 1311,
1343, 1611, 1612, 1613, 1920,
2060, 2205, 2213, 2691, 3147)
1995 Ed. (1212, 1761)
1996 Ed. (774, 1320, 1340, 1341,
1629, 2105, 2263, 2861, 3289)
1997 Ed. (1318, 1350, 1379, 1400,
1406, 1707, 2404, 2815, 2956,
3386)
1998 Ed. (563, 574, 821, 1070, 1130,
1399, 2106, 2531, 2702, 2704,
3119, 3361)
1999 Ed. (1259, 1261, 1267, 1271,
1272, 1273, 1472, 1596, 1621,
1957, 1965, 1966, 1971, 2880,
3641, 3643, 3645, 3646, 3647,
3648)
2000 Ed. (1157, 1164, 1166, 1347,
1404, 1427, 1734, 1743, 1751,
2648, 3030, 3367, 3369, 3370,
3758)
2001 Ed. (1344, 1349, 1350, 1676,
2198, 2895, 2896, 2897, 4153)
2002 Ed. (1133, 1135, 1141, 1552,
1629, 2728, 2832, 3372, 3534,
4365, 4876)
2003 Ed. (748, 1087, 1089, 1090,
1092, 1098, 1099, 1346, 1361,
1364, 1660, 1661, 1662, 2238,
2898, 2955, 2956, 3751, 4547)
2004 Ed. (1110, 1114, 1117, 1118,
1347, 1366, 1369, 1555, 1689,
1690, 1691, 2903, 3028, 3032,

3727, 3729, 3730, 3776)
2005 Ed. (264, 1113, 1114, 1118,
1124, 1125, 1355, 1384, 1390,
1611, 1747, 1748, 1749, 3001,
3042, 3043, 3638, 3639, 3695,
4039, 4164)
2006 Ed. (163, 745, 1103, 1108, 1111,
1455, 1666, 1667, 1668, 2892,
2991, 2992, 2997, 3034, 3739)
2007 Ed. (841, 853, 1204, 1206,
1210, 1213, 1215, 1672, 1673,
1674, 2176, 2893, 2914, 3025,
3026, 3033, 3739)
2008 Ed. (1111, 1112, 1117, 1119,
1363, 1471, 1697, 1698, 1699,
3014, 3144, 3148, 3685, 3686,
4262)
2009 Ed. (1091, 1092, 1098, 1364,
1441, 1621, 1622, 1623, 2939,
3100, 3229, 3232, 3589, 4366,
4372, 4826)
2010 Ed. (1072, 1075, 1078, 1079,
1597, 1598, 1599, 3033, 3162,
3164, 3508, 3510, 4393, 4399)
2011 Ed. (1011, 1017, 1018, 1330,
1334, 1599, 1600, 1601, 3002,
3126, 3127, 3142, 3511, 3513,
3680, 3830, 4338, 4344)
2012 Ed. (647, 649, 650, 934, 943,
1196, 1200, 1443, 1445, 1446,
1447, 2165, 2902, 2929, 3060,
3061, 3509, 3511, 3698)
2013 Ed. (791, 793, 794, 1083, 1088,
1310, 1311, 1312, 1314, 1573,
1577, 1579, 1580, 2987, 3018,
3149, 3150, 3549, 3552)
2014 Ed. (811, 1051, 1248, 1544,
1547, 1548, 1549, 3028, 3152,
3153, 3209, 3526, 3528)
2015 Ed. (854, 859, 1129, 1306,
1595, 1598, 1599, 3095, 3212,
3213, 3249, 3270, 3278, 3541,
3542)
2016 Ed. (747, 1041, 1218, 1221,
1268, 1520, 1523, 1525, 3067,
3068, 3097, 3109, 3118, 3391,
3393)
Xerox Credit Corp.
1990 Ed. (1762)
1991 Ed. (1666)
1993 Ed. (845, 1765, 1766)
1995 Ed. (1788)
Xerox Credit Union
2002 Ed. (1838)
2003 Ed. (1899)
Xerox Federal Credit Union
1998 Ed. (1233)
2009 Ed. (2220)
Xerox Financial Services
1991 Ed. (2253)
1995 Ed. (2385)
Xerox Foundation
1991 Ed. (892)
Xerox Global Services
2016 Ed. (992)
Xerox Hawaii
2009 Ed. (1714, 1715)
2014 Ed. (1640)
Xerox Hellas
2011 Ed. (1670)
2013 Ed. (1666)
2015 Ed. (1682)
Xerox Innovation Group
2015 Ed. (4239)
Xerox Performance Lord Abbett Growth/
Income
1994 Ed. (3612)
Xerox Services
2013 Ed. (1084)
2014 Ed. (1047)
2015 Ed. (1082)
Xertex Technologies Inc.
2002 Ed. (2486)
Xeta Technologies Inc.
2002 Ed. (4288)
2011 Ed. (4468)
Xetalean
2003 Ed. (2059)
XeTel Corp.
2004 Ed. (2240)
Xfinity
2016 Ed. (4783)
Xfinity Center
2016 Ed. (196)
Xi Jinping
2014 Ed. (3469)
2015 Ed. (3486)
2016 Ed. (3336)
Xi'a Xi'ang
1990 Ed. (2794)

Xiamen
1997 Ed. (205)
2001 Ed. (3855)
Xiamen Academy of Building Research
Group Co., Ltd.
2015 Ed. (1565)
Xiamen Airlines
2015 Ed. (154)
Xiamen Bank
2013 Ed. (499)
Xiamen C & D
2016 Ed. (4682)
Xiamen C & D Inc.
2013 Ed. (4702)
2014 Ed. (4754)
2015 Ed. (4775)
2016 Ed. (4679)
Xiamen International Bank
1992 Ed. (638)
2002 Ed. (542)
XI'AN Bossun Mining Safety Technology
Co., Ltd.
2016 Ed. (2909)
Xi'An, China
2009 Ed. (260)
Xi'an City Commercial Bank
2009 Ed. (459)
XiAn Longi Silicon Materials
2014 Ed. (4435)
Xiang Torch
2006 Ed. (4307)
Xiangjian; He
2010 Ed. (4864)
2012 Ed. (4857, 4858)
2013 Ed. (4863, 4864)
2015 Ed. (4916)
2016 Ed. (4831, 4832)
Xianglu Petrochemical Xiamen Co.
2007 Ed. (937)
Xiangyang; Lu
2011 Ed. (4850)
Xiaochu; Wang
2012 Ed. (3824)
Xiaofeng Peng
2009 Ed. (4861)
Xiaoling; Wu
2009 Ed. (4973)
Xiaomi
2015 Ed. (1088)
2016 Ed. (4551)
Xiaomi.com
2015 Ed. (2477)
Xicom
1995 Ed. (2066)
Xicor, Inc.
1990 Ed. (1614, 3229)
2001 Ed. (2158)
Xidex
1989 Ed. (980, 2480)
1990 Ed. (1300)
Xie Qihua
2006 Ed. (4975, 4985)
2007 Ed. (4982)
2008 Ed. (4949)
Xilinx
2015 Ed. (1500, 4449)
2016 Ed. (1441)
Xilinx Inc.
1992 Ed. (3821, 3915)
1993 Ed. (2005, 2006, 3211, 3329,
3330)
1995 Ed. (884)
1997 Ed. (1086, 1105, 2211, 3411)
1998 Ed. (843, 3283)
1999 Ed. (1959, 4278)
2000 Ed. (307, 308, 1737, 1738,
3998, 4001)
2001 Ed. (2192, 2871, 2872, 3910,
3911, 4209, 4214)
2002 Ed. (1134, 1547, 2101, 4350)
2003 Ed. (1549, 2241, 2242, 2244,
2642)
2004 Ed. (1575, 3352, 4400, 4560)
2005 Ed. (1109, 1606, 4343, 4345)
2006 Ed. (1489, 1492, 4282, 4284,
4286)
2008 Ed. (4307, 4309)
2009 Ed. (4413)
2010 Ed. (4456, 4461)
2011 Ed. (3832, 4395)
2012 Ed. (4459, 4461)
2013 Ed. (4421)
2014 Ed. (4452)
2015 Ed. (4447)
2016 Ed. (4339)
Xilinx Technologies Corp.
2005 Ed. (1728)
Xin Jiang
1997 Ed. (205)
Xin Liu

2011 Ed. (3367)
Xin; Zhang
2009 Ed. (4861, 4862)
2010 Ed. (4864, 4983)
2013 Ed. (4955)
2014 Ed. (4962)
2015 Ed. (5003, 5021)
2016 Ed. (4920)
Xinetix Inc.
2015 Ed. (1485)
Xing AG
2009 Ed. (1710)
Xingchun; Wang
2012 Ed. (4876)
Xinghui Auto Model Co.
2015 Ed. (1565)
Xinhu Zhongbao
2016 Ed. (3520)
Xinhua Finance Media
2009 Ed. (4398)
Xinjiang Goldwind
2013 Ed. (2542)
2015 Ed. (2548)
Xinjiang Guanghui Industry
2014 Ed. (4204)
2015 Ed. (4184)
Xinxing Cathay International Group
2014 Ed. (1687)
Xinyi Glass
2009 Ed. (317)
Xinyu Hengdeli
2011 Ed. (1479)
Xinyuan Real Estate
2015 Ed. (1448)
Xios Bank
2002 Ed. (342)
Xiosbank
2000 Ed. (542)
XIOtech Corp.
2001 Ed. (2857)
Xiqing; Gao
2012 Ed. (3824)
Xircom
1994 Ed. (2009, 2013, 3317, 3319)
1995 Ed. (2067, 3388)
Xiros
2006 Ed. (2052)
Xirrus
2008 Ed. (4638)
2012 Ed. (4673, 4822)
Xirrus Inc.
2014 Ed. (3751)
Xishan Coal & Electric
2012 Ed. (3644, 3675)
Xishan Coal & Electricity
2013 Ed. (3688)
Xitec Software plc
2002 Ed. (2493)
Xiuli Hawken
2011 Ed. (4911)
2012 Ed. (4922)
2013 Ed. (4902)
Xiuzheng Pharmaceutical Co.
2005 Ed. (29)
XL
2013 Ed. (3779)
2014 Ed. (3712)
XL America Group
2002 Ed. (2951)
2003 Ed. (3004)
2005 Ed. (3125)
2006 Ed. (3135)
2007 Ed. (3170)
2008 Ed. (3317)
2009 Ed. (3386)
2010 Ed. (3263)
XL Capital Ltd.
2003 Ed. (4573)
2004 Ed. (3078, 4485)
2005 Ed. (4461)
2006 Ed. (1567, 3057, 3091, 3150)
2007 Ed. (1602, 3187, 4525, 4526)
2008 Ed. (1580, 1741, 3332)
2009 Ed. (1513)
2010 Ed. (4605)
2011 Ed. (1500, 3151)
2012 Ed. (1348)
XL Foods
1992 Ed. (2998, 3513)
1993 Ed. (2524, 2897)
1997 Ed. (1375)
XL Four Star Beef Inc.
2012 Ed. (1736)
XL Global Asset Protection Services
LLC
2013 Ed. (744, 745, 746)
2014 Ed. (765, 766, 767)
2015 Ed. (802, 803)
XL Group
2015 Ed. (1752)

2016 Ed. (1702)
XL Group plc
  2013 Ed. (1775)
  2014 Ed. (1709, 3257, 3309)
  2015 Ed. (1751, 3355)
  2016 Ed. (3163, 3216)
XL Insurance
  2011 Ed. (3251)
XL Mid Ocean Re
  2001 Ed. (2955, 2960)
XL Re Ltd.
  2011 Ed. (3298)
  2012 Ed. (3281)
XL Reinsurance
  2005 Ed. (3151, 3153)
  2006 Ed. (3151, 3152)
  2007 Ed. (3188)
XL Reinsurance America Inc.
  2003 Ed. (3017)
  2004 Ed. (3140)
  2005 Ed. (3148)
  2007 Ed. (3184)
  2010 Ed. (3337)
  2011 Ed. (3294)
  2012 Ed. (3275, 3276)
  2014 Ed. (3368)
  2016 Ed. (3274)
XL Reinsurance Group
  2005 Ed. (3154)
XL/Datacomp Inc.
  1991 Ed. (1993)
  1992 Ed. (2565)
XIdimen/XL Dimension Clinical Chemistry System
  1997 Ed. (2744)
XL/Vipgold/XL GoldVIP Gold
  1996 Ed. (2874)
XL/Viplens/XL & VIP
  1996 Ed. (2874)
XM Satellite Radio Holdings Inc.
  2006 Ed. (657, 2114, 2492, 3440, 4578)
  2007 Ed. (749, 2455, 3453, 4060, 4564, 4736)
  2008 Ed. (3018, 3628, 4540)
  2009 Ed. (3105, 4207)
  2010 Ed. (2091, 3038)
  2012 Ed. (1995)
  2013 Ed. (2185)
  2014 Ed. (2115)
XM Satellite Radio Inc.
  2004 Ed. (4052)
  2011 Ed. (2148)
  2012 Ed. (1995)
  2013 Ed. (2185)
XMC
  2016 Ed. (3465)
XMISSION
  2006 Ed. (3186)
Xnet Information Systems Ltd.
  2002 Ed. (2496)
  2003 Ed. (2716)
XO
  2006 Ed. (3330)
XO Communications
  2003 Ed. (2743)
  2004 Ed. (412)
  2005 Ed. (4641, 4649)
  2006 Ed. (4704)
  2010 Ed. (3193)
  2011 Ed. (3156, 4638)
  2012 Ed. (4640)
  2013 Ed. (3193)
  2014 Ed. (4692, 4693)
  2015 Ed. (4702, 4703)
XO Communications Services Inc.
  2011 Ed. (2137)
  2012 Ed. (1981)
XO Holdings Inc.
  2007 Ed. (4725)
  2010 Ed. (4392)
  2011 Ed. (4337)
Xojet
  2009 Ed. (4773)
Xoma
  1993 Ed. (1940)
Xomed Surgical Products
  1998 Ed. (3177)
Xonex Inc.
  2006 Ed. (3506, 4345)
  2007 Ed. (3544, 4405)
  2008 Ed. (3702, 4376)
Xoom.com, Inc.
  2000 Ed. (2640, 2641)
  2001 Ed. (1645)
Xoomworks
  2014 Ed. (2045)
Xoran Technologies Inc.
  2009 Ed. (1644)
Xoriant Corp.

2013 Ed. (1111)
XOS Technologies
  2008 Ed. (3620)
Xoxide
  2008 Ed. (4207)
Xpanshen Marketing Communications
  2004 Ed. (3493)
Xpectra Inc.
  2005 Ed. (3913)
Xpedx
  2008 Ed. (4073)
  2009 Ed. (4186)
XPF
  1997 Ed. (3100)
Xplore Technologies
  2005 Ed. (2829)
  2007 Ed. (2805, 2813)
XploreNet
  2003 Ed. (3963)
XPO Logistics Inc.
  2014 Ed. (123)
  2015 Ed. (139, 2296, 2814)
  2016 Ed. (2747)
Xpress
  2007 Ed. (50)
  2008 Ed. (53)
Xpress 24
  1991 Ed. (1509, 1510)
  1992 Ed. (1910, 1912)
  1994 Ed. (1606)
  1995 Ed. (1648)
  1996 Ed. (1624)
  1997 Ed. (1704)
  1998 Ed. (1396)
  1999 Ed. (1954)
  2000 Ed. (1732)
Xpress Source
  2007 Ed. (836)
Xpresso Delight
  2009 Ed. (1500)
Xradia Inc.
  2014 Ed. (4244)
Xrefer
  2007 Ed. (3055)
Xros Inc.
  2003 Ed. (1502, 1507)
XRX Worldwide Inc.
  2006 Ed. (2747)
XS
  1997 Ed. (3031)
XSAg.com
  2001 Ed. (4749)
  2003 Ed. (2154)
XServ Inc.
  2006 Ed. (1265)
  2007 Ed. (1356, 1365)
  2008 Ed. (1254)
Xsil Ltd.
  2008 Ed. (1859, 2951, 2952)
XSport Fitness
  2015 Ed. (2964)
  2016 Ed. (2898)
Xstrata
  2006 Ed. (3489)
  2011 Ed. (3386, 3928)
  2013 Ed. (2077, 3733, 3737)
  2014 Ed. (1282, 2010, 3173)
Xstrata Coal Investments Australia
  2004 Ed. (4918)
Xstrata plc
  2006 Ed. (1682, 1684)
  2007 Ed. (1696, 3520, 3521)
  2008 Ed. (1418, 2096, 3667)
  2009 Ed. (1761, 2073, 3659, 3749, 3994)
  2010 Ed. (2007, 2009, 3576, 3685, 3900)
  2011 Ed. (129, 2068, 2071, 3579, 3668, 3669, 3671, 3911, 3918)
  2012 Ed. (1913, 1950, 3572, 3648, 3676, 3679, 3681)
  2013 Ed. (825, 867, 2079, 2127, 3607, 3706, 3710, 3722, 3738)
  2014 Ed. (2012, 3639, 3643, 3658, 3671)
  2015 Ed. (3676, 3689)
Xstrata Queensland
  2006 Ed. (1719)
XSYS Print Solutions
  2007 Ed. (3078)
Xtel APS
  2016 Ed. (1531)
XTO Energy Inc.
  2004 Ed. (1583, 3820, 3825, 3844)
  2005 Ed. (3728, 3755, 3776, 3797)
  2006 Ed. (2042, 3823, 3829, 3864, 4460, 4461, 4465, 4581, 4596)
  2007 Ed. (2676, 3838, 3846, 3894, 4519, 4522, 4559, 4563)
  2008 Ed. (1514, 1525, 1530, 1533,

2807, 2808, 3896, 3911, 3926, 3937, 3940, 4525)
  2009 Ed. (1442, 1445, 1455, 1462, 2513, 2864, 2865, 2866, 2933, 3743, 3968, 3977, 3978, 4012, 4013, 4015)
  2010 Ed. (1424, 1447, 2040, 2428, 2802, 2803, 3681, 3876, 3880, 3886, 3887, 3897, 3918, 3921)
  2011 Ed. (1426, 1429, 1449, 2787, 2788, 3665, 3884, 3886, 3888, 3889, 3891, 3892, 3897, 3898, 3899, 3915, 3937, 3938, 3940)
  2012 Ed. (2355, 2716, 2717, 3859, 3870, 3872, 3873, 3876, 3877, 3878, 3879, 3880, 3900, 3934, 3935, 3937)
Xtra
  1994 Ed. (3233)
  1999 Ed. (1181, 1182, 1837)
  2000 Ed. (1095)
  2001 Ed. (1241, 2000, 2001)
  2002 Ed. (1961, 1962, 1965)
  2003 Ed. (515, 2040, 2041, 2044)
  2004 Ed. (2092)
  2006 Ed. (2256, 2257)
  2007 Ed. (2196)
  2008 Ed. (2329)
  2014 Ed. (2254)
  2015 Ed. (2323)
  2016 Ed. (2277)
Xtra; Grupo
  2005 Ed. (1533)
Xtra Pine
  2000 Ed. (1096)
Xtreme
  2000 Ed. (782)
Xtreme Consulting Group
  2011 Ed. (701)
Xtreme III; Schick
  2008 Ed. (3876)
Xtreme Power
  2011 Ed. (1013, 2300, 2387, 3489)
  2012 Ed. (4240)
  2014 Ed. (2464)
Xu Ming
  2007 Ed. (2508)
Xu Rongman
  2004 Ed. (2535)
  2005 Ed. (2515)
  2006 Ed. (2529)
Xu Rongmao
  2007 Ed. (2508)
  2008 Ed. (4843)
Xueda Education Group
  2012 Ed. (4434)
Xueda Education Technology Co., Ltd.
  2011 Ed. (2886)
Xuzhou
  2001 Ed. (3856)
xwave
  2006 Ed. (2820)
  2007 Ed. (2822)
  2008 Ed. (1637, 2947)
  2009 Ed. (2994, 2997)
  2010 Ed. (2934, 2937)
  2011 Ed. (2898, 2902)
  2012 Ed. (2833, 2837)
xwave solutions
  2003 Ed. (2929)
XX Lager
  2001 Ed. (683)
XXL; Maybelline
  2008 Ed. (2186)
XXXLutz Group
  2013 Ed. (4319)
  2014 Ed. (4370)
  2016 Ed. (4256)
Xycom Automation Inc.
  2001 Ed. (2698)
  2002 Ed. (2514)
Xycom Inc.
  1998 Ed. (836)
Xylenes
  2000 Ed. (3562)
Xylines Steges SA
  2001 Ed. (3180)
  2002 Ed. (3218)
Xymogen
  2009 Ed. (2950)
Xyratex
  2007 Ed. (3069)
Xyvision Enterprise Solutions Inc.
  2006 Ed. (3022)
Xyvision Inc.

1990 Ed. (1977)

Y

Y-12 Credit Union
  2002 Ed. (1893)
  2003 Ed. (1947)
  2004 Ed. (1987)
  2005 Ed. (2129)
  2006 Ed. (2224)
  2007 Ed. (2145)
  2008 Ed. (2260)
  2009 Ed. (2246)
  2010 Ed. (2200)
  2011 Ed. (2218)
  2012 Ed. (2079)
  2013 Ed. (2265)
  2014 Ed. (2199)
  2015 Ed. (2263)
  2016 Ed. (2234)
Y-12 National Security Complex
  2012 Ed. (4248)
  2015 Ed. (4222)
Y. C. Deveshwar
  2014 Ed. (937)
Y. C. Wang
  2009 Ed. (4874)
Y-Carbon Inc.
  2011 Ed. (4196)
Y & H Soda Foundation
  1992 Ed. (2216)
Y. L. R. Capital Markets Ltd.
  1999 Ed. (4705)
Y. Marc Belton
  2010 Ed. (180)
Y & R
  2008 Ed. (119, 123)
  2009 Ed. (128, 129, 140)
  2010 Ed. (129, 137)
  2011 Ed. (48, 50, 51, 58)
  2012 Ed. (57, 59)
  2014 Ed. (66, 74)
  2015 Ed. (63, 67, 860)
  2016 Ed. (66, 67)
Y & R Advertising
  1998 Ed. (35, 36, 39, 40, 41, 42, 43, 44, 46, 48, 49, 597, 3493, 3494)
  2000 Ed. (41, 42)
  2001 Ed. (98, 99, 146, 164, 202, 220, 221, 222, 223)
  2002 Ed. (65)
  2003 Ed. (36)
  2004 Ed. (112)
  2005 Ed. (110, 117)
  2006 Ed. (120)
  2007 Ed. (114)
Y & R Argentina
  2001 Ed. (103)
  2002 Ed. (76)
  2003 Ed. (42)
Y & R Australia
  2001 Ed. (104)
  2002 Ed. (77)
Y & R Austria
  2002 Ed. (78)
Y & R Damaris
  2001 Ed. (130)
  2002 Ed. (100)
  2003 Ed. (67)
Y & R Israel-SAA
  2002 Ed. (123)
  2003 Ed. (90)
Y & R New Zealand
  2001 Ed. (187)
Y & R South Africa
  2000 Ed. (171)
  2002 Ed. (181)
  2003 Ed. (148)
Y & R Ukraine
  2002 Ed. (202)
Y & R Uruguay
  2002 Ed. (206)
Y & R Vietnam
  2002 Ed. (209)
Y & R Zambia
  2002 Ed. (213)
Y & R/Saint-Jaques Vallee
  2000 Ed. (75, 76)
Y & R/TME Colombia
  2002 Ed. (93)
Y & S Candies
  1994 Ed. (847, 851)
Y & S Licorice
  1995 Ed. (896)
Y & S Nibs
  1997 Ed. (894)
Y & S Twizzler
  2002 Ed. (935)
Y & S Twizzlers

1997 Ed. (887, 889, 894)
Y2 Marketing
  2005 Ed. (96)
Y2K Consultant
  2000 Ed. (1789)
Yablon; Gary
  1993 Ed. (1822)
  1994 Ed. (1831)
  1995 Ed. (1843)
  1996 Ed. (1770, 1772, 1821, 1830)
  1997 Ed. (1895, 1903)
Yabu Publishing
  2007 Ed. (3196)
Yabu Pushelberg
  2008 Ed. (3338)
  2014 Ed. (3381)
  2015 Ed. (3415, 3416)
Yabuki; Jeffery W.
  2011 Ed. (843)
YAC.com
  2002 Ed. (4863)
Yachiyo Engineering Co. Ltd.
  1998 Ed. (1454)
Yachting
  2002 Ed. (3227)
Yacimientos Petroliferos
  1989 Ed. (1089)
Yacimientos Petroliferos Fiscales
  1995 Ed. (3208)
Yacktman
  2007 Ed. (2481)
  2008 Ed. (2611)
Yacktman Focused
  2004 Ed. (3535)
  2006 Ed. (3617)
  2007 Ed. (2481)
  2008 Ed. (2611)
Yacktman Fun
  2011 Ed. (4536)
The Yacktman Fund
  1995 Ed. (2719)
  2004 Ed. (3535)
  2006 Ed. (3603, 3616, 3617, 4554)
  2007 Ed. (4545)
  2008 Ed. (4512)
  2009 Ed. (4539)
  2011 Ed. (3726)
Yacktman Funds Focused
  2004 Ed. (4541)
Yacktman Funds Yacktman
  2004 Ed. (4541)
Yacoub; Magdi
  2013 Ed. (3475)
Yadkin, Inc.
  2001 Ed. (3867)
Yaesu Audit Co.
  1996 Ed. (17)
  1997 Ed. (13)
  1999 Ed. (14)
Yafang; Sun
  2014 Ed. (4962)
  2015 Ed. (5003)
  2016 Ed. (4920)
Yaffe & Co.
  1995 Ed. (43)
  1996 Ed. (79)
  1997 Ed. (79)
Yageo Corp.
  2002 Ed. (4545)
Yagoozon
  2015 Ed. (4094, 4322)
Yahoo!
  2013 Ed. (3374, 3376, 3380, 3381,
    3382, 4815)
  2014 Ed. (3383, 3384, 3386)
  2015 Ed. (3419)
  2016 Ed. (1040)
Yahoo! 360 Degrees
  2008 Ed. (3357, 3370)
Yahoo! Answers
  2010 Ed. (3378)
  2011 Ed. (3326)
  2012 Ed. (3312)
  2013 Ed. (3384)
  2014 Ed. (3385)
  2015 Ed. (3421)
Yahoo! Autos
  2010 Ed. (3364)
Yahoo B2B
  2001 Ed. (4771)
Yahoo! en Espanol
  2012 Ed. (2880)
  2013 Ed. (2956)
  2014 Ed. (2973)
  2015 Ed. (3042)
  2016 Ed. (2937)
Yahoo! Finance
  2002 Ed. (4792, 4793, 4886)
  2003 Ed. (3045)
  2007 Ed. (3237)

2008 Ed. (3366)
2010 Ed. (3367, 3372)
Yahoo! Food
  2010 Ed. (3369)
Yahoo! Games
  2007 Ed. (3231)
  2008 Ed. (3361)
  2010 Ed. (3368)
Yahoo! Geocities
  2008 Ed. (3371)
Yahoo! Groups
  2010 Ed. (3378)
Yahoo! Health
  2007 Ed. (2328)
  2010 Ed. (3370)
Yahoo! HotJobs
  2007 Ed. (3228, 3240)
  2008 Ed. (3358)
Yahoo! Image Search
  2007 Ed. (3225)
  2008 Ed. (3355)
Yahoo! Inc.
  1997 Ed. (3926)
  1998 Ed. (3774, 3775, 3779, 3780)
  1999 Ed. (32, 1498, 3674, 4484)
  2000 Ed. (1340, 1468, 2748, 2749,
    3391, 3479, 4382)
  2001 Ed. (1745, 1867, 1868, 2967,
    3251, 4777, 4778, 4781)
  2002 Ed. (1396, 1530, 2483, 2528,
    3284, 3484, 4356, 4363, 4871)
  2003 Ed. (748, 3020, 3022, 4547)
  2004 Ed. (1127, 1132, 2229, 3023,
    3149, 3150, 3152, 3162, 4486,
    4567)
  2005 Ed. (834, 1134, 1155, 1465,
    1675, 1686, 2770, 2771, 3033,
    3171, 3172, 3174, 3176, 3196,
    3197, 4249, 4457, 4517)
  2006 Ed. (650, 653, 753, 1107, 1124,
    1502, 1579, 1580, 1581, 2726,
    2730, 2732, 3037, 3175, 3177,
    3179, 3180, 3182, 3183, 3187,
    3439, 4460, 4463, 4464, 4465,
    4473)
  2007 Ed. (712, 732, 733, 850, 1223,
    1228, 1243, 1258, 1526, 1527,
    1541, 2314, 2327, 2716, 2717,
    2720, 2721, 2737, 3209, 3217,
    3219, 3220, 3221, 3222, 3224,
    3233, 3238, 3242, 3245, 3246,
    3451, 4516, 4517, 4522, 4701,
    4703)
  2008 Ed. (649, 1511, 1533, 1599,
    1601, 2450, 2453, 2851, 3018,
    3350, 3353, 3354, 3367, 3374,
    4208, 4523, 4540, 4610, 4614,
    4808)
  2009 Ed. (666, 1136, 1442, 1533,
    2443, 2902, 3105, 3431, 3434,
    3436, 3437, 3438, 4689)
  2010 Ed. (1120, 2365, 3045, 3362,
    3375, 3376)
  2011 Ed. (583, 1027, 1059, 1430,
    1529, 1737, 2362, 3014, 3317,
    3318, 3320, 3321, 3324, 4807)
  2012 Ed. (933, 936, 942, 955, 2287,
    2453, 2464, 2941, 3304, 3308,
    3309, 3601)
  2013 Ed. (1074, 1081, 1087, 1100,
    1748, 1749, 2464, 3030, 3190,
    3375, 3661)
  2014 Ed. (1036, 1043, 1050, 1060,
    1306, 1308, 1310, 1321, 1440,
    2394, 3043, 3598)
  2015 Ed. (1071, 1078, 1085, 1097,
    1500, 1739, 3109)
  2016 Ed. (978, 985, 995, 1006, 1441)
Yahoo! Internet Life
  1999 Ed. (3754)
  2000 Ed. (3469, 3486, 3488)
  2001 Ed. (254, 255, 3193)
  2002 Ed. (3228)
Yahoo! Japan
  2015 Ed. (1128)
  2016 Ed. (986)
Yahoo Japan Corp.
  2001 Ed. (2866)
  2004 Ed. (3019, 3021, 3023)
  2005 Ed. (1155, 1823, 3035, 3037)
  2006 Ed. (1826)
  2007 Ed. (1261, 1585)
  2009 Ed. (1136, 1824)
  2010 Ed. (1120, 1766)
Yahoo! Maps
  2010 Ed. (3374)
Yahoo! Movies
  2007 Ed. (3234)
  2008 Ed. (3363)
Yahoo! Music

2007 Ed. (3235)
2008 Ed. (3364)
Yahoo! Network
  2011 Ed. (2377)
Yahoo! Network Plus
  2012 Ed. (2304)
  2013 Ed. (2480)
Yahoo! News
  2007 Ed. (3236)
  2008 Ed. (3365)
Yahoo! Personals
  2007 Ed. (3239)
  2008 Ed. (3368)
Yahoo! Profile
  2014 Ed. (2968)
  2015 Ed. (3038)
Yahoo! Profiles
  2010 Ed. (3378)
  2011 Ed. (3326)
Yahoo! Pulse
  2012 Ed. (2875, 3311)
  2013 Ed. (2951)
Yahoo! Search
  2007 Ed. (3225)
  2008 Ed. (3355)
Yahoo! Shopping
  2010 Ed. (3371)
Yahoo! Small Business
  2004 Ed. (2213)
Yahoo! Sports
  2007 Ed. (2328, 3243)
  2008 Ed. (3372)
  2010 Ed. (3368)
Yahoo! Telemundo.com
  2009 Ed. (3435)
  2010 Ed. (2983)
Yahoo! Travel
  2008 Ed. (3373)
  2010 Ed. (3374)
Yahoo! TV coverage
  2007 Ed. (2328)
Yahoo.com
  2001 Ed. (2977, 2981, 2984, 4776)
  2007 Ed. (2328)
  2010 Ed. (785, 787)
  2011 Ed. (712, 714)
Yahtzee Adventures
  2011 Ed. (4960)
Yahyaoui; Amira
  2013 Ed. (3489)
YAI Network
  2011 Ed. (1911)
Yaintian Harbour
  2006 Ed. (4307)
Yajun; Wu
  2011 Ed. (4851)
  2012 Ed. (4857, 4858)
  2013 Ed. (4863, 4864)
  2014 Ed. (4877, 4878, 4962)
  2015 Ed. (5003)
  2016 Ed. (4920)
Yak Communications
  2007 Ed. (2805)
Yakama Juice LLC
  2007 Ed. (3610, 4452)
  2008 Ed. (3738, 4435)
Yakety Yak Wireless
  2009 Ed. (4962)
Yakima Brewing Co.
  1996 Ed. (2630)
  1998 Ed. (2489, 2490)
Yakima Federal Savings & Loan Association
  1998 Ed. (3570)
Yakima Herald-Republic
  1989 Ed. (2055)
  1991 Ed. (2601)
Yakima Herald-Republican
  1990 Ed. (2701)
Yakima-Pasco-Richland-Kennewick, WA
  2008 Ed. (4650)
Yakima, WA
  2000 Ed. (1076, 4365)
  2009 Ed. (351)
  2010 Ed. (327)
  2011 Ed. (254)
  2012 Ed. (275, 2554)
  2014 Ed. (278)
Yakka
  2002 Ed. (3586, 3786)
  2004 Ed. (4714, 4715)
Yakult
  1992 Ed. (1701, 1702)
  1994 Ed. (1460, 1461, 1464)
  1997 Ed. (1577)
Yakult Honsha
  2001 Ed. (1622)
  2007 Ed. (2624)
  2016 Ed. (2695)
Yale Appliance & Lighting

2014 Ed. (4355)
2015 Ed. (4364)
Yale College
  2008 Ed. (2972)
Yale Institute of Biospheric Studies
  1993 Ed. (888)
Yale Law School
  1995 Ed. (932, 1068)
Yale Materials Handling Corp.
  1993 Ed. (1728)
Yale-New Haven Children's Hospital
  2012 Ed. (2957)
  2013 Ed. (3048)
Yale New Haven Health Services Corp.
  2001 Ed. (1675)
Yale New Haven Health System
  2016 Ed. (1521)
Yale-New Haven Hospital
  1999 Ed. (2740)
  2000 Ed. (2519)
  2001 Ed. (1675)
  2002 Ed. (2602, 3801)
  2003 Ed. (1659, 2806, 3971)
  2004 Ed. (1688, 2909, 3974)
  2005 Ed. (1746, 2895, 2911, 3947)
  2006 Ed. (1665, 2901, 2918, 2922,
    4016)
  2007 Ed. (201, 2920, 4048)
  2008 Ed. (188, 3044, 4084)
  2009 Ed. (3129, 3148, 4197)
  2010 Ed. (3061, 3079)
  2011 Ed. (1595, 3031, 3032)
  2012 Ed. (1440, 2968, 2970, 4131)
  2013 Ed. (3059, 3061, 4124)
  2014 Ed. (3061)
  2015 Ed. (3126)
  2016 Ed. (44, 2989)
Yale University
  1989 Ed. (954, 2164)
  1990 Ed. (1087, 1088, 1092, 1094,
    1095, 2785)
  1991 Ed. (1001, 2295, 2402, 2688)
  1992 Ed. (1098, 1267, 2848, 3357)
  1993 Ed. (888, 1015, 2407, 2782)
  1994 Ed. (815, 889, 1042, 1055,
    1056, 1713, 2358, 2771)
  1995 Ed. (867, 932, 1049, 1050,
    1063, 1064, 1066, 1067, 1068,
    2422, 2427)
  1996 Ed. (846, 1035, 2457, 2458,
    2461, 2463, 2941)
  1997 Ed. (859, 864, 1051, 1062,
    1063, 1064, 1066, 2602, 2603,
    2607, 2608)
  1998 Ed. (556, 799, 2334, 2335,
    2338, 2339, 2761)
  1999 Ed. (974, 978, 980, 1228, 3158,
    3159, 3164, 3165, 3327, 3329,
    3331, 3332, 3333, 3335)
  2000 Ed. (924, 1137, 1143, 2903,
    2908, 2909, 2911, 3065, 3067,
    3069, 3071, 3431)
  2001 Ed. (1062, 1317, 1319, 1329,
    3059, 3060, 3065, 3066, 3252,
    3254, 3256, 3259, 3260, 3261)
  2002 Ed. (882, 901)
  2004 Ed. (810, 928, 3241, 3424)
  2005 Ed. (803, 3266, 3440)
  2006 Ed. (719, 721, 728, 729, 731,
    734, 739)
  2007 Ed. (798, 804, 814, 815, 1165,
    2848, 3330, 3468)
  2008 Ed. (783, 1059, 1064, 3431,
    3640, 3864)
  2009 Ed. (798, 818, 1034, 1035,
    1041, 1058, 3505, 3709)
  2010 Ed. (737, 751, 754, 996, 1001,
    1007, 1026, 1035, 3435, 3627,
    3768)
  2011 Ed. (639, 653, 662, 678, 692,
    693, 939, 940, 945, 946, 948, 2957,
    3420, 3628, 3772)
  2012 Ed. (606, 609, 613, 858, 860,
    862)
  2013 Ed. (754, 1574)
  2014 Ed. (770, 774)
  2015 Ed. (813, 820, 837)
  2016 Ed. (725, 731, 1521)
Yale University School of Medicine
  1991 Ed. (1767)
Yale University, Yale School of Management
  2005 Ed. (800)
  2006 Ed. (722, 724)
  2007 Ed. (808)
  2008 Ed. (787)
  2009 Ed. (802)
Yam & Co./B. L. Ong & Co.; Robert
  1997 Ed. (24)
Yamada

2013 Ed. (4276)
Yamada Denki
　2005 Ed. (4129)
　2006 Ed. (4173)
　2007 Ed. (1581, 4204)
　2009 Ed. (1824, 4318)
　2010 Ed. (3443, 4308, 4349)
　2011 Ed. (4501)
　2012 Ed. (542, 2900, 4326, 4335,
　　4337, 4338, 4340, 4356)
　2013 Ed. (659)
Yamada Denki Co., Ltd.
　2013 Ed. (2502, 2503, 2507, 4277,
　　4285, 4334)
　2014 Ed. (2432, 2450, 4385)
　2015 Ed. (2522)
　2016 Ed. (2455, 4248, 4270)
Yamada Kenki
　2015 Ed. (4349)
Yamada; Seiichi
　1996 Ed. (1870)
Yamada; Yoshinobu
　1997 Ed. (1982)
Yamagata; Hiro
　1994 Ed. (890, 892)
　1995 Ed. (935)
Yamaguchi Bank
　2002 Ed. (596)
Yamaguchi Financial Group
　2012 Ed. (379)
　2013 Ed. (389)
　2014 Ed. (400)
　2015 Ed. (456)
Yamaguchi; Masaaki
　1996 Ed. (1877)
　1997 Ed. (1984)
Yamaha
　1990 Ed. (1939, 1940, 1941, 3675)
　1991 Ed. (2551, 2553)
　1992 Ed. (1682, 3119)
　1993 Ed. (2609)
　1994 Ed. (2569)
　1995 Ed. (2624)
　1996 Ed. (2702)
　1998 Ed. (2541)
　2000 Ed. (3172, 3173, 3174, 3176)
　2001 Ed. (3411)
　2008 Ed. (274)
　2013 Ed. (195)
　2015 Ed. (230)
　2016 Ed. (225)
Yamaha Corp.
　2013 Ed. (3781)
　2014 Ed. (3726)
　2015 Ed. (2394, 3729)
　2016 Ed. (3638)
Yamaha Corp. of America
　1992 Ed. (3142, 3143)
　1994 Ed. (2588, 2589, 2590)
　1995 Ed. (2671, 2672)
　1996 Ed. (2749, 2750)
　1998 Ed. (2589)
　2000 Ed. (3221)
　2001 Ed. (3409)
　2013 Ed. (3777)
　2014 Ed. (3710)
　2015 Ed. (3722)
　2016 Ed. (3636)
Yamaha Corporation of America
　1992 Ed. (3144)
Yamaha Motor Co., Ltd.
　2001 Ed. (3398, 3399)
　2012 Ed. (4221)
　2013 Ed. (4207, 4208)
　2014 Ed. (4223)
　2015 Ed. (4208, 4210)
　2016 Ed. (4128, 4130)
Yamaha Motor Taiwan Co., Ltd.
　1992 Ed. (1703)
Yamaha Motors
　2015 Ed. (879)
Yamaha (Nipp Gakki)
　1989 Ed. (2297)
Yamaichi
　1989 Ed. (1365)
　1990 Ed. (3155, 3227)
　1991 Ed. (781, 1597)
　1992 Ed. (2024)
　1995 Ed. (791, 792, 793, 794)
　1999 Ed. (894, 895, 896, 897, 898)
Yamaichi Bank
　1989 Ed. (1433)
　1993 Ed. (1664)
Yamaichi Bank (Switzerland)
　1994 Ed. (1683)
Yamaichi Capital
　1995 Ed. (2372)
　1999 Ed. (3075, 3079)
Yamaichi Capital Management
　1998 Ed. (2275, 2279)

Yamaichi International
　1991 Ed. (3076, 3077)
　1992 Ed. (2023, 2746)
　1993 Ed. (3209)
　1994 Ed. (1702)
Yamaichi Research Institute
　1994 Ed. (773)
Yamaichi Securities
　1989 Ed. (817, 1350, 1353, 1354,
　　1361, 1371, 2449, 2451)
　1990 Ed. (794, 817, 1674, 1678,
　　1680, 1681, 1691, 1692, 1788,
　　3218, 3220, 3224)
　1991 Ed. (780, 1581, 1583, 1584,
　　1590, 1591, 1595, 3066, 3068,
　　3070, 3078, 3079)
　1992 Ed. (961, 1569, 1994, 1997,
　　2015, 2019, 2026, 3898, 3899)
　1993 Ed. (767, 1648, 1653, 1656,
　　1657, 1671, 1675, 1681, 1682,
　　3204, 3268)
　1994 Ed. (729, 783, 1672, 1678,
　　1686, 1690, 1701, 1704, 3191)
　1995 Ed. (1352, 3272)
　1996 Ed. (808, 1699, 1701, 3384)
　1997 Ed. (770, 1359)
　1998 Ed. (528, 1497, 1500)
Yamakawa; Tetsufumi
　1997 Ed. (1994)
Yamamoto; Takatoshi
　1996 Ed. (1872, 1873, 1874)
　1997 Ed. (1980, 1981)
Yamamoto; Yoshihiko
　1996 Ed. (1880)
　1997 Ed. (1986)
Yamana Gold
　2007 Ed. (1446, 1649)
　2010 Ed. (1546, 2820)
　2011 Ed. (1547, 2806, 4554, 4557)
　2012 Ed. (2739, 3643, 3668, 3670)
　2013 Ed. (2825, 3687, 3725, 3730)
　2014 Ed. (2864, 3621, 3660, 3665)
　2015 Ed. (2905, 3678, 3679, 3683)
　2016 Ed. (3561)
Yamana Gold Inc.
　2013 Ed. (1528, 3700, 4510)
　2014 Ed. (1286, 4571)
　2016 Ed. (1287)
Yamano Music Co.
　2000 Ed. (3176)
　2001 Ed. (3411)
Yamano Music Co., Ltd.
　2013 Ed. (3798, 3813)
　2015 Ed. (3747)
　2016 Ed. (3655)
Yamanouchi
　1990 Ed. (1571)
　1992 Ed. (2957)
　1993 Ed. (1517)
　1997 Ed. (1664)
Yamanouchi Pharma
　2006 Ed. (2781)
Yamanouchi Pharmaceutical
　1991 Ed. (1475)
Yamanouchi Pharmaceuticals
　1990 Ed. (1993)
Yamashita Sekkei Inc.
　1998 Ed. (1448)
Yamatake Honeywell
　1990 Ed. (1640)
　1991 Ed. (1537)
　1993 Ed. (1585)
Yamato
　2007 Ed. (4835)
　2016 Ed. (4702)
Yamato Holdings Co., Ltd.
　2012 Ed. (4476, 4811)
　2013 Ed. (4746, 4768)
　2014 Ed. (4796, 4818)
　2015 Ed. (4831, 4854)
　2016 Ed. (4735, 4761)
Yamato Kogyo
　2009 Ed. (1492, 1493, 3735)
　2016 Ed. (3534)
Yamato Transport Co., Ltd.
　1990 Ed. (3641)
　1993 Ed. (3613)
　1994 Ed. (3570)
　1995 Ed. (3654)
　1999 Ed. (4653)
　2000 Ed. (4293)
　2002 Ed. (1704)
　2004 Ed. (1765)
Yamauchi; Hiroshi
　2008 Ed. (4846)
　2009 Ed. (4866, 4867)
　2010 Ed. (4868, 4869)
　2011 Ed. (4856, 4857)
　2012 Ed. (4863)
Yamazaka Mazak

2001 Ed. (3185)
Yamazaki Baking
　1990 Ed. (1826)
　1991 Ed. (1744)
　1992 Ed. (2193)
　1993 Ed. (1880)
　1994 Ed. (1876)
　1995 Ed. (1901)
　1997 Ed. (2040)
　1999 Ed. (2465, 2466)
　2000 Ed. (2223, 2224)
　2007 Ed. (2624)
　2013 Ed. (2748)
　2016 Ed. (2695)
Yamazaki Mazak
　1993 Ed. (2484)
Yami 2
　2014 Ed. (2631, 4703)
Yan; Cheung
　2008 Ed. (4843, 4883)
　2009 Ed. (4973)
　2012 Ed. (4968)
Yan; Hui Ka
　2011 Ed. (4851)
　2012 Ed. (4858)
　2013 Ed. (4863, 4864)
　2014 Ed. (4877, 4878)
Yanai; Tadashi
　2008 Ed. (4846)
　2009 Ed. (4866, 4867)
　2010 Ed. (4868, 4869, 4877)
　2011 Ed. (4856, 4857)
　2012 Ed. (4863)
　2013 Ed. (4883)
　2014 Ed. (4896)
　2015 Ed. (4935)
　2016 Ed. (4851)
Yanbal Ecuador SA
　2011 Ed. (1615)
　2013 Ed. (1595)
Yanbal International
　2013 Ed. (2328)
　2014 Ed. (2261, 2268)
　2015 Ed. (2345, 2352)
Yanbu National Petrochemical
　2014 Ed. (905)
　2015 Ed. (931)
　2016 Ed. (836)
Yanbu Petrochemical Co.
　2003 Ed. (2369)
Yandex
　2011 Ed. (3321)
　2012 Ed. (3309)
　2013 Ed. (3382)
　2016 Ed. (3282)
Yang Bin
　2003 Ed. (2411)
Yang Huiyan
　2009 Ed. (4861, 4862)
　2010 Ed. (3957, 4863, 4864)
　2011 Ed. (4850)
　2013 Ed. (4864)
　2014 Ed. (4877, 4878)
　2015 Ed. (4915, 4916)
Yang Industries Co. Ltd; Nan
　1992 Ed. (3945)
Yang Iron Works Co. Ltd.
　1990 Ed. (2503)
　1992 Ed. (2956)
Yang; Jerry
　2005 Ed. (4859)
　2006 Ed. (4896, 4912)
　2010 Ed. (2561)
　2011 Ed. (4845)
Yang; Lan
　2014 Ed. (4962)
Yang Mian Mian
　2010 Ed. (4983)
Yang Mianmian
　2006 Ed. (4985)
　2009 Ed. (4973)
Yang Ming
　2003 Ed. (2426)
Yang Ming Line
　2004 Ed. (2560)
Yang Quan Coal Industry
　2013 Ed. (3688)
　2014 Ed. (3622)
　2015 Ed. (3635)
Yang Rong
　2003 Ed. (2411)
YangMing Marine
　1999 Ed. (4531)
Yangquan Coal Industry Group
　2015 Ed. (1733)
Yangtzekiang Garment
　1990 Ed. (2047)
Yangzhi Petrochemical
　1995 Ed. (960)

Yangzi Petrochem
　2006 Ed. (4307)
Yangzijiang Ship
　2012 Ed. (3067)
Yangzijiang Shipbuilding
　2013 Ed. (3142)
Yanion International Holdings
　1995 Ed. (2127)
Yanjing
　2007 Ed. (598)
　2012 Ed. (446)
Yanke Group of Cos.
　2007 Ed. (1614)
　2008 Ed. (1612)
Yankee Alliance
　2008 Ed. (2892)
　2009 Ed. (2956, 2957)
Yankee Candle Co.
　2005 Ed. (1260)
　2006 Ed. (1219, 1870)
　2013 Ed. (3564)
　2014 Ed. (3543)
Yankee Candle Investments LLC
　2016 Ed. (3413)
Yankee Captive Management Co.
　1990 Ed. (907)
　1991 Ed. (856)
　1993 Ed. (853)
　1994 Ed. (867)
　1995 Ed. (909)
　1997 Ed. (903)
　1998 Ed. (642)
　1999 Ed. (1034)
　2000 Ed. (984)
Yankee Dental Congress
　2005 Ed. (4730)
Yankee Holding Corp.
　2014 Ed. (3540)
Yankee Stadium
　2014 Ed. (4532)
　2016 Ed. (4470)
Yankee24
　1990 Ed. (293)
Yankees; New York
　2005 Ed. (645, 4449)
　2006 Ed. (547)
　2007 Ed. (578)
　2008 Ed. (529)
　2009 Ed. (564, 4521)
　2010 Ed. (547)
　2011 Ed. (475)
　2012 Ed. (431, 4521)
　2013 Ed. (544, 4481)
　2014 Ed. (559)
　2015 Ed. (622)
　2016 Ed. (569)
Yanni
　2000 Ed. (1182)
Yansouni; Cyril J.
　1992 Ed. (2057)
Yantai Changyu Pioneer Wine
　2007 Ed. (1589)
　2010 Ed. (1485)
　2011 Ed. (1481)
　2012 Ed. (1323)
　2013 Ed. (1421, 1422)
Yantai Jereh Oil Services
　2015 Ed. (3941)
　2016 Ed. (3858)
Yantai Jereh Oilfield Services Group
　2015 Ed. (1446)
　2016 Ed. (1371)
Yantra
　2006 Ed. (4646)
Yanzhou Coal Mining
　2013 Ed. (3688)
　2014 Ed. (3622, 3666)
　2015 Ed. (3635, 3685)
　2016 Ed. (3520)
Yanzhou Coal Mining Co.
　2001 Ed. (1671)
　2007 Ed. (1134)
　2008 Ed. (1014)
　2009 Ed. (999)
　2010 Ed. (963)
　2011 Ed. (888, 2431)
　2012 Ed. (844, 3644, 3675)
　2013 Ed. (824, 1024)
　2014 Ed. (989)
　2015 Ed. (1023)
　2016 Ed. (928)
Yanzhou Coal Mining Co., Ltd.
　2015 Ed. (2530)
Yao Chen
　2015 Ed. (5003)
　2016 Ed. (4920)
Yao Yang Enterprises
　1997 Ed. (1810)
　2003 Ed. (3724)
Yaohan

1990 Ed. (46, 1497)
1991 Ed. (46)
1993 Ed. (49)
1994 Ed. (42)
Yaohan Stores
1989 Ed. (49)
Yaounde, Cameroon
1992 Ed. (1712)
Yapi Kredi
1995 Ed. (624)
1996 Ed. (700)
1999 Ed. (673)
2006 Ed. (98)
2011 Ed. (381)
2013 Ed. (691)
Yapi Kredi Bankasi
1997 Ed. (633, 634, 2577)
2014 Ed. (711)
2015 Ed. (757)
Yapi Ve Dredi
1991 Ed. (681)
Yapi ve Kredi
2006 Ed. (2050)
2007 Ed. (2020)
Yapi ve Kredi Bankasi
1992 Ed. (855, 856, 2812)
2000 Ed. (684)
2002 Ed. (657, 3030)
2003 Ed. (623)
2004 Ed. (632)
2005 Ed. (504, 620)
2006 Ed. (533)
2007 Ed. (564)
2008 Ed. (435, 437, 438, 439, 516)
2009 Ed. (550)
2010 Ed. (533)
2011 Ed. (462)
2013 Ed. (469)
2014 Ed. (483)
2015 Ed. (544)
2016 Ed. (497)
Yapi ve Kredi Bankasi AS
1993 Ed. (656, 2370)
1994 Ed. (656, 657)
1995 Ed. (625)
1996 Ed. (701, 2434)
1999 Ed. (674)
2000 Ed. (737)
2012 Ed. (4749)
Yapy kredi Bankasi
2000 Ed. (2868)
Yara International
2006 Ed. (1949)
2014 Ed. (931)
2016 Ed. (862)
Yara International ASA
2007 Ed. (1930, 1933)
2008 Ed. (1996, 1999)
2009 Ed. (932, 1957, 1961, 3644)
2010 Ed. (873, 1898, 3562)
2011 Ed. (791, 804, 1929, 1930, 3565)
2012 Ed. (749, 762, 766, 768, 1790, 1791, 3558)
2013 Ed. (941, 967, 1961, 1962, 3596)
2014 Ed. (894, 1900)
2015 Ed. (922, 1945)
2016 Ed. (1913)
Yaratim/Publicis FCB
1992 Ed. (217)
Yard House
2002 Ed. (4035)
2009 Ed. (4274)
2012 Ed. (4265, 4267)
2013 Ed. (4230)
2016 Ed. (4179, 4180, 4181, 4182, 4201, 4202, 4204)
Yard waste
1991 Ed. (2827)
1995 Ed. (1786)
Yardarm Knot Inc.
2003 Ed. (2492)
2004 Ed. (2625)
Yardeni
2002 Ed. (4861)
Yardeni; Edward
1991 Ed. (1708)
1993 Ed. (1834)
1994 Ed. (1815, 1837)
1995 Ed. (1855)
1996 Ed. (1833)
1997 Ed. (1906, 1956)
Yardley of London
2003 Ed. (4466)
Yardstick Software Inc.
2012 Ed. (1302)
2015 Ed. (2399)
2016 Ed. (1465)
Yardstick Technologies

2013 Ed. (1481)
Yardworx
2013 Ed. (4456)
Yarmouth Group
1991 Ed. (2226, 2238, 2247, 2819)
1992 Ed. (2749, 2769, 2775, 3629, 3634, 3635, 3638)
1993 Ed. (2285, 2309, 2973, 2974, 2975, 2978, 3312)
1994 Ed. (2305, 2319, 3015, 3016, 3019, 3020, 3303)
1995 Ed. (2375, 3070, 3071, 3072)
1996 Ed. (2384, 2920, 3165, 3166, 3167)
1997 Ed. (2541, 3265, 3268)
1998 Ed. (3011, 3013)
Yarmuth; William
2012 Ed. (2494)
Yarn
2005 Ed. (2870)
2008 Ed. (2646, 2647)
2009 Ed. (2674)
Yarn and fabric, cotton
1994 Ed. (1730)
Yarnell; Kenneth A.
1990 Ed. (1714)
Yarns
1989 Ed. (1931)
Yaroslavl Tyre Plant
2001 Ed. (4545)
Yash Technologies
2003 Ed. (3950)
2012 Ed. (962)
Yasheng Group
2013 Ed. (2281, 2282)
2014 Ed. (2215, 2216)
Yashica
1994 Ed. (2873)
1999 Ed. (1013)
Yasir Arafat
2004 Ed. (4878)
2005 Ed. (4880)
Yaskawa Electric
1990 Ed. (3064)
Yasseen Mansour
2012 Ed. (4885)
2013 Ed. (4869)
2014 Ed. (4883)
2015 Ed. (4921)
2016 Ed. (4837)
Yastine; Barbara
2015 Ed. (5016)
2016 Ed. (4934)
Yasuda
1991 Ed. (2146)
1992 Ed. (2712)
2000 Ed. (2713)
Yasuda Bank & Trust Co. USA
1991 Ed. (520, 630)
Yasuda Fire
1990 Ed. (2259)
Yasuda Fire & Marine Insurance Co. Ltd.
1990 Ed. (2274)
1991 Ed. (2133, 2143)
1992 Ed. (2706)
1993 Ed. (2252)
1994 Ed. (2232)
1995 Ed. (2279)
1996 Ed. (2292, 3412)
1997 Ed. (2418)
1998 Ed. (2128)
1999 Ed. (2913, 2915, 2921)
2000 Ed. (2670)
Yasuda Life
1989 Ed. (1698)
Yasuda Mutual Life
1995 Ed. (2312)
1996 Ed. (2327)
1997 Ed. (2424)
1998 Ed. (2135)
1999 Ed. (2961)
Yasuda Mutual Life Insurance Co.
2002 Ed. (2940)
2003 Ed. (3000)
Yasuda Trust & Banking Co. Ltd.
1989 Ed. (480, 578)
1990 Ed. (596)
1991 Ed. (384, 449, 518)
1992 Ed. (671, 674, 717, 3626)
1993 Ed. (483, 2417)
1997 Ed. (352, 2396, 2547)
2000 Ed. (557)
Yasuhiro Yamaguchi
1999 Ed. (2315)
Yasuo Imanaka
1999 Ed. (2381)
2000 Ed. (2162)
Yasuo Takei
2003 Ed. (4890)

2004 Ed. (4876)
2005 Ed. (4861)
2007 Ed. (4909)
Yate & Lyle PLC
2000 Ed. (2226)
Yates
2004 Ed. (1637)
The Yates Cos.
2013 Ed. (1195)
2015 Ed. (1235)
2016 Ed. (1146, 1821)
The Yates Cos., Inc.
2014 Ed. (1821)
2015 Ed. (1861)
2016 Ed. (1820)
Yates Cos., Inc.
2002 Ed. (1247, 1275)
2003 Ed. (1260, 1279, 1283)
2004 Ed. (1252, 1263, 1282, 1286, 1294, 1803)
2005 Ed. (1302, 1874)
2006 Ed. (1182, 1271, 1341, 1342, 1894)
2007 Ed. (1376, 1379, 1389, 1887)
2008 Ed. (1276, 1312, 1335, 1336, 1942)
2009 Ed. (1141, 1245, 1259, 1297, 1312, 1332, 1333, 1334, 1902, 4151)
2010 Ed. (1142, 1204, 1317, 1838, 4083)
2011 Ed. (1083, 1192, 1246, 1267, 1292, 1869)
2012 Ed. (1004)
2013 Ed. (1148, 1887)
2014 Ed. (1110)
2015 Ed. (1150)
2016 Ed. (1129)
Yates Racing; Robert
2007 Ed. (327)
2009 Ed. (336)
Yates-Silverman
1990 Ed. (2286)
1993 Ed. (243)
2006 Ed. (3160)
Yates & Sons Construction Co.; W. G.
2008 Ed. (1942)
2009 Ed. (1902)
2011 Ed. (1869)
2012 Ed. (1725)
2013 Ed. (1887)
Yates Technical Group
2008 Ed. (1313, 1338)
Yattendon Investment Trust Ltd.
1992 Ed. (1198)
1993 Ed. (973)
Yattendon Investment Trust PLC
1995 Ed. (1005)
Yava D. Scott
2000 Ed. (3198)
Yavapai County, AZ
1996 Ed. (1472, 1474, 1475)
Yavapai Regional Medical Center
2008 Ed. (3060)
Yaw; Wee Cho
2006 Ed. (4918, 4919)
2008 Ed. (4850)
2009 Ed. (4871, 4872)
2010 Ed. (3963, 4872, 4873)
2011 Ed. (4860, 4861)
2012 Ed. (4866, 4867)
2013 Ed. (4906, 4907)
2014 Ed. (4916, 4917)
2015 Ed. (4956, 4957)
2016 Ed. (4872)
Yaya Toure
2013 Ed. (190)
2014 Ed. (197)
2015 Ed. (224)
Yazaka North America Inc.
2004 Ed. (1718)
Yazaki
2004 Ed. (3773)
2005 Ed. (2279, 3692)
Yazaki America/EWD
2001 Ed. (2138)
Yazaki Corp.
2014 Ed. (260)
2016 Ed. (767)
Yazaki North America Inc.
1999 Ed. (1628)
2000 Ed. (1432)
2001 Ed. (537, 1706)
2002 Ed. (405)
2004 Ed. (321)
2005 Ed. (1776)
2006 Ed. (340)
Yazam
2002 Ed. (4860)
Yazici; Kamil

2010 Ed. (4900)
Yazid Sabeg
2013 Ed. (3473)
Y.C. Deveshwar
2014 Ed. (934)
YC Wang
2007 Ed. (4909)
2008 Ed. (4852)
YCC Holdings LLC
2013 Ed. (3562)
2014 Ed. (3540)
Ycohan
1992 Ed. (76)
YDI Wireless Inc.
2005 Ed. (2012)
2006 Ed. (2739)
Ye Lipei
2004 Ed. (2535)
2005 Ed. (2515)
Ye Olde Oak
2010 Ed. (803)
Yeager, Wood & Marshall
1990 Ed. (2348)
Yeager, Wood & Marshall, Equity-Growth Stocks
2003 Ed. (3126)
Yeaman; Eric
2014 Ed. (2593)
Year Up
2012 Ed. (3761)
Yearout Mechanical
2006 Ed. (1330)
2007 Ed. (1383)
2008 Ed. (1320)
2009 Ed. (1304)
2010 Ed. (1298)
2011 Ed. (1256)
2012 Ed. (1121, 3992, 3997, 4837)
Yearwood; Trisha
1993 Ed. (1079)
Yeast
2002 Ed. (431)
Yeast, dry
1994 Ed. (3460)
Yediot Achronot
2004 Ed. (54)
Yee; Leong Fee
1996 Ed. (1896)
1997 Ed. (1997)
Yee Nin Frozen Foods
1994 Ed. (3306)
Yehoshua TBWA
1999 Ed. (107)
2000 Ed. (112)
2001 Ed. (150)
2003 Ed. (90)
Yelin Enterprises
1994 Ed. (3306)
Yell
2006 Ed. (3442)
2009 Ed. (2110)
Yell Group
2004 Ed. (1447)
2007 Ed. (3458)
2012 Ed. (4675)
Yell Group plc
2005 Ed. (4513)
Yellen; Janet
2015 Ed. (5009)
2016 Ed. (3336, 4926, 4927)
Yellow Advertiser Newspaper Group Ltd.
1990 Ed. (1034)
Yellow Advertiser Newspapers
2002 Ed. (3513)
Yellow Book USA
2001 Ed. (4478)
2002 Ed. (4580)
2003 Ed. (4708)
2004 Ed. (4677)
2006 Ed. (4706)
2007 Ed. (4730)
2009 Ed. (4691)
Yellow Corp.
1995 Ed. (3344, 3656, 3668, 3670)
1997 Ed. (1334, 3642)
1998 Ed. (1171, 3371, 3424, 3627, 3629, 3630, 3631)
1999 Ed. (1693, 4672, 4673, 4675)
2000 Ed. (1499, 4306, 4309, 4317)
2001 Ed. (1771, 2535, 2536, 4236, 4237, 4640)
2002 Ed. (1711, 4683, 4685, 4686, 4697)
2003 Ed. (1730, 1731, 2554, 2555, 4791, 4816, 4817, 4818, 4819)
2004 Ed. (1767, 1768, 2687, 2688, 2690, 3017, 4774, 4777, 4781, 4809, 4810)
2005 Ed. (3180, 4750, 4754, 4758)

Yellow Freight System Inc.
1989 Ed. (2879)
1990 Ed. (3655, 3656, 3658)
1991 Ed. (3426, 3427, 3428, 3434)
1992 Ed. (4352, 4353, 4357, 4358, 4359)
1993 Ed. (3629, 3630, 3635, 3639, 3644, 3645)
1994 Ed. (3263, 3587, 3588, 3589, 3590, 3595, 3599, 3604, 3605)
1995 Ed. (3669, 3678, 3682)
1996 Ed. (1409, 3751, 3752, 3753, 3754, 3755, 3756)
1997 Ed. (1465, 3801, 3802, 3803, 3804, 3805, 3806)
1998 Ed. (3628, 3638, 3642, 3644)
1999 Ed. (4678, 4680, 4683, 4686, 4690)
2000 Ed. (4308, 4314, 4316, 4321)
2001 Ed. (1130, 1771, 2535, 2536)
2002 Ed. (4696, 4885)
2003 Ed. (1730, 2554, 2555, 4785)
Yellow Freight Systems
1989 Ed. (2878, 2880)
Yellow Front
1990 Ed. (1525, 1526)
Yellow House Events Inc.
2015 Ed. (3582)
Yellow Media Ltd.
2016 Ed. (3488)
Yellow Pages
1991 Ed. (3326)
1992 Ed. (94, 4237)
1995 Ed. (143)
1996 Ed. (2466)
1997 Ed. (2256)
2002 Ed. (35, 61)
2013 Ed. (686)
Yellow Pages Group Co.
2007 Ed. (1631)
2008 Ed. (1639)
Yellow Pages Income Fund
2007 Ed. (4055)
2008 Ed. (4088)
2009 Ed. (4095, 4203)
2010 Ed. (1564, 4007, 4137)
2011 Ed. (4014, 4137)
Yellow Roadway Corp.
2005 Ed. (1833, 1834, 2685, 2686, 2687, 2688, 4749, 4780, 4782)
2006 Ed. (1497, 1831, 1832, 1833, 1834, 1835, 1836, 1838, 1839, 2664, 2665, 2732, 4799, 4802, 4807, 4811, 4814, 4830, 4831, 4854)
2007 Ed. (4810, 4816, 4857)
Yellow Roadway Technologies Inc.
2008 Ed. (1877, 2578)
2009 Ed. (1831, 2604)
2010 Ed. (1772, 2507)
2011 Ed. (1784, 2509)
2012 Ed. (1640, 2430)
2013 Ed. (10, 1797, 2596)
2014 Ed. (6, 1724, 2522)
2015 Ed. (1769)
The Yellow Submarine
2002 Ed. (4085)
Yellow Tail
2005 Ed. (4963, 4964)
2006 Ed. (4966)
2007 Ed. (4967)
2008 Ed. (4937, 4938)
2009 Ed. (4957, 4958)
2010 Ed. (4966, 4967)
2011 Ed. (4952, 4953, 4954)
2012 Ed. (4949)
2013 Ed. (4943)
2014 Ed. (4955, 4956)
2015 Ed. (4995, 4996, 4997)
2016 Ed. (4911, 4912, 4914)
Yellow Tail Australia
2008 Ed. (4936)
Yellow Transportation Inc.
2004 Ed. (1767, 2688, 4769)
2005 Ed. (2686, 4784)
2006 Ed. (1838, 2664, 2665, 4837, 4838, 4843, 4844, 4850)
2007 Ed. (1843, 2645, 2646, 4847, 4851, 4852, 4853)
2008 Ed. (1877, 2772, 2773, 4769, 4774, 4775, 4776)
2009 Ed. (1831, 2832, 2833, 4801, 4806, 4807, 4808)
2010 Ed. (1772, 2776, 2777)
Yellow Van Handyman
2014 Ed. (3111)
Yellow Wood Associates Inc.
2006 Ed. (3544, 4382)
2007 Ed. (3607, 4450)
2008 Ed. (3736)

Yellowhammer
2015 Ed. (60)
Yellowhouse Events Inc.
2016 Ed. (3465)
Yellowstone Bank
1998 Ed. (364)
Yellowstone Enterprises Ltd.
1995 Ed. (1011)
Yellowstone Landscape Group
2011 Ed. (3394, 3422, 3423, 3429)
2012 Ed. (3435, 3438, 3441, 3442)
2013 Ed. (3461, 3462)
2014 Ed. (3457, 3461, 3462)
2016 Ed. (3309, 3321, 3323, 3324, 3325, 3328, 3329)
Yellowstone National Park
1990 Ed. (2665)
Yellowtail
2010 Ed. (2951)
2012 Ed. (4950)
Yelp
2015 Ed. (1501)
Yemen
1992 Ed. (4240)
1993 Ed. (1960, 1965, 1972, 1979, 1985)
1995 Ed. (2008, 2015, 2022, 2027, 2034, 2038)
1996 Ed. (3025)
2001 Ed. (2455, 2586)
2013 Ed. (487, 734, 743, 768, 1067, 1071, 1348, 1626, 2514, 2688, 2689, 3168, 3418, 3874, 4216, 4503, 4565, 4655, 4970)
2014 Ed. (498, 760, 764, 793, 1026, 1030, 1284, 1592, 2673, 2674, 3178, 3810, 4230, 4547, 4707, 4979)
2015 Ed. (248, 562, 1065, 1348, 1643, 2642, 2717, 2718, 4220, 4545, 4719, 5012)
2016 Ed. (969, 973, 1267, 1586, 2246, 3308, 3740, 4621, 4931)
Yemen Bank for Reconstruction & Development
1989 Ed. (716)
1991 Ed. (696)
1992 Ed. (870)
1993 Ed. (668)
1995 Ed. (637)
1999 Ed. (681)
2000 Ed. (698)
Yemen Commercial Bank
2000 Ed. (698)
Yemen Islamic Insurance Co.
2009 Ed. (2759)
2010 Ed. (2684)
2011 Ed. (2673)
2012 Ed. (2601)
Yemen Mobile
2009 Ed. (118)
2010 Ed. (118)
Yemeni
2001 Ed. (93)
2008 Ed. (108)
2009 Ed. (118)
Yemeni Baby
2009 Ed. (118)
Yen
1992 Ed. (2025)
2000 Ed. (2742)
Yen government bond
1993 Ed. (1916)
yen; Japanese
2008 Ed. (2273)
Yeni Harman
1997 Ed. (995)
Yeo Valley
2002 Ed. (765)
Yeo Valley Organic
2002 Ed. (1960)
Yeoh; Francis
2006 Ed. (4917)
Yeoh Keat Seng
1996 Ed. (1896)
1997 Ed. (1997)
2000 Ed. (2179)
Yeoh Tiang
1997 Ed. (849)
Yeoh Tiong Lay
2008 Ed. (4847)
2009 Ed. (4868)
2010 Ed. (4870)
2011 Ed. (4858)
2012 Ed. (4864)
2013 Ed. (4887)
2014 Ed. (4900)
2015 Ed. (4940)
2016 Ed. (4855)

Yerba Buena Engineering & Construction Inc.
2008 Ed. (2955)
2009 Ed. (3035)
Yergen & Meyer
1998 Ed. (20)
1999 Ed. (25)
2000 Ed. (21)
Yermin Bank
1996 Ed. (575)
Yes Clothing Co.
1991 Ed. (1871, 3144)
1992 Ed. (3994)
Yes Communities Inc.
2011 Ed. (1613)
Yes-DBS TV Services
2005 Ed. (49)
2006 Ed. (56)
Yes, I Am Cheap
2012 Ed. (494)
YES! Inc.
1991 Ed. (844)
1996 Ed. (2128)
1997 Ed. (258, 2237)
1998 Ed. (1955)
1999 Ed. (2696)
YES Network
2009 Ed. (4525)
2013 Ed. (4479)
Yes! Solar Solutions
2016 Ed. (4426)
YesAsia.com
2008 Ed. (2443)
Yesawich, Pepperdine & Brown
1997 Ed. (145)
1998 Ed. (55, 65)
1999 Ed. (89)
2000 Ed. (95)
2002 Ed. (108)
Yesco
2015 Ed. (4467)
Yeshiva University
1995 Ed. (2786)
2000 Ed. (2907)
2011 Ed. (3419)
Yeshiva University, Albert Einstein College of Medicine
2009 Ed. (4054)
2011 Ed. (3975)
2013 Ed. (2836)
Yesmail
2007 Ed. (2353)
2008 Ed. (2477)
Yeti Coolers
2012 Ed. (1078)
Yeun Chyang Industrial
2009 Ed. (3735)
Yeung Kwok Keung
2010 Ed. (3957)
Yeung; Lu
2011 Ed. (3337)
Ygeia Hospital
2013 Ed. (1665)
2014 Ed. (1619)
The YGS Group
2009 Ed. (2000)
Yhtyneet Paperitehtaat Oy
1996 Ed. (2905)
1997 Ed. (1396, 2996)
Yhtyneet Sahat Oy
2002 Ed. (3218)
2004 Ed. (3320)
Yi Jinn Industrial Co. Ltd.
1994 Ed. (1459)
Yi Wu
2006 Ed. (4986)
2007 Ed. (4983)
2008 Ed. (4950)
2009 Ed. (4973, 4983)
Yianos Kontopoulos
1999 Ed. (2404)
Yibin Wuliangye
2002 Ed. (4263)
2006 Ed. (4307)
Yieh Loong Co., Ltd.
1992 Ed. (1703)
Yieh Phui Enterprise Co. Ltd.
1994 Ed. (1459)
Yield Enhancement Strategists
1993 Ed. (2307)
Yien Yeih Commercial Bank
1994 Ed. (500)
Yien Yieh Commercial Bank
1989 Ed. (505)
1990 Ed. (522)
1991 Ed. (480, 481)
1993 Ed. (452)
1995 Ed. (484)
1996 Ed. (528)
1997 Ed. (487)

Yien Yieh Commerical Bank
1992 Ed. (638)
Yihe Corp.
2014 Ed. (4428)
Yildiz Holding
2012 Ed. (669)
2013 Ed. (808)
Yim Ltd.; Henry
1993 Ed. (975)
1994 Ed. (1003)
Yin; Samuel
2014 Ed. (4923)
2015 Ed. (4963)
2016 Ed. (4879)
Ying Gold Enterprise Co. Ltd.
1992 Ed. (1705)
Ying; Michael
2008 Ed. (4844)
2010 Ed. (4865)
Yingli Green Energy Holding
2009 Ed. (4397)
Yinhe
2007 Ed. (3973)
Yinhua Fund Management Co.
2009 Ed. (3460)
Yitai Coal
2000 Ed. (4011)
Yitzhak Tshuva
2008 Ed. (4887)
2009 Ed. (4907)
2010 Ed. (4908)
2011 Ed. (4895)
2012 Ed. (4904)
2013 Ed. (4881)
2014 Ed. (4894)
2015 Ed. (4933)
2016 Ed. (4849)
Yiu; Chu Lam
2009 Ed. (4973)
Yiu; Tang
2012 Ed. (4859)
2013 Ed. (4873, 4874)
2014 Ed. (4887, 4888)
Yizheng Chemical Fiber Co., Ltd.
2006 Ed. (2577)
2007 Ed. (4672)
Yizheng Chemical Fibre
2001 Ed. (1671)
Yizhenq
1998 Ed. (2880)
YKB
1993 Ed. (2369)
YKK
1994 Ed. (198)
YKK AP America Inc.
2015 Ed. (3661)
2016 Ed. (3548)
YKK AP Inc.
2011 Ed. (4948)
2012 Ed. (4947)
2013 Ed. (4940)
2014 Ed. (4950)
2015 Ed. (4989)
2016 Ed. (4906)
Yla-Savon Saastopankki
1996 Ed. (497)
Yliopiston Apteekki
2010 Ed. (1617)
2011 Ed. (1627)
2012 Ed. (1477)
2013 Ed. (1607)
YM
1992 Ed. (3372)
2004 Ed. (149)
2005 Ed. (147)
Y&M Radiology
2013 Ed. (1686)
2014 Ed. (1638)
Ymagis
2015 Ed. (2974)
ymarketing
2014 Ed. (59)
ymarketing LLC
2013 Ed. (1461)
Ymato Transport Co. Ltd.
1997 Ed. (3788)
YMCA
2012 Ed. (3768)
YMCA National Council of the USA
2011 Ed. (3760, 3765)
2012 Ed. (3767)
YMCA of Greater New York
1994 Ed. (2681)
YMCA of Greater Rochester
2010 Ed. (186)
2011 Ed. (108, 3757)
2013 Ed. (92)
YMCA of Greater St. Paul
2006 Ed. (3721)
YMCA of Greater Toronto

2009 Ed. (908)
YMCA of Metropolitan Los Angeles
1993 Ed. (895)
2000 Ed. (2424)
YMCA of Metropolitan Minneapolis
2006 Ed. (3721)
YMCA of the USA
1990 Ed. (288, 2718)
1994 Ed. (240, 241, 909, 910, 1902,
2675, 2676, 2677, 2678)
1995 Ed. (942, 2781, 2784)
1996 Ed. (911)
1997 Ed. (944, 2949)
1999 Ed. (294, 295)
2008 Ed. (3794, 3796)
2009 Ed. (3841)
2010 Ed. (3761)
YMCA of Tucson
1989 Ed. (270)
YMCA-USA
1993 Ed. (250, 251, 2728, 2729,
2730)
YMCAs in the United States
2006 Ed. (3709, 3710, 3711, 3716)
2007 Ed. (3703)
2008 Ed. (3788, 3793, 3798)
2009 Ed. (3831, 3836, 3842)
YMCAs; The National Council of
2005 Ed. (3607, 3608)
YMG Emerging Companies
2001 Ed. (3476)
2002 Ed. (3446, 3448)
YMG Growth
2001 Ed. (3475, 3476)
2002 Ed. (3446)
Y.M.L.A.
2000 Ed. (1099, 2398)
2001 Ed. (1264)
Ymparistokeskukset
2010 Ed. (2502)
YNH Property
2009 Ed. (1861, 4227)
2011 Ed. (1818)
Yochana IT Solutions
2016 Ed. (3105)
Yockey; Samuel D.
1991 Ed. (2547)
1992 Ed. (3137)
Yodle
2012 Ed. (44)
2014 Ed. (1871)
2015 Ed. (2914)
Yodle Inc.
2015 Ed. (3605)
Yodlee
2002 Ed. (4792)
Yodobashi Camera
2012 Ed. (2900)
2013 Ed. (2503)
Yofarm Corp.
2008 Ed. (4998)
Yogen Fruz
1991 Ed. (1773)
1992 Ed. (2227)
1998 Ed. (1757, 1762)
1999 Ed. (2511)
2003 Ed. (4143)
2009 Ed. (3212)
2010 Ed. (3144)
2011 Ed. (3110)
2012 Ed. (3046)
2013 Ed. (3128)
Yogen Fruz World-Wide Inc.
2003 Ed. (2880)
Yogen Fruz Worldwide
2000 Ed. (2267, 2270)
2001 Ed. (2529)
2002 Ed. (2723)
2003 Ed. (885, 2883)
Yogen Fruz/Paradise/Java
2000 Ed. (3800)
2001 Ed. (4083)
Yoger Fruz/Brester's Ice Cream
1997 Ed. (2078)
Yogesh Gupta
2005 Ed. (994)
Yogi
2013 Ed. (4581)
2014 Ed. (4641)
Yogi Bear
1995 Ed. (3398)
Yogi Bear's Jellystone Camp-Resorts
2002 Ed. (931)
2003 Ed. (882)
Yogurt
1992 Ed. (2349)
1994 Ed. (3460)
1995 Ed. (3529, 3530)
1997 Ed. (2033)
1998 Ed. (1237)

2001 Ed. (1974)
2002 Ed. (3489)
2003 Ed. (1962, 3937, 3938)
2005 Ed. (2756)
2008 Ed. (2732)
Yogurt, Frozen
1994 Ed. (3460)
1995 Ed. (1557)
1999 Ed. (2821)
Yogurt, refrigerated
1993 Ed. (3485)
Yogurt/kefir
2000 Ed. (2222)
Yogurtland
2012 Ed. (4264)
Yogurtland Franchising
2016 Ed. (2769)
Yogurtland Franchising Inc.
2012 Ed. (3046)
2013 Ed. (3128)
2014 Ed. (3132)
Yokogawa Electric Corp.
2009 Ed. (4193)
2010 Ed. (3207, 4128)
2011 Ed. (3171, 4093)
2012 Ed. (3127, 4127)
2013 Ed. (3212, 4120)
2014 Ed. (3224, 4135)
2015 Ed. (3287, 4119)
2016 Ed. (3128, 4033)
Yokogawa HP
1990 Ed. (1640)
1991 Ed. (1537)
1993 Ed. (1585)
Yokogawa Medical Systems
1995 Ed. (1245)
Yokohama
1990 Ed. (3597)
1991 Ed. (3392)
1992 Ed. (1391)
1996 Ed. (3693)
1997 Ed. (3135, 3751)
1999 Ed. (4602)
2000 Ed. (301, 4253)
2001 Ed. (4542)
2006 Ed. (4741, 4742, 4747)
2007 Ed. (4757)
2008 Ed. (4679)
2009 Ed. (4718, 4719)
2012 Ed. (4707, 4708, 4709, 4710,
4711)
2013 Ed. (4666, 4667, 4672, 4673,
4674)
2014 Ed. (4719, 4720, 4721)
2015 Ed. (880, 4731, 4732, 4737,
4738, 4739, 4742)
2016 Ed. (4632, 4633, 4638, 4639,
4640, 4644)
Yokohama Hakkeijima Sea Paradise
1996 Ed. (217, 220)
1997 Ed. (249, 252)
1998 Ed. (166)
1999 Ed. (270, 273)
2001 Ed. (382)
2002 Ed. (313)
2003 Ed. (272)
2006 Ed. (267)
2007 Ed. (272)
Yokohama, Japan
1998 Ed. (2887)
Yokohama Research Laboratory
2016 Ed. (4145)
Yokohama Rubber
2014 Ed. (254)
Yokohama Rubber Co., Ltd.
2001 Ed. (4540, 4544)
2006 Ed. (4749)
2007 Ed. (3973, 4756)
2008 Ed. (4678)
2009 Ed. (4721)
2010 Ed. (4384)
2011 Ed. (4329)
2012 Ed. (4385, 4712)
2013 Ed. (4354, 4675)
2014 Ed. (4403, 4723)
2015 Ed. (4391, 4741)
2016 Ed. (4289, 4642, 4643)
Yokohama Tire Corp.
2006 Ed. (4752)
2007 Ed. (4758)
2008 Ed. (4681)
2009 Ed. (4722)
2012 Ed. (4713)
2013 Ed. (4665)
2014 Ed. (4717)
2015 Ed. (4729)
2016 Ed. (4631)
Yokos
2006 Ed. (2006)
Yokosuka FA

1993 Ed. (2884)
Yolo, CA
1991 Ed. (2002)
1995 Ed. (2214, 2556)
2005 Ed. (2032, 2380, 2975, 3316)
2006 Ed. (3305)
Yomiko Advertising
1989 Ed. (127)
1990 Ed. (121)
1991 Ed. (119)
1992 Ed. (171)
1993 Ed. (115)
1994 Ed. (98)
1995 Ed. (92)
1996 Ed. (107)
1997 Ed. (108)
1999 Ed. (111)
2000 Ed. (116)
2001 Ed. (154)
2002 Ed. (127)
2003 Ed. (94)
Yomiuri Shimbun
1989 Ed. (2062)
1996 Ed. (2848)
1997 Ed. (2944)
1999 Ed. (3619)
2002 Ed. (3511)
Yon Broembsen Marson Leo Burnett
1999 Ed. (173)
2000 Ed. (194)
Yoneichi Otani
1993 Ed. (698)
Yong-In Farmland
1996 Ed. (220)
1997 Ed. (249, 252)
Yong-Jin; Chung
2008 Ed. (4851)
Yong-Keu; Cha
2008 Ed. (4851)
2009 Ed. (4873)
Yong Long Steamship Co., Ltd.
1990 Ed. (240)
Yonghao; Liu
2005 Ed. (2515)
2006 Ed. (2529)
2007 Ed. (2508)
2009 Ed. (4862)
2010 Ed. (4863, 4864)
2013 Ed. (4863)
Yonghui Superstores Co.
2016 Ed. (4262)
Yongxing; Liu
2005 Ed. (2515)
2006 Ed. (2529)
2007 Ed. (2508)
2008 Ed. (4843)
2010 Ed. (4863, 4864)
2011 Ed. (4850, 4851)
2012 Ed. (4857)
2013 Ed. (4863, 4864)
2014 Ed. (4877, 4878)
2015 Ed. (4915)
Yonkers Contracting Co. Inc.
1990 Ed. (1197)
Yonkers Public Schools
1991 Ed. (3478)
Yonkers Teachers Credit Union
2009 Ed. (2193)
Yoo Hoo
2009 Ed. (3738)
2010 Ed. (3674)
2011 Ed. (3660)
2013 Ed. (3719)
2014 Ed. (3655)
Yoovidhya; Chaleo
2006 Ed. (4920)
2008 Ed. (4853)
2009 Ed. (4875)
2010 Ed. (4876)
2011 Ed. (4865, 4866)
2012 Ed. (4870, 4871)
2013 Ed. (4914, 4915)
Yoovidhya; Chalerm
2016 Ed. (4881)
Yoovidhya Family
2014 Ed. (4924)
2015 Ed. (4964)
Yoplait
1990 Ed. (1857, 3713)
1993 Ed. (1907)
1997 Ed. (3927)
1998 Ed. (3782)
1999 Ed. (4828)
2000 Ed. (4160, 4444)
2001 Ed. (4939, 4940)
2002 Ed. (1960, 4995)
2003 Ed. (4997, 4998)
2004 Ed. (4998)
2005 Ed. (4999)
2006 Ed. (4998)

2007 Ed. (4999)
2008 Ed. (715, 4997)
2009 Ed. (725, 5000)
2010 Ed. (649, 5004)
Yoplait Custard Style
1999 Ed. (4828)
2000 Ed. (4160, 4444)
2001 Ed. (4940)
Yoplait Go-Gurt
2001 Ed. (4940)
2002 Ed. (4995)
Yoplait Gogurt
2008 Ed. (4999)
Yoplait Greek 100
2015 Ed. (3775, 3776)
Yoplait Greek Blended
2016 Ed. (3691)
Yoplait Greek IOO
2016 Ed. (3690)
Yoplait Light
1999 Ed. (4828)
2000 Ed. (4160, 4444)
2001 Ed. (4940)
2006 Ed. (4998)
2008 Ed. (4997, 4999)
2009 Ed. (5000)
2010 Ed. (5004)
Yoplait Original
2008 Ed. (4999)
Yoplait Trix
1995 Ed. (1887)
1999 Ed. (4828)
2000 Ed. (4160, 4444)
2001 Ed. (4940)
2008 Ed. (4999)
Yoplait USA Inc.
1996 Ed. (3887)
2008 Ed. (4998)
Yoplait Whips
2008 Ed. (4999)
Yordan; Jose
1996 Ed. (1900)
2011 Ed. (3340)
York
1990 Ed. (195, 196, 1861)
1991 Ed. (1777)
1992 Ed. (259, 260, 2242)
1993 Ed. (164, 1908)
1994 Ed. (148, 1925)
1995 Ed. (167, 1949)
1997 Ed. (184, 2095)
1998 Ed. (106, 1779, 1922)
1999 Ed. (203, 2539, 2659)
2000 Ed. (226, 2286, 2442)
2001 Ed. (286)
2002 Ed. (252, 2376, 2377, 2465)
2003 Ed. (963)
2015 Ed. (871)
2016 Ed. (878)
York Bank & Trust Co.
1993 Ed. (2967)
York-Benimaru
2007 Ed. (4636)
York Capital Management
2012 Ed. (1231)
York Carpet World Inc.
1990 Ed. (1027)
York Corrugating Co.
2002 Ed. (3561)
York County Credit Union
2003 Ed. (1923)
2004 Ed. (1963)
2005 Ed. (2105)
2006 Ed. (2200)
2007 Ed. (2121)
2008 Ed. (2236)
2009 Ed. (2222)
2010 Ed. (2176)
2011 Ed. (2194)
2012 Ed. (2054)
2013 Ed. (2235)
2014 Ed. (2167)
2015 Ed. (2231)
2016 Ed. (2202)
York County, ME
1996 Ed. (1472, 1473)
York Federal Savings & Loan
1998 Ed. (3138)
York Federal Savings & Loan Association
1998 Ed. (3564)
York Foreign Sales Corp.
2004 Ed. (4925)
2005 Ed. (4908)
York Hospital
2007 Ed. (1951)
2011 Ed. (1993)
2012 Ed. (1675, 1841)
2013 Ed. (1998)
2014 Ed. (1937)

York International Corp.
1993 Ed. (772)
1994 Ed. (791, 2181)
1995 Ed. (2068, 2235)
1996 Ed. (2243)
1997 Ed. (1277, 2368, 2370)
1998 Ed. (2091)
2003 Ed. (2897)
2004 Ed. (786, 787, 3004)
2005 Ed. (772, 773, 778, 3000)
2006 Ed. (682, 2993)
2007 Ed. (778, 3421)
York Mints
1993 Ed. (836)
York Mitsubishi; Paul
1991 Ed. (287)
York Motor Cars; Terry
1990 Ed. (316, 317, 329)
1991 Ed. (294)
1992 Ed. (398, 399)
1993 Ed. (283, 284)
1994 Ed. (282)
1995 Ed. (278)
1996 Ed. (285)
York, PA
1997 Ed. (3304)
2011 Ed. (2409)
2013 Ed. (4785)
York Peppermint Patties
1990 Ed. (896)
York Peppermint Patty
1998 Ed. (617, 618, 619, 620, 630, 631)
1999 Ed. (1016, 1131)
2000 Ed. (1056, 1057, 1058)
2001 Ed. (1111, 1113)
2002 Ed. (1047, 1048)
2004 Ed. (978)
2005 Ed. (996)
2008 Ed. (973)
York Research
2000 Ed. (2395)
York Risk Services Group Inc.
2012 Ed. (3161, 3162)
2014 Ed. (3258, 3260, 3261)
2015 Ed. (3310, 3313)
York Telecom Corp.
2008 Ed. (3713, 4401)
2013 Ed. (3754)
York; Terence
1991 Ed. (1679)
York Trailer Holdings PLC
1992 Ed. (1201)
1993 Ed. (974)
York University
1994 Ed. (819)
1995 Ed. (871)
2002 Ed. (903, 904, 905, 907, 909)
2004 Ed. (839, 841)
2007 Ed. (1167, 1174)
2008 Ed. (801, 1071, 1081, 1082)
2009 Ed. (1048, 1053, 1056)
2010 Ed. (1018, 3433)
2011 Ed. (953, 3417)
2012 Ed. (873, 3431, 3433)
2014 Ed. (781)
2015 Ed. (823)
York University, Schulich Business
School
2009 Ed. (820)
2010 Ed. (732)
2011 Ed. (682, 683, 687, 692, 693, 694)
2012 Ed. (615, 622)
2013 Ed. (758)
York University, Schulich School of
Business
2003 Ed. (790, 792)
2004 Ed. (833, 836)
2005 Ed. (802)
2007 Ed. (795, 812)
York Water Co.
2004 Ed. (4854)
2005 Ed. (4838)
Yorkdale Shopping Centre
1995 Ed. (3379)
Yorkin; Peg
1994 Ed. (893)
Yorkship Business Supply
1992 Ed. (3289)
1994 Ed. (804)
1995 Ed. (855)
Yorkshire
1992 Ed. (3801)
1999 Ed. (710)
2000 Ed. (3855)
Yorkshire Building Society
2013 Ed. (475)
2016 Ed. (500)
Yorkshire Tea

2002 Ed. (703)
2009 Ed. (601)
2010 Ed. (585)
Yorkshire Tyne Tees
1996 Ed. (1358)
Yorktel
2016 Ed. (3598)
Yorum
1997 Ed. (154)
Yorum Tanitim Basim Ve Yayin
Hizmetleri
2001 Ed. (227)
2002 Ed. (200)
Yosemite Bank
2003 Ed. (508, 509)
Yosemite Lodge
2005 Ed. (2936)
Yosemite National Park
1990 Ed. (2665)
1999 Ed. (3705)
Yosemite Park & Curry Co.
1994 Ed. (1102)
Yoshiaki Tsutsumi
1990 Ed. (730)
1991 Ed. (709)
1992 Ed. (889, 890)
1993 Ed. (698)
1994 Ed. (707)
1995 Ed. (664)
1997 Ed. (673)
1998 Ed. (464)
Yoshida; Kenichiro
1996 Ed. (1886)
1997 Ed. (1992)
Yoshihara; Hiroshi
1997 Ed. (1981)
Yoshihiko Yamamoto
1996 Ed. (1880)
1997 Ed. (1986)
1999 Ed. (2386)
2000 Ed. (2169)
Yoshihiro Hashimoto
2000 Ed. (2170)
Yoshikazu Tanaka
2013 Ed. (4883)
Yoshiki Shinohara
2002 Ed. (4982)
Yoshiko Shinohara
2012 Ed. (4968)
2013 Ed. (4979)
Yoshimitsu Kobayashi
2012 Ed. (765)
2013 Ed. (966)
Yoshimoto; Haruhiko
1990 Ed. (730)
Yoshimoto with family; Haruhiko
1991 Ed. (709)
Yoshinobu Yamada
1997 Ed. (1982)
1999 Ed. (2369)
2000 Ed. (2148)
Yoshinori Tanahashi
1996 Ed. (1874)
Yoshinoya
2005 Ed. (2552)
2006 Ed. (2559, 4113)
2007 Ed. (4140)
2008 Ed. (2679, 4166)
2009 Ed. (2703)
2011 Ed. (2605)
2015 Ed. (4303, 4304)
2016 Ed. (4162, 4168)
Yoshinoya Beef Bowl
1994 Ed. (3087)
2002 Ed. (4008)
2004 Ed. (4125)
Yoshinoya Beef Bowl Restaurants
1997 Ed. (3338)
1999 Ed. (4060)
2000 Ed. (3776)
Yoshinoya Holdings Co., Ltd.
2015 Ed. (4263)
2016 Ed. (4169)
Yoskowitz; Irving B.
1996 Ed. (1228)
Yost; R. D.
2005 Ed. (2481)
Yost; R. Daivd
2006 Ed. (893)
Yost; R. David
2010 Ed. (899)
Yotsuba
1997 Ed. (1577)
You: Being Beautiful
2010 Ed. (565)
You Belong to Me
2001 Ed. (986)
You; Harry
2005 Ed. (992)
You: On a Diet

2009 Ed. (583, 643)
You: On a Diet--The Owner's Manual
for Waist Management
2008 Ed. (554)
You: Staying Young
2009 Ed. (583)
2010 Ed. (611)
You: The Owner's Manual
2007 Ed. (663)
2008 Ed. (622)
You Tube
2008 Ed. (3354)
You & Your Family
2016 Ed. (3401)
YouBet.com
2002 Ed. (2475)
YOUcentric, Inc.
2003 Ed. (2725)
You.I
2016 Ed. (1011, 1485)
Youku.com Inc.
2012 Ed. (4432, 4434)
Young Advertising
1992 Ed. (166)
1993 Ed. (112)
1999 Ed. (106)
2000 Ed. (111)
2001 Ed. (149)
2003 Ed. (89)
Young Alliance
1989 Ed. (122)
1990 Ed. (116)
1991 Ed. (114)
Young America Corp.
2001 Ed. (4468)
"The Young and the Restless"
1993 Ed. (3541)
1995 Ed. (3587)
Young and the Restless
1992 Ed. (4255)
Young; Andre "Dr. Dre"
2014 Ed. (3733)
2016 Ed. (3643)
Young; Arthur
1989 Ed. (5, 8, 9, 10, 11)
1990 Ed. (3, 4, 6, 7, 9, 10)
1991 Ed. (4)
1995 Ed. (14, 2430)
Young Broadcasting Inc.
2005 Ed. (749)
Young Buick-GMC Truck Inc.; Alan
1995 Ed. (669)
1996 Ed. (743)
Young California Homes
2006 Ed. (1159)
Young Chang
2000 Ed. (3176)
2001 Ed. (3411)
Young; Chas. P.
1991 Ed. (3162)
Young Chefs Academy
2009 Ed. (2411)
Young Chevrolet Honda; Dan
1991 Ed. (273)
Young; Coleman A.
1990 Ed. (2525)
1991 Ed. (2395)
1992 Ed. (2987)
1993 Ed. (2513)
1995 Ed. (2518)
Young Colfield BV
2014 Ed. (1840)
2015 Ed. (1878)
Young Communications; M.
2005 Ed. (3953)
Young & Co.; Arthur
1989 Ed. (12)
1990 Ed. (11, 12, 3703)
Young Co.; Paul
1997 Ed. (289)
Young Co.; William M.
1994 Ed. (797)
1995 Ed. (849)
Young & Co.'s Brewery
2011 Ed. (4268)
Young; Don
1994 Ed. (1787)
Young; Donald
1993 Ed. (1803)
Young et Rubicam
1992 Ed. (202)
Young Fast Optoelectronics Co., Ltd.
2011 Ed. (2886)
Young; Herbert
1990 Ed. (1723)
Young Homes
2005 Ed. (1237)
Young, Hyde & Barbour
2008 Ed. (13)
2012 Ed. (22)

2013 Ed. (15)
2014 Ed. (11)
Young Innovations Inc.
2005 Ed. (1886)
Young Investor
2002 Ed. (4829)
Young; James R.
2011 Ed. (846)
Young; John
1990 Ed. (971)
Young; John A.
1991 Ed. (1627)
1992 Ed. (2053, 2057)
1993 Ed. (1702)
Young, Jr.; Walter R.
1997 Ed. (981)
Young-Ju; Park
2010 Ed. (3964)
Young Lawyer
2009 Ed. (4758)
2010 Ed. (4768)
2011 Ed. (4720)
2012 Ed. (4741)
Young Life
2000 Ed. (3350)
Young Living Essential Oils
2012 Ed. (1971)
2013 Ed. (2133)
Young Men's Christian Association
1991 Ed. (2613)
1992 Ed. (3267)
Young Men's Christian Association of
the United States of America
1989 Ed. (2072)
Young Men's Christian Association of
the U.S.A.
1989 Ed. (274, 275)
Young; Michael
1994 Ed. (1796)
Young & Modern
1995 Ed. (2880)
Young Money
2012 Ed. (3737)
2014 Ed. (3712)
Young Money Music
2014 Ed. (3725)
Young; Neil
1992 Ed. (1351)
1994 Ed. (1100)
1995 Ed. (1118, 1120)
1997 Ed. (1113)
2005 Ed. (1161)
Young Pecan
2015 Ed. (3784)
2016 Ed. (3697, 3698)
Young; Phua
1993 Ed. (1837)
1994 Ed. (1817)
1995 Ed. (1859)
1996 Ed. (1836)
Young Poon Group
2008 Ed. (4022)
Young Poong Group
2015 Ed. (4063)
Young Poong Mining Co. Ltd.
1994 Ed. (1321)
1999 Ed. (3136)
Young Rembrandts
2012 Ed. (4471)
Young Rembrandts Franchise
2013 Ed. (2398)
2014 Ed. (2335)
2015 Ed. (2401)
2016 Ed. (2344)
Young Rembrandts Franchise Inc.
2006 Ed. (2341)
2007 Ed. (2277)
2008 Ed. (2410)
2009 Ed. (2410)
2010 Ed. (2322)
2011 Ed. (2317)
2012 Ed. (2219)
Young; Rep. Don
2007 Ed. (2706)
Young & Roehr
1989 Ed. (61)
Young; Roy T.
2006 Ed. (334)
Young & Rubicam
1989 Ed. (98, 120)
1990 Ed. (58, 59, 60, 61, 62, 63, 64,
66, 67, 68, 69, 70, 72, 75, 78, 81,
85, 86, 104, 112, 114, 134, 136,
153, 157, 163, 881)
1991 Ed. (58, 59, 60, 61, 62, 63, 64,
65, 67, 68, 70, 72, 74, 82, 91, 92,
100, 102, 111, 112, 113, 132, 133,
135, 136, 153, 947)
1992 Ed. (101, 102, 103, 104, 105,
106, 107, 108, 111, 113, 114, 115,

116, 121, 122, 130, 131, 132, 140,
141, 146, 147, 150, 151, 161, 162,
163, 164, 165, 175, 179, 186, 191,
215, 3598)
1993 Ed. (59, 60, 61, 63, 64, 66, 68,
69, 70, 71, 72, 73, 75, 76, 78, 82,
85, 93, 97, 100, 109, 110, 111, 117,
119, 122, 132, 137, 142)
1994 Ed. (51, 52, 53, 54, 59, 60, 61,
62, 65, 66, 67, 68, 71, 74, 83, 84,
89, 96, 101, 105, 118)
1995 Ed. (25, 26, 27, 28, 29, 30, 38,
39, 44, 67, 85, 86, 104)
1996 Ed. (40, 41, 42, 43, 54, 59, 61,
62, 63, 66, 68, 69, 70, 73, 77, 78,
81, 88, 89, 91, 94, 96, 99, 100,
101, 108, 114, 123, 129, 130, 131,
132, 133, 138, 141, 143, 144, 147,
148, 153, 154)
1997 Ed. (37, 38, 39, 40, 41, 46, 48,
53, 54, 56, 70, 81, 85, 90, 101,
102, 103, 117, 124, 139)
1998 Ed. (30, 31, 32, 33, 54, 56, 57,
58, 62)
1999 Ed. (35, 36, 37, 38, 40, 41, 44,
45, 46, 47, 48, 49, 50, 51, 53, 82,
91, 103, 104, 105, 123, 132, 156,
165)
2000 Ed. (36, 43, 44, 45, 46, 88, 97,
108, 109, 110, 139, 141, 150, 174,
185, 193)
2001 Ed. (96, 100, 101, 102, 119,
138, 147, 170, 179, 186, 200, 210,
229, 240, 4222)
2002 Ed. (62, 63, 70, 71, 72, 73, 74,
83, 90, 98, 101, 102, 110, 111, 116,
149, 159, 162, 169, 170, 172, 176,
182, 186, 211, 3822)
2003 Ed. (28, 29, 37, 38, 39, 40, 127,
150, 166, 176)
2004 Ed. (103, 123, 124, 133, 134)
2005 Ed. (97, 101, 1522)
2006 Ed. (107, 109)
2010 Ed. (2071)
2011 Ed. (48, 2126)
2012 Ed. (1969)
Young & Rubicam Advertising
2000 Ed. (47, 48, 49, 50, 51, 52, 53,
56)
Young & Rubicam Argentina
1994 Ed. (69)
1995 Ed. (45)
1997 Ed. (58)
1999 Ed. (56)
2000 Ed. (59)
Young & Rubicam Australia
1989 Ed. (83)
1990 Ed. (77)
1993 Ed. (81)
1994 Ed. (70)
1995 Ed. (46)
1997 Ed. (60)
1999 Ed. (57)
2000 Ed. (60)
2003 Ed. (43)
Young & Rubicam Austria
1995 Ed. (47)
2003 Ed. (44)
Young & Rubicam Belgium
1989 Ed. (87)
1991 Ed. (78)
1992 Ed. (125)
1993 Ed. (83)
1994 Ed. (72)
1995 Ed. (50)
1997 Ed. (64)
1999 Ed. (62)
2000 Ed. (66)
2003 Ed. (49)
Young & Rubicam Bogota
1997 Ed. (73)
1999 Ed. (74)
2000 Ed. (80)
2001 Ed. (122)
Young & Rubicam Brands
2009 Ed. (134)
2010 Ed. (134)
2011 Ed. (52)
2012 Ed. (60)
Young & Rubicam Brussels
2001 Ed. (110)
Young & Rubicam Canada
1995 Ed. (53)
2003 Ed. (57)
Young & Rubicam Chicago
1991 Ed. (85)
Young & Rubicam Cinemapresse
2003 Ed. (122)
Young & Rubicam Colombia
1995 Ed. (59)

2003 Ed. (60)
Young & Rubicam Copenhagen
1989 Ed. (97)
1990 Ed. (93)
1993 Ed. (92)
1994 Ed. (82)
1997 Ed. (78)
1999 Ed. (79)
2000 Ed. (85)
2001 Ed. (127)
Young & Rubicam Czech Republic
1995 Ed. (63)
1997 Ed. (76)
1999 Ed. (78)
2000 Ed. (84)
2001 Ed. (126)
2002 Ed. (97)
2003 Ed. (64)
Young & Rubicam Czechoslovakia
1993 Ed. (91)
Young & Rubicam Damaris
1989 Ed. (99)
1990 Ed. (95)
1991 Ed. (93)
1992 Ed. (142)
1993 Ed. (94)
1995 Ed. (66)
1996 Ed. (80)
1997 Ed. (80)
1999 Ed. (81)
2000 Ed. (87)
Young & Rubicam de Chile
1989 Ed. (93)
Young & Rubicam Denmark
1995 Ed. (64)
2003 Ed. (65)
Young & Rubicam Detroit
1995 Ed. (65)
1996 Ed. (79)
1997 Ed. (79)
1998 Ed. (53)
1999 Ed. (80)
2000 Ed. (86)
2001 Ed. (128, 129)
Young & Rubicam do Brasil
1991 Ed. (80)
1992 Ed. (128)
1994 Ed. (73)
1995 Ed. (52)
1997 Ed. (67)
1999 Ed. (67)
2000 Ed. (71)
Young & Rubicam Espana
1990 Ed. (151)
1991 Ed. (151)
Young & Rubicam France
1990 Ed. (103)
1991 Ed. (99)
1992 Ed. (149)
1993 Ed. (99)
1994 Ed. (88)
1995 Ed. (75)
1997 Ed. (89)
1999 Ed. (90)
2000 Ed. (96)
2001 Ed. (137)
2003 Ed. (74)
Young & Rubicam Germany
1995 Ed. (76)
2003 Ed. (76)
Young & Rubicam Group
2001 Ed. (233)
2005 Ed. (113)
2013 Ed. (72)
2014 Ed. (78)
2015 Ed. (69)
2016 Ed. (71)
Young & Rubicam Group of Cos. Ltd
2000 Ed. (76)
Young & Rubicam Group of Cos. Ltd.
1999 Ed. (70)
Young & Rubicam Holdings
1989 Ed. (109)
1990 Ed. (105)
1991 Ed. (101)
Young & Rubicam Hong Kong
1997 Ed. (96)
Young & Rubicam Hungary
1992 Ed. (158)
1993 Ed. (106)
1994 Ed. (93)
1995 Ed. (82)
1997 Ed. (98)
1999 Ed. (99)
2000 Ed. (103)
2001 Ed. (143)
2003 Ed. (83)
Young & Rubicam Italia
1989 Ed. (124)
1990 Ed. (118)

1991 Ed. (116)
1992 Ed. (168)
1993 Ed. (114)
1994 Ed. (97)
1995 Ed. (89)
1996 Ed. (104)
1997 Ed. (106)
1999 Ed. (108)
2000 Ed. (113)
2001 Ed. (151)
2002 Ed. (124)
2003 Ed. (91)
Young & Rubicam Mexico
1995 Ed. (98)
2003 Ed. (121)
Young & Rubicam New Zealand
1997 Ed. (125)
1999 Ed. (133)
2000 Ed. (151)
Young & Rubicam Norway
1994 Ed. (107)
1995 Ed. (108)
1999 Ed. (136)
2003 Ed. (130)
Young & Rubicam Panafcom
2003 Ed. (92)
Young & Rubicam Poland
1993 Ed. (129)
1994 Ed. (110)
1995 Ed. (115)
1997 Ed. (133)
1999 Ed. (144)
2000 Ed. (161)
2001 Ed. (198)
2003 Ed. (137)
Young & Rubicam Portugal
1994 Ed. (111)
1995 Ed. (116)
1997 Ed. (134)
1999 Ed. (145)
2000 Ed. (162)
2001 Ed. (199)
2003 Ed. (138)
Young & Rubicam Prague
1994 Ed. (81)
Young & Rubicam Puerto Rico
1989 Ed. (154)
1990 Ed. (145)
1991 Ed. (145)
1992 Ed. (201)
1993 Ed. (131)
1994 Ed. (112)
1995 Ed. (117)
1997 Ed. (135)
1998 Ed. (64)
1999 Ed. (146)
2000 Ed. (163)
2001 Ed. (201)
2003 Ed. (139)
Young & Rubicam Russia
2003 Ed. (143)
Young & Rubicam Singapore
1997 Ed. (141)
Young & Rubicam South Africa
1989 Ed. (157)
1990 Ed. (148)
1991 Ed. (148)
1992 Ed. (205, 209)
1993 Ed. (136)
1994 Ed. (115)
1995 Ed. (124)
1997 Ed. (144)
1999 Ed. (153)
Young & Rubicam Spain
1995 Ed. (127)
Young & Rubicam Switzerland
1995 Ed. (130)
Young & Rubicam Turkey
1992 Ed. (217)
1993 Ed. (143)
1995 Ed. (134)
1997 Ed. (154)
1999 Ed. (164)
2000 Ed. (183)
2001 Ed. (227)
2002 Ed. (200)
2003 Ed. (160)
Young & Rubicam U.K.
1993 Ed. (101)
1994 Ed. (90)
1995 Ed. (77)
1997 Ed. (92)
1999 Ed. (93)
2000 Ed. (99)
2002 Ed. (205)
2003 Ed. (164)
Young & Rubicam Ukraine
2003 Ed. (162)
Young & Rubicam Zambia
1991 Ed. (162)

1992 Ed. (222)
1995 Ed. (139)
1997 Ed. (160)
1999 Ed. (172)
2001 Ed. (243)
2003 Ed. (183)
Young & Rubicam/(BM) Norway
2000 Ed. (154)
2001 Ed. (191)
Young & Rubicam/Media Pro & Partners
1997 Ed. (136)
1999 Ed. (147)
Young & Rubicam/Reklamevi
1994 Ed. (124)
Young & Rubicam/Saint-Jaques Vallee
1999 Ed. (71)
Young & Rubicam/Sovero
1992 Ed. (208)
1993 Ed. (133)
1994 Ed. (113)
1995 Ed. (119)
1997 Ed. (137)
1999 Ed. (148)
2000 Ed. (165)
2001 Ed. (204)
Young Sales Corp.
1990 Ed. (1205)
1991 Ed. (1087, 1090)
1994 Ed. (1148, 1149)
1996 Ed. (1138)
Young; Steve
1997 Ed. (1724)
Young; Timothy
2014 Ed. (3467)
Young Wha
1997 Ed. (16)
Young; William
1989 Ed. (1418)
1991 Ed. (1700, 1708)
1993 Ed. (1786)
1994 Ed. (1769)
1995 Ed. (1798, 1810)
1996 Ed. (1785)
1997 Ed. (1861)
Young Women's Christian Association—
YWCA
2004 Ed. (1355)
Youngone
2007 Ed. (1982)
2011 Ed. (1479)
Young's
2008 Ed. (716)
2009 Ed. (723, 726)
2010 Ed. (650)
Youngs Frozen Fish
2002 Ed. (2368)
Young's Market Co.
1993 Ed. (978)
2004 Ed. (677)
2005 Ed. (666)
2009 Ed. (3524)
2010 Ed. (3453)
2011 Ed. (4065)
2012 Ed. (4099)
2013 Ed. (1469)
2014 Ed. (1432)
2016 Ed. (1427)
Young's Market Co., LLC
2011 Ed. (3454)
2012 Ed. (3467)
Youngsoft Inc.
2009 Ed. (1645)
2013 Ed. (183)
Youngstown City School District
2002 Ed. (2062)
Youngstown, OH
1992 Ed. (2543)
2000 Ed. (1092, 2995)
2002 Ed. (396, 1061)
2005 Ed. (2379)
2006 Ed. (2425)
2008 Ed. (3110)
2009 Ed. (2495)
2010 Ed. (3132)
2011 Ed. (3479, 4438)
Youngstown-Warren-Boardman, OH-PA
2010 Ed. (3493)
2015 Ed. (3534)
Youngstown-Warren, OH
1998 Ed. (2483)
Younkers
1995 Ed. (1551)
1996 Ed. (1532)
1997 Ed. (1591)
Yount, Hyde & Barbour
2009 Ed. (16)
2015 Ed. (12)
2016 Ed. (11)
Your Best Life Now
2007 Ed. (663)

Your Best Rate Financial
2009 Ed. (2763)
Your Call Is (Not) That Important to Us
2011 Ed. (538)
Your Community Bank
2016 Ed. (1727)
Your Friends & Neighbors
2001 Ed. (4701)
Your Heart Belongs to Me
2010 Ed. (563)
2011 Ed. (495)
Your Home
2000 Ed. (3498)
Your Income Tax; J. K. Lasser's
2006 Ed. (638)
Your Life
1994 Ed. (3633, 3634, 3635)
1998 Ed. (1273, 1357)
2003 Ed. (4857)
Your Money or Your Life
1999 Ed. (691)
Your Music SRL
2015 Ed. (3746)
2016 Ed. (3654)
Your Place
1989 Ed. (2234)
Your Place Restaurants
1994 Ed. (2884)
Your Way
1993 Ed. (1068)
Your Window into the Future
1992 Ed. (2802)
Your World with Neil Cavuto
2003 Ed. (807, 808)
YourBarFactory
2015 Ed. (2760)
YourElectronicWarehouse.com
2009 Ed. (2448)
YourMembership.com Inc.
2016 Ed. (1563)
YourSurprise.com BV
2013 Ed. (2910)
YouSendIt
2012 Ed. (213, 4051)
Youish Consulting
2015 Ed. (3244)
Youish Inc.
2015 Ed. (3244)
Yousif; Adnan Ahmed
2013 Ed. (3474)
Youssef Mansour
2012 Ed. (4885)
2013 Ed. (4869)
2014 Ed. (4883)
2015 Ed. (4921)
2016 Ed. (4837)
Youth Dew
1992 Ed. (3367)
1994 Ed. (2780)
1997 Ed. (3030)
Youth for Understanding
1991 Ed. (2618)
Youth for Understanding International
Exchange
1994 Ed. (908)
Youthair
1994 Ed. (2021)
YouTube
2008 Ed. (649, 653, 654, 1401)
2009 Ed. (692, 713)
2010 Ed. (3368, 3378)
2011 Ed. (3324, 3326, 4807)
2012 Ed. (3312, 4824)
2013 Ed. (2481, 3384, 4815)
2014 Ed. (3385)
2015 Ed. (3421)
YouTube.com
2008 Ed. (4808)
You've Been Warned
2010 Ed. (564)
You've Got Maids
2015 Ed. (782)
2016 Ed. (703)
You've Got Mail
2001 Ed. (2125, 4699)
Youville Lifecare
2003 Ed. (4067)
Yow
2000 Ed. (811)
Yoyoghi National Stadium
2001 Ed. (4359)
YP
2015 Ed. (1661)
2016 Ed. (1602)
Ypartnership
2011 Ed. (4115, 4118)
2012 Ed. (4145, 4150)
YPF
1989 Ed. (1135)

1990 Ed. (1395)
1991 Ed. (1322)
1995 Ed. (3203)
1996 Ed. (811, 1399)
1997 Ed. (827, 828, 1260, 2115)
1999 Ed. (949, 950)
2000 Ed. (895, 896)
2014 Ed. (1357)
YPF SA
2001 Ed. (1200, 1553, 1746)
2002 Ed. (855, 1717, 1718, 1719,
1720)
2003 Ed. (4570)
2013 Ed. (2527, 3965)
2014 Ed. (3908)
2015 Ed. (3936)
2016 Ed. (3855)
YPF SA; Repsol
2010 Ed. (4587)
YPF-Yacimientos Petroliferos
1991 Ed. (1249)
1992 Ed. (1567)
YPM Inc.
2003 Ed. (181)
2004 Ed. (135)
YPT S E
1993 Ed. (2030)
YPT S K
1993 Ed. (2030)
YPT V E
1993 Ed. (2030)
Y&R Advertising
2000 Ed. (3474)
YRC Freight
2013 Ed. (4761)
2014 Ed. (4812)
2015 Ed. (4847)
2016 Ed. (4751)
YRC Inc.
2011 Ed. (2766)
2013 Ed. (2775)
2014 Ed. (2759)
2016 Ed. (2743)
YRC Logistics
2009 Ed. (2836)
YRC National
2010 Ed. (4812)
2011 Ed. (4762)
2012 Ed. (4784)
YRC National Transportation
2011 Ed. (4768)
2012 Ed. (4790)
YRC Nationals
2009 Ed. (4794)
YRC Regional
2010 Ed. (4812)
2011 Ed. (4762)
2012 Ed. (4784)
2013 Ed. (4761)
2014 Ed. (4812)
2015 Ed. (4847)
2016 Ed. (4751)
YRC Regional Transporation
2011 Ed. (4768)
YRC Regional Transportation
2008 Ed. (4769)
2009 Ed. (4801)
2012 Ed. (4790)
YRC Regionals
2009 Ed. (4794)
YRC Worldwide
2013 Ed. (4438, 4521, 4751)
2014 Ed. (4801)
2015 Ed. (4431, 4836, 4853)
2016 Ed. (4739, 4760)
YRC Worldwide Inc.
2007 Ed. (1840, 1841, 1843, 1844,
2645, 2646, 4825, 4842, 4844)
2008 Ed. (1873, 1874, 1875, 1877,
2772, 2773, 4522, 4736, 4743,
4763, 4766, 4780)
2009 Ed. (312, 1829, 1831, 1832,
2832, 2833, 2835, 3113, 4772,
4774, 4797, 4799)
2010 Ed. (294, 1770, 1772, 1773,
2776, 2777, 3047, 4785, 4792,
4816, 4818, 4823, 4824, 4825,
4826)
2011 Ed. (1739, 1742, 1743, 1747,
1784, 1785, 2766, 2767, 3016,
3152, 4771, 4775, 4777, 4783,
4784, 4785, 4786)
2012 Ed. (1588, 1591, 1592, 1593,
1596, 1638, 1640, 1641, 2694,
2695, 2943, 4752, 4793, 4797,
4803, 4804, 4805, 4806, 4807)
2013 Ed. (1744, 1747, 1748, 1752,
1794, 1797, 1798, 2775, 2776,
3032, 4754, 4758, 4766, 4767)
2014 Ed. (1724, 1725, 2759, 2760,

3045, 4804, 4808, 4809, 4817)
2015 Ed. (1766, 1769, 2810, 2811,
3111, 4839, 4844, 4852)
2016 Ed. (1720, 1723, 2743, 2744,
4324, 4743, 4748, 4756, 4757,
4758, 4759)
Y&S Twizzlers
2000 Ed. (968)
Yslas; Stephen D.
2012 Ed. (2489)
YTG LLC
2009 Ed. (1298, 1336)
2010 Ed. (1291, 1319)
2011 Ed. (1193, 1247, 1296)
2012 Ed. (1138, 1172, 1180)
YTL
1999 Ed. (1701, 1702)
2000 Ed. (1294, 1296, 1298, 1299,
2884)
2001 Ed. (1785)
2006 Ed. (1860)
2010 Ed. (1794)
2014 Ed. (2844, 4842)
2015 Ed. (2885, 4879)
2016 Ed. (679, 2364, 2811)
YTL Corporation
2000 Ed. (1511)
YTL Corp. Bhd
2002 Ed. (3051)
YTL Corp. Bhd.
2013 Ed. (2525)
YTL Corporation Bhd.
2012 Ed. (2263, 2727)
2013 Ed. (2454, 2816)
2014 Ed. (2386, 2854)
2015 Ed. (2455, 2894)
YTL Power International
2000 Ed. (1511)
2014 Ed. (2844, 4842)
YTL Power International Bhd.
2013 Ed. (2525, 2538)
2015 Ed. (2530)
Yu; Chu Lam
2008 Ed. (4883)
Yu-Din Steel Co. Ltd.
1994 Ed. (1463)
Yu-gi-oh
2006 Ed. (649)
Yu; Gillian
2015 Ed. (3425)
2016 Ed. (3285)
Yu Hwa Securities
1997 Ed. (3484)
Yu Kong Ltd.
1989 Ed. (1134)
1990 Ed. (1394)
1992 Ed. (1662)
Yu-lin; Lin
2011 Ed. (4863, 4864)
2012 Ed. (4869)
2013 Ed. (4913)
2014 Ed. (4923)
2015 Ed. (4963)
2016 Ed. (4879)
Yu Pang Lin
2010 Ed. (3958)
Yu-Tung; Cheng
2008 Ed. (4844)
2009 Ed. (4863, 4864)
2010 Ed. (4865)
2011 Ed. (4852, 4853)
2012 Ed. (4859, 4860)
2013 Ed. (4873, 4874, 4916)
2014 Ed. (4887, 4888)
2015 Ed. (4926, 4927)
2016 Ed. (4842, 4843)
Yu; Wong Kwong
2006 Ed. (2529)
2007 Ed. (2508)
2008 Ed. (4843)
2009 Ed. (4861, 4862)
2010 Ed. (4863)
Yuan Foong Yu Paper Manufacturing
Co. Ltd.
1995 Ed. (1497)
Yuan Ta Stock Broker Co., Ltd.
1990 Ed. (821)
Yuanta
1999 Ed. (937)
Yuanta Financial Holding
2012 Ed. (3345)
2013 Ed. (3412)
2014 Ed. (3409)
2015 Ed. (3444)
2016 Ed. (3303)
Yuasa Battery Taiwan Co. Ltd.
1994 Ed. (2424)
Yuasa Trading
1995 Ed. (3335)
Yuba City, CA

1994 Ed. (2495)
2002 Ed. (1054)
2005 Ed. (1059, 3316)
2006 Ed. (1067, 3305)
2007 Ed. (3369)
2008 Ed. (3467)
2009 Ed. (3546)
2010 Ed. (3466)
2011 Ed. (3480)
Yuba City-Marysville, CA
2005 Ed. (2032, 3470, 4796)
Yuban
1992 Ed. (1239)
1999 Ed. (1215)
2005 Ed. (1048)
2013 Ed. (1029)
2014 Ed. (998)
Yucca Valley, CA
1995 Ed. (1619)
2008 Ed. (4245)
Yuchengco Sr.; Alfonso
2010 Ed. (3967)
Yue Ki Industrial Co., Ltd.
1992 Ed. (1700)
Yue Loong Motor
1989 Ed. (1166)
1990 Ed. (1425, 1427, 2519)
1991 Ed. (1356, 1357, 3271)
1992 Ed. (1698, 1699, 2975)
1993 Ed. (1409, 3501)
1994 Ed. (1457, 1458, 2439, 3473)
1995 Ed. (1342, 1497)
1996 Ed. (3627)
2000 Ed. (1568)
Yue Yuen Industrial Holdings Ltd.
2006 Ed. (3373)
2008 Ed. (3550)
2009 Ed. (3615)
2010 Ed. (3539)
2011 Ed. (3538)
2013 Ed. (1006, 3576)
2014 Ed. (971)
2015 Ed. (1008)
2016 Ed. (912)
Yuebo Music
2013 Ed. (3791)
2015 Ed. (3740)
2016 Ed. (3648)
Yuen Foong Yu Paper Manufacturing
Co. Ltd.
1992 Ed. (1697)
1993 Ed. (1409)
1994 Ed. (1457)
Yuen Sang Enterprises
1990 Ed. (2047)
1993 Ed. (2059)
Yuengling
2007 Ed. (592, 596)
2008 Ed. (541)
2012 Ed. (439)
Yuengling & Son; DG
1989 Ed. (757, 767)
1990 Ed. (752)
2005 Ed. (652)
Yuengling & Son Inc.; D. G.
1997 Ed. (713)
2006 Ed. (552)
2008 Ed. (537)
2009 Ed. (571)
2010 Ed. (553)
2011 Ed. (480)
2012 Ed. (443)
Yuengling Traditional Lager
2007 Ed. (594)
2009 Ed. (573)
2010 Ed. (555)
2015 Ed. (633)
2016 Ed. (583)
Yuganskneftegaz
1996 Ed. (3098)
1997 Ed. (1502)
Yugo
1989 Ed. (342, 345, 1671)
1993 Ed. (350)
Yugo Center of Texas
1992 Ed. (414)
Yugoslavia
1989 Ed. (2956)
1990 Ed. (1449, 1475, 1906, 1913,
1920, 3276, 3694)
1991 Ed. (1382, 1820, 1824, 1825,
1829, 1836, 1843, 3506)
1992 Ed. (1734, 2095, 2251, 2300,
2305, 2322, 2357, 2359, 4474)
1993 Ed. (1467, 1962, 1969, 3722,
3724)
1994 Ed. (1987)
1995 Ed. (2031)
1996 Ed. (3435)
2002 Ed. (780)

2004 Ed. (1401)
Yuhan Corp.
 1989 Ed. (40)
 2007 Ed. (1986)
Yuhan Indojaya
 2006 Ed. (53)
Yuhuang Chemical
 2016 Ed. (3380)
Yuichi Fujimoto
 1999 Ed. (2376)
 2000 Ed. (2156)
Yuji Fujimori
 2000 Ed. (2167)
Yukiguni Maitake Co.
 2005 Ed. (2656)
Yukihiro Moroe
 1996 Ed. (1882)
 1997 Ed. (1988)
 1999 Ed. (2388, 2389)
 2000 Ed. (2171)
Yukiko Ohara
 1999 Ed. (2369)
 2000 Ed. (2148)
Yukimura's Inc.
 2006 Ed. (1747)
 2007 Ed. (1756)
 2008 Ed. (1784)
 2009 Ed. (1725)
 2010 Ed. (1673)
Yuko Taniwaki
 1996 Ed. (1876)
 1997 Ed. (1983)
Yukon
 1995 Ed. (1449)
 2001 Ed. (481)
 2007 Ed. (3783)
Yukon-Charley Rivers National Preserve
 1990 Ed. (2667)
Yukon; GMC
 2006 Ed. (3577)
Yukon Jack
 1990 Ed. (2444, 2463)
 1991 Ed. (2328, 2329, 2330, 2332)
 1992 Ed. (2861)
 1993 Ed. (2425, 2431)
 1994 Ed. (2369)
 1996 Ed. (2494, 2503)
 1997 Ed. (2636)
 1998 Ed. (2364)
 2001 Ed. (3110)
 2002 Ed. (3086)
 2003 Ed. (3219)
 2004 Ed. (3269, 3273)
Yukon-Kuskokwim Health Corp.
 2001 Ed. (1608)
 2003 Ed. (1604, 1605, 2274, 2693)
 2004 Ed. (1620)
 2005 Ed. (1646)
 2006 Ed. (1537)
 2016 Ed. (1352)
Yukon-Nevada Gold
 2014 Ed. (1475)
Yukon-Nevada Gold Corp.
 2013 Ed. (1531)
Yukong
 1989 Ed. (1133)
 1990 Ed. (1393)
 1991 Ed. (1319, 1320)
 1992 Ed. (1663, 2822)
 1994 Ed. (1414, 1415)
 1995 Ed. (1447, 1448)
 1996 Ed. (1411, 1412)
 1997 Ed. (1467, 1470, 2591, 2592)
 1999 Ed. (1695, 1697, 3813)
 2000 Ed. (2882)
Yukos Corp.
 2005 Ed. (2409, 2410, 2412)
Yukos; OAO NK
 2005 Ed. (1801, 1802, 1958, 3764, 3789)
 2006 Ed. (1775, 1776, 2004, 4532, 4533)
Yukosneftegaz
 2005 Ed. (1475, 1483, 1562)
Yule Catto
 2005 Ed. (959)
 2006 Ed. (866)
 2011 Ed. (811)
Yule Catto & Co.
 2006 Ed. (867)
 2007 Ed. (956)
Yulia Tymoshenko
 2007 Ed. (4983)
Yulon Motor Co.
 1997 Ed. (1520)
 1999 Ed. (1743)
 2000 Ed. (1568)
 2006 Ed. (94)
YUM! Brands
 2014 Ed. (2544)

Yum! Brands
 2013 Ed. (1803)
 2014 Ed. (1730, 2563)
YUM! Brands Inc.
 2014 Ed. (4322, 4323)
Yum! Brands Inc.
 2003 Ed. (17, 2532, 4092)
 2004 Ed. (60, 75, 79, 81, 1604, 1770, 1771, 2664, 2667, 3254, 4105, 4106, 4107, 4108, 4117, 4487, 4544, 4681, 4684)
 2005 Ed. (18, 55, 60, 70, 171, 247, 1836, 1837, 2658, 2661, 2666, 3280, 3488, 4043, 4044, 4045, 4046, 4049, 4054, 4656, 4657)
 2006 Ed. (62, 67, 79, 266, 1841, 1842, 1843, 1844, 2649, 2651, 2652, 3268, 3269, 3271, 4102, 4103, 4107, 4108, 4709)
 2007 Ed. (53, 58, 70, 75, 84, 1846, 1847, 1848, 2629, 2630, 2949, 2957, 2958, 3342, 3343, 3347, 4121, 4122, 4126, 4127, 4133)
 2008 Ed. (32, 55, 60, 75, 171, 1213, 1882, 1883, 1884, 1885, 2757, 2758, 3074, 3440, 3687, 4143, 4144, 4145, 4154, 4171, 4172, 4652)
 2009 Ed. (37, 68, 90, 156, 905, 1837, 1838, 1839, 1840, 1841, 2813, 2815, 3153, 3172, 3513, 3516, 4255, 4256, 4257, 4277, 4278, 4299, 4694)
 2010 Ed. (47, 78, 92, 98, 114, 147, 798, 1778, 1779, 1780, 1781, 2755, 2757, 3445, 4196, 4197, 4202, 4229, 4263, 4404, 4706, 4710, 4809)
 2011 Ed. (71, 726, 1434, 1438, 1441, 1731, 1791, 1792, 1793, 1794, 2403, 2734, 2740, 2742, 3441, 3445, 4204, 4205, 4208, 4229, 4230, 4263, 4661, 4666, 4758, 4759)
 2012 Ed. (33, 73, 664, 1268, 1271, 1374, 1580, 1646, 1648, 1649, 1650, 2672, 2677, 2678, 3458, 3462, 4255, 4256, 4260, 4268, 4302, 4304, 4677, 4780, 4781)
 2013 Ed. (38, 68, 806, 1369, 1372, 1375, 1466, 1736, 1804, 1806, 1807, 1808, 2760, 2765, 2766, 3505, 3509, 4232, 4233, 4234, 4267, 4268, 4741, 4742)
 2014 Ed. (53, 87, 826, 1312, 1315, 1318, 1330, 1679, 1731, 1733, 1734, 1735, 2744, 2746, 2747, 3480, 3483, 4279, 4280, 4282, 4324, 4325, 4791, 4792)
 2015 Ed. (865, 1376, 1378, 1380, 1393, 1776, 1778, 1779, 2795, 2797, 2798, 3498, 3500, 4261, 4262, 4271, 4274, 4301, 4430, 4825, 4826)
 2016 Ed. (753, 1303, 1305, 1307, 1309, 1323, 1683, 1730, 1732, 1735, 1736, 2726, 2727, 2728, 4166, 4167, 4171, 4208, 4210, 4729, 4731)
Yum Restaurants
 2004 Ed. (1648)
YUM! Restaurants International (Canada) Co.
 2014 Ed. (4285)
Yum! Restaurants International (Canada) LP
 2011 Ed. (4264, 4265)
Yuma, AZ
 1997 Ed. (2767)
 2000 Ed. (1076, 4365)
 2002 Ed. (3330)
 2004 Ed. (2289)
 2005 Ed. (1059, 2388, 3470, 4796)
 2006 Ed. (1067)
 2007 Ed. (1159, 2370, 2375, 3359, 3363, 3387)
 2008 Ed. (1052, 2490, 3456, 3461, 3481, 4245, 4353)
 2009 Ed. (1025, 2496)
 2010 Ed. (991)
 2011 Ed. (919)
Yuma-El Centro, AZ-CA
 2014 Ed. (2627)
Yun Jong-Yong
 2006 Ed. (690)
 2011 Ed. (817)
 2014 Ed. (937)
Yunan
 1997 Ed. (205)
Yung Chia Chemical Industries Corp.

1992 Ed. (1704)
Yung-Fa; Chang
 2010 Ed. (3965)
Yung Kau
 1995 Ed. (832, 833)
Yung; Larry
 2009 Ed. (4861)
Yung Li Securities Co., Ltd.
 1990 Ed. (821)
Yung Tay Engineering Co. Ltd.
 1994 Ed. (1460, 1462, 2424)
Yung-tsai; Wang
 2012 Ed. (4869)
 2013 Ed. (4913)
 2014 Ed. (4923)
 2015 Ed. (4963)
Yunil Semicon
 2002 Ed. (4435)
Yunique Solutions
 2008 Ed. (986)
Yunnan Baiyao
 2014 Ed. (3953)
 2015 Ed. (3995)
 2016 Ed. (3908)
Yunnan Baiyao Group
 2015 Ed. (3988)
 2016 Ed. (3901)
Yunnan Electronic
 1995 Ed. (2572)
Yunnan Yuntianhua
 2015 Ed. (942)
Yurcor
 2007 Ed. (3545, 4406, 4991)
 2008 Ed. (3703, 4378, 4957)
Yurie Systems
 1998 Ed. (1880, 1884, 1886, 1888)
 1999 Ed. (2614, 2621, 4322, 4328)
Yurindo
 2012 Ed. (530)
 2013 Ed. (3651)
Yuriy Kosiuk
 2012 Ed. (4897)
 2013 Ed. (4920)
 2014 Ed. (4927)
 2015 Ed. (4967)
 2016 Ed. (4884)
Yusen Logistics
 2015 Ed. (2814)
Yusuf Al Qaradawi
 2013 Ed. (3475)
Yusuf Bin Ahmed Kanoo
 1994 Ed. (3140)
Yutaka Sugiyama
 1999 Ed. (2367)
Yuval Ben-Itzhak
 2005 Ed. (994)
Yuzhu; Shi
 2009 Ed. (4862)
Yuzmashavia
 2012 Ed. (154)
Yves C. de Balmann
 2001 Ed. (2315)
Yves Rocher
 2009 Ed. (3200)
 2012 Ed. (3034)
 2015 Ed. (3846)
Yves Saint Laurent
 1995 Ed. (1243)
 2011 Ed. (755)
Yves St. Laurent
 1990 Ed. (1579)
Yvonne Garcia
 2015 Ed. (3044)
YWCA of the USA
 1990 Ed. (2718)
 1995 Ed. (942, 2781)
 1997 Ed. (944)
 1998 Ed. (689)
 2000 Ed. (3346, 3348)
 2001 Ed. (1819)
 2006 Ed. (3714)
 2008 Ed. (3791)
 2010 Ed. (3759)
YWCA-USA
 1993 Ed. (251, 2728)

Z

Z-Bec 60s
 1991 Ed. (3454)
Z-Boost
 2016 Ed. (3615)
Z-Coil Pain Relief Footwear
 2011 Ed. (3857)
Z Corp.
 2002 Ed. (2520)
 2003 Ed. (2742)
 2005 Ed. (1105)
Z Energy Ltd.

2016 Ed. (1887)
Z Festival
 2013 Ed. (1142)
Z Frank Auto Dealership Group
 1991 Ed. (308)
Z. Frank Chevrolet
 1990 Ed. (339)
 1991 Ed. (306)
 1993 Ed. (296, 300)
 1994 Ed. (265)
Z Frank Chevrolet-Geo
 1992 Ed. (411)
Z Frank Dealer Group
 1990 Ed. (345)
Z Frank Oldsmobile
 1990 Ed. (312)
 1991 Ed. (289)
Z Gallerie
 1998 Ed. (1788)
 2015 Ed. (2866)
Z-Landerbank Bank Austria
 1994 Ed. (1326, 3632)
 1995 Ed. (424, 1356, 1357)
 1996 Ed. (3793)
Z-Medica LLC
 2014 Ed. (1543)
Z Pizza
 2006 Ed. (2573)
 2009 Ed. (2708)
 2010 Ed. (2628)
 2011 Ed. (2610)
Z-Seven Fund Inc.
 2002 Ed. (3568)
Z. Smith Reynolds Foundation
 1995 Ed. (1933)
Z-Spanish Media Corp.
 2001 Ed. (2702)
Z-Spanish Radio Network
 1998 Ed. (1939)
Z Squared Media
 2014 Ed. (3595)
Z-Tech Corp.
 2007 Ed. (1394)
Z-Tel Technologies, Inc.
 2002 Ed. (2476)
 2003 Ed. (2706)
Z Tel Teleservices
 2003 Ed. (1796)
 2004 Ed. (1831)
ZA Business Services
 1999 Ed. (21)
 2000 Ed. (18)
Zabaco
 1999 Ed. (4793)
 2005 Ed. (4954)
Zabars.com
 2011 Ed. (2363)
Zable; Walter
 2006 Ed. (3931)
Zable; Walter J.
 2005 Ed. (976, 977)
 2011 Ed. (628)
Zabludowicz; Anita
 2013 Ed. (4902)
Zabludowicz; Poju
 2007 Ed. (4930)
 2008 Ed. (4906)
Zac Brown Band
 2011 Ed. (3716)
 2012 Ed. (3733, 3737)
 2013 Ed. (3785)
 2014 Ed. (3732)
Zach Parise
 2014 Ed. (196)
 2015 Ed. (223)
Zachar; Ned
 1997 Ed. (1942)
Zachodni WBK; Bank
 2005 Ed. (598)
 2006 Ed. (514)
 2007 Ed. (542)
 2008 Ed. (493)
Zachry Co.; H. B.
 1996 Ed. (1126)
Zachry Consolidated Inc.
 2011 Ed. (1110)
 2012 Ed. (1032)
 2013 Ed. (1182)
 2014 Ed. (1134)
Zachry Consolidated LLC
 2014 Ed. (1135)
Zachry Construction Corp.
 2001 Ed. (1401)
 2003 Ed. (1138)
 2004 Ed. (1142, 1265, 1279, 1282, 1283, 1284, 1297)
 2005 Ed. (1165, 1304)
 2006 Ed. (1161, 1249, 1273, 1335)
 2007 Ed. (1273, 1347)
 2008 Ed. (1166, 2110)

2009 Ed. (1147, 2094)
2014 Ed. (1173)
Zachry Engineering Corp.
2012 Ed. (1044, 2369)
Zachry Gorup
2016 Ed. (2489)
Zachry Group
2009 Ed. (1216, 1314)
2010 Ed. (1145, 1219, 1308, 2469)
Zachry Holdings Inc.
2010 Ed. (1142)
2011 Ed. (1083, 1166, 1205, 1269)
2012 Ed. (1004, 1104, 2377)
2013 Ed. (1148, 1234)
2014 Ed. (1110, 1173)
2015 Ed. (1150, 1226, 1238, 2560)
2016 Ed. (1129, 1136, 1148, 1149, 2480)
Zachry Inc.
2001 Ed. (1407)
2005 Ed. (1217, 1218)
2006 Ed. (1187)
2007 Ed. (1295, 1296)
2008 Ed. (1193)
2009 Ed. (1168)
2010 Ed. (1161)
Zachry Industrial Inc.
2011 Ed. (1083)
2012 Ed. (1004)
2013 Ed. (1148)
2014 Ed. (1110)
2015 Ed. (1150)
2016 Ed. (1129)
Zachy Farms LLC
2005 Ed. (3296)
2006 Ed. (3288)
Zack; Ezra
1995 Ed. (2357)
Zack Greinke
2015 Ed. (220)
Zackfia; Sharon
2011 Ed. (3370)
Zacks
2002 Ed. (4861)
Zacks Advisor
2002 Ed. (4834)
Zacky Farms Inc.
2001 Ed. (3152)
2003 Ed. (3233)
Zacson Corp.
1996 Ed. (3641)
Zafari; Reza
2009 Ed. (3444)
Zafirovski; Michael
2008 Ed. (2637)
Zag
2011 Ed. (4051)
Zager; Drew
2016 Ed. (3287)
Zager; Drew J.
2012 Ed. (3319)
ZAGG
2014 Ed. (3148)
Zagorka
2010 Ed. (44)
Zagorka Ad
2001 Ed. (21)
Zagreb, Croatia
2006 Ed. (4502)
Zagrebacka Banka
1993 Ed. (669)
1994 Ed. (669)
1997 Ed. (444, 445)
1999 Ed. (491, 498)
2000 Ed. (506)
2001 Ed. (619)
2002 Ed. (546, 547, 553)
2003 Ed. (480, 489)
2004 Ed. (475)
2005 Ed. (483)
2006 Ed. (429)
2007 Ed. (427)
2008 Ed. (401)
2009 Ed. (423)
2010 Ed. (399)
2011 Ed. (326)
2013 Ed. (416)
2014 Ed. (435)
2015 Ed. (490, 513)
2016 Ed. (444)
Zagrebacka Banka d.d.
2014 Ed. (458, 1575)
2015 Ed. (516, 1627)
2016 Ed. (469, 1553)
Zagrebacka Banka dd
1995 Ed. (451)
1996 Ed. (470, 480, 481)
Zagrebacka Banka-Pomorska Banka
1997 Ed. (444, 445)
Zagrebacka Banka-Pomorska Banka dd

1996 Ed. (481)
Zagrebacka Pivovara
1997 Ed. (3928)
2001 Ed. (26)
Zagrebacki Holding d.o.o.
2014 Ed. (1565)
2015 Ed. (1616)
2016 Ed. (1542)
Zagunis; Harold
2012 Ed. (2495)
Zaha Hadid
2009 Ed. (4980)
2010 Ed. (4989)
2013 Ed. (3476)
Zahid Mannan
1996 Ed. (1908)
Zahrat Al Khalij
2005 Ed. (91)
2008 Ed. (98)
The Zaid Group LLC
2009 Ed. (3048)
2010 Ed. (2972)
2011 Ed. (2935)
2012 Ed. (2868)
Zain
2010 Ed. (39, 70, 72, 73, 75, 84, 109, 113, 119)
2013 Ed. (681, 689)
Zain Group
2009 Ed. (1842)
2010 Ed. (1782)
2011 Ed. (1795)
2012 Ed. (1651)
2013 Ed. (1809)
2014 Ed. (1736)
2015 Ed. (1780)
2016 Ed. (1737)
Zain; Maher
2013 Ed. (3480)
Zain; Talal Al
2013 Ed. (3474)
Zainab Salbi
2013 Ed. (3476)
Zaineb Bokhari
2011 Ed. (3344)
Zainer Rinehart Clarke
2012 Ed. (11)
Zainer Rinehart Clarke CPAs
2015 Ed. (5036)
Zaio Corp.
2008 Ed. (2941)
Zaire
1989 Ed. (1219, 2240)
1992 Ed. (1446, 1802)
1996 Ed. (1545, 3433, 3436)
1997 Ed. (1604, 1605)
2002 Ed. (682)
2003 Ed. (3759)
2004 Ed. (3784)
2005 Ed. (3702)
2006 Ed. (3791)
2008 Ed. (3863)
2009 Ed. (3922)
2010 Ed. (3840)
2011 Ed. (3843)
Zais Opportunity Fund
2014 Ed. (2921)
Zais Opportunity Ltd.
2013 Ed. (2892)
Zaitun
1999 Ed. (4166)
Zak Co.
2009 Ed. (2526)
Zakay; Eddie
2013 Ed. (4922)
Zakay; Sol
2013 Ed. (4922)
Zakin; Jonathan N.
1996 Ed. (1716)
1997 Ed. (1804)
Zaklady Drobiarskie Kozieglowy Sp. ZOO
2008 Ed. (2052, 2747)
Zalando AG
2015 Ed. (2467)
Zalaznick; Lauren
2010 Ed. (2520)
Zale Canada Co.
2015 Ed. (2077)
2016 Ed. (2046)
Zale Corp.
1993 Ed. (3365)
1994 Ed. (359, 360, 361)
2001 Ed. (4101)
2002 Ed. (3037)
2003 Ed. (3163, 4502, 4504)
2004 Ed. (3217, 3218)
2005 Ed. (3246, 4674)
2006 Ed. (4169)
2014 Ed. (3428, 3429)

Zales
2015 Ed. (4357)
Zaleski; Romain
2009 Ed. (4887)
Zalicus Inc.
2013 Ed. (2841, 2850)
Zallie Supermarkets
2009 Ed. (4619)
Zambeef Products plc
2006 Ed. (4548)
2016 Ed. (1687)
Zambezi
2014 Ed. (1422)
Zambia
1989 Ed. (1219)
1992 Ed. (227, 1446)
1996 Ed. (3433, 3436)
1999 Ed. (4662)
2000 Ed. (824)
2001 Ed. (507, 1297, 1502)
2002 Ed. (1346)
2003 Ed. (1029)
2004 Ed. (1033)
2005 Ed. (1040, 1418)
2006 Ed. (1049)
2007 Ed. (1138)
2008 Ed. (1018, 1386)
2009 Ed. (1003, 1389)
2010 Ed. (211, 968, 1374, 2264, 2265, 2589, 4674)
2011 Ed. (132, 894, 1367, 2271, 2272, 2571, 4622)
2012 Ed. (136, 2138, 2139, 2210, 3087, 4628)
2013 Ed. (112, 2343, 2344, 4568)
2014 Ed. (119, 2273, 2274, 4623)
2015 Ed. (2358, 4622)
Zambia Consolidated
1992 Ed. (87)
Zambia Consolidated Copper Mines
1995 Ed. (1211)
2002 Ed. (4499)
Zambia Industrial & Mining
1991 Ed. (1285)
Zambia National Commercial Bank
1991 Ed. (699)
1992 Ed. (873)
1993 Ed. (671)
1994 Ed. (672)
1995 Ed. (639)
1996 Ed. (713)
1999 Ed. (682, 683)
2000 Ed. (700)
2002 Ed. (665)
2003 Ed. (639)
2004 Ed. (653)
2005 Ed. (641)
2011 Ed. (471)
2013 Ed. (358)
2014 Ed. (376)
2015 Ed. (430)
Zambia National Commercial Bank Ltd. (Lusaka)
2000 Ed. (699)
Zambia Sugar plc
2002 Ed. (4499)
2006 Ed. (4548)
Zambia Telecommunication
2010 Ed. (119)
Zambian Airways
2010 Ed. (119)
Zambian Breweries plc
2002 Ed. (4499)
2006 Ed. (4548)
Zambra; Maria Noseda
2009 Ed. (4883)
Zambrano; Lorenzo
2008 Ed. (4886)
2009 Ed. (4906)
Zamias Developer, George D.
1994 Ed. (3297)
Zamias Services Inc.
2000 Ed. (4022)
Zamyad
2002 Ed. (4429)
Zander; Edward
2006 Ed. (939)
2008 Ed. (940)
Zander; Edward J.
2007 Ed. (1032)
2008 Ed. (954)
Zander GmbH & Co.; J. W.
1994 Ed. (1352)
ZaneRay Group
2014 Ed. (2454)
Zanesville, OH
1992 Ed. (1016)
1996 Ed. (977)
1998 Ed. (3648)
2006 Ed. (3322)

Zanett Inc.
2006 Ed. (2733, 2735)
Zango
2009 Ed. (3033)
Zanki; Farouq Al
2013 Ed. (2531, 3478)
Zanox.de AG
2009 Ed. (3004)
Zantac
1989 Ed. (2254)
1990 Ed. (2898, 2899, 2900)
1991 Ed. (2761, 2762, 2763)
1992 Ed. (339, 1870, 1876, 3524, 3525, 3526)
1993 Ed. (1530, 2912, 2913, 2914, 2915)
1994 Ed. (2926, 2927, 2928, 2929)
1995 Ed. (1582, 1583, 1587, 2982, 2983, 2984)
1996 Ed. (1569, 1570, 3082, 3083, 3084)
1997 Ed. (1647, 1648, 1653, 1654, 3161, 3162, 3163)
1998 Ed. (1341, 2913, 2915, 2916)
1999 Ed. (1891, 1892, 1908)
2000 Ed. (304, 1708)
2001 Ed. (388)
2002 Ed. (322)
2003 Ed. (3781)
2004 Ed. (250)
2005 Ed. (255)
Zantac 75
1998 Ed. (173, 174, 175, 1350, 2669)
1999 Ed. (279, 1905)
2000 Ed. (1703)
2001 Ed. (387)
2003 Ed. (283)
2004 Ed. (251)
2006 Ed. (274)
Zantac 150
2008 Ed. (256, 2380)
2009 Ed. (279)
2010 Ed. (266)
2016 Ed. (207, 2335)
Zantac tabs 150 mg
1990 Ed. (1572, 1573, 1574, 2530)
Zantaz Inc.
2007 Ed. (1224)
2009 Ed. (3020)
Zantech IT Services
2014 Ed. (190, 1237)
Zantech IT Services Inc.
2015 Ed. (1296)
Zantop International Airlines Inc.
1989 Ed. (926)
Zantrex 3 Insta Shot
2011 Ed. (4521)
Zanussi
1996 Ed. (1563)
2007 Ed. (727)
Zanvyl and Isabelle Krieger Fund Inc.
1994 Ed. (890, 1055)
1995 Ed. (1070, 1928)
Zanzini Movels
2010 Ed. (1507)
ZAO Raiffeisenbank Austria
2011 Ed. (439)
ZAO Raiffelsenbank Austria
2010 Ed. (508)
Zap
2014 Ed. (1430)
Zapadoslovenska energetika as
2009 Ed. (2039)
2011 Ed. (2033)
Zapata Corp.
1989 Ed. (2208)
1990 Ed. (1343, 3562)
1997 Ed. (2702)
2001 Ed. (2445, 2446)
2003 Ed. (2491, 2492)
2006 Ed. (2612)
Zapis Communications, ML Media & Independent
2001 Ed. (1545)
Zaporizhstal
2006 Ed. (4544)
Zappos.com
2014 Ed. (4327)
2015 Ed. (2470, 4314)
Zappos.com Inc.
2006 Ed. (2382, 4144)
2007 Ed. (4167)
2008 Ed. (2446, 4043, 4207)
2009 Ed. (1149)
2010 Ed. (2218)
2011 Ed. (1421, 2398, 3319, 4510, 4514)
2012 Ed. (1254, 1256, 1259, 2329, 2330)
2013 Ed. (1359, 2508, 2510)

2014 Ed. (47)
2015 Ed. (50)
2016 Ed. (49)
Zara
2005 Ed. (743)
2007 Ed. (1117)
2008 Ed. (648, 996)
2009 Ed. (664, 667, 676, 982)
2010 Ed. (630, 633)
2011 Ed. (565, 878)
2012 Ed. (559, 834)
2013 Ed. (668, 675, 1012)
2014 Ed. (681, 702, 703, 976, 977, 1298)
2015 Ed. (733, 734, 748, 1014, 1360)
2016 Ed. (675)
Zara for Investment
2000 Ed. (293)
2002 Ed. (4381)
Zara Industria de Diseno Textil SA
2016 Ed. (1291)
Zarb; Frank G.
1995 Ed. (1728)
1997 Ed. (1802)
Zardoya Otis
2007 Ed. (2400)
Zarechye; Bank
2005 Ed. (493, 502)
Zaremba Contractors
2002 Ed. (2688)
Zaremba Corp.
1990 Ed. (3284)
Zaremba Group Inc.
1992 Ed. (3960, 3970)
Zaret; Joshua
2011 Ed. (3352)
Zarfatti Sternschuss Zamir
2000 Ed. (112)
Zargon Oil & Gas
2005 Ed. (1705)
Zaring Homes
1998 Ed. (898)
Zaring National Corp.
2000 Ed. (1209, 1224)
Zarlink Semiconductor
2013 Ed. (2916)
Zarlink Semiconductor Inc.
2003 Ed. (2940)
2006 Ed. (1615, 2815)
2007 Ed. (2807)
2011 Ed. (1568, 2895, 2898)
Zarlink Semiconductors Inc.
2007 Ed. (2817)
2008 Ed. (2943)
Zartman Construction Inc.
2008 Ed. (4425)
Zaske, Sarafa & Associates Inc.
1993 Ed. (2342)
1995 Ed. (2389)
1996 Ed. (2421)
1998 Ed. (2307)
Zaslav; David
2016 Ed. (873)
Zatarain's
2014 Ed. (2310)
Zatarains
2003 Ed. (3923)
Zatko; Paul
2012 Ed. (3448)
Zausa Development Corp.
2003 Ed. (1137)
Zavala County, TX
2002 Ed. (1806)
Zavarovalnica Maribor d.d.
2014 Ed. (3279)
2015 Ed. (3329)
2016 Ed. (3183)
Zavarovalnica Triglav
2015 Ed. (3328)
2016 Ed. (3182)
Zavarovalnica Triglav d.d.
2014 Ed. (3279)
2015 Ed. (3329)
2016 Ed. (3183)
Zavarovalnica Triglav dd
2009 Ed. (2040)
2011 Ed. (2034)
2012 Ed. (1884)
2013 Ed. (2043)
Zavod Advertising
2001 Ed. (134)
2002 Ed. (106)
2003 Ed. (71)
Zavod Dormash
2016 Ed. (1987)
Zavod SNP
2002 Ed. (782)
Zavodi Crvena Zastava
1991 Ed. (1361)
Zaxby's

2006 Ed. (4116)
2007 Ed. (4143)
2008 Ed. (4173, 4174)
2009 Ed. (4279, 4289)
2010 Ed. (2604, 2606, 2621, 4206, 4225, 4226, 4227, 4228, 4251, 4252, 4253)
2011 Ed. (2586, 2588, 2601, 4212, 4231, 4232, 4234, 4241, 4251, 4252, 4254)
2012 Ed. (2529, 2533, 2534, 2545, 4274, 4275, 4276, 4277, 4291, 4293, 4294)
2013 Ed. (2661, 4241, 4242, 4243, 4244, 4245)
2014 Ed. (2612, 4271, 4291, 4292, 4294, 4295, 4296, 4304)
2015 Ed. (2658, 4252, 4281, 4282, 4283, 4284, 4285, 4286, 4297)
2016 Ed. (2581, 4185, 4186, 4187, 4188, 4189, 4190)
Zaxby's Franchising
2014 Ed. (2618)
2015 Ed. (2664, 4258)
2016 Ed. (2587)
Zaxby's Franchising Inc.
2009 Ed. (2706)
Zayani; Afnan Rashid Al
2013 Ed. (3474)
Zayed University
2012 Ed. (1944)
Zayo Group Inc.
2015 Ed. (1583)
2016 Ed. (1511)
Zayo Group LLC
2015 Ed. (1589)
2016 Ed. (1515, 1516)
Zayre
1989 Ed. (866, 934, 1244, 1245, 1248, 1249, 1250, 1251, 1253, 1254, 1258)
1990 Ed. (1049, 1050, 1288, 1510, 1511, 1512, 1513, 1515, 1518, 1519, 1521, 1522, 1523, 2029, 2132)
1991 Ed. (1440, 1919, 3112)
Zazove Aggressive Growth Fund LP
2003 Ed. (3116)
Zazove Convertible Securities Fund
2003 Ed. (3116)
Zazove High Yield Convertible Securities
2003 Ed. (3116)
Zazove Income Fund LP
2003 Ed. (3116)
Zazove Institutional Investment Grade Convertible
2003 Ed. (3116)
Zazove Total Return Convertibles
2003 Ed. (3116)
Zazzle Inc.
2015 Ed. (2473)
Zazzle.com
2008 Ed. (2444)
ZB Financial Holdings
2014 Ed. (377)
2015 Ed. (431)
ZBD
2014 Ed. (2926)
Zbozien; Artur
2015 Ed. (3485)
ZCCM-IH plc
2006 Ed. (4548)
ZCL Composites Inc.
2010 Ed. (4057)
2011 Ed. (3524)
zcomm
2011 Ed. (4105)
2012 Ed. (4135)
ZD Net
1998 Ed. (3778, 3779)
The ZD Net Software Library
1998 Ed. (3776)
Zdenek Bakala
2011 Ed. (4874)
2012 Ed. (4883)
2013 Ed. (4867)
2014 Ed. (4881)
2015 Ed. (4919)
Zdeno Chara
2015 Ed. (223)
ZDnet
1999 Ed. (32)
2001 Ed. (2966, 4774)
2002 Ed. (4858)
ZDNet Downloads
2002 Ed. (4815)
ZDNet GameSpot
2002 Ed. (4805)
ZDNet Group

2001 Ed. (4183)
ZDNet.com
2013 Ed. (797)
2014 Ed. (814)
zdnet.com
1999 Ed. (4754)
ZDS-Groupe Bull
1996 Ed. (1071, 3055)
Zebco
1992 Ed. (4042)
1993 Ed. (3367)
1994 Ed. (3370, 3371)
1995 Ed. (3428)
1996 Ed. (3492, 3493)
1997 Ed. (3556, 3557)
1998 Ed. (3351)
1999 Ed. (4379)
Zebra
2000 Ed. (3426)
2010 Ed. (615)
2011 Ed. (547)
2016 Ed. (645)
Zebra Cakes
2014 Ed. (4487)
2015 Ed. (4483)
2016 Ed. (4379)
Zebra Construction
2010 Ed. (1205)
Zebra Imaging Inc.
2010 Ed. (2956)
Zebra Technologies Corp.
1993 Ed. (2003, 3333)
1994 Ed. (3328)
1995 Ed. (2061, 3383)
1996 Ed. (2056, 2060, 3446, 3450)
2006 Ed. (1115, 1149)
2007 Ed. (1220, 1264)
2008 Ed. (1123)
2009 Ed. (1101)
2010 Ed. (1083)
2011 Ed. (1022)
2012 Ed. (948)
2013 Ed. (1092)
2014 Ed. (1052)
2015 Ed. (1090)
2016 Ed. (999)
Zecco
2011 Ed. (612)
Zeckendorf Co. Inc.
1991 Ed. (1051)
Zeckendorf Realty L.P.
1995 Ed. (3063)
Zecol
2015 Ed. (209)
2016 Ed. (209, 313)
Zed Media
2010 Ed. (3604)
Zedd
2014 Ed. (1099)
Zedi Inc.
2015 Ed. (2556)
Zed.I Solutions Inc.
2008 Ed. (2939)
Zee
2003 Ed. (3735, 4668)
Zee Telefilms
2002 Ed. (4424, 4426)
Zeebrugge
1992 Ed. (1397)
Zefazone Powder
1992 Ed. (1868)
Zegers DDB Needham
1999 Ed. (72)
Zegers DDB Worldwide
2002 Ed. (91)
2003 Ed. (58)
Zeglis; J. D.
2005 Ed. (2506)
Zeglis; John
2006 Ed. (2523)
Zegna; Gildo
2009 Ed. (969)
2010 Ed. (932)
Zegna; Gildo & Paolo
2007 Ed. (1102)
Zehnder Communications
2013 Ed. (1816)
Zehnder International; Egon
1992 Ed. (2048)
1993 Ed. (1691)
Zehnder's
1991 Ed. (2858)
1992 Ed. (3687)
1993 Ed. (3010)
1994 Ed. (3053)
Zehnder's of Frankenmuth
1990 Ed. (3002)
1995 Ed. (3101)
2001 Ed. (4052)
2007 Ed. (4123, 4124, 4130)

2008 Ed. (4148)
2009 Ed. (4258, 4259, 4261)
2010 Ed. (4198, 4199, 4200)
Zeidenstein; George
1993 Ed. (1701)
Zeigler Coal Holding Co.
1996 Ed. (2648)
1997 Ed. (2793)
1998 Ed. (782, 2822)
1999 Ed. (1208, 1210, 3796)
2000 Ed. (1127)
2003 Ed. (1027, 1028)
Zeiss; Carl
1994 Ed. (2214)
1995 Ed. (2264)
Zeitconcept GmbH Personaldienstleistungen
2009 Ed. (4426)
Zeitungsgruppe WAZ
2001 Ed. (3544)
Zekeriya Ozturk
1999 Ed. (2432)
Zela Shipping
1995 Ed. (1245)
Zelda: The Wind Waker
2005 Ed. (4831)
Zelenkefske Axelrod & Co. Ltd.
1997 Ed. (23)
Zelenkofske Axelrod
1995 Ed. (13)
Zelenkofske Axelrod & Co. Inc.
1991 Ed. (7)
1992 Ed. (22)
1994 Ed. (7)
1996 Ed. (21)
1998 Ed. (4, 16, 17)
Zelezara Smederevo DOO
2014 Ed. (1569)
Zeleznice Srbije AD
2014 Ed. (1569, 1573)
Zeliff Wallace Jackson Investment Counsel
1999 Ed. (3089)
Zell & Robert H. Lurie Institute for Entrepreneurial Studies; Samuel
2011 Ed. (638)
Zell; Samuel
2005 Ed. (4852)
2006 Ed. (4906)
2007 Ed. (4902)
2008 Ed. (4830)
2009 Ed. (4851)
2010 Ed. (4857)
2011 Ed. (4836)
2012 Ed. (4846)
2013 Ed. (4847)
2014 Ed. (4863)
2015 Ed. (4900)
2016 Ed. (4816)
Zell/Chilmark Fund LP
2001 Ed. (1730)
2003 Ed. (1694)
Zellco Credit Union
2006 Ed. (2155)
Zeller C orp.
2008 Ed. (4930)
Zeller Corp.
2007 Ed. (1918)
Zellers
1992 Ed. (1793)
1993 Ed. (1402)
1994 Ed. (1523)
1995 Ed. (3153)
1996 Ed. (1536, 1555, 3243)
1997 Ed. (1595)
1999 Ed. (1736)
2000 Ed. (1683, 1685)
2002 Ed. (1987, 1988)
2003 Ed. (2074, 2075)
2008 Ed. (646)
Zellstoff Pols AG
2005 Ed. (1662)
Zelman; Ivy
2006 Ed. (2578)
Zelta Varpa 7 SIA
2016 Ed. (1739)
Zelter Seltzer
1992 Ed. (3220)
Zemen Bank
2015 Ed. (405)
Zempleo
2012 Ed. (2327, 2857, 4050)
Zen Hro Inc.
2013 Ed. (1951)
2014 Ed. (1887)
2016 Ed. (1890)
Zen-Noh Grain Corp.
2000 Ed. (1893)
2001 Ed. (1780)
2003 Ed. (1748)

2004 Ed. (1783)
2005 Ed. (1849)
2006 Ed. (1855)
2007 Ed. (1858)
2008 Ed. (1890)
2009 Ed. (1853)
2010 Ed. (1786)
2011 Ed. (1810)
2012 Ed. (1667)
2013 Ed. (1818)
2014 Ed. (4117)
Zen Planner
2015 Ed. (2523)
2016 Ed. (2458)
Zen; Vic De
2005 Ed. (2514, 3857)
Zencos
2008 Ed. (1207)
Zendesk
2016 Ed. (4311)
Zeneca Group
1999 Ed. (1445)
2000 Ed. (1442)
2001 Ed. (275)
Zeneca Group PLC
2000 Ed. (1028)
Zeneca Holdings Inc.
2001 Ed. (1678)
Zeneca Inc.
1995 Ed. (1405, 1747)
1996 Ed. (1234, 1355)
1997 Ed. (176, 1657)
1998 Ed. (101, 2104, 2812)
1999 Ed. (196, 1642, 1646, 2538,
3262, 3263)
2001 Ed. (1678, 1679)
2003 Ed. (1664)
Zeneca Pharmaceuticals
1995 Ed. (2138, 2139)
1998 Ed. (1349)
2000 Ed. (740, 1712)
Zeneca Pharmaceuticals Group
1996 Ed. (2151, 2152)
2000 Ed. (1706)
Zengun AB
2016 Ed. (2012)
Zenika
2015 Ed. (1652)
Zenith
1990 Ed. (890, 1098, 2204, 2570,
2880, 2881, 3650, 3674)
1991 Ed. (1008, 2456, 3447)
1992 Ed. (1036, 1285, 2429, 3065,
3488, 3489, 3490, 4395)
1993 Ed. (1032, 2049)
1994 Ed. (844, 1063, 3629)
1995 Ed. (885, 1075, 3702)
1997 Ed. (1072, 2234, 3844)
1998 Ed. (812, 1950, 3672)
1999 Ed. (614, 1242, 2690, 2691,
4491, 4493, 4714)
2000 Ed. (1151, 2478, 4223)
2005 Ed. (2863, 4667)
2006 Ed. (3432)
2016 Ed. (386)
Zenith Administrators Inc.
1991 Ed. (941)
Zenith Bank
2010 Ed. (492)
2011 Ed. (291, 422)
2013 Ed. (333, 348)
2014 Ed. (366)
2015 Ed. (397, 418, 419, 1932)
2016 Ed. (369, 372, 382, 383, 1888)
Zenith Bank Gambia
2015 Ed. (394)
Zenith Bank Ghana
2013 Ed. (332)
2014 Ed. (349)
2015 Ed. (395)
Zenith Bank International
2015 Ed. (1403)
2016 Ed. (1333)
Zenith Data Systems
1992 Ed. (1925)
1993 Ed. (2561, 2562)
1994 Ed. (2896)
Zenith Electronics
1989 Ed. (1622)
1990 Ed. (1121, 2571, 2572, 2994)
1991 Ed. (1205, 1214, 2453, 2454,
2637, 2850)
1992 Ed. (1132, 1535, 1537, 2427)
1993 Ed. (829, 934, 2051, 2882,
3667)
1994 Ed. (1085, 2128)
1995 Ed. (1650, 2180, 3434, 3436)
1996 Ed. (2193, 3499)
1997 Ed. (3645)
1998 Ed. (2046, 3424)

1999 Ed. (1957, 1977, 1979, 1980,
2697)
2000 Ed. (1755, 1757, 2482, 3330)
Zenith Electronics Corp.; Data processing assets of
1991 Ed. (1141)
Zenith Goldline
2000 Ed. (2321)
Zenith Insurance Co.
2012 Ed. (1839)
Zenith International Bank
1999 Ed. (613)
2002 Ed. (628)
2003 Ed. (592)
2004 Ed. (600)
2005 Ed. (588)
2007 Ed. (530, 555)
2008 Ed. (484, 507)
2009 Ed. (464, 511, 539)
Zenith Life Plus
1991 Ed. (2119)
Zenith Media
2001 Ed. (235, 3249)
2002 Ed. (3279)
2005 Ed. (123)
Zenith Media Holdings Ltd.
2000 Ed. (93)
2001 Ed. (32)
2003 Ed. (72)
Zenith Media Services
2000 Ed. (130, 131, 132, 133, 134,
135, 136, 137, 138, 140)
2001 Ed. (166, 171, 174, 175, 176)
2002 Ed. (142, 144, 145, 148, 174,
194, 195)
2003 Ed. (110, 112, 113, 115, 116,
117, 118, 119)
Zenith Media USA
2007 Ed. (120)
2008 Ed. (127)
2009 Ed. (138)
2010 Ed. (136)
2011 Ed. (54)
2012 Ed. (63)
2014 Ed. (80)
2015 Ed. (71)
2016 Ed. (72)
Zenith National
1998 Ed. (3417)
Zenith National Insurance Corp.
1991 Ed. (2142)
2001 Ed. (4034)
2006 Ed. (3058, 4997)
2007 Ed. (3102, 4998)
2008 Ed. (3249)
2009 Ed. (4998)
Zenith National Insurance Group
2002 Ed. (2951)
Zenith Optimedia Group
2003 Ed. (108, 111)
Zenith Taiwan Corp.
1990 Ed. (1132)
1992 Ed. (1323, 1324)
Zenith Travel Inc.
1992 Ed. (4345)
ZenithOptimedia
2007 Ed. (119)
2008 Ed. (126, 130)
2009 Ed. (137, 144)
2010 Ed. (140)
2011 Ed. (55, 56, 63)
2012 Ed. (64)
2013 Ed. (3663)
2014 Ed. (81, 3599)
2015 Ed. (72, 3084)
2016 Ed. (73)
ZenithOptimedia Group
2004 Ed. (119, 121, 122)
2005 Ed. (122, 124)
2006 Ed. (125, 127)
2007 Ed. (121)
2008 Ed. (128)
2009 Ed. (139)
Zenkaku Nokyo
1990 Ed. (3653)
Zenkyoren
1989 Ed. (1746)
1991 Ed. (957)
1992 Ed. (1190, 2710)
1993 Ed. (2256, 2346)
1994 Ed. (2236, 2327)
1995 Ed. (2391)
1996 Ed. (2287, 2423)
1997 Ed. (2396, 2423)
1998 Ed. (2134)
1999 Ed. (2889, 2922, 3104)
2000 Ed. (2849)
2001 Ed. (2885)
2002 Ed. (4216)
2004 Ed. (3211)

2005 Ed. (3227)
Zenkyoren National Mutual Insurance
Federation of Agricultural Co-ops
2002 Ed. (2823)
Zenkyoren & Prefectural Insurance Federation
2001 Ed. (2925)
Zenno Chokuhan
1997 Ed. (1577)
Zennstrom; Niklas
2007 Ed. (4934)
2008 Ed. (4908)
Zeno Group
2011 Ed. (4110, 4111, 4116, 4120,
4133)
2012 Ed. (4141, 4148, 4152)
2013 Ed. (4129, 4137, 4138)
2014 Ed. (4143, 4144, 4145, 4153,
4154, 4166)
2015 Ed. (4122, 4126, 4128, 4134,
4135, 4136, 4137, 4141, 4147)
2016 Ed. (4036, 4040, 4042, 4048,
4049, 4050, 4056, 4059)
Zenon Environmental
2006 Ed. (1605)
2007 Ed. (2479)
2008 Ed. (2592)
Zenoss
2012 Ed. (952)
Zenosys
2014 Ed. (4821)
Zenrakuren
1997 Ed. (1577)
Zenshinren
1989 Ed. (576)
Zenshinren Bank
1989 Ed. (479, 480)
1990 Ed. (596)
1991 Ed. (449)
1992 Ed. (717)
1998 Ed. (377)
Zensho Holdings Co., Ltd.
2015 Ed. (4263, 4267)
2016 Ed. (4169)
Zenta Group
2006 Ed. (780)
Zentech Manufacturing
2008 Ed. (1110)
Zentral & Kommerz
1991 Ed. (454)
Zentralsparkasse
1992 Ed. (609)
1994 Ed. (428)
Zentralsparkasse & Kom. Bank
1990 Ed. (506)
Zentralsparkasse & Kom. Bank Wien
1989 Ed. (483)
Zentralsparkasse & Kommerzialbank
Akt. Wien
1993 Ed. (428, 429)
Zentralsparkasse & Kommerzialbank
Wien
1992 Ed. (610)
Zentropy Partners
2004 Ed. (116)
2005 Ed. (115)
Zenyoren
1990 Ed. (2278)
Zeon
2010 Ed. (867)
Zeon Solutions
2015 Ed. (3705)
ZEOS International Ltd.
1993 Ed. (856, 1568, 2008, 2010,
3335)
1994 Ed. (2186)
1995 Ed. (2240)
Zeox Corp.
2008 Ed. (1658)
Zep
2016 Ed. (3361)
Zep Commercial
2016 Ed. (3360)
Zepherhills
2005 Ed. (736)
Zephyr
2015 Ed. (1122)
Zephyr Aluminum Inc.
1995 Ed. (1166)
1998 Ed. (948)
2000 Ed. (1262)
Zephyrhills
1995 Ed. (685)
1997 Ed. (695, 696, 3661)
1998 Ed. (480, 483)
1999 Ed. (765, 766, 768, 4510)
2000 Ed. (783, 784)
2001 Ed. (995, 1001)
2002 Ed. (752, 755)
2003 Ed. (731, 733, 736)

2004 Ed. (754)
2005 Ed. (734)
2007 Ed. (673)
2009 Ed. (650)
Zeppos & & Associates
2004 Ed. (4032)
Zeppos & Associates
1999 Ed. (3945)
2003 Ed. (3988)
2005 Ed. (3975)
2011 Ed. (4104, 4129)
2012 Ed. (4134, 4158)
Zerex
2001 Ed. (389)
Zerhouni; Elias
2013 Ed. (3473)
Zerimar Corp.
2002 Ed. (2540)
Zero 36
1995 Ed. (891)
Zero Bar
1997 Ed. (894)
Zero Corp.
2003 Ed. (1360)
2004 Ed. (1365)
2005 Ed. (1376, 1383)
zero hedge
2012 Ed. (493)
2013 Ed. (608)
2014 Ed. (628)
ZeroBase Energy
2016 Ed. (4408, 4423)
ZeroChaos
2006 Ed. (3507, 4346)
2007 Ed. (2357, 3545, 4406)
2008 Ed. (174, 179, 3703)
2009 Ed. (193, 194, 196)
2010 Ed. (175)
2011 Ed. (100)
2012 Ed. (107)
ZeroHedge
2013 Ed. (610)
ZeroRez
2007 Ed. (4867)
2008 Ed. (861, 862, 4788)
Zero's Subs
2002 Ed. (4091)
2008 Ed. (4276)
2009 Ed. (4380)
Zerqa, Jordan
2005 Ed. (883)
2009 Ed. (2327)
2010 Ed. (2256)
2011 Ed. (2263)
2012 Ed. (2131)
Zespri Group
2002 Ed. (4897)
Zest
1990 Ed. (3549)
1991 Ed. (3325)
1992 Ed. (3400, 4011)
1993 Ed. (3349)
1994 Ed. (3354)
1995 Ed. (3412)
1996 Ed. (3471)
1997 Ed. (3537)
1998 Ed. (3326, 3330)
1999 Ed. (687, 4351, 4354)
2000 Ed. (4069, 4070)
2001 Ed. (4297)
2002 Ed. (4304)
2003 Ed. (643, 645, 4462, 4463)
2004 Ed. (4442)
2005 Ed. (4390)
2006 Ed. (4396)
2007 Ed. (4463)
2008 Ed. (4451)
2014 Ed. (3827)
2015 Ed. (3852)
2016 Ed. (3762)
Zest Whitewater Fresh
2003 Ed. (4463)
ZestFinance
2015 Ed. (1471)
Zestril
1990 Ed. (2530)
1992 Ed. (3002)
1995 Ed. (2530)
1997 Ed. (3163)
1999 Ed. (3886)
2000 Ed. (3606)
2001 Ed. (2109)
Zeta-Jones; Catherine
2005 Ed. (4889, 4891, 4896)
2007 Ed. (4929, 4935)
2008 Ed. (4905)
2009 Ed. (4922)
2010 Ed. (4926)
Zetia
2006 Ed. (2312)

Zettaset
  2016 Ed. (1029)
zetVisions AG
  2010 Ed. (2944)
Zeurich N
  2000 Ed. (4447)
Zeus Capital
  2016 Ed. (2075)
Zeus Components
  1990 Ed. (1634)
Zeus Publicidad
  1991 Ed. (106)
  1995 Ed. (80)
Zeus Technology Ltd.
  2002 Ed. (2493)
Zeus Wireless
  2002 Ed. (4976)
Zeus/BBDO
  2000 Ed. (102)
  2001 Ed. (142)
  2002 Ed. (115)
  2003 Ed. (82)
Zeus/BBDO Publicidad
  1996 Ed. (94)
ZEV Markant Zentrale Einkaufs und
    Vertriebs GmbH
  2001 Ed. (1636)
  2003 Ed. (1622)
Zevenbergen Capital
  1993 Ed. (2319, 2323)
ZEVEX International, Inc.
  2000 Ed. (286)
ZF
  1990 Ed. (400)
  1993 Ed. (344)
ZF Batavia
  2002 Ed. (2734)
ZF Friedrichshafen
  2014 Ed. (267)
  2015 Ed. (307)
  2016 Ed. (305)
ZF Friedrichshafen AG
  2011 Ed. (236)
  2012 Ed. (3537)
  2013 Ed. (3589)
  2014 Ed. (260, 261)
  2016 Ed. (301)
ZF Getriebe GmbH
  2004 Ed. (3447)
ZF Group NAO
  2004 Ed. (323)
  2010 Ed. (1821)
ZF Steering Systems LLC
  2016 Ed. (3432)
ZGA Architects & Planners Chartered
  2006 Ed. (286)
ZGC Group
  2000 Ed. (3844)
ZGF Architects
  2011 Ed. (194, 195, 196)
  2012 Ed. (196, 199, 2383, 2401)
  2016 Ed. (210)
ZGF Architects LLP
  2012 Ed. (201, 209, 2372)
  2013 Ed. (176)
  2014 Ed. (183)
  2015 Ed. (213)
  2016 Ed. (211)
ZGS Broadcasting of Tampa
  2001 Ed. (3979)
Zhanatas "Karatau" Production Associa-
    tion
  1993 Ed. (910)
Zhang; Charles
  2005 Ed. (2321)
Zhang; Janet
  2015 Ed. (5037)
  2016 Ed. (4991)
Zhang Jindong
  2009 Ed. (4861, 4862)
  2010 Ed. (4863, 4864)
  2011 Ed. (4850, 4851)
  2012 Ed. (4857, 4858)
  2013 Ed. (4863, 4864)
Zhang Li
  2008 Ed. (4843)
  2009 Ed. (4861, 4862)
Zhang Ruimin
  2006 Ed. (690)
Zhang Simin
  2003 Ed. (2411)
Zhang Xin
  2009 Ed. (4861, 4862)
  2010 Ed. (4864, 4983)
  2013 Ed. (4955)
  2014 Ed. (4962)
  2015 Ed. (5003, 5021)
  2016 Ed. (4920)
Zhang Zhirong
  2012 Ed. (4860)

Zhangjiagang
  2001 Ed. (3856)
Zhangxin Securities
  2005 Ed. (4314)
Zhangyu Chinese Wine
  2012 Ed. (4950)
Zhangzhou Pientzehuang Pharmaceuti-
    cal
  2016 Ed. (1498)
Zhanjiang City Commercial Bank
  2013 Ed. (499)
Zhao; C. Ming
  2011 Ed. (3361)
Zhao Yu Jiang
  1996 Ed. (1857)
  1997 Ed. (1966)
Zhaojin Mining Industry
  2013 Ed. (1421, 1422)
  2014 Ed. (1385, 1386)
Zhejiang
  2001 Ed. (2262)
Zhejiang Dahua Technology
  2015 Ed. (1446, 2495)
  2016 Ed. (1369, 1370, 1498, 2427)
Zhejiang Expressway
  1999 Ed. (1594, 4495)
Zhejiang Fuchunjiang Hydropower
    Equipment
  2015 Ed. (2548)
Zhejiang Geely Holding Group
  2014 Ed. (1687)
Zhejiang Medicine Co., Ltd.
  2011 Ed. (1583)
Zhejiang NHU
  2011 Ed. (1480, 1583)
Zhejiang Runtu
  2016 Ed. (1369, 1371)
Zhejiang Yasha Decoration
  2012 Ed. (4442)
Zhejiang Yutian Technology Co., Ltd.
  2013 Ed. (2902)
Zhejiang Zheneng Electric Power
  2015 Ed. (2434)
  2016 Ed. (2381)
Zhejiang Zheneng Electric Power Co.,
    Ltd.
  2016 Ed. (2469)
Zhejing Electricity Power
  2000 Ed. (4010, 4011)
Zhen Ding Technology
  2015 Ed. (4063)
Zhengfei; Ren
  2012 Ed. (3824)
Zhengrong; Shi
  2008 Ed. (4843)
  2009 Ed. (4876)
Zhengzhou Yuhua Qinhang
  2013 Ed. (3791)
Zhenhai Oil Refining & Chemical Indus-
    trial Co., Ltd.
  2001 Ed. (2497)
Zhenhai Refining & Chemical Co., Ltd.
  2008 Ed. (3554)
Zhenjiang
  2001 Ed. (3856)
Zhenjiang Xinhua Bookstore
  2012 Ed. (530)
  2013 Ed. (3651)
Zhevago; Kostyantin
  2008 Ed. (4877)
  2009 Ed. (4901)
  2011 Ed. (4889)
  2012 Ed. (4897)
  2013 Ed. (4920)
  2014 Ed. (4927)
  2015 Ed. (4967)
Zhijian; Larry Rong
  2005 Ed. (2515)
  2006 Ed. (2529)
  2007 Ed. (2508)
  2008 Ed. (4843)
Zhiqiang; Lu
  2009 Ed. (4861, 4862)
  2010 Ed. (4864)
Zhirong; Zhang
  2012 Ed. (4860)
Zhone Technologies Inc.
  2007 Ed. (3688)
Zhong Chu
  1994 Ed. (3291, 3292)
Zhong Sheng Jian
  2009 Ed. (4871, 4872)
  2010 Ed. (4872)
  2011 Ed. (4860, 4861)
  2012 Ed. (4866, 4867)
  2013 Ed. (4907)
  2014 Ed. (4917)
Zhongce Rubber Group Co., Ltd.
  2016 Ed. (4642)

Zhonghao Overseas Construction Engi-
    neering Co., Ltd.
  2011 Ed. (1207, 1237)
Zhongli Science & Technology Group
    Co., Ltd.
  2011 Ed. (1581)
Zhongpin Food Co., Ltd.; Henan
  2012 Ed. (1496, 2630)
Zhongshan
  2001 Ed. (3854, 3855)
Zhongtian; Liu
  2011 Ed. (4850)
Zhongxin Securities
  2005 Ed. (4255)
Zhou Chengjian
  2010 Ed. (4863, 4864)
Zhou Furen
  2010 Ed. (4863, 4864)
Zhu Mengyi
  2006 Ed. (2529)
  2007 Ed. (2508)
  2008 Ed. (4843)
Zhuhai Lizhu Pharmaceutical
  1996 Ed. (3421, 3422)
Zhuhai SEZ Lizhu Pharmaceutical
  1997 Ed. (3506, 3507)
Zhujiang Brewery
  1995 Ed. (708)
Zhulian
  2015 Ed. (1800)
ZI Corp.
  2003 Ed. (1116)
  2005 Ed. (125, 1688, 1693, 1695)
  2006 Ed. (2821)
  2007 Ed. (1235)
Zia Credit Union
  2002 Ed. (1881)
  2003 Ed. (1935)
Ziac
  1996 Ed. (2598)
  1997 Ed. (2741)
Ziad Rahbani
  2013 Ed. (906)
Ziani; Karim
  2013 Ed. (3473)
Zicam
  2002 Ed. (2998)
  2003 Ed. (3627)
  2004 Ed. (1055)
  2014 Ed. (3827)
  2015 Ed. (3852)
Zicka Walker Homes
  2002 Ed. (1184)
  2003 Ed. (1154)
  2004 Ed. (1159)
  2005 Ed. (1187)
Zicklin School of Business
  2014 Ed. (776)
Zicklin School of Business; Baruch Col-
    lege
  2012 Ed. (632)
  2013 Ed. (755)
Zico
  2014 Ed. (2803)
Zidane; Zinedine
  2006 Ed. (4397)
  2007 Ed. (4464)
  2008 Ed. (4453)
Ziebart
  2003 Ed. (366)
  2004 Ed. (351)
  2005 Ed. (351)
  2006 Ed. (366)
  2007 Ed. (349)
  2008 Ed. (334)
  2009 Ed. (356)
  2011 Ed. (257)
  2012 Ed. (279)
  2013 Ed. (273)
  2014 Ed. (282)
  2015 Ed. (314)
  2016 Ed. (311)
Ziebart International Corp.
  1998 Ed. (1766)
  1999 Ed. (2524)
  2000 Ed. (2273)
  2001 Ed. (2534)
  2002 Ed. (419)
Ziebart Tidy Car
  1993 Ed. (1900)
Zief; Joan
  1994 Ed. (1826)
  1995 Ed. (1867)
  1996 Ed. (1848)
  1997 Ed. (1920)
Ziegler Capital Markets Group
  2003 Ed. (3060)
  2004 Ed. (3171)
  2005 Ed. (3206)
  2006 Ed. (3191)

Ziegler Coal Holding
  1997 Ed. (3085)
Ziegler; Jonathon
  1997 Ed. (1918)
Ziegler Securities
  1989 Ed. (2439)
  1991 Ed. (2944, 2983, 3038, 3040,
    3041)
  1992 Ed. (3857)
  1993 Ed. (3138, 3175, 3176, 3177,
    3178)
  1995 Ed. (3259)
  1996 Ed. (3361)
  1997 Ed. (3459)
  1998 Ed. (792, 3024, 3235, 3253)
  1999 Ed. (4238, 4249)
  2000 Ed. (3968, 3978)
Zielinski; Robert
  1997 Ed. (1961)
Zielpuls GmbH
  2016 Ed. (1609)
Ziemer; James
  2006 Ed. (971)
Zier; David
  2011 Ed. (3331)
  2012 Ed. (3316)
  2013 Ed. (3388)
  2014 Ed. (3390)
  2015 Ed. (3422)
  2016 Ed. (3283)
Ziff Communications
  1992 Ed. (3368)
Ziff; Daniel
  2011 Ed. (4818)
Ziff-Davis Inc.
  1999 Ed. (3743, 3744)
  2000 Ed. (3459, 3684)
  2001 Ed. (1541, 4608)
Ziff-Davis Publishing Co.
  1996 Ed. (3143)
  1997 Ed. (2628, 3034)
  1998 Ed. (2780, 2781)
  2000 Ed. (3463)
  2001 Ed. (247)
Ziff Davis Smart Business for the New
    Economy
  2001 Ed. (253, 3193)
Ziff; Dirk
  2011 Ed. (4818)
Ziff; William B.
  1990 Ed. (2577)
Ziffren; Kenneth
  1991 Ed. (2297)
  1997 Ed. (2611)
Zig Sheng Industrial Co., Ltd.
  1990 Ed. (3573)
  1992 Ed. (4284)
Zig Zag
  2003 Ed. (982, 4750)
  2015 Ed. (984)
  2016 Ed. (885)
ZIGEXN Co., Ltd.
  2013 Ed. (1786)
ZIGExN Co., Ltd.
  2015 Ed. (4415)
Ziggo
  2014 Ed. (4434)
  2015 Ed. (4650)
  2016 Ed. (4564)
Ziggurat
  1999 Ed. (2841)
Zigin Mining Group
  2012 Ed. (3644, 3675)
  2013 Ed. (3688)
Zigong Honghe
  2000 Ed. (4076)
Zija International
  2014 Ed. (2065, 2067)
  2016 Ed. (2096, 2097)
Zijin Mining Group
  2014 Ed. (3622, 3666)
  2015 Ed. (3635, 3685)
  2016 Ed. (3520)
Zijin Mining Group Co., Ltd.
  2010 Ed. (3685)
  2012 Ed. (1420)
Zil
  1996 Ed. (3098)
Zila Inc.
  2011 Ed. (2915)
Zilactin
  1993 Ed. (2032)
  1996 Ed. (2103)
  2003 Ed. (1995)
Zilactin B
  2003 Ed. (1995)
Zilactin/Zila Pharmaceuticals
  1992 Ed. (2398)
Zilka; Selim
  2013 Ed. (3476)

Zilliant Inc.
2009 Ed. (3022)
Zillow
2016 Ed. (1869)
Zillow Group
2016 Ed. (743)
Zillow Inc.
2015 Ed. (1469)
2016 Ed. (1398)
Zim Container
2002 Ed. (4266, 4267)
ZIM Corp.
2003 Ed. (2422)
2004 Ed. (2541)
2007 Ed. (1235)
Zim Israel Navigation Co., Ltd.
2004 Ed. (4799)
Zima
1996 Ed. (773, 1934, 3833)
1997 Ed. (3884)
1998 Ed. (3715)
1999 Ed. (4763)
2000 Ed. (4390)
2001 Ed. (4835)
2002 Ed. (4908)
2003 Ed. (261, 262, 4942)
2004 Ed. (4946)
2005 Ed. (3364, 4924, 4926)
2006 Ed. (4957)
2007 Ed. (263)
2008 Ed. (239)
Zimbabse Sun Hotels
1992 Ed. (88)
Zimbabwe
1990 Ed. (1446)
1991 Ed. (1380, 1851)
1992 Ed. (1729, 1730)
1994 Ed. (1485)
1995 Ed. (1517, 3626)
1996 Ed. (1476, 3433, 3436)
1997 Ed. (1541)
1998 Ed. (2311)
1999 Ed. (1780, 4477, 4662)
2000 Ed. (824, 2352, 2353, 2359)
2001 Ed. (1229, 3609, 3821, 4446, 4567)
2002 Ed. (682, 1815)
2003 Ed. (965, 3710, 3892, 4757)
2004 Ed. (979, 3756, 3915, 4656, 4739)
2005 Ed. (998, 3671, 3860, 4606, 4718)
2006 Ed. (1008, 3016, 3768, 3923, 4591, 4671, 4771)
2007 Ed. (1097, 2257, 2259, 3765, 3976, 4692, 4777)
2008 Ed. (975, 3845, 3999, 4601, 4694)
2009 Ed. (966, 3901, 4073, 4649, 4736)
2010 Ed. (211, 925, 1062, 1064, 1067, 1632, 2220, 2265, 2405, 2582, 2589, 2839, 2840, 3169, 3749, 3811, 3992, 4670, 4677, 4685, 4742)
2011 Ed. (132, 863, 1002, 1005, 1642, 2238, 2272, 2571, 2821, 3135, 3749, 3807, 3997, 4619, 4635, 4704, 4801)
2012 Ed. (136, 364, 927, 2139, 2203, 2209, 2512, 2517, 2754, 3088, 3754, 4694, 4818)
2013 Ed. (112, 2344, 2384, 2392, 2642, 3826, 4781)
2014 Ed. (498, 2321, 2329, 2600, 2606, 3749, 4827)
2015 Ed. (562, 2643, 3773, 4862)
2016 Ed. (2565, 3688, 4622)
Zimbabwe Banking Corp.
1991 Ed. (701)
1992 Ed. (874)
1993 Ed. (672)
1994 Ed. (673)
1996 Ed. (714)
1997 Ed. (648)
Zimbabwe Banking Corporation Limited
1989 Ed. (718)
Zimbabwe Financial Holdings
2002 Ed. (666)
2003 Ed. (640)
2004 Ed. (654)
2005 Ed. (642)
Zimbabwe Financial Holdings (Finhold)
1995 Ed. (640)
1999 Ed. (684)
2000 Ed. (701)
Zimbabwe Papers
2000 Ed. (4446)
Zimbabwe Stock Exchange
1995 Ed. (3512)

Zimbabwe Sugar Refinery
1999 Ed. (4829)
2000 Ed. (4445)
Zimbabwe Sun
1999 Ed. (4829, 4830)
2000 Ed. (4445, 4446)
Zimmer Corporation
1989 Ed. (1999)
Zimmer Gunsul Fransca Architects
2014 Ed. (188)
Zimmer Gunsul Frasca Architects
2009 Ed. (284, 3414, 3416)
2010 Ed. (3352)
2012 Ed. (3293)
Zimmer Gunsul Frasca Architects LLP
2010 Ed. (2440, 2454, 2459)
2011 Ed. (2463, 2469, 2470, 2475, 2483)
Zimmer Gunsul Frasca Partnership
1996 Ed. (232)
1999 Ed. (284)
2000 Ed. (310)
2002 Ed. (334)
2005 Ed. (260)
2006 Ed. (283, 2453, 2455, 3161, 3167)
2007 Ed. (3201)
2008 Ed. (262, 2539, 3343)
2009 Ed. (285, 2536, 2543)
2010 Ed. (270)
2011 Ed. (190)
Zimmer Holdings
2014 Ed. (3612, 3614)
2016 Ed. (3509, 3515)
Zimmer Holdings Inc.
2003 Ed. (3359, 4537)
2004 Ed. (2803, 4577)
2005 Ed. (1552, 2799, 4675)
2006 Ed. (1767, 1768, 2761, 2766, 2779, 3445)
2007 Ed. (1775, 1776, 3082, 3463, 3464, 3467)
2008 Ed. (1806, 1807, 2883, 2898, 2910, 3638)
2009 Ed. (1753, 1754, 2830, 2967, 3887)
2010 Ed. (1701, 2883, 3798)
2011 Ed. (1712, 2763, 3794)
2012 Ed. (1569, 1571, 1572, 2458, 3615, 3616, 3784)
2013 Ed. (1723, 1726, 3672, 3673, 3852)
2014 Ed. (1667, 1669, 3607, 3781)
2015 Ed. (1713, 1715, 1716, 3619, 3801)
2016 Ed. (1661, 1662, 1664, 3504, 3505, 3714)
The Zimmerman Agency
1999 Ed. (3925, 3932)
2000 Ed. (3641)
2002 Ed. (108, 3818, 3819, 3836)
2003 Ed. (3993, 4002)
2004 Ed. (4009)
2011 Ed. (57, 4115, 4118)
2012 Ed. (67, 4145, 4150)
2013 Ed. (4149)
2014 Ed. (4166)
2015 Ed. (4147)
2016 Ed. (4061)
Zimmerman Agency
2013 Ed. (4134)
2014 Ed. (4150)
2015 Ed. (4133)
2016 Ed. (4047, 4057)
Zimmerman Agency-Tallahassee
1998 Ed. (2948)
Zimmerman Agengy
2004 Ed. (3997)
Zimmerman Architectural Studios
2011 Ed. (2476)
Zimmerman; G. Alan
1997 Ed. (1880)
Zimmerman & Partners
2002 Ed. (64, 108)
2003 Ed. (30)
2004 Ed. (129)
2005 Ed. (102)
2006 Ed. (110)
Zimmerman Partners
2001 Ed. (202)
Zimmerman & Partners Advertising
1997 Ed. (50, 145)
1998 Ed. (55, 65)
1999 Ed. (89, 154)
2000 Ed. (95, 172)
2002 Ed. (182, 183)
2003 Ed. (118, 171, 172)
2004 Ed. (130)
Zimmermann; G. Alan
1993 Ed. (1807)

1994 Ed. (1790)
1995 Ed. (1829)
Zimsun
1997 Ed. (3929, 3930)
Zinc
1992 Ed. (3647)
1994 Ed. (3636, 3637)
2008 Ed. (1093)
Zinc-based alloy
2001 Ed. (4942)
Zinc compounds
2000 Ed. (3562)
Zinedine Zidane
2006 Ed. (4397)
2007 Ed. (4464)
2008 Ed. (4453)
Zinfandel
1992 Ed. (4470)
1996 Ed. (3838)
2001 Ed. (4860, 4861)
2002 Ed. (4965, 4966)
2003 Ed. (4966, 4967)
Zingers
2014 Ed. (4487)
Zinman; Richard
2007 Ed. (3248, 3249)
2008 Ed. (3376)
2009 Ed. (3441, 3444)
Zino; Angelo
2011 Ed. (3371)
Zinsser; Daniel
1991 Ed. (1709)
Ziolkowski Construction Inc.
2011 Ed. (1227)
Zion
1990 Ed. (2721)
Zion Security Corp.
2007 Ed. (1314)
Zions Bancorp
1995 Ed. (492)
1998 Ed. (293, 330)
2000 Ed. (3738, 3740)
2001 Ed. (573)
2005 Ed. (4385)
2006 Ed. (2090)
2012 Ed. (1974)
2013 Ed. (2134)
2014 Ed. (2068)
2015 Ed. (2115)
2016 Ed. (359, 2098)
Zions Bancorporation
2002 Ed. (491)
2003 Ed. (633, 634)
2004 Ed. (646, 647, 4436)
2005 Ed. (448, 635, 636)
2007 Ed. (381, 386)
2008 Ed. (2694)
2010 Ed. (2017)
2015 Ed. (2116)
2016 Ed. (2100)
Zions Bank Public Finance
1998 Ed. (2233)
Zions First National Bank
1991 Ed. (685)
1992 Ed. (860)
1993 Ed. (660)
1994 Ed. (661)
1995 Ed. (630, 2333, 2334)
1996 Ed. (706)
1997 Ed. (639)
1998 Ed. (432, 524)
2000 Ed. (863)
2001 Ed. (733, 774, 867, 931, 951)
2005 Ed. (3303)
2006 Ed. (539)
Zio's
2004 Ed. (4120)
Zip disks
1998 Ed. (828)
The Zipatoni Co.
2001 Ed. (3912)
ZipCar
2013 Ed. (252)
Zipcar
2007 Ed. (3212)
2010 Ed. (4791)
2012 Ed. (551)
Zipfy Inc.
2012 Ed. (2771)
2013 Ed. (2839)
2015 Ed. (1207)
Zipper Porsche
1990 Ed. (315)
1991 Ed. (292)
1992 Ed. (397)
Zippo
2016 Ed. (3356)
Zippo Manufacturing Co.
2016 Ed. (3358)
Zippy Shell Mobile Self Storage

2014 Ed. (3706)
2015 Ed. (3720)
Zippy Shell Self Storage & Moving
2016 Ed. (3635)
ZipRealty Inc.
2012 Ed. (4184, 4185)
ZipRealty.com
2011 Ed. (4151)
Zips Dry Cleaners
2012 Ed. (2183)
2013 Ed. (2379)
Zitel
1998 Ed. (2725)
Zithromax
1994 Ed. (1560, 2462)
1998 Ed. (2914)
1999 Ed. (1893, 3884, 3885)
2000 Ed. (3604, 3605)
2001 Ed. (2110)
2002 Ed. (2022)
2005 Ed. (2255)
Zithromax Z-Pak
2001 Ed. (2097)
2004 Ed. (2154)
2005 Ed. (2252)
2006 Ed. (2314)
Ziti
1996 Ed. (2913)
Zitoprerada
2016 Ed. (1554)
Zivnostenska banka
1993 Ed. (458)
1994 Ed. (462, 463)
1997 Ed. (447, 448)
1999 Ed. (500)
2003 Ed. (482)
2006 Ed. (431)
Zivnostenska banka as
1996 Ed. (483, 484)
2009 Ed. (426)
2010 Ed. (402)
Zivnostenska Banka National Corp.
1991 Ed. (493)
1992 Ed. (647)
Zivnostenska Banka National Corporation
1989 Ed. (517)
Zivostenska Banka a.s.
1995 Ed. (453)
Zix Corp.
2012 Ed. (1932)
2013 Ed. (2095)
Zixit
2002 Ed. (916)
ZK McCann
2001 Ed. (219)
2002 Ed. (192)
2003 Ed. (156)
Zlatan Ibrahimovic
2012 Ed. (217)
2015 Ed. (224)
2016 Ed. (220)
zloty; Polish
2009 Ed. (2261)
Zmation Inc.
2002 Ed. (2531)
ZO Multicultural
2014 Ed. (2962)
2015 Ed. (3031)
2016 Ed. (2927)
Zobel; Inigo & Mercedes
2010 Ed. (4917)
ZocDoc
2013 Ed. (2862, 2863)
2014 Ed. (2893, 2894)
ZocDoc Inc.
2012 Ed. (1769)
2013 Ed. (1931)
Zocor
1994 Ed. (2462)
1998 Ed. (88, 2916)
1999 Ed. (1891, 1892, 1908, 3886)
2000 Ed. (27, 1704, 1708)
2001 Ed. (2066, 2098, 2110)
2002 Ed. (2047, 3748, 3750, 3755)
2003 Ed. (2111, 2112)
2004 Ed. (2154, 2155)
2005 Ed. (2248, 2251, 2252, 2253, 2254, 2256)
2006 Ed. (2312, 2313, 2314, 2315, 2316)
2007 Ed. (2242, 2246, 2247, 3911)
2008 Ed. (2378, 2381, 2382)
Zocor Cholesterol Rx
2000 Ed. (4220)
Zodiac Aerospace
2014 Ed. (2236, 2237)
2015 Ed. (2301, 2302)
2016 Ed. (97, 98)
Zodiac SA

Zoe Cruz
  2003 Ed. (204, 208)
  2006 Ed. (2526, 4974)
  2007 Ed. (2506, 4974)
  2008 Ed. (2636, 4950)
Zoe Saldana
  2012 Ed. (2444, 2884)
Zoes Kitchen
  2013 Ed. (4231)
  2014 Ed. (4278)
Zoetis
  2014 Ed. (3946)
  2015 Ed. (3982)
  2016 Ed. (3895)
Zoetis Inc.
  2015 Ed. (4416)
  2016 Ed. (4937)
Zoey 101
  2010 Ed. (2976)
Zoey Movie: Chasing Zoey
  2010 Ed. (2976)
Zofran
  1996 Ed. (1578)
Zojirushi
  1998 Ed. (1951)
  1999 Ed. (2692)
Zokiak Television AB
  2009 Ed. (3692)
Zola Antioxidant
  2011 Ed. (4628)
Zola Energy
  2011 Ed. (4628)
  2012 Ed. (2704)
Zola Immunity
  2011 Ed. (4628)
Zola Superfood
  2011 Ed. (4628)
Zoll Medical
  2013 Ed. (1839, 2864)
Zoll Medical Corp.
  2008 Ed. (1915, 3635)
  2010 Ed. (1799)
  2011 Ed. (2846)
Zollars; William D.
  2005 Ed. (2516)
  2006 Ed. (2530)
  2008 Ed. (958)
  2009 Ed. (960)
  2010 Ed. (913)
Zollner Elektronik AG
  2008 Ed. (4757)
Zoloft
  1995 Ed. (2530)
  1996 Ed. (1569, 1571, 1579, 2598)
  1997 Ed. (1648)
  1998 Ed. (2913, 2916)
  1999 Ed. (1891, 1892, 1899, 1908)
  2000 Ed. (1704)
  2001 Ed. (2097, 2098)
  2002 Ed. (2047, 3748, 3749, 3750, 3755)
  2003 Ed. (2111, 2112, 2113)
  2004 Ed. (2154, 2155, 2156)
  2005 Ed. (2248, 2251, 2252, 2253, 2254, 2256, 3813, 3815)
  2006 Ed. (2313, 2314, 2315, 2316, 3882)
  2007 Ed. (2242, 2246, 2247, 3911)
  2008 Ed. (2382)
Zoltek Cos.
  2005 Ed. (1883)
  2006 Ed. (1904, 1908)
  2008 Ed. (1951)
Zoltun Design
  2008 Ed. (2037)
Zomax Inc.
  2002 Ed. (2427)
  2004 Ed. (1080)
Zomba
  2010 Ed. (3712)
Zomba Music Group
  2005 Ed. (1536, 1546, 1550)
Zona Franca San Pedro de Macoris
  1996 Ed. (2250)
  1997 Ed. (2376)
Zondervan
  2012 Ed. (529)
  2013 Ed. (630)
Zone Bleue/DDB
  1999 Ed. (125)
Zone Marketing Group Ltd.
  2015 Ed. (3582)
ZonePerfect
  2008 Ed. (4444)
ZonePerfect Nutrition
  2005 Ed. (2625)
Zones
  2004 Ed. (891, 892)
  2005 Ed. (877, 878)

2006 Ed. (288, 2075, 2083, 3492, 3546, 4384)
  2007 Ed. (290, 292, 3551, 3610, 4410)
  2008 Ed. (269, 271, 2137, 3738, 4803)
  2009 Ed. (2123)
  2010 Ed. (2057)
  2011 Ed. (2112)
Zones Inc.
  2014 Ed. (2097)
  2015 Ed. (2152)
  2016 Ed. (2128, 3607)
ZoneTrader
  2003 Ed. (2158)
ZoneTrader.com
  2001 Ed. (4772)
Zong Qinghou
  2010 Ed. (4864)
  2011 Ed. (4850, 4851)
  2012 Ed. (4857, 4858)
  2013 Ed. (4863, 4864)
  2014 Ed. (4877, 4878)
  2015 Ed. (4915, 4916)
  2016 Ed. (4831, 4832)
Zongshen PEM Power Systems
  2009 Ed. (1581)
  2011 Ed. (223)
  2012 Ed. (235)
  2013 Ed. (242)
  2014 Ed. (242)
Zonin Asti
  1989 Ed. (872)
  1991 Ed. (885)
  1992 Ed. (1085)
  1993 Ed. (883)
  1995 Ed. (930)
  1996 Ed. (909)
  1997 Ed. (942)
  1998 Ed. (682)
Zonta International
  1998 Ed. (193)
Zoo
  1999 Ed. (4616)
Zooey Deschanel
  2014 Ed. (2533)
  2015 Ed. (2606)
  2016 Ed. (2530)
Zoological Society of Philadelphia
  1998 Ed. (2688)
Zoom
  1998 Ed. (2519)
Zoom Room
  2014 Ed. (3938)
  2015 Ed. (3884)
  2016 Ed. (2327)
Zoom Telephonics
  1994 Ed. (2702, 3328)
  1995 Ed. (2058, 3391)
Zoomlion
  2015 Ed. (1145)
Zoomlion Heavy Industry
  2012 Ed. (3067)
  2013 Ed. (1426, 3142)
  2014 Ed. (3145)
  2015 Ed. (3205)
  2016 Ed. (3060)
Zoomlion Heavy Industry Science & Technology
  2015 Ed. (3216)
  2016 Ed. (3071)
ZoomSystems
  2009 Ed. (3020)
Zooth
  2001 Ed. (4572)
Zoozoom.com Magazine
  2003 Ed. (3045)
Zoran
  2009 Ed. (1543)
Zorch
  2010 Ed. (773, 4044, 4048, 4973)
Zorch International
  2006 Ed. (4350)
  2009 Ed. (828)
Zorlu; Ahmet
  2008 Ed. (4876)
Zorlu; Ahmet Nazif
  2009 Ed. (4900)
  2010 Ed. (4900)
Zoror
  2007 Ed. (2243)
Zostrix
  1999 Ed. (275)
  2001 Ed. (384)
  2002 Ed. (315, 316)
Zostrix HP
  1999 Ed. (275)
  2001 Ed. (384)
Zosyn
  1996 Ed. (1578)

Zotos Int'l (Conair)
  1990 Ed. (948)
Zou Lihua
  2014 Ed. (938)
Zouire Marketing Group
  2006 Ed. (3514, 3689, 4353)
Zoullas; Sophocles
  2011 Ed. (4441)
Zoup! Fresh Soup
  2005 Ed. (3276)
Zoup! Systems LLC
  2012 Ed. (2552)
  2013 Ed. (2673)
  2014 Ed. (2624)
  2015 Ed. (2668)
  2016 Ed. (2591)
Zovirax
  1995 Ed. (1590)
  1996 Ed. (1578, 2598)
Zovirax Ointment
  1990 Ed. (1489)
  1991 Ed. (1410)
Zrno; John M.
  1996 Ed. (965)
  1997 Ed. (981)
ZS Associates
  2010 Ed. (1190)
  2011 Ed. (1140)
ZSNP
  1999 Ed. (805)
  2000 Ed. (809)
ZTE
  2014 Ed. (4234, 4663)
  2015 Ed. (4649, 4660)
  2016 Ed. (4563, 4573)
ZTE Corp.
  2009 Ed. (4672)
  2010 Ed. (667, 4687)
  2011 Ed. (599, 4637)
  2012 Ed. (893, 894, 3535, 4956)
  2013 Ed. (1051, 4948)
  2014 Ed. (1015)
  2015 Ed. (1050)
  2016 Ed. (958)
Zte Corp.
  2014 Ed. (1016)
  2015 Ed. (1051)
  2016 Ed. (959)
Zuaiter; Abbas
  2014 Ed. (3468)
Zuber Issa
  2010 Ed. (2527)
Zubi Advertising
  2003 Ed. (33, 80, 81, 171)
  2004 Ed. (115, 129)
Zubi Advertising Services
  2004 Ed. (109)
  2005 Ed. (105, 114)
  2006 Ed. (114, 121)
  2007 Ed. (103, 113)
  2008 Ed. (113, 122)
  2009 Ed. (123)
  2010 Ed. (124)
  2011 Ed. (42)
  2012 Ed. (48, 55)
  2013 Ed. (2943)
  2014 Ed. (64, 2961)
  2015 Ed. (76, 3030)
  2016 Ed. (2926)
Zu'bi; Fawaz
  2013 Ed. (4614)
Zubretsky; Joseph
  2010 Ed. (918)
Zucker; Jeff
  2005 Ed. (785)
Zuckerberg; Mark
  2011 Ed. (629)
  2012 Ed. (599, 600, 4847)
  2013 Ed. (740, 741, 3493, 4850)
  2014 Ed. (761, 4866)
  2015 Ed. (797, 4903)
  2016 Ed. (720)
Zuckerman; Ethan
  2005 Ed. (786)
Zuckerman; Mort
  2005 Ed. (4852)
  2006 Ed. (4906)
Zuckerman; Mortimer
  2007 Ed. (4902)
  2008 Ed. (4830)
  2009 Ed. (4851)
  2010 Ed. (4857)
Zuellig Australia Pharmacy Services
  2013 Ed. (4278)
Zuercher Kantonalbank
  1993 Ed. (1664, 3574)
Zuerich Airport
  1993 Ed. (208, 209)
Zuerich N
  1999 Ed. (4831, 4832)

2000 Ed. (4448)
Zugsmith & Associates Inc.
  1990 Ed. (2954)
  1992 Ed. (3614)
Zugsmith-Thind Inc.
  1994 Ed. (2998)
  1995 Ed. (3060)
Zuhlke Engineering AG
  2015 Ed. (2052)
Zuken K.K.
  1994 Ed. (843)
Zulauf Europe Fund
  2003 Ed. (3145)
Zuleyma Tang-Martinez
  2013 Ed. (2960)
Zulily
  2016 Ed. (4238, 4251)
Zulily Inc.
  2016 Ed. (2121)
Zulka
  2015 Ed. (4582)
  2016 Ed. (4501)
Zumasys Inc.
  2014 Ed. (1416)
  2015 Ed. (1476)
  2016 Ed. (1400)
Zumba
  2015 Ed. (2340)
Zumbach Motors Inc.
  1992 Ed. (400)
Zumbach Sports Car Ltd.
  1993 Ed. (283, 285)
Zumbach Sports Cars
  1992 Ed. (398)
  1994 Ed. (283)
  1995 Ed. (278)
  1996 Ed. (264, 285)
Zumbach Sportscars, Ltd.
  1991 Ed. (293, 295)
Zumbiel Co.; C.W.
  1992 Ed. (3529)
Zumiez
  2013 Ed. (2172)
  2014 Ed. (2107)
  2015 Ed. (2146, 2160, 4316)
  2016 Ed. (4238, 4445)
Zumiez Inc.
  2007 Ed. (4279)
  2008 Ed. (893, 2143)
  2009 Ed. (896, 897, 902, 984)
  2010 Ed. (850, 948, 2063, 2870)
  2011 Ed. (2118, 4515, 4516)
  2012 Ed. (1954)
Zumtobel
  2010 Ed. (2500)
Zunch Communications Inc.
  2007 Ed. (2836)
Zuoan
  2014 Ed. (965)
  2015 Ed. (1000)
  2016 Ed. (907)
Zuoan Fashion Ltd.
  2012 Ed. (4429, 4431)
Zupps Group of Companies
  2003 Ed. (3956)
Zupps Group of Cos.
  2004 Ed. (1651, 3957)
Zurack; Mark
  1996 Ed. (1841)
  1997 Ed. (1914)
The Zurcher Group
  2001 Ed. (4539)
  2005 Ed. (4698)
Zurcher Kantonabank
  1997 Ed. (623)
Zurcher Kantonalbank
  1989 Ed. (686)
  1990 Ed. (691)
  1991 Ed. (670)
  1992 Ed. (843)
  1993 Ed. (640)
  1994 Ed. (643)
  1995 Ed. (615)
  1996 Ed. (689)
  1999 Ed. (645)
  2000 Ed. (670)
  2001 Ed. (653)
  2002 Ed. (653)
  2013 Ed. (466)
  2014 Ed. (481)
  2015 Ed. (541)
  2016 Ed. (494)
Zuri
  1999 Ed. (1756, 1757)
  2000 Ed. (1588)
  2001 Ed. (1912)
Zurich
  1990 Ed. (2244, 2258)
  1991 Ed. (2158)
  1993 Ed. (2260)

1994 Ed. (2239)
1995 Ed. (2281)
1996 Ed. (2289, 3888)
1997 Ed. (2469)
2000 Ed. (3377, 4410)
2004 Ed. (3080)
2007 Ed. (3118)
2008 Ed. (3261)
2009 Ed. (3342)
2010 Ed. (3254, 3281)
2011 Ed. (3250)
2012 Ed. (3217)
2013 Ed. (677, 3278, 3283, 3284)
2014 Ed. (706, 3307, 3308)
2015 Ed. (750, 3350, 3353)
2016 Ed. (677, 3133, 3137)
Zurich Airport
1996 Ed. (197, 198, 200)
1997 Ed. (225)
1999 Ed. (249)
Zurich Allied
2002 Ed. (1778, 4486)
Zurich Allied AG
2001 Ed. (1862)
Zurich America Group
2000 Ed. (2723)
Zurich American Group
1999 Ed. (2971)
Zurich American Insurance Co.
2003 Ed. (4993)
2004 Ed. (3134, 3136)
2005 Ed. (3129, 3142, 3144)
2007 Ed. (3174)
2008 Ed. (3319)
Zurich American Insurance Group
1999 Ed. (1627)
2000 Ed. (2721)
2002 Ed. (2957)
Zurich Assurance
1997 Ed. (3931)
Zurich Assurances
1994 Ed. (3681)
Zurich Canada
1992 Ed. (2692, 2693)
1993 Ed. (2242)
1995 Ed. (2325)
1996 Ed. (2342, 2343)
1997 Ed. (2468)
1999 Ed. (2980)
Zurich Canada Group
1990 Ed. (2257)
1994 Ed. (2282)
Zurich Finance
2006 Ed. (4540)
Zurich Financial Services
2001 Ed. (1861, 1863, 1884, 2881, 2925, 3016, 3017, 4040)
2002 Ed. (1403, 1776, 1786, 2819, 2871, 2966, 2968, 2969, 2972, 2974)
2003 Ed. (1830, 3012, 3099)
2004 Ed. (3077, 3130, 3131, 3144, 3206, 4326, 4574)
2005 Ed. (128, 359, 1967, 3089, 3139)
2006 Ed. (2028, 2030, 2031, 2032, 3094, 3147)
2007 Ed. (2000, 2001, 2002, 2003, 3113, 3129, 3181)
2008 Ed. (2093, 2094, 2095, 2096, 3258, 3329, 3330)
2009 Ed. (2068, 2069, 2073, 3315, 3316, 3317, 3399, 3401)
2010 Ed. (2007, 2008, 2009, 2010, 3249, 3333, 3334, 3335)
2011 Ed. (1373, 2068, 2069, 2070, 2071, 3214, 3215, 3218, 3249, 3290, 3291, 3292)
2012 Ed. (1911, 1912, 1913, 3137, 3138, 3165, 3173, 3178, 3180, 3187, 3190, 3211, 3265, 3269, 3270, 3285)
2013 Ed. (2077, 2078, 3256, 3349)
2014 Ed. (2010, 2011, 3204, 4003)
Zurich Financial Services AG
2008 Ed. (1403)
2012 Ed. (1910, 3174)
2013 Ed. (2076, 2079, 3253, 3255)
Zurich Financial Services Group
2015 Ed. (3321)
Zurich Financial Services Ltd.
2013 Ed. (3214, 3215, 3237, 3247, 3251, 3252, 3257, 3259, 3272, 3345, 3351, 3359)
2014 Ed. (3273, 3277, 3278, 3285)
2015 Ed. (3324, 3335)
2016 Ed. (3178, 3192)
Zurich Financial Services North America Group
2007 Ed. (3092, 3101, 3119, 3169,

3170, 3183, 4998)
2008 Ed. (3233, 3248, 3265, 3316, 3317)
2009 Ed. (3293, 3309, 3323, 3385, 3386, 4999)
2010 Ed. (3220, 3236, 3264, 3321, 5003)
2011 Ed. (3183, 3207, 3279, 3280, 5000)
2012 Ed. (3142, 3166, 3257, 4997)
2013 Ed. (3220, 3238, 3329, 5001)
2014 Ed. (3239, 3265, 3302, 5000)
2015 Ed. (3297, 3345)
2016 Ed. (3149, 3214)
Zurich Financial Services, North America Group
2015 Ed. (3340)
2016 Ed. (3202)
Zurich Group
1990 Ed. (2256)
2000 Ed. (2847, 2848)
2001 Ed. (3019)
Zurich Group-Reinsurance
2000 Ed. (3749)
Zurich Insurance
2014 Ed. (3282)
2015 Ed. (3333)
2016 Ed. (3188)
Zurich Insurance Co.
1990 Ed. (3478)
1991 Ed. (1353)
1992 Ed. (1695)
1997 Ed. (1517, 2420, 2425)
2006 Ed. (3142)
2009 Ed. (3393)
2010 Ed. (3314, 3328)
2011 Ed. (3286)
2014 Ed. (3309)
Zurich Insurance Co., Ltd.
2015 Ed. (3405)
2016 Ed. (3280)
Zurich Insurance Group
1993 Ed. (2189, 2193, 2241)
1994 Ed. (1454)
1995 Ed. (1494)
1996 Ed. (1451)
1997 Ed. (1518, 1519, 2407)
1999 Ed. (1740, 1742, 2902, 2918, 2919, 2927, 2935, 2937, 2972, 2978, 2982, 2983, 2984, 3102, 4035, 4822)
2000 Ed. (1561, 1563, 3750, 4438, 4440)
2001 Ed. (2898)
2003 Ed. (2979, 3002)
2004 Ed. (3106, 3108)
2005 Ed. (3111)
2007 Ed. (3175)
2008 Ed. (3320, 3322, 3324)
2009 Ed. (3287, 3308, 3338, 3392, 4998)
2010 Ed. (3214, 3215, 3235, 3276, 3327)
2011 Ed. (3178, 3179, 3206, 3245, 3285)
2013 Ed. (3342)
2014 Ed. (2012, 3366, 3367)
2015 Ed. (2055, 2056, 3334, 3401)
2016 Ed. (2014, 2016, 3191, 3272)
Zurich Insurance Group Ltd.
2014 Ed. (3233, 3257, 3264, 3287)
2015 Ed. (3355)
2016 Ed. (3143, 3163, 3165, 3196, 3216)
Zurich Insurance Group-U.S.
1990 Ed. (2222)
1991 Ed. (2081)
1992 Ed. (2685)
1994 Ed. (2220, 2281)
1995 Ed. (2267)
1996 Ed. (2303, 2304)
1997 Ed. (2433, 2471, 2472)
1998 Ed. (1138, 2116, 2153, 2154, 2203, 2210, 2212, 2213, 3769)
2000 Ed. (2656, 2736, 2737)
Zurich International (Bermuda) Ltd.
1993 Ed. (848)
1994 Ed. (860)
1995 Ed. (901)
Zurich Investment Management
1998 Ed. (2270)
Zurich Kemper Investments Inc.
1998 Ed. (2306)
1999 Ed. (863, 3100, 3583)
Zurich Kemper Life
2002 Ed. (3535)
Zurich North America
2015 Ed. (3378)
Zurich (Registrered)
1996 Ed. (3889)

Zurich Reins. (N.A.)
2000 Ed. (3748)
Zurich Reinsurance Centre
1998 Ed. (3037)
1999 Ed. (4033, 4036)
Zurich Reinsurance Centre Holdings Inc.
1996 Ed. (2069)
1997 Ed. (2169)
Zurich Reinsurance Group
2000 Ed. (3752)
2002 Ed. (2973)
Zurich Reinsurance (N.A.) Inc.
2000 Ed. (2660)
2001 Ed. (2954, 4030)
2002 Ed. (3948, 3949, 3950, 3951, 3958)
2003 Ed. (2971, 3014, 3015, 3016, 4995)
Zurich Reinsurance North America
2001 Ed. (2907, 4035, 4036)
2002 Ed. (3959)
Zurich Scudder Investments
2003 Ed. (3065, 3082)
Zurich Services Corp.
2004 Ed. (4347, 4348)
2005 Ed. (4287)
2006 Ed. (4264)
2007 Ed. (4292)
2009 Ed. (763)
2010 Ed. (706)
2011 Ed. (637)
2012 Ed. (603, 605)
2013 Ed. (746)
2014 Ed. (765, 767)
2015 Ed. (801, 803)
Zurich, Switzerland
1992 Ed. (1712, 2708)
1993 Ed. (1425, 2468)
1995 Ed. (1869)
1996 Ed. (978, 2541)
2005 Ed. (2033)
2007 Ed. (256, 257)
2009 Ed. (1767)
2010 Ed. (1714)
2011 Ed. (1729, 2624, 2629, 2630)
2014 Ed. (2642, 2643)
2015 Ed. (2685)
2016 Ed. (2602)
Zurich United States
2002 Ed. (2901)
Zurich U.S.
2002 Ed. (2866)
Zurich US Group
2001 Ed. (2905)
2002 Ed. (2838, 2867, 2878, 2898, 2945, 2976)
Zurich Vers.
1990 Ed. (1423)
1995 Ed. (1495)
1996 Ed. (1452)
Zurich Versicherung
1997 Ed. (3932)
Zurich Versicherung AG
1998 Ed. (2128)
2000 Ed. (2670)
Zurich Versicherungen
1991 Ed. (1354, 2159, 3517, 3518)
1992 Ed. (1696, 4497, 4498)
1993 Ed. (1407)
1994 Ed. (1455)
Zurich Versicherungs AG
2012 Ed. (1337)
Zurich Versicherungs-Gesellschaft
1990 Ed. (2284, 3714)
1993 Ed. (3742)
Zuricher Kantonalbank
2003 Ed. (617)
2004 Ed. (626)
2005 Ed. (615)
2006 Ed. (528)
2007 Ed. (558)
2008 Ed. (510)
2009 Ed. (543, 544)
2010 Ed. (526, 527)
2011 Ed. (455, 456)
Zurich/Farmers Group
2003 Ed. (2965, 2966, 2967, 2968, 2969, 2981, 2983, 2986, 2989, 3007, 3009, 4994)
2004 Ed. (3050, 3051, 3052, 3053, 3054, 3071, 3072, 3073, 3095, 3119, 3126, 3128, 4997)
2005 Ed. (3056, 3057, 3058, 3059, 3060, 3061, 3062, 3063, 3068, 3079, 3080, 3096, 3097, 3098, 3099, 3100, 3123, 3124, 3125, 3133, 3135, 3136, 3137, 4998)
2006 Ed. (3060, 3061, 3062, 3063, 3064, 3065, 3085, 3102, 3113,

3114, 3133, 3134, 3135, 3143, 3144, 4997)
Zurn Industries
1991 Ed. (1050)
1992 Ed. (1355)
Zurnbach Sports Cars
1990 Ed. (318)
Zurple
2015 Ed. (1095)
Zuschlag; Charlotte A.
1992 Ed. (1139)
Zwack Unicum
1997 Ed. (825)
Zweig Forecast
1992 Ed. (2799, 2800)
1993 Ed. (2363)
Zwicker & Associates PC
2001 Ed. (1315)
Zwiren Collins Karo Trusk & Ayer
1991 Ed. (3514)
Zwirner; David
2013 Ed. (180)
Zwolsche Algemeene
2004 Ed. (1470)
Zyban
1999 Ed. (1890)
2001 Ed. (2068)
Zycad
1994 Ed. (843)
Zycon
1990 Ed. (2902)
Zycron Inc.
2007 Ed. (3601, 4447)
Zygecki; Rhonda
2008 Ed. (2629)
Zygi Wilf
2012 Ed. (2679)
Zygmunt Solorz-Zak
2008 Ed. (4872)
Zygo
2015 Ed. (1596)
Zygo Corp.
2000 Ed. (3387)
2004 Ed. (3744)
2005 Ed. (3653, 3654)
2008 Ed. (1695, 3645)
2014 Ed. (4247)
Zygo Group
2011 Ed. (4198)
Zygunt Solorz-Zak
2011 Ed. (4904)
2012 Ed. (4915)
2013 Ed. (4899)
2014 Ed. (4911)
2015 Ed. (4952)
2016 Ed. (4867)
Zylog Systems Ltd.
2013 Ed. (1130)
Zylun
2016 Ed. (2093)
Zyma SA
1997 Ed. (962)
Zyman Group
2006 Ed. (106)
ZymoGenetics Inc.
2004 Ed. (4830)
2009 Ed. (2129)
2012 Ed. (1955, 1956, 1957, 1958)
Zynaxis Inc.
1995 Ed. (668)
1996 Ed. (742)
Zynex Inc.
2013 Ed. (1555)
2015 Ed. (1576)
Zyng Asian Grill
2006 Ed. (4124)
Zynga
2012 Ed. (3091, 3306)
2013 Ed. (3379)
Zynga Inc.
2014 Ed. (3202)
Zynk Communication & Leadership As
2016 Ed. (1912)
Zynyx Marketing Communications Inc.
1998 Ed. (2949)
2000 Ed. (3648)
Zyprexa
2001 Ed. (2057)
2002 Ed. (3748, 3750)
2003 Ed. (2112)
2004 Ed. (2155)
2005 Ed. (2248, 2251, 2253, 2254)
2006 Ed. (2315)
2007 Ed. (2242, 2243)
2008 Ed. (2379)
2009 Ed. (2354)
2010 Ed. (2281)
2011 Ed. (2285)
2012 Ed. (2179)

Zyrtec
   2001 Ed. (2068)
   2002 Ed. (2019)
   2005 Ed. (3813)
   2006 Ed. (3881)

2016 Ed. (945, 3764)
ZYWIEC
   1997 Ed. (3863, 3864)
   2006 Ed. (4889)
Zywiec Brewery (Heineken)

2000 Ed. (1320)
ZyXEL
   2009 Ed. (659)
   2010 Ed. (642)
   2011 Ed. (576)

ZZ Top
   1993 Ed. (1076, 1077)
ZzzQuil
   2015 Ed. (3776)

CPSIA information can be obtained
at www.ICGtesting.com
Printed in the USA
FFOW03n0839220915
17095FF